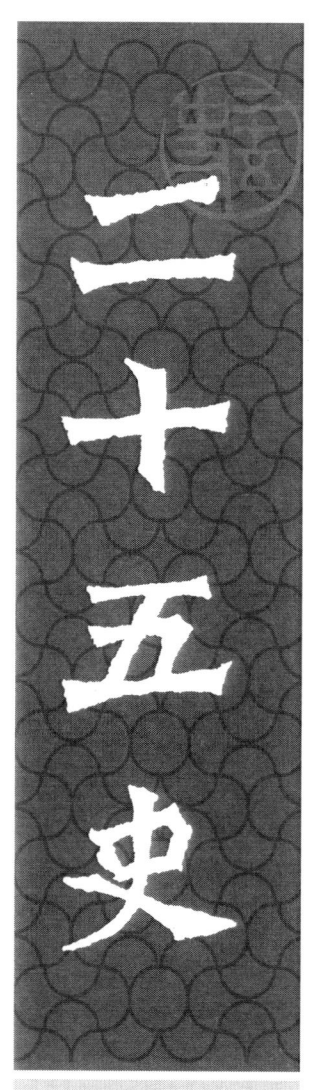

二十五史

明史

上海古籍出版社
上海書店

明史

經筵日講官太保兼太子太保保和殿大學士兼管吏部尚書翰林院掌院學士事世襲三等伯臣張廷玉等言
臣等奉
敕纂修明史告竣恭呈
睿鑒臣等謹奉
表恭
進者伏以
瑤圖應運丹綸繙竹素之遺
雒鼎凝庥玉局理汗青之業集百年之定論裒一代之
舊聞歷纂輯於
興朝畢校紬於茲日垂光冊府煥采書林竊惟論道首
在尊經紀事必歸攬史興衰有自七十二君之蹟
何稱法戒攸關二十一史之編具在繼咸五登三
之治心源不隔於遼初開萬方一統之模典制必
衆諸近世況乎歲時綿歷載籍叢殘執簡相先合
衆長而始定含毫能斷昭公道以無私考獻徵文
用備西山之祕屬辭比事上塵
乙夜之觀欽惟
皇帝陛下
乘六御天
奉三出治
紹庭建極綏蕩平正直之猷
典學傳心綜忠敬質文之統
觀人文以化天下鑑物惟公
考禮樂以等百王折衷必當惟茲明史職在儒臣紀
統二百餘年傳世十有六帝創業守成之略卓乎
可觀典章文物之規燦然大備迨乎繼世法弗飭
於廟堂降及末流權或移於閹寺無治人以行治
法既外釁而內訌因災氛以啓寇氛亦文衰而武
弊朝綱不振
天眷既有所歸賊燄方張明祚遂終其運我
國家丕承景命肇建隆基天戈指而掃攙槍王會圖而
陳玉帛滌中原寇盜之孽奠我民生慰前朝諸帝
之心雪其國恥迄今通侯備恪俎豆相承依然守
戶衛陵松楸勿翦是則擴
隆恩於覆載既極優崇因之徵故籍於春秋絕無忌諱
第以長編汗漫抑且雜記舛訛靖難從亡傳聞互
異追尊議禮聚訟紛拏降及國本之危疑釀爲要
典之決裂兵符四出功罪難明黨論相尋貞邪易
貿稗官野錄大都荒誕無稽家傳碑銘亦復浮夸
失實欲以信今而傳後允資博考而旁參仰惟
聖祖仁皇帝搜圖書於金石羅耆俊於山林創事編摩寬
其歲月我
世宗憲皇帝重申公慎之旨載詳討論之功臣等於時奉
敕充總裁官率同纂修諸臣開館排緝聚官私之紀載核
新舊之見聞籤帙雖多牴牾互見惟舊臣王鴻緒
之史稿經名人三十載之用心進在
彤闈頒來秘閣首尾略具事實頗詳在昔漢書取裁
於馬遷唐書起本於劉昫苟是非之不謬詎因襲
之爲嫌爰即成編用爲初稿發凡起例首尚謹嚴
据事直書要歸忠厚曰紀曰志曰表曰傳悉仍前
史之體裁或詳或畧或合或分務覈當時之心跡
文期共喻掃艱深鄙穢之言事必可稽黜荒誕奇
衺之說十有五年之內幾經同事遷流三百餘卷
之書以次隨時告竣勝國君臣之靈爽式憑之
累朝興替之事端庶幾備矣臣等才謝宏通學慚
淹貫幸際
右文之代獲尚論於先民敢云稽古之勤遠希風於
作者恭蒙
睿鑒俾授梓人伏願
金鏡高懸
璇樞廣運
參觀往跡考證得失之源
懋建鴻猷昭示張弛之度無怠無荒而熙庶績化皐
虞絃克寬克仁而信兆民時存殷鑒則冠百王而
首出因革可徵百世之常邁千禩以前騁政教遠
追千古而上矣謹將纂成本紀二十四卷志七十
五卷表十三卷列傳二百二十卷目錄四卷共三
百三十六卷刊刻告成裝成一十二函謹奉
表隨
進以
聞

乾隆四年七月二十五日
經筵日講官太保兼太子太保保和殿大學士兼管吏部尚書翰林院掌院學士事世襲三等伯臣張廷玉
太子少保食尚書俸臣徐元夢
戶部右侍郎加五級臣留保

乾隆四年七月二十五日奉
旨開列在事諸臣職名

監理
議政大臣辦理理藩院尚書事務兼總管內務府和碩莊親王臣允祿

總裁
經筵日講官太保兼太子太保保和殿大學士兼管吏部尚書翰林院掌院學士事世襲三等伯臣張廷玉
原任太子太傅文華殿大學士兼吏部尚書加五級臣朱軾
原任經筵講官太子太傅文華殿大學士兼理戶部尚書事務加七級臣蔣廷錫
原任議政大臣戶部尚書管理三庫兼步軍統領教習庶吉士臣鄂爾奇
太子少保食尚書俸臣徐元夢
原任經筵講官禮部尚書臣吳襄
戶部右侍郎加五級臣留保
原任兵部左侍郎教習庶吉士臣胡煦
原任經筵講官通政使司通政使臣覺羅逢泰

纂修
太子少保兵部尚書兼都察院右副都御史總督直隸等處地方軍務兼理糧餉河道提督軍務兼巡撫事加一級臣孫嘉淦
原任刑部右侍郎臣喬世臣
翰林院侍讀學士臣汪由敦
原任翰林院侍講學士臣楊椿
翰林院侍讀臣鄭江
原任右春坊右贊善兼翰林院檢討臣彭廷訓
原任國子監司業臣胡宗緒
原任翰林院編修臣陶貞一
原任翰林院編修臣蔣繼軾
原任翰林院編修臣陸奎勳
光祿寺少卿臣梅瑴成
原任吏科都給事中臣楊爾德
原任給事中臣閆圻
原任監察御史臣姚之駰
原任監察御史臣吳啓昆
原任翰林院庶吉士改授內閣中書臣韓孝基
原任翰林院庶吉士改授內閣中書臣馮汝軾
內閣中書舍人臣吳麟
原任盛京戶部員外郎臣藍千秋
原任湖北按察使司按察使臣唐繼祖
湖北分守武昌道按察使司副使臣吳龍應
原任湖南糧儲道布政使司參議臣王葉滋
山東兗州府寧陽縣知縣臣姚焜
原任翰林院庶吉士改授知縣臣金門詔
候選知縣臣萬邦榮

提調
盛京刑部侍郎加三級紀錄二次臣覺羅吳拜
內閣學士兼禮部侍郎加一級紀錄一次臣伊爾敦
內閣學士兼禮部侍郎佐領加三級紀錄三次臣春山
日講官起居注翰林院侍讀學士加四級紀錄三次臣春臺
原任內閣侍讀學士臣汪國弼
原任翰林院侍講學士臣世祿
原任四川布政使司布政使候補京堂臣竇啓瑛
原任四川永寧道布政使司參議加一級紀錄一次臣劉嵩齡
署理日講官起居注翰林院編修兼武英殿校對臣朱良裘

收掌
內閣侍讀學士加三級紀錄二次臣佟世德
戶部員外郎加一級紀錄二次臣石海
工部員外郎加一級紀錄三次臣覺羅彰古禮
盛京兵部郎中紀錄二次臣鄂禮善
戶部主事加二級紀錄三次臣佟鏞
內閣中書加一級紀錄二次臣伊希德
內閣中書加二級紀錄二次臣圖敏
翰林院待詔加一級隨帶又加一級紀錄二次臣朝奇
翰林院七品筆帖式在起居注行走加二級紀錄一次臣覺羅懷玉
翰林院八品筆帖式加一級紀錄二次臣六格
翰林院八品筆帖式在起居注行走加二級紀錄二次臣七十六
翰林院八品筆帖式加三級紀錄一次臣索銘
九門提督衙門八品筆帖式加三級紀錄三次臣多紳

繕寫
翰林院檢討臣韓彥曾
戶部司務留翰林院待詔任臣吳自高
福建永春州知州臣杜昌丁
候補知縣臣姚士塽
直隸永平府遷安縣知縣臣李廷益
候選知縣臣朱瑄
候選知縣臣楊述曾
候選州判臣戴大欽
候選州判揀選直隸試用臣焦作新
候選州判臣葉兆華
候選州判臣曹江
候選縣丞揀選福建鹽場大使臣方南澍
福建建寧府浦城縣縣丞臣呂萬年
江西瑞州府上高縣縣丞臣黃鏞
江西廣信府興安縣縣丞臣羅德齡

江南松江府金山縣縣丞臣張曰謨
福建邵武府邵武縣縣丞臣朱淮臣
候補縣丞臣金帶
山西朔平府經歷臣羅溶
山西汾州府經歷臣王是荷
江西九江府經歷臣錢毓崧
候選經歷臣何津
候選經歷臣謝沛生
候選經歷臣金元霖
候選經歷臣葛舜有
候選主簿臣馬士憲
候選主簿臣汪連芳
候選主簿臣陳墀
雲南祿勸州吏目臣呂春
雲南新興州吏目臣畢大書
河南光州吏目臣馮大績
廣西柳城縣東泉鎮巡檢臣王紹曾
廣西宣化縣金城寨巡檢臣范尚仁
江南奉賢縣南橋鎮巡檢臣童秉德
廣東西寧縣夜護司巡檢臣甯玠
廣東萬州龍滾司巡檢臣沈燮
貴州平越府湄潭縣典史臣金鼎
河南懷慶府河內縣典史臣張沅
廣西思恩府武緣縣典史臣張景琦
四川重慶府墊江縣典史臣陳書
候補典史臣于世寧
候選典史臣徐璋

校對

經筵講官吏部右侍郎加二級臣陳大受
日講官起居注詹事府詹事兼翰林院侍讀學士加一級臣陳浩
日講官起居注詹事府少詹事兼翰林院侍講學士臣呂熾
署理日講官起居注翰林院編修兼明史館提調臣朱良裘
翰林院編修加一級臣熊暉吉
翰林院編修臣吳兆雯
原任翰林院編修臣于枋
翰林院編修加三級臣田志勤
翰林院編修加一級臣夏廷芝
翰林院檢討臣唐進賢
翰林院編修臣董邦達
翰林院編修臣張映斗

翰林院編修臣陸嘉穎
原任翰林院編修臣張蘭清
翰林院編修臣曹秀先
翰林院檢討臣吳泰
翰林院編修臣李清芳
翰林院編修臣潘乙震
翰林院編修臣沈廷芳
翰林院編修臣馮祁
翰林院編修臣吳紱
翰林院檢討臣萬松齡
巡察臺灣御史臣楊二酉
協理陝西道事福建道監察御史臣陳仁
原任監察御史臣邱玖華
翰林院庶吉士今改補戶部主事臣帥家相
拔貢生臣費應泰
拔貢生臣葉環
拔貢生臣盧明楷
拔貢生臣廖名揚
拔貢生臣徐顯烈
優貢生臣王男
拔貢生臣薛世楫
副榜貢生臣陳俊乂
拔貢生臣王積光
拔貢生臣李謙
恩貢生臣曾尚渭

監造

內務府南苑郎中兼佐領加六級紀錄八次臣雅爾岱
內務府錢糧衙門郎中兼佐領加五級紀錄四次臣永保
內務府廣儲司員外郎加二級臣雙玉
內務府都虞司主事加二級紀錄一次臣西寧
內務府廣儲司司庫加二級臣胡三格
監造臣恩克
監造加一級臣永忠
庫掌臣于保柱
庫掌臣鄭桑格

明史目錄卷一

明史目錄卷二

明史目錄卷三

明史卷一　本紀第一

總裁官總理事務經筵講官少保兼太子太保保和殿大學士兼管吏部戶部尚書事加六級臣張廷玉等奉

敕修

太祖一

太祖開天行道肇紀立極大聖至神仁文義武俊德成功高皇帝諱元璋字國瑞姓朱氏先世家沛徙句容再徙泗州父世珍始徙濠州之鍾離生四子太祖其季也母陳氏方娠夢神授藥一丸置掌中有光吞之寤口餘香氣及產紅光滿室自是夜數有光起鄰里望見驚以爲火輒奔救至則無有比長姿貌雄傑奇骨貫頂志意廓然人莫能測至正四年旱蝗大饑疫太祖時年十七父母兄相繼殁貧不克葬里人劉繼祖與之地乃克葬卽鳳陽陵也太祖孤無所依乃入皇覺寺爲僧逾月遊食合肥道病二紫衣人與俱護視甚至病已失所在凡歷光固汝潁諸州三年復還寺當是時元政不綱盜賊四起劉福通奉韓山童假宋後起潁徐壽輝僭帝號起蘄李二彭大趙均用起徐衆各數萬竝置將帥殺吏侵畧郡縣而方國珍已先起海上他盜擁兵據地寇掠甚衆天下大亂十二年春二月定遠人郭子興與其黨孫德崖等起兵濠州元將徹里不花憚不敢攻而日俘良民以邀賞太祖時年二十四謀避兵卜於神去留皆不吉乃曰得毋當舉大事乎卜之吉大喜遂以閏三月甲戌朔入濠見子興子興奇其狀貌留爲親兵戰輒勝遂妻以所撫馬公女卽高皇后也子興與德崖齟齬太祖屢調護之秋九月元兵復徐州李二走死彭大趙均用奔濠德崖等納之子興禮大而易均用均用怨之德崖遂與謀伺子興出執而械諸孫氏將殺之太祖方在淮北聞難馳至訴於彭大大怒呼兵以行太祖亦甲而擁盾發屋出子興破械使人負以歸遂免是冬元將賈魯圍濠太祖與子興力拒之十三年春賈魯死圍解太祖收里中兵得七百人子興喜署爲鎭撫時彭趙所部暴橫子興弱太祖度無足與共事乃以兵屬他將獨與徐達湯和費聚等南畧定遠計降驢牌寨民兵三千與俱東夜襲元將張知院於橫澗山收其卒二萬道遇定遠人李善長與語大悅遂與俱攻滁州下之是年張士誠據高郵自稱誠王十四年冬十月元丞相脫脫大敗士誠於高郵分兵圍六合太祖曰六合破滁且不免與耿再成軍瓦梁壘救之力戰衞老弱還滁元兵尋大至攻滁太祖設伏誘敗之然度元兵勢盛且再至乃還所獲馬遣父老具牛酒謝元將曰守城備他盜耳奈何舍巨寇戮良民元兵引去城賴以完脫脫旣破士誠軍聲大振會中讒遽解兵柄江淮亂益熾十五年春正月子興用太祖計遣張天祐等拔和州檄太祖總其軍太祖慮諸將不相下秘其檄期旦日會廳事時席尚右諸將先入皆踞右太祖故後至就左比視事剖決如流衆瞠目不能發一語始稍稍屈議分工甓城期三日太祖工竣諸將皆後於是始出檄南面坐曰奉命總諸公兵今甓城皆後期如軍法何諸將皆惶恐謝乃搜軍中所掠婦女縱還家民大悅元兵十萬攻和拒守三月食且盡而太子禿堅樞密副使絆住馬民兵元帥陳埜先分屯新塘高望雞籠山以絕餉道太祖率衆破之元兵皆走渡江三月郭子興卒時劉福通迎立韓山童子林兒於亳國號宋建元龍鳳檄子興子天叙爲都元帥張天祐太祖爲左右副元帥太祖慨然曰大丈夫寧能受制於人耶遂不受然念林兒勢盛可倚藉乃用其年號以令軍中夏四月常遇春來歸五月太祖謀渡江無舟會巢湖帥廖永安俞通海以水軍千艘來附太祖大喜往撫其衆而元中丞蠻子海牙扼銅城閘馬場河諸隘巢湖舟師不得出忽大雨太祖喜曰天助我也遂乘水漲從小港縱舟還因擊海牙於峪溪口大敗之遂定計渡江諸

將請直趨集慶太祖曰取集慶必自采石始采石重鎭守必固牛渚前臨大江彼難爲備可必克也六月乙卯乘風引帆直達牛渚常遇春先登拔之采石兵亦潰緣江諸壘悉附諸將以和州饑爭取資糧謀歸太祖謂徐達曰渡江幸捷若舍而歸江東非吾有也乃悉斷舟纜放急流中謂諸將曰太平甚近當與公等取之遂乘勝拔太平執萬戶納哈出總管靳義赴水死太祖曰義士也禮葬之揭榜禁剽掠有卒違令斬以徇軍中肅然改路曰府置太平興國翼元帥府自領元帥事召陶安參幕府事李習爲知府時太平四面皆元兵右丞阿魯灰中丞蠻子海牙等嚴師截姑孰口陳埜先水軍帥康茂才以數萬衆攻城太祖遣徐達鄧愈湯和逆戰別將潛出其後夾擊之擒埜先幷降其衆阿魯灰等引去秋九月郭天叙張天祐攻集慶埜先叛二人皆戰死於是子興部將盡歸太祖矣埜先尋爲民兵所殺從子兆先收其衆屯方山與海牙犄角以窺太平冬十二月壬子釋納哈出北歸十六年春二月丙子大破海牙於采石三月癸未進攻集慶擒兆先降其衆三萬六千人皆疑懼不自保太祖擇驍健者五百人入衞解甲酣寢達旦衆心始安庚寅再敗元兵於蔣山元御史大夫福壽力戰死之蠻子海牙遁歸張士誠康茂才降太祖入城悉召官吏父老諭之曰元政瀆擾干戈蜂起我來爲民除亂耳其各安堵如故賢士吾禮用之舊政不便者除之吏毋貪暴殃吾民民乃大喜過望改集慶路爲應天府辟夏煜孫炎楊憲等十餘人葬御史大夫福壽以旌其忠當是時元將定定扼鎭江別不華楊仲英屯寧國青衣軍張明鑑據揚州八思爾不花駐徽州石抹宜孫守處州其弟厚孫守婺州宋伯顏不花守衢州而池州已爲徐壽輝將所據張士誠自淮東陷平江轉掠浙西太祖旣定集慶慮士誠壽輝强江左浙右諸郡爲所幷於是遣徐達攻鎭江拔之定定戰死夏六月鄧愈克廣德秋七月己卯諸將奉太祖爲吳國公置江南行中書省自總省事置僚佐貽書張士誠士誠不報引兵攻鎭江徐達敗之進圍常州不下九月戊寅如鎭江謁孔子廟遣儒士告諭父老勸農桑尋還應天十七年春二月耿炳文克長興三月徐達克常州夏四月丁卯自將攻寧國取之別不華降五月上元寧國句容獻瑞麥六月趙繼祖克江陰秋七月徐達克常熟胡大海克徽州八思爾不花遁冬十月常遇春克池州繆大亨克揚州張明鑑降十二月己丑釋囚是年徐壽輝將明玉珍據重慶路十八年春二月乙亥以康茂才爲營田使三月己酉錄囚鄧愈克建德路夏四月徐壽輝將陳友諒遣趙普勝陷池州是月友諒據龍興路五月劉福通破汴梁迎韓林兒都之初福通遣將分道四出破山東寇秦晉掠幽薊中原大亂太祖故得次第畧定江表所過不殺收召才雋由是人心日附冬十二月胡大海攻婺州久不下太祖自將往擊之石抹宜孫遣將率車師由松溪來援太祖曰道陿車戰適取敗耳命胡德濟迎戰於梅花門大破之婺州降執厚孫先一日城中人望見城西五色雲如車蓋以爲異及是乃知爲太祖駐兵地入城發粟振貧民改州爲寧越府辟范祖幹葉儀許元等十三人分直講經史戊子遣使招諭方國珍十九年春正月乙巳太祖謀取浙東未下諸路戒諸將曰克城以武戡亂以仁吾比入集慶秋毫無犯故一舉而定每聞諸將得一城不妄殺輒喜不自勝夫師行如火不戢將燎原爲將能以不殺爲武豈惟國家之利子孫實受其福庚申胡大海克諸暨是月命寧越知府王宗顯立郡學三月甲午赦大逆以下丁巳方國珍以溫台慶元來獻遣其子關爲質不受夏四月俞通海等復池州時耿炳文守長興吳良守江陰湯和守常州皆數敗士誠兵太祖以故久留寧越徇浙東六月壬戌還應天秋八月元察罕帖木兒復汴梁福通以林兒退保安豐九月常遇春克衢州擒宋伯顏不花冬十月遣夏煜授方國珍行省平章國珍以疾辭十一月壬寅胡大海克處州石抹宜孫遁時元守兵單弱且聞中原亂人心離散以故江左浙右諸郡兵至皆下遂西與友諒鄰二十年春二月元福建行省叅政袁天祿以福寧降三月戊子徵劉基宋濂章溢葉琛至夏五月徐達常遇春敗陳友諒於池州閏月丙辰友諒陷太平守將朱文遜院判花雲王鼎知府許瑗死之未幾友諒弑其主徐壽輝自稱皇帝國號漢盡有江西湖廣地約士誠合攻應天應天大震諸將議先復太平以牽之太祖曰不可彼居上游舟師十倍於我猝難復也或請自將迎擊太祖曰不可彼以偏師綴我而全軍趨金陵順流半日可達吾步騎急難引還百里趨戰兵法所忌非策也乃馳諭胡大海擣信州牽其後而令康茂才以書紿友諒令速來友諒果引兵東於是常遇春伏石灰山徐達陣南門外楊璟屯大勝港張德勝等以舟師出龍江關太祖親督軍盧龍山乙丑友諒至龍灣衆欲戰太祖曰天且雨趣食乘雨擊之須臾果大雨士卒競奮雨止合戰水陸夾擊大破之友諒乘別舸走遂復太平下安慶而大海亦克信州初太祖令茂才紿友諒李善長以爲疑太祖曰二寇合吾首尾受敵惟速其來而先破之則士誠膽落矣已而士誠兵竟不出丁卯置儒學提舉司以宋濂爲提舉遣子標受經學六月耿再成敗石抹宜孫於慶元宜孫戰死遣使祭之秋九月徐壽輝舊將歐普祥以袁州降冬十二月復遣夏煜以書諭國珍二十一年春二月甲申立鹽茶課乙亥置寶源局三月丁丑改樞密院爲大都督府元將薛顯以泗州降戊寅國珍遣使來謝飾金玉馬鞍以獻却之曰今有事四方所需者人材所用者粟帛寶玩非所好也秋七月友諒將張定邊陷安慶八月遣使於元平章察罕帖木兒時察罕平山東降田豐軍聲大振故太祖與通好會察罕方攻益都未下太祖乃自將舟師征陳友諒戊戌克安慶友諒將丁普郎傅友德迎降壬寅次湖口追敗友諒於江州克其城友諒奔武昌分徇南康建昌饒蘄黃廣濟皆下冬十一月己未克撫州二十二年春正月友諒江西行省丞相胡廷瑞以龍興降乙卯如龍興改爲洪都府謁孔子廟告諭父老除陳氏苛政罷諸軍需存恤貧無告者民大悅袁瑞臨江吉安相繼下二月還應天鄧愈留守洪都辛未降人蔣英殺金華守將胡大海郎中王愷死之英叛降張士誠處州降人李祐之聞變亦殺行樞密院判耿再成反都事孫炎知府王道同元帥朱文剛死之三月癸亥降人祝宗康泰反陷洪都鄧愈走應天知府葉琛都事萬思誠死之是月明玉珍稱帝於重慶國號夏夏四月己卯邵榮復處州甲午徐達復洪都五月丙午朱文正趙德勝鄧愈鎭洪都六月戊寅察罕以書來報留我使人不遣察罕尋爲田豐所殺秋七月丙辰平章邵榮參政趙繼祖謀逆伏誅冬十二月元遣尚書張昶航海至慶元授太祖江西行省平章政事不受察罕子擴廓帖木兒致書歸使者二十三年春正月丙寅遣汪河報之二月壬申命將士屯田積穀是月友諒將張定邊陷饒州士誠將呂珍破安豐殺劉福通三月辛丑太祖自將救安豐珍敗走以韓林兒歸滁州乃還應天夏四月壬戌友諒大舉兵圍洪都乙丑諸全守將謝再興叛附於士誠五月築禮賢館友諒分兵陷吉安參將劉齊知府朱叔華死之陷臨江同知趙天麟死之陷無爲州知州董曾死之秋七月癸酉太祖自將救洪都癸未次湖口先伏兵涇江口及南湖觜遏友諒歸路檄信州兵守武陽渡友諒聞太祖至解圍逆戰於鄱陽湖友諒兵號六十萬聯巨舟爲陣樓櫓高十餘丈綿亘數十里旌旗戈盾望之如山丁亥遇於康郎山太祖分軍十一隊以禦之戊子合戰徐達擊其前鋒俞通海以火礮焚其舟數十殺傷畧相當友諒驍將張定邊直犯太祖舟舟膠於沙不得退危甚常遇春從旁射中定邊通海復來援舟驟進水湧太祖舟乃得脫己丑友諒悉巨艦出戰諸將舟小仰攻不利有怖色太祖親麾之不前斬退縮者十餘人人皆殊死戰會日晡大風起東北乃命敢死士操七舟實火藥蘆葦中縱火焚友諒舟風烈火熾烟燄漲天湖水盡赤友諒兵大亂諸將鼓噪乘之斬首二千餘級焚溺死者無算友諒氣奪辛卯復戰友諒復大敗於是斂舟自守不敢更戰壬辰太祖移軍扼左蠡友諒亦退保渚磯相持三日其左右二金吾將軍皆降友諒勢益蹙忿甚盡殺所獲將士而太祖則悉還所俘傷者傅以善藥且祭其親戚諸將陣亡者八月壬戌友諒食盡趨南湖觜爲南湖軍所遏遂突湖口太祖邀之順流搏戰及於涇江涇江軍復遮擊之友諒中流矢死張定邊以其子理奔武昌九月還應天論功行賞先是太祖救安豐劉基諫不聽至是謂基曰我不當有安豐之行使友諒乘虛直擣應天大事去矣乃頓兵南昌不亡何待友諒亡天下不難定也壬午自將征陳理是月張士誠自稱吳王冬十月壬寅圍武昌分徇湖北諸路皆下十二月丙申還應天常遇春留督諸軍二十四年春正月丙寅朔李善長等率羣臣勸進不允固請乃卽吳王位建百官以善長爲右相國徐達爲左相國常遇春俞通海爲平章政事諭之曰立國之初當先正紀綱元氏闇弱威福下移馴至於亂今宜鑒之立子標爲世子二月乙未復自將征武昌陳理降漢沔荆岳皆下三月乙丑還應天丁卯置起居注庚午罷諸翼元帥府置十七衞親軍指揮使司命中書省辟文武人材夏四月建祠祀死事丁普郎等於康郎山趙德勝等於南昌秋七月丁丑徐達克盧州戊寅常遇春徇江西八月戊戌復吉安遂圍贛州達徇荆湘諸路九月甲申下江陵夷陵潭歸皆降冬十二月庚寅達克辰州遣別將下衡州二十五年春正月己巳徐達下寶慶湖湘平常遇春克贛州熊天瑞降遂趨南安招諭嶺南諸路下韶州南雄甲申如南昌執大都督朱文正以歸數其罪安置桐城二月己丑福建行省平章陳友定侵處州參軍胡深擊敗之遂下浦城丙午士誠將李伯昇攻諸全之新城李文忠大敗之夏四月庚寅常遇春徇襄漢諸路五月乙亥克安陸乙卯下

襄陽六月壬子朱亮祖胡深攻建寧戰於城下深被執死之秋七月令從渡江士卒被創廢疾者養之死者贍其妻子九月丙辰建國子學冬十月戊戌下令討張士誠是時士誠所據南至紹興北有通泰高郵淮安濠泗又北至於濟寧乃命徐達常遇春等先規取淮東閏月圍泰州克之十一月張士誠寇宜興徐達擊敗之遂自宜興還攻高郵二十六年春正月癸未士誠窺江陰太祖自將救之士誠遁康茂才追敗之於浮子門太祖還應天二月明玉珍死子昇自立三月丙申令中書嚴選舉徐達克高郵夏四月乙卯襲破士誠將徐義水軍於淮安義遁梅思祖以城降濠徐宿三州相繼下淮東平甲子如濠州省墓置守冢二十家賜故人汪文劉英粟帛置酒召父老飲極歡曰吾去鄉十有餘年艱難百戰乃得歸省墳墓與父老子弟復相見今苦不得久畱歡聚爲樂父老幸教子弟孝弟力田毋遠賈濱淮郡縣尚苦寇掠父老善自愛令有司除租賦皆頓首謝辛未徐達克安豐分兵敗擴廓於徐州夏五月壬午至自濠庚寅求遺書秋八月庚戌改築應天城作新宮鍾山之陽辛亥命徐達爲大將軍常遇春爲副將軍帥師二十萬討張士誠御戟門誓師曰城下之日毋殺掠毋毁廬舍毋發邱壟士誠母葬平江城外毋侵毁既而召問達遇春用兵當何先遇春欲直擣平江太祖曰湖州張天騏杭州潘原明爲士誠臂指平江窮蹙兩人悉力赴援難以取勝不若先攻湖州使疲於奔命羽翼既披平江勢孤立破矣甲戌敗張天騏於湖州士誠親率兵來援復敗之於皁林九月乙未李文忠攻杭州冬十月壬子遇春敗士誠兵於烏鎮十一月甲申張天騏降辛卯李文忠下餘杭潘原明降旁郡悉下癸卯圍平江十二月韓林兒卒以明年爲吳元年建廟社宮室祭告山川所司進宮殿圖命去雕琢奇麗者是歲元擴廓帖木兒與李思齊張良弼構怨屢相攻擊朝命不行中原民益困二十七年春正月戊戌諭中書省曰東南久罹兵革民生凋敝吾甚憫之且太平應天諸郡吾渡江開創地供億煩勞久矣今比戶空虛有司急催科重困吾民將何以堪其賜太平田租二年應天鎭江寧國廣德各一年二月丁未傅友德敗擴廓將李二於徐州執之三月丁丑始設文武科取士夏四月方國珍陰遣人通擴廓及陳友定移書責之五月己亥初置翰林院是月以旱減膳素食復徐宿濠泗壽邳東海安東襄陽安陸及新附地田租三年六月戊辰大雨羣臣請復膳太祖曰雖雨傷禾已多其賜民今年田租癸酉命朝賀罷女樂秋七月丙子給府州縣官之任費賜綺帛及其父母妻長子有差著爲令己丑雷震宮門獸吻赦罪囚庚寅遣使責方國珍貢糧八月癸丑圜丘方丘社稷壇成九月甲戌太廟成朱亮祖帥師討國珍戊寅詔曰先王之政罪不及孥自今除大逆不道毋連坐辛巳徐達克平江執士誠吳地平戊戌遣使致書於元主送其宗室神保大王等北還辛丑論平吳功封李善長宣國公徐達信國公常遇春鄂國公將士賜賚有差朱亮祖克台州癸卯新宮成冬十月甲辰遣起居注吳琳魏觀以幣求遺賢於四方丙午令百官禮儀尚左改李善長左相國徐達右相國辛亥祀元臣余闕於安慶李黼於江州壬子置御史臺癸丑湯和爲征南將軍吳禎副之討國珍甲寅定律令戊午正郊社太廟雅樂庚申召諸將議北征太祖曰山東則王宣反側河南則擴廓跋扈關隴則李思齊張思道梟張猜忌元祚將亡中原塗炭今將北伐拯生民於水火何以決勝遇春對曰以我百戰之師敵彼久逸之卒直擣元都破竹之勢也太祖曰元建國百年守備必固懸軍深入餽餉不前援兵四集危道也吾欲先取山東撤彼屏蔽移兵兩河破其藩籬拔潼關而守之扼其戶檻天下形勝入我掌握然後進兵元都勢孤援絕不戰自克鼓行而西雲中九原關隴可席卷也諸將皆曰善甲子徐達爲征虜大將軍常遇春爲副將軍帥師二十五萬由淮入河北取中原胡廷瑞爲征南將軍何文輝爲副將軍取福建湖廣行省平章楊璟左丞周德興參政張彬取廣西己巳朱亮祖克溫州十一月辛巳湯和克慶元方國珍遁入海壬午徐達克沂州斬王宣己丑廖永忠爲征南副將軍自海道會和討國珍乙未頒大統曆辛丑徐達克益都十二月甲辰頒律令丁未方國珍降浙東平張興祖下東平兗東州縣相繼降己酉徐達下濟南胡廷瑞下邵武癸丑李善長帥百官勸進表三上乃許甲子告於上帝庚午湯和廖永忠由海道克福州

明史卷二　本紀第二

總裁官總理事務經筵講官少保兼太子太保保和殿大學士兼管吏部戶部尚書事加五級張廷玉等奉

敕修

太祖二

洪武元年春正月乙亥祀天地於南郊卽皇帝位定有天下之號曰明建元洪武追尊高祖考曰元皇帝廟號德祖曾祖考曰恒皇帝廟號懿祖祖考曰裕皇帝廟號熙祖皇考曰淳皇帝廟號仁祖妣皆皇后立妃馬氏爲皇后世子標爲皇太子以李善長徐達爲左右丞相諸功臣進爵有差丙子頒卽位詔於天下追封皇伯考以下皆爲王辛巳李善長徐達等兼東宮官甲申遣使覈浙西田賦壬辰胡廷瑞克建寧庚子鄧愈爲征戍將軍畧南陽以北州郡湯和克延平執元平章陳友定福建平是月天下府州縣官來朝諭曰天下始定民財力俱困要在休養安息惟廉者能約己而利人勉之二月壬寅定郊社宗廟禮歲必親祀以爲常癸卯湯和提督海運廖永忠爲征南將軍朱亮祖副之由海道取廣東丁未以太牢祀先師孔子於國學戊申祀社稷壬子詔衣冠如唐制癸丑常遇春克東昌山東平甲寅楊璟克寶慶三月辛未詔儒臣修女誡戒后妃毋預政壬申周德興克全州丁酉鄧愈克南陽己亥徐達徇汴梁左君弼降夏四月辛丑蘄州進竹簟却之命四方毋妄獻廖永忠師至廣州元守臣何眞降廣東平丁未禘享太廟戊申徐達常遇春大破元兵於洛水北遂圍河南梁王阿魯溫降河南平丁巳楊璟克永州甲子幸汴梁丙寅馮勝克潼關李思齊張思道遁五月己卯廖永忠下梧州潯貴容鬱林諸州皆降辛卯改汴梁路爲開封府六月庚子徐達朝行在甲辰海南海北諸道降壬戌楊璟朱亮祖克靖江秋七月戊子廖永忠下象州廣西平庚寅振恤中原貧民辛卯將還應天諭達等曰中原之民久爲羣雄所苦流離相望故命將北征拯民水火元祖宗功德在人其子孫罔恤民隱天厭棄之君則有罪民復何辜前代革命之際肆行屠戮違天虐民朕實不忍諸將克城毋肆焚掠妄殺人元之宗戚咸俾保全庶幾上答天心下慰人望以副朕伐罪安民之意不恭命者罰無赦丙申命馮勝留守開封閏月丁未至自開封己酉徐達會諸將兵於臨清壬子常遇春克德州丙寅克通州元帝趨上都是月徵天下賢才爲守令免吳江廣德太平寧國滁和被災田租八月己巳以應天爲南京開封爲北京庚午徐達入元都封府庫圖籍守宮門禁士卒侵暴遣將巡古北口諸隘壬申以京師火四方水旱詔中書省集議便民事丁丑定六部官制御史中丞劉基致仕己卯赦殊死以下將士從征者恤其家逋逃許自首新克州郡毋妄殺輸賦道遠者官爲轉運災荒以實聞免鎭江租稅避亂民復業者聽墾荒地復三年衍聖公襲封及授曲阜知縣竝如前代制有司以禮聘致賢士學校毋事虛文平刑毋非時決囚除書籍田器稅民間逋負免徵蒙古色目人有才能者許擢用鰥寡孤獨廢疾者存恤之民年七十以上一子復他利害當興革不在詔內者有司具以聞壬午幸北京改大都路曰北平府徵元故臣癸未詔徐達常遇春取山西甲午放元宮人九月癸亥詔曰天下之治天下之賢共理之今賢士多隱巖穴豈有司失於敦勸歟朝廷疏於禮待歟抑朕寡昧不足致賢將在位者壅蔽使不上達歟不然賢士大夫幼學壯行豈甘沒世而已哉天下甫定朕願與諸儒講明治道有能輔朕濟民者有司禮遣乙丑常遇春下保定遂下眞定冬十月庚午馮勝湯和下懷慶澤潞相繼下丁丑至自北京戊寅以元都平詔天下十一月己亥遣使分行天下訪求賢才庚子始祀上帝於圜丘癸亥詔劉基還十二月丁卯徐達克太原擴廓帖木兒走甘肅山西平己巳置登聞鼓壬辰以書諭明昇二年春正月乙巳立功臣廟於雞籠山丁未享太廟庚戌詔曰朕淮右布衣因天下亂率衆渡江保民圖治今十有五年荷天眷祐悉皆戡定用是命將北征齊魯之民饋糧給軍不憚千里朕軫厥勞已免元年田租遭旱民未蘇其更賜一年頃者大軍平燕都下晉冀民被兵燹困征斂北平燕南河東山西今年田租亦與蠲免河南諸郡歸附久欲惠之西北未平師過其地是以未遑今晉冀平矣西抵潼關北界大河南至唐鄧光息今年稅糧悉除之又詔曰應天太平鎭江宣城廣德供億浩穰去歲蠲租遇旱惠不及下其再免諸郡及無爲州今年租稅庚申常遇春取大同是月倭寇山東濱海郡縣二月丙寅朔詔修元史壬午耕耤田三月庚子徐達至奉元張思道遁振陝西饑戶米三石丙午常遇春至鳳翔李思齊奔臨洮夏四月丙寅遇春還師北平己巳諸王子受經於博士孔克仁令功臣子弟入學乙亥編祖訓錄定封建諸王之制徐達下鞏昌丙子賜秦隴新附州縣稅糧丁丑馮勝至臨洮李思齊降乙酉徐達襲破元豫王於西寧五月甲午朔日有食之丁酉徐達下平涼延安張良臣以慶陽降尋叛癸卯始祀地於方丘六

月己卯常遇春克開平元帝北走壬午封陳日煃爲安南國王秋七月己亥鄂國公常遇春卒於軍詔李文忠領其衆辛亥擴廓帖木兒遣將破原州涇州辛酉馮勝擊走之丙辰明昇遣使來八月丙寅元兵攻大同李文忠擊敗之己巳定內侍官制諭吏部曰內臣但備使令毋多人古來若輩擅權可爲鑒戒馭之之道當使之畏法勿令有功有功則驕恣矣癸酉元史成丙子封王顓爲高麗國王癸未徐達克慶陽斬張良臣陝西平是月命儒臣纂禮書九月辛丑召徐達湯和還馮勝留總軍事癸卯以臨濠爲中都戊午征南師還冬十月壬戌遣楊璟諭明昇甲戌甘露降於鍾山羣臣請告廟不許辛卯詔天下郡縣立學是月遣使貽元帝書十一月乙巳祀上帝於圜丘以仁祖配十二月甲戌封阿答阿者爲占城國王甲申振西安諸府饑戶米二石己丑大賚平定中原及征南將士庚寅擴廓帖木兒攻蘭州指揮于光死之是年占城安南高麗入貢

三年春正月癸巳徐達爲征虜大將軍李文忠馮勝鄧愈湯和副之分道北征二月癸未追封郭子興滁陽王戊子詔求賢才可任六部者是月李文忠下興和進兵察罕腦兒執元平章竹貞三月庚寅免南畿河南山東北平浙東江西廣信饒州今年田租夏四月乙丑封皇子樉爲秦王棡晉王棣燕王橚吳王楨楚王榑齊王梓潭王杞趙王檀魯王從孫守謙靖江王徐達大破擴廓帖木兒於沈兒峪盡降其衆擴廓走和林丙戌元帝崩於應昌子愛猷識理達臘嗣是月慈利土官覃垕作亂五月己丑徐達取興元分遣鄧愈招諭吐番丁酉詔守令舉學識篤行之士己亥設科取士甲辰李文忠克應昌元嗣君北走獲其子買的里八剌降五萬餘人窮追至北慶州不及而還丁未詔行大射禮戊申祀地於方丘以仁祖配辛亥徐達下興元鄧愈克河州丁巳詔開國時將帥無嗣者祿其家是月旱齋戒后妃親執爨皇太子諸王饋於齋所六月戊午朔素服草屨步禱山川壇露宿凡三日還齋於西廡辛酉賚將士省獄囚命有司訪求通經術明治道者壬戌大雨壬申李文忠捷奏至命仕元者勿賀諡元主曰順帝癸酉買的里八剌至京師羣臣請獻俘帝曰武王伐殷用之乎省臣以唐太宗嘗行之對帝曰太宗是待王世充耳若遇隋之子孫恐不爾也遂不許又以捷奏多侈辭謂宰相曰元主中國百年朕與卿等父母皆賴其生養奈何爲此浮薄之言亟改之乙亥封買的里八剌爲崇禮侯丙子告捷於南郊丁丑告太廟詔示天下辛巳徙蘇州松江嘉興湖州杭州民無業者田臨濠給資糧牛種復三年是月倭寇山東浙江福建濱海州縣秋七月丙辰明昇將吳友仁寇漢中參政傅友德擊却之中書左丞楊憲有罪誅八月乙酉遣使瘞中原遺骸冬十月丙辰詔儒士更直午門爲武臣講經史癸亥周德興爲征南將軍討覃垕垕遁辛巳貽元嗣君書十一月壬辰北征師還甲午告武成於郊廟丙申大封功臣進李善長韓國公徐達魏國公封李文忠曹國公馮勝宋國公鄧愈衞國公常遇春子茂鄭國公湯和等侯者二十八人己亥設壇親祭戰沒將士庚戌有事於圜丘辛亥詔戶部置戶籍戶帖歲計登耗以聞著爲令乙卯封中書右丞汪廣洋忠勤伯御史中丞劉基誠意伯十二月癸亥復貽元嗣君書竝諭和林諸部甲子建奉先殿庚午遣使祭歷代帝王陵寢竝加修葺己卯賜勳臣田壬午以正月至是月日中屢有黑子詔廷臣言得失是年占城爪哇西洋入貢

四年春正月丙戌李善長罷汪廣洋爲右丞相丁亥中山侯湯和爲征西將軍江夏侯周德興德慶侯廖永忠副之率舟師由瞿塘穎川侯傅友德爲征虜前將軍濟寧侯顧時副之率步騎由秦隴伐蜀魏國公徐達練兵北平戊子衞國公鄧愈督餉給征蜀軍庚寅建郊廟於中都丁未詔設科取士連舉三年嗣後三年一舉戊申免山西旱災田租二月甲戌幸中都壬午至自中都元平章劉益以遼東降是月蠲太平鎮江寧國田租三月乙酉朔始策試天下貢士賜吳伯宗等進士及第出身有差乙巳徙山後民萬七千戶屯北平丁未誠意伯劉基致仕夏四月丙戌傅友德克階州文隆綿三州相繼下五月免江西浙江秋糧六月壬午傅友德克漢州辛卯廖永忠克夔州戊戌明昇將丁世貞破文州守將朱顯忠死之癸卯湯和至重慶明昇降戊申倭寇膠州是月徙山後民三萬五千戶於內地又徙沙漠遺民三萬二千戶屯田北平秋七月辛亥徐達練兵山西辛酉傅友德下成都四川平乙丑明昇至京師封歸義侯八月甲午免中都淮揚及泰滁無爲田租己酉振陝西饑是月高州海寇亂通判王名善死之九月庚戌朔日有食之冬十月丙申征蜀師還十一月丙辰有事於圜丘庚申命官吏犯贓者罪勿貸是月免陝西河南被災田租十二月徐達還是年安南浡泥高麗三佛齊暹羅日本眞臘入貢

五年春正月癸丑待制王禕使雲南詔諭元梁王把匝剌瓦爾密禕至不屈死乙丑徙陳理明昇於高麗甲戌魏國公徐達爲征虜大將軍出雁門趨和林曹國公李文忠爲左副將軍出應昌宋國公馮勝爲征西將軍取甘肅征擴廓帖木兒靖海侯吳禎督海運餉遼東衞國公鄧愈爲征南將軍江夏侯周德興江陰侯吳良副之分道討湖南廣西洞蠻二月丙戌安南陳叔明弒其主日熞自立遣使入貢却之三月丁卯都督僉事藍玉敗擴廓於土剌河夏四月己卯振濟南萊州饑戊戌始行鄉飲酒禮庚子鄧愈平散毛諸洞蠻五月壬子徐達及元兵戰於嶺北敗績是月詔曰天下大定禮儀風俗不可不正諸遭亂爲人奴隸者復爲民凍餒者里中富室假貸之孤寡殘疾者官養之毋失所鄉黨論齒相見揖拜毋違禮婚姻毋論財喪事稱家有無毋惑陰陽拘忌停柩暴露流民復業者各就丁力耕種毋以舊田爲限僧道齋醮雜男女恣飲食有司嚴治之閩粵豪家毋閹人子爲火者犯者抵罪六月丙子定宦官禁令丁丑定宮官女職之制戊寅馮勝克甘肅追敗元兵於瓜沙州癸巳定六部職掌及歲終考績法壬寅吳良平靖州蠻甲辰李文忠敗元兵於阿魯渾河宣寧侯曹良臣戰沒乙巳作鐵榜誡功臣是月振山東饑免被災郡縣田租秋七月丙辰湯和及元兵戰於斷頭山敗績八月丙申吳良平五開古州諸蠻甲辰元兵犯雲內同知黃理死之九月戊午周德興平婪鳳安田諸蠻冬十月丁酉馮勝師還是月免應天太平鎮江寧國廣德田租十一月辛酉有事於圜丘甲子征南師還壬申納哈出犯遼東是月召徐達李文忠還十二月甲戌詔以農桑學校課有司辛巳命百官奏事啓皇太子庚子鄧愈爲征西將軍征吐番壬寅貽元嗣君書是年瑣里占城高麗琉球烏斯藏入貢高麗貢使再至諭自後三年一貢

六年春正月甲寅謫汪廣洋爲廣東參政二月乙未諭暫罷科舉察舉賢才壬寅命御史及按察使考察有司三月癸卯朔日有食之頒昭鑒錄訓誡諸王戊申大閱壬子徐達爲征虜大將軍李文忠馮勝鄧愈湯和副之備邊山西北平甲子指揮使於顯爲總兵官備倭夏四月己丑命有司上山川險易圖六月壬午盱眙獻瑞麥薦宗廟壬辰擴廓帖木兒遣兵攻雁門指揮吳均擊却之是月免北平河間河南開封延安汾州被災田租秋七月壬寅命戶部稽渡江以來各省水旱災傷分數優恤之壬子胡惟庸爲右丞相八月乙亥詔祀三皇及歷代帝王冬十月辛巳召徐達馮勝還十一月壬子擴廓帖木兒犯大同徐達遣將擊敗之達仍留鎭甲子遣兵部尚書劉仁振眞定饑丙寅冬至帝不豫改卜郊閏月乙亥錄故功臣子孫未嗣者二百九人壬午有事於圜丘庚寅頒定大明律是年暹羅高麗占城眞臘三佛齊入貢命安南陳叔明權知國事

七年春正月甲戌都督僉事王簡王誠平章李伯昇屯田河南山東北平靖海侯吳禎爲總兵官都督於顯副之巡海捕倭二月丁酉朔日有食之戊午修曲阜孔子廟設孔顏孟三氏學是月平陽太原汾州歷城汲縣旱蝗竝免租稅夏四月己亥都督藍玉敗元兵於白酒泉遂拔興和壬寅金吾指揮陸齡討永道諸州蠻平之五月丙子免眞定等四十二府州縣被災田租辛巳振蘇州饑民三十萬戶癸巳減蘇松嘉湖極重田租之半六月陝西平涼延安靖寧鄜州雨雹山西山東北平河南蝗竝蠲田租秋七月甲子文忠破元兵於大寧高州壬申倭寇登萊八月甲午朔祀歷代帝王廟辛丑詔軍士陣歿父母妻子不能自存者官爲存養百姓避兵離散或客死遺老幼竝資遣還遠宦卒官妻子不能歸者有司給舟車資送庚申振河間廣平順德眞定饑蠲租稅九月丁丑遣崇禮侯買的里八剌歸遺元嗣君書冬十一月壬戌納哈出犯遼陽千戶吳壽擊走之辛未有事於圜丘十二月戊戌召鄧愈湯和還是年阿難功德國暹羅琉球三佛齊烏斯藏撒里畏兀兒入貢

八年春正月辛未增祀雞籠山功臣廟一百八人癸酉命有司察窮民無告者給屋舍衣食辛巳鄧愈湯和等十三人屯戍北平陝西河南丁亥詔天下立社學是月河決開封發民夫塞之二月甲午宥雜犯死罪以下及官犯私罪者謫鳳陽輸作屯種贖罪癸丑耕耤田召徐達李文忠馮勝還傅友德等留鎭北平三月辛酉立鈔法辛巳罷寶源局鑄錢夏四月辛卯幸中都丁巳至自中都免彰德大名臨洮平涼河州被災田租罷營中都致仕誠意伯劉基卒五月己巳永嘉侯朱亮祖借傅友德鎭北平六月壬寅指揮同知胡汝平貴州蠻秋七月己未朔日有食之辛酉改作太廟壬戌召傅友德朱亮祖還李文忠顧時鎭山西北平戊辰詔百官奔父母喪不俟報京師地震丁丑免應天太平寧國鎭江及蘄黃諸府被災田租八月己酉元擴廓帖木兒卒冬十月丁亥詔舉富民素行端潔達時務者壬子命皇太子諸王講武中都十一月丁丑有事於圜丘十二月戊子京師地震甲寅遣使振蘇州湖州嘉興松江常州太平寧國

杭州水災是月納哈出犯遼東指揮馬雲葉旺大敗之是年撒里高麗占城暹羅日本瓜哇三佛齊入貢

九年春正月中山侯湯和潁川侯傅友德都督僉事藍玉王弼中書右丞丁玉備邊延安三月己卯詔曰比年西征燉煌北伐沙漠軍需甲仗皆資山陜又以秦晉二府宮殿之役重困吾民平定以來閭閻未息國都始建土木屢興畿輔旣極煩勞外郡疲於轉運今蓄儲有餘其淮揚安徽池五府及山西陝西河南福建江西浙江北平湖廣今年租賦悉免之夏四月庚戌京師自去年八月不雨是日始雨五月癸酉自庚戌雨至是日始霽六月甲午改行中書省爲承宣布政使司辛丑李文忠還秋七月癸丑朔日有食之是月蠲蘇松嘉湖水災田租振永平旱災元將伯顏帖木兒犯延安傅友德敗降之八月己酉遣官省歷代帝王陵寢禁芻牧置守陵戶忠臣烈士祠有司以時葺治分遣國子生修嶽鎮海瀆祠西番朶兒只巴寇罕東河州指揮寗正擊走之閏九月庚寅以災異詔求直言冬十月己未太廟成自是行合享禮丙子命秦晉燕吳楚齊諸王治兵鳳陽十一月壬午有事於圜丘戊子徙山西及眞定民無產者田鳳陽十二月甲寅振畿內浙江湖北水災己卯遣都督同知沐英乘傳詣陝西問民疾苦是年覽邦琉球安南日本烏斯藏高麗入貢

十年春正月辛卯以羽林等衞軍益秦晉燕三府護衞是春振蘇松嘉湖水災夏四月己酉鄧愈爲征西將軍沐英爲副將軍率師討吐番大破之是月振太平寧國及宜興錢塘諸縣水災五月庚子韓國公李善長曹國公李文忠總中書省大都督府御史臺議軍國重事癸卯振湖廣水災丙午戶部主事趙乾振荊蘄遲緩伏誅六月丁巳詔臣民言事者實封達御前丙寅命政事啓皇太子裁決奏聞秋七月甲申置通政司是月始遣御史巡按州縣八月庚戌改建大祀殿於南郊癸丑選武臣子弟讀書國子監九月丙申振紹興金華衢州水災辛丑胡惟庸爲左丞相汪廣洋爲右丞相冬十月戊午封沐英西平侯辛酉賜百官公田十一月癸未衞國公鄧愈卒丁亥合祀天地於奉天殿是月免河南陝西廣東湖廣田租威茂蠻叛御史大夫丁玉爲平羌將軍討平之十二月乙巳朔日有食之丁未錄故功臣子孫五百餘人授官有差是年占城三佛齊暹羅瓜哇眞臘入貢高麗使五至以嗣王未立却之

十一年春正月甲戌封皇子椿爲蜀王柏湘王桂豫王楧漢王植衞王改封吳王橚爲周王己卯進封湯和信國公是月徵天下布政使及知府來朝二月指揮胡淵平茂州蠻三月壬午命奏事毋關白中書省是月第來朝官爲三等夏四月元嗣君愛猷識理達臘殂子脫古思帖木兒嗣五月丁酉存問蘇松嘉湖被水災民戶賜米一石蠲逋賦六十五萬有奇六月壬子遣使祭故元嗣君己巳五開蠻叛殺靖州指揮過興以辰州指揮楊仲名爲總兵官討之秋七月丁丑振平陽饑是月蘇松揚台海溢遣官存恤八月免應天太平鎭江寧國廣德諸府州秋糧九月丙申追封劉繼祖爲義惠侯冬十月甲子大祀殿成十一月庚午征西將軍西平侯沐英率都督藍玉王弼討西番是月五開蠻平是年暹羅闍婆高麗琉球占城三佛齊朶甘烏斯藏彭亨百花入貢

十二年春正月己卯始合祀天地於南郊甲申洮州十八族番叛命沐英移兵討之丙申丁玉平松州蠻二月戊戌李文忠督理河岷臨鞏軍事乙巳詔曰今春雨雪經旬天下貧民困於饑寒者多有其令有司給以鈔丙寅信國公湯和率列侯練兵臨清夏五月癸未蠲北平田租六月丁卯都督馬雲征大寧秋七月丙辰丁玉回師討眉縣賊平之己未李文忠還掌大都督府事八月辛巳詔凡致仕官復其家終身無所與九月己亥沐英大破西番禽其部長三副使十一月甲午沐英班師封仇成藍玉等十二人爲侯庚申大寧平十二月汪廣洋貶廣南賜死徵天下博學老成之士至京師是年占城瓜哇暹羅日本安南高麗入貢高麗貢黃金百斤白金萬兩以不如約却之

十三年春正月戊戌左丞相胡惟庸謀反及其黨御史大夫陳寧中丞涂節等伏誅癸卯大祀天地於南郊罷中書省廢丞相等官更定六部官秩改大都督府爲中左右前後五軍都督府二月壬戌朔詔舉聰明正直孝弟力田賢良方正文學術數之士發丹符驗天下金穀之數戊辰文武官年六十以上者聽致仕給以誥敕三月壬辰減蘇松嘉湖重賦十之二壬寅燕王棣之國北平壬子沐英襲元將脫火赤於亦集乃禽之盡降其衆夏四月己丑命羣臣各舉所知五月甲午雷震謹身殿乙未大赦丙申釋在京及臨濠屯田輸作者己亥免天下田租吏以過誤罷者還其職壬寅都督濮英進兵赤斤站獲故元豳王亦憐眞及其部曲而還是月罷御史臺命從征士卒老疾者許以子代老而無子及寡婦有司賚遣還六月丙寅雷震奉天門避正殿省愆丁卯罷王府工役丁丑置諫院官秋八月命天下學校師生日給廩膳九月辛卯景川侯曹震滎陽侯楊璟永城侯薛顯屯田北平乙巳天壽節始受羣臣朝賀賜宴於謹身殿後以爲常丙午置四輔官告於太廟以儒士王本杜佑龔斅杜斅趙民望吳源爲春夏官是月詔陝西衞軍以三分之二屯田安置翰林學士承旨宋濂於茂州道卒冬十一月乙未徐達還丙午元平章完者不花乃兒不花犯永平指揮劉廣戰沒千戶王輅擊敗之禽完者不花十二月天下府州縣所舉士至者八百六十餘人授官有差南雄侯趙庸鎭廣東討陽春蠻是年琉球日本安南占城眞臘瓜哇入貢日本以無表却之

十四年春正月戊子徐達爲征虜大將軍湯和傅友德爲左右副將軍帥師討乃兒不花命新授官者各舉所知乙未大祀天地於南郊壬子罷天下歲造兵器癸丑命公侯子弟入國學丙辰詔求隱逸二月庚辰覈天下官田三月丙戌大赦辛丑頒五經四書於北方學校夏四月庚午徐達率諸將出塞至北黃河擊破元兵獲全寧四部以歸五月五溪蠻叛江夏侯周德興討平之秋八月丙子詔求明經老成之士有司禮送京師庚辰河決原武祥符中牟辛巳徐達還九月壬午朔傅友德爲征南將軍藍玉沐英爲左右副將軍帥師征雲南徐達鎭北平丙午周德興移師討施州蠻平之冬十月壬子朔日有食之癸丑命法司錄囚會翰林院給事中及春坊官會議平允以聞甲寅免應天太平廣德鎭江寧國田租癸亥分遣御史錄囚己卯延安侯唐勝宗帥師討浙東山寇平之十一月壬午吉安侯陸仲亨鎭成都庚戌趙庸討廣州海寇大破之十二月丁巳命翰林春坊官考駁諸司章奏戊辰傅友德大敗元兵於白石江遂下曲靖壬申元梁王把匝剌瓦爾密走普寧自殺是年暹羅安南瓜哇朶甘烏斯藏入貢以安南寇思明不納

明史卷三　本紀第三

總裁官總理事務經筵講官少保兼太子太保保和殿大學士兼管吏部戶部尚書事加六級張廷玉等奉

敕修

太祖三

十五年春正月辛巳宴羣臣於謹身殿始用九奏樂景川侯曹震定遠侯王弼下威楚路壬午元曲靖宣慰司及中慶澂江武定諸路俱降雲南平己丑減大辟囚乙未大祀天地於南郊庚戌命天下朝覲官各舉所知一人二月壬子河決河南命駙馬都尉李祺振之甲寅以雲南平詔天下閏月癸卯藍玉沐英克大理分兵徇鶴慶麗江金齒俱下三月庚午河決朝邑夏四月甲申遷元梁王把匝剌瓦兒密及威順王子伯伯等家屬於耽羅丙戌詔天下通祀孔子壬辰免畿內浙江江西河南山東稅糧五月乙丑太學成釋奠於先師孔子丙子廣平府吏王允道請開磁州鐵冶帝曰朕聞王者使天下無遺賢不聞無遺利今軍器不乏而民業已定無益於國且重擾民杖之流嶺南丁丑遣行人訪經明行修之士秋七月乙卯河決滎澤陽武辛酉罷四輔官乙亥傅友德沐英擊烏撒蠻大敗之八月丁丑復設科取士三年一行爲定制丙戌皇后崩己丑延安侯唐勝宗長興侯耿炳文屯田陝西丁酉擢秀才曾泰爲戶部尚書辛丑命徵至秀才分六科試用九月己酉吏部以經明行修之士鄭韜等三千七百餘人入見令舉所知復遣使徵之賜韜等鈔尋各授布政使參政等官有差庚午葬孝慈皇后於孝陵冬十月丙子置都察院丙申錄囚甲辰徐達還是月廣東羣盜平詔趙庸班師十一月戊午置殿閣大學士以邵質吳伯宗宋訥吳沉爲之十二月辛卯振北平被災屯田士卒己亥永城侯薛顯理山西軍務是年瓜哇琉球烏斯藏占城入貢

十六年春正月乙卯大祀天地於南郊戊午徐達鎭北平二月丙申初命天下學校歲貢士於京師三月甲辰召征南師還沐英留鎭雲南丙寅復鳳陽臨淮二縣民繇賦世世無所與夏五月庚申免畿內各府田租六月辛卯免畿內十二州縣養馬戶田租一年滁州免二年秋七月分遣御史錄囚八月壬申朔日有食之九月癸亥申國公鄧鎭爲征南將軍討龍泉山寇平之冬十月丁丑召徐達等還十二月甲午刑部尚書開濟有罪誅是年琉球占城西番打箭爐暹羅須文達那入貢

十七年春正月丁未大祀天地於南郊戊申徐達鎭北平壬戌湯和巡視沿海諸城防倭三月戊戌朔頒科舉取士式曹國公李文忠卒甲子大赦天下夏四月壬午論平雲南功進封傅友德潁國公陳桓等侯者四人大賚將士庚寅收陣亡遺骸增築國子學舍五月丙寅涼州指揮宋晟討西番於亦集乃敗之秋七月戊戌禁內官預外事敕諸司毋通內官監文移癸丑詔百官迎養父母者官給舟車丁巳免畿內今年田租之半庚申錄囚壬戌盱眙人獻天書斬之八月丙寅河決開封壬申決杞縣遣官塞之己丑蠲河南諸省逋賦冬十月丙子河南北平大水分遣駙馬都尉李祺等振之閏月癸丑詔天下罪囚刑部都察院詳議大理寺覆讞後奏決是

月召徐達還十二月壬子蠲雲南逋賦是年琉球暹羅安南占城入貢

十八年春正月辛未大祀天地於南郊癸酉朝覲官分五等考績黜陟有差二月甲辰以久陰雨雷雹詔臣民極言得失己未魏國公徐達卒三月壬戌賜丁顯等進士及第出身有差詔中外官父母歿任所者有司給舟車歸其喪著爲令乙亥免畿內今年田租命天下郡縣瘞暴骨丙子初選進士爲翰林院承敕監六科庶吉士己丑戶部侍郎郭桓坐盜官糧誅夏四月丁酉吏部尚書余熂以罪誅丙辰思州蠻叛湯和爲征虜將軍周德興爲副將軍帥師從楚王楨討之六月戊申定外官三年一朝著爲令秋七月甲辰封王禑爲高麗國王庚辰五開蠻叛八月庚戌馮勝傅友德藍玉備邊北平是月振河南水災冬十月己丑頒大誥於天下癸卯召馮勝還甲辰詔曰孟子傳道有功名教歷年既久子孫甚微近有以罪輸作者豈禮先賢之意哉其加意詢訪凡聖賢後裔輸作者皆免之是月楚王楨信國公湯和討平五開蠻十一月乙亥蠲河南山東北平田租十二月丙午詔有司舉孝廉癸丑麓川平緬宣慰使思倫發反都督馮誠敗績千戶王昇死之是年高麗琉球安南暹羅入貢

十九年春正月辛酉振大名及江浦水災甲子大祀天地於南郊是月征蠻師還二月丙申耕耤田癸丑振河南饑夏四月甲辰詔贖河南饑民所鬻子女六月甲辰詔有司存問高年貧民年八十以上月給米五斗酒三斗肉五斤九十以上歲加帛一匹絮一斤有田產者罷給米應天鳳陽富民年八十以上賜爵社士九十以上鄉士天下富民八十以上里士九十以上社士皆與縣官均禮復其家鰥寡孤獨不能自存者歲給米六石士卒戰傷除其籍賜復三年將校陣亡其子世襲加一秩巖穴之士以禮聘遣丁未振青州及鄭州饑秋七月癸未詔舉經明行修練達時務之士年六十以上者置翰林備顧問六十以下於六部布按二司用之八月甲辰命皇太子修泗州盱眙祖陵葬德祖以下帝后冕服九月庚申屯田雲南冬十月命官軍已亡子女幼或父母老者皆給全俸著爲令十二月癸未朔日有食之是月命宋國公馮勝分兵防邊發北平山東山西河南民運糧於大寧是年高麗琉球暹羅占城安南入貢

二十年春正月癸丑馮勝爲征虜大將軍傅友德藍玉副之率師征納哈出焚錦衣衛刑具以繫囚付刑部甲子大祀天地於南郊禮成天氣清明侍臣進曰此陛下敬天之誠所致帝曰所謂敬天者不獨嚴而有禮當有其實天以子民之任付於君爲君者欲求事天必先恤民恤民者事天之實也即如國家命人任守令之事若不能福民則是棄君之命不敬孰大焉又曰爲人君者父天母地子民皆職分之所當盡祀天地非祈福於己實爲天下蒼生也二月壬午閱武乙未耕耤田三月辛亥馮勝率師出松亭關城大寧寬河會州富峪夏四月戊子江夏侯周德興築福建瀕海城練兵防倭六月庚子臨江侯陳鏞從征失道戰沒癸卯馮勝兵踰金山丁未納哈出降閏月庚申師還次金山都督濮英殿軍遇伏死之秋八月癸酉收馮勝將軍印召還藍玉攝軍事景川侯曹震屯田雲南品甸九月戊寅封納哈出海西侯癸未置大寧都指揮使司丁酉安置鄭國公常茂於龍州丁未藍玉爲征虜大將軍延安侯唐勝宗武定侯郭英副之北征沙漠是月城西寧冬十月戊申封朱壽爲舳艫侯張赫爲航海侯是月馮勝罷歸鳳陽奉朝請十一月壬午普定侯陳桓靖寧侯葉昇屯田定邊姚安畢節諸衛己丑湯和還凡築寧海臨山等五十九城十二月振登萊饑是年琉球安南高麗占城眞臘朶甘烏斯藏入貢

二十一年春正月辛巳麓川蠻思倫發入寇馬龍他郎甸都督甯正擊敗之辛卯大祀天地於南郊甲午振青州饑逮治有司匿不以聞者三月乙亥賜任亨泰等進士及第出身有差丙戌振東昌饑甲辰沐英討思倫發敗之夏四月丙辰藍玉襲破元嗣君於捕魚兒海獲其次子地保奴及妃主王公以下數萬人而還五月甲戌朔日有食之六月甲辰信國公湯和歸鳳陽甲子傅友德爲征南將軍沐英陳桓爲左右副將軍帥師討東川叛蠻秋七月戊寅安置地保奴於琉球八月癸丑徙澤潞民無業者墾河南北田賜鈔備農具復三年丁卯藍玉師還大賚北征將士戊辰封孫恪爲全寧侯是月御製八諭飭武臣九月丙戌秦晉燕周楚齊湘魯潭九王來朝癸巳越州蠻阿資叛沐英會傅友德討之冬十月丁未東川蠻平十二月壬戌進封藍玉涼國公是年高麗占城琉球暹羅眞臘撒馬兒罕安南入貢詔安南三歲一朝象犀之屬毋獻安南黎季犛弒其主煒

二十二年春正月丙戌改大宗正院曰宗人府以秦王樉爲宗人令晉王棡燕王棣爲左右宗正周王橚楚王楨爲左右宗人丁亥大祀天地於南郊乙未傅友德破阿資於普安二月己未藍玉練兵四川壬戌禁武臣預民事癸亥湖廣千戶夏得忠結九溪蠻作亂靖寧侯葉昇討平之得忠伏誅是月阿資降三月庚午傅友德帥諸將分屯四川湖廣防西南蠻夏四月己亥徙江南民田淮南賜鈔備農具復三年癸丑魏國公徐允恭開國公常昇等練兵湖廣甲寅徙元降王於眈羅是月遣御史按山東官匿災不奏者五月辛卯置泰寧朶顏福餘三衛於兀良哈秋七月傅友德等還八月乙卯詔天下舉高年有德識時務者是月更定大明律九月丙寅朔日有食之冬十一月丙寅宣德侯金鎭等練兵湖廣己卯思倫發入貢謝罪麓川平十二月甲辰周王橚有罪遷雲南尋罷徙留居京師定遠侯王弼等練兵山西河南陝西是年高麗安南占城暹羅眞臘入貢元也速迭兒弒其主脫古思帖木兒而立坤帖木兒高麗廢其主禑又廢其主昌安南黎季犛復弒其主日焜

二十三年春正月丁卯晉王棡燕王棣帥師征元丞相咬住太尉乃兒不花征虜前將軍潁國公傅友德等皆聽節制己卯大祀天地於南郊庚辰貴州蠻叛延安侯唐勝宗討平之乙酉齊王榑帥師從燕王棣北征贛州賊爲亂東川侯胡海充總兵官普定侯陳桓靖寧侯葉昇爲副將討平之唐勝宗督貴州各衞屯田二月戊申藍玉討平西番叛蠻丙辰耕耤田癸亥河決歸德發諸軍民塞之三月癸巳燕王棣師次迤都咬住等降夏四月吉安侯陸仲亨等坐胡惟庸黨下獄丙申潭王梓自焚死閏月丙子藍玉平施南忠建叛蠻五月甲午遣諸公侯還里賜金幣有差乙卯賜太師韓國公李善長死陸仲亨等皆坐誅作昭示姦黨錄布告天下六月乙丑藍玉遣鳳翔侯張龍平都勻散毛諸蠻庚寅授耆民有才德知典故者官秋七月壬辰河決開封振之癸巳崇明海門風雨海溢遣官振之發民二十五萬築隄八月壬申詔毋以吏卒充選舉藍玉還是月振河南北平山東水災九月庚寅朔日有食之冬十月己卯振湖廣饑十一月癸丑免山東被災田租十二月癸亥令殊死以下囚輸粟北邊自贖壬申罷天下歲織文綺是年壘刺哈梅里高麗占城眞臘琉球暹羅入貢

二十四年春正月癸卯大祀天地於南郊戊申潁國公傅友德爲征虜將軍定遠侯王弼武定侯郭英副之備北平邊丁巳免山東田租二月壬申耕耤田三月戊子朔日有食之魏國公徐輝祖曹國公李景隆涼國公藍玉等備邊陝西乙未靖寧侯葉昇練兵甘肅丁酉賜許觀等進士及第出身有差夏四月辛未封皇子㮵爲慶王權寧王楩岷王橞谷王松韓王模瀋王楹安王桱唐王棟郢王㰘伊王癸未燕王棣督傅友德諸將出塞敗敵而還五月戊戌漢衞谷慶寧岷六王練兵臨清六月己未詔廷臣參考歷代禮制更定冠服居室器用制度甲子久旱錄囚秋七月庚子徙富民實京師辛丑免畿內官田租之半八月乙卯秦王樉有罪召還京師乙丑皇太子巡撫陝西乙亥都督僉事劉眞宋晟討哈梅里敗之九月乙酉遣使諭西域是月倭寇雷州百戶李玉鎭撫陶鼎戰死冬十月丁巳免北平河間被水田租十一月甲午五開蠻叛都督僉事茅鼎討平之庚戌皇太子還京師晉王棡來朝辛亥振河南水災十二月庚午周王橚復國辛巳阿資復叛都督僉事何福討降之是年天下郡縣賦役黃冊成計戶千六十八萬四千四百三十五丁五千六百七十七萬四千五百六十一琉球暹羅別失八里撒馬兒罕入貢以占城有篡逆事却之

二十五年春正月戊子周王橚來朝庚寅河決陽武發軍民塞之免被水田租乙未大祀天地於南郊何福討都勻畢節諸蠻平之辛丑令死囚輸粟塞下壬寅晉王棡燕王棣楚王楨湘王柏來朝二月戊午召曹國公李景隆等還京師靖寧侯葉昇等練兵於河南及臨鞏甘涼延慶都督茅鼎等平五開蠻丙寅耕耤田庚辰詔天下衞所軍以十之七屯田三月癸未馮勝等十四人分理陝西山西河南諸衞軍務庚寅改封豫王桂爲代王漢王楧爲肅王衞王植爲遼王夏四月壬子涼國公藍玉征罕東癸丑建昌衞指揮月魯帖木兒叛指揮魯毅敗之丙子皇太子標薨戊寅都督聶緯徐司馬瞿能討月魯帖木兒俟藍玉還竝聽節制五月辛巳藍玉至罕東寇遁遂趨建昌己丑振陳州原武水災六月丁卯西平侯沐英卒於雲南秋七月庚辰秦王樉復國癸未指揮瞿能敗月魯帖木兒於雙狼寨八月己未江夏侯周德興坐事誅丁卯馮勝傅友德帥開國公常昇等分行山西籍民爲軍屯田於大同東勝立十六衞甲戌給公侯歲祿歸賜田於官丙子靖寧侯葉昇坐胡惟庸黨誅九月庚寅立皇孫允炆爲皇太孫高麗李成桂幽其主瑤而自立以國人表來請命詔聽之更其國號曰朝鮮冬十月乙亥沐春襲封西平侯鎭雲南十一月甲午藍玉禽月魯帖木兒誅之召玉還十二月甲戌宋國公馮勝潁國公傅友德等兼東宮師保官閏月戊戌馮勝爲總兵官傅友德副之練兵山西河南兼領屯衞是年琉

球中山山南高麗哈梅里入貢

二十六年春正月戊申免天下耆民來朝辛酉大祀天地於南郊二月丁丑晉王棡統山西河南軍出塞召馮勝傅友德常昇王弼等還乙酉蜀王椿來朝涼國公藍玉以謀反幷鶴慶侯張翼普定侯陳桓景川侯曹震舳艫侯朱壽東莞伯何榮吏部尚書詹徽等皆坐誅己丑頒逆臣錄於天下庚寅耕耤田三月辛亥代王桂率護衞兵出塞聽晉王節制長興侯耿炳文練兵陝西丙辰馮勝傅友德備邊山西北平其屬衞將校悉聽晉王燕王節制庚申詔二王軍務大者始以聞壬戌會寧侯張溫坐藍玉黨誅夏四月乙亥孝感饑遣使乘傳發倉貸之詔自今遇歲饑先貸後聞著爲令戊子周王橚來朝庚寅旱詔羣臣直言得失省獄囚丙申以安南擅廢立絕其朝貢秋七月甲辰朔日有食之戊申選秀才張宗濬等隨詹事府官分直文華殿侍皇太孫八月秦晉燕周齊五王來朝九月癸丑代肅遼慶寧五王來朝赦胡惟庸藍玉餘黨冬十月丙申擢國子監生六十四人爲布政使等官十二月頒永鑑錄於諸王是年琉球瓜哇暹羅入貢

二十七年春正月乙卯大祀天地於南郊辛酉李景隆爲平羌將軍鎭甘肅發天下倉穀貸貧民三月庚子賜張信等進士及第出身有差辛丑魏國公徐輝祖安陸侯吳傑備倭浙江庚戌課民樹桑棗木棉甲子以四方底平收藏甲兵示不復用秋八月甲戌吳傑及永定侯張銓率致仕武臣備倭廣東乙亥遣國子監生分行天下督吏民修水利丙戌階文軍亂都督甯正爲平羌將軍討之九月徐輝祖節制陝西沿邊諸軍冬十一月乙丑穎國公傅友德坐事誅阿資復叛西平侯沐春擊敗之十二月乙亥定遠侯王弼坐事誅是年烏斯藏琉球緬朶甘瓜哇撒馬兒罕朝鮮入貢安南來貢却之

二十八年春正月丙午階文寇平甯正以兵從秦王樉征洮州叛番丁未大祀天地於南郊甲子西平侯沐春擒斬阿資越州平是月周王橚晉王棡率河南山西諸衞軍出塞築城屯田燕王棣帥總兵官周興出遼東塞二月丁卯宋國公馮勝坐事誅己丑諭戶部編民百戶爲里婚姻死喪疾病患難里中富者助財貧者助力春秋耕穫通力合作以敎民睦六月壬申詔諸土司皆立儒學辛巳周興等自開原追敵至甫答迷城不及而還己丑御奉天門諭羣臣曰朕起兵至今四十餘年灼見情僞懲創奸頑或法外用刑本非常典後嗣止循律與大誥不許用黥刺剕劓閹割之刑臣下敢以請者寘重典又曰朕罷丞相設府部都察院分理庶政事權歸於朝廷嗣君不許復立丞相臣下敢以請者寘重典皇親惟謀逆不赦餘罪宗親會議取上裁法司祇許舉奏毋得擅逮勒諸典章永爲遵守秋八月丁卯都督楊文爲征南將軍指揮韓觀都督僉事宋晟副之討龍州土官趙宗壽戊辰信國公湯和卒辛巳趙宗壽伏罪來朝楊文移兵討奉議南丹叛蠻九月丁酉免畿內山東秋糧庚戌頒皇明祖訓條章於中外後世有言更祖制者以奸臣論十一月乙亥奉議南丹蠻悉平十二月壬辰詔河南山東桑棗及二十七年後新墾田毋徵稅是年朝鮮琉球暹羅入貢

二十九年春正月壬申大祀天地於南郊二月癸卯征虜前將軍胡冕討郴桂蠻平之辛亥燕王棣帥師巡大寧周世子有燉帥師巡北平關隘三月辛酉楚王楨湘王柏來朝甲子燕王敗敵於徹徹兒山又追敗之於兀良哈禿城而還秋八月丁未免應天太平五府田租九月乙亥召致仕武臣二千五百餘人入朝大賚之各進秩一級是年琉球安南朝鮮烏斯藏入貢

三十年春正月甲戌耿炳文爲征西將軍郭英副之巡西北邊丙寅大祀天地於南郊丁卯置行太僕寺於山西北平陝西甘肅遼東掌馬政己巳左都督楊文屯田遼東是月沔縣盜起詔耿炳文討之二月庚寅水西蠻叛都督僉事顧成爲征南將軍討平之三月癸丑賜陳䢿等進士及第出身有差庚辰古州蠻叛龍里千戶吳得鎭撫井孚戰死夏四月己亥都指揮齊讓爲平羌將軍討之壬寅水西蠻平五月壬子朔日有食之乙卯楚王楨湘王柏帥師討古州蠻六月辛巳賜禮部覆試貢士韓克忠等進士及第出身有差己酉駙馬都尉歐陽倫有罪賜死秋八月丁亥河決開封甲午李景隆爲征虜大將軍練兵河南九月庚戌漢沔寇平戊辰麓川平緬土酋刀幹孟逐其宣慰使思倫發以叛乙亥都督楊文爲征虜將軍代齊讓冬十月戊子停遼東海運辛卯耿炳文練兵陝西乙未重建國子監先師廟成十一月癸酉沐春爲征虜前將軍都督何福等副之討刀幹孟是年琉球占城朝鮮暹羅烏斯藏泥八剌入貢

三十一年春正月壬戌大祀天地於南郊乙丑遣使之山東河南課耕二月乙酉倭寇寧海指揮陶鐸擊敗之辛丑古州蠻平召楊文還甲辰都督僉事徐凱討平麽些蠻夏四月庚辰廷臣以朝鮮屢生釁隙請討不許五月丁未沐春擊刀幹孟大敗之甲寅帝不豫戊午都督楊文從燕王棣武定侯郭英從遼王植備禦開平俱聽燕王節制閏月癸未帝疾大漸乙酉崩於西宮年七十有一遺詔曰朕膺天命三十有一年憂危積心日勤不怠務有益於民奈起自寒微無古人之博知好善惡惡不及遠矣今得萬物自然之理其奚哀念之有皇太孫允炆仁明孝友天下歸心宜登大位內外文武臣僚同心輔政以安吾民喪祭儀物毋用金玉孝陵山川因其故毋改作天下臣民哭臨三日皆釋服毋妨嫁娶諸王臨國中毋至京師諸不在令中者推此令從事辛卯葬孝陵諡曰高皇帝廟號太祖永樂元年諡神聖文武欽明啓運俊德成功統天大孝高皇帝嘉靖十七年增諡開天行道肇紀立極大聖至神仁文義武俊德成功高皇帝

帝天授智勇統一方夏緯武經文爲漢唐宋諸君所未及當其肇造之初能沉幾觀變次第經畧綽有成算嘗與諸臣論取天下之畧曰朕遭時喪亂初起鄉土本圖自全及渡江以來觀羣雄所爲徒爲生民之患而張士誠陳友諒尤爲巨蠹士誠恃富友諒恃强朕獨無所恃惟不嗜殺人布信義行節儉與卿等同心共濟初與二寇相持士誠尤逼近或謂宜先擊之朕以友諒志驕士誠器小志驕則好生事器小則無遠圖故先攻友諒鄱陽之役士誠卒不能出姑蘇一步以爲之援向使先攻士誠浙西負固堅守友諒必空國而來吾腹背受敵矣二寇既除北定中原所以先山東次河洛止潼關之兵不遽取秦隴者蓋擴廓帖木兒李思齊張思道皆百戰之餘未肯遽下急之則併力一隅猝未易定故出其不意反旆而北燕都旣舉然後西征張李望絕勢窮不戰而克然擴廓猶力抗不屈向令未下燕都驟與角力勝負未可知也帝之雄才大畧料敵制勝率類此故能戡定禍亂以有天下語云天道後起者勝豈偶然哉

贊曰太祖以聰明神武之資抱濟世安民之志乘時應運豪傑景從戡亂摧强十五載而成帝業崛起布衣奄奠海宇西漢以後所未有也懲元政廢弛治尚嚴峻而能禮致耆儒考禮定樂昭揭經義尊崇正學加恩勝國澄清吏治修人紀崇風敎正後宮名義內治肅清禁宦豎不得干政五府六部官職相維置衞屯田兵食俱足武定禍亂文致太平太祖實身兼之至於推尚志節聽蔡子英北歸晚歲憂民益切嘗以一歲開支河暨塘堰數萬以利農桑備旱潦用此子孫承業二百餘年士重名義閭閻充實至今苗裔蒙澤尚如東樓白馬世承先祀有以哉

明史卷四　　本紀第四

總裁官總理事務　經筵講官少保兼太子太保保和殿大學士兼管吏部戶部尚書事加六級張廷玉等奉

敕修

恭閔帝

恭閔惠皇帝諱允炆太祖孫懿文太子第二子也母妃呂氏帝生頴慧好學性至孝年十四侍懿文太子疾晝夜不暫離更二年太子薨居喪毀瘠太祖撫之曰而誠純孝顧不念我乎洪武二十五年九月立爲皇太孫二十九年重定諸王見東宮儀制朝見後於內殿行家人禮以諸王皆尊屬也初太祖命太子省決章奏太子性仁厚於刑獄多所減省至是以命太孫太孫亦復佐以寬大嘗請於太祖遍考禮經參之歷朝刑法改定洪武律畸重者七十三條天下莫不頌德焉三十一年閏五月太祖崩辛卯卽皇帝位大赦天下以明年爲建文元年是日葬高皇帝於孝陵詔行三年喪羣臣請以日易月帝曰朕非效古人亮陰不言也朝則麻冕裳退則齊衰杖絰食則饘粥郊社宗廟如常禮遂命定儀以進丙申詔文臣五品以上及州縣官各舉所知非其人者坐之六月省幷州縣革冗員兵部侍郞齊泰爲本部尚書翰林院修撰黃子澄爲太常卿同參軍國事秋七月召漢中府敎授方孝孺爲翰林院侍講詔行寬政赦有罪蠲逋賦八月周王橚有罪廢爲庶人徙雲南詔興州營州開平諸衞軍全家在伍者免一人天下衞所軍單丁者放爲民九月雲南總兵官西平侯沐春卒於軍左副將何福代領其衆冬十一月工部侍郞張昺爲北平布政使謝貴張信掌北平都指揮使司察燕陰事詔求直言舉山林才德之士十二月癸卯何福破斬刀幹孟麓川平是月賜天下明年田租之半釋黥軍及囚徒還鄉里是年暹羅占城入貢

建文元年春正月癸酉受朝不舉樂庚辰大祀天地於

南郊奉太祖配修太祖實錄二月追尊皇考曰孝康皇帝廟號興宗妣常氏曰孝康皇后尊母妃呂氏曰皇太后冊妃馬氏爲皇后封弟允熥爲吳王允熞衡王允熙徐王立皇長子文奎爲皇太子詔告天下舉遺賢賜民高年米肉絮帛鰥寡孤獨廢疾者官爲牧養重農桑興學校考察官吏振罹災貧民旌節孝瘞暴骨蠲荒田租衛所軍戶絕者除勿勾詔諸王毋得節制文武吏士更定內外大小官制三月釋奠於先師孔子罷天下諸司不急務都督宋忠徐凱耿瓛帥兵屯開平臨清山海關調北平永清二衛軍於彰德順德侍郎暴昭夏原吉等二十四人充採訪使分巡天下甲午京師地震求直言夏四月湘王柏自焚死齊王榑代王桂有罪廢爲庶人遣燕王世子高熾及其弟高煦高燧還北平六月岷王楩有罪廢爲庶人徙漳州己酉燕山護衛百戶倪諒上變燕旗校於諒等伏誅詔讓燕王棣逮王府官僚北平都指揮張信叛附於燕秋七月癸酉燕王棣舉兵反殺布政使張昺都司謝貴長史葛誠指揮盧振教授余逢辰死之叅政郭資副使墨麟僉事呂震等降於燕指揮馬宣走薊州俞瑱走居庸宋忠趨北平聞變退保懷來通州遵化密雲相繼降燕丙子燕兵陷薊州馬宣戰死己卯燕兵陷居庸關甲申陷懷來宋忠俞瑱被執死都指揮彭聚孫泰力戰死永平指揮郭亮等叛降燕壬辰谷王橞自宣府奔京師長興侯耿炳文爲征虜大將軍駙馬都尉李堅都督寗忠爲左右副將軍帥師討燕祭告天地宗廟社稷削燕屬籍詔曰邦家不造骨肉周親屢謀僭逆去年周庶人橚僭爲不軌辭連燕齊湘三王朕以親親故止正橚罪今年齊王榑謀逆又與棣柏同謀柏伏罪自焚死榑已廢爲庶人朕以棣於親最近未忍窮治其事今乃稱兵搆亂圖危宗社獲罪天地祖宗義不容赦是用簡發大兵往致厥罰咨爾中外臣民軍士各懷忠守義與國同心掃兹逆氛永安至治尋命安陸侯吳傑江陰侯吳高都督耿瓛都指揮盛庸潘忠楊松顧成徐凱李友陳暉平安分道並進置平燕布政使司於眞定尚書暴昭掌司事八月己酉耿炳文兵次眞定徐凱屯河間潘忠楊松屯鄚州壬子燕兵陷雄縣潘忠楊松戰於月漾橋被執鄚州陷壬戌耿炳文及燕兵戰於滹沱河北敗績李堅寗忠顧成被執炳文退保眞定燕兵攻之不克引去召遼王植寧王權歸京師權不至詔削護衞丁卯曹國公李景隆爲征虜大將軍代耿炳文九月壬辰吳高耿瓛楊文帥遼東兵圍永平戊寅景隆兵次河間燕兵援永平吳高退保山海關冬十月燕兵自劉家口間道襲陷大寧守將朱鑑死之總兵官劉眞都督陳亨援大寧亨叛降燕燕以寧王權及朶顏三衛卒歸北平辛亥李景隆圍北平燕兵還救十一月辛未李景隆及燕兵戰於鄭村壩敗績奔德州諸軍盡潰燕王棣再上書於朝帝爲罷齊泰黃子澄官仍畱京師

二年春正月丙寅朔詔天下來朝官勿賀丁卯釋奠於先師孔子二月燕兵陷蔚州進攻大同李景隆自德州赴援燕兵還北平保定知府雒僉叛降燕甲子復以都察院爲御史府均江浙田賦詔曰國家有惟正之供江浙賦獨重而蘇松官田悉準私稅用懲一時豈可爲定則今悉與減免畝毋踰一斗蘇松人仍得官戶部三月丙寅朔日有食之賜胡廣等進士及第出身有差夏四月己未李景隆及燕兵戰於白溝河敗之明日復戰敗績都督瞿能越嶲侯俞淵指揮滕聚等皆戰死景隆奔德州五月辛未奔濟南燕兵陷德州遂攻濟南庚辰景隆敗績於城下南走叅政鐵鉉都督盛庸悉力禦之六月己酉遣尚寶丞李得成諭燕罷兵秋八月癸巳承天門災詔求直言戊申盛庸鐵鉉擊敗燕兵濟南圍解復德州九月詔錄洪武中功臣罪廢者後辛未封盛庸歷城侯擢鐵鉉山東布政使叅贊軍務尋進兵部尚書以庸爲平燕將軍都督陳暉平安副之庸屯德州平安及吳傑屯定州徐凱屯滄州冬十月召李景隆還赦不誅庚申燕兵襲滄州徐凱被執十二月甲午燕兵犯濟寗薄東昌乙卯盛庸擊敗之斬其將張玉丙辰復戰又敗之燕兵走館陶庸軍勢大振檄諸屯軍合擊燕絕其歸路

三年春正月辛酉朔凝命神寶成告天地宗廟御奉天殿受朝賀乙丑吳傑平安邀擊燕兵於深州不利辛未大祀天地於南郊丁丑享太廟告東昌捷復齊泰黃子澄官三月辛巳盛庸敗燕兵於夾河斬其將譚淵再戰不利都指揮莊得楚智等力戰死壬午復戰敗績庸走德州丁亥都督何福援德州癸巳貶齊泰黃子澄諭燕罷兵閏月己亥吳傑平安及燕戰於藁城敗績還保眞定燕兵掠眞定順德廣平大名棣上書請召還諸將息兵遣大理少卿薛嵓報之是月禮制成頒行天下五月甲寅盛庸以兵扼燕餉道不克棣復遣使上書下其使於獄六月壬申燕將李遠寇沛縣焚糧艘壬午都督袁宇邀擊之敗績秋七月己丑燕兵掠彰德丁酉平安自眞定攻北平壬寅大同守將房昭帥兵由紫荆關趨保定駐易州西水寨九月甲辰平安及燕將劉江戰於北平敗績還保眞定冬十月丁巳眞定諸將遣兵援房昭及燕王戰於齊眉山敗績十一月壬辰遼東總兵官楊文攻永平及劉江戰於昌黎敗績己亥平安敗燕將李彬於楊村十二月癸亥燕兵焚眞定軍儲詔中官奉使侵暴吏民者所在有司繫治是月駙馬都尉梅殷鎭淮安太祖實錄成

四年春正月甲申召故周王橚於蒙化居之京師燕兵連陷東阿東平汶上兗州濟陽東平吏目鄭華濟陽教諭王省皆死之甲申魏國公徐輝祖帥師援山東燕兵陷沛縣知縣顏伯瑋主簿唐子清典史黃謙死之癸丑薄徐州二月甲寅都督何福及陳暉平安軍濟寗盛庸軍淮上己卯更定品官勳階三月燕兵攻宿州平安追及於淝河斬其將王眞遇伏敗績宿州陷夏四月丁卯何福平安敗燕兵於小河斬其將陳文甲戌徐輝祖等敗燕兵於齊眉山斬其將李斌燕兵懼謀北歸會帝聞訛言謂燕兵已北召輝祖還何福軍亦孤庚辰諸將及燕兵大戰於靈璧敗績陳暉平安禮部侍郎陳性善大理寺卿彭與明皆被執五月癸未楊文帥遼東兵赴濟南潰於直沽己丑盛庸軍潰於淮上燕兵渡淮趨揚州指揮王禮等叛降燕御史王彬指揮崇剛死之辛丑燕兵至六合諸軍迎戰敗績壬寅詔天下勤王遣御史大夫練子寧侍郎黃觀修撰王叔英分道徵兵召齊泰黃子澄還蘇州知府姚善寗波知府王璡徽州知府陳彥回樂平知縣張彥方各起兵入衞甲辰遣慶成郡主如燕師議割地罷兵六月癸丑盛庸帥舟師敗燕兵於浦子口復戰不利都督僉事陳瑄以舟師叛附於燕乙卯燕兵渡江盛庸戰於高資港敗績戊午鎭江守將童俊叛降燕庚申燕兵至龍潭辛酉命諸王分守都城遣李景隆及兵部尚書茹瑺都督王佐如燕軍申前約壬戌復遣谷王橞安王楹往皆不聽甲子遣使齎蠟書四出促勤王兵乙丑燕兵犯金川門左都督徐增壽謀內應伏誅谷王橞及李景隆叛納燕兵都城陷宮中火起帝不知所終燕王遣中使出帝后屍於火中越八日壬申葬之或云帝由地道出亡正統五年有僧自雲南至廣西詭稱建文皇帝思恩知府岑瑛聞於朝按問乃鈞州人楊行祥年已九十餘下獄閱四月死同謀僧十二人皆戍遼東自後滇黔巴蜀間相傳有帝爲僧時往來跡正德萬曆崇禎間諸臣請續封帝後及加廟諡皆下部議不果行

大清乾隆元年

詔廷臣集議追諡曰恭閔惠皇帝

贊曰惠帝天資仁厚踐阼之初親賢好學召用方孝孺等典章制度銳意復古嘗因病晏朝尹昌隆進諫卽深自引咎宣其疏於中外又除軍衞單丁減蘇松重賦皆惠民之大者乃革命而後紀年復稱洪武嗣是子孫臣庶以紀載爲嫌草野傳疑不無訛謬更越

聖朝得經論定尊名壹惠君德用彰懿哉

明史卷五　本紀第五

總裁官總理事務經筵講官少保兼太子太保保和殿大學士兼管吏部戶部尚書事加六級臣張廷玉等奉

敕修

成祖一

成祖啓天弘道高明肇運聖武神功純仁至孝文皇帝諱棣太祖第四子也母孝慈高皇后洪武三年封燕王十三年之藩北平王貌奇偉美髭髯智勇有大畧能推誠任人二十三年同晉王討乃兒不花晉王怯不敢進王倍道趨迤都山獲其全部而還太祖大喜是後屢帥諸將出征並令王節制沿邊士馬王威名大振三十一年閏五月太祖崩皇太孫卽位遺詔諸王臨國中毋得至京師王自北平入奔喪聞詔乃止時諸王以尊屬擁重兵多不法帝納齊泰黃子澄謀欲因事以次削除之憚燕王強未發乃先廢周王橚欲以牽引燕於是告訐四起湘代齊岷皆以罪廢王內自危佯狂稱疾泰子澄密勸帝除王帝未決建文元年夏六月燕山百戶倪諒告變逮官校於諒周鐸等伏誅下詔讓王并遣中官逮王府僚王遂稱疾篤都指揮使謝貴布政使張昺以兵守王宮王密與僧道衍謀令指揮張玉朱能潛納勇士八百人入府守衞秋七月癸酉匿壯士端禮門給貴昺入殺之遂奪九門上書天子指泰子澄爲奸臣并援祖訓朝無正臣內有奸惡則親王訓兵待命天子密詔諸王統領鎭兵討平之書旣發遂舉兵自署官屬稱其師曰靖難拔居庸關破懷來執宋忠取密雲克遵化降永平二旬衆至數萬八月天子以耿炳文爲大將軍帥師致討已酉師至眞定前鋒抵雄縣壬子王夜渡白溝河圍雄拔其城屠之甲寅都指揮潘忠楊松自鄚州來援伏兵擒之遂據鄚州還駐白溝大將軍部校張保來降言大將軍軍三十萬先至者十三萬半營滹沱河南半營河北王懼與北軍戰南軍且乘之也乃縱保歸俾揚

言王帥兵且至，誘其軍盡北渡河壬戌王至眞定與張玉譚淵等夾擊炳文軍大破之獲其副將李堅甯忠及都督顧成等斬首三萬級進圍眞定二日不下乃引去天子聞炳文敗遣曹國公李景隆代領其軍九月戊辰江陰侯吳高以遼東兵圍永平戊寅景隆合兵五十萬進營河間王語諸將曰景隆色厲而中餒聞我在必不敢遽來不若往援永平以致其師吳高怯不任戰我至必走然後還擊景隆堅城在前大軍在後必成擒矣丙戌燕師援永平壬辰吳高聞王至果走追擊敗之遂北趨大寧壬寅以計入其城居七日挾寧王權拔大寧之衆及朶顏三衞卒俱南乙卯至會州始立五軍張玉將中軍鄭亨何壽副之朱能將左軍朱榮李濬副之李彬將右軍徐理孟善副之徐忠將前軍陳文吳達副之房寬將後軍和允中毛整副之丁巳入松亭關景隆聞王征大寧果引軍圍北平築壘九門世子堅守不戰十一月庚午王次孤山遣騎還報曰白河流凘不可渡王禱於神至則冰合乃濟師景隆遣都督陳暉偵敵道左出王軍後王分軍還擊之暉衆爭渡河冰忽解溺死無算辛未與景隆戰於鄭村壩王以精騎先破其七營諸將繼至景隆大敗奔還乙亥復上書自訴十二月景隆調兵德州期以明年春大舉王乃謀侵大同曰攻大同彼必赴救大同苦寒南軍脆弱且不戰疲矣庚申降廣昌二年春正月丙寅克蔚州二月癸丑至大同景隆果由紫荆關來援王已旋軍居庸景隆兵多凍餒死者不見敵而還夏四月景隆進兵河間與郭英吳傑平安期會白溝河乙卯王營蘇家橋己未遇平安兵河側王以百騎前佯却誘安陣動乘之安敗走遂薄景隆軍戰不利暝收軍王以三騎殿夜迷失道下馬伏地視河流乃辨東西渡河去庚申復戰景隆横陣數十里破燕後軍王自帥精騎横擊之斬瞿能父子令邱福衝中堅不得入王盪其左景隆兵乃繞出王後大戰良久飛矢雨注王三易馬矢盡揮劍劍折走登堤佯引鞭若招後繼者景隆疑有伏不敢前高煦救至乃解時南軍益集燕將士皆失色王奮然曰吾不進敵不退有戰耳乃復以勁卒突出其背夾攻之會旋風起折景隆旂王乘風縱火奮擊斬首數萬溺死者十餘萬人郭英潰而西景隆潰而南盡喪其所賜璽書斧鉞走德州五月癸酉王入德州景隆走濟南庚辰攻濟南敗景隆軍城下鐵鉉盛庸堅守不克秋八月戊申解圍還北平九月盛庸代李景隆將復取德州與吳傑平安徐凱相犄角以困北平時徐凱方城滄州王佯出兵攻遼東至通州循河而南渡直沽晝夜兼行冬十月戊午襲執徐凱破其城夜坑降卒三千人遂渡河過德州盛庸遣兵來襲擊敗之十一月壬申至臨清十二月丁酉襲破盛庸將孫霖於滑口乙卯及庸戰於東昌以火器勁弩殲王兵會平安軍至合圍數重王大敗潰圍以免亡數萬人張玉戰死三年春正月辛酉敗吳傑平安於威縣又敗之於深州遂還北平二月乙巳復帥師南下三月辛巳與盛庸遇於夾河譚淵戰死朱能張武殊死鬬庸軍少却會日暮各斂兵入營王以十餘騎逼庸營野宿及明起視已在圍中乃從容引馬鳴角穿營而去諸將以天子有詔毋使負殺叔父名倉卒相顧愕眙不敢發一矢是日復戰自辰至未兩軍相勝負東北風忽起塵埃蔽天燕兵大呼乘風縱擊庸大敗走德州吳傑平安自眞定引軍與庸會未至八十里聞敗引還王以計誘之傑安出兵襲王閏月戊戌遇於藁城己亥與戰大風拔木傑安敗走追至眞定城下癸丑至大名聞齊泰黃子澄已罷上書請召還吳傑平安盛庸兵天子使大理少卿薛嵓來報諭王釋甲王不奉詔夏五月傑安庸分兵斷燕餉道王遣指揮武勝上書詰其故天子怒下勝獄王遂遣李遠畧沛縣焚糧舟萬計秋七月己丑掠彰德丙申降林縣平安乘虛擣北平王遣劉江迎戰安敗走房昭屯易州西水寨攻保定王引兵圍之冬十月丁巳都指揮花英援昭敗之峨眉山下斬首萬級昭棄寨走己卯還北平十一月乙巳王自爲文祭南北陣亡將士當是時王稱兵三年矣親戰陣冐矢石以身先士卒常乘勝逐北然亦屢瀕於危所克城邑兵去旋復爲朝廷守僅據有北平保定永平三府而已無何中官被黜者來奔具言京師空虛可取狀王乃慨然曰頻年用兵何時已乎要當臨江一決不復返顧矣十二月丙寅復出師四年春正月乙未由館陶渡河癸丑徇徐州三月壬辰平安以四萬騎躡王軍王設伏淝河大敗之丙午遣譚清斷徐州餉道還至大店爲鐵鉉軍所圍王引兵馳援清突圍出合擊敗之夏四月丙寅王營小河爲橋以濟平安趨爭橋陳文戰死平安軍橋南王軍橋北相持數日平安轉戰遇王於北坂王幾爲安槊所及番騎王騏躍入陣掖王逸去王曰南軍饑更一二日餉至猝未易破乃令千餘人守橋夜半渡河而南繞出安軍後比旦安始覺適徐輝祖來會甲戌大戰齊眉山下時燕連失大將淮土盛暑蒸濕諸將請休軍小河東就麥觀釁王曰今敵持久饑疲遮其餉道可以坐困奈何北渡懈將士心乃下令欲渡河者左諸將爭趨左王怒曰任公等所之乃無敢復言丁丑何福等營靈璧燕遮其餉道平安分兵六萬人護之己卯王帥精鋭横擊斷其軍爲二何福空壁來援王軍少却高煦伏兵起福敗走辛巳進薄其壘破之生擒平安陳暉等三十七人何福走免五月己丑下泗州謁祖陵賜父老牛酒辛卯盛庸扼淮南岸朱能邱福潛濟襲走之遂克盱眙癸巳王集諸將議所向或言宜取鳳陽或言先取淮安王曰鳳陽樓櫓完淮安多積粟攻之未易下不若乘勝直趨揚州指儀眞則淮鳳自震我耀兵江上京師孤危必有內變諸將皆曰善己亥徇揚州駐軍江北天子遣慶成郡主至軍中許割地以和不聽六月癸丑江防都督僉事陳瑄以舟師叛附於王甲寅祭大江乙卯自瓜州渡盛庸以海艘迎戰敗績戊午下鎭江庚申次龍潭辛酉天子復遣大臣議割地諸王繼至皆不聽乙丑至金川門谷王橞李景隆等開門納王都城遂陷是日王分命諸將守城及皇城還駐龍江下令撫安軍民大索齊泰黃子澄方孝孺等五十餘人榜其姓名曰奸臣丙寅諸王羣臣上表勸進己巳王謁孝陵羣臣備法駕奉寶璽迎呼萬歲王升輦詣奉天殿卽皇帝位復周王橚齊王榑爵壬申葬建文皇帝丁丑殺齊泰黃子澄方孝孺並夷其族坐奸黨死者甚衆戊寅遷興宗孝康皇帝主於陵園仍稱懿文太子秋七月壬午朔大祀天地於南郊奉太祖配詔今年以洪武三十五年爲紀明年爲永樂元年建文中更改成法一復舊制山東北平河南被兵州縣復徭役三年未被兵者與鳳陽淮安徐滁揚三州蠲租一年餘天下州縣悉蠲今年田租之半癸未召前北平按察使陳瑛爲左副都御史盡復建文朝廢斥者官甲申復官制癸巳改封吳王允熥廣澤王衡王允熞懷恩王徐王允熙敷惠王隨母妃呂氏居懿文太子陵園癸卯江陰侯吳高督河南陝西兵備撫安軍民甲辰尚書嚴震直王鈍府尹薛正言等巡視山西山東河南陝西八月壬子侍讀解縉編修黃淮入直文淵閣尋命侍讀胡廣修撰楊榮編修楊士奇檢討金幼孜胡儼同入直並預機務執兵部尚書鐵鉉至不屈殺之左軍都督劉眞鎭遼東丁巳分遣御史察天下利弊戊午都督何福爲征虜將軍鎭寧夏節制陝西行都司都督同知韓觀練兵江西節制廣東福建甲子西平侯沐晟鎭雲南九月甲申論靖難功封邱福淇國公朱能成國公張武等侯者十三人徐祥等伯者十一人論欵附功封駙馬都尉王寧爲侯茹瑺陳瑄及都督同知王佐皆爲伯甲午定功臣死罪減祿例乙未徙山西民無田者實北平賜之鈔復五年韓觀爲征南將軍鎭廣西冬十月壬申徙封谷王橞於長沙丁巳命北平州縣棄官避靖難兵者朱寧等二百一十九人入粟免死戍興州己未脩太祖實錄丙寅鎭遠侯顧成鎭貴州甲戌詔從征將士掠民間子女者還其家十一月壬辰立妃徐氏爲皇后廢廣澤王允熥懷恩王允熞爲庶人十二月癸丑蠲被兵州縣明年夏稅

明史卷六　本紀第六

總裁官總理事務經筵講官少保兼太子太保保和殿大學士兼管吏部戶部尚書事加六級張廷玉等奉

敕修

成祖二

永樂元年春正月己卯朔御奉天殿受朝賀宴羣臣及屬國使乙酉享太廟辛卯大祀天地於南郊復周王橚齊王榑代王桂岷王楩舊封以北平爲北京癸巳保定侯孟善鎭遼東丁酉宋晟爲平羌將軍鎭甘肅二月庚戌設北京留守行後軍都督府行部國子監改北平曰順天府乙卯遣御史分巡天下爲定制己未徙封寧王權於南昌貽書鬼力赤可汗許其遣使通好癸亥耕耤田乙丑遣使徵尚師哈立麻於烏斯藏己巳振北京六府饑辛未命法司五日一引奏罪囚壬申瘞戰地暴骨甲戌高陽王高煦備邊開平三月庚辰江陰侯吳高鎭大同壬午改北平行都司爲大寧都司徙保定始以大寧地畀兀良哈戊子平江伯陳瑄都督僉事宣信充總兵官督海運餉遼東北京歲以爲常甲午振直隸北京山東河南饑夏四月丁未朔安南胡䨪乞襲陳氏封爵遣使察實以聞己酉戶部尚書夏原吉治蘇松嘉湖水患辛未岷王楩有罪降其官屬甲戌襄城伯李濬鎭江西五月丁丑除天下荒田未墾者額稅癸未宥死罪以下遞減一等庚寅捕山東蝗丁酉河南蝗免今年夏稅是月再論靖難功封駙馬都尉袁容等三人爲侯陳亨子懋等六人爲伯六月壬子代王桂有罪削其護衞癸丑遣給事中御史分行天下撫安軍民有司奸貪者逮治丁巳改上高皇帝高皇后尊謚戊辰武安侯鄭亨鎭宣府秋七月庚寅復貽書鬼力赤八月己巳發流罪以下墾北京田甲戌徙直隸蘇州等十郡浙江等九省富民實北京九月癸未命寶源局鑄農器給山東被兵窮民庚寅初遣中官馬彬使爪哇諸國乙未奪歷城侯盛

肅爵尋自殺庚子岷王楩有罪削其護衞冬十一月乙亥朔頒曆於朝鮮諸國著爲令壬辰罷遣浚河民夫甲午北京地震乙未命六科辦事官言事丙申韓觀討柳州山賊平之閏月丁卯封胡𡙇爲安南國王是年始命內臣出鎭及監京營軍朝鮮入貢者六自是歲時貢賀爲常琉球中山山北山南暹羅占城爪哇西王日本剌泥安南入貢

二年春正月乙卯大祀天地於南郊己巳召世子高熾及高陽王高煦還京師三月乙巳賜曾棨等進士及第出身有差己酉始選進士爲翰林院庶吉士庚戌吏部請罪千戶違制薦士者帝曰馬周不因常何進乎果才授之官否則罷之可耳戊辰改封敷惠王允熈甌寧王奉懿文太子祀夏四月辛未朔置東宮官屬壬申僧道衍爲太子少師復其姓姚賜名廣孝甲戌立子高熾爲皇太子封高煦漢王高燧趙王壬午封汪應祖爲琉球國山南王五月壬寅豐城侯李彬鎭廣東淸遠伯王友充總兵官率舟師巡海六月丁亥汰冗官辛卯振松江嘉興蘇州湖州饑甲午封哈密安克帖木兒爲忠順王秋七月壬戌鄱陽民進書毀先賢杖之毀其書丙寅振江西湖廣水災八月丁酉故安南國王陳日烓弟天平來奔九月丙午周王橚來朝獻騶虞百官請賀帝曰瑞應依德而至騶虞若果爲祥在朕更當修省丁卯從山西民萬戶實北京命自今御史巡行察吏毋得摭拾人言賢否皆具實蹟以聞冬十月丁丑河決開封乙酉蒲城河津黃河淸是月籍長興侯耿炳文家炳文自殺十一月甲辰御奉天門錄囚癸丑京師及濟南開封地震敕羣臣修省戊午蠲蘇松嘉湖杭水災田租十二月壬辰同州韓城黃河淸是月下李景隆於獄是年占城別失八里琉球山北山南爪哇眞臘入貢暹羅日本琉球中山入貢者再

三年春正月庚戌大祀天地於南郊甲寅遣使責諭安南庚申復免順天永平保定田租二年二月己巳行部尚書雒僉以言事涉怨誹誅癸未趙王高燧居守北京三月甲寅免湖廣被水田租夏六月己卯中官鄭和帥舟師使西洋諸國庚辰中官山壽等帥兵出雲州覘敵甲申夏原吉等振蘇松嘉湖饑免天下農民戶口食鹽鈔庚寅胡𡙇謝罪請迎陳天平歸國秋九月丁酉蠲蘇松嘉湖水災田租凡三百三十八萬石丁巳徙山西民萬戶實北京冬十月盜殺駙馬都尉梅殷丁卯齊王榑有罪三賜書戒之戊子頒祖訓於諸王十二月戊辰沐晟討八百降之庚辰都督僉事黃中呂毅以兵納陳天平於安南是年蘇門荅剌滿剌加古里浡泥來貢封其長爲王日本貢馬幷俘獲倭寇爲邊患者爪哇東西占城碟里日羅夏治合猫里火州回回入貢暹羅琉球山南山北入貢者再琉球中山入貢者三

四年春正月丁未大祀天地於南郊丙辰初御午朝令羣臣奏事得從容陳論三月辛卯朔釋奠於先師孔子甲午設遼東開原廣寧馬市乙巳賜林環等進士及第出身有差丙午胡𡙇襲殺陳天平於芹站前大理卿薛嵓死之黃中等引兵還夏四月己卯遣使購遺書五月丁酉振常州廬州安慶饑庚戌齊王榑有罪削官屬護衞留之京師六月己未朔日當食陰雲不見禮官請表賀不許丙寅南陽獻瑞麥論禮部曰比郡縣屢奏祥瑞獨此爲豐年之兆命薦之宗廟秋七月辛卯朱能爲征夷將軍沐晟張輔副之帥師分道討安南兵部尚書劉儁叅贊軍務行部尚書黃福大理卿陳洽督餉詔曰安南皆朕赤子惟黎季犛父子首惡必誅他脅從者釋之罪人旣得立陳氏子孫賢者毋養亂毋玩寇毋毀廬墓毋害禾稼毋攘財貨掠子女毋殺降有一於此雖功不宥乙巳申誹謗之禁閏月壬戌詔以明年五月建北京宮殿分遣大臣採木於四川湖廣江西浙江山西八月丁酉詔通政司凡上書奏民事者雖小必以聞癸丑齊王榑廢爲庶人九月戊辰振蘇松常杭嘉湖流民復業者十二萬餘戶冬十月戊子成國公朱能卒於軍張輔代領其衆乙未克隘留關庚子沐晟率師會於白鶴十一月己巳甘露降孝陵松栢醴泉出神樂觀薦之太廟賜百官十二月辛卯赦天下殊死以下張輔大破安南兵於嘉林江丙申拔多邦城丁酉克其東都癸卯克西都賊遁入海辛亥甌寧王允熙邸第火王薨是年暹羅占城于闐浡泥日本琉球中山山南婆羅入貢爪哇東西眞臘入貢者再別失八里入貢者三琉球進閹人還之回回結牙曲進玉椀却之

五年春正月丁卯大祀天地於南郊己巳張輔大敗安南兵於木丸江二月庚寅出翰林學士解縉爲廣西叅議三月丁巳封尚師哈立麻爲大寶法王辛巳張輔大破安南兵於富良江夏四月己酉振順天河間保定饑五月甲子張輔擒黎季犛黎蒼獻京師安南平河南饑逮治匿災有司敕都察院凡災傷不以實聞者罪之六月癸未以安南平詔天下置交阯布政司己丑山陽民丁玨訐其鄉人誹謗擢爲刑科給事中甲午詔自永樂二年六月後犯罪去官者悉宥之乙未張輔移師會韓觀討潯柳叛蠻癸卯命張輔訪交阯人才禮遣赴京師秋七月乙卯皇后崩丁卯河溢河南八月乙酉左都督何福鎭甘肅庚子錄囚雜犯死罪減等論戍流以下釋之九月壬子鄭和還乙卯御奉天門受安南俘大賚將士冬十月潯柳蠻平是年琉球中山山南婆羅日本別失八里阿魯撒馬兒罕蘇門荅剌滿剌加小葛蘭入貢

六年春正月丁巳岷王楩復有罪罷其官屬辛酉大祀天地於南郊二月丁未除北京永樂五年以前逋賦免諸色課程三年三月癸丑寧陽伯陳懋鎭寧夏乙卯除河南山東山西永樂五年以前逋賦夏四月丙申始命雲南鄉試五月壬戌夜京師地震六月庚辰詔罷北京諸司不急之務及買辦以甦民困流民來歸者復三年丁亥張輔沐晟還秋七月癸丑論平交阯功進封張輔英國公沐晟黔國公王友淸遠侯封都督僉事柳升安遠伯餘爵賞有差八月乙酉交阯簡定反沐晟爲征夷將軍討之劉儁仍叅贊軍務九月己酉命刑部疏滯獄癸亥鄭和復使西洋冬十一月丁巳錄囚十二月丁酉沐晟及簡定戰於生厥江敗績劉儁及都督僉事呂毅叅政劉昱死之是月柳升陳瑄李彬等率舟師分道沿海捕倭是年鬼力赤爲其下所弒立本雅失里爲可汗浡泥國王來朝瓦剌占城于闐暹羅撒馬兒罕榜葛剌馮加施蘭日本爪哇琉球中山山南入貢

七年春正月癸丑賜百官上元節假十日著爲令乙卯大祀天地於南郊二月乙亥遣使於巡狩所經郡縣存問高年八十以上賜酒肉九十加帛丙子徵致仕知府劉彥才等九十二人分署府州縣辛巳以北巡告天地宗廟社稷壬午發京師皇太子監國張輔王友率師討簡定戊子謁鳳陽皇陵三月甲辰次東平州望祭泰山辛亥次景州望祭恒山乙卯平安自殺壬戌至北京癸亥大賚官吏軍民丙寅詔起兵時將士及北京効力人民雜犯死罪咸宥之充軍者官復職軍民還籍伍壬申柳升敗倭於靑州海中救還師夏四月癸酉朔皇太子攝享太廟壬午海寇犯欽州副總兵李珪遣將擊敗之閏月戊申命皇太子所決庶務六科月一類奏丙辰諭行在法司重罪必五覆奏五月己卯營山陵於昌平封其山曰天壽乙未封瓦剌馬哈木爲順寧王太平爲賢義王把禿孛羅爲安樂王六月壬寅察北巡郡縣長吏擢汶上知縣史誠祖治行第一下易州同知張騰於獄辛亥給事中郭驥使本雅失里爲所殺丁卯斥御史洪秉等四人詔自今御史勿用吏員秋七月癸酉淇國公邱福爲征虜大將軍武成侯王聰同安侯火眞副之靖安侯王忠安平侯李遠爲左右叅將討本雅失里八月甲寅邱福敗績於臚朐河福及聰眞忠遠皆戰死庚申張輔敗賊於鹹子關九月庚午朔日有食之張輔敗賊於太平海口甲戌贈北征死事李遠莒國公王聰漳國公遂決意親征丙子武安侯鄭亨率師巡邊壬午成安侯郭亮備禦開平冬十月丁未削邱福封爵徙其家於海南十一月戊寅張輔獲簡定於美良送京師誅之十二月庚戌賜濟寧至良鄉民頻年遞運者田租一年乙丑召張輔還是年滿剌加哈烈撒馬兒罕火州古里占城蘇門荅剌琉球中山山南入貢暹羅榜葛剌入貢者再

八年春正月辛未召寧陽侯陳懋隨征漠北己卯皇太子攝祀天地於南郊癸巳免去年揚州淮安鳳陽陳州水災田租贖軍民所鬻子女二月辛丑以北征詔天下命戶部尚書夏原吉輔皇長孫瞻基留守北京乙巳皇太子錄囚奏貰雜犯死罪以下從之丁未發北京癸亥遣祭所過名山大川乙丑大閱三月丁卯淸遠侯王友督中軍安遠伯柳升副之寧遠侯何福武安侯鄭亨督左右哨寧陽侯陳懋廣恩伯劉才督左右掖都督劉江督前哨甲戌次鳴鑾戍乙亥誓師夏四月庚申次威虜鎭以橐駝所載水給衞士視軍士皆食始進膳五月丁卯更名臚朐河曰飲馬甲戌聞本雅失里西奔遂渡飲馬河追之己卯及於斡難河大敗之本雅失里以七騎遁丙戌還次飲馬河詔移師征阿魯台丁亥回回哈剌馬牙殺都指揮劉秉謙據肅州衞以叛千戶朱廸等討平之六月甲辰阿魯台僞降命諸將嚴陣以待果悉衆來犯帝自將精騎迎擊大敗之追北百餘里丁未又敗之己酉班師秋七月丁卯次開平帝在軍念士卒艱苦每蔬食是日宴賚始復常膳西寧侯宋琥鎭甘肅辛巳振安慶嶽州鳳陽鎭江饑壬午至北京御奉天殿受朝賀甲午論功行賞有差八月壬寅進封柳升安遠侯乙卯何福自殺庚申河溢開封九月己巳幸天壽山冬十月丁酉發北京是月倭寇福州十一月甲戌至京師十二月癸巳阿魯台遣使貢馬戊午陳季擴乞降以爲交阯右布政使季擴不受命是年失捏干寇黃河東岸寧夏都指揮王俶敗沒浡泥呂宋馮嘉施蘭蘇門荅剌榜葛剌入貢占城貢象琉球山南爪哇暹羅貢馬琉球中山入貢者三

九年春正月甲戌大祀天地於南郊丙子柳升鎮寧夏己卯張輔爲征虜副將軍會沐晟討交阯丙戌豐城侯李彬平江伯陳瑄率浙江福建兵捕海寇二月辛亥陳瑛有罪下獄死丙辰詔赦交阯丁巳倭陷昌化千戶所己未工部尚書宋禮開會通河三月甲子賜蕭時中等進士及第出身有差壬午浚祥符縣黃河故道戊子劉江鎮遼東夏六月乙巳鄭和還自西洋是月下交阯右參議解縉於獄秋七月丙子張輔敗賊於月常江九月戊寅諭法司凡死罪必五覆奏壬午命屯田軍以公事妨農務者免徵子粒著爲令冬十月乙未寬北京謫徙軍民賦役癸卯封哈密兎力帖木兒爲忠義王乙巳復修太祖實錄十一月戊午蠲陝西逋賦癸亥張輔敗賊於生厥江丁卯立皇長孫瞻基爲皇太孫壬申韓觀爲征夷副將軍改鎮交阯都指揮葛森鎮廣西丙子敕法司決遣罪囚毋淹滯是月遣使督瘞戰場暴骨十二月壬辰敕宥福餘朶顏泰寧三衞罪令入貢閏月丁巳命府部諸臣陳軍民利弊是年浙江湖廣河南順天揚州水河南陝西疫遣使振之滿剌加王來朝爪哇榜葛剌古里柯枝蘇門荅剌阿魯彭亨急蘭丹南巫里暹羅入貢阿魯台來貢馬別失八里獻文豹琉球中山入貢者三

十年春正月己丑命入覲官千五百餘人各陳民瘼不言者罪之言有不當勿問丁酉大祀天地於南郊癸丑振平陽饑逮治布政使及郡縣官不奏聞者二月辛酉蠲山西河南逋賦庚辰遼王植有罪削其護衞三月丁亥豐城侯李彬討甘肅叛寇八耳思朶羅歹戊子賜馬鐸等進士及第出身有差甲辰免北京水災租稅夏六月甲戌諭戶部凡郡縣有司及朝使目擊民艱不言者悉逮治秋七月癸卯禁中官干預有司政事八月癸丑張輔大破交阯賊於神投海己未敕邊將自長安嶺迤西迄洗馬林築石垣深濠塹冬十月戊辰獵城南武岡十一月壬午侍講楊榮經略甘肅丙辰鄭和復使西洋是年浡泥占城暹羅滿剌加榜葛剌蘇門荅剌南浡利琉球山南入貢

十一年春正月辛巳朔日有食之詔罷朝賀宴會壬午諭通政使禮科給事中凡朝覲官境內災傷不以聞爲他人所奏者罪之辛卯大祀天地於南郊辛丑豐城侯李彬鎮甘肅召宋琥還二月辛亥始設貴州布政司癸亥令北京民戶分養孳生馬著爲令甲子幸北京皇太孫從尚書蹇義學士黃淮諭德楊士奇洗馬楊溥輔皇太子監國乙丑發京師命給事中御史所過存問高年賜酒肉及帛丙寅葬仁孝皇后於長陵辛未次鳳陽謁皇陵夏四月己酉至北京五月丁未曹縣獻騶虞禮官請賀不許秋七月戊寅封阿魯台爲和寧王八月甲子北京地震乙丑鎮遠侯顧成討思州靖州叛苗九月壬午詔自今郡縣官每歲春行視境內蝗蝻害稼卽捕絕之不如詔者二司幷罪冬十月丙寅以璽書命皇太子錄囚十一月戊寅以野蠶繭爲衾命皇太子薦太廟壬午瓦剌馬哈木兵渡飲馬河阿魯台告警命邊將嚴守備甲申寧陽侯陳懋都督譚靑馬聚朱崇巡寧夏大同山西邊簡練士馬尋命陝西山西及潼關等五衞兵駐宣府中都遼東河南三都指揮使司及武平等四衞兵會北京乙巳應城伯孫巖備開平十二月壬子張輔沐晟大敗交阯賊於愛子江是年馬哈木弒其主本雅失里立荅里巴爲可汗別失八里滿剌加占城爪哇西王入貢琉球中山入貢者四琉球山南入貢者再

明史卷七　　本紀第七

總裁官總理事務經筵講官少保兼太子太保保和殿大學士兼管吏部戶部尚書事加六級臣張廷玉等奉

敕修

成祖三

十二年春正月庚寅思州苗平辛丑發山東山西河南及鳳陽淮安徐邳民十五萬運糧赴宣府二月己酉大閱庚戌親征瓦剌安遠侯柳升領大營武安侯鄭亨領中軍寧陽侯陳懋豐城侯李彬領左右哨成山侯王通都督譚靑領左右掖都督劉江朱榮爲前鋒庚申振鳳翔隴州饑按長吏不言者罪三月癸未張輔俘陳季擴于老撾以獻交阯平庚寅發北京皇太孫從夏四月甲辰朔次興和大閱己酉頒軍中賞罰號令庚戌設傳令紀功官丁卯次屯雲谷孛羅不花等來降五月丁丑命尚書光祿卿給事中爲督陣官察將士用命不用命者六月甲辰劉江遇瓦剌兵戰於康哈里孩敗之戊申次忽蘭忽失溫馬哈木帥衆來犯大敗之追至土剌河馬哈木宵遁庚戌班師宣捷於阿魯台戊午次三峯山阿魯台遣使來朝己巳以敗瓦剌詔天下秋七月戊子次紅橋詔六師入關有踐田禾取民畜產者以軍法論己亥次沙河皇太子遣使來迎八月辛丑朔至北京御奉天殿受朝賀丙午蠲北京州縣租二年戊午賞從征將士九月癸未郭亮徐亨備開平丙戌靖州苗平甲午費瓛鎮甘肅劉江鎮遼東閏月甲辰以太子遣使迎駕緩徵侍讀黃淮侍講楊士奇正字金問及洗馬楊溥芮善下獄未幾釋士奇復職甲子召吳高還丁卯都督朱榮鎮大同冬十一月甲辰錄囚庚戌廢晉王濟熺爲庶人庚申蠲蘇松杭嘉湖水災田租四十七萬九千餘石是年泥八剌國沙的新葛來朝封爲王彭亨烏斯藏入貢眞臘進金縷衣琉球中山王貢馬榜葛剌貢麒麟

十三年春正月丙午塞居庸以北隘口丁未馬哈木謝罪請朝貢許之壬子北京午門災戊午敕內外諸司蠲諸宿逋將士軍官犯罪者悉宥之二月癸酉遣指揮劉斌給事中張磐等十二人巡視山西山東大同陝西甘肅遼東軍操練屯政覈實以聞甲戌命行在禮部會試天下貢士癸未張輔等師還戊子論平交阯功賞賚有差三月己亥策士於北京賜陳循等進士及第出身有差丙午廣西蠻叛指揮同知葛森討平之夏四月戊辰張輔鎮交阯五月丁酉朔日有食之乙丑鑿清江浦通北京漕運六月振北京河南山東水災秋七月癸卯鄭和還乙巳四川戎縣山都掌蠻平八月庚辰振山東河南北京順天州縣饑九月壬戌北京地震冬十月甲申獵於近郊壬辰法司奏侵冒官糧者帝怒命戮之及覆奏帝曰朕過矣仍論如律自今死罪者皆五覆奏著爲令十二月蠲順天蘇州鳳陽浙江湖廣河南山東州縣水旱田租是年琉球山南山北瓜哇西王占城古里柯枝南渤利甘巴里滿剌加忽魯謨斯哈密哈烈撒馬兒罕火州土魯番蘇門答剌俺都淮失剌思入貢麻林及諸番進麒麟天馬神鹿琉球中山入貢者再

十四年春正月己酉北京河南山東饑免永樂十二年逋租發粟一百三十七萬石有奇振之辛酉都督金玉討山西廣靈山寇平之三月癸巳都督梁福鎮湖廣貴州壬寅阿魯台敗瓦剌來獻捷壬申禮部尚書呂震請封禪帝曰今天下雖無事四方多水旱疾疫安敢自謂太平且六經無封禪之文事不師古甚無謂也不聽夏四月乙亥胡廣爲文淵閣大學士六月丁卯都督同知蔡福等備倭山東秋七月丁酉遣使捕北京河南山東州縣蝗壬寅河決開封乙巳錦衣衞指揮使紀綱有罪伏誅八月癸酉旦壽星見禮臣請上表賀不許丁亥作北京西宮九月癸卯京師地震戊申發北京冬十月丁丑次鳳陽祀皇陵癸未至自北京謁孝陵十一月壬寅詔文武羣臣集議營建北京丙午召張輔還戊申漢王高煦有罪削二護衞徙山東山西湖廣流民於保安州賜復三年十二月丁卯鄭和復使西洋是年占城古里瓜哇滿剌加蘇門答剌南巫里浡泥彭亨錫蘭山溜山南渤利阿丹麻林忽魯謨斯柯枝入貢琉球中山入貢者再

十五年春正月丁酉大祀天地於南郊壬子平江伯陳瑄督漕運木赴北京二月癸亥谷王橞有罪廢爲庶人丁卯豐城侯李彬鎮交阯壬申泰寧侯陳珪董建北京柳升王通副之三月丁亥交阯始貢士至京師丙申雜犯死罪以下囚輸作北京贖罪丙午漢王高煦有罪徙封樂安州壬子北巡發京師皇太子監國夏四月己巳次邾城申禁軍士毋踐民田稼有傷者除今年租或先被水旱逋租亦除之癸未西宮成五月丙戌至北京六月丁酉李彬討交阯賊黎核斬之己亥中官張謙使西洋還敗倭寇於金鄉衞秋八月甲午甌寧人進金丹帝曰此妖人也令自餌之毀其方書九月丁卯曲阜孔子廟成帝親製文勒石冬十月李彬敗交阯賊楊進江斬之十一月癸酉禮部尚書趙羾爲兵部尚書巡視塞北屯戍軍民利弊是年西洋蘇祿東西峒王來朝琉球中山別失八里琉球山南眞臘浡泥占城暹羅哈烈撒馬兒罕入貢

十六年春正月甲寅交阯黎利反都督朱廣擊敗之甲戌倭陷松門衞按察司僉事石魯坐誅興安伯徐亨都督夏貴備開平二月辛丑交阯四忙縣賊殺知縣歐陽智以叛李彬遣將擊走之三月甲寅賜李騏等進士及第出身有差都督僉事劉鑑備邊大同夏五月庚戌重修太祖實錄成丁巳胡廣卒秋七月己巳敕責陝西諸司比聞所屬歲屢不登致民流莩有司坐視不恤又不以聞其咎安在其速發倉儲振之贊善梁潛司諫周冕以輔導皇太子有闕皆下獄死冬十二月戊子諭法司朕屢敕中外官潔己愛民而不肖官吏恣肆自若百姓苦之夫良農必去稂莠者爲害苗也繼今犯贓必論如法辛丑成山侯王通馳傳振陝西饑是年暹羅占城瓜哇蘇門答剌泥八剌滿剌加南渤利哈烈沙哈魯千里達撒馬兒罕入貢琉球中山入貢者再

十七年春二月乙酉興安伯徐亨備興和開平大同夏五月丙午都督方政敗黎利於可藍柵六月壬午免順天府去年水災田租戊子劉江殲倭寇於望海堝封江廣寧伯秋七月庚申鄭和還八月中官馬騏激交阯乂

安土知府潘僚反九月丙辰慶雲見禮臣請表賀不許冬十二月庚辰諭法司曰刑者聖人所愼匹夫匹婦不得其死足傷天地之和召水旱之災甚非朕寬恤之意自今在外諸司死罪咸送京師審錄三覆奏然後行刑乙未工部侍郎劉仲廉覈實交阯戶口田賦察軍民利病是年哈密土魯番失剌思亦思弗罕眞臘占城哈烈阿魯南渤利蘇門答剌八答黑商滿剌加入貢琉球中山入貢者四

十八年春正月癸卯李彬及都指揮孫霖徐源敗黎利於磊江閏月丙子翰林院學士楊榮金幼孜爲文淵閣大學士庚辰擢人材布衣馬麟等十三人爲布政使參政參議二月己酉蒲臺妖婦唐賽兒作亂安遠侯柳升帥師討之三月辛巳敗賊於卸石柵寨都指揮劉忠戰沒賽兒逸去甲申山東都指揮僉事衞青敗賊於安邱指揮王眞敗賊於諸城獻俘京師戊子山東布政使儲埏張海按察使劉本等坐縱盜誅戊戌以逗留徵柳升下吏尋釋之夏五月壬午左都督朱榮鎭遼東庚寅交阯參政侯保馮貴禦賊戰死六月丙午北京地震秋七月丁亥徐亨備開平八月丁酉朔日有食之九月己巳召皇太子丁亥詔自明年改京師爲南京北京爲京師冬十月庚申李彬遣指揮使方政敗黎利於老撾十一月戊辰以遷都北京詔天下是月振青萊饑十二月己未皇太子及皇太孫至北京癸亥北京郊廟宮殿成是年始設東廠命中官刺事古麻剌朗王來朝暹羅占城爪哇滿剌加蘇門答剌蘇祿西王入貢

十九年春正月甲子朔奉安五廟神主於太廟御奉天殿受朝賀大宴甲戌大祀天地於南郊戊寅大赦天下癸巳鄭和復使西洋二月辛丑都督僉事胡原帥師巡海捕倭三月辛巳賜曾鶴齡等進士及第出身有差夏四月庚子奉天華蓋謹身三殿災詔羣臣直陳闕失乙巳詔罷不便於民及不急諸務蠲十七年以前逋賦免去年被災田糧己酉萬壽節以三殿災止賀癸丑蹇義等二十六人巡行天下安撫軍民五月乙丑出建言給事中柯暹御史何忠鄭維桓羅通等爲知州庚寅令交阯屯田秋七月己巳帝將北征敕都督朱榮領前鋒安遠侯柳升領中軍寧陽侯陳懋領御前精騎永順伯薛斌恭順伯吳克忠領馬隊武安侯鄭亨陽武侯薛祿領左右哨英國公張輔成山侯王通領左右掖八月辛卯朔日有食之冬十一月辛酉分遣中官楊實御史戴誠等覈天下庫藏出納之數丙子議北征軍餉下戶部尚書夏原吉刑部尚書吳中於獄兵部尚書方賓自殺辛巳下侍讀李時勉於獄甲申發直隸山西河南山東及南畿應天等五府滁和徐三州丁壯運糧期明年二月至宣府是年瓦剌賢義王太平安樂王把禿孛羅來朝忽魯謨斯阿丹祖法兒剌撒不剌哇木骨都東古里柯枝加異勒錫蘭山溜山南渤利蘇門答剌阿魯滿剌加甘巴里蘇祿榜葛剌浡泥古麻剌朗王入貢暹羅入貢者再

二十年春正月己未朔日有食之免朝賀詔羣臣修省辛未大祀天地於南郊壬申豐城侯李彬卒於交阯二月乙巳隆平侯張信兵部尚書李慶分督北征軍餉役民夫二十三萬五千有奇運糧三十七萬石三月丙寅詔有司遇災先振後聞乙亥阿魯台犯興和都指揮王喚戰死丁丑親征阿魯台皇太子監國戊寅發京師辛巳次雞鳴山阿魯台遁夏四月乙卯次雲州大閱五月乙丑獵於偏嶺丁卯大閱辛未次西涼亭壬申大閱乙酉次開平六月壬辰令軍行出應昌結方陣以進癸巳諜報阿魯台兵攻萬全諸將請分兵還擊帝曰詐也彼慮大軍擣其巢穴欲以牽制我師敢攻城哉甲午次陽和谷寇攻萬全者果遁去秋七月己未阿魯台棄輜重於闊欒海側北遁發兵焚之收其牲畜遂旋師謂諸將曰阿魯台敢悖逆恃兀良哈爲羽翼也當還師翦之簡步騎二萬分五道並進庚午遇於屈裂兒河帝親擊敗之追奔三十里斬部長數十人辛未徇河西捕斬甚衆甲戌兀良哈餘黨詣軍門降是月皇太子免南北直隸山東河南郡縣水災糧芻共六十一萬有奇八月戊戌諸將分道者俱獻捷辛丑以班師詔天下壬寅鄭亨薛祿守開平鄭和還九月壬戌至京師癸亥下左春坊大學士楊士奇於獄丙寅下吏部尚書蹇義禮部尚書呂震於獄尋俱釋之辛未錄從征功封左都督朱榮武進伯都督僉事薛貴安順伯冬十月癸巳分遣中官及朝臣八十人覈天下倉糧出納之數十二月辛卯朱榮鎭遼東閏月戊寅乾淸宮災是年暹羅蘇門答剌阿丹等國遣使隨貢方物占城琉球中山卜花兒哈密瓦剌土魯番爪哇入貢

二十一年春正月乙未大祀天地於南郊癸卯交阯參將榮昌伯陳智追敗黎利於車來二月己巳都指揮使鹿榮討柳州叛蠻平之三月庚子御史王愈等會決重囚誤殺無罪四人坐棄市夏五月癸未免開封南陽衞輝鳳陽等府去年水災田租己丑常山護衞指揮孟賢等謀逆伏誅六月庚戌朔日有食之秋七月戊戌復親征阿魯台安遠侯柳升遂安伯陳英領中軍武安侯鄭亨保定侯孟瑛領左哨陽武侯薛祿新寧伯譚忠領右哨英國公張輔安平侯李安領左掖成山侯王通興安伯徐亨領右掖寧陽侯陳懋領前鋒庚子釋李時勉復其官辛丑皇太子監國壬寅發京師戊申次宣府敕居庸關守將止諸司進奉八月己酉大閱庚申塞黑峪長安嶺諸邊險要丁丑皇太子免兩京山東郡縣水災田租九月戊子次西陽河癸巳聞阿魯台爲瓦剌所敗部落潰散遂駐師不進冬十月甲寅次上莊堡迤北王子也先土干帥所部來降封忠勇王賜姓名金忠庚午班師十一月甲申至京師是年錫蘭山王來朝又遣使入貢占城古里忽魯謨斯阿丹祖法兒剌撒不剌哇木骨都束柯枝加異勒溜山南渤利蘇門答剌阿魯滿剌加失剌思榜葛剌琉球中山入貢

二十二年春正月甲申阿魯台犯大同開平詔羣臣議北征敕邊將整兵俟命丙戌徵山西山東河南陝西遼東五都司及西寧鞏昌洮岷各衞兵期三月會北京及宣府戊子大祀天地於南郊癸巳鄭和復使西洋三月戊寅大閱諭諸將親征命柳升陳英領中軍張輔朱勇領左掖王通徐亨領右掖鄭亨孟瑛領左哨薛祿譚忠領右哨陳懋金忠領前鋒己卯賜邢寬等進士及第出身有差夏四月戊申皇太子監國己酉發京師庚午次隰寧諜報阿魯台走答蘭納木兒河遂趨進師五月己卯次開平使使招諭阿魯台諸部乙酉瘞道中遺骸丁酉宴羣臣於應昌命中官歌太祖御製詞五章曰此先帝所以戒後嗣也雖在軍旅何敢忘己亥次威遠州復宴羣臣自製詞五章命中官歌之皇太子令免廣平順德揚州及湖廣河南郡縣水災田租六月庚申前鋒至答蘭納木兒河不見敵命張輔等窮搜山谷三百里無所得進駐河上癸亥陳懋等引兵抵白邙山以糧盡還甲子班師命鄭亨等以步卒西會於開平壬申夜南京地震秋七月庚辰勒石於淸水源之崖戊子遣呂震以旋師諭太子詔告天下己丑次蒼崖戍不豫庚寅至榆木川大漸遺詔傳位皇太子喪禮一如高皇帝遺制辛卯崩年六十有五太監馬雲密與大學士楊榮金幼孜謀以六軍在外祕不發喪鎔錫爲椑以斂載以龍轝所至朝夕上膳如常儀壬辰楊榮偕御馬監少監海壽馳訃皇太子壬寅次武平鎭鄭亨步軍來會八月甲辰楊榮等至京師皇太子即日遣太孫奉迎於開平己酉次鵰鶚谷皇太孫至軍中發喪壬子及郊皇太子迎入仁智殿加殮納梓宮九月壬午上尊謚曰體天弘道高明廣運聖武神功純仁至孝文皇帝廟號太宗葬長陵嘉靖十七年九月改上尊謚曰啓天弘道高明肇運聖武神功純仁至孝文皇帝廟號成祖

贊曰文皇少長習兵據幽燕形勝之地乘建文孱弱長驅內向奄有四海即位以後躬行節儉水旱朝告夕振無有壅蔽知人善任表裏洞達雄武之略同符高祖六師屢出漠北塵淸至其季年威德遐被四方賓服受朝命而入貢者殆三十國幅隕之廣遠邁漢唐成功駿烈卓乎盛矣然而革除之際倒行逆施慙德亦曷可掩哉

明史卷八　本紀第八

總裁官總理事務經筵講官少保兼太子太保保和殿大學士兼管吏部戶部尚書事加六級張廷玉等奉

敕修

仁宗

仁宗敬天體道純誠至德弘文欽武章聖達孝昭皇帝諱高熾成祖長子也母仁孝文皇后夢冠冕執圭者上謁寤而生帝幼端重沉靜言動有經稍長習射發無不中好學問從儒臣講論不輟洪武二十八年冊爲燕世子嘗命與秦晉周三世子分閱衞士還獨後問之對曰旦寒甚俟朝食而後閱故後又命分閱章奏獨取切軍民利病者白之或文字謬誤不以聞太祖指示之曰兒忽之耶對曰不敢忽顧小過不足瀆天聽又嘗問堯湯時水旱百姓奚恃對曰恃聖人有恤民之政太祖喜曰孫有君人之識矣成祖舉兵世子守北平善拊士卒以萬人拒李景隆五十萬衆城賴以全先是郡王高煦高燧俱以慧黠有寵於成祖而高煦從軍有功宦寺黃儼等復黨高燧陰謀奪嫡譖世子會朝廷賜世子書爲離間世子不啓緘馳上之而儼先潛報成祖曰世子與朝廷通使者至矣無何世子所遣使亦至成祖發書視之乃歎曰幾殺吾子成祖踐阼以北平爲北京仍命居守

永樂二年二月始召至京立爲皇太子成祖數北征命之監國裁決庶政四方水旱饑饉輒遣振恤仁聞大著而高煦高燧與其黨日伺隙讒構或問太子亦知有讒人乎曰不知也吾知盡子職而已十年北征還以太子遣使後期且書奏失辭悉徵宮僚黃淮等下獄十五年高煦以罪徙安樂明年黃儼等復譖太子擅赦罪人宮僚多坐死者侍郞胡濙奉命察之密疏太子誠敬孝謹七事以聞成祖意乃釋其後黃儼等謀立高燧事覺伏誅高燧以太子力解得免自是太子始安二十二年七月成祖崩於榆木川八月甲辰遺詔至遣皇太孫迎喪開平丁未出夏原吉等於獄丁巳卽皇帝位大赦天下以明年爲洪熙元年罷西洋寶船迤西市馬及雲南交阯採辦戊午復夏原吉吳中官己未武安侯鄭亨鎭大同保定侯孟瑛鎭交阯襄城伯李隆鎭山海武進伯朱榮鎭遼東復設三公三孤官以公侯伯尚書兼之進楊榮太常寺卿金幼孜戶部侍郞兼大學士如故楊士奇爲禮部左侍郞兼華蓋殿大學士黃淮通政使兼武英殿大學士俱掌內制楊溥爲翰林學士辛酉鎭遠侯顧興祖充總兵官討廣西叛蠻甲子汰冗官乙丑召漢王高煦赴京戊辰官吏謫戍軍籍者放還鄉己巳詔文臣年七十致仕九月癸酉交阯都指揮方政與黎利戰於茶籠州敗績指揮同知伍雲力戰死丙子召尚書黃福於交阯庚辰河溢開封免稅糧遣右都御史王彰撫恤之壬午敕自今官司所用物料於所產地計直市之科派病民者罪不宥癸未禮部尚書呂震請除服不許乙酉增諸王歲祿丙戌以風憲官備外任命給事中蕭奇等三十五人爲州縣官丁亥黎利寇淸化指揮同知陳忠戰死戊子始設南京守備以襄城伯李隆爲之乙未散畿內民所養官馬於諸衞所戊戌賜吏部尚書蹇義及楊士奇楊榮金幼孜銀章各一曰繩愆糾繆諭以協心贊務凡有闕失當言者用印密封以聞冬十月壬寅罷市民間金銀革兩京戶部行用庫癸卯詔天下都司衞所修治城池戊申通政使請以四方雨澤章奏送給事中收貯帝曰祖宗令天下奏雨澤欲知水旱以施恤民之政積之通政司旣失之矣今又令收貯是欲上之人終不知也自今奏至卽以聞己酉冊妃張氏爲皇后壬子立長子瞻基爲皇太子封子瞻埈爲鄭王瞻墉越王瞻墡襄王瞻堈荆王瞻墺淮王瞻塏滕王瞻垍梁王瞻埏衞王乙卯詔中外官舉賢才嚴舉主連坐法丁巳令三法司會大學士府部通政六科於承天門錄囚著爲令丁巳增京官及軍士月廩丁卯擢監生徐永潛等二十人爲給事中十一月壬申朔詔禮部建文諸臣家屬在敎坊司錦衣衞浣衣局及習匠功臣家爲奴者悉宥爲民還其田土言事謫戍者亦如之癸酉詔有司條政令之不便民者以聞凡被災不卽請振者罪之阿魯台來貢馬甲戌詔羣臣言時政闕失乙亥赦兀良哈罪始命近畿諸衞官軍更番詣京師操練丙子遣御史巡察邊衞癸未遣御史分巡天下考察官吏丙戌賜戶部尚書夏原吉繩愆糾繆銀章己丑禮部奏冬至節請受賀不許庚寅敕諸將嚴邊備辛卯禁所司擅役屯田軍士壬辰都督方政同榮昌伯陳智鎭交阯是月諭蹇義楊士奇夏原吉楊榮金幼孜曰前世人主或自尊大惡聞直言臣下相與阿附以至於敗朕與卿等當用爲戒又諭士奇曰頃羣臣頗懷忠愛朕有過方自悔而進言者已至良慰朕心十二月癸卯宥建文諸臣外戚全家戍邊者留一人餘悉放還辛亥揭天下三司官姓名於奉天門西序癸丑免被災稅糧庚申葬文皇帝於長陵丙寅鎭遠侯顧興祖破平樂潯州蠻是年于闐琉球占城哈密古麻剌朗滿剌加蘇祿瓦剌入貢

洪熙元年春正月壬申朔御奉天門受朝不舉樂乙亥敕內外羣臣修舉職業己卯享太廟建弘文閣命儒臣入直楊溥掌閣事癸未以時雪不降敕羣臣修省丙戌大祀天地於南郊奉太祖太宗配壬辰朝臣予告歸省者賜鈔有差著爲令己亥布政使周幹按察使胡槩叅政葉春巡視南畿浙江二月辛丑頒將軍印於諸邊將戊申祭社稷命太監鄭和守備南京丙辰耕耤田丙寅太宗神主祔太廟是月南京地屢震三月壬申前光祿署丞權謹以孝行擢文華殿大學士丁丑求直言戊子隆平饑戶部請以官麥貸之帝曰卽振之何貸爲己丑詔曰刑者所以禁暴止邪導民於善非務誅殺也吏或深文傅會以致冤濫朕深憫之自今其悉依律擬罪或朕過於嫉惡法外用刑法司執奏五奏不允同三公大臣執奏必允乃已諸司不得鞭囚背及加人宮刑有自宮者以不孝論非謀反勿連坐親屬古之盛世採聽民言用資戒儆今奸人往往摭拾誣爲誹謗法吏刻深鍛鍊成獄刑之不中民則無措其除誹謗禁有告者一切勿治庚寅陽武侯薛祿爲鎭朔大將軍率師巡開平大同邊辛卯叅將安平伯李安與榮昌伯陳智同鎭交阯戊戌將還都南京詔北京諸司悉稱行在復北京行部及行後軍都督府是月南京地屢震夏四月壬寅帝聞山東及淮徐民乏食有司徵夏稅方急乃御西角門詔大學士楊士奇草詔免今年夏稅及秋糧之半士奇言上恩至矣但須戶工二部預聞帝曰救民之窮當如救焚拯溺不可遲疑有司慮國用不足必持不決之意遽命中官具楮筆令士奇就門樓書詔帝覽畢卽用璽付外行之顧士奇曰今可語部臣矣設北京行都察院壬子命皇太子謁孝陵遂居守南京戊午如天壽山謁長陵己未還宮是月振河南及大名饑南京地屢震五月己卯侍讀李時勉侍講羅汝敬以言事改御史尋下獄庚辰帝不豫遣使召皇太子於南京辛巳大漸遺詔傳位皇太子是日崩於欽安殿年四十有八七月己巳上尊謚廟號仁宗葬獻陵

贊曰當靖難師起仁宗以世子居守全城濟師其後成祖乘輿歲出北征東宮監國朝無廢事然中遘媒孽瀕於危疑者屢矣而終以誠敬獲全善乎其告人曰吾知盡子職而已不知有讒人也是可爲萬世子臣之法矣在位一載用人行政善不勝書使天假之年涵濡休養德化之盛豈不與文景比隆哉

明史卷九　本紀第九

總裁官總理事務經筵講官少保兼太子太保保和殿大學士兼管吏部戶部尚書事加六級臣張廷玉等奉

敕修

宣宗

宣宗憲天崇道英明神聖欽文昭武寬仁純孝章皇帝諱瞻基仁宗長子也母誠孝昭皇后生之前夕成祖夢太祖授以大圭曰傳之子孫永世其昌旣彌月成祖見之曰兒英氣溢面符吾夢矣比長嗜書智識傑出永樂七年從幸北京令觀農具及田家衣食作務本訓授之八年成祖征沙漠命留守北京九年十一月立爲皇太孫始冠自是巡幸征討皆從嘗命學士胡廣等卽軍中爲太孫講論經史每語仁宗曰此他日太平天子也仁宗卽位立爲皇太子夏四月以南京地屢震命往居守五月庚辰仁宗不豫璽書召還六月辛丑還至良鄉受遺詔入宮發喪庚戌卽皇帝位大赦天下以明年爲宣德元年辛亥諭邊將嚴守備甲寅趣中官在外採辦者還罷所市物秋七月乙亥尊皇后爲皇太后立妃胡氏爲皇后辛卯鎭遠侯顧興祖討大藤峽蠻平之乙未論法司愼刑獄閏月戊申安順伯薛貴淸平伯吳誠都督馬英都指揮梁成帥師巡邊乙丑楊溥入直文淵閣八月戊辰都指揮李英討安定曲先叛番大敗之安定王桑兒加失夾詣闕謝罪壬申詔內外羣臣舉廉潔公正堪牧民者癸未大理卿胡槩叅政葉春巡撫南畿浙江設巡撫自此始九月壬寅葬昭皇帝於獻陵冬十月戊寅南京地震戊子敕公侯伯五府六部大學士給事中審覆重囚十一月戊戌顧興祖討平思恩蠻辛酉薛祿爲鎭朔大將軍巡邊十二月甲申顧興祖討平宜山蠻是年哈密回回滿剌撒丁占城琉球中山瓜哇烏斯藏瓦剌浡泥入貢

宣德元年春正月癸卯享太廟丁未大祀天地於南郊癸丑赦死罪以下運糧宣府自贖己未遣侍郞黃宗載十五人淸理天下軍伍後遣使著爲令二月戊辰祭社稷丁丑耕耤田丙戌謁長陵獻陵丁亥還宮三月己亥榮昌伯陳智都督方政討黎利敗績於茶籠州又安知府琴彭死之癸丑行在禮部侍郞張瑛兼華蓋殿大學士直文淵閣夏四月乙丑成山侯王通爲征夷將軍充總兵官討黎利尚書陳洽參贊軍務陳智方政奪官從立功五月甲午朔錄囚丙申詔赦交阯許黎利自新丙午敕郡縣瘞遺骸庚申召薛祿還秋七月癸巳京師地震乙未免山東夏稅己亥諭六科凡中官傳旨必覆奏始行壬子罷湖廣採木八月壬戌漢王高煦反丙寅宥武臣殊死以下罪復其官己巳親征高煦命鄭王瞻埈襄王瞻墡居守陽武侯薛祿淸平伯吳誠將前鋒大賚五軍將士辛未發京師辛巳至樂安帝兩遣書諭降又以敕繫矢射城中諭禍福壬午高煦出降癸未改樂安曰武定州乙酉班師九月丙申至自武定州錮高煦於西內戊戌法司鞫高煦同謀者詞連晉王趙王詔勿問冬十月戊寅釋李時勉復爲侍讀十一月乙未成山侯王通擊黎利於應平敗績尚書陳洽死之十二月辛酉免六師所過秋糧辛未錄囚宥免三千餘人乙酉征南將軍總兵官黔國公沐晟帥興安伯徐亨新安伯覃忠征虜副將軍安遠侯柳升帥保定伯梁銘都督崔聚由雲南廣西分道討黎利兵部尚書李慶參贊軍務是年瓜哇暹羅琉球蘇門答剌滿剌加白葛達撒馬兒罕土魯番哈密烏斯藏入貢

二年春正月庚子大祀天地於南郊丁未有司奏歲問囚數帝謂百姓輕犯法由於敎化未行命申敎化二月癸亥行在戶部侍郞陳山爲本部尚書兼謹身殿大學士直文淵閣乙丑黎利攻交阯城王通擊敗之三月辛卯賜馬愉等進士及第出身有差夏四月庚申黎利圍

昌江都指揮李任指揮顧福劉順知府劉子輔中官馮智死之甲子晉王濟熿有罪廢爲庶人己巳王通許黎利和五月癸巳薛祿督餉開平己亥仁宗神主祔太廟丙午錄囚六月戊寅錄囚秋七月己亥黎利陷隘留關鎭遠侯顧興祖擁兵不救逮治之庚子錄囚辛丑命都督同知陳懷充總兵官帥師討松潘蠻丁未薛祿敗敵於開平八月甲子黃淮致仕免兩京山西河南州縣被災稅糧九月壬辰錄囚乙未柳升師次倒馬坡遇伏戰死是日保定伯梁銘病卒丙申尚書李慶病卒師大潰參將崔聚郎中史安主事陳鏞李宗昉死之冬十月戊寅王通棄交阯與黎利盟十一月乙酉赦黎利遣侍郎李琦羅汝敬立陳暠爲安南國王悉召文武吏士還己亥以皇長子生大赦天下免明年稅糧三之一十二月丁丑振陝西饑幷給絹布十五萬疋是年瓜哇占城暹羅琉球瓦剌哈密亦力把里撒馬兒罕入貢

三年春正月甲午大祀天地於南郊丙申陳懷平松潘蠻二月戊午立皇長子祁鎭爲皇太子是月作帝訓成三月癸未廢皇后胡氏立貴妃孫氏爲皇后壬辰錄囚夏四月癸亥敕凡官民建言章疏尚書都御史給事中會議以聞勿諱閏月壬寅錄囚免山西旱災稅糧甲辰命有司振卹庚戌論棄交阯罪王通等及布政使弋謙中官山壽馬騏下獄論死籍其家鎭遠侯顧興祖幷下獄五月壬子李琦羅汝敬還黎利表陳暠卒子孫幷絕乞守國俟命辛酉錄囚己巳復遣羅汝敬等諭黎利立陳氏後辛未赦交阯死事諸臣壬申免北京被災夏稅六月丙戌免陝西被災夏稅丁未都御史劉觀巡視河道秋七月戊辰錄囚八月辛卯罷北京行部及行後軍都督府丁未帝自將巡邊九月辛亥次石門驛兀良哈寇會州帝帥精卒三千人往擊之乙卯出喜峰口擊寇於寬河帝親射其前鋒殪三人兩翼軍並發大破之寇望見黃龍旂下馬羅拜請降皆生縛之斬渠酋甲子班師癸酉至自喜峰口冬十一月癸酉錦衣指揮鍾法保請採珠東莞帝曰是欲擾民以求利也下之獄十二月庚子廣西總兵官山雲討擒忻城蠻是年占城暹羅瓜哇琉球瓦剌哈密安南曲先土魯番亦力把里撒馬兒罕入貢

四年春正月南京地震己未大祀天地於南郊二月己丑南京獻騶虞二禮部請表賀不許三月甲戌遣李琦再諭黎利訪立陳氏後夏四月辛巳山雲討平柳潯蠻戊子工部尚書黃福平江伯陳瑄經畧漕運五月壬子錄囚六月甲午罷文吏犯贓贖罪例己亥寇犯開平鎭撫張信等戰死庚子薛祿督餉開平秋七月己未幸文淵閣八月己卯起復楊溥九月癸亥釋顧興祖於獄冬十月庚辰幸文淵閣癸未以天寒諭法司錄囚丙戌製猗蘭操賜廷臣諭以薦賢爲國之道庚寅張瑛陳山罷甲午閱武於近郊乙未獵於峪口戊戌還宮十一月癸卯薛祿及恭順侯吳克忠帥師巡宣府十二月乙亥京師地震壬辰罷中官松花江造船是年瓜哇占城琉球榜葛剌哈密土魯番亦力把里撒馬兒罕入貢

五年春正月癸丑大祀天地於南郊戊辰尚書夏原吉卒二月壬辰罷工部採木癸巳頒寬卹之令省災傷寬馬政免逋欠薪芻招流民賜復一年罷採買減官田舊科十之三卹工匠禁司倉官包納戒法司愼刑獄乙未奉皇太后謁陵三月戊申道見耕者下馬問農事取耒三推顧侍臣曰朕三推已不勝勞況吾民終歲勤動乎命賜所過農民鈔己酉還宮辛亥李琦還黎利稱陳氏無後上表請封丙辰免山西去歲被災田租丁巳賜林震等進士及第出身有差夏四月戊寅薛祿帥師築赤城鵰鶚雲州獨石團山城堡五月癸卯追奪贓吏誥敕著爲令丙辰修預備倉出官錢收糴備荒癸亥擢郎中況鍾何文淵九人爲知府賜敕遣之六月己卯遣官捕近畿蝗諭戶部曰往年捕蝗之使害民不減於蝗宜知此弊因作捕蝗詩示之秋七月癸亥甄別守令八月己巳朔日食陰雨不見禮官請表賀不許九月丙午擢御史于謙長史周忱六人爲侍郎巡撫兩京山東山西河南江西浙江湖廣乙卯巡近郊己未還宮冬十月乙亥阿魯台犯遼東遼海衞指揮同知皇甫斌力戰死丙子巡近郊己卯獵於岔道丙戌至洗馬林遍閱城堡兵備壬辰還宮十二月癸巳曲先叛番平閏月己未赦內外諸司久淹獄囚者罪之是年占城琉球瓜哇瓦剌哈密罕東土魯番撒馬兒罕亦力把里入貢

六年春正月丁丑大祀天地於南郊庚辰大雨雷電二月丁酉侍郎羅汝敬督陝西屯田己亥濬金龍口引河達徐州以便漕三月乙亥命吏部考察外官自布政按察二司始著爲令夏四月己酉侍郎柴車經理山西屯田六月己亥遣使詔黎利權署安南國事秋七月己巳錄囚壬午許朶顏三衞市易冬十月甲辰陳懷平松潘蠻十一月丙子始命官軍兌運民糧乙酉分遣御史往逮貪暴中官袁琦等十二月乙未袁琦等十一人棄市榜其罪示天下丁未金幼孜卒庚戌遣御史巡視寧夏甘州屯田水利是年占城琉球瓦剌哈密蘇門答剌亦力把里入貢

七年春正月辛酉朔日有食之免朝賀癸酉大祀天地於南郊二月甲午以春和諭法司錄囚三月庚申下詔行寬卹之政辛酉諭禮部曰朕以官田賦重十減其三乃聞異時蠲租詔下戶部皆不行甚者戒約有司不得以詔書爲辭是廢格詔令使澤不下究也自今令在必行毋有所過夏四月辛丑免山西逋賦壬寅募商中鹽輸粟入邊六月癸卯錄囚癸丑罷中官入番市馬是月作官箴成凡三十五篇示百官秋八月乙未敕京官三品以上舉才行文學之士吏部都察院黜方面有司不職者九月庚午諸將巡邊是秋免兩畿及嘉興湖州水災稅糧十一月辛酉召督漕平江伯陳瑄侍郎趙新等歲終至京議糧賦利弊是年占城琉球哈密哈烈瓦剌亦力把里入貢

八年春正月丁卯大祀天地於南郊二月壬子錄囚宥免五千餘人三月丙辰賜曹鼐等進士及第出身有差庚辰諭內外優卹軍士違者風憲官察奏罪之是春以兩京河南山東山西久旱遣使振卹夏四月戊戌詔蠲京省被災逋租雜課免今年夏稅賜復一年理冤獄減殊死以下赦軍匠在逃者罪有司各舉賢良方正一人巡按御史按察使糾貪酷吏及使臣生事者五月丁巳總兵官都督蕭授討平貴州烏羅蠻丁卯山雲討平宜山蠻六月乙酉禱雨不應作閔旱詩示羣臣辛丑詔中外疏決罪囚是夏復振兩京河南山東山西湖廣饑免稅糧秋七月壬申免江西水災稅糧八月癸巳汰京師冗官閏月辛亥西域貢麒麟戊午景星見禮官請表賀皆不許九月乙酉遣官錄天下重囚己亥阿魯台部督卜寇涼州總兵官劉廣擊斬之冬十二月乙亥諭法司宥京官過犯是年暹羅占城琉球安南滿剌加天方蘇門答剌古里柯枝阿丹錫蘭山佐法兒甘巴里加異勒忽魯謨斯哈密瓦剌撒馬兒罕亦力把里入貢

九年春正月辛卯大祀天地於南郊二月庚戌振鳳陽淮安揚州徐州饑乙卯申兩京山東山西河南寬卹之令三月戊寅山雲討平思恩叛蠻夏四月己未黎利死子麟來告喪命麟權署安南國事戊辰錄囚五月壬午瘞暴骸秋七月甲申遣給事中御史錦衣衞官督捕兩畿山東山西河南蝗八月庚戌振湖廣饑甲子敕兩京湖廣江西河南巡撫巡按御史三司官行視災傷蠲秋糧十之四乙丑罷工部採辦己巳瓦剌脫歡攻殺阿魯台來告捷九月癸未自將巡邊乙酉度居庸關丙戌獵於岔道乙未阿魯台子阿卜只俺來歸丁酉至洗馬林閱城堡兵備己亥大獵冬十月丙午還宮丙辰都督方政討平松潘叛蠻甲子罷陝西市馬丁卯兩畿浙江湖廣江西饑以應運南京及臨淸倉粟振濟十一月戊戌停刑庚子免四川被災稅糧十二月甲子帝不豫衞王瞻埏攝享太廟是年暹羅占城琉球蘇門答剌哈密瓦剌入貢

十年春正月癸酉朔不視朝命羣臣謁皇太子於文華殿甲戌大漸罷採買營造諸使乙亥崩於乾淸宮年三十有八遺詔國家重務白皇太后丁酉上尊謚廟號宣宗葬景陵

贊曰仁宗爲太子失愛於成祖其危而復安太孫蓋有力焉卽位以後吏稱其職政得其平綱紀修明倉庾充羨閭閻樂業歲不能災蓋明興至是歷年六十民氣漸舒蒸然有治平之象矣若乃强藩猝起旋卽削平掃蕩邊塵狡寇震懾帝之英姿睿畧庶幾克繩祖武者歟

明史卷十　本紀第十

總裁官總理事務　經筵講官少保兼太子太保保和殿大學士兼管吏部戶部尚書事加六級臣張廷玉等奉
敕修

英宗前紀

英宗法天立道仁明誠敬昭文憲武至德廣孝睿皇帝諱祁鎭宣宗長子也母貴妃孫氏生四月立爲皇太子遂册貴妃爲皇后宣德十年春正月宣宗崩壬午卽皇帝位遵遺詔大事白皇太后行大赦天下以明年爲正統元年始罷午朝丁亥尚書蹇義卒辛丑戶部尚書黃福叅贊南京守備機務二月戊申尊皇太后爲太皇太后庚戌尊皇后爲皇太后辛亥封弟祁鈺爲郕王甲寅罷諸司冗費三月戊寅放教坊司樂工三千八百餘人辛巳罷山陵夫役萬七千人丙申諭三法司死罪臨決三覆奏然後加刑夏四月壬戌以元學士吳澄從祀孔子廟庭丁卯以久旱考察布按二司及府州縣官戊辰遣給事中御史捕畿南山東河南淮安蝗五月壬午戶部言浙江蘇松荒田稅糧減除二百七十七萬餘石請加覈帝以覈實必增額爲民患不許六月丁未令天下瘞暴骸辛酉葬章皇帝於景陵秋七月丙子免山西夏稅之半八月丙午減光祿寺膳夫四千七百餘人九

月壬辰詔督漕總兵及諸巡撫官歲以八月至京會廷臣議事是月王振掌司禮監冬十月壬寅遣使諭阿台朶兒只伯辛亥詔天下衞所皆立學十一月戊辰朔日有食之十二月壬子阿台朶兒只伯犯涼州鎮番總兵官陳懋敗之於黑山是年琉球中山暹羅日本占城安南滿剌加哈密瓦剌入貢

正統元年春正月丙戌罷銅仁金場庚寅發禁軍三萬人屯田畿輔三月己巳賜周旋等進士及第出身有差乙亥御經筵夏四月丁酉朔享太廟五月丁卯阿台朶兒只伯寇肅州壬辰設提督學校官秋八月甲戌右都督蔣貴充總兵官都督同知趙安副之帥師討阿台朶兒只伯九月癸卯遣侍郎何文淵王佐副都御史朱與言督兩淮長蘆浙江鹽課欽差巡鹽自此始庚申封黎利子麟爲安南國王冬十一月乙卯詔京官三品以上舉堪任御史者四品及侍從言官舉堪任知縣者各一人免湖廣被災稅糧十二月丁丑以邊議稽緩下兵部尚書王驥侍郎鄺埜於獄尋釋之乙酉湖廣貴州總兵官蕭授討廣西蒙顧十六洞賊平之是年琉球中山瓜哇安南烏斯藏占城瓦剌入貢遣宣德時來貢古里蘇門答剌十一國使臣還國

二年春正月甲午宣宗神主祔太廟己亥太同總兵官方政都指揮楊洪會寧夏甘肅兵出塞討阿台朶兒只伯三月甲午錄囚戊午御史金敬撫輯大名及河南陝西逃民夏四月免河南被災田糧五月庚寅兵部尚書王驥經理甘肅邊務壬寅刑部尚書魏源經理大同邊務丁未免陝西平涼六府旱災夏稅六月乙亥以宋胡安國蔡沈眞德秀從祀孔子廟庭庚辰副都御史賈諒侍郎鄭辰振河南江北饑冬十月甲子鎮守甘肅左副總兵任禮充總兵官都督蔣貴都督同知趙安爲左右副總兵兵部侍郎柴車僉都御史曹翼羅亨信參贊軍務討阿台朶兒只伯兵部尚書王驥太監王貴監督之十一月乙巳振河南饑免稅糧是年琉球中山撒馬兒罕暹羅土魯番瓦剌哈密入貢

三年春三月己亥京師地震辛丑振陝西饑夏四月乙卯王驥任禮蔣貴趙安襲擊阿台朶兒只伯大破之追至黑泉還癸未立大同馬市六月癸酉以旱讞中外疑獄乙亥都督方政僉事張榮同征南將軍黔國公沐晟右都督沐昂討麓川叛蠻思任發秋七月癸未下禮部尚書胡濙於獄辛卯下戶部尚書劉中敷於獄尋俱釋之八月乙亥以陝西饑令雜犯死囚以下輸銀贖罪送邊吏易米九月癸巳錮兩畿湖廣逋賦冬十月癸丑再振陝西饑十二月丙辰下刑部尚書魏源右都御史陳智等於獄是年榜葛剌貢麒麟中外表賀琉球中山暹羅占城瓦剌入貢

四年春正月壬午方政破麓川蠻於大寨追至空泥敗沒二月丁巳總兵官蕭授平貴州計砂叛苗閏月辛丑釋魏源陳智等復其官并宥棄交阯王通馬騏罪三月己酉詔赦天下壬子賜施槃等進士及第出身有差庚申廢遼王貴烚爲庶人丁卯黔國公沐晟卒於軍癸酉增南京及在外文武官軍俸廩夏五月庚戌右都督沐昂爲征南將軍充總兵官討思任發丁卯錄中外囚六月乙未京師地震丁酉以京畿水災祭告天地諭羣臣修省戊戌下詔寬卹求直言秋七月庚戌免兩畿山東江西河南被災稅糧壬申汰冗官八月戊戌增設沿海備倭官己亥京師地震冬十二月丁丑都督同知李安充總兵官僉都御史王翶參贊軍務討松潘祈命簇叛番是年琉球占城安南瓦剌榜葛剌滿剌加哈密入貢

五年春正月己未大祀天地於南郊二月乙亥侍講學士馬愉侍講曹鼐入閣預機務甲申僉都御史張純大理少卿李畛振撫畿內流民三月戊申建北京宮殿夏四月壬申免山西逋賦丙戌祈命簇番降五月征麓川叅將張榮敗績於芒市六月丁丑免兩畿被災田糧戊寅錄囚秋七月辛丑遣刑部侍郎何文淵等分行天下修備荒之政壬寅楊榮卒八月乙未令各邊修舉荒政九月壬寅蠲雲南逋賦冬十一月壬寅振浙江饑壬子免蘇松常鎭嘉湖水災稅糧丁巳廣西僧楊行祥僞稱建文帝械送京師錮錦衣衞獄死乙丑沐昂討平師宗叛蠻十二月壬午免南畿浙江山東河南被災稅糧是年占城琉球中山哈密烏斯藏入貢

六年春正月己亥朔日當食不見禮官請表賀不許庚戌大祀天地於南郊乙卯以莊浪地屢震躬祀郊廟遣使祭西方嶽鎭大舉征麓川定西伯蔣貴爲平蠻將軍都督同知李安僉事劉聚副之兵部尚書王驥總督軍務三月庚子下兵部侍郎于謙於獄夏四月甲午以災異遣使省天下疑獄五月甲寅刑部侍郎何文淵大理卿王文錄在京刑獄巡撫侍郎周忱刑科給事中郭瑾錄南京刑獄釋于謙爲大理少卿秋七月丁未振浙江湖廣饑冬十月丁丑戶部尚書劉中敷侍郎吳璽陳瑺荷校於長安門旬餘釋還職庚寅免畿內被災稅糧十一月甲午朔乾清坤寧二宮奉天華蓋謹身三殿成大赦定都北京文武諸司不稱行在癸卯王驥拔麓川上江寨癸丑免河南山東及鳳陽等府被災稅糧閏月甲戌復下劉中敷吳璽陳瑺於獄踰年釋中敷爲民璽瑺戍邊十二月王驥克麓川思任發走孟養丁未班師左副總兵李安攻餘賊於高黎貢山敗績是年占城瓦剌哈密入貢

七年春正月甲戌大祀天地於南郊二月庚申如天壽山三月甲子還宮乙亥免陝西屯糧十之五戊寅賜劉儼等進士及第出身有差夏四月甲午振陝西饑是月免山西河南山東被災稅糧五月壬申論平麓川功進封蔣貴爲侯王驥靖遠伯戊寅立皇后錢氏丁亥倭陷大嵩所六月壬子戶部侍郎焦宏備倭浙江秋七月丙寅振陝西饑民贖民所鬻子女八月壬寅復命王驥總督雲南軍務九月甲戌陝西進嘉禾禮臣請表賀不許冬十月壬辰兀良哈犯廣寧乙巳太皇太后崩十二月葬誠孝昭皇后於獻陵是年占城瓦剌哈密琉球中山安南瓜哇土魯番烏斯藏入貢

八年春正月丁卯大祀天地於南郊二月己丑汰南京冗官戊戌淮王瞻墺來朝丙午荊王瞻堈來朝夏五月己巳復命平蠻將軍蔣貴王驥帥師征麓川思任發子思機發戊寅雷震奉天殿鴟吻敕修省壬午大赦六月丁亥侍講劉球陳十事下錦衣衞獄太監王振使指揮馬順殺之甲辰下大理少卿薛瑄於獄秋七月戊午祭酒李時勉荷校於國子監門三日九月甲子思機發請降冬十一月宣宗廢后胡氏卒十二月癸未免山東復業民稅糧二年丙戌駙馬都尉焦敬荷校於長安右門是年占城安南瓦剌哈密瓜哇入貢

九年春正月甲寅右都御史王文巡延安寧夏邊辛酉大祀天地於南郊辛未成國公朱勇興安伯徐亨都督馬亮陳懷同太監僧保曹吉祥劉永誠但住分道討兀良哈二月丙午王驥擊走思機發俘其孥以獻召驥還三月辛亥朔新建太學成釋奠於先師孔子甲子朱勇等師還楊士奇卒乙丑敘征兀良哈功封陳懷平鄉伯馬亮招遠伯成國公朱勇等進秩有差夏四月丙戌翰林學士陳循直文淵閣預機務丁亥振沙州及赤斤蒙古饑五月己未命法司錄在京刑獄刑部侍郎馬昂錄南京刑獄六月壬午振湖廣貴州蠻饑秋七月己酉下駙馬都尉石璟於獄處州賊葉宗留盜福安銀礦殺福建參議竺淵癸丑免河南被災稅糧閏月戊寅復開福建浙江銀塲甲申瘞暴骸壬寅雷震奉先殿鴟吻八月庚戌免陝西被災稅糧贖民所鬻子女甲戌敕邊將備瓦剌也先九月丁亥靖遠伯王驥右都御史陳鎰經理西北邊備冬十月丙午朔日有食之庚午兀良哈貢馬謝罪是年兩畿山東河南浙江湖廣大水江河皆溢暹羅琉球中山瓦剌安南烏斯藏滿剌加入貢

十年春正月丙戌大祀天地於南郊戊子詔舉智勇之士二月丁巳京師地震己未免陝西逋賦丙寅兀良哈貢馬請貸犯邊者罪不許壬申如天壽山三月丙子還宮庚辰思機發入貢謝罪庚寅賜商輅等進士及第出身有差夏四月甲辰朔日有食之庚申詔所在有司餉逃民復業及流移就食者六月己丑振陝西饑免田租三之二秋七月乙未減糶河南懷慶倉粟濟山陝饑八月癸丑免湖廣旱災秋糧丙辰免蘇松嘉湖十四府州水災秋糧冬十月戊辰侍讀學士苗衷爲兵部侍郎侍講學士高穀爲工部侍郎並入閣預機務十二月丙辰緬甸獲思任發斬其首送京師壬辰輸河南粟振陝西饑廣西總兵官安遠侯柳溥討平慶遠叛蠻是年琉球中山哈密亦力把里安南占城滿剌加錫蘭山撒馬兒罕烏斯藏入貢

十一年春正月己卯大祀天地於南郊庚辰予太監王振等弟姪世襲錦衣衞官二月辛酉異氣見華蓋奉天殿遣官祭告天地癸亥詔卹刑獄三月戊辰下戶部尚書王佐刑部尚書金濂右都御史陳鎰等於錦衣衞獄尋釋之壬申御史柳華督福建浙江江西兵討礦賊癸酉如天壽山庚辰還宮夏六月丙辰京師地震秋七月癸酉增市廛稅鈔庚辰楊溥卒八月戊戌免湖廣被災秋糧庚申下吏部尚書王直等於獄尋釋之九月辛巳廣西猺叛執化州知州茅自得殺千戶汪義冬十月甲寅遣給事中御史分賚諸邊軍士十一月壬申減殊死以下罪是年琉球中山暹羅安南瓜哇回回哈密占城亦力把里撒馬兒罕烏斯藏入貢

十二年春正月癸酉大祀天地於南郊三月癸亥如天壽山庚午還宮丙子免杭嘉湖被災秋糧夏四月丁巳免蘇松常鎭被災秋糧五月己亥大理少卿張驥振濟寧及淮揚饑秋七月甲辰敕各邊練軍備瓦剌八月庚申朔日有食之九月乙未馬愉卒是年琉球中山安南占城瓦剌瓜哇哈密暹羅入貢

十三年春正月丁酉大祀天地於南郊三月戊子詔責孟養宣慰司獻思機發壬寅賜彭時等進士及第出身有差王驥仍總督軍務都督同知宮聚爲平蠻將軍充

總兵官帥師討思機發夏四月免浙江江西湖廣被災秋糧五月丙戌遣使捕山東蝗甲辰刑部侍郎丁鉉撫輯河南山東災民秋七月乙酉河決大名沒三百餘里遣使蠲振己酉河決河南沒曹濮東昌潰壽張沙灣壞運道工部侍郎王永和治之八月乙卯福建賊鄧茂七作亂甲戌命御史丁瑄捕之冬十一月丙戌寧陽侯陳懋充總兵官保定伯梁珤平江伯陳豫副之太監曹吉祥王瑾提督火器刑部尚書金濂參贊軍務討鄧茂七甲辰處州賊流刼金華諸縣庚戌永康侯徐安備倭山東十二月庚午廣東猺賊作亂是年琉球中山安南占城入貢瓦剌貢使三千人賞不如例遂構釁

十四年春正月甲午大祀天地於南郊乙巳免浙江福建銀課二月丁巳御史丁瑄指揮劉福擊斬鄧茂七於延平己巳王驥破思機發於金沙江又破之鬼哭山班師辛未指揮僉事徐恭充總兵官討處州賊葉宗留工部尚書石璞參贊軍務三月戊子如天壽山癸巳還宮夏四月庚戌處州賊犯崇安殺都指揮吳剛壬戌湖廣貴州苗賊大起命王驥討之乙丑遣御史十三人同中官督福建浙江銀課五月丙戌陳懋擊破沙縣賊壬辰旱太監金英同法司錄囚己亥侍讀學士張益直文淵閣預機務庚子巡按福建御史汪澄棄市并殺前巡按御史柴文顯六月庚戌靖州苗犯辰溪都指揮高亮戰死丙辰南京謹身諸殿災甲子修省詔河南山西班軍番休者盡赴大同宣府乙丑西寧侯宋瑛總督大同兵馬己巳赦天下戊寅平鄉伯陳懷駙馬都尉井源都督王貴吳克勤太監林壽分練京軍於大同宣府備瓦剌秋七月己丑瓦剌也先寇大同參將吳浩戰死下詔親征吏部尚書王直帥羣臣諫不聽癸巳命郕王居守是日西寧侯宋瑛武進伯朱冕與瓦剌戰於陽和敗沒甲午發京師乙未次龍虎臺軍中夜驚丁酉次居庸關辛丑次宣府羣臣屢請駐蹕不許丙午次大同八月戊申次大同鎮守太監郭敬諫議旋師己酉廣寧伯劉安爲總兵官鎮大同庚戌師還丁巳次宣府庚申瓦剌兵大至恭順侯吳克忠都督吳克勤戰沒成國公朱勇永順伯薛綬救之至鷂兒嶺遇伏全軍盡覆辛酉次土木被圍壬戌師潰死者數十萬英國公張輔泰寧侯陳瀛駙馬都尉井源平鄉伯陳懷襄城伯李珍遂安伯陳塤修武伯沈榮都督梁成王貴尚書王佐鄺埜學士曹鼐張益侍郎丁鉉王永和副都御史鄧棨等皆死帝北狩甲子京師聞敗羣臣聚哭於朝侍講徐珵請南遷兵部侍郎于謙不可乙丑皇太后命郕王監國戊辰帝至大同己巳皇太后命立皇子見深爲皇太子辛未帝至威寧海子甲戌至黑河九月癸未郕王即位遙尊帝爲太上皇帝

明史卷十一　本紀第十一

總裁官總理事務經筵講官少保兼太子太保保和殿大學士兼管吏部戶部尚書事加六級張廷玉等奉敕修

景帝

恭仁康定景皇帝諱祁鈺宣宗次子也母賢妃吳氏英宗即位封郕王正統十四年秋八月英宗北狩皇太后命王監國丙寅移通州糧入京師徵兩畿山東河南備倭運糧諸軍入衛召寧陽侯陳懋帥師還戊辰兵部侍郎于謙爲本部尚書令羣臣直言時事舉人材己巳皇太后詔立皇子見深爲皇太子卹陣亡將士庚午籍王振家辛未右都御史陳鎰撫安畿內軍民壬申都督石亨總京營兵乙亥諭邊將瓦剌奉駕至不得輕出輸南京軍器於京師修撰商輅彭時入閣預機務是月廣東賊黃蕭養作亂九月癸未王即皇帝位遙尊皇帝爲太上皇帝以明年爲景泰元年大赦天下免景泰二年田租十之三甲申夷王振族庚寅處州賊平癸巳指揮僉事季鐸奉皇太后命達於上皇甲午祭宣府土木陣亡將士瘞遺骸乙未總兵官安鄉伯張安討廣州賊敗死指揮僉事王清被執死之辛丑給事中孫祥郎中羅通爲右副都御史守紫荊居庸關甲辰遣御史十五人募兵畿內山東山西河南都督同知陳友帥師討湖廣貴州叛苗乙巳遣使奉書上皇丙午苗圍平越衞調雲南四川兵會王驥討之參議楊信民爲右僉都御史討廣東賊冬十月戊申也先擁上皇至大同壬子詔諸王勤王乙卯于謙提督諸營石亨及諸將分守九門丙辰也先陷紫荊關孫祥死之京師戒嚴丁巳詔宣府遼東總兵官山東河南山西陝西巡撫及募兵御史將兵入援戊午也先薄都城都督高禮毛福壽敗之於彰義門己未右通政王復太常少卿王榮使也先營朝上皇於土城庚申徵兵於朝鮮調河州諸衞土軍入援于謙石亨等連敗也先衆於城下壬戌寇退甲子出紫荊關丁卯詔止諸王兵瓦剌可汗脫脫不花使來辛未昌平伯楊洪充總兵官都督孫鏜范廣副之勦畿內餘寇十一月癸未修沿邊關隘辛卯毛福壽爲副總兵討辰州叛苗壬辰上皇至瓦剌乙未侍郎耿九疇撫安南畿流民賜復三年十二月庚戌尊皇太后爲上聖皇太后辛亥王驥爲平蠻將軍充總兵官討貴州叛苗都督同知董興爲左副總兵討廣東賊戶部侍郎孟鑑參贊軍務癸丑尊母賢妃爲皇太后甲寅立妃汪氏爲皇后丙辰大赦己未石亨楊洪柳溥分練京營兵戊辰祭陣亡官軍於西直門外是年琉球中山占城烏斯藏撒馬兒罕入貢

景泰元年春正月丁丑朔罷朝賀辛巳城昌平壬午享太廟丙戌大祀天地於南郊閏月甲寅瓦剌寇寧夏癸亥詔會試取士毋拘額庚午大同總兵官郭登敗瓦剌於沙窩又追敗之於栲栳山封登定襄伯是月免大名眞定開封衞輝被災稅糧二月戊寅耕耤田癸未懋賞格招陷敵軍民丙戌石亨爲鎭朔大將軍帥師巡大同都指揮同知楊能充遊擊將軍巡宣府壬辰太監喜寧伏誅三月己酉瓦剌寇朔州辛亥錄土木死事諸臣後癸丑瓦剌寇寧夏慶陽乙卯寇朔州癸亥免畿內逋賦及夏稅夏四月丙子廣東都指揮李昇何貴帥兵捕海賊戰死辛巳瓦剌寇大同官軍擊却之丁亥保定伯梁珤代王驥討貴州叛苗戊子大理寺丞李茂錄囚南京考覈百司訪軍民利病丙申瓦剌寇雁門己亥都督同知劉安充總兵官練兵於保定眞定及涿易通三州僉都御史曹泰參贊軍務庚子振山東饑辛丑振畿內被寇州縣癸卯瓦剌寇大同郭登擊却之五月乙巳免山西被災稅糧瓦剌掠河曲代州遂南犯詔劉安督涿易諸軍禦之戊申瓦剌寇雁門益黃花鎭戍兵衞陵寢癸丑董興擊破廣東賊黃蕭養伏誅壬戌振大同被寇軍民丙寅侍郎侯璡副總兵田禮大破貴州苗辛未瓦剌遣使請和六月壬午瓦剌寇大同郭登擊却之丙戌也先復擁上皇至大同丁亥左都御史陳鎰王文以鞫太監金英家人不實下獄尋釋之戊子瓦剌寇宣府都督朱謙參將紀廣禦却之戊戌免山東被災州縣稅糧己亥給事中李實大理寺丞羅綺使瓦剌秋七月庚戌尚書侯璡參將方瑛破貴州苗擒其酋獻京師庚申右都御史楊善工部侍郎趙榮使瓦剌停山西民運糧大同癸亥李實羅綺還己巳楊善至瓦剌也先許上皇歸八月癸酉上皇發瓦剌戊寅祀社稷甲申遣侍讀商輅迎上皇於居庸關丙戌上皇還京師帝迎於東安門入居南宮帝帥百官朝謁庚寅赦天下辛卯刑部右侍郎江淵兼翰林學士直文淵閣預機務九月癸丑巡撫河南副都御史王來總督湖廣貴州軍務討叛苗冬十月辛卯錄囚癸巳免畿內逋賦十一月辛亥禮部尚書胡濙請令百官賀上皇萬壽節十二月丙申復請明年正旦百官朝上皇於延安門皆不許是年朝鮮貢馬者三

二年春正月庚戌大祀天地於南郊壬子詔天下朝覲官當黜者運糧口外二月辛未釋奠於先師孔子辛卯以星變修省詔廷臣條議寬卹諸政癸巳詔畿內及山東巡撫官舉廉能吏專司勸農授民荒田貸牛種三月壬寅賜柯潛等進士及第出身有差夏四月乙酉梁珤王來等破平越苗獻俘京師甲午瓦剌寇宣府馬營敕遊擊將軍石彪等巡邊乙未命石亨選京營兵操練尚書石璞總督軍務五月乙巳城固原六月戊辰朔日當食不見己卯詔貴州各衞修舉屯田秋七月戊申普定永寧畢節諸苗復叛梁珤等留軍討之八月壬申南京地震辛巳復午朝九月乙卯禁諸司起復冬十月己丑免山西被災稅糧十二月庚寅禮部左侍郎王一寧祭酒蕭鎡兼翰林學士直文淵閣預機務是月也先弒其主脫脫不花是年安南琉球中山瓦剌哈密入貢

三年春正月丙午大祀天地於南郊二月乙酉副都御史劉廣衡錄南京囚戊子戶部尚書金濂以違詔下獄尋釋之三月戊午毛福壽討湖廣巴馬苗克之夏五月甲午廢皇太子見深爲沂王立皇子見濟爲皇太子廢皇后汪氏立太子母杭氏爲皇后封上皇子見清榮王見淳許王大赦天下丙申築沙灣堤成辛丑河南流民復業者計口給食五年乙巳官顏孟二氏子孫各一人六月乙亥罷各省巡撫官入京議事是月大雨河決沙灣秋七月乙未左都御史王翺總督兩廣軍務壬寅王一寧卒八月乙丑振徐兗水災戊辰都御史洪英尚書孫原貞薛希璉等分行天下考察官吏丁丑振兩畿水災州縣免稅糧乙酉振南畿河南山東流民九月庚寅江淵起復辛卯以南京地震兩淮大水河決命都御史王文巡視安輯乙未振兩畿山東山西福建廣西江西遼東被災州縣閏月癸未開處州銀塲是月福建盜起冬十月戊戌左都御史王文兼翰林學士直文淵閣預機務丙辰都督孫鏜僉事石彪協守大同都督同知衞穎僉事楊能張欽協守宣府備也先十一月己未朔日有食之戊辰都督方瑛平白石崖諸苗甲戌安輯畿內

山東山西逃民復賦役五年是月免山東及淮徐水災稅糧十二月癸巳始立團營太監阮讓都督楊俊等分統之聽于謙石亨太監劉永誠曹吉祥節制是月免河南及永平被災秋糧是年瓦剌琉球中山瓜哇暹羅安南哈密烏斯藏入貢

四年春正月辛未大祀天地於南郊二月戊子五開清浪諸苗復叛梁珤王來討之庚戌免江西去年被災秋糧三月戊寅開建寧銀場夏四月戊子築沙灣決口運南京倉粟振徐州五月丁巳發徐淮倉振饑民己巳王文起復甲戌徐州復大水民益饑發支運及鹽課糧振之丁丑發淮安倉振鳳陽乙酉沙灣河復決六月壬辰吏部尚書何文淵以給事中林聰言下獄尋令致仕辛亥瘞土木大同紫荊關暴骸秋七月庚辰停諸不急工役八月己丑振河南饑甲午也先自立為可汗冬十月庚寅詔天下鎮守巡撫官督課農桑甲午論德徐有貞為左僉都御史治沙灣決河戊戌也先遣使來十一月辛未皇太子見濟薨十二月乙未免山東被災稅糧乙巳賚邊軍是年琉球中山安南瓜哇日本占城哈密瓦剌入貢

五年春正月戊午黃河清自龍門至於芮城甲子大祀天地於南郊壬申罷福州建寧銀場甲戌平江侯陳豫學士江淵撫輯山東河南被災軍民二月乙巳以雨暘弗時詔修省求直言三月壬子賜孫賢等進士及第出身有差辛酉學士江淵振淮北饑民王文撫卹南畿甲子總督兩廣副都御史馬昂破瀧水猺庚辰緬甸執獻思機發夏四月壬午朔日有食之辛卯方瑛破草塘苗封瑛南和伯五月甲子禮部郎中章綸御史鍾同以請復沂王為皇太子下錦衣衞獄六月戊子錄囚秋七月癸酉振南畿水災八月丁酉復命天下巡撫官赴京師議事九月壬戌免蘇松常揚杭嘉湖漕糧二百餘萬石冬十月庚辰副都御史劉廣衡巡撫浙江福建專司討賊十一月戊午罷蘇松常鎮織造採辦十二月免南畿浙江被災稅糧是年安南琉球中山瓜哇入貢也先為知院阿剌所殺

六年春正月戊午大祀天地於南郊二月壬午太監王誠同法司刑科錄囚大理少卿李茂等錄南京浙江四夏四月丙子朔日有食之辛巳敕戶兵二部及兩畿山東河南浙江湖廣撫按三司官條寬卹事罷不急諸務五月己巳禱雨於南郊六月乙亥宋儒朱熹裔孫梃為翰林院世襲五經博士癸未河決開封秋七月乙亥沙灣決口隄成庚寅以南京災異屢見敕羣臣修省八月庚申南京大理少卿廖莊以請復沂王為皇太子杖於闕下并杖章綸鍾同於獄同卒九月乙亥振蘇松饑民米麥一百餘萬石冬十月戊午免陝西被災稅糧十一月乙亥南和伯方瑛為平蠻將軍充總兵官討湖廣苗十二月己巳免南畿被災秋糧是年琉球中山暹羅哈密滿剌加入貢

七年春正月己卯尚書石璞撫安湖廣軍民壬午大祀天地於南郊二月庚申皇后崩甲子營壽陵三月戊寅免雲南被災秋糧夏五月戊寅以水旱災異敕內外諸臣修省辛卯宋儒周敦頤裔孫冕為翰林院世襲五經博士六月庚申葬肅孝皇后冬十月癸卯振江西饑十二月己亥方瑛大破湖廣苗戊午振畿內山東河南水災癸亥帝不豫罷明年元旦朝賀是冬免畿內山東被災稅糧並蠲逋賦是年琉球中山撒馬兒罕烏斯藏入貢

八年春正月戊辰免江西被災稅糧丁丑帝輿疾宿南郊齋宮己卯羣臣請建太子不聽壬午武清侯石亨副都御史徐有貞等迎上皇復位二月乙未廢帝為郕王遷西內皇太后吳氏以下悉仍舊號癸丑王薨於西宮年三十謚曰戾毀所營壽陵以親王禮葬西山給武成中衞軍二百戶守護成化十一年十二月戊子制曰朕叔郕王踐阼戡難保邦奠安宗社殆將八載彌留之際奸臣貪功妄興讒構請削帝號先帝旋知其枉每用悔恨以次抵諸奸於法不幸上賓未及舉正朕敦念親親用成先志可仍皇帝之號其議謚以聞遂上尊謚敕有司繕陵寢祭饗視諸陵

贊曰景帝當倥傯之時奉命居攝旋正大位以繫人心事之權而得其正者也篤任賢能勵精政治強寇深入而宗社乂安再造之績良云偉矣而乃汲汲易儲南內深錮朝謁不許恩誼慤然終於輿疾齋宮小人乘間竊發事起倉猝不克以令名終惜夫

明史卷十二　本紀第十二

總裁官總理事務經筵講官少保兼太子太保保和殿大學士兼管吏部戶部尚書事加六級張廷玉等奉

敕修

英宗後紀

天順元年春正月壬午昧爽武清侯石亨都督張軏張軏左都御史楊善副都御史徐有貞太監曹吉祥以兵迎帝於南宮御奉天門朝百官徐有貞以原官兼翰林學士入閣預機務日中御奉天殿即位下兵部尚書于謙大學士王文錦衣衞獄太常寺卿許彬大理寺卿薛瑄為禮部侍郎兼翰林學士入閣預機務丙戌詔赦天下改景泰八年為天順元年論奪門迎復功封石亨忠國公張軏太平侯張輗文安伯楊善興濟伯曹吉祥嗣子欽都督同知丁亥殺于謙王文籍其家陳循江淵俞士悅謫戍蕭鎡商輅除名己丑復論奪門功封孫鏜懷寧伯董興海寧伯欽天監正湯序禮部右侍郎官舍旂軍晉級者凡三千餘人辛卯罷巡撫提督官壬辰榜于謙黨人示天下甲午殺昌平侯楊俊二月乙未朔廢景泰帝為郕王庚子高穀致仕湯序請除景泰年號不許癸卯吏部侍郎李賢兼翰林學士入閣預機務殺都督范廣戊申郴溥破廣西蠻癸丑郕王薨戊午方瑛石璞大破湖廣苗召璞還壬戌免南畿被災秋糧三月己巳復立長子見深為皇太子封皇子見潾為德王見澍秀王見澤崇王見浚吉王癸酉封徐有貞武功伯乙亥大賚文武軍民庚辰賜黎淳等進士及第出身有差石亨為征虜副將軍勦寇延綏丁亥振山東饑夏四月甲午朔以災異數見求直言乙未免浙江被災稅糧丁酉方瑛攻銅鼓藕洞苗悉平之丁未錄囚癸丑罷團營乙卯孛來寇寧夏參將种興戰死五月辛未安遠侯柳溥備宣大邊是月以石亨言下御史楊瑄張鵬獄六月甲午下右都御史耿九疇副都御史羅綺錦衣衞獄己亥下徐有貞李賢錦衣衞獄是日大風雨雹壞奉天門鴟吻敕修省庚子徐有貞李賢羅綺耿九疇謫外任楊瑄張鵬戍邊通政司參議兼侍講呂原入閣預機務壬寅薛瑄致仕癸卯修撰岳正入閣預機務甲辰復李賢為吏部侍郎乙巳巡撫貴州副都御史蔣琳坐于謙黨棄市秋七月乙丑復下徐有貞於獄丙寅承天門災丁卯躬禱於南郊戊辰敕修省庚午李賢復入閣改許彬南京禮部侍郎辛未出岳正為欽州同知尋下獄謫戍癸酉大赦癸未放徐有貞於金齒辛卯大賚諸邊軍士八月甲午以彗星屢見躬禱於上帝九月甲子太常少卿彭時兼翰林學士入閣預機務冬十月丁酉賜王振祭葬立祠曰旌忠壬寅徵江西處士吳與弼丙辰釋建文帝幼子文圭及其家屬安置鳳陽十一月甲戌廣西總兵官朱瑛討田州叛蠻己丑免山東被災夏稅十二月壬辰封曹欽昭武伯辛丑安遠侯柳溥充總兵官禦孛來於甘涼是年琉球中山安南暹羅占城哈密烏斯藏入貢

二年春正月辛酉兵部尚書陳汝言有罪下獄乙丑享太廟甲戌大祀天地於南郊己卯上皇太后尊號二月戊申開雲南福建浙江銀場中官市雲南珍寶閏月己卯瘞土木暴骸夏四月復設巡撫官五月壬寅授處士吳與弼左諭德辭不拜尋送還鄉秋七月癸卯定遠伯石彪為平夷將軍充總兵官禦寇寧夏八月戊辰孛來寇鎮番冬十月甲子獵南海子壬午武平伯陳友為征夷將軍充總兵官勦寇寧夏十一月甲寅免山東秋糧是年安南烏斯藏占城哈密入貢

三年春正月乙未大祀天地於南郊甲辰定遠伯石彪彰武伯楊信敗孛來於安邊營都督僉事周賢都指揮李鑑戰死進彪為侯二月丁卯遣御史及中官採珠廣東夏四月壬子巡撫兩廣僉都御史葉盛破瀧水猺己巳南和侯方瑛克貴州苗六月辛酉復命巡撫官以八月集京師議事秋八月庚戌石彪有罪下錦衣衞獄己未禁文武大臣給事中御史錦衣衞官往來交通違者依鐵榜例論罪乙亥免湖廣被災秋糧冬十月己未幸南海子庚午石亨以罪罷諸奪門冒功者許自首改正是月命法司會廷臣每歲霜降錄囚役以為常十一月癸巳振湖廣饑是年哈密琉球中山錫蘭山滿剌加入貢

四年春正月丁亥大祀天地於南郊癸卯石亨有罪下獄尋死二月壬子獞陷梧州丁卯石彪棄市三月庚辰賜王一夔等進士及第出身有差戊戌免南畿被災秋糧夏四月己酉分遣內臣督浙江雲南福建四川銀課壬子襄王瞻墡來朝五月壬午免畿內浙江被災秋糧己亥罷中官督蘇杭織造六月癸亥免湖廣被災稅糧秋七月乙亥朔日有食之辛卯自五月雨至是月淮水決沒軍民田廬遣使振卹八月甲子孛來三道入寇大同總兵官李文宣府總兵官楊能禦之癸酉孛來入雁門掠忻代朔諸州九月庚辰孛來圍大同右衞庚寅撫寧伯朱永都督白玉鮑政備宣府邊甲午免江西被災秋糧冬十月甲子閱京營將領騎射於西苑戊辰幸南

海子十一月丁酉閱隨操武臣騎射於西苑閏月已未幸鄭村壩閱甲仗軍馬是年琉球中山安南占城瓜哇哈密烏斯藏入貢

五年春正月庚戌大祀天地於南郊二月己卯免山東被災稅糧丙申都督僉事顏彪爲征夷將軍充總兵官討兩廣猺賊三月壬子免蘇松常鎭被災稅糧甲寅湖廣貴州總兵官李震會廣西軍剿猺獞悉破之夏四月癸巳兵部侍郎白圭督陝西諸邊討孛來五月丁未免河南被災秋糧六月丙子孛來寇河西官軍敗績壬午兵部尚書馬昂總督軍務懷寧伯孫鏜充總兵官帥京營軍禦之秋七月庚子總督京營太監曹吉祥及昭武伯曹欽反左都御史寇深恭順侯吳瑾被殺懷寧伯孫鏜帥兵討平之癸卯磔吉祥於市夷其族其黨湯序等悉伏誅丁未免南畿被災稅糧庚戌大赦求直言丁巳河決開封侍郎薛遠往治之戊午都督馮宗充總兵官禦寇於河西兵部侍郎白圭副都御史王竑參贊軍務辛酉孛來上書乞和九月壬戌京師地震有聲冬十月壬申以西邊用兵令河南山西陝西士民納馬者予冠帶十一月丁酉朔日有食之壬戌幸南海子是年安南琉球中山哈密亦力把里入貢

六年春正月丁未大祀天地於南郊戊申孛來遣使入貢二月癸酉諭孛來三月癸丑召馮宗等還夏四月壬申免河南被災秋糧五月庚子顏彪討平兩廣諸猺己未免陝西被災秋糧六月戊辰淮王祁銓來朝秋七月淮安海溢九月乙未皇太后崩冬十一月甲午葬孝恭章皇后是年琉球中山哈密烏斯藏暹羅入貢

七年春正月丙午大祀天地於南郊二月壬戌詹事陳文爲禮部侍郎兼翰林學士入閣預機務三月壬寅旱詔行寬卹之政停各處銀場夏四月壬午逮宣大巡按御史李蕃荷校於長安門尋死丙戌復遣中官督蘇杭織造五月己丑朔日有食之甲寅逮東巡按御史楊璡以擅撻軍職逮治六月丁卯逮山西巡按御史韓祺荷校於長安門數日死秋七月庚戌免陝西被災稅糧閏月甲戌上宣宗廢后胡氏尊謚戊寅命湖廣貴州會師討洪江叛苗九月甲戌敕廣東總兵官歐信會廣西兵討猺賊冬十月丁酉振西安諸府饑丁未巡撫廣西僉都御史吳楨節制兩廣諸軍討猺賊十一月癸酉賊陷梧州致仕布政使宗欽死之壬午下右都御史李賓副都御史林聰於錦衣衛獄十二月辛卯下刑部尚書陸瑜侍郎周瑄程信於錦衣衛獄尋釋之是年琉球中山哈密安南烏斯藏入貢

八年春正月乙卯帝不豫己未皇太子攝事於文華殿己巳大漸遺詔罷宮妃殉葬庚午崩年三十有八三月乙未上尊謚廟號英宗葬裕陵

贊曰英宗承仁宣之業海內富庶朝野清晏大臣如三楊胡濙張輔皆累朝勳舊受遺輔政綱紀未弛獨以王振擅權開釁遂至乘輿播遷乃復辟而後猶追念不已抑何其惑溺之深也前後在位二十四年無甚稗政至於上恭讓后謚釋建庶人之繫罷宮妃殉葬則盛德之事可法後世者矣

明史卷十三　本紀第十三

總裁官總理事務經筵講官少保兼太子太保保和殿大學士兼管吏部戶部尚書事加級張廷玉等奉敕修

憲宗一

憲宗繼天凝道誠明仁敬崇文肅武宏德聖孝純皇帝諱見深英宗長子也母貴妃周氏初名見濬英宗留瓦剌皇太后命立爲皇太子景泰三年廢爲沂王天順元年復立爲皇太子改名見深天順八年正月英宗崩乙亥卽皇帝位以明年爲成化元年大赦天下免明年田租三之一浙江江西福建陝西臨清鎭守內外官諸邊鎭守內官正統間所無者悉罷之下番使者緝事官校皆召還二月庚子始以內批授官三月甲寅朔尊皇后爲慈懿皇太后貴妃周氏爲皇太后戊午放宮人丙寅毀錦衣衛新獄庚午賜彭教等進士及第出身有差癸酉詔內閣九卿考覈天下方面官戊寅復立團營夏四月癸未朔日當食不見五月丁巳大風雨雹敕羣臣修省庚申葬睿皇帝於裕陵秋七月壬申立吳氏爲皇后八月癸未御經筵甲申命儒臣日講癸卯廢皇后吳氏下太監牛玉於獄冬十月壬辰立王氏爲皇后甲辰立武舉法十二月甲辰免京官雜犯罪是年兩畿川廣荊襄盜賊大起道路不通安南烏斯藏入貢

成化元年春正月乙卯享太廟己未大祀天地於南郊甲子都督同知趙輔爲征夷將軍充總兵官僉都御史韓雍贊理軍務討廣西叛猺二月戊子祭社稷甲午耕耤田三月庚戌四川山都掌蠻亂丁巳釋奠於先師孔子夏五月辛酉大雨雹壬戌避正殿減膳敕羣臣修省秋七月己酉免天下軍衛屯糧十之三甲子振兩畿浙江河南饑八月丁丑工部侍郎沈義僉都御史吳琛振撫兩畿饑民辛巳瘞暴骸庚寅毛里孩犯延綏總兵官房能敗之冬十二月癸卯撫寧伯朱永爲靖虜將軍充總兵官太監唐慎監軍工部尚書白圭提督軍務討荊襄賊是月韓雍大破大藤峽猺改名峽曰斷藤是年琉球哈密爪哇烏斯藏入貢

二年春正月戊申罷團營乙卯大祀天地於南郊辛酉英宗神主祔太廟二月癸未禮部侍郎鄒幹巡視畿內饑民三月甲辰賜羅倫等進士及第出身有差己酉李賢父卒乞終制不許乙卯朱永大破荊襄賊劉通於南漳閏月癸酉振南畿饑乙未朱永擊擒劉通其黨石龍遁轉掠四川夏五月癸酉修撰羅倫以論李賢起復謫福建市舶司提舉己卯禁侵損古帝王忠臣烈士名賢陵墓六月甲辰趙輔師還乙巳免今年天下屯糧十之三壬子楊信爲平虜將軍充總兵官太監裴當監督軍務禦寇延綏秋七月辛巳封弟見治爲忻王見沛徽王戊戌毛里孩犯固原八月丁巳犯寧夏都指揮焦政戰死丁卯諭祭于謙復其子冕官冬十月丁未朱永擊擒石龍賊平進永爵爲侯十二月甲寅李賢卒丙辰太常寺少卿兼翰林院侍讀學士劉定之入閣預機務是月斷藤峽賊復起是年哈密琉球安南烏斯藏瓦剌入貢

三年春正月己卯大祀天地於南郊丙申撫寧侯朱永爲平胡將軍充總兵官會楊信討毛里孩二月丁酉朔日有食之丁巳湖廣總兵官李震討破靖州苗三月戊辰召商輅爲兵部侍郎復入閣己巳毛里孩犯大同辛巳復開浙江福建四川雲南銀場以內臣領之夏四月四川地屢震自去年六月至於是月乙巳錄囚癸丑復立團營六月戊申雷震南京午門敕羣臣修省辛酉襄城伯李瑾爲征夷將軍充總兵官兵部尚書程信提督軍務太監劉恒監軍討山都掌蠻秋七月乙酉停河南採辦九月辛未振湖廣江西饑十二月庚子左庶子黎淳追論景泰廢立事帝曰景泰事已往朕不介意且非臣下所當言切責之辛丑杖編修章懋黃仲昭檢討莊昶謫官有差是月程信破山都掌蠻平之是年琉球哈密占城烏斯藏入貢朝鮮獻海靑白鵲諭毋獻

四年春正月甲戌大祀天地於南郊三月甲子免湖廣被災秋糧甲申詔中外勢家毋得擅請田土夏四月丁巳錄囚陳文卒五月癸未遣使錄天下囚六月丙午免江西被災秋糧辛亥開城賊滿俊反陝西總兵官寧遠伯任壽巡撫都御史陳价討之甲寅慈懿皇太后崩秋七月癸酉都督同知劉玉爲平虜副將軍充總兵官太監劉祥監軍副都御史項忠總督軍務討滿俊八月癸巳京師地震乙卯朱永代劉玉爲總兵官是月任壽陳价寧夏總兵官廣義伯吳琮及滿俊戰敗績都指揮蔣泰申澄被殺九月庚申葬孝莊睿皇后於裕陵辛酉振陝西饑壬申以地震星變下詔自責敕羣臣修省甲申給事中董旻御史胡深等九人請罷商輅及禮部尚書姚夔下獄杖之冬十月乙未項忠敗賊於石城伏羌伯毛忠戰死十一月項忠擊擒滿俊送京師伏誅壬戌毛里孩犯遼東指揮胡珍戰沒十二月己酉遼東總兵官趙勝奏十一月初六日虜賊千餘攻指揮傅斌營指揮胡珍率軍來援被賊射死毛里孩犯延綏都指揮僉事許寧擊敗之是年琉球烏斯藏哈密日本滿剌加入貢

五年春正月乙丑大祀天地於南郊三月辛丑賜張昇等進士及第出身有差夏五月辛丑禮部侍郎萬安兼翰林院學士入閣預機務六月癸丑朔日有食之辛酉錄囚秋八月辛酉劉定之卒冬十一月乙未毛里孩犯延綏是年冬阿羅出入居河套琉球哈密烏斯藏滿剌加安南土魯番入貢

六年春正月己丑大祀天地於南郊己亥大同總兵官楊信敗毛里孩於胡柴溝二月辛未大理寺少卿宋旻侍郎曾翬原傑黃琛副都御史滕昭巡視畿南浙江河南四川福建考察官吏訪軍民疾苦其餘直省有巡撫等官者命亦如之丁丑禱雨於郊壇戊寅振廣西饑三月甲申免湖廣山東被災稅糧壬寅詔延綏屯田朱永爲平虜將軍充總兵官太監傅恭顧恒監軍王越參贊軍務備阿羅出於延綏夏五月丙申振畿內山東河南饑丁酉王越敗阿羅出於延綏東路六月戊申朔日有食之秋七月壬午朱永敗阿羅出於雙山堡丙戌都御史項忠侍郎葉盛振畿輔饑民都督李景撫治屯營甲辰總兵官房能敗阿羅出於開荒川是月免南畿四川被災稅糧八月辛亥振山西饑癸丑以水旱相仍下詔寬卹冬十月免畿內河南山東被災稅糧十一月癸未荊襄流民作亂項忠總督河南湖廣荊襄軍務討之是月孛羅忽渡河與阿羅出合十二月庚戌遣使十四人分振畿輔是年琉球哈密烏斯藏入貢

七年春正月辛巳命京官五品以上及給事中御史各舉堪州縣者一人丙戌大祀天地於南郊夏四月己巳錄囚五月辛巳瘞京師暴骸秋八月甲辰振山東浙江水災閏九月己未浙江潮溢漂民居鹽場遣工部侍郎李顒往祭海神修築堤岸冬十月乙亥王恕爲刑部侍郎總理河道十一月甲寅立皇子祐極爲皇太子大赦己未荊襄賊平流民復業者一百四十餘萬人十二月

甲戌彗星見下詔自責敕羣臣修省條時政得失壬午彗星入紫微垣避正殿撤樂御奉天門聽政癸未召朱永還王越總督延綏軍務辛卯減死罪以下是年乜加思蘭入居河套與阿羅出合安南黎灝攻占城破之琉球安南入貢

八年春正月庚戌大祀天地於南郊癸亥皇太子薨是月延綏參將錢亮禦毛里孩於安邊營敗績都指揮栢隆陳英戰死乜加思蘭犯固原平涼三月癸丑賜吳寬等進士及第出身有差夏四月京師久旱運河水涸癸酉遣使禱於郊社山川淮瀆東海之神乙酉錄囚丁亥遣使錄天下囚五月癸丑武靖侯趙輔爲平虜將軍充總兵官節制各邊軍馬同王越禦乜加思蘭秋九月丙午諭安南黎灝還占城侵地冬十一月己酉寧晉伯劉聚代趙輔爲將軍屯延綏十二月癸酉振京師饑民是年孛羅忽乜加思蘭屢入安邊營花馬池犯固原寧夏平涼臨鞏環慶南至通渭琉球哈密安南入貢

九年春正月丁未大祀天地於南郊壬子劉聚王越敗乜加思蘭於漫天嶺是月土魯番速檀阿力破哈密據之夏四月辛酉朔日有食之甲子福餘三衞寇遼東總兵官歐信擊敗之戊辰盡免山東稅糧瘞京畿暴骸壬午閱武臣騎射於西苑秋七月壬辰巡撫延綏都御史余子俊敗乜加思蘭於榆林澗九月辛卯鎭守浙江中官李義杖殺寧波衞指揮馬璋詔勿問庚子王越襲滿都魯孛羅忽乜加思蘭於紅鹽池大破之諸部漸出河套冬十一月丁酉復閱騎射於西苑是年免湖廣畿內山西南畿陝西被災稅糧振畿內陝西饑振山西者再山東者三哈密琉球暹羅入貢

十年春正月丁亥朔振京師貧民丁酉大祀天地於南郊癸卯王越總制延綏甘肅寧夏三邊駐固原丙午召劉聚還三月免南畿湖廣被災秋糧夏五月戊申申藏妖書之禁是月免山西陝西被災秋糧閏六月乙巳築邊墻自紫城砦至花馬池秋七月甲寅免江西被災秋糧八月辛卯都督同知趙勝爲平虜將軍充總兵官太監劉恒覃平監軍討乜加思蘭九月癸丑朔日有食之乙卯免南畿水災秋糧冬十一月丙子免河南被災稅糧十二月己丑罷寶慶諸府採金甲午錄妖書名示天下是年琉球烏斯藏土魯番入貢

十一年春正月癸亥大祀天地於南郊二月甲申禁酷刑三月壬子賜謝遷等進士及第出身有差辛未彭時卒夏四月乙酉吏部侍郎劉珝禮部侍郎劉吉並兼翰林學士入閣預機務壬辰乾清門災己亥錄囚五月癸酉免湖廣被災秋糧秋八月辛巳浚通惠河丁亥滿都魯乜加思蘭遣使來朝九月丁未朔日有食之冬十一月癸丑立皇子祐樘爲皇太子大赦十二月戊子復郕王帝號丁酉申自宮之禁是年土魯番琉球暹羅滿剌加安南入貢命琉球貢使二年一至

明史卷十四　本紀第十四

總裁官總理事務　經筵講官少保兼太子太保保和殿大學士兼管吏部戶部尚書事加六級張廷玉等奉

敕修

憲宗二

十二年春正月辛亥南京地震有聲戊午大祀天地於南郊二月乙亥朔日有食之甲午敕羣臣修省三月壬子減內府供用物壬戌李震大破靖州苗夏五月丁卯副都御史原傑撫治荊襄流民庚申錄囚秋七月庚戌黑眚見乙丑躬禱天地於禁中以用度不節工役勞民忠言不聞仁政不施四事自責戊辰遣使錄天下囚冬十月辛巳京師地震十一月巡撫四川都御史張瓚討灣溪苗破之十二月己丑置鄖陽府設行都司衞所處流民是年土魯番撒馬兒罕琉球烏斯藏入貢

十三年春正月庚戌大祀天地於南郊己巳置西廠太監汪直提督官校刺事夏四月汪直執郎中武清樂章太醫院院判蔣宗武行人張廷綱浙江布政使劉福下西廠獄五月甲戌執左通政方賢下西廠獄丙子大學士商輅尚書項忠請罷西廠從之六月甲辰罷項忠爲民庚戌復設西廠丁巳商輅致仕秋八月壬戌錦衣衞官校執工部尚書張文質繫獄帝知而釋之冬十月戊申復立哈密衞於苦峪谷給土田牛種十一月張瓚破松潘疊溪苗是年免浙江山東河南江西福建被災稅糧振山東南畿州縣饑安南琉球烏斯藏暹羅日本入貢滿都魯乜加思蘭各遣使貢馬

十四年春正月甲戌大祀天地於南郊三月戊辰免浙江被災秋糧己卯賜曾彥等進士及第出身有差辛巳罷烏撒衞銀場丙戌復開遼東馬市丁亥以浙江饑罷採花木夏四月丁酉免南畿山東被災秋糧六月癸卯太監汪直行遼東邊秋七月丁丑遣使振畿南山東饑八月癸巳以直隸山東災傷詔六部條郵民事宜南京刑部侍郎金紳巡視江西水災庚戌免湖廣被災秋糧甲寅下巡撫蘇松副都御史牟俸於錦衣衞獄謫戍十二月甲午免畿內被災秋糧是年占城烏斯藏撒馬兒罕入貢

十五年春正月丁卯大祀天地於南郊辛巳振山東饑免秋糧二月免湖廣被災秋糧甲寅詔修開國勳臣墓無後者置守冢一人夏四月丙午免南畿被災稅糧壬子下駙馬都尉馬誠於錦衣衞獄五月壬戌汪直劾侍郎馬文升下文升獄謫戍癸酉以馬文升牟俸事杖給事中李俊御史王濬五十六人於闕下己卯免湖廣河南被災稅糧秋七月癸酉汪直行大同宣府邊冬十月丁亥撫寧侯朱永爲靖虜將軍充總兵官汪直監軍禦伏當加十二月辛未論功封朱永保國公加汪直歲祿陞賞者二千六百餘人是月免四川江西被災稅糧是年琉球安南烏斯藏入貢

十六年春正月甲午大祀天地於南郊丁酉保國公朱永爲平虜將軍充總兵官王越提督軍務汪直監軍禦亦思馬因於延綏二月癸酉免湖廣被災稅糧戊寅王越襲亦思馬因於威寧海子破之三月戊子以歲歉減光祿寺供用物夏六月癸丑禁勢家侵占民田秋八月辛酉申存郵孤老之令冬十二月庚申亦思馬因犯大同丙寅朱永汪直王越帥京軍禦之是月總督兩廣軍務都御史朱英總兵官平鄉伯陳政討廣西猺破之是年免兩畿湖廣河南山東雲南被災稅糧琉球暹羅蘇門答剌土魯番撒馬兒罕入貢

十七年春正月丙戌大祀天地於南郊二月壬戌覈天下庫藏出納之數是月免浙江山西被災稅糧三月辛卯賜王華等進士及第出身有差夏四月庚申以久旱風霾敕羣臣修省戊辰諭法司愼刑獄太監懷恩同法司錄囚自是每五歲遣內臣審錄以爲常癸酉亦思馬因犯宣府五月己亥汪直監督軍務王越爲平胡將軍充總兵官禦之秋七月甲戌免南畿被災秋糧甲午命所在鎭守總兵巡撫聽汪直王越節制冬十月壬戌振河南饑十一月戊子取太倉銀三分之一入內庫是年安南占城滿剌加烏斯藏入貢安南黎灝侵老撾宣慰司賜敕諭之

十八年春正月壬午大祀天地於南郊庚寅劉吉起復三月己巳朔振南畿饑壬申罷西廠夏四月癸丑罕愼復哈密城甲子免山西被災夏稅五月免山東南畿被災稅糧六月壬寅亦思馬因犯延綏汪直王越調兵禦敗之秋八月癸丑遣使振畿內山東饑辛酉免河南被災稅糧閏月壬申倉副使應時用請罷饒州燒造御器內臣下獄贖還職冬十一月免畿內陝西遼東被災秋糧十二月庚午御製文華大訓成是年琉球哈密暹羅土魯番烏斯藏入貢

十九年春正月丙午大祀天地於南郊三月丙辰免湖廣被災稅糧夏四月丁丑免河南被災稅糧六月乙亥汪直有罪調南京御馬監丁丑陳政破廣西猺秋七月辛丑迤北小王子犯大同癸卯總兵官許寧禦之敗績己未朱永爲鎭朔大將軍充總兵官帥京軍禦之八月甲子犯宣府巡撫都御史秦紘總兵官周玉禦却之乙丑戶部侍郎李衍刑部侍郎何喬新巡視邊關壬申謫汪直爲奉御其黨王越戴縉等貶黜有差是月朱永敗寇於大同宣府冬十月壬申召朱永還是年撒馬兒罕貢獅子

二十年春正月庚寅京師地震壬辰敕羣臣修省詔減貢獻飭備邊罷營造理寃獄寬銀課工役馬價郵大同陣亡士卒丁酉大祀天地於南郊三月庚寅賜李旻等進士及第出身有差己酉大監張善監督軍務定西侯蔣琬充總兵官同總督尚書余子俊備大同宣府夏四月戊午錄囚五月甲午再錄囚減死罪以下六月免南畿陝西被災稅糧秋九月乙酉朔日有食之是月寇復入居河套是秋陝西山西大旱饑人相食停歲辦物料免稅糧發帑轉粟開納米事例振之冬十月丁巳杖刑部員外郎林俊都督府經歷張黻並謫官癸酉罷雲南元江諸府銀坑十二月免山西河南被災夏稅是年安南日本琉球哈密土魯番入貢

二十一年春正月甲申朔星變丙戌詔羣臣極言時政庚寅赦天下乙未大祀天地於南郊乙巳遣侍郎李賢何喬新賈俊振陝西山西河南饑二月己未放免傳奉文武官五百六十餘人丁丑免陝西被災稅糧夏四月戊午以泰山屢震遣使祭告壬戌轉漕四十萬石振陝西饑是月免南畿山東被災稅糧五月壬戌京師地震丙子振京師饑民六月辛巳令武臣納粟襲職癸未詔盛暑祁寒廷臣所奏毋得過五事秋八月己卯朔日有食之九月甲子劉珝致仕冬十月免山東山西河南陝西四川被災稅糧十一月丙寅京師地震十二月甲申詹事彭華爲吏部左侍郎兼翰林學士入閣預機務甲午振南畿饑是冬小王子犯蘭州莊浪鎭番涼州是年哈密烏斯藏入貢

二十二年春正月己未大祀天地於南郊乙丑免河南被災秋糧二月庚辰免畿南及湖廣被災秋糧夏四月乙未清畿內勳戚莊田六月免南畿陝西被災稅糧乙亥敕羣臣修舉職業甲午諭法司愼刑秋七月小王子犯甘州指揮姚英等戰死九月免河南廣東被災稅糧丁卯兵部左侍郎尹直爲戶部侍郎兼翰林學士入閣預機務冬十一月癸丑占城爲安南所侵王子古來來奔十二月免江西廣西被災稅糧是年哈密琉球入貢

二十三年春正月免陝西湖廣被災稅糧庚戌大祀天地於南郊二月乙酉副都御史邊鏞通政司參議田景賢巡視大同諸邊三月丁未彭華致仕丁巳賜費宏等進士及第出身有差癸亥免山東被災稅糧夏四月乙亥免浙江被災秋糧五月乙卯旱遣使分禱天下山川丙辰敕羣臣修省是月朶顏三衞避那孩入遼東令駐牧近邊給米布六月免陝西南畿被災秋糧秋七月戊申封皇子祐杬爲興王祐棆岐王祐檳益王祐橖衡王祐楎雍王八月庚辰帝不豫甲申皇太子攝事於文華殿己丑崩年四十有一九月乙卯上尊謚廟號憲宗葬茂陵

贊曰憲宗早正儲位中更多故而踐阼之後上景帝尊號卹于謙之寃抑黎淳而召商輅恢恢有人君之度矣時際休明朝多耆彥帝能篤於任人謹於天戒蠲賦省刑閭里日益充足仁宣之治於斯復見顧以任用汪直西廠橫恣盜竊威柄稔惡弄兵夫明斷如帝而爲所蔽或久而後覺婦寺之禍固可畏哉

明史卷十五　本紀第十五

總裁官總理事務經筵講官少保兼太子太保保和殿大學士兼管吏部戶部尚書事加六級臣張廷玉等奉

敕修

孝宗

孝宗達天明道純誠中正聖文神武至仁大德敬皇帝諱祐樘憲宗第三子也母淑妃紀氏成化六年七月生帝於西宮時萬貴妃專寵宮中莫敢言悼恭太子薨後憲宗始知之育周太后宮中十一年敕禮部命名大學士商輅等因以建儲請是年六月淑妃暴薨帝年六歲哀慕如成人十一年十一月立爲皇太子二十三年八月憲宗崩九月壬寅卽皇帝位大赦天下以明年爲弘治元年丁未斥諸佞倖侍郎李孜省太監梁芳外戚萬喜及其黨謫戍有差冬十月丁卯汰傳奉官罷右通政任傑侍郎蒯鋼等千餘人論罪戍斥革法王佛子國師眞人封號乙亥尊皇太后周氏爲太皇太后皇后王氏爲皇太后丙子立妃張氏爲皇后丁亥萬安罷壬辰追謚母淑妃爲孝穆皇太后癸巳吏部左侍郎兼翰林學士徐溥入閣預機務十一月癸丑尹直罷乙卯詹事劉健爲禮部侍郎兼翰林學士入閣預機務戊午下梁芳李孜省於獄十二月壬午葬純皇帝於茂陵是月免江西湖廣被災稅糧是年安南暹羅哈密土魯番烏斯藏琉球入貢封占城王子古來爲王諭安南黎灝還占城侵地

弘治元年春正月己亥享太廟丙午大祀天地於南郊己未始考察鎭守武臣二月戊戌祭社稷丁未耕耤田封哈密衞左都督罕愼爲忠順王丙辰禁廷臣請託公事三月乙丑疏文武大臣及中外四品以上官姓名揭文華殿壁癸酉釋奠於先師孔子乙亥小王子寇蘭州都指揮廖斌擊敗之丙子御經筵丁丑命儒臣日講夏四月甲寅以天暑錄囚嗣後歲以爲常六月癸巳朔日有食之秋七月戊辰減浙江銀課汰管理銀場官八月乙巳小王子犯山丹永昌辛亥犯獨石馬營冬十月乙卯振湖廣四川饑十一月甲申妖僧繼曉伏誅乙酉免河南被災秋糧是年土魯番殺忠順王罕愼復據哈密琉球占城撒馬兒罕烏斯藏入貢

二年春正月丁卯收已故內臣賜田給百姓辛未大祀天地於南郊二月癸巳振四川饑三月己未免陝西被災秋糧三分之二戊寅閉會川衞銀礦夏五月庚申河決開封入沁河役五萬人治之秋七月癸亥以京師霪雨南京大風雷修省求直言戊寅振畿內水災免稅糧給貧民麥種八月丁酉復四川流民復業者雜役三年己酉憲宗神主祔太廟十一月戊午順天饑發粟平糶十二月甲申朔日有食之辛卯賜于謙謚立祠曰旌功是年土魯番入貢撒馬兒罕貢獅子鸚鵡郤之

三年春正月甲子大祀天地於南郊二月壬辰免河南被災秋糧甲午戶部請免南畿湖廣稅糧上曰凶歲義當損上益下必欲取盈如病民何悉從之三月丙辰命天下預備倉積粟以里數多寡爲差不及額者罪之庚午賜錢福等進士及第出身有差甲戌侍郎張海通政使元守直閱邊秋九月庚戌禁內府加派供御物料閏月癸巳禁宗室勳戚奏請田土及受人投獻冬十一月甲辰停工役罷內官燒造瓷器十二月辛亥以彗星見敕羣臣修省陳軍民利病己未京師地震壬戌減供御品物罷明年上元燈火是年琉球安南哈密撒馬兒罕天方土魯番入貢

四年春正月癸未以修省罷上元節假己丑大祀天地於南郊停慶成宴二月己巳敕法司曰曩因天道示異敕天下諸司審錄重囚發遣數十百人朕以爲與其寬之於終孰若謹之於始嗣後兩京三法司及天下問刑官務存心仁恕持法公平詳審其情罪所當庶不背於古聖人欽恤之訓六月辛亥京師地震秋八月庚戌蘇松浙江水停本年織造乙卯南京地震己未封皇弟祐檳爲壽王祐梈汝王祐橓涇王祐樞榮王祐楷申王冬十月丙辰以皇長子生詔天下戊午河溢振河南被災者乙丑禮部尚書邱濬兼文淵閣大學士預機務十一月庚辰振南畿災十二月甲子土魯番以哈密地及金印來歸是年暹羅入貢

五年春正月壬午大祀天地於南郊二月丙寅命陝巴襲封忠順王庚午減陝西織造絨毾之半三月戊寅立皇子厚照爲皇太子大赦錄太祖廟配享功臣絕封者後辛卯廣西副總兵馬俊參議馬鉉千戶王珊等討古田叛獞遇伏死夏六月丁未免南畿去年被災稅糧秋七月甲午振南京浙江山東饑八月癸卯劉吉致仕乙丑停蘇松浙江額外織造召督造官還冬十月壬戌湖廣總兵官鎭遠侯顧溥貴州巡撫都御史鄧廷瓚太監江悳會師討貴州黑苗十一月丙申閉溫處銀坑十二月丁巳荆王見瀟有罪廢爲庶人是年琉球烏斯藏土魯番入貢火剌札國貢方物不受給廩食遣還

六年春正月己卯大祀天地於南郊二月甲寅錄常遇春李文忠鄧愈湯和後裔世襲指揮使丁巳擢布政使劉大夏右副都御史治張秋決河三月癸未賜毛澄等進士及第出身有差夏四月己亥土魯番速壇阿黑麻襲執陝巴據哈密己酉侍郎張海都督同知緱謙經略哈密辛酉久旱敕修省求直言五月丙寅小王子犯寧夏殺指揮趙璽閏月乙未免南京被災秋糧六月庚午捕蝗壬申都御史閻珪擊破古田叛獞秋八月甲戌免順天被災夏稅九月丁酉免陝西被災夏稅冬十月丙寅以災傷罷明年上元燈火庚辰停甘肅織造絨毾十一月庚申振京師流民十二月己卯敕天下鎭巡官修省是年安南烏斯藏土魯番暹羅入貢

七年春正月丁酉大祀天地於南郊二月甲子以去年冬孝陵風雷之變遣使祭告修省求直言命內外愼刑獄決輕繫三月癸巳貴州黑苗平戊申兩畿捕蝗夏五月甲辰太監李興平江伯陳銳同劉大夏治張秋決河秋七月乙巳京師地震丙午工部侍郎徐貫巡撫副都御史何鑑經理南畿水利九月丁亥以水災停蘇松諸府所辦物料留關鈔戶鹽備振冬十一月壬子京師地震十二月甲戌張秋河工成己卯振甘涼被兵軍民給牛種是年免北京河南湖廣陝西山西被災稅糧琉球入貢以土魯番據哈密郤其貢使

八年春正月乙未大祀天地於南郊以太皇太后不豫免慶成宴壬子甘肅總兵官劉寧敗小王子於涼州二月乙卯朔日有食之戊午邱濬卒乙丑禮部侍郎李東陽少詹事謝遷入閣預機務己卯黃陵岡河口工成三月壬辰免湖廣被災稅糧己亥寧夏地震夏四月甲寅蘇松各府治水工成壬戌諭吏部都察院人材進退考察務得實跡不可偏聽枉人五月己丑免南畿被災秋糧秋七月丁亥封宋儒楊時將樂伯從祀孔子廟廷戊子廣西副總兵歐磐擊破平樂叛猺八月癸亥以四方災異數見敕羣臣修省冬十一月己酉免直隸被災秋糧十二月辛酉巡撫甘肅僉都御史許進總兵官劉寧入哈密土魯番遁遂班師是年瓜哇占城烏斯藏入貢乜克力諸部欵肅州塞求入貢郤之

九年春正月壬辰大祀天地於南郊二月庚午免河南被災稅糧辛未右通政張璞大理少卿馬中錫閱邊三月丙申賜朱希周等進士及第出身有差夏四月戊子以岷王膺鉟奏逮武岡知州劉遜給事中御史龐泮劉紳等諫下錦衣衞獄尋釋之六月庚子免江西被災稅糧秋八月壬寅免湖廣被災秋糧己酉禁勢家侵奪民利是年日本琉球烏斯藏入貢

十年春正月庚戌大祀天地於南郊三月辛亥以旱霾修省求直言甲子召大學士劉健李東陽謝遷於文華殿議庶政後以爲常夏五月戊辰小王子犯潮河川己巳犯大同六月己卯侍郎劉大夏李介理宣府大同軍餉秋七月癸丑都督楊玉帥京營軍備永平冬十一月庚子土魯番歸陝巴乞通貢是年免南畿山西陝西被災稅糧振山東四川水災安南暹羅烏斯藏入貢

十一年春正月丁未大祀天地於南郊二月己巳小王子遣使求貢夏五月戊申甘肅參將楊翥敗小王子於黑山秋七月己酉總制三邊都御史王越襲小王子於賀蘭山後敗之癸亥徐溥致仕八月癸未振祥符民被

河患者冬十月丙寅命工作不得役團營軍士甲戌清寧宮災丁亥敕羣臣修省求直言罷明年上元燈火十一月壬子免陝西織造羊絨閏月壬戌朔日有食之乙酉罷福建織造綵布十二月庚子禁中外奢靡踰制壬子以清寧宮災詔赦天下是年免山西陝西兩畿廣西廣東被災稅糧土魯番烏斯藏入貢

十二年春正月辛未大祀天地於南郊免慶成宴二月壬辰免山東被災夏稅戊申嚴左道惑衆之禁三月丁丑賜倫文敘等進士及第出身有差夏四月癸巳敕宣大延綏備邊是月免湖廣江西被災稅糧五月戊寅免南畿被災秋糧六月甲辰闕里先師廟災遣使慰祭秋八月免河南南畿被災夏稅九月壬午普安賊婦米魯作亂甲申重建清寧宮成是年占城烏斯藏土魯番瓜哇撒馬兒罕入貢

十三年春正月乙丑大祀天地於南郊二月戊子免山西被災稅糧庚寅定問刑條例乙未嚴旌舉連坐之法夏四月火篩寇大同遊擊將軍王杲敗績於威遠衛乙巳平江伯陳鋭爲靖虜將軍充總兵官太監金輔監軍戶部左侍郎許進提督軍務禦之五月甲寅朔日有食之丙辰召大學士劉健李東陽謝遷於平臺議京營將領癸亥火篩大舉入寇大同左衛遊擊將軍張浚禦却之六月甲申免江西被災秋糧停山陝採辦物料庚子召陳鋭金輔還保國公朱暉太監扶安往代益兵禦寇秋七月己巳京師地震八月辛卯振江西水災冬十月戊申兩京地震是月小王子諸部寇大同十二月辛丑火篩寇大同南掠百餘里是年小王子部入居河套犯延綏神木堡琉球土魯番烏斯藏入貢

十四年春正月庚戌朔陝西地大震己未大祀天地於南郊二月己亥罷陝西織造中官夏四月庚辰工部侍郎李鐩總督延綏邊餉戊子保國公朱暉提督軍務都御史史琳監軍太監苗逵分道進師延綏戊戌免陝西山西物料是月火篩諸部寇固原五月庚戌振大同被兵軍民免稅糧辛酉免陝西被災稅糧戊辰修闕里先師廟命各布政使司上地里圖秋七月丁未泰寧衛賊犯遼東掠長勝諸屯堡癸亥南京戶部尚書王軾兼左副都御史提督軍務討貴州賊婦米魯丁卯朱暉史琳襲小王子於河套庚午分遣給事中御史清理屯田閏月乙酉都指揮王泰禦小王子於鹽池戰死戊戌振兩畿江西山東河南水災八月己酉免河南被災稅糧是月火篩諸部犯固原大掠韋州環縣萌城靈州己巳減光祿寺供應如元年制火篩諸部犯寧夏東路九月丙子朔日有食之丁亥遣使募兵於延綏寧夏甘涼甲辰召史琳還起秦紘爲戶部尚書兼副都御史代之冬十一月癸巳分遣侍郎何鑑大理寺丞吳一貫振鄖兩畿山東河南饑民十二月戊辰遼東大饑振之是月寇出河套是年免湖廣江西山西山東陝西河南畿內被災稅糧安南琉球入貢

十五年春正月丙子朱暉帥師還丙戌大祀天地於南郊二月癸丑免河南被災稅糧三月癸未罷饒州督造瓷器中官庚寅賜康海等進士及第出身有差夏四月壬寅振京師貧民五月庚子免湖廣被災秋糧秋七月己卯錄劉基後裔世襲指揮使己丑王軾破斬米魯貴州賊平辛卯命各邊衛設養濟院漏澤園八月庚戌以南京鳳陽雷雨大風江溢爲災遣使祭告敕兩京羣臣修省九月庚午朔日有食之戊子放減內府所畜鳥獸冬十月癸卯罷明年上元燈火十一月壬申瓊州黎賊作亂甲午罷廣東採珠十二月己酉大明會典成辛亥以疾不視朝是月免南畿被災秋糧是年琉球安南入貢

十六年春正月癸酉遣官代享太廟二月辛丑視朝戊申大祀天地於南郊三月癸巳免山西被災稅糧夏四月辛亥敕宣大嚴邊備五月戊子以雲南災變敕羣臣修省刑部侍郎樊瑩巡視雲貴察官吏問民疾苦秋七月廣東官軍討黎賊敗之九月丁丑振兩畿浙江山東河南湖廣被災軍民冬十一月甲戌罷營造器物及明年上元烟火是月免南畿被災秋糧十二月丙午免淮揚浙江物料是年安南暹羅哈密土魯番撒馬兒罕入貢

十七年春正月辛未南京工部侍郎高銓振應天饑甲戌大祀天地於南郊壬午嚴誣告之禁二月甲寅減供用物料己未嚴讖緯妖書之禁庚申免浙江被災稅糧三月壬戌太皇太后崩癸未定太廟各室一帝一后之制夏四月己酉葬孝肅皇太后閏月辛酉闕里先師廟成遣大學士李東陽祭告庚午免山東被災稅糧乙亥以四方災荒敕羣臣修省庚辰命諸司詳議害民弊政五月壬辰罷南京蘇杭織造中官六月乙亥始命兩京五品以下官六年一考察辛巳召劉健李東陽於暖閣議邊務癸未火篩入大同指揮鄭瑀力戰死秋七月癸巳工部侍郎李鐩大理少卿吳一貫通政司參議叢蘭分道經略邊塞甲午左副都御史閻仲宇通政司參議熊偉分理邊餉八月戊辰命天下撫按三司官奏軍民利病士民建言可採者所司以聞甲申免南畿被災夏稅丁亥召馬文升戴珊於暖閣諭以明年考察務訪實蹟以求至當九月庚寅諭法司不得任情偏執致淹獄囚甲寅太常少卿孫交經略宣大邊務丁巳御暖閣諭劉健李東陽謝遷諸邊首功巡按御史察勘勿淹歲年非所以示勸自今奏報以遠近立限違者詰治諭講官進講直言毋諱冬十一月戊子罷雲南銀場十二月庚午申閉糴之禁甲申免湖廣被災秋糧是年琉球撒馬兒罕哈密烏斯藏入貢

十八年春正月己丑小王子諸部圍靈州入花馬池遂掠韋州環縣戶部侍郎顧佐理陝西軍餉乙未大祀天地於南郊甲辰小王子陷寧夏清水營二月戊辰御奉天門諭戶兵工三部曰方今生齒漸繁而戶口軍伍日就耗損此皆官司撫卹無方因仍苟且所致其悉議弊政以聞三月癸卯賜顧鼎臣等進士及第出身有差夏四月戊寅刑部侍郎何鑑撫輯荊襄流民甲申帝不豫五月庚寅大漸召大學士劉健李東陽謝遷受顧命辛卯崩於乾清宮年三十有六六月庚申上尊諡廟號孝宗葬泰陵

贊曰明有天下傳世十六太祖成祖而外可稱者仁宗宣宗孝宗而已仁宣之際國勢初張綱紀修立淳樸未漓至成化以來號爲太平無事而晏安則易躭怠玩富盛則漸啓驕奢孝宗獨能恭儉有制勤政愛民兢兢於保泰持盈之道用使朝序清寧民物康阜易曰无平不陂无往不復艱貞无咎知此道者其惟孝宗乎

明史卷十六　　本紀第十六

總裁官總理事務　經筵講官少保兼太子太保保和殿大學士兼管吏部戶部尚書事加六級臣張廷玉等奉

敕修

武宗

武宗承天達道英肅睿哲昭德顯功弘文思孝毅皇帝諱厚照孝宗長子也母孝康敬皇后弘治五年立爲皇太子性聰穎好騎射十八年五月孝宗崩壬寅即皇帝位以明年爲正德元年大赦天下除弘治十六年以前逋賦戊申小王子犯宣府總兵官張俊敗績庚戌太監苗逵監督軍務保國公朱暉爲征虜將軍充總兵官右都御史史琳提督軍務禦之秋八月甲寅尊皇太后爲太皇太后皇后爲皇太后丙子召朱暉等還九月甲午南京地震丁酉振陝西饑十月丙辰小王子犯甘肅庚午葬敬皇帝於泰陵十一月甲申御文華殿日講是年占城安南入貢

正德元年春正月乙酉享太廟己丑大祀天地於南郊二月壬子御經筵乙丑耕耤田三月甲申釋奠於先師孔子夏五月丙申減蘇杭織造歲幣六月辛酉禁吏民奢靡免陝西被災稅糧是日大風雨壞郊壇獸瓦庚午諭羣臣修省秋八月乙卯復遣內官南京織造戊午立皇后夏氏冬十月丁巳戶部尚書韓文帥廷臣請誅亂政內臣馬永成等八人大學士劉健李東陽謝遷主之戊午韓文等再請不聽以劉瑾掌司禮監邱聚谷大用提督東西廠張永督十二團營兼神機營魏彬督三千營各據要地劉健李東陽謝遷乞去健遷是日致仕己未東陽復乞去不允壬戌吏部尚書焦芳兼文淵閣大學士吏部侍郎王鏊兼翰林學士入閣預機務戊辰停日講十一月甲辰罷韓文十二月丁巳命錦衣衞官點閱給事中癸酉除曲阜孔氏田賦是年哈密烏斯藏入貢

二年春正月乙亥朔日有食之乙酉大祀天地於南郊閏月庚戌杖給事中艾洪呂翀劉蒞及南京給事中戴銑御史薄彥徽等二十一人於闕下二月戊戌杖御史王良臣於午門御史王時中荷校於都察院三月辛未以大學士劉健謝遷尚書韓文楊守隨張敷華林瀚五十三人黨比宣戒羣臣是月敕各鎮守太監預刑名政事夏五月戊午度僧道四萬人己巳復寧王宸濠護衞六月甲戌孝宗神主祔太廟戊寅罷修邊垣輸其費於京師秋八月丙戌作豹房冬十月甲申逮各邊巡撫都御史及管糧郎中下獄丙戌南京戶部尚書楊廷和爲文淵閣大學士預機務十二月壬辰開浙江福建四川銀礦是年琉球入貢

三年春正月丁未大祀天地於南郊辛亥大計外吏中旨罷翰林學士吳儼御史楊南金二月己巳令京官告假違限及病滿一年者皆致仕三月乙卯賜呂柟等進士及第出身有差夏四月乙亥軍民納銀得授都指揮僉事以下官六月壬辰得匿名文書於御道跪羣臣承天門外詰之下三百餘人於錦衣衞獄尋釋之秋七月壬子命天下選樂工送京師八月辛巳立內廠劉瑾領之庚寅下韓文錦衣衞獄罰輸米千石於大同是月山

東盜起九月癸卯削致仕尚書雍泰馬文升許進劉大夏籍辛酉逮劉大夏下獄戍肅州癸亥振南京饑冬十月辛未南京工部侍郎畢亨振湖廣河南饑十一月乙未振鳳陽諸府饑是年安南哈密撒馬兒罕烏斯藏入貢

四年春正月丙午大祀天地於南郊二月丙戌削劉健謝遷籍三月甲辰振浙江饑己酉吏部侍郎張綵請不時考察京官從之夏四月乙亥王鏊致仕六月戊子吏部尚書劉宇兼文淵閣大學士預機務秋八月辛酉遣使覈各邊屯田是月義州軍變閏九月小王子犯延綏圍總兵官吳江於隴州城冬十一月甲子犯花馬池總制尚書才寬戰死十二月庚戌奪劉健謝遷等六百七十五人誥敕是年兩廣江西湖廣陝西四川並盜起琉球安南哈密土魯番撒馬兒罕入貢

五年春正月丁卯大祀天地於南郊庚辰籍故尚書秦紘家二月癸巳兵部尚書曹元爲吏部尚書兼文淵閣大學士預機務三月辛未禱雨釋獄囚免正德三年逋賦乙酉江西賊熾右都御史王哲巡視南贛刑部尚書洪鐘總制川陝河南鄖陽軍務兼振卹湖廣夏四月庚寅安化王寘鐇反殺巡撫都御史安惟學總兵官姜漢丙午起右都御史楊一清總制寧夏延綏甘涼軍務涇陽伯神英充總兵官討寘鐇辛亥詔赦天下太監張永總督寧夏軍務是日遊擊將軍仇鉞襲執寘鐇寧夏平五月癸未焦芳致仕六月庚子帝自號大慶法王所司鑄印以進丙午劉宇罷秋七月壬申洪鐘討沔陽賊平之八月甲午劉瑾以謀反下獄詔自正德二年後所更政令悉如舊戊戌治劉瑾黨吏部尚書張綵下獄己亥曹元罷丁未革寧王護衞戊申劉瑾伏誅己酉釋謫戍諸臣九月丙辰論平寘鐇功封仇鉞咸寧伯戊午吏部尚書劉忠梁儲並兼文淵閣大學士預機務己未以平寘鐇劉瑾功封太監張永兄富弟容皆爲伯癸酉封義子指揮同知朱德太監谷大用兄大寬馬永成兄山魏彬弟英皆爲伯冬十月己亥戮張綵尸於市十二月己丑賊陷江津僉事吳景死之是年日本占城哈密撒馬兒罕土魯番烏斯藏入貢

六年春正月甲子大祀天地於南郊癸酉賊陷營山殺僉事王源二月丙申寘鐇伏誅己酉起左都御史陳金總制江西軍務討賊三月戊辰賜楊愼等進士及第出身有差庚午惠安伯張偉充總兵官右都御史馬中錫提督軍務討直隸河南山東賊丙子免被寇州縣稅糧一年是月小王子入河套犯沿邊諸堡夏四月癸未劉忠乞省墓歸是月淮安盜起六月山西盜起秋七月壬申賊犯文安京師戒嚴癸酉調宣府延綏兵入援八月己卯兵部侍郎陸完將邊軍討賊四川巡撫都御史林俊擒斬賊首藍廷瑞鄢本恕甲申賊劉六犯固安丙戌召張偉馬中錫還九月丙寅再調宣府及遼東兵益陸完軍冬十月癸未賊陷長山典史李暹戰死甲申賊焚糧艘於濟寧州丁酉甘州副總兵白琮敗小王子於柴溝十一月庚戌太監谷大用張忠伏羌伯毛銳帥京軍會陸完討賊丙辰戶部侍郎叢蘭王瓊振兩畿河南山東戊午京師地震辛酉敕修省乙亥瘞暴骨十二月癸巳禮部尚書費宏兼文淵閣大學士預機務甲午清河口至柳鋪黃河清三日辛丑賊掠蒼溪兵備副使馮傑敗死是年自畿輔迄江淮楚蜀盜賊殺官吏山東尤甚至破九十餘城道路梗絕琉球哈密入貢

七年春正月甲寅賊犯霸州京師戒嚴丁巳陷大城知縣張汝舟主簿李銓戰死己未大祀天地於南郊二月丁丑副都御史彭澤咸寧伯仇鉞提督軍務太監陸誾監軍討河南賊己卯賊犯萊州指揮僉事蔡顯等力戰死三月辛未副總兵時源敗績於河南都督僉事馮禎力戰死夏五月丙午陸完敗賊於萊州山東賊平甲寅左都御史陳金討平撫州賊丙寅賊殺副都御史馬炳然於武昌江中閏月壬辰仇鉞敗賊於光山河南賊平秋七月癸巳江西賊殺副使周憲於華林丁酉振四川饑八月癸亥陸完追殲劉七等賊於狼山九月乙酉陳金討平華林賊戊子召洪鍾還都御史彭澤總制四川軍務丙申賜義子一百二十七人國姓冬十月免河南江西浙江被災寇者稅糧十一月壬申時源爲平賊將軍會彭澤討四川賊丁亥留大同宣府遼東兵於京營李東陽諫不聽十二月丁卯李東陽致仕是月免兩畿山東山西陝西被災寇者稅糧是年安南日本哈密入貢

八年春正月癸酉右副都御史俞諫代陳金討江西賊壬午大祀天地於南郊乙酉以邊將江彬許泰分領京營賜國姓尋設兩官廳軍命彬泰分領之癸巳戶部侍郎叢蘭僉都御史陳玉巡邊二月丙午以平賊功封太監谷大用弟大亮陸誾姪永皆爲伯三月戊子置鎭國府處宣府官軍甲午以旱敕羣臣修省夏四月乙丑彭澤破賊於劍州五月辛巳仇鉞充總兵官帥京營兵禦敵於大同六月戊戌河決黃陵岡乙卯俞諫破賊於貴溪秋八月免南畿水災稅糧土魯番襲據哈密冬十月丁未俞諫連破賊於東鄉江西賊平十二月南京刑部侍郎鄧璋振江西饑是年哈密入貢

九年春正月丁丑大祀天地於南郊庚辰乾清宮災二月庚子帝始微行丙午禮部尚書靳貴兼文淵閣大學士預機務癸丑彭澤時源討平四川賊三月辛巳賜唐皐等進士及第出身有差夏四月丁酉復寧王護衞予屯田五月乙丑費宏致仕己丑彭澤總督甘肅軍務經理哈密六月乙卯開雲南銀礦秋七月乙丑小王子犯宣府大同太監張永提督軍務都督白玉充總兵官帥京營兵禦之八月辛卯朔日有食之辛丑小王子犯白羊口乙巳京師地震己未小王子入寧武關掠忻州定襄寧化九月壬戌犯宣府蔚州庚午帝狎虎被傷不視朝編修王思以諫謫饒平驛丞冬十月己酉遣使採木於川湖十一月辛酉廢歸善王當沍爲庶人自殺十二月甲寅建乾清宮加天下賦一百萬是年安南哈密烏斯藏入貢

十年春正月癸亥薄暮享太廟戊辰薄暮祀天地於南郊三月壬申楊廷和以憂去夏閏四月辛酉吏部尚書楊一清兼武英殿大學士預機務戊寅召彭澤還秋八月丙寅小王子犯固原冬十二月癸丑朔日有食之己卯免南畿旱災秋糧是年琉球安南哈密撒馬兒罕入貢

十一年春正月乙未大祀天地於南郊夏四月振河南饑五月庚寅土魯番以哈密來歸甲辰錄自宮男子三千四百餘人充海戶是月振陝西饑秋七月乙未小王子犯薊州白羊口太監張忠監督軍務左都督劉暉充總兵官帥東西官廳軍禦之丙午工部侍郎趙璜俞琳飭畿內武備八月丁巳左都御史彭澤成國公朱輔帥京營兵防邊庚申賜宛平縣被寇者人米二石甲子楊一清致仕丁丑禮部尚書蔣冕兼文淵閣大學士預機務九月土魯番復據哈密侵肅州殺遊擊芮寧冬十月己酉朔享太廟遣使代行禮十一月甲申免湖廣被災稅糧是年琉球天方入貢

十二年春正月己丑大祀天地於南郊遂獵於南海子夜中還御奉天殿受朝賀三月癸巳賜舒芬等進士及第出身有差戊戌以兩淮浙江四川河東鹽課充陝西織造夏四月壬子靳貴致仕丙辰副總兵鄭廉敗土魯番於瓜州五月丙子禮部尚書毛紀兼東閣大學士預機務六月乙巳朔日有食之秋八月甲辰微服如昌平乙巳梁儲蔣冕毛紀追及於沙河請回蹕不聽己酉至居庸關巡關御史張欽閉關拒命乃還丙辰至自昌平戊午夜視朝癸亥副都御史吳廷舉振湖廣饑丙寅夜微服出德勝門如居庸關辛未出關幸宣府命谷大用守關毋出京朝官九月辛卯河決城武壬辰如陽和自稱總督軍務威武大將軍總兵官庚子輸帑銀一百萬兩於宣府冬十月癸卯駐蹕順聖川甲辰小王子犯陽和掠應州丁未親督諸軍禦之戰五日辛亥寇引去駐蹕大同十一月丁亥召楊廷和復入閣戊子還至宣府十二月癸亥羣臣赴行在請還宮不得出關而還閏月丁亥迎春於宣府是年琉球烏斯藏入貢

十三年春正月辛丑朔帝在宣府丙午至自宣府命羣臣具綵帳羊酒郊迎御帳殿受賀丁未罷南郊致齋庚戌大祀天地於南郊遂獵於南海子辛亥還宮辛酉復如宣府是月振兩畿山東水災給京師流民米人三斗瘞死者二月己卯太皇太后崩壬午至自宣府三月戊辰如昌平夏四月己巳朔謁六陵遂幸密雲五月己亥朔日有食之駐蹕喜峯口戊申至自喜峯口六月庚辰太皇太后梓宮發京師帝戎服從甲申葬孝貞純皇后乙酉至自昌平秋七月己亥錄應州功敘廕陞賞者五萬餘人丙午復如宣府八月乙酉如大同九月庚子次偏頭關癸丑敕曰總督軍務威武大將軍總兵官朱壽親統六師肅清邊境特加封鎭國公歲支祿米五千石吏部如敕奉行甲寅封朱彬爲平虜伯朱泰爲安邊伯冬十月戊辰渡河己卯次榆林十一月庚子調西官廳及四衞營兵赴宣大壬子次綏德幸總兵官戴欽第十二月戊寅渡河幸石州戊子次太原是年琉球天方兀剌入貢

十四年春正月丙申朔帝在太原甲辰改卜郊壬子還宣府二月壬申至自宣府丁丑大祀天地於南郊遂獵於南海子是日京師地震己丑帝自加太師諭禮部曰總督軍務威武大將軍總兵官太師鎭國公朱壽將巡兩畿山東祀神祈福其具儀以聞三月癸丑以諫巡幸下兵部郎中黃鞏六人於錦衣衞獄跪修撰舒芬百有七人於午門五日金吾衞都指揮僉事張英自刃以諫衞士奪刃得不死鞫治杖殺之乙卯下寺正周敘行人司副余廷瓚主事林大輅三十三人於錦衣衞獄戊午杖舒芬等百有七人於闕下是日風霾晝晦夏四月甲子免南畿被災稅糧戊寅杖黃鞏等三十九人於闕下先後死者十一人五月己亥詔山東山西陝西河南湖

廣流民歸業者官給廩食廬舍牛種復五年六月丙子寧王宸濠反巡撫江西右副都御史孫燧南昌兵備副使許逵死之戊寅陷南康己卯陷九江秋七月甲辰帝自將討宸濠安邊伯朱泰爲威武副將軍帥師爲先鋒丙午宸濠犯安慶都指揮楊銳知府張文錦禦却之辛亥提督南贛汀漳軍務副都御史王守仁帥兵復南昌丁巳守仁敗宸濠於樵舍擒之八月癸未車駕發京師丁亥次涿州王守仁捷奏至秘不發冬十一月乙巳漁於清江浦壬子冬至受賀於太監張陽第十二月辛酉次揚州乙酉渡江丙戌至南京是歲淮揚饑人相食撒馬兒罕入貢

十五年春正月庚寅朔帝在南京癸巳改卜郊夏四月己未振淮揚諸府饑六月丁巳次牛首山諸軍夜驚秋七月小王子犯大同宣府八月癸未免江西稅糧閏月癸巳受江西俘丁酉發南京癸卯次鎭江幸大學士楊一淸第臨故大學士靳貴喪九月己巳漁於積水池舟覆救免遂不豫冬十月庚戌次通州十一月庚申治交通宸濠者罪執吏部尚書陸完赴行在十二月己丑宸濠伏誅甲午還京師告捷於郊廟社稷丁酉大祀天地於南郊初獻疾作不克成禮是年琉球占城佛郎機土魯番入貢

十六年春正月癸亥改卜郊二月己亥巡撫雲南副都御史何孟春討平彌勒州苗三月癸丑朔日有食之庚申改西官廳爲威武團營乙丑大漸諭司禮監曰朕疾不可爲矣其以朕意達皇太后天下事重與閣臣審處之前事皆由朕誤非汝曹所能預也丙寅崩於豹房年三十有一遺詔召興獻王長子嗣位罷威武團營遣還各邊軍革京城內外皇店放豹房番僧及教坊司樂人戊辰頒遺詔於天下釋繫囚還四方所獻婦女停不急工役收宣府行宮金寶還內庫庚午執江彬等下獄世宗入立五月己未上尊謚廟號武宗葬康陵

贊曰明自正統以來國勢寖弱毅皇手除逆瑾躬禦邊寇奮然欲以武功自雄然躭樂嬉遊暱近羣小至自署官號冠履之分蕩然矣猶幸用人之柄躬自操持而秉鈞諸臣補苴匡救是以朝綱紊亂而不底於危亡假使承孝宗之遺澤制節謹度有中主之操則國泰而名完豈至重後人之訾議哉

明史卷十七　　　本紀第十七

總裁官總理事務經筵講官太子太保保和殿大學士兼管吏部戶部尚書事加六級張廷玉等奉

敕修

世宗一

世宗欽天履道英毅神聖宣文廣武洪仁大孝肅皇帝諱厚熜憲宗孫也父興獻王祐杬國安陸正德十四年薨帝年十有三以世子理國事十六年三月辛酉未除服特命襲封丙寅武宗崩無嗣慈壽皇太后與大學士楊廷和定策遣太監谷大用韋彬張錦大學士梁儲定國公徐光祚駙馬都尉崔元禮部尚書毛澄以遺詔迎王於興邸夏四月癸未發安陸癸卯至京師止於郊外禮官具儀請如皇太子卽位禮王顧長史袁宗皐曰遺詔以我嗣皇帝位非皇子也大學士楊廷和等請如禮臣所具儀由東安門入居文華殿擇日登極不允會皇太后趣羣臣上箋勸進乃卽郊外受箋是日日中入自大明門遣官告宗廟社稷謁大行皇帝几筵朝皇太后出御奉天殿卽皇帝位以明年爲嘉靖元年大赦天下卹錄正德中言事罪廢諸臣賜天下明年田租之半自正德十五年以前逋賦盡免之丙午遣使奉迎母妃蔣氏召費宏復入閣戊申命禮臣集議興獻王封號五月乙卯罷大理銀礦丙辰梁儲致仕壬戌吏部侍郎袁宗皐爲禮部尚書兼文淵閣大學士預機務壬申錢寧伏誅戊子江彬伏誅乙未縱內苑禽獸令天下毋得進獻丁酉革錦衣衞旨濫軍校三萬餘人戊戌振江西災壬寅革傳陞官癸卯振遼東饑秋七月壬子進士張璁言繼統不繼嗣請尊崇所生立興獻王廟於京師初禮臣議考孝宗改稱興獻王皇叔父援宋程頤議濮王禮以進不允至是下璁奏命廷臣集議楊廷和等抗疏力爭皆不聽癸丑命自今親喪不得奪情著爲令丁巳小王子犯莊浪指揮劉爵禦却之丙子革錦衣衞所及監局寺廠司庫旗校軍士匠役投充新設者凡十四萬八千餘人丁丑寧津盜起德平知縣龔諒死之九月乙卯袁宗皐卒庚午葬毅皇帝於康陵冬十月己卯朔追尊父興獻王爲興獻帝祖母憲宗貴妃邵氏爲皇太后母妃爲興獻后壬午興獻后至自安陸十一月庚戌振江西災丁巳錄平宸濠功封王守仁新建伯甲戌乾淸宮成罷廣西貢香諭各鎭巡守備官凡額外之征悉罷之

嘉靖元年春正月癸丑享太廟己未大祀天地於南郊淸寧宮後殿災命稱孝宗皇考慈壽皇太后聖母興獻帝后爲本生父母己巳甘州兵亂殺巡撫都御史許銘二月己卯耕耤田三月辛亥弗提衞獻生豹却之甲寅釋奠於先師孔子丁巳上慈壽皇太后尊號曰昭聖慈壽皇太后武宗皇后曰莊肅皇后戊午上皇太后尊號曰壽安皇太后興獻后曰興國太后夏四月壬辰命各邊巡按御史三年一閱軍馬器械秋七月己酉以南畿浙江江西湖廣四川旱詔撫按官講求荒政九月辛未立皇后陳氏冬十月辛卯振南畿湖廣江西廣西災免稅糧有差壬辰以災傷敕羣臣修省十一月庚申壽安皇太后崩十二月戊寅振陝西被寇及山東礦賊流劫者是年琉球入貢

二年春正月乙卯大祀天地於南郊丁卯小王子犯沙河堡總兵官杭雄戰却之二月癸未振遼東饑壬辰總督軍務右都御史俞諫總兵官魯綱討平河南山東賊三月己巳俺答寇大同甲寅武宗神主祔太廟戊午賜姚淶等進士及第出身有差夏四月壬申以災異敕羣臣修省癸未以宋朱熹裔孫墅爲五經博士癸巳命兩京三品以上及撫按官舉堪任守令者五月庚午小王子犯密雲石塘嶺殺指揮使殷隆六月癸丑以災傷免嘉靖元年天下稅糧之半秋八月辛酉小王子犯丁字堡都指揮王綱戰死冬十一月丁卯免南畿被災稅糧己丑振河南饑是年撒馬兒罕土魯番天方入貢

三年春正月丙寅朔兩畿河南山東陝西同時地震丁丑大祀天地於南郊丙戌南京刑部主事桂萼請改稱孝宗皇伯考下廷臣議是月朶顏入寇二月丙午楊廷和致仕庚戌南京地震三月壬申振淮揚饑辛巳振河南饑夏四月己酉上昭聖皇太后尊號曰昭聖康惠慈壽皇太后庚戌上興國太后尊號曰本生聖母章聖皇太后癸丑追尊興獻帝爲本生皇考恭穆獻皇帝大赦辛酉編修鄒守益請罷興獻帝稱考立廟下錦衣衞獄五月乙丑蔣冕致仕修撰呂柟言大禮未正下錦衣衞獄丁丑遣使迎獻皇帝神主於安陸己卯吏部尚書石珤兼文淵閣大學士預機務六月御史段續陳相請正席書桂萼罪吏部員外郎薛蕙上爲人後解鴻臚少卿胡侍言張璁等議禮之失俱下獄秋七月乙亥更定章聖皇太后尊號去本生之稱戊寅廷臣伏闕固爭下員外郎馬理等一百三十四人錦衣衞獄癸未杖馬理等於廷死者十有六人甲申奉安獻皇帝神主於觀德殿己丑毛紀致仕辛卯杖修撰楊愼檢討王元正給事中劉濟安磐張漢卿張原御史王時柯於廷原死愼等戍謫有差是月免南畿河南被災稅糧八月癸巳大同兵變殺巡撫都御史張文錦乙卯吏部侍郎賈詠爲禮部尚書兼文淵閣大學士預機務九月丙寅定稱孝宗爲皇伯考昭聖皇太后爲皇伯母獻皇帝爲皇考章聖皇太后爲聖母丙子詔天下丙戌土魯番入寇圍肅州兵部尚書金獻民總制軍務署都督僉事杭雄充總兵官太監張忠提督軍務禦之冬十月己卯戶部侍郎胡瓚提督宣大軍務都督魯綱充總兵官討大同叛卒十二月壬子甘涼寇退召金獻民還戊午起致仕大學士楊一淸爲兵部尚書總制陝西三邊軍務是年琉球入貢魯迷國貢獅子犀牛

四年春正月丙寅西海卜兒孩犯甘肅總兵官姜奭擊敗之辛未大祀天地於南郊二月乙卯禁淹獄囚三月壬午仁壽宮災夏五月甲戌賜廬州知府龍誥官秩詔天下倣詰備荒振濟法庚辰作世廟祀獻皇帝八月戊子作仁壽宮冬十月丁亥作玉德殿景福安喜二宮十二月辛丑大禮集議成頒示天下閏月乙卯朔日有食之乙亥振遼東災是年天方入貢

五年春正月乙未大祀天地於南郊二月甲寅命道士邵元節爲眞人庚辰免山西被災稅糧壬午振京師饑三月辛丑賜龔用卿等進士及第出身有差丁未定有司久任法夏五月庚子楊一淸復入閣秋七月庚寅免四川被災稅糧八月丙寅振湖廣饑九月己亥章聖皇太后有事於世廟冬十月辛亥朔親享如太廟禮壬子振南畿浙江災免稅糧物料庚午頒御製敬一箴於學宮是年暹羅入貢

六年春正月癸未命羣臣陳民間利病己丑大祀天地於南郊二月辛亥小王子犯宣府參將王經戰死癸亥費宏石珤致仕庚午召謝遷復入閣三月庚辰寇復犯宣府參將關山戰死甲午禮部侍郎翟鑾爲吏部侍郎兼翰林學士入閣預機務夏四月己巳免廣西被災稅糧五月丁丑朔日有食之丁亥前南京兵部尚書王守仁兼左都御史總制兩廣江西湖廣軍務討田州叛蠻秋八月庚戌以議李福達獄下刑部尚書顏頤壽左都御史聶賢大理寺卿湯沐等於錦衣衞獄侍郎桂萼張璁少詹事方獻夫署三法司雜治之總制尚書王憲擊敗小王子於石臼墩癸亥賈詠致仕庚午振湖廣水災九月己卯免江西河南山西被災秋糧壬午頒欽明大獄錄於天下冬十月戊申兵部侍郎張璁爲禮部尚書兼文淵閣大學士預機務是年魯迷入貢

七年春正月癸未考覈天下巡撫官丙戌大祀天地於

南郊三月戊寅謝遷致仕癸巳右都御史伍文定爲兵部尚書提督軍務侍郎梁材督理糧儲討雲南叛蠻夏四月甲寅甘露降告於郊廟六月辛丑明倫大典成頒示天下癸卯定議禮諸臣罪追削楊廷和等籍丁卯雲南蠻平秋七月己卯追尊孝惠皇太后爲太皇太后恭穆獻皇帝爲恭睿淵仁寬穆純聖獻皇帝辛巳尊章聖皇太后爲章聖慈仁皇太后戊子詔天下八月壬子免河南被災稅糧九月甲戌王守仁討廣西蠻悉平之壬午振嘉興湖州災冬十月丁未皇后崩十一月丙寅立順妃張氏爲皇后十二月丙子小王子犯大同指揮趙源戰死是年琉球入貢

八年春正月己亥振山西災庚戌大祀天地於南郊二月癸酉吏部尚書桂萼兼武英殿大學士預機務丁丑振襄陽饑甲申旱躬禱於南郊乙酉禱於社稷三月丙申葬悼靈皇后戊戌振河南饑甲寅賜羅洪先等進士及第出身有差秋七月甲午以議獄不當下郎中魏應召等於獄右都御史熊浹削籍八月丙子張璁桂萼罷壬午始親祭山川著爲令九月癸巳召張璁復入閣癸丑楊一清罷是月免兩畿河南被災稅糧振江西湖廣饑冬十月癸亥朔日有食之己巳除外戚世封著爲令十一月庚子召桂萼復入閣甲辰振浙江災戊申禱雪己酉雪丁巳親詣郊壇告謝百官表賀是年天方撒馬兒罕土魯番入貢

九年春正月丁酉大祀天地於南郊丙午作先蠶壇於北郊丁巳振山西饑二月戊辰耕耤田乙亥振京師饑丁丑禁官民服舍器用踰制三月丁巳皇后親蠶於北郊夏四月丙戌振延綏饑五月己亥更建四郊六月癸亥立曲阜孔顏孟三氏學八月壬午免江西被災稅糧九月壬辰罷雲南鎭守中官乙未免南畿被災秋糧冬十一月辛丑更正孔廟祀典定孔子謚號曰至聖先師孔子己酉祀昊天上帝於南郊禮成大赦是年琉球入貢

十年春正月辛卯祈穀於大祀殿奉太祖太宗配甲午更定廟祀奉德祖於祧廟乙巳桂萼致仕二月甲戌免廬鳳淮揚被災秋糧壬申賜張璁名孚敬三月戊申罷四川分守中官夏四月丁巳皇后親蠶於西苑甲子禘於太廟五月壬子祀皇地祇於方澤閏六月己丑罷浙江湖廣福建兩廣及獨石萬全永寧鎭守中官秋七月癸丑侍郎葉相振陝西饑戊午張孚敬罷辛巳鄭王厚烷獻白雀薦之宗廟八月辛丑改安陸州曰承天府九月乙丑西苑宮殿成設成祖位致祭宴羣臣丙寅禮部尚書李時兼文淵閣大學士預機務壬申幸西苑御無逸殿命李時翟鑾進講宴儒臣於豳風亭冬十一月甲寅祀天於南郊戊辰免陝西被災秋糧丁丑召張孚敬復入閣十二月戊子御史喻希禮石金因修醮請宥議禮諸臣罪下錦衣衛獄

十一年春正月辛未祈穀於圜丘始命武定侯郭勛攝事二月戊戌免湖廣被災稅糧三月戊辰賜林大欽等進士及第出身有差夏四月辛卯續封常遇春李文忠鄧愈湯和後爲侯五月丙子前吏部尚書方獻夫兼武英殿大學士預機務六月壬午免畿內被災秋糧甲申續封劉基後誠意伯秋七月戊辰免南畿被災夏稅八月戊子以星變敕羣臣修省辛丑張孚敬罷九月丁巳振陝西饑冬十月甲申編修楊名以災異陳言下獄謫戍是月免山東被災稅糧振山西饑十一月甲寅四川巡撫都御史宋滄獻白兔羣臣表賀庚申祀天於南郊十二月己亥免畿內被災稅糧是年琉球哈密土魯番天方撒馬兒罕入貢

十二年春正月丙午河南巡撫都御史吳山獻白鹿羣臣表賀自後諸瑞異表賀以爲常丙辰召張孚敬復入閣是月免浙江河南被災稅糧二月乙酉振雲南饑三月丙辰釋奠於先師孔子秋八月乙未以皇子生詔赦天下九月庚戌廣東巢賊亂提督侍郎陶諧討平之冬十月乙亥大同兵亂殺總兵官李瑾代王奔宣府丙子下建昌侯張延齡於獄十一月己亥振遼東災癸丑翟鑾以憂去十二月己卯吉囊犯寧夏總兵官王効副總兵梁震擊敗之是年土魯番天方入貢

十三年春正月癸卯廢皇后張氏壬子立德妃方氏爲皇后二月己丑總督宣大侍郎張瓚撫定大同亂卒辛卯代王返國三月壬申振大同被兵者乙酉吉囊犯響水堡參將任傑擊敗之夏四月己酉方獻夫致仕六月甲子南京太廟災秋八月壬子冦犯花馬池梁震禦却之冬十一月庚午祀天於南郊是年琉球入貢

十四年春正月壬申罷督理倉場中官丙戌莊肅皇后崩二月己亥作九廟丁未禁冠服非制三月戊子葬孝靜皇后於康陵己丑遼東軍亂執都御史呂經夏四月甲午張孚敬致仕召費宏復入閣丙申賜韓應龍等進士及第出身有差丙午廣寧兵亂六月吉囊犯大同總兵官魯綱禦却之秋七月甲申廣寧亂卒平八月乙巳詔九卿會推巡撫官著爲令冬十月戊申費宏卒十一月乙亥祀天於南郊是年烏斯藏入貢

十五年春二月癸巳振湖廣災三月丙子奉章聖皇太后如天壽山謁陵免昌平今年稅糧三之二賜高年粟帛癸未謁恭讓章皇后景皇帝陵是日還宮夏四月癸巳詔建山陵癸卯詣七陵祭告癸丑還宮是月吉囊犯甘涼總兵官姜奭擊敗之秋九月庚午如天壽山丁丑還宮是秋吉囊犯延綏官軍四戰皆敗之冬十月己亥更定世廟爲獻皇帝廟戊申如天壽山壬子還宮十一月戊午以皇長子生詔赦天下辛巳祀天於南郊十二月辛卯九廟成閏月癸亥以定廟制加上兩宮皇太后徽號詔赦天下乙丑禮部尚書夏言兼武英殿大學士預機務丙寅享九廟是年免山西山東被災稅糧琉球烏斯藏入貢

十六年春二月壬子安南黎寧遣使告莫登庸之難癸酉如天壽山三月甲申還宮丙午幸大峪山視壽陵夏四月癸丑還宮六月癸酉吉囊寇宣府指揮趙鏜戰死秋八月復寇宣府殺參將張國輔冬十一月故昌國公張鶴齡下獄瘐死是年土魯番天方撒馬兒罕入貢

十七年春二月戊辰如天壽山壬申還宮三月壬辰賜茅瓚等進士及第出身有差辛丑咸寧侯仇鸞爲征夷副將軍充總兵官兵部尚書毛伯溫參贊軍務討安南莫登庸夏四月庚戌如天壽山甲寅還宮戊午罷安南師甲子禱雨於郊壇戊辰雨六月冦犯宣府都指揮周冕戰死丙辰定明堂大饗禮下戶部侍郎唐冑於獄秋七月辛卯開河南雲南銀礦癸巳慈寧宮成八月甲辰吉囊犯河西總督都御史劉天和禦却之丙辰禮部尚書掌詹事府事顧鼎臣兼文淵閣大學士預機務九月戊寅免畿內被災稅糧辛巳上太宗廟號成祖獻皇帝廟號睿宗遂奉睿宗神主祔太廟躋武宗上辛卯大享上帝於元極寶殿奉睿宗配乙未如天壽山丁酉還宮冬十一月辛未朔詣南郊上皇天上帝號還詣太廟上太祖高皇帝高皇后尊號辛卯祀天於南郊詔赦天下乙未免江西被災稅糧十二月癸卯章聖皇太后崩壬子如大峪山相視山陵甲寅還宮乙卯李時卒戊午振寧夏災是年琉球土魯番入貢

十八年春二月庚子朔立皇子載壡爲皇太子封載垕爲裕王載圳景王辛丑詔赦天下起黃綰爲禮部尚書宣諭安南壬寅起翟鑾爲兵部尚書兼右都御史充行邊使丁未祈穀於元極寶殿先賢曾子裔孫質粹爲翰林院世襲五經博士壬子振遼東饑癸丑安南莫方瀛請降乙卯幸承天太子監國辛酉次眞定望於北嶽丁卯次衞輝行宮火三月己巳渡河祭大河之神辛未次鈞州望於中嶽甲戌免畿內被災稅糧庚辰至承天辛巳謁顯陵甲申享上帝於龍飛殿奉睿宗配秩於國社國稷徧羣祀戊子御龍飛殿受賀詔赦天下給復承天三年免湖廣明年田賦五之二畿內河南三之一夏四月壬子至自承天壬戌免湖廣被災稅糧甲子幸大峪山丙寅還宮秋閏七月庚申葬獻皇后於顯陵辛酉復命仇鸞毛伯溫征安南九月辛酉如天壽山侍郎王杲振河南饑冬十月丙寅還宮十一月丙申祀天於南郊是年日本哈密入貢

十九年春正月丙午召翟鑾復入閣辛亥吉囊寇大同殺指揮周岐三月戊戌詔修仁壽宮夏六月辛巳瓦剌部長欵塞秋七月癸卯吉囊入萬全右衞總兵官白爵逆戰於宣平敗之壬子又敗之於桑乾河戊午振江西災八月丁丑太僕卿楊最諫服丹藥予杖死九月吉囊犯固原周尚文敗之於黑水苑延綏總兵官任傑追擊於鐵柱泉又敗之己酉召仇鸞還冬十月庚申罷礦場甲子顧鼎臣卒十一月丙辰慈慶宮成是年琉球日本入貢

二十年春正月免南畿被災稅糧二月乙丑顯陵成給復承天三年丙寅御史楊爵言時政下錦衣衞獄三月乙巳賜沈坤等進士及第出身有差是春吉囊寇蘭州參將鄭東戰死夏四月己未莫登庸納款改安南國爲安南都統使司以登庸爲都統使辛酉九廟災燬成祖仁宗主丙子詔行寬恤之政五月戊子採木於湖廣四川甲寅振遼東饑六月振畿內山西饑秋七月丁酉俺答阿不孩遣使欵塞求貢詔却之是月免河南陝西山東被災稅糧八月辛酉昭聖皇太后崩庚辰夏言罷是月俺答阿不孩吉囊分道入寇總兵官趙卿帥京營兵都御史翟鵬理軍務禦之九月乙未朔國公郭勛有罪下獄死辛亥俺答犯山西入石州冬十月癸丑振山西被寇者復徭役二年丁卯召夏言復入閣十一月辛卯葬敬皇后於泰陵丙申免四川被災稅糧是年琉球入貢

二十一年夏四月庚申大高元殿成閏五月戊辰俺答阿不孩遣使欵大同塞巡撫都御史龍大有誘殺之六月辛卯俺答寇朔州壬寅入雁門關丁未犯太原秋七月己酉朔日有食之夏言罷己未俺答寇潞安掠沁汾襄垣長子參將張世忠戰死八月辛巳募兵於直隸山

東河南壬午振山西被兵州縣免田租癸巳禮部尚書嚴嵩兼武英殿大學士預機務九月癸亥員外郎劉魁諫營雷殿予杖下獄冬十月丁酉宮人謀逆伏誅磔端妃曹氏寧嬪王氏於市是年免畿內陝西河南福建被災稅糧安南入貢

明史卷十八　本紀第十八

總裁官總理事務　經筵講官少保兼太子太保保和殿大學士兼管吏部戶部尚書事加六級張廷玉等奉

敕修

世宗二

二十二年春正月丙午朔日有食之三月庚戌復遣使採木湖廣是春俺答屢入塞秋八月犯延綏總兵官吳瑛等擊敗之冬十月朶顏入寇殺守備陳舜十二月乙酉免南畿被災稅糧是年占城土魯番撒馬兒罕天方烏斯藏入貢

二十三年春正月丙寅俺答犯黃崖口二月戊寅犯大水谷三月癸丑犯龍門所丁巳賜秦鳴雷等進士及第出身有差秋七月俺答犯大同總兵官周尚文戰於黑山敗之八月甲午翟鑾罷九月癸卯免浙江被災稅糧丁未吏部尚書許讚兼文淵閣大學士禮部尚書張璧兼東閣大學士預機務壬子振湖廣災冬十月戊辰免河南被災稅糧甲戌小王子入萬全右衞戊寅掠蔚州至於完縣京師戒嚴乙酉逮總督宣大兵部尚書翟鵬巡撫薊鎮僉都御史朱方下獄鵬謫戍方杖死十一月庚子京師解嚴加方士陶仲文少師十二月丙子振江西災是年安南入貢日本以無表卻之

二十四年春二月戊申詔流民復業予牛種開墾閒田者給復十年三月壬午逮總督宣大兵部侍郎張漢下獄謫戍夏五月壬戌朔日有食之六月壬辰太廟成是夏免畿輔山西陝西被災稅糧秋七月壬戌有事於太廟赦徒罪以下八月丙午瘞暴骸己酉張璧卒庚戌俺答犯松子嶺殺守備張文瀚是月犯大同參將張鳳指揮劉欽等戰死九月丁丑召夏言入閣冬十一月辛巳許讚罷是年安南琉球烏斯藏入貢

二十五年春三月戊辰四川白草番亂夏五月戊辰俺答款大同塞邊將殺其使六月甲辰犯宣府千戶汪洪戰死秋七月癸酉以醴泉出承華殿廷臣表賀停諸司封事二十日嗣後慶賀齋祀悉停封奏是月俺答犯延安慶陽八月壬子免山東被災稅糧九月俺答犯寧夏冬十月丁亥犯清平堡遊擊高極戰死癸巳代府奉國將軍充灼謀反伏誅甲午殺故建昌侯張延齡十二月丁未免河南被災稅糧是年土魯番入貢

二十六年春三月庚午賜李春芳等進士及第出身有差夏四月乙巳巡撫四川都御史張時徹副總兵何卿討平白草叛番己酉俺答求貢拒之秋七月丙辰河決曹縣八月丙戌免陝西被災稅糧九月戊辰戶部尚書王杲以科臣劾其通賄下獄遣戍閏月丙午振成都饑冬十一月壬午大內火釋楊爵於獄乙未皇后崩十二月辛酉逮甘肅總兵官仇鸞乙亥海寇犯寧波台州是年琉球入貢

二十七年春正月把都兒寇廣寧參將閻振戰死癸未以議復河套逮總督陝西三邊侍郎曾銑杖給事中御史於廷罷夏言三月癸巳殺曾銑逮夏言癸卯出仇鸞於獄夏五月丙戌葬孝烈皇后秋七月戊寅京師地震庚子西苑進嘉穀薦於太廟八月丁巳俺答犯大同指揮顧相等戰死周尚文追敗之於次野口九月壬午犯宣府深入永寧懷來隆慶守備魯承恩等戰死乙未免陝西被災稅糧冬十月癸卯殺夏言十一月乙未詔撫按官採生沙金是年日本入貢

二十八年春二月乙巳振陝西饑辛亥南京吏部尚書張治爲禮部尚書兼文淵閣大學士祭酒李本爲少詹事兼翰林學士入閣預機務壬子俺答犯宣府指揮董暘等敗沒遂東犯永寧關南大震乙卯周尚文敗俺答於曹家莊丙辰宣府總兵官趙國忠又敗之於大滹沱三月辛未朔日有食之丁亥皇太子薨秋七月浙江海賊起九月朶顏三衞犯遼東冬十月辛丑免畿內被災稅糧是年日本琉球入貢

二十九年春三月壬午賜唐汝楫等進士及第出身有差是月瓊州黎賊平六月丁巳俺答犯大同總兵官張達副總兵林椿戰死是夏免陝西河南江北被災夏稅秋八月丙寅封方士陶仲文爲恭誠伯丁丑俺答大舉入寇攻古北口薊鎮兵潰戊寅掠通州駐白河分掠畿甸州縣京師戒嚴召大同總兵官仇鸞及河南山東兵入援壬午薄都城仇鸞爲平虜大將軍節制諸路兵馬巡撫保定都御史楊守謙提督軍務左諭德趙貞吉宣諭諸軍癸未始御奉天殿戒敕羣臣甲申寇退逮守通州都御史王儀丙戌京師解嚴杖趙貞吉謫外任丁亥仇鸞敗績於白羊口兵部尚書丁汝夔巡撫侍郎楊守謙有罪棄市杖左都御史屠僑刑部侍郎彭黯九月辛卯振畿內被寇者乙未罷團營復三大營舊制設戎政府以仇鸞總督之丁酉罷領營中官戊申免畿內被災稅糧壬子廢鄭王厚烷爲庶人冬十月甲戌張治卒十一月癸巳分遣御史選邊軍入衞壬寅祧仁宗祔孝烈皇后於太廟是年琉球入貢

三十年春三月壬辰開馬市於宣府大同兵部侍郎史道經理之夏四月壬午下經略京城副都御史商大節於獄秋九月乙未京師地震詔修省冬十一月俺答犯大同是年免兩畿河南江西遼東貴州山東山西被災稅糧

三十一年春正月壬辰俺答犯大同甲午入弘賜堡二月癸丑振宣大饑辛酉俺答犯懷仁川指揮僉事王恭戰死己巳建內府營操練內侍三月戊子大將軍仇鸞帥師赴大同辛卯禮部尚書徐階兼東閣大學士預機務夏四月丙寅把都兒辛愛犯新興堡指揮王相等戰死丙子倭寇浙江五月甲申召仇鸞還戊申倭陷黃巖秋七月丙申免陝西被災夏稅壬寅以倭警命山東巡撫都御史王忬巡視浙江八月己未收仇鸞大將軍印壽病死乙亥戮仇鸞屍傳首九邊己卯俺答犯大同分掠朔應山陰馬邑九月乙酉犯山西三關壬辰犯寧夏丁酉河決徐州庚子兵部侍郎蔣應奎左通政唐國卿以冒邊功杖於廷癸卯罷各邊馬市冬十月己未兵部尚書趙錦坐仇鸞黨戍邊壬戌免江西被災稅糧十二月丁巳光祿少卿馬從謙坐誹謗杖死

三十二年春正月戊寅朔日食陰雲不見己卯侍郎吳鵬振淮徐水災二月甲子倭犯溫州壬申俺答犯宣府參將史略戰死三月丁丑振陝西饑辛巳吉能犯延綏殺副總兵李梅壬午兵部侍郎楊博巡邊甲申振山東饑甲午賜陳謹等進士及第出身有差甲辰俺答犯宣府副總兵郭都戰死閏三月海賊汪直糾倭寇瀕海諸郡至六月始去秋七月戊午俺答大舉入寇犯靈邱廣昌乙丑河套諸部犯延綏己巳俺答犯浮圖峪遊擊陳鳳朱玉禦之庚午河南賊師尚詔陷歸德及柘城鹿邑八月丙子小王子犯赤城丙申師尚詔攻太康官軍與戰於鄢陵敗績戊戌振山東災免稅糧九月丙午俺答犯廣武巡撫都御史趙時春敗績總兵官李淶參將馮恩等力戰死辛酉以敵退告謝郊廟冬十月甲戌振河南山東饑庚子師尚詔伏誅賊平辛丑京師外城成是年琉球入貢

三十三年春正月壬寅朔以賀疏違制杖六科給事中於廷戊辰官軍圍倭於南沙五閱月不克倭潰圍出轉掠蘇松二月庚辰官軍敗績於松江乙丑倭犯通泰餘衆入青徐界夏四月甲戌振畿內饑乙亥倭犯嘉興都司周應楨等戰死乙酉陷崇明知縣唐一岑死之五月壬寅倭掠蘇州丁巳南京兵部尚書張經總督軍務討倭六月癸酉俺答犯大同總兵官岳懋戰死己丑侍郎陳儒振大同軍士秋八月癸未倭犯嘉定官軍敗之庚寅復戰敗績九月丁卯俺答犯古北口總督楊博禦卻之是年暹羅土魯番天方撒馬兒罕烏斯藏入貢

三十四年春正月丁酉朔倭陷崇德攻德淸二月丙戌工部侍郎趙文華祭海兼區處防倭是月俺答犯薊鎮參將趙傾葵等戰死三月甲寅蘇松兵備副使任環敗倭於南沙夏四月戊子俺答犯宣府參將李光啓被執不屈死五月甲午總督侍郎張經副總兵俞大猷擊倭於王江涇大破之乙巳倭分道掠蘇州屬縣己酉逮張經下獄六月壬午兵部侍郎楊宜總督軍務討倭秋七月乙巳倭陷南陵流劫蕪湖太平丙辰犯南京八月壬辰蘇松巡撫都御史曹邦輔敗倭於滸墅九月乙未趙文華及巡按御史胡宗憲擊倭於陶宅敗績丙午俺答犯大同宣府戊午犯懷來京師戒嚴辛酉參將馬芳敗寇於保安是秋免江北山東被災秋糧冬十月庚寅殺張經及巡撫浙江副都御史李天寵兵部員外郎楊繼盛辛卯倭掠寧波台州犯會稽十一月壬辰朔日有食之庚申倭犯興化泉州閏月丁丑免畿內水災稅糧十二月甲午開山東四川銀礦壬寅山西陝西河南地大震河渭溢死者八十三萬有奇是年琉球入貢

三十五年春正月壬午官軍擊倭於松江敗績二月甲午振平陽延安災己亥楊宜罷戊午吏部尚書李默坐誹謗下錦衣衞獄論死巡撫侍郎胡宗憲總督軍務討倭三月丁丑賜諸大綬等進士及第出身有差夏四月丙申振陝西災甲辰倭寇無爲州同知齊恩戰死辛亥遊擊宗禮擊倭於崇德敗沒五月乙丑趙文華提督江南浙江軍務丁亥左通政王槐採礦銀於玉旺峪六月丙申總兵官俞大猷敗倭於黃浦辛丑俺答犯宣府殺遊擊張紘秋七月辛巳胡宗憲破倭於乍浦八月壬寅詔採芝辛亥胡宗憲襲破海賊徐海於梁莊九月乙丑徵王載埨有罪廢爲庶人免南畿被災稅糧壬午以平

浙江倭祭告郊廟社稷冬十月丙戌朔日有食之十一月戊午打來孫犯廣寧總兵官殷尚質等戰死十二月丁未犯環慶

三十六年春二月俺答犯大同三月癸丑把都兒寇遷安副總兵蔣承勛力戰死是月吉能寇延綏殺副總兵陳鳳夏四月丙申奉天華蓋謹身三殿災壬寅下詔引咎修齋五日止諸司封事停刑五月癸丑倭犯揚徐入山東界癸亥採木於四川湖廣辛未倭犯天長盱眙遂攻泗州丙子犯淮安六月乙酉兵備副使于德昌參將劉顯敗倭於安東甲午罷陝西礦秋七月庚午詔廣東採珠九月俺答子辛愛寇應朔毀七十餘堡冬十一月丁丑辛愛圍右衛城是冬免山東浙江被災稅糧是年琉球入貢

三十七年春正月癸亥罷河南礦三月辛未始免三大營聽征官軍營造工役夏四月癸未振遼東饑辛巳倭分犯浙江福建秋八月己未吉能犯永昌涼州圍甘州冬十月癸丑禮部進瑞芝一千八百六十本詔廣求徑尺以上者十一月辛亥諭法司恤刑是年琉球暹羅入貢

三十八年春二月庚午把都兒犯潘家口渡灤河逼三屯營三月己卯掠遷安薊州玉田庚寅賜丁士美等進士及第出身有差癸巳倭犯浙東海道副使譚綸敗之甲午逮浙江總兵官俞大猷夏四月丁未倭犯通州甲寅倭攻福州庚申倭攻淮安巡撫鳳陽都御史李遂敗之於姚家蕩倭退據廟灣丙寅副使劉景韶大破倭於印莊五月辛巳逮總督薊遼右都御史王忬下獄甲午劉景韶破倭於廟灣江北倭平六月乙巳辛愛犯大同秋八月己未李遂胡宗憲破倭於劉家莊甲子振遼東饑給牛種是月俺答犯土木遊擊董國忠等戰死九月犯宣府是年土魯番天方撒馬兒罕魯迷哈密暹羅入貢

三十九年春正月丙戌俺答犯宣府二月丁巳南京振武營兵變殺總督糧儲侍郎黃懋官戊午振順天永平饑倭犯潮州三月癸未大同總兵官劉漢襲敗兀慎於灰河丁亥打來孫犯廣寧陷中前所殺守備武守爵黃廷勛夏五月壬午振山西三關饑壬辰盜入廣東博羅縣殺知縣舒顯秋七月乙丑朔把都兒犯薊西遊擊胡鎮禦却之庚午劉漢襲俺答於豐州破之九月己巳俺答犯朔州廣武冬十二月土蠻犯海州東勝堡是月閩廣賊犯江西是年免畿內山西山東湖廣陝西被災稅糧暹羅入貢

四十年春二月辛卯朔日當食不見振山東饑丁未景王之國三月壬戌振京師饑夏四月丁未振山西饑五月乙亥李本以憂去閏月丙辰賊犯泰和殺副使汪一中指揮王應鵬秋七月己丑朔日有食之庚戌俺答犯宣府副總兵馬芳禦却之九月庚子犯居庸關參將胡鎮禦却之辛丑振南畿災冬十一月甲午禮部尚書袁煒爲戶部尚書兼武英殿大學士預機務庚戌吉能犯寧夏進逼固原辛亥萬壽宮災十二月丙寅把都兒犯遼東蓋州是年烏斯藏入貢

四十一年春三月辛卯白兔生子禮部請告廟許之羣臣表賀壬寅賜申時行等進士及第出身有差己酉重作萬壽宮成夏五月壬寅嚴嵩罷壬子土蠻攻湯站堡副總兵黑春力戰死秋九月壬午三殿成改奉天曰皇極華蓋曰中極謹身曰建極冬十月免南畿江西被災稅糧十一月乙酉分遣御史訪求方士法書丁亥逮胡宗憲尋釋之辛丑吉能犯寧夏副總兵王勳戰死己酉倭陷興化是月延綏總兵官趙岢分部出塞襲寇敗之免陝西湖廣被災及福建被寇者稅糧是年琉球入貢

四十二年春正月戊申俺答犯宣府南掠隆慶夏四月庚申倭犯福清總兵官劉顯俞大猷合兵殲之丁卯副總兵戚繼光破倭於平海衛秋八月乙亥總兵官楊照襲寇於廣寧塞外力戰死冬十月丁卯辛愛把都兒破牆子嶺入寇京師戒嚴詔諸鎮兵入援戊辰掠順義三河總兵官孫臏敗死乙亥大同總兵官姜應熊禦寇密雲敗之十一月丁丑京師解嚴是年琉球入貢

四十三年春正月壬辰土蠻黑石炭寇薊鎮總兵官胡鎮參將白文智禦却之二月己酉伊王典楧有罪廢爲庶人戊午倭犯仙遊總兵官戚繼光大敗之福建倭平閏月丙申盜據漳平知縣魏文瑞死之三月己未官軍擊潮州倭破之夏四月乙亥免畿內被災稅糧五月壬寅朔日有食之乙卯獲桃於御幄羣臣表賀六月辛卯倭犯海豐俞大猷破之冬十二月南韶賊起守備賀鐸指揮蔡允元被執死之俺答犯山西遊擊梁平守備祁謀戰死是年西番哈密安南入貢魯迷國貢獅子

四十四年春三月丁巳賜范應期等進士及第出身有差己未袁煒致仕辛酉嚴世蕃伏誅是月土蠻犯遼東都指揮線補袞楊維藩戰死夏四月庚辰吏部尚書嚴訥禮部尚書李春芳並兼武英殿大學士預機務壬午俺答犯肅州總兵官劉承業禦却之六月甲戌芝生睿宗原廟柱告廟受賀遂建玉芝宮秋八月壬午獲仙藥於御座告廟冬十一月癸卯嚴訥致仕戊申奉安獻皇帝后神主於玉芝宮是年琉球入貢

四十五年春二月癸亥戶部主事海瑞上疏下錦衣衛獄是月俞大猷討廣東山賊大破之浙江江西礦賊陷婺源三月己未吏部尚書郭朴兼武英殿大學士禮部尚書高拱兼文淵閣大學士預機務夏四月壬戌朔日有食之丙戌俺答犯遼東六月丙子旱親禱雨於凝道雷軒越三日雨羣臣表賀秋七月乙未俺答犯萬全右衛冬十月丁卯犯固原總兵官郭江敗死癸酉犯偏頭關閏月甲辰犯大同參將崔世榮力戰死十一月己未帝不豫十二月庚子大漸自西苑還乾清宮是日崩年六十遺詔裕王嗣位隆慶元年正月上尊謚廟號世宗葬永陵

贊曰世宗御極之初力除一切弊政天下翕然稱治顧迭議大禮輿論沸騰倖臣假托尋興大獄夫天性至情君親大義追尊立廟禮亦宜之然升祔太廟而躋於武宗之上不已過乎若其時紛紜多故將疲於邊賊訌於內而崇尚道教享祀弗經營建繁興府藏告匱百餘年富庶治平之業因以漸替雖剪剔權奸威柄在御要亦中材之主也矣

明史卷十九　　本紀第十九

總裁官總理事務　經筵講官少保兼太子太保保和殿大學士兼管吏部戶部尚書事加六級張廷玉等奉

敕修

穆宗

穆宗契天隆道淵懿寬仁顯文光武純德弘孝莊皇帝諱載垕世宗第三子也母杜康妃嘉靖十八年二月封裕王與莊敬太子景恭王同日受冊已而莊敬薨世宗以王長且賢繼序已定而中外危疑屢有言者乃令景王之國四十五年十二月庚子世宗崩壬子卽皇帝位以明年爲隆慶元年大赦天下先朝政令不便者皆以遺詔改之召用建言得罪諸臣死者卹錄方士悉付法司治罪罷一切齋醮工作及例外採買免明年天下田賦之半及嘉靖四十三年以前逋賦釋戶部主事海瑞於獄是年土魯番入貢

隆慶元年春正月丙寅罷睿宗明堂配享戊辰復鄭王厚烷爵丁丑追尊母康妃爲孝恪皇太后二月戊子祭大社大稷乙未冊妃陳氏爲皇后吏部侍郎陳以勤爲禮部尚書兼文淵閣大學士禮部侍郎張居正爲吏部左侍郎兼東閣大學士預機務三月壬申葬肅皇帝於永陵乙酉土蠻犯遼陽指揮王承德戰歿夏四月丙戌朔享太廟丙午禁屬國毋獻珍禽異獸丁未御經筵五月己未黃河決口工成辛酉祀地於北郊丁丑高拱罷六月戊戌以霪雨修省素服避殿御皇極門視事是月新河復決秋七月辛巳招撫山東河南被災流民復五年八月癸未朔釋奠於先師孔子九月乙卯俺答寇大同詔嚴戰守癸亥俺答陷石州殺知州王亮采掠交城文水壬申土蠻犯薊鎮掠昌黎盧龍至於灤河詔宣大總督侍郎王之誥還駐懷來巡撫都御史曹亨駐兵通州甲戌郭朴致仕免襄陽鄖陽被災秋糧乙亥總兵官李世忠援永平與敵戰於撫寧京師戒嚴冬十月丙戌寇退京師解嚴甲辰諭羣臣議邊防事宜寧夏總兵官雷龍出塞邀擊河套部敗之十一月癸亥祀天於南郊是年廣東賊大起琉球入貢

二年春正月己卯給事中石星疏陳六事杖闕下斥爲民二月丁酉寇犯柴溝堡守備韓尚忠戰死己亥耕耤田丁未如天壽山謁長陵永陵庚戌還宮免所過田租有差三月辛酉立皇子翊鈞爲皇太子詔赦天下乙丑廣西總兵官俞大猷討廣東賊戊辰賜羅萬化等進士及第出身有差丙子幸南海子戊寅京師地震命百官修省夏六月庚辰遣使兩畿錄囚己丑廣東賊曾一本寇廣州殺知縣劉師顏秋七月己酉賊入廉州丙寅徐階致仕冬十月戊寅免南畿被災秋糧振淮徐饑己亥廢遼王憲𤊨爲庶人甲辰免畿內河南被災秋糧十一月壬子宣府總兵官馬芳襲俺答於長水海子又敗之鞍子山辛酉免江西被災稅糧戊辰祀天於南郊己巳命廣東福建督撫將領會勦曾一本十二月庚寅世宗神主祔太廟丁酉限勳戚莊田是年琉球入貢

三年春正月壬子大同總兵官趙岢敗俺答於弘賜堡二月庚辰免陝西被災秋糧三月戊辰曾一本陷碣石衛裨將周雲翔殺參將耿宗先叛附於賊夏四月己丑

總兵官郭成等破賊於平山周雲翔伏誅甲寅御史詹仰庇請罷靡費斥爲民秋七月壬午河決沛縣乙酉詔天下有司實修積穀備荒之政壬辰遣使振沿河被災州縣八月癸丑廣東賊平曾一本伏誅壬戌禮部尚書趙貞吉兼文淵閣大學士預機務丁卯振南畿浙江山東水災九月丙子俺答犯大同掠山陰應州懷仁渾源辛卯大閱冬十一月甲戌祀天於南郊庚辰京師地震有聲敕修省十二月己亥命廠衞密訪部院政事庚申召高拱復入閣乙丑尚寶寺丞鄭履淳以言事廷杖下獄是冬免兩畿山東浙江河南湖廣稅糧是年陝西賊起琉球土魯番入貢

四年春正月乙巳朔日有食之免朝賀辛未避殿修省是月倭入廣海衞城二月乙丑分設三大營文武提督六人夏四月戊戌京師地震丙午俺答寇大同宣府官兵拒却之是月陝西賊寇四川五月癸酉給事中李己諫買金寶廷杖下獄秋七月乙巳禁章奏浮冗命撫按官嚴禁有司酷刑戊子陳以勤致仕乙未免四川被災稅糧八月庚戌宣大告警敕邊備九月癸酉陝西水災蠲振有差甲戌河決邳州壬午免北畿湖廣被災稅糧癸未寇犯大同副總兵錢棟戰死戊子犯錦州總兵官王治道等戰死甲午罷京營文武提督置總督協理大臣冬十月癸卯俺答孫把漢那吉來降丁未以把漢那吉爲指揮使壬戌考察給事中御史十一月丁丑俺答乞封己卯祀天於南郊乙酉趙貞吉罷己丑禮部尚書殷士儋兼文淵閣大學士預機務十二月丁酉俺答執叛人趙全等九人來獻詔遣把漢那吉歸厚賜之乙卯受俘磔趙全等於市

五年春二月甲午廷臣及朝覲官謁皇太子於文華左門己未封皇子翊鏐爲潞王三月己卯賜張元忭等進士及第出身有差己丑封俺答爲順義王夏四月甲午河復決邳州五月壬戌古田獞賊平戊寅李春芳致仕六月辛卯京師地震者三敕修省甲辰授河套部長吉能爲都督同知甲寅順義王俺答貢馬告廟受賀丙辰俺答執趙全餘黨十三人來獻秋八月癸卯許河套部互市九月癸未三鎭貢市成冬十月己亥河南山東大水申飭河防十一月己巳殷士儋致仕是年琉球土魯番入貢

六年春正月辛未築徐州至宿遷隄三百七十里二月丙申倭寇廣東陷神電衞大掠山寇復起閏月丁卯御皇極殿門疾作遽還宮乙亥倭寇高雷官軍擊敗之夏四月戊辰禮部尚書高儀兼文淵閣大學士預機務五月壬辰免廣東用兵諸郡逋賦己酉大漸召大學士高拱張居正高儀受顧命庚戌崩於乾清宮年三十有六七月丙戌上尊諡廟號穆宗葬昭陵

贊曰穆宗在位六載端拱寡營躬行儉約尚食歲省巨萬許俺答封貢減賦息民邊陲寧謐繼體守文可稱令主矣第柄臣相軋門戸漸開而帝未能振肅乾綱矯除積習蓋亦寬恕有餘而剛明不足者歟

明史卷二十　本紀第二十

總裁官總理事務經筵講官少保兼太子太保保和殿大學士兼管吏部戸部尚書事加六級張廷玉等奉

敕修

神宗一

神宗範天合道哲肅敦簡光文章武安仁止孝顯皇帝諱翊鈞穆宗第三子也母貴妃李氏隆慶二年立爲皇太子時方六歲性岐嶷穆宗嘗馳馬宮中諫曰陛下天下主獨騎而騁寧無銜橛憂穆宗喜下馬勞之陳皇后病居別宮每晨隨貴妃候起居后聞履聲輒喜爲強起取經書問之無不響答貴妃亦喜由是兩宮益和六年五月穆宗崩六月乙卯朔日有食之甲子卽皇帝位以明年爲萬曆元年詔赦天下祀建文朝盡節諸臣於鄉有苗裔者卹錄庚午罷高拱丁丑高儀卒壬午禮部尚書呂調陽兼文淵閣大學士預機務秋七月丁亥初通漕運於密雲庚寅察京官己亥戒諭廷臣詔曰近歲以來士習澆漓官方刓缺詆老成爲無用矜便佞爲有才遂使朝廷威福之柄徒爲人臣報復之資用是薄示懲戒餘皆曲貸諸臣宜祓除前愆共維新政若溺於故習背公徇私獲罪祖宗朕不敢赦庚子尊皇后曰仁聖皇太后貴妃曰慈聖皇太后八月戊午祀大社大稷九月甲午葬莊皇帝於昭陵冬十月己未侍郎王遴吳百朋汪道昆分閱邊防辛酉停刑十一月乙未河工成十二月辛酉振榆林延綏饑甲戌以大行未期罷明年元夕燈火及宮中宴

萬曆元年春二月癸丑御經筵三月丙申詔內外官舉將材夏四月乙丑潮惠賊平庚午旱諭百官修省五月甲申詔內外官愼刑獄六月壬申振淮安水災秋七月河決徐州九月癸未振荆州承天及濟南災丙戌四川都掌蠻平癸卯停刑冬十一月庚辰命諸司立程限文簿以防稽緩十二月己未振遼東饑是年暹羅琉球入貢

二年春正月甲午召見朝覲廉能官於皇極門二月甲寅振四川被寇諸縣三月癸巳賜孫繼皐等進士及第出身有差夏四月丙寅詔內外官行久任之法五月辛丑穆宗神主祔太廟八月己巳振山西災庚午振淮揚徐水災冬十月甲寅決囚丁卯視朝閱銓選閏十二月庚寅詔罷明年元夕燈火是年琉球入貢

三年春正月丁未享太廟二月戊寅祀大社大稷辛巳詔南京職務清簡官不必備丙申始命日講官分直記注起居纂緝章奏臨朝侍班夏四月己巳朔日有食之旣壬申書謹天戒任賢能親賢臣遠嬖佞明賞罰謹出入愼起居節飲食收放心存敬畏納忠言節財用十二事於座右以自警五月庚子淮揚大水詔察二府有司貪酷老疾者罷之六月戊辰浙江海溢戊寅命撫按官有司賢否一體薦劾不得偏重甲科是夏蘇松常鎭大水秋八月丙子禮部侍郎張四維爲禮部尚書兼東閣大學士預機務丁丑河決高郵碭山戊子免淮揚鳳徐被水田租九月戊午京師地震冬十月丁卯地再震敕羣臣修省戊辰停刑十一月乙巳祀天於南郊十二月辛未詔罷明年元夕燈火是年安南琉球暹羅土魯番入貢

四年春正月丁巳遼東巡按御史劉臺以論張居正逮下獄削籍夏五月戊申祀地於北郊六月庚辰復遣內臣督蘇杭織造秋七月丁酉諭吏戸二部清吏治蠲逋賦有差明年漕糧折收十之三壬寅遣御史督修江浙水利甲辰修泗州祖陵辛亥草灣河工成八月壬戌釋奠於先師孔子是秋河決崔鎭冬十月乙亥振徐州及豐沛睢寧金鄕魚臺單曹七縣水災蠲租有差是年安南琉球烏斯藏土魯番天方撒馬兒罕魯迷哈密入貢

五年春正月己酉詔鳳陽淮安力舉營田二月乙丑振廣西饑三月乙巳賜沈懋學等進士及第出身有差夏五月癸巳廣東羅旁猺平秋八月癸亥河復決崔鎭閏月乙酉朔日食陰雲不見九月己卯起復張居正冬十月乙巳以論張居正奪情杖編修吳中行檢討趙用賢員外郎艾穆主事沈思孝罷黜譴戍有差丁未杖進士鄒元標戍邊十一月癸丑以星變考察百官是年琉球入貢

六年春正月築決河堤二月戊戌免兗青登萊所屬逋賦庚子立皇后王氏三月甲寅禮部尚書馬自強兼文淵閣大學士吏部侍郎申時行兼東閣大學士預機務甲子張居正葬父歸夏四月乙未免湖廣四川逋賦丙午詔戸部歲增金花銀二十萬兩六月乙未張居正還京師秋七月乙卯呂調陽致仕丙子詔江北諸府民年十五以上無田者官給牛一頭田五十畝開墾三年後起科九月庚午詔蘇州諸府開墾荒田六年後起科辛未停刑冬十月辛卯馬自強卒十一月辛酉祀天於南郊是年烏斯藏入貢

七年春正月戊辰詔毀天下書院二月己丑遣使分閱邊防三月甲子免淮揚逋賦夏五月癸亥祀地於北郊六月辛卯蠲兩畿山東陝西勳戚田賦秋七月壬子振蘇松水災蠲稅糧戊午京師地震是年烏斯藏入貢

八年春二月辛未朔日有食之戊子耕耤田戊戌河工成三月辛亥奉兩宮皇太后如天壽山謁陵免所過田租甲寅還宮丁卯賜張懋修等進士及第出身有差夏閏四月庚申廣西八寨賊平冬十月辛丑汰內外冗官乙巳振蘇松常鎭饑十一月丙子詔度民田是年琉球入貢

九年春正月庚午敕邊臣備警辛未裁諸司冗官癸酉土蠻犯錦州遊擊周之望敗沒己卯命翰林官日四人入直辛巳裁南京冗官甲申遼東總兵官李成梁襲敗土蠻於襖郎兎三月丙寅大閱是月土蠻犯遼陽副總兵曹簠禦之敗績夏四月丁酉振山西被災州縣乙卯振蘇松淮鳳徐宿災戸部進萬曆會計錄秋八月丁未揚州大水九月丁亥停刑冬十月己亥土蠻犯廣寧義州李成梁禦却之十一月丙戌振眞定順德廣平災免稅糧是年裁各省冗官覈徭賦汰諸司冒濫冗費琉球安南土魯番天方撒馬兒罕魯迷哈密烏斯藏入貢

十年春二月癸巳順義王俺答卒丁酉免天下積年逋賦三月庚申杭州兵變執巡撫吳善言丁卯兵部侍郎張佳允巡撫浙江討定之丙子泰寧衞部長速把亥犯義州李成梁擊斬之己卯倭寇溫州夏四月戊子朔諭禮部令民及時農桑勿事遊惰甲午寧夏土軍馬景殺參將許汝繼巡撫都御史晉應槐討誅之庚子以久旱敕修省五月庚申免先師孔子及宋儒朱熹李侗羅從彥蔡沈胡安國游酢眞德秀劉子翬故大學士楊榮後裔賦役有差庚辰振畿內饑六月丁亥朔日有食之壬寅振太原平陽潞安饑乙巳前禮部尚書潘晟兼武英殿大學士吏部侍郎余有丁爲禮部尚書兼文淵閣大學士預機務晟尋罷丙午張居正卒秋七月庚午振平慶延臨鞏饑九月丙辰以皇長子生詔赦天下甲子上

兩宮皇太后徽號冬十月丙申蘇松大水蠲振有差十二月壬辰太監馮保謫奉御籍其家壬寅復建言諸臣職是年免畿內山西被災稅糧哈密烏斯藏入貢

十一年春正月壬戌敕嚴邊備閏二月甲子俺答子乞慶哈襲封順義王緬甸寇永昌乙丑如天壽山謁九陵免所過田租庚午如西山謁恭讓章皇后景皇帝陵辛未還宮乙酉振臨鞏平延慶五府旱災免田租三月甲申追奪張居正官階庚子賜朱國祚等進士及第出身有差夏四月丁巳張四維以憂去己未吏部侍郎許國爲禮部尚書兼東閣大學士預機務甲戌承天大雨江溢是月廣東羅定兵變五月我

大清

太祖高皇帝起兵征尼堪外蘭克圖倫城六月乙丑振承天漢陽鄖陽襄陽災秋八月丙辰免山西被災稅糧九月甲申如天壽山謁陵己丑還宮冬十月癸亥停刑辛未河南水災蠲振有差十一月己卯朔日有食之十二月庚午慈寧宮災敕修省是年琉球入貢

十二年春二月丁卯京師地震己巳釋建文諸臣外親謫戍者後裔三月己亥減江西燒造瓷器夏四月乙卯籍張居正家丁巳遊擊將軍劉綎討平隴川賊五月甲午京師地震六月辛亥以雲南用兵免稅糧及逋賦秋八月丙辰榜張居正罪於天下家屬戍邊九月丙戌奉兩宮皇太后如天壽山謁陵己丑作壽宮辛卯還宮冬十月丁巳停刑丙寅免湖廣山東被災稅糧十一月己丑余有丁卒十二月甲辰前禮部侍郎王錫爵爲禮部尚書兼文淵閣大學士吏部侍郎王家屏兼東閣大學士預機務癸亥罷開銀礦是年安南烏斯藏入貢

十三年春正月辛卯四川建武所兵變擊傷總兵沈思學二月丁未南京地震京師自去年八月不雨至於是月庚午大雩三月甲申大雩己丑李成梁出塞襲把兔兒炒花大破之壬辰減杭州織造及尚衣監料銀尚寶司少卿徐貞明督治京畿水田夏四月丙午大雩戊申以旱詔中外理冤抑釋鳳陽輕犯及禁錮年久罪宗戊午步禱於南郊面諭大學士等曰天旱雖由朕不德亦天下有司貪婪剝害小民以致上干天和今後宜慎選有司蠲天下被災田租一年五月丙戌雨六月辛丑慈寧宮成壬寅建武所亂卒伏誅是月四川松茂番作亂秋八月己酉京師地震閏九月戊戌振淮鳳災癸卯如天壽山閱壽宮戊申還宮庚申停刑冬十二月丁卯汰惜薪司內官冗員是月順義王乞慶哈卒是年土魯番烏斯藏入貢

十四年春二月癸未嚴外官饋遺三月戊戌以旱霾諭廷臣陳時政癸卯禁部曹言事罷治京畿水田癸丑賜唐文獻等進士及第出身有差戊午久旱敕修省夏四月癸酉京師地震六月癸未松茂番平是夏振直隸河南陝西及廣西潯柳平樂廣東瓊山等十二縣饑山西盜起秋七月癸卯振江西災戊申敕戶兵二部撫安災民嚴保甲是月淇縣賊王安聚衆流刼尋勦平之九月壬辰王家屏以憂去乙卯停刑己未發帑遣使振河南山東直隸陝西遼東淮鳳災冬十月丙寅禮部主事盧弘春以疏請謹疾杖闕下削籍十一月癸卯祀天於南郊是年土魯番入貢

十五年春正月壬辰發帑振山西陝西河南山東諸宗室三月乙卯乞慶哈子撦力克襲封順義王夏四月京師旱大疫六月戊辰禁廷臣奢僭是月京師大雨振鄖貧民秋七月江北蝗江南大水山西陝西河南山東旱河決開封蠲振有差八月庚申以災沴頻仍敕撫按官懲貪吏理冤獄蠲租振鄖九月丁亥朔日當食陰雲不見己丑停刑冬十月庚申大學士申時行請發留中章奏十一月戊子鄖陽兵譟巡撫都御史李材罷是年哈密琉球烏斯藏入貢

十六年春三月壬辰詔改景皇帝實錄去郕戾王號不果行山西陝西河南及南畿浙江並大饑疫夏四月振江北大名開封諸府饑五月四川建昌番作亂討平之乙巳以軍儲倉火及各省災傷敕內外官修省六月庚申京師地震甲子以災傷停減蘇杭織造秋七月乙卯免山東被災夏稅庚午定邊臣考績法八月乙未詔取太倉銀二十萬充閱陵賞費九月己未停刑庚申如天壽山閱壽宮甲子次石景山觀渾河乙丑還宮庚午甘肅兵變巡撫都御史曹子登罷是月青海部長他不囊犯西寧殺副將李魁冬十一月辛酉禁章奏浮冗是年烏斯藏入貢

十七年春正月己酉朔日有食之丁巳太湖宿松賊劉汝國等作亂安慶指揮陳越討之敗死二月丙申吳淞指揮陳懋功討平之三月丙辰免陛授官面謝自是臨御遂簡癸亥雲南永昌兵變乙丑賜焦竑等進士及第出身有差夏四月己亥王家屏復入閣始興妖僧李圓朗作亂犯南雄有司討誅之六月甲申浙江大風海溢己丑永昌亂卒平乙巳南畿浙江大旱太湖水涸發帑金八十萬振之秋八月壬寅嚴匿名揭之禁冬十月癸未停刑癸卯黃河決口工成十二月己丑諭諸臣遇事勿得忿爭求勝是年安南烏斯藏入貢

十八年春正月甲辰朔召見大學士申時行等於毓德宮出皇長子見之夏四月甲申振湖廣饑六月己卯免畿內被災夏稅甲申青海部長火落赤犯舊洮州副總兵李聯芳敗沒乙酉更定宗藩事例始聽無爵者得自便秋七月庚子朔日有食之乙丑召見閣臣議邊事命廷臣舉將材己巳兵部尚書鄭雒經略陝西四鎮及山西宣大邊務是月火落赤再犯河州臨洮總兵官劉承嗣敗績八月癸酉停撦力克市賞冬十月戊寅振臨洮被兵軍民十二月甲申遣廷臣九人閱邊是年安南入貢

十九年春正月緬甸寇永昌騰越二月乙酉總兵官尤繼先敗火落赤餘衆於莽剌川閏三月丁丑以彗星見敕修省己卯責給事中御史風聞訕上各奪俸一年夏四月丙申享太廟是後廟祀皆遣代五月壬午四川四哨番作亂巡撫都御史李尚思討平之六月壬子王錫爵歸省秋七月癸未諭廷臣國是紛紜致大臣爭欲乞身此後有肆行誣衊者重治八月丁酉免河南被災田賦九月壬申許國致仕甲戌申時行致仕丁丑吏部侍郎趙志皋爲禮部尚書前禮部侍郎張位爲吏部侍郎並兼東閣大學士預機務冬十月癸巳京營軍官譁於長安門十二月甲午詔定戚臣莊田癸丑河套部敵犯榆林延綏總兵官杜桐敗之是年畿內蝗南畿浙江大水蠲振有差琉球入貢

二十年春正月丙戌給事中孟養浩以言建儲杖闕下削籍三月戊辰寧夏致仕副總兵哱拜殺巡撫都御史黨馨副使石繼芳據城反辛未王家屏致仕壬申總督軍務兵部尚書魏學曾討寧夏賊戊寅賜翁正春等進士及第出身有差夏四月甲辰總兵官李如松提督陝西討賊軍務甲寅甘肅巡撫都御史葉夢熊帥師會魏學曾討賊撦力克擒賊叩關獻俘復還二年市賞五月倭犯朝鮮陷王京朝鮮王李昖奔義州求救六月丁未諸軍進次寧夏賊誘河套部入犯官軍擊卻之秋七月癸酉免陝西逋賦甲戌副總兵祖承訓帥師援朝鮮與倭戰於平壤敗績甲申罷三邊總督魏學曾以葉夢熊代之尋逮學曾下獄八月乙巳兵部右侍郎宋應昌經略備倭軍務己酉詔天下督撫舉將材九月壬申寧夏賊平冬十月壬寅李如松提督薊遼保定山東軍務充防海禦倭總兵官救朝鮮是月振畿內浙江河南被災諸府蠲租有差十一月戊辰御午門受寧夏俘十二月甲午以寧夏賊平告天下是年暹羅土魯番入貢

二十一年春正月甲戌李如松攻倭於平壤克之辛未王錫爵還朝辛巳詔並封三皇子爲王廷臣力爭尋報罷壬午李如松進攻王京遇倭於碧蹄館敗績二月甲寅敕勞東征將士夏四月癸卯倭棄王京遁六月丁酉詔天下每歲夏月錄囚減釋輕繫如兩京例癸卯倭使小西飛請款秋七月癸丑召援朝鮮諸邊鎮兵還乙卯彗星見敕修省八月丙戌以災異敕戒內外諸臣修舉實政冬十月丙申停刑十二月丙辰薊遼總督顧養謙兼理朝鮮事召宋應昌李如松還是年振江北湖廣河南浙江山東饑河南礦賊大起烏斯藏入貢

二十二年春正月己亥詔以各省災傷山東河南徐淮尤甚盜賊四起有司玩愒朝廷詔令不行自今以安民弭盜爲撫按有司黜陟二月癸丑皇長子常洛出閣講學甲子遣使振河南免田租三月癸卯詔修國史夏四月己酉朔日有食之五月辛卯禮部尚書陳于陛南京禮部尚書沈一貫並兼東閣大學士預機務庚子王錫爵致仕六月己酉雷雨西華門災敕修省秋七月丙申河套部長卜失兔犯延綏是月延綏總兵官麻貴敗河套部敵於下馬關冬十月己未南京兵部右侍郎邢玠總督川貴軍務討播州宣慰使楊應龍丁卯詔倭使入朝是月炒花犯遼東總兵官董一元敗之是年琉球烏斯藏入貢

二十三年春正月癸卯遣都督僉事李宗城指揮楊方亨封平秀吉爲日本國王三月乙未賜朱之蕃等進士及第出身有差夏五月丁酉京師地震敕修省秋九月戊寅青海部長永邵卜犯甘肅參將達雲敗之乙酉詔復建文年號冬十一月辛未湖廣災蠲振有差十二月辛丑大學士趙志皋等請發留中章奏不報是年江北大水淮溢浸泗州祖陵

二十四年春二月戊申麻貴襲河套部敗之三月乙亥乾清坤寧兩宮災敕修省壬辰下詔自責是月火落赤犯洮河總兵官劉綎破走之夏四月己亥李宗城自倭營奔還王京五月戊辰河套部敵犯甘肅總兵官楊濬擊破之庚午復議封倭命都督僉事楊方亨遊擊沈惟敬往六月振福建饑秋七月丁卯吏部尚書孫丕揚請發推補官員章疏不報戊寅仁聖皇太后崩乙酉始遣中官開礦於畿內未幾河南山東山西浙江陝西悉令開採以中官領之羣臣屢諫不聽閏八月乙丑朔日有

食之丁卯大學士趙志皐請視朝發章奏罷採礦不報九月乙未楊方亨至日本平秀吉不受封復侵朝鮮乙卯葬孝安莊皇后是月河套部犯寧夏總兵官李如柏擊敗之是秋河決黃堌口冬十月丙子停刑乙酉始命中官榷稅通州是後各省皆設稅使羣臣屢諫不聽十二月乙亥陳于陛卒

明史卷二十一　本紀第二十一

總裁官總理事務經筵講官少保兼太子太保保和殿大學士兼管吏部戶部尚書事加六級張廷玉等奉敕修

神宗二

二十五年春正月丙辰朝鮮使來請援二月丙寅復議征倭丙子前都督同知麻貴爲備倭總兵官統南北諸軍三月乙巳山東右參政楊鎬爲僉都御史經略朝鮮軍務己未兵部侍郎邢玠爲尚書總督薊遼保定軍務經略禦倭夏六月戊寅皇極中極建極三殿災癸未罷修國史秋七月癸巳誡諭羣臣丁酉詔赦天下是月楊應龍叛掠合江綦江八月丁丑倭破朝鮮閑山遂薄南原副總兵楊元棄城走倭逼王京甲申京師地震九月壬辰逮前兵部尚書石星下獄論死冬十月甲戌安南黎惟潭篡立款關請罪詔授安南都統使是年琉球入貢

二十六年春正月官軍攻倭於蔚山不克楊鎬麻貴奔王京三月癸卯賜趙秉忠等進士及第出身有差壬子羣臣詣文華門疏請皇長子冠婚不允夏四月丁卯遼東總兵官李如松出塞遇伏戰死壬申京師旱敕修省六月丁巳楊鎬罷戊午中官李敬採珠廣東丙寅張位罷丙子巡撫天津僉都御史萬世德經略朝鮮秋七月丙戌中官魯保鬻兩淮餘鹽八月丁丑京師地震九月壬辰免浙江被災田租冬十月乙卯總兵官劉綎麻貴分道擊倭敗之董一元攻倭新寨敗績十一月戊戌倭棄蔚山遁官軍分道進擊十二月總兵官陳璘破倭於乙山朝鮮平是年烏斯藏入貢

二十七年春二月壬子分遣中官領浙江福建廣東市舶司是月貴州巡撫江東之遣兵討楊應龍敗績三月己亥前兵部侍郎李化龍總督川湖貴州軍務討楊應龍夏四月甲戌御午門受倭俘是月臨清民變焚稅使馬堂署殺其參隨三十四人閏月丙戌以倭平詔天下除東征加派田賦己丑久旱敕修省丙申以諸皇子婚詔取太倉銀二千四百萬兩戶部告匱命嚴覈天下積儲六月己亥楊應龍陷綦江參將房嘉寵遊擊張良賢戰死秋八月甲午陝西狄道縣山崩九月土蠻犯錦州冬十月壬午振京城饑民丙戌以播州用兵加四川湖廣田賦戊子貴州宣慰使安疆臣有罪詔討賊自贖十一月己酉免河南被災田租癸酉振畿輔及鳳陽等處饑十二月丁丑武昌漢陽民變擊傷稅使陳奉戊子振京師就食流民是年琉球入貢

二十八年春二月戊寅京師地震丙戌李化龍帥師分八路進討播州六月丁丑克海龍囤楊應龍自縊死播州平秋七月辛亥旱敕修省八月辛未慈慶宮成丙子罷朝鮮戍兵九月甲寅停刑是秋炒花犯遼東副總兵解生等敗沒冬十月辛未貴州皮林苗叛總兵官陳璘討之丙子雲南稅監楊榮開採阿瓦孟密寶井十二月乙未御午門受播州俘是年兩畿各省災傷民饑盜起內外羣臣交章請罷礦稅諸監皆不聽大西洋利瑪竇進方物

二十九年春正月壬子以播州平詔天下蠲四川貴州湖廣雲南加派田租逋賦除官民詿誤罪是月皮林苗賊平二月甲戌振大同宣府饑三月乙卯賜張以誠等進士及第出身有差是月武昌民變殺稅監陳奉參隨六人焚巡撫公署夏四月乙酉徵陳奉還以守備承天中官杜茂代之五月蘇州民變殺織造中官孫隆參隨數人六月京師自去年六月不雨至是月乙亥始雨山東山西河南皆大旱丁亥法司請熱審不報是夏振畿內饑秋九月壬寅河決開封歸德丁未趙志皐卒癸丑振貴州饑戊午前禮部尚書沈鯉朱賡並兼東閣大學士預機務冬十月己卯立皇長子常洛爲皇太子封諸子常洵福王常浩瑞王常潤惠王常瀛桂王詔赦天下壬辰加上慈聖皇太后尊號十二月辛未詔復朶顏馬市是年琉球入貢

三十年春正月己未以四方災異敕修省二月己卯不豫召大學士沈一貫於啟祥宮命罷礦稅停織造釋逮繫復建言諸臣職翼日疾瘳寢前詔甲申重建乾清坤寧宮閏月丙申復河套諸部貢市戊午河州黃河竭三月甲申騰越民變殺稅監委官夏四月辛丑振順天永平饑五月乙亥法司請熱審不報秋七月辛巳邊餉缺命嚴催積逋是月緬賊陷蠻莫宣撫司宣撫思正奔騰越賊追至有司殺正以謝賊始解冬十月戊戌振江北災丙辰停刑是年琉球哈密入貢

三十一年春三月戊午吏部奏天下郡守闕員不報是月播州餘賊吳洪等作亂有司討平之夏四月丁亥朔日有食之五月丙辰閣臣請熱審不報戊寅京師地震鳳陽大雨雹毀皇陵殿脊是夏河決蘇家莊北浸豐沛魚臺單縣秋九月甲子江北盜起冬十月甲申停刑丙申睢州賊楊思敬作亂有司討擒之十一月甲子獲妖書言帝欲易太子詔五城大索十二月丙戌召見皇太子於啟祥宮賜手敕慰諭

三十二年春二月壬寅閣臣請補司道郡守及遣巡方御史不報三月甲子乾清宮成乙丑賜楊守勤等進士及第出身有差夏四月辛巳朔日有食之是月濬泇河工成五月癸酉雷火焚長陵明樓六月丙戌以陵災命補闕官恤刑獄丁酉昌平大水壞長泰康昭四陵石梁秋七月庚戌京師大雨壞城垣辛酉振被水居民八月辛丑羣臣伏文華門疏請修舉實政降旨切責丙午分水河工成九月戊申振畿南六府饑閏月辛丑武昌宗人蘊鈐等作亂殺巡撫都御史趙可懷冬十月甲寅始敘平播州功是年琉球烏斯藏入貢

三十三年春正月重修京師外城庚辰銀定歹成犯鎮番總兵官達雲擊敗之夏四月辛亥蘊鈐等伏誅五月丙申鳳陽大風雨毀陵殿神座庚子雷擊圜丘望燈高杆六月乙巳以雷警敕修省秋八月己巳停刑九月甲午昭和殿災丙申京師地震冬十一月辛巳免淮陽被災田租十二月壬寅詔罷天下開礦以稅務歸有司歲輸所入之半於內府半戶工二部丙午免河南被災田租乙卯以皇長孫生詔赦天下開宗室科舉入仕例罷採廣東珠池雲南寶井

三十四年春二月庚戌加上皇太后徽號辛亥大學士沈鯉朱賡請補六部大僚不報三月己卯雲南人殺稅監楊榮焚其屍丁酉眞定順德廣平大名災蠲振有差夏四月癸亥濬朱旺口河工成五月癸酉河套部犯延綏官軍擊走之六月癸卯緬甸陷木邦是月畿內大蝗秋七月癸未沈一貫沈鯉致仕九月甲午詔陝西嚴敕邊備冬十月丙申停刑十一月己巳朶顏入犯總兵官姜顯謨禦却之十二月壬子南京妖賊劉天緒謀反事覺伏誅是年安南琉球入貢蒙古喀爾喀諸部悉歸我大清

三十五年春正月辛未給事中翁憲祥言撫按官解任宜候命不宜聽其自去不報二月戊戌安南賊武德成犯雲南總兵官沐叡禦却之三月辛巳賜黃士俊等進士及第出身有差夏四月戊戌銀定歹成犯涼州副總兵柴國柱擊走之壬子順義王撦力克卒五月戊子前禮部尚書于慎行及禮部侍郎李廷機南京吏部侍郎葉向高並禮部尚書兼東閣大學士預機務六月湖廣及徽寧太平嚴州大水閏月辛巳復河套諸部貢市秋七月庚子京師久雨刑部請發熱審疏不報八月丙寅振畿內饑九月甲午停刑冬十月癸酉山東旱饑蠲振有差十一月壬子于慎行卒十二月金沙江蠻阿克叛陷武定攻圍雲南別陷嵩明祿豐安南賊犯欽州是年琉球入貢

三十六年春正月河南江北饑二月戊辰京師地震夏六月乙卯南畿大水秋七月丁酉京師地震郴州礦賊起八月癸亥治雲南失事諸臣罪巡撫都御史陳用賓總兵官沐叡下獄論死庚辰振南畿及嘉興湖州饑九月甲午四川巡撫都御史喬璧星奏擒阿克於東川賊平冬十一月壬子朱賡卒十二月戊午再振南畿免稅糧是年琉球入貢

三十七年春三月辛卯拱兔陷大勝堡遊擊于守志戰於小凌河敗績己酉大學士葉向高請發羣臣相攻諸疏公論是非以肅人心不報夏四月倭寇溫州秋九月癸卯左都御史詹沂封印自去丁未停刑是秋福建浙江江西大水湖廣四川河南陝西山西旱畿內山東徐州蝗冬十二月己巳留畿內山東諸省稅銀三分之一振饑民徐州賊殺如皐知縣張藩是年日本入琉球執其國王尚寧哈密入貢

三十八年春三月癸巳賜韓敬等進士及第出身有差夏四月丁丑正陽門樓災辛卯以旱災異常諭羣臣各修職業勿彼此攻訐辛丑振畿內山東山西河南陝西福建四川饑五月河南賊陳自管等作亂有司討擒之冬十月辛丑停刑十一月壬寅朔日有食之丁卯以軍乏餉諭廷臣陳足國長策不得請發內帑是年烏斯藏入貢

三十九年春二月庚子河套部敵犯甘州之紅崖青湖官軍禦却之夏四月京師旱戊子怡神殿災丙申設邊鎮常平倉五月壬寅御史徐兆魁疏劾東林講學諸人陰持計典自是諸臣益相攻擊廣西廣東大水六月自徐州北至京師大水是夏停熱審冬十月丁卯戶部尚書趙世卿拜疏自去甲申停刑閣臣請釋輕犯不報是

年暹羅入貢
四十年春二月癸未吏部尚書孫丕揚拜疏自去三月
丙午振京師流民夏四月丙寅南京各道御史言臺省
空虛諸務廢墮上深居二十餘年未嘗一接見大臣天
下將有陸沈之憂不報五月甲午朔日有食之秋八月
河決徐州九月庚戌李廷機拜疏自去冬十月甲申停
刑是年琉球中山王尚寧遣使報歸國
四十一年春正月庚申諭朝鮮練兵防倭三月癸酉賜
周延儒等進士及第出身有差夏五月己巳諭吏部都
察院年來議論混淆朝廷優容不問遂益妄言排陷致
大臣疑畏皆欲求去甚傷國體自今仍有結黨亂政者
罪不宥六月乙未卜失兔襲封順義王秋七月甲子兵
部尚書掌都察院事孫瑋拜疏自去九月壬申吏部左
侍郎方從哲前吏部左侍郎吳道南並禮部尚書兼東
閣大學士預機務庚辰吏部尚書趙煥拜疏自去是年
兩畿山東江西河南廣西湖廣遼東大水烏斯藏入貢
四十二年春正月乙丑總兵官劉綎討建昌叛蠻平之
二月辛卯慈聖皇太后崩己酉振畿內饑三月丙子福
王之國夏四月丙戌以皇太后遺命赦天下六月甲午
葬孝定皇后秋八月甲午禮部右侍郎孫慎行拜疏自
去癸卯葉向高致仕是年安南土魯番入貢
四十三年春正月乙丑徐州決河工成三月丁未朔日
有食之夏五月己酉薊州男子張差持梃入慈慶宮擊
傷守門內侍下獄丁巳刑部提牢主事王之寀揭言張
差獄情梃擊之案自是起己巳嚴皇城門禁癸酉召見
廷臣於慈寧宮御史劉光復下獄甲戌張差伏誅六月
戊寅久旱敕修省秋七月己酉振畿內饑甲戌停刑閏
八月庚戌重建三殿丁巳山東大旱詔留稅銀振之丁
卯河套諸部犯延綏官軍禦之敗績副將孫弘謨被執
冬十月辛酉京師地震十一月戊寅振京師饑民
四十四年春三月辛未朔日有食之乙酉賜錢士升等
進士及第出身有差是春畿內山東河南淮徐大饑蠲
振有差夏四月戊午河南盜起諭有司撫勦六月壬寅
河套諸部犯延綏總兵官杜文煥禦卻之丁卯河決祥
符朱家口浸陳杞睢柘諸州縣秋七月乙未河套部長
吉能犯高家堡參將王國興敗沒是月陝西旱江西廣
東水河南淮揚常鎮蝗山東盜賊大起冬十月丁未停
刑十一月己巳隆德殿災
四十五年春二月戊午以去冬無雪入春不雨敕修省
辛未鎮撫司缺官獄囚久繫多死大學士方從哲等以

請不報三月乙亥振江西饑夏五月丙子久旱再諭修
省六月丙申畿南大饑有司請振不報是月閣臣法司
請熱審不報秋七月癸亥朔日有食之丁卯吳道南以
憂去是年兩畿河南山東山西陝西江西湖廣福建廣
東災暹羅烏斯藏入貢
四十六年春二月乙巳振廣東饑夏四月甲辰
大清兵克撫順城千總王命印死之庚戌總兵官張承
允帥師援撫順敗沒閏月庚申楊鎬爲兵部左侍郎兼
右僉都御史經略遼東六月壬午京師地震是夏有司
請熱審不報秋七月丙午
大清兵克清河堡守將鄒儲賢張斾死之八月壬申海
運餉遼東庚辰乃蠻等七部欵塞辛巳停刑壬辰遼師
乏餉有司請發各省稅銀不報九月辛亥加天下田賦
乙卯京師地震冬十一月甲午以災異敕修省十二月
丁巳河套部長猛克什力來降是年土魯番天方撒馬
兒罕魯迷哈密烏斯藏入貢
四十七年春二月乙丑經略楊鎬誓師於遼陽總兵官
李如柏杜松劉綎馬林分道出塞三月甲申杜松遇
大清兵於吉林崖戰死乙酉馬林兵敗於飛芬山兵備
僉事潘宗顏戰死庚寅劉綎兵深入阿布達里岡戰死
辛丑賜莊際昌等進士及第出身有差夏四月癸酉盔
甲廠災六月丁卯
大清兵克開原馬林敗沒癸酉大理寺丞熊廷弼爲兵
部右侍郎兼右僉都御史經略遼東甲戌廷臣伏文華
門請發章奏及增兵發餉不報秋八月乙卯山東蝗癸
亥逮楊鎬九月庚辰停刑戊子百官伏闕請視朝行政
不報冬十月丁巳振京師饑民十二月再加天下田賦
辛未鎮江寬奠靉陽新募援兵潰是年暹羅入貢
四十八年春正月庚子朝鮮乞援三月庚寅復加天下
田賦夏四月癸丑皇后王氏崩戊午帝不豫召見方從
哲於弘德殿秋七月壬辰大漸召英國公張惟賢大學
士方從哲尚書周嘉謨李汝華黃嘉善張問達黃克纘
侍郎孫如游於弘德殿勉諸臣勤職丙申崩年五十有
八遺詔罷一切榷稅幷新增織造諸項九月甲申上尊
謚廟號神宗葬定陵

光宗

光宗崇天契道英睿恭純憲文景武淵仁懿孝貞皇帝
諱常洛神宗長子也母恭妃王氏萬曆十年八月生神
宗御殿受賀告祭郊廟社稷頒詔天下上兩宮徽號未
幾鄭貴妃生子常洵有寵儲位久不定廷臣交章固請
皆不聽二十九年十月乃立爲皇太子三十一年獲妖
書言神宗欲易太子指斥鄭貴妃神宗怒捕逮株連者
甚衆最後得皦生光者磔之獄乃解四十一年六月姦
人王曰乾上變告孔學等爲巫蠱將謀不利於東宮語
連鄭貴妃福王事具葉向高傳四十三年夏五月己酉
薊州男子張差持梃入慈慶宮事復連貴妃內璫太子
請以屬吏獄具戮差於市斃內璫二人於禁中自是遂
有梃擊之案四十八年七月神宗崩丁酉太子遵遺詔
發帑金百萬犒邊盡罷天下礦稅起建言得罪諸臣己
亥再發帑金百萬充邊賞八月丙午朔卽皇帝位大赦
天下以明年爲泰昌元年蠲直省被災租賦己酉吏部
侍郎史繼偕南京禮部侍郎沈潅爲禮部尚書兼東閣
大學士預機務遼東大旱庚申蘭州黃河清凡三日甲
子禮部侍郎何宗彥劉一燝韓爌爲禮部尚書兼東閣
大學士預機務乙丑南京禮部尚書朱國祚爲禮部尚
書兼東閣大學士預機務召葉向高遣使恤刑丙寅帝
不豫戊辰召對英國公張惟賢大學士方從哲等十有
三人於乾清宮命皇長子出見甲戌大漸復召從哲等
受顧命是日鴻臚寺官李可灼進紅丸九月乙亥朔崩
於乾清宮在位一月年三十有九熹宗卽位從廷臣議
改萬曆四十八年八月後爲泰昌元年冬十月上尊謚
廟號光宗葬慶陵
贊曰神宗沖齡踐阼江陵秉政綜核名實國勢幾於富
強繼乃因循牽制晏處深宮綱紀廢弛君臣否隔於是
小人好權趨利者馳騖追逐與名節之士爲仇讎門戶
紛然角立馴至悊愍邪黨滋蔓在廷正類無深識遠慮
以折其機牙而不勝忿激交相攻訐以致人主蓄疑賢
姦雜用潰敗決裂不可振救故論者謂明之亡實亡於
神宗豈不諒歟光宗潛德久彰海內屬望而嗣服一月
天不假年措施未展三案構爭黨禍益熾可哀也夫

明史卷二十二　本紀第二十二

總裁官總理事務經筵講官少保兼太子太保保和殿大學士兼管吏部戶部尚書事加七級臣張廷玉等奉
敕修

熹宗

熹宗達天闡道敦孝篤友章文襄武靖穆莊勤悊皇帝
諱由校光宗長子也母選侍王氏萬曆三十三年十一
月神宗以元孫生詔告天下四十八年神宗遺詔皇長
孫及時册立未及行九月乙亥光宗崩遺詔皇長子嗣
皇帝位羣臣哭臨畢請見皇長子於寢門奉至文華殿
行禮還居慈慶宮丙子頒遺詔時選侍李氏居乾清宮
吏部尚書周嘉謨等及御史左光斗疏請選侍移宮御
史王安舜疏論李可灼進藥之誤紅丸移宮二案自是
起己卯選侍移仁壽殿庚辰卽皇帝位詔赦天下以明
年爲天啓元年己丑以是年八月以後稱泰昌元年辛
卯逮遼東總兵官李如柏甲午廕太監魏進忠兄錦衣
衞千戶封乳保客氏爲奉聖夫人官其子冬十月丙午
葬顯皇帝孝端顯皇后於定陵戊申遼東巡撫都御史
袁應泰爲兵部侍郎經略遼東代熊廷弼辛酉御經筵
壬戌禮部尚書孫如游兼東閣大學士預機務丁卯噦
鸞宮災十一月丙子追謚皇妣孝元貞皇后生母孝和
皇太后十二月辛酉方從哲致仕
天啓元年春正月庚辰享太廟壬辰追謚伍文定等七
十三人壬寅御史王心一請罷客氏香火土田魏進忠
陵工叙錄不報二月甲辰言官請復當朝口奏及召對
之典從之己未御經筵閏月乙酉以風霾諭羣臣修省
丁亥孫如游致仕丙申除齊泰黃子澄戚屬戍籍戊戌
昭和殿災三月乙卯
大清兵取瀋陽總兵官尤世功賀世賢戰死總兵官陳
策童仲揆戚金張名世帥諸將援遼戰於渾河皆敗沒
壬戌
大清兵取遼陽經略袁應泰等死之巡按御史張銓被
執不屈死丙寅諭兵部國家文武並用頃承平日久視
武弁不啻奴隸致令豪傑解體今邊疆多故大風猛士
深軫朕懷其令有司於山林草澤間愼選將材丁卯京
師戒嚴夏四月壬申朔日有食之甲戌禁抄發軍機丙
子遼東巡撫僉都御史薛國用爲兵部侍郎經略遼東
參議王化貞爲右僉都御史巡撫廣寧戊寅募兵於通
州天津宣府大同甲午募兵於陝西河南山西浙江戊
戌册皇后張氏五月丁未貴州紅苗平甲寅禁訛言辛
酉陝西都指揮陳愚直以固原兵入援潰於臨洺未幾
寧夏援遼兵潰於三河六月癸酉何宗彥入閣丙子朱
國祚入閣熊廷弼爲兵部尚書兼右副都御史經略遼
東辛巳兵部尚書王象乾總督薊遼軍務秋七月乙巳
沈潅入閣八月丙子擢參將毛文龍爲副總兵駐師鎭
江城戊子杭州大火詔停織造癸巳停刑九月壬寅葬
貞皇帝於慶陵乙卯永寧宣撫使奢崇明反殺巡撫徐
可求據重慶分兵陷合江納溪瀘州丁卯陷興文知縣
張振德死之冬十月戊辰御史周宗建請出客氏於外
不聽給事中倪思輝朱欽相等相繼言皆謫外任丙子
史繼偕入閣乙酉奢崇明圍成都布政使朱燮元固守

尋擢燮元僉都御史巡撫四川石砫宣撫使女土官秦良玉起兵討賊壬辰棄向高入閣十二月丁丑巡撫河南都御史張我續爲兵部侍郎提督川貴軍務陝西巡撫移駐漢中鄖陽巡撫移駐夷陵湖廣官軍由巫峽趨忠涪討賊庚辰援遼浙兵譁於玉田辛卯以熊廷弼王化貞屢議戰守不合遣使宣諭是年安南土酋番烏斯藏入貢

二年春正月丁未延綏總兵官杜文煥四川總兵官楊愈懋討永寧賊丁巳大清兵取西平堡副將羅一貴死之鎭武營總兵官劉渠祁秉忠逆戰於平陽橋敗沒王化貞走閭陽與熊廷弼等俱入關參政高邦佐留松山死之壬戌振山東流徙遼民癸亥兵部尚書張鶴鳴視師遼東乙丑京師戒嚴河套部犯延綏永寧賊將羅乾象約降與官軍共擊賊成都圍解二月癸酉水西土同知安邦彥反陷畢節安順平壩霑益龍里遂圍貴陽巡撫都御史李橒巡按御史史永安固守戊寅免天下帶徵錢糧二年及北畿加派禮部右侍郎孫承宗爲兵部尚書兼東閣大學士預機務己丑孫承宗兼理兵部事三月丁酉朔劉一燝致仕甲辰陽武侯薛濂管理募兵兵部侍郎王在晉爲尚書兼右副都御史經略遼薊天津登萊軍務甲寅賜文震孟等進士及第出身有差丁巳敕湖廣雲南廣西官軍援貴州是春畿內操夏四月甲申京師旱五月戊戌復張居正原官己亥錄方孝孺遺嗣尋予祭葬及謚丙午山東白蓮賊徐鴻儒反陷鄆城癸亥秦良玉杜文煥破賊於佛圖關官軍合圍重慶復之六月戊辰徐鴻儒陷鄒縣滕縣滕縣知縣姬文允死之加毛文龍爲總兵官貴州總兵官張彥芳爲平蠻總兵官從巡撫都御史王三善討水西賊己巳前總兵官楊肇基遊擊陳九德帥兵討山東賊秋七月甲辰松潘副使李忠臣約總兵官楊愈懋謀復永寧不克皆死之賊攻大壩遊擊龔萬祿戰死遂陷遵義癸丑沈㴶致仕乙卯神宗神主祔太廟庚申援黔兵潰於新添癸亥武邑賊于宏志作亂尋伏誅八月庚辰孫承宗以原官督理山海關及薊遼天津登萊軍務九月甲午朔光宗神主祔太廟壬寅御史馮英請設州縣兵按畝供餉從之乙卯封皇弟由檢爲信王停刑冬十月辛未水西賊犯雲南官軍擊敗之辛巳官軍復鄒縣擒徐鴻儒等山東賊平壬午總兵官魯欽代杜文煥爲總理援貴州十一月癸丑朱燮元總督四川軍務十二月己巳王三善副總兵劉超敗賊於龍里貴陽圍解是年暹羅入貢

三年春正月己酉禮部侍郎朱國禎尚書顧秉謙侍郎朱延禧魏廣微俱禮部尚書東閣大學士預機務乙卯紅夷據澎湖貴州官軍三路進討水西副總兵劉超敗績於陸廣河二月乙酉贈卹鄒縣死難博士孟承光及母孔氏子弘略是月停南京進鮮三月癸卯朝鮮廢其主李琿是春振山東被兵州縣夏四月庚申朔京師地震己巳朱國祚致仕五月辛丑四川官軍敗賊於永寧奢崇明走紅崖秋七月辛卯南京大內災壬辰奢崇明走龍場與安邦彥合丁酉安南寇廣西巡撫都御史何士晉禦却之己亥史繼偕致仕九月癸巳給事中陳良訓疏陳防微四事下鎭撫司獄冬十月乙亥京師地震丁丑停刑閏月壬寅以皇子生詔赦天下是月王三善勦水西屢破賊至大方十一月丁巳朔祀天於南郊十二月癸巳封李倧爲朝鮮國王戊戌京師地震庚戌魏忠賢總督東廠是年暹羅琉球入貢

四年春正月丙辰朔長興民吳野樵殺知縣石有恆主簿徐可行尋伏誅乙丑王三善自大方旋師遇伏被執死之諸官將皆死庚午何宗彥卒二月丁酉薊州永平山海關地震壞城郭廬舍甲寅京師地震宮殿動搖有聲帝不豫三月丁巳疾愈庚申杭州兵變是月京師屢地震夏五月甲寅朔福寧兵變有司撫定之六月癸未左副都御史楊漣劾魏忠賢二十四大罪南北諸臣論忠賢者相繼皆不納丙申大雨雹杖殺工部郎中萬燝逮杖御史林汝翥秋七月辛酉葉向高致仕癸亥河決徐州振山東饑冬十月削吏部侍郎陳于廷副都御史楊漣僉都御史左光斗籍十一月己巳韓爌致仕是月貴州官兵敗賊於普定進至織金破之十二月辛巳逮內閣中書汪文言下鎭撫司獄丙申朱國禎致仕癸卯南京地震如雷是月兩當民變殺知縣牛得用

五年春正月癸亥大清兵取旅順戊寅以慶陵工成予魏忠賢等廕賚是月總理魯欽劉超等自織金旋師爲賊所襲諸營兵潰三月甲寅釋奠於先師孔子丙寅賜余煌等進士及第出身有差甲戌朱燮元總督雲貴川湖廣西軍務討安邦彥丁丑讞汪文言獄逮楊漣左光斗袁化中魏大中周朝瑞顧大章削尚書趙南星等籍未幾漣等逮至下鎭撫司獄相繼死獄中夏四月己亥削大學士劉一燝籍五月癸亥給事中楊所修請以梃擊紅丸移宮三案編次成書從之乙丑祀地於北郊庚午行宗室限祿法六月丙戌朱延禧致仕秋七月壬戌毀首善書院壬申韓爌削籍甲戌追論萬曆辛亥丁巳癸亥三京察尚書李三才顧憲成等削籍八月壬午毀天下東林講學書院削尚書孫愼行等籍戊子禮部尚書周如磐兼東閣大學士侍郎丁紹軾黃立極爲禮部尚書少詹事馮銓爲禮部右侍郎並兼東閣大學士預機務己亥魏廣微罷壬寅熊廷弼棄市傳首九邊九月壬子遼東副總兵魯之甲敗沒於柳河冬十月己卯兵部尚書高第經略遼薊登萊天津軍務丙戌停刑庚寅孫承宗致仕丙申逮中書舍人吳懷賢下鎭撫司獄杖殺之庚子以皇子生詔赦天下十一月壬子周如磐致仕十二月乙酉榜東林黨人姓名頒示天下戊子戍前尚書趙南星是年琉球烏斯藏入貢

六年春正月戊午修三朝要典丁卯大清兵圍寧遠總兵官滿桂寧前道參政袁崇煥固守己巳圍解二月乙亥袁崇煥爲僉都御史專理軍務仍駐寧遠戊戌以蘇杭織造太監李實奏逮前應天巡撫周起元吏部主事周順昌左都御史高攀龍諭德繆昌期御史李應昇周宗建黃尊素攀龍赴水死起元等下鎭撫司獄相繼死獄中己亥祭日於東郊三月丁未設各邊鎭監軍內臣太監劉應坤鎭守山海關大學士丁紹軾兵部尚書王永光等屢諫不聽論寧遠解圍功封魏忠賢從子良卿肅寧伯庚戌安邦彥犯貴州官軍敗績總理魯欽死之壬子袁崇煥巡撫遼東山海夏四月丁丑命南京守備內臣搜括應天各府貯庫銀充殿工兵餉戊戌丁紹軾卒五月戊申王恭廠災死者甚衆己酉以旱災敕羣臣修省癸亥朝天宮災六月丙子京師地震靈邱地震經月壬午河決廣武辛卯三朝要典成刊布中外閏月辛丑巡撫浙江僉都御史潘汝楨請建魏忠賢生祠許之嗣是建祠幾遍天下壬寅馮銓罷壬子朱燮元以憂去偏沅巡撫都御史葉夢得代之是夏京師大水江北山東旱蝗秋七月辛未朔日當食陰雲不見辛巳下前揚州知府劉鐸詔獄殺之丙戌禮部侍郎施鳳來張瑞圖詹事李國㯳俱禮部尚書東閣大學士預機務八月陝西流賊起由保寧犯廣元九月庚寅顧秉謙致仕壬辰皇極殿成停刑己亥魏良卿進封肅寧侯是月參將楊明輝齎敕招諭水西賊被殺是秋江北大水河南蝗冬十月戊申進魏忠賢爵上公魏良卿寧國公予誥券加賜莊田一千頃己酉以皇極殿成詔天下官匠雜流陞授者九百六十五人癸丑改修光宗實錄十一月庚寅予魏良卿鐵券十二月戊申南京地震甲子滄州賊殺守備蔡人龍是年安南烏斯藏琉球入貢

七年春正月辛未振鳳陽饑乙亥太監涂文輔總督太倉銀庫節愼庫崔文昇李明道提督漕運河道覈京師通州諸倉辛卯免榷潼關咸陽商稅二月壬戌修隆德殿三月癸酉豐城侯李承祚請開採珠池銅礦不許戊子澄城民變殺知縣張斗耀是春大清兵征朝鮮夏四月丁酉下前侍郎王之寀鎭撫司獄死獄中五月己巳監生陸萬齡請建魏忠賢生祠於太學旁歲祀如孔子許之丙子大清兵圍錦州癸巳攻寧遠六月庚子錦州圍解秋七月乙丑朔帝不豫丙寅罷袁崇煥己卯封魏忠賢孫鵬翼爲安平伯壬午戍孫愼行丁亥海賊寇廣東是月浙江大水八月丙申加魏良卿太師魏鵬翼少師戊戌中極建極二殿成乙巳召見閣部科道諸臣於乾清宮諭以魏忠賢王體乾忠貞可計大事封忠賢姪良棟爲東安侯甲寅大漸乙卯崩於乾清宮年二十三遺詔以皇第五弟信王由檢嗣皇帝位冬十月庚子上尊謚廟號熹宗葬德陵

贊曰明自世宗而後綱紀日以陵夷神宗末年廢壞極矣雖有剛明英武之君已難復振而重以帝之庸懦婦寺竊柄濫賞淫刑忠良慘禍億兆離心雖欲不亡何可得哉

明史卷二十三　　本紀第二十三

總裁官總理事務經筵講官少保兼太子太保保和殿大學士兼管吏部戶部尚書事加六級臣張廷玉等奉
敕修

莊烈帝一

莊烈愍皇帝諱由檢光宗第五子也萬曆三十八年十二月生母賢妃劉氏早薨天啓二年封信王六年十一月出居信邸明年八月熹宗疾大漸召王入受遺命丁巳卽皇帝位大赦天下以明年爲崇禎元年九月甲申追謚生母賢妃曰孝純皇后丁亥停刑庚寅冊妃周氏爲皇后冬十月甲午朔享太廟癸丑南京地震十一月

甲子安置魏忠賢於鳳陽戊辰撤各邊鎮守內臣己巳魏忠賢縊死癸酉免天啓時逮死諸臣贓釋其家屬癸巳黃立極致仕十二月前南京吏部侍郎錢龍錫禮部侍郎李標禮部尚書來宗道吏部侍郎楊景辰禮部侍郎黃道登少詹事劉鴻訓俱禮部尚書兼東閣大學士預機務魏良卿客氏子侯國興俱伏誅

崇禎元年春正月辛巳詔內臣非奉命不得出禁門壬午尊熹宗后爲懿安皇后丙戌戮魏忠賢及其黨崔呈秀尸二月乙未禁章奏冗蔓癸丑御經筵丁巳戒廷臣交結內侍三月己巳葬悊皇帝於德陵癸未施鳳來張瑞圖致仕乙酉贈卹冤陷諸臣夏四月癸巳賜劉若宰等進士及第出身有差甲午袁崇煥爲兵部尚書督師薊遼庚戌指揮卓銘請開礦不許五月己巳李國𣚴致仕庚午燬三朝要典甲戌裁各部添注官辛巳禱雨乙酉復外吏久任及舉保連坐之法禁有司私派六月削魏忠賢黨馮銓魏廣微籍壬寅許顯純伏誅壬子來宗道楊景辰致仕秋七月癸酉召對廷臣及袁崇煥於平臺壬午浙江風雨海溢漂沒數萬人癸未海寇鄭芝龍降甲申寧遠兵變巡撫都御史畢自肅自殺八月乙未詔非盛暑祁寒日御文華殿與輔臣議政九月丁卯京師地震冬十月戊戌劉鴻訓罷尋遣戍十一月癸未祀天於南郊十二月丙申韓爌復入閣是年革廣寧及薊鎮塞外諸部賞諸部饑告糴不許陜西饑民苦加派流賊大起分掠鄜州延安

二年春正月丙子釋奠於先師孔子丁丑定逆案自崔呈秀以下凡六等二月戊子祀社稷庚寅皇長子慈烺生赦天下三月戊寅薊州兵變有司撫定之夏四月甲午裁驛站閏月癸亥流賊犯三水遊擊高從龍戰歿癸未祀地於北郊五月乙酉朔日有食之庚子議改曆法六月戊午袁崇煥殺毛文龍於雙島癸亥以久旱齋居文華殿敕羣臣修省秋八月甲子總兵官侯良柱兵備副使劉可訓擊斬奢崇明安邦彥於紅土川水西賊平甲戌熹宗神主祔太廟九月丁未楊鎬棄市冬十月戊寅

大清兵入大安口十一月壬午朔京師戒嚴乙酉山海關總兵官趙率教戰沒於遵化甲申

大清兵入遵化巡撫都御史王元雅推官何天球等死之丁亥總兵官滿桂入援己丑吏部侍郎成基命爲禮部尚書兼東閣大學士預機務召前大學士孫承宗爲兵部尚書中極殿大學士視師通州辛卯袁崇煥入援次薊州戊子宣大保定兵相繼入援徵天下鎮巡官勤王辛丑

大清兵薄德勝門甲辰召袁崇煥等於平臺崇煥請入城休兵不許下兵部尚書王洽於獄十二月辛亥朔再召袁崇煥於平臺下錦衣衛獄甲寅總兵官祖大壽兵潰東出關乙卯孫承宗移駐山海關庚申諭廷臣進馬丁卯遣中官趨滿桂出戰桂及前總兵官孫祖壽俱戰歿總兵官馬世龍總理援軍壬申錢龍錫罷癸酉山西援兵潰於良鄉丁丑禮部侍郎周延儒尚書何如寵侍郎錢象坤俱禮部尚書兼東閣大學士預機務

三年春正月甲申

大清兵克永平副使鄭國昌知府張鳳奇等死之丙戌瘞城外戰士骸戊子

大清兵克灤州庚寅逮總督薊遼都御史劉策下獄論死乙未禁抄傳邊報韓爌致仕壬寅兵部右侍郎劉之綸敗沒於遵化是月陝西諸路總兵官吳自勉等帥師入衛延綏甘肅兵潰西去與羣寇合二月庚申立皇長子慈烺爲皇太子大赦三月壬午李標致仕戊申流賊犯山西夏四月乙卯以久旱齋居文華殿諭百官修省丁丑流賊陷蒲縣五月辛卯馬世龍祖大壽諸軍入灤州壬辰

大清兵東歸永平遷安遵化相繼復六月癸丑流賊王嘉允陷府谷米脂賊張獻忠聚衆應之己未授宋儒邵雍後裔五經博士辛酉禮部尚書溫體仁吳宗達並兼東閣大學士預機務秋八月癸亥殺袁崇煥九月己卯逮錢龍錫下獄冬十月癸亥停刑丙寅巡撫延綏副都御史洪承疇總兵官杜文煥敗賊張獻忠於清澗十一月壬辰破賊於懷寧甲午山西總兵官王國樑追賊於河曲敗績十二月乙巳朔增田賦充餉戊午流賊陷寧塞是年烏斯藏入貢

四年春正月己卯流賊陷保安丁酉御史吳甡振延綏饑民己亥召對內閣九卿科道及入覲兩司官於文華殿命都察院嚴覈巡按御史二月壬子流賊圍慶陽分兵陷合水三月丁丑副將張應昌等擊敗之慶陽圍解癸未總督陝西三邊軍務侍郎楊鶴招撫流賊於寧州羣賊僞降尋復叛己丑賜陳于泰等進士及第出身有差夏四月庚戌禱雨辛酉詔廷臣條時政是月延綏副將曹文詔擊賊於河曲王嘉允敗死五月甲戌朔步禱於南郊庚辰戍錢龍錫六月丁未錢象坤致仕秋七月甲戌總兵官王承恩敗賊於鄜州降賊首上天龍八月癸卯總兵官賀虎臣擊斬賊劉六於慶陽丁未

大清兵圍祖大壽於大凌城丙辰何如寵致仕九月庚辰內臣王應朝鄧希詔等監視關寧薊鎮兵糧及各邊撫賞甲午逮楊鶴下獄論戍洪承疇總督三邊軍務丁酉太監張彝憲總理戶工二部錢糧給事中宋可久等相繼諫不聽戊戌山海總兵官宋偉等援大凌敗於長山監軍太僕少卿張春被執冬十月辛丑朔日有食之戊辰祖大壽殺副將何可剛己巳大壽自大凌脫歸入錦州十一月丙戌太監李奇茂監視陝西茶馬呂直監視登島兵糧海禁羣臣合疏諫不聽壬辰孫承宗致仕癸巳名對廷臣於文華殿歷詢軍國諸務語及內臣帝曰諸臣若實心任事朕亦何需此輩己亥流賊羅汝才犯山西閏月乙丑陝西降賊復叛陷甘泉殺參政張允登丁卯登州遊擊孔有德率師援遼次吳橋反陷陵縣連陷臨邑商河齊東屠新城十二月丙子濟南官軍禦賊於阮城店敗績丁丑以大凌築城招釁奪孫承宗官是冬延安慶陽大雪民饑盜賊益熾

五年春正月辛丑孔有德陷登州遊擊陳良謨戰死總兵官張可大死之巡撫都御史孫元化副使宋光蘭等被執尋縱還辛亥孔有德陷黃縣丙寅總兵官楊御蕃王洪率師討孔有德敗績於新城鎮二月己巳朔孔有德圍萊州巡撫都御史徐從治固守辛巳孔有德陷平度三月壬寅兵部侍郎劉宇烈督理山東軍務討孔有德夏四月甲戌劉宇烈敗績於沙河癸未徐從治中傷卒是月總兵官曹文詔楊嘉謨連破賊於隴安靜寧賊奔水落城平凉莊浪饑民附之勢復熾五月丙午參政朱大典爲僉都御史巡撫山東辛亥禮部尚書鄭以偉徐光啓並兼東閣大學士預機務六月京師大雨水壬申河決孟津秋七月辛丑太監曹化淳提督京營戎政癸卯孔有德僞降誘執登萊巡撫都御史謝璉萊州知府朱萬年死之己未孫元化棄市逮劉宇烈下獄論戍八月甲戌洪承疇敗賊於甘泉賊首白廣恩降甲申朱大典督軍救萊州前鋒參將祖寬敗賊於沙河乙酉萊州圍解癸巳官軍大敗孔有德於黃縣進圍登州九月丁酉海賊劉香寇福建是秋陝西賊入山西連陷大寧澤州壽陽分部走河北犯懷慶陷修武冬十一月戊戌劉香寇浙江

六年春正月癸卯曹文詔節制山陝諸將討賊丁未副將左良玉破賊於涉縣賊走林縣山中饑民爭附之庚申遣使分督直省逋賦是月曹文詔擊山西賊屢敗之二月壬申削左副都御史王志道籍癸酉流賊犯畿南戊子總兵官陳洪範等克登州水城辛卯孔有德遁入海山東平三月癸巳赦曹文詔諸將限三月平賊夏四月己巳免延安慶陽平凉新舊遼餉壬申總兵官鄧玘左良玉勦河南賊五月乙巳太監陳大金等分監曹文詔張應昌左良玉鄧玘軍壬子孔有德及其黨耿仲明等航海降於我

大清癸丑河套部犯寧夏總兵官賀虎臣戰沒六月辛酉朔太監高起潛監視寧錦兵餉乙丑鄭以偉卒庚辰周延儒致仕甲申延綏副將李卑援勦河南庚寅太監張彝憲請催逋賦一千七百餘萬給事中范淑泰諫不聽秋七月甲辰

大清兵取旅順總兵官黃龍死之癸丑改曹文詔鎮大同山西巡撫都御史許鼎臣請留文詔勦賊不許八月己巳曹文詔敗賊於濟源又敗之於懷慶九月庚戌南京禮部侍郎錢士升爲禮部尚書兼東閣大學士預機務冬十月戊辰徐光啓卒十一月癸巳禮部侍郎王應熊何吾騶俱禮部尚書兼東閣大學士預機務辛亥詔保定河南山西會兵勦賊壬子賊渡河乙卯陷澠池十二月連陷伊陽盧氏分犯南陽汝寧遂逼湖廣是年安南入貢

七年春正月己丑廣鹿島副將尚可喜降於我

大清設河南山陝川湖五省總督以延綏巡撫陳奇瑜兼兵部侍郎爲之庚寅總兵官張應昌渡河敗賊於靈寶壬辰賊自鄖陽渡漢癸巳犯襄陽連陷紫陽平利白河南入四川二月戊寅陷夔州大寧諸縣皆失守甲申耕耤田乙酉張獻忠突商雒凡十三營流入漢南是月振登萊饑蠲逋賦三月丁亥朔日有食之甲辰賜劉理順等進士及第出身有差乙巳張應昌擊賊於五嶺山敗績庚戌賊自四川走湖廣副將楊世恩追敗之於石河口山西自去年不雨至於是月民大饑夏四月賊自湖廣走盧氏靈寶癸酉發帑振陝西山西饑五月丙申副將賀人龍等敗賊於藍田六月辛未總督侍郎陳奇瑜鄖陽撫治都御史盧象昇會師於上津勦湖廣賊甲戌河決沛縣是夏官軍圍高迎祥李自成諸賊於興安之車箱峽兩月賊食盡僞降陳奇瑜受之縱出險復叛陷所過州縣張應昌自清水追賊敗績秋七月壬辰

大清兵入上方堡至宣府乙未詔總兵官陳洪範守居庸巡撫保定都御史丁魁楚等守紫荊雁門辛丑京師戒嚴庚戌

大清兵克保安沿邊諸城堡多不守八月分遣總兵官尤世威等援邊戊辰宣大總督侍郎張宗衡節制各鎭援兵閏月甲申賊陷隆德固原參議陸夢龍赴援敗沒丁亥大清兵克萬全左衞庚寅旋師出塞壬寅李自成圍賀人龍於隴州九月庚申盛甲廠災庚辰洪承疇解隴州圍甲戌以賊聚陝西詔河南兵入潼華湖廣兵入商雒四川兵由興漢山西兵出蒲州韓城合勦冬十月庚戌湖廣兵援漢中副將楊正芳戰死十一月庚辰逮陳奇瑜下獄論戍乙酉洪承疇兼攝五省軍務是冬陝西賊分犯湖廣河南李自成陷陳州是年暹羅入貢

八年春正月乙卯賊陷上蔡連陷汜水滎陽固始己未洪承疇出關討賊辛酉張獻忠陷潁州丙寅陷鳳陽焚皇陵樓殿留守朱國相等戰死壬申徐州援兵至鳳陽張獻忠犯廬州尋陷廬江無爲李自成走歸德與羅汝才復入陝西二月張獻忠陷潛山羅田太湖新蔡應天巡撫都御史張國維禦却之甲午以皇陵失守逮總督漕運尚書楊一鵬下獄尋棄市丁酉總兵官鄧玘敗賊於羅山是月曹文詔敗賊於隨州夏四月張獻忠復走漢中犯平凉鳳翔丁亥鄭芝龍擊敗海賊劉香香自殺衆悉降辛卯洪承疇會師於汝州分部諸將防豫楚要害乙巳川兵變於樊城鄧玘自殺丙午洪承疇西還駐師靈寶五月乙亥吳宗達致仕六月己丑官軍遇賊於亂馬川敗績壬辰副將艾萬年柳鎭國擊李自成於寧州之襄樂戰沒丙午曹文詔追賊至眞寧之湫頭鎭遇伏力戰死之秋七月甲戌少詹事文震孟刑部侍郎張至發俱禮部侍郎兼東閣大學士預機務是月張獻忠突朱陽關總兵官尤世威敗績賊復走河南八月李自成陷咸陽賊將高傑降壬辰詔撤監視總理內臣惟京營及關寧如故辛丑盧象昇總理直隸河南山東湖廣四川軍務九月辛亥洪承疇督副將曹變蛟等敗賊於關山鎭李自成東走與張獻忠合壬戌官軍敗績於沈邱之瓦店總兵官張全昌被執壬申王應熊致仕冬十月庚辰下詔罪己辟居武英殿減膳撤樂示與將士同甘苦丙戌戶部尚書侯恂請嚴徵新舊逋賦從之辛卯李自成陷陝州十一月庚戌何吾騶文震孟罷庚申祀天於南郊總兵官祖寬破賊於汝州十二月戊寅城鳳陽乙酉盧象昇祖寬敗李自成於確山戊子左良玉敗賊於閿鄉癸巳賊犯江北圍滁州乙巳老回回諸賊自河南犯陝西洪承疇敗之於臨潼是年安南暹羅琉球入貢

九年春正月甲寅總理侍郎盧象昇祖寬援滁大敗賊於朱龍橋丁卯前禮部侍郎林釬以原官兼東閣大學士預機務二月前副將湯九州及賊戰嵩縣敗沒山西大饑人相食乙酉寧夏饑兵變殺巡撫都御史王楫兵備副使丁啓睿撫定之辛卯以武舉陳起新爲給事中三月盧象昇祖大樂勦河南賊高迎祥李自成分部入陝西餘賊自光化走湖廣振南陽饑蠲山西被災州縣新舊二餉夏四月戊子錢士升致仕五月壬子詔赦脅從諸賊願歸者護還鄉有司安置願隨軍自効者有功一體叙錄丙辰延綏總兵官俞冲霄擊李自成於安定敗績死之李自成犯榆林賀人龍擊敗之癸酉免畿內五年以前逋賦六月乙亥林釬卒甲申吏部侍郎孔貞運禮部尚書賀逢聖黃士俊俱禮部尚書兼東閣大學士預機務己亥總兵官解進忠撫賊於淅川被殺秋七月甲辰內臣李國輔等分守紫荆倒馬諸關庚戌成國公朱純臣巡視邊關癸丑詔諸鎭星馳入援己未大清兵入昌平巡關御史王肇坤等死之壬戌巡撫陝西都御史孫傳庭擊擒賊首高迎祥於盩厔送京師伏誅癸亥諭廷臣助餉甲子兵部尚書張鳳翼督援軍高起潛爲總監是月大清兵入寶坻連下近畿州縣八月癸酉括勳戚文武諸臣馬乙未盧象昇入援次眞定丙申唐王聿鍵起兵勤王勒還國尋廢爲庶人是月大清兵出塞九月辛酉改盧象昇總督宣大山西軍務冬十月乙亥工部侍郎劉宗周以論內臣及大學士溫體仁削籍甲申張獻忠犯襄陽丙申命開銀鐵銅鉛諸礦十一月丁未蠲山東五年以前逋賦十二月大清兵征朝鮮是年洪承疇敗賊於隴州賊走慶陽鳳翔暹羅入貢

十年春正月辛丑朔日有食之丙午老回回諸賊趨江北張獻忠羅汝才自襄陽犯安慶南京大震二月甲戌遣使督直省逋賦丁酉賊犯潛山總兵官左良玉副使史可法敗之於楓香驛是月朝鮮降於我大清三月辛亥振陝西災丁巳賜劉同升等進士及第出身有差甲子官軍援安慶敗績於酆家店夏四月戊寅大清兵克皮島副總兵金日觀力戰死之總兵官沈冬魁走石城島癸巳旱清刑獄是月洪承疇勦賊於漢南閏月壬寅敕羣臣潔己愛民以回天意江北賊分犯河南總督兩廣都御史熊文燦爲兵部尚書總理南京河南山陝川湖軍務駐鄖陽討賊五月戊寅李自成自秦州犯四川六月戊申溫體仁致仕是夏兩畿山西大旱秋七月山東河南蝗民大饑八月己酉吏部侍郎劉宇亮禮部侍郎傅冠俱禮部尚書僉都御史薛國觀爲禮部侍郎並兼東閣大學士預機務庚申閱城九月丙子左良玉敗賊於虹縣辛卯洪承疇敗賊於漢中癸巳李自成陷寧羌冬十月丙申自成自七盤關入西川壬寅陷昭化劍州梓潼分兵趨潼川江油綿州總兵官侯良柱戰死遂陷彰明鹽亭諸縣庚戌逼成都十一月庚辰以星變修省求直言十二月癸卯黃士俊致仕癸亥洪承疇曹變蛟援四川次廣元是年安南琉球入貢

明史卷二十四 本紀第二十四

總裁官總理事務經筵講官少保兼太子太保保和殿大學士兼管吏部戶部尚書事加六級臣張廷玉等奉

敕修

莊烈帝二

十一年春正月丁丑洪承疇敗賊於梓潼賊還走陝西丁亥裁南京冗官二月甲辰改河南巡按御史張任學爲總兵官三月戊寅賀逢聖致仕是月李自成自洮州出番地總兵官曹變蛟追破之復入塞走西和禮縣夏四月辛丑張獻忠僞降於穀城熊文燦受之戊申張至發致仕己酉熒惑逆行諭廷臣修省五月癸亥朔策試考選官於中左門六月癸巳安民廠災壞城垣傷萬餘人壬寅孔貞運致仕乙卯兵部尚書楊嗣昌戶部尚書程國祥禮部侍郎方逢年工部侍郎蔡國用俱禮部尚書大理少卿范復粹爲禮部侍郎並兼東閣大學士預機務嗣昌仍掌兵部是月兩畿山東河南大旱蝗秋七月乙丑少詹事黃道周以論楊嗣昌奪情謫按察司照磨八月戊戌以災異屢見齋居永壽宮諭廷臣修省癸丑傅冠致仕戊午停刑流賊羅汝才等自陝州犯襄陽九月陝西山西旱饑辛巳大清兵入牆子嶺總督薊遼兵部侍郎吳阿衡死之癸未京師戒嚴冬十月癸巳盧象昇入援召對於武英殿甲午括馬盧象昇高起潛分督援軍是月洪承疇曹變蛟大破賊於潼關南原李自成以數騎遁十一月戊辰大清兵克高陽致仕大學士孫承宗死之戊子罷盧象昇戴罪立功劉宇亮自請視師許之是月羅汝才降十二月庚子方逢年罷盧象昇兵敗於鉅鹿死之戊申孫傳庭爲兵部侍郎督援軍徵洪承疇入衞是年土魯番琉球入貢

十二年春正月己未朔以時事多艱却廷臣賀庚申大清兵入濟南德王由樞被執布政使張秉文等死之戊辰劉宇亮孫傳庭會師十八萬於晉州不敢進丁丑改洪承疇總督薊遼孫傳庭總督保定山東河北二月乙未劉宇亮罷大清兵北歸三月丙寅出青山口凡深入二千里閱五月下畿內山東七十餘城丙子加上孝純皇太后謚詔天下夏四月戊申程國祥致仕是月左良玉擊降賊首李萬慶五月甲子禮部侍郎姚明恭張四知兵部侍郎魏照乘俱禮部尚書兼東閣大學士預機務乙丑張獻忠叛於穀城羅汝才等起應之陷房縣乙亥削孫傳庭籍尋逮下獄六月畿內山東河南山西旱蝗己酉抽練各鎭精兵復加徵練餉秋七月壬申左良玉討張獻忠敗績於羅猴山總兵官羅岱被執死之熊文燦削籍尋逮下獄八月癸巳詔誅封疆失事巡撫都御史顏繼祖總兵官倪寵祖寬內臣鄧希詔孫茂霖等三十三人俱棄市己亥免唐縣等四十州縣去年田租之半壬子大學士楊嗣昌督師討賊總督以下並聽節制冬十月甲申朔楊嗣昌誓師襄陽甲午左良玉爲平賊將軍丙申欽定保民四事全書成頒布天下十一月辛巳祀天於南郊十二月羅汝才犯四川丙午下兵部尚書傅宗龍於獄是年琉球入貢

十三年春閏正月乙酉振眞定饑戊子振京師饑民癸卯振山東饑二月壬子朔祀日於東郊丙辰總督陝西三邊侍郎鄭崇儉大破張獻忠於太平縣之瑪瑙山獻忠走歸州戊寅以久旱求直言三月甲申禱雨丙戌大風霾詔清刑獄戊子罷各鎭內臣丙申賜魏藻德等進士及第出身有差戊戌振畿內饑丁未免河北三府逋賦夏四月戊午逮江西巡撫僉都御史解學龍及所舉黃道周己卯吏部尚書謝陞爲禮部尚書禮部侍郎陳演以原官並兼東閣大學士預機務五月羅汝才犯夔州石砫女官秦良玉連戰却之甲申祀地於北郊庚戌

姚明恭致仕六月辛亥朔總兵官賀人龍等分道逐賊敗之羅汝才走大寧庚午蔡國用卒辛未薛國觀罷七月庚辰朔畿內捕蝗己丑發帑振被蝗州縣辛卯左良玉及京營總兵官柳應元等大破羅汝才於興山汝才走巫山與張獻忠合八月甲戌振江北饑九月陝西官軍圍李自成於巴西魚腹山中自成走免癸巳張獻忠陷大昌總兵官張令戰死尋陷劍州綿州冬十月癸丑熊文燦棄市十一月楊嗣昌進軍重慶丁亥祀天於南郊戊子南京地震十二月丁未朔嚴軍機抄傳之禁辛亥張獻忠陷瀘州乙卯逮薛國觀是月李自成自湖廣走河南饑民附之連陷宜陽永寧殺萬安王采𨮁陷偃師勢大熾是年兩畿山東河南山陝旱蝗人相食

十四年春正月辛巳祈穀於南郊己丑總兵官猛如虎追張獻忠及於開縣之黃陵城敗績參將劉士傑等戰死賊遂東下丙申李自成陷河南福王常洵遇害前兵部尚書呂維祺等死之二月己酉詔以時事多艱災異疊見痛自刻責停今歲行刑諸犯俱減等論庚戌張獻忠陷襄陽襄王翊銘貴陽王常法並遇害副使張克儉等死之戊午李自成攻開封周王恭枵巡按御史高名衡拒却之乙丑張獻忠陷光州己巳召閣臣九卿科道於乾清宮左室命駙馬都尉冉興讓等齎帑金振恤河南被難宗室三月丙子朔楊嗣昌自四川還至荆州卒乙酉禱雨丙申洪承疇會八鎮兵於寧遠丁酉逮鄭崇儉下獄尋棄市夏四月壬子

大清兵攻錦州祖大壽拒守己未總督三邊侍郎丁啟睿爲兵部尚書督師討賊五月庚辰范復粹致仕釋傅宗龍於獄命爲兵部侍郎總督陝西三邊軍務討李自成戊子祀地於北郊六月兩畿山東河南浙江湖廣旱蝗山東寇起秋七月己卯李自成攻鄧州楊文岳總兵官虎大威擊敗之壬寅洪承疇援錦州駐師松山是月臨清運河涸京師大疫八月乙巳援兵戰於松山陽和總兵官楊國柱敗沒辛亥賜薛國觀死辛酉重建太學成釋奠於先師孔子甲子總兵官吳三桂王樸自松山遁諸軍夜潰是月左良玉大敗張獻忠於信陽九月丁丑傅宗龍帥師次新蔡與總督保定侍郎楊文岳軍會己卯遇賊賀人龍師潰宗龍被圍文岳走陳州甲申周延儒賀逢聖復入閣辛卯封皇子慈炯爲定王壬辰傅宗龍潰圍出趨項城被執死之賊屠項城及商水扶溝戊戌李自成羅汝才陷葉縣守將劉國能死之是月官軍破張獻忠於英山之望雲寨冬十月癸卯朔日有食之十一月丙子李自成陷南陽唐王聿鏌遇害總兵官猛如虎等死之十二月李自成連陷洧川許州長葛鄢陵甲子戍解學龍黃道周李自成羅汝才合攻開封周王恭枵巡撫都御史高名衡拒守

十五年春正月癸未孫傳庭爲兵部侍郎督京軍救開封乙酉楊文岳援開封賊解去南陷西華戊子免天下十二年以前逋賦是月山東賊陷張秋東平劫漕艘太監王裕民劉元斌帥禁兵會兗東官軍討平之二月戊申振山東就撫亂民癸丑總督陝西都御史汪喬年次襄城遇賊賀人龍等奔入關喬年被圍丁巳城陷被執死之戊午

大清兵克松山洪承疇降巡撫都御史邱民仰總兵官曹變蛟王廷臣副總兵江翥饒勳等死之是月孫傳庭總督三邊軍務三月李自成陷陳州丁丑魏照乘致仕己卯祖大壽以錦州降於

大清辛卯李自成陷睢州太康寧陵考城壬辰封皇子慈炤爲永王丙申李自成陷歸德是春江北賊陷含山和州南京戒嚴夏四月癸亥李自成復圍開封乙丑削謝陞籍五月己巳孫傳庭入關誅賀人龍甲戌張獻忠陷廬州丁亥王樸棄市六月戊申賀逢聖致仕癸丑張四知致仕甲寅詔天下停刑三年己未詹事蔣德璟黃景昉戎政侍郎吳甡俱禮部尚書兼東閣大學士預機務庚申詔孫傳庭出關兵部侍郎侯恂督左良玉軍援開封壬戌以會推閣臣下吏部尚書李日宣六人於獄謫戍有差甲子祀地於北郊是月築壇親祭死事文武大臣山西總兵官許定國援開封潰於沁水寧武兵潰於覃懷秋七月己巳左良玉虎大威楊德政方國安四鎮兵潰於朱仙鎮八月庚戌安慶兵變殺都指揮徐良憲官軍討定之乙丑釋黃道周於戍所復其官丁卯兵部尚書陳新甲下獄尋棄市九月壬午賊決河灌開封癸未城圮士民溺死者數十萬人己丑孫傳庭帥師赴河南辛卯鳳陽總兵官黃得功劉良佐大敗張獻忠於潛山冬十月辛酉孫傳庭敗績於郟縣走入關十一月丁卯援汴總兵官劉超據永城反庚午發帑振開封被難宗室兵民壬申

大清兵分道入塞京師戒嚴命勳臣分守九門太監王承恩督察城守詔舉堪督師大將者戊寅徵諸鎮入援庚辰

大清兵克薊州丁亥薊鎮總督趙光抃提調援兵戊子張獻忠陷無爲己丑遼東督師侍郎范志完入援閏月癸卯下詔罪己求直言壬寅

大清兵南下畿南郡邑多不守丁巳起廢將是月李自成陷汝寧前總督侍郎楊文岳僉事王世琮不屈死十二月

大清兵趨曹濮山東州縣相繼下魯王以派自殺己巳李自成陷襄陽據之左良玉奔承天尋走武昌賊分兵下德安彝陵荆門遂陷荆州癸巳焚獻陵

十六年春正月丁酉李自成陷承天巡撫都御史宋一鶴留守沈壽崇等死之庚申張獻忠陷蘄州二月乙丑朔日有食之己巳范志完趙光抃會師於平原三月庚子李自成殺羅汝才併其衆壬寅命大學士吳甡督師討賊丁未賊陷武岡殺岷王企鐶張獻忠陷黃州夏四月丁卯周延儒自請督師許之辛卯

大清兵北歸戰於螺山總兵官張登科和應薦敗沒八鎮兵皆潰是月劉超平五月癸巳朔張獻忠陷漢陽壬寅周延儒還京師丙午修撰魏藻德爲少詹事兼東閣大學士預機務戊申吳甡罷丁巳周延儒罷壬戌張獻忠陷武昌沈楚王華奎於江在籍大學士賀逢聖等死之六月癸亥詔免直省殘破州縣三餉及一切常賦二年己卯逮范志完下獄丙戌雷震奉先殿獸吻勑修省秋七月丁酉親鞫范志完於中左門乙卯親鞫前文選郎中吳昌時於中左門徵周延儒聽勘己未戒廷臣私謁閣臣京師自二月至於是月大疫詔釋輕犯發帑療治瘞五城暴骸八月壬戌朔左良玉復武昌漢陽丙寅張獻忠陷岳州丙戌陷長沙庚寅陷衡州九月丙申張獻忠陷寶慶己亥黃景昉致仕辛丑孫傳庭復寶豐進次郟縣李自成迎戰擊敗之庚戌張獻忠陷永州巡按御史劉熙祚死之辛亥賜楊廷鑑等進士及第出身有差壬子孫傳庭兵以乏食引退賊追及之還戰大敗傳庭以餘衆退保潼關是月鳳陽地屢震冬十月辛酉朔享太廟丙寅李自成陷潼關督師尚書孫傳庭死之賊連陷華州渭南臨潼命有司以贖鍰充餉戊辰李自成屠商州庚午張獻忠陷常德壬申李自成陷西安秦王存樞降巡撫都御史馮師孔按察使黃絅等死之丁丑張獻忠陷吉安十一月甲午李自成陷延安尋屠鳳翔壬寅祀天於南郊辛亥吏部侍郎李建泰副都御史方岳貢並兼東閣大學士預機務癸丑范志完趙光抃棄市戍吳甡於金齒丁巳李自成陷榆林兵備副使都任在籍總兵官尤世威等死之寧夏慶陽相繼陷韓王亶塉被執十二月壬戌張獻忠陷建昌乙丑周延儒有罪賜死丁卯張獻忠陷撫州辛巳賊渡河陷平陽山西州縣相繼潰降甲申賊陷甘州巡撫都御史林日瑞總兵官馬爌等死之丙戌左良玉復長沙是年暹羅琉球哈密入貢

十七年春正月庚寅朔大風霾鳳陽地震庚子李建泰自請措餉治兵討賊許之乙卯幸正陽門樓餞李建泰出師南京地震丙辰工部尚書范景文禮部侍郎邱瑜並兼東閣大學士預機務是月張獻忠入四川二月辛酉李自成陷汾州別賊陷懷慶丙寅陷太原執晉王求桂巡撫都御史蔡懋德等死之壬申下詔罪己癸酉潞安陷乙亥議京師城守李自成攻代州總兵官周遇吉力戰食盡退守寧武關丁丑賊別將陷固關犯畿南己卯遣內臣高起潛杜勳等十人監視諸邊及近畿要害壬午眞定知府邱茂華殺總督侍郎徐標檄所屬降賊甲申賊至彰德趙王常㴭降丁亥詔天下勤王命廷臣上戰守事宜左都御史李邦華右庶子李明睿請南遷及太子撫軍江南皆不許戊子陳演致仕李自成陷寧武周遇吉力戰死之三月庚寅朔賊至大同總兵官姜瓖降賊代王傳𤇍遇害巡撫都御史衞景瑗被執自縊死辛卯李建泰疏請南遷壬辰召廷臣於平臺示建泰疏曰國君死社稷朕將焉往李邦華等復請太子撫軍南京不聽蔣德璟致仕癸巳封總兵官吳三桂左良玉唐通黃得功俱爲伯甲午徵諸鎮兵入援乙未總兵官唐通入衞命偕內臣杜之秩守居庸關戊戌太監王承恩提督城守己亥李自成至宣府監視太監杜勳降巡撫都御史朱之馮等死之癸卯唐通杜之秩降於自成賊遂入關甲辰陷昌平乙巳賊犯京師京營兵潰丙午日晡外城陷是夕皇后周氏崩丁未昧爽內城陷帝崩於萬歲山王承恩從死御書衣襟曰朕涼德藐躬上干天咎然皆諸臣誤朕朕死無面目見祖宗自去冠冕以髮覆面任賊分裂無傷百姓一人自大學士范景文而下死者數十人丙辰賊遷帝后梓宮於昌平昌平人啟田貴妃墓以葬明亡是年夏四月我

大清兵破賊於山海關五月入京師以帝禮改葬令臣民爲服喪三日謚曰莊烈愍皇帝陵曰思陵

贊曰帝承神熹之後慨然有爲卽位之初沈機獨斷刈除奸逆天下想望治平惜乎大勢已傾積習難挽在廷則門戶糾紛疆埸則將驕卒惰兵荒四告流寇蔓延遂至潰爛而莫可救可謂不幸也已然在位十有七年不邇聲色憂勤惕勵殫心治理臨朝浩歎慨然思得非常

之材而用匪其人益以僨事乃復信任宦官布列要地舉措失當制置乖方祚訖運移身罹禍變豈非氣數使然哉迨至大命有歸妖氛盡掃而帝得加謚建陵典禮優厚是則

聖朝盛德度越千古亦可以知帝之蒙難而不辱其身爲亡國之義烈矣

明史卷二十五　志第一

總裁官總理事務經筵講官少保兼太子太保保和殿大學士兼管吏部戶部尚書事加六級張廷玉等奉

敕修

天文

自司馬遷述天官而歷代作史者皆志天文惟遼史獨否謂天象昭垂千古如一日食天變既著本紀則天文志近於衍其說頗當夫周髀宣夜之書安天窮天昕天之論以及星官占驗之說晉史已詳又見隋志謂非衍可乎論者謂天文志首推晉隋尚有此病其他可知矣然因此遂廢天文不志亦非也天象雖無古今之異而談天之家測天之器往往後勝於前無以志之使一代制作之義泯焉無傳是亦史法之缺漏也至於彗孛飛流暈適背抱天之所以示儆戒者本紀中不可盡載安得不別志之明神宗時西洋人利瑪竇等入中國精於天文曆算之學發微闡奧運算制器前此未嘗有也茲掇其要論著於篇而實錄所載天象星變殆不勝書擇其尤異者存之日食備載本紀故不復書

兩儀　七政　恒星

黃赤宿度　黃赤宮界　儀象

極度晷影　東西偏度　中星

分野

兩儀

楚詞言圜則九重孰營度之渾天家言天包地如卵裹黃則天有九重地爲渾圓古人已言之矣西洋之說既不背於古而有驗於天故表出之其言九重天也曰最上爲宗動天無星辰每日帶各重天自東而西左旋一周次曰列宿天次曰塡星天次曰歲星天次曰熒惑天次曰太陽天次曰金星天次曰水星天最下曰太陰天自恒星天以下八重天皆隨宗動天左旋然各天皆有右旋之度自西而東與蟻行磨上之喻相符其右旋之度雖與古有增減然無大異惟恒星之行卽古歲差之度古謂恒星千古不移而黃道之節氣每歲西退彼則謂黃道終古不動而恒星每歲東行由今考之恒星實有動移其說不謬至於分周天爲三百六十度命日爲九十六刻使每時得八刻無奇零以之布算製器甚便也其言地圓也曰地居天中其體渾圓與天度相應中國當赤道之北故北極常現南極常隱南行二百五十里則北極低一度北行二百五十里則北極高一度東西亦然亦二百五十里差一度也以周天度計之知地之全周爲九萬里也以周徑密率求之得地之全徑爲二萬八千六百四十七里又九分里之八也又以南北緯度定天下之縱凡北極出地之度同則四時寒暑靡不同若南極出地之度與北極出地之度同則其晝夜永短靡不同惟時令相反此之春彼爲秋此之夏彼爲冬耳以東西經度定天下之衡兩地經度相去三十度則時刻差一辰若相距一百八十度則晝夜相反焉其說與元史札馬魯丁地圓之旨畧同

七政

日月五星各有一重天其天皆不與地同心故其距地有高卑之不同其最高最卑之數皆以地半徑準之太陽最高距地爲地半徑者一千一百八十二最卑一千一百零二太陰最高五十八最卑五十二塡星最高一萬二千九百三十二最卑九千一百七十五歲星最高六千一百九十最卑五千九百一十九熒惑最高二千九百九十八最卑二百二十二太白最高一千九百八十五最卑三百辰星最高一千六百五十九最卑六百二十五若欲得七政去地之里數則以地半徑一萬二千三百二十四里通之又謂塡星形如瓜兩側有兩小星如耳歲星四周有四小星遶行甚疾太白光有盈缺如月之弦望用窺遠鏡視之皆可悉睹也餘詳曆志

恒星

崇禎初禮部尚書徐光啟督修曆法上見界總星圖以爲回回立成所載有黃道經緯度者止二百七十八星其繪圖者止十七座九十四星並無赤道經緯今皆崇禎元年所測黃赤二道經緯度畢具後又上赤道兩總星圖其說謂常現常隱之界隨北極高下而殊圖不能限且天度近極則漸狹而見界圖從赤道以南其度反寬所繪星座不合仰觀因從赤道中剖渾天爲二一以北極爲心一以南極爲心從心至周皆九十度合之得一百八十度者赤道緯度也周分三百六十度者赤道經度也乃依各星之經緯點之遠近位置形勢皆合天象至於恒星循黃道右旋惟黃道緯度無古今之異而赤道經緯則歲歲不同然亦有黃赤俱差甚至前後易次者如觜宿距星唐測在參前三度元測在參前五分今測已侵入參宿故舊法先觜後參今不得不先參後觜不可強也又有古多今少古有今無者如紫微垣中六甲六星今止有一華蓋十六星今止有四傳舍九星今五天廚六星今五天牢六星今二又如天理四勢五帝內座天柱天牀大贊府大理女御內廚皆全無也天市垣之市樓六星今二太微垣之常陳七星今三郎位十五星今十長垣四星今二五諸侯五星全無也角宿中之庫樓十星今八亢宿中之折威七星今無氐宿中之亢池六星今四帝席三星今無尾宿中天龜五星今四斗宿中之鼈十四星今十三天籥農丈人俱無牛宿中之羅堰三星今二天田九星俱無女宿中之趙周秦代各二星今各一扶匡七星今四離珠五星今無虛宿中之司危司祿各二星今各一敗臼四星今二離瑜三星今二天壘城十三星今五危宿中之人五星今三杵三星今一臼四星今三車府七星今五天鉤九星今六天鈔十星今四蓋屋二星今一室宿中之羽林軍四十五星今二十六螣蛇二十二星今十五八魁九星今無壁宿中之天廄十星今三奎宿中之天溷七星今四畢宿中之天節八星今七咸池三星今無觜宿中之座旗九星今五井宿中之軍井十三星今五鬼宿中之外廚六星今五張宿中之天廟十四星今無翼宿中之東甌五星今無軫宿中之青邱七星今三其軍門土司空器府俱無也又有古無今有者策星旁有客星萬曆元年新出先大今小南極諸星古所未有近年浮海之人至赤道以南往往見之因測其經緯度其餘增入之星甚多並詳恒星表其論雲漢起尾宿分兩派一經天江南海市樓過宗人宗星涉天津至螣蛇一由箕斗天弁河鼓左右旗涉天津至車府而會於螣蛇過造父直趨附路閣道大陵天船漸下而南行歷五車天關司怪水府傍東井入四瀆過闕邱弧矢天狗之墟抵天社海石之南踰南船帶海山貫十字架蜜蜂傍馬腹經南門絡三角龜杵而屬於尾宿是爲帶天一周以理推之隱界自應有雲漢其所見當不誣又謂雲漢爲無數小星大陵鬼宿中積尸亦然考天官書言星漢皆金之散氣則星漢本同類得此可以相證又言昴宿有三十六星皆得之於窺遠鏡者凡測而入表之星共一千三百四十七微細無名者不與其大小分爲六等內一等十六星二等六十七星三等二百零七星四等五百零三星五等三百三十八星六等二百一十六星悉具黃赤二道經緯度列表二卷入光啟所修崇禎曆書中茲取二十八宿距星及一二等大星存之其小而有名者間取一二備列左方

十二宮	星名	黃道經度	黃道緯度	赤道經度（從春分起算）	赤道緯度
降婁	壁宿一	四度強	北一十二度半強	三百五十八度半強	北一十二度太強
	壁宿二	九度少弱	北二十五度太弱	三百七十五度少強	北二十六度太
	奎宿一	一十七度少強	北一十五度少強	九度強	北二十五度少弱
	奎宿二	一十五度半強	北一十七度太強	七度弱	北二十二度少弱
	奎宿九	二十五度少弱	北二十六度弱	一十二度少弱	北三十三度太弱
	婁宿一	二十八度太強	北八度半弱	二十三度半強	北一十八度太強
大梁	天大將軍一	九度強	北二十七度太強	二十五度半	北四十三度少
	天囷一	九度少弱	南一十二度半強	四十一度弱	北二度少強
	胃宿一	一十一度太強	北一十一度少	三十五度半強	北二十六度強
	昴宿一	二十四度太強	北四度	五十一度少強	北二十三度弱
	天船三	二十七度太弱	北三十度強	四十四度半弱	北四十八度半弱
	卷舌五	二十八度弱	北一十二度弱	五十二度半強	北三十一度半弱
實沈	畢宿一	三度少	南三度	六十一度太	北一十八度少強
	畢宿五	四度半強	南五度太強	六十三度太弱	北一十五度太弱
	參宿一	一十七度少	南二十三度太弱	七十八度少強	南初度太弱
	參宿二	一十八度少強	南二十四度半強	七十九度少強	南一度半
	參宿三	一十九度半	南二十五度少強	八十度半	南二度少弱
	參宿四	二十三度半強	南一十六度太強	八十三度太強	北七度少強
	參宿五	一十五度太	南一十七度弱	七十六度少強	北六度弱
	參宿七	一十一度太弱	南三十一度太弱	七十三度少弱	南八度太
	觜宿一	一十八度半強	南一十三度半弱	七十八度太	北九度太弱
	天皇大帝	一十五度半	北六十八度弱	三百三十七度半強	北八十四度少弱
	五車二	一十六度太弱	北二十二度太強	七十二度少弱	北四十五度少強
	丈人一	一十七度少強	南五十七度太弱	八十一度太強	南三十四度半
	五車五	一十七度半弱	北五度少強	七十五度太弱	北二十八度少
	子二	二十度少強	南五十九度太弱	八十四度弱	南三十六度少強
	勾陳大星	二十三度半弱	北六十六度	六度半	北八十七度少弱
	五車三	二十六度少	北二十一度半弱	八十三度少弱	北四十四度太強
鶉首	井宿一	初度少弱	南一度弱	九十度強	北二十二度太弱
	井宿三	四度弱	南六度太強	九十四度強	北一十六度太弱
	軍市一	二度強	南四十一度少強	九十一度太強	南一十七度太強
	天樞即北極星	八度弱	北六十七度少強	一百九十九度少強	北八十六度太弱
	老人	八度半	南七十五度	九十四度半弱	南五十一度半強
	狼星	九度	南三十九度少強	九十七度少強	南一十六度少弱
	北河二	一十五度強	北一十度強	一百〇七度少	北三十二度太弱

	北河三	一十八度強	北六度太弱	一百一十度太弱	北二十九度弱
	南河三	二十度太弱	南一十六度弱	一百一十度弱	北六度強
	上台一	二十六度少強	北二十九度少	一百二十五度強	北四十九度太弱
	上台二	二十七度半強	北二十八度太弱	一百二十七度半弱	北四十八度太弱
	文昌一	二十八度少弱	北四十六度少強	一百四十度少弱	北六十五度強
鶉火	鬼宿一	初度半強	南初度太強	一百二十三度弱	北一十九度少強
	柳宿一	五度少弱	南一十二度半弱	一百二十四度半強	北七度弱
	弧矢一	六度半	南五十四度半	一百一十五度弱	南二十四度少弱
	帝星	七度太弱	北七十二度太強	一百二十三度	北七十五度太強
	弧矢南二	八度太強	南五十一度少	一百一十七度半	南三十一度半弱
	天樞	一十度弱	北四十九度太弱	一百六十度強	北六十三度太
	弧矢南五	一十二度半	南五十八度少強	一百一十七度強	南三十八度太
	天璇	一十四度強	北四十五度強	一百五十九度太弱	北五十八度半弱
	中台一	一十四度少強	北二十九度太強	一百四十八度強	北四十五度弱
	太子	一十五度強	北七十五度半弱	一百三十一度太強	北七十三度太弱
	中台二	一十五度半弱	北二十八度太	一百四十八度太	北四十三度半
	天社一	二十一度少強	南六十四度弱	一百二十度弱	南四十五度半強
	星宿一	二十二度少弱	南二十二度半弱	一百三十七度少強	南七度弱
	軒轅十二	二十四度少強	北八度太強	一百四十九度太強	北二十一度太弱
	軒轅十四	二十四度太弱	北初度半弱	一百四十七度少弱	北一十三度太強
	天璣	二十五度少弱	北四十七度強	一百七十三度半弱	北五十五度太強
	天權	二十五度太強	北五十一度半強	一百七十九度少弱	北五十九度強
鶉尾	張宿一	初度半強	南二十六度少弱	一百四十三度少弱	南一十二度半
	下台一	一度少強	北二十六度少	一百六十四度強	北三十五度少弱
	下台二	二度	北二十五度弱	一百六十四度少	北三十三度太強
	右樞	二度半強	北六十六度半強	二百○九度少弱	北六十六度少強
	玉衡	三度半強	北五十四度少強	一百八十九度強	北五十八度少弱
	西上相	六度強	北一十四度少強	一百六十三度半強	北二十二度半強
	天記	六度半弱	南五十五度半	一百三十九度半強	南三十三度半
	開陽	一十度少強	北五十六度少強	一百九十七度少弱	北五十七度少弱
	五帝座	一十六度半弱	北一十二度少強	一百七十二度半	北一十六度太弱
	常陳一	一十八度強	北四十度強	一百八十八度半	北四十度太強
	翼宿一	一十八度半強	南二十二度太弱	一百六十度半弱	南一十六度少強
	搖光	二十一度半強	北五十四度半弱	二百零三度少弱	北五十二度半
壽星	軫宿一	五度半強	南一十四度半弱	一百八十一度弱	南一十五度半弱
	長沙	八度半強	南一十八度少	一百八十度少強	南二十度強
	角宿一	一十八度太弱	南二度	一百九十六度半弱	南九度少弱
	大角	一十九度強	北三十一度強	二百零九度半強	北二十一度少弱
	馬尾一	二十四度	南四十六度少弱	一百七十七度太強	南五十度強
	亢宿一	二十九度少	北三度弱	二百零八度少弱	南八度半弱
大火	十字二	一度少強	南五十一度強	一百七十九度半弱	南五十七度半弱
	貫索一	七度強	北四十四度半弱	二百二十九度太	北二十八度
	馬腹一	七度太弱	南四十三度	一百九十三度半弱	南五十三度半
	氐宿一	一十度弱	北半度弱	二百一十七度半	南一十四度半弱
	氐宿四	一十四度少弱	北八度半強	二百二十四度少強	南八度弱
	蜀	一十七度弱	北二十五度半強	二百三十度半強	北七度太弱
	騎官七	二十二度少弱	南二十九度	二百一十九度少強	南四十六度強
	房宿一	二十七度太強	南五度半弱	二百三十四度少弱	南二十五度弱
	房宿三	二十八度	北一度強	二百三十六度	南一十八度太弱
	南門二	二十九度太弱	南四十一度少弱	二百二十一度少	南五十九度太弱
析木	心宿一	二度半強	南四度弱	二百三十九度太弱	南二十四度半強
	心宿二	四度半強	南四度半弱	二百四十一度太弱	南二十五度半
	三角形一	六度少強	南四十七度太強	二百三十四度半強	南六十七度太強
	尾宿一	一十度強	南一十五度	二百四十五度太強	南三十六度太強
	帝座	一十二度弱	北三十七度半弱	二百五十四度半弱	北一十五度弱
	箕宿一	二十五度太弱	南六度半	二百六十五度強	南三十度弱
星紀	斗宿一	五度強	南三度太強	二百七十五度太弱	南二十七度少
	天淵二	八度少強	南一十八度	二百八十度強	南四十一度少
	天淵一	九度	南二十三度	二百八十一度太	南四十六度少弱
	織女一	九度太弱	北六十一度太強	二百七十四度半強	北三十八度半弱
	河鼓二	二十六度半強	北二十九度少強	二百九十三度少弱	北八度弱
	牛宿一	二十九度弱	北四度太弱	三百度強	南十六度弱
元枵	女宿一	六度半強	北八度少弱	三百零七度太弱	南一十度太強
	鶴一	一十一度弱	南三十二度半	三百一十五度太強	南四十八度半弱
	虛宿一	一十八度少	北八度太弱	三百一十八度	南七度少弱
	危宿一	二十八度少弱	北一十度太弱	三百二十六度太弱	南二度強
	北落師門	二十八度半強	南二十一度	三百三十九度強	南三十一度半強
娵訾	天津四	初度少強	北六十度弱	三百零七度少	北四十四度
	蛇首一	六度半弱	南六十四度半弱	二十八度太	南六十三度太強
	水委一	八度少弱	南五十九度	一十九度強	南五十九度太弱
	室宿一	一十八度少強	北一十九度半弱	三百四十一度半強	北一十三度少
	室宿二	二十四度少弱	北三十一度少弱	三百四十一度半	北二十六度強
	土司空七	二十七度少強	南二十度太強	六度少弱	南二十度強

黃赤宿度崇禎元年所測二十八宿黃赤度分皆不合於古夫星既依黃道行而赤道與黃道斜交其度不能無增減者勢也而黃道度亦有增減者或推測有得失抑恒星之行亦或各有遲速歟謹列其數以備參考

赤道宿度周天三百六十度每度六十分黃道同	黃道宿度
角一十一度四十四分	一十度三十五分
亢九度一十九分	一十度四十分
氐一十六度四十一分	一十七度五十四分
房五度二十八分	四度四十六分
心六度零九分	七度三十三分
尾二十一度零六分	一十五度三十六分
箕八度四十六分	九度二十分
斗二十四度二十四分	二十三度五十一分
牛六度五十分	七度四十一分
女一十一度零七分	一十一度三十九分
虛八度四十一分	九度五十九分
危一十四度五十三分	二十度零七分
室一十七度	一十五度四十一分
壁一十度二十八分	一十三度一十六分
奎一十四度三十分	一十一度二十九分
婁一十二度零四分	一十三度
胃一十五度四十五分	一十三度零一分
昴一十度二十四分	八度二十九分
畢一十六度三十四分	一十三度五十八分
參二十四分	一度二十一分
觜一十一度二十四分	一十一度三十三分
井三十二度四十九分	三十度二十五分
鬼二度二十一分	五度三十分
柳一十二度零四分	一十六度零六分
星五度四十八分	八度二十三分
張一十七度一十九分	一十八度零四分
翼二十度二十八分	一十七度
軫一十五度三十分	一十三度零三分

黃赤宮界十二宮之名見於爾雅大抵皆依星宿而定如婁奎爲降婁心爲大火朱鳥七宿爲鶉首鶉尾之類故宮有一定之宿宿有常居之宮由來尚矣唐以後始用歲差然亦天自爲天歲自爲歲宮與星仍舊不易西洋之法以中氣過宮如日躔冬至卽爲星紀宮之類而恒星既有歲進之差於是宮無定宿而宿可以遞居各宮此變古法之大端也茲以崇禎元年各宿交宮之黃赤度分列於左方以志權輿云

赤道交宮宿度	黃道交宮宿度
箕三度零七分入星紀	箕四度一十七分入星紀
斗二十四度二十一分入元枵	牛一度零六分入元枵
危三度一十九分入娵訾	危一度四十七分入娵訾
壁一度二十六分入降婁	室一十一度四十分入降婁
婁六度二十八分入大梁	婁一度一十四分入大梁
昴八度三十九分入實沈	昴五度一十三分入實沈
觜一十一度一十七分入鶉首	觜一十一度二十五分入鶉首
井二十九度五十三分入鶉火	井二十九度五十二分入鶉火
張六度五十一分入鶉尾	星七度五十一分入鶉尾
翼一十九度三十二分入壽星	翼一十一度二十四分入壽星
亢一度五十分入大火	亢初度四十六分入大火
心初度二十二分入析木	房二度一十二分入析木

儀象璿璣玉衡爲儀象之權輿然不見用於三代周禮有圭表壺漏而無璣衡其制遂不可考漢人創造渾天儀謂卽璣衡遺制其或然歟厥後代有製作大抵以六合三辰四游重環湊合者謂之渾天儀以實體圓球繪黃赤經緯度或綴以星宿者謂之渾天象其制雖有詳畧要亦青藍之別也外此則圭表壺漏而已迨元作簡儀仰儀闚几景符之屬制器始精詳矣明太祖平元司天監進水晶刻漏中設二木偶人能按時自擊鉦鼓太祖以其無益而碎之洪武十七年造觀星盤十八年設觀象臺於雞鳴山二十四年鑄渾天儀正統二年行在欽天監正皇甫仲和奏言南京觀象臺設渾天儀簡儀圭表以窺測七政行度而北京乃止於齊化門城上觀測未有儀象乞令本監官往南京用木做造挈赴北京以較驗北極出地高下然後用銅別鑄庶幾占測有憑從之明年冬乃鑄銅渾天儀簡儀於北京御製觀天器銘其詞曰粵古大聖體天施治敬天以心觀天以器厥器伊何璿璣玉衡璣象天體衡審天行歷世代更垂四千禩沿制有作其制寖備卽器而觀六合外儀陽經陰緯方位可稽中儀三辰黃赤二道日月暨星運行可考內儀四遊橫簫中貫南北東西低昴旋轉簡儀之作爰代璣衡制約用密疏朗而精外有渾象反而觀諸上規下矩度數方隅別有直表其崇八尺分至氣序考景咸得縣象在天制器在人測驗推步靡忒毫分昔作今述爲制彌工既明且悉用將無窮惟天勤民事天首務民不失寧天其予顧政純於仁天道以正勒銘斯器以勵予敬十一年監官言簡儀未刻度數且地基卑下窺測日星爲四面臺宇所蔽圭表置露臺光皆四散影無定則壺漏屋低夜天池促難以注水調品時刻請更如法修造報可明年冬監正彭德淸又言北京北極出地度太陽出入時刻與南京不同冬夏晝長夜短亦異今宮禁及官府漏箭皆南京舊式不可用有旨令內官監改造景泰六年又造內觀象臺簡儀及銅壺成化中尚書周洪謨復請造璿璣玉衡憲宗令自製以進十四年監

臣請修晷影堂從之弘治二年監正吳昊言考驗四正日度黃赤二道應交於壁軫觀象臺舊制渾儀黃赤二道交於奎軫不合天象其南北兩軸不合兩極出入之度窺管又不與太陽出沒相當故雖設而不用所用簡儀則郭守敬遺制而北極雲柱差短以測經星去極亦不能無爽請修改或別造以成一代之制事下禮部覆議令監副張紳造木樣以待試驗黃道度許修改焉正德十六年漏刻博士朱裕復言晷表尺寸不一難以準測而推算曆數用南京日出分秒似相矛盾請敕大臣一員總理其事鑄立銅表考四時日中之影仍於河南陽城察舊立土圭以合今日之晷及分立圭表於山東湖廣陝西大名等處以測四方之影然後將內外晷影新舊曆書錯綜參驗撰成定法庶幾天行合而交食不謬疏入不報嘉靖二年修相風杆及簡渾二儀七年始立四丈木表以測晷影定氣朔由是欽天監之立運儀正方案懸晷偏晷盤晷諸式具備於觀象臺一以元法爲斷萬曆中西洋人利瑪竇制渾儀天球地球等器仁和李之藻撰渾天儀說發明製造施用之法文多不載其製不外於六合三辰四游之法但古法北極出地鑄爲定度此則子午提規可以隨地度高下於用爲便耳崇禎二年禮部侍郎徐光啟兼理曆法請造象限大儀六紀限大儀三平懸渾儀三交食儀一列宿經緯天球一萬國經緯地球一平面日晷三轉盤星晷三候時鐘三望遠鏡三報允已又言定時之法當議者五事一曰壺漏二曰指南鍼三曰表臬四曰儀五曰晷漏壺水有新舊滑濇則遲疾異漏管有時塞時磷則緩急異正漏之初必於正午初刻此刻一誤靡所不誤故壺漏特以濟晨昏陰晦儀晷表臬所不及而非定時之本指南鍼術人用以定南北辨方正位咸取則焉然鍼非指正子午曩云多偏丙午之間以法考之各地不同在京師則偏東五度四十分若憑以造晷冬至午正先天一刻四十四分有奇夏至午正先天五十一分有奇若表臬者即考工匠人置槷之法識日出入之影參諸日中之影以正方位今法置小表於地平午正前後累測日影以求相等之兩長影爲東西因得中間最短之影爲正子午其術簡甚儀者本臺故有立運儀測驗七政高度臣用以較定子午於午前屢測太陽高度因最高之度即得最短之影是爲南北正線既定子午卯酉之正線因以法分布時刻加入節氣諸線即成平面日晷又今所用員石敧晷是爲赤道晷亦用所得正子午線較定此二晷皆可得天之正時刻所爲晝測日也若測星之晷實周禮夜考極星之法然古時北極星正當不動之處今時久漸移已去不動處三度有奇舊法不可復用故用重盤星晷上書時刻下書節氣仰測近極二星即得時刻所謂夜測星也七年督修曆法右參政李天經言輔臣光啟言定時之法古有壺漏近有輪鐘二者皆由人力遷就不如求端於日星以天合天乃爲本法特請製日晷星晷望遠鏡三器臣奉命接管敢先言其略日晷者礱石爲平面界節氣十三線內冬夏二至各一線其餘日行相等之節氣皆兩節氣同一線也平面之周列時刻線以各節氣太陽出入爲限又依京師北極出地度範爲三角銅表置其中表體之全影指時刻表中之銳影指節氣此日晷之大略也星晷者治銅爲柱上安重盤內盤鐫周天度數列十二宮以分節氣外盤鐫列時刻中橫刻一縫用以窺星法將外盤子正初刻移對內盤節氣乃轉移銅盤北望帝星與句陳大星使兩星同見縫中即視盤面銳表所指爲正時刻此星晷之大略也若夫望遠鏡亦名窺筩其制虛管層疊相套使可伸縮兩端俱用玻璃隨所視物之遠近以爲長短不但可以窺天象且能攝數里外物如在目前可以望敵施砲有大用焉至於日晷星晷皆用措置得宜必須築臺以便安放帝命太監盧維寧魏國徵至局驗試用法明年天經又請造沙漏明初詹希元以水漏至嚴寒水凍輒不能行故以沙代水然沙行太疾未協天運乃以斗輪之外復加四輪輪皆三十六齒厥後周述學病其竅太小而沙易堙乃更制爲六輪其五輪悉三十齒而微裕其竅運行始與晷協天經所請殆其遺意歟夫制器尚象乃天文家之首務然精其術者可以因心而作故西洋人測天之器其名未易悉數內渾蓋簡平二儀其最精者也其說具見全書茲不載

極度晷影宣城梅文鼎曰極度晷影常相因知北極出地之高即可知各節氣午正之影測得各節氣午正之影亦可知北極之高然其術非易易也圭表之法表短則分秒難明表長則影虛而淡郭守敬所以立四丈之表用影符以取之也日體甚大豎表所測者日體上邊之影橫表所測者日體下邊之影皆非中心之數郭守敬所以於表端架橫梁以測之也其術可謂善矣但其影符之制用銅片鑽鍼芥之孔雖前低後仰以向太陽但太陽之高低每日不同銅片之敧側安能俱合不合則光不透臨時遷就而日已西移矣須易銅片以圓木左右用兩板架之如車軸然則轉動甚易更易圓孔以直縫而用始便也然影符止可去虛淡之弊而非其本必須正其表焉平其圭焉均其度焉三者缺一不可以得影三者得矣而人心有粗細目力有利鈍任事有誠偽不可不擇也知乎此庶幾晷影可得矣西洋之法又有進焉謂地半徑居日天半徑千餘分之一則地面所測太陽之高必少於地心之實高於是有地半徑差之加近地有清蒙氣能升卑爲高則晷影所推太陽之高或多於天上之實高於是又有清蒙差之減是二差者皆近地多而漸高漸減以至於無地半徑差至天頂而無清蒙差至四十五度而無也崇禎初西洋人測得京省北極出地度分北京四十度（周天三百六十度度六十分立算下同）南京三十二度半山東三十七度山西三十八度陝西三十六度河南三十五度浙江三十度江西二十九度湖廣三十一度四川二十九度廣東二十三度福建二十六度廣西二十五度雲南二十二度貴州二十四度（以上極度惟兩京江西廣東四處皆係實測其餘則據地圖約計之）又以十二度度六十分之表測京師各節氣午正日影夏至三度三十三分芒種小暑三度四十二分小滿大暑四度十五分立夏立秋五度六分穀雨處暑六度二十三分清明白露八度六分春秋分十度四分驚蟄寒露十二度二十六分雨水霜降十五度五分立春立冬十七度四十七分大寒小雪二十度四十七分小寒大雪二十三度三十分冬至二十四度四分

東西偏度以京師子午線爲中而較各地所偏之度凡節氣之早晚月食之先後胥視此蓋人各以見日出入爲東西爲卯酉以日中爲南爲午而東方見日早西方見日遲東西相距三十度則差一時（東方之午乃西方之巳西方之午乃東方之未也）相距九十度則差三時（東方之午乃西方之卯西方之午乃東方之酉也）相距一百八十度則晝夜時刻俱反對矣（東方之午乃西方之子）西洋人湯若望曰天啟三年九月十五夜戌初初刻望月食京師初虧在酉初一刻十二分而西洋意大里雅諸國望在晝不見推其初虧在巳正三刻四分相差三時二刻八分以里差計之殆距京師之西九十九度半也故欲定東西偏度必須兩地同測一月食較其時刻若早六十分時之二則爲偏西一度遲六十分時之二則爲偏東一度（節氣之遲早亦同）今各省差數未得測驗據廣輿圖計里之方約略條列或不致甚舛也南京應天府福建福州府並偏東一度山東濟南府偏東一度十五分山西太原府偏西六度湖廣武昌府河南開封府偏西三度四十五分陝西西安府廣西桂林府偏西八度半浙江杭州府偏東三度江西南昌府偏西二度半廣東廣州府偏西五度四川成都府偏西十三度貴州貴陽府偏西九度半雲南雲南府偏西十七度

右偏度載崇禎曆書交食曆指其時開局修曆未暇分測度數實多未確存之以備考訂云

中星古今中星不同由於歲差而歲差之說中西復異中法謂節氣差而西西法謂恆星差而東然其歸一也今將李天經湯若望等所推崇禎元年京師昏旦時刻中星列於後春分戌初二刻五分昏北河三中寅正一刻一十分旦尾中清明戌初三刻十三分昏七星偏東四度（昏旦時或無正中之星則取中前中後之大星用之距中二度以內者爲時不及一刻可勿論四度以上去中稍遠故紀其偏度焉）寅正初刻二分旦帝座中穀雨戌正一刻七分昏翼偏東七度寅初二刻八分旦箕偏東四度立夏戌正三刻二分昏軫偏東五度寅初初刻十三分旦箕偏西四度小滿亥初初刻十二分昏角中丑正三刻三分旦箕中芒種亥初一刻十二分昏大角偏西六度丑正二刻三分旦河鼓二中夏至亥初二刻五分昏房中丑正一刻一十分旦須女中小暑亥初一刻十二分昏尾中丑正二刻三分旦危中大暑亥初初刻十二分昏箕偏東七度丑正三刻三分旦營室中立秋戌正三刻二分昏箕中寅初三刻十三分旦婁偏東六度處暑戌正一刻七分昏織女一中寅初二刻八分旦婁中白露戌初三刻十三分昏河鼓二偏東四度寅正初刻二分旦昴偏東四度秋分戌初二刻五分昏河鼓二中寅正一刻十一分旦畢偏西五度寒露戌初初刻十四分昏牽牛中寅正三刻一分旦參四中霜降酉正三刻十一分昏須女偏西五度卯初初刻四分旦南河三偏東六度立冬酉正二刻一十分昏危偏東四度卯初一刻五分旦輿鬼中小雪酉正一刻十二分昏營室偏東七度卯初二刻二分旦張中大雪酉正一刻五分昏營室偏西八度卯初二刻一十分旦翼中冬至酉正一刻二分昏土司空中卯初二刻十三分旦五帝座中小寒酉正一刻五分昏婁中卯初二刻一十分旦角偏東五度大寒酉正一刻十三分昏天囷一中卯初二刻二分旦亢中立春酉正二刻一十分昏昴偏西六度卯初一刻五分旦氐中雨水酉正三刻十一分昏參七中卯初初刻四分旦貫索一中驚蟄戌初初刻十四分昏天狼中寅正三刻一分旦心中

分野周禮保章氏以星土辨九州之地所封之域皆有

分星以觀妖祥唐貞觀中李淳風撰法象志因漢書十二次度數以唐州縣配而一行則以爲天下山河之象存乎南北兩界其說詳矣洪武十七年大明清類天文分野書成頒賜秦晉二王其書大畧謂晉天文志分野始角亢者以東方蒼龍爲首也唐始女虛危者以十二支子爲首也今始斗牛者以星紀爲首也古言天者皆由斗牛以紀星故曰星紀是之取耳茲取其所配直隸十三布政司府州縣衛及遼東都司分星錄之斗三度至女一度星紀之次也直隸所屬之應天太平寧國鎮江池州徽州常州蘇州松江九府暨廣德州屬斗分鳳陽府壽滁六安三州泗州之盱眙天長二縣揚州府高郵通泰三州廬州府無爲州安慶府和州皆斗分淮安府斗牛分浙江布政司所屬之杭州湖州嘉興嚴州紹興金華衢州處州寧波九府皆牛女分台州溫州二府斗牛須女分江西布政司所屬皆斗分福建布政司所屬皆牛女分廣東布政司所屬之廣州府亦牛女分惠州女分肇慶南雄二府德慶州皆牛女分潮州府牛分雷州瓊州二府崖儋萬三州高州府化州廣西布政司所屬梧州府之蒼梧藤岑溪容四縣皆牛女分女二度至危十二度元枵之次也山東布政司所屬之濟南府樂安德濱三州皆危分泰安州青州府皆虛危分萊州府膠州登州府寧海州東昌府高塘州皆危分東平州之陽穀東阿平陰三縣北平布政司所屬之滄州皆須女虛危分危十三度至奎一度陬訾之次也河南布政司所屬之衞輝彰德懷慶三府北平之大名府開州山東東昌之濮州館陶冠臨清三縣東平州之汶上壽張二縣皆室壁分奎二度至胃三度降婁之次也山東濟寧府之兗州滕嶧二縣青州府之莒州安邱諸城蒙陰三縣濟南府之沂州直隸鳳陽府之泗邳二州五河虹懷遠三縣淮安府之海州桃源清河沭陽三縣皆奎婁分胃四度至畢六度大梁之次也北平之眞定府昴畢分定冀二州皆昴分晉深趙三州皆畢分廣平順德二府皆昴分祁州昴畢分河南彰德府之磁州山東高唐州之恩縣山西布政司所屬之大同府應朔渾源蔚四州皆昴畢分畢七度至井八度實沈之次也山西之太原府石忻代平定保德岢嵐六州平陽府皆參分絳蒲吉隰解霍六州皆觜參分澤汾二州皆參分潞沁遼三州皆參井分井九度至柳三度鶉首之次也陝西布政司所屬之西安府同華乾耀邠五州鳳翔府隴州延安府鄜綏德葭三州漢中府金州臨洮平涼二府靜寧州皆井鬼分涇州鬼分慶陽府寧州鞏昌府階徽秦三州皆井鬼分四川布政司所屬惟綿州觜分合州參井分餘皆井鬼分雲南布政司所屬皆井鬼分柳四度至張十五度鶉火之次也河南之河南府陝州皆柳分南陽府鄧汝裕三州汝寧府之信陽羅山二縣開封府之均許二州陝西西安府之商縣華州之洛南縣湖廣布政司所屬德安府之隨州襄陽府之均州光化縣皆張分張十六度至軫九度鶉尾之次也湖廣之武昌府興國州荊州府歸夷陵荊門三州黃州府蘄州襄陽德安二府安陸沔陽二州皆翼軫分長沙府軫旁小星曰長沙應其地衡州府桂陽州永州府全道二州岳州常德二府澧州辰州府沅州漢陽府靖郴二州寶慶府武岡鎮遠二州皆翼軫分廣西所屬除梧州府之蒼梧藤容岑溪四縣屬牛女分餘皆翼軫分廣東之連州廉州府欽州部州府皆翼軫分軫十度至氐一度壽星之次也河南之開封府角亢分鄭州氐分陳州亢分汝寧府光州懷慶府之孟濟源溫三縣直隸壽州之霍邱縣皆角亢氐分氐二度至尾二度大火之次也河南開封府之杞太康儀封蘭陽四縣歸德睢二州山東之濟寧府皆房心分直隸鳳陽府之潁州房分徐宿二州壽州之蒙城縣潁州之亳縣皆房心分尾三度至斗二度析木之次也北平之北平府尾箕分涿通薊三州皆尾分霸州保定府皆尾箕分易安二州皆尾分河間府景州皆尾箕分永平府尾分灤州尾箕分遼東都指揮司尾箕分朝鮮箕分

明史卷二十六　志第二

總裁官總理事務經筵講官少保兼太子太保保和殿大學士兼管吏部戶部尚書事加六級張廷玉等奉

敕修

天文二

月掩犯五緯　五緯掩犯

五緯合聚　五緯掩犯恒星

月掩犯五緯洪武元年五月甲申犯填星十二年三月戊辰朔犯辰星十四年十一月甲午犯填星十九年五月己未犯歲星二十三年四月丁酉掩太白十一月癸卯及永樂四年正月戊午五年六月丙午七年十二月壬子俱犯熒惑八年十二月壬子九年四月庚子十六年七月戊辰俱犯歲星十八年十一月辛卯掩太白二十年三月辛未掩填星二十二年八月乙丑犯熒惑洪熙元年二月己未掩填星宣德元年十二月丙子掩熒惑二年正月癸卯犯熒惑四月甲申犯太白六年十月丙申掩太白七年二月甲寅犯填星八年二月癸巳掩歲星四月戊子犯歲星正統二年正月辛亥掩歲星四月癸酉五月庚子俱犯歲星七月戊申犯熒惑四年正月乙酉掩填星八年三月庚申犯填星十一月丙寅掩歲星十年十一月辛卯犯熒惑十一年十二月甲寅犯歲星十二年正月辛巳閏四月庚午俱犯歲星十四年四月壬子犯太白五月癸未掩太白景泰二年四月戊子犯歲星九月甲辰犯歲星於斗五年二月丁亥犯太白六年正月甲寅犯歲星七年四月癸丑犯填星乙丑犯太白天順五年十一月己亥犯太白於斗成化五年二月丙申癸亥俱犯歲星六年三月癸未八年正月癸亥俱犯太白十二年十一月戊申犯歲星於室十三年十月乙卯犯填星十二月丁酉犯太白十四年三月戊辰十八年二月戊午俱犯填星八月己酉二十三年四月乙亥俱掩熒惑五月戊午六月乙酉俱犯歲星十月甲戌掩歲星弘治四年二月壬子犯歲星七年十一月戊申犯熒惑八年正月癸卯犯歲星十二月丙辰掩填星十一年四月甲申九月庚子俱犯歲星十二年八月壬寅犯熒惑十四年七月丁卯九月己丑俱犯歲星丙辰掩歲星十二月癸丑犯熒惑十七年十一月甲辰犯歲星十八年二月丙寅掩歲星九月乙巳掩填星正德元年十一月己卯犯太白四年閏九月癸亥犯歲星八年正月己丑犯填星十六年二月丙戌掩太白嘉靖二年五月戊子掩歲星十一月壬申犯歲星十七年十二月己未犯填星十八年十月丙戌犯熒惑二十年五月辛卯犯歲星二十一年四月甲寅二十七年七月丁丑俱犯太白九月庚子犯太白於角三十一年五月辛丑犯填星九月庚寅掩填星十二月丁卯犯歲星四十二年五月庚辰掩歲星四十四年七月丁巳犯熒惑萬曆二年九月己卯犯熒惑於箕十年八月戊申犯熒惑於井十四年八月己丑犯太白於角十五年六月乙丑十九年九月辛未俱犯熒惑十二月甲辰犯填星於井二十四年正月甲申犯填星於張二十七年九月辛亥犯太白三十一年五月癸未犯太白三十五年六月乙未犯填星於斗三十七年八月辛酉犯填星四十一年九月癸未犯歲星崇禎三年八月辛亥掩太白十一年四月己酉掩熒惑於尾

五緯掩犯洪武六年三月戊申熒惑犯填星六月壬辰太白犯歲星八年三月癸亥熒惑犯填星二十二年六月丙辰辰星犯太白二十七年三月乙丑熒惑犯歲星於奎永樂三年三月戊戌太白犯歲星十一月癸巳朔太白犯辰星於箕四年正月癸卯太白犯歲星五年七月甲子熒惑犯填星十二年十一月丁卯太白犯歲星十四年七月乙巳太白犯填星二十年九月乙亥太白犯歲星十月己酉太白犯填星洪熙元年十一月丙午太白犯填星宣德元年十一月戊戌辰星犯填星七年六月己酉太白犯歲星七月辛巳太白犯熒惑九年十一月己亥太白犯填星十年十月庚子熒惑犯填星正統元年五月戊寅太白犯熒惑於井二年五月辛丑熒惑犯填星三年十二月戊寅太白犯歲星五年五月丙午太白犯填星七年九月戊午太白犯熒惑於氐十一年九月丁亥太白犯歲星十二年七月戊午熒惑犯填星十四年二月己卯太白犯熒惑七月丙午熒惑犯填星景泰元年閏正月丁卯熒惑犯歲星天順七年十一月乙卯朔熒惑犯填星成化六年九月乙亥太白犯歲星十一年七月戊辰太白犯填星十三年九月丙寅熒惑犯填星十六年六月壬申太白犯歲星弘治二年正月戊辰太白犯歲星十一月壬午太白犯填星三年正月庚申太白犯填星五年八月丁未熒惑犯歲星六年十一月己未太白犯填星七年九月甲寅及十年正月丙辰熒惑犯歲星十二月庚辰辰星犯歲星十七年閏四月癸酉歲星犯填星正德二年十月癸未熒惑犯填星八年正月壬午及十六年十二月丙午俱太白犯歲星嘉靖元年正月己未太白犯歲星十二月甲戌太白犯填星三年正月癸酉太白犯歲星二十九年六月庚辰熒惑犯歲星守井萬曆五年十二月辛丑太白犯填星於斗九年十二月癸巳太白犯填星入危十一年六月丁丑太白犯熒惑十五年五月己亥太白犯填星二十四年四月己酉太白犯歲星二十五年七月甲辰熒惑犯歲星二十七年閏四月庚寅辰星犯太白於井三十四年十一月庚辰熒惑掩歲星於危甲辰熒惑犯歲星三十八年十一月辛亥太白犯填星於虛四十七年三月壬子太白犯歲星於壁天啟元年八月丙申熒惑與太白同度者兩日崇禎九年六月己亥太白犯歲星於張

五緯合聚洪武十四年六月癸未辰星熒惑太白聚於井十七年六月丙戌歲星塡星太白聚於參十八年二月乙巳五星並見三月戊子塡星歲星太白聚於井二十年二月壬午朔五星俱見二十四年七月戊子太白熒惑塡星聚於翼十一月乙未辰星歲星合於斗十二月甲子熒惑辰星合於箕二十五年正月辛丑熒惑歲星合於牛二十六年十月壬辰太白塡星同度永樂元年五月甲辰五星俱見東方二年四月戊子太白熒惑合於井正統十四年九月壬寅太白塡星熒惑聚於翼十二月辛未太白歲星合於尾景泰元年十月壬申太白歲星合於箕十二月己丑辰星歲星同度二年九月庚申太白熒惑塡星聚於軫四年三月乙丑太白歲星合於壁五年正月戊辰太白歲星合於奎六月己酉熒惑歲星合於胃十一月己未太白塡星合於氐七年三月戊戌太白熒惑合於奎十月戊申歲星熒惑合於鬼天順元年五月乙丑太白歲星合於井十二月丙辰太白塡星合於心二年九月甲寅太白塡星合於斗三年九月乙巳太白歲星合於角四年十月壬申歲星熒惑辰星太白聚於氐五年十一月己亥塡星熒惑合於牛甲子太白熒惑合於虛六年九月甲午太白熒惑合於張七年十月庚寅歲星熒惑合於女庚戌太白歲星合於女八年二月丙午塡星歲星太白聚於危成化四年四月癸巳歲星熒惑合於井壬子及七年七月庚子太白歲星合於井十一年八月甲午熒惑塡星同度弘治十三年四月癸丑熒惑太白辰星聚於井十六年八月庚申熒惑歲星塡星聚於井十八年五月丙申太白歲星合於星九月乙未太白歲星同度正德二年九月戊辰辰星歲星太白聚於亢嘉靖三年正月壬午五星聚於營室十九年九月乙卯太白辰星塡星聚於角二十三年正月癸卯熒惑歲星塡星聚於房四十二年七月戊戌太白歲星塡星聚於井四十三年四月庚子歲星塡星熒惑太白聚於柳萬曆十七年十二月辛卯太白熒惑同度二十年六月壬子太白辰星塡星聚於井三十二年九月辛酉歲星塡星熒惑聚於危天啟四年七月丙寅五星聚於張崇禎七年閏八月丙午至九月壬申塡星熒惑太白聚於尾十年十一月己卯歲星熒惑合於亢甲午塡星辰星同度

五緯掩犯恒星歲星洪武六年九月庚申犯鬼十一月壬子退行犯鬼七年八月乙巳犯軒轅大星九年二月乙丑退入太微犯左執法十年六月戊寅及戊戌犯亢十一月甲辰犯房十一年四月戊申犯鍵閉七月甲申犯牛八月丙午犯房十四年四月壬戌犯壘壁十七年閏十月癸卯犯井十九年四月丙申入鬼八月壬辰犯軒轅二十一年四月丁未留太微垣十一月甲戌入亢二十二年三月辛卯退入亢九月丁卯犯氐十一月甲午入房十二月壬戌犯東咸二十三年五月己未守房八月乙丑犯東咸二十六年二月丙子朔犯壘壁二十九年六月庚子犯井鉞七月丙辰朔入井十月癸卯退入井三十年八月庚辰朔入鬼建文四年七月乙未退犯東咸十月丙辰犯天江永樂元年正月丁未犯建十二月己丑犯羅堰六年三月己巳犯諸王西第二星四月甲午犯東第一星六月丙申犯井八年九月乙亥犯靈臺十八年七月己丑犯天罇西北星八月庚子犯東北星二十一年正月庚戌犯上將二十二年十一月戊寅入氐宣德三年閏四月己酉犯壘壁西第六星十一月丙寅又犯七年七月丙寅犯天罇九年五月庚子犯軒轅大星正統五年六月甲寅犯壘壁十一年十月戊戌犯右執法十四年正月丙申犯房北第一星二月丙子退犯房九月己卯犯進賢丙戌犯房景泰元年閏正月庚午與熒惑遞入斗杓八月戊子犯泰二年二月庚午朔犯牛三年十月辛丑犯亢六年六月庚子犯諸王八月庚申犯井鉞七年九月癸未入鬼天順元年九月癸亥犯軒轅大星二年八月癸未犯右執法十月己丑三年正月辛卯俱犯左執法六月辛未犯右執法十二月癸亥犯亢四年閏十一月丙寅犯房北第一星庚午犯鉤鈐五年三月丁卯退犯房上星八月癸酉犯鉤鈐七年二月庚申朔犯牛八年二月丙午犯壘壁三月辛巳又犯成化二年六月丁未守昴五年七月己酉犯軒轅大星六年三月癸卯留守軒轅七年三月丁卯退入太微垣犯執法四月乙卯入太微垣留守端門六月甲寅犯右執法十一月己亥犯亢八年十一月辛亥犯房北第一星癸丑犯鉤鈐九年三月丙辰犯東咸五月己酉犯鉤鈐六月乙丑犯房第一星十二年三月丁巳犯壘壁十三年閏二月己未犯外屏十五年三月甲子犯天街九月乙卯犯井辛巳守井十七年正月己卯犯鬼三月甲午入鬼庚子犯積尸十八年五月庚戌犯靈臺閏八月壬辰犯左執法二十年五月乙巳守亢八月癸酉犯氐弘治四年七月癸巳犯井十一月壬辰又犯六年八月庚寅犯靈臺七年正月癸卯犯壘壁五月甲辰犯靈臺八年二月丁巳犯進賢七月辛丑又犯十月丁卯犯亢十一月己酉犯氐九年二月至三月庚寅守氐十二年五月己亥犯壘壁十三年八月戊申又犯十五年七月丙子犯諸王十六年七月己巳犯井八月壬子犯天罇十八年九月丁未犯太微垣上相正德元年二月壬子退犯右執法及上將三月壬午犯靈臺十一月戊辰犯牛六年四月丁未十二月壬午俱犯壘壁九年八月丙辰犯諸王十四年十月癸未犯氐嘉靖元年四月戊寅犯牛十一月丙寅犯羅堰二年十一月壬辰犯壘壁二十年十一月庚寅二十一年正月丁未俱犯左執法二十二年十二月丁亥犯房北第一星二十三年四月戊寅又犯三十五年五月壬戌退行又犯四十五年五月辛卯退留守左執法隆慶元年二月戊午退守亢萬曆三十九年十月己巳天啟三年九月甲辰俱犯軒轅四年正月丙寅犯軒轅大星五年正月庚戌朔退行犯左執法七年三月乙酉退行犯房北第一星崇禎七年閏八月丁未犯積尸九年冬犯右執法熒惑洪武元年八月甲午犯太微西垣上將九月戊申犯右執法二年正月乙卯犯房六月壬辰犯東咸三年九月丙申入太微垣乙卯留太微垣四年九月乙卯犯壘壁五年十一月庚午犯鉤鈐九年三月辛酉犯井四月戊申犯鬼十年八月丙寅犯天罇十月乙卯犯鬼十一年二月壬戌犯五諸侯三月甲午犯積尸六月壬戌犯右執法十二年八月乙亥犯鬼戊寅犯積尸十二月庚寅犯軒轅大星十四年十月丙子犯太微垣十五年三月乙亥犯右執法九月乙丑犯南斗十六年八月辛卯行軒轅中九月辛酉犯太微西垣上將十七年正月乙卯入氐三月戊午犯氐十八年正月戊辰犯外屏十月丁酉犯進賢十九年正月壬戌犯罰二月丁未犯箕四月己亥留斗七月辛巳犯斗八月丁亥犯斗十月辛亥十一月己巳犯壘壁二十一年正月丙申入斗四月丁未七月庚辰俱犯壘壁十一月癸巳犯外屏二十二年正月丙戌犯天陰二月癸卯行昴中十月庚申入氐十一月甲午犯東咸十二月癸丑犯天江二十三年正月甲戌入斗三月辛卯犯壘壁五月戊戌犯外屏二十四年十二月甲子與辰星同犯箕二十五年二月己卯犯壘壁九月己卯朔入井二十六年三月庚戌犯積薪五月丙辰犯軒轅六月己丑犯右執法二十七年六月辛未犯天街八月癸巳犯積薪九月乙巳犯鬼二十八年二月壬午又犯四月戊子入軒轅五月戊午犯靈臺閏九月乙丑犯東咸二十九年五月丙寅犯諸王六月甲午犯司怪十月辛亥犯上將十二月癸卯守太微垣三十年三月壬午入太微垣五月戊午犯右執法八月丁亥入氐丁未入房十月癸未犯斗杓三十一年十月守心建文四年八月戊辰犯上將甲戌入太微垣右掖門九月辛巳朔犯右執法壬辰犯左執法十月甲寅犯進賢甲子入角十一月壬午入亢己亥入氐永樂元年五月癸未犯壘壁西第四星十月甲戌犯東第五星二年四月乙酉犯天罇九月乙卯犯角十一月壬子犯鉤鈐三年三月癸丑犯壘壁四年正月甲午犯天陰戊午犯月星五年七月癸酉犯諸王八月己酉犯司怪南第二星六年二月庚辰朔犯北第二星四月辛卯犯鬼七月辛亥入太微垣右掖門丙辰及八年六月丙午十年五月壬辰俱犯右執法十一年十月戊午犯上將十二年二月癸酉退入太微垣犯上相十三年九月丁酉犯靈臺上星癸卯犯上將十月庚午犯左執法十二月甲午朔犯進賢十五年九月庚申犯左執法十二月甲午入房北第一星十六年九月壬申犯壘壁十七年十二月庚辰犯鉤鈐二十年十月壬子退犯天街上星二十一年三月庚戌犯積薪二十二年十一月辛卯退犯五諸侯洪熙元年正月庚辰留井四月癸卯入鬼宣德元年十二月戊寅犯軒轅三年六月甲戌犯積尸十月戊子犯太微西垣上將四年三月癸亥犯靈臺戊辰犯上將四月丙申戊戌俱犯右執法九月丙辰犯天江五年九月乙丑犯靈臺十月癸酉犯上將十一月己亥犯左執法丙午犯進賢六年三月乙卯犯亢六月甲寅乙卯俱犯氐七月甲戌犯房九月癸亥犯斗杓七年九月辛酉犯上將十月己酉犯進賢八年正月丁卯犯房庚辰犯東咸八月丙午犯斗魁十月甲戌犯壘壁九年十一月己卯犯氐十二月己酉犯鉤鈐十年三月丁亥犯壘壁正統元年二月乙丑犯天街十二月甲子犯天江二年四月乙亥犯壘壁三年三月甲辰犯井五月庚寅犯積尸四年閏二月己卯朔犯壘壁五年二月庚辰三月辛未俱犯井七年五月己丑犯右執法八年八月辛丑犯積尸九年五月癸酉犯左執法十年十月辛丑犯上將十一年二月乙卯三月丁酉俱犯平道七月丁亥犯氐九月辛未犯天江十三年正月丙午犯房北第一星二月戊午犯罰九月甲午犯狗十四年七月己卯朔留守斗九月壬寅犯左執法十月乙丑犯進賢十一月乙未犯亢十二月丁未朔犯氐丙子犯房景泰元年九月丁未犯壘壁西第三星辛亥犯第四星庚申犯第六星十月辛未

朔又犯十二月己丑犯第五星二年十一月丙申犯氐癸亥犯鉤鈐三年四月甲申與歲星同犯危四年正月庚午犯昴五年六月戊戌犯諸王六年三月丙辰犯井五月乙巳朔犯積尸七年七月丁酉入井十月壬寅犯鬼天順元年二月癸未又犯二年八月戊辰入鬼三年正月辛卯犯軒轅四月乙卯犯靈臺五月癸卯犯右執法四年七月戊子犯天罇八月丙辰入鬼十月庚午犯上將閏十一月庚申犯上相五年正月戊午退入太微垣三月癸亥犯右執法六年七月丙午入鬼九月乙卯犯上將十一月丙午犯進賢七年正月辛亥入氐四月辛酉退犯氐西南星七月壬辰犯東南星甲寅犯房北第二星八月己巳犯斗杓成化元年正月丁巳犯東咸二月癸卯犯天籥五月戊午留守斗己巳退犯魁第四星七月癸酉又犯二年二月癸巳犯天陰三年八月乙未犯壘壁四年二月己亥犯月星己酉犯天街五月庚辰犯鬼癸未犯積尸十一年七月甲戌犯積薪八月癸未入鬼甲申犯積尸十月乙未犯靈臺十二年四月壬辰犯上將及建十三年九月癸未犯上將十一月庚辰犯進賢十四年正月乙丑犯亢二月甲辰又犯十五年九月乙丑犯靈臺閏十月庚申犯進賢十六年正月壬午朔犯房三月乙酉犯天江十月戊辰犯壘壁十七年三月庚辰犯昴十八年五月甲戌八月丙辰十月戊辰俱犯壘壁十九年十月庚辰犯氐十一月己酉犯鉤鈐壬子犯東咸二十一年正月戊子犯天陰十一月壬戌犯天江二十三年二月丁酉犯井弘治元年六月庚戌犯諸王八月庚申犯積薪九月癸酉犯鬼甲戌犯積尸三年三月辛酉犯鬼四年六月戊子犯諸王五年六月己亥犯積尸七月癸酉入井十月乙巳犯靈臺十一月丙申犯上相六年二月庚子犯平道三月甲戌犯上相四月丙申犯左執法七年十二月癸亥犯亢八年二月戊寅犯房四月癸酉六月癸亥俱犯氐十二月癸丑犯壘壁九年十二月己丑犯鉤鈐十一年十一月乙未犯亢十三年正月壬戌犯天陰十四年四月庚子犯壘壁十月乙卯犯天街十五年二月戊辰犯井十六年七月丁丑犯諸王十七年四月癸卯十八年九月癸未正德二年七月戊辰俱犯積尸十月癸未犯上將三年四月乙丑犯右執法四年十一月己未犯進賢五年三月癸亥犯亢六月丁卯犯房北第二星七月丙子犯天關八月乙未犯天江十六年二月庚子犯鬼六月壬午犯右執法嘉靖元年八月乙未犯積尸二年正月庚戌入太微垣犯內屏閏四月丙寅犯右執法三年十月癸巳犯上將十一月甲子犯左執法十二月癸丑犯進賢四年二月戊午犯平道五年九月癸未犯上將十八年十一月辛未犯上相十九年九月乙卯二十一年八月戊戌俱犯斗二十三年正月壬寅犯房北第一星三月丁巳入斗六月乙亥入箕退行二舍二十四年十月丁巳犯氐二十七年十一月甲申自畢退行至胃二十九年十二月甲戌退守井三十一年九月辛卯犯鬼三十五年九月丁丑犯上將三十六年二月壬辰自角退入軫四月戊子自軫退行二舍餘三十九年十二月甲寅犯鉤鈐四十二年十月辛亥自胃退行抵婁四十四年十二月壬申自井退二舍隆慶二年六月乙未犯右執法三年八月丁未犯鬼四年五月己卯犯右執法萬曆二年二月癸亥犯房五月己卯犯氐五年十月辛丑又犯九年二月辛酉犯井十二年十二月辛亥退行張次十三年正月庚辰退入軒轅二月戊申犯張又自張歷柳十五年正月丁酉退入軫二月丁卯退行翼次四月犯翼十七年二月己丑犯氐四月丁亥自氐退入角七月辛酉犯房第二星九月辛亥犯斗杓十九年四月乙巳六月壬子俱犯箕七月丁亥犯斗二十年十一月戊辰犯氐二十一年七月辛巳九月甲戌俱犯室二十二年五月犯角二十七年八月甲辰犯奎二十八年二月庚寅犯鬼三十年正月丁巳退入太微垣三十二年二月丁酉退入角三十四年四月己巳犯心五月戊寅犯房癸未自心退入氐三十七年十一月丙戌犯氐三十八年八月辛卯退行婁次四十二年十月犯柳四十四年十二月犯翼四十五年二月庚子退行星度四十七年正月犯軫二月丁巳退入軫辛未退入翼泰昌元年八月辛亥犯太微右將天啟元年閏二月癸巳退入氐三年正月甲午犯房北第一星四月守斗百日八月甲子犯狗國十月甲申犯壘壁四年二月守斗五年九月乙卯自壁退入室崇禎三年三月己酉入井退舍復嬴居數月又入鬼犯積尸四月己卯復犯積尸八月辛亥犯斗魁八年九月丁丑犯太微垣十一年自春至夏守尾百餘日四月己酉退行尾八度掩於月五月丁卯退尾入心十五年五月守心塡星洪武十五年六月丁亥九月乙未俱犯畢十六年八月己卯犯天關十七年閏十月丙辰犯井十八年七月己巳十九年三月甲戌俱犯天罇九月甲寅入鬼十月甲午留鬼二十二年二月癸卯退行軒轅二十三年正月戊子五月壬子俱犯靈臺二十四年十月己未犯太微東垣上相二十五年二月辛酉退犯上相己卯退入太微左掖二十八年正月癸丑守氐四月乙丑退入氐二十九年十一月甲子犯罰三十年正月丙辰犯東咸五月壬子朔又犯罰永樂元年九月丁丑躔女留代十二年七月戊子犯井十四年七月辛亥犯鬼十七年九月丙子犯上將洪熙元年十一月辛酉宣德元年三月庚戌九月壬辰俱犯鍵閉正統元年八月丁亥退犯壘壁三年十一月乙酉犯外屏八年十一月庚午十二月壬子俱犯井十年三月丁丑犯天罇十三年九月丁亥犯靈臺景泰元年閏正月己酉入太微垣九月庚戌二年二月戊子俱犯上相庚寅退入太微左掖三年十月辛丑犯亢四年三月己未退犯亢七年七月己丑犯罰天順三年正月辛卯犯建四月癸酉守犯建七年閏七月戊午朔退犯壘壁十月癸丑又犯成化四年七月甲子犯天囷七年閏九月戊午犯斗魁辛酉犯天高十二年十月辛卯守軒轅大星十五年四月己丑犯上將十七年二月己未犯進賢二十一年正月庚戌犯罰弘治六年三月壬申八年十二月戊午十年九月乙丑俱犯壘壁十四年十一月辛卯犯諸王十五年六月壬子十二月辛丑十六年正月己卯俱犯井七月辛卯犯天罇十七年七月辛亥犯積尸九月甲午犯鬼正德二年八月癸巳犯靈臺十月甲戌犯上將三年五月甲子犯靈臺五年二月戊申六月壬辰俱犯上相七年四月甲申犯亢十五年二月丁卯犯羅堰十六年七月乙卯退犯代嘉靖元年八月庚辰退犯壘壁二十二年五月甲子退守氐三十七日隆慶三年三月庚午退犯上相萬曆三十五年正月至六月退留斗四十八年八月癸丑犯井天啟元年正月丙戌退入井二年八月壬辰犯守鬼五年十月丙戌犯上將太白洪武元年七月己巳朔犯井三年十一月甲寅犯壘壁九年六月丁亥犯畢庚戌犯井八月犯上將九月己未犯右執法十年十月壬子犯進賢十一年九月丁丑犯氐十二月辛丑犯壘壁十二年三月壬子犯昴六月丁亥犯井七月乙巳犯鬼十三年八月丙戌犯心十六年十一月乙卯犯壘壁十七年七月癸卯犯天罇十二月丙申犯壘壁十八年十月壬子犯亢十九年正月庚午犯牛二月己丑犯壘壁七月己卯二十年八月己巳俱入太微垣二十一年六月壬戌犯左執法二十二年正月己卯犯建五月癸巳犯諸王十一月辛未入斗十二月丁巳犯壘壁二十三年四月壬戌犯五諸侯六月丁丑留井十月庚午入亢二十四年七月庚戌入太微垣右掖辛卯犯右執法十月丙辰入斗二十五年閏十一月乙酉入壘壁二十六年二月癸卯犯天街三月丙子朔犯諸王二十八年六月癸酉犯畢七月丙午犯井己酉出井犯東第三星閏九月壬申入角十月戊申犯東咸二十九年七月戊辰入角八月癸丑犯心中星三十年正月壬戌犯建十二月戊戌入壘壁三十一年正月乙亥犯外屏五月丁未朔犯五諸侯建文四年六月庚子入太微右掖八月甲子入角九月癸未入氐丙申入房十月癸亥入斗杓永樂元年六月丙辰犯畢七月甲申入井八月己酉犯鬼九月丙子朔犯軒轅左角十月辛未入氐十一月丙戌犯鍵閉二年五月辛丑朔犯鬼七月己酉入角八月丁亥入房南第二星十一月丁巳犯東咸三年三月丙申朔犯壘壁東第五星十二月己巳犯西第三星四年二月癸未犯天陰五月庚寅朔犯五諸侯七月庚戌犯井八月丙申犯御女九月戊寅犯進賢十月乙卯犯房北第一星五年七月癸丑犯右執法八月己亥犯氐九月癸丑犯東咸十月癸未犯斗魁十一月辛未朔犯秦六年六月甲申犯諸王丙申與歲星同犯井七月戊申犯天罇七年二月丙戌犯外屏十一月丁亥犯罰八年九月壬辰犯天江十一月五月癸酉朔犯五諸侯閏九月己酉犯左執法十三年八月庚寅犯房北第二星十月乙丑朔犯斗魁十四年六月丁卯犯諸王十六年十一月甲子犯壘壁十七年七月戊午犯天罇八月癸巳犯軒轅大星十八年八月乙丑犯心後星十九年十月癸卯犯天江十二月丁酉犯壘壁洪熙元年三月乙酉犯昴四月丙辰犯井十月辛未犯平道辛巳犯亢宣德元年十月戊辰犯斗杓十一月己巳犯壘壁丙辰又犯二年正月丙申犯外屏七月癸巳犯東井八月丙辰朔犯鬼丁巳又犯乙亥犯軒轅大星九月丁巳犯右執法三年十一月甲子犯罰五年二月丁酉犯昴九月丁未犯軒轅左角十一月壬戌犯鍵閉六年九月丙戌犯斗七年七月乙酉犯軒轅八年十月癸亥犯亢十一月辛卯犯罰九年十一月壬辰犯壘壁十年正月甲戌犯外屏六月庚申犯天關八月丙辰犯軒轅九月壬申犯上將正統三年九月己丑十一年九月辛未俱犯軒轅左角己丑犯右執法十月乙未朔犯左執法丙午犯進賢十二年六月乙亥犯上將七月癸丑犯亢十四年正月丁亥犯壘壁四月庚申犯井五月丁亥犯鬼七月癸卯犯亢九月庚辰犯天江十一月丁亥

犯亢景泰元年正月丁亥犯亢閏正月庚申入壘壁八月甲申犯亢九月乙巳犯鉤鈐壬戌犯天江十一月辛酉犯壘壁二年六月戊辰朔犯畢八月壬寅入太微右掖三年四月丁卯犯諸王戊子犯井五月壬子犯鬼六月乙酉犯靈臺戊子犯上將庚寅入太微右掖七月壬寅犯左執法五年九月癸丑掩犯軒轅左角甲戌犯左執法六年六月辛巳犯井己丑與熒惑同入太微右掖八月戊午犯房北第二星九月甲午犯斗魁七年七月辛未犯鬼天順元年十二月甲午犯鍵閉丁酉犯罰二年正月丁卯犯建七月丙申行太微垣中九月甲寅犯斗杓三年五月庚戌犯畢十月甲寅犯亢四年七月丁丑犯右執法甲申犯左執法六年九月乙未犯軒轅左角己未犯左執法十月己巳犯進賢七年九月丁丑犯斗魁乙酉犯狗八年二月丙午與歲星同犯壘壁成化元年十二月丙午犯鍵閉二年正月乙卯犯斗三年二月丁未犯婁三月戊子犯外屏五月壬辰犯畢六月壬戌犯井七月甲申入鬼犯積尸八月癸卯入軒轅四年六月戊申犯靈臺五年二月癸巳犯牛九月丙子朔犯軒轅左角甲午庚子俱犯左執法七年九月壬午犯房北第二星閏九月戊午犯斗魁十二月乙未犯牛及羅堰八年二月甲申犯壘壁六月庚午入井十二月丙戌犯壘壁九年四月己卯犯五諸侯十月甲子犯左執法十一年三月甲戌犯外屏七月庚戌犯天罇八月丁酉犯靈臺庚子犯上將九月癸丑犯左執法十二年三月庚午犯月星四月甲午犯井十三年十二月甲午朔犯壘壁十五年九月庚辰犯天江十月庚子犯斗魁辛亥犯狗十七年二月丁卯犯天陰五月丁酉犯軒轅十九年八月丙寅又犯九月甲午犯左執法十月庚辰犯房二十年六月壬午犯左執法十二月庚辰犯壘壁二十二年六月庚子犯井八月甲午犯軒轅十一月乙亥犯進賢十二月庚戌犯房二十三年八月甲申犯亢弘治元年二月癸丑犯壘壁六月庚戌犯鬼七月丙子犯軒轅大星癸未犯左角戊子犯靈臺二年正月庚辰犯外屏二月丁未犯壘壁十月己丑犯左執法三年正月壬申犯羅堰十一月戊戌犯壘壁四年六月癸丑犯天關六年二月庚子犯羅堰甲子犯壘壁西第六星三月甲申犯東第四星七年二月辛未犯昴七月壬子犯鬼八月辛巳犯軒轅左角九月丁亥犯靈臺壬寅犯亢十一月壬辰犯房乙未犯罰丙午犯天江九年二月戊午犯羅堰七月己未犯軒轅大星十年十月辛未犯左執法十二月戊辰朔犯東咸十一年十月辛未犯天江十二年七月辛未犯鬼九月戊午朔犯左執法十三年十一月乙未犯罰十四年正月辛酉犯建二月壬午犯羅堰十一月己亥犯壘壁十五年二月甲寅犯昴五月己丑犯天高十一月癸酉犯牛十六年三月辛卯犯諸王九月甲申犯天江十月丁未犯斗魁丁丑犯狗十一月辛巳犯羅堰十七年五月己亥犯諸王七月丙辰犯上將十八年九月丙午犯右執法正德元年春守軒轅十二月癸丑犯壘壁二年三月壬申犯外屏五月己巳犯天高九月辛丑朔犯進賢三年十月丙戌犯亢四年正月己酉犯建五月八月己亥犯軒轅大星十月丙申犯亢六年七月辛酉犯左執法十月丁亥犯斗十一月癸亥犯羅堰七年閏五月丁酉犯鉞六月甲子犯積尸八年正月丙戌犯外屏七月丁亥犯酒旗八月戊申犯軒轅右角十年八月丁卯犯上將丁丑犯左執法十三年七月戊戌犯井己未犯鬼十四年十月戊辰犯斗癸未犯狗十六年四月癸卯犯鬼八月己丑犯軒轅右角九月乙亥犯左執法十月戊子犯進賢十一月丁卯犯鍵閉十二月庚子犯建嘉靖元年正月丙辰犯牛十月戊子犯斗杓二年六月癸丑犯井七月丙子犯鬼八月辛酉犯左執法四年正月丁卯犯建五年六月庚辰犯井六年六月丁卯犯靈臺八年二月庚寅犯天街隆慶元年十月甲申入斗萬曆二十四年四月戊午犯井三十四年二月甲子犯昴四十六年四月乙卯犯御女泰昌元年八月丙午朔犯太微垣勾己天啟三年九月犯心中星五年九月壬申犯左執法甲申犯御女辰星洪武十一年十二月庚戌犯斗十五年四月丁亥犯東井十八年八月丁酉入太微垣二十一年十月壬子入氐二十二年十月癸卯犯氐二十五年八月庚午犯上將二十七年七月辛丑犯鬼十一月庚子犯鍵閉二十八年正月丁酉犯壘壁五月甲辰犯天罇三十年十二月甲辰犯建建文四年六月庚午犯積薪永樂二年四月丁酉犯畢癸卯犯諸王五月丁卯犯軒轅大星十月己丑犯斗杓三年六月己卯犯軒轅大星六年正月庚戌朔犯壘壁二月癸巳又犯十六年六月戊子犯軒轅大星宣德元年五月丁未犯鬼二年十一月丙戌犯氐五年閏十二月丁酉犯建戊戌又犯七年五月辛巳犯積尸正統十三年十月丙辰犯亢景泰四年五月己未犯積薪成化十二年三月壬戌犯昴弘治五年十一月庚辰犯罰十二年六月壬子犯鬼十月壬子犯房北第一星十七年七月丙辰犯靈臺十八年五月庚子犯鬼十一月戊子犯鍵閉正德七年六月丙寅犯鬼嘉靖元年正月戊午犯羅堰二年八月壬寅犯上將天啟七年三月辛未退犯房

按兩星經緯同度曰掩光相接曰犯亦曰凌緯星出入黃道之內外凡恒星之近黃道者皆其必由之道凌犯皆由於此而行遲則凌犯少行速則多數可預定非如彗孛飛流之無常然則天象之示儆戒者應在彼而不在此歷代史志凌犯多繫以事應非附會即偶中爾茲取緯星之掩犯恒星者列之比事以觀其有驗者十無一二後之人可以觀矣至於月道與緯星相似而行甚速其出入黃道也二十七日而周計其掩犯恒星殆無虛日豈皆有休咎可占今見於實錄者不及百分之一然已不可勝書故不書

明史卷二十七　志第三

總裁官總理事務經筵講官少保兼太子太保保和殿大學士兼管吏部戶部尚書事加六級臣廷玉等奉

敕修

天文三

星晝見　客星　彗孛

天變　日變月變　暈適

星變　流隕　雲氣

星晝見恒星洪武十九年七月癸亥二十年五月丁丑七月壬寅二十一年十二月丁卯俱三辰晝見弘治十八年九月甲午申刻河鼓北斗見庚子星晝見正德元年二月癸酉星斗晝見天啟二年五月壬寅有星隨日晝見崇禎十六年十二月辛酉朔星晝見歲星景泰二年九月甲辰晝見三年六月壬戌四年五月丁丑六月甲辰五年七月庚戌壬子癸亥六年七月丁酉天順元年五月丙子五年七月乙卯六年八月庚午七年三月乙巳成化十四年六月庚子八月丁酉十六年七月丙申十八年九月癸亥二十年八月壬申弘治元年六月甲寅二年五月癸亥六月甲午五年十月己酉六年九月癸卯七年十一月癸卯九年二月辛亥至甲寅四月壬午十年正月甲寅至丙辰十一年八月甲申十三年四月庚子至乙巳十四年六月壬辰至乙未竝如之十五年六月連日晝見十六年七月辛卯十七年七月壬子十八年五月乙未八月辛巳至九月癸未正德元年十一月乙酉二年十一月辛酉至丁卯六年三月壬寅至四月壬申九年八月乙巳至甲寅十二年十月甲子至乙巳竝如之嘉靖二年三月辛未二十九年八月戊寅晝見守井崇禎十一年四月壬子晝見熒惑景泰三年八月甲子晝見於未位太白洪武四年二月戊戌晝見四月戊申六月壬午朔五年六月甲申至丁亥十二月甲申八年八月丁巳九年二月丁巳至己酉三月壬申十二年閏五月戊戌十三年七月甲午十五年四月丁亥七月戊申辛酉九月丁未朔十六年十月壬辰至乙未十八年四月己亥至辛丑六月丙申至辛丑辛亥竝如之九月戊寅經天與熒惑同度乙酉晝見丁亥又見犯熒惑十月癸巳至丙申晝見戊戌至辛丑十九年十月甲申朔至庚寅竝如之二十年六月戊戌經天七月壬寅至甲辰晝見二十一年四月己巳七月丙申二十三年三月丁亥二十四年八月辛巳二十五年二月辛酉二十六年四月甲辰竝如之八月庚子與太陰同晝見建文四年七月庚子經天永樂元年五月癸未癸卯俱與太陰同晝見六月壬申與太陰晝見四年七月壬寅晝見五年八月丙申六年二月甲辰八年十月庚戌十二年九月癸未十五年七月己酉八月庚戌洪熙元年六月戊戌七月乙巳八月癸巳宣德六年十月乙巳八年九月戊戌至甲寅九年十二月甲子十年七月丁亥正統四年七月壬子十月丙申六年五月庚戌竝如之十一年七月甲申經天十三年二月辛酉晝見十四年正月辛亥八月丙子景泰元年十月乙酉二年五月庚子辛亥竝如之壬子經天三年五月丁巳晝見十一月壬戌五年正月甲戌二月丙戌六月癸卯七年正月戊戌天順元年四月甲午八月壬子二年十月己未三年四月癸亥癸酉四年十一月庚寅十二月丙戌五年正月丁未十二月癸巳六年六月己丑八月庚午七年閏七月辛酉癸未八年正月庚申成化元年二月癸未三年四月癸丑四年六月丙申六年六月丙戌七年八月癸卯竝如之八年正月乙卯經天與日爭明十一年五月己未晝見十二年十月丙戌十三年十二月甲午竝如之十四年六月庚子與歲星俱晝見八月甲午晝見十五年十二月丙子十七年三月癸未八月癸亥十八年九月庚戌十九年四月癸亥朔竝如之二十年

八月壬申與歲星俱晝見二十一年十一月丙辰晝見二十二年六月己丑二十三年九月丙午弘治元年五月庚午二年正月壬戌三月庚申五月丙戌八月癸巳庚子四年四月辛未五年五月乙亥十月辛酉六年十二月乙丑七年五月庚戌八年七月戊子九年二月己酉朔十年正月甲子至丁卯竝如之六月丙子未刻經天八月癸未及十一年十月辛巳晝見十二年三月戊辰至壬申八月庚寅竝如之十三年四月庚子至乙巳與歲星同晝見十月丁未己酉十四年十二月庚戌十五年五月庚寅至癸巳十六年七月壬辰十七年二月戊戌及六月癸亥十八年二月壬戌竝晝見五月辛亥經天八月癸亥至戊辰晝見正德元年十月己未如之二年正月庚辰經天三月戊辰晝見三年五月乙巳至丁未十月己卯庚辰四年十月戊戌至乙巳五年五月丙子六年七月壬申至八月癸未八年正月丙戌至己丑四月壬戌癸亥八月庚戌至乙卯九年十一月甲申至十二月壬辰十一年六月甲寅至己未十四年八月丙寅至庚辰十五年正月己未至二月辛酉十六年八月丁亥嘉靖元年九月辛未竝如之二年三月辛未與歲星俱晝見三年四月庚戌晝見五年五月庚子十一年四月癸巳十月辛巳戊子十一月甲寅十三年閏二月庚申竝如之五月癸巳與月同晝見十七年九月辛卯晝見十八年四月癸亥十一月壬寅二十年十一月乙巳至丁未二十二年七月丙午二十三年二月辛巳二十四年閏正月戊寅二十五年十月辛卯二十六年四月丙申二十七年四月丁巳十一月丙戌至乙未二十八年十一月乙酉至己丑二十九年六月戊申甲寅三十年六月丙子至辛巳三十一年正月丙戌至丙申三十二年二月辛未至甲戌七月戊辰至辛未三十五年五月壬午十月癸卯至丙午三十六年十二月庚辰朔三十八年七月癸酉三十九年正月庚寅至壬辰竝如之四十年三月丙子晝見歷二十四日八月辛未晝見四十一年九月乙未四十二年四月己巳至壬申四十三年五月甲寅竝如之十月戊子晝見歷二十二日四十五年正月己亥晝見隆慶元年七月辛酉二年正月甲寅竝如之三年三月甲子晝見歷二十二日四年十一月乙丑至丁卯晝見萬曆十一年七月辛丑十二年七月癸巳十六年九月丁丑二十一年八月甲午二十四年十月丙寅竝如之二十七年九月辛卯經天三十七年三月辛丑晝見三十八年十月辛巳四十年五月壬寅天啟二年二月丙戌三年三月丁巳十二月乙丑五年四月癸未竝如之七月癸酉經天崇禎元年七月壬戌晝見三年四月己卯十二月丙辰竝如之

客星史記天官書有客星之名而不詳其形狀敍國皇昭明諸異星甚悉而無瑞星妖星之名然則客星者言其非常有之星殆諸異星之總名而非有專屬也李淳風志晉隋天文始分景星含譽之屬爲瑞星彗孛國皇之類爲妖星又以周伯老子等爲客星自謂本之漢末劉叡荆州占夫含譽所謂瑞星也而光芒則似彗國皇所謂妖星也而形色又類南極老人瑞與妖果有定哉且周伯一星也旣屬之瑞星而云其國大昌又屬之客星而云其國兵起有喪其說如此果可爲法乎馬遷不復區別良有以也今按實錄彗孛變見特甚皆別書老人星則江以南常見而燕京必無見理故不書餘悉屬客星而編次之洪武三年七月太史奏文星見九年六月戊子有星大如彈丸白色止天倉經外屏卷舌入紫微垣掃文昌指內廚入於張七月乙亥滅十一年九月甲戌有星見於五車東北發芒丈餘掃內堦入紫微宮掃北極五星犯東垣少宰入天市垣犯天市至十月己未陰雲不見十八年九月戊寅有星見太微垣犯右執法出端門乙酉入翼彗長丈餘至十月庚寅犯軍門彗掃天廟二十一年二月丙寅有星出東壁占曰文士効用帝大喜以爲將策進士兆也永樂二年十月庚辰輦道東南有星如盞黃色光潤而不行二十二年九月戊戌有星見斗宿大如椀色黃白光燭地有聲如撒沙石宣德五年八月庚寅有星見南河旁如彈丸大色青黑凡二十六日滅十月丙申蓬星見外屏南東南行經天倉天庾八日而滅十二月丁亥有星如彈丸見九斿旁黃白光潤旬有五日而隱六年三月壬午又見八年閏八月戊午景星三見西北方天門青赤黃各一大如椀明朗清潤良久聚半月形丁丑有黃赤色見東南方如星非星如雲非雲蓋歸邪星也景泰三年十一月癸未有星見鬼宿積尸氣旁徐徐西行天順二年十一月癸卯有星見於星宿色白西行至丙午其體微狀如粉絮在軒轅旁庚戌生芒五寸犯爟位西北星至十二月壬戌沒於東井五年六月壬辰天市垣宗正旁有星粉白至乙未化爲白氣而消六年六月丙寅有星見策星旁色蒼白入紫微垣犯天牢至癸未居中台下形漸微弘治三年十二月丁巳有星見天市垣東南行戊辰見天倉下漸向壁七年十二月丙寅有星見天江旁徐行近斗至八年正月庚戌入危十二年七月戊辰有星見天市垣宗星旁入紫微垣東藩經少宰尚書抵太子后宮出西藩少輔旁至八月己丑滅十五年十月戊辰有星見天廟旁自張抵翼復退至張戊寅滅正德十六年正月甲寅朔東南有星如火變白長可六七尺橫亘東西復變勾屈狀良久乃散嘉靖八年正月立春日長星亘天七月又如之十一年二月壬午有星見東南色蒼白有芒積十九日滅十三年五月丁卯朔有星見騰蛇歷天廐入閣道二十四日滅十五年三月戊午有星見天棓旁東行歷天廚西入天漢至四月壬辰沒二十四年十一月壬午有星出天棓入箕轉東北行逾月沒萬曆六年正月戊辰有大星如日出自西方衆星皆西環十二年六月己酉有星出房三十二年九月乙丑尾分有星如彈丸色赤黃見西南方至十月而隱十二月辛酉轉出東南方仍尾分明年二月漸暗八月丁卯始滅三十七年有大星見西南芒刺四射四十六年九月乙卯東南有白氣一道潤尺餘長二丈餘東至軫西入翼十九日而滅十一月丙寅旦有花白星見東方天啟元年四月癸酉赤星見於東方崇禎九年冬天狗見豫分

彗孛彗之光芒傳日而生故夕見者必東指晨見者必西指孛彗類其芒氣四出天文家言其災更甚於彗洪武元年正月庚寅彗星見於昴畢三月辛卯彗星出昴北大陵天船間長八尺餘指文昌近五車四月己酉沒於五車北六年四月彗星三入紫微垣二十四年四月丙子彗星二一入紫微垣閶闔門犯天牀一犯六甲掃五帝內座永樂五年十一月丙寅彗星見宣德六年四月戊戌有星孛於東井長五尺餘七年正月壬戌彗星出東方長丈餘尾掃天津東南行十月始滅是月戊子又出西方十有七日而滅八年閏八月壬子彗星出天倉旁長丈許己巳入貫索掃七公己卯復入天市垣掃晉星二十有四日而滅正統四年閏二月己丑彗星見張宿旁大如彈丁酉長五丈餘西行掃酒旗進北犯鬼宿六月戊寅彗星見畢宿旁長丈餘指西南計五十有五日乃滅九年七月庚午彗星見太微東垣長丈許累日漸長至閏七月己卯入角沒十四年十二月壬子彗星見天市垣市樓旁歷尾度長二尺餘至乙亥沒景泰元年正月壬午彗星出天市垣外掃天紀星三年三月甲午朔有星孛於畢七年四月壬戌彗星東北見於胃長二尺指西南五月癸酉漸長丈餘戊子西北見於柳長九尺餘掃犯軒轅星甲午見於張長七尺餘掃太微北西南行六月壬寅入太微垣長尺餘十二月甲寅彗星復見於畢長五寸東南行漸長至癸亥而沒天順元年五月丙戌彗星見於危若動搖者東行一度芒長五寸指西南六月癸巳朔見室長丈餘由尾至東壁犯天大將軍卷舌第三星井宿水位南第二星十月己亥彗星見於角長五寸餘指北犯角北星及平道東星五年六月戊戌彗見東方指西南入井度七月丙寅始滅成化元年二月彗星見三月又見西北長三丈餘三閱月而沒四年九月己未有星見星五度東北行越五日芒長三丈餘尾指西南變爲彗星其後晨見東方昏見室南犯三公北斗瑤光七公轉入天市垣出垣漸小犯天屏西第一星十一月庚辰始滅七年十二月甲戌彗星見天田西指尋北行犯右攝提掃太微垣上將及幸臣太子從官尾指正西橫掃太微垣郎位己卯光芒長大東西竟天北行二十八度餘犯天槍掃北斗三公太陽入紫微垣內正晝猶見自帝星北斗魁庶子后宮勾陳天樞三師天牢中台天皇大帝上衞閣道文昌上台無所不犯乙酉南行犯婁天河天陰外屏天囷八年正月丙午行奎宿外屏漸微久之始滅弘治三年十一月戊戌彗星見天津南尾指東北犯人星歷杵臼十二月戊申朔入營室庚申犯天倉十三年四月甲午彗星見壘壁陣上入室壁間漸長三尺餘指離宮掃造父過太微垣漸微入紫微垣近女史犯尚書六月丁酉沒正德元年七月己丑有星見紫微西藩外如彈丸色蒼白越數日有微芒見參井間漸長二尺如帚西北至文昌庚子彗星見有光流東南長三尺越三日長五尺許掃下台上星入太微垣十五年正月彗星見嘉靖二年六月有星孛於天市十年閏六月乙巳彗星見於東井長尺餘掃軒轅第一星芒漸長至翼長七尺餘東北掃天罇入太微垣掃郎位行角度東南掃亢北第二星漸斂積三十四日而沒十一年八月己卯彗星見東井長尺許後東北行歷天津漸至丈餘掃太微垣諸星及角宿天門至十二月甲戌凡一百十五日而滅十二年六月辛巳彗星見於五車長五尺餘掃大陵及天大將軍漸長丈餘掃閣道犯騰蛇至八月戊戌而滅十八年四月庚戌彗星見長三尺許光指東南掃軒轅八第八星旬日始滅三十三年五月癸亥彗星見天權旁犯文昌行入近濁積二十七日而沒三十五年正月庚辰彗星見進賢旁長尺許西南指漸至三尺餘掃太微垣次相東北入紫微垣犯天牀四月二日滅三十六年九月戊辰彗

星見天市垣列肆旁東北指至十月二十三日滅隆慶三年十月辛丑朔彗星見天市垣東北指至庚申滅萬曆五年十月戊子彗星見西南蒼白色長數丈氣成白虹由尾箕越斗牛逼女經月而滅八年八月庚申彗星見東南方每夜漸長縱橫河漢凡七十日有奇十年四月丙辰彗星見西北形如匹練尾指五車歷二十餘日滅十三年九月戊子彗星出羽林旁長尺許每夕東行漸小至十月癸酉滅十九年三月丙辰西北有星如彗長尺餘歷胃室壁長二尺閏三月丙寅朔入婁二十一年七月乙卯彗星見東井乙亥逆行入紫微垣犯華蓋二十四年七月丁丑彗星見西北如彈丸入翼長尺餘西北行三十五年八月辛酉朔彗星見東井指西南漸徃西北壬午自房歷心滅四十六年十月乙丑彗星出於氐長丈餘指東南漸指西北掃犯太陽守星入亢度西北掃北斗璿璣文昌五車逼紫微垣右至十一月甲辰滅四十七年正月杪彗見東南長數百尺光芒下射末曲而銳未幾見於東北又未幾見於西崇禎十二年秋彗星見參分十三年十月丙戌彗星見

天變洪武二十一年八月壬戌至甲子天鼓鳴晝夜不止二十八年三月戊午昏刻天鳴如風水相搏至一鼓止九月戊戌初鼓天鳴如瀉水自東北而南至二鼓止宣德元年八月戊辰昏刻天鳴如雨陣迭至自東南而西南良久乃息辛未東南天鳴聲如萬鼓正統十年三月庚寅西北天鳴如鳥羣飛正德元年二月壬子夜東北天鳴如風水相搏者五七次隆慶二年八月甲辰絳州西北天裂自丑至寅乃合萬曆十六年九月乙丑甘肅石灰溝天鳴雲中如犬狀亂吠有聲崇禎元年三月辛巳昧爽天赤如血射牎牖皆紅十年九月每晨夕天色赤黃

日變月變洪武二年十二月甲子日中有黑子三年九月戊戌十月丁巳十一月甲辰四年三月戊戌五月壬子至辛巳九月戊寅五年正月庚戌二月丁未五月甲子七月辛未六年十一月戊戌朔七年二月庚戌至甲寅八年二月辛亥九月癸未十二月癸丑十四年二月壬午至乙酉十五年閏二月丙戌十二月辛巳並如之正統元年八月癸酉至己卯月出入時皆有游氣色赤無光十四年八月辛未月晝見與日爭明十月壬申日上黑氣如煙尋發紅光散焰如火景泰二年四月己卯月色如赭七年九月丙子日色變赤天順二年閏二月己巳日無光旋赤如赭三年八月丁卯日色如赭六年十月丙子日赤如血七年四月癸未如之乙酉日色變白八年二月己亥日無光成化五年閏二月己卯日色變白十一年二月己亥日色如赭四月辛卯如之十三年三月壬申日白無光十月辛卯十四年三月庚午十六年三月丙戌並如之十七年三月丁酉日赤如赭十八年四月壬寅日赤無光十二月癸酉日赤如赭二十年二月癸酉如之弘治元年十一月己卯月生芒如齒長三尺餘色蒼白十八年八月癸酉至九月甲午日無光嘉靖元年正月丁卯日慘白變青無光二十八年三月丙申至庚子日色慘白三十四年十二月庚申晦日忽暗有青黑紫日影如盤數十相摩久之千百飛蕩滿天向西北而散萬曆二十五年三月癸丑黑日二三十餘迴繞日旁移時雲隱不見五月辛卯朔日光轉蕩旋爲黑餅三十年三月甲申日光照地黃赤三十五年十一月丙午日赤無光燭地如血四十二年三月庚辰日赤黃如赭如血者累日四十四年八月戊辰日中有黑光四十六年閏六月丙戌至戊子黑氣出入日中摩蕩天啓四年正月癸未日赤無光有黑子二三蕩於旁漸至百許凡四日二月壬子日淡黃無光癸丑黑日摩蕩日旁四月癸酉日中黑氣摩蕩十二月辛巳午刻非煙非霧覆壓日上摩蕩如蓋如吞通天皆赤崇禎四年正月戊戌日色如血照人物皆赤二月乙巳朔日赤如血無光十月丙午月晝見十一年十一月癸亥日中有黑子及黑青白氣日入時日光摩蕩如兩日十二年正月己未朔日白無光辛酉日光摩蕩竟日有氣從日中出如鏡黛噴花二月庚子日旁有紅白丸又白芒黑氣交掩日光摩蕩十三年九月己巳兩日並日辰刻乃合爲一入時又分爲二十四年正月壬寅日青無光後三年正月癸丑有星入月三月壬寅日色無光者兩旬

暈適洪武六年三月戊辰日交暈十年正月己巳白虹貫日十二月甲子白虹貫月十二年四月庚申日交暈十四年正月壬子日有珥白虹貫之九月甲辰白虹貫日十五年正月丁未十九年三月己巳二十二年十二月戊午並如之二十三年正月壬辰日暈白虹貫珥二十八年十一月乙亥日上赤氣長五丈餘須臾又生直氣背氣皆青赤色又生半暈兩白虹貫珥已而彌天貫日三十年二月辛亥白虹亘天貫日永樂十八年閏正月癸未日生重半暈上有青赤背氣左右有珥白虹貫之隨生黃氣璚氣洪熙元年正月乙未日生兩珥白虹貫之四月丁未如之復生交暈宣德元年正月庚戌日生青赤璚氣隨生交暈色黃赤二月己卯日兩珥又生交暈左右有珥上重半暈及背氣昏刻月生兩珥白虹貫之二年十二月甲戌月生交暈左右珥白虹貫之三年三月庚寅日生交暈色黃赤兩珥及背氣戟氣各一色皆青赤丁酉日暈又交暈及戟氣二道十二月己卯日生交暈五年正月癸亥日暈隨生交暈二月甲午日交暈隨生戟氣四月庚辰日生兩珥白虹貫之六年二月甲寅日暈隨生交暈及重半暈璚氣八年九月戊戌辰刻日暈兩珥背氣申刻諸氣復生十年十二月辛亥日暈白虹貫兩珥有璚氣隨生重半暈及背氣正統元年二月己酉白虹貫月九月丁未如之十二月丙戌月生背氣左右珥白虹貫之三年四月庚辰日生兩珥白虹貫之隨暈十二月癸酉月生兩珥白虹貫之隨生背氣七年十二月辛丑月暈白虹貫之十一年正月乙未日生背氣白虹彌天十四年八月戊申日暈旁有戟氣隨生左右珥及戴氣東北虹蜺如杵景泰元年二月壬午酉刻日上黑氣四道約長三丈離地丈許兩頭銳而貫日其狀如魚十二月甲午日交暈上下背氣各一道兩旁戟氣各一道二年正月癸卯日生左右珥白虹貫之隨生背氣二月丙戌日交暈三年正月丙辰日生左右珥及背氣白虹五年十一月壬戌月暈左右珥及背氣又生白虹貫右珥七年六月丁丑日暈隨生重半暈及左右珥天順元年二月庚戌辰刻日交暈左右珥旋生抱氣及左右戟氣白虹貫日未刻諸氣復生辛亥日交暈左右珥及戟氣白虹貫日彌天者竟日二年二月乙卯日交暈上有背氣白虹貫日七年正月戊戌月生連環暈成化二年四月壬寅日交暈右有珥十一年六月己酉日重暈左右珥及背氣十二年正月甲子日交暈二十年二月己未日生白虹東北亘天二十一年十月癸巳巳刻日暈左右珥未刻復生又生抱氣背氣二十三年十二月癸巳日暈左右珥又生背氣及半暈弘治二年正月甲戌午刻日暈白虹彌天丙戌日交暈左右珥白虹彌天二月壬寅日生左右珥及背氣又生交暈半暈及抱格二氣十一月戊辰月暈連環貫左右珥四年二月庚戌午刻日交暈左右珥下生戟氣白虹彌天六年十一月乙巳月暈左右珥連環貫之十八年二月己巳月暈左右珥白虹彌天正德元年正月乙酉日暈上有背氣左右有珥白虹彌天十二月辛酉月暈白虹彌天甲子如之嘉靖元年四月癸未月生連環暈二年正月己酉月暈連環左右珥七年正月乙亥日重暈兩珥及戟氣白虹彌天十三年二月壬辰白虹亘天日暈左右珥及戟氣十八年十二月壬午立春日暈右珥白虹亘天二十一年十一月甲子月暈連環四十一年十一月辛丑日暈左右珥上抱下戟白虹彌天隆慶五年三月辛巳日暈有珥白虹亘天萬曆三十五年正月庚午日暈黑氣蔽天四十八年二月癸丑日連環暈下有背氣左右戟氣白虹彌天天啓元年二月甲午日交暈左右有珥白虹彌天三年十月辛巳日生重半暈左右珥崇禎八年二月丙午白虹貫日

星變洪武二十八年閏九月辛巳壘壁陣疎拆復聚二十九年八月戊子欽天監言井宿東北第二星近歲漸暗小促聚不端列三十一年五月癸亥壘壁陣疎者就聚正統元年九月丁巳狼星動搖十四年十月辛亥如之成化六年丁巳熒惑無光十三年九月乙丑朔歲星光芒炫燿而有玉色正德元年八月大角及心中星動搖北斗中璿璣權三星不明萬曆四十四年權星暗小輔星沉沒四十六年九月太白光芒四映如月影天啓五年七月壬申熒惑色赤體大有芒崇禎九年十二月熒惑如炬在太微垣東南十二年十月甲午填星昏暈十三年六月泰堦拆九月五車中三柱隱十月參足突出玉井後四年二月熒惑怒角三月壬辰欽天監正戈承科奏帝星下移已又軒轅星絕續不常大小失次文昌星拆天津拆瑤光拆芒角黑青

星流星隕靈臺候簿飛流之記無夜無有其小而尋常者無關休咎擇其異常者書之洪武三年十月庚辰有赤星如桃起天桴至壘壁陣抵羽林軍爆散有聲五小星隨之至土司空旁發光燭天忽大如椀曳赤尾至天倉沒須臾東南有聲二十一年八月乙巳赤星如杯自北斗杓東南行三丈餘分爲二又五丈餘分爲三經昴宿復爲二經天廩合爲一沒於天苑永樂元年閏十一月丁卯有星色蒼大如斗光燭地出中天雲中西南行隆隆有聲入雲中二年五月丙午有赤星大如斗光燭地出中天西北行入雲中十六年有星大如斗色青赤光燭地自柳東行至近濁二十二年五月己亥有星如盞色青白光燭地起東南雲中西北行入雲中有聲如砲七月庚寅有星如椀色赤有光自奎入參炸散衆星搖動宣德元年十二月己巳有星大如椀光赤出卷舌東行過東井墜地有聲如雷正統元年八月乙酉昏刻至曉大小流星百餘四年八月癸卯大小流星數百十四年十月癸丑有星大如杯赤光燭地自三師西北抵

少弼尾跡化蒼白氣長五尺餘曲曲西行十二月戊申有星大如杯色青白有聲光燭地自太乙旁東南行丈餘發光大如斗至天市西垣沒四小星隨之景泰二年六月丙申大小流星八十餘八月壬午有赤星二一如桃一如斗光燭地一出紫微西藩北行至陰德三小星隨之一出天津東南行至河南十餘小星隨之尾跡炸散聲如雷天順三年四月癸丑有星大如椀赤光燭地自左旗東南行抵女宿尾跡炸散八年二月壬子有星如椀光燭地自天市至天津尾化蒼白氣如蛇形長丈餘良久散成化十二年十一月乙丑延綏波羅堡有星二形如轆軸一墜樊家溝一墜本堡紅光燭天二十年五月丙申有大星墜番禺縣東南聲如雷散爲小星十餘既而天地皆晦良久乃復二十一年正月甲申朔申刻有火光自中天少西下墜化白氣復曲折上騰有聲踰時西方有赤星大如椀自中天西行近濁尾跡化白氣曲曲如蛇行良久正西轟轟如雷震弘治元年八月戊申巳刻南方流星如盞自南行丈餘大如椀西南至近濁尾化白雲屈曲蛇行而散四年十月丁巳有星赤光如電自西南往東北聲如鼓隕光山縣化爲石如斗光州商城亦見大星飛空如光山所見十一月甲戌星隕眞定西北紅光燭天西南天鳴如鼓又若奔車七年五月宣府山西河南有星晝隕八年四年辛未有星如輪流至西北隕於鉛山縣其聲如雷九年隕三月戊午平涼東南有流星如月紅光燭地至西北止既而天鼓鳴十年正月壬子有星大如斗色黃白光長三十餘丈一小星隨之隕於寧夏西北隅天鳴如雷者數聲九月乙巳有星如斗光掩月流自西北隕於永平有聲十一年正月癸亥有流星隕於肅州大如房響如雷良久滅十月壬申曉東方赤星如椀行丈餘光燭地東南行小星數十隨之十四年閏七月辛巳山東有星大如車輪赤光燭天自東南往西北隕於壽光天鼓鳴十六年正月己酉南京有星晝流正德元年十二月庚午有星如椀隕寧夏中衞空中有紅光大二畝二年八月己亥寧夏有大星自正南流西南而墜後有赤光一道濶三尺長五丈五年四月丁亥雷州有大星如月自東南流西北分爲二尾如彗隨沒聲如雷六年八月癸卯有流星如箕尾長四五丈紅光燭天自西北轉東南三首一尾墜四川崇慶衞色化爲白復起綠燄高二丈餘聲如雷震十五年正月丁未酉刻有星隕於山西龍舟谷巡檢司廳事四月丙戌陝西鞏昌府有星如日色赤自東方流西南而隕天鼓鳴嘉靖十二年九月丙子流星如盞光照地自中台東北行近濁尾跡化爲白氣四更至五更四方大小流星縱橫交行不計其數至明乃息十四年九月戊子開封白晝天鼓鳴有星如盌東南流衆小星從之如珠十九年五月辛丑星隕棗強爲石四萬曆三年五月癸亥晝景州天鼓鳴隕星二化爲黑石四年十一月甲午有四星隕費縣火光照地質明落赤黠於城西北色如硃砂長二里濶一二尺是月臨漳有星長尺許白晝北飛十三年七月辛巳有星如盌隕於沈邱蓮花集天鼓鳴十五年六月丙寅平陽晝隕星丁卯辰刻有星如斗隕於平陰震響如雷十七年正月庚申有星隕西寧衞大如月天鼓鳴二十年二月丙辰有三星隕閬縣東南二十二年正月戊戌保定青山口有大飛星餘光若彗長二十餘丈二十七年三月庚子蓋州衞天鼓鳴連隕大星三三十年九月己未朔有大星見東南赤如血大如椀忽化爲五中星更明久之會爲一大如簏辛巳有大小星數百交錯行十月壬辰五更流星起中天光散七道有聲如雷三十三年九月戊子有星如椀墜於南京龍江後營光如火至地遊走如螢移時滅明日復有星如月從西北流至閱兵臺分爲三墜地有聲十一月有星隕南京教場入地無跡三十五年十一月癸巳有星隕於涇陽淳化諸縣大如車輪赤色尾長丈餘聲如轟雷三十八年二月癸酉有星大如斗墜陽曲西北碎星不絕天鼓齊鳴四十一年正月庚子眞定天鼓鳴流星晝隕有光四十三年三月戊申晝星墜清豐東流郵聲如雷四十六年十月辛酉有星如斗隕於南京安德門外聲如霹靂化爲石重二十一觔天啓三年九月甲寅固原州星隕如雨崇禎十五年夏星流如織後二年三月己丑朔有星隕於御河

雲氣洪武四年四月辛丑五色雲見戊申乙酉十一月壬戌五年正月庚午丙子六月辛巳七月己酉壬子八月己亥六年六月丁丑七月癸卯七年四月丙午五月丙戌癸巳甲午六月乙未乙卯七月己卯八月辛酉八年正月壬申四月丁未五月庚午癸未六月壬辰己亥十月庚戌九年八月癸巳十四年九月甲申十五年正月甲申五月庚申九月乙卯丙寅十一月辛酉十八年四月癸巳乙未五月辛未甲申六月癸丑十九年九月壬午二十年十一月丁亥五月乙酉二十七年六月乙卯竝如之永樂元年六月甲寅日下五色雲見八月壬申日珥隨五色雲見八年二月庚戌車駕次永安甸日下五色雲見十一年六月戊申朔武當山頂五色雲見十七年九月丙辰十二月癸未慶雲見二十二年十一月丙戌月下五色雲見洪熙元年二月癸酉庚辰三月乙未俱五色雲見宣德元年八月庚辰白雲起東南狀如羣羊驚走十一月丙辰北方有蒼白雲東西竟天二年十一月乙未日下五色雲見四年六月戊子夜五色雲見六年二月壬子昏西方有蒼白雲南北竟天十年三月丁亥月生五色雲正統二年七月庚子月生五色雲十月己丑日生五色雲十二月癸亥如之三年七月己亥夜中天有蒼白雲南北竟天貫南北斗八年十一月戊辰夜東南方有蒼白雲東西亘天九年十一月甲午月生五色雲十年九月丁酉日生五色雲十一月甲午月生五色雲十四年十月庚申晝生蒼白雲復化爲三東西南北竟天景泰元年六月乙酉赤雲四道兩頭銳如耕壠狀徐徐東北行而散八月甲戌黑雲如山化作龍虎麋鹿狀九月丙寅有蒼白雲氣南北亘天二年六月戊寅日上五色雲九月辛酉夜蒼白雲三東西竟天三年正月癸亥東南有黑雲如人戴笠而揖四年十一月丁卯月生五色雲天順二年十月壬申四年十月戊午亦如之成化二年三月辛未白雲起南方東西竟天十一年正月丙寅月生五色雲十八年十月庚午五色雲見於泰陵二十一年閏四月壬辰開濮二州清豐金鄉未申時黑雲起西北化爲五色須臾晦如夜弘治二年正月辛巳日生五色雲十四年三月己酉朔嘉靖十七年九月戊子竝如之十八年二月庚子朔當午日下有五色雲見長徑二寸餘形如龍鳳萬曆五年六月庚辰祥雲繞月天啓四年六月癸巳午刻南方五色雲見

明史卷二十八　志第四

總裁官總理事務　經筵講官少保兼太子太保保和殿大學士兼管吏部戶部尚書事加六級張廷玉等奉敕修

五行一　水

史志五行始自漢書詳錄五行傳說及其占應後代作史者因之粵稽洪範首叙五行以其爲天地萬物之所莫能外而合諸人道則有五事稽諸天道則有庶徵天人相感以類而應者固不得謂理之所無而傳說則條分縷析以某異爲某事之應更旁引曲證以伸其說故雖父子師弟不能無所抵牾則果有當於叙疇之意歟夫苟知天人之應捷於影響庶幾一言一動皆有所警惕以此垂戒意非不善然天道遠人道邇逐事而比之必有驗有不驗至有不驗則見以爲無徵而怠焉前賢之論此悉矣孔子作春秋紀異而說不書彼劉董諸儒之學頗近於術數禨祥本無足述班氏創立此志不得不詳其學之本原而歷代之史往往取前人數見之說備列簡端揆之義法未知所處故考次洪武以來略依舊史五行之例著其祥異而事應暨舊說之前見者並削而不載云

洪範曰水曰潤下水不潤下則失其性矣前史多以恒寒恒陰雪霜冰雹雷震魚孽蝗蝻豕禍龍蛇之孽馬異人痾疾疫鼓妖隕石水潦水變黑眚黑祥皆屬之水今從之

恒寒景泰四年冬十一月戊辰至明年孟春山東河南浙江直隸淮徐大雪數尺淮東之海冰四十餘里人畜凍死萬計五年正月江南諸府大雪連四旬蘇常凍餓死者無算是春羅山大寒竹樹魚蚌皆死衡州雨雪連綿傷人甚多牛畜凍死三萬六千蹄成化十三年四月壬戌開原大雨雪畜多凍死十六年七八月越巂雨雪交作寒氣若冬弘治六年十一月鄖陽大雪至十二月壬戌夜雷電大作明日復震後五日雪止平地三尺餘人畜多凍死正德元年四月雲南武定隕霜殺麥寒如冬萬曆五年六月蘇松連雨寒如冬傷稼四十六年四月辛亥陝西大雨雪橐駝凍死二千蹄

恒陰洪武十八年二月久陰正統五年七月戊午己未及癸亥曉刻陰沉四方濃霧不辨人八年邳海二州陰霧彌月夏麥多損景泰六年正月癸酉陰霧四塞既而成霜附木凡五日八年正月甲子陰晦大霧咫尺不辨人物成化四年三月昏霧蔽天不見星日者累晝夜九年三月甲午四月丁卯山東黑暗如夜二十年五月丙申番禺天晦良久乃復二十三年十二月辛卯大霧不辨人弘治十五年十一月景東晝晦者七日十六年四月辛亥甘肅昏霧障天咫尺不辨人物十八年秋廣昌大雨霧凡兩月民病且死者相繼正德十年四月鉅野陰霧六日殺穀十四年三月戊午陰晦嘉靖元年正月丁卯日午昏霧四塞三年江北昏霧其氣如藥天啓六年閏五月丙戌霧重如雨六月己未如之

雨雪隕霜洪武十四年五月丁未建德雪六月己卯杭州晴日飛雪二十六年四月丙申榆社隕霜損麥景泰四年鳳陽八衞二三月雨雪不止傷麥天順四年三月

乙酉大雪越月乃止成化二年四月乙巳宣府隕霜殺青苗十九年三月辛酉陝西隕霜弘治六年十月南京雨雪連旬八年四月庚申榆社陵川襄垣長子沁源隕霜殺麥豆桑辛酉慶陽諸府縣衞所三十五隕霜殺麥豆禾苗九年四月辛巳榆次隕霜殺禾是月武鄉亦隕霜十七年二月壬寅鄖陽均州雨雪雹雪片大者六寸六月癸亥雨雪正德八年四月乙巳文登萊陽隕霜殺稼丙辰殺穀十三年三月壬戌遼東隕霜禾苗皆死嘉靖二年三月甲子鄭城隕霜殺麥辛未殺禾二十二年四月己亥固原隕霜殺麥隆慶六年三月丁亥南宮隕霜殺麥萬曆二十四年四月己亥林縣雪二十六年十一月辛亥彰德隕霜不殺草三十八年四月壬寅貴州暴雪形如土磚民居片瓦無存者四十四年正月雨紅黃黑三色雪屋上多巨人跡崇禎六年正月辛亥大雪深二丈餘十一年五月戊寅喜峰口雪三尺十三年四月會寧隕霜殺稼十六年四月鄢陵隕霜殺麥

冰雹洪武二年六月庚寅慶陽大雨雹傷禾苗三年五月丙辰蔚州大雨雹傷田苗五年五月癸丑夜中都皇城萬歲山雨冰雹大如彈丸七年八月甲午平涼延安綏德米脂雨雹九月甲子鞏昌雨雹八年四月臨洮平涼河州雹傷麥十四年七月己酉臨洮大雨雹傷稼十八年二月雨雹永樂七年秋保定浙東雨雹十二年四月河南一州八縣雨雹殺麥正統三年西延平慶臨鞏六府及秦河岷金四州自夏逮秋大雨雹四年五月壬戌京師大雨雹五年四月丁酉平涼諸府大雨雹傷人畜田禾六月壬申至丙子山西行都司及蔚州連日雨雹其深尺餘傷稼八月庚辰保定大雨雹深尺餘傷稼景泰五年六月庚寅易州大方等社雨雹甚大傷稼百二十五里人馬多擊死六年閏六月乙巳束鹿雨雹如鷄子擊死鳥雀狐兎無算天順元年六月己亥雨雹大如鷄卵至地經時不化奉天門東吻牌摧毀八年五月丁巳雨雹成化元年四月庚寅雨雹大如卵損禾稼五月辛酉又大雨雹五年閏二月癸未瓊山雨雹大如斗八年七月丙午隴州雨雹大如鵝卵或如鷄子中有如牛者五長七八寸厚三四寸六日乃消九年五月丁巳雨雹如拳十三年春湖廣大雨冰雹牛死無算十九年六月乙亥潞州雨雹大者如椀二十年二月丙子清遠雨雹大如拳丙戌大雷電復雨雹二十一年三月己丑夜番禺南海風雷大作飛雹交下壞民居萬餘死者千餘人二十二年三月甲寅南陽雨雹大如鵝卵弘治元年三月壬申夜融縣雨雹壞城樓垣及軍民屋舍死者四人二年三月戊寅賓州雨雹如鷄子擊殺牧豎三人壞廬舍禾稼庚辰貴州安莊衞大雷雨雪雹壞麥苗四月辛卯洮州衞雨冰雹水湧三丈四年三月癸卯榆次二州雨雹大者如牆杵積厚二三尺壞屋宇禾稼四月己酉洮州衞雨雹及冰塊水高三四丈漫城郭漂房舍田苗人畜多渰死五年四月乙丑莒沂二州安邱郯城二縣雨雹大如酒盃傷人畜禾稼六年八月己巳長子雨雹大者如拳傷禾稼人有擊死者辛未雨雹大如彈丸平地壅積八年二月壬申永嘉暴風雨雹大如鷄卵小如彈丸積地尺餘白霧四起毁屋殺黍禽鳥多死三月己亥桐城雨雹深五尺殺二麥己酉淮鳳州縣暴風雨雹殺麥四月乙亥常州泗邳雨雹深五寸殺麥及菜丙子沂州雨雹大者如盤小者如盌人畜多擊死六月乙卯雨雹七月乙酉洮州衞雨冰雹殺禾暴水至人畜多溺死者丙戌甘肅西寧大雨雹殺禾及畜九年五月丙辰雨雹十年二月己卯江西新城雨冰雹民有凍死者三月丁卯北通州雨冰深一尺十三年八月戊子雨雹丙午又雨雹九月壬戌又雨雹十四年四月丁酉徐州清河桃源宿遷雨冰雹平地五寸夏麥盡爛五月乙亥登萊二府雨雹殺禾七月辛卯雨雹正德元年六月戊辰宣府馬營堡大雨雹深二尺禾稼盡傷三年四月辛未涇州雨雹大如鷄卵壞廬舍菽麥四年五月甲午費縣大雨雹深一尺壞麥穀八年十月戊戌平陽太原沁汾諸屬邑大雨雹平地水深丈餘衝毁人畜廬舍十一年六月甲戌宣府大雨雹禾稼盡死九月丙申貴州大雨雹十二年五月己亥安肅大雨雹平地水深三尺傷禾民有擊死者十三年四月壬午衡州疾風迅雷雨雹大如鵝子稜利如刀碎屋斷樹木如剪嘉靖元年四月甲申雲南左衞各屬雨雹大如雞子禾苗房屋被傷者無算五月己未蓬溪雨雹大如鵝子傷亦如之二年五月丁丑大同前衞雨雹四年四月丁未大同衞雨雹五月戊子固安雨雹五年五月甲辰滿城雨雹六月丁巳大同縣雨冰雹俱大如雞子丁卯萬全都司及宣府皆雨雹大者如甌深尺餘七月癸未南豐雨雹大如盌形如人面遂昌雨雹頃刻二尺大殺麻豆六年六月癸丑鎮番衞大雨雹殺傷三十餘人十四年三月辛巳漢中雨雹隕霜殺麥四月庚子開封彰德雨雹殺麥十八年五月壬辰慶都安肅河間雨冰雹大如拳平地五寸人有死傷者二十八年三月庚寅臨清大冰雹損房舍禾苗六月丁卯延川雨雹如斗壞廬舍傷人畜三十四年五月庚子鳳陽大冰雹壞民田舍三十六年三月癸未沂州雨雹大如盂小如雞卵平地尺餘徑八十里人畜傷損無算四十三年閏二月甲申雨雹四月庚寅又雨雹隆慶元年七月辛巳紫荆關雨雹殺稼七十里三年三月辛未平溪衞雨雹平地水湧三尺漂沒廬舍四月己丑鄖陽縣雨雹平地水深二尺五月癸丑延綏口北馬營堡雨雹殺稼七十里四年四月辛酉宣府大同雨雹厚三尺餘大如卵禾苗盡傷五年四月戊午大雨雹六年八月乙丑祁定二州大雨雹傷損禾菽擊斃三人萬曆元年五月辛巳雨雹四年四月丙午博興大雨雹如拳如卵明日又如之擊死男婦五十餘人牛馬無算禾麥毁盡兖州相繼損禾五月乙巳定襄雨雹大者如卵禾苗盡損九年八月庚子遼東等衞雨雹如雞卵禾盡傷十一年閏二月丁卯泰州寶應雨雹如雞子殺飛鳥無算五月庚子大雨雹十三年五月乙酉宛平大雨雹傷人畜千計十五年五月癸巳喜峰口大雨雹如棗栗積尺餘田禾瓜果盡傷十九年四月壬子雨雹二十一年二月庚寅貴陽府大雨雹十月丙戌武進江陰大冰雹傷五穀二十三年五月乙酉臨邑雨雹盡作男女鳥獸形二十五年八月壬戌風雹二十八年六月山東大風雹擊死人畜傷禾苗河南亦雨冰雹傷禾麥三十年四月己未大雨雹三十一年五月戊寅鳳陽皇陵雨雹七月丁丑大雨雹三十四年七月丙戌又大雨雹平地水深三尺三十六年五月戊子雨雹四十一年七月丁卯宣府大雨雹殺禾稼四十六年三月庚辰長泰同安大雨雹如斗如拳擊傷城郭廬舍壓死者二百二十餘人十月壬午雲南雨雹天啓二年四月壬辰大雨雹崇禎三年九月辛丑大雨雹四年五月襄垣雨雹大如伏牛盈丈小如拳斃人畜甚衆六月丙申大雨雹七年四月壬戌常州鎮江雨雹傷麥八年七月己酉臨縣大冰雹三日積二尺餘大如鵝卵傷稼十年四月乙亥大雨雹閏四月癸丑武鄉沁源大雨雹最大者如象次如牛十一年六月甲寅宣府乾石河山場雨雹擊殺馬羸四十八匹九月順天雨雹十二年八月白水同官雒南隴西諸邑千里雨雹半日乃止損傷田禾十六年六月丁丑乾州雨雹大如牛小如斗毁傷牆屋擊斃人畜

雷震洪武六年十一月戊申雷電交作十三年五月甲午雷震謹身殿六月丙寅雷震奉天門十月甲戌雷電十二月己巳廣州大風雨雷電十八年二月甲午雷電雨雪二十一年五月辛丑雷震元武門獸吻六月癸卯暴風雷震洪武門獸吻宣德九年六月甲子雷震大祀壇外西門獸吻正統八年五月戊寅雷震奉天殿鴟吻七月辛未雷震南京西角門樓獸吻是日大同巡警軍至沙溝風雷驟至裂膚斷指者二百餘人九年正月辛亥朔雷電大雨閏七月壬寅雷震奉先殿鴟吻十一年十二月壬寅大雨雷電翼日乃止十四年六月丙辰南京風雨雷電謹身殿災景泰三年六月庚寅雷擊宮庭中門傷人天順二年六月己卯雷震大祀殿鴟吻四年六月癸丑雷毁薊州倉厫四成化三年六月戊申雷震南京午門正樓五年二月乙卯又震山川壇具服殿之獸吻八年四月辛未始雷十二年十一月癸亥南京大雷雨十三年二月甲戌安慶大雪既而雷電交作十一月辛未冬至杭州大雷雨戊寅荆門州大雷電雨雪十七年七月己亥雷震郊壇承天門脊獸十一月丁酉江南大雷雨雪弘治元年五月丙子辰刻南京震雷壞洪武門獸吻巳刻壞孝陵御道樹六月己酉又壞鷹揚衞倉樓聚寶門旗杆二年四月庚子又毁神樂觀祖師殿三年七月壬子又壞午門西城牆六年閏五月丁未薊州大風雷拔木偃禾牛馬有震死者十二月壬戌南京雷雨拔孝陵樹七年六月癸酉如之七月丙辰福州雷燬城樓八年十二月丙子長沙大雷電雨雪丁丑南昌彭水俱大雷電雨雪雹大木折十年四月雷震宣府西橫嶺之南山傾三十餘丈七月乙卯雷擊吉王府端禮門獸吻十二年四月丙午雷震楚府承運殿十四年閏七月庚辰福州大風雷擊壞教場旗杆城樓大樹正德元年五月壬辰雷震青州衣甲庫獸吻有火起庫中六月辛酉雷擊西中門柱脊暴風折郊壇松柏大祀殿及齋宮獸瓦多墮落者丙子南京暴風雨雷震孝陵白土岡樹十二月己巳朔南通州雷再震四年十二月壬寅杭州大雨雷電越二日復作五年六月丙申雷震萬全衞紫溝堡斃墩軍四人七年五月戊辰雷震餘干萬春寨旗杆狀如刀劈閏五月丁亥雷震成都衞門及教場旗杆十年閏四月甲申薊州賺狗崖東墩及新開嶺關雷火震傷三十餘人十二年八月癸亥南京祭歷代帝王雷雨大作震死齋房吏十二月庚辰瑞州大雷電十六年八月雷擊奉天門嘉靖二年五月丁丑雷擊觀象臺四年七月己丑雷擊南京長安左門獸吻五年四月戊寅雷擊阜城門城樓南角獸吻及北九鋪旗杆十年

六月丁巳雷擊德勝門破民屋柱斃者四人癸亥雷擊午門角樓及西華門城樓柱十五年六月甲申雷擊南京西上門獸吻震死男婦十餘人十六年五月戊戌雷震謹身殿鴟吻二十八年六月丁酉朔雷震奉先殿左吻及東室門楣三十三年四月乙亥始雷三十八年六月丙寅雷擊奉先殿門外南西二牆隆慶元年八月大暑雷震次日大寒如嚴冬是夕雷震達旦四年六月辛酉雷擊圜丘廣利門鴟吻萬曆三年六月己卯雷擊建極殿鴟吻壬辰雷擊端門鴟尾六年七月壬子雷擊南京承天門左簷十三年七月戊子雷震郊壇廣利門震傷榜題利字及齋宮北門獸吻十六年八月壬午雷震南京舊西安門鐘鼓樓獸頭十九年五月甲戌太平路喜峰路並雷擊墩臺折傷官軍二十一年四月戊戌雷震孝陵大木二十二年六月己酉雷雨西華門災七月壬辰雷擊祈穀壇東天門左吻二十四年二月己酉夜鄖縣大雷雨火光遍十餘里二十五年七月庚寅朔雷燬黃花鎭臺垣及火器三十二年五月癸酉雷燬長陵樓又燬薊鎭松棚路墩臺三十三年五月庚子大雷電擊燬南郊望燈高杆三十七年八月甲寅雷劈西城上旗杆泰昌元年十月己未雷燬淮安城樓崇禎六年十二月丁亥大風雪雷電九年正月甲戌雷燬孝陵樹十年四月乙亥薊州雷火焚東山二十餘里十二年七月雷擊破密雲城鋪樓所貯砲木皆碎十月乙未立冬雷電大作十四年四月癸丑雷火起薊州西北焚及趙家谷延二十餘里六月丙午雷震宣府西門城樓十五年四月癸卯雷震南京孝陵樹火從樹出十六年五月癸巳朔雷震通夕不止次日見太廟神主橫倒諸銅器爲火所鑠鎔而成灰六月丙戌雷震奉先殿鴟吻槅扇皆裂銅鐶盡燬

魚孽嘉靖四十一年二月乙亥德州九龍廟雨魚大者數寸崇禎十年三月錢塘江木柹化爲魚有首尾未變者

蝗蝻洪武五年六月濟南屬縣及青萊二府蝗七月徐州大同蝗六年七月北平河南山西山東蝗七年二月平陽太原汾州歷城汲縣蝗六月懷慶眞定保定河間順德山東山西蝗八年夏北平眞定大名彰德諸府屬縣蝗建文四年夏京師飛蝗蔽天旬餘不息永樂元年夏山東山西河南蝗三年五月延安濟南蝗十四年七月畿內河南山東蝗宣德四年六月順天州縣蝗九年七月兩畿山西山東河南蝗蝻覆地尺許傷稼十年四月兩京山東河南蝗蝻傷稼正統二年四月北畿山東河南蝗五年夏順天河間眞定順德廣平應天鳳陽淮安開封彰德兗州蝗六年夏順天保定眞定河間順德廣平大名淮安鳳陽蝗秋彰德衞輝開封南陽懷慶太原濟南東昌青萊兗登諸府及遼東廣寧前中屯二衞蝗七年五月順天廣平大名河間鳳陽開封懷慶河南蝗八年夏兩畿蝗十二年夏保定淮安濟南開封河南彰德蝗秋永平鳳陽蝗十三年七月飛蝗蔽天十四年夏順天永平濟南青州蝗景泰五年六月寧國安慶池州蝗七年五月畿內蝗蝻延蔓六月淮安揚州鳳陽大旱蝗九月應天及太平七府蝗天順元年七月濟南杭州嘉興蝗二年四月濟南兗州青州蝗成化三年七月開封彰德衞輝蝗九年六月河間蝗七月眞定蝗八月山東旱蝗十九年五月河南蝗二十二年三月平陽蝗四月河南蝗七月順天蝗弘治三年北畿蝗四年夏淮安揚州蝗六年六月飛蝗自東南向西北日爲掩者三日七年三月兩畿蝗嘉靖三年六月順天保定河間徐州蝗隆慶三年閏六月山東旱蝗萬曆十五年七月江北蝗十九年夏順德廣平大名蝗三十七年九月北畿徐州山東蝗四十三年七月山東旱蝗四十四年四月復蝗七月常州鎭江淮安揚州河南蝗九月江寧廣德蝗蝻大起禾黍竹樹俱盡四十五年北畿旱蝗四十六年畿南四府又蝗四十七年八月濟南東昌登州蝗天啓元年七月順天蝗五年六月濟南飛蝗蔽天田禾俱盡六年十月開封旱蝗崇禎八年七月河南蝗十年六月山東河南蝗十一年六月兩京山東河南大旱蝗十三年五月兩京山東河南山西陝西大旱蝗十四年六月兩京山東河南浙江大旱蝗

豕禍嘉靖七年杭州民家有豕肉膜間生字萬曆二十三年春三河民家生八豕一類人形手足俱備額上一目三十八年四月燕河路營生豕一身二頭六蹄二尾六月大同後衞生豕兩頭四眼四耳四十七年六月黃縣生豕雙頭四耳一身八足七月寧遠生豕身白無毛長鼻象嘴天啓三年七月辰州漑平溪生豕豬身人足一目四年三月神木生豕額多一鼻逆生目深藏皮肉合則不見四月榆林生豕一首二身二尾八足六月霍州生豕二身二眼象鼻四耳四乳崇禎元年三月石泉生豕類象鼻下一目甚大身無毛皮肉皆白六年二月建昌生豕二身一首八蹄二尾十五年七月聊城生豕一首二尾七蹄

龍蛇之孽成化五年六月河決杏花營有卵浮於河大如人首下銳上圓質青白蓋龍卵也弘治九年六月庚辰宣府鎭南口墩驟雨火發龍起刀鞘內十八年五月辛卯日午旋風大起雲霧三殿若有人騎龍入雲者正德七年六月丁卯夜招遠有赤龍懸空光如火盤旋而上天鼓隨鳴十二年六月癸亥山陽見黑龍一龍吸水聲聞數里攝舟及舟女至空而墜十三年五月癸丑常熟俞野村迅雷震電有白龍一黑龍二乘雲並下口中吐火目睛若炬撤去民居三百餘家吸二十餘舟於空中舟人墜地多怖死者是夜紅雨如注五日乃息十四年四月鄱陽湖蛟龍鬭嘉靖四十年五月癸酉青浦余山九蛟並起湧水成河萬曆十四年七月戊申舒城大雷雨起蛟百五十八跡如斧劈山崩田陷民溺死無算是歲建昌民樵於山逢巨蛇一角六足如雞距不噬不驚或言此肥遺也十八年七月猗氏大水二龍鬭於村得遺卵尋失十九年六月己未公安大水有巨蛇如牛首赤身黑修二丈餘所至隄潰三十一年五月戊戌歷城大雨二龍鬭水中山石皆飛平地水高十丈四十五年八月安邱青河村青白二龍鬭

馬異永樂十八年九月諸城進龍馬民有牝馬牧於海濱一日雲霧晦冥有物蜿蜒與馬接產駒具龍文其色青蒼謂之龍馬云宣德七年五月忻州民武煥家馬生一駒鹿耳牛尾玉面瓊蹄肉文被體如鱗七月滄州畜官馬一產二駒州以爲祥獻於朝宣宗曰物理之常何足異也成化十七年六月興濟馬生二駒弘治元年二月景寧屏風山有異物成羣大如羊狀如白馬數以萬計首尾相啣迤邐騰空而去嘉靖四十二年四月海鹽有海馬萬數岸行二十餘里其一最巨高如樓

人痾前史多志一產三男事然近歲多有不可勝詳也其稍異者志之洪武二十四年八月河南龍門婦司牡丹死三年借袁馬頭之屍復生宣德元年十一月行在錦衣衞校尉綦榮妻皮氏一產四子天順四年四月揚州民婦一產五男成化十三年二月南京鷹揚衞軍陳僧兒妻朱氏一產三男一女十七年六月宿州民張珍妻王氏臍下右側裂生一子二十年十二月徐州婦人肋下生瘤久之漸大兒從瘤出二十一年嘉善民鄒亮妻初乳生三子再乳生四子三乳生六子弘治十一年六月騰驤左衞百戶黃盛妻宜氏一產三男一女十六年五月應山民張本華妻崔氏生鬚長三寸是時鄖陽商婦生鬚三綹約百餘莖嘉靖二年六月曲靖衞舍人胡晟妻生一男兩頭四手三足四年橫涇農孔方脇下產肉塊剖視之一兒宛然五年江南民婦生妖六目四面有角手足各一節獨爪鬼聲十一年當塗民婦一產三男一女十二年貴州安衞軍李華妻生男兩頭四手四足二十七年七月大同右衞叅將馬繼舍人馬錄女年十七化爲男子隆慶二年十二月靜樂男子李良雨化爲婦人五年二月唐山民婦生兒從左脇出萬曆十年浙川人化爲狼十八年南宿州民婦一產七子膚髮紅白黑青各色三十七年六月繁峙民李宜妻牛氏一產二女頭面相連手足各分四十六年廣寧衞民婦產一猴二角四齒是時大同民婦一產四男崇禎八年夏鎭江民婦產一子頂載兩首臀贅一首與母俱斃十五年十一月曹縣民婦產兒兩頭頂上有眼手過膝

疾疫永樂六年正月江西建昌撫州福建建寧邵武自去年至是月疫死者七萬八千四百餘人八年登州寧海諸州縣自正月至六月疫死者六千餘人邵武比歲大疫至是年冬死絕者萬二千戶九年七月河南陝西疫十一年六月湖州三縣疫七月寧波五縣疫正統九年冬紹興寧波台州瘟疫大作及明年死者三萬餘人景泰四年冬建昌武昌漢陽疫六年四月西安平凉疫七年五月桂林疫死者二萬餘人天順五年四月陝西疫成化十一年八月福建大疫延及江西死者無算正德元年六月湖廣平溪清浪鎭遠偏橋四衞大疫死者甚衆靖州諸處自七月至十二月大疫建寧邵武自八月始亦大疫十二年十月泉州大疫嘉靖元年二月陝西大疫二年七月南京大疫軍民死者甚衆四年九月山東疫死者四千一百二十八人三十三年四月都城內外大疫四十四年正月京師饑且疫萬曆十年四月京師疫十五年五月又疫十六年五月山東陝西山西浙江俱大旱疫崇禎十六年京師大疫自二月至九月止明年春北畿山東疫

鼓妖洪武五年八月己酉徐溝西北空中有聲如雷十一年瑞昌有大聲如鐘自天而下無形天順六年九月乙巳夜天無雲西北方有聲如雷七年二月晦夜空中有聲大學士李賢奏無形有聲謂之鼓妖上不恤民則有此異成化十三年正月甲子代州無雲而雷十四年八月戊戌早朝東班官若鬭有甲兵聲者辟易不成列久之始定弘治六年六月丁卯石州吳城驛無雲而震者再十七年六月甲申江西廬山鳴如雷嘉靖二十九年二月甲子隆慶州張山營堡山鳴萬曆十二年十二

月己未蕭縣山鳴如驚濤澎湃竟夜不止二十八年八月戊戌西北方有聲如雷天啓七年八月丁巳莊烈即位朝時空中有聲如天鼓發於殿西崇禎十二年十二月乙未蕭縣山鳴是月西山大鳴如雷如風濤十三年二月壬子浙江省城門夜鳴十六年冬建極殿鴟吻中有聲似鵓鴣曰苦苦其聲漸大復作犬吠聲三日夜不止明年三月辛丑孝陵夜有哭聲亦鼓妖也

隕石成化六年六月壬申陽信雷聲如嘯隕石一碎爲三外黑內青十四年六月辛亥臨晉天鳴隕石縣東南三十里入地三尺大如升色黑二十三年五月壬寅東鹿空中響如雷青氣墜地掘之得黑石二一如椀一如雞卵弘治三年三月慶陽雨石無數大小不一大者如鵝卵小者如芡實四年十月丁巳光山有紅光如電自西南往東北聲如鼓久之入地化爲石大如斗十年二月丙申修武黑氣入地化爲石狀如羊首十二年五月戊寅朔州有聲如迅雷白氣騰上隕大石三正德元年八月壬戌夜有火光落即墨化爲綠石圓高尺餘九年五月己卯濱州有聲隕石十三年正月己未鄰水隕石一嘉靖十二年五月丁未祁縣有聲如鼓火流墜地爲石四十二年三月癸卯懷慶隕石隆慶二年三月己未保定新城隕黑石二萬曆三年五月癸亥有二流星晝隕景州城北化爲黑石十七年九月戊午萬載黑烟騰起隕石演武廳畔十九年四月辛酉遵化隕石二四十四年正月丁丑易州及紫荊關有光化石崩裂崇禎九年九月丁未太康隕石

水潦洪武元年六月戊辰江西永新州大風雨蛟出江水入城高八尺人多溺死事聞使賑之三年六月溧水縣江溢漂民居四年七月南寧府江溢壞城垣衢州府龍游縣大雨水漂民廬男女溺死五年八月嵊縣義烏餘杭山谷水湧人民溺死者衆六年二月崇明縣爲潮所沒七月嘉定府龍游縣洋雅二江漲翼日南溪縣江漲俱漂公廨民居七年八月高密縣膠河溢傷禾八年七月淮安北平河南山東大水十二月直隸蘇州湖州嘉興松江常州太平寧國浙江杭州俱水九年江南湖北大水七月湖廣山東大水十年六月永平灤漆二水沒民廬舍七月北平八府大水壞城垣十一年七月蘇松揚台四府海溢人多溺死十月丙辰河決蘭陽十二年五月青田山水沒縣治十三年十一月崇明潮決沙岸人畜多溺死十四年八月庚辰河決原武十五年二月壬子河南河決三月庚午河決朝邑七月河溢滎澤陽武是歲北平大水十七年八月丙寅河決開封橫流數十里是歲河南北平俱水十八年八月河南又水是年江浦大名水二十三年正月庚寅河決歸德七月癸巳河決開封漂沒民居又海門縣風潮壞官民廬舍漂溺者衆是歲襄陽沔陽安陽水二十四年十月北平河間二府水二十五年正月河決陽武開封州縣十一俱水二十六年十一月青兗濟寧三府水二十七年三月寧陽汶河決二十八年八月德州大水壞城垣三十年八月丁亥河決開封三面皆水犯倉庫永樂元年五月章邱漯河決岸傷稼南海番禺潮溢八月安邱縣紅河決二年六月蘇松嘉湖四府俱水七月湖廣江西水九月河決開封壞城三年三月温縣水決隄四十餘丈濟澇二水溢八月杭州屬縣多水渰男婦四百餘人七年五月安陸州江溢決渲馬灘圩岸千六百餘丈六月壽州水決城是歲泰興江岸淪於江者三千九百餘丈渾河決固安八年五月平度州濰水及浮糠河決浸百十三所七月平陽縣潮溢漂廬舍八月庚申河溢開封十二月戊戌河決汴梁壞城九年正月高郵甓社等九湖及天長諸水暴漲六月揚州屬州縣五江潮漲四日漂人畜甚衆七月海寧潮溢漂溺甚衆八月漳衞二水決隄渰田九月雷州颶風暴雨淹遂溪海康壞田禾八百餘頃溺死千六百餘人是歲湖廣河南水十年七月盧溝水漲壞橋及隄岸溺死人畜保定縣決河岸五十四處十一月吳橋東光興濟交河天津決隄傷稼十二月安州水決直亭等河口八十九處十二年十月臨晉涑河逆流決姚暹渠堰流入硝池渰沒民田將及鹽池崇明潮暴至漂廬舍五千八百餘家十三年六月北畿河南山東水溢壞廬舍沒田禾臨清尤甚滏漳二水漂磁州民舍十四年夏南昌諸府江漲壞民廬舍七月開封州縣十四河決隄岸永平灤漆二河溢壞民田禾福寧延平邵武廣信饒州衢州金華七府俱溪水暴漲壞城垣房舍溺死人畜甚衆遼東遼河代子河水溢浸沒城垣屯堡十八年夏秋仁和海寧潮湧堤淪入海者十五百餘丈二十年五月廣東諸府潮溢漂廬舍壞倉糧溺死三百六十餘人夏秋湖廣沔陽江漲河南北及鳳陽河溢二十一年五月峩眉溪水漲溺死百三十人八月瓊州府潮溢漂溺甚衆二十二年七月黃巖潮溢溺死八百人九月庚辰河溢開封洪熙元年六月驟雨白河溢衞決河西務白浮宋家等口堤岸臨漳漳滏二河決堤岸二十四眞定滹沱河大溢沒三州五縣田七月容城白溝河漲傷禾稼渾河決盧溝橋東狼窩口順天河間保定灤州俱水宣德元年六七月江水大漲襄陽穀城均州鄖縣緣江民居漂沒者半黃汝二水溢渰開封十州縣及南陽汝州河南嵩縣三年五月邵陽武岡湘鄉暴風雨七晝夜山水驟長平地高六尺永寧衞大水壞城四百丈六月渾河水溢決盧溝河堤百餘丈七月北畿七府俱水五年七月南陽山水泛漲衝決堤岸漂流人畜廬舍六年六月渾河溢決徐家等口順天保定眞定河間州縣二十九俱水河決開封沒八縣七年六月太原河汾並溢傷稼八年六月江西瀕江八府江漲漂沒民田溺死男婦無算九年正月沁鄉沁水漲決馬曲灣經獲嘉新鄉平地成河五月寧海縣潮決徙地百七十餘頃六月渾河決東岸自狼河口至小屯廠順天順德河間俱水七月遼東大水正統元年閏六月順天眞定保定濟南開封彰德六府俱大水二年鳳陽淮安揚州諸府徐和滁諸州河南開封四五月河淮泛漲漂居民禾稼九月河決陽武原武滎澤湖廣沿江六縣大水決江堤三年陽武河決武陟沁決廣平順德漳決通州白河溢四年五月京師大水壞官舍民居三千三百九十區順天眞定保定三府州縣及開封衞輝彰德三府俱大水七月滹沱沁漳三水俱決壞饒陽獻縣衞輝彰德堤岸八月白溝渾河二水溢決保定安州堤蘇常鎭三府及江寧五縣俱水溺死男婦甚衆九月滹沱復決深州渰百餘里五年五月至七月江西江溢河南河溢八月潮決蕭山海塘六年五月泗州水溢丈餘漂廬舍七月白河決武清漷縣堤二十二處八月寧夏久雨水泛壞屯堡墩臺甚衆八年六月渾河決固安八月台州松門海門海潮泛溢壞城郭官亭民舍軍器九年七月揚子江沙洲潮水溢漲高丈五六尺溺男女千餘人閏七月北畿七府及應天濟南岳州嘉興湖州台州俱大水河南山水灌衞河沒衞輝開封懷慶彰德民舍壞衞所城十年三月洪洞汾水堤決移置普潤驛以遠其害夏福建大水壞延平府衞城沒三縣田禾民舍人畜漂流無算河南州縣多大水七月延安衞大水壞護城河堤九月廣東衞所多大水十月河決山東金龍口陽穀堤十一年六月渾河溢固安兩畿浙江河南俱連月大雨水是歲太原兗州武昌亦俱大水十二年春贛州臨江大水五月吉安江漲渰田十三年六月大名河決渰三百餘里壞廬舍二萬區死者千餘人河南濟南青兗東昌亦俱河決七月寧夏大水河決漢唐二壩河南八樹口決浸曹濮二州抵東昌壞沙灣等堤十四年四月吉安南昌臨江俱水壞壇廟廨舍景泰元年七月應天大水沒民廬三年六月河決沙灣白馬頭七十餘丈八月徐州濟寧間平地水高一丈民居盡圮南畿河南山東陝西吉安袁州俱大水四年春夏河連決沙灣五年六月揚州潮決高郵寶應堤岸七月蘇松淮揚廬鳳六府大水八月東兗濟三府大水河漲渰田六年六月開封保定俱大水閏六月順天大水灤河泛溢壞城垣民舍河間永平水患尤甚武昌諸府江溢傷稼七年六月河決開封河南彰德田廬渰沒是歲畿內山東俱水天順元年夏淮安徐州懷慶衞輝俱大水河決三年六月穀城景陵襄水湧泛傷稼四年夏湖北江漲渰沒麥禾北畿及開封汝寧大水七月淮水決沒軍民田廬五年七月河決開封土城築磚城禦之越三日磚城亦潰水深丈餘周王後宮及官民乘筏以避城中死者無算襄城水決城門溺死甚衆崇明嘉定崑山上海海潮衝決溺死萬二千五百餘人浙江亦大水六年七月淮安大水潮溢溺死鹽丁千三百餘人七年七月密雲山水驟漲軍器文卷房屋俱沒成化三年六月江夏水決江口堤岸迄漢陽長八百五十丈有奇五年湖廣大水山西汾水傷稼六年六月北畿大水七年閏九月山東及浙江杭嘉湖紹四府俱海溢渰田宅人畜無算九年六月畿南五府及懷慶俱大水八月山東大水十一年五月湖廣水十二年八月浙江風潮大水淮鳳揚徐亦俱大水十三年二月甲戌安慶大雪夾日大雨江水暴漲閏二月河南大水九月淮水溢壞淮安州縣官舍民屋渰沒人畜甚衆十四年四月襄陽江溢壞城郭五月陝州大水人多渰死七月北畿山東水九月河決開封護城堤五十丈十八年七月昌平大水決居庸關水門四十九城垣舖樓墩臺一百二八月衞漳滹沱並溢自清平抵天津弘治二年五月河決開封黃沙岡抵紅船灣凡六處入沁河所經州縣多災省城尤甚七月順永河保四府州縣大水八月盧溝河堤壞四年八月蘇松浙江水五年夏秋南畿浙江山東水七年七月蘇常鎭三府潮溢平地水五尺沿江者一丈民多溺死九年六月山陰蕭山山崩水湧溺死三百餘人十四年五月貴池水漲蛟出渰死二百六十餘人旁邑十二皆大水七月廉州及靈山海漲渰死百五十餘人閏七月瓊山颶風潮溢平地水高七尺八月安寧池太四府大水蛟出漂流房屋十五年七月南京江水泛溢湖水入城五尺餘

十七年六月盧山平地水丈餘溺死星子德安民及漂沒廬舍甚衆正德元年六月陝西嶽州河溢漂沒居民孳畜二年六月固原河漲平地水高四尺人畜溺死三年九月延綏慶陽大水五年九月安寧太三府大水溺死二萬三千餘人十一月蘇松常三府水六年六月汜水暴漲溺死百七十六人毀城垣百七十餘堵十二年順天河間保定眞定大水鳳陽淮安蘇松常鎭嘉湖諸府皆大水荆襄江水大漲十五年五月江西大水十六年七月遼陽湯站堡大水決城嘉靖元年七月南京暴風雨江水湧溢郊社陵寢宮闕城垣吻脊欄楯皆壞拔樹萬餘株江船漂沒甚衆廬鳳淮揚四府同日大風雨雹河水泛漲溺死人畜無算二年七月揚徐復大水夏秋間山東州縣俱大水八月蘇松常鎭四府大水開封亦如之五年六月陝西五郎壩大水三丈餘衝決官舍徐沛河溢壞豐縣城六年秋湖廣水十六年秋雨畿山東河南陝西浙江各被水災湖廣尤甚二十六年七月丙辰曹縣河決城池漂沒溺死者甚衆二十七年正月汧陽大水沒城隆慶元年夏京師大水六月新河鮎魚口沉運船數百艘是歲襄陽鄖陽水二年七月台州颶風海潮大漲挾天台山諸水入城三日溺死三萬餘人沒田十五萬畝壞廬舍五萬區三年閏六月眞定保定淮安濟南浙江江南俱大水七月壬午河決沛縣自考城虞城曹單豐沛至徐州壞田廬無算九月淮水溢自清河至通濟閘及淮安城西淤三十里決二壩入海莒沂郯城之水又溢出邳州溺人民甚衆四年七月沙薛汶泗諸水驟溢決仲家淺等漕堤八月陝西大水河決邳州五年四月又決邳州自曲頭集至王家口新堤多壞是歲山東河南大水萬曆元年七月荆州承天大水二年六月福建永定大水溺七百餘人是歲海鹽海大溢死者數千人八月庚午淮安揚州徐州河溢傷稼三年四月淮徐大水五月淮水大決六月杭嘉寧紹四府海湧數丈沒戰船廬舍人畜不計其數八月淮揚鳳徐四府州大水河決高郵碭山及邵家口曹家莊九月蘇松常鎭四府俱水四年正月高郵清水堤決九月河決豐沛曹單十一月淮黃交溢五年閏八月徐州河淤淮河南徙決高郵寶應諸湖堤六年六月清河水溢七年五月蘇松鳳陽徐州大水八月又水是歲浙江大水九年五月從化增城龍門溪壑泛漲田禾盡沒渰死男婦無算七月福安洪水踰城漂沒廬舍殆盡八月泰興海門如皋大水塘圩坡埂盡決溺死者甚衆十年正月淮揚海漲浸豐利等鹽場三十渰死二千六百餘人七月蘇松六州縣潮溢壞田禾十萬頃溺死者二萬人十一年四月承天江水暴漲漂沒民廬人畜無算金州河溢沒城十四年夏江南浙江江西湖廣廣東福建雲南遼東大水十五年五月浙江大水七月開封及陝州靈寶河決是歲杭嘉湖應天太平五府江湖泛溢平地水深丈餘七月終颶風大作環數百里一望成湖十六年八月河決東光魏家口十七年六月浙江海沸杭嘉寧紹台屬縣廨宇多圮碎官民船及戰舸壓溺者二百餘人十九年六月蘇松大水溺人數萬七月寧紹蘇松常五府濱海潮溢傷稼渰人九月泗州大水州治浸三尺淮水高於城祖陵被浸十月揚州湖淮漲溢決邵伯堤五十餘丈高郵南北閘俱衝二十年夏秋眞順廣大四府水二十一年五月邳州高郵寶應大水決湖堤二十二年七月鳳陽廬州大水二十三年四月泗水浸祖陵二十四年秋杭嘉湖三府大水二十九年八月沔陽大水入城三十年六月京師大水三十一年五月成安永年肥鄉安州深澤漳滏沙燕河並溢決堤橫流祁州靜海圮城垣廬舍殆盡六月泰安大水渰八百餘人八月泉州諸府海水暴漲溺死萬餘人三十二年六月昌平大水壞各陵橋道七月永平眞保三府俱水渰男婦無算八月河決蘓家莊渰豐沛黃水逆流灌濟寧魚臺單縣三十五年六月黃州蛟起武昌承天鄖陽岳州常德大水漂沒廬舍徽州寧國太平嚴州四府山水大湧漂人口甚衆閏六月京師大水長安街水深五尺三十七年九月福建江西大水四十一年六月通惠河決七月京師大水南畿江西河南俱大水八月山東廣西湖廣俱大水九月遼東大水四十二年浙江江西兩廣俱水四十四年七月江西廣東水四十六年八月潮州六縣海颶大作溺萬二千五百餘人壞民居三萬間天啓三年睢寧河決六年秋河決匙頭灣倒入駱馬湖自新安鎭抵邳宿民居盡沒是歲順天永平二府大水邊垣多圮崇禎元年七月壬午杭嘉紹三府海嘯壞民居數萬間溺數萬人海寧蕭山尤甚三年山東大水四年六月又大水五年六月壬申河決孟津口橫浸數百里七年五月卭眉諸州縣大水壞城垣田舍人畜無算十年八月叙州大水民登州堂及高阜者得免餘盡沒十三年五月浙江大水十四年七月福州風潮泛溢漂溺甚衆十五年六月汴水決九月壬午河決開封朱家寨癸未城圮溺死士民數十萬

水變洪武五年河南黃河竭行人可涉天順二年十二月癸未武強苦井變爲甘弘治十四年八月丙辰融縣河水紅濁如黃河十月丙辰馬湖底渦江水白可鑑翌日濁如泔漿凝兩岸沙石上者如土粉十七日乃澄丁巳叙州東南二河白如雪濃如漿者三日十五年九月丙戌濮州井溢沙土隨水而出正德十年七月文安水忽僵立是日大寒結爲冰柱高圍俱五丈中空旁穴數日而賊至民避穴中生全者甚衆隆慶六年五月南畿龍目井化爲酒萬曆二十二年四月南京正陽門水赤三日二十五年八月甲申蒲州池塘無風湧波溢三四尺臨淄濠水忽漲南北相向而鬬又夏莊大灣潮忽起聚散不恒聚則丈餘開則見底樂安小清河逆流臨清磚板二閘無風大浪三十年閏二月戊午河州蓮花寨黃河涸四十六年四月宣武正陽門外水赤三里如血一月乃止四十七年四月宣武門響閘至東御河水復赤崇禎十年寧遠衞井鳴沸三日乃止河南汝水變色深黑而味惡飲者多病十三年華陰渭水赤十四年山西潞水北流七晝夜勢如潮湧十五年達州井鳴濠水變血十六年松江自五月至七月不雨河水盡涸而泖水忽增數尺

黑眚黑祥洪武十年正月丁酉金華處州雨水如墨汁十四年正月黑氣亘天十一月壬午黑氣亘天者再二十一年二月乙卯黑氣亘天宣德元年二月戊子北方黑氣東西亘天八月辛巳樂安城中有黑氣如死灰正統元年九月辛亥未刻黑氣亘天自西南屬東北二年八月甲申北方黑氣東西亘天十四年十一月己丑晡時西方有黑氣從地而生景泰元年二月壬寅黑氣南北亘天十月辛未西南黑氣如烟火南北亘天二年四月庚辰有黑氣如烟摩地而上天順五年七月己亥朔東方有黑氣須臾蔽天成化七年四月丙辰雨黑沙如漆八年三月庚子黑氣起西北臨清德州晝晦十二年七月庚戌京師黑眚見民間男女露宿有物金睛修尾狀如犬狸負黑氣入牖直抵密室至則人昏迷徧城驚擾操刃張燈鳴金鼓逐之不可得帝常朝奉天門侍衞見之而譁帝欲起懷恩持帝衣頃之乃定弘治五年二月己巳北方黑氣東西亘天六年八月壬申南京有黑氣東西百餘丈十四年四月辛未應州黑風大作十六年二月庚子宜良黑氣迷空咫尺莫辨人形正德七年六月壬戌黑眚見順德河間及涿大者如犬小者如猫夜出傷人有至死者尋見於京師形赤黑風行有聲居民夜持刀斗相警達旦逾月乃息後又見於封邱十二年閏十二月丁丑夜瑞州有紅氣變白形如曲尺中外二黑氣相鬬者久之八年十月癸巳杭州雨黑水三十七年三月衡州黑眚見隆慶二年四月天雨黑豆六年四月杭州黑霧有物蜿蜒如車輪目光如電冰雹隨之萬曆二十四年十二月辛卯同安生黑毛二十五年二月癸亥湖州黑雨雜以黃沙崇禎十年山東雨黑水新鄉亦如之十一年京師有黑眚狀如狸入民家爲祟半歲乃止十三年正月丁卯黑氣彌空者三日

明史卷二十九　　志第五

總裁官總理事務經筵講官少保兼太子太保保和殿大學士兼管吏部戶部尚書事加六級張廷玉等奉

敕修

五行二　火　木

洪範曰火曰炎上火不炎上則失其性矣前史多以恒燠草異羽蟲之孽羊禍火災火異赤眚赤祥皆屬之火今從之

恒燠洪熙元年正月癸未以京師一冬不雪詔諭修省正統九年冬畿內外無雪十二年冬陝西無雪景泰六年冬無雪天順元年冬宮中祈雪是年直隸山西河南山東皆無雪二年冬命百官祈雪六年冬直隸山東河南皆無雪成化元年冬無雪五年冬燠如夏六年二月壬申以自冬徂春雨雪不降敕諭羣臣親詣山川壇請禱十年二月南京山東奏冬春恒燠無冰雪十一年冬以無雪祈禱十五年冬直隸山東河南山西無雪十九年冬京師直隸無雪弘治九年冬無雪十五年冬無雪十八年冬溫如春無雪正德元年冬無雪永嘉自冬至春麥穗桃李實三年冬無雪六年至九年連歲無雪十一年冬無雪嘉靖十四年冬深無雪遣官徧祭諸神十九年冬無雪二十年十二月癸卯禱雪於神祇壇二十四年十二月甲午命諸臣分告宮廟祈雪三十二年冬無雪三十三年十二月壬申以災異屢見卽禱雪日爲始百官青衣辦事三十六年冬無雪三十九年冬無雪明年又無雪帝將躬禱會大風命亟禱雪兼禳風變四十一年至四十五年冬祈雪無虛歲隆慶元年冬無雪四年冬無雪萬曆四年十二月己丑命禮部祈雪十六年十七年二十九年三十七年四十七年亦如之崇禎五年十二月癸酉命順天府祈雪六年七年冬無雪

草異永樂十六年正月乙丑同州澄城郃陽朝邑雨穀及蕎麥正統八年十一月殿上生荆棘高二尺十四年

廣州獄竹牀踰年忽青生葉成化六年二月戊寅湖廣應山雨粟弘治八年二月枯竹開花實如麥米苦黃開蓮花六月甲子黟縣雨豆味不可食九年黃州民家瓜大如斗瓤皆赤血萬曆四十三年四月戊寅石首雨豆大小不一色雜紅黑崇禎四年五年河南草生人馬形如被甲持矛馳驅戰鬬者然十三年徐州田中白豆多作人面眉目宛然

羽蟲之孽萬曆二十五年二月壬午岳州民家有鴨含絮裹火飛上屋入竹椽茅茨中火四起延燒數百家四十三年四月壬午雙鶴啣火飛集掖縣海神廟殿明日廟火崇禎六年汝寧有鳥鳩身猴足鳳陽惡鳥數萬兔頭雞身鼠足供饌甚肥犯其骨立死

羊禍萬曆三十八年四月崞縣民家羊產羔一首二眼四耳二尾八足三十九年四月降夷部產羊羔人面羊身

火災洪武元年閏七月丁酉京師火延燒永濟倉三年二月己巳大河衞火燔及廣積庫七月乙未寶源局火甲子鳳臺門軍營火延燒武德衞軍器局四年十一月癸亥京師大軍倉災五年二月癸未臨濠府火壬辰至甲午京師火燬龍驤等六衞軍民廬舍七月丁卯永清衞軍器庫火十二月丙戌京師定遠等衞火焚及軍器局兵仗十七年十二月己未潮州火官廨民居及倉廩兵仗圖籍焚蕩無遺二十一年二月戊辰歷代帝王廟火上元縣治亦災甲戌天界能仁二寺災二十九年二月辛丑通州火燔屋千九百餘三十年四月甲午廣南衞火延燒城樓及衞治倉庫建文二年八月癸巳承天門災永樂四年十二月辛亥甌寧王邸第火王薨十三年正月壬子北京午門災十九年四月庚子奉天謹身華蓋三殿災二十年閏十二月戊寅乾清宮災宣德三年三月己亥東嶽泰山廟火六年八月武昌火延燒楚王宮譜系敕符俱燼甲辰天津右衞北城外火飛皦入城燒倉廒九年二月庚午京城東南樓火正統二年二月西鎮吳山廟火三年八月辛酉順天貢院火席舍多焚改期再試十二月乙亥韓府承運殿災四年三月戊午代府寢殿火七年正月廣昌木廠火焚松木八千八百餘株戊午南京內府火燔廊房六十餘間圖籍器用守衞衣甲皆空三月辛未趙城媧皇寢廟火十年正月庚寅忠義前後二衞災是時太倉屢火遣官禱祭火龍及太歲以禳之五月甲申忠義後衞倉復火癸巳通州右衞倉火十一月丁酉御花房火十一年秋武昌火死者數百人十二月乙未周府災十二年六月南京山川壇災十三年二月癸酉忠義前衞倉火十四年六月丙辰夜南京謹身奉天華蓋三殿災景泰二年六月丙子青州廢齊府火三年八月戊寅秦府火五年春南京火延燒數千家七年九月壬申寧府火延燒八百餘家天順元年七月丙寅夜承天門災二年五月戊子器皿廠火三年九月庚寅肅州城中火延燒五千四百餘家死者六十餘人四年八月己巳光祿寺大烹內門火是歲楚府頻火宮殿家廟悉燬五年三月丁卯南京朝天宮災六年六月癸未楚府火七年正月丁酉南京西安門木廠火延燒皇牆二月戊辰會試天下舉人火作於貢院御史焦顯扃其門燒殺舉子九十餘人成化二年九月癸未南京御用監火六年十一月己亥江浦火延燒二百六十餘家九年七月庚戌東直門災十一年四月壬辰夜乾清宮門災十三年十一月壬辰太倉米麥歲久蒸浥自焚百餘石十八年八月丙午合州火延燒千五百餘家乙卯楚府火凡三發十一月戊午南京國子監火十二月乙卯器皿廠火壬辰寧河王府火先有妖夜見或爲神或爲王侯時舉火作欲焚狀是夜燔府第無遺冠服器用皆盡二十年正月戊戌欽天監火二十二年六月臨海縣災延燒千七百餘家弘治元年三月庚寅南京內花園火十一月丁丑夜南京甲字庫災二年四月乙未南京神樂觀火四年二月戊午禮部官舍火六年四月甲寅刑部官舍火辛酉夜南京舊內災八年三月戊子鎮東等堡羅火星如斗燬公館倉廒人馬多斃十一年自春徂夏貴州大火燬官民房舍千八百餘所死傷者六千餘人十月甲戌夜清寧宮災十二年六月甲辰夜闕里聖廟災十二月建陽縣書坊火古今書板皆燼十三年二月乙酉禮部官舍火七月甲寅南城縣空中有火乍分乍合流光下墜十餘丈隱隱有聲燬軍民廬舍庚申永寧衞雁尾山至居庸關之石縫山東西四十餘里南北七十餘里延燒七晝夜閏七月辛巳福州城樓燬八月己未瀋府火十一月庚辰寧河府火十六年三月庚午遼東鐵嶺衞墜火如斗丙子火起燒房屋二千五百餘間死者百餘人四月戊午寬河衞倉災燬米豆四萬餘石九月戊寅廣寧衞城火燔三百餘家十七年四月丁巳淮安火焚五百餘家五月癸巳正陽門內西廊火燔武功坊正德元年二月庚寅鄖陽火燬譙樓官舍延百餘家是歲寧夏左屯衞紅氣亘天既而火作城樓臺堡俱盡六月庚寅大同平虜城災燔稾百萬餘十一月己亥臨海縣治火延燒數千家七年三月己未嶧縣有火如斗自空而隕大風隨之燬官民房千餘間火逸城外延及邱木庚申成山衞秦皇廟火屋宇悉燬像設如故是月文登大桑樹火樹燔而枝葉無損五月癸酉至閏五月丙子遼東懿路城火三作焚官民廬舍之半九月壬午玉山火燔學舍及民居三百餘家八年六月辛酉豐城縣西南連隕火星如盆如斗既而火作至七月初始熄燔二萬餘家七月戊子火隕龍泉縣焚四千餘家十月壬寅饒州及永豐浮梁火各燔五百餘家浮梁學舍災庚申臨江火燔官舍延八百餘家九年正月庚辰乾清宮火十一年八月丁丑黔陽火燬城樓官廨延七百餘家十二年正月甲辰清寧宮小房火四月裕陵神宮監火八月丁卯南昌火燔三百家九月壬午建安火燔二百五十餘家十三年二月己卯夷陵火燔七百餘家八月庚辰獻陵明樓災丁酉延平火燔五百餘家十四年四月乙巳淮安新城火七月丙辰泰寧火燔五千餘家十五年五月辛卯靜樂火燔八百餘家嘉靖元年正月己未清寧宮後三小宮災楊廷和言廢禮之應不報二月己丑南京針線廠火己亥通州城樓火二年五月丙子榮府火九月戊辰秦府宮殿火四年三月壬午夜仁壽宮災玉德安喜景福諸殿俱燼五年三月乙酉趙府家廟火六年三月丁亥西庫火八年十月癸未大內所房災十年正月辛亥大內東偏火四月庚辰兵工二部公廨災燬文籍十三年六月甲子南京太廟火燬前後殿東西廡神廚庫十五年四月癸卯山西平虜衞火盡燬神機官庫軍器十八年二月乙丑趙州及臨洺鎮行宮俱火丁卯駕幸磁州行宮四更火陸炳負帝出後宮及內侍有殞於火者六月丁酉皇城北鼓樓災二十年四月辛酉夜宗廟災燬成仁二廟主二十五年五月壬申盔甲廠火二十六年十一月壬午宮中火釋楊爵於獄三十一年八月乙丑南京試院火三十五年九月戊辰杭州大火延燒數千家三十六年四月丙申奉天華蓋謹身三殿文武二樓午門奉天門俱災三十七年正月光祿寺災三十八年正月癸未前軍都督府火四十年十一月辛亥夜萬壽宮災四十四年己亥夜大明門內西千步廊火隆慶二年正月浙江省城外災燬室廬舟艦以千計三月乙亥乾清坤寧兩宮一時俱燼五年二月壬子南京廣惠二倉火萬曆元年十一月己亥慈寧宮後舍火三年四月甲戌工部後廠火五年十月丙申禁中火十一月癸未宗人府災十一年十二月庚午夜慈寧宮災十二年二月己酉無逸殿災十二月癸卯朔又災十五年五月甲子司設監火十八年三月辛酉遼東寨山兒堡火燬城堡器械傷九十餘人十九年十二月甲辰萬法寶殿災二十一年六月望太倉公署後樓有礮聲火藥器械俱燼二十二年五月壬寅天火燔鐵嶺衞千餘家二十四年二月甲寅潞府門火三月乙亥火發坤寧宮延及乾清宮俱燼二十五年二月壬午杭州火燒官民房千三百餘間丙戌馬湖屏山災延燔八百餘家斃二十四人三月癸卯泗州大火燒民房四千餘盱眙火燔民房百六十餘間撥漕糧二萬石以振六月戊寅三殿災火起歸極門延皇極等殿文昭武成二閣周遭廊房一時俱燼十二月甲寅吏部文選司署火二十七年十一月壬申內府火延燒尚寶司印綬監工部廊至銀作局山牆而止二十八年三月南陽火延燒唐府二十九年正月己巳鐵嶺衞火車輛火藥俱燼八月己卯大光明東配殿災三十年二月乙酉魏國公賜第火十月丙申孝陵災十二月庚子南海普陀山寺災三十一年九月戊寅通州漕艘火三十三年二月乙丑御馬監火五月辛巳洗白廠火九月甲午昭和殿火丙申宮軍於盔甲廠支火藥藥年久凝如石用斧劈之火突發聲若震霆刀鎗火箭迸射百步外軍民死者無數十一月丁卯刑部提牢廳火三十五年二月乙卯易州神器庫火四月丁酉通州西倉火十月己卯南京行人司署燬三十七年正月庚子慶府火燔寢宮及帑藏三月丙戌武昌火越二日又火共燔二百六十餘家六月慶府災十月戊午朝日壇火三十八年四月丁丑夜正陽門箭樓火三十九年四月戊子怡神殿災四十一年五月壬戌蜀府災門殿爲燼四十三年四月壬午黃花鎮柳溝火延燒數十里甲午蜀府殿庭災遼東長寧堡自二月至五月火凡五發燬房屋人畜無算閏八月辛亥通州糧艘火九月丁丑湖口稅廨燬四十四年十一月己巳隆德殿災丁亥南城延喜宮災四十五年正月壬午東朝房火延燬公生門十一月丙戌宣禧宮災四十六年閏四月丁丑夜開原殿家莊堡臺杆八同時燼甲申煖閣廠膳房火九月壬子茂陵火四十七年四月癸酉盔甲廠火泰昌元年十月丁卯曦鸞宮災天啓元年閏二月丙戌昭和殿災三月甲辰杭州火延燒六千餘家七月戊子復災城內外延燬萬餘家二年五月丙申旗纛廟正殿災火藥盡焚匠役多死者三年七月辛卯南京大內左傍宮災六

年五月戊申王恭廠災地中霹靂聲不絕火藥自焚煙塵障空白晝晦冥凡四五里五月癸亥朝天宮災七月庚寅登州城樓火七年十月庚子寧遠前屯火傷男婦二百餘人崇禎元年四月乙卯左軍都督府災五月乙亥鷹坊司火丁亥丁字庫火七月巳卯公安縣火燬文廟延五千餘家二年十一月庚子火藥局災三年三月戊戌又災八月癸酉頭道關災火器轟擊無餘六年正月癸丑濟南舜廟災七年九月庚申盔甲廠災十一年四月戊戌新火藥局災傷人甚衆六月癸巳安民廠災震毀城垣廨舍居民死傷無算八月丁酉火藥局又災

火異成化二十一年正月甲申朔有火光自中天而少西墜於下化爲白氣復曲折上騰聲如雷弘治三年三月庚午儀隴空中有紅白火燄長三丈餘自縣治東北流至正東六十餘里而墜聲震如雷八年三月辛卯廣寧右衞臺杆火高五寸杆如故十年四月辛丑阜平有火光長八九尺大如轆軸有聲自東南至西南而墜正德元年三月戊申夜太原有火如斗大墜寧化王殿前廣寧墪臺火發旗杆凡六七月壬戌夜火光墜卽壘民家化爲綠石員高尺餘七年三月丁卯夜大風雷電餘干仙居寨有光如箭墜旗竿上俄如燭龍光照四野士卒撼其旗飛上竿首旣而其火四散鎗首皆有光如星十二年五月己亥夜火隕都察院獄旋轉久之始滅十五年六月癸未夜台州火隕三大如盤觸草木皆焦嘉靖五年七月甲申有火毬三大五六尺從北墜於東其光燭天二十年七月丙戌火毬如斗隕左軍都督府中門東艮久乃滅隆慶二年三月戊午延綏保寧堡城角旗杆出火灼灼有聲萬曆十四年保定府民間牆壁內出火三日夜乃熄十五年二月綏靖邊城各堡脊獸旗杆俱出火軍士以杖撲之杖亦生火三更乃熄二十年三月陝西空中有火大如盆後生三尾隕於西北二十一年二月庚辰夜分大毛山樓上各獸吻俱有火如雞卵赤色卽時雨雪火上嗟嗟有聲二十三年九月癸巳夜永寧有火光形如屋大隕於西北永昌鎭番寧遠所見同二十四年二月戊申夜鄠縣雷雨徧地火光十有餘里二十五年二月癸亥平涼瓦獸口出火水灌不滅八月甲申肅涼二州火光在天形如車輪尾分三股約長三丈天啓六年五月壬寅朔厚載門火神廟紅毬滾出前門城樓角有數千螢火幷合如車輪崇禎元年西安有火如碾如斗者數十色青燄高尺許嘗入民居雷數日乃去用羊豕禳之不爲害自五月至七月而止十三年六月壬申鎭安火光如斛自西墜地土木皆焦

赤眚赤祥成化十三年二月甲午浙江山陰湧泉如血正德元年正月乙酉夜崇明空中有紅光曳尾如虹起東北至西南沒聲如雷辛丑鳳陽紅光發與日同色聲如雷二年八月己亥赤光見寧夏長五丈八年七月甲申龍泉有赤彈二自空隕於縣治形如鵝卵躍入民居相鬬久之嘉靖三十三年四月戊子慈谿民家湧血高尺餘三十七年五月戊辰東陽民張思齊家地裂五六處出血如線高尺許血凝犬就食之掘地無所見三十九年二月己未竹溪民家出血隆慶六年閏二月癸酉遼東赤風揚塵蔽天萬曆六年七月丁丑松門衞金鐺家湧血三尺有聲十三年四月乙丑虹民王祿投宿姚壘家見血出於地驚走至市市亦流血鄉人擊器物禳之乃止十九年六月庚戌慈谿茅家浦湧血八處大如盆高尺許血濺船船卽出血濺人足足亦出血數刻乃絕二十六年九月甲辰蕭山賈九經家出血高尺許天啓元年六月庚寅肇慶民王體積中庭噴血如跑突泉崇禎七年二月戊午海豐雨血八年八月戊寅宣城池中出血

洪範曰木曰曲直木不曲直則失其性矣前史多以恒雨狂人服妖雞禍鼠孽木冰木妖青眚青祥皆屬之木今從之

恒雨洪武十三年七月海康大雨壞縣治二十三年十一月山東二十九州縣久雨傷麥禾建文元年三月乙卯夜燕王營於蘇家橋大雨平地水三尺及王臥榻永樂元年三月京師霪雨壞城西南隅五十餘丈七月建寧衞霪雨壞城二年七月新安衞霪雨壞城八月霪雨壞北京城五千餘丈六年七月思明霪雨壞城七年九月浙江衞所五颶風驟雨壞城漂流房舍八年七月金鄉衞颶風驟雨壞城垣公廨十二年九月密雲後衞霪雨壞城二十年正月信豐雨水壞城瞿城衞如之二十一年二月六安衞霪雨壞城是歲建昌守禦所淮安懷來等衞皆霪雨壞城二十二年二月壽州衞雨水壞城三月贛州振武二衞雨水壞城四月霪雨壞密雲及薊州城是歲南北畿山東州縣霪雨傷麥禾甚衆洪熙元年夏蘇松嘉湖積雨傷稼閏七月京師大雨壞正陽齊化順成等門城垣九月久雨壞密雲中衞城宣德元年五月永嘉樂淸颶風急雨壞公私廨宇及壇廟正統元年七月順天山東河南廣東霪雨傷稼四年夏居庸關及定州衞霪雨壞城五年二月南京大風雨壞北上門脊覆官民舟七年濟南青萊淮鳳徐州五月至六月霪雨傷稼九年閏七月野狐嶺等處霪雨壞城及濠塹墩臺十一年春江西七府十六縣霪雨田禾渰沒十二年六月瑞金霪雨市水丈餘漂倉庫溺死二百餘人十三年四月雨水壞順天古北口邊倉五月至六月鳳陽徽州久雨傷稼九月寧都大雨壞城郭廬舍溺死甚衆景泰三年永平兗州久雨傷禾大嵩等二十衞所久雨壞城四年南畿河南山東府十州一自五月至於八月霪雨傷稼五年杭嘉湖大雨傷苗六旬不止七月京師久雨九門城垣多壞六年北畿府五河南府二久雨傷稼雲南大理諸府如之七年兩畿江西河南浙江山東山西湖廣共府三十恒雨渰田天順元年濟兗青三府大雨閱月禾盡沒四年安慶南陽雨自五月至七月渰禾苗七年五月淮鳳揚徐大雨腐二麥武昌漢陽荊州廬舍漂沒民皆依山露宿成化元年六月畿東大雨水壞山海關永平薊州遵化城堡八月通州大雨壞城及運倉二年定州積雨壞城垣及墩臺垜口百七十三八年七月南京大風雨壞天地壇孝陵廟宇鳳陽大雨壞皇陵牆垣九年三月南京大風雨拔太廟社稷壇樹十三年七月京城大雨十四年八月鳳陽大雨沒城內民居以千計十七年七月乙酉南京大風雨社稷壇及太廟殿宇皆摧十八年河南懷慶諸府夏秋霪雨三月塌城垣千一百八十餘丈漂公署壇廟民居三十一萬四千間有奇渰死一萬一千八百餘人弘治二年七月京師霪雨求直言三年七月南京驟雨壞午門西城垣七年七月庚寅南京大風雨壞殿宇城樓獸吻拔太廟天地社稷壇及孝陵樹自五月至八月義州等衞連雨害稼八年五月南京陰雨踰月壞朝陽門北城堵九月潮州諸府颶風暴雨壞城垣廬舍十年七月安陸霪雨壞城郭廬舍殆盡十一年七月長安嶺暴風雨壞城及廬舍十四年六月義錦廣寧霪雨壞城垣墩堡倉庫橋梁民多壓死者十五年六七月南京大風雨孝陵神宮監及懿文陵樹木橋梁牆垣多摧拔者十六年五月榆林大風雨毀子城垣移垣洞於其南五十步十八年三月雙山堡大雷雨壞城六月至八月京畿連雨正德元年七月鳳陽諸府大雨平地水深丈五尺沒居民五百餘家二年七月武平大風雨毀城樓長泰南靖大風雨三日夜平地水深二丈漂民居八百餘家十二年蘇松常鎭嘉湖大雨殺麥禾十三年應天蘇松常鎭揚大雨彌月漂室廬人畜無算十六年京師久雨傷稼嘉靖四年六月登州大雨壞城十六年京師雨自夏及秋不絕房屋傾倒軍民多壓死二十五年八月京師大雨壞九門城垣三十三年六月京師大雨平地水數尺四十五年九月鄖陽大霪雨平地水丈餘壞城垣廬舍人民溺死無算隆慶元年六月京師霪雨遼東自五月至七月雨不止壞垣牆禾黍萬曆元年七月霪雨十一年四月承天大雨水十二年正月喜峰口大風雨壞各墩臺十五年五月至七月蘇松諸府霪雨禾麥俱傷六月京師大雨二十四年杭嘉湖霪雨傷苗二十八年七月興化莆田連江福安大雨數日夜城垣橋梁隄岸俱圮二十九年春夏蘇松嘉湖霪雨傷麥三十二年七月京師霪雨城崩三十三年五月丙申鳳陽大風雨損皇陵正殿御座三十九年春河南大雨夏京師廣東大雨廣西積雨五閱月四十二年浙江霪雨爲災天啓六年閏六月大雨連旬壞天壽山神路都城橋梁是歲遼東霪雨壞山海關內外城垣軍民傷者甚衆七年山東州縣二十有八積雨傷禾崇禎五年六月大雨八月又雨衝損慶陵九月順天二十七縣霪雨害稼十一年夏雨浹旬圮南山邊垣十二年十二月浙江霪雨阡陌成巨浸十三年四月至七月寧池諸郡霪雨田半爲壑十五年十月黃蘄德安諸郡縣霪雨十六年二月戊辰親祀社稷大風雨僅成禮而還

狂人景泰三年五月癸巳朔以明日立太子具香亭於奉天門有一人自外竟入執紅棍擊香亭曰先打東方甲乙木嘉靖十八年駕將南幸有軍人孫堂從御路中橋至奉天門下登金臺坐久守門官役無知者升堂大呼覺而捕之乃病狂者

服妖正德元年婦女多用珠結蓋頭謂之瓔珞十三年正月車駕還京令朝臣用曳撒大帽鸞帶給事中朱鳴陽言曳撒大帽行役所用非見君服皆近服妖也十五年十二月帝平宸濠還京俘從逆者及懸諸逆首於竿皆標以白幟數里皆白時帝已不豫見者識其不祥崇禎時朝臣好以紗縠竹籜爲帶取其便易論者謂金銀重而貴紗籜賤而輕殆賤將乘貴也時北方小民製幘低側其簷自掩眉目名曰不認親其後寇亂民散途遇親戚有飲泣不敢言或掉臂去之者

雞禍弘治十四年華容民劉福家雞雛三足十七年六月崇明民顧孟文家雞生雛猴頭而人形身長四寸有尾活動無聲嘉靖四年長垣民王憲家雞抱卵內成人形耳目口鼻四肢皆具萬曆二十二年六月靖邊營軍

家雌雞化爲雄崇禎九年淮安民家牝雞啼羅化爲雄十年宣武門外民家白雞喙距純赤重四十斤或曰此鷩也所見之處國亡十四年太倉衞指揮姜周輔家雞伏子兩頭四翼八足

鼠妖萬曆四十四年七月常鎮淮揚諸郡土鼠千萬成羣夜啣尾渡江絡繹不絕幾一月方止四十五年五月南京有鼠萬餘啣尾渡江食禾稼崇禎七年寧夏鼠十餘萬啣尾食苗十二年黃州鼠食禾渡江五六日不絕時內殿奏章房多鼠盜食與人相觸而不畏亦鼠妖也至甲申元旦後鼠始屛跡又秦州關山中鼠化鴽鶉者以數千計十五年二月羣鼠渡江晝夜不絕十月楡林定邊諸堡鼠生蝦蟆腹中一生數十食苗如割

木冰洪武四年正月戊申木冰六年十二月乙丑雨木冰十一年正月丁亥雨木冰二十二年正月甲戌雨木冰正統三年十月丁丑曉木介天順七年十月甲辰雨木冰八年正月乙丑雨木冰成化十六年正月辛卯曉雨木冰二十三年十二月戊辰曉木介隆慶三年十一月癸巳木冰萬曆十四年冬蘇松木冰崇禎元年十一月陝西木冰樹枝盡折其後大河以北歲有此異

木妖弘治八年長沙楓生李實黃蓮生黃瓜九年三月長寧楠生蓮花李生豆莢嘉靖三十七年十月戊辰泗水沙中湧出大杉木圍丈五尺長六丈餘隆慶五年四月杭州栗生桃萬曆十八年五月丁卯祖陵大松樹孔中吐火竟日方滅二十三年十二月癸亥皇陵樹顚火出延燒草木天啓六年四月癸巳白露著樹如垂綿日中不散十月辛酉南京西華門內有烟無火禮臣往視乃舊宮材木瘞土中久烟自生土石皆焦以水沃之三日始滅崇禎六年五月癸巳霍山縣有木甑飛墮不知所自來七年二月丁巳太康門牡自開者三知縣集邑紳議其事梁墮而死

靑眚靑祥宣德元年八月辛巳東南天有靑氣狀如人乂手揖拜

明史卷三十　志第六

總裁官總理事務經筵講官少保兼太子太保保和殿大學士兼管吏部戶部尚書事加六級張廷玉等奉

敕修

五行三　金　土

洪範曰金曰從革金不從革則失其性矣前史多以恆暘詩妖毛蟲之孽犬禍金石之妖白眚白祥皆屬之金今從之

恆暘洪武三年夏旱六月戊午朔步禱郊壇四年陝西河南山西及直隸常州臨濠北平河間永平旱五年夏山東旱七年夏北平旱二十三年山東旱二十六年大旱詔求直言永樂十三年鳳陽蘇州浙江湖廣旱十六年陝西旱宣德元年夏江西旱湖廣夏秋旱二年南畿湖廣山東山西陝西河南旱七年河南及大名夏秋旱八年南北畿河南山東山西自春徂夏不雨九年南畿湖廣江西浙江及眞定濟南東昌兗州平陽重慶等府旱十年畿輔旱正統二年河南春旱順德兗州春夏旱平涼等六府秋旱三年南畿浙江湖廣江西九府旱四年直隸陝西河南及太原平陽春夏旱五年江西夏秋旱南畿湖廣四川府五州衞各一自六月不雨至於八月六年陝西旱南畿浙江湖廣江西府州縣十五春夏竝旱七年南畿浙江湖廣江西府州縣衞二十餘大旱十年夏湖廣旱十一年湖廣及重慶等府夏秋旱十二年南畿及山西湖廣等府七夏旱十三年直隸陝西湖廣府州七夏秋旱十四年六月順天保定河間眞定旱景泰元年畿輔山東河南旱二年陝西府四衞九旱三年江西旱四年南北畿河南及湖廣府三數月不雨五年山東河南旱六年南畿及山東山西河南陝西江西湖廣府三十三州衞十五皆旱七年湖廣浙江及南畿江西山西府十七旱天順元年夏兩京不雨杭州寧波金華均州亦旱三年南北畿浙江湖廣江西四川廣西貴州旱四年濟南青州登州肇慶桂林甘肅諸府衞夏旱五年南畿府四州一及錦衣等衞連月旱傷稼七年北畿旱濟南青州東昌衞輝自正月不雨至於四月成化三年湖廣江西及南京十一衞旱四年兩京春夏不雨湖廣江西旱六年直隸山東河南陝西四川府縣衞多旱八年京畿連月不雨運河水涸順德眞定武昌俱旱九年彰德衞輝平陽旱十三年四月京師旱是歲眞定河間長沙皆旱十五年京畿大旱順德鳳陽徐州濟南河南湖廣皆旱十八年兩京湖廣河南陝西府十五州二旱山西大旱十九年復旱二十年京畿山東湖廣陝西河南山西俱大旱二十二年六月陝西旱蟲鼠食苗稼凡九十五州縣八月北畿及江西三府旱九月溫台大旱長沙諸府亦旱弘治元年南畿河南四川及武昌諸府旱三年兩京陝西山東山西湖廣貴州及開封旱四年浙江府二廣西府八及陝西洮州衞旱六年北直山東河南山西及襄陽徐州旱七年福建四川山西陝西遼東旱八年京畿陝西山西湖廣江西大旱十年順天淮安太原平陽西安延安慶陽旱十一年河南山東廣西江西山西府十八旱十二年夏河南四府旱秋山東旱十三年慶陽太原平陽汾潞旱十四年遼東鎭春至秋不雨河溝盡涸十六年夏京師大旱蘇松常鎭夏秋旱十八年北京及應天四十二衞旱正德元年陝西三府旱二年貴州山西旱三年江南北旱四年旱自三月至七月陝西亦旱七年鳳陽蘇松常鎭平陽太原臨鞏旱八年畿輔及開封大同浙江六縣旱九年順天河間保定盧鳳淮揚旱十一年北畿及兗州西安大同旱十五年淮揚鳳陽州縣三十六及臨鞏甘州旱十六年兩京山東河南山西陝西自正月不雨至於六月嘉靖元年南畿江西浙江湖廣四川遼東旱二年兩京山東河南湖廣江西及嘉興大同成都俱旱赤地千里殍殣載道三年山東旱五年江左大旱六年北畿四府河南山西及鳳陽淮安俱旱七年北畿湖廣河南山東山西陝西大旱八年山西及臨洮鞏昌旱九年應天蘇松旱十年陝西山西大旱十一年湖廣陝西大旱十七年夏兩京山東陝西福建湖廣大旱十九年畿內旱二十年三月久旱親禱二十三年湖廣江西旱二十四年南北畿山東山西陝西浙江江西湖廣河南俱旱二十五年南畿江西旱二十九年北畿山西陝西旱三十三年兗州東昌淮安揚州徐州武昌旱三十四年陝西五府及太原旱三十五年夏山東旱三十七年大旱禾盡槁三十九年太原延安慶陽西安旱四十年保定等六府旱四十一年西安等六府旱隆慶二年浙江福建四川陝西及淮安鳳陽大旱四年夏旱詔諸司停刑六年夏不雨萬曆十一年八月庚戌朔河東鹽臣言解池旱涸鹽花不生十三年四月戊午因久旱步禱郊壇京師自去秋至此不雨河井竝涸十四年三月乙巳以久旱命順天府祈禱十七年蘇松連歲大旱震澤爲平陸浙江湖廣江西大旱十八年四月旱二十四年杭嘉湖三府旱二十六年四月旱二十七年夏旱二十九年畿輔山東山西河南及貴州黔東諸府衞旱三十年夏旱三十四年夏亢旱三十七年楚蜀河南山東山西陝西皆旱三十八年夏久旱濟青登萊四府大旱三十九年夏京師大旱四十二年夏不雨四十三年三月不雨至於六月山東春夏大旱千里如焚四十四年陝西旱秋冬廣東大旱四十五年夏畿南亢旱四十七年廣西梧州旱赤地如焚泰昌元年遼東旱天啓元年久旱五年眞順保河四府三伏不雨秋復旱七年四川大旱崇禎元年夏畿輔旱赤地千里三年三月旱擇日親禱五年杭嘉湖三府自八月至十月七旬不雨六年京師及江西旱十年夏京師及河東不雨江西大旱十一年兩京及山東山西陝西旱十二年畿南山東河南山西浙江旱十三年兩京及登青萊三府旱十四年兩京山東河南湖廣及宣大邊地旱十六年五月辛丑祈禱雨澤命臣工痛加修省

詩妖太祖吳元年張士誠弟僞丞相士信及黃敬夫葉德新蔡彥文用事時有十七字謠曰丞相做事業專靠黃蔡葉一朝西風起乾鱉未幾蘇州平士信及三人者皆被誅此其應也建文初年有道士歌於途曰莫逐燕逐燕日高飛高飛上帝畿已忽不見是靖難之讖也正統二年京師旱街巷小兒爲土龍禱雨拜而歌曰雨帝雨帝城隍土地雨若再來還我土地說者謂雨帝者與弟也帝弟同音城隍者郕王再來還土地者復辟也萬曆末年有道士歌於市曰委鬼當頭坐茄花遍地生北人讀客爲楷茄又轉音爲魏忠賢客氏之兆又成都東門外鎭江橋迴瀾塔萬曆中布政余一龍所修也張獻忠破蜀毀之穿地取磚得古碑上有篆書云修塔余一龍拆塔張獻忠歲逢甲乙丙此地血流紅妖運終川北毒氣播川東吹簫不用竹一箭貫當胸漢元興元年丞相諸葛孔明記

本朝大兵西征獻忠被射而死時肅王爲將又有謠曰鄴臺復鄴臺曹操再出來賊羅汝材自號曹操此其兆也

毛蟲之孽弘治九年八月有黑熊自都城蓮池緣城上西直門官軍逐之下不能獲嚙死一人傷一人十一年六月有熊自西直門入城郎中何孟春曰當備盜亦宜愼火宋紹興間熊抵永嘉城州守高世則以熊字能火戒郡中愼火果延燒廬舍此其兆也是年城內多火災嘉靖五年七月南城縣有虎具人手足四十五年六月太醫院吏目李乾獻兔體備五色以爲瑞兔

犬禍嘉靖二十年民家生一犬八足四耳四目萬曆四

十七年七月懷寧民家產一犬長五寸高四寸一頭二身八脚狀如人

金異洪武十一年正月元旦甲戌早朝殿上金鐘始叩忽斷爲二六月丁卯夜寧夏衞風雨兜鍪旗槊皆有火光十二年十二月甲子徐州衞譙樓銅壺自鳴乙丑復鳴是歲胡惟庸井中生石笋去之笋復茁出者三次年惟庸伏誅建文二年四月乙卯燕王營於蘇家橋兵端火光如毬上下相擊金鐵錚錚弓絃自鳴成化十三年六月壬子雨錢於京師正德四年三月甲寅蓋州衞城樓鐘自鳴者三七年文登秦始皇廟鐘鼓自鳴成山衞如之嘉靖六年五月甲午京師雨錢隆慶六年七月七日有物轟轟飛至直隸華亭海濱墜於地乃鐘也鑄時年月具在識者謂其來自閩云萬曆二十一年十月甲申山東督撫令旗及刀鎗頭皆火出且有聲二十六年五月庚寅古浪城樓大鐘自鳴者三天啓六年五月丁未京城石獅擲出城外銀錢器皿飄至昌平閱武場中崇禎六年五月癸巳有鐵斧飛落霍山縣八年十二月辛巳夜四鼓山東鎮南城樓大礮鳴如鐘至黎明大吼一聲乃止十三年三月丙申蘄州城隍廟古鐘自鳴

白眚白祥洪熙元年六月庚戌中天有白氣東西竟天宣德元年六月癸未夜有蒼白氣東西竟天八月庚辰東南有白氣狀如羣羊驚走既滅有黑氣如死蛇頃之分爲二弘治五年十二月辛亥夜東方有白氣南北亘天去地五丈正德元年三月戊申夜太原空中見紅光如彎弓長六七尺旋變黃又變白漸長至二十餘丈光芒亘天嘉靖七年十二月望白氣亘天津

洪範曰土爰稼穡稼穡不成則土失其性矣前史多以恒風風霾晦冥花妖蟲孽牛禍地震山頹雨毛地生毛年饑黃眚黃祥皆屬之土今從之

恒風宣德六年六月溫州颶風大作壞公廨祠廟倉庫城垣正統四年七月蘇松長鎭四府大風拔木殺稼天順二年二月暴風拔孝陵松樹懿文陵殿獸脊梁柱多摧三年四月順天河間眞定保定廣平濟南連日烈風麥苗盡敗成化十四年八月丁未南京大風拔太廟樹十五年八月辛卯大風拔孝陵木二十一年五月南京大風拔太廟樹摧大祀殿及皇城各門獸吻弘治三年六月壬午朔陝西靖虜衞大風天地昏暗變爲紅光如火久之乃息七年三月己亥廣寧諸衞狂風瀋陽錦州城仆百餘丈正德元年六月辛酉暴風折郊壇松柏壞大祀殿齋宮獸瓦二年閏正月癸亥盧龍遷安大風拔樹毀屋乙丑大風壞奉天門右吻三年二月己丑大同暴風屋瓦飛動三日而止九年二月丁巳長樂大雨雹狂風震電屋瓦皆飛五月戊辰曲阜暴風毀宣聖廟獸吻十二年四月丙辰來賓大風雨雹毀官民廬舍屋瓦皆飛十一月癸巳南京大風雪仆孝陵殿前樹及闉墻內外松柏十二月己酉大理衞大風壞城樓十三年三月甲寅慶符大風雹壞學宮十六年十二月辛卯甘肅行都司狂風壞官民廬舍樹木無算嘉靖元年七月己巳南京暴風雨郊社陵寢宮闕城垣獸吻脊欄皆壞拔樹萬餘株五年陝西屢發大風捲掣廟宇民居百數十家了無蹤跡萬曆十八年三月甲辰大名狂風天色乍黑乍赤二十六年十月癸亥喜峰路臺西北樓內旋風大作黑氣冲天樓內有火光三十四年七月丙戌大風拔朝日壇樹四十一年八月乙未靑州大風拔樹傾城屋天啓元年三月辛亥大風揚塵四塞四年五月癸亥乾清宮東丹墀旋風驟作內官監鐵片大如屋頂者盤旋空中隕於西墀鑿訇若雷八月戊戌薊州寒風殺人崇禎十四年五月南陽大風拔屋七月乙亥福州大風壞官署民舍十五年五月保定廣平諸縣怪風麥禾俱傷十六年正月丁酉大風五鳳樓前門門風斷三截建極殿榱桷俱折

風霾晦冥建文元年七月癸酉燕王起兵風雲四起咫尺不辨人少焉東方露靑天尺許有光燭地洞徹上下天順八年二月壬子風霾晝晦成化六年二月丁丑開封晝晦如夜黃霾蔽天三月辛巳雨霾晝晦九年三月癸未濟南諸府狂風晝晦咫尺莫辨二十一年三月戊子大名風霾自辰迄申紅黃滿空俄黑如夜已而雨沙數日乃止京師自正月至三月風霾不雨弘治二年二月辛亥開封晝晦如夜三月黃塵四塞風霾蔽天者累日四年八月乙卯南京晦冥七年三月己亥廣寧諸衞晝晦正德五年三月甲子大風霾天色晦冥者數日十六年十一月辛酉甘肅行都司黑風晝晦翌日方散嘉靖元年九月己巳大風霾晝晦八年正月戊戌朔風霾晦如夕二十六年七月乙丑甘州五衞風霾晝晦色赤復黃二十八年三月丙申風霾四塞日色慘白凡五日三十年正月辛卯大風揚塵蔽天晝晦四十年二月己酉亦如之四月癸巳大風雨黃土晝晦四十三年三月望異風作赤黃霾至二十一日乃止隆慶二年正月元旦大風揚沙走石白晝晦冥自北畿抵江浙皆同萬曆十七年正月乙丑蓋州衞風霾晝晦壞廨宇廬舍二十五年二月戊寅京師風霾二十九年四月連日風霾三十八年四月戊戌崇陽風霾晝晦至夜轉烈損官民屋木無算四十八年八月以前雲南諸府時晝晦天啓元年四月乙亥午寧夏洪廣堡風霾大作墜灰片如瓜子紛紛不絕踰時而止日將沈作紅黃色外如炊烟圍罩畝許日光所射如火燄夜分乃沒四年二月辛丑風霾晝晦塵沙蔽天連日不止崇禎元年正月癸亥永年縣晝晦咫尺不辨人物七年三月戊子黃州晝晦如夜十三年閏正月丙申南京日色晦曚風霾大作細灰從空下五步外不見一物後四年三月丙申風霾晝晦

花孽弘治十六年九月安陸桃李華正德元年九月宛平棗林莊李花盛開其冬永嘉花盡放六年八月霸州桃李華

蟲孽景泰五年三月畿南五府有蟲食桑春蠶不育弘治六年八月己巳臨晉雨蟲如雪七年三月廣寧諸衞有黑蟲墮地大如蠅久之入於土

牛禍正德十二年徐州牛產犢一頭二舌兩尾八足嘉靖五年七月南陽牛產犢一首兩身六年十一月漳浦有牛產犢三目三角十一年二月銅仁黃牸產犢滿身有紋卽死十二年山東平山衞牛犢有紋前兩足及尾悉具鱗甲中皆氂毛萬曆十三年九月光山牛產一物火光滿地鱗甲森然一夕斃三十七年五月歷城高苑二縣牛各產犢雙頭三眼兩鼻二口三十八年三月獲嘉牛產犢一身兩頭四眼四耳兩口兩足一尾三十九年二月汲縣牛產犢一膊兩頭兩口四眼兩耳七蹄四月降夷部牛產犢人頭羊耳四十五年八月開州牛產犢兩口三眼天啓元年十月會寧牛產異獸徧體鱗甲有火光三年十月沅陵牸生犢一身兩頭三尾七年三月莒州牛產犢如麟崇禎十三年襄陽牛產犢兩頭二目

地震洪武四年正月己丑鞏昌臨洮慶陽地震五年四月戊戌梧州府蒼梧賀州恭城立山等處地震六月癸卯太原府陽曲縣地震七月辛亥又震壬戌京師風雨地震八月癸未太原府徐溝縣西北空中有聲如雷地震凡三日戊戌陽曲縣地又震九月壬戌又震者再十月戊寅辛卯復震是年陽曲地凡七震自六年至十四年復八震八年七月戊辰京師地震十二月戊子又震十一年四月乙巳寧夏地震壞城垣十三年十二月甲戌福州府廣州府河州地震十九年六月辛丑雲南地震十一月己卯復震有聲二十三年正月庚辰山東地震建文元年三月甲午京師地震求直言永樂元年十一月甲午北京地震山西寧夏亦震二年十一月癸丑京師濟南開封並震有聲六年五月壬戌十一年八月甲子京師復震十三年九月壬戌十四年九月癸卯十八年六月丙午北京地震二十二年六月壬申南京地震洪熙元年二月戊午六安衞地震凡七日是歲南京地震凡四十有二宣德元年七月癸巳京師地震有聲自東南迄西北是歲南京地震者九二年春復震者十三年復屢震四年南京地震五年正月壬子南京地震辛酉又震正統三年三月己亥京師地震庚子又震甲辰又震者再四年六月乙未復震八月己亥又震五年十月庚午朔蘭州莊浪地震十日十月十一月屢震壞城堡廬舍壓死人畜十年二月丁巳京師地震景泰二年七月癸丑京師地震三年七月永新珠坑村地陷十七所是年南京地震五年十月庚子京師地震有聲起西北迄東南六年二月甲午安福大雷雨白泉陂羊塘地陷二一深三丈廣十餘丈一深六尺廣一丈有奇天順元年十月乙巳南京地震成化元年四月甲申鈞州地震二十三日乃止三年四川地震凡三百七十五五月壬申宣府大同地震有聲威遠朔州亦震壞墩臺牆垣壓傷人四年八月癸巳京師地震有聲十二月戊戌湖廣地震五年十二月丙辰汝寧武昌漢陽岳州同日地震六年正月丁亥河南地震是年湖廣亦震十年四月壬午鶴慶地震九月己巳自寅至申復十五震壞廨舍民居傷人畜十月丁酉靈州大沙井驛地震有聲如雷自後晝夜屢震至十一月甲寅一日十一震城堞房屋多圮十二年正月辛亥南京地震十月辛巳京師地震十三年正月己巳鳳陽臨淮地震有聲閏二月癸卯臨洮鞏昌地震城有頹者四月戊戌甘肅地裂又震有聲榆林涼州亦震寧夏大震聲如雷城垣崩壞者八十三處甘州鞏昌榆林涼州及沂州郯城滕費嶧等縣同日俱震九月甲戌京師地三震十四年六月廣西太平府地震至八月乙巳凡七震七月四川鹽井衞地連震廨宇傾覆人畜多死十六年八月丁巳四川越巂衞一日七震越數日連震十七年二月甲寅南京鳳陽廬州淮安揚州和州兗州及河南州縣同日地震五月戊戌直隸薊州遵化縣地震六月甲辰又震日三次永平府及遼東寧遠衞亦三震二十年正月庚寅京師及永平宣府遼東皆震宣府地裂湧沙出水天壽山密雲古北口居庸關城垣墩堡多摧人有壓死者五月甲寅代州

地七震九月辛巳費縣地陷深二尺縱橫三丈許二十一年二月壬申泰安地震三月壬午朔復震聲如雷泰山動搖後四日復微震癸巳乙未庚子連震閏四月癸未鞏昌府固原衞及蘭河洮岷四州地俱震有聲癸巳薊州遵化縣地震有聲越數日復連震城垣民居有頹仆者五月壬戌京師地再震九月丙辰廉州梧州地震有聲連震者十六日十一月丙寅京師地震二十二年六月壬辰漢中府及寧羌衞地裂或十餘丈或六七丈寶鷄縣裂三里濶丈餘九月辛亥成都地日七八震俱有聲次日復震弘治元年八月壬寅漢茂二州地震仆黄頭等寨碉房三十七戶人口有壓死者戊申宣府葛峪堡地陷深三尺長百五十步濶一丈沙河中湧嶙高一尺長七十步十二月辛卯四川地震連三日二年五月庚申成都地震連三日有聲三年十二月己未京師地再震四年六月辛亥復三震八月乙卯南京地震屋宇皆搖淮揚二府同日震六年三月寧夏地震連三年共二十震四月甲辰開封衞輝東昌兗州同日地震有聲七年二月丁丑曲靖地震壞房屋壓死軍民是歲兩京竝六震八年三月己亥寧夏地震十二次聲如雷傾倒邊牆墩臺房屋壓傷人九月甲午至辛丑安南衞地十二震十月壬戌至甲子海州九震是歲南京地再震九年兩京地震者各二次十年正月戊午京師山西地震六月乙亥海豐地震聲如雷數日乃止是歲眞定寧夏榆林鎭番靈州太原皆震屯畱尤甚如舟將覆屋瓦皆落十一年六月丙子桂林地有聲若雷旋陷九處大者圍十七丈小者七丈或三丈十三年七月己巳京師地震十月戊申兩京鳳陽同時地震十四年正月庚戌朔延安慶陽二府同華諸州咸陽長安諸縣潼關諸衞連日地震有聲如雷朝邑尤甚頻震十七日城垣民舍多摧壓死人畜甚衆縣東地拆水溢成河自夏至冬復七震是日陝州永寧盧氏二縣平陽府安邑榮河二縣俱震有聲蒲州自是日至戊午連震丁丑福興泉漳四府地俱震二月乙未蒲州地又震至三月癸亥凡二十九震八月癸丑四川可渡河巡檢司地裂而陷湧泉數十派衝壞橋梁莊舍壓死人畜甚衆癸酉貴州地三震十月辛酉南京地震十五年九月丙戌南京徐州大名順德濟南東昌兗州同日地震壞城垣民舍濮州尤甚地裂湧水壓死百餘人是日開封彰德平陽澤潞亦震十月甲子山西應朔代三州山陰馬邑陽曲等縣地俱震聲如雷丁卯南京地震十六年二月庚申南京地震十八年六月癸亥寧夏地震聲如雷城傾圮九月癸巳杭嘉紹寧四府地震有聲甲午南京及蘇松常鎭淮揚寧七府通和二州同日地震辛丑蒲解二州絳夏平陸榮河聞喜芮城猗氏七縣地俱震有聲而安邑萬全尤甚民有壓死者正德元年二月癸酉至乙亥郃陽地震者十餘有聲如雷四月癸丑雲南府連日再震木密關地震如雷凡五壞城垣屋舍壓傷人八月丁巳萊州府鰲山衞地震聲如雷城垛壞以後屢震萊州自九月至十二月地震四十五俱有聲如雷二年九月庚午雲南府安州新興州三日連震搖撼民居人有死者四年三月甲寅廣寧大興堡地陷長四尺寬三尺深四丈餘五月己亥夜武昌見碧光如電者六有聲如雷已而地震六年四月乙未楚雄地三日五震至明年五月又連震十三日十月甲辰大理府鄧川州劍川州洱海衞地震鶴慶劍川尤甚壞城垣房廨人有壓死者十一月戊午京師地震保定河間二府及八縣三衞山東武定州同日皆震霸州連三日十九震七年五月壬子楚雄府自是日至甲子地連震聲如雷八月己巳騰衝衞地震兩日壞城樓官民廨宇赤水湧出田禾盡沒死傷甚衆八年十二月戊戌成都重慶二府潼川邛二州地俱震九年六月甲辰鳳陽府地震有聲八月乙巳京師大震十月壬辰敘州府太原府代平榆次等十州縣大同府應州山陰馬邑二縣俱地震有聲十年五月壬辰雲南趙州永寧衞地震踰月不止有一日二三十震者黑氣如霧地裂水湧壞城垣官廨民居不可勝計死者數千人傷倍之八月丁丑大理府地震至九月乙未復大震四日十一年八月戊辰南京地震武昌府亦震十二月己未楚雄大理二府蒙化景東二衞俱震十二年四月甲子撫州府及餘干豐城二縣泉州府俱地震浙江金鄉衞自是日至七月己丑凡十有五震六月戊辰雲南新興州及通海河西嶍峩諸縣地震壞城樓房屋民有壓死者九月己卯濟青登萊四府地震是歲泉州二月至六月金華二月至七月皆數震十三年六月己巳大理府及趙鄧川二州浪穹縣地震是日蒙化府亦震十月甲午十一月癸卯又震十四年二月丁丑京師地震九月丙午昌平州宣府開平等衞亦震丙辰福興泉三府地震十五年三月丙申安寧姚安賓州蒙化鶴慶俱地震蒙化震二日仆城垣廬舍民有壓死者八月辛酉景東衞地震聲如雷搖仆城牆廨宇地多拆裂乙丑濟南東昌開封地震嘉靖二年正月南京鳳陽山東河南陝西地震七月壬申浙江定海諸衞地震城堞盡毀三年正月丙寅朔兩畿河南山東陝西同時地震辛巳蘇常鎭三府地震是年南京震者再四年八月癸卯徐州鳳陽一衞三州縣及懷慶開封二府俱地震聲如雷九月壬申鳳陽徐州及開封二縣復震五年四月癸亥永昌騰衝騰越同日地震貴州安南衞地震聲如雷壞城垣壬申復震六年十月戊辰京師地震十二年八月丁酉京師地震十五年十月庚寅京師地震順天永平保定萬全都司各衞所俱震聲如雷十六年九月癸酉雲南地震十八年七月庚寅楚雄臨安廣西地震十九年四月庚午洮州甘肅俱震二十一年九月甲戌平陽固原寧夏洮州同日地震有聲十一月丁巳鞏昌固原西安鳳翔地震二十二年三月乙巳太原地震有聲凡十日明年三月復如之四月庚辰福興泉漳四府地震二十三年三月朔太原地震有聲者十日二十七年七月戊寅京師地震順天保定二府俱震八月癸丑京師復震登州府及廣寧衞亦震三十年九月乙未京師地震有聲三十一年二月癸亥鳳陽府地震有聲三月丙戌山西地震有聲三十四年十二月壬寅山西陝西河南同時地震聲如雷渭南華州朝邑三原蒲州等處尤甚或地裂泉湧中有魚物或城郭房屋陷入地中或平地突成山阜或一日數震或累日震不止河渭大泛華嶽終南山鳴河清數日官吏軍民壓死八十三萬有奇三十七年正月庚申陝西地震三月丁丑昌平州地震五月丁卯蒲州地連震三日聲如雷六月甲申又震十月丙午華州地震聲如雷至壬子又震戊午復大震傾陷廬舍甚多三十八年七月辛巳南京地震有聲三十九年四月嘉興湖州地震屋廬搖動如帆河水撞激魚皆躍起四十年二月戊戌甘肅山丹衞地震有聲壞城堡廬舍六月壬午太原大同榆林地震寧夏固原尤甚城垣墩臺府屋皆摧地湧黑黃沙水壓死軍民無算壞廣武紅寺等城四十一年正月丙申京師地震是歲寧夏地震圮邊牆四十五年正月癸巳福建福興泉三府同日地震隆慶二年三月甲寅陝西慶陽西安漢中寧夏山西蒲州安邑湖廣鄖陽及河南十五州縣同日地震戊寅京師地震是日山東登州四川順義等縣同日震欒亭地裂三丈餘者二黑沙水湧出寧遠城崩四月癸未懷慶南陽汝寧寧夏同日地震乙酉鳳翔平涼西安慶陽地震壞城傷人七月辛酉陵川地裂三十餘步三年十一月庚辰京師地震四年四月戊戌京師地震五年二月丙午廣西靖江王府及宗室所居布政司官署俱地陷六月辛卯朔京師地震者三萬曆元年八月戊申荆州地震至丙寅方止二年二月癸亥長汀地震裂成坑陷沒民居三年正月甲戌湖廣江西地震五月戊戌朔襄陽鄖陽及南陽府屬地震三日己亥信陽亦震六月戊子福汀漳等府及廣東之海陽縣俱地震九月戊午京師地震十月丁卯又震己卯岷州衞地震己丑至壬午連百餘震四年二月庚辰薊遼地震辛巳又震五年二月辛巳騰越地二十餘震次日復震山崩水湧壞廟廡倉舍千餘間民居圮者十之七壓死軍民甚衆六年二月辛卯臨桂村田中青烟直上隨裂地丈餘鼓聲轟轟民居及大樹石皆陷七年七月戊午京師地震八年五月壬午遵化數震七日乃止七月甲午井坪路地大震摧城垣數百丈九年四月己酉蔚州地震聲如雷房屋震裂大同鎭堡各州縣同時地震有聲十一年二月戊子承天府地震十二年二月丁卯京師地震五月甲午又震十三年二月丁未淮安揚州廬州及上元江寧江浦六合俱地震江濤沸騰三月戊寅山西山陰縣地震旬有五日乃止八月己酉京師地震十四年四月癸酉又震十五年三月壬辰開封府屬地震者三彰德衞輝懷慶同日震五月山西地震十六年六月庚申京師地再震十七年七月己未杭州溫州紹興地震十八年六月丙子甘肅臨洮地震壞城郭廬舍壓死人畜無算八月福建地屢震十九年閏三月己巳昌平州地震十月戊戌山丹衞地震壞城垣二十三年五月丁酉京師地震十二月癸亥陝西地震聲若雷二十四年十一月福建地震二十五年正月壬辰朔四川地震三日八月己卯遼陽廣寧諸衞地震湧水三日甲申京師地震宣府薊鎭等處俱震十二月乙酉京師地震二十六年正月丁亥朔寧夏地震次日長樂地陷五丈八月丁丑京師地震有聲二十七年七月辛未承天沔陽岳州地震二十八年二月戊寅京師地震自艮方西南行如是者再三十一年四月丙午承天府鍾祥縣地震房屋摧裂五月戊寅京師地震三十二年閏九月庚辰鞏昌及醴泉地一日十餘震城郭民居竝摧白陽吳泉界地裂三丈溢出黑水搏激丈餘三十三年五月辛丑陸川地震有聲壞城垣府屋壓死男婦無算六月庚午靈川社壇有聲陷地十餘丈深丈餘九月丙申京師地震者再自東北向西南行三十四年六月丙辰陝西地震三十五年七月乙卯松潘茂州汶川地震數日三十六年二

月戊辰京師地震七月丁酉又震三十七年六月辛酉甘肅地震紅崖清水諸堡壓死軍民八百四十餘人圮邊墩八百七十里裂東關地四十年二月乙亥雲南大理武定曲靖地大震次日又震緬甸亦震五月戊戌雲南大理曲靖復大震壞房屋四十二年九月庚午山西河南地震四十三年二月己卯揚州地震狼山寺殿壞塔傾八月乙亥楚雄地震如雷人民驚殞十月辛酉京師地震四十五年五月甲戌鳳陽府地震乙亥復震八月濟南地裂者二四十六年六月壬午京師地震九月乙卯京師地再震畿輔山西州縣一十有七及紫荆關馬水沿河二口偏頭神池同日皆震四十八年二月庚戌雲南及肇慶惠州荆州襄陽承天沔陽京山皆地震天啓元年四月癸丑延綏孤山城陷三十五丈入地二丈七尺二年二月癸酉濟南東昌河南海寧地震三月癸卯濟南東昌屬縣八連震三日壞民居無數九月甲寅平涼隆德諸縣鎮戎平虜諸所馬剛雙峰諸堡地震如翻壞城垣七千九百餘丈屋宇萬一千八百餘區壓死男婦萬二千餘口十一月癸卯陝西地震三年四月庚申朔京師地震十月乙亥復震閏十月乙卯雲南地震十二月丁未南畿六府二州俱地震揚州府尤甚是月戊戌京師地又震四年二月丁酉薊州永平山海地屢震壞城郭廬舍甲寅樂亭地裂湧黑水高尺餘京師地震宮殿動搖有聲銅缸之水騰波震盪三月丙辰戊午又震庚申又震者三六月丁亥保定地震壞城郭傷人畜八月己酉陝西地震十二月癸卯南京地震六年六月丙子京師地震濟南東昌及河南一州六縣同日震天津三衞宣府大同俱數十震死傷慘甚山西靈邱晝夜數震月餘方止城郭廬舍並摧壓死人民無算七月辛未河南地震九月甲戌福建地震十二月戊辰寧夏石空寺堡地大震礌山石殿傾倒壓死僧人是年南京地亦震七年寧夏各衞營屯堡自正月己巳至二月己亥凡百餘震大如雷小如鼓如風城垣房屋邊牆墩臺悉圮十月癸丑南京地震自西北迄東南隆隆有聲崇禎元年九月丁卯京師地震三年九月戊戌南京地震四年六月乙丑臨洮鞏昌地震壞廬舍損民畜五年四月丁酉南京四川地震十月丁卯山西地震十一月甲寅雲南地震六年正月丁巳鎮江地裂數丈七月戊戌陝西地震八年冬山西地震九年三月戊辰福建地震七月丁未清江城陷十年正月丙午南京地震七月壬午雲南地震十月乙卯四川地震十二月陝西西安及海剌同時地震數月不止十一年九月壬戌遼東地震十二年二月癸巳京師地震十三年十一月戊子南京地震十四年三月戊寅福建地震四月丙寅湖廣地震五月戊子甘肅地震六月丙午福建地震九月甲午四川地震十五年五月丙戌兩廣地震七月甲申山西地震十六年九月鳳陽地屢震十一月丙申山東地震明年正月庚寅朔鳳陽地震乙卯南京地震三月辛卯廣東地震

山頹洪武六年正月壬戌夜伏羌高山崩正統八年十一月浙江紹興山移於平田是歲陝西二處山崩十三年陝西夏秋霪雨涇渭平涼華亭三縣山傾軍民壓死者八十餘口天順四年十月星子山裂成化八年七月隴州北山吼三日裂成溝長半里尋復合十六年四月壬子巨津州金沙江北岸白石雪山斷裂里許兩岸山合山上草木如故下塞江流禾黍盡沒久之其下漸開水始泄六月長樂平地出小阜人畜踐之輒陷明年復湧一高山十七年十二月辛丑壽陽縣城南山崩聲如牛吼弘治三年六月乙巳河州山崩地陷九年六月庚寅山陰蕭山二縣同日大雨山崩十四年閏七月烏撒軍民府大雨山崩十五年八月戊申宣府合河口石山崩十八年六月丙子河州沙子溝夜大雷雨石岸山崩移七八里崩處裂爲溝田廬民畜俱陷正德元年十二月癸亥卽墨三表山石崩四年三月甲寅遼東東山大家峪山崩二處約丈餘五年六月癸巳秦州山崩傷室廬禾稼甚衆龍王溝口山亦崩六年七月丙寅夔州獐子溪驟雨山崩十三年五月癸亥雲南黑鹽井山崩井塞十五年八月丁丑雲南趙州大雨山崩嘉靖四年七月乙酉清源賈家山崩五年四月壬申貴州亙蘇屯山崩十九年十二月己巳裒肴宋皇觀山鳴震裂湧泉水八日二十一年六月乙酉歸州沙子嶺大雷雨崖石崩裂塞江流二里許二十六年七月癸酉澄城麻陂山界頭嶺晝夜吼數日山忽中斷移走東西三里南北五里隆慶二年五月庚戌永寧州山崩是歲樂亭地裂三處俱湧黑沙水四年八月湖州山崩成湖萬曆二十五年六月泰山崩二十七年八月甲午秋道城東山崩其下衝成一溝山南耕地湧出大小山五高二十餘丈三十三年八月丙午鎮江西南華山裂二三尺三十七年六月辛酉甘肅南山崩天啓三年閏十月乙卯仁壽長山聲震如雷裂七里寬三尺深不可測崇禎九年十二月鎮江金鷄嶺土山崩後八年秦州有二山相距甚遠民居其間者數百萬家一日地震兩山合居民並入其中

雨毛地生毛洪武十九年九月丙子天雨絮宣德元年七月甲午地生毛長尺餘正統八年浙江地生白毛成化十三年四月甘肅地裂生白毛十五年五月常州地生白毛十七年四月南京地生白毛弘治元年五月丙寅瀘州長寧縣雨毛正德十二年四月金華地生黑白毛長尺餘

年饑洪武二年湖廣陝西饑四年陝西洊饑五年濟南東昌萊州大饑草實樹皮食爲之盡六年蘇州揚州眞定延安饑七年北平所屬州縣三十三饑十五年河南饑十九年春河南饑夏青州饑二十年山東三府饑二十三年湖廣三府二州饑二十四年山東及太原饑徐沛民食草實二十五年山東洊饑永樂元年北畿山東河南及鳳陽淮安徐州上海饑二年蘇松嘉湖四府饑四年南畿浙江陝西湖廣府州縣衞十四饑五年順天保定河間饑十年山東饑十二年直省州縣二十四饑十三年順天青州開封三府饑十四年平陽大同二府饑十八年青萊二府大饑時皇太子赴北京過鄒縣命亟發官粟以賑洪熙元年北畿饑山東河南湖廣及南畿州縣三十四饑宣德元年直省州縣二十九饑二年直省縣十四饑三年直省州縣十五饑六年直省縣十饑八年以水旱告饑者府州縣七十有六九年南畿山東浙江陝西山西江西四川多告饑湖廣尤甚十年揚徐滁南昌大饑正統三年春平涼鳳翔西安鞏昌漢中慶陽兗州七府及南畿三州二縣江西浙江六縣饑四年直省州縣衞十八及山西隰州大同宣府偏頭諸關饑五年直省十府一州二縣饑陝西大饑六年直省州縣二十六饑八年夏湖南饑秋應天鎮江常州三府饑九年春蘇州府饑是歲雲南陝西乏食十年陝西山西饑十二年夏淮安岳州襄陽荆州郴州俱洊饑十三年寧紹二府及州縣七饑景泰元年大名順德廣平保定處州太原大同七府饑二年大名廣平又饑順天保定西安臨洮太原大同解州饑三年淮徐大饑死者相枕籍四年徐州洊饑河南山東及鳳陽饑五年兩畿十府饑六年春兩畿山東山西浙江江西湖廣雲南貴州饑蘇松尤甚七年北畿山東江西雲南又饑河南亦饑天順元年北畿山東並饑發塋墓斫道樹殆盡父子或相食二年長沙辰州永州常德岳州五府及銅鼓五開諸衞饑四年湖廣及鎮遠府都勻平越諸衞饑六年陝西饑成化元年兩畿浙江河南饑二年南畿饑四年兩畿湖廣山東河南無麥鳳陽及陝西寧夏甘涼饑五年陝西洊饑六年順天河間眞定保定四府饑食草木殆盡山西兩廣雲南並饑八年山東饑九年山東又大饑骼無餘胔十三年南畿山東饑十四年北畿湖廣河南山東陝西山西饑十五年江西饑十六年北畿山東雲南饑十八年南畿遼東饑十九年鳳陽淮安揚州三府饑二十年陝西饑道殣相望畿南及山西平陽饑二十一年北畿山東河南饑二十三年陝西大饑武功民有殺食宿客者淮北山東亦饑弘治元年應天及浙江饑六年山東饑七年保定眞定河間三府饑八年蘇松嘉湖四府饑十四年順天永平河間河南四府饑遼東大饑十五年遼東洊饑兗州饑十六年浙江山東及南畿四府三州饑十七年淮揚廬鳳洊饑人相食且發瘞胔以繼之十八年延安諸府饑正德三年廬鳳淮揚四府饑四年蘇松常鎮四府饑五年山東饑七年嘉興金華溫台寧紹六府乏食八年河間保定饑九年春永平諸府饑民食草樹殆盡有闔室死者秋關陝亦饑十一年順天河間饑河南大饑十二年春順天保定永平饑十三年蘇松廬鳳淮揚六府饑十四年冬遼東饑南畿淮揚諸府尤甚十六年遼東饑嘉靖二年應天及滁州大饑三年湖廣河南大名臨清饑南畿諸郡大饑父子相食道殣相望臭彌千里四年河間瀋陽大同三衞饑五年順天保定河間三府大饑六年遼東大饑八年眞定廬鳳淮揚五府徐滁和三州及山東河南湖廣山西陝西四川饑襄陽尤甚九年畿內河南湖廣山東山西大饑十二年北畿山東饑十五年湖廣大饑十七年北畿饑河南鄖陽襄陽三府饑二十年保定遼東饑二十一年順天永平饑二十四年又饑南畿亦饑二十五年順天饑江西亦饑二十七年鞏昌漢中大饑三十一年宣大二鎮大饑人相食三十二年南畿廬鳳淮揚山東河南陝西並饑三十三年順天及榆林饑三十六年遼東大饑人相食三十九年順天永平饑四十年兩畿山西饑四十三年北畿山東大饑四十四年順天饑四十五年淮徐饑隆慶元年蘇松二府大饑二年湖廣饑萬曆元年淮鳳二府饑民多爲盜十年延安慶陽平涼臨洮鞏昌大饑十三年湖廣饑十五年七月黃河以北民食草木富平蒲城同官諸縣有以石爲糧者十六年河南饑民相食蘇松湖三府饑二十二年河南大饑給事中楊東明繪饑民圖以進巡按陳登雲進饑民所食雁糞帝覽之動容二十八年山東及河間饑二十九年兩畿饑阜

平縣饑有食其稚子者蘇州饑民毆殺稅使七人三十七年山西饑四十年南畿洊饑鳳陽尤甚四十三年浙江饑四十四年山東饑甚人相食河南及淮徐亦饑四十五年北畿民食草木逃就食者相望於道山東屬邑多饑四十六年陝西饑四十八年湖廣大饑崇禎元年陝西饑延鞏民相聚爲盜二年山西陝西饑五年淮揚諸府饑流殍載道六年陝西山西大饑淮揚洊饑有夫妻雉經於樹及投河者鹽城教官王明佐至自縊於官署七年京師饑御史龔廷獻繪饑民圖以進太原大饑人相食九年南陽大饑有母烹其女者江西亦饑十年浙江大饑父子兄弟夫妻相食十二年兩畿山東山西陝西江西饑河南大饑人相食盧氏嵩伊陽三縣尤甚十三年北畿山東河南陝西山西浙江三吳皆饑自淮而北至畿南樹皮食盡發瘞胔以食十四年南畿饑金壇民於延慶寺近山見人云此地深入尺餘其土可食如言取之淘磨爲粉粥而食取者日衆又長山十里亦出土堪食其色青白類茯苓又石子澗土黃赤狀如豬肝俗呼觀音粉食之多腹痛隕墜卒枕藉以死是歲畿南山東洊饑德州斗米千錢父子相食行人斷絕大盜滋矣

黃眚黃祥正統十一年二月辛酉有異氣現華蓋殿金頂及奉天殿鴟吻之上成化九年四月乙亥兩京雨土十三年四月戊戌陝西甘肅冰厚五尺間以雜沙有青紅黃黑四色弘治十年三月己酉雨土十一年四月辛巳雨土十七年二月甲辰鄖陽均州雨沙嘉靖元年正月丁卯雨黃沙十三年二月己未雨黴土二十一年象山雨黃霧行人口耳皆塞隆慶元年三月甲寅南鄭雨土萬曆二十五年二月癸亥湖州雨黃沙四十六年三月庚午暮刻雨土濛濛如霧如霰入夜不止四十七年二月甲戌從未至酉塵沙漲天其色赤黃四十八年山東省城及秦安肥城皆雨土崇禎十二年二月壬申濬縣有黑黃雲起旋分爲二頃之四塞狂風大作黃埃漲天間以青白氣五步之外不辨人踪至昏始定十四年正月壬寅黃埃漲天

明史卷三十一　　志第七

總裁官總理事務經筵講官少保兼太子太保保和殿大學士兼管吏部戶部尚書事加六級張廷玉等奉

敕修

曆一

後世法勝於古而屢改益密者惟曆爲最著唐志謂天爲動物久則差忒不得不屢變其法以求之此說似矣而不然也易曰天地之道貞觀者也蓋天行至健確然有常本無古今之異其歲差盈縮遲疾諸行古無而今有者因其數甚微積久始著古人不覺而後人知之而非天行之忒也使天果久動而差忒則必差參夌替而無典要安從修改而使之益密哉觀傳志所書歲失其次日度失行之事不見於近代亦可見矣夫天之行度多端而人之智力有限持尋尺之儀表仰測穹蒼安能洞悉無遺惟合古今人之心思踵事增修庶幾符合故不能爲一成不易之法也黃帝迄秦曆凡六改漢凡四改魏迄隋十五改唐迄五代十五改宋十七改金迄元五改惟明之大統曆實卽元之授時承用二百七十餘年未嘗改憲成化以後交食往往不驗議改曆者紛紛如俞正已冷守中不知妄作者無論已而華湘周濂李之藻邢雲路之倫頗有所見鄭世子載堉撰律曆融通進聖壽萬年曆其說本之南都御史何瑭深得授時之意而能補其不逮臺官泥於舊聞當事憚於改作並格而不行崇禎中議用西洋新法命閣臣徐光啓光祿卿李天經先後董其事成曆書一百三十餘卷多發古人所未發時布衣魏文魁上疏排之詔立兩局推驗累年校測新法獨密然亦未及頒行由是觀之曆固未有行之久而不差者烏可不隨時修改以求合天哉今采各家論說有裨於曆法者著於篇端而大統曆則述立法之原以補元志之未備回回曆始終隸於欽天監與大統參用亦附錄焉

曆法沿革

吳元年十一月乙未冬至太史院使劉基率其屬高翼上戊申大統曆太祖諭曰古者季冬頒曆太遲今於冬至亦未善宜以十月朔著爲令洪武元年改院爲司天監又置回回司天監詔徵元太史院使張佑回回司天太監黑的兒等共十四人尋召回回司天臺官鄭阿里等十一人至京議曆法三年改監爲欽天設四科曰天文曰漏刻曰大統曆曰回回曆以監令少監統之歲造大統民曆御覽月令曆七政躔度曆六壬遁甲曆四季天象占驗曆御覽天象錄各以時上其日月交食分杪時刻起復方位先期以聞十年三月帝與羣臣論天與七政之行皆以蔡氏左旋之說對帝曰朕自起兵以來仰觀乾象天左旋七政右旋曆家之論確然不易爾等猶守蔡氏之說豈所謂格物致知之學乎十五年九月詔翰林李翀吳伯宗譯回回曆書十七年閏十月漏刻博士元統言曆以大統爲名而積分猶踵授時之數非所以重始敬正也況授時以至元辛巳爲曆元至洪武甲子積一百四年年遠數盈漸差天度合修改七政運行不齊其理深奧聞有郭伯玉者精明九數之理宜徵令推算以成一代之制報可擢統爲監令統乃取授時曆去其歲實消長之說析其條例得四卷以洪武十七年甲子爲曆元命曰大統曆法通軌二十二年改監令丞爲監正副二十六年監副李德芳言監正統改作洪武甲子曆元不用消長之法以考魯獻公十五年戊寅歲天正冬至比辛巳爲元差四日半強今當復用辛巳爲元及消長之法疏入元統奏辨太祖曰二說皆難憑但驗七政交會行度無差者爲是自是大統曆元以洪武甲子而推算仍依授時法三十一年罷回回欽天監其回回曆科仍舊永樂遷都順天仍用應天冬夏晝夜時刻至正統十四年始改用順天之數其冬景帝卽位天文生馬軾奏晝夜時刻不宜改下廷臣集議監正許惇等言前監正彭德清測驗得北京北極出地四十度比南京高七度有奇冬至晝三十八刻夏至晝六十二刻奏準改入大統曆永爲定式軾言誕妄不足聽帝曰太陽出入度數當用四方之中今京師在堯幽都之地寧可爲準此後造曆仍用洪武舊制景泰元年正月辛卯卯正三刻月食監官誤推辰初初刻致失救護下法司論徒詔宥之成化十年以監官多不職擢雲南提學童軒爲太常寺少卿掌監事十五年十一月戊戌望月食監推又誤帝以天象微渺不之罪也十七年眞定教諭俞正已上改曆議詔禮部及軒參考尚書周洪謨等言正已止據皇極經世書及歷代天文曆志推算氣朔又以己意創爲八十七年約法每月大小相間輕率狂妄宜正其罪遂下正已詔獄十九年天文生張陞上言改曆欽天監謂祖制不可變陞說遂寢弘治中月食屢不應日食亦舛正德十二三年連推日食起復皆弗合於是漏刻博士朱裕上言至元辛巳距今二百三十七年歲久不能無差若不量加損益恐愈久愈舛乞簡大臣總理其事令本監官生半推古法半推新法兩相交驗回回科推驗西域九執曆法仍遣官至各省候土圭以測節氣早晚往復參較則交食可正而七政可齊部覆言裕及監官曆學未必皆精今十月望月食中官正周濂等所推算與古法及裕所奏不同請至期考驗旣而濂等言日躔歲退之差一分五十秒今正德乙亥距至元辛巳二百三十五年赤道歲差當退天三度五十二分五十秒不經改正推步豈能有合臣參詳較驗得正德丙子歲前天正冬至氣應二十七日四百七十五分命得辛卯日丑初初刻日躔赤道箕宿六度四十七分五十秒黃道箕宿五度九十六分四十三秒爲曆元其氣閏轉交四應併周天黃赤道諸類立成悉從歲差隨時改正望敕禮臣併監正董其事部奏古法未可輕變請仍舊法別選精通曆學者同濂等以新法參驗更爲奏請從之十五年禮部員外郎鄭善夫言日月交食日食最爲難測蓋月食分數但論距交遠近別無四時加減且月小闇虛大八方所見皆同若日爲月所掩則日大而月小日上而月下日遠而月近日行有四時之異月行有九道之分故南北殊觀時刻亦異必須據地定表因時求合如正德九年八月辛卯日食曆官報食八分六十七秒而閩廣之地遂至食旣時刻分秒安得而同今宜按交食以更曆元時刻分秒必使奇零剖析詳盡不然積以歲月躔離朓朒又不合矣不報十六年以南京戶科給事中樂護工部主事華湘通曆法俱擢光祿少卿管監事嘉靖二年湘言古今善治曆者三家漢太初以鐘律唐大衍以蓍策元授時以晷景爲近欲正曆而不登臺測景皆空言臆見也望許臣暫罷朝參督中官正周濂等及冬至前詣觀象臺晝夜推測日記月書至來年冬至以驗二十四氣分至合朔日躔月離黃赤二道昏旦中星七政四餘之度視元辛巳所測離合何如差次錄聞更敕禮部延訪精通理數者徵赴京師令詳定歲差以成一代之制下禮部集議而護謂曆不可改與湘頗異禮部言湘欲自行測候不爲無識請二臣各盡所見窮極異同以協天道從之七年欽天監奏閏十月朔回回曆推日食二分四十七秒大統曆推不食已而不食十九年三月癸巳朔臺官言日當食已而不食帝喜以爲天眷然實由推步之疏也隆慶三年掌監事順天府丞周相刊大統曆法其曆原歷敘古今諸曆異同萬曆十二年十一月癸酉朔大統曆推日食九十二秒回回曆推不食已而回回曆驗禮科給事中侯先春因言邇年月食在酉而曰戌月食將旣而曰未九分差舛甚矣回回曆科推算日月交食五星淩犯最

爲精密何妨纂入大統曆中以備考驗詔可二十年五月甲戌夜月食監官推算差一日二十三年鄭世子載堉進聖壽萬年曆律曆融通二書疏畧曰高皇帝革命時元曆未久氣朔未差故不改作但討論潤色而已積年既久氣朔漸差後漢志言三百年斗曆改憲今以萬曆爲元而九年辛巳歲適當斗曆改憲之期又協乾元用九之義曆元正在是矣臣嘗取大統與授時二曆較之考古則氣差三日推今則時差九刻夫差雖九刻處夜半之際所差便隔一日節氣差天一日則置閏差一月閏差一月則時差一季時差一季則歲差一年其失豈小小哉蓋因授時減分太峻失之先天大統不減失之後天因和會兩家酌取中數立爲新率編撰成書大旨出於許衡而與衡曆不同黃鐘乃律曆本原而舊曆罕言之新法則以步律呂爻象爲首堯時冬至日躔宿次何承天推在須女十度左右一行推在女虛間元人曆議亦云在女虛之交而授時曆考之乃在牛宿二度大統曆考之乃在危宿一度相差二十六度皆不與堯典合新法上考堯元年甲辰歲夏至午中日在柳宿十二度左右冬至午中日在女宿十度左右心昴昏中各去午正不逾半次與承天一行二家之說合此皆與舊曆不同之大者其餘詳見曆議望敕大臣名儒參訂採用其法首曰步發斂取嘉靖甲寅歲爲曆元元紀四千五百六十期實千四百六十一節氣歲差一秒七十五忽歲周氣策無定率各隨歲差求而用之律應(即氣應)五十五日六十刻八十九分律總旬周六十日次曰步朔閏朔望弦策與授時同閏應十九日三十六刻十九分次曰步日躔日平行一度躔周(即天周)三百六十五度二十五分躔中半之象策又半之辰策十二分躔周之一黃赤道歲差盈初縮末限縮初盈末限俱與授時同周應二百三十八度二十二分三十九秒(按授時求日度法以周應加積度命起虛七其周應爲自虛七度至箕十度之數萬年曆法以周應減積度命起角初其周應爲箕十度至角初度之數當爲二百八十六度四十五分今數不合似誤)次曰步晷漏北極出地度分冬夏至中晷恒數併二至晝夜長短刻數俱以京師爲準參以岳臺以見隨處里差之數次曰步月離月平行轉周轉中與授時同離周(即遲疾限)三百三十六限十六分六十秒離中半之離象又半之轉差一日九十七刻六十分轉應七日五十刻三十四分次曰步交道正交中交與授時同距交十四度六十六分六十六秒交周交中交差與授時同交應二十日四十七刻三十四分次曰步交食日食交外限六度定法六十一交內限八度定法八十一月食限定法與授時同次曰步五緯合應土星二百六十二日三千二十六分木星三百一十日一千八百三十七分火星三百四十三日五千一百七十六分金星二百三日八千三百四十七分水星九十一日七千六百二十八分曆應土星八千六百四日五千三百三十八分木星四千一十八日六千七十三分火星三百一十四日四十九分金星六十日一千九百七十五分水二百五十三日七千四百九十七分周率度率及晨夕伏見度俱與授時同其議歲餘也曰陰陽消長之理以漸而積未有不從秒起授時考古於百年之際頓加一分於理未安假如魯隱公三年辛酉歲下距至元辛巳二千年以授時本法算之於歲實當加二十分得庚午日六刻爲其年天正冬至次年壬戌歲下距至元辛巳一千九百九十九年本法當加十九分得乙亥日五十刻四十四分爲其年天正冬至兩冬至相減得相距三百六十五日四十四刻四十四分則是歲餘九分日之四非四分日之一也曆法之謬莫甚於此新法酌量設若每年增損二秒推而上之則失昭公己丑增損一秒至一秒半則失僖公辛亥今約取中數其法置定距自相乘七因八歸所得百約之爲分得一秒七十五忽則辛亥己丑皆得矣其議日躔也曰古曆見於六經灼然可考者莫如日躔及中星而推步家鮮有達者蓋由不知夏時周正之異也大抵夏曆以節氣爲主周曆以中氣爲主何承天以正月甲子夜半合朔雨水爲上元進乖夏朔退非周正故近代推月令小正者皆不與古合嘗以新法歲差上考堯典中星則所謂四仲月蓋自節氣之始至於中氣之終三十日內之中星耳後世執著於二分二至是亦誤矣其議候極也曰自漢至齊梁皆謂紐星卽不動處惟祖暅之測知紐星去極一度有餘自唐至宋又測紐星去極三度有餘元志從三度蓋未有定說也新法不測紐星以日景驗之於正方案上周天度內權指一度爲北極自此度右旋數至六十七度四十一分爲夏至日躔所在復至一百一十五度二十一分爲冬至日躔所在左旋數亦如之四處并中心共五處各識一鍼於二至日午中將案直立向南取景使三鍼景合然後縣繩界取中線又取方十字界之視橫界上距極度分卽極出地度分也其議晷景也曰何承天立表測景始知自漢以來冬至皆後天三日然則推步晷景乃治曆之要也授時曆亦憑晷景爲本而曆經不載推步晷景之術是爲缺畧今用北極出地度數兼弧矢二術以求之庶盡其原又隨地形高下立差以盡變前此所未有也又曰授時曆議據前漢志魯獻公十五年戊寅歲正月甲寅朔旦冬至引用爲首夫獻公十五年下距隱公元年己未歲百六十一年其非春秋時明矣而元志乃云自春秋獻公以來又云昭公冬至乃日度失行之驗誤矣夫獻公甲寅冬至別無所據惟劉歆三統曆言之豈左傳不足信而歆乃可信乎太初元年冬至在辛酉歆乃以爲甲子差天三日尚不能知而能逆知上下數百年乎故凡春秋前後千載之間氣朔交食長曆大衍所推近是劉歆班固所說全非也又曰大衍曆議謂宋元嘉十三年十一月甲戌景長爲日度變行授時曆議亦云竊以爲過矣苟日度失行當如歲差漸漸而移今歲既已不合來歲豈能復合耶蓋前人所測或未密耳夫冬至之景一丈有餘表高晷長則景虛而淡或設望筒副表景符之類以求實景然望筒或一低昂副表景符或一前却所據之表或稍有傾欹圭面或稍有斜側二至前後數日之景進退只在毫釐之間要亦難辨況委託之人未知當否九服之遠既非目擊所報晷景寧足信乎其議漏刻也曰日月帶食出入五星晨昏伏見曆家設法悉因晷漏爲準而晷漏則隨地勢南北辰極高下爲異焉元人都燕其授時曆七曜出沒之早晏四時晝夜之永短皆準大都晷漏國初都金陵大統曆晷漏改從南京冬夏至相差三刻有奇今推交食分秒南北東西等差及五星定伏定見皆因元人舊法而獨改其漏刻是以互相舛誤也故新法晷漏照依元舊其議日食也曰日道與月道相交處有二若正會於交則食既若但在交前後相近者則食而不既此天之交限也又有人之交限假令中國食既戴日之下所虧纔半化外之地則交而不食易地反觀亦如之何則日如大赤丸月如小黑丸共縣一綫日上而月下卽其下正望之黑丸必掩赤丸似食之既及旁觀有遠近之差則食數有多寡矣春分已後日行赤道北畔交外偏多交內偏少秋分已後日行赤道南畔交外偏少交內偏多是故有南北差冬至已後日行黃道東畔午前偏多午後偏少夏至已後日行黃道西畔午前偏少午後偏多是故有東西差日中仰視則高旦暮平視則低是故有距午差食於中前見早食於中後見遲是故有時差凡此諸差唯日有之月則無也故推交食惟日頗難欲推九服之變必各據其處考晷景之短長揆辰極之高下庶幾得之曆經推定之數徒以燕都所見者言之耳舊云月行內道食多有驗月行外道食多不驗又云天之交限雖係內道若在人之交限之外類同外道日亦不食此說似矣而未盡也假若夏至前後日食於寅卯酉戌之間人向東北西北觀之則外道食分反多於內道矣日體大於月月不能盡掩之或遇日既而日光四溢形如金環故日無食十分之理雖既亦止九分八十秒授時曆日食陽曆限六度定法六十陰曆限八度定法八十各置其限度如其定法而一皆得十分今於其定法下各加一數以除限度則得九分八十餘秒也其議月食也曰暗虛者景也景之蔽月無早晚高卑之異四時九服之殊譬如懸一黑丸於暗室其左燃燭其右懸一白丸若燭光爲黑丸所蔽則白丸不受其光矣人在四旁觀之所見無不同也故月食無時差之說自紀元曆妄立時差授時因之誤矣其議五緯也曰古法推步五緯不知變數之加減北齊張子信仰觀歲久知五緯有盈縮之變當加減以求逐日之躔蓋五緯出入黃道內外各自有其道視日遠近爲遲疾其變數之加減如里路之徑直斜曲也宋人有言曰五星行度惟留退之際最多差自內而進者其退必向外自外而進者其退必由內其迹如循柳葉兩末銳於中間往還之道相去甚遠故星行兩末度稍遲以其斜行故也中間行度稍速以其徑捷故也前代修曆止增損舊法而已未嘗實考天度其法須測驗每夜昏曉夜半月及五星所在度秒置簿錄之滿五年其間去陰雲晝見日數外可得三年實行然後可以算術綴之也書上禮部尚書范謙奏歲差之法自虞喜以來代有差法之議竟無畫一之規所以求之者大約有三考月令之中星測二至之日景驗交食之分秒考以衡管測以臬表驗以漏刻斯亦佹得之矣曆家以周天三百六十五度四分度之一紀七政之行又析度爲百分分爲百秒可謂密矣然渾象之體徑僅數尺布周天度每度不及指許安所置分秒哉至於臬表之樹不過數尺刻漏之籌不越數寸以天之高且廣也而以尺寸之物求之欲其纖微不爽不亦難乎故方其差在分秒之間無可驗者至踰一度乃可以管窺耳此所以窮古今之智巧不能盡其變與卽如世子言以大統授時二曆相較考古則氣差三日推今則時差九刻夫時差九刻在亥子之間則移一日在晦朔之交則移一月此可驗之於近也設移而前則生明在二日之昏設移而後則生明在四日之夕矣今似未至此也其書應發欽天監參訂

測驗世子留心曆學博通今古宜賜敕獎諭從之河南僉事邢雲路上書言治曆之要無踰觀象測景候時籌策四事今丙申年日至臣測得乙未日未正一刻而大統推在申正二刻相差九刻且今年立春夏至立冬皆適直子半之交臣推立春乙亥而大統推丙子夏至壬辰而大統推癸巳立冬己酉而大統推庚戌相隔皆一日若或直元日於子半則當退履端於月窮而朝賀大禮在月正二日矣豈細故耶閏八月朔日食大統推初虧巳正二刻食幾既而臣候初虧巳正一刻食止七分餘大統實後天幾二刻則閏應及轉應交應各宜增損之矣欽天監見雲路疏甚惡之監正張應候奏詆謂其僭妄惑世禮部尚書范謙乃言曆爲國家大事士夫所當講求非曆士之所得私律例所禁乃妄言妖祥者耳監官拘守成法不能修改合天幸有其人所當和衷共事不宜妬忌乞以雲路提督欽天監事督率官屬精心測候以成鉅典議上不報三十八年監推十一月壬寅朔日食分秒及虧圓之候職方郎范守已疏駁其誤禮官因請博求知曆學者令與監官晝夜推測庶幾曆法靡差於是五官正周子愚言大西洋歸化遠臣龐迪峩熊三拔等攜有彼國曆法多中國典籍所未備者乞視洪武中譯西域曆法例取知曆儒臣率同監官將諸書盡譯以補典籍之缺先是大西洋人利瑪竇進貢土物而迪峩三拔及龍華民鄧玉函湯若望等先後至俱精究天文曆法禮部因奏精通曆法如雲路守已爲時所推請改授京卿共理曆事翰林院檢討徐光啓南京工部員外郎李之藻亦皆精心曆理可與迪峩三拔等同譯西洋法俾雲路等參訂修改然曆法疎密莫顯於交食欲議修曆必重測驗乞敕所司修治儀器以便從事疏入留中未幾雲路之藻皆召至京參預曆事雲路據其所學之藻則以西法爲宗四十一年之藻已改衙南京太僕少卿奏上西洋曆法畧言臺監推算日月交食時刻虧分之謬而力薦迪峩三拔及華民陽瑪諾等言其所論天文曆數有中國昔賢所未及者不徒論其度數又能明其所以然之理其所製窺天窺日之器種種精絕今迪峩等年齡向衰乞敕禮部開局取其曆法譯出成書禮科姚永濟亦以爲言時庶務因循未暇開局也四十四年雲路獻七政眞數言步曆之法必以兩交相對兩交正而中間時刻分抄之度數一一可按日月之交食五星之淩犯皆日月五星之相交也兩交相對互相發明七政之能事畢矣天啓元年春雲路復詳述古今日月交食數事以明授時之疎證新法之密章下禮部四月壬申朔日食雲路所推食分時刻與欽天監所推互異自言新法至密至期考驗皆與天不合雲路又嘗論大統宮度交界當以歲差考定不當仍用授時三百年前所測之數又月建非關斗杓所指斗杓有歲差而月建無改移皆篤論也崇禎二年五月乙酉朔日食禮部侍郎徐光啓依西法預推順天府見食二分有奇瓊州食既大寧以北不食大統回回所推順天食分時刻與光啓互異已而光啓法驗餘皆疎帝切責監官時五官正戈豐年等言大統乃國初所定實卽郭守敬授時曆也二百六十年毫未增損自至元十八年造曆越十八年爲大德三年八月已當食不食六年六月又食而失推是時守敬方知院事亦付之無可奈何況斤斤守法者哉今若循舊向後不能無差於是禮部奏開局修改乃以光啓督修曆法光啓言近世言曆諸家大都宗郭守敬法至若歲差環轉歲實參差天有緯度地有經度列宿有本行月五星有本輪日月有眞會視會皆古所未聞惟西曆有之而舍此數法則交食凌犯終無密合之理宜取其法參互考訂使與大統法會同歸一已而光啓上曆法修正十事其一議歲差每歲東行漸長漸短之數以正古來百年五十年六十年多寡互異之說其二議歲實小餘昔多今少漸次改易及日景長短歲歲不同之因以定冬至以正氣朔其三每日測驗日行經度以定盈縮加減眞率東西南北高下之差以步日躔其四夜測月行經緯度數以定交轉遲疾眞率東西南北高下之差以步月離其五密測列宿經緯行度以定七政盈縮遲疾順逆違離遠近之數其六密測五星經緯行度以定小輪行度遲疾留逆伏見之數東西南北高下之差以推步凌犯其七推變黃道赤道廣狹度數密測二道距度及月五星各道與黃道相距之度以定交轉其八議日月去交遠近及眞會視會之因以定距午時差之眞率以正交食其九測日行考知二極出入地度數以定周天緯度以齊七政因月食考知東西相距地輪經度以定交食時刻其十依唐元法隨地測驗二極出入地度數地輪經緯以求晝夜晨昏永短以正交食有無先後多寡之數因舉南京太僕少卿李之藻西洋人龍華民鄧玉函報可九月癸卯開曆局三年玉函卒又徵西洋人湯若望羅雅谷譯書演算光啓進本部尚書仍督修曆法時巡按四川御史馬如蛟薦資縣諸生冷守中精曆學以所呈曆書送局光啓力駁其謬幷預推次年四月四川月食時刻令其臨時比測四年正月光啓進曆書二十四卷夏四月戊午夜望月食光啓預推分秒時刻方位奏言日食隨地不同則用地緯度算其食分多少用地經度算其加時早宴月食分秒海內竝同止用地經度推求先後時刻臣從輿地圖約略推步開載各布政司月食初虧度分蓋食分多少旣天下皆同則餘率可以類推不若日食之經緯各殊必須詳備也又月體一十五分則盡入闇虛亦十五分止耳今推二十六分六十秒者蓋闇虛體大於月若食時去交稍遠卽月體不能全入闇虛止從月體論其分數是夕之食極近於交故月入闇虛十五分方爲食旣更進一十一分有奇乃得生光故爲二十六分有奇如回回曆推十八分四十七秒略同此法也已而四川報冷守中所推月食實差二時而新法密合光啓又進曆書二十一卷冬十月辛丑朔日食新法預推順天見食二分一十二秒應天以南不食大漠以北食既例以京師見食不及三分不救護光啓言月食在夜加時早晚苦無定據惟日食按晷定時無可遷就故曆法疎密此爲的證臣等纂輯新法漸次就緒而向後交食爲期尚遠此時不與監臣共見至成曆後將何徵信且是食之必當測候更有說焉舊法食在正中則無時差今此食既在日中而新法仍有時差者蓋以七政運行皆依黃道不由赤道舊法所謂中乃赤道之午中非黃道之正中也黃赤二道之中獨冬夏至加時正午乃得同度今十月朔去冬至度數尚遠兩中之差二十三度有奇豈可因加時近午不加不減乎適際此日又值此時足可驗時差之正術一也本方之地經度未得眞率則加時難定其法必從交食時測驗數次乃可較勘畫一今此食依新術測候其加時刻分或前後未合當取從前所記地經度分斟酌改定此可以求里差之眞率二也時差一法但知中無加減而不知中分黃赤今一經目見人人知加時之因黃道因此推彼他術皆然足以知學習之甚易三也卽分數甚少亦宜詳加測候以求顯驗帝是其言至期光啓率監臣預點日晷調壺漏用測高儀器測食甚日晷高度又於密室中斜開一隙置窺筩遠鏡以測虧圓畫日體分數圖板以定食分其時刻高度悉合惟食甚分數未及二分於是光啓言今食甚之度分密合則經度里差已無煩更定矣獨食分未合原推者蓋因太陽光大能減月魄必食及四五分以上乃得與原推相合然此測用密室窺筩故能得此分數倘止憑目力或水盆照映則眩耀不定恐少尚不止此也時有滿城布衣魏文魁著曆元曆測二書令其子象乾進曆元於朝通政司送局考驗光啓摘當極論者七事其一歲實自漢以來代有減差至授時減爲二十四分二十五秒依郭法百年消一今當爲二十一秒有奇而曆元用趙知微三十六秒翻覆驟加其一弧背求弦矢宜用密率今曆測中猶用徑一圍三之法不合弧矢眞數其一盈縮之限不在冬夏至宜在冬夏至後六度今考日躔春分迄夏至夏至迄秋分此兩限中日時刻分不等又立春迄立夏立秋迄立冬此兩限中日時刻分亦不等測量可見其一言太陰最高得疾最低得遲且以圭表測而得之非也太陰遲疾是入轉內事表測高下是入交內事豈容混推而月行轉周之上又復左旋所以最高向西行極遲最低向東行乃極疾舊法正相反其一言日食正午無時差非也時差言距非距赤道之午中乃距黃道限東西各九十度之中也黃道限之中有距午前後二十餘度者但依午正加減焉能必合其一言交食定限陰曆八度陽曆六度非也日食陰曆當十七度陽曆當八度月食則陰陽曆俱十二度其一曆測云宋文帝元嘉六年十一月己丑朔日食不盡如鉤晝星見今以授時推之止食六分九十六秒郭曆舛矣夫月食天下皆同日食九服各異南宋都於金陵郭曆造於燕地北極出地差八度時在十一月則食差當得二分弱其云不盡如鉤當在九分左右郭曆推得七分弱乃密合非舛也本局今定日食分數首言交次言地次言時一不可闕已而文魁反覆論難光啓更申前說著爲學曆小辨其論歲實小餘及日食變差尤明晰曰歲實小餘自漢迄元漸次消減今新法定用歲實更減於元不知者必謂不惟先天更先大統乃以推壬申冬至大統得己亥寅正一刻而新法得辰初一刻十八分何也蓋正歲年與步月離相似冬至無定率與定朔定望無定率一也朔望無定率宜以平朔望加減之冬至無定率宜以平年加減之故新法之平冬至雖在大統前而定冬至恒在大統後也又曰宋仁宗天聖二年甲子歲五月丁亥朔曆官推當食不食諸曆推算皆云當食夫於法則實當食而於時則實不食今當於法當食而獨此日此地之南北差變爲東西差故論天行則地心與日月相參直實不失食而從人目所見則日月相距近變爲遠實不得食頤獨汴京爲然若從

汴以東數千里則漸見食至東北萬餘里外則全見食也夫變差時時不同或多變爲少或少變爲多或有變爲無或無變爲有推曆之難全在此等未幾光啓入內閣五年九月十五日月食監推初虧在卯初一刻光啓等推在卯初三刻回回科推在辰初初刻三法異同致奉詰問至期測候陰雲不見無可徵驗光啓具陳三法不同之故言時刻之加減由於盈縮遲疾兩差而盈縮差舊法起冬夏至新法起最高最高有行分惟宋紹興間與夏至同度郭守敬後此百年去離一度有奇故未覺今最高在夏至後六度此兩法之盈縮差所以不同也遲疾差舊法只用一轉周新法謂之自行輪自行之外又有兩次輪此兩法之遲疾差所以不同也至於回回曆又異者或由於四應或由於里差臣實未曉其故總之三家俱依本法推步不能變法遷就也將來有宜講求者二端一曰食分多寡日食時陽晶晃耀每先食而後見月食時游氣紛侵每先見而後食其差至一分以上今欲灼見實分有近造窺筩日食時於密室中取其光景映照尺素之上初虧至復圓分數眞確畫然不爽月食用以仰觀二體離合之際鄞鄂著明與目測迥異此定分法也一曰加時早晚定時之術壺漏爲古法輪鍾爲新法然不若求端於日星晝則用日夜則任用一星皆以儀器測取經緯度數推算得之此定時法也二法旣立則諸術之疎密毫末莫遁矣古今月食諸史不載日食自漢至隋凡二百九十三而食於晦者七十七晦前一日者三初二日者三其疎如此唐至五代凡一百一十而食於晦者一初二日者一初二日者一稍密矣宋凡一百四十八無晦食者更密矣猶有推食而不食者十三元凡四十五亦無晦食猶有推食而不食者一食而失推者一夜食而書晝者一至加時差至四五刻者當其時已然可知高遠無窮之事必積時累世乃稍見其端倪故漢至今千七百歲立法者十有三家而守敬爲最優尚不能無數刻之差而况於沿習舊法者何能責其精密哉是年光啓又進曆書三十卷明年冬十月光啓以病辭曆務以山東參政李天經代之逾月而光啓卒七年魏文魁上言曆官所推交食節氣皆非是於是命文魁入京測驗是時言曆者四家大統回回外別立西洋爲西局文魁爲東局言人人殊紛若聚訟焉天經繕進曆書凡二十九卷并星屏一具俱故輔光啓督率西人所造也天經預推五星凌犯會合行度言閏八月二十四木犯積尸氣九月初四昏初火土同度初七卯正金土同度十一昏初金火同度舊法推火土同度在初七是後天三日金火同度在初三是先天八日而文魁則言天經所報木星犯積尸不合天經又言臣於閏八月二十五日夜及九月初一日夜同禮臣陳六齡等用窺管測見積尸爲數十小星團聚木與積尸共納管中蓋窺管圓徑寸許兩星相距三十分內者方得同見如觜宿三星相距三十七分則不能同見而文魁但據臆算未經實測據云初二日木星已在柳前則前此豈能越鬼宿而飛渡乎天經又推木星退行順行兩經鬼宿其度分晷刻已而皆驗於是文魁說絀天經又進曆書三十二卷并日晷星晷窺筩諸儀器八年四月又上乙亥丙子七政行度曆及參訂曆法條議二十六則其七政公說之議七一曰諸曜之應宜改蓋日月五星平行起算之根則爲應乃某曜某日某時躔某宮次之數今新法改定諸應悉從崇禎元年戊辰前冬至後己卯日子正爲始二曰測諸曜行度應用黃道儀蓋太陽由黃道行月星各有本道出入黃道內外不行赤道若用赤道儀測之所得經緯度分須通以黃赤通率表不如用黃道儀卽得七政之本度爲便也三曰諸方七政行度隨地不等蓋日月東西見食其時各有先後旣無庸疑矣則太陽之躔二十四節氣與月五星之掩食凌犯安得不與交食同一理乎故新法立成諸表雖以順天府爲主而推算諸方行度亦皆各有本法四曰諸曜加減分用平立定三差法尚不足蓋加減平行以求自行乃曆家要務第天實圓體與平行異類舊所用三差法俱從句股平行定者於天體未合卽各盈縮損益之數未得其眞今新法加減諸表乃以圖齊圓始可合天五曰隨時隨地可求諸曜之經度舊法欲得某日某曜經度必先推各曜冬至日所行宮度宿次後乃以各段日度比算始得今法不拘時日方所只簡本表推步卽是六曰徑一圍三非弧矢眞法蓋古曆家以直線測圓形名曰弧矢法而算用徑一圍三謬也今立割圓八線表其用簡而大弧矢等線但乘除一次便能得之七曰球上三角三弧形非句股可盡蓋古法測天以句股爲本然句股能御直角不能御斜角且天爲圓球其面上與諸道相割生多三弧形句股不足以盡之恒星之議四一曰恒星本行卽所謂歲差從黃道極起算蓋各星距赤極度分古今不同其距赤道內外也亦古今不同而距黃極或距黃道內外則皆終古如一所以知日月五星俱依黃道行其恒星本行應從黃極起算以爲歲差之率二曰古今各宿度不同蓋恒星以黃道極爲極故各宿距星行度與赤道極時近時遠行漸近極卽赤道所出過距星線漸密其本宿赤道弧則較小漸遠極卽過距星線漸疎其本宿赤道弧則較大此緣二道二極不同非距星有異行亦非距星有易位也如觜宿距星漢測距參二度唐測一度宋崇寧測半度元郭守敬測五分今測之不啻無分且侵入參宿二十四分非一證乎三曰夜中測星定時蓋太陽依赤道左行每十五度爲一小時今任測一星距子午圈前後度分又以本星經行與太陽經行相加減得太陽距子午圈度分因以變爲眞時刻四曰宋時所定十二宮次在某宿度今不能定於某宿度蓋因恒星有本行宿度已右移故也太陽之議四一曰太陽盈縮之限非冬夏二至所謂最高及最高衝也此限年年右行今已過二至後六度有奇二曰以圭表測冬夏二至非法之善蓋二至前後太陽南北之行度甚微計一丈之表其一日之影差不過一分三十秒則一秒得六刻有奇若測差二三秒卽差幾二十刻安所得準乎今法獨用春秋二分蓋以此時太陽一日南北行二十四分一日之景差一寸二分卽測差一二秒算不滿一刻較二至爲最密三曰日出入分應從順天府起算蓋諸方北極出地不同晨昏時刻亦因以異大統依應天府算是以晝夜長短日月東西帶食所推不準今依順天府改定四曰平節氣非上天眞節氣蓋舊法氣策乃歲周二十四分之一然太陽之行有盈有縮不得平分如以平分則春分後天二日秋分先天二日矣今悉改定太陰之議四一曰朔望之外別有損益分一加減不足以盡之蓋舊定太陰平行算朔望加減大率五度有奇然兩弦時多寡不一卽授時亦言朔望外平行數不定明其理未著其法今於加減外再用一加減名爲二三均數二曰緯度不能定於五度時多時寡古今曆家以交食分數及交泛等測定黃白二道相距約五度然朔望外兩道距度有損有益大距計五度三分度之一若一月有兩食其弦時用儀求距黃道度五度未能合天三曰交行有損益分蓋羅睺計都卽正交中交行度古今爲平行今細測之月有時在交上以平求之必不合算因設一加減爲交行均數四曰天行無紫氣舊謂生於閏餘又爲木之餘氣今細考諸曜無象可明知爲妄增交食之議四一曰日月景徑分恒不一蓋日月有時行最高有時行最卑因相距有遠近見有大小又因遠近得太陰過景時有厚薄所以徑分不能爲一二曰日食午正非中限乃以黃道九十度限爲中限蓋南北東西差俱依黃道則時差安得不從黃道論其初末以求中限乎且黃道出地平上兩象限自有其高亦自有其中此理未明或宜加反減宜減反加凡加時不合者由此也三曰日食初虧復圓時刻多寡恒不等非二時折半之說蓋視差能變實行爲視行則以視差較食甚前後鮮有不參差者夫視差旣食甚前後不一又安能令視行前後一乎今以視行推變時刻則初虧復圓其不能相等也明矣四曰諸方各依地經推算時刻及日食分蓋地面上東西見日月出沒各有前後不同卽所得時刻亦不同故見食雖一而時刻異此日月食皆一理若日食則因視差隨地不一卽太陰視距不一所見食分亦異焉五緯之議三一曰五星應用太陽視行不得以段目定之蓋五星皆以太陽爲主與太陽合則疾行衝則退行且太陽之行有遲疾則五星合伏日數時寡時多自不可以段目定其度分二曰五星應加緯行蓋五星出入黃道各有定距度又木土火三星衝太陽緯大合太陽緯小金水二星順伏緯小逆伏緯大三曰測五星當用恒星爲準則蓋測星用黃道儀外宜用弧矢等儀以所測緯星視距二恒星若干度分依法布算方得本星眞經緯度分或繪圖亦可免算是時新法書器俱完屢測交食凌犯俱密合但魏文魁等多方阻撓內官實左右之以故帝意不能決諭天經同監局虛心詳究務祈畫一是年天經推水星伏見及木星所在之度皆與大統各殊而新法爲合又推八月二十七日寅正二刻木火月三曜同在張六度而大統推木在張四度火月張三度至期果同在張六度九年正月十五日辛酉曉望月食天經及大統回回東局各預推虧圓食甚分秒時刻天經恐至期雲掩難見乃按里差推河南山西所見時刻奏遣官分行測驗其日天經與羅雅谷湯若望大理評事王應遴禮臣李焻及監局守登文魁等赴臺測驗惟天經所推獨合已而河南所報盡合原推山西則食時雲掩無從考驗帝以測驗月食新法爲近但十五日雨水而天經以十三日爲雨水令再奏明天經覆言論節氣有二法一爲平節氣一爲定節氣平節氣者以一歲之實二十四平分之每得一十五日有奇爲一節氣故從歲前冬至起算必越六十日八十七刻有奇爲雨水舊法所推十五日子正二刻者此也定節氣者以三百六十爲周天度而亦以二十四平分之每得一十五度爲一節

氣從歲前冬至起算歷五十九日二刻有奇而太陽行滿六十度爲雨水新法所推十三日卯初二刻八分者此也太陽之行有盈有縮非用法加減之必不合天安得平分歲實爲節氣乎以春分證之其理更明分者黃赤相交之點太陽行至此乃晝夜平分舊法於二月十四日下註晝五十刻夜五十刻是也夫十四日晝夜已平分則新法推十四日春分者爲合天而舊法推十六日者後天二日矣知春分則秋分及各節氣可知而無疑於雨水矣已而天經於春分屆期每午赴臺測午正太陽高度二月十四日高五十度八分十五日高五十度三十三分天經乃言京師北極出地三十九度五十五分則赤道應高五十度五分春分日太陽正當赤道上其午正高度與赤道高度等過此則太陽高度必漸多今置十四日所測高度加以地半徑差二分較赤道已多五分蓋原推春分在卯正二刻五分弱是時每日緯行二十四分弱時差二十一刻五分則緯行應加五分強至十五日并地半徑較赤道高度已多至三十分況十六日乎是春分當在十四不當在十六也秋分亦然又出節氣圖日內規分三百六十五度四分度之一者日度也外規分三百六十度者天度也自冬至起算越九十一日三十一刻六分兩始歷春分者日爲之限也乃在天則已踰二度餘矣又越二百七十三日九十三刻一十九分而即交秋分者亦日爲之限也乃在天不及二度餘豈非舊法春分每後天二日秋分先天二日耶十年正月辛丑朔日食天經等預推京師見食一分一十秒應天及各省分秒各殊惟雲南太原則不見食其初虧食甚復圓時刻亦各異大統推食一分六十三秒回回推食三分七十秒東局所推止游氣侵光三十餘秒而食時推驗惟天經爲密時將廢大統用新法於是管理另局曆務代州知州郭正中言中曆必不可盡廢西曆必不可專行四曆各有短長當參合諸家兼收西法十一年正月乃詔仍行大統曆如交食經緯晦朔弦望因年遠有差者旁求參考新法與回回科並存是年進天經光祿寺卿仍管曆務十四年十二月天經言大統置閏但論月無中氣新法尤視合朔後先今所進十五年新曆其十月十二月中氣適交次月合朔時刻之前所以月內雖無中氣而實非閏月蓋氣在朔前則此氣尚屬前月之晦也至十六年第二月止有驚蟄一節而春分中氣交第三月合朔之後則第二月爲閏正月第三月爲二月無疑時帝已深知西法之密迨十六年三月乙丑朔日食測又獨驗八月詔西法果密即改爲大統曆法通行天下未幾國變竟未施行

本朝用爲時憲曆按明制曆官皆世業成弘間尚能建修改之議萬曆以後則皆專己守殘而已其非曆官而知曆者鄭世子而外唐順之周述學陳壤袁黃雷宗皆有著述唐順之未有成書其議論散見周述學之曆宗通議曆宗中經袁黃著曆法新書其天地人三元則本之陳壤而雷宗亦著合璧連珠曆法皆會通回回曆以入授時雖不能如鄭世子之精微其於中西曆理亦有所發明邢雲路古今律曆考或言本出魏文魁手文魁學本膚淺無怪其所疏授時皆不得其旨也

西洋人之來中土者皆自稱甌羅巴人其曆法與回回同而加精密嘗考前代遠國之人言曆法者多在西域而東南北無聞（唐之九執曆元之萬年曆及洪武間所譯回回曆皆西域也）蓋堯命羲和仲叔分宅四方羲仲羲叔和叔則以嵎夷南交朔方爲限獨和仲但曰宅西而不限以地豈非當時聲教之西被者遠哉至於周末疇人子弟分散西域天方諸國接壤西陲非若東南有大海之阻又無極北嚴寒之畏則抱書器而西征勢固便也甌羅巴在回回西其風俗相類而好奇喜新競勝之習過之故其曆法與回回同源而世世增修遂非回回所及亦其好勝之俗爲之也羲和既失其守古籍之可見者僅有周髀而西人渾蓋通憲之器寒熱五帶之說地圓之理正方之法皆不能出周髀範圍亦可知其源流之所自矣夫旁搜博採以續千百年之墜緒亦禮失求野之意也故備論之

明史卷三十二　　志第八

總裁官總理事務經筵講官少保兼太子太保保和殿大學士兼管吏部戶部尚書事加六級臣張廷玉等奉

敕修

曆二

大統曆法一上（法原）

造曆者各有本原史宜備錄使後世有以考如太初之起數鍾律大衍之造端蓍策皆詳本志授時曆以測驗算術爲宗惟求合天不牽合律呂卦爻然其法之所以立數之所從出以及晷影星度皆有全書郭守敬齊履謙傳中有書名可考元史漫無采摭僅存李謙之議錄曆經之初稿其後改三應率及立成之數與夫割圓弧矢之法平立定三差之原盡削不載使作者精意湮沒識者憾焉今據大統曆通軌及曆草諸書稍爲次首法原次立成次推步而法原之目七曰句股測望曰弧矢割圓曰黃赤道差曰黃赤道內外度曰白道交周曰日月五星平立定三差曰里差刻漏

句股測望

北京立四丈表冬至日午正測得景長七丈九尺八寸五分隨以簡儀測到太陽南至地平二十六度四十六分半爲半弧背　求得矢度五度九十一分半　置周天半徑截矢餘五十四度九十六分爲股乃本地去戴日下之度　以弦股別句術求得句二十六度一十七分六十六秒爲日出地半弧弦

北京立四丈表夏至日午正測得景長一丈一尺七寸一分隨以簡儀測到太陽南至地平七十四度二十六分半爲半弧背　求得矢度四十三度七十四分少　置周天半徑截矢餘一十七度一十三分二十五秒爲句乃本地去戴日下之度　以句弦別股術求得股五十八度四十五分半爲日出地半弧弦

以二至日度相併得一百度七十三分折半得五十度三十六分半爲北京赤道出地度　以赤道出地度轉減周天四之一餘四十度九十四分九十三秒七十五微爲北京北極出地度

弧矢割圓

周天徑一百二十一度七十五分少（少不用）　半徑六十○度八十七分半（又爲黃赤道大弦）　二至黃赤道內外半弧背二十四度（所測就整）　二至黃赤道弧矢四度八十四分八十二秒　黃赤道大句二十三度八十分七十秒　黃赤道大股五十六度○二分六十八秒（半徑內減去矢度之數）

割圓求矢術　置半弧背度自之爲半弧背冪周天徑自之爲上廉　上廉乘半弧背冪爲正實　上廉乘徑爲益從方　半弧背倍之乘徑爲下廉　以初商乘上廉得數以減益從方餘爲從方　置初商自之以減下廉餘以初商乘之爲從廉　從方從廉相並爲下法　下法乘初商以減正實實不足減改初商實有不盡次第商除之　倍初商數與次商相並以乘上廉得數以減益從方餘爲從方　并初商次商而自之又以初商自之並二數以減下廉餘以初商倍數並次商乘之爲從廉　從方從廉相並爲下法　下法乘次商以減餘實而定次商有不盡者如法商之皆以商得數爲矢度之數（黃赤道同用）

如以半弧背一度求矢度　術曰置半弧背一度自之得一度爲半弧背冪　置周天徑一百二十一度太自之得一萬四千八百二十三度○六分二十五秒爲上廉　上廉乘半弧背冪得一萬四千八百二十三度○六分二五爲正實　上廉又乘徑得一百八十○萬四千七百○七度八十五分九十三秒七五爲益從方　半弧背一度倍之得二度以乘徑得二百四十三度五十分爲下廉　初商八十秒　置初商八十秒乘上廉一萬四千八百二十三度○六二五得一百一十八度五八四五以減益從方一百八十○萬四千七百○七度八五九三七五餘一百八十○萬四千五百八十九度二七四八七五爲從方　又置初商八十秒自之得六十四微以減下廉餘二百四十三度四九九九三六仍以八十秒乘之得一度九四七九九九四八八爲從廉　以從廉從方並之共得一百八十○萬四千五百九十一度二二二八七四四八八爲下法　下法乘初商得一萬四千四百三十六度七十二分九七八二九九五九○四以減正實餘實三百八十六度三十三分二七一七○○四○九六　次商二秒　置初商八十秒倍之得一分六十秒加次商二秒得一分六十二秒乘上廉一萬四千八百二十三度○六二五得二百四十○度一三三六一二五以減益從方餘一百八十○萬四千四百六十七度七二五七六二五爲從方　又置初次商八十二秒自之得六十七微加初商八十秒自之之數得一秒三十一微以減下廉餘二百四十三度四九九八六九以前所得一分六十二秒乘之得三度九四四六九七七八七七八爲從廉　以從廉從方並得一百八十○萬四千四百七十一度六十七分○四六○三七七八爲下法　下法乘次商得三百六十○度八八九四三三四○九二○七五五六以減餘實仍餘二十五度四三八三八二九一二○二○四四（不足一秒棄不用下同）

凡求得矢度八十二秒餘度各如上法求到矢度以爲黃赤相求及其內外度之根（數詳後）

黃赤道差

求黃道各度下赤道積度術　置周天半徑內減去黃道矢度餘爲黃赤道小弦　置黃赤道小弦以黃赤道大股乘之（大股見割圓）爲實黃赤道大弦（半徑）爲法實如法而一爲黃赤道小股　置黃道矢自乘爲實以周天全徑

爲法實如法而一爲黃道半背弦差　以差去減黃道積度（卽黃道半弧背）餘爲黃道半弧弦　置黃道半弧弦自之爲股冪黃赤道小股自之爲句冪二冪竝之以開平方法除之爲赤道小弦　置黃道半弧弦以周天半徑（爲赤道大弦）乘之爲實以赤道小弦爲法而一爲赤道半弧弦　置黃赤道小股（赤道橫小句）以赤道大弦（卽半徑）乘之爲實以赤道小弦爲法而一爲赤道橫大句以減半徑餘爲赤道橫弧矢　橫弧矢自之爲實以全徑爲法而一爲赤道半背弦差　以差加赤道半弧弦爲赤道積度

如黃道半弧背一度求赤道積度　術曰置半徑六十○度八十七分五十秒（卽黃赤道大弦）內減黃道矢八十二秒餘六十○度八六六八爲黃赤道小弦　置黃赤道小弦以黃赤道大股五十六度○二六八乘之得三千四百一十○度一七二○三○二四爲實以黃赤道大弦六十○度八七五爲法實如法而一得五十六度○一分九十二秒爲黃赤道小股（又爲赤道小句）　置矢度八十二秒自之得六十七微以全徑一百二十一度七五爲法除之得五十五纖爲黃道半背弦差　置黃道半弧背一度內減黃道半背弦差餘爲半弧弦因差在微以下不減卽用一度爲半弧弦　置黃道半弧弦一度自之得一度爲股冪黃赤道小股五十六度○一九二自之得三千一百三十八度一五○七六八六四爲句冪二冪竝得三千一百三十九度一五○七六八六四爲弦實平方開之得五十六度○二八一爲赤道小弦　置黃道半弧弦一度以半徑（卽赤道大弦）乘之得六十○度八七五爲實以赤道小弦五十六度○二八一爲法除之得一度○八分六十五秒爲赤道半弧弦　置黃赤道小股五十六度○一九二（又爲赤道小句）以赤道大弦（半徑）六十○度八七五乘之得三千四百一十○度一六八八爲實以赤道小弦爲法除之得六十○度八十六分五十三秒爲赤道橫大句　置半徑六十○度八十七分五十秒內減赤道大句六十○度八十六分五十三秒餘九十七秒爲赤道橫弧矢　置赤道橫弧矢九十七秒自之得九十四微○九以全徑爲法除之得七十七纖爲赤道背弦差　置赤道半弧弦一度○八分六十五秒加赤道背弦差爲赤道積度今差在微已下不加卽用半弧弦爲積度

凡求得赤道積度一度○八分六十五秒餘度各如上法求到各黃道度下赤道積度兩數相減卽得黃赤道差乃至後之率其分後以赤道度求黃道反此求之其數竝同

黃赤道相求弧矢諸率立成上

至後黃道分後赤道積度	黃道矢度	黃道矢差	黃道半弧弦又爲赤道小股	黃赤道小股又爲赤道小句	赤道小弦
十度十分	十度十分十秒	十度十分十秒	十度十分十秒	十度十分十秒	十度十分十秒
初					
一	八二	○二四六	一○○○○	五六○一九二	五六○二八一
二	○三二八	○四一一	二○○○○	五五九六六	○三二三
三	○七三九	○五七六	二九九九九	九五八八	○三九一
四	一三一五	○七四一	三九九九九	九○五八	○四八七
五	二○五六	○九○七	四九九九七	八三七六	○六一○
六	二九六三	一○七三	五九九九三	七五四一	○七五九
七	四○三六	一二四○	六九九八七	六五五三	○九三六
八	五二七六	一四○八	七九九七七	五四一二	一一四○
九	六六八四	一五七六	八九九六三	四一一六	一三七一
一○	八二六○	一七四五	九九九四四	二六六六	一六三○
一	一○○○五	一九一六	一○九九一八	一○六○	一九一五
二	一九二一	二○八七	一一九八八三	五四九二九六	二二二六
三	四○○八	二二五八	一二九八三九	七三七五	二五六五
四	六二六六	二四三○	一三九七八三	五二九七	二九二八
五	八六九六	二六○五	一四九七一三	三○六一	三三二○
六	二一三○一	二七七九	一五九六二八	○六六三	三七三五
七	四○八○	二九五五	一六九五二四	五三八一○六	四一七八
八	七○三五	三一三○	一七九四○○	五三八九	四六四四
九	三○一六五	三三○七	一八九二五三	二五○五	五一三五
二○	三四七二	三四八五	一九九○八○	五二九四六二	五六五二
一	六九五七	三六六三	二○八八七八	六二五四	六一九二
二	四○六二○	三八四二	二一八六四五	二八八二	六七五六
三	四四六二	四○二○	二二八三七六	五一九二四七	七三四二
四	八四八二	四二○○	二三八○七○	五六四七	七九五二
五	五二六八二	四三七九	二四七七二一	一七八一	八五八二
六	七○六一	四五五九	二五七三二六	五○七七五一	九二三四
七	六一六二○	四七三八	二六六八八一	三五五五	九九○六
八	六三五八	四九一七	二七六三八二	四九九二九九	五七○五九九
九	七一二七五	五○九五	二八五八二八	四六六九	一三一○
三○	六三七○	五二七三	二九五二一○	四八九九八○	二○三九
一	八一六四三	五四五○	三○四五三五	五一二七	二七八六
二	七○九三	五六二六	三一三七六○	○一一一	三五四九
三	九二七一九	五八○一	三二二九三九	四七四五三三	四三二六

至後黃道分後赤道積度	黃道矢度	黃道矢差	黃道半弧弦又爲赤道小股	黃赤道小股又爲赤道小句	赤道小弦
十度十分	十度十分十秒	十度十分十秒	十度十分十秒	十度十分十秒	十度十分十秒
三四	八五二○	五九七四	三三二○二八	四六九五九四	五一一八
五	一○四四九四	六一四五	三四一○三二	四○九六	五九二三
六	一一○六三九	六三一四	九九四六	四五八四四○	六七四○
七	六九五三	六四八一	三五八七六六	二六二九	七五六九
八	一二三四三四	六六四七	三六七四八六	四四六六六四	八四○七
九	一三○○八一	六八○八	三七六一○二	○五四七	九二五二
四○	六八八九	六九六七	三八四六○九	四三四二八二	五八○一○七
一	一四三八五六	七一二四	三九三○○三	四二七八六九	○九六七
二	一五○九八○	七二七六	四○一二六七	一三一二	一八三一
三	八二五六	七四二六	九四二九	四一四六一六	二六九九
四	一六五六八二	七五七一	四一七四五四	四○七七八二	三五六九
五	一七三二五三	七七一二	四二五三四六	○八二二	四四四○
六	一八○九六五	七八五○	四三三一○二	三九三七一五	五三一一
七	一八八八一五	七九八四	四四○七一八	三八六四九○	六一八○
八	一九六七九九	八一一二	八一八九	三七九一四三	七○四五
九	二○四九一一	八二三七	四五五五一三	三七一六七六	七九○七
五○	二一三一四八	八三五七	四六二六八四	三六四○九五	八七六三
一	二二一五○五	八四七二	九七○一	三五六四○四	九六一二
二	九九七七	八五八三	四七六五五九	三四八六○七	五九○四五三
三	二三八五六○	八六八八	四八三二五六	○七○七	一二八五
四	二四七二四八	八七八九	九七八九	三三二七一一	二一○六
五	二五六○三七	八八八五	四九六一五六	三二四六二二	二九一七
六	二六四九二二	八九七七	五○二三五四	三一六四四五	三七一四
七	二七三八九九	九○六三	八三八二	三○八一八三	四四九九
八	八二九六二	九一四四	五一四二三六	二九九八四一	五二六七
九	二九二一○六	九二二二	九九一七	一四二六	六○二二
六○	三○一三二八	九二九四	五二五四二二	二八二九三八	六七六○
一	三一○六二二	九三六一	五三○七五一	二七四三八四	七四八一
二	九九八三	九四二六	五九○二	二六五七六九	八一八四
三	三二九四○九	九四八五	五四○八七五	二五七○九四	八八六八
四	三三八八九四	九五三八	五六六八	二四八三六四	九五三二
五	三四八四三二	九五九○	五五○二八四	二三九五八六	六○○一七八
六	三五八○二二	九六三八	四七一九	○七五九	○八○二
七	三六七六六○	九六八一	八九七四	二二一八八九	一四○四
八	三七七三四一	九七一九	五六三○五○	二一二九七九	一九八四
九	三八七○六○	九七五六	六九四八	二○四○三四	二五四四
七○	三九六八一六	九七八九	五七○六六七	一九五○五五	三○八一
一	四○六六○五	九八一八	四二○七	一八六○四六	三五九五
二	四一六四二三	九八四五	七五七○	一七七○二○	四○八六

至後黃道分後赤道積度	黃道矢度	黃道矢差	黃道半弧弦又爲赤道小股	黃赤道小股又爲赤道小句	赤道小弦
十度十分	十度十分十秒	十度十分十秒	十度十分十秒	十度十分十秒	十度十分十秒
七三	四二六二六八	九八六八	五八○七五六	一六七九四九	四五五三
四	四三六一三六	九八九一	三七六六	一五八七七六	四九九七
五	四四六○二七	九九一○	六六○○	一四九七六三	五四一六
六	四五五九三七	九九二五	九二五八	○六四三	五八一○
七	四六五八六二	九九四○	五九一七四四	一三一五○八	六一八一
八	四七五八○二	九九五二	四○五六	一二二三五九	六五二六
九	四八五七五四	九九六二	六一九六	一一三二○○	六八四七
八○	四九五七一六	九九七二	八一六五	一○四○三二	七一四四
一	五○五六八八	九九七九	九九六三	○九四八五四	七四一五
二	五一五六六七	九九八四	六○一五九二	○八五六七○	七六六一
三	五二五六五一	九九八九	三○五二	○七六四八一	七八八二
四	五三五六四○	九九九二	四三四五	○六七二八七	八○七九
五	五四五六三三	九九九六	五四七○	○五八○九○	八二五○
六	五五五六二九	九九九七	六四一八	○四八八九○	六○八三九五
七	五六五六二六	九九九九	七二二二	○三九六一九	八五一八
八	五七五六二五	一○○○○	七八四九	○三○四八七	八六一三
九	五八五六二五	○○○○	八三一一	○二一二八三	八六八三
九○	五九五六二五	○○○○	八六○九	○一二○七九	八七二九

一	六〇五六二五	〇三一二五	八七四二〇	〇〇二八七六	八七四九
一三一	八七五〇	〇〇〇〇	八七五〇	〇〇〇〇	八七五〇

黃赤相求弧矢諸率立成下

至後黃道分後赤道積度	赤道半弧弦	赤道矢度	至後赤道分後黃道積度	度率	黃赤道差
十度十分	十度十分十秒	十度十分十秒	十度十分十秒	十度十分十秒	十度十分十秒
初				一〇八六五	
一	一〇八六五	九七	一〇八六五	〇八六一	〇八六五
二	二一七二八	〇三八八	二一七二八	〇八六〇	一七二八
三	三二五八七	〇八七五	三二五八八	〇八五七	二五八八
四	四三四四三	一五五三	四三四四五	〇八四九	三四四五
五	五四二九〇	二四二五	五四二九四	〇八四三	四二九四
六	六五一二七	三四九四	六五一三七	〇八三三	五一三七
七	七五九五二	四七五七	七五九七〇	〇八二三	五九七〇
八	八六七六二	六二一四	八六七九三	〇八一二	六七九三
九	九七五五五	七八一四	九七六〇五	〇八〇一	七六〇五
一〇	一〇八三二九	九七一六	一〇八四〇六	〇七八六	八四〇六
一	一一九〇六九	一一七六〇	一一九一一二	〇七七二	九一一二
二	一二九八〇三	四〇〇〇	一二九九六四	〇七五五	九九六四
三	一四〇四九八	六四三五	一四〇七一九	〇七四〇	一〇七一九

至後黃道分後赤道積度	赤道半弧弦	赤道矢度	至後赤道分後黃道積度	度率	黃赤道差
十度十分	十度十分十秒	十度十分十秒	十度十分十秒	十度十分十秒	十度十分十秒
一四	一五一一六一	九〇六七	一五一四五九	〇七二〇	一四五九
五	一六一七九六	二一八九三	一六二一七九	〇七〇四	二一七九
六	一七二三七四	四九一五	一七二八八三	〇六八四	二八八三
七	一八二九一七	八一三二	一八三五六七	〇六六三	三五六七
八	一九三四一三	三一五四四	一九四二三〇	〇六四二	四二三〇
九	二〇三八五八	五一五〇	二〇四八七二	〇六二二	四八七二
二〇	二一四二四八	八九四八	二一五四九四	〇五九九	五四九一
一	二二四五七八	四二九四八	二二六〇九三	〇五七五	六〇九三
二	二三四八四五	七一二四	二三六六六八	〇五五四	六六六八
三	二四五〇四四	五一四九八	二四七二二二	〇五三〇	七二二二
四	二五五一七一	六〇六一	二五七七五二	〇五〇六	七七五二
五	二六五二二一	六〇八一四	二六八二五八	〇四八二	八二五八
六	二七五一八九	五七五一	二七八七四〇	〇四五六	八七四〇
七	二八五〇七一	七〇八七四	二八九一九六	一〇四三二	一九一九六
八	二九四八六二	六一七八	二九九六二八	〇四〇八	九六二八
九	三〇四五五九	八一六六四	三一〇〇三六	〇三八二	二〇〇三六
三〇	三一四一五五	七三二六	三二〇四一八	〇三五五	〇四一八
一	三二三六四五	九三二六三	三三〇七七三	〇三三二	〇七七三
二	三三三〇二七	九一七三	三四一一〇五	〇三〇六	一一〇五
三	三四二二九五	一〇五三五一	三五一四一一	〇二八〇	一四一一
四	三五一四四四	一一一六九五	三六一六九六	〇二五四	一六九六
五	三六〇四七〇	八二〇二	三七一九四五	〇二二九	一九四五
六	九三六八	一二四八六六	三八二一七四	〇二〇三	二一七四
七	三七八一三四	一三一六八六	三九二三七七	〇一七七	二三七七
八	三八六七六四	八六五四	四〇二五五四	〇一五二	二五五四
九	三九五二五四	一四五七七〇	四一二七〇六	〇一二六	二七〇六
四〇	四〇三五九九	一五三〇二七	四二二八三二	〇一〇二	二八三二
一	四一一七九七	一六〇四二〇	四三二九三〇	〇〇七五	二九三〇
二	九八四二	七九四六	四四三〇〇九	〇〇四九	三〇〇九
三	四二七七三三	一七五五九八	四五三〇五八	〇〇二七	三〇五八
四	四三五四六七	一八三三七三	四六三〇八五	一〇〇〇〇	三〇八五
五	四四三〇五八	一九一二六五	四七三〇八五	九九七四	三〇八五
六	四五〇四四五	九二六五	四八三〇五九	九九五一	三〇五九
七	七六八七	二〇七三七九	四九三〇一〇	九九二五	三〇一〇
八	四六四七六〇	二一五五九〇	五〇二九三五	九九〇一	二九三五
九	四七一六六二	二二三八九七	五一二八三六	九八九六	二八三六
五〇	八三九一	二三二二九五	五二二七一二	九八五一	二七一二
一	四八四九四六	二四〇七七八	五三二五六三	九八二七	二五六三
二	四九一三二六	九三四一	五四二三九〇	九八〇三	二三九〇

至後黃道分後赤道積度	赤道半弧弦	赤道矢度	至後赤道分後黃道積度	度率	黃赤道差
十度十分	十度十分十秒	十度十分十秒	十度十分十秒	十度十分十秒	十度十分十秒
五三	七五三〇	二五七九八〇	五五二一九三	九七八〇	二一九三
四	五〇三五五六	二六六六八七	五六一九七三	九七五五	一九七三
五	九四〇五	二七五四六〇	五七一七二八	九七三一	一七二八
六	五一五〇七六	二八四二九一	五八一四五九	九七〇八	一四五九
七	五二〇五六八	二九三一八〇	五九一一六七	九六八五	一一六七
八	五八八三	三〇二一一八	六〇〇八五二	九六六一	〇八五二
九	五三一〇一九	三一一一〇二	六一〇五一三	九六三九	〇五一三
六〇	五九七八	三二〇一二八	六二〇一五二	九六一六	〇一五二
一	五四〇七六一	九一九一	九七六八	九五九四	一九七六八
二	五三六八	三三八二八七	六三九三六二	九五七二	九三六二
三	九八〇〇	三四七四一四	六四八九三四	九五五一	八九三四
四	五五四〇五七	三五六五六八	六五八四八五	九五二九	八四八五
五	八一四三	三六五七四二	六六八〇一四	九五〇九	八〇一四
六	五六二〇五七	三七四九三九	六七七五二三	九四八七	一七五二三
七	五八〇一	三八四一五一	六八七〇一〇	九四七〇	七〇一〇
八	九三七九	三九三三七八	六九六四八〇	九四五〇	六四八〇
九	五七二七九〇	四〇二六一五	七〇五九三〇	九四二七	五九三〇
七〇	六〇三一	四一一八六二	七一五三五七	九四一二	五三五七
一	九一一一	四二一一一六	七二四七六九	九三九二	四七六九
二	五八二〇二九	四三〇三七四	七三四一六一	九三八五	四一六一
三	四七八七	九六三六	七四三五四六	九三五三	三五四六
四	七三八七	四四八八九九	七五二八九九	九三四三	二八九九
五	九八三〇	四五八一六三	七六二二四二	九三二九	二二四二
六	五九二一一七	四六七四二五	七七一五七一	九三一五	一五七一
七	四二五一	四七六六八五	七八〇八八六	九三〇四	〇八八六
八	六二三四	四八五九四四	七九〇一九〇	九二八六	〇一九〇
九	八〇六五	四九五一九五	九四七六	九二七五	〇九四七六
八〇	九七四七	五〇四四三	八〇八七五一	九二六五	八七五一
一	六〇一二八一	五一三六八八	八一八〇一六	九二五五	八〇一六
二	二六七四	五二二九二七	八二七二七一	九二四四	七二七一
三	三九一三	五三二一五九	八三六五一五	九二三八	六五一五
四	五〇一二	五四一三八九	八四五七五三	九二二八	五七五三
五	五九六七	五五〇六一三	八五四九八一	九二二二	四九八一
六	六七八一	九八三二	八六四二〇三	九二一五	四二〇三
七	七四五三	五六九〇四六	八七三四一八	九二一二	三四一八
八	七九八五	五七八二五七	八八二六三〇	九二一〇	二六三〇
九	八三七一	五八七四六五	八九一八四〇	九二〇四	一八四〇
九〇	八六三〇	五九六六七一	九〇一〇四四	九二〇四	一〇四四
一	八七四三	六〇五六七四	九一〇二四八	二八七七	〇二四八
一三一	八七五〇	八七五〇	三一二五	〇〇〇〇	〇〇〇〇

按郭守敬創法五端，內一曰黃赤道差，此其根率也。舊法以一百一度相減相乘，授時立術以句股弧矢方圓斜直所容求其差數，合於渾象之理，視古爲密。顧至元曆經所載甚畧，又誤以黃道矢度爲積差，黃道矢差爲差率，今正之。

割圓弧矢圖

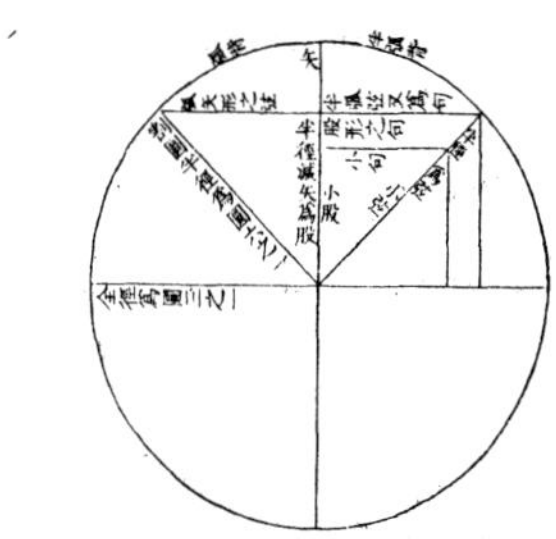

凡渾圓中剖則成平圓，任割平圓之一分成弧矢形，皆有弧背，有弧弦，有矢。剖弧矢形而半之，則有半弧背，有半弧弦，有矢。因弦矢生句股形，以半弧弦爲句，矢減半徑之餘爲股，半徑爲弦。句股內成小句股，則有小句、小股、小弦，而大小可互求，平側可互用，渾圓之理斯爲密近。

側立之圖

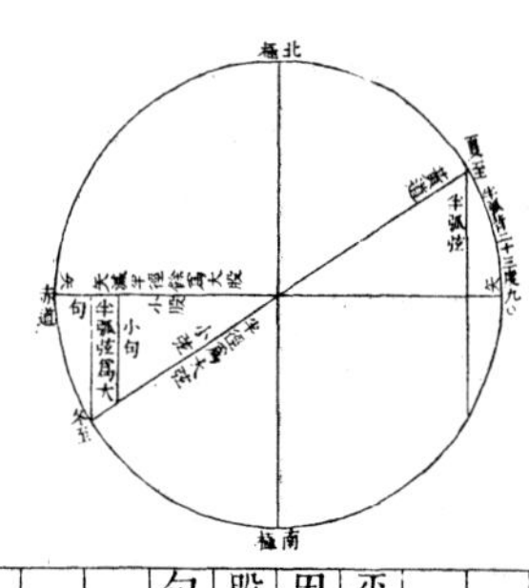

平者爲赤道，斜者爲黃道，因二至黃赤之距生大句股，因各度黃赤之距生小句股。

平視之圖

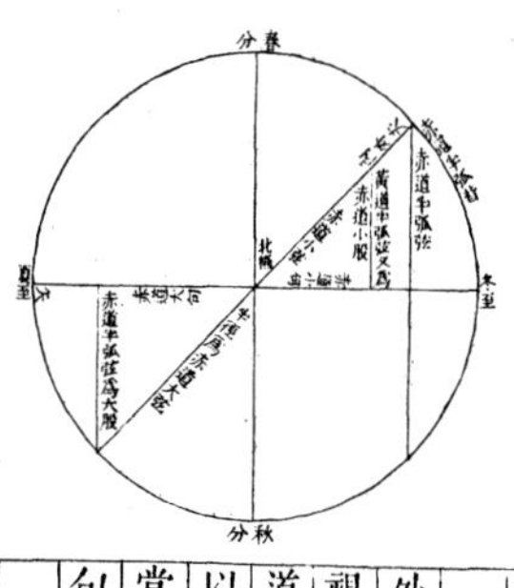

外大圓爲赤道，從北極平視，則黃道在赤道內，有赤道各度，卽各有其半弧弦以生大句股，又各有其相當之黃道半弧弦以生小句股，此二者皆可互求。

按舊史無圖然表亦圖之屬也今句股割圓弧矢之法實爲曆家測算之本非圖不明因存其要者數端

黃赤道內外度

推黃道各度距赤道內外及去極遠近術　置半徑內減去赤道小弦餘爲赤道二弦差（又爲黃赤道小弧矢又爲內外矢又爲股弦差）置半徑內減去黃道矢度餘爲黃赤道小弦以二至黃赤道內外半弧弦乘之爲實以黃赤道大弦爲法（即半徑）除之爲黃赤道小弧弦（即黃赤道內外半弧弦又爲黃赤道小句）　置黃赤道小弧矢自之（即赤道二弦差）以全徑除之爲半背弦差以差加黃赤道小弧弦爲黃赤道小弧半背即黃赤道內外度　置黃赤道內外度視在盈初縮末限以加在縮初盈末限以減皆加減象限度即各得太陽去北極度分

如冬至後四十四度求太陽去赤道內外及去極度術曰置半徑六十〇度八十七分半內減黃道四十四度下赤道小弦五十八度三十五分六十九秒餘二度五十一分八十一秒爲黃赤道小弧矢（即內外矢）　置半徑六十〇度八七五內減黃道四十四度矢一十六度五十六分八十二秒餘四十四度三十〇分六十八秒爲黃赤道小弦　置黃赤道小弦以二至黃赤道內外半弧弦二十三度七十一分乘之得一千〇五十〇度五十一分四二三八爲實以黃赤道大弦六十〇度八七五爲法除之得一十七度二十五分六十九秒爲黃赤道小弧弦（即內外半弧弦）　置黃赤道小弧矢二度五十一分八十一秒自之爲實以全徑一百二十一度七十五分除之得五分二十一秒爲背弦差以差加黃赤道小弧弦一十七度二十五分六十九秒得一十七度三十〇分八十九秒爲二至前後四十四度太陽去赤道內外度　置象限九十一度三十一分四十三秒七五以內外度一十七度三〇八九加之得一百〇八度六十二分三十二秒七五爲冬至後四十四度太陽去北極度

黃道每度去赤道內外及去北極立成

黃道積度	黃赤內外矢又爲赤道二弦差	內外半弧弦又爲黃赤小弧弦	內外度又爲黃赤道小弧半背	冬至前後去極度	夏至前後去極度
十度分	十度十分十秒	十度十分十秒	十度十分十秒	十度十分十秒	十度十分十秒
初	〇四八四八二	二三七一〇〇	二三九〇三〇	一一五二一七三	六七四一一三
一	八四六九	七〇七八	八九九七	二一四〇	四一四六
二	八四二七	六九七二	八八九八	二〇四一	四二四五
三	八三五九	六八一二	八七三二	一八七五	四四一一
四	八二六三	六五八八	八五〇一	一六四四	四六四二
五	八一四〇	六二九九	八二〇二	一三四五	四九四一
六	七九九一	五九四六	七八三七	〇九八〇	五三〇六
七	七八一四	五五二八	七四〇五	〇五四八	五七三八
八	七六一〇	五〇四五	六九〇七	〇〇五〇	六二三六
九	七四九九	四四九六	六三四二	一一四九四八五	六八〇一
一〇	七一二〇	三八八三	五七〇六	八八四九	七四三七
一	六八三五	三二〇三	五〇〇四	八一四七	八一三九
二	六五二四	二四五七	四二三五	七三七八	八九〇八
三	六一八七	一六四四	三三九六	六五三九	九七四七
一四	五八二二	〇七六四	二四八八	五六三一	六八〇六五五
五	五四三〇	二二九八一八	一五一三	四六五六	一六三〇
六	五〇一五	八八〇二	〇四六六	三六〇九	二六七七
七	四五七二	七七二一	二二九三五二	二四九五	三七九一
八	四二〇六	六五七〇	八一六七	一三一〇	四九七六
九	三六一五	五三五一	六九一三	〇〇五六	六二三〇
二〇	三〇九八	四〇六三	五五八八	一一三八七三一	七五五五
一	二五五八	二七〇六	四一九三	七三三六	八九五〇
二	一九九四	一二七九	二七二七	五八七〇	六九〇四一六
三	一四〇八	二一九七八二	一一九〇	四三三三	一九五三
四	〇七九八	八二一七	二一九五八四	二七二七	三五五九
五	〇一六八	六五八一	七九〇六	一〇四九	五二三七
六	三九五一六	四八七五	六一五九	一一二九三〇二	六九八四
七	八八四四	三一〇〇	四三三九	七四八二	八八〇四
八	八一五一	一二五四	二四四九	五五九二	七〇〇六九四
九	七四四〇	二〇九三三九	〇四八九	三六三二	二六五四
三〇	六七一一	七三五五	二〇八四六二	一六〇五	四六八一
一	五九六四	五三〇一	六三六三	一一一九五〇六	六七八〇
二	五二〇一	二二七八	四一九五	七三三八	八九四八
三	四四二四	〇九八七	一九六〇	五一〇三	七一一一八三
四	三六三二	一九八七二八	一九九六五七	二八〇〇	三四八六
五	二八二七	六四〇一	七二八六	〇四二九	五八五七
六	二〇一〇	四〇〇八	四八四九	一一〇七九九二	八二九四
七	一一八一	一九一五四八	一九二三四六	一〇五四八九	七二〇七九七
八	〇三四三	一八九〇二四	一八九七八〇	二九二三	三三六三
九	二九四九七	六四三五	七一四九	〇二九二	五九九四
四〇	八六四三	三七八三	四四五六	一〇九七五九九	八六八七
一	七七八三	一〇七〇	一七〇四	四八四七	七三一四三九
二	六九一九	一七八二九五	一七八八九〇	二〇三三	四二五三
三	六〇五一	五四六一	六〇一八	一〇八九一六一	七一二五
四	五一八一	二五六九	三〇八九	六二三二	七四〇〇五四
五	四三一〇	一六九六二〇	〇一〇五	三二四八	三〇三八
六	三四三九	六六一六	一六七〇六七	〇二一〇	六〇七六
七	二五七〇	三五五九	三九七七	一〇七七一二〇	九一六六
八	一七〇五	〇四四九	〇八三六	三九九九	七五二三〇七
九	〇八四三	一五七二八九	一五七六四五	〇七八八	五四九八
五〇	一九九八七	四〇八一	四四〇九	一〇六七五五二	八七三四
一	九一三八	〇八二三	一一二四	四二六七	七六二〇一九
二	八二九七	一四七五二三	一四七七九八	〇九四一	五三四五
五三	七四六五	四一八四	四四三四	一〇五七五七七	八七〇九
四	六六四四	〇八〇〇	一〇二七	四一七〇	七七二一一六
五	五八三三	一三七三七七	一三七五八二	〇七二五	五五六一
六	五〇三六	三九一六	四一〇一	一〇四七二四四	九〇四二
七	四二五一	〇四二〇	〇五八六	三七二九	七八二五五七
八	三四八三	一二六八九〇	一二七〇三九	〇一八二	六一〇四
九	二七二八	三三二八	三四六一	一〇三六六〇四	九六八二
六〇	一九九〇	一一九七三六	一一九八五四	二九九七	七九三二八九
一	一二六九	六一一七	六二二一	一〇二九三六四	六九二二
二	〇五六六	二四七一	二五六二	五七〇五	八〇〇五八一
三	〇九八八二	一〇八七九九	一〇八八七九	二〇二二	四二六四
四	九二一八	五一〇五	五一七四	一〇一八三一七	七九六九
五	八五七二	一三九〇	一四五〇	四五九三	八一一六九三
六	七九四八	〇九七六五五	〇九七七〇六	〇八四九	五四三七
七	七三四六	三九〇一	三九四五	一〇〇七〇八八	九一九八
八	六七六六	〇一三二	〇一六九	三三一二	八二二九七四
九	六二〇六	〇八六三四七	〇八六三七八	〇九九九五二一	六七六五
七〇	五六六九	二五四五	二五七一	五七一四	八三〇五七二
一	五一五五	〇七八七三三	〇七八七五四	一八九七	四三八九
二	四六六四	四九〇九	四九二六	〇九八八〇六九	八二一七
三	四一九七	一〇四七	一〇八八	四二三一	八四二〇五五
四	三七五三	〇六七二三〇	〇六七二四一	〇三八四	五九〇二
五	三三三四	三三七八	三三八七	〇九七六五三〇	九七五六
六	〇二九四〇	〇五九五一八	〇五九五二五	〇九七二六六八	八五三六一八
七	二五六九	五六五三	五六五八	〇九六八八〇一	七四八五
八	二二二四	一七八一	一七八五	四九二八	八六一三五八
九	一九〇三	〇四七九〇五	〇四七九〇八	一〇五一	五二三五
八〇	一六〇六	四〇二五	四〇二七	〇九五七一七〇	九一一六
一	一三三五	〇一四一	〇一四二	三二八五	八七三〇〇一
二	一〇八九	〇三六二五四	〇三六二五四	〇九四九三九七	六八八九
三	〇八六八	二三六五	二三六五	五五〇八	八八〇七七八
四	〇六七一	〇二八四七五	〇二八四七五	一六一八	四六六八
五	〇五〇〇	四五八三	四五八三	〇九三七七二六	八五六〇
六	〇三五五	〇六九〇	〇六九〇	三八三三	八九二四五三
七	〇二三二	〇一六七九六	〇一六七九六	〇九二九九三九	六三四七
八	〇一三七	二九〇二	二九〇二	六〇四五	九〇〇二四一
九	〇〇六七	〇〇九〇〇七	〇〇九〇〇七	二一五〇	四一三六
九〇	〇〇二一	五一一二	五一一二	〇九一八二五五	八〇三一
一	〇〇〇一	一二一七	一二一七	四三六〇	九一一九二六
三一	〇〇〇〇	〇〇〇〇	〇〇〇〇	三一四三	三一四三

白道交周

推白赤道正交距黃赤道正交極數　術曰置實測白道出入黃道內外六度爲半弧弦又爲大圓弧矢又爲股弦差置半徑六十〇度八七五自之得三千七百〇五度七六五六二五以矢六度而一得六百一十七度六十三分爲股弦和加矢六度共六百二十三度六十三分爲大圓徑依法求得容濶五度七十分又爲小句又以二至出入半弧弦二十三度七十一分爲大句以大句爲法除大股五十六度〇六分五十秒得二

度三十七分就整爲度差　以度差乘小句得小股一十三度四十七分八十二秒爲容半長　置半徑六十○度八七五爲大弦以乘小句五度七十分爲實以大句二十三度七十一分爲法除之得一十四度六十三分爲小弦又爲白赤道正交距黃赤道正交半弧弦　依法求得半弧背一十四度六十六分爲白赤道正交距黃赤道正交極數

月道距差圖

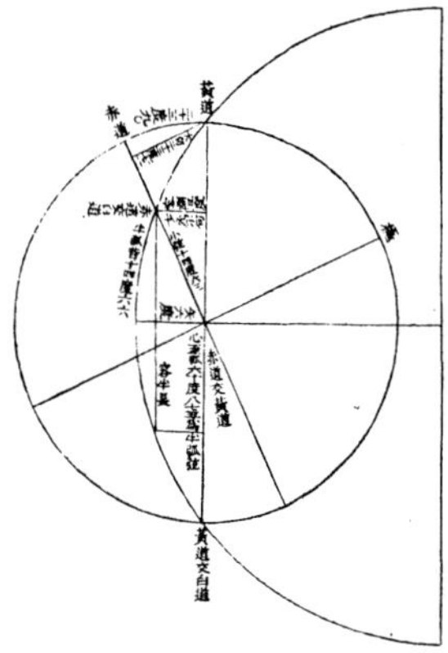

明史卷三十三　志第九

總裁官總理事務　經筵講官少保兼太子太保保和殿大學士兼管吏部戶部尚書事加六級張廷玉等奉

敕修

曆三

大統曆法一下　法原

太陽盈縮平立定三差之原

冬至前後盈初縮末限八十八日九十一刻就整離爲六段每段各得一十四日八十二刻就整各段實測日躔度數與平行相較以爲積差

積日	積差
第一段　一十四日八二	七千○五十八分○二五
第二段　二十九日六四	一萬二千九百七十六三九二
第三段　四十四日四六	一萬七千六百九十三七四六二
第四段　五十九日二八	二萬一千一百四十八七三二八
第五段　七十四日一○	二萬三千二百七十九九九七
第六段　八十八日九二	二萬四千○二十六一八四

各置其段積差以其段積日除之爲各段日平差　置各段日平差與後段日平差相減爲一差　置一差與後段一差相減爲二差

	日平差	一差	二差
第一段	四百七十六分二五	三十八分四五	一分三八
第二段	四百三十七分八○	三十九分八三	一分三八
第三段	三百九十七分九七	四十一分二一	一分三八
第四段	三百五十六分七六	四十二分五九	一分三八
第五段	三百一十四分一七	四十三分九七	
第六段	二百七十○分二○		

置第一段日平差四百七十六分二十五秒爲汎平積

以第二段二差一分三十八秒去減第一段一差三十八分四十五秒餘三十七分○七秒爲汎平積差

另置第一段二差一分三十八秒折半得六十九秒爲汎立積差　以汎平積差三十七分○七秒加入汎平積四百七十六分二十五秒共得五百一十三分三十二秒爲定差　以汎立積差六十九秒去減汎平積差三十七分○七秒餘三十六分三十八秒爲實以段日一十四日八十二刻爲法除之得二分四十六秒爲平差　置汎立積差六十九秒爲實以段日爲法除二次得三十一微爲立差

夏至前後縮初盈末限九十三日七十一刻就整離爲六段每段各得一十五日六十二刻就整各段實測日躔度數與平行相較以爲積差

積日	積差
第一段　一十五日六二	七千○五十八分九九○四
第二段　三十一日二四	一萬二千九百七十八六五八
第三段　四十六日八六	一萬七千六百九十六六七九
第四段　六十二日四八	二萬一千一百五十○七二九六
第五段　七十八日一○	二萬三千二百七十八四八六
第六段　九十三日七二	二萬四千○百一十七六二四四

推日平差一差二差術與盈初縮末同

	日平差	一差	二差
第一段	四百五十一分九二	三十六分四七	一分三三
第二段	四百一十五分四五	三十七分八○	一分三三
第三段	三百七十七分六五	三十九分一二	一分三三
第四段	三百三十八分五二	四十○分四六	一分三三
第五段	二百九十八分○六	四十一分七九	
第六段	二百五十六分二七		

置第一段日平差四百五十一分九十二秒爲汎平積

以第一段二差一分三十三秒去減第一段一差三十六分四十七秒餘三十五分一十四秒爲汎平積差

另置第一段二差一分三十三秒折半得六十六秒五十微爲汎立積差　以汎平積差三十五分一十四秒加入汎平積四百五十一分九十二秒共四百八十七分○六秒爲定差　以汎立積差六十六秒五十微去減汎平差三十五分一十四秒餘三十四分四十七秒五十微爲實以段日一十五日六二爲法除之得二分二十一秒爲平差　置汎立積差六十六秒五十微爲實以段日爲法除二次得二十七微爲立差

凡求盈縮以入曆初末日乘立差得數以加平差再以初末日乘之得數以減定差餘數以初末日乘之爲盈縮積

凡盈曆以八十八日九○九二二五爲限縮曆以九十

三日七一二〇二五爲限在其限已下爲初以上轉減半歲周餘爲末盈初是從冬至後順推縮末是從冬至前逆溯其距冬至同故其盈積同縮初是從夏至後順推盈末是從夏至前逆溯其距夏至同故其縮積同

盈縮招差圖

定差實

法	一限	二限	三限	四限	五限	六限	七限	八限	九限 定差
平差	一	一	一	一	一	一	一	一	一
立差	一	二	三	四	五	六	七	八	九
平差		二	二	二	二	二	二	二	二
立差		四	六	八	一十	十二	十四	十六	十八
平差			三	三	三	三	三	三	三
立差			九	十二	十五	十八	廿一	廿四	廿七
平差				四	四	四	四	四	四
立差				十六	二十	廿四	廿八	三十二	三十六
平差					五	五	五	五	五
立差					廿五	三十	三十五	四十	四十五
平差						六	六	六	六
立差						三十六	四十二	四十八	五十四
平差							七	七	七
立差							四十九	五十六	六十三
平差								八	八
立差								六十四	七十二
平差									九
立差									八十一

盈縮招差圖說

盈縮招差本爲一象限之法如盈曆則以八十八日九十一刻爲象限縮曆則以九十三日七十一刻爲象限今止作九限者舉此爲例也其空格九行定差本數爲實也其斜線以上平差立差之數爲法也斜線以下空格之定差乃餘實也假如定差爲一萬平差爲一百立差爲單一今求九限法以九限乘定差得九萬爲實另置平差以九限乘二次得八千一百置立差以九限乘三次得七百二十九并兩數得八千八百二十九爲法以法減實餘八萬一千一百七十一爲九限積又法以九限乘平差得九百又以九限乘立差二次得八十一并兩數得九百八十一爲法定差一萬爲實以法減實餘九千零一十九卽九限末位所書之定差也於是再以九限乘餘實得八萬一千一百七十一爲九限積與前所得同蓋前法是先乘後減又法是先減後乘其理一也

按授時曆於七政盈縮並以垛積招差立算其法巧合天行與西人用小輪推步之法殊途同歸然世所傳九章諸書不載其術曆草載其術而不言其故宣城梅文鼎爲之圖解於平差立差之理垛積之法皆有以發明其所以然有專書行於世不能備錄謹錄招差圖說以明立法之大意云

凡布立成　盈初縮末置立差三十一微以六因之得一秒八十六微爲加分立差置平差二分四十六秒倍之得四分九十二秒加入加分立差得四分九十三秒八十六微爲平立合差〇置定差五百一十三分三十二秒內減平差二分四十六秒再減立差三十一微餘五百一十〇分八十五秒六十九微爲加分

縮初盈末置立差二十七微以六因之得一秒六十二微爲加分立差置平差二分二十一秒倍之得四分四十二秒加入加分立差得四分四十三秒六十二微爲平立合差〇置定差四百八十七分〇六秒內減平差二分二十一秒再減立差二十七微餘四百八十四分八十四秒七十三微爲加分

已上所推皆初日之數其推次日皆以加分立差累加平立合差爲次日平立合差以平立合差減其日加分爲次日加分盈縮並同其加分累積之卽盈縮積其數並見立成

太陰遲疾平立定三差之原

太陰轉周二十七日五十五刻四六測分四象象各七段四象二十八段每段十二限每象八十四限凡三百三十六限而四象一周以四象爲法除轉周日得每象六日八八八六五分爲七段每段下實測月行遲疾之數與平行相較以求積差

	積限	積差
第一段	一十二	一度二十八分七一一二
第二段	二十四	二度四十五分九六一六
第三段	三十六	三度四十八分三七九二
第四段	四十八	四度三十二分五九五二
第五段	六十	四度九十五分二四
第六段	七十二	五度三十二分九四四
第七段	八十四	五度四十二分三三七六

各置其段積差以其段積限爲法除之爲各段限平差

置各段限平差與後段相減爲一差　置一差與後段一差相減爲二差

	限平差	一差	二差
第一段	一十〇分七二六〇	四十七秒七六	九秒三六
第二段	一十〇分二四八四	五十七秒一二	九秒三六
第三段	九分六七七二	六十六秒四八	九秒三六
第四段	九分〇一二四	七十五秒八四	九秒三六
第五段	八分二五四〇	八十五秒二〇	九秒三六
第六段	七分四〇二〇	九十四秒五六	
第七段	六分四五六四		

置第一段限平差一十〇分七二六爲汎平積　置第一段一差四十七秒七六以第一段二差九秒三六減之餘三十八秒四十微爲汎平積差　另置第一段二差九秒三十六微折半得四秒六十八微爲汎立積差以汎平積差三十八秒四十微加汎平積一十〇分七二六得一十一分一十一秒爲定差　置汎平積差三十八秒四十微以汎立積差四秒六十八微減之餘三十三秒七十二微爲實以十二限爲法除之得二秒八十一微爲平差　置汎立積差四秒六十八微爲實十二限爲法除二次得三微二十五纖爲立差

凡求遲疾皆以入曆日乘十二限二十分以在八十四限已下爲初已上轉減一百六十八限餘爲末各以初末限乘立差得數以加平差再以初末限乘之得數以

減定差餘以初末限乘之爲遲疾積　其初限是從最遲最疾處順推至後末限是從最遲最疾處逆溯至前其距最遲疾處同故其積度同太陰與太陽立法同但太陽以定氣立限故盈縮異數太陰以平行立限故遲疾同原

布立成法　置立差三微二十五纖以六因之得一十九微五十纖爲損益立差　置平差二秒八十一微倍之得五秒六十二微再加損益立差一十九微五十纖共得五秒八十一微爲初限平立合差自此以損益立差累加之即每限平立合差至八十限下積至二十一秒四一五爲平立合差之極八十一限下差一秒七八〇九八十二限下一秒七八〇八至八十三限下平立合差與益分中分爲益分之終八十四限下差亦與損分中分爲損分之始至八十六限下差亦二十一秒四一五自此以損益立差累減之即每限平立合差至末限與初限同　置定差一十一分一十一秒內減平差二秒八十一微再減立差三微二十五纖餘一十一分〇八秒一十五微七十五纖爲加分定差即初限損益分　置損益分以其限平立合差益減損加之即爲次限損益分　以益分積之損分減之便爲其下遲疾度以八百二十分爲一限日率累加八百二十分爲每限日率以上俱詳立成

五星平立定三差之原

凡五星各以實測分其行度爲八段以求積差畧如日月法

木星立差加平差減

	積日	積差
第一段	一十一日五十刻	一度二一五二九七一一五
第二段	二十三日	二度三四〇五二一四
第三段	三十四日五十刻	三度三五四一三七二六五
第四段	四十六日	四度二三四六〇九一二
第五段	五十七日五十刻	四度九六〇四〇一三七五
第六段	六十九日	五度五〇九九七八四四
第七段	八十〇日五十刻	五度八六一八〇四七二五
第八段	九十二日	五度九九四三四四六四

	汎平差	汎平較	汎立較
第一段	一十分五六七八〇一	三十九秒一六二一	六秒二四二二
第二段	一十分一七六一八	四十五秒四〇四三	六秒二四二二
第三段	九分七二二一三七	五十一秒六四六五	六秒二四二二
第四段	九分二〇五六七二	五十七秒八八八七	六秒二四二二
第五段	八分六二六七八五	六十四秒一三〇九	六秒二四二二
第六段	七分九八五四七六	七十〇秒三七三一	六秒二四二二
第七段	七分二八一七四五	七十六秒六一五三	
第八段	六分五一五五九二		

各置其段所測積差度分爲實以段日爲法除之爲汎平差各以汎平差與次段汎平差相較爲汎平較　又以汎平較與次段汎平較相較爲汎立較　置第一段汎平較三十九秒一六二一減其下汎立較六秒二四二二餘三十二秒九一九九爲初段平立較加初段汎平差一十分五六七八〇一共得一十〇分八十九秒七十〇微爲定差秒置萬位　置初段平立較差三十二秒九一九九內減汎立較之半三秒一二一一餘二十九秒七九八八以段日一十一日五十刻除之得二秒五十九微一十二纖爲平差　置汎立差之半三秒一二一一以段日爲法除二次得二微三十六纖爲立差

已上爲木星平立定三差之原

火星盈初縮末立差減平差減

	積日	積差
第一段	七日六十二刻五十分	六度二六八二五一二二八一八五五九三七五
第二段	一十五日二十五刻	一十一度六〇〇一七五七四三五九三七五
第三段	二十二日八十七刻五十分	一十六度〇二五九六三七九二一五一九五三一二五
第四段	三十〇日五十〇刻	一十九度六六九〇一三六二一一二五
第五段	三十八日一十二刻五十分	二十二度二七九八九一四七六〇七四二一八七五
第六段	四十五日七十五刻	二十四度一六八二二八六〇三三一八一二五
第七段	五十三日三十七刻五十分	二十五度三三一五五六二四九二六六〇一五六二五
第八段	六十一日	二十五度六一九五一五六六

	汎平差	汎平較	汎立較
第一段	八十二分〇六五七三四八四三七五	六分一三九八四七二九六八七五	一十三秒一九七九二一八七五
第二段	七十六分〇六六七二六一六七五	六分〇〇七八六八〇七八一二五	一十三秒一九七九二一八七五
第三段	七十〇分〇五八五八一〇九三七五	五分八七五八八八八五九三七五	一十三秒一九七九二一八七五
第四段	六十四分一八二九六九二五	五分七四三九〇九六四〇六二五	一十三秒一九七九二一八七五
第五段	五十八分四三九〇五九六〇九三七五	五分六一一九三〇四二一八七五	一十三秒一九七九二一八七五
第六段	五十二分八二七一二九一八七五	五分四七九九五一二〇三一二五	一十三秒一九七九二一八七五
第七段	四十七分三四七一七七九八四三七五	五分三四七九七一九八四三七五	
第八段	四十一分九九九二〇六		

汎平較前多後少應加汎立較　置初段下汎平較六分一三九八四七二九六八七五加汎立較一十三秒一九七九二一八七五得六分二七一八二六五一五六二五爲初日下平立較　置初段汎平差八十二分二十〇秒六五七三四八四三七五加初日下平立較六分二七一八二六五一五六二五得八十八分四十七秒八十四微爲定差　置初日下平立較六分二七一八二六五一五六二五加汎立較之半六秒五九八九六〇九三七五得六分三三七八一六一二五爲實以段日而一得八十三秒一十一微八十九纖爲平差　置汎立較之半六秒五九八九六〇九三七五以段日七日六十二刻五十分爲法除二次得一十一微三十五纖爲立差

火星縮初盈末平差負減立差減

	積日	積差
第一段	一十五日二十五刻	四度五三一二五一八五七九六八七五
第二段	三十〇日五十刻	九度一〇二九六一四五一二五
第三段	四十五日七十五刻	一十三度五三一六七〇九〇一七七三七五
第四段	六十一日	一十七度四七八九七九〇四
第五段	七十六日二十五刻	二十〇度八四三六三〇六六四〇六二五
第六段	九十一日五十刻	二十三度四三一三六二一四一二五
第七段	一百〇六日七十五刻	二十五度〇九二四三五二八三四六八七五
第八段	一百二十二日	二十五度六一八三七四七二

	汎平差	汎平較	汎立較
第一段	二十九分七一三一二六九三七五	一十三秒二六四八三一二五	一十三秒五七六九七七五
第二段	二十九分八四五七七五二五	二十六秒八四一八〇八七五	六十五秒五八七二九七五
第三段	二十九分五七八三五五〇六二五	九十二秒四二一〇六二五	三十九秒五八二一一三七五
第四段	二十八分六五四〇六四	一分三二〇一一二四三七五	三十九秒五八二一一三七五
第五段	二十七分三三三九五一五六二五	一分七一五九三三八一二五	三十九秒五八二一一三七五
第六段	二十五分六一八〇一七七五	二分一一一七五五一八七五	三十九秒五八二一一三七五
第七段	二十三分五〇六二六二五六二五	二分五〇七五七六五六二五	
第八段	二十〇分九九八六八六		

取汎立較均停者三十九秒五八二一一三七五以較一段下汎平較一十三秒二六四八三一二五餘二十六秒三一七三〇六二五爲較較以加一段下汎平差二十九分七一三一二六九三七五得二十九分九十七秒六十三微爲定差　置較較二十六秒三一七三〇六二五以段日一十五日二十五刻而一得一秒七二五七二五再置汎立較之半一十九秒七九一〇六八七五以段日而一得一秒二九七七七五兩數並得三秒〇二微三十五纖爲平差　置汎立較之半一十九秒七九一〇六八七五以段日一十五日二五爲法除二次得八微五十一纖爲立差

已上爲火星平立定三差之原

土星盈曆立差加平差減

	積日	積差
第一段	一十一日五十刻	一度六八三二四五八二八七五
第二段	二十三日	三度二三三二一六四〇一
第三段	三十四日五十刻	四度六二一〇九三〇〇八六二五
第四段	四十六日	五度八二三七一九六
第五段	五十七日五十刻	六度八一四七〇八六六八七五
第六段	六十九日	七度五六八〇七一一
第七段	八十〇日五十刻	八度〇五七九八四一九一二五
第八段	九十二日	八度二五八六二二八八

	汎平差	汎平較	汎立較
第一段	一十四分六三六九二〇二五	五十八秒四〇三三二五	七秒四八五三五
第二段	一十四分〇五二八八七	六十五秒八八八六七五	七秒四八五三五
第三段	一十三分三九四〇〇〇二五	七十三秒三七四〇二五	七秒四八五三五
第四段	一十二分六六〇二六	八十〇秒八五九三七五	七秒四八五三五
第五段	一十一分八五一六六六二五	八十八秒三四四七二五	七秒四八五三五
第六段	一十〇分九六八二一九	九十五秒八三〇〇七五	七秒四八五三五
第七段	一十〇分〇〇九九一八二五	一分〇三秒三一五四二五	
第八段	八分九七六七六四		

置第一段下汎平較內減其下汎立較餘五十〇秒九一七九七五爲平立較　以平立較加本段汎平差得一十五分一十四秒六十一微爲定差　置平立較內減汎立較之半三秒七四二六七五餘四十七秒一七五三以段日十一日五十刻而一得四秒一十〇微二十二纖爲平差　置汎立較之半以段日除二次得二微八十三纖爲立差

土星縮曆 立差加 平差減

	積日	積差
第一段	一十一日五十刻	一度二四一九七四二六八七五
第二段	二十三日	二度四一三七三五六九
第三段	三十四日五十刻	三度四八五〇七九六八六二五
第四段	四十六日	四度四二五八〇一六八
第五段	五十七日五十刻	五度二〇五六九七〇九三七五
第六段	六十九日	五度七九四五六一三五
第七段	八十〇日五十刻	六度一六二四一一〇〇四七五
第八段	九十二日	六度二七八三七八〇八

	汎平差	汎平較	汎立較
第一段	一十分七九九七七六二五	三十〇秒五二七三二五	八秒七五四九五
第二段	一十分四九四五〇三	三十九秒二八二二七五	八秒七五四九五
第三段	一十分一〇一六八〇二五	四十八秒〇三七二二五	八秒七五四九五
第四段	九分六二一三〇八	五十六秒七九二一七五	八秒七五四九五
第五段	九分〇五三三八六二五	六十五秒五四七一二五	八秒七五四九五
第六段	八分三九七九一五	七十四秒三〇二〇七五	八秒七五四九五
第七段	七分六五四八九四二五	八十三秒〇五七〇二五	
第八段	六分八二四三二四		

置一段汎平較內減其下汎立較餘二十一秒七七二三七五爲平立較以平立較加入本段汎平差得一十一分〇一秒七十五微爲定差　置平立較內減汎立較之半四秒三七七四七五餘一十七秒三九四九以段日一十一日五十刻爲法除之得一秒五十一微二十六纖爲平差　置汎立較之半以段日爲法除二次得三微三十一纖爲立差

已上爲土星平立定三差之原

金星 立差加 平差減

	積日	積差
第一段	一十一日五十刻	空度四〇二一三四〇九八七五
第二段	二十三日	空度七九一三九三六六
第三段	三十四日五十刻	一度一五四九一二〇八一二五
第四段	四十六日	一度七四九八二二七六
第五段	五十七日五十刻	一度七五三二五九〇九三七五
第六段	六十九日	一度九六二三五四四八
第七段	八十〇日五十刻	二度〇九四二二三一六二五
第八段	九十二日	二度一三六〇五六

	汎平差	汎平較	汎立較
第一段	三分四九六八一八二五	五秒五九七六二二五	三秒七二九四五
第二段	三分四四〇八四二〇〇	九秒三二七〇七五	三秒七二九四五
第三段	三分三四七五七一二五	一十三秒〇五六五二五	三秒七二九四五
第四段	三分二一七〇〇六	一十六秒七八五九七五	三秒七二九四五
第五段	三分〇四九一四六二五	二十〇秒五一五四二五	三秒七二九四五
第六段	二分八四三九九二	二十四秒二四四八七五	三秒七二九四五
第七段	二分六〇一五四三二五	二十七秒九七四三二五	
第八段	二分三二一八		

置一段下汎平較與其汎立較相減餘一秒八六八一七五爲平立較以加汎平差得三分五十一秒五十五微爲定差　置平立較與汎立較之半一秒八六四七二五相減餘三十四纖以段日一十一日五十刻爲法除之得三纖爲平差　置汎立較之半以段日爲法除二次得一微四十一纖爲立差

已上爲金星平立定三差之原

水星 立差加 平差減

	積日	積差
第一段	一十一日五十刻	空度四四〇八四七三五三七五
第二段	二十三日	空度八六三一〇一六八
第三段	三十四日五十刻	一度二五三八九六三七六二五
第四段	四十六日	一度六〇三六四八四
第五段	五十七日五十刻	一度八八九六三一〇四三七五
第六段	六十九日	二度一〇八八五六六六
第七段	八十〇日五十刻	二度二四五二九二一三七五
第八段	九十二日	二度二八五六四四三二

	汎平差	汎平較	汎立較
第一段	三分八三三四五五二五	八秒〇八三九二五	三秒七二九四五
第二段	三分七五二六一六	一十一秒八一三三七五	三秒七二九四五
第三段	三分六三四四八二二五	一十五秒五四二八二五	三秒七二九四五
第四段	三分四七九〇五四	一十九秒二七二二七五	三秒七二九四五
第五段	三分二八六三三一二五	二十三秒〇〇一七二五	三秒七二九四五
第六段	三分〇五六三一四	二十六秒七三一一七五	三秒七二九四五
第七段	二分七八九〇〇二二五	三十〇秒四六〇六二五	
第八段	二分四八四三九六		

術同金星求得定差三分八十七秒九十微平差二十一微六十五纖立差一微四十一纖

已上爲水星平立定三差之原

右五星皆以立差爲秒平差爲本定差爲總五星各以段日因秒木土金水四星併本惟火星較本各以積日而積五星皆較總又各以積日乘之得各實測之度分五星積日皆以度率除周日得三百六十五度二十五分太各以四分之一爲象限惟火星用象限三之一減象限爲盈初縮末限加象限爲縮初盈末限其命度爲日者爲各取盈縮曆乘除之便其實積日之數卽積度也

里差刻漏

求二至差股及出入差　術曰置所測北極出地四十度九十五分爲半弧背以前割圓弧矢法推得出地半弧弦三十九度二十六分爲大三斜中股　置測到二至黃赤道內外度二十三度九十分爲半弧背以前法推得內外半弧弦二十三度七十一分又爲黃赤道大句又爲小三斜弦　置內外半弧弦自之爲句冪半徑自之爲弦冪二冪相減開方得股以股轉減半徑餘四度八十一分爲二至出入矢卽黃赤道內外矢　夏至日南至地平七十四度二十六分半爲半弧背求得日下至地半弧弦五十八度四十五分　半徑六十〇度八十七分半爲大三斜中弦　置大三斜中股三十九度二十六分以二至內外半弧弦二十三度七十一分乘之爲實以半徑六十〇度八十七分半爲法除之得一十五度二十九分爲小三斜中股又爲小股　置小三斜中股一十五度二十九分去減日下至地半弧弦五十八度四十五分餘四十三度一十六分爲大股　以出入矢四度八十一分去減半徑六十〇度八十七分半餘五十六度〇六分半爲大股弦　置大股弦以小股一十五度二九乘之爲實大股四十三度一六爲法除之得一十九度八十七分爲小弦卽爲二至出入差半弧弦　置二至出入差半弧弦依法求到二至出入差半弧背一十九度九十六分一十四秒　置二至出入差半弧背一十九度九六一四以二至黃赤道內外半弧弦二十三度七十一分除之得八十四分一十九秒爲度差分

求黃道每度晝夜刻　術曰置所求每度黃赤道內外半弧弦以二至出入差半弧背乘之爲實二至黃赤道內外半弧弦爲法除之爲每度出入差半弧背又術置黃赤道內外半弧弦以度差八十四分一十九秒乘之亦得出入差半弧背　置半徑內減黃赤道內外矢卽赤道二弦差見前條立成餘數倍之又三因之得數加一度爲日行百刻度又術以黃赤道內外矢倍之以減全徑餘數三因加一度爲日行百刻度赤同　置每度出入半弧背以百刻乘之爲實日行百刻度爲法除之得數爲出入差刻　置二十五刻以出入差刻視黃道在赤道內加之在赤道外減之得數爲半晝刻倍之爲晝刻以減百刻爲夜刻

如求冬至後四十四度晝夜刻　術曰置冬至後四十四度黃赤道內外半弧弦一十七度二十五分六十九秒又爲黃赤道小弧弦前立成中取之以二至出入差半弧背一十九度九十六分一十四秒乘之爲實以二至黃赤道內外半弧弦二十三度七十一分爲法除之得一十四度五十二分八十五秒爲出入半弧背又法置黃赤道內外半弧弦一十七度二五六九以度差〇度八四一九乘之亦得一十四度五二八五爲出入半弧背　置半徑六十〇度八七五以四十四度黃赤道內外矢二度五十一分八十一秒又爲赤道二弦差前立成中取之減之餘五十八度三十五分六十九秒卽赤道小弦倍之得一百一十六度七十一分三十八秒三因之加一度得三百五十一度一十四分一十四秒爲日行百刻度又術倍黃赤道內外矢得五度〇三分六十二秒以減全徑一百二十一度七十五分亦得一百一十六度七十一分三十八秒三因加一度爲日行百刻度亦同　置出入半弧背一十四度五十二分八十五秒以百刻乘之爲實以日行百刻度三百五十一度一十四分一十四秒爲法除之得四刻一十三分七十五秒爲出入差刻　置二十五刻以出入差刻四刻一十三分七十

五秒減之（因冬至後四十四度黃道在赤道外故減）餘二十〇刻八十六分二十五秒爲半晝刻倍之得四十一刻七十二分半爲晝刻以晝刻減百刻餘五十八刻二十七分半爲夜刻

又術置出入差刻四刻一十三分七十五秒倍之得八刻二十七分半以減春秋分晝夜五十刻得四十一刻七十二分半爲晝刻以倍刻加五十刻得五十八刻二十七分半爲夜刻晝減故夜加餘倣此

黃道每度晝夜刻立成

黃道積度（十度十分）	出入半張（十度十分十秒）	背日行百刻度（百十度十分十秒）	出入差刻分（刻十分十秒）	冬至前後晝夏至前後夜（十刻十分十秒）	冬至前後夜夏至前後晝（十刻十分十秒）
初	一九九六一四	三三七一六〇八	五九二〇四	三八一五九二	六一八四〇八
一	九五八七	一六八六	九一九五	一六一〇	八三九〇
二	九五〇六	一九三八	九一六六	一六六八	八三三二
三	九三七二	二三四六	九一一九	一七六二	八二三八
四	九一八三	二九二三	九〇五三	一八九四	八一〇六

黃道積度（十度十分）	出入半張（十度十分十秒）	背日行百刻度（百十度十分十秒）	出入差刻分（刻十分十秒）	冬至前後晝夏至前後夜（十刻十分十秒）	冬至前後夜夏至前後晝（十刻十分十秒）
五	八九四〇	三六六〇	八九六八	二〇六四	七九三六
六	八六四二	四五五四	八八六四	二二七二	七七二八
七	八二九一	五六一六	八七四二	二五一六	七四八四
八	七八八四	六八四〇	八六〇〇	二八〇〇	七二〇〇
九	七四二二	八二二六	八四三九	三一二二	六八七八
一〇	六九〇六	九七八〇	八二六〇	三四八〇	六五二〇
一一	六三三三	三三八一四九〇	八〇六一	三八七八	六一二二
一二	五七〇五	三三五六	七八四三	四三一四	五六八六
一三	五〇二一	五三七八	七六〇六	四七八八	五二一二
一四	四二八〇	七五六八	七三五〇	五三〇〇	四七〇〇
一五	三四八三	九九二〇	七〇七六	五八四八	四一五二
一六	二六二八	三三九二四〇〇	六七八二	六四三六	三五六四
一七	一七一八	五〇六八	六四六八	七〇六四	二九三六
一八	〇七四九	七八六四	六一三八	七七二四	二二七六
一九	一八九七二三	三四〇〇八〇	五七八七	八四二六	一五七四
二〇	八六三八	三九一二	五四一八	九一六四	〇八三六
二一	七四九六	七一五二	五〇三〇	九九四〇	〇〇六〇
二二	六二九四	三四一〇五三六	四六二三	三九〇七五四	六〇九二四六
二三	五〇三四	四〇五二	四一九七	一六〇六	八三九四
二四	三七一六	七七一二	三七五四	二四九二	七五〇八
二五	二三三九	三四二一四九二	三二九二	三四一六	六五八四
二六	〇九〇三	五四〇四	二八一二	四三七六	五六二四
二七	一七九四〇八	九四三六	二三一四	五三七二	四六二八
二八	一七七八五四	三四三三五九四	五一七九八	三九六四〇四	六〇三五九六
二九	六二四二	七九八〇	一二六三	七四七四	二五二六
三〇	四五七二	三四四二二三四	〇七一四	八五七二	一四二八
三一	二八四二	六七一六	〇一七四	九七〇六	〇二九四
三二	一〇五五	三四五一二九四	四九五六二	四〇〇八七六	五九九一二四
三三	一六九二一〇	五九五六	八九六一	二〇七八	七九二二
三四	七三〇九	三四六〇七〇八	八三四五	三三一〇	六六九〇
三五	五三五〇	五五三八	七七一二	四五七六	五四二四
三六	三三三五	三四七〇四四〇	七〇六四	五八七二	四一二八
三七	一二六四	五四一四	六四〇一	七一九八	二八〇二
三八	一五九一三九	三四八〇四四二	五七二三	八五五四	一四四六
三九	六九五九	五五一八	五〇三一	九九三八	〇〇六二
四〇	四七二六	三四九〇六四二	四三二六	四一一三四八	五八八六五二
四一	二四四二	五八〇二	三六〇七	二七八六	七二一四
四二	〇一〇七	三五〇〇九八六	二八七五	四二五〇	五七五〇
四三	一四七七二〇	六一九四	二一三一	五七三八	四二六二

黃道積度（十度十分）	出入半張（十度十分十秒）	背日行百刻度（百十度十分十秒）	出入差刻分（刻十分十秒）	冬至前後晝夏至前後夜（十刻十分十秒）	冬至前後夜夏至前後晝（十刻十分十秒）
四四	五二八五	三五一一四一四	一三七五	七二五〇	二七五〇
四五	二八〇三	六六四〇	〇六〇七	八七八六	一二一四
四六	〇二七四	三五二一八六六	三九八二九	四二〇三四二	五七九六五八
四七	一三七七〇〇	七〇八〇	九〇四〇	一九二〇	八〇八〇
四八	五〇八二	三五三二二七〇	八二四〇	三五一六	六四八四
四九	二四二一	七四四二	七四三四	五一三二	四八六八
五〇	一二九七二〇	三五四二五七八	六六一七	六七六六	三二三四
五一	六九七七	七六七二	五七九一	八四一八	一五八二
五二	四一九九	三五五二七一八	四九五九	四三〇〇八二	五六九九一八
五三	一三八八	七七一〇	四一一九	一七六二	八二三八
五四	一一八五三九	三五六二六三六	三二七三	三四五四	六五四六
五五	五六五七	七五〇二	二四一九	五一六二	四八三八
五六	二七四三	三五七二二八四	一五六〇	六八八〇	三一二〇
五七	一〇九八〇〇	六九九四	〇六九六	八六〇八	一三九二
五八	六八二八	三五八一六〇二	二九八二七	四四〇三四六	五五九六五四
五九	三八二九	六一三二	八九五二	二〇九六	七九〇四
六〇	〇八〇五	三五九〇五六〇	八〇七四	三八五二	六一四八
六一	九七七五八	四八八六	七一九三	五六一四	四三八六
六二	四六八九	九一〇四	六三〇九	七三八二	二六一八
六三	一五九七	三六〇三二〇八	五四二〇	九一六〇	〇八四〇
六四	八八四八七	七一九二	四五三〇	四五〇九四〇	五四九〇六〇
六五	五三六〇	三六一一〇〇八	三六三八	二七二四	七二七六
六六	二二一五	四八一二	二七四四	四五一二	五四八八
六七	一七九〇五四	三六一八四二四	二一八四七	四五六三〇六	五四三六九四
六八	五八八二	三六二一九〇四	〇九五〇	八一〇〇	一九〇〇
六九	二六九五	五二六四	〇〇五二	九八九六	〇一〇四
七〇	六九四九四	八四八六	一九一五一	四六一六九六	五三八三〇四
七一	六二八五	三六三一五七〇	八二五二	三四九六	六五〇四
七二	三〇六五	四五一六	七三五一	五二九八	四七〇二
七三	五九八三七	七三一八	六四五〇	七一〇〇	二九〇〇
七四	六六〇〇	九九八二	五五四九	八九〇二	一〇九八
七五	三三五七	三六四二四九六	四六四八	四七〇七〇四	五二九二九六
七六	〇一〇八	四八七〇	三七四七	二五〇六	七四九四
七七	四六八五四	七〇八六	二八四六	四三〇八	五六九二
七八	三五九四	九一五六	一九四六	六一〇八	三八九二
七九	〇三三一	三六五一〇八二	一〇四六	七九〇八	二〇九二
八〇	三七〇六四	二八六四	〇一四六	九七〇八	〇二九二
八一	三七九四	四四九〇	〇九二四六	四八一五〇八	五一八四九二
八二	〇五七八	五九六六	八三四六	三三〇八	六六九二

黃道積度（十度十分）	出入半張（十度十分十秒）	背日行百刻度（百十度十分十秒）	出入差刻分（刻十分十秒）	冬至前後晝夏至前後夜（十刻十分十秒）	冬至前後夜夏至前後晝（十刻十分十秒）
八三	二七二四九	七二九二	七四四九	五一〇二	四八九八
八四	三九七三	八四七四	六五五二	六八九六	三一〇四
八五	〇六九六	九五〇〇	五六五五	八六九〇	一三一〇
八六	一七六一八	三六六〇三七〇	四七五八	四九〇四八四	五〇九五一六
八七	四一四〇	一一〇八	三八六二	二二七六	七七二四
八八	〇八六二	一六七八	二九六六	四〇六八	五九三二
八九	〇七五八二	二〇九八	二〇七〇	五八六〇	四一四〇
九〇	四三〇三	二三七四	一一七四	七六五二	二三四八
九一	一〇二四	二四九四	〇二七九	九四四二	〇五五八
九一三一	〇〇〇〇	三六六二五〇〇	〇〇〇〇	五〇〇〇〇〇	五〇〇〇〇〇

右曆草所載晝夜刻分乃大都（卽燕京）晷漏也夏晝冬夜極長六十一刻八十四分冬晝夏夜極短三十八刻一十六分明旣遷都於燕不知遵用惟正統己巳奏准頒曆用六十一刻而羣然非之景泰初仍復用南京晷刻終明之世未能改正也

二至出入差圖

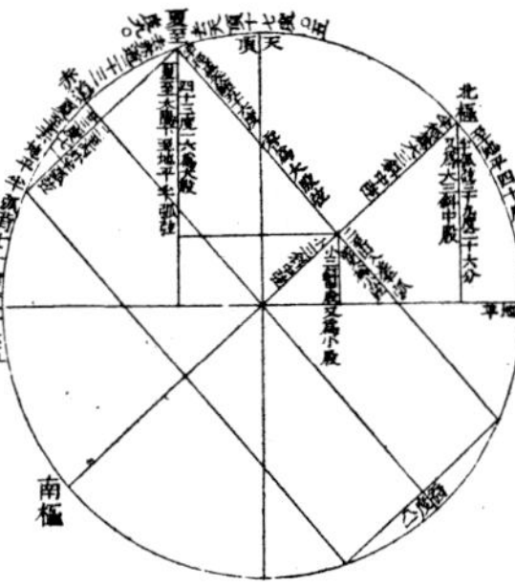

明史卷三十四　志第十

總裁官總理事務　經筵講官少保兼太子太保保和殿大學士兼管吏部戶部尚書事加六級張廷玉等奉敕修

曆四

大統曆法二（立成）

立成者以日月五星盈縮遲疾之數預爲排定以便推步取用也元志曆經步七政盈縮遲疾皆有二術其一術以三差立算者卽布立成法也其又術云以其下盈縮分乘入限分萬約之以加其下盈縮積者用立成法也而遺立成未載無從入算今依大統曆通軌具錄之

其目四曰太陽盈縮曰晨昏分曰太陰遲疾曰五星盈縮餘詳法原及推步卷中按元史至正十七年授時曆成十九年王恂卒時曆雖頒然立成之數尚皆未有定藁郭守敬比類編次整齊分秒裁爲二卷而今欽天監本載嘉議大夫太史令臣王恂奉敕撰意者王先有藁而郭卒成之歟

太陽盈初縮末限立成 冬至前後二象限同用

積日 十日	平立合差 分十秒十微	盈加分 百十分十秒十微	盈積度 萬千百十分十秒十微	盈行度 度千百十分十秒
初	四九三八六	五一〇八五六九		一〇五一〇八五
一	四九五七二	五〇五九一八三	五一〇八五六九	一〇五〇五九一
二	四九七五八	五〇〇九六一一	一〇一六七七五二	一〇五〇〇九六
三	四九九四四	四九五九八五三	一五一七七三六三	一〇四九五九八
四	五〇一三〇	四九〇九九〇九	二〇一三七二一六	一〇四九〇九九
五	五〇三一六	四八五九七七九	二五〇四七一二五	一〇四八五九七
六	五〇五〇二	四八〇九四六三	二九九〇六九〇四	一〇四八〇九四
七	五〇六八八	四七五八九六一	三四七一六三六七	一〇四七五八九
八	五〇八七四	四七〇八二七三	三九四七五三二八	一〇四七〇八二
九	五一〇六〇	四六五七三九九	四四一八三六〇一	一〇四六五七三
一〇	五一二四六	四六〇六三三九	四八八四一〇〇〇	一〇四六〇六三
一一	五一四三二	四五五五〇九三	五三四四七三三九	一〇四五五五〇
一二	五一六一八	四五〇三六六一	五八〇〇二四三二	一〇四五〇三六
一三	五一八〇四	四四五二〇四三	六二五〇六〇九三	一〇四四五二〇
一四	五一九九〇	四四〇〇二三九	六六九五八一三六	一〇四四〇〇二
一五	五二一七六	四三四八二四九	七一三五八三七五	一〇四三四八二
一六	五二三六二	四二九六〇七三	七五七〇六六二四	一〇四二九六〇
一七	五二五四八	四二四三七一一	八〇〇〇二六九七	一〇四二四三七
一八	五二七三四	四一九一一六三	八四二四六四〇八	一〇四一九一一
一九	五二九二〇	四一三八四二九	八八四三七五七一	一〇四一三八四
二〇	五三一〇六	四〇八五五〇九	九二五七六〇〇〇	一〇四〇八五五
二一	五三二九二	四〇三二四〇三	九六六六一五〇九	一〇四〇三二四
二二	五三四七八	三九七九一一一	一〇〇六九三九一二	一〇三九七九一
二三	五三六六四	三九二五六三三	一〇四六七三〇二三	一〇三九二五六
二四	五三八五〇	三八七一九六九	一〇八五九八六五六	一〇三八七一九
二五	五四〇三六	三八一八一一九	一一二四七〇六二五	一〇三八一八一
二六	五四二二二	三七六四〇八三	一一六二八八七四四	一〇三七六四〇
二七	五四四〇八	三七〇九八六一	一二〇〇五二八二七	一〇三七〇九八
二八	五四五九四	三六五五四五三	一二三七六二六八八	一〇三六五五四
二九	五四七八〇	三六〇〇八五九	一二七四一八一四一	一〇三六〇〇八
三〇	五四九六六	三五四六〇七九	一三一〇一九〇〇〇	一〇三五四六〇
三一	五五一五二	三四九一一一三	一三四五六五〇七九	一〇三四九一一
三二	五五三三八	三四三五九六一	一三八〇五六一九二	一〇三四三五九
三三	五五五二四	三三八〇六二三	一四一四九二一五三	一〇三三八〇六
三四	五五七一〇	三三二五〇九九	一四四八七二七七六	一〇三三二五〇
三五	五五八九六	三二六九三八九	一四八一九七八七五	一〇三二六九三
三六	五六〇八二	三二一三四九三	一五一四六七二六四	一〇三二一三四
三七	五六二六八	三一五七四一一	一五四六八〇七五七	一〇三一五七四
三八	五六四五四	三一〇一一四三	一五七八三八一六八	一〇三一〇一一
三九	五六六四〇	三〇四四六八九	一六〇九三九三一一	一〇三〇四四六
四〇	五六八二六	二九八八〇四九	一六三九八四〇〇〇	一〇二九八八〇
四一	五七〇一二	二九三一二二三	一六六九七二〇四九	一〇二九三一二
四二	五七一九八	二八七四二一一	一六九九〇三二七二	一〇二八七四二
四三	五七三八四	二八一七〇一三	一七二七七七四八三	一〇二八一七〇
四四	五七五七〇	二七五九六二九	一七五五九四四九六	一〇二七五九六
四五	五七七五六	二七〇二〇五九	一七八三五四一二五	一〇二七〇二〇
四六	五七九四二	二六四四三〇三	一八一〇五六一八四	一〇二六四四三
四七	五八一二八	二五八六三六一	一八三七〇〇四八七	一〇二五八六三
四八	五八三一四	二五二八二三三	一八六二八六八四八	一〇二五二八二
四九	五八五〇〇	二四六九九一九	一八八八一五〇八一	一〇二四六九九
五〇	五八六八六	二四一一四一九	一九一二八五〇〇〇	一〇二四一一四
五一	五八八七二	二三五二七三三	一九三六九六四一九	一〇二三五二七
五二	五九〇五八	二二九三八六一	一九六〇四九一五二	一〇二二九三八
五三	五九二四四	二二三四八〇三	一九八三四三〇一三	一〇二二三四八
五四	五九四三〇	二一七五五五九	二〇〇五七七八一六	一〇二一七五五
五五	五九六一六	二一一六一二九	二〇二七五三三七五	一〇二一一六一
五六	五九八〇二	二〇五六五一三	二〇四八六九五〇四	一〇二〇五六五
五七	五九九八八	一九九六七一一	二〇六九二六〇一七	一〇一九九六七
五八	六〇一七四	一九三六七二三	二〇八九二二七二八	一〇一九三六七
五九	六〇三六〇	一八七六五四九	二一〇八五九四五一	一〇一八七六五
六〇	六〇五四六	一八一六一八九	二一二七三六〇〇〇	一〇一八一六一
六一	六〇七三二	一七五五六四三	二一四五五二一八九	一〇一七五五六
六二	六〇九一八	一六九四九一一	二一六三〇七八三二	一〇一六九四九
六三	六一一〇四	一六三三九九三	二一八〇〇二七四三	一〇一六三三九
六四	六一二九〇	一五七二八八九	二一九六三六七三六	一〇一五七二八
六五	六一四七六	一五一一五九九	二二一二〇九六二五	一〇一五一一五
六六	六一六六二	一四五〇一二三	二二二七二一二二四	一〇一四五〇一
六七	六一八四八	一三八八四六一	二二四一七一三四七	一〇一三八八四
六八	六二〇三四	一三二六六一三	二二五五五九八〇八	一〇一三二六六
六九	六二二二〇	一二六四五七九	二二六八八六四二一	一〇一二六四五
七〇	六二四〇六	一二〇二三五九	二二八一五一〇〇〇	一〇一二〇二三
七一	六二五九二	一一三九九五三	二二九三五三三五九	一〇一一三九九
七二	六二七七八	一〇七七三六一	二三〇四九三三一二	一〇一〇七七三
七三	六二九六四	一〇一四五八三	二三一五七〇六七三	一〇一〇一四五
七四	六三一五〇	〇九五一六一九	二三二五八五二五六	一〇〇九五一六
七五	六三三三六	八八八四六九	二三三五三六八七五	一〇〇八八八四
七六	六三五二二	八二五一三三	二三四四二五三四四	一〇〇八二五一
七七	六三七〇八	七六一六一一	二三五二五〇四七七	一〇〇七六一六
七八	六三八九四	六九七九〇三	二三六〇一二〇八八	一〇〇六九七九
七九	六四〇八〇	六三四〇〇九	二三六七〇九九九一	一〇〇六三四〇
八〇	六四二六六	五六九九二九	二三七三四四〇〇〇	一〇〇五六九九
八一	六四四五二	五〇五六六三	二三七九一三九二九	一〇〇五〇五六
八二	六四六三八	四四一二一一	二三八四一九五九二	一〇〇四四一二
八三	六四八二四	三七六五七三	二三八八六〇八〇三	一〇〇三七六五
八四	六五〇一〇	三一一七四九	二三九二三七三七六	一〇〇三一一七
八五	六五一九六	二四六七三九	二三九五四九一二五	一〇〇二四六七
八六	六五三八二	一八一五四三	二三九七九五八六四	一〇〇一八一五
八七	六五五六八	一一六一六一	二三九九七七四〇七	一〇〇一一六一
八八	六五七五四	五〇五九三	二四〇〇九三五六八	一〇〇〇五〇五
八九	〇〇〇〇〇	〇〇〇〇〇	二四〇一四四一六一	一〇〇〇〇〇〇

太陽縮初盈末限立成 夏至前後二象限同用

積日 十日	平立合差 分十秒十微	縮加分 百十分十秒十微	縮積度 萬千百十分十秒十微	縮行度 度千百十分十秒
初	四四三六二	四八四八四七三		九五一五一六
一	四四五二四	四八〇四一一一	四八四八四七三	九五一九五九
二	四四六八六	四七五九五八七	九六五二五八四	九五二四〇五
三	四四八四八	四七一四九〇一	一四四一二一七一	九五二八五一
四	四五〇一〇	四六七〇〇五三	一九一二七〇七二	九五三三〇〇
五	四五一七二	四六二五〇四三	二三七九七一二五	九五三七五〇
六	四五三三四	四五七九八七一	二八四二二一六八	九五四二〇二
七	四五四九六	四五三四五三七	三三〇〇二〇三九	九五四六五五
八	四五六五八	四四八九〇四一	三七五三六五七六	九五五一一〇
九	四五八二〇	四四四三三八三	四二〇二五六一七	九五五五六七
一〇	四五九八二	四三九七五六三	四六四六九〇〇〇	九五六〇二五
一一	四六一四四	四三五一五八一	五〇八六六五六三	九五六四八五
一二	四六三〇六	四三〇五四三七	五五二一八一四四	九五六九四六
一三	四六四六八	四二五九一三一	五九五二三五八一	九五七四〇九
一四	四六六三〇	四二一二六六三	六三七八二七一二	九五七八七四
一五	四六七九二	四一六六〇三三	六七九九五三七五	九五八三四〇
一六	四六九五四	四一一九二四一	七二一六一四〇八	九五八八〇八
一七	四七一一六	四〇七二二八七	七六二八〇六四九	九五九二七八
一八	四七二七八	四〇二五一七一	八〇三五二九三六	九五九七四九
一九	四七四四〇	三九七七八九三	八四三七八一〇七	九六〇二二一
二〇	四七六〇二	三九三〇四五三	八八三五六〇〇〇	九六〇六九六
二一	四七七六四	三八八二八五一	九二二八六四五三	九六一一七二
二二	四七九二六	三八三五〇八七	九六一六九三〇四	九六一六五〇
二三	四八〇八八	三七八七一六一	一〇〇〇〇四三九一	九六二一二九
二四	四八二五〇	三七三九〇七三	一〇三七九一五五二	九六二六一〇
二五	四八四一二	三六九〇八二三	一〇七五三〇六二五	九六三〇九二
二六	四八五七四	三六四二四一一	一一一二二一四四八	九六三五七六
二七	四八七三六	三五九三八三七	一一四八六三八五九	九六四〇六二
二八	四八八九八	三五四五一〇一	一一八四五七六九六	九六四五四九
二九	四九〇六〇	三四九六二〇三	一二二〇〇二七九七	九六五〇三八
三〇	四九二二二	三四四七一四三	一二五四九九〇〇〇	九六五五二九
三一	四九三八四	三三九七九二一	一二八九四六一四三	九六六〇二一
三二	四九五四六	三三四八五三七	一三二三四四〇六四	九六六五一五
三三	四九七〇八	三二九八九九一	一三五六九二六〇一	九六七〇一一
三四	四九八七〇	三二四九二八三	一三八九九一五九二	九六七五〇八
三五	五〇〇三二	三一九九四一三	一四二二四〇八七五	九六八〇〇六
三六	五〇一九四	三一四九三八一	一四五四四〇二八八	九六八五〇七
三七	五〇三五六	三〇九九一八七	一四八五八九六六九	九六九〇〇九
三八	五〇五一八	三〇四八八三一	一五一六八八八五六	九六九五一二
三九	五〇六八〇	二九九八三一三	一五四七三七六八七	九七〇〇一七
四〇	五〇八四二	二九四七六三三	一五七七三六〇〇〇	九七〇五二四
四一	五一〇〇四	二八九六七九一	一六〇六八三六三三	九七一〇三三
四二	五一一六六	二八四五七八七	一六三五八〇四二四	九七一五四三
四三	五一三二八	二七九四六二一	一六六四二六二一一	九七二〇五四
四四	五一四九〇	二七四三二九三	一六九二二〇八三二	九七二五六八
四五	五一六五二	二六九一八〇三	一七一九六四一二五	九七三〇八二
四六	五一八一四	二六四〇一五一	一七四六五五九二八	九七三五九九
四七	五一九七六	二五八八三三七	一七七二九六〇七九	九七四一一七
四八	五二一三八	二五三六三六一	一七九八八四四一六	九七四六三七
四九	五二三〇〇	二四八四二二三	一八二四二〇七七七	九七五一五八
五〇	五二四六二	二四三一九二三	一八四九〇五〇〇〇	九七五六八一
五一	五二六二四	二三七九四六一	一八七三三六九二三	九七六二〇六
五二	五二七八六	二三二六八三七	一八九七一六三八四	九七六七三二
五三	五二九四八	二二七四〇五一	一九二〇四三二二一	九七七二六〇
五四	五三一一〇	二二一一一〇三	一九四三一七二七二	九七七七八九
五五	五三二七二	二一六七九九三	一九六五三八三七五	九七八三二〇
五六	五三四三四	二一一四七二一	一九八七〇六三六八	九七八八五三
五七	五三五九六	二〇六一二八七	二〇〇八二一〇八九	九七九三八八
五八	五三七五八	二〇〇七六九一	二〇二八八二三七六	九七九九二四
五九	五三九二〇	一九五三九三三	二〇四八九〇〇六七	九八〇四六一
六〇	五四〇八二	一九〇〇〇一三	二〇六八四四〇〇〇	九八一〇〇〇
六一	五四二四四	一八四五九三一	二〇八七四四〇一三	九八一五四一
六二	五四四〇六	一七九一六八七	二一〇五八九九四四	九八二〇八四
六三	五四五六八	一七三七二八一	二一二三八一六三一	九八二六二八
六四	五四七三〇	一六八二七一三	二一四一一八九一二	九八三一七三
六五	五四八九二	一六二七九八三	二一五八〇一六二五	九八三七二一
六六	五五〇五四	一五七三〇九一	二一七四二九六〇八	九八四二七〇
六七	五五二一六	一五一八〇三七	二一九〇〇二六九九	九八四八二〇
六八	五五三七八	一四六二八二一	二二〇五二〇七三六	九八五三七二

積日	平立合差	縮加分	縮積度	縮行度
十日	分十秒十微	百十分十秒十微	萬千百十分十秒十微	度千百十分十秒
六九	五五五四〇	一四〇七四四三	二二一九八三五五七	九八五九二六
七〇	五五七〇二	一三五一九〇三	二二三三九一〇〇〇	九八六四八一
七一	五五八六四	一二九六二〇一	二二四七四二九〇三	九八七〇三八
七二	五六〇二六	一二四〇三三七	二二六〇三九一〇四	九八七五九七
七三	五六一八八	一一八四三一一	二二七二七九四四一	九八八一五七
七四	五六三五〇	一一二八一二三	二二八四六三七五二	九八八七一九
七五	五六五一二	一〇七一七七三	二二九五九一八七五	九八九二八三
七六	五六六七四	一〇一五二六一	二三〇六六三六四八	九八九八四八
七七	五六八三六	〇九五八五八七	二三一六七八九〇九	九九〇四一五
七八	五六九九八	九〇一七五一	二三二六三七四九六	九九〇九八三
七九	五七一六〇	八四四七五三	二三三五三九二四七	九九一五五三
八〇	五七三二二	七八七五九三	二三四三八四〇〇〇	九九二一二五
八一	五七四八四	七三〇二七一	二三五一七一五九三	九九二六九八
八二	五七六四六	六七二七八七	二三五九〇一八六四	九九三二七三
八三	五七八〇八	六一五一四一	二三六五七四六五一	九九三八四九
八四	五七九七〇	五五七三三三	二三七一八九七九二	九九四四二七
八五	五八一三二	四九九三六三	二三七七四七一二五	九九五〇〇七
八六	五八二九四	四四一二三一	二三八二四六四八八	九九五五八八
八七	五八四五六	三八二九三七	二三八六八七七一九	九九六一七一
八八	五八六一八	三二四四八一	二三九〇七〇六五六	九九六七五六
八九	五八七八〇	二六五八六三	二三九三九五一三七	九九七三四二
九〇	五八九四二	二〇七〇八三	二三九六六一〇〇〇	九九七九三〇
九一	五九一〇四	一四八一四一	二三九八六八〇八三	九九八五一九
九二	五九二六六	八九〇三七	二四〇〇一六二二四	九九九一一〇
九三	五九四二八	二九七七一	二四〇一〇五二六一	九九九七〇三
九四	〇〇〇〇〇	〇〇〇〇〇	二四〇一三五〇三二	一〇〇〇〇〇〇

冬夏二至後晨昏分立成

此通軌所載南京應天府晷刻也

積日	冬至後晨分	冬至後昏分	夏至後晨分	夏至後昏分
百十日	千百十分十秒	千百十分十秒	千百十分十秒	千百十分十秒
初	二六八一七〇	七三一八三〇	一八一八三〇	八一八一七〇
一	八一六二	一八三八	一八三六	八一六四
二	八一三九	一八六一	一八五六	八一四四
三	八一〇一	一八九九	一八八七	八一一三
四	八〇四八	一九五二	一九三〇	八〇七〇
五	七九七九	二〇二一	一九八七	八〇一三
六	七八九六	二一〇四	二〇五六	七九四四
七	七七九七	二二〇三	二一三七	七八六三
八	七六八三	二三一七	二二三一	七七六九
九	七五五五	二四四五	二三三八	七六六二
一〇	七四一一	二五八九	二四五八	七五四二
一一	七二五二	二七四八	二五九〇	七四一〇
一二	七〇七八	二九二二	二七三四	七二六六
一三	六八八九	三一一一	二八九二	七一〇八
一四	六六八五	三三一五	三〇六二	六九三八
一五	六四六六	三五三四	三二四六	六七五四
一六	六二三二	三七六八	三四四一	六五五九
一七	五九八三	四〇一七	三六五〇	六三五〇
一八	五七一九	四二八一	三八七一	六一二九
一九	五四四一	四五五九	四一〇六	五八九四
二〇	五一四七	四八五三	四三五三	五六四七
二一	四八三九	五一六一	四六一二	五三八八
二二	四五一七	五四八三	四八八五	五一一五
二三	四一八一	五八一九	五一七一	四八二九
二四	三八二九	六一七一	五四六九	四五三一
二五	三四六四	六五三六	五七七九	四二二一
二六	三〇八五	六九一五	六一〇三	三八九七
二七	二六九二	七三〇八	六四三九	三五六一
二八	二二八四	七七一六	六七八七	三二一三
二九	一八六六	八一三四	七一四七	二八五三
三〇	一四三三	八五六七	七五二一	二四七九
三一	〇九八八	九〇一二	七九〇五	二〇九五
三二	〇五三一	九四六九	八三〇一	一六九九
三三	〇〇六一	九九三九	八七〇八	一二九二
三四	二五九五七九	七四〇四二一	九一二八	〇八七二
三五	九〇八五	〇九一五	九五五八	〇四四二
三六	八五八〇	一四二〇	一九〇〇〇〇	八一〇〇〇〇
三七	八〇六五	一九三五	〇四五二	八〇九五四八
三八	七五三九	二四六一	〇九一五	九〇八五
三九	七〇〇二	二九九八	一三八九	八六一一
四〇	六四五六	三五四四	一八七三	八一二七
四一	五九〇〇	四一〇〇	二三六六	七六三四
四二	五三三六	四六六四	二八六九	七一三一
四三	四七六三	五二三七	三三八二	六六一八
四四	四一八一	五八一九	三九〇三	六〇九七
四五	三五九二	六四〇八	四四三三	五五六七
四六	二九九六	七〇〇四	四九七一	五〇二九
四七	二三九二	七六〇八	五五一九	四四八一
四八	一七八二	八二一八	六〇七三	三九二七
四九	一一六七	八八三三	六六三五	三三六五
五〇	〇五四四	九四五六	七二〇三	二七九七
五一	二四九九一八	七五〇〇八二	七七七九	二二二一
五二	九二八六	〇七一四	八三六一	一六三九
五三	八六五〇	一三五〇	八九四九	一〇五一
五四	八〇一〇	一九九〇	九五四三	〇四五七
五五	七三六六	二六三四	二〇〇一四二	七九九八五八
五六	六七一八	三二八二	〇七四七	九二五三
五七	六〇六七	三九三三	一三五五	四六四五
五八	五四一四	四五八六	一九六九	八〇三一
五九	四七五九	五二四一	二五八六	七四一四
六〇	四一〇二	五八九八	三二〇七	六七九三
六一	三四四二	六五五八	三八三三	六一六七
六二	二七八一	七二一九	四四六一	五五三九
六三	二一一九	七八八一	五〇九一	四九〇九
六四	一四五六	八五四四	五七二四	四二七六
六五	〇七九三	九二〇七	六三六一	三六三九
六六	〇一二八	九八七二	六九九九	三〇〇一
六七	二三九四六三	七六〇五三七	七六四〇	二三六〇
六八	八七九八	一二〇二	八二八二	一七一八
六九	八一三三	一八六七	八九二六	一〇七四
七〇	七四六八	二五三二	九五六九	〇四三一
七一	六八〇三	三一九七	二一〇二一六	七八九七八四
七二	六一三八	三八六二	〇八六四	九一三六
七三	五四七四	四五二六	一五一二	八四八八
七四	四八一〇	五一九〇	二一六一	七八三九
七五	四一四七	五八五三	二八一〇	七一九〇
七六	二三三四八五	七六六五一五	二一三四六〇	七八六五四〇
七七	二八二三	七一七七	四一一〇	五八九〇
七八	二一六二	七八三八	四七六一	五二三九
七九	一五〇三	八四九七	五四一二	四五八八
八〇	〇八四三	九一五七	六〇六四	三九三六
八一	〇一八四	九八一六	六七一五	三二八五
八二	二二九五二六	七七〇四七四	六三六六	二六三四
八三	八八六九	一一三二	八〇一八	一九八二
八四	八二一三	一七八七	八六六八	一三三二
八五	七五五八	二四四二	九〇二〇	〇九八〇
八六	六九〇四	三〇九六	九九七二	〇〇二八
八七	六二四九	三七五一	二二〇六二四	七七九三七六
八八	五五九六	四四〇四	一二七五	八七二五
八九	四九三九	五〇六一	一九二六	八〇七四
九〇	四二八六	五七一四	二五七八	七四二二
九一	三六三四	六三六六	三二二九	六七七一
九二	二九八二	七〇一八	三八八一	六一一九
九三	二三三一	七六六九	四五三四	五四六六
九四	一六八〇	八三二〇	五一九一	四八〇九
九五	一〇二九	八九七一	五八四五	四一五五
九六	〇三七八	九六二二	六四九九	三五〇一
九七	二一九七二六	七八〇二七四	七一五三	二八四七
九八	九〇七五	〇九二五	七八〇八	二一九二
九九	八四二三	一五七七	八四六四	一五三六
一〇〇	七七七三	二二二七	九一二一	〇八七九
一〇一	七一二二	二八七八	九七七八	〇二二二
一〇二	六四七一	三五二九	二三〇四三七	七六九五六三
一〇三	五八二〇	四一八〇	一〇九七	八九〇三
一〇四	五一六九	四八三一	一七五六	八二四四
一〇五	四五一八	五四八二	二四一六	七五八四
一〇六	三八六七	六一三三	三〇七八	六九二二
一〇七	三二一七	六七八三	三七四〇	六二六〇
一〇八	二五六八	七四三二	四四〇三	五五九七
一〇九	一九一九	八〇八一	五〇六七	四九三三
一一〇	一二七一	八七二九	五七三一	四二六九
一一一	〇六二三	九三七七	六三九五	三六〇五
一一二	二〇九九七六	七九〇〇二四	七〇六〇	二九四〇
一一三	九三二九	〇六七一	七七二六	二二七四
一一四	八六八七	一三一三	八三九一	一六〇九
一一五	八〇四四	一九五六	二三九〇五六	七六〇九四四
一一六	七四〇三	二五九七	九七二二	〇二七八
一一七	六七六三	三二三七	二四〇三八七	七五九六一三
一一八	六一二六	三八七四	一〇五一	八九四九
一一九	五四九一	四五〇九	一七一五	八二八五
一二〇	四八五九	五一四一	二三七八	七六二二
一二一	四二二九	五七七一	三〇四〇	六九六〇
一二二	三六〇二	六三九八	三七〇〇	六三〇〇
一二三	二九七九	七〇二一	四三六〇	五六四〇
一二四	二三五九	七六四一	五〇一六	四九八四
一二五	一七四四	八二五六	五六七〇	四三三〇
一二六	一一三二	八八六八	六三二三	三六七七
一二七	〇五二五	九四七五	六九七三	三〇二七
一二八	一九九九二三	八〇〇〇七七	七六一九	二三八一
一二九	九三二六	〇六七四	八二六二	一七三八
一三〇	八七三四	一二六六	八九〇〇	一一〇〇
一三一	八一四九	一八五一	九五三五	〇四六五
一三二	七五六九	二四三一	二五〇一六五	七四九八三五
一三三	六九九六	三〇〇四	〇七九一	九二〇九
一三四	六四三〇	三五七〇	一四一〇	八五九〇
一三五	五八七一	四一二九	二〇二四	七九七六
一三六	五三一九	四六八一	二六三二	七三六八
一三七	四七七五	五二二五	三二三三	六七六七
一三八	四二三九	五七六一	三八二六	六一七四
一三九	三七一三	六二八七	四四一三	五五八七
一四〇	三一九四	六八〇六	四九九二	五〇〇八
一四一	二六八五	七三一五	五五六二	四四三八
一四二	二一八六	七八一四	六一二三	三八七七
一四三	一六九六	八三〇四	六六七五	三三二五
一四四	一二一六	八七八四	七二一八	二七八二
一四五	〇七四六	九二五四	七七五一	二二四九

積日	冬至後晨分	冬至後昏分	夏至後晨分	夏至後昏分
百十日	千百十分十秒	千百十分十秒	千百十分十秒	千百十分十秒
一四六	一九〇二八八	八〇九七一二	二五八二七三	七四一七二七
一四七	一八九八三九	八一〇一六一	八七八四	一二一六
一四八	九四〇二	〇五九八	九二八五	〇七一五
一四九	八九七六	一〇二四	九七七四	〇二二六
一五〇	八五六一	一四三九	二六〇二五二	七三九七四八
一五一	八一五七	一八四三	〇七一七	九二八三
一五二	七七六七	二二三三	一一六九	八八三一
一五三	七三八六	二六一四	一六〇九	八三九一
一五四	七〇一七	二九八三	二〇三六	七九六四
一五五	六六六二	三三三八	二四五〇	七五五〇
一五六	六三一八	三六八二	二八五二	七一四八
一五七	五九八七	四〇一三	三二三九	六七六一
一五八	五六六九	四三三一	三六一二	六三八八
一五九	五三六三	四六三七	三九七二	六〇二八
一六〇	五〇六九	四九三一	四三一七	五六八三
一六一	四七八八	五二一二	四六四八	五三五二
一六二	四五二〇	五四八〇	四九六四	五〇三六
一六三	四二六四	五七三六	五二六七	四七三三
一六四	四〇二一	五九七九	五五五四	四四四六
一六五	三七九一	六二〇九	五八二七	四一七三
一六六	三五七四	六四二六	六〇八五	三九一五
一六七	三三七〇	六六三〇	六三二八	三六七二
一六八	三一七八	六八二二	六五五七	三四四三
一六九	二九九九	七〇〇一	六七六九	三二三一
一七〇	二八三三	七一六七	六九六八	三〇三二
一七一	二六八一	七三一九	七一五二	二八四八
一七二	二五四一	七四五九	七三一九	二六八一
一七三	二四一四	七五八六	七四七二	二五二八
一七四	二二九九	七七〇一	七六一一	二三八九
一七五	二一九七	七八〇三	七七三三	二二六七
一七六	二一〇七	七八九三	七八四一	二一五九
一七七	二〇三一	七九六九	七九三二	二〇六八
一七八	一九六六	八〇三四	八〇一〇	一九九〇
一七九	一九一四	八〇八六	八〇七一	一九二九
一八〇	一八七五	八一二五	八一一八	一八八二
一八一	一八四九	八一五一	八一四九	一八五一
一八二	一八三四	八一六六	八一六六	一八三四

晨分加二百五十分為日出分日周一萬分內減晨分為昏分昏分減二百五十分為日入分又減五千分為半晝分故立成只列晨昏分則出入及半晝分皆具不必盡列也

太陰遲疾立成遲疾同用

限數	日率	益分	遲疾積度	疾曆限行度	遲曆限行度
百十限	十日千百十分	十分十秒十微十纖	度十分十秒十微十纖	度十分十秒	度十分十秒
初		一一〇八一五七五		一二〇七一	九八五五
一	八二〇	一一〇二三四二五	一一〇八一五七五	一二〇六五	九八六一
二	一六四〇	一〇九六三三二五	二二一〇五〇〇〇	一二〇五九	九八六七
三	二四六〇	一〇九〇一二七五	三三〇六八三二五	一二〇五三	九八七三
四	三二八〇	一〇八三七二七五	四三九六九六〇〇	一二〇四七	九八七九
五	四一〇〇	一〇七七一三二五	五四八〇六八七五	一二〇四〇	九八八六
六	四九二〇	一〇七〇三四二五	六五五七八二〇〇	一二〇三三	九八九三
七	五七四〇	一〇六三三五七五	七六二八一六二五	一二〇二六	九九〇〇
八	六五六〇	一〇五六一七七五	八六九一五二〇〇	一二〇一九	九九〇七
九	七三八〇	一〇四八八〇二五	九七四七六九七五	一二〇一二	九九一四
一〇	八二〇〇	一〇四一二三二五	一〇七九六五〇〇〇	一二〇〇四	九九二二
一一	九〇二〇	一〇三三四六七五	一一八三七七三二五	一一九九六	九九二九
一二	九八四〇	一〇二五五〇七五	一二八七一二〇〇〇	一一九八八	九九三七
一三	一〇六六〇	一〇一七三五二五	一三八九六七〇七五	一一九八〇	九九四六
一四	一一四八〇	一〇〇九〇〇二五	一四九一四〇六〇〇	一一九七二	九九五四
一五	一二三〇〇	一〇〇〇四五七五	一五九二三〇六二五	一一九六三	九九六二
一六	一三一二〇	九九一七一七五	一六九二三五二〇〇	一一九五五	九九七一
一七	一三九四〇	九八二七八二五	一七九一五二三七五	一一九四六	九九八〇
一八	一四七六〇	九七三六五二五	一八八九八〇二〇〇	一一九三七	九九八九
一九	一五五八〇	九六四三二七五	一九八七一六七二五	一一九二七	九九九九
二〇	一六四〇〇	九五四八〇七五	二〇八三六〇〇〇〇	一一九一八	一〇〇〇八
二一	一七二二〇	九四五〇九二五	二一七九〇八〇七五	一一九〇八	一〇〇一八
二二	一八〇四〇	九三五一八二五	二二七三五九〇〇〇	一一八九八	一〇〇二八
二三	一八八六〇	九二五〇七七五	二三六七一〇八二五	一一八八八	一〇〇三八
二四	一九六八〇	九一四七七七五	二四五九六一六〇〇	一一八七八	一〇〇四八
二五	二〇五〇〇	九〇四二八二五	二五五一〇九三七五	一一八六七	一〇〇五九
二六	二一三二〇	八九三五九二五	二六四一五二二〇〇	一一八五六	一〇〇六九
二七	二二一四〇	八八二七〇七五	二七三〇八八一二五	一一八四六	一〇〇八〇
二八	二二九六〇	八七一六二七五	二八一九一五二〇〇	一一八三五	一〇〇九一

限數	日率	益分	遲疾積度	疾曆限行度	遲曆限行度
百十限	十日千百十分	十分十秒十微十纖	度十分十秒十微十纖	度十分十秒	度十分十秒
二九	二三七八二	八六〇三五二五	二九〇六三一四七五	一一八二三	一〇一〇三
三〇	二四六〇二	八四八八一二五	二九九二三五〇〇〇	一一八一二	一〇一一四
三一	二五四二二	八三七二一七五	三〇七七二三八二五	一一八〇〇	一〇一二六
三二	二六二四二	八二五三五七五	三一六〇九六〇〇〇	一一七八八	一〇一三八
三三	二七〇六二	八一三三〇二五	三二四三四九五七五	一一七七六	一〇一五〇
三四	二七八八二	八〇一〇五二五	三三二四八二六〇〇	一一七六四	一〇一六二
三五	二八七〇二	七八八六〇七五	三四〇四九三一二五	一一七五一	一〇一七四
三六	二九五二二	七七五九六七五	三四八三七九二〇〇	一一七三九	一〇一八七
三七	三〇三四三	七六三一三二五	三五六一三八八七五	一一七二六	一〇二〇〇
三八	三一一六三	七五〇一〇二五	三六三七七〇二〇〇	一一七一三	一〇二一三
三九	三一九八三	七三六八七七五	三七一二七一二二五	一一七〇〇	一〇二二六
四〇	三二八〇三	七二三四五七五	三七八六四〇〇〇〇	一一六八六	一〇二三九
四一	三三六二三	七〇九八四二五	三八五八七四五七五	一一六七三	一〇二五三
四二	三四四四三	六九六〇三二五	三九二九七三〇〇〇	一一六五九	一〇二六七
四三	三五二六三	六八二〇二七五	三九九九三三三二五	一一六四五	一〇二八一
四四	三六〇八三	六六七八二七五	四〇六七五三六〇〇	一一六三一	一〇二九五
四五	三六九〇三	六五三四三二五	四一三四三一八七五	一一六一六	一〇三〇九
四六	三七七二三	六三八八四二五	四一九九六六二〇〇	一一六〇二	一〇三二四
四七	三八五四三	六二四〇五七五	四二六三五四六二五	一一五八七	一〇三三九
四八	三九三六三	六〇九〇七七五	四三二五九五二〇〇	一一五七二	一〇三五四
四九	四〇一八三	五九三九〇二五	四三八六八五九七五	一一五五七	一〇三六九
五〇	四一〇〇四	五七八五三二五	四四四六二五〇〇〇	一一五四一	一〇三八四
五一	四一八二四	五六二九六七五	四五〇四一〇三二五	一一五二六	一〇四〇〇
五二	四二六四四	五四七二〇七五	四五六〇四〇〇〇〇	一一五一〇	一〇四一六
五三	四三四六四	五三一二五二五	四六一五一二〇七五	一一四九四	一〇四三二
五四	四四二八四	五一五一〇二五	四六六八二四六〇〇	一一四七八	一〇四四八
五五	四五一〇四	四九八七五七五	四七一九七五六二五	一一四六二	一〇四六四
五六	四五九二四	四八二二一七五	四七六九六三二〇〇	一一四四五	一〇四八一
五七	四六七四四	四六五四八二五	四八一七八五三七五	一一四二八	一〇四九七
五八	四七五六四	四四八五五二五	四八六四四〇二〇〇	一一四一一	一〇五一四
五九	四八三八四	四三一四二七五	四九〇九二五七二五	一一三九四	一〇五三一
六〇	四九二〇四	四一四一〇七五	四九五二四〇〇〇〇	一一三七七	一〇五四九
六一	五〇〇二四	三九六五九二五	四九九三八一〇七五	一一三五九	一〇五六六
六二	五〇八四五	三七八八八二五	五〇三三四七〇〇〇	一一三四二	一〇五八四
六三	五一六六五	三六〇九七七五	五〇七一三五八二五	一一三二四	一〇六〇二
六四	五二四八五	三四二八七七五	五一〇七四五六〇〇	一一三〇六	一〇六二〇
六五	五三三〇五	三二四五八二五	五一四一七四三七五	一一二八七	一〇六三八
六六	五四一二五	三〇六〇九二五	五一七四二〇二〇〇	一一二六九	一〇六五七
六七	五四九四五	二八七四〇七五	五二〇四八一一二五	一一二五〇	一〇六七六

限數	日率	益分	遲疾積度	疾曆限行度	遲曆限行度
百十限	十日千百十分	十分十秒十微十纖	度十分十秒十微十纖	度十分十秒	度十分十秒
六八	五五七六五	二六八五二七五	五二三三五五二〇〇	一一二三一	一〇六九四
六九	五六五八五	二四九四五二五	五二六〇四〇四七五	一一二一二	一〇七一三
七〇	五七四〇五	二三〇一八二五	五二八五三五〇〇〇	一一一九三	一〇七三三
七一	五八二二五	二一〇七一七五	五三〇八三六八二五	一一一七四	一〇七五二
七二	五九〇四五	一九一〇五七五	五三二九四四〇〇〇	一一一五四	一〇七七二
七三	五九八六五	一七一二〇二五	五三四八五四五七五	一一一三四	一〇七九二
七四	六〇六八五	一五一一五二五	五三六五六六六〇〇	一一一一四	一〇八一二
七五	六一五〇六	一三〇九〇七五	五三八〇七八一二五	一一〇九四	一〇八三二
七六	六二三二六	一一〇四六七五	五三九三八七二〇〇	一一〇七三	一〇八五二
七七	六三一四六	〇八九八三二五	五四〇四九一八七五	一一〇五三	一〇八七三
七八	六三九六六	六九〇〇二五	五四一三九〇二〇〇	一一〇三二	一〇八九四
七九	六四七八六	四七九七七五	五四二〇八〇二二五	一一〇一一	一〇九一五
八〇	六五六〇六	二六七五七五	五四二五六〇〇〇〇	一〇九九〇	一〇九三六
八一	六六四二六	〇五三四二五	五四二八二七五七五	一〇九六八	一〇九五八
八二	六七二四六	三五六一六	五四二八八一〇〇〇	一〇九六六	一〇九五九
八三	六八〇六六	一七八〇八	五四二九一六六一六	一〇九六五	一〇九六一
		損分			
八四	六八八八六	一七八〇八	五四二九三四四二四	一〇九六一	一〇九六五
八五	六九七〇六	三五六一六	五四二九一六六一六	一〇九五九	一〇九六六
八六	七〇五二六	五三四二五	五四二八八一〇〇〇	一〇九五八	一〇九六八
八七	七一三四六	二六七五七五	五四二八二七五七五	一〇九三六	一〇九九〇
八八	七二一六七	四七九七七五	五四二五六〇〇〇〇	一〇九一五	一一〇一一
八九	七二九八七	六九〇〇二五	五四二〇八〇二二五	一〇八九四	一一〇三二
九〇	七三八〇七	八九八三二五	五四一三九〇二〇〇	一〇八七三	一一〇五三
九一	七四六二七	一一〇四六七五	五四〇四九一八七五	一〇八五二	一一〇七三
九二	七五四四七	一三〇九〇七五	五三九三八七二〇〇	一〇八三二	一一〇九四
九三	七六二六七	一五一一五二五	五三八〇七八一二五	一〇八一二	一一一一四
九四	七七〇八七	一七一二〇二五	五三六五六六六〇〇	一〇七九二	一一一三四
九五	七七九〇七	一九一〇五七五	五三四八五四五七五	一〇七七二	一一一五四
九六	七八七二七	二一〇七一七五	五三二九四四〇〇〇	一〇七五二	一一一七四
九七	七九五四七	二三〇一八二五	五三〇八三六八二五	一〇七三三	一一一九三
九八	八〇三六七	二四九四五二五	五二八五三五〇〇〇	一〇七一三	一一二一二
九九	八一一八七	二六八五二七五	五二六〇四〇四七五	一〇六九四	一一二三一
一〇〇	八二〇〇八	二八七四〇七五	五二三三五五二〇〇	一〇六七六	一一二五〇
一〇一	八二八二八	三〇六〇九二五	五二〇四八一一二五	一〇六五七	一一二六九
一〇二	八三六四八	三二四五八二五	五一七四二〇二〇〇	一〇六三八	一一二八七
一〇三	八四四六八	三四二八七七五	五一四一七四三七五	一〇六二〇	一一三〇六
一〇四	八五二八八	三六〇九七七五	五一〇七四五六〇〇	一〇六〇二	一一三二四

限數	日率	損分	遲疾積度	疾曆限行度	遲曆限行度
百十限	十日千百十分	十分十秒十微十纖	度十分十秒十微十纖	度十分十秒	度十分十秒
一〇五	八六一〇八	三七八八八二五	五〇七一三五八二五	一〇五八四	一一三四二
一〇六	八六九二八	三九六五九二五	五〇三三四七〇〇〇	一〇五六六	一一三五九
一〇七	八七七四八	四一四一〇七五	四九九三八一〇七五	一〇五四九	一一三七七
一〇八	八八五六八	四三一四二七五	四九五二四〇〇〇〇	一〇五三一	一一三九四
一〇九	八九三八八	四四八五五二五	四九〇九二五七二五	一〇五一四	一一四一一
一一〇	九〇二〇八	四六五四八二五	四八六四四〇二〇〇	一〇四九七	一一四二八
一一一	九一〇二八	四八二二一七五	四八一七八五三七五	一〇四八一	一一四四五
一一二	九一八四八	四九八七五七五	四七六九六三二〇〇	一〇四六四	一一四六二
一一三	九二六六九	五一五一〇二五	四七一九七五六二五	一〇四四八	一一四七八
一一四	九三四八九	五三一二五二五	四六六八二四六〇〇	一〇四三二	一一四九四
一一五	九四三〇九	五四七二〇七五	四六一五一二〇七五	一〇四一六	一一五一〇
一一六	九五一二九	五六二九六七五	四五六〇四〇〇〇〇	一〇四〇〇	一一五二六
一一七	九五九四九	五七八五三二五	四五〇四一〇三二五	一〇三八四	一一五四一
一一八	九六七六九	五九三九〇二五	四四四六二五〇〇〇	一〇三六九	一一五五七
一一九	九七五八九	六〇九〇七七五	四三八六八五九七五	一〇三五四	一一五七二
一二〇	九八四〇九	六二四〇五七五	四三二五九五二〇〇	一〇三三九	一一五八七
一二一	九九二二九	六三八八四二五	四二六三五四六二五	一〇三二四	一一六〇二
一二二	一〇〇〇四九	六五三四三二五	四一九九六六二〇〇	一〇三〇九	一一六一六

限數	日率	損分	遲疾積度	疾曆限行度	遲曆限行度
一二三	一○○八六	[illegible]	[illegible]	[illegible]	[illegible]
一二四	一○一六八	[illegible]	[illegible]	[illegible]	[illegible]
一二五	一○二五	[illegible]	[illegible]	[illegible]	[illegible]
一二六	一○三三二	[illegible]	[illegible]	[illegible]	[illegible]
一二七	一○四一四	[illegible]	[illegible]	[illegible]	[illegible]
一二八	一○四九六	[illegible]	[illegible]	[illegible]	[illegible]
一二九	一○五七八	[illegible]	[illegible]	[illegible]	[illegible]
一三○	一○六六	[illegible]	[illegible]	[illegible]	[illegible]
一三一	一○七四二	[illegible]	[illegible]	[illegible]	[illegible]
一三二	一○八二四	[illegible]	[illegible]	[illegible]	[illegible]
一三三	一○九○六	[illegible]	[illegible]	[illegible]	[illegible]
一三四	一○九八八	[illegible]	[illegible]	[illegible]	[illegible]
一三五	一一○七	[illegible]	[illegible]	[illegible]	[illegible]
一三六	一一一五二	[illegible]	[illegible]	[illegible]	[illegible]
一三七	一一二三四	[illegible]	[illegible]	[illegible]	[illegible]
一三八	一一三一六	[illegible]	[illegible]	[illegible]	[illegible]
一三九	一一三九八	[illegible]	[illegible]	[illegible]	[illegible]
一四○	一一四八	[illegible]	[illegible]	[illegible]	[illegible]
一四一	一一五六二	[illegible]	[illegible]	[illegible]	[illegible]
一四二	一一六四四	[illegible]	[illegible]	[illegible]	[illegible]
一四三	一一七二六	[illegible]	[illegible]	[illegible]	[illegible]
百十限	十日千百十分	十分十秒十微十纖	度十分十秒十微十纖	度十分十秒	度十分十秒
一四四	一一八○八	[illegible]	[illegible]	[illegible]	[illegible]
一四五	一一八九	[illegible]	[illegible]	[illegible]	[illegible]
一四六	一一九七二	[illegible]	[illegible]	[illegible]	[illegible]
一四七	一二○五四	[illegible]	[illegible]	[illegible]	[illegible]
一四八	一二一三六	[illegible]	[illegible]	[illegible]	[illegible]
一四九	一二二一八	[illegible]	[illegible]	[illegible]	[illegible]
一五○	一二三	[illegible]	[illegible]	[illegible]	[illegible]
一五一	一二三八二	[illegible]	[illegible]	[illegible]	[illegible]
一五二	一二四六四	[illegible]	[illegible]	[illegible]	[illegible]
一五三	一二五四六	[illegible]	[illegible]	[illegible]	[illegible]
一五四	一二六二八	[illegible]	[illegible]	[illegible]	[illegible]
一五五	一二七一	[illegible]	[illegible]	[illegible]	[illegible]
一五六	一二七九二	[illegible]	[illegible]	[illegible]	[illegible]
一五七	一二八七四	[illegible]	[illegible]	[illegible]	[illegible]
一五八	一二九五六	[illegible]	[illegible]	[illegible]	[illegible]
一五九	一三○三八	[illegible]	[illegible]	[illegible]	[illegible]
一六○	一三一二	[illegible]	[illegible]	[illegible]	[illegible]
一六一	一三二○二	[illegible]	[illegible]	[illegible]	[illegible]
一六二	一三二八四	[illegible]	[illegible]	[illegible]	[illegible]
一六三	一三三六六	[illegible]	[illegible]	[illegible]	[illegible]
一六四	一三四四八	[illegible]	[illegible]	[illegible]	[illegible]
一六五	一三五三	[illegible]	[illegible]	[illegible]	[illegible]
一六六	一三六一二	[illegible]	[illegible]	[illegible]	[illegible]
一六七	一三六九四	[illegible]	[illegible]	[illegible]	[illegible]
一六八	一三七七六	[illegible]	[illegible]	[illegible]	[illegible]

五星盈縮入曆度率立成

五星盈縮同用

入曆策	度率（百十度十分十秒十微十纖）	入曆策	度率（百十度十分十秒十微十纖）	入曆策	度率（百十度十分十秒十微十纖）
一	一五二一九○六二五	二	三○四三八一二五○○	三	四五六五七一八七五
四	六○八七六二五○○	五	七六○九五三一二五	六	九一三一四三七五○
七	一○六五三三四三七五	八	一二一七五二五○○○	九	一三六九七一五六二五
十	一五二一九○六二五○○	十一	一六七四○九六八七五		

木星盈縮立成

入曆策	損益率（度十分十秒十微十纖）	盈縮積（度十分十秒十微十纖）	行定度（十度十分十秒十微十纖）	行積度（百十度十分十秒十微十纖）
初	益[illegible]	盈○	[illegible]	[illegible]
一	[illegible]	[illegible]	[illegible]	[illegible]
二	[illegible]	[illegible]	[illegible]	[illegible]
三	[illegible]	[illegible]	[illegible]	[illegible]
四	[illegible]	[illegible]	[illegible]	[illegible]
五	[illegible]	[illegible]	[illegible]	[illegible]
六	損[illegible]	[illegible]	[illegible]	[illegible]
七	[illegible]	[illegible]	[illegible]	[illegible]
八	[illegible]	[illegible]	[illegible]	[illegible]
九	[illegible]	[illegible]	[illegible]	[illegible]
十	[illegible]	[illegible]	[illegible]	[illegible]
十一	[illegible]	[illegible]	[illegible]	[illegible]
初	益[illegible]	縮○	[illegible]	[illegible]
一	[illegible]	[illegible]	[illegible]	[illegible]
二	[illegible]	[illegible]	[illegible]	[illegible]
三	[illegible]	[illegible]	[illegible]	[illegible]
四	[illegible]	[illegible]	[illegible]	[illegible]
五	[illegible]	[illegible]	[illegible]	[illegible]
六	損[illegible]	[illegible]	[illegible]	[illegible]
七	[illegible]	[illegible]	[illegible]	[illegible]
八	[illegible]	[illegible]	[illegible]	[illegible]
九	[illegible]	[illegible]	[illegible]	[illegible]
十	[illegible]	[illegible]	[illegible]	[illegible]
十一	[illegible]	[illegible]	[illegible]	[illegible]

火星盈縮立成

入曆策	損益率（度十分十秒十微十纖）	盈縮積（度十分十秒十微十纖）	行定度（十度十分十秒十微十纖）	行積度（百十度十分十秒十微十纖）
初	益一二五九○○八四八	盈○	[illegible]	[illegible]
一	[illegible]	一二五九○○八四八	[illegible]	[illegible]
二	[illegible]	[illegible]	[illegible]	[illegible]
三	[illegible]	[illegible]	[illegible]	[illegible]
四	[illegible]	[illegible]	[illegible]	[illegible]
五	[illegible]	[illegible]	[illegible]	[illegible]
六	損[illegible]	[illegible]	[illegible]	[illegible]
七	[illegible]	[illegible]	[illegible]	[illegible]
八	[illegible]	[illegible]	[illegible]	[illegible]
九	[illegible]	[illegible]	[illegible]	[illegible]
十	[illegible]	[illegible]	[illegible]	[illegible]
十一	[illegible]	[illegible]	[illegible]	[illegible]
初	益[illegible]	縮○	[illegible]	[illegible]
一	[illegible]	[illegible]	[illegible]	[illegible]
二	[illegible]	[illegible]	[illegible]	[illegible]
三	[illegible]	[illegible]	[illegible]	[illegible]
四	[illegible]	[illegible]	[illegible]	[illegible]
五	[illegible]	[illegible]	[illegible]	[illegible]
六	損[illegible]	[illegible]	[illegible]	[illegible]
七	[illegible]	[illegible]	[illegible]	[illegible]
八	[illegible]	[illegible]	[illegible]	[illegible]
九	[illegible]	[illegible]	[illegible]	[illegible]
十	[illegible]	[illegible]	[illegible]	[illegible]
十一	[illegible]	[illegible]	[illegible]	[illegible]

土星盈縮立成

入曆策	損益率（度十分十秒十微十纖）	盈縮積（度十分十秒十微十纖）	行定度（十度十分十秒十微十纖）	行積度（百十度十分十秒十微十纖）
初	益[illegible]	盈○	[illegible]	[illegible]
一	[illegible]	[illegible]	[illegible]	[illegible]
二	[illegible]	[illegible]	[illegible]	[illegible]
三	[illegible]	[illegible]	[illegible]	[illegible]
四	[illegible]	[illegible]	[illegible]	[illegible]
五	[illegible]	[illegible]	[illegible]	[illegible]
六	損[illegible]	[illegible]	[illegible]	[illegible]
七	[illegible]	[illegible]	[illegible]	[illegible]
八	[illegible]	[illegible]	[illegible]	[illegible]
九	[illegible]	[illegible]	[illegible]	[illegible]
十	[illegible]	[illegible]	[illegible]	[illegible]
十一	[illegible]	[illegible]	[illegible]	[illegible]
初	益[illegible]	縮○	[illegible]	[illegible]
一	[illegible]	[illegible]	[illegible]	[illegible]
二	[illegible]	[illegible]	[illegible]	[illegible]
三	[illegible]	[illegible]	[illegible]	[illegible]
四	[illegible]	[illegible]	[illegible]	[illegible]
五	[illegible]	[illegible]	[illegible]	[illegible]
六	損[illegible]	[illegible]	[illegible]	[illegible]
七	[illegible]	[illegible]	[illegible]	[illegible]
八	[illegible]	[illegible]	[illegible]	[illegible]
九	[illegible]	[illegible]	[illegible]	[illegible]
十	[illegible]	[illegible]	[illegible]	[illegible]
十一	[illegible]	[illegible]	[illegible]	[illegible]

金星盈縮立成

入曆策	損益率（度十分十秒十微十纖）	盈縮積（度十分十秒十微十纖）	行定度（十度十分十秒十微十纖）	行積度（百十度十分十秒十微十纖）
初	益[illegible]	盈○	[illegible]	[illegible]
一	[illegible]	[illegible]	[illegible]	[illegible]
二	[illegible]	[illegible]	[illegible]	[illegible]
三	[illegible]	[illegible]	[illegible]	[illegible]
四	[illegible]	[illegible]	[illegible]	[illegible]
五	[illegible]	[illegible]	[illegible]	[illegible]
六	損[illegible]	[illegible]	[illegible]	[illegible]
七	[illegible]	[illegible]	[illegible]	[illegible]
八	[illegible]	[illegible]	[illegible]	[illegible]
九	[illegible]	[illegible]	[illegible]	[illegible]
十	[illegible]	[illegible]	[illegible]	[illegible]
十一	[illegible]	[illegible]	[illegible]	[illegible]
初	益[illegible]	縮○	[illegible]	[illegible]
一	[illegible]	[illegible]	[illegible]	[illegible]
二	[illegible]	[illegible]	[illegible]	[illegible]
三	[illegible]	[illegible]	[illegible]	[illegible]
四	[illegible]	[illegible]	[illegible]	[illegible]
五	[illegible]	[illegible]	[illegible]	[illegible]

水星盈縮立成

入曆策	損益率（度十分十秒十微十纖）	盈縮積（度十分十秒十微十纖）	行定度（十度十分十秒十微十纖）	行積度（百十度十分十秒十微十纖）
初	益[illegible]	盈○	[illegible]	[illegible]
一	[illegible]	[illegible]	[illegible]	[illegible]
二	[illegible]	[illegible]	[illegible]	[illegible]
三	[illegible]	[illegible]	[illegible]	[illegible]
四	[illegible]	[illegible]	[illegible]	[illegible]
五	[illegible]	[illegible]	[illegible]	[illegible]
六	損[illegible]	[illegible]	[illegible]	[illegible]
七	[illegible]	[illegible]	[illegible]	[illegible]
八	[illegible]	[illegible]	[illegible]	[illegible]
九	[illegible]	[illegible]	[illegible]	[illegible]
十	[illegible]	[illegible]	[illegible]	[illegible]
十一	[illegible]	[illegible]	[illegible]	[illegible]
初	益[illegible]	縮○	[illegible]	[illegible]
一	[illegible]	[illegible]	[illegible]	[illegible]
二	[illegible]	[illegible]	[illegible]	[illegible]
三	[illegible]	[illegible]	[illegible]	[illegible]
四	[illegible]	[illegible]	[illegible]	[illegible]
五	[illegible]	[illegible]	[illegible]	[illegible]
六	損[illegible]	[illegible]	[illegible]	[illegible]
七	[illegible]	[illegible]	[illegible]	[illegible]
八	[illegible]	[illegible]	[illegible]	[illegible]
九	[illegible]	[illegible]	[illegible]	[illegible]
十	[illegible]	[illegible]	[illegible]	[illegible]
十一	[illegible]	[illegible]	[illegible]	[illegible]

入曆策	損益率	盈縮積	行定度	行積度
	度十分十秒十微十纖	度十分十秒十微十纖	十度十分十秒十微十纖	百十度十分十秒十微十纖
初	益○五八○○五八一八	盈○○○○○○○○	一五七九九一二○六八	一五七九九一二○六八
一	五四○二○七二二	五八○○五八一八	七五九二六九七二	三一五五八三九○四○
二	四七○五三四四六	一一二○二六五四○	六八九五九六九六	四七二四七九八七三六
三	三七一○三九八七	五九○七九九八六	五九○一○二三七	六二八三八○八九七三
四	二四一七二三四八	九六一八三九七三	四六○七八五九八	七八二九八八七五七一
五	○八二五八五二六	二二○三五六三二一	三○一六四七七六	九三六○○五二三四七
六	損○○八二五八五二六	二二八六一四八四七	一五一三六四七七二四	一○八七三七○○○七一
七	二四一七二三四八	二○三五六三二一	一四九七七三三九○二	一二三七一四三三九七三
八	三七一○三九八七	一九六一八三九七三	八四八○二二六三	一三八五六二三六二三六
九	四七○五三四四六	五九○七九九八六	七四八五二八○四	一五三三一○八九○四○
十	五四○二○七二二	一一二○二六五四○	六七八八五五二八	一六七九八九七四五六八
十一	五八○○五八一八	五八○○五八一八	六三九○○四三二	一八二六二八七五○○○
初	益○五八○○五八一八	縮○○○○○○○○	一四六三九○○四三二	一九七二六七七五四三二
一	五四○二○七二二	五八○○五八一八	六七八八五五二八	二一一九四六六○九六○
二	四七○五三四四六	一一二○二六五四○	七四八五二八○四	二二六六九五一三七六四
三	三七一○三九八七	五九○七九九八六	八四八○二二六三	二四一五四三一六○二七
四	二四一七二三四八	九六一八三九七三	九七七三三九○二	二五六五二○四九九二九
五	○八二五八五二六	二二○三五六三二一	一五一三六四七七二四	二七一六五六九七六五三
六	損○○八二五八五二六	二二八六一四八四七	一五三○一六四七七六	二八六九五八六二四二九
七	二四一七二三四八	二○三五六三二一	四六○七八五九八	三○二四一九四一○二七
八	三七一○三九八七	一九六一八三九七三	五九○一○二三七	三一八○○九五一二六四
九	四七○五三四四六	五九○七九九八六	六八九五九六九六	三三三六九九一○九六○
十	五四○二○七二二	一一二○二六五四○	一五七五九二六九七二	三四九四五八三七九三二
十一	五八○○五八一八	○五八○○五八一八	一五七九九一二○六八	三六五二五七五○○○

明史卷三十五　志第十一

總裁官總理事務 經筵講官少保兼太子太保保和殿大學士兼管吏部戶部尚書事加六級張廷玉等奉

敕修

曆五

大統曆法三上 推步

大統推步悉本授時惟去消長而已然通軌諸捷法實爲布算所須其間次序亦有與曆經微別者如氣朔發斂授時原分二章今合爲一授時盈縮差在日躔遲疾差在月離定朔經朔離爲二處今則經朔後卽求定朔於用殊便其目七曰氣朔曰日躔曰月離曰中星曰交食曰五星曰四餘

步氣朔發斂附

洪武十七年甲子歲爲元上距至元辛巳一百○四算

歲周三百六十五萬二千四百二十五分實測無消長半之爲歲周四分之爲氣象限二十四分之爲氣策

日周一萬卽一百刻每刻有百分每分有百秒以下微纖皆以百遞析

氣應五十五萬○三百七十五分

置距算一百○四求得中積三億七千六百一十九萬九千七百七十五分加辛巳氣應五十五萬○六百分得通積三億七千六百七十五萬○三百七十五分滿紀法六十去之餘爲大統氣應

閏應一十八萬二千○百七十○分一十八秒

置中積加辛巳閏應二十○萬二千○五十分得閏積三億七千六百四十○萬一千八百二十五分滿朔實去之餘爲大統閏應

轉應二十○萬九千六百九十○分

置中積加辛巳轉應一十三萬○二百○五分共得三億七千六百三十二萬九千九百八十分滿轉終去之餘爲大統轉應

交應一十一萬五千一百○五分○八秒

置中積加辛巳交應二十六萬○三百八十八分共得三億七千六百四十六萬○一百六十三分滿交終去之餘爲大統交應

按授時曆既成之後閏轉交三應數旋有改定故元志曆經閏應二十○萬一千八百五十分而通軌載閏應二十○萬二千○五十分實加二百分是當時經朔改早二刻也曆經轉應一十三萬一千九百○四分通軌載轉應一十三萬○二百○五分實減一千六百九十九分是入轉改遲一十七刻弱也曆經交應二十六萬○一百八十七分八十六秒通軌交應二十六萬○三百八十八分實加二百分一十四秒是正交改早二刻強也或以通軌辛巳三應與元志互異目爲元統所定非也夫改憲必由測驗卽當具詳始末何反追改授時曆自沒其勤乎是故通軌所述者乃授時續定之數而曆經所存則其未定之初稾也

通餘五萬二千四百二十五分

朔策二十九萬五千三百○五分九十三秒一名朔實半之爲望策一名交望又半之爲弦策

通閏一十○萬八千七百五十三分八十四秒

月閏九千○百六十二分八十二秒

閏限一十八萬六千五百五十二分○九秒一名閏準

盈初縮末限八十八萬九千○百九十二分二十五秒

縮初盈末限九十三萬七千一百二十○分二十五秒

轉終二十七萬五千五百四十六分半之爲轉中

朔轉差一萬九千七百五十九分九十三秒

日轉限一十二限二十

轉中限一百六十八限○八三○六○以日轉限乘轉中一名限總

朔轉限二十四限一○七一一四六以日轉限乘朔轉差

弦轉限九十○限○六八三○八六五以日轉限乘弦策一名限策

交終二十七萬二千一百二十二分二十四秒

朔交差二萬三千一百八十三分六十九秒

氣盈二千一百八十四分三十七秒五十微

朔虛四千六百九十四分○七秒

沒限七千八百一十五分六十二秒五十微

盈策九萬六千六百九十五分二十八秒

虛策二萬九千一百○四分二十二秒

土王策三萬○四百三十六分八十七秒五十微

宿策一萬五千三百○五分九十三秒

紀法六十萬卽旬周六十日

推天正冬至　置距洪武甲子積年減一，以歲周乘之為中積，加氣應為通積，滿紀法去之，至不滿之數為天正冬至。以萬為日，命甲子算外，為冬至日辰。累加通餘，即得次年天正冬至。

推天正閏餘　置中積加閏應，滿朔策去之，至不滿之數為天正閏餘。累加通閏，即得次年天正閏餘。

推天正經朔　置冬至減閏餘，遇不及減，加紀法減之，為天正經朔。無閏加五十四萬三六七一一六十二朔策去紀法，有閏加二十三萬八九七七〇九十三朔實去紀法，滿紀法仍去之，即得次年天正經朔。視天正閏餘在閏限已上，其年有閏月。

推天正盈縮　置半歲周內減其年閏餘全分，餘為所求天正縮曆。如遷求次年者，於天正縮曆內減通閏，即得減後，視在一百五十三日〇九已下者，復加朔實，為次年天正縮曆。

推天正遲疾　置中積加轉應，減去其年閏餘全分，滿轉終去之，即天正入轉。視在轉中已下為疾曆，已上去之為遲曆。如遷求次年者，加二十三萬七一一九一六十二轉差之積，經閏再加轉差，皆滿轉終去之，遲疾各仍其舊，若滿轉中去之為遲疾相代。

推天正入交　置中積減閏餘加交應，滿交終去之，即天正入交汎日。如遷求次年者，加六千〇八十二分〇四秒十二交差內去交終，經閏加二萬九千二百六十五分七十三秒十三交差內去交終，皆滿交終仍去之，即得。

推各月經朔及弦望　置天正經朔加二朔策，滿紀法去之，即得正月經朔，以弦策累加之，去紀法即得弦望及次朔。

推各恒氣　置天正冬至加三氣策，滿紀法去之，即得立春恒日，以氣策累加之，去紀法即得二十四氣恒日。

推閏在何月　置朔策，以有閏之年閏餘減之，餘為實，以月閏為法而一，得數命起天正次月，算外即得所閏之月。閏有進退，仍以定朔無中氣為定。如減餘不及月閏或僅及一月，閏者為閏在年前。

推各月盈縮曆　置天正縮曆加二朔策，去半歲周，即得正月經朔下盈曆，累加弦策，各得弦望及次朔，如滿半歲周去之，交縮滿半歲周又去之，即復交盈。

推初末限　視盈曆在盈初縮末限已下，縮曆在縮初盈末限已下，各為初，已上用減半歲周為末。

推盈縮差　置初末曆小餘，以立成內所有盈縮加分乘之為實，日周一萬為法除之，得數以加其下盈縮積，即盈縮差。

推各月遲疾曆　置天正經朔遲疾曆，加二轉差，得正月經朔下遲疾曆，累加弦策，得弦望及次朔，皆滿轉中去之，為遲疾相代。

推遲疾限　各置遲疾曆，以日轉限乘之，即得限數，以弦轉限累加之，滿轉中限去之，即各弦望及次朔限。如遷求次月，以朔轉限加之，亦滿轉中去之，即得。又法：視立成中日率有與遲疾曆較小而相近者，以減之，餘在八百二十已下，即所用限。

求遲疾差　置遲疾曆，以立成日率減之，如不及減，則退一位。餘以其下損益分乘之為實，八百二十分為法除之，得數以加其下遲疾積，即遲疾差。

推加減差　視經朔弦望下所得盈縮差、遲疾差，以盈遇遲、縮遇疾為同相併，盈遇疾、縮遇遲為異相較，各以八百二十分乘之為實，再以遲疾限行度內減去八百二十分為定限度為法，法除實為加減差。盈遲為加，縮疾為減，異名相較者，盈多於疾為加，疾多於盈為減，縮多於遲減，遲多於縮加。

推定朔弦望　各置經朔弦望，以加減差加減之，即為定日。視定朔干名與後朔同者月大，不同者月小，內無中氣者為閏月。其弦望在立成相同日日出分已下者，則退一日命之。

推各月入交　置天正經朔入交汎日，加二交差，得正月經朔下入交汎日，累加交望，滿交終去之，即得各月下入交汎日。遷求次月，加交差即得。

推土王用事　置穀雨、大暑、霜降、大寒恒氣日，減土王策，如不及減，加紀法減之，即各得土王用事日。

推發斂加時　各置所推定朔弦望及恒氣之小餘，以十二乘之，滿萬為時，命起子正，滿五千又進一時，命起子初，算外得時。時不滿者，以一千二百除之為刻，命起初刻、正時之刻，皆以初一二三四為序，於算外命之。其第四刻為畸零，得刻法三之一，凡三時成一刻，以足十二時百刻之數。

按古曆及授時，皆以發斂為一章。發斂云者，日道發南斂北之細數也，而加時附焉，則又所以紀發斂之辰刻，故曰發斂加時也。大統取其便算，故合發斂與氣朔共為一章，或以乘除疏發斂，非其質矣。

推盈日　視恒氣小餘在沒限已上為有盈之氣。置策餘一萬〇一四五六二五以十五日除氣策，以有盈之氣小餘減之，餘以六十八分六六六以氣盈除十五日乘之，得數以加恒氣大餘，滿紀法去之，命甲子算外，得盈日。求次盈，置盈日及分秒，以盈策加之，又去紀法，即得。

推虛日　視經朔小餘在朔虛已下為有虛之朔。置有虛之朔小餘，以六十三分九一以朔虛除三十日乘之，得數以加經朔大餘，滿紀法去之，命甲子算外，為虛日。求次虛，置虛日及分秒，以虛策加之，又去紀法，即得。

推直宿　置通積以氣應加中積減閏應，以宿會二十八萬累去之，餘命起翼宿，算外得天正經朔直宿。置天正經朔直宿加兩宿策，為正月經朔直宿，以宿策累加，得各月經朔直宿，再以各月朔下加減差加減之，為定朔直宿。

步日躔

周天三百六十五度二十五分七十五秒，半之為半周天，又半之為象限。

歲差一分五十秒。

周應三百一十五度一十分七十五秒。

按此係至元辛巳之周應，乃自虛七度至箕十度之數也。洪武甲子相距一百四年，歲差已退天一度五十四分五十秒，而周應仍用舊數，殆傳習之誤耳。

推天正冬至日躔赤道宿次　置中積加周應應減距曆元甲子以來歲差，滿周天去之，不盡，起虛七度，依各宿次去之，即冬至加時赤道日度。如求次年，累減歲差，即得。

赤道度

虛八九五七五	危十五四〇	室十七一〇	壁八六〇	奎十六六〇	婁十一八〇	胃十五六〇
昴十一三〇	畢十七四〇	觜初〇五	參十一一〇	井三十三三〇	鬼二二〇	柳十三三〇
星六三〇	張十七二五	翼十八七五	軫十七三〇	角十二一〇	亢九二〇	氐十六三〇
房五六〇	心六五〇	尾十九一〇	箕十四〇	斗二十五二〇	牛七二〇	女十一三五

推天正冬至日躔黃道宿次　置冬至加時赤道日度，以至後赤道積度減之，餘以黃道率乘之，如赤道率而一，得數以加黃道積度，即冬至加時黃道日度。黃赤道積度及度率，俱見法原。

黃道度

箕九五九	斗二十三四七	牛六九〇	女十一一二	虛九〇〇七五	危十五九五	室十八三二
壁九三四	奎十七八七	婁十二三六	胃十五八一	昴十一〇八	畢十六五〇	觜初〇五
參十二八	井三十一〇三	鬼二一一	柳十三	星六三一	張十七七九	翼二十〇九
軫十八七五	角十二八七	亢九五六	氐十六四〇	房五四八	心六二七	尾十七九五

推定象限度　以冬至加時赤道日度與冬至加時黃道日度相減，為黃赤道差，以本年黃赤道差與次年黃赤道差相減，餘以四而一，加入氣象限內，為定象限度。

推四正定氣日　置所推冬至分，即為冬正定氣，加盈初縮末限，滿紀法去之，餘為春正定氣，加縮初盈末限，去紀法餘為夏正定氣，加縮初盈末限，去紀法餘為秋正定氣，加盈初縮末限，去紀法餘為次年冬正定氣。

推四正相距日　以前正定氣大餘減次正定氣大餘，加六十日，得相距日。如次正氣不及減者，加六十日減之，再加六十日為相距日。

推四正加時黃道積度　置冬至加時黃道日度，累加定象限度，各得四正加時黃道積度。

推四正加時減分　置四正定氣小餘，以其初日行度乘之，如日周而一，為各正加時減分。冬正行一度〇五一〇八五，春正距夏正九十三日者行〇度九九九七〇三，距九十四日者行一度。夏正行〇度九五一五一六，秋正距冬正八十八日者行一度〇〇〇五〇五，距八十九日者行一度。

推四正夜半積度　置四正加時黃道積度，減去其加時減分，即得。

推四正夜半黃道宿次　置四正夜半黃道積度，滿黃道宿度去之，即得。

推四正夜半相距度　置次正夜半黃道積度，以前正夜半黃道積度減之，餘為兩正相距度。遇不及減者，加周天減之。

推四正行度加減日差　以相距度與相距日下行積度相減，餘如相距日而一，為日差。從相距度內減去行積度者為加，從行積度內減去相距度者為減。

秋正距冬至，冬至距春正，八十八日行積度九十度四〇〇九，八十九日行積度九十一度四〇一四。春正距夏至，夏至距秋正，九十三日行積度九十度五九九〇，九十四日行積度九十一度五九八七。

推每日夜半日度　置四正後每日行度在立成，以日差加減之，為每日行定度。置四正夜半日度，以行定度每日加之，滿黃道宿度去之，即每日夜半日度。

黃道十二次宿度

危十二度六四九一入娵訾辰在亥

奎一度七三六二一入降婁辰在戌

胃三度七四五六入大梁辰在酉

畢六度八八〇五入實沈辰在申

井八度三四九四入鶉首辰在未

柳三度八六八〇入鶉火辰在午

張十五度二六〇六入鶉尾辰在巳

軫十度〇七九七入壽星辰在辰

氐一度一四五二入大火辰在卯

尾三度〇一一五入析木辰在寅

斗三度七六八五入星紀辰在丑

女二度〇六三八入元枵辰在子

推日躔黃道入十二次時刻　置入次宿度以入次日夜半日度減之餘以日周乘之一分作百分爲實以入次日夜半日度與明日夜半日度相減餘爲法實如法而一得數以發斂加時求之卽入次時刻

步月離

月平行度一十三度三十六分八十七秒半

周限三百三十六半之爲中限又半之爲初限

限平行度一度〇九分六十二秒

太陽限行八分二十秒

上弦九十一度三十一分四十三秒太

望一百八十二度六十二分八十七秒半

下弦二百七十三度九十四分三十一秒少

交終度三百六十三度七十九分三十四秒一九六

朔平行度三百九十四度七八七一一五一六八七五

推朔後平交日　置交終分見氣朔曆減天正經朔交汎分爲朔後平交日如推次月累減交差二日三一八三六九得次月朔後平交日不及減交差者加交終減之其交又在本月爲重交月朔後平交日每歲必有重交之月

推平交入轉遲疾曆　置經朔遲疾曆加入朔後平交日爲平交入轉在轉中已下其遲疾與經朔同已上減去轉中疾交遲遲交疾如推次月累減交轉差三千四百二十三分七十六交差內減轉差數卽得如不及減加轉中減之亦遲疾相代

推平交入限遲疾差　置平交入轉遲疾曆依步氣朔內推遲疾限及遲疾差卽得

推平交加減定差　置平交入限遲疾差以日率八百二十分乘之以所入遲疾限下行度而一卽得在遲爲加在疾爲減

推經朔加時中積　置經朔盈縮曆見步氣朔內在盈曆卽爲加時中積在縮曆加半歲周如推次月累加朔策滿歲周去之卽各朔加時中積命日爲度若月內有二交後交卽注前交經朔加時中積

推正交距冬至加時黃道積度及宿次　置朔後平交日以月平行乘之爲距後度以加經朔加時中積爲各月正交距冬至加時黃道積度加冬至加時黃道日度見日躔以黃道積度鈐減之至不滿宿次卽正交月離如推次月累減月平交朔差一度四六三一〇二以交終度減天周其數宜爲一度四六四〇八〇遇重交月同次朔後倣此

黃道積度鈐

箕九度五　九斗三十三度〇六牛三十九度九六女五十一度〇八

虛六十度〇八七五危七十六度〇三七五室九十四度三五七五壁一百三度六九七五

奎一百二十一度五六七五婁一百三十三度九二七五胃一百四十九度七三七五昴一百六十度八一七五

畢一百七十七度三一七五觜一百七十七度三六七五參一百八十七度六四七五井二百一十八度六七七五

鬼二百二十度七八七五柳二百三十三度七八七五星二百四十度〇九七五張二百五十七度八八七五

翼二百七十七度九七七五軫二百九十六度七二七五角三百〇九度五九七五亢三百一十九度一五七五

氐三百三十五度五五七五房三百四十一度〇三七五心三百四十七度三〇七五尾三百六十五度二五七五

推正交日辰時刻　置朔後平交日加經朔去紀法以平交定差加減之其日命甲子算外小餘依發斂加時求之卽得正交日辰時刻如推次月累加交終滿紀法去之如遇重交再加交終

推四正赤道宿次　置冬至赤道日度以氣象限累加之滿赤道積度去之爲四正加時赤道日度

赤道積度鈐

箕十度　四斗三十五度六牛四十二度八女五十四度一五

虛六十三度一〇七五危七十八度五〇七五室九十五度六〇七五壁一百四度二〇七五

奎一百二十度八〇七五婁一百三十二度六〇七五胃一百四十八度二〇七五昴一百五十九度五　七五

畢一百七十六度九〇七五觜一百七十六度九五七五參一百八十八度〇五七五井二百二十一度三五七五

鬼二百二十三度五五七五柳二百三十六度八五七五星二百四十三度一五七五張二百六十度四〇七五

翼二百七十九度一五七五軫二百九十六度四五七五角三百〇八度五五七五亢三百一十七度七五七五

氐三百三十四度〇五七五房三百三十九度六五七五心三百四十六度一五七五尾三百六十五度二五七五

推正交黃道在二至後初末限　置正交距冬至加時黃道積度在半歲周已下爲冬至後已上減去半歲周餘爲夏至後又視二至後度分在氣象限已下爲初限已上用減半歲周餘爲末限推次月者若本月初限則累減月平交朔差餘爲次月初限不及減者反減月平交朔差餘爲次月末限若本月末限則累加月平交朔差爲次月末限至滿氣象限以減半歲周餘爲次月初限

推定差度　置初末限以象極總差一分六〇五五〇八乘之卽爲定差度象極總差是以象限除極差其數宜爲一十六分〇五四四二如推次月初限則累減末限則累加俱以極平差二十三分四九〇二加減之極平差是以月平交朔差乘象極總差其數宜爲二十三分五〇四九

推距差度　置極差十四度六六減去定差度卽得求次月以極平差加減之初限加末限減

推定限度　置定差度以定極總差一分六三七一〇七乘之定極總差是以極差除二十四度其數宜爲一度六三七一〇七所得視正交在冬至後爲減夏至後爲加皆置九十八度加減之卽得

推月道與赤道正交宿度　正交在冬至後置春正赤道積度以距差度初限加末限減之在夏至後置秋正赤道積度以距差初限減末限加之得數滿赤道積度鈐去之卽得

推月道與赤道正交後積度并入初末限　視月道與赤道正交所入某宿次卽置本宿赤道全度減去月道與赤道正交宿度餘爲正交後積度以赤道各宿全度累加之滿氣象限去之爲半交後又滿去之爲中交後再滿去之爲半交後視各交積度在半象限以下爲初限以上覆減象限餘爲末限

推定差　置每交定限度與初末限相減相乘得數千約之爲度卽得正交中交後爲加半交後爲減

推月道定積度及宿次　置月道與赤道各交後每宿積度以定差加減之爲各交月道積度加月道與赤道正交定宿度共爲正交後宿度以前宿定積度減之卽得各交月道宿次

活象限例

置正交後宿次加前交後半交末宿定積度爲活象限如正交後宿次度少加前交不及數却置正交後宿次加氣象限卽是如遇換交之月置正交後宿次以前交前半交末宿定積度加之爲換交活象限假如前交正交是軫後交正交是角其前交欠一軫求活象限者置正交後宿次不從翼下取定積度加之仍於軫下取定積度也又如前交正交是軫後交正交是翼其前交多一翼求活象限者置正交後宿次不從翼下取定積度加之仍於張下取定積度也

推相距日　置定上弦大餘減去定朔大餘卽得上弦至望望至下弦下弦至朔倣此不及減者加紀法減之

推定朔弦望入盈縮曆及盈縮定差　置各月朔弦望入盈縮曆以朔弦望加減差加減之並在步氣朔內爲定盈縮曆視盈曆在盈初限已下爲盈初限已上用減半歲周餘爲盈末限縮曆在縮初限已下爲縮初限已上用減半歲周餘爲縮末限依步氣朔內求盈縮差爲盈縮定差

推定朔弦望加時中積　置定盈縮曆如是盈曆在朔便爲加時中積在上弦加氣象限在望加半歲周在下弦加三象限如是縮曆在朔加半歲周在上弦加三象限在望便爲加時中積在下弦加氣象限加後滿周天去之

推黃道加時定積度　置定朔弦望加時中積以其下盈縮定差盈加縮減之卽得

推赤道加時定積度及宿次　置黃道加時定積度在周天象限已下爲至後已上去之爲分後滿兩象限去之爲至後滿三象限去之爲分後置分至後黃道積度以立成內分至後積度減之餘以其下赤道度率乘之如黃道度率而一得數加入分至後積度次以所去象限合之爲赤道加時定積度置赤道加時定積度加入天正冬至加時赤道日度滿赤道積度鈐去之得定朔弦望赤道加時宿次

推正半中交後積度　置定朔弦望加時赤道宿次視朔弦望在何交後正半中半卽以交後積度在朔望加時赤道宿前一宿者加之卽爲正半中交後積度滿氣象限去之爲正半中換交

推初末限　視正半中交後積度在半象限已下爲初限已上覆減氣象限餘爲末限

推月道與赤道定差　置其交定限度與初末限相減相乘所得千約之爲度卽定差在正交中交爲加在半交爲減

推正半中交加時月道定積度　置正半中交後積度以定差加減之爲朔弦望加時月道定積度

推定朔弦望加時月道宿次　置定朔弦望加時月道定積度取交後月道定積度在所置宿前一宿者減之卽得遇轉交則前積度多所置積度少爲不及減從半轉正加其交活象限減之從正轉半從半轉中從中轉半皆加氣象限減之

推夜半入轉日　置經朔弦望遲疾曆以定朔弦望加減差加減之在疾曆便爲定朔弦望加時入轉日在遲曆用加轉中置定朔弦望加時入轉日以定朔弦望小餘減之爲夜半入轉日遇入轉日少不及減者加轉終減之

推加時入轉度　置定朔弦望小餘去秒取夜半入轉日下轉定度乘之萬約之爲分卽得

遲疾轉定度鈐

初日十四度六七六四七日十三度二三五三十四日十二度〇八五二二十一日十三度五七二三

一日十四度五五七三八日十二度九四七五十五日十二度二一二二二十二日十三度八五一二

二日十四度四〇二九九日十二度六九四八十六日十二度三七五二二十三日十四度〇九五五

三日十四度二一三〇十日十二度四七七七十七日十二度五七三〇二十四日十四度三〇四六

四日十三度九八七七十一日十二度二九六〇十八日十二度八〇六三二十五日十四度四七八二

五日十三度七二七一十二日十二度一四九六十九日十三度〇七五三二十六日十四度六〇六三

六日十三度四四四六十三日十二度〇四六二二十日十三度三七七二二十七日十四度七二五四

推定朔弦望夜半入轉積度及宿次　置定朔弦望加時月道定積度減去加時入轉度爲夜半積度如朔弦望加時定積度初換交則不及減半正相接用活象限正半中半相接用氣象限加之然後減加時入轉度則正者爲後半後半爲中中爲前半前半爲正　置朔弦望夜半月道定積度依推定朔弦望加時月道宿次法減之爲夜半宿次

推晨昏入轉日及轉度　置夜半入轉日以定盈縮曆檢立成日下晨分加之爲晨入轉日（滿轉終去之）　置其日晨分取夜半入轉日下轉定度乘之萬約爲分爲晨轉度如求昏轉日轉度依法檢日下昏分卽得

推晨昏轉積度及宿次　置朔弦望夜半月道定積度加晨轉度爲晨轉積度如求昏轉積度則加昏轉度滿氣象限去之則換交（若推夜半積度之時因朔弦望加時定積不及減轉度以半正相接而加活象限減之者今復換正交則以活象限減之）　置晨轉積度依前法減之爲晨分宿次置昏轉積度依法減之爲昏分宿次

推相距度　朔與上弦相距上弦與望相距用昏轉積度望與下弦相距下弦與朔相距用晨轉積度置後段晨昏轉積度視與前段同交者竟以前段晨昏轉積度減之餘爲相距度若後段與前段接兩交者從正入半從半入中從中入半加氣象限從半入正加活象限然後以前段晨昏轉積度減之若後段與前段接三交者其內無從半入正則加二氣象限其內有從半入正則加一活象限一氣象限以前段晨昏轉積度減之

推轉定積度　置晨昏入轉日（朔至弦弦至望用昏望至弦弦至朔用晨）以前段減後段不及減者加二十八日減之爲晨昏相距日從前段下於鈐內驗晨昏相距日同者取其轉定積度若朔弦望相距日少晨昏相距日一日者則於晨昏相距日同者取其轉積度減去轉定極差一十四度七一五四餘爲前段至後段轉定積度

轉定積度鈐

晨昏日	距後六日	距後七日	距後八日
初日	八十五度五六四四	九十九度〇〇九〇	一百十二度二四四三
一日	八十四度三三二六	九十七度五六七九	一百一十度五一五四
二日	八十三度〇一〇六	九十五度九五八一	一百〇八度六五二九
三日	八十一度五五五二	九十四度二五〇〇	一百〇六度七二七七
四日	八十〇度〇三七〇	九十二度五一四七	一百〇四度八一〇七
五日	七十八度五二七〇	九十〇度八二三〇	一百〇二度九七二六
六日	七十七度〇九五九	八十九度二四五五	一百〇一度二九一七
七日	七十五度八〇〇九	八十七度八四七二	九十九度九三二三
八日	七十四度六一一八	八十六度六九七〇	九十八度九〇九二
九日	七十三度七四九五	八十五度九六一七	九十八度三三六九
十日	七十三度二六六九	八十五度六四二一	九十八度二一五一
十一日	七十三度一六四四	八十五度七三七四	九十八度五四三七
十二日	七十三度四四一四	八十六度二四七七	九十九度三二三〇
十三日	七十四度〇九八一	八十七度一七三四	一百〇〇度五一一一
十四日	七十五度一二七二	八十八度四六四九	一百〇二度〇三六一
十五日	七十六度三九九七	八十九度九五〇九	一百〇三度八〇二〇
十六日	七十七度七三八七	九十一度五八九八	一百〇五度六八五三
十七日	七十九度二一四六	九十三度三一〇一	一百〇七度六一〇七
十八日	八十〇度七三七一	九十五度〇四一七	一百〇九度五一九九
十九日	八十二度二三五四	九十六度七一三六	一百十一度三二九九
二十日	八十三度六三八三	九十八度二五四六	一百十二度九七〇〇
二十一日	八十四度九一六八	九十九度六三二三	一百十四度三〇七八
二十二日	八十六度〇六一一	一百〇度七三七五	一百十五度二九四八
二十三日	八十六度八八六四	一百一度四四三七	一百十五度八四六六
二十四日	八十七度三四八二	一百一度七五一一	一百十五度九六四一
二十五日	八十七度四四六五	一百一度六五九五	一百十五度六四七二
二十六日	八十七度一八一三	一百一度一六九〇	一百十四度八九九六
二十七日	八十六度五五二七	一百〇度二七九八	一百十三度七二四四

推加減差　以相距度與轉定積度相減爲實以其朔弦望相距日爲法除之所得視相距度多爲加差少爲減差

推每日太陰行定度　置朔弦望晨昏入轉日視遲疾轉定度鈐日下轉定度累日以加減差加減之至所距日而止卽得

推每日月離晨昏宿次　置朔弦望晨昏宿次以每日太陰行度加之滿月道宿次減之卽得

赤道十二宮界宿次

亥危十二度二六一五	戌奎一度五九九六	酉胃三度六三七八
申畢七度一五七九	未井九度〇六四〇	午柳四度〇〇二一
巳張十四度八四〇三	辰軫九度二七八四	卯氐一度一一六五
寅尾三度一五四六	丑斗四度〇五二八	子女二度一三〇九

推月與赤道正交後宮界積度　視月道與赤道正交後各宿積度宮界某宿次在後卽以加之便爲某宮下正交後宮界積度求次宮者累加宮率三十度四三八一滿氣象限去之各得某宮下半交中交後宮界積度

推宮界定積度　視宮界積度在半象限已下爲初限已上覆減氣象限餘爲末限　置其交定限度與初末限相減相乘所得千約之爲度在正交中交爲加差在半交爲減差　置宮界正半中交後積度以定差加減之爲宮界定積度

推宮界宿次　置宮界定積度於月道內取其在所置前一宿者減之不及減者加氣象限減之

推每月每日下交宮時刻　置每月宮界宿次減入交宮日下月離晨昏宿次如不及減者加宮界宿次前宿度減之餘以日周乘之以其日太陰行定度而一得數又視定盈縮曆取立成日下晨昏分加之（晨加晨分昏加昏分）如滿日周交宮在次日不滿在本日依發斂推之卽交宮時刻

步中星

推每日夜半赤道　置推到每日夜半黃道（見日躔）依法以黃道積度減之餘如黃道率而一以加赤道積度又以天正冬至赤道加之如在春正後再加一象限夏至後加半周天秋正後加三象限爲每日夜半赤道積度

推夜半赤道宿度　置夜半赤道積度以赤道宿度挨次減之爲本日夜半赤道宿度

推晨距度及更差度　置立成內每日晨分以三百六十六度二十五分七十五秒乘之爲實如日周而一爲晨距度倍晨距度以五除之爲更差度

推每日夜半中星　置推到每日夜半赤道宿度加半周天卽夜半中星積度以赤道宿度挨次減之爲夜半中星宿度

中星宿度

推昏旦中星　置夜半中星積度減晨距度爲昏中星積度以更差度累加之爲逐更及旦中星積度俱滿赤道宿度去之卽得　以晨分五之一加倍爲更率更率五而一爲點率凡昏分卽一更一點累加更率爲各更凡交更卽爲一點累加點率爲各點

明史卷三十六　志第十二

總裁官總理事務經筵講官少保兼太子太保保和殿大學士兼管吏部戶部尚書事加六級張廷玉等奉

敕修

曆六

大統曆法三下 推步

步交食

交周日二十七日二十一刻二二二四半之爲交中日

交終度三百六十三度七九三四一九六半之爲交中度

正交度三百五十七度六四

中交度一百八十八度〇五

前準一百六十六度三九六八

後準一十五度五

交差二日三一八三六九

交望一十四日七六五二九六五

日食陽曆限六度　定法六十

日食陰曆限八度　定法八十

月食限十三度五分　定法八十七

陽食限（視定朔入交）

〇日六〇已下　一十三日一〇已上　在一十四日不問小餘皆入食限

一十五日二〇已下　二十五日六〇已上　在二十六日二十七日不問小餘皆入食限

陰食限（視定望入交）

一日二〇已下　一十二日四〇已上　在〇日一十三日不問小餘皆入食限

一十四日八〇已下　二十六日〇五已上　在二十七日不問小餘皆入食限　又視定朔小餘在日出前日入後二十分已上者日食在夜定望小餘在日入前日出後八刻二十分已上者月食在晝皆不必布算

推日食用數

經朔　盈縮曆　盈縮差　遲疾曆

遲疾差　加減差　定朔　入交汎分（以上皆全錄之）

定入遲疾曆（以加減差加減遲疾卽是）遲疾定限（置定入遲疾曆以日轉限一十二限二十分乘之小餘不用）定限行度（以定限取立成內行度遲用遲疾用疾內減日行分八分二十秒得之）

日出分（以盈縮曆從立成內取之下同）

日入分　半晝分（取立成內昏分減去五千二百五十分得之）

歲前冬至加時黃道宿次

推交常度　置有食之朔入交汎分以月平行度乘之卽得

推交定度　置交常度以朔下盈縮差盈加縮減之卽得

推日食正交中交限度　視交定度在七度已下三百四十二度已上者食在正交在一百七十五度已上二百〇二度已下者食在中交不在限內不食

推中前中後分　視定朔小餘在半日周已下用減半日周餘爲中前分在半日周已上減去半日周餘爲中後分

推時差　置半日周以中前中後分減之餘以中前中後分乘之所得以九千六百而一爲時差在中前爲減

中後爲加

推食甚定分　置定朔小餘以時差加減之卽得

推距午定分　置中前中後分加時差卽得（但加不減）

推食甚入盈縮曆　置原得盈縮曆加入定朔大餘及食甚定分卽得

推食甚盈縮差　依步氣朔求之

推食甚入盈縮曆行定度　置食甚入盈縮曆以盈縮差盈加縮減之卽得

推南北汎差　視食甚入盈縮曆行定度在周天象限已下爲初限已上與半歲周相減爲末限以初末限自之如一千八百七十度而一得數置四度四十六分減之餘爲南北汎差

推南北定差　置南北汎差以距午定分乘之如半晝分而一以減汎差餘爲南北定差若汎差數少卽反減之盈初縮末食在正交爲減中交爲加縮初盈末食在正交爲加中交爲減如係汎差反減而得者則其加減反是

推東西汎差　置半歲周減去食甚入盈縮曆行定度餘以食甚入盈縮曆行定度乘之以一千八百七十除之爲度卽東西汎差

推東西定差　置東西汎差以距午定分乘之如二千五百度而一視得數在東西汎差以下卽爲東西定差若在汎差已上倍汎差減之餘爲定差盈曆中前縮曆中後者正交減中交加盈曆中後縮曆中前者正交加中交減

推正交中交定限度　視日食在正交者置正交度在中交者置中交度以南北東西二定差加減之卽得

推日食入陰陽曆去交前後度　視交定度在正交定限度已下減去交定度餘爲陰曆交前度已上減去正交定限度餘爲陽曆交後度在中交定限度已下減去交定度餘爲陽曆交前度已上減去中交定限度餘爲陰曆交後度若交定度在七度已下者加交終度減去正交定限度餘爲陽曆交後度

推日食分秒　在陽曆者置陽食限六度減去陽曆交前交後度（不及減者不食陰曆同）餘以定法六十而一在陰曆者置陰食限八度減去陰曆交前交後度餘以定法八十而一卽得

推定用分　置日食分秒與二十分相減相乘爲開方積以平方法開之爲開方數用五千七百四十分（七因八百二十分也）乘之如定限行度而一卽得

推初虧復圓時刻　置食甚定分以定用分減爲初虧加爲復圓各依發斂加時卽得時刻

推日食起復方位　陽曆初虧西南甚於正南復於東南陰曆初虧西北甚於正北復於東北若食在八分以上不分陰陽曆皆虧正西復正東（據午地而論）

推食甚日躔黃道宿次　置食甚入盈縮曆行定度在盈就爲定積度在縮加半歲周爲定積度　置定積度以歲前冬至加時黃道日度加之滿黃道積度鈐去之至不滿宿次卽食甚日躔

推日帶食　視初虧食甚分有在日出分已下爲晨刻帶食食甚復圓分有在日入分已上爲昏刻帶食在晨置日出分在昏置日入分皆以食甚分與之相減餘爲帶食差　置帶食差以日食分秒乘之以定用分而一所得以減日食分秒餘爲所見帶食分秒

推月食用數

經望　盈縮曆　盈縮差　遲疾曆
遲疾差　加減差　定望　入交汎分
定入遲疾曆　定限　定限行度　晨分
日出分　昏分　日入分　限數
歲前冬至加時黃道宿次

推交常度　置望下入交汎分乘月平行如日食法

推交定度　置交常度以望下盈縮差盈加縮減之卽得不及減者加交終度減之

推食甚定分　不用時差卽以定望分爲食甚分

推食甚入盈縮曆行定度　法同推日食

推月食入陰陽曆　視交定度在交中度以下爲陽曆已上減去交中度餘爲陰曆

推交前後度　視所得入陰陽曆在後準已下爲交後在前準已上置交中度減之餘爲交前

推月食分秒　置月食限一十三度○五減去交前後度（不及減者不食）餘以定法八十七分而一卽得

推月食定用分　置三十分與月食分秒相減相乘爲開方積依平方法開之爲開方數又以四千九百二十（乃六因八百二十分數）分乘之如定限行度而一卽得

推月食三限（初虧食甚復圓）時刻　置食甚定分以定用分減爲初虧加爲復圓依發斂得時刻如日食

推月食五限時刻　月食十分已上者用五限推之初虧食既食甚生光復圓也置月食分秒減去十分餘與十分相減相乘爲開方積平方開之爲開方數又以四千九百二十分乘之如定限行度而一爲既內分與定用分相減餘爲既外分置食甚定分減既內分爲食既分又減既外分爲初虧分再置食甚定分加既內分爲生光分又加既外分爲復圓分各依發斂得時刻

推更點　置晨分倍之五分之爲更法又五分之爲點法

推月食入更點　各置三限或五限在昏分已上減去昏分在晨分已下加入晨分不滿更法爲初更不滿點法爲一點以次求之各得更點之數

推月食起復方位　陽曆初虧東北甚於正北復於西北陰曆初虧東南甚於正南復於西南若食在八分已上者皆初虧正東復於正西

推食甚月離黃道宿次　置食甚入盈縮曆定度在盈加半周天在縮減去七十五秒爲定積度置定積度加歲前冬至加時黃道日度以黃道積度鈐去之卽得

推月帶食　視初虧食甚復圓等分在日入分以下爲昏刻帶食在日出分已上爲晨刻帶食（推法同日食）

步五星

曆度三百六十五度二五七五半之爲曆中又半之爲曆策

木星

合應二百四十三萬二三○一（置中積三億七千六百一十九萬九七七五加辛巳合應一百一十七萬九七二六得三億七千七百三十七萬九五○一滿木星周率去之餘爲大統合應）

曆應五百三十八萬二五七二二一五（置中積加辛巳曆應一千八百九十九萬九四八一得三億九千五百一十九萬九二五六滿木星曆率去之餘爲大統曆應）

周率三百九十八萬八八

曆率四千三百三十一萬二九六四八六五

度率一十一萬八五八二

伏見一十三度

段目	段日	平度	限度	初行率
合伏	一十六日八六	三度八六	二度九三	二十三分
晨疾初	二十八日	六度一一	四度六四	二十二分
晨疾末	二十八日	五度五一	四度一九	二十一分
晨遲初	二十八日	四度三一	三度二八	一十八分
晨遲末	二十八日	一度九一	一度四五	一十二分
晨留	二十四日			
晨退	四十六日五八	四度八八一二五	○度三二八七五	
夕退	四十六日五八	四度八八一二五	○度三二八七五	一十六分
夕留	二十四日			
夕遲初	二十八日	一度九一	一度四五	
夕遲末	二十八日	四度三一	三度二八	一十二分
夕疾初	二十八日	五度五一	四度一九	一十八分
夕疾末	二十八日	六度一一	四度六四	二十一分
夕伏	一十六日八六	三度八六	二度九三	二十二分

火星

合應二百四十○萬一四（置中積加辛巳合應五十六萬七五四五得三億七千六百七十六萬七三二滿火星周率去之爲大統合應中積見木星五星竝同）

曆應三百八十四萬五七八九三五（置中積加辛巳曆應五百四十七萬二九三八得三億八千一百六十七萬二七一三滿火星曆率去之）

周率七百七十九萬九二九

曆率六百八十六萬九五八○四三

度率一萬八八○七五

伏見一十九度

段目	段日	平度	限度	初行率
合伏	六十九日	五十度	四十六度五○	七十三分
晨疾初	五十九日	四十一度八○	三十八度八七	七十二分
晨疾末	五十七日	三十九度○八	三十六度三四	七十分
晨次疾初	五十三日	三十四度一六	三十一度七七	六十七分
晨次疾末	四十七日	二十七度○四	二十五度一五	六十二分
晨遲初	三十九日	一十七度七二	一十六度四八	五十三分
晨遲末	二十九日	六度二○	五度七七	三十八分
晨留	八日			
晨退	二十八日九六四五	八度六五七五	六度四六三二五	
夕退	二十八日九六四五	八度六五七五	六度四六三二五	四十四分
夕留	八日			
夕遲初	二十九日	六度二○	五度七七	
夕遲末	三十九日	一十七度七二	一十六度四八	三十八分
夕次疾初	四十七日	二十七度○四	二十五度一五	五十三分
夕次疾末	五十三日	三十四度一六	三十一度七七	六十二分
夕疾初	五十七日	三十九度○八	三十六度三四	六十七分
夕疾末	五十九日	四十一度八○	三十八度八七	七十分
夕伏	六十九日	五十度	四十六度五○	七十二分

土星

合應二百○六萬四七三四（置中積加辛巳合應一十七萬五六四三得三億七千六百三十七萬五四一八滿土星周率去之）

曆應一億○六百○○萬三七九九○二（置中積加辛巳曆應五千二百二十四萬○五六一得四億二千八百四十四萬○三三六滿土星曆率去之）

周率三百七十八萬○九一六

曆率一億○七百四十七萬八八四五六六

度率二十九萬四二五五

伏見一十八度

段目	段日	平度	限度	初行率
合伏	二十日四○	二度四○	一度四九	一十二分
晨疾	三十一日	三度四○	二度一一	一十一分
晨次疾	二十九日	二度七五	一度七一	一十分
晨遲	二十六日	一度五○	○度八三	八分
晨留	三十日			
晨退	五十二日六四五八	三度六二五四五	○度二八四五五	
夕退	五十二日六四五八	三度六二五四五	○度二八四五五	一十分
夕留	三十日			
夕遲	二十六日	一度五○	○度八三	
夕次疾	二十九日	二度七五	一度七一	八分
夕疾	三十一日	三度四○	二度一一	一十分
夕伏	二十日四○	二度四○	一度四九	一十一分

金星

合應二百三十七萬九四一五置中積加辛巳合應五百七十一萬六三三○得三億八千一百九十一萬六一○五滿金星周率去之

曆應一十○萬四一八九置中積加辛巳曆應一十一萬九六三九得三億七千六百三十一萬九四一四滿金星曆率去之

周率五百八十三萬九○二六

曆率三百六十五萬二五七五

度率一萬

伏見一十度半

段目	段日	平度	限度	初行率
合伏	三十九日	四十九度五○	四十七度六四	一度二七五
夕疾初	五十二日	六十五度五○	六十三度○四	一度二六五
夕疾末	四十九日	六十一度	五十八度七一	一度二五五
夕次疾初	四十二日	五十度二五	四十八度三六	一度二三五
夕次疾末	三十九日	四十二度五○	四十度九○	一度一六
夕遲初	三十三日	二十七度	二十五度九九	一度○二
夕遲末	一十六日	四度二五	四度○九	六十二分
夕留	五日			
夕退	一十日九五三一	三度六九八七	一度五九一三	
夕退伏	六日	四度三五	一度六三	六十一分
合退伏	六日	四度三五	一度六三	八十二分
晨退	一十日九五三一	三度六九八七	一度五九一三	六十一分
晨留	五日			
晨遲初	一十六日	四度二五	四度○九	
晨遲末	三十三日	二十七度	二十五度九九	六十二分
晨次疾初	三十九日	四十二度五○	四十度九○	一度○二
晨次疾末	四十二日	五十度二五	四十八度三六	一度一六
晨疾初	四十九日	六十一度	五十八度七一	一度二三五
晨疾末	五十二日	六十五度五○	六十三度○四	一度二五五
晨伏	三十九日	四十九度五○	四十七度六四	一度二六五

水星

合應三十○萬三二一二置中積加辛巳合應七十○萬○四三七得三億七千六百九十○萬○二一二滿水星周率去之

曆應二百○三萬九七一一置中積加辛巳曆應二百○五萬五一六一得三億七千八百二十五萬四九三六滿水星曆率去之

周率一百一十五萬八七六

曆率三百六十五萬二五七五

度率一萬

晨伏夕見一十六度半

夕伏晨見一十九度

段目	段日	平度	限度	初行率
合伏	一十七日七五	三十四度二五	二十九度○八	二度一五五八
夕疾	一十五日	二十一度三八	一十八度一六	一度七○三四
夕遲	一十二日	一十度一二	八度五九	一度一四七二
夕留	二日			
夕退伏	一十一日一八八二	七度八一二	二度一○八	
合退伏	一十一日一八八二	七度八一二	二度一○八	一度○三四六
晨留	二日			
晨遲	一十二日	一十度一二	八度五九	
晨疾	一十五日	二十一度三八	一十八度一六	一度一四七二
晨伏	一十七日七五	三十四度二五	二十九度○八	一度七○三四

推五星前後合　置中積加合應滿周率去之餘爲前合再置周率以前合減之餘爲後合如滿歲周去之卽其年無後合分

推五星中積日中星度　置各星後合卽爲合伏下中積中星命爲日曰中積命爲度曰中星累加段日爲各段中積皆滿歲周去之以各段下平度累加各段下平度滿歲周去退則減之不及減加歲周減之次復累加之爲各段中星

推五星盈縮曆　置中積加曆應及後合滿曆率去之餘以度率而一爲度在曆中已下爲盈已上減去曆中爲縮置各星合伏下盈縮曆以段下限度累加之滿曆中去之盈交縮縮交盈卽各段盈縮曆

推五星盈縮差　置各段盈縮曆以曆策除之爲策數不盡爲策餘以其下損益分見立成乘之以曆策而一所得益加損減其盈縮積分卽盈縮差金星倍之水星三之

推定積日　置各段中積以其段盈縮差盈加縮減之卽得滿歲周去之如中積不及減者加歲周減之本段原無差者借前段差加減之則金水二星亦只用所得盈縮差不用三之倍之

推加時定日　置定積日以歲前天正冬至分加之滿紀法去之餘命甲子算外卽爲定日視定積日曾滿歲周去者用本年冬至曾加歲周減者用歲前冬至

推所入月日　置合伏下定積以加天正閏餘滿朔策除之爲月數起歲前十一月其不滿朔策者卽入月已來日分也視其月定朔甲子與加時定日甲子相去卽合伏日累加相距日滿各月大小去之卽各段所入月日

推定星　置各段中星依推定積日法以盈縮差加減之

推加時定星　置定星以歲前冬至加時黃道日度加之滿周天去之若定積日曾加歲周者用歲前黃道日度遇減歲周者用本年黃道日度如原無中星度段下亦無定星及加時定星度分

推加減定分　置定日小餘以其段初行率乘之滿萬爲分所得諸段爲減分退段爲加分

推夜半定星及宿次　置加時定星以加減定分加減之爲夜半定星以黃道積度鈐減之爲夜半宿次其留段卽用加時定星爲夜半定星

推日率度率　置各段定日與次段定日相減爲日率次段不及減加紀法減之置各段夜半定星與次段夜半定星相減爲度率次段不及減加周天減之凡近留之段皆用留段加時定星與本段夜半定星相減如星度逆者以後段減前段卽各得度率

推平行分　置度率以日率除之卽得

推汎差及增減總差日差　以本段前後之平行分相減爲本段汎差凡五星之伏段及近留之遲段及退段皆無汎差倍汎差退一位爲增減差倍增減差爲總差置總差以日率減一日除之爲日差初日行分多爲減差末日行分多爲加差

推初日行分末日行分　以增減差加減其段平行分爲初末日行分視本段平行分與次段平行分相較前多後少者加爲初減爲末前少後多者減爲初加爲末

推無汎差諸段爲增減差總差日差　合伏者置次段初日行分加其日差之半亦爲次段日差爲末日行分晨伏夕伏者置前段本段之前末日行分加其日差之半亦爲前段日差爲初日行分置伏段所得初末日行分皆與本段平行分相減餘爲增減差又以增減差加減平行分爲初末日行分視合伏末日行分較平行分少則加多則減爲初日行分晨伏夕伏初日行分較平行分亦少加多減爲末日行分　木火之晨遲末土之晨遲金之夕遲末木之夕遲皆置其前段末日行分倍其日差減之卽前段日差餘爲初日行分木火之夕遲初土之夕遲金之晨遲初水之晨遲皆置其後段初日行分倍其日差減之後段日差餘爲末日行分　木火土之夕伏金水之晨伏皆置其前段末日行分內加其前段日差之半爲伏段初日行分皆與平行分相減餘爲增減差　木火之晨退夕退置其平行分退一位六因之爲增減差晨退減爲初加爲末夕退加爲初減爲末晨加夕減二段自相比較　金之夕退伏合退伏置其平行分退一位三因之折半水之夕退伏合退伏以平行分折半各爲增減差　金之夕退置其後段初日行分減日差後段日差爲末日行分金之晨退置其前段末日行分減日差前段日差爲初日行分皆與平行分相減餘爲增減差　凡增減差倍之爲總差以相距日率減一除之爲日差其初末日行分有其一者以增減差加減更求其一如伏段法餘依前後平行分相較增減之　金火之夕遲末晨遲初置其段平分行以相距日率下不倫分乘之不倫分之秒與平行之分對卽爲增減差置平行分夕者以增減差加爲初日行分減爲末日行分晨者反是

不倫分金火星之夕遲末與晨遲初其增減差多於平行分者爲不倫分也

十七日　八十八秒八八五　十六日　八十八秒二三一

十五日　八十七秒四九六　十四日　八十六秒七六一

推五星每日細行　置各段夜半宿次以初日行分順加退減之爲次日宿次又以日差加減其初日行分爲每日行分亦順加退減於次日宿次滿黃道宿次去之至次段宿次而止爲每日夜半宿次

推五星順逆交宮時刻　視逐日五星細行與黃道十二宮界宿次同名其度分又相近者以相減視其餘分在本日行分以下者爲交宮在本日也順行者以本日夜半星行宿次度分減宮界度分退行者以宮界度分減本日夜半星行宿次度分各以日周乘之爲實以本日行分爲法法除實得數依發斂加時法得交宮時刻

推五星伏見　凡取伏見伏者要在已下見者要在已上晨見晨伏者置其日太陽行度內減各星行度夕見夕伏者置其日各星行度內減太陽行度卽爲其日晨昏伏見度置本日伏見度與次日伏見度相減餘四而一卽得晨昏伏見分視本日伏見度較次日伏見度爲

多者減少者加晨者置本日伏見度以伏見分加減之爲晨伏見度夕者三因伏見分置伏見度加減之爲夕伏見度視在各星伏見度上下取之

步四餘

紫氣周日一萬○二百二十七日一七九二

紫氣度率二十八日　日行三分五七一四二九

紫氣至後策八千一百九十四萬九六二三

月孛周日三千二百三十一日九六八四

月孛度率八日八四八四九二　日行十一分三○一三六

月孛至後策一千二百二十萬四六五九

羅計周日六千七百九十三日四四三二

羅計度率一十八日五九九一○七七六　日行五分三七六六○二

羅睺至後策五千三百三十三萬六二一七

計都至後策一千九百三十六萬九○○一

推四餘至後策　置中積加各餘至後策滿周日去之即得

推四餘周後策　以至後策減立成內各宿初末度積日即得

推四餘入各宿次初末度積日　置各餘周後策加入其年冬至分滿紀法去之即各餘初末度積日紫氣月孛爲各宿初羅睺計都爲各宿末氣孛順行羅計逆行

推四餘初末度積日所入月日　置各餘周後策加入天正閏餘滿朔策減之起十一月至不滿朔策即所入月也其初末度積日（即滿紀法去者）命甲子算外爲日辰小餘以發斂求之爲時刻視定朔某甲子即知入月已來日也

推四餘每日行度　置各餘初末度積日氣孛以度率日累加之至末度加其宿零日及分即次宿之初度羅計先加其宿零日及分後以度率日累加之即次宿之末度各以其大餘命甲子算外爲日辰其交次宿以小餘發斂爲時刻

推四餘交宮　以至後策減各宿交宮積日餘爲入某宮積日加天正閏餘滿朔策去之起十一月至不滿朔策即所入月又置入宮積日加冬至分滿紀法去之爲日辰小餘發斂爲時刻視定朔甲子即知交宮及時刻

紫氣宿次日分立成（入箕初度）

黃道宿整度	日分	宿零分	日分	全日分	各宿入初度積日分
箕九度	二百五十二日	五十九分	十六日五十二分	二百六十八日五十二分	空分
斗二十三度	六百四十四日	四十七分	十三日一十六分	六百五十七日一十六分	九百二十五日六八
牛六度	一百六十八日	九十○分	二十五日二十分	一百九十三日二十○分	一千一百一十八日八八
女十一度	三百○八日	一十二分	三日三十六分	三百一十一日三十六分	一千四百三十日二四
虛九度	二百五十二日	六十四秒	初日一十七分九二	二百五十二日一十七分九二	一千六百八十二日四一九二
危十五度	四百二十日	九十五分	二十六日六十分	四百四十六日六十○分	二千一百二十九日○一九二
室十八度	五百○四日	三十二分	八日九十六分	五百一十二日九十六分	二千六百四十一日九七九二
壁九度	二百五十二日	三十四分	九日五十二分	二百六十一日五十二分	二千九百○三日四九九二
奎十七度	四百七十六日	八十七分	二十四日三十六分	五百○十○日三十六分	三千四百○三日八五九二
婁十二度	三百三十六日	三十六分	一十日○八分	三百四十六日○八分	三千七百四十九日九三九二
胃十五度	四百二十日	八十一分	二十二日六十八分	四百四十二日六十八分	四千一百九十二日六一九二
昴十一度	三百○八日	八分	二日二十四分	三百一十○日二十四分	四千五百○二日八五九二
畢十六度	四百四十八日	五十○分	一十四日	四百六十二日	四千九百六十四日八五九二
觜初度		五分	一日四十分	一日四十○分	四千九百六十六日二五九二
參十度	二百八十日	二十八分	七日八十四分	二百八十七日八十四分	五千二百五十四日○九九二
井三十一度	八百六十八日	三分	初日八十四分	八百六十八日八十四分	六千一百二十二日九三九二
鬼二度	五十六日	一十一分	三日○八分	五十九日○八分	六千一百八十二日○一九二
柳十三度	三百六十四日			三百六十四日	六千五百四十六日○一九二
星六度	一百六十八日	三十一分	八日六十八分	一百七十六日六十八分	六千七百二十二日六九九二
張十七度	四百七十六日	七十九分	二十二日一十二分	四百九十八日一十二分	七千二百二十日八一九二
翼二十度	五百六十日	九分	二日五十二分	五百六十二日五十二分	七千七百八十三日三三九二
軫十八度	五百○四日	七十五分	二十一日	五百二十五日	八千三百○八日三三九二
角十二度	三百三十六日	八十七分	二十四日三十六分	三百六十○日三十六分	八千六百六十八日六九九二
亢九度	二百五十二日	五十六分	十五日六十八分	二百六十七日六十八分	八千九百三十六日三七九二
氐十六度	四百四十八日	四十○分	十一日二十分	四百五十九日二十○分	九千三百九十五日五七九二
房五度	一百四十日	四十八分	十三日四十四分	一百五十三日四十四分	九千五百四十九日○一九二
心六度	一百六十八日	二十七分	七日五十六分	一百七十五日五十六分	九千七百二十四日五七九二
尾十七度	四百七十六日	九十五分	二十六日六十○分	五百○二日六十○分	一萬○二百二十七日一七九二

紫氣交宮積日鈐

斗○千三百七十四日一五○一	三度入丑	女一千一百七十六日六八三二	二度入子
危二千○三十六日五○七二	十二度入亥	奎二千九百五十二日○四五六	一度入戌
胃三千八百五十四日八一八八	三度入酉	畢四千六百九十五日四○四○	六度入申
井五千四百八十七日七三九六	八度入未	柳六千二百九十○日二七二八	三度入午
張七千一百五十日○九六八	十五度入巳	軫八千○六十五日六三五二	十度入辰
氐八千九百六十八日四○八○	一度入卯	尾九千八百○八日九九六三	三度入寅
斗一萬○六百○一日三二九二	三度入丑		

至後策少者用前斗下積日多者用後斗下積日

月孛宿次日分立成（入箕初度）

黃道宿整度	日分	宿零分	日分	全日分	各宿入初度積日分
箕九度	七十九日六三六四	五十九分	五日二二○六	八十四日八五七○	空
斗二十三度	二百○三日五一五四	四十七分	四日一五八八	二百○七日六七四二	二百九十二日五三一二
牛六度	五十三日○九一○	九十○分	七日九六三六	六十一日○五四六	三百五十三日五八五八
女十一度	九十七日三三三四	一十二分	一日○六一八	九十八日三九五二	四百五十一日九八一○
虛九度	七十九日六三六四	六十四分	初日○五六七	七十九日六九三一	五百三十一日六七四一
危十五度	一百三十二日七二七四	九十五分	八日四○六○	一百四十一日一三三四	六百七十二日八○七五
室十八度	一百五十九日二七二九	三十二分	二日八三一五	一百六十二日一○四四	八百三十四日九一一九
壁九度	七十九日六三六四	三十四分	三日○○八五	八十二日六四四九	九百一十七日五五六八
奎十七度	一百五十○日四二四四	八十七分	七日六九八一	一百五十八日一二二五	一千○七十五日六七九三
婁十二度	一百○六日一八一九	三十六分	三日一八五五	一百○九日三六七四	一千一百八十五日○四六七
胃十五度	一百三十二日七二七四	八十一分	七日一六七三	一百三十九日八九四七	一千三百二十四日九四一四
昴十一度	九十七日三三三四	八分	初日七○七九	九十八日○四一三	一千四百二十二日九八二七
畢十六度	一百四十一日五七五九	五十○分	四日四二四二	一百四十六日○○○一	一千五百六十八日九八二八
觜初度		五分	初日四四二四	初日四四二四	一千五百六十九日四二五二
參十度	八十八日四八四九	二十八分	二日四七七六	九十○日九六二五	一千六百六十○日三八七七
井三十一度	二百七十四日三○三三	三分	初日二六五四	二百七十四日五六八七	一千九百三十四日九五六四
鬼二度	一十七日六九六○	一十一分	初日九七三三	一十八日六七○三	一千九百五十三日六二六七
柳十三度	一百一十五日○三○四			一百一十五日○三○四	二千○百六十八日六五七一
星六度	五十三日○九一○	三十一分	二日七四三○	五十五日八三四○	二千一百二十四日四九一一
張十七度	一百五十○日四二四四	七十九分	六日九九○三	一百五十七日四一四七	二千二百八十一日九○五八
翼二十度	一百七十六日九六九八	九分	初日七九六四	一百七十七日七六六二	二千四百五十九日六七二○
軫十八度	一百五十九日二七二九	七十五分	六日六三六三	一百六十五日九○九二	二千六百二十五日五八一二
角十二度	一百○六日一八一九	八十七分	七日六九八一	一百一十三日八八○○	二千七百三十九日四六一三
亢九度	七十九日六三六四	五十六分	四日九五五二	八十四日五九一六	二千八百二十四日○五二九
氐十六度	一百四十一日五七五九	四十○分	三日五三九四	一百四十五日一一五三	二千九百六十九日一六八二
房五度	四十四日二四二五	四十八分	四日二四七二	四十八日四八九七	三千○百一十七日六五七九
心六度	五十三日○九一○	二十七分	二日三八九一	五十五日四八○一	三千○百七十三日一三八○
尾十七度	一百五十○日四二四四	九十五分	八日四○六○	一百五十八日八三○四	三千二百三十一日九六八四

月孛交宮積日鈐

斗一百一十八日二三八○	三度入丑	女三百七十一日八五二六	二度入子
危六百四十三日五七二一	十二度入亥	奎九百三十二日八九八三	一度入戌
胃一千二百一十○日一九○五	三度入酉	畢一千四百八十三日八三○二	六度入申
井一千七百三十四日二二二二	八度入未	柳一千九百八十七日八三六八	三度入午
張二千二百五十九日五五六三	十五度入巳	軫二千五百四十八日八八二五	十度入辰
氐二千八百三十四日一七四七	一度入卯	尾三千○九十九日八一四四	三度入寅
斗三千三百五十○日二○六四	三度入丑		

至後策少者用前斗下積日多者用後斗下積日

羅計宿次日分立成（入尾末度）

黃道宿整度	日分	宿零分	日分	全日分	各宿入初度積日分
尾十七度	三百一十六日一八四八	九十五分	十七日六六九一	三百三十三日八五三九	空
心六度	一百一十一日五九四七	二十七分	五日○二一七	一百一十六日六一六四	四百五十○日四七○三
房五度	九十二日九九五五	四十八分	八日九二七六	一百○一日九二三一	五百五十二日三九三五
氐十六度	二百九十七日五八五七	四十分	七日四三九五	三百○五日○二五三	八百五十七日四一八八
亢九度	一百六十七日三九二○	五十六分	十日四一五五	一百七十七日八○七五	一千○百三十五日二二六三
角十二度	二百二十三日一八九三	八十七分	十六日一八一二	二百三十九日三七○五	一千二百七十四日五九六八
軫十八度	三百三十四日七八四○	七十五分	十三日九四九三	三百四十八日七三三三	一千六百二十三日三三○一
翼二十度	三百七十一日九八二二	九分	一日六七三九	三百七十三日六五六一	一千九百九十六日九八六二
張十七度	三百一十六日一八四九	七十九分	十四日六九三二	三百三十○日八七八一	二千三百二十七日八六四三
星六度	一百一十一日五九四七	三十一分	五日七六五七	一百一十七日三六○四	二千四百四十五日二二四七
柳十三度	二百四十一日七八八四			二百四十一日七八八四	二千六百八十七日○一三一
鬼二度	三十七日一九八二	一十一分	二日○四五九	三十九日二四四一	二千七百二十六日二五七二
井三十一度	五百七十六日五七二四	三分	初日五五八○	五百七十七日一三○四	三千三百○三日三八七六
參十度	一百八十五日九九一一	二十八分	五日二○七七	一百九十一日一九八八	三千四百九十四日五八六四
觜初度		五分	初日九十三分	九十三分	三千四百九十五日五一六四
畢十六度	二百九十七日五八五七	五十○分	九日二九九五	三百○六日八八五二	三千八百○二日四○一六
昴十一度	二百○四日五九○二	八分	一日四八七九	二百○六日○七八一	四千○百○八日四七九七
胃十五度	二百七十八日九八六七	八十一分	十五日○六五二	二百九十四日○五一九	四千三百○二日五三一六
婁十二度	二百二十三日一八九三	三十六分	六日六九五七	二百二十九日八八五○	四千五百三十二日四一六六
奎十七度	三百一十六日一八四九	八十七分	十六日一八一一	三百三十二日三六六○	四千八百六十四日七八二六
壁九度	一百六十七日三九二○	三十四分	六日三二三七	一百七十三日七一五七	五千○百三十八日四九八三
室十八度	三百三十四日七八四○	三十二分	五日九五一六	三百四十○日七三五六	五千三百七十九日二三三九

危十五度	二百七十八日九八六七	九十五分	十七日六六九二	二百九十六日六五五八	五千六百七十五日八八九七
虛九度	一百六十七日三九二〇	六十四秒	初日一一九〇	一百六十七日五一一〇	五千八百四十三日四〇〇七
女十度	二百〇四日五九〇二	一十二分	二日三一九二	二百〇六日八二二一	六千〇百五十〇日二二二八
牛六度	一百一十一日五九四七	九十〇分	十六日七三九二	一百二十八日三三三九	六千一百七十八日五五六七
斗二十三度	四百二十七日七七九五	四十七分	八日七四一五	四百三十六日五二一〇	六千六百一十五日〇七七七
箕九度	一百六十七日三九二〇	五十九分	十日九七三五	一百七十八日三六五五	六千七百九十三日四四三二

羅計交宮積日鈐

氐〇千二百七十七日七八一四	一度退入卯	參〇千八百三十六日一四三三	十度退入辰
張一千四百三十五日八一三九	十五度退入巳	柳二千〇百四十三日九六三八	三度退入午
井二千六百一十五日一〇五二	八度退入未	畢三千一百四十八日一九一〇	六度退入申
胃三千六百七十四日五〇三〇	三度退入酉	奎四千二百三十二日八六四九	一度退入戌
危四千八百三十二日五三五五	十一度退入亥	女五千四百四十〇日六八五四	二度退入子
斗六千〇百一十一日八二六八	三度退入丑	尾六千五百四十四日九一二六	三度退入寅
氐七千〇百七十一日二二四六	一度退入卯		

至後策少者用前氐下積日多者用後氐下積日

明史卷三十七 志第十三

總裁官總理事務經筵講官少保兼太子太保保和殿大學士兼管吏部戶部尚書事加六級張廷玉等奉

敕修

曆七

回回曆法一

回回曆法西域默狄納國王馬哈麻所作其地北極高二十四度半經度偏西一百〇七度約在雲南之西八千餘里其曆元用隋開皇己未即其建國之年也洪武初得其書於元都十五年秋太祖謂西域推測天象最精其五星緯度又中國所無命翰林李翀吳伯宗同回回大師馬沙亦黑等譯其書其法不用閏月以三百六十五日爲一歲歲十二宮宮有閏日凡百二十八年而宮閏三十一日以三百五十四日爲一周周十二月月有閏日凡三十年月閏十一日歷千九百四十一年宮月日辰再會此其立法之大槩也按西域曆術見於史者在唐有九執曆元有札馬魯丁之萬年曆九執曆最疎萬年曆行之未久唯回回曆設科隸欽天監與大統參用二百七十餘年雖於交食之有無深淺時有出入然勝於九執萬年遠矣但其書多脫誤蓋其人之隸籍臺官者類以土盤布算仍用其本國之書而明之習其術者如唐順之陳壤袁黃輩之所論著又自成一家言以故翻譯之本不行於世其殘缺宜也今爲博訪專門之裔考究其原書以補其脫落正其訛舛爲回回曆法著於篇

積年 起西域阿喇必年（隋開皇己未）下至洪武甲子七百八十六年

用數 天周度三百六十（每度六十分每分六十秒微纖以下俱準此）宮十二（每宮三十度）日周分一千四百四十時二十四（每時六十分）刻九十六（每刻十五分）宮度起白羊節氣首春分命時起午正（午初四刻屬前日）

七曜數 日一月二火三水四木五金六土七（以七曜紀日不用甲子）

宮數 白羊初金牛一陰陽二巨蟹三獅子四雙女五天秤六天蝎七人馬八磨羯九寶瓶十雙魚十一

宮日 白羊戌宮三十一日金牛酉宮三十一日陰陽申宮三十一日巨蟹未宮三十二日獅子午宮三十一日雙女巳宮三十一日天秤辰宮三十日天蝎卯宮三十日人馬寅宮二十九日磨羯丑宮二十九日寶瓶子宮三十日雙魚亥宮三十日（已上十二宮所謂不動之月凡三百六十五日乃歲周之日也若遇宮分有閏之年於雙魚宮加一日凡三百六十六日）

月分大小 單月大雙月小（凡十二月所謂動之月也月大三十日月小二十九日凡三百五十四日乃十二月之日也遇月分有閏之年於第十二月內增一日凡三百五十五日）

太陽五星最高行度（隋己未測定） 太陽二宮二十九度二十一分土星八宮十四度四十八分木星六宮初度八分火星四宮十五度四分金星二宮十七度六分水星七宮六度十七分

求宮分閏日（炁之餘日） 置西域歲前積年減一以一百五十九乘之（一百二十八年內閏三十一日故以總數乘）內加一十五（閏應）以一百二十八屢減之餘不滿之數若在九十七已上（閏限）其年宮分有閏日已下無閏日於除得之數內加五（宮分立成起火三故須加五）滿七去之餘即所求年白羊宮一日七曜（有閏加一日後同）

求月分閏日（朔之餘日） 置西域歲前積年減一以一百三十一乘之（總數乘）內加一百九十四（閏應）以三十爲法屢減之餘在十九已上（閏限）其年月分有閏日已下則無於除得之數滿七去之餘即所求年第一月一日七曜

加次法 置積日（全積并宮閏所得數）減月閏內加三百三十一日（己未春正前日）以三百五十四（一年數）除之餘數內減去所加三百三十一又減二十三（足成一年日數）又減二十四（洪武甲子加次）又減一（改應所損之一日）爲實距年（已未至今）得數 又法以氣積（宮閏併通閏爲氣積）內減月閏（置十一以距年乘之外加十四以三十除之得月閏數）以三百五十四除之餘減洪武加次二十四又減補日二十三又減改應損日一得數如前（求通閏置十一日以距年乘之求宮閏前見）

太陽行度

求最高總度 置西域歲前積年入總年零年月分日期立成內各取前年前月前日最高行度併之（如求十年則取九年之類蓋立成中行度俱本年本月日足數也如十年竟求十年則逾數矣月日義同後倣此）

求最高行度 置求到最高總度加測定太陽最高行度（二宮二十九度二十一分）即所求年白羊宮最高行度如求次宮累加五秒〇六微求次月加四秒五十六微

求中心行度（日平行度） 置積年入總年零年月日立成內各取日中心行度併之（取法同前）內減一分四秒即所求白羊宮第一日中心行度求各宮月日按每日行度（五十九分八秒）累加之（內減一分四秒或云西域距中國里差非是蓋係已未年之宮分末日度應也）

求自行度 置其日中心行度減其宮最高行度即得（即入盈縮曆度也）

求加減差（即盈縮差） 以自行宮度爲引數入太陽加減立成內照引數宮度取加減差（是名未定差）其度下小餘用比例法以本度加減差與後度加減差相減餘數通爲秒（如一分通爲六十秒）與引數小餘（秒亦通）相乘得數爲纖（秒乘秒得纖）以

六十收之爲微爲秒爲分（如數多先以六十收之爲微又以六十收之爲秒又以六十收之爲分）視前所得未定加減差數較少於後數者（後度加減差）加之多於後數者減之是爲加減定差分（如無小餘竟用未定差爲定差後準此）

求經度（黃道度）　置其日中心行度以加減定差分加減之（視定差引數自行宮度在初宮至五宮爲減差六宮至十一宮爲加差）即得

求七曜　置積年入立成內取總年零年月日下七曜數併之累去七數餘即所求白羊宮一日七曜如求次宮者內加各宮七曜數如求逐日累加一數滿七去之（求太陰五星羅計七曜並準此）

太陰行度

求中心行度　置積年入立成內取總零年月日下中心行度併之得數內減一十四分（已未應轉）即所求年白羊宮一日中心行度如求逐日累加日行度（十三度一〇三五）

求加倍相離度（月體在小輪行度合朔後與日相離）　置積年入立成內取總年零年月日下加倍相離度併之內減二十六分即所求白羊宮一日度也如求逐日累加倍離日行度（二十四度二二五三二二半之即小輪心離太陽數）

求本輪行度（即月轉度）　置積年入立成內取總零年月日下本輪行度併之內減一十四分即所求白羊宮一日度也如求各日累加本輪日行度（十三度三分五四）

求第一加減差（又名倍離差）　以加倍相離宮度爲引數入太陰第一加減立成內取加減差（未定差）又與下差相減餘乘引數小餘得數爲秒（分乘分）以六十收之爲分用加減未定差（後差多加少減同太陽）得第一差分

求本輪行定度　置其日本輪行度以第一差分加減之（視倍離度前六宮加後六宮減）

求第二加減差　以本輪行定度爲引數入太陰第二加減立成內取未定差依比例法（同前）求得零數加減之爲第二加減差分（視引數六宮已前爲減差後爲加差）

求比敷分　以倍離宮度入第一加減立成內取比敷分如倍離零分在三十分已上者取下度比敷分

求遠近度　以本輪行定宮度爲引數入太陰第二加減立成內取遠近度分其引數零分亦依比例法取之

求汎差定差　置比敷分以遠近度通分乘之以六十約之爲分即汎差以汎差加入第二加減差即爲定差

求經度　置其日太陰中心行度以定差加減之即太陰經度（視本輪行定度六宮以前減以後加）

太陰緯度

求計都與月相離度（入交定度）　置其日太陰經度內減其日計都行度（即羅計中心度）即計都與月相離度分

求緯　以計都與月相離宮度爲引數入太陰緯度立成（上宮用右行順度下宮用左行逆度）取其度分依比例法求得零分加減之（上六宮加下六宮減）得緯度分（引數在六宮已前爲黃道北六宮後爲黃道南）

求計羅行度　置積年入總年零年月日立成內取羅計中心行度併之爲其年白羊宮一日行度求各宮一日以各宮日行度加之與十二宮相減餘即所求宮一日計都行度如求計都逐日細行以前後二段行度相減餘以相距日數除之爲日差又置前段計都行度以日差累減之如求羅睺行度置其日計都行度內加六宮

五星經度

求最高總度　數同太陽依前太陽術求之

求最高行度　置所求本星最高總度加測定本星最高行度（前見）爲其年白羊宮最高行度求各宮各日加各宮日行度

求日中心行度　依太陽術求之

求自行度　置積年入立成總零年月日下各取自行度併之得其年白羊宮一日自行度土木金三星減一分水星減三分火星不減如求各宮各日照本星自行度累加之水星如自行度遇三宮初度作五日一段算至九宮初度作十日一段算緯度亦然

求中心行度（即入曆度五星本輪）　土木火三星置太陽中心行度減其星自行度爲三星中心行度內又減最高行度爲三星小輪心度金水二星其中心行度即太陽中心行度內減其星最高行度餘爲其星小輪心度（不及減加十二宮減之）

求第一加減差（盈縮差）　以其星小輪心宮度爲引數入本星第一加減立成依比例法求之（法同太陽太陰）

求自行定度及小輪心定度　視第一加減差引數在初宮至五宮用加減差加自行度減小輪心度各爲定度在六宮至十一宮用加減差減自行度加小輪心度各爲定度

求第二加減差　以其星自行定度入本星第二加減立成內取其度分用比例法加減之（同前）

求比敷分　如土木金水星以本星小輪心定宮度入第一加減立成內取比敷分如引數小餘在三十分已上取後行比敷分如火星則必用比例法求之

求遠近度　以自行定宮度入第二加減立成內取遠近度依比例法求之

求汎差定差　法同太陰

求經度　置小輪心定度以定差加減之（視引數自行定度在六宮已前加已後減）內加其星最高行度

求留段　以其留段小輪心定宮度爲引數（即立成內各星入曆限）入五星順退留立成內於同宮近度取本星度分與前後行相減（若取得在初宮至六宮本行與後行相減六宮至初宮本行與前行相減）又以引數宮度減立成內同宮近度兩減餘通分相乘用六度除之（立成內每隔六度）六十分收之順加逆減於前取度分得數與其日自行定度同者即本日留如自行定度多者已過留日少者未到留日欲得細率以所得數與其日自行定度相減餘以各星一日自行度約之（如土星一日自行五十七分有奇之類）即得留日在本日前後數也（土星留七日其留日前三日後三日皆與留日數同木星留五日其留日前二日後二日與留日數同火金水三星不留退而即行行而即退但於行分極少處爲留耳）

求細行分　土木金火四星以前後兩段經度相減以相距日除之爲日行分水星以白羊宮初日經度又與前一日經度相減餘爲初日行分又置前後二段經度相減餘以相距日除之爲平行分與初日行分加減倍之以前段前一日與後段相距日數除之爲日差以加減初日行分（初日行分少於平行分加多減）爲日行分五星各置前段經度以逐日行分順加退減之爲各星逐日經度

求伏見　視各星自行定度在伏見立成內限度已上者即五星晨夕伏見也

五星緯度（求最高總行度中心行度自行度小輪心度並依五星經度術求之）

求自行定度　置自行宮度分其宮以一十乘之爲度（如一宮以十乘之得十度此用約法折算以造緯度立成）其度以二十乘之爲分滿六十約之爲度其分亦以二十乘之爲秒滿六十約之爲分併之即得

求小輪心定度　置小輪心宮度分其宮以五乘之爲度（如一宮以五乘之得五度）其度以一十乘之爲分滿六十約之爲度其分亦以一十乘之爲秒滿六十約之爲分併之即得

求緯度　以小輪心定度及自行定度入本星緯度立成內兩取（一縱一橫）得數與後行相減（若遇交黃道者與後行相併）又以小輪心定度與立成上小輪心定度相減（上橫行）兩減餘相乘以立成上小輪心度累加數除之（如土星上橫行小輪心度每隔三度火星每隔二度之類）滿六十收之爲分用加減兩取數（多於後行減少加若遇交黃道者即後行數多亦減）寄左復以自行定度與立成上自行定度相減（首直行）又以兩取數與下行相減（若遇交黃道者與下行併）兩減餘相乘以立成上自行度累加數除之（如土星直行自行度每隔十度火星每隔四度之類）收之爲分與前寄左數相加減（如兩取數多於下行者減少加若遇交黃道者所得分多於寄左數即置所得分內減寄左數餘爲交過黃道南北分也）得黃道南北緯定分

求緯度細行分　置其星前段緯度與後段緯度相減餘以相距日除之爲日差置前段緯度以日差順加退減即逐日緯度分（按緯度前段少於後段者以日差順加退減若前段多於後段者宜以日差順減退加非可一例也）若前後段南北不同者置其星前後段緯度併之以相距日除之爲日差置前段緯度以日差累減之至不及減者於日差內減之餘以日差累加之即得逐日緯度

推日食法（日食諸數如午前合朔用前一日數推午後合朔用次日數推）

辨日食限　視合朔太陰緯度在黃道南四十五分已下黃道北九十分已下爲有食若合朔爲晝則全見食若合朔在日未出三時及日已入十五分（一時四分之一）皆有帶食若合朔在夜刻者不算

求食甚汎時（即合朔）　置午正太陰行過太陽度（求法見後月食）（太陰逐時行過太陽分）通秒以二十四乘之爲實置太陰日行度減太陽日行度通秒爲法除之爲時時下零數以六十通之爲分分下零數以六十通之爲秒三十秒已上收爲一分六十分收爲一時共爲食甚汎時

求合朔太陽經度　以食甚汎時通分以太陽日行度通秒乘之以二十四除之爲微滿六十約之爲秒爲分用加減午正太陽度（午前合朔減之午後加之）得合朔時太陽經度（即食甚日躔黃道度）

求加減分　視合朔時太陽宮度入晝夜加減立成內取加減分依比例法求之

求子正至合朔時分秒　置食甚汎時以加減分加減之（午前合朔用減午後用加）用加減十二時（午前合朔用減十二時午後用加十二時）即子正至合朔時分秒（按命時起子正乃變其術以合大統非其本法也）

求第一東西差（經差）　視合朔時太陽宮在立成（經緯時加減立成）右七宮取上行時（順行）在左七宮取下行時（逆行）以子正至合朔時取經差依比例法求之（止用時下小餘求之下同）爲第一東西差

求第二東西差　視合朔時太陽宮在立成內（同上）取次宮子正至合朔時經差依比例法求之爲第二東西差

求第一南北差（緯差）　以合朔時太陽宮及子正至合朔時入立成內（同上）取緯差依比例法求之爲第一南北差

求第二南北差　以合朔太陽宮取次宮子正至合朔時緯差依比例法求之爲第二南北差

求第一時差　以合朔太陽宮及子正至合朔時入立

成取時差依比例法求之

求第二時差　以合朔太陽宮取次宮子正至合朔時時差依比例法求之

求合朔時東西差　以第一東西差與第二東西差相減餘通秒以乘合朔時太陽度分(秒亦通)以三十度除之爲纖以六十收之爲微爲秒爲分以加減第一東西差(視第一東西差數少於第二差者加之多者減之下同)爲合朔時東西差

求合朔時南北差　以第一南北差與第二南北差相減餘通秒以乘太陽度分以三十除之爲纖依率收之爲微秒分以加減第一南北差爲合朔時南北差

求合朔時差　以第一第二兩時差相減乘太陽度分以三十除之依率收之用加減第一時差爲合朔時差

求合朔時本輪行度　以本輪日行度(一十三度四分)通分以乘食甚汎時(分亦通)以二十四除之爲秒依率收之爲分爲度以加減午正本輪行度(午前減午後加)爲合朔時行度

求比敷分　以本輪行度入立成(太陽太陰晝夜時行影徑分立成)取同宮近度太陰比敷分依比例法求之

求東西定差　置合朔時東西差通秒以比敷分通秒乘之爲纖以六十收之爲微爲秒爲分以加合朔東西差(有加無減)爲定差

求南北定差　法同東西定差

求食甚定時(即食甚定分)　視其日合朔時太陽度在立成(經緯時加減立成)左七宮其時差黑字減白字加在右七宮白字減黑字加皆加減於子正至合朔時得數命起子正減之得某時初正餘通爲秒以一千乘之以一百四十四除之(六十分爲一時每日一千四百四十分故以千乘之又以一四四除之)以六十約之滿百爲刻即食甚定時

求食甚太陰經度　於合朔太陽經度內加減東西定差即得食甚太陰經度(其加減視食甚定時時差加減)

求合朔計都度　置食甚汎時通分以計都日行度(三分一十一秒)通秒乘之以二十四除之爲微滿六十收之爲秒爲分以加減其日午時計都行度(羅計逆行午前合朔加午後減)爲合朔時計都度

求合朔太陰緯度　食甚時太陰經度內加減合朔時計都度餘爲計都與月相離度入太陰緯度立成取之

求食甚太陰緯度　南北定差內加減合朔時太陰緯度(在黃道南加北減)得食甚緯度

求合朔時太陽自行度　用太陽日行度(五十九分八秒)通秒以乘食甚汎時(分亦通)用二十四除之得數爲微滿六十收之爲秒爲分以加減其日午正自行度(午前減午後加)得合朔自行度

求太陽徑分　以合朔太陽自行度爲引數入立成(影徑分立成)內同宮近度取太陽徑分依比例法求之

求太陰徑分　以合朔時本輪行度爲引數入立成(同上)內取同宮近度太陰徑分依比例法求之

求二半徑分　併太陽太陰兩徑分半之

求太陽食限分　置二半徑分內減食甚太陰緯度餘爲太陽食限(如不及減者不食如太陰無緯度者食既如太陰無緯度而日徑大於月徑者食有金環)

求太陽食甚定分　以太陽食限分通秒以一千乘之爲實以太陽徑分通秒爲法除之以百約之爲分爲太陽食甚定分

求時差(即定用分)　食甚太陰緯度通秒自乘二半徑分亦通秒自乘兩自乘數相減餘以平方開之以二十四乘之爲實以其日太陰日行度內減太陽日行度通分爲法實如法而一得數爲分滿六十分爲一時爲時差

求初虧　置食甚定時內減時差餘時命起子正減之得初正時餘分通秒以一千乘之以一百四十四除之以六十約之滿百爲刻爲初虧時刻

求復圓　置食甚定時內加時差命起子正如初虧法得復圓時刻

求初虧食甚復圓方位　與大統法同

推月食法(月食諸數午前望用前一日推午後望用次一日推)

辨月食限　視望日太陰經度與羅睺或計都度相離一十三度之內太陰緯度在一度八分之下爲有食又視合望在太陰未出二時未入二時其限有帶食其在二時已上者不算

求食甚汎時(即經望)　置其日太陰經度內減六宮(如不及減加十二宮減)以減其日午正太陽度爲午前望(如太陽度不及減加入六宮減之爲午後望)　置相減餘數通秒以二十四乘之爲實置其日太陰經度內減前一日太陰經度(若在午後望者減後一日太陰經度)餘爲太陰日行度又置其日午正太陽度內減前一日午正太陽度(若在午後望者減後一日太陽度)餘爲太陽日行度兩日行度相減餘通秒爲法除實得數爲時其時下餘數以六十通之爲分秒即所求食甚汎時

求食甚月離黃道宮度　置食甚汎時與太陽日行度俱通秒相乘以二十四除之得數爲纖滿六十收之爲微爲秒爲分以加減其日午正太陽度(午前望減午後望加)爲望時太陽度加六宮即得所求

求晝夜加減差　以望時太陽宮度爲引數入晝夜加減立成內取加減分依比例法求之

求食甚定時　置食甚汎時以晝夜加減差加減之(午前望減午後加)得數用加減一十二時(如午後望加十二時午前望與十二時相減)命起子正得初正時其小餘如法收爲刻(法詳日食)得定時

求望時計都度　置食甚汎時通秒爲實以計都日行度(三分一十一秒)通秒乘之以二十四除之得數爲纖以六十收之爲微爲秒爲分用加減其日午正計都行度(羅計逆行)(午前望加午後望減)即得

求望時太陰緯度　置食甚月離黃道度內減望時計都度(如不及減加十二宮減)餘爲計都與月相離度入太陰緯度立成取之

求望時本輪行度(即入遲疾曆)　置太陰本輪日行度(十三度四分)通分以食甚汎時通秒乘之以二十四除之爲微以六十收之爲秒爲分爲度用加減其日午正本輪行度(午前望減午後加)即得

求太陰徑分　以望時本輪行宮度入影徑分立成求之(法詳日食)

求太陰影徑分　以望時本輪行宮度入影徑分立成取之

求望時太陽自行度　以太陽日行度(五十九分八秒)與食甚汎時俱通秒相乘以二十四除之得數爲纖滿六十收之爲微爲秒爲分以加減其日午正太陽自行度(法同日食)

求影徑減差　以其日太陽自行宮度爲引數入影徑(求太陽經度)立成內於同宮近度取太陰影徑差分依比例法求之(法詳前)

求影徑定分　置太陰影徑分內減影徑減差分

求二半徑分　置太陰徑分加影徑定分半之

求太陰食限　置二半徑分內減望時太陰緯度(如不及減不食)

求食甚定分　置食限分通秒以一千乘之爲實以太陰徑分通秒爲法除之以百約之爲分爲食甚定分

求太陰逐時行過太陽分　置太陰望時經度減前一日太陰經度又置望時太陽自行度減前一日太陽自行度以兩餘數相減爲太陰晝夜行過太陽度通秒以二十四除之滿六十收之得逐時行過太陽分

求時差　以太陰緯度分通秒自乘又以二半徑分通秒自乘兩數相減餘開平方爲實以太陰行過太陽度通秒爲法除之得數即時差(即初虧至食甚定用分)

求初虧復圓時刻　以時差減食甚定時得初虧時刻加食甚定時得復圓時刻其命時收刻之法並同日食

求食既至食甚時差　置二半徑分減太陰徑分通秒自乘又置太陰緯度亦通秒自乘相減平方開之爲實以太陰逐時行過太陽度通秒爲法除之得數即時差

求食既生光時刻　以食既至食甚時差減食甚定時爲食既時刻加食甚定時爲生光時刻

求初虧食甚復圓方位　與大統法同

求日出入時　以午正太陽經度爲引數入西域晝夜時立成取其度分依比例法求之爲未定分又於引數相對宮度內取其度分(如初宮三度向六宮三度取之)亦依比例法求之爲後未定分兩未定分相減(不及減加三百六十度減)餘通秒用十五除之六十收之爲分爲時得其日晝時分秒半之爲其日半晝時分秒以半晝時分秒減十二時餘爲日出時分秒加十二時爲日入時分秒

求日月出入帶食分秒　視其日日出時分秒并日入時分秒較多於初虧時分秒少於食甚定時及復圓時分秒者即有帶食置其日日出時或日入時與食甚定時分秒相減餘爲帶食差置日月食甚定分以帶食差通秒乘之以時差通秒除之得數爲帶食分於食甚定分內減帶食分餘爲日月帶食所見之分

求月食更點　置二十四時內減晝時又減晨昏時(七十二分即中曆之五刻弱也)餘爲夜時通秒五約之爲更法五分更法爲點法如食在子正以前者置初虧食甚復圓等時內減日入時又減半晨昏時(三十六分)餘通秒以更法減之爲更數不滿更法者以點法減之爲點數食在子正已後者置夜時半之加初虧食甚復圓等時以更法減之爲更數不滿更法者以點法減之爲點數皆命起初更初點(更法減之一次爲一更其減餘不滿法者亦虛命爲一更點法倣此)

太陰五星凌犯

求太陰晝夜行度　以本日經度與次日經度相減餘即本日晝夜行度

求太陰晨昏刻度　置其日午正太陰經度內加立成(太陰出入晨昏加減立成)其日昏刻加差即爲其日太陰昏刻經度置其次日午正太陰經度減立成其日晨刻減差即爲其日太陰晨刻經度

求月出入度　置其日午正太陰經度加立成內(即前立成)其日月入加差即爲其日月入時太陰經度加立成內其日月出加差即其日月出時太陰經度

求太陰所犯星座　朔後視昏刻度至月入度望後視月出度至晨刻度入黃道南北各像星立成內經緯度

相近在一度已下者取之
求時刻　置其日午正太陰經度與取到各像星經度相減通分以二十四乘之以太陰晝夜行度亦通分除之得初正時其小餘以六十通之爲分以一千乘之一百四十四除之以百約之爲刻卽得所求時刻
求上下相離分　置太陰緯度與所犯星緯度相減餘爲上下相離分若月星同在南月多爲下離月少爲上離同在北月多爲上離少爲下離若南北不同月在北爲上離南爲下離
求五星凌犯各星相離分　置其日五星經緯度入黃道立成內視各像內外星經緯度在一度已下者取之其五星緯度與各星緯度相減餘卽上下相離分
求月犯五星五星相犯　視太陰經緯度五星經緯度相近在一度已下者取之

明史卷三十八　志第十四

總裁官總理事務經筵講官少保兼太子太保保和殿大學士兼管吏部戶部尚書事加六級張廷玉等奉

敕修

曆八

回回曆法二

日五星中心行度立成造法原本總年零年月分日期及十二宮初日凡五立成每立成內首列本立成年月日宮各紀數次列七曜次列日中心行度及土木火金水各自行度日五星最高行度文多不錄錄其造立成之法於左

日中心行度日期立成一日行五十九分八秒按日累加之小月二十九日得二十八度三十五分二秒大月三十日得二十九度三十四分一十秒

月分立成單月大雙月小末置一閏日大月二十九度三十四分十秒小月二十八度三十五分二秒按月累加之十二月計十一宮十八度五十五分九秒閏日加五十九分八秒

宮分初日立成於白羊宮初日起算至金牛宮初日凡三十一日得一宮一度三十三分十八秒五十九分八秒之積視宮分日數多少日數見前累加積之至雙魚宮初日得十一宮一度十一分三十一秒自白羊至此凡三百三十五日之積

零年立成每年十一宮十八度五十五分九秒三十年閏十一日故二年五年七年十年十三年十六年十八年二十一年二十四年二十六年二十九年皆加閏日約法每一年減十一度四分五十一秒閏年減十度五分四十三秒三十年爲一宮八度二十五分三十一秒每年三百五十四日計一萬六百二十日加閏十一日共一萬六百三十一日

總年立成第一年爲三宮二十六度五分八秒此隋己未測定根數一云即洪武甲子年數已算加次在內六百年五宮十四度二十五分十九秒每三十年加一宮八度二十五分三十一秒至一千四百四十年得五宮十五分三十三秒

五星自行度立成造法

土星日期立成一日五十七分按日遞加小月二十七度三十七分大月二十八度三十四分其五日十二日二十日二十八日增一分者乃秒數所積也

月分立成大月加二十八度三十四分小月加二十七度三十七分按月累加十二月計十一宮七度四分閏日加五十七分

宮分初日立成金牛宮初日爲二十九度三十一分自行分三十一日之積餘四星準此視宮分日數累加之至雙魚宮初日爲十宮十八度五十八分

零年立成每年十一宮七度四分其閏日有無視日中行度零年有加本星一日行分下四星準此至三十年共一宮十二度一十六分

總年立成第一年十一宮二十九度十八分此隋己未測定根數一云即洪武甲子年數加次在內下四星準此六百年四宮四度四十四分每三十年加一宮十二度二十七分至一千四百四十年計七宮十八度二十分

木星日期立成一日五十四分按日遞加小月二十六度十分大月二十七度五分其四日十一日十七日二十四日三十日增一分者秒數所積也

月分立成按大小月累加十二月計十宮十九度二十九分閏日加五十四分

宮分初日立成金牛宮初日二十七度五十九分至雙魚宮初日爲十宮二十九度二十六分

零年立成每年十宮十九度二十九分至三十年計七宮二十四度三十九分

總年立成第一年四宮二十五度十九分六百年五宮八度二十七分每三十年加七宮二四三九至千四百四十年計八宮八度五十分

火星日期立成一日二十八分按日遞加小月十三度二十三分大月十三度五十一分其二日五日九日十二日十五日十八日二十二日二十五日二十八日各減一分

月分立成按大小月累加十二月計五宮十三度二十四分閏日加二十八分

宮分初日立成金牛宮初日十四度十九分至雙魚宮初日五宮十八度二十九分

零年立成每年五宮十三度二十四分至三十年計七宮十七度一分

總年立成第一年八宮二十四度六分六百年四宮四度三十三分每三十年加七宮十七度一分至一千四百四十年計一度一十一分

金星日期立成一日三十七分按日遞加小月十七度五十三分大月十八度三十分

月分立成按大小月累加十二月計七宮八度十五分閏日加三十七分

宮分初日立成金牛宮初日十九度七分至雙魚宮初日七宮十五度二分

零年立成每年七宮八度十五分至三十年計二宮十四度十五分

總年立成第一年一宮十五度二十九分六百年三宮〇三十四分每三十年加二宮十四度十五分至一千四百四十年計九度五十一分

水星日期立成一日三度六分按日遞加小月三宮初度六分大月三宮三度十二分其二日四日七日九日十二日十四日十七日十九日二十二日二十四日二十七日二十九日各增一分

月分立成按大小月累加十二月計初宮十九度四十七分閏月加三度六分

宮分初日立成金牛宮初日三宮六度十九分至雙魚宮初日十宮二十度四十五分

零年立成每年初宮十九度四十七分至三十年計八宮二十七度四十四分

總年立成第一年二宮二十五度三十四分六百年一宮十度九分每三十年加八宮二十七度四十四分至一千四百四十年計十一宮六度三十五分

日五星最高行度立成造法日五星同用

最高行日分立成一日一十微按日遞加其四日十一日十八日二十五日各減一微大月四秒五十六微小月四秒四十六微

月分立成按大小月累加十二月計五十八秒一十微有閏日加十微

宮分初日立成金牛宮初日五秒六微至雙魚宮初日五十五秒五微

零年立成每年五十八秒去二十微按年遞加三年積六十微加一秒三十年計二十九分十秒

總年立成一年初宮十度四十分二十八秒洪武甲子加次六百年五十八分十三秒每三十年加二十九分七秒一千四百四十年計十二度三十六分五十五秒

太陰經度立成造法

日期立成中心行度一日十三度十一分按日累加大月一宮五度十七分小月初宮二十二度七分內二日四日六日九日十一十四十六十八二十一二十三二十六二十八三十日各減一分共減十三分　加倍相離度一日二十四度二十三分按日遞加大月初宮十一度二十七分小月十一宮十七度四分內五日十四日二十三日各減一分　本輪行度一日十三度四分按日遞加大月一宮一度五十七分小月十八度五十三分其中逢五皆減一分　羅計中心行度一日三分按日遞加大月一度三十五分小月一度三十二分內三日九日十五二十二十六日各增一分

月分立成中心行度大月一宮五度十七分小月二十二度七分按月加之十二月計十一宮十四度二十七分內三月七月十一月各增一分有閏日加十三度十一分　加倍相離度大月十一度二十七分小月十一宮十七度四分十二月計十一宮二十一度三分內二六十月各減一分有閏日加二十四度二十三分　本輪行度大月一宮一度五十七分小月十八度五十三分十二月計十宮五度〇分有閏日加十三度四分　羅計行度大月一度三十五分小月一度三十二分十二月十八度四十五分內三七十一月各增一分有閏日加三分

零年立成中心行度每年十一宮十四度二十七分三十年一宮八度十五分三十年閏十一日與太陽零年同下準此　倍離度每年十一宮二十一度三分三十年十一宮二十九度四十分閏日加二十四度二十三分　本輪行度每年十宮五度三十年九宮二十三度四十七分閏日加十三度四分　羅計行度每年十八度四十五分三十年六宮二十二度五十八分閏日加三分

總年立成中心行度第一年四宮二十八度四十九分六百年六宮八度四十二分每三十年加一宮八度十

五分一千四百四十年五宮二十九度四十七分　倍離度第一年一宮二十五度二十八分六百年一宮十八度三十三分每三十年加十一宮二十九度四十分一千四百四十年一宮九度二十一分　本輪行度第一年四宮十二度二分六百年八宮八度八分每三十年加九宮二十三度四十七分一千四百四十年六宮十四度九分　羅計行度第一年七宮二十三度六分六百年十一宮二度三十四分每三十年加六宮二十二度五十八分一千四百四十年八宮十五度五十分

總零年宮月日七曜立成造法

總年立成第一年起金六六百年起日一每三十年加五數零年立成起水四宮分立成金牛宮起火三月分立成起月二日期立成起日一求法有閏日滿歲用歲七曜不滿歲用月七曜併之得逐月末日七曜

太陽加減立成自行宮度爲引數原本宮縱列首行度橫列上行每三十度內減差又列加減分其加減分乃本度加減差與次度加減差之較也今去之止列加減差數將引數宮列上橫行度列首直行用順逆查之得數無異而簡捷過之月五星加減立成準此

引數順	初宮加減分	初宮差秒	一宮加減度	一宮加減分	一宮差秒	二宮加減度	二宮加減分	二宮差秒	三宮加減度	三宮加減分	三宮差秒
〇	〇〇	〇〇		五八	三五	一	四二	四五	二	〇〇	四三
一	二	〇二	一	〇〇	二二		三	四九			四六
二	四	〇四		二	〇八		四	五二			四七
三	六	〇六		三	五三		五	五三			四六
四	〇八	〇八		五	三七		六	五二			四三
五	一〇	一〇		七	二〇		七	四九			三八
六	一二	一二		〇九	〇一		八	四四			三〇
七	一四	一三		一〇	四一		四九	三七			二〇
八	一六	一五		二	二〇		五〇	二八	二	〇〇	〇八
九	一八	一六		三	五八		一	一七	一	五九	五三
一〇	二〇	一七		五	三五		二	〇四		五九	三六
一一	二	一七		七	一〇		二	五〇		九	一七
一二	四	一六		一八	四四		三	三四		八	五六
一三	六	一六		二〇	一七		四	一六		八	三三
一四	八	一五		一	四九		四	五六		八	〇八
一五	三〇	一五		三	一九		五	三四		七	四一
一六	二	一三		四	四七		六	〇九		七	一一
一七	四	一〇		六	一四		六	四二		六	三九
一八	六	〇七		七	四〇		七	一三		六	〇五
一九	八	〇三		二九	〇四		七	四二		五	二八
二〇	三九	五九		三〇	二七		八	〇九		四	四九
引數逆	十一宮		十宮			九宮			八宮		

太陰經度第一加減比敷立成以加倍相離宮度爲引數

太陰第二加減遠近立成以本輪行定宮度爲引數

土星第一加減比敷立成以小輪心宮度爲引數

三宮 加減度	三宮 減差分	三宮 比敷分	四宮 加減度	四宮 減差分	四宮 比敷分	五宮 加減度	五宮 減差分	五宮 比敷分	引數逆
[illegible]	[illegible]	[illegible]	[illegible]	[illegible]	[illegible]	[illegible]	[illegible]	[illegible]	[illegible]
八宮			七宮			六宮			

土星第二加減遠近立成（自行定宮度爲引數）

引數順	初宮 加減度	初宮 減差分	初宮 遠近分	一宮 加減度	一宮 減差分	一宮 遠近分	二宮 加減度	二宮 減差分	二宮 遠近分	三宮 加減度	三宮 減差分	三宮 遠近分	四宮 加減度	四宮 減差分	四宮 遠近分	五宮 加減度	五宮 減差分	五宮 遠近分
[illegible]	[illegible]	[illegible]	[illegible]	[illegible]	[illegible]	[illegible]	[illegible]	[illegible]	[illegible]	[illegible]	[illegible]	[illegible]	[illegible]	[illegible]	[illegible]	[illegible]	[illegible]	[illegible]
	十一宮			十宮			九宮			八宮			七宮			六宮		

木星第一加減比敷立成（小輪心宮度爲引數）

引數順	初宮 加減度	初宮 減差分	初宮 比敷分	一宮 加減度	一宮 減差分	一宮 比敷分	二宮 加減度	二宮 減差分	二宮 比敷分	三宮 加減度	三宮 減差分	三宮 比敷分	四宮 加減度	四宮 減差分	四宮 比敷分	五宮 加減度	五宮 減差分	五宮 比敷分	引數逆
[illegible]	[illegible]	[illegible]	[illegible]	[illegible]	[illegible]	[illegible]	[illegible]	[illegible]	[illegible]	[illegible]	[illegible]	[illegible]	[illegible]	[illegible]	[illegible]	[illegible]	[illegible]	[illegible]	[illegible]
	十一宮			十宮			九宮			八宮			七宮			六宮			

木星第二加減遠近立成（自行定宮度爲引數）

引數順	初宮 加減度	初宮 減差分	初宮 遠近分	一宮 加減度	一宮 減差分	一宮 遠近分	二宮 加減度	二宮 減差分	二宮 遠近分	三宮 加減度	三宮 減差分	三宮 遠近分	四宮 加減度	四宮 減差分	四宮 遠近分	五宮 加減度	五宮 減差分	五宮 遠近分	引數逆
[illegible]	[illegible]	[illegible]	[illegible]	[illegible]	[illegible]	[illegible]	[illegible]	[illegible]	[illegible]	[illegible]	[illegible]	[illegible]	[illegible]	[illegible]	[illegible]	[illegible]	[illegible]	[illegible]	[illegible]
	十一宮			十宮			九宮			八宮			七宮			六宮			

火星第一加減比敷立成（小輪心宮度爲引數）

引數順	初宮 加減度	初宮 減差分	初宮 比敷分	初宮 比敷秒	一宮 加減度	一宮 減差分	一宮 比敷分	一宮 比敷秒	二宮 加減度	二宮 減差分	二宮 比敷分	二宮 比敷秒	三宮 加減度	三宮 減差分	三宮 比敷分
[illegible]	[illegible]	[illegible]	[illegible]	[illegible]	[illegible]	[illegible]	[illegible]	[illegible]	[illegible]	[illegible]	[illegible]	[illegible]	[illegible]	[illegible]	[illegible]
	十一宮				十宮				九宮				宮		

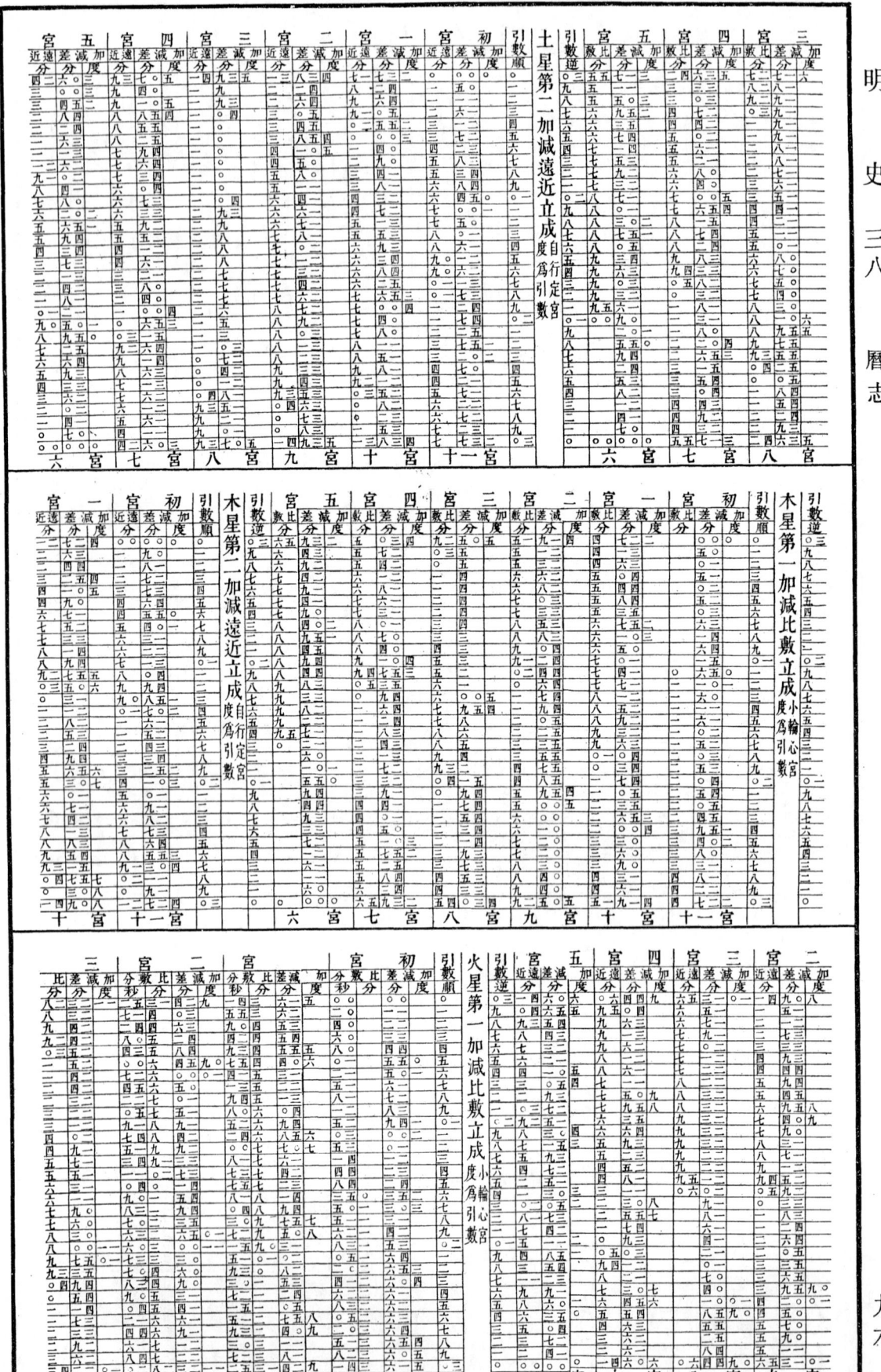

宮 敷分 秒	四宮 加減差 度	四宮 加減差 分	四宮 比敷分 分	四宮 比敷分 秒	五宮 加減差 度	五宮 加減差 分	五宮 比敷分 分	五宮 比敷分 秒	引數逆
二○	一○	二二	四三	三九	六	一六	五五	二八	三○
五二		一七	四	○七		○五	五	四四	九
二四		一二	四	三五	五	五四	六	○○	八
五六		○六	五	○三		四三		一五	七
二八	一○	○○	五	三○		三二		三○	六
○○	○九	五四	五	五四		二一	六	四五	五
三二		四八	六	二四	五	○九	七	○○	四
○四		四一	六	五一	四	五七		二五	三
三六		三四	七	一八		四五		二九	二
○七		二七	七	四五		三二		四三	一
三八		二○	八	一一		二○	七	五七	二○
○九		一三	八	三六	四	○八	八	一○	九
四○	九	○五	九	○一	三	五五		二二	八
一一	八	五七	九	二六		四三		三三	七
四二		四九	四九	五○		三一		四三	六
一三		四一	五○	一四		一八	八	五三	五
四四		三二	○	三八	三	○五	九	○○	四
一五		二三	一	○二	二	五二		○七	三
四六		一四	一	二六		三九		一三	二
一六	八	○五	一	五○		二六		一九	一
四六	七	五六	二	一三	二	一三		二四	一○
一六		四七	二	三六	一	五九		二九	九
四六		三七	二	五九		四六		三四	八
一六		二七	三	二一		三三		三九	七
四六		一七	三	四三		二○		四三	六
一六	七	○七	四	○四	一	○七		四七	五
四五	六	五七	四	二四	○	五四		五一	四
一四		四七	四	四三		四○		五四	三
四三		三六	五	○○		三七		五七	二
一○		二六	五	一六		二四	五九	五九	一
三九	○六	一六	五五	二八	○	○○	○○	○○	○
八	七宮				六宮				

火星第二加減遠近立成

自行定宮度爲引數

引數順	初宮 加減差 度	初宮 加減差 分	初宮 遠近 度	初宮 遠近 分	一宮 加減差 度	一宮 加減差 分	一宮 遠近 度	一宮 遠近 分	二宮 加減差 度	二宮 加減差 分	二宮 遠近 度	二宮 遠近 分	三宮 加減差 度	三宮 加減差 分	三宮 遠近 度	三宮 遠近 分	四宮 加減差 度	四宮 加減差 分	四宮 遠近 度	四宮 遠近 分	五宮 加減差 度	五宮 加減差 分	五宮 遠近 度	五宮 遠近 分	引數逆
○	○○	○○	○○	○○	一一	○九	一	二八	二一	四六	三	○七	三○	五四	五	一三	三六	三○	○八	二九	三一	五一	一三	○五	三○
一		二三		二		三一		三一	二	○六		一○	一	○九		二○		三四		三七	一	二一		一三	九
二	○	四六		五	一	五三		三四		二六		一四		二四		二六		三七		四六	○	五○		一九	八
三	一	○九		○八	二	一五		三七	二	四六		一八		四○		三二		四○	八	五四	三○	一五		二四	七
四		三一		一一	二	三七		四○	三	○六		二二	一	五五		三八		二	九	○二	二九	三七		二九	六
五	一	五四		一三	二	五九		四三		二六		二六	二	○九		四三		四		一○	八	五七		三三	五
六	二	一六		一六	三	二○		四六	三	四五		三○		二四		四八		五		一九	八	一五		三六	四
七	二	三九		一九	三	四一		五○	四	○五		三三		三八		五四		五		二八	七	三○		三八	三
八	三	○一		二三	四	○三		五三		二四		三七	二	五二	五	五九		四		三六	六	四四		三八	二
九		二三		二六		二五		五六	四	四四		四二	三	○七	六	○四		四二		四五	五	五六		三七	一
一○	三	四五		二九	四	四七	一	五九	五	○三		四六		二一		○九		三九	○九	五五	五	○六		三三	二○
一	四	○八		三一	五	○八	二	○三		二二		五○		三四		一五		三七	一○	○四	四	一三		二六	九
二		三一		三四		二九		○六		四○		五五		四七		二一		三四		一二	三	一七		一六	八
三	四	五三		三七	五	五○		○九	五	五九	三	五九	三	五九		二七		三○		二一	二	一八	三	○五	七
四	五	一五		四○	六	一二		一二	六	一七	四	○四	四	一一		三三		二五		三○	一	一五	二	五四	六
五		三七		四三		三三		一五		三六		○八		二三		四○		一八		四○	二○	一○	二	三七	五
六	五	五九		四六	六	五四		一八	六	五四		一二		三五		四七		一○	○	五○	一九	○三	二	一七	四
七	六	二二		四九	七	一六		二二	七	一三		一六		四六	六	五三	六	○○	一	○○	七	五四	一	五二	三
八	六	四四		五二		三七		二五		三一		二○	四	五六	七	○○	五	四九		一○	六	四二	一	二三	二
九	七	○六		五五	七	五八		二九	七	四八		二五	五	○七		○七		三七		二一	五	二八	○	四九	一
二○		二九		五八	八	一九		三三	八	○六		三○		一七		一三		二四		三一	四	一二	一○	一一	一○
一	七	五一		○二	八	四○		三六		二四		三四		二六		二○	五	一○		四一	二	五三	○九	二九	九
二	八	一四		○五	九	○○		四○		四一		三八		三五		二七	四	五五	一	五○	一	三三	八	四二	八
三		三六		○八		二一		四三	八	五九		四三		四三		三四		三八	二	○○	一○	一一	七	五○	七
四	八	五八		一一	一九	四二		四六	九	一六		四七	五	五二		四一	四	一九		一一	○八	四八	六	五三	六
五	九	二○		一四	二○	○二		五○		三二		五二	六	○○		四八	三	五八		二○	七	二三	五	五一	五
六	○九	四二		一六		二二		五三	二九	四九	四	五六		○八	七	五六		三六		三一	五	五七	四	四四	四
七	一○	○四		一九	○	四三	二	五七	三○	○五	五	○○		一五	八	○四	三	一二		四○	四	三○	三	三六	三
八		二六		二二	一	○四	三	○一		二一		○五		二一		一二	二	四七		四八	三	○一	二	二六	二
九	○	四八		二五		二五		○四		三八		○九		二六		二○	二	二○		五六	一	三一	一	一四	一
三○	一一	○九	○一	二八	二一	四六	三	○七	三○	五四	五	一三	三六	三○	八	二九	三一	五一	一三	○五	○○	○○	○○	○○	○
	十一宮				十宮				九宮				八宮				七宮				六宮				

金星第一加減比敷立成

小輪心宮度爲引數

引數順	初宮 加減差 度	初宮 加減差 分	初宮 比敷 分	一宮 加減差 度	一宮 加減差 分	一宮 比敷 分	二宮 加減差 度	二宮 加減差 分	二宮 比敷 分	三宮 加減差 度	三宮 加減差 分	三宮 比敷 分	四宮 加減差 度	四宮 加減差 分	四宮 比敷 分	五宮 加減差 度	五宮 加減差 分	五宮 比敷 分	引數逆
○		○○		○	五八	四	一	四三	一四	二	○一	二九	一	四六	四四	一	○二	五六	三○
一		二		一	○○	四		四	五		一	三○		五	五	一	○○	六	九
二		四			○二	四		五	五		一	○		四	五	○	五八	六	八
三		六			○四	四		六	五		一	一		三	五		五七	六	七
四		○八			○六	五		七	六		一	一		二	六		五五	七	六
五		一○			○七	五		八	六		○	二		一	六		五三	七	五
六		一二			○九	五		四九	七		○	二		四○	七		五一	七	四
七		一四	○		一一	六		五○	七		○	三		三九	七		四九	七	三
八		一六	一		一二	六		○	八		○	三		七	八		四七	七	二
九		一八	一		一四	六		一	八		○	四		六	八		四五	八	一
一○		二○	一		一六	六		二	九	二	○○	四		五	九		四三	八	二○
一		二二	一		一七	七		三	一九	一	五九	五		三	九		四一	八	九
二		二四	一		一九	七		四	二○		九	五		二	四九		三九	八	八
三		二六	一		二○	七		四	○		九	六		三○	五○		三七	八	七
四		二八	一		二二	八		五	一		八	六		二九	○		三四	八	六
五		三○	一		二三	八		六	一		八	七		八	一		三二	九	五
六		三二	一		二五	八		六	二		七	七		六	一		三○	九	四
七		三四	二		二六	九		七	二		七	八		五	一		二八	九	三
八		三六	二		二八	九		八	三		六	八		三	二		二六	九	二
九		三八	二		二九	○九		八	三		五	九		一	二		二四	九	一
二○		四○	二		三○	一○		九	四		五	三九		二○	二		二二	九	一○
一		四二	二		三二	○		九	四		四	四○		一八	三		二○	五○	九
二		四四	二		三三	一		九	五		三	○		六	三		一七	○	八
三		四六	二		三四	一	一	五九	五		三	一		五	四		一五		七
四		四八	三		三六	一	二	○○	六		二	一		三	四		一三		六
五		四九	三		三七	二		○	六		一	二		一	四		一一		五
六		五一	三		三八	二		○	七		五一	二		一○	五		○九		四
七		五三	三		三九	三		○	七		四九	三		○八	五		○七		三
八		五五	三		四一	三		○	八		八	三		六	五		○四		二
九		五七	三		四二	四		○一	九		七	四		四	五		○二		一
三○		五八	四	一	四三	一四	二	○一	二九	一	四六	四四	一	○二	五六	○	○○	○	○
	十一宮			十宮			九宮			八宮			七宮			六宮			

金星第二加減遠近立成

自行定宮度爲引數

引數順	初宮 加減差 度	初宮 加減差 分	初宮 遠近 分	一宮 加減差 度	一宮 加減差 分	一宮 遠近 分	二宮 加減差 度	二宮 加減差 分	二宮 遠近 分	三宮 加減差 度	三宮 加減差 分	三宮 遠近 度	三宮 遠近 分	四宮 加減差 度	四宮 加減差 分	四宮 遠近 度	四宮 遠近 分	五宮 加減差 度	五宮 加減差 分	五宮 遠近 度	五宮 遠近 分	引數逆
○	○○	○○	○○	一二	二二	一六	二四	二二	三三	三五	一六		五七	四三	二六	一	三四	四二	二○	二	四二	三○
一		二六	一	二	四七	六	四	四五	四		三六		八		三七		五	一	五五		五	九
二	○	五一	一	三	一二	七	五	○七	五	五	五五	○	五九		四八		七	一	二七		四七	八
三	一	一五	二	三	三六	八	五	三○	五	六	一五	一	○○	三	五八		三八	○	五六		五○	七
四	一	四○	二	四	○○	八	五	五三	六		三四		一	四	○七		四○	四○	二二		二	六
五	二	○五	三	四	二五	九	六	一五	七	六	五三		二		一五		二	三九	四四		四	五
六		三○	三	四	四九	一九	六	三八	八	七	一二		三		二二		四	九	○四		七	四
七	二	五四	四	五	一三	二○	七	○一	八		三一		四		二八		六	八	二一	二	五九	三
八	三	一九	四	五	三七	○	七	二三	三九	七	四九		五		三三		四八	七	三三	三	○一	二
九	三	四四	五	六	○一	一	七	四六	四○	八	○八		六		三八		五一	六	四一		三	一
一○	四	○九	五	六	二六	一	八	○九	一		二六		七		四三		三	五	四五		四	二○
一		三四	六	六	五○	二	八	三一	二	八	四三		八		四八		六	四	四五		四	九
二	四	五八	六	七	一四	三	八	五三	二	九	○○		○九		五二	一	五八	三	四○		五	八
三	五	二三	六	七	三八	三	九	一五	三		一八		一○		五七	二	○○	二	三一		六	七
四	五	四八	七	八	○二	四	九	三七	四		三五		二		五七		三	三一	一八		六	六
五	六	一三	七	八	二六	四	二九	五九	五	三九	五二		五		五八		五	二九	五九		五	五
六	六	三七	八	八	五○	五	三○	二○	六	四○	○九		六		五七		○七	八	三五		三	四
七	七	○二	八	九	一四	六	○	四二	六		二五		八		五五		一○	七	○四	三	○○	三
八		二七	九	一九	三八	六	一	○四	七		四二		一九		五二		二	五	二七	二	五五	二
九	七	五二	○九	二○	○一	七	一	二五	八		五八		二一		四八		四	三	四六		四八	一
二○	八	一六	一○	○	二五	八	一	四七	九	一	一四		二		四三		七	二	○○		三八	一○
一	八	四一	○	○	四九	八	二	○九	四九		二九		三		三七		一九	二○	○八		二五	九
二	九	○六	一	一	一三	九	二	三○	五○		四三		四		二九		二二	一八	○九	二	○九	八
三		三○	一	一	三六	二九	二	五一	一	一	五七		五		一九		四	六	○五	一	五二	七
四	○九	五五	二	二	○○	三○	三	一三	二	二	一一		七	四	○八		七	三	五七		三五	六
五	一○	二○	二	二	二四	一	三	三四	三		二四		八	三	五五		二九	一一	四五		一八	五
六	○	四四	三	二	四七	一	三	五五	四		三七		二九		四○		三二	○九	三○	一	○二	四
七	一	○九	四	三	一一	二	四	一六	五	二	五○		三一		二三		四	七	一二	○	四六	三
八	一	三四	四	三	三五	二	四	三六	五	三	○二		二	三	○四		七	四	五一		三○	二
九	一	五八	五	三	五八	三	四	五六	六		一四		三	二	四二		三九	二	二六		一五	一
三○	一二	二二	一六	二四	二二	三三	三五	一六	五七	四三	二六	一	三四	四二	二○	二	四二	○○	○○	○	○○	○
	十一宮			十宮			九宮			八宮				七宮				六宮				

水星第一加減比敷立成

小輪心宮度爲引數

引數順	初宮 加減差 度	初宮 加減差 分	初宮 比敷 分	一宮 加減差 度	一宮 加減差 分	一宮 比敷 分
○		○○		一	二七	○七
一		○三			三○	八
二		○七			三二	八
三		一○			三四	九
四		一三			三七	○九
五		一六			三九	一○
六		一九			四一	○
七		二二	○		四四	一
八		二五	一		四六	一
九		二八	一		四八	二
一○		三一	一		五一	二
一		三四	一		五三	三
二		三七	一		五五	三
三		四○	二		五七	四
四		四三	二	一	五九	五
五		四六	二	二	○一	五
六		四九	二		○三	六
七		五二	三		○五	七
八		五五	三		○七	七
九	○	五八	三		○九	八
二○	一	○一	四		一○	八
一		○四	四		一二	一九
二		○七	四		一三	二○
三		一○	五		一五	○
四		一二	五		一六	一
五		一五	五		一八	二
六		一七	六		一九	二
七		二○	六		二一	三
八		二三	六		二二	四
九		二五	七		二四	四
三○	一	二七	七	二	二五	二五
	十一宮			十宮		

二宮 加減差 度	二宮 加減差 分	二宮 比敷 分	三宮 加減差 度	三宮 加減差 分	三宮 比敷 分	四宮 加減差 度	四宮 加減差 分	四宮 比敷 分	五宮 加 度	五宮 減差 分	五宮 比敷 分	引數逆
二	二五	二五	二	四三	五○	二	二五	○○	一	二八	五五	三○
	七	六		二	○		二三			六	四	九
	二九	八		二	一		二二			三	四	八
	三○	八		二	二		二一			二○	四	七
	一	八		二	二		一九			一七	四	六
	一	二九		二	三		一八			一四	三	五
	二	三○		一	四		一六			一一	三	四
	三	一		一	四		一五	○○		○九	三	三
	四	二		一	五		一四	五九		○六	三	二
	五	三		一	五		一二	九		○四	二	一
	五	四		○	六		一○	九	一	○一	二	二○
	六	五		○	六		○八	九	○	五八	二	九
	七	六		四○	七		○六	九		五五	二	八
	七	六		三九	七		○五	九		五二	一	七
	八	七		九	七		○三	八		四九	一	六
	九	八		八	八	二	○一	八		四六	一	五
	三九	三九		八	八	一	五九	八		四三	一	四
	四○	四○		七	八		五七	八		四○	一	三
	○	一		六	八		五五	八		三七	一	二
	一	二		六	九		五三	八		三四	一	一
	一	二		五	九		五一	八		三一	一	一○
	二	三		五	九		四九	七		二八	○	九
	二	四		四	五九		四七	七		二五	○	八
	二	五		三	○○		四五	七		二二		七
	三	六		二			四三	六		一九		六
	三	七		一			四一	六		一六		五
	三	八		三○			三八	六		一三		四
	三	八		二八			三五	五		○九		三
	三	九		七			三三	五		○六		二
	三	四九		六			三一	五		○三		一
二	四三	五○	二	二五	○○	一	二八	五五	○	○○	五○	○
九宮			八宮			七宮			六宮			

水星第二加減遠近立成 自行定宮度爲引數

引數順	初宮 加減差 度	初宮 加減差 分	初宮 遠近 度	初宮 遠近 分	一宮 加減差 度	一宮 加減差 分	一宮 遠近 度	一宮 遠近 分	二宮 加減差 度	二宮 加減差 分	二宮 遠近 度	二宮 遠近 分	三宮 加減差 度	三宮 加減差 分	三宮 遠近 度
○		○○		○	七	三○	一	○○	一四	一○	二	○一	一八	四九	三
一		一五		二		四四		二		二二		三	八	五五	
二		三一		四	七	五九		五		三四		六	九	○一	
三	○	四六		六	八	一三		七		四五		○八		○六	
四	一	○一		○八		二七		○九	四	五六		一○		一一	
五		一六		一○		四一		一○	五	○七		一二		一六	
六		三二		二	八	五五		二		一八		一五		二一	
七	一	四七		四	九	○九		四		二九		一七		二五	
八	二	○二		六		二三		六		四○		一九		三○	
九		一七		一八		三七		一八	五	五○		二一		三四	
一○		三二		二○	○九	五一		二○	六	○○		二三		三八	
一	二	四七		二	一○	○五		二		一○		二五		四二	
二	三	○二		四		一八		四		二○		二七		四六	
三		一七		六		三二		六		三○		三○		四九	
四		三三		七		四六		二八		三九		三二		五二	
五	三	四八		二九	○	五九		三一		四九		三四		五四	
六	四	○三		三一	一	一三		三	六	五八		三七		五五	
七		一八		三		二六		五	七	○八		三九		五六	
八		三三		五		三九		七		一七		四一		五六	
九	四	四八		七	一	五二		三九		二六		四三		五六	
二○	五	○三		三九	二	○五		四一		三五		四五		五五	
一		一八		四一		一八		三		四四		四七		五五	
二		三三		三		三一		五	七	五二		四九		五四	
三	五	四八		五		四四		七	八	○○		五一		五四	
四	六	○三		七	二	五六		四九		○八		五四		五三	
五		一八		四九	三	○九		五一		一六		五八		五二	
六		三二		五一		二一		三		二三	二	五八		五○	
七	六	四七		三		三四		五		三○	三	○○		四七	
八	七	○一		五		四六		七		三六		○二		四三	
九		一六		五七	三	五八	一	五九		四三		○四		三九	
三○	七	三○	一	○○	一四	一○	二	○一	一八	四九	三	○六	一九	三五	三
	十一宮				十宮				九宮				宮		

三宮 近 分	四宮 加減差 度	四宮 加減差 分	四宮 遠 度	四宮 近 分	五宮 加減差 度	五宮 加減差 分	五宮 遠 度	五宮 近 分	引數逆
○六	一九	三五	三	五九	一三	三六	三	三五	三○
○八		三一	四	○○	三	一五		三一	九
一○		二六		一	二	五四		二七	八
一二		二○		二	二	三二		二二	七
一四		一四		三	二	一○		一八	六
一六		○八		四	一	四七		一三	五
一八	九	○一		四	一	二四		○八	四
二一	八	五四		五	○	五九	三	○二	三
二三		四六		五	○	三五	二	五七	二
二五		三八		六	一○	一○		五一	一
二七		二九		六	○九	四四		四五	二○
二九		二○		六	九	一八		三九	九
三一	八	一○		六	八	五一		三二	八
三三	七	五九		五	八	二四		二五	七
三五		四八		五	七	五七		一八	六
三七		三七		四	七	二九		一一	五
三九		二五		四	七	○一	二	○三	四
四一	七	一二		三	六	三三	一	五五	三
四三	六	五九		二	六	○四		四七	二
四四		四五		一	五	三五		三九	一
四六		三一	四	○○	五	○五		三一	一○
四七		一六	三	五九	四	三五		二二	九
四九	六	○一		七	四	○五		一三	八
五○	五	四五		五	三	三五	一	○四	七
五二		二八		三	三	○五	○	五六	六
五三	五	一一		五一	二	三四		四七	五
五四	四	五三		四八	二	○四		三七	四
五六		三五		五	一	三三		二八	三
五七	四	一六		四二	一	○二		一九	二
五八	三	五六		三九	○	三一		一○	一
五九	一三	三六	三	三五	○○	○○	○	○○	○
八	七宮				六宮				

明史卷三十九

志第十五

總裁官總理事務經筵講官少保兼太子太保保和殿大學士兼管吏部戶部尚書事加六級張廷玉等奉

敕修

曆九

回回曆法三

土星黃道南北緯度立成

上橫行以小輪心定度爲引數起五十度累加三度首直行以自行定度爲引數累加十度求法簡兩引數近度縱橫相遇度分次各用比例法得細率

自行定度	度	五○	五三
初	度	○二	
	分	○四	○○
一○	度	二	
	分	○七	○三
二○	度	二	
	分	一二	○八
三○	度	二	
	分	二二	一七
四○	度	二	
	分	三二	二八
五○	度	二	
	分	四二	三八
六○	度	二	
	分	四七	四一
七○	度	二	
	分	四五	四○
八○	度	二	
	分	三六	○三
九○	度	二	
	分	二五	一九
百	度	二	
	分	一五	一○
百一十	度	二	
	分	○九	○五
百二十	度	二	
	分	○四	○○

黃道南

小輪心定度

自行定度	度	五六	五九	○二	○五	○八	一一	一四	一七	二○
初	度	一		○○				一		二
	分	四五	二三	五四	二一	一四	四九	一九	四四	○○
一○	度	一		○				一		二
	分	四八	二五	五五	二一	一五	五一	二三	四八	○五
二○	度	一		○				一		二
	分	五二	二九	五八	二二	一六	五四	二七	五四	一二
三○	度		一	一	○			一	二	
	分	○一	三五	○二	二四	一七	五八	三四	○三	二三
四○	度		一	一	○		一		二	
	分	一○	四三	○七	二六	一八	○二	四一	一三	三四
五○	度		一	一	○		一		二	
	分	一九	四九	一一	二七	一九	○六	四八	二一	四四
六○	度		一	一	○		一		二	
	分	二二	五一	一二	二八	二○	○八	五○	二四	四七
七○	度		一	一	○		一		二	
	分	二一	四九	一一	二七	一九	○五	四六	一九	四一
八○	度		一	一	○		一		二	
	分	一二	四三	○七	二五	一八	○一	三九	○九	三○
九○	度		一	一	○			一		二
	分	○二	三五	○二	二四	一七	五六	三二	五九	一八
百	度	一		○				一		二
	分	五四	二九	五八	二二	一六	五二	二五	五一	○九
百一十	度	一		○				一		二
	分	五○	二五	五五	二一	一五	五○	二一	四六	○三
百二十	度	一		○				一		二
	分	四五	二三	五四	二一	一四	四九	一九	四四	○○

黃道

黃道北

二三	二六	二九	三二	三五	三八	四一	四四	四七	五○
	一		○			一			二
○四	五○	二五	四八	○六	三三	○九	二八	五六	○二
	一		○			一			二
○九	五三	二七	四九	○六	三五	一一	四○	五九	○五
	一		○			一		二	
一四	五八	三一	五一	○七	三八	一四	四五	○四	一一
		一	○			一		二	
二四	○七	三八	五五	○七	四三	一九	五二	一三	二○
		一	○			一	二		
三五	一七	四五	五九	○七	四九	二六	○二	二四	三二
		一		○		一	二		
四五	二五	五二	○三	○八	五五	三二	一○	三五	四三
		一		○		一	二		
四七	二八	五四	○四	○八	五八	三六	一五	四一	四九
		一		○		一	二		
四三	二四	五二	○三	○八	五七	三四	一三	三八	四六
		一	○			一	二		
三一	一五	四五	五九	○八	五一	二八	○五	二八	三六
		一	○			一		二	
二二	○五	三八	五五	○七	四五	二二	五六	一八	二五
	一		○			一		二	
一二	五七	三一	五一	○七	三九	一六	四七	○七	一四
	一		○			一		二	
○七	五三	二七	四九	○六	三六	一二	四二	○一	○七
	一		○			一			
○四	五○	二五	四八	○六	三三	○九	三八	五六	○二

黃道

木星緯度立成

同土星其小輪心定度起初度

黃道北　　黃道南

小輪心定度

自行定度	度	○	三	六	九	一二	一五	一八	二一	二四	二七	三○	三三	三六	三九	四二	四五	四八	五一
初	度	一	○									一	○						
	分	○一	五八	五一	三九	二三	○五	一三	三二	四六	五六	○○	五六	四六	三二	一三	○五	二三	三九
一○	度	一		○								一	○						
	分	○三	○○	五二	四○	二四	○五	一三	三三	四八	五八	○二	五八	四七	三三	一三	○五	二四	四○
二○	度	一		○							一			○					
	分	○七	○四	五六	四三	二六	○六	一五	三六	五一	○三	○六	○二	五一	三五	一四	○六	二五	四二
三○	度	一			○						一			○					
	分	一五	一一	○三	四八	三○	○六	一七	四一	五八	一一	一五	○九	五七	三九	一六	○六	二八	四七
四○	度	一			○					一					○				
	分	二四	二○	一一	五四	三三	○七	一九	四六	○六	二○	二五	一八	○四	四五	一八	○七	三二	五三
五○	度	一				○				一		○		一	○				
	分	三三	二八	一八	○○	三六	○八	二一	五一	一三	二九	三四	二八	一一	五○	二○	○八	三五	五七
六○	度	一	○		一	○				一		○		一	○				一
	分	三六	一三	二○	○一	三六	○八	二一	五三	一五	三二	三九	三二	一五	五二	二一	○八	三六	○一
七○	度	一			○					一		○		一	○				
	分	三三	二八	一七	五八	三五	○八	二○	五○	一二	二七	三四	二九	一三	五一	二一	○八	三六	五九
八○	度	一	○	一	○					一		○		一	○				
	分	二四	二○	○九	五三	三一	○七	一八	四五	○四	一八	二五	二○	○六	四六	一九	○七	三三	五四
九○	度	一	○	一	○						一			○					
	分	一五	一一	○二	四七	二八	○六	一六	三九	五七	○九	一五	一一	五八	四一	一七	○六	二九	四八
百	度	一		○								一	○						
	分	○七	○四	五六	四二	二五	○六	一四	三五	五一	二○	○六	○三	五一	三六	一五	○六	二六	四二
百一十	度	一		○								一	○						
	分	○三	○○	五三	四○	二四	○五	一三	三三	四七	五八	○二	五八	四八	三三	一三	○五	二四	四○
百二十	度	一	○									一	○						
	分	○一	五八	五一	三九	二三	○五	一三	三二	四六	五六	○○	五六	四六	三二	一三	○五	二三	三九

黃道　　黃道

北

〇六	七五	四五	度	自行定度
一		〇	度	初
一〇	八五	一五	分	
二		〇	度	〇一
三〇	九五	二五	分	
	一	〇	度	〇二
七〇	三〇	五五	分	
		一	度	〇三
五一	〇一	二〇	分	
		一	度	〇四
四二	九一	九〇	分	
二		〇	度	〇五
三三	七二	七一	分	
		一	度	〇六
六三	〇三	九一	分	
二	〇	一	度	〇七
三三	九二	八一	分	
一	〇	一	度	〇八
四二	一二	一一	分	
		一	度	〇九
二一	二一	三〇	分	
	一	〇	度	〇〇百
七〇	五〇	六五	分	
	一	〇	度	十一百
三〇	〇〇	二五	分	
二		〇	度	十二百
一〇	八五	一五	分	

火星緯度立成

引數上橫行小輪心定度累加二度
首直行自行定度累加四度

北　黃道　小輪心定度

三二	一二	九一	七一	五一	三一	一一	九	七	五	三	一	度	自行定度
											〇	度	初
四二	八一	〇一	三〇	五〇	三一	〇二	七二	一三	五三	八三	九三	分	
											〇	度	〇四
五二	九一	一一	三〇	五〇	四一	二二	九二	三三	七三	〇四	一四	分	
											〇	度	〇八
七二	〇二	二一	三〇	六〇	五一	三二	一三	五三	〇四	三四	四四	分	
											〇	度	二一
一三	三二	三一	四〇	六〇	六一	六二	三三	八三	三四	六四	七四	分	
											〇	度	六一
五三	六二	五一	四〇	七〇	八一	九二	八三	四四	八四	一五	三五	分	
											〇	度	〇二
一四	一三	八一	五〇	八〇	二二	三三	三四	九四	五五	八五	九五	分	
								〇			一	度	四二
九四	七三	一二	六〇	九〇	五二	九三	〇五	七五	四〇	八〇	九〇	分	
							〇				一	度	八二
八五	三四	五二	七〇	一一	八二	四四	七五	六〇	三一	九一	〇二	分	
一						〇					一	度	二三
七〇	一五	九二	九〇	三一	五二	四五	九〇	九一	六二	八二	九二	分	
	一				〇						一	度	六三
三二	二〇	六三	一一	五一	一四	三〇	二二	四三	四四	〇五	二五	分	
	一				〇			一			二	度	〇四
五四	八一	五四	三一	七一	七四	四一	五三	〇五	一〇	九〇	〇一	分	
二	一				〇		一				二	度	四四
二二	八三	七五	七一	〇二	四五	三二	七四	四〇	九一	八二	〇三	分	
	二	一		〇		一					二	度	八四
三二	四〇	二一	一二	三二	二〇	七三	五〇	五二	〇四	〇五	一五	分	
三	二	一		〇		一		二			三	度	二五
五三	三四	四三	八二	六二	一一	〇五	二二	四四	二〇	五一	八一	分	
四	三	一		〇	一		二				三	度	六五
六二	八一	三五	三三	九二	八一	三〇	九三	五〇	六二	一四	五四	分	
四	二	一		〇		一	二			二	四	度	〇六
九〇	八五	九三	九二	七二	三一	六五	四三	三〇	八二	二五	三〇	分	

黃道

南

九三	七三	五三	三三	一三	九二	七二	五二	度	自行定度
							〇	度	初
三一	〇二	七二	二三	四三	五三	三三	〇三	分	
							〇	度	〇四
三一	〇二	七二	二三	五三	六三	四三	一三	分	
							〇	度	〇八
三一	一二	八二	三三	六三	八三	七三	三三	分	
							〇	度	二一
四一	三二	〇三	六三	〇四	二四	一四	七三	分	
							〇	度	六一
五一	五二	四三	〇四	六四	八四	七四	二四	分	
							〇	度	〇二
八一	九二	七三	六四	一五	四五	三五	九四	分	
			〇			一	〇	度	四二
〇二	二三	四四	四五	二〇	五〇	五〇	九五	分	
		〇					一	度	八二
四二	〇四	四五	五〇	四一	七一	六一	〇一	分	
	〇						一	度	二三
九二	七四	三〇	六一	七二	一三	九二	二二	分	
	〇						一	度	六三
四三	五五	六一	八二	一四	九四	八四	一四	分	
〇			一				二	度	〇四
〇四	六〇	〇三	〇五	五〇	四一	四一	六〇	分	
〇		一					二	度	四四
〇五	二二	二五	七一	六二	八四	八四	七三	分	
	一		二				三	度	八四
二〇	三四	〇二	二五	七一	九二	八二	五一	分	
一		二	三				四	度	二五
八一	七〇	三五	四三	九〇	八二	九一	五一	分	
一	二	三	四				五	度	六五
〇四	五四	七四	三四	七二	一五	八四	三二	分	
二	三	四	五			六	五	度	〇六
〇一	三三	九四	〇五	三二	一四	〇一	〇二	分	

北　黃道

一六	度	自行定度	九五	七五	五三	三五	一五	九四	七四	五四	三四	一四
〇	度											
九三	分		〇四	九三	七三	五三	二三	五二	八一	〇一	二〇	五〇
〇	度	四〇										
一四	分		一四	〇四	七三	四三	一三	五二	八一	〇一	二〇	五〇
〇	度	八〇										
四四	分		四四	三四	〇四	七三	一三	六二	九一	一一	二〇	五〇
〇	度	二一										
七四	分		八四	六四	三四	九三	四三	八二	〇二	二一	二〇	六〇
〇	度	六一										
五五	分		二五	〇五	七四	二四	六三	〇三	二二	二一	三〇	六〇
〇	度	〇二										
九五	分		九五	七五	二五	七四	〇四	三三	四二	三一	三〇	七〇
一	度	四二			一							
九〇	分		八〇	五〇	〇〇	五五	六四	七三	七二	五一	三〇	八〇
一	度	八二				一						
〇二	分		八一	六一	〇一	三〇	二五	四四	一三	七一	三〇	〇一
一	度	二三					一					
九二	分		九二	七二	〇二	一一	二〇	一五	六二	〇二	四〇	二一
一	度	六三					一					
一五	分		〇五	四四	五三	三二	一一	六五	一四	三二	五〇	三一
二	度	〇四		二				一				
〇一	分		八〇	三〇	四五	二四	八二	二一	一五	八二	六〇	六一
二	度	四四			二			一				
〇二	分		八〇	四二	三一	九五	三四	三二	九五	三三	七〇	〇二
二	度	八四				二						〇
一五	分		九四	三四	一二	五一	八五	六三	九〇	八三	八〇	五二
三	度	二五		三			二		一			〇
八一	分		七一	九〇	五五	六三	五一	九四	八一	三四	九〇	一三
三	度	六五			三			二	一			〇
六四	分		四四	四三	九一	八五	四二	五〇	〇三	〇五	〇一	〇四
四	度	〇六	四				三	二	一			〇
三〇	分		七〇	九五	四四	一二	七三	二二	三四	七五	一一	二五

黃道

火星緯度立成

北　黃道　小輪心定度

七二	五二	三二	一二	九一	七一	五一	三一	一一	九〇	七〇	五〇	三〇	一〇	度	自行定度
六	五	四	二	一		〇		一	二			三	四	度	〇六
〇一	〇二	九〇	八五	九三	九二	七二	三一	六五	四三	三〇	八二	二五	三〇	分	
	四	三	二	一		〇		一		二			三	度	四六
八五	二一	三一	六一	六一	二二	三二	四〇	一四	四一	〇四	五〇	七二	九三	分	
	三	二	一				〇		二		二		三	度	八六
七四	二一	九二	七四	九五	七一	〇二	五五	八二	七五	一二	三四	四〇	四一	分	
三	一	二	一				〇		一				二	度	二七
一〇	六三	〇〇	五二	八四	四一	八一	八四	七一	二四	二〇	〇二	七三	六四	分	
	二		一				〇	一	〇	一			二	度	六七
四二	四〇	六三	九〇	八三	一一	四一	二四	七〇	九二	七四	三〇	九一	八二	分	
		一						〇			一		二	度	〇八
六五	九三	八一	五五	一三	九〇	三一	六三	七五	六一	二三	六四	〇〇	七〇	分	
		一	〇										一	度	四八
三三	二二	四〇	六四	六二	七〇	一一	九二	六四	一〇	五一	八二	二四	八四	分	
一	一								〇				一	度	八八
一二	〇一	五五	九三	二二	六〇	九〇	六二	一四	四五	四〇	五一	四二	八二	分	
一										〇			一	度	二九
八〇	九五	六四	三三	八一	五〇	八〇	二二	五三	七四	七五	五〇	三一	八一	分	
											〇		一	度	六九
七五	九四	九三	七二	五一	四〇	七〇	九一	〇三	〇四	八四	五五	三〇	七〇	分	
													〇	度	〇〇百
八四	二四	三三	四二	四一	四〇	六〇	七一	七二	五三	二四	九四	五五	八五	分	
													〇	度	四〇百
三四	七三	九二	一二	二一	三〇	六〇	五一	四二	二三	八三	三四	八四	一五	分	
													〇	度	八〇百
七三	三三	七二	九一	一一	三〇	五〇	四一	二二	九二	五三	〇四	五四	七四	分	
													〇	度	二一百
五三	一三	五二	八一	〇一	三〇	五〇	三一	一二	七二	三三	七三	二四	三四	分	
													〇	度	六一百
三三	〇三	四二	七一	〇一	三〇	五〇	三一	〇二	六二	一三	六三	九一	〇四	分	
													〇	度	〇二百
三三	〇三	四二	八一	〇一	三〇	五〇	三一	〇二	七二	一三	五三	八三	九三	分	

黃道

黃道　南

一六	九五	七五	五五	三五	一五	九四	七四	五四	三四	一四	九三	七三	五三	三三	一三	九二	度	自行定度
	四	三	〇		三	二	一			〇	二	三	四	五		六	度	〇六
三〇	七〇	九五	四四	一二	七三	二二	三四	七五	一一	二五	〇一	三三	九四	〇五	三三	一四	分	
					三	二		一	〇	一	二	三	四			五	度	四六
九三	〇五	〇五	一四	五三	三〇	二三	一五	二〇	二一	〇〇	六二	七四	一五	〇三	五四	三三	分	
				三		二	一			〇	二		三			四	度	八六
四一	一二	二二	六一	二〇	三四	六一	一四	六五	一一	二五	〇〇	四〇	〇五	五一	二四	三一	分	
						二	一			〇	一		二			三	度	二七
六四	四五	六五	三五	九三	四二	六〇	九二	九四	〇一	八三	一三	九一	六五	七一	六二	〇二	分	
					二		一			〇		一				二	度	六七
八二	三三	三三	九二	八一	四〇	三四	六一	二四	八〇	〇三	二一	二五	二二	八三	八四	九三	分	
				二			一				〇		一			二	度	〇八
七〇	二一	四一	一一	二〇	九四	一三	七〇	七三	七〇	四二	八五	九二	三五	七〇	二一	七〇	分	
						一					〇					一	度	四八
八四	三五	四五	二五	五四	二〇	八一	八五	二三	六〇	九一	六四	一一	一三	三四	七四	三四	分	
						一						〇				一	度	八八
八二	一三	二三	二三	八二	九一	七〇	九四	八二	五〇	六一	七三	七五	四一	五二	九八	八二	分	
					一							〇				一	度	二九
八一	一二	二二	八一	三一	六〇	五五	〇四	二二	四〇	三一	二三	〇五	三〇	二一	六一	五一	分	
				一									〇			一	度	六九
七〇	〇一	一一	九〇	四〇	八五	八四	六三	〇二	四〇	一一	七二	二四	四五	〇〇	三〇	三〇	分	
〇	一															〇	度	〇〇百
八五	〇〇	九五	九五	四五	九四	一四	一三	七一	三〇	九〇	三二	五三	四四	〇五	三五	三五	分	
																〇	度	四〇百
一五	三五	三五	二五	八四	三四	六三	七二	五一	三〇	八〇	九一	〇三	七三	四四	七四	七四	分	
																〇	度	八〇百
七四	八四	八四	七四	二四	八三	二三	三二	三一	三〇	七〇	七一	六二	四三	九三	〇四	一四	分	
																〇	度	二一百
三四	五四	四四	三四	九三	七三	九二	二二	三一	二〇	六〇	五一	三二	〇三	五三	七三	八八	分	
																〇	度	六一百
〇四	二四	一四	〇四	七三	四三	七三	〇二	一一	二〇	六〇	四一	一二	八二	二三	五三	六三	分	
																〇	度	〇二百
九三	〇四	九三	七三	五三	二三	五二	八一	〇一	二〇	五〇	三一	〇二	七二	一三	四三	五三	分	

黃道

金星緯度立成

引數自行定度累加三度
小輪心定度累加二度

北　小輪心定度

四一	二一	〇一	八〇	六〇	四〇	二〇	〇〇	度	自行定度
		一					〇	度	初
一一	〇一	三〇	八五	九四	一四	八二	三一	分	
			一				〇	度	〇三
二一	三一	〇一	六〇	八五	八四	八三	四二	分	
				一			〇	度	〇六
一一	四一	五一	二一	〇六	八五	〇五	六三	分	
					一		〇	度	〇九
九〇	四一	七一	七一	三一	七〇	八五	七四	分	
						一	〇	度	二一
一〇	四一	八一	〇二	八一	四一	九〇	八五	分	
〇							一	度	五一
七五	一一	八一	一二	三二	三二	八一	九〇	分	
							一	度	八一
七四	八〇	五一	二二	七二	六二	七二	九一	分	
	〇						一	度	一二
九三	九五	二一	二二	九二	三三	四三	九二	分	
	〇						一	度	四二
一三	五五	九〇	九一	一三	九三	二四	九三	分	
	〇						一	度	七二
一二	五四	四〇	七一	八三	二四	八四	八四	分	
	〇						一	度	〇三
一一	一四	一〇	九〇	四三	七四	六五	八五	分	
			〇		一		二	度	三三
七〇	五三	一五	九五	二三	八四	四〇	六〇	分	
			〇		一		二	度	六三
五二	九一	九三	八四	八二	九四	六〇	五一	分	
			〇		一		二	度	九三
八四	七一	四二	七二	二二	五四	八二	二二	分	
一			〇		一		二	度	二四
七一	五四	三〇	七一	八〇	八三	五〇	五二	分	

南道黃北　北

北

二○	○○	度	自行定度
	二	度	二四
五○	五二	分	
	二	度	五四
○○	八二	分	
一	二	度	八四
八四	五二	分	
一	二	度	一五
四二	七一	分	
○	一	度	四五
○五	七五	分	
○	一	度	七五
七○	五一	分	
一	○	度	一六
九一	三一	分	
二	○	度	三六
七○	九四	分	
二	一	度	六六
二三	一三	分	
二	一	度	九六
七三	一五	分	
二	一	度	二七
一三	九五	分	
	二	度	五七
五二	二○	分	
二	一	度	八七
五一	九五	分	
二	一	度	一八
六○	六五	分	
	一	度	四八
四五	九四	分	

南

金星緯度立成

北道黃南　　南　　南道黃北

○六	八五	六五	四五	二五	○五	八四	六四	四四	二四	○四	八三	六三	度	自行定度	四三	二三	○三	八二	六二	四二	二二	○二	八一	六一
					○					一		○	度	初						○				
三一	二○	九一	四三	八四	九五	六○	一一	二一	八○	○○	八四	二三	分		七一	○○	三一	八二	三四	四五	二○	八○	二一	二一
					○	一						○	度	三○							○			
四二	○一	八○	四二	○四	六五	三○	○一	二一	一一	四○	六五	二四	分		八二	三一	二○	七一	二三	四四	四五	二○	九○	一一
						○					一	○	度	六○								○		
六三	二二	五○	二一	一三	四四	一五	六○	一一	三一	九○	二○	一五	分		八三	四二	○一	五○	八一	二三	六四	四五	四○	九○
						○					一	○	度	九○									○	
七四	四三	六一	一○	九一	五五	○五	一一	八○	二一	○一	六○	七五	分		六四	三三	一二	七○	八○	二二	六三	六四	八五	四○
							○					一	度	二一										○
八五	六四	八二	一一	八○	四二	一四	四五	三○	八○	○一	八○	一○	分		四五	三四	二三	九一	四○	○一	四二	六三	八四	七五
一								○				一	度	五一	一									
九○	七五	○四	三二	三○	四一	二三	六四	七五	五○	九○	○一	六○	分		○○	二五	三四	一三	六一	一○	六○	七二	一四	一五
		○										二	度	八一										
九一	○一	五五	七三	八一	一○	九一	四三	八四	九五	六○	九○	九○	分		五○	○○	三五	四四	九一	七一	八○	二一	九二	○四
		一							○	一		○	度	一二										
九二	二二	八○	一五	三三	四一	六○	三二	九三	二五	二○	八○	一一	分		○一	八○	三○	六五	二四	一三	二二	二○	七二	九二
												一	度	四二				一						
九三	四三	一二	六○	七四	九二	七○	三一	○三	五四	八五	七○	四一	分		六一	六一	三一	八○	六五	六四	一三	六一	三○	八一
				一						○		一	度	七二					一					
八四	四四	二三	九一	一○	三四	○二	一○	九一	七三	一五	四○	三一	分		九二	二二	二二	八一	九○	九五	四四	九二	八○	七○
				一						○		一	度	○三						一				
八五	七五	六四	三三	六一	七五	三三	二一	九○	八二	六四	二○	五一	分		三二	○三	二三	○三	四二	三一	八五	三四	一二	○一
		二			一						○	一	度	三三								一		
六○	七○	一○	○五	四三	七一	一五	九二	七○	六一	七三	五五	一一	分		四二	五三	○四	二四	九三	○三	七一	一○	九三	一二
			二			一					○	一	度	六三								一		
五一	○二	五一	八○	四五	七三	三一	八四	五三	一○	四二	五四	七○	分		三二	○四	九四	五五	五五	八四	七二	二二	九五	一四
				二			一					○	度	九三										一
二二	二三	○三	七二	五一	九五	四三	一一	六四	○二	八○	三三	九五	分		○二	二四	六五	六○	一一	七○	八五	五五	二二	四○
						二		一				○	度	二四			一					二		
五二	一四	五四	六四	八三	五二	一○	○四	四一	六四	五一	五一	六四	分		二一	九三	九五	五一	八二	八二	三二	三一	○五	二三

北　　北道黃南　　南

北道黃南

四五	二五	○五	八四	六四	四四	二四	○四	度	自行定度
一			二		一		○	度	二四
六四	八三	五二	一○	○四	四一	六四	五一	分	
	三	二	○	二		一	○	度	五四
八○	六○	七五	五三	四一	六四	八五	四四	分	
			三			二	一	度	八四
二三	八三	四三	四一	七五	三三	二○	五二	分	
三			四			三	二	度	一五
八五	八一	二二	九○	四五	三三	一○	一二	分	
	四			五		四	三	度	四五
七二	八五	四一	○一	三○	六四	六一	四三	分	
四		五			六	五	四	度	七五
九三	三○	九五	二一	五一	六○	一四	八五	分	
四	五		六		七		六	度	一六
四二	三三	一二	○五	九○	三一	八五	一二	分	
三	四	五					六	度	三六
八○	三二	八○	○○	九二	六四	三四	一二	分	
一	二	三	四				五	度	六六
九四	六五	九四	一三	○一	四三	一四	五三	分	
○	一	二		三			四	度	九六
八四	五四	一三	六一	二五	○二	六三	○四	分	
	○	一		二			三	度	二七
四○	○五	○三	一一	六四	五一	六三	七四	分	
		○		一		二	三	度	五七
六二	二一	七四	二二	五五	五二	六四	四○	分	
			○		一		二	度	八七
七四	四一	五一	八四	八一	七四	一一	一三	分	
一				○		一	二	度	一八
○○	六三	一一	○二	八四	五一	○四	一○	分	
二					○	一	○	度	四八
九○	七四	七二	一○	五二	○五	五一	六三	分	

南道黃北

南　　道黃北

														小輪心定度					
八三	六三	四三	二三	○三	八二	六二	四二	二二	○二	八一	六一	四一	二一	○一	八○	六○	四○	度	自行定度
	○			一					二			一			○		一	度	二四
五一	六四	二一	九三	九五	五一	八二	八二	三二	三一	○五	二三	七一	五四	三○	七二	八○	八三	分	
		○	一								二		一			○	一	度	五四
一一	六二	九五	五三	二○	六二	四四	二五	三五	九五	四二	六○	六五	○二	四二	○○	五四	五二	分	
		○		一	二					三			二	一		○	一	度	八四
一五	三○	九三	三二	九五	二三	三○	六二	八三	三二	七○	一五	六四	七○	四○	八三	四二	四○	分	
一		○		一	二		三			四			三		一		○	度	一五
七三	四四	七○	三○	一五	四三	八一	七五	二二	二一	八二	八四	二五	二一	八五	三三	○三	○三	分	
二	一		○	一	二	三			四			五	四	三	二	一	○	度	四五
五四	三四	二四	九二	一三	○三	二三	九一	一五	四三	八○	○○	九○	○三	一四	○二	一三	八一	分	
四	三	一		○	二	三	四	五				六	五	四	三	二	一	度	七五
○○	六○	九四	六二	九四	三○	五二	四三	七二	○○	六一	七一	○三	七四	五三	○四	五一	八二	分	
五	四	三	一	○	一	二	四	五	六			七		六	五	四	二	度	一六
○三	六二	九○	八三	三一	三一	八四	八○	四二	九二	三○	五一	一一	○五	一○	○○	七○	三四	分	
五	四	三	二	一	○	一	二		四					六	五	四	三	度	三六
五四	二五	七四	九二	五一	七○	七二	二四	六二	二五	七一	九三	五一	九○	五○	三二	一二	七一	分	
五	四	三	二	一		○	一		三	四	六			五		四	三	度	六六
四一	一四	四五	六五	七五	八四	○二	五二	二○	八二	三五	二二	三○	八○	三二	七五	九二	三二	分	
	四		三	二	一		○	一	二	三	四	三			四		三	度	九六
二三	五一	四四	二○	七一	九二	九二	○四	八四	二四	四三	四○	四五	七○	三三	九一	三四	二一	分	
		三		二		一		○	一			二				三	二	度	二七
八四	四四	三二	八五	五二	九四	一○	六○	二五	九三	八二	七五	七五	四一	三四	八三	四一	六五	分	
		三			二	一			○	一			二	三			二	度	五七
三一	六一	六○	五二	八二	一○	一二	八三	二一	三五	九三	六○	四一	三三	三○	四五	○五	○四	分	
					二	一			○				一				二	度	八七
三四	二五	○五	一四	五二	五○	一三	八五	五一	九○	三○	九二	○四	九五	九二	五三	八二	三二	分	
					二		一				○		一				二	度	一八
七一	○三	三三	二三	二二	八○	○四	七一	四四	七○	三三	七五	○一	一三	○○	二○	八○	八○	分	
一					二		一					○					一	度	四八
四五	○一	八一	一二	五一	五○	四四	三二	二五	四二	二○	四三	八四	九○	七三	七四	○五	三五	分	

北　道黃　南　　南

北　道黃　南

二四	○四	八三	六三	四三	二三	○三	八二	六二	四二	二二	○二	八一	六一	四一	二一	○一	八○	度	自行定度
一							二		一				○		一		二	度	一八
○四	一○	七一	○三	三三	二三	二二	八○	○四	七一	四四	七○	三三	七五	○一	一三	○○	二○	分	
		一					二		一					○			一	度	四八
五一	六三	四五	○一	八一	一二	五一	五○	四四	三二	二五	四二	二○	四三	八四	九○	七三	七四	分	
○						一	二			一					○		一	度	七八
三五	六一	四三	二五	二○	八○	六○	一○	六四	九二	二○	八三	七○	四二	九二	八四	五一	七二	分	
	○									一						○	一	度	○九
三三	六五	五一	五三	七四	六五	八五	七五	六四	三三	一一	八四	四二	三○	二一	一三	五五	八○	分	
	○								一	一							○	度	三九
五一	一四	○○	九一	二三	四四	八四	八四	一四	○三	二一	二五	一三	四一	一○	七一	○四	三五	分	
		○									一						○	度	六九
六○	九二	七四	六○	一二	五三	九三	一四	七三	二三	六一	四○	○四	五二	三一	四○	六二	八三	分	
			○								一						○	度	九九
六○	三一	二三	三五	八○	二二	九二	三三	二三	九二	七一	八○	七四	四三	三二	九○	四二	五二	分	
				○							一						○	度	二○百
九一	一○	八一	九三	○五	○一	九一	五二	八二	六二	八一	九○	五五	四四	六四	一二	一○	一一	分	
					○							一					○	度	五○百
二三	六○	四○	四二	一四	八五	九○	七一	三二	六二	一二	三一	三○	四五	六四	二三	五一	四○	分	
					○								一				○	度	七○百
二四	六二	九○	一一	八二	五四	八五	九○	六一	一二	八一	五一	八○	一○	三五	二四	八二	八一	分	
						○											○	度	一一百
一五	七三	一二	一○	五一	三三	七四	○○	九○	五一	七一	七一	一一	七○	一○	二五	九三	九二	分	
○														一			○	度	四一百
八五	五四	一三	三一	四○	二二	六二	○五	二○	九○	三一	六一	三一	○一	六○	八五	九四	一四	分	
一	○														一		○	度	七一百
四○	三五	一四	四二	八○	○一	四二	九三	二五	二○	八○	三一	三一	二一	九○	五○	七五	九四	分	
	一								○	一							○	度	○二百
八○	○○	八四	二三	七一	○○	三一	八二	三四	四五	二○	八○	二一	二一	一一	○一	三○	八五	分	

南道黃　　北

南

小輪心定度					
六○	四○	二○	○○	度	自行定度
		二	一	度	一八
八○	八○	六○	六五	分	
			一	度	四八
○五	三五	四五	九四	分	
			一	度	七八
二三	九三	一四	○四	分	
			一	度	○九
六一	四二	○三	二三	分	
			一	度	三九
二○	○一	八一	二二	分	
○			一	度	六九
八四	○○	八○	三一	分	
		○	一	度	九九
六三	五四	六五	三○	分	
			○	度	二○百
三二	三三	四四	三五	分	
			○	度	五○百
○九	八一	一三	二四	分	
			○	度	八○百
四○	六○	九一	二三	分	
			○	度	一一百
六一	六○	七○	一二	分	
			○	度	四一百
九二	八一	四○	一一	分	
			○	度	七一百
九三	九二	六一	二○	分	
				度	○二百
九四	一四	八一	三一	分	

北　道黃

金星緯度立成

北

○六	八五	六五
五二	一四	五四
	二	
八二	一五	二○
	二	
五二	七五	七一
二		
七一	三○	四三
一	二	
七五	○五	四四
一	二	三
五一	四三	八三
○	一	三
三一	四四	五○
	○	一
九四	二三	○五
一		○
○三	四五	○四
	一	
一五	○○	八○
	一	
九五	二二	一四
二		一
二○	四三	三○
		一
九五	九一	六一
七五	二四	三二
九四	九三	六二

南

南　南道黃北

○六	八五	六五	四五	二五	○五	八四	六四	四四	度	自行度
			一				○	一	度	一八
六五	二四	三二	○○	六三	一一	○二	八四	五一	分	
			一					○	度	四八
九四	九三	六二	九○	七四	七二	一○	五二	○五	分	
			一					○	度	七八
○四	四三	五二	三一	七五	九三	六一	七○	○三	分	
				一				○	度	○九
二三	○三	五二	七一	四○	一五	一三	一一	一一	分	
				一				○	度	三九
二二	七二	○二	五一	六○	五五	八三	一二	二○	分	
				一				○	度	六九
三一	六一	○二	三一	八○	九五	六四	一三	三一	分	
					一			○	度	九九
三○	八○	一一	一一	九○	三○	二五	九三	四二	分	
○					一			○	度	二○百
三五	○○	五○	九○	九○	五○	八五	七四	四三	分	
	○					一		○	度	五○百
三四	二五	一○	七○	○一	九○	五○	七五	六四	分	
		○					一	○	度	八○百
二三	三四	三○	二○	八○	○一	八○	三○	五五	分	
			○					一	度	一一百
一二	三三	六四	七五	六○	九○	一一	八○	二○	分	
			○					一	度	四一百
○一	四二	七三	○五	一○	八○	二一	○一	六○	分	
				○				一	度	七一百
○○	二一	七二	一四	五五	三○	○一	二一	○一	分	
					○			一	度	○二百
三一	二○	九一	四三	八四	九五	六○	一一	二一	分	

北道　黃南

水星緯度立成 引數法同金星

南
小輪心定度

○一	八	六	四	二	○	度	自行定度
				一	○	度	初
八三	五三	七二	六一	二○	五四	分	
				一	○	度	三
六四	四四	九三	○三	六一	九五	分	
					一	度	六
三五	四五	○五	二四	一三	五一	分	
一		二			一	度	九
八五	一○	○○	六五	四四	九二	分	
			二		一	度	二一
○○	六○	九○	六○	八五	五四	分	
二				二	一	度	五一
九五	八○	四一	五一	○一	八五	分	
					二	度	八一
○○	一一	一二	四二	○二	○一	分	
一					二	度	一二
三五	九○	一二	八二	九二	二二	分	
	一				二	度	四二
七四	四○	一二	○三	四三	一三	分	
	一				二	度	七二
七三	七五	○二	三三	二四	二四	分	
	一				二	度	○三
八二	一五	七一	六三	七四	一五	分	
	一				二	度	三三
一一	八三	○一	三三	七四	七五	分	
○		一			二	度	六三
二五	三二	九五	五二	七四	九五	分	
		一		二	三	度	九三
一三	五○	五四	六一	三四	○○	分	
	○	一			二	度	二四
五○	三四	七二	二○	五三	六五	分	

黃南　南

六二	四二	二二	○二	八一	六一	四一	二一	度	自行定度
							一	度	初
三二	一二	一四	五四	六四	五四	四四	四四	分	
							一	度	三
六○	一二	一三	六三	二四	四四	六四	八四	分	
○							一	度	六
九四	五○	七一	五二	五三	二四	七四	二五	分	
	○					一	○	度	九
二三	八四	三○	四一	九二	九三	六四	四五	分	
			○				一	度	二一
○一	九二	五四	八五	六一	○三	○四	三五	分	
			○				一	度	五一
七○	一一	八二	二四	四○	○二	四三	八四	分	
				○			一	度	八一
五二	八○	一一	六二	一五	九○	七二	五四	分	
					○		一	度	一二
五四	九二	一一	七○	二三	四五	四一	五三	分	
一						○	一	度	四二
一○	八四	○三	二一	五一	八三	九五	三二	分	
	一					○	一	度	七二
一二	九○	二五	四三	六○	○二	四四	○一	分	
		一					○	度	○三
八三	○三	三一	六五	七二	○○	七二	七五	分	
			一				○	度	三三
五五	○五	六三	○二	○五	二二	五○	八三	分	
	二			一			○	度	六三
八○	八○	七五	三四	五一	七四	八一	五一	分	
			二		一		○	度	九三
○二	五二	九一	七○	一四	四一	五四	七○	分	
				二		一	○	度	二四
○三	○四	九三	二三	八○	二四	二一	六三	分	

北道

北　道黃　南

自行定度	六四	四四	二四	○四	八三	六三	四三	二三	○三	八二
初				一					○	
	一四	四四	六三	一二	九五	五三	五○	一二	五四	七○
三					一					○
	九三	五四	○四	七二	八○	五四	七一	八○	一三	○五
六					一					
	三三	三四	二四	二三	六一	六五	○三	七○	五一	二三
九						一				
	九二	一四	三四	六三	三二	六○	三四	○二	一○	三一
二一						一				
	八一	四三	九三	六三	七二	三一	三五	四三	五一	八○
五一							一			
	七○	六二	四三	四三	八二	八一	二○	五四	八二	四二
八一	○						一			
	五五	七一	八二	二三	九二	二二	○一	六五	○四	一四
一二	○							一		
	八三	三○	六一	五二	五二	一二	三一	四○	二五	九四
四二		○								
	一二	八四	五○	六一	九一	八一	六一	八○	一○	四一
七二			○							
	二○	○三	九四	五○	一一	六一	七一	六一	二一	○三
○三				○						
	九一	三一	四三	二五	三○	一一	八一	○二	一二	五四
三三					○					
	二四	○一	五一	五三	九四	一○	四一	一二	六二	八五
六三	一					○			一	
	六○	五三	八○	五一	二三	九四	七○	八一	九二	四○
九三		一					○		一	
	三三	一○	五三	八○	三一	四三	五五	三一	○三	三一
二四	三		一				○		一	
	一○	○三	二○	七三	一一	四一	一四	五○	六二	六一

南　道黃　北

南　道黃　北

○六	八五	六五	四五	二五	○五	八四	度	自行定度
				○		一	度	初
五四	四二	四○	○三	五五	八一	二三	分	
一				○		一	度	三
三○	一四	二一	四一	四四	八○	六二	分	
	一				○	一	度	六
一三	○○	○三	一○	九二	七五	七一	分	
	一				○	一	度	九
九三	八一	八四	○二	五一	五四	九○	分	
		一				○	度	二一
九五	九三	九○	○四	四○	八二	五五	分	
二		一				○	度	五一
四一	六五	六二	七五	一二	二一	一四	分	
	二		一			○	度	八一
九二	二一	四四	六一	九三	五○	六二	分	
		二		一		○	度	一二
四四	○三	四○	七三	○○	四四	七○	分	
		二			一	○	度	四二
五五	四四	○二	四五	九一	六○	一一	分	
	三		二		一	○	度	七二
八○	○○	九三	五一	○四	八二	二三	分	
	三			二	一	○	度	○三
九一	四一	七五	六三	一○	八二	四五	分	
		三			二	一	度	三三
七二	六二	二一	四五	四二	二五	八一	分	
			三		二	一	度	六三
九二	三三	四二	二一	四四	五一	一四	分	
				三		二	度	九三
○三	九三	五三	七二	三○	八三	七○	分	
					三	二	度	二四
六二	二四	四四	○四	二二	一○	四三	分	

南

水星緯度立成

北　道黃　南　南
小輪心定度

四一	二一	○一	八○	六○	四○	二○	○○	度	自行定度
一			○	一			二	度	二四
二一	六三	○五	三四	七二	二○	五三	六五	分	
	一		○		一		二	度	五四
四四	八○	五二	六一	四○	五五	○二	七四	分	
二	一			○	一		二	度	八四
六一	一四	七五	七一	四三	八一	一○	三三	分	
	二	一			○	一	二	度	一五
七四	五一	一三	○五	二○	八四	八三	三一	分	
三		二	一		○		一	度	四五
八一	九四	八○	七二	三三	六一	八○	八四	分	
	三	二		一		○	一	度	七五
二四	六一	○四	九五	八○	九一	四三	七一	分	
		三	二	一			○	度	○六
七五	八三	五○	八二	八三	二五	一○	五四	分	
		三		二	一		○	度	三六
九五	七四	一二	八四	三○	○二	一三	三一	分	
		三		二	一		○	度	六六
一五	四四	六二	九五	一二	二四	八五	八一	分	
			三	二		一	○	度	九六
三三	三三	三二	一○	一三	七五	八一	三四	分	
		三			二		一	度	二七
五○	二一	○一	四五	一三	五○	二三	三○	分	
					二		一	度	五七
九三	○五	三五	二四	七二	八○	一四	七一	分	
					二		一	度	八七
九○	二五	三三	七二	八一	五○	五四	六二	分	
	一			二			二	度	一八
一四	七五	○一	八○	五○	七五	一四	○三	分	
							一	度	四八
三一	二三	八四	九四	○五	六四	八三	九二	分	

北

南道黃北

○五	八四	六四	四四	二四	○四	八三	六三	四三	二三	○三	八二	六二	四二	二二	○二	八一	六一	度	自行定度
三		二		一				○		一						二	一	度	二四
一○	四三	一○	○三	二○	七三	一一	四一	一四	五○	六二	六一	○三	○四	九二	二三	八○	二四	分	
	三		二		一				○	一							二	度	五四
三二	○○	○三	一○	四三	五○	九三	一一	一二	九四	七一	二一	三四	二五	七五	五五	三六	三一	分	
	三		二			一			○	一			二			三	二	度	八四
九二	二二	七五	三三	八○	八三	二一	一四	五○	○三	三○	二○	○三	八五	○一	四一	二○	三四	分	
			三	一	二		一			○	一		二				三	度	一五
二五	一四	一二	四○	○四	二一	五四	五一	五三	三○	三四	六四	二二	七五	六一	八二	四二	一一	分	
四				三		二		一		○	一		二				三	度	四五
二○	八五	六四	二三	四一	九四	二二	○五	八○	七二	八一	七一	七○	一五	○二	一四	五四	八三	分	
		四			三		二		一		○		二				三	度	七五
○○	三○	○○	三五	九三	九一	四五	四二	三四	○○	三一	○五	二四	五三	二一	二四	四五	五五	分	
	三		四			三		二	一		○	一		二		三	四	度	○六
六四	八五	三○	三○	七五	一四	○二	三五	五一	三三	五四	二一	○一	七○	三五	○三	四五	○四	分	
		三		四			三		二	一	○		一	二		三	四	度	三六
三二	三四	六五	六五	四○	四五	○四	六一	二四	五○	七一	七二	三三	五三	六三	○一	三四	○○	分	
二								三	二		一		○	一	二		三	度	六六
○五	六一	五三	五三	七五	六五	八四	二三	三○	一三	八四	八○	八○	六五	○五	九三	九一	三四	分	
	二							三		二	一		○	一		二	三	度	九六
四二	四四	○一	一三	三四	九四	七四	八三	八一	一五	三一	二四	五四	六一	三一	四○	○五	一二	分	
一		二							三		二	一		○	一		二	度	二七
六三	五○	四三	三○	九一	一三	七三	五三	五二	四○	三三	二一	一二	三二	四三	五二	四一	八四	分	
○	一			二					三		二	一			○	一	二	度	五七
八五	一三	三○	五三	五五	三一	四二	九四	四二	二一	八四	七三	一五	五五	二○	九四	一四	七一	分	
	○	一			二				三			二	一		○		一	度	八七
五二	八五	○三	二○	七二	○五	八○	七一	○二	四一	六五	五五	五一	五二	四三	六一	八○	六四	分	
	○		一			二					三	二		一		○	一	度	一八
三○	八二	○○	二三	○○	五二	六四	二○	二一	二一	○○	六○	一三	七四	○○	四一	七三	六一	分	
		○		一			二		三	二	三		二	一			○	度	四八
八二	二○	二三	○四	三二	一○	五二	六四	一○	六○	九五	一一	二四	四○	三二	八三	○一	八四	分	

北道黃南　南　道黃　北

南

○六	八五	六五	四五	二五	度	自行定度
				三	度	二四
六二	二四	四四	○四	二二	分	
				三	度	五四
五一	七三	七四	九四	八三	分	
二				三	度	八四
七五	五二	二四	三五	九四	分	
二				三	度	一五
三三	七○	三三	九四	四五	分	
	二			三	度	四五
二○	二四	六一	○四	五五	分	
一		二		三	度	七五
五二	八○	○五	四二	三四	分	
○	一		二	三	度	○六
五四	一三	七一	一五	二二	分	
	○	一		二	度	三六
五○	一五	九三	六一	四五	分	
		○	一	二	度	六六
二三	一一	九五	六三	七一	分	
一	○			一	度	九六
三○	四二	一二	八五	八三	分	
一			○	一	度	二七
七二	三五	三一	○二	○○	分	
	一			○	度	五七
五四	七一	二四	二一	四二	分	
		一		○	度	八七
六五	三三	五○	○四	六○	分	
			一	○	度	一八
○○	四四	一二	二○	一三	分	
一				○	度	四八
九五	八四	一三	七一	○五	分	

北

水星緯度立成

度	自行定度
度	一八
分	
度	四八
分	
度	七八
分	
度	○九
分	
度	三九
分	
度	六九
分	
度	九九
分	
度	二○百
分	
度	五○百
分	
度	八○百
分	
度	一一百
分	
度	四一百
分	
度	七一百
分	
度	○二百
分	

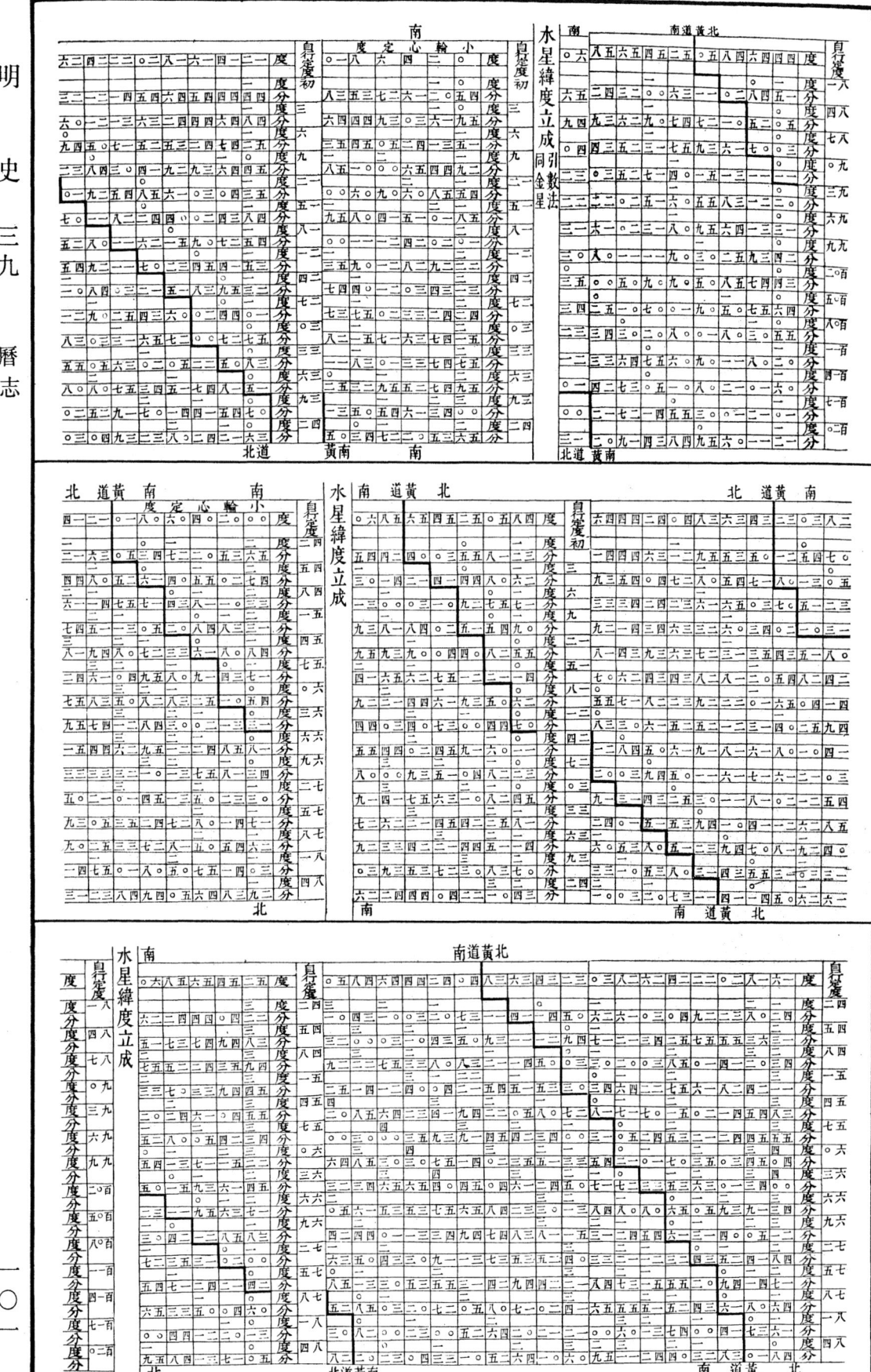

太陰黃道南北緯度立成 月離計都宮度爲引數，原本引數宮縱列首行，度橫列上行，分加減作兩立成，內有加減分，即相挨兩度之較，今省去，合作一立成。

月離計都度	初六宮 加 度	初六宮 加 分
○	○○	○○
一		五○
二		○一
三		五一
四		一二
五		六二
六		一三
七		六三
八		二四
九		七四
○一		二五
一	○	七五
二	一	二○
三		七○
四		三一
五		八一
六		三二
七		八二
八		三三
九		八三
○二		三四
一		八四
二		三五
三		八五
四	二	二○
五		七○
六		二一
七		七一
八		一二
九		六二
○三	二○	一三
右順	五十一宮 減	

左逆

太陰出入晨昏加減立成

日數	昏刻加差	月入加差
一		
二	三度	三度
三	三	四
四	三	四半
五	三	五
六	三	六
七	三	六
八	三	七
九	三	八
十	三	八
十一	三	九
十二	三	九
十三	三	九
十四	三	十
十五	三	十

日數	晨刻減差	月出加差
十六	三度	三度
十七	三	四
十八	三	四半
十九	三	五
二十	三	六
二十一	三	六
二十二	三	七
二十三	三	七
二十四	三	七
二十五	三	八
二十六	三	八
二十七	三	九
二十八	三	九
二十九	三	十
三十	三	

五星伏見立成

		自行定度 宮	自行定度 度
土星	見晨	○○	○二
	伏夕	一一	○一
木星	見晨	○○	四一
	伏夕	一一	六一
火星	見晨	○○	八二
	伏夕	一一	二○
金星	見晨	六○	三○
	伏晨	一一	六○
	見夕	○○	四二
	伏夕	五○	七二
水星	見晨	六○	五二
	伏晨	○一	九○
	見夕	一○	一二
	伏夕	五○	五○

五星順留立成

小輪心定度 土星 木星 火星 金星 水星

五星退留立成

小輪心定度 土星 木星 火星 金星 水星

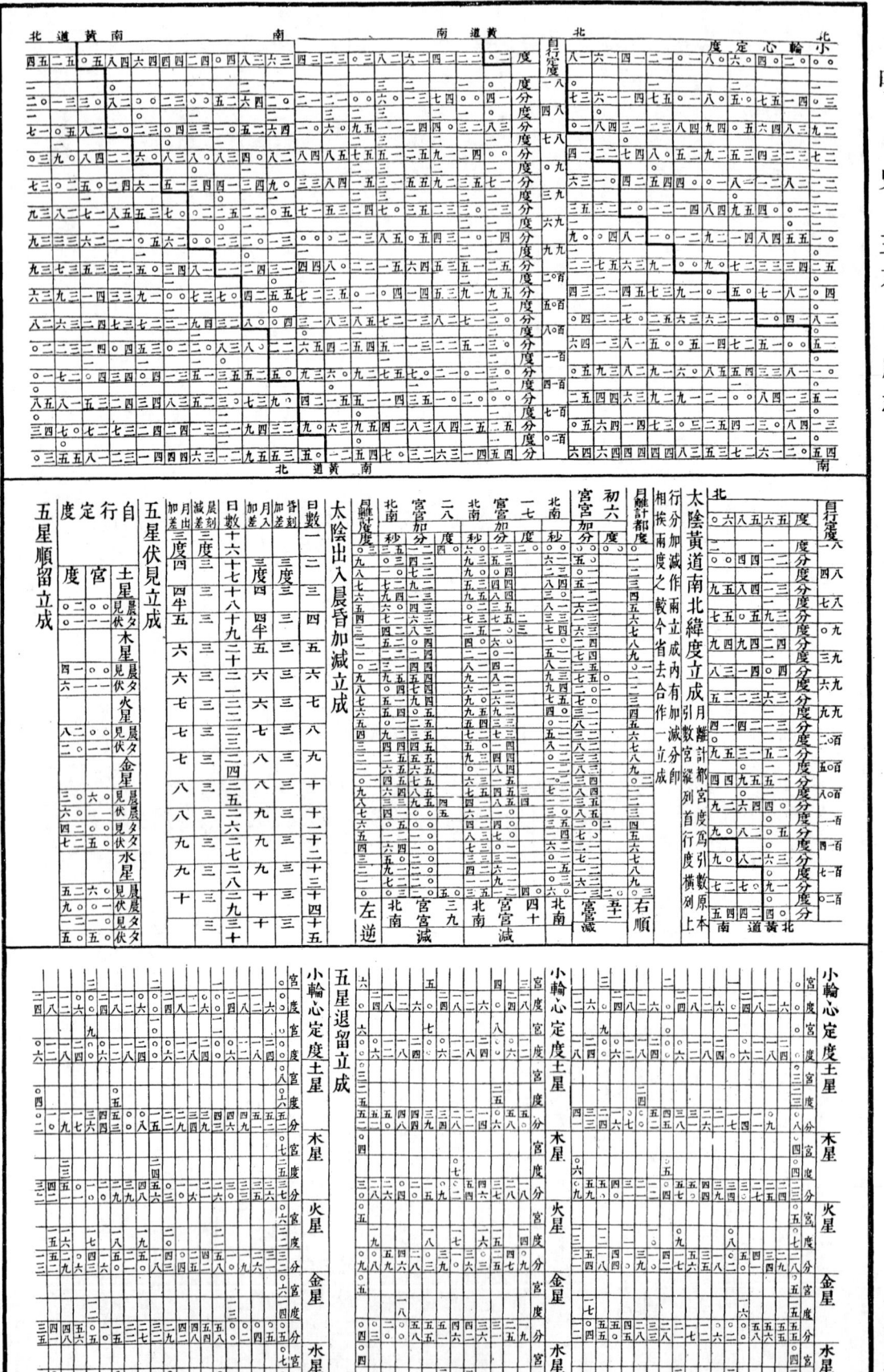

小輪心定度

宮	四					五					六
度	〇〇	〇六	一二	一八	二四	〇〇	〇六	一二	一八	二四	〇〇
宮	八					七					六
度	〇〇	二四	一八	一二	〇六	〇〇	二四	一八	一二	〇六	〇〇
土星 宮	〇八										
土星 度	〇四										
土星 分	五四	四六	三九	三二	二六	二一	一六	一二	一〇	〇八	〇八
木星 宮	〇七										
木星 度	二三			二二							
木星 分	二三	一四	〇六	五八	五一	四五	四〇	三六	三四	三二	三〇
火星 宮	〇六										
火星 度	一四	一三		一二		一一				一〇	
火星 分	三五	五七	二四	五〇	二一	五七	三二	一四	〇一	五二	五一
金星 宮	〇六										
金星 度	一二								一一		
金星 分	二九	二四	一八	一四	〇九	〇五	〇二	〇〇	五八	五七	五六
水星 宮	〇七										
水星 度	〇六				〇五						
水星 分	〇六	〇六	〇四	〇一	五七	五二	四七	四一	四〇	三八	三八

西域晝夜時立成 以午正太陽經度爲引數

引數	初宮度	初宮分	一宮度	一宮分	二宮度	二宮分	三宮度	三宮分	四宮度	四宮分	五宮度	五宮分
一	〇〇	四〇	二一	一八	四五	二三	七五	一八	一〇	〇一	四五	五九
二	〇一	二〇	二二	〇二	四六	一七	七六	二五	一一	一七	四七	一〇
三	〇二	〇〇	二二	四六	四七	一一	七七	三一	一二	二九	四八	二一
四	〇二	四〇	二三	三〇	四八	〇五	七八	三七	一三	四一	四九	二二
五	〇三	二〇	二四	一四	四九	〇〇	七九	四四	一四	五三	五〇	四三
六	〇四	〇〇	二四	五九	四九	五七	八〇	五二	一六	〇五	五一	五七
七	〇四	四一	二五	四四	五〇	五二	八一	五九	一七	一七	五三	〇四
八	〇五	二一	二六	二〇	五一	四八	八三	〇七	一八	二九	五四	一五
九	〇六	〇一	二七	一五	五二	四五	八四	一五	一九	四一	五五	二六
一〇	〇六	四二	二八	〇〇	五三	四一	八五	二三	二〇	五三	五六	三六
一	〇七	二二	二八	四七	五四	四〇	八六	三二	二二	〇五	五七	四七
二	〇八	〇三	二九	三四	五五	三八	八七	四一	二三	一八	五八	五七
三	〇八	四三	三〇	二〇	五六	三六	八八	四九	二四	三〇	六〇	〇八
四	〇九	二四	三一	〇七	五七	三五	九〇	〇〇	二五	四一	六一	一八
五	一〇	〇五	三一	五五	五八	三四	九一	〇九	二六	五三	六二	二九
六	一〇	四六	三三	四三	五九	三四	九二	一九	二八	〇五	六三	三九
七	一一	二七	三三	三一	六〇	三四	九三	三〇	二九	一七	六四	四九
八	一二	〇八	三四	一九	六一	三五	九四	四〇	三〇	二九	六五	五八
九	一二	四九	三五	〇八	六二	三六	九五	五〇	三一	四一	六七	一〇
二〇	一三	三一	三六	一七	六三	三七	九七	〇〇	三二	五二	六八	二〇
一	一四	一二	三六	四六	六四	三九	九八	一一	三四	〇四	六九	三〇
二	一四	五四	三七	三七	六五	四一	九九	二二	三五	一六	七〇	四〇
三	一五	三六	三八	二七	六六	四四	一〇〇	三三	三六	二八	七一	五〇
四	一六	一八	三九	一七	六七	四七	〇一	四四	三七	三六	七三	〇〇
五	一七	〇〇	四〇	〇八	六八	四九	〇二	五五	三八	五一	七四	一〇
六	一七	四三	四一	〇〇	六九	五四	〇四	〇七	四〇	〇二	七五	二〇
七	一八	二六	四一	五二	七〇	五八	〇五	一九	四一	一四	七六	三〇
八	一九	〇八	四三	四四	七二	四〇	〇六	三〇	四二	二五	七七	四〇
九	一九	五一	四三	三六	七三	〇八	〇七	四二	四三	三六	七八	五〇
三〇	二〇	三四	四四	二九	七四	一二	〇八	五三	四四	四七	一八〇	〇〇

引數	六宮度	六宮分	七宮度	七宮分	八宮度	八宮分	九宮度	九宮分	十宮度	十宮分	十一宮度	十一宮分
一	一八一	一〇	二一六	二四	二五二	一八	二八六	五二	三一六	二四	三四〇	〇九
二	八二	二〇	一七	二五	五三	三〇	八七	五六	一七	一六	四〇	五二
三	八三	三〇	一八	四六	五四	四一	八九	〇二	一八	〇八	四一	三四
四	八四	四〇	一九	五八	五五	五三	九〇	〇六	一九	〇〇	四二	一七
五	八五	五〇	二一	〇九	五七	〇五	九一	一一	一九	五二	四三	〇〇
六	八七	〇〇	二二	二一	五八	一六	九二	一三	二〇	四三	四三	四二
七	八八	一〇	二三	二二	五九	二七	九三	一六	二一	三三	四四	二四
八	八九	二〇	二四	四四	六〇	三八	九四	一九	二二	二三	四五	〇六
九	九〇	三〇	二五	五六	六一	四九	九五	二一	二三	一三	四五	四八
一〇	九一	四〇	二七	〇八	六三	〇〇	九六	二四	二四	〇三	四六	二九
一	九二	五〇	二八	一九	六四	一〇	九七	二四	二四	五二	四七	一一
二	九四	〇一	二九	三一	六五	二〇	九八	二五	二五	四一	四七	五二
三	九五	一一	三〇	四三	六六	三〇	九九	二六	二六	二九	四八	三三
四	九六	二一	三一	五五	六七	四一	三〇〇	二六	二七	一七	四九	一七
五	九七	三一	三三	〇七	六八	五一	三〇一	二六	二八	〇五	四九	五五
六	九八	四二	三四	一九	七〇	〇〇	〇二	二六	二八	五二	五〇	三六
七	九九	五二	三五	三〇	七一	〇九	〇三	二四	二九	四〇	五一	一七
八	二〇〇	〇三	三六	四二	七二	一九	〇四	二四	三〇	二六	五一	五七
九	〇二	一三	三七	五五	七三	二八	〇五	二〇	三一	一三	五二	二八
二〇	〇三	二四	三九	〇七	七四	三七	〇六	一九	三二	〇〇	五三	一八
一	〇四	三四	四〇	一九	七五	四五	〇七	一五	三二	四五	五三	五九
二	〇五	四五	四一	三一	七六	五三	〇八	一二	三三	三〇	五四	二九
三	〇六	五六	四二	四三	七八	〇一	〇九	〇八	三四	一五	五五	一九
四	〇八	〇六	四三	五五	七九	〇八	一〇	〇四	三五	〇〇	五六	〇〇
五	〇九	一七	四五	〇七	八〇	一六	一一	〇〇	三五	四六	五六	四〇
六	一〇	二八	四六	一九	八一	二三	一二	五五	三六	三〇	五七	二〇
七	一二	三九	四七	三一	八二	二九	一二	四九	三七	一四	五八	〇〇
八	一三	五〇	四八	四三	八三	三五	一三	四三	三七	五八	五八	四〇
九	一四	〇一	四九	五五	八四	四二	一四	三四	三八	四二	五九	二〇
三〇	二一五	一二	二五一	〇七	二八五	四八	三一五	三一	三三九	二五	三六〇	〇〇

晝夜加減差立成 太陽宮度爲引數

引數	初宮分	初宮秒	一宮分	一宮秒	引數	二宮分	二宮秒	三宮分	三宮秒	四宮分	四宮秒	五宮分	五宮秒
一	〇七	五一	一七	二一	一	二〇	四一	一五	五四	一一	〇七	一四	二六
二	八	一一		三六	二		三八		四〇		四		四〇
三		三一	七	五〇	三		三四		二七		三	四	五七
四	八	五一	八	〇五	四		三〇		一四		二	五	一三
五	九	一一		一八	五		二五	五	〇一		一		二九
六		三三		三二	六		二〇	四	四七		一	五	四六
七	〇九	五三		四三	七		一四		三四		二	六	〇四
八	一〇	一三	八	五二	八		〇八		一二		四		一二
九		三三	九	〇六	九	二〇	〇一	四	〇九		六		三九
一〇	〇	五四		一七	一〇	一九	五三	三	五五		〇八	六	五七
一	一	一四		二七	一		四六		四五		一二	七	一六
二		三四		三七	二		三七		三三		一四		三五
三	一	五五		四五	三		二八		一一		二一	七	五四
四	二	一五	一九	五四	四		一九	三	一〇		二七	八	一三
五		三五	二〇	〇二	五	九	〇九	二	五九		三三		三三
六	二	五五		〇九	六	八	五九		四八		四七	八	五二
七	三	一四		一六	七		四八		三八		四九	九	一二
八		三四		二一	八		三七		二八	一	五四		三三
九	三	五三		二七	九		二六		一九	二	〇五	一九	五二
二〇	四	一二		三二	二〇		一五		一〇		一三	二〇	一二
一		三一		三六	一	八	〇三	二	〇一		二二		三三
二	四	五〇		三九	二	七	五五	一	五四		三一	〇	五二
三	五	〇八		四一	三		三八		四六		四一	一	一四
四		二六		四四	四		二六		四〇	二	五二		三四
五	五	四三		四五	五		一三		二三	三	〇四	一	五五
六	六	〇一		四六	六	七	〇〇		二七		一六	二	一五
七		一七		四六	七	六	四七		二二		二五		三六
八		三四		四六	八		三四		一八		四三	二	五六
九	六	五〇		四五	九		二〇		一三	三	五七	三	一六
三〇	一七	〇六	二〇	四三	三〇	一六	〇七	一一	一〇	一四	一一	二三	三六

引數	六宮分	六宮秒	七宮分	七宮秒	八宮分	八宮秒	九宮分	九宮秒	十宮分	十宮秒	十一宮分	十一宮秒
一	二三	五六	三一	一八	二八	四二	一五	五五	〇三	〇三	〇〇	三〇
二	四	一六		二四		二六	五	二三	二	四七		三七
三		三六		三〇	八	〇八	四	五三		三一		四四
四	四	五六		三四	七	四八	四	二三		一六	〇	五二
五	五	一五		三八		二九	三	五三	二	〇一	一	〇一
六		三四		四二	七	〇八	三	二三	一	四八		一一
七	五	五七		四	六	四七	二	五四		三五		二二
八	六	一二		六		二五	二	二四		二三		三二
九		三〇		七	六	〇三	一	五五		一一		四四
一〇	六	四八		七	五	三七	一	二六	一	〇一	一	五六
一	七	〇五		七	五	一六	〇	五八	〇	五一	二	〇九
二		二四		五	四	五一		二九		四二		二二
三		四〇		三	四	二七	一〇	〇〇		三四		三五
四	七	五六		四〇	三	五七	〇九	五三		二七	二	五〇
五	八	一一		三六		三五	九	〇五		二一	三	〇五
六		二八		三二	三	〇四	八	三九		一六		二〇
七		四三		二六	二	三五	八	一二		一一		三六
八	八	五八		二〇	二	〇六	七	四六		〇七	三	五一
九	九	一一		一三	一	四〇	七	二一		四	四	〇八
二〇		二五	一	〇五	一	一三	六	五六		一		二五
一		三九	〇	五六	〇	四七		二二		〇	四	四二
二	二九	五六		四六	二〇	二〇	六	〇八		〇	五	〇〇
三	三〇	〇四		三六	一九	三五	五	四五		一		一七
四		一五		二五	九	二三		二二		二		三六
五		二六		一三	八	五四	五	〇〇		六	五	五五
六		三六	三〇	〇〇	八	二四	四	三九		〇九	六	一三
七		四六	二九	五六	七	五四	四	一九		一三		三二
八	〇	五五		三二	七	二四	三	五九		一五	六	五一
九	一	〇三		一六	六	五四		四〇		一八	七	一一
三〇	三一	一一	二九	〇〇	六	二四	〇三	三二	〇〇	一四	〇七	三一

太陽太陰晝夜時行影徑分立成 太陽太陰自行宮度爲引數

引數 宮度	初〇〇	〇六	一二	一八	二四	一〇〇	〇六	一二	一八	二四	二〇〇	〇六	一二	一八	二四	三〇〇
引數 宮度	初〇〇	二四	一八	一二	〇六	一〇〇	二四	一八	一二	〇六	十〇〇	二四	一八	一二	〇六	九〇〇
太陽日行分 分秒	五七〇八	五七〇九	一一	一四	一八	五七二二	三〇	三七	四五	五五	五八〇五	一六	二七	四〇	五〇	五九〇五
太陽時行分 分秒	〇二二三					〇二二三	二四			二五	〇二二五	二六	二七		二八	〇二二八
太陽徑分 分秒	三二二六		二七	二八	三〇	三二三四	三八	四一	四六	五一	三二五五	三三〇二	一〇	一六	二四	三三三二
太陽影差 分秒	〇〇〇〇		〇一	〇二	〇四	〇〇〇七	一一	一四	一八	二三	〇〇二九	三四	三九	四七	五二	〇〇五九
太陽比數分 分秒	〇〇			〇一	〇二	〇四	〇六	〇八	一〇	一二	一五	一八	二一	二四	二八	三一
太陰日行分 分秒	一二一二	一四	一五	一六	一八	一二二一	二五	二八	三二	一二三七	一二四二	四八	五四	一三〇〇	〇六	一三一三
太陰時行分 分秒	三〇三〇	三四	三八	四〇	四四	三〇五三	三一〇二	一〇	二一	三三	三一四五	五九	三二一四	二九	四五	三三〇二
太陰徑分 分秒	三〇五〇	五一	五三	五七	三一〇一	三一〇七	一四	二三	三三	四二	三一五五	三二〇八	二一	三四	四七	三三〇五
太陰影徑分 分秒	七九四九	五三	八〇〇三	一六	三五	八〇五九	八一二六	五八	八二三六	八三一七	八四〇一	四八	八五三九	八六三三	八七三一	八八三一
太陰比數分 分秒	〇〇〇〇	〇一	〇四	一六	三二	〇〇五五	〇一〇五	三〇	〇二〇〇	三〇	〇三〇〇	二〇	〇四〇〇	三五	〇五一〇	〇五五〇

引數 宮度	〇六	一二	一八	二四	四〇〇	〇六	一二	一八	二四	五〇〇	〇六	一二	一八	二四	六〇〇
引數 宮度	二四	一八	一二	〇六	八〇〇	二四	一八	一二	〇六	七〇〇	二四	一八	一二	〇六	六〇〇
太陽日行分 分秒	一八	三一	四四	五七	五九五九	六〇二一	三二	四二	五一	六〇五九	六一〇六	一一	一五	一七	一八
太陽時行分 分秒	二九		三〇	三一	〇二三一	〇二三一	三二		三二	〇二三二	三三				
太陽徑分 分秒	四一	四八	五六	三四〇三	三四一〇	一六	二一	二七	三二	三四三七	四一	四四	四六	四七	四八
太陽影差 分秒	〇一〇六	一一	一八	二五	〇一三三	三九	四三	四八	五二	〇一五六	〇二〇〇	〇二	〇四	〇五	〇六
太陽比數分 分秒	二四	三七	四〇	四三	四六	四八	五〇	五二	五四	五六	五七	五八	五九	六〇	
太陰日行分 分秒	一九	二六	三三	四〇	一三四七	五三	五九	一四〇四	一〇	一四一三	一五	一八	一九	二〇	一九
太陰時行分 分秒	一九	三六	五三	三四一〇	三四二七	四二	五七	三五一〇	二四	三五三二	三九	四五	四九	五〇	四八
太陰徑分 分秒	二一	三九	五七	三四一四	三四三一	四八	三五〇五	二一	三七	三五五二	三六〇三	一一	一四	一七	一八
太陰影徑分 分秒	八九四四	九〇三九	九一三六	九二三三	九三二七	九四二一	九五一三	九六〇四	五三	九七五八	九八一四	三七	四〇	四五	四七
太陰比數分 分秒	〇六三〇	〇七〇五	四〇	〇八一〇	〇八四〇	〇九一〇	四〇	一〇一〇	三五	一〇五五	一一〇八	二四	三六	三九	四〇

經緯加減差立成 經緯時二差本合一立成，今因太陰將時差分另列一立成

宮	經緯	時數	四	五	六	七	八	九	十
九宮	緯	分			二〇	二五	二七	三〇	三五
		秒			〇〇	四七	四七	四一	二八
	經	分			四〇	四一	四二	三九	三一
		秒			〇〇	二一	一七	三〇	五八
八宮	緯	分			一四	一四	一六	二〇	二六
		秒			〇〇	三九	四八	五一	四〇
	經	分			四六	四六	四六	四六	四〇
		秒			〇〇	三七	四二	三〇	三七
七宮	緯	分			〇七	〇八	〇九	一一	一六
		秒			五一	四八	五七	五三	四四
	經	分			四六	四九	四九	四七	四三
		秒			四七	四五	四四	五〇	〇一
六宮	緯	分		〇五	〇五	〇五	〇六	〇七	〇九
		秒		〇〇	五三	五七	五四	五五	五三
	經	分		四八	四八	四九	四九	四七	四一
		秒		〇〇	四七	四七	四七	五一	五七
五宮	緯	分		一〇	〇九	〇八	〇八	〇六	〇七
		秒		四〇	二七	五二	四八	五六	五二
	經	分		四八	四八	四九	四九	四五	三七
		秒		一三	五三	五七	四六	四九	〇五
四宮	緯	分	一七	一六	一七	一六	一三	一〇	〇七
		秒	〇〇	四六	一一	〇一	四七	四八	五二
	經	分	四五	四五	四六	四七	四六	四三	三四
		秒	〇〇	三四	三四	二七	二七	二二	三八
三宮	緯	分	二六	二七	二七	二六	二一	一七	一三
		秒	四〇	一五	五五	四二	四八	四五	四五
	經	分	三九	四〇	四一	四二	四三	三九	三一
		秒	一三	二〇	二七	三九	二五	二九	三七
右		時數	二十	一九	一八	一七	一六	一五	一四

宮		時數 一一/一三	一二/一二	一三/一一	一四/十	一五/九	一六/八	一七/七	一八/六	一九/五	二十/四
九宮	緯	○四	二四	○四	五三	○三	七二	五二	○二		
		七二	五二	六二	八二	一四	七四	七四	○○		
	經	七一	○○	七一	一三	九三	二四	一四	○四		
		六○	○○	六○	八五	○三	七一	○二	○○		
十宮	緯	二三	八三	一四	一四	○四	六三	五三	四三		
		六三	五二	四二	九二	六二	八三	三三	○四		
	經	○三	三一	三○	九一	○三	三三	五三	○○		
		三四	○一	五三	四九	八○	七二	七○	○○		
十一宮	緯	一二	九二	六三	九三	一四	○四	九三	八三		
		四四	九二	○三	四三	九二	九三	七三	六二		
	經	五三	一二	一○	二一	三二	九二	○三	○三		
		二○	五一	七二	九二	二二	六一	四一	三一		
初宮	緯	三一	一二	八二	五三	八三	○四	一四	一四	○四	
		六五	一四	六三	五二	一三	○三	八二	七二	○○	
	經	二三	五一	○○	三一	一二	八二	○三	○三	九二	
		七○	二三	六三	三一	一一	四○	五○	三○	○○	
一宮	緯	八○	三一	一二	七二	三三	八三	○四	一四	九三	
		六四	五五	○四	六三	○三	一二	八二	六二	七四	
	經	六二	○一	七○	九一	七二	一三	○三	八二	七二	
		一一	三二	三一	一一	七○	九○	五一	六二	三三	
二宮	緯	六○	九○	○一	八一	五二	○三	四三	六三	五三	五三
		七五	○五	八一	四五	九三	○三	一三	三三	七○	七一
	經	八一	三○	三一	七二	四三	四三	一三	九二	八二	七二
		○二	○二	九二	二二	二一	六三	四五	二五	三五	一四
三宮	緯	八○	六○	八○	三一	七一	一二	六一	七二	七二	六二
		二五	六五	二五	五四	五四	八四	二四	五五	五一	○四
	經	八一	○○	八一	一三	九三	三四	二四	一四	○四	九三
		八三	○○	一二	七三	九二	五三	九二	七二	○二	三一
左											

時差加減立成

宮		時數 四/二十	五/一九	六/一八	七/一七	八/一六	九/一五	十/一四	一一/一三	一二/一二	一三/一一	一四/十	一五/九	一六/八	一七/七	一八/六
九宮	時分			一 七○	一 九○	一九	五八	九六	六三	○○	六三	九六	五八	一九	一 九○	
八宮	時分			一 八一	一 ○○	一 一○	一 ○○	一 五○	五六	八二	八○	二四	四六	五七	五七	
七宮	時分			一 四○	一 六○	一 六○	一 三○	二九	五七	六四	三○	九二	○五	二六	四六	
六宮	時分			一 五○	一 七○	一 七○	一 三○	○九	九六	三三	一○	八二	七四	○六	四六	
五宮	時分		一 三○	一 五○	一 七○	一 七○	八九	○八	七五	二二	五一	一四	八五	七六	六六	一六
四宮	時分	六九	八九	一 ○○	一 二○	一 ○○	三九	四七	九三	七○	九二	九五	四七	四七	八六	四六
三宮	時分	一 四○	一 七○	一 九○	一九	二九	五八	八六	○四	○○	○四	八六	五八	二九	一九	一 九○
右																

宮		時數 五/一九	四/二十
九宮	時分		
十宮	時分		
十一宮	時分		
初宮	時分		
一宮	時分	九五	
二宮	時分	二六	九五
三宮	時分	一 七○	一 四○
左			

太陰夌犯時刻立成

午時	前 分刻	午時	後 分刻	度十一 分三十	度十二 分○	度十二 分三十	度十三 分○	度十三 分三十	度十四 分○	度十四 分三十	度十五 分○
辰初	○初	酉初	○初	二四 二	三○ 二	三六 二	四二 二	四九 二	五五 二	○一 三	○七 三
	五二三		五二初	二七 二	三四 二	四○ 二	四六 二	五三 二	五九 二	○六 三	二二 三
	○三		○一	三一 二	三七 二	四四 二	五一 二	五七 二	○四 三	一○ 三	一七 三
	五二二		五二一	三五 二	四一 二	四八 二	五五 二	○一 三	○八 三	一五 三	二二 三
	○二		○二	三八 二	四五 二	五二 二	五九 二	○六 三	一二 三	一九 三	二六 三
	五二一		五二二	四二 二	四九 二	五六 二	○三 三	一○ 三	一七 三	二四 三	三一 三
	○一		○三	四五 二	五二 二	五九 二	○七 三	一四 三	二一 三	二八 三	三六 三
	五二初		五二三	四九 二	五六 二	○三 三	一一 三	一八 三	二六 三	三三 三	四○ 三
卯正	○初	酉正	○初	五二 二	○○ 三	○七 三	一五 三	二二 三	三○ 三	三七 三	四五 三
	五二三		五二初	五六 二	○四 三	一一 三	一九 三	二七 三	三四 三	四二 三	五○ 三
	○三		○一	○○ 三	○七 三	一五 三	二三 三	三一 三	三九 三	四七 三	五四 三
	五二二		五二一	○三 三	一一 三	一九 三	二七 三	三五 三	四三 三	五一 三	五九 三
	○二		○二	○七 三	一五 三	二三 三	三一 三	三九 三	四七 三	五六 三	○四 四
	五二一		五二二	一○ 三	一九 三	二七 三	三五 三	四四 三	五二 三	○○ 四	○八 四
	○一		○三	一四 三	二二 三	三一 三	三九 三	四八 三	五六 三	○五 四	一三 四
	五二初		五二三	一八 三	二六 三	三五 三	四三 三	五二 三	○一 四	○九 四	一八 四
卯初	○初	戌初	○初	二一 三	三○ 三	三九 三	四七 三	五六 三	○五 四	一四 四	二二 四
	五二三		五二初	二五 三	三四 三	四三 三	五二 三	○○ 四	○九 四	一八 四	二七 四
	○三		○一	二八 三	三七 三	四七 三	五六 三	○五 四	一四 四	二三 四	三二 四
寅正	五二二		五二一	三二 三	四一 三	五○ 三	○○ 四	○九 四	一八 四	二七 四	三七 四

午時	前 分刻	午時	後 分刻	度十一 分三十	度十二 分○	度十二 分三十	度十三 分○	度十三 分三十	度十四 分○	度十四 分三十	度十五 分○	午時
	○二	戌初	○二	三六 三	四五 三	五四 三	○四 四	一三 四	二二 四	三二 四	四一 四	丑正
	五二一		五二二	三九 三	四九 三	五八 三	○八 四	一七 四	二七 四	三六 四	四六 四	
	○一		○三	四三 三	五二 三	○二 四	一三 四	二二 四	三一 四	四一 四	五一 四	
	五二初		五二三	四七 三	五六 三	○六 四	一六 四	二六 四	三六 四	四五 四	五五 四	
寅正	○初	戌正	○初	五○ 三	○○ 四	一○ 四	二○ 四	三○ 四	四○ 四	五○ 四	○○ 五	
	五二三		五二初	五四 三	○四 四	一四 四	二四 四	三四 四	四四 四	五五 四	○五 五	
	○三		○一	五七 三	○七 四	一八 四	二八 四	三八 四	四九 四	五九 四	○九 五	
	五二二		五二一	○一 四	一一 四	二二 四	三二 四	四三 四	五三 四	○四 五	一四 五	
	○二		○二	○四 四	一五 四	二六 四	三六 四	四七 四	五七 四	○八 五	一九 五	丑初
	五二一		五二二	○八 四	一九 四	二九 四	四○ 四	五一 四	○二 五	一三 五	二三 五	
	○一		○三	一二 四	二二 四	三三 四	四四 四	五五 四	○六 五	一七 五	二八 五	
	五二初		五二三	一五 四	二六 四	三七 四	四八 四	○○ 五	一一 五	二二 五	三三 五	
寅初	○初	亥初	○初	一九 四	三○ 四	四一 四	五二 四	○四 五	一五 五	二六 五	三七 五	
	五二三		五二初	二二 四	三四 四	四五 四	五七 四	○八 五	一九 五	三一 五	四二 五	
	○三		○一	二六 四	三七 四	四九 四	○一 五	一二 五	二四 五	三五 五	四七 五	
	五二二		五二一	二九 四	四一 四	五三 四	○五 五	一六 五	二八 五	四○ 五	五二 五	
	○二		○二	三三 四	四五 四	五七 四	○九 五	二一 五	三二 五	四四 五	五六 五	子正
	五二一		五二二	三七 四	四九 四	○一 五	一二 五	二五 五	三七 五	四九 五	○一 六	
	○一		○三	四○ 四	五二 四	○五 五	一七 五	二九 五	四一 五	五三 五	○六 六	
丑正	五二初		五二三	四四 四	五六 四	○九 五	二一 五	三三 五	四六 五	五八 五	一○ 六	

前 分刻	午時	後 分刻	度十一 分三十	度十二 分○	度十二 分三十	度十三 分○	度十三 分三十	度十四 分○	度十四 分三十	度十五 分○
○初	亥正	○初	四七 四	○○ 五	一二 五	二五 五	三七 五	五○ 五	○二 六	一五 六
五二三		五二初	五一 四	○四 五	一六 五	二九 五	四二 五	五四 五	○七 六	二○ 六
○三		○一	五五 四	○七 五	二○ 五	三三 五	四六 五	五九 五	一二 六	二四 六
五二二		五二一	五八 四	一一 五	二四 五	三七 五	五○ 五	○三 六	一六 六	二九 六
○二		○二	○二 五	一五 五	二八 五	四一 五	五四 五	○七 六	二一 六	三四 六
五二一		五二二	○五 五	一九 五	三二 五	四五 五	五九 五	一二 六	二五 六	三八 六
○一		○三	○九 五	二二 五	三六 五	四九 五	○三 六	一六 六	三○ 六	四三 六
五二初		五二三	一三 五	二六 五	四○ 五	五三 五	○七 六	二一 六	三四 六	四八 六
○初	子初	○初	一六 五	三○ 五	四四 五	五七 五	一一 六	二五 六	三九 六	五一 六
五二三		五二初	二○ 五	三四 五	四八 五	○二 六	一五 六	二九 六	四三 六	五七 六
○三		○一	二三 五	三七 五	五二 五	○六 六	二○ 六	三四 六	四八 六	○二 七
五二二		五二一	二七 五	四一 五	五五 五	一○ 六	二四 六	三八 六	五二 六	○七 七
○二		○二	三一 五	四五 五	五九 五	一四 六	二八 六	四二 六	五七 六	一二 七
五二一		五二二	三四 五	四九 五	○三 六	一八 六	三二 六	四七 六	○一 七	一六 七
○一		○三	三八 五	五二 五	○七 六	二二 六	三七 六	五一 六	○六 七	二一 七
五二初		五二三	四一 五	五六 五	一一 六	二六 六	四一 六	五六 六	一○ 七	二五 七
○初	子正	○初	四五 五	○○ 六	一五 六	三○ 六	四五 六	○○ 七	一五 七	三○ 七

明史卷四十

志第十六

總裁官總理事務 經筵講官少保兼太子太保保和殿大學士兼管吏部戶部尚書事加六級張廷玉等奉

敕修

地理

自黃帝畫野置監，唐虞分州建牧，沿及三代，下逮宋元，廢興因革，前史備矣。明太祖奮起淮右，首定金陵，西克湖湘，東兼吳會，然後遣將北伐，幷山東，收河南，進取幽燕，分軍四出，芟除秦晉，訖於嶺表。最後削平巴蜀，收復滇南。禹跡所奄，盡入版圖，近古以來所未有也。洪武初建都江表，革元中書省，以京畿應天諸府直隸京師。後乃盡革行中書省置十三布政使司分領天下府州縣及羈縻諸司又置十五都指揮使司以領衛所番漢諸軍其邊境海疆則增置行都指揮使司而於京師建五軍都督府俾外都指揮使司各以其方附焉成祖定都北京北倚羣山東臨滄海南面而臨天下乃以北平為直隸又增設貴州交阯二布政使司仁宣之際南交屢叛旋復棄之外徼終明之世為直隸者二曰京師曰南京為布政使司者十三曰山東曰山西曰河南曰陝西曰四川曰湖廣曰浙江曰江西曰福建曰廣東曰廣西曰雲南曰貴州其分統之府百有四十州百九十有三縣千一百三十有八羈縻之府十有九州四十有七縣六編里六萬九千五百五十有六而兩京都督府分統都指揮使司十有六行都指揮使司五曰北平曰山西曰陝西曰四川曰福建留守司二所屬衛四百九十有三所二千五百九十有三守禦千戶所三百一十有五又土官宣慰司十有一宣撫司十安撫司二十有二招討司一長官司一百六十有九蠻夷長官司五其邊陲要地稱重鎮者凡九曰遼東曰薊州曰宣府曰大同曰榆林曰寧夏曰甘肅曰太原曰固原皆分統衛所關堡環列兵戎綱維布置可謂深且固矣計明初封略東起朝鮮西據土番南包安南北距大磧東西一萬一千七百五十里南北一萬零九百四里自成祖棄大寧徙東勝宣宗遷開平於獨石世宗時復棄哈密河套則東起遼海西至嘉峪南至瓊崖北抵雲朔東西萬餘里南北萬里其聲教所訖歲時納贄而非命吏置籍侯尉羈屬者不在此數嗚呼盛矣論者謂交阯之棄未為失圖而開平近遷則守衛益薄雖置萬全都指揮使司不足以鎮伏山後諸部故再傳而有土木之變然睿皇自以失律蒙塵非由經制未備景帝任賢才修守禦國步未移乘輿旋復由是觀之三衛者一隅之隘而無關大計也審矣至其季世流寇首禍於西陲浸尋蔓延中原為之糜爛金湯之固不足以制土崩坂宇之廣不足以成犄角疆圉不蹙於曩時形勝無虧於初盛而強弱懸殊興亡異數者天降喪亂昏椓內訌人事之乖而非地利之失也語曰在德不在險詎不信夫今考其升降之差沿革之故具著於篇作地理志

京師　南京

京師禹貢冀兗豫三州之域元直隸中書省洪武元年四月分屬河南山東兩行中書省二年三月置北平等處行中書省治北平府先屬山東河南者皆復其舊領府八州三十七縣一百三十六八月置燕山都衛與行中書省同治八年十月改都衛為北平都指揮使司九年六月改行中書省為承宣布政使司永樂元年正月建北京於順天府稱為行在二月罷北平布政使司以所領直隸北京行部罷北平都指揮使司以所領直隸北京留守行後軍都督府十九年正月改北京為京師罷北京留守行後軍都督府直隸後軍都督府衛所有實土者附見無實土者不載罷北京行部直隸六部正統六年八月罷稱行在定為京師府八直隸州二屬州十七縣一百一十六為里三千二百三十有奇府州縣建置沿革俱自元始其沿革年月已見元史志者不載其未見元史志及明改元舊并新增新廢者畢書北至宣府外為邊地東至遼海與山東界南至東明與河南界西至阜平與山西界洪武二十六年編戶三十三萬四千七百九十二口一百九十二萬六千五百九十五

順天府元大都路直隸中書省洪武元年八月改為北平府十月屬山東行省二年三月改屬北平三年四月建燕王府永樂元年正月升為北京改府為順天府永樂四年閏七月建北京宮殿修城垣十九年正月告成宮城周六里一十六步亦曰紫禁城門八正南第一重曰承天第二重曰端門第三重曰午門東曰東華西曰西華北曰元武宮城之外為皇城周一十八里有奇門六正南曰大明東曰東安西曰西安北曰北安大明門東轉曰長安左西轉曰長安右皇城之外曰京城周四十五里門九正南曰麗正正統初改曰正陽南之左曰文明後曰崇文南之右曰順城後曰宣武東之南曰齊化後曰朝陽東之北曰東直西之南曰平則後曰阜成西之北曰彰儀後曰西直北之東曰安定北之西曰德勝嘉靖二十三年築重城包京城之南轉抱東西角樓長二十八里門七正南曰永定南之左為左安南之右為右安東曰廣渠東之北曰東便西曰廣寧西之北曰西便領州五縣二十二弘治四年編戶一十萬五百一十八口六十六萬九千三十三萬曆六年戶一十萬一千一百三十四口七十萬六千八百六十一

大興倚東南有大通河亦曰通惠河水自玉河出繞都城東南下流至高麗莊入白河即元運河也又有玉河源自玉泉山流經大內出都城東南注大通河　宛平倚北西山在西有桑乾河出山西馬邑縣流千里入京師宛平縣境出盧溝橋下又東南分為二一至通州入白河一至武清小直沽合衛河入於海又有沙河高梁河清河皆在西北西又有沿河口守禦千戶所有蘆溝王平口石港口齊家庄四巡檢司　良鄉府西南有琉璃河即古聖水下流入淀北有天津關　固安府西南元固安州洪武元年十二月降為縣西南有拒馬河即淶水源自代郡下流合易水為白溝入三角淀　永清府南南有拒馬河　東安府東南元東安州治在西洪武元年十二月降為縣三年徙今治南有鳳河即桑乾分流南入三角淀　香河府東南元屬漷州洪武十年二月省入州十三年二月復置改屬府西有板橋口河源出通州東之孤山經縣界入於白河　通州洪武初以州治潞縣省入西有通惠河西南有渾河即桑乾至州東張家灣俱合於白河有張家灣巡檢司西南有弘仁橋巡檢司西距府四十里領縣四　三河州東北有泃河又西有洳河西南有鮑邱河一名矣榆河即東路水俱流入於泃河西有泥窪鋪巡檢司後移於夏店鋪　武清州南元屬漷州洪武十二年來屬有三角淀在縣南即古之雍奴周二百餘里諸水所聚有直沽在縣東南衛河白河丁字沽合流於此入海有巡檢司又東北有河西務東南有楊村二巡檢司　漷縣州南元漷州洪武十四年二月降為縣來屬有漷河一名新河東入於白河即蘆溝之下流　寶坻州東南元直隸大都路洪武十年二月來屬東有潮河南有泃河又縣東南有梁城守禦千戶所建文二年燕王置有蘆臺巡檢司　霸州洪武初以州治益津縣省入拒馬河舊在北後徙治南又南有沙河東有苑家口巡檢司北距府二百十里領縣三　文安州南少東西有易水東北有得勝火燒等淀　大城州東南東北有黃汊河源自交河分流至縣境入三角淀　保定州南少西洪武七年九月省入霸州十三年十一月復置玉帶河在北東流入會通河西南有磁河東南與玉帶河合　涿州洪武初以州治范陽縣省入西有獨鹿山北有涿水西北有挾河合焉南有范水東北距府百四十里領縣一　房山州北少西西有大房山北有大安山西南有青龍潭其下流為挾河一名韓村河至涿州與胡良河合北有磁家務巡檢司　昌平州元昌平縣直隸大都路正德元年七月升為州旋罷八年復升為州舊治白浮圖城景泰元年築永安城於東三年遷縣治焉北有天壽山成祖以下陵寢咸在東南有白浮山西南有駐蹕山又南有榆河一名溫餘河下流為沙河入於白河又東南有鞏華城嘉靖十九年築東北有黃花鎮弘治中置渤海守禦千戶所於此萬曆元年移於慕田峪四年復故西有鎮邊城又有常峪城俱正德十年五月築各置守禦千戶所又有白陽守禦千戶所亦正德中置西北有居庸關南距府九十里領縣三　順義州東少南元順州洪武元年十二月改為順義縣屬府正德元年七月來屬東有白河西南有榆河又有潮河俱流入焉　懷柔州東北洪武元年十一月省入檀州十二月復分密雲昌平二縣地置屬府正德元年七月來屬東有黍谷山西有白河　密雲州東北元檀州後置縣為州治洪武元年十一月省縣入州十二月復置縣屬府正德元年七月來屬南有白檀山西有白河東有潮河北有古北口洪武十二年九月置守禦千戶所於此三十年改為密雲後衛又有石塘嶺黃子嶺等關　薊州洪武初以州治漁陽縣省入西北有盤山東北有崆峒山又泃水在北沽河在南州北有黃崖峪寬佃峪等關東又有石門鎮西距府二百里領縣四　玉田州東南東北有無終山又有徐無山又東有梨河北有漫水東南有興州左屯衛永樂元年自故開平境移置於此　豐潤州東南南有沙河西南有浭水　遵化州東東北有五峯山南有壺靈山及龍門峽又東有灤河西南有梨河北有喜峯口馬蘭峪松亭等關　平谷州西北洪武十年二月省入三河縣十三年十一月復置東南有泃河又有泇河西北有營州中屯衛永樂元年自故龍山縣移置於此又東有黃松峪關與密雲縣將軍石關相接

保定府元保定路直隸中書省洪武元年九月為府十月屬河南分省二年三月來屬領州三縣十七東北距京師三百五十里弘治四年編戶五萬六百三十九口五十八萬二千四百八十二萬曆六年戶四萬五千七百一十三口五十二萬五千八十三

清苑倚北有徐河一名大冊水自滿城經縣北至安州東入淀又西有清苑河又南有張登巡檢司嘉靖十三年自滿城縣方順橋移置於此　滿城府西少北洪武十年五月省入慶都縣十三年十一月復置北有徐河南有方順河　安肅府北少東元安肅州洪武二年七月降為縣易水在北曹河在南徐河在西西南又有鮑河又西有遂州元屬保定路洪武初降為縣八年二月省　定興府北少東元屬易州洪武六年五月改屬府西有拒馬河即淶水也又易水自西來合焉謂之白溝河南有河陽巡檢司後移於清苑縣界之固城鎮　新城府東北元屬雄州洪武初屬北平府六年五月改屬府南有白溝河西南有巨河鎮巡檢司　雄府東北元雄州洪武二年七月省州治歸信縣入焉七年四月降為縣北有白溝河南有瓦濟河　容城府東北元屬雄州洪武七年四月省入州十三年十一月復置來屬舊治在拒馬河南景泰二年遷於河北西有易水又有濡水　唐府西少南西北有大茂山即恒岳也東麓有岳嶺口巡檢司又唐河在西源出恒山流經定州曰滱水下流合於南易水又西北有倒馬關有巡檢司後移於縣西之橫河口又有周家鋪軍城鎮二巡檢司　慶都府西南有唐河北有祁水　博野府南舊治在今蠡縣界直隸保定路洪武元年從今治改屬祁州六年五月還屬府西北有博水南有唐河亦曰滱水又有永安鎮巡檢司有鐵燈盞巡檢司　蠡府南少東元蠡州屬真定路洪武二年七月來屬八年正月降為縣楊村河在南滋沙唐三河之下流也俗亦謂之唐河　完府西元完州洪武二年七月降為縣西有伊祁山祁水出焉其下流為方順河　祁州洪武二年七月以州治蒲陰縣省入北有唐河西南有滋河至州東南合沙河流入易水北距府百二十里領縣二　深澤州南少西西有滋河　束鹿州東南北有故城今治天啟二年所徙滹沱河在南又南有百天口巡檢司　安州洪武二年七月以州治葛城縣省入七年降為縣十三年十一月復升為州北有易水府境九河之水所滙也下流至雄縣南為瓦濟河西距府七十里領縣二　高陽州南元屬安州洪武六年五月改屬府尋屬蠡州八年正月省入蠡縣十三年十一月復置還屬故城在東洪武三年圮於水遷於今治東有馬家河其上流為蠡縣之楊村河　新安州東少北元直隸保定路洪武七年七月省入安州十三年十一月復置來屬西有長流河一名長溝河其上源為鮑河南有曹河又有徐河經縣南合流為溫義河又南與長流河合又東南入於瓦濟河　易州洪武初以州治易縣省入西南有五迴山雷溪出焉徐河之上源也西北有窮獨山濡水所出又南有易水出州境之西山與濡水並東流而為白溝河所謂北易水也又有雹水一名鮑河出縣西南東南流為長流河所謂南易水也西有紫荊關洪武中置守禦千戶所於此又有官座嶺五迴嶺金陂鎮奇峯口峪崖口五巡檢司南距府百二十里領縣一　淶水州東北東有淶水亦曰拒馬河源出山西代郡下流合易水北有乾河口西北有黃兒莊二巡檢司

河間府元河間路直隸中書省洪武元年十月為府屬河南分省二年三月來屬領州二縣十六北距京師四百十里弘治四年編戶四萬二千五百四十八口三十七萬八千六百五十八萬曆六年戶四萬五千二十四口四十一萬九千一百五十二

河間倚西南有滹沱河西有滱水西南有景和鎮巡檢司　獻府南元獻州洪武初省州治樂壽縣入焉八年四月降為縣有滹沱河自代郡流入境經縣南至青縣合衛河達於海有單家橋巡檢司　阜城府南元屬景州洪武七年改屬府西北有胡盧河即禹貢衡漳水　肅寧府西中堡河在縣東　任邱府北少西元屬莫州洪武七年改屬府西北有瓦濟河下流為五官淀注於滹沱河北有莫州元治莫亭縣屬河間路洪武七年七月州縣俱省　交河府東南元屬獻州洪武八年四月改屬府十年五月省入獻縣十三年十一月復置東有衛河源自衛輝流入故城境經縣東過滄州又東北至直沽入海一名御河又西北有高河經縣南合滹沱謂之交河下流入衛縣以此名又南有滹河又東有泊頭鎮巡檢司　青府東北元青州洪武初以州治會川縣省入八年四月降為縣尋改清為青滹沱河自縣南流入衛謂之岔河口其支流經縣之北者曰獨流河　興濟元屬清州洪武初省十三年復置屬府衛河在城西　靜海府東北元曰靖海屬清州洪武初更名八年四月改屬北平府十年五月來屬縣北有小直沽衛河自西來與白河合入於海又有丁字沽鹹水沽又北有天津衛永樂二年十一月置　寧津府東南南有土河自山東德州流入又東入山東樂陵縣界　景州洪武初以州治蓨縣省入東有衛河東北有胡盧河又東有安陵北有宋門二巡檢司又東北有李晏鎮西北距府百八十五里領縣三　吳橋州東少南西有衛河　東光州東北洪武七年七月省入阜城縣十三年十一月復置南有衛河又有胡盧河　故城州南少西有衛河自山東武城縣流入境又西南有索盧枯河　滄州洪武初以州治清池縣省入舊治在東南洪武二年五月徙於長蘆即今治也東濱海西有衛河南有浮河北有長蘆巡檢司西距府百五十里領縣三　南皮州西南衛河在縣西　鹽山州東南東濱海產鹽

東南有鹽山 慶雲州東南洪武六年六月析山東樂安州北地置來屬

眞定府元眞定路直隸中書省洪武元年十月爲府屬河南分省二年正月屬山東三月來屬領州五縣二十七東北距京師六百三十里弘治四年編戶五萬九千四百三十九口五十九萬七千六百七十三萬曆六年戶七萬四千七百三十八口一十九萬三千五百三十一 眞定倚滹沱河在城南又北有滋河自山西靈邱縣流入經行唐縣之張茂村伏流不見至府北南孟社復出下流合於南易水 井陘府西南元屬廣平路威州洪武二年來屬東南有城山又有甘淘河亦名冶河南與綿蔓水合又故關在其西 獲鹿府西南西有抱犢山有西屏山又有蓮花山白鹿泉出焉東流爲西河即汶水上源也又有土門關在西亦曰井陘關 元氏府西南西北有封龍山泜水所出下流入胡盧河西南有槐水下流曰野河 靈壽府西北有衛水源出恒山禹貢恒衛既從即此俗名雷溝河東北入於滹沱北有叉頭鎮巡檢司後遷於慈峪鎮 藁城府東南北有滹沱河又有滋河 欒城府南縣北有故城今治洪武初所徙西有洨河 無極府東少北元屬中山府洪武初廢四年七月復置屬定州七年四月改屬府南有滋河 平山府西少北北有滹沱河東北有冶河入焉西北有房山西有十八盤下口村巡檢司 阜平府西北東北有大茂山北有派河西有龍泉關 行唐府北元屬保定路洪武二年屬定州正統十三年十月直隸眞定府西有滋河西北有兩嶺口巡檢司

定州元中山府洪武二年正月改曰定州三年以州治安喜縣省入滱水在北沙河在南下流合於滱水西北有倒馬關守禦千戶所景泰二年置關與紫荊居庸爲內三關北有清風店巡檢司西南距府百三十里領縣二 新樂州西南西南有沙河 曲陽州西北元屬保定路洪武二年來屬恒山在西北極水出焉又沙河在南自山西繁峙縣流入

冀州洪武二年以州治信都縣省入西北有漳水北有滹沱河成化十八年滹沱挾漳南注爲州患正德十二年二水自寧晉縣南北流患始息又北有滏水一名枯洚下流合於漳西北距府二百八十里領縣四 南宮州南少西故城在縣西北成化十六年遷於今治漳水在北滏水在南東南有漳家廟堡巡檢司 新河州西少南有清水河成化後湮西北有索盧水乃衛河之支流也亦曰黃盧河 武邑州東北西有滏水西北有漳水 棗強州東少北

晉州洪武二年以州治鼓城縣省入南有滹沱河西距府九十里領縣三 安平州東北滹沱河舊在縣南萬曆二十三年自束鹿縣南行始不經縣境 饒陽州東北北有滹沱河西南有饒河即滹沱河支流也 武強州東漳河在縣東又南有滹沱河舊合於漳萬曆二十六年北出饒陽縣境而縣之滹沱河始涸

趙州洪武元年以州治平棘縣省入南有洨河下流入於胡盧河北距府百二十里領縣六 柏鄉州南東北有野河即槐水也下流入於胡盧河 隆平州東南洪武六年九月省入柏鄉縣十三年十一月復置東有澧水東北與沙河合下流入於胡盧河沙河亦槐水之別名也又東北有大陸澤亦曰廣阿漳水所匯 高邑州西南有黑水即槐水也流合縣南之泲水 臨城州西南西南有敦輿山西南有鐵山西北有泜水東經釣盤山下與泲水合 贊皇州西南有贊皇山泲水出焉亦曰沙水又城北有槐水西北有黃沙嶺巡檢司 寧晉州東少南東南有胡盧河其上流即漳水也深冀羣川悉滙於此東北有百尺口巡檢司

深州洪武二年以州治靜安縣省入南有故城今治本吳家莊永樂十年遷於此滹沱河在東北胡盧河在東南有傳家池巡檢司後廢西距府二百五十里領縣一 衡水州南少東故城在縣西南永樂十三年遷於今治西有漳水南有洚水又北有滹沱河舊與漳合成化八年北徙不經縣界西南有鹽池

順德府元順德路直隸中書省洪武元年爲府十月屬河南分省二年三月來屬領縣九距京師一千里弘治四年編戶二萬一千六百一十四口一十八萬一千八百二十五萬曆六年戶二萬七千六百三十三口二十八萬一千九百五十七 邢臺倚西北有夷儀山又有封山一日西山又有黃榆嶺上有黃榆關又漳水在東南自河南臨漳縣流入下流爲胡盧河至交河縣合滹沱河此爲漳水經流也又東南有百泉水其下流爲澧河一名渦水又名鴛鴦水西有西王社巡檢司 沙河府南弘治四年以沙壍遷縣於西山小屯十八年六月復還舊治西南有磬口山產鐵南有沙河亦名渦水 南和府東少南南有漳河合縣西之澧河又縣西北有泜水蓋伏流而旁出者 任府東北東北有泜水東有澧水 內邱府北東南有泜水 唐山府東北西北有堯山西有泜水 平鄉府東少南西南有漳河西有沙河又有洺河東有滏陽河萬曆三十年漳挾滏陽河北出會於沙洺諸河而漳水之舊流益亂 鉅鹿府東北漳水舊在縣東有大小二河亦謂之新舊二河其後北徙不復至縣境而二河遂成平陸北有鉅鹿澤即隆平縣之大陸澤也澤畔舊有鹽泉 廣宗府東少北洪武十年六月省入平鄉鉅鹿二縣十三年十一月復置漳水舊在西又東有枯漳河

廣平府元廣平路直隸中書省洪武元年爲府十月屬河南分省二年三月來屬領縣九東北距京師千里弘治四年編戶二萬七千七百六十四口二十一萬二千八百四十六萬曆六年戶三萬一千四百二十口二十六萬四千八百九十八 永年倚北有沙河又有洺水自河南武安縣流入西南又有滏水自河南臨漳縣流入亦曰滏陽河西有臨洺鎮巡檢司西南又有黃龍鎮 曲周府東北西南有漳水東有滏陽河 肥鄉府東南漳河在縣西北 雞澤府東北漳河在縣東又西有洺河又有沙河自南來合焉 廣平府東南元屬磁州洪武初廢四年六月復置來屬西南有滏水自河南臨漳縣流入其下流合於衛河又南有漳水亦自河南臨漳縣流入 威府東北元威州至正間省州治洺水縣入州洪武二年四月降爲縣漳水舊在南洺水自西流入焉 邯鄲府西南元屬磁州洪武元年來屬西北有洺河東有滏陽河 清河府東北元屬大名路洪武六年九月來屬東有衛河

大名府元大名路直隸中書省洪武元年爲府十月屬河南分省二年三月來屬領州一縣十東北距京師千一百六十里弘治四年編戶六萬六千二百七口五十七萬四千九百七十二萬曆六年戶七萬一千一百八十口六十九萬二千五十八 元城倚故城在東洪武三十一年圮於衛河徙此東有沙麓山西有漳河北有衛河即永濟渠也自河南浚縣流入下流合漳河東北有小灘鎮巡檢司 大名府南少東元與元城同爲大名府治洪武十年五月省入魏縣十五年二月復置永樂九年移於今治北有偃山東南有衛河 魏府西少北舊治在縣西洪武三年遷於此南有魏河又有新舊二漳河下流俱合於衛河 南樂府東南元屬開州洪武七年三月改屬府西南有澶水伏流至古繁水城西南謂之繁水 內黃府西南元屬滑州洪武七年三月改屬府北有衛河東有繁水西有洹水西北有回隆鎮有回龍廟巡檢司嘉靖三十六年漳河決於此入衛 濬府西南元濬州治浮邱山之西洪武二年四月降爲縣徙治於山東北之平岐嘉靖二十九年復徙城於山巔即今治也東有大伾山一名黎陽山又名清澶山西有衛河北有洪水自河南淇縣流入經縣南東入於衛謂之黎水亦謂之濬水又西有長豐泊西南有新鎮巡檢司 滑府西南元滑州洪武二年四月省州治白馬縣入焉七年三月降爲縣西北有衛河東南有老岸鎮巡檢司

開州洪武二年四月以州治濮陽縣省入大河故道在城南正統十三年河決入焉景泰五年塞北距府百六十里領縣二 長垣州南舊治在縣東北洪武二年以河患遷於古蒲城南有黃河故道東南有朱家口正統十三年河決於此又南有大社口萬曆十五年河復決焉又東南有大岡巡檢司本治永豐里尋徙竹林後徙大岡 東明州北洪武十年五月省入州及長垣縣弘治三年九月復置屬府萬曆中仍屬州其舊治在今縣南洪武初徙今縣西弘治三年始徙於今治南有黃河有杜勝集巡檢司

永平府元永平路直隸中書省洪武二年改爲平灤府四年三月爲永平府領州一縣五西距京師五百五十里弘治四年編戶二萬三千五百三十九口二十二萬八千九百四十四萬曆六年戶二萬五千九十四口二十五萬五千六百四十六 盧龍倚東南有陽山西有灤河自開平流經縣境有漆河自北來入焉東有肥如河經城西入於漆北有桃林口關 遷安府西北北有都山東有灤河又北有劉家口冷口青山口等關 撫寧府東少南舊治在陽河西洪武六年十二月所徙十三年又遷於兎耳山東東南濱海又東有榆河又有陽河一名洋河俱自塞外流入俱東南注於海東有山海關洪武十四年九月置山海衛於此北有撫寧衛永樂元年二月置又有董家口義院口等關東有一片石口一名九門水口 昌黎府東南西北有碣石山東南有濱海亦曰七里海有黑陽河自天津達縣之海道也又有蒲泊舊產鹽置惠民鹽場於此北有界嶺口箭桿嶺等關

灤州洪武二年九月以州治義豐縣省入南濱海東有灤河又南有開平中屯衛永樂元年二月自沙峪移置於此東北距府四十里領縣一 樂亭州東南南濱海西有灤河經縣北岳婁港分爲二東曰葫蘆河西曰定流河各入於海景泰中胡盧河塞定流河獨自入海其水清碧亦謂之綠洋溝又西南有新橋海口巡檢司萬曆四十三年移於灤州西之榛子鎮

延慶州元龍慶州屬大都路洪武初屬永平府三年三月屬北平府尋廢永樂十二年三月置隆慶州屬北京行部十八年十一月直隸京師隆慶元年改曰延慶州西有阪泉山南有八達嶺東北有鵰川俗名淸水河下流注於桑乾河又西南有沽河東南有岔道口與居庸關相接關口有居庸關守禦千戶所洪武三年置建文四年燕王改爲隆慶衛隆慶元年曰延慶衛東南又有柳溝營隆慶初置城於此爲防禦處領縣一東南距京師百八十里弘治四年編戶一千七百八十七口二千五百四十四萬曆六年戶二千七百五十五口一萬九千二百六十七 永寧本永寧衛洪武十二年九月置永樂十二年三月置縣於衛城嬀川在西東有四海冶堡天順八年置西北有靖胡堡東南有黑漢嶺堡北有周四溝堡俱嘉靖中置又有劉斌堡萬曆三十二年所置也

保安州元屬上都路之順寧府洪武初廢永樂二年閏九月置保安衛十三年正月復置州於衛城屬北京行部十八年十一月直隸京師舊州城在西南山下景泰二年移於雷家站即今治也西南又有涿鹿山涿水出焉西北有磨笄山亦曰雞鳴山又有雞兒嶺又桑乾河在西南自山西蔚州流入東有鷂川來入焉謂之合和口西有甯川亦入於桑乾東有東八里堡艮田屯堡麻谷口堡俱洪武二十五年置南有美峪守禦千戶所本在州西之美峪嶺永樂十二年置十六年二月徙於董家莊景泰二年又移於此與山西蔚州界東南距京師三百里弘治四年編戶四百四十五口一千五百六十萬曆六年戶七百七十二口六千四百四十五

萬全都指揮使司元順寧府屬上都路洪武四年三月府廢宣德五年六月置司於此領衛十五五蔚州延慶左永寧保安衛俱設於本州縣守禦千戶所三廣昌美峪二所亦設於本處堡五東南距京師三百五十里

宣府左衛元宣德縣爲順寧府治洪武四年縣廢二十六年二月置衛屬山西行都司二十八年四月改爲宣府護衛屬谷王府三十五年十一月罷宣府護衛復置徙治保定永樂元年二月直隸後軍都督府宣德五年六月還故治改屬洪武二十四年四月建谷王府永樂元年遷於湖廣長沙西有灤河源自炭山下流入開平界南有桑乾河洋河洋河東流入之又有順聖川延袤二百餘里下流亦合於桑乾河北有東西二城其東城爲順聖縣元屬順寧府西城爲弘州元屬大同路洪武中俱廢天順四年修築二城又東北有大白陽小白陽及龍門關等堡東南有雞鳴驛堡北有葛峪堡西北有長峪口青邊口羊房等堡

宣府右衛洪武二十六年二月置與左衛同城屬山西行都司二十八年四月改爲宣府護衛屬谷王府三十五年十一月罷宣府護衛復置徙治定州永樂元年二月直隸後軍都督府宣德五年六月還故治改屬

宣府前衛洪武二十六年置治宣府城屬山西行都司永樂元年二月置隸後軍都督府宣德五年六月改屬

萬全左衛元宣平縣屬順寧府洪武四年縣廢二十六年二月置衛屬山西行都司三十五年徙治山西蔚州永樂元年二月徙通州直隸後軍都督府尋還故治宣德五年改屬北有洋河西海子自西來流入之又西北有沙城堡西有會河堡東有寧遠站堡東距都司六十里

萬全右衛洪武二十六年二月置與左衛同城屬山西行都司三十五年徙治山西蔚州永樂元年二月徙治通州直隸後軍都督府二年徙治德勝堡宣德五年改屬北有翠屏山又有野狐嶺西北有白陽河下流入桑河東有張家口堡西有新河口堡北有膳房堡上莊堡西北有新開口柴溝洗馬林等堡西南有渡口堡又有西陽河堡東距都司八十里

懷安衛元懷安縣屬興和路洪武三年屬興和府改屬山西大同府尋廢二十六年二月置衛屬山西行都司永樂元年二月直隸後軍都督府宣德五年六月改屬西北有花山北有蒜麻嶺南有水溝口河東入於洋河東北有威寧縣元屬興和路洪武中廢又西有李信屯堡嘉靖十六年置東距都司百二十里

保安右衛永樂十五年置於順聖川直隸後軍都督府十七年移治西沙城二十年徙懷安城內宣德五年六月改屬

懷來衛元懷來縣屬龍慶州洪武二年屬永平府三年三月屬北平府尋廢三十年正月置懷來守禦千戶所永樂十五年改爲懷來左衛明年曰懷來衛直隸後軍都督府宣德五年六月改屬北有螺山或云即溫山也東南有嬀川西有沽河又西南有土木堡東南有榆林堡又有殷繁木西北距都司百五十里

延慶右衛本隆慶右衛永樂二年置於居庸關北口直

隸後軍都督府宣德五年六月來屬徙治懷來城隆慶元年更名

開平衞本獨石堡宣德五年築六月自開平故城移衞置於此東有東山韭菜川出焉經城南與檀帽山木合又南有獨石水下流合於龍門川南有半壁店猫兒峪等堡東北有清泉堡 西南距都司三百里

龍門衞宣德六年七月置於故龍門縣東有紅石山紅石水出焉下流合於龍門川西有大松山北有洗馬嶺西北有金家莊堡東有三岔口堡 西距都司百二十里

興和守禦千戶所永樂二十年自興和舊城徙宣府城內宣德五年六月改屬

龍門守禦千戶所宣德六年七月置於李家莊西有西高山東有白河北有牧馬堡東有寧遠堡東北有長伸地滴水涯等堡東南有樣田堡 西南距都司二百四十里

長安嶺堡永樂九年置弘治二年置守禦千戶所於此有長安嶺名槍桿嶺西北有鷹窩山泉 西南距都司一百四十里

鵰鶚堡宣德五年六月置北有浩門嶺南有南河下流入於白河 西南距都司一百七十里

赤城堡宣德五年六月置東有赤城山又有東河即通州白河之上源也又有西河合焉西北有鎮寧堡弘治十一年置 西南距都司二百里

雲州堡元雲州屬上都路洪武三年七月屬北平府五年七月廢宣德五年六月置堡景泰五年置新軍千戶所於此東北有龍門山亦曰龍門峽下爲龍門川又北有灤河東北有金蓮川西北有鴛鴦泊又金蓮川東有鎮安堡成化八年置 西南距都司二百十里

馬營堡宣德七年置西北有冠帽山南有灤河又西北有君子堡西有松樹堡東南有倉上堡 西南距都司二百里

北平行都指揮使司本大寧都指揮使司洪武二十年九月置治大寧衞二十一年七月更名領衞十 永樂元年三月復故名僑治保定府而其地遂虛景泰四年泰寧等三衞乞居大寧廢城不許令去塞二百里外居住天順後遂入於三衞西南距北平布政司八百里

大寧衞元大寧路治大定縣屬遼陽行省 洪武十三年爲府屬北平布政司尋廢二十年八月置衞九月分置左右中三衞尋又置前後二衞二十八年四月改左右後三衞爲營州左右中三護衞永樂元年二月省又徙中前二衞於京師直隸後軍都督府洪武二十四年四月寧王府建於此永樂元年遷於江西南昌南有土河東南有大蘇錫東北有惠和縣又有武平縣東有和衆縣元俱屬大寧路洪武中俱廢

新城衞洪武二十年九月置永樂元年廢 距行都司六十里

富峪衞本富峪守禦千戶所洪武二十二年二月置二十四年五月改爲衞永樂元年二月徙置京師直隸後軍都督府 距行都司一百二十里

會州衞洪武二十年九月置永樂元年廢南有冷嶺西北有馬孟山廣袤千里土河之源出焉下流合於漢河又南入於遼水 距行都司 里

木榆衞洪武二十年九月置永樂元年廢 距行都司 里

全寧衞元全寧路直隸中書省 洪武中廢二十二年四月置衞永樂元年廢有潢河又有黑龍江 西南距行都司二百 里

營州左屯衞洪武二十六年二月置永樂元年三月徙治順義縣屬大寧都司南有塔山 距行都司 里

營州右屯衞元建州屬大寧路 洪武中州廢二十六年二月置此衞永樂元年三月徙治薊州屬大寧都司西北距行都司四百里

營州中屯衞元龍山縣屬大寧路 洪武中縣廢二十六年二月置此衞永樂元年三月徙治平谷縣西屬大寧都司南有榆河 距行都司 里

營州前屯衞元興州屬上都路 洪武三年七月屬北平府五年七月廢二十六年置此衞永樂元年三月徙治香河縣屬大寧都司西有新開嶺南有老河源出馬孟山流經此又經行都司城南東北入於潢河西南有興安縣元屬興州順帝後至元五年四月廢 距行都司 里

營州後屯衞洪武二十五年八月置永樂元年三月徙治三河縣屬大寧都司 距行都司 里

興州左屯衞洪武中置永樂元年二月徙治玉田縣直隸後軍都督府 距行都司 里

興州右屯衞洪武中置永樂元年二月徙治遷安縣直隸後軍都督府 距行都司 里

興州中屯衞洪武中置永樂元年二月徙治良鄉縣直隸後軍都督府 距行都司 里

興州前屯衞洪武中置永樂元年二月徙治豐潤縣直隸後軍都督府 距行都司 里

興州後屯衞洪武中置永樂元年二月徙治三河縣直隸後軍都督府 距行都司 里

開平衞元上都路直隸中書省 洪武二年爲府屬北平行省尋廢府置衞屬北平都司永樂元年二月徙衞治京師直隸後軍都督府四年二月還舊治宣德五年遷治獨石堡改屬萬全都司而令兵分班哨備於此後廢西北有臥龍山南有南屏山又有灤河東北有香河又有簸箕河閻河西南有兔兒河下流俱合於灤河又東有涼亭沈阿賽峯黃崖四驛路接大寧古北口西有桓州威虜明安隰寧四驛路接獨石俱洪武中置宣德後廢又西北有寧昌路東北有應昌路北有泰寧路又有德寧路元俱直隸中書省西有桓州元屬上都路洪武中皆廢 距北平都司 里

開平左屯衞洪武二十九年八月置於七合營永樂元年廢 距都司 里

開平右屯衞洪武二十九年置於軍臺永樂元年廢 距北平都司 里

開平中屯衞洪武二十九年置於沙峪永樂元年二月徙治眞定府直隸後軍都督府尋徙治灤州西石城廢縣 距都司 里

開平前屯衞洪武二十九年八月置於偏嶺永樂元年廢 距北平都司 里

開平後屯衞洪武二十九年八月置於石塔永樂元年廢 距北平都司 里

興和守禦千戶所元隆興路直隸中書省皇慶元年十月改爲興和路 洪武三年爲府屬北平布政司四年府廢三十年正月置所永樂元年二月直隸後軍都督府二十年爲阿魯台所攻徙治宣府衞城而所地遂虛東北有麥霄峯南有威遠川西有魚兒濼又西有集寧路元直隸中書省西北有寶昌州元屬興和路又有高原縣元爲興和路治洪武中俱廢 距北平都司 里

寬河守禦千戶所洪武二十二年二月置永樂元年二月徙治遵化縣仍屬大寧都司又僑置寬河衞於京師直隸後軍都督府東南有寬河一名豹河下流經遷安縣西北又東合於灤河 距北平都司 里

宜興守禦千戶所元宜興縣屬興州致和元年八月升爲宜興州 洪武二年兼置衞屬永平府三年三月屬北平府六月改衞爲守禦千戶所五年七月州廢存所永樂元年所廢 距北平都司 里

南京禹貢揚徐豫三州之域元以江北地屬河南江北等處行中書省又分置淮東道宣慰使司治揚州路屬焉江南地屬江浙等處行中書省明太祖丙申年七月置江南行中書省治應天府洪武元年八月建南京罷行中書省以應天等府直隸中書省衞所直隸大都督府十一年正月改南京爲京師十三年正月己亥罷中書省以所領直隸六部癸卯改大都督府爲五軍都督府以所領直隸中軍都督府永樂元年正月仍稱南京統府十四直隸州四屬州十七縣九十有七爲里萬三千七百四十有奇 北至豐沛與山東河南界 西至英山與河南湖廣界 南至婺源與浙江江西界 東至海距北京三千四百四十五里

應天府元集慶路屬江浙行省 太祖丙申年三月曰應天府洪武元年八月建都曰南京十一年曰京師永樂元年仍曰南京洪武二年九月始建新城六年八月成內爲宮城亦曰紫禁城門六正南曰午門左曰左掖右曰右掖東曰東安西曰西安北曰北安宮城之外門六正南曰洪武東曰長安左西曰長安右東之北曰東華西之北曰西華北曰玄武皇城之外曰京城周九十六里門十三南曰正陽南之西曰通濟又西曰聚寶西南曰三山曰石城北曰太平北之西曰神策曰金川曰鍾阜東曰朝陽西曰清涼西之北曰定淮曰儀鳳後塞鍾阜儀鳳二門存十一門其外郭洪武二十三年四月建周一百八十里門十有六東曰姚坊仙鶴麒麟滄波高橋雙橋南曰上方夾岡鳳臺大馴象大安德小安德西曰江東北曰佛寧上元觀音 領縣八洪武二十六年編戶一十六萬三千九百一十五口一百十九萬三千六百二十弘治四年戶一十四萬四千三百六十八口七十一萬一千三萬曆六年戶一十四萬三千五百九十七口七十九萬五百一十三

上元倚太祖丙申年遷縣治淳化鎮明年復還舊治東北有鍾山山南有孝陵衞洪武三十一年置北有覆舟山西北有雞鳴山幕府山又東北有攝山東南有方山北濱大江東南有秦淮水北流入城又西出入大江又北有元武湖東有青溪又有淳化鎮巡檢司

江寧倚南有聚寶山牛首山西南有三山烈山慈姥山西濱大江東北有靖安河西南有大勝關江寧鎮東南有秣陵關西有江東四巡檢司北有龍江關置戶分司於此

句容府東南有茅山北有華山秦淮水源於此北濱大江西北有龍潭巡檢司

溧陽府東南元溧陽州洪武二年降爲縣東南有銅山西南有鐵冶山北有長蕩湖一名洮湖與宜興金壇二縣分界西北有溧水一名瀨水一上承丹陽湖東流爲宜興縣荊溪入太湖舊名永陽江又曰中江也西北有上興埠巡檢司後廢

溧水府東南元溧水州洪武二年降爲縣東有東盧山秦淮水別源出焉南有石臼湖西連丹陽湖注大江

高淳府南弘治四年以溧水縣高淳鎮置西南有固城丹陽石臼諸湖東南有廣通鎮俗曰東壩有廣通鎮巡檢司

江浦府西本六合縣浦子口巡檢司洪武九年六月改爲縣析和滁二州及江寧縣地益之二十五年七月移於江北新開路口仍置巡檢司於舊治東南濱大江有江淮衞洪武二十八年正月置又有西江口巡檢司

六合府西北元屬眞州洪武三年直隸揚州府二十二年二月來屬東有瓜步山濱大江滁河水自西來入焉有瓜埠巡檢司

鳳陽府元濠州屬安豐路 太祖吳元年升爲臨濠府洪武二年九月建中都置留守司於此六年九月曰中立府七年八月曰鳳陽府洪武二年九月建中都城於舊城西三年十二月始成周五十里四百四十三步立門九正南曰洪武南之左曰南左甲第右曰前右甲第北之東曰北左甲第西曰後右甲第正東曰獨山東之左曰長春右曰朝陽正西曰塗山中爲皇城周九里三十步正南門曰午門北曰元城東曰東華西曰西華 領州五縣十三距南京三百三十里洪武二十六年編戶七萬九千一百七口四十二萬七千三百三弘治四年戶九萬五千一十口九十三萬一千一百八萬曆六年戶一十一萬一千七十口一百二十萬二千三百四十九

鳳陽倚洪武七年八月析臨淮縣地置爲府治十一年又割虹縣地益之北濱淮南有鎮山西濠水出焉又西南有皇陵城洪武二年置衞西北有長淮關洪武六年置長淮衞於此東北有洪塘湖屯田守禦千戶所洪武十一年置

臨淮府東北元曰鍾離爲濠州治洪武二年九月改曰中立三年十一月改曰臨淮七年爲府屬北濱淮有二濠水東源出濠塘山西源出鎮鄉山至城西南合流東入淮

懷遠府西北荊山在縣西南塗山在縣東南淮水經山峽間有北肥水入焉又北有渦水亦入淮謂之渦口又西南有洛水與壽州分界

定遠府南有池河西有洛河縣南新城村入淮有洛河鎮巡檢司

五河府東北元屬泗州洪武四年二月來屬舊治在縣南永樂元年圯於水徙治西北界嘉靖二十五年遷於澮河北即今治也東濱淮東南有漴河西北有澮河又有英武衞在北飛熊衞在東北俱洪武十一年置沱河東北有潼河並流合淮謂之五河口又西有上店巡檢司後廢

虹府東北元屬泗州洪武七年七月來屬南有汴河東南有潼河西有沱河

壽州元安豐路屬河南江北行省 太祖丙午年

曰壽春府吳元年曰壽州屬臨濠府洪武二年九月直隸中書省四年二月還屬後以州治壽春縣省入北濱淮淮水遶山峽中謂之硤石山有西肥水來合焉東北有八公山東肥水遶其下西入淮謂之肥口又西北有潁水亦入淮又南有芍陂水西有淠水俱入淮又北有下蔡縣南有安豐縣俱洪武中省有下蔡鎮巡檢司又東有北爐鎮西有正陽鎮二巡檢司東距府一百八十里領縣二　霍邱州西南有大別山北濱淮史河灌河俱流入焉南有開順鎮丁塔店西有高唐店三巡檢司　蒙城州北北有渦水又有北肥水

泗州元屬安豐路太祖吳元年屬臨濠府洪武二年九月直隸中書省四年二月還屬府後以州治臨淮縣省入南濱淮有汴水自城北南流入焉西距府二百十里領縣二　盱眙州南東南有都梁山東北有龜山西有浮山北濱淮有泄河自西來入焉又東北有洪澤湖淮水之所瀦也又西有舊縣巡檢司　天長州東南治山在縣南西北有石梁河下流為五湖接高郵州界東北有城門鄉巡檢司

宿州元屬歸德府洪武四年二月來屬龍山在西南北肥水出焉又北有睢河自河南永城縣流入下流至宿遷縣合淮亦曰小河也南有汴河亦自永城縣流入又有澮河與渙水合又東南有沱水東南距府二百三十三里領縣一　靈璧州東西南有磬石山北有黃河在東北南有汴河北有睢河又南有固鎮巡檢司

潁州元屬汝寧府洪武四年二月來屬淮河在南自河南固始縣流入下流合大河入海又南有汝水自河南息縣流入逕朱皐鎮入淮又北有潁河自河南沈邱縣流入洪武二十四年黃河決於河南由陳州合潁遶太和縣又逕州城北又逕潁上縣至壽州全入於淮永樂九年河復故道宣德正統成化正德間河潁時通時塞俗亦稱潁為小黃河西北又有沈邱鎮巡檢司東距府四百四十里領縣二　潁上州東南東有潁河南有淮河東北有西肥水　太和州西北南有潁水亦名沙河北有西肥水又有洪山北原和二巡檢司

亳州元屬歸德府洪武初以州治譙縣省入尋降為縣屬歸德州六年屬潁州弘治九年十月復升為州西有渦河自河南鹿邑縣流入北有馬尚河流合焉南有西肥水即夏肥水也又東南有城父縣洪武中廢又有義門巡檢司東南距府四百五十里

淮安府元淮安路屬淮東道宣慰司太祖丙午年四月為府領州二縣九西南距南京五百里洪武二十六年編戶八萬六百八十九口六十三萬二千五百四十一弘治四年戶二萬七千九百七十八口二十三萬七千五百二十七萬曆六年戶一十萬九千二百五口九十萬六千三十三　山陽倚北濱淮高家堰在其西南有運河永樂中浚西南有永濟河萬曆九年開長六十五里亦謂之新運河東南有射陽湖東北有馬邏鄉南灣鎮羊寨鄉三巡檢司　清河府西縣治濱黃河崇禎末遷治縣東南之甘羅城南有淮河東北與黃河合謂之清口舊謂之泗口自徐州至此皆泗水故道為黃河所奪者也南有洪澤湖有洪澤巡檢司又東有馬頭鎮巡檢司　鹽城府東南東濱海有鹽場北有射陽湖西有清溝西北有喻口鎮二巡檢司　安東府東北元安東州洪武二年正月降為縣東北朐山在南東北有鬱洲山在海中洪武初置東海巡檢司於此後徙於州南之新壩西南有漣河又有桑墟湖濱海南有淮水東北過雲梯關折旋入於海自清口至此皆淮水故道為黃河所奪者也又漣水自西北來東南流入淮又西北有碩項湖東北有五港口長樂鎮東南有壩上三巡檢司　桃源府西北元曰桃園洪武初更名北有大河即泗水故道西北有古城巡檢司東有三義鎮巡檢司崇禎末徙於縣西之白洋河鎮　沭陽府北元屬海寧州洪武初改屬東南有沭水自山東郯城縣流入其下流為漣水又北有桑墟湖

海州元曰海寧州洪武初復曰海州以州治朐山縣省入北有于公白蕩等浦皆產鹽南有惠澤西北有高橋二巡檢司南距府二百七十里領縣一　贛榆州北西北有羽山東濱海東北有荻水鎮南有臨洪鎮二巡檢司

邳州元屬歸德府洪武初以州治下邳縣省入四年二月改屬中都十五年來屬北有艾山接山東沂水縣界西有沂水自沂州西流至下邳入泗又西北有泇河萬曆三十五年開泇以通運自沛縣夏鎮迄直河口長二百六十餘里避黃河險者三百餘里有直河口巡檢司又西有新安巡檢司東南距府四百五十里領縣二　宿遷州東南北有峒峿山南有大河即泗水故道又東南有睢水入大河曰睢口亦曰小河口又東南有白洋河西北有駱馬湖皆入大河東北有劉家莊巡檢司　睢寧州南北濱大河有睢水自西來經縣界至睢口入河

揚州府元揚州路屬淮東道宣慰司太祖丁酉年十月曰淮海府辛丑年十二月曰維揚府丙午年正月曰揚州府領州三縣七西距南京二百二十里洪武二十六年編戶一十二萬三千九十七口七十三萬六千一百六十五弘治四年戶一十萬四千一百四口六十五萬六千五百四十七萬曆六年戶一十四萬七千二百一十六口八十一萬七千五十六　江都倚元末廢太祖辛丑年復置西有蜀岡東有官河即古邗溝今運河也南濱大江東北有艾陵湖北有邵伯湖有邵伯鎮巡檢司又東有萬壽鎮西北有上官橋南有瓜洲鎮三巡檢司又東有歸仁鎮巡檢司後遷便益河口　儀真府西元真州治揚子縣洪武二年州廢改縣曰儀真西北有大小銅山南濱江南有運河東南有舊江口巡檢司尋移於縣南汊河口　泰興府南南濱江西北有口岸鎮東有黃橋鎮南有印莊三巡檢司

高郵州元高郵府屬淮東道宣慰司洪武元年閏七月降為州以州治高郵縣省入西有運河西北有樊梁甓社新開等湖西南有白馬塘北有張家溝東北有時堡二巡檢司又西有北阿鎮東有三垛鎮西南距府百二十里領縣二　寶應州北西有運河又有汜光白馬射陽等湖南有槐樓鎮西南有衡陽二巡檢司　興化州東南有運河東有得勝湖東北有安豐巡檢司又東北有鹽場

泰州洪武初以州治海陵縣省入東濱海南濱江西有運河東北有西溪鎮北有寧鄉鎮東南有海安鎮三巡檢司西距府百二十里領縣一　如皋州東南大江在縣南運河在縣北東有掘港南有石莊北有西場三巡檢司又東南有白蒲鎮

通州洪武初以州治靜海縣省入南有狼山臨大江有狼山巡檢司東南濱海舊有海門島及布州夾西有運鹽河又東北有石港巡檢司城南有利豐監宋置西距府四百里領縣一　海門州東舊治禮安鄉圮於海正德七年徙治餘中場嘉靖二十四年八月遷於金沙場以避水患海在東大江於此入海又西有張港東有吳陵又有安東壩上又有白塔河四巡檢司東南有料角嘴

蘇州府元平江路屬江浙行省太祖吳元年九月曰蘇州府領州一縣七西距南京五百八十八里洪武二十六年編戶四十九萬一千五百一十四口二百三十五萬五千三十弘治四年戶五十三萬五千四百九口二百四萬八千九十七萬曆六年戶六十萬七百五十五口二百一萬一千九百八十五　吳倚西有姑蘇山西南有橫山又有穹窿光福等山又有太湖縱廣三百八十三里周三萬六千頃跨蘇常嘉湖四府之境亦曰具區亦曰五湖中有包山莫釐山又南有吳淞江亦曰松江亦曰松陵江亦曰笠澤自太湖分流東入海又西有運河西南有木瀆東山角頭三巡檢司又有橫金巡檢司後廢　長洲倚西北有虎邱山又有陽山又有長蕩陽城等湖東有婁江源出太湖東南有運河又北有吳塔東南有陳墓二巡檢司又東有唐湖巡檢司後廢　吳江府東南元吳江州洪武二年降為縣西濱太湖東有吳淞江又有運河又東南有白蜆江又東有同里南有平望西南有震澤東南有簡村汾湖五巡檢司又東有長橋西南有瀾溪東南有因瀆三巡檢司後廢　崑山府東元崑山州洪武二年降為縣南有吳淞江西有女婁江東南有澱山湖又南有千墩浦東有夏駕浦皆注於婁江東南有石浦巡檢司後移於千墩浦口西北有巴城巡檢司後移於縣西之真義鎮　常熟府北元常熟州洪武二年降為縣萬曆末避諱曰嘗熟西北有虞山北有福山下臨大江有福山浦又東有白茆浦東北有許浦西北有奚浦黃泗浦為五大浦皆分太湖西北之水注於大江南有運河有許浦白茆黃泗福山四巡檢司　嘉定府東元嘉定州洪武二年降為縣東濱海南有運河又南有吳淞江西南有白鶴江西南有青龍江南有蟠龍江皆滙吳淞江入海又劉河在縣北即婁江也又東南有吳淞江守禦千戶所洪武十九年置又有寶山守禦千戶所本協守吳淞中千戶所嘉靖三十六年置萬曆五年更名又東有顧涇東南有江灣二巡檢司又西南有吳塘南有南翔二巡檢司後廢

太倉州本太倉衞太祖吳元年四月置弘治十年正月置州於衞城析崑山常熟嘉定三縣地益之東濱海海口有鎮海衞洪武十二年十月置後移於太倉衞城南有劉河其入海處曰劉河口有劉家港巡檢司北有七鴉浦亦東入海又東北有甘草巡檢司又有唐茜涇口巡檢司後移於東花浦口尋廢又有茜涇巡檢司亦廢西距府一百零五里領縣一　崇明州東元崇明州屬揚州路洪武二年降為縣八年改屬蘇州府弘治十年正月來屬舊治在縣東北曰東沙為海所圮永樂十九年嘉靖八年三十三年三遷亦俱圮於水萬曆十三年遷於平洋沙巡檢司即今治也四面環海西有西沙北有三沙二巡檢司

松江府元直隸江浙行省太祖吳元年正月因之領縣三西北距南京七百七十里洪武二十六年編戶二十四萬九千九百五十口一百二十一萬九千九百三十七弘治四年戶二十萬五百二十口六十二萬七千三百一十三萬曆六年戶二十一萬八千三百五十九口四十八萬四千四百一十四　華亭倚崑山在縣西北東南濱海有鹽場又西北有澱山湖西有泖湖東南有黃浦西北有趙屯大盈顧會松子磐龍等五浦俱會吳淞江入海東南有金山衞又東有青村守禦千戶所俱洪武二十年二月置西北有小貞村西南有泖橋二巡檢司南有金山巡檢司本治張堰後徙胡家巷東南有南橋巡檢司本戚睢後徙治更名又有陶宅巡檢司後廢又東南有柘林鎮嘉靖間築城戍守　上海府東北東濱海有鹽場北有吳淞江有巡檢司東有黃浦有巡檢司東南有南匯觜守禦中後千戶所洪武二十年二月置又有三林莊巡檢司又有南蹌巡檢司後廢嘉靖三十六年築城曰川沙堡置兵戍守焉　青浦府西北嘉靖二十一年四月以今縣東北之新涇巡檢司置析華亭上海二縣地益之三十二年廢為青龍鎮仍置新涇巡檢司萬曆元年復於唐行鎮置縣即今治也北有吳淞江東有顧會等浦西南有澱山湖又西有安莊鎮澱山巡檢司置於此

常州府元常州路屬江浙行省太祖丁酉年三月丁亥曰長春府己丑曰常州府萬曆末避諱曰嘗州府領縣五西北距南京三百六十里洪武二十六年編戶一十五萬二千一百六十四口七十七萬五千五百一十三弘治四年戶五萬一百三十一口二十二萬八千三百六十三萬曆六年戶二十五萬四千四百六十口一百萬二千七百七十九　武進倚東為晉陵縣元時同治郭內太祖丁酉年三月改武進縣曰永定晉陵縣曰京臨尋以京臨省入永定壬寅年八月仍改永定曰武進東南有馬跡山濱太湖北有大江西有孟瀆又有得勝新河俱北入江南有運河西南有滆湖與宜興界東有陽湖與無錫界西有魏村閘守禦百戶所洪武三年置又有奔牛巡檢司西北有小河巡檢司舊在鄭港後移小河寨尋復遷孟河城北有澡江巡檢司舊在江北沙新河後遷縣北於塘村　無錫府東元無錫州洪武二年四月降為縣西有慧山梁溪出焉西南入太湖其別阜曰錫山西南有太湖東南有運河又西北有高橋東南有望亭二巡檢司　宜興府南元宜興州太祖戊戌年十月曰建寧州尋復曰宜興州洪武二年降為縣西南有荊南山又有國山又有龍池山又東南有香蘭山臨太湖又有唐貢山產茶西北有亞山有長蕩湖北有運河南有荊溪西南有百瀆疏荊溪之下流注於太湖後多堙廢東北有下邾北有鍾溪東南有湖㳇西南有張渚四巡檢司　江陰府西北元江陰州直隸江浙行省太祖甲辰年曰連洋州尋復曰江陰州吳元年四月降為縣來屬北有君山濱大江西南又有秦望山東有香山南有運河又申浦在西又有黃田等港俱注大江東有石頭港巡檢司西有利港巡檢司後移於夏港又東有范港巡檢司後廢又有楊舍鎮嘉靖三十七年築城　靖江府東北成化八年九月以江陰縣馬馱沙置大江舊分二派繞縣南北天啟後潮沙壅積縣北大江漸為平陸西南有新港巡檢司

鎮江府元鎮江路屬江浙行省太祖丙申年三月曰江淮府十二月曰鎮江府領縣三西距南京城二百里洪武二十六年編戶八萬七千三百六十四口五十二萬二千三百八十三弘治四年戶六萬八千三百四十四口一十七萬一千五百八萬曆六年戶六萬九千三十九口一十六萬五千五百八十九　丹徒倚北有北固山濱大江江中西北有金山東北有焦山又城西江口有蒜山又京峴山在東東園山在北濱江為險又南有運河西有高資鎮東北有安港東有丹徒鎮北有姜家嘴四巡檢司　丹陽府東南北濱大江又有練湖南有運河又東有呂城鎮巡檢司尋移鎮東又有包港巡檢司尋移顧巷　金壇府東南西有茅山東南有長蕩湖一名洮湖有湖溪巡檢司北有白鶴溪

廬州府元廬州路屬河南江北行省太祖甲辰年七月為府置江淮中書行省於此尋罷領州二縣六距南京五百十里洪武二十六年編戶四萬八千七百二十口三十六萬七千二百弘治四年戶三萬六千五百四十八口四十八萬六千五百四十九萬曆六年戶四萬七千三百七十三口六十二萬二千六百九十八　合肥倚西有雞鳴山肥水所出東南流入巢湖西南有紫蓬山東有浮槎山橫山又東南有四頂山俯瞰巢湖湖周四百餘里中有姥山孤山又東北有滁水源出龍潭下流至六合縣入江又東有店阜河南有三汊河皆入巢湖東北有梁縣洪武初省西南有盧鎮關巡檢司後徙於縣東之石梁鎮　舒城府西南西南有龍眠山與桐城縣界西有三角山又巢湖在東又南有北峽關亦與桐城界　廬江府南元屬無為州洪武初改屬府東北有冶父山東有巢湖東南有黃陂湖西有冷水關有巡檢司

無為州洪武中以州治無為縣省入大江在東南東有濡須水一名天河自巢湖分流東北入江又東有奧龍河鎮東南有泥汊河鎮土橋河鎮北有黃落河鎮四巡檢司西北距府二百八十里領縣一　巢州北東南有七寶山與含山縣濡須山相對峙有西關在其上巢湖在西西北有柘皐河流入焉南有石梁河即濡須上流也東南有清溪入焉西南有焦湖巡檢司

六安州洪武四年二月屬中都臨濠府以州治六安縣省入六十年改屬西有淠水亦曰沘水下流至壽州入淮西南有麻埠巡檢司後廢又西北有和尚灘巡檢司弘治間屬霍山縣後移於新店仍來屬東距府百八十里領縣二　英山州西南縣治本直河鄉崇禎十

二年徙於西北之章山十六年又遷於北境之添樓鄉多雲山在西北接湖廣羅田縣界西有英山河湖廣浠水之上源也霍山州西南本六安州故埠鎮巡檢司弘治二年改爲縣南有霍山亦曰天柱山亦曰衡山又謂之南岳也東南有鐵鑪山多鐵冶又西南有四十八盤山又淠河在東源出霍山下流至壽州入淮西北有千羅畈西南有上土市二巡檢司

安慶府元安慶路屬河南江北行省太祖辛丑年八月曰寧江府壬寅年四月曰安慶府領縣六北距南京六百五十里洪武二十六年編戶五萬五千五百七十三口四十二萬二千八百四弘治四年戶四萬六千五十口六十一萬六千八十九萬曆六年戶四萬六千六百九口五十四萬三千四百七十六

懷寧倚南濱大江西有皖水流入焉曰皖口西北有觀音港巡檢司東有長風沙鎮巡檢司　桐城府東北東有浮山一名浮度山西北有龍眠山北有北峽山與舒城界有北峽關巡檢司又北有西峽山亦謂之南峽石對壽州峽石則此爲南也東南濱江有樅陽河自西北流入焉又東有六百丈東南有馬踏石源子港三巡檢司　潛山府西北元末廢洪武初復置西北有潛山亦曰天柱山亦曰皖公山即霍山也皖水出焉別流曰潛水合流注大江又有天堂山後部河所出有天堂寨巡檢司　太湖府西西北有司空山城西有馬路河即後部河之下流也東合於潛水又西北有南陽白沙東北有小池北有後部四巡檢司　宿松府西南東有馬頭山又小姑山在縣南大江中與江西彭澤縣界有小姑山巡檢司又西南有歸林灘南有涇江口二巡檢司　望江府西南南濱江東有雷池南入江曰雷江口亦曰雷港有巡檢司西有泊湖北有慈湖東北有漳湖下流俱入江又西南有楊灣鎮巡檢司

太平府元太平路屬江浙行省江東道太祖乙未年六月爲府領縣三東距南京百三十五里洪武二十六年編戶三萬九千二百九十口二十五萬九千九百三十七弘治四年戶二萬九千四百六十口一十七萬三千六百九十九萬曆六年戶三萬三千二百六十二口一十七萬六千八十五

當塗倚城北有采石山一名牛渚山臨大江西南有博望山與和州梁山夾江相對亦曰東梁山又丹陽湖在東南周三百餘里分流蕪湖西入江南有姑孰溪又有黃池河西南有大信河北有慈湖皆入大江有采石大信二巡檢司　蕪湖府西南西南有戰鳥山在大江中西北有七磯南有魯明江一名魯港又有石䃮河俱注大江西有河口鎮巡檢司後移於魯港鎮　繁昌府西南西北有磕山在江中又三山磯在東北濱江又西有荻港入大江有三山荻港二巡檢司

池州府元池州路屬江浙行省江東道太祖辛丑年八月曰九華府尋曰池州府領縣六東北距南京五百五十里洪武二十六年編戶三萬五千八百二十六口一十九萬八千五百七十四弘治四年戶一萬四千九十一口六萬九千四百七十八萬曆六年戶一萬八千三百七十七口八萬四千八百五十一

貴池倚南有齊山北濱江東有梅根港西有池口河即貴池也又西有李陽河俱流入大江有池口鎮李陽河二巡檢司　青陽府東南有九華山北有青山西有五溪水出九華山又南有臨城河俱會流大通河入江　銅陵府東北南有銅官山東有城山西濱大江又南有大通河北有荻港河俱入大江有大通巡檢司　石埭府東南北有陵陽山西有橡山官溪出焉即池口河之源也又舒溪在南下流合蕪湖縣之魯港入江　建德府西南南有龍口河東南入饒州府之獨山湖又有堯城溪下流爲東流縣之江口河入江又西南有永豐鎮巡檢司　東流府西南有馬當山枕大江與江西彭澤縣界南有香口河流入江有香口鎮巡檢司後移於吉陽鎮

寧國府元寧國路屬江浙行省太祖丁酉年四月曰寧國府辛丑年四月曰宣城府丙午年正月曰宣州府吳元年四月仍曰寧國府領縣六北距南京三百十里洪武二十六年編戶九萬九千七百三十二口五十三萬二千二百五十九弘治四年戶六萬三百六十四口三十七萬一千五百四十三萬曆六年戶五萬二千一百四十八口三十八萬七千一十九

宣城倚北有敬亭山西有清弋江西北至蕪湖縣入江又東有宛溪與東北之句溪合北流入大江又南湖亦在東北流注於句溪北有黃池鎮東北有水陽鎮二巡檢司　南陵府西西有工山南有呂山淮水出焉東有青弋江又西南有漳水與淮水合入於青弋江又南有幾嶺巡檢司　涇府西南有柔流山西有賞溪亦曰涇溪其上流即舒溪也又東南有藤溪來合焉下流入青弋江東南有茹蘇嶺巡檢司　寧國府東南西南有紫山西北有文脊山東南有千秋嶺有關東有東溪出浙江於潛縣天目山西有西溪出績溪縣叢山即句溪上源也東南有嶽山巡檢司舊置嶽山下洪武中遷於紬口復移於石口鎮又西南有胡樂巡檢司　旌德府南北有石壁山西有正山西南有箬嶺與太平歙二縣界東有徽水自績溪縣流入即藤溪上流也東北有烏嶺巡檢司廢又北有三溪巡檢司　太平府西南南有黃山與歙縣分界西有龍門山有巡檢司南有麻川與舒溪合流入涇縣爲賞溪西南有宏潭巡檢司後移於郭巖前

徽州府元徽州路屬江浙行省太祖丁酉年七月曰興安府吳元年曰徽州府領縣六北距南京六百八十里洪武二十六年編戶一十二萬五千五百四十八口五十九萬二千三百六十四弘治四年戶七千二百五十一口六萬五千八百六十一萬曆六年戶一十一萬八千九百四十三口五十六萬六千九百四十八

歙倚西北有黃山亦曰黟山新安江出焉東南流爲歙浦又東曰新安江至浙江建德縣與東陽江合爲浙江上源又揚之水在西亦曰徽溪合於歙浦東南有街口鎮王干寨二巡檢司西北有黃山巡檢司　休寧府西東北有松蘿山西有白嶽山東南有率山率水出焉新安江別源也西南有浙溪東流與率水合又西有吉陽水亦曰白鶴溪下流合於浙溪西南有黃竹嶺巡檢司尋廢東南有太厦巡檢司後移於屯溪　婺源府西南元婺源州洪武二年正月降爲縣北有浙嶺浙溪水出焉一名漸溪新安江別源也西北有大廣山婺水所出南流達於鄱陽湖又西南有太白東有大鏞嶺二巡檢司又西有項村巡檢司舊治洑嶺後移縣西北之嚴田萬曆九年復故　祁門府西東北有祁山西有新安山又有武陵嶺北有大共山大共水出焉南流入江西浮梁縣界有大共嶺巡檢司又西南有良禾嶺巡檢司後移於苦竹港　黟府西西南有林歷山又有武亭山橫江水出焉又東北有吉陽山吉陽水所出南有魚亭山魚亭水出焉俱流合橫江　績溪府東北西北有徽嶺山東有大鄣山浙水出焉亦新安江別源也又龍叢山在東北楊之水出焉流合大鄣山水有叢山關與寧國縣界東有西坑寨巡檢司尋廢西北有濠寨巡檢司

徐州元屬歸德府洪武四年二月屬中都臨濠府十四年十一月直隸京師東南有雲龍山天啓四年遷州治於雲龍山東北有盤馬山產鐵又有銅山東南有呂梁山泗水所經大河自蕭縣流入經州城北遂奪泗水之道東經百步洪呂梁洪而入邳州界有呂梁洪巡檢司又睢水在南領縣四南距南京一千里洪武二十六年編戶二萬二千六百八十三口一十八萬八百二十一弘治四年戶三萬四千八百八十六口三十五萬四千三百一十一萬曆六年戶三萬七千八百四十一口三十四萬五千七百六十六

蕭州西南舊治在縣西北今治萬曆五年徙南有永固山北有大河舊汴河所經道也南有睢水又西北有趙家圈巡檢司嘉靖四十四年大河決於此　沛州西北元屬濟寧路太祖吳元年來屬南有大河東有泗河自山東魚臺縣流入境又泡河在西薛河在東又北有南沙河北沙河皆會於泗又昭陽湖在縣東又東北有夏鎮　豐州西北元屬濟寧路太祖吳元年來屬大河在南北有豐水即泡河也　碭山州西元屬濟寧路太祖吳元年來屬東南有碭山其北有芒山大河自河南虞城縣流入舊經縣南嘉靖三十七年徙在北又南有睢水

滁州元屬揚州路洪武初以州治清流縣省入七年屬鳳陽府二十二年二月直隸京師南有瑯邪山西南有清流山清流關在其南清流水出焉合於滁水又滁水自全椒縣流入下流至六合縣入江西有大鎗嶺巡檢司領縣二東距南京一百四十五里洪武二十六年編戶三千九百四十四口二萬四千七百九十七弘治四年戶四千八百四十口四萬九千七百一十二萬曆六年戶六千七百一十七口六萬七千二百七十七

全椒州南洪武初省十三年十一月復置東南有九鬬山西北有桑根山又滁水在南自合肥縣流入有襄水自北流合焉　來安州北洪武初省十三年十一月復置東北有五湖山下有五湖北有石固山又來安水在東東南合清流河又東南有湯河南入滁河東北有白塔鎮巡檢司

和州元治歷陽縣屬廬州路洪武初省州入縣二年九月復改縣爲州仍屬廬州府七年屬鳳陽府尋直隸京師梁山在南與當塗縣博望山夾江相對謂之天門山亦曰西梁山又東南有橫江南對當塗縣之采石磯西南有柵江即濡須水入江之口也南有白石水又有裕溪河源出巢湖皆南流注於江西有麻湖亦曰歷湖永樂中堙東北有烏江縣洪武初省東有浮沙口南有裕溪鎮二巡檢司又南有牛屯河巡檢司後移於烏江鎮即故烏江縣也領縣一東南距南京百三十里洪武二十六年編戶九千五百三十一口六萬六千七百一十一弘治四年戶七千四百五十口六萬七千一十六萬曆六年戶八千八百口一十萬四千九百六十

含山州西洪武初省十三年十一月復置南有白石山白石水出焉西南有濡須山與無爲州界西對巢縣之七寶山濡須水出其間即東關口也又南有三汊河東合裕溪入江

廣德州元廣德路屬江浙行省太祖丙申年六月曰廣興府洪武四年九月曰廣德州十三年四月以州治廣德縣省入直隸京師西南有橫山南有靈山西北有桐川灑丹陽湖入江亦名白石水南有廣安西南有陳陽北有杭村三巡檢司又東南有苦嶺關路通浙江安吉州又有四安鎮領縣一北距南京五百里洪武二十六年編戶四萬四千二百六十七口二十四萬七千九百七十九弘治四年戶四萬五千四十三口一十二萬七千七百九十五萬曆六年戶四萬五千二百九十六口二十二萬一千五百五十三

建平州西北南有桐川又有南碕湖亦謂之南湖與宣城縣界流入丹陽湖北有梅渚南有陳村二巡檢司

明史卷四十一　志第十七

總裁官總理事務、經筵講官、少保兼太子太保、保和殿大學士、兼管吏部戶部尚書事加六級張廷玉等奉

敕修

地理二

山東　山西

山東禹貢青兗二州地元直隸中書省又分置山東東西道宣慰司治益都路屬焉洪武元年四月置山東等處行中書省治濟南府三年十二月置青州都衛治青州府八年十月改都衛爲山東都指揮使司九年六月改行中書省爲承宣布政使司領府六屬州十五縣八十九爲里六千四百有奇南至郯城與南直界北至無棣與北直界西至定陶與河南界東至海距南京一千八百五十里京師九百里洪武二十六年編戶七十五萬三千八百九十四口五百二十五萬五千八百七十六弘治四年戶七十七萬五百五十五口六百七十五萬九千六百七十五萬曆六年戶一百三十七萬二千二百六口五百六十六萬四千九十九

濟南府元濟南路屬山東東西道宣慰司太祖吳元年爲府領州四縣二十六

歷城倚天順元年建德王府南有歷山東有華不注山有大清河在西北即濟水故道自壽張縣流經縣界東北至利津入海又小清河即濼之南源一名濼水出城西趵突泉經城北下流至樂安縣入海又大明湖在城內又東北有堰頭鎮巡檢司　章邱府東東有長白山又有黌山南有東陵山又有長城嶺又小清河在北又東有滸河一名繡江合諸泉西北匯爲白雲湖下流入小清河　鄒平府東北西南有長白山接章邱長山二縣界北有小清河　淄川府東元般陽路治此屬山東東西道宣慰司太祖吳元年改路爲淄川州仍爲附郭二年七月州廢來屬西南有夾谷山南有原山與萊蕪縣界其山陰淄水出焉又西有孝婦河自益都縣流入合瀧頭般諸水下流入小清河　長山府東北元屬般陽路洪武二年七月來屬西南有長白山西北有小清河南有孝婦河　新城府東北元屬般陽路洪武二年七月來屬七年十二月省入長山高苑二縣後復置北有小清河西北有孝婦河東有烏河其上流即時水下流至高苑縣入小清河　齊河府西元屬德州洪武二年七月改屬府有大清河　齊東府東元屬河間路洪武初來屬北有大清河東有滅水河成化元年開濬洩小清河漲溢入大清河　濟陽府北南有大清河　禹城府西北元屬曹州洪武二十年來屬西有漯水枯河俗名土河　臨邑府北元屬河間路洪武初來屬西北有盤河　長清府西南元屬泰安州洪武二年七月改屬府東南有青崖山西南有馬山方山西南有大清河又有沙河自縣南流入焉亦曰沙溝河又東南有石都寨巡檢司　肥城府西南元屬濟寧路洪武二年七月來屬西北有至山一名孝堂山肥水出焉西流入大清河　青城府東北元屬河間路洪武二年省入鄒平齊東二縣十三年十一月復置來屬北有大清河北有大石關舊置巡檢司後廢　陵府西北元德州治安德縣直隸中書省洪武元年省安德縣入州七年七月移州於故陵縣十三年十一月置陵縣於此東有德河下流西入衞河

泰安州元直隸中書省洪武初來屬以州治奉符縣省入北有泰山即岱宗也亦曰東岳汶水出焉下流至汶上縣合大清河又東南有徂徠山南有梁父山又城西有泰安巡檢司北距府百八十里領縣二

新泰州東南西北有宮山本名新甫山西南有龜山東北有小汶河西流合汶水又西有上四莊巡檢司　萊蕪州東洪武初改屬濟南府二年仍來屬東北有原山其山陽汶水別源出焉又西南有冠山西北有部山諸山多產銅鐵錫

德州元屬河間路洪武元年降爲陵縣屬濟寧

府二年七月改屬德州七年七月省陵縣移德州治焉 西有衞河東南有故篤馬河俗名土河 東南距府二百八十里領縣二 德平 州東北有般河曰盤河或以爲古鉤盤也 平原 州東南 武定州 元棣州治厭次縣屬濟南路 洪武初州縣俱廢六年六月復置州改名樂安宣德元年八月改爲武定州 永樂十五年漢王府遷於此宣德元年除南有大清河又有土河又有商河東南有清河巡檢司 西南距府二百四十里領縣四 陽信 州北元屬棣州東有商河 海豐 州東北洪武六年六月析樂安州南地置屬濱州後來屬東北濱海又北有高津河又有無棣縣元屬棣州洪武初省東北有大沽河口巡檢司 樂陵 州西北舊治在縣之咸平鎮屬滄州洪武元年改屬濟寧府二年移治富平鎮七月來屬南有般河及高津河又有土河西南又有商河西北有舊縣鎮巡檢司 商河 州西南有商河 濱州 洪武初以州治渤海縣省入 東北濱海產鹽南有大清河北有土傷河即高津別名也 西南距府三百五十里領縣三 利津 州東東北濱海有永阜等鹽場東有大清河流入海又東北有豐國鎮巡檢司 霑化 州西北東北濱海有富國等鹽場又有久山鎮巡檢司 蒲臺 州南元屬般陽路洪武二年七月來屬東濱海北有大清河 兗州府 元兗州屬濟寧路 洪武十八年升爲兗州府領州四縣二十三東北距布政司三百五十里 滋陽 倚洪武三年四月建魯王府元曰嵫陽洪武初省入州十八年復置成化間改爲滋陽泗水在東又有沂水自曲阜縣西流來合焉 曲阜 府東東南有尼山沂水所出又東有防山北有泗水又有洙水西南流入於沂水又北有孔林 寧陽 府北西北有汶水支流爲洸水者洙水也洸相入受通稱也俱西南入運河又東北有堽城壩即汶洸分流處也 鄒 府東南元屬滕州洪武二年七月改屬東南有嶧山亦曰邾嶧又曰鄒嶧東北有昌平山西南有鳧山又有泗河 泗水 府東東有陪尾山泗水出焉經縣北下流至南直清河縣入淮 滕 府東南元滕州治滕縣屬益都路洪武二年七月州廢縣屬濟寧府十八年來屬東南有桃山東北有連青山又西南有新運河北自南陽南至境山長一百九十四里嘉靖四十四年所開又薛水源自縣東高薛二山間西南流合漷水一名南沙河至沛縣入運又有北沙河在縣北西流經魚臺入招湖又南有沙溝集巡檢司 嶧 府東南元嶧州屬益都路洪武二年降爲縣屬濟寧府後來屬東南有杜子山舊名葛嶧山永水流其下又北有君山一名抱犢山西加水所出東南流至三合村有東加河自沂水來會焉又南合武河彭水諸水注於泗謂之泇口萬曆中改爲運道自夏鎮至直河口凡二百六十餘里避黃河之險者三百三十里又西北有鄒塢鎮巡檢司嘉靖中移於縣西梁溝又東南有臺莊巡檢司萬曆三十四年置 金鄉 府西南元屬濟寧路洪武十八年來屬金莎嶺在東大河在西南 魚臺 府西南元屬濟州洪武元年屬徐州二年七月屬濟寧府十八年來屬泗河在東即運道也北有菏水一名五丈溝東入泗又東有穀亭鎮嘉靖九年黃河決於此又南有塌場口洪武永樂間爲運道所經 單 府西南元單州屬濟寧路洪武元年省州治單父縣入州二年七月乃降州爲縣屬濟寧府十八年來屬舊城在南正德十四年五月因河決改遷南濱大河 城武 府西南元屬曹州洪武四年屬濟寧府十八年來屬縣正德十四年五月因河決改遷南有故黃河即洪武間之運道也弘治後堙 濟寧州 元任城縣爲濟州治至正八年罷濟州徙濟寧路治此 太祖吳元年爲濟寧府十八年降爲州以州治任城縣省入 南臨會通河西有馬腸湖又東南有魯橋鎮巡檢司 東距府六十里領縣三 嘉祥 州西元屬單州洪武二年來屬南有塔山東有會通河北有故黃河一名塔章河即塌場口之上流也 鉅野 州西北元爲濟寧路治至正八年徙路治任城縣以縣屬焉南有高平山東有鉅野澤元末爲黃河所決遂涸東南有會通河西南有故黃河弘治後堙西有安興集巡檢司 鄆城 州西北有灉水又有故黃河又有故濟水在西南 東平州 元東平路直隸中書省 太祖吳元年爲府

洪武七年十一月降爲州屬濟寧府以州治須城縣省入十八年改屬 北有瓠山東北有危山西南有安山亦曰安民山下有積水湖一名安山湖山南有安山鎮會通河所經也汶水在南西流入安山湖又西北有金線閘巡檢司 東南距府百五十里領縣五 汶上 州東南西南有蜀山其下爲蜀山湖又西爲南旺湖其西北則馬踏河運道經其中而北出即會通河也又汶水在東北舊時西流入大清河永樂中開會通河遏汶水西南流悉入南旺湖 東阿 州西北故城在縣西南今治本故穀城縣也洪武八年徙於此南有碻磝山西有魚山會通河自西南而北經此始與大清河分流又西有馬頰河俗名小鹽河東流入大清河又張秋鎮在西南弘治二年河決於此七年十二月塞賜名安平鎮 平陰 州東北南有汶河西南有大清河又有滑口鎮巡檢司後廢 陽穀 州西北東有會通河又東有阿膠井 壽張 州西洪武三年省入須城陽穀二縣十三年十一月復置屬濟寧府後來屬東南有故城元時縣治在焉今治本王陵店洪武十三年徙置南有梁山濼大野澤下流東北有會通河又有沙灣弘治前黃河經此後堙西南有梁山集巡檢司 曹州 正統十年十二月以曹縣之黃河北舊土城置 東有舊黃河洪武初引河入泗以通運處也永樂中亦嘗濬南有灉河東南有菏澤流爲菏水 東北距府三百里領縣二 曹 州東南元曹州治濟陰縣直隸中書省洪武元年省濟陰縣入州二年州治自北徙於盤石鎮四年降爲縣屬濟寧府正統十年十二月置州以縣屬焉西南有黃陵岡與河南儀封縣界弘治五年黃河決於此河遂在縣南東入單縣界至南直徐州合泗入淮又西有賈魯河嘉靖前猶爲運道後廢東南有楚邱縣元屬曹州洪武初省又西北有安陵鎮巡檢司 定陶 州東南元屬曹州洪武元年屬濟寧府十年五月省入城武縣十三年十一月復置仍屬濟寧府正統十年十二月來屬西有黃河故道弘治前河經此至張秋之沙灣入會通河 沂州 元屬益都路後省州治臨沂縣入州 洪武元年屬濟寧府五年屬濟南府七年十二月屬青州府十八年來屬 弘治四年八月建涇王府嘉靖十六年除西有艾山東有沂水源自青州沂水縣南流至州境與祊水合下流入泗又有沭水流經南直安東縣爲漣水入淮又西南有泇水亦曰東泇水下流合嶧縣之西泇水入運西南有羅藤鎮巡檢司 西距府五百六十里領縣二 郯城 州東南洪武初置東有馬陵山又有羽山與南直贛榆縣界又沭水在東沂水在西西有磨山鎮巡檢司後廢 費 州西北西北有蒙山西南有大沫崮又有祊水東北有蒙陽水下流俱入於沂河西南有關陽鎮西北有毛陽鎮二巡檢司 東昌府 元東昌路直隸中書省 洪武初爲府領州三縣十五東距布政司二百九十里 聊城 倚城東有會通河西南有武水枯河即漯河也爲會通河所截中堙 堂邑 府西東北有會通河西有舊黃河 博平 府東北洪武三年三月省尋復置西南有會通河東北有故黃河 茌平 府東北西有故黃河又西北有故馬頰河 莘 府西南北有傘山舊有泉湧出曰傘山泉 清平 府北元屬德州洪武元年屬恩州二年七月屬高唐州三年三月省尋復置改屬西有會通河西南有魏家灣巡檢司 冠 府西南元冠州直隸中書省洪武三年降爲縣來屬西北有衞河又東有賈鎮堡東北有清水鎮堡俱嘉靖二十二年築 臨清州 元臨清縣屬濮州 洪武二年七月改屬弘治二年升爲州 舊治在南洪武二年徙治臨清閘景泰元年又於閘東北三里築城徙治焉會通河在城南有衞河自西來會至天津直沽入海爲北運河 東南距府百二十里領縣二 邱 州西元直隸東昌路弘治二年改屬州東南有衞河又有漳河 館陶 州西南元屬濮州洪武二年七月屬東昌府三年三月省尋復置仍屬東昌府弘治二年改屬州西有衞河自元城縣流入又西南有漳河又西南有南館陶鎮巡檢司 高唐州 元直隸中書省 洪武初以州治高唐縣省入來屬 西有漯河溢涸無常又有馬頰河一名舊黃河 西南距府百二十里領縣三 恩 州北元恩州直隸中書省洪武

二年降爲縣來屬西有故城今治本許官店洪武七年七月徙於此西北有衞河東南有馬頰枯河又高雞泊亦在縣西北 夏津 州西洪武三年三月省尋復置西南有衞河又東有馬頰故河又西有裴家圈巡檢司 武城 州西北西有衞河東南有沙河東北有甲馬營巡檢司 濮州 元直隸中書省 洪武二年以州治鄄城縣省入來屬 故城在東景泰三年以河患遷於王村即今治也東南有故黃河永樂中河流由此入會通河後堙又西南有濮水一名洪河 東北距府二百里領縣三 范 州東北洪武三年三月省尋復置東南有故城洪武二十五年圮於河始遷今治又東南有水保寨巡檢司 觀城 州西北洪武三年三月省尋復置又東有馬頰河有黑羊山水自西北流入焉 朝城 州北洪武三年三月省尋復置西南有故漯河 青州府 元益都路屬山東東西道宣慰司 太祖吳元年爲青州府領州一縣十三西距布政司三百二十里 益都 倚洪武三年四月建齊王府永樂四年廢十三年建漢王府十五年遷於樂安成化二十三年建衡王府南有雲門山與劈山連西北有堯山又西有九迴山北陽水出焉亦曰澠水經治嶺山麓曰五龍口下流經樂安縣入巨淀又有南陽水源出縣西南石膏山流經城北又東北合北陽水又西有淄水下流至壽光入海又西南有顏神鎮孝婦河出焉入淄川縣界有顏神鎮巡檢司嘉靖三十七年築城鎮西南有青石關 臨淄 府西北南有牛山又有鼎足山女水出焉下流合北陽水又有猶山又有南郊山其下爲天齊淵城東有淄水又西有澠水又有系水下流俱入時水其時水自西南而東北亦曰耏水又有濁水流入焉下流俱至樂安縣入海南有淄河店巡檢司 博興 府西北元博興州洪武二年降爲縣南有小清河有時水 高苑 府西北東南有商山西南有小清河西北有田鎮巡檢司後廢 樂安 府北東北濱海有鹽場北有小清河東有時水又東南有淄水又有北陽水又有巨洋水俱滙流於縣東北之高家港入海港即古之馬車瀆也有高家港巡檢司又西北有樂安鎮巡檢司又東北有塘頭寨有百戶所駐焉 壽光 府東北北濱海有鹽場西有淄水又有北陽水又東有巨洋水又西北有清水泊即古之鉅定湖也其北接樂安縣之高家港又東北有廣陵鎮巡檢司 昌樂 府東元屬濰州尋省後復置仍屬濰州洪武初改屬西北有故城洪武中徙於今治東南有方山東丹水所出北遜昌樂故城西丹水流合焉下流至壽光縣入於海又南有白狼水至濰縣入海 臨朐 府東南有朐山又有大峴山上有穆陵關巡檢司又東有沂山一名東泰山沭水瀰水俱發源於此瀰水一名巨洋水西合石溝水至壽光入海又東北有丹山一名丸山西丹河及白狼水出焉 安邱 府東南元屬密州洪武二年七月州廢屬府西南有牟山又有峿山又東北有峿山東有濰水下流經濰縣入海又北有汶水源亦出沂山下流合濰水 諸城 府東南元爲密州治屬益都路洪武二年七月州廢屬府東南有琅邪山西南有常山又有馬耳山北有濰水東北有盧水流合焉南有信陽鎮巡檢司又南有南龍灣海口巡檢司 蒙陰 府西南元屬莒州洪武二年七月改屬府南有蒙陰山東有長山有蒙水北流入沂水東南有紫荊關巡檢司萬曆間廢 莒州 元屬益都路 洪武初以州治莒縣省入 西有浮來山又西北有箕屋山濰水出焉又西南有沭水流入沂州界南有十字路西南有葛溝店二巡檢司 北距府二百里領縣二 沂水 州西北西北有大弁山與雕崖山連沂水出焉南流經沂州界入泗東北有沭水 日照 州東北東濱海有鹽場東南有夾倉鎮巡檢司 萊州府 元萊州屬般陽路 洪武元年升爲府六年降爲州九年五月復升爲府領州二縣五西距布政司六百四十里 掖 倚北濱海有鹽場又有三山島在海南岸東北有萬里沙西南有掖水北入海東南有小沽河又東北有王徐砦守禦千戶所嘉靖中置又西有海倉北有柴葫寨二巡檢司 平度州 元膠水縣 洪武二十二年正月改置 北有萊山西有膠水下流至昌邑北入海東有大沽河源自黃縣蹻犬山流經州與小沽河合通名爲沽河至即墨縣入海小沽即尤水也又西南有亭口鎮巡檢司 北距府百里領縣二 濰 州西元濰州屬益都路洪武元年以州治北海縣省入九年屬

萊州府十年五月降爲縣二十二年正月改屬州南有濰水東北入海又東北有固堤店巡檢司 昌邑 州西北元屬濰州洪武十年五月省入濰縣二十二年正月復置來屬東有濰水東北有膠河北有魚兒鎮巡檢司 膠州 元屬益都路 洪武初以州治膠西縣省入九年來屬 西南有鐵橛山膠水所出亦曰膠山東北有沽河南流入海又東南海口有靈山衞又有安東衞俱洪武三十一年五月置又有夏河寨千戶所在靈山衞西南石臼島寨千戶所在安東衞南俱弘治後置又西南有古鎮巡檢司北有逢猛鎮巡檢司 北距府二百二十里領縣二 高密 州西北元屬膠州洪武元年屬青州府九年五月屬萊州府尋復屬州東有膠水西有濰水又西南有密水一名百尺溝北會於濰水 即墨 州東元屬膠州洪武初屬青州府九年五月屬萊州府十年五月仍屬州東南有勞山在海濱又有田橫島在東北海中東有鼇山衞洪武二十一年五月置又東北有雄崖守禦千戶所南有浮山守禦千戶所俱洪武中置又東北有栲栳島巡檢司又即墨營舊在縣南宣德八年移置縣北有城 登州府 元登州屬般陽路 洪武元年屬萊州府六年直隸山東行省九年五月升爲府領州一縣七西距布政司一千零五十里 蓬萊 倚洪武初廢九年五月復置北有丹崖山臨大海南有密神山密水所出西南有黑石山黑水所出經城南合流北入於海西有龍山產鐵東有高山巡檢司本置於海中沙門島後遷朱高山下又東南有楊家店巡檢司 黃 府西南東南有萊山西南有蹲犬山大沽水出焉又東有黃水東南有洚水合流入海又西有馬停鎮巡檢司 福山 府東南東北有之罘山三面臨海西南有義井河北入海又奇山守禦千戶所在東北洪武三十一年置又北有孫夼鎮巡檢司 棲霞 府東南東有岠嵎山舊產金亦名金山又有百澗山西北有曲山二山舊皆產鐵又南有翠屏山大河出焉即義井河之上源也 招遠 府西南元屬萊州洪武九年五月來屬東北有原疃河北入海西有東良海口巡檢司 萊陽 府南元屬萊州洪武九年五月來屬東南有昌水源發文登縣之昌山一名昌陽水南入海東有豯養澤又東南有大嵩衞洪武三十一年五月置衞西有大山千戶所成化中置又南有行村寨巡檢司 寧海州 元直隸山東東西道宣慰司 洪武初以州治牟平縣省入屬萊州府九年改屬 東有金水河一名沁水西南有五大河俱北入海又西南有乳山寨巡檢司 西距府二百二十里領縣一 文登 州東南元屬寧海州洪武初改屬萊州府九年五月屬登州府尋仍屬州東南有斥山南有成山又有鐵槎山又西有鐵官山東南濱海南有靖海衞東有威山衞北有威海衞皆洪武三十一年五月置又寧津守禦千戶所在東南亦洪武三十一年置又東有海陽守禦千戶所在靖海衞南金山守禦千戶所在威海衞西百尺崖守禦千戶所在威海衞北尋山守禦千戶所在成山衞東南俱成化中置又北有辛汪寨東北有溫泉鎮東有赤山鎮三巡檢司

遼東都指揮使司 元置遼陽等處行中書省治遼陽路 洪武四年七月置定遼都衞六年六月置遼陽府縣八年十月改都衞爲遼東都指揮使司治定遼中衞領衞二十五州二十年府縣俱罷東至鴨綠江西至山海關南至旅順海口北至開原由海道至山東布政司二千一百五十里距南京一千四百里京師一千七百里

定遼中衞 元遼陽路治遼陽縣 洪武四年罷六年復置十年復罷十七年置衞 西南有首山南有千山又東南有安平山山有鐵場又西有遼河自塞外流入至海州衞入海又西北有渾河一名小遼水東北有太子河一名大梁水又名東梁水下流俱入於遼水又東有鴨綠江東南入海又東有鳳凰城在鳳凰山東南成化十七年築爲朝鮮入貢之道又南有鎮江堡城又連山關亦在東南

定遼左衛　定遼右衛　俱洪武六年十一月置　定遼前衛洪武八年二月置　定遼後衛本遼東衛洪武四年二月置八年二月改九年十月徙治遼陽城北尋復　東寧衛本東寧南京海洋草河女直五千戶所洪武十三年置十九年七月改置　自在州永樂七年置於三萬衛城尋徙　以上五衛一州同治都司城內

海州衛本海州洪武初置於舊澄州城九年置衛二十八年四月州廢 西南濱海有鹽場西有遼河渾河大子河入海謂之三岔河又西南北通江亦合於遼河東有大片嶺關有鹽場 東北距都司百二十里

蓋州衛 元蓋州屬遼陽路 洪武四年廢五年六月復置九年十月置衛二十八年四月州復廢 東北有石城山又北有平山其下有鹽場又東有駐蹕山西濱海有連雲島上有關又東有泥河南有清河東南有畢里河下流皆入於海又南有永寧監城永樂七年置又西北有梁房口關海運之舟由此入北遼河旁有鹽場又東有石門關西有鹽場北有鐵場 距都司二百四十里

復州衛本復州洪武五年六月置於舊復州城十四年九月置衛二十八年四月州廢 西濱海西南有長生島又南有沙河合麻河西出於海東有得利嬴城元季土人築洪武四年二月置遼東衛於此尋徙又南有樂古關西有鹽場北有鐵場 北距都司四百二十里

金州衛本金州洪武五年六月置於舊金州八年四月置衛二十八年四月州廢 東有大黑山小沙河出焉又有小黑山駱馬河澄沙河俱出焉衛東西南三面皆濱海南有南關島東有蓮花島東南有金線島又東有皮島又有長行島南有雙島及三十島西南有鐵山島東北有蕭家島有關又旋順口關在南海運之舟由此登岸有南北二城其北城有中左千戶所洪武二十年置又東南有望海堝 石城永樂七年置又衛東有鐵場東北有鹽場 北距都司六百里

廣寧衛 元廣寧府路 洪武初廢二十三年五月置衛 洪武二十五年三月建遼王府建文中改封湖廣荊州府西有醫無閭山南濱海東有路河東北有珠子河下流皆注於遼河又板橋河在西南流入海北有白土廠關又有分水嶺關西北有魏家嶺關又北有懿州元屬遼陽路洪武二十六年正月置廣寧後屯衛於此永樂八年州廢徙衛於義州衛城又西南有閭陽關東北有望平縣元俱屬廣寧路又西北有川州元屬大寧路又東北有順州西北有成州元俱屬東寧路又西南有鍾秀城元置千戶所於此俱洪武中廢 東距都司四百二十里

廣寧中衛　廣寧左衛　俱洪武二十六年正月置二十八年四月廢三十五年十一月復置　廣寧右衛本治大凌河堡洪武二十六年正月置二十八年四月廢二十五年十一月復置　以上三衛俱在廣寧衛城

廣寧前衛　廣寧後衛　俱洪武二十六年正月置後俱廢

義州衛 元義州屬大寧路 洪武初州廢二十年八月置衛 西北有大凌河下流入海東北有清河下流合大凌河 東南距都司五百四十里

廣寧後屯衛洪武二十六年正月置於舊懿州永樂八年徙治義州衛城

廣寧中屯衛 元錦州屬大寧路 洪武初州廢二十四年九月置衛 東有木葉山西有東紅螺山西南有杏山東南有乳峰山又東有大凌河小凌河又西有女兒河與小凌河合又南有松山堡在松山西宣德五年正月置中左千戶所於此轄杏山驛至小凌河驛東有大凌河堡洪武二十六年正月置廣寧右衛二十八年四月廢宣德五年正月置中右千戶所於此轄凌河驛至十三山驛又城南有鹽場二鐵場一又西有鐵場 東南距都司六百里

廣寧左屯衛洪武二十四年九月置於遼河西後徙廣寧中屯衛城

廣寧右屯衛 元廣寧府地 洪武二十六年正月置於十三山堡二十七年遷於舊閭陽縣之臨海鄉 北有十三山西有十三山堡 西有大凌河又西南有望海嶺又南有鹽場東有鐵場 東南距都司五百四十里

廣寧前屯衛 元瑞州屬大寧路 洪武初屬永平府七年七月州廢二十六年正月置衛 西北有萬松山北有十八盤山西有麻子峪有鐵場東南爲山口峪有鹽場東北有六州河下流至蛇山務入海西有山海關與北直撫寧縣界又有急水河堡宣德五年正月置中前千戶所於此轄山海東關至高嶺驛又東有杏林堡宣德五年正月置中後千戶所於此轄沙河驛至東關驛 東距都司九百六十里

寧遠衛宣德五年正月分廣寧前屯中屯二衛地置治湯池 西北有大團山東北有長嶺山南濱海東有桃花島東南有覺華島城西有寧遠河卽女兒河也又名三女河又東有塔山有中左千戶所轄連山驛至杏山驛西有沙河中右千戶所轄東關驛至曹莊驛俱宣德五年正月置 又南有鹽鐵二場 東距都司七百七十里

瀋陽中衛 元瀋陽路 洪武初廢三十一年閏五月置衛 洪武二十四年建瀋王府永樂六年遷於山西潞州東有牟山南有渾河又東有瀋水入焉又西有遼河又東北有撫順千戶所洪武二十一年置所東有撫順關又北有蒲河千戶所亦洪武二十一年置 南距都司百二十里

瀋陽左衛　瀋陽右衛　俱洪武中置建文初廢洪武二十五年七月復置後仍廢

瀋陽中屯衛洪武三十一年閏五月置建文中廢洪武二十五年十一月復置屬北平都司後屬後軍都督府寄治北直河間縣

鐵嶺衛洪武二十一年三月以古鐵嶺城置二十六年四月遷於古嚚州之地卽今治也 西有遼河南有汎河又南有小清河俱流入於遼河又南有懿路城洪武二十九年置懿路千戶所於此又范河城在衛南亦曰汎河城正統四年置汎河千戶所於此東南有奉集縣卽古鐵嶺城也接高麗界洪武初置縣尋廢又有咸平府元直隸遼東行省至正二年正月降爲縣洪武初廢 南距都司二百四十里

三萬衛 元開元路 洪武初廢二十年十二月置三萬衛於故城西兼置兀者野人乞例迷女直軍民府二十一年府罷徙衛於開元城 洪武二十四年建韓王府永樂二十二年遷於陝西平涼西北有金山東有分水東嶺北有分水西嶺西有大清河東有小清河流合焉下流入於遼河又北有上河東北有艾河流合焉謂之遼海卽遼河上源也又北有金水河北流入塞外之松花江又鎮北關在東北廣順關在東又西有新安關西南有清河關南有山頭關又北有北城卽牛家莊也洪武二十三年三月置遼海衛於此二十六年衛徙又南有中固城永樂五年置 南距都司三百三十里

遼海衛洪武二十三年三月置於牛家莊二十六年徙三萬衛城　安樂州永樂七年置在三萬衛城

山西禹貢冀州之域元置河東山西道宣慰使司 治大同路 直隸中書省洪武二年四月置山西等處行中書省 治太原路 三年十二月置太原都衛 與行中書省同治 八年十月改都衛爲山西都指揮使司九年六月改行中書省爲承宣布政使司領府五直隸州三屬州十六縣七十九 爲里四千四百有奇 東至眞定 與北直界 北至大同 外爲邊地 西南皆至河 與陝西界 南距南京二千四百里京師千二百里洪武二十六年編戶五十九萬五千四百四十四口四百七萬二千一百二十七弘治四年戶五十七萬五千二百四十九口四百三十六萬四百七十六萬曆六年戶五十九萬六千九十七口五百三十一萬九千三百五十九

太原府 元冀寧路屬河東山西道宣慰司 洪武元年十二月改爲太原府領州五縣二十　陽曲 倚洪武三年四月建晉王府於城外東北維西有汾水自靜樂縣流經此下流至榮河縣合大河西北有天門關巡檢司東北有石嶺關巡檢司　太原 府西南元日平晉治在今東北洪武四年移於汾水西故晉陽城之南關八年更名太原西有懸甕山一名龍山又名結絀山晉水所出下流入於汾西北有蒙山東有汾水東南有洞渦水源自樂平下流入汾　榆次 府東南有涂水合小涂水西北流入洞渦水　太谷 府東南有馬嶺路出北直邢臺縣上有馬嶺關有巡檢司西有太谷一名咸陽谷東北有象谷水流入汾　祁 府南少西東南有朔甲山隆舟水出焉下流至平遙入汾南有隆舟峪巡檢司又東有團柏鎮　徐溝 府南北有洞渦水至此合汾　清源 府西南北有清源水東流南入汾　交城 府西南東北有洋腸山東南有汾水又西有文水　文水 府西南有隱泉山東有文水南入汾又東北有水或以爲卽鄔澤也　壽陽 府東西有殺熊嶺南有洞渦水黑水流合焉　盂 府東北元盂州洪武二年降爲縣東北有白馬山北有滹沱河東入北直平山縣界東北有伏馬關一名白馬關又東有榆棗關　靜樂 府西北元管州洪武二年改爲靜樂縣東北有管涔山汾水所出又東北有燕京山上有天池又北有寧化守禦千戶所洪武二年置又東南有兩嶺關置故鎮巡檢司於此後移於稍東順水村又南有樓煩鎮巡檢司又東北有沙婆嶺巡檢司後移於曲陽縣天門關　河曲 府西北元省洪武十三年十一月復置西有火山臨大河河濱有娘娘灘太子灘皆套中渡河險要處也北有關河以經偏頭關而名西北流入大河成化十一年十二月置偏頭關守禦千戶所與寧武雁門爲三關　平定州 東有綿山澤發水出焉卽治河上源合沾水東流至平山縣入滹沱西南有洞渦水合浮化水西流入汾東南有浙固關守禦千戶所又東有故關卽井陘關也洪武三年置故關巡檢司於此又有葦澤盤石二關在縣東北俱接井陘縣界　西北距府一百八十里領縣一　樂平 州東南有皐落山一名壺山西南有少山一名沾嶺爲沾水清漳二水之發源沾東流入澤發水漳北流折而西南入和順縣之梁榆水又西有陡泉嶺洞渦水所出又靜陽鎮在縣東南　忻州洪武初以州治秀容縣省入 北有滹沱河又有忻水一名肆盧川自北流入焉西南有牛尾莊巡檢司後移於州北十里又西有寨西巡檢司西北有沙溝巡檢司後俱廢又忻口寨亦在州北又東南有赤塘關 南距府百六十里領縣一　定襄 州東少北有滹沱河又南有叢象山有三會水流合焉東北有胡谷砦巡檢司後廢　代州洪武二年降爲縣八年二月復升爲州 句注山在西亦名西陘亦曰鴈門山其北爲鴈門關有鴈門守禦千戶所洪武十二年十月置又於關北置廣武營城又東有夏屋山一名下壺又南有滹沱河源自繁峙入州界西南流經崞忻定襄又東經五臺盂入眞定界又北有太和嶺水勤口二巡檢司後俱廢 西南距府三百五十里領縣三　五臺 州東南元臺州洪武二年改爲五臺縣八年二月來屬東北有五臺山有清水河東北流合虒陽河南入於滹沱又東南有高洪口巡檢司又東北有大谷口飯仙山二巡檢司後俱廢　繁峙 州東元堅州洪武二年改爲繁峙縣八年二月來屬舊治在縣南成化二年二月移治東義村萬曆十四年十二月徙於河北之石龍崗東北有秦戲山滹沱河所出也邊壤千三百七十里至北直靜海縣入海又北有茹越口東北有樓口東有平刑嶺三巡檢司後俱廢又東有卽嶺關城洪武十七年築　崞 州西南元崞州洪武二年降爲縣八年二月來屬西南有崞山東南有石鼓山又有滹沱河又西北有寧武關有寧武守禦千戶所景泰元年置又有八角守禦千戶所嘉靖三年八月置又西南有蘆板寨巡檢司又西北有楊武峪弔橋嶺胡峪北口三巡檢司　岢嵐州本岢嵐縣洪武七年十月置八年十一月升爲州 北有岢嵐山其東爲雪山西南有嵐漪河北有蔚汾水下流俱入大河又西北有岢嵐鎮巡檢司後廢又北有天澗堡監路通朔州西北有子坑堡監又有洪谷堡監俱通保德州 東南距府二百八十里領縣二　嵐 州南少東元嵐州洪武初降爲縣西南有黃尖山蔚汾水所出又北有二郎關鹿徑嶺二巡檢司　興 州西南元興州洪武二年降爲縣八年十一月來屬東北有石樓山西濱大河南有蔚汾水流入焉又東有界河口西南有孟家峪二巡檢司　保德州洪武七年降爲縣八年十一月屬岢嵐州九年正月復升爲州 西濱大河東北有得馬水巡檢司後廢 東南距府五百里

平陽府 元晉寧路屬河東山西道宣慰司 洪武元年改爲平陽府領州六縣二十八東北距布政司五百九十里　臨汾 倚西有姑射山西南有平山晉水平水皆出於此東流入於汾　襄陵 府西南西南有三隥山東有汾水南有太平關有巡檢司　洪洞 府北少東有九箕山西有汾水　浮山 府東少南西有浮山北有澇水東南有澮水下流俱入汾　趙城 府北元屬霍州洪武三年改屬西有羅雲山又有汾水霍水自東南流入焉　太平 府西南元屬絳州洪武二年改屬東有汾水　岳陽 府東北東有沁水流入澤州界北有澗水又南有赤壁水西北流會澗水入汾河　曲沃 府南元屬絳州洪武二年改屬南有紫金山產銅北有喬山西有汾水西南有澮水下流入汾　翼城 府東南元屬絳州洪武二年改屬東南有澮高山產銅下有澳泉又東有烏嶺山澮水出焉　汾西 府北少西西有青山產鐵東有汾水　蒲 府西北元屬隰州洪武二年改屬西有第一河西流入大河東有張村岔巡檢司　靈石 府北元屬霍州萬曆二十三年五月改屬汾州府四十三年還屬府東有綿山卽介山也城北有汾水又東有谷水流入焉又北有靈石口巡檢司西南有陰地關又有汾水關　蒲州 元河中府 洪武二年改爲蒲州以州治河東縣省入 中條山在東南卽雷首山也又名首陽山跨臨晉聞喜垣曲平陸芮城安邑夏縣解州之境又南有歷山又大河自榆林折而南經州城西又經中條山麓又折而東謂之河曲臨河有風陵關巡檢司又東南有涑水卽絳水下流又南有鳩汭水俱注於大河 東北距府四百五十里領縣五　臨晉 州東北東南有王官谷西有大河南有涑水又西有吳王寨巡檢司　榮河 州北少東大河在城西汾水至此入河　猗氏 州東北南有涑水東南有鹽池　萬泉 州東北南有介山　河津 州東北西北有龍門山夾河對峙下有禹門渡巡檢司汾水舊由榮河縣北脽邱入河隆慶四年東徙經縣西南葫蘆灘入河　解州洪武初以州治解縣省入 南有檀道山又有石錐山東南有白徑嶺南濱大河東有鹽池西北又有女鹽池東北有長樂鎮巡檢司東南有鹽池巡檢司 東北距府三百四十里領縣五　安邑 州東北西有司鹽城北有鳴條岡又有涑水西南有鹽池南有聖惠鎮巡檢司西南有西姚巡檢司　夏 州東北北有涑水　聞喜 州東北東南有湯山產銅南有涑水東北有廣山水又東北有乾河又有董澤　平陸 州東南東北有傅一名吳山又東有傅巖南濱大河中有底柱山東有大陽津上有關亦曰茅津有沙澗茅津渡巡檢司又有白浪渡巡檢司　芮

城州西南。大河南，絳縣西折而東。東南有陌底渡巡檢司。西北有萬壽堡，東有冀邑堡。

絳州洪武初以州治正平縣省入。西北有九鳶山。南有汾水，澮水自東南流入焉。西有武平關。東北距府百五十里。領縣三。

稷山州西南。有稷神山。又有汾水。

絳州東南。有太陰山，又有陳村峪，涑水出焉，經聞喜、夏、安邑等縣至蒲州入黃河。又西北有絳山，絳水出焉，西流入涑。又東南有教山，教水出焉，即乾河之源也。絳山產鐵。

垣曲州東南。西北有折腰山，山有銅治。又東北有王屋山。南濱河。西有清水流入焉。又北有乾河。西北有橫嶺背巡檢司，西南有畱莊監。

霍州洪武初以州治霍邑縣省入。東南有霍山，亦曰霍太山。西有汾水。又有霍水、彘水，俱出霍山下，流俱入汾。南距府百四十五里。

吉州西有孟門山，大河所經。西南有壺口山。又烏仁關在西，平渡關在西北，俱有巡檢司。東距府二百七十里。領縣一。

鄉寧州東南。西南有乳山。西有黃河。西北有龍尾磧巡檢司。

隰州洪武初以州治隰川縣省入。西有蒲水，南入大河。東北有廣武莊巡檢司。東南距府二百八十里。領縣二。

大寧州西南。西濱大河。又東南有昕川，西注於河。西有馬鬬關，大河經其下，有巡檢司。

永和州西。西濱大河。西北有永和關，有巡檢司。又有興德關，西南有鐵羅關，三關俱與陝西濱河爲界。

汾州府元汾州，屬冀寧路。洪武九年直隸布政司。萬曆二十三年五月升爲府。領州一，縣七。東北距布政司二百里。

汾陽倚。元曰西河。洪武初省入州。萬曆二十三年五月復置，更名。東有汾水。又東北有文水，一名萬谷河，自文水縣東南流入焉。西有全鎖關、黃蘆嶺二巡檢司。

孝義府南少東。西北有狐岐山，勝水出焉，東流入汾。又縣南有雀鼠谷，與介休縣界，汾水自東北來經此。又西有溫泉鎭巡檢司。

平遙府東南。有麓臺山，一名蒙山，又名謁戾山。西有汾河。東有中都水，又有原祠水，合流注於汾河。又南有普同關巡檢司，後移於縣東北之洪善鎭。

介休府東南。有介山，亦曰綿山。西有汾水。東有石洞水，西流入焉。東北有鄔城泊，與平遙、文水二縣界，即昭餘祁藪之餘浸也，或亦謂之蒿澤。東南有關子嶺鎭巡檢司。

石樓府西少南。元屬晉寧路之隰州。萬曆四十年改屬。東南有石樓山。西有黃河。又有上軍川，流入焉。又西北有上平關，西有永和關，東北有窟龍關，三巡檢司。

臨府西北。元臨州，屬冀寧路。洪武二年降爲縣。萬曆二十三年五月來屬。北濱黃河。東北有楡林河，流入焉。西北有剋狐寨巡檢司。

永寧州元石州，屬冀寧路。洪武初以州治離石縣省入。隆慶元年更名。萬曆二十三年五月來屬。大河在西。東有積山，下有石窟村，東川河出焉。北有赤堅嶺，一名離石山，離石水出焉，亦曰北川河，合流注於大河。又西有青龍渡，北有赤堅嶺二巡檢司。又西有孟門關。東南距府百六十里。領縣一。

寧鄉州南。東南有樓子臺山。西有黃河。

潞安府元潞州，屬晉寧路。洪武二年直隸行中書省。九年直隸布政司。嘉靖八年二月升爲潞安府。領縣八。西北距布政司四百五十里。

長治倚。永樂六年瀋王府自瀋陽遷此。元上黨縣，洪武二年省入州。嘉靖八年二月復置，更名。東南有壺關山，舊置壺關口於山下。西南有潞水，即濁漳水，自長子縣流入，下流至河南臨漳縣，合清漳水。又西有藍水，東流與濁漳水合。

長子府西少南。東南有羊頭山。西南有發鳩山，一名鹿谷山，濁漳水發源於此。西北有藍水，南有梁水，皆流入漳水。

屯留府西北。西北有三㠂山。又西南有盤秀山，藍水出其陽，絳水出其陰，下流俱合濁漳水。

襄垣府北少西。西南有濁漳水。西北有小漳水，又有涅水，自武鄉縣流入界，合小漳水，下流入濁漳水。西有五𡸣山巡檢司。

潞城府東北。西有三垂山。北有濁漳水，又有絳水流合焉，謂之交漳。

壺關府東南。有趙屋嶺，西南有大峪嶺，俱產鐵。東南有羊腸坂。西北有壺水，西入濁漳。

黎城府東北。西北有濁漳水，東南入河南林縣界。東北又有清漳水流入河南涉縣界。又東北有吾兒峪巡檢司。

平順嘉靖八年二月以潞城縣青羊里置，析黎城、壺關、潞城三縣地益之。東北有濁漳水。東南有虹梯關、王峽關二巡檢司。

大同府元大同路，屬河東山西道宣慰司。洪武二年爲府。領州四，縣七。南距布政司六百七十里。

大同倚。洪武二十五年三月建代王府。北有方山。西北有雷公山。東有紇真山。又東北有白登山。又西有大河。又南有桑乾河，自馬邑縣流經此，其下流至蔚州入北直境，爲盧溝河。又西北有金河，又有紫河，皆流入大河。又西有武州山，武州川水出焉。又東有街河，一名如渾水，南有十里河，流合焉，即武州川也，俗曰合河，南入於桑乾。北有威寧海子。又有孤店關、山虎峪、白陽等口，俱在東北。又北有貓兒莊。

懷仁府西南。西有清涼山。西南有錦屏山，舊皆有鐵冶。南有桑乾河。西南有偏嶺等口。

渾源州南有恒山，即北嶽也，與北直曲陽縣界。東有五峯山。又南有翠屏山，渾水出焉，與嘔夷水合，下流爲唐河。又北有桑乾河。西南有渾源川，下流入桑乾河。又東有亂嶺關，南有瓷窯口，東南有大寨頭，三巡檢司。西北距府百三十里。

應州洪武初以州治金城縣省入。北有桑乾河。西有小石口巡檢司。東南有胡峪口巡檢司。南有茹越口巡檢司。又有北婁、大石等口，路通繁峙縣。北距府百二十里。領縣一。

山陰州西南。北有桑乾水。

朔州洪武初以州治鄯陽縣省入。西南有翠峯山。西北有黃河。又南有灰河，下流入桑乾河。又西有武州，元屬大同路，洪武初省。北有沙淨口，西南有神池口，二巡檢司。東北距府二百八十里。領縣一。

馬邑州東少北。西北有洪濤山，灅水出焉，俗名洪濤泉，即桑乾河上源也，至北直武清縣入海。東南有鴈門關。又北有白陽

蔚州元屬上都路之順寧府。至大元年十一月升爲蔚昌府，直隸上都路。洪武二年仍爲州。四年來屬。以州治靈仙縣省入。東有九宮山，又有雪山。又東南爲小五臺山。北有桑乾水，東入北直保安州界。又北有壺流水，一名葫蘆水，西南有滋水，流入焉，下流入北直眞定府界。東北有定安縣，元屬州，洪武初廢。西南有石門口，東南有神通灣鎭，東北有鴛鴦口、長寧鎭，四巡檢司。又東有九宮口巡檢司，後移於州南黑石嶺。又東北有美峪口巡檢司，尋徙於董家莊。又有興寧口巡檢司，後移於北口關。西北距府三百五十里。領縣三。

廣靈州西少北。北有九層山。東南有豐水，即葫蘆河上源也。又西南有滋水。北有平嶺關巡檢司，後徙於縣西南之林關口。

廣昌州東南。元曰飛狐。洪武初更名。東南有白石山。東有雕窠崖，舊有洞產銀。又桑乾河在北，唐河在南，即滱水也。又涞水在東，源出北庄古塔，與縣南之拒馬河合，東入北直涞水縣界。又紫荊關在東北，接北直易州界。倒馬關在南，接北直定州界。又飛狐關在北，今爲黑石嶺堡，與蔚州界。

靈邱州西南。東南有隘門山。西北有檜峯嶺，即高是山也，嘔夷水出焉。又有枚回嶺，滋水出焉。

澤州元澤州，屬晉寧路。洪武初以州治晉城縣省入。二年直隸行中書省。九年直隸布政司。東南有馬牢山。南有太行山，山頂有天井關，關南即羊腸坂。又東北有丹水，南有白水，流入焉，下流注於沁河。東南有柳樹店，南有橫望嶺，二巡檢司。領縣四。西北距布政司六百二十里。

高平州北少東。西北有仙公山，丹水出焉。又西南有空倉堡巡檢司。西北有長平關，又有磨盤寨。

陽城州西南。有析城山。南有王屋山，與垣曲縣及河南濟源縣界。東有沁河。又西北有濩澤水入焉。

陵川州東北。西北有蒲水，西流入於丹水。南有永和隘巡檢司，後廢。

沁水州西北。東有沁河。又西有蘆河，下流入於沁水。西北有東烏嶺巡檢司。

沁州元屬晉寧路。洪武初以州治銅鞮縣省入。二年直隸行中書省。九年直隸布政司。萬曆二十三年五月改屬汾州府。三十二年仍直隸布政司。西南有護甲山，涅水出焉。南有銅鞮山，在西。有銅鞮水，有二流，一名小漳河，一名西漳河，下流入襄垣縣，合濁漳水。領縣二。西北距布政司三百十里。

沁源州西少南。北有綿山，沁水出焉，經縣東，下流至河南修武縣入大河，行九百七十餘里。又北有綿上巡檢司。

武鄉州東北。西有涅水。又西有武鄉水入焉。

遼州元屬晉寧路。洪武初以州治遼山縣省入。二年直隸行中書省。九年直隸布政司。東南有太行山，洺水所出。上有黃澤嶺，嶺有十八盤巡檢司。又東有清漳水，分二流，至東南交漳村而合，南入黎城縣界。又西北有遼陽水，流合清漳水。領縣二。西北距布政司三百四十里。

楡社州西。西有楡水。西南有武鄉水。又西北有黃花嶺、馬陵關二巡檢司。

和順州北。東有黃楡嶺，北有松子嶺，西有八賦嶺，俱有巡檢司。又清漳水在西北，松嶺水及八賦水、梁楡水俱流入焉。

山西行都指揮使司本大同都衛，洪武四年正月置，治白羊城。八年十月更名。二十五年八月徙治大同府。二十六年二月領衛二十六。宣府左右、萬全左右、懷安五衛改屬萬全都司。後領衛十四。朔州衛治州城，安東中屯衛寄治應州城。

大同前衛洪武七年二月置，與行都司同城。

大同後衛洪武二十五年八月置，與行都司同城。尋罷。二十六年二月復置，治行都司東。後仍徙行都司城。東有聚落城，天順三年築。嘉靖二年九月置聚落守禦千戶所於此，來屬。

大同中衛洪武二十五年八月置，與行都司同城。後罷。

大同左衛洪武二十五年八月置，與行都司同城。三十五年罷。永樂元年九月復置。七年徙治鎭朔衛城。

大同右衛洪武二十五年八月置，與行都司同城。三十五年罷。永樂元年九月復置。七年徙治定邊衛城。

鎭朔衛洪武二十六年二月置，屬行都司。永樂元年二月徙治北直薊州，直隸後軍都督府，而衛城遂虛。七年徙大同左衛來治。正統十四年又徙雲川衛來同治。東有雕嶺山。北有兔毛川，即武州川也。又西北有御河，自塞外流入，下流入於桑乾河。又北有鹽池。東北距行都司一百二十里。

定邊衛洪武二十六年二月置，屬行都司。永樂元年二月徙治北直通州，直隸後軍都督府，而衛城遂虛。七年徙大同右衛來治。正統十四年又徙玉林衛來同治。西有大青山。東北有海子窊，兔毛川出焉，分爲二，其一東南流入左衛界，其一西北流，自殺虎口出塞。又有南大河，經衛東南，合於兔毛川。東南距行都司一百九十里。

陽和衛元白登縣，屬大同路。洪武初縣廢。二十六年二月置衛。宣德元年徙高山衛來同治。北有鴈門山，鴈門水出焉。南有桑乾河。西南距行都司一百二十里。

天成衛元天成縣，屬興和路。洪武四年五月改屬大同府。縣尋廢。二十六年二月置衛。後徙鎭虜衛來同治。桑乾河在南。南洋河在北，即鴈門水也，東入宣府西陽和堡界。西南距行都司一百二十里。

威遠衛正統三年三月以淨水坪置。南有大南山，西有小南山。又南有南大河，下流入於兔毛川。東距行都司一百八十里。

平虜衛成化十七年置，與行都司同城。嘉靖中徙今治。西有小青山。又有黃河，自東勝衛流入。北有南大河。西北有雲內縣，本元雲內州，屬大同路，洪武五年廢。宣德中復置縣，屬豐州。正統十四年復廢。西北有平地縣，元屬大同路，亦洪武中廢。東北距行都司二百四十里。領千戶所一。

井坪守禦千戶所成化二十年七月置。

雲川衛洪武二十六年二月置，屬行都司。永樂元年二月徙治北直畿內，直隸後軍都督府。宣德元年還舊治，仍屬行都司。正統十四年徙治舊鎭朔衛城，與大同左衛同治，而衛城遂虛。東距行都司二百十里。

玉林衛洪武二十六年二月置，屬行都司。永樂元年二月徙治北直畿內，直隸後軍都督府。宣德元年還舊治，仍屬行都司。正統十四年徙治舊定邊衛城，與大同右衛同治，而衛城遂虛。東有玉林山，玉林川出焉。東距行都司二百四十里。

鎭虜衛洪武二十六年二月置，屬行都司。永樂元年二月徙治北直畿內，直隸後軍都督府。宣德元年還舊治，仍屬行都司。正統十四年徙治天成衛城，與天成衛同治，而衛城遂虛。東距行都　百　十里。

高山衛洪武二十六年二月置，屬行都司。永樂元年二月徙治北直畿內，直隸後軍都督府。宣德元年徙陽和衛城，與陽和衛同治，仍屬行都司，而衛城遂虛。嘉靖二年九月置高山守禦千戶所於此，屬大同前衛。東有山西兔毛川。東距行都司三十里。

宣德衛元宣寧縣，屬大同路。洪武中縣廢。二十六年二月置宣德衛。後廢。東南距行都司八十里。

東勝衛元東勝州，屬大同路。洪武四年正月州廢，置衛。二十五年八月分置東勝左右中前後五衛，屬行都司。二十六年二月罷中前後三衛。永樂元年二月徙左衛於北直盧龍縣，右衛於北直遵化縣，直隸後軍都督府。三月罷東勝中前後三千戶所於懷仁等處守禦，而衛城遂虛。正統三年九月復置，後仍廢。北有赤兒山。西有黃河。西有黑河，源出舊豐州之宮西，流入雲內州界，又東經此入於黃河。又有兔毛川，入於黃河。又有紫河，源出舊豐州西北之黑峪口，下至雲內州界，入於黑河。又西有金河，泊上承紫河，下亦入於黃河。西北有豐州，元屬大同路，洪武中廢。宣德元年復置，正統中內徙，復廢。又有淨州路，元直隸中書省，亦洪武中廢。西距行都司五百里。領千戶所五。

失寶赤千戶所　五花城千戶所　幹魯忽奴千戶所　燕只千戶所　瓮吉剌千戶所洪武四年正月置。

總裁官總理事務經筵講官少保兼太子太保保和殿大學士兼管吏部戶部尚書事加六級臣張廷玉等奉

敕修

地理三

河南　陝西

河南禹貢豫冀揚兗四州之域元以河北地直隸中書省河南地置河南江北行中書省治汴梁路洪武元年五月置中書分省治開封府二年四月改分省爲河南等處行中書省三年十二月置河南都衞八年十月改都衞爲都指揮使司九年六月改行中書省爲承宣布政使司府八直隸州一屬州十一縣九十六爲里三千八百八十有奇北至武安與北直山西界南至信陽與江南湖廣界東至永城與山東江南界西至陝州與山西陝西界距南京一千七十五里京師一千五百八十里洪武二十六年編戶三十一萬五千六百一十七口一百九十一萬二千五百四十二弘治四年戶五十七萬五千二百四十九口四百三十六萬四百七十六萬曆六年戶六十三萬三千六十七口五百一十九萬三千六百二

開封府元汴梁路屬河南江北行省洪武元年五月曰開封府八月建北京十一年京罷領州四縣三十

祥符倚洪武十一年正月建周王府大河舊在城北正統十三年河決滎陽東過城西南而城遂在河北東爲開封縣元時同治郭內洪武中省南有朱仙鎮東北有陳橋鎮　陳留府東少南北有大河東北有睢水下流至南直宿遷縣合大河　杞府東南北有睢水又有舊黃河洪武二十五年河決之故道也嘉靖三十六年全河合淮入海而縣遂無河患　通許府東南西南有故黃河弘治後北徙不經縣界　太康府東南北有渦水自通許縣流入下流至南直懷遠縣入淮東有馬廠集正統十三年河決自杞縣經此　尉氏府南少西西南有大溝東北合康溝入於黃河　洧川府西南南有故城洪武二年以河患遷今治又南有洧水下流至西華縣合潁水東南有南廟店弘治九年河入東家口南行經此　鄢陵府南少西北有洧水　扶溝府南少東有沙河一名惠民河又名小黃河即宋蔡河故道也成化中濬下流達南直太和縣界又北有洧水自西流入焉又東北有黃河故道弘治二年淤　中牟府西東有故城天順中徙今治大河在縣北又有汴河舊自滎陽而東下流經祥符縣南又東南至南直泗州入於淮正統六年改從此入河後淤西北有圃田澤　陽武府西北北濱大河自此至南直徐州大河所行皆唐宋汴河故道　原武府西北北有黑陽山下臨大河洪武二十四年河決於此正統十二年復決焉東南有安城縣洪武初置正統中廢　封邱府北南有大河西南有荊隆口一名金龍口弘治二年五年萬曆十五年崇禎四年五年河屢決於此又西北有沁河弘治十六年淤西南有中灤鎮巡檢司　延津府西北大河舊經縣北成化十四年河決徙流縣南而縣北之流遂絕西北有沙門鎮弘治十一年移項城縣西之香臺巡檢司於此　蘭陽府東少北北濱大河有李景高口萬曆十七年河決於此　儀封府東少北元屬睢州洪武十年五月改屬南陽府後來屬故城在縣北洪武二十二年二月圮於河徙白樓村即今治也東北有黃陵岡大河舊經其下入曹縣界弘治五年河決於此尋塞之故從岡南入睢州界又賈魯故河亦在縣北正德四年河決入焉　新鄭府西南元屬均州隆慶五年七月改屬西南有大隗山一名具茨山溱水出焉一名魯固河下流入潁又南有陘山北有大河又有溱水一曰滄水流合縣南之洧水

陳州洪武初以州治宛邱縣省入南有潁水又西有沙水亦曰小黃河至潁岐口與潁水合下流分爲二崇禎間屢決於西南之苑家埠口又南有故黃河嘉靖時黃河南出之道也西北距府二百六十五里領縣四

商水州西南洪武初廢四年七月復置北有潁水又有濦水亦曰大濦水　西華州西少北北有潁水又有沙水即小黃河也西南有濦水又有常社鎮巡檢司　項城州南東北有故城今治本南頓縣之殷冢鎮也宣德三年遷東有潁水西有濦水流入焉洪武二十四年大河自陳州經縣界合潁下入於淮永樂九年河始復故道又東北有沙水　沈邱州東南元屬潁州洪武初廢弘治十年改乳香臺巡檢司置來屬東北有潁水東入南直潁州界又北有沙河東入南直太和縣界又東有界首巡檢司又北有南頓縣洪武初廢景泰初置南頓巡檢司於此

許州洪武初以州治長社縣省入西有潁水北有溵水又東有東湖一名秋湖又西北有石固鎮與長葛縣界東北距府二百二十里領縣四

臨潁州東南西有潁水濦水自縣北流入焉又西南有小濦水　襄城州西南南有首山東北有潁水南有汝河　郾城州東東南有沙水亦曰大濦水上流即故汝水也又東南有濦水來入焉　長葛州西北北有洧水西有潩水

禹州元曰鈞州洪武初以州治陽翟縣省入萬曆三年四月避諱改曰禹州成化二年七月建徽王府嘉靖三十五年除北有禹山又西北有鑛山有鏡母山舊俱產鐵又北有潁水下經襄城一名渚水至臨潁合沙河東北距府三百二十里領縣一

密州西北南有洧水又有溱水

鄭州洪武初以州治管城縣省入西南有梅山鄭水出焉下流舊入汴水後堙又西有須水源出滎陽縣舊亦入於汴水正統八年嘗濬以分決河之流後亦堙東北距府百四十里領縣四

滎陽州西南有大周山汴水出焉又東南有嵩渚山京水出焉又有索水源出小陘山北流與京水合下流入於鄭水又大河在北東有須水鎮崇禎十年築城　滎澤州北少西元直隸汴梁路洪武中改屬州北有故城洪武八年因河患徙於南成化十五年正月又徙北濱大河東南有孫家渡正統十三年大河決於此　河陰州西北舊治在大峪口洪武三年爲水所圮徙於此東北有廣武山與三皇山連西有敖倉北濱大河　汜水州西故城在縣東洪武十一年七月徙於成皋崇禎十六年又遷西北濱河洛水自西東至滿家溝合汜水入焉又西有虎牢關洪武四年九月改曰古崤關有巡檢司

河南府元河南府路屬河南江北行中書省洪武元年爲府領州一縣十三東距布政司三百八十里

洛陽倚洪武二十四年建伊王府嘉靖四十三年廢萬曆二十九年十月建福王府北有邙山南有闕塞山亦曰闕口山亦曰伊闕山俗曰龍門山又西北有穀城山亦曰朁亭山瀍水所出又東南有大谷谷口有關又大河在北又有洛水源自洛南冢嶺山東經盧氏永寧諸縣至洛陽偃師縣入於河又東有伊水自盧氏縣東北流至偃師縣入洛又北有瀍水西有澗水俱流會於洛又西南有孝水　偃師府東少北北有洛水西有伊水流合焉又　鞏府東北西南有轘轅山上有關北濱河又有洛水舊經縣北入河謂之洛汭亦曰洛口嘉靖後東過汜水縣入河又南有鄩水亦曰郭水又東南有石子河西南有長羅川皆流入洛　孟津府東北舊治在今縣東今治本聖賢莊嘉靖十七年七月遷於此西北有大河又西有峽石津又有委粟津又東有高渚馬渚陶渚皆大河津渡處東北有孟津巡檢司　宜陽府西南西有女几山東南有錦屏山又西有宜水又有鹿蹄山一名非山甘水出焉又北有洛水西南有昌谷水與甘水俱流注於洛又西南有趙保鎮巡檢司　永寧府西南西有崤山北有刀轅川下流爲谷水又有大宋川下流爲宜水又西有崇陽鎮又有高門關東有嶠底關三巡檢司　新安府西北元屬陝州洪武中改屬西有缺門山又北有大河又南有澗水又有穀水亦曰白石山之水東流合焉又有函谷新關　澠池府西元屬陝州洪武中改屬東北有廣陽山亦曰澠池山北有溪水出焉又有白石山澗水所出西北濱河有穀水又西北有南村巡檢司　登封府東南北有嵩山即中岳也亦曰太室山又西有少室山潁水中源出焉又有右源出於山之南溪又有左源出於西南之陽乾山合流至南直壽州入淮又北有陽城山洧水所出下流至扶溝縣入沙河又東南有嶺即箕山也上有崿坂關又東南有五渡水流入潁亦曰三交水又西南有少陽河亦流入潁　嵩府西南元嵩州屬南陽府洪武二年四月降爲縣來屬三塗山在西南陸渾山在東北又東北有露寶山西有大礦山皆產錫西南有伏牛山即天息山也有分水嶺汝水出焉下流至南直潁州入淮行千三百五十餘里又南有伊水西北有高都川流入焉又西南有舊縣鎮巡檢司西有大嶺巡檢司　盧氏府西南元屬嵩州洪武元年四月屬南陽府三年三月屬陝州萬曆初改屬府南有熊耳山洛水自陝西商州流入境經此東南有鬱山一名悶頓嶺伊水所出北有鐵嶺東澗水出焉東南入洛又北有馬回川亦入於洛又東南有欒州鎮西南有朱陽鎮北有杜管鎮三巡檢司又西有白華關

陝州元直隸河南府路洪武元年四月改屬南陽府以州治陝縣省入東有底柱山在大河中山有三門中曰神門南曰鬼門北曰人門惟人門修廣可行舟鬼門最險又南有橐水一名永定澗亦曰漫澗西北入河又東南有硤石關有巡檢司又有馬頭關東距府三百里領縣二

靈寶州西少南北濱河又西有弘農澗南有虢略鎮巡檢司又有函谷故關西南又有洪關　閿鄉州西南東南有夸父山一名秦山中有大谷關北濱河西自山西芮城縣流入東南至南直碭山縣界有湖水又有盤澗水北流入焉又西有潼關與陝西華陰縣分界

歸德府元直隸河南江北行省洪武元年五月降爲州屬開封府嘉靖二十四年六月升爲府領州一縣八西距布政司三百五十里

商邱倚元曰睢陽洪武初省嘉靖二十四年六月復置更名舊治在南弘治十五年圮於河十六年九月遷於今治北濱河正統後河決而南城嘗在河北正德後仍在河南北有丁家道口巡檢司東南有睢水有武津關巡檢司　寧陵府西南有睢水北有桃源集巡檢司　鹿邑府南元屬亳州洪武中改屬南有潁水又蔡河自西流入謂之蔡河口即沈邱縣之沙河也又北有渦水東流入南直亳州境　夏邑府東元曰下邑洪武初更名北濱大河又東南有碭山　永城府東南洪武元年五月屬開封府十一月來屬又北有芒山皆與南直碭山縣界又睢水澮水皆在縣南又南有泡水弘治間淤塞　虞城府東北元屬濟寧路洪武二年正月來屬舊治在今治北嘉靖九年遷於今治北有黃河

睢州元屬汴梁路洪武初屬開封府以州治襄邑縣省入十年五月降爲縣十三年十一月復升爲州嘉靖二十四年六月來屬東距府百七十里領縣二

考城州北元末省洪武四年八月復置屬開封府十年五月復省十三年十一月復置屬州舊治在縣東南正統十三年徙北濱大河　柘城州東南元末省洪武四年八月復置屬開封府十年五月省入寧陵縣十三年十一月復置屬州北有睢水南有渦水

汝寧府元直隸河南江北行省汝寧府洪武初因之領州二縣十二距布政司四百六十里

汝陽倚天順元年三月建秀王府成化八年除十年建崇王府洪武初縣廢四年七月復置北有汝水源出天息山東流入境過新蔡東南入淮又南有濦水又有汝水又有溱水又西北有瀙水俗名泥河下流俱入於汝又城南有柴潭東有陽埠巡檢司　眞陽府東元屬息州洪武四年省入汝陽縣景泰四年置眞陽鎮巡檢司於此弘治十八年十二月仍置縣而徙巡檢司於縣南銅鐘店仍故名尋廢南有淮水又汝水在縣東北有濦水流入焉　上蔡府北洪武初廢四年五月復置西有汝水西南有沙水流合焉　新蔡府東少南元屬息州後廢洪武四年五月復置改屬南有汝水又濦水自城北北流合焉又東北有瓦店巡檢司　西平府西北北有汝水源出縣西南雲莊諸石二山自元末堨斷故汝而此水遂爲汝源嘉靖九年復塞改爲洪河之上流　確山府西南洪武十年五月省入汝陽縣十三年十一月復置成化十一年九月改屬信陽州弘治二年八月仍屬府西北有郎山亦曰樂山北有黃酉河下流爲隸河流入汝又西有竹溝巡檢司南有明港巡檢司　遂平府西少北西南有查牙山其東南有接者曰馬鞍山又西有洪山龍陂之源出焉自西平縣雲莊諸山之水既塞遂以此爲汝源南有灈水又有沙河又北有石洋河其下流皆入於汝

信陽州元信陽州領信陽縣後廢洪武元年十月置信陽州於此屬河南分省四年二月屬中都臨濠府七年八月改屬十年五月降爲縣成化十一年九月復升爲州西南有賢首山南有士雅山又有峴山東南有石城山亦曰冥山北有淮水又南有獅水流入焉東北距府二百七十里領縣一

羅山州東元信陽州治後州廢洪武元年十月置州於舊羅山縣屬焉十年五月直隸汝寧府成化十一年九月還屬州北有淮水又南有小黃河入焉東南有大勝關巡檢司與湖廣黃陂界西南有九里關即黃峴關義陽三關之一有巡檢司與湖廣應山縣界

光州洪武初以州治定城縣省入四年二月改屬中都臨濠府十三年仍來屬北有淮水又南有潢水北流入淮又西南有陰山關西北距府三百里領縣四

光山州西南有石盤山北濱淮南有黃水亦曰官渡河又南有木陵關西南又有北沙土門斗木嶺黃土嶺修善衝等五關與湖廣麻城縣界東南有牛山鎮巡檢司後移於長潭又有沙窩鎮巡檢司後廢　固始州東北南有白鹿崖北濱淮東有史河西有淠河俱入南直霍邱縣界下流入淮又東北有朱皋鎮與南直潁州界有巡檢司　息州西北元息州洪武四年二月屬中都臨濠府降爲縣屬潁州七年仍來屬南濱淮東北有汝水北有楊莊店巡檢司後移於縣東北之固城倉　商城州東南成化十一年四月析固始縣地置南有金剛臺山又東南有大蘇山灌水出焉流入南直霍邱縣又東有牛山河即史河上源也西南有五水關又南有五河下流俱入於史河又南有金剛臺巡檢司本置金剛臺山下嘉靖二十七年移於縣東南之水東寨又南有長嶺關東南有松子關俱接湖廣羅田縣界

南陽府元直隸河南江北行省洪武初因之領州二縣十一距布政司六百八十里

南陽倚洪武二十四年建唐王府城南有精山北有百重山衙山又有分水嶺其水北流入於汝南流入於淯西南有臥龍岡東有淯水一名白河下流至湖廣襄陽縣界入漢又西南有湍水東南西北有洱水皆流入淯水　鎮平府西洪武十年五月省入南陽縣十三年十一月復置西北有五朵山產銅東有潦河流入淯河　唐府東南洪武三年以故比陽縣地置南有唐子山東北有大孤山亦曰壺山沘水所出又西有黃淳水又有泌水下流皆入淯水又東北有石夾口關　泌陽府東元爲唐州治洪武二年省入州十三年十一月廢復置縣有銅山泌水出焉又北有溱水東北有瀙水下流俱入汝水又象河關在縣東北有巡檢司　桐柏府東南本唐縣之桐柏鎮巡檢司成化十二年十二月改置縣而移巡檢司於毛家集東有桐柏山淮水所經下流至南直安東縣入海行二千三百餘里又東有大復山西北有胎簪山淮水所出又西有澧水亦曰醴水下流入泌水　南召府北成化十二年十二月以南陽縣南召堡置北有丹霞山一名留山北有魯陽關即三鴉路口也與魯山縣界有鴉路鎮巡檢司成化十二年十二月移於塔石口

鄧州元治穰縣洪武二年二月縣廢十三年十一月復置縣十四年五月復省入州南有析隈山西北有白崖山北有湍水又東有涅水亦名趙河自北來入焉東北距府百二十里領縣三

內鄉州西北少西東有熊耳山湍水所出西南有淅水又有丹水又北有菊潭東北有金斗山巡檢司後廢又西北有西峽口關巡檢司又西南有黨子口關又西有武關路出陝西商州　新野州東南有淯水　淅川州西成化六年析內鄉縣地置東南有淯水又北有湍水洪水東有淅水皆流入於淯有太白山又有丹崖山東有均水又西南有淅水北有丹水俱流入焉南入漢水西北有花園頭巡檢司又有荊子口關又西有峽口鎮南接湖廣均州界

裕州洪武初以州治方城縣省入東北有方城山溝水出焉下流入汝水西南距府百二十里領縣二

舞陽州東北汝水在縣北舊入西平縣界元末於河堨斷其流使東歸潁而西平之水始別爲汝潁南有澺水亦曰舞水又有澱水下流俱入於汝寧府之汝水西南有沙水即溵水也又北有澧水下流歸故汝水葉州北少東北有黃城山一名長城山有汝水又北有湛水流入汝東北有沙水一名滍水又名泜水又北有昆水入焉下流入於汝又北有昆陽關

懷慶府元懷慶路直隸中書省洪武元年十月爲府屬河南分省領縣六東南距布政司三百里

河內倚永樂二十二年建衞王府正統三年除八年鄭王府自陝西鳳翔府遷此北有太行山又有碗子城山上有關又有沁河源出山西沁源縣流入境下流至武陟入大河又有丹河自澤州流入注於沁河又西有柏鄉城崇禎四年築濟源府西元屬孟州洪武十年五月改屬府南濱大河西有王屋山接山西垣曲縣界濟水出焉西北有琮山溴水出焉又東北有沁水經兩山之間一名枋口水又西北有枳關西有邵原鎮巡檢司修武府東少北西有沁水武陟府東大河在縣南東有沁河至南賈口入焉又東北有蓮花池萬曆十五年沁河決此又西北有寧郭城景泰中築孟府南少西元孟州洪武初以州治河陽縣省入十年五月降爲縣西南濱大河溫府東南元屬孟州洪武十年五月改屬府南濱大河溴水自西北流入焉又西南有濟水舊自濟源縣流經南注於河後其道盡入河中

衞輝府元衞輝路直隸中書省洪武元年八月爲府十月屬河南分省領縣六東南距布政司一百六十里

汲倚弘治四年八月建汝王府嘉靖二十年除隆慶五年二月建潞王府北有衞河源出輝縣下流至北直靜海縣入海行二千餘里又東北有洪門鎮胙城府東少南洪武十年五月省入汲縣十三年十一月復置新鄉府西南北有衞河西北有清水又西南有大河故道正統十三年河決縣之八柳樹由此尋塞西有古沁河永樂十三年徙時決時湮獲嘉府西少南洪武十年五月省入新鄉十三年十一月復置大河舊在縣南天順六年中河自武陟徙入原武而縣界之流絕北有清水又有小丹河合焉淇府北元淇州後廢洪武元年九月復置十二月降爲縣西北有淇水又清水自東北流入焉下流入於衞河輝府西北元輝州後廢洪武元年九月復置十二月降爲縣西有太行山西北有白鹿山又有蘇門山一名百門山山有百門泉泉通百道共下流爲衞水故又名衞源又西南有清水又西北有侯趙川西有鴨子口二巡檢司

彰德府元彰德路直隸中書省洪武元年閏七月爲府十月屬河南分省領州一縣六南距布政司三百六十里

安陽倚永樂二年四月建趙王府元末縣廢洪武元年九月復置東北有韓陵山西北有銅山舊產銅北有安陽河本名洹水自林縣流入至北直內黃縣入衞河又北有濁漳水臨漳府東北元末廢洪武元年九月復置西有清濁二漳水合流於此曰交漳口入北直界又有滏水下流入於漳河西南又有洹水湯陰府南元末廢洪武元年九月復置西有蕩水經縣治北下流入衞水林府西少南元林州後廢洪武元年九月復置二年四月降爲縣西北有隆慮山亦曰林慮山洹水出焉又西南有天平山西有太行山又北有濁漳水自山西平順縣流入磁州元治滏陽縣屬廣平路後州縣俱廢洪武元年十一月復置州屬廣平府二年四月來屬西北有神麕山滏水出焉又南有清漳水北有車騎關巡檢司南距府七十里領縣二武安州西北元末廢洪武元年十一月復置東南有滏山滏水出焉西南有磁山產磁石東北有洺河流入北直邯鄲縣界又西有固鎮巡檢司涉州西少北元屬真定路後廢洪武元年十一月復置屬真定府二年四月來屬南有涉水即清漳水也自山西黎城縣流入又東北有偏店巡檢司後移於縣西南之吾而峪口

汝州元屬南陽府洪武初以州治梁縣省入成化十二年九月直隸布政司東南有霍山又有魚齒山涉水出於此入葉縣界又西南有鳴皐山又有空峒山山南有汝水西有廣城澤領縣四東北距布政司四百九十里

魯山州西南東有魯山西有堯山滍水所出西南有波水流入焉又西北有歇馬嶺關巡檢司郟州東少南東南有汝水西有扈澗水流入焉寶豐州東南成化十一年四月析汝州地置南有汝水又有滍水伊陽州西少南成化十二年十二月以汝州之伊闕故縣地置析嵩及魯山二縣地益之西有伊陽山又有莧山即天息山也上有分水嶺滍水出焉俗又名沙水又南有汝水西有伊水西南有上店鎮巡檢司成化十二年十二月移於常界嶺又有普抹關巡檢司廢

陝西禹貢雍梁二州之域元置陝西等處行中書省治奉元路又置甘肅等處行中書省治甘州路洪武二年四月置陝西等處行中書省治西安府三年十二月置西安都衞與行中書省同治八年十月改都衞爲陝西都指揮使司九年六月改行中書省爲承宣布政使司領府八屬州二十一縣九十有五爲里三千五百九十七東至華陰與河南山西界南至紫陽與湖廣四川界北至河套西至肅州外爲邊地距南京二千四百三十里京師二千六百五十里洪武二十五年編戶二十九萬四千五百二十六口二百三十一萬六千五百六十九弘治四年戶三十萬六千六百四十四口三百九十一萬二千三百七十萬曆六年戶三十九萬四千四百二十三口四百五十萬二千六十七

西安府元奉元路屬陝西行省洪武二年三月改爲西安府領州六縣三十一

長安倚治西偏洪武三年四月建秦王府北有龍首山南有終南山西南有太一山又有子午谷谷中有關北有渭水源出鳥鼠山流經縣界至華陰入黃河又西有澧水又西北有鎬水合彪水又南有潏水亦曰沇水合澇水俱北流入渭咸寧倚治東偏渭水在南東有滻水合霸水流入渭咸陽府西北舊治在渭河北洪武二年徙於渭南東北有涇水東入渭東南有澧水北入渭涇陽府北西北有甘泉山南有涇水源自笄頭山流經縣界至高陵縣入渭又北有冶谷水合清谷水下流入渭興平府西少北南有渭水臨潼府東少北東南有驪山有溫泉北有渭水西有潼水又東有戲水俱北入渭又東有冷水一曰零水至零口鎮亦入渭又南有黃豔驛舊產鹽渭南府東元屬華州嘉靖三十八年十一月改屬府北有渭水藍田府東南有七盤山旁有七盤坡謂之七盤十二繙藍關之險道又有嶢山東南有藍田山有關西有霸水西北有長水亦曰荊溪又南有輞谷水亦曰輞川俱注於霸水鄠府西南南有牛首山澇水出焉北有渭水西南有甘泉西有漢陂俱流合澇水注於渭又澧水在南合高觀谷太平谷諸水入長安縣界盩厔府西南西南有駱谷長四百二十里谷口有關谷中有十八盤又有柴家關二巡檢司北有渭水南有龍水西南有黑水流入焉又東有駱谷水東南有芒水並北入渭高陵府東北西南有渭水涇水自西北流合焉富平府東北元屬耀州萬曆三十六年改屬府西南有荊山西北有漆沮水舊經白水縣南入洛自鄭渠堙廢不復東入洛矣東北有美原巡檢司尋廢三原府北少東元屬耀州弘治三年十一月改屬府西北有堯門山東北有漆沮水西有清水下流注於渭醴泉府西北元屬乾州嘉靖三十八年十一月改屬府西北有九嵕山又有武將山東有涇水又有甘谷水流合焉華州南有少華山北有渭水與同州界西有赤水分大小二流又有石橋水俱北注渭西距府二百里領縣二華陰州東南有華山亦曰太華即西嶽也東有牛心谷西南有車箱谷東北有大河自朝邑縣流入至渭口與渭水合所謂渭汭也南有敷水北入渭東北有潼水入於大河東有潼關洪武七年置潼關守禦千戶所九年十一月升爲衞屬河南都司永樂六年直隸中軍都督府蒲城州西北東有洛水又西有西鹵池南有東鹵池舊產鹽商州洪武七年五月降爲縣成化十三年三月仍爲州東南有商洛山西有熊耳山伊水所出南有丹崖山舊產銅又有冢嶺山洛水所出下流至河南汜水縣入大河又南有丹水流入河南內鄉縣界東有武關西有秦嶺二巡檢司又東有龍駒寨西北距府二百二十里領縣四商南州東少南成化十三年三月以商縣之層峯驛置尋徙治於沭河西西南有兩河即丹水也東有沭河南有挾川俱入焉有富水堡巡檢司雒南州北少東元曰洛南屬商州洪武七年五月改屬華州成化十三年三月復來屬天啓初改洛爲雒東北有魚難山魚難水出焉西北有元扈山元扈水出焉俱北入於洛東南有三要東北有石家坡二巡檢司山陽州南少東本商縣之豐陽巡檢司成化十二年十二月改爲縣而移巡檢司於縣東南之漫川里仍故名東南有天柱山西南有甲河流入湖廣上津縣界注於漢水又東有竹林關巡檢司鎮安州西南景泰三年以咸寧縣野豬坪置屬府天順七年二月遷治謝家寨成化十三年三月改屬州西有乍水合縣南洵水入洵陽縣界注於漢江北有舊縣西有五郎壩二巡檢司同州北有商原南有渭水南有沮水一名洛水西南距府二百六十里領縣五朝邑州東東有大河南有渭水又有洛水舊自縣南經華陰縣西北蒲蘆灘入渭成化中自縣南趙渡鎮徑入於河不復入渭東北有臨晉關一名大慶關即蒲津關也舊屬蒲州洪武九年八月來屬有蒲津關巡檢司郃陽州東北有黃河韓城州東北西有梁山一名呂梁山濱大河東北有龍門山夾河對峙澄城州北西有洛水白水州西北南有故城洪武初徙於今治西有洛水白水流入焉西北有馬蓮灘巡檢司耀州東有沮水西有漆水流入焉又有清水流入三原縣界南距府百八十里領縣一同官州東北北有神水峽內有金鎖關巡檢司又西北有北高山漆水出焉東南流與同官川水合又東有沮水南有安公谷水其下流合於沮水乾州西北有梁山接岐山縣界其南有漢谷漢谷水經其下流爲武水又東北有甘谷水又西有武亭水東南距府百六十里領縣二武功州西南西南有太白山又有武功山東南有物山南有渭水又西有漢谷水又有武亭水自縣東北流合焉俱匯於漳水永壽州北東有涇水西南有錦川河下流爲漢谷水有土副巡檢司又有穆陵關邠州元直隸陝西行省洪武中來屬以州治新平縣省入北有涇水西南有白土州亦名漆水東南注於渭水與入洛之漆異東南距府三百五十里領縣三淳化州東南有黃嶽山西有涇水東有清水南流入耀州界三水州東北成化十三年九月析淳化縣地置東南有石門山東有三水河一名汎水西南流入涇水東南有石門巡檢司長武州西北萬曆十一年三月以邠州宜祿鎮置北有涇水自涇州流入南有汭水一名宜祿水亦自涇州流入還縣東停口鎮與黑水河合入於涇水西有窯店巡檢司本名宜祿治宜祿鎮弘治十七年遷於正東之冉杏仍故名萬曆十一年又遷更名

鳳翔府元屬陝西行省洪武二年三月因之領州一縣七東距布政司三百四十里

鳳翔倚永樂二十二年建鄭王府正統八年遷於河南懷慶府東北有杜陽山杜水所出西北有雍山雍水出焉下流合漆水入渭又東南有橫水亦曰橫渠東入渭岐山府東東北有岐山又北有梁山又北有武將山南有渭水西北有岐水又東有漳水俱流入扶風縣界又南有斜谷水北入渭寶雞府西南東南有陳倉山西南有大散嶺大散關在焉又有和尚原接鳳縣界南有渭河東有汧河流入焉又東南有其谷水有洛谷水俱北入渭西南有益門鎮二里散關東南有虎川二巡檢司又東南有金牙關扶風府東西南有渭河東有漆河又有雍水自東南流入焉又南有漳河俱流入武功縣界郿府東南元屬奉元路洪武二年來屬西有斜嶺山褒水出其南流入沔斜水出其北流入渭西有五丈原又西南有斜谷南入漢中有斜谷關北有渭水麟遊府東北西有漆水南有麟遊水下流俱入於渭西南又有杜水亦曰杜陽川東入漆西北有石窯關巡檢司汧陽府西少北元屬隴州嘉靖三十八年十一月改屬府舊治在縣西嘉靖二十七年徙於今治南有汧河隴州元屬鞏昌總帥府延祐四年十一月省州治汧源縣入州洪武二年來屬西北有隴山上有關曰隴關亦曰大震關一名故關有故關大寨巡檢司又有安夷關亦曰新關又西有小隴山一名關山又西南有岍山汧水出焉南有吳山即吳嶽古文以爲岍山西南有白環谷白環水出焉西有弦蒲藪汭水出焉下流合於涇水南有渭水西南有方山原又南有隴安西南有香泉二巡檢司東南距府百八十里

漢中府元興元路屬陝西行省洪武三年五月爲府六月改名漢中府領州二縣十四東北距布政司九百六十里

南鄭倚萬曆二十九年十月建瑞王府西南有巴嶺山南連孤雲兩角米倉諸山達四川之巴州南濱漢水又曰沔水源自嶓冢經縣界下流至湖廣漢陽府入大江又有沮水漢水別源也又西北有褒水俱流入漢水南有青石關巡檢司褒城府西北洪武十年六月省入南鄭縣後復置東北有褒谷自此出連雲棧北抵斜谷之道也南有汚水即漢水也又有廉水又城東有褒水西南有讓水一名遜水下流俱入沔水北有雞頭關巡檢司又有虎頭關西北有漢陽關城固府東少北南有漢水東北有壻水又名智水下流入漢水又西北有黑水云即褒水之上源洋府東南元洋州洪武三年降爲縣十年六月省入西鄉後復置北有興勢山東有黃金谷南有漢水西北有壻水西有灙水亦曰駱谷水又東有西水俱南入漢西鄉府東南東有饒風嶺有關北有漢水東有洋水即清涼川也西北合木馬河入漢東南有鹽場關西南有大巴山東北有子午鎮三巡檢司鳳府西北元鳳州洪武七年七月降爲縣南有武都山北有嘉陵江源出縣之嘉陵谷下流至四川巴縣入於大江又東有大散水亦注於嘉陵江東北有清風閣巡檢司南有留壩巡檢司後遷廢邸閣又遷柴關仍故名南有仙人關西有馬嶺關沔府西元沔州屬四川廣元路洪武三年改屬漢中府省州治鐸水縣入州七年七月降爲縣十年六月省入略陽後復置成化二十一年六月屬寧羌州嘉靖三十八年十一月仍屬府北有鐵山東南有定軍山南有漢水西有沮水又有大安水南入於漢西南有大安縣洪武初廢又西有石頭關寧羌州本寧羌衞洪武三十年九月以沔縣之大安地置成化二十一年六月置州屬府東北有五丁山亦曰金牛峽北有嶓冢山漢水出焉亦曰漾水下流至湖廣漢陽縣合大江又東有嘉陵江西有西漢水合焉西南有白水自洮州衞流經此亦曰葭萌水有白水關其下流至四川昭化縣合於嘉陵江又東北有潘水流入漾水謂之潘口又東有沮水北有陽平關巡檢司東北距府三百里領縣一略陽州北元屬沔州洪武三年屬府成化二十一年六月改來屬西有盤龍山東南有飛仙嶺棧道所經也東有沮水爲漢水之別源南有嘉陵江西北有犀牛江即西漢水也又西有白水江東北有九股樹西有宜口二巡檢司又西北有白水鎮巡檢司後廢

延安府元延安路屬陝西行省洪武二年五月爲府領州三縣十六南距布政司七百四十里

膚施倚東有延水又有清化水流入焉安塞府西北西有洛水北有延水出縣西北之蘆關嶺又東南有西川水北有金明川俱流入焉又北有塞門守禦百戶所洪武十二年置西南有敷政巡檢司甘泉府西南北有野豬峽西有洛河南有伏陸水流入焉又東北有庫利川安定府東北北有高栢山懷寧河出焉東流入於無定河西北有白洛城洪武三年築保安府西北西南有洛河有樊莫河流入焉北有大鹽池又西有靖邊守禦千戶所隆慶元年二月置北有順寧巡檢司宜川府東南有孟門山在大河中流又西南有銀川水北有汾川水西南有丹陽諸川俱流入大河延川府東少北東濱大河北有吐延川合清澗水流注於大河又東北有永寧關臨河延長府東東濱河南有延水流入大河青澗府東北元屬綏德州嘉靖四十一年改屬府東有黃河東北有無定河流入焉又西有青澗河鄜州東有洛水南與華池水合又名三川水西有直羅巡檢司北距府百八十里領縣三洛川州東南西南有洛水東南有鄜城巡檢司中部州南北有橋山亦曰子午嶺沮水出焉西北有谷河及子午水俱入於沮水又東北有洛水宜君州西南南有玉華山又有鳳凰谷東有洛木東北有沮木綏德州洪武十年五月省入府後復置南有魏平關東有黃河城東有無定河一名奢延水亦曰圁水西北有大理水流入焉東北有官菜園渡口巡檢司西南距府三百六十里領

縣一　米脂 州北西有無定河有大理水又有小理水西北有明堂川俱流入無定河北有碎金鎭西南有克戎寨二巡檢司又西有銀州關成化七年修築

葭州 洪武七年十一月降爲縣屬綏德州十三年十一月復升爲州屬府 東濱大河西有葭蘆河城東有眞鄉川流合焉 西南距府五百八十里領縣三

吳堡 州南元屬州洪武七年十一月改屬綏德尋省十三年十一月復置還屬東濱河

神木 州北洪武初省十三年十一月復置西北有楊家城正統五年移縣治焉成化中復還故治南有大河北有濁輪川西南有屈野川

府谷 州東北洪武初省十三年十一月復置東濱大河北有清水川入焉

慶陽府 元屬鞏昌總帥府 洪武二年五月直隸行省領州一縣四東南距布政司五百七十里

安化 倚洪武二十四年四月建慶王府二十六年遷於寧夏衞元省洪武中復置東北有白於山洛水所出又城東有東河西有西河流合焉下流爲馬蓮河又西有黑水河源出縣北之太白山下流至長武縣合於涇河東北有槐安北有定邊二巡檢司又西南有驛馬關又有靈州又有大鹽池三巡檢司廢

合水 府東南東有建水西有北岔河流合焉謂之合水西南入馬蓮河又東北有華池水有平戎川流合焉東入鄜州之洛河有華池巡檢司

環 府西北元環州屬鞏昌總帥府洪武初降爲縣來屬西有環河出縣北青岡峽下流爲府城之西河又南有黑水河又有鹹河西南有甘河俱注於環河又西有葫蘆泉西北有淸平關西北有安邊守禦千戶所弘治中置

眞寧 府東南元屬寧州萬曆二十九年改屬府西有馬蓮河南有大陵小陵諸水即九陵川之上源也東有嶧山嶺巡檢司

寧州 元屬鞏昌總帥府 洪武中來屬 東有橫嶺又有九龍川亦曰寧江亦曰九陵川西南流會上流羣川而南注於涇河東北有襄樂巡檢司 北距府百五十里

平涼府 元屬鞏昌總帥府 洪武三年五月直隸行省領州三縣七東南距布政司六百五十里

平涼 倚洪武二十四年建安王府永樂十五年除二十二年韓王府自遼東開原遷此西南有可藍山西有崆峒山又有笄頭山涇水出焉下流至高陵縣入渭又西有橫河東有湫谿河俱流入涇河又西有羣牧監洪武三十年置陝西行太僕寺永樂四年置陝西苑馬寺領長樂等六監開成等二十四苑俱在本府及慶陽鞏昌境內正統三年又併甘肅苑馬寺入焉又東有通梢關

崇信 府東南北有汭水西南有赤城川南有白石川流合焉下流合於涇水

華亭 府南西有小隴山西北有瓦亭山有瓦亭關巡檢司所謂東瓦亭也東北有涇河東南有汭水又東南有三鄉鎭北有馬舖嶺二巡檢司

鎭原 府東北元鎭原州屬鞏昌總帥府洪武初降爲縣來屬西北有葫蘆河分二流一北注於黃河其支流東南注於涇河南有高平川流入葫蘆河西有安平寨巡檢司西北有蕭關西南有木峽關又西有石峽關南有驛藏木靖二關

隆德 府西南元屬靖寧州嘉靖三十八年十一月改屬府東有好水西流與苦水合西北有武延川流入好水東南有捺龍川流入苦水

涇州 元直隸陝西行省 洪武三年以州治涇川縣省入來屬 舊治在涇水北今治本皇甫店洪武三年徙於此北有涇河有汭水東有金家凹巡檢司 西北距府百五十里領縣一

靈臺 州東南西北有白石原東北有三香木一名三交川下流至邠州合涇水又西南有細川水東北流合於三交川

靜寧州 元屬鞏昌總帥府 洪武中來屬 南有隴山北有橫山即隴山支阜南有木洛川一名石門水下流至秦州入略陽川又西有苦水河即高平川之上源 東距府二百三十里領縣一

莊浪 州東南元莊浪州直隸陝西行省洪武三年屬鳳翔府八年三月降爲縣來屬西有苦水川

固原州 本固原守禦千戶所景泰三年以故原州城置成化四年升爲衞弘治十五年置州屬府 西南有六盤山上有六盤關東北有清水河出焉下流合鎭原縣之葫蘆河又北有黑水北流入於大河又東西有二朝那湫其下流注於高平州南有開成州元直隸陝西行省治開成縣洪武二年省州以縣屬平涼府成化三年廢縣又東南有廣安州元屬開成州洪武二年省又西有甘州羣牧所永樂中置又西北有西安守禦千戶所成化五年以舊西安州置北有鎭戎守禦千戶所成化十二年以葫蘆峽城置東北有平虜守禦千戶所弘治十四年以舊豫望城置又北有下馬關嘉靖五年置 東南距府百七十里

鞏昌府 元屬鞏昌總帥府 洪武二年四月直隸行省領州三縣十四東距布政司千六十里

隴西 倚西有首陽山上有關北濱渭水東有赤亭水西流入焉

安定 府北元定西州屬鞏昌總帥府至正十二年三月改名安定州洪武十年降爲縣屬府北有車道峴西有西河東有東河流合焉北有嶮口巡檢司

會寧 府東北元會州屬鞏昌總帥府至正十二年三月改爲會寧州洪武十年降爲縣屬府東有響水北流入大河東有青家巡檢司

通渭 府東北濱渭有華川東流入焉

漳 西南有故城今治正統中所徙西北有西傾山南有漳木北流入渭東南有鹽井

寧遠 府東南有太陽山舊產鐵北有桃花峽兩山夾峙渭水經其中西有廣吳木又有山丹水俱源出岷州並流北注渭

伏羌 府東西南有朱圉山俗名白崖山北有渭水西南有永寧河西有洛門川俱東北注於渭

西和 府東南元西和州屬鞏昌總帥府洪武十年降爲縣屬府舊治在西南白石鎭洪武中移於今治北有祁山南有黑谷山上有關西北有西漢水亦曰鹽官水西南有濁水即白水江也東北有鹽井

成 府東南元成州屬鞏昌總帥府洪武十年降爲縣屬府西北有仇池山東南有西漢水西南有濁水又西有建安水又有洛谷川俱流入西漢水又東有泥陽水下流至徽州界入嘉陵江又北有黃渚關巡檢司

秦州 元屬鞏昌總帥府 洪武二年屬府省州治成紀縣入州 西南有嶓冢山西漢水出焉下流至寧羌州合嘉陵江東北有渭水有秦水東流入渭又西有西谷水下流入西漢水又南有籍水西南有段谷水流入焉又東有長離水即瓦亭川下流也俱流入於渭南有高橋巡檢司又有石榆關又有現子關 西距府三百里領縣三

秦安 州北東有大隴山又東北有瓦亭山所謂西瓦亭也城南有渭水又西有隴水瓦亭川自東北流合焉又東有松多川下流入於秦水又東有隴城關巡檢司

清水 州東有隴山有盤嶺巡檢司西南又有小隴山西有渭水東有秦水南有清水流入焉

禮 州西南元禮店文州軍民元帥府屬吐蕃宣慰司洪武四年十一月置禮店千戶所十一年屬岷州衞十五年改屬秦州衞成化九年十二月置禮縣於所城屬州故城在東洪武四年移於今治東南有西漢水西南有岷峨山岷江出焉東南流入階州界合於西漢水又西有漩水鎭南有板橋山二巡檢司

階州 元屬鞏昌總帥府 洪武四年降爲縣屬府十年六月復爲州 舊城在東南紙龍岡上今城洪武五年所置北有白水江東北有犀牛江即西漢水也又西北有羌水下流合白水江又東有七防關巡檢司 西北距府八百里領縣一

文 州東南元文州至元九年十月置屬吐蕃宣慰司洪武四年降爲縣屬府十年六月改屬州二十三年三月省成化九年十二月復置仍屬州東南有青唐嶺路入四川龍安府東有白水西有黑水流合焉又北有羌水一名太白水東有文縣守禦千戶所本文州番漢千戶所洪武四年四月置二十三年改文縣守禦軍民千戶所成化九年更今名又東有玉壘關西北有臨江關

徽州 元屬鞏昌總帥府 洪武十年六月降爲縣屬府後復升爲州 東南有鐵山南有嘉陵江又有河池水流入焉又南有虞關巡檢司西南有小河關 西北距府四百八十里領縣一

兩當 州東洪武十年六月省入徽縣後復置屬州南有嘉陵江

臨洮府 元臨洮府屬鞏昌總帥府泰定元年九月改爲臨洮路 洪武二年九月仍爲府領州二縣三南距布政司千二百六十里

狄道 倚西南有常家山與西傾山相接北有馬寒山浩尾河出於其北阿干河出於其南俱東流入大河又西南有洮河自洮州衞流入又東有東峪河南有邦金川皆流會洮河北有摩雲嶺巡檢司又北有打壁峪關有結河關南有關有下觀關有八角關十八盤關西有三岔關有分水嶺關

渭源 府東少南西有南谷山渭水所出又有鳥鼠山渭水所經東至華陰縣入大河又西有分水嶺東流者入渭西流者入洮上有分水嶺關巡檢司又西南有五竹山清源河出焉逕縣東南入渭

蘭州 元屬鞏昌總帥府 洪武二年九月降爲縣來屬成化十三年九月復爲州 建文元年肅王府自甘州衞遷此南有皐蘭山北濱大河所謂金城河也湟水自西洮水阿干河俱自南先後流入焉又西南有灤水合於洮水北有金城關下有鎭遠浮橋有河橋巡檢司西北有京玉關南有阿干鎭關西南有鳳林關 南距府二百十里領縣一

金 州東少南元金州屬鞏昌總帥府洪武二年九月降爲縣屬府成化十三年改屬州舊城在南洪武中移於今治北有大河東北流亂山中入靖虜衞界又南有浩尾河一名閃門河入於大河東北有一條城萬曆二十五年置

河州 元河州路屬吐蕃宣慰司 洪武四年正月置河州衞屬西安都衞六年正月置河州府屬陝西行中書省七年七月置西安行都衞於此領河州朶甘烏斯藏三衞八年十月改行都衞爲陝西行都指揮使司九年十二月行都指揮使司廢衞屬陝西都指揮使司十年分衞爲左右十二年七月府廢改左衞於洮州升右衞爲軍民指揮使司成化九年十二月置州屬府改軍民指揮使司爲衞 西南有雪山與洮州界西北有小積石山上有關大河自塞外大積石山東北流逕此又逕榆林衞北折而南與山西中流分界至潼關衞北折而東入河南界回環陝西境四千餘里南有大夏河即灕水也亦曰白石川又西北有積石州元屬吐蕃宣慰司洪武四年正月改置積石州千戶所西南有貴德州元屬吐蕃宣慰司洪武八年正月改置歸德守禦千戶所又南有寧河縣東北有安鄉縣元俱屬河州路洪武三年廢六年復置十二年復廢又東南有定羌巡檢司 東北距府百八十里

靈州 元屬寧夏府路 洪武三年罷弘治十三年九月復置直隸布政司 大河在城北洛浦河自南流入焉南有小鹽池 距布政司九百九十三里

興安州 元金州屬興元路 萬曆十一年八月更名二十三年直隸布政司 舊治漢水北後遷水南萬曆十一年又遷故城南三里許北有漢水又西有衞河亦曰恒河下流入漢江東北有乾祐關巡檢司廢 領縣六西北距布政司六百四十里

平利 州南少東元末省洪武三年置屬四川大寧州五年二月來屬十年六月復省後復置東有女媧山灌溪水出焉西北與黃洋河合入於漢南有鎭坪巡檢司

石泉 州西元末省洪武三年置屬四川大寧州五年二月來屬嘉靖三十八年十一月改屬漢中府萬曆十一年還屬州南有十八盤山有漢江西有饒風河東有池河俱入漢又西有饒風嶺巡檢司本治縣東池河口後遷下饒風鋪更名

洵陽 州東元末省洪武三年復置五年二月來屬東北有水銀山產水銀硃砂南有漢江東有旬水流入焉又有乾祐河自西北流入旬水東有閭關西北有三岔二巡檢司

漢陰 州西少北元末省洪武三年復置十年六月省入石泉縣後復置屬州嘉靖三十八年十一月改屬漢中府萬曆十一年還屬州南有漢水東北有直水又有恒河俱流入漢又西有方山關

白河 州東南成化十二年十二月以洵陽縣白河堡置屬湖廣鄖陽府十三年九月來屬北有漢江東入湖廣鄖西縣界南有白石河分二流俱北注於漢

紫陽 州西南正德七年十一月以金州紫陽堡置初治紫陽灘之左嘉靖三十五年遷於灘右西有漢江

洮州衞 元洮州屬吐蕃宣慰司 洪武四年正月置洮州軍民千戶所屬河州衞十二年二月升爲洮州衞軍民指揮使司屬陝西都司 西南有西傾山桓水出焉下流爲白水江又漒川亦出焉一名洮水又北有石嶺山上有石嶺關東有黑松嶺上有松嶺關又東有黑石關三岔關高樓關北有羊撒關西南有新橋關洮州關東南有舊橋關 南距布政司千六百七十里

岷州衞 元岷州以舊祐川縣地置屬吐蕃宣慰司 洪武四年正月置岷州千戶所屬河州衞十一年七月升爲衞屬陝西都司十五年四月升軍民指揮使司嘉靖二十四年又置州改軍民指揮使司爲衞四十年閏五月州廢仍置軍民指揮使司 洪武二十四年建岷王府二十六年遷雲南北有岷山洮河經其下南有白水一名臨江又東有石關東北有鐵州元屬吐蕃宣慰司洪武四年正月置鐵城千戶所屬河州衞後廢 領所一南距布政司千五百五十里

西固城守禦軍民千戶所 衞南本西固城千戶所洪武七年三月置屬鞏昌府十五年四月改置來屬南有白水北有化石關西北有平定關

楡林衞 成化六年三月以楡林川置其城正統二年所築也 西有奢延水西北有黑水經衞南爲三岔川流入焉又北有大河自寧夏衞東北流經此西經舊豐州西折而東經三受降城南折而南經舊東勝衞又東入山西平虜衞界地可二千里大河三面環之所謂河套也洪武中爲內地天順後元裔阿羅出毛里孩孛羅出相繼居之西南有鹽池舊屬寧夏衞嘉靖九年來屬又衞東有長鹽池紅鹽池西有西紅鹽池鍋底池又東有長樂堡分轄雙山等十二營堡爲中路又有神木堡分轄鎭羌等九營堡爲東路西有安邊營分轄永濟等十二營堡爲西路俱成化後置又北有邊牆成化九年築長一千七百七十餘里東起淸水營接山西偏頭關界西抵定邊營接寧夏花馬池界 南距布政司千一百二十里

寧夏衞 元寧夏府路屬甘肅行省 洪武三年爲府五年府廢二十六年七月置衞二十八年四月罷永樂元年正月復置 洪武二十六年慶王府自慶陽府遷此西有賀蘭山又西南有峽口山黃河流其中一名青銅峽黃河出峽東流亦曰三岔河又東有黑水河南有清水河即葫蘆河下流也俱注於黃河有寧夏羣牧千戶所洪武二十七年十二月置 領千戶所四東南距布政司千四百里

靈州守禦千戶所 衞東南洪武十六年十月置治在河口宣德三年二月徙於城東弘治十三年九月復置於靈州所城

興武守禦千戶所 衞東南正德元年以興武營置

韋州守禦千戶所 衞東南弘治十年以故韋州置西有大蠡山南有小蠡山東有東湖

平虜千戶所 衞北少東嘉靖三十年以平虜城置東北有老虎山濱大河北有鎭遠關

寧夏前衞 在寧夏城內洪武十七年置

寧夏左屯衞　寧夏右屯衞 亦俱在寧夏城內洪武二十五年二月置後廢三十五年十二月復置

寧夏後衞 本花馬池守禦千戶所成化十五年置正德元年改衞其城正統九年所築也 東北有方山西有花馬池西北有大鹽池又西有小鹽池東有長城關正德初置 東南距布政司千一百二十里

寧夏中衞 元應理州屬寧夏府路 洪武三年州廢永樂元年正月置衞 西有沙山一名萬斛堆大河在南又西南有溫圍水流入大河又有裴家川又東南有鳴沙州元屬寧夏府路洪武初廢 南距布政司千一百十里

靖虜衞 正統二年以故會州地置屬陝西都司 南有烏蘭山上有烏蘭關北有大河西南有祖厲河東北有亥刺河皆注於大河西南有會寧關 南距布政司千二百二十里

陝西行都指揮使司 元甘肅等處行中書省治甘州路 洪武五年十一月置甘肅衞二十五年罷二十六年陝西行都指揮使司自莊浪徙置於此領衞十二守禦千戶所四距布政

司二千六百四十五里

甘州左衞元甘州路洪武初廢二十三年十二月置甘州左衞二十七年十一月罷二十八年六月復置洪武二十五年三月建肅王府建文元年遷於蘭縣西南有祁連山西北有合黎山東北有人祖山山口有關曰山南嘉靖二十七年置又東北有居延海西有弱水出西南山谷中下流入焉又有張掖河流合弱水其支流曰黑水河仍合於張掖河又東南有盧水亦曰沮渠川

甘州右衞　甘州中衞俱洪武二十五年三月置　甘州前衞　甘州後衞俱洪武二十九年置　四衞俱與甘州左衞同城

肅州衞元肅州路屬甘肅行省洪武二十七年十一月置衞西有嘉峪山其西麓即嘉峪關也弘治七年正月扁關曰鎭西西南有小崑崙山亦曰雪山與甘州山相接北有討來河東會於張掖河西南有白水又西北有黑水東南有紅水俱流入白水下流入西寧衞之西海又東北有威虜衞洪武中置永樂三年三月省東距行都司五百十里

山丹衞元山丹州直隸甘肅行省洪武初廢二十三年九月置衞屬陝西都司後來屬東南有焉支山西有刪丹河即弱水也北有紅鹽池西距行都司百八十里

永昌衞元永昌路屬甘肅行省至正三年七月改永昌等處宣慰司洪武初廢十五年三月置衞屬陝西都司後來屬北有金山麗水出焉西南有白嶺山亦曰雪山西有水磨川上有水磨關又東南有塞占河西北距行都司三百十里

涼州衞元西涼州屬永昌路洪武九年十月置衞屬陝西都司後來屬南有天梯山三岔河出焉東南有洪池嶺又東北有白亭海有豬野澤又西有土彌干川即五澗水也亦出天梯山下流合於三岔河又東有雜木口關又有涼州土衞洪武七年十月置西北距行都司五百里

鎭番衞本臨河衞洪武中以小河灘城置三十年正月更名建文中罷永樂元年六月復置西有黑河即張掖河下流也又東有三岔河南有小河西有鹽池西南有黑山關西北距行都司五百五十里

莊浪衞洪武五年十一月以永昌地置十二年正月置陝西行都指揮使司於衞城二十六年行都司徙於甘州建文中改衞爲守禦千戶所洪武三十五年十月復改所爲衞屬陝西都司後來屬東有大松山其北有小松山西有分水嶺南出者爲莊浪河北出者爲古浪河又南有大通河與莊浪河合北流經衞西入於沙漠北距行都司九百四十里

西寧衞元西寧州直隸甘肅行省洪武初廢六年正月置衞宣德七年十一月升軍民指揮使司屬陝西都司後來屬西南有小積石山與河州接界東南有峽口山亦曰湟峽南有大河自西域流入迴環於陝西山西河南山東四布政司及南直隸之地幾至萬里至淮安府清河縣南合長淮又東至安東縣南入於海又北有湟水即蘇木連河也東入大河又西南有賜支河又城北有西寧河皆流入大河又西北有浩亹水西南有宗哥川俱流合於湟水又西有西海亦名卑禾羌海俗呼青海西北有赤海又有烏海鹽池東南有綏遠關西北距行都司千三百五十里

碾伯守禦千戶所　本碾北地洪武十一年三月置莊浪分衞七月改置碾北衞後廢而徙西寧衞右千戶所於此成化中更名南有碾伯河西北距行都司千二百三十里

沙州衞元沙州路屬甘肅行省洪武初廢永樂元年置衞正統間廢南有鳴沙山東南有三危山又東有龍勒山又有渥洼水西有瓜州元屬沙州路洪武初廢東距行都司千三百六十里

鎭夷守禦千戶所洪武三十年以甘州衞地置建文二年罷永樂元年復置所舊在西北天順八年移於今治南有黑河即張掖河也西南有鹽池北有兒兒關東南距行都司三百里

古浪守禦千戶所正統三年六月以莊浪衞地置古浪河在東又南有古浪關東有石峽關東南距行都司六百四十里

高臺守禦千戶所景泰七年以甘州衞之高臺站置弱水在北又西有合黎山西南有白城山東南距行都司一百六十里

明史卷四十三　志第十九

總裁官總理事務經筵講官少保兼太子太保保和殿大學士兼管吏部戶部尚書事加六級臣張廷玉等奉

敕修

地理四

四川　江西

四川　禹貢梁荆二州之域元置四川等處中書省治成都路又置羅羅蒙慶等處宣慰司治建昌路屬雲南行中書省洪武四年六月平明昇七月置四川等處行中書省九月置成都都衞與行中書省同治八年十月改都衞爲四川都指揮使司領招討司一宣慰司二安撫司五長官司二十二及諸衞所九年六月改行中書省爲承宣布政使司領府十三直隸州六宣撫司一安撫司一屬州十五縣百十一長官司十六爲里千一百五十有奇北至廣元與陝西界東至巫山與湖廣界南至烏撒東川與貴州雲南界西至威茂與西番界距南京七千二百六十里京師一萬七百一十里洪武二十六年編戶二十一萬五千七百一十九口一百四十六萬六千七百七十八弘治四年戶二十五萬三千八百三口二百五十九萬八千四百六十萬曆六年戶二十六萬二千六百九十四口三百一十萬二千七十三

成都府元成都路洪武四年爲府領州六縣二十五

成都倚洪武十一年建蜀王府　華陽倚北有武擔山又有外江自灌縣分流經城北遶城而南一名清遠江又有內江亦自灌縣分流經城南遶城而東亦名石犀渠合流南注於大江此府城之內外江也東有寧州衞洪武十一年四月置東南有馬軍寨巡檢司　雙流府西南洪武十年五月省入華陽縣十三年十一月復置東南有牧馬川即府城內外江下流也　郫府西有內江一名郫江即府城內江之上流也　溫江府西少南西南有皁江亦曰內江　新繁府西北洪武十年五月省入成都縣十三年十一月復置西北有沱江又西有湔洩口　新都府北東有雒水自什邡縣流經此下流至瀘州入大江亦曰中水北有湔水即大江別流自灌縣東北出流經此至漢州入雒水東北有綿水自漢州流至此入雒江三水同流亦曰郫江也　彭府北元彭州洪武十年五月降爲縣北有九隴山有葛璝山又有大隋山中隋山南有沱江又北有濛水流合焉又東有濛陽縣元屬彭州洪武十年五月省又北有白石溝巡檢司　崇寧府西北元屬彭州洪武四年屬府十年五月省入灌縣十三年十一月復置南有沱江　灌府西少北元灌州洪武中降爲縣西北有灌口山又有玉壘山下有玉壘關一名七盤關又西南有青城山又西有湔江亦曰都江亦曰湔堋江古離堆也岷江經此正流引而南支流分三道遶成都境有石渠水口又有白沙水下流入都江又南有沱江即郫江上源也又西有蠶崖關巡檢司西南有徐澤關　金堂府東洪武十年五月省入新都縣十三年十一月復置東北有三學山南有雲頂山有金堂峽雒水經此曰金堂河東南又有懷口巡檢司　仁壽府南少東東有甘山下有鹽井東有三嵎山又有蟠溪下流入資江又南有陵井產鹽亦曰仙井　井研府南少東洪武六年十二月置十年五月省入仁壽縣十三年十一月復置東北有鐵山舊產鐵南有鹽井　資府東明玉珍置資州洪武初降爲縣南有珠江即雒江也東流爲資江東有銀山鎭巡檢司　內江府東南洪武中置西有中江即雒江之異名南有樟木鎭巡檢司　安府北少東元安州治在西北洪武中降爲縣移於今治南有浮山黑水出焉南流入羅江縣界北有曲山關東有小東壩關又東南有雎水關關西有綿堰堡綿水發源處也

簡州洪武六年降爲縣正德八年又升爲州舊治在絳河北正德八年徙治河南東北有石鼓山西有分棟山東有雁水即雒水也絳水自北來合焉一名赤水亦曰牛鞞水又城內有牛皮井產鹽西有龍泉鎭巡檢司西南有陽安關西北距府百五十里領縣一　資陽州東洪武六年十二月置屬府十年五月省入簡縣成化元年七月復置仍屬府正德中改屬州西有資溪流入雁水東有資陽鎭巡檢司後移治濛溪河

崇慶州元治晉原縣洪武中省縣入州西有鶴鳴山西北有郭江東流入新津界又北有味江東北有白馬江皆岷江南出之別名也西北有永康縣東南有江源縣明玉珍置洪武初省西有清溪口巡檢司東北距府百十里領縣一　新津州東南有天柱山南枕大江一名皁江東有北江亦曰新穿水自府城南流經此合大江

漢州明玉珍復置雒縣爲州治洪武四年省縣入州東有雒水有綿水又西南有湔水流入雒又北有雁水亦流入雒故雒水亦兼雁水之名又東北有石亭水流合綿水東南有三水關巡檢司西南距府百十里領縣三　什邡州西洪武十年五月省入綿竹縣十三年十一月復置西北有章山雒水出此亦名雒通山南有高鏡關雒水經其南又西有大建山　綿竹州西北西北有紫巖山綿水出焉又有紫溪河一名射水河又北有雎水關　德陽州東北洪武十年五月省入漢州十三年十一月復置北有鹿頭山上有鹿頭關東有綿水西南有石亭水南有白馬關巡檢司

綿州元屬潼川府洪武三年來屬十年五月降爲縣十三年十一月復爲州東有富樂山西有涪水源出松潘衞流經此亦曰綿江下流至合州合於嘉陵江又西北有安昌水一名龍安水東南流合涪水又東有潺水亦合於涪水東有魏城巡檢司西南距府三百六十里領縣二　羅江州南洪武六年十二月省入綿州十三年十一月復置東北有羅江涪水與安昌水會流處也又西有黑水自安縣流入界又西南有白馬關巡檢司與德陽縣鹿頭關相對　彰明州北洪武十年五月省入綿縣十三年十一月復置東北有太華山西有涪江北有廉水西有潼水俱流入焉

茂州元治汶山縣屬陝西行省吐番宣慰司洪武中省縣入州十六年復置縣後復省南有岷山即隴山之南首也汶江自松潘衞流入經山下又東經州城西東南流迴環於四川湖廣江西三布政司及南直隸之地入於海幾七千餘里南有鵲宗關東有積水關北有隴磨關三巡檢司又南有七星關又有雁門關東有桃坪關北有寶大關西北有黃崖關有汶山長官司又南有靜州長官司東南有隴木頭長官司西南有岳希蓬長官司俱洪武七年五月置屬重慶衞又北有長寧堡本長寧安撫司宣德中平曆日諸蠻置屬松潘衞正統元年二月改屬疊溪所八年六月改屬茂州衞後廢爲堡東南距府五百五十里領縣一　汶川州西南北有七盤山西有玉輪江即汶江也有汶川長官司洪武七年五月置西有寒水關巡檢司又南有徹底關

威州元以州治保寧縣省入明玉珍復置縣洪武二十年五月復省縣入州舊治在西北鳳坪里宣德三年六月遷於保子關河西十年六月又遷於保子關河東千戶所城內東南有定廉山鹽溪出焉又西南有雪山亦曰西山北有汶江西北有赤水北有平谷水俱流入焉東有通化縣洪武三年省西北有保子關徹底關西南有鎭夷關東南距府四百五十里領縣一　保州西北洪武六年分保寧縣地置東有汶江西北有鎭安關

保寧府元屬廣元路洪武四年直隸行省領州二縣八西南距布政司七百里

閬中倚成化二十三年建雍王府弘治三年遷於湖廣衡州府四年八月建壽王府正德元年遷於湖廣德安府舊治在縣東明玉珍徙於此東有蟠龍山其北有錦山關又有靈山其麓爲梁山關南有嘉陵江即西漢水自陝西寧羌州流入至巴縣合大江亦曰閬水又曰巴水其下流曰渝水有南津關在城南臨嘉陵江又有渝水關在城北玉臺山下又東南有和溪關　蒼溪府西北洪武十年五月省入閬中縣十三年十一月復置大獲山在東宋江環其下東南有雲臺山西南有嘉陵江宋江自西流入焉北有八字堡巡檢司　南部府南少東洪武十年五月省入閬中縣十三年十一月復置南有南山一名跨鰲山東南有離堆山東北有嘉陵江　廣元府北少西元廣元路治綿谷縣洪武四年改爲府九年四月降爲州來屬以綿谷縣省入十三年十一月復置綿谷縣二十二年六月降州爲縣復省綿谷縣入焉北有潭毒山上有潭毒關下臨大江又有朝天嶺上有朝天關又有七盤嶺上有七盤關爲陝西四川分界處又東北有大漫天嶺其北有小漫天嶺西有嘉陵江北有渡口在大小二漫間東有百丈關北有望雲關有龍門閣北達陝西寧羌州　昭化府西北元屬廣元路洪武十年五月省入廣元州十三年十一月復置屬府西南有長寧山有白衞嶺又西有九曲山東有嘉陵江其津口曰桔柏津渡口關在焉北有白水自陝西文縣流入亦曰葭萌水合於嘉陵江又北有馬鳴閣又有石櫃閣

劍州元屬廣元路洪武六年以州治普安縣省入來屬九年省十三年十一月復置北有大劍山亦曰梁山西北接小劍山飛閣通衢謂之劍閣有大小劍門關在其上又有漢陽山東有嘉陵江西南有涪江北有大劍溪小劍溪又有泥溪東南距府三百二十里領縣一　梓潼州西南西有梓潼水亦曰潼江水下流入於涪江又北有揚帆水流合潼江水又東有小潼水下流入嘉陵江

巴州元屬廣元路洪武九年四月以州治化城縣省入又改州爲縣來屬正德九年復爲州東北有小巴山與漢中大巴山接巴江水出焉經州東南分爲三下流至合州入嘉陵江南有清水江流合巴江東有曾口縣元屬州後廢又北有米倉關巡檢司本治小巴山之巔萬曆後徙大巴山下後廢東北距府三百五十里領縣二　通江州東少北元至正四年置屬府正德九年改屬州舊治在趙口坪洪武中徙於今治東有得漢山南有巴江又有宕水在縣西壁山下亦曰諾水流入巴江東北有濛嶺北有羊圈山二巡檢司又東北有桐柏關相對犒林關　南江州北正德十一年置北有兩角山南有難江源出南鄭縣米倉山下流入巴江西北有大壩巡檢司

順慶府元順慶路洪武中爲府領州二縣八西南距布政司

六百里　南充 倚北有北津渡縣舊治也洪武中徙今治南有清居山西有大小方山東有嘉陵江西有曲水又有流溪水東有清水溪又有大斗溪俱流注於嘉陵江又西有昆井產鹽府境州縣多鹽井北有北津渡巡檢司　西充 府西北洪武十年五月省入南充縣十三年十一月復置南有岷山上有九井十三峯西有西溪即流溪也

蓬州 元屬順慶路 洪武中以州治相如縣省入 東南有雲山西有嘉陵江東北有巴江 西南距府百四十里領縣二　營山 州東少北洪武十年五月省入蓬州十三年十一月復置東北有大小蓬山東有巴江　儀隴 州北少東洪武十年五月省入蓬州十三年十一月復置西有伏虞山北有金城山一名金粟山東有巴江北有龍水流入嘉陵江

廣安州 元廣安府屬順慶路 洪武四年降爲州來屬十年五月以州治渠江縣省入 東北有蓥江即巴江合渠江之下流也江中有三十六灘亦名涸水又北有濃水南流合於環水至州南合涸水并注合州之嘉陵江 西北距府二百十里領縣四　岳池 州西北東有岳池水　渠 州東北元渠州屬順慶路至元二十六年五月省州治流江縣入焉洪武九年四月降爲縣東北有八濛山東有宕渠山有渠江下流合巴江又北有衞渠關正德中置　鄰水 州東少南成化元年七月置東南有鄰山產鐵有鄰水下流入大江縣以此名　大竹 州東少北元屬渠州洪武九年來屬西有九盤山東有東流溪下流合於渠江

夔州府 元夔州路屬四川南道宣慰司 洪武四年爲府九年四月降爲州屬重慶府十年五月直隸布政司十三年十一月復爲府領州一縣十二西距布政司千九百里　奉節 倚洪武九年四月省十三年十一月復置東北有赤甲山東有白帝山又有白鹽山南濱江東出爲瞿唐峽峽口曰灩澦堆又西有南鄉峽虎鬚灘東有龍脊灘皆江流至險處又東有大瀼水東瀼水俱流入江南有尖山又有金子山二巡檢司又東有瞿唐關東南有江關南有八陣磧磧旁有鹽泉　巫山 府東東有巫山亦曰巫峽大江經其中東入湖廣巴東縣界東有大寧河又有萬流溪皆流入大江　大昌 府東洪武十三年十一月置西有千頃池又有當陽鎮巡檢司　大寧 府東北元大寧州洪武九年降爲縣北有寶源山有石穴鹽泉出焉又有馬連溪亦曰昌溪東北有袁溪巡檢司北有青崖關　雲陽 府西元雲陽州洪武六年十二月降爲縣南濱江東有湯溪源自湖廣竹山流經此至奉節湯口入江西有檀溪上承巴渠水入於湯水北有鹽井又西北有五溪北有鐵檠二巡檢司　萬 府西少南元萬州洪武六年十二月降爲縣南濱江西有苧溪東有彭溪又西有武寧縣洪武四年省有武寧巡檢司又西南有銅羅關巡檢司又西北有西柳關　開 府西少北元開州洪武六年八月降爲縣南有開江彭溪之上流有清江自縣東流合焉亦曰疊江又南有墊江一名濁水亦合流於開江　梁山 府西元梁山州治梁山縣洪武六年十二月省州存縣十年五月改屬忠州後來屬北有高梁山又有高都山西南有桂溪南有蟠龍溪下流俱入於江　新寧 元屬達州洪武三年改屬重慶府十年五月省入梁山縣十三年十一月復置來屬東有蓼山關江出焉又東有豆山關　建始 府東南元屬施州洪武中來屬西有石乳山產麩金上有石乳關與湖廣施州衞界南有清江自施州衞流入又東入湖廣巴東縣界

達州 元治通川縣 洪武九年四月降爲縣省通川縣入焉正德九年復升爲州 西有石城山東有渠江通川江之下流西南入渠縣界合於巴江中有南昌灘有土副巡檢司又西有鐵山關東北有深溪關 東南距府八百里領縣二　東鄉 州東少北成化元年七月置通川江在城東　太平 州東北正德十年析東鄉縣地置東北有萬頃池渠江通川江出焉下流爲渠江北有北江又北入陝西紫陽縣界名任河入於漢江東北有明通巡檢司

重慶府 元重慶路屬四川南道宣慰司 洪武中爲府領州三縣十七西北距布政司五百五十里　巴 倚東有塗山大江經城南又東經明月峽至城東與涪江合西北有魚鹿峽涪江所經東南有丹溪東北有交龍溪俱流入大江東有大紅江巡檢司西有佛圖關西南有二郎關東有銅鑼關又南有南坪關　江津 府西南北濱大江東南有樊溪口樊溪入江處有清平巡檢司　璧山 成化十九年三月析巴縣地置大江在南涪江在北又北有璧山巡檢司　永川 府西少南洪武六年十二月置　榮昌 府西少南洪武六年十二月置西有賴江即中水西北有昌寧縣明玉珍置洪武七年省　大足 明玉珍置屬合州洪武四年改屬府東有米糧關北有化龍關　安居 成化十七年九月析銅梁遂寧二縣地置東有安居溪一名瓊江下流入涪江　綦江 府南少東元綦江長官司屬播州明玉珍改爲縣洪武中來屬南有綦江即僰溪之上流一名東溪有東溪巡檢司後徙縣南之趕水鎮又南有三溪渡有綦市關　南川 府東南洪武十年五月省入綦江縣十三年十一月復置南有南江北流爲綦江中有龍狀灘在縣北又東有四十八渡水流入南江又南有馬頓關雀子崗關北有冷水關　長壽 府東少北洪武六年九月置屬涪州尋改屬府北濱大江南有樂溫山下有樂溫灘大江所經又東有桃花溪　黔江 府東元屬紹慶府洪武五年十二月省入彭水縣十一年九月置黔江守禦千戶所十四年九月復置縣來屬南有黔江源出貴州思州府界正流自涪江合大江支流經此下流爲湖廣施州衞之清江又東有石馬關又有石牙關西有白巖關東南有老鷹關與湖廣施州界

合州 府北元治石照縣明玉珍省縣入焉東有釣魚山嘉陵江經其北涪江經其南又東北有嘉渠口嘉陵江與渠江合流處經城東南涪江自西流合焉亦曰三江口并流而南入於大江 南距府百五十里領縣二　銅梁 州南北有涪江　定遠 州北有舊城今城本廟兒壩嘉靖三十年徙此東有武勝山西南有涪江東有嘉陵江

忠州 府東元治臨江縣 洪武中以縣省入 南濱大江中有倒鬚灘西北有鳴玉溪流入江西有臨江巡檢司 西距府八百里領縣二　酆都 州西南元曰豐都洪武十年五月省入涪州十三年十一月復置曰酆都南濱大江有葫蘆溪自西南流入焉東南有南賓縣洪武中省又有沙子關巡檢司　墊江 州西少北明玉珍置屬州南有高灘溪西南入長壽界爲桃花溪

涪州 大江自長壽縣流入東逕黃草峽又東逕鐵櫃山又東逕州城北遶城而東又南有涪陵江流合焉江口有銅柱灘又東南有清溪關西南有白雲關又西有陽關 西距府四百三十里領縣二　武隆 州南元曰武龍洪武十年五月省入彭水縣十三年十一月復置曰武隆西南有涪陵江亦曰黔江亦曰巴江　彭水 州南元紹慶府治此屬四川南道宣慰司洪武四年府廢改屬重慶府洪武十年五月來屬東有伏牛山山左右有鹽井城西有涪陵江又東南有木德江源自貴州思南流入涪陵江東南有天池關東北有亭子關

遵義軍民府 元播州宣慰司屬湖廣行省 洪武五年正月改屬四川十五年二月改屬貴州都司二十七年四月改屬四川布政司萬曆二十九年四月改置遵義軍民府領州一縣四西北距布政司千七百里　遵義 倚元播州總管洪武五年正月改爲播州長官司萬曆二十九年四月改縣與府同徙治白田壩在故司城之西北有龍岩山其東爲定軍山又有大樓山上有太平關亦曰樓山關又東有烏江源自貴州水西即涪陵江上源中有九接灘其南有烏江關又東南有仁江東有湘江洪江皆流合於烏江又西南有落閩水東有樂安水亦俱流入焉又東南有河度關西南有老君關又東有三度關西有落濛關西北有崖門關黑木關北有海龍囤有白石口隘　桐梓 府東萬曆二十九年四月以舊夜郎縣望草地置北有僰溪源出山箐綦江之上流

眞安州 元珍州思寧長官司明玉珍改眞州 洪武十七年置眞州長官司萬曆二十九年四月改置 南有芙蓉江自烏江分流東北入於黔江又有三江東南流合於虎溪亦注於黔江 西南距府二百里領縣二　綏陽 府東北萬曆二十九年四月以舊綏陽縣地置東有木德江亦曰涪江亦曰小烏江流入彭水縣界　仁懷 州西萬曆二十九年四月以舊懷陽縣地置東南有芙蓉江西南有仁水其下流俱注於烏江

敍州府 元敍州路屬敍南等處蠻夷宣撫司至元二十三年正月降爲縣 洪武六年六月置府領州一縣九北距布政司千二百里　宜賓 倚弘治四年八月建申王府未之國除西有朱提山舊產銀西南有石城山又西北有朝陽崖大江經其下又東經城東南馬湖江來合焉又西南有石門江俗呼橫江北入馬湖江又東南有黑水一名南廣溪北入江又西北有宣化縣洪武中省有宣化巡檢司又西南有橫江鎮巡檢司又南有摸索關　南溪 府東東濱大江中有石筍灘在縣西又有銅鼓灘在縣東又南有青衣水流入大江　慶符 府南洪武十年五月省入宜賓縣十三年十一月復置南有石門山石門江經其下又西北有馬鳴溪流入馬湖江　富順 府東北元富順州洪武中降爲縣西南有虎頭山東有金川亦曰中水即雒江也又西有榮溪東有鼇溪俱流合焉又西有鹽井東有趙化鎮巡檢司　長寧 府東南元長寧軍屬馬湖路泰定二年十月改爲州洪武五年降爲縣治東西有二溪曰玲木溪三溪合流入大江曰三江口又東出虞公峽曰清溪亦曰武寧溪其下流入於大江又治北有清井產鹽東有梅硐堡巡檢司　興文 府東南元戎州屬馬湖路洪武四年降爲縣來屬萬曆二年二月改曰興文南有壽山又有思早江又東有木車河俱流入清溪西有武寧城萬曆二年二月築置建武守禦千戶所於此所南有九絲城所東南有李子關縣東北有板橋巡檢司後遷兩河口仍故名　隆昌 府東北本富順隆橋馬驛隆慶元年置縣析榮昌富順二縣及瀘州地屬之西南有雒江

高州 元屬敍南宣撫司 洪武五年降爲縣屬府正德十三年四月復爲州 舊治懷遠寨正德十三年遷治中壩東有復寧溪即黑水之上流南有江口巡檢司 北距府百五十里領縣二　筠連 州西元筠連州治騰川縣屬永寧路尋廢縣存州洪武四年降州爲縣屬敍州府六年十二月改屬綿州尋仍屬敍州府十年五月省入高縣十三年十一月復置仍屬敍州府正德十三年四月來屬西有定川溪下流與清溪合東南有三岔巡檢司　珙 州東元下羅計長官司屬敍南宣撫司明玉珍改爲珙州洪武四年降爲縣十年五月省入高縣十三年十一月復置屬府正德十三年四月來屬西南有珙溪下流入清溪南有鹽水壩巡檢司後遷歇馬堡仍故名

龍安府 元龍州屬廣元路明玉珍置龍州宣慰司 洪武六年十二月復置龍州十四年正月改松潘等處安撫司二十年正月仍改爲龍州二十二年九月改龍州軍民千戶所二十八年十月升龍州軍民指揮使司後復曰龍州宣德七年改龍州宣撫司直隸布政司嘉靖四十五年十二月改曰龍安府領縣三南距布政司四百八十里　平武 倚本名寧武萬曆十八年四月置後更名州舊治在江油縣界之雍村洪武六年徙於青州所二十二年又徙於盤龍壩箭樓山之麓即今治也東南有馬盤山又有石門山東有涪江有青川溪下流合白水入嘉陵江西北有湖空關又有黃陽關東有鐵蛇關西有大魚關羊昌關和平關俱永樂中置又東有棧閣道出陝西文縣又西有永濟橋鐵索爲之達松潘衞又東有青川守禦千戶所洪武四年十月以舊青川縣置屬四川都司嘉靖四十五年十二月來屬所東有白水江東北有明月關巡檢司南有杲陽關北有北雄關接陝西文縣界又有控夷關萬曆中置　江油 府東南元省明玉珍復置洪武十年五月省入梓潼縣十三年十一月復置屬綿州嘉靖四十五年十二月來屬西有大匡山與彰明縣界東北有竇圌山北有涪水上有涪水關　石泉 府西南元屬安州洪武中州廢改屬成都府嘉靖四十五年十二月來屬北有三面山龍安水出焉又東有湔水東至江陽入江有馬坪口巡檢司北有松嶺關西有石板關東有奠邊關東北有大方關西北有上雄關

馬湖府 元馬湖路屬敍南宣撫司 洪武四年十二月爲府領縣一長官司四東北距布政司千一百里　屏山 倚本泥溪長官司洪武四年十二月置萬曆十七年三月改縣西有雷番山南有馬湖江其上源自黎州西徼外流入界至此合金沙江有經府城東入宜賓縣界中有結髮灘鐵鎖灘雞肝石灘俱在府西又有馬湖湖在山頂亦曰龍湖東有梅泥溪巡檢司又東有龍關西有鳳關又北有新鄉縣鎮萬曆十七年三月建城置戍焉　平夷長官司 府西洪武四年十二月置舊治在司東萬曆中移於今治南有馬湖江又南有大汶溪東有小汶溪俱流合焉　蠻夷長官司 府西少南洪武四年十二月置南濱馬湖江西有什葛溪東有大鹿溪俱流合焉南有戎寧巡檢司　沐川長官司 府西少北元置洪武四年十二月改爲州尋復北有沐川下流入大江東有芭蕉溪下流入馬湖江　雷坡長官司 府西南洪武四年十二月置二十六年省

鎮雄府 元芒部路屬雲南行省 洪武十五年正月爲府十六年正月改屬四川布政司十七年五月升爲軍民府嘉靖五年四月改府名萬曆三十七年五月罷稱軍民府 北有樂安山與敍州府界又西有白水亦曰入匡河源出烏撒界流經此境內諸川俱流入焉下流至敍州府入大江又南有苴斗河下流入烏撒之七星關河又北有鹹泉二俱產鹽有益良州強州元俱屬芒部路洪武十七年後廢又有阿頭易溪易娘三蠻部元屬烏撒路洪武十五年三月屬芒部府十七年又改阿頭部爲阿都府屬四川布政司後俱廢南有阿赫關與烏撒界 領長官司五北距布政司千五百八十里　白水江簌酬長官司 正德十六年十一月置　懷德長官司 府西本却佐寨　威信長官司 府南本母響寨　歸化長官司 府西南本夷良寨　安靜長官司 府西北本落角寨四司俱嘉靖五年四月改置

烏蒙軍民府 元烏蒙路後至元元年九月屬四川行省 洪武十五年正月爲府屬雲南布政司十六年正月改屬四川布政司十七年五月升爲軍民府 西有京山北有堆山與敍州府界西南有金沙江下流合於馬湖江南有索橋金沙江渡處北有羅佐關有歸化州洪武十五年三月置屬府尋廢 東北距布政司千三百里

烏撒軍民府 元烏撒路後至元元年九月屬四川行省 洪武十五年正月爲府屬雲南布政司十六年正月改屬四川布政司十七年五月升爲軍民府 西有盤江出府西亂山中經府南爲可渡河入貴州畢節衞界有可渡河巡檢司又西有趙班巡檢司又有阿赫關鄔撒二巡檢司東南有七星關東有老雅關又有善欲關皆與貴州畢節衞界又南有倘唐驛路出雲南霑益州 東北距布政司千八百五十里

東川軍民府 元東川路屬雲南行省 洪武十五年正月爲府十七年五月升爲軍民府改屬四川布政司二十一年六月廢二十六年五月復置 西南有馬鞍山府舊治在焉尋移治萬額山之南又西南有絳雲弄山接雲南祿勸州界下臨金沙江又東南有牛欄江自雲南尋甸府流入至府北合金沙江有藤索橋在東北牛欄江上 東北距布政司千四百里

潼川州 元潼川府直隸四川行省 洪武九年四月降爲州以州治郪縣省入直隸布政司 北有涪江南有中江流合焉又西南有郪江有鹽井 西南距布政司三百里領縣七　射洪 州南洪武十年五月省入鹽亭縣十三年十一月復置東有涪江又東南有射江亦曰瀰江亦曰梓潼水自鹽亭縣流入經縣東南之獨坐山合於涪江又東南有沈水亦入涪江有鹽井　中江 州西洪武十年五月省入州十三年十一月復置西南有可蒙山銅官山南有賴應山私鎔山俱產銅東南有中江南有郪江有鹽井　鹽亭 州東少北北有紫金山南有梓潼水東有鹽亭水自劍州南境流入亦謂之瀰江城東有鹽井　遂寧 州東南元遂寧州明玉珍省州治小溪縣入焉洪武九年四月降州爲縣東有銅盤山又有涪江北有郪江流入焉謂之郪口西有倒流溪有鹽井　蓬溪 州東南元屬遂寧州洪武十年五月省入遂寧縣十三年十一月復置徙治故城之西南西有明月山下爲明月池又有伏龍山下有火井北有蓬溪下流合於涪江有鹽井　安岳 州南洪武四年於縣置普

州九年州廢。西有岳陽溪，下流合於涪江。有鹽井。樂至州南少西。成化元年七月置，屬州。正德九年改屬簡州。嘉靖元年四月還屬。有鹽井。

眉州元屬嘉定府路。洪武九年四月降為縣，仍屬嘉定州。十三年十一月復為州，直隸布政司。東有蟇頤山，西面臨江，下為蟇頤津。南有峨嵋山。東有玻璃江，即大江也。南有思濛江，西南有金流江，一名雅江，下流俱入大江。東南有魚耶鎮巡檢司。北距布政司百八十里。領縣三。

彭山州北。洪武十年五月省入眉縣，十三年十一月復置。東有彭亡山，亦曰平無山，俗呼為平模山。北有天社山，南有打鼻山，東北濱大江。內江自雙流縣流入焉，即牧馬川也，合流而南，亦曰武陽江。州江中有鼓樓灘，又有赤水，亦自東北流入大江。丹稜州西。洪武六年十二月置，屬嘉定府。十年五月省入眉縣，十三年十一月復置。東南有青衣水，源出盧山縣，流經此，下流至嘉定州入大江。青神州南。洪武十年五月省入嘉定州，十三年十一月復還屬。西有熊耳山，青衣水經其下，又東有大江。東南有松柏灘，東有犂頭灣巡檢司。

邛州元屬嘉定府路。洪武九年四月降為縣，屬嘉定州。成化十九年二月復為州，直隸布政司。西有古城山，產鐵，又東南有銅官山，產銅。西有相臺山，下有火井，又有鹽井。南有邛水，自雅州流入，至新津縣入大江。南有夾門關巡檢司，西有火井漕巡檢司，後移於州南二十五里。東北距布政司三百里。領縣二。

大邑州北少東。洪武十年五月省入邛縣，十三年十一月復置，屬嘉定州。成化十九年二月還屬。西北有鶴鳴山，與崇慶州界。東有牙江，下流入邛水。蒲江州東南。元省入州。洪武六年十二月復置，屬嘉定府。成化十九年二月還屬。南有蒲水，源出名山縣，流經此，東入邛州界。西有雙路巡檢司。

嘉定州元嘉定府路。洪武四年為府，九年四月降為州，以州治龍遊縣省入，直隸布政司。東有三峨山，又有九頂山，大江在城東，亦曰通江。又西有陽江，即大渡河，自峨嵋縣流入，經城東烏尤山下，合於大江。又西南有青衣水，至城西與陽江合。東南有金石井巡檢司，後廢。北距布政司二百六十里。領縣六。

峨眉州西南。有峨眉山，有大峨、中峨、小峨。羅目江出焉。陽江在縣南，自黎州所夷界流入，與羅目江合。又西南有中鎮巡檢司，後徙治大圍山。又有土地關，接蠻界。夾江州西北。有青衣水，又有洪雅川合焉。洪雅州西北。元省入夾江。成化十八年五月復置。西北有青衣水，西有洪雅川，又有竹箐山巡檢司。犍為州東南。舊治玉津鎮，今治懲非鎮，洪武中徙此。東有大江，東北有四望溪流入焉，有四望溪口巡檢司。又北有石馬關巡檢司。榮州東。本榮州，洪武六年十二月置，九年四月降為縣。東有榮川水。有墮溪關、飛水關，俱洪武間置。又有大坪隘口，成化十二年八月置。威遠州東。洪武六年十二月置，屬嘉定府。十年五月省入榮縣，十三年十一月復置。

瀘州元屬重慶路。洪武六年直隸四川行省，九年直隸布政司。舊治在州東西草壩，洪武中徙此城。西有寶山，西南有方山。大江在東，一名瀘江，又名汶江。資水自州北來合焉，亦曰中江。又有瀘州衛，洪武二十一年十月置於州城，成化四年四月徙於州西南之渡船舖。南有石棚鎮，北有李市鎮二巡檢司。又有江門、水流崖、洞掩等關堡，俱成化四年四月置。又南有龍透關，崇禎間修築。西北距布政司千五百五十里。領縣三。

納溪州西南。北濱大江。西有納溪，自蕃部西南流合焉，有納溪口巡檢司。南有倒馬關、石虎關，俱通雲南交阯路。江安州西少南。北濱大江，有綿水南流入之，謂之綿水口。又南有清溪，又有涇灘，俱流合於綿水。有板橋巡檢司。合江州東少北。舊治在神臂山，洪武初徙安樂山之麓，即今治也。又南有榕山，俗名容子山，北濱大江。西有之溪，北溪入焉，因謂之合江。又南有安樂溪，西北流入江。

雅州元屬陝西行省吐蕃宣慰司。洪武四年以州治嚴道縣省入，直隸布政司。東有蔡山，一名周公山，其下有經水，一名周公水，又東南有榮水，一名長濱河，又有小溪，一名百丈河，至州界俱合流於青衣江。北有金雞關，東北有金沙關。東北距布政司四百五十里。領縣三。

名山州東北。洪武十年省入州，十三年十一月復置。東北有百丈山。榮經州西南。明玉珍省入嚴道縣。洪武中復置。旁有百丈縣，元屬州，洪武中省。西有蒙山，南有青衣江。東北有銅山，東有邛崍山，與黎州所界，上有九折坂。西有大關山，邛崍關在焉。北有長濱河，南有周公水，並流入州界。西北有紫眼關，地接西番。又有碉門，亦曰和川鎮，元置碉門安撫司，洪武五年設碉門百戶所於此。其地與天全界。蘆山州西北。元曰盧山，後省。洪武六年十二月復置，改為蘆山。東有盧山，青衣水出焉。南有三江渡，其水經多功峽下流入平羌江。西北有臨關，舊曰靈關，正統初更名，有臨關巡檢司。又南有飛仙關。

永寧宣撫司元永寧路。洪武七年為永寧長官司，八年正月升宣撫司。天啟三年廢，地屬敘州府。故城在西，洪武十五年遷於今治。東南有獅子山，西北有青山，南有永寧河，東北流經瀘州境入於大江。又東南有赤水河，東有魚浮關，洪武四年置。領長官司二。距布政司千八百里。

九姓長官司司城西南。元九姓羅氏黨蠻夷長官千戶。洪武六年十二月改置。天啟六年改屬瀘州。南有通江溪，東北會於納溪之江門峽。西南有金鵝池。太平長官司元大壩軍民府。洪武中廢。成化四年四月改置。

天全六番招討司元六番招討司。洪武六年十二月改置，直隸四川布政司，二十一年二月改隸都司。東有多功山，南有和水，一名始陽河，亦名多功河，流入雅州青衣江。又西番境內有可跋海，其下流合雲南樣備水，流入交阯。又禁門關、紫石關亦俱在司西。又東有善所、張所、泥山、天全、思經、樂壩、始陽、樂屋、在城、靈關凡十百戶所。東距布政司五百五十里。

松潘衛元松州，屬雲南行省。洪武初因之，十二年四月兼置松州衛，十三年八月罷衛，未幾復置衛。二十年正月罷州，改衛為松潘等處軍民指揮使司，屬四川都司。嘉靖四十二年罷軍民司，止為衛。東有雪欄山，上有關。南有紅花山，西北有甘松嶺，又北有大小分水嶺。西有岷江，自陝西洮州衛流經此，亦曰潘州河。又東有涪江，出小分水嶺，東南流入小河所界。北有潘州衛，洪武中以故潘州置，二十年省入。又西有鎮夷關，永樂四年七月置。又西北有流沙關，又東有望山、雪欄、風洞、黑松林、三舍、小關子，關南有西寧、歸化、安化、新塘、北定、浦江六關。又有平夷關，萬曆十四年置。又南為鎮平關，又西北有漳臘堡，洪武十一年置。領千戶所一，長官司十六，安撫司五。東南距布政司七百六十里。

小河守禦千戶所宣德四年正月置。北有師家山，一名文山，山麓有文山關。南有小河，即涪水也，東流入龍安府界，有鐵索橋跨其上。

占藏先結簇長官司　蠟匝簇長官司　白馬路簇長官司　山洞簇長官司　阿昔洞簇長官司　北定簇長官司　麥匝簇長官司　者多簇長官司　牟力結簇長官司　班班簇長官司　祈命簇長官司　勒都簇長官司　包藏先結簇長官司以上十三司，俱洪武十四年正月置。阿用簇長官司宣德十年五月置。潘幹寨長官司正統五年七月置。別思寨長官司宣德十年五月置。八郎安撫司永樂十五年二月置。麻兒匝安撫司宣德二年三月以阿樂地置。阿角寨安撫司　芒兒者安撫司二司俱正統五年七月置。思曩日安撫司正統十一年七月置。

疊溪守禦軍民千戶所本疊溪右千戶所，洪武十一年以古翼州置，屬茂州衛。二十五年改置，直隸都司。南有排柵山，西有汶江，南有黑水流合焉，謂之翼水。又南有中橋、徹底三關，北有永鎮橋關、鎮平關，西有疊溪橋關。東有小關，俱洪武十一年置。領長官司二。東南距布政司五百八十里。

疊溪長官司所城北。鬱即長官司所城西。俱永樂元年正月置。

黎州守禦軍民千戶所本黎州長官司。洪武九年七月置。十一年六月升安撫司，直隸布政司。萬曆二十四年降為千戶所，直隸都司。東北有聖鐘山，下有黎州，元屬陝西行省吐番宣慰司。洪武五年省州治漢源縣入州。永樂後廢。西北有飛越山，兩面皆接生羌界。西南有大田山，東麓為大田壩，萬曆二十四年立黎州土千戶所於此。又東有冲天山，南有避瘴山，西北又有筍筤山。南有大渡河，即古若水。洪武十五年六月置大渡河守禦千戶所，後徙司城西北隅。又西南有漢水，源出飛越山之仙人洞，亦曰流沙河，下流至試劍山入大渡河。河南即清溪關，與建昌行都司界。西有黑崖關，洪武十六年置。又有椒子關路，通長河西等處。東北距布政司六百九十里。

平茶洞長官司元溶江芝子平茶等處長官司。洪武八年正月置，屬酉陽宣撫司。十七年直隸布政司。西有百歲山，宥溪出於其東，滿溪出於其西，合流入貫賽河。北距布政司千六百七十里。

溶溪芝蔴子坪長官司元溶江芝子平茶等處長官司。洪武八年改置，屬湖廣思南宣慰司。十七年五月直隸四川布政司。

安寧宣撫司成化十三年二月置。領長官司二。

懷遠長官司　宣化長官司俱成化十三年二月與宣撫司同置。

酉陽宣慰司元酉陽州，屬懷德府。明玉珍改沿邊溪洞軍民宣慰司。洪武五年四月仍置酉陽州，兼置酉陽宣慰司。州尋廢。八年正月改宣慰司為宣撫司，屬四川都司。永樂十六年改屬重慶衛。天啟元年升為宣慰司。東南有酉水，流合平茶水，至湖廣辰州府合流於江。有寧儍江巡檢司。西北距重慶府四百九十里。領長官司三。

石耶洞長官司元石耶軍民府。洪武八年正月改為長官司。邑梅洞長官司元佛鄉洞長官司。明玉珍改邑梅沿邊溪洞軍民府。洪武八年正月改置。北有凱歌河，一名買賽河，自貴州平頭著可司流入，東入酉陽司界。麻兔洞長官司洪武八年正月置。

石柱宣慰司元石砫軍民宣撫司。明玉珍改安撫司。洪武八年正月為宣撫司，屬重慶衛。嘉靖四十二年改屬夔州衛。天啟元年升為宣慰司。東有石砫山，又有三江溪，即葫蘆溪之上流也。西南距夔州府七百五十里。

四川行都指揮使司元羅羅蒙慶等處宣慰司，治建昌路，屬雲南行省。洪武十五年罷宣慰司。二十七年九月置四川行都指揮使司，治建昌衛。領衛五，所八，長官司四。東北距布政司千四百八十里。

建昌衛軍民指揮使司元建昌路，屬羅羅蒙慶宣慰司。洪武十五年正月為府，屬雲南布政司，兼置衛，屬雲南都司。十月衛府俱改屬四川。二十五年六月府廢，升衛為軍民指揮使司。二十七年九月來屬。領守禦千戶所四，長官司三。南有瀘水，流入金沙江。又北有長河，南有懷遠河，西南有寧遠河，下流俱合於瀘水。又東有建安州、永寧州，又東有里州，東南有闊州，西南有隆州，元俱屬建昌路。洪武十五年三月俱屬建昌府。東有北社縣，元屬永寧州，洪武十五年三月因之，尋改為碧舍縣。又西有德州，元屬德昌路，洪武十五年三月屬德昌府。二十七年後府州縣俱廢。又有建昌前衛指揮使司，洪武二十七年六月置，與建昌軍民衛同城，九月屬四川行都司，萬曆三年省。又東有建昌主衛，洪武十五年置，萬曆後廢。北有瀘沽巡檢司，即故瀘沽縣也。又南有麻剌巡檢司，又西南有打冲河，東南有白水，東有龍溪三巡檢司，後廢。又東北有老君關，有太平關，東南有甸沙關，又有金川堡。

守禦禮州後千戶所　守禦禮州中中千戶所衛北。元禮州，屬建昌路。洪武十五年三月屬建昌府，兼置二守禦所，屬衛。二十七年後州廢。北有瀘沽縣，元屬禮州，洪武十五年三月因之，亦二十七年後廢。守禦打冲河中前千戶所衛西。洪武二十七年二月置。西有打冲河，蠻名黑惠江，一名納夷江，源出吐蕃，下流入金沙江。東北有木紮關，南有天星紮。守禦德昌千戶所衛南。洪武十五年置。南有德昌路，元屬羅羅蒙慶宣慰司，洪武十五年三月為府，屬雲南布政司，十月改屬四川布政司，二十七年後廢。

昌州長官司衛南。元屬德昌路。洪武十五年三月屬德昌府。永樂二年七月改置。威龍長官司衛東南。元威龍州，屬德昌路。洪武十五年三月以龍為隆，屬德昌府。永樂二年七月改置。普濟長官司衛西南。元普濟州，屬德昌路。洪武十五年三月屬德昌府。永樂二年七月改置。

寧番衛軍民指揮使司元蘇州，屬建昌路。洪武十五年三月屬建昌府。二十一年十月兼置蘇州衛，屬四川都司。二十五年六月州廢，升衛為軍民指揮使司。二十六年三月更名，屬四川都司。二十七年九月來屬。南有南山，產銅。東有長河，亦名白沙江，南流會於瀘水。又有中縣，元屬建昌路，洪武十五年三月改屬永寧州，十七年改屬蘇州，後廢。又有沙陀關、羅羅關、九盤關，南有烏角關，北有北山關，又西有定番堡，萬曆十五年置。南距行都司百九十里。領千戶所一。

守禦冕山橋後千戶所衛東。正統七年以冕山堡置。東有東河，與瀘沽河合，下流入金沙江。北有冕山關。

越嶲衛軍民指揮使司洪武二十五年七月置，屬四川都司。二十七年九月來屬。西有阿露山，亦曰大雪山。北有大渡河，與黎州界。又有魚洞河，南有羅羅河，合流入大渡河。又北有青岡關，有海棠關，有曬經關，南有小相公嶺關，西北有剌伯關。南距行都司百九十里。領千戶所一，長官司一。

鎮西後千戶所衛北。弘治中置。邛部長官司衛東。元邛部州，屬建昌路。洪武十五年三月屬建昌府，二十七年四月升軍民府，後仍為州，屬越嶲衛。永樂元年五月改為長官司。東有平夷、歸化二堡，萬曆十五年開部夷地增置。

鹽井衛軍民指揮使司元柏興府，治閏鹽縣，屬羅羅蒙慶宣慰司。洪武十五年三月屬雲南布政司。二十四年二月降為州，省閏鹽縣入焉。二十六年六月州廢，置衛，屬四川都司。二十七年九月來屬。南有柏林山，西有斛樊和山，產金。又西有鐵石山，出磐石。東北有打冲河，上有索橋。西有雙橋河，東有越溪河，俱流入打冲河。又治東有鹽井。北有金縣，元屬柏興府，洪武十五年三月因之，十七年後廢。又東有雙橋關，西有古德關。東南距行都司三百里。領千戶所一，長官司一。

打冲河守禦中左千戶所衛東北。洪武二十五年置。馬剌長官司衛南。永樂初置。

會川衛軍民指揮使司本會川守禦千戶所。洪武十五年置，屬建昌衛。二十五年六月升軍民千戶所，十一月升會川衛軍民指揮使司，屬四川都司。二十七年九月來屬。東南有土田山，產石碌，有葛砧山，產石青。東有密勒山，產銀礦。西南有金沙江，自雲南武定府流入界。又西有瀘水，南入焉。南有瀘沽河，亦流入焉。又南有搭甲渡巡檢司。東南有瀘津關，南有迷郎關，又有松坪關西有永昌關有大龍關北有旬沙關接建昌衛界有會川路元屬羅羅蒙慶宣慰司洪武十五年三月爲府屬雲南布政司十月屬四川布政司二十六年四月府廢墮其城二十七年四月復置府後復廢又西有永昌州南有武安州又有黎溪州元俱屬會川路洪武十五年三月俱屬會川府十月俱改爲縣二十四年二月復俱爲州東南有姜州元屬建昌路又有會理州元屬會川路洪武十五年三月俱改屬東川府北有麻龍州元屬會川路洪武十五年三月改屬東川府又有麻龍縣洪武十七年改屬麻龍州二十七年後府州縣俱廢 西北距行都司五百里領千戶所一

守禦述易千戶所衛西北洪武二十五年閏十二月置

江西禹貢揚州之域元置江西等處行中書省治龍興路太祖壬寅年正月因之正月治吉安府二月還治洪都洪武三年十二月置江西都衛與行中書省同治八年十月改都衛爲都指揮使司九年六月改行中書省爲承宣布政使司領府十三州一縣七十七爲里九千九百五十六有奇北至九江與江南湖廣界東至玉山與浙江界南至安遠與福建廣東界西至永寧與湖廣界距南京一千五百二十里京師四千一百七十五里洪武二十六年編戶一百五十五萬三千九百二十三口八百九十八萬二千四百八十二弘治四年戶一百三十六萬三千六百二十九口六百五十四萬九千八百萬曆六年戶一百三十四萬一千五口五百八十五萬九千二十六

南昌府元龍興路屬江西行省太祖壬寅年正月爲洪都府癸卯年八月改南昌府領州一縣七

南昌倚洪武十一年建豫王府二十五年改爲代王遷山西大同永樂初寧王府自大寧衛遷此正德十四年除故城在東今城明太祖壬寅年改築東湖在城東南隅西有贛江自豐城縣流入東北入鄱陽湖出湖口縣入大江亦曰章江又東南有武陽水上源自南豐縣盱江北流經此又東北入宮亭湖南有市汊巡檢司

新建倚西有西山跨南昌新建奉新建昌四縣之境北有吳城山臨贛江東有鄱陽湖即彭蠡也俗謂之東鄱湖其西與宮亭湖相接謂之西鄱湖西南有筠水一名蜀江自高安縣流入合於章江東北有趙家圍西有烏山北有吳城西北有昌邑四巡檢司

豐城府南少西元富州洪武九年十二月改爲豐城縣南有羅山富水所出又有柸山豐水所出西南有章江豐水自南富水自東南俱流入焉又東有雲韶水自撫州流入亦入於章江南有沛源西南有江滸口二巡檢司又有河湖巡檢司廢又北有港口巡檢司治大江口後遷縣東北小江口廢

進賢府東南西南有金山產金北有三陽水又有軍山湖又北有日月湖下流俱入於鄱陽湖東有潤陂東北有鄔子寨北有龍山東南有花園四巡檢司

奉新府西西有百丈山馮水所出下流入於章江又西有華林山華林水出焉又西北有藥王山龍溪水出焉二水合流注於馮水西有羅坊巡檢司又有白沙巡檢司廢

靖安府西北有毛竹山接寧州界雙溪水出焉下流入於馮水西北有桃源山桃源水所出流與雙溪水合又西北有長溪源出名山下流入於修水

武寧府西北西有太平山西北有九宮山南有修水

寧州府西元分寧縣爲寧州治洪武初改縣爲寧縣省州入焉弘治十六年升縣爲州西有幕阜山修水發源於此下流入鄱陽湖又東有鶴源水源發九宮山下流合修水西有杉市巡檢司後遷於崇鄉北村南有定江又有八疊嶺二巡檢司廢東南距府三百六十里

瑞州府元瑞州路屬江西行省洪武二年爲府領縣三東北距布政司二百里

高安倚北有米山西北有華林山又北有蜀江自上高縣流入東流匯於南昌之象牙潭而入章江一名錦水此別一蜀江非出岷山之大江也又南有曲木亦東入章江南有陰岡嶺又有洪城二巡檢司廢

上高府西南南有蒙山舊產銀鉛西有天嶺又西有蜀江自萬載縣流入至縣西北麥江口合新昌縣之鹽溪水又有斜口水源出棠山至縣西亦流入焉西有離婁橋又有麻塘二巡檢司

新昌府西元新昌州洪武初降爲縣西有鹽溪水一名若耶溪南流至上高縣入於蜀江又北有藤江下流與鹽溪水合西有黃岡洞北有大姑嶺二巡檢司

九江府元江州路屬江西行省太祖辛丑年爲九江府領縣五南距布政司三百里

德化倚南有廬山亦曰匡廬東南有鄱陽湖湖中有大孤山縣北濱大江亦曰潯陽江北岸爲湖廣黃梅縣南岸經湖口彭澤二縣而入南直東流縣境江中有桑落洲與南直宿松縣界又西有湓浦自瑞昌縣流入經城西出於大江所謂湓口也又東南有女兒浦源出廬山東北入鄱陽湖西有城子鎮巡檢司又東有南湖觜西有龍開河二巡檢司後廢

德安府西南南有博易山古文以爲敷淺原博易水出焉東南流入於鄱陽湖東北有谷簾水源出廬山下流亦入鄱陽湖

瑞昌府西西有清湓山湓水出焉北有大江北岸與湖廣廣濟縣分界

湖口府東北濱大江南有上石鐘山北有下石鐘山又南有青山在鄱陽湖中西南即鄱陽湖匯章貢鄱川之水由此入江南有湖口鎮巡檢司後遷上石鐘山西北有茭石磯鎮巡檢司後遷於黃茅潭

彭澤府東少北濱大江北有小孤山在江中江濱有彭浪磯與小孤對東北有馬當山橫枕大江有馬當鎮巡檢司西南有峯山磯鎮二巡檢司

南康府元南康路屬江西行省太祖辛丑年八月爲西寧府壬寅年四月改曰南康府領縣四南距布政司三百里

星子倚西北有廬山北有鞋山在鄱陽湖中湖東爲宮亭湖西北爲落星湖又西有谷簾水下流入鄱陽湖東有長嶺巡檢司後遷縣南渚溪鎮又遷縣東北青山鎮仍故名

都昌府東西南有石壁山臨章江東南爲鄱陽湖北有後港河合諸水入焉西北有左蠡巡檢司濱湖東南有柴棚巡檢司在湖中

建昌府西南元建昌州洪武初降爲縣西南有長山南有修水自寧州流入亦謂之西河東有蘆潭巡檢司

安義府西南正德十三年二月析建昌縣安義等五鄉置東有東陽新逕水南有龍江水俱流合於修水

饒州府元饒州路屬江浙行省太祖辛丑年八月爲鄱陽府隸江南行省尋曰饒州府來隸領縣七西南距布政司二百四十里

鄱陽倚正統元年淮王府自廣東韶州府遷此西北有鄱陽山在鄱陽湖中湖長三百里濶四十里亘南康饒州南昌九江四府之境南有鄱江源出南直婺源縣及祁門縣下流會於城東又南則廣信上饒江來合焉環城西北出復分爲二俱入鄱陽湖亦名雙港水又東有東湖一名督軍湖流入鄱江西北有棠陰巡檢司遷於雙港口北有石門鎮巡檢司又東北有大陽埠西有八字腦

餘干府南元餘干州洪武初降爲縣西北有康郎山濱鄱陽湖南涯因名其水曰康郎湖又西有族亭湖又南有餘水亦曰三餘水又南有龍窟河合於餘水下入鄱江有康山巡檢司舊在康郎山上後遷黃埠西有瑞虹鎮在鄱陽湖濱

樂平府東元樂平州洪武初降爲縣東北有鳳遊山南有樂安江即鄱江之上流也北有八澗鎮巡檢司南有仙鶴鎮巡檢司後遷萬年縣之荷溪鎮

浮梁府東元浮梁州洪武初降爲縣南有昌江南直祁門縣之水俱流匯焉鄱江之別源也西北有桃樹鎮巡檢司後遷縣東北勒上市西南有景德鎮宣德初置御器廠於此

德興府東東有銀山舊產銀北有銅山山麓有膽泉浸鐵可以成銅西南有建節水自弋陽縣流入北有大溪自南直婺源縣流入下流俱合於樂安江東有白沙巡檢司西南有永泰巡檢司廢

安仁府南少東南有錦江亦名安仁港自貴溪縣流入西北入餘干境爲龍窟河又東有白塔河流合於錦江南有白塔東有田南二巡檢司後廢

萬年府東南正德七年以餘干縣之萬春鄉置析鄱陽樂平及貴溪三縣地益之北有萬年山東有桃源洞桃源水出焉經縣西南下流爲餘水東北有荷溪鎮北有石頭街二巡檢司後俱廢

廣信府元信州路屬江浙行省太祖庚子年五月爲廣信府領縣七西北距布政司六百三十里

上饒倚西北有靈山舊產水晶南有丁溪山產鐵又南有銅山北有上饒江自玉山縣流入經城北下流至鄱陽縣合於鄱江又西有櫧溪源出靈山亦曰靈溪流入上饒江南有八坊場東北有鄭家坊二巡檢司

玉山府東東有三清山又有懷玉山玉溪出焉分二流東入浙西爲上饒江東南有柳都寨巡檢司

弋陽府西南有軍陽山舊產銀東有弋陽江即上饒江下流也又有弋溪流合焉又有葛溪源出上饒縣靈山下流入鄱江又有信義港自福建邵武流入合於

貴溪府西南有象山又有龍虎山上清宮在焉其南爲仙巖又南有薌溪亦名貴溪上流即上饒江也又有須溪自福建光澤縣流入來合焉南有管界寨巡檢司西有神前街巡檢司本神峯寨在縣北後遷潭溪更名

鉛山府南元鉛山州直隸江浙行省治在八樹嶺之南洪武初降爲縣遷於今治西南有鉛山湧泉浸鐵可以爲銅又有鉛山產鉛銅及青綠北有鵝湖山南有分水嶺與福建崇安縣界上有分水關巡檢司又有紫溪嶺紫溪水出焉北有上饒江至汭口與紫溪桐木黃蘗諸水合流入弋陽縣界謂之鉛山河口又東北有石溪亦流合上饒江西南有石佛寨巡檢司後遷善政鄉湖坊街又西有駐泊巡檢司治汭口鎮廢

永豐府東南有平洋山舊產銀礦南有永豐溪源出福建浦城縣下流至上饒縣界合玉溪又東有永平溪西會杉溪及諸溪谷之水注於永豐溪東有柘陽寨巡檢司又有杉溪寨巡檢司廢

興安府西嘉靖三十九年八月以弋陽縣之橫峯寨置析上饒貴溪二縣地益之縣南有宋溪源出靈山下流入上饒江東有丫巖寨巡檢司後廢

建昌府元建昌路屬江西行省太祖壬寅年正月爲肇慶府尋曰建昌府領縣五西北距布政司四百里

南城倚永樂二十二年建荊王府正統十年遷於湖廣蘄州成化二十三年建益王府西南有麻姑山東有盱江一名建昌江自南豐縣流入下流入金谿縣東有藍田北有伏牛二巡檢司又南有曾潭北有岳口二巡檢司廢又東南有杉關接福建光澤縣界

南豐府南少西元南豐州直隸江西行省洪武初降爲縣南有軍山又東南有百丈嶺與福建建寧縣分界又有盱水東南有龍池巡檢司本黃沙源坪在縣西南後遷縣南雙港口又遷縣東南百丈嶺又遷刋都尋又遷於此更名又南有太平北有仙君二巡檢司廢

新城府東南西有福山黎水出焉經縣西下流會於盱江又東有飛猿嶺飛猿水出焉下流至南城縣入於盱江又有五福港源出杉關流與飛猿水合東南有高巡檢司遷縣南巡口村後遷南德勝關又遷縣東洵口仍故名西南有同安巡檢司後遷縣西樟村尋復

廣昌府南西北有金峰山西南有梅嶺又南有血木嶺盱水出焉經城南流入南豐縣西南有秀嶺南有泉鎮二巡檢司

瀘溪府東南本南城縣瀘溪巡檢司萬曆六年十二月改爲縣東有瀘溪源出福建崇安縣之五鳳山流至縣又北入於安仁港

撫州府元撫州路屬江西行省太祖壬寅年正月爲臨川府尋曰撫州府領縣六北距布政司二百四十里

臨川倚南有靈谷山西有銅山舊產銅城東有汝水上源接盱江自金谿縣流入東合於章江又西有臨水源出崇仁縣流合汝水北有溫家圳南有青泥西有清遠三巡檢司又有白竿巡檢司後廢

崇仁府西南有巴山一名臨川山臨水出焉亦曰巴水又南有華蓋山西有寧水出焉下流俱合於汝水又西南有寶唐山寶唐水出其下北合縣境諸溪入於臨水東有周坊巡檢司又西北有丁坊南有河亭二巡檢司廢

金谿府東南有金窟山舊產金又有雲林山跨撫信建昌三府境又有崖山接貴溪縣界南有福水即盱水下流也自南城縣流入北合清江水又北合石門港水又北流爲苦竹水又西流爲臨川縣之汝水

宜黃府西南東有宜黃水下流入汝水南有止馬寺巡檢司又有上勝巡檢司廢

樂安府西南西北有大盤山與新淦永豐二縣界寶唐水出焉下流合於臨水東有芙蓉山鰲溪水出焉下流合於贛水北有龍義又有望仙二巡檢司又西北有南平巡檢司後廢

東鄉府東正德七年八月以臨川之孝岡置析金谿進賢餘干安仁四縣地益之西南有汝水東北有橫山西北有古塘二巡檢司後廢

吉安府元吉安路屬江西行省太祖壬寅年爲府領縣九東北距布政司五百九十里

廬陵倚北有螺山南有神岡山兩山相望贛江經其下又北經城東又北經虎口石流入峽江縣爲清江南有富田西有井岡西南有敖城三巡檢司

泰和府南少西元太和州洪武二年正月改爲泰和縣東有王山亦名匡山贛江在城南自萬安縣流入經縣西之牛吼石而東北入廬陵縣界又南有雲亭江一名繒水源出興國縣北流至珠林口注於贛江西有旱禾市東北有花石潭東南有三顧山三巡檢司

吉水府東北元吉水州洪武二年正月降爲縣東有東山北有王嶺又東北有吉文水贛水之支流北有白沙巡檢司遷縣西北三曲灘上仍故名

永豐府東東有郭山南有石空嶺又有恩江下流入於贛江東南有層山南有沙溪又有表湖三巡檢司又東北有視田巡檢司後廢

安福府西少北元安福州洪武二年正月降爲縣西盧蕭山盧水出焉經城北東流與王江合又東合禾水至廬陵縣神岡山下入於贛江南有黃茆巡檢司治黃陂寨後遷縣西時礬鎮西有羅塘巡檢司治洋溪後遷江背俱仍故名

龍泉府西南東有錢塘山西有石含山南有遂水東流入於贛江西北有北鄉巡檢司西南有禾源巡檢司後遷縣西左安司仍故名西有秀洲巡檢司本金田在縣北後遷治更名

萬安府南東有蕉源山產鐵城西有贛江之灘三百里在縣境者十八灘皇恐爲最險又南有皁口江自贛縣北注於贛江有造口巡檢司在縣西南又東北有灘頭巡檢司又東南有西平山巡檢司廢

永新府西南元永新州洪武二年正月降爲縣東南有義山西有秋山一名禾山禾水出焉至永新江下流至泰和縣入於贛江東南有上坪寨西北有栗傳寨又有禾山寨又有新安寨四巡檢司

永寧府西北有七溪嶺西有禾山水源自湖廣茶陵州界流經縣南合於永新縣之禾江西有升鄉寨巡檢司西南有礱頭寨巡檢司尋廢

臨江府元臨江路屬江西行省太祖癸卯年爲府領縣四東北距布政司二百七十里

清江倚東有閤皁山亘二百餘里南有贛江一名清江有清江鎮巡檢司又有袁江自新喻縣流入至縣南合焉西有蕭水南有淦水至縣東清江鎮亦俱合於贛江西南有太平市巡檢司廢

新淦府南元新淦州洪武初降爲縣西北有離嶺淦水出焉又西有清江又南有象江有泥江俱流入於清江東有杜山巡檢司後遷藍橋尋復

新喻府西元新喻州洪武初降爲縣西有銅山舊產銅北有蒙山南有渝水即袁江源江水北流入焉北有水北墟巡檢司

峽江府南本新淦縣之峽江巡檢司嘉靖五年四月改爲縣析新淦縣六鄉地益之南有玉笥山又有贛江亦名峽江有黃金水流合焉

袁州府元袁州路屬江西行省太祖庚子年爲府領縣四東北距布政司三百九十里

宜春倚南有蟠龍山又有仰山又秀江在城北源出萍鄉縣流經府西亦曰稠江即袁江之上源也西有黃圃南有潤富嶺二巡檢司

分宜府東東有鍾山峽西有昌山峽秀江經兩峽中入新喻縣境爲喻水

萍鄉府西元萍鄉州洪武初降爲縣東有羅霄山羅霄水出焉分二派東流者爲盧溪水下流爲秀江入宜春縣界西流者入湖廣醴陵縣界合淥水又西有萍川水亦曰陽岐水西南流經縣南下流合淥水北有安樂鎮東南有大安里二巡檢司又西有草市巡檢司後遷於插嶺關仍故名又西北有湘東市東有盧溪鎮

萬載府北北有龍江下流即瑞州之蜀江東北有康樂水入焉西有鐵山界巡檢司又有高村鎮巡檢司尋廢

贛州府元贛州路屬江西行省太祖乙巳年爲府領縣十二西北距布政司一千一百八十里

贛倚南有崆峒山章貢二水夾山左右經城之東西貢水一名東江自福建長汀縣流入府界章水一名西江自湖廣宜章縣流入府界至城北合流爲贛江北有桂源巡檢司後遷攸鎮東北有磨刀寨巡檢司後遷石院舖南有長洛巡檢司後遷縣西黃金鎮俱仍故名

雩都府東東北有高沙寶山又北有雩山雩水出焉合寧都會昌諸水繞城而西至贛縣合於貢水東北有平頭寨巡檢司又有印山又有青塘二巡檢司後廢

信豐府東南東有桃江自龍南縣流入經縣北爲信豐江下流入於貢水東南有新田巡檢司西有桃枝墟又有黃田墟又東有新設四巡檢司後廢

興國府東北北有覆笥山東北有激江西南流合雩水入貢江東有衣錦鄉東北有過龍寨二巡檢司

會昌府東少南。元會昌州，洪武初降爲縣。南有四望山，下有羊角水隘。北有湘洪水，卽貢水，西北流會雩水。南有湘鄉寨、北有承鄉鎭二巡檢司。又西有河口巡檢司，後廢。安遠府南。元屬寧都州，洪武初改屬。府西有安遠水，亦曰濂水，流入會昌縣之貢水。又南有三百坑水，下流入廣東龍川縣。西北有板口巡檢司。寧都府東北。元寧都州，洪武初降爲縣。西北有金精山，北有梅嶺。南有寧都水，與散水、箕當、曲陽、黃沙、長樂五水合，又東北有虔化水，下流與入於雩水。又有梅川水，出梅嶺下，流亦經雩都縣入貢水。東南有下河寨巡檢司。瑞金府東。元屬會昌州，洪武初改屬。府東北有陳石山，緜江出焉，流至縣南入貢水，又西入會昌縣爲湘洪水。西北有瑞林、東北有湖陂二巡檢司。東南有古城鎭，路出福建長汀縣。龍南府南。元屬寧都州，洪武初改屬。府西南有冬桃山，桃水出焉，東北流會諸水，至縣北宮山下，與渥、淥二水合爲三江口，又北流爲信豐縣之桃江。有冬桃隘。崇禎初移定南縣下歷巡檢司駐焉。石城府東北。元元貞元年十一月屬寧都州，洪武初改屬。府北有牙梳山，東有霸水，西南合虔化水入貢江。北有捉殺寨巡檢司，後遷縣西赤江市，仍故名。定南府東南。隆慶三年三月以龍南縣之蓮塘鎭置，析安遠、信豐二縣地益之。西北有程嶺，又南有神仙嶺，東有揷峯，東北有九洲河，下流會於信豐縣之桃江。東北有下歷巡檢司，後遷高砂蓮塘，又遷龍南。長寧府東南。萬曆四年三月以安遠縣之馬蹄、冬桃隘置，析會昌縣地益之。東南有項山，又南有大帽山，與閩、廣接境。又東有尋鄔水，流入廣東龍川縣界。西北有黃鄉巡檢司，南有新坪巡檢司，本大墩，後更名。北有雙橋、南有丹竹樓二巡檢司，後廢。

南安府元南安路，屬江西行省。太祖乙巳年爲府。領縣四。東北距布政司一千五百二十里。

大庾倚。西南有庾嶺，亦名梅嶺，上有五嶺關，曰梅關。又有章江，亦曰橫江，亦曰南江，下流與貢水合。西有鐵林巡檢司，治晶村，後遷浮江隘，又遷黃泥港。東北有赤石嶺巡檢司，治峯山里，後遷小溪城，又遷峯山水西村，俱仍故名。又縣南有水南城，與府城隔江對峙，嘉靖四十年築。西北有新田城，又北有鳳凰城，又西有楊梅城，俱嘉靖四十四年築。又東有九所城，亦嘉靖四十四年築。南康府東北。西北有禽山，禽水出焉，東流至南壄口，入於章江。北有羊嶺山。南有芙蓉江，卽章江。東有潭口鎭，北有相安鎭，二巡檢司。上猶府東北。元永清縣，洪武初更名。西有書山，一名太傅山。東有大猶山，猶水出焉，下流至南康縣入於章江。西有浮龍巡檢司，後遷太傅村，仍故名。崇義府北。正德十四年三月以上猶縣之崇義里置，析大庾、南康二縣地益之。西南有聶都山。西有桶岡，又有章江，自湖廣宜章縣流入。又有橫水，經縣南。又西南有左溪，下流俱合章江。西北有上保巡檢司，本過步，後遷治，更名。西南有鉛廠巡檢司，本在鉛山，後遷聶都。東南有長龍巡檢司，本治隆平里，後遷縣東北尚德里江頭，俱仍故名。

明史卷四十四　志第二十

總裁官總理事務少保兼太子太保保和殿大學士兼管吏部戶部尚書事加六級臣張廷玉等奉

敕修

地理五

湖廣　浙江

湖廣禹貢荆、揚、梁、豫四州之域。元置湖廣等處行中書省，治武昌路。又分置湖南道宣慰司，治天臨路。屬焉。又以襄陽等三路屬河南江北等處行中書省，又分置荆湖北道宣慰司，治中興路。幷屬焉。太祖甲辰年二月平陳理，置湖廣等處行中書省。與省同治。洪武三年十二月置武昌都衞，八年十月改都衞爲湖廣都指揮使司。九年六月改行中書省爲承宣布政使司。領府十五，直隸州二，屬州十七，縣一百有八，宣慰司二，宣撫司四，安撫司五，長官司二十一，蠻夷長官司五。爲里三千四百八十有奇。北至均州，與河南、陝西界。南至九疑，與廣東、廣西界。東至蘄州，與江西、南直界。西至施州，與四川、貴州界。距南京一千七百一十五里，京師五千一百七十里。洪武二十六年編戶七十七萬五千八百五十一，口四百七十萬二千六百六十。弘治四年，戶五十萬四千八百七十，口三百七十八萬一千七百一十四。萬曆六年，戶五十四萬一千三百一十，口四百三十九萬八千七百八十五。

武昌府元武昌路，屬湖廣行省。太祖甲辰年二月爲府。領州一，縣九。

江夏倚。洪武三年四月建楚王府於城內黃龍山。東有黃鵠山，下爲黃鵠磯，臨大江。又南有金水，一名塗水，西流至金口入江，有金口鎭巡檢司。又北有滸黃洲、西南有鮎魚口鎭二巡檢司。武昌府東。西有樊山，一名西山，產銀、銅、鐵及紫石英。南有神人山，其下爲白鹿磯。西有西塞山，與大冶縣界。北濱江，中有蘆洲，亦曰羅洲。又西南有樊港，一名樊溪，又名袁溪，一匯縣南湖澤凡九十九汊，北入大江，曰樊口。又東有南湖，一名五丈湖，三通大江。東有金子磯鎭，又有赤土磯鎭，西南有白湖鎭，三巡檢司。南有金牛鎭、西有三江口鎭二巡檢司，後廢。嘉魚府西南。西南有赤壁山，與江夏縣北岸烏林對。西北濱大江，有陸水流入焉，曰陸口，曰蒲圻口。東北有簰洲鎭、西南有石頭口鎭二巡檢司。蒲圻府西南。西有蒲首山。南有蒲圻湖，西南有新店等湖，下流至嘉魚縣之石頭口，注於大江。西南有羊樓巡檢司。咸寧府東南。陳友諒時徙治河北，洪武中復還故城，卽今治也。西有淦水，卽金水之別名。崇陽府南。西有岩頭山，西南有龍泉山，東北有壺頭山，下有壺頭港，亦曰通城水。西南有崇陽港，源出川西，合陸水，又名雋水。通城府西南。有錫山，舊產銀。北有陸水，自巴陵縣流入。興國州元興國路，屬湖廣行省。太祖甲辰年二月爲府。洪武九年四月降爲州，以州治永興縣省入。來屬。北有銀山，西有黃姑山，舊俱產銀。南有太平山，與九宮山接。東有大坡山，產茶。東北有大江。東有湖，亦曰富池湖，北流注於江，有富池鎭巡檢司。又東北有黃顙口鎭巡檢司。西北距府三百八十里。領縣二。大冶州西。北有鐵山，又有白雉山，出銅。又東有圍爐山，出鐵。又西南有銅綠山，舊產銅。大江在縣東北，有道士洑巡檢司。又東北有黃泥壩巡檢司。通山州西少南。東南有九宮山，寶石河出焉，下流合於富水，東入大江。

漢陽府元屬湖廣行省。洪武九年四月降爲州，屬武昌府。十三年五月復爲府，屬湖廣布政司，尋屬河南。二十四年六月還屬湖廣。領縣二。西北距布政司隔江僅七里。

漢陽倚。洪武九年四月省，十三年五月復置。大別山在城東北，一名翼際山，又名魯山。漢水自漢川縣流入，舊逕山南襄河口入江。成化初於縣西郭師口之上決而東，從山北注於大江，卽今之漢口也。有漢口巡檢司。大江自巴陵縣西北接洞庭之水，流入府境，至此與漢水會。又西南有沔水，卽漢水支流也，仍合漢入江。又有沌水，大江支流也，自沔陽州流入大江，謂之沌口，有沌口巡檢司。又有弇水，在大江南岸，至弇口入江。又北有灄水，亦漢水支流也，有淪水流合焉，下流注於大江。又西有太白湖，江北諸水多匯焉。西有蔡店鎭、西南有新灘鎭二巡檢司。又西南有百人磯巡檢司，後遷於東江腦。漢川府西少北。元屬漢陽府。洪武九年四月改屬武昌府，十三年五月還屬。南有小別山，一名甑山。又有陽臺山。西南有漢水。東有溳水，自雲夢縣來，南入漢，謂之溳口。北有劉家塥巡檢司。

黃州府元黃州路，屬河南江北行省。太祖甲辰年爲府，屬湖廣行省。九年屬湖廣布政司，尋改屬河南。二十四年六月還屬湖廣。領州一，縣八。西南距布政司百八十里。

黃岡倚。南有故城，洪武初徙於今治。南濱大江，西北岸有赤鼻磯，非嘉魚之赤壁。西有三江口，其上流木分三派，至此合流。中有新生洲，又有崢嶸洲。東有巴河，西有舉水，俱入於江。江濱西有陽邏鎭，北有團風鎭，又西北有中和鎭，三巡檢司。又有鹿城關，有大活關，又東北有陰山關。麻城府北。東有龜峯山，舉水出焉，流入黃岡縣東南。有長河，又南有縣前河，流入焉，下流注於江。西有雙城鎭、鵝籠鎭，東北有虎頭關，三巡檢司。又西北有木陵關，在木陵山上。東北有陰山關，在陰山上。又北有黃土關，與木陵、虎頭、白沙、大城爲五關。又西有岐亭鎭，嘉靖五年築城。黃陂府西。東南濱大江，有武湖，自西來入於江，曰武口，又曰沙武口，亦曰沙洑口。又西有灄水，自漢陽流入江，曰灄口。北有大城潭鎭巡檢司。又北有白沙關，卽麻城五關之一也。黃安府西北。嘉靖四十二年以麻城縣之姜家畈置，析黃岡、黃陂二縣地益之。東有三角山，接蘄水、羅田、蘄州界。又有東流河，下流出團風口入江。西有西河，又有雙河，合流出灄口入漢。又北有雙山關巡檢司。西北有金山關，亦曰金山關，與河南羅山縣界。蘄水府東少南。元屬蘄州路。洪武九年四月屬蘄州，十一年十月改屬府。西南濱大江。南有浠水，源出英山縣境，西南入江。又東有蘭溪，東南流入浠水。又北有巴水，源出縣北之板石山，流入黃岡縣界。有蘭溪鎭、巴河鎭二巡檢司。羅田府東北。元屬蘄州路。洪武九年四月屬蘄州，十一年十月改屬。府東南有浠水。西北有平湖水。南有官渡河，亦名縣前河，平湖水流入焉，下流合黃岡縣之巴河入大江。東北有多雲鎭巡檢司。又有栗子關，又有上峽嶺、中峽嶺、下峽嶺等關。西北又有平湖關。蘄州元蘄州路，屬河南江北行省。太祖甲辰年爲府。九年四月降爲州，以州治蘄春縣省入。來屬。正統十年，荆王府自江西建昌遷此。東北有百家冶山，產竹。南濱江。東北有蘄水，出大浮山，經州北，匯爲赤東湖，西南流，接蘄水縣界，注於大江。西有茅山鎭、北有大同鎭二巡檢司。西距府二百十里。領縣二。廣濟州東北。南濱江，中有中洲。崇禎末遷治於此，尋復故。又有武山湖、馬口湖，皆流通大江。南有武家穴鎭、西南有馬口鎭二巡檢司。黃梅州東。南有磯山，舊產鐵。大江在南，有太子洑。又南有前河，由小池口入江。西南有新開口鎭巡檢司，後移於江內。從又南有靖江紫鎭巡檢司。

承天府元安陸府，屬荆湖北道宣慰司。太祖乙巳年屬湖廣行省。洪武九年四月降爲州，直隸湖廣布政司。二十四年六月改屬河南。未幾還屬。弘治四年，興王府自德安府遷此。嘉靖十年升州爲承天府。十八年建興都留守司於此。領州二，縣五。東南距布政司五百七十里。

鍾祥倚。洪武二十四年建郢王府。永樂十二年除。二十二年建梁王府，正統六年除。元曰長壽縣，元末廢。洪武三年復置。九年四月省入州。嘉靖十年八月復置，更名。東有靑泥山。北有松林山，獻王陵寢在焉，嘉靖十年賜名純德山，置顯陵於此。明末廢。西濱漢水。北有直河，自隨州流入，有激水流合焉。又東有豐樂水，又東有白水，俱注於漢。京山府東南。北有楡河，自隨州流入，至景陵縣入漢。又東有漢水，卽漢川縣漢水也。潛江府東南。元屬中興路。洪武十年八月來屬。北有漢水。西北有潛水，卽漢水之分流，經縣東南，入於漢。又東南有深江，又南有恩江，皆漢水支分也。西南有沱水，爲江水之分流，經縣南，有重湖環繞，又東匯於漢。荆門州元荆門州，屬荆湖北道宣慰司。洪武九年四月改爲縣，省長林縣入焉，屬荆州府。十三年五月復爲州，仍屬荆州府。嘉靖十年八月來屬。東南有章山，卽內方山也。西有權水，東南有直江，一名漢河，又有陽水，一名建水，亦曰汚水，又皆流入焉。南有荆門守禦千戶所，北有宜陽守禦千戶所。東南有建陽鎭、新城鎭，西北有仙居口，北有樂仙橋，四巡檢司。東北距府九十里。領縣一。當陽州西。元屬荆門州。洪武九年改屬荆州府，十年五月省入荆門縣，十三年五月復置，仍屬州。東南有方城，洪武初移治於此，十三年復故。西有玉泉山，玉泉水出焉。北有沮水，源出房陵縣東南，合格溪，與漳水合，下流至枝江縣入於大江。北有漳河口巡檢司。沔陽州元沔陽府，屬荆湖北道宣慰司。洪武九年四月降爲州，以州治玉沙縣省入，直隸湖廣布政司。尋直隸河南。二十四年六月還直隸湖廣。嘉靖十年十二月來屬。南有大江。北有漢水。東有太白湖。東南有黃蓬山，其下爲黃蓬湖。州西十四湖之水悉匯焉，由漢陽縣之沌口入於大江。又南有長夏河，卽江之支流也，亦曰夏水。西北有襄水，漢水支流也，至州東北猪口合流，東入於沔水。東有沙鎭、西南有茅鎭二巡檢司。西北距府三百二十五里。領縣一。景陵州西北。南有汚水。西南有楊水，北注汚，謂之楊口，亦曰中夏口，又曰楊林口。又有中水流合楊水。東有乾鎭巡檢司。

德安府元德安府，屬荆湖北道宣慰司。洪武元年十月屬湖廣行省。九年四月降爲州，屬黃州府。十一年十月屬武昌府。十三年五月復爲府，屬湖廣布政司。二十四年六月改屬河南，未幾還屬。領州一，縣五。東南距布政司四百里。

安陸倚。成化二十三年建興王府，弘治四年遷於安陸州。八年建岐王府，十四年除。正德元年建壽王府，自四川保寧府遷此。嘉靖二十四年除。四十年建景王府，四十四年除。洪武初縣省，十三年五月復置。東有章山，卽豫章山。涢水在城西，俗稱府河，亦曰石漳河。又西有漳水入焉，謂之漳口。南有高澱鎭巡檢司，後移於隨州之合河店。雲夢府東南。西南有溳水。東有興安鎭巡檢司，後廢。應城府西南。洪武九年四月屬黃州府，十年五月省入雲夢縣，十三年五月復置。西北有西河，下流入漢水。又西有崎山鎭巡檢司，亦在西北。孝感府東南。洪武九年四月屬黃州府，十年五月省入德安州，十三年五月復置。北有澴水，下流入於漢。東南有淪河，自溳河分流，至漢陽合灄水入江。北有小河溪、東南有馬溪河二巡檢司。隨州洪武二年正月以州治隨縣省入。九年四月降爲縣，屬黃州府。十年五月省入應山縣。十三年五月復升爲州。西有大溪山，溳水出焉，下流至漢川縣入漢。又西有大洪山，漳水所出。西北有灄水，源出栲栳山，又有溳水流入焉。又南有涢水，源出大隙山下，流俱注於溳水。又西北有合河店、東北有出山鎭二巡檢司。東南距府百八十里。領縣一。應山州東。洪武初省，十三年五月復置。西有鷄頭山，環水出焉。西南有溳水。東有白泉河，與澴水合，入孝感縣界。西北有杏遮關巡檢司，卽平靖關，義陽三關之一。又西南有平里市巡檢司。又東北有武陽關，一名武勝關，又名禮山關，亦義陽三關之一。

岳州府元岳州路，屬湖廣行省。太祖甲辰年爲府。洪武九年四月降爲州，直隸布政司。十四年正月復爲府。領州一，縣七。東北距布政司五百里。

巴陵倚。洪武九年四月省，十四年復置。西南有巴丘山，又有君山，在洞庭湖中。大江在西北。洞庭湖上納湘、沅二水，自西南來合之，謂之三江口。湖之南有靑草湖，西曰赤沙湖，謂之三湖。沅、漸、元、辰、敘、酉、澧、資、湘九水皆匯於此，故亦名九江。東南有瀼湖，亦名翁湖。南有鹿角巡檢司。臨湘府東北。東有龍窖山，跨臨湘、通城、崇陽、蒲圻四縣界。西南有城陵磯，又有道人磯，皆濱大江。有城陵磯巡檢司。又南有鴨欄磯，又有鴨欄磯二巡檢司。華容府西北。有石門鎭。大江在北。又有華容河，自大江分流，南達洞庭湖。南有澧水，東流入洞庭湖。西南有赤沙湖，與洞庭接。南有明山、古樓山巡檢司。又東北有黃家穴巡檢司，後移於塔市。北有河渡巡檢司，後廢。平江府東南。元平江州。洪武三年降爲縣。北有禾寧山，東北有幕阜山。東有汨水，西南流，昌水北流入焉。東北有長壽巡檢司。

澧州元澧州路，屬湖廣行省。太祖甲辰年爲府。九年四月降爲州，以州治澧陽縣省入，屬常德府。三十年三月來屬。元元貞元徙治新城，洪武五年復舊治。東有關山。西南有大浮山，跨石門、武陵、桃源三縣界。南有澧水，一名蘭江，亦曰繡水，其東有澹水，北有涔水，俱流入焉。東有嘉山鎮巡檢司。東距府二百七十里。領縣三：

安鄉州東南。西有澧水，一名長河。北有涔水。

石門州西。南有澧水。西北有漯水，亦名添平河，自添平所南流入焉。

慈利州西少南。元慈利州，洪武二年降為縣。西南有天門山，有櫝榔洞，與猺分界。又西有崇山，又有歷山，澧水出焉，下流至華容縣入於洞庭湖。又西有漊水，源出四川巫山縣，東流合諸溪澗之水，至縣西滙於澧水，亦曰後江。西南有永定衛，洪武中置，二十三年八月徙於永順宣慰司之茅岸坪。西北有龍伏關，東南有後平關、黑崇關，謂之永定三關。所屬曰大庸守禦千戶所，本大庸衛，在衛西，洪武九年四月置，三十一年改為所。曰茅岡長官司，在衛東北，正統中永定衛北有九溪衛，洪武二十三年六月置，有九澧野牛三江口閘口四關。所屬曰守禦添平千戶所，在衛北，洪武二年置。曰守禦安福千戶所，在衛西北，洪武二十三年九月置。曰守禦麻寮千戶所，在衛北，洪武四年置。曰桑植安撫司，本桑植荒溪等處宣撫司，在衛西北，太祖丙午年二月置，後廢，永樂四年十一月改置。

荊州府元中興路，屬荊湖北道。太祖甲辰年九月改為荊州府，屬湖廣行省。吳元年十月置湖廣分省於此，尋罷。九年屬湖廣布政司，尋改屬河南，二十四年還屬。領州二，縣十一。東距布政司千二百一十里。

江陵倚。洪武十一年正月建湘王府，建文元年四月除。永樂元年遼王府自遼東廣寧遷於此，隆慶二年十月除。萬曆二十九年十月建惠王府。南濱江。東南有夏水，至沔陽州合於沔水，故沔水亦兼夏水之名。又有陽水，東北至景陵縣入沔水。又東北有三海、沮漳水滙流處。北有柞溪，又東有靈溪，亦曰零水，南入江，謂之零口。東北有龍灣市，東南有沙頭市，南有郝穴口，西南有虎渡口，四巡檢司。

公安府東南。東北有舊城，今治崇禎元年所遷。北濱江。西北有油河，流入焉，謂之油口，有油口巡檢司。東北有夏水。

石首府東南。元末治楚望山，北洪武中徙繡林山，左本宋時舊治也。北濱江，江中有石首山。又東有焦山，下有港，通洞庭湖，有調弦口巡檢司。

監利府東少南。南濱江。東南有魯洑江，亦曰夏水，自大江分流，下至沔陽州入沔。又西有涌水，南入江，謂之涌口。又東有瓦子灣，西有窯所，南有白螺磯，北有毛家口，又有分鹽所，五巡檢司。

松滋府西南。西南有巴山，北濱大江，南有紅崖子巡檢司，又有西坪塞巡檢司，後廢。

枝江府西。洪武十年五月省入松滋縣，十三年五月復置。北濱大江，江中有百里洲，江水經此而分，故曰枝江。北有沮水，南入江，謂之沮口。

夷陵州元峽州路，屬荊湖北道宣慰司。太祖甲辰年為府，九月降為州，直隸湖廣行省。九年四月改州名夷陵，以州治夷陵縣省入來屬。大江在南、西北。有關曰下牢關，夾江為險。又有西陵、明月、黃牛三峽，峽中有使君、虎頭、狼尾、鹿角等灘，皆江流至險處也。西北有赤谿，東合大江。南有南津口巡檢司，又東有金竹坪巡檢司，後廢。又西有西津關，東北有白虎關。東距府三百四十里。領縣三：

長陽州西南。東南有清江，西有舊關堡，西南有蹇家園，南有漁洋關，三巡檢司。南有古捍關，西有梅子八關。

宜都州東南。西北有荊門山，下臨大江，共對岸即虎牙山也。又西有清江，東流合大江，有清江口巡檢司。又西北有古江關，東北有普通鎮，二巡檢司。

遠安州東北。舊治亭子山下，成化四年遷於東莊坪，崇禎十三年又遷鳳凰山麓，即今治也。東北有沮水。

歸州元治秭歸縣，直隸湖廣行省。洪武九年四月廢州入秭歸縣，屬夷陵州。十年二月改縣名長寧。十三年五月復改縣為歸州。舊治江北，後治白沙南浦。洪武初徙治丹陽，四年徙長寧，在江南楚王臺下。嘉靖四十年復還江北舊治。東有馬肝、白狗、空舲等峽。大江在州北，經峽中入夷陵界。其西有吒灘、蓮花灘、新灘，皆濱江。西北有牛口巡檢司，後遷於巴東縣利洲。東南有南還口巡檢司，後遷於新灘。東距府五百二十里。領縣二：

興山州西北。洪武九年改屬夷陵州，後還屬。正統九年三月省入州，弘治三年五月復置。南有香溪，亦曰縣前河，南流入江。東北高雞寨巡檢司。又東有桑林坪巡檢司，後廢。又北有猫兒關、達郎襄。

巴東州西。元屬歸州，洪武九年改屬夷陵州，隆慶四年還屬。北濱大江，自四川巫山縣流入，東經門扇，東奔硤石，謂之巴東三峽，下流至黃梅縣入南直宿松縣界。又南有清江，一名夷水，自四川建始縣流入，下流入於大江。又北有鹽井，西南有連天關巡檢司。南有野山關巡檢司，本治石柱，隆慶四年更名。

襄陽府元襄陽路，屬河南江北行省。太祖甲辰年為府，屬湖廣行省。九年屬湖廣布政司。二十四年六月改屬河南，未幾還屬湖廣。領州一，縣六。東南距布政司六百八十里。

襄陽倚。正統元年襄王府自長沙遷此。南有虎頭山，又有峴山。東南有鹿門山，又西有隆中山。漢水在城北，亦曰襄江。白河在城東北，與唐河合，南入漢，謂之白河口，亦曰三洲口。又西北有清泥河，南有浮河，西南有檀溪，下流皆入於漢。北有樊城，有樊城關巡檢司，後移於縣東北之柳樹頭。又東北有雙溝口巡檢司。又西南有油坊灘巡檢司，嘉靖十九年移於縣西北之泰山廟鎮。

宜城府東南。東有漢水。西有蠻水，亦曰夷水，源出房縣，流至縣界入漢水，其支流曰長渠。又有淙水，自漢中流入，合於蠻水，謂之淙口。又有疎水，在縣東北，自南漳縣流入，注漢，謂之疎口。

南漳府西南。西北有荊山。南有蠻水，又有沮水，又有漳河，流入當陽縣，合於沮水。東有方家堰、西南有金廂坪二巡檢司。又西有七里頭巡檢司，後移於保康縣之常平堡。

棗陽府東北。洪武十年五月省入宜城縣，後復置。東南有白水，南有濜水，流合焉，西注於沔水，此縣內之白水也。又西南有滾河，流入襄陽之白河。東北有鹿頭店巡檢司。

穀城府西少北。東北有漢水，又有均水，流入焉，謂之均口。又有筑水，經縣治東南注於漢水，曰筑口。西有石花街巡檢司。

光化府西北。洪武十年省入穀城縣，十三年五月復置。舊治在西，隆慶末改建於阜城衛卽今治也。東有馬窟山。北有漢水。東有白河，即淯水，自河南新野縣流入。有泌河，流合焉。西北有左旗營巡檢司，萬曆中徙於縣舊城。

均州洪武二年七月以州治武當縣省入。南有武當山，永樂中尊為太嶽太和山，山有二十七峯、三十六巖、二十四澗。北有漢江，一名滄浪水。東北有均水，自河南淅川縣流入。又東南有黑虎廟巡檢司。東南距府三百九十里。

鄖陽府成化十二年十二月置。領縣七。又置湖廣行都指揮使司於此。衛所俱無實土。東南距布政司千二百里。

鄖倚。元屬均州，成化十二年置鄖陽府，治此。漢水在南。東南有龍門山，龍門河出焉，下流入於漢水。西北有青桐關，東北有雷峯埡鎮，二巡檢司。

房府南少西。元房州，屬襄陽路。洪武十年五月以州治房陵縣省入，又降州為縣，仍屬襄陽府。成化十二年十二月來屬。西南有景山，一名雁山，沮水出焉，流入遠安縣界。又南有粉水，亦曰彭水。又有筑水，俱流入穀城縣注漢。西南有板橋山巡檢司，後移於縣東南之博磨坪。

竹山府西南。元屬房州。洪武十年五月省入房縣，十三年五月復置，屬襄陽府。成化十二年十二月來屬。東有方城山。西有筑山，筑水出焉，流入房縣界。又有上庸山，上庸水所出。南合孔陽水，下流入漢。又南有堵水，源出陝西平利縣界，東流入漢。西北有黃茅關、吉陽關，二巡檢司。

竹谿府西南。本竹山縣之尹店巡檢司，成化十二年十二月改置縣，而移巡檢司於縣東之縣河鎮。又遷巡檢司於白土關。南有竹谿河。

上津府西北。洪武初置，屬襄陽府。十年五月省入鄖陽，十三年五月復置，仍屬襄陽府。成化十二年十二月來屬。西有十八盤山。又有吉水，西南流入漢，俗謂之夾河。南有江口鎮巡檢司。

鄖西府西北。成化十二年十二月以鄖縣之南門保置。南有漢江，自陝西白河縣流入，下流至漢陽縣入於江。

保康府東南。弘治十年十一月以房縣之潭頭坪置。北有粉水。東南有常平堡，嘉靖十九年移南漳縣之七里頭巡檢司於此。

長沙府元天臨路，屬湖南道宣慰司。太祖甲辰年為潭州府。洪武五年六月更名長沙。領州一，縣十一。東北距布政司八百八十里。

長沙倚。洪武三年四月建潭王府，二十三年除。永樂元年谷王府自北直宣府遷於此，十五年除。二十二年建襄王府，正統元年遷於襄陽。天順元年三月建吉王府。縣舊治城外，洪武初徙城中，十八年復徙北門外，萬曆二十四年徙朝宗門內。西有湘水，源出廣西興安縣，流入境，合瀟水、烝水，北流環府城東北，北出至湘陰縣，達青草湖，注洞庭湖，行二千五百餘里。北有瀏陽水，西流入湘，謂之瀏口。又有麻溪，流入湘水，曰麻溪口。又西北有喬口巡檢司，喬江與資江合流處。

善化倚。治東南。舊治在城外，洪武四年徙於城中。十年五月省入長沙縣，十三年五月復置，治在南門外，成化十八年仍徙城中。西南有嶽麓山。湘江繞其東麓。又有斬江，流入湘江。西有橘洲，在湘江中。南有暮雲市巡檢司。

湘陰府北。元湘陰州，洪武初降為縣。北有黃陵山。西有湘水，北達青草湖，謂之湘口。湖在縣北，與洞庭連，亦曰重湖。南有哀江。又北有汨羅江，汨水自平江縣流入，分流為羅水，會於屈潭，西流注湘，謂之汨羅口。西北有營田巡檢司。

湘潭府西南。元湘潭州，洪武三年三月降為縣。東有昭山，下有昭潭。西有湘水，西南有涓水，流入焉。南有下攝市巡檢司。

瀏陽府東。元瀏陽州，洪武二年降為縣。北有道吾山。東北有大光山，又有大圍山，瀏水出焉，經縣南，入長沙縣界，曰瀏陽水。東南有渠城、界梅子園二巡檢司。又有翟家寨巡檢司，後廢。

醴陵府東南。元醴陵州，洪武二年降為縣。南有淥水，亦曰漉水，西北注於湘水，有淥口巡檢司。

寧鄉府西。西有大潙山，北有澬江，源出綏寧縣，經此入沅江縣界，注洞庭。

益陽府西北。元益陽州，洪武初降為縣。西南有澬江，亦曰益水。東有喬江，澬江之分流也，下流復合於澬江。

湘鄉府西南。元湘鄉州，太祖甲辰年降為縣。西有龍山，漣水出焉，經縣東南，下流入於湘水。又西南有涓水，南有豐溪水，俱入於漣水。西南有武障市巡檢司。又有永豐市、虞唐市二巡檢司，後廢。

攸府南少東。元攸州，洪武三年三月降為縣。南有司空山。東有攸水，自江西安福縣流入。東南有洣水，流合焉，下流至衡山縣，入於湘水。南有鳳嶺巡檢司，後廢。

安化府西。東有浮泥山，有大峰山。西北有辰山。西有澬江。又南有善溪，自武陵縣流注於澬江。

茶陵州元直隸湖南道。太祖甲辰年降為縣，成化十八年十月復為州。西有雲陽山。西北有洣水，自酃縣流入。又東南有茶水，源出江西永新縣之景陽山，西流來合焉，北入攸縣之攸水。東有視渡口巡檢司。北距府四百五十里。

常德府元常德路，屬湖廣行省。太祖甲辰年為府。領縣四。東北距布政司一千零五十里。

武陵倚。弘治四年八月建榮王府。東南有善德山。南有沅水，又有朗水，流入焉，謂之朗口。又東北有漸水，即鼎水也，自九溪衛流入。

桃源府西。元桃源州，洪武二年降為縣。西有壺頭山，接武陵、沅陵界。南有沅水。東有朗溪，西南有泥溪，俱流入焉。又西南有高都巡檢司。又南有白馬巡檢司，本名蘇溪，治縣東，後春村尋徙，更名，後廢。

龍陽府東少南。元龍陽州，洪武三年三月降為縣。舊治在東，今治景泰元年十二月所徙。東有軍山。北有沅水。東北有鼎水，流入焉，謂之鼎口，有鼎港口巡檢司。又東南有赤沙湖，一名蠡湖。又西北有小江口巡檢司。

沅江府東南。元屬龍陽州，洪武三年州廢來屬。十年五月省入龍陽縣，十三年五月復置。西南有沅水，又有澬水、澧水，並流入縣境，至縣東北入洞庭湖。

衡州府元衡州路，屬湖南道宣慰司。太祖甲辰年為府。領州一，縣九。東北距布政司一千三百五十里。

衡陽倚。弘治十二年雍王府自四川保寧府遷此，正德二年除。萬曆二十九年十月建桂王府。南有回雁峯，北有岣嶁峯，衡山之峯七十二，在縣者凡七，而二峯最著。東有湘水，又有烝水，自西南流入焉，謂之烝口。又東北有耒水，注湘，謂之耒口。又東有酃湖。又東有新城縣，元末置，洪武十年五月省為新城市，江東巡檢司治此。西南有松栢市巡檢司。

衡山府東北。元屬天臨路，洪武間改屬。西有衡山，有七十二峯、十洞、十五巖、三十八泉、二十五溪、九池、九潭、九井，而峯之最大者曰祝融、紫蓋、雲密、石廩、天柱，惟祝融為最高。東有湘江。東南有茶陵江，即洣水也，自攸縣合攸水，流入境，注於湘，曰茶陵口。東有草市、東南有雷家埠二巡檢司。

耒陽府東南。元耒陽州，直隸湖南道，洪武三年三月降為縣。耒水在北。東有侯計山，肥水出焉，西南入耒水。又西南有羅渡巡檢司。

常寧府南。元常寧州，直隸湖南道，洪武三年三月降為縣。西北有湘水。東有春陵水，合焉。

安仁府東少北。西有楊梅峯。南有小江水，自郴州流入，西北流至衡山縣，合於洣水。南有安平、北有潭湖二巡檢司。

酃府東。洣水在縣東，源出洣泉。西有雲秋水，流合焉。

桂陽州元桂陽路，治平陽縣，屬湖南道宣慰司。洪武元年為府。九年四月降為縣，省平陽縣入焉。十三年五月升為州。西有大奏山，南有晉嶺山，北有漳流嶺，舊皆產銀鉛砂礦。西有藍山，西北有春陵水，又西有歸水，流合焉。北有泗州寨、南有牛橋鎮二巡檢司。西北距府三百里。領縣三：

臨武州南。西北有舜峯山、西山，武水出焉，經章縣，合於章水。東北有兩路口巡檢司。又東有赤土巡檢司，後廢。

藍山州西南。舊治在縣北，洪武元年徙於此，屬郴州，二年來屬。南有黃檗山，東南有華陰山，西南有九疑山，山有杞林峯，歸水出焉，亦名舜水，北流合春陵水。又西有守禦寧溪千戶所，洪武二十九年三月置。東有毛俊鎮，北有乾溪鎮，西南有大橋鎮，三巡檢司。又西有小山堡、張家陂二巡檢司，後廢。

嘉禾州西南。崇禎十二年以桂陽州之倉禾堡置，析臨武縣地益之。東南有歸水，自藍山縣流入，北經石門山，又東北入州界。

永州府元永州路，屬湖南道宣慰司。洪武元年為府。領州一，縣七。東北距布政司千八百二十里。

零陵倚。北有湘水，經城西。瀟水自南來合焉，謂之湘口，有湘口關。又南有永水，源出縣西南之永山，北流入於湘水。北有黃楊堡巡檢司，本高溪市，隆慶元年徙治，更名。

祁陽府東北。舊治在縣西，景泰元年十二月徙於今治。北有祁山，上有黃羆鎮。西北有四望山。西有湘水。又城北有祁水，源出邵陽縣，東北流入焉。南有浯溪，下流亦入湘水。又東有歸陽市，東南有白水市，西北有水隆太平市，三巡檢司。又東北有湘江市巡檢司，後移於縣東北之排山。

東安府西北。八十四渡山在縣東。又東南有湘水，自廣西全州流入。又有盧洪江，源出縣北九龍巖，經城東，下流入湘水。有盧洪市巡檢司。又有結陂市巡檢司，後廢。

道州元道州路，屬湖南宣慰司。洪武元年為府，九年四月復降為州，以州治營道縣省入來屬。西有營山，營水出焉，至泥江與江華縣之沲水合。東有瀟江，至青口合於沲水。又西有濂溪，源出州西安定山下，東北合宜水，謂之龍灘，下流俱入湘水。北距府百五十里。領縣四：

寧遠州東少北。南有九疑山，介衡、永、郴、道之間，山有朱明峯，瀟水出焉。又南有舜源水，北流與江華縣沲、瀟二水合，為三江口。南有九疑魯觀巡檢司，在九疑魯觀二峒口。

江華州南。東南有故城，今治本寧遠衛右千戶所，洪武二十八年置，天順六年徙縣來同治。西有白芒嶺，即萌渚嶺，五嶺之第四嶺也。東有沲水，源出九疑山之石城嶺皇二峯，下流合於瀟水。又東南有秋木，源出九疑山之女英峯，流合沲水。又東有守禦錦田千戶所，洪武二十九年置。又有錦田巡檢司。又西南有錦岡巡檢司。又有濤墟市巡檢司，後移於寧遠縣之九疑魯觀。

永明州西少南。北有永明嶺，即都龐嶺，五嶺之第三嶺也。南有遨水，自廣西富川縣流入，下流注於瀟水。東南有枇杷守禦千戶所，西南有桃川守禦千戶所，俱洪武二十九年置。又有桃川市巡檢司。又西南有白面墟巡檢司。

新田州東北。崇禎十二年以寧遠縣之新田堡置。西北有春陵山，與寧遠縣界，春陵水出焉，下流至常寧縣，合於湘水。東南有白面寨巡檢司。

寶慶府元寶慶路，屬湖南道宣慰司。洪武元年為府。領州一，縣四。東北距布政司千二百五十里。

邵陽倚。南有高霞山。東有蒸水。又北有澬水，邵水自東流合焉。有五十三灘，又有四十八灘，皆澬水所經。西北有龍回巡檢司。又北有巨口關，東北有白馬關。

新化府北。南有上梅山，其下梅山在安化縣境。東南有澬水。西南有長鄄巡檢司，尋廢。又北有蘇溪巡檢司。

城步府西南。本武岡州之城步巡檢司，弘治十七年改置縣，析綏寧縣地益之，而遷巡檢司於縣東北之茅坪鋪，尋又還山口，後廢。東南有羅漢山，又有巫水，下流入於澬水。

武岡州元武岡路，屬湖南道宣慰司。洪武元年為府，九年四月降為州，以州治武岡縣省入來屬。永樂二十二年岷王府自雲南遷於此。北有武岡山。南有雲山，又有澬水。西南有都梁水，東北流入焉。北有蓼溪隘、峽口鎮，南有石門隘，東有紫陽關，四巡檢司。東有石羊關。東距府二百八十里。領縣一：

新寧州東南。舊治在縣東，景泰二年移於沙洲原。南有夫夷水，北流合都梁水。東南有靖位、西有新寨二巡檢司。

辰州府元辰州路，屬湖廣行省。太祖甲辰年為府。領州一，縣六。東北距布政司千七百里。

沅陵倚。西北有大酉山、小酉山。東有壺頭山。西南有沅水辰水自東北流入焉又東有百曳高湧九磯清浪等灘又西水在西北東南入沅水東有大剌西北有明溪又有會溪東北有池蓬四巡檢司又有高巖巡檢司後廢 盧溪府西少南有沅水西有武溪即瀘溪也下流合於沅水又西有鎮溪軍民千戶所洪武三十年二月置又南有溪洞巡檢司又西有河溪西南有阬場坪二巡檢司後廢 辰溪府西南東南有五城山西北有沅水西有辰水又東有渡口鎮南有晉市鎮二巡檢司後廢 漵浦府東南東南有紅旗洞西有漵水下流入沅水南有龍潭東北有鎮寧二巡檢司

沅州元沅州路直隸湖廣行省太祖甲辰年為府九年四月降為州以州治盧陽縣省入來屬北有明山南有沅江其源出四川遵義縣下流至沅江縣入洞庭湖西有舞水即无水也流入於沅水西有晃州巡檢司又西南有西關渡口巡檢司後廢東北距府二百七十里領縣二

黔陽州東南東南有羅公山南有雙石崖一名屏風崖景泰中築寨置戍於此名安江雙崖城北有沅水又東有洪江西有郎江南有黔江俱流入焉東有安江巡檢司又西有托口寨東有洪江寨 麻陽州北少西東有包茅山西有蠟爾山與保靖司及四川貴州界諸苗蠻在山下者凡七十四寨南有辰水自貴州銅仁府流入西有錦水下流入於辰州東北有巖門巡檢司

郴州元郴州路屬湖南道宣慰司洪武元年為府九年四月降為州以州治郴陽縣省入直隸布政司南有黃岑山與宜章縣界亦曰騎田嶺五嶺之第二嶺也其支嶺曰摺嶺又東北有雲秋山與郴縣界雲秋水出焉東有郴水發源黃岑山流合桂陽縣之耒水下流入於湘水又西南有桂水下流合於耒水西南有石陂巡檢司領縣五北距布政司千八百八十里

永興州北少西東南有土富山舊有銀井西有高亭山東有郴水又有白豹水自西南流入焉謂之森口西有高亭北有安福二巡檢司 宜章州南西南有莽山東有漏天山北有章水支流曰小章水源出黃岑山有武水自西來合焉下流入江西崇義縣界東有赤石南有白沙二巡檢司 興寧州東北南有耒水東南有資興水流合焉東有州門巡檢司東南有滁口巡檢司後移於西南之黃宗洞 桂陽州西南南有耒山耒水所出西北會於郴水又東有孤山水流入江西崇義縣達於贛水東有守禦千戶所洪武二十九年三月置後廢宣德八年六月復置東有益將西有鎮安南有長樂山口北有漆村四巡檢司 桂東州東西北有小桂山桂木所出南有漚江來合焉又南有高分嶺巡檢司

靖州元靖州路直隸湖廣行省太祖乙巳年七月為靖州軍民安撫司元年降為州三年升為府四月復降為州以州永平縣省入直隸布政司南有侍郎山與廣西融縣分界東有渠水下流合會同縣之郎江西入沅水西有零溪巡檢司領縣四東北距布政司千八百五十里

會同州東北西有沅水又西南有郎水自貴州黎平府流入又東有雄溪一名洪江下流俱入於沅水南有若水巡檢司 通道州南洪武十年五月省入州十三年五月復置北有羅湖山西有渠水西北有播揚河自貴州黎平府流合焉有播陽巡檢司又西南有收溪寨巡檢司 綏寧州東元屬武岡路洪武元年屬武岡府三年來屬東有雙溪即城步縣巫水之下流也東北有青坡巡檢司後移於武陽西南有臨口巡檢司 天柱州西北本天柱守禦千戶所洪武二十五年五月置萬曆二十五年改為縣析綏寧會同二縣地益之崇禎十年東遷龍塘名龍塘縣後東遷雷寨後還舊治復故名東有沅水西北有屯鎮汶溪後千戶所洪武二十三年置東有鎮遠巡檢司後移上新市又有江東巡檢司

施州衛軍民指揮使司元施州屬四川行省夔州路洪武初省十四年五月復置屬夔州府六月兼置施州衛軍民指揮使司屬四川都司十二月屬湖廣都司後州廢存衛北有都亭山東有連珠山五峰關在山下又東南有東門山東北有清江自四川黔江縣流入一名夷水亦曰黔江衛境諸水皆入焉下流至宜都縣入於大江領所一宣撫司四安撫司九長官司十三蠻夷官司五東北距布政司千七百里

大田軍民千戶所洪武二十三年閏四月以散毛宣撫司之大水田置東有小關山西南有荊頭湖與酉陽界又南有深溪關北有硝場達硝東北距衛二百二十里

施南宣撫司元施南道宣慰司洪武四年十二月因之後廢十六年十二月復置屬施州衛二十七年後復廢永樂二年五月改置長官司屬大田軍民千戶所四年三月升宣撫司仍屬衛東有舊治後遷夾壁龍孔即今治也西有前江發源七藥山西南流與後江合入四川彭水縣界北距衛一百里領安撫司五

東鄉五路安撫司元東鄉五路軍民府洪武四年十二月改置長官司後升安撫司領長官司三蠻夷官司二 搖把峒長官司元又把峒安撫司後廢宣德三年五月改置 上愛茶峒長官司 下愛茶峒長官司二長官司俱元容美洞地至大二年置嶽德府屬四川南道宣慰司至順二年正月升宣撫司至正中升軍民宣慰司太祖甲辰年六月改軍民宣撫司後廢宣德三年五月改置 鎮遠蠻夷官司宣德三年五月置 隆奉蠻夷官司元隆奉宣撫司洪武四年十二月改長官司後廢宣德三年五月改置官司 忠路安撫司明玉珍忠路宣撫司洪武四年改安撫司二十三年廢永樂五年復置領長官司一 劍南長官司宣德三年五月置 忠孝安撫司元置洪武四年十二月改置長官司尋復故二十三年廢永樂五年復置 金峒安撫司元置洪武四年十二月改長官司永樂五年復故宣德三年五月領蠻夷官司一隆慶五年正月降為峒長 西坪蠻夷官司宣德三年五月置 中峒安撫司嘉靖初置

散毛宣撫司元至元三十年四月置散毛洞蠻夷官三十一年五月升為府屬四川行省至正六年七月改散毛誓厓等處軍民宣慰司明玉珍改散毛宣慰使司都元帥洪武七年五月改散毛沿邊宣慰司屬四川重慶衛二十三年廢永樂二年五月置散毛長官司屬大田軍民千戶所四年三月升宣撫司屬施州衛南有白水河一名酉溪自忠建宣撫司流入又東南入永順司界東北距衛二百五十里領安撫司二

龍潭安撫司元龍潭宣撫司明玉珍改長官司洪武八年十二月改龍潭安撫司屬四川重慶衛二十三年廢永樂四年三月復置來屬南有清江 大旺安撫司明玉珍大旺宣撫司洪武八年十二月因之屬四川永樂五年改置領蠻夷官司二 東流蠻夷官司洪武八年十二月置東流安撫司屬四川後廢宣德三年五月改置來屬 臘壁峒蠻夷官司宣德三年五月置

忠建宣撫司元忠建軍民都元帥府明玉珍因之洪武五年正月改長官司六年升宣撫司二十七年四月改安撫司尋廢永樂四年復置宣撫司屬施州衛南有白水河源出將軍山西南流東河自容美司來合焉北距衛二百五十里領安撫司二

忠峒安撫司元湖南鎮邊宣慰司明玉珍改沿邊溪洞宣撫司洪武五年正月改沿邊溪峒長官司後廢永樂四年改置西南有西溪 高羅安撫司元高羅宣撫司明玉珍改安撫司洪武六年廢永樂四年三月復置領長官司一 思南長官司成化後置

容美宣撫司元容美等處宣撫司屬四川行省太祖丙午年二月因之吳元年正月改黃沙靖安麻寮等處軍民宣撫司洪武五年二月改置長官司七年十一月升宣慰司後廢永樂四年復置宣撫司施州衛西南有山河即漊水之上源東入九溪衛界西北距衛二百十里領長官司五

盤順長官司元元統二年正月置盤順府至正十五年四月升軍民安撫司洪武五年三月改為長官司 椒山瑪瑙長官司 五峰石寶長官司 石梁下峒長官司 水盡源通塔平長官司四長官司俱洪武七年十一月置十四年廢永樂五年復置 木冊長官司元木冊安撫司明玉珍改長官司洪武四年廢永樂四年三月復置屬高羅安撫司宣德九年六月直隸施州衛 鎮南長官司元宣化鎮南五路軍民府尋改湖南鎮邊毛嶺峒宣慰司明玉珍改鎮南宣撫司太祖丙午年二月因之尋廢洪武八年二月復置屬施州衛二十三年復廢永樂五年改置直隸施州衛西有溪 唐崖長官司元唐崖軍民千戶所明玉珍改安撫司洪武七年四月改長官司後廢永樂四年三月復置直隸施州衛南有黔水即清江之上源

永順軍民宣慰使司元至元中置永順路後改永順保靖南渭安撫司至大三年四月改永順等處軍民安撫司至正十一年四月升宣撫司屬四川行省洪武二年為州十二月置永順軍民安撫司六年十二月升軍民宣慰使司屬湖廣行省尋改屬都司西南有水溪即酉水也下流入沅陵縣界領州三長官司六東北距布政司二千里

南渭州司西元屬新添葛蠻安撫司後廢洪武二年復置改屬 施溶州司東南元會溪施溶等處長官司屬思州軍民安撫司後廢洪武二年改置來屬 上溪州司西洪武二年置 臘惹洞長官司 麥著黃洞長官司 驢遲洞長官司 施溶溪長官司四長官司元俱屬思州軍民安撫司洪武三年改屬 白崖洞長官司元屬新添葛蠻安撫司洪武三年改屬 田家洞長官司洪武三年置

保靖州軍民宣慰使司元保靖州屬新添葛蠻安撫司太祖丙午年二月置保靖州軍民安撫司洪武元年九月改宣慰司六年十二月升軍民宣慰使司直隸湖廣行省尋改屬都司北有北河自酉陽司流入東入永順司界又有峒河下流與盧溪縣之武溪合領長官司二東北距布政司千九百七十里

五寨長官司司南元置洪武七年六月因之 筸子坪長官司司南太祖甲辰年六月置筸子坪洞元帥府後廢永樂三年七月改置

浙江禹貢揚州之域元置江浙等處行中書省治杭州路又分置浙東道宣慰使司治慶元路屬焉太祖戊戌年十二月置中書分省治寧越府癸卯年二月移治嚴州府丙午年十二月罷分省置浙江等處行中書省治杭州府洪武三年十二月置杭州都衛與行中書省同治八年十月改都衛為浙江都指揮使司九年六月改行中書省為承宣布政使司領府十一屬州一縣七十五為里一萬零八百九十九西至開化與江南界南至平陽與福建界北至太湖與江南界東至海距南京九百里京師三千二百里洪武二十六年編戶一百一十三萬八千二百二十五口一千四十八萬七千五百六十七弘治四年戶一百五十萬三千一百二十四口五百三十萬五千八百四十三萬曆六年戶一百五十四萬二千四百八口五百一十五萬三千五

杭州府元杭州路屬江浙行省太祖丙午年十一月為府領縣九

錢塘倚洪武三年四月建吳王府十一年正月改封周王遷河南開封府南有鳳凰山有秦望山西南有靈隱山南有錢塘江亦曰浙江有三源曰新安江出南直歙縣曰信安江出開化縣曰東陽江出東陽縣滙而東為錢塘江至會稽縣三江海口入海西有西湖源出武林泉又北有運河至秀水縣北而接南直運河又有安溪即苕溪也自餘杭縣流入下流至烏程縣東北注於太湖 仁和倚東北有皋亭山有臨平山下有臨平湖後塞北有北新關成化中設戶部分司於此又有塘棲鎮 海寧府東少北元海寧州洪武二年降為縣南濱海有捍海塘西南有赭山與蕭山縣龕山相對浙江經其中東接大海謂之海門東南有石墩鎮巡檢司本置縣東北硤石鎮後遷於此更名西南有赭山鎮巡檢司本置縣西陳墻北尋遷赭山更名又遷文堂山上仍故名又西北有長安鎮 富陽府西東有觀山西南有湖洑山東南臨富春江即錢塘江也西南有東梓巡檢司後廢 餘杭府西北西南有大滌山西北有徑山南有苕溪源出於潛縣天目山東北有石瀨巡檢司後廢 臨安府西舊治在縣西西墅鎮洪武初徙於今所本吳越衣錦軍也西有天目山亦曰東天目其在於潛境者為西天目西北有南溪即東苕溪也源出天目山縣南亦曰新溪 於潛府西北有天目山浮溪出焉南為紫溪下流至桐廬縣入浙江 新城府西南西南有葛溪又東北有松溪合焉至峴口入於浙江 昌化府西東南有柳山南有銅坑山西北有千頃山西有昱嶺上有關又西北有黃花嶺上亦有關東南有柳溪東流合於於潛之紫溪又有雙溪自縣治南流入柳溪西有手掌嶺巡檢司遷縣西南株柳村又遷縣西洪村又遷楊家塘仍故名

嚴州府元建德路屬江浙行省太祖戊戌年三月為建安府尋曰建德府壬寅年二月改曰嚴州府領縣六東北距布政司二百七十里

建德倚北有烏龍山西有銅官山又新安江自淳安縣流入經城南又東陽江自西南來合焉又東北有胥溪來入江謂之胥口亦曰建德江東有胥界巡檢司 桐廬府東北西有富春山一名嚴陵山桐江在南即浙江也亦曰睦江自建德縣流入經富春山之釣臺下曰七里瀨又東經桐君山下曰桐江有桐溪自縣東北流入焉謂之桐江口其上源即分水縣之天目溪也有桐江巡檢司後遷桐君山又遷窄溪埠 淳安府西南南有雲濛山西有都督山又有咸平洞亦曰青溪又名歙溪洞南有新安江自南直歙縣流入亦曰青溪西有街口又有永平南有港口三巡檢司後廢東有錦溪關嘉靖中置 遂安府西少南西有武強溪有雙溪流合焉曰三渡口經城南東北注於淳安之青溪南有鳳林巡檢司後廢 壽昌府西南東南有嚴峒山西有壽昌溪東北流至建德縣入新安江南有常樂溪東南流至蘭溪縣入東陽江西有社田西南有上梅二巡檢司 分水府東北東有天目溪上源即於潛縣之紫溪及昌化縣柳溪也下流為桐廬縣之桐溪又東南有前溪自淳安縣流入東注於天目溪東有吳村巡檢司後廢

嘉興府元嘉興路屬江浙行省太祖丙午年十一月為府直隸京師十四年十一月改隸浙江領縣七西南距布政司百九十五里

嘉興倚南有南湖亦曰鴛鴦湖流合運河又有長水塘西南接海寧東北接海鹽縣界又東有雙溪東出為華亭塘南直松江府之漕舟由此入運河 秀水倚宣德五年三月析嘉興縣地置西有運河北經間家湖達南直吳江縣之運河東北有杉青閘又有王江涇二巡檢司 嘉善府東本嘉興縣之魏塘鎮巡檢司宣德五年三月改為縣南有華亭塘河東有魏塘河東北有清風涇西北有分湖與南直吳江縣分界又北有章練塘水亦流合華亭縣之泖湖東北有風涇西北有陶莊二巡檢司廢 崇德府西南元崇德州洪武二年降為縣西北有運河自德清縣流入東南有語溪一名語兒中涇又名沙渚塘又東北有石門塘水東南接運河北達歸安之烏鎮 桐鄉府西少南宣德五年三月以崇德縣之鳳鳴鄉置北有運河與崇德縣接界又有爛溪北達吳江縣之鶯脰湖西達湖州府潯溪北有皂林巡檢司 平湖府東宣德五年三月以海鹽縣之當塗鎮置東南有故邑山南有雅山俗曰瓦

山又富湖在縣治東下流出海鹽澉浦入海其西爲市西河自嘉興縣流入入於當湖其分流南出者則由縣東南乍浦入海北出者則由縣東北盧瀝浦入海浦傍有蘆瀝鹽場又北有東泖卽華亭三泖之上流東有白沙灣巡檢司治廣陳墅後遷縣東南獨山又東南有乍浦鎭巡檢司後遷梁莊仍故名

海鹽府東南元海鹽州洪武二年降爲縣南有秦駐山又有長墻山山西南有鳳凰山東北有澉山又有獨山舊置鹽場於此東臨海有防備塘洪武初以石爲之南北計四千八百丈又有東西南三海口而西海口在縣東北尤衝要東北有呂港港口有鹽場西南有鮑郎市有鹽課司東北有守禦千戶所東南有澉浦守禦千戶所俱洪武十九年十一月置城東有海口巡檢司後徙砂腰村南有澉浦巡檢司後遷秦駐山俱仍故名

湖州府元湖州路屬江浙行省太祖丙午年十一月爲府直隸京師十四年十一月改隸浙江領州一縣六南距布政司百九十里

烏程倚北有卞山亦曰弁山西南有石城山南有峴山本名顯山西南有銅山一名銅峴山北有太湖接南直蘇常二府界東北有大錢湖小梅湖二口府境羣水皆於此入太湖又西有苕溪源自孝豐天目之陰流經昆山下出大錢湖口又南有餘不溪卽杭州境內之苕溪自德淸縣流經府南匯爲玉湖復東北出而匯於苕水亦曰霅溪東有後潘村巡檢司後遷南潯鎭仍故名東北有大錢湖口巡檢司

歸安倚南有金蓋山亦名何山又有衡山東有昇山亦曰烏山一名歐餘山又運河在城東源自苕溪餘不溪二水分流爲運河東北經南潯鎭入吳江縣界合嘉興之運河又南有荻港亦曰荻港東北接運河其枝流東南出烏鎭合桐鄉之瀾溪又東有潯溪卽潯溪之支流也流經南潯東南有璉市巡檢司又西南有上沃埠巡檢司後廢

長興府西北元長興州太祖丁酉年三月改名長安州壬寅年復曰長興洪武二年降爲縣西北有顧渚山產茶一名西顧山一名吳望山東北有太湖與南直宜興縣分中流爲界西有若溪下流入太湖西南有荆溪東南入於苕溪東北有皐塘西南有四安二巡檢司又西有合溪南有和平二巡檢司廢

德淸府南少東北有敵三山東南有運河有餘不溪亦曰霅溪卽苕溪別名東北有新市鎭巡檢司又東有下塘巡檢司後遷五柳港口又東有荷葉浦巡檢司廢

武康府西南東有封山一名防風山又有禺山西南有覆舟山山南有前溪東北有後溪流入焉下流入德淸餘不溪

安吉州元安吉縣正德元年十一月升爲州西南有故城洪武徙於今治東南有白陽山舊產錫西有苕溪又有龍溪卽苕溪支流東南有獨松關巡檢司又有遞鋪巡檢司廢東北距府二十里領縣一

孝豐州西南成化二十三年析安吉縣地置屬府正德二年改屬州南有天目山有天目山巡檢司又西南爲金石山卽天目最高處又南有苕溪出天目山此爲苕溪之別源又西有松坑巡檢司

紹興府元紹興路屬浙東道宣慰司太祖丙午年十二月爲府領縣八西北距布政司百三十八里

山陰倚南有會稽山其支山爲雲門山又有法華山西南爲蘭亭山西北有塗山北濱海有三江口三江者一曰浙江一曰錢清江卽浦陽江下流其上源自浦江縣流入至縣西錢淸鎭曰錢清江一曰曹娥江卽剡溪下流其上源自嵊縣流入東折而北經府東曹娥廟爲曹娥江又西折而北會錢淸江浙江而入海又西有運河自蕭山縣流入又東南逕會稽縣又東入上虞縣界又南有鑑湖長十四五里俗曰白塔洋有若耶溪合焉又北有白水湖旁通運河北有三江守禦千戶所在浮山之陽洪武二十年二月置又有三江巡檢司在浮山桃松莊又西北有白洋巡檢司

會稽倚東南爲會稽山其東接宛委秦望天柱諸山又東有銀山錫山舊產銀砂及錫東南有若耶山東有曹娥江東南有平水溪南合剡溪東北有瀝海守禦千戶所洪武二十年二月置又有黃家堰巡檢司尋遷瀝海所西後遷上虞縣界纂風鎭仍故名

蕭山府西北西南有虎爪山東南有龕山俱下臨浙江龕山傍有小山曰龕子山浙江自縣西東北流出其中東接大海亦曰海門東南有峽山錢淸江經其中後北折而東入山陰縣界城西有運河東接錢淸江又有湘湖西南有漁浦巡檢司又西有西興亦曰西陵往錢塘者由此渡江

諸暨府西南元諸暨州太祖己亥年正月改諸全州丙午年十二月降爲諸暨縣西南有新城在五指山下太祖癸卯年李文忠所築西有長山又有五泄山南有句乘山又有浣江卽浦陽江亦曰靑弋江又西南有長淸關西有陽塘關二巡檢司廢

餘姚府東北元餘姚州洪武初降爲縣南有新城與縣城隔江對峙姚江經其中南有四明山北瀕海姚江源自縣西南太平山一名舜江西北流至上虞縣乃東北出經縣南又東爲慈溪之前江東北有燭溪湖引流爲東橫河西有傘山湖引流爲西橫河俱注於姚江又西北有臨山衞洪武二十年二月置東北有三山守禦千戶所一名滸山亦洪武二十年二月置又東北有三山巡檢司治全家山上尋遷破山北有眉山巡檢司治眉山寨尋遷縣西北湖海頭又有廟山巡檢司治廟山寨尋遷上虞縣界中源堰仍故名

上虞府東西北有夏蓋山北枕海南臨夏蓋湖西南有東山東有覆卮山接嵊縣界又東有通明江卽姚江上流又有運河在縣治前又西北有白馬湖北接夏蓋湖其相連者有上妃湖亦曰上陂湖引流爲五夫湖東北達於餘姚之西橫河又西有梁湖巡檢司本治梁湖尋遷百官市仍故名

嵊府東南東有丹池山東北有嵊山北有嶀山又有淸風嶺西有太白山南有剡溪源出天台諸山下流爲曹娥江西有長樂鎭西北有管解寨二巡檢司廢

新昌府東南東有沃州山東南有天姥山又東有東溪源出天台山西北流入嵊縣界南有彩煙鎭又有豐樂又有善政三巡檢司俱廢

寧波府元慶元路屬浙東道宣慰司太祖吳元年十二月爲明州府洪武十四年二月改寧波領縣五西北距布政司三百六十里

鄞倚東有鄮山西南有四明山周八百餘里東有灌頂山舊產鐵東南有阿育王山有太白天童諸山東北濱海有鄞江一名甬江東南有奉化江西北有慈溪皆流合焉西南有小江湖又西有廣德湖東有東錢湖皆引流入鄞江北有龍山守禦千戶所洪武十九年十一月置東有甬東巡檢司治甬東隅後遷定海縣東南竹山海口仍故名

慈谿府西北元曰慈溪永樂十六年改溪爲谿西南有車廐山東北濱海南有慈谿一曰前江卽姚江下流也藍溪文溪諸水皆流合焉西北有鳴鶴鹽課司又觀海衞亦在西北洪武十九年十一月置又有松浦巡檢司治浦東尋遷淸西又有向頭巡檢司治向頭寨尋遷洋浦廢後復

奉化府南元奉化州洪武二年降爲縣南有蓬島山又有天門山西北有雪竇山北有奉化江亦曰北渡江又謂之剡溪東有市河東北有趙河皆南流入焉東有塔山東南有結埼二巡檢司又有公棠連山楓嶴東宿四巡檢司廢

定海府東北東有候濤山一名招寶山上有威遠城山麓有靖海城俱嘉靖三十九年置東北皆濱海海中有舟山有金塘山有蛟門山又有普陀落伽山有大謝小謝山南有大浹江其上流卽鄞江分流爲小浹江並入海南有淸泉等鹽場又東北有定海衞本定海守禦千戶所洪武十四年四月置二十年二月升爲衞東南有穿山後千戶所洪武二十七年九月置又有霩衢守禦千戶所大嵩守禦千戶所俱洪武十九年十一月置又有舟山中中千戶所舟山中左千戶所本元昌國州洪武二年降爲縣二十年六月縣廢改置南有上岸太平嶴西有管界寨二巡檢司又西北有施公山南有長山二巡檢司後廢又南有霞嶼巡檢司本名崎頭正統閒更名後廢又舟山東南有寶陀西北有岑港又舟山東有岱山西南有螺峯四巡檢司後廢

象山府東南南有石壇山亦曰壇頭山東南北三面皆濱海其南有三蕼山一名三仙島俱在海中南有玉泉鹽場又西南有昌國衞本昌國守禦千戶所洪武十二年十月置於舟山十七年九月改爲衞二十年來徙縣南天門山二十七年遷縣西南後門山又山西南有石浦守禦前後二千戶所俱洪武二十年置西北有錢倉守禦千戶所洪武十九年十一月置西有爵溪守禦千戶所洪武三十年十二月置北有陳山巡檢司治陳山尋遷縣東南西有爵溪巡檢司遷治美嶼渡南有石浦巡檢司遷治靑山頭又東有趙嶴巡檢司自寧海縣遷此俱仍故名

台州府元台州路屬浙東道宣慰司洪武初爲府領縣六西北距布政司四百四十里

臨海倚西南有括蒼山一名眞隱山又東南有海門山有金鼇山皆濱海南有澄江一名靈江流合天台仙居諸山之水至黃巖縣入海又大海在東中有芙蓉山高麗頭山又有杜瀆鹽場又海門衞亦在縣東洪武二十年二月置其北爲前千戶所洪武二十八年置東北有桃渚前千戶所洪武二十年九月置東有蛟湖巡檢司遷治海口陶嶼又有連盤巡檢司遷治海口長沙俱仍故名

黃巖府東南元黃巖州洪武三年三月降爲縣南有委羽山東有大海西北有永寧江卽澄江下流東南有鹽場又有長浦巡檢司

天台府西南西有天台山北有赤城山又有石橋山皆天台支阜也其絕頂曰華頂峯又西南有始豐溪卽澄江上源又東有栖溪產鐵其東爲甬溪又西有胡賚巡檢司廢

仙居府西南西北有蒼嶺卽括蒼山又有永安溪下流亦會於澄江又西南有曹溪東有彭溪俱流合於永安溪西有田寺巡檢司後廢

寧海府東北北有天門山西北有龍鬚山舊產銅鐵東濱海東北有鄞江與象山縣界南有海游溪有寧和溪又有東溪東有鐵砂治之成鐵俱導流入海又有梅嶴鎭舊有鐵場又南有健跳千戶所洪武二十年九月置東有越溪又有長亭北有鐵場南有曼嶴東南有寶嶴五巡檢司

太平府東南成化五年十二月以黃巖縣之太平鄉置析樂淸地益之南有大雷山西北有玉成山西南有靈山與玉環山接東南濱海曰大閭洋中有松門石塘大陳等山又東有遷江一名新建河至縣北曰官塘河北抵黃巖縣東入海東有松門衞本松門千戶所洪武十九年十二月置二十年六月升爲衞東北有新河千戶所洪武十九年十二月置南有隘頑千戶所西南有楚門千戶所俱洪武二十年二月置又東有盤馬西有二山又有蒲岐三巡檢司南有沙角巡檢司本治岐頭山下後遷今治西南有小鹿巡檢司遷治楚門所之橫山後西有溫嶺巡檢司廢

金華府元婺州路屬浙東宣慰司太祖戊戌年十二月爲寧越府庚子年正月曰金華府領縣八東北距布政司四百五十里

金華倚北有金華山南有銅山舊產銅城南有東陽江亦曰婺港自東陽縣流經此又有南溪自縉雲縣來合焉謂之雙溪亦曰穀溪合流至蘭谿而會於信安江

蘭谿府西元蘭谿州洪武三年三月降爲縣東有銅山舊產銅西南有蘭溪卽穀溪也亦曰大溪一自衢州之衢港一自金華之婺港會於西南蘭陰山下北入嚴州界西北有平渡巡檢司北有靈泉鄕龍巖鄕二巡檢司廢

東陽府東東南有大盆山東陽江出焉經縣北謂之北溪亦曰東溪西南有畫溪下流至義烏縣入焉東有永寧巡檢司又東南有瑞山玉山南有興賢仁壽二巡檢司廢

義烏府東少北南有烏傷溪卽東陽江西有智者同義鄕南有雙林明義鄕北有龍祈鎭三巡檢司廢

永康府東南南有銅山舊產銅南有南溪亦曰永康溪又東有孝義寨南有義豐鄕東南有合德鄕三巡檢司後廢

武義府南少東東北有永康溪又有芡道市西有若竹市又北有白溪戶市

浦江府東北西有深裊山浦陽江出焉東流入諸暨縣界東有陽家埠巡檢司後廢

湯溪府西南成化七年正月析蘭谿金華龍游遂昌四縣地置南有銀嶺西北有穀江卽信安江

衢州府元衢州路屬浙東道宣慰司太祖己亥年九月爲龍游府丙午年爲衢州府領縣五東北距布政司五百六十里

西安倚永樂二十二年建越王府宣德二年除西有嶽山舊出銅錫鉛城西南有衢江其上源曰大溪自江山縣流入又有西溪亦曰信安溪自開化縣發源流至此與大溪合焉曰雙港口又東有定陽溪一名東溪自遂昌縣流入合於衢江西南有嚴剝東南有板固二巡檢司

龍游府東東有龍邱山北有梅嶺又有穀溪卽衢江也一名盈川溪又南有靈溪自遂昌縣流經縣南靈山下又東北入焉東有湖頭鎭巡檢司又北有木北南有靈山二巡檢司廢

常山府西有三衢山東有常山卽信安嶺也北有金川一名馬金溪自開化縣流入東有文溪自江山縣流入合於金川爲信安溪上源北有下坑東南有鎭平二巡檢司廢

江山府西東南有江郞山有仙霞嶺仙霞關在其上城東有大溪仙霞嶺水所滙也又西有文溪南有東山巡檢司本治仙霞嶺下後遷嶺上又有小竿嶺巡檢司廢

開化府西北金溪在城東其源一出馬金嶺一出百際嶺至城北合流而南卽金川上源也北有金竹嶺巡檢司又西有雲臺北有低坂又有馬金南有華埠四巡檢司廢

處州府元處州路屬浙東道宣慰司太祖己亥年十一月爲安南府尋曰處州府領縣十北距布政司七百三十里

麗水倚大溪在城南一名洄溪自龍泉縣流經此下流至永嘉縣入於海又東有好溪本名惡溪東南達於大溪

青田府東南西有大小連雲山南有南田山又有南溪卽大溪也亦曰靑溪自麗水縣流入西南有小溪流合焉南有淡洋巡檢司又北有黃壇巡檢司廢

縉雲府北東有仙都山亦名縉雲山又有管溪官山西南有馮公嶺一名木合嶺一名桃花隘又東有好溪源出縣東北之大盆山有管溪自東流合焉又北有南源溪亦曰南溪下流爲永康溪入於東陽江

松陽府西北有竹客嶺西有松溪南有竹溪流入焉下流至麗水縣入於大溪又西南有淨居巡檢司廢

遂昌府西南有雙溪有二源至縣南合流又東經西明山南分爲二其一入龍泉縣之大溪其一爲東溪入松陽縣爲松溪北有馬步巡檢司

龍泉府西南南有匡山建溪之水出焉南有大溪源出臺湖山又有靈溪自縣北流合焉東入雲和縣界南有慶元巡檢司治査田市

慶元府西南洪武三年三月省十三年十一月復置西南有松源水南流入福建爲松溪縣之松溪

雲和府西南景泰三年析麗水縣地置南有大溪西有黃溪流入焉東入麗水縣界又西有七赤渡東有石塘隘

宣平府北本麗水縣之鮑村巡檢司景泰三年改爲縣而徙巡檢司於縣之後陶仍故名尋廢西北有囂坑山舊產銀南有玉岩山又有會高山產礦又南有虎蹄溪會流於麗水縣之大溪

景寧府南景泰五年析青田縣置南有敕木山東有礦坑嶺西有鶴溪東北有大漈灘下流皆注於青田縣之大溪北有沐溪巡檢司遷縣南大漈仍故名又西有盧山巡檢司後廢東有龍首關又有龍漈關白鹿關俱嘉靖中置

溫州府元溫州路屬浙東道宣慰司洪武初爲府領縣五西北距布政司八百九十里

永嘉倚西有岷岡山又有鐵場嶺南有大羅山東濱海又永寧江在城北一名甌江一名永嘉江自括蒼諸溪滙流入府界又東注於海江中有孤嶼山與北岸羅浮相望又西北有安溪東北有楠溪俱注於甌江西南有會昌湖東有寧村守禦千戶所洪武二十年二月置東南有中界山巡檢司後遷縣東永昌堡

瑞安府南元瑞安州洪武二年降爲縣正德六年五月徙縣城於故城西去海三丈五尺以避潮患西有陶山北有帆游山城南有安陽江源出福建政和縣及青田縣界合流至此曰瑞安江亦曰飛雲江渡處有飛雲關東接海口又縣東海岸中有鳳凰諸山又縣東北有海安守禦千戶所縣東南有沙園守禦千戶所俱洪武二十年二月置東有東山巡檢司本名梅頭治梅頭寨後遷更名

樂淸府東北東有雁蕩山南濱海有玉環山在海中又西北有荆溪又縣治傍有東西二溪西南有館頭江又西有象浦河東北有石馬港下流皆達海有長林鹽場又西有盤石衞洪武二十年二月置東有盤石守禦後千戶所成化五年置東北有蒲岐守禦千戶所亦洪武二十年二月置西有館頭巡檢司遷治縣西南岐頭寨後復東南有北監巡檢司治玉環山下尋遷縣東北蔡嶴又遷縣東白沙嶺又遷鵰頭又遷窒嶴山下仍故名

平陽府西南元平陽州洪武三年降爲縣西南有南鴈蕩山有玉蒼山又東南海中有大巖頭山有南麂山又西有前倉江亦曰橫陽江東南經江口關注於海南有天富南監場又南有金鄕衞有蒲門守禦千戶所東北有壯士守禦千戶所皆洪武二十年二月置東南有舥艚又有斗門二巡檢司南有江口巡檢司治下埠後遷渡頭又東有仙口巡檢司遷縣南麥城山仍故名又東南有龜峯巡檢司廢

泰順府西南景泰三年以瑞安縣羅陽鎭置析平陽縣地益之南有分水山上有關爲浙閩分界處又西有白溪下流至福建寧德縣入海又東有仙居溪流入瑞安境入海北有池村巡檢司南有三冠巡檢司本洋望後更名東南有鵰陽巡檢司後廢又羅陽第一關在縣東

明史卷四十五　志第二十一

總裁官總理事務經筵講官少保兼太子太保保和殿大學士兼管吏部戶部尚書事加六級張廷玉等奉

敕修

地理六

福建　廣東

廣西

福建禹貢揚州之域元置福建道宣慰使司治福州路屬江浙行中書省至正十六年正月改宣慰司爲行中書省太祖吳元年十二月平陳友定洪武二年五月仍置福建等處行中書省七年二月置福州都衞與行中書省同治八年十月改福州都衞爲福建都指揮使司九年六月改行中書省爲承宣布政使司領府八直隸州一屬縣五十七爲里三千七百九十七北至樅嶺與浙江界西至汀州與江西界南至詔安與廣東界東至海距南京二千八百七十二里京師六千一百三十三里洪武二十六年編戶八十一萬五千五百二十七口三百九十一萬六千八百六弘治四年戶五十萬六千三十九口二百一十萬六千六十萬曆六年戶五十一萬五千三百七口一百七十三萬八千七百九十三

福州府元福州路屬福建道太祖吳元年爲府領縣九

閩倚南有釣臺山亦曰南臺山東南有鼓山南有方山一名甘果山下有官母嶼有巡檢司東南濱海南有閩江亦曰建江自南平縣流入府界東南納羣川之水至府西曰洪塘江分二流南出曰陶江東出曰南臺江至鼓山下復合爲一又東南有馬頭江自永福縣流入曰西峽江又東有東峽江流合焉又東南至五虎門入於海東有閩安鎮巡檢司

侯官倚西有旂山有雪峯山有建江又有西禪浦西南有陽崎吳山鳳岡澤苗延澤仙坂等六浦皆建江支分仍合正流入海西北有懷安縣洪武十二年移入郭內與侯官同治萬曆八年九月省西北有竹崎又有五縣寨二巡檢司

長樂府東少南東濱海有海堤北有馬頭江又東有守禦梅花千戶所洪武二十一年二月置東北有石梁蕉山東南有松下鎮二巡檢司又東有小祉山巡檢司後移治大祉澳

福清府南少東元福清州洪武二年二月降爲縣東南際海有鹽場海中有海壇山又有小練山南有龍江又有迎江東南有海口江皆滙流入海又東有鎮東衞南有守禦萬安千戶所俱洪武二十一年二月置又有澤朗山有牛頭門又南有壁頭山三巡檢司又東有海口鎮巡檢司洪武二十年移於長樂縣之松下鎮

連江府東北東北濱海海中有北茭鎮巡檢司南有連江東入海東北有守禦定海千戶所洪武二十一年二月置

羅源府東北東濱海西有羅川南流分三派入海南有應德鎮

古田府西北建江在縣南自南平縣流入經城南有大溪流合焉謂之水口又東南逕模天嶺下江流至此始出險就平東入閩清縣界東有杉洋鎮出銀坑有巡檢司後廢又西南有谷口鎮西北有西溪鎮二巡檢司尋廢

閩清府西北西南有大帽山北有建江西南有梅溪流合焉東有青窰鎮巡檢司廢

永福府西西南有高蓋山又南有陳山東有東溪匯諸山溪之水下流會於福清之龍江而入海又有添門巡檢司後移於嵩口堤尋復故

興化府元興化路屬福建道宣慰司洪武元年爲府領縣二北距布政司二百八十里

莆田倚東南濱海海中有湄洲嶼又有南日山俱東與琉球國相望又南有木蘭溪北有延壽溪東北有荻蘆溪又有通應港俱會流入海又西北有興化縣正統十三年四月省東有平海衞東南有守禦莆禧千戶所俱洪武二十一年二月置東有嵌頭西北有大洋寨東南有吉了三巡檢司東有沖沁巡檢司本治尋陽後徙興福又有青山巡檢司本治武盛里南哨後徙奉國里東南有南日山巡檢司後徙新安東北有迎仙寨巡檢司後移鼓樓山東有峙頭東南有小峙二巡檢司後廢

仙遊府西北有二飛山東北有何嶺南臨九鯉湖湖在萬山中下流入莆田縣界合於延壽溪西有三會溪即木蘭溪上源西有白嶺巡檢司後遷於文殊寨南有楓亭市西有潭邊市二巡檢司後廢

建寧府元建寧路屬福建道宣慰司洪武元年爲府領縣八四年正月置建寧都衞於此八年十月改爲福建行都指揮使司東南距布政司五百二十五里

建安倚東北有鳳凰山產茶東有東溪即建江自浙江慶元縣流經此又西合於西溪又東南有壽嶺巡檢司

甌寧倚西有西溪源出崇安縣東會諸溪之水流入縣境又東合於東溪南入延平府界西北有營頭街巡檢司

建陽府西北西北有西山東南有錦江亦曰交溪有二源合流於縣東東山下南流達於建溪

崇安府西北南有武夷山中有清溪九曲流入崇溪西北有分水嶺上有分水關巡檢司其水西流者入江西境東流者入縣境即崇溪源俗謂之大溪經城西而南出亦謂之西溪其別源出縣東北之岑陽山亦曰東溪西南流合於西溪又南合武夷水而入建陽縣界即錦江之上源也又西北有溫林岑陽桐木焦嶺谷口寮竹觀音等關與分水關爲崇安八關

浦城府東北北有漁梁山建溪之源出焉又有蓋仙山有黎嶺又有楓嶺一名大竿嶺皆浙閩通逵又東北有柘嶺與浙江麗水縣分界柘水出焉流合大溪又南有南浦溪亦曰大溪即建溪也下合建陽之交溪東有高泉東北有溪源西北有盆亭三巡檢司

松溪府東東有萬山東北有鷲峯山接浦城及浙江之龍泉界南有松溪源出浙江慶元縣亦謂之松源水又西有杉溪下流俱入於建溪北有二十四都巡檢司南有東關巡檢司後遷於烏鞍嶺又遷於鐵嶺又遷於峽橋

政和府東南有七星溪源出縣東之銅盤山下流合於松溪又東有丹溪流經福安縣入海又東南有赤巖巡檢司

壽寧府東景泰六年八月以政和縣楊梅村置析福安縣地益之東有蟾溪即福寧州長溪上源也東有漁溪巡檢司後遷縣北之官臺山又遷斜灘鎮

延平府元延平路屬福建道宣慰司洪武元年爲府領縣七東南距布政司四百五里

南平倚南有九峯山東北有衍仙山城東南有劍溪即建江也亦曰東溪自建寧府流入南經黯淡灘又西逕劍津與西溪合西溪出汀邵二府之境至縣西合於沙縣之沙溪爲沙溪口又東至劍津合於東溪又南至尤溪口合於大溪亦名南溪又東至福州府入於海俗亦謂之三溪東南有蒼峽西北有大曆二巡檢司

將樂府西南有天階山西北有百丈山南有將溪亦曰大溪即西溪之上源也又西北有梅溪自邵武界流入合於大溪又北有萬安寨巡檢司

沙府西南西北有幼山縣治南有沙溪亦名太史溪自永安縣流入經縣東有霹靂等灘下流合於西溪北有北鄉寨巡檢司

尤溪府南北有丹溪嶺一名桃木嶺下有丹溪東有尤溪其土源一出龍巖縣一出德化縣合流於縣西南又北流會湯泉等二十溪北出尤口入建溪亦曰湖頭溪西有英果砦又有高才坂二巡檢司

順昌府西少北南有衛閩嶺西北有順陽溪源出建陽縣又東經縣南與將溪合又東經沙口合邵武縣之沙溪又東經縣西與西溪合西溪即邵武縣之紫雲溪也又東入南平縣界爲南平之西溪又西北有仁壽鎮巡檢司

永安府西南本沙縣之浮流巡檢司正統十四年置永安千戶所於此景泰三年改置縣析尤溪縣地益之東北有貢川山東南有石羅山西有燕溪四源合流經城東北下流爲沙縣之沙溪又西有安砂鎮西南有湖口寨二巡檢司又西北有黃楊巡檢司廢

大田府西南嘉靖十五年二月以尤溪縣之大田置析永安漳平德化三縣地益之北有五臺山南有大仙山東有銀瓶山產銀鐵又南有尤溪自龍岩縣流入又東入尤溪縣境又東南有花橋巡檢司又西南有桃源店巡檢司本屬漳平縣後來屬北有英寨西南有安仁隘二巡檢司後廢

汀州府元汀州路屬福建道宣慰司洪武元年爲府領縣八東距布政司九百七十五里

長汀倚北有臥龍山又北有新樂山貢水出焉流入江西界西有新路嶺東有鄞江即東溪亦曰左溪自寧化縣流入下流經廣東大埔縣入海中有五百灘亦謂之汀水又東南有正溪西有西溪北有北溪南有南溪俱合於東溪又西有古城寨巡檢司

寧化府東北南有潭飛漈又有大溪源出縣北萬斛泉分流爲清流縣之清溪其正流入長汀縣爲鄞江上流北有安遠寨巡檢司

上杭府南西有金山上有颺泉浸鐵能成銅西南有羊廚山產礦南有大溪

武平府西南北有黃公嶺南有化龍溪下流入廣東程鄉縣西南有武平城洪武二十四年正月置武平千戶所於此東南有象洞巡檢司後移於縣西南之悉錄隘北有永平寨巡檢司後移縣西北之貝寨

清流府東北南有豐山東南有鐵石山南臨九龍溪有鐵石磯頭巡檢司西南有清溪自寧化縣流入東北合中溪又東南經九龍灘而入永安縣界亦曰龍溪即燕溪之上源

連城府東南本曰蓮城洪武十七年後改蓮曰連東有蓮峯山南有文溪下流達於清流縣之濟溪西南有北團寨巡檢司後遷於縣南之朋村隘後又遷於縣西南之新泉隘

歸化府東北成化七年正月以清流縣之明溪鎮置析將樂沙縣寧化三縣地益之北有鐵嶺南有歸化溪下流合將樂縣之將溪東有夏陽巡檢司

永定府南成化十四年以上杭縣溪南里之田心地置析勝運等四里益之西有大溪即汀水自上杭縣流經此又東入廣東大埔縣界東南有三層嶺巡檢司東北有太平巡檢司後徙高坡西南有興化巡檢司治溪南里古鎮尋廢復置後遷於上杭縣之峯頭

邵武府元邵武路屬福建道宣慰司太祖吳元年爲府領縣四東南距布政司六百七十里

邵武倚東有三臺山東南有七臺山又有道人峯又有樵溪源自樵嵐山經城內出北門合紫雲溪流至順昌縣爲順陽溪又東南有木戶巡檢司又東有拏口南有同巡東北有楊坊三巡檢司廢

光澤府西北北有雲際嶺西北有杉嶺杉關在其上與江西南城縣接界杭川出焉亦名大溪下流入紫雲溪又有大寺寨巡檢司在杉關東又西北有黃土關

泰寧府西南西有金鐃山西北有大杉嶺西有二十四溪南有灘江流合焉下流會於樵溪

建寧府西北有百丈嶺藍溪出焉南有綏江源出金鐃山一名濉江亦名寧溪至綏城口合藍溪流入泰寧縣界西有西安巡檢司本治里心保後遷承坊隘尋廢後復置後又遷新安保之黃泥鋪

泉州府元泉州路屬福建道宣慰司洪武元年爲府領縣七東距布政司四百十里

晉江倚東北有泉山一名清源東南有寶蓋山南有靈源山東南濱海有鹽場海中有彭湖嶼南有晉江自南安縣流入經城西石塔山下又東南至岱嶼入海東北有洛陽江南流入海又東南有永寧衞南有守禦福泉千戶所俱洪武二十一年二月置東南有祥芝又有烏潯南有深滬又有圍頭四巡檢司西南有安平城嘉靖中築東南有石湖城萬曆中築

南安府西少北東南濱海南有黃龍溪即晉江之上流西有桃林溪流入焉南有石井巡檢司又西北有澳頭西南有達河二巡檢司後廢

同安府西南西有文圃山南濱海有鹽場西北有西溪流合縣東之東溪縣西之苧溪又東南注於海西南有守禦金門千戶所西有守禦高浦千戶所俱洪武二十一年二月置又西南有永寧中左千戶所在嘉禾嶼即廈門也洪武二十七年二月置西有苧溪南有塔頭山東南有田浦又有陳坑四巡檢司又西南有白礁巡檢司後移於縣西之灌口寨東南有烈嶼巡檢司後移於石潯港口又有官澳巡檢司後移於踏石寨又有峯上巡檢司後移於縣西之下店港口

惠安府東北東南濱海有鹽場西有洛陽江又東南有守禦崇武千戶所洪武二十一年二月置嘉靖中移於縣東北城東有黃崎南有獺窟東南有小岞東北有峯尾四巡檢司又東北有塗嶺又有沙格東南有小兜三巡檢司洪武二十年廢

安溪府西西北有佛耳山南有藍溪又西北有源口渡巡檢司後遷白華堡尋復

永春府西北西北有雪山桃林溪出焉東逕南安縣北合藍溪爲雙溪口又東逕南安縣南合於黃龍溪西有陳岩寨巡檢司洪武中廢

德化府西北西北有蘇雲山西有太湖山南有丁溪又有滻溪合而北流入興化仙遊境又西北有高嶺巡檢司本東西團後徙治更名東南有虎豹關

漳州府元漳州路屬福建道宣慰司洪武元年爲府領縣十東北距布政司七百里

龍溪倚東有岐山西有天寶山北有華封嶺一名龍頭嶺東南濱海海中有丹霞等嶼又東北有九龍江亦名北溪其上源出長汀及沙縣流入縣界歷龍頭嶺下謂之峽中至縣東出峽爲柳營江又南有南溪流入焉又東南爲鎮門港入於海有柳營江巡檢司又南有九龍嶺巡檢司

漳浦府南南有梁山又東南有良山與梁山相峙東北有大武山縣東南兩面皆濱海南有漳江亦曰雲霄溪合李澳溪入於海又有石陛溪東北又有鎮海衞東有守禦六鼇千戶所澳東南有古雷又有後葛東有井尾澳西南有盤陀嶺四巡檢司又東南有青山巡檢司後徙治月嶼又西南有雲霄鎮俱洪武二十一年二月置

龍巖府西東有龍巖山又有東寶山舊產銀鉛西有紫金山北有九侯山又南有龍川下流入漳平界爲九龍江上源東北有雁石巡檢司後移於皞林口

長泰府東南有長泰溪下流入九龍江東南有朝天嶺巡檢司後移於溪口

南靖府西舊治在西南雙溪之北嘉靖四十五年北徙大帽山麓萬曆二十三年復還舊治北有歐寮山南有雙溪入龍溪縣界爲南溪北有永豐西北有和溪二巡檢司又有小溪寨溪二巡檢司後廢

漳平府西北成化六年以龍巖縣九龍鄉置析居仁等五里地益之東南有象湖山南有百家畬洞踞龍巖安溪龍溪南靖漳平五縣之交又有九龍溪自龍巖縣流經此下流入龍溪縣南有歸化巡檢司後移於縣東之析溪口又東北有溪南巡檢司後廢

平和府西南正德十四年六月以南靖縣之河頭大洋陂置析漳浦縣地益之東南有三平山東有大峯山和頭溪所出分數流達海又西有蘆溪流合焉有蘆溪巡檢司後遷坊頭坂改名漳汀巡檢司

詔安府南本南詔守禦千戶所弘治十八年置嘉靖九年十二月改爲縣南臨海海濱有川陵山海中有南澳山又東有東溪爲和頭溪分流東南流入海又南有守禦元鍾千戶所東有守禦銅山千戶所俱洪武二十一年二月置東有金石洪淡二巡檢司西南有分水關漳潮分界巡檢司治焉

海澄府東南嘉靖四十五年十二月以龍溪縣之靖海館置析漳浦縣地益之東北濱海西有南溪自龍溪縣流入與柳營江合流入海東有海門巡檢司後遷於青浦社東北有濠門巡檢司本治海滄洋後遷縣東北之嵩嶼東有島尾巡檢司又西北有石馬鎮

寧洋府西北本龍巖縣之東西洋巡檢司正統十一年置嘉靖四十五年十二月改置縣又析大田永安二縣地益之南有香寮山東南有東洋溪流所滙也

福寧州元屬福州路洪武二年八月降爲縣屬福州府成化九年三月升爲州直隸布政司北有龍首山東有松山山下有峯火門水寨正統九年自海中三沙堡移此東北有大姥山東南濱海海中有崙山臺山官澳山屏風嶼東有白水江西有長溪源出壽寧縣界至縣西南古鎮門入海東有福寧衞南有守禦大金千戶所俱洪武二十一年二月置西北有柘洋巡檢司又有蘆門巡檢司後移桐山堡又東北有大篔簹巡檢司後移秦嶼堡又東有清灣巡檢司後徙牙裏堡南有高羅巡檢司後移閭峽堡又有延亭巡檢司後移下滸堡又東北有蔣洋又有小瀾西北有小澳庫溪西南有藍田南有西臼六巡檢司後廢領縣二西南距布政司五百四十五里

寧德州西南洪武二年屬福州府成化九年來屬北有霍童山有龜嶼東南濱海中有官扈山下有官井洋又東有瑞峯亦在海中西有穹窿溪西南有赤鑑湖北有外渺溪下流俱達於海北有東洋麻嶺巡檢司後徙涵村又徙縣東北之雲淡門又徙縣東之黃灣後還故治南有南靖關東有長崎鎮

福安州西北洪武二年屬福州府成化九年來屬西南有城山海在南西北有長溪東南入福寧州境西北有白石巡檢司後徙於縣東南之黃崎鎮

廣東禹貢揚州之域及揚州徼外元置廣東道宣慰使司治廣州路屬江西行中書省又置海北海南道宣慰使司治雷州路屬湖廣行中書省洪武二年三月以海北海南道屬廣西行中書省四月改廣東道爲廣東等處行中書省六月以海南海北道所領并屬焉四年十一月置廣東都衞與行中書省同治八年十月改都衞爲廣東都指揮使司九年六月改行中書省爲承宣布政使司領府十直

隸州一屬州七縣七十五為里四千八百二十八北至五嶺與江西界東至潮州與福建界西至欽州與廣西界南至瓊海距南京四千三百里京師七千八百三十五里洪武二十六年編戶六十七萬五千五百九十九口三百萬七千九百三十二弘治四年戶四十六萬七千三百九十口一百八十一萬七千三百八十四萬曆六年戶五十三萬七百一十二口五百四萬六百五十五

廣州府元廣州路屬廣東道宣慰司洪武元年為府領州一縣十五

南海倚西北有石門山雙女山南濱海又南有三江口三江者一曰西江上流合黔鬱桂三水自廣西梧州府流入一曰北江即湞水一曰東江即龍川水俱與西江會經番禺縣南入於南海西北有三江巡檢司本治側水村後遷村堡又有金利西南有神安又有黃鼎又有江浦四巡檢司又南有五斗口巡檢司後遷磨刀口又遷佛山鎮

番禺倚在城有番禺二山縣是以名東有鹿步南有沙灣北有慕德東南有茭塘又有獅嶺五巡檢司

順德府西南景泰三年以南海縣大良堡置析新會縣地益之西北有西江南有馬寧北有紫泥二巡檢司西有江村巡檢司後遷縣西北查浦北有寧都巡檢司後遷都粘堡又東南有馬岡巡檢司後廢

東莞府東南南濱海海中有三洲有南頭屯門雞栖佛堂門十字門冷水角老萬山零丁洋等澳北有東江西有中堂西南有白沙又有缺口鎮三巡檢司東北有京山巡檢司本治茶園後遷京口村更名又西南有虎頭山關洪武二十七年置

新安府東南本東莞守禦千戶所洪武十四年八月置萬曆元年改為縣南濱海有大鵬守禦千戶所亦洪武十四年八月置東南有官富西北有福永二巡檢司

三水府北嘉靖五年五月以南海縣之龍鳳岡置析高要縣地益之西江在南北江在西又西南有三江北有胥江東有西南鎮三巡檢司又南有橫石巡檢司

增城府東東有增江南有東江西南有烏石西北有茅田二巡檢司

龍門府東弘治六年以增城縣七星岡置析博羅縣地益之南有龍門水亦曰九牀水流入東江東有上龍門巡檢司

香山府南南濱海東有零丁洋北有黃圃巡檢司西北有大欖巡檢司本名香山後更名

新會府西南南濱海中有崖山東北有西江西南有恩平江一名嶼岡水東南有潮連西有牛肚灣二巡檢司又西北有樂巡巡檢司後遷縣北之石螺岡又東北有大瓦巡檢司本治中樂都後遷驚臺村又南有沙村巡檢司本治大神岡後遷仙洞村又遷長沙村後復故治

新寧府西南弘治十一年以新會縣德行都之上坑蓢置析文章等五都地益之南濱海北有恩平江一名長沙河又南有廣海衛洪武二十七年九月置西有望高巡檢司西南有城岡巡檢司後廢

從化府東北弘治二年以番禺縣橫潭村置析增城縣地益之九年遷於流溪馬場曲東北有流溪巡檢司本治縣北石潭村後遷神岡村

清遠府北東有中宿峽西有大羅山又湞水在縣東北東南有湟水來合焉謂之湟江口有湟江巡檢司又西南有迴岐西北有濱江二巡檢司東北有橫石磯巡檢司後廢

連州元桂陽州直隸廣東道洪武二年三月省入連州四月連州廢地屬連山三年九月連山廢地屬陽山十四年置連州於此屬府東北有桂水西有湟水亦曰洭水自湖廣寧遠縣流入東南合湞水西北有朱岡巡檢司又有西岸巡檢司治仁內鄉後徙陽山縣境東南距府五百六十里領縣二

陽山州東北元屬桂陽州洪武二年三月桂陽州廢屬連州四月連州廢屬韶州府十四年四月改為連州徙州於桂陽州舊治復置縣屬焉南有陽谿即洭水西北有星子巡檢司東有西岸巡檢司自連州移此治青蓮水口又北有湟谿陽山二關

連山州西元連州治此直隸廣東道洪武二年廢屬韶州府三年九月省入陽山十四年十一月復置十四年四月屬州舊治在縣西北鍾山永樂元年徙縣西程山下天順六年又徙小坪南有黃連山北有高良水又名大獲水東至州界入湟水西有宜善巡檢司即程山下舊縣治

肇慶府元肇慶路屬廣東道洪武元年為府領州一縣十一南距布政司二百三十里

高要倚北有石室山南有銅鼓山東有高峽山爛柯山城南有西江又南有新江東南有蒼梧水俱流入焉東南有古耶巡檢司治龍池都之馮村後遷縣東之橫槎下都東有祿步巡檢司初在下村後遷上村水口東有橫槎巡檢司初治上半都後遷水口尋廢

高明府東南本高要縣高明鎮巡檢司成化十一年十二月改為縣析清泰等都益之南有倉步水一名滄江下流入於西江東北有太平巡檢司治太平都後遷縣東都含海口又遷縣西南山臺寺又遷縣東清溪申石奇海濱

四會府北南有北江東有南津巡檢司治黃岡村尋遷縣東南南津水口

新興府南元新州治直隸廣東道洪武二年四月州廢來屬東有新江西南有立將巡檢司又南有祿綠巡檢司後廢

開平府南本恩平縣之開平屯明末改為縣析新興新會二縣地益之南有恩平江源出舊恩平縣西北平城山東流合烏石水下流入廣州新會縣界東南有沙岡巡檢司本治沙岡村後遷平康都之長沙村又南有松柏北有四合二巡檢司

陽春府南元屬南恩州洪武元年屬新州二年四月新州廢屬府西有漠陽江北有古良巡檢司尋廢後復置於縣西又遷南鄉都小水口又北有思良巡檢司後廢

陽江府南元南恩州治此直隸廣東道洪武元年州廢屬新州二年四月新州廢屬府南濱海中有海陵山西北為鶴州山海陵巡檢司在焉西有漠陽江源出古銅陵縣北雲浮山下南流過陽春縣會諸水經南恩舊城直通北津港門入於海東南有海朗守禦千戶所西南有雙魚守禦千戶所俱洪武二十七年置又東北有蓮塘堡西有太平堡俱嘉靖間築

恩平府南本陽江縣之恩平巡檢司初治縣東北之恩平故縣後遷恩平堡成化十四年六月改堡為縣析新興新會二縣地益之而遷巡檢司於縣東南之城村仍故名後又遷白蒙屯縣南有恩平江

廣寧府西北嘉靖三十八年十月以四會縣地置初治縣東南潭圃山下後遷大圍村福星山下即今治也北有綏江又有龍口屯田千戶所亦嘉靖三十八年置西北有金溪巡檢司南有扶溪巡檢司初治東鄉水口後遷扶溪口又遷官埠

德慶州元德慶路屬廣東道洪武元年為府九年四月降為州以府治端溪縣省入來屬西有小湘峽西江經其中端溪自東北流入焉東有悅城鄉巡檢司治悅城故縣後遷靈溪水口東距府二百十里領縣二

封川州西元封州治此直隸廣東道洪武二年三月州廢改屬南有西江西有賀江西北有東安江俱流入焉北有文德巡檢司初治縣西北大洲口後遷縣西賀江口後又遷於此

開建州西北元屬封州洪武二年三月改屬西有開江一名封溪即賀江之下流北有古令巡檢司治古令村後遷縣東北之磚村

韶州府元韶州路屬廣東道宣慰司洪武元年為府領縣六西距布政司八百里

曲江倚永樂二十二年建淮王府正統元年遷於江西饒州府南有蓮花山東北有韶石山西有桂山湞水在東東南有曹溪水西有武水俱流入焉抱城回曲故謂之曲江下流即始興江東北有平圃南有濛瀼二巡檢司

樂昌府西北南有昌山東北有靈君山西有三瀧水即武水北有九峯西北有黃圃又有羅家渡三巡檢司東有高勝巡檢司後廢

英德府西南元英德州直隸廣東道洪武二年三月降為縣來屬南有皋石山一名湞陽峽又湞水在縣東一名湊水湟水在縣西一名洸水至縣西南合流謂之洸口有洸口巡檢司又南有瀧頭水與湞水合又東有象岡北有清溪西有含洸三巡檢司又南有南崖巡檢司廢

仁化府東北治水西村後遷城口村西北有吳竹嶺吳溪水出焉下流為潼溪入湞東北有扶溪巡檢司又北有恩村巡檢司

乳源府西本治虞塘洪武元年遷於洲頭津西有臘嶺五嶺之一西北有武水自湖廣宜章縣流入有武陽巡檢司

翁源府東南元屬英德州洪武二年三月改屬故城在西北今治本長安鄉也洪武初遷於此北有寶山東有靈池山滃溪出焉即瀧頭水東有桂了山巡檢司初治茶園鋪後遷南浦

南雄府元南雄路屬廣東道洪武元年為府領縣二西距布政司千九十里

保昌倚大庾嶺在北亦曰梅嶺上有梅關湞水所出西北有凌江水流合焉南至番禺入海謂之北江又縣東有小庾嶺西北有百順東南有平田二巡檢司又東北有紅梅巡檢司舊治梅關下後遷於此

始興府西西有始興江即湞水南有清化徑巡檢司又東北有黃塘巡檢司本治瓔珞鋪後遷黃塘江口又遷黃田鋪

惠州府元惠州路屬廣東道宣慰司洪武元年為府領州一縣十西北距布政司三百六十里

歸善倚南濱海西江在西南東有東江自江西安遠縣流入府境亦曰龍川江西南至番禺縣會西江入海東南有平海守禦千戶所洪武二十七年九月置又有內外管理又有碧甲二巡檢司

博羅府西北有羅浮山南有東江西有石灣又西北有善政里二巡檢司

長寧府西隆慶三年正月以歸善縣鴻雁洲置析韶州府英德翁源二縣地益之萬曆元年徙治君子峯下南有新豐江下流入龍江西有峰坪巡檢司又北有黃峒巡檢司後廢

永安府東北隆慶三年正月以歸善縣安民鎮置析長樂縣地益之西有東江西南有寬仁里巡檢司治苦竹派後遷桃子園又有馴雉里巡檢司治鳳凰岡後遷縣東烏石屯尋俱還故治

海豐府東北有五坡嶺南濱海一名長沙海又東南有碣石衛東有甲子門守禦千戶所俱洪武二十七年十月置南有捷勝守禦千戶所洪武二十八年二月置初名捷徑三月更名有甲子門巡檢司又西有鵝埠嶺巡檢司又西南有長沙港巡檢司後遷謝道

龍川府東北元循州治此直隸廣東道洪武二年四月州廢來屬東有霍山南有龍江即東江上流自江西安遠縣流入東有通衢巡檢司後遷老龍埠尋還故治東北有十一都巡檢司

長樂府東北元屬循州洪武四年四月來屬舊治在紫金山北洪武初徙於今治東南有十二都巡檢司又西有清溪巡檢司後廢

興寧府東北元屬循州洪武二年四月來屬南有興寧江東入潮州府程鄉縣界東南有水口巡檢司治水口隘後廢復置於下岸尋遷於上岸水東又北有十三都巡檢司後遷白水砦尋復故

連平州本連平縣崇禎六年以和平縣惠化都置析長寧河源二縣及韶州府翁源縣地益之尋升為州西有銀梅水源出楊梅坪即湞水上源南有長吉里南有忠信里有二巡檢司東北距府百八十里領縣二

河源州北舊屬府崇禎六年改屬州故城在西南洪武二年徙於壽春市萬曆十年還於今治南有槎江即龍川江下流為東江又北有新豐江入焉又東北有藍口巡檢司

和平州少北正德十三年八月以龍川縣之和平司置析河源縣地益之屬府崇禎六年改屬州北有九連山西北有浰頭山三浰水出焉亦名和平水有浰頭巡檢司

潮州府元潮州路屬廣東道宣慰司洪武二年為府領縣十一西距布政司千一百九十里

海陽倚南濱海有急水門東有鱷溪一名惡溪亦名韓江又名意溪東入於海西北有潘田巡檢司又有楓洋巡檢司尋遷縣南圍頭村

潮陽府南南濱海東西南有練江南有海門守禦千戶所洪武二十七年置東有招寧西北有門闢北有桑田三巡檢司又有吉安巡檢司治減水都南山下後遷貴嶼村

揭陽府西西北有揭嶺南有古溪東南濱海西有南寨巡檢司本名湖口治湖口村後遷棉湖寨更名東北有北寨巡檢司本治縣西北圖頭山後遷縣東北烏石山南尋還舊治後又遷縣東桃山鋪

程鄉府西北元梅州治此直隸廣東道洪武二年四月州廢來屬南有梅溪即興寧江之下流一名惡溪西北有程江合焉西有太平鄉巡檢司治梅塘堡後遷縣西北石鎮村旁東南有豐順鄉巡檢司本在縣西平遠縣界後遷松口市

饒平府東北成化十二年十月以海陽縣三饒地置治下饒東南濱海海中有南澳山有大成守禦千戶所洪武二十七年置南有黃岡西有鳳凰山二巡檢司又東南有柘林寨

惠來府西南嘉靖三年十月以潮陽縣惠來都置析惠州府海豐縣地益之南濱海西有三河以大河小河清遠河三水交會而名即韓江之上源東南有靖海守禦千戶所洪武二十七年置南有神泉巡檢司本名北山治縣北山村後遷神泉村更名

鎮平府北本平遠縣石窟巡檢司崇禎六年改為縣析程鄉縣地益之西有石窟溪下流入於程江東有藍坊巡檢司自石窟司遷治更名

大埔府東嘉靖五年以饒平縣大埔村置析清遠二都地益之南有神泉河即福建汀州府之鄞江又西有惡溪東北有虎頭沙西有三河鎮二巡檢司又南有大產巡檢司後遷黃沙西南有烏槎巡檢司後遷高陂

平遠府西北嘉靖四十一年五月以程鄉縣豪居都之林子營置析福建江西之武平上杭安遠惠州府之興寧四縣地益之屬江西贛州府四十二年正月還三縣割地止以興寧程鄉地置縣來屬

普寧府西南嘉靖四十二年正月以潮陽縣洋烏黃坑二都地益之寄治貴山都之貴嶼萬曆十年移治黃坑以洋烏波水二都還潮陽縣西有冬瓜山冬瓜水出焉下流為揭陽縣之古溪與南北二溪合下流至澄海縣入於海西南有雲落徑巡檢司

澄海府東南本海陽縣之鳳望巡檢司嘉靖四十二年正月改為縣析揭陽饒平二縣地益之而徙鳳望巡檢司於縣北之南洋仍故名南濱海亦曰鳴洋海西南有蓬州守禦千戶所洪武二十六年四月置又有駝浦巡檢司

高州府元高州路屬海北海南道治電白洪武元年為府七年十一月降為州九年四月復為府後徙治茂名領州一縣五東南距布政司一千里

茂名倚洪武七年十一月省十四年五月復置南濱海城西有寶江源出信宜縣東北流鑑江入焉西南流入化州界南有赤水巡檢司東南有平山巡檢司治紅花堡後遷縣東北之電白故縣又西南有博茂巡檢司後廢

電白府東舊治在西北今治本神電衛洪武二十七年十月置成化三年九月遷於此東濱海西北有立石巡檢司後廢

信宜府北南有寶江東北有中道巡檢司治在懷德鄉黃僚寨之左廢後復置於羅馬村尋又遷於三橋

化州元化州路屬海北海南道洪武元年為府七年十一月降為州以州治石龍縣省入九年四月又降為縣來屬十四年五月復為州北有石城山又東北有茂名水實江之下流又有陵水羅水俱自廣西北流縣流入與茂名水合至吳川縣為吳川水南入於海北有梁家沙巡檢司東南距府九十里領縣二

吳川州南元屬化州路洪武九年四月屬高州府十四年五月改屬州南濱海中有硇洲有硇洲巡檢司在洲南濱海後遷洲上東南有寧川守禦千戶所洪武二十七年四月置又北有寧村巡檢司治川滘後遷縣西北之地聚村又遷於芷芎口

石城州西元屬化州路洪武九年四月屬高州府十四年五月改屬州南濱海西有零綠巡檢司

雷州府元雷州路屬海北海南道宣慰司洪武元年為府領縣三東距布政司千四百五十里

海康倚東濱海南有擎雷水自擎雷山南流東入於海西有海康守禦千戶所洪武二十七年十月置西南有清道東南有黑石二巡檢司

遂溪府北西濱海西南有樂民守禦千戶所洪武二十七年十月置西北有湛川巡檢司治故湛川縣後遷縣東南故鐵把縣又西南有潿洲巡檢司治海島中博里村後遷蠶村

徐聞府南東西南三面濱海西有海安守禦千戶所東有錦囊守禦千戶所俱洪武二十七年十月置西南有東場東有寧海二巡檢司又西北有遇賢巡檢司廢

廉州府元廉州路屬海北海南道宣慰司洪武元年為府七年十一月降為州九年四月屬雷州府十四年五月復為府領州一縣二東距布政司千二百十里

合浦倚洪武七年十一月省十四年五月復置東有大廉山州以此名東南濱海亦曰珠母海以海中有珠池也又城北有廉江亦曰合浦江自廣西容縣流入遂州江口分為五西南注於海又北有石康縣成化八年省東有永安守禦千戶所洪武二十七年置東南有珠場東北有永平二巡檢司又北有高仰巡檢司治馬欄墟後遷於縣西南

欽州元欽州路屬海北海南道洪武二年為府七年十一月降為州以州治安遠縣省入九年四月降為縣來屬十四年五月復為州西南濱海海中有烏雷山入安南之要道也又有分茅嶺亦與安南分界龍門江在城東又東有欽江俱入於海南有松海西南有長墩西北有管界三巡檢司又西有如昔又有佛淘二巡檢司與交阯接界宣德二年入於安南嘉靖二十一年復又西南有千金鎮東距府百四十里領縣一

靈山州北元屬欽州洪武九年四月屬廉州十四年五月仍屬欽州北有洪牙山洪牙江出焉經縣東與羅陽山水合爲南岸江南流爲欽江又南有林墟西有西鄉二巡檢司

瓊州府元乾寧軍民安撫司元統二年十月改爲乾寧安撫司屬海北海南道宣慰司洪武元年十月改爲瓊州府二年降爲州三年仍升爲府領州三縣十東北距布政司千七百五十里　瓊山倚南有瓊山北有濱海有神應港亦曰海口渡有海口守禦千戶所洪武二十年十月置又西南有水蕉村萬曆二十八年置水會守禦千戶所於此南有石山又有清瀾巡檢司廢　澄邁府西北濱海南有黎母江東有澄江西北有澄邁巡檢司治石矍都南有兔頸巡檢司治倉家東都後遷南黎都廢西南有銅鼓巡檢司治新安都後遷西黎都廢又有那拖巡檢司治那拖市後遷縣西森山市廢　臨高府西北濱海南有黎母江南有田牌巡檢司後遷塲横岡又東有定南北有博舖二巡檢司廢　定安府南元至元二十九年六月置天曆二年十月升爲南建州洪武元年十月復爲縣南有五指山亦曰黎母山黎人環居山下外爲熟黎內爲生黎北有建江繞郡境西北流入南渡江東有潭覽屯田千戶所元置洪武中因之永樂四年廢西有青寧巡檢司又東有寧村巡檢司治潭覽村後遷縣東南南資都仍故名　文昌府東西北有七星山南有紫貝山東北濱海東南有文昌江入於海又東北有清瀾守禦千戶所洪武二十七年八月置萬曆九年遷縣東南砒都陳家村西北有鋪前巡檢司東北有青藍頭巡檢司後遷縣東抱凌港　會同府東南元至元二十九年六月置東濱海西有黎盆溪東有調懶巡檢司治端趙都尋遷縣東南南滄村　樂會府東南西有白石山東濱海西北有萬泉河有黎盆水流入焉

儋州元南寧軍屬海北海南道宣慰司洪武元年十月改爲儋州屬府正統四年六月以州治宜倫縣省入西北有龍門嶺西濱海北有倫江西南有鎮南又有安海二巡檢司又東有歸姜巡檢司廢東北距府三百七十里領縣一　昌化州南舊城在東南今城本昌化守禦千戶所洪武二十五年置正統六年五月徙縣治焉西濱海南有昌江

萬州元萬安軍屬海北海南道洪武元年十月改爲萬州屬府正統四年六月以州治萬安縣省入北有六連山龍滚河出焉東南海中有獨洲山東有蓮塘巡檢司後廢西北距府四百七十里領縣一　陵水州南東北有舊縣城今治本南山守禦千戶所洪武二十七年置正統間遷縣於此西有小五指山東濱海中有雙女嶼東北有牛嶺巡檢司

崖州元吉陽軍屬海北海南道宣慰司洪武元年十月改爲崖州屬府正統四年六月以州治寧遠縣省入南有南山北有大河自五指山分流南入海東有藤橋西有抱歲又西北有通遠三巡檢司北距府千四百一十里領縣一　感恩州西北舊屬儋州正統五年來屬西濱海南有南湘江源自黎母山西南入於海東南有延德巡檢司

羅定州元瀧水縣屬德慶路洪武元年屬德慶州萬曆五年五月升爲羅定州西南有瀧水源出儋境又有瀧水新寧從化三千戶所俱萬曆七年置又有函江守禦千戶所萬曆五年五月置於西寧縣境十六年遷於州界之南溝驛南有開陽鄉西北有晉康鄉二巡檢司又東有建水巡檢司治建水鄉後遷縣東南古模村又遷高要縣白泥村尋復遷白模領縣二東距布政司五百三十里　東安州東萬曆五年十一月以瀧水縣東山黃姜峒置析德慶州及高要新興二縣地益之北有西江有瀧水流入焉東北有南鄉守禦千戶所西南有富霖守禦千戶所俱萬曆五年十一月置東南有羅苛巡檢司　西寧州西萬曆五年十一月以瀧水縣西山大峒置析德慶州及封川縣地益之東北有西江與德慶州分界東南有瀧水西南有封門守禦千戶所萬曆五年五月置北有都城鄉巡檢司又西南有懷鄉巡檢司後廢

廣西禹貢荊州之域及荊揚二州之徼外元置廣西兩江道宣慰使司治靜江路屬湖廣行中書省至正末改宣慰使司爲廣西等處行中書省洪武二年三月因之六年四月置廣西都衞與行中書省同治八年十月改都衞爲都指揮使司九年六月改行中書省爲承宣布政使司領府十一州四十有八縣五十長官司四爲里一千一百八十三北至懷遠與湖廣貴州界東至梧州與廣東界西至太平與雲南界南至博白與廣東界距南京四千二百九十五里京師七千四百六十二里洪武二十六年編戶二十一萬一千二百六十三口一百四十八萬二千六百七十一弘治四年戶四十五萬九千六百四十口一百六十七萬六千二百七十四萬曆六年戶二十一萬八千七百一十二口一百一十八萬六千一百七十九

桂林府元靜江路洪武元年爲府五年六月改爲桂林府領州二縣七　臨桂倚洪武三年七月建靖江王府於獨秀峯前東有桂山東北有堯山又有桂江亦曰灕江南有陽江來合爲至蒼梧縣合於左右江東有蓋田市西有兩江口二巡檢司南有湘山渡巡檢司後廢　興安府北南有海陽山湘水出其北流入湖廣永州府界灕水出其南南入梧州府界北有越城嶺亦曰始安嶠五嶺之最西嶺下有始安水流入灕水西南有融江六峒西有鹽沙寨北有唐家鋪三巡檢司又西南有岩關　靈川府北北有百丈山東北有融江源出融山二洞中一名銀江流經縣境又南入靈川縣界合於灕江南有白石潭東北有千秋峽二巡檢司　陽朔府南北有陽朔山東有灕江東南有伏荔市南有都樂墟二巡檢司西有白竹寨巡檢司廢

全州元全州路屬湖廣道洪武元年爲府九年四月降爲州省州治清湘縣入焉屬湖廣永州府二十七年八月來屬西有湘山南有湘水又北有洮水流合焉又西有西延西南有建安東北有柳浦三巡檢司又東北有平塘巡檢司廢南距府二百五十里領縣一　灌陽州南少東南有灌水經州界合於湘水西南有吉寧鄉崇順里巡檢司

永寧州元古縣洪武十四年改爲古田縣隆慶五年三月升爲永寧州縣舊治在今州南三十里洪武初移於今州南八里成化十八年又移今治又有黃源水下流入灕江南有桐木鎮又有常安鎮西南有富祿鎮三土巡檢司東距府百五十里領縣二　永福州東南舊屬府隆慶五年三月改屬州西南有太和山太和江環其下東入柳州府爲雒清江又西南有理定縣元屬靜江路正統五年九月省又有蘭麻鎮東北有銅鼓市二巡檢司廢　義寧州東北舊屬府隆慶五年三月改屬州北有丁嶺義江出焉下流分爲二東流者爲臨桂縣之相思水入於灕江南流者爲永福縣之白石水即太和江也西北有桑江口巡檢司

平樂府元大德五年十一月置洪武元年因之領州一縣七北距布政使百九十里　平樂倚東南有魯溪山西北有灕江又北有樂川水東經昭潭流合焉又東有松津寨巡檢司又有水滙營土巡檢司又東有龍平寨巡檢司昭平堡土巡檢司廢又東有團山堡東南有廣運堡足灘堡又南有瓢灘堡俱弘治後置　恭城府東北南有樂川水又東有勢江南有南平江北有平川江西南有西水江俱流合焉東北有鎮峽寨東有勢江源二巡檢司又有白面寨西嶺寨二土巡檢司　富川府東少北元屬賀州洪武十年五月改屬潯州府後來屬西南有鍾山縣舊治於此洪武二十九年十一月移治靈石山下而置邊蓬寨巡檢司於舊治北有泰山接湖廣道州界東北有吽喏嶺即臨賀嶺與湖廣江華縣分界又東有富江南合賀水西南有白霞寨西北有寨下市二巡檢司　賀府東南元賀州直隸廣西兩江道洪武初以州治臨賀縣省入屬潯州府十年五月降爲縣後來屬東北有臨賀嶺亦曰桂嶺下有桂嶺縣元末廢東有賀江至廣東封川縣合於西江南有信都鄉巡檢司北有沙田寨巡檢司後遷縣西黜燈寨尋廢又東北有大寧寨樊字寨白花洞三土巡檢司後廢　荔浦府西少南舊屬桂林府弘治四年來屬舊治在今縣西景泰七年移於後山即今治東有銅鼓嶺一名火燄山又荔江在南下流入灕江東南有峯門寨巡檢司後遷中崗西北有南原寨巡檢司後遷縣東南下崗又遷縣東延濱江又西南有華蓋城萬曆中築　修仁府西少南舊屬桂林府弘治四年來屬舊治在今縣西馬溴坪景泰初遷今縣南嶺寨村成化十五年遷於五福嶺即今治東北有荔江有麗壁市土巡檢司西南有石墻堡萬曆間築　昭平府南少東萬曆四年四月析平樂富川二縣地置五年又析賀縣地益之東有五指山又有灕江又有思勤江下流入於灕江東南有龍平縣元屬府洪武十八年廢

永安州元立山縣屬府洪武十八年廢爲立山鄉屬荔浦縣成化十三年二月置州曰永安屬桂林府弘治三年九月改爲長官司五年復爲州來屬東有棠山下有棠水南有古眉寨土巡檢司北有羣峯寨土巡檢司後遷州西北杜莫寨又遷州北貓兒堡東南有仙迴營萬曆中置東北距府百二十里

梧州府元梧州路洪武元年爲府領州一縣九北距布政司五百八十里　蒼梧倚城西南有大江江即黔鬱二水合流於潯州府城東爲潯江入府界東經立山下又東經此與桂江合謂之三江口下流爲廣東之西江東有長行西有安平北有東安西南有羅粒四巡檢司　藤府西元藤州直隸廣西兩江道洪武二年九月省州治鐔津縣入焉十月來屬十年五月降爲縣北有藤江亦曰鐔江即潯江也東南有繡江西有幕僚江俱流入焉又西北有五屯守禦千戶所嘉靖初置西有白石寨南有寶家寨東北有赤水鎮三巡檢司又東有滑州南有周村西南有驛面又南有思羅四巡檢司廢　容府西南元容州直隸廣西兩江道洪武二年十月來屬十年五月降爲縣省州治普寧縣入焉西北有容山南有容江亦名繡江又東有波羅里大洞西南有粉壁寨二巡檢司　岑溪府南少西元屬藤州洪武十年五月改屬府東北有烏峽山西有繡江東南有上里平河村西南有南渡二巡檢司又東南有連城鄉義平巡檢司廢　懷集府東北元屬賀州洪武初屬平樂府十年五月來屬西南有懷溪水東有武城鄉西有慈樂寨西北有蘭峒寨三巡檢司

鬱林州元直隸廣西兩江道洪武二年九月以州治南流縣省入十月來屬南有南流江至廣東合浦縣入海有橫嶺文俊二巡檢司廢東北距府三百三十里領縣四　博白州西南西有雙角山綠珠江出其下流合縣南欽馬水下流入南流江南有周羅西南有沙河二巡檢司又有安定春臺平山先常四土巡檢司尋廢又東南有海門鎮舊爲入安南之道　北流州北元屬容州洪武十年五月來屬東北有勾漏山東有銅石山產水銀硃砂又南有扶來山陵水出焉西南有巢石山羅水出焉俱流入廣東化州界又北有綠藍山綠藍水出焉分爲二東流者經城東登龍橋與廣東高州府流入之繡江合又東經容縣爲容江西流者入鬱林州爲南流江南有雙威寨巡檢司西有都隴又有中山又有清灣三巡檢司廢又西有天門關本名鬼門關洪武初改爲桂門關宣德中更今名　陸川州南少東元屬容州洪武十年五月來屬舊爲入安南之道東有龍化江下流合容江南有溫水寨巡檢司　興業州西少北南有鐵城山北有翻車嶺龍母江出焉下流入南流江南有趙家寨西有長寧寨北有平安寨又有棠木寨四巡檢司後俱廢

潯州府元潯州路洪武元年爲府領縣三東北距布政司九百八十里　桂平倚南有白石山西北有大藤峽北有黔江一名北江亦曰右江南有鬱江一名南江亦曰左江至城東匯爲潯江東北有武靖州成化三年置萬曆末廢又東有大黃江口北有靖寧鄉東北有大宣鄉又有思隆鄉又有木盤浦西南有常林鄉六巡檢司又南有羅秀土巡檢司又北有碧灘堡鎮峽堡俱成化中置東有牛屎灣堡西有淹沖堡秀江堡俱嘉靖中置　平南府東東南有龔江即潯江也東有白馬江流入焉又有奉議衞洪武二十八年八月置於奉議州正統六年五月遷於此東北有大同西北有泰川西南有武林三巡檢司又南有肖心東南有三堆東北有大峽西北有平嶺四土巡檢司　貴府西元貴州直隸廣西兩江道洪武二年十月降爲縣來屬南山在南又有東西北三山南有鬱江亦曰南江羣川悉流入焉有向武軍民千戶所本向武守禦千戶所洪武十八年十月置於向武州三十年三月升軍民所正統六年五月來遷縣北門外萬曆二十三年又遷縣西北謝村鎮東南有新安寨北有北山寨二巡檢司又南有撟頭墟西有尨塘渡又有五州寨又有東壘渡又有郭東里五巡檢司廢又東南有三江城萬曆中築

柳州府元柳州路洪武元年爲府領州二縣十東北距布政司四百里　馬平倚元爲府屬洪武元年徙府治於此南有柳江亦曰潯水亦曰黔江上流自貴州黎平府流入府境下流至桂平縣合於鬱江亦曰右江南有新興鎮鄒博鎮二巡檢司又有歸化鎮巡檢司廢　洛容府東北舊治白龍岩天順中徙於朱峒正德時爲猺獞所據嘉靖三年十一月復萬曆四年正月遷於靈塘以朱峒舊治爲平樂鎮留兵百名守之城南有洛清江至馬平縣入於柳江西南有江口鎮又有運江二巡檢司東有平樂鎮巡檢司治石檔江後遷縣東北中渡又西南有章洛鎮巡檢司廢　柳城府西北舊治龍江南元爲府治洪武元年遷治龍江東而府徙治馬平縣龍江自天河縣流入合於融江即柳江上流東有東泉鎮巡檢司北有古甓鎮巡檢司初治融江東岸後遷馬頭驛又東北有古清鎮西有洛好鎮又有廖洞鎮三巡檢司　羅城府西北洪武二年十月以羅城鄉置屬融州十年五月來屬北有武陽江下流合於融江北有武陽鎮又有莫離鎮又有通道鎮三巡檢司又舊有安湘鎮樂善鎮中峒鎮三巡檢司廢　懷遠府北元屬融州洪武十年廢置三江鎮巡檢司十三年十一月復置縣來屬治大融江潯江之匯萬曆十九年移治丹陽鎮西北有九曲山山南爲石門山兩山夾峙福祿江自貴州永從縣流經其中至融縣爲融江至柳城縣爲柳江又東北有潯江自湖廣靖州流合焉有潯江鎮巡檢司又西北有萬石鎮又有宜艮鎮丹陽鎮三巡檢司　融府西北元融州直隸廣西兩江道洪武二年十月以州治融水縣省入來屬十年五月降爲縣東南有靈岩山北有雲際山其西曰上石門以兩山夾峙融江中流也又東有寶積山産鐵東北有思管鎮東南有清流鎮西南有鷲頭隘三巡檢司又北有長安鎮巡檢司本在融江東岸後遷西岸又有大約鎮土巡檢司又有保江鎮理源鎮西峒鎮三巡檢司廢　來賓府南元屬象州洪武十年五月來屬西南有白牛洞北有白雲洞南有大江亦曰都泥江西有界牌鎮巡檢司後遷縣南之南岡

象州元直隸廣西兩江道洪武二年十月來屬以州治陽壽縣省入西有象山東有雷山南有象江即柳江東北有龍門寨巡檢司又有鸞頭鎮尖山鎮二巡檢司廢西北距府百十三里領縣一　武宣州南元曰武仙宣德六年更名舊治陰江宣德六年三月徙於高立東南有大藤峽後名永通峽西有柳江又有都泥江亦謂之橫水江來入焉下流爲潯州府之右江亦入於鬱江西北有安永鎮西南有縣郭鎮二巡檢司又東有東鄉又有周冲又有闌得三巡檢司廢

賓州元直隸廣西兩江道洪武二年九月以州治嶺方縣省入十月來屬東南有鎮龍山西南有燈臺山西有古漏山下有古漏關古漏水出焉入於賓水賓水在南即都泥江也東有安城鎮巡檢司又東有梁村巡檢司後廢北距府三百里領縣二　遷江州北西有古黨山有峒東北有大江即都泥江東有遷江屯田千戶所洪武二十五年九月置東南有清水鎮巡檢司又有羅目鎮李廣鎮二巡檢司廢又東有石零堡北有都歷堡俱正德中築　上林州西少北西有大明山澄江出焉亦名南江東合北江又東入遷江縣之大江西北有三里營南丹衞在焉衞舊在南丹州洪武二十八年八月置二十九年正月升軍民指揮使司尋罷軍民止爲衞永樂二年十二月徙上林縣東正統六年五月徙賓州城與賓州千戶所同治萬曆八年徙於此西南有周安堡在八寨中舊爲猺獞所據嘉靖三年討平之萬曆七年改屬南丹衞西北有三畔鎮巡檢司又東北有琴水橋東南有思龍鎮又有三門灘鎮三巡檢司

慶遠府元慶遠路洪武元年爲府二年正月改慶遠南丹軍民安撫司三年六月復曰慶遠府領州四縣五長官司三

三東北距布政司五百七十里　宜山倚北有龍江東流入融縣合於融江西有河池守禦千戶所洪武二十八年十月置於河池縣永樂六年徙於此東有大曹鎮西有懷遠鎮又有德勝鎮又有東江鎮四巡檢司　天河府北少東舊縣在高寨洪武二年遷於蘭石正統七年又遷甘場嘉靖十三年又遷福祿鎮萬曆十九年始移今治西南有龍江自貴州獨山州流入北有東禪鎮巡檢司又有思農鎮歸仁鎮二土巡檢司　忻城府南少東西有烏泥江郎都泥江北有三寨堡土巡檢司　河池州元河池縣弘治十七年五月升爲州縣舊治在州北懷德故城天順六年遷屏風山成化十三年還治懷德嘉靖四年又遷鳳儀山南西有智州山東有金城江下流合於都泥江江北有金城鎮巡檢司又東有都銘鎮土堡鎮二巡檢司後廢　東距府二百五十里　領縣二　思恩州東北舊屬府正德元年二月改屬州舊治在環江洲永樂末遷於清潭村宣德三年十一月遷於白山寨成化八年遷於歐家山南有環江北有帶溪皆合流於龍江有安化鎮歸思鎮二巡檢司又有普義鎮吉安鎮北蘭鎮三巡檢司廢　荔波州西北洪武十七年九月析思恩縣地置屬府正統十二年改屬南丹州成化十一年九月又屬府正德元年來屬州東南有勞村江源出貴州陳蒙爛土長官司流入州界爲金城江又東有窮來南有蒙石又有方村三土巡檢司後廢　南丹州洪武七年七月置二十八年廢尋復置西有孟英山舊產銀南有都泥江自貴州定番州流入　東距府二百四十里　東蘭州洪武十二年置以西蘭州省入又省安習忠文州入焉東南有隘洞江一名都泥江又名紅水河又名烏泥江　東北距府四百二十里　那地州元地州洪武元年改置北有都泥江有布柳水流合焉南有那州洪武元年省　東北距府二百四十里　永順長官司　永定長官司府西南二司皆弘治五年析宜山縣地置　永安長官司弘治九年九月析天河縣十八里地置

南寧府元南寧路洪武元年爲府領州七縣三東北距布政司千二百里　宣化倚東有崑崙山上有崑崙關又有橫山又有思玉山北有馬退山東南有望仙坡與青羅二山相對城西南有大江即鬱江一曰夜郎豚水其上流有二一爲南盤江經府城南曰右江一爲麗江經府城西南曰左江合流處謂之合江鎮下流爲潯州府之左江東有金城寨西有那南寨又有那龍寨又有遷隆寨南有八尺寨五巡檢司　隆安府西北嘉靖十二年四月析宣化縣那久地置東有火筏山城北有盤江亦曰右江西南有那樓寨西北有馱濱寨二巡檢司　橫州元直隸廣西兩江道洪武二年九月以州治寧浦縣省入屬潯州府十年五月降爲縣來屬十三年十一月復爲州仍置寧浦縣爲州治縣尋廢東有烏蠻山南有鬱江又東南有武流江源自廣東靈山縣流入境合焉東有古江口西有南鄉二巡檢司又南有太平關成化四年置　西北距府二百四十里　領縣一　永淳州西元屬橫州洪武十年五月省入橫縣十三年十一月復置屬州西臨鬱江南有南里鄉北有武羅鄉二巡檢司又東北有修德鄉巡檢司景泰間遷於縣西後廢　新寧州隆慶六年二月以宣化縣定祿洞地置北有三峯山城西有麗江一名定祿江又名文字水東南有渠樂寨巡檢司　東距府二百里　上思州元屬思明路洪武初廢二十一年正月復置屬思明府弘治十八年來屬南有十萬山上思江出焉東流合西小江西即交阯所出之左江也又有明江亦出十萬山西流入思明府界又西有遷隆峒土巡檢司　東南距府三百里　歸德州元屬田州路洪武二年屬田州府弘治十八年來屬盤江在西南　東南距府三百五十里　果化州元屬田州路洪武二年屬田州府嘉靖九年十二月來屬南盤江在西　東南距府三百二十里　忠州元屬思明路洪武初廢二十一年正月復置屬思明府萬曆三年九月來屬東北距府四百餘里　下雷州元下雷峒洪武初屬鎮安府嘉靖四十三年來屬萬曆十八年升爲州南有邏水自鎮安府流入南寧府左江之別源也　東距府五百八十里

思恩軍民府元思恩州屬田州路洪武二年屬田州府後屬雲南廣西府永樂二年八月直隸廣西布政司正統四年十月升爲府六年十一月升軍民府舊治在府西北正統七年遷府東北之喬利嘉靖七年七月又遷武緣縣止戈里之荒田驛因止戈二里屬之西北有都陽山東南有靖遠峯北有紅水江又有馱棠江一名清水江流合焉又有大攬江出城東北大名山下流俱入於鬱江東有鳳化縣正德六年七月置嘉靖八年十月廢東有古零西有定羅那馬下旺北北有興隆東北有白山安定西北有舊城都陽九土巡檢司　領州二縣二東北距布政司千二百里　奉議州元直隸廣西兩江道洪武五年省入來安府七年二月復置直隸行省二十八年復廢尋復置直隸布政司嘉靖六年二月來屬東有舊城今治本岩林村也洪武初遷於此北濱南盤江有州門渡　距府百十里　上映州元屬鎮安路洪武五年廢爲洞萬曆三十二年復置來屬東北距府四百七十里　上林府西南元屬田州路洪武二年屬田州府嘉靖七年七月來屬北有南盤江南有大羅溪東流合焉即枯榕江之下流也　武緣府元屬南寧路萬曆五年十月來屬西有西江即大攬江也東南有南流江合焉東有鎮寧寨又有博蓮寨西有高井寨西北有西舍寨四巡檢司又南有橫山寨巡檢司廢

太平府元太平路至元二十九年閏六月置洪武二年七月爲府領州十七縣三東北距布政司二千五十里　崇善倚府治馱盧村洪武二年徙治麗江舊縣治在府西北嘉靖十九年還入郭內北有青蓮山東有將軍山下有威震關一名伏波關南有府前江即麗江又西有邏水流入焉北有壺關正德三年置又東北有保障關　陀陵府東北東有滌空山滌空江出焉亦名綠饒江又南有麗江　羅陽府東北南有麗江西有馱排江源出永康縣下流入於麗江以上三縣元俱屬太平路　左州府東有舊治成化十三年遷於思蛭村正德十五年遷於今治本古攬村也西北有金山南有麗江　西南距府百里　養利州有舊州三一在州北一在西北一在東北又西北有養水北有通利江至崇善縣注於麗江以上二州元屬太平路　南距府百五十里　永康州元永康縣屬太平路萬曆二十八年六月升爲州北有固城萬曆中遷於今治西有綠甕江下流亦合麗江焉西南有思同州舊屬府萬曆二十八年六月省入　西南距府二百里　上石西州元屬思明路洪武末省永樂二年復置萬曆三十八年來屬東有明江西北流入麗江　東北距府三百三十里　太平州自此以下十一州元屬太平路邏水在西下流入麗江　東南距府八十里　思城州南有敎水下流合於隴水　東南距府五百里　安平州南有龍水下流合於邏水　東南距府百十里　萬承州西南有綠降水亦名玉帶水　西南距府五十里　全茗州西有通利江一名大利江　南距府百六十里　鎮遠州北有楊山南有岩磨木　西南距府二百八十里　茗盈州南有觀音岩澗水出焉下流入於麗江　西南距府六十里　龍英州南有通麗江有三源下流入於麗江　南距府二百十里　結安州西有堰水下流入麗江　西南距府二百二十里　結倫州南有啼畢水即堰水之上流　西南距府三百三十里　都結州南有啼畢水　西南距府三百三十里　上下凍州元屬龍州萬戶府洪武初來屬西有入峯山太源水出焉又北有青蓮山南有拱天嶺　東距府二百二十里　思明州元屬思明路洪武二年屬思明府萬曆十六年三月來屬東有逐象山東北有明江自思明府流入　東北距府二百十里

思明府元思明路洪武二年七月爲府直隸行省九年直隸布政司南有明江有永平寨巡檢司　領州三北距布政司二千二百里　下石西州元屬思明路洪武二年屬府舊治在東南萬曆間始遷今治　西距府百四十里　西平州元屬思明路洪武三年省永樂二年復置宣德元年與安南　祿州元屬思明府洪武三年省二十一年正月復置尋沒於交阯永樂三年收復宣德元年與安南

鎮安府元鎮安路洪武二年爲府西有鎮安舊城洪武二年徙於廢凍州即今治也南有馱命江下流合鬱江又有邏水發源府北土山峽中下流至朝潤寨與歸順州之邏水合有湖潤寨巡檢司　距布政司二千二百里

田州元田州路洪武二年七月爲府嘉靖七年六月降爲州徙治八甲而置田寧府於府城八年十月府廢州復還故治直隸布政司東南有南盤江西有來安路元屬廣西兩江道洪武二年七月爲府領歸仁州羅博州田州十七年復廢北有上隆州元屬田州路洪武二年屬府成化三年徙治潯州府東北更名武靖州又有思城州元屬路洪武初屬府弘治五年廢東有床甲拱甲婪鳳西有武隆累彩北有邑馬甲篆甲東北有下隆東南有岩桑西北有麥時西南有萬岡陽院又有大甲子甲又有縣甲怕河怕牙思郎思幼侯周十九土巡檢司　距布政司千六百里

歸順州元屬鎮安路洪武初廢爲洞弘治九年八月復置屬鎮安府嘉靖初直隸布政司東北有龍潭水南入交阯高平府界又南有邏水發源西北舊槽隘界　距布政司二千三百二十里

泗城州元屬田州路洪武七年直隸行中書省九年直隸布政司舊州在西南洪武六年移於古勘洞西有南盤江自貴州慕役長官司流入下流爲南寧府之右江又北有紅水江東北有程縣洪武二十一年以泗城州之程丑莊置屬州尋屬慶遠府宣德初還屬州嘉靖元年廢西南有利州元屬田州路洪武七年十一月直隸布政司正統六年五月徙治泗城州古那甲嘉靖二年廢又西有上林長官司永樂七年以州之上林洞置直隸布政司萬曆中省入州崇禎六年分司西地入雲南廣南府有羅博關巡檢司　北距布政司一千八百一十五里

向武州元屬田州路洪武二年七月屬田州府二十八年廢建文二年復置直隸布政司舊州在東萬曆四十五年遷於乃甲南有枯榕江下流入於右江北有富勞縣元屬田州路洪武二年屬州府尋爲夷獠所據建文四年復置後廢東有武林縣元亦屬田州路洪武二年屬田州府永樂初省入富勞縣　距布政司二千四百里

都康州元屬田州路洪武二年屬田州府後爲夷獠所據建文元年復置直隸布政司西有邑盧江下流合於通利江　距布政司二千五百四十里

龍州元龍州萬戶府洪武二年七月仍爲州屬太平府九年六月直隸布政司南有龍江自交阯廣源州流入即麗江也有明江流入焉下流爲南寧府之左江　距布政司二千三百里

江州元屬思明路洪武二十年直隸布政司東有歸安水西有綠眉水下流俱合於麗江　領縣一　距布政司二千一百十里　羅白州東北洪武三年置屬思明府後來屬南有隴冬水下流入於麗江

思陵州元屬思明路洪武三年省入思明府二十一年正月復置直隸布政司南有角硬山角硬水出焉又有淰劍水合之下流入思明府界　距布政司二千一百二十里

憑祥州本憑祥縣永樂二年五月以思明府之憑祥鎮置屬思明府成化十八年升爲州直隸布政司西北有麗江自交阯廣源州流入又南有鎮南關一名大南關即界首關也　距布政司二千四十里

安隆長官司元致和元年三月置安隆州屬雲南行省後廢爲寨屬泗城州洪武三十五年十二月置安隆長官司仍屬泗城州後直隸布政司西有壩達山潭水河經其下即紅水江也東入泗城州界又西南有同舍河　距布政司　里

明史卷四十六　志第二十二

總裁官總理事務經筵講官少保兼太子太保保和殿大學士兼管吏部戶部尚書事加六級張廷玉等奉敕修

地理七

雲南　貴州

雲南　禹貢梁州徼外元置雲南等處行中書省治中慶路洪武十五年二月癸丑平雲南置雲南都指揮使司乙卯置雲南等處承宣布政使司同治雲南府領府五十八州七十五縣五十五蠻部六後領府十九禦夷府二州四十禦夷州三縣三十宣慰司八宣撫司四安撫司五長官司三十三禦夷長官司二北至永寧與四川界東至富州與廣西界西至干崖與西番界南至木邦與交阯界距南京七千二百里京師一萬六百四十五里洪武二十六年編戶五萬九千五百七十六口二十五萬九千二百七十弘治四年戶一萬五千九百五十口一十二萬五千九百五十五萬曆六年戶一十三萬五千五百六十口一百四十七萬六千六百九十二

雲南府元中慶路洪武十五年正月改爲雲南府領州四縣九　昆明倚洪武二十六年岷王府自陝西岷州遷於此永樂二十二年遷岷王府於湖廣武岡州建滕王府於此宣德元年除東有金馬山與西南碧雞山相對俱有關山下即滇池池在城南周五百里其西

南爲海口至武定府北注於金沙江又東有盤龍江西注滇池東有赤水鵬清水江二巡檢司 富民府西北東有螳螂川源自滇池下流入金沙江東南有安寧河 宜良府東少南東有大池江一名大河亦曰巴盤江西有湯池巡檢司 羅次府西北舊屬安寧州弘治十三年八月改屬府西有星宿河自武定府流入又有沙摩溪即安寧河南有鍊象關巡檢司 晉寧州西有大堡河下流入滇池北距府百里領縣二 歸化東北有交七浦滇池下流 呈貢州北西有滇池北有落龍河南流入焉 安寧州西有呀嘍山有煎鹽水設鹽課提舉司轄鹽井四天啓三年改設於琅井此司遂廢又南有螳螂川西有安寧河又有祿脿琥二巡檢司 東距府八十里領縣一 祿豐州西西有南平山上有關東有大溪即安寧河西有星宿河河東有老雅關巡檢司又西有蘭谷關 昆陽州東南有渠濫川東北入於滇池 北距府百五十里領縣二 三泊州西北西有三泊溪流入滇池 易門州西南有易門守禦千戶所洪武二十四年置舊縣治在焉萬曆三年復還縣治於此又南有黎崖山產異馬一名馬頭山西有九渡河即祿豐縣大溪下流入元江府界

嵩明州洪武十五年三月改曰嵩盟成化十八年復故東北有羅錦山東有禿高山西北有東葛勒山東南有烏納山牧漾水出焉西南入滇池又東南有嘉利澤亦曰楊林澤又西有邵甸河滙九十九泉至昆明爲盤龍江西有邵甸縣洪武十五年三月屬州尋廢東南有楊林縣成化十七年十月廢又東有楊林守禦千戶所洪武二十五年置又西有兔兒關巡檢司 西南距府百二十里

曲靖府元曲靖路洪武十五年三月爲府二十七年四月升爲軍民府領州四縣二西距布政司二百九十里 南寧倚東南有石堡山西有元越州治洪武二十八年正月廢北有白石江流合城南之瀟湘江又東南合左小江亦謂之南盤江下流環雲南澂江廣西三府之境至羅平州入貴州界東北有白水關巡檢司 亦佐府東元屬羅雄州永樂初改屬府西南有塊澤江 霑益州東南有堆湧山北有北盤江其上流即貴州畢節衛之可渡河流入州境又東南入貴州安南衛其西南又有南盤江即南寧縣之東山河南有交水縣東南有羅山縣東北有石梁縣元皆屬州洪武十五年皆廢南有平夷衛本平夷千戶所洪武二十一年十一月置二十三年四月改爲衛後廢永樂元年復置衛當貴州西入之衝東有鑾岡西有定南嶺北有豫順關宣威關州東東南又有越州衛洪武二十三年七月置二十四年十二月徙於陸涼州二十八年與州同廢永樂元年九月復置又州南有松韶鋪阿幢橋二巡檢司又南有炎方城西南有松株城俱天啓五年築 西南距府二百十三里 陸涼州東有邱雄山下有中涎澤即南盤江所滙也西北有木容山有關又西有部封山又西有芳華縣南有河納縣元皆屬州永樂初皆廢西南有陸涼衛洪武二十三年三月以古魯昌地置西南有喬甸萬曆二年立營置戍於此四十八年復設法古甸龍尚等營協守其地 北距府百二十里 馬龍州東南有木容箐山洪武二十四年十二月置寧越堡於此山下有木容溪下流即瀟湘江又西有楊磨山一名關索嶺上有關西南有通泉縣元屬州永樂初廢北有馬隆守禦千戶所本馬隆衛洪武二十三年七月置二十八年十月改爲所南有魯婆伽嶺巡檢司又有馬龍縣元屬州洪武十五年廢西南有分水嶺關東有三叉口關 東距府七十里 羅平州元羅雄州萬曆十五年四月更名北有祿布山東南有盤江下流入貴州慕役長官司界南有定雄守禦千戶所萬曆十四年九月置 西北距府二百七十里

尋甸府元仁德府洪武十六年十月辛未升爲仁德軍民府丁丑改尋甸軍民府成化十二年改爲尋甸府舊治在東今治在鳳梧山下嘉靖七年十月徙西南有落龍雄山又有哇山西有果馬山其泉流爲龍巨江下流入滇池又西南有三稜山上有九十九泉即盤龍江之上源又東有阿交合溪又北有爲美縣西有歸厚縣元屬府洪武十五年三月因之尋廢東南有木密關一名易龍堡洪武二十三年四月置木密關守禦千戶所於此 西南距布政司二百六十里

臨安府元臨安路洪武十五年正月爲府領州六縣四長官司九北距布政司四百二十里 建水州倚元府治在州北洪武中移府治此西南有寶山西北有火燄山東有石巖山瀘江水自石屏州流經此伏流入巖洞中東出爲樂蒙河又東北有曲江東入於盤江有曲江巡檢司又西有禮社江源出趙州流經此又有寧遠州萬曆十四年析建水州置四十八年廢東南有納更山土巡檢司 石屏州元曰石坪洪武十五年三月改曰石平後改今名南有鐘秀山東有采玉山產石似玉有曲江又有異龍湖周百五十里中有大小中三島其大島中島上皆有城其水引流爲瀘江西有寶秀關巡檢司 東距府七十里 阿迷州元阿寧萬戶洪武十五年三月置州東南有買吾山萬曆初改名雷公山又南有盤江東有樂蒙河流入焉又東有火井有東山卩土巡檢司又有部舊村巡檢司後廢又有阿迷守禦城萬曆二年築 西距府百二十里 寧州東南有登樓山東有水角甸山產蘆甘石又東有婆兮江源出澂江府撫仙湖下流入盤江又西南有沅江流合焉又東有西沙縣元屬州後省洪武十五年三月復置仍屬州尋復省西北有甸直巡檢司 西南距府百八十里 通海府西北元屬寧州洪武十五年三月改屬府南有秀山北有通海湖東有守禦通海前前右二千戶所本元臨安路治洪武初徙府治建水州十五年置守禦千戶所於此 河西府西北東有曲江又西有祿卑江自新興州流入合於曲江又東北有綠溪河其下流即通海湖又北有曲陀關巡檢司 嶍峨府西北元屬寧州洪武十五年二月改屬府東有曲江自新興州流入又南有合流江西北有丁癸江俱流合焉又西南有伽羅關西有與衣鄉二巡檢司 蒙自府東南西有目則山東有雲龍山又有美良山又東南有黎花江即禮社江也東南注於交阯清水江有黎花舊市柵宣德五年五月置臨安衛右千戶所於此又西南有西溪二出銀礦又南有蓮花灘即瀾滄江下流交阯洮江上流西南有箐口關巡檢司又有大窩欄楊梆河關東南有廢果寨又有賀謎寨俱道通交阯 新平府西北萬曆十九年置東南有魯奎山東有平甸河司南有南尚巡檢司 新化州本馬龍他郎甸長官司洪武十七年四月置直隸布政司弘治八年改爲新化州萬曆十九年來屬北有徽崇山西有馬籠山蠻酋結寨處元置馬籠部千戶於此屬元江路洪武十五年廢又北有法龍山亦蠻酋結寨處又東南有馬籠江即禮社江亦曰摩沙勒江有摩沙勒巡檢司東北有阿怒甸 東南距府五百三十里 寧遠州元至治三年二月置直隸雲南行省洪武十五年來屬宣德元年與安南 納樓茶甸長官司府西南本納樓千戶所洪武十五年置屬和泥府十七年四月改置北有羚羊洞產銀礦又有祿豐江即禮社江下流又東有倚 教化三部長官司府東南元強現三部洪武中改置西南有香部河源出禮社江下流合蒙自縣黎花江 王弄山長官司府東南元王弄山大小二部洪武中改置 虧容甸長官司府西南元鐵容甸屬元江路洪武中改置來屬西有虧容江源出沅江府東經車人寨出寧遠州境 溪處甸長官司府西南元溪處甸軍民副萬戶屬元江路洪武中改置來屬 思佗甸長官司府西南元和泥路洪武十五年三月爲府領納樓千戶所伴溪七溪阿撒三蠻部十七年廢後改置 左能寨長官司府西南本思佗甸寨洪武中改置 落恐甸長官司府西南元伴溪落恐部軍民萬戶洪武中改置 安南長官司府東南元捨資千戶後改安南道防送軍千戶洪武十五年三月仍曰捨資千戶所尋改置長官司正德六年省入蒙自縣天啓二年復置

澂江府元澂江路洪武十五年三月爲府領州二縣三西北距布政司八十里 河陽倚舊治在西洪武中遷穠毬山上弘治中又遷縣東金蓮山正德十三年又遷縣東暘溥山麓嘉靖二十年又遷金蓮山南隆慶四年又遷舞鳳山下即今治北有羅藏山南有撫仙湖一名羅伽湖下流東會於盤江又東有鐵池河源出陸涼州流至此會撫仙湖復引流爲鐵赤河入於盤江 江川府西南有故城崇禎七年圮於水遷於舊江川驛即今治又南有星雲湖東南入撫仙湖北有關索嶺巡檢司 陽宗府東北北有明湖一名陽宗湖源出羅藏山流入於盤江 新興州東北有羅應山一名石崖山西北有大棋山又有蒙習山與晉寧州交界又有大溪下流至嶍峨縣入於曲江有羅應溪源出羅應山入於大溪又北有普舍縣南有研和縣元俱屬州洪武十五年三月因之尋廢又北有鐵爐關巡檢司 東距府二百里 路南州西南有竹子山東有刮龍山石可煉銅西有巴盤江源自陸涼州又有鐵赤河合焉東南有邑市縣元屬州弘治三年九月廢東北有革泥巡檢司 西距府百三十里

廣西府元廣西路洪武十五年三月爲府西北有阿盧山西有巴盤江又西有南盤江又南有矣邦池一名龍甸海跨彌勒州界南入盤江領州三西北距布政司三百十里 師宗州西有龜山萬曆四十八年築督捕城於此東有英武山西有盤江又西北有巴盤江合焉東北入羅平州界 西南距府八十里 彌勒州南有卜龍山西有阿欲山東南有盤江山南盤江經其下又東有八甸溪南合南盤江又西有十八寨山嘉靖元年二月置十八寨守禦千戶所於此直隸雲南都司又南有捏招巡檢司 東北距府九十里 維摩州元天德四年二月置東北有小維摩山東南有大維摩山又有阿母山又東北有寶寧溪下流經廣南府界合西洋江西有三鄉城萬曆二十二年築 西北距府二百二十里

廣南府元廣南西路宣撫司洪武十五年十一月改置廣南府西北有牌頭山土人築砦其上南有西洋江東南至廣西田州府入於左江領州一西北距布政司七百九十里 富州元至元十三年置屬廣南西路洪武十五年改屬府東南有者鵠山東北有西寧山又東有楠木溪至州南與南汪溪合伏流十五里東出於西洋江西南有安寧州東北有羅佐州俱元至元十三年置屬廣南西路洪武十五年因之後俱廢 西距府二百里

元江軍民府元元江路洪武十五年三月爲府永樂初升軍民府領州二東北距布政司七百九十里 奉化州倚本因遠羅必甸長官司洪武十八年四月置嘉靖中改州東有羅槃山亦名玉臺山又南有路通山東南有元江亦曰禮社江東南入納樓茶甸長官司界西南有瀾滄江與車里宣慰司分界又西有步日部洪武中廢又東有禾摩村巡檢司 恭順州本他郎寨長官司嘉靖中改州

楚雄府元威楚開南路洪武十五年三月改爲楚雄府領州二縣五東距布政司六百里 楚雄倚元曰威楚洪武十五年二月更名西有薇溪山又有龍川江經城北青峰下曰幾嵘江下流入武定府合金沙江西有波羅澗其麓有滷水元設鹽課司於此明廢西北有呂合巡檢司 廣通府東元屬南安州洪武十五年因之後改屬府東北有盤龍山亦曰九盤山西有羅直甸山東有舊倉山舊產鹽又有臥象山東南有獅山俱產銀礦又東北有阿陋雄山有阿陋井猴井俱產鹽又東有捨資河自武定府流入下流入於元江又北有大河西北入定遠縣之龍川江東有捨資巡檢司東北有沙矣舊西有回蹬關二土巡檢司 定遠府西北有赤石山東有龍川江又有黑鹽井設提舉司本置於此又有琅井提舉司本置於安寧州天啓三年移此有黑井琅井二井巡檢司又西南有羅平關南有會基關二巡檢司 定邊府西元至元十二年置屬鎮南州洪武中改屬北有累盤山上有自普關又有無量山南有定邊河又有陽江自蒙化府流合焉 礴嘉府南元置西有黑初山東北有卜門河在卜門山下又東北合馬龍江流入新化州又西有上江河接南安州界 南安州東有健林蒼山又西南有表羅山產銀北有捨資河 西北距府五十里 鎮南州東北有石吹山東有五樓山西南有馬龍江其上流爲定邊河又東南入礴嘉縣界又西有平夷川龍川江之上流又有沙橋巡檢司又有鎮南關英武關阿雄關三土巡檢司 東南距府五十里

姚安軍民府元姚安路洪武十五年三月爲府二十七年四月升軍民府領州一縣一東南距布政司七百里 姚州倚元屬大理路洪武十五年三月來屬東有東山一名飽烟蘿山東北有金沙江南有青蛉河源出三菓山下流合大姚河北有守禦千戶所洪武二十八年置東有箭場西有普昌南有三窠西南有普淜四巡檢司 大姚府西北元屬姚州洪武十五年三月因之後改屬府西北有赤石崖北有大姚河源出書案山西北有龍蛟江源出鐵索箐一名苴泡江產金俱東北流入金沙江南有白鹽井提舉司轄鹽井九又有白鹽井巡檢司東有姚安中屯千戶所洪武二十八年置

武定府元武定路洪武十五年三月爲府尋升軍民府隆慶三年閏六月徙治獅子山萬曆中罷稱軍民府領州二縣一東南距布政司百五十里 和曲州倚舊城在南元州治於此隆慶三年十二月徙州爲府附郭令吏目領兵守焉西北有三臺山北有金沙江源出吐蕃共龍川犂牛石下流經麗江鶴慶二府至本府北界東流入黎溪州又東入四川會川衛界有金沙江土巡檢司又有烏龍河流入金沙江又西北有西溪河即楚雄府龍川江下流又有只舊草起二鹽井東有南甸縣元路治洪武十五年三月改屬州成化二十年仍屬府正德元年七月省西北有乾海子又有羅摩洱又南有小甸關三巡檢司西北有龍街關土巡檢司 元謀府西北西北有住雄山又有竹沙雄山北有金沙江西有西溪河流入焉 祿勸州北有法塊山又有哇匿歪山東北有幸邱山又有烏蒙山一名絳雲露山北有金沙江與四川東川府界又東有普渡河即螳螂川下流會掌鳩河水入於金沙江北有易龍縣元屬州洪武十七年省東有石舊縣元屬州天啓元年七月省又北有普渡河巡檢司南有撒墨巡檢司後廢 西距府二十里

景東府元至順二年二月置洪武十五年閏二月因之三月降爲州屬楚雄府十七年正月仍升爲府西有景董山洪武中築景東衛城於其上又築小城於山巔謂之月城北有蒙落山一名無量山西南有瀾滄江源出金齒流經府西南二百餘里南注車里爲九龍江下流入交阯東南有大河即定邊河之下流又東入鎮南州爲馬龍江又南有土井產鹽北有開南州元屬威楚開南路洪武十五年三月屬楚雄府尋省又有三汊河西北有保甸二土巡檢司又北有安定關南有母瓜關東南有景蘭關西南有蘭津橋鐵索爲之 東北距布政司千一百八十里

鎮沅府本鎮沅州洪武三十五年十二月置永樂四年四月升爲府西有波弄山山上下有鹽井六南有杉木江源出者樂甸下流合威遠州之谷寶江領長官司一北距布政司千五十里 祿谷寨長官司府東北永樂十年四月以祿平寨置北有馬容山南有南浪江西南流合杉木江

大理府元大理路洪武十五年三月爲府領州四縣三長官司一東南距布政司八百九十里 太和倚西有點蒼山東有西洱河一名洱海自浪穹縣流入經天橋下又東合點蒼山之十八川匯於此中有三島四洲九曲西有樣備江一曰漾鼻水自劍川州流入經點蒼山後合於西洱河又西南流入瀾滄江南有太和土巡檢司又北有龍首關亦曰上關南有龍尾關亦曰下關 趙州洪武十五年三月改名趙喜州尋復名南有九龍頂山又有定西嶺大江之源出焉一名波羅江西北入西洱河又西南有樣備江南入蒙化府界東南有白厓瞼江源出定西嶺下流爲禮社江有舊白厓城嘉靖四十三年修築更名彩雲城又東有乾海子南有逃度市二巡檢司又有定西嶺土巡檢司 西北距府三十里領縣一 雲南州東元雲南州洪武十五年三月改爲縣屬府十七年改屬州西北有寶泉山有一泡江

東北有周官步子海西有品甸洪武十九年四月置洱海衛於此又東北有你甸又有楚甸南有安南坡三巡檢司

鄧川州北有鍾山又有普陀江一名蒲萄江又一名彌苴佉江南入西洱河又東有豪豬洞一名銀坑又有青索鼻土巡檢司南距府七十里。領縣一。

浪穹州東北有佛光山山半有洞可容萬人山後仄名一女關又有蓮花山有蒙次和山皆險峻西南有鳳羽山北有羅谷山洱水所出西有樣備江西北有寧湖亦曰明河即普陀江上源又有五鹽井提舉司洪武十六年置萬曆四十二年廢西南有鳳羽縣洪武十五年三月置屬鄧川州尋省有鳳羽鄉巡檢司又東南有蒲陀崆巡檢司後廢西有上江嘴西南有下江嘴二土巡檢司

賓川州弘治六年四月析趙州及太和雲南二縣地置西有鷄足山一名九曲巖東北有金沙江東入姚安府界西有金龍湫流入西洱河又東有大羅衛在鍾英山下弘治六年四月與州同置又東北有赤石崖西南有賓居二巡檢司西有神摩洞又南有蔓神寨北有白羊市二巡檢司後廢又北有金沙江土巡檢司西距府百里。

雲龍州元雲龍甸軍民府至元末置洪武十七年改爲州來屬，正統間屬蒙化府，後仍來屬。西有三崇山東有瀾滄江又西北有諾鄧等鹽井東南有大井等鹽井舊俱於五井提舉司後改屬州東有雲龍甸巡檢司後廢東北有順盪井又有上五井東有師井北有箭捍場四巡檢司又東有十二關土巡檢司舊俱屬浪穹縣後改屬東南距府六十里。

十二關長官司府東元十二關防送千戶所洪武中改置嘉靖元年五月徙於一泡江之西

鶴慶軍民府元鶴慶路洪武十五年三月爲府。三十年十一月升軍民府。南有方丈山又有半子山產礦東有金沙江東南有漾共江即鶴川其下流入金沙江有木按州又有副州俱屬府洪武十五年俱廢東北有宣化關西南有觀音山又有清水江三巡檢司領州二。東南距布政司千一百六十里。

劍川州元劍川縣洪武十五年三月因之。十七年正月升爲州。西南有石寶山南有劍川湖俗呼海子樣備江之下流又西南有彌沙井鹽課司又有彌沙井巡檢司東距府九十里。

順州元屬麗江路洪武十五年三月屬北勝府，尋來屬。西有金沙江東有浴海浦與北勝州分界西距府百二十里。

麗江軍民府元麗江路宣撫司洪武十五年三月爲府。三十年十一月升軍民府。領州四。東南距布政司千二百四十里。

通安州倚西北有玉龍山一名雪嶺又有金沙江古名麗水源出吐蕃界犛牛石下名犛木犛訛麗流經巨津寶山二州至武定府北流入四川大江西有石門關巡檢司

寶山州西南有阿那山南有金沙江西距府二百四十里。

蘭州元屬麗江路洪武十五年三月屬麗江府，尋屬鶴慶府，後仍來屬。北有福源山西北有瀾滄江源出吐蕃嵯和歌甸流入境南入雲龍州界東北距府三百六十里。

巨津州南有華馬山北有金沙江流入州界有鐵橋跨其上西北有臨江縣元屬州洪武十五年三月因之弘治後廢又東北有雪山關東南距府三百里。

永寧府元麗江路永寧州洪武十五年三月屬北勝府。十七年屬鶴慶府。二十九年改屬瀾滄衛。永樂四年四月升爲府。金沙江在西又東有瀘沽湖周三百里中有三島又東南有魯窟海子在干木山下流入四川鹽井衛之打冲河又北有勒汲河自吐蕃流入亦東流入打冲河又南有羅易江自濮藻州流入注於瀘沽湖領長官司四。東南距布政司千四百五十里。

剌次和長官司府東北　革甸長官司府西北　香羅甸長官司府西　瓦魯之長官司府北四司俱永樂四年四月置

北勝州元北勝府屬麗江路洪武十五年三月屬布政司，尋降爲州，屬鶴慶府。二十九年改屬瀾滄衛。正統七年九月直隸布政司。弘治九年徙治瀾滄衛城。瀾滄衛舊在州南本瀾滄衛軍民指揮使司洪武二十八年九月置屬都司弘治九年徙州來同治尋罷軍民司止爲衛西南有瀾滄山南有九龍山西有金沙江環繞州治亦曰麗江又南有陳海又有呈湖東南有浪蕖海下流俱入金沙江東有羅易江下流入永寧府界北有蒗蕖州元屬麗江路洪武十五年三月屬北勝府尋屬鶴慶軍民府二十九年改屬瀾滄衛天啓中廢東有寧番土巡檢司南距布政司千二十五里。

永昌軍民府元永昌府屬大理路洪武十五年三月屬布政司。十八年二月兼置金齒衛，屬都司。二十三年十二月省府，升衛爲金齒軍民指揮使司。嘉靖元年十月罷軍民司，止爲衛，復置永昌軍民府。領州一，縣二，安撫司四，長官司三。東距布政司千二百里。

保山倚本金齒千戶所洪武中置永樂元年九月又置永昌府守禦千戶所俱屬金齒軍民司嘉靖三年三月改二所爲保山縣東有哀牢山本名安樂夷語哀牢西有九隆山又東北有羅岷山瀾滄江經其麓又南有潞江舊名怒江一名嗟里江自潞江司流入又北有清水河經縣東南峽口山下伏流東出入瀾滄江又有潞江州宣德八年六月置直隸布政司正統二年五月廢又東北有沙木和西北有清水關二巡檢司又北有甸頭南有水眼二土巡檢司

永平府東北元屬永昌府洪武二十三年屬金齒軍民司嘉靖元年仍屬府西南有博南山一名金浪巔山俗訛爲丁當丁山上有關又有花橋山產鐵礦又東北有橫嶺山驛道所經東有銀龍江花橋下流入瀾滄江又東北有勝備江下流入蒙化府樣備江又西南有花橋河源出博南山流入銀龍江上有花橋關亦曰玉龍關又東北有上甸定夷關巡檢司東有打牛坪土巡檢司

騰越州元騰衝府屬大理路洪武十五年三月屬布政司，尋廢。永樂元年九月置騰衝守禦千戶所，屬金齒軍民司。宣德六年八月直隸都司。正統十年三月升所爲騰衝軍民指揮使司。嘉靖三年十月置騰越州，屬府。十年十二月罷司爲騰衝衛。東有球牟山東南有羅生山南有羅佐衛山上有鎮夷關有巡檢司又東北有高黎共山一名崑崙岡西北有明光山有銀礦銅礦西有大盈江亦曰大車湖自徼外流入下流至比蘇蠻界注於金沙江又東北有龍川江源出徼外峨昌蠻地之七藏甸下流合於大盈江有藤橋在其上有龍川江關巡檢司又西南有疊水河即大盈江之支流又有騰衝土州宣德五年六月置屬金齒軍民司後直隸布政司正統三年五月仍屬金齒軍民司尋廢又西有古勇關東北距府二百七十五里。

潞江安撫司元柔遠路洪武十五年三月爲府，後廢，屬麓川平緬司。永樂元年正月析置潞江長官司，直隸都司。十六年六月升安撫司。宣德元年六月改隸布政司。正統三年六月屬金齒軍民司。嘉靖元年十月屬府。北有潞江一名怒江源出吐蕃雍望甸南流經此折而東南入府界東岸有潞江關北岸有細甸又西有鎮姚守禦千戶所萬曆十三年置治老姚關山之阿又西有金勝關東北距府三百五十里。

鎮道安撫司　楊塘安撫司二司地舊屬西番與麗江府接界俱永樂四年正月置，屬金齒軍民司。嘉靖元年屬府。

瓦甸安撫司本瓦甸長官司，宣德二年置，屬金齒軍民司。九年二月直隸都司。正統三年五月仍屬金齒軍民司。五年十一月升爲安撫司。嘉靖元年屬府。

鳳溪長官司府東洪武二十三年十一月置屬金齒軍民司嘉靖元年改屬府

施甸長官司府南元石甸長官司洪武十七年五月更名屬府二十三年屬金齒軍民司嘉靖元年仍屬府西有坪市河下流入於怒江東南有猛淋寨萬曆十三年置鎮安守禦千戶所於此南有金齒巡檢司治浦闕又南有石甸巡檢司

茶山長官司永樂五年析孟養地置屬金齒軍民司嘉靖元年屬府東有高黎共山

蒙化府元蒙化州屬大理路洪武十五年三月因之。正統十三年六月升爲府。北有龍宇圖山又有甸頭山一名天耳山南有甸尾山西有陽江源出甸頭瀾下流至定邊縣入定邊河又西有樣備江一名神莊江與永平縣分界南入順寧府境爲黑惠江西南有瀾滄江有甸頭甸尾樣備瀾滄江四巡檢司又西南有備溪江土巡檢司又東有迷渡市嘉靖初築東距布政司八百六十里。

順寧府元泰定四年十一月置洪武十五年三月庚戌因之，已未降爲州，屬大理府。十七年正月仍升爲府。西北有樂平山南有把邊山中有把邊關東北有瀾滄江又有黑惠江即樣備江也又名墨會江南流至府東泮山下合於瀾滄江又城東有順寧河源出甸頭村山箐流入雲州之孟祐河南有寶通州又有慶甸縣元俱與府同置洪武十五年省又西南有矣堵寨萬曆三十年置右甸守禦千戶所於此北有錫鉛寨又有牛街又有猛麻又有錫蠟寨董甕寨蟒水寨亦壁嶺七巡檢司領州一。東距布政司千五百五十里。

雲州本大侯長官司，永樂元年正月析麓川平緬地置，直隸都司。宣德三年五月升爲大侯禦夷州，直隸布政司。萬曆二十五年更名來屬。舊治在南萬曆三十年移於今治南有瀾滄江東有孟祐河流入焉有臘丁寨巡檢司後廢西距府百五十里。領長官司一。

孟緬長官司州西南宣德五年六月以景東府之孟緬孟梳地置屬景東府後直隸布政司萬曆二十五年來屬有大猛麻又有猛撒二土巡檢司與猛緬爲三猛

車里軍民宣慰使司元車里路泰定二年七月置即大徹里洪武十五年閏二月爲軍民府。十九年十一月改軍民宣慰使司。永樂中廢。宣德六年復置。東北有瀾滄江與九龍江會達於交阯爲富良江而入於海又有沙木江東有小徼里部永樂十九年正月置車里靖安宣慰使司宣德九年十月省入車里又有元耿東路至正七年正月置又有耿當孟弄二州亦元末置洪武十五年俱省入車里西北距布政司三十四程。

緬甸軍民宣慰使司本緬中宣慰司，洪武二十七年六月置，尋廢。永樂元年十月復置，更名。北有大金沙江其上流即大盈江也源出青石山自孟養境內流經司北江頭城下下流注於南海東有阿瓦河自孟養流入境下流入大金沙江又北有江頭城太公城馬來城安正國城蒲甘緬王城謂之緬中五城元後至元四年十二月置邦牙宣慰司於蒲甘緬王城至正二年六月廢至元二十六年置太公路於太公城洪武十五年三月爲府後廢領長官司一。東北距布政司三十八程。

東倘長官司宣德八年九月置

木邦軍民宣慰使司元木邦路至順元年三月置洪武十五年三月爲府，後廢。三十五年十二月復置。永樂二年六月改軍民宣慰使司。北有慕義山西有喳里江即潞江自芒市流入境又西南入緬甸界又北有懞憐路蒙來路俱元置洪武十五年三月俱爲府後俱廢又西北有孟炎甸有天馬關東北距布政司三十五程。

八百大甸軍民宣慰使司元八百等處宣慰使司洪武二十四年六月改置。東北有南格剌山下有河與車里分界有八百者乃軍民宣慰使司永樂二年四月分八百大甸地置後廢又有蒙慶宣慰司元泰定四年閏月置至正二年四月罷洪武十五年三月復置府後廢又有孟絹路元統元年置屬八百宣慰司洪武十五年三月爲府後廢又有木按孟傑二路俱元置洪武十五年三月俱爲府後俱廢北距布政司三十八程。

孟養軍民宣慰使司元雲遠路洪武十五年三月爲府。十七年改爲孟養府，後廢。三十五年十二月復置。永樂二年六月改軍民宣慰使司。正統十三年廢。萬曆十三年改置長官司。東有鬼窟山又有茫崖山又有大金沙江其上流即大盈江南流入於緬甸又南有密堵城有速送城又南有戛撒寨西有猛倫西南有孟拱蠻莫猛別盞西諸部東北距布政司三十七程。

老撾軍民宣慰使司永樂二年四月置。東南有三關與安南界西北距布政司六十八程。

南甸宣撫司元至元二十六年置南甸路洪武十五年三月爲府，後廢，屬騰衝守禦千戶所。永樂十二年正月置州，直隸布政司。正統三年五月改屬金齒軍民指揮使司。九年六月升宣撫司，仍直隸布政司。東有丙弄山又有蠻千山南有沙木籠山上有沙木籠關西有大盈江東北有小梁河西南經南牙山下曰南牙江入干崖境內又東南有孟乃河即騰越州之龍川江又南有黃連坡關東北有小隴川關東北距布政司二十二程。

干崖宣撫司元鎮西路洪武十五年三月爲府，後廢，屬麓川平緬司。永樂元年正月析置干崖長官司，直隸都司。後屬金齒軍民指揮使司。宣德五年六月復屬都司。正統三年五月復屬金齒軍民指揮使司。九年六月升宣撫司，直隸布政司。東有雲籠山西有大盈江又南有檳榔江自吐蕃界流合焉東有安樂河即小梁河下流經雲籠山下曰雲籠江司治北折而西合於檳榔江又西北有南睒元置洪武中廢又西有雷弄盞達等部東北距布政司二十三程。

隴川宣撫司本麓川平緬軍民宣慰使司，正統六年廢。九年九月改置，治隴把。元平緬路在隴把東北洪武十五年閏二月置平緬宣慰使司三月又改路爲府未幾府廢十七年八月丙子升司爲平緬軍民宣慰使司甲午改麓川平緬軍民宣慰使司省麓川路入焉元麓川路在隴把南洪武十五年三月爲府未幾府廢十七年八月爲麓川平緬軍民宣慰司治所正統中司廢曰平麓城亦曰孟卯城萬曆十二年置宣撫同知於此又西南有通西軍民總管府元至元二十六年置洪武十五年三月爲府後廢又東南有遮放城萬曆十二年置宣撫副使於此北有馬鞍山西北有大金沙江又有麓川江即龍川江自南甸流入與芒市分界西南入於大金沙江東北距布政司六十六程。

孟定禦夷府元孟定路至元三十一年四月置洪武十五年三月爲府。東北有無量山又有喳哩江與麓川江合東南有謀粘路元泰定三年七月置有木連路元至正二十六年置洪武十五年三月俱因之後俱廢領安撫司一。東北距布政司十八程。

耿馬安撫司萬曆十三年析孟定地置。西有三尖山南有喳哩江與孟定分界北距府百里。

孟艮禦夷府永樂三年七月置，直隸都司。後直隸布政司。東有木朵路又有孟隆路俱元泰定三年九月置東北有孟愛等甸軍民府元至元二十六年置洪武十

五年三月俱爲府後俱廢北距布政司三十八程
威遠禦夷州元威遠州屬威楚路後改威遠蠻㽔府洪武十五年三月仍
爲威遠州屬楚雄府十七年升爲府後廢三十五年十
二月復置州直隸布政司北有蒙樂山接景東府界西北有威遠江一名谷寶江下
流合瀾滄江東北距布政司十九程
灣甸禦夷州本灣甸長官司永樂元年正月析麓川平
緬地置直隸都司三年四月升爲州直隸布政司西北有高
黎共山北有姚關與順寧府界東北距布政司二十程
鎮康禦夷州元鎮康路洪武十五年三月爲府十七年降爲
州後廢以其地屬灣甸州永樂七年七月復置直隸布
政司西有喳哩江接潞江安撫司界南有昔剌寨西南有控尾寨東北距布政司二
十三程
孟密宣撫司本孟密安撫司成化二十年六月析木邦
地置萬曆十三年升爲宣撫司東北有南牙山與南甸分界西南有摩勒江有
大金沙江俱與緬甸分界又有寶井北有猛乃猛哈東北有孟廣等部東北距布政司三
十三程
蠻莫安撫司萬曆十三年析孟密地置東北有等練山西南有那莫江
下流入大金沙江又西有孟木寨東北距布政司三十一程
者樂甸長官司永樂元年正月析麓川平緬地置直隸
都司後改隸布政司南有瀾滄江又東有景來河自景東府流入下流入馬龍江東
北距布政司千一百七十里
鈕兀禦夷長官司宣德八年十月以和泥之鈕兀五隆
二寨置北距布政司十六程
芒市禦夷長官司元芒施路洪武十五年三月爲府後廢正
統八年四月改置屬金齒軍民指揮司後直隸布政司
西南有永昌幹山又有孟契山又有大盈江西南經青石山下又西有麓川江來合焉東北距布
政司二十三程
孟璉長官司舊爲麓川平緬司地後爲孟定府永樂四年四月置直隸
都司東南有木來府元置洪武十五年三月因之後廢東北距布政司二十三
程
大古剌軍民宣慰使司在孟養西南亦曰擺古濱南海與暹羅鄰底馬撒軍
民宣慰使司在大古剌東南小古剌長官司　茶山長官司
底板長官司　孟倫長官司　八家塔長官司皆在西南極邊
俱永樂四年六月置
剌和莊長官司永樂四年十月置直隸都司
促瓦長官司　散金長官司舊俱爲麓川平緬司地永樂六年四
月置
麻里長官司永樂六年七月析孟養地置直隸都司
八寨長官司永樂十二年九月置直隸都司
底兀剌宣慰使司永樂二十二年三月置地舊爲大古剌所據上諭

還之故置司
廣邑州本金齒軍民司之廣邑寨宣德五年五月升爲
州八年十一月直隸布政司正統元年三月徙於順寧
府之右甸
貴州禹貢荊梁二州徼外元爲湖廣四川雲南三行中
書省地洪武十五年正月置貴州都指揮使司治貴州宣慰司
其民職有司則仍屬湖廣四川雲南三布政司永樂十
一年置貴州等處承宣布政使司與都指揮司同治領府八州
一縣一宣慰司一長官司三十九後領府十州九縣十
四宣慰司一長官司七十六北至銅仁與湖廣四川界南至鎮
寧與廣西雲南界東至黎平與湖廣廣西界西至普安與雲南四川界距南京
四千二百五十里京師七千六百七十里弘治四年編
戶四萬三千三百六十七口二十五萬八千六百九十
三萬曆六年戶四萬三千四百五口二十九萬九百七
十二
貴陽軍民府本程番府成化十二年七月分貴州宣慰
司地置治程番長官司隆慶二年六月移入布政司城
與宣慰司同治三年三月改府名貴陽萬曆二十九年
四月升爲軍民府領州三縣二長官司十六　新貴倚本
貴竹長官司洪武五年正月置屬宣慰司萬曆十四年二月改置縣來屬西有獅子山西北有木閣箐山在水
西境內北有貴人峰又西有白龍洞北有烏江源出水西與四川遵義府分界北流至四川彭水縣入涪陵江
西北有陸廣河下流入於烏江有陸廣河巡檢司又西有宅溪又西北有蔡家關一名響水關又有濶水關
貴定倚萬曆三十六年析新貴縣及定番州地置東有銅鼓山有石門山南有高連山有南門河又東有
龍洞河下流俱入陸廣河　開州崇禎四年十一月以副宣慰洪邊
舊地置西南距府一百二十里　廣順州本金筑長官
司洪武五年三月置屬四川行省十年正月改安撫司
十九年十二月屬廣西二十七年仍屬四川二十九年
屬貴州衛正統三年八月直隸貴州布政司成化十二
年七月屬程番府隆慶二年六月屬貴陽府萬曆四十
年置州東南有天臺山北有天生橋南距府一百一十里　定番州
元程番武勝軍安撫司洪武五年罷成化十二年七月置程番府
領金筑安撫司上馬橋大龍番小龍番程番方番韋番
臥龍番洪番小程番盧番羅番金石番盧山木瓜大華
麻響十六長官司隆慶二年六月移府入布政司城萬
曆十四年三月置州距府八十五里領長官司十六
程番長官司倚洪武五年三月置屬貴州衛正統三年八月屬貴州宣慰司成化十二年七月屬
程番府萬曆十四年三月屬州北有青巖南有都泥江源出州西北亂山中曰濛潭經州南州境之水皆流合
焉入廣西南丹州界下十二司所屬倣此小程番長官司州西北元小程番安撫司洪武六年
正月改置上馬橋長官司州西北洪武十五年六月置盧番長官司州北元盧
番靜海軍安撫司洪武六年正月改置省元盧番蠻夷軍民長官司入焉韋番長官司州南元韋

番蠻夷長官司洪武十五年六月改置方番長官司州南元方番河中府安撫司洪武五年改
置洪番長官司州西元洪番永盛軍安撫司洪武六年正月改置臥龍番長官
司州南元臥龍番南寧州安撫司洪武五年改置小龍番長官司州東南元小龍番靜蠻軍
安撫司洪武六年正月改置大龍番長官司州東南元大龍番應天府安撫司洪武五年改
置金石番長官司州東元金石番太平軍安撫司洪武五年改置羅番長官司
州南元羅番大龍遏蠻軍安撫司洪武五年改置盧山長官司州南元盧山等處蠻夷軍安撫
司洪武六年正月改置木瓜長官司元木瓜等處蠻夷軍民長官司洪武五年改置屬貴州衛
正統三年八月屬金筑安撫司成化十二年七月屬程番府萬曆十四年三月屬州下二司倣此麻響
長官司洪武七年六月置大華長官司洪武七年六月置
貴州宣慰使司元改順元路軍民安撫司置屬湖廣行省洪武五年正月屬
四川行省九年六月屬四川布政司永樂十一年二月
來屬有沙溪的澄河二巡檢司又有黃沙渡龍谷二土巡檢司領長官司七　水東
長官司宣慰司北元水東寨長官司洪武五年改置後廢永樂元年六月置屬都司後來屬中曹
蠻夷長官司宣慰司東南元中曹百納等處長官司屬管番民總管洪武五年改置來屬龍
里長官司宣慰司東元龍里等寨長官司屬管番民總管洪武五年改置來屬白納長官
司宣慰司東南元茶山白納等處長官司洪武五年并入中曹司永樂四年五月置來屬底寨長
官司宣慰司北元底寨等處長官司洪武五年改置乖西蠻夷長官司宣慰司東北元
乖西軍民府屬管番民總管洪武五年改置後廢永樂元年六月復置屬都司後來屬養龍坑長
官司宣慰司北元養龍坑宿徵等處長官司洪武五年改置
安順軍民府元安順州屬普定路洪武十五年三月屬普定府十
八年直隸雲南布政司二十五年八月屬四川普定衛
正統三年八月直隸貴州布政司成化中徙州治普定
衛城萬曆三十年九月升安順軍民府普定衛舊在州西北洪武十五
年正月置屬四川都司三月升軍民指揮使司正統三年改屬貴州都司成化中州自衛東南來同治西北有
舊城山兩峰相對中有石關東有嚴孔山北有歡喜嶺又有思臘河接水西界西南有北盤江自雲南霑益州
流入東南有九溪河又東有元普定路屬雲南行省洪武十五年三月爲府屬雲南布政司尋并軍民府改屬
四川布政司十八年七月廢領州三長官司六東距布政司百五十
里　寧谷寨長官司府西南洪武十九年置屬安順州二十五年八月屬普定衛正統三
年八月仍來屬下倣此東南有乾海子西堡長官司府西北建置所屬同上北有浪伏山元置
習安州於山下屬普定路洪武十五年三月屬普定府後廢又北有白石巖東南有楚油洞山北有谷龍河下
流合烏江　鎮寧州元至正十一年四月以火烘夷地置屬普定路洪武十五年三
月屬普定府二十五年八月屬普定衛後僑治衛城正
統三年八月直隸貴州布政司嘉靖十一年六月徙州
治安莊衛城萬曆三十年九月屬府安莊衛舊在州西洪武二十三年五
月置屬貴州都司萬曆三十五年九月州自衛東來同治南有白水河又有烏泥江即都泥江源出山箐中東
南流入金筑安撫司境東距府五十五里領長官司二　十二營
長官司州北洪武十九年置屬安順州二十五年八月屬普定衛正統三年八月來屬下倣此東北有
天生橋又有公具河北有阿破河康佐長官司州東建置所屬同上　永寧州元以
打罕夷地置屬普定路洪武十五年三月屬普定府二十五年八
月屬普定衛後僑治衛城正統三年八月直隸貴州布

政司嘉靖十一年三月徙州治關索嶺守禦千戶所城
萬曆三十年九月屬府關索所舊在州西南洪武二十五年置屬安莊衛萬曆三十年
九月州自所東北來同治西北有紅崖山西有北盤江自普安州流入有盤江河巡檢司東北距府
一百二十里領長官司二　慕役長官司州西洪武十九年置屬安
順州二十五年八月屬普定衛正統三年八月來屬下倣此北有安籠箐山西北有象鼻嶺東有北盤江與永
寧州分界東南流南盤江自雲南羅平州來合焉又南入廣西泗城州界頂營長官司州北洪武
四年置所屬同上東有關索嶺西有盤江　普安州本貢寧安撫司建文中
置屬普安軍民府永樂元年正月改普安安撫司屬四
川布政司十三年十二月改爲州直隸貴州布政司萬
曆十四年二月徙治普安衛城三十年九月屬府普安衛舊
在州南洪武十五年正月置屬雲南都司後改屬貴州都司二十二年三月升軍民指揮使司萬曆十四年二
月州自衛北來同治東有八部山元普安路治山下屬雲南行省洪武十五年三月爲府屬雲南布政司尋升
軍民府二十七年四月改屬四川永樂後廢東北有格孤山又西北有番納牟山一名雲南坡又東南有得都
山一名白崖產雄黃水銀又東有盤江東南有者卜河下流入於盤江東有芭蕉關西有分水嶺關東南有安
籠箐關又西南有樂民守禦千戶所西有平夷守禦千戶所俱洪武二十二年置又東南有安南守禦千戶所
又有安籠守禦千戶所俱洪武二十三年置皆屬普安衛正統十年四月徙安南所於羅渭江東北距
府三百三十五里
都勻府本都勻安撫司洪武十九年十二月置二十三
年十月改都勻衛屬貴州都司二十九年四月升軍民
指揮使司屬四川布政司永樂十七年仍屬貴州都司
弘治七年五月置都勻府於衛城西有龍山南有獨山鎮巡檢司北有平定
關西有威鎮關俱洪武二十四年置領州二縣一長官司八西北距布政
司二百六十里　都勻長官司府南元上都勻等處軍民長官司洪武十六年
更名南有都勻河亦名馬尾河邦水長官司府西元中都雲板水等處軍民長官司屬管番民總
管洪武十六年更名邦水河在東南本名板河即都勻河上源平浪長官司府西洪武十六
年置西南有凱陽山上有滅苗鎮即故凱口囤東南有麥冲河平洲六洞長官司府西
南洪武十六年置西南有六洞山南有平洲河中有沙洲　麻哈州本麻哈長官司
洪武十六年置屬平越衛弘治七年五月升爲州來屬
南有麻哈江即邦水河之上源南距府六十里領長官司二　樂平
長官司州西北洪武二十四年五月置屬雲南後屬平越衛弘治七年五月來屬東北有馬場山南有
樂平溪平定長官司州西北洪武二十二年置屬平越衛三十年屬清平衛弘治七年五月來
屬東有山江河　獨山州本九名九姓獨山州長官司洪武十
六年置屬都勻衛弘治七年五月升爲獨山州屬府南有
獨山有獨山江即都勻河下流南入廣西天河縣界爲龍江北距府百五十里領縣
一長官司二　清平府北本清平長官司洪武二十二年置屬平越衛三十年屬清平衛
弘治七年五月改爲縣屬麻哈州後來屬東有香爐山嘉靖十二年四月徙清平衛中左所於此北有雲溪洞
南有木級坡又東有山江河源出香爐山有舟溪江流合焉亦都勻河上源又南有雞場關北有羅冲關俱洪
武二十五年置又東北有黎樹等寨合江洲陳蒙爛土長官司州東洪武十六年置
屬都勻衛弘治七年五月屬州東南有梅花洞豐寧長官司州西南洪武二十三年置屬都勻衛
弘治七年五月屬州西南有行郎山

平越軍民府元平月長官司洪武十四年置平越守禦千戶所十五年閏二月改爲平越衞十七年二月升軍民指揮使司領長官司五屬四川布政司尋屬貴州都司萬曆二十九年四月置平越軍民府於衞城以播州地益之屬貴州布政司東有峩黎山又有七盤坡東南有麻哈江其上源卽黃平州之兩岔江南有馬場江又有羊場河俱東入於麻哈江南有武勝關西南有通津關東南有羊場關領衞二州一縣三長官司二西距布政司百八十里 清平衞洪武二十三年六月置屬貴州都司萬曆二十九年來屬衞治在清平縣北一里 西南距府六十里 與隆衞洪武二十二年六月置屬貴州都司萬曆二十九年來屬北有龍岩山亦名龍洞山又有截洞甚深險東有飛雲岩 西南距府百二十里 黃平州本黃平安撫司洪武七年十一月置屬播州宣慰司萬曆二十九年四月改爲州來屬東有七里谷西南有兩岔江以兩源合流而名又東有冷水河西北有黃平守禦千戶所洪武十一年正月置十五年正月改爲衞閏二月仍爲千戶所 南距府三十里 餘慶州西本餘慶長官司洪武十七年置屬播州宣慰司萬曆二十九年六月改爲縣來屬東有白泥長官司亦洪武十七年置屬播州宣慰司萬曆二十九年四月省入餘慶縣南有小烏江下流入於烏江東南有白泥河下流合於思南河又有走馬坪寨嘉靖三十四年置 甕安州西北本甕水安撫司洪武初置萬曆二十九年四月改爲縣來屬東有草塘安撫司洪武十七年六月置又有重安長官司永樂四年九月置俱屬播州宣慰司萬曆二十九年四月俱省入甕安縣東南有萬丈山西有烏江縣境諸山溪之水皆流合焉又有黃灘關東北有飛練堡有天邦囤西有西坪等寨 湄潭州北萬曆二十九年四月以播州湄潭地置西有容山長官司洪武中置屬播州宣慰司萬曆二十九年省入湄潭縣南有湄潭水又西有三江水下流俱入於烏江 凱里長官司府東北本凱里安撫司嘉靖八年二月分播州宣慰司地置屬清平衞萬曆二十九年來屬三十五年六月改爲長官司 楊義長官司府東南洪武初置屬平越衞萬曆二十九年屬府西有杉木箐山又有清水江上流自新添衞流入經城西又名皮隴江北經乖西巴香諸苗界而入烏江

黎平府本思州宣慰司地洪武十八年正月置五開衞屬湖廣都司後廢三十五年十一月復置永樂十一年二月置黎平府於衞城屬貴州布政司弘治十年徙府治衞南萬曆二十九年十一月改府屬湖廣三十一年四月還屬貴州南有寶帶山東有摩天嶺東北有銅鼓巖西有新化江又有福祿江其上源爲古州江下流入廣西懷遠縣境西南有黎平守禦千戶所洪武二十一年九月置屬五開衞 領縣一長官司十三西距布政司六百三十里 永從府南本元福祿永從軍民長官司洪武中改置福祿永從蠻夷長官司後廢永樂元年正月復置屬貴州衞十二年三月來屬正統六年九月改爲縣南有福祿江有彩江流合焉又有永從溪 潭溪蠻夷長官司府東南元潭溪長官司洪武三年正月改置屬湖廣辰州衞三月改屬湖廣靖州衞後廢永樂元年正月復置屬貴州衞十二年三月來屬西南有銅關鐵寨山南有潭溪 八舟蠻夷長官司府北元八舟軍民長官司洪武五年改置後廢永樂元年正月復置屬貴州衞十二年三月來屬西南有八舟江源自府城西爲三十里江北流經此又東北爲新化江 洪舟泊里蠻夷長官司府東南元洪舟泊里軍民長官司洪武初改置後廢永樂元年正月復置屬貴州衞十三年三月來屬北有洪舟江下流合於湖廣靖州之渠河西南有中湖守禦千戶所洪武二十一年九月置屬五開衞 曹滴洞蠻夷長官司府西北元曹滴等洞軍民長官司洪武初改置後廢永樂元年正月復置屬貴州衞十二年三月來屬西南有容江源出苗地北流入福祿江 古州蠻夷長官司府西北元古州八萬洞軍民長官司洪武三年正月改置屬湖廣辰州衞三月改屬湖廣靖州衞後廢永樂元年正月復置屬貴州衞十二年三月來屬有古州衞洪武二十六年置尋廢東北有古州江 西山陽洞蠻夷長官司府西南洪武初置後廢永樂元年正月復置屬貴州衞十二年三月來屬西北有大巖山大巖江出焉東南入於福祿江 新化蠻夷長官司府東北元新化長官司洪武三年正月改置屬湖廣辰州衞三月改屬湖廣靖州衞後廢永樂元年正月復置屬貴州衞十一年二月置新化府於此領湖耳亮寨歐陽新化中林驗洞龍里六蠻夷長官司赤溪湳洞長官司宣德九年十一月府廢以所領俱屬黎平府西有六疊山東南有新化江又西北合於清水江又東有新化亮寨守禦千戶所洪武二十一年九月置西南有新化屯千戶所洪武二十五年置俱屬五開衞 湖耳蠻夷長官司府東北元湖耳洞長官司洪武三年正月改置屬湖廣辰州衞三月改屬湖廣靖州衞後廢永樂元年正月復置屬貴州衞十二年三月屬新化府府廢來屬西有銅鼓衞本銅鼓守禦千戶所洪武二十一年九月置屬五開衞三十年改爲衞屬湖廣都司後二年廢三十五年十一月復置屬湖廣都司 亮寨蠻夷長官司府東北本八萬亮寨蠻夷長官司洪武三年正月置屬湖廣辰州衞三月屬湖廣靖州衞後廢永樂元年正月復置改名屬貴州衞十二年三月屬新化府府廢來屬 歐陽蠻夷長官司府東北元歐陽寨長官司洪武三年正月改置屬湖廣辰州衞三月改屬湖廣靖州衞後廢永樂元年正月復置屬貴州衞十二年三月屬新化府府廢來屬 中林驗洞蠻夷長官司府北洪武初置後廢永樂元年正月復置十二年三月屬新化府府廢來屬下二司倣此 赤溪湳洞蠻夷長官司府東北 龍里蠻夷長官司府北南有龍里守禦千戶所洪武二十五年置屬五開衞

思南府元思南宣慰司屬湖廣行省 洪武四年改屬四川六年十二月陞爲思南道宣慰使司仍屬湖廣永樂十一年二月改爲府屬貴州布政司隆慶四年三月徙治平溪衞尋復故有都儒五堡二坑等處巡檢司又有覃韓偏力水土巡檢司又有板橋巡檢司舊屬石阡府後來屬 領縣三長官司三西南距布政司六百二十里 安化倚本水德江長官司元屬思州安撫司洪武初改日水德江屬思南宣慰司永樂十二年三月屬府萬曆三十三年改置安化縣西南有崖門山南有萬勝山又有烏江自石阡府流入經城西有鮎魚峽北入四川彭水縣界合涪陵江東南有水德江卽烏江之分流又有思印江流合焉下流亦入於涪陵江舊有洪安濟二長官司屬思南宣慰司洪武二十六年五月省東有水勝關南有武勝關北有太平關 蠻夷長官司倚洪武十年十二月置屬思南宣慰司永樂十二年三月屬府 婺川府北元屬思州安撫司洪武五年屬鎭遠州十七年後仍屬思州永樂十二年三月來屬東有河只水又有羅多水下流俱注於水德江 印江府東本思印江長官司元屬思南宣慰司永樂十二年三月屬府弘治七年六月改爲印江縣 沿河祐溪長官司府東北洪武七年十月置屬思南宣慰司永樂十二年三月屬府 朗溪蠻夷長官司府東洪武七年十月置屬思南宣慰司永樂十二年三月屬烏羅府正統三年五月府廢來屬有厥溪蠻夷長官司亦洪武七年十月置尋廢

思州府元思州宣慰司 永樂十一年二月改爲府屬貴州布政司領長官司四西距布政司七百五十里 都坪峩異溪蠻夷長官司倚洪武六年置二十五年省永樂十二年三月復置南有峩山西北有江頭山東有異溪東北有平溪上有關洪武二十二年三月置平溪衞於此屬湖廣都司萬曆二十九年十一月改屬貴州三十一年四月還屬湖廣又有鮎魚關南有黃土關又東北有晃州驛路出湖廣沅州 都素蠻夷長官司府西永樂十二年三月置屬府 施溪長官司府北元施溪樣頭長官司洪武五年改名屬湖廣沅州衞永樂十二年三月來屬東有施溪 黃道溪長官司府東北元屬思州宣慰司永樂十二年三月屬府西南有黃道溪

鎭遠府元鎭遠府屬思州安撫司 洪武四年降爲鎭遠州屬思南宣慰司五年六月直隸湖廣永樂十一年二月置鎭遠府於州治屬貴州布政司正統三年五月省州入焉領縣二長官司三西距布政司五百三十里 鎭遠倚本鎭遠溪洞金容金達蠻夷長官司洪武二十二年二月置屬思南宣慰司永樂十二年三月屬州正統三年五月改屬府弘治七年十月改爲鎭遠縣北有石崖山東有中河山以兩水夾流而名東北有鐵山又東有觀音山有馬場坡東南有巴邦山西有平冒山南有鎭陽江一名鎭南江亦日濮水上受興隆黃平諸水東流三百里入於沅江又東北有鐵溪出鐵山下流入鎭陽江又西有油榨關有焦溪關梅溪關又有清浪關清浪衞治於此又西有偏橋衞在焉俱洪武二十三年四月置西南有鎭遠衞洪武二十二年七月置俱屬湖廣都司萬曆二十九年十一月俱改屬貴州三十一年四月還屬湖廣 施秉府西南本施秉蠻夷長官司洪武五年置屬思南宣慰司永樂十二年三月屬州正統九年七月改爲縣天啓元年四月省崇禎四年十一月復置南有洪江卽鎭陽江 偏橋長官司府西元偏橋中寨蠻夷軍民長官司洪武五年改置屬思南宣慰司永樂十二年三月來屬 邛水十五洞蠻夷長官司府東元邛水縣洪武五年改置團羅得民曉隘陂帶邛水五長官司屬思州宣慰司二十九年以四司并入邛水司屬思南宣慰司永樂十二年三月屬府 臻剖六洞橫坡等處長官司府西本臻剖六洞橫坡三長官司洪武二十二年置屬鎭遠衞後并爲一司

銅仁府本思州宣慰司地永樂十一年二月置銅仁府領縣一長官司五西南距布政司七百七十里 銅仁倚元銅人大小等處蠻夷軍民長官司屬思州安撫司洪武初改置銅仁長官司屬思南宣慰司永樂十二年三月置府治於此萬曆二十六年四月改爲縣南有銅崖山又有新坑山產硃砂水銀西南有銅仁大江西北有小江流合焉下流入沅州界注於沅江 省溪長官司府西元省溪壩場等處蠻夷長官司屬思州安撫司洪武初改名屬思南宣慰司永樂十二年三月來屬西有連邏江卽省溪產金 提溪長官司府西元提溪等處軍民長官司屬思州安撫司洪武初改名屬思南宣慰司永樂十二年三月來屬東有印江西有提溪產砂金 大萬山長官司府南元大萬山蘇葛辦等處軍民長官司屬思州安撫司洪武初改名屬思南宣慰司永樂十二年三月來屬 烏羅長官司府西元烏羅龍千等處長官司屬思州安撫司洪武初更名屬思南宣慰司永樂十一年二月置烏羅府領朗溪蠻夷長官司烏羅荅意治古平頭著可四長官司治於此正統三年五月府廢來屬西有九龍山銅仁大江源於此又西南有觀音岡亦日烏羅洞南有九江又有木耳溪亦日九十九溪下流亦入沅江 平頭著可長官司府西北元平頭著可通達等處長官司屬思州安撫司洪武七年十月改置屬思南宣慰司永樂十二年三月屬烏羅府正統三年五月府廢來屬又有荅意長官司治古寨長官司俱永樂三年七月置屬貴州宣慰司十二年三月改屬烏羅府正統三年五月俱與府同廢

石阡府本思州宣慰司地永樂十一年二月置石阡府領縣一長官司三西南距布政司六百三十里 石阡長官司倚元石阡等處軍民長官司屬思州安撫司洪武初改置屬思州宣慰司永樂十二年三月爲石阡府治西有崖門山南有秋滿洞西有烏江自四川遵義府流入東北入思南府界有石阡江下流入於烏江 龍泉府西本龍泉坪長官司元爲思州安撫司治洪武七年七月復置屬思州宣慰司永樂十二年三月來屬萬曆二十九年四月改爲縣北有騰雲洞南有鄧坎等寨 苗民長官司府西南洪武七年十月置屬思州宣慰司永樂十二年三月來屬 葛彰葛商長官司府南元屬思州安撫司洪武中屬思州宣慰司永樂十二年三月來屬

龍里衞軍民指揮使司洪武二十三年四月置衞二十九年四月升軍民指揮使司西有蓮花涇又有加牙河下流入甕首河東南有平伐長官司本元平伐等處長官司洪武十五年改置屬貴州衞二十八年屬龍里衞萬曆十四年二月省入新貴縣又西有長衞關東有龍聳關 領長官司一西距布政司五十里 大平伐長官司衞南洪武十九年置屬貴州衞二十八年來屬東北有谷峽山東南有甕首河下流合清水江

新添衞軍民指揮使司元新添葛蠻安撫司後廢 洪武二十二年置新添千戶所屬貴州衞二十三年二月改爲新添衞屬貴州都司二十九年四月升軍民指揮使司領長官司五西距布政司百十里 新添長官司倚洪武四年置東有憑虛洞一名豬母洞西北有清水江西南有甕城河有甕城河土巡檢司又東有谷忙關 小平伐長官司衞西南洪武十五年六月置屬貴州衞尋屬龍里衞二十九年來屬 把平寨長官司衞南洪武十五年六月置屬貴州衞尋屬龍里衞二十九年來屬 丹平長官司衞西南洪武三十年置尋省永樂二年復置 丹行長官司衞西南洪武三十年置尋省永樂二年復置

安南衞洪武十五年正月置尾灑衞於此尋廢二十三年十二月復置更名屬貴州都司南有尾灑山東有盤江山有清源洞又有盤北盤江自雲南霑益州流入又南入安順府界東南有者卜河自普安州流入注於盤江西有江西陂初置柵屯守於此尋徙於尾灑築城爲衞南有烏鳴關亦洪武中置 東北距布政司三百四十里

威清衞洪武二十三年六月置屬貴州都司北有羊耳山西有的澄河卽陸廣河上流西北有鴨池河卽烏江 西距布政司六十里

平壩衞洪武二十三年閏四月置屬貴州都司東南有南仙洞有馬頭山東有東溪 西南距布政司八十里

畢節衞洪武十七年二月置屬貴州都司東有木稀山有關又有響水河南有善欲關西有老鴉關俱洪武中置東北有層臺衞洪武二十一年九月置二十七年六月廢 領守禦所一東南距布政司四百五十里 守禦七星關後千戶所衞西洪武二十一年置屬烏撒衞永樂中來屬有七星關河亦日可渡河源出四川烏撒府卽北盤江上流七星關在其上下流入雲南霑益州界

赤水衞洪武二十一年十月置北有雲山上有關東有赤水河有赤水關 領所四距布政司六百二十里 摩尼千戶所衞北 曰撒千戶所衞東南二所俱洪武二十二年九月置 阿落密千戶所衞南 前千戶所衞南二所俱洪武二十七年置

普市守禦千戶所洪武二十三年三月析永寧宣撫司地置直隸貴州都司東有木案山西南有水腦洞又東南有龍泉洞 距布政司七百二十里

敷勇衞本劄佐長官司洪武五年改元落邦札佐等處長官司置屬貴州宣慰司崇禎三年改置屬貴州都司東有陽明洞西有三湘水北有烏江有陸廣河 領所四南距布政司五十里 於襄守禦千戶所衞西本青山長官司洪武五年改元青山遠地等處長官司置屬貴州宣

慰司崇禎三年改置息烽守禦千戶所衛東北崇禎三年以貴州前衛故絕六屯并剖底寨司地置西有西望山南有石天洞北有烏江濯靈守禦千戶所衛北西有陸廣河北流合烏江修文守禦千戶所衛東北二司俱宣慰司水西地崇禎三年同置

鎮西衛崇禎三年以宣慰司水西地置北有天柱洞又有鴨池河卽烏江異名領所四西南距布政司六十里　威武守禦千戶所衛東赫聲守禦千戶所衛北有鴨池河柔遠守禦千戶所衛定遠守禦千戶所衛以上俱水西地崇禎三年與衛同置

明史卷四十七　志第二十三

總裁官總理事務　經筵講官太保兼太子太保保和殿大學士兼管吏部戶部尚書事加六級張廷玉等奉敕修

禮一　吉禮一

周官、儀禮尚已，然書缺簡脫，因革莫詳。自漢史作禮志，後皆因之，一代之制，始的然可考。歐陽氏云：「三代以下，治出於二，而禮樂爲虛名。」要其用之郊廟朝廷，下至閭里州黨者，未嘗無可觀也。惟能修明講貫，以實意行乎其間，則格上下、感鬼神，教化之成卽在是矣。安見後世之禮，必不可上追三代哉。明太祖初定天下，他務未遑，首開禮、樂二局，廣徵耆儒，分曹究討。洪武元年命中書省暨翰林院、太常司，定擬祀典。乃歷敘沿革之由，酌定郊社宗廟議以進。禮官及諸儒臣又編集郊廟山川等儀，及古帝王祭祀感格可垂鑒戒者，名曰存心錄。二年，詔諸儒臣修禮書。明年告成，賜名大明集禮。其書準五禮而益以冠服、車輅、儀仗、鹵簿、字學、音樂，凡升降儀節，制度名數，纖悉畢具。又屢敕議禮臣李善長、傅瓛、宋濂、詹同、陶安、劉基、魏觀、崔亮、牛諒、陶凱、朱升、樂韶鳳、李原名等，編輯成集。且詔郡縣舉高潔博雅之士徐一夔、梁寅、周子諒、胡行簡、劉宗弼、董彝、蔡深、滕公琰至京，同修禮書。在位三十餘年，所著書可考見者，曰孝慈錄，曰洪武禮制，曰禮儀定式，曰諸司職掌，曰稽古定制，曰國朝制作，曰大禮要議，曰皇朝禮制，曰大明禮制，曰洪武禮法，曰禮制集要，曰禮制節文，曰太常集禮，曰禮書。若夫釐正祀典，凡天皇、太乙、六天、五帝之類，皆爲革除，而諸神封號，悉改從本稱，一洗矯誣陋習，其度越漢、唐遠矣。又詔定國恤，父母竝斬衰，長子降爲期年，正服旁服以遞而殺，斟酌古今，蓋得其中。永樂中，頒文公家禮於天下，又定巡狩、監國及經筵日講之制。後宮罷殉，始於英宗。陵廟嫡庶之分，正於孝宗。暨乎世宗，以制禮作樂自任。其更定之大者，如分祀天地，復朝日夕月於東西郊，罷二祖竝配，以及祈穀大雩，享先蠶，祭聖師，易至聖先師號，皆能折衷於古。獨其排衆議，祔睿宗太廟躋武宗上，猶本生而遠大統，以明察始而以豐昵終矣。當時將順之臣，各爲之說。今其存者，若明倫大典，則御製序文以行之；禮儀成典，則李時等奉敕而修；郊祀考議，則張孚敬所進者也。至大明會典，自孝宗朝集纂，其於禮制尤詳。世宗、神宗時，數有增益，一代成憲，略具是焉。今以五禮之序，條爲品式，而隨時損益者，則依類編入，以識沿革云。

壇壝之制　神位祭器玉帛牲牢祝册之數

籩豆之實　祭祀雜議諸儀

祭祀日期　習儀

齋戒　遣官祭祀

分獻陪祀

五禮，一曰吉禮。凡祀事皆領於太常寺而屬於禮部。明初以圜丘、方澤、宗廟、社稷、朝日、夕月、先農爲大祀，太歲、星辰、風雲雷雨、嶽鎮、海瀆、山川、歷代帝王、先師、旗纛、司中、司命、司民、司祿、壽星爲中祀，諸神爲小祀。後改先農、朝日、夕月爲中祀。凡天子所親祀者，天地、宗廟、社稷、山川。若國有大事，則命官祭告。其中祀小祀，皆遣官致祭，而帝王陵廟及孔子廟，則傳制特遣焉。每歲所常行者，大祀十有三：正月上辛祈穀，孟夏大雩，季秋大享，冬至圜丘，皆祭昊天上帝；夏至方丘，祭皇地祇；春分朝日於東郊；秋分夕月於西郊；四孟季冬享太廟；仲春仲秋上戊祭太社太稷。中祀二十有五：仲春仲秋上戊之明日，祭帝社帝稷；仲秋祭太歲、風雲雷雨、四季月將及嶽鎮、海瀆、山川、城隍；霜降日祭旗纛於教場；仲秋祭城南旗纛廟；仲春祭先農；仲秋祭天神地祇於山川壇；仲春仲秋祭歷代帝王廟；春秋仲月上丁祭先師孔子。小祀八：孟春祭司戶，孟夏祭司竈，季夏祭中霤，孟秋祭司門，孟冬祭司井，仲春祭司馬之神，淸明、十月朔祭泰厲，又於每月朔望祭火雷之神。至京師十廟，南京十五廟，各以歲時遣官致祭。其非常祀而間行之者，若新天子耕耤而享先農，視學而行釋奠之類。嘉靖時，皇后享先蠶，祀高禖，皆因時特舉者也。其王國所祀，則太廟、社稷、風雲雷雨、封內山川、城隍、旗纛、五祀、厲壇。府州縣所祀，則社稷、風雲雷雨、山川、厲壇、先師廟及所在帝王陵廟。各衛亦祭先師。至於庶人亦得祭里社、穀神及祖父母、父母，并祀竈，載在祀典。雖時稍有更易，其大要莫能踰也。至若壇壝之制，神位、祭器、玉帛、牲牢、祝册之數，籩豆之實，酒齊之名，析其彼此之異同，訂其初終之損益，臚於首簡，略於本條，庶無缺遺，亦免繁複云爾。

壇壝之制　明初，建圜丘於正陽門外，鍾山之陽，方丘於太平門外，鍾山之陰。圜丘壇二成。上成廣七丈，高八尺一寸，四出陛，各九級，正南廣九尺五寸，東西北八尺一寸。下成周圍壇面，縱橫皆廣五丈，高視上成，陛皆九級，正南廣一丈二尺五寸，東西北殺五寸五分。甃甎闌楯，皆以琉璃爲之。壝去壇十五丈，高八尺一寸，四面靈星門，南三門，東西北各一。外垣去壝十五丈，門制同。天下神祇壇在東門外。神庫五楹，在外垣北，南向。廚房五楹，在外壇東北，西向。庫房五楹，南向。宰牲房三楹，天池一，又在外庫房之北。執事齋舍，在壇外垣之東南。坊二，在外門外橫甬道之東西。燎壇在內壝外東南丙地，高九尺，廣七尺，開上南出戶。方丘壇二成。上成廣六丈，高六尺，四出陛，南一丈，東西北八尺，皆八級。下成四面各廣二丈四尺，高六尺，四出陛，南丈二尺，東西北一丈，皆八級。壝去壇十五丈，高六尺。外垣四面各六十四丈。餘制同南郊。有浴室，瘞坎在內壝外壬地。洪武四年改築圜丘，上成廣四丈五尺，高二尺五寸。下成每面廣一丈六尺五寸，高四尺九寸。二成通徑七丈八尺。壇至內壝牆，四面各九丈八尺五寸。內壝牆至外壝牆，南十三丈九尺四寸，北十一丈，東西各十一丈七尺。方丘上成廣二丈九尺四寸，高三尺九寸。下成每面廣丈五尺五寸，高三尺八寸。通徑七丈四寸。壇至內壝牆，四面皆八丈九尺五寸。內壝牆至外壝牆，四面各八丈二尺。十年改定合祀之典。卽圜丘舊制，而以屋覆之，名曰大祀殿，凡十二楹。中石臺設上帝、皇地祇座。東西廣三十二楹。正南大祀門六楹，接以步廊，與殿廡通。殿後天庫六楹。瓦皆黃琉璃。廚庫在殿東北，宰牲亭井在廚東北，皆以步廊通殿兩廡，後繚以圍牆。南爲石門三洞以達大祀門，謂之內壇。外周垣九里三十步，石門三洞，南爲甬道三，中神道，左御道，右王道。道兩旁稍低，爲從官之地。齋宮在外垣內西南，東向。其後殿瓦易靑琉璃。二十一年增修壇壝，壇後樹松柏，外壝東南鑿池二十區。冬月伐冰藏凌陰，以供夏秋祭祀之用。成祖遷都北京，如其制。嘉靖九年，復改分祀。建圜丘壇於正陽門外五里許，大祀殿之南，方澤壇於安定門外之東。圜丘二成，壇面及欄俱靑琉璃，邊角用白玉石，高廣尺寸皆遵祖制，而神路轉遠。內門四。南門外燎爐毛血池，西南望燎臺。外門亦四。南門外左具服臺，東門外神庫、神廚、祭器庫、宰牲亭，北門外正北泰神殿。正殿以藏上帝、太祖之主，配殿以藏從祀諸神之主。外建四天門：東曰泰元，南曰昭亭，西曰廣利。又西鑾駕庫，又西犧牲所，其北神樂觀。北曰成貞，北門外西北爲齋宮，迤西爲壇門。壇北，舊天地壇，卽大祀殿也。十七年撤之，又改泰神殿曰皇穹宇。二十四年又卽故大祀殿之址，建大享殿。方澤亦二成，壇面黃琉璃，陛增爲九級，用白石圍以方坎。內北門外西瘞位，東燈臺，南門外皇祇室。外西門外迤西神庫、神廚、宰牲亭、祭器庫，北門外西北齋宮。又外建四天門。西門外北爲鑾駕庫，遣官房、內陪祀官房。又外爲壇門，門外爲泰折街牌坊，護壇地千四百餘畝。太社稷壇，在宮城西南，東西峙，明初建。廣五丈，高五尺，四出陛，皆五級。壇土五色隨其方，黃土覆之。壇相去五丈，壇南皆樹松。二壇同一壝，方廣三十丈，高五尺，甃甎，四門飾色隨其方。周垣四門，南靈星門三，北戟門五，東西戟門三。戟門各列戟二十四。洪武十年改壇午門右，社稷共一壇，爲二成。上成廣五丈，下成廣五丈三尺，崇五尺。外壝崇五尺，四面各十九丈有奇。外垣東西六十六丈有奇，南北八十六丈有奇。垣北三門，門外爲祭殿，其北爲拜殿。外復爲三門，垣東西南門各一。永樂中，建壇北京，如其制。帝社稷壇在西苑，壇址高六寸，方廣二丈五尺，甃細磚，實以淨土。壇北樹二坊，曰社街。王國社稷壇，高廣殺太社稷十之三。府州縣社稷壇，廣殺十之五，高殺十之四，陛三級。後皆定同壇合祭，如京師。朝日、夕月壇，洪武三年建。朝日壇高八尺，夕月壇高六尺，俱方廣四丈。兩壝，壝各二十五步。二十一年罷。嘉靖九年復建，壇各一成。朝日壇紅琉璃，夕月壇用白。朝日壇陛九級，夕月壇六級，俱白石。各建天門二。先農壇，高五尺，廣五丈，四出陛。御耕耤位，高三尺，廣二丈五尺，四出陛。山川壇，洪武九年建。正殿、拜殿各八楹，東西廡二十四楹。西南先農壇，東南具服殿，殿南耤田，壇東旗纛廟，後爲神倉。周垣七百餘丈。垣內地，歲種穀蔬，供祀事。嘉靖十年，改名天神地祇壇，分列左右。太歲壇與嶽鎮、海瀆同。嶽鎮、海瀆、山川、城隍壇，據高阜，南向，高二尺五寸，方廣十倍，四出陛，南向五級，東西北三級。王國山川壇，高四尺，四出陛，方三丈五尺。天下山川所在壇，高三尺，四出陛，三級，方二丈五尺。

神位祭器玉帛牲牢祝册之數　神位：圜丘，洪武元年冬至，正壇第一成，昊天上帝南向。第二成，東大明，星辰次之；西夜明，太歲次之。二年奉仁祖配位，第一成西向。三年壇下壝內增祭風雲雷雨七年更定內壝之內東西各三壇星辰二壇分設於東西其次東則太歲五嶽西則風雲雷雨五鎭內壝之外東西各二壇東四海西四瀆次天下神祇壇東西分設方丘洪武二年夏至正壇第一成皇地祇南向第二成東五嶽次四海西五鎭次四瀆三年奉仁祖配位第一成西向壇下壝內增祭天下山川七年更定內壝之內東西各二壇東四海西四瀆次二壇天下山川內壝之外東西各設天下神祇壇一十二年正月合祀大祀殿正殿三壇上帝皇地祇竝南向仁祖配位在東西向從祀十四壇丹陛東一壇曰大明西一壇曰夜明兩廡壇各六星辰二壇次東太歲五嶽四海次西風雲雷雨五鎭四瀆二壇又次天下山川神祇二壇俱東西向二十一年增修丹墀內石臺四大明夜明各一星辰二內壝外石臺二十東十壇北嶽北鎭東嶽東鎭東海太歲帝王山川神祇四瀆西十壇北海西嶽西鎭西海中嶽中鎭風雲雷雨南嶽南鎭南海俱東西向臺高三尺有奇周以石欄陟降爲磴道臺上琢石鑿龕以置神位建文時撤仁祖改奉太祖配位第一成西向洪熙元年增文皇帝於太祖下嘉靖九年復分祀之典圜丘則東大明西夜明次東二十八宿五星周天星辰次西風雲雷雨共四壇方丘則東五嶽基運翊聖神烈三山西五鎭天壽純德二山次東四海次西四瀆南北郊皆獨奉太祖配太社稷配位別見先農正位南向后稷配位西向凡神位天地祖宗曰神版餘曰神牌圜丘神版長二尺五寸廣五寸厚一寸趺高五寸以栗木爲之正位題曰昊天上帝配位題曰某祖某皇帝竝黃質金字從祀風雲雷雨位版赤質金字神席上帝用龍椅龍案上施錦褥配位同從祀位置於案不設席方丘正位曰皇地祇配位及從祀制竝同圜丘奉先殿帝后神主高尺二寸廣四寸趺高二寸用木飾以金鏤以青字龕高二尺廣二尺趺高四寸朱漆鏤金龍鳳花版開二牕施紅紗側用金銅環內織金文綺爲藉社稷社主用石高五尺廣五尺上微銳立於壇上半在土中近南北向稷不用主洪武十年皆設木主丹漆之祭畢貯於庫仍用石主埋壇中微露其末後奉祖配其位製塗金牌座如先聖匱用架皁嘉靖中藏於寢廟帝社稷神位以木高一尺八寸廣三寸朱漆質金書壇南瘞石龕以藏神位王府州縣社主皆用石長二尺五寸廣尺五寸日月壇神位以松柏爲之長二尺五寸廣五寸趺高五寸朱漆金字餘倣此祭器南郊洪武元年定

正位登一籩豆各十二簠簋各二爵三壇上太尊二著尊犧尊山罍各一壇下太尊一山罍二從祀位登一籩豆各十簠簋各二東西各設著尊二犧尊二北郊同七年增圜丘從祀其設酒尊六於壇西大明夜明位各三天下神祇鉶三籩豆各八簠簋各二壝內外東西各設酒尊三每位爵三方丘嶽鎭各設酒尊三壝內東西各設酒尊三壝外東西各設酒尊三每位爵三神祇與圜丘同八年圜丘從祀更設登一鉶二每位增酒盞星辰天下神祇各三十太歲風雲雷雨嶽鎭海瀆各十五方丘從祀同十年定合祀之典各壇陳設如舊惟太歲風雲雷雨酒盞各十東西廡俱共設酒尊三爵十八於壇南二十一年更定正殿上三壇每壇登一籩豆各十二簠簋各二共設酒尊六爵九於殿東南西向丹墀內四壇大明夜明各登一籩豆十簠簋二酒尊三爵三星辰二壇各登一鉶二酒盞三十餘與大明同壝外二十壇各登一鉶二籩豆各十簠簋各二酒盞十酒尊三爵三神祇壇鉶三籩豆各八帝王山川四瀆中嶽風雲雷雨神祇壇酒盞各三十餘竝同嶽鎭太廟時享洪武元年定每廟登一鉶三籩豆各十二簠簋各二共酒尊三金爵八瓷爵十六於殿東西向二十一年更定每廟登二鉶二弘治時九廟通設酒尊九祫祭加一金爵十七祫祭加二瓷爵三十四祫祭加四親王配享洪武三年定登鉶各三籩豆各十二簠簋各二酒尊三酒注二二十一年更定登鉶各一爵各三籩豆各十簠簋各二共用酒尊三於殿東功臣配享洪武二年定每位籩豆各二簠簋各二三年增定共用酒尊二酒注二二十一年更定十壇每壇鉶一籩豆各二簠簋各一爵三共用酒尊三於殿西太社稷洪武元年定鉶三籩豆各十簠簋各二配位同正配位皆設酒尊三於壇東十一年更定每位登一鉶二籩豆十二正配位共設酒尊三爵九後太祖成祖竝配時增酒尊一爵三府州縣社稷鉶一籩豆四簠簋二朝日夕月洪武三年定太尊著尊山罍各二在壇上東南隅北面象尊壺尊山罍各二在壇下籩豆各十簠簋各二登鉶各三先農與社稷同加登一籩豆減二神祇洪武二年定每壇籩豆各四簠簋登爵各一九年更定正殿共設酒尊三爵七兩廡各設酒尊三爵三餘如舊二十一年更定每壇登一鉶二籩豆各十簠簋各二酒盞三十星辰正殿中登一鉶二餘九壇鉶二每壇籩豆十簠簋各一酒盞三十爵一共設酒尊三太歲諸神籩豆各八簠簋各二酒尊三嶽瀆山川同歷代

帝王洪武四年定登一鉶二籩豆各八簠簋各一俎一爵三尊三七年更定登鉶簠簋各一籩豆各十爵各三共設酒尊五於殿西階酒尊三於殿東階二十一年增定每位鉶二簠簋各二五室共設酒尊三爵四十八配位每壇籩豆各二簠簋各一饋盤一每位鉶一酒盞三三皇籩豆各八簠簋各二登鉶各二爵三犧尊象尊山罍各一配位籩豆各四簠簋各二鉶一爵三犧尊象尊各一至聖先師洪武元年定籩豆各六簠簋各二登一鉶二犧尊象尊山罍各一四配位籩豆各四簠簋各一登一十哲兩廡籩豆二四年更定正位籩豆各十酒尊三爵三餘如舊四配每位酒尊一餘同正位十哲東西各爵一每位籩豆各四簠簋各一鉶一酒盞一兩廡東西各十三壇東西各爵一每壇籩豆各四簠簋各一酒盞四十五年更定正位酒尊一爵三登一鉶二籩豆各八簠簋各二四配位共酒尊一各爵三登一鉶二籩豆各六簠簋各一十哲共酒尊一東西各爵五鉶一籩豆各四簠簋各一東西廡每四位爵四籩豆各二簠簋各一景泰六年增兩廡籩豆各二簠簋各一成化十二年增正位籩豆爲十二嘉靖九年仍減爲十旗纛與先農同馬神籩豆各四簠簋登象尊壺尊各一玉帛牲牢玉三等上帝蒼璧皇地祇黃琮太社太稷兩圭有邸朝日夕月圭璧五寸帛五等曰郊祀制帛郊祀正配位用之上帝蒼地祇黃配位白曰禮神制帛社稷以下用之社稷黑大明赤夜明星辰太歲風雲雷雨天下神祇俱白五星五色嶽鎭四海陵山隨方色四瀆黑先農正配皆青羣神白帝王先師皆白旗纛洪武元年用黑七年改赤九年定黑二白五曰奉先制帛太廟用之每廟二曰展親制帛親王配享用之曰報功制帛功臣配享用之皆白每位各一惟圜丘嘉靖九年用十二而周天星辰則共用十孔廟十哲兩廡東西各一云又洪武十一年上以小祀有用楮錢者爲不經禮臣議定在京大祀中祀用制帛有篚在外王國府州縣亦如之小祀惟用牲醴牲牢三等曰犢曰羊曰豕色尚騂或黝大祀入滌九旬中祀三旬小祀一旬大祀前一月之朔躬詣犧牲所視牲每日大臣一人往視洪武二年帝以祭祀省牲去神壇甚邇於人心未安乃定省牲之儀去神壇二百步七年定制大祀皇帝躬省牲中祀小祀遣官嘉靖十一年更定冬夏至祈穀俱祭前五日親視後俱遣大臣圜丘蒼犢方丘黃犢配位各純犢洪武七年增設圜丘配位星辰牛一羊豕三太歲牛羊豕一風雲雷雨天下神

祇羊豕各五方丘配位天下山川牛一羊豕各三太廟禘正配皆太牢祫皆太牢時享每廟犢羊豕各一親王配位洪武三年定共牛羊豕一二十一年更定每壇犢羊豕各一功臣配位洪武二年定每位羊豕體各一二十一年更定每壇羊豕一太社稷犢羊豕各一配位同府州縣社稷正配位共羊一豕一洪武七年增設各羊一豕一朝日夕月犢羊豕各一先農與太社稷同神祇洪武二年定羊六豕六二十一年更定每壇犢羊豕各一嘉靖十年天神左地祇右各牲五星辰每壇羊豕一靈星諸神每神羊豕各一共牛一太歲諸神皆太牢嶽鎭海瀆諸神犢一羊一豕一帝王每室犢羊豕各一配位每壇羊豕各一先師如帝王四配如配位十哲東西各豕一分五兩廡東西各豕一後增爲三府州縣學先師羊一豕一四配共羊一豕一解爲四體十哲東西各豕一解爲五體兩廡豕一解爲百八分旗纛洪武九年定犢羊豕永樂後去犢王國及衞所同五祀馬神俱用羊豕祝冊南北郊祝板長一尺一分廣八寸厚二分用楸梓木宗廟長一尺二寸廣九寸厚一分用梓木以楮紙冐之羣神帝王先師俱有祝文多不載祝案設於西凡籩豆之實用十二者籩實以形鹽薧魚棗栗榛菱芡鹿脯白餅黑餅糗餌粉餈豆實以韭菹醓醢菁菹鹿醢芹菹兔醢笋菹魚醢脾析豚胉飽食糝食用十者籩則減糗餌粉餈豆則減飽食糝食用八者籩又減白黑餅豆又減脾析豚胉用四者籩則止實以形鹽薧魚棗栗豆則止實以芹菹兔醢菁菹鹿醢各二者籩實栗鹿脯豆實菁菹鹿醢簠簋各二者實以黍稷稻粱各一者實以稷粱登實以太羹鉶實以和羹洪武三年禮部言禮記郊特牲曰郊之祭也器用陶匏尚質也周禮籩人凡祭祀供簠簋之實疏曰外祀用瓦簋今祭祀用瓷合古意惟盤盂之屬與古簠簋登鉶異制今擬凡祭器皆用瓷其式皆倣古簠簋登豆惟籩以竹詔從之酒齊倣周制用新舊醅以備五齊三酒其實於尊之名數各不同其祭祀雜議諸儀凡版位皇帝位方一尺二寸厚三寸紅質金字皇太子位方九寸厚二寸紅質青字陪祀官位竝白質黑字拜褥初用緋洪武三年定制郊丘席爲表蒲爲裏宗廟社稷先農山川紅文綺爲表紅木棉布爲裏贊唱凡皇帝躬祀入就位時太常寺奏中嚴奏外辦盥洗升壇飲福受胙各致贊辭又凡祀各設爵洗位滌爵拭爵初升壇唱再拜及祭酒唱賜福胙洪武七年禮部奏其煩瀆悉删去上香禮明初祭祀皆行洪武七

年以翰林詹同言罷嘉靖九年復行拜禮初每節皆再拜洪武九年禮臣奏禮記一獻三獻五獻七獻之文皆不載拜禮唐宋郊祀每節行禮皆再拜然亞獻終獻天子不行禮而使臣下行之今議大祀中祀自迎神至飲福送神宜各行再拜禮帝命節爲十二拜迎神飲福受胙送神各四拜云登壇脫舄初未行洪武八年詔翰林院臣考定大祀登壇脫舄之禮學士樂韶鳳雜考漢魏以來朝祭儀議於郊祀廟享前期一日有司以席藉地設御幕於壇東南門外設執事官脫履之次於壇門外西階側祭日大駕入幕次脫舄升壇其升壇執事導駕贊禮讀祝并分獻陪祀官皆脫舄於外以次升壇供事協律郎樂舞生依前跣襪就位祭畢降壇納舄從之嘉靖十七年罷其禮

祭祀日期欽天監選擇太常寺預於十二月朔至奉天殿具奏蓋古卜法不存而擇干支之吉以代卜也洪武七年命太常卿議祭祀日期書之於版依時以祭著爲式其祭日遣官監祭不敬失儀者罪之

習儀凡祭祀先期三日及二日百官習儀於朝天宮嘉靖九年更定郊祀冬至習儀於先期之七日及六日

齋戒洪武二年學士朱升等奉敕撰齋戒文曰戒者禁止其外齋者整齊其內沐浴更衣出宿外舍不飲酒不茹葷不問疾不弔喪不聽樂不理刑名此則戒也專一其心嚴畏謹慎苟有所思卽思所祭之神如在其上如在其左右精白一誠無須臾間此則齋也大祀七日前四日戒後三日齋太祖曰凡祭祀天地社稷宗廟山川等神爲天下祈福宜下令百官齋戒若自有所禱於天地百神不關民事者不下令又曰致齋以五日七日爲期太久人心易怠止臨祭齋戒三日務致精專庶可格神明遂著爲令是年從禮部尚書崔亮奏大祀前七日陪祀官詣中書省受誓戒各揚其職不共其事國有常刑宗廟社稷致齋三日不誓戒三年諭禮部尚書陶凱曰人心操舍無常必有所警而後無所放乃命禮部鑄銅人一高尺有五寸手執牙簡大祀則書致齋三日中祀則書致齋二日於簡上太常司進置齋所四年定天子親祀齋五日遣官代祀齋三日降香齋一日五年命諸司各置木牌以警褻慢刻文其上曰國有常憲神有鑒焉凡祭祀則設之又從陶凱奏凡親祀皇太子宮中居守親王戎服侍從皇太子親王雖不陪祀一體齋戒六年建陪祀官齋房於北郊齋宮之西南復定齋戒禮儀凡祭天地正祭前五日午後沐浴更衣處外室次早百官於奉天門觀誓戒牌次日告仁祖廟退處齋宮致齋三日享宗廟正祭前四日午後沐浴更衣處外室次日爲始致齋三日祭社稷朝日夕月周天星辰太歲風雲雷雨嶽鎭海瀆山川等神致齋二日如前儀凡傳制降香遣官代祀先一日沐浴更衣處外室次日遣官七年定制凡大祀前期四日太常卿至天下神祇壇奠告中書丞相詣京師城隍廟發咨次日皇帝詣仁祖廟請配享二十一年定制齋戒前二日太常司官宿於本司次日奏請致齋又次日進銅人傳制諭文武百官齋戒是日禮部太常司官檄城隍神徧請天下當祀神祇仍於各廟焚香三日二十六年定傳制誓戒儀凡大祀前三日百官詣闕如大朝儀傳制官宣制云某年月日祀於某所爾文武百官自某日爲始致齋三日當敬慎之傳制訖四拜奏禮畢宣德七年大祀南郊帝御齋宮命內官內使飲酒食葷入壇唾地者皆罪之司禮監縱容者同罪齋之日御史檢視各官於齋次仍行南京一體齋戒弘治五年鴻臚少卿李燧言分獻陪祭等官借居道士房榻貴賤雜處且宣召不便乞於壇所隙地倣天壽山朝房體制建齋房從之嘉靖九年定前期三日帝御奉天殿百官朝服聽誓戒萬曆四年十一月禮部以二十三日冬至祀天十八日當奏祭十九日百官受誓戒是日皇太后聖旦百官宜吉服賀一日兩遇禮文服色不同請更奏祭誓戒皆先一日帝命奏祭誓戒如舊而以十八日行慶賀禮

遣官祭祀洪武二十六年定傳制特遣儀是日皇帝陞座如常儀百官一拜禮畢獻官詣拜位四拜傳制官由御前出宣制如祭孔子則曰某年月日祭先師孔子大成至聖文宣王命卿行禮祭歷代帝王則曰某年月日祭先聖歷代帝王命卿行禮俯伏興四拜禮畢出其降香遣官儀前祀一日清晨皇帝皮弁服陞奉天殿捧香者以香授獻官獻官捧由中陛降中道出至午門外置龍亭內儀仗鼓吹導引至祭所後定祭之日降香如常儀中嚴以待獻官祭畢復命解嚴還宮嘉靖九年定大祀遣官不行飲福禮

分獻陪祀凡分獻官太常寺豫請旨洪武七年太祖謂學士詹同曰大祀終獻方行分獻禮未當同乃與學士宋濂議以上初獻奠玉帛將畢分獻官卽行初獻禮亞獻終獻皆如之嘉靖九年四郊工成帝諭太常寺曰大祀分獻官豫定方可習儀乃用大學士張璁等於大明夜明星辰風雲雷雨四壇舊制分獻用文武大臣及近侍官共二十四人今定四人法司官仍舊例不與凡陪祀洪武四年太常寺引周禮及唐制擬用武官四品文官五品以上其老疾瘡疥刑餘喪過體氣者不與從之後定郊祀六科都給事中皆與陪祀餘祭不與又定凡南北郊先期賜陪祀執事官明衣布樂舞生各給新衣制陪祀官入壇牙牌凡天子親祀則佩以入其制有二圓者與祭官佩之方者執事人佩之俱藏內府遇祭則給無者不得入壇洪武二十九年初祀山川諸神流官祭服未入流官公服洪武二十九年從禮臣言未入流官凡祭皆用祭服與九品同

明史卷四十八　志第二十四

總裁官總理事務 經筵講官少保兼太子太保保和殿大學士兼管吏部戶部尚書事加六級張廷玉等奉
敕修

禮二 吉禮二

郊祀　郊祀配位
郊祀儀注　祈穀
大雩　大饗
令節拜天

郊祀之制洪武元年中書省臣李善長等奉敕撰進郊祀議略言王者事天明事地察故冬至報天夏至報地所以順陰陽之義也祭天於南郊之圜丘祭地於北郊之方澤所以順陰陽之位也周禮大司樂冬日至禮天神夏日至禮地祇禮曰享帝於郊祀社於國又曰郊所以明天道社所以明地道書曰敢昭告於皇天后土按古者或曰地祇或曰后土或曰社皆祭地則皆對天而言也此三代之正禮而釋經之正說自秦立四畤以祀白青黃赤四帝漢高祖復增北畤兼祀黑帝至武帝有雍五畤及渭陽五帝甘泉太乙之祠而昊天上帝之祭則未嘗舉行魏晉以後宗鄭元者以爲天有六名歲凡九祭宗王肅者以爲天體惟一安得有六一歲二祭安得有九雖因革不同大抵多參二家之說自漢武用祠官寬舒議立后土祠於汾陰脽上禮如祀天而後世因於北郊之外仍祠后土又鄭元惑於緯書謂夏至於方丘之上祭崑崙之祇七月於泰折之壇祭神州之祇析而爲二後世又因之一歲二祭元始間王莽奏罷甘泉泰畤復長安南北郊以正月上辛若丁天子親合祀天地於南郊由漢歷唐千餘年間皆因之合祭其親祀北郊者惟魏文帝周武帝隋高祖唐元宗四帝而已宋元豐中議罷合祭紹聖政和間或分或合高宗南渡以後惟用合祭之禮元成宗始合祭天地五方帝已而立南郊專祀天泰定中又合祭文宗至順以後惟祀昊天上帝今當遵古制分祭天地於南北郊冬至則祀昊天上帝於圜丘以大明夜明星辰太歲從祀夏至則祀皇地祇於方丘以五嶽五鎭四瀆從祀太祖如其議行之建圜丘於鍾山之陽方丘於鍾山之陰三年增祀風雲雷雨於圜丘天下山川之神於方丘七年增設天下神祇壇於南北郊九年定郊社之禮雖有三年喪不廢十年秋太祖感齋居陰雨覽京房災異之說謂分祭天地情有未安命作大祀殿於南郊是歲冬至以殿工未成乃合祀於奉天殿而親製祝文意謂人君事天地猶父母不宜異處遂定每歲合祀於孟春爲永制十二年正月始合祀於大祀殿太祖親作大祀文并歌九章永樂十八年京都大祀殿成規制如南京南京舊郊壇國有大事則遣官告祭嘉靖九年世宗既定明倫大典益覃思制作之事郊廟百神咸欲斟酌古法釐正舊章乃問大學士張璁書稱燔柴祭天又曰類於上帝孝經曰郊祀后稷以配天宗祀文王於明堂以配上帝以形體主宰之異言也朱子謂祭之於壇謂之天祭之屋下謂之帝今大祀有殿是屋下之祭帝耳未見有祭天之禮也況上帝皇地祇合祭一處亦非專祭上帝璁言國初遵古禮分祭天地後又合祀說者謂大祀殿下壇上屋屋卽明堂壇卽圜丘列聖相承亦孔子從周之意帝復諭璁二至分祀萬代不易之禮今大祀殿擬周明堂或近矣以爲卽圜丘實無謂也璁乃備述周禮及宋陳襄蘇軾劉安世程頤所議分合異同以對且言祖制已定無敢輕議帝銳欲定郊制卜之奉先殿太祖前不吉乃問大學士翟鑾鑾具述因革以對復問禮部尚書李時時請少需日月博選儒臣議復古制帝復卜之太祖不吉議且寢會給事中夏言請舉親蠶禮帝以古者天子親耕南郊皇后親蠶北郊適與所議郊祀相表裏因令璁諭言陳郊議言乃上疏言國家合祀天地及太祖太宗之竝配諸壇之從祀舉行不於長至而於孟春俱不應古典宜令羣臣博考詩書禮經所載郊祀之文及漢宋諸儒匡衡劉安世朱熹等之定論以及太祖國初分祀之舊制陛下稱制而裁定之此中興大業也禮科給事中王汝梅等詆言說非是帝切責之乃敕禮部令羣臣各陳所見且言汝梅等舉召誥中郊用二牛謂明言合祭天地夫用二牛者一帝一配位非天地各一牛也又或謂天地合祀乃人子事父母之道擬之夫婦同牢此等言論褻慢已甚又或謂郊爲祀天社稷爲祭地古無北

郊夫社乃祭五土之祇猶言五方帝耳非皇地祇也社之名不同自天子以下皆得隨所在而祭之故禮有親地之說非謂祭社卽方澤祭地也璁因錄上郊祀考議一冊時詹事霍韜深非郊議且言分祀之說惟見周禮莽賊僞書不足引據於是言復上疏言周禮一書於祭祀爲詳大宗伯以祀天神則有禋祀實柴槱燎之禮以祀地祇則有血祭貍沈疈辜之禮大司樂冬至日地上圜丘之制則曰禮天神夏至日澤中方丘之制則曰禮地祇天地分祀從來久矣故宋儒葉時之言曰郊丘分合之說當以周禮爲定今議者旣以大社爲祭地則南郊自不當祭皇地祇何又以分祭爲不可也合祭之說實自莽始漢之前皆主分祭而漢之後亦間有之宋元豐一議元祐再議紹聖三議皆主合祭而卒不可移者以郊賚之費每傾府藏故省約安簡便耳亦未嘗以分祭爲非禮也今之議者往往以太祖之制爲嫌爲懼然知合祭乃太祖之定制爲不可改而不知分祭固太祖之初制爲可復知大祀文乃太祖之明訓爲不可背而不知存心錄固太祖之著典爲可遵且皆太祖之制也從其禮之是者而已敬天法祖無二道也周禮一書朱子以爲周公輔導成王垂法後世用意最深切何可誣以莽之僞爲耶且合祭以后配地實自莽始莽旣僞爲是書何不削去圜丘方丘之制天神地祇之祭而自爲一說耶於是禮部集上羣臣所議郊禮奏曰主分祭者都御史汪鋐等八十二人主分祭而以愼重成憲及時未可爲言者大學士張璁等八十四人主分祭而以山川壇爲方丘者尚書李瓚等二十六人主合祭而不以分祭爲非者尚書方獻夫等二百六人無可否者英國公張崙等一百九十八人臣等祇奉敕諭折衷衆論分祀之義合於古禮但壇壝一建工役浩繁禮屋祭曰帝夫旣稱昊天上帝則當屋祭宜仍於大祀殿專祀上帝改山川壇爲地壇以專祀皇地祇旣無創建之勞行禮亦便帝復諭當遵皇祖舊制露祭於壇分南北郊以二至日行事言乃奏曰南郊合祀循襲已久朱子所謂千五六百年無人整理而陛下獨破千古之謬一旦舉行誠可謂建諸天地而不悖者也已而命戶禮工三部偕言等詣南郊相擇南天門外有自然之丘僉謂舊丘地位偏東不宜襲用禮臣欲於具服殿少南爲圜丘言復奏曰圜丘祀天宜卽高敞以展對越之敬大祀殿享帝宜卽淸閟以盡昭事之誠二祭時義不同則壇殿相去亦宜有所區別乞於具服殿稍南爲大祀殿而圜丘更移於前體勢峻極可與大祀殿等制曰可於是作圜丘是年十月工成明年夏北郊及東西郊亦以次告成而分祀之制遂定萬曆三年大學士張居正等輯郊祀新舊圖考進呈舊禮者太祖所定新禮者世宗所定也

郊祀配位洪武元年始有事於南郊有司議配祀太祖謙讓不許親爲文告太廟曰歷代有天下者皆以祖配天臣獨不敢者以臣功業有未就政治有闕失去年上天垂戒有聲東南雷火焚舟擊殿吻早暮兢惕恐無以承上帝好生之德故不敢輒奉以配惟祖神與天通上帝有問願以臣所行奏帝前善惡無隱候南郊竣事臣率百司恭詣廟廷告成大禮以共享上帝之錫福明年夏至將祀方丘羣臣復請太祖執不允固請乃曰俟慶陽平議之八月慶陽平十一月冬至羣臣復固請乃奉皇考仁祖淳皇帝配天於圜丘明年祀方丘亦如之建文元年改奉太祖配洪熙改元敕曰太祖受命上天肇興皇業太宗中興宗社再奠寰區聖德神功咸配天地易曰殷薦上帝以配祖考朕崇敬祖考永惟一心正月十五日大祀天地神祇奉皇祖皇考以配遂於郊祀前告太廟及几筵請太祖太宗並配嘉靖九年給事中夏言上疏言太祖太宗並配父子同列稽之經旨未能無疑臣謂周人郊祀后稷以配天太祖足當之宗祀文王於明堂以配上帝太宗足當之禮臣集議以爲二祖配享百有餘年不宜一旦輕改帝降敕諭欲於二至日奉太祖配南北郊歲首奉太宗配上帝於大祀殿於是大學士張璁翟鑾等言二祖分配於義未協且錄仁宗所撰敕諭並告廟文以進帝復命集議於東閣皆以爲太廟之祀列聖昭穆相向無嫌並列況太祖太宗功德並隆圜丘大祀殿所祀均之爲天則配天之祖不宜闕一臣等竊議南北郊及大祀殿每祭皆宜二祖並配帝終以並配非禮諭閣臣講求璁等言禮曰有其舉之莫敢廢也凡祭盡然況祖宗配享大典且古者郊與明堂異地故可分配今圜丘大祀殿同兆南郊冬至禮行於報而太宗不與孟春禮行於祈而太祖不與心實有所不安帝復報曰萬物本乎天人本乎祖天惟一天祖亦惟一祖故大報天之祀止當以高皇帝配文皇帝功德豈不可配天但開天立極本高皇帝肇之耳如周之王業武王實成之而配天止以后稷配上帝止以文王當時未聞爭辨功德也因命寢其議已而夏言復疏言虞夏殷周之郊惟配一祖後儒穿鑿分郊丘爲二及誤解大易配考孝經嚴父之義以致唐宋變古乃有二祖並侑三帝並配之事望斷自宸衷依前敕旨帝報曰禮臣前引太廟不嫌一堂夫祀帝與享先不同此說無當仍命申議於是禮臣復上議南北郊雖曰祖制實今日新創請如聖諭俱奉太祖獨配至大祀殿則太祖所創今乃不得侑享於中恐太宗未安宜仍奉二祖並配遂依擬行之

郊祀儀注洪武元年冬至祀昊天上帝於圜丘先期皇帝散齋四日致齋三日前祀二日皇帝服通天冠絳紗袍省牲器次日有司陳設祭之日淸晨車駕至大次太常卿奏中嚴皇帝服袞冕奏外辦皇帝入就位贊禮唱迎神協律郎舉麾奏中和之曲贊禮唱燔柴郊社令升煙燔全犢於燎壇贊禮唱請行禮太常卿奏有司謹具請行事皇帝再拜皇太子及在位官皆再拜贊禮唱奠玉帛皇帝詣盥洗位太常卿贊曰前期齋戒今辰奉祭加其淸潔以對神明皇帝搢圭盥手帨手出圭升壇太常卿贊曰神明在上整肅威儀升自午陛協律郎舉麾奏肅和之曲皇帝詣昊天上帝神位前跪搢圭三上香奠玉帛出圭再拜復位贊禮唱進俎協律郎舉麾奏凝和之曲皇帝詣神位前搢圭奠俎出圭復位贊禮唱行初獻禮皇帝詣爵洗位搢圭滌爵拭爵以爵授執事者出圭詣酒尊所搢圭執爵受泛齊以爵授執事者出圭協律郎舉麾奏壽和之曲武功之舞皇帝詣神位前跪搢圭上香祭酒奠爵出圭讀祝官捧祝跪讀訖皇帝俯伏興再拜復位亞獻酌醴齊樂奏豫和之曲文德之舞終獻酌盎齊樂奏熙和之曲文德之舞儀並同初獻但不用祝贊禮唱飲福受胙皇帝升壇至飲福位再拜跪搢圭奉爵官酌福酒跪進太常卿贊曰惟此酒殽神之所與賜以福慶億兆同霑皇帝受爵祭酒飲福酒以爵置於坫奉胙官奉胙跪進皇帝受胙以授執事者出圭俯伏興再拜復位皇太子以下在位官皆再拜贊禮唱徹豆協律郎舉麾奏雍和之曲掌祭官徹豆贊禮唱送神協律郎舉麾奏安和之曲皇帝再拜皇太子以下在位官皆再拜贊禮唱讀祝官奉祝奉幣官奉幣掌祭官取饌及爵酒各詣燎所唱望燎皇帝至望燎位半燎太常卿奏禮畢皇帝還大次解嚴二年夏至祀皇地祇於方丘其儀並同惟迎神後瘞毛血祭畢奉牲帛祝饌而埋之與郊天異其冬奉仁祖配天於南郊儀同元年其奠玉帛進俎三獻皆先詣上帝前次詣仁祖神位前行禮亦如之惟不同玉四年定先祭六日百官沐浴宿官署翼日朝服詣奉天殿丹墀受誓戒丞相以祀期徧告百神復詣各祠廟行香三日次日駕詣仁祖廟告請配享禮畢還齋宮七年去中嚴外辦及贊唱上香之縟節定十二拜禮十年改合祀之制奠玉帛進俎三獻俱先詣上帝神位前次皇地祇次仁祖餘悉仍舊儀嘉靖八年罷各廟焚香禮九年復分祀之制禮部上大祀圜丘儀注前期十日太常寺題請視牲次請命大臣三員看牲四員分獻前期五日錦衣衛備隨朝駕帝詣犧牲所視牲其前一日常服告於廟前期四日御奉天殿太常寺進銅人如常儀太常博士請太祖祝版於文華殿候帝親塡御名捧出前期三日帝具祭服以脯醢酒果詣太廟請太祖配帝還易服御奉天殿百官朝服受誓戒前期二日太常光祿卿奏省牲帝至奉天殿親塡祝版前期一日免朝錦衣衛備法駕設版輿於奉天門常服告廟乘輿詣南郊由西天門入至昭亨門外降輿禮部太常官導由左門入至內壝太常卿導至圜丘恭視壇位次至神庫視籩豆至神廚視牲畢仍由左門出升輿至齋宮分獻陪祀官叩首禮部太常官詣皇穹宇請皇天上帝神版太祖神主從祀神牌奉安壇座祭之日三鼓帝自齋宮乘輿至外壝神路之西降輿至神路東大次禮部太常寺捧神位官復命訖退百官分列神路東西以候帝具祭服出導引官導由左靈星門入內贊對引官導行至內壝典儀唱樂舞生就位執事官各司其事帝至御拜位自燔柴迎神至禮畢其儀悉如舊至大次易服禮部太常官奉神位安於皇穹宇還齋宮少憩駕還詣廟參拜畢回宮詔如擬明年定方澤儀先期二日太常卿請太祖配位奉安皇祇室至期禮部太常官同請皇地祇神版太祖神主從祀神牌奉安壇座祀畢太常奉神版神牌安皇祇室奉神主還廟寢餘皆如圜丘儀是年十月帝將郊祀諭禮部尚書夏言欲親行奉安禮言乃擬儀注以聞先期擇捧主執事官十一員分獻配殿大臣二員撰祝文備脯醢酒果制帛香燭前一日行告廟禮設神輿香案於奉天殿神案二於泰神殿神案二於東西配殿香案一於丹墀正中設大次於圜丘左門外是日質明帝常服詣奉天殿行一拜三叩頭禮執事官先後捧昊天上帝太祖高皇帝及從祀神主各奉安輿中至圜丘泰神殿門外帝乘輅至昭亨門禮官導至泰神殿丹墀執事官就神輿捧神主升石座奉安於龕中帝乃詣香案前行三獻禮如儀禮畢出至大次升座百官行一拜三叩頭禮畢還宮帝從之而命行禮用祭服導引用太常寺官一員合禮部堂上官四員

十一年冬至尚書言前此有事南郊風寒莫備乃采禮書天子祀天張大次小次之說請作黃氊御幄爲小次每大祭所司以隨値風雪則設於圜丘下帝就幄中對越而陟降奠獻以太常執事官代之命著爲令

祈穀明初未嘗行世宗時更定二祖分配禮因諸臣固請乃許於大祀殿祈穀奉二祖配嘉靖十年始以孟春上辛日行祈穀禮於大祀殿禮畢帝心終以爲未當諭張璁曰自古惟以祖配天今二祖竝配決不可法後世嗣後大報與祈穀但奉太祖配尋親製祝文更定儀注改用驚蟄節禮視大祀少殺帛減十一不設從壇不燔柴著爲定式十一年驚蟄節帝疾不能親乃命武定侯郭勛代給事中葉洪言祈穀大報祀名不同郊天一也祖宗無不親郊成化弘治間或有故寧展至三月蓋以郊祀禮重不宜攝以人臣請俟聖躬痊改卜吉日行禮不從十八年改行於大內之元極寶殿不奉配遂爲定制隆慶元年禮臣言先農親祭遂耕耤田卽祈穀遺意今二祀竝行於春未免煩數且元極寶殿在禁地百官陪祀出入非便宜罷祈穀止先農壇行事從之

大雩明初凡水旱災傷及非常變異或躬禱或露告於宮中或於奉天殿陛或遣官祭告郊廟陵寢及社稷山川無常儀嘉靖八年春祈雨冬祈雪皆御製祝文躬祀南郊及山川壇次日祀社稷壇冠服淺色鹵簿不陳馳道不除皆不設配不奏樂九年帝欲於奉天殿丹陛上行大雩禮夏言言按左傳龍見而雩蓋巳月萬物始盛待雨而大故祭天爲百穀祈膏雨也月令雩帝用盛樂乃命百縣雩祀百辟卿士有益於民者以祈穀實通典曰巳月雩五方上帝其壇名雩禜於南郊之傍先臣邱濬亦謂天子於郊天之外別爲壇以祈雨者也後世此禮不傳遇有旱暵輒假異端之人爲祈禱之事不務以誠意感格而以法術劫制誣亦甚矣濬意欲於郊傍擇地爲雩壇孟夏後行禮臣以爲孟春旣祈穀矣苟自二月至四月雨暘時若則大雩之祭可遣官攝行如雨澤愆期則陛下躬行禱祝乃建崇雩壇於圜丘壇外泰元門之東爲制一成歲旱則禱奉太祖配十二年夏言等言古者大雩之祀命樂正習盛樂舞皇舞蓋假聲容之和以宣陰陽之氣請於三獻禮成之後九奏樂止之時樂奏雲門之舞仍命儒臣括雲漢詩詞制雲門一曲使文武舞士竝舞而合歌之蓋雲門者帝堯之樂周官以祀天神取雲出天氣雨出地氣也且請增鼓吹數番教舞童百人青衣執扇繞壇歌雲門之曲而舞曲凡九成因上其儀視祈穀禮又言大雩乃祀天禱雨之祭凡遇亢旱則禮部於春末請行之帝從其議十七年躬禱於壇青服用一牛熟薦

大饗禮明初無明堂之制嘉靖十七年六月致仕揚州府同知豐坊上疏言孝莫大於嚴父嚴父莫大於配天請復古禮建明堂加尊皇考獻皇帝廟號稱宗以配上帝下禮部會議尚書嚴嵩等言昔羲農肇祀上帝或爲明堂嗣是夏后氏世室殷人重屋周人作明堂之制視夏殷加詳焉蓋聖王事天如子事父體尊而情親故制爲一歲享祀之禮冬至圜丘孟春祈穀孟夏雩壇季秋明堂皆所以尊之也明堂帝而享之又以親之也今日創制古法難尋要在師先王之意明堂圜丘皆所以事天今大祀殿在圜丘之北禁城東南正應古之方位明堂秋享卽以大祀殿行之爲當至配侑之禮昔周公崇祀文王於明堂詩傳以爲物成形於帝猶人成形於父故季秋祀帝明堂而以父配之取其成物之時也漢孝武明堂之享以景帝配孝章以光武配唐中宗以高宗配明皇以睿宗配代宗以肅宗配宋眞宗以太宗配仁宗以眞宗配英宗以仁宗配皆世以遞配此主於親親也宋錢公輔曰郊之祭以始封之祖有聖人之功者配焉明堂之祭以繼體之君有聖人之德者配焉當時司馬光孫抃諸臣執辯於朝程朱大賢倡議於下此主於祖宗之功德也今復古明堂大享之制其所當配之帝亦惟二說而已若以功德論則太宗再造家邦功符太祖當配以太宗若以親親論則獻皇帝陛下之所自出陛下之功德卽皇考之功德當配以獻皇帝至稱宗之說則臣等不敢妄議帝降旨明堂秋報大禮於奉天殿行其配帝務求畫一之說皇考稱宗何爲不可再會議以聞於是戶部左侍郞唐胄抗疏言三代之禮莫備於周孝經曰郊祀后稷以配天宗祀文王於明堂以配上帝又曰嚴父莫大於配天則周公其人也說者謂周公有聖人之德制作禮樂而文王適其父故引以証聖人之孝答曾子問而已非謂有天下者皆必以父配天然後爲孝不然周公輔成王踐阼其禮蓋爲成王而制於周公爲嚴父於成王則爲嚴祖矣然周公歸政之後未聞成王以嚴父之故廢文王配天之祭而移於武王也後世祀明堂者皆配以父此乃誤孝經之義而違先王之禮昔有問於朱熹曰周公之後當以文王配耶當以時王之父配耶熹曰只當以文王爲配又曰繼周者如何熹曰只以有功之祖配後來第爲嚴父說所惑亂耳由此觀之明堂之配不專於父明矣今禮臣不能辨嚴父之非不舉文武成康之盛而乃濫引漢唐宋不足法之事爲言謂之何哉雖然豐坊明堂之議雖未可從而明堂之禮則不可廢今南北兩郊皆主尊尊必季秋一大享帝而親親之義始備自三代以來郊與明堂各立所配之帝太祖太宗功德竝盛比之於周太祖則后稷也太宗則文王也今兩郊及祈穀皆奉配太祖而太宗獨未有配甚爲缺典故今奉天殿大享之祭必奉配太宗而後我朝之典禮始備帝怒下胄詔獄嵩乃再會廷臣先議配帝之禮言考季秋成物之指嚴父配天之文宜奉獻皇帝配帝侑食因請奉文皇帝配祀於孟春祈穀帝從獻皇配帝之請而郄文皇議不行已復以稱宗之禮集文武大臣於東閣議言禮稱祖有功宗有德釋者曰祖始也宗尊也漢書注曰祖之稱始始受命也宗之稱尊有德可尊也孝經曰宗祀文王於明堂以配上帝王肅注曰周公於文王尊而祀之也此宗尊之說也古者天子七廟劉歆曰七者正法苟有功德則宗之不可預爲設數宗不在數中宗變也朱熹亦以歆之說爲然陳氏禮書曰父昭子穆而有常數者禮也祖功宗德而無定法者義也此宗無數之說禮以義起者今援据古義推緣人情皇考至德昭聞密佑穹昊宗以其德可聖子神孫傳授無疆皆皇考一人所衍布宗以其世亦可宜加宗皇考配帝明堂永爲有德不遷之廟帝以疏不言祔廟留中不下乃設爲臣下奏對之詞作明堂或問以示輔臣大略言文皇遠祖不應嚴父之義宜以父配稱宗雖無定說尊親崇上義所當行既稱宗則當祔廟豈有太廟中四親不具之禮帝既排正議崇私親心念太宗永無配享無以謝廷臣乃定獻皇配帝稱宗而改稱太宗號曰成祖時未建明堂迫季秋遂大享上帝於元極寶殿奉睿宗獻皇帝配殿在宮右乾隅舊名欽安殿禮成禮部請帝陞殿百官表賀如郊祀慶成儀帝以大享初舉命賜宴羣臣於謹身殿已而以足疾不御殿命羣臣勿行賀禮禮官以表聞竝罷宴令光祿寺分給二十一年敕諭禮部季秋大享明堂成周禮典與郊祀竝行曩以享地未定特祭於元極寶殿朕誠未盡南郊舊殿原爲大祀所昨歲已令有司撤之朕自作制象立爲殿恭薦名曰泰享用昭寅奉上帝之意乃定歲以秋季大享上帝奉皇考睿宗配享行禮如南郊陳設如祈穀明年禮部尚書費寀以大享殿工將竣請帝定殿門名門曰大享殿曰皇乾及殿成而大享仍於元極寶殿遣官行禮以爲常隆慶元年禮臣言我朝大享之禮自皇考舉行追崇睿宗以昭嚴父配天之孝自皇上視之則睿宗爲皇祖非周人宗祀文王於明堂之義於是帝從其請罷大享禮命元極寶殿仍改欽安殿

令節拜天嘉靖初沿先朝舊儀每日宮中行拜天禮後以爲瀆罷之遇正旦冬至聖誕節於奉天殿丹陛上行禮既定郊祀遂罷冬至之禮惟正旦聖誕節行禮於元極寶殿隆慶元年正旦命宮中拜天不用在外執事祭品亦不取供於太常

明史卷四十九　志第二十五

總裁官總理事務經筵講官少保兼太子太保保和殿大學士兼管吏部戶部尚書事加六級張廷玉等奉

敕修

禮三 吉禮三

社稷之祀自京師以及王國府州縣皆有之其壇在宮城西南者曰太社稷明初建太社在東太稷在西壇皆北向洪武元年中書省臣定議周制小宗伯掌建國之神位右社稷左宗廟社稷之祀壇而不屋其制在中門之外外門之內尊而親之與先祖等然天子有三社爲羣姓立者曰太社其自爲立者曰王社又勝國之社屋之國雖亡而存之以重神也後世天子惟立太社太稷漢高祖立官太社太稷一歲各再祀光武立太社稷於洛陽宗廟之右春秋二仲月及臘一歲三祀唐因隋制竝建社稷於含光門右仲春秋戊日祭之元宗升社稷爲大祀仍令四時致祭宋制如東漢時元世祖營社稷於和義門內以春秋二仲上戊日祭今宜祀以春秋二仲月上戊日是年二月太祖親祀太社太稷社配以后土西向稷配以后稷東向帝服皮弁服省牲通天冠絳紗袍行三獻禮初帝命中書省翰林院議創屋備風雨學士陶安言天子太社必受風雨霜露亡國之社則屋之不受天陽也建屋非宜若遇風雨則請於齋宮望祭從之三年於壇北建祭殿五間又北建拜殿五間以備風雨十年太祖以社稷分祭配祀未當下禮官議尚書

張籌言按通典顓頊祀共工氏子句龍爲后土后土社也烈山氏子柱爲稷稷田正也唐虞夏因之此社稷所由始也商湯因旱遷社以后稷代柱欲遷句龍無可繼者故止然王肅謂社祭句龍稷祭后稷皆人鬼非地神而陳氏禮書又謂社祭五土之祇稷祭五穀之神鄭康成亦謂社爲五土總神稷爲原隰之神句龍爲平水土功故配社后稷有播種功故配稷二說不同漢元始中以夏禹配官社后稷配官稷唐宋及元又以句龍配社周棄配稷此配祀之制初無定論也至社稷分合之義書召誥言社於新邑孔註曰社稷共牢周禮封人掌設王之社壝註云不言稷者舉社則稷從之陳氏禮書曰稷非土無以生土非稷無以見生生之效故祭社必及稷山堂考索曰社爲九土之尊稷爲五穀之長稷生於土則社與稷固不可分其宜合祭古有明證請社稷共爲一壇至句龍共工氏之子也祀之無義商湯欲遷未果漢嘗易以夏禹而夏禹今已列祀帝王之次棄稷亦配先農請罷句龍棄配位謹奉仁祖淳皇帝配享以成一代盛典遂改作於午門之右社稷共爲一壇初社稷列中祀及以仁祖配乃升爲上祀具冕服以祭行奉安禮十一年春祭社稷行新定儀迎神飲福送神凡十二拜餘如舊建文時更奉太祖配永樂中北京社稷壇成制如南京洪熙後奉太祖太宗同配舊制上丁釋奠孔子次日上戊祀社稷弘治十七年八月上丁在初十日上戊在朔日禮官請以十一日祀社稷御史金洪劾之言如此則中戊非上戊矣禮部覆奏言洪武二十年嘗以十一日爲上戊失不始今日命遵舊制仍用上戊嘉靖九年諭禮部天地至尊次則宗廟又次則社稷今奉祖配天又奉祖配社此禮官之失也宜改從皇祖舊制太社以句龍配太稷以后稷配乃以更正社稷壇配位禮告太廟及社稷遂藏二配位於寢廟更定行八拜禮其壇在西苑豳風亭之西者曰帝社稷東帝社西帝稷皆北向始名西苑土穀壇嘉靖十年帝謂土穀壇亦社稷耳何以別於太社稷張璁等言古者天子稱王今若稱王社王稷與王府社稷名同前定神牌曰五土穀之神名義至當帝采帝耤之義改爲帝社帝稷以上戊明日祭後改次戊次戊在望後則仍用上巳春告秋報爲定制隆慶元年禮部言帝社稷之名自古所無嫌於煩數宜罷從之中都亦有太社壇洪武四年建取五方土以築直隸河南進黃土浙江福建廣東廣西進赤土江西湖廣陜西進白土山東進靑土北平進黑土天下府縣千三百餘城各土百觔取於名山高爽之地王國社稷洪武四年定十一年禮臣言太社稷既同壇合祭王國各府州縣亦宜同壇稱國社國稷之神不設配位詔可十三年九月復定制兩壇一壝如初式十八年定王國祭社稷山川等儀行十二拜禮府州縣社稷洪武元年頒壇制於天下郡邑俱設於本城西北右社左稷十一年定同壇合祭如京師獻官以守禦武臣爲初獻文官爲亞獻終獻十三年溧水縣祭社稷以牛醢代鹿醢禮部言定制祭物缺者許以他物代帝曰所謂缺者以非土地所產溧水固有鹿是有司故爲苟簡也百司所以能理其職而盡民事者以其常存敬懼之心耳神猶忽之於人事又何懼焉命論如律乃敕禮部下天下郡邑凡祭祀必備物苟非地產無從市鬻者聽其缺十四年令三獻皆以文職長官武官不與里社每里一百戶立壇一所祀五土五穀之神

朝日夕月洪武三年禮部言古者祀日月之禮有六郊特牲曰郊之祭大報天而主日配以月一也玉藻曰朝日於東門之外祭義曰祭日於東郊祭月於西郊二也大宗伯肆類於四郊兆日於東郊兆月於西郊三也月令孟冬祈來年於天宗天宗日月之類四也覲禮拜日於東門之外反祀方明禮日於南門之外禮月於北門之外五也霜雪風雨之不時則禜日月六也說者謂因郊祀而祀之非正祀也類禜而祀之與覲諸侯而禮之非常祀也惟春分朝之於東門外秋分夕之於西門外者祀之正與常也蓋天地至尊故用其始而祭以二至日月次天地春分陽氣方永秋分陰氣方長故祭於二分爲得陰陽之義自秦祭八神六曰月主七曰日主雍又有日月廟漢郊太乙朝日夕月改周法常以郊泰畤質明出行宮東向揖日西向揖月又於殿下東西拜日月宣帝於神山祠日萊山祠月魏明帝始朝日東郊夕月西郊唐以二分日朝日夕月於國城東西宋人因之升爲大祀元郊壇以日月從祀其二分朝日夕月皇慶中議建立而未行今當稽古正祭之禮各設壇專祀朝日壇宜築於城東門外夕月壇宜築於城西門外朝日以春分夕月以秋分星辰則祔祭於月壇從之其祀儀與社稷同二十一年帝以大明夜明已從祀罷朝日夕月之祭嘉靖九年帝謂大報天而主日配以月大明壇當與夜明壇異且日月照臨其功甚大太歲等神歲有二祭而日月星辰止一從祭義所不安大學士張璁亦以爲缺典遂定春秋分之祭如舊儀而建朝日壇於朝陽門外西向夕月壇於阜城門外東向壇制有隆殺以示別朝日護壇地一百畝夕月護壇地三十六畝朝日無從祀夕月以五星二十八宿周天星辰共一壇南向祔焉春祭時以寅迎日出也秋祭時以亥迎月出也十年禮部上朝日夕月儀朝日迎神四拜飲福受胙兩拜送神四拜夕月迎神飲福受胙送神皆再拜餘竝如舊儀隆慶元年禮部議定東郊以甲丙戊庚壬年西郊以丑辰未戌年車駕親祭餘歲遣文大臣攝祭朝日壇武大臣攝祭夕月壇三年禮部上朝日儀言正祭遇風雨則設小次於壇前駕就小次行禮其升降奠獻俱以太常寺執事官代制曰可

先農洪武元年諭廷臣以來春舉行耤田禮於是禮官錢用壬等言漢鄭元謂王社在耤田之中唐祝欽明云先農卽社宋陳祥道謂社自社先農自先農耤田所祭乃先農非社也至享先農與躬耕同日禮無明文惟周語曰農正陳耤禮而韋昭注云祭其神爲農祈也至漢以耤田之日祀先農而其禮始著由晉至唐宋相沿不廢政和閒命有司享先農止行親耕之禮南渡後復親祀元雖議耕耤竟不親行其祀先農命有司攝事今議耕耤之日皇帝躬祀先農禮畢躬耕耤田以仲春擇日行事從之二年二月帝建先農壇於南郊在耤田北親祭以后稷配器物祀儀與社稷同祀畢行耕耤禮御耒耜二具韜以靑絹御耕牛四被以靑衣禮畢還大次應天府尹及上元江寧兩縣令率庶人終畝是日宴勞百官耆老於壇所十年二月遣官享先農命應天府官率農民耆老陪祀二十一年更定祭先農儀不設配位永樂中建壇京師如南京制在太歲壇西南石階九級西瘞位東齋宮鑾駕庫東北神倉東南具服殿殿前爲觀耕之所護壇地六百畝供黍稷及薦新品物地九十餘畝每歲仲春上戊順天府尹致祭後凡遇登極之初行耕耤禮則親祭弘治元年定耕耤儀前期百官致齋順天府官以耒耜及穜稑種進呈內官仍捧出授之由午門左出置綵輿鼓樂送至耤田所至期帝翼善冠黃袍詣壇所具服殿服袞冕祭先農畢還更翼善冠黃袍太常卿導引至耕耤位南向立三公以下各就位戶部尚書北向跪進耒耜順天府官北向跪進鞭帝秉耒三推三反訖戶部尚書跪受耒耜順天府官跪受鞭太常卿奏請復位府尹挾靑箱以種子播而覆之帝御外門南向坐觀三公五推尚書九卿九推太常卿奏耕畢帝還具服殿陞座府尹率兩縣令耆老人行禮畢引上中下農夫各十人執農器朝見令其終畝百官行慶賀禮賜酒饌三品以上丹陛上東西坐四品以下臺下坐竝宴勞耆老於壇旁宴畢駕還宮大樂鼓吹振作農夫人賜布一疋嘉靖十年帝以其禮過煩命禮官更定迎神送神止行二拜先二日順天府尹以耒耜穜稑種置綵輿至耕耤所竝罷百官慶賀後又議造耕根車載耒耜府尹於祭日進呈畢以耒耜載車內前玉輅行其御門觀耕地位卑下議建觀耕臺一詔皆可後又命墾西苑隙地爲田建殿曰无逸亭曰豳風又曰省耕曰省斂倉曰恒裕禮部上郊廟粢盛支給之數因言南郊耤田皇上三推公卿各宣其力較西苑爲重西苑雖農官督理皇上時省耕斂較耤田爲勤請以耤田所出藏南郊圓廩神倉以供圜丘祈穀先農神祇壇長陵等陵歷代帝王及百神之祀西苑所出藏恒裕倉以供方澤朝日夕月太廟世廟太社稷帝社稷禘祫先蠶及先師孔子之祀從之十六年論凡遇親耕則戶部尚書先祭先農皇帝至止行三推禮三十八年罷親耕惟遣官祭先農四十一年竝令所司勿復奏隆慶元年罷西苑耕種諸祀皆取之耤田

先蠶明初未列祀典嘉靖時都給事中夏言請改各宮莊田爲親蠶廠公桑園令有司種桑柘以備宮中蠶事九年復疏言耕蠶之禮不宜偏廢帝乃敕禮部古者天子親耕皇后親蠶以勸天下自今歲始朕親祀先農皇后親蠶其考古制具儀以聞大學士張璁等請於安定門外建先蠶壇詹事霍韜以道遠爭之戶部亦言安定門外近西之地水源不通無浴蠶所皇城內西苑中有太液瓊島之水考唐制在苑中宋亦在宮中宜倣行之帝謂唐人因陋就安不可法於是禮部尚書李時等言大明門至安定門道路遙遠請鳳輦由東華元武二門因條上四事一治蠶之禮二壇壝之向三採桑之器四掌壇之官帝從其言命自元武門出內使陳儀衞軍一萬人五千圍壇所五千護於道餘如議三月工部上先蠶壇圖式帝親定其制壇方二丈六尺疊二級高二尺六寸四出陛東西北俱樹桑柘內設蠶宮令署採桑臺高一尺四寸方十倍三出陛鑾駕庫五間後蓋織堂壇圍方八十丈禮部上皇后親蠶儀蠶將生欽天監擇吉巳日以聞順天府具蠶母名數送北郊工部以鉤箔筐架諸器物給蠶母順天府以蠶種及鉤筐一進呈內官捧出還授之出元武右門置綵輿中鼓樂送至蠶室蠶母受蠶種浴飼以待命婦文四品武三品以上俱陪祀

攜一侍女執鉤筐皇后齋三日內執事並司贊六尚等女官及應入壇者齋一日先一日太常寺具祝版祭物羊豕籩豆各六黑帛送蠶宮令是日分授執事女官日未明宿衞陳兵備女樂司設監備儀仗及重翟車俱候元武門外將明內侍詣坤寧宮奏請皇后服常服導引女官導出宮門乘肩輿至元武門內侍奏請降輿升重翟車兵衞儀仗及女樂前導出北安門障以行帷至壇內壝東門內侍奏請降車乘肩輿兵衞儀仗停東門外皇后入具服殿易禮服出至壇司贊奏就位公主內外命婦各就拜位祭先蠶行三獻禮女官執事如儀迎神四拜賜福胙二拜送神四拜凡拜跪興公主內外命婦皆同禮畢皇后還具服殿更常服司賓引外命婦先詣採桑壇東陛下南北向尚儀奏請皇后詣採桑位東向公主以下位皇后位東亦南北向以西爲上執鉤者跪進鉤執筐者跪奉筐受桑皇后採桑三條還至壇南儀門坐觀命婦採桑三公命婦採五條列侯九卿命婦採九條訖各授女侍司賓引內命婦一人詣桑室尚功率執鉤筐者從尚功以桑授蠶母蠶母受桑縷切之以授內命婦內命婦食蠶灑一箔訖還尚儀奏禮畢皇后還坐具服殿司賓率蠶母等叩頭訖司贊唱班齊外命婦序立定尚儀致詞云親蠶既成禮當慶賀四拜畢賜宴命婦並賜蠶母酒食公主及內命婦於殿內外命婦文武二品以上於臺上三品以下於丹墀尚食進膳教坊司女樂奏樂宴畢公主以下各就班四拜禮畢皇后還宮導從如前詔如擬四月蠶事告成行治繭禮選蠶婦善繅絲及織者各一人卜日皇后出宮導從如常儀至織堂內命婦一人行三盆手禮布於織婦以終其事蠶宮令送尚衣織染監局造祭服其祀先蠶止用樂不用舞樂女生冠服俱用黑十年二月禮臣言去歲皇后躬行採桑已足風勵天下今先蠶壇殿工未畢宜且遣官行禮帝初不可令如舊行已而以皇后出入不便命改築先蠶壇於西苑壇之東爲採桑臺臺東爲具服殿北爲蠶室左右爲廂房其後爲從室以居蠶婦設蠶宮署於宮左令一員丞二員擇內臣謹恪者爲之四月皇后行親蠶禮於內苑帝謂親耕無賀此安得賀第行叩頭禮女樂第供宴勿前導三十八年罷親蠶禮四十一年並罷所司奏請

高禖嘉靖九年青州儒生李時颺請祠高禖以祈聖嗣禮官覆以聞帝曰高禖雖古禮今實難行遂寢其議已而定祀高禖禮設木臺於皇城東永安門北震方臺上皇天上帝南向騂犢蒼璧獻皇帝配西向牛羊豕各一高禖在壇下西向牲數如之禮三獻皇帝位壇下北向后妃位南數十丈外北向用帷壇下陳弓矢弓韣如后妃嬪之數祭畢女官導后妃嬪至高禖前跪取弓矢授后妃嬪后妃嬪受而納於弓韣

祭告明制凡登極巡幸及上謚葬陵冊立冊封冠婚等事皆祭告天地宗廟社稷凡營造宮室及命將出師歲時旱潦祭告天地山川太廟社稷后土凡卽位之初並祭告闕里孔廟及歷代帝王陵寢洪武二年從禮部尚書崔亮奏圜丘方丘大祀前期親告太廟仍遣使告百神於天下神祇壇六年禮部尚書牛諒奏太歲諸神凡祈報則設一十五壇有事祭告則設神位二十八壇中太歲風雲雷雨五嶽五鎭四海凡五壇東四瀆京畿湖廣山東河南北平廣西四川甘肅山川夏冬二季月將京都城隍凡十二壇西鍾山江西浙江福建山西陝西廣東遼東山川春秋二季月將旗纛戰船等神凡十一壇若親祀皇帝皮弁服行一獻禮每三壇行一次禮八年帝駐蹕中都祭告天地於中都之圜丘九年以諸王將之藩分日告祭太廟社稷嶽鎭海瀆及天下名山大川復告祀天地於圜丘初諸王來朝還藩祭眞武等神於端門用豕九羊九制帛等物祭護衞旗纛於承天門亦如之二十六年帝以其禮太繁定制豕一羊一不用帛尋又罷端門祭惟用葷素二壇祭於承天門外永樂七年巡狩北京祭告天地宗廟社稷嘉靖八年秋以躬祭山川諸神命先期不必遣官告太廟凡出入必親告祖考於內殿聖誕前一日以酒果告列聖帝后於奉先殿至日以酒脯告皇天上帝於元極寶殿遣官以牲醴祭神烈天壽純德諸陵山及東嶽都城隍以素羞祭眞武及靈濟宮又告修齋於道極七寶帝尊隆慶三年以親祭朝日壇預告奉先弘孝神霄殿

祈報洪武二年太祖以春久不雨祈告諸神祇中設風雲雷雨嶽鎭海瀆凡五壇東設鍾山兩淮江西兩廣海南北山東燕南燕薊山川旗纛諸神凡七壇西設江東兩浙福建湖廣荊襄河南北河東華州山川京都城隍凡六壇中五壇奠帛初獻帝親行禮兩廡命官分獻三年夏旱六月朔帝素服草履步禱於山川壇藁席露坐晝曝於日夜臥於地凡三日六年從禮部尚書牛諒言太歲諸神春祈秋報凡十五壇中太歲風雲雷雨五嶽五鎭四海東四瀆京畿山川春秋二季月將京都各府城隍西鍾山甘肅山川夏冬二季月將旗纛戰船等神各五壇時甘肅新附故附其山川之祭於京師其親祀之儀與祭告同正統九年三月雨雪愆期遣官祭天地社稷太歲風雲雷雨嶽鎭海瀆弘治十七年畿內山東久旱命官祭告天壽山分命各巡撫祭告北嶽北鎭東嶽東鎭東海嘉靖八年春帝諭禮部去冬少雪今當東作雨澤不降當親祭南郊社稷山川尚書方獻夫等言周禮大宗伯以荒禮哀凶札釋者謂君膳不舉馳道不除祭事不縣皆所以示貶損之意又曰國有大故則旅上帝及四望釋者曰故謂凶災旅陳也陳其祭祀以禱焉禮不若祀之備也今陛下閔勞萬姓親出祈禱禮儀務簡約以答天戒常朝官並從同致省愆祈籲之誠遂具上儀注二月親禱南郊山川同日社稷用次日不除道冠服淺色羣臣同文五品武四品以上於大祀門外餘官於南天門外就班陪祀是秋帝欲親祀山川諸神禮部尚書李時言舊例山川等祭中夜行禮先一日出郊齋宿祭畢清晨回鑾兩日畢事禮太重宜比先農壇例昧爽行禮因具儀以進制可祭服用皮弁迎神送神各兩拜十一年大學士李時等以聖嗣未降請廷臣詣嶽鎭名山祀禱帝欲分遣道士齎香帛行令所在守臣行禮在廷大臣分詣地祇壇祈告於是禮部尚書夏言言我朝建地祇壇自嶽鎭海瀆以及遠近名山大川莫不懷柔卽此而禱正合古人望衍之義但輔臣所請止於嶽鎭禱以山川海瀆發祥效靈與嶽鎭同功況基運翊聖神烈天壽純德諸山又祖宗妥靈之地祈禱之禮皆不可缺遂命大臣詣壇分祀

神祇壇洪武二年從禮部尚書崔亮言建天下神祇壇於圜丘壝外之東及方丘壝外之西郊祀前期帝躬詣壇設神位西向以酒脯祭告郊之日俟分獻從祀將畢就壇以祭後定遣官預告又建山川壇於正陽門外天地壇西合祀諸神凡設壇十有九太歲春夏秋冬四季月將爲第一次風雲雷雨次五嶽次五鎭次四海次四瀆次京都鍾山次江東次江西次湖廣次淮東淮西次浙東浙西福建次廣東廣西海南海北次山東山西河南河北次北平陝西次左江右江次安南高麗占城諸國山川次京都城隍次六纛大神旗纛大將五方旗神戰船金鼓銃礮弓弩飛鎗飛石陣前陣後諸神皆躬自行禮先祭禮官奏祝文太歲以下至四海凡五壇稱臣者親署御名其鍾山諸神稱余者請令禮官代署帝曰朋友書牘尚親題姓名況神明乎遂加親署後又定驚蟄秋分後三日遣官祭山川壇諸神七年令春秋仲月上旬擇日以祭九年復定山川壇制凡十三壇正殿太歲風雲雷雨五嶽五鎭四海四瀆鍾山七壇東西廡各三壇東京畿山川夏冬二季月將西春秋二季月將京都城隍十年定正殿七壇帝親行禮東西廡遣功臣分獻二十一年增修大祀殿諸神壇壝乃敕十三壇諸神並停春祭每歲八月中旬擇日祭之命禮部更定祭山川壇儀與社稷同永樂中京師建山川壇並同南京制惟正殿鍾山之右益以天壽山之神嘉靖十一年改山川壇名爲天神地祇壇改序雲師雨師風伯雷師天神壇在左南向雲雨風雷凡四壇地祇壇在右北向五嶽五鎭基運翊聖神烈天壽純德五陵山四海四瀆凡五壇從祀京畿山川西向天下山川東向以辰戌丑未年仲秋皇帝親祭餘年遣大臣攝祭其太歲月將旗纛城隍別祀之十七年加上皇天上帝尊稱預告於神祇遂設壇於圜丘外壝東南親定神祇壇位陳設儀式禮部言皇上親獻大明壇則四壇分獻諸臣不敢並列請先上香畢命官代獻帝裁定上香奠帛獻爵復位後分獻官方行禮亞終二獻執事官代餘壇俱獻官三行隆慶元年禮臣言天神地祇已從祀南北郊其仲秋神祇之祭不宜復舉令罷之

星辰壇洪武三年帝謂中書省臣日月皆專壇祭而星辰乃祔祭於月壇非禮也禮部擬於城南諸神享祭壇正南向增九間朝日夕月祭周天星辰俱於是行禮朝日夕月仍以春秋分祭星辰則於天壽節前三日從之四年九月帝躬祀周天星辰正殿共十壇中設周天星辰位儀如朝日二十一年以星辰既從祀南郊罷禁星之祭

靈星諸神洪武元年太常司奏周禮以槱燎祀司中司命風師雨師天府若祭天則祀司民司祿而獻民數穀數受而藏之漢高帝命郡國立靈星祠唐制立秋後辰日祀靈星立冬後亥日遣官祀司中司命司民司祿以少牢宋祀如唐而於秋分日祀壽星今擬如唐制分日而祀爲壇於城南從之二年從禮部尚書崔亮奏每歲聖壽日祭壽星同日祭司中司命司民司祿示與民同受其福也八月望日祀靈星皆遣官行禮三年罷壽星等祀

太歲月將風雲雷雨之祀古無太歲月將壇宇之制明始重其祭增雲師於風師之次亦自明始太祖既以太歲諸神從祀圜丘又合祭羣祀壇已而命禮官議專祀壇壝禮臣言太歲者十二辰之神按說文歲字從步從

戌木星一歲行一次歷十二辰而周天若步然也陰陽家說又有十二月將十日十二時所直之神若天乙天罡太乙功曹太衝之類雖不經見歷代因之元每有大典作祭太歲月將日直時直於太史院若風師雨師之祀見於周官後世皆有祭唐天寶中增雷師於雨師之次宋元因之然唐制各以時別祭失享祀本意宜以太歲風雲雷雨諸天神合爲一壇諸地祇爲一壇春秋專祀乃定驚蟄秋分日祀太歲諸神於城南三年復以諸神陰陽一氣流行無間乃合二壇爲一而增四季月將又改祭期與地祇俱用驚蟄秋分後三日嘉靖十年命禮部考太歲壇制禮官言太歲之神唐宋祀典不載元雖有祭亦無常典壇宇之制於古無稽太歲天神宜設壇露祭準社稷壇制而差小從之遂建太歲壇於正陽門外之西與天壇對中太歲殿東廡春秋月將二壇西廡夏冬月將二壇帝親祭於拜殿中每歲孟春享廟歲暮祫祭之日遣官致祭王國府州縣亦祀風雲雷雨師仍築壇城西南祭用驚蟄秋分日

嶽鎮海瀆山川之祀洪武二年太祖以嶽瀆諸神合祭城南未有專祀又享祀之所屋而不壇非尊神之道禮官言虞舜祭四嶽王制始有五嶽之稱周官兆四望於四郊鄭注以四望爲五嶽四鎮四瀆詩序巡狩而禮四嶽河海則又有四海之祭蓋天子方望之事無所不通而嶽鎮海瀆在諸侯封內則各祀之秦罷封建嶽瀆皆領於祠官漢復建諸侯則侯國各祀其封內山川天子無與武帝時諸侯或分或廢五嶽皆在天子之邦宣帝時始有使者持節祠嶽瀆之禮由魏及隋嶽鎮海瀆卽其地立祠有司致祭唐宋之制有命本界刺史縣令之祀有因郊祀而望祭之祀又有遣使之祀元遣使祀嶽鎮海瀆分東西南北中爲五道今宜以嶽鎮海瀆及天下山川城隍諸地祇合爲一壇與天神埒春秋專祀遂定祭日以清明霜降前期一日皇帝躬省牲至日服通天冠絳紗袍詣嶽鎮海瀆前行三獻禮山川城隍分獻官行禮是年命官十八人祭天下嶽鎮海瀆之神帝皮弁御奉天殿躬署御名以香祝授使者百官公服送至中書省使者奉以行黃金合貯香黃綺幡二白金二十五兩市祭物三年詔定嶽鎮海瀆神號畧曰爲治之道必本於禮嶽鎮海瀆之封起自唐宋夫英靈之氣萃而爲神必受命於上帝豈國家封號所可加瀆禮不經莫此爲甚今依古定制竝去前代所封名號五嶽稱東嶽泰山之神南嶽衡山之神中嶽嵩山之神西嶽華山之神北嶽恒山之神五鎮稱東鎮沂山之神南鎮會稽山之神中鎮霍山之神西鎮吳山之神北鎮醫無閭山之神四海稱東海之神南海之神西海之神北海之神四瀆稱東瀆大淮之神南瀆大江之神西瀆大河之神北瀆大濟之神帝躬署名於祝文遣官以更定神號告祭六年禮臣言四川未平望祭江瀆於峽州今蜀既下當遣人於南瀆致祭從之十年命官十八人分祀嶽鎮海瀆賜之制萬曆十四年巡撫胡來貢請改祀北嶽於渾源州禮臣言大明集禮載漢唐宋北嶽之祭皆在定州曲陽縣與史俱合渾源之稱北嶽止見州誌碑文經傳無可考仍祀曲陽是其他山川之祀洪武元年躬祀汴梁諸神仍遣官祭境內山川二年以天下山川祔祭嶽瀆壇帝又以安南高麗皆臣附其國內山川宜與中國同祭諭中書及禮官考之安南之山二十一其江六其水六高麗之山三其水四命著祀典設位以祭三年遣使往安南高麗占城祀其國山川帝齋戒親爲祝文仍遣官頒革正山川神號詔於安南占城高麗六年琉球諸國已朝貢祀其國山川八年禮部尚書牛諒言京都旣罷祭天下山川其外國山川亦非天子所當親祀中書及禮臣請附祭各省從之廣西附祭安南占城眞臘暹羅鎖里廣東附祭三佛齊爪哇福建附祭日本琉球渤泥遼東附祭高麗陝西附祭甘肅朶甘烏斯藏京城不復祭又從禮官言各省山川居中南向外國山川東西向同壇共祀其王國山川之祀洪武十三年定制十八年定王國祭山川儀同社稷但無瘞埋之文凡嶽鎮海瀆及他山川所在令有司歲二祭以清明霜降

城隍洪武二年禮官言城隍之祀莫詳其始先儒謂旣有社不應復有城隍故唐李陽冰縉雲城隍記謂祀典無之惟吳越有之然成都城隍祠李德裕所建張說有祭城隍之文杜牧有祭黃州城隍文則不獨吳越爲然又蕪湖城隍廟建於吳赤烏二年高齊慕容儼梁武陵王祀城隍皆書於史又不獨唐而已宋以來其祠徧天下或錫廟額或頒封爵至或遷就傅會各指一人以爲神之姓名按張說祭荊州城隍文曰城隍是保甿庶是依則前代崇祀之意有在也今宜附祭於嶽瀆諸神之壇乃命加以封爵京都爲承天鑒國司民昇福明靈王開封臨濠太平和州滁州皆封爲王其餘府爲鑒察司民城隍威靈公秩正二品州爲鑒察司民城隍靈佑侯秩三品縣爲鑒察司民城隍顯佑伯秩四品袞章冕旒俱有差命詞臣撰制文以頒之三年詔去封號止稱某府州縣城隍之神又令各廟屏去他神定廟制高廣視官署廳堂造木爲主毀塑像舁置水中取其泥塗壁繪以雲山六年製中都城隍神主成遣官賫香幣奉安京師城隍旣附饗山川壇又於二十一年改建廟尋以從祀大祀殿罷山川壇春祭永樂中建廟都城之西曰大威靈祠嘉靖九年罷山川壇從祀歲以仲秋祭旗纛日幷祭都城隍之神凡聖誕節及五月十一日神誕皆遣太常寺堂上官行禮國有大災則告廟在王國者王親祭之在各府州縣者守令主之

明史卷五十　志第二十六

總裁官總理事務經筵講官少保兼太子太保保和殿大學士兼管吏部戶部尚書事加六級臣張廷玉等奉

敕修

禮四 吉禮四

歷代帝王陵廟　三皇

聖師　先師孔子

旗纛　五祀

馬神　南京神廟

功臣廟　京師九廟

諸神祠　厲壇

歷代帝王陵廟洪武三年遣使訪先代陵寢仍命各行省具圖以進凡七十有九禮官考其功德昭著者曰伏羲神農黃帝少昊顓頊唐堯虞舜夏禹商湯中宗高宗周文王武王成王康王漢高祖文帝景帝武帝宣帝光武明帝章帝後魏文帝隋高祖唐高祖太宗憲宗宣宗周世宗宋太祖太宗眞宗仁宗孝宗理宗凡三十有六各製袞冕函香幣遣秘書監丞陶誼等往修祀禮親製祝文遣之每陵以白金二十五兩具祭物陵寢發者掩之壞者完之廟敝者葺之無廟者設壇以祭仍令有司禁樵採歲時祭祀牲用太牢四年禮部定議合祀帝王三十五在河南者十陳祀伏羲商高宗孟津祀漢光武洛陽祀漢明帝章帝鄭祀周世宗鞏祀宋太祖太宗眞宗仁宗在山西者一滎河祀商湯在山東者二東平祀唐堯曲阜祀少昊在北平者三內黃祀商中宗滑祀顓項高辛在湖廣者二酃祀神農寧遠祀虞舜在浙江者二會稽祀夏禹宋孝宗在陝西者十五中部祀黃帝咸陽祀周文王武王成王康王宣王漢高帝景帝咸寧祀漢文帝興平祀漢武帝長安祀漢宣帝三原祀唐高祖醴泉祀唐太宗蒲城祀唐憲宗涇陽祀唐宣宗歲祭用仲春仲秋朔于是遣使詣各陵致祭陵置一碑刊祭期及牲帛之數俾所在有司守之已而命有司歲時修葺設陵戶二人守視又每三年出祝文香帛傳制遣太常寺樂舞生齋往所在命有司致祭其所祀者視前去周宣王漢明帝章帝而增祀媧皇於趙城後魏文帝於富平元世祖於順天及宋理宗於會稽凡三十六帝後又增祀隋高祖於扶風而理宗仍罷祀又命帝王陵廟所在官司以春秋仲月上旬擇日致祭六年帝以五帝三王及漢唐宋創業之君俱宜於京師立廟致祭遂建歷代帝王廟於欽天山之陽倣太廟同堂異室之制爲正殿五室中一室三皇東一室五帝西一室夏禹商湯周文王又東一室周武王漢光武唐太宗又西一室漢高祖唐高祖宋太祖元世祖每歲春秋仲月上旬甲日致祭已而以周文王終守臣服唐高祖由太宗得天下遂寢其祀增祀隋高祖七年令帝王廟皆塑袞冕坐像惟伏羲神農未有衣裳之制不必加冕服八月帝躬祀於新廟已而罷隋高祖之祀二十一年令每歲郊祀附祭歷代帝王於太祀殿仍以歲八月中旬擇日遣官祭於本廟其春祭停之又定每三年遣祭各陵之歲則停廟祭是年詔以歷代名臣從祀禮官李原名奏擬三十六人以進帝以宋趙普負太祖不忠不可從祀元臣四傑木華黎爲首不可祀孫而去其祖可祀木華黎而罷安童旣祀伯顏則阿术不必祀漢陳平馮異宋潘美皆善始終可祀於是定風后力牧皋陶夔龍伯夷伯益伊尹傅說周公旦召公奭太公望召虎方叔張良蕭何曹參陳平周勃鄧禹馮異諸葛亮房元齡杜如晦李靖郭子儀李晟曹彬潘美韓世忠岳飛張浚木華黎博爾忽博爾术赤老溫伯顏凡三十七人從祀於東西廡爲壇四初太公望有武成王廟嘗遣官致祭如釋奠儀至是罷廟祭去王號永樂遷都帝王廟遣南京太常寺官行禮嘉靖九年罷歷代帝王南郊從祀令建歷代帝王廟於都城西歲以仲春秋致祭後并罷南京廟祭十年春二月廟未成躬祭歷代帝王於文華殿凡五壇丹陛東西名臣四壇禮部尚書李時言舊儀有賜福胙之文賜者自上而下之義惟郊廟社稷宜用歷代帝王止宜云答詔可十一年夏廟成名曰景德崇聖之殿殿五室東西兩廡殿後祭器庫前爲景德門門外神庫神廚宰牲亭鐘樓街東西二坊曰景德街八月壬辰親祭帝由中門入迎神受福胙送神各兩拜嗣後歲遣大臣一員行禮四員分獻凡子午卯酉祭於陵寢之歲則停秋祭二十四年以禮科陳棐言罷元世祖陵廟之祀及從祀木華

黎等復遷唐太宗與宋太祖同室凡十五帝從祀名臣三十二人

三皇明初仍元制以三月三日九月九日通祀三皇洪武元年令以太牢祀二年命以句芒祝融風后力牧左右配俞跗桐君僦貸季少師雷公鬼臾區伯高岐伯少俞高陽十大名醫從祀儀同釋奠四年帝以天下郡邑通祀三皇爲瀆禮臣議唐元宗嘗立三皇五帝廟於京師至元成宗時乃立三皇廟於府州縣春秋通祀而以醫藥主之甚非禮也帝曰三皇繼天立極開萬世教化之原汨於藥師可乎命天下郡縣毋得褻祀正德十一年立伏羲氏廟於秦州秦州古成紀地從巡按御史馮時雄奏也嘉靖間建三皇廟於太醫院北名景惠殿中奉三皇及四配其從祀東廡則僦貸季岐伯伯高鬼臾區俞跗少師桐君雷公馬師皇伊尹扁鵲淳于意張機十三人西廡則華陀王叔和皇甫謐葛洪巢元方孫思邈韋慈藏王冰錢乙朱肱李杲劉完素張元素朱彥修十四人歲仲春秋上甲日禮部堂上官行禮太醫院堂上官二員分獻用少牢復建聖濟殿於內祀先醫以太醫官主之二十一年帝以規制湫隘命拓其廟

聖師之祭始於世宗奉皇師伏羲氏神農氏軒轅氏帝師陶唐氏有虞氏王師夏禹王商湯王周文王武王九聖南向左先聖周公右先師孔子東西向每歲春秋開講前一日皇帝服皮弁拜跪行釋奠禮用羹酒果脯帛祭於文華殿東室初東室有釋像帝以其不經撤之乃祀先聖先師自爲祭文行奉安神位禮輔臣禮卿及講官侯行禮訖入拜先是洪武初司業宋濂建議欲如建安熊氏之說以伏羲爲道統之宗神農黃帝堯舜禹湯文武以次列焉秩祀天子之學則道統益尊太祖不從至是世宗倣其意行之十六年移祀於永明殿後行禮如初其後常遣官代祭隆慶初仍於文華殿東室行禮

至聖先師孔子廟祀漢晉及隋或稱先師或稱先聖宣尼宣父唐謚文宣王宋加至聖號元復加號大成明太祖入江淮府首謁孔子廟洪武元年二月詔以太牢祀孔子於國學仍遣使詣曲阜致祭臨行諭曰仲尼之道廣大悠久與天地並有天下者莫不虔修祀事朕爲天下主期大明教化以行先聖之道今既釋奠成均仍遣爾修祀事於闕里爾其敬之又定制每歲仲春秋上丁皇帝降香遣官祀於國學以丞相初獻翰林學士亞獻國子祭酒終獻先期皇帝齋戒獻官陪祀執事官皆散齋二日致齋一日前祀一日皇帝服皮弁服御奉天殿降香至日獻官行禮三年詔革諸神封號惟孔子封爵仍舊且命曲阜廟庭歲官給牲幣俾衍聖公供祀事四年禮部奏定儀物改初制籩豆之八爲十籩用竹其簠簋登鉶及豆初用木者悉易以瓷牲易以熟樂生六十人舞生四十八人引舞二人凡一百一十人禮部請選京民之秀者充樂舞生太祖曰樂舞乃學者事況釋奠所以崇師宜擇國子生及公卿子弟在學者豫教肄之五年罷孟子配享踰年帝曰孟子辨異端闢邪說發明孔子之道配享如故七年二月上丁日食改用仲丁十五年新建太學成廟在學東中大成殿左右兩廡前大成門門左右列戟二十四門外東爲犧牲廚西爲祭器庫又前爲靈星門自經始以來駕數臨視至是落成遣官致祭帝既親詣釋奠又詔天下通祀孔子并頒釋奠儀注凡府州縣學籩豆以八器物牲牢皆殺于國學三獻禮同十哲兩廡一獻其祭各以正官行之有布政司則以布政司官分獻則以本學儒職及老成儒士充之每歲春秋仲月上丁日行事初國學主祭遣祭酒後遣翰林院官然祭酒初到官必遣一祭十七年敕每月朔望祭酒以下行釋菜禮郡縣長以下詣學行香二十六年頒大成樂於天下二十八年以行人司副楊砥言罷漢楊雄從祀益以董仲舒三十年以國學孔子廟隘命工部改作其制皆帝所規畫大成殿門各六楹靈星門三東西廡七十六楹神廚庫皆八楹宰牲所六楹永樂初建廟於太學之東宣德三年以萬縣訓導李譯言命禮部考正從祀先賢名位頒示天下正統二年以宋儒胡安國蔡沉眞德秀從祀三年禁天下祀孔子於釋老宮孔顏孟三氏子孫教授裴侃言天下文廟惟論傳道以列位次闕里家廟宜正父子以敍彝倫顏子曾子子思子也配享殿庭無繇子晳伯魚父也從祀廊廡非惟名分不正抑恐神不自安況叔梁紇元已追封啓聖王創殿於大成殿西崇祀而顏孟之父俱封公惟伯魚子晳仍侯乞追封公爵偕顏孟父俱配啓聖王殿帝命禮部行之仍議加伯魚子晳封號八年慈利教諭蔣明請祀元儒吳澄大學士楊士奇等言當從祀從之成化二年追封董仲舒廣川伯胡安國建寧伯蔡沉崇安伯眞德秀浦城伯十二年從祭酒周洪謨言增樂舞爲八佾籩豆各十二弘治八年追封楊時將樂伯從祀位司馬光之次九年增樂舞爲七十二人如天子之制十二年闕里孔廟燬敕有司重建十七年廟成遣大學士李東陽祭告并立御製碑文正德十六年詔有司改建孔氏家廟之在衢州者官給錢董其役令博士孔承義奉祀嘉靖九年大學士張璁言先師祀典有當更正者叔梁紇乃孔子之父顏路曾晳孔鯉乃顏曾子思之父三子配享廟廷紇及諸父從祀兩廡原聖賢之心豈安請於大成殿後別立室祀叔梁紇而以顏路曾晳孔鯉配之帝以爲然因言聖人尊天與尊親同今籩豆十二牲用犢全用祀天儀亦非正禮其謚號章服悉宜改正璁緣帝意言孔子宜稱先聖先師不稱王祀宇宜稱廟不稱殿祀宜用木主其塑像宜毀籩豆用十樂用六佾配位公侯伯之號宜削止稱先賢先儒其從祀申黨公伯寮秦冉等十二人宜罷林放蘧瑗等六人宜各祀於其鄉后蒼王通歐陽修胡瑗蔡元定宜從祀帝命禮部會翰林諸臣議編修徐階疏陳易號毀像之不可帝怒謫階官乃御製正孔子祀典說大畧謂孔子以魯僭王爲非寧肯自僭天子之禮復爲正孔子祀典申記俱付史館璁因作正孔子廟祀典或問奏之帝以爲議論詳正并令禮部集議於是御史黎貫等言聖祖初正祀典天下嶽瀆諸神皆去其號惟先師孔子如故良有深意陛下疑孔子之祀上擬祀天之禮夫子之不可及也猶天之不可階而升雖擬諸天亦不爲過自唐尊孔子爲文宣王已用天子禮樂宋眞宗嘗欲封孔子爲帝或謂周止稱王不當加帝號而羅從彥之論則謂加帝號亦可至周敦頤則以爲萬世無窮王祀孔子邵雍則以爲仲尼以萬世爲土其辨孔子不當稱王者止吳澄一人而已伏望博考羣言務求至當時貫疏中言莫尊於天地亦莫尊於父師陛下敬天尊親不應獨疑孔子王號爲僭帝因大怒疑貫借此以斥其追尊皇考之非詆爲奸惡下法司會訊褫其職給事中王汝梅等亦極言不宜去王號帝皆斥爲謬論於是禮部會諸臣議人以聖人爲至聖人以孔子爲至宋眞宗稱孔子爲至聖其意已備今宜於孔子神位題至聖先師孔子去其王號及大成文宣之稱改大成殿爲先師廟大成門爲廟門其四配稱復聖顏子宗聖曾子述聖子思子亞聖孟子十哲以下凡及門弟子皆稱先賢某子左邱明以下皆稱先儒某子不復稱公侯伯遵聖祖首定南京國子監規制製木爲神主仍擬大小尺寸著爲定式其塑像卽令屏撤春秋祭祀遵國初舊制十籩十豆天下各學八籩八豆樂舞止六佾凡學別立一祠中叔梁紇題啓聖公孔氏神位以顏無繇曾點孔鯉孟孫氏配俱稱先賢某氏至從祀之賢不可不考其得失申黨卽申棖蘧去其一公伯寮秦冉顏何荀況戴聖劉向賈逵馬融何休王肅王弼杜預吳澄罷祀林放蘧瑗盧植鄭衆鄭元服虔范甯各祀於其鄉后蒼王通歐陽修胡瑗宜增入命悉如議行又以行人薛侃議進陸九淵從祀初洪武時司業宋濂請去像設主禮儀樂章多所更定太祖不允成弘間少詹程敏政嘗謂馬融等八人當斥給事中張九功推言之并請罷荀況公伯寮蘧瑗等而進后蒼王通胡瑗爲禮官周洪謨所却而止至是以璁力主衆不敢違毀像蓋用濂說先賢去留畧如九功言其進歐陽修則以濮議故也明年國子監建啓聖公祠成從尚書李時言春秋祭祀與文廟同日籩豆牲帛視四配東西配位視十哲從祀先儒程珦朱松蔡元定視兩廡輔臣代祭文廟則祭酒祭啓聖祠南京祭酒於文廟司業於啓聖祠遂定制殿中先師南向四配東西向稍後十哲閔子損冉子雍端木子賜仲子由卜子商冉子耕宰子予冉子求言子偃顓孫子師皆東西向兩廡從祀先賢澹臺滅明宓不齊原憲公冶長南宮适高柴漆雕開樊須司馬耕公西赤有若琴張申棖陳亢巫馬施梁鱣公晳哀商瞿冉孺顏辛伯虔曹恤冉季公孫龍漆雕哆秦商漆雕徒父顏高商澤壤駟赤任不齊石作蜀公良孺公夏首公肩定后處鄡單奚容蒧罕父黑顏祖榮旂秦祖左人郢句井疆鄭國公祖句茲原亢縣成廉潔燕伋叔仲會顏之僕邽巽樂欬公西輿如狄黑孔忠公西蒧步叔乘施之常秦非顏噲先儒左邱明公羊高穀梁赤伏勝高堂生孔安國毛萇董仲舒后蒼杜子春王通韓愈胡瑗周敦頤程顥歐陽修邵雍張載司馬光程頤楊時胡安國朱熹張栻陸九淵呂祖謙蔡沈眞德秀許衡凡九十一人隆慶五年以薛瑄從祀萬曆中以羅從彥李侗從祀十二年又以陳憲章胡居仁王守仁從祀二十三年以宋周敦頤父輔成從祀啓聖祠又定每歲仲春秋上丁日御殿傳制遣大臣祭先師及配位其十哲以翰林官兩廡以國子監官各二員分獻每月朔及每科進士行釋菜禮司府州縣衞學各提調官行禮牲用少牢樂如太學京府及附府縣學止行釋菜禮崇禎十五年以左邱明親授經於聖人改稱先賢并改宋儒周二程張朱邵六子亦稱先賢位七十子下漢唐諸儒之上然僅國學更置之闕里廟廷及天下學宮未遑頒行也

旗纛之祭有四其一洪武元年禮官奏軍行旗纛所當祭者旗謂牙旗黃帝出軍訣曰牙旗者將軍之精一軍之形候凡始豎牙必祭以剛日纛謂旗頭也太白陰經

曰大將中營建纛天子六軍故用六纛氂牛尾爲之在左騑馬首唐宋及元皆有旗纛之祭今宜立廟京師春用驚蟄秋用霜降日遣官致祭乃命建廟於都督府治之後以都督爲獻官題主曰軍牙之神六纛之神七年二月詔皇太子率諸王詣閱武場祭旗纛爲壇七行三獻禮後停春祭止霜降日祭於敎場其二歲暮享太廟日祭旗纛於承天門外其三旗纛廟在山川壇左初旗纛與太歲諸神合祭於城南九年别建廟每歲仲秋天子躬祀山川之日遣旗手衞官行禮其正祭旗頭大將六纛大將五方旗神主宰戰船正神金鼓角銃礮之神弓弩飛鎗飛石之神陣前陣後神祇五昌等衆凡七位共一壇南向皇帝服皮弁御奉天殿降香獻官奉以從事祭物視先農帛七黑二白五瘞毛血望燎與風雲雷雨諸神同祭畢設酒器六於地刺雄雞六瀝血以釁之其四永樂後有神旗之祭專祭火雷之神每月朔望神機營提督官祭於敎場牲用少牢凡旗纛皆藏內府祭則設之王國祭旗纛則遣武官戎服行禮天下衞所於公署後立廟以指揮使爲初獻官僚屬爲亞獻終獻儀物殺京都

五祀洪武二年定制歲終臘享通祭於廟門外八年禮部奏五祀之禮周漢唐宋不一今擬孟春祀戶設壇皇宮門左司門主之孟夏祀竈設壇御廚光祿寺官主之季夏祀中霤設壇乾清宮丹墀內官主之孟秋祀門設壇午門左司門主之孟冬祀井設壇宮內大庖井前光祿寺官主之四孟於有事太廟之日季夏於土旺之日牲用少牢制可後定中霤于奉天殿外文樓前又歲暮合祭五祀于太廟西廡下太常寺官行禮

馬神洪武二年命祭馬祖先牧馬社馬步之神築壇後湖禮官言周官春祭馬祖天駟星也夏祭先牧始養馬者秋祭馬社始乘馬者冬祭馬步乃神之災害馬者隋用周制祭以四仲之月唐宋因之今定春秋二仲月甲戌庚日遣官致祀爲壇四樂用時樂行三獻禮四年蜀明昇獻良馬十其一白者長丈餘不可加鞴勒太祖曰天生英物必有神司之命太常以少牢祀馬祖囊沙四百斤壓之令人騎而遊苑中久之漸馴帝乘之以夕月於清涼山比還大悅賜名飛越峯復命太常祀馬祖五年并諸神爲一壇歲止春祭永樂十三年立北京馬神祠於蓮花池其南京馬神則南太僕主之

南京神廟初稱十廟北極眞武以三月三日九月九日道林眞覺普濟禪師寶誌以三月十八日都城隍以八月祭帝王後一日祠山廣惠張王渤以二月十八日五顯靈順以四月八日九月二十八日皆南京太常寺官祭漢秣陵尉蔣忠烈公子文晉成陽卞忠貞公壼宋濟陽曹武惠王彬南唐劉忠肅王仁贍元衞國忠肅公福壽俱以四孟朔歲除應天府官祭惟蔣廟又有四月二十六日之祭并功臣廟爲十一後復增四關公廟洪武二十七年建於雞籠山之陽稱漢前將軍壽亭侯嘉靖十年訂其誤改稱漢前將軍漢壽亭侯以四孟歲暮應天府官祭五月十三日南京太常寺官祭天妃永樂七年封爲護國庇民妙靈昭應弘仁普濟天妃以正月十五日三月二十三日南京太常寺官祭太倉神廟以仲春秋望日南京戶部官祭司馬馬祖先牧神廟以春秋仲月中旬擇日南京太僕寺官祭諸廟皆少牢眞武與眞覺禪師素羞

功臣廟太祖既以功臣配享太廟又命别立廟於雞籠山論次功臣二十有一人死者塑像生者虛其位正殿中山武寧王徐達開平忠武王常遇春岐陽武靖王李文忠寧河武順王鄧愈東甌襄武王湯和黔寧昭靖王沐英羊二豕二西序越國武莊公胡大海梁國公趙德勝巢國武壯公華高虢國忠烈公俞通海江國襄烈公吳良安國忠烈公曹良臣黔國威毅公吳復燕山忠愍侯孫興祖東序郢國公馮國用西海武莊公耿再成濟國公丁德興蔡國忠毅公張德勝海國襄毅公吳楨蘄國武義公康茂才東海郡公茆成羊二豕二兩廡各設牌一總書故指揮千百戶衞所鎭撫之靈羊十豕十以四孟歲暮遣駙馬都尉祭初胡大海等歿命肖像於卞壼蔣子文之廟及功臣廟成移祀焉永樂三年以中山王勳德第一又命正旦清明中元孟冬冬至遣太常寺官祭於大功坊之家廟牲用少牢

京師所祭者九廟眞武廟永樂十三年建以祀北極佑聖眞君正德二年改爲靈明顯佑宮在海子橋之東祭日同南京東嶽泰山廟在朝陽門外祭以三月二十八日都城隍廟祭以五月十一日漢壽亭侯關公廟永樂間建成化十三年又奉敕建廟宛平縣之東祭以五月十三日皆太常寺官祭京都太倉神廟建於太倉戶部官祭司馬馬祖先牧神廟太僕寺官祭宋文丞相祠永樂六年從太常博士劉履節請建於順天府學之西元世祖廟嘉靖中罷皆以二月八月中旬順天府官祭洪恩靈濟宮祀徐知證知諤永樂十五年立廟皇城之西正旦冬至聖節內閣禮部及內官各一員祭生辰禮部官祭弘治中大學士劉健等請毋遣閣臣嘉靖中改遣太常寺官其榮國公姚廣孝洪熙元年從祀太廟嘉靖九年撤廟祀移祀大興隆寺在皇城西北隅後寺燬復移崇國寺東嶽都城隍用太牢五廟用少牢眞武靈濟宮素羞

諸神祠洪武元年命中書省下郡縣訪求應祀神祇名山大川聖帝明王忠臣烈士凡有功於國家及惠愛在民者著於祀典令有司歲時致祭二年又詔天下神祇常有功德於民事蹟昭著者雖不致祭禁人毀撤祠宇三年定諸神封號凡後世溢美之稱皆革去天下神祠不應祀典者卽淫祠也有司毋得致祭弘治元年禮科張九功言祀典正則人心正今朝廷常祭之外又有釋迦牟尼文佛三清三境九天應元雷聲普化天尊金闕眞君元君神父神母諸宮觀中又有水宮星君諸天諸帝之祭非所以法天下帝下其章禮部尚書周洪謨等言釋迦牟尼文佛生西方中天竺國宗其敎者以本性爲法身德業爲報身并眞身爲三其實一人耳道家以老子爲師朱熹有曰玉清元始天尊既非老子法身上清天上道君又非老子報身設有二像又非與老子爲一而老子又自爲上清太上老君蓋倣釋氏而又失之者也自今凡遇萬壽等節不令修建吉祥齋醮或遇喪禮不令修建薦揚齋醮其大興隆寺朝天宮俱停遣官祭告北極中天星主紫微大帝者北極五星在紫微垣中正統初建紫微殿設像祭告夫幽禜祭星古禮也今乃像之如人稱之爲帝稽之祀典誠無所據雷聲普化天尊者道家以爲總司五雷又以六月二十四日爲天尊示現之日故歲以是日遣官詣顯靈宮致祭夫風雲雷雨南郊合祀而山川壇復有秋報則此祭亦當罷免祖師三天扶敎輔元大法師眞君者傳記云漢張道陵善以符治病唐天寶宋熙寧大觀間累號正一靖應眞君子孫亦有封號國朝仍襲正一嗣敎眞人之封然宋邵伯溫云張魯祖陵父衡以符法相授受自號師君今歲以正月十五日爲陵生日遣官詣顯靈宮祭告亦非祀典大小青龍神者記云有僧名盧寓西山有二童子來侍時久旱童子入潭化二青龍遂得雨後賜盧號曰感應禪師建寺設像别設龍祠於潭上宣德中建大圓通寺加二龍封號春秋祭之遇者連旱祈禱無應不足崇奉明矣梓潼帝君者記云神姓張名亞子居蜀七曲山仕晉戰沒人爲立廟唐宋屢封至英顯王道家謂帝命梓潼掌文昌府事及人間祿籍故元加號爲帝君而天下學校亦有祠祀者景泰中因京師舊廟闢而新之歲以二月三日生辰遣祭夫梓潼顯靈於蜀廟食其地爲宜文昌六星與之無涉宜勅罷免其祠在天下學校者俱令拆毀北極佑聖眞君者乃元武七宿後人以爲眞君作龜蛇於其下宋眞宗避諱改爲眞武靖康初加號佑聖助順靈應眞君圖志云眞武爲淨樂王太子修煉武當山功成飛昇奉上帝命鎭北方被髮跣足建皂纛元旗此道家附會之說國朝御製碑謂太祖平定天下陰佑爲多嘗建廟南京崇祀及太宗靖難以神有顯相功又於京城艮隅并武當山重建廟宇兩京歲時朔望各遣官致祭而武當山又專官督祀事憲宗嘗範金爲像今請止遵洪武間例每年三月三日九月九日用素羞遣太常官致祭餘皆停免崇恩眞君隆恩眞君者道家以崇恩姓薩名堅西蜀人宋徽宗時嘗從王侍宸林靈素輩學法有驗隆恩則玉樞火府天將王靈官也又嘗從薩傳符法永樂中以道士周思得能傳靈官法乃於禁城之西建天將廟及祖師殿宣德中改大德觀封二眞君成化初改顯靈宮每年換袍服所費不訾近今祈禱無應亦當罷免金闕上帝玉闕上帝者誌云閩縣靈濟宮祀五代時徐溫子知證知諤國朝御製碑謂太宗嘗弗豫禱神輒應因大新閩地廟宇春秋致祭又立廟京師加封金闕眞君玉闕眞君正統成化中累加號爲上帝朔望令節俱遣官祀及時薦新四時換袍服夫神世系事蹟本非甚異其僭號宜革正妄費亦宜節省神父聖帝神母元君及金玉闕元君者卽二徐父母及其配也宋封其父齊王爲忠武眞人母田氏爲仁壽仙妃配皆爲仙妃永樂至成化間屢加封今號亦宜削號罷祀東嶽泰山之神者泰山五嶽首廟在泰安州山下又每歲南郊及山川壇俱有合祭之禮今朝陽門外有元東嶽舊廟國朝因而不廢夫既專祭封內且合祭郊壇則此廟之祭實爲煩瀆京師都城隍之神者舊在順天府西南以五月十一日爲神誕辰故是日及節令皆遣官祀夫城隍之神非人鬼也安有誕辰況南郊秋祀俱已合祭則誕辰及節令之祀非宜凡此俱當罷免議上乃命修建齋醮遣官祭告并東嶽眞武城隍廟靈濟宮祭祀仍舊二徐眞君及其父母妻革去帝號仍舊封冠袍等物換回焚毀餘如所議行之按祀典太祖時應天祀陳喬楊邦乂姚興王鉷成都祀李冰文翁張詠均州祀黃霸密縣祀卓茂松江祀陸遜陸抗陸凱龍州祀李龍遷建寧祀謝夷甫彭澤祀狄仁傑九江祀李

鯆安慶祀余闕韓建之李宗可宣宗時高郵祀耿遇德英宗時豫章祀韋丹許遜無錫祀張巡憲宗時崖山祀張世傑陸秀夫孝宗時新會祀宋慈元楊后延平祀羅從彥李侗建寧祀劉子翬鳥撒祀譚淵盧陵祀文天祥婺源祀朱熹都昌祀陳澔饒州祀江萬里福州祀陳文龍興化祀陳瓚湖廣祀李芾廣西祀馬愾武宗時眞定祀顏杲卿與卿韶州附祀張九齡子拯沂州祀諸葛亮蕭山祀游酢羅從彥皆歷代名臣事蹟顯著守臣題請禮官議覆事載實錄年月可稽至若有明一代之臣抗美前史者或以功勳或以學行或以直節或以死事臚于志乘刻于碑板匪一而足其大者鄱陽湖忠臣祠祀丁普郎等三十五人南昌忠臣祠祀趙德勝等十四人太平忠臣廟祀花雲王鼎許瑗金華忠臣祠祀胡大海皆太祖自定其典其後通州祀常遇春山海關祀徐達蘇州祀夏原吉周忱淮安祀陳瑄海州衞祀衞青徐安生甘州祀毛忠榆林祀余子俊杭州祀于謙蕭山祀魏驥汀州祀王得仁廣州祀楊信民毛吉雲南祀沐英沐晟貴州祀顧成盧陵祀劉球李時勉廣信祀鄧順寶慶祀賀興隆上杭祀伍驥丁泉慶遠祀葉禎雲南祀王禕吳雲青田祀劉基平陽祀薛瑄杭州祀鄒濟徐善述金華祀章懋皆衆著耳目炳然可考其他郡縣山川龍神忠烈之士及祈禱有應而祀者會典所載尤詳悉云

泰厲壇祭無祀鬼神春秋傳曰鬼有所歸乃不爲厲此其義也祭法王祭泰厲諸侯祭公厲大夫祭族厲士喪禮疾病禱於厲鄭注謂漢時民間皆秋祠厲則此祀達于上下矣然後世皆不舉行洪武三年定制京都祭泰厲設壇元武湖中歲以清明及十月朔日遣官致祭前期七日檄京都城隍祭日設京省城隍神位於壇上無祀鬼神等位於壇下之東西羊三豕三飯米三石王國祭國厲府州祭郡厲縣祭邑厲皆設壇城北一年二祭如京師里社則祭鄉厲後定郡邑厲鄉厲皆以清明日七月十五日十月朔日

明史卷五十一　志第二十七

總裁官總理事務經筵講官少保兼太子太保保和殿大學士兼管吏部戶部尚書事加三級臣張廷玉等奉敕修

禮五 吉禮五

廟制　禘祫

時享　薦新

加上謚號　廟諱

宗廟之制明初作四親廟於宮城東南各爲一廟皇高祖居中皇曾祖東第一皇祖西第一皇考東第二皆南向每廟中室奉神主東西兩夾室旁兩廡三門門設二十四戟外爲都宮正門之南齋次其西饌次俱五間北向門之東神廚五間西向其南宰牲池一南向洪武元年命中書省集儒臣議祀典李善長等言周制天子七廟而商書曰七世之廟可以觀德則知天子七廟自古有之太祖百世不遷三昭三穆以世次比至親盡而遷此有天下之常禮若周文王武王雖親盡宜祧以其有功當宗故皆別立一廟謂之文世室武世室亦百世不遷漢每帝輒立一廟不序昭穆又有郡國廟及寢園廟光武中興於洛陽立高廟祀高祖及文武宣元五帝又於長安故高廟中祀成哀平三帝別立四親廟於南陽春陵祀父南頓君以上四世至明帝遺詔藏主於光烈皇后更衣別室後帝相承皆藏於世祖之廟由是同堂異室之制至於元莫之改唐高祖尊高曾祖考立四廟於長安太宗議立七廟虛太祖之室元宗創制立九室祀八世文宗時禮官以景帝受封於唐高祖太宗創業受命百代不遷親盡之主禮合祧遷至禘祫則合食如常其後以敬文武三宗爲一代故終唐之世常爲九世十一室宋自太祖追尊僖順翼宣四祖每遇禘則以昭穆相對而虛東向之位神宗奉僖祖爲太廟始祖至徽宗時增太廟爲十室而不祧者五宗崇寧中取王肅說謂二祧在七世之外乃建九廟高宗南渡祀九世至於寧宗始別建四祖殿而正太祖東向之位元世祖建宗廟於燕京以太祖居中爲不遷之祖至泰定中爲七世十室今請追尊高曾祖考四代各爲一廟於是上皇高祖考謚曰元皇帝廟號德祖皇高祖妣曰元皇后皇曾祖考謚曰恒皇帝廟號懿祖皇曾祖妣曰恒皇后皇祖考謚曰裕皇帝廟號熙祖皇祖妣曰裕皇后皇考謚曰淳皇帝廟號仁祖皇妣陳氏曰淳皇后詔製太廟祭器太祖曰禮順人情可以義起所貴斟酌得宜隨時損益近世泥古好用古籩豆之屬以祭其先生既不用死而用之甚無謂也孔子曰事死如事生事亡如事存其製宗廟器用服御皆如事生之儀於是造銀器以金塗之酒壺盂盞皆八朱漆盤盌二百四十及楎椸枕簟篋笥幃幔浴室皆具後又詔器皿以金塗銀者俱易以金二年詔太廟祝文止稱孝子皇帝不稱臣凡遣皇太子行禮止稱命長子某勿稱皇太子後稱孝元孫皇帝又改稱孝曾孫嗣皇帝初太廟每室用幣一二年從禮部議用二白繒又從尚書崔亮奏作圭瓚八年改建太廟前正殿後寢殿殿翼皆有兩廡寢殿九間間一室奉藏神主爲同堂異室之制十月新太廟成中室奉德祖東一室奉懿祖西一室奉熙祖東二室奉仁祖皆南向十五年以孝慈皇后神主祔享太廟其後皇后祔廟倣此建文卽位奉太祖主祔廟正殿神座次熙祖東向寢殿神主居西二室南向成祖遷都建廟如南京制宣德元年七月禮部進太宗神主祔廟儀先期一日遣官詣太廟行祭告禮午後於几筵殿行大祥祭翼日昧爽設酒果於几筵殿設御輦二冊寶亭四於殿前丹陛上皇帝服淺淡服行祭告禮畢司禮監官跪請神主陞輦詣太廟奉安內使二員捧神主內使四員捧冊寶由殿中門出安奉於御輦冊寶亭皇帝隨行至思善門易祭服升輅至午門外儀衞繖扇前導至廟街門內皇帝降輅監官導詣御輦前奏跪請神主奉安太廟俯伏興內使捧神主冊寶皇帝從由中門入至寢廟東第三室南向奉安皇帝叩頭畢祭祀如時祭儀文武官具祭服行禮其正殿神座居仁祖之次西向二年五月仁宗神主祔廟如前儀寢殿西第三室南向正殿居高祖之次東向其後大行祔廟倣此正統七年十二月奉昭皇后神主祔廟神主詣列祖神位前謁廟禮畢太常寺官唱賜座內侍捧衣冠與仁宗同神位唱請宣宗皇帝朝見內侍捧宣宗衣冠置褥位上行四拜禮訖安奉於座上孝宗卽位憲宗將升祔時九廟已備議者咸謂德懿熙仁四廟宜以次奉祧禮臣謂國家自德祖以上莫推世次則德祖視周后稷不可祧憲宗升祔當祧懿祖宜於太廟寢殿後別建祧殿如古夾室之制歲暮則奉祧主合享如古祫祭之禮吏部侍郎楊守陳言禮天子七廟祖功而宗德德祖可比商報乙周亞圉非契稷比議者習見宋儒嘗取王安石說遂使七廟既有始祖又有太祖太祖既配天又不得正位南向非禮之正今請并祧德懿熙三祖自仁祖下爲七廟異時祧盡則太祖擬契稷而祧主藏於後寢祫禮行於前殿時享尊太祖祫祭尊德祖則功德並崇恩義亦備帝從禮官議建祧廟於寢殿後遣官祭告宗廟帝具素服告憲宗几筵祭畢奉遷懿祖神主衣冠於後殿牀幔御座儀物則貯於神庫其後奉祧倣此嘉靖九年春世宗行特享禮令於殿內設帷幄如九廟列聖皆南向各奠獻讀祝三餘如舊十年正月帝以廟祀更定告於太廟世廟并祧廟三主遷德祖神主於祧廟奉安太祖神主於寢殿正中遂以序進遷七宗神位丁酉帝詣太廟行特享禮九月諭大學士李時等以宗廟之制父子兄弟同處一堂於禮非宜太宗以下宜皆立專廟南向尚書夏言奏太廟兩傍隙地無幾宗廟重事始謀宜愼未報中允廖道南言太宗以下宜各建特廟於兩廡之地有都宮以統廟不必各爲門垣有夾室以藏主不必更爲寢廟第使列聖各得全其尊皇上躬行禮於太祖之廟餘遣親臣代獻如古諸侯助祭之禮帝悅命會議言等言太廟地勢有限恐不能容若小其規模又不合古禮且使各廟既成陛下徧歷羣廟非獨筋力不逮而日力亦有不給古者宗伯代后獻之文謂在一廟中而代后之亞獻未聞以一人而代主一廟之祭者也且古諸侯多同姓之臣今陪祀執事者可擬古諸侯之助祭者乎先臣邱濬謂宜間日祭一廟歷十四日而遍此蓋無所處而強爲之說耳若以九廟一堂嫌於混同請以木爲黃屋如廟廷之制依廟數設之又設帷幄於其中庶得以展專奠之敬矣議上不報十三年南京太廟災禮部尚書湛若水請權將南京太廟香火并於南京奉先殿重建太廟補造列聖神主帝召尚書言與羣臣集議言會大學士張孚敬等言國有二廟自漢惠始神有二主自齊桓始周之三都廟乃遷國立廟去國載主非二廟二主也子孫之身乃祖宗所依聖子神孫既親奉祀事於此則祖宗神靈自當陟降於此今日正當專定廟議一以此地爲根本南京原有奉先殿其朝夕香火當合併供奉如常太廟遺址當倣古壇墠遺意高築牆垣謹司啟閉以致尊嚴之意從之時帝欲改建九廟夏言因言京師宗廟將復古制而南京太廟遽災殆皇天列祖佑啟默相不可不靈承者帝悅詔春和興工諸臣議於太廟南左爲三昭廟與文祖世室而四右爲三穆廟羣廟各深十六丈有奇而世室殿寢稍崇縱橫深廣與羣廟等列廟總門與太廟戟門相並列廟後垣與太廟祧廟後牆相並具圖進帝以世室尚當隆異令再議言等請增拓世室前殿視羣廟崇四尺有奇深廣半之寢殿視羣廟崇二尺有奇深廣如之

報可十四年正月諭閣臣今擬建文祖廟爲世室則皇考世廟字當避張孚敬言世廟著明倫大典頒詔四方不可改文世室宜稱太宗廟其餘羣廟不用宗字用本廟號他日遞遷更牌額可也從之二月盡撤故廟改建之諸廟各爲都宮廟各有殿有寢太祖廟寢後有祧廟奉祧主藏焉太廟門殿皆南向羣廟門東西向內門殿寢皆南向十五年十二月新廟成更創皇考廟曰睿宗獻皇帝廟帝乃奉安德懿熙仁四祖神主於祧廟太祖神主於太廟百官陪祭如儀翌日奉安太宗以下神主列於羣廟命九卿正官及武爵重臣俱詣太宗廟陪祭文三品以上武四品以上分詣羣廟行禮又擇日親捧太祖神主文武大臣捧七宗神主奉安於景神殿二十年四月太廟災成祖仁宗主燬奉安列聖主於景神殿遣大臣詣長陵獻陵告題帝后主亦奉安景神殿二十二年十月以舊廟基隘命相度規制議三上不報久之乃命復同堂異室之舊廟制始定二十四年六月禮部尚書費寀等以太廟安神請定位次帝曰既無昭穆亦無世次只序倫理太祖居中左四序成宣憲睿右四序仁英孝武皆南向七月以廟建禮成百官表賀詔天下新廟仍在闕左正殿九間前兩廡南戟門門左神庫右神廚又南爲廟門門外東南宰牲亭南神宮監西廟街門正殿後爲寢殿奉安列聖神主又後爲祧廟藏祧主皆南向二十七年帝欲祔孝烈皇后方氏於太廟而祧仁宗大學士嚴嵩禮部尚書徐階等初皆持不可既而不能堅其議二十九年十一月祧仁宗遂祔孝烈於西第四室隆慶六年八月穆宗將祔廟敕禮臣議當祧廟室禮科陸樹德言宣宗於穆宗僅五世請仍祔睿宗於世廟而宣宗勿祧疏下禮部部議宣宗世次尚近祧之未安因言古者以一世爲一廟非以一君爲一世故晉之廟十一室而六世唐之廟十一室而九世宋自太祖上追四祖至徽宗始定爲九世十一室之制以太祖太宗同爲一世故也其後徽宗祔以與哲宗同一世高宗祔以與欽宗同一世皆無所祧及光宗升祔增爲九世十二室今自宣宗至穆宗凡六世上合二祖僅八世準以宋制可以無祧但於寢殿左右各增一室則尊祖敬宗並行不悖矣帝命如舊敕行遂祧宣宗天啟元年七月光宗將祔廟太常卿洪文衡請無祧憲宗而祧睿宗不聽

禘祫洪武元年祫饗太廟德祖皇考妣居中南向懿祖皇考妣東第一位西向熙祖皇考妣西第一位東向仁祖皇考妣東第二位西向七年御史答祿與權言皇上受命七年而禘祭未舉宜參酌古今成一代之典詔下禮部太常司翰林院議以爲虞夏商周世系明白故禘禮可行漢唐以來莫能明其始祖所自出當時所謂禘祭不過祫已祧之祖而祭之乃古之大祫非禘也宋神宗嘗曰禘者所以審諦祖之所自出是則莫知祖之所自出禘禮不可行也今國家追尊四廟而始祖所自出者未有所考則禘難遽行太祖是其議弘治元年定每歲暮奉祧廟懿祖神座於正殿左居熙祖上行祫祭之禮嘉靖十年世宗以禘祫義詢大學士張璁令與夏言議言撰禘義一篇獻之大意謂自漢以下譜牒難考欲如虞夏之禘黃帝商周之禘帝嚳不能盡合謹推明古典采酌先儒精微之論宜爲虛位以祀帝深然之會中允廖道南謂朱氏爲顓頊裔請以太祖實錄爲據禘顓項遂詔禮部以言道南二疏會官詳議諸臣咸謂稱虛位者茫昧無據尊顓頊者世遠難稽廟制既定高皇帝始祖之位當禘德祖爲正帝意主虛位令再議而言復疏論禘德祖有四可疑且言今所定太祖爲太廟中之始祖非王者立始祖廟之始祖帝併下其章諸臣乃請設虛位以禘皇初祖南向奉太祖配西向禮臣因言大祫既歲舉大禘請三歲一行庶疏數適宜帝自爲文告皇祖定丙辛歲一行敕禮部具儀擇日四月禮部上大禘儀注前期告廟致齋三日備香帛牲醴如時享儀錦衣衛設儀衛太常卿奉皇初祖神牌太祖神位於太廟正殿安設如圖儀至日行禮如大祀圜丘儀及議祧德祖罷歲除祭以冬季中旬行大祫禮太常寺設德祖神位於太廟正中南向懿祖而下以次東西向十五年復定廟饗制立春犆享各出主於殿立夏立秋立冬出太祖成祖七宗主饗太祖殿爲時祫季冬中旬卜日出四祖及太祖成祖七宗主饗太祖殿爲大祫祭畢各歸主於其寢十七年定大祫祝文九廟帝后諡號俱全書時祫止書某祖某宗某皇帝更定季冬大祫日奉德懿熙仁及太祖異室皆南向成祖西向北上仁宗以下七宗東西相向禮三獻樂六奏舞八佾皇帝獻德祖帝后大臣十二人分獻諸帝內臣十二人分獻諸后二十年十一月禮官議歲暮大祫當陳祧主而景神殿隘請暫祭四祖於後寢用連几陳籩豆以便周旋詔可二十二年定時享大祫罷出主上香奠獻等儀臨期捧衣冠出納太常及神宮監官奉行二十四年罷季冬中旬大祫并罷告祭仍以歲除日行大祫禮同時享二十八年復告祭儀穆宗即位禮部以大行皇帝服制未除請遵弘治十八年例歲暮大祫孟春時享兩祭皆遣官攝事樂設而不作帝即喪次致齋陪祀官亦在二十七日之內宜令暫免從之

時享洪武元年定宗廟之祭每歲四孟及歲除凡五享學士陶安等言古者四時之祭三祭皆合享於祖廟惟春秋於各廟自漢而下廟皆同堂異室則四時皆合祭今宜倣近制合祭於第一廟庶適禮之中無煩瀆也太祖命孟春特祭於各廟三時及歲除則祫祭於德祖廟二年定時享之制春以清明夏以端午秋以中元冬以冬至歲除如舊三年禮部尚書崔亮言孟月者四時之首因時變致孝思故備三牲黍稷品物以祭至仲季之月不過薦新而已既行郊祀則廟享難舉宜改從舊制其清明等節各備時物以薦從之九年新建太廟凡時享正殿中設德祖帝后神座南向左懿祖右熙祖東西向仁祖次懿祖凡神座俱不奉神主止設衣冠禮畢藏之孟春擇上旬日三孟用朔日及歲除皆合享自是五享皆罷特祭而行合配之禮二十一年定時享儀更前制迎神四拜飲福四拜禮畢四拜二十五年定時享若國有喪事樂備而不作正統三年正月享太廟禮部言故事先三日太常寺奏祭祀御正殿受奏是日宣宗皇帝忌辰例不鳴鐘鼓第視事西角門帝以祭祀重事仍宜升殿餘悉遵永樂間例行之天順六年閣臣以皇太后喪請改孟冬時享於除服後從之成化四年禮部以慈懿太后喪請改孟秋享廟於初七日不從嘉靖十一年大學士張孚敬等言太廟祭祀但設衣冠皇上改行出主誠合古禮但徧詣羣廟躬自啟納不免過勞今請太祖神主躬自安設羣廟帝后神主則以命內外捧主諸臣帝從其請十七年定享祫禮凡立春特享親祭太祖遣大臣八人分獻諸帝內臣八人分獻諸后立夏時祫各出主於太廟太祖南向成祖西向序七宗之上仁宣英憲孝睿武宗東西相向秋冬時祫如夏禮二十四年新廟成復定享祫止設衣冠不出主隆慶元年孟夏時享以世宗几筵未撤遵正德元年例先一日帝常服祭告几筵祗請諸廟享祀其後時享祫祭在大祥內者皆如之

薦新洪武元年定太廟月朔薦新儀物正月韭薺生菜鷄子鴨子二月冰芹蔞蒿臺菜子鵝三月茶筍鯉魚鮆魚四月櫻桃梅杏鰣魚雉五月新麥王瓜桃李來禽嫩雞六月西瓜甜瓜蓮子冬瓜七月菱梨紅棗蒲萄八月芡新米藕茭白蘿鱖魚九月小紅豆栗柿橙蟹鯿魚十月木瓜柑橘蘆菔兔雁十一月蕎麥甘蔗天鵝鷀鴇鹿十二月芥菜菠菜白魚鯽魚其禮皆天子躬行未幾以屬太常二年詔凡時物太常先薦宗廟然後進御三年定朔日薦新各廟共羊一豕一籩豆八簠簋登鉶各二酒尊三及常饌鵝羹飯太常卿及與祭官法服行禮望祭止常饌鵝羹飯常服行禮又有獻新之儀凡四方別進新物在月薦外者太常卿與內使監官常服獻於太廟不行禮其後朔望祭祀及薦新獻新俱於奉先殿

加上諡號洪武元年追尊四廟諡號冊寶皆用玉冊簡長尺二寸廣一寸二分厚五分簡數從文之多寡聯以金繩藉以錦褥覆以紅羅泥金夾帕冊匣朱漆鏤金龍鳳文其寶篆文廣四寸九分厚一寸二分金盤龍紐繫以錦綬裹以紅錦加帕納於盝盝裝以金德祖冊文曰孝元孫嗣皇帝臣某再拜稽首上言臣聞尊敬先世人之至情祖父有天下傳之子孫子孫有天下追尊祖父此古今通義也臣遇天下兵起躬披甲冑調度師旅戡定四方以安人民土地日廣皆承祖宗之庇臣庶推臣爲皇帝而先世考妣未有稱號謹上皇高祖考府君尊號曰元皇帝廟號德祖伏惟英爽鑒此孝思其寶文曰德祖元皇帝之寶元皇后懿祖以下帝后冊寶並同建文時追尊諡冊之典以革除無考永樂元年五月進高皇帝高皇后諡議前一日於奉天殿中設諡議案是日早帝袞冕陞殿如常儀文武官朝服四拜禮部官奏進尊諡議序班二員引班首升丹陛捧諡議官以諡議文授班首由中門入至殿中贊進尊諡議駕興詣諡議文案班首進置於案跪百官皆跪帝覽畢復坐班首與百官俯伏興復位再行四拜禮畢帝親舉諡議付翰林院臣撰冊文六月以上尊諡先期齋戒遣官祭告天地宗廟社稷鴻臚寺設香案於奉天殿是日早內侍以冊寶置於案太常寺於太廟門外丹陛上皇考皇妣神御前各設冊寶案鴻臚寺設冊寶輿於奉天門外鹵簿樂懸如常儀百官祭服詣太廟門外立俟執事官并宜冊寶官先從太廟右門入序立殿右帝袞冕御華蓋殿捧冊寶官四員祭服於奉天殿東西序立鴻臚寺奏請行禮帝出奉天殿冊寶案前捧冊寶官各捧前行置綵輿內鹵簿大樂前導帝乘輿隨綵輿行至午門外降輿陞輅至太廟門百官跪俟綵輿過與帝降輅隨綵輿至太廟中門外捧冊寶官各捧前行帝隨行至丹陛上捧冊寶置於案典儀傳唱如常內贊奏就位典儀奏迎神奏樂

樂止內贊奏帝四拜百官同典儀奏進冊寶捧冊寶官前行駕由左門入至廟中詣皇考神御前奏跪搢圭奏進冊捧冊官跪進於帝左帝受冊以授執事官置於案左奏出圭贊宣冊宣冊官跪宣於帝左冊文曰惟永樂元年歲次癸未六月丁未朔越十一日丁巳孝子嗣皇帝臣某謹拜手稽首言臣聞俊德贊堯重華美舜禹湯文武列聖相承功德並隆咸曆顯號欽惟皇考皇帝統天肇運奮自布衣戡定禍亂用夏變夷以孝治天下四十餘年民樂永熙禮樂文章垂憲萬世德合乾坤明同日月功超千古道冠百王謹奉冊寶上尊謚曰聖神文武欽明啓運俊德成功統天大孝高皇帝廟號太祖伏惟神靈陟降陰騭下民覆幬無極與天常存宣冊訖奏搢圭奏進寶捧寶官以寶跪進於帝左帝受寶以授執事官置於案右奏出圭贊宣寶宣寶官跪宣於帝右寶文如謚號宣寶訖奏俯伏興帝詣皇妣神御前進宣冊寶如前儀冊文曰臣聞自古后妃皆承世緒嬀汭嬪虞發祥帝室周姜輔治肇基邦君欽惟皇妣孝慈皇后以聖輔聖同起側微弘濟艱難化家爲國克勤克儉克敬克誠克孝克慈以奉神靈之統理萬物之宜正位中宮十有五年家邦承式天下歸仁謹奉冊寶上尊謚曰孝慈昭憲至仁文德承天順聖高皇后伏惟聖靈陟降膺慈顯名日月光華照臨永世寶文如謚號宣寶訖帝復位奏四拜百官同行祭禮如常儀翌日頒詔天下以上謚禮成賜陪祀執事官宴餘官人賜鈔一錠仁宗卽位九月禮部同諸臣進大行皇帝仁孝皇后謚議仁宗立受之覽畢流涕不已以付翰林院撰謚冊禮部奏上謚儀前期齋戒遣祭如常內侍置冊寶輿於奉天門厥明捧冊寶置輿中帝衰服詣奉天門內侍舉冊寶輿帝隨輿後行降階陞輅百官立金水橋南北向跪俟輿過輿隨至思善門外序立北向帝降輅冊寶輿由中門入至几筵殿丹陛上帝由左門入就丹陛上拜位捧冊寶官由殿左門入至几筵前導引官奏四拜皇太孫親王皇孫陪拜丹陛上百官陪拜思善門外帝由殿左門入詣大行皇帝位前跪進冊進寶宣冊寶官跪宣畢奏俯伏興帝詣仁孝皇后神位前禮並同奏復位四拜皇太孫以下同禮畢行祭禮是日改題仁孝皇后神主詔頒天下是後上皇帝及太皇太后皇太后尊謚皆倣此嘉靖十七年世宗用豐坊奏加獻皇帝廟號稱宗配帝乃改奉太宗爲成祖命製二聖神位於南宮遂詣景神殿奉冊寶尊文皇帝曰成祖啓天弘道高明肇運聖武神功純仁至孝文皇帝尊獻皇帝曰睿宗知天守道洪德淵仁寬穆純聖恭儉敬文獻皇帝又上皇天上帝大號十一月朔帝詣南郊恭進冊表禮成還詣太廟奉冊寶加上高皇帝尊號曰太祖開天行道肇紀立極大聖至神仁文義武俊德成功高皇帝加上高皇后尊號曰孝慈貞化哲順仁徽成天育聖至德高皇后是日中宮捧高皇后主助行亞獻禮文武官命婦陪祀復擇日詣太廟行改題神主禮

廟諱天啟元年正月從禮部奏凡從點水加各字者俱改爲雒從木加交字者俱改爲較惟督學稱較字未宜應改爲學政各王府及文武職官有犯廟諱御名者悉改之

明史卷五十二　志第二十八

總裁官總理事務經筵講官少保兼太子太保保和殿大學士兼管吏部戶部尚書加六級臣張廷玉等奉敕修

禮六　吉禮六

奉先殿　奉慈殿

獻皇帝廟　親王從饗

功臣配饗　王國宗廟

羣臣家廟

奉先殿洪武三年太祖以太廟時享未足以展孝思復建奉先殿於宮門內之東以太廟象外朝以奉先殿象內朝正殿五間南向深二丈五尺前軒五間深半之製四代帝后神位衣冠定儀物祝文每日朝晡帝及皇太子諸王二次朝享皇后率嬪妃日進膳羞諸節致祭月朔薦新其品物視元年所定惟三月不用鱉魚四月減鰣魚益以王瓜彘五月益以茄九月減柿蟹十月減木瓜蘆菔益以山藥十一月減天鵝鷀鴇益以獐皆太常奏聞送光祿寺供薦凡遇時新品物太常供獻又錄皇考妣忌日歲時享祀以爲常成祖遷都北京建如制宣德元年奉太宗祔廟畢復遣鄭王瞻埈詣奉先殿設酒果祭告奉安神位天順七年奉孝恭皇后祔廟畢帝還行奉安神位禮畧如祔廟儀弘治十七年吏部尚書馬文升言南京進鮮船本爲奉先殿設輓夫至千人沿途悉索今揚徐荒旱願倣古凶年殺禮之意減省以甦民困命所司議行之武宗卽位祧熙祖奉先殿神位亦遷德祖之西其衣冠牀幔儀物貯於神庫嘉靖十四年定內殿之祭并禮儀清明中元聖誕冬至正旦有祝文樂如宴樂兩宮壽旦皇后并妃嬪生日皆有祭無祝文樂立春元宵四月八日端陽中秋重陽十二月八日皆有祭用時食舊無祝文今增告詞舊儀但一室一拜至中室跪祝畢又四拜焚祝帛今就位四拜獻帛爵祝畢后妃助亞獻執事終獻徹饌又四拜忌祭舊具服作樂今更淺色衣去樂凡祭方澤朝日夕月出告回叅及冊封告祭朔望行禮皆在焉十五年禮部尚書夏言等奏悼靈皇后神主先因祔於所親暫祔奉慈殿孝惠太后之側茲三后神主既擬遷於陵殿則悼靈亦宜暫遷奉先殿旁室享祀祭告則一體設饌從之隆慶元年禮部言舊制太廟一歲五享而節序忌辰等祭則行於奉先殿今孝潔皇后既祔太廟則奉先殿亦宜奉安神位乃設神座儀物於第九室遣官祭告如儀萬曆三年帝欲以孝烈孝恪二后神位奉安於奉先殿禮官謂世宗時議祔陵祭不議祔內殿帝曰奉先殿見有孝肅孝穆孝惠三后神位俱皇祖所定宜遵行祔安蓋當時三后既各祔陵廟仍并祭於奉先殿而外廷莫知也命輔臣張居正等入視居正等言奉先殿奉安列聖祖妣凡推尊爲后者俱得祔享內殿比之太廟一帝一后者不同今亦宜奉安祔享從之先是冊封告祭以太常寺官執事仍題請遣官至萬曆元年帝親行禮而遣官之請廢二年太常寺以內殿在禁地用內官供事便帝俞其請凡聖節中元冬至歲暮嘉靖初俱告祭於奉先殿十五年罷中元祭四十五年罷歲暮祭隆慶元年罷聖節冬至祭其方澤朝日夕月出告回叅嘉靖中行於景神殿隆慶元年仍行於奉先殿諸帝后忌辰嘉靖以前行於奉先殿十八年改高皇帝后忌辰於景神殿文皇帝后以下於永孝殿二十四年仍行於奉先殿凡內殿祭告自萬曆二年後親祭則祭品告文執事皆出內監遣官代祭則皆出太常惟品用脯醢者卽親祭亦皆出太常萬曆十四年禮臣言近年皇貴妃冊封祭告奉先殿祝文執事出內庭而祭品取之太常事體不一夫太常專主祀享而光祿則主膳羞內庭祭告葢取象於食時上食之義也宜遵舊制凡祭告內殿無論親行遣官其祭品光祿寺供惟告文執事人親行則辦之內庭遣官則暫用太常寺從之

奉慈殿孝宗卽位追上母妃孝穆太后紀氏謚祔葬茂陵以不得祔廟遂於奉先殿右別建奉慈殿以祀一歲五享薦新忌祭俱如太廟奉先殿儀弘治十七年孝肅周太后崩先是成化時預定周太后祔葬祔祭之議至是召輔臣議祔廟禮劉健等言議誠有之顧當年所引唐宋故事非漢以前制也帝以事當師古乃援孝穆太后別祭奉慈殿爲言而命廷臣議健退復疏論其事以堅帝心於是英國公張懋吏部尚書馬文升等言宗廟之禮乃天下公議非子孫得以私之殷周七廟父昭子穆各有配座一帝一后禮之正儀春秋書考仲子之宮胡安國傳云孟子入惠公之廟仲子無祭享之所以此見魯秉周禮先王之制猶存祖廟無二配故也伏覩憲宗敕諭有曰朕心終不自安竊窺先帝至情以重違慈意因勉從並配之議羣臣欲權以濟事亦不得已而爲此也據禮區處上副先帝在天遺志端有待於今日稽之周禮有祀先妣之文疏云姜嫄也詩所謂閟宮是已唐宋推尊太后不配食祖廟者則別立殿以享之亦得閟宮之義我朝祖宗迄今已溢九廟配皆無二今宜於奉先殿外建一新廟如詩之閟宮宋之別殿歲時薦享仍稱太皇太后則情義兩盡議上復召健等至素幄袖出奉先圖指西一區曰此奉慈殿也又指東一區曰此神廚也欲於此地別建廟奉遷孝穆神主併祭於此健等皆對曰最當已而欽天監奏年方有礙廷議暫奉於奉慈殿正中從孝穆居左及孝宗崩武宗卽位禮部始進奉安孝肅神主儀前期致齋三日告奉先殿及孝宗几筵是日早帝具黑翼善冠淺淡色服黑犀帶告孝穆神座禮畢帝詣神座前請神主降座帝捧主立內執事移神座於殿左間帝奉安訖行叩頭禮至午帝詣清寧宮孝肅几筵行禮畢內侍進神主輿於殿前衣冠輿於丹陛上帝詣拜位親王吉服後隨四拜興帝捧神主由殿中門出奉安輿內執事捧衣冠置輿後隨帝率親王步從至寶善門外太皇太后皇太后率宮妃迎於門內先詣奉慈殿序立於殿西神主輿至奉先殿門外少駐帝詣輿前跪請神主詣奉先殿俯伏興捧神主由殿左門入至殿內褥位跪置神主帝行五拜三叩頭禮畢捧神主仍由左門出安輿內至奉慈殿門外帝捧神主由中門入奉安於神座訖行安神禮三獻如常儀太皇太后以下四拜禮畢內侍官設褥位於殿正中之南帝詣

孝穆皇太后神座前跪請神主謁孝肅太皇太后跪置於褥位上俯伏興行五拜三叩頭禮畢帝捧主興仍安於神座訖行安神禮如前皇太后以下四拜嘉靖元年世宗奉孝惠邵太后祔祀八年二月禮部尚書方獻夫等言悼靈皇后禮宜祔享太廟但今九廟之制已備考唐宋故事后於太廟未有本室則祔別廟故曲臺禮有別廟皇后禘祫於太廟之文又禮記喪服小記婦祔於祖姑祖姑有三人則祔於親者釋之者曰親者謂舅所生母也今孝惠太皇太后實皇考獻皇帝之生母則悼靈皇后當祔於側詔可三月行祔廟禮先期祭告諸殿至期請悼靈后主詣奉慈殿奉安內侍捧神主謚冊衣冠隨帝至奉先殿謁見帝就位行五拜三叩頭禮次詣崇先殿次詣奉慈殿謁三太后內侍捧主安神座皇妃以下四拜十五年帝以三太后別祀奉慈殿不若奉於陵殿爲宜廷臣議古天子宗廟惟一帝一后所生母薦於寢身殁而已孝宗奉慈殿之祭蓋子祀生母以盡終身之孝爲耳然禮妾母不世祭疏曰不世祭者謂子祭之於孫則止明繼祖重故不復顧其私祖母也今陛下於孝肅曾孫也孝穆孫屬也孝惠孫也禮不世祭議當祧考宋熙寧罷奉慈廟故事與今同宜遷主陵廟歲時祔享如故報可奉慈殿遂罷世宗孝烈后隆慶時祀弘孝殿萬曆三年遷祔奉先殿穆宗母孝恪皇太后隆慶初祀神霄殿又祔孝懿后於其側六年孝懿祔太廟萬曆三年孝恪遷祔奉先殿二殿俱罷

獻皇帝廟嘉靖二年四月始命興獻帝家廟享祀樂用八佾初禮官議廟制未決監生何淵上書請立世室於太廟東禮部尚書汪俊等皆謂不可帝諭奉先殿側別立一室以盡孝思禮官集議言奉慈之建禮臣據姜嫄特廟而言至爲本生父立廟大內古所未有惟漢哀爲定陶共王建廟京師不可爲法詹事石珤等亦言不可不聽葺奉慈殿後爲觀德殿以奉之四年四月淵已授光祿寺署丞復上書請立世室崇祀皇考於太廟禮部尚書席書等議天子七廟周文武並有功德故立文武世室於三昭穆之上獻皇帝追稱帝號未爲天子淵妄爲諛詞乞寢其奏帝令再議書等言將置主於武宗上則武宗君也分不可僭置武宗下則獻皇叔也神終未安時廷臣於稱考稱伯異同相半至議祔廟無一人以爲可者學士張璁桂萼亦皆以爲不可書復密疏爭之帝不聽復令會議乃準漢宣故事於皇城內立一禰廟如文華殿制籩豆樂舞一用天子禮帝親定其名曰世廟五年七月諭工部以觀德殿窄隘欲別建於奉天殿左尚書趙璜謂不可不聽乃建於奉先之東曰崇先殿十三年命易承天家廟曰隆慶殿十五年以避渠道遷世廟更號曰獻皇帝廟遂改舊世廟曰景神殿寢殿曰永孝殿十七年以豐坊請稱宗以配明堂禮官不敢違集議者久之言古者父子異昭穆兄弟同世數故殷有四君一世而同廟宋太祖太宗同居昭位今皇考與孝宗當同一廟遂奉獻皇帝祔太廟二十二年更新太廟廷議睿宗孝宗並居一廟同爲昭帝責諸臣不竭忠任事寢其議已而左庶子江汝璧請遷皇考廟於穆廟首以當將來世室與成祖廟並峙右贊善郭希顏又欲於太祖廟文世室外止立四親廟而祧孝宗武宗以禮臣斥其妄而止二十四年六月新太廟成遂奉睿宗於太廟之左第四序躋武宗上而罷特廟之祀四十四年以舊廟柱產芝更號曰玉芝宮定曰供時享儀穆宗初因禮臣請乃罷時享及節序忌辰有事奉告之祭但進日供而已隆慶元年禮科王治請罷獻皇祔廟而專祀之世廟章下所司萬曆九年禮科丁汝謙請仍專祭玉芝宮復奉宣宗帝后冠服於太廟帝責汝謙妄議謫外任天啟元年太常少卿李宗延奏祧廟宜議言睿宗入廟世宗無窮之孝思也然以皇上視之則遠矣俟光宗升祔時或從舊祧或從新議蓋在孝子固以恩事親而在仁人當以義率祖章下禮部卒不能從

親王從享洪武三年定以皇伯考壽春王王夫人劉氏爲一壇皇兄南昌王王霍邱王王下蔡王安豐王王夫人翟氏安豐王夫人趙氏爲一壇皇兄蒙城王盱眙王臨淮王臨淮王夫人劉氏爲一壇後定夫人皆改稱妃皇姪寶應王六安王來安王都梁王英山王山陽王昭信王爲一壇凡一十九位春夏於仁祖廟東廡秋冬及歲除於德祖廟東廡皇帝行初獻禮時獻官詣神位分獻四年進親王於殿內東壁九年新太廟成增祀蒙城王妃田氏盱眙王妃唐氏正德中御史徐文華言族有成人而無後者祭終兄弟之孫之身諸王至今五六世矣宜祧禮官議不可嘉靖間仍序列東廡二十四年新建太廟成復進列東壁罷分獻萬曆十四年太常卿裴應章言諸王本從祖祔食今四祖之廟已祧而諸王無所於祔宜罷享而祔之祧廟禮部言祧以藏毀廟之主爲祖非爲孫禮有祧不聞有配祧者請仍遵初制序列東廡爲近禮報可

功臣配享洪武二年享太廟以廖永安俞通海張得勝桑世傑耿再成胡大海趙德勝配設青布幃六於太廟庭中遣官分獻俟皇帝亞獻將畢行禮每歲春秋享廟則配食於仁祖廟之東廡三年定配享功臣常遇春以下凡八位春夏於仁祖廟西廡秋冬於德祖廟西廡設位東向遂罷幃次之設更定三獻禮皇帝初獻時獻官卽分詣行禮不拜四年太祖謂中書省臣太廟之祭以功臣配列廡間今旣定太廟合祭禮朕以祖宗具在使功臣故舊殁者得少依神靈以同享祀不獨朝廷宗廟盛典亦以寓朕不忘功臣之心於是禮官議凡合祭時爲黃布幄殿中祖考神位旁設兩壁以享親王及功臣令大臣分獻制可已而命去布幄九年新太廟成以徐達常遇春李文忠鄧愈湯和沐英俞通海張德勝胡大海趙得勝耿再成桑世傑十二位配於西廡罷廖永安建文時禮部侍郎宋禮言功臣自有雞籠山廟請罷太廟配享帝以先帝所定不從且令俟太廟享畢別遣官卽其廟祭之洪熙元年以張玉朱能姚廣孝配享太廟遣張輔朱勇王通及尚寶少卿姚繼各祭其父嘉靖九年以廖道南言罷姚廣孝十年以刑部郎中李瑜議進劉基位次六王十六年以武定侯郭勛奏進其祖英初二廟功臣位各以爵及進基位公侯上至是復令禮官議合二廟功臣敘爵於是列英於桑世傑上張玉朱能於沐英下基於世傑下二十四年進諸配位於新太廟西壁罷分獻萬曆十四年太常卿裴應章言廟中列后在上異姓之臣禮當別嫌且至尊拜俯於下諸臣之靈亦必不安命復改西廡遣官分獻天啟元年太常少卿李宗延言前代文臣皆有從祀我朝不宜獨闕下禮部議不行

王國宗廟洪武四年禮部尚書陶凱等議定王國宮垣內左宗廟右社稷廟制殿五間寢殿如之門三間永樂八年建秦愍王享堂命視晉恭王制加高一丈因定享堂七間廣十丈九尺五寸高二丈九尺深四丈三尺五寸弘治十三年寧王宸濠奏廟祀禮樂未有定式乞頒賜遵守禮部議洪武元年學士宋濂等奏定諸王國祭祀禮樂用清字但有曲名而無曲辭請各王府稽考於所用品物俎豆佾舞禮節悉遵國初定制從之嘉靖八年秦王充燿言代懿王當祔廟而自始封至今已盈五廟之數請定祧廟之制禮臣言親王祧廟古制未聞宜推太廟祧祔之禮而降殺之始封居中百世不遷以下四世親盡而祧但諸侯無祧廟祧主宜祔始祖之室置櫝藏之每歲暮則出祧主合祭詔如議

羣臣家廟明初未有定制權倣朱子祠堂之制奉高曾祖禰四世神主以四仲之月祭之加臘月忌日之祭與歲時俗節之薦其庶人得奉祖父母父母之祀已著爲令至時享於寢之禮畧同品官祠堂之制堂三間兩階三級中外爲兩門堂設四龕龕置一桌高祖居西以次而東藏主櫝中兩壁立櫃西藏遺書衣物東藏祭器旁親無後者以其班附庶人無祠堂以二代神主置居室中間無櫝洪武六年定公侯以下家廟禮儀凡公侯品官別爲祔屋三間於所居之東以祀高曾祖考并祔位祠堂未備奉主於中堂享祭二品以上羊一豕一五品以上羊一以下豕一皆分四體熟薦不能具牲者設饌以享所用器皿隨官品第稱家有無前二日主祭者聞於上免朝參凡祭擇四仲吉日或春秋分冬夏至前期一日齋沐更衣宿外舍質明主祭者及婦率預祭者詣祠堂主祭者捧正祔神主櫝置於盤令子弟捧至祭所主祭開櫝捧各祖考神主主婦開櫝捧各祖妣神主以序奉安子弟捧祔主置東西壁執事者進饌讀祝者一人就贊禮以子弟親族爲之陳設神位訖各就位主祭在東伯叔諸兄立於其前稍東諸親立於其後主婦在西母及諸母立於其前稍西婦女立於後贊拜皆再拜主祭者詣香案前跪三上香獻酒奠酒執事酌酒於祔位前讀祝者跪讀訖贊拜主祭者復位與主婦皆再拜再獻終獻並如之惟不讀祝每獻執事者亦獻於祔位禮畢再拜焚祝并紙錢於中庭安神主於櫝成化十一年祭酒周洪謨言臣庶祠堂神主俱自西而東古無神道尚右之說惟我太祖廟制合先王左昭右穆之義宜令一品至九品皆立一廟以高卑廣狹爲殺神主則高祖居左曾祖居右祖居次左考居次右帝下禮臣參酌更定嘉靖十五年禮部尚書夏言言按三代有五廟三廟二廟一廟之制者以其有諸侯卿大夫上中下之爵也後世官職旣殊無世封采邑豈宜過泥於古至宋儒程頤乃始約之而歸於四世自公卿以及士庶莫不皆然謂五服之制皆至高祖則祭亦當如之今定官自三品以上立五廟以下皆四廟爲五廟者亦如唐制五間九架厦旁隔板爲五室中祔五世祖旁四室祔高曾祖禰爲四廟者三間五架中一室祔高曾左右二室祔祖禰若當祀始祖則如朱熹所云臨祭時作紙牌祭訖焚之其三品以上者至世數窮盡則以今之得立廟者爲世世奉祀之祖而不遷焉四品以下四世遞遷而已從

之

明史卷五十三　志第二十九

總裁官總理事務經筵講官少保兼太子太保保和殿大學士兼管吏部戶部尚書事加五級張廷玉等奉

敕修

禮七嘉禮一

登極儀　大朝儀

常朝儀　皇太子親王朝儀

諸王來朝儀　諸司朝覲儀

中宮受朝儀　朝賀東宮儀

大宴儀　上尊號徽號儀

二曰嘉禮行於朝廷者曰朝會曰宴饗曰上尊號徽號曰冊命曰經筵曰表箋行於辟雍者曰視學自天子達於庶人者曰冠曰婚行於天下者曰巡狩曰詔赦曰鄉飲酒舉其大者書之儀之同者則各附於其類云

登極儀漢高帝即位氾水之陽其時綿蕞之禮未備魏晉以降多以受禪改號元世祖履尊既久一統後但舉朝賀明興太祖以吳元年十二月將即位命左相國李善長等具儀善長率禮官奏即位日先告祀天地禮成即帝位於南郊丞相率百官以下及都民耆老拜賀舞蹈呼萬歲者三具鹵簿導從詣太廟上追尊四世冊寶告祀社稷還具袞冕御奉天殿百官上表賀先期侍儀司設表案於丹墀內道之西北設丞相以下拜位於內道東西每等異位重行北面捧表展表宣表官位於表案西東向糾儀御史二人於表案南東西向宿衛鎮撫二人於東西陛下護衛百戶二十四人於其南稍後知班二人於文武官拜位北東西向通贊贊禮二人於知班北通贊西贊禮東引文武班四人於文武官拜位北稍後東西向引殿前班二人於引文武班南舉表案二人於引文武班北舉殿上表案二人西陛下東向丹陛上設殿前班指揮司官三人東向宣徽院官二人西向儀鸞司官於殿中門之左右護衛千戶八人於殿東西門俱東西向鳴鞭四人於殿前班之南北向將軍六人於殿門左右天武將軍四人於陛上四隅俱東西向殿上尚寶司設寶案於正中侍儀司設表案於寶案南文武侍從兩班於殿上東西文起居注給事中殿中侍御史尚寶卿武懸刀指揮東西向受表官於文侍從班南西向內贊二人於受表官之南捲簾將軍二人於簾前俱東西向是日拱衛司陳鹵簿列甲士於午門外列旗仗設五輅於奉天門外侍儀舍人二舉表案入鼓初嚴百官朝服立午門外通贊贊禮宿衛官諸侍衛及尚寶卿侍從官入鼓三嚴丞相以下入皇帝袞冕陞御座大樂鼓吹振作樂止將軍捲簾尚寶卿置寶於案拱衛司鳴鞭引班導百官入丹墀拜位初行樂作至位樂止知班贊班贊禮贊拜樂作四拜興樂止捧表以下官由殿西門入內贊贊進表捧表官跪捧受表官搢笏跪受置於案出笏興退立東向內贊贊宣表宣表官前搢笏跪展表官搢笏同跪宣訖展表官出笏以表復於案俱退宣表官俯伏興俱出殿西門復位贊禮贊拜樂作四拜樂止搢笏三舞蹈拱手加額呼萬歲者三出笏俯伏興樂作四拜賀畢遂遣官冊拜皇后冊立皇太子以即位詔告天下成祖即位倉猝其議不詳仁宗即位先期司設監陳御座於奉天門欽天監設定時鼓尚寶司設寶案教坊司設中和韶樂設而不作是日早遣官告天地宗社皇帝具孝服告几筵至時鳴鐘鼓設鹵簿皇帝袞冕御奉天門百官朝服入午門鴻臚寺導執事官行禮請陞御座皇帝由中門出陞座鳴鞭百官上表行禮頒詔俱如儀宣宗以後儲宮嗣立者竝同正德十六年世宗入承大統先期造行殿於宣武門外南向設帷幄御座備翼善冠服及鹵簿大駕以候至期百官郊迎駕入行殿行四拜禮明日由大明門入省詔草改年號素服詣大行几筵謁告畢設香案奉天殿丹陛上皇帝袞冕行告天地禮詣奉先殿奉慈殿謁告仍詣大行几筵慈壽皇太后莊肅皇后前各行禮遂御華蓋殿百官朝服入傳旨免賀五拜三稽首鴻臚寺官請陞殿帝由午門出御奉天殿鳴鞭贊拜頒詔如制

大朝儀漢正會禮夜漏未盡七刻鐘鳴受賀公卿以下執贄來庭二千石以上升殿稱萬歲然後宴饗晉咸寧注有晝會之分唐制正旦冬至五月朔千秋節咸受朝賀宋因之明太祖洪武元年九月定正旦朝會儀與登極畧相仿其後屢詔更定立爲中制凡正旦冬至先日尚寶司設御座於奉天殿及寶案於御座東香案於丹陛南教坊司設中和韶樂於殿內東西北向翌明錦衣衞陳鹵簿儀仗於丹陛及丹墀設明扇於殿內列車輅於丹墀鳴鞭四人左右北向教坊司陳大樂於丹陛東西北向儀禮司設同文玉帛兩案於丹陛東金吾衞設護衞官於殿內及丹陛陳甲士於丹墀至午門外錦衣衞設將軍於丹陛至奉天門外陳旗幟於奉天門外俱東西列典牧所陳仗馬犀象於文武樓南東西向司晨郎報時位於內道東近北糾儀御史二位於丹墀北內贊二位於殿內外贊二位於丹墀北傳制宣表等官位於殿內俱東西向鼓初嚴百官朝服班午門外次嚴由左右掖門入詣丹墀東西北向立三嚴執事官詣華蓋殿帝具袞冕陞座鐘聲止儀禮司奏執事官行禮贊五拜畢奏請陞殿駕興中和樂作尚寶司捧寶前行導駕官前導扇開簾捲寶置於案樂止鳴鞭報時對贊唱排班班齊贊禮唱鞠躬大樂作贊四拜興樂止典儀唱進表樂作給事中二人詣同文案前導引序班舉案由東門入置殿中樂止內贊唱宣表目宣表目官跪宣訖俯伏興唱宣表展表官取表宣表官至簾前外贊唱衆官皆跪宣表訖內外皆唱俯伏興序班舉表案於殿東外贊唱衆官皆跪代致詞官跪丹陛中致詞云具官臣某茲遇正旦三陽開泰萬物咸新冬至則云律應黃鐘日當長至恭惟皇帝陛下膺乾納祜奉天永昌賀畢外贊唱衆官皆俯伏興樂作四拜興樂止傳制官跪奏傳制由東門出至丹陛東向立稱有制贊禮唱跪宣制正旦則云履端之慶與卿等同之冬至則云履長之慶與卿等同之萬壽聖節則致詞曰具官臣某欽遇皇帝陛下聖誕之辰謹率文武官僚敬祝萬歲壽不傳制贊禮唱俯伏興樂止贊搢笏鞠躬三舞蹈贊跪唱山呼百官拱手加額曰萬歲唱山呼曰萬歲唱再山呼曰萬萬歲凡呼萬歲樂工軍校齊聲應之贊出笏俯伏興樂作贊四拜興樂止儀禮司奏禮畢中和樂作鳴鞭駕興尚寶官捧寶導駕官前導至華蓋殿樂止百官以次出洪武三十年更定同文玉帛案俱進安殿中宣表訖舉置於寶案之南嘉靖十六年更定蕃國貢方物案入於丹陛中道左右設定時鼓於文樓上大樂陳奉天門內東西北向他儀亦畧有增損立春日進春都城府縣舉春案由東階陛跪置於丹陛中道俯伏興贊拜樂作四拜興樂止文武官北向立致詞官詣中道之東跪奏云新春吉辰禮當慶賀贊拜樂作五拜三叩頭興樂止儀禮司奏禮畢正統十一年正旦立春禮部議順天府官進春後百官即詣班行賀正旦禮舊制冬至日行賀禮嘉靖九年分祀二郊以冬至大報是日行慶成禮次日帝詣內殿行節祭禮又詣母后前行賀禮訖始御奉天殿受賀

常朝儀古禮天子有外朝內朝燕朝漢宣帝五日一朝唐制天子日御紫宸殿見羣臣曰常參朔望御宣政殿見羣臣曰入閤宋則侍從官日朝垂拱謂之常參百司五日一朝紫宸爲六參在京朝官朔望朝紫宸爲朔參望參明洪武三年定制朔望日帝皮弁服御奉天殿百官朝服於丹墀東西再拜班首詣前同百官鞠躬稱聖躬萬福復位皆再拜分班對立省府臺部官有奏由西階陞殿奏畢降階百官出十七年罷朔望起居禮後更定朔望御奉天殿常朝官序立丹墀東西向謝恩見辭官序立奉天門外北向陞座作樂常朝官一拜三叩頭樂止復班謝恩見辭官於奉天門外五拜三叩頭畢駕興又凡早朝御華蓋殿文武官於鹿頂外東西立鳴鞭以次行禮訖四品以上官入侍殿內五品以下仍前北向立有事奏者出班奏畢鳴鞭以次出如御奉天殿先於華蓋殿行禮奏事畢五品以下詣丹墀北向立五品以上及翰林院給事中御史於中左中右門候鳴鞭詣殿內序立朝退出凡百官於御前侍坐有官奏事必起立奏畢復坐從皇帝行丹墀常北面不南向左右周旋不背北皇帝陞奉天門及丹陛隨從官不得徑由中道幷王道二十四年定侍班官東則六部都察院堂上官十三道掌印御史通政司大理寺太常寺太僕寺應天府翰林院春坊光祿寺欽天監尚寶司太醫院五軍斷事及京縣官西則五軍都督錦衣衞指揮各衞掌印指揮給事中中書舍人又令禮部置百官朝牌大書品級列丹墀左右木柵上依序立二十六年令凡入殿必履鞵永樂初令內閣官侍朝立金臺東錦衣衞在西後移御道東西對立四年諭六部及近侍官曰早朝多四方所奏事午後事簡君臣之間得從容陳論自今有事當商確者皆於晚朝七年諭行在禮部曰北京冬氣嚴凝羣臣早朝奏事立久不勝今後朝畢於右順門內便殿奏事景泰初定午朝儀凡午朝御左順門設寶案執事奏事官候於左掖門外駕出以次入內閣五府六部奏事官六科侍班官案西序立侍班御史二序班二將軍四案南面北立鳴贊一案東西向立錦衣衞鴻臚寺東向立管將軍官侍衞官立於將軍西府部奏事畢撤案各官退有密事赴御前奏嘉靖九年令常朝官禮畢內閣官由東陛錦衣衞官由西陛陞立於寶座東西有欽

差官及外國人領敕坊局官一人奉敕立內閣後稍上候領敕官辭奉敕官承旨由左陛下循御道授之隆慶六年詔以三六九日視朝萬曆三年令常朝日記注起居官四人列於東班給事中上稍前以便觀聽午朝則列於御座西稍南凡入朝次第洪武二十四年令朝參將軍先入近侍次之公侯駙馬伯又次之五府六部又次之應天府及在京雜職官員又次之成化十四年令進士照辦事衙門次第立見任官後

皇太子親王朝儀前史多不載明洪武元年九月定制凡正旦等大朝皇帝御奉天殿先設皇太子親王次於文樓設拜位幷拜褥於丹陛上正中皇帝陞座殿前執事班起居訖引進引皇太子及親王由奉天東門入百官齊入樂作皇太子親王陞自東階至丹陛拜位樂止贊四拜樂作興樂止引進導由殿東門入樂作內贊引至御座前位樂止唱跪皇太子跪稱賀云長子某茲遇履端之節冬至則云履長謹率諸弟某某等欽詣父皇陛下稱賀傳制如前贊俯伏興皇太子諸王由東門出樂作引進引復丹陛位樂止贊四拜樂作興樂止降自東階樂作至文樓樂止百官隨入賀其朝皇后則於坤寧宮畧如朝皇帝儀二十六年改定朝賀於乾清宮其日皇帝皇后陞座侍從導引如儀引禮引皇太子及妃親王及妃詣上位前贊禮贊四拜興贊禮引皇太子詣前贊跪引禮贊太子妃諸王及妃皆跪皇太子致詞同前不傳制贊禮贊皇太子俯伏興引禮贊諸王俯伏興太子妃諸王妃皆興贊禮引皇太子復位贊拜皇太子以下皆四拜禮畢引禮引至皇后前其前後贊拜皆如朝皇帝儀致詞稱母后殿下禮畢出七年更定不致賀辭止行八拜禮朝賀皇太后禮皆同

諸王來朝儀古者六年五服一朝漢法有四見儀魏制藩王不得入覲晉泰始中令王公以下入朝者四方各爲二番唐以後親藩多不就國明代仿古封建親王之藩不常入朝朝則賜賚甚厚明初凡來朝先期陳御座於奉天殿如常儀諸王次於奉天門外東耳房鼓三嚴百官入就侍立位引禮導王具袞冕由東門入陞東陛就位王府從官就丹墀位贊拜樂作王與從官皆四拜興樂止王從殿東門入樂作內贊導至御前樂止王跪王府官皆跪王致辭曰第幾子某王某茲遇某時入覲欽詣父皇陛下朝拜贊俯伏興王由東門出樂作復拜位樂止贊拜王與從官四拜興樂作駕興王及各官以次出洪武二十六年定凡諸王大朝行八拜禮常朝一拜凡伯叔兄見天子在朝行君臣禮便殿行家人禮伯叔兄西向坐受天子四拜天子居中南面坐以尚親親之義存君臣之禮凡外戚朝見皇后父母見帝行君臣禮后見父母行家人禮皇太子見皇后父母皇后父母西向立皇太子東向行四拜禮皇后父母立受兩拜答兩拜

諸司朝覲儀明制天下官三年一入朝自十二月十六日始鴻臚寺以次引見二十五日後每日方面官隨常朝官入奉天門行禮府州縣官及諸司首領官吏土官吏俱午門外行禮正旦大朝以後方面官於奉天殿前序立知府以下奉天門金水橋南序立如常朝儀天順三年令凡方面官入朝遞降京官一等萬曆五年令凡朝覲南京府尹行太僕寺苑馬寺卿布按二司俱於十二月十六日朝見外班行禮由右掖門至御前鴻臚寺官以次引見其鹽運司及知府以下官吏浙江江西十七日山東山西十八日河南陝西十九日湖廣南直隸二十日福建四川二十一日廣東廣西二十二日雲南貴州二十三日北直隸二十四日各外班行禮至御前引見免朝則止仍候御朝日引見正旦朝賀俱入殿前行禮凡朝覲官見辭謝恩具公服正旦具朝服不著朱履常朝俱錦繡

中宮受朝儀惟唐開元禮有朝皇太后及皇后受羣臣賀皇后會外命婦諸儀明制無皇后受羣臣賀儀而皇妃以下正旦冬至朝賀儀則自洪武元年九月詔定凡中宮朝賀內使監設皇后寶座於坤寧宮丹陛儀仗內使執之殿上儀仗女使執之陳女樂於宮門外設皇貴妃幄次於宮門外之西近北設公主幄次於宮門外之東稍南設外命婦幄次於門外之南東西向皇后服褘衣出閤仗動樂作陞座樂止司賓導外命婦由東門入內道東西班侍立訖導皇貴妃衆妃由東門入至陛上拜位贊拜樂作四拜興樂止導由殿東門入樂作內贊接引至殿上拜位樂止贊跪妃皆跪皇貴妃致詞曰妾某氏等遇茲履端之節冬至則云履長恭詣皇后殿下稱賀致詞畢皆俯伏興樂作復位樂止贊拜樂作四拜興樂止降自東階出司賓導公主由東門入至陛上拜位以次立行禮如皇妃儀司賓導外命婦入殿前中道拜位贊拜如儀班首由西陛入殿西門樂作內贊接引至殿上拜位班首及諸命婦皆跪班首致詞曰某國夫人妾某氏等稱賀賀畢出復位司言跪承旨由殿中門出立露臺之東南向稱有旨命婦皆跪司言宣旨曰履端之慶與夫人等共之贊興司言奏宣旨畢皇后興樂作入內閤門樂止諸命婦出太皇太后皇太后朝賀儀同洪武二十六年重定中宮朝賀儀先日女官設御座香案至日內官設儀仗陳女樂於丹陛東西北向設箋案於殿東門命婦至宮門司賓引入就拜位女官具服侍班尚宮尚儀等官詣內奉迎皇后具服出作樂贊拜如前儀女官舉箋案由殿東門入樂作至殿中樂止贊跪命婦皆跪贊宣箋日女官宣訖贊展箋宣箋女官詣案前展宣訖舉案於殿東命婦皆興司賓引班首由東階陞入殿東門樂作內贊引至殿中樂止贊跪班首及諸命婦皆跪班首致詞訖皆興由西門出贊拜及司言宣旨皆如儀禮畢千秋節致詞云茲遇千秋令節敬詣皇后殿下稱賀不傳旨凡朔望命婦朝參是日設御座於宮中陳儀仗女樂皇后陞座引禮女官引命婦入班文東武西各以夫品贊拜樂作四拜禮畢出陰雨大寒暑則免後命婦朝賀俱於仁智殿朝東宮妃儀如朝中宮不傳令

朝賀東宮儀漢以前無聞隋文帝時冬至百官朝太子張樂受賀唐制宮臣參賀皇太子皆舞蹈開元始罷其禮故事百官詣皇太子止稱名惟宮臣稱臣明洪武十四年給事中鄭相同請如古制詔下羣臣議編修吳沈等議曰東宮國之大本所以繼聖體而承天位也臣子尊敬之禮不得有二請凡啓事東宮者稱臣如故從之凡朝東宮前期典璽官設皇太子座於文華殿錦衣衛設儀仗於殿外教坊司陳大樂於文華門內東西北向府軍衛列甲士旗幟於門外錦衣衛設將軍十二人於殿中門外及文華門外東西向儀禮司官設箋案於殿東門外設百官拜位於殿下東西設傳令宣箋等官位於殿內東西是日百官詣文華門外導引官啓外備皇太子具冕服出樂作陞座樂止百官入贊拜樂作四拜興樂止丞相陞自西階至殿內拜位俱跪丞相致詞曰某等茲遇三陽開泰萬物維新敬惟皇太子殿下茂膺景福畢俯伏興復位舍人舉箋案入殿中其捧箋展箋宣箋傳令畧與皇后同令曰履茲三陽願同嘉慶餘俱如儀冬至致詞則易律應黃鐘日當長至傳令則易履長之節千秋節致詞則云茲遇皇太子殿下壽誕之辰謹率文武羣官敬祝千歲壽不傳令凡朔望百官朝退詣文華殿門外東西立皇太子陞殿樂作百官行一拜禮其謝恩見辭官亦行禮洪武元年十二月帝以東宮師傅皆勳舊大臣當待以殊禮命議三師朝賀東宮儀禮官議曰唐制羣臣朝賀東宮行四拜禮皇太子答後二拜三公朝賀前後俱答拜近代答拜之禮不行而三師之禮不可不重今擬凡大朝賀設皇太子座於大本堂設答拜褥位於堂中設三師賓客諭德拜位於堂前皇太子常服陞座三師賓客常服入就位北向立皇太子起立南向贊四拜皇太子答後二拜六年詔百官朝見太子朝服去蔽膝及佩二十九年詔廷臣議親王見東宮儀禮官議諸王來見設皇太子位於正殿中設諸王拜位於殿門外及殿內設王府官拜位於庭中道上之東西設百官侍立位於庭中東西向至日列甲士陳儀仗設樂如常諸王詣東宮門外幄次皇太子常服出樂作陞座樂止引禮導諸王入就殿門外位初行樂作就位樂止導詣殿東門入樂作內贊引至位北向立樂止贊跪王與王府官皆跪致詞曰茲遇某節恭詣皇太子殿下致詞畢王與王府官皆俯伏興樂作復位樂止贊拜樂作王與王府官皆四拜興樂止禮畢王及各官以次出王至後殿敍家人禮東宮及王皆常服王由文華殿東門入至後殿王西向東宮南向相見禮畢敍坐東宮正中南面諸王列於東西嘉靖二十八年禮部奏故事皇太子受朝賀設座文華殿中今易黃瓦似應避尊帝曰東宮受賀位當設文華門之左南向然侍衛未備已之隆慶二年冊皇太子詔於文華殿門東間設座受賀

大宴儀漢大朝會羣臣上殿稱萬歲舉觴百官受賜宴饗大作樂唐大饗登歌或於殿庭設九部伎宋以春秋仲月及千秋節大宴羣臣設山樓排場窮極奢麗明制有大宴中宴常宴小宴洪武元年大宴羣臣於奉天殿三品以上陞殿餘列於丹墀遂定正旦冬至聖節宴謹身殿禮二十六年重定大宴禮陳於奉天殿永樂元年以郊祀禮成大宴十九年以北京郊社宗廟及宮殿成大宴宣德正統間朝官不與者給賜節錢凡立春元宵四月八日端午重陽臘八日永樂間俱於奉天門賜百官宴用樂其後皆宴於午門外不用樂立春日賜春餅元宵日團子四月八日不落莢（嘉靖中改不落莢爲麥餅）端午日涼糕糉重陽日糕臘八日麵俱設午門外以官品序坐宣德五年冬久未雪十二月大雪帝示羣臣喜雪詩復賜賞雪宴羣臣進和章帝擇其寓警戒者錄之而爲之序皇太后聖誕正統四年賜宴午門東宮千秋節永樂間賜府部堂上春坊科道近侍錦衣衛及天下進箋官宴於文華殿宣德以後俱宴午門外凡祀圜丘方澤祈穀

朝日夕月耕耤經筵日講東宮講讀皆賜飯親蠶賜內外命婦飯纂修校勘書籍開館暨書成皆賜宴閣臣九年考滿賜宴於禮部九卿侍宴新進士賜宴日恩榮凡大饗尚寶司設御座於奉天殿錦衣衞設黃麾於殿外之東西金吾等衞設護衞官二十四人於殿東西教坊司設九奏樂歌於殿內設大樂於殿外立三舞雜隊於殿下光祿寺設酒亭於御座下西膳亭於御座下東珍羞醯醢亭於酒膳亭之東西設御筵於御座東西設皇太子座於御座東西向諸王以次南東西相向羣臣四品以上位於殿內五品以下位於東西廡司壺尚酒尚食各供事至期儀禮司請陞座駕興大樂作陞座樂止鳴鞭皇太子親王上殿文武官四品以上由東西門入立殿中五品以下立丹墀贊拜如儀光祿寺進御筵大樂作至御前樂止內官進花光祿寺開爵注酒詣御前進第一爵教坊司奏炎精之曲樂作內外官皆跪教坊司跪奏進酒飲畢樂止衆官俯伏興贊拜如儀各就位坐序班詣羣臣散花第二爵奏皇風之曲樂作光祿寺酌酒御前序班酌羣臣酒皇帝舉酒羣臣亦舉酒樂止進湯鼓吹響節前導至殿外鼓吹止殿上樂作羣臣起立光祿寺官進湯羣臣復坐序班供羣臣湯皇帝舉筯羣臣亦舉筯贊饌成樂止武舞入奏平定天下之舞第三爵奏眷皇明之曲樂作進酒如初樂止奏撫安四夷之舞第四爵奏天道傳之曲進酒進湯如初奏車書會同之舞第五爵奏振皇綱之曲進酒如初奏百戲承應舞第六爵奏金陵之曲進酒進湯如初奏八蠻獻寶舞第七爵奏長楊之曲進酒如初奏採蓮隊子舞第八爵奏芳醴之曲進酒進湯如初奏魚躍於淵舞第九爵奏駕六龍之曲進酒如初光祿寺收御爵序班收羣臣盞進湯進大膳大樂作羣臣起立進訖復坐序班供羣臣飯食訖贊膳成樂止撤膳奏百花隊舞贊撤案光祿寺撤御案序班撤羣臣案贊宴成羣臣皆出席北向立贊拜如儀羣臣分東西立儀禮司奏禮畢駕興樂止以次出其中宴禮如前但進七爵常宴如中宴但一拜三叩頭進酒或三或五而止凡宴命婦坤寧宮設儀仗女樂皇后常服陞座皇妃皇太子妃王妃公主亦常服隨出閤入就位大小命婦各立於座位後丞相夫人率諸命婦舉御食案丞相夫人捧壽花二品外命婦各舉食案於皇妃皇太子妃王妃公主前大小命婦各就座位奉御執事人分進壽花於殿內及東西廡酒七行上食五次酌酒進湯樂作止並如儀

上尊號徽號儀子無爵父之道漢高帝感家令之言而尊太公荀悅非之晉哀帝欲尊崇皇太妃江虨以爲宜告顯宗之廟明事不在已宋元志俱載皇太后上尊號儀而不行告廟非禮也明制天子登極奉母后或母妃爲皇太后則上尊號其後或以慶典推崇皇太后則加二字或四字爲徽號世宗時上兩宮皇太后增至八字上徽號致詞而上尊號則止進寶冊上尊號自宣宗登極尊皇太后始先期遣官祭告天地宗社帝親告太宗皇帝大行皇帝几筵是日鳴鐘鼓百官朝服奉天門設冊寶綵輿香亭中和韶樂及大樂設而不作內官設皇太后寶座陳儀仗於宮中設冊寶案於寶座前設皇帝拜位於丹陛正中親王拜位於丹墀內女樂設而不作皇帝冕服御奉天門奉冊寶官以冊寶置輿中內侍舉輿皇帝隨輿降階陞輅百官於金水橋南北向立輿至皆跪過輿隨至思善門外橋南北向立皇帝至思善門內降輅皇太后陞座輿至丹陛皇帝由左門入至陛右北向立親王冕服各就位奏四拜皇帝及王以下皆四拜奉冊寶官以冊寶由殿中門入立於左皇帝由殿左門入至拜位跪親王百官皆跪奏搢圭奏進冊奉冊官以冊跪進皇帝受冊獻訖執事官跪受置案左奏進寶奉寶官以寶跪進皇帝受寶獻訖執事官跪受置案右奏出圭奏宣冊執事官跪宣讀皇帝俯伏興由左門出至拜位奏四拜傳唱百官同四拜禮畢駕興是日皇帝奉皇太后謁奉先殿及几筵行謁謝禮禮畢皇太后還宮服燕居冠服陞座皇帝率皇后皇妃親王公主及六尚等女官行慶賀禮翌日外命婦四品以上行進表箋禮宣德以後儀同正統初尊太皇太后儀同天順八年二月增命婦致詞云某夫人妾某氏等恭惟皇太后陛下尊居慈極永膺福壽弘治十八年上兩宮尊號改皇太后致詞云尊居慈闈茂隆福壽嘉靖元年二月上尊號以四宮行禮過勞分爲二日又以武宗服制未滿莊肅皇后免朝賀命婦賀三宮亦分日上徽號自天順二年正月奉皇太后始致詞云嗣皇帝臣伏惟皇太后陛下功德兼隆顯崇徽號永膺福壽率土同歡命婦進表慶賀致詞云某夫人妾某氏等恭惟皇太后陛下德同坤厚允協徽稱壽福無疆輿情歡戴餘如常儀後上徽號及加上徽號仿此成化二十三年禮部具儀上未及皇太子妃禮特命增之

明史卷五十四　志第三十

總裁官總理事務經筵講官少保兼太子太保保和殿大學士兼管吏部戶部尚書事加六級臣張廷玉等奉敕修

禮八 嘉禮二

冊皇后儀 冊妃嬪儀附　冊皇太子及皇太子妃儀

冊親王及王妃儀 冊公主儀附

皇帝加元服儀　皇太子皇子冠禮

品官冠禮　庶人冠禮

冊皇后儀古者立后無冊命禮至漢靈帝立宋美人爲皇后始御殿命太尉持節奉璽綬讀冊皇后北面稱臣妾跪受其後沿爲定制而儀文代各不同明儀注大抵參唐宋之制而用之太祖初定制凡冊皇后前期三日齋戒遣官祭告天地宗廟前一日侍儀司設冊寶案於奉天殿御座前設奉節官位於冊案之東掌節者位於其左稍退設承制官位於其南俱西向設正副使受制位於橫街之南北向設承制宣制官位於其北設奉節奉冊奉寶官位於其東北俱西向設正副使受冊寶褥位於受制位之北北向典儀二人位丹陛上南贊禮二人位正副使北知班二人位贊禮之南俱東西相向百官及侍從位如朝儀是日早列鹵簿陳甲士設樂如儀內官設皇后受冊位及冊節寶案於宮中設香案於殿上設權置冊寶案於香案前設女樂於丹陛質明正副使及百官入鼓三嚴皇帝衮冕御奉天殿禮部官奉冊寶各置於案諸執事官各入就殿上位立樂作四拜興樂止承制官奏發皇后冊寶承制訖由中門出降自中陛至宣制位曰有制正副使跪承制官宣制曰冊妃某氏爲皇后命卿等持節展禮宣畢由殿西門入正副使俯伏興執事者舉寶冊案由中門出降自中陛奉節官率掌節者前導至正副使褥位以案置於北掌節者脫節衣以節授奉節官奉節官以授正使正使以授掌節者掌節者跪受興立於正使之左奉節官退引禮引正使詣受冊位奉冊官以冊授正使正使跪受置於案退復位副使受寶亦如之樂作正副使四拜興樂止正使隨冊副使隨寶掌節者前導舉案者次之樂作出奉天門樂止侍儀奏禮畢駕興百官出掌節者加節衣奉冊寶官皆搢笏取冊寶置龍亭內儀仗大樂前導至中宮門外樂作皇后具九龍四鳳冠服褘衣出閤至殿上南向立樂止正副使奉冊寶權置於門外所設案上引禮引正副使及內使監令俱就位正使詣內使監令前稱冊禮使臣某副使臣某奉制授皇后冊寶內使監令入告皇后出復位引禮引內外命婦入就位正使奉冊授內使監令內使監令跪受以授內官副使授寶亦如之各復位內使監令率奉冊奉寶內官入各置於案尚儀引皇后降陛詣庭中位立內官奉冊寶立於皇后之東西內使監令稱有制尚儀奏拜皇后拜樂作四拜興樂止宣制訖奉冊內官以冊授讀冊內官讀訖以授內使監令內使監令跪以授皇后皇后跪受以授司言奉寶如前儀受訖以授司寶尚儀奏拜皇后拜如前內使監令出詣正副使前稱皇后受冊禮畢使者退詣奉天殿橫街南北面西上立給事中立於正副使東北西向正副使再拜復命曰奉制冊命皇后禮畢又再拜給事中奏聞乃退皇后既受冊寶升座引禮引內命婦班首一人詣殿中賀位跪致詞曰茲遇皇后殿下膺受冊寶正位中宮妾等不勝懽慶謹奉賀贊拜樂作再拜興樂止退復位又引外命婦班首一人入就殿上賀位如內命婦儀禮畢俱出皇后降座樂作還閤樂止次日百官上表箋稱賀皇帝御殿受賀如常儀遂卜日行謁廟禮先遣官用牲牢行事告以皇后將祇見之意前期皇后齋三日內外命婦及執事內官齋一日設皇后拜位於廟門外及廟中設內命婦陪祀位於廟庭南外命婦陪祀位於內命婦之南司贊位皇后拜位之東西司賓位內命婦之北司香位香案右陳盥洗於階東司盥洗官位其所至日內外命婦各翟衣集中宮內門外皇后具九龍四鳳冠服褘衣出內宮門升輿至外門外降輿升重翟車鼓吹設而不作尚儀陳儀衞次外命婦次內命婦皆乘車前導內使監扈從宿衞陳兵仗前後導從皇后至廟門司賓引命婦先入皇后降車司贊導自左門入就位北向立命婦各就位北向立司贊奏拜司賓贊拜皇后及命婦皆再拜興司贊請詣盥洗位盥手帨手由東陛升至神位前司贊奏上香者三司香捧香於右皇后三上訖導復位贊拜如前司贊奏禮畢皇后出自廟之左門命婦以次出皇后升車命婦前導如來儀過廟鼓吹振作皇后入宮是日皇帝宴羣臣於謹身殿皇后宴內外命婦於中宮皆如正旦宴會儀及成祖即位冊皇后徐氏其制小異皇帝皮弁服御華蓋殿翰林院官以詔書用寶訖然後御奉天殿傳制皇后受冊禮畢翰林官以詔書授禮部官禮部官奉詔書於承天門開讀皇帝還宮率皇后具服詣奉先殿謁告畢皇后具服於內殿俟皇帝升座贊引女官導詣拜位行謝恩禮樂作八拜興樂止禮畢次日皇帝皇后受賀宴會如前儀天

順八年增定親王於皇帝前慶賀次詣皇太后慶賀次詣皇后前八拜儀嘉靖十三年冊皇后方氏禮臣具儀注有謁告內殿儀無謁告太廟世廟之禮帝命議增於是禮臣以儀上先期齋三日所司陳設如時祫儀至日皇帝御輅皇后妃御翟車同詣太廟命官奉七廟主升神座訖皇帝奉高皇帝主皇后奉高皇后主出升神座迎神上香奠帛裸獻樂作止皆如儀次詣世廟行禮同上儀隆慶元年增定頒詔次日命婦行見皇后禮冊妃之儀自洪武三年冊孫氏爲貴妃定皇帝不御殿承制官宣制曰妃某氏特封某妃命卿等持節行禮但授冊無寶餘竝如中宮儀永樂七年定冊妃禮皇帝皮弁服御華蓋殿傳制至宣宗立孫貴妃始授寶憲宗封萬貴妃始稱皇非洪武之舊矣嘉靖十一年帝冊九嬪禮官上儀注先日所司陳設儀仗如朔望儀至期皇帝具袞冕告太廟世廟訖易皮弁服御華蓋殿百官公服入行禮正副使朝服承制舉節冊至九嬪宮九嬪迎於宮門外隨至拜位女官宣冊九嬪受冊先後八拜送節出宮門復命九嬪隨具服候皇后率詣奉先殿謁告及詣皇帝皇后前謝恩俱如冊妃禮惟圭用次玉穀文銀冊少殺於皇妃五分之一二十年冊德妃張氏以妃將就室而帝方靜攝不傳制不謁告內殿餘竝如舊

冊皇太子及皇太子妃儀自漢代始稱皇太子明帝始有臨軒冊拜之儀唐則年長者臨軒冊授幼者遣使內冊宋惟用臨軒元惟用內冊不以長幼明興定制冊皇太子所司陳設如冊后儀設皇太子拜位於丹陛上中嚴皇帝袞冕御謹身殿皇太子冕服俟於奉天門外辦皇帝升奉天殿引禮導皇太子入奉天東門樂作由東階升至丹陛位樂止百官各就丹墀位樂作皇太子再拜興樂止承制官由殿中門出立於門外曰有制皇太子跪宣制曰冊長子某爲皇太子皇太子俯伏興樂作再拜樂止引禮導皇太子由殿東門入樂作內贊導至御座前樂止內贊贊跪贊宣冊宣畢贊搢圭贊授冊皇太子搢圭跪受冊以授內侍復贊授寶如授冊儀贊出圭皇太子出圭俯伏興由殿東門出執事官舉節冊寶隨出皇太子復位樂作四拜興樂止由東階降樂作至奉天門樂止儀仗鼓樂迎冊寶至文華殿持節官持節復命禮部官奉詔書赴午門開讀百官迎詔至中書省頒行侍儀奏禮畢駕興還宮皇太子詣內殿候皇后升座行朝謝禮四拜恭謝曰小子某茲受冊命謹詣母后殿下恭謝復四拜禮畢親王世子郡王俟於文華殿陛上皇太子升座親王以下由東陛升就拜位四拜長王恭賀曰小弟某茲遇長兄皇太子榮膺冊寶不勝欣忭之至謹率諸弟詣殿下稱賀賀畢皆四拜皇太子興以次出諸王詣中宮四拜長王致詞賀畢皆四拜出是日皇太子詣武英殿見諸叔行家人禮四拜諸叔西向坐受見諸兄行家人禮二拜諸兄西向立受次日百官進表箋慶賀內外命婦慶賀中宮如常儀乃擇日太子謁太廟洪武二十八年皇太子親王俱授金冊不用寶永樂二年定先三日齋戒遣官祭告天地宗廟受冊寶畢先詣太廟謁告後至奉天殿謝恩乃入謝中宮二十二年十月冊東宮以梓宮在殯樂設而不作奉先殿行禮畢仍詣几筵謁告宣德二年十一月皇子生羣臣表請立太子三年二月行禮以太子尚幼乃命正副使授冊寶於文華門成化十一年以冊立皇太子禮成文武官分五等賜綵緞有差嘉靖十八年二月冊東宮帝詣南郊告上帝詣太廟告皇祖自北郊及列聖宗廟以下皆遣官時太子方二歲保姆奉之迎冊寶於文華殿門詣皇帝前謝恩皇后貴妃代太子八拜詣皇后前貴妃代八拜詣貴妃前保姆代四拜餘如常儀其皇太子妃受冊與皇太子同日傳制節冊將至內殿妃降自東階迎置於案贊就拜位贊跪妃跪贊宣冊女官跪取冊立宣畢贊授冊贊搢圭女官以冊授妃妃搢圭受冊訖以授女官女官跪受捧立贊出圭興四拜禮畢內官持節出妃送至殿外正副使持節復命是日妃具禮服詣奉先殿行謁告禮隨詣宮門俟皇帝皇后升座入謝恩行八拜禮又詣各宮皇妃前行四拜禮還宮詣皇太子前亦四拜禮畢升座王妃公主郡主及外命婦於丹墀拜賀如儀

冊親王及王妃儀漢冊親王於廟唐臨軒冊命禮極詳備宋有冊命之文皆上表辭免惟迎官誥還第元亦降制命之不行冊禮明洪武三年定制冊命親王先期告宗廟所司陳設如冊東宮儀至日皇帝御奉天殿皇太子親王由奉天東門入樂作升自東陛皇太子由殿東門入內贊導至御前侍立位親王入至丹陛拜位樂止贊拜樂作再拜興樂止承制官承制如儀諸王皆跪宣制曰封皇子某爲某王某爲某王宣畢諸王俯伏興贊拜樂作再拜興樂止引禮導王由殿東外入樂作內贊引至御座前拜位樂止王跪贊授冊捧冊官以冊授讀冊官讀訖以授丞相丞相授王王搢圭受以授內使授寶如上儀訖王出圭俯伏興引禮導王出復位以次引諸王入殿授冊寶如儀內使以冊寶置綵亭訖贊拜樂作諸王皆四拜興樂止內使舉亭前行親王由東階降樂作出奉天東門樂止禮部尚書請詔書用寶赴午門開讀禮畢皇帝還宮皇太子出王年幼則遣官齎冊寶授之丞相承制至王所東北立西南向宣制最幼者行保抱之禮是日親王朝謝皇后太子與東宮受冊朝謝同親王各自行賀幼者詣長者行四拜禮百官詣親王賀亦行四拜禮丞相至殿上跪文武官於庭中丞相致詞曰某官某等茲遇親王殿下榮膺冊寶封建禮成無任欣忭之至賀畢丞相及百官復四拜次日皇太子冕服於奉天殿朝賀皇帝太子致詞曰長子某茲遇諸弟某等受封建國謹詣父皇陛下稱賀賀中宮致詞曰謹詣母后殿下稱賀百官進表箋賀皇帝及中宮東宮如東宮受冊儀內外命婦賀中宮致詞曰妾某氏等茲遇親王受封建國恭詣皇后殿下稱賀是日百官及命婦各賜宴擇日諸王謁太廟時秦晉燕楚吳五王皆長而齊潭趙魯四王方幼故兼具其制靖江王則以親王封故視秦晉儀二十八年定制親王嫡長子年十歲授金冊寶立爲王世子次嫡及庶子皆封郡王凡王世子必以嫡長王年三十正妃未有嫡子其子止爲郡王待王與正妃年五十無嫡子始立庶長子爲王世子襲封朝廷遣人行冊命之禮成化末封興岐益衡雍五王帝親告奉先殿遣使就各王府冊之罷臨軒禮而諸王當襲封者俱於歲終遣官冊封嘉靖中改於孟春著爲令冊王妃與冊太子妃儀同冊公主儀洪武九年七月命使冊公主設冊案於乾清宮御座之東南冊用銀字鍍金皇帝皇后升御座遣使捧冊傳制如儀使者至華蓋殿公主拜受其儀畧與冊太子妃同凡皇姑曰大長公主皇姊妹曰長公主皇女曰公主親王女曰郡主郡王女曰縣主孫女曰郡君曾孫女曰縣君元孫女曰鄉君郡主以下受誥封不冊命

皇帝加元服儀古者冠必於廟天子四加魏以後始冠於正殿又以天子至尊禮惟一加歷代因之明洪武三年定制先期太史院卜日工部製冕服翰林院撰祝文禮部具儀注中書省承制命某官攝太師某官攝太尉既卜日遣官告天地宗廟前一日內使監令陳御冠席於奉天殿正中其南設冕服案及香案寶案侍儀司設太師太尉起居位於文樓南西向設拜位於丹墀內道設侍立位於殿上御席西設盥洗位於丹陛西其百官及諸執事位次如大朝儀是日質明鼓三嚴百官入皇帝服空頂幘雙童髻雙玉導絳紗袍御輿以出侍衛警蹕奏樂如儀皇帝升座鳴鞭報時訖通班贊各供事太師太尉先入就拜位百官皆入贊拜樂作四拜興樂止引禮導太師先詣盥洗位搢笏盥帨訖出笏由西陛升內贊接引至御席西東向立引禮復導太尉盥帨訖入立於太師南侍儀奏請加元服太尉詣皇帝前少右跪搢笏脫空頂幘以授內使置於箱進櫛設纚畢出笏興退立於西太師前北向立內使監令取冕立於左太師祝曰令月吉日始加元服壽考維祺以介景福內使監令捧冕跪授太師太師搢笏跪受冕加冠加簪纓訖出笏興退立於西御用監令奏請皇帝著袞服皇帝興著袞服侍儀奏請就御座內贊贊進醴樂作太師詣御前北面立光祿卿奉酒進授太師太師搢笏受酒祝曰甘醴惟厚嘉薦令芳承天之休壽考不忘祝訖跪授內使內使跪受酒捧進皇帝受祭少許啐酒訖以虛盞授內使樂止內使受盞降授太師太師受盞興以授光祿卿光祿卿受盞退太師出笏退復位內贊導太師太尉出殿西門樂作降自西階引禮導至丹墀拜位樂止贊拜樂作太師太尉及文武官皆四拜興樂止三舞蹈山呼俯伏興樂作復四拜樂止禮畢皇帝興鳴鞭樂作入宮樂止百官出皇帝改服通天冠絳紗袍拜謁太后如正旦儀擇日謁太廟與時祭同明日百官公服稱賀賜宴謹身殿萬曆三年正月帝擇日長髮命禮部具儀大學士張居正等言禮重冠婚皇上前在東宮已行冠禮三加稱尊執爵而酳鉅禮既成可畧其細不必命部臣擬議第先期至奉先殿弘孝殿神霄殿以長髮告禮畢詣兩宮皇太后行五拜三叩頭禮隨御乾清宮受賀帝是之遂著爲令

皇太子皇子冠禮禮曰冠於阼以著代也醮於客位三加彌尊加有成也已冠而字之成人之道也雖天子之元子猶士也其禮歷代用之明皇太子加元服恭用周文王成王冠禮之年近則十二遠則十五嘉靖二十四年穆宗在東宮方十歲欲行冠禮大學士嚴嵩尚書費宷初皆難之後遂阿旨以爲可行而請稍簡煩儀止取成禮帝以冠當具禮至二十八年始行之其儀洪武元年定前期太史監卜日工部置袞冕諸服翰林院撰祝文中書省承制命某官爲賓某官贊旣卜日遣官告天地宗廟前一日陳御座香案於奉天殿設皇太子次於殿東房賓贊次於午門外質明執事官設罍洗於東階設皇太子冠席於殿上東南西向設醴席於西階上南

向張帷幄於東序內設褥席於帷中又張帷於序外御用監陳服於帷內東領北上衮服九章遠遊冠絳紗袍折上巾緇纚犀簪在服南櫛又在南司尊實醴於側尊加勺羃設於醴席之南設坫於尊東置二爵進饌者實饌設於尊北諸執事者各立其所鼓三嚴文武官入皇帝服通天冠絳紗袍升座如常儀賓贊就位樂作四拜興樂止侍儀司跪承制降至東階詣賓前稱有敕賓贊及在位官皆跪宣制曰皇太子冠命卿等行禮皆俯伏興四拜文武侍從班俱就殿內位賓贊執事官詣東階下位東宮官及太常博士詣殿前東房導皇太子入就冠席二內侍夾侍東宮官後從樂作卽席西南向樂止賓贊以次詣罍洗樂作搢笏盥帨出笏樂止升自西階執事者奉折上巾進賓降一等受之右執項左執前進太子席前北面祝畢跪冠樂作賓興席南北面立贊冠者進席前北面跪正冠興立於賓後內侍跪進服皇太子興服訖樂止賓揖皇太子復坐賓贊降詣罍洗訖贊進前跪脫折上巾置於箱興以授內侍執事者奉遠遊冠進賓降二等受之樂作進冠如前儀贊進前北面跪簪結紘內侍跪進服樂止賓揖皇太子復坐又詣罍洗贊脫冠執事者奉衮冕進賓降三等受之樂作進冠結紘內侍跪進服如前儀樂止太常博士導皇太子降自東階樂作由西階升卽醴席南向坐樂止賓詣罍洗盥帨訖贊冠者取爵盥爵帨爵詣司尊所酌醴授賓賓受爵跪進於皇太子祝畢皇太子搢圭跪受爵樂作飲訖奠爵執圭進饌者奉饌於前皇太子搢圭食訖執圭興樂止徹爵與饌博士導皇太子降自西階至殿東房易朝服詣丹墀拜位北向東宮官屬各復拜位賓贊詣皇太子位稍東西向賓少進字之辭曰奉敕字某皇太子再拜跪聽宣敕復再拜興進御前跪奏曰臣不敏敢不祇承奏畢復位侍立官並降殿復位四拜禮畢皇帝興內給事導皇太子入內殿見皇后如正旦儀明日謁廟如時享禮又明日百官朝服詣奉天殿稱賀退易公服詣東宮稱賀錫宴成化十四年續定皇太子冠禮先日設幕次於文華殿東序設節案香案冠席醴席盥洗司尊所等具如儀內侍張帷幄陳袍服皮弁服衮服圭帶舄翼善冠皮弁九旒冕質明皇帝御奉天殿傳制遣官持節皇太子迎於文華殿門外捧入置於案退禮部官導皇太子詣香案前樂作四拜樂止行初加冠禮內侍奉翼善冠賓祝曰吉月令辰乃加元服懋敬是承永介景福樂作賓跪進冠興樂止禮部官啟易服皇太子入幄易袍服出啟復坐行再加冠禮內侍奉皮弁賓祝曰冠禮申舉以成令德敬愼威儀惟民之式冠畢入幄易皮弁服舄出啟復坐行三加冠禮內侍奉冕旒賓祝曰章服咸加飭敬有虔永固皇圖於千萬年冠畢入幄易衮服出啟復坐行醮禮皇太子詣醴席樂作卽坐樂止光祿寺官舉醴案樂作贊酌醴授賓賓執爵詣席前樂止賓祝曰旨酒孔馨加薦再芳受天之福萬世其昌賓跪進爵皇太子搢圭受爵置於案教坊司作樂奏喜千春之曲次啟進酒皇太子舉爵飲訖奠爵於案樂止光祿寺官進饌樂作至案樂止饌訖出圭徹案賓贊復位鳴贊贊受敕戒皇太子降階樂作至拜位樂止宣敕戒官詣皇太子前稍東西向立曰有制皇太子跪宣敕戒曰孝事君親友于兄弟親賢愛民居仁由義毋怠毋驕茂隆萬世樂作四拜興樂止持節官捧節出樂作皇太子送節至殿門外還東序內侍導還宮樂止賓贊等官持節復命餘如舊儀是日皇太子詣皇太后皇帝皇后前謝俱行五拜三叩頭禮用樂明日皇帝及皇太子受羣臣賀如儀皇子冠禮初加進網巾祝詞曰茲惟吉日冠以成人克敦孝友福祿來駢再加進翼善冠祝詞曰冠禮斯舉實由成德敬愼威儀維民之則三加進衮冕祝詞曰冠至三加命服用章敬神事上永固藩邦酌醴祝曰旨酒嘉薦載芬載芳受茲景福百世其昌敕戒詞曰孝于君親友于兄弟親賢愛民率由禮義毋溢毋驕永保富貴其陳設執事及傳制謁謝並如皇太子儀初皇子冠之明日百官稱賀畢詣王府行禮成化二十三年皇子冠之次日各詣奉天門東廡序坐百官常服四拜萬曆二十九年禮部尚書馮琦言舊制皇太子冠設冠席醴席於文華殿內今文華殿爲皇上臨御遣官之地則皇太子冠醴席應移於殿之東序又親王冠舊設席於皇極門之東廡今皇太子移席於殿東序則親王應移席於殿西序從之永樂九年十一月命皇太子嫡長子爲皇太孫冠於華蓋殿其儀與皇太子同

品官冠禮古者男子二十而冠大夫五十而後爵故無大夫冠禮唐制三加一品之子以衮冕逮九品之子以爵弁皆倣士禮而增益之明洪武元年定制始加緇布冠再加進賢冠三加爵弁其儀前期擇日主者告於家廟乃筮賓前二日戒賓及贊冠者明日設次於大門外之右南向至日夙興設洗於阼階東南東西當東霤六品以下當東榮南北以堂深罍水在洗東加勺羃篚在洗西南肆實巾一於篚加羃設席於東房西牖下陳服於席東領北上莞筵四加藻席四在南側尊甒醴在服北加勺羃設坫在尊北四品以下設篚無坫饌陳於坫北設洗於東房近北罍在洗西篚在洗東北肆實以巾質明賓贊至門外掌次者引之次賓贊公服諸行事者各服其服就位冠者一箇人執之侍於西階之西東面北上設主席於阼階上西面設賓席於西階東面冠者席於主者東北西面主者公服立於阼階下當東序西面諸親公服立於罍洗東南西面北上尊者在別室儐者公服立於門內道東北面冠者雙童髻空頂幘雙玉導綵褶錦紳烏皮履六品以下導不以玉立於房中南面主者贊冠者公服立於房內戶東西面賓及贊冠者出次立於門西東面北上儐者進受命出立門東西面曰敢請事賓曰某子有嘉禮命某執事儐者入告主者迎賓於大門外之東西面再拜賓答拜主者揖贊冠者贊冠者報揖又揖賓賓報揖主者入賓贊次入及內門至階主者請陞賓三辭乃陞主者自阼階立於席東西向賓自西階立於席西東向賓贊冠者及庭盥於洗陞自西階入於東房立於主贊冠者之南西面主贊冠者導冠者立於房外之西南面賓贊冠者取纚櫛簪跪奠於筵南端退立於席北少東西面賓揖冠者冠者進升席西向坐賓贊冠者進筵前東面跪脫雙童髻櫛畢設纚興復位立賓降至罍洗盥訖詣西階主者立於席後西面賓立於西階上東面執緇布冠者升賓降一等受之右執項左執前進冠者筵前東向立祝用士禮祝詞祝畢跪冠興復位賓贊冠者進筵前東面跪結纓興復位冠者興賓揖之適房賓主皆坐冠者衣青衣素裳出戶西南面立賓主俱興賓揖冠者冠者進升席西向坐賓贊冠者跪脫緇布冠櫛畢設纚賓進進賢冠立祝如初加禮（易萬年爲永年易胡福爲遐福）祝畢跪冠興復位賓贊冠者跪脫進賢冠櫛畢設纚賓進爵弁立祝如再加禮賓贊冠者設簪結纓如前冠者適房著爵弁之服出主贊冠者徹纚櫛及筵入於房又設筵於室戶西南向冠者出房戶西南面立主贊洗觶於房酌醴出南面立賓揖冠者就筵西南面立賓受醴進冠者筵前北面立祝畢冠者拜受觶賓復西階上答拜執饌者進饌於筵冠者左執觶右取脯祭於籩豆間贊者取胏一以授冠者奠觶於薦西以祭冠者坐取觶祭醴奠觶再拜賓答拜冠者執觶興賓主俱坐冠者升筵跪奠觶於薦東興進北面跪取脯降自西階入見母進奠脯於席前退再拜出母不在則使人受脯於西階下初冠者入見母賓主俱興賓降當西序東面立主者降當東序西面立冠者出立於西階東南面賓少進字之辭同士禮冠者再拜跪曰某不敏夙夜祇承賓出主者送於內門外西向請禮從者賓就次主者入初賓出冠者東面見諸親諸親拜之冠者答拜冠者西向拜賓贊賓贊亦答拜見諸尊於別室亦如之賓主既釋服入醴席一獻訖賓與衆賓出次立於門東西面主者出揖賓賓報揖主者先入賓及衆賓從之至階賓立於西階上主者立於東階上衆賓立於西階下主者授幣篚於賓贊復位還阼階上北面拜送賓贊降自西階主者送賓於大門外西面再拜而入孤子則諸父諸兄戒賓冠之日主者紒而迎賓冠於阼階下其儀亦如之明日見廟冠者朝服入南門中庭道西北面再拜出

庶人冠禮古冠禮之存者惟士禮後世皆推而用之明洪武元年詔定冠禮下及庶人纖悉備具然自品官而降鮮有能行之者載之禮官備故事而已凡男子年十五至二十皆可冠將冠筮日筮賓戒賓俱如品官儀是日夙興張幄爲房於廳事東皆盛服設冠於阼階下東南陳服於房中西牖下席二在南酒在服北次幞頭巾帽各盛以盤三人捧之立於堂下西階之西南向東上主人立於阼階下諸親立於盥東儐者立於門外以俟賓冠者雙紒袍勒帛素履待於房賓至主人出迎揖而入坐定冠者出於房執事者請行事賓之贊者取櫛總篦幧頭置於席南端賓揖冠者卽席西向坐贊者爲之櫛合紒施總加幧頭賓降主亦降立於阼階下賓盥主人揖讓升自西階復位執事者進巾賓降一等受之詣冠者席前東向祝詞同品官祝訖跪著巾興復位冠者興賓揖之入房易服深衣大帶出就冠席賓盥如初執事者進帽賓降二等受之進祝跪冠訖興復位揖冠者入房易服襴衫要帶出就冠席賓盥如初執事者進幞頭賓降三等受之進祝跪冠訖興復位揖冠者入房易公服出執事者徹冠席設醴席於西階南向贊者酌醴出房立於冠者之南賓揖冠者卽席西向立賓受醴詣席前北面祝冠者拜受賓答拜執事者進饌冠者卽席坐飲食訖再拜賓答拜冠者離席立於西階之東南向賓字之如品官詞冠者拜賓答拜冠者拜父母父母爲之起拜諸父之尊者遂出見鄉先生及父之執友先生執友皆答拜賓退主人請禮賓固請乃入設酒饌賓退主人酬賓贊侑以幣禮畢主人以冠者見於祠堂再拜出

總裁官總理事務經筵講官少保兼太子太保保和殿大學士兼管吏部戶部尚書事加六級張廷玉等奉

敕修

禮九　嘉禮三

天子納后儀　皇太子納妃儀
親王昏禮　公主昏禮
品官昏禮　庶人昏禮
皇帝視學儀　經筵
日講　東宮出閣講學儀
諸王讀書儀

天子納后儀昏禮有六天子惟無親迎禮漢晉以來皆遣使持節奉迎其禮物儀文各以時損益明興諸帝皆即位後行冊立禮正統七年英宗大婚始定儀注凡納采問名前期擇日遣官告天地宗廟至期設御座制案節案鹵簿綵輿中和大樂如儀禮部陳禮物於丹陛上及文樓下質明皇帝冕服陞座百官朝服行禮訖各就位正副使朝服四拜執事舉制案節案由中門出禮物隨之俱置丹陛中道傳制官宣制曰茲選某官某女為皇后命卿等持節行納采問名禮正副使四拜駕興舉制節案由奉天門中門出正副使取節及制書置綵輿中儀仗大樂前導出大明門釋朝服乘馬行詣皇后第第中設使者幕次於大門外左南向設香案於正堂設制節案於南別設案於北使者至引禮導入幕次執事官陳禮物於正堂使者出次奉制書於案禮官先入立於東主婚朝服出立於西禮官曰奉制建后遣使行納采問名禮引主婚者出迎使者捧制書及節主婚者隨至堂置制書及節於案正副使分立案左右主婚者四拜詣案前跪正使取納采制宣曰朕承天序欽紹鴻圖經國之道正家為本夫婦之倫乾坤之義實以相宗祀之敬協奉養之誠所資惟重祗遵聖母皇太后命遣使持節以禮采擇宣訖授主婚者主婚者授執事者置於北案上稍左副使取問名制宣曰朕惟夫婦之道大倫之本正位乎內必資名家特遣使持節以禮問名尚佇來聞宣訖授如前置案上稍右主婚者俯伏興執事舉表案以表授主婚者主婚者跪授正使表曰臣某伏承嘉命正使某官某等重宣制詔問臣名族臣女臣夫婦所生先臣某官某之曾孫先臣某官某之孫先臣某官某之外孫臣女今年若干謹具奏聞主婚者俯伏興退四拜使者出置表綵輿中主婚者前曰請禮從者酒饌畢主婚者捧幣以勞使者使者出主婚者送至大門外使者隨綵輿入大明門左門至奉天門外以表節授司禮監復命次納吉納徵告期傳制遣使竝如前儀但納徵用元纁束帛六馬轂圭等物制詞曰茲聘某官某女為皇后命卿等持節行納吉納徵告期禮皇后第陳設如前惟更設玉帛案使者至以制書玉帛置案上六馬陳堂下執事先設皇后冠服諸物於正堂禮官入主婚者出迎執事舉玉帛案正使捧納吉納徵制書副使捧告期制書執節者捧節以次入各置於案主婚者四拜詣案前跪正使取制書宣曰大婚之卜龜筮師士協從敬循禮典遣使持節告吉又宣曰卿女有貞靜之德稱母儀之選宜共承天地宗廟特遣使持節以禮納徵宣訖授主婚者正副使又捧圭及元纁以授主婚者俱如前儀副使取制書宣曰歲令月良吉日某甲子大婚維宜特遣使持節以禮告期宣訖授如前儀主婚者四拜使者持節出主婚者禮使者使者還復命如初次發冊奉迎所司陳設如前儀禮部陳雁及禮物於丹陛上內官監陳皇后鹵簿車輅於奉天門外制詞曰茲冊某官某女為皇后命卿等持節奉冊寶行奉迎禮正副使以冊寶置綵輿中隨詣皇后第至門取制書冊寶置案上禮官先入主婚者朝服出見禮官曰奉制冊后遣使持節奉冊寶行奉迎禮主婚者出迎執事者舉案前行使者捧制書及節執事者以雁及禮物從之至堂中各置於案使者左右立主婚者四拜退立於西南女官以九龍四鳳冠褘衣進皇后內官陳儀仗於中堂前設女樂於堂下作止如常儀使者以節冊寶授司禮監官內贊導入中堂皇后具服出閤詣香案前向闕立四拜贊宣冊皇后跪宣冊官宣訖以授皇后皇后搢圭受冊以授女官女官跪受立於西贊宣寶如宣冊儀贊出圭贊興四拜訖皇后入閤司禮監官持節出授使者報受冊寶禮畢主婚者詣案前跪正使取奉迎制宣訖授主婚者副使進雁及禮物主婚者皆跪受如前儀主婚者興使者四拜出主婚者禮使者如初女官奏請皇后出閤自東階下立香案前四拜陞堂南向立主婚者進立於東西向曰戒之敬之夙夜無違退立於東階母進立於西東向施衿結帨曰勉之敬之夙夜無違退立於西階內執事請乘輿皇后降階升輿導從出儀仗大樂前行次綵輿正副使隨次司禮監官擁導從大明門中門入百官朝服於承天門外班迎候輿入乃退皇后至午門外鳴鐘鼓鹵簿止正副使以節授司禮監復命授冊寶官捧冊寶儀仗女樂前導進奉天門至內庭幕次司禮監以冊寶授女官皇后出輿由西階進皇帝由東階降迎於庭揖皇后入內殿帝詣更服處具袞冕后詣更服處更禮服同詣奉先殿行謁廟禮祭畢還宮合巹帝更皮弁陞內殿后更衣從陞各陞座東西相向執事者舉饌案於前女官取四金爵酌酒以進既飲進饌復進酒進饌訖女官以兩巹酌酒合和以進既飲又進饌畢興易常服帝從者餕后之饌后從者餕帝之饌次日早帝后皆禮服候太后陞座帝后進座前宮人以服脩盤立於后左帝后皆四拜執事舉案至宮人以服脩盤授后后捧置於案女官舉案后隨至太后前進訖復位帝后皆四拜三日早帝冕服后禮服同詣太后宮行八拜禮還宮帝服皮弁陞座女官導后禮服詣帝前行八拜禮后還宮陞座引禮導在內親屬及六尚等女官行八拜禮次各監局內官內使行八拜禮是日皇帝御奉天殿頒詔如常儀四日早皇帝服袞冕御華蓋殿親王八拜次執事官五拜遂陞奉天殿百官進表行慶賀禮是日太后及皇后各禮服陞座親王入八拜出次內外命婦慶賀及外命婦進表箋皆如常儀五日行盥饋禮尚膳監具膳脩皇后禮服詣太后前四拜尚食以膳授皇后皇后捧膳進於案復位四拜退立於西南俟膳畢引出

皇太子納妃儀歷代之制與納后同隋唐以後始親迎天子臨軒醮戒宋始行盥饋禮明因之洪武元年定制凡行禮皆遣使持節如皇帝大婚儀納采問名制曰奉制納某氏女為皇太子妃命卿等行納采問名禮至妃第儐者出詣使者前曰敢請事使者曰儲宮納配屬於令德邦有常典使某行納采之禮儐者入告主婚者曰臣某之子昧於壺儀不足以備采擇恭承制命臣某不敢辭儐者出告使者入陳禮物於庭宣制曰某奉詔采擇奠雁禮畢使者出儐者復詣使者前曰敢請事使者曰儲宮之配采擇既諧將加卜筮奉制問名儐者入告主婚者曰制以臣某之女可以奉侍儲宮臣某不敢辭儐者出告使者復入陳禮奠雁如儀宣制曰臣某奉詔問名將謀諸卜筮主婚者曰臣某第幾女某氏出次納吉儐者請事如前使者曰謀諸卜筮其占協從制使某告吉儐者入告主婚者曰臣某之子蠢愚懼弗克堪卜筮云吉惟臣之幸臣謹奉典制儐者出告使者入陳禮奠雁如儀宣制曰奉制告吉又次納徵儐者出告使者入陳玉帛禮物不奠雁宣制曰某奉制告成又次請期辭日詢於龜筮某月某日吉制使某告期主婚者曰敢不承命陳禮奠雁如儀又次告廟遣使持節授冊寶儀注悉見前又次醮戒皇帝服通天冠絳紗袍御奉天殿百官侍立引進導皇太子至丹陛四拜入殿東門就席位東向立司爵以醆進皇太子跪搢圭受醆祭酒司饌以饌進跪受亦如之興就席坐飲食訖導詣御座前跪皇帝命之曰往迎爾相承我宗事勗帥以敬皇太子曰臣某謹奉制旨俯伏興出至丹陛四拜畢皇帝還宮皇太子出又次親迎前一日有司設皇太子次於妃氏大門外南向東宮官次於南東西相向至日質明東宮官具朝服陳鹵簿鼓吹於東宮門外皇太子冕服乘輿出侍衛導從如儀至宮門降輿升輅東宮官皆從至妃第回轅南向降輅升輿至次降輿入就次東宮官皆就次先是皇太子將至主婚者設會宴女至期妃服褕翟花釵出就閤南面立傅姆立於左右主婚者具朝服立於西階之下引進導皇太子出次立於大門之東西向儐者朝服出立於門東曰敢請事引進跪啓訖皇太子曰某奉制親迎引進受命興承傳於儐者儐者入告導主婚者出迎於大門外之西東向再拜皇太子答拜引進導皇太子入門而左執雁者從儐者導主婚者入門而右皇太子陞東階進立於閤門戶前北向立主婚者升西階立於西東向引進啓奠雁執雁者以雁進皇太子受雁以授主婚者主婚者跪受興以授左右退立於西皇太子再拜降自東階出至次以伺主婚者不降送初皇太子入門妃母出立於閤門外奠雁位之西南向皇太子拜訖宮人傅姆導妃出立於母左主婚者命之曰戒之戒之夙夜恪勤毋或違命母命之曰勉之勉之爾父有訓往承惟欽庶母申之曰恭聽父母之言宮人傅姆擎執導從妃乘輿出門降輿乘鳳轎皇太子揭簾訖遂升輅侍從如來儀至東宮門外降輅乘輿至閤降輿入俟於內殿門外之東西面司閨導妃詣內殿門外之西東面皇太子揖妃入行合巹禮如中宮儀又次朝見其日妃詣內殿陛下候皇帝陞座司閨導妃入北面立再拜自西階升宮人奉棗栗盤進至御座前授妃妃奠於御前退復位再拜禮畢詣皇后前奉服脩盤如上儀又次醴妃次盥饋次謁廟次羣臣命婦朝賀皆如儀四年冊開平王常遇春女為皇太子妃禮部上儀注太祖覽之曰贄禮不用笲但用金盤翟車用鳳轎雁以玉為之古禮有親迎執綏御輪今用轎則揭簾是矣其合巹依古制用匏妃朝見入宮中乘小車以帷幕蔽之謁廟則皇太子俱往禮成後三日乃宴羣臣命婦著為令成化二十二年更定婚禮凡節冊等案俱由奉天左門出皇

太子親迎由東長安門出親迎日妃服燕居服隨父母家廟行禮執事者具酒饌妃飲食訖父母坐堂上妃詣前各四拜父命之曰爾往大內夙夜勤慎孝敬無違母命之曰爾父有訓爾當敬承合卺前於皇太子內殿各設拜位皇太子揖妃入就位再拜妃四拜然後各升座廟見後百官朝賀致詞曰某官臣某等恭惟皇太子嘉禮既成益綿宗社隆長之福臣某等不勝欣忭之至謹當慶賀帝賜宴如正旦儀命婦詣太后皇后前賀亦賜宴致詞曰皇太子嘉聘禮成益綿景福餘大率如洪武儀

親王婚禮唐制皇子納妃命親王主婚宋皆皇帝臨軒醮戒略與皇太子同明因之其宣制曰冊某氏爲某王妃納采致詞曰某王之儷屬於懿淑使某行納采禮問名詞曰某既受命將加諸卜筮奉制問名主婚者曰制以臣某之子可以奉侍某王臣某不敢辭納吉辭曰卜筮協從使某告吉主婚者曰臣某之子愚弗克堪卜既之吉臣與有幸謹奉典制納徵詞曰某王之儷卜既協吉制使某以儀物告成主婚者曰奉制賜臣以重禮臣某謹奉典制請期詞曰某月日涓吉制使某告期主婚者曰謹奉命醮戒命曰往迎爾相用承厥家勗帥以敬其親迎合卺朝見盥饋並如皇太子盥饋畢王皮弁服妃翟衣詣東宮前行四拜禮東宮坐受東宮妃立受二拜答二拜王與妃至妃家妃父出迎王先入妃父從之至堂王立於東妃父母立於西王四拜妃父母立受二拜答二拜王中坐其餘親屬見王四拜王皆坐受妃入中堂妃父母坐妃四拜其餘序家人禮太祖之世皇太子皇子有二妃洪武八年十一月徵衞國公鄧愈女爲秦王次妃不傳制不發冊不親迎正副使行納徵禮冠服擬唐宋二品之制儀仗視正妃稍減婚之日王皮弁服導妃謁奉先殿王在東稍前妃西稍後禮畢入宮王與正妃正坐次妃詣王前四拜復詣正妃前四拜次妃東坐宴飲成禮次日朝見拜位如謁殿謁中宮不用棗栗腶脩餘並同

公主婚禮古者天子嫁女不自主婚以同姓諸侯主之故曰公主唐猶以親王主婚宋始不用惟令掌婚者於內東門納表則天子自爲主矣明因之凡公主出降行納采問名禮壻家備禮物表文於家庭望闕再拜掌婚者奉至內東門詣內使前曰朝恩貺室於某官某之子某習先人之禮使臣某請納采以表跪授內使內使跪受奉進內殿執雁及禮物者從入內使出掌婚者曰將加卜筮使臣某問名進表如初內使出曰有制掌婚者跪內使宣曰皇帝第幾女封某公主掌婚者俯伏興入就次賜宴出納吉儀與納采同掌婚者致詞曰加諸卜筮占曰從吉謹使臣某敢告納徵壻家具元纁玉帛乘馬表文如儀掌婚者致詞曰朝恩貺室於某官某之子某有先人之禮使臣某以束帛乘馬納徵請期詞曰某命臣某謹請吉日親迎日壻公服告廟曰國恩貺室於某以某日親迎敢告將行父醮於廳隨意致戒壻再拜出至內東門內內使延入次執雁及奉禮物者各陳於庭其日公主禮服辭奉先殿詣帝后前四拜受爵帝后隨意訓戒受命訖又四拜降階內命婦送至內殿門外公主陞輦至內東門降輦壻揭簾公主陞轎壻出次立執雁者以雁跪授壻壻受雁跪進於內使內使跪受以授左右壻再拜先出乘馬還公主鹵簿車輅後發公侯百官命婦送至府壻先候於門公主至壻揭簾公主降同詣祠堂壻東公主西皆再拜進爵讀祝又再拜出詣寢室壻公主相向再拜各就坐壻東公主西進饌合卺如儀復相向再拜明日見舅姑舅姑坐於東西向公主立於西東向行四拜禮舅姑答二拜第十日駙馬朝見謝恩行五拜禮初洪武九年太祖以太師李善長子祺爲駙馬都尉尚臨安公主先期告奉先殿下嫁前二日命使冊公主冊後次日謁奉先殿又定駙馬受誥儀吏部官捧誥命置龍亭至太師府駙馬朝服拜受次日善長及駙馬謝恩後十日始請婚期二十六年稍更儀注然儀注雖存其拜姑舅及公主駙馬相向拜之禮終明之世實未嘗行也明年又更定公主郡主封號婚禮及駙馬儀賓品秩弘治二年冊封仁和長公主重定婚儀入府公主駙馬同拜天地行八拜禮堂內設公主座於東西向駙馬東向座餘如前儀嘉靖二年工科給事中安磐等言駙馬見公主行四拜禮公主坐受二拜雖貴賤本殊而夫婦分定於禮不安不聽崇禎元年敎習駙馬主事陳鍾盛言臣敎習駙馬鞏永固駙馬黎明於府門外月臺四拜云至三月後則上堂上門上影壁行禮如前始視膳於公主前公主飲食於上駙馬侍立於旁過此方議成婚駙馬餽菜餚書臣公主答禮書賜皆大失禮夫既合卺則儼然夫婦安有跪拜數月稱臣侍膳然後成婚者會典行四拜於合卺之前明合卺後無拜禮也以天子館甥下同隸役豈所以尊朝廷帝是其言令永固卽擇日成婚凡選駙馬禮部榜諭在京官員軍民子弟年十四至十六容貌齊整行止端莊有家教者報名司禮內臣於諸王館會選不中則博訪於畿內山東河內選中三人欽定一人餘二人送本處儒學充廩生自宣德時駙馬始有敎習用學官爲之正統以後令駙馬赴監讀書習禮嘉靖六年始定禮部主事一人專在駙馬府敎習

品官婚禮周制凡公侯大夫士之婚娶者用六禮唐以後儀物多以官品爲降殺明洪武五年詔曰古之婚禮結兩姓之歡以重人倫近世以來專論聘財習染奢侈其儀制頒行務從節儉以厚風俗故其時品節詳明皆有限制後克遵者鮮矣其制凡品官婚娶或爲子聘婦皆使媒氏通書女氏許之擇吉納采主婚者設賓席至日具祝版告廟訖賓至女氏第主婚者公服出迎揖賓及媒氏入雁及禮物陳於廳賓左主右媒氏立於賓南皆再拜賓詣主人曰某官以伉儷之重施於某某率循典禮謹使某納采主婚者曰某之子弗嫺姆訓既辱采擇敢不拜嘉賓主西南相向坐徹雁受禮訖復陳雁及問名禮物賓興詣主婚者曰某官愼重婚禮將加卜筮請問名主婚者進曰某第幾女妻某氏出或以紅羅或以銷金紙書女之第行年歲賓辭主婚者請禮從者禮畢送賓至門外納吉如納采儀賓致詞曰某官承嘉命稽諸卜筮龜筮協從使某告吉主婚者曰某未敎之女既以吉告其何敢辭納徵如納吉儀加元纁束帛函書不用雁賓致詞曰某官以伉儷之重加惠某官率循典禮有不腆之幣敢請納徵主婚者曰某官貺某以重禮某敢不拜受賓以函書授主婚者主婚者亦答以函書請期亦如納吉儀親迎日壻父告於禰廟壻北面再拜立父命之曰躬迎嘉偶釐爾內治壻進曰敢不承命再拜媒氏導壻之女家其日女氏主婚者告廟訖醮女如家人禮壻至門下馬就大門外之次女從者請女盛服就寢門內南向坐壻出次主婚者出迎於門外揖而入主婚者入門而右壻入門而左執雁者從至寢戶前北面立主婚者立於戶東西向壻再拜奠雁出就次主婚者不降迎壻既出女父母南向坐保母導女四拜父命之曰往之女家以順爲正無忘肅恭母命之曰必恭必戒毋違舅姑之命庶母申之曰爾忱聽於訓言毋作父母羞保姆及侍女翼女出門升車儀衞導前送者乘車後壻先還以俟婦車至門出迎於門內揖婦入及寢門壻先升階婦從升入室壻盥於室之東南婦從者執巾進水以沃之婦盥於室之西北壻從者執巾進水以沃之盥畢各就座壻東婦西舉食案進酒進饌酒食訖復進如初侍女以卺注酒進於壻婦前各飲畢皆興立於座南東西相向皆再拜壻婦入室易服壻從者餕婦之餘婦從者餕壻之餘明日見宗廟設壻父拜位於東階下壻於其後主婦拜位於西階下婦於其後諸親各以序分立其日夙興壻父以下各就位再拜贊禮引婦至庭中北面立壻父升自東階詣神位前跪三上香三祭酒讀祝興立於西婦四拜退復位壻父降自西階就拜位壻父以下皆再拜禮畢次見舅姑其日婦立堂下伺舅姑卽座就位四拜保姆引婦升自西階至舅前侍女奉棗栗授婦婦進訖降階四拜詣姑前進腶脩如前儀次舅姑醴婦如家人禮次盥饋其日婦家備饌至壻家舅姑卽座婦四拜升自西階至舅前從者舉食案以饌授婦婦進饌執事者加匕筯進饌於姑亦如之食訖徹饌婦降階就位四拜禮畢舅姑再醴婦如初儀

庶人婚禮禮云婚禮下達則六禮之行無貴賤一也朱子家禮無問名納吉止納采納幣請期洪武元年定制用之下令禁指腹割衫襟爲親者凡庶人娶婦男年十六女年十四以上並聽婚娶壻常服或假九品服婦服花釵大袖其納采納幣請期略倣品官之儀有媒無賓詞亦稍異親迎前一日女氏使人陳設於壻之寢室俗謂之鋪房至若告詞醮戒奠雁合卺並如品官儀見祖禰舅姑舅姑醴婦亦略相準

皇帝視學儀禮曰凡始立學者必釋奠於先聖先師周末淪喪禮廢不行漢明帝始幸辟雍唐以後天子視學始設講榻洪武十五年太祖將幸國子監議者言孔子雖聖乃人臣禮宜一奠而再拜太祖不從命禮部尚書劉仲質定其制前期設御幄於大成門東南向設御座於彝倫堂至日學官率諸生迎駕於成賢街左皇帝入御幄具皮弁服詣先師神位再拜獻爵復再拜四配十哲兩廡分獻如常儀皇帝入御幄易常服升輿至彝倫堂升座學官諸生五拜叩頭東西序立於堂下三品以上及侍從官以次入堂東西序立贊進講祭酒司業博士助敎四人由西門入至堂中贊舉經案於御前禮部官奏請授經於講官祭酒跪受賜講官坐乃以經置講案叩頭就西南隅几榻坐講賜大臣翰林儒臣坐皆叩頭序坐於東西諸生圜立以聽講畢叩頭退就本位司業博士助敎各以次進講出堂門復位贊宣制學官諸生列班俱北面跪聽宣諭五拜叩頭禮畢學官諸生出成賢街送駕明日祭酒率學官上表謝恩永樂四年禮部尚書鄭賜引宋制請服鞾袍再拜帝不從仍行四拜

禮進講畢賜百官茶禮部請立視學之碑帝親製文勒石祭酒等表謝帝御奉天門賜百官宴仍賜祭酒司業紵絲羅衣各二襲學官三十五人各紵絲衣一襲監生三千餘人各鈔五錠正統五年帝幸國子監如儀禮畢賜公侯伯駙馬武官都督以上文官三品以上及翰林學士至檢討國子監祭酒至學錄宴先是視學祭先師不設牲不奏樂至成化元年始用牲樂視學之日樂設而不作禮畢百官慶賀賜衣服賜宴皆及孔顏孟三氏子孫弘治元年定先期致齋一日奠加幣牲用太牢改分獻官爲分奠官嘉靖元年定衍聖公率三氏子孫祭酒率學官諸生上表謝恩皆賜宴於禮部十二年以先師祀典既正再視學命大臣致奠啓聖公祠萬曆四年定次日行慶賀禮頒賞如舊免賜宴初憲宗取三氏子孫赴京觀禮又命衍聖公分獻至世宗命衍聖公及顏孟二博士孔氏老成者五人顏孟各二人赴京陪祀

經筵明初無定日亦無定所正統初始著爲常儀以月之二日御文華殿進講月三次寒暑暫免其制勳臣一人知經筵事內閣學士或知或同知尚書都御史通政使大理卿及學士等侍班翰林院春坊官及國子監祭酒二員進講春坊官二員展書給事中御史各二員侍儀鴻臚寺錦衣衛堂上官各一員供事鳴贊一贊禮序班四舉案勳臣或駙馬一人領將軍侍衞禮部擇吉請先期設御座於文華殿設御案於座東稍南設講案於案南稍東是日司禮監先陳所講四書經史各一冊置御案一冊置講案皆四書東經史西講官各撰講章置冊內帝升座知經筵及侍班等官於丹陛上五拜三叩頭後每講止行叩頭禮以次上殿東西序立序班二員舉御案於座前二員舉講案置御案南正中鴻臚官贊進講講官二員從東西班出詣講案前北向並立東西展書官各至御案南銅鶴下相向立鴻臚官贊講官拜興東班展書官詣御案前跪展四書退立於東鶴下講官至講案前立奏講某書講畢退展書官跪掩書仍退立鶴下西班展書官展經或史講官進講退如初鴻臚官贊講官拜興各退就東西班展書官隨之序班徹御案講案禮畢命賜酒飯各官出至丹陛行叩頭禮至左順門酒飯畢入行叩頭禮隆慶元年定先一日告奉先殿告几筵是日帝詣文華殿左室展禮先聖先師講章於前兩日先進呈覽萬曆二年定春講以二月十二日起至五月初二日止秋講以八月十二日起至十月初二日止不必題請

日講御文華穿殿止用講讀官內閣學士侍班不用侍儀等官講官或四或六開讀初吉服五拜三叩首後常服一拜三叩首閣臣同侍於殿內候帝口宣先生來同進叩首東西立讀者先至御前一揖至案展書壓金尺執牙籤讀五過掩書一揖退先書次經次史進講如讀儀侍書官侍習書畢各叩頭退於文華殿賜茶文華門賜酒飯午講隆慶六年定每日早講畢帝進煖閣少憩閱章奏閣臣等退西廂房久之率講官再進午講講通鑑節要及貞觀政要講畢帝還宮凡三六九視朝日暫免講讀又嘉靖六年定制月三八日經筵日講官二員講大學衍義十年定無逸殿講儀質明帝常服乘輦至殿門衆官於門外迎候帝降輦乘板輿至殿升座各官於殿門外一拜三叩首入內東西序立贊進講講官大學士一員出班叩首命賜坐一叩首乃坐講畢展書官跪掩講章講官叩頭復班又學士一員承旨坐講如初禮畢各官至豳風亭候駕至亭內賜宴

東宮出閣講學儀太祖命學士宋濂授皇太子諸王經於大本堂後於文華後殿世宗改爲便殿遂移殿東廂天順二年定出閣儀是日早侍衞侍儀如常執事官於文華後殿四拜鴻臚官請皇太子升殿師保等官於丹陛上四拜各官退出內侍導皇太子至後殿升座以書案進侍班侍讀講官入分班東西立內侍展書侍讀講官以次進讀講叩頭而退其每日講讀儀早朝退後皇太子出閣升座不用侍衞等官惟侍班侍讀講官入行叩頭禮內侍展書先讀四書則東班侍讀官向前伴讀十數遍退復班次讀經或史則西班伴讀亦如之讀畢各官退至巳時各官入內侍展書侍講官講早所讀四書畢退班次講經史亦然講畢侍書官侍習寫字寫畢各官叩頭退凡讀書三日後一溫背讀成熟溫書之日不授新書凡寫字春夏秋日百字冬日五十字凡朔望節假及大風雨雪隆寒盛暑則暫停弘治十一年更定三師三少并宮僚於丹陛四拜畢從殿左右門入東西立候講讀畢叩頭退隆慶六年改設皇太子座於文華殿之東廂正中西向每日講讀各官先詣文華門外東西向序立候帝御日講經筵畢皇太子出閣升座凡東宮初講時閣臣連侍五日後每月三八日一至先拜出然後各官入崇禎十一年署禮部事學士顧錫疇言東宮嘉禮告成累朝錫賚有據實錄載成化十五年皇太子出閣講學六卿皆加保傅弘治十年皇太子出閣講學內閣徐溥等四人尚書馬文升等七人俱加宮保帝命酌議行之

諸王讀書儀書堂在皇極門右廂講官選部曹或進士改授翰林官充之天順二年定初入書堂其日早王至右順門之北書堂面東中坐提督講讀并講讀官行四拜禮內官捧書展於案上就案左坐講讀官進立於案右伴讀十遍叩頭退每日講讀淸晨王至書堂講讀官行叩頭禮伴讀十遍出飯後復詣堂伴看寫字講書畢仍叩頭退萬曆六年定書堂設中座書案在左寫字案在右輔臣率講讀侍書官候於門外王入書堂傳令旨先生進輔臣率各官入四拜分班侍立講讀官以次授書各十遍訖令旨先生喫酒飯各官出王暫入堂南間少憩輔臣各率官入令旨先生進遂入分班侍立侍書官看寫字講讀以次進講畢各官一拜出

明史卷五十六　　志第三十二

總裁官總理事務經筵講官少保兼太子太保保和殿大學士兼管吏部戶部尚書事加六級臣張廷玉等奉

敕修

禮十　嘉禮四　賓禮

巡狩　東宮監國

皇長孫監國　頒詔儀

迎接詔赦儀　進書儀

進表箋儀　鄉飲酒禮

蕃王朝貢禮　遣使之蕃國儀

蕃國遣使進表儀　品官相見禮

庶人相見禮

巡狩之制永樂六年北巡禮部行直省凡有重事及四夷來朝與進表者俱達行在所小事達京師啟聞車駕將發奏告天地社稷太廟孝陵祭大江旗纛等神載祭於承天門緣塗當祭者遣官祭將至北京設壇祭北京山川等神車駕至奏告天地祭境內山川扈從馬步軍五萬侍從五府都督各一吏戶兵刑四部堂上官各一禮工二部堂上官各二都察院堂上官一御史二十四給事中十九通政大理太常光祿鴻臚堂上官共二十翰林院內閣官三侍講修撰典籍等官六六部郎官共五十四餘不具載車駕將發宴郡臣賜扈從官及軍校鈔至北京宴羣臣耆老賜百官及命婦鈔所過郡縣官吏生員耆老朝見分遣廷臣聚守令賢否卽加黜陟給事御史存問高年賜幣帛酒肉嘉靖十八年幸承天先期親告上帝於元極寶殿同日告皇祖及睿宗廟遣官分告北郊及成祖以下諸廟社稷日月神祇駕出正陽門后妃輦轎從錦衣衛設欽製武陣駕衛卒八千奉輿輦執儀仗衛指揮前驅武重臣二員留守兵部尚書參贊機務各賜敕行事分命文武重臣出督宣大薊州山海關行九邊亦各賜敕皇城及京城諸門皆命文武大臣各一員坐守設警備扈駕官軍六千駕發百官吉服送於彰儀門外扈從官軍畧如永樂時數先發在塗者免朝參惟禮兵二部鴻臚太常科道糾儀官及光祿寺從行過眞定望祭北嶽帝常服從臣大臣及巡撫都御史吉服行禮衞輝遣官祭濟瀆鈞州望祭中嶽滎澤祭河禮如北嶽南陽遣祭武當山塗次古帝王聖賢忠臣烈士祠墓遣官致祭撫按三司迎於境上至行宮吉服朝見生員耆老俱三十里外迎所過王府親王常服候駕隨至行宮冕服朝見賜宴宗室不許出至承天詣獻皇帝廟謁告越四日行告天禮於龍飛殿丹陛上奉獻皇帝配更皮弁服詣國社稷及山川壇行禮次日謁顯陵次日從駕官上表賀遂頒詔如儀回京親謝上帝皇祖皇考分遣官告郊廟社稷羣臣行禮如初

東宮監國古制太子出曰撫軍守曰監國三代而下惟唐太子監國結雙龍符而其儀不著永樂七年駕幸北京定制凡常朝皇太子於午門左視事左右侍衞及各官啟事如常儀若御文華殿承旨召入者方入凡內外軍機及王府急務悉奏請有邊警卽調軍勦捕仍馳奏行在皇城及各門守衞皆增置官軍遇聖節正旦冬至皇太子率百官於文華殿前拜表行十二拜禮表由中門出皇太子由左門送至午門還宮百官導至長安右門外文五品武四品以上及近侍官監察御史俱乘馬導至三山門外以表授進奏官至期告天祝壽行八拜禮其正旦冬至千秋節百官於文華殿慶賀如常儀凡享太廟及社稷諸神之祭先期敕皇太子攝祭其祀典神祇太常寺於行在奏聞遣官行禮凡四夷來朝循例賜宴命禮部遣送行在所凡詔書至設龍亭儀仗大樂百官朝服出三山門外奉迎皇太子冕服迎於午門前至文華殿行五拜三叩頭禮升殿展讀使者捧詔置龍亭中皇太子送至午門外禮部官置詔書雲輿中文武

二品以上官迎至承天門開讀如儀以鼓樂送使者詣會同館使者見皇太子行四拜禮賜宴於禮部十二年北征復定制常朝於文華殿視事文武啟事俱達北京嘉靖十八年南巡命皇太子監國時太子幼命輔臣一人居守軍國機務悉聽啟行

皇太孫監國永樂八年帝自北京北征時皇太子已監國於南乃命皇長孫居北京監國時宣宗未冠及冠始加稱皇太孫云其制每日皇長孫於奉天門左視事侍衞如常儀諸司有事具啟施行若軍機及王府要務一啟皇太子處分一奏聞行在所聖節設香案於奉天殿行禮如常儀天下諸司表文俱詣北京四夷朝貢俱送南京武選及官民有犯大者啟皇太子小者皇長孫行之皇親有犯啟皇太子所犯情重及謀逆者即時拘執命皇親會問不服乃命公侯伯五府六部都察院大理寺會皇親再問啟皇太子候車駕回京奏請處分

頒詔儀凡頒命四方有詔書有赦書有敕符丹符有制諭手詔詔赦先於闕廷宣讀然後頒行敕符等則使者齎付所授官秘不敢發開讀迎接儀各不同洪武二十六年定頒詔儀設御座於奉天殿設寶案於殿東陳中和韶樂於殿內設大樂於午門及承天門外設宣讀案於承天門上西南向清晨校尉擎雲蓋於殿內簾前百官朝服班承天門外公侯班午門外東西向皇帝皮弁服升殿如儀禮部官捧詔書詣案前用寶訖置雲蓋中校尉擎雲蓋由殿東門出大樂作自東陛降由奉天門至金水橋南午門外樂作公侯前導迎至承天門上鳴贊唱排班文武官就位樂作四拜樂止宣讀展讀官升案稱有制衆官跪禮部官捧詔書授宣讀官宣訖禮部官捧置雲蓋中贊禮唱俯伏興樂作四拜樂止舞蹈山呼又四拜儀禮司奏禮畢駕興禮部官捧詔書分授使者百官退嘉靖六年續定鴻臚官設詔案錦衣衞設雲蓋盤於奉天殿內東別設雲盤於承天門上設綵輿於午門外鴻臚官設宣讀案於承天門上百官入丹墀侍立帝冕服升座如朝儀翰林院官捧詔書從至御座前東立百官入班四拜出至承天門外贊頒詔翰林院官捧詔書授禮部官捧至雲盤案上校尉擎雲蓋俱從殿左門出至午門外捧詔置綵輿內公侯伯三品以上官前導迎至承天門上宣讀贊拜俱如上儀禮部官捧詔書授錦衣衞官置雲匣中以綵索繫之龍竿頒降禮部官捧置龍亭內鼓樂迎至禮部授使者頒行隆慶六年詔出至皇極門即奏禮畢駕還

迎接詔赦儀洪武中定凡遣使開讀詔赦本處官具龍亭儀仗鼓樂出郭迎使者下馬奉詔書置龍亭中南向本處官朝服行五拜禮衆官及鼓樂前導使者上馬隨龍亭後至公廨門衆官先入文武東西序立候龍亭至排班四拜使者捧詔授展讀官展讀官跪受詣開讀案宣讀訖捧詔授朝使仍置龍亭中衆官四拜舞蹈山呼復四拜畢班首詣龍亭前跪問皇躬萬福使者鞠躬答曰聖躬萬福衆官退易服見使者竝行兩拜禮復具鼓樂送詔於官亭如有出使官在則先守臣行禮

進書儀惟實錄最重皇帝具袞冕百官朝服進表稱賀其餘纂修書成則以表進重錄書及玉牒止捧進茲詳載進實錄儀餘可推見云建文時太祖實錄成其進儀無考永樂元年重修太祖實錄成設香案於奉天殿丹陛正中表案於丹陛之東設寶輿於奉天門設鹵簿大樂如儀史官捧實錄置輿中帝御殿如大朝儀百官詣丹墀左右立鴻臚官引寶輿至丹陛上史官舉實錄置於案遂入班鴻臚官奏進實錄序班舉實錄案以次由殿中門入班首由左門入帝輿序班以實錄案置於殿中班首跪於案前贊史官皆跪序班并內侍官舉實錄案入謹身殿置於中帝復座贊俯伏班首俯伏興復位贊四拜贊進表序班舉表案由左門入置於殿中贊宣表贊衆官皆跪宣訖俯伏興四拜進實錄官退於東班百官入班鴻臚官奏慶賀各官四拜興贊有制史官仍入班贊跪宣制云太祖高皇帝高皇后功德光華纂述詳實朕心懽慶與卿等同之宣訖俯伏興三舞蹈又四拜禮畢萬曆五年世祖實錄成續定進儀設寶輿香亭表亭於史館前帝袞冕御中極殿百官朝服侍班監修總裁纂修等官朝服至館前監修官捧表置表亭中纂修官捧實錄置寶輿中鴻臚官導迎用鼓樂繖蓋由會極門下堦至橋南由中道行監修總裁等官隨表亭後由二橋行至皇極門實錄輿由中門入表亭由左門入至丹墀案前監修官捧表置於案纂修官捧實錄置於案俱侍立於石墀東內殿百官行禮訖帝出御皇極殿監修總裁等官入進實錄進表俱如永樂儀次日司禮監官自內殿送實錄下殿仍置寶輿中用繖蓋與監修總裁官同送皇史宬尊藏

進表箋儀明初定制凡王府遇聖節及冬至正旦先期陳設畢王冕服就位四拜詣香案前跪進表訖復位四拜三舞蹈山呼又四拜百官朝服隨班行禮進中宮箋儀如之惟不舞蹈山呼進皇太子箋王皮弁服行八拜禮百官朝服隨班行禮凡進賀表箋皇子封王者於天子前自稱曰第幾子某王某稱天子曰父皇陛下皇后曰母后殿下若孫則自稱曰第幾孫某王某稱天子曰祖父皇帝陛下皇后曰祖母皇后殿下若弟則自稱曰第幾弟某封某稱天子曰大兄皇帝陛下皇后曰尊嫂皇后殿下姪則自稱曰第幾姪某封某稱天子曰伯父皇帝陛下叔父皇帝陛下皇后曰伯母皇后殿下叔母皇后殿下若尊屬則自稱曰某封臣某稱天子曰皇帝陛下皇后曰皇后殿下若從孫以下則稱從孫再從孫三從孫某封某皆稱皇帝皇后曰伯祖叔祖皇帝陛下伯祖母叔祖母皇后殿下至世宗時始令各王府表箋俱用聖號不得用家人禮凡在外百官進賀表箋前一日結綵於公廨及街衢文武官各齋沐宿本署清晨設龍亭於庭中設儀仗鼓樂於露臺設表箋案於龍亭前香案於表箋案前設進表箋官位於龍亭東鼓初嚴各官具服次嚴班首具服詣香案前滌印用印訖以表箋置於案退立幕次三嚴各官入班四拜班首詣香案前贊跪衆官皆跪執事者以表箋跪受班首班首跪授進表官進表官跪受置龍亭中班首復位各官皆四拜三舞蹈山呼四拜金鼓儀仗鼓樂百官前導進表官在龍亭後東至郊外置龍亭南向儀仗鼓樂陳列如前文武官侍立班首取表箋授進表官進表官就於馬上受表即行百官退

鄉飲酒禮記曰鄉飲酒之禮廢則爭鬭之獄繁矣故儀禮所記惟鄉飲之禮達於庶民自周迄明損益代殊而其禮不廢洪武五年詔禮部奏定鄉飲禮儀命有司與學官率士大夫之老者行於學校民間里社亦行之十六年詔班鄉飲酒禮圖式於天下每歲正月十五日十月初一日於儒學行之其儀以府州縣長吏爲主以鄉之致仕官有德行者一人爲賓擇年高有德者爲僎賓其次爲介又其次爲三賓又其次爲衆賓教職爲司正贊禮贊引讀律皆使能者前期設賓席於堂北兩楹之間少西南面主席於阼階上西面介席於西階上東面僎席於賓東南面三賓席於賓西南面皆專席不屬衆賓六十以上者席於西序東面北上賓多則設席於西階北面東上僚佐席於東序西面北上設衆賓五十以下者位於堂下西階之西當序東面北上賓多則又設位於西階之南北面東上司正及讀律者位於堂下阼階之南北面西上設主之贊者位於阼階之東西面北上設主及僚佐以下次於東廊賓介及衆賓次於庠門之外僎次亦在門外設酒尊於堂上東南隅加勺羃用葛巾爵洗於阼階下東南篚一於洗西實以爵觶盥洗在爵洗東設卓案於堂上下席位前陳豆於其上六十者三豆七十者四豆八十者五豆九十者六豆堂下者二豆主人豆如賓之數皆實以菹醢至期賓將及門執事者進報曰賓至主人率僚屬出迎於門外主西面賓以下皆東面三揖三讓而後升堂相向再拜升坐執事者報僎至迎坐如前儀贊禮唱司正揚觶司正詣盥洗位次詣爵洗位取觶於篚洗觶升自西階詣尊所酌酒進兩楹之間北面立在坐者皆起司正揖僎賓以下皆報揖司正乃舉觶言曰恭惟朝廷率由舊章敦崇禮教舉行鄉飲非爲飲食凡我長幼各相勸勉爲臣竭忠爲子盡孝長幼有序兄友弟恭內睦宗族外和鄉里無或廢墜以忝所生言畢贊禮唱司正飲酒飲畢揖報如初司正復位僎賓以下皆坐贊禮唱讀律令執事舉律令案於堂之中讀律令者詣案前北向立讀皆如揚觶儀有過之人俱赴正席立聽讀畢復位贊禮唱供饌執事者舉饌案至賓前次僎次介次主三賓以下各以次舉訖贊禮唱獻賓主降詣盥洗及爵洗位洗爵酌酒至賓前置於席稍退兩拜賓答拜又詣僎前亦如之主退復位贊禮唱賓酬酒賓起僎從之詣盥洗爵洗位如儀至主前置爵賓僎主皆再拜各就坐執事者於介三賓衆賓以下以次斟酒訖贊禮唱飲酒或三行或五行供湯三品畢贊禮唱徹饌在坐者皆興僎主僚屬居東賓介三賓衆賓居西皆再拜贊禮唱送賓以次下堂分東西行仍三揖出庠門而退里中鄉飲畧同二十二年命凡有過犯之人列於外坐同類者成席不許雜於善良之中著爲令

三曰賓禮以待蕃國之君長與其使者宋政和間詳定五禮取周官司儀掌九儀賓客擯相詔王南鄉以朝諸侯之義故以朝會儀列爲賓禮按古之諸侯各君其國子其民待以客禮可也不可與後世之臣下等茲改從其舊而百官庶人相見之禮附焉

蕃王朝貢禮蕃王入朝其迎勞宴饗之禮惟唐制爲詳宋時蕃國皆遣使入貢所接見惟使臣而已明洪武二年定制凡蕃王至龍江驛遣侍儀通贊二人接伴館人陳蕃王座於廳西北東向應天府知府出迎設座於廳東南西向以賓主接見宴畢知府還蕃王送於門外明日接伴官送蕃王入會同館禮部尚書即館宴勞尚書至蕃王服其國服相見宴饗迎送俱如龍江驛酒行用

樂明日中書省奏聞命官一員詣館如前宴勞侍儀司以蕃王及從官具服於天界寺習儀三日擇日朝見設蕃王及從官次於午門外蕃王拜位於丹墀中道稍西從官在其後設方物案於丹墀中道東西知班二位於蕃王拜位北引蕃王舍人二位於蕃王從官北鼓三嚴百官入侍執事舉方物案蕃王隨案由西門入至殿前丹墀西俟立皇帝服通天冠絳紗袍御殿蕃王及從官各就拜位以方物案置拜位前贊四拜訖引班導蕃王升殿宣方物官以方物狀由西陛升入殿西門內贊引至御前贊拜蕃王再拜跪稱賀致詞宣方物官宣狀承制官宣制訖蕃王俯伏興再拜出殿西門復位贊拜蕃王及其從官皆四拜禮畢皇帝興蕃王以下出樂作樂止皆如常見皇太子於東宮正殿設拜位於殿外皇太子皮弁服升座蕃王再拜皇太子立受蕃王跪稱賀致詞訖復位再拜皇太子答拜蕃王出其從官行四拜禮見親王東西相向再拜王答拜俱就座王座稍北禮畢揖而出見丞相三公大都督御史大夫皆鈞禮蕃王陛辭如朝見儀不傳制中書省率禮部官送至龍江驛宴如初二十七年四月以舊儀煩命更定凡蕃國來朝先遣禮部官勞於會同館明日各具其國服如嘗賜朝服者則服朝服於奉天殿朝見行八拜禮畢卽詣文華殿朝皇太子行四拜禮見親王亦如之王立受答後二拜從官隨蕃王後行禮凡遇宴會蕃王居侯伯之下凡蕃國遣使朝貢至驛遣應天府同知禮待明日至會同館中書省奏聞命禮部侍郎於館中禮待如儀宴畢習儀三日擇日朝見陳設儀仗及進表俱如儀承制官詣使者前稱有制使者跪宣制曰皇帝問使者來時爾國王安否使者答畢俯伏興再拜承制官稱有後制使者跪宣制曰皇帝又問爾使者遠來勤勞使者俯伏興再拜承制官復命訖使者復四拜禮畢皇帝興樂作止如儀見東宮四拜進方物訖復四拜謁丞相大都督御史大夫再拜獻書復再拜見左司郎中等皆鈞禮凡錫宴陳御座於謹身殿設皇太子座於御座東諸王座於皇太子下西向設蕃王座於殿西第一行東向設文武官座於第二第三行東西向酒九行上食五次大樂細樂間作呈舞隊蕃國從官坐於西廡下酒數食品同不作樂東宮宴蕃王殿上正中設皇太子座諸王座於旁東西向蕃王座於西偏諸王之下東向三師賓客諭德位於殿上第二行東西向蕃王從官及東宮官位於西廡東向北上和聲郎陳樂光祿寺設酒饌俱如謹身殿儀或宰相請旨宴勞則設席於中書省後堂賓西主東設蕃王從官及左右司官坐於左司教坊司陳樂於堂及左司南楹蕃王至省門外省官迎入從官各從其後升階就坐酒七行食五品作樂雜陳諸戲宴畢省官送至門外都督府御史臺宴如之其宴蕃使禮部奉旨錫宴於會同館館人設坐次及御酒案教坊司設樂舞禮部官陳龍亭於午門外光祿寺官請旨取御酒置龍亭儀仗鼓樂前導至館蕃使出迎於門外執事者捧酒由中道入置酒於案奉旨官立於案東稱有制使者望闕跪聽宣畢贊再拜奉旨官酌酒授使者北面跪飲畢又再拜各就坐酒七行湯五品作樂陳戲如儀宴畢奉旨官出使者送至門外皇太子錫宴則遣宮官禮待之省府臺亦置酒宴會酒五行食五品作樂不陳戲

遣使之蕃國儀凡遣使賜璽綬及問遺慶弔自漢始唐使外國謂之入蕃使宋謂之國信使明祖既定天下分遣使者奉詔書往諭諸國或降香幣以祀其國之山川撫柔之意甚厚而不傷國體視前代爲得凡遣使翰林院官草詔至期陳設如常儀百官入侍皇帝御奉天殿禮部官捧詔書尚寶司奏用寶以黃銷金袱裹置盤中置於案使者就拜位四拜樂作止如儀承制官至丹陛稱有制使者跪宣制曰皇帝敕使爾某詔諭某國爾宜恭承朕命宣訖使者俯伏興四拜禮部官奉詔降自中陛以授使者使者捧出午門置龍亭內駕興百官出使者入蕃國境先遣人報於王王遣使遠接前期於國門外公館設幄結綵陳龍亭香案備金鼓儀仗大樂又於城內街巷結綵設闕亭於王殿上設香案於其前設捧詔官位殿陛之東北宣詔展詔官以次南俱西向詔使至迎入館王率國中官及耆老出迎於國門外行五拜禮儀仗鼓樂導龍亭入使者隨之至殿上置龍亭於正中使者立香案東蕃王位殿庭中北向衆官隨之使者南向立稱有制蕃王以下皆四拜蕃王升自西階詣香案前跪三上香俯伏興衆官同蕃王復位使者詣龍亭前取詔書授捧詔官捧詔官捧詣開讀案授宣詔官宣詔官受詔展詔官對展蕃王以下皆跪聽宣訖仍以詔置龍亭蕃王以下皆俯伏興四拜三舞蹈復四拜凡拜皆作樂禮畢使者以詔書付所司頒行蕃王與使者分賓主行禮其賜蕃王印綬及禮物宣制曰皇帝敕使爾某授某國王印綬爾其恭承朕命至蕃國宣制曰皇帝敕使某持印賜爾國王某并賜禮物餘如儀

蕃國遣使進表儀洪武二年定所司於王宮及國城街巷結綵設闕庭於殿上正中前設表箋案又前設香案使者位於香案東捧表箋二人於香案西設龍亭於殿庭南正中儀仗鼓樂具備清晨司印者陳印案於殿中滌印訖以表箋及印俱置於案王冕服衆官朝服詣案前用印畢用黃袱裹表紅袱裹箋各置於匣中仍各以黃袱裹之捧表箋官捧置於案引禮引王至殿庭正中衆官位其後贊拜樂作再拜樂止王詣香案前跪衆官皆跪三上香訖捧表官取表東向跪進王王授表以進於使者使者西向跪受興置於案贊興王復位贊拜樂作王與衆官皆四拜樂止禮畢捧表箋官捧表前行置於龍亭中金鼓儀仗鼓樂前導王送至宮門外還衆官朝服送至國門外使者乃行

品官相見禮凡官員揖拜洪武二十年定公侯駙馬相見各行兩拜禮一品官見公侯駙馬一品官居右行兩拜禮公侯駙馬居左答禮二品見一品亦如之三品以下倣此若三品見一品四品見二品行兩拜禮一品二品答受從宜餘品倣此如有親戚尊卑之分從行私禮三十年令凡百官以品秩高下分尊卑品近者行禮則東西對立卑者西高者東其品越二三等者卑者下尊者上其越四等者則卑者拜下尊者坐受有事則跪白凡文武官公聚各依品級序坐若資品同者照衙門次第若王府官與朝官坐立各照品級俱在朝官之次成化十四年定在外總兵巡撫官位次左右都督與左右都御史並都督同知與副都御史並都督僉事與僉都御史並俱文東武西伯以上則坐於左十五年重定都御史係總督及提督軍務者不分左右副僉俱坐於左總兵官雖伯亦坐於右凡官員相遇迴避洪武三十年定駙馬遇公侯分路而行一品二品遇公侯駙馬引馬側立須其過二品見一品趨右讓道而行三品遇公侯駙馬引馬迴避遇一品引馬側立遇二品趨右讓道而行四品遇一品以上官引馬迴避遇二品引馬側立遇三品趨右讓道而行五品至九品皆視此遞差其後不盡遵行文職雖一命以上不避公侯勳戚大臣而其相迴避者亦論官不論品秩矣凡屬官見上司洪武二十年定屬官序立於堂階之上總行一揖上司拱手首領官答揖其公幹節序見上司官皆行兩拜禮長官拱手首領官答禮凡官員公座洪武二十年定大小衙門官員每日公座行肅揖禮佐貳官揖長官長官答禮首領官揖長官佐貳官長官佐貳官拱手

庶人相見禮洪武五年令凡鄉黨序齒民間士農工商人等平居相見及歲時宴會謁拜之禮幼者先施坐次之列長者居上十二年令內外官致仕居鄉惟於宗族及外祖妻家序尊卑如家人禮若筵宴則設別席不許坐於無官者之下與同致仕官會則序爵爵同序齒其與異姓無官者相見不須答禮庶民則以官禮謁見凌侮者論如律二十六年定凡民間子孫弟姪甥婿見尊長生徒見其師奴婢見家長久別行四拜禮近別行揖禮其餘親戚長幼悉依等第久別行兩拜禮近別行揖禮平交同

明史卷五十七　志第三十三

總裁官總理事務經筵講官少保兼太子太保保和殿大學士兼管吏部戶部尚書事加六級張廷玉等奉

敕修

禮十一 軍禮

親征　遣將

禡祭　受降

奏凱獻俘　論功行賞

大閱　大射

救日伐鼓

四日軍禮親征爲首遣將次之方出師有禡祭之禮及還有受降奏凱獻俘論功行賞之禮平居有閱武大射之禮而救日伐鼓之制亦以類附焉

親征洪武元年閏七月詔定軍禮中書省臣會儒臣言古者天子親征所以順天應人除殘去暴以安天下自黃帝習用干戈以征不享此其始也周制天子親征則類於上帝宜於大社造於祖廟禡於所征之地及祭所過山川師還則奏凱獻俘於廟社後魏有宣露布之制唐仍舊典宋亦間行焉於是歷考舊章定爲親征禮奏之前期擇日祭告天地宗社皇帝服武弁乘革輅備六軍具牲幣作樂皆行三獻禮其儀與大祀同又於國南神祠行禡祭禮凡所過山川嶽鎮海瀆用太牢其次少牢又次特牲若行速止用酒脯祭器籩豆各一前期齋一日皇帝服通天冠絳紗袍省牲視滌祭之日服武弁行一獻禮凱旋告祭宗社禮與出師同獻俘廟社以露布詔天下然後論功行賞永樂宣德正統間率遵用之正德十四年帝親征宸濠禮部上祭告儀注如舊帝令祭祀俱遣官代及疏請遣官有旨勿遣其頒詔亦如舊制明年十一月將凱旋禮臣言宸濠悖逆皇上親統六師往正其罪與宣德間親征漢庶人高煦故事相同但一切禮儀無從稽考請於師還之日聖駕從正陽門入

遣官告謝天地廟社駕詣奉先殿几筵殿謁見畢朝見皇太后次日早御午門樓百官朝見行獻俘禮擇日詔告天下十二月帝還京百官迎於正陽門外帝戎服乘馬入

遣將洪武元年中書省臣會官議奏王者遣將所以討有罪除民害也書稱大禹徂征詩美南仲薄伐史記引兵書曰古王者之遣將跪而推轂漢高命韓信爲將設壇具禮北齊親授斧鉞唐則告於廟社又告太公廟宋則授旌節於朝堂次告廟社又禡祭黃帝今定遣將禮皇帝武弁服御奉天殿大將軍入就丹墀四拜由西陛入殿再拜跪承制官宣制以節鉞授大將軍大將軍受之以授執事者俯伏興再拜出降陛復位四拜駕還宮大將軍出至午門外勒所部將士建旗幟鳴金鼓正行列擎節鉞奏樂前導百官以次送出造廟宜社之禮卽命大將軍具牲幣行一獻禮與遣官祭告廟社儀同其告武成王廟儀前二日大將省牲祭日大將於幕次僉祝版入就位再拜詣神位前上香奠帛再拜進熟酌獻讀祝再拜詣位再拜飲福受胙復再拜徹豆望燎其配位亦大將行禮兩廡陪祀諸將分獻

禡祭親征前期皇帝及大將陪祭官皆齋一日前一日皇帝通天冠絳紗袍省牲詣神厨視鼎鑊滌溉執事設軍牙六纛於廟中之北軍牙東六纛西籩豆十二簠簋各二鉶登俎各三設瘞坎位於神位西北設席於坎前上置酒碗五雄雞五餘陳設如常儀祭日建牙旗六纛於神位後皇帝服武弁自左南門入至廟庭南正中北向立大將及陪祭官分文武重行班於後迎神再拜奠幣行初獻禮先詣軍牙神位前再詣六纛神位前俱再拜亞獻終獻如之惟初獻讀祝詣飲福位再拜飲福受胙又再拜掌祭官徹豆贊禮唱送神復再拜執事官各以祝幣掌祭官取饌詣燎所太常奏請望燎執事殺雞刺血於酒碗中酹神燎半奏禮畢駕還若遣將則於旗纛廟壇行三獻禮大將初獻諸將亞獻終獻

受降洪武四年七月蜀夏明昇降表至京師太祖命中書集議受降禮省部請如宋太祖受蜀主孟昶降故事擬明昇朝見日皇帝御奉天門昇等於午門外跪進待罪表侍儀使捧表入宣表官宣讀訖承制官出傳制昇等皆俯伏於地侍儀舍人掖昇起其屬官皆起跪聽宣制釋罪昇等五拜三呼萬歲承制官傳制賜衣服冠帶侍儀舍人引昇入丹墀中四拜侍儀使傳旨昇跪聽宣諭俯伏四拜三呼萬歲又四拜出百官行賀禮帝以昶專治國政所爲奢縱昇年幼事由臣下免其叩頭伏地上表請罪禮惟命昇及其官屬朝見百官朝賀

奏凱獻俘凡親征師還皇帝率諸將陳凱樂俘馘於廟南門外社北門外告祭廟社行三獻禮同出師儀祭畢以俘馘付刑部協律郎導樂以退皇帝服通天冠絳紗袍升午門樓以露布詔天下百官具朝服以聽儀與開讀詔赦同大將奏凱儀先期大都督以露布聞內使監陳御座於午門樓上前楹設奏凱樂位於樓前協律郎位於奏凱樂北司樂位於協律郎南又設獻俘位於樓前少南獻俘將校位於其北刑部尚書奏位於將校北皆北向又設刑部尚書受俘位於獻俘位西東向設露布案於內道正中南向受露布位於案東承制位於案東北俱西向宣露布位於文武班南北向至日清晨先陳凱樂俘馘於廟社門外不奏歌曲俟告祭禮畢復陳樂於午門樓前將校引俘侍立於兵仗之外百官入侍立位皇帝常服升樓侍衞如常儀大將於樓前就位四拜諸將隨之退就侍立位贊奏凱樂協律郎執麾引樂工就位司樂跪請奏凱樂協律郎舉麾鼓吹振作徧奏樂曲樂止贊宣露布承制官以露布付受露布官引禮引詣案跪受由中道南行以授宣露布官宣訖付中書省頒示天下將校引俘至位刑部尚書跪奏曰某官某以某處所俘獻請付所司奏訖退復位其就刑者立於西廂東向以付刑官其宥罪者樓上承制官宣旨有赦釋縛樓下承旨釋訖贊禮贊所釋之俘謝恩皆四拜三呼將校以所釋俘退如有所賜就宣旨賜之大將以下就拜位舞蹈山呼如常儀班前稍前跪稱賀致詞訖百官復四拜禮畢還宮洪武三年六月左副將軍李文忠北征大捷遣官送所俘元孫買的里八剌及寶冊至京師百官請行獻俘禮帝不許事詳本紀止令服本俗服朝見畢賜中國衣冠就謝復謂省臣曰故國之妃朝於君者元有此禮不必效之亦令衣本俗服入見中宮賜中國服就謝十月大將軍徐達及文忠等師還車駕出勞於江上明日達率諸將上平沙漠表帝御奉天殿皇太子親王侍百官朝服陪列達文忠奉表賀禮成退自西階皇太子親王入賀後定凡大捷擇日以宣其日不奏事百官吉服賀卽日遣官薦告郊廟中捷以下止宣捷不祭告慶賀永樂四年定凡捷兵部官以露布奏聞大將在軍則進露布官行禮次日行開讀禮第三日行慶賀禮餘如前儀武宗征宸濠還禮部上獻俘儀値帝弗豫不果行嘉靖二十三年十月叛賊王三屢導吉囊入犯大同官軍計擒之遣官謝南北郊景神殿太社稷擇日獻俘百官表賀天啓二年四川獻逆犯樊友邦等山東獻逆犯徐鴻儒等俱遣官告祭郊廟御樓獻俘

論功行賞凡凱還中書省移文大都督府兵部具諸將功績吏部具勳爵職名戶禮二部具賞格中書集六部論定功賞奏取上裁前期陳御座香案於奉天殿設寶案詔書案於殿中誥命案於丹陛正中之北宣制案於誥命案之北吏戶禮三部尚書位於殿上東南大都督兵部尚書位於殿上西南應受賞官拜位於丹墀中序立位於丹墀西南受賞位於誥命案之南受賞執事位於受賞官序立位之西每官用捧誥命捧禮物各一人俱北向餘陳設如朝儀是日鼓三嚴執事官各就位皇帝衮冕陞座皇太子諸王衮冕自殿東門入侍立受賞官入就拜位四拜承制官跪承制由殿中門出吏戶禮尚書由殿西門出立於誥命案東承制官南向稱有制受賞官皆跪宣制曰朕嘉某等爲國建功宜加爵賞今授以某職賜以某物其恭承朕命宣畢受賞官俯伏興再拜唱行賞受賞官第一人詣案前跪吏部尚書捧誥命戶部尚書捧禮物各授受賞官受賞官以授左右俯伏興復位餘官以次受賞訖承制官吏部尚書等俱至御前復命退復位受賞官皆再拜三舞蹈山呼俯伏興復四拜禮畢皇帝還宮各官出至午門外以誥命禮物置於龍亭用儀仗鼓樂各送還本第明日進表稱謝如常儀

大閱宣德四年十月帝將閱武郊外命都督府整兵文武各堂上官一員屬官一員扈從正統間或閱於近郊於西苑不著令隆慶二年大學士張居正言祖宗時有大閱禮乞親臨校閱兵部引宣宗英宗故事請行之命於明年八月舉行及期禮部定儀前期一日皇帝常服告於內殿行四拜禮如出郊儀司設監設御幄於將臺上總協戎政大臣巡視科道督率將領軍兵預肅教場至日早遣官於教場祭旗纛之神三大營官軍具甲仗將官四員統馬兵千扈駕文臣各堂上官科道掌印官禮兵二科禮部儀制司兵部四司官糾儀監射御史鴻臚寺供事官武臣都督以上錦衣衞堂上及南鎭撫司掌印僉書官俱大紅便服關領扈從牙牌懸帶先詣教場是日免朝錦衣衞備鹵簿皇帝常服乘輦由長安左門出官軍導從鉦鼓振作出安定門至閱武門外總協戎政官率大小將佐戎服跪迎入將臺下北向序立駕進閱武門內中軍舉號礮三各營鉦鼓振作扈從官序立於行宮門外駕至門降輦兵部官導入行宮鳴金止鼓候升座扈從官行一拜禮傳賜酒飯各官謝恩出將臺下東西序立兵部官奏請大閱兵部鴻臚寺官導駕登臺舉礮三京營將士叩頭畢東西侍立總協戎政官列於扈從官之北諸將列從官之南兵部尚書奏請令各戎整搠人馬臺上吹號笛麾黃旗總協戎政及將佐等官各歸所部兵部尚書請閱陣舉礮三馬步官軍演陣如常法演畢復吹號笛麾黃旗將士俱回營少頃兵部尚書請閱射總協戎政官以下及聽射公侯駙馬伯錦衣衞等官俱於臺下較射馬三矢步六矢中的者鳴鼓以報御史兵部官監視紀錄把總以下及家丁軍士射以府部大臣并御史兵部官於東西廳較閱鎗刀火器等藝聽總協戎政官量取一隊於御前呈驗兵部尚書奏大閱畢臺下舉號旗總協戎政官及諸將領俱詣臺下北向序立鴻臚寺官奏傳制贊跪宣制訖贊叩頭各官先退出門外贊扈從官行叩頭禮禮畢駕回行宮少憩扈從等官趨至門內立皇帝升輦中軍舉礮三各營皆鼓吹鹵簿及馬兵導從如來儀鉦鼓與大樂相應振作總協戎政以下候駕至叩頭退馬兵至長安左門外止鹵簿大樂至午門外止駕還仍詣內殿叅謁如前儀百官不扈從者各吉服於承天門外橋南序立恭送駕還迎如之次日總協戎政官以下表謝百官侍班行稱賀禮如常儀兵部以將士優劣及中箭多寡教練等第奏聞越二日皇帝御皇極門賜勅勉勵將士總協戎政官捧至彩輿將士迎導至教場開讀行禮如儀是日卽行賞賚并戒罰有差次日總協戎政官率將佐復謝恩詔如議行駕還樂奏武成之典萬曆九年大閱如隆慶故事

大射之禮後世莫講惟宋史列於嘉禮至明集禮則附軍禮中會典亦然其制洪武三年定凡郊廟祭祀先期行大射禮工部製射侯等器其射鵠有七虎鵠五采天子用之熊鵠五采皇太子用之豹鵠五采親王用之豹鵠四釆文武一品二品者用之糝鵠三釆三品至五品用之狐鵠二釆六品至九品用之布鵠無釆文武官子弟及士民俊秀用之凡射時置乏於鵠右乏又名容見周禮大司馬服不氏職執旗及侍獲者以蔽身設福及韋當射時置於前以齊矢設射中五皮樹中天子大射用之閭中天子宴射用之虎中皇太子親王射用之兕中一品至五品文武官用之鹿中六品至九品及文武官子弟士民俊秀通用之其職事設司正官二掌驗射

者品級尊卑人力强弱而定耦其中否則書於算兵部官職之司射二掌先以强弓射鵠誘射以鼓衆氣武職官充之司射器官二掌辨弓力强弱分爲三等驗人力强弱以授工部官職之舉爵者掌以馬潼授中者飮光祿寺官職之請射者掌定耦射射畢再請某耦射侍儀司職之侍獲者掌矢納於司射器者以隸僕供其役執旗者六人掌於容後執五色旗如射者中的舉紅旗應之中采舉采旗應之偏西舉白旗偏東舉青旗過於鵠舉黃旗不及鵠舉黑旗軍士二人掌之引禮二掌引文武官進退侍儀司舍人職之太祖又以先王射禮久廢弧矢之事專習於武夫而文士多未解乃詔國學及郡縣生員皆令習射頒儀式於天下朔望則於公廨或閒地習之其官府學校射儀略倣大射之式而殺其禮射位初三十步自後累加至九十步射四矢以二人爲耦永樂時有擊毬射柳之制十一年五月五日幸東苑擊毬射柳聽文武羣臣四夷朝使及在京耆老聚觀分擊毬官爲兩朋自皇太孫而下諸王大臣以次擊射賜中者幣布有差

救日伐鼓洪武六年二月定救日食禮其日皇帝常服不御正殿中書省設香案百官朝服行禮鼓人伐鼓復圓乃止月食大都督府設香案百官常服行禮不伐鼓雨雪雲翳則免二十六年三月更定禮部設香案於露臺向日設金鼓於儀門內設樂於露臺下各官拜位於露臺上至期百官朝服入班樂作四拜興樂止跪執事者捧鼓班首擊鼓三聲衆鼓齊鳴候復圓復行四拜禮月食則百官便服於都督府救護如儀在外諸司日食則於布政使司府州縣月食則於都指揮使司衞所如儀隆慶六年大喪方成服遇日食百官先哭臨後赴禮部青素衣黑角帶向日四拜不用鼓樂

明史卷五十八　志第三十四

總裁官總理事務經筵講官少保兼太子太保保和殿大學士兼管吏部戶部尚書事加六級張廷玉等奉敕修

禮十二　凶禮一

山陵

次五曰凶禮凡山陵寢廟與喪葬服紀及士庶喪制皆以類編次其謁陵忌辰之禮亦附載焉

山陵太祖即位追上四世帝號皇祖考熙祖墓在鳳陽府泗州蠙城北薦號曰祖陵設祠祭署置奉祀一員陵戶二百九十三皇考仁祖墓在鳳陽府太平鄉太祖至濠嘗議改葬不果因增土以培其封令陵旁故人汪文劉英等二十家守視洪武二年薦號曰英陵後改稱皇陵設皇陵衞并祠祭署奉祀一員祀丞三員俱勳舊世襲陵戶三千三百四十二直宿灑掃禮生二十四人四年建祖陵廟倣唐宋同堂異室之制前殿寢殿俱十五楹東西旁各二爲夾室如晉王肅所議中三楹通爲一室奉德祖神位以備祫祭東一楹奉懿祖西一楹奉熙祖十九年命皇太子往泗州修繕祖陵葬三祖帝后冠服三十一年太祖崩禮部定議京官聞喪次日素服烏紗帽黑角帶赴內府聽遺詔於本署齋宿朝晡詣几筵哭越三日成服朝晡哭臨至葬乃止自成服日始二十七日除命婦孝服去首飾由西華門入哭臨諸王世子王妃郡主內使宮人俱斬衰三年二十七月除凡臨朝視事素服烏紗帽黑角帶退朝衰服羣臣麻布員領衫麻布冠麻絰麻鞋命婦麻布大袖長衫麻布蓋頭明器如鹵簿神主用栗制度依家禮行人頒遺詔於天下在外百官詔書到日素服烏紗帽黑角帶四拜聽宣讀訖舉哀再四拜三日成服每旦設香案哭臨三日除各遣官赴京致祭祭物禮部備孝陵設神宮監并孝陵衞及祠祭署建文帝詔行三年喪事在本紀以遺革除喪葬之制皆不傳文帝崩於榆木川遺詔一遵太祖遺制京師聞訃皇太子以下皆易服宮中設几筵朝夕哭奠百官素服朝夕哭臨思善門外禮部定喪禮宮中自皇太子以下及諸王公主成服日爲始斬衰三年二十七月除服內停音樂嫁娶祭祀止停百日文武官聞喪之明日詣思善門外哭五拜三叩頭宿本署不飮酒食肉四日衰服朝夕哭臨三日又朝臨十日衰服二十七日凡入朝及視事白布裹紗帽垂帶素服腰絰麻鞋退朝衰服二十七日外素服烏紗帽黑角帶二十七月而除聽選辦事等官衰服監生吏典僧道素服赴順天府朝夕哭臨三日又朝臨十日命婦第四日由西華門入哭臨三日俱素服二十七日除凡音樂祭祀並輟百日婚嫁官停百日軍民停一月軍民素服婦人素服不妝飾俱二十七日在外以聞喪日爲始越三日成服就本署哭臨餘如京官命婦素服舉哀三日二十七日除軍民男女皆素服十三日餘俱如京師凡京官服給麻布一疋自製四夷使臣工部造與諸王公主遣官及內外文武官詣几筵祭祀者光祿寺備物翰林院撰文禮部引赴思善門外行禮京城聞喪日爲始寺觀各鳴鐘三萬杵禁屠宰四十九日喪將至文武官衰服軍民素服赴居庸關哭迎皇太子親王及羣臣皆衰服哭迎於郊至大內奉安於仁智殿加斂奉納梓宮遣中官奉大行皇帝遺衣冠作書賜漢王趙王禮臣言喪服已踰二十七日請如遺命以日易月帝以梓宮在殯不忍易素冠麻衣麻絰視朝退仍衰服羣臣聽其便十二月禮部進葬祭儀發引前三日百官齋戒遣官以葬期告天地宗社皇帝衰服告几筵皇太子以下皆衰服隨班行禮百官衰服朝一臨至發引止前一日遣官祭金水橋午門端門承天門大明門德勝門并所過河橋京都應祀神祇及經過應祀神祠儀用酒果肴饌是夕設辭奠帝后太子以下皆衰服以序致祭司禮監禮部錦衣衞命執事者設大昇轝陳葬儀於午門外并大明門外將發設啟奠皇帝暨皇太子以下衰服四拜奠帛獻酒讀祝四拜舉哀興哀止望瘞執事者升徹帷幙拂拭梓宮進龍輴於几筵殿下設神亭神帛輿謚冊寶輿於丹陛上設祖奠如啟奠儀皇帝詣梓宮前西向立皇太子親王以次侍立內侍於梓宮前奏請靈駕進發捧冊寶神帛置輿中次銘旌出執事官升梓宮內執事持翣左右蔽降殿內侍官請梓宮升龍輴執事官以綵帷幕梓宮內侍持繖扇侍衞如儀舊御儀仗居前冊寶神帛神亭銘旌以次行皇帝由殿左門出后妃皇太子親王及宮妃後隨至午門內設遣奠如祖奠儀內侍請靈駕進發皇帝以下哭盡哀俱還宮梓宮至午門外禮官請梓宮升大昇轝執事官奉升轝訖禮官請靈駕進發皇太子親王以下哭送出端門外行辭祖禮執事官設禡位於太廟香案前皇太子易常服捧神帛由左門入至禡位跪置神帛於禡輿正立於神帛後跪禮官跪於左奏太宗體天弘道高明廣運聖武神功純仁至孝文皇帝謁辭皇太子俯伏興贊五拜三叩頭畢皇太子捧神帛輿以授禮官禮官安輿中請靈駕進發皇太子仍喪服親王以下隨行梓宮由大明中門出皇太子以下由左門出步送至德勝門外乘馬至陵在途朝夕哭奠臨諸王以下及百官軍民耆老四品以上命婦以序沿途設祭文武官不係山陵執事者悉還至陵執事官先陳龍輴於獻殿門外俟大昇轝至禮官請靈駕降轝升龍輴詣獻殿執事官奉梓宮入皇太子親王由左門入安奉訖行安神禮皇太子四拜興奠酒讀祝興四拜舉哀親王以下陪拜如常儀遣官祀告后土并天壽山設遷奠禮如上儀將掩元宮皇太子以下詣梓宮前跪內侍請靈駕赴元宮執事官奉梓宮入皇堂內侍捧冊寶置於前陳明器行贈禮皇太子四拜興奠酒進贈執事官捧玉帛進於右皇太子受獻以授內執事捧入皇堂安置俯伏興四拜舉哀遂掩元宮行饗禮如遷奠儀遣官祀謝后土及天壽山設香案元宮門外設題主案於前西向設皇太子拜位於前北向內侍盥手奉主置案上題主官盥手西向題畢內侍奉主安於神座藏帛箱中內侍奏請太宗文皇帝神靈上神主贊四拜興獻酒讀祝俯伏興四拜舉哀內侍啟櫝受主訖請神主降座升輿至獻殿奏請神主降輿升座行初虞禮皇太子四拜初獻奠帛酒讀祝俯伏興亞獻終獻四拜舉哀望瘞內官捧神帛箱埋於殿前焚凶器於野葬日初虞柔日再虞剛日三虞後間日一虞至九虞止在途皇太子行禮還京皇帝行禮神主將還內侍請神主降座升輿儀仗侍衞如儀皇太子隨仍朝夕奠至京先於城外置幄次列儀衞鼓吹備而不作百官衰服候城外主入幄次百官序列五拜三叩首神主行百官從至午門外皇帝衰服迎於午門內舉哀步導主升几筵殿皇帝立殿上內侍請神主降輿升座行安神禮皇帝四拜興奠酒讀祝興四拜舉哀皇太子以下陪拜百官於思善門外行禮如儀明日百官行奉慰禮卒哭用虞祭後剛日禮同虞祭自是罷朝夕奠祔饗用卒哭之明日太常寺設醴饌於太廟如時饗儀樂設而不作設儀衞繖扇於午門外內侍進御輦於几筵殿前皇帝衰服四拜舉哀興哀止立於拜位之東西向內侍請神主降座升輦詣太廟祔饗至思善門外皇帝易祭服升輅隨至午門外詣御輦前跪太常卿奏請神主降輦皇帝俯伏興捧主由左門入至丹陛上典儀唱太宗文皇帝謁廟至廟前內侍捧主至禡位皇帝於後行八拜禮每廟俱同內侍捧主北向太常卿立壇東西向唱賜坐皇帝搢圭奉神主安於座詣拜位行祭禮如時饗儀太常卿奏請神主還几筵皇帝捧主由廟左門出安奉於御輦皇帝升輅隨至思善門降輅易衰服隨至几筵殿前內侍請神主降輦升座皇帝由殿左門入行安神禮畢釋服還宮明日百官素服行奉慰禮大祥奏安神主於太廟禮詳廟制皇帝祭告几筵殿皇太后皇后以下各祭一壇王府遣官共祭一壇在京文武官祭一壇自神主出几筵殿內侍卽撤几筵帷幄焚於思善門外禫祭遣親王詣陵行禮洪熙元年仁宗崩皇太子還自南京至良鄉宮中始發喪宣遺詔文武官常服於午門外四拜宣畢舉哀復四拜易素服迎皇太子於盧溝橋橋南設幕次香案皇太子至常服詣次四

拜聽宣遺詔復四拜哭盡哀易素服至長安右門下馬步哭至宮門外釋冠服披髮詣梓宮前五拜三叩首哭盡哀宮中自皇后以下皆披髮哭皇太子就喪次東見母后親王以次見皇太子畢各居喪次行祭告禮喪儀俱如舊惟改在京朝夕哭臨三日後又朝臨止七日在外止朝夕哭臨三日無朝臨禮文武官一品至四品命婦入哭臨服除禮臣請帝服淺淡色衣烏紗翼善冠黑角帶於奉天門視事百官皆淺淡色衣烏紗帽黑角帶朝參如常儀退朝仍終太宗服制帝曰朕心何能忍雖加一日愈於已仍素服坐西角門不鳴鐘鼓令百日後再議已百日禮臣復請御奉天門帝命候山陵事畢先是詔營獻陵帝召尚書蹇義夏原吉議曰國家以四海之富葬親豈惜勞費然古聖帝明王皆從儉制孝子思保其親體魄於永久亦不欲厚葬況皇考遺詔天下所共知宜遵先志於是建寢殿五楹左右廡神廚各五楹門樓三楹其制較長陵遠殺皆帝所規畫也吏部尚書蹇義等請祔廟後素服御西角門視事至孟冬歲暮行時饗禮鳴鐘鼓黃袍御奉天門視朝禫祭後始釋素服從之宣宗崩喪葬如獻陵故事惟改命婦哭臨自三品以上英宗崩遺命東宮過百日成婚不得以宮妃殉葬憲宗即位百日御奉天門視朝禮儀悉用吉典憲宗崩孝宗既除服仍素翼善冠麻衣腰絰視朝不鳴鐘鼓百官素服朝參百日後如常弘治元年正旦時未及小祥帝黃袍御殿受朝次日仍黑翼善冠淺淡服犀帶及大祥神主奉安太廟及奉先殿至禫祭免朝擇日遣官詣陵致祭孝宗崩工部言大行遺詔惓惓以節用愛民爲本乞敕內府諸司凡葬儀冥器并山陵殿宇務從減省禮部言百日例應變服但梓宮未入山陵請仍素翼善冠麻布袍服腰絰御西角門視事不鳴鐘鼓百官仍素服朝參從之自辭靈至虞祔榮王俱在陪列既而王以疾奏免禮部請以駙馬等官捧帛朝祖帝曰朝祖捧帛朕自行發引親王止送至大明門外其在途及至陵臨奠俱護喪官行禮後遂爲例世宗崩令旨免命婦哭臨隆慶元年正月未及二十七日帝衰服御宣治門百官素服腰絰奉慰發引帝行遣奠禮至朝祖則遣官捧帛行禮梓宮至順天府皇親命婦及三品以上命婦祭餘如舊制光宗即位禮部言喪服列代皆有制度而斷自孝宗蓋孝宗篤於親喪禮詳且備故武世穆三廟皆宗之今遵舊制以衰服御文華門視事百官素服朝參候梓宮發引除從之明自仁宗獻陵以後規制儉約世宗葬永陵其制始侈及神宗葬定陵給事中惠世揚御史薛貞巡視陵工費至八百餘萬云

明史卷五十九　志第三十五

總裁官總理事務經筵講官少保兼太子太保保和殿大學士兼管吏部戶部尚書事加六級張廷玉等奉敕修

禮十三 凶禮二

皇后陵寢　興宗帝后陵寢

睿宗帝后陵寢　皇妃等喪葬

皇太子及妃喪葬　諸王及妃公主喪葬

皇后陵寢

洪武十五年皇后馬氏崩禮部引宋制爲請於是命在京文武官及聽除官人給布一匹令自製服皆斬衰二十七日而除服素服百日凡在京官越三日素服至右順門外具喪服入臨畢素服行奉慰禮三日而止武官五品以上文官三品以上命婦亦於第四日素服至乾清宮入臨用麻布蓋頭麻布衫裙鞋去首飾脂粉其外官服制與京官同聞訃日於公廳成服命婦服亦與在京命婦同皆三日而除軍民男女素服三日禁屠宰在京四十九日在外三日停音樂祭祀百日嫁娶官停百日軍民一月將發引告太廟遣官祭金水橋午門等神及鍾山之神帝親祭於几筵百官喪服詣朝陽門外奉辭是日安厝皇堂皇太子奠元纁玉璧行奉辭禮神主還宮百官素服迎於朝陽門外仍行奉慰禮帝復以醴饌祭於几筵殿自再虞至九虞皆如之遣官告謝鍾山之神卒哭以神主詣廟行祔享禮喪滿百日帝輟朝祭几筵殿致欽不拜東宮以下奠帛爵百官素服行奉慰禮東宮親王妃主以牲醴祭孝陵公侯等從命婦詣几筵殿祭奠自後凡節序及忌日東宮親王祭几筵及陵小祥輟朝三日禁在京音樂屠宰設醮於靈谷寺朝天宮各三日帝率皇太子以下詣几筵殿祭百官素服詣宮門進香訖詣後右門奉慰外命婦詣几筵殿進香皇太子親王熟布練冠九襊皇孫七襊皆去首絰負版辟領衰見帝及百官則素服烏紗帽烏犀帶妃主以下熟布蓋頭去腰絰宗室駙馬練冠去首絰內尚衣尚冠以所釋服於几筵殿前丙位焚之皇太子親王復詣陵行禮大祥奉安神主於奉先殿預期齋戒告廟百官陪祀畢行奉慰禮成祖皇后徐氏崩自次日輟朝不鳴鐘鼓帝素服御西角門百官素服詣思善門外哭臨畢行奉慰禮三日成服哭臨如上儀自次日爲始各就公署齋宿二十七日止文武四品以上命婦成服日爲始詣思善門內哭臨三日聽選辦事官俱喪服人材監生吏典僧道坊廂耆老各素服自成服日始赴應天府舉哀三日餘悉遵高后時儀又定諸王公主等服制世子郡王皆齊衰不杖期世子郡王妃郡主皆大功周楚諸王及寧國諸公主及郡王之子皆小功遣中官訃告諸王府造祔謁太廟祭器諡册諡寶悉用檀香將册帝躬告天地於奉天殿丹陛上御華蓋殿鴻臚寺官引頒册寶官入行禮傳制曰永樂五年十月十四日册諡大行皇后命卿行禮四拜畢序班舉册寶案至奉天殿丹陛上置綵輿中由中道出入右順門至几筵殿以册寶置案退俟於殿外尚儀女官詣香案前跪進曰皇帝遣某官册諡大行皇后謹告賛宣册女官捧册宣於几筵之右置册於案宣寶如之尚儀奏禮畢女官以册寶案置几筵之左內官出報禮畢頒册寶官復命百日禮部請御正門視朝鳴鐘鼓百官易淺淡色服帝以梓宮未葬不允至周期帝素服詣几筵致祭百官西角門奉慰輟朝三日在京停音樂禁屠宰七日禮部官於天禧寺朝天宮齋醮其明日帝吉服御奉天門視朝鳴鐘鼓百官服淺淡色衣烏紗帽黑角帶退朝署事仍素服遇朔望朝見慶賀如常儀几筵祭祀熟布練冠及發引齋三日遣官以葬期告郊廟社稷帝素服祭告几筵皇太子以下衰服行禮遣官祭所過橋門及沿途祀典諸神百官及命婦俱素服以次路祭梓宮至江濱百官奉辭於江濱皇太子送渡江漢王護行途中朝夕哭奠官民迎祭者皆素服既葬賜護送官軍及舁梓宮軍士鈔米有差正統中仁宗皇后張氏崩禮部定大行太皇太后喪禮皇帝成服三日後即聽政祀典皆勿廢諸王以下內外各官及命婦哭臨如前儀衰服二十七日而除軍民男女素服十三日諸王勿會葬外官勿進香臣民勿禁音樂嫁娶及葬遣官告太廟帝親奉太后衣冠謁列祖帝后及仁宗神位又奉宣宗衣冠謁太后神位其禮視時享天順中宣宗皇后孫氏崩儀如故事止改哭臨於清寧門英宗皇后錢氏崩禮如舊惟屠宰止禁七日外國使臣免哭臨正德元年景帝后汪氏薨禮部會羣臣言宜如皇妃例輟朝三日祭九壇太后中宮親王以下文武大臣命婦皆有祭制可憲宗廢后吳氏正德四年薨以大學士李東陽等言禮如英宗惠妃故事憲宗皇后王氏正德十三年崩越三日帝至自宣府乃發喪百官具素服於清寧宮門外聽宣遺誥及發引先期結平臺與順天府交衢相值帝晨出北安門迎皇太后及皇后御平臺候殯復入至清寧宮親奉梓宮朝祖百官步送德勝門外惟送喪官騎送明日帝奉神主還京百官迎於德勝門帝素服腰絰御西角門百官奉慰卒哭始釋服孝宗母紀氏憲宗妃也成化中薨輟朝如故事自初喪及葬帝及皇太后中宮妃主皇子皆致祭遣皇子奉祀册行禮塋域葬儀俱從厚皇親百官及命婦送葬設祭皆如儀世宗祖母邵氏嘉靖元年崩服除部臣毛澄等請即吉視事議再上命考孝肅太皇太后喪禮澄等言孝肅崩時距葬期不遠故暫持凶服以待山陵事竣與今不同況當正旦朝元亦不宜縞衣臨見萬國若孝思未忘第毋御中門及不鳴鐘鼓足矣從之仍免朔望日陛殿既葬四日帝御奉天門百官行奉慰禮始從吉嘉靖中孝宗皇后張氏崩禮臣以舊制上帝謂郊社不宜瀆罷祭告又謂躬行諸禮前已諭代亦罷謁廟禮及太常寺以朝祖祔廟請各廟捧主官詔主俱不必出蓋從殺也先是武宗皇后夏氏崩禮部上儀注有素冠素服絰帶舉哀及羣臣奉慰禮帝曰朕於皇兄后無服矧上奉兩宮又廹聖母壽旦忍用純素朕青服視事諸儀再擬於是尚書夏言等言莊肅皇后喪禮在臣民無容議惟是皇上以天子之尊服制既絕不必御西角門羣臣成服後不當素服朝參及上喪葬儀帝復諭毅皇后事宜與累朝皇后不同無几筵之奉當即行祔廟令皇后攝事於內殿言等議按禮卒哭乃行祔告蓋以新主當入舊主當祧故預以告也此在常典則然非今日義例毅皇后神主誠宜即祔太廟以妥神靈而祔告之禮宜免因具上其儀制可嘉靖七年世宗皇后陳氏崩禮部上喪祭儀帝疑過隆議再上帝自裁定概從減殺欲五日釋服閣臣張璁等言夫婦之倫參三綱而立人君乃綱常之主尤不可不愼左傳昭公十五年六月乙丑周景王太子壽卒秋八月戊寅王穆后崩叔向曰王一歲而有三年之喪二焉蓋古禮父爲子夫爲妻皆服報服三年後世夫爲妻始制爲齊衰杖期父母在則不杖喪服自期以下諸侯絕然特爲旁期言若妻喪本

自三年報服殺爲期年則固未嘗絶者今皇上爲后服期以日易月僅十二日臣子爲君母服三年以日易月僅二十七日較諸古禮已至殺矣皇上宜服期十二日臣子素服終二十七日不然則恩紀不明典禮有乖禮臣方獻夫亦雜引儀禮喪服等篇反覆爭辨并三朝聖諭所載仁孝皇后崩太宗衰服後仍服數月白衣冠故事以證之帝言文皇后喪時上無聖母下有東宮從重盡禮爲宜今不敢不更其制已詹事霍韜言今百官遭妻喪無服衰涖事之禮蓋妻喪內而不外陰不可當陽也聖諭云素服十日做輟朝之義於內廷行之則可若對臨百官總理萬幾履陽之位行中宮之服則不可百官爲皇后服衰爲其母儀天下也禮父在爲母杖不上於堂尊父也於朝廷何獨不然臣請陛下元冠素服御西角門十日卽元冠元服御奉天門百官入左掖門則烏紗帽靑衣侍班退出公署及私室則仍素服白帽二十七日若曰於禮猶有未慊則山陵事畢而除帝從其言尋定進册謚儀禮部議先期帝衮冕告奉先殿崇先殿至期帝常服御奉天門正副使常服百官淺淡色衣黑角帶入班行禮如儀節册至右順門內侍捧入正門至几筵前置於案內贊贊就位上香宣册官立宣訖復置册於案內侍持節由正門出以節授正副使報禮畢正副使持節復命次日禮部謄黃頒示天下時中宮喪禮自文皇后而後至是始再行永樂時典禮燬於火會典所載皆畧乃斷自帝心著爲令梓宮將葬帝親定諸儀亦從減損以思善門逼近仁智殿命百官哭臨止一日亦罷辭祖禮喪由左王門出二十六年皇后方氏崩卽日發喪諭禮部皇后嘗救朕危其考元后喪禮行之禮部定儀以第四日成服自後黑冠素服十日後易淺色衣俱西角門視朝百官十日素服經帶自後烏紗帽黑角帶素服通前二十七日帝常服於奉天門視朝百官淺色衣鳴鐘鼓鳴鞭如常朔望不陞殿梓宮發引百官始常服帝於奉先等殿行禮俱常服於几筵祭則服其服服滿日命中官代祭從之尋諭皇妃列太子後非禮其改正及葬部臣以舊儀請詔梓宮由中道行虞祭如制用九數安元宮居左他日卽配祀部臣復上儀注改席殿曰行享殿又以孝潔皇后自發引至神主還京將半載遇令節百官常服今孝烈皇后初十日發引十五日卽還事禮不同以諸臣服制請帝命隨喪往來者仍制服祭畢烏紗帽素服入朝素冠素服辦事迎主仍制服思善門外行安神禮更素冠素服從事先是帝命孝烈居左而遷孝潔既而以孝潔久安不宜妄動罷不行乃更命孝烈居右而虛其左以自待穆宗母杜氏三十三年薨禮部言宜用成化中淑妃紀氏喪制且裕王已成婚宜持服主喪送葬出城乃議輟朝五日裕王遵孝慈錄斬衰三年欽遣大臣題主開塋掩壙祠謝后土并用工部官送葬儀仗人數皆增於舊帝謂非禮之正令酌考賢妃鄭氏例於是尚書歐陽德等復上儀注輟朝二日不鳴鐘鼓帝服淺淡色衣奉天門視事百官淺色衣烏紗帽黑角帶朝參命裕王主饋奠之事王率妃入宮素服哭盡哀四拜視殮成服後朝夕哭臨三日後每日一奠通前二十七日而止仍於燕居盡斬衰三年之制册謚焚黃日陳祭儀裕王詣靈前行禮喪出元武門裕王步送至京城門外路祭畢還宮帝謂焚黃乃制命非王可行仍如常儀禮部覆奏皇妃焚黃儀傳訖已久皆拜獻酒跪讀祝乃參用上尊謚之儀而未思賜謚爲制命其祭文稱皇帝遣諭與上尊謚不同今奉旨以常禮從事當改議賜謚如賜祭禮讀祝宣册皆平立不拜報可著爲令穆宗皇后李氏裕邸元妃也先薨葬西山隆慶元年加謚孝懿皇后親告世宗几筵御皇極門遣大臣持節捧册寶詣陵園上之神宗母皇太后李氏萬曆四十二年崩帝諭禮部從優具儀帝衰服行奠祭禮穆廟皇妃中宮妃嬪太子諸王公主以下皆成服百官詣慈寧宮門外哭臨命婦入宮門哭臨餘俱如大喪禮

興宗帝后陵寢洪武二十五年皇太子薨命禮部議喪禮侍郎張智等議曰喪禮父爲長子服齊衰期年今皇帝當以日易月服齊衰十二日祭畢釋之在內文武官公署齋宿翌日素服入臨文華殿給衰麻服越三日成服詣春和門會哭明日素服行奉慰禮其當祭祀及送葬者仍衰經以行在京停大小祀事及樂至復土日而止停嫁娶六十日在外文武官易服於公署發哀次日成服行禮停大小祀事及樂十三日停嫁娶三十日其內外官致祭者帝令光祿寺供具百官惟致哀行禮建文帝卽位追謚爲興宗孝康皇帝所葬陵號不傳元妃常氏先興宗薨太祖素服輟朝三日中宮素服哀臨皇太子齊衰葬畢易常服皇孫斬衰祭奠則服之諸王公主服如制建文初追謚曰孝康皇后永樂初皆追削稱王立南京復帝后故號

睿宗帝后陵寢在安陸州世宗入立追謚曰睿宗獻皇帝葺陵廟荐號曰顯陵既而希進之徒屢言獻皇帝梓宮宜改葬天壽山帝不聽嘉靖十七年帝母蔣太后崩禮部言歲除日大行皇太后服制二十七日已滿適遇正旦請用黑冠淺淡服受朝疏未下帝諭大學士夏言元旦元極殿拜天仍具祭服先期一日宜變服否禮部請正旦拜天受朝及先一日俱青服孟春時享前三日齋青服臣下同之餘仍孝貞皇太后喪禮例不從於是定議歲除日變服元色吉衣元旦祭服於元極殿行告祀禮具翼善冠黃袍御殿百官公服致詞鳴鐘鼓鳴鞭奏堂上樂是時議南北遷祔久不決帝親詣承天及歸乃定議梓宮南祔禮部上葬儀自常典外帝復增定太廟辭謁承天門辭奠朝陽門遣奠題主後降神饗神及梓宮登舟升岸等祭梓宮發引帝衰服行諸禮如儀百官步送朝陽門外奠獻使行遣奠禮至通州題主官復命神主回京百官奉迎於門外帝衰服率皇后以下哭迎午門內奉安於几筵殿梓宮所過河瀆江山神祇俱牲醴致祭勳臣青服行禮梓宮升席殿先詣睿宗舊陵奉遷於祾恩殿復奉梓宮至殿合葬於新寢

皇妃等喪葬洪武七年九月貴妃孫氏薨無子太祖命吳王橚主喪事服慈母服斬衰三年東宮諸王皆服期由是作孝慈錄永樂中貴妃王氏薨輟朝五日御祭一壇皇后皇妃皇太子各祭一壇親王共祭一壇公主共祭一壇七七百日期再期皆祭贈謚册行焚黃禮開塋域遣官祠后土發引前期辭靈祭壇與初喪同惟增六尚司及內官內使各一壇啓奠祖奠遣奠各遣祭一壇發引日百官送至路祭所皇親駙馬共一壇公侯伯文武共一壇外命婦共一壇所過城門祭祀內門遣內官外門遣太常寺官下葬遣奠遣祭一壇掩壙遣官祀后土迎靈轎至享堂行安神禮遣祭一壇天順七年敬妃劉氏薨輟朝五日帝服淺淡黃衣於奉天門視事百官淺淡色衣烏紗帽黑角帶朝參册文置靈柩前皇太子以下行三獻禮靈柩前儀仗內使女樂二十四人花旛雪柳女隊子二十人女將軍十一人自初喪至期年辭靈各於常祭外增祭一壇弘治十四年憲廟麗妃章氏發引輟朝一日凡陪葬諸妃歲時俱享於殿內其別葬金山諸處者各遣內官行禮嘉靖間始命併入諸陵從祭祾恩殿之兩旁以紅紙牌書曰某皇帝第幾妃之位祭畢焚之後改用木刻名號嘉靖十三年諭禮工二部世婦御妻皆用九數九妃同一墓共一享殿爲定制皇太子及妃喪葬自洪武中懿文太子後至成化八年懷獻太子薨年甫三歲帝諭禮部禮宜從簡王府及文武官俱免進香帛禮部具儀上自發喪次日輟朝三日帝服翼善冠素服七日而除又三日御西角門視朝不鳴鐘鼓祭用素食文武羣臣素服麻布經帶麻鞋布裹紗帽詣思善門哭臨一日而除第四日素服朝西角門奉慰在外王府幷文武官素服舉哀二日而除嘉靖二十八年莊敬太子薨禮部上喪禮帝曰天子絶期況十五歲外方出三殤朕服非禮止輟朝十日百官如制成服十二日而除詣停柩所行罷詣門哭臨葬遣戚臣行禮萬曆四十七年二月皇太子才人王氏薨命視皇太子妃郭氏例輟朝五日不鳴鐘鼓帝服淺淡色衣百官青素服黑角帶朝參皇長孫主饋奠

諸王及妃公主喪葬諸儀洪武二十八年秦王樉薨詔定喪禮禮部尚書任亨泰言考宋制宜輟朝五日今遇時享請暫輟一日皇帝及親王以下至郡主及靖江王宮眷服制皆與魯王喪禮同皇太子服齊衰期亦以日易月十二日而除素服期年從之定制親王喪輟朝三日禮部奏遣官掌行喪葬禮翰林院撰祭文謚册文壙志文工部造銘旌遣官造墳欽天監官卜葬國子監監生八名報訃各王府御祭一皇太后皇后東宮各一在京文武官各一自初喪至除服御祭凡十三壇封內文武祭一其服制王妃世子衆子及郡王郡主下至宮人斬衰三年封內文武官齊衰三日哭臨五日而除在城軍民素服五日郡王衆子郡君爲兄及伯叔父齊衰期年郡王妃小功凡親王妃喪御祭一壇皇太后中宮東宮公主各祭一壇布政司委官開壙合葬繼妃次妃祭禮同其夫人則止御祭一壇但造壙祔葬郡王喪輟朝一日行人司遣官掌行喪葬禮餘多與親王同無皇太后皇后祭郡王妃與親王妃同無公主祭合葬郡王繼妃次妃喪禮俱與正妃同凡世子喪御祭一東宮祭一遇七及百日下葬期年除服御祭各一凡世孫喪禮如世子減七七及大祥祭凡鎭國將軍止聞喪百日下葬三祭奉國將軍以下御祭一初洪武九年五月晉王妃謝氏薨命議喪服之制侍講學士宋濂等議曰按唐制皇帝爲皇妃等舉哀宋制皇帝爲皇親舉哀今參酌唐宋之制皇帝及中宮服大功諸妃皆服小功南昌皇妃服大功東宮公主親王等皆服小功晉王服齊衰期靖江王妃小功王妃服緦麻輟朝三日既成服皇帝素服入喪次十五舉音百官奉慰皇帝出次釋服服常服制曰可其後王妃喪視此正統十三年定親王塋地五十畝房十五間郡王塋地三十畝房九間郡王子塋地二

十畝房三間郡主縣主塋地十畝房三間天順二年禮部奏定親王以下依文武大臣例或王或妃先故者合造其壙後葬者止令所在官司安葬繼妃則祔葬其旁同一享堂成化八年二月忻王見治薨發引日帝不視朝及葬輟朝一日十三年四川按察使彭韶言親王郡王薨逝皆遣官致祭使臣絡繹人夫勞擾自後惟親王如舊其郡王初喪遣官一祭餘並遣本處官凡王國母妃之喪俱遣內官致祭今宗婦衆多其地有鎮守太監者宜遣行禮又王國塋葬夫婦同穴初造之時遣官監修開壙合葬乞止命本處官司帝從禮部覆奏王妃祭禮如舊餘依議行弘治十六年七月申王祐楷薨禮部言前沂穆王薨未出府申王已出府而未之國擬依沂穆參以在外親王例行之王妃葬地載於會典者明初追封壽春等十王及妃墳在鳳陽府西北二十五里白塔設祠祭署陵戶南昌等五王及妃祔葬鳳陽皇陵有司歲時祭祀皆與享懷獻世子以下諸王未之國者多葬於西山歲時遣內官行禮永樂十五年正月永安公主薨時初舉張燈宴遂罷之輟朝四日賜祭命有司治喪葬二月太祖第八女福清公主薨輟朝三日定制凡公主喪聞輟朝一日自初喪至大祥御祭凡十二壇下葬輟朝一日儀視諸王稍殺喪制同惟各官不成服其未下嫁葬西山者歲時遣內官行禮

明史卷六十　志第三十六

總裁官總理事務經筵講官少保兼太子太保保和殿大學士兼管吏部戶部尚書事加六級張廷玉等奉

敕修

禮十四凶禮三

謁祭陵廟　忌辰
受蕃國王訃奏儀　爲王公大臣舉哀儀
臨王公大臣喪儀　中宮爲父祖喪儀
遣使臨弔儀　遣使冊贈王公大臣儀
賜祭葬　喪葬之制
碑碣　賜謚
品官喪禮　士庶人喪禮
服紀

謁祭陵廟洪武元年三月遣官致祭仁祖陵二年加號英陵禮部尚書崔亮請下太常行祭告禮博士孫吾與言山陵之制莫備於漢初未有祭告之禮蓋廟號陵號不同廟號易大行之號必上冊謚告之神明陵號則後嗣王所以識別先後而已願罷英陵祭告亮言漢光武加先陵曰昌宋太祖加高曾祖考陵曰欽康定安蓋尊祖考則尊其陵尊其陵則必以告禮緣人情告之是廷議皆是亮從之熙祖陵每歲正旦清明中元冬至及每月朔望本署官供祭行禮又卽其地望祭德祖懿祖二陵英陵後改稱皇陵多孟冬一祭俱署官行禮朔望中都留守司官行禮八年詔翰林院議陵寢朔望節序祭祀禮學士樂韶鳳等言漢諸廟寢園有便殿日祭於寢月祭於廟時祭於便殿後漢都洛陽以關西諸陵久遠但四時用特牲祀每西幸卽親詣歲正月祀郊廟畢以次上洛陽諸陵唐園陵之制皇祖以上陵皆朔望上食元日冬至寒食伏臘社各一祭皇考陵朔望及節祭日進食又薦新於諸陵永徽二年定獻陵朔望冬夏至伏臘清明社等節皆上食開元中敕獻昭乾定橋恭六陵朔望上食冬至寒食各設一祭宋每歲春秋仲月遣太常宗正卿朝諸陵我朝舊儀每歲元旦清明七月望十月朔冬至日俱用太牢遣官致祭白塔二處則用少牢中官行禮今擬如舊儀增夏至日用太牢其伏臘社每月朔望則用特羊祠祭署官行禮如節與朔望伏臘社同日則用節禮從之十六年孝陵殿成命皇太子以牲醴致祭清晨陳祭儀畢皇太子親王由東門入就殿中拜位皆四拜皇太子少前三上香奠酒讀祝曰園陵始營祭享之儀未具今禮殿既成奉安神位謹用祭告遂行亞獻終獻禮皇太子以下皆四拜執事行禮皆內官二十六年令車馬過陵及守陵官民入陵者百步外下馬違者以大不敬論建文初定孝陵每歲正旦孟冬忌辰聖節俱行香清明中元冬至俱祭祀勳舊大臣行禮文武官陪祀若親王之藩過京師者謁陵官員以公事至入城者謁陵出城者辭陵國有大事遣官祭告懿文太子陵在孝陵左四孟清明中元冬至歲暮及忌辰凡九祭永樂元年工部以泗州祖陵黑瓦爲言帝命易以黃如皇陵制宣宗卽位遣鄭王謁祭孝陵正統二年諭天壽山陵寢剪伐樹木者重罪都察院榜禁錦衣衛官校巡視工部欽天監官環山立界十年謁三陵諭百官具淺色衣服如洪武永樂例南京司禮太監陳祖圭言魏國公徐俌每祭孝陵皆由紅券門直入至殿內行禮僭妄宜改俌言入由紅券門者所以重祖宗之祭尊皇上之命出由小旁門者所以守臣下之分循守故事幾及百年豈敢擅易下禮部議言長陵及太廟遣官致祭所由之門與孝陵事體相同宜如舊從之弘治元年遣內官監護鳳陽皇陵凡官員以公事經過者俱謁陵十七年更裕陵神座初議以孝肅太皇太后祔葬裕陵已遣官分告諸陵及天壽山后土而欽天監以爲歲殺在北方向不利內官監亦謂英廟陵寢難以輕動遂議別建廟奉安神主帝心未慊卒移英廟居中孝莊居左孝肅祔其右云正德間定長陵以下諸陵各設神官監并衛及祠祭署凡清明中元冬至俱分遣駙馬都尉行禮文武官陪祭忌辰及正旦孟冬聖節亦遣駙馬都尉行禮親王之藩詣諸陵辭謁恭讓章皇后陵清明中元冬至忌辰內官行禮西山景皇帝陵祭期如上儀貢行禮初成祖易黃土山名天壽山嘉靖十年名祖陵曰基運山皇陵曰翊聖山孝陵曰神烈山顯陵曰純德山及天壽山並方澤從祀所在有司祭告各陵山祇禮官因奏神祇壇每年秋祭有鍾山天壽山之神今宜增基運等山從之十四年諭禮部尚書夏言清明節既遣官上陵內殿復祭似涉煩複言因言我朝祀典如特享時享祫祭禘祭足應經義可爲世法惟上陵及奉先殿多沿前代故事上陵之祀每歲清明中元冬至凡三中元俗節事本不經往因郊祀在正首故冬至上陵蓋重一氣之始伸報本之義今冬至旣行大報配天之禮則陵事爲輕况有事南郊乃輟陪祀臣僚遠出山陵恐於尊祖配天之誠未盡可罷冬至上陵而移中元於霜降惟清明如舊蓋清明禮行於春所謂雨露既濡君子履之有怵惕之心者也霜降禮行於秋所謂霜露既降君子履之有悽愴之心者也二節既遣官上陵則內殿之祭誠不宜復遂著爲令十五年諭言曰廟重於陵其禮嚴故廟中一帝一后陵則二三后配葬今別建奉慈殿不若奉主於陵殿爲宜且梓宮配葬而主乃別置近於黷之非親之也乃遷孝肅孝穆孝惠三后神主於陵殿又諭言曰三后神主稱皇太后太皇太后者乃子孫所奉尊稱今既遷陵殿則名實不準言等議曰三后神主禮不祔廟義當從祧遷奉陵殿深合典禮其稱皇太后太皇太皇者乃子孫所上尊號今已遷奉於陵則當從夫婦之義改題孝肅神主不用睿字孝穆孝惠神主俱不用純字則嫡庶有別而尊親併隆矣命如擬行又諭祭告長陵等七陵俱躬叩拜恭讓章皇后景皇帝陵亦展拜一次以慰追感之情十七年改陵殿曰祾恩殿門曰祾恩門又建成祖聖蹟亭於平臺山率從官行祭禮二十一年工部尚書顧璘請以帝所上顯陵聖製歌詩製爲樂章享獻陵廟禮部言天壽山諸陵歲祀皆不用樂已而承天府守備太監傅霦乞增顯陵歲暮之祭部議言諸陵皆無歲暮祀典詔並從部議隆慶二年帝詣天壽山春祭前一日告世宗几筵及奉先弘孝神霄殿駕至天壽山紅門降輿由左門入陞輿駐蹕感思殿越二日質明行禮帝青袍乘板輿至長陵門外東降輿由殿左門入至拜位上香四拜至神御前獻帛獻爵訖復位亞獻終獻令執爵者代復四拜餘如常祭之儀隨詣永陵行禮是日遣官六員俱青服分祭六陵萬曆八年謁陵禮如舊十一年復謁陵禮部言宜遵世宗彝憲酌分二日以次展拜乃定長永昭三陵上香八拜親奠帛初獻六陵二寢上香四拜其奠帛三獻俱執事官代十四年禮部言諸妃葬金山諸處者嘉靖中俱配享各陵殿罷本墳祭今世廟諸妃安厝西山者宜從其例至陵祭品物九陵恭讓恭仁之陵止於酒果而越靖諸王及諸王妃則又有牲果祝文反從其厚者蓋以九陵帝后歲暮已祫祭於廟旬日內且復有孟春之享故元旦陵殿止用酒果非儉也諸王諸妃則祫祭春祭皆不與元旦一祭不宜從簡故用牲帛祝文非豐也特恭讓恭仁既不與祫享於廟中又不設牲帛於陵殿是則禮文之缺宜增所未備而諸王諸妃祝文尚仍安厝時所用宜改敘歲時遣官之意則情順禮安報可凡山林規制有寶城長廣丈尺有差正前爲明樓樓中立帝廟謚石碑下爲靈寢門惟永陵中爲券門左右牆門各一樓明樓前爲石几筵又前爲祾恩殿祾恩門殿惟長陵重簷九間左右配殿各十五間永陵重簷七間配殿各九間諸陵俱殿五間配殿五間門外神庫或一或二神廚宰牲亭有聖蹟碑亭諸陵碑俱設門外牽無字長陵迤南有總神道有石橋有石像人物十八對擎天柱四石望柱二長陵有神功聖德碑仁宗御撰在神道正南南爲紅門門外石碑坊一門內有時陟殿爲車駕更衣之所永陵稍東有感思殿爲駐蹕之所殿東爲神馬廠

忌辰洪武八年四月仁祖忌日太祖親詣皇陵致祭永樂元年禮部尚書李至剛等奏定高皇帝忌辰前二日

帝服淺淡色衣御西角門視事不鳴鐘鼓不行賞罰不舉音樂禁屠宰百官淺淡色衣黑角帶朝參至日親祀於奉先殿仍率百官詣孝陵致祭高皇后忌辰如之宣德四年令凡遇忌辰通政司禮科兵馬司勿引囚奏事五年敕百官朝參輟奏事儀英宗即位召禮臣及翰林院議忌辰禮大學士楊士奇楊榮學士楊溥議每歲高廟帝后文廟帝后仁宗忌辰服淺淡色服不鳴鐘鼓於奉天門視事宣宗忌辰小祥之日於西角門視事從之弘治十四年令凡遇忌辰朝參官不得服紵絲紗羅衣景皇帝恭讓皇后忌辰遇節令服青綠花樣宣宗忌辰遇祭祀服紅十六年八月吏部尚書馬文升言宣德間仁宗忌辰諸司悉免奏事自太祖至仁宗生忌俱輟朝其後不知何時仁宗忌辰依前奏事惟太宗至憲宗忌辰百官淺淡色服黑角帶朝廷亦出視朝鳴鐘鼓奏事臣思自仁至憲世有遠近服有隆殺請自仁宗忌辰英宗生忌日視朝鳴鐘鼓若遇憲宗及孝穆皇太后忌日不視朝著淺淡服進素膳不預他事或遵宣宗時例自太宗至憲宗生忌俱輟朝一日憲宗孝穆忌日如臣所擬帝下禮部議部臣言經傳所載忌日爲親死之日則死日爲忌非謂生辰也其日忌日不用不以此日爲他事也曰忌日不樂是不可舉吉事也此日當專意哀思父母餘事皆不舉但先朝事例迄今見行未敢更易帝乃酌定以淺淡服色視事嘉靖七年令忌辰只祭本位十八年令高廟帝后忌辰祭於景神殿列聖帝后忌辰祭於永思殿二十四年令仍祭於奉先殿

乘輿受蕃國王訃奏儀凡蕃國王薨使者訃奏至於西華門內壬地設御幄皇帝素服乘輿詣幄太常卿奏某國世子遣陪臣某官某奏某國王臣某薨承制官至使者前宣制曰皇帝致問爾某國王某得何疾而逝使者答故其儀大畧如臨王公大臣喪儀但不舉哀凡塞外都督等官訃至永樂間遣官賫香鈔諭祭後定例因其奏請給與表裏祭文令攜歸自祭來京病故者遣官諭祭或賜棺賜葬後定年終類奏遣官祭之若在邊歿於戰陣者不拘此例凡外國使臣病故者令所在官司賜棺及祭或欲歸葬者聽

乘輿爲王公大人舉哀儀洪武二年開平王常遇春卒於軍訃至禮官請如宋太宗爲趙普舉哀故事遂定制凡王公薨訃報太常司示百官於西華門內壬地設御幄陳御座置素褥設訃者位於前設百官陪哭位東西向奉慰位於訃者位北北向贊禮二人位於訃者位之北引訃者二人位於贊禮之南引百官四人位於陪位之北皆東西向其日備儀仗於奉天門迎駕皇帝素服乘輿詣幄樂陳於幄之南不作太常卿奏某官來訃某年月日臣某官以某疾薨請舉哀皇帝哭百官皆哭太常卿奏止哭百官奉慰訖分班立訃者四拜退太常卿奏禮畢乘輿還宮百官出東宮爲王公舉哀儀同但設幄於東宮西門外陪哭者皆東宮屬

乘輿臨王公大臣喪儀凡王公大臣訃奏太史監擇皇帝臨喪日期拱衞司設大次於喪家大門外設御座於正廳中有司設百官次於大次之左右侍儀司設百官陪立位於廳前左右引禮四人位於百官之北東西向設喪主以下拜位於廳前主婦以下哭位於殯北幔中其日鑾駕至大次降輅升輿入易素服百官皆易服先入就廳前分班侍立御輿出次喪主以下免絰去杖衰服出迎於大門外望見乘輿止哭再拜入於門內之西乘輿入門將軍四人前導四人後從入至正廳降輿升詣靈座前百官班於後皇帝哭百官皆哭太常卿奏止哭三上香三祭酒出至正廳御座主喪以下詣廳下拜位再拜承制官詣喪主前云有制喪主以下皆跪宣制訖皆再拜退立於廳西太常卿奏禮畢皇帝升輿出就大次易服御輿出喪主以下詣前再拜退皇帝降輿升輅喪主杖哭而入諸儀衞贊唱大畧如常其公侯卒葬輟朝禮洪武二十三年定凡公侯卒於家者聞喪輟朝三日下葬一日卒於外者聞喪一日柩至京三日下葬仍一日凡輟朝之日不鳴鐘鼓各官淺淡色衣朝參初制都督至都指揮卒輟朝二日永樂後更定惟公侯駙馬伯及一品官輟朝一日

中宮爲父祖喪儀凡中宮父母薨訃報太常寺轉報內使監前期設薦於別殿東壁下爲皇后舉哀位及內命婦以下哭位皇后出詣別殿內使監令奏考某官以某月某日薨母則云妣某夫人祖考妣同皇后哭內命婦以下皆哭盡哀皇后問故又哭盡哀乃素服內命婦皆素服止哭還宮內使監令奏聞得旨皇后奔喪喪家設薦席於喪寢之東從臨內命婦哭位於其下主喪以下哭位於喪寢之西主婦以下哭位於喪寢之北幔下至日內使監進翟車備儀仗導引皇后素服出宮升輿三面白布行帷至閤外降輿升翟車至喪家大門內降車哭入仍以行帷圍護從臨者皆哭入喪主以下降詣西階下立哭皇后升自東階進至尸東憑尸哭從臨者皆哭喪主升自西階俱哭於柩西皇后至哭位內使監令跪請止哭應奉慰者詣皇后前奉慰如常禮如皇后候成服則從臨命婦應還者先還如本日未即奔喪則是晡復哭於別殿尚服製皇后齊衰及從臨命婦孝服俟喪家成服日進之詣靈前再拜上香復位再拜如爲諸王外戚舉哀仍於別殿南向不設薦位

遣使臨弔儀太常司奉旨遣弔前期設宣制位於喪家正廳之北南向喪主受弔位於南北向婦人立哭位於殯北幕下其日使者至喪主去杖免絰衰服止哭出迎於中門外復先入就廳前拜位內外止哭使者入就位稱有制喪主以下再拜跪宣制曰皇帝聞某官薨遣臣某弔喪主以下復再拜禮畢內外皆哭使者出喪主至中門外拜送杖哭而入宮使則稱有令至遣使賻贈及致奠其儀節亦相倣云賻贈之典一品米六十石麻布六十匹二品以五三品四品以四五品六品以三公侯則以百永樂後定制公侯駙馬伯皆取上裁凡陣亡者全支邊遠守禦出征及出海運糧病故半支其遣百官會王公大臣喪儀前期有司於喪家設位次其日百官應會弔者素服立喪主以下就東階哭位主婦以下就殯北哭位百官入就殯前位哭主喪主婦以下皆哭止哭再拜主喪以下答拜班首詣喪主前展慰畢百官出喪主拜送杖哭而入會葬儀同

遣使冊贈王公大臣儀前期禮部奏請製冊翰林院取旨製文中書省禮部奏請某官爲使其日祠祭司設龍亭香亭於午門前正中執事於受冊者家設宣制官位於正廳之東北南向喪主代受冊命者位於廳前北向禮部官封冊文以盝匣盛之黃袱裹置龍亭中儀仗鼓樂前導至其家代受冊者出迎於大門外執事舁龍亭置廳上正中使者入立於東北代受冊者就拜位再拜使者稍前稱有制代受冊者跪宣制曰皇帝遣臣某冊贈故某官某爲某勳某爵宣訖代受冊者復再拜使者取冊授之代受冊者捧置靈座前使者出代受冊者送至大門外如不用冊者吏部用誥命喪家以冊文錄黃設祭儀於靈前代受冊者再拜執事者展黃立讀於左喪主以下皆再拜焚黃

賜祭葬洪武十四年九月衍聖公孔希學卒遣官致祭其後羣臣祭葬皆有定制太祖諭祭羣臣文多出御筆嘉靖中世宗爲禮部尚書席書兵部尚書李承勛親製祭文皆特典非常制也隆慶元年十二月禮部議上卹典條例凡官員祭葬有無隆殺之等悉遵會典其特恩如侍從必日侍講讀軍功必躬履行陣東宮官必出閣講授有勞者據嘉靖中事例祭葬加一等無祭者與祭一壇無葬者給半葬半葬者給全葬講讀官五品本身有祭四品及父母三品及妻軍功四品得祭葬三品未滿及父母講讀年久啟沃功多軍旅身殲勳勞茂著者恩卹加厚臨期請旨會典凡一品官祭九壇父母妻加祭或二壇一壇或妻止一壇者恩難預擬遇有陳乞酌擬上請二品二壇加東宮三少或兼大學士贈一品者至四壇父母妻俱一壇致仕加三少者加一壇加太子太保者加三壇妻未封夫人者不祭三品祭葬在任致仕俱一壇兼學士贈尚書者二壇未及考滿病故者一壇減半造葬悉如舊例四五品官不得重封故四品官由六七品陞者父母有祭由五品陞者以例不重封遂不得祭今定四品官凡經考滿者父母雖止授五品封亦與祭一壇四品以上官本身及父母恩典必由考滿而後得然有二品三品共歷四五年父母未授三品封終不得霑一祭者宜並敘年資二品三品共歷三年以上者雖未考三品滿本身及父母俱與三品祭葬三品四品共歷三年以上者雖未考四品滿本身用三品未考滿例祭一壇半葬父母祭一壇凡被劾閒住者雖遇覃恩復致仕仍不給祭葬勳臣祭葬皇親出自上裁駙馬都尉祭十五壇公侯伯在內掌府事坐營在外總兵有殊勳加太子太保以上者遵會典公侯十六壇伯十五壇掌府坐營總兵有勳勞者七壇掌府坐營年勞者五壇掌府坐營而政蹟未著者四壇管事而被劾勘明閒住者二壇被劾未經勘實者一壇勘實罪重者并本爵應得祭葬皆削又正德間公侯伯本祭俱三壇嘉靖間二壇今遵嘉靖例以復會典之舊武臣祭葬遵正德嘉靖例都督同知僉事錦衣衞指揮祭三壇署都督同知僉事一壇餘推類行之帝從其議萬曆六年更定凡致仕養病終養聽用等官祭葬俱與現任官同十二年續定被劾自陳致仕官有日久論定原無可議者仍給祭葬父母妻視本身爲差等

喪葬之制洪武五年定凡襲衣三品以上三四品五品二六品以下一飯含五品以上飯稷含珠九品以上飯梁含小珠銘旌絳帛廣一幅四品以上長九尺六品以上八尺九品以上七尺斂衣品官朝服一襲常服十襲衾十番靈座設於柩前用白絹結魂帛以依神棺槨品官棺用油杉朱漆槨用土杉牆翣公侯六三品以上四五品以上二明器公侯九十事一品二品八十事三品四品七十事五品六十事六品七品三十事八品九品

二十事引者引車之紼也披者以纁爲之繫於輀車四柱在旁執之以備傾覆者也鐸者以銅爲之所以節挽歌者公侯四引六披左右各八鐸一品二品三引四披左右各六鐸三品四品二引二披左右各四鐸五品以下二引二披左右各二鐸羽旛竿長九尺五品以上一人執之以引柩六品以下不用功布品官用之長三尺方相四品以上四目七品以上兩目八品以下不用柳車上用竹格以綵結之旁施帷幔四角重流蘇誌石二片品官皆用之其一爲蓋書某官之墓其一爲底書姓名鄉里三代生年卒葬月日及子孫葬地婦人則隨夫與子孫封贈二石相向鐵束埋墓中祭物四品以上羊豕九品以上豕初洪武二年敕葬開平王常遇春於鍾山之陰給明器九十事納之墓中鉦二鼓四紅旗拂子各二紅羅蓋鞍籠各一弓二箭三竈釜火爐各一俱以木爲之水罐甲頭盔臺盞杓壺瓶酒甕唾壺水盆香爐各一燭臺二香盒香匙各一香箸二香匙箸瓶茶鍾茶盞各一箸二匙二匙箸瓶一椀二楪十二槖二俱以錫造金裹之班劍牙仗各一金裹立瓜骨朶戟響節各二交椅脚踏馬杌各一誕馬六槍劍斧弩食桌牀屏風拄杖箱交牀香桌各一樻二俱以木爲之樂工十六執儀仗二十四控士六女使十青龍白虎朱雀元武神四門神二武士十并以木造各高一尺雜物翣六璧一筐笥樺椸衿鞶各一箯二筲二糧漿瓶二油瓶一紗廚煖帳各一束帛青三段纁二段每段長一丈八尺後定制公侯九十事者准此行之餘以次減殺

碑碣明初文武大臣薨逝例請於上命翰林官製文立神道碑惟太祖時中山王徐達成祖時榮國公姚廣孝及弘治中昌國公張巒治先塋皆出御筆其制自洪武三年定五品以上用碑龜趺螭首六品以下用碣方趺圓首五年復詳定其制功臣歿後封王螭首高三尺二寸碑身高九尺廣三尺六寸龜趺高三尺八寸一品螭首二品麟鳳蓋三品天祿辟邪蓋四品至七品方趺首視功臣歿後封王者遞殺二寸至一尺八寸止碑身遞殺五寸至五尺五寸止其廣遞殺二寸至二尺二寸止趺遞殺二寸至二尺四寸止墳塋之制亦洪武三年定一品塋地周圍九十步墳高一丈八尺二品八十步高一丈四尺三品七十步高一丈二尺以上石獸各六四品四十步七品以下二十步高六尺五年重定功臣歿後封王塋地周圍一百步墳高二丈四圍墳墻高一丈石人四文武各二石虎羊馬石望柱各二一品至六品塋地如舊制七品加十步一品墳高一丈八尺二品至七品遞殺二尺一品墳墻高九尺二品至四品遞殺一尺五品四尺一品二品石人二文武各一虎羊馬望柱各二三品四品無石人五品無石虎六品以下無當太祖時盱眙楊王墳置守戶二百一十宿州徐王墳置墳戶九十三滁州滁陽王墳亦置墳戶四年又賜功臣李善長徐達常茂馮勝墳戶百五十鄧愈唐勝宗陸仲亨華雲龍顧時陳德耿炳文吳楨孫恪郭興墳戶百成化十五年南京禮部言常遇春李文忠等十四人勳臣墳塋俱在南京城外文忠曾孫萼等以歲久頹壞爲言請命工修治帝可其奏且令無子孫者復墓旁一人守護之

賜謚親王例用一字郡王二字文武大臣同與否自上裁若官品未高而侍從有勞或以死勤事者特賜謚非常例洪武初有應得謚者禮部請旨令禮部行翰林院擬奏弘治十五年定制凡親王薨行撫按郡王病故行本府親王及承奉長史覈勘以奏乃議謚文武大臣請謚禮部取旨行吏兵部考實蹟禮部定三等行業俱優者爲上頗可者爲中行實無取者爲下送翰林院擬謚有應謚而未得者撫按科道官以聞按明初舊制謚法自十七字至一字各有等差然終高帝世文臣未嘗得謚武臣非贈侯伯不可得魯秦二王曰荒曰愍至建文謚王禕成祖謚胡廣文臣始有謚迨世宗則濫及方士且加四字矣定例三品得謚詞臣謚文然亦有得謚不止三品謚文不專詞臣者或以勳勞或以節義或以望實破格崇褒用示激勸其旨濫者亦間有之萬曆元年禮臣言大臣應得謚者宜廣詢嚴覈應謚而未請者不拘遠近撫按科道舉奏酌議補給十二年禮臣言大臣謚號必公論允服毫無瑕疵者具請上裁如行業平常卽官品雖崇不得概予帝皆從之三十一年禮部侍郎郭正域請嚴謚典議奪者四人許論黃光昇呂本范謙應奪而改者一人陳瓚補者七人伍文定吳悌魯穆楊繼宗鄒智楊源陳有年閻臣沈一貫朱賡力庇呂本不從其議未幾御史張邦俊請以呂柟從祀孔廟而論應補謚者雍泰魏學曾等十四人部議久之共彙題先後七十四人留中不發天啟元年始降旨俞允又增續請者十八人而邦俊原請九人不與正域所請伍文定等亦至是始定凡八十四人其官卑得謚者鄒智劉臺魏良弼周天佐楊允繩沈鍊楊源黃鞏楊慎周怡莊杲馮應京皆以直諫孟秋張元忭曹端賀欽陳茂烈馬理陶望齡皆以學行張銓以忠義李夢陽以文章魯穆楊繼宗張朝瑞朱冠傅新德張允濟皆以清節楊慎之文憲莊杲之文節則又兼論文學云三年禮部尚書林堯俞言謚典五年一舉自萬曆四十五年至今蒙恤而未謚者九卿臺省會議與臣部酌議帝可之然是時遲速無定六年禮科給事中彭汝楠言耳目近則覩記眞宜勿逾五年之限又謂三品以上爲當予謚而建文諸臣之忠義陶安等之佐帷幄葉琛等之殉行間皆宜補謚事下禮部以建文諸臣未易輕擬不果行至福王時始從工科給事中李清言追謚開國功臣李善長等十四人正德諫臣蔣欽等十四人天啟慘死諸臣左光斗等九人而建文帝之弟允熥允熞允熙子文奎亦皆因清疏追補

品官喪禮載在集禮會典者本之儀禮士喪稽諸唐典又參以朱子家禮之編通行共曉茲舉大要其儀節不具錄凡初終之禮疾病遷於正寢屬纊俟絕氣乃哭喪主主婦護喪以子弟賢能者治棺訃告設尸牀帷堂掘坎設沐具沐者四人六品以下三人乃含置虛座結魂帛立銘旌喪之明日乃小斂又明日大斂蓋棺設靈牀於柩東又明日五服之人各服其服然後朝哭相弔旣成服朝夕奠百日而卒哭乃擇地三月而葬告后土遂穿壙刻誌石造明器備大轝作神主旣發引至墓所乃窆施銘旌誌石於壙內掩壙復土乃祠后土於墓題主奉安升車反哭凡虞祭葬之日日中而虞柔日再虞剛日三虞若去家經宿以上則初虞於墓所行之墓遠途中遇柔日亦於館所行之若三虞必俟至家而後行三虞後遇剛日卒哭明日祔家廟期而小祥喪至此凡十三月不計閏古卜日祭今止用初忌喪主乃易練服再期而大祥喪至此凡二十五月亦止用第二忌日祭陳禫服告遷於祠堂改題神主遞遷而西奉神主入於祠堂徹靈座奉遷主埋於墓側大祥後間一月而禫喪至此計二十有七月卜日喪主禫服詣祠堂祗薦禫事其在遠聞喪者始聞易服哭而行至家憑殯哭四日而成服若未得行則設位四日而變服若旣葬則先哭諸墓歸詣靈座前哭四日成服齊衰以下聞喪爲位而哭若奔喪則至家成服若不奔喪四日成服凡有改葬者孝子以下及妻妾女子子俱緦麻服周親以下素服不設祖奠無反哭無方相魌頭餘如常葬之儀旣葬就吉帷靈座前一虞孝子以下出就別所釋緦服素服而還洪武二十六年四月除期服奔喪之制先是百官聞祖父母伯叔兄弟喪俱得奔赴至是吏部言祖父母伯叔兄弟皆係期年服若俱令奔喪守制或一人連遭五六期喪或道路數千里則居官日少更易繁數曠官廢事今後除父母祖父母承重者丁憂外其餘期喪不許奔但遣人致祭從之

士庶人喪禮集禮及會典所載大略倣品官制稍有損益洪武元年御史高元侃言京師人民循習舊俗凡有喪葬設宴會親友作樂娛尸竟無哀戚之情甚非所以爲治乞禁止以厚風化乃令禮官定民喪服之制五年詔定庶民襲衣一稱用深衣一大帶一履一雙裙袴衫襪隨所用飯用粱含錢三銘旌用紅絹五尺斂隨所用衣衾及親戚襚儀隨所用棺用堅木油杉爲上柏次之土杉松又次之用黑漆金漆不得用朱紅明器一事功布白布三尺引柩柳車以衾覆棺誌石二片如官之儀塋地圍十八步祭用豕隨家有無又詔古之喪禮以哀戚爲本治喪之具稱家有無近代以來富者奢僭犯分力不足者稱貸財物誇耀殯送及有惑於風水停柩經年不行安葬宜令中書省臣集議定制頒行遵守違者論罪又諭禮部曰古有掩骼埋胔之令近世狃元俗死者或以火焚而投其骨於水傷恩敗俗莫此爲甚其禁止之若貧無地者所在官司擇寬閒地爲義塚俾之葬埋或有宦遊遠方不能歸葬者官給力費以歸之

服紀明初頒大明令凡喪服等差多因前代之舊洪武七年孝慈錄成復圖列於大明令刊示中外先是貴妃孫氏薨敕禮官定服制禮部尚書牛諒等奏曰周儀禮父在爲母服期年若庶母則無服太祖曰父母之恩一也而低昂若是不情甚矣乃敕翰林院學士宋濂等曰養生送死聖王大政諱亡忌疾衰世陋俗三代喪禮散失於衰周厄於暴秦漢唐以降莫能議此夫人情無窮而禮爲適宜人心所安卽天理所在爾等其考定喪禮於是濂等考得古人論服母喪者凡四十二人願服三年者二十八人服期年者十四人太祖曰三年之喪天下通喪觀願服三年視願服期年者倍豈非天理人情之所安乎乃立爲定制子爲父母庶子爲其母皆斬衰三年嫡子衆子爲庶母皆齊衰杖期仍命以五服喪制并著爲書使內外遵守其制服五曰斬衰以至粗麻布爲之不縫下邊曰齊衰以稍粗麻布爲之縫下邊曰大功以粗熟布爲之曰小功以稍粗熟布爲之曰緦麻以稍細熟布爲之其敘服有八曰斬衰三年者子爲父母庶子爲所生母子爲繼母子爲慈母謂母卒父命他妾

養己者子爲養母謂自幼過房與人者女在室爲父母女嫁被出而反在室爲父母嫡孫爲祖父母承重及曾高祖父母承重者爲人後者爲所後父母及爲所後祖父母承重夫爲後則妻從服婦爲舅姑庶子之妻爲夫之所生母妻妾爲夫曰齊衰杖期者嫡子衆子爲庶母嫡子衆子之妻爲夫之庶母爲嫁母出母父卒繼母改嫁而己從之者夫爲妻曰齊衰不杖期者父母爲嫡長子及衆子父母爲女在室者繼母爲長子及衆子慈母爲長子及衆子孫爲祖父母孫女雖適人不降高曾皆然爲伯叔父母妾爲夫之長子及衆子爲所生子爲兄弟爲兄弟之子及兄弟之女在室者爲姑及姊妹在室者妾爲嫡妻嫁母出母爲其子女在室及雖適人而無夫與子者爲其兄弟及兄弟之子繼母改嫁爲前夫之子從己者爲繼父同居兩無大功之親者婦人爲夫親兄弟之子婦人爲夫親兄弟子女在室者女出嫁爲父母妾爲其父母爲人後者爲其父母女適人爲兄弟之爲父後者祖爲嫡孫父母爲長子婦曰齊衰五月者爲曾祖父母曰齊衰三月者爲高祖父母爲繼父昔同居而今不同者爲繼父雖同居而兩有大功以上親者曰大功九月者爲同堂兄弟及姊妹在室者爲姑及姊妹及兄弟之女出嫁者父母爲衆子婦爲女之出嫁者祖爲衆孫爲兄弟之子婦婦人爲夫之祖父母爲夫之伯叔父母爲夫之兄弟之子婦爲夫兄弟之女嫁人者女出嫁爲本宗伯叔父母及爲兄弟與兄弟之子爲姑姊妹及兄弟之女在室者爲人後者爲其兄弟及姑姊妹在室者妻爲夫本生父母爲兄弟之子爲人後者曰小功五月者爲伯叔祖父母爲同堂伯叔父母爲再從兄弟及再從姊妹在室者爲同堂兄弟之子爲祖姑在室者爲從祖姑在室者爲同堂兄弟之女在室者爲兄弟之妻爲人後者爲其姑姊妹適人者爲嫡孫婦爲同堂姊妹之出嫁者爲孫女適人者爲兄弟之孫及兄弟之女孫在室者爲外祖父母爲母之兄弟姊妹爲同母異父之兄弟姊妹爲姊妹之子婦人爲夫之姑及夫之姊妹爲夫之兄弟及夫兄弟之妻爲夫兄弟之孫及夫兄弟之女孫在室者爲夫同堂兄弟之子及同堂兄弟之女在室者曰緦麻三月者爲族曾祖父母爲族伯叔祖父母爲族父母爲族兄弟及族姊妹在室者爲族曾祖姑在室者爲族祖姑及族姑在室者爲兄弟之曾孫女在室同爲曾孫元孫爲同堂兄弟之孫女在室同爲再從兄弟之子女在室同爲祖姑從祖姑及從祖姊妹之出嫁者爲兄弟之孫女出嫁者爲同堂兄弟之女出嫁者爲乳母爲舅之子爲姑之子爲姨之子爲外孫爲壻爲妻之父母爲兄弟孫之婦爲同堂兄弟子之婦爲同堂兄弟之妻爲外孫婦爲甥婦婦人爲夫之曾祖高祖父母爲夫之叔伯祖父母爲夫之同堂伯叔父母爲夫兄弟之曾孫爲夫之同堂兄弟爲夫同堂兄弟之孫孫女同爲夫再從兄弟之子爲夫兄弟之孫婦爲夫同堂兄弟子之婦爲夫同堂兄弟之妻爲夫同堂姊妹爲夫之外祖父母爲夫之舅及姨爲夫之祖姑及從祖姑在室者女出嫁爲本宗叔伯祖父母爲本宗同堂叔伯父母爲本宗同堂兄弟之子女爲本宗祖姑及從祖姑在室者爲本宗同堂姊妹之出嫁者爲人後者爲本生外祖父母嘉靖十八年正月諭輔臣昨居喪理疾閱禮記檀弓等篇其所著禮儀制度俱不歸一又不載天子全儀雖曰三年之喪通乎上下而今昔亦有大不同者皇祖所定未有全文每遇帝后之喪亦未免因仍爲禮至於冠裳衰絰所司之製不一其與禮官考定之自初喪至除服冠裳輕重之製具爲儀節俾歸至當於是禮部議喪服諸制奏之帝令更加考訂畫圖註釋並祭葬全儀編輯成書備覽

明史卷六十一　志第三十七

總裁官總理事務經筵講官少保兼太子太保保和殿大學士兼管吏部戶部尚書事加六級張廷玉等奉

敕修

樂一

古先聖王治定功成而作樂以合天地之性類萬物之情天神格而民志協蓋樂者心聲也君心和六合之內無不和矣是以樂作於上民化於下秦漢而降斯理寖微聲音之道與政治不相通而民之風俗日趨於靡曼明興太祖銳志雅樂是時儒臣冷謙陶凱詹同宋濂樂韶鳳輩皆知聲律相與究切釐定而掌故濶略欲還古音其道無由太祖亦方以下情偸薄務嚴刑以束之其於履中蹈和之本未暇及也文皇帝訪問黃鍾之律臣工無能應者英景憲孝之世宮縣徒爲具文殿庭燕享郊壇祭祀教坊羽流慢瀆苟簡劉翔胡瑞爲之深慨世宗制作自任張鶚李文察以審音受知終以無成蓋學士大夫之著述止能論其理而施諸五音六律輒多未叶樂官能紀其鏗鏘鼓舞而不曉其義是以卒世莫能明也稽明代之制作大抵集漢唐宋元人之舊而稍更易其名凡聲容之次第器數之繁縟在當日非不燦然俱舉第雅俗雜出無從正之故備列於篇以資考者

太祖初克金陵卽立典樂官其明年置雅樂以供郊社之祭吳元年命自今朝賀不用女樂先是命選道童充樂舞生至是始集太祖御戟門名學士朱升范權引樂舞生入見閱試之太祖親擊石磬命升辨五音升不能審以宮音爲徵音太祖哂其誤命樂生登歌一曲而罷是年置太常司其屬有協律郎等官元末有冷謙者知音善鼓瑟以黃冠隱吳山召爲協律郎令協樂章聲譜俾樂生習之取石靈壁以製磬採桐梓湖州以製琴瑟乃考正四廟雅樂命謙較定音律及編鐘編磬等器遂定樂舞之制樂生仍用道童舞生改用軍民俊秀子弟又置教坊司掌宴會大樂設大使副使和聲郎左右韶樂左右司樂皆以樂工爲之後改和聲郎爲奉鑾洪武元年春親祭太社太稷祫享於太廟其冬祀昊天上帝於圜丘明年祀皇地祇於方丘又以次祀先農日月太歲風雷嶽瀆周天星辰歷代帝王至聖文宣王皆定樂舞之數奏曲之名圜丘迎神奏中和之曲奠玉帛奏肅和之曲奉牲奏凝和之曲初獻奏壽和之曲武功之舞亞獻奏豫和之曲終獻奏熙和之曲俱文德之舞徹豆奏雍和之曲送神奏安和之曲望燎奏時和之曲方丘竝同曲詞各異易望燎曰望瘞太社太稷易迎神曰廣和省奏牲餘竝與方丘同曲詞各異先農迎神奠帛奏永和之曲進俎奏雍和之曲初獻終獻竝奏壽和之曲徹豆送神竝奏永和之曲望瘞奏太和之曲朝日迎神奏熙和之曲奠玉帛奏保和之曲初獻奏安和之曲武功之舞亞獻奏中和之曲終獻奏肅和之曲俱文德之舞徹豆奏凝和之曲送神奏壽和之曲望燎奏豫和之曲夕月迎神易凝和奠帛以下與朝日同曲詞各異太歲風雷嶽瀆迎神奏中和奠帛奏安和初獻奏保和亞獻奏肅和終獻奏凝和徹豆奏壽和送神奏豫和望燎奏熙和周天星辰初附祀夕月洪武四年別祀迎神奏凝和奠帛初獻奏保和武功舞亞獻奏中和終獻奏肅和俱文德舞徹豆奏豫和送神奏雍和太廟迎神奏太和之曲奉冊寶奏熙和之曲進俎奏凝和之曲初獻奏壽和之曲武功之舞亞獻奏豫和之曲終獻奏熙和之曲俱文德之舞徹豆奏雍和之曲送神奏安和之曲初獻則德懿熙仁各奏樂舞亞終獻則四廟共之釋奠孔子初用大成登歌舊樂洪武六年始命詹同樂韶鳳等更製樂章迎神奏咸和奠帛奏寧和初獻奏安和亞獻終獻奏景和徹饌送神奏咸和歷代帝王迎神奏雍和奠帛初獻奏保和武功舞亞獻奏中和終獻奏肅和俱文德舞徹豆奏凝和送神奏壽和望瘞奏豫和又定王國祭祀樂章迎神奏太清之曲初獻奏壽清之曲亞獻奏豫清之曲終獻奏熙清之曲徹饌奏雍清之曲送神奏安清之曲其社稷山川易迎神爲廣清增奉瘞曰時清此祭祀之樂歌節奏也又定朝會宴饗之制凡聖節正旦冬至大朝賀和聲郎陳樂於丹墀百官拜位之南北向駕出仗動和聲郎舉麾奏飛龍引之曲樂作陞座樂止偃麾百官拜奏風雲會之曲拜畢樂止丞相上殿致詞奏慶皇都之曲致詞畢樂止百官又拜奏喜昇平之曲拜畢樂止駕興奏賀聖朝之曲還宮樂止百官退和聲郎樂工以次出凡宴饗和聲郎四人總樂舞二人執麾立樂工前之兩旁二人押樂立樂工後之兩旁殿上陳設畢和聲郎執麾由兩階升立於御酒案之左右二人引歌工樂工由兩階升立於丹陛上之兩旁東西向舞師二人執旌引武舞士立於西階下之南又二人執翿引文舞士立於東階下之南又二人執幢引四夷舞士立於武舞之西南俱北向武舞曰平定天下之舞象以武功定禍亂也文舞曰車書會同之舞象以文德致太平也四夷舞曰撫安四夷之舞象以威德服遠人也引大樂二人執戲竹引大樂工陳列於丹陛之西文武二舞樂工列於丹陛之東四夷樂工列於四夷舞之北俱北向駕將出仗動大樂作升座樂止進第一爵和聲郎舉麾唱奏起臨濠之曲引樂二人引歌工樂工詣酒案前北面重行立定奏畢偃麾押樂引衆工退第二奏開太平之曲第三奏安建業之曲第四奏削羣雄之曲第五奏平幽都之曲第六奏撫四夷之曲第七奏定封賞之曲第八奏大一統之曲第九奏守承平之曲其舉麾偃麾歌工樂工進退皆如前儀進第一次膳和聲郎舉麾唱奏飛龍引之樂大樂作食畢樂止偃麾第二奏風雲會之樂第三奏慶皇都之樂第四奏平定天下之舞第五奏賀聖朝之樂第六奏撫安四夷之舞第七奏九重歡之樂第八奏車書會同之舞第九奏萬年春之樂其舉麾偃麾如前儀九奏三舞既畢駕興大樂作入宮樂止和聲郎執麾引衆工以次出宴饗之曲後凡再更四年所定一曰本太初二曰仰大明三曰民初生四曰物品亨五曰御六龍六曰泰階平七曰君德成八曰聖道行九曰樂清寧其詞詹同陶凱所製也十五年所定一曰炎精開運二曰皇風三曰眷皇明四曰天道傳五曰振皇綱六曰金陵七曰長楊八曰芳醴九曰駕六龍凡大朝賀教坊司設中和韶樂於殿之東西北向

陳大舞於丹陛之東西亦北向駕興中和韶樂奏聖安之曲陞座進寶樂止百官拜大樂作拜畢樂止進表大樂作進訖樂止宣表目致賀訖百官俯伏大樂作拜畢樂止宣制訖百官舞蹈山呼大樂作拜畢樂止駕興中和韶樂奏定安之曲導駕至華蓋殿樂止百官以次出其大宴饗教坊司設中和韶樂於殿內設大樂於殿外立三舞雜隊於殿下駕興大樂作陞座樂止文武官入列於殿外北向拜大樂作拜畢樂止進御筵樂作進訖樂止進花樂作進訖樂止進第一爵教坊司奏炎精開運之曲樂作內外官拜畢樂止散花樂作散訖樂止第二爵教坊司奏皇風之曲樂止進湯鼓吹饗節前導至殿外鼓吹止殿上樂作羣臣湯饌成樂止武舞入教坊司請奏平定天下之舞第三爵教坊司請奏眷皇明之曲進酒如前儀樂止教坊司請奏撫安四夷之舞第四爵奏天道傳之曲進酒進湯如前儀樂止奏車書會同之舞第五爵奏振皇綱之曲進酒如前儀樂止奏百戲承應第六爵奏金陵之曲進酒進湯如前儀樂止奏八蠻獻寶承應第七爵奏長楊之曲進酒如前儀樂止奏採蓮隊子承應第八爵奏芳醴之曲進酒進湯如前儀樂止奏魚躍於淵承應第九爵奏駕六龍之曲進酒如前儀樂止收爵進湯進大膳樂作供羣臣飯食訖樂止百花隊舞承應宴成徹案羣臣出席北向拜樂作拜畢樂止駕興大樂作鳴鞭百官以次出此朝賀宴饗之樂歌節奏也其樂器之制郊丘廟社洪武元年定樂工六十二人編鐘編磬各十六琴十瑟四搏拊四柷敔各一壎四篪四簫八笙八笛四應鼓一歌工十二協律郎一人執麾以引之七年復增籥四鳳笙四壎用六搏拊用二共七十二人舞則武舞生六十二人引舞二人各執干戚文舞生六十二人引舞二人各執羽籥舞師二人執節以引之共一百三十八人惟文廟樂生六十人編鐘編磬各十六琴十瑟四搏拊四柷敔各一壎四篪四簫八笙八笛四大鼓一歌工十六年鑄太和鐘其制倣宋景鐘以九九爲數高八尺一寸拱以九龍柱以龍簴建樓於圜丘齋宮之東北懸之郊祀駕動則鐘聲作升壇鐘止衆音作禮畢升輦鐘聲作俟導駕樂作乃止十七年改鑄減其尺十之四焉朝賀洪武三年定丹陛大樂簫四笙四箜篌四方響四頭管四龍笛四琵琶四箏六杖鼓二十四大鼓二板二二十六年又定殿中韶樂簫十二笙十二排簫四橫笛十二壎四篪四琴十瑟四編鐘二編磬二應鼓二柷一敔一搏拊二丹陛大樂戲竹二簫十二笙十二笛十二頭管十二箏八琵琶八二十弦八方響二鼓二拍板八杖鼓十二命婦朝賀中宮設女樂戲竹二簫十四笙十四笛十四頭管十四箏十琵琶八二十弦八方響六鼓五拍板八杖鼓十二正旦冬至千秋凡三節其後太皇太后皇太后竝用之朔望朝參戲竹二簫四笙四笛四頭管四箏二琵琶二二十弦二方響一鼓一拍板二杖鼓六大宴洪武元年定殿內侑食樂簫六笙六歌工四丹陛大樂戲竹二簫四笙四琵琶六箏六箜篌四方響四頭管四龍笛四杖鼓二十四大鼓二板二文武二舞樂器笙二橫管二箏二杖鼓二大鼓一板一四夷舞樂腰鼓二琵琶二胡琴二箜篌二頭管二羌笛二箏二水盞一板一二十六年又定殿內侑食樂柷一敔一搏拊一琴四瑟二簫四笙四笛四壎二篪二排簫一鐘一磬一應鼓一丹陛大樂戲竹二簫四笙四笛二頭管二琵琶二箏二二十弦二方響二杖鼓八鼓一板一迎膳樂戲竹二笙二笛四頭管二箏二杖鼓十鼓一板一進膳樂笙二笛二杖鼓八鼓一板一太平清樂笙四笛四頭管二箏四方響一杖鼓八小鼓一板一樂工舞士服色之制郊廟洪武元年定朝賀洪武三年定文武兩舞武舞士三十二人左干右戚四行行八人舞作發揚蹈厲坐作擊刺之狀舞師二人執旌以引之文舞士三十二人左籥右翟四行行八人舞作進退舒徐揖讓升降之狀舞師二人執翿以引之四夷之舞舞士十六人四行行四人舞作拜跪朝謁喜躍俯伏之狀舞師二人執幢以引之此祭祀朝賀之樂舞器服也當太祖時前後稍有增損樂章之鄙陋者命儒臣易其詞二郊之作太祖所親製後改合祀其詞復更大社稷奉仁祖配亦更製七奏嘗諭禮臣曰古樂之詩章和而正後世之詩章淫以誇故一切諛詞艷曲皆棄不取嘗命儒臣撰回鑾樂歌所奏神降祥神貺酣酒色荒禽荒諸曲凡三十九章命曰御鑾歌皆寓諷諫之意然當時作者惟務明達易曉非能如漢晉間詩歌鏗鏘雅健可錄而誦也殿中韶樂其詞出於教坊俳優多乖雅道十二月樂歌按月律以奏及進膳迎膳等曲皆用樂府小令雜劇爲娛戲流俗諠譊淫哇不逞太祖所欲屛者顧反設之殿陛間不爲怪也永樂十八年北京郊廟成其合祀合享禮樂一如舊制更定宴饗樂舞初奏上萬壽之曲平定天下之舞二奏仰天恩之曲撫四夷之舞三奏感地德之曲車書會同之舞四奏民樂生之曲表正萬邦之舞五奏感皇恩之曲天命有德之舞六奏慶豐年之曲七奏集禎應之曲八奏永皇圖之曲九奏樂太平之曲奏曲膚淺舞曲益下俚景泰元年助教劉翔上書指其失請敕儒臣推演道德教化之意君臣相與之樂作爲詩章協以律呂如古靈臺辟雍清廟湛露之音以振勵風教備一代盛典時以襲用旣久卒莫能改其後教坊司樂工所奏中和韶樂且多不諳者成化中禮官嘗請三倍其額博教而約取之弘治之初孝宗親耕耤田教坊司以雜劇承應間出狎語都御史馬文升厲色斥去給事中胡瑞嘗言御殿受朝典禮至大而殿中中和韶樂乃屬之教坊司嶽鎭海瀆三年一祭乃委之神樂觀樂舞生褻神明傷大體望敕廷臣議嶽瀆等祭當以縉紳從事中和韶樂擇民間子弟肄習設官掌之年久則量授職事帝以奏樂遣祭皆國朝舊典不能從也馬文升爲尚書因災異陳言其一訪名儒以正雅樂事下禮官禮官言高皇帝命儒臣考定八音修造樂器參定樂章其登歌之詞多自裁定但歷今百三十餘年不復校正音律舛訛釐正宜急且太常官恐未足當製器協律之任乞詔下諸司博求中外臣工及山林有精曉音律者禮送京師會禮官熟議至當然後造器正音庶幾可以復祖制致太和帝可其奏末年詔南京及各王府選精通樂藝者詣京師復以禮官言而罷正德三年武宗諭內鐘鼓司康能等曰慶成大宴華夷臣工所觀瞻宜舉大樂邇者音樂廢缺無以重朝廷禮部乃請選三院樂工年壯者嚴督肄之仍移各省司取藝精者赴京供應顧所隸益猥雜筋斗百戲之類日盛於禁廷旣而河間等府奉詔送樂戶居之新宅樂工旣得幸時時言居外者不宜獨逸乃復移各省司所送技精者於教坊於是乘傳續食者又數百人俳優之勢大張臧賢以伶人進與諸佞倖角寵竊權矣嘉靖元年御史汪珊請屛絕玩好令教坊司毋得以新聲巧技進世宗嘉納之是時更定諸典禮因亦有志於樂建觀德殿以祀獻帝召協律郎肄樂供祀事後建世廟成改殿曰崇先乃親製樂章命大學士費宏等更定曲名以別於太廟其迎神曰永和之曲初獻曰清和之曲亞獻曰康和之曲終獻曰冲和之曲徹饌曰泰和之曲送神曰寧和之曲宏等復議獻皇生長太平不尙武功其三獻皆當用文德舞從之已而太常復請乃命禮官會張璁議璁言樂舞以佾數爲降殺不聞以武文爲偏全使八佾之制用其文而去其武則兩階之容得其左而闕其右是皇上舉天子禮樂而自降殺之矣乃從璁議仍用二舞九年二月始祈穀於南郊帝親製樂章命太常協於音譜是年始祀先蠶下禮官議樂舞禮官言先蠶之祀周漢所同其樂舞儀節經史不載唐開元先蠶儀注大樂令設宮縣於北郊壇壝內諸女工咸列於后則祀先蠶用女樂可知唐六典宮縣之舞八佾軒縣之舞六佾則祀先蠶用八佾又可知然止言舞生冠服而不及舞女冠服陳暘樂書享先蠶圖下止有宮架登歌圖而不及舞夫有樂有舞雖祀禮之常然周漢制度旣不可考宋祀先蠶代以有司又不可據惟開元略爲近古而陳氏樂書考據亦明前享先農旣以佾數不足降八爲六則今祀先蠶止用樂歌不用樂舞亦合古制且以見少殺先農之禮帝以舞非女子事罷不用使議樂女冠服以聞禮官言北郊陰方其色尙黑同色相感事神之道漢蠶東郊魏蠶西郊色皆尙青非其色矣樂女冠服宜黑乃用樂六奏去舞其樂女皆黑冠服因定享先蠶樂章又以祀典方釐定南北郊復朝日夕月之祭命詞臣取洪武時舊樂歌一切更改禮官因請廣求博訪有如宋胡瑗李照者具以名聞授之太常考定雅樂給事中夏言乃以致仕甘肅行太僕寺丞張鶚應詔命趣召之旣至言曰大樂之正乃先定元聲元聲起自冥罔旣覺之時亥子相乘之際積絲成毫積毫成釐積釐成分一時三十分一日十二時故聲生於日律起於辰氣在聲先聲從氣後若拘於器以求氣則氣不能致器而反受制於器何以定黃鍾起曆元須依蔡元定多截竹以擬黃鍾之律長短每差一分冬至日按律而候依法而取如衆管中先飛灰者卽得元氣驗其時刻如在子初二刻卽子初一刻移於初二刻矣如在正二刻卽子正一刻移於正二刻矣願命知曆官一人同臣參候庶幾元聲可得而古樂可復又言古人製爲十六編鍾非徒事觀美蓋爲旋宮而設其下八鍾黃鍾大呂太簇夾鍾姑洗仲呂蕤賓林鍾是已其上八鍾夷則南呂無射應鍾黃鍾大呂太簇夾鍾是已近世止用黃鍾一均而不偏具十六鍾古人立樂之方已失況太常止以五凡工尺上一四六勾合字眼譜之去古益遠且如黃鍾爲合似矣其以大呂爲下四太簇爲高四夾鍾爲下一姑洗爲高一夷則爲下工南呂爲高工之類皆以兩律兼一字何以旋宮取律止黃鍾一均而已且黃鍾大呂太簇夾鍾爲上四清聲蓋黃鍾爲君至尊無比黃鍾爲宮則十一律皆從而受制臣民事物莫敢凌犯焉至於夾鍾爲宮則下生無射爲徵無射上生仲呂爲商仲呂下生黃

鍾爲羽然黃鍾正律聲長非仲呂爲商三分去一之次所以用黃鍾爲羽必用子聲卽上黃六之淸聲正爲不敢用黃鍾全聲而用其半耳姑洗以下之均大率若此此四淸聲之所由立也編鐘十六其理亦然宋胡瑗知此義故四淸聲皆小其圍徑以就之然黃鍾太簇二聲雖合大呂夾鍾二聲又非遂使十二律五聲皆不得正至於李照范鎭止用十二律不用四淸聲其合於三分損益者則和矣夷則以降其臣民事物安能尊卑有辨而不相凌犯耶臣又考周禮圜鍾函鍾黃鍾天地人三宮之說有薦神之樂有降神之樂所爲薦神之樂者乃奏黃鍾歌大呂子丑合也舞雲門以祀天神乃奏太簇歌應鍾寅亥合也舞咸池以祀地祇乃奏姑洗歌南呂辰酉合也舞大韶以祭四望乃奏蕤賓歌林鍾午未合也舞大夏以祭山川乃奏夷則歌小呂巳申合也舞大武以享先祖舞大濩以享先妣所謂降神之樂者冬至祀天圜丘則以圜鍾爲宮黃鍾爲角太簇爲徵姑洗爲羽是三者陽律相繼相繼者天之道也夏至祭地方丘則以函鍾爲宮夾鍾爲角姑洗爲徵南呂爲羽是三者陰呂相生相生者地之功也祭宗廟以黃鍾爲宮大呂爲角太簇爲徵夾鍾爲羽是三者律呂相合相合者人之情也且圜鍾夾鍾也生於房心之氣爲天地之明堂祀天從此起宮在琴中角絃第十徽卯位也函鍾林鍾也生於坤位之氣在井東輿鬼之外主地祇祭地從此起宮在琴中徵絃第五徽未位也黃鍾生於虛危之氣爲宗廟祭人鬼從此起宮在琴中宮絃第三徽子位也至若六變而天神降八變而地祇格九變而人鬼享非有難易之分蓋陽數起子而終於少陰之申陰數起午而終於少陽之寅圜鍾在卯自卯至申六數故六變而天神降函鍾在未自未至寅八數故八變而地祇格黃鍾在子自子至申九數故九變而人鬼享此皆以本元之聲召本位之神故感通之理速也或者謂自漢以來天地鬼神聞新聲習矣何必改作不知自人觀天地則由漢迄今千七百年自天地觀亦頃刻間耳自今正之猶可及也倂進所著樂書二部其一曰大成樂舞圖譜自琴瑟以下諸樂逐字作譜其一曰古雅心談列十二圖以象十二律圖各有說又以琴爲正聲樂之宗系凡郊廟大樂分註琴絃定徽各有歸旨且自謂心所獨契斲輪之妙有非口所能言者疏下禮部禮官言音律久廢太常諸官循習工尺字譜不復知有黃鍾等調臣等近奉詔演習新定郊祀樂章間問古人遺制茫無以對今鶚謂四淸聲所以爲旋宮其註絃定徽蓋已深識近樂之弊至欲取知曆者互相參考尤爲探本窮源之論似非目前司樂者所及乃授鶚太常寺丞令詣太和殿較定樂舞鶚遂上言周禮有郊祀之樂有宗祀之樂尊親分殊聲律自別臣伏聽世廟樂章律起林鍾均殊太廟臣竊異之蓋世廟與太廟同禮而林鍾與黃鍾異樂函鍾主祀地祇位寓坤方星分井鬼樂奏八變以報資生之功故用林鍾起調林鍾畢調也黃鍾主祀宗廟位分子野星隸虛危樂奏九成以報本源之德故用黃鍾起調黃鍾畢調也理義各有歸旨聲數默相感通況天地者父母之象大君者宗子之稱今以祀母之樂奏以祀子恐世廟在天之靈必不能安且享矣不知譜是樂者何所見也臣觀舊譜樂章字用黃鍾聲同太廟但審聽七聲中少一律今更補正使依奏格則祖孫一氣相爲流通函黃二宮不失均調尊親之分兩得神人之心胥悅矣詔下禮官李時等覆奏以爲鶚所言與臣等所聞於律呂諸書者深有所合蓋黃鍾一調以黃鍾爲宮太簇爲商姑洗爲角蕤賓爲變徵林鍾爲徵南呂爲羽應鍾爲變宮舊樂章用合用四用一用尺用工去蕤賓之均而越次用再生黃鍾之六此舊樂章之失也若林鍾一調則以林鍾爲宮南呂爲商應鍾爲角大呂之半聲爲變徵太簇之半聲爲徵姑洗之半聲爲羽蕤賓之半聲爲變宮邇者沈居敬更協樂章用尺用合用四用一用工用六夫合黃鍾也四太簇也一姑洗之正聲也六黃鍾之子聲也以林鍾爲宮而所用爲角徵羽者皆非其一均之聲則謬甚矣況林鍾一調不宜用於宗廟而太廟與世廟不宜異調鶚見尤眞自今宜用舊協音律惟加以蕤賓勾聲去再生黃鍾之六改用應鍾之九以成黃鍾一均庶於感格之義深有所補乃命鶚更定廟享樂音而逮治沈居敬等鶚尋譜定帝社稷樂歌以進詔嘉其勤晉爲少卿掌敎雅樂夏言又引古者龍見而雩命樂正習盛樂舞皇舞請依古禮定大雩之制當三獻禮成之後九奏樂止之時櫽括雲漢詩辭製爲雲門一曲使文武舞士幷舞而合歌之帝可其議時七廟旣建樂制未備禮官因請更定宗廟雅樂言德懿熙仁四祖久祧舊章弗協太祖創業太宗定鼎列聖守成當有頌聲以對越在天垂之萬禩若特享若祫享若大祫詩歌頌美宜命儒臣撰述取自上裁其樂器樂舞各依太廟成式備爲規制制可已而尊獻帝爲睿宗祔享太廟於是九廟春特三時祫季冬大祫樂章皆更定爲十八年巡狩興都帝親製樂章享上帝於飛龍殿奉皇考配其後七廟火復同堂之制四時歲祫樂章器物仍如舊制初增七廟樂官及樂舞生自四郊九廟暨太歲神祇諸壇樂舞人數至二千一百名後稍裁革存其半張鶚遷太常卿復申前說建白三事一請設特鐘特磬以爲樂節一請復宮縣以備古制一請候元氣以定鍾律事下禮官言特鐘特磬宜造樂懸在廟廷中周旋未便不得更製惟黃鍾爲聲氣之元候氣之法實求中氣以定中聲最爲作樂本原其說若重室瑾戶截管實灰覆緹按曆氣至灰飛證以累黍具有成法可依其法築室於圜丘外垣隙地選知曆候者往相其役待稍有次第然後委官考驗從之乃詔取山西長子縣羊頭山黍大小中三等各五斗以備候氣定律明自太祖世宗樂章屢易然鍾律爲制作之要未能有所講明呂懷劉濂韓邦奇黃佐王邦直之徒著書甚備職不與典樂託之空言而已張鶚雖因知樂得官候氣終屬渺茫不能準以定律弘治中莆人李敎授文利著律呂元聲獨宗呂覽黃鍾三寸九分之說世宗初年御史范永鑾上其書其說與古背不可用嘉靖十七年六月遼州同知李文察進所著樂書四種禮官謂於樂理樂書多前人所未發者乃授文察爲太常典簿以獎勸之而其所云按人聲以考定五音者不能行也神宗時鄭世子載堉著律呂精義律學新說樂舞全譜共若干卷具表進獻崇禎六年禮部尚書黃汝良進昭代樂律志宣付史館以備稽考未及施行

明史卷六十二　志第三十八

總裁官總理事務經筵講官少保兼太子太保保和殿大學士兼管吏部戶部尚書事加六級張廷玉等奉
敕修

樂二

樂章一

洪武元年圜丘樂章

迎神中和之曲　昊天蒼兮穹窿廣覆燾兮龐洪建圜丘兮國之陽合衆神兮來臨之同念螻蟻兮微衷莫自期兮感通思神來兮金玉其容馭龍鸞兮乘雲駕風顧南郊兮昭格望至尊兮崇崇

奠玉帛肅和之曲　聖靈皇皇敬瞻威光玉帛以登承筐是將穆穆崇嚴神妙難量謹茲禮祭功徵是皇

進俎凝和之曲　祀儀祇陳物不於大敢用純犢告於覆載惟茲菲薦恐未周完神其容之以享以觀

初獻壽和之曲　眇眇微躬何敢請於九重以煩帝聰帝心矜憐有感而通旣俯臨於几筵神繽紛而景從臣雖愚蒙鼓舞歡容乃子孫之親祖宗酌淸酒兮在鍾仰至德兮元功

亞獻豫和之曲　荷天之寵眷駐紫壇中情彌喜臣庶均懽趨蹌奉承我心則寬再獻御前式燕且安

終獻熙和之曲　小子於茲惟父天之恩惟恃天之慈內外殷勤何以將之奠有芳齊設有明粢喜極而抃奉神燕娭禮雖止於三獻情悠長兮遠而

徹饌雍和之曲　烹飪旣陳薦獻斯就神之在位旣歆旣右羣臣駿奔徹茲俎豆物倘未克尚幸神宥

送神安和之曲　神之去兮難延想遐袂兮翩翩萬靈從兮後先衞神駕兮回旋稽首兮瞻天雲之衢兮眇然

望燎時和之曲　焚燎於壇燦爛晶熒幣帛牲黍冀徹帝京奉神於陽昭祀有成肅然望之玉宇光明

洪武八年御製圜丘樂章

迎神　仰惟兮昊穹臣率百職兮迓迎幸來臨兮壇中上下護衞兮景從旌幢繚繞兮四維重悅聖心兮民獲年豐

奠玉帛　民依時兮用工感帝德兮大化成功臣將兮以奠望納兮微衷

進俎　庖人兮列鼎殽羞兮以成方俎兮再獻願享兮以歆

初獻　聖靈兮皇皇穆嚴兮金牀臣令樂舞兮景張酒行初獻兮捧觴

亞獻　載斟兮再將百辟陪祀兮具張感聖情兮無已拜手稽首兮願享

終獻　三獻兮樂舞揚殽羞具納兮氣藹而芳光朗朗兮上方況日吉兮時良

徹饌　粗陳菲薦兮神喜將感聖心兮何以忘民福留兮佳氣昂昂臣拜手兮謝恩光

送神　旌幢燁燁兮雲衢長龍車鳳輦兮駕飛揚遙瞻冉冉兮去上方可見烝民兮永康

望燎　進羅列兮詣燎方炬焰發兮煌煌神變化兮物全於上感至恩兮無量

洪武二年方丘樂章

迎神中和之曲　坤德博厚物資以生承天時行光大
且寧穆穆皇祇功化順成來御方丘嚴恭奉迎
奠玉帛肅和之曲　地有四維大琮以方土有正色制
幣以黃敬存於中是薦是將奠之几筵臨鑒洋洋
進俎凝和之曲　奉將純牲其牲童犢烹飪既嚴登俎
惟肅升壇昭薦神光下燭眷佑邦家報効惟篤
初獻壽和之曲　午爲盛陽陰德初萌天地相遇品物
光榮吉日令辰明祀攸行進以醇醴展其潔清
亞獻豫和之曲　至廣無邊道全持載山嶽所憑海瀆
咸賴民資水土既安且泰酌酒揭虔功德惟大
終獻熙和之曲　庸耿之資有此疆宇匪臣攸能仰承
佑助恩崇父母臣懽鼓舞八音宣揚疊侑明酹
徹饌雍和之曲　牲牷在俎籩豆有實臨之肹蠁匪惟
飲食登歌乃徹薦獻爰畢執事奉承一其嚴慄
送神安和之曲　神化無方妙用難量其功顯融其祀
攸長飈輪云旋龍控鸞翔拜送稽首瞻禮餘光
望瘞時和之曲　牲醴制幣餕饌惟馨瘞之於坎以達
坤靈奉神於陰典禮是程企而望之厚壤寬平

洪武八年御製方丘樂章

迎神　仰皇祇兮駕來川嶽從迎兮威靈備開香烟繚
繞兮神臨御街漸升壇兮穆穆靄瑞氣兮應結樓臺以
徵衷兮率職幸望聖悅兮心諧但允臣兮固請願嘉烝
民兮永懷
奠玉帛　臣奉兮以筐玉帛是進兮歲奠以常百辟陪
祀兮珮聲琅琅惟南薰兮解慍映燎炎兮煌煌
進俎　庖人兮淨湯大烹牲兮氣靄而芳以微衷兮獻
上日享兮曰康
初獻　初獻行兮捧觴聖靈穆穆兮洋洋爲烝民兮永
康鑒豐年兮耿光
亞獻　雜殽羞兮已張法前王兮典章臣固展兮情悃
用斟醴兮載觴
終獻　爵三獻兮禮將終臣心眷戀兮無窮恐殽羞兮
未具將何報兮神功
徹饌　俎豆徹兮神熙鸞輿駕兮旋歸百神翼翼兮雲
衣敬奉行兮弗敢違
送神　祥風興兮悠悠雲衢開兮民福留歲樂烝民兮
大有想洋洋兮舉觴載酒
望瘞　殽羞玉帛兮瘞坎中遙瞻隱隱兮龍旗從祀事
成兮盡微衷感厚德兮民福雍雍

洪武十二年合祀天地樂章

迎神中和之曲　荷蒙天地兮君主華夷欽承踴躍兮
備筵而祭誠惶無已兮寸衷微仰瞻俯首兮惟願來期
想龍翔鳳舞兮慶雲飛必昭昭穆穆兮降壇壝
奠玉帛肅和之曲　天垂風露兮雨澤霑黃壤氤氳兮
氣化全民勤畝畝兮束帛鮮臣當設宴兮奉來前
進俎以後咸同八年圜丘詞

嘉靖九年復定分祀圜丘樂章

迎神中和之曲　仰惟元造兮於皇昊穹時當肇陽兮
大禮欽崇臣惟蒲柳兮螻蟻之衷伏承眷命兮職統羣
工深懷愚昧兮恐負洪德爰遵彝典兮勉竭微衷遙瞻
天闕兮寶輦臨壇臣當稽首兮祇迓恩隆百辟陪列兮
舞拜於前萬神翊衞兮而西以東臣俯伏迎兮敬瞻帝
御願垂歆鑒兮拜德曷窮
奠玉帛肅和之曲　龍輿既降兮奉禮先爰有束帛兮
暨瑤瑄臣謹上獻進帝前仰祈聽納兮荷蒼乾
進俎凝和之曲　殽羞珍饌兮薦上元庖人列鼎兮致
精虔臣盍祇獻兮馨醴牷願垂歆享兮民福淵
初獻壽和之曲　禮嚴初獻兮奉觴臣將上進兮聖皇
聖皇垂享兮穆穆臣拜手兮何以忘
亞獻豫和之曲　禮觴再舉兮薦玉漿帝顏歆悅兮民
福昂民生有賴兮感上蒼臣惟鞠拜兮荷恩長
終獻熙和之曲　三獻兮禮告成一念微衷兮露悃情
景張樂舞兮聲鍠鉉仰瞻聖容兮俯錫恩泓
徹饌雍和之曲　祀禮竣兮精意禋三獻備兮誠已申
敬徹弗遲兮肅恭寅恐多弗備兮惟賴洪神
送神清和之曲　禋事訖終兮百辟維張帝垂歆鑒兮
沐澤汪洋龍車冉冉兮寶駕旋雲靈風鼓舞兮瑞露清
瀼洪恩浩蕩兮無以爲酬粗陳菲薦兮已感歆嘗香氣
騰芳兮上徹帝座仰瞻聖造兮賜羣方臣同率土兮載
懽載感祇迴寶輦兮鳳嘯龍翔誠惶誠恐兮仰戀彌切
願福生民兮永錫亨昌
望燎時和之曲　龍駕寶輦兮昇帝鄉御羞菲帛兮奉
燎方環珮鏗鏘兮羅壇壝炬焰特舉兮氣輝煌生民蒙
福兮聖澤霑臣荷眷佑兮拜謝恩光

嘉靖九年復定方丘樂章

迎神中和之曲　俯瞻兮鳳輦來靈風兮拂九垓川嶽
從兮後先百辟列兮襄陪臣拜首兮迓迎願臨享兮幸
哉
奠玉帛廣和之曲　祀禮有嚴兮奉虔玉帛在笥兮來
前皇靈垂享兮以納烝民率土兮樂豐年
進俎咸和之曲　殽羞馨兮氣芳庖人奉役兮和湯奉
進兮皇祇歆慰臣稽首兮敬將
初獻壽和之曲　酒行初獻兮樂舞張齊醴明潔兮馨
香願垂享兮以歆生民安兮永康
亞獻安和之曲　載獻兮奉觴神顏和懿兮以嘗功隆
厚載兮配天民感德兮無量
終獻時和之曲　三進兮玉露清百職奔繞兮佩環鳴
鼂鐘露鼓兮韻錚鍧願留福兮羣生
徹饌貞和之曲　禮告終兮徹敢違深惟一念兮誠意
徹神垂博容兮聽納恐未備兮惟慈依
送神寧和之曲　禮成兮誠已伸駕還兮法從陳靈祇
列兮以隨百辟拜兮恭寅望坤宮兮奉辭願普福兮烝
民
望瘞曲同寧和

洪武三年朝日樂章　二十一年罷

迎神熙和之曲　吉日良辰祀典式陳純陽之精惟是
大明濯濯厥靈昭鑒我心以候以迎來格來歆
奠幣保和之曲　靈旗蒞止有赫其威一念潛通幽明
弗違有幣在篚物薄而微神兮安留尚其享之
初獻安和之曲　神兮我留有薦必受享祀之初奠茲
醴酒晨光初升祥徵應候何以侑觴樂陳雅奏
亞獻中和之曲　我祀維何奉茲犧牲爰酌醴齊貳觴
載升洋洋如在式燕以寧庶表微衷交於神明
終獻肅和之曲　執事有嚴品物斯祭黍稷非馨式將
其意薦茲酒醴成我常祀神其顧歆永言樂只
徹饌凝和之曲　春祈秋報率爲我民我民之生賴於
爾神維神佑之康寧是臻祭祀云畢神其樂忻
送神壽和之曲　三獻禮終九成樂作神人以和既燕
且樂雲車風馭靈光昭灼瞻望以思邈彼寥廓
望燎豫和之曲　俎豆既徹禮樂已終神之云旋倏將
焉從以望以燎庶幾感通時和歲豐維神之功

嘉靖九年復定朝日樂章

迎神熙和之曲　仰瞻兮大明位尊兮王宮時當仲春
兮氣融爰遵祀禮兮報功微誠兮祈神昭鑒願來享兮
迓神聰
奠玉帛凝和之曲　神靈壇兮肅其恭有帛在篚兮赤
琮奉神兮祈享以納予躬奠兮忻以顒
初獻壽和之曲　玉帛方奠兮神歆酒行初獻兮舞呈
齊芳馨兮犧色騂神容悅兮鑒予情
亞獻時和之曲　二齊升兮氣芬芳神顏怡和兮喜將
予令樂舞兮具張願垂普照兮民康
終獻保和之曲　愍勤三獻兮告成羣職在列兮周盈
神錫休兮福民生萬世永賴兮神功明
徹饌安和之曲　一誠盡兮予心懌五福降兮民獲禧
仰九光兮誠已申終三獻兮徹敢遲
送神昭和之曲　祀禮既周兮樂舞揚神享以納兮還
青鄉予當拜首兮奉送願恩光兮普萬方永耀熹明兮
攸賴烝民咸仰兮恩光
望燎之曲　覩六龍兮御駕神變化兮鳳翥鸞翔束帛
殽羞兮詣燎方佑我皇明兮基緒隆長

洪武三年夕月樂章（周天星辰附）　二十一年罷

迎神凝和之曲　吉日良辰祀典式陳太陰夜明以及
星辰濯濯厥靈昭鑒我心以候以迎來格來歆（四年星辰別祀，改以及星辰句爲惟德孔神）
奠帛以下咸同朝日

嘉靖九年復定夕月樂章

迎神凝和之曲　陰曰配合兮承陽宗式循古典兮齋
以恭覩太陰來格兮星辰羅從予拜首兮迓神容
初獻壽和之曲　神其來止有嚴其誠玉帛在篚清酤
方盈奉而奠之願鑒微情夫祀兮云何祈佑兮羣氓
亞獻豫和之曲　二觴載斟樂舞雍雍神歆且樂百職
惟供願順歸兮五行祈民福兮惟神必從
終獻康和之曲　一誠以申三舉金觥鐘鼓鍧鍧環珮
琤琤鑒予之情願永保我民生
徹饌安和之曲　禮樂肅具精意用申位坎居歆納茲
藻蘋徹之弗遲儀典肅陳神其鑒之佑我生民
送神保和之曲　禮備告終兮神喜旋穹碧澄輝兮素
華鮮星辰從兮返神鄉露氣清兮霓裳蹁躚
望瘞之曲　殽羞兮束帛薦之於瘞兮罔敢愆予拜首
兮奉送願永貺兮民樂豐年

嘉靖十年定祈穀樂章

迎神中和之曲　臣惟穹昊兮民物之初爲民請命兮
祀禮昭諸備筵率職兮祈洪庥臣衷微眇兮悃懇誠攄
遙瞻駕降兮霽色輝歡迎鼓兮迓龍輿臣愧菲才兮后
斯民顧福斯民兮聖恩渠
奠玉帛肅和之曲　烝民勤職兮農事顓蠶工亦慎兮
固桑阡玉帛祇奉兮暨豆籩仰祈大化兮錫以豐年
進俎咸和之曲　鼎烹兮氣馨香羞兮旨醴帝垂享兮
以歆烝民蒙福兮以寧
初獻壽和之曲　禮嚴兮初獻行百職趨蹌兮珮琤鳴

臣謹進兮玉觴帝心歆鑒兮歲豐亨

亞獻景和之曲　二觴舉兮致虔清醴載斟兮奉前仰音容兮忻穆臣感聖恩兮實拳拳

終獻永和之曲　三獻兮一誠微禋禮告成兮帝鑒是依烝民沐德兮歲豐穰臣拜首兮竭誠祈

徹饌凝和之曲　三獻周兮肅乃儀俎豆敬徹兮弗敢遲願留福兮丕而日雨日暘兮若時

送神清和之曲　祀禮告備兮帝鑒彰臣情上達兮感昊蒼雲程肅駕兮返帝鄉臣荷恩眷兮何以忘祥風瑞靄兮彌壇壝烝民率土兮悉獲豐康

望燎太和之曲　遙瞻兮天衢長邈彼寥廓兮去上方束帛薦火兮升聞悃愊通兮沛澤長樂終九奏兮神人以和臣同率土兮咸荷恩光

嘉靖十七年定大饗樂章

迎神中和之曲　於皇穆清兮弘覆惟仁既成萬寶兮惠此烝民祇受厥明兮欲報無因爰稽古昔兮式展明禋肅肅廣庭兮遙遙紫旻笙鏞始奏兮祥風導雲臣拜稽首兮中心孔懃爰瞻寶輦兮森羅萬神庶幾昭格兮眷命其申徘徊顧歆兮鑒我恭寅

奠玉帛肅和之曲　捧珪幣兮瑤堂穆將愉兮聖皇秉予心兮純一荷帝德兮溥將

進俎凝和之曲　歲功阜兮庶類成黍稷飶兮濡鼎馨敬薦之兮慙非輕大禮不煩兮惟一誠

初獻壽和之曲　金風動兮玉宇澄初獻觴兮交聖靈贍元造兮懷鴻禎曷以酬之心怦怦

亞獻豫和之曲　帝眷我兮居歆紛繁會兮五音再捧觴兮莫殫臣心惟帝欣懌兮生民是任

終獻熙和之曲　綏萬邦兮屢豐年耿耿予躬兮實荷昊天酒三獻兮心益虔帝命參輿兮勿遽旋

徹饌雍和之曲　祀禮既洽兮神人肅雍享帝享親兮勉竭臣衷惟洪恩兮罔極儼連蜷兮聖容

送神清和之曲　九韶既成兮金玉鏗鏘百辟森立兮咸羽斯藏皇天在上兮昭考在旁嚴父配天兮祇修厥常殷薦既終兮神去無方元雲上升兮鸞鵠參翔靈光回照兮郁乎芬芳載慕載瞻兮願錫亨昌子孫庶民兮惟帝是將於昭明德兮永懷不忘

望燎時和之曲　龍輿杳杳兮歸上方金風應律兮燎斯揚達精誠兮合靈光帝廷納兮玉帛將顧下土兮眷不忘願錫吾民兮長阜康

嘉靖十八年興都大饗樂章

迎神中和之曲　仰高高之在上兮皇穹昌九圍之徧覆兮罔止西東王者出王游衍兮必奉天顧愚臣之此行兮亶荷帡幪

初獻壽和之曲　於昭帝庥兮臣感恩淵淵巡省舊藩之地兮實止承天下情思報兮此心拳拳瓊卮著幣兮捧扣壇前

亞獻敷和之曲　樂奏兮三成觴舉兮再呈帝鑒凡微兮曰爾誠小臣頓首兮敢不嚴於此精

終獻承和之曲　臣來茲土本之思親思親伊何昌厥嗣人嗣人克昌匪載帝之臨汝夫何因

徹饌永和之曲　肅其具兮祀禮行備彼儀兮樂舞張退省進止兮臣疎且狂沐含仁兮何以量

送神感和之曲　王之狩兮典有禋望於維柴祀兮首重上蒼臣情罔殫兮夙夜惶惶祇伸愚悃兮允賴恩光遙瞻兮六龍騰翔帝垂祉兮萬世永昌

嘉靖十一年定雩祀樂章　十七年罷

迎神中和之曲　於穆上帝爰處瑤宮資爾黎庶覆幬曷窮旗幢戾止委蛇雲龍霖澤斯溥萬寶有終

奠帛肅和之曲　神之格思奠茲文繡盛樂斯舉香氣氤氳精禋孔熯徹於紫宸懇祈膏澤渥我嘉生

進俎咸和之曲　百川委潤名山出雲德賜孔熾膏澤斯屯祈年於天載牲於俎神之格思報以甘雨

初獻壽和之曲　有嚴崇祀日吉辰良酌彼罍洗椒馨飶香元功溥濟時雨時暘惟神是聽綏以多穰

亞獻景和之曲　皇皇禋祀孔惠孔明瞻仰來歆拜首欽承有醴維醹有酒維清雲韶侑獻肅雍和鳴聖靈有赫鑒享精誠

終獻永和之曲　靈承無斁駿奔有容嘉玉以陳酌鬯以供禮三再稱誠一以從備物致志申薦彌恭神昭景貺佑我耕農

徹饌凝和之曲　有赫旱暵民勞瘁斯於牲於醴載舞載詩禮成三獻敬徹不遲神之聽之雨我公私

送神清和之曲　爰廸寅清昭事昊穹仰祈甘雨惠我三農既歆既格言歸太空式霑下土萬方其同

望燎太和之曲　赤龍旋馭禮洽樂成燔燎既舉昭格精禋維帝降康雨施雲行登我黍稌溥受厥明

祭畢樂舞童羣歌雲門之曲　景龍精兮時見測鶉緯兮宵懸肆廣樂兮鏗鈞列皇舞兮蹁躚祈方社兮不莫薦圭璧兮孔虔需密雲兮六漠霈甘澍兮九元慰我農兮既渥錫明昭兮有年

洪武元年太社稷異壇同壝樂章

迎神廣和之曲　五土之靈百穀之英國依土而寧民以食而生基圖肇建祀禮修明神其來臨肅恭而迎

奠幣肅和之曲　有國有人社稷爲重昭事云初玉帛虔奉維物匪奇敬實將之以斯爲禮冀達明祇

進俎凝和之曲　崇壇北向明禋方闡有潔犧牲禮因物顯大房載設中情以展景運既承神貺斯衍

初獻壽和之曲　太社云高爲山林深爲川澤崇邱廣衍亦有原隰惟神所司百靈效職清醴初陳顒然昭格　句龍配云平治水土萬世神功民安物遂造化攸同嘉惠無窮報祀宜豐配食尊嚴國家所崇　太稷云黍稷稻粱來牟降祥爲民之天豐年穰穰其功甚大其恩甚長乃登芳齊以享以將　后稷配云皇皇后稷克配於天誕降嘉種樹藝大田生民粒食功垂萬年建壇於京歆茲吉蠲

亞獻豫和之曲　太社云廣厚無偏其體弘兮德侔坤順萬物生兮錫民地利神化行兮恭祀告虔國之禎兮　句龍配云周覽四方偉烈昭彰九州既平五行有常壇位以妥牲醴之將是崇是嚴煥然典章　太稷云億兆林林所資者穀雨暘應時家給人足倉庾坻京神介多福祇薦其儀昭事維肅　后稷配云躬勤稼穡有相之道不稂不莠實堅實好農事開國王基永保有年自今常奉蘋藻

終獻豫和之曲詞同亞獻

徹豆雍和之曲　禮展其勤樂奏其節庶品苾芬神明是達有嚴執事俎豆乃徹穆穆雍雍均其欣悅

送神安和之曲　維壇潔清維主堅貞神之所歸依茲以寧土宇靖安年穀順成祀事昭明永致昇平

望瘞時和之曲　晨光將發既侑既歆瘞茲牲幣達於幽陰神人和悅實獲我心永久禋祀其始於今

洪武十一年合祭太社稷樂章

迎神廣和之曲　予惟土穀兮造化工爲民立命兮當報崇民歌且舞兮朝雍雍備筵率職兮候迓迎想聖來兮祥風生欽當稽首兮告年豐

初獻壽和之曲　氤氳氣合兮物遂蒙民之立命兮荷陰功予將玉帛兮獻微衷初斟醴薦兮民福洪

亞獻豫和之曲　予令樂舞兮再捧觴願神昭格兮軍民康思必穆穆兮靈洋洋感恩厚兮拜祥光

終獻熙和之曲　干羽飛旋兮酒三行香烟繚繞兮雲旌幢予今稽首兮忻且惶神顏悅兮霞彩彰

徹饌雍和之曲　粗陳微禮兮神喜將琅然絲竹兮樂舞揚願祥普降兮遐邇方烝民率土兮盡安康

送神安和之曲　氤氳氤氳兮祥光張龍車鳳輦兮駕飛揚遙瞻稽首兮去何方民福留兮時雨暘

望瘞時和之曲　捧殽羞兮詣瘞方鳴鑾率舞兮聲鏗鏘思神納兮民福昂予今稽首兮謝恩光

嘉靖十年初立帝社稷樂章

迎神時和之曲　東風兮地脈以融首務兮稼穡之工秋祭云金風兮萬寶以克忻成兮稼穡之工祀神於此兮苑中願來格兮慰予衷

初獻壽和之曲　神兮臨止禮薦清醇菲幣在笥初獻式遵神其鑒茲享斯藻蘋我祀伊何祈報是因神兮錫祉則阜吾民

亞獻雍和之曲　二觴載舉申此殷勤神悅兮以納祥靄兮氤氳

終獻寧和之曲　禮終兮酒三行喜茂實兮黍稷粱農事待兮豐康予稽首兮以望

徹饌保和之曲　祀事告終三獻既周徹之罔遲惠注田疇迓以休貺庇茲有秋

送神廣和之曲　耕耨伊首秋祭云耕耨告就力事豆籩粢盛賴之於此大田予將以祀神其少延願留嘉祉副我潔虔肅駕兮雲旋普予兮有年

望瘞曲同

洪武二年分祀天神地祇樂章

迎天神奏中和之曲　吉日良辰祀典式陳太歲尊神雷雨風雲濯濯厥靈昭鑒我心以候以迎來格來歆

奠帛以後咸同朝日

迎地祇奏中和之曲　吉日良辰祀典式陳惟地之祇百靈繽紛嶽鎮海瀆山川城隍內而中國外及四方濯濯厥靈昭鑒我心以候以迎來格來歆

奠帛以後咸同朝日

洪武六年合祀天神地祇樂章

迎神保和之曲　吉日良辰祀典式陳太歲尊神雷雨風雲嶽鎮海瀆山川城隍內而中國外及四方濯濯厥靈昭鑒我心以候以迎來格來歆

奠帛以後咸同朝日

嘉靖九年復分祀天神地祇樂章

迎天神保和之曲　吉日良辰祀典式陳景雲甘雨風雷之神赫赫其靈功著生民參贊元化宣布蒼仁爰茲報祀鑒斯藻蘋

奠帛以後俱如舊
迎地祇保和之曲　吉日良辰祀典式陳靈嶽方鎮海
瀆之神京畿四方山澤羣眞毓靈分隅福我生民薦斯
享報鑒我恭寅
奠帛以後亦如舊
洪武四年祀周天星辰樂章
迎神凝和之曲　星辰垂象布列元穹擇茲吉日祀禮
是崇濯濯厥靈昭鑒我心謹候以迎庶幾來歆
奠帛保和之曲詞同朝日
初獻保和之曲　神兮既留品物斯薦奉祀之初醴酒
斯奠仰惟靈耀以享以歆何以侑觴樂奏八音
亞獻中和之曲　神既初享亞獻再升以酌醴齊仰薦
於神洋洋在上式燕以寧庶表微衷交於神明
終獻肅和之曲　神既再享終獻斯備不腆菲儀式將
其意薦茲酒醴成我常祀神其顧歆永言樂只
徹豆豫和之曲　祀事將畢神既歆只徹茲俎豆以成
其禮惟神樂欣無間始終樂音再作庶達微悰
送神雍和之曲詞同朝日
望燎雍和之曲　神既享祀靈馭今旋燎烟既升神帛
斯焚巍巍霄漢倏焉以適拳拳余衷瞻望弗及
嘉靖八年祀太歲月將樂章
迎神　吉日良辰祀典式陳輔國佑民太歲尊神四時
月將功曹司辰濯濯厥靈昭鑒我心以候以迎來格來
歆
奠帛以後俱同神祇
洪武元年宗廟樂章
迎神太和之曲　慶源發祥世德惟崇致我眇躬開基
建功京都之中親廟在東惟我子孫永懷祖風氣體則
同呼吸相通來格來崇皇靈顯融
奉册寶（時享不用）　維木有源維木有根先世積善福垂後
昆册寶鏤玉德顯名尊祇奉禮文仰答洪恩
進俎（時享不用）　明明祖考妥神清廟薦以牲牷匪云盡孝
願通神明願成治效此帝王之道亦祖考之教
初獻壽和之曲　德祖廟初獻云思皇高祖穆然深元
其遠歷年其神在天尊臨太室餘慶綿綿歆於几筵有
永其傳　懿祖廟初獻云思皇曾祖清勤純古田里韜
光天篤其祜佑我曾孫弘開土宇追遠竭虔勉遵前矩
熙祖廟初獻云維我皇祖淑後貽謀盛德靈長與泗
同流發於孫枝明禋載修嘉潤如海恩何以酬　仁祖
廟初獻云惟我皇考既淳且仁弗耀其身克開嗣人子
有天下尊歸於親景運維新則有其因
亞獻豫和之曲　對越至親儼然如生其氣昭明感格
在庭如見其形如聞其聲愛而敬之發乎中情
終獻熙和之曲　承先人之德化家爲國毋曰予小子
基命成績欲報其德昊天罔極慇懃三獻我心悅懌
徹豆雍和之曲　樂奏具肅神其燕嬉告成於祖亦右
皇妣敬徹不遲以終祀禮祥光焕揚錫以嘉祉
送神安和之曲　顯兮幽兮神運無迹鸞馭逍遙安其
所適其靈在天其主在室子子孫孫孝思無斁
二十一年更定其初獻合奏餘竝同
思皇先祖耀靈於天源衍慶流由高逮元元孫受命追
遠其先明禋世崇億萬斯年
永樂以後改迎神章致我眇躬句爲助我祖宗又改終
獻章首四句爲惟前人之功肇膺天曆延及於小子爰
受方國竝同
嘉靖十五年孟春九廟特享樂章
太祖廟迎神太和之曲　於皇於皇兮仰我聖祖乃武
乃文攘夷正華爲天下大君比隆於古越彼放勛肇造
王業佑啓子孫功德超邁大室攸尊首稱春祀誠敬
用申維神格思萬世如存
初獻壽和之曲　薦帛於篚潔牲於俎嘉我黍稷酌我
清酤愚孫祗祀奠獻初舉翼翼精誠對越我皇祖居然
顧歆永錫純祜
亞獻豫和之曲　籥舞既薦八音洋洋工歌喤喤醇醴
載羞齋明其將之永佑於子孫歲事其承之俾嗣續克
承百世其保之
終獻寧和之曲　三爵既崇禮秩有終盈溢孚顒顯相
肅雍惟皇祖格哉以繹以融申錫無窮暨於臣民萬福
攸同
徹饌豫和之曲　禮畢樂成神悅人宜籩豆靜嘉敬徹
不遲穆穆有容秩秩其儀益祇以嚴匑敢斁於斯
還宮安和之曲　於皇我祖陟降在天清廟翼翼禋祀
首虔明神既留寢祏靜淵介福綏祿錫蔭綿綿以惠我
家邦於萬斯年
成祖廟迎神太和之曲　於惟文皇重光是宣克戡內
難轉坤旋乾外讋百蠻威行八埏貽典則於子孫不忘
不愆聖德神功格於皇天作廟奕奕百世不遷祀事孔
明億萬斯年
初獻亞獻終獻徹饌還宮俱與太祖廟同
仁宗廟迎神太和之曲　明明我祖盛德天成至治訏
謨通駿有聲專奠致享惟古經是程春祀有嚴以迓聖
靈惟陟降在庭以賚我思成
初獻壽和之曲　幣牲在陳金石在懸清酒方獻百執
事有虔明神洋洋降歆自天俾我孝孫德音孔宜
亞獻豫和之曲　中誠方殷明神如存醴齊孔醇再舉
罍尊福祿穰穰攸介攸臻追遠報酬罔極之恩
終獻寧和之曲　樂比聲歌佾舞婆娑稱彼玉爵酒旨
且多獻享維終神聽以和孝孫在位受福不那
徹饌雍和之曲　牷牲在俎稷黍在簋孝享多儀格我
皇祖稱歌進徹髦士臚臚孝孫受福以敷錫於下土
還宮安和之曲　猗享孔明物備禮成於昭在天以莫
不聽神明卽安維華寢是憑鞏祀迄今百世祇承
宣廟英廟憲廟俱與仁廟同
孝廟迎神太和之曲　列祖垂統景運重熙於惟孝皇
敬德允持用光於大烈化彼烝黎專廟以享經禮攸宜
俎豆式陳庶幾來思
初獻壽和之曲　粢盛孔蠲腯肥牲牷考鼓鼘鼘萬舞
躚躚清酤初酌對越在天明神居歆式昭厥虔
亞獻豫和之曲　祀事孔勤精意未分樂感鳳儀禮虔
駿奔醞齊挹清載奠瑤尊神其格思福祿來臻
終獻寧和之曲　樂舞既成獻享維終明明對越彌篤
其恭篤恭維何明德是崇神之聽之萬福來同
徹饌雍和之曲　牲牢醴陳我享我將黍稷蘋藻潔白
馨香徹以告成降禧穰穰神錫無疆祐我萬方
還宮安和之曲　禮享既洽神御聿興廟寢煌煌以憑
以寧維神匪遐上下在庭於寢孔安永底我烝民之生
武廟迎神　列祖垂統景運重熙於惟武皇昭德敉威
用剪除奸宄大業弗隳專廟以享經禮攸宜俎豆式陳
庶幾來思
初獻亞獻終獻及徹饌還宮俱與孝廟同
睿廟迎神太和之曲　於穆神皇秉德凝道仁厚積累
配於穹昊流慶顯休萃於眇躬施於無窮以似以續以
光紹我皇宗惟茲氣始俎豆是供循厥典禮式敬式崇
神其至止以鑒愚衷
初獻壽和之曲　制帛牲牢庶羞芬滕玉戚朱干協於
韶籥清酳在筵中情纏綿神之格思儀形僾然
亞獻豫和之曲　瑤爵再陳侑以工歌籥舞蹌蹌八音
諧和孝思肫肫感格聖靈致慤則存如聞其聲
終獻寧和之曲　儀式弗踰奠爵維三樂舞雍容以雅
以南仰仁源德澤嶽崇海淵願啓我子孫緝熙光明維
兩儀是參
徹饌雍和之曲　嘉饌甘只亦既歆只登歌迅徹敬終
惟始維神孔昭賚永成於孝矣
還宮安和之曲　幽顯莫測神之無方祀事既成神返
諸帝鄉申發休祥蔭嗣蕃昌宜君兮宜王歷世無疆
九廟時祫樂章
孟夏迎神太和之曲　序屆夏首兮風氣薰禮嚴時祫
兮戛擊鐘𪔂迎羣主來合享交欣於皇列聖正南面以
申崇報皇勲
初獻壽和之曲　瞻曙色方昕仰列聖在上奠金觥而
捧幣紋小孫執盈兮敢不懼慤
亞獻豫和之曲　思皇祖仰聖神來列主會太宸時祫
修循古倫惟聖鑒歆愚孫忱恂
終獻寧和之曲　齊醴清兮黍熟新籩豆潔兮孝念申
仰祖功兮宗德願降祐兮後人
徹饌雍和之曲　樂終兮禮成告玉振兮訖金聲徹之
弗遑以肅精誠
還宮安和之曲　三獻就兮祖宗鑒享一誠露兮念維
長思弗盡兮思弗忘深荷德澤之啓佑小孫惟賴以餘
光神返宮永安保家國益昌
孟秋迎神　時兮孟秋火西流感時歲祀兮爽氣回喜
金風兮飄來仰祖宗兮永慕哉秋祫是舉兮希鑒歆小
孫恭迓兮捧素裁
初獻　皇祖降筵列聖聯執事恐蹎樂舞蹁躚小孫
捧盈兮敢弗虔
亞獻　再酌兮玉漿潔淨兮馨香祖宗垂享兮錫允昌
萬歲兮此禮行
終獻　進酒三觥歌舞雍誐鐘鼓轟錚皇祖列聖永享
愚誠
徹饌　秋嘗是舉稌黍豐農三獻既周聖靈顯容小孫
時思恩德兮惟懺
還宮　仰皇祖兮聖神功祀典陳兮報莫窮嘗祫告竣
鸞馭旋宮皇靈在天主在室萬禩陟降何有終
孟冬迎神　時兮孟冬冬凜以淒感時歲祀兮氣潛回邇
朔風兮北來仰祖宗兮永慕哉冬祫是舉兮希鑒歆小
孫恭迓兮捧素裁
初亞終獻俱同孟秋
徹饌　冬烝是舉俎豆維豐三獻既周聖靈顯容小孫
時思恩德兮惟懺
還宮（同孟秋惟改嘗祫爲烝祫）

大祫樂章

迎神　仰慶源兮大發祥惟世德兮深長時惟歲殘大祫洪張祖宗聖神明明皇皇遙瞻兮頓首世德兮何以忘

初獻　神之格兮慰我思慰我思兮捧玉巵捧來前兮慄慄仰歆納兮是幸已而

亞獻　再舉瑤漿樂舞羣張小孫在位陪助賢良百工羅從大禮肅將惟我祖宗顯錫恩光

終獻　思祖功兮深長景宗德兮馨香報歲事之既成兮典則先王惟功德之莫報兮何以量

徹饌　三酌既終一誠感通仰聖靈兮居歆萬禩是舉兮庶乎酬報之衷

還宮　顯兮幽兮神運無迹神運無迹兮化無方靈返天兮主返室願神功聖德兮啓佑無終元孫拜送兮以謝以祈

大禘樂章

迎神元和之曲　於維皇祖肇創丕基鍾祥有自曰本先之奄有萬方作之君師追報宜隆以申孝思瞻望稽首介我休禧

初獻壽和之曲　木有本兮水有源人本祖兮物本天思報德兮禮莫先仰希鑒兮敢弗虔

亞獻仁和之曲　中觴載升於此瑤觥小孫奉前願歆其誠樂舞在列庶職在庭祖鑒孔昭錫祐攸享

終獻德和之曲　於維兮先祖延慶兮深高追報兮曷能三進兮香醪

徹饌太和之曲　芬兮豆籩潔兮黍粢祖垂歆享徹乎敢違禮云告備以訖陳辭永裕後人億世丕而

送神永和之曲　禘祀兮具張佳氣兮鬱昂皇靈錫納兮喜將一誠通兮萬載昌祈鑒祐兮天下康仰源仁浩德兮曷以量小孫頓首兮以望遙瞻冉冉兮聖靈皇皇

洪武七年御製祀歷代帝王樂

迎神雍和之曲　仰瞻兮聖容想鑾輿兮景從降雲衢兮後先來俯鑒兮微衷荷聖臨兮蒼生有崇瞻諸帝兮是臨予頓首兮幸蒙

奠帛保和之曲　秉微誠兮動聖躬來列坐兮殿庭予今願兮効勤奉禮帛兮列酒尊鑒予情兮忻享方旋駕兮雲程

初獻保和之曲　酒行兮爵盈喜氣兮雍雍重荷蒙兮載瞻載崇羣臣忻兮躍從顧覲穆穆兮聖容

亞獻中和之曲　酒斟兮禮明諸帝熙和兮悅情百職奔走兮滿庭陳籩豆兮數重亞獻兮願成

終獻肅和之曲　獻酒兮至終早整雲鸞兮將旋宮予心眷戀兮神聖欲攀留兮無從躡雲衢兮緩行得遙瞻兮達九重

徹饌凝和之曲　納殽羞兮領陳黍民樂兮幸生將何以兮崇報惟歲時兮載瞻載迎

送神壽和之曲　旛幢繚繞兮導來蹤鑾輿冉冉兮歸天宮五雲擁兮祥風從民歌聖佑兮樂年豐

望燎豫和之曲　神機不測兮造化功珍羞禮帛兮薦火中望瘞庭兮稽首願神鑒兮寸衷

洪武六年定祀先師孔子樂章

迎神咸和之曲　大哉宣聖道德尊崇維持王化斯民是宗典祀有常精純益隆神其來格於昭聖容

奠帛寧和之曲　自生民來誰底其盛惟王神明度越前聖粢帛具成禮容斯稱黍稷非馨惟神之聽（惟王後改曰惟師）

初獻安和之曲　大哉聖王實天生德作樂以崇時祀無斁清酤惟馨嘉牲孔碩薦羞神明庶幾昭格

亞終獻景和之曲　百王宗師生民物軌瞻之洋洋神其寧止酌彼金罍惟清且旨登獻惟三於戲成禮

徹饌咸和之曲　犧象在前豆籩在列以享以薦既芬既潔禮成樂備人和神悅祭則受福率遵無越

送神咸和之曲　有嚴學宮四方來宗恪恭祀事威儀雍雍歆格惟馨神馭旋復明禋斯畢咸膺百福

洪武二年享先農樂章

迎神永和之曲　東風啓蟄地脉奮然蒼龍掛角爗爗天田民命惟食創物有先園鍾既奏有降斯筵

奠帛永和之曲　帝出乎震天發農祥神降於筵藹藹洋洋禮神有帛其色惟蒼豈伊具物誠敬之將

進俎雍和之曲　制帛既陳禮嚴奉牲載之於俎祀事孔明簠簋攸列黍稷惟馨民力普存先穡之靈

初獻壽和之曲　九穀未分庶草攸同表爲嘉種實在先農黍稌斯豐酒醴是供獻奠之初以祈感通　配位云厥初生民粒食其天開物惟智邃古奚傳思文后稷農官之先侑神作主初獻惟蠲

亞獻壽和之曲　倬彼甫田其隰其原耒耜云載驂馭之間報本思享亞獻惟虔神其歆之自古有年　配位云后稷配天與於有邰誕降嘉種有栽有培俶載南畝祇事三推佑神再獻歆我尊罍

終獻壽和之曲　帝耤之典享祀是賫潔豐嘉栗咸仰於斯時維親耕享我農師禮成於三以訖陳詞　配位云嘉德之薦民和歲豐帝命率育報本之功陳常時夏其德其功齊明有格惟獻之終

徹饌永和之曲　於赫先農歆此潔修於篚於爵於饌於羞禮成告徹神惠敢留餕及終畝豐年是求

送神永和之曲　神無不在於昭於天曰迎曰送於享之筵冕衣在列金石在懸往無不之其佩翩翩

望瘞太和之曲　祝帛牲醴先農既歆不留不褻瘞之厚深有幽其瘞有赫其臨曰禮之常匪今斯今

嘉靖九年定享先蠶樂章

迎神貞和之曲　於穆惟神肇啓蠶桑衣我萬民保我家邦茲舉曠儀春日載陽恭迎霞馭靈氣洋洋

奠帛壽和之曲　神其臨只有苾有芬乃獻玉蠶乃奠文纁仰祈昭鑒淑氣氤氳顧茲蠶婦祁祁如雲

初獻曲同奠帛

亞獻順和之曲　載舉清觴蠶祀孔明以格以享鼓瑟吹笙陰教用彰坤儀允貞神之聽之鑒此禋誠

終獻寧和之曲　神之格思桑土是宜三繅七就惟此繭絲獻禮有終神不我遺錫我純服藻繪皇儀

徹饌安和之曲　俎豆具徹式禮莫愆既匡既敕我祀孔虔我思古人葛覃惟賢明靈歆只永顧桑阡

送神恒和之曲　神之升矣日霽霞蒸相此女紅杼軸其興茲返元宮鸞鳳翔騰瞻望弗及永錫嘉徵

望燎曲同送神

明史卷六十三　志第三十九

總裁官總理事務經筵講官少保兼太子太保保和殿大學士兼管吏部戶部尚書事加六級張廷玉等奉敕修

樂三

樂章二

洪武三年定朝賀樂章陞殿奏飛龍引之曲百官行禮奏風雲會之曲丞相致詞奏慶皇都之曲復位百官行禮奏喜昇平之曲還宮奏賀聖朝之曲俱見後宴饗九奏中

二十六年更定陞殿韶樂奏聖安之曲　乾坤日月明八方四海慶太平龍樓鳳閣中扇開簾捲帝王興聖感天地靈保萬壽洪福增祥光王氣生陞寶位永康寧

還宮韶樂奏定安之曲　九五飛聖龍千邦萬國敬依從鳴鞭三下同公卿環珮響玎璫掌扇護御容中和樂音呂濃翡翠錦繡擁還華蓋赴龍宮

公卿入門奏治安之曲　忠良爲股肱昊天之德承主恩森羅拱北辰御爐烟遶奉天門江山社稷興安天下軍與民龍虎會風雲（後不用）

洪武二十六年定中宮正旦冬至千秋節朝賀樂章

中宮天香鳳韶之曲　寶殿光輝晴天映懸玉鉤珍珠簾櫳瑤觴舉時簫韶動慶大筵來儀鳳昭陽玉帛齊朝貢讚孝慈賢助仁風歌謠正在昇平中謹獻上齊天頌

宣德以後增定慈宮朝賀樂章天香鳳韶之曲　龍樓鳳閣彤雲曉開繡簾天香芬馥瑤堦春暖千花簇壽聖母齊頌祝御筵奏獻長生曲坤道寧品類咸育和氣四時調玉燭享萬萬年太平福

洪武三年定宴饗樂章

一奏起臨濠之曲名飛龍引　千載中華生聖主王氣成龍虎提劍起淮西將勇師雄百戰收强虜　驅馳鞍馬經寒暑將士同甘苦次第靜風塵除暴安民功業如湯武

二奏開太平之曲名風雲會　玉壘瞰江城風雲繞帝營駕樓船龍虎縱橫飛礮發機驅六甲降虜將勝胡兵　談笑掣長鯨三軍勇氣增一戎衣宇宙清寧從此華夷歸一統開帝業慶昇平

三奏安建業之曲名慶皇都　虎踞龍蟠佳麗地眞主開基千載風雲會十萬雄兵屯鐵騎臺臣守將皆奔潰　一洗煩苛施德惠里巷謳歌田野騰和氣王業弘開千萬世黎民咸仰雍熙治

四奏削羣雄之曲名喜昇平　持黃鉞削平荆楚清吳越清吳越暮秦朝晉幾多豪傑　幽燕齊魯風塵潔伊涼蜀隴人心悅人心悅車書一統萬方同轍

五奏平幽都之曲名賀聖朝　天運推遷虜運移王師北討定燕畿百年禮樂重興日四海風雲慶會時　除暴虐撫瘡痍漠南爭覲舊威儀君王聖德容降虜三恪衣冠拜玉墀

六奏撫四夷之曲名龍池宴　海波不動風塵靜中國有眞人文身交趾氊裘金齒重譯來賓　奇珍異產梯山航海奉表稱臣白狼元豹九苞丹鳳五色麒麟

七奏定封賞之曲名九重歡　乾坤清廓論功定賞策

勳封爵玉帶金符貂蟬簪珥形圖麟閣　奉天洪武功臣佐興運文經武略子子孫孫尊榮富貴久長安樂

八奏大一統之曲名鳳凰吟　大明天子駕飛龍開疆宇定王封江漢遠朝宗慶四海車書會同　東夷西旅北戎南越都入地圖中遐邇暢皇風億萬載時和歲豐

九奏守承平之曲名萬年春　風調雨順遍乾坤齊慶承平時節玉燭調和甘露降遠近桑麻相接偃武修文報功崇德率土皆臣妾山河磐固萬方黎庶歡悅　長想創業艱難君臣曾共掃四方豪傑露宿宵征鞍馬上歷盡風霜氷雪朝野如今清寧無事任用須賢哲躬勤節儉萬年同守王業以上九奏前三奏和緩中四奏壯烈後二奏舒長其曲皆按月律

十二月按律樂歌

正月太簇本宮黃鍾商俗名大石曲名萬年春　奉天承運秉黃麾志在安民除慝曾覩中天騰王氣五色虹霓千尺龍繞兜鍪神迎艘艦嘉應非人力鳳凰山上慶雲長繞峯石　天助神武成功人心効順所至皆無敵手握乾符開寶祚略定山河南北飲馬江淮列營河漢四海風波息師雄將猛萬方齊仰威德

二月夾鍾本宮夾鍾宮俗名中呂曲名玉街行　山林豺虎中原狐兎四海英雄無數大明眞主起臨濠震於赫戎衣一怒　星羅玉壘雲屯鐵騎一掃乾坤烟霧黎民重覩太平年慶萬里山河磐固

三月姑洗本宮太簇商俗名大石曲名賀聖朝　雲氣朝生芒碭間虹光夜起鳳凰山江淮一日眞主出華夏千年正統還　瞻日角覩天顏雲龍風虎競追攀君臣勤苦成王業王業汪洋被百蠻

四月仲呂本宮無射徵俗名黃鍾正徵曲名喜昇平　風雲客濠梁千載眞龍出眞龍出鯨鯢豺虎掃除無迹

江河從此波濤息乾坤同慶承平日承平日華夷萬里地圖歸一

五月蕤賓本宮姑洗商俗名中管雙調曲名樂清朝　中原鹿走英雄起回首四郊多壘英主倡兵淮水將士皆雄偉　百靈護助人心喜一呼萬人風靡談笑掃除螻蟻王業從茲始

六月林鍾本宮夾鍾角俗名中呂角曲名慶皇都　王氣呈祥飛紫鳳虎嘯龍興千里旌旗動四海歡呼師旅衆天戈一指風雲從　將士爭先民樂用駕御英雄聖德皆天縱率土華夷歸職貢詞臣拜獻河清頌

七月夷則本宮南呂商俗名中管商角曲名永太平　鳳凰佳氣好王師起義乾坤初曉淮水西邊五色慶雲繚繞三尺龍泉似水更百萬貔貅熊豹軍令悄魚麗鵝鸛風雲蛇鳥　糾糾電掣鷹揚在伐罪安民去殘除暴天與人歸豪傑削平多少萬里烟塵淨洗正紅日一輪高照膺大寶王業萬年相保

八月南呂本宮南呂宮俗名中管仙呂曲名鳳凰吟　紫微翠蓋擁蓬萊聖天子帝圖開曆數應江淮看五色雲生上台　櫛風沐雨攻堅擊銳將士總英才躍馬定塵埃創萬古山河壯哉

九月無射本宮無射宮俗名黃鍾曲名飛龍引詞同前起臨濠之曲

十月應鍾本宮姑洗徵俗名中呂正徵曲名龍池宴　大明英主承天運倡義擁天戈星辰旋繞風雲圍護龍虎麾訶　旌旗所指羌夷納欵江海停波從今平定萬年疆宇百二山河

十一月黃鍾本宮夷則角俗名仙呂角曲名金門樂　慶皇明聖主開寶祚起臨濠正汝潁塵飛江淮浪捲赤子呼號天戈奮然倡義擁神兵百萬總英豪貔虎朝屯壁壘虹霓夜繞弓刀　鳳凰山勢聳層霄佳氣五雲高愛士伍同心君臣協力不憚勤勞風雲一時相會看魚龍飛舞出波濤靜掃八方氛祲咸聽九奏簫韶

十二月大呂本宮大呂宮俗名高宮曲名風雲會　天眷顧淮西眞人起布衣正乾剛九五龍飛駕馭英雄收俊傑承永命布皇威　一劍立鴻基三軍擁義旗望雲霓四海人歸整頓乾坤除暴虐歌聖德慶雍熙

武舞曲名清海宇　拔劍起淮土策馬定寰區王氣開天統寶曆慶乾符武略文謨龍虎風雲創業初將軍星繞弁勇士月彎弧選騎平南楚結陣下東吳跨蜀驅胡萬里山河壯帝居

文舞曲名泰階平　乾坤清寧治功告成武定禍亂文致太平郊則致其禮廟則盡其誠卿雲在天甘露零風雨時若百穀登禮樂雍和政刑肅清儲嗣旣立封建乃行讒佞屛四海賢俊立朝廷玉帛鐘鼓陳兩楹君臣賡歌揚頌聲

四夷舞曲　其一小將軍大明君定宇寰聖恩寬掌江山東虜西戎北狄南蠻手高擎寶貝盤　其二殿前歡五雲宮闕連霄漢金光明照眼玉溝金水聲潺潺頫顒觀趨蹌看儀鑾嚴肅百千般威人心膽寒　其三慶新年虎豹關文武班五綵間慶雲朝霞燦黃金殿喜氣增丹墀內仰聖顏翠繞紅圍錦繡班高樓十二欄笙簫趁紫壇仙音韻瑤纂按拜舞齊歌謠讚吾皇萬壽安　其四過門子定宇寰定宇寰掌江山撫百蠻謳歌拜舞仰祝讚萬萬年帝業安

洪武十五年重定宴饗九奏樂章

一奏炎精開運之曲　炎精開運篤生聖皇大明御極遠紹虞唐河清海宴物阜民康威加夷獠德被戎羌八珍有薦九鼎馨香鼓鐘鏜鏜宮徵洋洋怡神養壽理陰順陽保茲遐福地久天長

二奏皇風之曲　皇風被八表熙熙聲教宣時和景象明紫宸開繡筵龍袞曜朝日金爐裊祥烟濟濟公與侯被服麗且鮮列坐侍丹扆磬折在周旋羔豚升華俎玉饌充方圓初筵奏南風繼歌賡載篇瑤觴欣再舉拜俯禮無愆同樂及斯辰於皇千萬年

奏平定天下之舞曲名清海宇同前

三奏眷皇明之曲　赫赫上帝眷我皇明大命旣集本固支榮厥本伊何育德春宮厥支伊何藩邦以寧慶延百世澤被羣生及時爲樂天祿是膺千秋萬歲永觀厥成

奏舞安四夷之舞曲名小將軍殿前歡慶新年過門子俱同前

四奏天道傳之曲　馬負圖兮天道傳龜載書兮人文宣羲畫卦兮禹疇叙皇極建兮合自然綿綿曆數歸明主祥麟在郊威鳳舞九夷入貢康衢謠聖子神孫繼祖武垂拱無爲邁前古

奏車書會同之舞曲名泰階平同前

五奏振皇綱之曲　周南詠麟趾卷阿歌鳳凰藹藹稱多士爲楨振皇綱赫赫我大明德尊踰漢唐百揆修庶績公輔理陰陽峩冠正襟佩都俞在高堂坐令八紘內熙熙民樂康氣和風雨時田疇見豐穰獻禮過三爵歡娛良未央

六奏金陵之曲　鍾山蟠蒼龍石城踞金虎千年王氣都於今歸聖主六代繁華經幾秋江流東去無時休誰言天塹分南北英雄豈但嗤曹劉我皇昔住濠梁屋神遊天錫眞人服提兵乘勢渡江來詞臣早獻金陵曲歌金陵進珍饌諧八音繼三歎請觀漢祖用兵時爲嘗馮異滹沱飯

七奏長楊之曲　長楊曳綠黃鳥和鳴菡萏呈鮮紫燕輕盈千花浥露日麗風清及時爲樂芳尊在庭管音嘒嘒絲韻泠泠玉振金聲各奏爾能皤皤國老載勸載懲明德惟馨垂之聖經唐風示戒永保嘉名無已太康哲人是聽

八奏芳醴之曲　夏王厭芳醴商湯遠色聲聖人示深戒千春垂令名惟皇登九五玉食保尊榮日昃不遑餐布德延羣生天庖具豐膳鼎鼐事調烹豈但資肥甘亦足養遐齡達人悟玆理恆令五氣平隨時知有節昭哉天道行

九奏駕六龍之曲　日麗中天漏下遲公卿侍宴多令儀簫韶九奏觴九獻爐烟細逐祥風吹羣臣舞蹈天顏喜歲熟民康常若此六龍迴駕鳳樓深寶扇齊開扶玉几景星呈瑞慶雲多兩曜增暉四序和聖人道大如天地歲歲年年奈樂何

進膳曲水龍吟　寶殿祥雲紫氣濛聖明君龍德宮氤氳霧靄檜栢間青松龍樓鳳閣雕梁畫棟此是蓬萊洞

太平清樂曲太清歌　萬國來朝進貢仰賀聖明主一統華夷普天下八方四海南北東西託聖德勝堯王保護家國太平天下都歸一將兵器銷爲農器旌旗不動酒旗招仰荷天地　上清歌　一願四時風調雨順民心喜攝外國將寶貝攝外國將寶貝見君王來朝寶殿裏珊瑚瑪瑙玻璃進在丹墀　開天門　託長生日月光天德萬萬歲永固皇基公卿文武來朝會開玳筵捧金盃

迎膳奏水龍吟曲與進膳同陞座還宮百官行禮奏萬歲樂朝天子二曲與朝賀同

大祀慶成大宴用萬國來朝隊舞　纓鞭得勝隊舞

萬壽聖節大宴用九夷進寶隊舞　壽星隊舞

冬至大宴用讚聖喜隊舞　百花聖朝隊舞

正旦大宴用百戲蓮花盆隊舞　勝鼓采蓮隊舞

永樂十八年定宴饗樂舞

一奏上萬壽之曲　龍飛定萬方受天命振紀綱彝倫攸叙四海康普天率土盡來王臣民舞蹈嵩呼載揚稱觴奉吾皇聖壽天長

平定天下舞曲　其一四邊靜威伏千邦四夷來賓納表章顯禎祥承乾象皇基永昌萬載山河壯　其二刮地風聖主過堯舜禹湯立五常三綱八蠻進貢朝今上頓首誠惶朝中宰相燮理陰陽五穀收成萬民歡暢賀吾皇齊讚揚萬國來降

二奏仰天恩之曲　皇天眷聖明五辰順四海寧風調雨順百穀登臣民鼓舞樂太平賢良在位邦家永禎吾皇仰洪恩夙夜存誠

黃童白叟鼓腹謳歌承應曲曰豆葉黃　雨順風調五穀收成倉廩豐盈大利民生託賴著皇恩四海清鼓腹

謳歌白叟黃童共樂咸寧

四夷舞曲　其一小將軍順天心聖德誠化番邦盡朝京四夷歸伏舞於龍廷貢皇明寶貝擎　其二殿前歡四夷率土歸王命都來仰大明萬邦千國皆歸正現帝庭朝仁聖天階班列衆公卿齊聲歌太平　其三慶豐年和氣增鸞鳳鳴紫霧生祥雲朝霞映爇金爐香味馨列丹墀御駕盈絃管簫韶五音應龍笛間鳳笙　其四渤海令金盃中酒滿盛御案前列羣英君德成皇圖慶嵩呼萬歲聲　其五過門子聖主興聖主興顯威靈蠻夷靜至仁至德至聖明萬萬年帝業成

三奏咸地德之曲　皇心感地靈順天時德厚生含弘光大品物亨鍾奇毓秀產俊英河清海宴麟來鳳鳴陰陽永和平相我文明

車書會同舞曲　其一新水令錦衣花帽設丹墀俱公服百司同會麟至舞鳳來儀文武班齊朝賀聖明帝　其二水仙子八方四面錦華夷天下蒼生仰聖德風調雨順昇平世遍乾坤皆讚禮託君恩民樂雍熙萬萬年皇基堅固萬萬載江山定體萬萬歲洪福天齊

四奏民樂生之曲　世間的萬民荷天地感聖恩乾坤定位四海春君臣父子正大倫皇風浩蕩人心載醇熙熙樂天眞永戴明君

表正萬邦舞曲　其一慶太平奸邪濁亂朝綱構禍難煽動戈斨赫怒吾皇親征濁上指天戈敵皆降　其二武士歡白溝戰場旌旗雲合迷日光令嚴氣張三軍踴躍齊奮揚掃除殘甲如風蕩凱歌傳四方仁聖不殺降望河南失欃槍　其三滾繡毬肆旅拒恃力强一心構殃築滄洲百尺城隍騁蠆毒恣虎狠孰能禦當順天心有德隆昌倒戈歛甲齊歸降撫將士還達故鄉自此仁聞愈彰　其四陣陣贏不數孫吳兵法良神謀睿算合陰陽八陣堂堂行天上虎略龍韜孰敢當俘囚十萬皆跡放咸荷仁恩戴上蒼　其五得勝回兩傍四方展鳥翼風雲雁行出奇兵敵難量士强馬强遍百里眠旌卧鎗勝兵回樂洋洋　其六小梁州敵兵戰敗神魂喪擁貔貅直渡長江開市門肆不移宣聖恩如天曠綸音頒降普天下仰吾皇

五奏咸皇恩之曲　當今四海寧頌聲作禮樂興君臣慶會躋太平衣冠濟濟宴彤庭文臣武將共荷恩榮忠心盡微誠仰答皇明

天命有德舞曲　其一慶宣和雨順風調萬物熙一統華夷四野嘉禾咸和氣一榦百穗一榦百穟　其二窄輭兒梯航萬國來丹陛太平年永固洪基正東西南北來朝會洽寰宇布春暉四夷咸賓聲教美自古明王在愼德不須威武服戎狄祥瑞集鳳來儀佳期萬萬歲聖明君主華夷

六奏慶豐年之曲　萬方仰聖君大一統撫萬民豐年時序雨露均穰穰五穀貨財殷酣歌擊壤風清俗淳四夷悉來賓正統皇仁

七奏集禎應之曲　皇天眷大明五星聚光太平騶虞出現甘露零野蠶成繭嘉禾生醴泉湧地河水清乾坤萬萬年四海永寧

八奏永皇圖之曲　天心眷聖皇正天位撫萬邦仁風宣布禮樂張戎夷稽首朝明堂皇圖鞏固賢臣贊襄太平日月光地久天長

九奏樂太平之曲　皇恩被八紘三光明四海清人康物阜歲屢登含哺鼓腹皆歡聲民歌帝力唐堯至仁乾坤永清共樂太平

導膳迎膳進膳及陛座還宮百官行禮諸曲俱與洪武間同

大祀慶成用纓鞭得勝蠻夷隊舞萬壽聖節九夷進寶隊舞冬至節讚聖喜隊舞正旦節百戲蓮盆隊舞

嘉靖間續定慶成宴樂章

陛座樂曲萬歲樂　五百昌期嘉慶會啟聖皇龍飛天位九州四海重華日大明朝萬萬世

百官行禮樂曲朝天子　滿前瑞烟香繞蓬萊殿風回韶律鼓淵淵列陛上旌旗絢日至朱躔陽生赤甸氣和融徹上元歷年萬千長慶天宮宴

上護衣上花樂曲水龍吟　寶殿金爐瑞靄浮陳玉案列珍羞天花炫彩照耀翠雲裘鸞歌鳳舞虞庭樂奏萬歲君王壽

一奏上萬歲之曲　聖主垂衣裳興禮樂邁虞唐簫韶九成儀鳳凰日月中天照八荒民安物阜時和歲康上奉萬年觴允祚無疆

奏平定天下舞曲　其一四邊靜天啟嘉祥聖主中興振紀綱頌洋洋功蕩蕩國運隆昌萬歲皇圖壯　其二鳳鸞吟維皇上天佑聖明景命宣五雲輝三台潤七緯光懸協氣生嘉祥見正萬民用羣賢垂袞御經筵宵衣勤政殿禮圜丘大祀精虔明水潔蒼璧圓秉周文承殷薦眷皇家億萬斯年

二奏仰天恩之曲　皇穹啟聖神欽乾運祇郊禋一陽初動靄先春萬福來同仰至仁祥開日月瑞見星辰禮樂協神人宇宙咸新

迎膳曲水龍吟　春滿雕盤獻玉桃葭管動日輪高熹微霽色遙映袞龍袍千官舞蹈鈞韶迭奏曲度昇平調

進膳曲水龍吟　紫禁瓊筵暖應冬叅八螭乘六龍玉巵瓊斝黼座獻重瞳堯天廣運舜雲飛動喜聽賡歌頌

進湯曲　其一太清歌長至日開黃道喜乾坤佳氣陽長陰消奏鈞韶音調鳳軫律協鸞簫仰龍顏天日表如舜如堯金爐烟暖御香飄玉墀晴霽祥光繞宮梅苑柳迎春好燕樂蓬萊島　其二上清歌雲捧宸居五星光映三台麗仰日月曆霄霽仰日月曆霄霽中興重見唐虞際太和元氣自陽回兆姓歡愉　其三開天門九重霄日轉皇州曉宴天家共歌魚藻龍鱗雉尾高祝聖壽慶清朝

奏黃童白叟鼓腹謳歌承應曲御鑾歌　雅奏樂昇平贍絳闕集瑤京黃童白叟喜氣盈謳歌鼓舞四海寧金枝結秀玉樹含英聽康衢擊壤聲帝力難名

三奏咸昊德之曲　帝德運光明一陽動萬物生升中大報蒼璧陳禮崇樂暢歆太清星懸紫極日麗璇庭乾坤瑞氣盈海宇安寧

奏撫安四夷舞曲　其一賀聖朝華夷一統萬國來同獻方物修庭貢遠慕皇風自南自北自西自東望天宮佳氣鬱重重四靈畢至麟鳳龜龍　其二殿前歡瑞雲晴靄浮宮殿一脈陽和轉禮成交泰開周宴鳳笙調龍幄展天心感格人歡忭四海謳歌徧　其三慶豐年賴皇天錫豐年勤禹稼力舜田喜慰三農願嘉禾秀瑞麥鮮賦九州貢八埏神倉御廩咸充滿養民以養賢　其四新水令聖德精禋格昊穹大一統四夷來貢玉帛捧文軌同世際昌隆共聽輿人頌　其五太平令誕明禋天鑒元后光四表惠澤周流來四裔趨前擁後獻萬寶充庭滿囿稽首頓首天高地厚祝聖人多男福壽

四奏民樂生之曲　大報禮初成象乾德運皇誠神州赤縣永清寧靈雨和風樂太平陰陽交暢品物咸亨元化自流行允殖羣生

迎膳曲水龍吟　五色祥雲捧玉皇開閶闔坐明光鈞天樂奏冬日御筵張文恬武熙太平氣象人在唐虞上

進膳曲水龍吟　玉律陽回景運新燕鎬京藹皇仁光昭雲漢一氣沸韶䕶錦瑟和聲瑤琴清韻瞻仰天顏近

進湯曲太清歌　萬方民樂時雍鼓舞荷天工雷行風動喜今逢南蠻北貊東夷西戎來朝貢大明宮星羅斗拱九重天上六飛龍五色雲間雙彩鳳普天率土效華封允協河清頌

奏車書會同舞曲　其一新水令五雲深護九重城感洪恩一人有慶陽初長禮方行帝德文明表率邦家正　其二水仙子萬方安堵樂康寧九域同仁荷聖明千年撫運承天命露垂甘河獻清見雙岐秀麥連莖喜靈雪隨冬應覩祥雲拂曙生神與化並運同行

五奏咸皇恩之曲　雙闕五星光霓旌樹紫葢張璇臺玉曆轉新陽鈞天廣樂諧宮商恩深露湛喜溢霞觴日月煥龍章地久天長

奏表正萬邦舞曲　其一慶太平維天眷我聖明禮圜丘至德精誠乾元永清洪膺景命休徵應泰階平　其二千秋歲聖主乘龍御萬邦慶雲翔化日重光羣臣拜舞稱壽觴載歌天保章　其三滾繡毬五雲車度九重利見飛龍耀袞章火藻華蟲擊虎敔考鳧鐘鼉鼓逢逢八珍列九鼎豐隆堯眉揚彩舜重瞳萬國咸熙四海雍齊歌頌聖德神功　其四殿前歡萬年禮樂中興日大化覩重熙河清海宴臻祥瑞五行順七政齊超三邁五貞元會旣醉頌鳧鷖　其五天下樂萬靈朝拱接清都享南郊欽天法祖願聖人承乾納祜中和位育龜獻範馬陳圖　其六醉太平禮樂萬年規謳歌四海熙衣冠蹈舞九龍墀麗正仰南離紫雲高捧唐虞帝垂衣天下文明治鎬烏岐鳳呈嘉瑞眞個是人在成周世

六奏慶豐年之曲　聖人懋承乾綏萬邦屢豐年神倉御廩登天田明粢鬱鬯祀孔虔輿情咸豫協氣用宣萬古帝圖傳璧合珠聯

七奏集禎應之曲　天保泰階平寶露降渾河清嘉禾秀麥集休禎遐陬絕域喜氣盈一人有慶百度惟貞萬國頌咸寧麗正重明

八奏永皇圖之曲　鎬燕集天京頌魚藻歌鹿鳴邊陲安堵萬國寧重譯來庭四海清咸池日曙昧谷雲征帝座仰前星豫大豐亨

九奏樂太平之曲　皇極永登祥乾符啟泰運昌玉管回春動一陽金鑾錫燕歌九章虞庭獸舞岐山鳳翔日麗袞龍裳主聖臣良

迎膳曲水龍吟　香霧氤氳紫閣重仰天德瞻帝容星輝海潤甘雨間和風樂比鴛魚瑞呈麟鳳永獻卷阿頌

進膳曲其一水龍吟　萬戶千門啟建章台階峻帝座張三垣九道北斗玉衡光元氣調和雅韻鏗鏘昭代慶明良　其二太清歌萬方國盡來庭稽首歌帝仁仰荷生成振乾綱陰陽順序民物樂生逢明聖萬年春永膺

休命華夷蠻獠咸歸正蒼生至老不知兵鼓腹含哺囿
太平九有享清寧
奏天命有德舞曲　其一萬歲樂太平天子興隆日履
初長陽回元吉醴泉芝草休徵集會闡道五星聚室
其二賀聖朝一人元良百度維新握赤符凝元應享太
清大禮方行祀事孔明感天心億載恆承慶明王慎德
四裔咸賓
奏纓鞭得勝蠻夷隊舞承應曲　其一醉太平星華紫
殿高雲氣彤樓遶九夷重譯梯航到皇圖光八表玉宇
無塵明月皎銀河自轉扶桑曉平平蕩蕩歸王道百獸
舞鳳鳴簫韶　其二看花會普天下都賴吾皇至聖看
玉關頻欵天山已定四夷效順歸王命天保歌羣黎百
姓　其三天下樂九重樂奏萬花開望龍樓雲蒸霧靄
仰天工雍熙帝載臣民歡戴溥仁恩遍九垓　其四清
江引黃鍾既奏陽和長德盛天心睍人文日月明國勢
山河壯衢室民謠頻擊壤
奏致詞曲　其一清江引鈞天畢奏日方中既奏歡聲
動雲章傍袞龍颷勢翔威鳳萬方安樂與嘉頌　其二
千秋歲上下交歡燕禮成一陽奮萬彙咸亨風雲會合
開明運紫極轉璇衡
宴畢百官行禮曲朝天子　文班武班歡動承明殿禮
成樂備頌聲喧眞咫尺仰天顏日照龍筵風回雉扇翠
蕤旋奉仙鑾雲間斗間五色金章燦
還宮曲萬歲樂　天回北極雲成瑞望層霄重華日麗
九垓八極樂雍熙祝聖壽萬萬歲
永樂間小宴樂章
一奏本太初之曲朝天子　混兮沌兮水土成元氣不
分南北與東西未辨天和地萬象包涵其中祕密難窮
造化機是陰陽本體乃爲之太極兩儀因而立
二奏仰大明之曲歸朝歡　太極分混然方始見儀形
清浮濁偃乾坤定日月齊輿昭青霄萬象明陽須動陰
須靜陰與陽皆相應流行二氣萬物俱生
三奏民初生之曲　其一沽美酒乾坤清宇宙寧六合
淨四維正萬象原來一氣生定三才五行民與物共成
羣　其二太平令爲一類不分人品竟生食豈曉庖烹
避寒暑巢居穴遁披樹葉相尋趂如何是愛親世情治
生雖混然各安其性
四奏品物亨之曲醉太平　黎民生世間萬物長塵寰
陰陽交運轉循環久遠時庶繁相傳氣候應無間品物
交錯憑誰鑒望聖人出世整江山主萬民得安

五奏御六龍之曲　其一清江引人心久仰生聖君天
使人生聖聖人受天機體天居中正御六龍聖明登九
重　其二碧玉簫君坐神京海嶽共從新民仰君恩聖
治有人倫人品分萬物增聖承乾百福臻垂法明尊天
命興後朝皆從正
六奏泰階平之曲十二月　聖乃有言天天是無言聖
聖人臨正萬物亨通恩威盛社稷安仁德盛江山定選
用英賢興王政分善惡賞罰均平三公九卿左右股肱
庶事康寧
七奏君德成之曲　其一十二月皇基以興聖帝修身
奉天體道聖德愈明敬天地勤勞萬民立法度上下咸
寧　其二堯民歌風俗禮樂厚彝倫爰興學校進儒經
賢臣良將保朝廷四野人民頌歡聲用的是賢英賢英
定太平寰海皆歸正
八奏聖道行之曲　其一金殿萬年歡三綱既定九疇
復興聖道如天嘉禾薺秀寒暑和平聖威無邊皇基穩
勝磐石慶雲生景星長現三光輝耀百穀收成萬姓安
寧　其二得勝令聖德感皇乾甘露降山川萬邦來朝
貢奇珍擺布全玉階下鳴鞭仰聖主升金殿丹墀列英
賢讚吾皇豐稔年
九奏樂清寧之曲　其一普天樂萬邦寧皇圖正父君
母后天下咸欽君治外永聖明后治內長安靜後聖承
乾皆從正德相傳聖子神孫天威浩蕩江山永固洪福
無窮　其二沽美酒和氣生滿玉京祥烟起映皇宮明
聖開基整萬民風雲會帝庭奏簫韶九韻成　其三太
平令紫霧隱金鸞彩鳳祥光罩良將賢臣玉案列珍羞
美醞寶鼎爇龍涎香噴至尊永寧儲嗣守成賀萬萬歲
一人有慶
右二奏至八奏俱奏百戲承應第九奏魚躍于淵承應
奉天門宴百官止用本太初仰大明民初生三奏曲其
進酒進膳樂同惟百官叩頭禮用朝天子曲宴畢導駕
還宮用御鑾歌
嘉靖間仁壽宮落成宴饗樂章
一奏本太初之曲朝天子　帝誠帝明寶位基昌命仙
苑開筵歌鹿鳴亭殿天章映我有嘉賓鼓瑟吹笙示周
行昭德音日升月恆萬載皇圖正
二奏仰大明之曲殿前歡　天保定聖人多壽多男慶
修和禮樂協中興麗正重明如山阜如岡陵如川方至
莫不增協氣生禎祥應百神受命萬國來庭
三奏民初生之曲　其一沽美酒黃河清寶露凝瑞麥

呈靈鵲鳴諸福來同仰聖明喜萬寶告成占景緯泰階
平　其二太平令念農桑衣食之本仰君德獨厚民生
事耕鑿羣黎百姓歌鹿鳴神人胥慶明主宴嘉賓承筐
鼓瑟吹笙繼自今福增天定
四奏品物亨之曲醉太平　瑤宮怡聖顏閬苑隔人寰
吹笙鼓瑟宴吉酒天開宴鹿鳴歌舞黃金殿賴吾皇錫
福萬民安醉歌天保歡
五奏御六龍之曲　其一清江引聖主有道樂昇平宴
會延休慶務本軫民生弘化凝天命欣落成萬載開鴻
運　其二碧玉簫帝重農桑法駕起明光麟遊鳳翔宴
陳天保章開玳筵薦瑤觴既醉頌洋洋聖德巍皇恩蕩
世際唐虞上
進膳曲　其一水龍吟寶瑟瑤笙鼓吹喧聖天子御華
筵南山萬壽瑞日正中天百穀豐年八方珍膳人樂昇
平宴　其二太清歌祥麥嘉瓜臻瑞仰荷堯舜主愛育
羣黎感天意五風十雨秋報春祈徧爾德勸農桑日用
飲食嘉賓和樂開筵地紅雲捧雕盤珍味山呼萬歲福
無疆日升川至　其三上清歌仰賴吾皇參天兩地凝
和氣四三王六五帝國家興賢才爲上瑞養萬民九域
熙百祿咸宜　其四開天門寶殿輝龍虎風雲會瞻丹
陛覲紫微周詩歌既醉螽斯麟趾開祥瑞仰飛龍在天
位
豳風亭宴講官樂章
一奏本太初之曲朝天子　九重詔傳殿閣開秋宴授
衣時節肅霜天禾稼登場徧鼓瑟吹笙昇平重見工歌
七月篇春酒當筵獻願吾皇萬年歲歲臨西苑
二奏仰大明之曲殿前歡　鳳苑御筵開黃花映玉階
鹿鳴天保歌三代古調新裁奉君王萬壽盃日月明乾
坤大看年年秋報賽太平有象元首明哉
三奏民初生之曲　其一沽美酒熙春陽化日長執懿
筐釆柔桑拾繭繰絲有萬箱染紅黃孔陽爲公子製衣
裳　其二太平令勸樹藝歲年豐穰九十月禾黍登場
爲春酒甕浮新釀村田樂齊歌齊唱饗公堂殺羊舉觴
繼進著兕觥祝聖壽萬萬靈扶相
四奏品物亨之曲醉太平　納嘉禾滿塲釀御酒盈缸
公桑蠶績製元黃服龍衣袞裳螽斯蟋蟀諧清唱水光
山色明仙仗豳風亭殿進霞觴祝聖壽無疆
五奏御六龍之曲　其一清江引九月風光何處有鳳
苑在龍池右農夫稼已登公子衣方授萬歲君王頻進
酒　其二碧玉簫凡我生民農桑最苦辛終歲經營氣

候變冬春田畯欣婦子勤詠豳詩仰化鈞塲圃新風雨
順宴御墀龍顏近
進膳曲　其一水龍吟養老休農敞御筵瀉春酒介耆
年封羊剪韭社鼓正鬧闐香粳米顆升堂拜獻此樂眞
堪羨　其二太清歌九月天開西苑宸居無逸殿講幄
張筵集儒流雲蒸星炫璧緯珠躔睹御製煥天章昭回
雲漢堯天舜日民安宴御廩神倉百穀登金輝玉燦休
徵見大有豐年　其三上清歌鳳苑宸居公桑帝耤今
方舉躬耕蠶勤士女獻羊羔升堂奏樂舞葵菽棗壺上
珍廚萬壽山呼　其四開天門豳風亭共仰吾皇聖百
穀登萬國咸寧民康物阜禎祥應仰乾運俯坤靈
隆慶三年大閱禮成回鑾樂章
武成之曲　吾皇閱武成簡戎旅壯帝京龍旗照耀虎
豹營六師雲擁甲胄明威靈廣播蠻夷震驚稽首頌昇
平四海澄清
嘉靖間皇后親蠶宴內外命婦樂章
陞座奏天香鳳韶之曲　春雲繚繞芳郊曙喜乾坤萬
象咸舒蘭皐蕙圃迎仙馭釆桑條攀茂樹蠶宮繭館親
臨御璧月珠星照太虛開筵還駐翠旃旗萬載垂貞譽
進膳曲沽美酒　蠶禮成鳳輦停薦霞觴列雲屏宮妃
世婦仰坤寧祥雲映紫宸同頌耀前星
回宮御鑾歌　惟天啟聖皇君耕耤后躬桑身先田織
率萬邦天清地寧民阜康百穀用成四夷來王治化登
虞唐世發禎祥
永樂間定東宮饗樂章
一奏喜千春之曲賀聖朝　開國承天聖感極多總一
統封疆潤百姓快活萬物榮光共沐恩波仙音韻合讚
昇平詠歌齊朝拜千千歲東宮滿國春和
二奏永南山之曲水仙子　洪基永固海波清盛世明
時禮樂興華夷一統江山靜民通和樂太平讚東宮仁
孝賢明秉鈞衡端正順乾坤泰亨坐中華萬世昌寧
三奏桂枝香之曲蟾宮曲　曉光融宴饗春宮日朗風
和嘉氣蔥蔥鎮領台樞規宏綱憲禮節至公事聖上柔
聲婉容問安寧勤孝虔恭果斷寬洪剛健文明聖德合
同
四奏初春曉之曲小梁州　端拱嚴宸事紫微秉運璇
璣四時百物總相宜仰賴明君德大業勝磐石皇儲仁
孝明忠義美遐方順化朝儀孝能歡慈愛心敬篤上尊
卑意禮上和下睦民鼓舞樂雍熙
五奏乾坤泰之曲滿庭芳　春和玳筵安邦興國欽聖

尊賢文英武烈於民便禮樂成全享大業中庸不偏順天常節儉爲先達文獻嚴儀訓典孝敬億千年

六奏昌運頌之曲壽秋風　文武安軍民樂宴文華會班僚五雲齊動鈞天樂賀春宮讚皇朝

右二奏至六奏俱奏百戲承應

七奏泰道開之曲沾美酒　布春風滿畫樓對嘉景鳳凰洲高捧金波碧玉甌設威儀左右分品從列公侯其二太平令效聖上誠心勤厚主宗器嚴備春秋諧律呂仙音齊奏欽王政皇天保佑拜舞頓首讚祝進酒千千歲康寧福壽

迎膳樂曲水龍吟　方饗笙簫鼓樂喧排寶器開玳筵鸞儀旌節錦繡景相連簪纓趨進皆來朝見春滿文華殿

陞座還宮百官行禮奏千秋歲曲　堯年舜日勝禹周慶雲生繚繞鳳樓風調雨順五穀收萬民暢歌謳朔望朝參同

明史卷六十四　志第四十

總裁官總理事務經筵講官少保兼太子太保保和殿大學士兼管吏部戶部尚書事加六級張廷玉等奉敕修

儀衞

周官王之儀衞分掌於天官春官夏官之屬而蹕事則專屬於秋官漢朝會則衞官陳車騎張旗幟唐沿隋制置衞尉卿掌儀仗帳幕之事宋衞尉領左右金吾衞司左右金吾仗司六軍儀仗司主清道徼巡排列奉引儀仗元置拱衞司領控鶴戶以供其事歷代制度雖有沿革異同總以謹出入之防嚴尊卑之分愼重則尊嚴尊嚴則整肅是故文謂之儀武謂之衞天子出車駕次第謂之鹵簿而唐制四品以上皆給鹵簿則君臣並得通稱也明初詔禮官鹵簿彌文務從省節以示尚質去奢之意凡正至聖節朝會及册拜接見蕃臣儀鑾司陳設儀仗而中宮東宮親王皆有儀仗之制後或隨時增飾要以洪武創制爲準則焉茲撮集禮所載大凡以備考核其郡王及皇妃東宮妃以下儀仗載在會典者並著於篇云

皇帝儀仗吳元年十二月辛酉中書左相國李善長率禮官以卽位禮儀進是日清晨拱衞司陳設鹵簿列甲士於午門外之東西列旗仗於奉天門外之東西龍旗十二分左右用甲士十二人北斗旗一纛一居前豹尾一居後俱用甲士三人虎豹各二馴象六分左右布旗六十四門旗日旗月旗青龍白虎風雲雷雨江河淮濟旗天馬天祿白澤朱雀元武等旗木火土金水五星旗五嶽旗熊旗鸞旗及二十八宿旗各六行每旗用甲士五人一人執旗四人執弓弩設五輅於奉天門外玉輅居中左金輅次革輅右象輅次木輅俱並列丹墀左右布黃麾仗黃蓋華蓋曲蓋紫方繖紅方繖雉扇朱團扇羽葆幢豹尾龍頭竿信旛傳敎旛告止旛絳引旛戟氅戈氅儀鍠氅等各三行丹陛左右陳幢節響節金節燭籠青龍白虎幢班劍吾杖立瓜臥瓜儀刀鐙杖戟骨朵朱雀元武幢等各三行殿門左右設圓蓋一金交椅金脚踏水盆水罐團黃扇紅扇皆校尉擎執洪武元年十月定元旦朝賀儀金吾衞於奉天門外分設旗幟宿衞於午門外分設兵仗衞尉寺於奉天殿門及丹陛丹墀設黃麾仗內使監擎執於殿上凡遇冬至聖節册拜親王及蕃使來朝儀俱同其宣詔赦降香則惟設奉天殿門及丹陛儀仗殿上擎執云其陳布次第午門外刀盾殳叉各置於東西甲士用赤奉天門外中道金吾宿衞二衞設龍旗十二分左右用青甲士十二人北斗旗一纛一居前豹尾一居後俱用黑甲士三人虎豹各二馴象六分左右布旗六十四左前第一行門旗二每旗用紅甲士五人內一人執旗旗下四人執弓箭第二行月旗一用白甲士五人內一人執旗旗下四人執弩青龍旗一用青甲士五人內一人執旗旗下四人執弩第三行風雲雷雨旗各一每旗用黑甲士五人內一人執旗旗下四人執弓箭天馬白澤朱雀旗各一每旗用紅甲士五人內一人執旗旗下四人執弓箭第四行木火土金水五星旗各一隨其方色每旗用甲士五人內一人執旗旗下四人執弩其甲木青火紅土黃金白水黑熊旗鸞旗各一每旗用紅甲士五人內一人執旗旗下四人執弩第五行角亢氐房心尾箕旗各一每旗用青甲士五人內一人執旗旗下四人執弓箭第六行斗牛女虛危室壁旗各一每旗用青甲士五人內一人執旗旗下四人執弩右前第一行門旗二每旗用紅甲士五人內一人執旗旗下四人執弓箭第二行日旗一用紅甲士五人內一人執旗旗下四人執弩白虎旗一用白甲士五人內一人執旗旗下四人執弩第三行江河淮濟旗各一隨其方色每旗用甲士五人內一人執旗旗下四人執弓箭其甲江紅河白淮青濟黑天祿白澤元武旗各一每旗用甲士五人內一人執旗旗下四人執弓箭天祿白澤紅甲元武黑甲第四行東南中西北五嶽旗各一隨其方色每旗用甲士五人內一人執旗旗下四人執弩其甲東嶽青南嶽紅中嶽黃西嶽白北嶽黑熊旗麟旗各一每旗用紅甲士五人內一人執旗旗下四人執弩第五行奎婁胃昴畢觜參旗各一每旗用青甲士五人內一人執旗旗下四人執弓箭第六行井鬼柳星張翼軫旗各一每旗用青甲士五人內一人執旗旗下四人執弩奉天門外拱衞司設五輅玉輅居中左金輅次革輅右象輅次木輅俱並列典牧所設乘馬於文武樓之南各三東西相向丹墀左右布黃麾仗凡九十分左右各三行左前第一行十五黃蓋一紅大繖二華蓋一曲蓋一紫方繖一紅方繖一雉扇四朱團扇四第二行十五羽葆幢二豹尾二龍頭竿二信旛二傳敎旛二告止旛二絳引旛二黃麾一第三行十五戟氅五戈氅五儀鍠氅五右前第一行十五黃蓋一紅大繖二華蓋一曲蓋一紫方繖一紅方繖一雉扇四朱團扇四第二行十五羽葆幢二豹尾二龍頭竿二信旛二傳敎旛二告止旛二絳引旛二黃麾一第三行十五戟氅五戈氅五儀鍠氅五皆校尉擎執丹陛左右拱衞司陳幢節等仗九十分左右爲四行左前第一行響節十二金節三燭籠三第二行青龍幢一班劍三吾仗三立瓜三臥瓜三儀刀三鐙杖三戟三骨朵三朱雀幢一　右前第一行響節十二金節三燭籠三第二行白虎幢一班劍三吾杖三立瓜三臥瓜三儀刀三鐙杖三戟三骨朵三元武幢一皆校尉擎執奉天殿門左右拱衞司陳設左行圓蓋一金脚踏一金水盆一團黃扇三紅扇三右行圓蓋一金交椅一金水罐一團黃扇三紅扇三皆校尉擎執殿上左右內使監陳設左拂子二金唾壺一金香合一右拂子二金唾盂一金香爐一皆內使擎執和聲郎陳樂於丹墀文武官拜位之南其器數詳見樂志內三年命製郊丘祭祀拜褥郊丘用席表蒲裏爲褥宗廟社稷先農山川用紅文綺表紅木棉布裏爲褥十二年命禮部增設丹墀儀仗黃繖華蓋曲蓋紫方繖紅方繖各二雉扇紅團扇各四羽葆幢龍頭竿絳引傳敎告止信旛各六戟氅戈氅鍠氅各十永樂元年禮部言鹵簿中宜有九龍車一乘請增置帝曰禮貴得中過爲奢不及爲儉先朝審之精矣當遵用舊章豈可輒有增益以啟後世之奢哉九龍車既先朝所無其仍舊便宣德元年更造鹵簿儀仗有具服幄殿一座金交椅一金脚踏一金盆一金罐一金馬杌一鞍籠一金香爐一金香合一金唾盂一金唾壺一御杖二擺錫明甲一百副盔一百弓一百箭三千刀一百其執事校尉每人鵝帽只孫衣銅帶鞾履鞋一副常朝各色羅掌扇四十各色羅絹繖十萬壽繖一黃雙龍扇二筵宴銷金羅繖四銷金雨繖四金龍響節二十四

皇后儀仗洪武元年定丹陛儀仗三十六人黃麾二戟五色繡旛六戈五色繡旛六鍠五色錦旛六小雉扇四紅雜花團扇四錦曲蓋二紫方繖二紅大繖四丹墀儀仗五十八人班劍四金吾杖四立瓜四臥瓜四儀刀四鐙杖四骨朵四斧四響節十二錦花蓋二金交椅一金脚踏一金水盆一金水罐一方扇八宮中常用儀衞二十人內使八人色繡旛二金斧二金骨朵二金交椅一金脚踏一宮女十二人金水盆一金水罐一金香爐一金香合一金唾壺一金唾盂一拂子二方扇四永樂元年增製紅杖一對

太皇太后皇太后儀仗與皇后同

皇太子儀仗洪武元年定門外中道設龍旗六其執龍旗者並戎服黃旗一居中左前青旗一右前赤旗一左後黑旗一右後白旗　每旗執弓弩軍士六人服各隨旗色殿丁設三十六人絳引旛二戟氅六戈氅六鍠氅六羽葆幢六青方繖二青小方扇四青雜花團扇四皆校尉擎執殿前設四十八人班劍四吾杖四立瓜四臥瓜四儀刀四鐙杖四骨朵四斧四響節十二金節四皆校尉擎執殿門設十二人金交椅一金脚踏一金水罐一金水盆一青羅團扇六紅圓蓋二皆校尉擎執殿上設六人金香爐一香合一唾盂一唾壺一拂子二皆內使擎執永樂二年禮部言東宮儀仗有司失紀載視親王差少宜增製金香爐金香合各一殳二叉二傳教告止信旛各二節二幢二夾矟二矟刀盾各二十戟八紅紙油燈籠六紅羅銷金邊圓繖紅羅繡圓繖各一紅羅曲蓋繡繖紅羅素圓繖紅羅素方繖青羅素方繖各二紅羅繡孔雀方扇紅羅繡四季花團扇各四拂子二唾盂唾壺各一鞍籠一誕馬八紅令旗二清道旗四幰弩一白澤旗二弓箭二十副從之

親王儀仗洪武六年定宮門外設方色旗二青色白澤旗二執人服隨旗色並戎服殿下絳引旛二戟氅二戈氅二鍠氅二皆校尉執殿前班劍二吾杖二立瓜二臥瓜二儀刀二鐙杖二骨朵二斧二響節八皆校尉執殿

門交椅一脚踏一水罐一水盆一團扇四蓋二皆校尉執殿上拂子二香爐一香合一唾壺一唾盂一十六年詔親王儀仗內交椅盆罐用銀者悉改用金建文四年禮部言親王儀仗合增紅油絹銷金雨繖一紅紗燈籠紅油紙燈籠各四魫燈二大小銅角四從之永樂三年命工部親王儀仗內紅銷金繖仍用寶珠龍文凡世子儀仗同

郡王儀仗令旗二清道旗二幰弩一刀盾十六弓箭十八副絳引傳教告止信旛各二吾杖儀刀立瓜卧瓜骨朶斧各二戟十六矟十六麾一幢一節一響節六紅銷金圓繖一紅圓繖一紅曲柄繖二紅方繖二青圓扇四紅圓扇四誕馬四鞍籠一馬杌一拂子二交椅一脚踏一水盆一水罐一香爐一紅紗燈籠二魫燈二帳房一座

皇妃儀仗紅杖二清道旗二絳引旛二戈氅戟氅儀鍠氅吾杖儀刀班劍立瓜卧瓜鐙杖骨朶金鉞各二響節四青方繖四紅繡圓繖一繡方扇四紅花圓扇四青繡圓扇四交椅一脚踏一拂子二水盆一水罐一香爐一香合一唾盂一唾壺一紅紗燈籠四

東宮妃儀仗紅杖二清道旗二絳引旛二儀鍠氅戈氅戟氅吾杖儀刀班劍立瓜卧瓜鐙杖骨朶金鉞各二響節四青方繖二紅素圓繖二紅繡圓繖一紅繡方扇四紅繡花圓扇四青繡圓扇四交椅一脚踏一拂子二水盆一水罐一香爐一香合一紅紗燈籠四永樂二年禮部言東宮妃儀仗如親王妃惟香爐香合如中宮但亦不用金其水盆水罐皆用銀從之

親王妃儀仗紅杖二清道旗二絳引旛二戟氅吾杖儀刀班劍立瓜卧瓜骨朶鐙杖各二響節四青方繖二紅綵畫雲鳳繖一青孔雀圓扇四紅花扇四交椅一脚踏一水盆一水罐一紅紗燈籠四拂子二公主世子妃儀仗俱同

郡王妃儀仗紅杖二清道旗二絳引旛二戟氅吾杖班劍立瓜骨朶各二響節二青方繖二紅圓繖一青圓扇二紅圓扇二交椅一脚踏一拂子二紅紗燈籠二水盆一水罐一

郡主儀仗紅杖二清道旗二班劍吾杖立瓜骨朶各二響節二青方繖一紅圓繖一青圓扇二紅圓扇二交椅一脚踏一水盆一水罐一紅紗燈籠二拂子二舊例郡王儀仗有交椅馬杌皆木質銀裹水盆水罐及香爐香合皆銀質抹金量折銀三百二十兩郡王妃儀仗有交椅等大器量折銀一百六十兩餘皆自備充用嘉靖四十四年定除親王及親王妃初封儀仗照例頒給外其初封郡王及郡王妃折銀等項併停止萬曆十年定郡王初封係帝孫者儀仗照例全給係王孫者免蓋宗室分封漸多勢難徧給也

明史卷六十五　志第四十一

總裁官總理事務經筵講官少保兼太子太保保和殿大學士兼管吏部戶部尚書事加六級張廷玉等奉敕修

輿服一

大輅　玉輅　大馬輦
小馬輦　步輦　大凉步輦
板轎　耕根車　后妃車輿
皇太子親王以下車輿　公卿以下車輿
繖蓋　鞍轡

有虞氏御天下車服以庸夏則黻冕致美商則大輅示儉成周有巾車典輅弁師司服之職天子以之表式萬邦而服車五乘下逮臣民漢承秦制御金根爲乘輿服袀元以承大祀東都乃有九斿雲罕旒冕絇屨之儀物踵事增華日新代異江左偏安玉輅棲寶鳳采旃銜金龍其服冕也或飾翡翠珊瑚雜珠豈古所謂法駕法服者哉唐武德間著車輿衣服之制上得兼下下不得擬上宋初衮冕不綴珠玉政和中詔修車輅並建旂常議禮局所釐定用爲成憲元制郊祀則駕玉輅服衮冕巡幸或乘象轎四時質孫之服各隨其宜明太祖甫有天下考定邦禮車服尚質酌古通今合乎禮意迄於世宗耤田造耕根燕居服燕弁講武用武弁更爲忠靖冠以風有位爲保和冠以親宗藩亦一王之制也若夫前代繖扇鞍勒之儀門戟旌節之屬咸別等威至宋加客明初儉德開基宮殿落成不用文石甃地以此坊民武臣猶有飾金龍於牀幔馬廄用九五間數而豪民亦或鎔金爲酒器飾以玉珠太祖皆重懲其弊乃命儒臣稽古講禮定官民服舍器用制度歷代守之遞有禁例茲更以朝家册寶中外符信及宮室器用之等差附叙於後焉

天子車輅明初大朝會則拱衛司設五輅於奉天門玉輅居中左金次革右象次木駕出則乘玉輅後有腰輿以八人載之其後太祖考周禮五輅以詢儒臣曰玉輅太侈何若祇用木輅博士詹同對曰孔子云乘殷之輅卽木輅也太祖曰以玉飾車古惟祀天用之常乘宜用殷輅然祀天之際玉輅未備木輅亦未爲不可參政張昶曰木輅戎輅也不可以祀天太祖曰孔子斟酌四代禮樂以爲萬世法木輅寧不可祀祀在誠敬豈泥儀文洪武元年有司奏乘輿服御應以金飾詔用銅有司言費小不足惜太祖曰朕富有四海豈恡乎此第儉約非身先無以率下且奢泰之習未有不由小而至大者也六年命禮官考五輅制爲木輅二乘一以丹漆祭祀用之一以皮鞔行幸用之是冬大輅成命更造大輅一象輅十中宮輅一後宮車十飾俱以鳳以將幸中立府故造之非常制也二十六年始定鹵簿大駕之制玉輅一大輅一九龍車一步輦一後罷九龍車永樂三年更定鹵簿大駕有大輅玉輅大馬輦小馬輦步輦大凉步輦板轎各一具服幄殿各一

大輅高一丈三尺九寸五分廣八尺二寸五分輅座高四尺一寸有奇上平盤前後車櫺並雁翅及四垂如意滴珠板轅長二丈二尺九寸有奇紅髹鍍金銅龍頭龍尾龍鱗葉片裝釘平盤下方箱四周紅髹匡俱十二楅內飾綠地描金繪獸六麟狻猊犀象天馬天祿禽六鸞鳳孔雀朱雀翟鶴盤左右下有護泥板及車輪二貫軸一每輪輻十有八其輞皆紅髹抹金銅鈒花葉片裝釘輪內車心用抹金銅鈒蓮花瓣輪盤裝釘軸中纏黃絨駕轅諸索輅亭高六尺七寸九分四柱長五尺八寸四分檻座皆紅髹前二柱戧金柱首寶相花中雲龍文下龜文錦前左右有門高五尺一寸九分廣二尺四寸九分四周裝雕木沉香色描金香草板十二片門旁楅各二及門枤俱紅髹以抹金銅鈒花葉片裝釘楅褊以黃線條後紅髹屏風上雕描金雲龍五紅髹板戧金雲龍一屏後地沉香色上四楅雕描金雲龍四其次雲板如之下三楅雕描金雲龍三其次雲板亦如之俱抹金銅鈒花葉片裝釘亭內黃線條編紅髹匡軟座下蓮花墜石上施花毯紅錦褥席紅髹坐椅靠背上雕描金雲龍一下雕雲板一紅髹福壽板一并褥椅中黃織金椅靠坐褥四圍椅裙施黃綺帷幔亭外青綺緣邊紅簾十扇輅頂并圓盤高三尺有奇鍍金銅蹲龍頂帶仰覆蓮座垂攀頂黃線圓條盤上以紅髹其下外四面地沉香色描金雲內四角地青綸五彩雲以青飾輅蓋亭內貼金斗栱承紅髹匡寶蓋鬭以八頂冒以黃綺謂之黃屋中并四周繡五彩雲龍九天輪三層皆紅髹上安雕木貼金邊耀葉板八十一片內綠地雕木貼金雲龍文三層間繪五彩雲襯板八十一片盤下四周黃銅釘裝施黃綺瀝水三層每層八十一摺間繡五彩雲龍文四角垂青綺絡帶各繡五彩雲升龍圓盤四角連輅坐板用攀頂黃線圓條并貼金木魚輅亭前有左右轉角闌干二扇後一字帶左右轉角闌干一扇皆紅髹內嵌雕木貼金龍間以五彩雲三扇共十二柱柱首雕木貼金蹲龍及線金五彩蓮花抱柱闌干內四周布花毯亭後樹太常旂二以黃線羅爲之皆十有二斿每斿內外繡升龍一左旂腰繡日月北斗竿首用鍍金銅龍首右旂腰繡黻字竿首用鍍金銅戟各綴抹金銅鈴二垂紅纓十二纓上施抹金銅寶蓋下垂青線紛錔踏梯一紅髹以抹金銅鈒花葉片裝釘行馬架二紅髹上有黃絨匾條用抹金銅葉片裝釘有黃絹幰衣卽遮塵油絹雨衣青氊衣及紅油合扇梯紅油托叉各一輅以二象駕之

玉輅亦駕以二象制如大輅而無平盤下十二楅之飾輅亭前二柱飾以摶換貼金升龍屏風後無上四楅雲龍及雲板之飾天輪內用青地雕木飾玉色雲龍文而太常旗及踏梯行馬之類悉與大輅同

大馬輦古者輦以人輓之周禮巾車后五輅其一輦車組輓然縣師有車輦之稽黍苗詩云我任我輦則臣民所乘亦名輦至秦始去其輪而制乃尊明諸輦有輪者駕以馬以別於步輦焉其制高一丈二尺五寸九分廣八尺九寸五分轅長二丈五寸有奇輦座高三尺四寸有奇餘同大輅輦亭高六尺四寸有奇紅髹四柱長五尺四寸有奇檻座高與輅同四周紅髹條環板前左右有門高五尺有奇廣二尺四寸有奇門旁楅各二後楅三及明枤皆紅髹抹金銅鈒花葉片裝釘楅心編以黃線條亭內制與大輅同第軟座上不用花毯而用紅毯亭外用紅簾十二扇輦頂并圓盤高二尺六寸有奇上下俱紅髹以青飾輦蓋其銅龍蓮座寶蓋黃屋及天輪輦亭制悉與大輅同太常旗踏梯行馬之屬亦同大輅駕以八馬備鞍韉鞦轡鈴纓之飾

小馬輦視大馬輦高廣皆減一尺轅長一丈九尺有奇餘同大馬輦輦亭高五尺五寸有奇紅髹四柱長五尺四寸有奇檻座紅髹四周條環板前左右有門高五尺廣二尺二寸有奇門旁楅各二及明枤後屏風壁板俱紅髹用抹金銅鈒花葉片裝釘亭底紅髹上施紅花毯

紅錦褥席外用紅簾四扇駕以四馬餘同大馬輦

步輦者古之步輓明制高一丈二尺二寸有奇廣八尺二寸有奇輦座高三尺二寸有奇四周雕木五彩雲渾貼金龍板十二片間以渾貼金仰覆蓮座下雕木線金五彩雲板十二片轅四紅髹中二轅長三丈五尺九寸左右二轅長二丈九尺五寸有奇俱以鍍金銅龍頭龍尾裝釘輦亭高六尺三寸有奇四柱長六尺二寸有奇檻座紅髹四周雕木沉香色描金香草板十二片抹金銅鈒花葉片裝釘前左右有門高五尺七寸有奇廣二尺四寸有奇門旁紅髹十字槅各二扇雕飾沉香色描金雲龍板八片下雲板如其數後紅髹屏風上雕沉香色描金雲龍五屏後雕沉香色描金雲龍板三片又雲板如其數俱用抹金銅鈒花葉片裝釘餘同馬輦帷紅簾用十扇輦頂并圓盤高二尺六寸有奇其蓮座輦蓋天輪幰衣之屬俱同馬輦

大凉步輦高一丈二尺五寸有奇廣一丈二尺五寸有奇四面紅髹匡裝雕木五彩雲板二十片間以貼金仰覆蓮座下紅髹如意條環板如其數紅髹轅六中二轅長四丈三尺五寸有奇左右二轅長四丈有奇外二轅長三丈六尺五寸有奇前後俱飾以雕木貼金龍頭龍尾輦亭高六尺五寸有奇廣八尺五寸有奇四柱紅髹前左右有門高五尺八寸有奇廣二尺五寸有奇四周描金香草板十二片門旁槅各二後槅三及明栿皆紅髹編以黃線條亭底上施墊氊加紅錦褥并席紅髹坐椅一四周雕木沉香色描金寶相花靠背褥裙帷幔與馬輦同內設紅髹卓二紅髹闌干香卓一闌干四柱首俱雕木貼金蹲龍鍍金銅龍蓋香爐一并香匙箸瓶紅錦墩二外紅簾三扇輦頂高二尺七寸有奇又鍍金銅寶珠頂帶仰覆蓮座高一尺三寸有奇垂攀頂黃線圓條四頂用丹漆上冒紅氊四垂以黃氊爲如意雲黃氊緣條四周施黃綺瀝水三層每層百三十二摺間繡五彩雲龍文或用大紅羅冒頂以黃羅爲如意雲緣條瀝水亦用黃羅頂下四周以紅氊爲帷黃氊緣條四角鍍金銅雲四亭內寶蓋繡五龍頂以紅髹木匡冒以黃綺爲黃屋頂心四周繡雲龍各一輦亭四角至輦座用攀頂黃線圓條四并貼金木魚輦亭前左右轉角闌干二扇後一字帶轉角闌干一扇皆紅髹雕木渾貼金龍間以五彩雲板闌干內四周布席共闌干十二柱之飾及踏梯之屬俱與馬輦同

轎者肩行之車宋中興以後皇后嘗乘龍肩輿又以征伐道路險阻詔百官乘轎名曰竹轎子亦曰竹輿元皇帝用象轎駕以二象至用紅板轎則自明始也其制高六尺九寸有奇頂紅髹近頂裝圓匡蜊房窻鍍金銅火燄寶帶仰覆蓮座四角鍍金銅雲朶轎扛二前後以鍍金銅龍頭龍尾裝釘有黃絨墜角索四周紅髹板左右門二用鍍金銅釘鉸轎內紅髹匡坐椅一福壽板一并褥椅內黃織金綺靠坐褥四周椅裙下鋪席并踏褥有黃絹轎衣油絹雨衣各一青氊衣紅氊緣條雲子嘉靖十三年謁廟帝及后妃俱乘肩輿出宮至奉天門降輿升輅隆慶四年設郊祀慶成宴帝乘板輿由歸極門出入皇極門至殿上降輿

車駕之出有具服幄殿按周官大小次木架葦障上下四旁周以幄帟以象宮室明鹵簿載具服幄殿儀仗有黃帳房仍元制也帳并帷幕以黃木棉布爲之上施獸吻杠竿紅髹竿首彩裝蹲獅氊頂

耕根車世宗朝始造漢有耕車晉曰耕根車俱天子親耕所用嘉靖十年帝將耕耤田詔造耕根車禮官上言考大明集禮耕耤用宋制乘玉輅以耕根車載耒耜同行今考儀注順天府官奉耒耜及穜稑種置彩輿先於祭前二日而出今用耕根車以載耒耜宜令造車於祭祀日早進呈置耒耜先玉輅以行第稽諸禮書祇有圖式而無高廣尺寸宜依今置車式差小通用青質從之

皇后輅一高一丈一尺三寸有奇平盤前後車櫺竝雁翅四垂如意滴珠板轅長一丈九尺六寸皆紅髹轅用抹金銅鳳頭鳳尾鳳翎葉片裝釘平盤左右垂護泥板及輪二貫軸一每輪輻十有八皆紅髹輞以抹金鈒花銅葉片裝釘輪內車轂用抹金銅鈒蓮花瓣輪盤裝釘軸中纓黃絨駕轅諸索輅亭高五尺八寸有奇紅髹四柱檻座上沉香色描金香草板十二片前左右有門高四尺五寸有奇廣二尺四寸有奇門旁沉香色線金菱花槅各二下條環板有明栿抹金銅鈒花葉片裝釘後紅髹五山屏風戧金鸞鳳雲文屏上紅髹板戧金雲文中裝雕木渾貼金鳳一屏後紅髹板俱用抹金銅鈒花葉片裝釘亭底紅髹上施紅花毯紅錦褥席紅髹坐椅一靠背雕木線金五彩裝鳳一上下香草雲板各一紅福壽板一并褥椅中黃織金綺靠坐褥四周有椅裙施黃綺帷幔（或黃線羅）外用紅簾十二扇前二柱戧金上寶相花中鸞鳳雲文下龜文錦輅頂并圓盤高二尺有奇抹金銅立鳳頂帶仰覆蓮座垂攀頂黃線圓條四盤上紅髹下四周沉香色描金雲文內青地五彩雲文以青飾輅蓋內寶蓋紅髹匡闌以八頂冒以黃綺頂心及四周繡鳳九并五彩雲文天輪三層紅髹上雕木貼金邊耀葉板七十二片內飾青地雕木五彩雲鸞鳳文三層間繪五彩雲襯板七十二片下四周黃銅裝釘上施黃綺瀝水三層間繡鸞鳳文四垂青綺絡帶繡鸞鳳各一圓盤四角連輅座板用攀頂黃線圓條四輅亭前後有左右轉角闌干各二扇內嵌條環板皆紅髹計十二柱柱首雕木紅蓮花線金青綠裝蓮花抱柱其踏梯行馬之屬與大馬輦同

安車本周禮后五輅之一應劭漢官鹵簿圖有五色安車晉皇后乘雲母安車唐皇后安車制如金輅明皇后安車獨簡素其制高九尺七寸有奇平盤前後車櫺竝雁翅板轅二長一丈六尺七寸有奇皆紅髹用抹金銅鳳頭鳳尾鳳翎葉片裝釘平盤左右垂護泥板及輪二貫軸一每輪輻十有八皆紅髹軸中纓黃絨駕轅諸索車亭高四尺四寸紅髹方柱四上裝五彩花板十二片前左右有門高三尺七寸有奇廣二尺二寸有奇門旁紅髹十字槅各二後三山屏風屏後壁板俱紅髹用抹金銅鈒花葉片裝釘亭底紅髹板上施紅花毯紅錦褥四周施黃綺帷幔外用紅簾四扇車蓋用紅髹抹金銅寶珠頂帶蓮座高六寸四角抹金銅鳳頭用攀條四竝紅髹木魚蓋施黃綺瀝水三層銷金鸞鳳文鳳頭下垂紅紛錔其踏梯行馬幰衣與輅同行障坐障自唐宋有之皇后重翟車後皆有行障六坐障三左右夾車宮人執之而唐書宋史不載其制金史行障長八尺高六尺坐障長七尺高五尺明皇后用行障坐障皆以紅綾爲之繪升降鸞鳳雲文行障繪瑞草於瀝水坐障繪雲文於頂

太皇太后皇太后輅及安車行障坐障制與皇后同

皇妃車曰鳳轎與歷代異名其制青頂上抹金銅珠頂四角抹金銅飛鳳各一垂銀香圓寶蓋并彩結轎身紅髹木匡三面篾織紋簟繪以翟文抹金銅鈒花葉片裝釘紅髹擱飾以抹金銅鳳頭鳳尾青銷金羅緣邊紅簾并看帶內紅交牀并坐踏褥紅銷金羅轎衣一頂用銷金寶珠文瀝水香草文看帶并幃皆鳳文紅油絹雨轎衣一自皇后以下皆用行障二坐障一第別以彩繪皇妃行障坐障俱紅綾爲之繪雲鳳而行障瀝水繪香草

皇太子金輅高一丈二尺二寸有奇廣八尺九寸轅長一丈九尺五寸輅座高三尺二寸有奇平盤滴珠板輪輻輪輞悉同玉輅輅亭高六尺四寸有奇紅髹四柱長五尺四寸檻座上四周線金五彩香草板前左右有門高五尺有奇廣二尺四寸有奇門旁槅各二編紅線條及明栿皆紅髹後五山屏風青地上雕木貼金龍五間以五彩雲文屏後紅髹板皆抹金銅鈒花葉片裝釘紅髹匡軟座紅絨墜座大索四下垂蓮花墜石上施紅毯紅錦褥席紅髹椅一納板一并褥椅中紅織金綺靠坐褥四周有椅裙施紅羅帷幔外用青綺緣邊紅簾十二扇椅雕貼金龍彩雲下線金彩雲板一亭內編紅線條輅頂并圓盤高二尺五寸有奇又鍍金銅寶珠頂帶仰覆蓮座高九寸垂攀頂紅線圓條四盤上丹漆下內外皆青地繪雲文以青飾輅蓋亭內周圍青斗拱承以丹漆匡寶蓋闌以八頂冒以紅綺頂心繡雲龍餘繡五彩雲文天輪三層皆紅髹上雕木貼金邊耀葉板七十二片內飾青地雕木貼金雲龍文三層間繪五彩雲襯板七十二片四周黃銅裝釘上施紅綺瀝水三層每層七十二摺間繡五彩雲龍文四角之飾與大輅同第圓條用紅線輅亭前一字闌干一扇後一字帶轉角闌干一扇左右闌干二扇內嵌五彩雲板皆丹漆計十四柱柱首制與大輅同亭後建紅旗二以紅羅爲之九斿每斿內外繡升龍一左旗腰繡日月北斗竿用抹金銅龍首右旗腰繡黻字竿用抹金銅戟綴抹金銅鈴二垂紅纓其踏梯行馬之屬與玉輅同帳房用青木棉布竿首青綠蹲猊餘同乘輿帳房

東宮妃車亦曰鳳轎小轎制同皇妃行障坐障之制亦同

親王象輅其高視金輅減六寸其廣減一尺轅長視大輅減一尺輅座高三尺有奇餘飾同金輅輅亭高五尺二寸有奇紅髹四柱檻座上四周紅髹條環板前左右有門高四尺五寸有奇廣二尺二寸有奇門旁槅各二及明栿後五山屏風皆紅髹用抹金銅鈒花葉片裝釘亭底紅髹施紅花毯紅錦褥席其椅靠坐褥帷幔紅簾之制俱同金輅輅頂并圓盤高二尺四寸有奇用抹金銅寶珠頂餘同金輅天輪三層皆紅髹上雕木貼金邊耀葉六十三片內飾青地雕木五彩雲文三層間繪五彩雲襯板六十三片四周黃銅裝釘上施紅綺瀝水三層每層八十一摺繡瑞草文前垂青綺絡帶二俱繡升龍五彩雲文圓盤四角連輅座板用攀頂紅線圓條四并紅髹木魚亭前後闌干同金輅左右闌干各一扇內嵌條環板皆紅髹計十四柱柱首雕木紅蓮花線金青綠裝蓮花抱柱前闌干內布花毯紅旗二與金輅所樹

同竿上祇垂紅纓五其踏梯行馬之屬亦同金輅帳房用綠色螭頭餘與東宮同

親王妃車亦曰鳳轎小轎制俱同東宮妃惟鳳轎衣用木紅平羅小轎衣二一用礬紅素紵絲一用木紅平羅行障坐障制同東宮妃

公主車宋用厭翟車明初因之其後定制鳳轎行障坐障如親王妃

皇孫車永樂中定皇太孫婚禮儀仗如親王降皇太子一等而用象輅

郡王無輅祇有帳房制同親王

郡王妃及郡主俱用翟轎制與皇妃鳳轎同第易鳳爲翟行障坐障同親王妃而繪雲翟文

百官乘車之制洪武元年令凡車不得雕飾龍鳳文職官一品至三品用間金飾銀螭繡帶青縵四品五品素獅頭繡帶青縵六品至九品用素雲頭青帶青縵轎同車制庶民車及轎竝用黑油齊頭平頂皁縵禁用雲頭六年令凡車轎禁丹漆五品以上車止用青縵婦女許坐轎官民老疾者亦得乘之景泰四年令在京三品以上得乘轎弘治七年令文武官例應乘轎者以四人舁之其五府管事內外鎭守守備及公侯伯都督等不問老少皆不得乘轎違例乘轎及擅用八人者奏聞蓋自太祖不欲勳臣廢騎射雖上公出必乘馬永樂元年駙馬都尉胡觀越制乘晉王濟熺朱輅棲轎爲給事中周景所劾有詔宥觀而賜濟熺書切責之惟文職大臣乘轎庶官亦乘馬又文臣皆許乘車大臣得乘安車後久廢不用正德四年禮部侍郞劉機言大明集禮公卿大臣得乘安車因請定轎扇繖蓋品級等差帝以京城內安車繖蓋久不行却其請而命轎扇俱如例行嘉靖十五年禮部尚書霍韜言禮儀定式京官三品以上乘轎邇者文官皆用肩輿或乘女轎乞申明禮制俾臣下有所遵守乃定四品下不許乘轎亦毋得用肩輿隆慶二年給事中徐尚劾應城伯孫文棟等乘轎出入驕僭無狀帝命奪文棟等俸乃諭兩京武職非奉特恩不許乘轎文官四品以下用帷轎者禁如例萬曆三年奏定勳戚及武臣不許用帷轎肩輿并交牀上馬至若破格殊典則宣德中少保黃淮陪遊西苑嘗乘肩輿入禁中嘉靖間嚴嵩奉詔苑直年及八旬出入得乘肩輿武臣則郭勛朱希忠特命乘肩輿扈南巡蹕後遂賜常乘焉皆非制也

繖蓋之制洪武元年令庶民不得用羅絹凉繖但許用油紙雨繖三年令京城內一品二品用繖蓋其餘用雨繖十六年令尚書侍郞左右都御史通政使太常卿應天府尹國子祭酒翰林學士許張繖蓋二十六年定一品二品繖用銀浮屠頂三品四品用紅浮屠頂俱用黑色茶褐羅表紅絹裏三簷雨繖用紅油絹五品紅浮屠頂青羅表紅絹裏兩簷雨繖同四品六品至九品用紅浮屠頂青絹表紅絹裏兩簷雨繖俱用油紙三十五年官員繖蓋不許用金繡朱丹裝飾公侯駙馬伯與一品二品同成化九年令兩京官遇雨任用油繖其凉繖不許張於京城

鞍轡之制洪武六年令庶民不得描金惟銅鐵裝飾二十六年定公侯一品二品用銀鈒鐵事件粘用描銀三品至五品用銀鈒鐵事件粘用油畫六品至九品用擺錫鐵事件粘用油畫三十五年官民人等馬頷下纓并鞦轡俱用黑色不許紅纓及描金嵌金天青朱紅裝飾軍民用鐵事件黑綠油粘

明史卷六十六　志第四十二

總裁官經筵講官太子太保保和殿大學士兼管吏部戶部尚書事加六級臣張廷玉等奉

敕修

輿服二

皇帝冕服　后妃冠服

皇太子親王以下冠服

皇帝冕服洪武元年學士陶安請製五冕太祖曰此禮太繁祭天地宗廟服袞冕社稷等祀服通天冠絳紗袍餘不用三年更定正旦冬至聖節竝服袞冕祭社稷先農冊拜亦如之十六年定袞冕之制冕前圓後方元表纁裏前後各十二旒旒五采玉十二珠五采繅十有二就就相去一寸紅絲組爲纓黈纊充耳玉簪導袞元衣黃裳十二章日月星辰山龍華蟲六章織於衣宗彝藻火粉米黼黻六章繡於裳白羅大帶紅裏蔽膝隨裳色繡龍火山文玉革帶玉佩大綬六采赤黃黑白縹綠小綬三色同大綬間施三玉環白羅中單黻領青緣襈黃韈黃金舄飾二十六年更定袞冕十二章冕版廣一尺二寸長二尺四寸冠上有覆元表朱裏餘如舊制圭長一尺二寸袞元衣纁裳十二章如舊制中單以素紗爲之紅羅蔽膝上廣一尺下廣二尺長三尺織火龍山三章革帶佩玉長三尺三寸大帶素表朱裏兩邊用綠上以朱錦下以綠錦大綬六采黃白赤元縹綠織成純元質五百首凡合單紡爲一系四系爲一扶五扶爲一首小綬三色同大綬間織三玉環朱韈赤舄永樂三年定冕冠以皁紗爲之上覆曰綖桐板爲質衣之以綺元表朱裏前圓後方以玉衡維冠玉簪貫紐紐與冠武足前疊下曰武綬在冠之下亦曰武并繫纓處皆飾以金綖以左右垂黈纊充耳用黃玉繫以元紞承以白玉瑱朱紘餘如舊制玉圭長一尺二寸剡其上刻山四以象四鎭之山蓋周鎭圭之制異於大圭不瑑者也以黃綺約其下別以囊韜之金龍文袞服十有二章元衣八章日月龍在肩星辰山在背火華蟲宗彝在袖每袖各三皆織成本色領褾襈裾褾者袖端襈者衣緣纁裳四章織藻粉米黼黻各二前三幅後四幅前後不相屬共腰有辟積本色綼裼裳側有純謂之綼裳下有純謂之裼純者緣也中單以素紗爲之青領褾襈裾領織黻文十三蔽膝隨裳色四章織藻粉米黼黻各二本色緣有紃施於縫中玉鉤二玉佩二各用玉珩一瑀一琚二衝牙一璜二瑀下垂玉花一玉滴二瑑飾雲龍文描金自珩而下繫組五貫以玉珠行則衝牙二滴與璜相觸有聲金鉤二有二小綬六采黃白赤元縹綠纁質三小綬色同大綬間施三玉環龍文皆織成韈舄皆赤色舄用黑鉤純以黃飾舄首嘉靖八年諭閣臣張璁袞冕有革帶今何不用璁對曰按陳祥道禮書古革帶大帶皆謂之鞶革帶以繫佩韍然後加以大帶而笏搢於二帶之間夫革帶前繫韍後繫綬左右繫佩自古冕弁恒用之今惟不用革帶以至前後佩服皆無所繫遂附屬裳要之間失古制矣帝曰冕服祀天地享祖宗若闕革帶非齊明盛服之意及觀會典載蔽膝用羅上織火山龍三章并大帶緣用錦皆與今所服不合卿可并革帶繫蔽膝佩綬之式詳考繪圖以進又云衣裳分上下服而今衣恒掩裳裳制如帷而今兩幅朕意衣但當與裳要下齊而露裳之六章何如已又諭璁以變更祖制爲疑璁對曰臣考禮制衣不掩裳與聖意允合夫衣六章裳六章義各有取衣自不容掩裳大明集禮及會典與古制不異今衣八章裳四章故衣常掩裳然於典籍無所準內閣所藏圖註蓋因官司織造循習訛謬今訂正之乃復祖制非有變更帝意乃決因復諭璁曰衣有六章古以繪今當以織朕命織染局考國初冕服日月各徑五寸當從之裳六章古用繡亦當從之古色用元黃取象天地今裳用纁於義無取當從古革帶卽束帶後當用玉以佩綬繫之於下蔽膝隨裳色其繡上龍下火可不用山卿與內閣諸臣同考之於是楊一淸等詳議袞冕之服自黃虞以來元衣黃裳爲十二章日月星辰山龍華蟲其序自上而下爲衣之六章宗彝藻火粉米黼黻其序自下而上爲裳之六章自周以後浸變其制或八章或九章巳戾於古矣我太祖皇帝復定爲十二章之制司造之官仍習舛訛非制作之初意伏乞聖斷不疑帝乃令擇吉更正其制冠以圓匡烏紗冒之旒綴七采玉珠十二青纊充耳綴玉珠二餘如舊制元衣黃裳衣裳各六章洪武間舊制日月徑五寸裳前後連屬如帷六章用繡蔽膝隨裳色羅爲之上繡龍一下繡火三繫於革帶大帶素表朱裏上緣以朱下以綠革帶前用玉其後無玉以佩綬繫而掩之中單及圭俱如永樂間制朱韈赤舄黃絛緣元纓結

皇帝通天冠服洪武元年定郊廟省牲皇太子諸王冠婚醮戒則服通天冠絳紗袍冠加金博山附蟬十二首施珠翠黑介幘組纓玉簪導絳紗袍深衣製白紗內單皁領褾襈裾絳紗蔽膝白假帶方心曲領白韈赤舄其革帶佩綬與袞服同

皇帝皮弁服朔望視朝降詔降香進表四夷朝貢外官朝覲策士傳臚皆服之嘉靖以後祭太歲山川諸神亦服之其制自洪武二十六年定皮弁用烏紗冒之前後各十二縫每縫綴五采玉十二以爲飾玉簪導紅組纓其服絳紗衣蔽膝隨衣色白玉佩革帶玉鉤艓緋白大帶白韈黑舄永樂三年定皮弁如舊制惟縫及冠武并貫簪繫纓處皆飾以金玉圭長如冕服之圭有脊并雙植文絳紗袍本色領褾襈裾紅裳但不織章數中單紅領褾襈裾餘俱如冕服內制

皇帝武弁服明初親征遣將服之嘉靖八年諭閣臣張璁云會典紀親征類禡之祭皆具武弁服不可不備璁對周禮有韋弁謂以韎韋爲弁又以爲衣裳國朝視古損益有皮弁之制今武弁當如皮弁但皮弁以黑紗冒之武弁當以絳紗冒之隨具圖以進帝報曰覽圖有韠形但無繫處冠制古象上尖今皮弁則圓朕惟上銳取其輕利當如古制又衣裳韠舄皆赤色何謂且佩綬俱無於祭用之可乎璁對自古服冕弁俱用革帶以前繫韍後繫綬韋弁之韠正繫於革帶耳武事尚威烈故色純用赤帝復報璁冠服衣裳韠舄俱如古制增革帶佩綬及圭乃定制弁上銳色用赤上十二縫中綴五采玉落落如星狀韎衣韎裳韎韐俱赤色佩綬革帶如常制佩綬及韎韐俱上繫於革帶舄如裳色玉圭視鎭圭差

小刻上方下有篆文曰討罪安民

皇帝常服洪武三年定烏紗折角向上巾盤領窄袖袍束帶間用金琥珀透犀永樂三年更定冠以烏紗冒之折角向上其後名翼善冠袍黃盤領窄袖前後及兩肩各織金盤龍一帶用玉靴以皮爲之先是洪武二十四年帝微行至神樂觀見有結網巾者翼日命取網巾頒示十三布政使司人無貴賤皆裹網巾於是天子亦常服網巾又會典載皇太孫冠禮有云掌冠跪加網巾而皇帝皇太子冠服俱闕而不載嘉靖七年更定燕弁服初帝以燕居冠服尚沿習俗諭張璁考古帝王燕居法服之制璁乃采禮書元端深衣之文圖註以進帝爲參定其制諭璁詳議璁言古者冕服之外元端深衣其用最廣元端自天子達於士國家之命服也深衣自天子達於庶人聖賢之法服也今以元端加文飾不易舊制深衣易黃色不離中衣誠得帝王損益時中之道帝因諭禮部曰古元端上下通用今非古人比雖燕居宜辨等威因酌古制更名曰燕弁寓深宮獨處以燕安爲戒之意其制冠匡如皮弁之制冒以烏紗分十有二瓣各以金線壓之前飾五采玉雲各一後列四山朱條爲組緌雙玉簪服如古元端之制色元邊緣以青兩肩繡日月前盤圓龍一後盤方龍二邊加龍文八十一領與兩袪共龍文五九衽同前後齊共龍文四九襯用深衣之制色黃袂圓袪方下齊負繩及踝十二幅素帶朱裏青表綠緣邊腰圍飾以玉龍九元履朱緣紅纓黃結白襪

皇后冠服洪武三年定受冊謁廟朝會服禮服其冠圓匡冒以翡翠上飾九龍四鳳大花十二樹小花數如之兩博鬢十二鈿褘衣深青繪翟赤質五色十二等素紗中單黻領朱羅縠褾襈裾蔽膝隨衣色以緅爲領緣用翟爲章三等大帶隨衣色朱裏紕其外上以朱錦下以綠錦紐約用青組玉革帶青襪青舄以金飾永樂三年定制飾翠龍九金鳳四中一龍銜大珠一上有翠蓋下垂珠結餘皆口銜珠滴珠翠雲四十片大珠花小珠花數如舊三博鬢飾以金龍翠雲皆垂珠滴翠口圈一副上飾珠寶鈿花十二翠鈿如其數托裏金口圈一副珠翠面花五事珠排環一對皁羅額子一描金龍文用珠二十一翟衣深青織翟文十有二等間以小輪花紅領褾襈裾織金雲龍文中單玉色紗爲之紅領褾襈裾織黻文十三蔽膝隨衣色織翟爲章三等間以小輪花四以緅爲領緣織金雲龍文玉穀圭長七寸剡其上瑑穀文黃綺約其下韜以黃囊金龍文玉革帶青綺韈描金雲龍文玉事件十金事件四大帶表裏俱青紅相半末純紅下垂織金雲龍文上朱緣下綠緣青綺副帶一綬五采黃赤白縹綠纁質間施二玉環皆織成小綬三色同大綬玉佩二各用玉珩一瑀一琚二衝牙一璜二瑀下垂玉花一玉滴二瑑飾雲龍文描金自珩而下繫組五貫以玉珠行則衝牙二滴與二璜相觸有聲上有金鉤有小綬五采以副之纁質織成青襪舄飾以描金雲龍皁純每舄首加珠五顆

皇后常服洪武三年定雙鳳翊龍冠首飾釧鐲用金玉珠寶翡翠諸色團衫金繡龍鳳文帶用金玉四年更定龍鳳珠翠冠眞紅大袖衣霞帔紅羅長裙紅褙子冠制如特髻上加龍鳳飾衣用織金龍鳳文加繡飾永樂三年更定冠用皁縠附以翠博山上飾金龍一翊以珠翠鳳二皆口銜珠滴前後珠牡丹二花八蕊翠葉三十六珠翠穰花鬢二珠翠雲二十一翠口圈一金寶鈿花九飾以珠金鳳二口銜珠結三博鬢飾以鸞鳳金寶鈿二十四邊垂珠滴金簪二珊瑚鳳冠觜一副大彩霞帔衫黃霞帔深青織金雲霞龍文或繡或鋪翠圈金飾以珠玉墜子瑑龍文四䙆襖子即褙子深青金繡團龍文鞠衣紅色前後織金雲龍文或繡或鋪翠圈金飾以珠大帶紅綫羅爲之有緣餘或青或綠各隨鞠衣色緣襈襖子黃色紅領褾襈裾皆織金采色雲龍文緣襈裙紅色緣綠襈織金采色雲龍文玉帶如翟衣內制第減金事件一玉花采結綬以紅綠綫羅爲結玉綬花一瑑雲龍文綬帶玉墜珠六金垂頭花瓣四小金葉六紅綫羅繫帶一白玉雲樣玎璫二如佩制有金鉤金如意雲蓋一下懸紅組五貫金方心雲板一俱鈒雲龍文襯以紅綺下垂金長頭花四中小金鐘一末綴白玉雲朵五青襪舄與翟衣內制同

皇妃皇嬪及內命婦冠服洪武三年定皇妃受冊助祭朝會禮服冠飾九翬四鳳花釵九樹小花數如之兩博鬢九鈿翟衣青質繡翟編次於衣及裳重爲九等青紗中單黻領朱縠褾襈裾蔽膝隨裳色加文繡重雉爲章二等以緅爲領緣大帶隨衣色玉革帶青襪舄佩綬常服鸞鳳冠首飾釧鐲用金玉珠寶翠諸色團衫金繡鸞鳳不用黃帶用金玉犀又定山松特髻假鬢花鈿或花釵鳳冠眞紅大袖衣霞帔紅羅裙褙子衣用織金及繡鳳文永樂三年更定禮服九翟冠二以皁縠爲之附以翠博山飾大珠翟二小珠翟三翠翟四皆口銜珠滴冠中寶珠一座翠頂雲一座其珠牡丹翠穰花鬢之屬俱如雙鳳翊龍冠制第減翠雲十又翠牡丹花穰花各二面花四梅花環四珠環各二其大衫霞帔燕居佩服之飾俱同中宮第織金繡瑑俱雲霞鳳文不用雲龍文九嬪冠服嘉靖十年始定冠用九翟次皇妃之鳳大衫鞠衣如皇妃制圭用次玉穀文內命婦冠服洪武五年定三品以上花釵翟衣四品五品山松特髻大衫爲禮服貴人視三品以皇妃燕居冠及大衫霞帔爲禮服以珠翠慶雲冠鞠衣褙子緣襈襖裙爲常服

宮人冠服制與宋同紫色團領窄袖徧刺折枝小葵花以金圈之珠絡縫金帶紅裙弓樣鞵上刺小金花烏紗帽飾以花帽額綴團珠結珠鬢梳垂珠耳飾

皇太子冠服陪祀天地社稷宗廟及大朝會受冊納妃則服袞冕洪武二十六年定袞冕九章冕九旒旒九玉金簪導紅組纓兩玉瑱圭長九寸五分元衣纁裳衣五章織山龍華蟲宗彝火裳四章織藻粉米黼黻白紗中單黻領蔽膝隨裳色織火山二章革帶金鉤䚢玉佩綬五采赤白元縹綠織成純赤質三百三十首小綬三色同間織三玉環大帶白表朱裏上緣以紅下緣以綠白襪赤舄永樂三年定冕冠元表朱裏前圓後方前後各九旒每旒五采繅九就貫五采玉九赤白青黃黑相次玉衡金簪元紞垂青纊充耳用青玉承以白玉瑱朱紘纓玉圭長九寸五分以錦約其下并韜袞服九章元衣五章龍在肩山在背火華蟲宗彝在袖每袖各三皆織成本色領褾襈裾纁裳四章織藻粉米黼黻各二前三幅後四幅不相屬共腰有襞積本色綼裼中單以素紗爲之青領褾襈裾領織黻文十二蔽膝隨裳色四章織藻粉米黼黻本色緣有紃施於縫中上玉鉤二玉佩二各用玉珩一瑀一琚一衝牙一璜二瑀下垂玉花一玉滴二瑑雲龍文描金自珩而下繫組五貫以玉珠上有金鉤小綬四采赤白縹綠以副之纁質大帶素表朱裏在腰及垂皆有綼上綼以朱下綼以綠紐約用青組大綬四采赤白縹綠纁質小綬三采間施二玉環龍文皆織成襪舄皆赤色舄用黑絇純黑飾舄首朔望朝降詔降香進表外國朝貢朝覲則服皮弁永樂三年定皮弁冒以烏帽前後各九縫每縫綴五采玉九縫及冠武并貫簪繫纓處皆飾以金金簪朱纓玉圭如冕服內制絳紗袍本色領褾襈裾紅裳如冕服內裳制但不織章數中單以素紗爲之如深衣制紅領褾襈裾領織黻文十一蔽膝隨裳色本色緣有紃施於縫中其上玉鉤二玉佩如冕服內制但無雲龍文有小綬四采以副之大帶大綬襪舄赤色皆如冕服內制其常服洪武元年定烏紗折上巾永樂三年定冠烏紗折角向上巾亦名翼善冠親王郡王及世子俱同袍赤盤領窄袖前後及兩肩各金織盤龍一玉帶鞾以皮爲之

皇太子妃冠服洪武三年定禮服與皇妃同永樂三年更定九翬四鳳冠漆竹絲爲匡冒以翡翠上飾翠翬九金鳳四皆口銜珠滴珠翠雲四十片大珠花九樹小珠花數如之雙博鬢飾以鸞鳳皆垂珠滴翠口圈一副上飾珠寶鈿花九翠鈿如其數托裏金口圈一副珠翠面花五事珠排環一對珠皁羅額子一描金鳳文用珠二十一翟衣青質織翟文九等間以小輪花紅領褾襈裾織金雲龍文中單玉色紗爲之紅領褾襈裾領織黻文十一蔽膝隨衣色織翟爲章二等間以小輪花三以緅爲領緣織金雲鳳文其玉圭帶綬玉佩襪舄之制俱同皇妃洪武三年又定常服犀冠刻以花鳳首飾釧鐲衫帶俱同皇妃四年定冠亦與皇妃同永樂三年定燕居冠以皁縠爲之附以翠博山上飾寶珠一座翊以二珠翠鳳皆口銜珠滴前後珠牡丹二花八蕊翠葉三十六珠翠穰花鬢二珠翠雲十六片翠口圈一副金寶鈿花九上飾珠九金鳳一對口銜珠結雙博鬢飾以鸞鳳金寶鈿十八邊垂珠滴金簪一對珊瑚鳳冠觜一副其大衫霞帔燕居佩服之飾俱同皇妃

親王冠服助祭謁廟朝賀受冊納妃服袞冕朔望朝降詔降香進表四夷朝貢朝覲服皮弁洪武二十六年定冕服俱如東宮第冕旒用五采玉圭長九寸二分五釐青衣纁裳永樂三年又定冕服皮弁制俱與東宮同其常服亦與東宮同嘉靖七年諭禮部倣古元端自爲燕弁冠服更制忠靜冠服錫於有位而宗室諸王制猶未備今酌燕弁及忠靜冠之制復爲式具圖命曰保和冠服自郡王長子以上其式已明鎮國將軍以下至奉國中尉及長史審理紀善教授伴讀俱用忠靜冠服依其品服之儀賓及餘官不許槩服夫忠靜冠服之異式尊賢之等也保和冠服之異式親親之殺也等殺既明庶幾乎禮之所保保斯和和斯安此錫名之義也其以圖說頒示諸王府如敕遵行保和冠制以燕弁爲準用九襊去簪與五玉後山一扇分畫爲四服青質青緣前後方龍補身用素地邊用雲襯用深衣玉色帶青表綠裏綠緣履用皁綠結白襪

親王妃冠服受冊助祭朝會服禮服洪武三年定九翬四鳳冠永樂三年又定九翟冠制同皇妃其大衫霞帔燕居佩服之飾同東宮妃第金事件減一玉綬花瑑寶

相花文

公主冠服與親王妃同惟不用圭

親王世子冠服聖節千秋節并正旦冬至進賀表箋及父王生日諸節慶賀皆服衮冕洪武二十六年定衮冕七章冕三采玉珠七旒圭長九寸青衣三章織華蟲火宗彝纁裳四章織藻粉米黼黻素紗中單青領褾襈赤韍革帶佩白玉元組綬紫質用三采紫黃赤織成間織三白玉環白韈赤舃永樂三年更定冕冠前後各八旒每旒五采繅八就貫三采玉珠八赤白青色相次玉圭長九寸青衣三章火在肩華蟲宗彝在兩袖皆織成本色領褾襈裾其纁裳玉佩帶綬之制俱與親王同第領織黻文減二皮弁用烏紗冒之前後各八縫每縫綴三采玉八餘制如親王其圭佩帶綬韈舃如冕服內制常服亦與親王同嘉靖七年定保和冠服以燕弁爲準用八襇去簪玉後山以一扇分畫爲四服與親王同

世子妃冠服永樂三年定與親王妃同惟冠用七翟

郡王冠服永樂三年定冕冠前後各七旒每旒五采繅七就貫三采玉珠七圭長九寸青衣三章粉米在肩藻宗彝在兩袖皆織成纁裳二章織黼黻各二中單領織黻文七餘與親王世子同皮弁前後各七縫每縫綴三采玉七餘與親王世子同其圭佩帶綬韈舃如冕服內制常服亦與親王世子同嘉靖七年定保和冠服冠用七襇服與親王世子同

郡王妃冠服永樂三年定冠用七翟與親王世子妃同其大衫霞帔燕居佩服之飾俱同親王妃第繡雲霞翟文不用盤鳳文

郡王長子朝服七梁冠大紅素羅衣白素紗中單大紅素羅裳及蔽膝大紅素羅白素紗二色夾帶玉朝帶丹礬紅花錦錦雞綬玉佩象笏白絹韈皂皮雲頭履鞵公服皂縐紗幞頭大紅素紵絲衣玉革帶常服烏紗帽大紅紵絲織金獅子開䙆圓領玉束帶皂皮銅線鞾其保和冠如忠靜之制用五襇服與郡王同補子用織金方龍

郡主冠服永樂三年定與郡王妃同惟不用圭減四珠環一對

郡王長子夫人冠服珠翠五翟冠大紅紵絲大衫深青紵絲金繡翟褙子青羅金繡翟霞帔金墜頭

鎭國將軍冠服與郡王長子同鎭國將軍夫人冠服與郡王長子夫人同輔國將軍冠服與鎭國將軍同惟冠六梁帶用犀輔國將軍夫人冠服與鎭國將軍夫人同惟冠用四翟抹金銀墜頭奉國將軍冠服與輔國將軍同惟冠五梁帶用金鈒花常服大紅織金虎豹奉國將軍淑人冠服與輔國將軍夫人同惟褙子霞帔金繡孔雀文鎭國中尉冠服與奉國將軍同惟冠四梁帶用素金佩用藥玉鎭國中尉恭人冠服與奉國將軍淑人同輔國中尉冠服與鎭國中尉同惟冠三梁帶用銀鈒花綬用盤雕公服用深青素羅常服紅織金熊羆輔國中尉宜人冠服與鎭國中尉恭人同惟冠用三翟褙子霞帔金繡鴛鴦文銀墜頭奉國中尉冠服與輔國中尉同惟冠二梁帶用素銀綬用練鵲幞頭黑漆常服紅織金彪奉國中尉安人冠服與輔國中尉宜人同惟大衫用丹礬紅褙子霞帔金繡練鵲文

縣主冠服珠翠五翟冠大紅紵絲大衫深青紵絲金繡孔雀褙子青羅金繡孔雀霞帔抹金銀墜頭郡君冠服與縣主同惟冠用四翟褙子霞帔金繡鴛鴦文縣君冠服與郡君同惟冠用三翟鄕君冠服與縣君同惟大衫用丹礬紅褙子霞帔金繡練鵲文

明史卷六十七　志第四十三

總裁官總理事務經筵講官少保兼太子太保保和殿大學士兼管吏部戶部尚書事加六級臣張廷玉等奉

敕修

輿服三

文武官冠服　命婦冠服
內外官親屬冠服　內使冠服
侍儀以下冠服　士庶冠服
樂工冠服　軍隸冠服
外蕃冠服　僧道服色

羣臣冠服洪武元年命制公服朝服以賜百官時禮部言各官先授散官與見任職事高下不同如御史董希哲前授朝列大夫澧州知州而任七品職事省司郎中宋冕前授亞中大夫黃州知府而任五品職事散官與見任之職不同故服色不能無異乞定其制乃詔省部臣定議禮部復言唐制服色皆以散官爲準元制散官職事各從其高者服色因之國初服色依散官與唐制同乃定服色準散官不計見職於是所賜袍帶亦並如之三年禮部言歷代異尚夏黑商白周赤秦黑漢赤唐服飾黃旂幟赤今國家承元之後取法周漢唐宋服色所尚於赤爲宜從之

文武官朝服洪武二十六年定凡大祀慶成正旦冬至聖節及頒詔開讀進表傳制俱用梁冠赤羅衣白紗中單青飾領緣赤羅裳青緣赤羅蔽膝大帶赤白二色絹革帶佩綬白韈黑履一品至九品以冠上梁數爲差公冠八梁加籠巾貂蟬立筆五折四柱香草五段前後玉蟬侯七梁籠巾貂蟬立筆四折四柱香草四段前後金蟬伯七梁籠巾貂蟬立筆二折四柱香草二段前後玳瑁蟬俱插雉尾駙馬與侯同不用雉尾一品冠七梁不用籠巾貂蟬革帶與佩俱玉綬用黃綠赤紫織成雲鳳四色花錦下結青絲網玉綬環二二品六梁革帶綬環犀餘同一品三品五梁革帶金佩玉綬用黃綠赤紫織成雲鶴花錦下結青絲網金綬環二四品四梁革帶金佩藥玉餘同三品五品三梁革帶銀鈒花佩藥玉綬用黃綠赤紫織成盤鵰花錦下結青絲網銀鍍金綬環二一品至五品笏俱象牙六品七品二梁革帶銀佩藥玉綬用黃綠赤織成練鵲三色花錦下結青絲網銀綬環二獨御史服獬廌八品九品一梁革帶烏角佩藥玉綬用黃綠織成鸂鶒二色花錦下結青絲網銅綬環二六品至九品笏俱槐木其武官應直守衛者別有服色雜職未入流品者大朝賀進表行禮止用公服三十年令視九品官用朝服嘉靖八年更定朝服之制梁冠如舊式上衣赤羅青緣長過腰指七寸毋掩下裳中單白紗青緣下裳七幅前三後四每幅三襞積赤羅青緣蔽膝綴革帶綬各從品級花樣革帶之後佩綬繫而掩之其環亦各從品級用玉犀金銀銅不以織於綬大帶表裏俱素惟兩耳及下垂緣綠又以青組約之革帶俱如舊式珮玉一如詩傳之制去雙滴及二珩其三品以上玉四品以下藥玉及韈履俱如舊式萬曆五年令百官正旦朝賀毋僭躡朱履故事十一月百官戴煖耳是年朝覲外官及舉人監生不許戴煖耳入朝

凡親祀郊廟社稷文武官分獻陪祀則服祭服洪武二十六年定一品至九品青羅衣白紗中單俱皁領緣赤羅裳皁緣赤羅蔽膝方心曲領其冠帶佩綬等差並同朝服又定品官家用祭服三品以上去方心曲領四品以下并去珮綬嘉靖八年更定百官祭服上衣青羅皁緣與朝服同下裳赤羅皁緣與朝服同蔽膝綬環大帶革帶佩玉韈履俱與朝服同其視牲朝日夕月耕耤祭歷代帝王獨錦衣衞堂上官大紅蟒衣飛魚烏紗帽鸞帶佩繡春刀祭太廟社稷則大紅便服

文武官公服洪武二十六年定每日早晚朝奏事及侍班謝恩見辭則服之在外文武官每日公座服之其制盤領右衽袍用紵絲或紗羅絹袖寬三尺一品至四品緋袍五品至七品青袍八品九品綠袍未入流雜職官袍笏帶與八品以下同公服花樣一品大獨科花徑五寸二品小獨科花徑三寸三品散荅花無枝葉徑二寸四品五品小雜花紋徑一寸五分六品七品小雜花徑一寸八品以下無紋幞頭漆紗二等展角長一尺二寸雜職官幞頭垂帶後復令展角不用垂帶與入流官同笏依朝服爲之腰帶一品玉或花或素二品犀三品四品金荔枝五品以下烏角鞓用青革仍垂撻尾於下韈用皁其後朝常止便服惟朔望具公服朝參凡武官應直守衞者別有服色不拘此制公侯駙馬伯服色花樣腰帶與一品同文武官花樣如無從織造則用素百官入朝雨雪許服雨衣奉天華蓋武英諸殿奏事必躡履鞵違者御史糾之萬曆五年令常朝俱衣本等錦繡服色其朝覲官見辭謝恩不論已未入流公服行禮

文武官常服洪武三年定凡常朝視事以烏紗帽團領衫束帶爲公服其帶一品玉二品花犀三品金鈒花四品素金五品銀鈒花六品七品素銀八品九品烏角凡致仕及侍親辭閑官紗帽束帶爲事黜降者服與庶人同至二十四年又定公侯伯駙馬束帶與一品同雜職官與八品九品同朝官常服禮鞵洪武六年定先是百官入朝遇雨皆躡釘鞾聲徹殿陛侍儀司請禁之太祖曰古者入朝有履自唐始用鞾其令朝官爲軟底皮鞵冒於鞾外出朝則釋之禮部言近奢侈越制詔申禁之仍參酌漢唐之制頒行遵守凡職官一品二品用雜色文綺綾羅綵繡帽頂帽珠用玉三品至五品用雜色文綺綾羅帽頂用金帽珠除玉外隨所用六品至九品用雜色文綺綾羅帽頂用銀帽珠瑪瑙水晶香木一品至六品穿四爪龍以金繡爲之者聽禮部又議品官見尊長用朝君公服於理未安宜別製梁冠絳衣絳裳革帶大帶大白襪烏舃佩綬其衣裳去緣襈三品以上佩綬三品以下不用從之二十二年令文武官遇雨戴雨帽公差出外戴帽子入城不許二十三年定制文官衣自領至裔去地一寸袖長過手復回至肘公侯駙馬與文官同武官去地五寸袖長過手七寸二十四年定公侯駙馬伯服繡麒麟白澤文官一品仙鶴二品錦雞三品孔雀四品雲雁五品白鷴六品鷺鷥七品鸂鶒八品黃鸝九品鵪鶉雜職練鵲風憲官獬廌武官一品二品獅子三品四品虎豹五品熊羆六品七品彪八品犀牛九

品海馬又令品官常服用雜色紵絲綾羅綵繡官吏衣服帳幔不許用元黃紫三色并織繡龍鳳文違者罪及染造之人朝見人員四時並用色衣不許純素三十年令致仕官服色與見任同若朝賀謝恩見辭一體具服景泰四年令錦衣衞指揮侍衞者得衣麒麟天順二年定官民衣服不得用蟒龍飛魚斗牛大鵬像生獅子四寶相花大西番蓮大雲花樣并元黃紫及元色黑綠柳黃薑黃明黃諸色弘治十三年奏定公侯伯文武大臣及鎭守守備違例奏請蟒衣飛魚衣服者科道糾劾治以重罪正德十一年設東西兩官聽將士悉衣黃罩甲中外化之金緋盛服者亦必加此於上都督江彬等承日紅笠之上綴以靛染天鵞翎以爲貴飾貴者飄三英次者二英兵部尚書王瓊得賜一英冠以下教場自謂殊遇其後巡狩所經督餉侍郎巡撫都御史無不衣罩甲見上者十三年車駕還京傳旨俾迎候者用曳撒大帽鸞帶尋賜羣臣大紅紵絲羅紗各一其服色一品斗牛二品飛魚三品蟒四品麒麟六七品虎彪翰林科道不限品級皆與焉惟部曹五品下不與時文臣服色亦以走獸而麒麟之服逮於四品尤異事也十八年世宗登極詔云近來冒濫玉帶蟒龍飛魚斗牛服色皆庶官雜流并各處將領奮緣奏乞今俱不許武職卑官僭用公侯服色者亦禁絕之嘉靖六年復禁中外官不許濫服五彩裝花織造違禁顏色七年既定燕居法服之制閣臣張璁因言品官燕居之服未有明制詭異之徒競爲奇服以亂典章乞更法古元端別爲簡易之制昭布天下使貴賤有等帝因復製忠靜冠服圖頒禮部敕諭之曰祖宗稽古定制品官朝祭之服各有等差第常人之情多謹於明顯怠於幽獨古聖王愼之制元端以爲燕居之服比來衣服詭異上下無辨民志何由定朕因酌古元端之制更名忠靜庶幾乎進思盡忠退思補過焉朕已著爲圖說如式製造在京許七品以上官及八品以上翰林院國子監行人司在外許方面官及各府堂官州縣正堂儒學教官服之武官止都督以上其餘不許濫服禮部以圖說頒布天下如敕奉行按忠靜冠仿古元冠冠匡如制以烏紗冒之兩山俱列於後冠頂仍方中微起三梁各壓以金線邊以金緣之四品以下去金緣以淺色絲線忠靜服仿古元端服色用深青以紵絲紗羅爲之三品以上雲四品以下素緣以藍青前後飾本等花樣補子深衣用玉色素帶如古大夫之帶制青表綠緣邊并裏素履青綠條結白襪十六年羣臣朝於駐蹕所兵部尚書張瓚服蟒帝怒諭閣臣夏言曰尚書二品何自服蟒言對曰瓚所服乃欽賜飛魚服鮮明類蟒耳帝曰飛魚何組兩角其嚴禁之於是禮部奏定文武官不許擅用蟒衣飛魚斗牛違禁華異服色其大紅紵絲紗羅服惟四品以上官及在京五品堂上官經筵講官許服五品官及經筵不爲講官者俱服青綠錦繡遇吉禮止衣紅布絨褐品官花樣並依品級錦衣衞指揮侍衞者仍得衣麒麟其帶俸非侍衞及千百戶雖侍衞不許僭用

歷朝賜服文臣有未至一品而賜玉帶者自洪武中學士羅復仁始衍聖公秩正二品服織金麒麟袍玉帶則景泰中入朝拜賜自是以爲常內閣賜蟒衣自弘治中劉健李東陽始麒麟本公侯服而內閣服之則嘉靖中嚴嵩徐階皆受賜也仙鶴文臣一品服也嘉靖中成國公朱希忠都督陸炳服之皆以元壇供事而學士嚴訥李春芳董份以五品撰青詞亦賜仙鶴尋諭供事壇中乃用於是尚書皆不敢衣鶴後敕南京織閃黃補麒麟仙鶴賜嚴嵩閃黃乃上用服色也又賜徐階敎子升天蟒萬曆中賜張居正坐蟒武清侯李偉以太后父亦受賜

儀賓朝服公服常服俱視品級與文武官同惟笏皆象牙常服花樣視武官弘治十三年定郡主儀賓鈒花金帶胸背獅子縣主儀賓鈒花金帶郡君儀賓光素金帶胸背俱虎豹縣君儀賓鈒花銀帶鄉君儀賓光素銀帶胸背俱彪有僭用者革去冠帶戴平頭巾於儒學讀書習禮三年

狀元及諸進士冠服狀元冠二梁緋羅圓領白絹中單錦綬蔽膝紗帽槐木笏光銀帶藥玉佩朝鞾氈襪皆御前頒賜上表謝恩日服之進士巾如烏紗帽頂微平展角闊寸餘長五寸許系以垂帶皁紗爲之深藍羅袍緣以青羅袖廣而不殺槐木笏革帶青鞓飾以黑角垂撻尾於後廷試後頒於國子監傳臚日服之上表謝恩後謁先師行釋菜禮畢始易常服其巾袍仍送國子監藏之

命婦冠服洪武元年定命婦一品冠花釵九樹兩博鬢九鈿服用翟衣繡翟九重素紗中單黼領朱縠褾襈裾蔽膝隨裳色以緅爲領緣加文繡重翟爲章二等玉帶青襪舄佩綬二品冠花釵八樹兩博鬢八鈿服用翟衣八等犀帶餘如一品三品冠花釵七樹兩博鬢七鈿翟衣七等金革帶餘如二品四品冠花釵六樹兩博鬢六鈿翟衣六等金革帶餘如三品五品冠花釵五樹兩博鬢五鈿翟衣五等烏角帶餘如四品六品冠花釵四樹兩博鬢四鈿翟衣四等烏角帶餘如五品七品冠花釵三樹兩博鬢三鈿翟衣三等烏角帶餘如六品自一品至五品衣色隨夫用紫六品七品衣色隨夫用緋其大帶如衣色四年以古天子諸侯服衮冕后與夫人亦服褘翟今羣臣既以梁冠絳衣爲朝服不敢用冕則外命婦亦不當服翟衣以朝命禮部議之奏定命婦以山松特髻假鬢花鈿眞紅大袖衣珠翠蹙金霞帔爲朝服以朱翠角冠金珠花釵闊袖雜色綠緣爲燕居之服一品衣金繡文霞帔金珠翠妝飾玉墜二品衣金繡雲肩大雜花霞帔金珠翠妝飾金墜子三品衣金繡大雜花霞帔珠翠妝飾金墜子四品衣繡小雜花霞帔翠妝飾金墜子五品衣銷金大雜花霞帔生色畫絹起花妝飾金墜子六品七品衣銷金小雜花霞帔生色畫絹起花妝飾鍍金銀墜子八品九品衣大紅素羅霞帔生色畫絹妝飾銀墜子首飾一品二品金玉珠翠三品四品金珠翠五品金翠六品以下金鍍銀間用珠五年更定品官命婦冠服一品禮服用山松特髻翠松五株金翟八口銜珠結正面珠翠翟一珠翠花四朵珠翠雲喜花三朵後鬢珠梭毬一珠翠飛翟一珠翠梳四金雲頭連三釵一珠簾梳一金簪二珠梭環一雙大袖衫用眞紅色霞帔褙子俱用深青色紵絲綾羅紗隨用霞帔上施蹙金繡雲霞翟文鈒花金墜子褙子上施金繡雲霞翟文常服用珠翠慶雲冠珠翠翟三金翟一口銜珠結鬢邊珠翠花二小珠翠梳一雙金雲頭連三釵一金壓鬢雙頭釵二金腦梳一金簪二金脚珠翠佛面環一雙鐲釧皆用金長襖長裙各色紵絲綾羅紗隨用長襖緣襈或紫或綠上施蹙金繡雲霞翟文看帶用紅綠紫上施蹙金繡雲霞翟文長裙橫豎金繡纏枝花文二品特髻上金翟七口銜珠結餘同一品常服亦與一品同三品特髻上金孔雀六口銜珠結正面珠翠孔雀一後鬢翠孔雀二霞帔上施蹙金雲霞孔雀文鈒花金墜子褙子上施金繡雲霞孔雀文餘同二品常服冠上珠翠孔雀三金孔雀二口銜珠結長襖緣襈看帶或紫或綠並繡雲霞孔雀文長裙橫豎襴並繡纏枝花文餘同二品四品特髻上金孔雀五口銜珠結餘同三品常服亦與三品同五品特髻上銀鍍金鴛鴦四口銜珠結正面珠翠鴛鴦一小珠鋪翠雲喜花三朵後鬢翠鴛鴦二銀鍍金雲頭連三釵一小珠簾梳一鍍金銀簪二小珠梳環一雙霞帔上施繡雲霞鴛鴦文鍍金銀鈒花墜子褙子上施雲霞鴛鴦文餘同四品常服冠上小珠翠鴛鴦三鍍金銀鴛鴦二挑珠牌鬢邊小珠翠花二朵雲頭連三釵一梳一壓鬢雙頭釵二鍍金簪二銀脚珠翠佛面環一雙鐲釧皆用銀鍍金長襖緣襈繡雲霞鴛鴦文長裙橫豎襴繡纏枝花文餘同四品六品特髻上翠松三株銀鍍金練鵲四口銜珠結正面銀鍍金練鵲一小珠翠花四朵後鬢翠梭毬一翠練鵲二翠梳四銀雲頭連三釵一珠緣翠簾梳一銀簪二大袖衫綾羅紬絹隨所用霞帔施繡雲霞練鵲文鈒花銀墜子褙子上施雲霞練鵲文餘同五品常服冠上鍍金銀練鵲三又鍍金銀練鵲二挑小珠牌鐲釧皆用銀長襖緣襈看帶或紫或綠繡雲霞練鵲文長裙橫豎襴繡纏枝花文餘同五品七品禮服常服俱同六品其八品九品禮服惟用大袖衫霞帔褙子大衫同七品霞帔上繡纏枝花鈒花銀墜子褙子上繡摘枝團花通用小珠慶雲冠常服亦用小珠慶雲冠銀間鍍金銀練鵲三又銀間鍍金銀練鵲二挑小珠牌銀間鍍金雲頭連三釵一銀間鍍金壓鬢雙頭釵二銀間鍍金腦梳一銀間鍍金簪二長襖緣襈看帶並繡纏枝花餘同七品又定命婦團衫之制以紅羅爲之繡重雉爲等第一品九等二品八等三品七等四品六等五品五等六品四等七品三等其餘不用繡雉二十四年定制命婦朝見君后在家見舅姑并夫及祭祀則服禮服公侯伯夫人與一品同大袖衫眞紅色一品至五品紵絲綾羅六品至九品綾羅紬絹霞帔褙子皆深青段公侯及一品二品金繡雲霞翟文三品四品金繡雲霞孔雀文五品繡雲霞鴛鴦文六品七品繡雲霞練鵲文大袖衫領闊三寸兩領直下一尺間綴紐子三末綴紐子二紐在掩紐之下拜則放之霞帔二條各繡禽七隨品級用前四後三墜子中鈒花禽一四面雲霞文禽如霞帔隨品級用笏以象牙爲之二十六年定一品冠用金事件珠翟五珠牡丹開頭二珠半開二翠雲二十四片翠牡丹葉一十八片翠口圈一副上帶金寶鈿花八金翟二口銜珠結二二品至四品冠用金事件珠翟四珠牡丹開頭二珠半開四翠雲二十四片翠牡丹葉一十八片翠口圈一副上帶金寶鈿花八金翟二口銜珠結二一品二品霞帔褙子俱雲霞翟文鈒花金墜子三品四品霞帔褙子俱雲霞孔雀文鈒花金墜子五品六品冠用抹金銀事件珠翟三珠牡丹開頭二珠半開五翠雲二十四片翠牡丹葉一十八片翠口圈一副上帶

抹金銀寶鈿花八抹金銀翟二口銜珠結子二五品霞帔褙子俱雲霞鴛鴦文鍍金鈒花銀墜子六品霞帔褙子俱雲霞練鵲文鈒花銀墜子七品至九品冠用抹金銀事件珠翟二珠月桂開頭二珠半開六翠雲二十四片翠月桂葉一十八片翠口圈一副上帶抹金銀寶鈿花八抹金銀翟二口銜珠結子二七品霞帔墜子褙子與六品同八品九品霞帔用繡纏枝花墜子與七品同褙子繡摘枝團花

內外官親屬冠服洪武元年禮部尚書崔亮奏詔議定內外官父兄伯叔子孫弟侄用烏紗帽軟脚垂帶圓領衣烏角帶品官祖母及母與子孫同居親弟侄婦女禮服合以本官所居官職品級通用漆紗珠翠慶雲冠本品彩霞帔褙子緣襈襖裙惟山松特髻子止許受封誥敕者用之品官次妻許用本品珠翠慶雲冠褙子爲禮服銷金闊領長襖長裙爲常服二十五年令文武官父兄伯叔弟侄子壻皆許穿鞾

內使冠服明初置內使監冠烏紗描金曲脚帽衣胸背花盤領窄袖衫烏角帶鞾用紅扇面黑下椿各官火者服與庶人同洪武三年諭宰臣內使監未有職名者當別製冠以別監官禮部奏定內使監凡遇朝會依品具朝服公服行禮其常服葵花胸背團領衫不拘顏色烏紗帽犀角帶無品從者常服團領衫無胸背花不拘顏色烏角帶烏紗帽垂軟帶年十五以下者惟戴烏紗小頂帽按大政記永樂以後宦官在帝左右必蟒服製如曳撒繡蟒於左右繫以鸞帶此燕閒之服也次則飛魚惟入侍用之貴而用事者賜蟒文武一品官所不易得也單蟒面皆斜向坐蟒則面正向尤貴又有膝襴者亦如曳撒上有蟒補當膝處橫織細雲蟒蓋南郊及山陵扈從便於乘馬也或召對燕見君臣皆不用袍而用此第蟒有五爪四爪之分襴有紅黃之別耳弘治元年都御史邊鏞言國朝品官無蟒衣之制夫蟒無角無足今內官多乞蟒衣殊類龍形非制也乃下詔禁之十七年諭閣臣劉健曰內臣僭妄尤多因言服色所宜禁曰蟒龍飛魚斗牛本在所禁不合私織間有賜者或久而敝不宜輒自織用元黃紫皁乃屬正禁卽柳黃明黃薑黃諸色亦應禁之孝宗加意鉗束故申飭者再然內官驕恣已久積習相沿不能止也初太祖制內臣服其紗帽與羣臣異且無朝冠幞頭亦無祭服萬曆初穆宗主入太廟大璫冠進賢服祭服以從蓋內府祀中霤竈井之神例遣中官因自創爲祭服非由廷議也

侍儀舍人冠服洪武二年禮官議定侍儀舍人導禮依元制展脚幞頭窄袖紫衫塗金束帶皁紋鞾常服烏紗唐帽諸色盤領衫烏角束帶衫不用黃四年中書省議定侍儀舍人併御史臺知班引禮執事冠進賢冠無梁服絳色衣其蔽膝履襪帶笏與九品同惟不用中單

校尉冠服洪武三年定制執仗之士首服皆縷金額交脚幞頭其服有諸色辟邪寶相花裙襖銅葵花束帶皁紋鞾六年令校尉衣只孫束帶幞頭鞾鞋只孫一作質孫本元制蓋一色衣也十四年改用金鵞帽黑漆戧金荔枝銅釘樣每五釘攢就四面稍起邊襴鞓青緊束之二十二年令將軍力士校尉旂軍常戴頭巾或榼腦二十五年令校尉力士上直穿鞾出外不許

刻期冠服宋置快行親從官明初謂之刻期冠方頂巾衣胸背鷹鷂花腰線襖子諸色闊匾絲條大象牙雕花環行縢八帶鞵洪武六年惟用雕刻象牙條環餘同庶民

儒士生員監生巾服洪武三年令士人戴四方平定巾二十三年定儒士生員衣自領至裳去地一寸袖長過手復回不及肘三寸二十四年以士子巾服無異吏胥宜甄別之命工部制式以進太祖親視凡三易乃定生員襴衫用玉色布絹爲之寬袖皁緣皁條軟巾垂帶貢舉入監者不變所服洪武末許戴遮陽帽後遂私戴之洪熙中帝問衣藍者何人左右以監生對帝曰著青衣較好乃易青圓領嘉靖二十二年禮部言士子冠服詭異有凌雲等巾甚乖禮制詔所司禁之萬曆二年禁舉人監生生儒僭用忠靜冠巾錦綺鑲履及張繖蓋戴煖耳違者五城御史送問

庶人冠服明初庶人婚許假九品服洪武三年庶人初戴四帶巾改四方平定巾雜色盤領衣不許用黃又令男女衣服不得僭用金繡錦綺紵絲綾羅止許紬絹素紗其鞾不得裁製花樣金線裝飾首飾釵鐲不許用金玉珠翠止用銀六年令庶人巾環不得用金玉瑪瑙珊瑚琥珀未入流品者同庶人帽不得用頂帽珠止許水晶香木十四年令農衣紬紗絹布商賈止衣絹布農家有一人爲商賈者亦不得衣紬紗二十二年令農夫戴斗笠蒲笠出入市井不禁不親農業者不許二十三年令耆民衣制袖長過手復回不及肘三寸庶人衣長去地五寸袖長過手六寸袖椿廣一尺袖口五寸二十五年以民間違禁鞾巧裁花樣嵌以金線藍條詔禮部嚴禁庶人不許穿鞾止許穿皮札翰惟北地苦寒許用牛皮直縫鞾正德元年禁商販僕役倡優下賤不許服用貂裘十六年禁軍民衣紫花罩甲或禁門或四外遊走者緝事人擒之

士庶妻冠服洪武三年定制士庶妻首飾用銀鍍金耳環用金珠釧鐲用銀服淺色團衫用紵絲綾羅紬絹五年令民間婦人禮服惟紫絁不用金繡袍衫止紫綠桃紅及諸淺淡顏色不許用大紅鴉青黃色帶用藍絹布女子在室者作三小髻金釵珠頭𩮀窄袖褙子凡婢使高頂髻絹布狹領長襖長裙小婢使雙髻長袖短衣長裙成化十年禁官民婦女不得僭用渾金衣服寶石首飾正德元年令軍民婦女不許用銷金衣服帳幔寶石首飾鐲釧

協律郎樂舞生冠服明初郊社宗廟用雅樂協律郎幞頭紫羅袍荔枝帶樂生緋袍展脚幞頭舞士幞頭紅羅袍荔枝帶皁鞾文舞生紅袍武舞生緋袍俱展脚幞頭革帶皁鞾朝會大樂九奏歌工中華一統巾紅羅生色大袖衫畫黃鶯鸚鵡花樣紅生絹襯衫錦領杏紅絹裙白絹大口袴青絲條白絹襪茶褐鞵其和聲郎押樂者皁羅闊帶巾青羅大袖衫紅生絹襯衫錦領塗金束帶皁鞾其三舞一武舞曰平定天下之舞舞士皆黃金束髮冠紫絲纓青羅生色畫舞鶴花樣窄袖衫白生絹襯衫錦領紅羅銷金大袖罩袍紅羅銷金裙皁生色畫花緣襈白羅銷金汗袴藍青羅銷金緣紅絹擁項紅結子紅絹束腰塗金束帶青絲大條錦臂韝綠雲頭皁鞾舞師黃金束髮冠紫絲纓青羅大袖衫白絹襯衫錦領塗金束帶綠雲頭皁鞾一文舞曰車書會同之舞舞士皆黑光描金方山冠青絲纓青紅羅大袖衫紅生絹襯衫錦領紅羅擁項紅結子塗金束帶白絹大口袴白絹襪茶褐鞵舞師冠服與舞士同惟大袖衫用青羅不用紅羅擁項紅結子一文舞曰撫安四夷之舞舞士東夷四人椎髻於後繫紅銷金頭繩紅羅銷金抹額中綴塗金博山兩傍綴塗金巾環明金耳環青羅生色畫花大袖衫紅生色領袖紅羅銷金裙青銷金裙緣紅生絹襯衫錦領塗金束帶烏皮鞾西戎四人間道錦纏頭明金耳環紅紵絲細摺襖子大紅羅生色雲肩綠生色緣藍青羅銷金汗袴紅銷金緣繫腰合鉢十字泥金數珠五色銷金羅香囊紅絹擁項紅結子赤皮鞾南蠻四人綰朝天髻繫紅羅生色銀錠紅銷金抹額明金耳環紅織金短襖子綠織金細摺短裙絨錦袴間道紵絲手巾泥金項牌金珠瓔珞綴小金鈴錦行纏泥金獅蠻帶綠銷金擁項紅結子赤皮鞾北翟四人戴單于冠貂鼠皮簷雙垂髻紅銷金頭繩紅羅銷金抹額諸色細摺襖子藍青生色雲肩紅結子紅銷金汗袴繫腰合鉢皁皮鞾其舞師皆戴白捲簷氈帽塗金帽頂一撒紅纓紫羅帽襻紅綠金繡襖子白銷金汗袴藍青銷金緣塗金束帶綠擁項紅結子赤皮鞾凡大樂工及文武二舞樂工皆曲脚幞頭紅羅生色畫花大袖衫塗金束帶紅絹擁項紅結子皁皮鞾四夷樂工皆蓮花帽諸色細摺襖子白銷金汗袴紅銷金緣紅絹束腰紅羅擁項紅結子花鞾永樂間定殿內侑食樂奏平定天下之舞引舞樂工皆青羅包巾青紅緣玉色羅銷金胸背襖子渾金銅帶紅羅褡褳雲頭皁鞾青綠羅銷金包臀舞人服色如之奏撫安四夷之舞高麗舞四人皆笠子青羅銷金胸背襖子銅帶皁鞾琉球舞四人皆棉布花手巾青羅大袖襖子銅帶白碾光絹間道踢袴皁皮鞾北番舞四人皆狐帽青紅紵絲銷金襖子銅帶伍魯速回回舞四人皆青羅帽比里罕棉布花手巾銅帶皁鞾奏車書會同之舞舞人皆皁羅頭巾青綠玉色皁沿邊襴茶褐線條皁皮四縫鞾奏表正萬邦之舞引舞二人青羅包巾紅羅銷金項帕紅生絹錦領中單紅生絹銷金通袖襖子青線條銅帶織錦臂韝雲頭皁鞾各色銷金包臀紅絹褡褳舞人樂工服色與引舞同奏天命有德之舞引舞二人青幪紗如意冠紅生絹錦領中單紅生絹大袖袍各色絹采畫直纏黑角偏帶藍絹綵雲頭皁鞾白布襪舞人樂工服色與引舞同洪武五年定齋郎樂生文武舞生冠服齋郎黑介幘漆布爲之無花樣服紅絹窄袖衫紅生絹爲裏皁皮四縫鞾黑角帶文舞生及樂生黑介幘漆布爲之上加描金蟬服紅絹大袖袍胸背畫纏枝方葵花紅生絹爲裏加錦臂韝二皁皮四縫鞾黑角帶武舞生武弁以漆布爲之上加描金蟬服飾鞾帶並同文舞生嘉靖九年定文武舞生服制圜丘服青紵絲方澤服黑綠紗朝日壇服赤羅夕月壇服玉色羅

宮中女樂冠服洪武三年定制凡中宮供奉女樂奉鑾等官妻本色𩬊髻青羅圓領提調女樂黑漆唐巾大紅羅銷金花圓領鍍金花帶皁鞾歌章女樂黑漆唐巾大紅羅銷金裙襖胸帶大紅羅抹額青綠羅彩畫雲肩描金牡丹花皁鞾奏樂女樂服色與歌章同嘉靖九年祀先蠶定樂女生冠服黑縐紗描金蟬冠黑絲纓黑素羅銷金葵花胸背大袖女袍黑生絹襯衫錦領塗金束帶白襪黑鞵

教坊司冠服洪武三年定教坊司樂藝青卍字頂巾繫紅綠褡膊樂妓明角冠皁褙子不許與民妻同御前供奉俳長鼓吹冠紅羅胸背小袖袍紅絹褡膊皁鞾色長鼓吹冠紅青羅紵絲彩畫百花袍紅絹褡膊歌工弁冠紅羅織金胸背大袖袍紅生絹錦領中單黑角帶紅熟絹錦脚袴皁皮琴鞵白棉布夾襪樂工服色與歌工同凡教坊司官常服冠帶與百官同至御前供奉執粉漆笏服黑漆幞頭黑綠羅大袖襴袍黑角偏帶皁鞾教坊司伶人常服綠色巾以別士庶之服樂人皆戴鼓吹冠不用錦絛惟紅褡膊服色不拘紅綠教坊司婦人不許戴冠穿褙子樂人衣服止用明綠桃紅玉色水紅茶褐色俳色長樂工俱皁頭巾雜色絛

王府樂工冠服洪武十五年定凡朝賀用大樂宴禮七奏樂樂工俱紅絹彩畫胸背方花小袖單袍有花鼓吹冠錦臂韝皁鞾抹額以紅羅彩畫束腰以紅絹其餘樂工用綠絹彩畫胸背方花小袖單袍無花鼓吹冠抹額以紅絹彩畫束腰以紅絹

軍士服洪武元年令製衣表裏異色謂之鴛鴦戰襖以新軍號二十一年定旂手衞軍士力士俱紅袢襖其餘衞所袢襖如之凡袢襖長齊膝窄袖內實以棉花二十六年令騎士服對襟衣便於乘馬也不應服而服者罪之

皁隸公人冠服洪武三年定皁隸圓頂巾皁衣四年定皁隸公使人皁盤領衫平頂巾白褡膊帶錫牌十四年令各衙門祗禁原服皁衣改用淡青二十五年皁隸伴當不許着鞾止用皮札䩺

外國君臣冠服洪武二年高麗入朝請祭服制度命製給之二十七年定蕃國朝貢儀國王來朝如嘗賜朝服者服之以朝三十一年賜琉球國王并其臣下冠服永樂中賜琉球中山王皮弁玉圭麟袍犀帶視二品秩宣德三年朝鮮國王李祹言洪武中蒙賜國王冕服九章陪臣冠服比朝廷遞降二等故陪臣一等比朝臣第三等得五梁冠服永樂初先臣芳遠遣世子禔入朝蒙賜五梁冠服臣竊惟世子冠服何止同陪臣一等乞爲定制乃命製六梁冠賜之嘉靖六年令外國朝貢人不許擅用違制衣服如違賣者買者同罪

僧道服洪武十四年定禪僧茶褐常服青條玉色袈裟講僧玉色常服綠條淺紅袈裟教僧皁常服黑條淺紅袈裟僧官如之惟僧錄司官袈裟綠文及環皆飾以金道士常服青法服朝衣皆赤道官亦如之惟道錄司官法服朝服綠文飾金凡在京道官紅道衣金襴木簡在外道官紅道衣木簡不用金襴道士青道服木簡

明史卷六十八 志第四十四

總裁官總理事務經筵講官少保兼太子太保保和殿大學士兼管吏部戶部尚書事加六級張廷玉等奉

敕修

輿服四

皇帝寶璽 皇后册寶
皇妃以下册印 皇太子册寶
皇太子妃册寶 親王以下册寶册印
鐵券 印信
符節 宮室制度
臣庶室屋制度 器用

明初寶璽十七其大者曰皇帝奉天之寶曰皇帝之寶曰皇帝行寶曰皇帝信寶曰天子之寶曰天子行寶曰天子信寶曰制誥之寶曰敕命之寶曰廣運之寶曰皇帝尊親之寶曰皇帝親親之寶曰敬天勤民之寶又有御前之寶表章經史之寶及欽文之璽丹符出驗四方洪武元年欲制寶璽有賈胡浮海獻美玉曰此出於闐祖父相傳當爲帝王寶璽乃命製爲寶不知十七寶中此玉製何寶也成祖又製皇帝親親之寶皇帝奉天之寶誥命之寶敕命之寶弘治十三年鄠縣民毛志學於泥河濱得玉璽其文曰受命於天旣壽永昌色白微青螭紐陝西巡撫熊翀以爲秦璽復出遣人獻之禮部尚書傅瀚言自有秦璽以來歷代得喪眞僞之跡具載史籍今所進篆文與輟耕錄等書摹載魚鳥篆文不同其螭紐又與史傳所紀文盤五龍螭缺一角旁刻魏錄者不類蓋秦璽亡已久今所進與宋元所得疑皆後世摹秦璽而刻之者竊惟璽之用以識文書防詐僞非以爲寶玩也自秦始皇得藍田玉以爲璽漢以後傳用之自是巧爭力取謂得此乃足以受命而不知受命以德不以璽也故求之不得則僞造以欺人得之則君臣色喜以誇示於天下是皆貽笑千載我高皇帝自制一代之璽文各有義隨事而施眞足以爲一代受命之符而垂法萬世何藉此璽哉帝從其言却而不用嘉靖十八年新製七寶曰奉天承運大明天子寶大明受命之寶巡狩天下之寶垂訓之寶命德之寶討罪安民之寶敕正萬民之寶與國初寶璽共爲御寶二十四尚寶司官掌之

皇后之册用金册二片依周尺長一尺二寸廣五寸厚二分五釐字依數分行鐫以眞書上下有孔聯以紅縧開闔如書帙藉以紅錦褥册盝用木飾以渾金瀝粉蟠龍紅紵絲襯裏內以紅羅銷金小袱裹册外以紅羅銷金夾袱包之五色小絛縈於外寶用金龜紐篆文曰皇后之寶依周尺方五寸九分厚一寸七分寶池用金闊取容寶篋二副一置寶一置寶池每副三重外篋用木飾以渾金瀝粉蟠龍紅紵絲襯裏中篋用金鈒蟠龍內小篋飾如外篋內置寶座四角雕蟠龍飾以渾金座上用錦褥以銷金紅羅小夾袱裹寶其篋外各用紅羅銷金大夾袱覆之臨册之日册寶俱置於紅髹輿案案項有紅羅瀝水用擔牀舉之

皇貴妃而下有册無寶而有印妃册用鍍金銀册二片廣長與后册同册盝飾以渾金瀝粉蟠鳳其印用金龜紐尺寸與諸王寶同文曰皇妃之印篋飾以蟠鳳宣德元年帝以貴妃孫氏有容德特請於皇太后製金寶賜之未幾卽誕皇嗣自是貴妃授寶遂爲故事嘉靖十年立九嬪册用銀殺皇妃五分之一以金飾之

皇太子册寶册用金二片其制及盝篋之飾與皇后册同寶用金龜紐篆書皇太子寶其制及池篋之飾與后寶同

皇太子妃册寶其册用金兩葉重百兩每葉高一尺二寸廣五寸藉册以錦聯册以紅絲絛墊册以錦褥裹册以紅羅銷金袱其盝飾以渾金瀝粉雲鳳內有花銀釘鉸嵌金絲鐵筦籥外以紅羅銷金袱覆之其金寶之制未詳洪武二十八年更定止授金册不用寶

親王册寶册制與皇太子同其寶用金龜紐依周尺方五寸二分厚一寸五分文曰某王之寶池篋之飾與皇太子寶同寶盝之飾則雕蟠螭

親王妃册印其金册高視太子妃册減一寸餘制悉同册文視親王其金印之制未詳洪武二十八年更定止授金册

公主册印銀册二片鐫字鍍金藉以紅錦褥册盝飾以渾金瀝粉蟠螭其印同宋制用金龜紐文曰某國公主之印方五寸二分厚一寸五分印池用金廣取容印外篋用木飾以渾金瀝粉盤鳳中篋用金鈒蟠鳳內小篋飾如外篋

親王世子金册金寶承襲止授金册傳用金寶

世子妃亦用金册洪武二十三年鑄世子妃印制視王妃金印龜紐篆文曰某世子妃印

郡王鍍金銀册鍍金銀印册文視世子其妃止有鍍金銀册

功臣鐵券洪武二年太祖欲封功臣議爲鐵券而未有定制或言台州民錢允一有家藏吳越王鏐唐賜鐵券遂遣使取之因其式而損益焉其制如瓦第爲七等公二等一高尺廣一尺六寸五分一高九寸五分廣一尺六寸侯三等一高九寸廣一尺五寸五分一高八寸五分廣一尺五寸一高八寸廣一尺四寸五分伯二等一高七寸五分廣一尺三寸五分一高六寸五分廣一尺二寸五分外刻歷履恩數之詳以記其功中鐫免罪減祿之數以防其過字嵌以金凡九十七副各分左右左頒功臣右藏內府有故則合之以取信焉三年大封功臣公六人侯二十八人並賜鐵券公李善長徐達李文忠馮勝鄧愈常茂侯湯和唐勝宗陸仲亨周德興華雲龍顧時耿炳文陳德郭子興王志鄭遇春費聚吳良吳楨趙庸廖永忠俞通源華高楊璟康鐸朱亮祖傅友德胡美韓政黃彬曹良臣梅思祖陸聚二十五年改製鐵券賜公傅友德侯王弼耿炳文郭英及故公徐達李文忠侯吳傑沐英凡八家永樂初靖難功臣亦有賜者

百官印信洪武初鑄印局鑄中外諸司印信正一品銀印三臺方三寸四分厚一寸六部都察院並在外各都司俱正二品銀印二臺方三寸二分厚八分其餘正二品從二品官銀印二臺方三寸一分厚七分惟衍聖公以正二品三臺銀印則景泰三年賜也順天應天二府俱正三品銀印方二寸九分厚六分五釐其餘正三品從三品官俱銅印方二寸七分厚六分惟太僕光祿寺並在外鹽運司俱從三品銅印方減一分厚減五釐正四品從四品俱銅印方二寸五分厚五分正五品從五品俱銅印方二寸四分厚四分五釐惟在外各州從五品銅印方減一分厚減五釐正六品從六品俱銅印方二寸二分厚三分五釐正七品從七品銅印方二寸一分厚三分正從八品俱銅印方二寸厚二分五釐正從九品俱銅印方一寸九分厚二分二釐未入流者銅條記闊一寸三分長二寸五分厚二分一釐以上俱直紐

九疊篆文初雜職亦方印至洪武十三年始改條記凡百官之印惟文淵閣銀印直紐方一寸七分厚六分玉箸篆文誠重之也武臣受重寄者征西鎮朔平蠻諸將軍銀印虎紐方三寸三分厚九分柳葉篆文洪武中嘗用上公佩將軍印後以公侯伯及都督充總兵官名曰掛印將軍有事征伐則命總兵佩印以往旋師則上所佩印於朝此外惟漕運總兵印同將軍其在外鎮守總兵叅將掛印則洪熙元年始也有文臣掛將軍印者王驥以兵部尚書征湖貴苗掛征蠻將軍印王越以左都御史守大同掛征西將軍印其他文武大臣有領敕而權重者或給以銅關防直紐廣一寸九分五釐長二寸九分厚三分九疊篆文雖宰相行邊與部曹無異惟正德時張永征安化王用金鑄嘉靖中顧鼎臣居守用牙鏤關防皆特賜也初太祖重御史之職分河南等十三道每道鑄二印文曰繩愆糾繆守院御史掌其一其一藏內府有事則受以出復命則納之洪武二十三年都御史袁泰言各道印篆相類乃命改製某道監察御史其奉差者則曰巡按某處監察御史銅印直紐有眼方一寸五分厚三分八疊篆文成祖初幸北京有一官署二三印者夏原吉至兼掌九卿印諸曹並於朝房取裁其任重矣

明初賜高麗金印龜紐方三寸文曰高麗國王之印賜安南鍍金銀印駝紐方三寸文曰安南國王之印賜占城鍍金銀印駝紐方三寸文曰占城國王之印賜土蕃金印駝紐方五寸文曰白蘭王印

符牌凡宣召親王必遣官齎金符以往親王之藩及鎮守巡撫諸官奏請符驗俱從兵部奏行尚寶司領之洪武二十六年定制凡公差以軍情重務及奉旨差遣給驛者兵部既給勘合卽赴內府關領符驗給驛而去事竣則繳嘉靖三十七年定制南京鳳陽守備內外官並各處鎮守總兵巡撫及各守一方不受鎮守節制內外守備並領符驗奏事凡監鎗整飭兵備並一城一堡守備官不許關領符驗其制上織船馬之狀起馬者用馬字號起船者水字號起雙馬者達字號起單馬者通字號起站船者信字號洪武四年始製用寶金牌凡軍機文書自都督府中書省長官而外不許擅奏有詔調軍中書省同都督府覆奏乃各出所藏金牌入請用寶又造軍中調發符牌用鐵長五寸闊半之上鈒二飛龍下鈒二麒麟首爲圓竅貫以紅絲絛嘗遣官齎金牌信符詣西番以茶易馬其牌四十一上號藏內府下號降各番篆文曰皇帝聖旨左曰合當差發右曰不信者斬二十二年又頒西番金牌信符其後番官欽塞皆齎原降牌符而至永樂二年製信符金字紅牌給雲南諸蠻凡歷代改元則所頒外國信符金牌必更鑄新年號給之此符信之達於四裔者也其武臣懸帶金牌則洪武四年所造闊二寸長一尺上鈒雙龍下鈒二伏虎牌首尾爲圓竅貫以紅絲絛指揮佩金牌雙雲龍雙虎符千戶佩鍍金銀牌獨雲龍獨虎符百戶素雲銀牌符太祖親爲文鈒之曰上天祐民朕乃率撫威加華夏實憑虎臣賜爾金符永傳後嗣天子祀郊廟若視學耤田勳衞扈從及公侯駙馬五府都督日直錦衣衞當直及都督率諸衞千百戶夜巡內皇城金吾諸衞各輪官隨朝巡綽俱給金牌有龍者虎者麒麟者獅者雲者以官爲差其扈駕金字銀牌則洪武六年所造尋改爲守衞金牌以銅爲之塗以金高一尺闊三寸分字號凡五仁字號上鈒獨龍蟠雲花公侯伯都督佩之義字號鈒伏虎盤雲花指揮佩之禮字號鈒獬豸蟠雲花千戶衞鎮撫佩之智字號鈒獅子蟠雲花百戶所鎮撫佩之信字號鈒蟠雲花將軍佩之牌下鑄守衞二篆字背鑄凡守衞官軍懸帶此牌等二十四字牌首竅貫靑絲鎮撫及將軍隨駕直宿衞者佩之下直則納之凡夜巡官於尚寶司領令牌禁城各門金吾等衞指揮千戶分領申字號牌午門自一至四長安左右門東華門自五至八西華門自九至十二玄武門自十三至十六五城兵馬指揮亦曰領令牌東西南北中城分領木金火水土五字號留守五衞巡城官並金吾等衞守衞官俱領銅符留守衞指揮所領承字及東西北字號牌俱左半字陽文左比金吾等衞端門承天門東西北安門指揮千戶所領承字及東西北字號俱右半字陰文右比銅符字號比對相同方許巡行內官內使之出亦須守門官比對銅符而後行皇城九門守衞軍與圍子手各領勇字號銅牌錦衣校尉上直及光祿寺吏典廚役遇大祀俱佩雙魚銅牌永樂六年駕幸北京扈從官俱帶牙牌五府六部都察院大理寺錦衣衞各鑄印信通政司鴻臚寺各鑄關防謂之行在衙門印信關防其後命內府印綬監收貯嘉靖十八年南巡禮部領出以給扈從者焉凡郊廟諸祭陪祀供事官及執事者入壇俱領牙牌洪武八年始也圓花牌陪祀官領之長花牌供事官領之長素牌執事人領之又謂之祀牌凡駕詣陵寢扈從官俱於尚寶司領小牙牌嘉靖九年皇后行親蠶禮文官四品以上武官三品以上命婦及使人俱於上寶司領牙牌有雲花圓牌鳥形長牌之異凡文武朝叅官錦衣衞當駕官亦領牙牌以防姦僞洪武十一年始也其制以象牙爲之刻官職於上不佩則門者却之私相借者論如律牙牌字號公侯伯以勳字駙馬都尉以親字文官以文字武官以武字教坊官以樂字入內官以官字正德十六年禮科邢寰言牙牌惟常朝職官得懸比來權姦侵柄傳旨陞官者輒佩牙牌宜清核以重名器乃命文職不朝叅者毋得濫給牙牌武官進御侍班佩刀執金爐者給與嘉靖二十八年內府供事匠作武職官皆帶朝叅牙牌嘗奉旨革奪旋復給之給事中陳邦修以爲言禮部覆奏會典所載文武官出入禁門帶牙牌有執事供事朝叅之別執事供事者皆届期而領如期而繳惟朝叅牙牌得朝夕懸之非徒爲關防之具亦以示等威之辨也盧衙帶俸供事執事者不宜槩領第出入禁闥若一切革奪何由譏察尚寶司所貯舊牌數百上有入內府字號請以給之至於衞所武官掌印僉書侍衞之外非屬朝叅供役者盡革奪之其納粟塡註冒賜牙牌及罷退閑住官舊所關領不繳者俱逮問報可

洪武十五年製使節黃色三簷寶蓋長二尺黃紗袋籠之又製丹漆架一以節置其上使者受命則戴以行使歸則持之以復命二十三年詔考定使節之制禮部奏漢光武時以竹爲節柄長八尺其毛三重而黃公紹韻會註漢節柄長三尺毛三重以旄牛爲之詔從三尺之制

宮室之制吳元年作新內正殿曰奉天殿後曰華蓋殿又後曰謹身殿皆翼以廊廡奉天殿之前曰奉天門殿左曰文樓右曰武樓謹身殿之後爲宮前曰乾清後曰坤寧六宮以次列宮殿之外周以皇城城之門南曰午門東曰東華西曰西華北曰元武時有言瑞州文石可甃地者太祖曰敦崇儉朴猶恐習於奢華爾乃導予奢麗乎言者慚而退洪武八年改建大內宮殿十年告成闕門曰午門翼以兩觀中三門東西爲左右掖門午門內曰奉天門門內奉天殿嘗御以受朝賀者也門左右爲東西角門奉天殿左右門左曰中左右曰中右兩廡之間左曰文樓右曰武樓奉天殿之後曰華蓋殿華蓋殿之後曰謹身殿殿後則乾清宮之正門也奉天門外兩廡間有門左曰左順右曰右順左順門外有殿曰文華爲東宮視事之所右順門外有殿曰武英爲皇帝齋戒時所居制度如舊規模益宏二十五年改建大內金水橋又建端門承天門樓各五間及長安東西二門永樂十五年作西宮於北京中爲奉天殿側爲左右二殿南爲奉天門左右爲東西角門其南爲午門又南爲承天門殿北有後殿凉殿煖殿及仁壽景福仁和萬春永壽長春等宮凡爲屋千六百三十餘楹十八年建北京凡宮殿門闕規制悉如南京壯麗過之中朝曰奉天殿通爲屋八千三百五十楹殿左曰中左門右曰中右門丹墀東曰文樓西曰武樓南曰奉天門常朝所御也左曰東角門右曰西角門東廡曰左順門西廡曰右順門正南曰午門中三門翼以兩觀觀各有樓左曰左掖門右曰右掖門午門左稍南曰闕左門曰神廚門內爲太廟右稍南曰闕右門曰社左門內爲太社稷又正南曰端門東曰廟街門卽太廟右門也西曰社街門卽太社稷壇南左門也又正南曰承天門又折而東曰長安左門折而西曰長安右門東後曰東安門西後曰西安門北後曰北安門正南曰大明門中爲馳道東西長廊各千步奉天殿之後曰華蓋殿又後曰謹身殿謹身殿左曰後左門右曰後右門正北曰乾清門內爲乾清宮是曰正寢後曰交泰殿又後曰坤寧宮爲中宮所居東曰仁壽宮西曰淸寧宮以奉太后左順門之東曰文華殿右順門之西曰武英殿文華殿東南曰東華門武英殿西南曰西華門坤寧宮後曰坤寧門門之後曰元武門其他宮殿名號繁多不能盡列所謂千門萬戶也皇城內宮城外凡十有二門曰東上門東上北門東上南門東中門西上門西上北門西上南門西中門北上門北上東門北上西門北中門復於皇城東南建皇太孫宮東安門外東南建十王街宣宗留意文雅建廣寒淸暑二殿及東西瓊島游觀所至悉置經籍正統六年重建三殿嘉靖中於淸寧宮後地建慈慶宮於仁壽宮故基建慈寧宮三十六年三殿門樓災帝以殿名奉天非題扁所宜用敕禮部議之部臣會議言皇祖肇造之初名曰奉天者昭揭以示虔爾旣以名則是昊天監臨儼然在上臨御之際坐以視朝似未安也今乃修復之始宜更定以答天庥明年重建奉天門更名曰大朝門四十一年更名奉天殿曰皇極華蓋殿曰中極謹身殿曰建極文樓曰文昭閣武樓曰武成閣左順門曰會極右順門曰歸極大朝門曰皇極東角門曰弘政西角門曰宣治又改乾清宮右小閣名曰道心旁左門曰仁蕩右門曰義平世宗初墾西苑隙地爲田建殿曰無逸亭曰豳風又建亭曰省耕曰省斂每歲耕穫帝輒臨觀十三年

西苑河東亭榭成親定名曰天鷲房北曰飛霭亭迎翠殿前曰浮香亭寶月亭前曰秋輝亭昭和殿前曰澄淵亭後曰趯臺坡臨漪亭前曰水雲榭西苑門外二亭曰左臨海亭右臨海亭北閘口曰湧玉亭河之東曰聚景亭改呂梁洪之亭曰呂梁前曰檥金亭翠玉館前曰擷秀亭

親王府制洪武四年定城高二丈九尺正殿基高六尺九寸正門前後殿四門城樓飾以青綠點金廊房飾以青黛四城正門以丹漆金塗銅釘宮殿窠栱攢頂中畫蟠螭飾以金邊畫八吉祥花前後殿座用紅漆金蟠螭帳用紅銷金蟠螭座後壁則畫蟠螭彩雲後改爲龍立山川社稷宗廟於王城內七年定親王所居殿前曰承運中曰圜殿後曰存心四城門南曰端禮北曰廣智東曰體仁西曰遵義太祖曰使諸王覩名思義以藩屏帝室九年定親王宮殿門廡及城門樓皆覆以青色琉璃瓦又命中書省臣惟親王宮得飾朱紅大青綠其他居室止飾丹碧十二年諸王府告成其制中曰承運殿十一間後爲圜殿次曰存心殿各九間承運殿兩廡爲左右二殿自存心承運周迴兩廡至承運門爲屋百三十八間殿後爲前中後三宮各九間宮門兩廂等室九十九間王城之外周垣四門堂庫等室在其間凡爲宮殿室屋八百間有奇弘治八年更定王府之制頗有所增損郡王府制天順四年定門樓廳廂廚庫米倉等共數十間而已

公主府第洪武五年禮部言唐宋公主視正一品府第並用正一品制度今擬公主第廳堂九間十一架施花様獸脊梁棟斗栱簷桷彩色繪飾惟不用金正門五間七架大門綠油銅環石礎牆甎鐫鑿玲瓏花様從之

百官第宅明初禁官民房屋不許雕刻古帝后聖賢人物及日月龍鳳狻猊麒麟犀象之形凡官員任滿致仕與見任同其父祖有官身歿子孫許居父祖房舍洪武二十六年定制官員營造房屋不許歇山轉角重簷重栱及繪藻井惟樓居重簷不禁公侯前廳七間兩厦九架中堂七間九架後堂七間七架門三間五架用金漆及獸面錫環家廟三間五架覆以黑板瓦脊用花様瓦獸梁棟斗栱簷桷綵繪飾門窗枋柱金漆飾廊廡庖庫從屋不得過五間七架一品二品廳堂五間九架屋脊用瓦獸梁棟斗栱簷桷青碧繪飾門三間五架綠油獸面錫環三品至五品廳堂五間七架屋脊用瓦獸梁棟簷桷青碧繪飾門三間三架黑油錫環六品至九品廳堂三間七架梁棟飾以土黃門一間三架黑門鐵環品官房舍門窗戶牖不得用丹漆功臣宅舍之後留空地十丈左右皆五丈不許挪移軍民居止更不許於宅前後左右多占地構亭館開池塘以資遊眺三十五年申明禁制一品三品廳堂各七間六品至九品廳堂梁棟祇用粉青飾之

庶民廬舍洪武二十六年定制不過三間五架不許用斗栱飾彩色三十五年復申禁飭不許造九五間數房屋雖至一二十所隨其物力但不許過三間正統十二年令稍變通之庶民房屋架多而間少者不在禁限

器用之禁洪武二十六年定公侯一品二品酒注酒盞金餘用銀三品至五品酒注銀酒盞金六品至九品酒注酒盞銀餘皆甆漆木器不許用硃紅及抹金描金雕琢龍鳳文庶民酒注錫酒盞銀餘用甆漆百官牀面屏風槅子雜色漆飾不許雕刻龍文並金飾朱漆軍官軍士弓矢黑漆弓袋箭囊不許用朱漆描金裝飾建文四年申飭官民不許僭用金酒爵其椅棹木器亦不許朱紅金飾正德十六年定一品二品器皿不用玉止許用金商賈技藝家器皿不許用銀餘與庶民同

明史卷六十九　志第四十五

總裁官總理事務　經筵講官少保兼太子太保保和殿大學士兼管吏部戶部尚書事加六級張廷玉等奉

敕修

選舉

選舉之法大略有四曰學校曰科目曰薦舉曰銓選學校以教育之科目以登進之薦舉以旁招之銓選以布列之天下人才盡於是矣明制科目爲盛卿相皆由此出學校則儲才以應科目者也其徑由學校通籍者亦科目之亞也外此則雜流矣然進士舉貢雜流三途並用雖有畸重無偏廢也薦舉盛於國初後因專用科目而罷銓選則入官之始舍此蔑由焉是四者釐然具載其本末而二百七十年間取士得失之故可覩已

科舉必由學校而學校起家可不由科舉學校有二曰國學曰府州縣學府州縣學諸生入國學者乃可得官不入者不能得也入國學者通謂之監生舉人曰舉監生員曰貢監品官子弟曰廕監捐貲曰例監同一貢監也有歲貢有選貢有恩貢有納貢同一廕監也有官生有恩生國子學之設自明初乙巳始洪武元年令品官子弟及民俊秀通文義者並充學生選國琦王璞等十餘人侍太子讀書禁中入對謹身殿姿狀明秀應對詳雅太祖喜因厚賜之天下既定詔擇府州縣學諸生入國子學又擇年少舉人趙惟一等及貢生董杲等入學讀書賜以衣帳命於諸司先習吏事謂之歷事監生取其中尤英敏者李擴等入文華武英堂說書謂之小秀才其才學優贍聰明俊偉之士使之博極羣書講明道德經濟之學以期大用謂之老秀才初改應天府學爲國子學後改建於雞鳴山下既而改學爲監設祭酒司業及監丞博士助教學正學錄典籍掌饌典簿等官分六堂以館諸生曰率性修道誠心正義崇志廣業學旁以宿諸生謂之號房厚給廩餼歲時賜布帛文綺襲衣巾鞾正旦元宵諸令節俱賞節錢孝慈皇后積糧監中置紅倉二十餘舍養諸生之妻子歷事生未娶者賜錢婚聘及女衣二襲月米二石諸生在京師歲久父母存或父母亡而大父母伯叔父母存皆遣歸省人賜衣一襲鈔五錠爲道里費其優恤之如此而其教之之法每旦祭酒司業坐堂上屬官自監丞以下首領則典簿以次序立諸生揖畢質問經史拱立聽命惟朔望給假餘日升堂會饌乃會講復講背書輪課以爲常所習自四子本經外兼及劉向說苑及律令書數御製大誥每月試經書義各一道詔誥表策論判內科二道每日習書二百餘字以二王智永歐虞顏柳諸帖爲法每班選一人充齋長督諸生工課衣冠步履飲食必嚴飭中節夜必宿監有故而出必告本班教官令齋長帥之以白祭酒監丞置集愆簿有不遵者書之再三犯者決責四犯者至發遣安置其學規條目屢次更定寬嚴得其中堂宇宿舍飲饌澡浴俱有禁例省親畢姻回籍限期以道里遠近爲差違限者謫選遠方典史有罰充吏者司教之官必選耆宿宋訥吳顒等由儒士擢祭酒訥尤推名師歷科進士多出太學而戊辰任亨泰廷對第一太祖召訥褒賞撰題名記立石監門辛未許觀亦如之進士題名碑由此相繼不絕每歲天下按察司選生員年二十以上厚重端秀者送監考留會試下第舉人入監卒業又因諫官關賢奏設爲定例府州縣學歲貢生員各一人翰林考試經書義各一道判語一條中式者一等入國子監二等送中都不中者遣還提調教官罰停廩祿於是直省諸士子雲集輦下雲南四川皆有土官生日本琉球暹羅諸國亦皆有官生入監讀書輒加厚賜并給其從人永宣間先後絡繹至成化正德時琉球生猶有至者中都之置國學也自洪武八年至二十六年乃革以其師生幷入京師永樂元年始設北京國子監十八年遷都乃以京師國子監爲南京國子監而太學生有南北監之分矣太祖應武臣子弟但習武事鮮知問學命大都督府選入國學其在鳳陽者卽肄業於中都命韓國公李善長等考定教官生員高下分列班次曹國公李文忠領監事以繩核之嗣後勳臣子弟多入監讀書嘉靖元年令公侯伯未經任事年三十以下者送監讀書尋令已任者亦送監而年少勳戚爭以入學爲榮矣六堂諸生有積分之法司業二員分爲左右各提調三堂凡通四書未通經者居正義崇志廣業一年半以上文理條暢者升修道誠心又一年半經史兼通文理俱優者乃升率性升至率性乃積分其法孟月試本經義一道仲月試論一道詔誥表內科一道季月試經史策一道判語二條每試文理俱優者與一分理優文劣者與半分紕繆者無分歲內積八分者爲及格與出身不及者仍坐堂肄業如有才學超異者奏請上裁洪武二十六年盡擢監生劉政龍鐔等六十四人爲行省布政按察兩使及參政參議副使僉事等官其一旦而重用之至於如此其爲四方大吏者蓋無算也李擴等自文華武英擢御史擴尋改給事中兼齊相府錄事蓋臺諫之選亦出於太學其常調者乃爲府州縣六品以下官初以北方喪亂之餘人鮮知學遣國子生林伯雲等三百六十六人分教各郡後乃推及他省擇其壯歲能文者爲教諭等官太祖雖間行科舉而監生與薦舉人才參用者居多故其時布列中外者太學生最盛一再傳之後進士日益重薦舉遂廢而舉貢日益輕雖積分歷事不改初法南北祭酒陳敬宗李時勉等加意振飭已漸不如其始衆情所趨向專在甲科宦途升沉定於謁選之日監生不獲上第卽奮自鏃礪不能有成積重之勢然也迨開納粟之例則流品漸淆且庶民亦得援生員之例以入監謂之民生亦謂之俊秀而監生益輕於是同處太學而舉貢得爲府佐貳及州縣正官官恩生得選部院府衛司寺小京職尚爲正途而援例監生僅得選州縣佐貳及府首領官其授京職者乃光祿寺上林苑之屬其願就遠方者則以雲貴廣西及各邊省軍衛有司首領及衛學王府教授之缺用而終身爲異途矣舉人入監始於永樂中會試下第輒令翰林院錄其優者俾入學以俟後科給以教諭之俸是時會試有副榜大抵署教官故令入監者亦食其祿也宣德八年嘗命禮部尚書胡濙與大學士楊士奇楊榮選副榜舉人龍文等二十四人送監進學翰林院三月一考

其文與庶吉士同頗示優異後不復另試則取副榜年二十五以上者授教職年未及者或依親或入監讀書既而不拘年齒依親入監者皆聽依親者回籍讀書依親肄業也又有丁憂成婚省親送幼子皆仿依親例限年復班正統中天下教官多缺而舉人厭其卑冷多不願就十三年御史萬節請敕禮部多取副榜以就教職部臣以舉人願依親入監者十之七願就教職者僅十之三但宜各隨所欲却其請不行至成化十三年御史胡璘言天下教官率多歲貢言行文章不足爲人師範請多取舉人選用而罷貢生勿選部議歲貢如其舊而舉人教官仍許會試自後就教者亦漸多矣嘉靖中南北國學皆空虛議盡發下第舉人入監且立限期以趣之然舉人不願入監者卒不可力强於是生員歲貢之外不得不頻舉選貢以充國學矣貢生入監初由生員選擇既命各學歲貢一人故謂之歲貢其例亦屢更洪武二十一年定府州縣學以一二三年爲差二十五年定府學歲二人州學二歲三人縣學歲一人永樂八年定州縣戶不及五里者州歲一人縣間歲一人十九年令歲貢照洪武二十一年例宣德七年復照洪武二十五年例正統六年更定府學歲一人州學三歲二人縣學間歲一人弘治嘉靖間仍定府學歲二人州學二歲三人縣學歲一人遂爲永制後孔顏孟三氏及京學衞學都司土官川雲貴諸遠省其挨年充貢之法亦間有增減云歲貢之始必考學行端莊文理優長者以充之其後但取食廩年深者弘治中南京祭酒章懋言洪永間國子生以數千計今在監科貢共止六百餘人歲貢挨次而升衰遲不振者十常八九舉人坐監又每多時差撥不敷教養罕效近年有增貢之舉而所拔亦挨次之人資格所拘英才多滯乞於常貢外令提學行選貢之法不分廩膳增廣生員通行考選務求學行兼優年富力强累試優等者乃以充貢通計天下之廣約取五六百人以後三五年一行則人才可漸及往年矣乃下部議行之此選貢所由始也選貢多英才入監課試輒居上等撥歷諸司亦有幹局歲貢頹老其勢日絀則惟願就教而不願入監嘉靖二十七年祭酒程文德請將廷試歲貢惟留卽選者於部而其餘盡使入監報可歲貢諸生合疏言家貧親老不願入監禮部復請從其所願而盡使舉人入監又從之舉人入監不能如期南京祭酒潘晟至請設重罰以趣其必赴於是舉人選貢歲貢三者迭爲盛衰而國學之盈虛亦靡有定也萬曆中工科郭如心言選貢非祖制其始欲補歲貢之乏其後遂妨歲貢之途請停其選神宗以爲然至崇禎時又嘗行之恩貢者國家有慶典或登極詔書以當貢者充之而其次卽爲歲貢納貢視例監稍優其實相仿也廕子入監明初因前代任子之制文官一品至七品皆得廕一子以世其祿後乃漸爲限制在京三品以上方得請廕謂之官生出自特恩者不限官品謂之恩生或卽與職事或送監讀書官生必三品京官成化三年從助教李伸言也時給事中李森不可帝諭責其刻薄第令非歷任年久政績顯著者毋得濫敘而已既得廕敘由提學官考送部試如貢生例送入監中時內閣呂原子㦂由廕監補中書舍人七年辛卯乞應順天鄉試部請從之給事中芮畿不可帝允㦂所請不爲例然其後以廕授舍人者俱得應舉矣嘉隆以後宰相之子有初授卽爲尙寶司丞徑轉本司少卿由光祿太常以躋九列者又有以軍功廕錦衣者往往不由太學其他並入監恩生之始建文元年錄吳雲子黼爲國子生以雲死節雲南也正德十六年定例凡文武官死於忠諫者一子入監其後守土官死節亦皆得廕子矣又弘治十八年定例東宮侍從官講讀年久輔導有功者歿後子孫乞恩禮部奏請上裁正德元年復定其祖父年勞已及三年者一子卽授試中書舍人習字未及三年者一子送監讀書八年復定東宮侍班官三年者一子入監又萬曆十二年定例三品日講官雖未考滿一子入監例監始於景泰元年以邊事孔棘令天下納粟納馬者入監讀書限千人止行四年而罷成化二年南京大饑守臣建議欲令官員軍民子孫納粟送監禮部尙書姚夔言太學乃育才之地近者直省起送四十歲生員及納草納馬者動以萬計不勝其濫且使天下以貨爲賢士風日陋帝以爲然爲郤守臣之議然其後或遇歲荒或因邊警或大興工作率援往例行之訖不能止此舉貢廕例諸色監生前後始末之大凡也監生歷事始於洪武五年建文時定考覈法上中下三等上等選用中下等仍歷一年再考上等者依上等用中等者不拘品級隨才任用下等者回監讀書永樂五年選監生三十八人隸翰林院習四夷譯書九年辛卯鍾英等五人成進士俱改庶吉士壬辰乙未以後譯書中會試者甚多皆改庶吉士以爲常歷事生成名其蒙恩遇如此仁宗初政中軍都督府奏監生七人吏事勤愼請注選授官帝不許仍令入學由科舉以進他歷事者多不願還監於是通政司引奏六科辦事監生二十人滿日例應還監仍願就科辦事帝復召二十人者諭令進學蓋是時六科給事中多缺諸生覬得之帝察知其意故不授官也宣宗以教官多缺選用監生三百八十人而程富等以都御史顧佐之薦使於各道歷政三月選擇任之所謂試御史也監生撥歷初以入監年月爲先後丁憂省祭有在家延留七八年者比至入監卽得取撥陳敬宗李時勉先後題請一以坐監年月爲淺深其後又以存省京儲依親就學在家年月亦作坐堂之數其患病及他事故始以虛曠論諸生互爭年月資次各援科條成化五年祭酒陳鑑以兩詞具聞乞敕禮部酌中定制爲禮科所駁鑑復奏互爭之乃下部覆議請一一精覈仍計地理遠近水程日月以爲準然文移往來紛錯繁揉上下伸縮弊端甚多卒不能畫一也初令監生由廣業升率性始得積分出身天順以前在監十餘年然後撥歷諸司歷事三月仍留一年送吏部銓選其兵部清黃及隨御史出巡者則以三年爲率其後以監生積滯者多頻減撥歷歲月以疏通之每歲揀選優者輒與撥歷有未及一年者弘治八年監生在監者少而吏部聽選至萬餘人有十餘年不得官者祭酒林瀚以坐班人少不敷撥歷請開科貢禮部尙書倪岳覆奏科舉已有定額不可再增惟請增歲貢人數而定諸司歷事必須日月滿後方與更替使諸生坐監稍久選人亦無壅滯及至嘉靖十年監生在監者不及四百人諸司歷事歲額以千計禮部尙書李時引岳前議言岳權宜二法一增歲額以足坐班生徒一議差歷以久坐班歲月於是府州縣學以一歲二貢二歲三貢一歲一貢爲差行之四歲而止其諸司歷事三月考勤之後仍歷一年其餘寫本一年清黃寫誥清軍清匠三年以至出巡等項俱如舊例日月今國學缺人視弘治間更甚請將前件事例叅酌舉行並從之獨不增貢額未幾復以祭酒許誥提學御史胡時善之請詔增貢額如岳時前議隆萬以後學校積弛一切循故事而已崇禎二年從司業倪嘉善言復行積分法八年從祭酒倪元璐言以貢選爲正流援納爲閏流貢選不限撥期以積分歲滿爲率援納則依原定撥歷爲率而歷事不分正雜惟以考定等第爲歷期多寡諸司教之政事勿與猥雜差遣滿日校其勤惰開報吏部不率者回監教習時監規頹廢已久不能振作也凡監生歷事吏部四十一名戶部五十三名禮部十三名大理寺二十八名通政司五名行人司四名五軍都督府五十名謂之正歷三月上選滿日增減不定又有諸司寫本戶部十名禮部十八名兵部二十名刑部十四名工部八名都察院十四名大理寺通政司俱四名隨御史出巡四十二名謂之雜歷一年滿日上選又有諸色辦事清黃一百名寫誥四十名續黃五十名清軍四十名天財庫十名初以三年謂之長差後改一年上選承運庫十五名司禮監十六名尙寶司六名六科四十名初作短差後亦定一年上選又有隨御史刷卷一百七十八名工部清匠六十名俱事完日上選又有禮部寫民情條例七十二名光祿寺刷卷四名修齋八名參表二十名報訃二十名齋俸十二名錦衣衞四名兵部查馬冊三十名工部大木廠二十名後府磨算十名御馬監四名天財庫四名正陽門四名崇文宣武朝陽東直俱三名阜城西直安定德勝俱二名以半年滿日回監

郡縣之學與太學相維創立自唐始宋置諸路州學官元頗因之其法皆未具迄明天下府州縣衞所皆建儒學教官四千二百餘員弟子無算教養之法備矣洪武二年太祖初建國學諭中書省臣曰學校之教至元其弊極矣上下之間波頹風靡學校雖設名存實亡兵變以來人習戰爭惟知干戈莫識俎豆朕惟治國以教化爲先教化以學校爲本京師雖有太學而天下學校未興宜令郡縣皆立學校延師儒授生徒講論聖道使人日漸月化以復先王之舊於是大建學校府設教授州設學正縣設教諭各一俱設訓導府四州三縣二生員之數府學四十人州縣以次減十師生月廩食米人六斗有司給以魚肉學官月俸有差生員專治一經以禮樂射御書數設科分教務求實才頑不率者黜之十五年頒學規於國子監又頒禁例十二條於天下鐫立臥碑置明倫堂之左其不遵者以違制論蓋無地而不設之學無人而不納之教庠聲序音重規疊矩無間於下邑荒徼山陬海涯此明代學校之盛唐宋以來所不及也生員雖定數於國初未幾卽命增廣不拘額數宣德中定增廣之額在京府學六十人在外府學四十人州縣以次減十成化中定衞學之例四衞以上軍生八十人三衞以上軍生六十人二衞一衞軍生四十人有司儒學軍生二十人土官子弟許入附近儒學無定額增廣既多於是初設食廩者謂之廩膳生員增廣者謂之增廣生員及其既久人才愈多又於額外增取附於諸生之末謂之附學生員凡初入學者止謂之附學而廩

膳增廣以歲科兩試等第高者補充之非廩生久次者不得充歲貢也士子未入學者通謂之童生當大比之年間收一二異敏三場竝通者俾與諸生一體入場謂之充場儒士中式卽爲舉人不中式仍候提學官歲試合格乃准入學提學官在任三歲兩試諸生先以六等試諸生優劣謂之歲考一等前列者視廩膳生有缺依次充補其次補增廣生一二等皆給賞三等如常四等撻責五等則廩增遞降一等附生降爲青衣六等黜革繼取一二等爲科舉生員俾應鄉試謂之科考其充補廩增給賞悉如歲試其等第仍分爲六而大抵多置三等三等不得應鄉試撻黜者僅百一亦可絕無也生儒應試每舉人一名以科舉三十名爲率舉人屢廣額科舉之數亦日增及求舉者益衆又往往於定額之外加取以收士心凡督學者類然嘉靖十年嘗下沙汰生員之令御史楊宜爭之而止萬曆時張居正當國遂核減天下生員督學官奉行太過童生入學有一州縣僅錄一人者其科舉減殺可推而知也生員入學初由巡按御史布按兩司及府州縣官正統元年始特置提學官專使提督學政南北直隸俱御史各省參用副使僉事景泰元年罷提學官天順六年復設各賜敕諭十六條俾奉行之直省既設提學有所轄太廣及地最僻遠歲巡所不能及者乃酌其宜口外及各都司衞所土官以屬分巡道員直隸廬鳳淮揚滁徐和以屬江北巡按湖廣衡永郴以屬湖南道辰靖以屬辰沅道廣東瓊州以屬海南道甘肅衞所以屬巡按御史亦皆專敕行事萬曆四十一年南直隸分上下江湖廣分南北始各增提學一員提學之職專督學校不理刑名所受詞訟重者送按察司輕者發有司直隸則轉送巡按御史督撫巡按及布按二司亦不許侵提學職事也明初優禮師儒教官擢給事御史諸生歲貢者易得美官然鈐束亦甚謹太祖時教官考滿兼覈其歲貢生員之數後以歲貢爲學校常例二十六年定學官考課法專以科舉爲殿最九年任滿核其中式舉人府九人州六人縣三人者爲最其教官又考通經卽與陞遷舉人少者爲平等卽考通經亦不遷舉人至少及全無者爲殿又考不通經則黜降其待教官之嚴如此生員入學十年學無所成者及有大過者俱送部充吏追奪廩糧至正統十四年申明其制而稍更之受贓姦盜冒籍宿娼居喪娶妻妾所犯事理重者直隸發充國子監膳夫各省發充附近儒學膳夫齋夫滿日爲民俱追廩米犯輕充吏者不追廩米其待諸生之嚴又如此然其後教官之黜降生員之充發皆廢格不行卽卧碑亦具文矣諸生上者中式次者廩生年久充貢或選拔爲貢生其累試不第年踰五十願告退閒者給與冠帶仍復其身其後有納粟馬捐監之例則諸生又有援例而出學者矣提學官歲試校文之外令教官舉諸生行優劣者一二人賞黜之以爲勸懲此其大較也諸生應試之文通謂之舉業四書義一道二百字以上經義一道三百字以上取書旨明晳而已不尙華采也其後標新領異益漓厭初萬曆十五年禮部言唐文初尙靡麗而士趨浮薄宋文初尙鉤棘而人習險譎國初舉業有用六經語者其後引左傳國語矣又引史記漢書矣史記窮而用六子六子窮而用百家甚至佛經道藏摘而用之流弊安窮弘治正德嘉靖初年中式文字純正典雅宜選其尤者刊布學宮俾知趨向因取中式文字一百十餘篇奏請刊布以爲準則時方崇尙新奇厭薄先民矩矱以士子所好爲趨不遵上指也啟禎之間文體益變以出入經史百氏爲高而恣軼者亦多矣雖數申詭異險僻之禁勢重難返卒不能從論者以明舉業文字比唐人之詩國初比初唐成弘正嘉比盛唐隆萬比中唐啟禎比晚唐云自儒學外又有宗學社學武學宗學之設世子長子衆子將軍中尉年未弱冠者俱與焉其師於王府長史紀善伴讀教授等官擇學行優長者除授萬曆中定宗室子十歲以上俱入宗學若宗子衆多分置數師或於宗室中推舉一人爲宗正領其事令學生誦習皇明祖訓孝順事實爲善陰隲諸書而四書五經通鑑性理亦相兼誦讀尋復增宗副二人子弟入學者每歲就提學官考試衣冠一如生員已復令一體鄉試許得中式其後宗學寖多頗有致身兩榜起家翰林者社學自洪武八年延師以教民間子弟兼讀御製大誥及本朝律令正統時許補儒學生員弘治十七年令各府州縣建立社學選擇明師民間幼童十五以下者送入讀書講習冠婚喪祭之禮然其法久廢寖不舉行武學之設自洪武時置大寧等衞儒學教武官子弟正統中成國公朱勇奏選驍勇都指揮等官五十一員熟嫻騎射幼官一百員始命兩京建武學以訓誨之尋命都司衞所應襲子弟年十歲以上者提學官選送武學讀書無武學者送衞學或附近儒學成化中敕所司歲終考試入學武生十年以上學無可取者追廩還官送營操練弘治中從兵部尙書馬文升言刊五經七書分散兩京武學及應襲舍人嘉靖中移京城東武學於皇城西隅廢寺俾大小武官子弟及勳爵新襲者肄業其中用文武重臣教習萬曆中兵部言武庫司專設主事一員管理武學近者裁去請復專設教官升堂都指揮執弟子禮請遵會典例立爲程式詔皆如議崇禎十年令天下府州縣學皆設武學生員提學官一體考取已又申會典事例簿記功能有不次擢用黜退送操奬罰激厲之法時事方棘無所益也

明史卷七十　志第四十六

總裁官總理事務經筵講官少保兼太子太保保和殿大學士兼管吏部戶部尚書事加六級張廷玉等奉
敕修

選舉二

科目者沿唐宋之舊而稍變其試士之法專取四子書及易書詩春秋禮記五經命題試士蓋太祖與劉基所定其文略仿宋經義然代古人語氣爲之體用排偶謂之八股通謂之制義三年大比以諸生試之直省曰鄉試中式者爲舉人次年以舉人試之京師曰會試中式者天子親策於廷曰廷試亦曰殿試分一二三甲以爲名第之次一甲止三人曰狀元榜眼探花賜進士及第二甲若干人賜進士出身三甲若干人賜同進士出身狀元榜眼探花之名制所定也而士大夫又通以鄉試第一爲解元會試第一爲會元二三甲第一爲傳臚云子午卯酉年鄉試辰戌丑未年會試鄉試以八月會試以二月皆初九日爲第一場又三日爲第二場又三日爲第三場初設科舉時初場試經義二道四書義一道二場論一道三場策一道中式後十日復以騎射書算律五事試之後頒科舉定式初場試四書義三道經義四道四書主朱子集註易主程傳朱子本義書主蔡氏傳及古註疏詩主朱子集傳春秋主左氏公羊穀梁三傳及胡安國張洽傳禮記主古註疏永樂間頒四書五經大全廢註疏不用其後春秋亦不用張洽傳禮記止用陳澔集說二場試論一道判五道詔誥表內科一道三場試經史時務策五道廷試以三月朔鄉試直隸於京府各省於布政司會試於禮部主考鄉會試俱二人同考鄉試四人會試八人提調一人在內京官在外布政司官會試禮部官監試二人在內御史在外按察司官會試御史供給收掌試卷彌封謄錄對讀受卷及巡綽監門搜檢懷挾俱有定員各執其事舉子則國子生及府州縣學生員之學成者儒士之未仕者官之未入流者皆由有司申舉性資敦厚文行可稱者應之其學校訓導專教生徒及罷閑官吏倡優之家與居父母喪者俱不許入試試卷之首書三代姓名及其籍貫年甲所習本經所司印記試日入場講問代冒者有禁晚未納卷給燭三枝文字中迴避御名廟號及不許自序門地彌封編號作三合字考試者用墨謂之墨卷謄錄用硃謂之硃卷試士之所謂之貢院諸生席舍謂之號房人一軍守之謂之號軍試官入院輒封鑰內外門戶在外提調監試等謂之外簾官在內主考同考謂之內簾官廷試用翰林及朝臣文學之優者爲讀卷官共閱對策擬定名次候臨軒或如所擬或有所更定傳制唱第狀元授修撰榜眼探花授編修二三甲考選庶吉士者皆爲翰林官其他或授給事御史主事中書行人評事太常國子博士或授府推官知州知縣等官舉人貢生不第入監而選者或授小京職或授府佐及州縣正官或授教職此明一代取士之大略也終明之世右文左武然亦嘗設武科以收之可得而附列也初太祖起事首羅賢才吳元年設文武二科取士之令使有司勸諭民間秀士及智勇之人以時勉學俟開舉之歲充貢京師洪武三年詔曰漢唐及宋取士各有定制然但貴文學而不求德藝之全前元待士甚優而權豪勢要每納奔競之人夤緣阿附輒竊仕祿其懷材抱道者恥與竝進甘隱山林而不出風俗之弊一至於此自今年八月始特設科舉務取經明行修博通古今名實相稱者朕將親策於廷第其高下而任之以官使中外文臣皆由科舉而進非科舉者毋得與官於是京師行省各舉鄉試直隸貢額百人河南山東山西陝西北平福建江西浙江湖廣皆四十人廣西廣東皆二十五人才多或不及者不拘額數高麗安南占城詔許其國士子於本國鄉試貢赴京師明年會試取中一百二十名帝親製策問試於奉天殿擢吳伯宗第一午門外張掛黃榜奉天殿宣諭賜宴中書省授伯宗爲禮部員外郎餘以次授官有差時以天下初定令各行省連試三年且以官多缺員舉人俱免會試赴京聽選又擢其年少俊異者張唯王輝等爲翰林院編修蕭韶爲秘書監直長令入禁中文華堂肄業太子贊善大夫宋濂等爲之師帝聽政之暇輒幸堂中評其文字優劣日給光祿酒饌每食皇太子親王迭爲之主賜白金弓矢鞍馬及冬夏衣寵遇之甚厚既而謂所取多後生少年能以所學措諸行事

者寡乃但令有司察舉賢才而罷科舉不用至十五年復設十七年始定科舉之式命禮部頒行各省後遂以爲永制而薦舉漸輕久且廢不用矣十八年廷試擢一甲進士丁顯等爲翰林院修撰二甲馬京等爲編修吳文爲檢討進士之入翰林自此始也使進士觀政於諸司其在翰林承敕監等衙門者曰庶吉士進士之爲庶吉士亦自此始也其在六部都察院通政司大理寺等衙門者仍稱進士觀政進士之名亦自此始也其後試額有增減條例有變更考官有內外輕重闈事有是非得失其細者勿論其有關於國是者不可無述也鄉試之額洪武十七年詔不拘額數從實充貢洪熙元年始有定額其後漸增至正統間南北直隸定以百名江西六十五名他省又自五而殺至雲南二十名爲最少嘉靖間增至四十而貴州亦二十名慶曆啓禎間兩直隸益增至一百三十餘名他省漸增無出百名者交阯初開以十名爲額迨棄其地乃止會試之額國初無定少至三十二人其多者若洪武乙丑永樂丙戌至四百七十二人其後或百名或二百名或二百五十名或三百五十名增損不一皆臨期奏請定奪至成化乙未而後率取三百名有因題請及恩詔而廣五十名或百名者非恒制也初制禮闈取士不分南北自洪武丁丑考官劉三吾白信蹈所取宋琮等五十二人皆南士三月廷試擢陳䢿爲第一帝怒所取之偏命侍讀張信等十二人覆閱䢿亦與焉帝猶怒不已悉誅信蹈及信䢿等戍三吾於邊親自閱卷取任伯安等六十一人六月復廷試以韓克忠爲第一皆北士也然訖永樂間未嘗分地而取洪熙元年仁宗命楊士奇等定取士之額南人十六北人十四宣德正統間分爲南北中卷以百人爲率則南取五十五名北取三十五名中取十名景泰初詔書遵永樂間例二年辛未禮部方奏行而給事中李侃爭之言部臣欲專以文詞多取南人刑部侍郎羅綺亦助侃言事下禮部覆奏臣等奉詔書非私請也景帝命遵詔書不從侃議未幾給事中徐廷章復請依正統間例五年甲戌會試禮部奏請裁定於是復從廷章言分南北中卷南卷應天及蘇松諸府浙江江西福建湖廣廣東北卷順天山東山西河南陝西中卷四川廣西雲南貴州及鳳陽廬州二府滁徐和三州也成化二十二年萬安當國周洪謨爲禮部尚書皆四川人乃因布政使潘稹之請南北各減二名以益於中弘治二年復從舊制嗣後相沿不改惟正德三年給事中趙鐸承劉瑾指請廣河南陝西山東西鄉試之額乃增陝西爲百河南爲九十五山東西俱九十而以會試分南北中卷爲不均乃增四川額十名并入南卷其餘并入北卷南北均取一百五十名蓋瑾陝西人而閣臣焦芳河南人票旨相附和各徇其私瑾芳敗旋復其舊初制兩京鄉試主考皆用翰林而各省考官先期於儒官儒士內聘明經公正者爲之故有不在朝列累秉文衡者景泰三年令布按二司同巡按御史推舉見任教官年五十以下三十以上文學廉謹者聘充考官於是教官主試遂爲定例其後有司徇私聘取或非其人監臨官又往往侵奪其職掌成化十五年御史許進請各省俱視兩京例特命翰林主考帝諭禮部嚴飭私弊而不從其請屢戒外簾官毋奪主考權考官不當則舉主連坐又令提學考定教官等第以備聘取然相沿既久積習難移弘治十四年掌國子監謝鐸言考官皆御史方面所辟召職分既卑聽其指使以外簾官預定去取名爲防閑實則關節而科舉之法壞矣乞敕兩京大臣各舉部屬等官素有文望者每省差二員主考庶幾前弊可革時未能從嘉靖七年用兵部侍郎張璁言各省主試皆遣京官或進士每省二人馳往初兩京房考亦皆取教職至是命各加科部官一員閱兩科兩京房考復罷科部勿遣而各省主考亦不遣京官至萬曆十一年詔定科場事宜部議復舉張璁之說言彼時因主考與監臨官禮節小嫌故行止二科而罷今宜仍遣廷臣由是浙江江西福建湖廣皆用編修檢討他省用科部官而同考亦多用甲科教職僅取一二而已蓋自嘉靖二十五年從給事中萬虞愷言各省鄉試精聘教官不足則聘外省推官知縣以益之四十三年又從南京御史奏兩京同考用京官進士易詩書各二人春秋禮記各一人其餘乃參用教官萬曆四年復議兩京同考教官衰老者遣回北京取足於觀政進士候補甲科南京於附近知縣推官取用至是教官益絀初制會試同考八人三人用翰林五人用教職景泰五年從禮部尚書胡濙請俱用翰林部曹其後房考漸增至正德六年命用十七人翰林十一人科部各三人分詩經房五易經書經各四春秋禮記各二嘉靖十一年禮部尚書夏言論科場三事其一言會試同考例用講讀十一人今講讀止十一人當盡入場方足供事乞於部科再簡三四人以補翰林不足之數世宗命如所請然偶一行之輒如其舊萬曆十一年以易卷多減書之一以增於易十四年書卷復多乃增翰林一人以補書之缺至四十四年用給事中余懋孳奏詩易各增一房共爲二十房翰林十二人科部各四人至明末不變洪武初賜諸進士宴於中書省宣德五年賜宴於中軍都督府八年賜宴於禮部自是遂著爲令庶吉士之選自洪武乙丑擇進士爲之不專屬於翰林也永樂二年既授一甲三人曾棨周述周孟簡等官復命於第二甲擇文學優等楊相等五十人及善書者湯流等十人俱爲翰林院庶吉士庶吉士遂專屬翰林矣復命學士解縉等選才資英敏者就學文淵閣縉等選修撰棨編修述孟簡庶吉士相等共二十八人以應二十八宿之數庶吉士周忱自陳少年願學帝喜而命之增忱爲二十九人司禮監月給筆墨紙光祿給朝暮饌禮部月給膏燭鈔人三錠工部擇近第宅居之帝時至館召試五日一休沐必使內臣隨行且給校尉騶從是年所選王英王直段民周忱陳敬宗李時勉等名傳後世者不下十餘人其後每科所選多寡無定額永樂十三年乙未選六十二人而宣德二年丁未止邢恭一人以其在翰林院習四夷譯書久他人俱不得與也弘治四年給事中涂旦以累科不選庶吉士請循祖制行之大學士徐溥言自永樂二年以來或間科一選或連科屢選或數科不選或合三科同選初無定限或內閣自選或禮部選送或會禮部同選或限年歲或拘地方或採譽望或就廷試卷中查取或別出題考試亦無定制自古帝王儲才館閣以教養之本朝所以儲養之者自及第進士之外止有庶吉士一途而或選或否且有才者未必皆選所選者未必皆才若更拘地方年歲則是已成之才又多棄而不用也請自今以後立爲定制一次開科一次選用令新進士錄平日所作論策詩賦序記等文字限十五篇以上呈之禮部送翰林考訂少年有新作五篇亦許投試翰林院擇其詞藻文理可取者按號行取禮部以糊名試卷偕閣臣出題考試於東閣試卷與所投之文相稱即收預選每科所選不過二十人每選所留不過三五輩將來成就必有足賴者孝宗從其請命內閣同吏禮二部考選以爲常自嘉靖癸未至萬曆庚辰中間有九科不選神宗常命間科一選禮部侍郎吳道南持不可崇禎甲戌丁丑復不選餘悉遵例其與選者謂之館選以翰詹官高資深者一人課之謂之教習三年學成優者留翰林爲編修檢討次者出爲給事御史謂之散館與常調官待選者體格殊異成祖初年內閣七人非翰林者居其半翰林纂修亦諸色參用自天順二年李賢奏定纂修專選進士由是非進士不入翰林非翰林不入內閣南北禮部尚書侍郎及吏部右侍郎非翰林不任而庶吉士始進之時已羣目爲儲相通計明一代宰輔一百七十餘人由翰林者十九蓋科舉視前代爲盛翰林之盛則前代所絕無也輔臣子弟國初少登第者景泰七年陳循王文以其子北闈下第力攻主考劉儼臺省譁然論其失帝勉徇二人意命其子一體會試而心薄之正德三年焦芳子黃中會試中式芳引嫌不讀卷而黃中居二甲之首芳意猶不慊至降調諸翰林以泄其忿六年楊廷和子慎廷試第一廷和時亦引嫌不讀卷慎以高才及第人無訾之者嘉靖二十三年廷試翟鑾子汝儉汝孝俱在試中世宗疑二人濫首甲抑第一爲第三以第三置三甲及折卷而所擬第三者果汝孝也帝大疑之給事中王交王堯日因劾會試考官少詹事江汝璧及諸房考朋私通賄且追論順天鄉試考官秦鳴夏浦應麒阿附鑾罪乃下汝璧等鎮撫司獄具詔杖汝璧鳴夏應麒並革職閑住而勒鑾父子爲民神宗初張居正當國二年甲戌其子禮闈下第居正不悅遂不選庶吉士至五年其子嗣修遂以一甲第二人及第至八年其子懋修以一甲第一人及第而次輔呂調陽張四維申時行之子亦皆先後成進士御史魏允貞疏陳時弊言輔臣子不宜中式帝爲謫允貞十六年右庶子黃洪憲主順天試王錫爵子衡爲榜首禮部郎中高桂論劾舉人李鴻等并及衡言自故相子一時並進而大臣之子遂無見信於天下者今輔臣錫爵子衡素號多才青雲不難自致而人猶疑信相半宜一體覆試以明大臣之心跡錫爵怒甚具奏申辨語過激刑部主事饒伸復抗疏論之帝爲謫桂於外下伸獄削其官覆試所劾舉人仍以衡第一且無一人黜者二十年會試李鴻中式鴻大學士申時行壻也榜將發房考給事中某持之以爲宰相之壻不當中主考官張位使十八房考公閱皆言文字可取而給事猶持不可位怒曰考試不憑文字將何取衷我請職其咎鴻乃獲收王衡既被論當錫爵在位不復試禮闈二十九年乃以一甲第二人及第自後輔臣當國其子亦無登第者矣科場弊竇既多議論頻數自太祖重罪劉三吾等永宣間大抵帖服陳循王文之齮劉儼也高穀持之儼亦無恙弘治十二年會試大學士李東陽少詹事程敏政爲考官給事中華昶劾敏政鬻題與舉人唐寅徐泰乃命東陽獨閱文字給事中林廷玉

復攻敏政可疑者六事敏政謫官寅泰皆斥譴寅江左才士戊午南闈第一論者多惜之嘉靖十六年禮部尚書嚴嵩連摘應天廣東試錄語激世宗怒應天主考及廣東巡按御史俱逮問二十二年帝手批山東試錄譏訕逮御史葉經杖死闕下布政以下皆遠謫亦嵩所中傷也四十年應天主考中允無錫吳情取同邑十三人被劾與副考胡杰俱謫外南畿翰林遂不得典應天試矣萬曆四年順天主考高汝愚中張居正子嗣修懋修及居正黨吏部侍郎王篆子之衡之鼎居正旣死御史丁此呂追論其弊且言汝愚以舜亦以命禹爲試題殆以禪受阿居正當國者惡此呂謫於外而議者多不直汝愚三十八年會試庶子湯賓尹爲同考官與各房互換閱卷共十八人明年御史孫居相劾賓尹私韓敬其互換皆以敬故時吏部方考察尚書孫丕揚因寘賓尹敬於察典敬頗有文名衆亦惜敬而以其宣黨謂其宜斥也四十四年會試吳江沈同和第一同里趙鳴陽第六同和素不能文文多出鳴陽手事發覺兩人竝謫戍天啓四年山東江西湖廣福建考官皆以策問譏刺降諭切責初命貶調旣而褫革江西主考丁乾學至下獄擬罪蓋觸魏忠賢怒也先是二年辛酉中允錢謙益典試浙江所取舉人錢千秋卷七篇大結跡涉關節榜後爲人所訐謙益自檢舉千秋謫戍未幾赦還崇禎二年會推閣臣謙益以禮部侍郎與焉而尚書溫體仁不與體仁摘千秋事出疏攻謙益謙益由此罷遂終明世不復起其他指摘科場事者前後非一往往北闈爲甚他省次之其賄買鑽營懷挾倩代割卷傳遞頂名冒籍弊端百出不可窮究而關節爲甚事屬曖昧或快恩讐報復蓋亦有之其他小小得失無足道也歷科事跡稍異者永樂初兵革倉猝元年癸未始令各省鄉試二年甲申會試以事變不循午未之舊七年己丑會試中陳燧等九十五人成祖方北征皇太子令送國子監進學俟車駕還京廷試九年辛卯始擢蕭時中第一宣德五年庚戌帝臨軒發策畢退御武英殿謂翰林儒臣曰取士不尚虛文有若劉蕡蘇轍輩直言抗論朕當顯庸之乃賦策士歌以示讀卷官顧所擢第一人林震亦無所表見也八年癸丑廷試第一人曹鼐由江西泰和典史會試中式正統七年壬戌刑部吏南昱公陵驛丞鄭溫亦皆中式十年乙丑會試廷試第一皆商輅輅淳安人宣宗末年乙卯浙榜第一人三試皆第一士子艷稱爲三元明代惟輅一人而已廷試讀卷盡用甲科而是年兵部尚書徐晞戶部侍郎余亨乃吏員天順元年丁丑讀卷左都御史楊善乃譯字生時猶未甚拘流品也迨後無雜流會試及爲讀卷官者矣七年癸未試日場屋火死者九十餘人俱贈進士出身改期八月會試明年甲申三月始廷試時英宗已崩憲宗以大喪未踰歲御西角門策之正德三年戊辰太監劉瑾錄五十人姓名以示主司因廣五十名之額十五年庚辰武宗南巡未及廷試次年世宗卽位五月御西角門策之擢楊維聰第一而張璁卽是榜進士也六七年間當國用事權侔人主矣嘉靖八年己丑帝親閱廷試卷手批一甲羅洪先楊名歐陽德二甲唐順之陳束任瀚六人對策各加評奬大學士楊一清等遂選順之束瀚及胡經等共二十人爲庶吉士疏其名上請命官敎習忽降諭云吉士之選祖宗舊制誠善邇來大臣徇私選取市恩立黨於國無益自今不必選留唐順之等一切除授吏禮二部及翰林院會議以聞尚書方獻夫等遂阿旨謂順之等不必留并限翰林之額侍讀侍講修撰各三員編修檢討各六員著爲令蓋順之等出張璁霍韜門而心以大禮之議爲非不肎趨附璁心惡之璁又方欲中一清故以立黨之說進而故事由此廢迨十一年壬辰已罷館選至九月復舉行之十四年乙未帝親製策問手自批閱擢韓應龍第一降諭論一甲三人及二甲第一名次前後之由禮部因以聖諭列登科錄之首而十二人對策俱以次刊刻二十年辛丑考選庶吉士題文曰原政詩曰讀大明律皆欽降也四十四年乙丑廷試帝始不御殿神宗時御殿益稀矣天啓二年壬戌會試命大學士何宗彥朱國祚爲主考故事閣臣典試翰詹一人副之時已推禮部尚書顧秉謙特旨命國祚國祚疏辭帝曰今歲朕首科特用二輔臣以光重典卿不必辭嗣後二輔臣典試以爲常是年開宗科朱愼鍫成進士從宗彥國祚請卽授中書舍人崇禎四年朱統鉓成進士初選庶吉士吏部以統鉓宗室不宜官禁近請改中書舍人統鉓疏爭命仍授庶吉士七年甲戌知貢舉禮部侍郎林釬言舉人顏茂猷文兼五經作二十三義帝念其該洽許送內簾茂猷中副榜特賜進士以其名另爲一行刻於試錄第一名之前五經中式者自此接跡矣

武科自吳元年定洪武二十年俞禮部請立武學用武舉武臣子弟於各直省應試天順八年令天下文武官舉通曉兵法謀勇出衆者各省撫按三司直隸巡按御史考試中式者兵部同總兵官於帥府試策略敎場試弓馬答策二道騎中四矢步中二矢以上者爲中式騎步所中半焉者次之成化十四年從太監汪直請設武科鄉會試悉視文科例弘治六年定武舉六歲一行先策略後弓馬策不中者不許騎射十七年改定三年一試出榜賜宴正德十四年定初場試馬上箭以三十五步爲則二場試步下箭以八十步爲則三場試策一道子午卯酉年鄉試嘉靖初定制各省應武舉者巡按御史於十月考試兩京武學於兵部選取俱送兵部次年四月會試翰林二員爲考試官給事中部曹四員爲同考鄉會場期俱於月之初九十二十五起送考驗監試張榜大率仿文闈而減殺之其後倏罷倏復又倣文闈南北卷例分邊方腹裏每十名邊六腹四以爲常萬曆三十八年定會試之額取中進士以百名爲率其後有奉詔增二十名者非常制也穆神二宗時議者嘗言武科當以技勇爲重萬曆之末科臣又請特設將材武科初場試馬步箭及鎗刀劍戟拳搏擊刺等法二場試營陣地雷火藥戰車等項三場各就其兵法天文地理所熟知者言之報可而未行也崇禎四年武會試榜發論者大譁帝命中允方逢年倪元璐再試取翁英等百二十人逢年元璐以時方需才奏請殿試傳臚悉如文例乃賜王來聘等及第出身有差武舉殿試自此始也十四年諭各部臣特開奇謀異勇科詔下無應者

明史卷七十一　　志第四十七

總裁官總理事務經筵講官少保兼太子太保保和殿大學士兼管吏部戶部尚書事加六級張廷玉等奉敕修

選舉三

太祖下金陵辟儒士范祖幹葉儀克婺州召儒士許元胡翰等日講經史治道克處州徵耆儒宋濂劉基章溢葉琛至建康創禮賢館處之以濂爲江南等處儒學提舉溢琛爲營田僉事基留帷幄預謀議甲辰三月敕中書省曰今土宇日廣文武竝用卓犖奇偉之才世豈無之或隱於山林或藏於士伍非在上者開導引拔之無以自見自今有能上書陳言敷宣治道武略出衆者參軍及都督府具以名聞或不能文章而識見可取許詣闕面陳其事郡縣官年五十以上者雖練達政事而精力旣衰宜令有司選民間俊秀年二十五以上資性明敏有學識才幹者辟赴中書與年老者參用之十年以後老者休致而少者已熟於事如此則人才不乏而官使得人其下有司宣布此意於是州縣歲舉賢才及武勇謀略通曉天文之士間及兼通書律者旣而嚴選舉之禁有濫舉者逮治之吳元年遣起居注吳林魏觀等以幣帛求遺賢於四方洪武元年徵天下賢才至京授以守令其年冬又遣文元吉詹同魏觀吳輔趙壽等分行天下訪求賢才各賜白金而遣之三年諭廷臣曰六部總領天下之務非學問博洽才德兼美之士不足以居之慮有隱居山林或屈在下僚者其令有司悉心推訪六年復下詔曰賢才國之寶也古聖王勞於求賢若高宗之於傅說文王之於呂尚彼二君者豈其智不足哉顧皇皇於版築鼓刀之徒者蓋賢才不備不足以爲治鴻鵠之能遠舉者爲其有羽翼也蛟龍之能騰躍者爲其有鱗鬣也人君之能致治者爲其有賢人而爲之輔也山林之士德行文藝可稱者有司采舉備禮遣送至京朕將任用之以圖至治是年遂罷科舉別令有司察舉賢才以德行爲本而文藝次之其目曰聰明正直曰賢良方正曰孝弟力田曰儒士曰孝廉曰秀才曰人才曰耆民皆禮送京師不次擢用而各省貢生亦由太學以進於是罷科舉者十年至十七年始復行科舉而薦舉之法竝行不廢時中外大小臣工皆得推舉下至倉庫司局諸雜流亦令舉文學才幹之士其被薦而至者又令轉薦以故山林巖穴草茅窮居無不獲自達於上由布衣而登大僚者不可勝數耆儒鮑恂余詮全思誠張長年輩年九十餘徵至京卽命爲文華殿大學士儒士王本杜斅趙民望吳源特置爲四輔官兼太子賓客賢良郭有道秀才范敏曾泰稅戶人才鄭沂儒士趙翥起家爲尚書儒士張子源張宗德爲侍郎耆儒劉堉關賢爲副都御史明經張文通阮仲志爲僉都御史人材赫從道爲大理少卿孝廉李德爲府尹儒士吳顒爲祭酒賢良欒世英徐景昇李延中儒士張璲王廉爲布政使孝弟李好誠聶士舉賢良蔣安素薛正言張端文學宋亮爲叅政儒士鄭孔麟王德常黃桐生賢良余應舉馬衞許安范孟宗何德忠孫仲賢王福王清聰明張大亨金思存爲叅議凡其顯擢者如此其以漸而躋貴

仕者又無算也嘗諭禮部經明行修練達時務之士徵至京師年六十以上七十以下者置翰林以備顧問四十以上六十以下者於六部及布按兩司用之蓋是時仕進無他途故往往多驟貴者而吏部奏薦舉當除官者多至三千七百餘人其少者亦至一千九百餘人又俾富戶耆民皆得進見奏對稱旨輒予美官而會稽僧郭傳由宋濂薦擢爲翰林應奉此皆可得而考者也洎科舉復設兩途竝用亦未嘗畸重輕建文永樂間薦舉起家猶有內授翰林外授藩司者而楊士奇以處士陳濟以布衣遽命爲太祖實錄總裁官其不拘資格又如此自後科舉日重薦舉日益輕能文之士率由場屋進以爲榮有司雖數奉求賢之詔而人才旣衰第應故事而已宣宗嘗出御製猗蘭操及招隱詩賜諸大臣以示風勵實應者寡人情亦共厭薄正統元年行在吏部言宣德間嘗詔天下布按二司及府州縣官舉賢良方正各一人迄今尚舉未已宜止之帝以朝廷求賢不可止自今來者六部都察院翰林院堂上官考試中者錄用不中者黜之薦舉者益稀矣天順元年詔處士中有學貫天人才堪經濟高蹈不求聞達者所司具實奏聞御史陳述奏崇仁儒士吳與弼學行命江西巡撫韓雍禮聘赴京至則召見命爲左諭德與弼辭疾不受帝又命李賢引見文華殿從容顧問曰重卿學行特授宮僚煩輔太子與弼固辭賜宴文華殿命賢侍宴降敕褒賚遣行人送歸蓋殊典也至成化十九年廣東舉人陳獻章被薦授翰林院檢討而聽其歸典禮大減矣其後弘治中浙江儒士潘辰嘉靖中南直隸生員文徵明永嘉儒士葉幼學皆以薦授翰林院待詔萬曆中湖廣舉人瞿九思亦授待詔江西舉人劉元卿授國子監博士江西處士章潢僅遙授順天府訓導而直隸處士陳繼儒四川舉人楊思心等雖皆被薦下之禮部而已崇禎九年吏部復議舉孝廉言祖宗朝皆偶一行之未有定制今宜通行直省加意物色果有孝廉懷才抱德經明行修之士由司道以達巡按覆核疏聞驗試錄用於時薦舉紛紛遍天下然皆授以殘破郡縣卒無大效至十七年令豫楚被陷州縣員缺悉聽撫按官辟選更置不拘科目雜流生員人等此則皇遽求賢非承平時舉士之典至若正德四年浙江大吏薦餘姚周禮徐子元許龍上虞徐文彪劉瑾以四人皆謝遷同鄉而草詔出於劉健矯旨下禮等鎮撫司讁戍邊衞勒布政司林符邵寶李贊及參政參議府縣官十九人罰米二百石并削健遷官且著令餘姚人不得選京官此則因薦舉而得禍者又其變也

任官之事文歸吏部武歸兵部而吏部職掌尤重吏部凡四司而文選掌銓選考功掌考察其職尤要選人自進士舉人貢生外有官生恩生功生監生儒士又有吏員承差知印書算篆書譯字通事諸雜流進士爲一途舉貢等爲一途吏員等爲一途所謂三途竝用也京官六部主事中書行人評事博士外官知州推官知縣由進士選外官推官知縣及學官由舉人貢生選京官五府六部首領官通政司太常光祿寺詹事府屬官由官廕生選州縣佐貳都布按三司首領官由監生選外府外衞鹽運司首領官中外雜職入流未入流官由吏員承差等選此其大凡也其參差互異者可推而知也初授者曰聽選陞任者曰陞遷選人之法每年吏部六考六選凡引選六類選六遠方選二聽選及考定陞降者雙月大選其序定於單月改授改降丁憂候補者單月急選其揀選三歲舉行舉人乞恩歲貢就教無定期凡陞遷必滿考若員缺應補不待滿者曰推陞內閣大學士吏部尚書由廷推或奉特旨侍郎以下及祭酒吏部會同三品以上廷推太常卿以下部推通參以下吏部於弘政門會選詹事由內閣各衙門由各掌印在外官惟督撫廷推九卿共之吏部主之布按員缺三品以上官會舉監司則序遷其防邊兵備等率由選擇保舉付以敕書邊府及佐貳亦付敕薊遼之昌平薊州等山西之大同河曲代州等陝西之固原靜寧等六十有一處俱爲邊缺尤慎選除有功者越次擢用封疆者罪無赦內地監司率序遷其後亦多超遷不拘次有一歲中四五遷由僉事至參政者監司多額外添設守巡之外往往別立數銜不能畫一也在外府州縣正佐在內大小九卿之屬員皆常選官選授遷除一切由吏部其初用拈鬮法至萬曆間變爲掣籤二十九年文選員外郎倪斯蕙條上銓政十八事其一曰議掣籤尚書李戴擬行報可孫丕揚踵而行之後雖有議其失者終明世不復更也洪武間定南北更調之制南人官北北人官南其後官制漸定自學官外不得官本省亦不限南北也初太祖嘗御奉天門選官且諭毋拘資格選人有卽授侍郎者而監司最多進士監生及薦舉者參錯互用給事御史亦初授陞遷各半永宣以後漸循資格而臺省尚多初授至弘正後資格始拘舉貢雖與進士竝稱正途而軒輊低昂不啻霄壤隆慶中大學士高拱言國初舉人躋八座爲名臣者甚衆後乃進士偏重而舉人甚輕至於今極矣請自授官以後惟考政績不問其出身然勢已積重不能復返崇禎間言者數申三途竝用之說間推一二舉人如陳新甲孫元化者置之要地卒以僨覆用武舉陳啓新爲給事亦聲名潰裂於是朝端又以爲不若循資格而甲榜之悞國者亦正不少也給事中御史謂之科道科五十員道百二十員明初至天順成化間進士舉貢監生皆得選補其遷擢者推官知縣而外或由學官其後監生及新科進士皆不得與或庶吉士改授或取內外科目出身三年考滿者考選內則兩京五部主事中行評博國子監博士助教等外則推官知縣自推知入者謂之行取其有特薦則俸雖未滿亦得與焉考選視科道缺若干多寡無定額其授職吏部都察院協同注擬給事皆實補御史必試職一年始實授惟庶吉士否嘉靖萬曆間常令部曹不許改科道後亦間行之舉貢推知例得與進士同考選大抵僅四之一嘉靖間嘗令監生與選已罷不行萬曆中百度廢弛二十五年臺省新舊人數不足當額設之半三十六年科止數人道止二人南科以一人攝九篆者二歲南道亦止一人內臺旣空外差亦缺淮揚蘇松江西陝西廣東西宣大甘肅遼東巡按及陝西之茶馬河東之鹽課缺差至數年給事中陳治則請急考選不報三十九年考選疏上復留中不下推知擬擢臺省候命闕下去留不得自如四十六年掌河南道御史王象恒復言十三道御史在班行者止八人六科給事中止五人而冊封典試諸差及內外巡方報滿告病求代者踵至當亟議變通之法大學士方從哲亦言考選諸臣守候六載艱苦備嘗吏部議咨禮部都察院按次題差蓋權宜之術不若特允部推令諸臣受命供職足存政體卒皆不報至光宗初前後考選之疏俱下而臺省一旦森列矣考選之例優者授給事中次者御史又次者以部曹用雖臨時考試而先期有訪單出於九卿臺省諸臣之手往往據以爲高下崇禎三年吏部考選畢奏應擢給事御史若干人而以中書二人訪單可否互異具疏題請帝責其推諉令更確議而不責訪單之非體也京官非進士不得考選推知則舉貢皆行取然天下守令進士十三舉貢十七推知行取則進士十九舉貢纔十一舉貢所得又大率有臺無省多南少北御史王道純以爲言帝謂用人當論才本不合拘資格下所司酌行之初制急缺風憲不時行取神宗時定爲三年至是每年一舉帝從吏部尚書閔洪學請仍以三年爲期此選擇言路之大凡也

保舉者所以佐銓法之不及而分吏部之權自洪武十七年命天下朝覲官舉廉能屬吏始永樂元年命京官文職七品以上外官至縣令各舉所知一人量才擢用後以貪污聞者舉主連坐蓋亦嘗間行其法然洪永時選官竝由部請至仁宗初一新庶政洪熙元年特申保舉之令京官五品以上及給事御史外官布按兩司正佐及府州縣正官各舉所知惟見任府州縣正佐官及曾犯贓罪者不許薦舉其他官及屈在下僚或軍民中有廉潔公正才堪撫字者悉以名聞是時京官勢未重臺省考滿由吏部奏陞方面郡守旣而定制凡布按二司知府有缺令三品以上京官保舉宣德三年況鍾趙豫等以薦擢守蘇松諸府賜敕行事十年用郭濟姚文等爲知府亦如之其所奏保者郎中員外御史及司務行人寺副皆與不依常調也後多有政績部曹及御史由堂上官薦引類能其官而長吏部者蹇義郭璡亦屢奉敕諭帝又慮諸臣畏連坐而不舉則語大學士楊溥以全才之難謂一言之薦豈能保其終身欲得賢才尤當厚敎養之法故其時吏治蒸蒸稱極盛焉沿及英宗一遵厥舊然行之旣久不能無弊所舉或鄉里親舊僚屬門下素相私比者方面大吏方正謝莊等由保舉而得罪而無官保舉者在內御史在外知府往往九年不遷正統七年罷薦舉縣令之制十一年御史黃裳言給事御史國初奏遷方面郡守近年方面郡守率由廷臣保陞給事御史以科參爲職豈能無忤於一人乞敕吏部仍按例奏請除授帝是其言命部議行明年給事中余忭復指正莊等事敗謂宜坐舉主且言方面郡守有缺吏部當奏請上裁尚書王直英國公張輔等言方面郡守保舉陞用稱職者多未可擅更易英宗仍從輔直言而採忭疏許言官指劾十三年御史涂謙復陳舉薦得方面郡守輒改前操之弊請仍遵洪武舊制於內外九年考滿官內揀擇陞授或親擇朝臣才望者任之詔可大臣舉官之例遂罷景泰中復行保舉給事中林聰陳推舉驟遷之弊言今缺參政等官三十餘員請暫令三品以上官保舉自後惟布按兩司三品以上官連名共舉其餘悉付吏部詔竝從之成化五年科道官復請保舉方面吏部因并及郡守帝從言官請而命知府員缺仍聽吏部推舉踰年以會舉多未當并方面官第令吏部推兩員以聞罷保舉之令旣而都御史李賓請令在京五品以上管事官及給事御史各舉所

知以任州縣從之弘治十二年復詔部院大臣各舉方面郡守吏部因請依往年御史馬文升遷按察使屠滽遷僉都御史之例超擢一二以示激勸而未經大臣薦舉者亦兼采之並從其議當是時孝宗銳意求治命吏兵二部每季開兩京府部堂上及文武方面官履歷具揭帖奏覽第兼保舉法行之不專恃以爲治也正德以後具帖之制漸廢嘉靖八年給事中夏言復請循弘治故事且及舉劾賢否略節每季孟月部臣送科以達御前命著爲令而保舉方面郡守之法終明世不復行矣至若坐事斥免因急才而薦擢者謂之起廢家居被召因需缺而預補者謂之添註此又銓法之所未詳而中葉以後間嘗一行者也考滿考察二者相輔而行考滿論一身所歷之俸其目有三曰稱職曰平常曰不稱職爲上中下三等考察通天下內外官計之其目有八曰貪曰酷曰浮躁曰不及曰老曰病曰罷曰不謹考滿之法三年給由曰初考六年曰再考九年曰通考依職掌事例考覈陞降諸部寺所屬初止署職必考滿始實授外官率遲考以待覈雜考或一二年或三年九年郡縣之繁簡或不相當則互換其官謂之調繁調簡洪武十一年命吏部課朝覲官殿最稱職而無過者爲上賜坐而宴有過而稱職者爲中宴而不坐有過而不稱職者爲下不預宴序立於門宴者出然後退此朝覲考覈之始也十四年其法稍定在京六部五品以下聽本衙門正官察其行能驗其勤怠其四品以上及一切近侍官與御史爲耳目風紀之司及太醫院欽天監王府官不在常選者任滿黜陟取自上裁直隸有司首領官及屬官從本司正官考覈任滿從監察御史覆考各布政使司首領官俱從按察司考覈其茶馬鹽馬鹽運鹽課提舉司軍職首領官俱從布政司考覈仍送按察司覆考其布政司四品以上按察司鹽運司五品以上任滿黜陟取自上裁內外入流并雜職官九年任滿給由赴吏部考覈依例黜陟果有殊勳異能超邁等倫者取自上裁又以事之繁簡與歷官之殿最相參互覈爲等第之陞降其繁簡之例在外府以田糧十五萬石以上州以七萬石以上縣以三萬石以上或親臨王府都布政按察三司并有軍馬守禦路當驛道邊方衝要供給處俱爲事繁府糧不及十五萬石州不及七萬石縣不及三萬石及僻靜處俱爲事簡在京諸司俱從繁例十六年京官考覈之制稍有裁酌俱由其長開具送部覈考十八年吏部言天下布按府州縣朝覲官凡四千一百一十七人稱職者十之一平常者十之七不稱職者十之一而貪汚闒茸者亦共得十之一帝令稱職者陞平常者復職不稱職者降貪汚者付法司罪之闒茸者免爲民永宣間中外官舊未有例者稍增入之又從部議初考稱職次考未經考覈今考稱職者若初考平常次考未經考覈今考稱職者俱依稱職例陞用自時厥後大率遵舊制行之中間利弊不可枚舉而其法無大變更也考察之法京官六年以已亥之歲四品以上自陳以取上裁五品以下分別致仕降調閒住爲民者有差具冊奏請謂之京察自弘治時定外官三年一朝覲以辰戌丑未歲察典隨之謂之外察州縣以月計上之府府上下其考以歲計上之布政司至三歲撫按通核其屬事狀造冊具報麗以八法而處分察例有四與京官同明初行之相沿不廢謂之大計計處者不復叙用定爲永制洪武四年命工部尚書朱守仁廉察山東萊州諸郡官吏六年令御史臺御史及各道按察司察舉有司官有無過犯奏報黜陟此考察之始也洪熙時命御史考察在外官以奉命者不能無私諭吏部尚書蹇義嚴加戒飭務矢至公景泰二年吏部都察院考察當黜退者七百三十餘人帝慮其未當仍集諸大臣更考存留者三之一成化五年南京吏部右侍郎章綸都察院右僉都御史高明考察庶官帝以各衙門掌印官不同僉名疑有未當令侍郎葉盛都給事中毛弘從公體勘亦有所更定弘治六年考察當罷者共一千四百員又雜職一千一百三十五員帝諭方面知府必指寔跡毋虛文泛言以致枉人府州以下任未三年者亦通核具奏尚書王恕等具陳以請而以府州縣官貪鄙殃民者雖年淺不可不黜帝終謂人才難得降諭諄諄多所原宥當黜而留者九十餘員給事御史又交章請黜遺漏及宜退而留者復命吏部指實跡恕疏各官考語及本部訪察者以聞帝終以考語爲未實諭令復核恕以言不用且疑有中傷者遂力求去至十四年南京吏部尚書林瀚言在外司府以下官俱三年一次考察兩京及在外武職官亦五年一考選惟兩京五品以下官十年始一考察法大闊略旨下吏部覆請如瀚言而京官六年一察之例定矣京察之歲大臣自陳去留既定而居官有遺行者給事御史糾劾謂之拾遺拾遺所攻擊無獲免者弘正嘉隆間士大夫廉恥自重以掛察典爲終身之玷至萬曆時閣臣有所徇庇間留一二以撓察典而羣臣水火之爭莫甚於辛亥丁巳事具各傳中黨局既成互相報復至國亡乃已

兵部凡四司而武選掌除授職方掌軍政其職尤要凡武職內則五府留守司外則各都司各衛所及三宣六慰流官八等都督及同知僉事都指揮使同知僉事正副留守世官九等指揮使及同知僉事衛所鎮撫正副千戶百戶試百戶直省都指揮使二十一留守司二衛九十一守禦屯田羣牧千戶所二百十有一此外則苗蠻土司皆聽部選自永樂初增立三大營各設管操官各哨有分管坐營官坐司官景泰中設團營十已復增二各有坐營官俱特命親信大臣提督之非兵部所銓擇也凡大選曰色目曰狀貌曰才行曰封贈曰襲廕其途有四曰世職曰武舉曰行伍曰納級初武職率以勳舊太祖慮其不率以武士訓戒錄大誥武臣錄頒之後乃參用將材三歲武舉六歲會舉每歲薦舉皆隸部除授久之法紀隳壞選用紛雜正德間冒功陞授者三千有奇嘉靖中詹事霍韜言成化中增太祖時軍職四倍今又增幾倍矣錦衣初額官二百五員今至千七百員殆增八倍洪武初軍功襲職子弟年二十者比試初試不中襲職署事食半俸二年再試中者食全俸仍不中者充軍其法至嚴故職不冗而俸易給自永樂後新官免試舊官卽比試賄賂無不中此軍職所以日濫也永樂平交阯賞而不陞遷者不但獲賊者陞而奏帶及緝妖言捕盜者亦無不陞此軍職所以益冗也宜命大臣循清黃例內外武職一切差次功勞考其祖宗相承叔姪兄弟繼及或洪永年間功或宣德以後功或內監弟姪恩廕或勳戚駙馬子孫或武舉取中各分數等黜寓汰省之法或許世襲或許終身或許繼或不許繼各具冊籍昭示明白以爲激勸於是命給事中夏言等查覈冒濫言等指陳其弊言鎮守官奏帶舊止五名今至三四百名益一人而奏帶數處者有之一時而數處獲功者有之他復巧立名色紀驗不加審覈銓選又無駁勘其改正重陞併功加授之類弊端百出宜盡革以昭神斷部核如議恩倖冗濫者裁汰以數千計宿蠹爲清萬曆十五年復詔嚴加察核且嘗命提鎭科道會同兵部品年貲課技藝序薦剡分爲三等名曰公選然徒飾虛名終鮮寔效也武官爵止六品其職死者襲老疾者替世久而絕以旁支繼年六十者子替明初定例嫡子襲替長幼次及之絕者嫡子庶子孫次及之又絕者以弟繼永樂後取官舍旗軍餘丁曾歷戰功者令原帶俸及管事襲替悉因之其降級子孫仍替見降職事弘治時令旁支減級承襲正德中令旁支入總旗嘉靖間旁支無功者不得保送凡陞職官舍如父職其陣亡保襲者流官一等凡襲替官舍以騎射試之大抵世職難覈故例特詳而長弊叢奸亦復不少官之大者必會推五軍都督府掌印缺於見任公侯伯取一人僉書缺於帶俸公侯伯及在京都指揮在外正副總兵官推二人錦衣衛堂上官及前衛掌印缺視五府例推二人都指揮留守以下上一人正德十六年令五府及錦衣衛必由都指揮屢著勳猷者陞授諸衛官不世獨錦衣以世武之軍政猶文之考察也成化二年令五年一行以見任掌印帶俸差操及初襲官一體考核十三年令兩京通考以爲常五府大臣及錦衣衛堂上官自陳候旨直省總兵官如之在內五府所屬并直省衛所官悉由巡視官及部官註送在外都司衛所官由撫按造冊繳部副參以下千戶以上由都布按三司察註送撫按部考舉題奏錦衣衛管戎務者倍加嚴考南北鎭撫次之各衛所及地方守禦并各都司隸巡撫者例同惟管漕運者不與考

明史卷之七十二　志第四十八

總裁官總理事務經筵講官少保兼太子太保保和殿大學士兼管吏部戶部尚書事加六級張廷玉等奉

敕修

職官一

明官制沿漢唐之舊而損益之自洪武十三年罷丞相不設析中書省之政歸六部以尚書任天下事侍郎貳之而殿閣大學士祇備顧問帝方自操威柄學士鮮所參決其糾劾則責之都察院章奏則達之通政司平反則參之大理寺是亦漢九卿之遺意也分大都督府爲五而征調隸於兵部外設都布按三司分隸兵刑錢穀其考核則聽於府部是時吏戶兵三部之權爲重迨仁宣朝大學士以太子經師恩累加至三孤望益尊而宣宗內柄無大小悉下大學士楊士奇等參可否雖吏部蹇義戶部夏原吉時召見得預各部事然希闊不敵士奇等親自是內閣權日重卽有一二吏兵之長與執持是非輒以敗至世宗中葉夏言嚴嵩迭用事遂赫然爲眞宰相壓制六卿矣然內閣之擬票不得不決於內監之批紅而相權轉歸之寺人於是朝廷之紀綱賢士大夫之進退悉顛倒於其手伴食者承意指之不暇間有賢輔卒蒿目而不能救初領五都督府者皆元勳宿將

軍制肅然永樂間設內監監其事猶不敢縱沿習數代勳戚紈袴司軍紀日以惰毀既而內監添置益多邊塞皆有巡視四方大征伐皆有監軍而疆事遂致大壞明祚不可支矣跡其與亡治亂之由豈不在用人之得失哉至於設官分職體統相維品式具備詳列後簡覽者可考而知也

宗人府　三公三孤　太子三師三少
內閣　吏部　戶部(附總督倉場)
禮部　兵部(附協理京營戎政)　刑部
工部(附提督易州山廠)

宗人府宗人令一人左右宗正各一人左右宗人各一人(並正一品)掌皇九族之屬籍以時修其玉牒書宗室子女適庶名封嗣襲生卒婚嫁謚葬之事凡宗室陳請爲聞於上達材能錄罪過初洪武三年置大宗正院二十二年改爲宗人府並以親王領之(秦王樉爲令晉王棡燕王棣爲左右宗正周王橚楚王楨爲左右宗人)其後以勳戚大臣攝府事不備官而所領亦盡移之禮部其屬經歷司經歷一人(正五品)典出納文移

太師太傅太保爲三公(正一品)少師少傅少保爲三孤(從一品)掌佐天子理陰陽經邦弘化其職至重無定員無專授洪武三年授李善長太師徐達太傅(先是常遇春已贈太保)三孤無兼領者建文永樂間罷公孤官仁宗復設(永樂二十二年八月復置三公三少)宣德三年勑太師英國公張輔少師吏部尚書蹇義少傅兵部尚書華蓋殿大學士楊士奇少保兼太子少傅戶部尚書夏原吉各輟所領侍左右咨訪政事公孤之官幾於專授逮義原吉卒士奇還領閣務自此以後公孤但虛銜爲勳戚文武大臣加官贈官而文臣無生加三公者惟贈乃得之嘉靖二年加楊廷和太傅辭不受其後文臣得加三公惟張居正萬曆九年加太傅十年加太師

太子太師太子太傅太子太保(並從一品)掌以道德輔導太子而謹護翼之太子少師太子少傅太子少保(並正二品)掌奉太子以觀三公之道德而教諭焉太子賓客(正三品)掌侍太子贊相禮儀規誨過失皆東宮大臣無定員無專授洪武元年太祖有事親征慮太子監國別設宮僚或生嫌隙乃以朝臣兼宮職李善長兼太子少師徐達兼太子少傅常遇春兼太子少保治書侍御史文原吉范顯祖兼太子賓客三年禮部尚書陶凱請選人專任東宮官罷兼領庶於輔導有所責成帝諭以江充之事可爲明鑑立法兼領非無謂也由是東宮師傅止爲兼官加官及贈官惟永樂間成祖幸北京以姚廣孝專爲太子少師留輔太子自是以後終明世皆爲虛銜於太子輔導之職無與也

中極殿大學士(舊名華蓋殿)建極殿大學士(舊名謹身殿)文華殿大學士武英殿大學士文淵閣大學士東閣大學士(並正五品)掌獻替可否奉陳規誨點檢題奏票擬批答以平允庶政凡上之達下曰詔曰誥曰制曰冊文曰諭曰書曰符曰令曰檄皆起草進畫以下之諸司下之達上曰題曰奏曰表曰講章曰書狀曰文冊曰揭帖曰制對曰露布曰譯皆審署申覆而修畫焉平允乃行之凡車駕郊祀巡幸則扈從御經筵則知經筵或同知經筵事東宮出閣講讀則領其事敘其官而授之職業冠婚則充賓贊及納徵等使修實錄史志諸書則充總裁官春秋上丁釋奠先師則攝行祭事會試充考試官殿試充讀卷官進士題名則大學士一人撰文立石於太學大典禮大政事九卿科道官會議已定則按典制相機宜裁量其可否斟酌入告頒詔則捧授禮部會敕則稽其由狀以請宗室請名請封諸臣請謚並擬上以其授餐大內常侍天子殿閣之下避宰相之名又名內閣先是太祖承前制設中書省置左右丞相(正一品甲辰正月初置左右相國以李善長爲右相國徐達爲左相國吳元年命百官禮儀俱尚左改右相國爲左相國左相國爲右相國洪武元年改爲左右丞相)平章政事(從一品)左右丞(正二品)參知政事(從二品)以統領衆職置屬官左右司郎中(正五品)員外郎(正六品)都事檢校(正七品)照磨管勾(從七品)參議府參議(正三品)參軍斷事官(從三品)斷事經歷(正七品)知事(正八品)都鎮撫司都鎮撫(正五品)考功所考功郎(正七品甲辰十月以都鎮撫司隸大都督府吳元年革參議府洪武元年革考功所二年革照磨檢校所斷事官七年設直省舍人十人尋改中書舍人)洪武九年汰平章政事參知政事十三年正月誅丞相胡惟庸遂罷中書省(其官屬盡革惟存中書舍人)九月置四輔官以儒士王本等爲之(置四輔官告太廟以王本杜佑龔斅爲春官杜斅趙民望吳源爲夏官兼太子賓客秋冬官缺以本等攝之一月內分司上中下三旬位列公侯都督之次)尋亦罷十五年倣宋制置華蓋殿武英殿文淵閣東閣諸大學士(禮部尚書邵質爲華蓋檢討吳伯宗爲武英翰林學士宋訥爲文淵典籍吳沉爲東閣)又置文華殿大學士(徵耆儒鮑恂余詮張長年等爲之)以輔導太子秩皆正五品二十八年勑諭羣臣國家罷丞相設府部院寺以分理庶務立法至爲詳善以後嗣君其毋得議置丞相臣下有奏請設立者論以極刑當是時以翰林春坊詳看諸司奏啓兼司平駁大學士特侍左右備顧問而已建文中改大學士爲學士(悉罷諸大學士各設學士一人又改謹身殿爲正心殿設正心殿學士)成祖即位特簡解縉胡廣楊榮等直文淵閣參預機務閣臣之預務自此始然其時入內閣者皆編檢講讀之官不置官屬不得專制諸司諸司奏事亦不得相關白仁宗以楊士奇楊榮東宮舊臣陞士奇爲禮部侍郎兼華蓋殿大學士榮爲太常卿兼謹身殿大學士(謹身殿大學士仁宗始置)閣職漸崇其後士奇榮等皆遷尚書職雖居內閣官必以尚書爲尊景泰中王文始以左都御史進吏部尚書入內閣自後誥勑房制勑房俱設中書舍人六部承奉意旨靡所不領而閣權益重世宗時三殿成改華蓋爲中極謹身爲建極閣銜因之嘉靖以後朝位班次俱列六部之上

吏部尚書一人(正二品)左右侍郎各一人(正三品)其屬司務廳司務二人(從九品)文選驗封稽勳考功四清吏司各郎中一人(正五品)員外郎一人(從五品)主事一人(正六品洪武三十一年增設文選司主事一人正統十一年增設考功司主事一人)尚書掌天下官吏選授封勳考課之政令以甄別人才贊天子治蓋古冢宰之職視五部爲特重侍郎爲之貳司務掌催督稽緩勾銷簿書(明初設主事司務各四人爲首領官有主事印洪武二十九年改主事爲司官裁司務二人各部並同)文選掌官吏班秩遷陞改調之事以贊尚書凡文官之品九品有正從爲級一十八不及九品曰未入流凡選每歲有大選有急選有遠方選有歲貢就教選間有揀選有舉人乞恩選選人咸登資簿釐其流品平其銓注而序遷之凡陞必考滿若員缺當補不待考滿曰推陞類推上一人單推上二人三品以上九卿及僉都御史祭酒廷推上二人或三人內閣吏兵二部尚書廷推上二人凡王官不外調王姻不內除大臣之族不得任科道僚屬同族則以下避上外官才地不相宜則酌其繁簡互換之有傳陞乞陞者並得執奏以署職試職實授奠年資以開設裁併兼攝適繁簡以薦舉起廢徵召振幽滯以帶俸添注寄恩冗以降調除名馭罪過以官程督吏治以寧假悉人情驗封掌封爵襲廕褒贈吏算之事以贊尚書凡爵非社稷軍功不得封封號非特旨不得與或世或不世皆給誥券衍聖公及戚里恩澤封不給券凡券左右各一左藏內府右給功臣之家襲封則徵其誥券稽其功過覈其宗支以第其世流降除之等土官則勘其應襲與否移文選司注擬(宣慰宣撫安撫長官諸司領土兵者則隸兵部)凡廕敘明初自一品至七品皆得廕一子以世其祿(洪武十六年定職官子孫廕敘正一品子正五品用從一品子從五品用正二品子正六品用從二品子從六品用正三品子正七品用從三品子從七品用正四品子正八品用從四品子從八品用正五品子正九品用從五品子從九品用正六品子於未入流上等職內敘用從六品子於未入流中等職內敘用正從七品子於未入流下等職內敘用)後乃漸爲限制京官三品以上考滿著績始廕一子曰官生其出自特恩者曰恩生凡封贈公侯伯之追封皆遞進一等三品以上政績顯異及死諫死節陣亡者皆得贈官其見任則初授散階京官滿一考及外官滿一考而以最聞者皆給本身誥勑七品以上皆得推恩其先五品以上授誥命六品以下授勑命(一品三代四軸二品三品二代三軸四品五品六品七品一代二軸八品以下流內官本身一軸一品軸以玉二品以犀三品四品以抹金五品以下以角)曾祖祖父皆如其子孫官公侯伯視一品外內命婦視夫若子之品生曰封死曰贈若先有罪譴則停給文之散階四十有二以歷考爲差(正一品初授特進榮祿大夫陞授特進光祿大夫從一品初授榮祿大夫陞授光祿大夫正二品初授資善大夫陞授資政大夫加授資德大夫從二品初授中奉大夫陞授通奉大夫加授正奉大夫正三品初授嘉議大夫陞授通議大夫加授正議大夫從三品初授亞中大夫陞授中大夫加授大中大夫正四品初授中順大夫陞授中憲大夫加授中議大夫從四品初授朝列大夫陞授朝議大夫加授朝請大夫正五品初授奉議大夫陞授奉政大夫從五品初授奉訓大夫陞授奉直大夫正六品初授承直郎陞授承德郎從六品初授承務郎陞授儒林郎吏材幹出身授宣德郎正七品初授承事郎陞授文林郎吏材幹授宣議郎從七品初授從仕郎陞授徵仕郎正八品初授迪功郎陞授修職郎從八品初授迪功佐郎陞授修職佐郎正九品初授將仕郎陞授登仕郎從九品初授將仕佐郎陞授登仕佐郎)外命婦之號九(公曰某國夫人侯曰某侯夫人伯曰某伯夫人一品曰夫人後稱一品夫人二品曰夫人三品曰淑人四品曰恭人五品曰宜人六品曰安人七品曰孺人)因其子孫封者加太字夫在則否凡封贈之次七品至六品一次五品一次(初制有四品一次後省)三品二品一品各一次三母不並封兩封從優品父職高於子則進一階父應停給及子爲人後者皆得移封嫡在不封生母生母未封不先封其妻妻之封止於一嫡一繼其封贈後而以墨敗者則追奪稽勳掌勳級名籍喪養之事以贊尚書凡文勳十(正一品左右柱國從一品柱國正二品正治上卿從二品正治卿正三品資治尹從三品資治少尹正四品贊治尹從四品贊治少尹正五品修正庶尹從五品協正庶尹)自五品以上歷再考乃授勳凡百官遷除降調皆開寫年甲鄉貫出身每歲十二月貼黃春秋清黃皆赴內府有故揭而去之凡父母年七十無兄弟得歸養凡三年喪解職守制糾擿其奪喪匿喪短喪者惟欽天監官奔喪三月復任考功掌官吏考課黜陟之事以贊尚書凡內外官給由三年初考六年再考並引請九年通考奏請綜其稱職平常不稱職而陟黜之陟無過二等降無過三等其甚者黜之罷之京官六年一察察以巳亥年五品下考察其不職者降罰有差四品上自陳去留取旨外官三年一朝朝以辰戌丑未年前期移撫按官各綜其屬三年內功過狀註考彙送覆核以定黜陟倉場庫官一年考巡檢三年考教官九年考府州縣官之考以地之繁簡爲差吏之考三六年滿移驗封司撥用九年滿又試授官惟王官及欽天御用等監官不考凡內外官彈章稽其功過擬去留以請上裁薦舉保留則

核其政績旌異焉明初設四部於中書省分掌錢穀禮儀刑名營造之務洪武元年始置吏戶禮兵刑工六部設尚書侍郎郎中員外郎主事(尚書正三品侍郎正四品郎中正五品員外郎正六品主事正七品)仍隸中書省六年部設尚書二人侍郎二人吏部設總部司勳考功三屬部部設郎中員外郎各一人主事各二人十三年罷中書省倣周官六卿之制陞六部秩各設尚書侍郎一人(惟戶部侍郎二人)每部分四屬部吏部屬部加司封每屬部設郎中員外郎主事各一人尋增侍郎一人二十二年改總部爲選部二十九年定爲文選驗封稽勳考功四司并五部屬皆稱清吏司建文中改六部尚書爲正一品設左右侍中(正二品)位侍郎上除去諸司清吏字成祖初悉復舊制永樂元年以北平爲北京置北京行部尚書二人侍郎四人其屬置六曹清吏司(吏戶禮兵工五曹郎中員外郎主事各一人刑曹郎中一人員外郎一人主事四人照磨檢校各一人司獄一人尋戶曹亦增設主事三人)後又分置六部各稱行在某部十八年定都北京罷行部及六曹以六部官屬移之北不稱行在其留南京者加南京字洪熙元年復置各部官屬於南京去南京字而以在北京者加行在字仍置行部宣德三年復罷行部正統六年於北京去行在字於南京仍加南京字遂爲定制景泰中吏部嘗設二尚書天順初復罷其一按吏部尚書表率百僚進退庶官銓衡重地其禮數殊異無與並者永樂初選翰林官入直內閣其後大學士楊士奇等加至三孤兼尚書銜然品敘列尚書蹇義夏原吉下景泰中左都御史王文陞吏部尚書兼學士入內閣其班位猶以原銜爲序矣自弘治六年二月內宴大學士邱濬遂以太子太保禮部尚書居太子太保吏部尚書王恕之上其後由侍郎詹事入閣者班皆列六部上矣

戶部尚書一人(正二品)左右侍郎各一人(正三品)其屬司務廳司務二人(從九品)浙江江西湖廣陝西廣東山東福建河南山西四川廣西貴州雲南十三清吏司各郎中一人(正五品宣德以後增設山西司郎中三人陝西貴州雲南三司郎中各二人山東司郎中一人)員外郎一人(從五品宣德七年增設四川雲南二司員外郎各一人後仍革)主事二人(正六品宣德以後增設雲南司主事七人浙江江西湖廣陝西福建河南山西七司主事各二人山東四川貴州三司主事各一人)照磨所照磨一人(正八品)檢校一人(正九品)所轄寶鈔提舉司提舉一人(正八品)副提舉一人(正九品)典史一人(後副提舉典史俱革)抄紙局大使副使各一人印鈔局大使副使各一人(後副使俱革)寶鈔廣惠庫大使一人(正九品)副使二人(從九品嘉靖中革)廣積庫大使一人(正九品)副使一人(從九品)典史一人(嘉靖中副使典史俱革)贓罰庫大使一人(正九品)副使二人(從九品嘉靖中革)甲字乙字丙字丁字戊字庫大使五人(正九品)副使六人(從九品丁字庫二人嘉靖中革一人并革乙字戊字二庫副使)廣盈庫大使一人(從九品)副使二人(嘉靖中革)外承運庫大使二人(正九品)副使二人(從九品後大使副使俱革)承運庫大使一人(正九品)副使一人(從九品嘉靖中革)行用庫大使副使各一人(後俱革)太倉銀庫大使副使各一人(嘉靖中革副使)御馬倉大使一人(從九品)副使一人軍儲倉大使一人(從九品)副使一人(後大使副使俱革)長安東安西安北安門倉各副使一人(東安門倉舊二人萬曆八年革一人)張家灣鹽倉檢校批驗所大使副使各一人(隆慶六年並革)尚書掌天下戶口田賦之政令侍郎貳之稽版籍歲會賦役實徵之數以下所司十年攢黃册差其戶上下畸零之等以周知其登耗凡田土之侵占投獻詭寄影射有禁人戶之隱漏逃亡朋充花分有禁繼嗣婚姻不如令有禁皆綜覈而糾正之天子耕耤則尚書進耒耜以墾荒業貧民以占籍附流民以限田裁異端之民以圖帳抑兼并之民以樹藝課農官以芻地給馬牧以召佃盡地利以銷豁清賠累以撥給廣恩澤以給除差優復以鈔錠節賞賚以讀法訓吏民以權量和市糴以時估平物價以積貯之政恤民困以山澤陂池關市坑冶之政佐邦國贍軍輸以支兌改兌之規利漕運以蠲減振貸均糴捕蝗之令憫災荒以輸轉屯種糴買召納之法實邊儲以祿廩之制馭貴賤(洪武二十五年重定內外文武官歲給祿俸之制正一品一千四十四石從一品八百八十八石正二品七百三十二石從二品五百七十六石正三品四百二十石從三品三百一十二石正四品二百八十八石從四品二百五十二石正五品一百九十二石從五品一百六十八石正六品一百二十石從六品九十六石正七品九十石從七品八十四石正八品七十八石從八品七十二石正九品六十六石從九品六十石未入流三十六石俱米鈔本折兼支)十三司各掌其分省之事兼領所分兩京直隸貢賦及諸司衛所祿俸邊鎮糧餉并各倉場鹽課鈔關(浙江司帶管在京羽林右留守左龍虎應天龍驤義勇右康陵七衛神機營　江西司帶管在京旗手金吾前金吾後金吾左濟陽五衛　湖廣司帶管國子監教坊司在京羽林前通州和陽豹韜永陵昭陵六衛及興都留守司　福建司帶管順天府在京燕山左武驤左武驤右驍騎右虎賁右留守後武成中茂陵八衛五軍巡捕勇士四衛各營及北直隸永平保定河間眞定順德廣平大名七府延慶保安二州大寧都司萬全都司幷北直隸所轄各衛所山戶永盈通濟各倉　山東司帶管在京錦衣大寧中大寧前三衛及遼東都司兩淮兩浙長蘆河東山東福建各鹽運司四川廣東海北雲南黑鹽井白鹽井安寧五井各鹽課提舉司陝西靈州鹽課司江西南贛鹽稅　山西司帶管在京燕山前鎮南興武永淸左永淸右五衛及宣府大同山西各鎮　河南司帶管在京府軍前燕山右大興左裕陵四衛牧馬千戶所及北直隸潼關衛蒲州千戶所　陝西司帶管宗人府五軍都督府六部都察院通政司大理寺詹事府翰林院太僕寺鴻臚寺尚寶司六科中書舍人行人司欽天監太醫院五城兵馬司京衛武學文思院皮作局在京留守右長陵獻陵景陵四衛神樞隨侍二營及延綏寧夏甘肅固原各鎮　四川司帶管在京府軍後金吾右騰驤左騰驤右武德神策忠義後武功中武功左武功右彭城十一衛及應天府南京四十九衛南直隸安慶蘇州松江常州鎮江徽州寧國池州太平廬州鳳陽淮安揚州十三府徐滁和廣德四州中都留守司幷南直隸所轄各衛所　廣東司帶管在京羽林左留守中鷹揚神武左義勇前義勇後六衛蕃牧奠靖二千戶所　廣西司帶管太常寺光祿寺神樂觀犧牲所司牲司太倉銀庫內府十庫在京瀋陽左瀋陽右留守前寬河蔚州左五衛及二十三馬房倉各象房牛房倉京府各草場　雲南司帶管在京府軍府軍左府軍右虎賁左忠義右忠義前泰陵七衛及大軍倉皇城四門倉幷在外臨清德州徐州淮安天津各倉　貴州司帶管上林苑監寶鈔提舉司都稅司正陽門張家灣各宣課司德勝門安定門各稅課司崇文門分司在京濟州會州富峪三衛及薊州永平密雲昌平易州各鎮臨清許墅九江淮安北新揚州河西務各鈔關)條爲四科曰民科主所屬省府州縣地理人物圖志古今沿革山川險易土地肥瘠寬狹戶口物產多寡登耗之數曰度支主會計夏稅秋糧存留起運及賞賚祿秩之經費曰金科主市舶魚鹽茶鈔稅課及贓罰之收折曰倉科主漕運軍儲出納料糧凡差三等由吏部選授曰註差疏名上請曰題差劄委曰部差或三年或一年或三月而代初洪武元年置戶部六年設尚書二人侍郎二人分爲五科一科二科三科四科總科每科設郎中員外郎各一人主事四人惟總科郎中員外郎各二人主事五人八年中書省奏戶刑工三部事繁戶部五科每科設尚書侍郎各一人郎中員外郎各二人主事五人內會總科主事六人外牽照科主事二人司計四人照磨二人管勾一人又置在京行用庫隸戶部(設大使一人副使二人典史一人都監二人)十三年陞部秩定設尚書一人侍郎二人分四屬部總部度支部金部倉部每部郎中員外郎各一人總部主事四人度支部金部主事各三人倉部主事二人尋罷在京行用庫二十二年改總部爲民部二十三年又分四部爲河南北平山東山西陝西浙江江西湖廣廣東廣西四川福建十二部(四川部兼領雲南)部設郎中員外郎各一人主事二人各領一布政司戶口錢糧等事量其繁簡帶管京畿每一部內仍分四科管理又置照磨檢校各一人稽文書出入之數而程督之十九年復置寶鈔提舉司(洪武七年初置寶鈔提舉司提舉一人正七品副提舉一人從七品吏目一人省注所屬抄紙印鈔二局各大使一人正八品副使一人正九品典史一人省注寶鈔行用二庫各大使二人正八品副使二人正九品典史一人省注尋陞提舉爲正四品十三年罷至是復置秩正八品)二十六年令浙江江西蘇松人毋得任戶部二十九年改十二部爲十二清吏司建文中仍爲四司(餘見吏部)成祖復舊制永樂元年改北平司爲北京司十八年革北京司設雲南貴州交阯三清吏司宣德十年革交阯司定爲十三司其後歸併職掌凡宗室勳戚文武官吏之廩祿陝西司兼領之北直隸府州衛所福建司兼領之南直隸府州衛所四川司兼領之天下鹽課山東司兼領之關稅貴州司兼領之漕運及臨德諸倉雲南司兼領之御馬象房諸倉廣西司兼領之明初嘗置司農司尋罷(吳元年置司農司卿正三品少卿正四品丞正五品廩田署令正五品典簿司計正七品洪武元年罷三年復置司農司開治所於河南設卿一人少卿二人丞四人主簿錄事各二人四年又罷)後置判錄司亦罷(洪武十三年置判錄司掌在京官吏俸給文移勘合設判錄一人正七品副判二人從七品尋改判錄爲司正副判爲左右司副十八年罷)皆不隸戶部

總督倉場一人掌督在京及通州等處倉場糧儲洪武初置軍儲倉二十所各設官司其事永樂中遷都北京置京倉及通州諸倉以戶部司員經理之宣德五年始命李昶爲戶部尚書專督其事遂爲定制以後或尚書或侍郎俱不治部事嘉靖十五年又命兼督西苑農事隆慶初罷兼理萬曆二年另撥戶部主事一人陪庫每日偕管庫主事收放銀兩季終更替九年裁革命本部侍郎分理之十一年復設二十五年以右侍郎張養蒙督遼餉四十七年增設督餉侍郎(崇禎間有督遼餉總餉宣大餉增設三四人)天啓五年又增設督理錢法侍郎

禮部尚書一人(正二品)左右侍郎各一人(正三品)其屬司務廳司務二人(從九品)儀制祠祭主客精膳四清吏司各郎中一人(正五品)員外郎一人(從五品)主事一人(正六品正統六年增設儀制祠祭二司主事各一人又增設儀制司主事一人教習駙馬弘治五年增設主客司主事一人提督會同館)所轄鑄印局大使一人副使二人(萬曆九年革一人)尚書掌天下禮儀祭祀宴饗貢舉之政令侍郎佐之儀制分掌諸禮文宗封貢舉學校之事天子即位天子冠大婚册立皇太子妃嬪太子妃上慈宮徽號朝賀朝見大饗宴饗大射宴射則舉諸儀注條上之若經筵日講耕耤視學策士傳臚巡狩親征進曆進春獻俘奏捷若皇太子出閣監國親王讀書之藩皇子女誕生命名以及百官命婦朝賀皇太子后妃之禮與諸王國之禮皆頒儀式於諸司凡傳制誥開讀詔勅表箋及上下百官往來移文皆授以程式焉凡歲請封宗室王郡王將軍中尉妃主君各以其親疏爲等百官於宗王具官稱名而不臣王臣稱臣於其王凡宗室駙馬都尉內命婦藩王之誥命則會吏部以請凡諸司之印信領其制度(內閣銀印直紐方一寸七分厚六分玉箸篆文征西鎮朔平羌平蠻等將軍銀印虎紐方三寸三分厚九分柳葉篆文宗人府五軍都督府俱正一品銀印三臺方三寸四分厚一寸六部都察院各都司俱正二品銀印二臺方三寸二分厚八分衍聖公張眞人中都留守司俱正二品各布政司從二品銀印二臺方三寸一分厚七分後賜衍聖公三臺銀印順天應天二府俱正三品銀印方二寸九分厚六分五釐通政司大理寺太常寺詹事府京衛各按察司各衛俱正三品苑馬寺宣慰司俱從三品銅印方二寸七分厚六分太僕寺光祿寺各鹽運司俱從三品銅印方二寸六分厚五分五釐鴻臚寺各府俱正四品國子監宣撫司俱從四品銅印方二寸五分厚五分翰林院左右春坊尚寶司欽天監太醫院上林苑監六部各司宗人府經歷司王府長史司各衛千戶所俱正五品司經局五府經歷司招討司安撫司俱從五品銅印方二寸四分厚四分五釐各州從五品銅印方二寸三分厚四分都察院經歷司大理寺左右司五城兵馬司大興宛平上元江寧四縣僧錄司道錄司中都留守司經歷司斷

事司各都司經歷司斷事司各衞百戶所長官司王府審理所俱正六品光祿司各署各布政司經歷司理問所俱從六品銅印方二寸二分厚二分五釐六科行人司通政司經歷司工部營繕所太常寺典簿廳上林苑監各署各按察司經歷司各縣俱正七品中書舍人順天應天二府經歷司京衞經歷司光祿寺典簿廳太僕寺主簿廳詹事府主簿廳各衞經歷司各鹽運司經歷司苑馬寺主簿廳宣慰司經歷司俱從七品銅印方二寸一分厚二分戶部刑部都察院各照磨所兵部典牧所國子監繩愆廳博士廳典簿廳鴻臚寺主簿廳欽天監主簿廳各布政司照磨所各府經歷司王府紀善典寶典膳奉祀良醫工正各所宣撫司經歷司俱正從八品銅印方二寸厚二分五釐刑部都察院各司獄司順天應天二府照磨所司獄司鴻臚寺各署國子監典籍廳上林苑監典簿廳內府寶鈔等各庫御馬倉草倉會同館織染所文思院皮作局顏料局鞍轡局寶源局軍器局都稅司教坊司留守司司獄司各都司司獄司各按察司照磨所司獄司各府照磨所司獄司王府長史司典簿廳教授典儀所各府衞儒學稅課司陰陽學醫學僧綱司道紀司各巡檢司俱正從九品銅印方一寸九分厚二分二釐各州縣儒學倉庫驛遞閘壩批驗所抽分竹木局河泊所織染局稅課局陰陽學醫學僧正司道正司僧會司道會司俱未入流銅條記闊一寸三分長二寸五分厚二分一釐巳上俱直紐九疊篆文監察御史銅印直紐有眼方一寸五分厚三分八疊篆文總制總督巡撫并鎮守公差等官銅關防直紐闊一寸九分五釐長二寸九分厚三分九疊篆文外國王印三等曰金曰鍍金曰銀刓敝則換給之凡祥瑞辨其名物無請封禪以蕩上心以學校之政育士類以貢舉之法羅賢才以鄉飲酒禮教齒讓以養老尊高年以制度定等威以恤貧廣仁政以旌表示勸勵以建言會議悉利病以禁自宮遏奸民祠祭分掌諸祀典及天文國恤廟諱之事凡祭有三曰天神地祇人鬼辨其大祀中祀小祀而敬供之飭其壇壝祠廟陵寢而數省閱之蠲其牢醴玉帛粢羹水陸瘞燎之品第其配侑從食功德之上下而秩舉之天下神祇在祀典者則稽諸令甲播之有司以時謹其祀事督日官頒曆象於天下日月交食移內外諸司救護有災異即奏聞甚者乞祭告修省凡喪葬祭祀貴賤有等皆定其程則而頒行之凡諡帝十七字后十三字妃太子太子妃並二字親王一字郡王二字以字爲差勳戚文武大臣請葬祭贈諡必移所司覈行能傳公論定議以聞其侍從勤勞忠諫死者官品未應諡皆得特賜凡帝后愍忌祀於陵寢朝不廢務凡天文地理醫藥卜筮師巫音樂僧道人並籍領之有興造妖妄者罪無赦主客分掌諸蕃朝貢接待給賜之事諸蕃朝貢辨其貢道貢使貢物遠近多寡豐約之數以定王若使迎送宴勞廬帳食料之等賞賚之差凡貢必省閱之然後登內府有附載物貨則給直若蕃國請嗣封則遣頒冊於其國使還上其風土方物之宜贈遺禮文之節諸蕃有保塞功則授勅印封之各國使人往來有誥勑則驗誥勑有勘籍則驗勘籍毋令闌入土官朝貢亦驗勘籍其返則以鏤金勑諭行之必與銅符相比凡審言語譯文字送迎館伴考稽四夷館譯字生通事之能否而禁飭其交通漏泄凡朝廷賜賚之典各省土物之貢咸掌之精膳分掌宴饗牲豆酒膳之事凡御賜百官禮食曰宴曰酒飯爲上中下三等視其品秩蕃使土官有宴有下程宴有一次有二次下程有常例有欽賜皆辨其等親王之藩王公將軍來朝及其使人亦如之凡膳羞酒醴品料光祿是供會其數而程其出納焉凡廚役僉諸民以給使於太常光祿年深者得選充王府典膳凡歲藏冰出冰移所司謹潔之初洪武元年置禮部六年設尚書二人侍郎二人分四屬部總部祠部膳部主客部每部設郎中員外郎各一人主事各三人十三年陞部秩設尚書侍郎各一人每屬部設郎中員外郎主事各一人尋復增置侍郎一人二十二年改總部爲儀部二十九年改儀部祠部膳部爲儀制祠祭精膳惟主客仍舊俱稱爲清吏司按周宗伯之職雖掌邦禮而司徒既掌邦教所謂禮者僅鬼神祠祀而已至合典樂典教內而宗藩外而諸蕃上自天官下逮醫師膳夫伶人之屬靡不兼綜則自明始也成弘以後率以翰林儒臣爲之其由此登公孤任輔導者蓋冠於諸部焉

兵部尚書一人正二品左右侍郎各一人正三品其屬司務廳司務二人從九品武選職方車駕武庫四清吏司各郎中一人正五品正統十年增設武選職方二司郎中各一人成化三年增設車駕司郎中一人萬曆九年並革員外郎一人從五品正統十年增設武選司員外郎一人弘治九年增設武庫司員外郎一人後俱革嘉靖十二年增設職方司員外郎一人主事二人正六品洪武宣德間增設武選司主事三人職方司主事四人正統十四年增設車駕武庫二司主事各一人後革萬曆十一年又增設車駕司主事一人所轄會同館大使一人正九品副使二人從九品大通關大使副使各一人俱未入流尚書掌天下武衞官軍選授簡練之政令侍郎佐之武選掌衞所土官選授陞調襲替功賞之事凡武官六品其勳十有二正一品左柱國右柱國從一品柱國正二品上護軍從二品護軍正三品上輕車都尉從三品輕車都尉正四品上騎都尉從四品騎都尉正五品驍騎尉從五品飛騎尉正六品雲騎尉從六品武騎尉散階三十正一品初授特進榮祿大夫陞授特進光祿大夫從一品初授榮祿大夫陞授光祿大夫正二品初授驃騎將軍陞授金吾將軍加授龍虎將軍從二品初授鎮國將軍陞授定國將軍加授奉國將軍正三品初授昭勇將軍陞授昭毅將軍加授昭武將軍從三品初授懷遠將軍陞授定遠將軍加授安遠將軍正四品初授明威將軍陞授宣威將軍加授廣威將軍從四品初授宣武將軍陞授顯武將軍加授信武將軍正五品初授武德將軍陞授武節將軍從五品初授武略將軍陞授武毅將軍正六品初授昭信校尉陞授承信校尉從六品初授忠顯校尉陞授忠武校尉歲凡六選有世官有流官世官九等指揮使指揮同知指揮僉事衞鎮撫正千戶副千戶百戶試百戶所鎮撫皆有襲職有替職其幼也有優給其不得世也有減革有通革流官八等左右都督都督同知都督僉事都指揮使都指揮同知都指揮僉事正留守副留守以世官陞授或由武舉用之皆不得世即有世者出特恩非眞授者曰署職署職遞加本職一級作半級不支俸非軍功毋得實授曰試職試職作一級支半俸不給誥曰納職納職帶俸不蒞事戰功二等奇功爲上頭功次之首功四等迤北爲大邊東次之西番苗蠻又次之內地反寇又次之凡比試有舊官洪武三十一年以前爲舊有新官成祖以後爲新軍政五年一考選先期撫按官上功過狀覆核而去留之五府錦衣衞堂上各總兵官皆自陳取上裁推舉上二人都指揮以下上一人凡土司之官九級自從三品至從七品皆無歲祿其子弟族屬妻女若婿及甥之襲替胥從其俗附塞之官自都督至鎮撫凡十四等皆以誥敕辨其僞冒贈官死於王事加二等死於戰陣加三等凡除授出自中旨者必覆奏然後行之以貼黃徵圖狀以初績徵誥敕以効功課將領以比試練卒徒以優養恩故絕以褒恤勵死戰以寄祿馭恩倖以殺降失陷避敵激叛之法肅軍機以典刑敗倫行劫退陣之科斷世祿職方掌輿圖軍制城隍鎮戍簡練征討之事凡天下地里險易遠近邊腹疆界俱有圖本三歲一報與官軍車騎之數偕上凡軍制內外相維武官不得輒下符徵發自都督府都指揮司留守司內外衞守禦屯田羣牧千戶所儀衞司土司諸番都司衞所各統其官軍及其部落以聽征調守衞朝貢保塞之令以時修浚其城池而閱視之凡鎮戍將校五等曰鎮守曰協守曰分守曰守備曰備倭皆因事增置視地險要設兵屯戍之凡京營操練統以文武大臣皆科道官巡視之若將軍營練將軍四衞營練及勇士幼官舍人等營練則討其軍實稽其什伍察其存逸閱否以敎其坐作進退疾徐疏數之節金鼓麾旗之號征討請命將出師懸賞罰調兵食紀功過以黜陟之以堡塞障邊徼以烽火傳聲息以關津詰姦細以緝捕弭盜賊以快壯簡鄉民以勾解收充抽選併豁疏放存恤之法整軍伍車駕掌鹵簿儀仗禁衞驛傳廐牧之事凡鹵簿大駕大典禮大朝會設之丹陛駕常朝設之武陳駕世宗南巡時設之皆辨其物數以授所司慈宮中宮之鹵簿東宮宗藩之儀仗亦如之凡侍衞御殿全直常朝番直守衞親軍衞晝前後左右四門爲四行而日夜巡警之守衞皇城前午門爲一行後元武門爲一行左東華門爲一行右西華門爲一行凡郵傳在京師曰會同館在外曰驛曰遞運所皆以符驗關劵行之凡馬政其專理者太僕苑馬二寺稽其簿籍以時程其登耗惟內廐不會武庫掌戎器符勘尺籍武學薪隸之事凡內外官軍有征行移工部給器仗籍紀其數制敕下各邊徼發及使人出關必驗勘合軍伍缺下諸省府州縣勾之以跟捕紀錄開戶給除停勾之法覈其召募垛集罪謫改調營丁尺籍之數凡武職幼官及子弟未嗣官者於武學習業以主事一人監督之考稽學官之賢否肄習之勤怠以聞諸司官署供應有柴薪直衙有皁隸視官品爲差初洪武元年置兵部六年增尚書一人侍郎一人置總部駕部職方三部設郎中員外郎主事如吏部之數十三年陞部秩設尚書侍郎各一人又增置庫部爲四屬部部設郎中員外郎主事各一人十五年增試侍郎一人二十二年改總部爲司馬部二十九年定改四部爲武選職方車駕武庫四清吏司惟職方仍舊名景泰中增設尚書一人協理部事天順初罷隆慶四年添註侍郎二人尋罷萬曆末年復置

協理京營戎政一人或尚書或侍郎或右都御史掌京營操練之事永樂初設三大營總於武將景泰元年始設提督團營命兵部尚書于謙兼領之後罷成化三年復設率以本部尚書或都御史兼之嘉靖二十年始命尚書劉天和輟部務另給關防專理戎政二十九年以總督京營戎政之印畀仇鸞而改設本部侍郎協理戎政不給關防萬曆九年裁革十一年復設天啓初增設協理一人尋革崇禎二年復增一人以庶吉士劉之綸爲兵部侍郎充之

刑部尚書一人正二品左右侍郎各一人正三品其屬司務廳司務二人從九品浙江江西湖廣陝西廣東山東福建河南山西四川廣西貴州雲南十三清吏司各郎中一人正五品員外郎一人從五品主事二人正六品正統六年十三司俱增設主事一人成化元年增設四川廣西二司主事各一人後革萬曆中又革湖廣陝西山東福建四司主事各一人照磨所照磨正八品檢校正九品各一人司獄司司獄六人從九品尚書掌天下刑名及徒隸勾覆關禁之政令侍郎佐之十三司各掌其分省及兼領所分京府直隸之刑名浙江司帶管崇府中軍都督府刑科內官御用司設等監在京金吾前騰驤左濟陽右留守中神策和陽武功右廣洋八衞蕃牧千戶所及兩浙鹽運司直隸和州涿鹿左涿鹿中二衞江西司帶管淮益弋陽建安樂安五府前軍都督府御馬監火藥酒醋麪等局在京府軍前燕山左留守前龍驤寬河忠義前忠義後永清右龍江左龍江右十衞及直隸廬州府廬州六安九江武清宣府前龍門各衞湖廣司帶管楚岷吉榮遼五府右軍都督府司禮尚寶尚膳神宮等監天財庫在京留守右虎賁右忠義右武功左茂陵永陵江淮濟川水軍右九衞及興都留守司直隸寧國池州二府宣州神武中定州茂山保安左保安右各衞渤海千戶所福建司帶管戶部太僕寺戶科寶鈔提舉司印綬都知等監甲字等十庫在京金吾後應天會州武成中武功中孝陵獻陵景陵裕陵泰陵十衞牧馬千戶所及福建鹽運司直隸常州府廣德州中都留守左留守中定邊開平中屯各衞美峪千戶所山東司帶管魯德衡涇四府左軍都督府宗人府兵部尚寶司兵科典牧所會同館供用庫戈戟司司苑局在京羽林右濟陽左長陵三衞奠靖千戶所及山東鹽運司中都留守司遼東都司遼東行太僕寺直隸鳳陽府滁州鳳陽皇陵長淮泗州壽州滁州沂州德州德州左保定後各衞安東中護衞湖河龍門寧靖各千戶所山西司帶管晉代瀋仁慶成五府翰林院欽天監上林苑監南北二城兵馬

司混堂司甜食房在京旗手金吾右騎右龍虎大寧中義勇前義勇後英武八衞及直隸鎮江府徐州鎮江徐州瀋陽中屯各衞瀋陽中護衞倒馬關平定各千戶所　河南司帶管周唐趙鄭伊汝七府禮部太常寺光祿寺鴻臚寺詹事府國子監禮科中書舍人神樂觀犧牲所兵仗局靈臺鐘鼓等司東城兵馬司教坊司在京羽林左府軍右武德留守後神武左彭城六衞及兩淮鹽運司直隸淮安揚州二府淮安大河邳州揚州高郵儀真宿州武平歸德寧山神武右各衞海州鹽城通州汝寧各千戶所　陝西司帶管秦韓慶肅四府後軍都督府大理寺行人司尚衣監針工局西城兵馬司在京府軍後驍騎右豹韜鷹揚興武義勇右康陵昭陵龍虎左橫海江陰十一衞及河東鹽運司陝西行太僕寺甘肅行太僕寺直隸太平府建陽保定左保定右保定中保定前各衞平涼中護衞　四川司帶管蜀府工部工科巾帽織染二局道錄司在京府軍金吾左濟川武驤右大寧前蔚州左永清左廣武八衞及直隸松江大名二府金山懷安懷來各衞神木千戶所　廣東司帶管應天府在京錦衣府軍左虎賁左濟陽留守左水軍左飛熊七衞及直隸延慶州懷來千戶所　廣西司帶管靖江府通政司五軍斷事司中城兵馬司寶鈔銀作二局在京羽林前燕山右燕山前大興左通州武驤左鎮南富峪八衞及直隸安慶徽州二府安慶新安通州左通州右延慶延慶左延慶右各衞　雲南司帶管順天府太醫院儀衞惜薪等司承運庫及直隸永平廣平二府鎮海眞定永平山海盧龍東勝左東勝右撫寧密雲中密雲後大同中屯潼關營州五屯萬全左萬全右各衞寬河武定蒲州各千戶所　貴州司帶管吏部吏科司菜局及長蘆鹽運司大寧都司萬全都司直隸蘇州保定河間眞定順德五府蘇州太倉薊州遵化鎮朔興州五屯忠義中涿鹿河間天津天津左天津右德州宣府左宣府右開平保安蔚州永寧各衞梁城興和廣昌各千戶所照磨檢校照刷文卷，計錄贓贖。司獄率獄吏，典囚徒。凡軍民、官吏及宗室、勳戚麗於法者，詰其辭，察其情僞，傅律例而比議其罪之輕重以請。詔獄必據爰書，不得逢迎上意。凡有殊旨、別敕、詔例、榜例，非經請議著爲令甲者，不得引比。凡死刑，即決及秋後決，並三覆奏。兩京、十三布政司死罪囚，歲讞平之。五歲請敕遣官審錄冤滯。霜降錄重囚，會五府、九卿、科道官共錄之。矜疑者戍邊，有詞者調所司再問，比律者監候。夏月熱審，免笞刑，減徒流，出輕繫。遇歲旱，特旨錄囚亦如之。凡大祭止刑。凡贖罪，視罪輕重，斬、絞、雜犯、徒末減者，聽收贖。詞訴必自下而上，有事重而迫者，許擊登聞鼓。四方有大獄，則受命往訊之。四方決囚，遣司官二人往涖。凡斷獄，歲疏其名數以聞，曰歲報。月上其拘釋存亡之數，曰月報。獄成，移大理寺覆審，必期平允。凡提牢，月更主事一人，修葺囹圄，嚴固扃鑰，省其酷濫，給其衣糧。囚病，許家人入視，脫械鎖，醫藥之。簿錄俘囚，配沒官私奴婢，咸籍知之。官吏有過，並紀錄之，歲終請湔滌之。以名例攝科條，以八字括辭議（以、准、皆、各、其、及、即、若），以五服參情法，以墨涅識盜賊，籍產不入塋墓，籍財不入度，宗人不即市，宮人不即獄，悼耄疲癃不即訊（詳刑法志）。洪武元年置刑部。六年增尚書、侍郎各一人，設總部、比部、都官部、司門部，部設郎中、員外郎各二人，惟都官各一人，總部、比部主事各六人，都官、司門主事各四人。八年以部事浩繁，增設四科，科設尚書、侍郎、郎中各一人，員外郎二人，主事五人。十三年陞部秩，設尚書一人，侍郎一人，仍分四屬部，部設郎中、員外郎各一人，總部、比部主事各四人，都官、司門主事各二人。尋增侍郎一人（始分左右侍郎）。二十二年改總部爲憲部。二十三年分四部爲河南、北平、山東、山西、陝西、浙江、江西、湖廣、廣東、廣西、四川、福建十二部（浙江部兼領雲南），部各設官如戶部之制。二十九年改爲十二清吏司。永樂元年以北平爲北京。十九年革北京司，增置雲南、貴州、交阯三司。宣德十年革交阯司，遂定爲十三清吏司。

工部。尚書一人（正二品），左右侍郎各一人（正三品）。其屬，司務廳，司務二人（從九品）。營膳、虞衡、都水、屯田四清吏司，各郎中一人（正五品，後增設都水司郎中四人），員外郎一人（從五品，後增設營膳司員外郎二人，虞衡司員外郎一人），主事二人（正六品，後增設都水司主事五人，營膳司主事三人，虞衡司主事二人，屯田司主事一人）。所轄，營膳所，所正一人（正七品），所副二人（正八品），所丞二人（正九品）。文思院，大使一人（正九品），副使二人（從九品）。皮作局，大使一人（正九品），副使二人（從九品，後革）。鞍轡局，大使一人（正九品），副使一人（從九品，隆慶元年大使、副使俱革）。寶源局，大使一人（正九品），副使一人（從九品，嘉靖間革）。顏料局，大使一人（正九品，後革）。軍器局，大使一人（正九品），副使二人（後革一人）。節愼庫，大使一人（從九品，嘉靖八年設）。織染所、雜造局，大使一人（正九品），副使一人（從九品）。廣積、通積、盧溝橋、通州白河各抽分竹木局，大使各一人，副使各一人。大通關提舉司，提舉一人（正八品，萬曆二年革），副提舉二人（正九品），典史一人（後副提舉、典史俱革）。柴炭司，大使一人（從九品），副使一人。

尚書掌天下百官山澤之政令，侍郎佐之。營膳典經營興作之事。凡宮殿、陵寢、城郭、壇場、祠廟、倉庫、廨宇、營房、王府邸第之役，鳩工會材，以時程督之。凡鹵簿、儀仗、樂器，移內府及所司，各以其職治之，而以時省其堅潔，而董其窳濫。凡置獄具，必如律。凡工匠二等：曰輪班，三歲一役，役不過三月，皆復其家；曰住坐，月役一旬，有稍食。工役二等，以處罪人輸作者，曰正工，曰雜工。雜工三日當正工一日，皆視役大小而撥節之。凡物料儲偫，曰神木廠，曰大木廠，以蓄材木；曰黑窯廠，曰琉璃廠，以陶瓦器；曰臺基廠，以貯薪葦，皆籍其數以供修作之用。虞衡典山澤採捕陶冶之事。凡鳥獸之肉、皮革、骨角、羽毛，可以供祭祀、賓客、膳羞之需，禮器、軍實之用，歲下諸司採捕。水課禽十八、獸十二，陸課獸十八、禽十二，皆以其時。冬春之交，罝罛不施川澤；春夏之交，毒藥不施原野。苗盛禁蹂躪，穀登禁焚燎。若害獸，聽爲陷穽獲之，賞有差。凡諸陵山麓，不得入斧斤、開窯冶、置墓墳。凡帝王、聖賢、忠義、名山、岳鎮、陵墓、祠廟有功德於民者，禁樵牧。凡山場、園林之利，聽民取而薄征之。凡軍裝、兵械，下所司造，同兵部省之，必程其堅緻。凡陶甄之事，有歲供，有暫供，有停減，籍其數，會其入，毋輕毀以費民。凡諸冶，飭其材，審其模範，付有司。錢必準銖兩，進於內府而頒之。牌符、火器，鑄於內府，禁其以法式洩於外。凡顏料，非其土產不以征。都水典川澤、陂池、橋道、舟車、織造、券契、量衡之事。水利曰轉漕，曰灌田。歲儲其金石、竹木、卷埽，以時修其閘壩、洪淺、堰圩、隄防，謹蓄洩以備旱潦，無使壞田廬、墳隧、禾稼。舟楫、碾磑者不得與灌田爭利，灌田者不得與轉漕爭利。凡諸水要會，遣京朝官專理，以督有司。役民必以農隙，不能至農隙，則僝功成之。凡道路、津梁，時其葺治。有巡幸及大喪、大禮，則修除而較比之。凡舟車之制，曰黃船，以供御用；曰遮洋船，以轉漕於海；曰淺船，以轉漕於河；曰馬船，曰風快船，以供送官物；曰備倭船，曰戰船，以禦寇賊；曰大車，曰獨轅車，曰戰車，皆會其財用，酌其多寡、久近、勞逸而均劑之。凡織造冕服、誥敕、制帛、祭服、淨衣諸幣布，移內府、南京、浙江諸處，周知其數而慎節之。凡公、侯、伯鐵券，差其高廣（制式詳禮志）。凡祭器、冊寶、乘輿、符牌、雜器，皆會則於內府。凡度量、權衡，謹其校勘而頒之，懸式於市，而罪其不中度者。屯田典屯種、抽分、薪炭、夫役、墳塋之事。凡軍馬守鎮之處，其有轉運不給，則設屯以益軍儲。其規辦營造、木植、城磚、軍營、官屋及戰衣、器械、耕牛、農具之屬。凡抽分，征諸商，視其財物各有差。凡薪炭，南取洲汀，北取山麓，或徵諸民，有本折色，酌其多寡而撙節之。夫役，伐薪、轉薪，皆僱役。凡墳塋及堂、碑、碣、獸之制，第宗室、勳戚、文武官之等而定其差（墳塋制度詳禮志）。洪武初，置工部及官屬，以將作司隸焉（吳元年置將作司，卿正三品，少卿正四品，丞正五品，左右提舉司提舉正六品，同提舉從六品，司程、典簿、副提舉正七品，軍需庫大使從八品，副使正九品。洪武元年以將作司隸工部）。六年增尚書、侍郎各一人，設總部、虞部、水部幷屯田爲四屬部。總部設郎中、員外郎各二人，餘各一人；總部主事八人，餘各四人。又置營造提舉司（洪武六年改將作司爲正六品，所屬提舉司改正七品。尋更置營造提舉司及營造提舉分司，每司設正提舉一人，副提舉二人，隸將作司）。八年增立四科，科設尚書、侍郎、郎中各一人，員外郎二人，主事五人，照磨二人。十年罷將作司。十三年定官制，設尚書一人，侍郎一人，四屬部（以屯田部爲屯部）各郎中、員外郎一人，主事二人。十五年增侍郎一人。二十二年改總部爲營部。二十五年置營繕所（改將作司爲營繕所，秩正七品，設所正、所副、所丞各二人，以諸匠之精藝者爲之）。二十九年又改四屬部爲營繕、虞衡、都水、屯田四清吏司。嘉靖後，添設尚書一人，專督大工。提督易州山廠一人，掌督御用柴炭之事。明初，於沿江蘆洲幷龍江瓦屑二場取用柴炭。永樂間，遷都於北，則於白羊口、黃花鎮、紅螺山等處採辦。宣德四年，始設易州山廠，專官總理。景泰間，移於平山，又移於滿城，相繼以本部尚書或侍郎督廠事。天順元年，仍移於易州。嘉靖八年罷革，改設主事管理。

明史卷七十三　　志第四十九

總裁官總理事務經筵講官少保兼太子太保保和殿大學士兼管吏部戶部尚書事加六級張廷玉等奉敕修

職官二

都察院（附總督、巡撫）　通政司
大理寺　詹事府（附左右春坊、司經局）
翰林院　國子監　衍聖公（附五經博士）

都察院。左右都御史（正二品），左右副都御史（正三品），左右僉都御史（正四品）。其屬，經歷司，經歷一人（正六品），都事一人（正七品）。司務廳，司務二人（從九品，初設四人，後革二人）。照磨所，照磨（正八品），檢校（正九品）。司獄司，司獄（從九品，初設六人，後革五人），各一人。十三道監察御史一百十人（正七品），浙江、江西、河南、山東各十人，福建、廣東、廣西、四川、貴州各七人，陝西、湖廣、山西各八人，雲南十一人。其在外加都御史或副、僉都御史銜者，有總督，有提督，有巡撫，有總督兼巡撫，提督兼巡撫，及經畧、總理、贊理、巡視、撫治等員（巡撫之名，起於懿文太子巡撫陝西。永樂十九年遣尚書蹇義等二十六人巡行天下，安撫軍民。以後不拘尚書、侍郎、都御史、少卿等官，事畢復命，即或停遣。初名巡撫，或名鎮守，後以鎮守侍郎與巡按御史不相統屬，文移窒礙，定爲都御史。巡撫兼軍務者加提督，有總兵地方加贊理或參贊，所轄多事重者加總督。他如整飭、撫治、巡治、總理等項，皆因事特設。其以尚書、侍郎任總督軍務者，皆兼都御史，以便行事）。

都御史職專糾劾百司，辯明冤枉，提督各道，爲天子耳目風紀之司。凡大臣姦邪、小人構黨、作威福亂政者，劾。凡百官猥茸貪冒壞官紀者，劾。凡學術不正、上書陳言變亂成憲、希進用者，劾。遇朝覲、考察，同吏部司賢否陟黜。大獄重囚會鞫於外朝，偕刑部、大理讞平之。其奉敕內地，拊循外地，各專其敕行事。十三道監察御史，主察糾內外百司之官邪，或露章面劾，或封章奏劾。在內兩京刷卷，巡視京營，監臨鄉、會試及武舉，巡視光祿，巡視倉場，巡視內庫、皇城、五城，輪值登聞鼓（後改科員）。在外巡按（北直隸二人，南直隸三人，宣大一人，遼東一人，甘肅一人，十三省各一人），清軍，提督學校（兩京各一人，萬曆末南京增設一人），巡鹽（兩淮一人，兩浙一人，長蘆一人河東一人茶馬陝西巡漕巡關宣德四年設立鈔關御史至正統十年始遣主事儹運印馬屯田師行則監軍紀功各以其事專監察而巡按則代天子巡狩所按藩服大臣府州縣官諸考察舉劾尤專大事奏裁小事立斷按臨所至必先審錄罪囚弔刷案卷有故出入者理辯之諸祭祀壇場省其牆宇祭器存恤孤老巡視倉庫查算錢糧勉勵學校表揚善類翦除豪蠹以正風俗振綱紀凡朝會糾儀祭祀監禮凡政事得失軍民利病皆得直言無避有大政集闕廷預議焉蓋六部至重然有專司而都察院總憲綱惟所見聞得糾察諸御史糾劾務明著實跡開寫年月毋虛文泛詆訐拾細瑣出按復命都御史覆劾其稱職不稱職以聞凡御史犯罪加三等有贓從重論十三道各協管兩京直隸衙門而都察院衙門分屬河南道獨專諸內外考察浙江道協管中軍都督府在京府軍左金吾左金吾右金吾前留守中神策應天和陽廣洋武功中武功後茂陵十二衛牧馬千戶所及直隸廬州府廬州六安二衛江西道協管前軍都督府在京府軍前燕山左龍江左龍江右龍驤豹韜天策寬河八衛及直隸淮安府淮安大河邳州九江武清龍門各衛福建道協管戶部寶鈔提舉司抄紙印鈔二局承運廣惠廣積廣盈贓罰甲乙丙丁戊字天財軍儲供用行用各庫在京金吾後武城中飛熊武功左武功右武功前獻陵景陵裕陵泰陵十衛及直隸常州池州二府定邊開平中屯二衛美峪千戶所四川道協管工部營繕所文思院御用司設神宮尚衣都知等監惜薪司兵仗銀作巾帽鍼工器皿盔甲軍器寶源皮作鞍轡織染業炭抽分竹木各局僧道錄司在京府軍濟州大寧前薊州左永清左永清右五衛蕃牧千戶所及直隸松江府廣德州全山懷安懷來各衛神木千戶所播州宣慰司石砫酉陽等宣撫司天全六番招討司陝西道協管後軍都督府大理寺行人司在京府軍後鷹揚興武義勇右橫海江陰康陵昭陵八衛敢勇報效二營韓秦慶安化四府及直隸和州保定左右中前四衛雲南道協管順天府廣備庫在京羽林前通州二衛及直隸永平廣平二府通州左通州右涿鹿涿鹿左涿鹿中密雲中密雲後永平山海盧龍撫寧東勝左東勝右大同中屯營州五屯延慶延慶左延慶右萬全左萬全右各衛居庸關黃花鎮寬河武定各千戶所河南道協管禮部都察院翰林院國子監太常寺光祿寺鴻臚寺尚寶司中書舍人欽天監太醫院司禮尚膳尚寶直殿等監酒醋局鐘鼓司教坊司在京羽林左留守前留守後神武左神武前彭城六衛伊唐周鄭四府及兩淮鹽運司直隸揚州大名二府揚州高郵儀眞歸德寧山潼關神武右各衛泰州通州汝寧各千戶所廣西道協管通政司六科在京燕山右燕山前大興左騰驤左騰驤右武驤左鎮南瀋陽左會州富峪忠義前忠義後十二衛及直隸安慶徽州保定眞定四府安慶新安鎮武眞定各衛紫荊關倒馬關廣昌各千戶所廣東道協管刑部應天府在京虎賁左濟陽武驤右瀋陽右武功左武功右孝陵長陵八衛及直隸延慶州開平中屯衛山西道協管左軍都督府在京錦衣府軍右留守左驍騎左驍騎右龍虎龍虎左大寧中義勇前義勇後英武水軍左十二衛晉府長史司及直隸鎮江太平二府鎮江建陽瀋陽中屯各衛平定蒲州二千戶所山東道協管宗人府兵部會同館御馬監典牧所大通關在京羽林右永清右濟川三衛及中都留守司直隸鳳陽府鳳陽府徐滁二州中都留守左留守中鳳陽鳳陽中鳳陽右皇陵長淮懷遠徐州滁州泗州壽州宿州武平沂州德州德州左保定後瀋陽中各衛洪塘千戶所湖廣道協管右軍都督府五城兵馬司在京留守右武德忠義右虎賁右廣武水軍右江淮永陵八衛遼梁岷吉華陽五府荊襄楚三府長史司及興都留守司直隸寧國府寧國宣州神武中定州茂山各衛貴州道協管吏部太僕寺上林苑監內官印綬二監在京旗手衛及長蘆鹽運司大寧都司萬全都司直隸蘇州河間順德三府保安州蘇州太倉鎮海薊州遵化鎭朔興州五屯忠義中河間天津天津左天津右宣府前宣府左宣府右開平保安右蔚州永寧各衛嘉興吳淞江梁城滄州興和長安龍門各千戶所初吳元年置御史臺設左右御史大夫從一品御史中丞正二品侍御史從二品治書侍御史正三品殿中侍御史正五品察院監察御史正七品經歷從五品都事正七品照磨管勾正八品以鄧愈湯和爲御史大夫劉基章溢爲御史中丞諭之曰國家立三大府中書總政事都督掌軍旅御史掌糾察朝廷紀綱盡繫於此而臺察之任尤清要卿等當正己以率下忠勤以事上毋委靡因循以縱姦毋假公濟私以害物洪武九年汰侍御史及治書殿中侍御史十年七月詔遣監察御史巡按州縣十三年專設左右中丞正二品左右侍御史正四品尋罷御史臺十五年更置都察院設監察都御史八人秩正七品分監察御史爲浙江河南山東北平山西陝西湖廣福建江西廣東廣西四川十二道各道置御史或五人或三四人秩正九品每道鑄印二一畀御史久次者掌之一藏內府有事受印以出既事納之文曰繩愆糾繆以秀才李原明詹徽等爲都御史吳荃等爲試監察御史試御史一年後實授又有理刑進士理刑知縣理都察院刑獄半年實授正德中革十六年陞都察院爲正三品設左右都御史各一人正三品左右副都御史各一人正四品左右僉都御史各二人正五品經歷一人正七品知事一人正八品十七年陞都御史正二品副都御史正三品僉都御史正四品十二道監察御史正七品二十三年左副都御史袁泰言各道印篆相同慮有詐僞乃更鑄監察御史印曰某道監察御史印其巡按印曰巡按某處監察御史印建文元年改設都御史一人革僉都御史二年改爲御史府設御史大夫改十二道爲左右兩院止設御史二十八人成祖復舊制永樂元年改北平道爲北京道十八年罷北京道增設貴州雲南交阯三道洪熙元年稱行在都察院同六部又定巡按以八月出巡宣德十年罷交阯道始定爲十三道正統中去行在字嘉靖中以清屯增副都御史三人尋罷隆慶中以提督京營增右都御史三人尋亦罷

總督漕運兼提督軍務巡撫鳳陽等處兼管河道一員太祖時嘗置京畿都漕運司設漕運使洪武元年置漕運使正四品知事正八品提控案牘從九品屬官監運正九品都綱省注十四年罷永樂間設漕運總兵官以平江伯陳瑄治漕宣德中又遣侍郎都御史少卿等官督運至景泰二年因漕運不繼始命副都御史王竑總督因兼巡撫淮揚廬鳳四府徐和滁三州治淮安成化八年分設巡撫總漕各一員九年復舊正德十三年又分設十六年又復舊嘉靖三十六年以倭警添設提督軍務巡撫鳳陽都御史四十年歸併改總督漕運兼提督軍務萬曆七年加兼管河道

總督薊遼保定等處軍務兼理糧餉一員嘉靖二十九年置先是薊遼有警間遣重臣巡視或稱提督至是以邊患益甚始置總督開府密雲轄順天保定遼東三巡撫兼理糧餉萬曆九年加兼巡撫順天等處十一年復舊天啓元年置遼東經略經略之名起於萬曆二十年宋應昌暨後楊鎬至天啓元年又以內閣孫承宗督師經略山海關稱樞輔崇禎四年併入總督十一年又增設總督於保定

總督宣大山西等處軍務兼理糧餉一員正統元年始遣僉都御史巡撫宣大景泰二年宣府大同各設巡撫遣尚書石璞總理軍務成化弘治間有警則遣正德八年設總制嘉靖初兼轄偏保二十九年去偏保定設總督宣大山西等處銜三十八年令防秋日駐宣府四十三年移駐懷來隆慶四年移駐陽和

總督陝西三邊軍務一員弘治十年火篩入寇議遣重臣總督陝西甘肅延綏寧夏軍務乃起左都御史王越任之十五年以後或設或罷至嘉靖四年始定設初稱提督軍務七年改爲總制十九年避制字改爲總督開府固原防秋駐花馬池

總督兩廣軍務兼理糧餉帶管鹽法兼巡撫廣東地方一員永樂二年遣給事中雷塡巡撫廣西十九年遣郭瑄艾廣巡撫廣東景泰三年苗寇起以兩廣宜協濟應援乃設總督成化元年兼巡撫事駐梧州正德十四年改總督爲總制尋改提督嘉靖四十五年另設廣東巡撫止兼巡撫廣西駐肇慶隆慶三年又設廣西巡撫除兼職四年革廣東巡撫改爲提督兩廣軍務兼理糧餉巡撫廣東萬曆三年仍改總督加帶管鹽法

總督四川陝西河南湖廣等處軍務一員正德五年設尋罷嘉靖二十七年以苗患又設總督四川湖廣貴州雲南等處軍務四十二年罷天啓元年以土官奢崇明反又設四川湖廣雲南貴州廣西五省總督四年兼巡撫貴州

總督浙江福建江南兼制江西軍務一員嘉靖三十三年以倭犯杭州置四十一年革

總督陝西山西河南湖廣四川五省軍務一員崇禎七年置或兼七省十二年後俱以內閣督師

總督鳳陽地方兼制河南湖廣軍務一員崇禎十四年設

總督保定地方軍務一員崇禎十一年設

總督河南湖廣軍務兼巡撫河南一員崇禎十六年設

總督九江地方兼制江西湖廣軍務一員崇禎十六年設

總理南直隸河南山東湖廣四川軍務一員崇禎八年設以盧象昇爲之與總督或分或併

總理河漕兼提督軍務一員永樂九年遣尚書治河自後間遣侍郎都御史成化後始稱總督河道正德四年定設都御史嘉靖二十年以都御史加工部職銜提督河南山東直隸河道隆慶四年加提督軍務萬曆五年改總理河漕兼提督軍務八年革

總理糧儲提督軍務兼巡撫應天等府一員宣德五年初命侍郎總督糧儲兼巡撫景泰四年定遣都御史嘉靖三十三年以海警加提督軍務駐蘇州萬曆中移駐句容已復駐蘇州

巡撫浙江等處地方兼提督軍務一員永樂初遣尚書治兩浙農事以後或巡視或督餉有事則遣嘉靖二十六年以海警始命都御史巡撫浙江兼管福建福興建寧漳泉海道地方提督軍務二十七年改巡撫爲巡視二十八年罷三十一年復設

巡撫福建地方兼提督軍務一員嘉靖二十六年既設浙江巡撫兼轄福興漳泉等處三十五年以閩浙道遠又設提督軍務兼巡福興漳泉福寧海道都御史後改巡撫福建統轄全省

巡撫順天等府地方兼整飭薊州等處邊備一員成化二年始專設都御史贊理軍務巡撫順天永平二府尋兼撫河間眞定保定凡五府七年兼理八府八年以畿輔地廣從居庸關中分設二巡撫其東爲巡撫順天永平二府駐遵化崇禎二年又於永平分設巡撫兼提督山海軍務其舊者止轄順天

巡撫保定等府提督紫荊等關兼管河道一員成化八年分居庸關以西另設巡撫保定眞定河間順德大名廣平六府提督紫荊倒馬龍泉等關駐眞定萬曆七年兼管河道

巡撫河南等處地方兼管河道提督軍務一員宣德五年遣兵部侍郎于謙巡撫山西河南正統七年以右副都御史王來巡撫湖廣河南景泰七年始專設河南巡撫萬曆七年兼管河道八年加提督軍務

巡撫山西地方兼提督雁門等關軍務一員宣德五年以侍郎巡撫河南山西正統十三年始命都御史專撫山西鎮守雁門天順成化間暫革尋復置

巡撫山東等處地方督理營田兼管河道提督軍務一員正統五年始設巡撫十三年定遣都御史嘉靖四十二年加督理營田萬曆七年兼管河道八年加提督軍務

巡撫遼東地方贊理軍務一員正統元年設舊駐遼陽後地日蹙移駐廣寧駐山海關後又駐寧遠

巡撫宣府地方贊理軍務一員正統元年命都御史出巡塞北因奏設巡撫兼理大同景泰二年另設大同巡撫後復併爲一成化十年復分設十四年加贊理軍務

巡撫大同地方贊理軍務一員初與宣府共一巡撫後或分或併成化十年復專設加贊理軍務

巡撫延綏等處贊理軍務一員宣德十年遣都御史出鎭景泰元年專設巡撫加參贊軍務成化九年徙鎭榆林隆慶六年改贊理軍務

巡撫寧夏地方贊理軍務一員正統元年以右僉都御史郭智鎭撫寧夏參贊軍務天順元年罷二年復設去參贊隆慶六年加贊理軍務

巡撫甘肅等處贊理軍務一員宣德十年命侍郎鎭守正統元年甘涼用兵命侍郎參贊軍務景泰元年定設巡撫都御史隆慶六年改贊理軍務

巡撫陝西地方贊理軍務一員宣德初遣尚書侍郎出鎭正統間命右都御史陳鎰王文等出入更代景泰初耿九疇以刑部侍郎出鎭文移不得徑下按察司特改都御史巡撫成化二年加提督軍務後改贊理駐西安防秋駐固原

巡撫四川等處地方兼提督軍務一員宣德五年命都御史鎭撫後停遣正統十四年始設巡撫萬曆十一年加提督軍務

巡撫湖廣等處地方兼贊理軍務一員正統三年命都御史賈諒鎭守以後或侍郎或大理卿出撫景泰元年定設巡撫都御史兼贊理軍務萬曆八年改爲提督軍務十二年仍爲贊理

巡撫江西地方兼理軍務一員永樂後間設巡撫鎭守成化以後定爲巡撫或有時罷遣嘉靖六年始定設四十年加兼理軍務

巡撫南贛汀韶等處地方提督軍務一員弘治十年始設巡撫正德十一年改提督軍務嘉靖四十五年定巡撫衔所轄南安贛州南雄韶州汀州并郴州地方駐贛州

巡撫廣東地方兼贊理軍務一員永樂中設巡撫後以總督兼巡撫事遂罷不設嘉靖四十五年復另設巡撫加贊理軍務隆慶四年又罷

巡撫廣西地方一員廣西舊有巡撫沿革不常隆慶三年復專設

巡撫雲南兼建昌畢節等處地方贊理軍務兼督川貴糧餉一員正統九年命侍郎參贊軍務十年設鎭撫天順元年罷成化十二年復設嘉靖三十年加兼理軍務四十三年改贊理隆慶二年兼撫建昌畢節等處

巡撫貴州兼督理湖北川東等處地方提督軍務一員正統十四年以苗亂置總督鎭守貴州湖北川東等處景泰元年另設貴州巡撫成化八年罷十一年復設正德二年又罷五年又復設嘉靖四十二年裁革總督令巡撫兼理湖北川東等處提督軍務

巡撫天津地方贊理軍務一員萬曆二十五年以倭陷朝鮮暫設尋爲定制

巡撫登萊地方贊理軍務一員天啓元年設崇禎二年罷三年復設

巡撫安廬地方贊理軍務一員崇禎十年設以史可法爲之十六年又增設安太池廬四府巡撫

巡撫偏沅地方贊理軍務一員萬曆二十七年以征播暫設尋罷天啓二年後或置或罷崇禎二年定設

巡撫密雲地方贊理軍務一員崇禎十一年設

巡撫淮揚地方贊理軍務一員崇禎十一年設

巡撫承天贊理軍務一員崇禎十六年設

巡撫鄖陽等處地方兼提督軍務一員成化十二年以鄖襄流民屢叛遣都御史安撫因奏設官撫治之萬曆二年以撫治事權不專添提督軍務兼撫治職衔九年裁革十一年復設

贊理松潘地方軍務一員正統四年以王翺爲之

通政使司通政使一人正三品左右通政各一人謄黃右通政一人正四品左右參議各一人正五品其屬經歷司經歷一人正七品知事一人正八品

通政使掌受內外章疏敷奏封駁之事凡四方陳情建言申訴究滯或告不法等事於底簿內謄寫訴告緣由齎狀奏聞凡天下臣民實封入遞卽於公廳啓視節寫副本然後奏聞卽五軍六部都察院等衙門有事關機密重大者其入奏仍用本司印信凡諸司公文勘合辨驗允當編號注寫公文用日照之記勘合用驗正之記關防之凡在外之題本奏本在京之奏本竝受之於早朝彙而進之有徑自封進者則參駁午朝則引奏臣民之言事者有機密則不時入奏有違誤則籍而彙請凡抄發照駁諸司公移及勘合訟牒勾提件數給繇人員月終類奏歲終通奏凡議大政大獄及會推文武大臣必參預初洪武三年置察言司設司令二人掌受四方章奏尋罷十年置通政使司以曾秉正爲通政使劉仁爲左通政諭之曰政猶水也欲其常通故以通政名官卿其審命令以正百司達幽隱以通庶務當執奏者勿忌避當駁正者勿阿隨當敷陳者毋隱蔽當引見者毋留難十二年撥承敕監給事中殿廷儀禮司九關通事使隸焉建文中改司爲寺通政使爲通政卿通政參議爲少卿寺丞增置左右補闕左右拾遺各一人成祖復舊制成化二年置提督謄黃右通政不理司事錄武官黃衛所襲替之故以徵選事萬曆九年革

大理寺卿一人正三品左右少卿各一人正四品左右寺丞各一人正五品其屬司務廳司務二人從九品左右二寺各寺正一人正六品寺副二人從六品後革右寺副一人評事四人正七品初設右評事八人後革四人

卿掌審讞平反刑獄之政令少卿寺丞贊之左右寺分理京畿十三布政司刑名之事凡刑部都察院五軍斷事官所推問獄訟皆移案牘引囚徒詣寺詳讞左右寺寺正各隨其所轄而覆審之既按律例必復問其款狀情允罪服始呈堂准擬具奏不則駁令改擬曰照駁三擬不當則糾問官曰參駁有牾律失入者調他司再訊曰番異猶不愜則請下九卿會訊曰圓審已評允而招由未明移再訊曰追駁屢駁不合則請旨發落曰制決凡獄既具未經本寺評允諸司毋得發遣誤則糾之初吳元年置大理司卿秩正三品洪武元年革三年置磨勘司凡諸司刑名錢糧有冤濫隱匿者稽其功過以聞尋亦革洪武三年置磨勘司設司令司丞七年增設司令一人司丞五人首領官五人分爲四科十年革十四年復置磨勘司設司令一人左右司丞各一人左右司副各一人二十年復罷十四年復置大理寺改卿秩正五品左右少卿從五品左右寺丞正六品其屬左右寺正各一人寺副各二人左評事四人右評事八人又置審刑司共平庶獄凡大理寺所理之刑審刑司復詳議之審刑司設左右審刑各一人正六品左右詳議各三人正七品十七年改建刑部都察院大理寺審刑司五軍斷事官署於太平門外名其所曰貫城十九年罷審刑司二十二年復卿秩正三品少卿二人正四品丞三人正五品其左右寺官如故二十九年又罷晝移案牘於後湖建文初復置改左右寺爲司寺正爲都評事寺副爲副都評事司務爲都典簿司務洪武二十六年置成祖初仍置大理寺其左右寺設官復如洪武時又因左右二寺評事多寡不等所治事亦繁簡不均以二寺評事均分左右各六人如刑部都察院十二司道各帶管直隸地方審錄初太祖設左評事四員分管在京諸司及直隸衛所府州縣刑名右評事八員分管在外十二布政司都司衛所府州縣刑名永樂二年仍復舊後定都北京又改分寺屬兩京五府六部京衛等衙門刑名屬左寺順天應天二府南北直隸衛所府州縣并在外浙江等布政司都司衛所刑名屬右寺弘治元年裁減右評事四人時天下罪囚類不解審右寺事簡併於左寺萬曆九年更定左右寺分理天下刑獄浙江福建山東廣東四川貴州六司道左寺理之江西陝西河南山西湖廣廣西雲南七司道右寺理之以能按律出人罪者爲稱職大理寺之設爲愼刑也三法司會審初審刑部都察院爲主覆審本寺爲主明初猶置刑具牢獄弘治以後止閱案卷囚徒俱不到寺司務典出納文移

詹事府詹事一人正三品少詹事二人正四品府丞二人正六品主簿廳主簿一人從七品錄事二人正九品通事舍人二人左春坊大學士正五品左庶子正五品左諭德從五品各一人左中允正六品左贊善從六品左司直郎從六品後不常設各二人左清紀郎一人從八品不常設左司諫二人從九品不常設右春坊亦如之司經局洗馬一人從五品校書正九品正字從九品各二人

詹事掌統府坊局之政事以輔導太子少詹事佐之凡入侍太子與坊局翰林官番直進講尚書春秋資治通鑑大學衍義貞觀政要諸書前期纂輯成章進御然後赴文華殿講讀講讀畢率其僚屬以朝廷所處分軍國重事及撫諭諸蕃恩義陳說於太子凡朝賀必先奏朝廷乃具啓本以進凡府僚暨坊局官與翰林院職互相兼試士修書皆與焉通事舍人典東宮朝謁辭見之禮承令勞問之事凡廷臣朝賀進箋進春進曆於太子則引入而舉案春坊大學士掌太子上奏請下啓箋及講讀之事皆審愼而監省之庶子諭德中允贊善各奉其職以從凡東宮監國撫軍出狩及朝會出入覆啓畫諾必審署以移詹事諸祥眚必啓告內外庶政可爲規鑒者隨事而贊諭伶人僕御有改變新聲導逢非禮者則陳古義申典制糾正而請斥遠之司直淸紀郎掌彈劾宮僚糾舉職事文華殿講讀畢諸臣班退有獨留奏事及私謁者則共糾之司諫掌箴誨鑒戒以拾遺補過凡有啓事於東宮與司直淸紀執筆紀令旨規正其僞繆者洗馬掌經史子集制典圖書刋輯之事立正本副本貯本以備進覽凡天下圖冊上東宮者皆受而藏之校書正字掌繕寫裝潢詮其訛謬而調其音切以佐洗馬先是洪武初置大本堂充古今圖籍其中召四方名儒訓導太子親王諸儒專經面授分番夜直已而太子居文華堂諸儒迭班侍從又選才俊之士入充伴讀

時時賜宴賦詩商榷今古評論文學是時東宮官屬自太子少師少傅少保賓客外則有左右詹事同知詹事院事副詹事詹事丞左右率府使同知左右率府事左右率府副使諭德贊善大夫皆以勳舊大臣兼領其職又有文學中舍正字侍正洗馬庶子及贊讀等官十五年更定左右春坊官各置庶子諭德中允贊善司直郎又各設大學士尋定司經局官設洗馬校書正字二十二年以官聯無統始置詹事院二十五年改院爲府定詹事秩正三品春坊大學士正五品司經局洗馬從五品雖各有印而事總於詹事府二十九年增設左右春坊清紀郎司諫通事舍人建文中增少卿寺丞各一人賓客二人又置資德院資德一人資善二人其屬贊讀贊書著作郎各二人掌典籍各一人成祖復舊制英宗初命大學士提調講讀官按詹事府多由他官兼掌天順以前或尙書侍郎都御史成化以後率以禮部尙書侍郎由翰林出身者兼掌之其協理者無常員春坊大學士景泰間倪謙劉定之而後僅楊廷和一任之後不復設其司直司諫淸紀郎亦不常置惟嘉靖十八年以陸深爲詹事崔銑爲少詹事王教羅洪先華察等爲諭德贊善洗馬皇甫涍唐順之等爲司直司諫皆天下名儒自明初宋濂諸人後宮僚莫盛於此嗣是出閣講讀每點別員本府坊局僅爲翰林官遷轉之階

翰林院學士一人(正五品) 侍讀學士侍講學士各二人(並從五品) 侍讀侍講各二人(並正六品) 五經博士九人(正八品世襲別見) 典籍二人(從八品) 侍書二人(正九品不常設) 待詔六人(從九品不常設) 孔目一人(未入流) 史官修撰(從六品) 編修(正七品) 檢討(從七品) 庶吉士無定員學士掌制誥史册文翰之事以考議制度詳正文書備天子顧問凡經筵日講纂修實錄玉牒史志諸書編纂六曹章奏皆奉敕而統承之誥敕以學士一人兼領(正統中王直王英以禮部侍郎兼學士專領誥敕後罷弘治七年復設正德中白鉞費宏等由禮部尙書入東閣專典誥敕嘉靖六年復罷以講讀編檢等官管之) 大政事大典禮集諸臣會議則與諸司參決其可否車駕幸太學聽講凡郊祀慶成諸宴則學士侍坐於四品京卿上侍讀侍講掌講讀經史五經博士初置五人各掌專經講義繼以優給聖賢先儒後裔世襲不治院事史官掌修國史凡天文地理宗潢禮樂兵刑諸大政及詔敕書檄批答王言皆籍而記之以備實錄國家有纂修著作之書則分掌考輯撰述之事經筵充展卷官鄕試充考試官會試充同考官殿試充收卷官凡記注起居編纂六曹章奏謄黃册封等咸充之庶吉士讀書翰林院以學士一人教習之侍書掌以六書供侍詔掌應對孔目掌文移吳元年初置翰林院秩正三品設學士(正三品) 侍講學士(正四品) 直學士(正五品) 修撰典簿(正七品) 編修(正八品) 洪武二年置學士承旨正三品改學士從三品(侍講學士正四品侍讀學士從四品修撰正六品) 增設待制(從五品) 應奉(正七品) 典籍(從八品) 等官十三年增設檢閱(從九品) 十四年定學士爲正五品革承旨直學士待制應奉檢閱典簿設孔目五經博士侍書待詔檢討令編修檢討典籍同左春坊左司直郎正字贊讀考駁諸司奏啟平允則署其銜曰翰林院兼平駁諸司文章事某官某列名書之十八年更定品員(如前所列獨未有庶吉士) 以侍讀先侍講建文時仍設承旨改侍讀侍講兩學士爲文學博士設文翰文史二館文翰以居侍讀侍講侍書五經博士典籍待詔文史以居修撰編修檢討改孔目爲典簿改中書舍人爲侍書以隸翰林又設文淵閣待詔及拾遺補闕等官成祖初復舊其年九月特簡講讀編檢等官參預機務(簡用無定員) 謂之內閣然解縉胡廣等既直文淵閣猶相繼署院事至洪熙以後楊士奇等加至師保禮絕百僚始不復署正統七年翰林院落成學士錢習禮不設楊士奇楊榮公座曰此非三公府也二楊以聞乃命工部具椅案禮部定位次以內閣固翰林職也(嘉隆以前文移關白猶稱翰林院以後則竟稱內閣矣) 其在六部自成化時周洪謨以後禮部尙書侍郎必由翰林吏部兩侍郎必有一由於翰林其由翰林者尙書則兼學士(六部皆然) 侍郎則兼侍讀侍講學士其在詹事府暨坊局官視其品級必帶本院銜(詹事少詹事帶學士銜春坊大學士不常設庶子諭德中允贊善洗馬等則帶講讀學士以下至編檢銜) 史官自洪武十四年置修撰三人編修檢討各四人其後由一甲進士除授及庶吉士留館授職往往溢額無定員嘉靖八年復定講讀修撰各三人編修檢討各六人皆從吏部推補如諸司例然未幾卽以侍從人少詔采方正有學術者以充其選因改御史胡經員外郎陳東主事唐順之等七人俱爲編修以後仍循舊例由庶吉士除授卒無定額崇禎七年又考選推官知縣爲編修檢討蓋亦刱舉非常制也庶吉士自洪武初有六科庶吉士十八年以進士在翰林院承敕監等近侍者俱稱庶吉士永樂二年始定爲翰林院庶吉士選進士文學優等及善書者爲之三年試之其留者二甲授編修三甲授檢討不得留者則爲給事中御史或出爲州縣官宣德五年始命學士教習萬曆以後掌教習者專以吏禮二部侍郎二人明初嘗置弘文館學士(洪武三年置以胡鉉爲學士又命劉基危素王本中睢稼皆兼弘文館學士未幾罷宣德間復建弘文閣於思善門右以翰林學士楊溥掌閣印尋併入文淵閣) 祕書監(洪武三年置秩正六品除監丞一人直長二人尋定設令一人丞直長各二人掌內府書籍十三年併入翰林院典籍) 起居注(甲辰年置吳元年定秩正五品洪武四年改正七品六年陞從六品九年定起居注二人後革十四年復置秩從七品尋罷至萬曆間命翰林院官兼攝之已復罷) 尋皆罷

國子監祭酒一人(從四品) 司業一人(正六品) 其屬繩愆廳監丞一人(正八品) 博士廳五經博士五人(從八品) 率性修道誠心正義崇志廣業六堂助教十五人(從八品) 學正十人(正九品) 學錄七人(從九品) 典簿廳典簿一人(從八品) 典籍廳典籍一人(從九品) 掌饌廳掌饌二人(未入流) 祭酒司業掌國學諸生訓導之政令凡舉人貢生官生恩生功生例生土官外國生幼勳臣及勳戚大臣子弟之入監者奉監規而訓課之造以明體達用之學以孝弟禮義忠信廉恥爲之本以六經諸史爲之業務各期以敦倫善行敬業樂羣以修舉古樂正成均之師道有不率者扑以夏楚不悛徙謫之其率教者有升堂積分超格敘用之法課業倣書季呈翰林院考校文册歲終奏上每歲仲春秋上丁遣大臣祀先師則總其禮儀車駕幸學則執經坐講新進士釋褐則坐而受拜監丞掌繩愆廳之事以參領監務堅明其約束諸師生有過及廩膳不潔竝糾懲之而書之於集愆册博士掌分經講授而時其考課凡經以易詩書春秋禮記人專一經大學中庸論語孟子兼習之助教學正學錄掌六堂之訓誨士子肄業本堂則爲講說經義文字導約之以規矩典簿典文移金錢出納支受典籍典書籍掌饌掌飲饌明初卽置國子學(乙巳九月置國子學以故集慶路學爲之洪武十四年改建國子學於鷄鳴山下) 設博士助教學正學錄典樂典書典膳等官吳元年定國子學官制增設祭酒司業典簿(祭酒正四品司業正五品博士正七品典簿正八品助教從八品學正正九品學錄從九品典膳省注) 洪武八年又置中都國子學(秩正四品) 命國子學分官領之十三年改典膳爲掌饌十五年改爲國子監秩從四品設祭酒一人司業一人監丞典簿各一人博士三人助教十六人學正學錄各三人掌饌一人(各官品秩如前所列) 中都國子監制亦如之十六年以宋訥爲祭酒敕諭之曰太學天下賢關禮義所由出人材所由興卿夙學耆德故特命爲祭酒尙體朕立教之意俾諸生有成士習丕變國家其有賴焉又命曹國公李文忠領監事車駕時幸(以故監官不得中廳而坐中門而行) 二十四年更定國子監品秩員數(俱如前所列) 中都國子監設祭酒司業監丞典簿博士學正學錄掌饌各一人助教二人品秩與在京同二十六年罷中都國子監建文中陞監丞爲堂上官革學正學錄成祖復舊制永樂元年置國子監於北京設祭酒司業監丞典簿博士學正學錄掌饌各一人助教二人(後增設不常助教至十五人學正至十一人學錄至七人後革助教二人學正四人學錄二人萬曆九年又革助教四人學錄一人) 宣德九年省司業弘治十五年復設明初祭酒司業擇有學行者任之後皆由翰林院官遷轉

衍聖公孔氏世襲(正二品袍帶誥命朝班一品洪武元年授孔子五十六代孫希學襲封) 其屬掌書典籍司樂知印奏差書寫各一人(皆以流官充之) 曲阜知縣孔氏世職(洪武元年授孔子裔孫希大爲曲阜世襲知縣) 翰林院世襲五經博士(正八品) 孔氏二人(正德元年授孔子五十九世孫彥繩主衢州廟祀宋孔端友從高宗南渡家於衢州此孔氏南宗也正德二年授孔聞禮奉子思廟祀) 顏氏一人(景泰三年授顏子五十九世孫希惠) 曾氏一人(嘉靖十八年授曾子六十代孫質粹) 仲氏一人(萬曆十五年授子路裔孫仲呂) 孟氏一人(景泰三年授孟子裔孫希文) 周氏一人(景泰七年授先儒周敦頤裔孫冕) 程氏二人(景泰六年授先儒程頤裔孫克仁崇禎三年授先儒程顥裔孫接道) 邵氏一人(崇禎三年授先儒邵雍裔孫繼祖) 張氏一人(天啓二年以先儒張載裔孫文運爲博士) 朱氏二人(景泰六年授先儒朱熹裔孫梴嘉靖二年又授墅爲博士主婺源廟祀) 劉氏一人(景泰七年授誠意伯劉基七世孫祿後革) 教授司教授(從九品) 學錄學司(竝未入流) 孔顏曾孟四氏各一人又尼山洙泗二書院各學錄一人先是元代封孔子後裔爲衍聖公秩三品印洪武元年太祖既以孔希學襲封衍聖公因謂禮臣曰孔子萬世帝王之師待其後嗣秩止三品弗稱襃崇其授希學秩二品賜以銀印又命復孔顏孟三家子孫徭役十八年敕工部詢問凡有聖賢子孫以罪輸作者釋之永樂二十二年賜衍聖公宅於京師加一品金織衣正統元年詔免凡聖賢子孫差役選周程張朱諸儒子孫聰明俊秀可教養者不拘名數送所在儒學讀書仍給廩饌成化元年給孔顏孟三氏學印令三年貢有學行者一人入國子監六年命衍聖公始襲者在監讀書一年

明史卷七十四　志第五十

總裁官總理事務經筵講官保兼太子太保保和殿大學士兼管吏部戶部尙書事加六級張廷玉等奉

敕修

職官三

太常寺(附提督四夷館)　光祿寺　太僕寺

鴻臚寺　尙寶司　六科

中書舍人　行人司　欽天監

太醫院　上林苑監　五城兵馬司

順天府(附宛平大興二縣)　武學

僧道錄司　教坊司　宦官

女官

太常寺卿一人（正三品）少卿二人（正四品）寺丞二人（正六品）其屬典簿廳典簿二人（正七品）博士二人（正七品）協律郎二人（正八品嘉靖中增至五人）贊禮郎九人（正九品嘉靖中增至三十三人後革二人）司樂二十人（從九品嘉靖中增至三十九人後革五人）天壇地壇朝日壇夕月壇先農壇帝王廟祈穀殿長陵獻陵景陵裕陵茂陵泰陵顯陵康陵永陵昭陵各祠祭署俱奉祀一人（從七品）祀丞二人（從八品）犧牲所吏目一人（從九品）太常掌祭祀禮樂之事總其官屬籍其政令以聽於禮部凡天神地祇人鬼歲祭有常先冬十二月朔奏進明年祭日天子御奉天殿受之乃頒於諸司天子親祭則贊相禮儀大臣攝事亦如之凡國有冊立冊封冠婚營繕征討大喪諸典禮歲時旱澇大災變則請告宗廟社稷薦新則移光祿寺供其品物祭祀先期請省牲進祝版銅人上殿奏請齋戒親署御名省牲偕光祿卿惟大祀車駕親省大臣日一省之凡祭滌器爨理香燭玉帛整拂神幄必恭潔掌燎看燎讀祝奏禮對引司香進俎舉麾陳設收支導引設位典儀通贊奉帛執爵司樽司罍洗卿貳屬各領其事罔有不共凡玉四等曰蒼璧（以祀天）曰黃琮（以祀地）曰赤璋曰白琥（以朝日夕月）曰兩圭有邸（以祭大社大稷）帛五等曰郊祀制帛（祀天地）曰奉先制帛（薦祖考）曰禮神制帛（祭社稷群神帝王先師）曰展親制帛（祭享親王）曰報功制帛（祭享功臣）牲四等曰犢曰牛曰太牢曰少牢色尚騂或黝大祀入滌三月中祀一月小祀一旬樂四等曰九奏（用祀天地）曰八奏（神祇太歲）曰七奏（大明大社大稷帝王）曰六奏（夜明帝社帝稷宗廟先師）舞二曰文舞曰武舞樂器不徙陵園之祭無樂歲終合祭五祀之神則少卿攝事初吳元年置太常司設卿（正三品）少卿（正四品）丞（正五品）典簿協律郎博士（正七品）贊禮郎（從八品）洪武初置各祠祭署設署令署丞十三年更定協律郎等官品秩（協律郎正八品贊禮郎正九品司樂從九品）二十四年改各署令為奉祀署丞為祀丞三十年改司為寺官制仍舊（二十五年已定寺丞正六品）建文中增設贊禮郎二人太祝一人以及各祠祭署俱有更革（天壇祠祭署為南郊祠祭署泗州祠祭署為泗濱祠祭署宿州祠祭署為新豐祠祭署孝陵置鍾山祠祭署各司圃所增神樂觀知觀一人）成祖初惟易天壇為天地壇餘悉復洪武間制（建文時南郊祠祭署為郊壇祠祭署已又改為天地壇祠祭署）洪熙元年置犧牲所吏目典掌文移（先是洪武三年置神牲所設廩牲令大使副使等官四年革）世宗釐祀典分天地壇為天壇地壇山川壇耤田祠祭署為神祇壇大祀殿為祈穀殿增置朝日夕月二壇各設祠祭署又增設協律郎贊禮郎司樂等員（隆慶三年革協律郎等官四十八員萬曆六年復設如嘉靖間制）萬曆四年改神祇壇為先農壇提督四夷館少卿一人（正四品）掌譯書之事自永樂五年外國朝貢特設蒙古女直西番西天回回百夷高昌緬甸八館置譯字生通事（通事初隸通政使司）通譯語言文字正德中增設八百館（八百國蘭者哥進貢）萬曆中又增設暹羅館初設四夷館隸翰林院選國子監生習譯宣德元年兼選官民子弟委官教肄學士稽考程課弘治七年始增設太常寺卿少卿各一員為提督遂改隸太常嘉靖中裁卿止少卿一人（按太常寺卿在南京者多由科目北寺自永樂間用樂舞生累資陞至寺卿甚或加禮部侍郎尚書掌寺後多沿襲至隆慶初乃重推科甲出身者補仕譯字生明初甚重與考者與鄉會試額科甲一體出身後止為雜流其在館者陞轉皆在鴻臚寺）

光祿寺卿一人（從三品）少卿二人（正五品）寺丞二人（從六品）其屬典簿廳典簿二人（從七品）錄事一人（從八品）大官珍羞良醞掌醢四署各署正一人（從六品）署丞四人（從七品）監事四人（從八品）司牲司大使一人（從九品）副使一人（後革）司牧局大使一人（從九品嘉靖七年革）銀庫大使一人卿掌祭享宴勞酒醴膳羞之事率少卿寺丞官屬辨其名數會其出入量其豐約以聽於禮部凡祭祀同太常省牲天子親祭進飲福受胙薦新循月令獻其品物喪葬供奠饌所用牲果菜物取之上林苑不給市諸民視時估十加一其市直季支天財庫四方貢獻果鮮廚料省納惟謹器皿移工部及募工兼作之歲省其成敗凡筵宴酒食及外使降人俱差其等而供給焉傳奉宣索籍記而覆奏之監以科道官一員察其出入糾禁其姦弊歲四月至九月凡御用物及祭祀之品皆用冰大官供祭品宮膳節令筵席蕃使宴犒之事珍羞供宮膳肴核之事良醞供酒醴之事掌醢供餳油醯醬梅鹽之事司牲養牲視其肥瘠而蠲滌之司牧亦如之初吳元年置宣徽院設院使（正三品）同知（正四品）院判（正五品）典簿（正七品）以尚食尚醴二局隸之（局設大使從六品副使從七品）洪武元年改為光祿寺設光祿卿（正四品）少卿（正五品）寺丞（正六品）主簿（正八品）所屬尚食等局又移太常司供需庫隸之（局官品仍舊）二年設直長四人遇百官賜食御前者則令供事四年置法酒庫（設內酒坊大使從八品副使從九品）八年改寺為司陞卿秩（卿從三品少卿從四品）以寺丞為司丞（從六品）主簿為典簿（從七品）增設錄事（從八品）又置所屬大官珍羞良醞掌醢四署每署令一人（從六品）丞一人（從七品）監事一人（從八品）孳牧所大使一人（從九品）副使一人（未入流）十年定光祿司散官品秩（時所用光祿司官或內官或流官或庖人出身不同同授散官至是定內官除授者照內官散官給授流官除授者照文官散官給授庖人除授者卿從三品授尚膳大夫少卿正五品授奉膳大夫司丞從六品授司膳郎各署丞從七品授掌膳郎監事從八品授執膳郎）尋罷各局庫置司牲司又改孳牧所為司牧司（後為司牧局）三十年復改為光祿寺官制仍舊（少卿已定正五品）建文中陞少卿寺丞品秩（少卿陞四品寺丞陞五品）增設司圃所改司牲司為孳牲所（陞其品級）成祖復舊制正統六年裁四署冗員（先是光祿卿奈亨以供應事繁奏增各署官至是復奏裁之裁署正四人署丞五人監事七人）嘉靖七年革司牧局萬曆二年添設銀庫大使一人

太僕寺卿一人（從三品）少卿二人（正四品正德十一年增設一人）寺丞四人（正六品）其屬主簿廳主簿一人（從七品）常盈庫大使一人所轄各牧監監正一人（正九品）監副一人（從九品）錄事一人（從九品監正監副錄事俱革）各群群長一人（後革）卿掌牧馬之政令以聽於兵部少卿一人佐寺事一人督營馬一人督畿馬寺丞分理京衛畿內及山東河南六郡孳牧寄牧馬匹（濟南兗州東昌開封彰德衛輝）凡軍民孳牧視其丁產授之種馬牡十之二牝十之八為一群（南方以四牝一牡為群）歲徵其駒曰備用馬齊其力以給將士將士足則寄牧於畿內府州縣肥瘠登耗籍其毛齒而時閱之三歲偕御史一人印烙選其健良而汰其羸劣其草場已墾成田者歲斂其租金災祲則出之以佐市馬其賠償折納則徵馬金輸兵部主簿典勾省文移大使典貯庫馬金初洪武四年置群牧監於答答失里營所隨水草利便立官署專司牧養六年更置群牧監於滁州旋改為太僕寺秩從三品設卿少卿寺丞又設首領官知事主簿各一人七年增設牧監群官二十七處隸太僕寺尋定群牧監品秩（令正五品丞正六品鎮撫從六品群頭十八人吏目一人省注）十年增置滁陽等各牧監及所屬各群改牧監令丞為監正監副（監正從八品監副正九品御良從九品後又定監正為正九品）二十二年定滁陽等十二牧監每監設監正一人監副二人錄事一人來安等一百二十七群每群設群長一人（初設群副二人至是革）二十三年增置江東當塗二牧監及所屬各群又罷烏衣等五十四群改置永安等七群定為牧監十四（滁陽大興香泉儀真定遠天長長淮江都句容溧陽江東溧水當塗舒城）群九十有七（大勝關柏子騳興保寧草堂五群隸滁陽監永安如皋沿海保全朝陽永昌安定七群隸大興監大錢銅城永豐龍勝龍山永寧新安慶安襄安九群隸香泉監華陽壽寧廣陵善應四群隸儀真監蘆江龍安萬勝龍泉四群隸定遠監天長懷德招信得勝武安五群隸天長監長安白石荊山南山圖山草平六群隸長淮監萬寧廣生萬騳順德大興騳寧崇德七群隸江都監句容陽風仍信福胙通德承仙上容政仁練塘壽安十群隸句容監舉福從山明義永定福賢崇來永城永奉奉安九群隸溧陽監開寧泉水惟政清化神泉新亭長秦光澤八群隸江東監儀鳳仙壇立信歸政豐慶安興遊山永寧八群隸溧水監石城永保化洽姑孰繁昌多福丹陽德政八群隸當塗監東林海亭伏龍龍河會龍九龍萬龍七群隸舒城監）二十八年悉罷群牧監以其馬隸有司牧養三十年置行太僕寺於北平秩如太僕寺建文中陞寺丞品秩（舊六品陞五品）又改其首領官職名增設錄事及典廄典牧二署驌驦等十八群滁陽等八牧監龍山等九十二群成祖復舊制永樂元年改北平行太僕寺為北京行太僕寺十八年定都北京遂以行太僕寺為太僕寺洪熙元年復稱北京行太僕寺正統六年定為太僕寺其舊在滁州者改為南京太僕寺（寺丞初置四人正統中又增八人共十二人以一人領京衛一人領順德廣平二府一人領開封衛輝彰德三府九人分領順天保定真定河間永平大名濟南兗州東昌九府孳牧寄牧各馬匹弘治六年革四人正德九年復增一人專領寄牧之事嘉靖八年又革三人共六人分領三年更代而以寄牧者令府州縣兼理隆慶三年又革三人止設三人以一人提督庫藏兼協理京邊二人分理東西二路各馬政）

鴻臚寺卿一人（正四品）左右少卿各一人（從五品）左右寺丞各一人（從六品）其屬主簿廳主簿一人（從八品）司儀司賓二署各署丞一人（正九品）鳴贊四人（從九品後增設五人）序班五十人（從九品嘉靖三十六年革八人萬曆十一年復設六人）鴻臚掌朝會賓客吉凶儀禮之事凡國家大典禮郊廟祭祀朝會宴饗經筵冊封進曆進春傳制奏捷各供其事外吏朝覲諸蕃入貢與夫百官使臣之復命謝恩若見若辭者並鴻臚引奏歲正旦上元重午重九長至賜假賜宴四月賜字扇壽縷十一月賜戴煖耳陪祀畢頒胙賜皆贊百官行禮司儀典陳設引奏外吏來朝必先演儀於寺司賓典外國朝貢之使辨其等而教其拜跪儀節鳴贊典贊儀禮凡內贊通贊對贊接贊傳贊咸職之序班典侍班齊班糾儀及傳贊初吳元年置侍儀司秩從五品洪武四年定侍儀使（從七品）引進使（正八品）奉班都知（正九品）通贊通事舍人（從九品）俱為七品以下官九年改為殿庭儀禮司設使一人（正七品）副三人（正八品）承奉一人（從八品）鳴贊二人（正九品）序班十六人（從九品）九關通事使一人（正八品）副六人（從八品）十三年改使為司正分左右司副各一人增序班至四十四人革承奉增設司儀四人二十二年增設左右司丞四人（正九品）三十年始改為鴻臚寺陞秩正四品設官六十二員（卿以下員數品級如前所列）又設外夷通事隸焉建文中陞少卿以下品秩（少卿陞正五品寺丞陞正六品又改其首領官職名與鳴贊序班皆陞品級）罷司儀司賓二署而以行人隸鴻臚寺成祖初悉復舊制

尚寶司卿一人（正五品）少卿一人（從五品）司丞三人（正六品吳元年但設一人後增二人）掌寶璽符牌印章而辨其所用寶二十有四舊寶十有七嘉靖十八年增製者七曰皇帝奉天之寶為唐宋傳璽祀天地用之若詔與赦則用皇帝之寶冊封賜勞則用皇帝行寶詔親王大臣及調兵則用皇帝信寶上尊號則用皇帝尊親之寶諭親王則用皇帝親親之寶其天子之寶以祀山川鬼神天子行寶以封外國及賜勞天子信寶以招外服及徵發詔用制誥之寶

敕用敕命之寶獎勵臣工用廣運之寶敕諭朝覲官用敬天勤民之寶若御前之寶表章經史之寶欽文之寶則圖書文史等用之世宗增製爲奉天承運大明天子寶大明受命之寶巡狩天下之寶垂訓之寶爲命德之寶討罪安民之寶敕正萬民之寶太子之寶一曰皇太子之寶凡寶之用必奏請而待發每大朝會本司官二員以寶導駕俟陞座各置寶於案立待殿中禮畢捧寶分行至中極殿置案而出駕出幸則奉以從焉歲終移欽天監擇日和香物入水洗寶於皇極門籍奏一歲用寶之數凡請寶用寶捧寶隨寶洗寶繳寶皆與內官尚寶監俱凡金牌之號五以給勳戚侍衞之扈從及班直者巡朝者夜宿衞者曰仁其形龍公侯伯駙馬都尉佩之曰義其形虎勳衞指揮佩之曰禮其形麟千戶佩之曰智其形獅百戶佩之曰信其形祥雲將軍佩之半字銅符之號四以給巡城寺衞官曰承曰東曰西曰北巡者左半守者右半合契而點察焉令牌之號六曰申以給金吾諸衞之警夜者曰木曰金曰土曰火曰水以給五城之警夜者銅牌之號一以稽守卒曰勇牙牌之號五以察朝參公侯伯曰勳駙馬都尉曰親文官曰文武官曰武教坊司曰樂嘉靖中總編曰官字某號朝參佩以出入不則門者止之私相借者論如律有故納之內府祭牌之號三陪祀官曰陪供事官曰供執事人曰執雙魚銅牌之號二曰嚴以肅直衞錦衣校尉之止直者曰善以飾光祿胥役之供事者符驗之號五曰馬曰水曰達曰通曰信符驗之制上織船馬之狀起馬用馬字雙馬用達字單馬用通字起船者用水字並船用信字親王之藩及文武出鎮撫行人通使命者則給之御史出巡察則給印事竣咸驗而納之稽出入之令而辨其數其職至邇其事至重也太祖初設符璽郎秩正七品吳元年改尚寶司卿秩正五品以侍從儒臣勳衞領之如耿瑄以散騎舍人黃觀以侍中楊榮以庶子爲卿非有才能不得調勳衞大臣子弟奉旨乃得補丞其後多以恩廕寄祿無常員

吏戶禮兵刑工六科各都給事中一人正七品左右給事中各一人從七品給事中吏科四人戶科八人禮科六人兵科十人刑科八人工科四人並從七品後增減員數不常萬曆九年裁兵科五人戶刑二科各四人禮科二人十一年復設戶兵刑三科各二人禮科一人六科掌侍從規諫補闕拾遺稽察六部百司之事凡制敕宣行大事覆奏小事署而頒之有失封還執奏凡內外所上章疏下分類抄出參署付部駁正其違誤吏科凡吏部引選則掌科卽都給事中以掌本科印故名六科同同至御前請旨外官領文憑皆先赴科畫字內外官考察自陳後則與各科具奏拾遺糾其不職者戶科監光祿寺歲入金穀甲字等十庫錢鈔雜物與各科兼涖之皆三月而代內外有陳乞田土隱占侵奪者糾之禮科監訂禮部儀制凡大臣曾經糾劾削奪有玷士論者紀錄之以核贈諡之典兵科凡武臣貼黃誥敕本科一人監視其引選畫憑之制如吏科刑科每歲二月下旬上前一年南北罪囚之數歲終類上一歲蔽獄之數閱十日一上實在罪囚之數皆憑法司移報而奏御焉工科閱試軍器局同御史巡視節慎庫與各科稽查寶源局而主德闕違朝政失得百官賢佞各科或單疏專達或公疏聯署奏聞雖分隸六科其事屬重大者各科皆得通奏但事屬某科則列某科爲首凡日朝六科輪一人立殿左右珥筆記旨凡題奏日附科籍五日一送內閣備編纂其諸司奉旨處分事目五日一註銷覈稽緩內官傳旨必覆奏復得旨而後行鄉試充考試官會試充同考官殿試充受卷官冊封宗室諸蕃或告諭外國充正副使朝參門籍六科流掌之登聞鼓樓日一人皆錦衣衞官監涖洪武元年以監察御史一人監登聞鼓後令六科與錦衣衞輪直受牒則具題本封上遇決囚有投牒訟冤者則判停刑請旨凡大事廷議大臣廷推大獄廷鞫六掌科皆預焉明初統設給事中正五品後數更其秩與起居注同洪武六年設給事中十二人秩正七品始分爲六科每科二人鑄給事中印一推年長者一人掌之九年定給事中十人十年隸承敕監十二年改隸通政司十三年置諫院左右司諫各一人正七品左右正言各二人從七品十五年又置諫議大夫以兵部尚書唐鐸爲之尋皆罷二十二年改給事中爲源士增至八十一人初魏敏卓敬等凡八十一人爲給事中上以其適符古元士之數改爲元士至是又以六科爲事之本源改爲源士未幾復爲給事中二十四年更定科員每科都給事中一人正八品左右給事中二人從八品給事中共四十人正九品各科分設員數如前所列建文中改都給事中正七品給事中從七品不置左右給事中增設拾遺補闕成祖初革拾遺補闕仍置左右給事中亦從七品尋改六科置於午門外直房涖事六科衙門舊在端門內尚寶司西永樂中災移午門外東西每夜一科直宿宣德八年增戶科給事中專理黃冊

中書科中書舍人二十人從七品直文華殿東房中書舍人直武英殿西房中書舍人內閣誥敕房中書舍人制敕房中書舍人並從七品無定員中書科舍人掌書寫誥敕制詔銀冊鐵券等事凡草請諸翰林寶請諸內府左券及勘籍歸諸古今通集庫誥敕公侯伯及一品至五品誥命六品至九品敕命勘合籍初用二十八宿後用急就章爲號誥敕之號曰仁義禮智公侯伯蕃王一品二品用之曰十二支曰文行忠信文官三品以下用之曰千字文武官續誥用之皆以千號爲滿滿則復始王府及駙馬都尉不編號土官以文武類編凡大朝會則侍班東宮令節朝賀則導駕侍班於文華殿冊封宗室則充副使其鄉試會試殿試間有差遣充授並如科員大祀南郊則隨駕而供事員無正貳印用年深者掌之文華殿舍人職掌奉旨書寫書籍武英殿舍人職掌奉旨篆寫冊寶圖書冊頁內閣誥敕房舍人掌書辦文官誥敕番譯敕書并外國文書揭帖兵部紀功勘合底簿制敕房舍人掌書辦制敕詔書誥命冊表寶文玉牒講章碑額題奏揭帖一應機密文書各王府敕符底簿洪武七年初設直省舍人十人秩從八品隸中書省九年爲中書舍人改正七品尋又改從七品十年與給事中皆隸承敕監建文中革中書舍人改爲侍書陞正七品入文翰館隸翰林院成祖復舊制尋設中書科署於午門外定設中書舍人二十人其恩廕帶俸者不在額內宣德間內閣置誥敕制敕兩房皆設中書舍人嘉靖二十年選各部主事大理寺評事帶原銜直誥敕制敕兩房四十四年兩房員缺令吏部考選舉人爲中書舍人隆慶元年令兩房辦事官不得陞列九卿按洪武間置承敕監洪武九年置設令一人正六品丞二人從六品尋改令正七品丞正八品十年改令爲承敕郎設二人從七品給事中中書舍人咸隸焉後罷司文監洪武九年置設令一人正六品丞二人從六品尋改令正七品丞正八品十年罷考功監洪武八年置設令丞九年定設令一人正六品丞二人從六品尋改令正七品丞正八品十八年罷參掌給授誥敕之事永樂初命內閣學士典機務詔冊制誥皆屬之而謄副繕正皆中書舍人入辦事竣輒出宣德初始選能書者處於閣之西小房謂之西制敕房而諸學士掌誥敕者居閣東具稿付中書繕進謂之東誥敕房此係辦事若知制誥銜惟大學士與諸學士可帶正統後學士不能視誥敕內閣悉委於中書序班譯字等官於是內閣又有東誥敕房因劉鉉不與輔臣會食始嘉靖末復以翰林史官掌外制而武官誥敕仍自其屬爲之若誥敕革之類必由閣臣翰林諸臣不得預其直文華武英兩殿供御筆札者初爲內官職繼以中書分直後亦專舉能書者大約舍人有兩途由進士部選者得遷科道部屬其直兩殿兩房舍人不必由部選自甲科監生生儒布衣能書者俱可爲之不由科甲者初授序班及試中書舍人不得遷科道部屬後雖加銜九列仍帶銜辦事楷書出身者或加太常卿銜沈度沈粲潘辰等有加至翰林學士禮部尚書者洪武初又有承天門待詔一人閣門使四人觀察使十人後俱革

行人司司正一人正七品左右司副各一人從七品行人三十七人正八品職專捧節奉使之事凡頒行詔赦冊封宗室撫諭諸蕃徵聘賢才與夫賞賜慰問賑濟軍旅祭祀咸敍差焉每歲朝審則行人持節傳旨法司遣戍囚送五府塡精微冊批繳內府初洪武十三年置行人司設行人秩正九品左右行人從九品尋改行人爲司正左右行人爲左右司副更設行人三百四十五人二十七年陞品秩以所任行人多孝廉人材奉使率不稱旨定設行人司官四十員咸以進士爲之非奉旨不得擅遣行人之職始重建文中罷行人司而以行人隸鴻臚寺成祖復舊制

欽天監監正一人正五品監副二人正六品其屬主簿廳主簿一人正八品春夏中秋冬官正各一人正六品五官靈臺郎八人從七品後革四人五官保章正二人正八品後革一人五官挈壺正二人從八品後革一人五官監候三人正九品後革一人五官司曆二人正九品五官司晨八人從九品後革六人漏刻博士六人從九品後革五人監正副掌察天文定曆數占候推步之事凡日月星辰風雲氣色率其屬而測候焉有變異密疏以聞凡習業分四科曰天文曰漏刻曰回回曰曆自五官正下至天文生陰陽人各分科肄業每歲冬至日呈奏明歲大統曆成化十五年改頒明歲曆於十月朔日移送禮部頒行其御覽月令曆七政躔度曆六壬遁甲曆四季天象錄竝期進呈凡曆註御曆註三十事如祭祀頒詔行幸等類民曆三十二事壬遁曆七十二事凡祭日前一年會選以進移太常凡營建征討冠婚山陵之事則選地而擇日立春則預候氣於東郊大朝賀於文樓設定時鼓漏刻報時司晨雞唱各供其事日月交食先期算其分秒時刻起復方位以聞下禮部移內外諸司救之仍按占書條若食不及一分與回回曆雖食一分以上則奏而不救監官毋得改他官子孫毋得從他業乏人則移禮部訪取而試用焉五官正推法定四時司曆監候佐之靈臺郎辨日月星辰之躔次分野以占候天文之變觀象臺四面面四天文生輪測候保章正專志天文之變定其吉凶之占挈壺正知刻漏孔壺爲漏浮箭爲刻以考中星昏旦之次漏刻博士定時以漏換時以牌報更以鼓警晨昏以鐘鼓司晨佐之明初卽置太史監設太史令通判太史監事僉判太史監事校事郎五官正靈臺郎保章正副挈壺正掌曆管勾等官以劉基爲太史令吳元年改監爲院秩正三品院使正三品同知正四品院判正五品五官正正六品典簿兩暘司時敘郎紀候郎正七品靈臺郎保章正正八品副從八品掌曆管勾從九品洪武元年徵元太史張佑張沂等十四人改太史院爲司天監設監令一人正三品少監二人正四品監丞一人正六品主簿一人正七品主事一人正八

品五官正五人正五品五官副五人正六品靈臺郎二人正七品保章正二人從七品監候三人正八品司辰八人正九品漏刻博士六人從九品又置回回司天監設監令一人正四品少監二人正五品監丞二人正六品徵元回回司天監鄭阿里等議曆三年改司天監爲欽天監四年詔監官職事司天非特旨不得陞調又定監官散官監令正儀大夫少監分朔大夫五官司元大夫監丞靈臺郎五官保章正平秩郎五官靈臺郎司正郎五官挈壺正挈壺郎十四年改欽天監爲正五品設令一人丞一人屬官五官正以下員數如前所列俱從品級授以文職散官二十二年改令爲監正丞爲監副三十一年罷回回欽天監以其曆法隸本監明初又置稽疑司以掌卜筮未幾罷洪武十七年置稽疑司設司令一人正六品左右丞各一人從六品屬官司筮正九品無定員尋罷

太醫院院使一人正五品院判二人正六品其屬御醫四人正八品後增至十八人隆慶五年定設十人吏目一人從九品隆慶五年定設十人生藥庫惠民藥局各大使一人副使一人太醫院掌醫療之法凡醫術十三科醫官醫生醫士專科肄業曰大方脈曰小方脈曰婦人曰瘡瘍曰鍼灸曰眼曰口齒曰接骨曰傷寒曰咽喉曰金鏃曰按摩曰祝由凡醫家子弟擇師而教之三年五年一試再試三試乃黜陟之凡藥辨其土宜擇其良楛慎其條製而用之四方解納藥品院官收貯生藥庫時其燥濕禮部委官一員稽察之診視御脈使判御醫參看校同會內臣就內局選藥連名封記藥劑具本開寫藥性證治之法以奏烹調御藥院官與內臣監視每二劑合爲一候熟分二器一御醫內臣先嘗一進御仍置歷簿用內印鈐記細載年月緣由以憑考察王府請醫本院奉旨遣官或醫士往文武大臣及外國君長有疾亦奉旨往視其治療可否皆具本覆奏外府州縣置惠民藥局邊關衞所及人聚處各設醫生醫士或醫官俱由本院試遣歲終會察其功過而殿最之以憑黜陟太祖初置醫學提舉司設提舉從五品同提舉從六品副提舉從七品醫學教授正九品學正官醫提領從九品尋改爲太醫監設少監正四品監丞正六品吳元年改監爲院設院使秩正三品同知正四品院判正五品典簿正七品洪武三年置惠民藥局府設提領州縣設官醫凡軍民之貧病者給之醫藥六年置御藥局於內府始設御醫御藥局秩正六品設尚藥奉御二人直長二人藥童十人俱以內官內使充之設御醫四人以太醫院醫士充之凡收受四方貢獻名藥及儲蓄藥品奉御一人掌之凡供御藥餌醫官就內局修製太醫院官診視十四年改太醫院爲正五品設令一人丞一人吏目一人屬官御醫四人俱如文職授散官二十二年復改令爲院使丞爲院判嘉靖十五年改御藥房爲聖濟殿又設御藥庫詔御醫輪直供事

上林苑監左右監正各一人正五品左右監副各一人正六品監正監副後不常設以監丞署職左右監丞各一人正七品其屬典簿廳典簿一人正九品良牧蕃育林衡嘉蔬四署各典署一人正七品署丞一人正八品錄事一人正九品監正掌苑囿園池牧畜樹種之事凡禽獸草木蔬果率其屬督其養戶栽戶以時經理其養地栽地而畜植之以供祭祀賓客宮府之膳羞凡苑地東至白河西至西山南至武淸北至居庸關西南至渾河竝禁圍獵良牧牧牛羊豕蕃育育鵝鴨雞皆籍其牝牡之數而課孳卵焉林衡典果實花木嘉蔬典蒔藝瓜菜皆計其町畦樹植之數而以時苞進焉洪武二十五年議開上林院度地城南自牛首山接方山西竝河涯比圖上太祖謂有妨民業遂止永樂五年始置上林苑監設良牧蕃育嘉蔬林衡川衡冰鑑及典察左右前後十屬署洪熙中併爲蕃育嘉蔬二署以良牧川衡併蕃育冰鑑林衡併嘉蔬典察四署分併入宣德十年始定四署正德間增設監督內臣共九十九員嘉靖元年裁汰八十員革蕃育嘉蔬二署典署林衡嘉蔬二署錄事

中東西南北五城兵馬指揮司各指揮一人正六品副指揮四人正七品吏目一人指揮巡捕盜賊疏理街道溝渠及囚犯火禁之事凡京城內外各畫境而分領之境內有遊民姦民則逮治若車駕親郊則率夫里供事凡親郡王妃父無官者親王授兵馬指揮郡王授副指揮不管事明初置兵馬指揮司設都指揮副都指揮知事後改設指揮使副指揮使各城門設兵馬洪武元年命在京兵馬指揮司并管市司每三日一次校勘街市斛斗秤尺稽考牙儈姓名時其物價五年又設兵馬指揮司分司於中都十年定京城及中都兵馬指揮司秩俱正六品先是秩正四品改爲指揮副指揮職專京城巡捕等事革知事二十三年定設五城兵馬指揮司惟中城止稱中兵馬指揮司俱增設吏目建文中改爲兵馬司改指揮副指揮爲兵馬副兵馬永樂元年復舊二年設北京兵馬指揮司嘉靖四十一年詔巡視五城御史每年終將各城兵馬指揮會本舉劾隆慶間御史趙可懷言五城兵馬司官宜取科貢正途職檢驗死傷理刑名盜賊如兩京知縣不職者巡城御史糾劾之

順天府府尹一人正三品府丞一人正四品治中一人正五品通判六人正六品嘉靖後革三人推官一人從六品儒學教授一人從九品訓導一人其屬經歷司經歷一人從七品知事一人從八品照磨所照磨一人從九品檢校一人所轄宛平大興二縣各知縣一人正六品縣丞二人正七品主簿無定員正八品典史一人司獄司司獄一人從九品都稅司大使一人從九品副使一人宣課司凡四正陽門外正陽門張家灣盧溝橋稅課司凡二安定門外安定門各大使一人從九品稅課分司凡二崇文門德勝門各副使一人遞運所批驗所各大使一人府尹掌京府之政令宣化和人勸農問俗均貢賦節征徭謹祭祀閱實戶口糾治豪強隱恤窮困疏理獄訟務知百姓之疾苦歲立春迎春進春祭先農之神月朔望早朝奏老人坊廂聽宣諭孟春孟冬率其僚屬行鄉飲酒禮凡勳戚家人文引每三月一奏市易平其物價遇內官監徵派物料雖有印信揭帖必補牘面奏若天子耕耤行三推禮則奉青箱播種於後禮畢率庶人終畝府丞貳京府兼領學校治中參理府事以佐尹丞通判分理糧儲馬政軍匠薪炭河渠堤涂之事推官理刑名察屬吏二縣職掌如外縣以近涖輦下故品秩特優順天府即舊北平府洪武二年置北平行省九年改爲北平布政司皆以北平爲會府永樂初改爲順天府十年陞爲府尹秩正三品設官如應天府順天府通判舊六人內一人管糧一人管馬一人管清軍一人管匠一人管河一人管柴炭嘉靖八年革管河管柴炭二人萬曆九年革清軍管匠二人十一年復設一人兼管軍匠

武學京衞武學教授一人從九品訓導一人衞武學教授一人訓導二人或一人掌教京衞各衞幼官及應襲舍人與武生以待科舉武舉會舉而聽於兵部其無武學者凡諸武生則隸儒學建文四年始置京衞武學設教授一人啟忠等十齋各訓導二人永樂中罷正統六年復設後漸置各衞武學設官如儒學之制

僧錄司左右善世二人正六品左右闡教二人從六品左右講經二人正八品左右覺義二人從八品道錄司左右正一二人正六品左右演法二人從六品左右至靈二人正八品左右元義二人從八品神樂觀提點一人正六品知觀一人從八品嘉靖中革龍虎山正一眞人一人正二品洪武元年張正常入朝去其天師之號封爲眞人世襲隆慶間革眞人止稱提點萬曆初復之法官贊教掌書各二人閣皁山三茅山各靈官一人正八品太和山提點一人僧道錄司掌天下僧道在外府州縣有僧綱道紀等司分掌其事俱選精通經典戒行端潔者爲之神樂觀掌樂舞以備大祀天地神祇及宗廟社稷之祭隸太常寺與道錄司無統屬洪武元年立善世元教二院四年革五年給僧道度牒十一年建神樂觀於郊祀壇西設提點知觀初提點從六品知觀從九品洪武十五年陞提點正六品知觀從八品凡遇朝會提點列於僧錄司左善世之下道錄司左正一之上十五年始置僧錄司道錄司各設官如前所列僧凡三等曰禪曰講曰教道凡二等曰全眞曰正一設官不給俸隸禮部二十四年淸理釋道二教限僧三年一度給牒凡各府州縣寺觀但存寬大者一所併居之凡僧道府不得過四十人州三十人縣二十人民年非四十以上女年非五十以上者不得出家二十八年令天下僧道赴京考試給牒不通經典者黜之其後釋氏有法王佛子大國師等封號道士有大眞人高士等封號賜銀印蟒玉加太常卿禮部尚書及宮保銜至有封伯爵者皆一時寵幸非制也

教坊司奉鑾一人正九品左右韶舞各一人左右司樂各一人並從九品掌樂舞承應以樂戶充之隸禮部嘉靖中又設顯陵供祀教坊司設左右司樂各一人

宦官十二監每監各太監一員正四品左右少監各一員從四品左右監丞各一員正五品典簿一員正六品長隨奉御無定員從六品此洪武舊制也後漸更革詳見各條下司禮監提督太監一員掌印太監一員秉筆太監隨堂太監書籍名畫等庫掌司內書堂掌司六科廊掌司典簿無定員提督掌督理皇城內一應儀禮刑名及鈐束長隨當差聽事各役關防門禁催督光祿供應等事掌印掌理內外章奏及御前勘合秉筆隨堂掌章奏文書照閣票批硃掌司各掌所司典簿典記奏章及諸出納號簿內官監掌印太監一員總理管理僉書典簿掌司寫字監工無定員掌木石瓦土塔材東行西行油漆婚禮火藥十作及米鹽庫營造庫皇壇庫凡國家營造宮室陵墓并銅錫妝奩器用暨冰窨諸事御用監掌印太監一員裏外監把總二員典簿掌司寫字監工無定員凡御前所用圍屏牀榻諸木器及紫檀象牙烏木螺甸諸玩器皆造辦之又有仁智殿監工一員掌武英殿中書承旨所寫書籍畫冊等奏進御前司設監員同內官監掌鹵簿儀仗帷幙諸事御馬監掌印監督提督太監各一員騰驤四衞營各設監官掌司典簿寫字擎馬等員象房有掌司等員神宮監掌印太監一員僉書掌司管理無定員掌太廟各廟灑掃香燈等房監工無定員掌御等事尚膳監掌印太監一員提督光祿太監一員總理一員管理僉書掌司寫字監工及各牛羊等房廠監工無定員掌御膳及宮內食用并筵宴諸事尚寶監掌印一員僉書掌司無定員掌寶璽敕符將軍印信凡用寶外尚寶司以揭帖赴監請旨至女官尚寶司領取監視外司用訖存號簿繳進印綬監員同尚寶掌古今通集庫并鐵券誥敕貼黃印信勘合符驗信符諸事直殿監員同上掌各殿及廊廡掃除事尚衣監掌印太監一員管理僉書掌司監工無定員掌御用冠冕袍服及履舄靴襪之事都知監掌印太監一員僉書掌司長隨奉御無定員舊掌各監行移關知勘合之事後惟隨駕前導警蹕四司舊制每司各司正一人正五品左右司副各一人從五品後漸更易詳下惜薪司掌印太監一員總理僉書掌道掌司寫字監工及外廠北廠南廠新南廠新西廠各設僉書監工俱無定員掌所用薪炭之事鐘鼓司掌印太監一員僉書司房學藝官無定員掌管出朝鐘鼓及內樂傳奇過錦打稻諸雜戲寶鈔司掌印太監一員僉書管理監工無定員掌造粗細草紙混堂司掌印太監一員僉事監工無定員掌沐浴之事八局舊制每局大使一人正五品左右副使各一人從五品兵仗局掌印太監一員提督軍器庫太監一員管理僉書掌司寫字監工無定員掌製造軍器火藥司屬之銀作局掌印太監一員管理僉書寫字監工無定員掌打造金銀器飾浣衣局掌印太監一員僉書監工無定員凡宮人年老及罷退廢者發此局居住惟此局不在皇城內巾帽局掌印太監一員管理僉書掌司監工無定員掌宮內使帽靴駙馬冠靴及藩王之國諸旗尉帽靴鍼工局員同巾帽局掌造宮中衣服內織染局員同上掌染造御用及宮內應用緞匹城西藍靛廠爲此局外署酒醋麪局員同上掌宮內食用酒醋糖醬麪豆諸物與御酒房不相統轄司苑局員同上掌蔬菜瓜果十二監四司八局所謂二十四衙門也其外有內府供用庫掌印太監一員總理管理掌司寫字監工無定員掌宮內及山陵等處內官食米及

御用黃蠟白蠟沉香等香凡油蠟等庫俱屬之舊制各庫設官同八局司鑰庫員同上掌收貯制錢以給賞賜內承運庫掌印太監一員近侍僉書太監十員掌司寫字監工無定員掌大內庫藏凡金銀及諸寶貨總隸之十庫甲字掌貯銀硃黃丹烏梅藤黃水銀諸物乙字掌貯奏本等紙及各省所解胖襖丙字掌貯絲綿布匹丁字掌貯生漆桐油等物戊字掌貯所解弓箭盔甲等物承運掌貯黃白生絹廣盈掌貯紗羅諸帛匹廣惠掌造貯巾帕梳籠刷抿錢貫鈔錠之類贓罰掌沒入官物已上各掌庫一員貼庫僉書無定員御酒房提督太監一員僉書無定員掌造御用酒御藥房提督太監正副二員分兩班近侍醫官無定員職掌御用藥餌與太醫院官相表裏御茶房提督太監正副二員分兩班近侍無定員職司供奉茶酒瓜果及進御膳牲口房提督太監一員僉書無定員收養異獸珍禽刻漏房掌房一員僉書無定員掌管每日時刻每一時即令直殿監官入宮換牌夜報刻水更鼓房有罪內官職司之甜食房掌房一員協同無定員掌造辦虎眼窩絲等糖及諸甜食隸御用監彈子房掌房一員僉書數員專備泥彈靈臺掌印太監一員僉書近侍看時近侍無定員掌觀星氣雲物測候災祥條作掌作一員協同無定員掌造各色兜羅絨及諸條緞隸御用監盔甲廠即舊鞍轡局掌造軍器安民廠舊名王恭廠各掌廠太監一員貼廠僉書無定員掌造銃砲火藥之類午門東華門西華門奉天門元武門左右順門左右紅門皇宮門坤寧門宮左右門東宮春和門後門左右門皇城京城內外諸門各門正一員管事無定員司晨昏啟閉關防出入舊設門正門副各一員提督東廠掌印太監一員掌班領班司房無定員貼刑二員掌刺緝刑獄之事舊選各監中一人提督後專用司禮秉筆第二人或第三人為之其貼刑官則用錦衣衞千百戶為之凡內官司禮監掌印權如外庭元輔掌東廠權如總憲秉筆隨堂視衆輔各設私臣掌家掌班司房等員提督西廠不常設惟汪直谷大用置之劉瑾又設西內廠尋俱罷革提督京營提督太監坐營太監監鎗掌司僉書俱無定員始於景泰元年文書房掌房十員掌收通政司每日封進本章并會極門京官及各藩所上封本其在外之閣票在內之搭票一應聖諭旨意御批俱由文書房落底簿發凡升司禮者必由文書房出如外廷之詹翰也禮儀房提督太監一員司禮掌印或秉筆攝之掌司寫字管事長隨無定員掌一應選婚選駙馬誕皇太子女選擇乳婦諸吉禮中書房掌房一員散官無定員掌管文華殿中書所寫書籍對聯扇柄等件承旨發寫完日奏進御前近侍曰乾清宮管事曰督理御用諸事曰打卯牌子曰隨朝捧劍俱位居司禮東廠提督守備之次曰御前牌子曰暖殿曰管櫃子曰贊禮曰答應長隨曰當差聽事曰拏馬尚冠尚衣尚履皆近侍也南京守備正副守備太監各一員關防一顆護衞留都為司禮監外差天壽山守備太監一員轄各陵守陵太監職司護衞湖廣承天府守備太監一員轄承德荊襄地方護衞興寧織造提督太監南京一員蘇州一員杭州一員掌織造御用龍衣鎮守鎮守太監始於洪熙徧設於正統凡各省各鎮無不有鎮守太監至嘉靖八年後始革市舶廣東福建浙江三市舶司各設太監提督後罷浙江福建二司惟存廣東司監督倉場各倉各場俱設監督太監諸陵神宮監各陵俱設神宮監太監守陵其外之監軍採辦糧稅礦關等使不常設者不可勝紀也初吳元年置內史監設監令正四品丞正五品奉御從五品內史正七品典簿正八品皇門官設皇門使正五品副從五品後改置內使監御用監各設令一人正三品丞二人從三品奉御正六品典簿正七品皇門官門正正四品副從四品春宮門官正正五品副從五品御馬司司正正五品副從五品尚寶兼守殿尚冠尚衣尚佩尚履尚藥紀事等奉御俱正六品洪武二年定置內使監奉御六十人尚寶一人尚冠七人尚衣十人尚佩九人尚藥七人紀事二人執膳四人司脯二人司香四人太廟司香四人涓潔二人置尚酒尚醋尚麵尚染四局局設正一人副二人置御馬御用二司司設正一人副二人內府庫設大使一人副使二人內倉監設令一人丞二人及置東宮典璽典翰典膳典服典藥典乘兵六局局設局郎一人丞一人又置門官午門等十三門各設門正一人副一人東宮門官春和門等四門各設門正一人副一人三年置王府承奉司設承奉一人承奉副二人典寶典服典膳三所各設正一人副一人門官設門正一人副一人改內使監御用監秩皆從三品令從三品丞正四品皇門官秩從四品門正從四品副正五品春宮門官正副同四年復悉差其品秩授以散官乃改內使監為正五品皇門官為正六品洪武四年定內官散官正四品中正大夫從四品中侍大夫正五品中衞大夫從五品侍直大夫正六品內侍郎從六品內直郎正七品正奉郎從七品正衞郎正八品司奉郎從八品司直郎尋定內使監令正五品授中衞大夫丞從五品授侍直大夫皇門正局正司正東宮門正局正俱正六品授內侍郎尚寶奉御皇門副局副司副東宮門副局丞王府承奉門正所正俱從六品授內直郎尚冠等奉御內府庫大使內倉監令王府承奉副門副所副俱正七品授正奉郎庫副使倉丞俱從七品授正衞郎六年改御用監為供奉司秩從七品設官五人內倉監為內府倉以監令為大使監丞為副使內府庫為承運庫仍設大使副使尋置紀事司以宦者張翊為司正秩正七品又考前代糾劾內官之法置內正司設司正一人正七品司副一人從七品專糾內官失儀及不法者旋改為典禮司又改為典禮紀察司陞其品秩司正陞正六品司副陞從六品十年置神宮內使監設監令正五品丞從五品司香奉御正七品典簿從九品天地壇神壇各祠祭署設署令正七品丞從七品司香奉御正八品甲乙丙丁戊五庫各設大使正七品副使從七品及皇城門官端門等十六門各設門正正七品副從七品十二年更置尚衣尚冠尚履三監針工皮作巾帽三局改尚佩局為尚佩監十六年置內府寶鈔廣源廣惠二庫職掌出納楮幣入則廣源庫掌之出則廣惠庫掌之寶鈔廣源庫設大使一人正九品用流官副使一人從九品用內官寶鈔廣惠庫設大使二人正九品副使二人從九品俱流官內官兼用十七年更定內官諸監庫局品職內官監設令一人正六品丞二人從六品典簿一人正九品神宮監設令一人正七品丞一人從七品奉御一人正八品尚寶監設令一人正七品丞一人從七品尚衣監設令一人正七品丞一人從七品奉御四人正八品尚膳監設令一人正七品丞一人從七品司設監設令一人正七品丞一人從七品奉御四人正八品司禮監設令一人正七品丞一人從七品御馬監設令一人正七品丞一人從七品直殿監設令一人正七品丞四人從七品小內使十五人宮門承制設奉御五人正八品宮門守門官設門正一人正八品副四人從八品內承運庫設大使一人正九品副使二人從九品司鑰庫設大使一人正九品副使四人從九品巾帽局設大使一人正九品副使一人從九品針工局設大使一人正九品副使一人從九品織染局設大使一人正九品副使一人從九品顏料局設大使一人正九品司苑局設大使一人正九品司牧局設大使一人正九品皆於內官內選用二十八年重定內官監司庫局與諸門官并東宮六局王府承奉等官職秩凡內官監十一曰神宮監曰尚寶監曰孝陵神宮監曰尚膳監曰尚衣監曰司設監曰內官監曰司禮監曰御馬監曰印綬監曰直殿監皆設太監一人正四品左右少監各一人從四品左右監丞各一人正五品典簿一人正六品又設長隨奉御正六品各門官七午門東華門西華門元武門奉天門左順門右順門皆設門正一人正四品門副一人從四品司二曰鐘鼓司曰惜薪司皆設司正一人正五品左右司副各一人從五品局庫九曰兵仗局曰內織染局曰針工局曰巾帽局曰司苑局曰酒醋麵局曰內承運庫曰司鑰庫曰內府供用庫每局庫皆設大使一人正五品左右副使各一人從五品東宮典璽典藥典膳典服典兵典乘六局各設局郎一人正五品局丞二人從五品惟典璽局增設紀事奉御正六品親王府承奉司設承奉正正六品承奉副從六品所三曰典寶所設典寶正一人正六品副一人從六品曰典膳所設典膳正一人正六品副一人從六品曰典服所設典服正一人正六品副一人從六品門官設門正一人正六品門副一人從六品又設內使十人司冠一人司衣三人司佩一人司履一人司藥二人司矢二人各公主位下設中使司司正司副各一人三十年置都知監設太監一人正四品左右少監各一人從四品左右監丞各一人正五品典簿一人正六品又置銀作局設大使一人正五品副使一人從五品太祖嘗謂侍臣曰朕觀周禮奄寺不及百人後世至踰數千因用階亂此曹止可供洒掃給使令非別有委任毋令過多又言此曹善者千百中不一二惡者常千百若用為耳目即耳目蔽用為心腹即心腹病馭之之道在使之畏法不可使有功畏法則檢束有功則驕恣有內侍事帝最久微言及政事立斥之終其身不召因定制內侍毋許識字洪武十七年鑄鐵牌文曰內臣不得干預政事犯者斬置宮門中又敕諸司毋得與內官監文移往來然二十五年命聶慶童往河州敕諭茶馬中官奉使行事已自此始成祖亦嘗云朕一遵太祖訓無御寶文書即一軍一民中官不得擅調發有私役應天工匠者立命錦衣逮治顧中官四出實始永樂時元年李興等齎敕勞暹羅國王此奉使外國之始也三年命鄭和等率兵二萬行賞西洋古里滿剌諸國此將兵之始也八年敕王安等監都督譚青等軍馬靖巡視甘肅此監軍巡視之始也及洪熙元年以鄭和領下番官軍守備南京遂相沿不改敕王安鎮守甘肅而各省鎮皆設鎮守矣宣德四年特設文書房命大學士陳山專授小內使書而太祖不許識字讀書之制由此而廢賜王瑾金英印記則與諸密勿大臣同賜金英范弘等免死詔則又無異勳臣之鐵券也英之王振憲之汪直武之劉瑾熹之魏忠賢太阿倒握威福下移神宗礦稅之使無一方不罹厥害其他怙勢薰灼不可勝紀而蔭弟蔭姪封伯封公則撓官制之大者莊烈帝初翦大憝中外頌聖旣而鎮守出征督餉坐營等事無一不命中官為之而明亦遂亡矣

女官六局尚宮局尚宮二人正五品六尚並同尚宮掌導引中宮凡六局出納文籍皆印署之若徵辦於外則為之請旨牒付內官監監受牒行移於外領司四司記司記二人正六品典記二人正七品掌記二人正八品掌宮內諸司簿書出入錄目番署加印然後授行女史六人掌執文書凡二十四司二十四典二十四掌品秩並同司言司言二人典言二人掌言二人女史四人掌宣傳啟奏凡令節外命婦朝賀中宮司言傳旨司簿司簿二人典簿二人掌簿二人女史六人掌宮人名籍及廩賜之事司闈司闈六人典闈六人掌闈六人女史四人掌宮闈管鑰之事尚儀局尚儀二人掌禮儀起居事領司四司籍司籍二人典籍二人掌籍二人女史十人掌經籍圖書筆札几案之事司樂司樂四人典樂四人掌樂四人女史二人掌音樂之事司賓司賓二人典賓二人掌賓二人女史二人掌朝見宴會賜賚之事司贊司贊二人典贊二人掌贊二人女史二人掌朝見宴會贊相之事彤史彤史二人正六品掌宴見進御之事凡后妃羣妾御於君所彤史謹書其月日尚服局尚服二人掌供服用采章之數領司四司寶司寶二人典寶二人掌寶二人女史四人掌寶璽符契司衣司衣二人典衣二人掌衣二人女史四人掌衣服首飾之事司飾司飾二人典飾二人掌飾二人女史二人掌巾櫛膏沐之事司仗司仗二人典仗二人掌仗二人女史二人凡朝賀帥女官掌執儀仗尚食局尚食二人掌膳羞品齊之數凡以飲食進御尚食先嘗之領司四司膳司膳四人典膳四人掌膳四人女史四人掌割烹煎和之事司醞司醞二人典醞二人掌醞二人女史二人掌酒醴酏飲之事司藥司藥二人典藥二人掌藥二人女史四人掌醫方藥物司饎司饎二人典饎二人掌饎二人掌廩餼薪炭之事尚寢局尚寢二人掌天子之宴寢領司四司設司設二人典設二人掌設二人女史四人掌牀帷茵席洒掃張設之事司輿司輿二人典輿二人掌輿二人女史二人掌輿輦繖扇之事司苑司苑二人典苑二人掌苑二人女史四人掌園囿種植花果司燈司燈二人典燈二人掌燈二人女史二人掌燈燭事尚功局尚功二人掌督女紅之程課領司四司製司製二人典製二人掌製二人女史四人掌衣服裁製縫紉之事司珍司珍二人典珍二人掌珍二人女史六人掌金玉寶貨司綵司綵二人典綵二人掌綵二人女史六人掌繒綿絲枲事司計司計二人典計二人掌計二人女史四人掌度支衣服飲食柴炭之事宮正宮正一人正五品司正二人正六品典正二人正七品掌糾察宮闈戒令謫罰之事大事則奏聞女史四人記功過吳元年置內職六尚局洪武五年定為六局一司局曰尚宮曰尚儀曰尚服曰尚食曰尚寢曰尚功司曰宮正尚宮二人尚儀尚服尚食尚寢尚功各一人宮正二人俱正六品六局分領二十

四司每司或二人或四人（司記司言司簿司樂司寶司衣司飾司醞司藥司供司輿司苑司珍司綵司計各二人司闈司籍司賓司贊司仗司饌司設司燈司製各四人）女史十八人（尚功局六人餘五局及宮正司各二人）十七年更定品秩（尚宮尚儀尚服尚食尚寢尚功宮正各一人俱改正五品二十四司正六品增設二十四掌正七品宮正司增設司正正六品）二十二年授宮官敕服勞多者或五載六載得歸父母聽婚嫁年高者許歸願留者聽現授職者家給與祿二十七年又重定品職（增設二十四典正七品改二十四掌爲正八品尚儀局增設彤史正六品宮正司增設典正正七品自六尚以下員數俱如前所列凡宮官一百八十七人女史九十六人）六局各鑄印給之永樂後職盡移於宦官其宮官所存者惟尚寶四司而已

明史卷七十五　志第五十一

總裁官總理事務經筵講官少保兼太子太保保和殿大學士兼管吏部戶部尚書事加六級臣張廷玉等奉

敕修

職官四

南京宗人府　吏部

戶部（附總督糧儲）　禮部

兵部　刑部

工部　都察院（附提督操江）

通政司　大理寺

詹事府　翰林院

國子監　太常寺

光祿寺　太僕寺

鴻臚寺　尚寶司

六科　行人司

欽天監　太醫院

五城兵馬司　應天府（附上元江寧二縣已上南京官）

王府長史司　布政司

按察司　各道

行太僕寺　苑馬寺

都轉運鹽使司　鹽課提舉司

市舶提舉司　茶馬司

府　州

縣　儒學

巡檢司　驛

稅課司　倉庫

織染局　河泊所（附閘壩官）

批驗所　遞運所

鐵冶所　醫學

陰陽學　僧綱司

道紀司

南京宗人府經歷司經歷一人（南京官品秩俱同北京）

吏部尚書一人右侍郎一人（六部侍郎至弘治後始專設右萬曆三年俱革十一年復設天啟中每部增侍郎一人崇禎間革）其屬司務廳司務一人文選考功驗封稽勳四清吏司各郎中一人主事一人（驗封稽勳二司主事後並革）凡南京官六年考察考功掌之不由北吏部

戶部尚書一人右侍郎一人司務一人照磨一人十三司郎中十三人員外郎九人（浙江江西湖廣廣東廣西福建山西陝西雲南九司各一人嘉靖三十七年革山西陝西二司員外郎各一人隆慶中又革廣西雲南二司員外郎各一人）主事十七人（山西廣東廣西雲南四司各二人隆慶三年革廣東司主事一人）所轄寶鈔提舉司提舉一人廣積庫承運庫贓罰庫甲乙丙丁戊五字庫寶鈔廣惠庫軍儲倉各大使一人長安門倉東安門倉西安門倉北安門倉各副使一人龍江鹽倉檢校批驗所各大使一人（隆慶三年革寶鈔司提舉軍儲倉大使）

總督糧儲一人（嘉靖以前特設都御史二十六年革以戶部右侍郎加都御史銜領之）

禮部尚書一人右侍郎一人司務一人儀制祠祭主客精膳四司各郎中一人儀制祠祭二司各主事一人所轄鑄印局副使一人教坊司右韶舞一人左右司樂各一人

兵部尚書參贊機務一人右侍郎一人司務一人武選職方車駕武庫四司郎中四人員外郎二人（武選武庫無員外郎）主事五人（車駕主事二人）所轄典牧所提領一人（正八品）會同館大勝關各大使一人按參贊機務自宣德八年黃福始成化二十三年始奉敕諭專以本部尚書參贊機務同內外守備官操練軍馬撫卹人民禁戢盜賊振舉庶務故其職視五部爲特重云

刑部尚書一人右侍郎一人司務照磨各一人十三司郎中十三人員外郎五人（惟浙江江西河南陝西廣東五司設）主事十四人（廣東司二人）分掌南京諸司及公侯伯五府京衞所刑名之事司獄二人

工部尚書一人右侍郎一人司務一人營繕虞衡都水屯田四司郎中四人員外郎二人（營繕司一人都水司一人嘉靖三十七年革都水司員外郎）主事八人（營繕司三人屯田司一人餘各二人）所轄營繕所所正所副所丞各一人龍江清江二提舉司各提舉一人（副提舉後革）文思院寶源局軍器局織染所龍江抽分竹木局瓦屑壩抽分竹木局各大使一人（嘉靖三十七年革文思院大使）

都察院右都御史一人右副都御史一人右僉都御史一人司務經歷都事照磨各一人司獄二人（嘉靖三十七年革司獄一人隆慶四年革都事）浙江江西河南山東山西陝西四川雲南貴州九道各御史二人福建湖廣廣東廣西四道各御史三人（嘉靖後不全設恆以一人兼數道）凡刷卷巡倉巡江巡城屯田印馬巡視糧儲監收糧斛點閘軍士管理京營比驗軍器皆敘而差之清軍則借兵部兵科覈後湖黃冊則借戶部戶科

提督操江一人（以副僉都御史爲之領上下江防之事）

通政使司通政使一人右通政一人右參議一人掌收呈狀付刑部審理經歷一人

大理寺卿一人右寺丞一人司務一人左右寺正各一人左右評事各三人（隆慶三年革左右評事各一人）

詹事府主簿一人

翰林院學士一人（不常置以翰林坊局官署職）孔目一人

國子監祭酒一人司業一人監丞一人典簿一人博士三人助教六人學正五人學錄二人典籍一人掌饌一人（嘉靖三十七年革助教二人及掌饌隆慶四年革博士一人學正一人）

太常寺卿一人少卿一人典簿一人博士一人協律郎二人贊禮郎七人（嘉靖中革贊禮郎一人）司樂二人各祠祭署奉祀八人祀丞七人（天地壇奉祀祀丞一山川壇耤田奉祀祀丞一祖陵奉祀祀丞各一皇陵奉祀祀丞各二孝陵揚王墳徐王墳各奉祀一祀丞一嘉靖後革天地壇祖陵揚王墳三祠祭署祀丞）

光祿寺卿一人少卿一人（隆慶四年革少卿）典簿一人大官珍羞良醞掌醢四署各署正一人署丞一人（嘉靖中革良醞掌醢二署署丞萬曆中革珍羞署丞）

太僕寺卿一人少卿二人寺丞二人（隆慶中革少卿一人寺丞一人）主簿一人

鴻臚寺卿一人主簿一人司儀司賓二署各署丞一人鳴贊四人序班九人

尚寶司卿一人

吏戶禮兵刑工六科給事中六人又戶科給事中一人管理後湖黃冊

行人司左司副一人

欽天監監正一人監副一人主簿一人五官正一人五官靈臺郎二人五官監候一人五官司曆一人

太醫院院判一人吏目一人惠民藥局生藥庫各大使一人

五城兵馬司指揮各一人副指揮各三人吏目各一人（萬曆中革副指揮每城二人）

應天府府尹一人府丞一人治中一人通判二人推官一人經歷知事照磨檢校各一人儒學教授一人訓導六人所轄上元江寧二縣各知縣一人縣丞一人主簿二人典史一人司獄一人織染局大使一人左右副使各一人都稅司宣課司（凡四龍江江東聚寶門太平門）稅課局（凡二龍江龍潭）各大使一人副使或一人或二人龍江遞運所大使副使各一人批驗所大使一人河泊所官一人龍江關石灰山關各大使一人副使四人洪武三年改應天府知府爲府尹秩正三品賜銀印十三年始立儒學

南京官自永樂四年成祖往北京置行部尚書備行在九卿印以從是時皇太子監國大小庶務悉以委之惟封爵大辟除拜三品以上文武職則六科都給事中以聞政本故在南也十八年官屬悉移而北南京六部所存惟禮刑工三部各一侍郎在南之官加南京字於職銜上仁宗時補設官屬除南京字正統六年定制復如永樂時

王府長史司左右長史各一人（正五品）其屬典簿一人（正九品）所轄審理所審理正一人（正六品）副一人（正七品）典膳所典膳正一人（正八品）副一人（從八品）奉祠所奉祠正一人（正八品）副一人（從八品）典樂一人（正九品）典寶所典寶正一人（正八品）副一人（從八品）紀善所紀善二人（正八品）良醫所良醫正一人（正八品）副一人（從八品）典儀所典儀正一人（正九品）副一人（從九品）工正所工正一人（正八品）副一人（從八品以上各所副官嘉靖四十四年後並革）伴讀四人（從九品後止設一人）教授無定員（從九品）引禮舍人三人（後革二人）倉大使副使各一人庫大使副使各一人（倉庫副使後俱革）郡王府教授一人（從九品）典膳一人（正八品）鎮國將軍教授一人（從九品）長史掌王府之政令輔相規諷以匡王失率府僚各供乃事而總其庶務焉凡請名請封請婚請恩澤及陳謝進獻表啟書疏長史爲王奏上若王有過則詰長史曾經過犯之人毋得選用是職審理掌推按刑獄禁詰橫暴無干國紀典膳掌祭祀賓客王若妃之膳羞奉祠掌祭祀樂舞典寶掌王寶符牌紀善掌諷導禮法開諭古誼及國家恩義大節以詔王善良醫掌醫典儀掌陳儀式工正掌繕造修葺宮邸廨舍伴讀掌侍從起居陳設經史教授掌以德義迪王校勘經籍凡宗室年十歲以上入宗學教授與紀善爲之師引禮掌接對賓客贊相威儀洪武三年置王相府左右相各一人（正二品）左右傅各一人（從二品）參軍府參軍一人（正五品）錄事二人（正七品）紀善一人（正七品）各以其品秩列朝官之次又置典籤司諮議官尋以王府武相皆勳臣令居文相上王相府官屬仍與朝官更互除授是年置王府教授四年更定官制（左右相正二品文武傅從二品參軍從五品錄事正七品審理正正六品副正七品紀善正七品各署典祠正典寶正典儀正典膳正典服正工正醫正並正七品副並從七品牧正正八品副從八品引禮舍人省注）九年改參軍爲長史罷王傅府及典籤司諮議官增設伴讀四人選老成明經慎行之士任之侍讀四人收掌文籍少則缺之尋改王相府所屬奉

祠典寶典膳良醫工正各所正并紀善俱正八品副從八品十三年并罷王相府陞長史司爲正五品置左右長史各一人典簿一人定王府孳牲所倉庫等官俱爲雜職二十八年置靖江王府諮議所諮議記室教授各一人建文中增置親王賓輔二人伴讀伴講伴書各一人長史三人郡王賓友二人教授一人記室二人直史一人左右直史各一人吏目一人典印典祠典禮典饌典藥五署官各一人典儀二人引禮舍人二人儀仗司吏目一人其賓輔三伴賓友教授進見時侍坐稱名而不稱臣禮如賓師成祖初復舊制改靖江王府諮議所爲長史司萬曆間周府設宗正一人後各府亦漸置郡王府增設教授一人又洪武七年公主府設家令一人正七品司丞一人正八品錄事一人正九品二十三年改家令司爲中使司以內使爲之

承宣布政使司左右布政使各一人從二品左右參政從三品左右參議無定員從四品參政參議因事添設各省不等詳諸道經歷司經歷一人從六品都事一人從七品照磨所照磨一人從八品檢校一人正九品理問所理問一人從六品副理問一人從七品提控案牘一人司獄司司獄一人從九品庫大使一人從九品副使一人倉大使一人從九品副使一人雜造局軍器局寶泉局織染局各大使一人從九品副使一人所轄衙門各省不同詳見雜職布政使掌一省之政朝廷有德澤禁令承流宣播以下於有司凡僚屬滿秩廉其稱職不稱職上下其考報撫按以達於吏部都察院三年率其府州縣正官朝覲京師以聽察典十年會戶版以登民數田數賓興貢合省之士而提調之宗室官吏師生軍伍以時班其祿俸廩糧祀典神祇謹其時祀民鰥寡孤獨者養之孝弟貞烈者表揚之水旱疾疫災祲則請於上蠲振之凡貢賦役視府州縣土地人民豐瘠多寡而均其數凡有大興革及諸政務會都按議經畫定而請於撫按若總督其國慶國哀遣僚貳朝賀弔祭於京師天子卽位則左布政使親至參政參議分守各道及派管糧儲屯田清軍驛傳水利撫民等事并分司協管京畿兩京不設布按無參政參議副使僉事故於旁近布按分司帶管詳見各道經歷都事典受發文移其詳巡按巡鹽御史文書用經歷印照磨檢校典勘理卷宗理問典刑名初太祖下集慶自領江南行中書省戊戌置中書分省於婺州後每略定地方卽置行省其官自平章政事以下大畧與中書省同設行省平章政事從一品左右丞正二品參知政事從二品左右司郎中從五品員外郎從六品都事檢校從七品照磨管勾從八品理問所正理問正四品副理問正五品知事從八品尋改知事爲提控案牘省注洪武九年改浙江江西福建北平廣西四川山東廣東河南陝西湖廣山西諸行省俱爲承宣布政使司罷行省平章政事左右丞等官改參知政事爲布政使秩正二品左右參政從二品改左右司爲經歷司十三年改布政使正三品參政從三品十四年增置左右參議正四品尋增設左右布政使各一人十五年置雲南布政司二十二年定秩從二品建文中陞正二品裁一人成祖復舊制永樂元年以北平布政司爲北京五年置交阯布政司十一年置貴州布政司止設使一人餘官如各布政司宣德三年罷交阯布政司除兩京外定爲十三布政司初置藩司與六部均重布政使入爲尚書侍郎副都御史每出爲布政使宣德正統間猶然自後無之

提刑按察使司按察使一人正三品副使正四品僉事正五品無定員詳見諸道經歷司經歷一人正七品知事一人正八品照磨所照磨一人正九品檢校一人從九品司獄司司獄一人從九品按察使掌一省刑名按劾之事糾官邪戢奸暴平獄訟雪冤抑以振揚風紀而澄清其吏治大者暨都布二司會議告撫按以聽於部院凡朝覲慶弔之禮具如布政司副使僉事分道巡察其兵備提學撫民巡海清軍驛傳水利屯田招練監軍各專事置併分員巡備京畿明初置提刑按察司吳元年置各道按察司設按察使正三品副使正四品僉事正五品十三年改使秩正四品尋罷十四年復置并置各道按察分司十五年又置天下府州縣按察分司以儒士王存中等五百三十一人爲試僉事人按二縣凡官吏賢否軍民利病皆得廉問糾舉十六年盡罷試僉事改按察使爲從三品副使二人從四品僉事從五品多寡從其分道之數二十二年復定按察使爲正三品二十九年改置按察分司爲四十一道直隸六曰淮西道曰淮東道曰蘇松道曰建安徽寧道曰常鎭道曰京畿道浙江二曰浙東道曰浙西道四川三曰川東道曰川西道曰黔南道山東三曰濟南道曰海右道曰遼海東寧道河南二曰河南道曰河北道北平二曰燕南道曰燕北道陝西五曰關內道曰關南道曰河西道曰隴右道曰西寧道山西三曰冀寧道曰冀北道曰河東道江西三曰嶺北道曰兩江道曰湖東道廣東三曰嶺南道曰海南道曰海北道廣西三曰桂林蒼梧道曰左江道曰右江道福建二曰建寧道曰福寧道湖廣四曰武昌道曰荊南道曰湖南道曰湖北道三十年始置雲南按察司先是命布政司兼理建文時改爲十三道肅政按察司成祖初復舊永樂五年置交阯按察司又增設各按察司僉事因督軍衞屯糧增浙江江西廣東廣西湖廣河南雲南四川各一人陝西福建山東山西各二人此增設監司之始十二年置貴州按察司除兩京不設共十三按察司正統三年增設理倉副使僉事又設僉事與布政司參議各一員於甘肅監收倉糧八年增設僉事專理屯田景泰二年增巡河僉事自後各省因事添設或置或罷不可勝紀今總布按二司所分諸道詳左

布政司參政參議分司諸道督糧道十三布政司各一員俱駐省城督冊道江西陝西等間設分守道浙江杭嘉湖道寧紹台道金衢嚴道溫處道俱駐省江西南瑞道駐省湖東道駐廣信湖西道駐臨江饒南九江道駐九江嶺南道駐南安山東濟南道東兗道海右道俱駐省山西冀寧道駐省河東道駐蒲州冀北道駐大同冀南道駐汾州陝西關內道駐省關西道駐鳳翔西寧道駐涼州關南道駐興安河西道駐慶陽隴右道駐鞏昌河南大梁道駐省河南道駐河南汝南道駐南陽河北道駐懷慶湖廣武昌道下荊南道駐鄖陽上荊南道兼兵備駐澧州荊西道兼兵備駐安陸上湖南道下湖南道上江防道駐荊州或駐岳州下江防道福建興泉道駐泉州福寧道駐興化漳南道駐漳州建南道駐延平汀漳道駐上杭縣廣東嶺東道駐潮州嶺西道駐高州羅定道兼兵備駐羅定州嶺北道駐南雄嶺南道四川川西道川北道駐保寧上下川東道駐涪州上川南道駐雅州嘉定二州下川南道署敘州瀘州二州廣西桂平道駐省蒼梧道駐梧州左江道駐潯州右江道駐柳州貴州安平道貴寧道駐省新鎭道駐平越思仁道駐思南雲南臨安道騰衝道瀾滄道以上或參政或參議

按察司副使僉事分司諸道提督學道清軍道驛傳道十三布政司俱各一員惟湖廣提學二員浙江山西陝西福建廣西貴州清軍兼驛傳江西右布政使清軍分巡道浙江杭嚴道寧紹道嘉湖道金衢道江西饒南九江道駐饒州湖西道駐吉安南昌道湖東道嶺北道山東兗州道駐沂州濟寧道青州海防道濟南道移駐德州海右道駐省海道駐萊州登萊道遼海道山西冀寧道冀南道駐潞安雁門道陝西關內道駐邠州關西道駐平涼隴右道駐秦州河西道駐鄜州西寧道河南大梁道汝南道駐信陽州河南道駐汝州河北道駐磁州湖廣武昌道荊西道駐襄陽上荊南道下荊南道湖北道上湖南道下湖南道沅靖道福建巡海道兼理糧儲福寧道興泉道駐泉州建南道駐建寧武平道漳南道駐上杭縣建寧道海道駐漳州汀漳道廣東嶺東道駐惠州嶺西道駐肇慶嶺南道駐省海北道駐雷州海南道駐瓊州四川上東道駐重慶下東道駐達州川西道川北道駐保寧下川南道上川南道廣西府江兵巡道駐平樂桂林兵巡道駐省蒼梧兵巡道駐梧州鬱林州左江兵巡道駐南寧右江兵巡道駐賓州上五道俱兼兵備貴州貴寧道思石道駐銅仁都清道兼兵備駐都勻雲南安普道臨沅道洱海道金滄道整飭兵備道浙江寧紹道嘉興道溫處道台海道江西南瑞道廣建道駐建昌山東臨清道武德道駐武定州曹濮道駐曹州沂州道遼東道山西雁北道駐代州大同道二員一駐大同一駐朔州陽和道潞安道岢嵐道陝西肅州道固原道臨洮道駐蘭州洮岷道駐岷州靖邊道榆林中路道榆林東路道駐神木縣寧夏河西道駐寧夏寧夏河東兵糧道駐花馬池莊浪道漢羌道潼關道湖廣辰沅道河南睢東道福建兵備道巡海道廣東南韶道南雄道四川松潘道威茂道建昌道重夔道安綿道敘瀘道廣西分巡兼兵備五道俱見分巡貴州威清道駐安順畢節道雲南曲靖道其外又有協堂道副使河南浙江間設水利道浙江屯田道江西河南四川三省屯田兼驛傳管河道河南山東間設鹽法道撫治道陝西撫治商洛道湖廣又有撫民撫苗道監軍道因事不常設招練道山東間設其北直隸之道寄衙於山東者則爲密雲道大名道天津道霸州道寄衙於山西者則爲易州道口北道昌平道井陘道薊州永平等道南直隸之道寄衙於山東者太倉道潁州道徐州道寄衙浙江江西湖廣者蘇松道漕儲道常鎭道廬鳳道徽寧池太道淮揚道按明初制恐守令貪鄙不法故於直隸府州縣設巡按御史各布政司所屬設試僉事已罷試僉事改按察分司四十一道此分巡之始也分守起於永樂間每令方面官巡視民瘼後遂定右參政右參議分守各屬府州縣兵道之設仿自洪熙間以武臣疎於文墨遣參政副使沈固劉紹等往各總兵處整理文書商榷機密未嘗身領軍務也至弘治中本兵馬文升慮武職不修議增副僉一員敕之自是兵備之員盈天下兩京不設布按二司故督學以御史後置守巡諸員無所屬則寄衙於鄰近省布按司官

行太僕寺卿一人從三品少卿一人正四品寺丞無定員正六品其屬主簿一人從七品掌各邊衞所營堡之馬政以聽於兵部凡騎操馬匹印烙俵散課掌孳牧以時督察之歲春秋閱視其增耗齒色三歲一稽比布按二司不得與有瘠損則聽兵部參罰苑馬寺亦如之洪武三十年置行太僕寺於山西北平陝西甘肅遼東山西北平陝西每寺設少卿一人丞三人甘肅遼東每寺設少卿丞各一人擇致仕指揮千百戶爲之永樂四年許令寺官按治所轄衞所鎭撫首領官吏十八年以北京行太僕寺爲太僕寺宣德七年發雜犯死罪應充軍者於陝西行太僕寺養馬弘治十年簡推素有才望者補本寺官視太僕寺官陞擢嘉靖三年從御史陳講請增設陝西甘肅二寺各少卿一員分管延綏寧夏二十九年令寺官遇聖節輪年齎進表文

苑馬寺卿一人從三品少卿一人正四品寺丞無定員正六品其屬主簿一人從七品各牧監監正一人正九品監副一人

從九品錄事一人各苑圉長一人從九品掌六監二十四苑之馬政而聽於兵部凡苑視廣狹爲三等上苑牧馬萬匹中苑七千下苑四千凡牧地曰草場曰荒地曰熟地嚴禁令而封表之凡牧人曰恩軍曰隊軍曰改編之軍曰充發之軍曰召募之軍曰抽選之軍皆籍而食之凡馬駒歲籍其監苑之數上於兵部以聽考課監正副掌監苑之牧事圉長帥羣長而阜蕃馬匹永樂四年置苑馬寺凡四北直隸遼東平涼甘肅五年增設北直隸苑馬寺六監二十四苑順義長春咸和駉良四苑隸清河監水州隆萃大牧遂寧隸金臺監洴池鹿鳴龍河長興隸涿鹿監遼陽龍山萬安蕃昌隸盧龍監清流廣蕃龍泉松林隸香山監河陽崇義興寧永成隸通州監六年增甘肅平涼二寺監二每寺各六監二十四苑十八年革北京苑馬寺并入太僕正統四年革甘肅苑馬寺改牧恩軍於黑水口隸長樂監弘治二年革平涼寺丞一員十七年都御史楊一清奏請行太僕苑馬二寺員缺簡選才望參政副使補陞卿參議僉事補陞少卿以振馬政十八年又請添設寺員嘉靖三十二年以遼東寺卿張思兼轄金復蓋州三衞軍民四十二年又命帶理兵備事

都轉運鹽使司都轉運使一人從三品同知一人從四品副使一人從五品判官無定員從六品其屬經歷司經歷一人從七品知事一人從八品庫大使副使各一人所轄各場鹽課司大使副使各鹽倉大使副使各批驗所大使副使並一人俱未入流都轉運使掌鹽鹺之事同知副判分司之都轉運鹽使司凡六曰兩淮曰兩浙曰長蘆曰河東曰山東曰福建分司十四泰州淮安通州隸兩淮嘉興松江寧紹溫台隸兩浙滄州青州隸長蘆膠萊濱樂隸山東解鹽東場西場中場隸河東分副使若判官涖之督各場倉鹽課司以總於都轉運使共奉巡鹽御史或鹽法道臣之政令福建山東無巡鹽御史餘詳食貨志鹽法中

鹽課提舉司提舉一人從五品同提舉一人從六品副提舉無定員從七品其屬吏目一人從九品庫大使副使一人所轄各鹽倉大使副使各場各井鹽課司大使副使並一人提舉司凡七曰四川曰廣東海北廉州曰黑鹽井楚雄曰白鹽井姚安曰安寧曰五井大理曰察罕腦兒又有遼東煎鹽提舉司提舉正七品同提舉正八品副提舉正九品其職掌皆如都轉運司明初置都轉運司於兩淮吳元年置兩浙都轉運司於杭州定都轉運使秩正三品設同知正四品副使正五品運判正六品經歷正七品知事正八品照磨綱官正九品鹽場設司令從七品司丞從八品百夫長省注洪武二年置長蘆河東二都轉運司及廣東海北鹽課提舉司尋又置山東福建二都轉運司三年又於陝西察罕腦兒之地置鹽課提舉司後漸增置各處建文中改廣東提舉爲都轉運司永樂初復故十四年初命御史巡鹽景泰三年罷長蘆兩淮巡鹽御史命撫按官兼理已復遣御史其無御史者分按察司理之又洪武中於四川置茶鹽都轉運司洪武五年置設官如都轉運鹽使司十年罷納溪白渡二鹽馬司洪武五年置以常選官爲司令內使爲司丞十三年罷尋復置十五年改設大使副使各一人後並革又有順龍鹽馬司亦革

市舶提舉司提舉一人從五品副提舉二人從六品其屬吏目一人從九品掌海外諸蕃朝貢市易之事辨其使人表文勘合之眞僞禁通番征私貨平交易閑其出入而愼館穀之吳元年置市舶提舉司洪武三年罷太倉黃渡市舶司七年罷福建之泉州浙江之明州廣東之廣州三市舶司永樂元年復置設官如洪武初制尋命內臣提督之嘉靖元年給事中夏言奏倭禍起於市舶遂革福建浙江二市舶司惟存廣東市舶司

茶馬司大使一人正九品副使一人從九品掌市馬之事洪武中置洮州秦州河州三茶馬司設司令司丞十五年改設大使副使各一人尋罷洮州茶馬司以河州茶馬司兼領之三十年改秦州茶馬司爲西寧茶馬司又洪武中置四川永寧茶馬司後革復置雅州碉門茶馬司又於廣西置慶遠裕民司洪武七年置設大使一人從八品副使一人正九品市入番溪洞之馬後亦革

府知府一人正四品同知正五品通判無定員正六品推官一人正七品其屬經歷司經歷一人正八品知事一人正九品照磨所照磨一人從九品檢校一人司獄司司獄一人所轄別見知府掌一府之政宣風化平獄訟均賦役以敎養百姓每三歲察屬吏之賢否上下其考以達於省上吏部凡朝賀弔祭視布政使司直隸府得專達凡詔赦例令勘劄至謹受之下所屬奉行所屬之政皆受約束於府劑量輕重而令之大者白於撫按布按議允乃行凡賓興科貢提調學校修明祀典之事咸掌之若籍帳軍匠驛遞馬牧盜賊倉庫河渠溝防道路之事雖有專官皆總領而稽覈之同知通判分掌清軍巡捕管糧治農水利屯田牧馬等事無常職各府所掌不同如延安延綏同知又兼牧民餘不盡載無定員邊府同知有增至六七員者推官理刑名贊計典各府推官洪武三年始設經歷照磨檢校受發上下文移磨勘六房宗卷明初改諸路爲府洪武六年分天下府三等糧二十萬石以上爲上府知府秩從三品二十萬石以下爲中府知府正四品十萬石以下爲下府知府從四品已並爲正四品七年減北方府州縣官三百八人十三年選國子學生二十四人爲府州縣官六月罷各府照磨二十七年復置自宣德三年棄交阯布政司計天下府凡一百五十有九

州知州一人從五品同知從六品判官無定員從七品里不及三十而無屬縣裁同知判官有屬縣裁同知其屬吏目一人從九品所轄別見知州掌一州之政凡州二有屬州有直隸州屬州視縣直隸州視府而品秩則同同知判官俱視其州事之繁簡以供厥職計天下州凡二百三十有四

縣知縣一人正七品縣丞一人正八品主簿一人正九品其屬典史一人所轄別見知縣掌一縣之政凡賦役歲會實征十年造黃冊以丁產爲差賦有金穀布帛及諸貨物之賦役有力役雇役借債不時之役皆視天時休咎地利豐耗人力貧富調劑而均節之歲歉則請於府若省蠲減之凡養老祀神貢士讀法表善良恤窮乏稽保甲嚴緝捕聽獄訟皆躬親厥職而勤愼焉若山海澤藪之產足以資國用者則按籍而致貢縣丞主簿分掌糧馬巡捕之事典史典文移出納如無縣丞或無主簿則分領丞簿職縣丞主簿添革不一若編戶不及二十里者並裁吳元年定縣三等糧十萬石以下爲上縣知縣從六品六萬石以下爲中縣知縣正七品三萬石以下爲下縣知縣從七品已並爲正七品凡新授郡縣官給道里費洪武元年徵天下賢才爲府州縣職敕命厚賜以勵其廉恥又敕諭之至於再三十七年定府州縣條例八事頒示天下永爲遵守是時天下府州縣官廉能正直者必遣行人齎敕往勞增秩賜金仁宣之際猶然英憲而下日罕自後益重內輕外此風絕矣計天下縣凡一千一百七十有一

儒學府教授一人從九品訓導四人州學正一人訓導三人縣教諭一人訓導二人教授學正教諭掌敎誨所屬生員訓導佐之凡生員廩膳增廣府學四十人州學三十人縣學二十人附學生無定數儒學官月課士子之藝業而獎勵之凡學政遵臥碑咸聽於提學憲臣提調府聽於府州聽於州縣聽於縣其殿最視鄉舉之有無多寡明初置儒學提舉司洪武二年詔天下府州縣皆立學十三年改各州學正爲未入流先是從九品二十四年定儒學訓導位雜職上三十一年詔天下學官改授旁郡州縣正統元年始設提督學校官又有都司儒學洪武十七年置遼東始行都司儒學洪武二十三年置北平始衞儒學洪武十七年置岷州衞二十三年置大寧等衞始以敎武臣子弟俱設敎授一人訓導二人河東又設都轉運司儒學制如府其後宣慰安撫等土官俱設儒學

巡檢司巡檢副巡檢俱從九品主緝捕盜賊盤詰奸僞凡在外各府州縣關津要害處俱設俾率徭役弓兵警備不虞初洪武二年以廣西地接猺獞始於關隘衝要之處設巡檢司以警奸盜後遂增置各處十三年二月特賜敕諭之尋改爲雜職

驛驛丞典郵傳迎送之事凡舟車夫馬廩糗庖饌裯帳視使客之品秩僕夫之多寡而謹供應之支直於府若州縣而籍其出入巡檢驛丞各府州縣有無多寡不同

稅課司府曰司縣曰局大使一人從九品典稅事凡商賈儈屠雜市皆有常征以時榷而輸其直於府若縣凡民間貿田宅必操契券請印乃得收戶則征其直百之三明初改在京官店爲宣課司府州縣官店爲通課司後改通課司爲稅課司局

倉大使一人府從九品州縣未入流副使一人庫大使一人州縣設

織染雜造局大使一人從九品州織染局未入流副使一人

河泊所官掌收魚稅閘官壩官掌啓閉蓄洩洪武十五年定天下河泊所凡二百五十二歲課糧五千石以上至萬石者設官三人千石以上設二人三百石以上設一人

批驗所大使一人副使一人掌驗茶鹽引

遞運所大使一人副使一人掌運遞糧物洪武九年始置先是在外多以衞所戍守軍士傳送軍囚太祖以其有妨練習守禦乃命兵部增置各處遞運所以便遞送設大使副使各一人驗夫多寡設百夫長以領之後汰副使革百夫長

鐵冶所大使一人副使一人洪武七年初置凡十三所每所置大使副使各一人初大使正八品副使正九品後俱爲未入流

醫學府正科一人從九品州典科一人縣訓科一人洪武十七年置設官不給祿

陰陽學府正術一人從九品州典術一人縣訓術一人亦洪武十七年置設官不給祿

僧綱司都綱一人從九品副都綱一人州僧正司僧正一人縣僧會司僧會一人府道紀司都紀一人從九品副都紀一人州道正司道正一人縣道會司道會一人俱洪武十五年置設官不給祿

明史卷七十六　志第五十二

總裁官總理事務經筵講官少保兼太子太保保和殿大學士兼管吏部戶部尚書事加六級張廷玉等奉敕修

職官五

公侯伯凡三等以封功臣及外戚皆有流有世功臣則給鐵券封號四等佐太祖定天下者曰開國輔運推誠從成祖起兵曰奉天靖難推誠餘曰奉天翊運推誠曰奉天翊衛推誠武臣曰宣力武臣文臣曰守正文臣歲祿以功爲差已封而又有功仍爵或進爵增祿其才而賢者充京營總督五軍都督府掌僉書南京守備或出充鎮守總兵官否則食祿奉朝請而已年幼而嗣爵者咸入國子監讀書嘉靖八年定外戚封爵毋許世襲其有世襲一二代者出特恩

駙馬都尉位在伯上凡尚大長公主長公主公主並曰駙馬都尉其尚郡主縣主郡君縣君鄉君者並曰儀賓歲祿各有差皆不得與政事明初駙馬都尉有典兵出鎮及掌府部事者建文時梅殷爲鎮守淮安總兵官李堅爲左副將軍成祖時李讓掌北京行部事仁宗時沐昕宣宗時宋琥並守備南京英宗時趙輝掌南京左府事其餘惟奉祀孝陵攝行廟祭署宗人府事往往受命一充其任若恩親侯李貞永春侯王寧京山侯崔元以恩澤封侯非制也

中軍左軍右軍前軍後軍五都督府每府左右都督正一品都督同知從一品都督僉事正二品恩功寄祿無定員其屬經歷司經歷從五品都事從七品各一人都督府掌軍旅之事各領其都司衛所詳見兵志衛所中以達於兵部凡武職世官流官土官襲替優養優給所屬上之府移兵部請選既選移府以下之都司衛所首領官聽吏部選授給繇亦如之凡武官誥敕俸糧水陸步騎操練官舍旗役併試軍情聲息軍伍勾補邊腹地圖文冊屯種器械舟車薪葦之事並移所司而綜理之凡各省各鎮鎮守總兵官副總兵並以三等眞署都督及公侯伯充之有大征討則掛諸號將軍或大將軍前將軍副將軍印總兵出既事納之其各府之掌印及僉書率皆公侯伯間有屬老將之實爲都督者不能十一也初太祖下集慶即置行樞密院自領之又置諸翼統軍元帥府尋罷樞密院改置大都督府以朱文正爲大都督節制中外諸軍事設司馬參軍經歷都事等官又增設左右都督同知副使僉事照磨各一人并設斷事官定制大都督從一品左右都督正二品同知都督從二品副都督正三品僉都督從三品經歷從五品都事從七品統軍元帥府元帥正三品同知元帥從三品副使正四品經歷正七品知事從八品照磨正九品又以都鎮撫司隸大都督府先是屬中書省秩從四品尋罷統軍元帥府吳元年更定官制罷大都督不設以左右都督爲長官正一品同知都督從一品副都督正二品僉都督從二品俱陞品秩其屬設參議正四品經歷斷事官從五品都事正七品照磨從七品洪武九年罷副都督改參議爲掌判官十二年陞都督僉事爲正二品掌判官爲正三品十三年始改都督府爲五軍都督府分領在京各衛所惟錦衣等親軍上直衛不隸五府及在外各都司衛所以中軍都督府斷事官爲五軍斷事官十五年置五軍十衛參軍府設左右參軍十七年五軍各設左右斷事二人提控案牘一人並從九品二十三年陞五軍斷事官爲正五品總治五軍刑獄分爲五司司設稽仁稽義稽禮稽智稽信五人俱正七品各理其軍之刑獄二十九年置五軍照磨所專掌文牘建文中革斷事及五司官永樂元年設北京留守行後軍都督府置左右都督都督同知都督僉事無定員經歷都事各一人後又分五府稱行在五軍都督府十八年除行在字在應天者加南京字洪熙元年復稱行在仍設行後府宣德三年又革正統六年復除行在字

京營永樂二十二年置三大營曰五軍營曰神機營曰三千營五軍神機各設中軍左右哨左右掖五軍三千各設五司每營俱選勳臣二人提督之其諸營管哨掖官曰坐營曰坐司各哨掖官亦率以勳臣爲之又設把總把司把牌等官又有圍子手幼官舍人殫忠效義諸營俱附五軍營中景泰元年選三營精銳立十團營涖以總兵統以總督監以內臣其舊設者號爲老營三營凡六提督內選其二領團營成化三年分團營爲十二每營又各分五軍三千統騎兵神機統火器其各營統領俱擇都督都指揮或列爵充之以總督統轄之正德中又選團營精銳置東西兩官廳另設總兵參將統領嘉靖二十九年革團營官廳仍併三大營改三千曰神樞設副參遊佐坐營號頭中軍千把總等官五軍營戰兵一營左副將一戰兵二營練勇參將一車兵三營參將一車兵四營遊擊將軍一城守五營佐擊將軍一戰兵六營右副將一戰兵七營練勇參將一車兵八營參將一車兵九營遊擊將軍一城守十營佐擊將軍一備兵坐營官一大號頭官一已上部推監鎗號頭官一中軍官十一隨征千總四隨營千總二十選鋒把總八把總一百三十八已上俱營推神樞營戰兵一營左副將一戰兵二營練勇參將一車兵三營參將一車兵四營遊擊將軍一城守五營佐擊將軍一戰兵六營右副將一車兵七營練勇參將一執事八營參將一城守九營佐擊將軍一城守十營佐擊將軍一備兵坐營官一大號頭官一已上部推監鎗號頭官一中軍官十一千總二十選鋒把總六把總一百五十七已上俱營推神機營戰兵一營左副將一戰兵二營練勇參將一車兵三營遊擊將軍一車兵四營佐擊將軍一城守五營佐擊將軍一戰兵六營右副將一車兵七營練勇參將一城守八營佐擊將軍一城守九營佐擊將軍一城守十營佐擊將軍一備兵坐營官一大號頭官一已上部推監鎗號頭官一中軍官十一千總二十選鋒把總六把總一百二十八已上俱營推通計三大營共五百八十六員統以提督總兵官一員已改提督曰總督鑄總督京營戎政印俾仇鸞佩之更設侍郎一人協理京營戎政定巡視科道官歲一代更悉革內侍官增設巡視主事尋亦革隆慶初仍以總督爲提督改協理爲閱視尋併改閱視爲提督四年二月更京營制三營各設提督又各設右都御史一員提督之九月罷六提督仍復總督戎政一人天啟初增設協理一人已仍革一人崇禎初復增一人

京衛指揮使司指揮使一人正三品指揮同知二人從三品指揮僉事四人正四品鎮撫司鎮撫二人從五品其屬經歷司經歷從七品知事正八品吏目從九品倉大使副使各一人所轄千戶所多寡各不等京衛有上直衛有南北京衛品秩並同各有掌印有僉書其以恩廕寄祿無定員凡上直衛親軍指揮使司二十有六曰錦衣衛曰旗手衛曰金吾前衛曰金吾後衛曰羽林左衛曰羽林右衛曰府軍衛曰府軍左衛曰府軍右衛曰府軍前衛曰府軍後衛曰虎賁左衛是爲上十二衛洪武中置曰金吾左衛曰金吾右衛曰羽林前衛曰燕山左衛曰燕山右衛曰燕山前衛曰大興左衛曰濟陽衛曰濟州衛曰通州衛是爲上十衛永樂中置曰騰驤左衛曰騰驤右衛曰武驤左衛曰武驤右衛宣德八年置番上宿衛名親軍以護宮禁不隸五都督府其京衛隸都督府者三十有三曰留守左衛曰鎮南衛曰驍騎右衛曰龍虎衛曰瀋陽左衛曰瀋陽右衛隸左軍都督府曰留守右衛曰虎賁右衛曰武德衛隸右軍都督府曰留守中衛曰神策衛曰應天衛曰和陽衛及牧馬千戶所蕃牧千戶所俱隸中軍都督府曰留守前衛曰龍驤衛曰豹韜衛隸前軍都督府曰留守後衛曰鷹揚衛曰興武衛曰大寧中衛曰大寧前衛曰會州衛曰富峪衛曰寬河衛曰神武左衛曰忠義右衛曰忠義前衛曰忠義後衛曰義勇右衛曰義勇前衛曰義勇後衛曰武成中衛曰蔚州左衛隸後軍都督府又京衛非親軍而不隸都督府者十有五曰武功中衛曰武功左衛曰武功右衛已上三衛以匠故隸工部曰永清左衛曰永清右衛曰彭城衛曰長陵衛曰獻陵衛曰景陵衛曰裕陵衛曰茂陵衛曰泰陵衛曰康陵衛曰永陵衛曰昭陵衛明初置帳前總制親軍都指揮使司以馮國用爲都指揮使後改置金吾侍衛親軍都護府設都護從二品經歷正六品知事從七品照磨從八品又置各衛親軍指揮使司設指揮使正三品同知指揮使從三品副使正四品經歷正七品知事從八品照磨正九品千戶所正千戶正五品副千戶從五品鎮撫百戶正六品因置武德龍驤豹韜飛熊威武廣武興武英武鷹揚驍騎神武雄武鳳翔天策振武宣武羽林十七衛親軍指揮使司此設親軍衛之始尋罷金吾侍衛親軍都護府洪武永樂間增設親軍諸衛名爲上二十二衛分掌宿衛而錦衣衛主巡察緝捕理詔獄以都督都指揮領之蓋特異於諸衛焉留守五衛舊爲都鎮撫司總領禁衛先屬中書省改隸大都督府設都鎮撫從四品副鎮撫從五品知事從八品尋改宿衛鎮撫司設宿衛鎮撫宿衛知事洪武三年改爲留守衛指揮使司專領軍馬守禦各城門及巡警皇城與城垣造作之事後陞爲留守都衛統轄天策豹韜飛熊鷹揚江陰廣洋橫海龍江水軍左右十衛八年復爲留守衛與天策等八衛俱爲親軍指揮使司惟水軍左右二衛爲指揮使司並隸大都督府十一年改爲留守中衛增置留守左右前後四衛仍爲親軍十三年始分隸五都督府

錦衣衛掌侍衛緝捕刑獄之事恒以勳戚都督領之恩廕寄祿無常員凡朝會巡幸則具鹵簿儀仗率大漢將軍共一千五百七員等侍從扈行宿衛則分番入直朝日夕月耕耤視牲則服飛魚服佩繡春刀侍左右盜賊奸宄街塗溝洫密緝而時省之凡承制鞫獄錄囚勘事偕三法司五軍官舍比試併鎗同兵部涖視統所凡十有七中左右前後五所領軍士五所分鑾輿擎蓋扇手旌節旛幢班劍斧鉞戈戟弓矢馴馬十司各領將軍校尉以備法駕上中上左上右上前上後中後六親軍所分領將軍力士軍匠馴象所領象奴養象以供朝會陳列駕輦馱寶之事明初置拱衛司秩正七品管領校尉屬都督府後改拱衛指揮使司秩正三品尋又改爲都尉司洪

武三年改爲親軍都尉府管左右中前後五衞軍士而設儀鑾司隸焉四年定儀鑾司爲正五品設大使一人副使二人十五年罷儀鑾司改置錦衣衞秩從三品其屬有御椅等七員皆正六品設經歷司掌文移出入鎮撫司掌本衞刑名兼理軍匠十七年改錦衣衞指揮使爲正三品二十年以治錦衣衞者多非法凌虐乃焚刑具出繫囚送刑部審錄詔內外獄咸歸三法司罷錦衣獄成祖時復置尋增北鎮撫司專治詔獄成化間刻印畀之獄成得專達不關白錦衣錦衣官亦不得干預而以舊所設爲南鎮撫司專理軍匠旗手衞本旗手千戶所洪武十八年改置掌大駕金鼓旗纛帥力士隨駕宿衞校尉力士僉民間壯丁爲之校尉專職擎執鹵簿儀杖及駕前宣召官員差遣幹辦隸錦衣衞力士專領金鼓旗幟隨駕出入及守衞四門隸旗手衞凡歲祭旗頭六纛之神八月於壇十二月於承天門外皆衞官涖事統所五

府軍前衞掌統領幼軍輪番帶刀侍衞明初有帶刀舍人洪武時府軍等衞皆有習技幼軍永樂十三年爲皇太孫特選幼軍置府軍前衞設官屬指揮使五人指揮同知十人指揮僉事二十人衞鎮撫十人經歷五人統所二十有五

金吾羽林等十九衞掌守衞巡警統所凡一百有二

騰驤等四衞掌帥力士直駕隨駕統所三十有二

南京守備一人協同守備一人南京以守備及參贊機務爲要職守備以公侯伯充之兼領中軍都督府事協同守備以侯伯都督充之領五府事參贊機務以南京兵部尚書領之其治所在中府掌南都一切留守防護之事永樂十九年遷都北京命中府掌府事官守備南京節制南京諸衞所洪熙元年始以內臣同守備景泰三年增設協同守備一人

南京五軍都督府左右都督都督同知都督僉事不全設其掌印僉書皆以勳爵及三等都督爲之分掌南京衞所以達於南京兵部凡管領大教場及江上操備等事各府奉敕分掌之城門之管鑰中府專掌之初設城門郞洪武十八年革以門禁鎖鑰銅牌命中軍都督府掌之其屬經歷都事各一人

南京衞指揮使司設官詳京衞凡四十有九分隸五都督府者三十有二曰留守左衞曰鎮南衞曰水軍左衞曰驍騎右衞曰龍虎衞曰龍虎左衞曰英武衞曰龍江右衞曰瀋陽左衞曰瀋陽右衞隸左府曰留守右衞曰虎賁右衞曰水軍右衞曰武德衞曰廣武衞隸右府曰留守中衞曰神策衞曰廣洋衞曰廣天衞曰和陽衞及牧馬千戶所隸中府曰留守前衞曰龍江左衞曰龍驤衞曰飛熊衞曰天策衞曰豹韜衞曰豹韜左衞隸前府曰留守後衞曰橫海衞曰鷹揚衞曰興武衞曰江陰衞隸後府又親軍衞指揮使司十有七曰金吾前衞曰金吾後衞曰金吾左衞曰金吾右衞曰羽林左衞曰羽林右衞曰羽林前衞曰府軍衞曰府軍左衞曰府軍右衞曰府軍後衞曰虎賁左衞曰錦衣衞曰旗手衞曰江淮衞曰濟州衞曰孝陵衞與左府所屬十衞右府所屬五衞前府所屬七衞後府所屬五衞並聽中府節制各衞領所一百一十有八

王府護衞指揮使司設官如京衞王府儀衞司儀衞正一人正五品儀衞副二人從五品典仗六人正六品儀衞掌侍衞儀仗護衞掌防禦非常護衞王即有征調則聽命於朝明初諸王府置護軍府洪武三年置儀衞司司設正副各一人秩比正副千戶司仗六人秩比百戶四年改司仗爲典仗五年置親王護衞指揮使司每王府設三護衞衞設左右前後中五所所千戶二人百戶十人又設圍子手二所每所千戶一人九年罷護軍府建文中改儀衞司爲儀仗司增置吏目一人成祖初復舊制

總兵官副總兵參將遊擊將軍守備把總無品級無定員總鎮一方者爲鎮守獨鎮一路者爲分守各守一城一堡者爲守備與主將同守一城者爲協守又有提督提調巡視備禦領班備倭等名凡總兵副總兵率以公侯伯都督充之其總兵掛印稱將軍者雲南曰征南將軍大同曰征西前將軍湖廣曰平蠻將軍兩廣曰征蠻將軍遼東曰征虜前將軍宣府曰鎮朔將軍甘肅曰平羌將軍寧夏曰征西將軍交阯曰副將軍延綏曰鎮西將軍諸印洪熙元年制頒其在薊鎮貴州湖廣四川及儹運淮安者不得稱將軍掛印宣德間又設山西陝西二總兵嘉靖間分設廣東廣西貴州湖廣二總兵爲四改設福建保定副總兵爲總兵又添設浙江總兵萬曆間又增設於臨洮山海天啓間增設登萊至崇禎時益紛不可紀而位權亦非復當日蓋明初雖參將遊擊把總亦多有充以勳戚都督等官至後則杳然矣

鎮守薊州總兵官一人舊設隆慶二年改爲總理練兵事務兼鎮守駐三屯營協守副總兵三人東路副總兵隆慶三年添設駐建昌營管理燕河營臺頭營石門寨山海關四路中路副總兵萬曆四年改設駐三屯營帶管馬蘭松棚峪喜峯口太平寨四路西路副總兵隆慶三年添設駐石匣營管理牆子嶺曹家寨古北口石塘嶺四路分守參將十一人曰通州參將曰山海關參將曰石門寨參將曰燕河營參將曰臺頭營參將曰太平寨參將曰馬蘭峪參將曰牆子嶺參將曰古北口參將曰石塘嶺參將曰喜峯口參將遊擊將軍六人統領南兵遊擊將軍三人領班遊擊將軍七人坐營官八人守備八人把總一人提調官二十六人

鎮守昌平總兵官一人舊設副總兵又有提督武臣嘉靖三十八年裁副總兵以提督改爲鎮守總兵駐昌平城聽總督節制分守參將三人曰居庸關參將曰黃花鎮參將曰橫嶺口參將遊擊將軍二人坐營官三人守備十人提調官一人

鎮守遼東總兵官一人舊設駐廣寧隆慶元年令冬月移駐河東遼陽適中之地調度防禦應援海州瀋陽協守副總兵一人遼陽副總兵舊爲分守嘉靖四十五年改爲協守駐遼陽城節制開原海州險山瀋陽等處分守參將五人曰開原參將曰錦義右參將曰海蓋右參將曰寧遠參將曰寬奠堡參將遊擊將軍八人守備五人坐營中軍官一人備禦十九人

鎮守保定總兵官一人弘治十八年初設保定副總兵後改爲參將正德九年復爲分守副總兵嘉靖二十年改爲鎮守三十年改設鎮守總兵官萬曆元年令春秋兩防移駐浮圖峪遇有警移駐紫荊關以備入援分守參將四人曰紫荊關參將曰龍固二關參將曰馬水口參將曰倒馬關參將遊擊將軍六人坐營中軍官一人守備七人把總七人忠順官二人

鎮守宣府總兵官一人舊設駐宣府鎮城協守副總兵一人副總兵舊亦駐鎮城嘉靖二十八年移駐永寧城分守參將七人曰北路獨石馬營參將曰東路懷來永寧參將曰上西路萬全右衞參將曰南路順聖蔚廣參將曰中路葛峪堡參將曰下西路柴溝堡參將曰南山參將遊擊將軍三人坐營中軍官二人守備三十一人領班備禦二人萬曆八年革

鎮守大同總兵官一人舊設駐大同鎮城協守副總兵一人舊爲左副總兵萬曆五年去左字駐左衞城分守參將九人曰東路參將曰北東路參將曰中路參將曰西路參將曰北西路參將曰井坪城參將曰新坪堡參將曰總督標左掖參將曰威遠城參將萬曆八年革遊擊將軍二人入衞遊擊四人坐營中軍官二人守備三十九人

鎮守山西總兵官一人舊爲副總兵嘉靖二十年改設駐寧武關防秋移駐陽方口防冬移駐偏關協守副總兵一人嘉靖四十四年添設初駐偏關後移駐老營堡分守參將六人曰東路代州左參將曰西路偏頭關右參將曰太原左參將曰中路利民堡右參將曰河曲縣參將曰北樓口參將遊擊將軍一人坐營中軍官一人守備十三人操守二人

鎮守延綏總兵官一人舊設駐鎮城協守副總兵一人定邊右副總兵嘉靖四十一年添設分守安定鎮靜等處提調大墻及墻口等處分守參將六人曰孤山參將曰東路右參將曰西路左參將曰中路參將曰清平參將曰榆林保寧參將遊擊將軍二人入衞遊擊四人守備十一人坐營中軍官一人

鎮守寧夏總兵官一人舊設駐鎮城協守副總兵一人亦舊設同駐鎮城分守參將四人曰東路右參將曰西路左參將曰靈州左參將曰北路平虜城參將遊擊將軍三人入衞遊擊一人萬曆八年革守備三人備禦領班二人萬曆九年革坐營中軍官二人營理鎮城都司一人領班都司二人萬曆九年革管理水利屯田都司一人

鎮守甘肅總兵官一人舊設駐鎮城協守副總兵一人甘肅左副總兵舊設嘉靖四十四年移駐高臺防禦隆慶四年回駐鎮城分守副總兵一人涼州右副總兵舊設分守參將四人曰莊浪左參將曰肅州右參將曰西寧參將曰鎮番參將遊擊將軍四人坐營中軍官一人守備十一人領班備禦都司四人

鎮守陝西總兵官一人舊駐會城後移駐固原分守副總兵一人洮岷副總兵萬曆六年改設駐洮州分守參將五人曰河州參將曰蘭州參將曰靖虜參將曰陝西參將曰階文西固參將遊擊將軍四人坐營中軍官二人守備八人

鎮守四川總兵官一人隆慶五年添設駐建武所分守副總兵一人松潘副總兵舊設協守參將二人曰松潘東路左參將曰松潘南路右參將遊擊將軍二人守備六人

鎮守雲南總兵官一人舊設駐雲南府分守參將三人曰臨元參將曰永昌參將曰順蒙參將守備二人巡撫中軍坐營官一人

鎮守貴州總兵官一人舊設嘉靖三十二年加提督麻陽等處地方職銜駐銅仁府分守參將二人曰提督清浪右參將曰提督川貴迤西左參將守備七人巡撫中軍官一人

鎮守廣西總兵官一人舊爲副總兵嘉靖四十五年改設駐桂林府分守參將五人曰潯梧左參將曰柳慶右參將曰永寧參將曰思恩參將曰昭平參將守備三人坐營官一人

鎮守湖廣總兵官一人舊設嘉靖十年罷十二年復設萬曆八年又罷十二年仍復設駐省城分守參將三人曰黎平參將曰鎮筸參將曰鄖陽參將守備十一人把總一人

鎮守廣東總兵官一人舊爲征蠻將軍兩廣總兵官嘉靖四十五年分設駐潮州府協守副總兵一人潮漳副總兵萬曆三年添設駐南澳分守參將七人曰潮州參將曰瓊崖參將曰雷廉參將曰東山參將曰西山參將曰督理廣州海防參將曰惠州參將練兵遊擊將軍一人守備五人坐營中軍官二人把總四人

提督狼山副總兵一人嘉靖三十七年添設駐通州鎮守江南副總兵一人舊係總兵官駐福山港後移駐鎮江儀真二處嘉靖八年裁革十九年復設二十九年仍革三十二年改設副總兵駐金山衞四十三年移駐吳淞分守參將二人曰徐州參將曰金山參將遊擊將軍一人守備六人鳳陽軍門中軍官一人把總十三人

鎮守浙江總兵官一人嘉靖三十四年設總理浙直海防三十五年改鎮守浙直四十二年改鎮守浙江舊駐定海縣後移駐省城分守參將四人曰杭嘉湖參將曰寧紹參將曰溫處參將曰台金嚴參將遊擊將軍二人總捕都司一人把總七人

分守江西參將一人日南贛參將嘉靖四十三年改設駐會昌縣守備四人
把總六人
鎮守福建總兵官一人舊爲副總兵嘉靖四十二年改設駐福寧州分守參將一人日南路參將守備三人把總七人坐營官一人
鎮守山東總兵官一人天啓中增設總督備倭都司一人領薊鎮班都司四人又河南守備三人領薊鎮班都司四人
總督漕運總兵官一人永樂二年設總兵副總兵統領官軍海運後海運罷專督漕運天順元年又令兼理河道協同督運參將一人天順元年設把總十二人南京二江南直隸二江北直隸二中都一浙江二山東一湖廣一江西一
留守司正留守一人正二品副留守一人正三品指揮同知二人從三品其屬經歷司經歷正六品都事正七品斷事司斷事正六品副斷事正七品吏目各一人掌中都與都守禦防護之事洪武二年詔以臨濠爲中都置留守衞指揮使司隸鳳陽行都督府十四年始置中都留守司統鳳陽等八衞鳳陽衞鳳陽中衞鳳陽右衞皇陵衞留守左衞留守中衞長淮衞懷遠衞防護皇陵設留守一人左右副留守各一人屬官經歷以下如前所列嘉靖十八年改荊州左衞爲顯陵衞置興都留守司統顯陵承天二衞防護顯陵設官如中都焉
都指揮使司都指揮使一人正二品都指揮同知二人從二品都指揮僉事四人正三品其屬經歷司經歷正六品都事正七品斷事司斷事正六品副斷事正七品吏目各一人司獄司司獄從九品倉庫草場大使副使各一人行都指揮使司設官與都指揮使司同都司掌一方之軍政各率其衞所以隸於五府而聽於兵部凡都司並流官或得世官歲撫按察其賢否五歲考選軍政而廢置之都指揮使及同知僉事常以一人統司事曰掌印一人練兵一人屯田曰僉書巡捕軍器漕運京操備禦諸雜務並選充之否則曰帶俸凡備倭守備行都指揮事者不得建牙陞公座凡朝廷吉凶表箋序衞布按二司上經歷都事典文移斷事理刑獄明初置各行省行都督府設官如都督府又置各都衞指揮使司洪武四年置各都衞斷事司以理軍官軍人詞訟又以都衞節制方面職係甚重從朝廷選擇陞調不許世襲七年置西安行都衞指揮使司於河州八年十月詔各都衞並改爲都指揮使司凡改設都司十有三燕山都衞爲北平都司西安都衞爲陝西都司太原都衞爲山西都司杭州都衞爲浙江都司江西都衞爲江西都司青州都衞爲山東都司成都都衞爲四川都司福州都衞爲福建都司武昌都衞爲湖廣都司廣東都衞爲廣東都司廣西都衞爲廣西都司定遼都衞爲遼東都司河南都衞爲河南都司行都司三西安行都衞爲陝西行都司大同都衞爲山西行都司建寧都衞爲福建行都司十五年增置貴州雲南二都司後以北平都司爲北平行都司永樂元年改爲大寧都司宣德中增置萬全都司計天下都司凡十有六十三省都司外有遼東大寧萬全三都司又於建昌置四川行都司於鄖陽置湖廣行都司計天下行都司凡五明初又於各行省置都鎮撫司設都鎮撫從四品副鎮撫從五品知事從八品吳元年改都鎮撫正五品副鎮撫正六品知事爲提控案牘省注洪武六年罷
衞指揮使司設官如京衞品秩並同外衞各統於都司行都司或留守司率世官或有流官凡襲替陞授優給優養及屬所軍政掌印僉書報都指揮使司達所隸都督府移兵部每歲撫按察其賢否五歲一考選軍政廢置之凡管理衞事惟屬掌印僉書不論指揮使同知僉事考選其才者充之分理屯田驗軍營操巡捕漕運備禦出哨入衞戍守軍器諸雜務曰見任管事不任事入隊曰帶俸差操征行則率其屬聽所命主帥調度
所千戶所正千戶一人正五品副千戶二人從五品鎮撫二人從六品其屬吏目一人所轄百戶所凡十共百戶十人正六品陞授改調增置無定員總旗二十人小旗百人其守禦千戶所軍民千戶所設官並同凡千戶一人掌印一人僉書曰管軍千戶百戶有試有實授其掌印恒以一人兼數印凡軍政衞下於所千戶督百戶百戶下總旗小旗率其卒伍以聽令鎮撫無獄事則管軍百戶缺則代之其守禦千戶所不隸衞而自達於都司凡衞所皆隸都司而都司又分隸五軍都督府浙江都司山東都司遼東都司隸左軍都督府陝西都司陝西行都司四川都司四川行都司廣西都司雲南都司貴州都司隸右軍都督府中都留守司河南都司隸中軍都督府典都留守司湖廣都司湖廣行都司福建都司福建行都司江西都司廣東都司隸前軍都督府大寧都司萬全都司山西都司山西行都司隸後軍都督府明初置千戶所設正千戶正五品副千戶從五品鎮撫百戶正六品又立各萬戶府設正萬戶正四品副萬戶從四品知事從八品照磨正九品尋以名不稱實遂罷萬戶府而設指揮使及千戶等官覈諸將所部有兵五千者爲指揮使千人者爲千戶百人者爲百戶五十人爲總旗十人爲小旗洪武二年置刻期百戶所選能疾行者二百人以百戶領之七年申定衞所之制先是內外衞所凡一衞統十千戶一千戶統十百戶百戶領總旗二總旗領小旗五小旗領軍十至是更定其制每衞設前後中左右五千戶所大率以五千六百人爲一衞一千一百二十人爲一千戶所一百一十二人爲一百戶所每百戶所設總旗二人小旗十人二十年始命各衞立掌印僉書專職理事以指揮使掌印同知僉事各領一所士卒有武藝不嫻器械不利者皆責所領之官二十三年又設軍民指揮使司軍民千戶所計天下內外衞凡五百四十有七所凡二千五百九十有三自衞指揮以下其官多世襲其軍士亦父子相繼爲一代定制
土官宣慰使司宣慰使一人從三品同知一人正四品副使一人從四品僉事一人正五品經歷司經歷一人從七品都事一人正八品
宣撫司宣撫使一人從四品同知一人正五品副使一人從五品僉事一人正六品經歷司經歷一人從八品知事一人正九品照磨一人從九品
安撫司安撫使一人從五品同知一人正六品副使一人從六品僉事一人正七品其屬吏目一人從九品
招討司招討使一人從五品副招討一人正六品其屬吏目一人從九品
長官司長官一人正六品副長官一人從七品其屬吏目一人未入流蠻夷長官司長官副長官各一人品同上又有蠻夷官苗民官及千夫長副千夫長等官
軍民府土州土縣設官如府州縣洪武七年西南諸蠻夷朝貢多因元官授之稍與約束定征徭差發之法漸爲宣慰司者十一爲招討司者一爲宣撫司者十爲安撫司者十九爲長官司者百七十有三其府州縣正貳屬官或土或流大率宣慰等司經歷皆流官府州縣佐貳多流官皆因其俗使之附輯諸蠻謹守疆土修職貢供征調無相攜貳有相讐者疏上聽命於天子又有番夷都指揮使司三衞指揮使司三百八十五宣慰司三招討司六萬戶府四千戶所四十一站七地面七寨一詳見兵志衞所中並以附寨番夷官其地

明史卷七十七　　志第五十三

總裁官總理事務經筵講官少保兼太子太保保和殿大學士兼管吏部戶部尚書事加六級張廷玉等奉
敕修

食貨一

記曰取財於地而取法於天富國之本在於農桑明初沿元之舊錢法不通而用鈔又禁民間以銀交易宜若不便於民而洪永熙宣之際百姓充實府藏衍溢蓋是時劭農務墾闢土無萊蕪人敦本業又開屯田中鹽以給邊軍餫餉不仰藉於縣官故上下交足軍民胥裕其後屯田壞於豪強之兼并計臣變鹽法於是邊兵悉仰食太倉轉輸往往不給世宗以後耗財之道廣府庫匱竭神宗乃加賦重征礦稅四出移正供以實左藏中涓羣小橫斂侵漁民多逐末田卒汙萊吏不能拊循而覆侵刻之海內困敝而儲積益以空乏昧者多言復通鈔法可以富國不知國初之充裕在勤農桑而不在行鈔法也夫彊本節用爲理財之要明一代理財之道始所以得終所以失條其本末著於篇

戶口　田制屯田莊田

太祖籍天下戶口置戶帖戶籍具書名歲居地籍上戶部帖給之民有司歲計其登耗以聞及郊祀中書省以戶籍陳壇下薦之天祭畢而藏之洪武十四年詔天下編賦役黃冊以一百十戶爲一里推丁糧多者十戶爲長餘百戶爲十甲甲凡十人歲役里長一人甲首一人董一里一甲之事先後以丁糧多寡爲序凡十年一周曰排年在城曰坊近城曰廂鄉都曰里里編爲冊冊首總爲一圖鰥寡孤獨不任役者附十甲後爲畸零僧道給度牒有田者編冊如民科無田者亦爲畸零每十年有司更定其冊以丁糧增減而升降之冊凡四一上戶部其三則布政司府縣各存一焉上戶部者冊面黃紙故謂之黃冊年終進呈送後湖東西二庫庋藏之歲命戶科給事中一人御史二人戶部主事四人釐校訛舛其後黃冊祇具文有司徵稅編徭則自爲一冊曰白冊云凡戶三等曰民曰軍曰匠民有儒有醫有陰陽軍有校尉有力士弓鋪兵匠有廚役裁縫馬船之類瀕海有鹽竈寺有僧觀有道士畢以其業著籍人戶以籍爲斷禁數姓合戶附籍漏口脫戶許自實里設老人選年高爲衆所服者導民善平鄉里爭訟其人戶避徭役者曰逃戶年饑或避兵他徙者曰流民有故而出僑於外者曰附籍朝廷所移民曰移徙凡逃戶明初督令還本籍復業賜復一年老弱不能歸及不願歸者令在所著籍授田輸賦正統時造逃戶周知冊核其丁糧凡流民英宗令勘籍編甲互保屬在所里甲長管轄之設撫民佐貳官歸本者勞徠安輯給牛種口糧又從河南山西巡撫于謙言免流民復業者稅成化初荊襄寇亂流民百萬項忠楊璿爲湖廣巡撫下令逐之弗率者戍邊死者無算祭酒周洪謨著流民說引東晉時僑置郡縣之法使近者附籍遠者設州縣以撫之都御史李賓上其說憲宗命原傑出撫招流民十二萬戶給閒田置鄖陽府立上津等縣統治之河南巡撫張瑄亦請輯西北流民帝從其請凡附籍者正統時老疾致仕事故官家屬離本

籍千里者許收附不及千里者發還景泰中令民籍者收附軍匠竈役冒民籍者發還其後從者明初嘗徙蘇松嘉湖杭民之無田者四千餘戶往耕臨濠給牛種車糧以資遣之三年不征其稅徐達平沙漠徙北平山後民三萬五千八百餘戶散處諸府衞籍爲軍者給衣糧民給田又以沙漠遺民三萬二千八百餘戶屯田北平置屯二百五十四開地千三百四十三頃復徙江南民十四萬於鳳陽戶部郎中劉九皋言古狹鄉之民聽遷之寬鄉欲地無遺利人無失業也太祖採其議遷山西澤潞民於河北後屢徙浙西及山西民於滁和北平山東河南又徙登萊青民於東昌兗州又徙直隸浙江民二萬戶於京師充倉脚夫太祖時徙民最多其間有以罪徙者建文帝命武康伯徐理往北平度地處之成祖覈太原平陽澤潞遼沁汾丁多田少及無田之家分其丁口以實北平自是以後移徙者鮮矣初太祖設養濟院收無告者月給糧設漏澤園葬貧民天下府州縣立義冢又行養老之政民年八十以上賜爵復下詔優恤遭難兵民然懲元末豪强侮貧弱立法多右貧抑富嘗命戶部籍浙江等九布政司應天十八府州富民萬四千三百餘戶以次召見徙其家以實京師謂之富戶成祖時復選應天浙江富民三千戶充北京宛大二縣廂長附籍京師仍應本籍徭役供給日久貧乏逃竄輒選其本籍殷實戶僉補宣德間定制逃者發邊充軍官司鄰里隱匿者俱坐罪弘治五年始免解在逃富戶每戶徵銀三兩與廂民助役嘉靖中減爲二兩以充邊餉太祖立法之意本倣漢徙富民實關中之制其後事久弊生遂爲厲階戶口之數增減不一其可攷者洪武二十六年天下戶一千六百五萬二千八百六十口六千五十四萬五千八百十二弘治四年戶九百十一萬三千四百四十六口五千三百二十八萬一千一百五十八萬曆六年戶一千六十二萬一千四百三十六口六千六十九萬二千八百五十六太祖當兵燹之後戶口顧極盛其後承平日久反不及焉靖難兵起淮以北鞠爲茂草其時民數反增於前後乃遞減至天順間爲最衰成弘繼盛正德以後又減戶口所以減者周忱謂投倚於豪門或冒匠竄兩京或冒引賈四方舉家舟居莫可踪跡也而要之戶口增減由於政令張弛故宣宗嘗與羣臣論歷代戶口以爲其盛也本於休養生息其衰也由土木兵戎殆篤論云

明土田之制凡二等曰官田曰民田初官田皆宋元時入官田地厥後有還官田沒官田斷入官田學田皇莊牧馬草場城壖苜蓿地牲地園陵墳地公占隙地諸王公主勳戚大臣內監寺觀賜乞莊田百官職田邊臣養廉田軍民商屯田通謂之官田其餘爲民田元季喪亂版籍多亡田賦無準明太祖卽帝位遣周鑄等百六十四人覈浙西田畝定其賦稅復命戶部覈實天下土田而兩浙富民畏避徭役大率以田產寄他戶謂之鐵脚詭寄洪武二十年命國子生武淳等分行州縣隨糧定區區設糧長四人量度田畝方圓次以字號悉書主名及田之丈尺編類爲冊狀如魚鱗號曰魚鱗圖冊先是詔天下編黃冊以戶爲主詳具舊管新收開除實在之數爲四柱式而魚鱗圖冊以土田爲主諸原坂墳衍下隰沃瘠沙鹵之別畢具魚鱗冊爲經土田之訟質焉黃冊爲緯賦役之法定焉凡質賣田土備書稅糧科則官爲籍記之毋令產去稅存以爲民害又以中原田多蕪命省臣議計民授田設司農司開治河南掌其事臨濠之田驗其丁力計畝給之毋許兼并北方近城地多不治召民耕人給十五畝蔬地二畝免租三年每歲中書省奏天下墾田數少者畝以千計多者至二十餘萬官給牛及農具者乃收其稅額外墾荒者永不起科二十六年覈天下土田總八百五十萬七千六百二十三頃蓋駸駸無棄土矣凡田以近郭爲上地迤遠爲中地下地五尺爲步步二百四十爲畝畝百爲頃太祖仍元里社制河北諸州縣土著者以社分里甲遷民分屯之地以屯分里甲社民先占畝廣屯民新占畝狹故屯地謂之小畝社地謂之廣畝至宣德間墾荒田永不起科及洿下斥鹵無糧者皆覈入賦額數溢於舊有司乃以大畝當小畝以符舊額有數畝當一畝者步尺參差不一人得以意贏縮土地不均未有如北方者貴州田無頃畝尺籍悉徵之土官而諸處土田日久頗淆亂與黃冊不符弘治十五年天下土田止四百二十二萬八千五十八頃官田視民田得七之一嘉靖八年霍韜奉命修會典言自洪武迄弘治百四十年天下額田已減强半而湖廣河南廣東失額尤多非撥給於王府則欺隱於猾民廣東無藩府非欺隱卽委棄於寇賊矣司國計者可不究心是時桂萼郭弘化唐龍簡霄先後疏請覈實田畝而顧鼎臣請履畝丈量丈量之議由此起江西安福河南裕州首行之而法未詳具人多疑憚其後福建諸州縣爲經緯二冊其法頗詳然率以地爲主田多者猶得上下其手神宗初建昌知府許孚遠爲歸戶冊則以田從人法簡而密矣萬曆六年帝用大學士張居正議天下田畝通行丈量限三載竣事用開方法以徑圍乘除畸零截補於是豪猾不得欺隱里甲免賠累而小民無虛糧總計田數七百一萬三千九百七十六頃視弘治時贏三百萬頃然居正尚綜核頗以溢額爲功有司爭改小弓以求田多或掊克見田以充虛額北直隸湖廣大同宣府遂先後按溢額田增賦云屯田之制曰軍屯曰民屯太祖初立民兵萬戶府寓兵於農其法最善又令諸將屯兵龍江諸處惟康茂才績最乃下令褒之因以申飭將士洪武三年中書省請稅太原朔州屯卒命勿徵明年中書省言河南山東北平陝西山西及直隸淮安諸府屯田凡官給牛種者十稅五自備者十稅三詔且勿徵三年後畝收租一斗六年太僕丞梁埜僊帖木爾言寧夏境內及四川西南至船城東北至塔灘相去八百里土膏沃宜招集流亡屯田從之是時遣鄧愈湯和諸將屯陝西彰德汝寧北平永平徙山西眞定民屯鳳陽又因海運餉遼有溺死者遂益講屯政天下衞所州縣軍民皆事墾闢矣其制移民就寬鄉或召募或罪徙者爲民屯皆領之有司而軍屯則領之衞所邊地三分守城七分屯種內地二分守城八分屯種每軍受田五十畝爲一分給耕牛農具教樹植復租賦遣官勸輸誅侵暴之吏初畝稅一斗三十五年定科則軍田一分正糧十二石貯屯倉聽本軍自支餘糧爲本衞所官軍俸糧永樂初定屯田官軍賞罰例歲食米十二石外餘六石爲率多者賞鈔缺者罰俸又以田肥瘠不同法宜有別命軍官各種樣田以其歲收之數相考較太原左衞千戶陳淮所種樣田每軍餘糧二十三石帝命重賞之寧夏總兵何福積穀尤多賜敕褒美戶部尚書郁新言湖廣諸衞收糧不一種請以米爲準凡粟穀糜黍大麥蕎穄二石稻穀薥秫二石五斗穇稗三石皆準米一石小麥麻豆與米等從之著爲令又更定屯守之數臨邊險要守多於屯地僻處及輸糧艱者屯多於守屯兵百名委百戶三百名委千戶五百名以上指揮提督之屯設紅牌列則例於上年六十與殘疾及幼者耕以自食不限於例屯軍以公事妨農務者免徵子粒且禁衞所差撥於時東自遼左北抵宣大西至甘肅南盡滇蜀極於交阯中原則大河南北在在興屯矣宣宗之世屢覈各屯以征戍罷耕及官豪勢要占匿者減餘糧之半迤北來歸就屯之人給車牛農器分遼東各衞屯軍爲三等丁牛兼者爲上丁牛有一爲中俱無者爲下英宗免軍田正糧歸倉止徵餘糧六石後又免沿邊開田官軍子粒減各邊屯田子粒有差景帝時邊方多事令兵分爲兩番六日操守六日耕種成化初宣府巡撫葉盛買官牛千八百幷置農具遣軍屯種收糧易銀以補官馬耗損邊人稱便自正統後屯政稍弛而屯糧猶存三之二其後屯田多爲內監軍官占奪法盡壞憲宗之世頗議釐復而視舊所入不能什一矣弘治間屯糧愈輕有畝止三升者沿及正德遼東屯田較永樂間田贏萬八千餘頃而糧乃縮四萬六千餘石初永樂時屯田米常溢三之一常操軍十九萬以屯軍四萬供之而受供者又得自耕邊外軍無月糧以是邊餉恒足及是屯軍多逃死常操軍止八萬皆仰給於倉而邊外數擾棄不耕劉瑾擅政遣官分出丈田責逋希瑾意者僞增田數搜括慘毒戶部侍郎韓福尤急刻遼卒不堪脅衆爲亂撫之乃定明初募鹽商於各邊開中謂之商屯迨弘治中葉淇變法而開中始壞諸淮商悉撤業歸西北商亦多徙家於淮邊地爲墟米石直銀五兩而邊儲枵然矣世宗時楊一清復請召商開中又請倣古募民實塞下之意招徠隴右關西民以屯邊其後周澤王崇古林富陳世輔王畿王朝用唐順之吳桂芳等爭言屯政而龐尚鵬總理江北鹽屯尋移九邊與總督王崇古先後區畫屯政甚詳然是時因循日久卒鮮實效給事中管懷理言屯田不興其弊有四疆埸戒嚴一也牛種不給二也丁壯亡徙三也田在敵外四也如是而管屯者猶欲按籍增賦非扣月糧卽按丁賠補耳屯糧之輕至弘正而極嘉靖中漸增隆慶間復畝收一斗然屯丁逃亡者益多管糧郎中不問屯田有無月糧止半給沿邊屯地或變爲斥鹵沙磧糧額不得減屯田御史又於額外增本折屯軍益不堪命萬曆時計屯田之數六十四萬四千餘頃視洪武時虧二十四萬九千餘頃田日減而糧日增其弊如此時則山東巡撫鄭汝璧請開登州海北長山諸島田福建巡撫許孚遠墾閩海壇山田成復請開南日山澎湖又言浙江濱海諸山若陳錢金塘補陀玉環南麂皆可經理天津巡撫汪應蛟則請於天津興屯或留中不下或不久輒廢熹宗之世巡按張愼言復議天津屯田而御史左光斗命管河通判盧觀象大興水田之利太常少卿董應舉踵而行之光斗更於河間天津設屯學試騎射爲武生給田百畝李繼貞巡撫天津亦力於屯務然仍歲旱蝗弗克底成效也明時草場頗多占奪民業而爲民厲者莫如皇莊及諸王

勳戚中官莊田爲甚太祖賜勳臣公侯丞相以下莊田多者百頃親王莊田千頃又賜公侯暨武臣公田又賜百官公田以其租入充祿指揮沒於陣者皆賜公田勳臣莊佃多倚威扞禁帝召諸臣戒諭之其後公侯復歲祿歸賜田於官仁宣之世乞請漸廣大臣亦得請沒官莊舍然寧王權請灌城爲庶子耕牧地帝賜書援祖制拒之至英宗時諸王外戚中官所在占官私田或反誣民占請案治比案問得實帝命還之民者非一乃下詔禁奪民田及奏請畿內地然權貴宗室莊田墳塋或賜或請不可勝計復辟後御馬太監劉順進薊州草場進獻由此始宦官之田則自尹奉喜寧始初洪熙時有仁壽宮莊其後又有清寧未央宮莊天順三年以諸王未出閣供用浩繁立東宮德王秀王莊田二王之藩地仍歸官憲宗即位以沒入曹吉祥地爲宮中莊田皇莊之名由此始其後莊田遍郡縣給事中齊莊言天子以四海爲家何必置立莊田與貧民較利弗聽弘治二年戶部尚書李敏等以災異上言畿內皇莊有五共地萬二千八百餘頃勳戚中官莊田三百三十有二共地三萬三千餘頃管莊官校招集羣小稱莊頭伴當占地土斂財物汙婦女稍與分辨輒被誣奏官校執縛舉家驚惶民心傷痛入骨災異所由生乞革去管莊之人付小民耕種畝徵銀三分充各宮用度帝命戒飭莊戶又因御史言罷仁壽宮莊還之草場且命凡侵牧地者悉還其舊又定制獻地王府者戍邊奉御趙瑄獻雄縣地爲皇莊戶部尚書周經劾其違制下瑄詔獄敕諸王輔導官導王奏請者罪之然當日奏獻不絕乞請亦愈繁徽興岐衡四王田多至七千餘頃會昌建昌慶雲三侯爭田帝輒賜之武宗即位踰月即建皇莊七其後增至三百餘處諸王外戚求請及奪民田者無算世宗初命給事中夏言等清核皇莊田言極言皇莊爲厲於民自是正德以來投獻侵牟之地頗有給還民者而宦戚輩復中撓之戶部尚書孫交造皇莊新冊額減於舊帝命覈先年頃畝數以聞改稱官地不復名皇莊詔所司徵銀解部然多爲宦寺中飽積逋至數十萬以爲常是時禁勳戚奏討奸民投獻者又革王府所請山場湖陂德王請齊漢二庶人所遺東昌兗州閒田又請白雲等湖山東巡撫邵錫按新令却之語甚切德王爭之數四帝乃從部議但存藩封初請莊田其後有奏請者不聽又定凡公主國公莊田世遠者存什三嘉靖三十九年遣御史沈陽清奪隱冒莊田萬六千餘頃穆宗從御史王廷瞻言復定世次遞減之限勳臣五世限田二百頃戚畹七百頃至七十頃有差初世宗時承天六莊二湖地八千三百餘頃領以中官又聽校舍兼并增八百八十頃分爲十二莊至是始領之有司兼并者還民又著令宗室買田不輸役者沒官皇親田俱令有司徵之如勳臣例雖請乞不乏而賜額有定徵收有制民害少衰止神宗賚予過侈求無不獲潞王壽陽公主恩最渥而福王分封括河南山東湖廣田爲王莊至四萬頃羣臣力爭乃減其半王府官及諸閹丈地徵稅旁午於道扈養廝役廩食以萬計漁斂慘毒不忍聞駕帖捕民格殺莊佃所在騷然給事中官應震姚宗文等屢疏諫皆不報時復更定勳戚莊田世次遞減法視舊制稍寬其後應議減者輒奉詔姑留不能革也熹宗時桂惠瑞三王及遂平寧國二公主莊田動以萬計而魏忠賢一門橫賜尤甚蓋中葉以後莊田侵奪民業與國相終云

明史卷七十八　志第五十四

總裁官總理事務　經筵講官少保兼太子太保保和殿大學士兼管吏部戶部尚書事加六級臣張廷玉等奉

敕修

食貨二

賦役

賦役之法唐租庸調猶爲近古自楊炎作兩稅法簡而易行歷代相沿至明不改太祖爲吳王賦稅十取一役法計田出夫縣上中下三等以賦十萬六萬三萬石下爲差府三等以賦二十萬上下十萬石下爲差即位之初定賦役法一以黃冊爲準冊有丁有田丁有役田有租租曰夏稅曰秋糧凡二等夏稅無過八月秋糧無過明年二月丁曰成丁曰未成丁凡二等民始生籍其名曰不成丁年十六曰成丁成丁而役六十而免又有職役優免者役曰里甲曰均徭曰雜泛凡三等以戶計曰甲役以丁計曰徭役上命非時曰雜役皆有力役有雇役府州縣驗冊丁口多寡事產厚薄以均適其力兩稅洪武時夏稅曰米麥曰錢鈔曰絹秋糧曰米曰錢鈔曰絹弘治時會計之數夏稅曰大小米麥曰麥莢曰絲綿并荒絲曰稅絲曰絲綿折絹曰稅絲折絹曰本色絲曰農桑絲折絹曰農桑零絲曰人丁絲折絹曰改科絹曰棉花折布曰苧布曰土苧曰紅花曰麻布曰鈔曰租鈔曰稅鈔曰原額小絹曰幣帛絹曰本色絹曰絹曰折色絲秋糧曰米曰租鈔曰賃鈔曰山租鈔曰租絲曰租絹曰租粗麻布曰課程棉布曰租苧布曰牛租米穀曰地畝棉花絨曰棗子易米曰棗株課米曰課程苧麻折米曰棉布曰魚課米曰改科絲折米萬曆時小有所增損大畧以米麥爲主而絲絹與鈔次之夏稅之米惟江西湖廣廣東廣西麥荍惟貴州農桑絲遍天下惟不及川廣雲貴餘各視其地產太祖初立國即下令凡民田五畝至十畝者栽桑麻木棉各半畝十畝以上倍之麻畝徵八兩木棉畝四兩栽桑以四年起科不種桑出絹一疋不種麻及木棉出麻布棉布各一疋此農桑絲絹所由起也洪武九年天下稅糧令民以銀鈔錢絹代輸銀一兩錢千文鈔十貫皆折輸米一石小麥則減直十之二棉苧一疋折米六斗麥七斗麻布一疋折米四斗麥五斗絲絹等各以輕重爲損益願入粟者聽十七年雲南以金銀貝布漆丹砂水銀代秋租於是謂米麥爲本色而諸折納稅糧者謂之折色越二年又令戶部侍郎楊靖會計天下倉儲存糧二年外並收折色惟北方諸布政司需糧餉邊仍使輸粟三十年諭戶部曰行人高積言陝西困逋賦其議自二十八年以前天下逋租咸許任土所產折收米絹棉花及金銀等物著爲令於是戶部定鈔一錠折米一石金一兩十石銀一兩二石絹一疋石有二斗棉布一疋一石苧布一疋七斗棉花一斤二斗帝曰折收逋賦蓋欲蘇民困也今賦重若此將愈困民豈恤之之意哉金銀每兩折米加一倍鈔止二貫五百文折一石餘從所議永樂中既得交阯以絹漆蘇木翠羽紙扇沉速安息諸香代租賦廣東瓊州黎人肇慶猺人內附輸賦比內地天下本色稅糧三千餘萬石絲鈔等二千餘萬計是時宇內富庶賦入盈羨米粟自輸京師數百萬石外府縣倉廩蓄積甚豐至紅腐不可食歲歉有司往往先發粟振貸然後以聞雖歲貢銀三十萬兩有奇而民間交易用銀仍有厲禁至正統元年副都御史周銓言行在各官俸支米南京道遠費多輒以米易貨貴買賤售十不及一朝廷虛縻廩祿各官不得實惠請於南畿浙江江西湖廣不通舟楫地折收布絹白金解京充俸江西巡撫趙新亦以爲言戶部尚書黃福復條以請帝以問行在戶部尚書胡濙濙對以太祖嘗折納稅糧於陝西浙江民以爲便遂倣其制米麥一石折銀二錢五分南畿浙江江西湖廣福建廣東廣西米麥共四百餘萬石折銀百萬餘兩入內承運庫謂之金花銀其後概行於天下自起運兌軍外糧四石收銀一兩解京以爲永例諸方賦入折銀而倉廩之積漸少矣初太祖定天下官民田賦凡官田畝稅五升三合民田減二升重租田八升五合五勺沒官田一斗二升惟蘇松嘉湖怒其爲張士誠守乃籍諸豪族及富民田以爲官田按私租簿爲稅額而司農卿楊憲又以浙西地膏腴增其賦畝加二倍故浙西官民田視他方倍蓰畝稅有二三石者大抵蘇最重嘉湖次之杭又次之洪武十三年命戶部裁其額畝科七斗五升至四斗四升者減十之二四斗三升至三斗六升者俱止徵三斗五升其以下者仍舊時蘇州一府秋糧二百七十四萬六千餘石自民糧十五萬石外皆官田糧官糧歲額與浙江通省埒其重猶如此建文二年詔曰江浙賦獨重而蘇松準私租起科特以懲一時頑民豈可爲定則以重困一方宜悉與減免畝不得過一斗成祖盡革建文政浙西之賦復重宣宗即位廣西布政使周幹巡視蘇常嘉湖諸府還言諸府民多逃亡詢之耆老皆云重賦所致如吳江崑山民田租舊畝五升小民佃種富民田畝輸私租一石後因事故入官輒如私租例盡取之十分取八民猶不堪況盡取乎盡取則民必凍餒欲不逃亡不可得也仁和海寧崑山海水陷官民田千九百餘頃逮今十有餘年猶徵其租田沒於海租從何出請將沒官田及公侯還官田租俱視彼處官田起科畝稅六斗海水淪陷田悉除其稅則田無荒蕪之患而細民獲安生矣帝命部議行之宣德五年二月詔舊額官田租畝一斗至四斗者各減十之二四斗一升至一石以上者減十之三著爲令於是江南巡撫周忱與蘇州知府況鍾曲計減蘇糧七十餘萬他府以爲差而東南民力少紓矣忱又令松江官田依民田起科戶部劾以變亂成法宣宗雖不罪亦不能從而朝廷數下詔書蠲除租賦持籌者輒私戒有司勿以詔書爲辭帝與尚書胡濙言計臣壅遏膏澤然不深罪也正統元年令蘇松浙江等處官田準民田起科秋糧四斗一升至二石以上者減作三斗二斗一升以上至四斗者減作二斗一斗一升至二斗者減作一斗蓋宣德末蘇州逋糧至七百九十萬石民困極矣至是乃獲少甦英宗復辟之初令鎮守浙江尚書孫原貞等定杭嘉湖則例以起科重者徵米宜少起科輕者徵米宜多乃定官田畝科一石以下民田七斗以下者每石歲徵平米一石三斗民田四斗以

下者每石歲徵平米一石五斗官田二斗以下民田二斗七升以下者每石歲徵平米一石七斗官田八升以下民田七升以下者每石歲徵平米二石二斗凡重者輕之輕者重之欲使科則適均而畝科一石之稅未嘗減云嘉靖二年御史黎貫言國初夏秋二稅麥四百七十餘萬石今少九萬米二千四百七十餘萬石今少二百五十餘萬而宗室之蕃官吏之冗內官之衆軍士之增悉取給其中賦入則日損支費則日加請覈祖宗賦額及經費多寡之數一一區畫則知賦入有限而浮費不容不節矣於是戶部議令天下官吏考滿遷秩必嚴覈任內租稅徵解足數方許給由交代仍乞朝廷躬行節儉以先天下帝納之既而諭德顧鼎臣條上錢糧積弊四事一曰察理田糧舊額請責州縣官於農隙時令里甲等倣洪武正統間魚鱗風旗之式編造圖冊細列元額田糧字圩則號條段坍荒成熟步口數目官爲覆勘分別界址履畝檢蹋丈量具開墾改正豁除之數刊刻成書收貯官庫給散里中永爲稽考仍斟酌先年巡撫周忱王恕簡便可行事例立爲定規取每歲實徵起運存留加耗本色折色并處補暫徵帶徵停徵等件數目會計已定張榜曉論庶吏胥不得售其奸欺而小民免賠累科擾之患一曰催徵歲辦錢糧成弘以前里甲催徵糧戶上納糧長收解州縣監收糧長不敢多收斛面糧戶不敢攙雜水穀糠粃兌糧官軍不敢阻難多索公私兩便近者有司不復比較經催里甲負糧人戶但立限敲扑糧長令下鄉追徵豪強者則大斛倍收多方索取所至雞犬爲空孱弱者爲勢豪所凌躭延欺賴不免變產補納至或舊役侵欠責償新僉一人逋負株連親屬無辜之民死於箠楚囹圄者幾數百人且往時每區糧長不過正副二名近多至十人以上其實收掌管糧之數少而科斂打點使用年例之數多州縣一年之間輒破中人百家之產害莫大焉宜令戶部議定事例轉行所司審編糧長務遵舊規如州縣官多僉糧長縱容下鄉及不委里甲催辦輒酷刑限比糧長者罪之致人命多死者以故勘論其二則議遣官綜理及復預備倉糧也疏下戶部言所陳俱切時弊令所司舉行遷延數載如故糧長者太祖時令田多者爲之督其鄉賦稅歲七月州縣委官偕詣京領勘合以行糧萬石長副各一人輸以時至得召見語合輒蒙擢用末年更定每區正副二名輪充宣德間復永充科斂橫溢民受其害或私賣官糧以牟利其罷者虧損公賦事覺至隕身喪家

景泰中革糧長未幾又復自官軍兌運糧長不復輸京師在州里間頗滋害故鼎臣及之未幾御史郭弘化等亦請通行丈量以杜包賠兼并之弊帝恐紛擾不從給事中徐俊民言今之田賦有受地於官歲供租稅者謂之官田有江水泛溢溝塍淹沒者謂之坍江有流移亡絕田棄糧存者謂之事故官田貧民佃種畝入租三斗或五六斗或石以上者有之坍江事故虛糧里甲賠納或數十石或百餘石者有之夫民田之價十倍官田貧民既不能置而官田糧重每病取盈益以坍江事故虛糧又令攤納追呼敲扑歲無寧日而奸富猾胥方且詭寄那移并輕分重此小民疾苦閭閻凋瘵所以日益而日增也請定均糧限田之制坍江事故悉與蠲免而合官民田爲一定上中下三則起科以均糧富人不得過千畝聽以百畝自給其羨者則加輸邊稅如此則多寡有節輕重適宜貧富相安公私俱足矣部議疆土民俗各異令所司熟計其便不行越數年乃從應天巡撫侯位奏免蘇州坍海田糧九萬餘石然那移飛灑之弊相沿不改至十八年鼎臣爲大學士復言蘇松常鎮嘉湖杭七府供輸甲天下而里胥豪右蠹弊特甚宜將欺隱及坍荒田土一一檢覈改正於是應天巡撫歐陽鐸檢荒田二千餘頃計租十一萬石有奇以所欺隱田糧六萬餘石補之餘請豁免戶部終持不下時嘉興知府趙瀛建議田不分官民稅不分等則一切以三斗起徵鐸乃與蘇州知府王儀盡括官民田裒益之履畝清丈定爲等則所造經賦冊以八事定稅糧曰元額稽始曰事故除虛曰分項別異曰歸總正實曰坐派起運曰運餘撥存曰存餘考積曰徵一定額又以八事考里甲曰丁田曰慶賀曰祭祀曰鄉飲曰科賀曰郵政曰公費曰備用以三事定均徭曰銀差曰力差曰馬差著爲例徵一者總徵銀米之凡而計畝均輸之其科則最重與最輕者稍以耗損益推移重者不能盡損惟遞減耗米派輕賚折除之陰予以輕輕者不能加益爲徵本色遞增耗米加乘之陰予以重推收之法以田爲母戶爲子時豪右多梗其議鼎臣獨以爲善曰是法行吾家益千石輸然貧民減千石矣不可易也顧其時上不能損賦額長民者私以己意變通由是官田不至偏重而民田之賦反加矣時又有綱銀一串鈴諸法綱銀者舉民間應役歲費丁四糧六總徵之易知而不繁猶網之有綱也一串鈴則夥收分解法也自是民間輸納止收本色及折色銀矣是時天下財賦歲入太倉庫者二百萬兩有奇

舊制以七分經費而存積三分備兵歉以爲常世宗中年邊供費繁加以土木禱祀月無虛日帑藏匱竭司農百計生財甚至變賣寺田收贖軍罪猶不能給二十九年俺荅犯京師增兵設戍餉額過倍三十年京邊歲用至五百九十五萬戶部尚書孫應奎蒿目無策乃議於南畿浙江等州縣增賦百二十萬加派於是始嗣後京邊歲用多者過五百萬少者亦三百餘萬歲入不能充歲出之半由是度支爲一切之法其箕斂財賄題增派括贓贖算稅契折民壯提編均徭推廣事例興焉其初亦賴以濟匱久之諸所灌輸益少又四方多事有司往往爲其地奏留或請免浙直以備倭川貴以採木山陝宣大以兵荒不惟停格軍興所徵發即歲額二百萬且虧其三之一而內廷之賞給齋殿之經營宮中夜半出片紙吏雖急無敢延頃刻者三十七年大同右衛告警賦入太倉者僅七萬帑儲大較不及十萬戶部尚書方鈍等憂懼不知所出乃乘間具陳帑藏空虛狀因條上便宜七事以請既又令羣臣各條理財之策議行者凡二十九事益瑣屑非國體而累年以前積逋無不追徵南方本色逋賦亦皆追徵折色矣是時東南被倭南畿浙閩多額外提編江南至四十萬提編者加派之名也其法以銀力差排編十甲如一甲不足則提下甲補之故謂之提編及倭患平應天巡撫周如斗乞減加派給事中何煃亦具陳南畿困敝言軍門養兵工部料價操江募兵兵備道壯丁府州縣鄉兵率爲民累甚者指一科十請禁革之命如煃議而提編之額不能減隆萬之世增額既如故又多無藝之征逋糧愈多規避亦益巧已解而愆限或至十餘年未徵而報收一縣有至十萬者逋欠之多縣各數十萬賴行一條鞭法無他科擾民力不大絀一條鞭法者總括一州縣之賦役量地計丁丁糧畢輸於官一歲之役官爲僉募力差則計其工食之費量爲增減銀差則計其交納之費加以贈耗凡額辦派辦京庫歲需與存留供億諸費以及土貢方物悉併爲一條皆計畝徵銀折辦於官故謂之一條鞭立法頗爲簡便嘉靖間數行數止至萬曆九年乃盡行之其後接踵三大征頗有加派事畢旋已至四十六年驟增遼餉三百萬時內帑充積帝靳不肯發戶部尚書李汝華乃援征倭播例畝加三釐五毫天下之賦增二百萬有奇明年復加三釐五毫明年以兵工二部請復加二釐通前後九釐增賦五百二十萬遂爲歲額所不加者畿內八府及貴州而已天啓元年給事中甄淑言遼餉

加派易致不均蓋天下戶口有戶口之銀人丁有人丁之銀田土有田土之銀有司徵收總曰銀額按銀加派則其數不漏東西南北之民甘苦不同布帛粟米力役之法徵納不同惟守令自知其甘苦而通融其徵納今因人土之宜則無偏枯之累其法以銀額爲主而通人情酌土俗頒示直省每歲存留起解各項銀兩之數以所加餉額按銀數分派總提折扣裒多益寡期不失餉額而止如此則愚民易知可杜奸胥意爲增減之弊且小民所最苦者無田之糧無米之丁田鬻富室產去糧存而猶輸丁賦宜取額丁額米兩衡而定其數米若干即帶丁若干買田者收米便收丁則縣冊不失丁額貧民不致賠累而有司亦免逋賦之患下部覆議從之崇禎三年軍興兵部尚書梁廷棟請增田賦戶部尚書畢自嚴不能止乃於九釐外畝復徵三釐惟順天永平以新被兵無所加餘六府畝徵六釐得他省之半共增賦百六十五萬四千有奇後五年總督盧象昇請加宦戶田賦十之一民糧十兩以上同之既而概徵每兩一錢名曰助餉越二年復行均輸法因糧輸餉畝計米六合石折銀八錢又畝加徵一分四釐九絲越二年楊嗣昌督師畝加練餉銀一分兵部郎張若麒請收兵殘遺產爲官莊分上中下畝納租八斗至二三斗有差御史衞周胤言嗣昌流毒天下勦練之餉多至七百萬民怨何極御史郝晉亦言萬曆末年合九邊餉止二百八十萬今加派遼餉至九百萬勦餉三百三十萬業已停罷旋加練餉七百三十餘萬自古有一年而括二千萬以輸京師又括京師二千萬以輸邊者乎疏語雖切直而時事危急不能從也役法定於洪武元年田一頃出丁夫一人不及頃者以他田足之名曰均工夫尋編應天十八府州江西九江饒州南康三府均工夫圖冊每歲農隙赴京供役三十日遣歸田多丁少者以佃人充夫而田主出米一石資其用非佃人而計畝出夫者畝資米二升五合迨造黃冊成以一百十戶爲一里里分十甲曰里甲以上中下戶爲三等五歲均役十歲一更造一歲中諸色雜目應役者編第均之銀力從所便曰均徭他雜役曰雜泛凡祗應禁子弓兵悉僉市民毋役糧戶額外科一錢役一夫者罪流徙後法稍弛編徭役里甲者以戶爲斷放大戶而勾單小於是議者言均徭之法按冊籍丁糧以資產爲宗覈人戶上下以蓄藏得實也稽冊籍則富商大賈免役而土著困覈人戶則官吏里胥輕重其手而小民益窮蹙二者交病然專論丁糧庶

幾古人租庸調之意乃令以舊編力差銀差之數當丁糧之數難易輕重酌其中役以應差里甲除當復者論丁糧多少編次先後曰鼠尾冊按而徵之市民商賈家殷足而無田產者聽自占以佐銀差正統初僉事夏時創行於江西他省倣行之役以稍平其後諸上供者官爲支解而官府公私所須復給所輸銀於坊里長責其營辦給不能一二供者或什伯甚至無所給惟計值年里甲祇應夫馬飲食而里甲病矣凡均徭解戶上供爲京縣主納爲中官留難不易中納往復改貿率至傾產其他役苛索之獘不可毛舉明初令天下貢土所有有常額珍奇玩好不與卽須用編之里甲出銀以市顧其目冗碎奸黠者緣爲利孔又大工營繕祠官祝釐資用繁溢迨至中葉倭寇交訌仍歲河決國用耗殫於是里甲均徭浮於歲額矣凡役民自里甲正辦外如糧長解戶馬船頭館夫祇候弓兵皂隸門禁廚斗爲常役後又有斫薪擡柴修河修倉運料接遞站鋪牐淺夫之類因事編僉歲有增益嘉隆後行一條鞭法通計一省丁糧均派一省徭役於是均徭里甲與兩稅爲一小民得無擾而事亦易集然糧長里長名罷實存諸役卒至復僉農氓條鞭法行十餘年規制頻紊不能盡遵也天啟時御史李應昇疏陳十害其三條切言馬夫河役糧甲修辦白役擾民之弊崇禎三年河南巡撫范景文言民所患苦莫如差役錢糧有收戶解戶驛遞有馬戶供應有行戶皆僉有力之家充之名曰大戶究之所僉非富民中人之產輒爲之傾自變爲條鞭法以境內之役均於境內之糧宜少甦矣乃民間仍歲奔走罄資津貼是條鞭行而大戶未嘗革也時給事中劉懋復奏裁驛夫征調往來仍責編戶驛夫無所得食至相率從流賊爲亂云凡軍匠竈戶役皆永充軍戶死若逃者於原籍勾補匠戶二等曰住坐曰輪班住坐之匠月上工十日不赴班者輸罰班銀月六錢故謂之輪班監局中官多占匠役又括充幼匠動以千計死若逃者勾補如軍竈戶有上中下三等每一正丁貼以餘丁上中戶丁力多或貼二三丁下戶概予優免他如陵戶園戶海戶廟戶旛夫庫役瑣末不可勝計明初工役之繁自營建兩京宗廟宮殿闕門王邸採木陶甓工匠造作以萬萬計所在築城濬陂百役具舉迄於洪宣郊壇倉庾猶未迄工正統天順之際三殿兩宮南內離宮次第興建弘治時大學士劉吉言近年工役俱摘發京營軍士內外軍官禁不得估工用大小多寡本用五千人奏請至一二萬無所稽覈禮部尚書倪岳言諸役費動以數十萬計水旱相仍乞少停止南京禮部尚書童軒復陳工役之苦吏部尚書林瀚亦言兩畿頻年凶災困於百役窮愁怨嘆山陝供億軍興雲南廣東西征發勦叛山東河南湖廣四川江西興造王邸財力不贍浙江福建辦物料視舊日增多庫藏空匱不可不慮帝皆納其言然不能盡從也武宗時乾清宮役尤大以太素殿初制樸儉改作雕峻用銀至二千萬餘兩役工匠三千餘人歲支工食米萬三千餘石又修凝翠昭和崇智光霽諸殿御馬監鐘鼓司南城豹房新房火藥庫皆鼎新之權倖閹宦莊園祠墓香火寺觀工部復竊官銀以媚焉給事中張原言工匠養父母妻子尺籍之兵禦外侮京營之軍衞王室今奈何令民無所賴兵不麗伍利歸私門怨叢公室乎疏入謫貴州新添驛丞世宗營建最繁十五年以前名爲汰省而經費已六七百萬其後增十數倍齋宮祕殿並時而興工場二三十處役匠數萬人軍稱之歲費二三百萬其時宗廟萬壽宮災帝不之省營繕益急經費不敷乃令臣民獻助獻助不已復行開納勞民耗財視武宗過之萬曆以後營建織造溢經制數倍加以征調開採民不得少休迨閹人亂政建地營墳僭越亡等功德私祠遍天下盍二百餘年民力殫殘久矣其以職役優免者少者一二丁多者至十六丁萬曆時免田有至二三千者至若賦稅蠲免有恩蠲有災蠲太祖之訓凡四方水旱輒免稅豐歲無災傷亦擇地瘠民貧者優免之凡歲災盡蠲二稅且貸以米甚者賜米布若鈔又設預備倉令老人運鈔易米以儲粟荊蘄水災命戶部主事趙乾往振遷延半載怒而誅之青州旱蝗有司不以聞逮治其官吏旱傷州縣有司不奏許耆民申訴處以極刑孝感饑其令請以預備倉振貸帝命行人馳驛往且諭戶部自今凡歲饑先發倉庾以貸然後聞著爲令在位三十餘年賜予布鈔數百萬米百餘萬所蠲租稅無數成祖聞河南饑有司匿不以聞逮治之因命都御史陳瑛榜諭天下有司水旱災傷不以聞者罪不宥又敕朝廷歲遣巡視官目擊民艱不言者悉逮下獄仁宗監國時有以發振請者遣人馳諭之言軍民困乏待哺嗷嗷尚從容啟請待報不能效漢汲黯耶宣宗時戶部請覈饑民帝曰民饑無食濟之當如拯溺救焚奚待勘蓋二祖仁宣時仁政亟行預備倉之外又時時截起運賜內帑被災處無儲粟者發旁縣米振之蝗蝻始生必遣人捕瘞鬻子女者官爲收贖且令富人蠲佃戶租大戶貸貧民粟免其雜役爲息豐年償之皇莊湖泊皆弛禁聽民採取饑民還籍給以口糧京通倉米平價出糶兼預給俸糧以殺米價建官舍以處流民給糧以收棄嬰養濟院窮民各注籍無籍者收養蠟燭旛竿二寺其鄖民如此世宗神宗於民事畧矣而災荒疏至必賜蠲振不敢違祖制也振米之法明初大口六斗小口三斗五歲以下不與永樂以後減其數納米振濟贖罪者景帝時雜犯死罪六十石流徒減三之一餘遞減有差捐納事例自憲宗始生員納米百石以上入國子監軍民納二百五十石爲正九品散官加五十石增二級至正七品止武宗時富民納粟振濟千石以上者表其門九百石至二三百石者授散官得至從六品世宗令義民出穀二十石者給冠帶多者授官正七品至五百石者有司爲立坊振粥之法自世宗始報災之法洪武時不拘時限弘治中始限夏災不得過五月終秋災不得過九月終萬曆時又分近地五月七月邊地七月九月洪武時勘災既實盡與蠲免弘治中始定全災免七分自九分災以下遞減又止免存留不及起運後遂爲永制云

明史卷七十九　志第五十五

總裁官總理事務經筵講官少保兼太子太保保和殿大學士兼管吏部戶部尚書事加六級張廷玉等奉

敕修

食貨三

漕運　倉庫

歷代以來漕粟所都給官府廩食各視道里遠近以爲準太祖都金陵四方貢賦由江以達京師道近而易自成祖遷燕道里遼遠法凡三變初支運次兌運支運相參至支運悉變爲長運而制定洪武元年北伐命浙江江西及蘇州等九府運糧三百萬石於汴梁已而大將軍徐達令忻崞代堅臺五州運糧大同中書省符下山東行省募水工發萊州洋海倉餉永平衞其後海運餉北平遼東爲定制其西北邊則浚開封漕河餉陝西自陝西轉餉寧夏河州其西南令川貴納米中鹽以省遠運於時各路皆就近輸得利便矣永樂元年納戶部尚書郁新言始用淮船受三百石以上者道淮及沙河抵陳州潁岐口跌坡別以巨舟入黃河抵八柳樹車運赴衞河輸北平與海運相參時駕數臨幸百費仰給不止餉邊也淮海運道凡二而臨清倉儲河南山東粟亦以輸北平合而計之爲三運惟海運用官軍其餘則皆民運云自濟會通河帝命都督賈義尚書宋禮以舟師運禮以海船大者千石工窳輒敗乃造淺船五百艘運淮揚徐兗糧百萬以當海運之數平江伯陳瑄繼之頗增至三千餘艘時淮徐臨清德州各有倉江西湖廣浙江民運糧至淮安倉分遣官軍就近輓運自淮至徐以浙直軍自徐至德以京衞軍自德至通以山東河南軍以次遞運歲凡四次可三百萬餘石名曰支運支運之法支者不必出當年之民納納者不必供當年之軍支通數年以爲裒益期不失常額而止由是海陸二運皆罷惟存遮洋船每歲於河南山東小灘等水次兌糧三十萬石十二輪天津十八由直沽入海輸薊州而已不數年官軍多所調遣遂復民運道遠數愆期宣德四年瑄及尚書黃福建議復支運法乃令江西湖廣浙江民運百五十萬石於淮安倉蘇松寧池廬安廣德民運糧二百七十四萬石於徐州倉應天常鎭淮揚鳳太滁和徐民運糧二百二十萬石於臨清倉令官軍接運入京通二倉民糧既就近入倉力大減省乃量地近遠糧多寡抽民船十一或十三五之一以給官軍惟山東河南北直隸則徑赴京倉不用支運尋令南陽懷慶汝寧糧運臨清倉開封彰德衞輝糧運德州倉其後山東河南皆運德州倉六年瑄言江南民運糧諸倉往返幾一年誤農業令民運至淮安瓜洲兌與衞所官軍運載至北給與路費耗米則軍民兩便是爲兌運命羣臣會議吏部蹇義等上官軍兌運民糧加耗則例以地遠近爲差每石湖廣八斗江西浙江七斗南直隸六斗北直隸五斗民有運至淮安兌與軍運者止加四斗如有兌運不盡仍令民自運赴諸倉不願兌者亦聽其自運軍既加耗又給輕齎銀爲洪閘盤撥之費且得附載他物皆樂從事而民亦多以遠運爲艱於是兌運者多而支運者少矣軍與民兌米往往恃強勒索帝知其弊敕戶部委正官監臨不許私兌已而頗減加耗米遠者不過六斗近者至二斗五升以三分爲率二分與米一分以他物準正糧斛面銳耗糧俱平槩運糧四百萬石京倉貯十四通倉貯十六臨徐淮三倉各遣御史監收正統初運糧之數四百五十萬石而兌運者二百八十萬餘石淮徐臨德四倉支運者十之三四耳土木之變復盡留山東直隸軍操備蘇松諸府運糧仍屬民景泰六年瓦剌入貢乃復軍運天順末兌運法行久倉人覬耗餘入庾率兌斛面且求多索軍困甚憲宗卽位漕運參將袁佑上言便宜帝曰律令明言收糧令納戶平準石加耗不過

五升今運軍願明加則倉吏侵害過多可知今後令軍自槩每石加耗五升毋溢勒索者治罪後從督倉中官言加耗至八升久之復溢收如故屢禁不能止也初運糧京師未有定額成化八年始定四百萬石自後以爲常北糧七十五萬五千六百石南糧三百二十四萬四千四百石其內兌運者三百三十萬石由支運改兌者七十萬石兌運之中湖廣山東河南折色十七萬七千七百石通計兌運改兌加以耗米入京通兩倉者凡五百十八萬九千七百石而南直隸正糧獨百八十萬蘇州一府七十萬加耗在外浙賦視蘇減數萬江西湖廣又殺焉天津薊州密雲昌平共給米六十四萬餘石悉支兌運米而臨德二倉貯預備米十九萬餘石取山東河南改兌米充之遇災傷則撥二倉米以補運務足四百萬之額不令缺也至成化七年乃有改兌之議時應天巡撫滕昭令運軍赴江南水次交兌加耗外復石增米一斗爲渡江費後數年帝乃命淮徐臨德四倉支運七十萬石之米悉改水次交兌由是悉變爲改兌而官軍長運遂爲定制然是時司倉者多苛取甚至有額外罰運軍展轉稱貸不支弘治元年都御史馬文升疏論運軍之苦言各直省運船皆工部給價令有司監造近者漕運總兵以價不時給請領價自造而部臣慮軍士不加愛護議令本部出料四分軍衞任三分舊船抵三分軍衞無從措辦皆軍士賣資產鬻男女以供之此造船之苦也正軍逃亡數多而額數不減俱以餘丁充之一戶有三四人應役者春兌秋歸艱辛萬狀船至張家灣又僱車盤撥多稱貸以濟用此往來之苦也其所稱貸運官因以侵漁責償倍息而軍士或自載土產以易薪米又格於禁例多被掠奪今宜加造船費每艘銀二十兩而禁約運官及有司科害搜檢之弊庶軍困少甦詔從其議五年戶部尚書葉淇言蘇松諸府連歲荒歉民買漕米每石銀二兩而北直隸山東河南歲供宜大二邊糧料每石亦銀一兩去歲蘇州兌運已折五十萬石每石銀一兩今請推行於諸府而稍差其直災重者石七錢稍輕者石仍一兩俱解部轉發各邊抵北直隸三處歲供之數而收三處本色以輸京倉則費省而事易集從之自後歲災輒權宜折銀以水次倉支運之糧充其數而折價以六七錢爲率無復至一兩者先是成化間行長運之法江南州縣運糧至南京令官軍就水次兌支計省加耗輸輓之費得餘米十萬石有奇貯預備倉以資緩急之用至是巡撫都御史以兌支有弊請令如舊上倉而後放支戶部言兌支法善不可易詔從部議以所餘就貯各衞倉作正支銷又從戶部言山東改兌糧九萬石仍聽民自運臨德二倉令官軍支運正德二年漕運官請疏通水次倉儲言往時民運至淮徐臨德四倉以待衞軍支運後改附近州縣水次交兌已而并支運七十萬石亦令改兌但七十萬石之外猶有兌交不盡者民仍運赴四倉久無支銷以致陳腐請將浙江江西湖廣正兌糧米三十五萬石折銀解京而令三省衞軍赴臨德等倉支運如所折之數則諸倉米不腐三省漕卒便於支運歲漕額外又得三十五萬折銀一舉而數善具矣帝命部臣議如其請六年戶部侍郎邵寶以漕運遲滯請復支運法戶部議支運法廢久不可卒復事遂寢臨德二倉之貯米也凡十九萬計十年得百九十萬自世宗初災傷撥補日多而山東河南以歲歉數請輕減且二倉囤積多朽腐於是改折之議屢興而倉儲漸耗矣嘉靖元年漕運總兵楊宏請以輕齎銀聽運官道支爲顧僦舟車之費不必裝鞘印封計算羨餘以苦漕卒給事御史交駁之戶部言科道官之論主於防奸是也但輕齎本資轉般費今慮官軍侵耗盡取其贏餘以歸太倉則以腳價爲正糧非立法初意也乃議運船至通州巡倉御史覈驗酌量支用實數著爲定規有羨餘不輸太倉卽用以修船官旗逋蠹者重罪輕齎銀者憲宗以諸倉改兌給路費始各有耗米兌運米俱一平一銳故有銳米自隨船給運四斗外餘折銀謂之輕齎凡四十四萬五千餘兩後頗入太倉矣隆慶中運道艱阻議者欲開膠萊河復海運由淮安淸江浦口歷新壩馬家壕至海倉口徑抵直沽止循海套不泛大洋疏上遣官勘報以水多沙磧而止神宗時漕運總督舒應龍言國家兩都竝建淮徐臨德實南北咽喉自兌運久行臨德尚有歲積而淮徐二倉無粒米請自今山東河南全熟時盡徵本色上倉計臨德已足五十餘萬則令納於二倉亦積五十萬石而止從之當是時折銀漸多萬曆三十年漕運抵京僅百三十八萬餘石而撫臣議截留漕米以濟河工倉場侍郎趙世卿爭之言太倉入不當出計二年後六軍萬姓將待新漕舉炊倘輸納愆期不復有京師矣蓋災傷折銀本折漕糧以抵京軍月俸其時混支以給邊餉遂致銀米兩空故世卿爭之自後倉儲漸匱漕政亦益弛迨於啟禎天下蕭然煩費歲供愈不足支矣運船之數永樂至景泰大小無定爲數至多天順以後定船萬一千七百七十官軍十二萬人許令附載土宜免徵稅鈔孝宗時限十石神宗時至六十石憲宗立運船至京期限北直隸河南山東五月初一日南直隸七月初一日其過江支兌者展一月浙江江西湖廣九月初一日通計三年考成違限者運官降罰武宗列水程圖格按日次塡行止站地違限之米頓德州諸倉曰寄囤世宗定過淮程限江北十二月江南正月湖廣浙江江西三月神宗時改爲二月又改至京限五月者縮一月七八九月者遞縮兩月後又通縮一月神宗初定十月開倉十一月兌竣大縣限船到十日小縣五日十二月開幫二月過淮三月過洪入閘皆先期以樣米呈戶部運糧到日比驗相同乃收凡災傷奏請改折者毋過七月題議後期及臨時改題者立案免覆漂流者抵換食米大江漂流爲大患河道爲小患二百石外爲大患二百石內爲小患小患把總勘報大患具奏其後不計多寡概行奏勘矣初船用楠杉下者乃用松三年小修六年大修十年更造每船受正耗米四百七十二石其後船數缺少一船受米七八百石附載夾帶日多所在稽留違限一遇河決卽有漂流官軍因之爲奸水次折乾沿途侵盜妄稱水火至有鑿船自沉者明初命武臣督海運嘗建漕運使尋罷成祖以後用御史又用侍郎都御史催督郎中員外分理主事督兌其制不一景泰二年始設漕運總督於淮安與總兵參將同理漕事漕司領十二總十二萬軍與京操十二營軍相準初宣宗令運糧總兵官巡撫侍郎歲八月赴京會議明年漕運事宜及設漕運總督則并令總督赴京至萬曆十八年後始免凡歲正月總漕巡揚州經理瓜淮過閘總兵駐徐邳督過洪入閘同理漕參政管押赴京攢運則有御史郎中押運則有參政監兌理刑管洪管廠管閘管泉監倉則有主事淸江衞河有提舉兌畢過淮過洪巡撫漕司河道各以職掌奏報有司米不備軍衞船不備過淮誤期者責在巡撫米具船備不卽驗放非河梗而壓幫停泊過洪誤期因而漂凍者責在漕司船糧依限河渠淤淺疏濬無法閘坐啟閉失時不得過洪抵灣者責在河道明初於漕政每加優恤仁宣禁役漕舟宥遲運者英宗時始扣口糧均攤而運軍不守法度爲民害自後漕政日弛軍以耗米易私物道售稽程比至反買倉米補納多不足數而糧長率攙沙水於米中河南山東尤甚往往蒸溼浥爛不可食權要貸運軍銀以罔厚利至請撥關稅給船料以取償漕運把總率由賄得倉場額外科取歲至十四萬世宗初政諸弊多釐革然漂流違限二弊日以滋甚中葉以後益不可究詰矣漕糧之外蘇松常嘉湖五府輸運內府白熟粳糯米十七萬四千餘石內折色八千餘石各府部糙粳米四萬四千餘石內折色八千八百餘石令民運謂之白糧船自長運法行糧皆軍運而白糧民運如故穆宗時陸樹德言軍運以充軍儲民運以充官祿人知軍運之苦不知民運尤苦也船戶之求索運軍之欺陵洪閘之守候入京入倉厥弊百出嘉靖初民運尚有保全之家十年後無不破矣以白糧令軍帶運甚便疏入下部議不從凡諸倉應輸者有定數其或改撥他鎭者水次應兌漕糧卽令坐派鎭軍領兌者給價州縣官督車戶運至遠倉或給軍價就令關支者通謂之穵運九邊之地輸糧大率以車宣德時餉開平亦然而蘭甘松潘往往使民背負永樂中又嘗令廣東海運二十萬石給交阯云

明初京衞有軍儲倉洪武三年增置至二十所且建臨濠臨淸二倉以供轉運各行省有倉官吏俸取給焉邊境有倉收屯田所入以給軍州縣則設預備倉東南西北四所以振凶荒自鈔法行頗有省革二十四年儲糧十六萬石於臨淸以給訓練騎兵二十八年置皇城四門倉儲糧給守禦軍增京師諸衞倉凡四十一又設北平密雲諸縣倉儲糧以資北征永樂中置天津及通州左衞倉且設北京三十七衞倉益令天下府縣多設倉儲預備倉之在四鄉者移置城內迨會通河成始設倉於徐州淮安德州而臨淸因洪武之舊并天津倉凡五謂之水次倉以資轉運旣又移德州倉於臨淸之永淸壩設武淸衞倉於河西務設通州衞倉於張家灣宣德中增造臨淸倉容三百萬石增置北京及通州倉京倉以御史戶部官錦衣千百戶季更巡察外倉則布政按察都司關防之各倉門以致仕武官二率老幼軍丁十人守之半年一更英宗初命廷臣集議天下司府州縣有倉者以衞所倉屬之無倉者以衞所改隸惟遼東甘肅寧夏萬全及沿海衞所無府州縣者仍其舊正統中增置京衞倉凡七自兌運法行諸倉支運者少而京通倉不能容乃毀臨淸德州河西務倉三分之一改爲京通倉景泰初移武淸衞諸倉於通州成化初廢臨德預備倉在城外者而以城內空廒儲預備米名臨淸者曰常盈德州者曰常豐凡京倉五十有六通倉十有六直省府州縣藩府邊隘堡站衞所屯戍皆有倉少者一二多者二三十云預備倉之設也太祖選耆民運鈔糴米

以備振濟卽令掌之天下州縣多所儲蓄後漸廢弛于謙撫河南山西修其政周忱撫南畿別立濟農倉他人不能也正統時重侵盜之罪至僉妻充軍且定納穀千五百石者敕獎爲義民免本戶雜役凡振饑米一石俟有年納稻穀二石五斗還官弘治三年限州縣十里以下積萬五千石二十里積二萬石衞千戶所萬五千石百戶所三百石考滿之日稽其多寡以爲殿最不及三分者奪俸六分以上降調十八年令贖罪贓罰皆糴穀入倉正德中令囚納紙者以其八折米入倉軍官有犯者納穀準立功初預備倉皆設倉官至是革令州縣官及管糧倉官領其事嘉靖初諭德顧鼎臣言成弘時每年以存留餘米入預備倉緩急有備今秋糧僅足兌運預備無粒米一遇災傷輒奏留他糧及勸富民借穀以應故事乞急復預備倉糧以裕民帝乃令有司設法多積米穀仍倣古常平法春振貧民秋成還官不取其息府積萬石州四五千石縣二三千石爲率既又定十里以下萬五千石累而上之八百里以下至十九萬石其後積粟盡平糶以濟貧民儲積漸減隆慶時劇郡無過六千石小邑止千石久之數益減科罰亦益輕萬曆中上州郡至三千石止而小邑或僅百石有司沿爲具文屢下詔申飭率以虛數欺罔而已弘治中江西巡撫林俊嘗請建常平及社倉嘉靖八年乃令各撫按設社倉令民二三十家爲一社擇家殷實而有行義者一人爲社首處事公平者一人爲社正能書算者一人爲社副每朔望會集別戶上中下出米四斗至一斗有差斗加耗五合上戶主其事年饑上戶不足者量貸稔歲還倉中下戶酌量振給不還倉有司造冊送撫按歲一察覈倉虛罰社首出一歲之米其法頗善然其後無力行者兩京庫藏先後建設其制大略相同內府凡十庫承運庫貯緞匹金銀寶玉齒角羽毛而金花銀最大歲進百萬兩有奇廣積庫貯硫黃硝石甲字庫貯布匹顏料乙字庫貯胖襖戰鞋軍士裘帽丙字庫貯棉花絲纊丁字庫貯銅鐵獸皮蘇木戊字庫貯甲仗贓罰庫貯沒官物廣惠庫貯錢鈔廣盈庫貯紵絲紗羅綾錦紬絹六庫皆屬戶部惟乙字庫屬兵部戊字廣積廣盈庫屬工部又有天財庫亦名司鑰庫貯各衙門管鑰亦貯錢鈔供用庫貯秔稻熟米及上供物以上通謂之內庫其在宮內者又有內東裕庫寶藏庫謂之裏庫凡裏庫不關於有司其會歸門寶善門迤東及南城磁器諸庫則謂之外庫若內府諸監司局神樂堂犧牲所太常光祿寺國子監皆各以所掌收貯應用諸物太僕則馬價銀歸之明初嘗置行用庫於京城及諸府州縣以收易昏爛之鈔仁宗時罷英宗時始設太倉庫初歲賦不徵金銀惟坑冶稅有金銀入內承運庫其歲賦偶折金銀者俱送南京供武臣祿而各邊有緩急亦取足其中正統元年改折漕糧歲以百萬爲額盡解內承運庫不復送南京自給武臣祿十餘萬兩外皆爲御用所謂金花銀也七年乃設戶部太倉庫各直省派剩麥米十庫中綿絲絹布及馬草鹽課關稅凡折銀者皆入太倉庫籍沒家財變賣田產追收店錢援例上納者亦皆入焉專以貯銀故又謂之銀庫弘治時內府供應繁多每收太倉銀入內庫又置南京銀庫正德時內承運庫中官數言內府財用不充請支太倉銀戶部執奏不能沮嘉靖初內府供應視弘治時其後乃倍之初太倉中庫積銀八百餘萬兩續收者貯之兩廡以便支發而中庫不動遂以中庫爲老庫兩廡爲外庫及是時老庫所存者僅百二十萬兩二十二年特令金花子粒銀應解內庫者竝送太倉備邊用然其後復入內庫三十七年令歲進內庫銀百萬兩外加預備欽取銀後又取沒官銀四十萬兩入內庫隆慶中數取太倉銀入內庫承運庫中官至以空劄下戶部取之廷臣疏諫皆不聽又數取光祿太僕銀工部尚書朱衡極諫不聽初世宗時太倉所入二百萬兩有奇至神宗萬曆六年太倉歲入凡四百五十餘萬兩而內庫歲供金花銀外又增買辦銀二十萬兩以爲常後又加內操馬芻料銀七萬餘兩久之太倉光祿太僕銀括取幾盡邊賞首功向發內庫者亦取之太僕矣凡甲字諸庫主事偕科道巡視太倉庫員外郎主事領之而以給事中巡視嘉靖中始兩月一報出納之數時修工部舊庫名曰節慎庫以貯礦銀尚書文明以給工價帝詰責之令以他銀補償自是專以給內用焉其在外諸布政司都司直省府州縣衞所皆有庫以貯金銀錢鈔絲帛贓罰諸物巡按御史三歲一盤查各運司皆有庫貯銀歲終巡鹽御史委官察之凡府州縣稅課司局河泊所歲課商稅魚課引由契本諸課程太祖令所司解州縣府司以至於部部劄之庫其元封識不擅發也至永樂時始委驗勘中方起解至部復驗同乃進納嘉靖時建驗試廳驗中給進狀寄庫月逢九會巡視庫藏科道官進庫驗收不堪者駁易正統十年設通濟庫於通州世宗時罷隆慶初密雲薊州昌平諸鎮皆設庫收貯主客年例軍門公費及撫賞修邊銀云凡爲倉庫害者莫如中官內府諸庫監收者橫索無厭正德時台州衞指揮陳良納軍器稽留八載至乞食於市內府收糧增耗嘗以數倍爲率其患如此諸倉初不設中官宣德末京通二倉始置總督中官一人後淮徐臨德諸倉亦置監督漕輓軍民被其害世宗用孫交張孚敬議撤革諸中官惟督諸倉者如故久之從給事中管懷理言乃罷之初天下府庫各有存積邊餉不借支於內京師不收括於外成化時巡鹽御史楊澄始請發各鹽運提舉司贓罰銀入京庫弘治時給事中曾昂請以諸布政司公帑積貯征徭羨銀盡輸太倉尚書周經力爭之以爲用不足者以織造賞賚齋醮土木之故必欲盡括天下財非藏富於民意也至劉瑾用事遂令各省庫藏盡輸京師世宗時閩廣進羨餘戶部請責他省巡按歲一奏獻如例又以太倉庫匱運南戶部庫銀八十萬兩實之而戶部條上理財事宜臨德二倉積銀二十萬兩錄以歸太倉隆慶初遣四御史分行天下搜括庫銀神宗時御史蕭重望請覈府縣歲額銀進部未報上千戶何其賢乞敕內官與己督之帝竟從其請由是外儲日就耗至天啟中用操江巡撫范濟世策下敕督歲進收括靡有遺矣南京內庫頗藏金銀珍寶魏忠賢矯旨取進盜竊一空內外匱竭遂至於亡

明史卷八十　志第五十六

總裁官總理事務經筵講官少保兼太子太保保和殿大學士兼管吏部戶部尚書事加六級張廷玉等奉

敕修

食貨四

鹽法　茶法

煮海之利歷代皆官領之太祖初起卽立鹽法置局設官令商人販鬻二十取一以資軍餉既而倍征之用胡深言復初制丙午歲始置兩淮鹽官吳元年置兩浙洪武初諸產鹽地次第設官都轉運鹽使六曰兩淮曰兩浙曰長蘆曰山東曰福建曰河東鹽課提舉司七曰廣東曰海北曰四川曰雲南提舉司凡四曰黑鹽井白鹽井安寧鹽井五井又陝西靈州鹽課司一兩淮所轄分司三曰泰州曰淮安曰通州批驗所二曰儀眞曰淮安鹽場三十各鹽課司一洪武時歲辦大引鹽三十五萬二千餘引弘治時改辦小引鹽倍之萬曆時同鹽行直隸之應天寧國太平揚州鳳陽廬州安慶池州淮安九府滁和二州江西湖廣二布政司河南之河南汝寧南陽三府及陳州正統中貴州亦食淮鹽成化十八年湖廣衡州永州改行海北鹽正德二年江西贛州南安吉安改行廣東鹽所輸邊甘肅延綏寧夏宣府大同遼東固原山西神池諸堡上供光祿寺神宮監內官監歲入太倉餘鹽銀六十萬兩兩浙所轄分司四曰嘉興曰松江曰寧紹曰溫台批驗所四曰杭州曰紹興曰嘉興曰溫州鹽場三十五各鹽課司一洪武時歲辦大引鹽二十二萬四百餘引弘治時改辦小引鹽倍之萬曆時同鹽行浙江直隸之松江蘇州常州鎭江徽州五府及廣德州江西之廣信府所輸邊甘肅延綏寧夏固原山西神池諸堡歲入太倉餘鹽銀十四萬兩明初置北平河間鹽運司後改稱河間長蘆所轄分司二曰滄州曰青州批驗所二曰長蘆曰小直沽鹽場二十四各鹽課司一洪武時歲辦大引鹽六萬三千一百餘引弘治時改辦小引鹽十八萬八百餘引萬曆時同鹽行北直隸河南之彰德衞輝二府所輸邊宣府大同薊州上供郊廟百神祭祀內府羞膳及給百官有司歲入太倉餘鹽銀十二萬兩山東所轄分司二曰膠萊曰濱樂批驗所一曰濼口鹽場十九各鹽課司一洪武時歲辦大引鹽十四萬三千三百餘引弘治時改辦小引鹽倍之萬曆時九萬六千一百餘引鹽行山東直隸徐邳宿三州河南開封府後開封改食河東鹽所輸邊遼東及山西神池諸堡歲入太倉餘鹽銀五萬兩福建所轄鹽場七各鹽課司一洪武時歲辦大引鹽十萬四千五百餘引弘治時增七百餘引萬曆時減千引其引曰依山曰附海依山納折色附海行本色神宗時亦改折色鹽行境內歲入太倉銀二萬二千餘兩河東所轄解鹽初設東場分司於安邑成祖時增設西場於解州尋復幷於東正統六年復置西場分司弘治二年增置中場分司洪武時歲辦小引鹽三十萬四千引弘治時增八萬引萬曆中又增二十萬引鹽行陝西之西安漢中延安鳳翔四府河南之歸德懷慶河南汝寧南陽五府及汝州山西之平陽潞安二府澤沁遼三州地有兩見者鹽得兼

行隆慶中延安改食靈州池鹽崇禎中鳳翔漢中二府亦改食靈州鹽歲入太倉銀四千餘兩給宣府鎮及大同代府祿糧抵補山西民糧銀共十九萬兩有奇陝西靈州有大小鹽池又有漳縣鹽井西和鹽井洪武時歲辦鹽西和十三萬一千五百斤有奇漳縣五十一萬五千六百斤有奇靈州二百八十六萬七千四百斤有奇弘治時同萬曆時三處共辦千二百五十三萬七千六百餘斤鹽行陝西之鞏昌臨洮二府及河州歲解寧夏延綏固原餉銀三萬六千餘兩廣東所轄鹽場十四海北所轄鹽場十五各鹽課司一洪武時歲辦大引鹽廣東四萬六千八百餘引海北二萬七千餘引弘治時廣東如舊海北萬九千四百餘引萬曆時廣東小引生鹽三萬二百餘引小引熟鹽三萬四千六百餘引海北小引正耗鹽一萬二千四百餘引鹽有生有熟熟貴生賤廣東鹽行廣州肇慶惠州韶州南雄潮州六府海北鹽行廣東之雷州高州廉州瓊州四府湖廣之桂陽郴二州廣西之桂林柳州梧州潯州慶遠南寧平樂太平思明鎮安十府田龍泗城奉議利五州歲入太倉鹽課銀萬一千餘兩四川鹽井轄鹽課司十七洪武時歲辦鹽一千一十二萬七千餘斤弘治時辦二千一十七萬六千餘斤萬曆中九百八十六萬一千餘斤鹽行四川之成都敘州順慶保寧夔州五府潼川嘉定廣安雅廣元五州縣歲解陝西鎮鹽課銀七萬一千餘兩雲南黑鹽井轄鹽課司三白鹽井安寧鹽井各轄鹽課司一五井轄鹽課司七洪武時歲辦大引鹽萬七千八百餘引弘治時各井多寡不一萬曆時與洪武同鹽行境內歲入太倉鹽課銀三萬五千餘兩成祖時嘗設交阯提舉司其後交阯失乃罷遼東鹽場不設官軍餘煎辦召商易粟以給軍凡大引四百斤小引二百斤鹽所產不同解州之鹽風水所結寧夏之鹽刮地得之淮浙之鹽熬波川滇之鹽汲井閩粵之鹽積鹵淮南之鹽煎淮北之鹽曬山東之鹽有煎有曬此其大較也有明鹽法莫善於開中洪武三年山西行省言大同糧儲自陵縣運至太和嶺路遠費煩請令商人於大同倉入米一石太原倉入米一石三斗給淮鹽一小引商人鬻畢即以原給引目赴所在官司繳之如此則轉運費省而邊儲充帝從之召商輸糧而與之鹽謂之開中其後各行省邊境多召商中鹽以為軍儲鹽法邊計相輔而行四年定中鹽例輸米臨濠開封陳橋襄陽安陸荊州歸州大同太原孟津北平河南府陳州北通州諸倉計道里近遠自五石至一石有差先後增減則例不一率視時緩急米直高下中納者利否道遠地險則減而輕之編置勘合及底簿發各布政司及都司衞所商納糧畢書所納糧及應支鹽數齎赴各轉運提舉司照數支鹽轉運諸司亦有底簿比照勘合相符則如數給與鬻鹽有定所刊諸銅版犯私鹽者罪至死僞造引者如之鹽與引離即以私鹽論成祖即位以北京諸衞糧乏悉停天下中鹽專於京衞開中惟雲南金齒衞楚雄府四川鹽井衞陝西甘州衞開中如故不數年京衞糧米充羨而大軍征安南多費甘肅軍糧不敷百姓疲轉運迨安南新附餉益難繼於是諸所復召商中鹽他邊地復以次及矣仁宗立以鈔法不通議所以斂之之道戶部尚書夏原吉請令有鈔之家中鹽遂定各鹽司中鹽則例滄州引三百貫河南山西半之福建廣東百貫宣德元年停中鈔例三年原吉以北京官吏軍匠糧餉不支條上預備策言中鹽舊則太重商賈少至請更定之乃定每引自二斗五升至一斗五升有差召商納米北京戶部尚書郭敦言中鹽則例已減而商來者少請以十分為率六分支與納米京倉者四分支與遼東永平山海甘肅大同宣府萬全已納米者他處中納悉停之又言洪武中中鹽客商年久物故代支者多虛冒請按引給鈔十錠帝皆從之而命倍給其鈔甘肅寧夏大同宣府獨石永平道險遠趨中者少許寓居官員及軍餘有糧之家納米豆中鹽正統三年寧夏總兵官史昭以邊軍缺馬而延慶平涼官吏軍民多養馬乃奏請納馬中鹽上馬一匹與鹽百引次馬八十引既而定邊諸衞遞增二十引其後河州中納者上馬二十五引中減五引松潘中納者上馬三十五引中減十引久之復如初制中馬之始驗馬乃掣鹽既而納銀於官以市馬銀入布政司宗祿屯糧修邊振濟展轉支銷銀盡而馬不至而邊儲亦自此告匱矣於是召商中淮浙長蘆鹽以納之令甘肅中鹽者淮鹽十七浙鹽十三淮鹽惟納米麥浙鹽兼收豌豆青稞因淮鹽直貴商多趨之故令淮浙兼中也明初仍宋元舊制所以優恤竈戶者甚厚給草場以供樵採堪耕者許開墾仍免其雜役又給工本米引一石置倉於場歲撥附近州縣倉儲及兌軍餘米以待給兼支錢鈔以米價為準尋定鈔數淮浙引二貫五百文河間廣東海北山東福建四川引二貫竈戶雜犯死罪以上止予杖計日煎鹽以贖後設總催多朘削竈戶至正統時竈戶貧困逋逃者多松江所負課六十餘萬民訴於朝命直隸巡撫周忱兼理鹽課忱條上鑄鐵釜恤鹵丁選總催嚴私販四事且請於每年正課外帶徵逋課帝從其請命分逋課為六以六載畢徵當是時商人有自永樂中候支鹽祖孫相代不得者乃議倣洪武中例而加鈔錠以償之願守支者聽又以商人守支年久雖減輕開中少有上納者議他鹽司如舊制而淮浙長蘆以十分為率八分給守支商曰常股二分收貯於官曰存積遇邊警始召商中納常股存積之名由此始凡中常股者價輕中存積者價重然人甚苦守支爭趨存積而常股壅矣景帝時邊圉多故存積增至六分中納邊糧兼納穀草秋青草秋青草三當穀草二廣東之鹽例不出境商人率市守關吏越市廣西巡撫葉盛以為任之則廢法禁之則病商請令入米餉邊乃許出境公私交利焉成化初歲洊災京儲不足召商於淮徐德州水次倉中鹽舊例中鹽戶部出榜召商無徑奏者富人呂銘等託勢要奏中兩淮存積鹽中旨允之戶部尚書馬昂不能執正鹽法之壞自此始勢豪多攙中商人既失利江南北軍民因造遮洋大船列械販鹽乃為重法私販窩隱俱論死家屬徙邊衞夾帶越境者充軍然不能遏止也十九年頗減存積之數常股七分而存積三分然商人樂有見鹽報中存積者爭至遂仍增至六分淮浙鹽猶不能給乃配支長蘆山東以給之一人兼支數處道遠不及親赴邊商輒貿引於近地富人自是有邊商內商之分內商之鹽不能速獲邊商之引又不賤售報中寢怠存積之滯遂與常股等憲宗末年閹宦竊勢奏討淮浙鹽無算兩淮積久至五百餘萬引商引壅滯至孝宗時而買補餘鹽之議興矣餘鹽者竈戶正課外所餘之鹽也洪武初制商支鹽有定場毋許越場買補勤竈有餘鹽送場司二百斤為一引給米一石其鹽召商開中不拘資次給與成化後令商收買而勸借米麥以振貧竈至是清理兩淮鹽法侍郎李嗣請令商人買餘鹽補官引而免其勸借且停各邊開中俟逋課完日官為賣鹽三分價直二充邊儲而留其一以補商人未交鹽價由是以餘鹽補充正課而鹽法一小變明初各邊開中商人招民墾種築臺堡自相保聚邊方菽粟無甚貴之時成化間始有折納銀者然未嘗著為令也弘治五年商人困守支戶部尚書葉淇請召商納銀運司類解太倉分給各邊每引輸銀三四錢有差視國初中米直加倍而商無守支之苦一時太倉銀累至百餘萬然赴邊開中之法廢商屯撤業菽粟翔貴邊儲日虛矣武宗之初以鹽法日壞令大臣王瓊張憲等分道清理而慶寧侯周壽壽寧侯張鶴齡各令家人奏買長蘆兩淮鹽引戶部尚書韓文執不可中旨許之織造太監崔杲又奏乞長蘆鹽二萬引戶部以半予之帝欲全予大學士劉健等力爭李東陽語尤切帝不悅健等復疏爭乃從部議權要開中既多又許買餘鹽一引有用至十餘年者正德二年始申截舊引角之令立限追繳而每引增納紙價及振濟米麥引價重而課壅如故矣先是成化初都御史韓雍於肇慶梧州清遠南雄立抽鹽廠官鹽一引抽銀五分許帶餘鹽四引引抽銀一錢都御史秦紘許增帶餘鹽六引抽銀六錢及是增至九錢而不復抽官引引目積滯私鹽通行乃用戶部郎中丁致祥請復紘舊法而他處商人夾帶餘鹽掣割納價惟多至三百斤者始罪之淮浙長蘆引鹽常股四分以給各邊主兵及工役振濟之需存積六分非國家大事邊境有警未嘗妄開開必邊臣奏討經部覆允未有商人擅請及專請淮鹽者弘治間存積鹽甚多正德時權倖遂奏開殘鹽改存積常股皆為正課且皆折銀邊臣緩急無備而勢要占中賣窩價增數倍商人引納銀八錢無所獲利多不願中課日耗絀姦黠者夾帶影射弊端百出鹽臣承中璫風旨復列零鹽所鹽諸目以假之世宗登極詔首命裁革未幾商人遂俊等夤緣近倖以增價為名奏買殘餘等鹽戶部尚書秦金執不允帝特令中兩淮額鹽三十萬引於宣府金言姦人占中淮鹽賣窩罔利使山東長蘆等鹽別無搭配積之無用虧國用誤邊儲莫此為甚御史高世魁亦爭之詔減淮引十萬分兩浙長蘆鹽給之金復言宣大俱重鎮不宜令姦商自擇便利但中宣府帝可之已而俊等請以十六人中宣府十一人中大同竟從其請嘉靖五年從給事中管律奏乃復常股存積四六分之制然是時餘鹽盛行正鹽守支日久願中者少餘鹽第領勘合即時支賣願中者多自弘治時以餘鹽補正課初以償逋課後令商人納價輸部濟邊至嘉靖時延綏用兵遼左缺餉盡發兩淮餘鹽七萬九千餘引於二邊開中自是餘鹽行其始尚無定額未幾兩淮增引一百四十餘萬每引增餘鹽二百六十五斤引價淮南納銀一兩九錢淮北一兩五錢又設處置科罰名色以苛斂商財於是正鹽未派先估餘鹽商竈俱困姦黠者藉口官買餘鹽夾販私煎法禁無所施鹽法大壞十三年給事中管懷理言鹽法之壞其弊有六開中不時米價騰貴召糴之難也勢豪大家專擅利權

報中之難也官司科罰吏胥侵索輸納之難也下場挨掣動以數年守支之難也定價太昂息不償本取贏之難也私鹽四出官鹽不行市易之難也有此六難正課壅矣而司計者因設餘鹽以佐之餘鹽利厚商固樂從然不以開邊而以解部雖歲入距萬無益軍需嘗考祖宗時商人中鹽納價甚輕而竈戶煎鹽工本甚厚今鹽價十倍於前而工本不能十一何以禁私鹽使不行也故欲通鹽法必先處餘鹽欲處餘鹽必多減正價大抵正鹽賤則私販自息今宜定價每引正鹽銀五錢餘鹽二錢五分不必解赴太倉俱令開中關支餘鹽以盡收爲度正鹽價輕既利於商餘鹽收盡又利於竈未有商竈俱利而國課不充者也事下所司戶部覆以爲餘鹽銀仍解部如故而邊餉益虛矣至二十年帝以變亂鹽法由餘鹽敕罷之淮浙長蘆悉復舊法夾帶者割沒入官應變賣者以時估爲準御史吳瓊又請各邊中鹽者皆輸本色然令甫下吏部尚書許讚卽請復開餘鹽以足邊用戶部覆從之餘鹽復行矣先是十六年令兩浙僻邑官商不行之處山商每百斤納銀八分給票行鹽其後多侵奪正引官商課缺引壅二百萬候掣必五六載於是有預徵執抵季掣之法預徵者先期輸課不得私爲去留執抵者執現在運鹽水程復持一引以抵一引季掣則以納課先後爲序春不得遲於夏夏不得超於春也然票商納稅卽掣賣預徵諸法徒厲引商而已靈州鹽池自史昭中馬之議行邊餉虧缺甘肅米直石銀五兩戶部因奏停中馬召商納米中鹽二十七年令開中者止納本色糧草三十一年令河東以六十二萬引爲額合正餘鹽爲一而革餘鹽名時都御史王紳御史黃國用議兩淮竈戶餘鹽每引官給銀二錢以充工本增收三十五萬引名爲工本鹽令商人中額鹽二引帶中工本鹽一引抵主兵年例十七萬六千兩有奇從其請初淮鹽歲課七十萬五千兩開邊報中爲正鹽後益餘鹽納銀解部至是通前額凡一百五萬引額增三之一行之數年積滯無所售鹽法壅不行言事者屢陳工本爲鹽贅疣戶部以國用方絀年例無所出因之不變江西故行淮鹽三十九萬引後南安贛州吉安改行廣鹽惟南昌諸府行淮鹽二十七萬引既而私販盛行袁州臨江瑞州則私食廣鹽撫州建昌私食福鹽於是淮鹽僅行十六萬引數年之間國計大絀巡撫馬森疏其害請於峽江縣建橋設關扼閩廣要津盡復淮鹽額稍增至四十七萬引未久橋毀增額二十萬引復除矣三十九年帝欲整鹽法乃命副都御史鄢懋卿總理淮浙山東長蘆鹽法懋卿嚴嵩黨也苞苴無虛日兩淮額鹽銀六十一萬有奇自設工本鹽增九十萬懋卿復增之遂滿百萬半年一解又搜括四司殘鹽共得銀幾二百萬一時詡爲奇功乃立剋限法每卒一人季限獲私鹽有定數不及數輒削其僱役錢邏卒經歲有不得支一錢者乃共爲私販以牟大利甚至刦估舶誣以鹽盜而執之流毒遍海濱矣嵩失勢巡鹽御史徐爌言兩淮鹽法曰常股曰存積曰水鄉共七十萬引有奇引二百斤納銀八分永樂以後引納粟二斗五升下場關支四散發賣商人之利亦什五焉近年正鹽之外加以餘鹽餘鹽之外又加工本工本不足乃有添單添單不足又加添引懋卿趨利目前不顧其後是誤國亂政之尤者方今災荒疊告鹽場渰沒若欲取盈百萬必至逃亡弦急欲絶不棘於此於是悉罷懋卿所增者四十四年巡鹽御史朱炳如奏罷兩淮工本鹽自葉淇變法邊儲多缺嘉靖八年以後稍復開中邊商中引內商守支末年工本鹽行內商有數年不得掣者於是不樂買引而邊商困因營求告掣河鹽河鹽者不上廩囤在河徑自超掣易支而獲利捷河鹽行則守支存積者愈久而內商亦困引價彌賤於是姦人專以收買邊引爲事名曰囤戶告掣河鹽坐規厚利時復議於正鹽外附帶餘鹽以抵工本之數囤戶因得賤買餘鹽而貴售之邊商與內商愈困矣隆慶二年屯鹽都御史龐尚鵬疏言邊商報中內商守支事本相須但內商安坐邊商遠輸勞逸不均故掣河鹽者以惠邊商也然河鹽既行淮鹽必滯內商無所得利則邊商之引不售今宜停掣河鹽但別邊商引價自見引及起紙關引到司勘合別爲三等定銀若干邊商倉鈔已到內商不得留難蓋河鹽停則淮鹽速行引價定則開中自多邊商內商各得其願矣帝從之四年御史李學詩議罷官買餘鹽報可是時廣西古田平巡撫都御史殷正茂請官出資本買廣東鹽至桂林發賣七萬餘包可獲利二萬二千有奇從之自嘉靖初復常股四分存積六分之制後因各邊多故常股存積竝開淮額歲課七十萬五千餘引又增各邊新引歲二十萬萬曆時以大工搜遠年違沒廢引六十餘萬胥出課額之外無正鹽止令商買補餘鹽餘鹽久盡惟計引重科加煎飛派而已時兩淮引價餘銀百二十餘萬增至百四十五萬新引日益正引日壅千戶尹英請配賣沒官鹽可得銀六萬兩大學士張位等爭之二十六年以鴻臚寺主簿田應壁奏命中官魯保鬻兩淮沒官餘鹽給事中包見捷極陳利害不聽保既視事遂議開存積鹽戶部尚書楊俊民言明旨覈沒官鹽而存積非沒官也額外加增必虧正課保奏不可從御史馬從聘亦爭之俱不聽保乃開存積八萬引引重五百七十斤越次超掣壓正鹽不行商民大擾而姦人蠭起董璉吳應麒等爭言鹽利山西福建諸稅監皆領鹽課矣百戶高時夏奏浙閩餘鹽歲可變價三十萬兩巡撫金學曾勘奏皆罔疏入不省於是福建解銀萬三千兩有奇浙江解三萬七千兩有奇借名苛斂商困引壅戶部尚書趙世卿指其害由保因言額外多取一分則正課少一分而國計愈絀請悉罷無名浮課不報三十四年夏至明年春正額逋百餘萬保亦惶懼請罷存積引鹽保尋死有旨罷之而引斤不能減矣李太后薨帝用遺誥蠲各運司浮課商困稍甦而舊引壅滯戶部上鹽法十議正行見引附銷積引以疏通之巡鹽御史龍遇奇立鹽政綱法以舊引附見引行淮南編爲十綱淮北編爲十四綱計十餘年則舊引盡行從之天啓時言利者恣搜括務增引超掣魏忠賢黨郭興治崔呈秀等巧立名目以取之所入無算論者比之絶流而漁崇禎中給事中黃承昊條上鹽政頗欲有所釐革是時兵餉方大絀不能行也初諸王府則就近地支鹽官民戶口食鹽皆計口納鈔自行關支而官吏食鹽多冒增口數有一官支二千餘斤一吏支五百餘斤者乃限吏典不得過十口文武官不過三十口大口鈔十二貫支鹽十二斤小口半之景泰三年始以鹽折給官吏俸糧以百四十斤當米一石京官歲遣吏下場恣爲姦利錦衣吏益暴率聯巨艦私販有司不能詰巡鹽御史乃定百司食鹽數攜東以給吏禁毋下場納鈔儻輓費無所出吏多亡嘉靖中吏部郎中陸光祖言於尚書嚴訥疏請革之自後百司停支食鹽惟戶部及十三道御史歲支如故軍民計口納鈔者浙江月納米三升買鹽一斤而商賈持鹽赴官官爲斂散追徵之急過於租賦正統時從給事中鮑輝言令民自買食鹽於商罷納米令且鬻十斤以下者勿以私鹽論而鹽鈔不除後條鞭法行遂編入正賦巡鹽之官洪永時嘗一再命御史視鹽課正統元年始命侍郎何文淵王佐副都御史朱與言提督兩淮長蘆兩浙鹽課命中官御史同往未幾以鹽法已清下敕召還後遂令御史視鹺依巡按例歲更代以爲常十一年以山東諸鹽場隸長蘆巡鹽御史十四年命副都御史耿九疇清理兩淮鹽法成化中特遣中官王允中僉都御史高明整治兩淮鹽法明請增設副使一人判官二人孝宗初鹽法壞戶部尚書李敏請簡風憲大臣清理乃命戶部侍郎李嗣於兩淮刑部侍郎彭韶於兩浙俱兼都御史賜敕遣之弘治十四年僉都御史王璟督理兩淮鹽法正德二年兩淮則僉都御史王瓊閩浙則僉都御史張憲後惟兩淮賦重時遣大臣十年則刑部侍郎藍章嘉靖七年則副都御史黃臣三十二年則副都御史王紳至二十九年特命副都御史鄢懋卿總理四運司事權尤重自隆慶二年副都御史龐尚鵬總理兩淮長蘆三運司後遂無特遣大臣之事

番人嗜乳酪不得茶則困以病故唐宋以來行以茶易馬法用制羌戎而明制尤密有官茶有商茶皆貯邊易馬官茶間徵課鈔商茶輸課畧如鹽制初太祖令商人於產茶地買茶納錢請引引茶百斤輸錢二百不及引曰畸零別置由帖給之無由引及茶引相離者人得告捕置茶局批驗所稱較茶引不相當卽爲私茶凡犯私茶者與私鹽同罪私茶出境與關隘不譏者竝論死後又定茶引一道輸錢千照茶百斤茶由一道輸錢六百照茶六百斤既又令納鈔每引由一道納鈔一貫洪武初定令凡賣茶之地令宣課司三十取一四年戶部言陝西漢中金州石泉漢陰平利西鄉諸縣茶園四十五頃茶八十六萬餘株四川巴茶三百十五頃茶二百三十八萬餘株宜定令每十株官取其一無主茶園令軍士薅采十取其一以易番馬從之於是諸產茶地設茶課司定稅額陝西二萬六千斤有奇四川一百萬斤設茶馬司於秦洮河雅諸州自碉門黎雅抵朶甘烏思藏行茶之地五千餘里山後歸德諸州西方諸部落無不以馬售者碉門永寧筠連所產茶名曰剪刀麄葉惟西番用之而商販未嘗出境四川茶鹽都轉運使言宜別立茶局徵其稅易紅纓氊衫米布椒蠟以資國用而居民所收之茶依江南給引販賣法公私兩便於是永寧成都筠連皆設茶局矣川人故以茶易毛布毛纓諸物以償茶課自定課額立倉收貯專用以市馬民不敢私採課額每虧民多賠納四川布政司以爲言乃聽民採摘與番易貨又詔天全六番司民免其徭役專令蒸烏茶易馬初制長河西等番商以馬入雅州易茶由四川巖州衞入黎州始達茶馬司定價馬一匹茶千八百斤於碉門茶課司給之番商往復迂遠而給茶太多巖州衞以爲言請置茶馬司於巖州而改貯碉門茶於其地

且驗馬高下以爲茶數詔茶馬司仍舊而定上馬一匹給茶百二十斤中七十斤駒五十斤三十年改設秦州茶馬司於西寧勅右軍都督曰近者私茶出境互市者少馬日貴而茶日賤啓番人玩侮之心檄秦蜀二府發都司官軍於松潘碉門黎雅河州臨洮及入西番關口外巡禁私茶之出境者又遣駙馬都尉謝達諭蜀王椿曰國家榷茶本資易馬邊吏失譏私販出境惟易紅纓雜物使番人坐收其利而馬入中國者少豈所以制戎狄哉爾其諭布政司都司嚴爲防禁毋致失利當是時帝綢繆邊防用茶易馬固番人心且以彊中國嘗謂戶部尚書郁新用陝西漢中茶三百萬斤可得馬三萬匹四川松茂茶如之販鬻之禁不可不嚴以故遣僉都御史鄧文鑑等察川陝私茶駙馬都尉歐陽倫以私茶坐死又製金牌信符命曹國公李景隆齎入番與諸番要約篆文上曰皇帝聖旨左曰合當差發右曰不信者斬凡四十一面洮州火把藏思囊日等族牌四面納馬三千五十匹河州必里衞西番二十六族牌二十一面納馬七千七百五匹西寧曲先阿端罕東安定四衞巴哇申中申藏等族牌十六面納馬三千五十匹下號金牌降諸番上號藏內府以爲契三歲一遣官合符其通道有二一出河州一出碉門運茶五十餘萬斤獲馬萬三千八百匹太祖之馭番如此永樂中帝懷柔遠人遞增茶斤由是市馬者多而茶不足茶禁亦稍弛多私出境碉門茶馬司至用茶八萬餘斤僅易馬七十匹又多瘦損乃申嚴茶禁設洮州茶馬司又設甘肅茶馬司於陝西行都司地十三年特遣三御史巡督陝西茶馬太祖之禁私茶也自三月至九月月遣行人四員巡視河州臨洮碉門黎雅半年以內遣二十四員往來旁午宣德十年乃定三月一遣自永樂時停止金牌信符至是復給未幾番人爲北狄所侵掠徙居內地金牌散失而茶司亦以茶少止以漢中茶易馬且不給金牌聽其以馬入貢而已先是洪武末置成都重慶保寧播州茶倉四所令商人納米中茶宣德中定官茶百斤加耗什一中茶者自遣人赴甘州西寧而支鹽於淮浙以償費商人恃文憑恣私販官課數年不完正統初都御史羅亨信言其弊乃罷運茶支鹽例令官運如故以京官總理之景泰中罷遣行人成化三年命御史巡茶陝西番人不樂御史馬至日少乃取回御史仍遣行人且令按察司巡察已而巡察不專兵部言其害乃復遣御史歲一更著爲令又以歲饑待振復令商納粟中茶且令茶百斤折銀五錢商課折色自此始弘治三年御史李鸞言茶馬司所積漸少各邊馬耗而陝西諸郡歲稔無事易粟請於西寧河西洮州三茶馬司召商中茶每引不過百斤每商不過三十引官收其十之四餘者始令貨賣可得茶四十萬斤易馬四千匹數足而止從之十二年御史王憲又言自中茶禁開遂令私茶莫遏而易馬不利請停糧茶之例異時或兵荒乃更圖之部覆從其請四川茶課司舊徵數十萬斤易馬永樂以後番馬悉由陝西道川茶多浥爛乃令以三分爲率一分收本色二分折銀糧茶停二年延綏饑復召商納糧草中四百萬斤尋以御史王紹言復禁止并罷正額外召商開中之例十六年取回御史以督理馬政都御史楊一淸兼理之一淸復議開中言召商買茶官貿其三之一每歲茶五六十萬斤可得馬萬匹帝從所請正德元年一淸又建議商人不願領價者以半與商令自賣遂著爲例永行焉一淸又言金牌信符之制當復且請復設巡茶御史兼理馬政乃復遣御史而金牌以久廢卒不能復後武宗寵番僧許西域人例外帶私茶自是茶法遂壞番人之市馬也不能辨權衡止訂篦中馬篦大則官虧其直小則商病其繁十年巡茶御史王汝舟約爲中制每千斤爲三百三十篦嘉靖三年御史陳講以商茶低僞悉徵黑茶地產有限乃第茶爲上中二品印烙篦上書商名而考之旋定四川茶引五萬道二萬六千道爲腹引二萬四千道爲邊引芽茶引三錢葉茶引二錢中茶至八十萬斤而止不得太濫十五年御史劉良卿言律例私茶出境與關隘失察者竝凌遲處死蓋西陲藩籬莫切於諸番番人恃茶以生故嚴法以禁之易馬以酬之以制番人之死命壯中國之藩籬斷匈奴之右臂非可以常法論也洪武初例民間蓄茶不得過一月之用弘治中召商中茶或以備振或以儲邊然未嘗禁內地之民使不得食茶也今減通番之罪止於充軍禁內地之茶使不得食又使商私課茶悉聚於三茶馬司夫茶司與番爲鄰私販易通而禁復嚴於內郡是毆民爲私販而授之資也以故大姦闌出而漏網小民負升斗而罹法今計三茶馬司所貯洮河足三年西寧足二年而商私課茶又日益增積久腐爛而無所用茶法之弊如此番地多馬而無所市吾茶有禁而不得通其勢必相求而制之之機在我今茶司居民竊易番馬以待商販歲無虛日及官易時而馬反耗矣請敕三茶馬司止留二年之用每年易馬當發若干正茶之外分毫毋得夾帶令茶價踴貴番人受制戾馬將不可勝用且多開商茶通行內地官榷其半以備軍餉而河蘭階岷諸近番地禁賣如故更重通番之刑如律例洮岷河責邊備道臨洮蘭州責隴右分巡西寧責兵備各選官防守失察者以罷軟論奏上報可於是茶法稍飭矣御史劉崙總督尚書王以旂等請復給諸番金牌信符兵部議番族變詐不常北狄抄掠無已金牌亟給亟失殊損國體番人納馬意在得茶嚴私販之禁則番人自順雖不給金牌馬可集也若私販盛行吾無以繫其心制其命雖給金牌馬亦不至乃定議發勘合予之其後陝西歲饑茶戶無所資頗逋課額三十六年戶部以全陝災震邊餉告急國用大絀上言先時正額茶易馬之外多開中以佐公家有至五百萬斤者近者御史劉良卿亦開百萬後止開正額八十萬斤并課茶私茶通計僅九十餘萬宜下巡茶御史議召商多中御史楊美益言歲祲民貧卽正額尚多虧損安有贏羡今第宜守每年九十萬斤招番易馬之規凡通內地以息私販增開中以備振荒悉從停罷毋使與馬分利戶部以帑藏方匱請如弘治六年例易馬外仍開百萬斤召納邊鎮以備軍餉詔從之末年御史潘一桂言增中商茶頗壅滯宜裁減十四五又言松潘與洮河近私茶往往闌出宜停松潘引目申嚴入番之禁皆報可四川茶引之分邊腹也邊茶少而易行腹茶多而常滯隆慶三年裁引萬二千以三萬引屬黎雅四千引屬松潘諸邊四千引留內地稅銀共萬四千餘兩解部濟邊以爲常五年令甘州倣洮河西寧事例歲以六月開中兩月內中馬八百匹立賞罰例商引一二年銷完者罰有差踰三年者罪之沒其附帶茶萬曆五年俺答款塞請開茶市御史李時成言番以茶爲命北狄若得藉以制番番必從狄貽患匪細部議給百餘篦而勿許其市易自劉良卿弛內地之禁楊美益以爲非其後復禁止十三年以西安鳳翔漢中不與番鄰開其禁招商給引抽十三入官餘聽自賣御史鍾化民以私茶之闌出多也請分任責成陝之漢中關南道督之府佐一人專駐魚渡壩川之保寧川北道督之府佐一人專駐雞猴壩率州縣官兵防守從之中茶易馬惟漢中保寧而湖南產茶其直賤商人率越境私販中漢中保寧者僅一二十引茶戶欲辦本課輒私販出邊番族利私茶之賤因不肯納馬二十三年御史李楠請禁湖茶言湖茶行茶法馬政兩弊宜令巡茶御史召商給引願報漢與保夔者準中越境下湖南者禁止且湖南多假茶食之刺口破腹番人亦受其害既而御史徐僑言漢川茶少而直高湖南茶多而直下湖茶之行無妨漢中漢茶味甘而薄湖茶味苦於酥酪爲宜亦利番也但宜立法嚴覈以遏假茶戶部折衷其議以漢茶爲主湖茶佐之各商中引先給漢川畢乃給湖南如漢引不足則補以湖引報可二十九年陝西巡按御史畢三才言課茶徵輸歲有定額先因茶多餘積園戶解納艱難以此改折令商人絕跡五司茶空請令漢中五州縣仍輸本色每歲招商中五百引可得馬萬一千九百餘匹部議西寧河洮岷甘莊浪六茶司共易馬九千六百匹著爲令天啓時增中馬二千四百匹明初嚴禁私販久而姦弊日生洎乎末造商人正引之外多給賞由票使得私行番人上駟盡入姦商茶司所市者乃其中下也番得茶叛服自由而將吏又以私馬竄番馬冒支上茶茶法馬政邊防於是俱壞矣其他產茶之地南直隸常廬池徽浙江湖嚴衢紹江西南昌饒州南康九江吉安湖廣武昌荆州長沙寶慶四川成都重慶嘉定夔瀘商人中引則於應天宜興杭州三批驗所徵茶課則於應天之江東瓜埠自蘇常鎭徽廣德及浙江河南廣西貴州皆徵鈔雲南則徵銀其上供茶天下貢額四千有奇福建建寧所貢最爲上品有探春先春次春紫筍及薦新等號舊皆採而碾之壓以銀板爲大小龍團太祖以其勞民罷造惟令採茶芽以進復上供戶五百家凡貢茶第按額以供不具載

明史卷八十一　志第五十七

總裁官總理事務經筵講官少保兼太子太保保和殿大學士兼管吏部戶部尚書事加六級張廷玉等奉敕修

食貨五

錢鈔　坑冶附鐵冶銅場

商稅　市舶

馬市

錢幣之興自九府圜法歷代遵用鈔始於唐之飛錢宋之交會金之交鈔元世始終用鈔錢幾廢矣太祖初置寶源局於應天鑄大中通寶錢與歷代錢兼行以四百

文爲一貫四十文爲一兩四文爲一錢及平陳友諒命江西行省置貨泉局頒大中通寶錢大小五等錢式即位頒洪武通寶錢其制凡五等曰當十當五當三當二當一當十錢重一兩餘遞降至重一錢止各行省皆設寶泉局與寶源局竝鑄而嚴私鑄之禁洪武四年改鑄大中洪武通寶大錢爲小錢初寶源局錢鑄京字於背後多不鑄民間無京字者不行故改鑄小錢以便之尋令私鑄錢作廢銅送官償以錢是時有司責民出銅民毀器皿輸官頗以爲苦而商賈沿元之舊習用鈔多不便用錢七年帝乃設寶鈔提舉司明年始詔中書省造大明寶鈔命民間通行以桑穰爲料其制方高一尺廣六寸質青色外爲橫文花欄橫題其額曰大明通行寶鈔其內上兩旁復爲篆文八字曰大明寶鈔天下通行中圖錢貫十串爲一貫其下云中書省奏准印造大明寶鈔與銅錢通行使用僞造者斬告捕者賞銀二十五兩仍給犯人財產若五百文則畫錢文爲五串餘如其制而遞減之其等凡六曰一貫曰五百文四百文三百文二百文一百文每鈔一貫準錢千文銀一兩四貫準黃金一兩禁民間不得以金銀物貨交易違者罪之以金銀易鈔者聽遂罷寶源寶泉局越二年復設寶泉局鑄小錢與鈔兼行百文以下止用錢商稅兼收錢鈔錢三鈔七十三年以鈔用久昏爛立倒鈔法令所在置行用庫許軍民商賈以昏鈔納庫易新鈔量收工墨直會中書省廢乃以造鈔屬戶部鑄錢屬工部而改寶鈔文中書省爲戶部與舊鈔兼行十五年置戶部寶鈔廣源庫廣惠庫入則廣源掌之出則廣惠掌之在外衞所軍士月鹽皆給鈔各鹽場給工本鈔十八年天下有司官祿米皆給鈔二貫五百文準米一石二十二年詔更定錢式生銅一斤鑄小錢百六十折二錢半之當三至當十準是爲差更造小鈔自十文至五十文二十四年諭榷稅官吏凡鈔有字貫可辨者不問爛損即收受解京抑勒與僞充者罪之二十五年設寶鈔行用庫於東市凡三庫各給鈔三萬錠爲鈔本倒收舊鈔送內府令大明寶鈔與歷代錢兼行鈔一貫準錢千文提舉司於三月內印造十月內止所造鈔送內府充賞賚明年罷行用庫又罷寶泉局時兩浙江西閩廣民重錢輕鈔有以錢百六十文折鈔一貫者由是物價翔貴而錢法益壞不行三十年乃更申交易用金銀之禁成祖初犯者以姦惡論惟置造首飾器皿不在禁例永樂二年詔犯者免死徙家戍興州陝西都司僉事張豫坐抵易官鈔論戍江夏民父死以銀營葬具當戍邊帝以其廹於治葬非玩法特矜宥之都御史陳瑛言比歲鈔法不通皆緣朝廷出鈔太多收斂無法以致物重鈔輕莫若暫行戶口食鹽法天下人民不下千萬戶官軍不下二百萬家誠令計口納鈔食鹽可收五千餘萬錠帝令戶部會羣臣議大口月食鹽一斤納鈔一貫小口半之從其議設北京寶鈔提舉司稅糧課程贓罰俱折收鈔其直視洪武初減十之九後又令鹽官納舊鈔支鹽發南京抽分場積薪龍江提舉司竹木鬻之軍民收其鈔應天歲辦蘆柴徵鈔十之八帝初即位戶部尚書夏原吉請更鈔板篆文爲永樂帝命仍其舊自後終明世皆用洪武年號云仁宗監國令犯笞杖者輸鈔及即位以鈔不行詢原吉原吉言鈔多則輕少則重民間鈔不行緣散多斂少宜爲法斂之請市肆門攤諸稅度量輕重加其課程鈔入官官取昏軟者悉燬之自今官鈔宜少出民間得鈔難則自然重矣乃下令曰所增門攤課程鈔法通即復舊金銀布帛交易者亦暫禁止然是時民卒輕鈔至宣德初米一石用鈔五十貫乃弛布帛米麥交易之禁凡以金銀交易及匿貨增直者罰鈔府縣衞所倉糧積至十五年以上者鹽糧悉收鈔秋糧亦折鈔三分門攤課鈔增五倍塌房店舍月納鈔五百貫果園贏車竝令納鈔戶部言民間交易惟用金銀鈔滯不行乃益嚴其禁交易用銀一錢者罰鈔千貫贓吏受銀一兩者追鈔萬貫更追免罪鈔如之英宗即位收賦有米麥折銀之令遂減諸納鈔者而以米銀錢當鈔弛用銀之禁朝野率皆用銀其小者乃用錢惟折官俸用鈔鈔壅不行十三年復申禁令阻鈔者追一萬貫全家戍邊天順中始弛其禁憲宗令內外課程錢鈔兼收官俸軍餉亦兼支錢鈔是時鈔一貫不能直錢一文而計鈔徵之民則每貫徵銀二分五釐民以大困弘治元年京城稅課司順天山東河南戶口食鹽俱收鈔各鈔關俱錢鈔兼收其後乃皆改折用銀而洪武永樂宣德錢積不用詔發之令與歷代錢兼用戶部請鼓鑄乃復開局鑄錢凡納贖收稅歷代錢制錢各收其半無制錢即收舊錢二以當一制錢者國朝錢也舊制工部所鑄錢入太倉司鑰二庫諸關稅錢亦入司鑰庫共貯錢數千百萬中官掌之京衞軍秋糧取給焉每七百當銀一兩武宗之初部臣請察覈侵蝕又以錢當俸糧者僅及銀數三之一請於承運庫給銀時中官方用事皆不聽已而司鑰庫太監龐瑮言自弘治間榷關折銀入承運庫錢鈔缺乏支放不給請遵成化舊制錢鈔兼收從之正德三年以太倉積錢給官俸十分爲率錢一銀九又從太監張永言發天財庫及戶部布政司庫錢關給徵收每七十文徵銀一錢且申私鑄之禁嘉靖四年令宣課分司收稅鈔一貫折銀三釐錢七文折銀一分是時鈔久不行錢亦大壅益專用銀矣明初鑄洪武錢成祖九年鑄永樂錢宣德九年鑄宣德錢弘治十六年以後鑄弘治錢至世宗嘉靖六年大鑄嘉靖錢每文重一錢三分且補鑄累朝未鑄者三十二年鑄洪武至正德九號錢每號百萬錠嘉靖錢千萬錠一錠五千文而稅課抽分諸廠專收嘉靖錢民患錢少乃發內庫新舊錢八千一百萬文折給俸糧又令通行歷代錢有銷新舊錢及以銅造像製器者罪比盜鑄先是民間行濫惡錢率以三四十錢當銀一分後益雜鉛錫薄劣無形製至以六七十文當銀一分翦楮夾其中不可辨用給事中李用敬言以制錢與前代雜錢相兼行上品者俱七文當銀一分餘視錢高下爲三等下者二十一文當銀一分私造濫惡錢悉禁不行犯者置之法小錢行久驟革之民頗不便又出內庫錢給文武官俸不論新舊美惡悉以七文折算諸以俸錢市易者亦悉以七文抑勒予民民亦騷然屬連歲大侵四方流民就食京師死者相枕藉論者謂錢法不通使然於是御史何廷鈺條奏請許民用小錢以六十文當銀一分戶部執不從廷鈺訐奏尚書方鈍及郎中劉爾牧帝怒斥爾牧採廷鈺議命從民便且定嘉靖錢七文洪武諸錢十文前代錢三十文當銀一分然諸濫惡小錢以初禁之嚴雖奉旨間行竟不復用而民間競私鑄嘉靖通寶錢與官錢竝行焉給事中殷正茂言兩京銅價大高鑄錢得不償費宜採雲南銅運至岳州鼓鑄費工本銀三十九萬可得錢六萬五千萬文直銀九十三萬餘兩足以少佐國家之急戶部覆言雲南地僻事簡即山鼓鑄爲便乃敕巡撫以鹽課銀二萬兩爲工本未幾巡撫王昺言費多入少乞罷鑄帝以小費不當惜仍命行之越數年巡按王諍復言宜罷鑄部議錢法壅滯者由宣課司收稅以七文當一分姦民乘機阻撓錢多則惡濫相欺錢少則增直罔利故禁愈繁而錢愈滯自今準折聽民便不必定文數而課稅及官俸且俱用銀乃罷雲南鑄錢而從戶部議時所鑄錢有金背有火漆有鏇邊議者以鑄錢艱難工匠勞費革鏇車用鑪錫於是鑄工競雜鉛錫便剉治而輪郭麤糲色澤黯黲姦僞倣傚盜鑄日滋金背錢反阻不行死罪日報終不能止帝患之問大學士徐階階陳五害請停寶源局鑄錢應支給錢者悉予銀帝乃鞫治工匠侵料減工罪而停鼓鑄自後稅課徵銀而不徵錢且民間止用制錢不用古錢而私鑄者多隆慶初錢法不行兵部侍郎譚綸言欲富民必重布帛菽粟而賤銀欲賤銀必制錢法以濟銀之不足今錢惟布於天下而不以輸於上故其權在市井請令民得以錢輸官則錢法自通於是課稅銀三兩以下復收錢民間交易一錢以下止許用錢時錢八文折銀一分禁民毋得任意低昂直隸巡按楊家相請鑄大明通寶錢不識年號部議格不行高拱再相言錢法朝議夕更迄無成說小民恐今日得錢而明日不用是以愈更愈亂愈禁愈疑請一從民便勿多爲制以亂人耳目帝深然之錢法復稍稍通矣寶鈔不用垂百餘年課程亦鮮有收鈔者惟俸錢獨支鈔如故四年始以新鑄隆慶錢給京官俸云萬曆四年命戶工二部準嘉靖錢式鑄萬曆通寶金背及火漆錢一文重一錢二分五釐又鑄鏇邊錢一文重一錢三分頒行天下俸糧皆銀錢兼給雲南巡按郭庭梧言國初京師有寶源局各省有寶泉局自嘉靖間省局停廢民用告匱滇中產銅不行鼓鑄而反以重價購海肥非利也遂開局鑄錢尋命十三布政司皆開局採工部言以五銖錢爲準用四火黃銅鑄金背二火黃銅鑄火漆麤惡者罪之蓋以費多利少則私鑄自息也久之戶部言錢之輕重不常輕則斂重則散故無壅閼匱乏之患初鑄時金背十文直銀一分今萬曆金背五文嘉靖金背四文各直銀一分火漆鏇邊亦如之僅踰十年而輕重不啻相半錢重而物價騰踴宜發庫貯以平其直從之時王府皆鑄造私錢吏不敢訐古錢阻滯不行國用不足乃命南北寶源局拓地增爐鼓鑄而北錢視南錢昂直三之一南鑄大抵輕薄然各循其舊竝行不廢天啟元年鑄泰昌錢兵部尚書王象乾請鑄當十當百當千三等大錢用龍文畧倣白金三品之制於是兩京皆鑄大錢後有言大錢之弊者詔南京停鑄大錢收大錢發局改鑄當是時開局遍天下重課錢息崇禎元年南京鑄本七萬九千餘兩獲息銀三萬九千有奇戶部鑄錢獲息銀二萬六千有奇其所鑄錢皆以五十五文當銀一錢計息取盈工匠之賠補行使之折閱不堪命矣寶泉局銅本四十萬兩舊例錢成還本太倉次年再借至是令永作鑄本三年御史饒京言鑄錢開局本通行天下今乃苦於無息旋開旋罷自南北兩局外僅存湖廣陝西四川雲南

及宣密二鎭而所鑄之息不盡歸朝廷復苦無鑄本蓋以買銅而非采銅也乞遵洪武初及永樂九年嘉靖六年例遣官各省鑄錢采銅於産銅之地置官吏駐兵徵銀礦法十取其三銅山之利朝廷擅之小民所采仍予直以市帝從之是時鑄廠竝開用銅益多銅至益少南京戶部尚書鄭三俊請專官買銅戶部議元籍産銅之人駐鎭遠荆常銅鉛會集處所謂采銅於産銅之地也帝俱從之既又采絳孟垣曲聞喜諸州縣銅鉛荆州抽分主事朱大受言荆州上接黔蜀下聯江廣商販銅鉛畢集一年可以四鑄四鑄之息兩倍於南三倍於北因陳便宜四事卽命大受專督之遂定錢式每文重一錢每千直銀一兩南都錢輕薄屢旨嚴飭乃定每文重八分初嘉靖錢最工隆萬錢加重半銖自啓禎新鑄出舊錢悉棄置然日以惡薄大半雜鉛砂百不盈寸捽擲輒破碎末年敕鑄當五錢不及鑄而明亡初制歷代錢與制錢通行自神宗初從僉都御史龐尚鵬議古錢止許行民間輸稅贖罪俱用制錢啓禎時廣鑄錢始括古錢以充廢銅民間市易亦擯不用矣莊烈帝初卽位御平臺召對給事中黃承昊疏有銷古錢之語大學士劉鴻訓言北方皆用古錢若驟廢之於民不便帝以爲然既而以御史王燮言收銷舊錢但行新錢於是古錢銷毀頓盡蓋自隋世盡銷古錢至是凡再見云鈔法自弘正間廢天啓時給事中惠世揚復請造行崇禎末有蔣臣者申其說擢爲戶部司務倪元璐方掌部事力主之然終不可行而止

坑冶之課金銀銅鐵鉛汞硃砂青綠而金銀礦最爲民害徐達下山東近臣請開銀場太祖謂銀場之弊利於官者少損於民者多不可開其後有請開陝州銀礦者帝曰土地所産有時而窮歲課成額徵銀無已言利之臣皆戕民之賊也臨淄丞乞發山海之藏以通寶路帝黜之成祖斥河池民言採礦者仁宣仍世禁止塡番禺坑洞罷嵩縣白泥溝發礦然福建尤溪縣銀屏山銀場局爐局四十二座始於洪武末年浙江溫處麗水平陽等七縣亦有場局歲課皆二千餘兩永樂間開陝州商縣鳳皇山銀坑八所遣官湖廣貴州採辦金銀課復遣中官御史往覈之又開福建浦城縣馬鞍等坑三所設貴州太平溪交阯宣光鎭金場局葛溪銀場局雲南大理銀冶其不産金銀者亦屢有革罷而福建歲額增至三萬餘兩浙江增至八萬餘宣宗初頗減福建課其後增至四萬餘而浙江亦增至九萬餘英宗下詔封坑穴撤閘辦官民大蘇息而歲額未除歲辦皆洪武舊額也閘辦者永宣所新增也既而禁革永煎姦民私開坑穴相殺傷嚴禁不能止下詔宥之不悛言者復請開銀場則利歸於上而盜無所容乃命侍郞王質往經理定歲課福建銀二萬餘浙江倍之又分遣御史曹祥馮傑提督供億過公稅民困而盜愈衆鄧茂七葉宗留之徒流毒浙閩久之始定景帝嘗封閉旋以盜礦者多兵部尚書孫原貞請開浙江銀場因竝開福建命中官戴細保提督之天順四年命中官羅永之浙江羅珪之雲南馮讓之福建何能之四川課額浙閩大畧如舊雲南十萬兩有奇四川萬三千有奇總十八萬三千有奇成化中開湖廣金場武陵等十二縣凡二十一場歲役民夫五十五萬死者無算得金僅五十三兩於是復閉而浙江銀礦以缺額量減雲南屢開屢停弘治元年始減雲南二萬兩溫處萬兩餘罷浦城廢坑銀冶至十三年雲南巡撫李士實言雲南九銀場四場礦脈久絕乞免其課報可四川山東礦穴亦先後封閉武宗初從中官秦文等奏復開浙閩銀礦既而浙江守臣言礦脈已絕乃令歲進銀二萬兩劉瑾誅乃止世宗初閉大理礦場其後薊豫齊晉川滇所在進礦砂金銀復議開採以助大工既獲玉旺峪礦銀帝諭閣臣廣開採戶部尚書方鈍等請令四川山東河南撫按嚴督所屬一一搜訪以稱天地降祥之意於是公私交騖礦利而浙江江西盜礦者且劫徽寧天下漸多事矣隆慶初罷薊鎭開採南中諸礦山亦勒石禁止萬曆十二年姦民屢以礦利中上心諸臣力陳其弊帝雖從之意怏怏二十四年張位秉政前衞千戶仲春請開礦位不能止開採之端啓廢弁白望獻礦峒者日至於是無地不開中使四出昌平則王忠眞保薊永房山蔚州則王虎昌黎則田進河南之開封彰德衞輝懷慶葉縣信陽則魯坤山東之濟南青州濟寧沂州滕費蓬萊福山棲霞招遠文登則陳增山西之太原平陽潞安則張忠南直之寧國池州則郝隆劉朝用湖廣之德安則陳奉浙江之杭嚴金衢孝豐諸暨則曹金後代以劉忠陝西之西安則趙鑒趙欽四川則邱乘雲遼東則高淮廣東則李敬廣西則沈永壽江西則潘相福建則高寀雲南則楊榮皆給以關防并偕原奏官往礦脈微細無所得勒民償之而姦人假開採之名乘傳橫索民財陵轢州縣有司恤民者罪以阻撓逮問罷黜時中官多暴橫而陳奉尤甚富家鉅族則誣以盜礦良田美宅則指以爲下有礦脈率役圍捕辱及婦女甚至斷人手足投之江其酷虐如此帝縱不問自二十五年至三十三年諸璫所進礦稅銀幾及三百萬兩羣小藉勢誅索不啻倍蓰民不聊生雲南巡撫魏允貞上言方今水旱告災天鳴地震星流氣射四方日報中外軍興百姓困敝而嗜利小人借開採以肆饕餮倘覺由中作則礦夫冗役爲禍尤烈至是而後求投珠抵璧之說用之晚矣河南巡按姚思仁亦言開採之弊大可慮者有八礦盜哨聚易於召亂一也礦頭累極勢成土崩二也礦夫殘害逼迫流亡三也僱民糧缺饑餓嘷呼四也礦洞徧開無益浪費五也礦砂銀少强科民買六也民皆開礦農桑失業七也奏官强橫淫刑激變八也今礦頭以賠累死平民以逼買死礦夫以傾壓死以爭鬬死及今不止雖傾府庫之藏竭天下之力亦無濟於存亡矣疏入皆不省識者以爲明亡蓋兆於此

鐵冶所洪武六年置江西進賢新喻分宜湖廣興國黃梅山東萊蕪廣東陽山陝西鞏昌山西吉州二太原澤潞各一凡十三所歲輸鐵七百四十六萬餘斤河南四川亦有鐵冶十四年益以茶陵十五年廣平吏王允道言磁州産鐵元時置官歲收百餘萬斤請如舊帝以民生甫定復設必重擾杖而流之海外十八年罷各布政司鐵冶既而工部言山西交城産雲子鐵舊貢十萬斤繕治兵器他處無有乃復設已而武昌吉州以次復焉末年以工部言復盡開令民得自採鍊每三十分取其二永樂時設四川龍州遼東都司三萬衞鐵冶景帝時辦事吏請復陝西寧遠鐵礦工部劾其違法下獄給事中張文質以爲不宜塞言路乃釋之弘治十七年廣東歸善縣請開鐵冶有司課外索賂唐大鬢等因作亂都御史劉大夏討平之正德十四年廣州置鐵廠以鹽課提舉司領之禁私販如鹽法嘉靖三十四年開建寧延平諸府鐵冶隆萬以後率因舊制未嘗特開云

銅場明初惟江西德興鉛山其後四川梁山山西五臺陝西寧羌畧陽及雲南皆採水銀青綠太祖時廉州巡檢言州界西戎有水銀坑冶及青綠紫泥願得兵取其地帝不許惟貴州大萬山長官司有水銀硃砂場局而四川東川府會川衞山産青銀銅綠以與外番接境虞軍民潛取生事特禁飭之成化十七年封閉雲南路南州銅坑弘治十八年裁革板坑水銀場局正德九年軍士周達請開雲南諸銀礦因及銅錫青綠詔可遂次第開採嘉靖隆萬間因鼓鑄屢開雲南諸處銅場久之所獲漸少崇禎時遂括古錢以供爐冶焉

關市之征宋元頗繁瑣明初務簡約其後增置漸多行齎居鬻所過所止各有稅其名物件析榜於官署按而征之惟農具書籍及他不鬻於市者勿算應征而藏匿者沒其半買賣田宅頭匹必投契本別納紙價凡納稅地置店曆書所止商氏名物數官司有都稅有宣課有司有局有分司有抽分場局有河泊所所收稅課有本色有折色稅課司局京城諸門及各府州縣市集多有之凡四百餘所其後以次裁併十之七抽分在南京者曰龍江大勝港在北京者曰通州白河盧溝通積廣積在外者曰眞定杭州荆州太平蘭州廣寧又令軍衞自設場分收貯柴薪河泊所惟大河以南有之河北止鹽山縣凡稅課徵商估物貨抽分科竹木柴薪河泊取魚課又有門攤課鈔領於有司太祖初征酒醋之稅收官店錢卽吳王位減收官店錢改在京官店爲宣課司府縣官店爲通課司凡商稅三十而取一過者以違令論洪武初命在京兵馬指揮領市司每三日一校勘街市度量權衡稽牙儈物價在外城門兵馬亦令兼領市司彰德稅課司稅及蔬果飲食畜牧諸物帝聞而黜之山西平遙主簿成樂秩滿來朝上其考曰能恢辦商稅帝曰稅有定額若以恢辦爲能是剝削下民失吏職也州考非是命吏部移文以訊十年戶部奏天下稅課司局征商不如額者百七八十處遂遣中官國子生及部委官各一人覈實立爲定額十三年吏部言稅課司局歲收額米不及五百石者凡三百六十四處宜罷之報可胡惟庸伏誅帝諭戶部曰曩者姦臣聚斂稅及纖悉朕甚恥焉自今軍民嫁娶喪祭之物舟車絲布之類皆勿稅罷天下抽分竹木場明年令以野獸皮輸魚課製裘以給邊卒初京師軍民居室皆官所給比舍無隙地商貨至或止於舟或貯城外駔儈上下其價商人病之帝乃命於三山諸門外瀕水爲屋名塌房以貯商貨永樂初定制嫁娶喪祭時節禮物自織布帛農器食品及買既稅之物車船運己貨物魚蔬雜果非市販者俱免稅準南京例置京城官店塌房七年遣御史監生於收課處榷辦課程二十一年山東巡按陳濟言淮安濟寧東昌臨淸德州直沽商販所聚今都北平百貨倍往時其商稅宜遣人監榷一年以爲定額帝從之洪熙元年增市肆門攤課鈔宣德四年以鈔法不通由商居貨不稅由是於京省商賈湊集地市鎭店肆門攤稅課增舊凡五倍兩京蔬果園不論官私種而鬻者塌房庫房店舍居商貨者騾驢車受僱裝載者悉令納鈔委御史戶部

錦衣衛兵馬司官各一於城門察收舟船受僱裝載者計所載料多寡路近遠納鈔鈔關之設自此始其倚勢隱匿不報者物盡沒官仍罪之於是有漷縣濟寧徐州淮安揚州上新河滸墅九江金沙洲臨清北新諸鈔關量舟大小修廣而差其額謂之船料不稅其貨惟臨清北新則兼收貨稅各差御史及戶部主事監收自南京至通州經淮安濟寧徐州臨清每船百料納鈔百貫侍郎曹弘言塌房月鈔五百貫民苦有鬻子女輸課者帝令悉除之及鈔法通減北京蔬地課鈔之半船料百貫者減至六十貫正統初詔凡課程門攤俱遵洪武舊額不得藉口鈔法妄增未幾以兵部侍郎于謙奏革直省稅課司局領其稅於有司罷濟寧徐州及南京上新河船料鈔移漷縣鈔關於河西務船料當輸六十貫者減爲二十貫商民稱便九年王佐掌戶部置彰義門官房收商稅課鈔復設直省稅課司官征榷漸繁矣景泰元年于謙柄國船料減至十五貫減張家灣及遼陽課稅之半大理卿薛瑄言抽分薪炭等匿不報者準舶商匿番貨罪盡沒之過重請得比匿稅律帝從之成化七年增置蕪湖荊州杭州三處工部官初抽分竹木止取鈔其後易以銀至是漸益至數萬兩尋遣御史榷稅孝宗初御史陳瑤言崇文門監稅官以掊克爲能非國體乃命客貨外車輛毋得搜阻又從給事中王敞言取回蕪湖荊州杭州抽分御史以府州佐貳官監收其稅十三年復遣御史正德十一年始收泰山碧霞元君祠香錢從鎮守太監言也十二年御史胡文靜請革新設諸抽分廠未一年太監鄭壟請復設於順德廣平工部尚書李鐩依阿持兩端橫征之端復起尋命中官李文馬俊之湖廣浙江抽分廠與主事中分榷稅世宗初抽分中官及江西福建廣東稅課司局多所裁革又革眞定諸府抽印木植中官京城九門之稅弘治初歲入鈔六十六萬餘貫錢二百八十八萬餘文至末年數大減自正德七年以後鈔增四倍錢增三十萬嘉靖三年詔如弘治初年例仍減錢三十萬直省關稅成化以來折收銀其後復收錢鈔八年復收銀遂爲定制始時鈔關估船料定稅既而以估料難核乃度梁頭廣狹爲準自五尺至三丈六尺有差帝令以成尺爲限勿科畸零太監李能請於山海關榷商稅行之數年主事鄔閱言廣寧八里鋪前屯衛既有榷場不宜再榷罷之其後復山海關稅罷八里鋪店錢四十二年令各關歲額定數之外餘饒悉入公帑隆慶二年始給鈔關主事關防敕書尋令鈔關去府近者知府收解去府遠者令佐貳官收貯府庫季解部主事掌覈商所報物數以定稅數收解無有所與神宗初令商貨進京者河西務給紅單赴崇文門併納正條船三稅其不進京者河西務止收正稅免條船二稅萬曆十一年革天下私設無名稅課然自隆慶以來凡橋梁道路關津私擅抽稅罔利病民雖累詔察革不能去也迨兩宮三殿災營建費不貲始開礦增稅而天津店租廣州珠榷兩淮餘鹽京口供用浙江市舶成都鹽茶重慶名木湖口長江船稅荊州店稅寶坻魚葦及門攤商稅油布雜稅中官遍天下非領稅卽領礦驅脅官吏務朘削焉榷稅之使自二十六年千戶趙承勛奏請始高寀於京口暨祿於儀眞劉成於浙李鳳於廣州陳奉於荊州馬堂於臨清陳增於東昌孫隆於蘇杭魯坤於河南孫朝於山西邱乘雲於四川梁永於陝西李道於湖口王忠於密雲張曄於盧溝橋沈永壽於廣西或徵市舶或徵店稅或專領稅務或兼領開採姦民納賄於中官輒給指揮千戶劄用爲爪牙水陸行數十里卽樹旗建廠視商賈懦者肆爲攘奪沒其全貲負戴行李亦被搜索又立土商名目窮鄉僻塢米鹽雞豕皆令輸稅所至數激民變帝率庇不問諸所進稅或稱遺稅或稱節省銀或稱罰贖或稱額外贏餘又假買辦孝順之名金珠寶玩貂皮名馬雜然進奉帝以爲能甚至稅監劉成因災荒請暫寬商稅中旨仍徵課四萬其嗜利如此三十三年始詔罷採礦以稅務歸有司而稅使不撤李道詭稱有司固却乞如舊便帝遽從之又聽福府承奉謝文銓言設官店於崇文門外以供福邸戶部尚書趙世卿屢疏不聽世卿又言崇文門河西務臨清九江滸墅揚州北新淮安各鈔關歲徵本折約三十二萬五千餘兩萬曆二十五年增銀八萬二千兩此定額也乃二十七年以後歷歲減縮至二十九年總解二十六萬六千餘兩究厥所由則以稅使苛斂商至者少連年稅使所供卽此各關不足之數也疏入不省寶坻銀魚廠永樂時設穆宗時止令估直備廟祀上供及是始以中官坐採又徵其稅後并稅武清等縣非產魚之處增葦網諸稅且及青縣天津九門稅尤苛舉子皆不免甚至擊殺觀吏事聞詔法司治之監暨爲小戢至四十二年李太后遺詔減天下稅額三之一免近今畸零小稅光宗立始盡蠲天下額外稅撤回稅監其派入地畝行戶人丁間架者槩免之天啟五年戶部尚書李起元請復榷水陸衝要依萬曆二十七年例量徵什一允行之崇禎初關稅每兩增一錢通八關增五萬兩三年復增二錢惟臨清僅半而崇文門河西務俱如舊戶部尚書畢自嚴議增南京宣課司稅額一萬爲三萬南京戶部尚書鄭三俊以宣課所收落地稅無幾請稅蕪湖以當增數自嚴遂議稅蕪湖三萬兩而宣課仍增一萬三俊悔疏爭不能已九年復議增稅課款項十三年增關稅二十萬兩而商民益困矣凡諸課程始收鈔間折收米已而收錢鈔半後乃折收銀而折色本色遞年輪收本色歸內庫折色歸太倉

明初東有馬市西有茶市皆以馭邊省戍守費海外諸國入貢許附載方物與中國貿易因設市舶司置提舉官以領之所以通夷情抑姦商俾法禁有所施因以消其釁隙也洪武初設於太倉黃渡尋罷復設於寧波泉州廣州寧波通日本泉州通琉球廣州通占城暹羅西洋諸國琉球占城諸國皆恭順任其時至入貢惟日本叛服不常故獨限其期爲十年人數爲二百舟爲二艘以金葉勘合表文爲驗以防詐僞侵軼後市舶司暫罷輒復嚴禁瀕海居民及守備將卒私通海外諸國永樂初西洋剌泥國回回哈只馬哈沒奇等來朝附載胡椒與民互市有司請徵其稅帝曰商稅者國家抑逐末之民豈以爲利今夷人慕義遠來乃侵其利所得幾何而虧辱大體多矣不聽三年以諸番貢使益多乃置驛於福建浙江廣東三市舶司以館之福建曰來遠浙江曰安遠廣東曰懷遠尋設交阯雲南市舶提舉司接西南諸國朝貢者初入貢海舟至有司封識俟奏報然後起運宣宗命至卽馳奏不待報隨送至京武宗時提舉市舶太監畢眞言舊制泛海諸船皆市舶司專理近領於鎭巡及三司官乞如舊便禮部議市舶職司進貢方物其汎海客商及風泊番船非敕旨所載例不當預中旨令如熊宣舊例行宣先任市舶太監也嘗以不預滿剌加諸國番舶抽分奏請兼理爲禮部所劾而罷劉瑾私眞謬以爲例云嘉靖二年日本使宗設宋素卿分道入貢互爭眞僞市舶中官賴恩納素卿賄右素卿宗設遂大掠寧波給事中夏言言倭患起於市舶遂罷之市舶既罷日本海賈往來自如海上姦豪與之交通法禁無所施轉爲寇賊二十六年倭寇百艘久泊寧台數千人登岸焚劫浙江巡撫朱紈訪知舶主皆貴官大姓市番貨皆以虛直轉鬻牟利而直不時給以是構亂乃嚴海禁毀餘皇奏請鐫諭戒大姓不報二十八年紈又言長澳諸大俠林恭等勾引夷舟作亂而巨姦關通射利因爲嚮導躪我海濱宜正典刑部覆不允而通番大猾紈輒以便宜誅之御史陳九德劾紈措置乖方專殺啟釁帝逮紈聽勘紈既黜姦徒益無所憚外交內訌釀成禍患汪直徐海陳東麻葉等起而海上無寧日矣三十五年倭寇大掠福建浙直都御史胡宗憲遣其客蔣洲陳可願使倭宣諭還報倭志欲通貢市兵部議不可乃止三十九年鳳陽巡撫唐順之議復三市舶司部議從之四十四年浙江以巡撫劉畿言仍罷福建開而復禁萬曆中復通福建互市惟禁市硝黃已而兩市舶司悉復以中官領職如故

永樂間設馬市三一在開原南關以待海西一在開原城東五里一在廣寧皆以待朶顏三衞定直四等上直絹八疋布十二次半之下二等各以一遞減既而城東廣寧市皆廢惟開原南關馬市獨存大同馬市始正統三年巡撫盧睿請令軍民平價市駝馬達官指揮李原等通譯語禁市兵器銅鐵帝從之十四年都御史沈固請支山西行都司庫銀市馬時也先貢馬互市中官王振裁其馬價也先大舉入寇遂致土木之變成化十四年陳鉞撫遼東復開三衞馬市通事劉海姚安肆侵牟朶顏諸部懷怨擾廣寧不復來市兵部尚書王越請令參將布政司官各一員監之毋有所侵剋遂治海安二人罪尋令海西及朶顏三衞入市開原月一市廣寧月二市以互市之稅充撫賞正德時令驗放入市者依期出境不得挾弓矢非互市日毋輒近塞垣嘉靖三十年以總兵仇鸞言詔於宣府大同開馬市命侍郎史道總理之兵部員外郎楊繼盛諫不從俺答旋入寇抄大同市則寇宣府宣府市則寇大同幣未出境警報臨至帝始悔之召道還然諸部嗜馬市利未敢公言大舉而邊臣亦多畏懾以互市啗之明年罷大同馬市宣府猶未絕抄掠不已乃并絕之隆慶四年俺答孫把漢那吉來降於是封貢互市之議起而宣大互市復開邊境稍靜然撫賞甚厚朝廷爲省客兵餉減哨銀以充之頻年加賞而要求滋甚司事者復從中乾沒邊費反過當矣遼東義州木市萬曆二十三年開事具李化龍傳二十六年從巡撫張思忠奏罷之遂并罷馬市其後總兵李成梁力請復而薊遼總督萬世德亦疏於朝三十九年復開馬木二市後以爲常

總裁官總理事務　經筵講官少保兼太子太保保和殿大學士兼管吏部戶部尚書事加六級張廷玉等奉
敕修

食貨六

上供採造　採造
柴炭　採木
珠池　織造
燒造　俸餉
會計

採造之事累朝侈儉不同大約靡於英宗繼以憲武至世宗神宗而極其事目繁瑣徵索紛紜最鉅且難者曰採木歲造最大者曰織造曰燒造酒醴膳羞則掌之光祿寺採辦成就則工部四司內監司局或專差職之柴炭則掌之惜薪司而最爲民害者率由中官明初上供簡省郡縣貢香米人參葡萄酒太祖以爲勞民却之仁宗初光祿卿井泉奏歲例遣正官往南京採玉面狸帝叱之曰小人不達政體朕方下詔盡罷不急之務以息民豈以口腹細故失大信耶宣宗時罷永樂中河州官買乳牛造上供酥油者以其牛給屯軍命御史二人察視光祿寺凡內外官多支及需索者執奏英宗初政三楊當軸減南畿孳牧黃牛四萬糖蜜果品腒脯酥油茶芽稉糯粟米藥材皆減省有差撤諸處捕魚官卽位數月多所撙節凡上用膳食器皿三十萬七千有奇南工部造金龍鳳白瓷諸器饒州造硃紅膳盒諸器營膳所造以進宮中食物尚膳監率乾沒之帝令備帖具書如數還給景帝時從于謙言罷眞定河間採野味直沽海口造乾魚內使天順八年光祿果品物料凡百二十六萬八千餘斤增舊額四之一成化初詔光祿寺牲口不得過十萬明年寺臣李春請增禮部尚書姚夔言正統間雞鵝羊豕歲費三四萬天順以來增四倍暴殄過多請從前詔後二年給事中陳越言光祿市物概以勢取負販遇之如被劫掠夫光祿所供昔皆足用今不然者宣索過額侵漁妄費也大學士彭時亦言光祿寺委用小人買辦假公營私民利盡爲所奪請照宣德正統間例斟酌供用禁止買辦於是減魚果歲額十之一弘治元年命光祿減增加供應初光祿俱預支官錢市物行頭吏役因而侵蝕乃令各行先報納而後償價遂有游手號爲報頭假以供應爲名抑價倍取以充私橐御史李鸞以爲言帝命禁止十五年光祿卿王珩列上內外官役酒飯及所畜禽獸料食之數凡百二十事乃降旨有仍舊者有減半者有停止者於是放去乾明門虎南海子猫西華門鷹犬御馬監山猴西安門大鴿等減省有差存者減其食料自成化時添坐家長隨八十餘員傳添湯飯中官百五十餘員天下常貢不足於用乃責買於京師鋪戶價直不時給市井負累兵部尚書劉大夏因天變言之乃裁減中官歲省銀八十餘萬武宗之世各宮日進月進數倍天順時廚役之額當仁宗時僅六千三百餘名及憲宗增四之一世宗初減至四千一百名歲額銀撙節至十三萬兩中年復增至四十萬額派不足借支太倉太倉又不足乃令元供司府依數增派於是帝疑其乾沒下禮部問狀責光祿寺具數以奏帝復降旨詰責乃命御史稽覈月進揭帖兩月間省銀二萬餘兩自是歲以爲常先是上供之物任土作貢曰歲辦不給則官出錢以市曰採辦其後本折兼收採辦愈繁於是召商置買物價多虧商賈匿迹二十七年戶部言京師召商納貨取直富商規避應役者皆貧弱下戶請覈實編審給事中羅崇奎言諸商所以重困者物價賤則減而貴則不敢增且收納不時一遭風雨遂不可用多致賠累既收之後所司更代不常不卽給直或竟沈閣幸給直矣官司折閱於上番役齮齕於下名雖平估所得不能半諸弊若除商自樂赴奚用編審帝雖納其言而仍編審如戶部議穆宗朝光祿少卿李健奏十事帝乃可之頗有所減省停止承天香米外域珍禽奇獸罷寶坻魚鮮凡薦新之物領於光祿寺勿遣中官又從太監李芳請停徵加增細稉米白靑鹽命一依成弘間例御史王宗載請停加派部議悉準元額果品百七萬八千餘斤牲口銀五萬八千餘兩免加派銀二萬餘未行而神宗立詔免之世宗末年歲用止十七萬兩穆宗裁二萬止十五萬餘經費省約矣萬曆初年益減至十三四萬中年漸增幾三十萬而鋪戶之累滋甚時中官進納索賂名鋪墊錢費不訾所支不足相抵民不堪命相率避匿乃僉京師富戶爲商令下被僉者如赴死重賄營免官司密鉤若緝姦盜宛平知縣劉曰淑言京民一遇僉商取之不遺毫髮貲本悉罄請厚估先發以甦民困御史王孟震斥其越職曰淑自劾解官去至熹宗時商累益重有輸物於官終不得一錢者

洪武時宮禁中市物視時估率加十錢其損上益下如此永樂初斥言採五色石者且以溫州輸礬困民罷染色布然內使之出始於是時工役繁興徵取稍急非土所有民破產購之軍器之需尤無算仁宗時山場園林湖池坑冶果樹蠭蜜官設守禁者悉予民宣宗罷閘辦金銀其他紙靛紵絲紗羅氊罽香貨銀硃金箔紅花茜草麂皮香蠟藥物果品海味硃紅戧金龍鳳器物多所罷減副都御史弋謙言有司給買辦物料價十不償一無異空取帝嘉納之諭工部察懲又因泰安州稅課局大使郝智言悉召還所遣官敕自今更不許輒遣自軍器軍需外凡買辦者盡停止然寬免之詔屢下內使屢敕撤還而奉行不實宦者輒名採辦虐取於民誅袁琦阮巨隊等十餘人患乃稍息英宗立罷諸處採買及造下西洋船木諸冗費多敕省正統八年以買辦擾民始令於存留錢糧內折納就近解兩京先是仁宗時令中官鎭守邊塞英宗復設各省鎭守又有守備分守中官布列天下及憲宗時益甚購書採藥之使搜取珍玩靡有孑遺抑賣鹽引私採禽鳥糜官帑納私賂動以巨萬計太嶽太和山降眞諸香通三歲用七千斤至是倍之內府物料有至五六倍者孝宗立頗有減省甘肅巡撫羅明言鎭守分守內外官競尚貢獻各遣使屬邊衞搜方物名曰採辦實扣軍士月糧馬價或巧取番人犬馬奇珍且設膳乳諸房僉廚役造酥油諸物比及起運沿途騷擾乞悉罷之報可然其後靡費漸多至武宗任劉瑾漁利無厭鎭守中官率貢銀萬計皇店諸名不一歲辦多非土產諸布政使來朝各陳進貢之害皆不省世宗初內府供應減正德什九中年以後營建齋醮採木採香採珠玉寶石吏民奔命不暇用黃白蠟至三十餘萬斤又有召買有折色視正數三倍沈香降香海漆諸香至十餘萬斤又分道購龍涎香十餘年未獲使者因請海舶入澳久乃得之方澤朝日壇爵用紅黃玉求不得購之陝西邊境遣使覓於阿丹去土魯番西南二千里太倉之銀頗取入承運庫辦金寶珍珠於是猫兒睛祖母碌石綠撒孛尼石紅刺石北河洗石金剛鑽朱藍石紫英石甘黃玉無所不購穆宗承之購珠寶益急給事中李已陳吾德疏諫已下獄吾德削籍自是供億寖多矣神宗初內承運庫太監崔敏請買金珠張居正封還敏疏事遂寢久之帝日黷貨開採之議大興費以鉅萬計珠寶價增舊二十倍戶部尚書陳蕖言庫藏已竭宜加撙節中旨切責而順天府尹以大珠鴉青購買不如旨鐫級至於末年內使雜出採造益繁內府告匱至移濟邊銀以供之熹宗一聽中官採造尤夥莊烈帝立始務釐剔節省而庫藏已耗竭矣

永樂中後軍都督府供柴炭役宣府十七衞所軍士採之邊關宣宗初以邊木以扼敵騎且邊軍不宜他役詔免其採伐令歲納銀二萬餘兩後府召商買納五年置易州山廠命工部侍郎督之僉北直山東山西民夫轉運而後府輸銀召商如故初歲用薪止二千萬餘斤弘治中增至四千萬餘斤轉運既艱北直山東山西乃悉輸銀以召商正德中用薪益多增直三萬餘兩凡收受柴炭加耗十之三中官輒私加數倍逋負日積至以三年正供補一年之耗尚書李鐩議令正耗相準而主收者復私加乃以四萬斤爲萬斤又有輸納浮費民弗能堪世宗登極乃酌減之隆慶五年後府採納艱苦改屬兵部車駕司萬曆中歲計柴價銀三十萬兩中官得自徵比諸商酷刑悉索而人以惜薪司爲陷阱云

採木之役自成祖繕治北京宮殿始永樂四年遣尚書宋禮如四川侍郎古析如江西師逵金純如湖廣副都御史劉觀如浙江僉都御史史仲誠如山西禮言有數大木一夕自浮大谷達於江天子以爲神名其山曰神木山遣官祠祭十年復命禮採木四川仁宗立已其役宣德元年修南京天地山川壇殿宇復命侍郎黃宗載吳廷用採木湖廣未幾因旱災已之尋復採大木湖廣而諭工部酌省未幾復罷其他處亦時採時罷弘治時發內帑修清寧宮停四川採木正德時採木湖廣川貴命侍郎劉丙督運太監劉養劾其不中梁棟責丙陳狀工部尚書李鐩奪俸嘉靖元年革神木千戶所及衞卒二十年宗廟災遣工部侍郎潘鑑副都御史戴金於湖廣四川採辦大木二十六年復遣工部侍郎劉伯躍採於川湖貴州湖廣一省費至三百三十九萬餘兩又遣官覈諸處遺留大木郡縣有司以遲悞大工逮治褫黜非一並河州縣尤苦之萬曆中三殿工興採楠杉諸木於湖廣四川貴州費銀九百三十餘萬兩徵諸民間較嘉靖年費更倍而採鷹平條橋諸木於南直浙江者商人逋直至二十五萬科臣劾督運官遲延侵冒不報虛糜乾沒公私交困焉

廣東珠池率數十年一採宣宗時有請令中官採東莞珠池者繫之獄英宗始使中官監守天順間嘗一採之至弘治十二年歲久珠老得最多費銀萬餘獲珠二萬八千兩遂罷監守中官正德九年又採嘉靖五年又採珠小而嫩亦甚少八年復詔採兩廣巡撫林富言五年採珠之役死者五十餘人而得珠僅八十兩天下謂以人易珠恐今日雖以人易珠亦不可得給事中王希文言雷廉珠池祖宗設官監守不過防民爭奪正德間逆

竪用事傳奉採取流毒海濱陛下御極革珠池少監未久旋復驅無辜之民蹈不測之險以求不可必得之物而責以難足之數非聖政所宜有皆不聽隆慶六年詔雲南進寶石二萬塊廣東採珠八千兩神宗立停罷既而以太后進奉諸王皇子公主冊立分封婚禮令歲辦金珠寶石復遣中官李敬李鳳廣東採珠五千一百餘兩給事中包見捷力諫不納至三十二年始停採四十一年以指揮倪英言復開

明制兩京織染內外皆置局內局以應上供外局以備公用南京有神帛堂供應機房蘇杭等府亦各有織染局歲造有定數洪武時置四川山西諸行省浙江紹興織染局又置藍靛所於儀眞六合種青藍以供染事未幾悉罷又罷天下有司歲織叚疋有賞賚給以絹帛於後湖置局織造永樂中復設歙縣織染局令陝西織造駝毼正統時置泉州織造局天順四年遣中官往蘇松杭嘉湖五府於常額外增造綵叚七千疋工部侍郎翁世資請減之下錦衣獄謫衡州知府增造坐派於此始孝宗初立停免蘇杭嘉湖應天織造其後復設乃給中官鹽引鬻於淮以供費正德元年尚衣監言內庫所貯諸色紵絲紗羅織金閃色蟒龍斗牛飛魚麒麟獅子通袖膝襴並胸背斗牛飛仙天鹿俱天順間所織欽賞已盡乞令應天蘇杭諸府依式織造帝可之乃造萬七千餘匹蓋成弘時頒賜甚謹自劉瑾用事倖璫陳乞漸廣有未束髮而僭冒章服者濫賞日增中官乞鹽引關鈔無已監督織造威劫官吏至世宗時其禍未訖即位未幾即令中官監織於南京蘇杭陝西穆宗登極詔撤中官已而復遣萬曆七年蘇松水災給事中顧九思等請取回織造內臣帝不聽大學士張居正力陳年饑民疲不堪催督乃許之未幾復遣中官居正卒添織漸多蘇杭松嘉湖五府歲造之外又令浙江福建常鎮徽寧揚廣德諸府州分造增萬餘匹陝西織造羊絨七萬四千有奇南直浙江紵絲紗羅綾紬絹帛山西潞紬皆視舊制加丈尺二三年間費至百萬取給戶工二部搜括庫藏扣留軍國之需部臣科臣屢爭皆不聽末年復令稅監兼司姦弊日滋矣明初設南北織染局南京供應機房各省直歲造供用蘇杭織造間行間止自萬曆中頻數派造歲至十五萬疋相沿日久遂以爲常陝西織造絨袍弘正間偶行嘉隆時復遣亦遂沿爲常例

燒造之事在外臨淸甎廠京師琉璃黑窰廠皆造甎瓦以供營繕宣宗始遣中官張善之饒州造奉先殿几筵龍鳳文白甆祭器磁州造趙府祭器踰年善以罪誅罷其役正統元年浮梁民進甆器五萬餘價以鈔禁私造黃紫紅綠青藍白地青花諸甆器違者罪死宮殿告成命造九龍九鳳膳案諸器既又造靑龍白地花缸王振以爲有璺遣錦衣指揮杖提督官敕中官往督更造成化間遣中官之浮梁景德鎭燒造御用甆器最多且久費不貲孝宗初撤回中官尋復遣弘治十五年復撤正德末復遣自弘治以來燒造未完者三十餘萬器嘉靖初遣中官督之給事中陳皐謨言其大爲民害請罷之帝不聽十六年新作七陵祭器三十七年遣官之江西造內殿醮壇甆器三萬後添設饒州通判專管御器廠燒造是時營建最繁近京及蘇州皆有甎廠隆慶時詔江西燒造甆器十餘萬萬曆十九年命造十五萬九千既而復增八萬至三十八年未畢工自後役亦漸寢

國家經費莫大於祿餉洪武九年定諸王公主歲供之數親王米五萬石鈔二萬五千貫錦四十疋紵絲三百匹紗羅各百匹絹五百匹冬夏布各千匹綿二千兩鹽二百引茶千斤皆歲支馬料草月支五十匹其緞匹歲給匠料付王府自造靖江王米萬石鈔萬貫餘物半親王馬料草二十匹公主未受封者紵絲紗羅各十疋絹冬夏布各三十匹綿二百兩已受封賜莊田一所歲收糧千五百石鈔二千貫親王子未受封視公主女未受封者半之子已受封郡王米六千石鈔二千八百貫錦十匹紵絲五十匹紗羅減紵絲之半絹冬夏布各百匹綿五百兩鹽五十引茶三百斤馬料草十匹女已受封及已嫁米千石鈔千四百貫其緞匹於所在親王國造給皇太子之次嫡子并庶子既封郡王必俟出閤然後歲賜與親王子已封郡王者同女俟及嫁與親王女已嫁者同凡親王世子與已封郡王同郡王嫡長子襲封郡王者半始封郡王女已封縣主及已嫁者米五百石鈔五百貫餘物半親王女已受封者郡王諸子年十五各賜田六十頃除租稅爲永業其所生子世守之後乃令止給祿米二十八年詔以官吏軍士俸給彌廣量減諸王歲給以資軍國之用乃更定親王萬石郡王二千石鎭國將軍千石輔國將軍奉國將軍鎭國中尉以二百石遞減輔國中尉奉國中尉以百石遞減公主及駙馬二千石郡王及儀賓八百石縣主郡君及儀賓以二百石遞減縣君鄉君及儀賓以百石遞減自後爲永制仁宗卽位增減諸王歲祿非常典也時鄭越襄荊淮滕梁七王未之藩令暫給米歲三千石遂爲例正統十二年定王府祿米將軍自賜名受封日爲始縣主儀賓自出閤成婚日爲始於附近州縣秋糧內撥給景泰七年定郡王將軍以下祿米出閤在前受封在後以受封日爲始受封在前出閤在後以出閤日爲始宗室有罪革爵者曰庶人英宗初頗給以糧嘉靖中月支米六石萬曆中減至二石或一石初太祖大封宗藩令世世皆食歲祿不授職任事親親之誼甚厚然天潢日繁而民賦有限其始祿米盡支本色既而本鈔兼支有中半者有本多於折者其則不同厥後勢不能給而冒濫轉益多姦弊百出不可究詰自弘治間禮部尚書倪岳卽條請節減以寬民力嘉靖四十一年御史林潤言天下之事極弊而大可慮者莫甚於宗藩祿廩天下歲供京師糧四百萬石而諸府祿米凡八百五十三萬石以山西言存留百五十二萬石而宗祿二百十二萬以河南言存留八十四萬三千石而宗祿百九十二萬是二省之糧借令全輸不足供祿米之半況吏祿軍餉皆出其中乎故自郡王以上猶得厚享將軍以下多不能自存飢寒困辱勢所必至常號呼道路聚詬有司守土之臣每懼生變夫賦不可增而宗室日益蕃衍可不爲寒心宜令大臣科道集議於朝且諭諸王以勢窮弊極不得不通變之意令戶部會計賦額以十年爲率通計兵荒蠲免存留及王府增封之數共陳善後良策斷自宸衷以垂萬世不易之規下部覆議從之至四十四年乃定宗藩條例郡王將軍七分折鈔中尉六分折鈔郡縣主郡縣鄉君及儀賓八分折鈔他冒濫者多所裁減於是諸王亦奏辭歲祿少者五百石多者至二千石歲出爲稍紓而將軍以下益不能自存矣明初勳戚皆賜官田以代常祿其後令還田給祿米公五千石至二千五百石侯千五百石至千石伯千石至七百石百官之俸自洪武初定丞相御史大夫以下歲祿數刻石官署取給於江南官田十三年重定內外文武官歲給祿米俸鈔之制而雜流吏典附焉正從一二三四品官自千石至三百石每階遞減百石皆給俸鈔三百貫正五品二百二十石從減五十石鈔皆百五十貫正六品百二十石從減十石鈔皆九十貫正從七品視從六品遞減十石鈔皆六十貫正八品七十五石從減五石鈔皆四十五貫正從九品視從八品遞減五石鈔皆三十貫勒之石吏員月俸一二品官司提控都吏二石五斗掾史令史二石二斗知印承差吏典一石二斗三四品官司令史書吏司吏二石承差吏典半之五品官司司吏一石二斗吏典八斗六品以下司吏一石光祿寺等吏典六斗教官之祿州學正月米二石五斗縣教諭府州縣訓導月米二石首領官之祿凡內外官司提控案牘州吏目縣典史皆月米三石雜職之祿凡倉庫關場司局鐵冶遞運批驗所大使月三石副使月二石五斗河泊所官月米二石閘壩官月米一石五斗天下學校師生廩膳米人日一升魚肉鹽醯之屬官給之宦官俸月米一石二十五年更定百官祿正一品月俸米八十七石從一品至正三品遞減十三石至三十五石從三品二十六石正四品二十四石從四品二十一石正五品十六石從五品十四石正六品十石從六品八石正七品至從九品遞減五斗至五石而止自後爲永制洪武時官俸全給米間以錢鈔兼給錢一千鈔一貫抵米一石成祖卽位令公侯伯皆全支米文武官俸則米鈔兼支官高者支米十之四五官卑者支米十之七八惟九品雜職吏典知印總小旗軍並全支米其折鈔者每米一石給鈔十貫永樂二年乃命公侯伯視文武官吏米鈔兼支仁宗立官俸折鈔每石至二十五貫宣德八年禮部尚書胡濙掌戶部議每石減十貫而以十分爲準七分折絹絹一匹抵鈔二百貫少師蹇義等以爲仁宗在春宮久深憫官員折俸之薄故卽位特增數倍此仁政也詎可違濙不聽竟請於帝而行之而卑官日用不贍矣正統中五品以上米二鈔八六品以下米三鈔七時鈔價日賤每石十五貫者已漸增至二十五貫而戶部尚書王佐復奏減爲十五貫成化二年從戶部尚書馬昂請又省五貫舊例兩京文武官折色俸上半年給鈔下半年給蘇木胡椒七年從戶部尚書楊鼎請以甲字庫所積之布估給布一匹當鈔二百貫是時鈔法不行一貫僅直錢二三文米一石折鈔十貫僅直二三十錢而布直僅二三百錢布一匹折米二十石則米一石僅直十四五錢自古官俸之薄未有若此者十六年又令以三梭布折米每匹抵三十石其後麤濶棉布亦抵三十石梭布極細者猶直銀二兩麤布僅直三四錢而已久之定布一匹折銀三錢於是官員俸給凡二曰本色曰折色其本色有三曰月米曰折絹米曰折銀米月米不問官大小皆一石折絹絹一匹當銀六錢折銀六錢五分當米一石其折色有二曰本色鈔曰絹布折鈔本色鈔十貫折米一石後增至二十貫絹布折鈔絹每匹折米二十石布一匹折米十石公侯之祿或本折中半或折多於本有差文武官俸正一品者本色僅十之三遞增至從

九品本色乃十之七武職府衞官惟本色米折銀例每石二錢五分與文臣異餘並同其三大營副將參游佐員每月米五石巡捕營提督參將亦如之巡捕中軍把總官月支米糧九斗旗牌官半之天下衞所軍士月糧洪武中令京外衞馬軍月支米二石步軍總旗一石五斗小旗一石二斗軍一石城守者如數給屯田者半之民匠充軍者八斗牧馬千戶所一石民丁編軍操練者一石江陰橫海水軍稍班碇手一石五斗陣亡病故軍給喪費一石在營病故者半之籍沒免死充軍者謂之恩軍家四口以上一石三口以下六斗無家口者四斗又給軍士月鹽有家口者二斤無者一斤在外衞所軍士以鈔準永樂中始令糧多之地旗軍月糧八分支米二分支鈔後山西陝西皆然而福建兩廣四川則米七鈔三江西則米鈔中半惟京軍及中都留守司河南浙江湖廣軍仍全支米已而定制衞軍有家屬者月米六斗無者四斗五升餘皆折鈔凡各衞調至京操備軍兼工作者米五斗其後增損不一而本折則例各鎭多寡不同不能具舉凡各鎭兵餉有屯糧有民運有鹽引有京運有主兵年例有客兵年例屯糧者明初各鎭皆有屯田一軍之田足贍一軍之用衞所官吏俸糧皆取給焉民運者屯糧不足加以民糧麥米豆草布鈔花絨運給戍卒故謂之民運後多議折銀鹽引者召商入粟開中商屯出糧與軍屯相表裏其後納銀運司名存而實亡京運始自正統中後屯糧鹽糧多廢而京運日益矣主兵有常數客兵無常數初各鎭主兵足守其地後漸不足增以募兵募兵不足增以客兵兵愈多坐食愈衆而年例亦日增云

明田稅及經費出入之數見於掌故者皆畧可考見洪武二十六年官民田總八百五十萬七千餘頃夏稅米麥四百七十一萬七千餘石錢鈔三萬九千餘錠絹二十八萬八千餘匹秋糧米二千四百七十二萬九千餘石錢鈔五千餘錠弘治時官民田總六百二十二萬八千餘頃夏稅米麥四百六十二萬五千餘石鈔五萬六千三百餘錠絹二十萬二千餘匹秋糧米二千二百十六萬六千餘石鈔二萬一千九百餘錠萬曆時官民田總七百一萬三千餘頃夏稅米麥總四百六十萬五千餘石起運百九十萬三千餘石餘悉存留鈔五萬七千九百餘錠絹二十萬六千餘匹秋糧米總二千二百三萬三千餘石起運千三百三十六萬二千餘石餘悉存留鈔二萬三千六百餘錠屯田六十三萬五千餘頃花園倉基千九百餘所徵糧四百五十八萬四千餘石糧草折銀八萬五千餘兩布五萬匹鈔五萬餘貫各運司提舉大小引鹽二百二十二萬八千餘引歲入之數內承運庫慈寧慈慶乾清三宮子粒銀四萬九千餘兩金花銀一百一萬二千餘兩金二千兩廣惠庫河西務等七鈔關鈔二千九百二十八萬餘貫錢五千九百七十七萬餘文京衞屯鈔五萬六千餘貫天財庫京城九門鈔六十六萬五千餘貫錢二百四十三萬餘文京通二倉并薊密諸鎭漕糧四百萬石京衞屯豆二萬三千餘石太倉銀庫南北直隸浙江江西山東河南派剩麥米折銀二十五萬七千餘兩絲綿稅絲農桑絹折銀九萬餘兩綿布苧布折銀三萬八千餘兩百官祿米折銀二萬六千餘兩馬草折銀三十五萬三千餘兩京五草場折銀六萬三千餘兩各馬房倉麥豆草折銀二十餘萬兩戶口鹽鈔折銀四萬六千餘兩薊密永昌易遼東六鎭民運改解銀八十五萬三千餘兩各鹽運提舉餘鹽鹽課鹽稅銀一百萬三千餘兩黃白蠟折銀六萬八千餘兩霸大等馬房子粒銀二萬三千餘兩備邊并新增地畝銀四萬五千餘兩京衞屯牧地增銀萬八千餘兩崇文門商稅牙稅一萬九千餘兩錢一萬八千餘貫張家灣商稅二千餘兩錢二千八百餘貫諸鈔關折銀二十二萬三千餘兩泰山香稅二萬餘兩贓罰銀十七萬餘兩商稅魚課富戶曆日民壯弓兵并屯折改折月糧銀十四萬四千餘兩北直隸山東河南解各邊鎭麥米豆草鹽鈔折銀八十四萬二千餘兩諸雜物條目繁瑣者不具載所載歲入但計起運京邊者而存留不與焉歲出之數公侯駙馬伯祿米折銀一萬六千餘兩官吏監生俸米四萬餘石官吏折俸絹布銀四萬四千餘兩錢三千三百餘貫倉庫草場官攢甲斗光祿太常諸司及內府監局匠役本色米八萬六千餘石折色銀一萬三千餘兩錦衣等七十八衞所官吏旗校軍士匠役本色米二百一萬八千餘石折色銀二十萬六千餘兩官員折俸絹布銀二十六萬八千餘兩軍士冬衣折布銀八萬二千餘兩五軍神樞神機三大營將卒本色米十二萬餘石冬衣折布銀二千餘兩官軍防秋三月口糧四萬三千餘石營操馬匹本色料二萬四千餘石草八十萬餘束巡捕營軍糧七千餘石京營巡捕營錦衣騰驤諸衞馬料草折銀五萬餘兩中都留守司山東河南二都司班軍行糧及工役鹽糧折銀五萬餘兩京五草場商價一萬六千餘兩御馬三倉象馬等房商價十四萬八千餘兩諸邊及近京鎭兵餉宣府主兵屯糧十三萬二千餘石折色銀二萬二千餘兩民運折色銀七十八萬七千餘兩兩淮長蘆河東鹽引銀十三萬五千餘兩京運年例銀十二萬五千兩客兵淮蘆鹽引銀二萬六千餘兩京運年例銀十七萬一千兩大同主兵屯糧本色七萬餘石折色銀一萬六千餘兩牛具銀八千餘兩鹽鈔銀一千餘兩民運本色米七千餘石折色銀四十五萬六千餘兩屯田及民運本色草二百六十八萬餘束折草銀二萬八千餘兩淮蘆鹽四萬三千餘引京運年例銀二十六萬九千餘兩客兵京運銀十八萬一千兩淮蘆鹽七萬引山西主兵屯糧二萬八千餘石折色銀一千餘兩草九萬五千餘束民運本色米豆二萬一千餘石折色銀三十二萬二千餘兩淮浙山東鹽引銀五萬七千餘兩河東鹽課銀六萬四千餘兩京運銀十三萬三千餘兩客兵京運銀七萬三千兩延綏主兵屯糧五萬六千餘石地畝銀一千餘兩民運糧料九萬七千餘石折色銀十九萬七千餘兩屯田及民運草六萬九千餘束淮浙鹽引銀六萬七千餘兩京運年例銀三十五萬七千餘兩客兵淮浙鹽引銀二萬九千餘兩京運年例銀二萬餘兩寧夏主兵屯糧料十四萬八千餘石折色銀一千餘兩地畝銀一千餘兩民運本色糧千餘石折色銀十萬八千餘兩屯田及民運草一百八十三萬餘束淮浙鹽引銀八萬一千餘兩京運年例銀二萬五千兩客兵京運年例銀萬兩甘肅屯糧料二十三萬二千餘石草四百三十餘萬束折草銀二千餘兩民運糧布折銀二十九萬四千餘兩京運銀五萬一千餘兩淮浙鹽引銀十萬二千餘兩固原屯糧料三十一萬九千餘石折色糧料草銀四萬一千餘兩地畝牛具銀七千一百餘兩民運本色糧料四萬五千餘石折色糧料草布花銀二十七萬九千餘兩屯田及民運草二十萬八千餘束淮浙鹽引銀二萬五千餘兩京運銀六萬三千餘兩犒賞銀一百九十餘兩遼東主兵屯糧二十七萬九千餘石荒田糧四百餘兩民運銀十五萬九千餘兩淮山東鹽引銀三萬九千餘兩京運年例銀三十萬七千餘兩客兵京運年例銀十萬二千餘兩薊州主兵民運銀九千餘兩漕糧五萬石京運年例銀二十萬六千餘兩客兵屯糧料五萬三千餘石地畝馬草折色銀萬六千餘兩民運銀萬八千餘兩山東民兵工食銀五萬六千兩遵化營民壯工食銀四千餘兩鹽引銀萬三千餘兩京運年例銀二十萬八千餘兩撫賞銀一萬五千兩犒軍銀一萬三千餘兩永平主兵屯糧料三萬三千餘石民運糧料二萬七千餘石折色銀二萬八千餘兩民壯工食銀萬二千餘兩京運年例銀十二萬二千餘兩客兵屯草折銀三千餘兩民運草三十一萬一千餘束京運銀十一萬九千餘兩密雲主兵屯糧六千餘石地畝銀二百九十兩民運銀萬兩有奇漕糧十萬四千餘石京運銀十六萬兩有奇客兵民運銀萬六千餘兩民壯工食銀九百餘兩漕糧五萬石京運銀二十三萬三千餘兩昌平主兵屯糧折色銀二千四百餘兩地畝銀五百餘兩折草銀一百餘兩民運銀二萬兩有奇漕糧十八萬九千餘石京運年例銀九萬六千餘兩客兵京運年例銀四萬七千餘兩易州主兵屯糧二萬三千餘石地畝銀六百餘兩民運銀三十萬六千餘兩客兵京運銀五萬九千兩井陘主兵屯糧萬四千餘石地畝銀八千餘兩民運本色米麥一萬七千餘石折色銀四萬八千餘兩客兵京運年例銀三千餘兩他雜費不具載

明史卷八十三　志第五十九

總裁官總理事務經筵講官少保兼太子太保保和殿大學士兼管吏部戶部尚書事加六級臣張廷玉等奉

敕修

河渠一

黃河上

黃河自唐以前皆北入海宋熙寧中始分趨東南一合泗入淮一合濟入海金明昌中北流絶全河皆入淮元潰溢不時至正中受害尤甚濟寧曹鄆間漂没千餘里賈魯爲總制導使南滙淮入海明洪武元年決曹州雙河口入魚臺徐達方北征乃開塌場口引河入泗以濟運而徙曹州治於安陵塌場者濟寧以西耐牢坡以南直抵魚臺南陽道也八年河決開封太黃寺堤詔河南參政安然發民夫三萬人塞之十四年決原武祥符中牟有司請興築帝以爲天災令護舊堤而已十五年春決朝邑七月決榮澤陽武十七年決開封東月堤自陳橋至陳留橫流數十里又決杞縣入巴河遣官塞河蠲被災租稅二十二年河没儀封徙其治於白樓村二十三年春決歸德州東南鳳池口逕夏邑永城發興武等十衞士卒與歸德民併力築之罪有司不以聞者其秋決開封西華諸縣漂没民舍遣使振萬五千七百餘戶

二十四年四月，河水暴溢，決原武黑洋山，東經開封城北五里，又東南由陳州、項城、太和、潁州、潁上，東至壽州正陽鎭，全入於淮。而賈魯河故道遂淤。又由舊曹州、鄆城兩河口漫東平之安山，元會通河亦淤。明年復決陽武，汜陳州、中牟、原武、封邱、祥符、蘭陽、陳留、通許、太康、扶溝、杞十一州縣，有司具圖以聞。發民丁及安吉等十七衞軍士修築。其冬大寒，役遂罷。三十年八月決開封，城三面受水，詔改作倉庫於滎陽高阜，以備不虞。冬，蔡河徙陳州。先是，河決由開封北東行，至是下流淤，又決而之南。永樂三年，河決溫縣堤四千丈，濟、澇二水交溢，渰民田四十餘里，命修堤防。四年修陽武黃河決岸。八年秋，河決開封，壞城二百餘丈。民被患者萬四千餘戶，沒田七千五百餘頃。帝以國家藩屏地，特遣侍郎張信往視。信言：「祥符魚王口至中灤下二十餘里，有舊黃河岸，與今河面平。濬而通之，使循故道，則水勢可殺。」因繪圖以進。時尚書宋禮、侍郎金純方開會通河。帝乃發民丁十萬，命興安伯徐亨、侍郎蔣廷瓚偕純相治，併令禮總其役。九年七月，河復故道，自封邱金龍口，下魚臺塌場，會汶水，經徐、呂二洪南入於淮。是時會通河已開，黃河與之合，漕道大通，遂議罷海運，而河南水患亦稍息。已而決陽武中鹽堤，漫中牟、祥符、尉氏。工部主事藺芳按視，言：「堤當急流之衝，夏秋泛漲，勢不可驟殺。宜捲土樹樁以資捍禦，無令重爲民患而已。」又言：「中灤導河分流，使由故道北入海，誠萬世利。但緣河堤埽止用蒲繩泥草，不能持久。宜編木爲囤，塡石其中，則水可殺，堤可固。」詔皆從其議。十四年決開封州縣十四，經懷遠，由渦河入於淮。二十年，工部以開封土城堤數潰，請濬其東故道。報可。宣德元年霪雨，溢開封州縣十。三年以河患徙靈州千戶所於城東。六年從河南布政使言，濬祥符抵儀封黃陵岡淤道四百五十里。是時金龍口漸淤，而河復屢溢開封。十年從御史李懋言，濬金龍口。正統二年築陽武、原武、滎澤決岸。又決濮州、范縣。三年河復決陽武及邳州，灌魚臺、金鄉、嘉祥。越數年，又決金龍口、陽穀堤及張家黑龍廟口，而徐、呂二洪亦漸淺，太黃寺巴河分水處，水脈微細。十三年方從都督同知武興言，發卒疏濬。而陳留水夏漲，決金村堤及黑潭南岸。築垂竣，復決。其秋，新鄉八柳樹口亦決，漫曹、濮，抵東昌，衝張秋，潰壽張沙灣，壞運道，東入海。徐、呂二洪遂淺澀。命工部侍郎王永和往理其事。永和至山東，修沙灣未成，以冬寒停役。且言河決自衞輝，宜敕河南守臣修塞。帝切責之，令山東三司築沙灣，趣永和塞河南八柳樹，疏金龍口，使河由故道。明年正月，河復決聊城。至三月，永和濬黑洋山西灣，引其水由太黃寺以資運河。修築沙灣堤大半，而不敢盡塞，置分水閘，設三空放水，自大清河入海。且設分水閘二空於沙灣西岸，以泄上流，而請停八柳樹工。從之。是時，河勢方橫溢，而分流大清，不耑向徐、呂。徐、呂益膠淺，且自臨清以南，運道艱阻。景泰二年特敕山東、河南巡撫都御史洪英、王暹協力合治，務令水歸漕河。暹言：「黃河自陝州以西，有山峽，不能爲害；陝州以東，則地勢平緩，水易泛溢，故爲害甚多。洪武二十四年改流，從汴梁北五里許，由鳳陽入河者爲大黃河。其支流出徐州以南者爲小黃河，以通漕運。自正統十三年以來，河復故道，從黑洋山後徑趨沙灣入海。但存小黃河從徐州出，岸高水低，隨濬隨塞，以是徐州之南不得飽水。臣自黑洋山東南抵徐州，督河南三司疏濬；臨清以南，請以責英。」未幾，給事中張文質劾暹、英治水無績，請引塌場水濟徐、呂二洪，濬潘家渡以北支流，殺沙灣水勢，且開沙灣浮橋以西河口，築閘引水，以灌臨清，而別命官以責其成。詔不允，仍命暹、英調度。時議者謂沙灣以南地高，水不得南入運河。請引耐牢坡水以灌運，而勿使經沙灣，別開河以避其衝決之勢。或又言引耐牢坡水南去，則自此以北枯澀矣。甚者言沙灣水湍急，石鐵沉下，若羽，非人力可爲，宜設齋醮符咒以禳之。帝心甚憂念，命工部尚書石璞往治，而加河神封號。璞至，濬黑洋山至徐州以通漕，而沙灣決口如故。乃命中官黎賢、阮洛，御史彭誼協治。璞等築石堤於沙灣，以禦決河。開月河二，引水以益運河，且殺其決勢。三年五月，河流漸微細，沙灣堤始成。乃加璞太子太保，而於黑洋山、沙灣建河神二新廟，歲春秋二祭。六月，大雨浹旬，復決沙灣北岸，掣運河之水以東，近河地皆沒。命英督有司修築。復敕中官黎賢、武艮，工部侍郎趙榮往治。四年正月，河復決新塞口之南，詔復加河神封號。至四月，決口乃塞。五月，大雷雨，復決沙灣北岸，掣運河水入鹽河，漕舟盡阻。帝復命璞往。乃鑿一河，長三里，以避決口，上下通運河，而決口亦築壩截之，令新河、運河俱可行舟。工畢奏聞。帝恐不能久，令璞且留處置，而命諭德徐有貞爲僉都御史，耑治沙灣。時河南水患方甚，原武、西華皆遷縣治以避水。巡撫暹言：「黃河舊從開封北轉流東南入淮，不爲害。自正統十三年改流爲二：一自新鄉八柳樹由故道東經延津、封邱入沙灣；一決滎澤，漫流原武，抵祥符、扶溝、通許、洧川、尉氏、臨潁、郾城、陳州、商水、西華、項城、太康。沒田數十萬頃，而開封患特甚。雖嘗築大小堤於城西，皆三十餘里，然沙土易壞，隨築隨決，小堤已沒，大堤復壞其半。請起軍民夫協築，以防後患。」帝可其奏。太僕少卿黃仕儁亦言：「河分兩派，一自滎澤南流入項城，一自新鄉八柳樹北流入張秋會通河，竝經六七州縣，約二千餘里。民皆蕩析離居，而有司猶徵其稅。乞敕所司覆視免徵。」帝亦可其奏。巡撫河南御史張瀾又言：「原武黃河東岸嘗開二河，合黑洋山舊河道，引水濟徐、呂。今河改決而北，二河淤塞不通，恐徐、呂乏水，必妨漕運。黑洋山北，河流稍紆迴，請因決口改挑一河，以接舊道，灌徐、呂。」帝亦從之。有貞至沙灣，上治河三策：「一置水閘門。臣聞水之性可使通流，不可使堙塞。禹鑿龍門，闢伊闕，爲疏導計也。故漢武堙瓠子，終弗成功；漢明疏汴河，踰年著績。今談治水者甚衆，獨樂浪王景所述制水門之法可取。蓋沙灣地土皆沙，易致坍決，故作壩作閘皆非善計。請依景法損益其間，置閘門於水，而實其底，令高常水五尺。小則拘之以濟運，大則疏之使趨海，則有通流之利，無堙塞之患矣。一開分水河。凡水勢大者宜分，小者宜合。今黃河勢大恒衝決，運河勢小恒乾淺，必分黃水合運河，則有利無害。請度黃河可分之地，開廣濟河一道，下穿濮陽、博陵及舊沙河二十餘里，上連東西影塘及小嶺等地又數十餘里，其內則有古大金堤可倚以爲固，其外有八十里梁山泊可恃以爲泄。至新置二閘亦頗堅牢，可以宣節，使黃河水大不至泛溢爲害，小亦不至乾淺以阻漕運。其一挑深運河。」帝諭有貞如其議行之。有貞乃踰濟、汶，沿衞、沁，循大河，道濮、范，相度地形水勢，上言：「河自雍而豫，出險固而之夷斥，水勢旣肆。由豫而兗，土益疏，水益肆。而沙灣之東，所謂大洪口者，適當其衝，於是決焉，而奪濟、汶入海之路以去。諸水從之而洩，堤以潰，渠以淤，澇則溢，旱則涸，漕道由此阻。然驟而堰之，則潰者益潰，淤者益淤。今請先疏其水，水勢平乃治其決，決止乃濬其淤。」於是設渠以疏之，起張秋金堤之首，西南行九里至濮陽濼，又九里至博陵陂，又六里至壽張之沙河，又八里至東西影塘，又十有五里至白嶺灣，又三里至李堆，凡五十里。由李堆而上二十里至竹口蓮花池，又三十里至大瀦潭，乃踰范暨濮，又上而西，凡數百里，經澶淵以接河、沁，築九堰以禦河流旁出者，長各萬丈，實之石而鍵以鐵。六年七月功成，賜渠名廣濟。沙灣之決垂十年，至是始塞。亦會黃河南流入淮，有貞乃克奏功。凡費木鐵竹石累數萬，夫五萬八千有奇，工五百五十餘日。自此河水北出濟漕，而阿、鄄、曹、鄆間田出沮洳者，百數十萬頃。乃濬漕渠，由沙灣北至臨清，南抵濟寧，復建八閘於東昌，用王景制水門法以平水道，而山東河患息矣。七年夏，河南大雨，河決開封、河南、彰德。其秋，畿輔、山東大雨，諸水竝溢，高地丈餘，堤岸多衝決。仍敕有貞修築。未幾事竣，還京，入見，奬勞甚至，擢副都御史。天順元年修祥符護城大堤。五年七月，河決汴梁土城，又決磚城，城中水丈餘，壞官民舍過半。周王府宮人及諸守土官皆乘舟筏以避，軍民溺死無算。襄城亦決縣城。命工部侍郎薛遠往視，恤災戶，蠲田租，公廨民居以次修理。明年二月開祥符曹家溜，河勢稍平。七年春，河南布政司照磨金景輝考滿至京，上言：「國初黃河在封邱，後徙康王馬頭，去城北三十里，復有二支河：一由沙門注運河，一由金龍口達徐、呂入海。正統戊辰，決滎澤，轉趨城南，并流入淮，舊河、支河俱堙，漕河因而淺澀。景泰癸酉，因水迫城，築堤四十里，勞費過甚，而水發輒潰，然尚未至決城壕爲人害也。至天順辛巳，水暴至，土城磚城竝圮，七郡財力所築之堤，俱委諸無用。人心惶惶，未知所底。夫河不循故道，併流入淮，是爲妄行。今急宜疏導以殺其勢。若止委之一淮，而以堤防爲長策，恐開封終爲魚鼈之區。乞敕部檄所司，先疏金龍口寬闊，以接漕河，然後相度舊河或別求泄水之地，挑濬以平水患，爲經久計。」命如其說行之。成化七年命王恕爲工部侍郎，奉敕總理河道。總河侍郎之設，自恕始也。時黃河不爲患，恕耑力漕河而已。十四年河決開封，壞護城堤五十丈。巡撫河南都御史李衍言：「河南累有河患，皆下流壅塞所致。宜疏開封西南新城地，下抵梁家淺舊河口七里壅塞，以洩杏花營上流。又自八角河口直抵南頓，分導散漫，以免祥符、鄢陵、睢、陳、歸德之災。」乃敕衍酌行之。明年正月，遷滎澤縣治以避水。而開封堤不久卽塞。弘治二年五月，河決開封及金龍口，入張秋運河，又決埽頭五所入沁。郡邑多被害，汴梁尤甚，議者至請遷開封城以避其患。布政司徐恪持不可，乃止。命所司大發卒築之。九月命白昂爲戶部侍郎，修治河道，賜以特敕，令會山東、河南、北直隸三巡撫，自上源決口至運河，相機修築。三年正月，昂上言：「臣自淮河相度水勢，抵河南中牟等縣，見上源決口，水入南岸者十三，入北岸者十七。南決者，自中牟楊橋至祥符界析爲二支：一經尉氏等縣，合潁水，下塗山，入於淮一經通許等縣入渦河下荆山入於淮又一支自歸德州通鳳陽之亳縣亦合渦河入於淮北決者自原武經陽武祥符封邱蘭陽儀封考城其一支決入金龍等口至山東曹州衝入張秋漕河去冬水消沙積決口已淤因併爲一大支由祥符翟家口合沁河出丁家道口下徐州此河流南北分行大勢也合潁渦二水入淮者各有灘磧水脈頗微宜疏濬以殺河勢合沁水入徐者則以河道淺隘不能受方有漂沒之虞況上流金龍諸口雖暫淤久將復決宜於北流所經七縣築爲堤岸以衞張秋但原敕治山東河南北直隸而南直隸淮徐境實河所經行要地尙無所統於是併以命昂昂舉郎中婁性協治乃役夫二十五萬築陽武長堤以防張秋引中牟決河出滎澤陽橋以達淮濬宿州古汴河以入泗又濬睢河自歸德飲馬池經符離橋至宿遷以會漕河上築長堤下修減水閘又疏月河十餘以洩水塞決口三十六使河流入汴汴入睢睢入泗泗入淮以達海水患稍寧昂又以河南入淮非正道恐卒不能容復於魚臺德州吳橋修古長堤又自東平北至興濟鑿小河十二道入大淸河及古黃河以入海河口各建石堰以時啓閉蓋南北分治而東南則以疏爲主云六年二月以劉大夏爲副都御史治張秋決河先是河決張秋戴家廟掣漕河與汶水合而北行遣工部侍郎陳政督治政言河之故道有二一在滎澤孫家渡口經朱仙鎭直抵陳州一在歸德州飲馬池與亳州地相屬舊俱入淮今已淤塞因致上流衝激勢盡北趨自祥符孫家口楊家口車船口蘭陽銅瓦廂決爲數道俱入運河於是張秋上下勢甚危急自堂邑至濟寧堤岸多崩圮而戴家廟減水閘淺隘不能洩水亦有衝決請濬舊河以殺上流之勢塞決河以防下流之患政方漸次修舉未幾卒官帝深以爲憂命廷臣會薦才識堪任者僉舉大夏遂賜敕以往十二月巡按河南御史涂昇言黃河爲患南決病河南北決病山東昔漢決酸棗復決瓠子宋決館陶復決澶州元決汴梁復決蒲口然漢都關中宋都大梁河決爲患不過瀕河數郡而已今京師專藉會通河歲漕粟數百萬石河決而北則大爲漕憂臣博采輿論治河之策有四一曰疏濬滎鄭之東五河之西飲馬白露等河皆黃河由渦入淮之故道其後南流日久或河口以淤高不洩或河身狹隘難容水勢無所分殺遂泛濫北決今惟疏上流東南之故道相度疏濬則正流歸道餘波就壑下流無奔潰之害北岸無衝決之患矣二曰抵塞既殺水勢於東南必須築堤岸於西北黃陵岡上下舊堤缺壞當度下流東北形勢去水遠近補築無遺排障百川悉歸東南由淮入海則張秋無患而漕河可保矣三曰用人薦河南僉事張鼐四曰久任則請事信大夏且於歸德或東昌建公廨令居中裁決也帝以爲然七年五月命太監李興平江伯陳銳往同大夏共治張秋十二月築塞張秋決口工成初河流湍悍決口闊九十餘丈大夏行視之曰是下流未可治當治上流於是卽決口西南開越河三里許使糧運可濟乃濬儀封黃陵岡南賈魯舊河四十餘里由曹出徐以殺水勢又濬孫家渡口別鑿新河七十餘里導使南行由中牟潁川東入淮又濬祥符四府營淤河由陳留至歸德分爲二一由宿遷小河口一由亳渦河俱會於淮然後沿張秋兩岸東西築臺立表貫索聯巨艦穴而窒之實以土至決口去窒沉艦壓以大埽且合且決隨決隨築連晝夜不息決既塞繚以石堤隱若長虹功乃成帝遣行人齎羊酒往勞之改張秋名爲安平鎭大夏等言安平鎭決口已塞河下流北入東昌臨淸至天津入海運道已通然必築黃陵岡河口導河上流南下徐淮庶可爲運道久安之計廷議如其言乃以八年正月築塞黃陵岡及荆隆等口七處旬有五日而畢蓋黃陵岡居安平鎭之上流其廣九十餘丈荆隆等口又居黃陵岡之上流其廣四百三十餘丈河流至此寬漫奔放皆喉襟重地諸口旣塞於是上流河勢復歸蘭陽考城分流逕徐州歸德宿遷南入運河會淮水東注於海南流故道以復而大名府之長堤起胙城歷滑縣長垣東明曹州曹縣抵虞城凡三百六十里其西南荆隆等口新堤起於家店歷銅瓦廂東橋抵小宋集凡百六十里大小二堤相翼而石壩俱培築堅厚潰決之患於是息矣帝以黃陵岡河口功成敕建黃河神祠以鎭之賜額曰昭應其秋召大夏等還京荆隆卽金龍也十一年河決歸德管河工部員外郎謝緝言黃河一支先自徐州城東小浮橋流入漕河南抵邳州宿遷今黃河上流於歸德州小壩子等處衝決與黃河別支會流經宿州睢寧由宿遷小河口流入漕河於是小河口北抵徐州水流漸細河道淺阻且徐呂二洪惟賴沁水接濟自沁源河內歸德至徐州小浮橋流出雖與黃河異源而比年河沁之流合而爲一今黃河自歸德南決恐牽引沁水俱往南流則徐呂二洪必至淺阻請亟塞歸德決口遏黃水入徐以濟漕而挑沁水之淤使入徐以濟徐呂則水深廣而漕便利矣帝從其請未幾河南管河副使張鼐言臣嘗請修築侯家潭口決河以濟徐呂二洪今自六月以來河流四溢潭口決齧彌深工費浩大卒難成功臣嘗行視水勢荆隆口堤內舊河通賈魯河由丁家道口下徐淮其迹尙在若於上源武陟木欒店別鑿一渠下接荆隆口舊河俟河流南遷則引之入渠庶沛然之勢可接二洪而糧運無所阻矣帝爲下其議於總漕都御史李蕙越二歲兗州知府龔弘上言副使鼐見河勢南行欲自荆隆口分沁水入賈魯河又自歸德西王牌口上下分水亦入賈魯河俱由丁家道口入徐州但今秋水從王牌口東行不由丁家口而南顧逆流東北至黃陵岡又自曹縣入單南連虞城乞令守臣亟建疏濬修築之策於是河南巡撫都御史鄭齡言徐呂二洪藉河沁二水合流東下以相接濟今丁家道口上下河決堤岸者十有二處共闊三百餘丈而河淤三十餘里上源奔放則曹單受害而安平可虞下流散溢則蕭碭被患而漕流有阻濬築誠急務也部覆從之乃修丁家口上下堤岸初黃河自原武滎陽分而爲三一自亳州鳳陽至淸河口通淮入海一自歸德州過丁家道口抵徐州小浮橋一自窪泥河過黃陵岡亦抵徐州小浮橋卽賈魯河也迨河決黃陵岡犯張秋北流奪漕劉大夏往塞之仍出淸河口十八年河忽北徙三百里至宿遷小河口正德三年又北徙三百里至徐州小浮橋四年六月又北徙一百二十里至沛縣飛雲橋俱入漕河是時南河故道淤塞水惟北趨單豐之間河窄水溢決黃陵岡尙家等口曹單田廬多沒至圍豐縣城郭兩岸闊百餘里督漕及山東鎭巡官恐經鉅野陽穀故道則奪濟寧安平運河各陳所見以請議未定明年九月河復衝黃陵岡入賈魯河汎溢橫流直抵豐沛御史林茂達亦以北決安平鎭爲虞而請濬儀封考城上流故道引河南流以分其勢然後塞決口築故堤工部侍郎崔巖奉命修理黃河濬祥符董盆口滎澤孫家渡又濬賈魯河及亳州故河各數十里且築長垣諸縣決口及曹縣外堤梁靖決口功未就而驟雨堤潰巖上疏言河勢衝蕩益甚且流入王子河亦河故道若非上流多殺水勢決口恐難卒塞莫若於曹單豐沛增築堤防毋令北徙庶可護漕且請別命大臣知水利者共議於是帝責巖治河無方而以侍郎李鐩代之鐩言蘭陽儀封考城故道淤塞故河流俱入賈魯河經黃陵岡至曹縣決梁靖楊家二口侍郎巖亦嘗修濬緣地高河澱隨濬隨淤水勢不多而決口又難築塞今觀梁靖以下地勢最卑故衆流奔注成河直抵沛縣藉令其口築成而容受全流無地必致迴激黃陵岡堤岸而運道妨矣至河流故道堙者不可復疏請起大名三春柳至沛縣飛雲橋築堤三百餘里以障河北徙之六年二月功未竣鐩言陳橋集銅瓦廂俱應增築請設副使一人耑理會河南盜起召鐩還京命姑已其不急者遂委其事於副使而堤役由此罷八年六月河復決黃陵岡部議以其地界大名山東河南守土官事權不一請耑遣重臣乃命管河副都御史劉愷兼理其事愷奏率衆祭告河神越二日河已南徙尙書李鐩因請祭河且賜愷羊酒愷於治河束手無策特歸功於神曹單間被害日甚世宗初總河副都御史龔弘言黃河自正德初載變遷不常日漸北徙大河之水合成一派歸入黃陵岡前乃折而南出徐州以入運河黃陵岡初築三埽先已決去其二權山陜諸水橫發加以霖潦決而趨張秋復由故道入海臣嘗築堤起長垣由黃陵岡抵山東楊家口延袤二百餘里今擬距堤十里許再築一堤延袤高廣如之卽河水溢舊堤流至十里外性緩勢平可無大決從之自黃陵岡決開封以南無河患而河北徐沛諸州縣河徙不常嘉靖五年督漕都御史高友璣請濬山東賈魯河河南鴛鴦口分洩水勢毋偏害一方部議恐害山東河南不允六年冬以章拯爲工部侍郎兼僉都御史治河先是大學士費宏言河入汴梁以東分爲三支雖有衝決可無大害正德末渦河等河日就淤淺黃河大股南趨之勢既無所殺乃從蘭陽考城曹濮奔赴沛縣飛雲橋及徐州之溜溝悉入漕河泛溢瀰漫此前數年河患也近者沙河至沛縣浮沙湧塞官民舟楫悉取道昭陽湖春夏之交湖面淺澀運道必阻渦河等河必宜亟濬御史戴金言黃河入淮之道有三自中牟至荆山合長淮曰渦河自開封經葛岡小壩丁家道口馬牧集鴛鴦口至徐州小浮橋口曰汴河自小壩經歸德城南飲馬池抵文家集經夏邑至宿遷曰白河弘治間渦白上源堙塞而徐州獨受其害宜自小壩至宿遷小河併賈魯河鴛鴦口文家集壅塞之處盡行疏通則趨淮之水不止一道而徐州水患殺矣御史劉欒言曹縣梁靖口南岸舊有賈魯河南至武家口十三里黃沙淤平必宜開濬武家口下至馬牧集鴛鴦口百十七里卽小黃河舊通徐州故道水尙不涸亦宜疏通督漕總兵官楊宏亦請疏歸德小壩丁家道口亳州渦河宿遷小河友璣及拯亦屢以爲言俱

下工部議以爲濬賈魯故道開渦河上源功大難成未可輕舉但議築堤障水俾入正河而已是年黃河上流驟溢東北至沛縣廟道口截運河注雞鳴臺口入昭陽湖汶泗南下之水從而東而河之出飛雲橋者漫而北淤數十里河水沒豐縣徙治避之明年拯言滎陽北孫家渡蘭陽北趙皮寨皆可引水南流但二河通渦東入淮又東至鳳陽長淮衛經壽春王諸園寢爲患叵測惟寧陵北坌河一道通飲馬池抵文家集又經夏邑至宿州符離橋出宿遷小河口自趙皮寨至文家集凡二百餘里濬而通之水勢易殺而園寢無患乃爲圖說以聞命刻期舉工而河決曹單城武楊家梁靖二口吳士舉莊衝入雞鳴臺奪運河沛地淤塡七八里糧艘阻不進御史吳仲以聞因劾拯不能辦河事乞擇能者往代其冬以盛應期爲總督河道右都御史是時光祿少卿黃綰詹事霍韜左都御史胡世寧兵部尚書李承勛各獻治河之議綰言漕河資山東泉水不必資黃河莫若濬兗冀間兩高中低之地道河使北至直沽入海韜言議者欲引河自蘭陽注宿遷夫水溢徐沛猶有二洪爲之東捍東北諸山亘列如垣有所底極若道蘭陽則歸德鳳陽平地千里河勢奔放數郡皆墊患不獨徐沛矣按衛河自衛輝汲縣至天津入海猶古黃河也今宜於河陰原武懷孟間審視地形引河水注於衛河至臨清天津則徐沛水勢可殺其半且元人漕舟涉江入淮至封邱北陸運百八十里至淇門入御河達京師御河卽衛河也今導河注衛冬春泝衛河沿臨清至天津夏秋則由徐沛此一舉而運道兩得也世寧言河自汴以來南分二道一出汴城西滎澤經中牟陳潁至壽州入淮一出汴城東祥符經陳留亳州至懷遠入淮其東南一道自歸德宿州經虹縣睢寧至宿遷出其東分五道一自長垣曹鄆至陽穀出一自曹州雙河口至魚臺塌場口出一自儀封歸德至徐州小浮橋出一自沛縣南飛雲橋出一自徐沛之中境山北溜溝出六道皆入漕河而南會於淮今諸道皆塞惟沛縣一道僅存合流則水勢旣大河身亦狹不能容故溢出爲患近又漫入昭陽湖以致流緩沙壅宜因故道而分其勢汴西則濬孫家渡抵壽州以殺上流汴東南出懷遠宿遷及正東小浮橋溜溝諸道各宜擇其利便者開濬一道以洩下流或修武城南廢堤抵豐單接沛北廟道口以防北流此皆治河急務也至爲運道計則當於湖東滕沛魚臺鄒縣間獨山新安社地別鑿一渠南接留城北接沙河不過百餘里厚築西岸以爲湖障令水不得漫而以一湖爲河流散漫之區乃上策也承勛言黃河入運支流有六自渦河源塞則北出小黃河溜溝等處不數年諸處皆塞北併出飛雲橋於是豐沛受患而金溝運道遂淤然幸東面皆山猶有所障故昭陽湖得通舟若益徙而北則徑奔入海安平鎭故道可慮單縣穀亭百萬生靈之命可虞又益北則自濟寧至臨清運道諸水俱相隨入海運何由通臣愚以爲相六道分流之勢導引使南可免衝決此下流不可不疏濬也欲保豐沛單縣穀亭之民必因舊堤築之堤其西北使毋溢出此上流不可不堤防也其論昭陽湖東引水爲運道與世寧同乃下總督大臣會議七年正月應期奏上如世寧策請於昭陽湖東改爲運河會河決淤廟道口三十餘里乃別遣官濬趙皮寨孫家渡南北溜溝以殺上流隄武城迤西至沛縣南以防北潰會旱災修省言者請罷新河之役乃召應期還京以工部侍郎潘希曾代希曾抵官言邇因趙皮寨開濬未通疏孫家渡口以殺河勢請敕河南巡撫潘塤督管河副使刻期成功帝從其奏希曾又言漕渠廟道口以下忽淤數十里者由決河西來橫衝口上并掣閘河之水東入昭陽湖致閘水不南而飛雲橋之水時復北漫故也今宜於濟沛間加築東堤以遏入湖之路更築西堤以防黃河之衝則水不散緩而廟道口可永無淤塞之虞帝亦從之八年六月單豐沛三縣長堤成九年五月孫家渡河堤成逾月河決曹縣一自胡村寺東東南至賈家壩入古黃河由丁家道口至小浮橋入運河一自胡村寺東北分二支一東南經虞城至碭山合古黃河出徐州一東北經單縣長堤抵魚臺漫爲坡水傍穀亭入運河單豐沛三縣長堤障之不爲害希曾上言黃由歸德至徐入漕故道也永樂間濬開封支河達魚臺入漕以濟淺自弘治時黃河改由單豐出沛之飛雲橋而歸德故道始塞魚臺支河亦塞今全河復其故道則患害已遠支流達於魚臺則淺涸無虞此漕運之利國家之福也帝悅下所司知之乃召希曾還京自是豐沛漸無患而魚臺數溢十一年總河僉都御史戴時宗請委魚臺爲受水之地言河東北岸與運道鄰惟西南流者一由孫家渡出壽州一由渦河口出懷遠一由趙皮寨出桃源一由梁靖口出徐州小浮橋往年四道俱塞全河南奔故豐沛曹單魚臺以次受害今患獨鍾於魚臺宜棄以受水因而道之使入昭陽湖過新開河出留城金溝境山乃易爲力至塞河四道惟渦河經祖陵未敢輕舉其三支河頗存故迹宜乘魚臺壅塞令開封河夫捲埽塡堤逼使河水分流則魚臺水勢漸減俟水落畢工并前三河共爲四道以分洩之河患可已明年都御史朱裳代時宗條上治河二事大畧言三大支河宜開如時宗計而請塞梁靖口迤東由魚臺入運河之坌口以捍黃河則穀亭鎭迤南二百餘里淤者可濬是謂塞黃河之口以開運河黃河自穀亭轉入運河順流而南二日抵徐州徐州逆流而北四日乃抵穀亭黃水之利莫大於此恐河流北趨或由魚臺金鄉濟寧漫安平鎭則運河堤岸衝決或三支一有壅淤則穀亭南運河亦且衝決宜繕築堤岸束黃入運是謂借黃河之水以資運河詔裳相度處置十三年正月裳復言今梁靖口趙皮寨已通孫家渡方濬惟渦河一支因趙皮寨下流睢州野雞岡淤正河五十餘里漫於平地注入渦河宜挑濬深廣引導漫水歸入正河而於睢州張見口築長堤至歸德郭村凡百餘里以防汎溢更時疏梁靖口下流且挑儀封月河入之達於小浮橋則北岸水勢殺矣夫河過魚臺其流漸北將有越濟寧趨安平東入於海之漸嘗議塞坌河之口以安運河而水勢洶湧恐難遽塞塞亦不能無橫決黃陵岡李居莊諸處不能無患徐州迤上至魯橋泥沙停滯山東諸泉水微運道必澀請創築城武至濟寧縷水大堤百五十餘里以防北溢而自魯橋至沛縣東堤百五十餘里修築堅厚固之以石自魚臺至穀亭開通淤河引水入漕以殺魚臺城武之患此順水之性不與水爭地者也孫家渡渦河二支俱出懷遠會淮流至鳳陽經皇陵及壽春王陵至泗州經祖陵皇陵地高無慮祖陵則三面距河壽春王陵尤迫近祖陵宜築土堤壽春王陵宜砌石岸然事體重大不敢輕舉也清江浦口正當黃淮會合之衝二河水漲漫入河口以致淤塞滯運宜濬深廣而又築堤以防水漲築壩以護行舟皆不可緩往時淮水獨流入海而海口又有套流安東上下又有澗河馬邏諸港以分水入海今黃河匯入於淮水勢已非其舊而諸港套俱已堙塞不能速洩下壅上溢梗塞運道宜將溝港次第開濬海口套沙多置龍爪船往來爬盪以廣入海之路此所謂殺其下流者也河出魚臺雖借以利漕然未有數十年不變者也一旦他徙則徐沛必涸宜大濬山東諸泉以滙於汶河則徐沛之渠不患乾涸雖坌河口塞亦無虞矣工部覆如其議帝允行之未幾裳憂去命劉天和爲總河副都御史代裳是歲河決趙皮寨入淮穀亭流絕廟道口復淤天和役夫十四萬濬之已而河忽自夏邑大邱回村等集衝數口轉向東北流經蕭縣下徐州小浮橋天和言黃河自魚沛入漕河運舟通利者數十年而淤塞河道廢壞閘座阻隔泉流衝廣河身爲害亦大今黃河旣改衝從虞城蕭碭下小浮橋而榆林集侯家林二河分流入運者俱淤塞斷流利去而害獨存宜濬魯橋至徐州二百餘里之淤塞制可十四年從天和言自曹縣梁靖口東坌河口築壓口縷水堤復築曹縣八里灣至單縣侯家林長堤各一道是年冬天和條上治河數事中言魯橋至沛縣東堤舊議築石以禦橫流今黃河旣南徙可不必築孫家渡自正統時全河從此南徙弘治間淤塞屢開屢淤卒不能通今趙皮寨河日漸衝廣若再開渡口併入渦河不惟二洪水澀恐亦有陵寢之虞宜仍其舊勿治舊議祥符盤石蘭陽銅瓦廂考城蔡家口各添築月堤臣以爲黃河之當防者惟北岸爲重當擇其去河遠者大隄中隄各一道修補完築使北岸七八百里間聯屬高厚則前勘應築諸堤舉在其中皆可罷不築帝亦從之十五年督漕都御史周金言自嘉靖六年後河流益南其一由渦河直下長淮而梁靖口趙皮寨二支各入清河匯於新莊閘遂灌裏河水退沙存日就淤塞故老皆言河自汴來本濁而渦淮泗清新莊閘正當二水之口河淮旣合昔之爲沛縣患者今移淮安矣因請於新莊更置一渠立閘以資蓄洩從之十六年冬從總河副都御史于湛言開地邱店野雞岡諸口上流四十餘里由桃源集丁家道口入舊黃河截渦河水入河濟洪十八年總河都御史胡纘宗開考城孫繼口孫祿口黃河支流以殺歸睢水患且灌徐呂因於二口築長堤及修築馬牧集決口二十年五月命兵部侍郎王以旂督理河道協總河副都御史郭持平計議先一歲黃河南徙決野雞岡由渦河經亳州入淮舊決口俱塞其由孫繼口及考城至丁家道口虞城入徐呂者亦僅十之二持平久治弗效降俸戴罪以旂至上言國初漕河惟通諸泉及汶泗黃河勢猛水濁遷徙不常故徐有貞白昂劉大夏力排之不資以濟運也今幸黃河南徙諸閘復舊宜濬山東諸泉入野雞岡新開河道以濟徐呂而築長堤沛縣以南聚水如閘河制務利漕運而已明年春持平請濬孫繼口及扈運口李景高口三河使東由蕭碭入徐濟運其秋從以旂言於孫繼口外別開一渠洩水以濟徐呂凡八月三口工成以旂持平皆被獎遂召以旂還未幾李景高口

復淤先是河決豐縣遷縣治於華山久之始復其故治河決孟津夏邑皆遷其城及野鷄岡之決也鳳陽沿淮州縣多水患乃議從五河蒙城避之而臨淮當祖陵形勝不可徙乃用巡按御史賈太亨言敕河撫二臣亟濬碭山河道引入二洪以殺南注之勢二十六年秋河決曹縣水入城二尺漫金鄉魚臺定陶城武衝穀亭總河都御史詹瀚請於趙皮寨諸口多穿支河以分水勢詔可三十一年九月河決徐州房村集至邳州新安運道淤阻五十里總河副都御史曾鈞上治河方畧乃濬房村至雙溝曲頭築徐州高廟至邳州沂河又言劉伶臺至赤晏廟凡八十里乃黃河下流淤沙壅塞疏濬宜先次則草灣老黃河口衝激淹沒安東一縣亦當急築更築長堤磯觜以備衝激又三里溝新河口視舊口水高六尺開舊口有沙淤之患而爲害稍輕開新口未免淹沒之虞而漕舟頗便宜暫閉新口建置閘座且增築高家堰長堤而新莊諸閘甃石以遏橫流帝命侍郎吳鵬振災戶而悉從鈞奏三里溝新河者督漕都御史應檟以先年開清河口通黃河之水以濟運今黃河入海下流澗口安東俱漲塞河流壅而漸高瀉入清河口沙停易淤屢濬屢塞溝在淮水下流黃河未合之上故閉清河口而開之使船由通濟橋遡溝出淮以達黃河者也時濬徐邳將訖工一夕水湧復淤帝用嚴嵩言遣官祭河神而鵬鈞復共奏請急築濬草灣劉伶臺建閘三里溝迎納泗水清流且於徐州以上至開封濬支河一二令水分殺其冬漕河工竣進鈞秩侍郎三十七年七月曹縣新集淤新集地接梁靖口歷夏邑丁家道口馬牧集韓家道口司家道口至蕭縣薊門出小浮橋此賈魯河故道也自河患亟別開支河出小河以殺水勢而本河漸淤至是遂決趨東北段家口析而爲六曰大溜溝小溜溝秦溝濁河胭脂溝飛雲橋俱由運河至徐洪又分一支由碭山堅城集下郭貫樓析而爲五曰龍溝母河梁樓溝楊氏溝胡店溝亦由小浮橋會徐洪而新集至小浮橋故道二百五十餘里遂淤不可復矣自後河忽東忽西靡有定向水得分瀉者數年不至壅潰然分多勢弱淺者僅二尺識者知其必淤至四十四年七月河決沛縣上下二百餘里運道俱淤全河逆流自沙河至徐州以北至曹縣棠林集而下北分二支南流者遶沛縣戚山楊家集入秦溝至徐北流者遶豐縣華山東北由三敎堂出飛雲橋又分而爲十三支或橫絕或逆流入漕河至湖陵城口散漫湖坡達於徐州浩渺無際而河變極矣乃命朱衡爲工部尚書兼理河漕又以潘季馴爲僉都御史總理河道明年二月復遣工科給事中何起鳴往勘河工衡巡行決口舊渠已成陸而盛應期所鑿新河故跡尚在地高河決至昭陽湖不能復東乃定計開濬而季馴則以新河土淺泉湧勞費不貲留城以上故道初淤可復也由是二人有隙起鳴至沛還上言舊河之難復有五黃河全從必殺上流新集龐家屯趙家圈皆上流也以不貲之財投於河流已棄之故道勢必不能一也自留城至沛莽爲巨浸無所施工二也橫亘數十里褰裳無路十萬之衆何所棲身三也挑濬則淖陷築岸則無土且南塞則北奔四也夏秋淫潦難保不淤五也新河開鑿費省且可絕後來潰決之患宜用衡言開新河而兼採季馴言不全棄舊河廷臣議定衡乃決開新河時季馴持復故道之議廷臣又多以爲然遂勘議新集郭貫樓諸上源地衡言河出境山以北則閘河淤出徐州以南則二洪涸惟出境山至小浮橋四十餘里間乃兩利而無害自黃河橫流碭山郭貫樓支河皆已淤塞改從華山分爲南北二支南出秦溝正在境山南五里許運河可資其利惟北出沛縣西及飛雲橋逆上魚臺爲患甚大朝廷不忍民罹水災拳拳故道命勘上源但臣參考地形有五不可自新集至兩河口皆平原高阜無尺寸故道可因郭貫樓抵龍溝頗有河形又係新淤無可駐足其不可一也黃河所經鮮不爲患由新集則商虞夏邑受之由郭貫樓則蕭碭受之今改復故道則魚沛之禍復移蕭碭其不可二也河西注華山勢若建瓴欲從中鑿渠挽水南向必當築壩橫截遏其東奔於狂瀾巨浸之中築壩數里爲力甚難其不可三也役夫三十萬曠日持久騷動三省其不可四也大役踵興工費數百萬一有不繼前功盡隳其不可五也惟當開廣秦溝使下流通行修築南岸長堤以防奔潰可以甦魚沛昏墊之民從之衡乃開魚臺南陽抵沛縣留城百四十餘里而濬舊河自留城以下抵境山茶城五十餘里由此與黃河會又築馬家橋堤三萬五千二百八十丈石堤三十里遏河之出飛雲橋者趨秦溝以入洪於是黃水不東侵漕道通而沛流斷矣方工未成河復決沛縣敗馬家橋堤論者交章請罷衡未幾工竣帝大喜賦詩四章志喜以示在直諸臣隆慶元年五月加衡太子少保始河之決也支流散漫遍陸地既而南趨濁河迨新河成則盡趨秦溝而南北諸支河悉併流焉然河勢益大漲三年七月決沛縣自考城虞城曹單豐沛抵徐州俱受其害茶城淤塞漕船阻邳州不能進已雖少通而黃河水橫溢沛地秦溝濁河口淤沙旋疏旋壅朱衡已召還工部及總河都御史翁大立皆請於梁山之南別開一河以漕避秦溝濁河之險後所謂泇河者也詔令相度地勢未果行四年秋黃河暴至茶城復淤而山東沙薛汶泗諸水驟溢決仲家淺運道由梁山出戚家港合於黃河大立復請因其勢而濬之是時淮水亦大溢自泰山廟至七里溝淤十餘里而水從諸家溝傍出至清河縣河南鎭以合於黃河大立又言開新莊閘以通回船復陳瑄故道則淮可無虞獨黃河在睢寧宿遷之間遷徙未知所定泗州陵寢可虞請濬古睢河由宿遷歷宿州出小浮橋以洩二洪之水且規復清河魚溝分河一道下草灣以免衝激之患則南北運道庶幾可保時大立已內遷方受代而季馴以都御史復起總理河道部議令區畫九月河復決邳州自睢寧白浪淺至宿遷小河口淤百八十里糧艘阻不進大立言比來河患不在山東河南豐沛而專在徐邳故先欲開泇河口以遠河勢開蕭縣河以殺河流者正謂浮沙壅聚河面增高爲異日慮耳今秋水洊至橫溢爲災權宜之計在棄故道而就新衝經久之策在開泇河以避洪水乞決擇於二者部議主塞決口而令大立條利害以聞大立遂以開泇口就新衝復故道三策竝進且言其利害各相參會罷去策未決而季馴則主復故道時茶城至呂梁黃水爲兩崖所束不能下又不得決至五年四月乃自靈璧雙溝而下北決三口南決八口支流散溢大勢下睢寧出小河而匙頭灣八十里正河悉淤季馴役丁夫五萬盡塞十一口且濬匙頭灣築縷堤三萬餘丈匙頭灣故道以復旋以漕船行新溜中多漂沒季馴罷去六年春復命尚書衡經理河工以兵部侍郎萬恭總理河道二人至罷泇河議專事徐邳河修築長堤自徐州至宿遷小河口三百七十里併繕豐沛大黃堤正河安流運道大通衡乃上言河南屢被河患大爲堤防今幸有數十年之安者以防守嚴而備禦素也徐邳爲糧運正道既多方以築之則宜多方以守之請用夫每里十人以防三里一鋪四鋪一老人巡視伏秋水發時五月十五日上堤九月十五日下堤願攜家居住者聽詔如議六月徐邳河堤工竣遂命衡回部賞衡及總理河道都御史萬恭等銀幣有差是歲御史吳從憲言淮安而上清河而下正淮泗河海衝流之會河潦內出海潮逆流停蓄移時沙泥旋聚以故日就壅塞宜以春夏時濬治則下流疏暢汎溢自平帝卽命衡與漕臣勘議而督理河道署郎中事陳應薦挑穵海口新河長十里有奇濶五丈五尺深一丈七尺用夫六千四百餘人衡之被召將還也上疏言國家治河不過濬淺築堤二策濬淺之法或爬或撈或逼水而衝或引水而避此可人力勝者然茶城與淮水會則在清河茶城淤及其消也淮漕水勝則衝沙而通水力蓋居七八非專用人力也築堤則有截水縷水之異截水可施於閘河不可施於黃河蓋黃河湍悍挾川潦之勢何堅不瑕安可以一堤當之縷水則兩岸築堤不使旁潰始得遂其就下入海之性蓋以順爲治非以人力勝水性故至今百五六十年爲永賴焉清河之淺應視茶城遇黃河漲落時輒挑河潢導淮水衝刷雖遇漲而塞必遇落而通無足慮也惟淸江浦水勢最弱出口處所適與黃河相値宜於黃水盛發時嚴閉各閘毋使沙淤若海口則自隆慶三年海嘯壅水倒灌低窪之地積瀦難洩宜時加疏濬毋使積塞至築黃河兩岸堤第當縷水不得以攔截爲名疏上報聞而已

明史卷八十四　　志第六十

總裁官總理事務經筵講官少保兼太子太保保和殿大學士兼管吏部戶部尚書事加六級臣張廷玉等奉

敕修

河渠二

黃河下

萬曆元年河決房村築堤窪子頭至秦溝口明年給事中鄭岳言運道自茶城至淮安五百餘里自嘉靖四十四年河水大發淮口出水之際海沙漸淤今且高與山等自淮而上河流不迅泥水愈淤於是邳州淺房村決呂梁二洪平茶城倒流皆坐此也今不治海口之沙乃日築徐沛間堤岸桃宿而下聽其所之民之爲魚未有已時也因獻宋李公義王令圖濬川爬法命河臣勘奏從其所言而是年秋淮河並溢明年八月河決碭山及邵家口曹家莊韓登家口而北淮亦決高家堰而東徐邳淮南北漂沒千里自此桃淸上下河道淤塞漕艘梗阻者數年淮揚多水患矣總河都御史傅希摯改築碭山月隄暫留三口爲洩水之路其冬並塞之四年二月督漕侍郎吳桂芳言淮揚洪潦奔衝蓋緣海濱汊港久堙入海止雲梯一徑致海壅橫沙河流汛溢而鹽安高寶不可收拾國家轉運惟知急漕而不暇急民故朝廷

設官亦主治河而不知治海請設水利僉事一員專疏海道審度地利如草灣及老黃河皆可趨海何必專事雲梯哉帝優詔報可桂芳復言黃水抵清河與淮合流經清江浦外河東至草灣又折而西南過淮安新城外河轉入安東縣前直下雲梯關入海近年關口多壅河流日淺惟草灣地低下黃河衝決駸駸欲奪安東入海以縣治所關屢決屢塞去歲草灣遂東自決一口宜於決口之西開挑新口以迎埽灣之溜而於金城至五港岸築堤束水語云救一路哭不當復計一家哭今淮揚鳳泗邳徐不啻一路矣安東自衆流滙圍祇文廟縣署僅存椽瓦其勢垂陷不如委之以拯全淮帝不欲棄安東而命開草灣如所請八月工竣長萬一千一百餘丈塞決口二十二役夫四萬四千帝以海口開濬水患漸平賚桂芳等有差未幾河決韋家樓又決沛縣縷水堤豐曹二縣長堤豐沛徐州睢寧金鄉魚臺單曹田廬漂溺無算河流齧宿遷城帝從桂芳請遷縣治築土城避之於是御史陳世寶請復考黃河故道言河自桃源三義鎮歷清河縣北至大河口會淮入海運道自淮安天妃廟亂淮而下十里至大河口從三義鎮出口向桃源大河而去凡七十餘里是爲老黃河至嘉靖初三義鎮口淤而黃河改趨清河縣南與淮會自此運道不由大河口而徑由清河北上矣近者崔鎮屢決河勢漸趨故道若仍開三義鎮口引河入清河北或令出大河口與淮流合或從清河西別開一河引淮出河上游則運道無恐而淮泗之水不爲黃流所漲部覆允行桂芳言淮水向經清河會黃河趨海自去秋河決崔鎮清江正河淤澱淮口梗塞於是淮弱河強不能奪草灣入海之途而全淮南徙橫灌山陽高寶間向來湖水不踰五尺堤僅七尺今堤加丈二而水更過之宜急護湖堤以殺水勢部議以爲必淮有所歸而後堤可保請令桂芳等熟計報可開河護堤二說未定而河復決崔鎮宿沛清桃兩岸多壞黃河日淤墊淮水爲河所迫徙而南時五年八月也希摯議塞決口束水歸漕桂芳欲衝刷成河以爲老黃河入海之路帝令急塞決口而俟水勢稍定乃從桂芳言時給事中湯聘尹議導淮入江以避黃會桂芳言黃水向老黃河故道而去下奔如駛淮遂乘虛湧入清口故道淮揚水勢漸消部議行勘以河淮既合乃寢其議管理南河工部郎中施天麟言淮泗之水不下清口而下山陽從黃浦口入海浦口不能盡洩浸淫高寶邵伯諸湖而湖堤盡沒則以淮泗本不入湖而今入湖故也淮泗之入湖者又緣清口向未淤塞而今淤塞故也清口之淤塞者又緣黃河淤塞日高淮水不得不讓河而南徙也蓋淮水併力敵黃勝負或亦相半自高家堰廢壞而清口內通濟橋朱家等口淮水內灌於是淮泗之力分而黃河得以全力制其敝此清口所以獨淤於今歲也下流既淤則上流不得不決毎歲糧艘以四五月畢運而堤以六七月壞水發之時不能爲力水落之後方圖堵塞甫及春初運事又迫僅完堤工於河身無與河身不挑則來年益高上流之決必及於徐呂而不止於邳遷下流之涸將盡乎邳遷而不止於清桃須不惜一年糧運不惜數萬帑藏開挑正河寬限責成乃爲一勞永逸至高家堰朱家等口宜及時築塞使淮泗併力足以敵黃則淮水之故道可復高寶之大患可減若輿鹽海口堙塞亦宜大加疏濬而湖堤多建減水大閘堤下多開支河要未有不先黃河而可以治淮亦未有不疏通淮水而可以固堤者也事下河漕諸臣會議淮之出清口也以黃水由老黃河奔注而老黃河久淤未幾復塞淮水仍漲溢給事中劉鉉請亟開通海口而簡大臣會同河漕諸臣往治乃命桂芳爲工部尚書兼理河漕而裁總河都御史官桂芳甫受命而卒六年夏潘季馴代時給事中李淶請多濬海口以導衆水之歸給事中王道成則請塞崔鎮決口築桃宿長堤修理高家堰開復老黃河並下河臣議季馴與督漕侍郎江一麟相度水勢言海口自雲梯關四套以下闊七八里至十餘里深三四丈欲別議開鑿必須深闊相類方可注放工力甚難且未至海口乾地猶可施工其將入海之地潮汐往來與舊口等耳舊口皆係積沙人力雖不可濬水力自能衝刷海無可濬之理惟當導河歸海則以水治水卽濬海之策也河亦非可以人力導惟當繕治堤防俾無旁決則水由地中沙隨水去卽導河之策也頻年以來日以繕堤爲事顧卑薄而不能支迫近而不能容雜以浮沙而不能久是以河決崔鎮水多北潰爲無堤也淮決高家堰黃浦口水多東潰堤弗固也不咎制之未備而咎築堤爲下策豈通論哉上流既旁潰又岐下流而分之其趨雲梯入海口者譬猶強弩之末耳水勢益分則力益弱安能導積沙以注海故今日濬海急務必先塞決以導河尤當固堤以杜決而欲堤之不決必眞土而勿雜浮沙高厚而勿惜鉅費讓遠而勿與爭地則堤乃可固也沿河堤固而崔鎮口塞則黃不旁決而衝漕力專高家堰築朱家口塞則淮不旁決而會黃力專淮黃既合自有控海之勢又懼其分而力弱也必暫塞清江浦河而嚴司啟閉以防其內奔姑置草灣河而專復雲梯以還其故道仍接築淮安新城長堤以防其末流使黃淮力全涓滴悉趨於海則力強且專下流之積沙自去海不濬而闢河不挑而深所謂固堤卽以導河導河卽以濬海也又言黃水入徐歷邳宿桃清至清口會淮而東入海淮水自洛及鳳歷盱泗至清口會河而東入海此兩河故道也元漕江南粟則由揚州直北廟灣入海未嘗邇淮陳瑄始堤管家諸湖通淮爲運道慮淮水漲溢則築高家堰堤以捍之起武家墩經大小澗至阜寧湖而淮不東侵又慮黃河漲溢則堤新城北以捍之起清江浦沿鉢池山柳浦灣迤東而黃不南侵其後堤岸漸傾水從高堰決入淮郡遂同魚鼈而當事者未考其故謂海口壅閉宜亟穿支渠詎知草灣一開西橋以上正河遂至淤阻夫新河闊二十餘丈深僅丈許較故道僅三十之一豈能受全河之水下流既壅上流自潰此崔鎮諸口所由決也今新河復塞故河漸已通流雖深闊未及原河十一而兩河全下沙隨水刷欲其全復河身不難也河身既復闊者七八里狹亦不下三四百丈滔滔東下何水不容匪惟不必別鑿他所卽草灣亦可置勿濬矣故爲今計惟修復陳瑄故蹟高築南北兩堤以斷兩河之內灌則淮揚昏墊可免塞黃浦口築寶應堤濬東關等淺修五閘復五壩則淮南運道無虞堅塞桃源以下崔鎮口諸決則全河可歸故道黃淮既無旁決竝驅入海則沙隨水刷海口自復而桃清淺阻又不足言此以水治水之法也若夫爬撈之說僅可行諸閘河前人屢試無功徒費工料於是條上六議曰塞決口以挽正河曰築堤防以杜潰決曰復閘壩以防外河曰創滾水壩以固隄岸曰止濬海工程以省糜費曰寢開老黃河之議以仍利涉帝悉從其請七年十月兩河工成賚季馴一麟銀幣而遣給事中尹瑾勘實八年春進季馴太子太保工部尚書廕一子一麟等遷擢有差是役也築高家堰堤六十餘里歸仁集堤四十餘里柳浦灣堤東西七十餘里塞崔鎮等決口百三十築徐睢邳宿桃清兩岸遙堤五萬六千餘丈碭豐大壩各一道徐沛豐碭縷堤百四十餘里建崔鎮徐昇季泰三義減水石壩四座遷通濟閘於甘羅城南淮揚間堤壩無不修築費帑金五十六萬有奇其秋擢季馴南京兵部尚書季馴又請復新集至小浮橋故道給事中王道成河南巡撫周鑑等不可而止自桂芳季馴時罷總河不設其後但以督漕兼理河道高堰初築清口方暢流連數年河道無大患至十五年封邱假師東明長垣屢被衝決大學士申時行言河所決地在三省守臣畫地分修易推委河道未大壞不必設都御史宜遣風力老成給事中一人行河乃命工科都給事中常居敬往居敬請修築大社集東至白茅集長堤百里從之初黃河由徐州小浮橋入運其河深且近洪能刷洪以深河利於運道後漸徙沛縣飛雲橋及徐州大小溜溝至嘉靖末決邵家口出秦溝由濁河口入運河淺迫茶城茶城歲淤運道數害萬曆五年冬河復南趨出小浮橋故道未幾復堙潘季馴之塞崔鎮也厚築堤岸束水歸漕嗣後水發河臣輒加堤而河身日高矣於是督漕僉都御史楊一魁欲復黃河故道請自歸德以下丁家道口濬至石將軍廟令河仍自小浮橋出又言善治水者以疏不以障年來堤上加堤水高凌空不啻過顙濱河城郭決水可灌宜測河身深淺隨處挑濬而於黃河分流故道設減水石門以洩暴漲給事中王士性則請復老黃河故道大略言自徐而下河身日高而爲堤以束之堤與徐州城等束益急流益迅委全力於淮而淮不任故昔之黃淮合今黃強而淮益縮不復合矣黃強而一敵天妃通濟諸閘則灌運河如建瓴高寶一梗江南之運坐廢淮縮則退而侵泗爲祖陵計不得不建石堤護之堤增河益高根本大可虞也河至清河凡四折而後入海淮安高寶鹽興數百萬生靈之命託之一丸泥決則盡成魚蝦矣紛紛之議有欲增堤泗州者有欲開顏家灌口永濟三河南甃高家堰北築滚水壩者總不如復河故道爲一勞永逸之計也河故道由三義鎮達葉家衝與淮合在清河縣北別有濟運河在縣南蓋支河耳河強奪支河直趨縣南而自棄北流之道然河形固在也自桃源至瓦子灘凡九十里窪下不耕無室廬墳墓之礙雖開河費鉅而故道一復爲利無窮議皆未定居敬及御史喬璧星皆請復專設總理大臣乃復命潘季馴爲右都御史總督河道時帝從居敬言罷老黃河議而季馴抵官言新集故道故老言銅幫鐵底當開但歲儉費繁未能遽行又言黃水濁而強汶泗清且弱交會茶城伏秋黃水發則倒灌入漕沙停而淤勢所必至然黃水一落漕卽從之沙隨水去不濬自通縱有淺阻不過旬日往時建古洪內華二閘黃漲則閉閘以遏濁流黃退則啟閘以縱泉水近者居敬復增建鎮口閘去河愈近則吐納愈易但當嚴閘禁如清江浦三

閘之法則河渠一永賴矣帝方委季馴卽從其言罷故道之議未幾水患益甚十七年六月黃水暴漲決獸醫口月堤漫李景高口新堤衝入夏鎭內河壞田廬沒人民無算十月決口塞十八年大溢徐州水積城中者踰年衆議遷城改河季馴濬魁山支河以通之起蘇伯湖至小河口積水乃消十九年九月泗州大水州治渰三尺居民沉溺十九浸及祖陵而山陽復河決江都邵伯又因湖水下注田廬浸傷工部尚書曾同亨上其事議者紛起乃命工科給事中張貞觀往泗州勘視水勢而從給事中楊其休言放季馴歸用舒應龍爲工部尚書總督河道二十年三月季馴將去條上辨惑者六事力言河不兩行新河不當開支渠不當濬又著書曰河防一覽大旨在築堤障河束水歸漕築堰障淮逼淮注黃以淸刷濁沙隨水去合則流急急則蕩滌而河深分則流緩緩則停滯而沙積上流旣急則海口自闢而無待於開其治堤之法有縷堤以束其流有遙堤以寬其勢有滾水壩以洩其怒法甚詳言甚辨然當是時水勢橫潰徐泗淮揚間無歲不受患祖陵被水季馴謂當自消已而不驗於是季馴言詘而分黃導淮之議由此起矣貞觀抵泗州言臣謁祖陵見泗城如水上浮盂盂中之水復滿祖陵自神路至三橋丹墀無一不被水且高堰危如累卵又高寶隱禍也今欲洩淮當以闢海口積沙爲第一義然洩淮不若殺黃而殺黃於淮流之旣合不若殺於未合但殺於旣合者與運無妨殺於未合者與運稍礙別標本究利害必當殺於未合之先至於廣入海之途則自鮑家口黃家營至魚溝金城左右地勢頗下似當因而利導之貞觀又會應龍及總漕陳于陛等言淮黃同趨者惟海而淮之由黃達海者惟淸口自海沙開濬無期因而河身日高自河流倒灌無已因而淸口日塞以致淮水上浸祖陵漫及高寶而興泰運堤亦衝決矣今議闢淸口沙且分黃河之流於淸口上流十里地去口不遠不至爲運道梗分於上復合於下則衝海之力專合必於草灣之下恐其復衝正河爲淮城患也塞鮑家口黃家營二決恐橫衝新河散溢無歸兩岸俱堤則東北淸沭海安窪下地不虞潰決計費凡三十六萬有奇若海口之塞則潮汐莫窺其涯難施畚鍤惟淮黃合流東下河身滌而漸深海口刷而漸闢亦事理之可必者帝悉從其請乃議於淸口上流北岸開腰鋪支河達於草灣旣而淮水自決張福堤直隸巡按彭應參言祖陵度可無虞且方東備倭警宜暫停河工部議令河臣熟計應龍貞觀言爲祖陵久遠計支河實必不容已之工請俟明春倭警寧息舉行其事遂寢二十一年春貞觀報命議開歸徐達小河口以救徐邳之溢導濁河入小浮橋故道以紓鎭口之患下總河會官集議未定五月大雨河決單縣黃堌口一由徐州出小浮橋一由舊河達鎭口閘邳城陷水中高寶諸湖堤決口無算明年湖堤盡築塞而黃水大漲淸口沙墊淮水不能東下於是挾上源阜陵諸湖與山溪之水暴浸祖陵泗城渰沒二十三年又決高郵中堤及高家堰高良澗而水患益急矣先是御史陳邦科言固堤束水未收刷沙之利而反致衝決法當用濬其方有三冬春水涸令沿河淺夫乘時撈淺則沙不停而去一也官民船往來船尾悉繫鈀犁乘風搜滌則沙不寧而去二也倣水磨水碓之法置爲木機乘水滾盪則沙不留而去三也至淮必不可不會黃故高堰斷不可棄湖溢必傷堤故周家橋潰處斷不可開已棄之道必淤滿故老黃河草灣等處斷不可復疏下所司議戶部郎中華存禮則請復黃河故道并濬草灣而是時腰鋪猶未開工部侍郎沈節甫言復黃河未可輕議至諸策皆第補偏救弊而已宜槩停罷乃召應龍還工部時二十二年九月也旣而給事中吳應明言先因黃淮遷徙無常設遙縷二堤束水歸漕及水過沙停河身日高徐邳以下居民盡在水底今淸口外則黃流阻遏淸口內則淤沙橫截强河橫灌上流約百里許淮水僅出沙上之浮流而瀦蓄於盱泗者遂爲祖陵患矣張貞觀所議腰鋪支河歸之草灣或從淸河南岸別開小河至駱家營馬廠等地出會大河建閘啓閉一遇運淺卽行此河亦策之便者至治泗水則有議開老子山引淮水入江者宜置閘以時啓閉拆張福堤而堤淸口使河水無南向部議下河漕諸臣會勘直隸巡按牛應元因謁祖陵目擊河患繪圖以進因上疏言黃高淮壅起於嘉靖末年河臣鑿徐呂二洪巨石而沙日停河身日高潰決由此起當事者計無復之兩岸築長堤以束曰縷堤縷堤復決更於數里外築重堤以防曰遙堤雖歲決歲補而莫可誰何矣黃淮交會本自淸河北二十里駱家營折而東至大河口會淮所稱老黃河是也陳瑄以其迂曲從駱家營開一支河爲見今河道而老黃河淤矣慶曆間復開草灣支河黃舍故道而趨以致淸口交會之地二水相持淮不勝黃則竄入各閘口淮安士民於各閘口築一土埂以防之嗣後黃淮暴漲水退沙停淸口遂淤今稱門限沙是也當事者不思挑門限沙乃傍土埂築高堰橫亘六十里置全淮正流之口不事復將從旁入黃之張福口一并築堤塞之遂倒流而爲泗陵患矣前歲科臣貞觀議闢門限沙裁張福堤其所重又在支河腰鋪之開總之全口淤沙未盡挑闢卽腰鋪工成淮水未能出也况下流鮑王諸口已決難以施工豈若復黃河故道盡闢淸口淤沙之爲要乎且疏上流不若科臣應明所議就草灣下流濬諸決口俾由安東歸五港或於周家橋量爲疏通而急塞黃堌口挑蕭碭渠道濬符離淺阻至宿遷小河爲淮水入黃正路急宜挑闢使有所歸應龍言張福堤已決百餘丈淸口方挑沙而腰鋪之開尤不可廢工部侍郎沈思孝因言老黃河自三義鎭至葉家衝僅八千餘丈河形尚存宜亟開濬則河分爲二一從故道抵顏家河入海一從淸口會淮患當自弭請遣風力科臣一人與河漕諸臣定畫一之計乃命禮科給事中張企程往勘而以水患累年迄無成畫遷延糜費罷應龍職爲民常居敬張貞觀彭應參等皆譴責有差御史高舉請疏周家橋裁張福堤闢門限沙建滾水石壩於周家橋大小澗口武家墩綠楊溝上下而壩外濬河築岸使行地中改塘埂十二閘爲壩灌閘外十二河以闢入海之路濬芒稻河且多建濱江水閘以廣入江之途然海口日壅則河沙日積河身日高而淮亦不能安流有灌口者視諸口頗大而近日所決蔣家鮑家界家三口直與相射宜挑濬成河俾由此入海工部主事樊兆程亦議闢海口而言舊海口決不可濬當自鮑家營至五港口挑濬成河令從灌口入海俱下工部請并委企程勘議是時總河工部尚書楊一魁被論乞罷因言淸口宜濬黃河故道宜復高堰不必修石堤不必砌減水閘壩不必用帝不允辭而詔以盡心任事御史夏之臣則言海口沙不可劈草灣河不必濬腰鋪新河四十里不必開雲梯關不必闢惟當急開高堰以救祖陵且言歷年以來高良澗土堤每遇伏秋卽衝決大澗口石堤每遇洶湧卽崩潰是高堰在爲高寶之利小而高堰決則爲高寶之害大也孰若明議而明開之使知趨避乎給事中黃運泰則又言黃河下流未洩而遽開高堰周橋以洩淮水則淮流南下黃必乘之高寶間盡爲沼而運道月河必衝決矣不如濬五港口達灌口門以入於海之爲得也詔并行勘議企程乃上言前此河不爲陵患自隆慶末年高寶淮揚告急當事狃於目前淸口旣淤又築高堰以遏之堤張福以束之障全淮之水與黃角勝不虞其勢不敵也迨後甃石加築堙塞愈堅舉七十二溪之水匯於泗者僅留數丈一口出之出者什一停者什九河身日高流日壅淮日益不得出而瀦蓄日益深安得不倒流旁溢爲陵泗患乎今議疏淮以安陵疏黃以導淮者言人人殊而謂高堰當決者臣以爲屏翰淮揚殆不可少莫若於其南五十里開周家橋注草子湖大加開濬一由金家灣入芒稻河注之江一由子嬰溝入廣洋湖達之海則淮水上流半有宣洩矣於其北十五里開武家墩注永濟河由窰灣閘出口直達涇河從射陽湖入海則淮水下流半有歸宿矣此急救祖陵第一義也會是時祖陵積水稍退一魁以聞帝大悅仍諭諸臣急協議宣洩於是企程一魁共議欲分殺黃流以縱淮別疏海口以導黃而督漕尚書褚鈇則以江北歲祲民不堪大役欲先洩淮而徐議分黃御史應元折衷其說言導淮勢便而功易分黃功大而利遠願河臣所請亦第六十八萬金國家亦何靳於此御史陳煃嘗令寶應慮周家橋旣開則以高郵邵伯爲壑運道民產鹽場交受其害上疏爭之語甚激大旨分黃爲先而淮不必深治且欲多開入海之路令高寶諸湖之水皆東而後周家橋武家墩之水可注而淮安知府馬化龍復進分黃五難之說潁州兵備道李弘道又謂宜開高堰鈇遂據以上聞給事中林熙春駁之言淮猶昔日之淮而河非昔日之河先是河身未高而淮尚安流今則河身旣高而淮受倒灌此導淮固以爲淮分黃亦以爲淮工部乃覆奏云先議開腰鋪支河以分黃流以倭儆災傷停寢遂貽今日之患今黃家壩分黃之工若復沮格淮壅爲害誰職其咎請令治河諸臣導淮分黃亟行典舉報可二十四年八月一魁興工未竣復條上分淮導黃事宜十事十月河工告成直隸巡按御史蔣春芳以聞復條上善後事宜十六事乃賞賚一魁等有差是役也役夫二十萬開桃源黃河壩新河起黃家觜至安東五港灌口長三百餘里分洩黃水入海以抑黃强闢淸口沙七里建武家墩高良澗周家橋石閘洩淮水三道入海且引其支流入江於是泗陵水患平而淮揚安矣然是時一魁專力桃淸淮泗間而上流單縣黃堌口之決以爲不必塞鈇及春芳皆請塞之給事中李應策言漕臣主運河臣主工各自爲見宜再令析議一魁言黃堌口一支由虞城夏邑接碭山蕭縣宿州至宿遷出白洋河一小支分蕭縣兩河口出徐州小浮橋相距不滿四十里當疏濬與正河會更通鎭口閘裏湖之水與小浮橋二

水會則黃堌口不必塞而運道無滯矣從之於是議濬小浮橋沂河口小河口以濟徐邳運道以洩碭蕭漫流培歸仁堤以護陵寢是時徐邳復見淸泗運道不利鉄終以爲憂二十五年正月復極言黃堌口不塞則全河南徙害且立見議者亦多恐下齧歸仁爲二陵患三月小浮橋等口工垂竣一魁言運道通利河從不相妨巳有明驗惟議者以祖陵爲慮請徵往事折之洪武二十四年河決原武東南至壽州入淮永樂九年河北入魚臺未幾復南決由渦河經懷遠入淮時兩河合流歷鳳泗以出淸口未聞爲祖陵患正統十三年河北衝張秋景泰中徐有貞塞之復由渦河入淮弘治二年河又北衝白昻劉大夏塞之復南流一由中牟至潁壽一由亳州至渦河入淮一由宿遷小河口會泗全河大勢縱橫潁亳鳳泗間下溢符離睢宿未聞爲祖陵患亦不聞堤及歸仁也正德三年後河漸北徙由小浮橋飛雲橋穀亭三道入漕盡趨徐邳出二洪運道雖濟而泛溢實甚嘉靖十一年朱裳始有渦河一支中經鳳陽祖陵未敢輕舉之說然當時猶時濬祥符之董盆口寧陵之五里鋪榮澤之孫家渡蘭陽之趙皮寨又或決睢州之地邱店界牌口野鷄岡寧陵之楊村鋪俱入舊河從亳鳳入淮南流未絕亦何嘗爲祖陵患嘉靖二十五年後南流故道始盡塞或由秦溝入漕或由濁河入漕五十年來全河盡出徐邳奪泗入淮而當事者方認客作主日築垣而窘之以致河流日壅淮不敵黃退而內瀦遂貽盱泗祖陵之患此實由內水之停壅不由外水之衝射也萬曆七年潘季馴始慮黃流倒灌小河白洋等口挾諸河水衝射祖陵乃作歸仁堤爲保障計復張大其說謂祖陵命脈全賴此堤習聞其說者遂疑黃堌之決下齧歸仁不知黃堌一決下流易洩必無上灌之虞況今小河不日竣工引河復歸故道去歸仁益遠奚煩過計爲報可一魁旣開小浮橋築義安山濬小河口引武沂泉濟運及是年四月河復大決黃堌口溢夏邑永城由宿州符離橋出宿遷新河口入大河其半由徐州入舊河濟運上源水枯而義安東水橫壩復衝二十餘丈小浮橋水脈微細二洪告涸運道阻澀一魁因議挑黃堌口迤上埽灣淤嘴二處且大挑其下李吉口北下濁河救小浮橋上流數十里之涸復上言黃河南旋至韓家道盤岔河丁家莊俱岸闊百丈深踰二丈乃銅幫鐵底故道也至劉家窪始强半南流得山西坡永涸湖以爲壑出溪口入符離河亦故道也惟徐邳運道淺涸所以首議開小浮橋再加挑闊必大爲運道之利乃欲自黃堌挽回全河必須挑四百里淤高之河身築三百里南岸之長堤不惟所費不貲竊恐後患無已御史楊光訓等亦議挑埽灣直渠展濟濁河及築山西坡歸仁堤與一魁合獨鉄異議帝命從一魁言一魁復言歸仁在西北泗州在東南相距百九十里中隔重岡叠嶂且歸仁之北有白洋河朱家溝周家溝胡家溝小河口洩入運河勢如建瓴卽無歸仁祖陵無足慮濁河淤墊高出地上曹單間闊一二百丈深二三丈尚不免橫流徐邳間僅百丈深止丈餘徐西有淺至二三尺者而夏永韓家道口至符離河闊深視曹單避高就下水之本性河流所棄自古難復且運河本藉山東諸泉不資黃水惟當倣正統間二洪南北口建閘之制於鎭口之下大浮橋之上呂梁之下洪邳州之沙坊各建石閘節宣汶泗而以小浮橋沂河口二水助之更於鎭口西築壩截黃開唐家口而注之龍溝會小浮橋入運以杜灌淤鎭口之害實萬全計也報可二十六年春從楊光訓等議撤鉄命一魁兼管漕運六月召一魁掌部事命劉東星爲工部侍郞總理河漕二十七年春東星上言河自商虞而下由丁家道口抵韓家道口趙家圈口將軍廟兩河口出小浮橋下二洪乃賈魯故道也自元及我朝行之甚利嘉靖三十七年北徙濁河而此河遂淤潘季馴議復開之以工費浩繁而止今河東決黃堌由韓家道口至趙家圈百餘里衝刷成河卽季馴議復之故道也由趙家圈至兩河口直接三仙臺新渠長僅四十里募夫五萬濬之踰月當竣而大挑運河小挑濁河俱可節省惟李吉口故道嘗挑復淤去冬已挑數里前功難棄然至鎭口三百里而遙不若趙家圈至兩河口四十里而近況大浮橋已建閘蓄汶泗之水則鎭口濟運亦無藉黃流報可六月功成加東星工部尚書一魁及餘官賞賚有差初給事中楊廷蘭因黃堌之決請開泇河給事中楊應文亦主其說旣而直隸巡按御史佴祺復言之東星旣開趙家圈復採衆說鑿泇河以地多沙石工未就而東星病河旣南徙李吉口淤澱日高北流遂絕而趙家圈亦日就淤塞徐邳間三百里河水尺餘糧艘阻塞二十九年秋工科給事中張問達疏論之會開歸大水河漲商邱決蕭家口全河盡南注河身變爲平沙商賈舟膠沙上南岸蒙墻寺忽徙置北岸商虞多被淹沒河勢盡趨東南而黃堌斷流河南巡撫曾如春以聞曰此河從非決也問達復言蕭家口在黃堌上流未有商舟不能行於蕭家口而能行於黃堌以東者運艘大可慮帝從其言方命東星勘議而東星卒矣問達復言運道之壞一因黃堌口之決不早杜塞更因并力泇河以致趙家圈淤塞斷流河身日高河水日淺而蕭家口遂決全河奔潰入淮勢及陵寢東星已逝宜急補河臣早定長策大學士沈一貫給事中桂有根皆趣簡河臣御史高擧獻三策請濬黃堌口以下舊河引黃水注之東遂塞黃堌口而遏其南侯舊河衝刷深則并塞新決之口其二則請開泇河及膠萊河而言河漕不宜并於一人當選擇分任其事江北巡按御史吳崇禮則請自蒙墻寺西北黃河灣曲之所開濬直河引水東流且濬李吉口至堅城集淤道三十餘里而盡塞黃堌以南決口使河流盡歸正漕工部尙書一魁酌擧崇禮之議以開直河塞黃堌口濬淤道爲正策而以泇河爲旁策膠萊爲備策帝命急挑舊河塞決口且兼挑泇河以備用下山東撫按勘視膠萊河三十年春一魁覆河撫如春疏言黃河勢趨邳宿請築汴堤自歸德至靈虹以障南徙且疏小河口使黃流盡歸之則瀰漫自消祖陵可無患帝嘉納之已而言者再疏攻一魁帝以一魁不塞黃堌口致衝祖陵斥爲民復用崇禮議分設河漕二臣命如春爲工部侍郞總理河道如春議開虞城王家口挽全河東歸須費六十萬三十一年春山東巡撫黃克纘言王家口爲蒙墻上源上流旣達則下流不可旁洩宜遂塞蒙墻口從之時蒙墻決口廣八十餘丈如春所開新河未及其半塞而注之慮不任受有獻策者言河流旣回勢若雷霆藉其勢衝之淺者可深也如春遂令放水水皆泥沙流少緩旋淤夏四月水暴漲衝魚單豐沛間如春以憂卒乃命李化龍爲工部侍郞代其任給事中宋一韓言黃河故道已復陵運無虞決口僅難塞宜深濬堅城以上淺阻而增築徐邳兩岸使下流有所容則舊河可塞給事中孟成已言塞舊河急而濬新河尤急化龍甫至河大決單縣蘇家莊及曹縣縷堤又決沛縣四鋪口太行堤灌昭陽湖入夏鎭橫衝運道化龍議開泇河屬之邳州直河以避河險給事中侯慶遠因言泇河成則他工可徐圖第毋縱河入淮淮利則洪澤水減而陵自安矣三十二年正月部覆化龍疏大略言河自歸德而下合運入海其路有三由蘭陽道考城至李吉口過堅城集入六座樓出茶城而向徐邳是名濁河爲中路由曹單經豐沛出飛雲橋汎昭陽湖入龍塘出秦溝而向徐邳是名銀河爲北路由潘家口過司家道口至何家堤經符離道睢寧入宿遷出小河口入運是名符離河爲南路南路近陵北路近運惟中路旣遠於陵且可濟運前河臣興役未竣而河形尙在因奏開泇有六善帝從其議工部尙書姚繼可言黃河衝徙河臣議於堅城集以上開渠引河使下流疏通復分六座樓苑家樓二路殺其水勢旣可移豐沛之患又不至沼碭山之城開泇分黃兩工并擧乞速發帑以濟允之八月化龍奏分水河成事具泇河志中加化龍太子少保兵部尙書會化龍丁艱俟代命曹時聘爲工部侍郞總理河道是秋河決豐縣由昭陽湖穿李家港口出鎭口上灌南陽而單縣決口復潰魚臺濟寧間平地成湖三十三年春化龍言豐之失由巡守不嚴單之失由下埽不早而皆由蘇家莊之決南直山東相推諉請各罰防河守臣至年來緩堤防而急挑濬堤壞水溢不咎守堤之不力惟委濬河之不深夫河北岸自曹縣以下無入張秋之路南岸自虞城以下無入淮之路惟由徐邳達鎭口爲運道故河北決曹鄆豐沛間則由昭陽湖出李家口而運道溢南決虞夏徐邳間則由小河口及白洋河而運道涸今泇河旣成起直河至夏鎭與黃河隔絕山東直隸閘河不能制運道之命獨朱旺口以上決單則單沼決曹則曹魚及豐沛徐邳魚碭皆命懸一線堤防何可緩也至中州荊隆口銅瓦廂皆入張秋之路孫家渡野鷄岡蒙墻寺皆入淮之路一不守則北壞運南犯陵其害甚大請西自開封東至徐邳無不守之地上自司道下至府縣無不守之人庶幾可息河患乃敕時聘申飭焉其秋時聘言自蘇莊一決全河北注者三年初泛豐沛繼沼單魚陳燦之塞不成南陽之堤盡壞今且上灌全濟旁侵運道矣臣親詣曹單上視王家口新築之壩下視朱旺口北潰之流知河之大可憂者三而機之不可失者二河決行堤泛溢平地昭陽日墊下流日淤水出李家口者日漸微緩勢不得不退而上溢溢於南則孫家渡野鷄岡皆入淮故道毋謂蒙墻已塞而無憂於陵溢於北則芝麻莊荊隆口皆入張秋故道毋謂泇役已成而無憂於運且南之夏商北之曹濮其地益卑其禍益烈其挽回益不易毋謂災止魚濟而無憂於民顧自王家口以達朱旺新導之河在焉疏其下流以出小浮橋則三百里長河暢流機可乘者一自徐而下淸黃竝行沙隨水刷此數十年所未有因而導水歸徐容受有地機可乘者二臣與諸臣熟計河之中路有南北二支北出濁河嘗再疏再壅惟南出小浮橋地形卑下其勢

甚順度長三萬丈有奇估銀八十萬兩公儲虛耗乞多方處給疏上留中時聘乃大挑朱旺口十一月興工用夫五十萬三十四年四月工成自朱旺達小浮橋延袤百七十里渠廣堤厚河歸故道六月河決蕭縣郭煖樓人字口北支至茶城鎮口三十五年決單縣三十九年六月決徐州狼矢溝四十年九月決徐州三山衝縷堤二百八十丈遙堤百七十餘丈梨林鋪以下二十里正河悉爲平陸邳睢河水耗竭總河都御史劉士忠開韓家壩外小渠引水由是壩以東始通舟楫四十二年決靈璧陳鋪四十四年五月復決狼矢溝由蛤鰻周柳諸湖入泇河出直口復與黃會六月決開封陶家店張家灣由會城大堤下陳留入亳州渦河四十七年九月決陽武脾沙堽由封邱曹單至考城復入舊河時朝政日弛河臣奏報多不省四十二年劉士忠卒總河閱三年不補四十六年閏四月始命工部侍郎王佐督河道河防日以廢壞當事者不能有爲天啟元年河決靈璧雙溝黃鋪由永姬湖出白洋小河口仍與黃會故道湮涸總河侍郎陳道亨役夫築塞時淮安霪雨連旬黃淮暴漲數尺而山陽裏外河及清河決口匯成巨浸水灌淮城民蟻城以居舟行街市久之始塞三年決徐州青田大龍口徐邳靈睢河竝淤呂梁城南隅陷沙高平地丈許雙溝決口亦滿上下百五十里悉成平陸四年六月決徐州魁山堤東北灌州城城中水深一丈三尺一自南門至雲龍山西北大安橋入石狗湖一由舊支河南流至鄧二莊歷租溝東南以達小河出白洋仍與黃會徐民苦淹溺議集貲遷城給事中陸文獻上徐城不可遷六議而勢不得已遂遷州治於雲龍河事置不講矣六年七月河決淮安逆入駱馬湖灌邳宿崇禎二年春河決曹縣十四鋪口四月決睢寧至七月中城盡圮總河侍郎李若星請遷城避之而開邳州壩洩水入故道且塞曹家口匙頭灣逼水北注以減睢寧之患從之四年夏河決原武湖村鋪又決封邱荊隆口敗曹縣塔兒灣大行堤六月黃淮交漲海口壅塞河決建義諸口下灌興化鹽城水深二丈村落盡漂沒逡巡踰年始議築塞興工未幾伏秋水發黃淮奔注興鹽爲壑而海潮復逆衝壞范公堤軍民及商竈戶死者無算少壯轉徙丐江儀通泰間盜賊千百嘯聚至六年鹽城民徐瑞等言其狀帝憫之命議罰河曹官而是時總河朱光祚方議開高堰三閘淮揚在朝者合疏言建義諸口未塞民田盡沉水底三閘一開高寶諸邑蕩爲湖海而漕糧鹽課皆害矣高堰建閘始於萬曆二十三年未幾全塞今高堰日壞方當急議修築可輕言開濬乎帝是其言事遂寢又從御史吳振纓請修宿寧上下西北舊堤以捍歸仁七年二月建義決口工成賜督漕尚書楊一鵬總河尚書劉榮嗣銀幣八年九月榮嗣得罪初榮嗣以駱馬湖運道潰淤創挽河之議起宿遷至徐州別鑿新河分黃水注其中以通漕運計工二百餘里金錢五十萬而其所鑿邳州上下悉黃河故道濬尺許其下皆沙挑掘成河經宿沙落河坎復平如此者數四迫引黃水入其中波流迅急沙隨水下率淤淺不可以舟及漕舟將至而駱馬湖之潰決適平舟人皆不願由新河榮嗣自往督之欲繩以軍法有入者輒苦淤淺弁卒多怨巡漕御史倪于義劾其欺罔誤工南京給事中曹景參復重劾之逮問坐贓父子皆瘐死郎中胡璉分工獨多亦坐死其後駱馬湖復潰舟行新河無不思榮嗣功者當是時河患日棘而帝又重法懲下李若星以修濬不力罷官朱光祚以建義蘇嘴決口逮繫六年之中河臣三易給事中王家彥嘗切言之光祚亦竟瘐死而繼榮嗣者周鼎修泇利運頗有功在事五年竟坐漕舟阻淺用故決河防例遣戍煙瘴給事中沈允培刑部侍郎惠世揚總河侍郎張國維各疏請寬之乃獲宥免云十五年流賊圍開封久守臣謀引黃河灌之賊偵知預爲備乘水漲令其黨決河灌城民盡溺死總河侍郎張國維方奉詔赴京奏其狀山東巡撫王永吉上言黃河決汴城直走睢陽東南注鄢陵鹿邑必害亳泗侵祖陵而邳宿運河必涸帝令總河侍郎黃希憲急往捍禦希憲以身居濟寧不能攝汴請特設重臣督理命工部侍郎周堪賡督修汴河十六年二月堪賡上言河之決口有二一爲朱家寨寬二里許居河下流水面寬而水勢緩一爲馬家口寬一里餘居河上流水勢猛深不可測兩口相距三十里至汴堤之外合爲一流決一大口直衝汴城以去而河之故道則涸爲平地怒濤千頃工力難施必廣濬舊渠遠數十里分殺水勢然後畚鍤可措顧築濬竝舉需夫三萬河北荒旱兗西兵火竭力以供不滿萬人河南萬死一生之餘未審能應募否是不得不借助於撫鎮之兵也乃敕兵部速議而令堪賡刻期興工至四月塞朱家寨決口修堤四百餘丈馬家口工未就忽衝東岸諸埽盡漂沒堪賡請停東岸而專事西岸帝令急竣工六月堪賡言馬家決口百二十丈兩岸皆築四之一中間七十餘丈水深流急難以措手請俟霜降後興工已而言五月伏水大漲故道沙灘壅涸者刷深數丈河之大勢盡歸於東運道已通陵園無恙疏甫上決口再潰帝趣鳩工未奏績而明亡

明史卷八十五　志第六十三

總裁官總理事務　經筵講官少保兼太子太保保和殿大學士兼管吏部戶部尚書事加六級張廷玉等奉

敕修

河渠三

運河上

明成祖肇建北京轉漕東南水陸兼輓仍元人之舊參用海運逮會通河開海陸竝罷南極江口北盡大通橋運道三千餘里綜而計之自昌平神山泉諸水滙貫都城過大通橋東至通州入白河者大通河也自通州而南至直沽會衞河入海者白河也自臨清而北至直沽會白河入海者衞水也自汶上南旺分流北經張秋至臨清會衞河南至濟寧天井閘會泗沂洸三水者汶水也自濟寧出天井閘與汶合流至南陽新河舊出茶城會黃沁後出夏鎮循泇河達直口入黃濟運者泗洸小沂河及山東泉水也自茶城秦溝南歷徐呂浮邳會大沂河至清河縣入淮後從直河口抵清口者黃河水也自清口而南至於瓜儀者淮揚諸湖水也過此則長江矣長江以南則松蘇浙江運道也淮揚至京口以南之河通謂之轉運河而由瓜儀達淮安者又謂之南河由黃河達豐沛曰中河由山東達天津曰北河由天津達張家灣曰通濟河而總名曰漕河其踰京師而東若薊州西北若昌平皆嘗有河通轉漕餉軍漕河之別曰白漕衞漕閘漕河漕湖漕江漕浙漕因地爲號流俗所通稱也淮揚諸水所滙徐兗河流所經疏瀹決排繫人力是繫故閘河湖於轉漕尤急閘漕者即會通河北至臨清與衞河會南出茶城口與黃河會資汶洸泗水及山東泉源泉源之派有五曰分水者汶水派也泉百四十有五曰天井者濟河派也泉九十有六曰魯橋者泗河派也泉二十有六曰沙河者新河派也泉二十有八曰邳州者沂河派也泉十有六諸泉所滙爲湖其浸十五曰南旺東西二湖周百五十餘里運渠貫其中北曰馬踏南曰蜀山曰蘇魯又南曰馬場又南八十里曰南陽亦曰獨山周七十餘里北曰安山周八十三里南曰大小昭陽大湖袤十八里小湖殺三之一周八十餘里由馬家橋留城閘而南曰武家曰赤山曰微山曰呂孟曰張王諸湖連注八十里引薛河由地浜溝出會於赤龍潭竝趨茶城自南旺分水北至臨清三百里地降九十尺爲閘二十有一南至鎭口三百九十里地降百十有六尺爲閘二十有七其外又有積水進水減水平水之閘五十有四又爲壩二十有一所以防運河之洩佐閘以爲用者也其後開泇河二百六十里爲閘十一爲壩四運舟不出鎭口與黃河會於董溝河漕者即黃河上自茶城與會通河會下至清口與淮河會其道有三中路曰濁河北路曰銀河南路曰符離河南近陵北近運惟中路去陵遠於運有濟而河流遷徙不常上流苦潰下流苦淤運道自南而北出清口經桃宿溯二洪入鎭口陟險五百餘里自二洪以上河與漕不相涉也至泇河開而二洪避董溝闢而直河淤運道之資河者二百六十里而止董溝以上河又無病於漕也湖漕者由淮安抵揚州三百七十里地卑積水滙爲澤國山陽則有管家射陽寶應則有白馬汜光高郵則有石臼甓社武安邵伯諸湖仰受上流之水傍接諸山之源巨浸連亘由五塘以達於江慮淮東侵築高家堰拒其上流築王簡張福二堤禦其分洩慮淮侵而漕敗開淮安永濟高郵康濟寶應弘濟三月河以通舟至揚子灣東則分二道一由儀眞通江口以漕上江湖廣江西一由瓜洲通西江嘴以漕下江兩浙本非河道專取諸湖之水故曰湖漕太祖初起大軍北伐開蹋場口耐牢坡通漕以餉梁晉定都應天運道通利江西湖廣之粟浮江直下浙西吳中之粟由轉運河鳳泗之粟浮淮河南山東之粟下黃河嘗由開封運粟泝河達渭以給陝西用海運以餉遼卒有事於西北者甚鮮淮揚之間築高郵湖堤二十餘里開寶應倚湖直渠四十里築堤護之他小修築無大利害也永樂四年成祖命平江伯陳瑄督轉運一仍由海而一則浮淮入河至陽武陸輓百七十里抵衞輝浮於衞所謂陸海兼運者也海運多險陸輓亦艱九年二月乃用濟寧州同知潘叔正言命尚書宋禮侍郎金純都督周長濬會通河會通河者元轉漕故道也元末已廢不用洪武二十四年河決原武漫安山湖而東會通盡淤至是復之由濟寧至臨清三百八十五里引

汶泗入其中泗出泗水陪尾山四泉並發西流至兗州城東合於沂汶河有二小汶河出新泰宮山下大汶河出泰安仙臺嶺南又出萊蕪原山陰及寨子村俱至靜豐鎭合流遶徂徠山陽而小汶河來會經寧陽北堽城西南流百餘里至汶上其支流曰洸河出堽城西南流三十里會寧陽諸泉經濟寧東與泗合元初畢輔國始於堽城左汶水陰作斗門導汶入洸至元中又分流北入濟由壽張至臨清通漳御入海南旺者南北之脊也自左而南距濟寧九十里合沂泗以濟自右而北距臨清三百餘里無他水獨賴汶禮用汶上老人白英策築壩東平之戴村遏汶使無入洸而盡出南旺南北置閘三十八又開新河自汶上袁家口左徙五十里至壽張之沙灣以接舊河其秋禮還又請疏東平東境沙河淤沙三里築堰障之合馬常泊之流入會通濟運又於汶上東平濟寧沛縣並湖地設水櫃陡門在漕河西者曰水櫃東者曰陡門櫃以蓄泉門以洩漲純復濬賈魯河故道引黃水至塌場口會汶經徐呂入淮運道以定其後宣宗時嘗發軍民十二萬濬濟寧以北自長溝至棗林閘百二十里置閘諸淺濬湖塘以引山泉正統時濬滕沛淤河又於濟寧滕三州縣疏泉置閘易金口堰土壩爲石蓄水以資會通景帝時增置濟寧抵臨清減水閘天順時拓臨清舊閘移五十丈憲宗時築汶上濟寧決堤百餘里增南旺上下及安山三閘命工部侍郎杜謙勘治汶泗洸諸泉武宗時增置汶上袁家口及寺前鋪石閘濬南旺淤八十里而閘漕之治詳惟河決則挾漕而去爲大害陳瑄之督運也於湖廣江西造平底淺船三千艘二省及江浙之米皆由江以入至淮安新城盤五壩過淮仁義二壩在東門外東北禮智信三壩在西門外西北皆自城南引水抵壩口其外卽淮河清江浦者直淮城西永樂二年嘗一修閘其口淤塞則漕船由二壩官民商船由三壩入淮輓輸甚勞苦瑄訪之故老言淮城西管家湖西北距淮河鴨陳口僅二十里與清江口相值宜鑿爲河引湖水通漕宋喬維嶽所開沙河舊渠也瑄乃鑿清江浦導水由管家湖入鴨陳口達淮十三年五月工成緣西湖築堤亘十里以引舟淮口置四閘日移風清江福興新莊以時啟閉嚴其禁並濬儀眞瓜洲河以通江湖鑿呂梁百步二洪石以平水勢開泰州白塔河以達大江築高郵河堤堤內鑿渠四十里久之復置呂梁石閘並築寶應汜光白馬諸湖堤堤皆置涵洞互相灌注是時淮上徐州濟寧臨清德州皆建倉轉輸濱河置舍五百六十八所舍置淺夫水溢舟膠俾之導行增置淺船三千餘艘設徐沛沽頭金溝山東穀亭魯橋等閘自是漕運直達通州而海陸運俱廢宣德六年用御史白圭言濬金龍口引河水達徐州以便漕末年至英宗初再濬並及鳳池口水徐呂二洪西小河而會通安流自永宣至正統間凡數十載至十三年河決滎陽東衝張秋潰沙灣運道始壞命廷臣塞之景泰三年五月堤工乃完未匝月而北馬頭復決掣漕流以東清河訓導唐學成言河決沙灣臨清告涸地卑堤薄黃河勢急故甫完堤而復決也臨清至沙灣十二閘有水之日其勢甚陡請於臨清以南濬月河通舟直抵沙灣不復由閘則水勢緩而漕運通矣帝卽命學成與山東巡撫洪英相度工部侍郎趙榮則言沙灣抵張秋岸薄故數決請於決處置減水石壩使東入鹽河則運河之水可蓄然後厚堤岸填決口庶無後患明年四月決口方畢工而減水壩及南分水墩先敗已復盡衝墩岸橋梁決北馬頭掣漕水入鹽河運舟悉阻敕諭彭塤請立閘以制水勢開河以分上流御史練綱上其策詔下尚書石璞璞乃鑿河三里以避決口上下與運河通是歲漕舟不前者命漕運總兵官徐恭姑輸東昌濟寧倉及明年運河膠淺如故恭與都御史王竑言漕舟蟻聚臨清上下請亟敕都御史徐有貞築塞沙灣決河有貞不可而獻上三策請置水閘開分水河挑運河六年三月詔羣臣集議方畧工部尚書江淵等請用官軍五萬以濬運有貞恐役軍費重請復陳瑄舊制置撈淺夫用沿河州縣民免其役五月濬漕工竣七月沙灣決口工亦竣會通復安都御史陳泰一濬淮揚漕河築口置壩黃河嘗灌新莊閘至清江浦三十餘里淤淺阻漕稍稍濬治卽復其舊英宗初命官督漕分濟寧南北爲二侍郎鄭辰治其南副都御史賈諒治其北成化七年又因廷議分漕河沛縣以南德州以北及山東爲三道各委曹郎及監司專理且請簡風力大臣總理其事始命侍郎王恕爲總河二十一年敕工部侍郎杜謙浚運道自通州至淮揚會山東河南撫按相度經理弘治二年河復決張秋衝會通河命戶部侍郎白昂相治昂奏金龍口決口已淤河並爲一大支由祥符合沁下徐州而去其間河道淺隘宜於所經七縣築堤岸以衛張秋下工部議從其請昂又以漕船經高郵甓社湖多溺請於堤東開複河四十里以通舟越四年河復決數道入運河壞張秋東堤奪汶水入海漕流絕時工部侍郎陳政總理河道集夫十五萬治未效而卒七年春副都御史劉大夏奉敕往治決河夏半漕舟鱗集乃先自決口西岸鑿月河以通漕經營二年張秋決口就塞復築黃陵岡上流於是河復南下運道無阻乃改張秋曰安平鎭建廟賜額曰顯惠神祠命大學士王鏊紀其事勒於石而白昂所開高郵複河亦成賜名康濟其西岸以石甃之又甃高郵堤自杭家閘至張家鎭凡三十里高郵堤者洪武時所築也陳瑄因舊增築延及寶應土人相沿謂之老堤正統三年易土以石成化時遣官築重堤於高郵邵伯寶應白馬四湖老堤之東而王恕爲總河修淮安以南諸決堤且濬淮揚漕河重湖壖民盜決溉田之罰造閘礎以儲湖水及大夏塞張秋而昂又開康濟漕河上下無大患者二十餘年十六年巡撫徐源言濟寧地最高必引上源洸水以濟其口在堽城石瀨之上元時治閘作堰使水盡入南旺分濟南北運成化間易土以石夫土堰之利水小則遏以入洸水大則閉閘以防沙壅聽其漫堰西流自石堰成水遂橫溢石堰旣壞民田亦衝洸河沙塞雖有閘門壓不能啟乞毀石復土疏洸口壅塞以至濟寧而築堽城迤西春城口子決岸帝命侍郎李鐩往勘言堽城石堰一可遏淤沙不爲南旺河之害一可殺水勢不慮戴村壩之衝不宜毀近堰積沙宜濬堽城稍東有元時舊閘引洸水入濟寧下接徐呂漕河東平州戴村則汶水入海故道也自永樂初橫築一壩遏汶入南旺湖漕河始通今自分水龍王廟至天井閘九十里水高三丈有奇若洸河更濬而深則汶流盡向濟寧而南臨清河道必涸洸口不可濬堽城口至柳泉九十里無關運道可弗事柳泉至濟寧汶泗諸水會流處宜疏者二十餘里春城口外障汶水內防民田堤卑岸薄宜與戴村壩並修築從之正德四年十月河決沛縣飛雲橋入運尋塞世宗之初河數壞漕嘉靖六年光祿少卿黃綰論泉源之利言漕河泉源皆發山東南旺馬場樊村安山諸湖泉水所鍾亟宜修濬且引他泉並蓄則漕不竭南旺馬場堤外孫村地窪若豬爲湖改作漕道尤可免濟寧高原淺澀之苦帝命總河侍郎章拯議而拯以黃水入運運船阻沛上方爲御史吳仲所劾拯言河塞難遽通惟金溝口迤北新衝一渠可令運船由此入昭陽湖出沙河板橋其先阻淺者則西歷雞塚寺出廟道北口通行下部併議未決給事中張嵩言昭陽湖地庳河勢高引河灌湖必致瀰漫使湖道復阻請罷拯別推大臣部議如嵩言拯再疏自劾乞罷不許卒引運船道湖中其冬詔拯還京別敘而命擇大臣督理諸大臣多進治河議詹事霍韜謂前議役山東河南丁夫數萬疏濬淤沙以通運然沙隨水下旋濬旋淤今運舟由昭陽湖入雞鳴臺至沙河迂迴不過百里若沿湖築堤浚爲小河河口爲閘以待蓄洩水溢可避風濤水涸易爲疏濬三月而土堤成一年而石堤成用力少取效速黃河愈溢運道愈利較之役丁夫以浚淤土勞逸大不侔也尚書李承勛謂於昭陽湖左別開一河引諸泉爲運道自留城沙河爲尤便與都御史胡世寧議合七年正月總河都御史盛應期奏如世寧策請於昭陽湖東鑿新河自江家口南出留城口長百四十里刻期六月畢工工未半而應期罷去役遂已其後三十年朱衡始循其遺跡濬而成之是年冬總河侍郎潘希曾加築濟沛間東西兩堤以拒黃河十九年七月河決野雞岡二洪涸督理河漕侍郎王以旂請濬山東諸泉以濟運且築長堤聚水如閘河制遂濬舊泉百七十八開新泉三十一以旂復奏四事一請以諸泉分隸守土官兼理其事毋使堙塞一請於境山鎭徐呂二洪之下各建石閘蓄水數尺以行舟旁留月河以洩暴汛築四木閘於武家溝小河口石城匙頭灣而置方船於沙坊等淺以備撈濬一言漕河兩岸有南旺安山馬場昭陽四湖名爲水櫃所以滙諸泉濟漕河也豪强侵占蓄水不多而昭陽一湖淤成高地大非國初設湖初意宜委官清理添置閘壩斗門培築堤岸多開溝渠濬深河底以復四櫃一言黃河南徙舊閘口俱塞惟孫繼一口獨存導河出徐州小浮橋下徐呂二洪此濟運之大者請於孫繼口多開一溝及時疏瀹庶二洪得濟帝可其奏而以管泉專責之部曹徐呂二洪者河漕咽喉也自陳瑄鑿石疏渠正統初復濬洪西小河漕運參將湯節又以洪迅敗舟於上流築堰遏水歸月河河南建閘以蓄水勢成化四年管河主簿郭昇以大石築兩堤錮以鐵錠鑿外洪敗船惡石三百而平築裏洪堤岸又甃石岸東西四百餘丈十六年增甃呂梁洪石堤石壩二百餘丈以資牽輓及是建閘行者益便之四十四年七月河大決沛縣漫昭陽湖由沙河至二洪浩渺無際運道淤塞百餘里督理河漕尚書朱衡循覽盛應期所鑿新河遺跡請開南陽留城上下總河都御史潘季馴不可衡言是河直秦溝有所束隘伏秋黃水盛昭陽受之不爲壑也乃決計開濬身自督工重懲不用命者給事中鄭欽劾衡故興難成之役虐民倖功朝廷遣官勘

新舊河孰利給事中何起鳴勘河還言舊河難復有五而新河之難成者亦有三頗新河多舊堤高阜黃水難侵濬而通之運道必利所謂三難者一以夏村迤北地高恐難接水然地勢高低大約不過二丈一視水平加深何患水淺一以三河口積沙深厚水勢湍急不無阻塞然建壩攔截歲一挑濬之何患沙壅一以馬家橋築堤徵山取土不便又恐水口投埽勢必不堅然使委任得人培築高厚無必不可措力之理開新河便下廷臣集議言新河已有次第不可止況百中橋至留城白洋淺出境山疏濬補築亦不全棄舊河羣議俱合帝意乃決時大雨黃水驟發決馬家橋壞新築東西二堤給事中王元春御史黃襄皆劾衡欺罔起鳴亦變其說會衡奏新舊河百九十四里俱已流通漕船至南陽出口無滯詔留衡與季馴詳議開上源築長堤之便隆慶元年正月衡請罷上源議惟開廣秦溝堅築南長堤五月新河成西去舊河三十里舊河自留城以北經謝溝下沽頭中沽頭金溝四閘過沛縣又經廟道口湖陵城孟陽八里灣穀亭五閘而至南陽閘新河自留城而北經馬家橋西柳莊滿家橋夏鎭楊莊硃梅利建七閘至南陽閘合舊河凡百四十里有奇又引鮎魚諸泉及薛河沙河注其中而設壩於三河之口築馬家橋堤遏黃水入秦溝運道乃大通未幾鮎魚口山水暴決沒漕艘帝從衡請自東邵開支河三道以分洩之又開支河於東邵之上歷東滄橋以達百中橋鑿茅裏溝諸處爲渠使水入赤山湖由之以歸呂孟湖下境山而去衡召入爲工部尚書都御史翁大立代上言漕河資泉水而地形東高西下非湖瀦之則涸故漕河以西皆有壑黃流逆奔則以昭陽湖爲散漫之區山水東突則以南陽湖爲瀦蓄之地宜由回回墓開通以達鴻溝令穀亭湖陵之水皆入昭陽湖卽濬鴻溝廢渠引昭陽湖水沿渠東出留城其湖地退灘者又可得田數千頃大立又言薛河水湍悍今盡注赤山湖入微山湖以達呂孟湖此尚書衡成績也惟呂孟之南爲邵家嶺黃流塡淤地形高仰秋水時至翕納者小浸淫平野奪民田之利微山之西爲馬家橋比草創一堤以開運道土未及堅而時爲積水所撼以尋丈之址二流夾攻慮有傾圮宜鑿邵家嶺令水由地浜溝出境山以入漕河則湖地可耕湖堤不潰更於馬家橋建減水閘視旱潦爲啓閉乃通漕長策也竝從之三年七月河決沛縣茶城淤塞糧艘二千餘皆阻邳州大立言臣按行徐州循子房山過梁山至境山入地浜溝直趨馬家橋上下八十里間可別開一河以漕卽所謂泇河也請集廷議上卽命行之未幾黃落漕通前議遂寢時淮水漲溢自清河至淮安城西淤三十餘里決禮信二壩出海寶應湖堤多壞山東諸水從直河出邳州大立以聞其冬自淮安板閘至清河西湖嘴開濬垂成而裏口復塞督漕侍郎趙孔昭言清江一帶黃河五十里宜築堰以防河溢淮河高良澗一帶七十餘里宜築堰以防淮漲帝令亟濬裏口與大立商築堰事宜并議海口築塞及寶應月河二事四年六月淮河及鴻溝境山疏濬工竣大立方奏聞諸水忽驟溢決仲家淺與黃河合茶城復淤未幾自泰山廟至七里溝淮河淤十餘里其水從朱家溝旁出至清河縣河南鎭以合於黃河大立請開新莊閘以通回船兼濬古睢河洩二洪水且分河自魚溝下草灣保南北運道帝命新任總河都御史潘季馴區畫項之河大決邳州睢寧運道淤百餘里大立請開泇口蕭縣二河會季馴築塞諸決河水歸正流漕船獲通大立孔昭皆以遲悞漕糧削籍開泇之議不果行五年四月河復決邳州王家口自雙溝而下南北決口十餘損漕船運軍千計沒糧四十萬餘石而匙頭灣以下八十里皆淤於是膠萊海運之議紛起會季馴奏邳河功成帝以漕運遲遣給事中雒遵往勘總漕陳炌及季馴俱罷官六年從雒遵言修築茶城至清河長堤五百五十里三里一鋪鋪十夫設官畫地而守又接築茶城至開封兩岸堤從朱衡言繕豐沛大黃堤衡又言漕河起儀眞訖張家灣二千八百餘里河勢凡四段各不相同清江浦以南臨清以北皆遠隔黃河不煩用力惟茶城至臨清則閘諸泉爲河與黃相近清河至茶城則黃河卽運河也茶城以北當防黃河之決而入茶城以南當防黃河之決而出防黃河卽所以保運河故自茶城至邳遷高築兩堤宿遷至清河盡塞缺口蓋以防黃水之出則正河必淤昨歲徐邳之患是也自茶城秦溝口至豐沛曹單創築增築以接縷水舊堤蓋以防黃水之入則正河必決往年曹沛之患是也二處告竣故河深水束無旁決中潰之虞沛縣之窰子頭至秦溝口應築堤七十里接古北堤徐邳之間堤逼河身宜於新堤外別築遙堤詔如其議以命總河侍郎萬恭萬曆元年恭言祖宗時造淺船近萬非不知滿載省舟之便以閘河流淺故不敢過四百石也其制底平倉淺底平則入水不深倉淺則負載不滿又限淺船用水不得過六拏仲大指與食指相距爲一拏六拏不過三尺許明受水淺也今不務遵行而競雇船搭運雇船有三害搭運有五害皆病河道請悉遵舊制從之恭又請復淮南平水諸閘上言高寶諸湖周遭數百里西受天長七十餘河徒恃百里長堤若障之使無疏洩是潰堤也以故祖宗之法偏置數十小閘於長堤之間又爲令曰但許深湖不許高堤故設淺船淺夫取湖之淤以厚堤夫閘多則水易落而堤堅濬勤則湖愈深而堤厚意至深遠也比年畏修閘之勞每壞一閘卽堙一閘歲月既久諸閘盡堙而長堤爲死障矣畏濬淺之苦每湖淺一尺則加堤一尺歲月既久湖水捧起而高寶爲盂城矣且湖漕勿堤與無漕同湖堤勿閘與無堤同陳瑄大置減水閘數十湖水溢則瀉以利堤水落則閉以利漕最爲完計積久而減水故迹不可復得湖且沉堤請復建平水閘閘欲密密則水疏無漲懣患閘欲狹狹則勢緩無齧決虞尚書衡覆奏如其請於是儀眞江都高郵寶應山陽設閘二十三濬淺凡五十一處各設撈淺船二淺夫十恭又言清江浦河六十里陳瑄濬至天妃祠東注於黃河運艘出天妃口入黃穿清特半餉耳後黃漲逆注入口浦遂多淤議者不制天妃口而遽塞之令淮水勿與黃値開新河以接淮河曰接清流勿接濁流可不淤也不知黃河非安流之水伏秋盛發則西擁淮流數十里并灌新開河彼天妃口一黃水之淤耳今淮黃會於新開河口是二淤也防一淤生二淤又生淮黃交會之淺歲役丁夫千百濬治方畢水過復合又使運艘迂八里淺滯而始達於清河孰與出天妃口者之便且利請建天妃閘俾漕船直達清河運盡而黃水盛發則閉閘絕黃水落則啓天妃閘以利商船新河口勿濬可也乃建天妃廟口石閘恭又言由黃河入閘河爲茶城出臨清板閘七百餘里舊有七十二淺自創開新河汶流平衍地勢高下不甚相懸七十淺悉爲通渠惟茶黃交會間運盛之時正値黃河水落之候高下不相接是以有茶城黃家閘之淺連年患之祖宗時嘗建境山閘自新河水平閘沒泥淖且丈餘其閘上距黃家閘二十里下接茶城十里因故基累石爲之可留黃家閘外二十里之上流接茶城內十里之下流且挾二十里水勢衝十里之狹流蔑不勝矣乃復境山舊閘恭建三議尚書衡覆行之爲運道永利而是時茶城歲淤恭方報正河安流回空船速出給事中朱南雍以回空多阻劾恭隱蔽溺職帝切責恭罷去三年二月總河都御史傅希摯請開泇河以避黃險不果行希摯又請濬梁山以下與茶城互用淤舊則通新而挑舊淤新則通舊而挑新築壩斷流常通其一以備不虞詔從所請工未成而河決崔鎭淮決高家堰高郵湖決清水潭丁志等口淮城幾沒知府邵元哲開菊花潭以洩淮安高寶三城之水東方芻米少通越明年春督漕侍郎張翀以築清水潭堤工鉅不克就欲令糧船暫由圈子田以行巡按御史陳功不可河漕侍郎吳桂芳言高郵湖老堤陳瑄所建後白昻開月河距湖數里中爲土堤東爲石堤首尾建閘名爲康濟河其中堤之西老堤之東民田數萬畝所謂圈子田也河湖相去太遠老堤缺壞不修遂至水入圈田又成一湖而中堤潰壞東堤獨受數百里湖濤清水潭之決勢所必至宜遵弘治間王恕之議就老堤爲月河但修東西二堤費省而工易舉帝命如所請行之是年元哲修築淮安長堤又疏鹽城石礎口下流入海五年二月高郵石堤將成桂芳請傍老堤十數丈開挑月河因言白昻康濟月河去老堤太遠人心狃月河之安忘老堤外捍之力年復一年不加省視老中二堤俱壞而東堤不能獨存今河與老堤近則易於管攝御史陳世寶論江北河道請於寶應湖堤補石堤以固其外而於石堤之東復築一堤以通月河漕舟行其中竝議行其冬高郵湖土石二堤新開漕河南北二閘及老堤加石增護堤木城各工竣事桂芳又與元哲增築山陽長堤自板閘至黃浦亘七十里閉通濟閘不用而建興文閘且修新莊諸閘築清江浦南堤創板閘漕堤南北與新舊堤接板閘卽故移風閘也堤閘竝修淮揚漕道漸固六年總理河漕都御史潘季馴築高家堰及清江浦柳浦灣以東加築禮智二壩修寶應黃浦等八淺堤高寶減水閘四又拆新莊閘而改建通濟閘於甘羅城南明初運糧自瓜儀至淮安謂之裏河自五壩轉黃河謂之外河不相通及開清江浦設閘天妃口春夏之交重運畢卽閉以拒黃歲久法弛閘不封而黃水入嘉靖末塞天妃口於浦南三里溝開新河設通濟閘以就淮水已又從萬恭言復天妃閘未幾又從御史劉光國言增築通濟自仲夏至季秋隔日一放回空漕船旣而啟閉不時淤塞日甚開朱家口引清水灌之僅通舟至是改建甘羅城南專向淮水使河不得直射十年督漕尚書凌雲翼以運船由清江浦出口多艱險乃自浦西開永濟河四十五里起城南窰灣歷龍江閘至楊家澗出武家墩折而東合通濟閘出口更置閘三以備清江浦之險是時漕河就治淮揚免水災者十餘年初

黃河之害漕也自金龍口而東則會通以淤迨塞沙灣張秋潰漕以安則徐沛間數被其害至崔鎮高堰之決黃淮交漲而害漕乃在淮揚間湖潰則敗漕季馴以高堰障洪澤俾堰東四湖勿受淮侵漕始無敗而河漕諸臣懼湖害日夜常惴惴十三年從總漕都御史李世達議開寶應月河寶應氾光湖諸湖中最湍險者也廣百二十餘里槐角樓當其中形曲如箕瓦店翼其南秤鉤灣翼其北西風鼓浪往往覆舟陳瑄築堤湖東蓄水爲運道上有所受下無所宣遂決爲八淺匯爲六潭興鹽諸場皆沒而淮水又從周家橋漫入溺人民害漕運武宗末年郎中楊最請開月河部覆不從嘉靖中工部郎中陳毓賢戶部員外范韶御史聞人詮運糧千戶李顯皆以爲言議行未果至是工部郎中許應逵建議世達用其言以奏乃決行之濬河千七百餘丈置石閘三減水閘二築堤九千餘丈石堤三之一子堤五千餘丈工成賜名弘濟尋改石閘爲平水閘應逵又築高郵護城堤其後弘濟南北閘夏秋淮漲吞吐不及舟多覆者神宗季年督漕侍郎陳荐於南北各開月河以殺河怒而瀦始平十五年督漕侍郎楊一魁請修高家堰以保上流砌范家口以制旁決疏草灣以殺河勢修禮壩以保新城詔如其議一魁又改建古洪閘先是汶泗之水由茶城會黃河隆慶間濁流倒灌稽阻運船郎中陳瑛移黃河口於茶城東八里建古洪內華二閘漕河從古洪出口後黃水發淤益甚一魁既改古洪帝又從給事中常居敬言令增築鎮口閘於古洪外距河僅八十丈吐納益易糧運利之工部尚書石星議季馴居敬條上善後事宜請分地責成接築塔山縷堤清江浦草壩創築寶應西堤石砌邵伯湖堤疏濬裏河淤淺當在淮揚與舉察復南旺馬踏蜀山馬場四湖建築坎河滾水壩加建通濟永通二閘築復安山湖地當在山東與舉帝從其議未幾衆工皆成十九年季馴言宿遷以南地形西窪請開縷堤放水沙隨水入地隨沙高庶水患消而費可省又請易高家堰土堤爲石築滿家閘西攔河壩使汶泗盡歸新河設減水閘於李家口以洩沛縣積水從之十月淮湖大漲江都淳家灣石堤邵伯南壩高郵中堤朱家墩清水潭皆決郎中黃曰謹築塞僅竣而山陽堤亦決二十一年五月恒雨漕河汎溢潰濟寧及淮河諸堤岸總河尚書舒應龍議築堤城壩遏汶水之南開馬踏湖月河口導汶水之北開通濟閘放月河土壩以殺洶湧之勢從其奏數年之間會通上下無阻而黃淮並漲高堰及高郵堤數決害漕應龍卒罷去建議者紛紛未有所定楊一魁代應龍爲總河尚書力主分黃導淮治逾年工將竣又請決湖水以疏漕渠言高寶諸湖本沃壤也自淮黃逆壅遂成昏墊今入江入海之路既濬宜開治涇河子嬰溝分灣河諸閘及瓜儀二閘大放湖水就湖疏渠與高寶月河相接既避運道風波之險而水涸成田給民耕種漸議起科可充河費命如議行時下流既疏淮水漸帖而河方決黃堌口督漕都御史褚鈇恐洩太多徐邳淤阻力請塞之一魁持不可濬兩河口至小浮橋故道以通漕然河大勢南徙二洪漕屢涸復大挑黃堌下之李吉口挽黃以濟之非久輒淤一魁入掌部事二十六年劉東星繼之守一魁舊議李吉口淤益高歲冬月即其地開一小河春夏引水入徐州如是者三年大抵至秋即淤乃復開趙家圈以接黃開泇河以濟運趙家圈旋淤泇河未復而東星卒於是鳳陽巡撫都御史李三才建議自鎮口閘至磨兒莊僦閘河制三十里一閘凡建六閘於河中節宣汶濟之水聊以通漕漕舟至京不復能如期矣東星在事開邵伯月河長十八里濶十八丈有奇以避湖險又開界首月河長千八百餘丈各建金門石閘二漕舟利焉三十二年總河侍郎李化龍始大開泇河自直河至李家港二百六十餘里盡避黃河之險化龍憂去總河侍郎曹時聘終其事疏敘泇河之功言舒應龍創開韓家莊以洩湖水而路始通劉東星大開良城侯家莊以試行運而路漸廣李化龍上開李家港鑿都水石下閘直河口挑田家莊殫力經營行運過半而路始開故臣得接踵告竣因條上善後六事運道由此大通其後每年三月開泇河壩由直河口進九月開召公壩入黃河糧艘及官民船悉以爲準四十四年巡漕御史朱堦請修復泉湖言宋禮築壩戴村奪二汶入海之路灌以成河復導洸泗洸沂諸水以佐之汶雖率衆流出全力以奉漕然行遠而竭已自難支至南旺又分其四以南迎淮六以北赴衛力分益薄況此水夏秋則漲冬春而涸無雨即夏秋亦涸禮逆慮其不可恃乃於沿河昭陽南旺馬踏蜀山安山諸湖設立斗門名曰水櫃漕河水漲則瀦其溢出者於湖水消則決而注之漕積泄有法盜決有罪故旱澇恃以無恐及歲久禁弛湖淺可耕多爲勢豪所占昭陽一湖已作藩田比來山東半年不雨泉欲斷流按圖而索水櫃茫無知者乞敕河臣清核亟築堤壩斗門以廣蓄儲帝從其請方議濬泉湖而河決徐州狼矢溝由蛤鰻諸湖入泇河出直口運船迎溜艱險督漕侍郎陳荐開武河等口洩水平溜後二年決口長淤沙河始復故道總河侍郎王佐加築月壩以障之至泰昌元年冬佐言諸湖水櫃已復安山湖且復五十五里誠可利漕請以水櫃之廢興爲河官殿最從之天啟元年淮黃漲溢決裏河王公祠淮安知府宋統殷山陽知縣練國事力塞之三年秋外河復決數口尋塞是年冬濬永濟新河自淩雲翼開是河未幾而閉總河都御史劉士忠嘗開壩以濟運已復塞而淮安正河三十年未濬故議先挑新河通運船回空乃濬正河自許家閘至惠濟祠長千四百餘丈復建通濟月河小閘運船皆由正河新河復閉時王家集磨兒莊湍溜日甚漕儲參政朱國盛謀改濬一河以爲漕計令同知宋士中自泇口迤東抵宿遷陳溝口復泝駱馬湖上至馬頰河往迴相度乃議開馬家洲且疏馬頰河口淤塞上接泇流下避劉口之險又疏三汊河流沙十三里開滔莊河百餘丈濬深小河二十里開王能莊二十里以通駱馬湖口築塞張家等溝數十道東水歸漕計河五十七里名通濟新河五年四月工成運道從新河無劉口磨兒莊諸險之患明年總河侍郎李從心開陳溝地十里以竟前工崇禎三年淮安蘇家嘴新溝大壩並決沒山鹽高泰民田五年又決建義北壩總河尚書朱光祚濬駱馬湖避河險十三處名順濟河六年良城至徐塘淤爲平陸漕運愆期奪光祚官劉榮嗣繼之八年駱馬湖淤阻榮嗣開河徐宿引注黃水被劾得重罪侍郎周鼎繼之乃專力於泇河濬麥河支河築王母山前後壩勝陽山東堤馬蹄厓十字河攔水壩挑良城閘抵徐塘口六千餘丈九年夏泇河復通由宿遷陳溝口合大河鼎又修高家堰及新溝漾田營堤增築天妃閘石工去南旺湖彭口沙礓濬劉呂莊至黃林莊百六十里而是時黃淮漲溢日甚倒灌害漕鼎在事五年卒以運阻削職繼之者侍郎張國維甫蒞任即以漕涸被責十四年國維言濟寧運道自棗林閘泝師家莊仲家淺二閘歲患淤淺每引泗河由魯橋入運以濟之伏秋水長足資利涉而挾沙注河水退沙積利害參半旁自白馬河匯鄒縣諸泉與泗合流而出魯橋力弱不能敵泗河身半淤不爲漕用然其上源寬處正與仲家淺閘相對導令由此入運較魯橋高下懸殊且易細流爲洪流又減沙滲之患而濟仲家淺及師莊棗林有三便又言南旺水本地脊惟藉泰安新泰萊蕪寧陽汶上東平平陰肥城八州縣泉源由汶入運故運河得通今東平平陰肥城淤沙中斷請亟濬之復上疏運六策一復安山湖水櫃以濟北閘一改挑滄浪河從萬年倉出口以利四閘一展濬汶河陶河上源以濟邳泒一改道沂河出徐塘口以並利邳宿其二即開三州縣淤沙及改挑白馬湖也皆命酌行國維又濬淮揚漕河三百餘里當是時河臣竭力補苴南河稍寧北河數淺阻而河南守臣壅黃河以灌賊河大決開封下流日淤河事益壞未幾而明亡矣

明史卷八十六　志第六十二

總裁官總理事務經筵講官少保兼太子太保保和殿大學士兼管吏部戶部尚書事加六級張廷玉等奉

敕修

河渠四

運河下　海運

江南運河自杭州北郭務至謝村北爲十二里洋爲塘棲德清之水入之踰北陸橋入崇德界過松老抵高新橋海鹽支河通之繞崇德城南轉東北至小高陽橋東過石門塘折而東爲王灣至皁林水深者及丈過永新入秀水界踰陡門鎮北爲分鄉鋪稍東爲繡塔北由嘉興城西轉而北出杉青三閘至王江涇鎮松江運艘自東來會之北爲平望驛東通鶯脰湖湖州運艘自西出新興橋會之北至松陵驛由吳江至三里橋北有震澤南有黃天蕩水勢瀰漭夾浦橋屢建北經蘇州城東鮎魚口水由蠡塘入之北至楓橋由射瀆經滸墅關過白鶴鋪長洲無錫兩邑之界也錫山驛水僅浮瓦礫過黃埠至洛社橋江陰九里河之水通之西北爲常州漕河舊貫城入東水門由西水門出嘉靖末防倭改從南城壕江陰順塘河水由城東通丁堰沙子湖在其西南宜興鍾溪之水入之又西直瀆水入之又西爲奔牛呂城二閘常鎮界其中皆有月河以佐節宣後並廢其南爲金壇河溧陽高淳之水出焉丹陽南二十里爲陵口北二十五里爲黃泥壩舊皆置閘練湖水高漕河數丈一由三思橋一由仁智橋皆入運北過丹徒鎮有豬婆灘多軟沙丹徒以上運道視江潮爲盈涸過鎮江出京口閘閘外沙堵延袤二十丈可藏舟避風由此浮於江與瓜步對自北郭至京口首尾八百餘里皆平流歷嘉而蘇衆水所聚至常州以西地漸高仰水淺易洩盈涸不恒時濬時壅往往兼取孟瀆德勝兩河東浮大江以達揚泰洪武二十六年嘗命崇山侯李新開溧水胭脂河

以通浙漕免丹陽輸輓及大江風濤之險而三吳之粟必由常鎮三十一年濬奔牛呂城二壩河道永樂間修練湖堤卽命通政張璉發民丁十萬濬常州孟瀆河又濬蘭陵溝北至孟瀆河閘六千餘丈南至奔牛鎮千二百餘丈已復濬鎮江京口新港及甘露三港以達於江漕舟自奔牛溯京口水涸則改從孟瀆右趨瓜洲抵白塔以爲常宣德六年從武進民請疏德勝新河四十里八年工竣漕舟自德勝北入江直泰興之北新河由泰州壩抵揚子灣入漕河視白塔尤便於是漕河及孟瀆德勝三河並通皆可濟運矣正統元年廷臣上言自新港至奔牛漕河百五十里舊有水車捲江潮灌注通舟溉田請支官錢置車詔可然三河之入江口皆自卑而高其水亦更迭盈縮八年武進民請濬德勝及北新河浙江都司蕭華則請濬孟瀆巡撫周忱定議濬兩河而罷北新築壩白塔河之大橋閘以時啓閉而常鎮漕河亦疏濬焉景泰間漕河復淤遂引漕舟盡由孟瀆三年御史練綱言漕舟從夏港及孟瀆出江逆行三百里始達瓜洲德勝直北新而白塔又與孟瀆斜直由此兩岸橫渡甚近宜大疏淤塞帝命尚書石璞措置會有請鑿鎮江七里港引金山上流通丹陽以避孟瀆險者鎮江知府林鶚以爲迂道多石壞民田墓多宜濬京口閘甘露壩道里近功力省乃從鶚議浙江參政胡清又欲去新港奔牛等壩置石閘以蓄泉亦從其請而濬德勝河與鑿港之議俱寢然石閘雖建蓄水不能多漕舟仍入孟瀆天順元年尚寶少卿凌信言糧艘從鎮江裏河爲便帝以爲然命糧儲河道都御史李秉通七里港口引江水注之且濬奔牛新港之淤巡撫崔恭又請增置五閘至成化四年閘工始成於是漕舟盡由裏河其入二河者回空之艘及他舟而已定制孟瀆河口與瓜儀諸港俱三年一濬孟瀆寬廣不甚淤裏河不久輒涸則又改從孟瀆弘治十七年部臣復陳夏港孟瀆遠浮大江之害請亟濬京口淤而引練湖灌之詔速行正德二年復開白塔河及江口大橋通江二閘十四年從督漕都御史臧鳳言濬常州上下裏河漕舟無阻者五十餘載萬曆元年又漸涸復一濬之歲貢生許汝愚上言國初置四閘曰京口曰丹徒防三江之涸曰呂城曰奔牛防五湖之洩自丹陽至鎮江蓄爲湖者三曰練湖曰焦子曰杜墅歲久居民侵種焦杜二湖俱涸僅存練湖猶有侵者而四閘俱空設矣請濬三湖故址通漕總河傅希摯言練湖已濬而焦子杜墅源少無益其議遂寢未幾練湖復淤淺五年御史郭思極陳世寶先後請復練湖濬孟瀆而給事中湯聘尹則請於京口旁別建一閘引江流內注潮長則開縮則閉御史尹良任又言孟瀆渡江入黃家港水面雖闊江流甚平由此抵泰興以達灣頭高郵僅二百餘里可免瓜儀不測之患至如京口北渡金山而下中流遇風有漂溺患宜挑甘露港夾岸洲田十餘里以便回泊御史林應訓又言自萬緣橋抵孟瀆兩厓陡峻雨潦易圮且江潮湧沙淤塞難免宜於萬緣橋黃連樹各建閘以資蓄洩又言練湖自西晉陳敏遏馬林溪引長山八十四溪之水以溉雲陽堤名練塘又曰練河凡四十里許環湖立涵洞十三宋紹興時中置橫埂分上下湖立上中下三閘八十四溪之水始經辰溪衝入上湖復由三閘轉入下湖洪武間因運道澀依下湖東堤建三閘借湖水以濟運後乃漸堙今當盡革侵占復濬爲湖上湖四際夾阜下湖東北臨河原埂完固惟應補中間缺口且增築西南與東北相應至三閘惟臨湖上閘如故宜增建中下二閘更設減水閘二座界中下二閘間共革田五千畝有奇塞沿堤私設涵洞止存其舊十三處以宣洩湖水冬春卽閉塞毋得私啓蓋練湖無源惟藉瀦蓄增堤啓閘水常有餘然後可以濟運臣親驗上湖地仰八十四溪之水所由來懼其易洩下湖地平衍僅高漕河數尺又常懼不盈誠使水裕堤堅則應時注之河有全力矣皆下所司酌議十三年鎮江知府吳撝謙復言練湖中堤宜飭有司春初卽修以防衝決且禁勢豪侵占從之十七年濬武進橫林漕河崇禎元年濬京口漕河五年太常少卿姜志禮建漕河議言神廟初先臣寶著漕河議當事采行不開河而濟運者二十餘年後復佃湖妨運歲累吞餂故老有言京口閘底與虎邱塔頂平是可知挑河無益蓄湖爲要也今當革佃修閘而高築上下湖圍埂蓄水使深且漕河閘座非僅京口呂城新閘奔牛數處而已陵口尹公橋黃泥壩新豐大犢山節節有閘皆廢去並宜修建而運道支流如武進洞子河連江橋河扁擔河丹陽簡橋河陳家橋河七里橋河丁議河越瀆河滕村溪之大壩頭丹陽甘露港南之小閘口皆應急修整至奔牛呂城之北各設減水閘歲十月實以土商民船盡令盤壩此皆舊章所當率由近有欲開九曲河使運船竟從泡港閘出江直達揚子橋以免瓜洲啓閘稽遲者試而後行可也回空糧艘及官舫宜由江行而於河莊設閘啓閉數役並行漕事乃大善矣議不果行江漕者湖廣漕舟由漢沔下潯陽江西漕舟出章江鄱陽而會於湖口暨南直隸寧太池安江寧廣德之舟同浮大江入儀眞通江閘以溯淮揚入閘河瓜儀之間運道之咽喉也洪武中餉遼卒者從儀眞上淮安由鹽城汎海餉梁晉者亦從儀眞赴淮安盤壩入淮江口則設壩置閘凡十有三濬揚子橋河至黃泥灣九千餘丈永樂間濬儀眞清江壩下水港及夾港河修沿江堤岸洪熙元年濬儀眞壩河後定制儀眞壩下黃泥灘直河口二港及瓜洲二港常州之孟瀆河皆三年一濬宣德間從侍郎趙新御史陳祚請濬黃泥灘清江閘成化中建閘於儀眞通江河港者三江都之留潮通江者二已而通江港塞弘治初復開之既又於總港口建閘蓄水儀眞江都二縣間有官塘五區築閘蓄水以溉民田豪民占以爲業眞揚之間運道阻梗嘉靖二年御史秦鉞請復五塘從之萬曆五年御史陳世寶言儀眞江口去閘太遠請於上下十數丈許增建二閘隨湖啓閉以截出江之船盡令入閘庶免遲滯疏上議行白塔河者在泰州上通邵伯下接大江斜對常州孟瀆河與泰興北新河皆浙漕間道也自陳瑄始開宣德間從趙新陳祚請命瑄役夫四萬五千餘人濬之建新閘潘家莊大橋江口四閘正統四年水潰閘塞都督武興因閉不用仍自瓜洲盤壩瓜洲之壩洪武中置凡十五列東西二港間永樂間廢東壩爲廠以貯材木止存西港七壩漕舟失泊屢遭風險英宗初年乃復濬東港既而巡撫周忱築壩白塔河之大橋閘以時啓閉漕舟稍分行自鎮江裏河開濬漕舟出甘露新港徑渡瓜洲而白塔北新皆以江路險遠捨而不由矣衛漕者卽衛河源出河南輝縣至臨清與會通河合北達天津自臨清以北皆稱衛河詳具本志白漕者卽通濟河源出塞地經密雲縣霧靈山爲潮河川而富河晉口河七渡河桑乾河三里河俱會於此名曰白河南流經通州合通惠及榆渾諸河亦名潞河三百六十里至直沽會衛河入海賴以通漕楊村以北勢若建瓴底多淤沙夏秋水漲苦潦冬春水微苦澁衝潰徙改頗與黃河同奭兒渡者在武清通州間尤其要害處也自永樂至成化初年凡八決輒發民夫築堤而正統元年之決爲害尤甚特敕太監沐敬安遠侯柳溥尚書李友直隨宜區畫發五軍營卒五萬及民夫一萬築決堤又命武進伯朱冕尚書吳中役五萬人去河西務二十里鑿河一道導白水入其中二工竝竣人甚便之賜河名曰通濟封河神曰通濟河神先是永樂二十一年築通州抵直沽河岸有衝決者隨時修築以爲常迨通濟河成決岸修築者亦且數四萬曆三十一年從工部議挑通州至天津白河深四尺五寸所挑沙土卽築堤兩岸著爲令大通河者元郭守敬所鑿由大通橋東下抵通州高麗莊與白河合至直沽會衛河入海長百六十里有奇十里一閘蓄水濟運名曰通惠又以白河榆河渾河合流亦名潞河洪武中漸廢永樂四年八月北京行部言宛平昌平西湖景東牛欄莊及青龍華家甕山三閘水衝決岸命發軍民修治明年復言自西湖景東至通流凡七閘河道淤塞自昌平東南白浮村至西湖景東流水河口一百里宜增置十二閘從之未幾閘俱堙不復通舟成化中漕運總兵官楊茂言每歲自張家灣舍舟車轉至都下僱值不貲舊通惠河石閘尚存深二尺許修閘瀦水用小舟剝運便又有議於三里河從張家灣烟墩橋以西疏河泊舟者下廷臣集議遣尚書楊鼎侍郎喬毅相度上言舊閘二十四座通水行舟但元時水在宮牆外舟得入城內海子灣今水從皇城金水河出故道不可復行且元引白浮泉往西逆流今經山陵恐妨地脈又一畝泉過白羊口山溝兩水衝截難引若城南三里河舊無河源正統間修城壕恐雨多水溢乃穿正陽橋東南窪下地開壕口以洩之始有三里河名自壕口八里始接渾河舊渠兩岸多廬墓水淺河窄又須增引別流相濟如西湖草橋源出玉匠局馬跑等地泉不深遠元人曾用金口水洶湧沒民舍以故隨廢惟玉泉龍泉及月兒柳沙等泉皆出西北循山麓而行可導入西湖請濬西湖之源閉分水清龍閘引諸泉水從高梁河分其半由金水河出餘則從都城外壕流轉會於正陽門東城壕且閉令勿入三里河併流大通橋閘河隨旱澇啓閉則舟獲近倉甚便帝從其議方發軍夫九萬修濬會以災異詔罷諸役所司以漕事大乃命四萬人濬城壕而西山玉泉及抵張家灣河道則以漸及焉越五年乃敕平江伯陳銳副都御史李裕侍郎翁世資王詔督漕卒濬通惠河如鼎毅前議明年六月工成自大通橋至張家灣渾河口六十餘里濬泉三增閘四漕舟稍通然元時所引昌平東泉俱遏不行獨引一西湖又僅分其半河窄易盈涸不二載澀滯如舊正德二年嘗一濬之且修大通橋至通州閘十有二壩四十有一嘉靖六年御史吳仲言通惠河屢經修復皆爲權勢所撓顧通流等八閘遺跡俱存因而成之爲力甚易歲可省車費貲二十餘萬且歷代漕運皆達京師未

有貯國儲於五十里外者帝心以爲然命侍郎王軏何詔及仲僖相度軏等言大通橋地形高白河六丈餘若濬至七丈引白河達京城諸閘可盡罷然未易議也計獨濬治河閘但通流閘在通州舊城中經二水門南浦土橋廣利三閘皆闤闠衢市不便轉輓惟白河濱舊小河廢壩西不一里至堰水小壩宜修築之使通普濟閘可省四閘兩關轉搬力而尚書桂蕚言不便請改修三里河帝下其疏於大學士楊一清張璁一清言因舊閘行轉搬法省運軍勞費宜斷行之璁亦言此一勞永逸之計蕚所論費廣功難帝乃卻蕚議明年六月仲報河成因疏五事言大通橋至通州石壩地勢高四丈流沙易淤宜時加濬治管河主事宜專委任毋令兼他務官吏閘夫以罷運裁減宜復舊額慶豐上閘平津中閘今已不用宜改建通州西水關外剝船造費及遞歲修艌俱宜酌處帝以先朝屢勘行未即功仲等四閱月工成詔予賞悉從其所請仲又請留督工郎中何棟專理其事爲經久計從之九年擢棟右通政仍管通惠河道是時仲出爲處州知府進所編通惠河志帝命送史館采入會典且須工部刊行自此漕艘直達京師迄於明末人思仲德建祠通州祀之薊州河者運薊州官軍餉道也明初海運餉薊州天順二年大河衞百戶閔恭言南京並直隸各衞歲用旗軍運糧三萬石至薊州等衞倉越大海七十餘里風濤險惡新開沽河北望薊州正與水套沽河直袤四十餘里而徑且水深其間阻隔者僅四之一若穿渠以運可無海患下總兵都督宋勝巡按御史李敏行視可否勝等言便遂開直沽河濶五丈深丈五尺成化二年一濬二十年再濬并濬鴉鴻橋河道造豐潤縣海運糧儲倉正德十六年運糧指揮王瓚言直沽東北新河轉運薊州河流淺潮至方可行舟邊關每匱餉宜濬使深廣從之初新河三歲一濬嘉靖元年易二歲以爲常十七年濬殷留莊大口至舊倉店百十六里豐潤環香河者濬自成化間運粟十餘萬石以餉薊州東路者也後堙廢餉改薊州給大不便嘉靖四十五年從御史鮑承允請復之且建三閘於北濟張官屯鴉鴻橋以瀦水昌平河運諸陵官軍餉道也起鞏華城外安濟橋抵通州渡口袤百四十五里其中淤淺三十里難行隆慶六年大濬運給長陵等八衞官軍月糧四萬石遂成流通萬曆元年復疏鞏華城外舊河

海運始於元至元中伯顏用朱清張瑄運糧輸京師僅四萬餘石其後日增至三百萬餘石初海道萬三千餘里最險惡既而開生道稍徑直後殷明略又開新道尤便然皆出大洋風利自浙西抵京不過旬日而漂失甚多洪武元年太祖命湯和造海舟餉北征士卒天下旣定募水工運萊州洋海倉粟以給永平後遼左及迤北數用兵於是靖海侯吳禎延安侯唐勝宗航海侯張赫舳艫侯朱壽先後轉遼餉以爲常督江浙邊海衞軍大舟百餘艘運糧數十萬賜將校以下綺帛胡椒蘇木錢鈔有差民夫則復其家一年溺死者厚恤三十年以遼東軍餉贏羨第令遼軍屯種其地而罷海運永樂元年平江伯陳瑄督海運糧四十九萬餘石餉北京遼東二年以海運但抵直沽別用小船轉運至京命於天津置露囤千四百所以廣儲蓄四年定海陸兼運瑄每歲運糧百萬建百萬倉於直沽尹兒灣城天津衞籍兵萬人戍守至是命江南糧一由海運一由淮黃陸運赴衞河入通州以爲常陳瑄上言嘉定瀕海當江流之衝地平衍無大山高嶼海舟停泊或値風濤觸堅膠淺輒敗宜於青浦築土爲山立堠表識使舟人知所避而海險不爲患詔從之十年九月工成方百丈高三十餘丈賜名寶山御製碑文紀之十三年五月復罷海運惟存遮洋一總運遼薊糧正統十三年減登州衞海船百艘爲十八艘以五艘運青萊登布花鈔錠十二萬餘勭歲賞遼軍成化二十三年侍郎邱濬進大學衍義補請尋海運故道與河漕竝行大略言海舟一載千石可當河舟三用卒大減河漕視陸運費省什三海運視陸省什七雖有漂溺患然省牽卒之勞駁淺之費挨次之守利害亦相當宜訪素知海道者講求勘視其說未行弘治五年河決金龍口有請復海運者朝議弗是嘉靖二年遮洋總漂糧二萬石溺死官軍五十餘人五年停登州造船二十年總河王以旂以河道梗澁言海運雖難行然中間平度州東南有南北新河一道元時建閘直達安東南北悉由內洋而行路捷無險所當講求帝以海道迂遠卻其議三十八年遼東巡撫侯汝諒言天津入遼之路自海口至右屯河通堡不及二百里其中曹泊店月坨桑美女墳桃花島皆可灣泊部覆行之四十五年順天巡撫耿隨朝勘海道自永平西下海百四十五里至紀各莊又四百二十六里至天津皆傍岸行舟其間開洋百二十里有建河糧河小沽大沽河可避風初允其議尋以御史劉翾疏沮而罷是年從給事中胡應嘉言革遮洋總隆慶五年徐邳河淤從給事中宋良佐言復設遮洋總存海運遺意山東巡撫梁夢龍極論海運之利言海道南自淮安至膠州北自天津至海倉島人商賈所出入臣遣卒自淮膠各運米至天津無不利者淮安至天津三千三百里風便兩旬可達舟由近洋島嶼聯絡雖風可依視殷明略故道甚安便五月前風順而柔此時出海可保無虞命量撥近地漕糧十二萬石俾夢龍行之六年王宗沐督漕請行海運詔令運十二萬石自淮入海其道由雲梯關東北歷鷹游山安東衞石臼所夏河所齊堂島靈山衞古鎭膠州鼇山衞大嵩衞行村寨皆海面自海洋所歷竹島寧津所靖海衞東北轉成山衞劉公島威海衞西歷寧海衞皆海面自福山之罘島至登州城北新海口沙門等島西歷桑島崆峒島自崆峒西歷三山島芙蓉島萊州大洋海倉口自海倉西歷淮河海口魚兒鋪西北歷侯鎭店唐頭寨自侯鎭西北大清河小清河海口乞溝河入直沽抵天津衞凡三千三百九十里萬曆元年卽墨福山島壞糧運七艘漂米數千石溺軍丁十五人給事御史交章論其失罷不復行二十五年倭寇作自登州運糧給朝鮮軍山東副使于仕廉復言餉遼莫如海運海運莫如登萊蓋登萊度金州六七百里至旅順口僅五百餘里順風揚帆一二日可至又有沙門鼉磯皇城等島居其中天設水遞止宿避風惟皇城至旅順二百里差遠得便風不半日可度也若天津至遼則大洋無泊淮安至膠州雖僅三百里而由膠至登千里而遙礁礙難行惟登萊濟遼勢便而事易時頗以其議爲然而未行也四十六年山東巡撫李長庚奏行海運特設戶部侍郎一人督之事具長庚傳崇禎十二年崇明人沈廷揚爲內閣中書復陳海運之便且輯海運書五卷進呈命造海舟試之廷揚乘二舟載米數百石十三年六月朔由淮安出海望日抵天津守風者五日行僅一旬帝大喜加廷揚戶部郎中命往登州與巡撫徐人龍計度山東副總兵黃允恩亦上海運九議帝卽令督海運先是寧遠軍餉率用天津船赴登州候東南風轉粟至天津又候西南風轉至寧遠廷揚自登州直輸寧遠省費多尋命赴淮安經理海運爲督漕侍郎朱大典所沮乃命易駐登州領寧遠餉務十六年加光祿少卿福王時命廷揚以海舟防江尋命兼理糧務南都旣失廷揚崎嶇唐魯二王間以死當嘉靖中廷臣紛紛議復海運漕運總兵官萬表言在昔海運歲溺不止十萬載米之舟駕船之卒統卒之官皆所不免今人策海運輒主邱濬之論非達於事者也

明史卷八十七　志第六十三

總裁官總理事務少保兼太子太保保和殿大學士兼管吏部戶部尚書事加六級張廷玉等奉

敕修

河渠五

淮河　泇河

衞河　漳河

沁河　滹沱河

桑乾河　膠萊河

淮河出河南平氏胎簪山經桐柏其流始大東至固始入南畿潁州境東合汝潁諸水經壽州北肥水入焉至懷遠城東渦水入焉東經鳳陽臨淮濠水入焉又經五河縣南而納澮沱濉潼諸水勢盛流疾經泗州城南稍東則汴水入焉過龜山麓益折而北會洪澤阜陵泥墩萬家諸湖東北至清河南會於大河卽古泗口也亦曰清口是謂黃淮交會之衝淮之南岸漕河流入焉所謂清江浦口又東經淮安北安東南而達於海永樂七年決壽州泛中都正統三年溢清河天順四年溢鳳陽皆隨時修築無鉅害也正德十三年復決漕堤灌泗州泗州祖陵在焉其地最下初淮自安東雲梯關入海無旁溢患迨與黃會黃水勢盛奪淮入海之路淮不能與黃敵往往避而東陳瑄鑿清江浦因築高家堰舊堤以障之淮揚恃以無恐而鳳泗間數爲害嘉靖十四年用總河都御史劉天和言築堤衞陵而高堰方固淮暢流出清口鳳泗之患弭隆慶四年總河都御史翁大立復奏濬淮工竣淮益無事至萬曆三年三月高家堰決高寶興鹽爲巨浸而黃水躡淮且漸逼鳳泗乃命建泗陵護城石堤二百餘丈泗得石堤稍寧於是總漕侍郎吳桂芳言河決崔鎭清河路淤黃强淮弱南徙而灌山陽高寶請急護湖堤帝令熟計其便給事中湯聘尹議請導淮入江會河從老黃河奔入海淮得乘虛出清口桂芳以聞議遂寢六年總河都御史潘季馴言高堰淮揚之門戶而黃淮之關鍵也欲導河以入海必藉淮以刷沙淮水南決則濁流停滯清口亦堙河必決溢上流水行平地而邳徐鳳泗皆爲巨浸是淮病而黃病黃病而漕亦病相因之勢也於是築高堰堤起武家墩經大小澗阜陵湖周橋翟壩長八十里使淮不得東又以淮水北岸有王簡張福二口洩入黃河水力分清口易淤淺且黃水多由此倒灌入淮乃築堤捍之使淮無所出黃無所入全淮畢趨清口會大河入海然淮水雖出清口亦西淫鳳泗八年雨澇淮薄泗城且至祖陵墀中御史陳

用賓以聞給事中王道成因言黃河未漲淮泗間霖雨偶集而清口已不容洩宜令河臣疏導堵塞之季馴言黃淮合流東注甚迅駛泗州岡阜盤旋雨潦不及宣洩因此漲溢欲疏鑿則下流已深無可疏欲堵塞則上流不可逆堵乃令季馴相度卒聽之而已十六年季馴復爲總河加泗州護堤數千丈皆用石十九年九月淮水溢泗州高於城壕因塞水關以防內灌於是城中積水不洩居民十九淹沒侵及祖陵疏洩之議不一季馴謂當聽其自消會嘔血乞歸言者因請允其去而帝遣給事中張貞觀往勘會總河尚書舒應龍等詳議以上計未有所定連數歲淮東決高良澗西灌泗陵帝怒奪應龍官遣給事中張企程往勘議者多請拆高堰總河尚書楊一魁與企程不從而力請分黃導淮乃建武家墩經河閘洩淮水由永濟河達涇河下射陽湖入海又建高良澗及周橋減水石閘以洩淮水一由岔河入涇河一由草子湖寶應湖下子嬰溝俱下廣洋湖入海又挑高郵茆塘港通邵伯湖開金家灣下芒稻河入江以疏淮漲而淮水以平其後三閘漸塞崇禎間黃淮漲溢議者復請開高堰淮揚在朝者公疏力爭議遂寢然是時建義諸口數決下灌興鹽淮患日棘矣

泇河二源一出費縣南山谷中循沂州西南流一出嶧縣君山東南與費泇合謂之東西二泇河南會彭河水從馬家橋東過微山赤山呂孟等湖踰葛墟嶺而南經侯家灣良城至泇口鎭合蛤鰻連汪諸湖東會沂水從周湖柳湖接邳州東直河東南達宿遷之黃墩湖駱馬湖從董陳二溝入黃河引泗合沂濟運道以避黃河之險其議始於翁大立繼之者傅希摯而成於李化龍曹時聘隆慶四年九月河決邳州自睢寧至宿遷淤百八十里總河侍郎翁大立請開泇河以避黃水未決而罷明年四月河復決邳州命給事中雒遵勘驗工部尚書朱衡請以開泇口河之說下諸臣熟計帝卽命遵會勘遵言泇口河取道雖捷施工實難葛墟嶺高出河底六丈餘開鑿僅至二丈硼石中水泉湧出侯家灣良城雖有河形水中多伏石難鑿縱鑿之湍激不可通漕且蛤鰻周柳諸湖築堤水中功費無算微山赤山呂孟等湖雖可築堤然須鑿葛墟嶺以洩正派開地浜溝以散餘波乃可施工請罷其議詔尚書朱衡會總河都御史萬恭等覆勘衡奏有三難大畧如遵指且言漕河已通徐邳間堤高水深不煩别建置乃罷萬曆三年總河都御史傅希摯言泇河之議嘗建而中止謂有三難而臣遣錐手步弓水平畫匠於三難處核勘起自上泉河口開向東南則起處低窪下流趨高之難可避也南經性義村東則葛墟嶺高堅之難可避也從陡溝河經郭村西之平坦則良城侯家灣之伏石可避也至泇口上下河渠深淺不一湖塘聯絡相因間有砂礓無礙挑挖大較上起泉河口水所從出也自西北至東南長五百三十里比之黃河近八十里河渠河塘十居八九源頭活水脈絡貫通此天之所以資漕也誠能捐十年治河之費以成泇河則黃河無慮壅決茶城無慮塡淤二洪無慮艱險運艘無慮漂損洋山之支河可無開境山之閘座可無建徐呂之洪夫可盡省馬家橋之堤工可中輟今日不貲之費他日所省抵有餘者也臣以爲開泇河便乃命都給事中侯于趙往會希摯及巡漕御史劉光國確議以聞于趙勘上泇河事宜自泉河口至大河口五百三十里內自直河至清河三百餘里無賴於泇事在可已惟徐呂至直河上下二百餘里河衝蕭碭則涸二洪衝睢寧則淤邳河宜開以避其害約費百五十餘萬金惟良城伏石長五百五十丈開鑿之力難以逆料性義嶺及南禹陵俱限隔河流二處既開則豐沛河決必至灌入宜先鑿良城石預修豐沛堤防可徐議興功也部覆如其言而謂開泇非數年不成當以治河爲急帝不悅責于趙阻撓然議亦遂寢二十年總河尚書舒應龍開韓莊以洩湖水泇河之路始通至二十五年黃河決黃堌口南徙徐呂而下幾斷流方議開李吉口小浮橋及鎭口以下建閘引水以通漕而論者謂非永久之計於是工科給事中楊應文吏科給事中楊廷蘭皆謂當開泇河工部覆議允行帝命河漕官勘報不果二十八年御史佴祺復請開泇河工部覆奏云用黃河爲漕利與害參用泇河爲漕有利無害但泇河之外由微山呂孟周柳諸湖伏秋水發虞風波冬春水涸虞淺阻須上下別鑿漕渠建閘節水從之總河尚書劉東星董其事以地多沙石工艱未就工科給事中張問達以爲言御史張養志復陳開泇河之說有四一曰開黃泥灣以通入泇之徑邳州沂河口入泇河門戶也進口六七里有湖名連二汪其水淺而濶下多淤泥欲挑濬則無岸可修欲爲壩埽則無基可築湖外有黃泥灣離湖不遠接泇口引湖水灌之運舟可直達泇口矣一曰鑿萬家莊以接泇口之源萬家莊泇口迤北地也與臺家莊侯家灣良城諸處皆山岡高阜多砂礓石塊極難爲工東星力鑿成河但河身尚淺水止二三尺宜更鑿四五尺俾韓莊之水下接泇口則運舟無論大小皆沛然可達矣一曰濬支河以避微口之險微山湖在韓莊西上下三十餘里水深丈餘必探深淺立標爲嚮導風正帆懸頃刻可過突遇狂飈未免敗没今已傍湖開支河四十五里上通西柳莊下接韓莊牽挽有路當再疏濬庶無漂溺之患其一則以萬莊一帶勢高北水南下至此必速請卽其地建閘數座以時蓄洩詔速勘行而東星病卒御史高舉獻河漕三策復及泇河工部尚書楊一魁覆言泇河經良城彭河葛墟嶺石礓難鑿故口僅丈六尺淺亦如之當大加疏鑿其韓莊渠上接微山呂孟宜多方疏導俾無淤淺順流入馬家橋夏鎭以爲運道接濟之資帝以泇河既有成績命河臣更挑濬三十年工部尚書姚繼可言泇河之役宜罷乃止不治未幾總河侍郎李化龍復議開泇河屬之直河以避河險工科給事中侯慶遠力主其說而以佑費太少責期太速請專任而責成之三十二年正月工部覆化龍疏言開泇有六善其不疑有二泇河開而運不借河河水有無聽之善一以二百六十里之泇河避三百三十里之黃河善二運不借河則我爲政得以熟察機宜而治之善三估費二十萬金開河六百二十里視朱衡新河事半功倍善四開河必行召募春荒役興麥熟人散富民不擾窮民得以養善五糧船過洪必約春盡實畏河漲運入泇河朝暮無妨善六爲陵捍患爲民禦災無疑者一徐州向苦洪水泇河既開則徐民之爲魚者亦少無疑者二帝深善之令速鳩工爲久遠之計八月化龍報分水河成糧艘由泇者三之二會化龍丁艱去總河侍郎曹時聘代上言頌化龍功然是時導河濬泇兩工並興役未能竟而黃河數溢壞漕渠給事中宋一韓遂詆化龍開泇之誤化龍憤上章自辨時聘亦力言泇可賴因畫善後六事以聞部覆皆從其議且言泇開於梗漕之日固不可因泇而廢黃漕利於泇成之後亦不可因黃而廢泇兩利俱存庶幾緩急可賴因請築郗山堤削頓莊嘴平大泛口湍溜濬貓兒窩等處之淺建鉅梁吳衝閘增三市徐塘壩以終泇河未就之功詔如議越數年泇工未竟督漕者復舍泇由黃舟有覆者遷徙黃泇間運期久踰限三十八年御史蘇惟霖疏陳黃泇利害請專力於泇畧言黃河自清河經桃源北達直河口長二百四十里此在泇下流水平身廣運舟日行僅十里然無他道故必用之自直河口而上歷邳徐達鎭口長二百八十餘里是謂黃河又百二十里方抵夏鎭其東自貓窩泇溝達夏鎭止二百六十餘里是謂泇河東西相對舍此則彼黃河三四月間淺與泇同五月初其流洶湧自天而下一步難行由其水挾沙而來河口日高至七月初則淺涸十倍統而計之無一時可由者溺人損舟其害甚劇泇河計日可達終鮮風波但得實心任事之臣不三五年缺畧悉補數百年之利也工科給事中何士晉亦言運道最險無如黃河先年水出昭陽湖夏鎭以南運道衝阻開泇之議始決避淺澀急溜二洪之險聚諸泉水以時啓閉通行無滯者六年乃今忽欲舍泇由黃致倉皇損壞糧艘或改由大浮橋河道淤塞復還由泇以故運抵灣遲汲汲有守凍之慮由黃之害畧可見矣顧泇工未竟濶狹深淺不齊宜拓廣濬深與會通河相等重運空回往來不相礙迴旋不相避水常充盛舟無留行歲捐水衡數萬金督以廉能之吏三年可竣工然後循駱馬湖北岸東達宿遷大與畚鍤盡避黃河之險則泇河之事訖矣或謂泉脈細微太濶太深水不能有不知泇源遠自蒙沂近挾徐塘許池文武諸泉河大率視濟寧泉河畧相等呂公堂口旣塞則山東諸水總合全收加以閘壩堤防何憂不足或謂直抵宿遷此功迂而難竟是在任用得人綜理有法耳疏入不報明年部覆總河都御史劉士忠泇黃便宜疏言泇渠春夏間沂武京河山水衝發沙淤潰決歲終當如南旺例修治顧別無置水之地勢不得不塞泇河壩令水復歸黃流故每年三月初則開泇河壩令糧艘及官民船由直河進至九月內則開召公壩入黃河以便空回及官民船往來至次年二月中塞之半年由泇半年由黃此兩利之道也因請增驛設官又覆惟霖疏言直隸貓窩淺爲河下流河廣沙淤不可以閘最爲泇患宜西開一月河以通沂口凡水挾沙來沙性直走有月河以分之則聚於洄伏之處撈刷較易而泇患少減矣俱報可其後泇河遂爲永利但需補葺而已然泇勢狹窄冬春糧艘回空仍由黃河焉四十八年巡漕御史毛一鷺言泇河屬夏鎭者有閘九座屬中河者止藉草壩分司官議於直口等處建閘請舉行之詔從其議崇禎四年總漕尚書楊一鵬濬泇河九年總河侍郎周鼎奏重濬泇河成久之鼎坐決河防遠戍給事中沈允培訟其修泇利運之功得減論

衞河源出河南輝縣蘇門山百門泉經新鄉汲縣而東至畿南濬縣境淇水入焉謂之白溝亦曰宿胥瀆宋元

時名曰御河由內黃東出至山東館陶西漳水合焉東北至臨清與會通河合北歷德滄諸州至青縣南合滹沱河北達天津會白河入海所謂衞漕也其河流濁勢盛運道得之始無淺澀虞然自德州下漸與海近卑窄易衝潰初永樂元年瀋陽軍士唐順言衞河抵直沽入海南距黃河陸路纔五十里若開衞河而距黃河百步置倉廒受南運糧餉至衞河交運公私兩便乃命廷臣議未行其冬命都督僉事陳俊運淮安儀眞倉糧百五十萬餘石赴陽武由衞河轉輸北京五年自臨清抵渡口驛決堤七處發卒塞之後宋禮開會通河衞河與之合時方數決堤岸遂命禮并治之禮言衞輝至直沽河岸多低薄若不究源析流但務堤築恐復潰決勞費益甚會通河抵魏家灣與土河連其處可穿二小渠以洩於土河雖遇水漲下流衞河自無橫溢患德州城西北亦可穿一小渠蓋自衞河岸東北至舊黃河十有二里而中間五里故有溝渠宜開道七里洩水入舊黃河至海豐大沽河入海詔從之英宗初永平縣丞李祐請閘漳河以防患疏衞河以通舟從之正統四年築青縣衞河堤岸十三年從御史林廷舉請引漳入衞十四年黃河決臨清四閘御史錢清請濬其南撞圈灣河以達衞從之景泰四年運艘阻張秋之決河南參議豐慶請自衞輝胙城泊於沙門陸輓三十里入衞舟運抵京師命漕運都督徐恭覆報如其策山東僉事江良材嘗言通河於衞有三便古黃河自孟津至懷慶東北入海今衞河自汲縣至臨清天津入海則猶古黃河道也便一三代前黃河東北入海宇宙全氣所鍾河南徙氣遂遷轉今於河陰原武懷孟間導河入衞以達天津不獨徐沛患息而京師形勝百倍便二元漕舟至封邱陸運抵淇門入衞今導河注衞冬春水平漕舟至河陰順流達衞夏秋水迅仍從徐沛達臨清以北抵京師且修其溝洫擇良有司任之可以備旱潦捍戎馬益起直隸河南富强之勢便三詹事霍韜大然其畫具奏以聞不行萬曆十六年總督河漕楊一魁議引沁水入衞命給事中常居敬勘酌可否居敬言衞小沁大衞清沁濁恐利少害多乃止泰昌元年十二月總河侍郎王佐言衞河流塞惟挽漳引沁闢丹三策挽漳難而引沁多患丹水則雖勢與沁同而丹口旣闢自修武而下皆成安流建閘築堰可垂永利制可亦未能行也崇禎十三年總河侍郎張國維言衞河合漳沁淇洹諸水北流抵臨清會閘河以濟運自漳河他徙衞流遂弱挽漳引沁之議建而未行宜導輝縣泉源且酌引漳沁闢丹水疏通滏洹淇三水之利害得失命河南撫按勘議以聞不果行

漳河出山西長子曰濁漳樂平曰清漳俱東經河南臨漳縣由畿南眞定河間趨天津入海其分流至山東館陶西南五十里與衞河合洪武十七年河決臨漳敕守臣防護復諭工部凡堤塘堰壩可禦水患者皆預修治有司以黃沁漳衞沙五河所決堤岸丈尺具圖計工以聞詔以軍民兼築之永樂七年決固安縣賀家口九年決西南張固村河口與滏陽河合流下田不可耕臨漳主簿趙永中乞令災戶於漳河旁墾高阜荒地從之是年築沁州及大名等府決堤十三年漳滏並溢漂沒磁州田稼二十二年溢廣宗洪熙元年漳滏並溢決臨漳三塚村等堤岸二十四處發軍民修築宣德八年復築三塚村堤口正統元年漳滏並溢壞臨漳杜村西南堤三年漳決廣平順德四年又決彰德皆命修築十三年御史林廷舉言漳河自沁州發源七十餘溝會而爲一至肥鄉堤岸逼隘水勢激湍故爲民患元時分支流入衞河以殺其勢永樂間堙塞舊跡尚存去廣平大留村十八里宜發丁夫鑿通置閘遏水轉入之而疏廣肥鄉水道則漳河水減免居民患而衞河水增便漕從之漳水遂通於衞正德元年濬滏陽河河舊在任縣新店村東北源出磁州經永年曲周平鄉至穆家口會百泉等河北流永樂間漳河決而與合二水每並爲患至景泰間又合漳衞曲周諸縣沿河之地皆築堤備之成化間舊河淤衞新店西南爲新河合沙洺等河入穆家口亦築堤備之英宗時漳已通衞弘治初益從入御河遂棄滏堤不理其後漳水復入新河兩岸地皆沒任縣民高暘等以爲言下巡撫官勘奏言穆家口乃泉河之委當從此先而併濬新舊河令分流漳滏缺堤以漸而築從之自此漳滏滙流而入衞之道漸堙矣萬曆二十八年給事中王德完言漳河決小屯東經魏縣元城抵館陶入衞爲一變其害小決高家口析二流於臨漳之南北俱至成安東呂彪河合流經廣平肥鄉永年至曲周入滏水同流至青縣口方入漕河爲再變其害大滏水不勝漳而令納漳則狹小不能束巨浪病溢而患在民衞水昔仰漳而今舍漳則細緩不能捲沙泥病涸而患在運塞高家河口導入小屯河費少利多爲上策仍迴龍鎭至小灘入衞費鉅害少爲中策築呂彪河口固堤漳水運道不資利地方不罹害爲下策命河漕督臣集議行之直隸巡按佴祺亦請引漳河並下督臣急引漳會衞以圖永濟不果行

沁河出山西沁源縣綿山東谷穿太行山東南流三十里入河南境逕河內縣東北又南東至武陟縣與黃河會而東注達徐州以濟漕其支流自武陟紅荊口經衞輝入衞河元郭守敬言沁餘水引至武陟北流合御河灌田此沁入衞之故跡也明初黃河自滎澤趨陳潁徑入於淮不與沁合乃鑿渠引之令河仍入沁久之沁水盡入黃河而入衞之故道堙矣武陟者沁黃交會處也永樂間再決再築宣德九年沁水決馬曲灣經獲嘉至新鄉水深成河城北又滙爲澤築堤以防猶不能遏新鄉知縣許宣請堅築決口俾由故道遣官相度從之沁水稍定而其支流復入於衞正統三四年間武陟沁堤復再決再築十三年黃河決滎澤背沁而去乃從武陟東寶家灣開渠三十里引河入沁以達淮自後沁河益大合而沁之入衞者漸淤景泰三年僉事劉清言自沁決馬曲灣入衞沁黃衞三水相通轉輸頗利今決口已塞衞河膠淺運舟悉從黃河嘗遇險阻宜遣官濬沁資衞軍民運船視遠近之便而轉輸之詔下巡撫集議明年清復言東南漕舟水淺弗能進請自滎澤入沁河濬岡頭百二十里以通衞河且張秋之決由沁合黃勢遂奔急若引沁入衞則張秋無患行人王晏亦言開岡頭置閘分沁水使南入黃北達衞遇漲則閉閘漕可永無患並下督漕都御史王竑等覈實以聞明年給事中何陞言沁河有漏港已成河臨清屯聚膠淺之舟宜使從此入黃度三旬可達淮詔竑及都御史徐有貞閱之旣而罷引沁河議初王晏請漕沁有司多言弗利晏固爭吏部尚書王直請遣官行河命侍郎趙榮同晏往榮亦言不利議乃寢天順八年都察院都事金景輝復請濬陳橋集古河分引沁水北通長垣曹州鉅野以達漕河詔按實以聞未能行也弘治二年夏黃河決埽頭五處入沁河其冬又決祥符翟家口合沁河出丁家道口十一年員外郎謝緝以黃河南決恐牽沁水南流徐呂二洪必涸請遏黃河堤沁水使俱入徐州方下所司勘議明年漕運總兵官郭鋐上副使張鼐引沁河議請於武陟木欒店鑿渠抵荊隆口分沁水入賈魯河由丁家道口以下徐淮倘河或南徙卽引沁水入渠以濟二洪之運帝卽令鼐理之而曹縣知縣鄒魯又駁鼐議謂引沁必塞沁入河之口沁水無歸必漫田廬若俟下流旣通而始塞之水勢擣虛千里不折其患更大甚於黃陵且起木欒店至飛雲橋地以千里計用夫百萬積功十年未能必其成也兗州知府龔弘主其說因上言鼐見河勢南行故建此議但今秋水逆流東北亟宜濬築乃從河臣撫臣議修丁家口上下堤岸而鼐議卒罷至萬曆十五年沁水決武陟東岸蓮花池金屹嵫新鄉獲嘉盡淹沒廷議築堤障之都御史楊一魁言黃河從沁入衞此故道也自河從而沁與俱南衞水每涸宜引沁入衞不使助河爲虐部覆言沁入黃衞入漕其來已久頃沁水決木欒蓮花口而東一魁因建此議而科臣常居敬往勘言衞輝府治卑於河恐有衝激且沁水多沙入漕反爲患不如堅築決口廣闢河身乃罷其議三十三年荼陵知州范守己復言嘉靖六年河決豐沛胡世寧言沁水自紅荊口分流入衞近年始塞宜擇武陟陽武地開一河北達衞水以備徐沛之塞會盛應期主開新渠議遂不行近者十年前河沙淤塞沁口沁水不得入河自木欒店東決岸奔流入衞則世寧紅荊口之說信矣彼時守土諸臣塞其決口築以堅堤仍導沁水入河而堤外河形直抵衞滸至今存也請建石閘於堤分引一支由所決河道東流入衞漕舟自邳邇河而上因沁入衞東達臨清則會通河可廢帝命總河及撫按勘議不行

滹沱河出山西繁峙泰戲山循太行掠晉冀逶迤而東至武邑合漳東北至青縣岔河口入衞下直沽或云九河中所稱徒駭是也明初故道由藁城晉州抵寧晉入衞其後遷徙不一河身不甚深而水勢洪大左右旁近地大率平漫夏秋雨潦挾衆流而潰往往成巨浸水落則因其淺淤以爲功修堤濬流隨時補救不能大治也洪武間一濬建文永樂間修武強眞定決岸者三至洪熙元年夏霪雨河水大漲晉定深三州藁城無極饒陽新樂寧晉五縣低田盡沒而滹沱遂久淤矣宣德六年山水復暴泛衝壞堤岸發軍民濬之正統元年溢獻縣決大郭鼂窩口堤四年溢饒陽決醜女堤及獻縣郭家口堤淹深州田百餘里皆命有司修築十一年復疏晉州故道成化七年巡撫都御史楊璿言霸州固安東安大城香河寶坻新安任邱河間肅寧饒陽諸州縣屢被水患由地勢平衍水易瀦積而唐滹沱白溝三河上源堤岸率皆低薄遇雨輒潰官吏東西決放以鄰爲壑宜求故跡隨宜濬之帝卽命璿董其事水患稍寧至十八年衞漳滹沱並溢潰漕河岸自清平抵天津決口八十六因循者久之弘治二年修眞定縣白馬口及近城堤三千九百餘丈五年又築護城堤二道後復比年大水

眞定城內外俱浸改挑新河水患始息嘉靖元年築束鹿城西決口修晉州紫城口堤未幾復連歲被水十年冬巡按御史傅漢臣言滹沱流經大名故所築二堤衝敗宜修復如舊乃命撫按官會議其明年敕太僕卿何棟往治之棟言河發渾源州會諸山之水東趨眞定由晉州紫城口之南入寧晉泊會衞河入海此故道也晉州西高南下因衝紫城東溢而束鹿深州諸處遂爲巨浸今宜起槀城張村至晉州故堤築十八里高三丈廣十之植椿榆諸樹乃濬河身三十餘里導之南行使歸故道則順天眞保諸郡水患俱平矣又用郎中徐元祉言於眞定濬滹沱河以保城池又導束鹿武强河間獻縣諸水循滹沱以出皆從之自後數十年水頗戢無大害萬曆九年給事中顧問言臣令任邱見滹沱水漲漂沒民田不可勝紀請自饒陽河間以下水占之地悉捐爲河而募夫深濬河身堅築堤岸以圖永久命下撫按官勘議增築雄縣橫堤八里任邱東堤二十里

桑乾河盧溝上源也發源太原之天池伏流至朔州馬邑雷山之陽有金龍池者渾泉溢出是爲桑乾東下大同古定橋抵宣府保安州雁門應州雲中諸水皆會穿西山入宛平界東南至看舟口分爲二其一東由通州高麗莊入白河其一南流霸州合易水南至天津丁字沽入漕河曰盧溝河亦曰渾河河初過懷來束兩山間不得肆至都城西四十里石景山之東地平土疏衝激震盪遷徙弗常元史名盧溝曰小黃河以其流濁也上流在西山後者盈涸無定不爲害嘉靖三十三年御史宋儀望嘗請疏鑿以漕宣大糧三十九年都御史李文進以大同缺邊儲亦請開桑乾河以通運道自古定橋至盧溝橋務里村水運五節七百餘里陸運二節八十八里春秋二運可得米二萬五千餘石且造淺船由盧溝達天津而建倉務里村青白口八處以備撥運皆不能行下流在西山前者泛溢害稼畿封病之堤防急焉洪武十六年濬桑乾河自固安至高家莊八十里霸州西支河二十里南支河三十五里永樂七年決固安賀家口十年壞盧溝橋及堤岸沒官田民廬溺死人畜洪熙元年決東狼窩口宣德三年潰盧溝堤皆發卒治之六年順天府尹李庸言永樂中渾河決新城高從周口遂致淤塞霸州桑圓里上下每年水漲無所洩漫湧倒流北灌海子凹牛欄佃請亟修築從之七年侍郎王佐言通州至河西務河道淺狹張家灣西舊有渾河請疏濬帝以役重止之九年決東狼窩口命都督鄭銘往築正統元年復命侍郎李庸修築並及盧溝橋小屯廠潰岸明年工竣越三年白溝渾河二水俱溢決保定縣安州堤五十餘處復命庸治之築龍王廟南石堤七年築渾河口八年築固安決口成化七年霸州知州蔣愷言城北草橋界河上接渾河下至小直沽注於海永樂間渾河改流西南經固安新城雄縣抵州屢決爲害近決孫家口東流入河又東抵三角淀小直沽乃其故道請因其自然之勢修築堤岸詔順天府官相度行之十九年命侍郎杜謙督理盧溝河堤岸弘治二年決楊木廠堤命新寧伯譚祐侍郎陳政內官李興等督官軍二萬人築之正德元年築狼窩決口久之下流支渠盡淤嘉靖十年從郎中陸時雍言發卒濬導三十四年修柳林至草橋大河四十一年命尚書雷禮修盧溝河岸禮言盧溝東南有大河從麗莊園入直沽下海沙澱十餘里稍東岔河從固安抵直沽勢高今當先濬大河令水歸故道然後築長堤以固之決口地下水急人力難驟施西岸故堤綿亘八百丈遺址可按宜併築詔從其請明年訖工東西岸石堤凡九百六十丈萬曆十五年九月神宗幸石景山臨觀渾河召輔臣申時行至幄次諭曰朕每聞黃河衝決爲患不常欲觀渾河以知水勢今見河流洶湧如此知黃河經理倍難宜飭所司加慎勿以勞民傷財爲故事至選用務得人吏工二部宜明喻朕意

膠萊河在山東平度州東南膠州東北源出高密縣分南北流南流自膠州麻灣口入海北流經平度州至掖縣海倉口入海議海運者所必講也元至元十七年萊人姚演獻議開新河鑿池三百餘里起膠西縣東陳村海口西北達膠河出海倉口謂之膠萊新河尋以勞費難成而罷明正統六年昌邑民王坦上言漕河水淺軍卒窮年不休往者江南常海運自太倉抵膠州州有河故道接掖縣宜濬通之由掖浮海抵直沽可避東北海險數千里較漕河爲近部覆寢其議嘉靖十一年御史方遠宜等復議開新河以馬家墩數里皆石岡議復寢十七年山東巡撫胡纘宗言元時新河石座舊跡猶在惟馬壕未通已募夫鑿治請復濬淤道三十餘里命從其議至十九年副使王獻言勞山之西有薛島陳島石砑林立橫伏海中最險元人避之故放洋走成山正東踰登抵萊然後出直沽考膠萊地圖薛島西有山曰小竺兩峯夾峙中有石岡曰馬壕其麓南北皆接海崖而北即麻灣又稍北即新河又西北即萊州海倉由麻灣抵海倉纔三百三十里由淮安踰馬壕抵直沽纔一千五百里可免遶海之險元人嘗鑿此道遇石而止今鑿馬壕以趨麻灣濬新河以出海倉誠便獻乃於舊所鑿地迤西七丈許鑿之其初土石相半下則皆石又下石頑如鐵焚以烈火用水沃之石爛化爲燼海波流匯麻灣以通長十有四里廣六丈有奇深半之由是江淮之舟達於膠萊踰年復濬新河水泉旁溢其勢深闊設九閘置浮梁建官署以守而中間分水嶺難通者三十餘里時總河王以旂議復海運請先開平度新河帝謂妄議生擾而獻亦適遷去於是工未就而罷三十一年給事中李用敬言膠萊新河在海運舊道西王獻鑿馬家壕導張魯白現諸河水益之今淮舟直抵麻灣即新河南口也從海倉直抵天津即新河北口也南北三百餘里潮水深入中有九穴湖大沽河皆可引濟其當疏濬者百餘里耳宜急開通給事中賀涇御史何廷鈺亦以爲請詔廷鈺會山東撫按官行視既而以估費浩繁報罷隆慶五年給事中李貴和復請開濬詔遣給事中胡檟會山東撫按官議檟言獻所鑿渠流沙善崩所引白河細流不足灌注他若現河小膠河張魯河九穴都泊皆潢汙不深廣膠河雖有微源地勢東下不能北引諸水皆不足資上源則水泉枯涸無可仰給下流則浮沙易潰不能持久擾費無益巡撫梁夢龍亦言獻悞執元人廢渠爲海運故道不知渠身太長春夏泉涸無所引注秋冬暴漲無可蓄洩南北海沙易塞舟行滯而不通乃復報罷萬曆三年南京工部尚書劉應節侍郎徐栻復議海運言難海運者以放洋之險覆溺之患今欲去此二患惟自膠州以北楊家圈以南濬地百里無高山長坂之隔楊家圈北悉通海潮矣綜而計之開創者什五通濬者什三量濬者什二以錐探之上下皆無石可開無疑乃命栻任其事應節議主通海而栻往相度則膠州旁地高峻不能通潮惟引泉源可成河然其道二百五十餘里鑿山引水築堤建閘估費百萬詔切責栻謂其以難詞沮成事會給事中光懋疏論之且請令應節往勘應節至謂南北海口水俱深闊舟可乘潮條悉其便以聞山東巡撫李世達上言南海麻灣以北應節謂沙積難除從古路溝十三里以避之又慮南接鴨綠港東連龍家屯沙積甚高渠口一開沙隨潮入故復有建閘障沙之議臣以爲閘閉則潮安從入閘啓則沙又安從障也北海倉口以南至新河閘大率沙淤潮淺應節挑東岸二里僅去沙二尺大潮一來沙壅如故故復有築堤約水障沙之議臣以爲障兩岸之沙則可耳若潮自中流衝激安能障也分水嶺高峻一工止二十丈而費千五百金下多礓砢石掣水甚難故復有改挑王家邱之議臣以爲吳家口至亭口高峻者共五十里大槩多礓砢石費當若何而舍此則又無河可行也夫潮信有常大潮稍遠亦止及陳村閘楊家圈不能更進況月止二潮乎此潮水之難恃也河道紆曲二百里張魯白膠三水微細都泊行潦業已乾涸設遇亢旱何泉可引引泉亦難恃也元人開濬此河史臣謂其勞費不貲終無成功足爲前鑒巡按御史商爲正亦言挑分水嶺下方廣十丈用夫千名纔下數尺爲礓砢石又下皆沙又下盡黑沙又下水泉湧出甫挑即淤止深丈二尺必欲通海行舟更須挑深一丈雖二百餘萬未足了此給事中王道成亦論其失工部尚書郭朝賓覆請停罷遂召應節栻還京罷其役嗣是中書程守訓御史高舉顏思忠尚書楊一魁相繼議及之皆不果行崇禎十四年山東巡撫曾櫻戶部主事邢國璽復申王獻劉應節之說給內帑十萬金工未舉櫻去官十六年夏尚書倪元璐請截漕糧由膠萊河轉餉自膠河口用小船抵分水嶺車盤嶺脊四十里達於萊河復用小船出海可無島嶼漂損之患山東副總兵黃允恩獻議畧同皆未及行

明史卷八十八　　志第六十四

總裁官總理事務經筵講官少保兼太子太保保和殿大學士兼管吏部戶部尚書事加六級臣張廷玉等奉

敕修

河渠六

直省水利

三代疆理水土之制甚詳自井田廢溝遂堙水常不得其治於是穿鑿渠塘井陂以資灌溉明初太祖詔所在有司民以水利條上者即陳奏越二十七年特諭工部陂塘湖堰可蓄洩以備旱潦者皆因其地勢修治之乃分遣國子生及人材徧詣天下督修水利明年冬郡邑

交奏凡開塘堰四萬九百八十七處其恤民者至矣嗣後有所興築或役本境或資鄰封或支官料或採山場或農隙鳩工或隨時集事或遣大臣董成終明世水政屢修可具列云洪武元年修和州銅城堰閘周迴二百餘里四年修興安靈渠爲陡渠者三十六渠水發海陽山秦時鑿溉田萬頃馬援葺之後圮至是始復六年發松江嘉興民夫二萬開上海胡家港自海口至漕涇千二百餘丈以通海船且濬海鹽澉浦八年開登州蓬萊閣河命耿炳文濬涇陽洪渠堰溉涇陽三原醴泉高陵臨潼田二百餘里九年修彭州都江堰十二年李文忠言陝西病鹹鹵請穿渠城中遙引龍首渠東注從其請甃以石十四年築海鹽海塘十七年築磁州漳河決堤決荊州嶽山壩以灌民田十九年築長樂海堤二十三年修崇明海門決堤二萬三千九百餘丈役夫二十五萬人四川永寧宣慰使言所轄水道百九十灘江門大灘八十二皆被石塞詔景川侯曹震往疏之二十四年修臨海橫山嶺水閘寧海奉化海堤四千三百餘丈築上虞海堤四千丈改建石閘濬定海鄞二縣東錢湖灌田數萬頃二十五年鑿溧陽銀墅東壩河道由十字港抵沙子河胭脂壩四千三百餘丈役夫三十五萬九千餘人二十七年濬山陽支家河鬱林州民言州南北二江相去二十餘里乞鑿通設石陡諸閘從之二十九年修築河南洛堤復興安靈渠時尚書唐鐸以軍興至其地圖渠狀以聞請濬深廣通官舟以餉軍命御史嚴震直燒鑿陡澗之石餉道果通三十一年洪渠堰圮復命耿炳文修治之且濬渠十萬三千餘丈建文四年疏吳淞江永樂元年修安陸京山漢水塌岸章邱漯河東堤高密濰決岸安陽河堤福山護城決堤浙江赭山江塘餘干龍窟壩塘岸臨潁褚河決口濰縣白浪河堤潛山懷寧陂堰高要靑岐羅婆圩通州徐竈食利等港平遙廣濟渠句容楊家港王旱圩等堤肇慶鳳翔遙頭岡決岸南陽高家屯頭二堰及沙澧等河堤夏縣古河決口三十餘里修築和州保大等圩百二十餘里蓄水陡門九濬昌邑河渠五所鑿嘉定小橫瀝以通秦趙二涇濬崑山葫蘆等河命夏原吉治蘇松嘉興水患濬華亭上海運鹽河金山衞閘及漕涇分水港原吉言浙西諸郡蘇松最居下流嘉湖常頗高環以太湖綿亘五百里納杭湖宣歙溪澗之水散注澱山諸湖以入三泖頃爲浦港堙塞漲溢害稼拯治之法在濬吳淞諸浦按吳淞江袤二百餘里廣百五十餘丈西接太湖東通海前代常疏之然當潮汐之衝旋疏旋塞自吳江長橋抵下界浦百二十餘里水流雖通實多窄淺從浦抵上海南倉浦口百三十餘里潮汐淤塞已成平陸灩沙游泥難以施工嘉定劉家港卽古婁江徑入海常熟白茆港徑入海皆廣川急流宜疏吳淞南北兩岸安亭等浦引太湖諸水入劉家白茆二港使其勢分松江大黃浦乃通吳淞要道今下流遏塞難濬旁有范家浜至南倉浦口徑達海宜濬深濶上接大黃浦達泖湖之水庶幾復禹貢三江入海之舊水道旣通乃相地勢各置石閘以時啟閉每歲水涸時預修圩岸以防暴流則水患可息帝命發民丁開濬原吉晝夜徒步以身先之功遂成二年修泰州河塘萬八千丈興化南北堤泰興沿江圩岸六合瓜步等屯濬丹徒通潮舊江又修象山茭湖塘岸海康徐聞二縣那隱坡調黎等港堤岸黃巖混水等十五閘六陡門孟津河堤分宜湖塘武陟馬田堤岸吞山竹徑水陂復興安分水塘興安有江源出海陽山江中橫築石埭分南北渠溉民田甚溥埭上疊石如鱗以防衝溢嚴震直撤石增埭水迫無所洩衝塘岸盡趨北渠南渠淺澀民失利至是修復如舊海門民請發淮安蘇常民丁協修張墩港東明港百餘里潰堤帝曰三郡民方苦水患不可重勞遣官行視以揚州民協築之當塗民言慈湖瀕江上通宣歙東抵丹陽湖西接蕪湖久雨浸淫潮漲傷農宜遣勘修築帝從其請且諭工部安撫蘇松浙江江西湖廣凡湖泊卑下圩岸傾頹亟督有司治之夏原吉復奉命治水蘇松盡通舊河港又濬蘇州千墩浦致和塘安亭顧浦陸皎浦尤涇黃涇共二萬九千餘丈松江大黃浦赤雁浦范家浜共萬二千丈以通太湖下流先是修含山崇義堰未幾和州民言銅城閘上抵巢湖下通揚子江決圩岸七十餘處乞修治其吏目張良興又言水渰麻澧二湖田五萬餘頃宜築圩埂起桃花橋訖含山界三十里俱從之三年修上虞曹娥江壩埂溫縣馱塢村堤堰四千餘丈南海衞蓮塘四會縣鴉鶻水等堤岸無爲州周興等鄉及鷹揚衞烏江屯江岸築昌黎及歷城小淸河決堤應天新河口北岸從大勝關抵江東驛三千三百丈濬海州北舊河上通高橋下接臨洪場及山陽運鹽河十八里四年修築宣城十九圩豐城穆湖圩岸石首臨江萬石堤溧水決圩修懷寧斗潭河彭灘圩岸順天固安保定荆岱樂亭魯家套社河口吉水劉家塘雲陂江都劉家圩港築湖廣廣濟武家穴等江岸新建石頭岡圩岸江浦沿江堤開泰州運鹽河普定秦潼河西溪南儀阡三處河口導流興化鹽城界入海濬常熟福山塘三十六里五年修長洲吳江崑山華亭錢塘仁和嘉興堤岸餘姚南湖壩築高要銀岡金山等潰堤溉田五百餘頃治杭州江岸之淪者六年濬浙江平陽縣河七年修安陸州渲馬灘決岸海鹽石堤築泰興攔江堤三千九百餘丈且濬大港北淤河抵縣南出大江四千五百餘丈八年修丹陽練湖塘汝陽汝河堤岸南陵野塘圩蚌蕩壩松滋張家坑何家洲堤岸平度州濰水浮糠河決口百十二堤堰八千餘丈吳江石塘官路橋梁九年修安福丁陂等塘壆安仁饒家陂壽光堤安陸京山景陵圩岸長樂官塘長洲至嘉興石土塘橋路七十餘里泄水洞百三十一處監利車水堤四千四百餘丈高安華陂屯陂堤仁和海寧海鹽土石塘岸萬餘丈築沂州沭河口決岸并淪沭陽沭河築直隸新城張村等口決堤仁和黃濠塘岸三百餘丈孫家圍塘岸二十餘里濬濰縣干丹河定襄故渠六十三里引滹沱水灌田六百餘頃疏福山官渠濬江陰靑陽河道鄒平白條溝河三十餘里麗水民言縣有通濟渠截松陽遂昌諸溪水入焉上中下三源流四十八派溉田二千餘頃上源民洩水自利下源流絕沙壅渠塞請修堤堰如舊部議從之齊東知縣張昇言小淸河洪水衝決淹沒諸鹽場及靑州田請濬上流修長堤使水行故道皇太子遣官經理之鄜州民言洛水橫決而西衝塌州城東北隅請濬故道循州東山麓南流從之十年修浙江平陽捍潮堤岸黃梅臨江決岸百二十餘里海門捍潮堤百三十里築新會圩岸二千餘丈獻縣饒陽恭儉等岸安邱紅河決岸安州直亭等河決口八十九華容安津等堤決口四十六濬上海蟠龍江濰縣白浪河北京行太僕卿楊砥言吳橋東光興濟交河及天津等衞屯田雨水決堤傷稼德州良店驛東南二十五里有黃河故道與州南土河通穿渠置閘分殺水勢大爲民便命侍郎藺芳往理之十一年修蕪湖陶辛政和二圩保定文安二縣河口決岸五十四應天新河圩岸天長福勝戚家莊二塘榮澤大濱河堤濬崑山太平河十二年修鳳陽安豐塘水門十六座及牛角壩新倉舖塌岸武陟郭村馬曲堤岸聊城龍灣河濮州紅船口范縣曹村河堤岸築三河決堤濬海州官河二百四十里解州民言臨晉涑水河逆流決姚暹渠堰入砂地渰民田將及鹽池尋又言硝池水溢決豁口入鹽池以涑水渠姚暹渠併流故命官修築如其請十三年修興濟決岸南京羽林右衞刁家圩屯田堤吳江縣丞李昇言蘇松水患太湖爲甚急宜洩其下流若常熟白茆諸港崑山千墩等河長洲十八都港汊吳縣無錫近湖河道皆宜循其故迹濬而深之仍修蔡涇等閘候潮來往以時啟閉則泛濫可免而民獲耕種之利從之十五年修固安孫家口及臨漳固塚堤岸十六年修魏縣決岸十七年蕭山民言境內河渠四十五里溉田萬頃比年淤塞乞疏濬仍置閘錢淸小江壩東庶旱潦無憂山東新城民言縣東鄭黃溝源出淄川下流壅沮霖潦妨農陳家莊南有乾河上與溝接下通烏江乞濬治從之十八年海寧諸縣民言潮沒海塘二千六百餘丈延及吳家等壩通政岳福亦言仁和海寧壞長降等壩淪海千五百餘丈東岸赭山巖門山蜀山舊有海道淤絕久故西岸潮愈猛乞以軍民修築從之明年修海寧等縣塘岸二十一年修嘉定抵松江潮圮圩岸五千餘丈交阯順化衞決堤百餘丈文水民言文谷山常稔渠分引文谷河流袤三十餘里灌田今河潰洩水從其奏葺治之二十二年修臨海廣濟河閘洪熙元年修黃巖濱海閘壩視永樂初增府判一員專其事修獻縣饒陽恭儉堤及窯堤口宣德二年浙江歸安知縣華嵩言涇陽洪渠堰溉五縣田八千四百餘頃洪武時長興侯耿炳文前後修濬未久堰壞永樂間老人徐齡言於朝遣官修築會營造不果乞專命大臣起軍夫協治從之三年修灌縣都江等堰四十四臨海民言胡巉諸閘瀦水灌田近年闕壞而金鼇大浦湖涞畢嶼等河遂皆壅阻乞爲開築帝曰水利急務使民自訴於朝此守令不得人爾命工部卽飭郡縣秋收起工仍詔天下凡水利當興者有司卽舉行毋緩視巡按江西御史許勝言南昌瑞河兩岸低窪多良田洪武間修築水不爲患比年水溢岸圮二十餘處豐城安沙繩灣圩岸三千六百餘丈永樂間水衝改修百三十餘丈近者久雨江漲堤壞乞敕有司募夫修理中書舍人陸伯倫言常熟七浦塘東西百里灌常熟崑山田歲租二十餘萬石乞聽民自濬之皆詔可四年修獻縣柳林口堤岸潛江民言蚌湖陽湖皆臨襄河水漲岸決害荆州三衞荆門江陵諸州縣官民屯田無算乞發軍民築治從之福淸民言光賢里官民田百餘頃堤障海水堤壞久田盡荒永樂中嘗命修治迄今未舉民不得耕帝責有司亟治而諭尚書吳中嚴飭郡邑陂池堤堰及時修濬慢者治以罪五年巡撫侍郎成均言海鹽去海二里石嵌土岸二千四百餘丈水齧其

石皆已刓敝議築新石於岸內而存其舊者以爲外障乞如洪武中令嘉嚴紹三府協夫畢工從之六年修劉陽廣濟諸縣堤堰豐城西北臨江石堤及西南七圩壩石首臨江三堤濬餘姚舊河池巡撫侍郎周忱言溧水永豐圩周圍八十餘里環以丹陽石臼諸湖舊築埂壩通陟門石塔農甚利之今頹敗請葺治教諭唐敏言常熟耿涇塘南接梅里通昆承湖北達大江洪武中濬以溉田今壅阻請疏導並從之七年修眉州新津通濟堰堰水出彭山分十六渠溉田二萬五千餘畝河東鹽運使言鹽池近地姚暹河流入五星湖轉黃流河兩岸窪下比歲雨溢水漲衝至解州浸鹽急遂潰南岸沒民田三十餘里鹽池護堤皆壞復因下流涑水河高壅淤逆流姚暹以決乞起民夫疏瀹從之蘇州知府況鍾言蘇松嘉湖湖有六曰太湖龐山陽城沙湖昆承尚湖永樂初夏原吉濬導今復淤乞遣大臣疏濬乃命周忱與鍾治之是歲汾河驟溢敗太原堤鎮守都司李謙巡按御史徐傑以便宜修治然後馳奏帝嘉奬之八年葺湖廣偏橋衞高陂石洞完縣南關舊河復和州銅城堰閘修安陽廣惠等渠磁州滏陽河五爪濟民渠九年修江陵枝江沿江堤岸築薊州決岸毀蘇松民私築堤堰十年築海鹽潮決海塘千五百餘丈主事沈中言山陰西小江上通金嚴下接三江海口引諸暨浦江義烏諸湖水以通舟江口近淤宜築臨浦戚堰障諸湖水俾仍出小江詔部覆奪正統元年修吉安沿江堤築海陽登雲都雲步村等決堤濬陜西西安灞橋河二年築蠡縣王家等決口修新會鸞臺山至瓦塘浦頹岸江陵松滋公安石首潛江監利近江決堤又修湖廣老龍堤以爲漢水所潰也三年疏泰興順德鄉三渠引湖溉田潞州永祿等溝渠二十八道通於漳河四年修容城杜村口堤設正陽門外減水河并疏城內溝渠荊州民言城西江水高城十餘丈霖潦壞堤水即灌城請先事修治寧夏巡撫都御史金濂言鎮有五渠資以行溉今明沙州七星漢伯石灰三渠久塞請用夫四萬疏濬溉蕪田千三百餘頃並從之五年修太湖堤海鹽海岸南京上中下新河及濟川衞新江口防水堤鄞縣南宮諸堤築順天河間及容城杜村口郎家口決堤塞海寧蠣巖決堤口濬鹽城伍祐新興二場運河初溧水有鎮曰廣通其西固城湖入大江東則三塔堰河入太湖中間相距十五里洪武中鑿以通舟縣地稍窪而湖納寧國廣德諸水遇潦即溢乃築壩於鎮以禦之而堰水不能至壩下是歲改築壩於葉家橋胭脂河者溧水入秦淮道也蘇松船皆由以達沙石壅塞因并濬之山陽涇河壩上接漕河下達鹽城舊置絞關以通舟歲久且敝又恐盜洩水利遂築塞河口是歲從民請修壩并復絞關六年造宣武門東城河南岸橋修江米巷玉河橋及堤并濬京城西南河築豐城沙月諸河堤蕪湖陶辛圩新埂濬海寧官河及花塘河狹石橋塘河築瓦石堰二所疏南京江洲殺其水勢以便修築塌岸高郵知州韓簡言官河上下二閘皆圮河亦不通且子嬰溝塞減水陰洞閉致旱澇無所濟俱乞濬治詔部覈實以行七年修江西廣昌江岸蕭山長山浦海塘彭山通濟堰築南京浦子口大勝關堤九江及武昌臨江塌岸濬江陵荊門潛江淤沙三十餘里八年修蘭溪卸橋浦口堤弋陽官陂三所濬南京城河九年修德州耿家灣等堤岸杞縣離溝堤築容城杜村堤決口易上虞菱湖土壩爲石閘挑無錫里谷蘇塘華港上村李走馬塘諸河東南接蘇州苑山湖塘北通揚子江西接新興河引水灌田濬杞縣牛墓岡舊河武進太平永興二河疏海鹽永安河茶市院新涇陶涇塘諸河都御史陳鎰言朝邑多沙鹻難耕縣治洛河與渭水通請穿渠灌之新安民言城南長溝河西通徐漕二水東連雄縣直沽沙土淤塞請發丁夫疏濬海陽民蕭瑤言縣有長溪源出山麓流抵海口周袤潮郡故登隆等都俱賓溝通溉惟隆津等都陸野絕水歲旱無所賴乞開溝如登隆長樂民劉彥梁言嚴湖二十餘里南接稠菴溪西通倒流溪可備旱溢又有張塘涵塘前涵大塘涵陳塘港其利如嚴湖乞令有司疏瀹廣濟民言縣與鄰邑黃梅歲運糧三萬石於望牛墩小車盤剝不堪其勞連城湖港廖家口有溝抵墩前淤淺不能行船請與黃梅合力濬通以便水運並從之十一年修洞庭湖堤築登州河岸濬通州金沙場八里河以通運渠任邱民言凌城港去縣二十五里內有定安橋河北十八里通流東七里沙塞宜疏通與港相接入直沽張家灣巡撫周忱言應天鎮江太平寧國諸府舊有石臼等湖其中溝港歲辦魚課其外平圩淺灘聽民牧放孳畜採掘菱藕不許種耕故山溪水漲有所宣洩近者富豪築圩田遏湖水每遇泛溢害即及民宜悉禁革並從之十二年疏平度州大灣口河道荊州公安門外河以便公安石首諸縣輸納浙江聽選官王信言紹興東小江南通諸暨七十二湖西通錢塘江近爲潮水湧塞江與田平舟不能行久雨水溢鄰田輒受其害乞發丁夫疏濬從之十三年築寧夏漢唐壩決口疏山西涑水河南海縣通海泉源鑿宣府城濠引城北山水入南城大河湖廣五開衞言衞與苗接山路峻險去衞三十里有水通靖州江亂石沙灘請疏以便輸運雲南鄧川州言本州民田與大理衞屯田接壤湖畔每歲雨水沙土壅淤禾苗渰沒乞命州衞軍民疏治並從之十四年濬南海潘埇堤岸置水閘和州民言州有姥鎮河上通麻澧二湖下接牛屯大河長七十里許廣八丈又有張家溝連銅城閘通大江長減姥鎮之半廣如之灌溉降福等七十餘圩及南京諸衞屯田近年河潰閘圮率皆淤塞請興役疏濬仍於姥鎮豐山嘴葉公坡各建閘以備旱澇從之景泰元年築丹陽甘露等壩二年修玉河東西堤濬安定門東城河永嘉三十六都河常熟顧新塘南至當湖北至揚子江三年修泰和信豐堤築延安綏德決河綿州西岔河通江堤岸濬常熟七浦塘劍州海子疏孟瀆河浜涇十一工部言海鹽石塘十八里潮水衝決浮土修築不能久詔別築石塘捍之四年濬江陰順塘河十餘里東接永利倉大河西通夏港及揚子江雲南總兵官沐璘言城東有水南流源發邵甸會九十九泉爲一抵松花壩分爲二支一繞金馬山麓入滇池一從黑窯村流至雲澤橋亦入滇池舊於下流築堰溉軍民田數十萬頃霖潦無所洩請令受利之家自造石閘啟閉以時報可五年疏靈寶黎園莊渠通鴻臚澗溉田萬頃六年濬華容杜預渠通運船入江避洞庭險修容城白溝河杜村口固安楊家等口決堤七年尚書孫原貞言杭州西湖舊有二閘近皆傾圮湖遂淤塞按宋蘇軾云杭本江海故地水泉鹹苦自唐李泌引湖水入城爲六井然後井邑日富不可許人佃種周淙亦言西湖貴深闊因招兵二百專一撈湖其後豪戶復請佃湖日益塡塞大旱水涸詔郡守趙與𥲤開濬芰荷茭蕩悉去杭民以利此前代經理西湖大略也其後勢豪侵占無已湖水淺狹閘石毀壞今民田無灌溉資官河亦澀阻乞敕有司興濬禁侵占以利軍民從之天順二年修彭縣萬工堰灌田千餘頃五年僉事李觀言涇水出涇陽仲山谷道高陵至櫟陽入渭袤二百里漢開渠溉田宋元俱設官主之今雖有瓠口鄭白二渠而堤堰摧決溝洫壅瀦民弗蒙利乃命有司濬之八年永平民言漆河遶城西南流入海城趾皆石故水不能決其餘則沙土易潰前入於東北築土堤西南甃岸今歲久日塌宜作堤於東流橫以激之使合西流庶無蕩析患都御史項忠言涇陽之瓠口鄭白二渠引涇水溉田數萬頃至元猶溉八千頃其後渠日淺利因以廢宣德初遣官修鑿畝收四三石無何復塞渠旁之田遇旱爲赤地涇陽醴泉三原高陵皆患苦之昨請於涇水上源龍潭左側疏濬訖舊渠口尋以詔例停止今宜畢其役西安城西井泉鹹苦飲者輒病龍首渠引水七十里修築不易且利止及城東西南皂河去城一舍許可鑿令引水與龍首渠會則居民盡利邳州知州孟琳言榆行諸社俱臨沂河久雨岸崩二十八處低田盡渰乞與修築並從之成化二年修壽州安豐塘四年疏石州城河六年修平湖周家涇及獨山海塘七年潮決錢塘江岸及山陰會稽蕭山上虞乍浦瀝海二所錢清諸場命侍郎李顒修築八年堤襄陽決岸十年廷臣會議江浦北城圩古溝北通滁河浦子口城東黑水泉古溝南入大江二溝相望岡壠中截宜鑿通成河旱引澇洩從之十一年濬杭州錢塘門故渠左屬湧金門建橋閘以蓄湖水巡撫都御史牟俸言山東小清河上接濟南趵突諸泉下通樂安沿海高家港鹽場大清河上接東平坎河諸泉下通濱州海豐利津沿海富國鹽場淤塞苦盤剝雨水又患渰沒勸農參政唐瀵濬河造閘請令兼治水利詔可十二年巡按御史許進言河西十五衞東起莊浪西抵肅州緜亘幾二千里所資水利多奪於勢豪宜設官專理詔屯田僉事兼之十四年俸言直隸蘇松與浙西各府頻年旱澇緣周環太湖乃東南最窪地而蘇松尤最下之衝故每逢積雨衆水奔潰湖泖漲漫渰沒無際按太湖即古震澤上納嘉湖宣歙諸州之水下通婁東吳淞三江之流東江今不復見婁淞入海故跡具存其地勢與常熟福山白茆二塘俱能導太湖入江海使民無墊溺而土可耕種歷代開濬具有成法本朝亦常命官修治不得其要而濱湖豪家盡將淤灘栽蒔爲利治水官不悉利害率於泄處置石梁壅土爲道或慮盜船往來則釘木爲柵以致水道堙塞公私交病請擇大臣深知水利者專理之設提督水利分司一員隨時修理則水勢疏通東南厚利也帝即令俸兼領水利聽所濬築功成乃專設分司十五年修南京內外河道十八年濬雲南東西二溝自松華壩黑龍潭抵西南柳壩南村灌田數萬頃修居庸關水關城券及隘口水門四十九樓鋪墩臺百二十二十年修嘉興等六府海田堤岸特選京堂官往督之二十二年濬南京中下二新河弘治三年從巡撫都御史邱鼐言設官專領灌縣都江堰六年敕撫民參

政朱瑄濬河南伊洛彰德高平萬金懷慶廣濟南陽召公等渠汝寧桃陂等堰七年濬南京天潮二河備軍衞屯田水利七月命侍郎徐貫與都御史何鑑經理浙西水利明年四月告成貫初奉命奏以主事祝萃自隨萃乘小舟究悉源委貫乃令蘇州通判張旻疏各河港水瀦之大壩旋開白茆港沙面乘潮退決大壩水衝激之沙泥刷盡潮水蕩激日益淵深水達海無阻又令浙江參政周季麟修嘉興舊堤三十餘里易之以石增繕湖州長興堤岸七十餘里貫乃上言東南財賦所出而水患爲多永樂初命夏原吉疏濬時以吳淞江灩沙浮蕩未克施工迨今九十餘年港浦愈塞臣督官行視濬吳江長橋導太湖散入澱山陽城昆承等湖泖復開吳淞江並大石趙屯等浦洩澱山湖水由吳淞江以達於海開白茆港白魚洪鮎魚口洩昆承湖水由白茆港以注於江開斜堰七鋪鹽鐵等塘洩陽城湖水由七丫港以達於海下流疏通不復壅塞乃開湖州之漊涇洩西湖天目安吉諸山之水自西南入於太湖開常州之百瀆洩溧陽鎭江練湖之水自西北入於太湖又開諸陡門洩漕河之水由江陰以入於大江上流亦通不復堙滯是役也修濬河港涇瀆湖塘陡門堤岸百十五道役夫二十餘萬祝萃之功多焉巡撫都御史王珣言寧夏古渠三道東漢中唐並通惟西一渠傍山長三百餘里廣二十餘丈兩岸危峻漢唐舊跡俱堙宜發卒濬鑿引水下流即以土築東岸建營堡屯兵以遏寇衝請帑銀三萬兩并靈州六年鹽課以給其費又請於靈州金積山河口開渠灌田給軍民佃種並從之十八年修築常熟塘壩自尚湖口抵江及黃泗等浦新莊等沙三十餘處濬杭州西湖正德七年修廣平滏陽河口堤岸十四年濬南京新江口右河十五年御史成英言應天等衞屯田在江北滁和六合者地勢低壓爲水敗從金城港抵濁河達烏江三十餘里因舊跡濬之則水勢洩而屯田利詔可嘉靖元年築濬束鹿肥鄉獻魏堤渠初蘇松水道盡爲勢家所據巡撫李充嗣畫水爲井地示開鑿法戶占一區計工刻日造濬川爬用巨筏數百曳木齒隨潮進退擊汰泥沙置小艇百餘尾鐵帚以導之濬故道穿新渠巨浦支流罔不灌注帝嘉其勞賚以銀幣二年修德勝門東朝陽門北城垣河道築儀眞江都官塘五區十年工部郎中陸時雍言良鄉盧溝河涿州琉璃胡良二河新城雄縣白溝河河間沙河青縣滹沱河下流皆淤宜以時濬使達於海詔巡撫議之十一年太僕卿何棟勘畿封河患有二一論滹沱河其一言眞定鴨沙磁三河俱發源五臺會諸支水抵唐河藺家圈合流入河間東南經任邱霸州天津入海此故道也河間東南高東北下故水決藺家口而肅寧新安皆罹其害宜築決口濬故道涿州胡良河自拒馬分流至州東入渾河良鄉琉璃河發源磁家務潛入地中至良鄉東入渾河比者渾河壅塞二河不流然下流淤沙僅四五里請亟濬之部覆允行郎中徐元祉受命振災上言河本以洩水今反下壅淀本以瀦水今反上溢故畿輔常苦水順天利害相半眞定利多於害保定害多於利河間全受其害弘正間嘗築長堤排決口旋即潰敗今惟疏濬可施其策凡六一濬本河俾河身寬邃九河自山西來者南合滹沱而不侵眞定諸郡北合白溝而不侵保定諸郡此第一義也一濬支河令九河之流經大清河從紫城口入經文都村從涅槃口入經白洋淀從藺家口入經章哥窪從楊村河入直遂以納細流水力分矣一濬決河九河安流時本支二河可受遇漲則岸口四衝宜每衝量存一口復濬令合成一渠以殺湍急備淫溢一濬淀河令淀淀相通達於本支二河使下有所洩一濬淤河九河東逝悉由故道高者下下者通占據曲防者抵罪一濬下河九河一出青縣一出丁字沽二流相匯於苑家口故施工必自苑家口始漸有成效然後次第舉行庶減諸郡水害帝嘉納之明年香河郭家莊自開新河一道長百七十丈濶五十丈近舊河十里餘詔河官亟繕治十三年巡撫都御史周金言藺家圈決口塞之則東溢病河間不塞則東流漸淤病保定宜存決口而濬廣新河使水東北平流無壅潰患從之二十四年濬南京後湖初胡體乾按吳以松江泛溢進六策曰開川曰濬湖曰殺上流之勢曰決下流之壅曰排潮漲之沙曰立治田之規是年呂光洵按吳復奏蘇松水利五事一曰廣疏濬以備瀦洩三吳澤國西南受太湖諸澤水勢尤卑東北際海岡隴之地視西南特高高苦旱卑苦澇昔人於下流疏爲塘浦導諸湖水北入江東入海又引江潮流衍於岡隴外瀦洩有法水旱無患比來縱浦橫塘多堙不治惟黃浦劉河二江頗通然太湖之水源多勢盛二江不足以洩之岡隴支河又多壅絕無以資灌溉於是高下俱病歲常告災宜先度要害於澱山等茭蘆地導太湖水散入陽城昆承三泖等湖又開吳淞江及大石趙屯等浦洩澱山之水以達於海濬白茆鮎魚諸口洩昆承之水以注於江開七浦鹽鐵等塘洩陽城之水以達於江又導田間之水悉入小浦以納大浦使流者皆有所歸瀦者皆有所洩則下流之地治而澇無所憂矣乃濬艾祁通波以溉青浦濬顧浦吳塘以溉嘉定濬大瓦等浦以溉崑山之東濬許浦等塘以溉常熟之北濬臧村等港以溉金壇濬澡港等河以溉武進凡隴岡支河堙塞不治者皆濬之深廣使復其舊則上流之地亦治而旱無所憂矣此三吳水利之經也一曰修圩岸以固橫流蘇松常鎭東南下流而蘇松又常鎭下流易瀦難洩雖導河濬浦引注江海而秋霖泛漲風濤相薄則河浦之水逆行田間衝齧爲患宋轉運使王純臣嘗令蘇湖作田塍禦水民甚便之司農丞郟亶亦云治河以治田爲本故老皆云前二三十年民間足食因餘力治圩岸田益完美近皆空乏無暇修繕故田圩漸壞歲多水災合敕所在官司專治圩岸岸高則田自固雖有霖潦不能爲害且足制諸湖之水咸歸河浦中則不待決洩自然湍流而岡隴之地亦因江水稍高又得畝引以資灌溉不特利於低田而已一曰復板閘以防淤澱河浦之水皆自平原流入江海水慢潮急以故沙隨浪湧其勢易淤昔人權其便宜去江海十里許夾流爲閘隨潮啟閉以禦淤沙歲旱則長閉以蓄其流歲澇則長啟以宣其溢所謂置閘有三利蓋謂此也近多堙塞惟常熟福山閘尚存故老以爲河浦入海之地誠皆置閘自可歷久不壅一曰量緩急以處工費一曰重委任以責成功詔悉如議光洵因請專委巡撫歐陽必進從之二十六年給事中陳斐請仿江南水田法開江北溝洫以祛水患益歲收報可三十八年總督尚書楊博請開宣大荒田水利從之巡撫都御史翁大立言東吳水利自震澤濬源以注江三江導流以入海而蘇州三十六浦松江八匯毘陵十四瀆共以節宣旱澇近因倭寇衝突汊港之交率多釘柵築堤以爲捍禦因致水流停瀦淤淖日積渠道之間仰高成阜且具區湖泖並水而居者雜蒔茭蘆積泥成蕩民間又多自起圩岸上流日微水勢日殺黃浦婁江之水又爲舟師所居下流亦淤海潮無力水利難興民田漸磽宜於吳淞白茆七浦等處造成石閘啟閉以時挑鎭江常州漕河深廣使輸輓無阻公私之利也詔可四十二年給事中張憲臣言蘇松常嘉湖五郡水患叠見請濬支河通潮水築圩岸禦湍流其白茆港劉家河七浦楊林及凡河渠河蕩壅淤沮洳者悉宜疏導帝以江南久苦倭患民不宜重勞令酌濬支河而已四十五年參政淩雲翼請專設御史督蘇松水利詔巡鹽御史兼之隆慶三年開湖廣竹筒河以洩漢江巡撫都御史海瑞疏吳淞江下流上海淤地萬四千丈有奇江面舊三十丈增開十五丈自黃渡至宋家橋長八十里明年春瑞言三吳入海之道南止吳淞北止白茆中止劉河劉河通達無滯吳淞方在挑疏土人請開白茆計濬五千餘丈役夫百六十四萬餘又言吳淞役垂竣惟東西二壩未開父老皆言崑山夏駕口吳江長橋長洲寶帶橋吳縣胥口及凡可通流下吳淞者逐一挑畢方可開壩並從之是年築海鹽海塘越四年從巡撫侍郎徐栻議復開海鹽秦駐山南至澉浦舊河萬曆二年築荆州采穴承天泗港謝家灣諸決堤口復築荆岳等府及松滋諸縣老垸堤四年巡撫都御史宋儀望言三吳水勢東南自嘉秀沿海而北皆趨松江循黃浦入海西北自常鎭沿江而東皆趨江陰常熟其中太湖瀦蓄匯爲巨浸流注龐山瀆墅澱山三泖陽城諸湖乃開浦引湖北經常熟七浦白茆諸港入於江東北經崑山太倉穿劉家河東南通吳淞江黃浦各入於海諸水聯絡四面環護中如仰盂杭嘉湖常鎭勢繞四隅蘇州居中松江爲諸水所受最居下乞專設水利僉事以裨國計部議遣御史董之六年巡撫都御史胡執禮請先濬吳淞江長橋黃浦先是巡按御史林應訓言蘇松水利在開吳淞江中段以通入海之勢太湖入海其道有三東北由劉河即古婁江故道東南由大黃浦即古東江遺意其中爲吳淞江經崑山嘉定青浦上海乃太湖正脈今劉河黃浦皆通而中江獨塞者蓋江流與海潮遇海潮渾濁賴江水迅滌之劉河獨受巴陽諸湖又有新洋江夏駕浦從旁以注大黃浦總會杭嘉之水又有澱山泖蕩從上而灌是以流皆清駛足以敵潮不能淤也惟吳淞江源出長橋石塘下經龐山九里二湖而入今長橋石塘已堙龐山九里復爲灘漲其來已微又有新洋江夏駕浦掣其水以入劉河勢乃益弱不能勝海潮洶湧之勢而滌濁渾之流日積月累淤塞僅留一綫水失故道時致淫濫支河小港亦復壅滯舊熟之田半成荒畝前都御史海瑞力破羣議挑艾祁至崑山慢水港六十餘里則俱漲灘急宜開濬計淺九千五百餘丈濶二十丈此江一開太湖直入於海濱江諸渠得以引流灌田青浦積荒之區俱可開墾成熟矣並從之至是工成應訓又言吳江縣治居太湖正東湖水由此下吳淞達海宋時運道所經畏風阻險乃

建長橋石塘以通牽挽長橋百三十丈為洞六十有二石塘小則有竇大則有橋內外浦涇縱橫貫穿皆為洩水計也石塘涇竇半淤長橋內外俱圮僅一二洞門通水若不疏濬雖開吳淞下流終無益也宜開龐山湖口由長橋抵吳家港則湖有所洩江有所歸源盛流長為利大矣松江大黃浦西南受杭嘉之水西北受澱泖諸蕩之水總會於浦而秀州塘山涇港諸處實黃浦來源也澱山湖入黃浦道漸多淤淺宜為疏瀹而自黃浦橫潦洙涇經秀州塘入南泖至山涇港等處百四千餘丈待濬尤急他如蘇之茜涇楊林白茆七浦諸港松之蒲匯官紹諸塘常鎮之澡港九曲諸河併宜設法開導次第修舉八年又言蘇松諸郡幹河支港凡數百大則洩水入海次則通湖達江小則引流灌田今吳淞江白茆塘秀州塘蒲匯塘孟瀆河舜河青暘港俱已告成支河數十宜盡開濬俱從其請久之用儀望議特設蘇松水利副使以許應逵領之乃濬吳淞八十餘里築塘九十餘處開新河百二十三道濬內河百三十九道築上海李家洪老鸛嘴海岸十八里發帑金二十萬應逵以其半訖工三十七八年間霪雨浸溢水患日熾越數年給事中歸子顧言宋時吳淞江闊九里元末淤塞正統間周忱立表江心疏而濬之崔恭徐貫李充嗣海瑞相繼濬者凡五迄今四十餘年廢而不講宜使江闊水駛塘浦支河分流四達疏入留中巡按御史薛貞復請行之下部議而未行至天啟中巡撫都御史周起元復請濬吳淞白茆崇禎初員外郎蔡懋德巡撫都御史李待問皆以為請久之巡撫都御史張國維請疏吳江長橋七十二洪及九里石塘諸洞御史李謨復請濬吳淞白茆俱下部議未能行也十年增築雄縣橫堤八里禦滹沱暴漲十三年以尚寶少卿徐貞明兼御史領墾田使貞明為給事中嘗請興西北水利如南人圩田之制引水成田工部覆議畿輔諸郡邑以上流十五河之水洩於貓兒一灣海口又極東臨故所在橫流必多開支河挑濬海口而後水勢可平疏濬可施然役大費繁而今以民勞財匱方務省事請罷其議乃已後貞明謫官著潞水客譚一書論水利當興者十四條時巡撫張國彥副使顧養謙方開水利於薊永有效於是給事中王敬民薦貞明特召還賜敕勘水利貞明乃先治京東州邑如密雲燕樂莊平谷水峪寺龍家務莊三河塘會莊順慶屯地薊州城北黃厓營城西白馬泉鎮國莊城東馬伸橋夾林河而下別山鋪夾陰流河而下至於陰流遵化平安城夾運河而下沙河鋪西城南鐵廠湧珠湖以下韭菜溝上素河下素河百餘里豐潤之南則大寨剌榆坨史家河大王莊東則榛子鎮西則鴉紅橋夾河五十餘里玉田青莊塢後湖莊三里屯及大泉小泉至於瀕海之地自水道沽關黑巖子墩至開平衞南宋家營東西百餘里南北百八十里墾田三萬九千餘畝至真定將治滹沱近堧地御史王之棟言滹沱非人力可治徒耗財擾民帝入其言欲罪諸建議者申時行言墾田興利謂之害民議甚舛顧為此說者其故有二北方民游惰好閑憚於力作水田有耕耨之勞胼胝之苦不便一也貴勢有力家侵占甚多不待耕作坐收蘆葦薪芻之利若開墾成田歸於業戶隸於有司則已利盡失不便二也然以國家大計較之不便者小而便者大惟在斟酌地勢體察人情沙鹻不必盡開黍麥無煩改作應用夫役必官募之不拂民情不失地利乃謀國長策耳於是貞明得無罪而水田事終罷巡撫都御史梁問孟築橫城堡邊墻虜寧夏有黃河患請堤西岔河障水東流從之十九年尚寶丞周弘禴言寧夏河東有漢秦二壩請依河西漢唐壩築以石於渠外疏大渠一道北達鴛鴦諸湖詔可二十三年黃淮漲溢淮揚昏墊議者多請開高家堰以分淮寶應知縣陳煃為御史慮高堰既開害民產鹽場請自興鹽迤東疏白塗河石礶口廖家港為數河分門出海然後從下而上濬清水子嬰二溝且多開瓜儀閘口以洩水給事中祝世祿亦言議者欲放淮從廣陽射陽二湖入海廣陽闊僅八里射陽僅二十五丈名為湖實河也且離海三百里迂迴淺窄高寶七州縣水惟此一線宣洩之又使淮注焉田廬鹽場必無幸矣廣陽湖東有大湖方廣六十里湖北口有舊官河自官蕩至鹽城石礶口通海僅五十三里此導淮入海一便也下部及河漕官議俱格不行既而總河尚書楊一魁言黃水倒灌正以海口為阻分黃工就則石礶口廖家港白駒場海口金灣芒稻諸河急宜開刷乃命如議行之三十年保定巡撫都御史汪應蛟言易水可溉金臺滹水可溉恒山溏水可溉中山滏水可溉襄國漳水可溉鄴下而瀛海當衆河下流故號河中視江南澤國不異至於山下之泉地中之水所在皆有宜各設壩建閘通渠築堤高者自灌下則車汲用南方水田法六郡之內得水田數萬頃畿民從此饒永無旱澇之患不幸濱河有梗亦可改折於南取糴於北此國家無窮利也報可應蛟乃於天津葛沽何家圈雙溝白塘令防海軍丁屯種人授田四畝共種五千餘畝水稻二千畝收多因上言墾地七千頃歲可得穀二百餘萬石此行之而效者也是年真定知府郭勉濬大鳴小鳴泉四十餘穴溉田千頃邢臺達活野狐二泉流為牛尾河百泉流為澧河建二十一閘二堤灌田五百餘頃天啟元年御史左光斗用應蛟策復天津屯田令通判盧觀象管理屯田水利明年巡按御史張慎言言自枝河而西靜海興濟之間萬頃沃壤河之東尚有鹽水沽等處為膏腴之田惜皆蕪廢今觀象開寇家口以南田三千餘畝溝洫蘆塘之法種植疏濬之方皆具而有法人何憚而不為大抵開種之法有五一官種謂牛種器具耕作雇募皆出於官而官亦盡收其田之入也一佃種謂民願墾而無力其牛種器具仰給於官待納稼之時官十而取其四也一民種佃之有力者自認開墾若干迨開荒既熟較數歲之中以為常十一而取是也一軍種即令海防營軍種葛沽之田人耕四畝收二石緣有行月糧故收租重也一屯種祖宗衞軍有屯田或五十畝或百畝軍為屯種者歲入十七於官即以所入為官軍歲支之用國初兵農之善制也四法已行惟屯種則今日兵與軍分而屯僅存其名當選各衞之屯餘墾津門之沃土如官種法行之章下所司命太僕卿董應舉管天津至山海屯田規畫數年開田十八萬畝積穀無算崇禎二年兵部侍郎申用懋言永平灤河諸水透迤寬衍可疏渠以防旱潦山坡隙地便栽種宜令有司相地察源為民興利從之

明史卷八十九　志第六十五

總裁官總理事務經筵講官少保兼太子太保保和殿大學士兼管吏部戶部尚書事加六級張廷玉等奉

敕修

兵一

明以武功定天下革元舊制自京師達於郡縣皆立衞所外統之都司內統於五軍都督府而上十二衞為天子親軍者不與焉征伐則命將充總兵官調衞所軍領之既旋則將上所佩印官軍各回衞所蓋得唐府兵遺意文皇北遷一遵太祖之制然內臣觀兵履霜伊始洪宣以後狃於治平故未久而遂有土木之難于謙創立團營簡精銳一號令兵將相習其法頗善憲孝武世四朝營制屢更而威益不振衞所之兵疲於番上京師之旅困於占役驕至末造尺籍久虛行伍衰耗流盜蜂起海內土崩宦豎降於關門禁軍潰於城下而國遂以亡矣今取其一代規制之詳及有關於軍政者著於篇

京營　侍衞上直軍　皇城守衞　京城巡捕

四衞營

京軍三大營一曰五軍一曰三千一曰神機其制皆備於永樂時初太祖建統軍元帥府統諸路武勇尋改大都督府以兄子文正為大都督節制中外諸軍京城內外置大小二場分教四十八衞卒已又分前後中左右五軍都督府洪武四年士卒之數二十萬七千八百有奇成祖增京衞為七十二又分步騎軍為中軍左右掖左右哨亦謂之五軍歲調中都山東河南大寧兵番上京師隸之設提督內臣一武臣二掌號頭官二大營坐營官一把總二中營坐營官一馬步隊把總各一左右掖哨官如之又有十二營掌隨駕馬隊官軍設把總二又有圍子手營掌操練上直叉刀手及京衞步隊官軍設坐營官一統四司以一二三四為號把總各二又有幼官舍人營掌操練京衞幼官及應襲舍人坐營官一四司把總各一此五軍營之部分也已得邊外降丁三千立營分五司一掌執大駕龍旗寶纛勇字旗負御寶及兵仗局什物上直官軍一掌執左右二十隊勇字旗大駕旗纛金鼓上直官軍一掌傳令營旗牌御用監盔甲尚冠尚衣尚履什物上直官軍一掌執大駕勇字旗五軍紅盔貼直軍上直官軍一掌殺虎手馬轎及前哨馬營上直明甲官軍隨侍營隨侍東宮官舍遼東備禦回還官軍提督內臣二武臣二掌號頭官二坐司官五見操把總三十四上直把總十六明甲把總四此三千營之部分也已征交阯得火器法立營肄習提督內臣武臣掌號頭官皆視三千營亦分為五軍中軍坐營內臣一武臣一其下四司各監鎗內臣一把司官一把總官二左右掖哨皆如之又因得都督譚廣馬五千匹置營名五千下掌操演火器及隨駕護衞馬隊官軍坐營內臣武臣各一其下四司各把司官二此神機營之分部也居常五軍肄營陣三千肄巡哨神機肄火器大駕征行則大營居中五軍分駐步內騎外騎外為神機神機外為長圍周二十里樵採其中三大營之制如此洪熙時始命武臣一人總理營政宣德五年以成國公朱勇言選京衞卒隸五軍訓練明年命科道及錦衣官覈

諸衞軍數帝之征高煦及破兀良哈皆以京營取勝焉正統二年復因勇言令錦衣等衞守陵衞卒存其半其上直旗校隸錦衣督操餘悉歸三大營土木之難京軍沒幾盡景帝用于謙爲兵部尚書謙以三大營各爲教令臨期調撥兵將不相習乃請於諸營選勝兵十萬分十營團練每營都督一號頭官一都指揮二把總十領隊一百管隊二百於三營提督中推一人充總兵官監以內臣兵部尚書或都御史一人爲提督其餘軍歸本營曰老家京軍之制一變英宗復辟謙死團營罷憲宗立復之增爲十二成化二年復罷命分一等次等訓練尋選得一等軍十四萬有奇帝以數多令仍分十二營團練而區其名有奮耀練顯四武營敢果効鼓四勇營立伸揚振四威營命侯十二人掌之各佐以都指揮監以內臣提督以勳臣名其軍曰選鋒不任者仍爲老家以供役而團營之法又稍變二十年立殫忠効義二營練京衞舍人餘丁二營永樂間設後廢至是復設未幾以無益罷帝在位久京營特注意然缺伍至七萬五千有奇大率爲權貴所隱占又用汪直總督團營禁旅專掌於內臣自帝始也孝宗卽位乃命都御史馬文升爲提督是時營軍久苦工役成化末余子俊嘗言之文升復力陳不可又請於每營選馬步銳卒二千遇警徵調且遵洪永故事五日一操以二日走陣下營以三日演武從之時尚書劉大夏陳弊端十事復奏減修乾淸宮卒內臣謂其不恤大工大學士劉健曰愛惜軍士司馬職也帝納之會戶部主事劉夢陽極論役軍之害幷及內臣主兵者以語侵壽寧侯下詔獄遂格不行武宗卽位十二營銳卒僅六萬五百餘人稍弱者二萬五千而已給事中葛嵩請選五軍三千營精銳歸團練而存八萬餘人於營以供役惠安伯張偉謬引舊制以爭事遂已隱占如故寘鐇反太監張永將京軍往討中官權益重及流寇起邊將江彬等得幸請調邊軍入衞於是集九邊突騎家丁數萬人於京師名曰外四家立兩官廳選團營及勇士四衞軍於西官廳操練正德元年所選官軍操於東官廳自是兩官廳軍爲選鋒而十二團營且爲老家矣武宗崩大臣用遺命罷之當是時工作浩繁邊將用事京營戎政益大壞給事中王良佐奉敕選軍按籍三十八萬有奇而存者不及十四萬中選者僅二萬餘世宗立久之從廷臣言設文臣知兵者一人領京營是時額兵十萬七千餘人而存者僅半專理京營兵部尚書李承勛請足十二萬之數部議遵弘治中例老者補以壯丁逃故者淸軍官依期解補從之十五年都御史王廷相提督團營條上三弊一軍士多雜派工作終歲不得入操雖名團營聽征實與田夫無異二軍士替代吏胥需索重賄貧軍不能辦老羸苟且應役而精壯子弟不得收練三富軍憚營操征調率賄將弁置老家數中貧者雖老疲亦常操練語頗切中旣而兩郊九廟諸宮殿之工起役軍益多兵部請分番爲二半團操半放歸而收其月廩雇役詔行一年自後邊警急團營見兵少僅選騎卒三萬仍號東西官廳餘者悉老弱仍爲營帥中官私役二十九年俺答入寇兵部尚書丁汝夔覈營伍不及五六萬人驅出城門皆流涕不敢前諸將領亦相顧變色汝夔坐誅大學士嚴嵩乃請振刷以圖善後吏部侍郎王邦瑞攝兵部因言國初京營勁旅不減七八十萬元戎宿將常不乏人自三大營變爲十二團營又變爲兩官廳雖浸不如初然額軍尚三十八萬有奇今武備積弛見籍止十四萬餘而操練者不過五六萬支糧則有調遣則無比敵騎深入戰守俱稱無軍卽見在兵率老弱疲憊市井遊販之徒衣甲器械取給臨時此其弊不在逃亡而在占役不在軍士而在將領蓋提督坐營號頭把總諸官多世冑紈袴平時占役營軍以空名支餉臨操則肆集市人呼舞博笑而已先年尚書王瓊毛伯溫劉天和常有意振飭然將領惡其害已陰謀阻撓軍士又習於驕惰競倡流言事復中止釀害至今乞大振乾綱遣官精核帝是其言命兵部議興革於是悉罷團營兩官廳復三大營舊制更三千曰神樞罷提督監鎗等內臣設武臣一曰總督京營戎政以咸寧侯仇鸞爲之文臣一曰協理京營戎政卽以邦瑞充之其下設副參等官二十六員已又從部議以四武營歸五軍營中軍四勇營歸左右哨四威營歸左右掖各設坐營官一員爲正兵備城守參將二員備征討帝以營制新定告於太廟行之又遣四御史募兵畿輔山東山西河南得四萬人分隸神樞神機各設副將一而增能戰將六員分領操練大將所統三營之兵居常名曰練勇有事更定職名五軍營大將一員統軍一萬總主三營副參遊擊佐擊及坐營等官副將二員各統軍七千左右前後參將四員各六千遊擊四員各三千外備兵六萬六千六百六十人神樞營副將二員各統軍六千佐擊六員各三千外備兵四萬人神機營亦如之已又定三大營官數五軍營一百九十六員神樞營二百八員神機營一百八十二員共五百八十六員在京各衞軍俱分隸三營分之爲三十三營合之爲三大營終帝世其制屢更最後中軍哨掖之名亦罷但稱戰守兵兼立車營故事五軍府皆開府給印主兵籍而不與營操營操官不給印戎政之有府與印自仇鸞始鸞方貴幸言於帝選各邊兵六萬八千人分番入衞與京軍雜練復令京營將領分練邊兵於是邊軍盡隸京師塞上有警邊將不得徵集邊事益壞鸞死乃罷其所置戎政廳首領官之屬而入衞軍則惟罷甘肅者隆慶四年大學士趙貞吉請收將權更營制極言戎政之設府鑄印以數十萬衆統於一人非太祖成祖分府分營本意請以官軍九萬分五營營擇一將分統訓練詔下廷臣議尚書霍冀言營制世宗熟慮而後定不宜更惟大將不當專設戎政不宜有印請如貞吉言制曰可於是三大營各設總兵一副將二其參佐等官互有增損各均爲十人而五軍營兵均配二營營十枝屬二副將分統以侯伯充總兵尋改曰提督又用三文臣亦稱提督自設六提督後各持意見遇事旬月不決給事中溫純言其弊乃罷仍設總督協理二臣萬曆二年從給事中歐陽栢請復給戎政印汰坐營官二員五年巡視京營科臣林景暘請廣召募立選鋒是時張居正當國綜覈名實羣臣多條上兵事大旨在足兵選將營務頗飭久之帝厭政廷臣斷爭門戶習於偷惰遂日廢弛三十六年尚書李化龍理戎政條上京營積弊敕下部議卒無所振作及兵事起總督京營趙世新請改設教場城內便演習太常少卿胡來朝請調京軍戍邊可變弱爲强皆無濟於用天啓三年協理侍郎朱光祚奏革老家軍補以少壯老家怨以瓦礫投光祚遂不果革是時魏忠賢用事立內操又增內臣爲監視及把牌諸小內監益募健丁諸營軍多附之莊烈帝卽位撤內臣已而復用戎政侍郎李邦華憤京營弊壞請汰老弱虛冒而擇材力者爲天子親軍營卒素驕有疑其爲變者勳戚中官亦惡邦華蜚語日聞帝爲罷邦華代以陸完學盡更其法京營自監督外總理捕務者二員提督禁門巡視點軍者三員帝皆以御馬監司禮文書房內臣爲之於是營務盡領於中官矣十年八月車駕閱城鎧甲旌旗甚盛羣臣悉鸞帶策馬從六軍望見乘輿皆呼萬歲帝大悅召完學入御幄奬勞酌以金巵然徒爲容觀而已時兵事益亟帝命京軍出防勳皆監以中官廩給優渥挾勢而驕多奪人俘獲以爲功輕折辱諸將士將士益解體周延儒再入閣勸罷內操撤諸監軍京兵班師還時營將率內臣私人不知兵兵惟注名支糧買替紛紜朝甲暮乙雖有尺籍莫得而識也帝屢旨訓練然日不過二三百人未昏遂散營兵十萬僅抽驗不及玩愒佚罰者無算帝嘗問戎政侍郎王家彥家彥曰今日惟嚴買替之禁改操練之法庶可救萬一然勢已晚帝不懌而罷十六年襄城伯李國禎總戎政內臣王承恩監督京營明年流賊入居庸關至沙河京軍出禦聞礮聲潰而歸賊長驅犯闕守陴者僅內操之三千人京師遂陷大率京軍積弱由於占役買閒其弊實起於紈袴之營帥監視之中官竟以亡國云京營之在南者永樂北遷始命中府掌府事官守備南京節制在南諸衞所洪熙初以內臣同守備宣德末設參贊機務官景泰間增協同守備官成化末命南京兵部尚書參贊機務視五部特重先是京師立神機營南京亦增設與大小二教場同練軍士常操不息風雨方免有逃籍者憲宗命南給事御史時至二場點閱成國公朱儀及太監安寧不便詭言軍機密務御史詰問名數非宜帝爲罪御史仍令守備參贊官閱視著爲令嘉靖中言者數奏南營耗亡之弊二十四年冬詔立振武營簡諸營銳卒充之益以淮揚趫捷者江北舊有池河營專城守護陵寢二營兵各三千領以勳臣別設場訓練然振武營卒多無賴子督儲侍郎黃懋官抑削之遂譁毆懋官至死詔誅首惡以戶部尚書江東爲參贊東多所寬假衆益驕無復法紀給事中魏元吉以爲言因舉浙直副總兵劉顯往提督未至池河兵再變毆千戶吳欽詔顯亟往許以川兵五百自隨事始定隆慶改元罷振武營以其卒千餘仍隸二場及神機營萬曆十一年參贊尚書潘季馴言操軍原額十有二萬今僅二萬餘祖軍與選充參半選充例不補營伍由是虛請如祖軍收補已而王遴代季馴言大小二場新舊官軍二萬三千有餘請如北京各邊三千一百二十八人爲一枝每枝分中左右哨得兵七枝餘置旗鼓下備各營缺從之巡視科臣阮子孝極論南營耗弊言頗切中然卒無振飭之者已從尚書吳文華請增參贊旗牌得以軍法從事兼聽便宜調遣三十一年添設南中軍標營選大教場卒千餘設中軍參將統練規制雖具而時狃苟安闒茸一如北京及崇禎中流寇陷盧鳳踞上流有窺留都意南中將士日夜惴惴以護陵寢守京城爲名倖賊不東下而已最後史可法爲參贊尚書思振積弊未久而失蓋無可言焉

侍衞上直軍之制太祖卽吳王位其年十二月設拱衞

司領校尉隸都督府洪武二年改親軍都尉府統中左右前後五衞軍而儀鑾司隸焉五年造守衞金牌銅塗金爲之長一尺闊三寸以仁義禮智信爲號二面俱篆文一曰守備一曰隨駕掌於尚寶司衞士佩以上直下直納之十五年罷府及司置錦衣衞所屬有南北鎭撫司十四所所隸有將軍力士校尉掌直駕侍衞巡察緝捕已又擇公侯伯都督指揮之嫡次子置勳衞散騎舍人而府軍前衞及旗手等十二衞各有帶刀官錦衣所隸將軍初名天武後改稱大漢將軍凡千五百人設千百戶總旗七員其衆自爲一軍下直操練如制缺至五十人方補月糈二石積勞試補千百戶亡者許以親子弟魁梧材勇者代無則選民戶充之永樂中置五軍三千營增紅盔明甲二將軍及叉刀圍子手之屬備宿衞校尉力士僉民間丁壯無惡疾過犯者力士先隸旗手衞後改隸錦衣及騰驤四衞專領隨駕金鼓旗幟及守衞四門校尉原隸儀鑾司改錦衣衞仍隸焉掌擎執鹵簿儀仗曰鑾輿曰擎蓋曰扇手曰旌節曰旛幢曰班劍曰斧鉞曰戈戟曰弓矢曰馴馬凡十司及駕前宣召差遣三日一更直設總旗小旗而領以勛戚官凡六管大漢將軍及散騎舍人府軍前衞帶刀官者一管五軍營叉刀圍子手者一管神樞營紅盔將軍者四聖節正旦冬至及大祀誓戒冊封遣祭傳制用全直直三千人餘則更番器仗衣服位列亦稍殊焉凡郊祀經筵巡幸侍從各有定制詳禮志中居常當直將軍朝夕分候午門外夜則司更共百人而五軍叉刀官軍悉於皇城直宿掌侍衞官輪直日一員惟掌錦衣衞將軍及叉刀手者每日侍尤嚴收捕之令及諸脫更離直者共計錦衣衞大漢將軍一千五百七人府軍前衞帶刀官四十神樞營紅盔將軍二千五百把總指揮十六明甲將軍五百二把總指揮二大漢將軍八五軍營叉刀圍子手三千把總指揮八勳衞散騎舍人無定員旗手等衞帶刀官一百八十此侍衞親軍大較也正統後妃主公侯中貴子弟授官者多寄祿錦衣中正德時奏帶傳陞冒衞者又不下數百人武宗好養勇士嘗以千把總四十七人注錦衣衞帶俸舍餘千一百人充御馬監家將勇士食糧騎操又令大漢將軍試百戶五年實授著爲令倖竇開而恩澤濫宿衞稍輕矣至萬曆間衞士多占役買閒其弊亦與三大營等雖定離直者奪月糈之例然不能革太祖之設錦衣也專司鹵簿是時方用重刑有罪者往往下錦衣衞鞫實本衞參刑獄自此始文皇入立倚錦衣爲心腹所屬南北兩鎭撫司南理本衞刑名及軍匠而北專治詔獄凡問刑奏請皆自達不關白衞帥用法深刻爲禍甚烈詳刑法志又錦衣緝民間情僞以印官奉敕領官校東廠太監緝事別領官校亦從本衞撥給因是恒與中官相表裏皇城守衞用二十二衞卒不獨錦衣軍而門禁亦上直中事京城巡捕有專官然每令錦衣官協同地親權要遂終明之世云初太祖取婺州選富民子弟充宿衞曰御中軍已置帳前總制親兵都指揮使後復省置都鎭撫司隸都督府總牙兵巡徼而金吾前後羽林左右虎賁左右府軍左右前後十衞以時番上號親軍有請得自行部不關都督府及定天下改都鎭撫司爲留守設左右前後中五衞關領內府銅符日遣二人點閱夜亦如之所謂皇城守衞官軍也二十七年申定皇城門禁約凡朝參門始啟直日都督將軍及帶刀指揮千百戶鎭撫舍人入後百官始以次入上直軍三日一更番內臣出入必合符嚴索以金幣出者驗視勘合以兵器雜藥入門者擒治失察者重罪之民有事陳奏不許固遏帝念衞士勞苦令家有婚喪疾病產子諸不得已事得自言情家無餘丁父母俱病者許假侍養愈乃復先是新宮成詔中書省曰軍士戰鬭傷殘難備行伍可於宮墻外造舍以居之晝則治生夜則巡警其後定十二衞隨駕軍上直者人給錢三百二十八年復於四門置舍使恩軍爲衞士執爨恩軍者得罪免死及諸降卒也永樂中定制諸衞各有分地自午門達承天門左右逮長安左右門至皇城東西屬旗手濟陽濟川府軍及虎賁右金吾前燕山前羽林前八衞東華門左右至東安門左右屬金吾羽林府軍燕山四左衞西華門左右至西安門左右屬四右衞元武門左右至北安門左右屬金吾府軍後及通州大興四衞衞有銅符頒自太祖曰承曰東曰西曰北各以其門名也巡者左半守者右半守官遇巡官至合契而從事各門守衞官夜各領銅令申字牌巡警自一至十六內皇城衞舍四十外皇城衞舍七十二俱設銅鐸次第循環內皇城左右坐更將軍百每更二十人四門支更官八交互往來鈴印于籍以爲驗都督及帶刀千百戶日各一人領申字牌直宿及點各門軍士後更定都督府改命侯伯僉書焉洪熙初更造衞士懸牌時親軍缺伍衞士不獲代帝命選他衞軍守端直諸門尚書李慶謂不可帝曰人主在布德以屬人心苟心相屬雖非親幸何患焉宣德三年命御史點閱衞卒天順中復增給事中一人成化十年尚書馬文升言太祖置親軍指揮使司不隸五府文皇帝復設親軍十二衞又增勇士數千員屬御馬監上直而以腹心臣領之比者日廢弛勇士與諸營無異皇城之內兵衞無幾諸監門卒尤疲羸至不任受甲宜敕御馬監官即見軍選練仍敕守衞官常嚴步伍譏察出入以防微銷萌帝然其言亦未能有所整飭正德初嚴皇城紅鋪巡徼日令留守衞指揮五員督內外夜巡軍而兵部郞中主事各一人同御史錦衣衞稽閱毋攝他務嘉靖七年增直宿官軍衣糧五年一給萬曆十一年於皇城內外設把總二員分東西管理時門禁益弛衞軍役於中官每至空伍賃市兒行丐應點閱叉刀紅盔日出始一入直直廬虛無人坐更將軍皆納月鏹於所轄凡提號巡城印簿走更諸事悉廢十五年再申門禁久之給事中吳文煒乞盡復舊制不報末年有失金牌久之始覺者梃擊之事張差一妄男子得闌入殿廷其積弛可知是後中外多事啟禎兩朝雖屢申飭竟莫能挽侵尋以至於亡京城巡捕之職洪武初置兵馬司譏察奸僞夜發巡牌旗士領之覈城門扃鑰及夜行者已改命衞所鎭撫官而掌於中軍都督府永樂中增置五城兵馬司宣德初京師多盜增官軍百人協五城逐捕已復增夜巡候卒五百成化中始命錦衣官同御史督之末年撥給團營軍二百弘治元年令三千營選指揮以下四員領精騎巡京城外又令錦衣官五旗手等衞官各一分地巡警巡軍給牌五年設把總都指揮專職巡捕正德中添設把總分畫京城外地南抵海子北抵居庸關西抵蘆溝橋東抵通州復增城內二員而益以團營軍定官卒賞罰例末年邏卒增至四千人特置參將嘉靖元年復增城外把總一員并舊爲五分轄城內東西二路城外西南東南東北三路增營兵爲五千又十選一立尖哨五百騎厚其月糈命參將督操而監以兵部郞是時京軍弊壞積久捕營亦然三十四年軍士僅三百餘以給事中邱岳等言飭指揮樊經職而禁以軍馬私役騎乘萬曆十二年從兵部議京城內外盜發自卯至申責兵馬司自酉至寅責巡捕官賊衆則協力捕勦是後軍額倍增駕出及朝審錄囚皆結隊駐巷口籍伍雖具而士馬實凋弊不足用捕營提督一參將二把總十八巡軍萬一千馬五千匹盜賊縱橫至竊內中器物獲其橦索竟不能得也莊烈帝時又以兵部左侍郞專督然營軍半虛廩馬多雇人騎失盜嚴限止五日玩法卒如故

四衞營者永樂時以迤北逃回軍卒供養馬役給糧授室號曰勇士後多以進馬者充而聽御馬監官提調名隸羽林身不隸也軍卒相冒支糧不可稽宣德六年乃專設羽林三千戶所統之凡三千一百餘人尋改武驤騰驤左右衞稱四衞軍選本衞官四員爲坐營指揮督以太監別營開操稱禁兵器械衣甲異他軍橫於輦下往往爲中官占匿弘治末勇士萬一千七百八十人旗軍三萬一百七十人歲支廩粟五十萬孝宗納廷臣言覈之又令內臣所進勇士必由兵部驗送乃給廩五年籍其人數著爲令省度支金錢歲數十萬武宗即位中官甯瑾乞留所汰人數言官及尚書劉大夏持不可不聽後兩官廳設遂選四衞勇士隸西官廳掌以邊將江彬太監張永等世宗入立詔自弘治十八年存額外悉裁之替補必兵部查駁而御馬監牛羊令巡視科道覈數既而中旨免覈馬多虛增後數年御馬太監閔洪復矯旨選四衞官給事中鄭自璧劾其欺蔽不報久之兵部尚書李承勛請以選覈仍隸本部中官謂非便帝從承勛言十六年又命收復登極詔書所裁者凡四千人後五年內臣言勇士僅存五千餘請令子姪充選以備邊警部臣言故額定五千三百三十人八年淸稽已浮其數且此營本非爲備邊設者帝從部議然隱射占役冒糧諸弊率如故萬曆二年減坐營官二員已復定營官缺由兵部擇用其後復爲中官所撓仍屬御馬監廷臣多以爲言不能從四十二年給事中姚宗文點閱本營言官勇三千六百四十七僅及其半馬一千四十三則無至者官旗七千二百四十止四千六百餘馬亦如之乞下法司究治帝不能問天啓末巡視御史高弘圖請視三大營例分弓弩短兵火器加以訓練至莊烈帝時提督內臣曹化淳奏改爲勇衞營以周遇吉黃得功爲帥遂成勁旅出擊賊輒有功得功軍士畫虎頭於皂布以衣甲賊望見黑虎頭軍多走避其得力出京營上云

明史卷九十　志第六十六

總裁官總理事務經筵講官少保兼太子太保保和殿大學士兼管吏部戶部尚書事加六級臣張廷玉等奉

敕修

兵二

衛所　班軍

太祖下集慶路爲吳王罷諸翼統軍元帥置武德龍驤豹韜飛熊威武廣武興武英武鷹揚驍騎神武雄武鳳翔天策振武宣武羽林十七衛親軍指揮使司革諸將襲元舊制樞密平章元帥總管萬戶諸官號而覈其所部兵五千人爲指揮千人爲千戶百人爲百戶五十人爲總旗十人爲小旗天下既定度要害地係一郡者設所連郡者設衛大率五千六百人爲衛千一百二十人爲千戶所百十有二人爲百戶所所設總旗二小旗十大小聯比以成軍其取兵有從征有歸附有謫發從征者諸將所部兵既定其地因以留戍歸附則勝國及僭僞諸降卒謫發以罪遷隸爲兵者其軍皆世籍此其大畧也洪武三年陞杭州江西燕山青州四衛爲都衛復置河南西安太原武昌四都衛四年造用寶金符及調發走馬符牌用寶符爲小金牌二中書省大都督府各藏其一有詔發兵省府以牌入內府出寶用之走馬符牌鐵爲之共四十金字銀字者各半藏之內府有急務調發使者佩以行尋改爲金符凡軍機文書自都督府中書省長官外不許擅奏有詔調軍省府同覆奏然後納符請寶五年置親王護衛指揮使司每府三護衛衛設左右中前後五所所千戶二百戶十圍子手所二所千戶一七年申定兵衛之政征調則統於諸將事平則散歸各衛八年改在京留守都衛爲留守衛指揮使司在外都衛爲都指揮使司凡十三北平陝西山西浙江江西山東四川福建湖廣廣東廣西遼東河南又行都指揮使司二甘州大同俱隸大都督府九年選公侯都督各衛指揮嫡長次子爲散騎參侍舍人隸都督府充宿衛或署各衛所事十三年丞相胡惟庸謀反誅革中書省因改大都督府爲五分統諸軍司衛所明年復置中都留守司及貴州雲南都指揮使司十五年三月頒軍法定律十六年詔各都司上衛所城池水陸地里圖二十年置大寧都指揮使司是年命兵部置軍籍勘合載從軍履歷調補衛所年月在營丁口之數給內外衛所軍士而藏其副於內府三十年定武官役軍之制指揮同知僉事四千戶三百戶鎮撫二皆取正軍三日一番上下直歸伍操練衛所直廳六守門二守監四守庫一皆任老軍歲一更建文帝嗣位置河北都司湖廣行都司文皇入立皆罷之而陞燕山三護衛爲親軍並建文時所立孝陵衛皆不隸五府後諸陵設衛皆如之移山西行都司所屬諸衛軍於北平設衛屯種永樂元年罷北平都司設留守行後軍都督府遷大寧都司於保定明年更定衛所屯守軍士臨邊險要者守多於屯在內平僻或地雖險要而運輸難至者皆屯多於守七年置調軍勘合以勇敢鋒銳神奇精壯强毅克勝英雄威猛十六字編百號制敕調軍及遣將比號同方准行十八年北京建在南諸衛多北調宣德五年從平江伯陳瑄言以衛官職漕運東南之卒由是困八年減衛軍餘丁正軍外每軍留一餘悉遣歸已復以幼軍備操者不足三丁至七八丁者選一餘聽治生給軍裝正軍有故即令補伍毋再勾攝當是時都指揮使與布按並稱三司爲封疆大吏而專閫重臣文武亦無定職世猶以武爲重軍政修飭正德以來軍職冒濫爲世所輕內之部科外之監軍督撫疊相彈壓五軍府如贅疣弁帥如走卒總兵官領敕於兵部皆跽問爲長揖即謂非體至於末季衛所軍士雖一諸生可役使之積輕積弱重以隱占虛冒諸弊至舉天下之兵不足以任戰守而明遂亡矣崇禎三年范景文以兵部侍郎守通州上言祖制邊腹內外衛所棊置以軍隸衛以屯養軍後失其制軍外募民爲兵屯外賦民出餉使如鱗尺籍不能爲衝鋒之事幷不知帶甲之人陛下百度振刷豈可令有定之軍數付之不可問有用之軍稍投之不可知因條上清覈數事不果行初洪武二十六年定天下都司衛所共計都司十有七留守司一內外衛三百二十九守禦千戶所六十五及成祖在位二十餘年多所增改其後措置不一今區別其名於左以資考鏡

上十二衛 金吾前衛金吾後衛羽林左衛羽林右衛府軍衛府軍左衛府軍右衛府軍前衛府軍後衛虎賁左衛錦衣衛旗手衛

五軍都督府所屬衛所

左軍都督府在京 凡本府在京屬衛曾經永樂十八年調守北京者各註其下曰調北京其年月不重出後四府同留守左衛調北京鎮南衛調北京水軍左衛驍騎右衛調北京龍虎衛調北京英武衛瀋陽左衛調北京瀋陽右衛調北京

在外浙江都司 杭州前衛杭州右衛台州衛寧波衛處州衛紹興衛海寧衛昌國衛溫州衛臨山衛松門衛金鄉衛定海衛海門衛盤石衛觀海衛海寧千戶所衢州千戶所嚴州千戶所湖州千戶所

遼東都司 定遼左衛定遼右衛定遼中衛定遼前衛定遼後衛鐵嶺衛東寧衛瀋陽中衛海州衛蓋州衛金州衛復州衛義州衛遼海衛三萬衛廣寧左屯衛廣寧右屯衛廣寧前屯衛廣寧後屯衛廣寧中護衛後改爲屯衛

山東都司 青州左護衛後爲天津右衛青州護衛革兗州護衛革兗州左護衛後爲臨清衛登州衛青州左衛萊州衛寧海衛濟南衛平山衛德州衛後改屬後府樂安千戶所後改名武定屬後府膠州千戶所諸城千戶所滕縣千戶所

右軍都督府在京 虎賁右衛調北京留守右衛調北京水軍右衛武德衛調北京廣武衛

在外雲南都司 雲南左衛雲南右衛雲南前衛大理衛楚雄衛臨安衛景東衛曲靖衛金齒衛洱海衛蒙化衛馬隆衛改雲南右護衛革平夷衛越州衛六涼衛鶴慶千戶所革

貴州都司 貴州衛永寧衛普定衛平越衛烏撒衛普安衛層臺衛革赤水衛威清衛興隆衛新添衛清平衛平壩衛安莊衛龍里衛安南衛都勻衛畢節衛黃平千戶所

四川都司 成都左護衛成都右護衛後爲龍虎左衛隸南京左府成都中護衛後爲豹韜左衛隸南京前府成都左衛革成都右衛成都前衛成都後衛成都中衛寧川衛茂州衛建昌衛後屬行都司重慶衛叙南衛蘇州衛後爲寧番衛屬行都司革瀘州衛松潘軍民指揮使司巖州衛革青川千戶所威州千戶所大渡河千戶所

陝西都司 西安左護衛後爲神武右衛西安右護衛西安中護衛後爲神武前衛西安左衛西安右衛改西安中護衛西安前衛西安後衛華山衛改西安左護衛又改神武右衛泰山衛改西安右護衛延安衛綏德衛平涼衛慶陽衛寧夏衛臨洮衛鞏昌衛西寧衛後屬行都司漢中衛涼州衛後屬行都司莊浪衛後屬行都司蘭州衛秦州衛岷州軍民指揮使司洮州衛河州軍民指揮使司甘肅衛後爲甘州後衛山丹衛後屬行都司永昌衛後屬行都司鳳翔千戶所金州千戶所寧夏中護衛西河中護衛後改雲南中護衛革

廣西都司 桂林左衛後爲廣西護衛桂林右衛桂林中衛南寧衛柳州衛馴象衛梧州千戶所

中軍都督府在京 留守中衛調北京神策衛調北京廣洋衛應天衛調北京和陽衛調北京牧馬千戶所調北京

在外直隸 揚州衛和州衛後改爲寧夏中屯衛革高郵衛淮安衛鎮海衛滁州衛太倉衛泗州衛壽州衛邳州衛大河衛沂州衛金山衛新安衛蘇州衛儀眞衛徐州衛安慶衛宿州千戶所

中都留守司 鳳陽右衛鳳陽中衛皇陵衛鳳陽衛留守左衛留守中衛長淮衛懷遠衛洪塘千戶所

河南都司 歸德衛後屬中府陳州衛弘農衛汝寧衛後改千戶所屬中府潼關衛後屬中府河南衛睢陽衛宣武衛信陽衛彰德衛武平衛後屬中府南陽衛寧國衛後爲涿鹿後衛後屬後府懷慶衛寧山衛後屬後府潁州衛安吉衛後爲通州衛親軍潁上千戶所河南左護衛河南中護衛河南右護衛三護衛後并彭城衛

前軍都督府在京 天策衛後分爲保安衛及保安右衛龍驤衛調北京豹韜衛調北京龍江衛後改爲龍江左衛飛熊衛調北京

在外直隸 九江衛

湖廣都司 武昌衛武昌左衛黃州衛永州衛岳州衛蘄州衛施州衛長沙護衛革辰州衛安陸衛後屬行都司改承天衛襄陽衛襄陽護衛後俱屬行都司常德衛沅州衛寶慶衛沔陽衛後俱屬興都留守司長沙衛茶陵衛衡州衛瞿塘衛後屬行都司鎮遠衛平溪衛清浪衛偏橋衛五開衛九溪衛荆州左護衛後爲荆州左衛屬行都司改顯陵衛荆州中護衛革靖州衛永定衛郴州千戶所夷陵千戶所後屬行都司桂陽千戶所德安千戶所後改屬興都留守司忠州千戶所後屬行都司安福千戶所道州千戶所革大庸千戶所西平千戶所革麻寮千戶所枝江千戶所後屬行都司武岡千戶所崇山千戶所革長寧千戶所後屬行都司武昌左右中三護衛左改東昌衛右改徐州左衛中改武昌護衛

福建都司 福州中衛福州左衛福州右衛興化衛泉州衛漳州衛福寧衛鎮東衛平海衛永寧衛鎮海衛

福建行都司 建寧左衛建寧右衛建陽衛革延平衛邵武衛汀州衛將樂千戶所

江西都司 南昌左衛南昌前衛袁州衛贛州衛吉安衛後爲千戶所饒州千戶所安福千戶所會昌千戶所永新千戶所南安千戶所建昌千戶所撫州千戶所鉛山千戶所廣信千戶所

廣東都司 廣州前衛廣州左衛廣州右衛南海衛潮州衛雷州衛海南衛清遠衛惠州衛肇慶衛廣州後衛程鄉千戶所高州千戶所廉州千戶所後爲廉州衛萬州千戶所儋州千戶所崖州千戶所南雄千戶所韶州千戶所德慶千戶所新興千戶所陽江千戶所新會千戶所龍川千戶所

後軍都督府在京 橫海衛鷹揚衛興武衛調北京江陰衛蒙古左衛革蒙古右衛革

在外北平都司 燕山左衛燕山右衛燕山前衛大興左衛永清左衛永清右衛濟川衛濟陽衛彭城衛通州衛已上俱改爲親軍薊州衛密雲衛密雲後衛屬後府眞定衛永平衛山海衛遵化衛居庸關千戶所後爲隆慶衛已上俱屬後府

北平行都司 後爲大寧都司大寧左衛大寧右衛二衛後爲營州左右護衛改延慶左右衛大寧中衛大寧前衛大寧後衛後爲營州中護衛改寬河衛會川衛俱改調京衛已上俱屬後府營州中護衛興州中護衛革

山西都司 太原左衛太原右衛太原前衛振武衛平陽衛鎮西衛潞州衛蒲州千戶所廣昌千戶所沁州千戶所寧化千戶所雁門千戶所

山西行都司 大同左衛大同右衛大同前衛蔚州衛朔州衛

北平三護衛 燕山左護衛燕山右護衛燕山中護衛俱爲親軍

山西三護衛 太原左護衛太原右護衛太原中護衛俱革

後定天下都司衛所共計都司二十一留守司二內外衛四百九十三守禦屯田羣牧千戶所三百五十九儀衛司三十三自儀衛司以下舊無後以次漸添設宣慰使司二招討使司二宣撫司六安撫司十六長官司七十原五十九番邊都司衛所等四百七後作四百六十三

親軍上二十二衛舊制止十二衛後增設金吾左以下十衛俱稱親軍指揮使司不屬五府又設騰驤等四衛亦係親軍并武功永清彭城及長陵等十五衛俱不屬府 金吾前衛金吾後衛羽林左衛羽林右衛府軍衛府軍左衛府軍右衛府軍前衛府軍後衛虎賁左衛錦衣衛旗手衛已上舊爲上十二衛金吾左衛金吾右衛羽林前衛已上北平三護衛洪武三十五年陞燕山左衛燕山右衛燕山前衛大興左衛濟陽衛濟州衛通州衛舊爲安吉衛已上北平都司七衛永樂四年陞俱爲親軍騰驤左衛騰驤右衛舊爲神武前衛武驤左衛武驤右衛已上四衛宣德八年以各衛養馬軍士及神武前衛官軍開設武功中衛洪武年間設武功左衛宣德二年設武功右衛宣德六年設永清左衛永清右衛彭城衛已上北平三衛改常山三護衛宣德初後爲本衛又併河南三護衛多餘官軍於彭城衛長陵衛舊爲南京羽林右衛永樂二十二年改獻陵衛舊武成左衛宣德元年改景陵衛舊武成右衛宣德十年改裕陵衛舊武成前衛天順八年改茂陵衛舊武成後衛成化二十三年改泰陵衛舊忠義左衛弘治十八年改康陵衛舊義勇中衛正德十六年改永陵衛舊義勇左衛嘉靖二十七年改昭陵衛舊神武後衛隆慶六年改定陵衛慶陵衛德陵衛奠靖千戶所嘉靖二十一年設犧牲千戶所屬太常寺轄已上俱不屬五府

五軍都督府所屬衛所

左軍都督府在京 留守左衛鎮南衛驍騎右衛龍虎衛瀋陽左衛瀋陽右衛俱南京舊制永樂十八年分調

在外浙江都司 杭州前衛杭州後衛台州衛寧波衛處州衛紹興衛海寧衛昌國衛溫州衛臨山衛松門衛金鄉衛海門衛定海衛盤石衛觀海衛海寧千戶所衢州千戶所嚴州千戶所湖州千戶所金華千戶所澉浦千戶所已下各所舊無後添設乍浦千戶所三江千戶所定海後千戶所定海中左千戶所定海中中千戶

所 瀝海千戶所 三山千戶所 大嵩千戶所 霩衢千戶所 龍山千戶所 石浦前千戶所 石浦後
千戶所 爵谿千戶所 錢倉千戶所 水軍千戶所 新河千戶所 桃渚千戶所 健跳千戶所 隘頑
千戶所 楚門千戶所 平陽千戶所 瑞安千戶所 海安千戶所 蒲門千戶所 壯士千戶所 沙園
千戶所 蒲岐千戶所 寧村千戶所 新城千戶所舊有後革 遼東都司 定遼左衞 定遼右
衞 定遼中衞 定遼前衞 定遼後衞 鐵嶺衞 東寧衞 瀋陽中衞 海州衞 蓋州衞 金州衞
復州衞 義州衞 遼海衞 三萬衞 廣寧左屯衞 廣寧右屯衞 廣寧中屯衞 廣寧前屯衞 廣寧
後屯衞 廣寧衞已下添設 廣寧左衞 廣寧右衞 廣寧中衞 寧遠衞 撫順千戶所 蒲河千戶所
寧遠中左千戶所 寧遠中右千戶所 廣寧中前千戶所 廣寧中後千戶所 廣寧中左千戶所 金
州中左千戶所 鐵嶺左右千戶所 鐵嶺中左千戶所 三萬前前千戶所 三萬後後千戶所 三萬中
中千戶所 遼海中中千戶所 遼海右右千戶所 遼海前前千戶所 遼海後後千戶所 東寧中左千
戶所 山東都司 舊有青州左護衞後改天津右衞舊有青州護衞革 登州衞 青州左衞 萊州
衞 寧海衞 濟南衞 平山衞 安東衞已下添設 靈山衞 鼇山衞 大嵩衞 威海衞 成山衞
靖海衞 東昌衞 臨清衞 兗州左衞後改任城衞 濟寧衞舊武昌左護衞後改 兗州護衞 膠州千
戶所 諸城千戶所 滕縣千戶所 肥城千戶所已下添設 海陽千戶所 東平千戶所 寧津千戶所
雄崖千戶所 浮山前千戶所 福山中前千戶所 奇山千戶所 濮州千戶所 金山左千戶所 尋
山後千戶所 百尺崖後千戶所 王徐寨前千戶所 夏河寨前千戶所 魯府儀衞司 德府儀衞司
涇府儀衞司 衡府儀衞司 德府羣牧所 涇府羣牧所 衡府羣牧所
右軍都督府在京 留守右衞 虎賁右衞 武德衞 俱南京舊衞永樂十八年分調 在
外直隸 宣州衞舊無後設 陝西都司 舊有階州衞沙州衞靈山千戶所後俱革 西安右
護衞舊秦山衞改 西安左衞 西安前衞 西安後衞 延安衞 漢中衞 平涼衞 綏德衞 寧夏衞
慶陽衞 鞏昌衞 臨洮衞 蘭州衞 秦州衞 岷州衞舊軍民指揮使司嘉靖二十四年添設岷州四
十年革後存衞 河州衞舊軍民指揮使司 洮州衞 寧夏中護衞 甘州中護衞 安東中護衞 寧夏
前衞已下各衞舊無後設 寧夏中衞 寧夏中屯衞 舊和州衞 寧夏左屯衞 寧夏右屯衞 寧羌衞
靖虜衞 固原衞 榆林衞 寧夏後衞以花馬池千戶所改 興安千戶所舊金州千戶所萬曆十年改
鳳翔千戶所 禮店前千戶所已下各所舊設 沔縣千戶所 環縣千戶所 文縣千戶所 階州千戶所
舊屬秦州衞嘉靖二十二年改屬都司 靈州千戶所 西安千戶所 西固城千戶所 歸德千戶所 鎮
羌千戶所 安邊千戶所 平虜千戶所 興武營千戶所 鎮戎千戶所 寧夏平虜千戶所 秦府儀衞
司 慶府儀衞司 肅府儀衞司 韓府儀衞司 寧夏羣牧所 安東羣牧所 甘州羣牧所 陝西
行都司 洪武十二年添設 甘州左衞 甘州右衞 甘州中衞 甘州前衞 甘州後衞已上陝西
甘肅衞分設 永昌衞 涼州衞 莊浪衞 西寧衞 山丹衞已上舊屬陝西都司 肅州衞 鎮番衞
鎮夷千戶所 古浪千戶所 高臺千戶所 四川都司 舊有浦江關軍民千戶所後革 成都左
護衞 成都右衞 成都中衞 成都前衞 成都後衞 寧川衞 茂州衞 重慶衞 敍南衞 瀘州衞
利州衞舊無後設 松潘衞舊爲軍民指揮使司後改 青川千戶所 保寧千戶所 威州千戶所 雅
州千戶所 大渡河千戶所 廣安千戶所 灌縣千戶所已下各所後設 黔江千戶所 疊溪千戶所
建武千戶所 小河千戶所 蜀府儀衞司 壽府儀衞司 壽府羣牧所革 土官 天全六番招討
使司屬都司 隴木頭長官司 靜州長官司 岳希蓬長官司已上屬茂州衞 石柱宣撫司 酉陽宣撫
司已上屬重慶衞 石耶洞長官司 邑梅洞長官司已上屬酉陽宣撫司 占藏先結簇長官司 蠟匝簇
長官司 白馬路簇長官司 山洞簇長官司 阿昔洞簇長官司 北定簇長官司 麥匝簇長官司 者
多簇長官司 牟力簇長官司 班班簇長官司 祈命簇長官司 勒都簇長官司 包藏簇長官司 阿
思簇長官司 思曩兒簇長官司 阿用簇長官司 潘斡寨長官司 八郎安撫司 阿角寨安撫司 麻

兒匝安撫司 芒兒者安撫司已上俱屬松潘衞 疊溪長官司 鬱郎長官司已上屬疊溪千戶所 四川
行都司 舊無後設 舊有建昌前衞後革 建昌衞後屬四川都司 寧番衞舊爲四川蘇州衞已下添
設 會州衞 鹽井衞 越巂衞 禮州後千戶所 禮州中中千戶所 建昌打沖河中前千戶所 德昌
千戶所 迷易千戶所 鹽井打沖河中左千戶所 冕山橋後千戶所 鹽井鎮西後千戶所 土官 昌州
長官司 威龍長官司 普濟長官司俱屬建昌衞 馬喇長官司屬鹽井衞 邛部長官司屬越巂衞 廣
西都司 桂林右衞 桂林中衞 南寧衞 柳州衞 馴象衞 南丹衞已下添設 慶遠衞 潯州
衞 奉議衞 廣西護衞 梧州千戶所 懷集千戶所 武緣千戶所 古田千戶所 貴縣千戶所 賀
縣千戶所 全州千戶所 太平千戶所 象州千戶所 平樂千戶所 鬱林千戶所 賓州千戶所 來
賓千戶所 富川千戶所 容縣千戶所 融縣千戶所 灌陽千戶所 河池千戶所 武宣千戶所 向
武千戶所 五屯屯田千戶所 遷江屯田千戶所 靖江府儀衞司 雲南都司 舊有鶴慶通海
二千戶所革 雲南左衞 雲南右衞 雲南前衞 大理衞 楚雄衞 臨安衞 景東衞 曲靖衞 洱
海衞 永昌衞舊爲金齒軍民指揮使司 蒙化衞 平夷衞 越州衞 六涼衞 雲南中衞 雲南後衞
已下後設 廣南衞 大羅衞 瀾滄衞以瀾滄軍民指揮使司改 騰衝衞以騰衝軍民指揮使司改 安
寧千戶所 宜良千戶所 易門千戶所 楊林堡千戶所 十八寨千戶所 通海前前千戶所 通海右
右千戶所 定遠千戶所 馬隆千戶所 姚安千戶所 姚安中屯千戶所 武定千戶所 木密關千戶
所 鎮安千戶所舊爲金齒千戶所萬曆十三年改駐猛淋 鎮姚千戶所舊爲永昌千戶所萬曆十三年
改駐老姚關 永平前前千戶所 永平後後千戶所 騰衝衞千戶所 新安千戶所 鳳梧千戶所 土
官 茶山長官司 潞江安撫司 鳳溪長官司 施甸長官司 鎮道安撫司 楊塘安撫司俱屬永昌衞
蠻莫安撫司 猛臉長官司 猛養長官司俱萬曆十三年改設 貴州都司 舊有層臺重安二千
戶所俱革 舊有平伐長官司後隸貴陽府 舊有平浪九名九姓獨山州二長官司後隸都勻府 貴州衞 永
寧衞 普定衞 平越衞 烏撒衞 普安衞 赤水衞 威清衞 興隆衞 新添衞 清平衞 平壩衞
安莊衞 龍里衞 安南衞 都勻衞 畢節衞 貴州前衞舊無後改 黃平千戶所 普市千戶所
重安千戶所 安龍千戶所 白撒千戶所 摩泥千戶所 關索嶺千戶所 阿落密千戶所 平夷千戶
所 安南千戶所 樂民千戶所 七星關千戶所 土官 新添長官司 小平伐長官司 把平寨長官
司 丹平長官司 丹行長官司已上屬新添衞 楊義長官司屬平越衞 大平伐長官司屬龍里衞
中軍都督府在京 留守中衞 神策衞 應天衞 和陽衞 俱南京舊衞永樂十八年調
牧馬千戶所南京舊所調 蕃牧千戶所添設 在外直隸 揚州衞 高郵衞 儀真衞 淮安衞
鎮海衞 滁州衞 徐州衞 蘇州衞 太倉衞 金山衞 新安衞 泗州衞 壽州衞 邳州衞 大河
衞 沂州衞 安慶衞 宿州衞舊爲千戶所 潼關衞已下舊屬河南都司 歸德衞 武平衞 鎮江衞
已下添設 廬州衞 六安衞 徐州左衞 建陽衞 汝寧千戶所 松江中千戶所 青村中前千戶所
南匯嘴中後千戶所 嘉興中左千戶所在府 吳淞江千戶所 寶山千戶所 劉河堡中千戶所 崇明
沙千戶所 興化千戶所 通州千戶所 泰州千戶所 鹽城千戶所 東海中千戶所 海州中前千戶
所 莒州千戶所 中都留守司 鳳陽衞 鳳陽中衞 鳳陽右衞 皇陵衞 留守左衞 留
守中衞 長淮衞 懷遠衞 洪塘千戶所 河南都司 舊有洛陽中護衞後併 汝州衞 河南衞
弘農衞 陳州衞 睢陽衞 宣武衞 信陽衞 彰德衞 南陽衞 懷慶衞 潁川衞 南陽中護衞
已下添設 汝州衞 潁上千戶所 禹州千戶所舊名鈞州後改 嵩縣千戶所 衞輝前千戶所 林縣
千戶所 鄧州前千戶所 唐縣右千戶所 周府儀衞司 唐府儀衞司 伊府儀衞司 趙府儀衞司
鄭府儀衞司 崇府儀衞司 徽府儀衞司 趙府羣牧所 鄭府羣牧所 崇府羣牧所 徽府羣牧所
前軍都督府在京 留守前衞 龍驤衞 豹韜衞 俱南京舊衞永樂十八年分調 在外
直隸 九江衞 湖廣都司 舊有武昌右千戶所革 武昌衞 武昌左衞 黃州衞 永州衞

岳州衞 蘄州衞 施州衞 辰州衞 常德衞 沅州衞 寶慶衞 沔陽衞 長沙衞 衡州衞 茶
陵衞 鎮遠衞 偏橋衞 清浪衞已上三衞在貴州境 平溪衞 五開衞 九溪衞 靖州衞 永定衞
寧遠衞已下添設 銅鼓衞 武昌護衞 襄陽護衞 郴州千戶所 麻寮千戶所 添平千戶所 安
福千戶所 忠州千戶所在四川境 大庸千戶所 桂陽千戶所 武岡千戶所 澧州千戶所 寧溪千
戶所 常寧千戶所 鎮溪千戶所 桃川千戶所 枇杷千戶所 錦田千戶所 寧遠千戶所 江華千
戶所 城步千戶所 天柱千戶所 汝溪千戶所 宜章千戶所 廣安千戶所 大田千戶所 黎平千
戶所 中潮千戶所 新化千戶所 新化亮寨千戶所 隆里千戶所已上五所在貴州境 平茶千戶所
平茶屯千戶所 銅鼓千戶所 楚府儀衞司 荊府儀衞司 雍府儀衞司 榮府儀衞司 岷府儀衞
司 吉府儀衞司 荊府羣牧所 雍府羣牧所 榮府羣牧所 吉府羣牧所 土官 永順軍民宣慰
使司屬都司 臘惹洞長官司 麥著黃洞長官司 驢遲洞長官司 施溶溪長官司 白崖洞長官司
田家洞長官司已上屬永順宣慰司 保靖州軍民宣慰使司屬都司 五寨長官司 竿子坪長官司俱屬
保靖宣慰司 施南宣撫司屬施州衞 東鄉五路安撫司屬施南宣撫司 把搖洞長官司 上愛茶峒長
官司 下愛茶峒長官司 鎮遠蠻夷長官司 隆奉蠻夷長官司俱屬東鄉五路安撫司 忠孝安撫司屬
施南 忠路安撫司屬施南 金峒安撫司屬施南 劍南長官司屬忠路 西坪蠻夷長官司屬金峒 散
毛宣撫司屬施州衞 龍潭安撫司 大旺安撫司俱屬散毛 東流蠻夷長官司 臘壁峒蠻夷長官司俱
屬大旺 忠建宣撫司屬施州衞 忠峒安撫司 高羅安撫司屬忠建 木冊長官司屬高羅 鎮南長官
司 唐崖長官司 容美宣撫司俱屬施州衞 椒山瑪瑙長官司 五峯石寶長官司 水盡源通塔平長
官司 石梁下峒長官司俱屬容美 桑植安撫司屬九溪 臻剖六洞横波等處長官司屬鎮遠衞 湖
廣行都司 以湖廣都司衞所改設 荊州衞 荊州左衞 荊州右衞 瞿塘衞 襄陽衞 襄陽
護衞 安陸衞 鄖陽衞 夷陵千戶所 德安千戶所 枝江千戶所 長寧千戶所 遠安千戶所 竹
山千戶所 均州千戶所 房縣千戶所 忠州千戶所 遼府儀衞司 襄府儀衞司 興府儀衞司 興
都留守司 承天衞舊安陸衞嘉靖十八年改 沔陽衞舊屬都司嘉靖二十一年改 顯陵衞舊爲
荊州左衞嘉靖十八年改 德安千戶所舊屬行都司嘉靖二十一年改 福建都司 福州中衞 福
州左衞 福州右衞 興化衞 泉州衞 漳州衞 福寧衞 鎮東衞 平海衞 永寧衞 鎮海衞 大
金千戶所已下添設 定海千戶所 梅花千戶所 萬安千戶所 莆禧千戶所 福全千戶所 金門千
戶所 中左千戶所 高浦千戶所 浦城千戶所 六鼇千戶所 銅山千戶所 元鍾千戶所 崇武千
戶所 南詔千戶所 龍巖千戶所 福建行都司 建寧左衞 建寧右衞 延平衞 邵武衞
汀州衞 將樂千戶所 武平千戶所已下添設 永安千戶所 上杭千戶所 浦城千戶所 江西
都司 南昌衞正德十六年以左前二衞并改 袁州衞 贛州衞 吉安千戶所舊爲衞 饒州千戶所
安福千戶所 會昌千戶所 永新千戶所 南安千戶所 建昌千戶所 撫州千戶所 鉛山千戶所
廣信千戶所 信豐千戶所 寧府儀衞司 淮府儀衞司 益府儀衞司 淮府羣牧所 益府羣牧所
廣東都司 廣州前衞 廣州後衞 廣州左衞 廣州右衞 南海衞 潮州衞 雷州衞 海南
衞 清遠衞 惠州衞 肇慶衞 廣海衞已下添設 碣石衞 神電衞 廉州衞舊千戶所 新會千戶
所 韶州千戶所 南雄千戶所 龍川千戶所 程鄉千戶所 德慶千戶所 新興千戶所 陽江千戶
所 高州千戶所 儋州千戶所 新寧千戶所 萬州千戶所 崖州千戶所 增城千戶所 東莞千戶
所已下添設 大鵬千戶所 香山千戶所 連州千戶所 河源千戶所 長樂千戶所 平海千戶所
海豐千戶所 捷勝千戶所 甲子門千戶所 大城千戶所 海門千戶所 靖海千戶所 蓬州千戶所
澄海千戶所 廣寧千戶所 四會千戶所 陽春千戶所 海朗千戶所 雙魚千戶所 寧川千戶所
信宜千戶所 石城千戶所 永安千戶所 欽州千戶所 靈山千戶所 海康千戶所 樂民千戶所
海安千戶所 錦囊千戶所 清瀾千戶所 昌化千戶所 南山千戶所 灌水千戶所 從化千戶所

封門千戶所 函口千戶所 富霖千戶所
後軍都督府在京 留守後衞 鷹揚衞 興武衞 俱南京舊衞永樂十八年分調 大寧中
衞 大寧前衞 會州衞 俱北平行都司舊衞 富峪衞已下添設並北平山西等衞改調 寬河衞 大寧
後衞 神武左衞 神武後衞 昭陵衞 忠義左衞 忠義右衞 忠義前衞 忠義後衞 義勇中衞
義勇左衞 義勇右衞 義勇前衞 義勇後衞 武成中衞 蔚州左衞 在外直隸 舊爲北平
都司 有北平三護衞後俱爲親軍 其不係北平舊衞者俱永樂以後添設 薊州衞 眞定衞 永平衞 山
海衞 遵化衞已上北平舊衞 密雲中衞 密雲後衞以舊密雲分 開平中屯衞 興州左屯衞 興
右屯衞 興州中屯衞 興州前屯衞 興州後屯衞 延慶衞舊爲北平都司居庸關千戶所後改 隆慶衞
後又改此 東勝左衞 東勝右衞 鎮朔衞 涿鹿衞舊爲河南寧國衞屬中府 定邊衞 神武右衞
神武中衞 忠義中衞 盧龍衞 武清衞 撫寧衞 德州衞 寧山衞舊屬河南都司屬中府 大同中
屯衞永樂初改濟陽中屯衞 定州衞已上舊爲北平山東山西河南等處衞所永樂初調改 天津衞
已下添設 天津左衞 天津右衞舊青州左護衞 通州左衞 通州右衞 涿鹿左衞 涿鹿中衞 河
間衞 潼關衞舊屬河南都司 德州左衞 梁城千戶所 滄州千戶所已下添設 倒馬關千戶所 潮
河千戶所 白洋口千戶所 渤海千戶所 寬河千戶所 鎮邊城千戶所 順德千戶所 武定千戶所
舊樂安千戶所 平定千戶所 蒲州千戶所俱屬山西都司後改 大寧都司 保定左衞 保
定右衞 保定中衞 保定前衞 保定後衞俱永樂元年設 營州左屯衞 營州右屯衞 營州中屯衞
營州前屯衞 營州後屯衞俱洪武舊衞永樂改屬 茂山衞 紫荊關千戶所 萬全都司 宣德
五年分直隸及山西等處衞所添改 萬全左衞 萬全右衞 宣府前衞 宣府左衞 宣府右衞 懷安
衞 開平衞 延慶左衞舊屬北平行都司後改 延慶右衞舊屬北平都司後改 龍門衞 保安衞舊屬
前府後改 保安右衞 蔚州衞 永寧衞 懷來衞 興和千戶所 美峪千戶所 廣昌
千戶所舊屬山西都司後改 四海冶千戶所 長安千戶所 雲川千戶所 龍門千戶所 山西都
司 舊有太原三護衞後革 蒲州千戶所改屬直隸 廣昌千戶所改屬萬全都司 太原左衞 太原右衞
太原前衞 振武衞 平陽衞 鎮西衞 潞州衞 瀋陽中護衞後設 汾州衞後設 沁州千戶所 寧
化千戶所 雁門千戶所 磁州千戶所 寧武千戶所已下添設 偏頭關千戶所 保德州千戶所 八
角千戶所 老營堡千戶所嘉靖十七年添設 晉府儀衞司 代府儀衞司 晉府羣牧所
瀋府羣牧所 代府羣牧所 山西行都司 舊有蔚州衞後改屬萬全都司 大同左衞 大同
右衞 大同前衞 大同後衞 朔州衞已下俱山西大同等處衞所調改及添設 鎮虜衞 安東中屯衞
陽和衞 玉林衞 高山衞 雲川衞 天城衞 威遠衞 平虜衞 山陰千戶所 馬邑千戶所 井
坪千戶所
南京衞所親軍衞 金吾前衞 金吾後衞 羽林左衞 羽林右衞 羽林前衞 府軍衞
府軍左衞 府軍右衞 府軍前衞 府軍後衞 虎賁左衞 錦衣衞 旗手衞 金吾左衞 金吾右
衞 江淮衞 濟川衞 孝陵衞 犧牲千戶所
五軍都督府屬左軍都督府 本府所屬衞仍隸北京左府 留守左衞 鎮南衞
水軍左衞 驍騎右衞 龍虎衞 龍虎左衞舊爲成都右護衞宣德六年改 英武衞 瀋陽左衞 瀋
陽右衞 龍江右衞 右軍都督府 本府所屬衞仍隸北京右府 虎賁右衞 留守右衞 水軍
右衞 武德衞 廣武衞 中軍都督府 本府所屬衞仍隸北京中府 留守中衞 神策衞 廣
洋衞 應天衞 和陽衞 牧馬千戶所 前軍都督府 本府所屬衞仍隸北京前府 留守前衞
龍江左衞 龍驤衞 飛熊衞 天策衞 豹韜衞 豹韜左衞舊爲成都中護衞宣德六年改調 後
軍都督府 本府所屬衞仍隸北京後府 留守後衞 橫海衞 鷹揚衞 興武衞 江陰衞
羈縻衞所洪武永樂間邊外歸附者官其長爲都督都

指揮指揮千百戶鎮撫等官賜以敕書印記設都司衛所

都司一　奴兒干都司

衛三百八十四　朵顏衛　泰寧衛　建州衛　必里衛　舊會典作兀里　福餘衛已上洪武間置　兀者衛　兀者左衛　兀者右衛　兀者後衛　赤不罕衛　屯河衛　安河衛　已上永樂二年置　毛憐衛　虎兒文衛　失里綿衛　奴兒干衛　堅河衛　舊會典有溫河　撒力衛　已上永樂三年置　古賁河衛　右城衛　塔魯木衛　蘇溫河衛　斡灘河衛　舊會典有灘納河　兀者前衛　卜顏衛　亦罕河衛　納憐河衛　麥蘭河衛　兀列河衛　雙城衛　撒剌兒衛　亦馬剌衛　斡蘭衛　亦兒古里衛　脫木河衛　卜剌罕衛　密陳衛　嘉河衛　塔山衛　阿速江衛　速平江衛　脫倫衛　木魯罕山衛　馬英山衛　土魯罕山衛　木塔里山衛　朵林山衛　兀也吾衛　吉河衛　劄竹哈衛　舊會典有撒竹盞　福山衛　舊會典作福三　肥河衛　哈溫河衛　舊會典作哈里河　木東河衛　撒兒忽衛　罕答河衛　舊會典作忽答河　劄童衛　已上永樂四年置　阿古河衛　喜樂溫河衛　木陽河衛　哈蘭城衛　可令河衛　兀的河衛　哥吉河衛　野木河衛　納剌吉河衛　亦里察河衛　野兒定河衛　卜魯丹河衛　好屯河衛　喜剌烏河衛　舊會典作喜速烏　考郎兀衛　亦速里河衛　阿剌山衛　隨滿河衛　撒禿河衛　忽蘭山衛　古魯渾山衛　阿資河衛　甫里河衛　答剌河衛　舊會典作納剌河　撒只剌河衛　阿里河衛　舊會典作阿吉河　木木河衛　亦文山衛　木蘭河衛　朵兒必河衛　甫門河衛　已上永樂五年置　納木河衛　童寬山衛　兀魯罕河衛　塔罕山衛　者帖列山衛　木興衛　友帖衛　牙魯衛　益實衛　剌魯衛　乞忽衛　兀里溪山衛　希灘河衛　弗朵禿河衛　阿者迷河衛　撒察河衛　斡蘭河衛　阿眞河衛　木忽阿河衛　欽眞河衛　克默河衛　察剌禿山衛　帖罕河衛　阮里河衛　列門河衛　禿都河衛　寶山衛　忽里急山衛　莫溫河衛　薛列河衛　已上永樂六年置　卜魯兀衛　葛林衛　把城衛　劄肥河衛　忽石門衛　劄嶺上衛　木里吉衛　忽兒海衛　伏里其衛　乞勒尼衛　愛河衛　把河衛　和屯吉衛　失里木衛　阿倫衛　古里河衛　塔麻速衛　已上永樂七年置　木興河衛　木剌河衛　舊會典作木東河衛　喜申衛　使防河衛　舊會典作使方河　甫兒河衛　亦麻河衛　兀應河衛　法因河衛　阿答赤河衛　舊會典作阿答　古木山衛　葛禰哥衛　已上永樂八年置　督罕河衛　建州左衛　只兒蠻衛　兀剌衛　順民衛　囊哈兒衛　古魯衛　舊會典作古魯山　滿徑衛　哈兒蠻衛　塔亭衛　也孫倫衛　可木河衛　弗思木衛　弗提衛　已上永樂十年置　斡朵倫衛　永樂十一年置　哈兒分衛　阿兒溫河衛　速塔兒河衛　兀屯河衛　元城衛　和十羅衛　老哈河衛　失兒兀赤衛　卜魯禿河衛　可和衛　乞塔河衛　兀剌忽衛　已上永樂十二年置　渚冬河衛　劄眞衛　兀思哈里衛　忽魯愛衛　已上永樂十三年置　吉灘河衛　亦馬忽山衛　已上永樂十四年置　阿眞同眞衛　亦東河衛　亦迷河衛　已上永樂十五年置　建州右衛　益實左衛　阿答赤衛　塔山左衛　舊會典作塔山前　城討溫衛　舊會典作成　已上正統間置　寄住毛憐衛　此下正統已後續置　可木衛　失里衛　失木魯河衛　忽魯木衛　塔馬速衛　失烈木衛　吉灘衛　和屯衛　禾屯吉河衛　亦失衛　亦力克衛　納木衛　弗納河衛　忽失木衛　兀也衛　也速倫衛　巴忽魯衛　兀牙山衛　塔木衛　忽里山衛　罕麻衛　木里吉河衛　引門河衛　亦里察衛　只卜得衛　塔兒河衛　木忽魯衛　木答山衛　立山衛　可吉河衛　忽失河衛　脫倫兀衛　阿的納河衛　兀力衛　阿速衛　速溫河衛　納剌吉衛　撒剌衛　亦實衛　弗朵脫河衛　亦屯河衛　元討溫河衛　甫河衛　剌山衛　阿者衛　童山寬衛　替里衛　亦里察河衛　哈黑分衛　禿河衛　好屯衛　乞列尼衛　撒里河衛　忽思木衛　兀里河衛　忽魯山衛　弗兒秀河衛　沒脫倫衛　阿魯必河衛　咬里山衛　亦文衛　寫猪洛衛　答里山衛　古木河衛　剌兒衛　兀同河衛　出萬山衛　者屯衛　喜辰衛　海河衛　兀蘭河衛　朵州山衛　者亦河衛　納速吉河衛　把忽兒衛　撒眞河衛　也速河衛　者剌禿衛　也魯河衛　亦里河衛　失里兀衛　斡朵里衛　禿屯河衛　者林山衛　波羅河衛　朵兒平河衛　散力衛　密剌禿山衛　甫門衛　細木河衛　沒倫河衛　弗禿都河衛　者帖列衛　察剌禿河衛　出萬河衛　者帖列山衛　兀者失列衛　忽里河衛　失里綿衛　兀剌衛　愛河衛　阿冷哈剌察衛　卜忽禿河衛　沒倫衛　卜魯衛　以哈衛　速江平衛　兀山衛　弗力衛　失郎山衛　亦屯衛　木河衛　竹墩衛　河木衛　哈郎衛　虔班衛　失山衛　考郎衛　築屯衛　黑里河衛　右城衛　弗河衛　文東河衛　阿古衛　弗山衛　兀答里衛　納速河衛　失列河衛　朵兒玉衛　兀魯河衛　弗郎罕河衛　赤卜罕山衛　老河衛　竹里河衛　吉答納河衛　者不登衛　也速脫衛　阿木河衛　顏亦衛　已下添設　山答衛　塔哈衛　弗魯納河衛　行子衛　兀勒阿城衛　阿失衛　吉眞納河衛　法衛　薄羅衛　塔麻所衛　布兒哈衛　亦思察河衛　失剌衛　卜忽禿衛　撒里衛　你實衛　平河衛　忽里失山衛　阿乞衛　台郎衛　塞克衛　拜苦衛　所力巴里衛　塔納衛　木郎衛　額克衛　勒伏衛　式木衛　樹哈衛　肥哈答衛　蓋千衛　英禿衛　乞忽衛　阿林衛　哈兒速衛　巴答衛　脫木衛　忽把衛　速哈兒衛　馬失衛　塔賽衛　劄里衛　者哈衛　根克衛　哈失衛　交枝衛　葛衛　艾答衛　亦蠻衛　哈察衛　革出衛　卜答衛　蜀河衛　禿里赤山衛　賽因衛　忙哈衛

所二十四　兀者托溫千戶所　哈魯門山千戶所　兀者揆也木千戶所　兀的罕千戶所　兀者攤免赤千戶所　得的河千戶所　魚失千戶所　五年千戶所　兀者已河千戶所　眞河千戶所　兀的千戶所　屯河千戶所　哈三千戶所　兀者屯河千戶所　古賁河千戶所　五音千戶所　鎮郎塔眞河千戶所　兀者撥野人千戶所　敷答河千戶所　兀禿河千戶所　可里踢千戶所　哈魯門千戶所　兀討溫河千戶所　兀者撒野人千戶所

站七　別兒眞站　黑龍江地方莽　亦帖站　弗朵河站　亦罕河衛　忽把希站　忽把希站　弗答林站　古代替站

地面七　弗孫河地面　木溫河地面　埔坎河地面　撒哈地面　亦馬河咬東地面　可木地面　黑龍江地面

寨一　黑龍江忽里平寨

西北諸部在明初服屬授以指揮等官設衛給誥印

衛六　赤斤蒙古衛　罕東衛　安定衛　阿端衛　曲先衛　哈密衛

西番卽古土番洪武初遣人招諭又令各族舉舊有官職者至京授以國師及都指揮宣慰使元帥招討等官俾因俗以治自是番僧有封灌頂國師及贊善闡化等王大乘大寶法王者俱給印誥傳以爲信所設有都指揮使司指揮司

都指揮使司二　烏思藏都指揮使司　朵甘衛都指揮使司　指揮使司一　隴答衛指揮使司　宣慰使司三　朵甘宣慰使司　董卜韓胡宣慰使司　長河西魚通寧遠宣慰使司　招討司六　朵甘思招討司　朵甘隴答招討司　朵甘丹招討司　朵甘倉溏招討司　朵甘川招討司　磨兒勘招討司　萬戶府四　沙兒可萬戶府　乃竹萬戶府　羅思端萬戶府　別思麻萬戶府　千戶所十七　朵甘思千戶所　剌宗千戶所　孛里加千戶所　長河西千戶所　多八三孫千戶所　加八千戶所　兆日千戶所　納竹千戶所　倫答千戶所　果由千戶所　沙里可哈忽的千戶所　孛里加思千戶所　撒里土兒千戶所　參卜郎千戶所　剌錯牙千戶所　泄里霸千戶所　潤則魯孫千戶所

班軍者衛所之軍番上京師總爲三大營者也初永樂十三年詔邊將及河南山東山西陝西各都司中都留守司江南北諸衛官簡所部卒赴北京以俟臨閱京操自此始仁宗初因英國公張輔等言調直隸及近京軍番上操備諭以畢農而來先農務遣歸旣而輔言邊軍比悉放還京軍少請調山東河南中都淮揚諸衛校閱制曰可又敕河南山東山西大寧及中都將領凡軍還取衣裝者以三月畢務七月至京老弱者選代官給之馬歲春秋番上共十六萬人大寧七萬七百餘中都山東遞殺河南最少僅一萬四千有奇定爲例後允成國公朱勇等請罷鞏昌諸衛及階文千戶所班軍代以陝西內地卒山東衛士沿海備倭沿海衛士復內調通州衛士漕淮安粟安慶衛士赴京操不便皆更之已并放還陝西班軍正統中京操軍皆戍邊乃遣御史於江北山東北直選卒爲京師備景泰初邊事棘班軍悉留京問歲乃放還取衣裝于是于謙石亨議三分之留兩番操備保定河間天津放五十日河南山東九十日淮揚中都百日紫荊倒馬白羊三關及保定諸城戍卒屬山東河南者亦如之逃者官鐫秩三等卒盡室謫邊衛明年謙又言班軍分十營團練久不得休請仍分兩番報可成化間河南秋班軍二千餘不至下御史趣之海內燕安外衛卒在京祇供營繕諸役勢家私占復半之卒多畏苦往往愆期乃定違限罪輕者發居庸密雲山海關罰班六月重者發邊衛罰班至年半令雖具然不能革也弘治中兵部言占役之害罰治如議於是選衛兵八萬團操內外各半外衛四萬兩番迭上李東陽極言工作困軍班軍逾期不至大率坐此帝然之末年歸大寧卒兩班萬人正德中宣府軍及京營互調春秋番換如班軍例迄世宗立乃已嘉靖初尚書李承勛言永樂中調軍番上京師後遂踵爲故事衛伍半空而在京者徒供營造不若省行糧之費以募工作御史鮑象賢請分班軍爲三二入營操一以赴役通政司陳經復請半放之收其糧募工皆不行久之從翊國公郭勛言寬河南因災不至班軍而論後犯者罪必如法兵部因條議軍士失期治將領之罪以多寡爲差重者至鐫秩戍邊報可其後邊警棘乃併番上軍爲一班五月赴京十一月放還每歲秋防見兵十五六萬仇鸞用事抽邊卒入衛凡選士六萬八千餘又免大寧等衛軍京操改防薊鎮班軍遂耗減豐城侯李熙覈其數僅四萬人因請改徵銀召募而以見軍四萬歸營操練嚴嵩議以各衛兵雖有折乾之弊然淸覈令下猶凜凜畏罪若奉旨徵銀恐借爲口實祖宗良法深意一旦蕩然帝是之折乾者衛卒納銀將弁以免其行有事則召募以應亡何從平江伯陳圭奏仍令中都山東河南軍分春秋兩班別爲一營春以三月至八月還秋以九月至來歲二月還工作毋擅役隆慶初大發卒治河軍人憚久役逃亡多部議於見役軍中簡銳者著伍而以老弱供舂鍤萬曆二年科臣言班軍非爲工作設下兵部止議以小工不得概派而已時積弊已久軍士苦役甚多愆期不至故事失班脫逃者罰工銀追月糈其後額外多徵軍益逃中都尤甚自嘉靖四十三年後積逋工銀至五十餘萬兩巡撫都御史張翀乞蠲額外工價軍三犯者不必罰工竟調邊衛而巡視京營給事中王道成則言凡軍一班不到卽係一年脫伍盡扣月糧本軍仍如例解京罰補正班三年脫班仍調邊衛竝報可衞軍益大困後二十九年帝以班軍多老弱雇倩令嚴飭之職方主事沈朝煥給班軍餉皆傭諸丐因言班軍本處有大糧到京有行糧又有鹽斤銀所費十餘萬金今皆虛冒請解大糧貯庫有警可召募有工可雇役部議請先申飭俟大工竣行之是時專以班軍爲役夫番上之初意盡失矣又五年內庭有小營繕中官陳永壽請仍用班軍可節省給事中宋一韓爭之謂班軍輪操卽三大營軍所係甚重今邊鄙多事萬一闖吏不謹而京師團練之軍多召募游徼之役多占皇城宿衞多白徒四衞扈從多廝役卽得三都司健卒三萬猶不能無恐況動以興作朘削名存實亡緩急何賴哉不聽四十年給事中麻僖請恤班操之苦後六年順天巡撫都御史劉曰梧言班軍無濟實用因陳募兵十利是時法益弛軍不營操皆居京師爲商販工藝以錢入班將崇禎時邊事洶洶乃移班軍於邊築垣負米無休期而糗糧缺軍多死班將往往逮革特敕兵部右侍郎專督理鑄印給之然已無及

明史卷九十一　志第六十七

總裁官總理事務經筵講官少保兼太子太保保和殿大學士兼管吏部戶部尚書事加六級張廷玉等奉敕修

兵三

邊防　海防江防

民壯土兵鄉兵

元人北歸屢謀興復永樂遷都北平三面近塞正統以後敵患日多故終明之世邊防甚重東起鴨綠西抵嘉峪綿亘萬里分地守禦初設遼東宣府大同延綏四鎭繼設寧夏甘肅薊州三鎭而太原總兵治偏頭三邊制

府駐固原亦稱二鎭是爲九邊初洪武二年命大將軍徐達等備山西北平邊諭令各上方畧從淮安侯華雲龍言自永平薊州密雲迤西二千餘里關隘百二十有九皆置戍守於紫荊關及盧花嶺設千戶所守禦又詔山西都衞於雁門關太和嶺幷武朔諸山谷間凡七十三隘俱設戍兵九年敕燕山前後等十一衞分兵守古北口居庸關喜峰口松亭關烽堠百九十六處參用南北軍士十五年又於北平都司所轄關隘二百以各衞卒守戍詔諸王近塞者每歲秋勒兵巡邊十七年命徐達籍上北平將校士卒復命將聚遼東定遼等九衞官軍是後每遣諸公侯校沿邊士馬以籍上二十年置北平行都司於大寧其地在喜峰口外故遼西郡遼之中京大定府也西大同東遼陽南北平馮勝之破納哈出還師城之因置都司及營州五屯衞而封皇子權爲寧王調各衞兵往守先是李文忠等取元上都設開平衞及興和等千戶所東西各四驛東接大寧西接獨石二十五年又築東勝城於河州東受降城之東設十六衞與大同相望自遼以西數千里聲勢聯絡建文元年文帝起兵襲陷大寧以寧王權及諸軍歸及卽位封寧王於江西而改北平行都司爲大寧都司徙之保定調營州五屯衞於順義薊州平谷香河三河以大寧地畀兀良哈自是遼東與宣大聲援阻絶又以東勝孤遠難守調左衞於永平右衞於遵化而墟其地先是興和亦廢開平徙於獨石宣府遂稱重鎭然帝於邊備甚謹自宣府迤西迄山西緣邊皆峻垣深濠烽堠相接隘口通車騎者百戶守之通樵牧者甲士十人守之武安侯鄭亨充總兵官其敕書云各處烟墩務增築高厚上貯五月糧及柴薪藥弩墩傍開井井外圍墻與墩平外望如一重門禦暴之意常凛凛也洪熙改元朔州軍士白榮請還東勝高山等十衞於故地輿州軍士范濟亦言朔州大同開平宣府大寧皆藩籬要地其土可耕宜遣將率兵修城堡廣屯種皆不能用正統元年給事中朱純請修塞垣總兵官譚廣言自龍門至獨石及黑峪口五百五十餘里工作甚難不若益墩臺瞭守乃增赤城等堡烟墩二十二寧夏總兵官史昭言所轄屯堡俱在河外自河迤東至察罕腦兒抵綏德州沙漠曠遠並無守備請於花馬池築哨馬營大同總兵官方政繼以馬營請欲就半嶺紅寺兒廢營修築宣大巡撫都御史李儀以大同平衍巡哨宜謹請以副總兵主東路參將主西路而迤北則屬之總兵官都指揮並如議行後三年詔塞紫荊關諸隘口增守備軍時瓦剌漸强從成國公朱勇請也旣而也先入塞英宗陷於土木景帝卽位十餘年間邊患日多索來毛里孩阿羅出之屬相繼入犯無寧歲成化元年延綏總兵官張傑言延慶等境廣袤千里所轄二十五營堡每處僅一二百人難以應敵宜選精鋭九千爲六哨分屯府谷神木二縣龍州榆林二城高家安邊二堡庶緩急有備又請分布鄜慶防秋軍二千餘人於沿邊要害從之七年延綏巡撫都御史余子俊大築邊城先是東勝設衞守在河外榆林治綏德後東勝內遷失險捐米脂魚河地幾三百里正統間鎭守都督王禎始築榆林城建緣邊營堡二十四歲調延安綏德慶陽三衞軍分戍天順中阿羅出入河套駐牧每引諸部內犯至是子俊乃徙治榆林由黃甫川西至定邊營千二百餘里墩堡相望橫截套口內復塹山堙谷曰夾道東抵偏頭西終寧固風土勁悍將勇士力北人呼爲槖駝城十二年兵部侍郎滕昭英國公張懋條上邊備言居庸關黃花鎭喜峰口古北口燕河營有團營馬步軍萬五千人戍守請益軍五千分駐永平密雲以策應遼東凉州鎭番莊浪賀蘭山迤西從雪山過河南通靖虜直至臨鞏俱敵入犯之路請調陝西官軍益以甘涼臨鞏秦平河洮兵戍安定會寧遇警截擊以涼州鋭士五千扼要屯駐彼此策應詔可二十一年敕各邊軍士每歲九月至明年三月俱常操練仍以操過軍馬及風雪免日奏報邊備頗修飭弘治十四年設固原鎭先是固原爲內地所備惟靖虜及火篩入據河套遂爲敵衝乃改平凉之開成縣爲固原州隸以四衞設總制府總陝西三邊軍務是時陝邊惟甘肅稍安而哈密屢爲土魯番所擾乃敕修嘉峪關正德元年春總制三邊都御史楊一淸請復守東勝因河爲固東接大同西屬寧夏使河套千里沃壤歸我耕牧則陝右猶可息肩因上修築定邊營等六事帝可其奏旋以忤中官劉瑾罷所築塞垣僅四十餘里而已武宗好武邊將江彬等得幸遼東宣府大同延綏四鎭軍多內調又以京軍六千與宣府軍六千春秋番換十三年頒定宣大延綏三鎭應援節度敵不渡河則延綏聽調於宣大渡河則宣大聽調於延綏從兵部尚書王瓊議也初大寧之棄以其地畀朶顏福餘泰寧三衞蓋兀良哈歸附者也未幾遂不靖宣宗嘗因田獵親率師敗之自是畏服故喜峰密雲止設都指揮鎭守土木之變頗傳三衞助逆後因添設太監參將等官至是朶顏獨盛情叵測嘉靖初御史邱養浩請復小河等關於外地以扼其要又請多鑄火器給沿邊州縣募商糴粟實各邊衞所詔皆行之初太祖時以邊軍屯田不足召商輸邊粟而與之鹽富商大賈悉自出財力募民墾田塞下故邊儲不匱弘治時戶部尚書葉淇始變法令商納銀太倉分給各邊商皆撤業歸邊地荒蕪米粟踊貴邊軍遂日困十一年御史徐汝圭條上邊防兵食謂延綏宜漕石州保德之粟自黃河而上楚粟由鄖陽汴粟由陝洛沔粟由漢中以達陝右宣大產二麥宜多方收糴紫荊倒馬白羊等關宜招商賃車運又請以宣府遊兵駐右衞懷來以援大同選補遊兵於順聖西城爲臨期應援永寧等處游兵衞宣府備調遣直隸八府召募勇敢團練赴邊關遠近警急榆林山陝游兵於本處策應報可亦未能行也十八年移三邊制府鎭花馬池是時俺答諸部强橫屢深入大同太原之境晉陽南北烟火蕭然巡撫都御史陳講請以兵六千戍老營堡東界之長峪以山西兵守大同三關形勢寧武爲中路莫要於神池偏頭爲西路莫要於老營堡皆宜改設參將雁門爲東路莫要於北樓諸口宜增設把總指揮而移神池守備於利民堡老營堡游擊於八角所各增軍設備帝悉許之規畫雖密然兵將率怯弱其健者僅能自守而已二十二年詔宣府兵乘塞舊制總兵夏秋間分駐邊堡謂之暗伏至是有司建議入秋悉令赴邊分地拒守至九月中罷歸犒以帑金久之以勞費罷二十四年巡按山西御史陳豪言敵三犯山西傷殘百萬費餉銀六十億曾無尺寸功請定計決戰盡復套地明年敵犯延安總督三邊侍郎曾銑力主復套條上十八事帝嘉奬之大學士嚴嵩窺帝意憚兵且欲殺舊閣臣夏言因劾銑并言誅死自是無敢言邊事者二十九年俺答攻古北口從間道黃榆溝入直薄東直門諸將不敢戰敵退大將軍仇鸞力主貢市之議明年開馬市於大同然寇掠如故又明年馬市罷先是翁萬達之總督宣大也籌邊事甚悉其言曰山西保德州河岸東盡老營堡凡二百五十四里西路丫角山迤北而東歷中北路抵東路之東陽河鎭口臺凡六百四十七里宣府西路西陽河迤東歷中北路抵東路之永寧四海冶凡一千二十三里皆逼臨巨寇險在外者所謂極邊也老營堡轉南而東歷寧武雁門北樓至平刑關盡境約八百里又轉南而東爲保定界歷龍泉倒馬紫荊吳王口插箭嶺浮圖峪至沿河口約一千七十餘里又東北爲順天界歷高崖白羊抵居庸關約一百八十餘里皆峻嶺層岡險在內者所謂次邊也敵犯山西必自大同入紫荊必自宣府未有不經外邊能入內邊者乃請修築宣大邊牆千餘里烽堠三百六十三所後以通市故不復防遂半爲敵毀至是兵部請敕邊將修補科臣又言垣上宜築高臺建廬以栖火器從之時俺答益强朶顏三衞爲之嚮道遼薊宣大連歲被兵三十四年總督軍務兵部尚書楊博旣解大同右衞圍因築牛心諸堡修烽堠二千八百有奇宣大間稍寧息而薊鎭之患不已薊之稱鎭自二十七年始時鎭兵未練因詔各邊入衞兵往戍旣而兵部言大同之三邊陝西之固原宣府之長安嶺延綏之夾牆皆據重險惟薊獨無渤海所南山陵東有蘇家口至寨籬村七十里地形平漫宜築牆建臺設兵守與京軍相夾制報可時兵力孱弱有警徵召四集而議者惟以據險爲事無敢言戰者其後薊鎭入衞兵俱聽宣大督撫調遣防禦益疎朶顏遂乘虛歲入三十七年諸鎭建議各練本鎭戍卒可省徵發費十之六然戍卒選愞不任戰歲練亦費萬餘而臨事徵發如故隆慶間總兵官戚繼光總理薊遼任練兵事因請調浙兵三千人以倡勇敢及至待命於郊自朝至日中天雨軍士跬步不移邊將大駭自是薊兵以精整稱俺答已通貢封順義王其子孫襲封者累世迨萬曆之季西部遂不競而土蠻部落虎墩兔炒花宰賽煖兔輩東西煽動將士疲於奔命未嘗得安枕也初太祖沿邊設衞惟土著兵及有罪謫戍者遇有警調他衞軍往戍謂之客兵永樂間始命內地軍番戍謂之邊班其後占役逃亡之數多乃有召募有改撥有修守民兵土兵而邊防日益壞洪武時宣府屯守官軍殆十萬正統景泰間已不及額弘治正德以後官軍實有者僅六萬六千九百有奇而召募與土兵居其半他鎭率視此正統初山西河南班軍守偏頭大同宣府塞不得代巡撫于謙言每歲九月至二月水冷草枯敵騎出沒乘障卒宜多若三月至八月邊守自足乞將兩班軍每歲一班如期放遣甘肅總兵官蔣貴又言沿邊墩臺守瞭軍更番有例惟坐事謫發者不許困苦甚乞如例踐更並從之五年山西總兵官李謙請偏頭關守備軍如大同例半歲更番部議每番皆十月而戍卒仍率以歲爲期有久而後遣者弘治中三邊總制秦紘言備禦延綏官軍自十二月赴邊旣周一歲至次年二月始得代在軍日多請歲一更上下俱在三月初邊軍便之嘉靖四十三年巡撫延綏胡志夔請免戍軍三年每軍徵銀五兩

四錢爲募兵用至萬曆初大同督撫方逢時等請修築費詔以河南應戍班軍自四年至六年概免盡扣班價發給謂之折班班軍遂耗久之所徵亦不得寧山南陽額上三衞積逋延綏鎮折班銀至五萬餘兩是後諸邊財力俱盡敝尪極矣初邊政嚴明官軍皆有定職總兵官總鎮軍爲正兵副總兵分領三千爲奇兵遊擊分領三千往來防禦爲遊兵參將分守各路東西策應爲援兵營堡墩臺分極衝次衝爲設軍多寡平時走陣哨探守瞭焚荒諸事無敢惰稍違制輒按軍法而其後皆廢壞云

沿海之地自廣東樂會接安南界五千里抵閩又二千里抵浙又二千里抵南直隸又千八百里抵山東又千二百里踰寶坻盧龍抵遼東又千三百餘里抵鴨綠江島寇倭夷在在出沒故海防亦重吳元年用浙江行省平章李文忠言嘉興海鹽海寧皆設兵戍守洪武四年十二月命靖海侯吳禎籍方國珍所部溫台慶元三府軍士及蘭秀山無田糧之民凡十一萬餘人隸各衞爲軍且禁沿海民私出海時國珍及張士誠餘衆多竄島嶼間勾倭爲寇五年命浙江福建造海舟防倭明年從德慶侯廖永忠言命廣洋江陰橫海水軍四衞增置多櫓快船無事則巡徼遇寇以火船薄戰快船逐之詔禎充總兵官領四衞兵京衞及沿海諸衞軍悉聽節制每春以舟師出海分路防倭迄秋乃還十七年命信國公湯和巡視海上築山東江南北浙東西沿海諸城後三年命江夏侯周德興抽福建福興漳泉四府三丁之一爲沿海戍兵得萬五千人移置衞所於要害處築城十六復置定海盤石金鄉海門四衞於浙金山衞於松江之小官場及靑村南滙嘴城二千戶所又置臨山衞於紹興及三山瀝海等千戶所而寧波溫台並海地先已置八千戶所曰平陽三江龍山霩衢大松錢倉新河松門皆屯兵設守二十一年又命和行視閩粵築城增兵置福建沿海指揮使司五曰福寧鎮東平海永寧鎮海領千戶所十二曰大金定海梅花萬安莆禧崇武福全金門高浦六鰲銅山元鍾二十三年從衞卒陳仁言造蘇州太倉衞海舟旋命濱海衞所每百戶及巡檢司皆置船二巡海上盜賊後從山東都司周彥言建五總寨於寧海衞與萊州衞八總寨共轄小寨四十八已復命重臣勳戚魏國公徐輝祖等分巡沿海帝素厭日本詭譎絕其貢使故終洪武建文世不爲患永樂六年命豐城侯李彬等緣海捕倭復招島人蜑戶賈豎漁丁爲兵防備益嚴十七年倭寇遼東總兵官劉江殲之於望海堝自是倭大懼百餘年間海上無大侵犯朝廷閒數歲一令大臣巡警而已至嘉靖中倭患漸起始設巡撫浙江兼管福建海道提督軍務都御史已改巡撫爲巡視未幾倭寇益肆乃增設金山參將分守蘇松海防尋改爲副總兵調募江南北徐邳官民兵充戰守而杭嘉湖亦增參將及兵備道二十三年調撥山東民兵及青州水陸槍手千人赴淮揚聽總督南直軍務都御史張經調用時倭縱掠杭嘉蘇松踞柘林城爲窟穴大江南北皆被擾監司任環敗之經亦有王家涇之捷乃遁出海復犯蘇州於是南京御史屠仲律言五事其守海口云守平陽港黃花澳據海門之險使不得犯溫台守寧海關湖頭灣遏三江之口使不得窺寧紹守鱉子門乍浦峽使不得近杭嘉守吳淞劉家河七丫港使不得掩蘇松且宜修飭海舟大小相比或百或五十聯爲一綜募慣習水工領之而充以原額水軍於諸海口量緩急置防部是其議未幾兵部亦言浙直通泰間最利水戰往時多用沙船破賊請厚賞招徠之防禦之法守海島爲上宜以太倉崇明嘉定上海沙船及福倉東莞等船守普陀大衢陳錢山乃浙直分路之始狼福二山約束首尾交接江洋亦要害地宜督水師固守報可已復令直隸吳淞江劉家河福山港鎮江圌山五總添設游兵聽金山副總兵調度時胡宗憲爲總督誅海賊徐海汪直直部三千人復勾倭入寇閩廣益騷三十七年都御史王詢請分福建之福興爲一路領以參將駐福寧水防自流江烽火門俞山小埕至南日山漳泉爲一路領以參將駐詔安水防自南日山至浯嶼銅山元鍾走馬溪安邊館水陸兵皆聽節制福建省城介在南北去海僅五十里宜更設參將選募精銳部領哨船與主客兵相應援部覆從之廣東惠潮亦增設參將駐揭陽福建巡撫都御史游震得言浙江溫處與福寧接壤倭所出沒宜進戚繼光爲副總兵守之而增設福寧守備隸繼光漳州之月港亦增設守備隸總兵官俞大猷延建邵爲八閩上游宜募兵以備緩急皆允行既而宗憲被逮罷總督官以浙江巡撫趙炳然兼任軍事炳然因請令定海總兵屬浙江金山總兵屬南直俱兼理水陸軍務互相策應其後莆田倭寇平乃復五水寨舊制五寨者福寧之烽火門福州之小埕澳興化之南日山泉州之浯嶼漳州之西門澳亦曰銅山景泰三年鎮守尚書薛希璉奏建者也後廢至是巡撫譚綸疏言五寨守扼外洋法甚周悉宜復舊以烽火門南日浯嶼三綜爲正兵銅山小埕二綜爲游兵寨設把總分汛地明斥堠嚴會哨改三路參將爲守備分新募浙兵爲二班各九千人春秋番上各縣民壯皆補用精悍每府領以武職一人兵備使者以時閱視帝皆是之狼山故設副總兵至是改爲鎮守總兵官兼轄大江南北迨隆慶初倭漸不爲患而諸小寇往往有之萬曆三年設廣東南澳總兵官以其據漳泉要害也久之倭寇朝鮮朝廷大發兵往援先後六年於是設巡撫官於天津防畿甸後十餘年從南直巡按御史顏思忠言分淮安大營兵六百守廖角嘴從福建巡撫丁繼嗣言設兵自浙入閩之三江及劉澳而易海澄團練營土著軍以浙兵天啓中築城於澎湖設游擊一把總二統兵三千築礮臺以守先是萬曆中許孚遠撫閩奏築福州海壇山因及澎湖諸嶼且言浙東沿海陳錢金塘玉環南麂諸山俱宜經理遂設南麂副總兵而澎湖不暇及其地遙峙海中逶迤如修蛇多岐港零嶼其中空澗可藏巨艘初爲紅毛所據至是因巡撫南居益言乃奪而守之自世宗世倭患以來沿海大都會各設總督巡撫兵備副使及總兵官參將游擊等員而諸所防禦於廣東則分東中西三路設三參將於福建則有五水寨於浙則有六總一金鄉盤石二衞一松門海門二衞一昌國衞及錢倉爵溪等所一定海衞及霩衢大嵩等所一觀海臨山二衞一海寧衞分統以四參將於南直隸則乍浦以東金山衞設參將黃浦以北吳淞江口設總兵於淮揚則總兵駐通州游擊駐廟灣又於揚州設陸兵游擊待調遣於山東則登萊靑三府設巡察海道之副使管理民兵之參將總督沿海兵馬備倭之都指揮於薊遼則大沽海口宿重兵領以副總兵而以密雲永平兩游擊爲應援山海關外則廣寧中前等五所兵守各汛以寧前參將爲應援而金復海蓋諸軍皆任防海三岔以東九聯城外創鎮江城設游擊統兵千七百哨海上北與寬奠參將陸營相接共計凡七鎮而守備把總分守巡徼會哨者不下數百員以三四五月爲大汛九十月爲小汛蓋遭倭甚毒故設防亦最密云日本地與閩相值而浙之招寶關其貢道在焉故浙閩爲最衝南寇則廣東北寇則由江犯留都淮揚故防海外防江爲重洪武初於都城南新江口置水兵八千已稍置萬二千造舟四百艘又設陸兵於北岸浦子口相犄角所轄沿江諸郡上自九江廣濟黃梅下抵蘇松通泰中包安慶池和太平凡盜賊及販私鹽者悉令巡捕兼以防倭永樂時特命勛臣爲帥視江操其後兼用都御史成化四年從錦衣衞僉事馮瑤言令江兵依地設防於瓜儀太平置將領鎮守後六年守備定西侯蔣琬奏調建陽鎮江諸衞軍補江兵缺伍十三年命擇武大臣一人職江操毋攝營務又五年從南京都御史白昂言敕沿江守備官互相應援并給關防著爲令弘治中命新江口兩班軍如京營例首班歇卽以次班操嘉靖八年江陰賊侯仲金等作亂給事中夏言請設鎮守江淮總兵官已而寇平總兵罷不設十九年沙賊黃艮等復起帝詰兵部以罷總兵之故乃復設給旗牌符敕提督沿江上下後復裁罷三十二年倭患熾復設副總兵於金山衞轄沿海至鎮江與狼山副總兵水陸相應時江北俱被倭於是量調九江安慶官軍守京口圌山等地久之給事中范宗吳言故事操江都御史防江應鳳二巡撫防海後因倭警遂以鎮江而下通常狼福諸處隸之操江以故二撫臣得諉其責操江又以向非本屬兵難遙制亦漠然視之非委任責成意宜以圌山三江會口爲操撫分界報可其後增上下兩江巡視御史得皐劾有司將領而以南京僉都御史兼理操江不另設先是增募水兵六千隆慶初以都御史吳時來請留四之一餘悉罷遣并裁中軍把總等官已復令分汛設守而責以上下南北互相策應又從都御史宋儀望言諸軍皆分駐江上不得居城市萬曆二十年以倭警言者請復設京口總兵南京兵部尚書衷貞吉等謂既有吳淞總兵不宜兩設乃設兵備使者每春汛調備倭都督統衞所水陸軍赴鎮江後七年操江耿定力奏長江千餘里上江列營五兵備臣三下江列營五兵備臣二宜委以簡閱訓練卽以精否爲兵備殿最部議以爲然故事南北總哨官五日一會哨於適中地將領官亦月兩至江上會哨其後多不行崇禎中復以勳臣任操江偷惰成習會哨巡徼皆虛名非有實矣

衞所之外郡縣有民壯邊郡有土兵太祖定江東循元制立管領民兵萬戶府後從山西行都司言聽邊民自備軍械團結防邊閩浙苦倭指揮方謙請籍民丁多者爲軍尋以爲患鄉里詔閩浙互徙時已用民兵然非召募也正統二年始募所在軍餘民壯願自效者陝西得四千二百人人給布二匹月糧四斗景泰初遣使分募直隸山東山西河南民壯撥山西義勇守大同而紫荊倒馬二關亦用民兵防守事平免歸成化二年以邊警復二關民兵敕御史往延安慶陽選精壯編伍得五千

餘人，號曰土兵。以延綏巡撫盧祥言邊民驍果可練爲兵，使護田里妻子，故有是命。弘治二年立僉民壯法。州縣七八百里以上，里僉五人；五百里，四；三百里，三；百里以上，二。有司訓練，遇警調發，給以行糧，而禁役占放買之弊。富民不願，則上直於官，官自爲募。或稱機兵。在巡檢司者稱弓兵。後以越境防冬非計，大同巡撫劉宇請免其班操，徵銀糧輸大同，而以威遠屯丁舍餘補役。給事中熊偉亦請編應募民於附近衞所。並從之。十四年以西北諸邊所募士兵多不足五千，遣使齎銀二十萬及太僕寺馬價銀四萬往募。指揮千百戶以募兵多寡爲差，得遷級，失官者得復職，卽令統所募兵。旣而兵部議覆侍郎李孟暘請實軍伍疏，謂天下衞所官軍原額二百七十餘萬，歲久逃故，嘗選民壯三十餘萬，又覈衞所舍人餘丁八十八萬，西北諸邊召募士兵無慮數萬，請如孟暘奏，察有司不操練民壯、私役雜差者，如役占軍人罪。報可。正德中，流賊擾山東，巡撫張鳳選民兵，令自買馬團操，民不勝其擾，兵部侍郎楊潭以爲言。都御史甯杲所募多無賴子，爲御史張璿所劾。嘉靖二十二年增州縣民壯額，大者千人，次六七百，小者五百。二十九年京師新被寇，議募民兵，以二萬爲率，歲四月終赴近京防禦。後五年，兵部尚書楊博請汰老弱，存精銳，在外者發各道爲民兵，在京者隸之巡捕叅將，逃者不補。帝以影占數多，耗糧無用，遣官覈，宜罷宜還者以聞。隆慶中，張居正、陳以勤復請籍畿甸民兵，謂直隸八府人多健悍，總按戶籍，除單丁老弱者，父子三人籍一子，兄弟三人籍一弟，州與大縣可得千六百人，小縣可得千人，中分之爲正兵、奇兵，登名尺籍，隸撫臣操練，歲無過三月，月無過三次，練畢卽令歸農，復其身，歲操外不得別遣。命所司議行。然自嘉靖後，山東、河南民兵戍薊門者，率徵銀以充召募。至萬曆初，山東徵銀至五萬六千兩，貧民大困。治河之役，給事中張貞觀請益募士兵捍淮揚、徐邳。畿南盜起，給事中耿隨龍請復民壯舊制，專捕賊盜。播州之亂，工部侍郎趙可懷請練土著。兵部因言天下之無兵者不獨蜀也，各省官軍民壯皆宜罷老羸，易以健卒，軍操屬印官、操官，民操屬正官、捕官，郡守監司不得牽制，立營分伍，以憑調發。先後皆議行。末年募兵措餉益急，南京職方郎中鄒維璉陳調募之害，山西叅政徐九翰尤極言民兵不可調。崇禎時，中原盜急，兵部尚書楊嗣昌議令責州縣訓練土著爲兵，工部侍郎張愼言言其不便者數事，而御史米壽圖又言其害有十，謂不若簡練民兵，增民壯快手，備禦地方爲便。後嗣昌死，練兵亦不行。

鄉兵者，隨其風土所長應募，調佐軍旅緩急。其隸軍籍者曰浙兵，義烏爲最，處次之，台、寧又次之，善狼筅，間以叉槊。戚繼光製鴛鴦陣以破倭及守薊門，最有名。曰川兵，曰遼兵，崇禎時多調之勦流賊。其不隸軍籍者所在多有。河南嵩縣曰毛葫蘆，習短兵，長於走山。而嵩及盧氏、靈寶、永寧並多礦兵，曰角腦，又曰打手。山東有長竿手，徐州有箭手，井陘有螞螂手，善運石，遠可及百步。閩漳、泉習鏢牌，水戰爲最。泉州永春人善技擊。正統間，郭榮六者破沙尤賊有功。商竈鹽丁以私販爲業，多勁果。成化初，河東鹽徒千百輩，自備火礮、強弩、車仗，雜官軍逐寇。而松江曹涇鹽徒，嘉靖中逐倭至島上，焚其舟。後倭見民家有鹺囊，輒搖手相戒。粵東雜蠻蜑，習長牌、斫刀，而新會、東莞之產強半。延綏、固原多邊外土著，善騎射，英宗命簡練以備秋防。大籐峽之役，韓雍用之以摧搖獞之用牌刀者。莊浪魯家軍，舊隸隨駕中。洪熙初，令土指揮領之。萬曆間，部臣稱其驍健，爲敵所畏，宜鼓舞以儲邊用。西寧馬戶八百，嘗自備騎械赴敵，後以欵貢裁之。萬曆十九年，經畧鄭雒請復其故。又僧兵，有少林、伏牛、五臺。倭亂，少林僧應募者四十餘人，戰亦多勝。西南邊服有各土司兵。湖南永順、保靖二宣慰所部，廣西東蘭、那地、南丹、歸順諸狼兵，四川酉陽、石砫秦氏、冉氏諸司，宣力最多。末年邊事急，有司專以調三省土司爲長策，其利害亦恒相半云。

明史卷九十二　　志第六十八

總裁官總理事務經筵講官少保兼太子太保保和殿大學士兼管吏部戶部尚書事加六級張廷玉等奉敕修

兵四

清理軍伍　訓練
賞功　火器
車船　馬政

明初，垛集令行，民出一丁爲軍，衞所無缺伍，且有羡丁。未幾，大都督府言：起吳元年十月，至洪武三年十一月，軍士逃亡者四萬七千九百餘。於是下追捕之令，立法懲戒。小旗逃所隸三人，降爲軍。上至總旗、百戶、千戶，皆視逃軍多寡，奪俸降革。其從征在外者，罰尤嚴。十六年命五軍府檄外衞所，速逮缺伍士卒，給事中潘庸等分行清理之。明年從兵部尚書俞綸言，京衞軍戶絕者，毋冒取同姓及同姓之親，令有司覈實發補，府衞毋特遣人。二十一年詔衞所覈實軍伍，有匿己子以養子代者，不許。其秋，令衞所著軍士姓名、鄉貫爲籍，具載丁口，以便取補。又置軍籍勘合，分給內外軍士，遇點閱以爲驗。成祖卽位，遣給事等官分閱天下軍，重定垛集軍更代法。初，三丁已上，垛正軍一，別有貼戶，正軍死，貼戶丁補。至是，令正軍、貼戶更代，貼戶單丁者免；當軍家蠲其一丁徭。洪熙元年，興州左屯衞軍范濟極言勾軍之擾。富峪衞百戶錢興奏言：「祖本涿鹿衞軍，死，父繼，以功授百戶。臣已襲父職，而本衞猶以臣祖爲逃軍，屢行勾取。」帝謂尚書張本曰：「軍伍不清，弊多類此。」已而宣宗立，軍弊益滋，黠者往往匿其籍，或誣攘良民充伍。帝諭兵部曰：「朝廷於軍民，如舟車任載，不可偏重。有司宜審實，毋混。」乃分遣吏部侍郎黃宗載等清理天下軍衞。三年敕給事、御史清軍，定十一條例，榜示天下。明年復增爲二十二條。五年從尚書張本請，令天下官吏、軍旗公勘，自洪、永來勾軍之無蹤者，豁免之。六年令勾軍有親老疾獨子者，編之近地，餘丁赴工逋亡者，例發口外，改爲罰工一年，示優恤焉。八年免蘇州衞抑配軍百五十九人，已食糧止令終其身者千二百三十九人。先是，蘇、常軍戶絕者，株累族黨，動以千計，知府況鍾言於朝。又常州民訴受抑爲軍者七百有奇，故特敕巡撫侍郎周忱清理。正統初，令勾軍家丁盡者，除籍；逃軍死亡及事故者，或家本軍籍，而偶同姓名，里胥挾讐妄報冒解，或已解而赴部聲寃者，皆與豁免。定例，補伍皆發極邊，而南北人互易。大學士楊士奇謂風土異宜，瀕於夭折，請從所宜發戍。署兵部侍郎鄺埜以爲紊祖制，寢之。成化二年，山西巡撫李侃復請補近衞，始議行。十一年命御史十一人分道清軍，以十分爲率，及三分者最，不及者殿。時以罪讁者逃故，亦勾其家丁。御史江昂謂非罰弗及嗣之義，乃禁之。嘉靖初，捕亡令愈苛，有株累數十家，勾攝經數十年者，丁口已盡，猶移覆紛紜不已。兵部尚書胡世寧請屢經清報者免勾；又避役之人，必緩急難倚，急改編原籍衞所，有缺伍則另選舍餘及犯罪者充補；犯重發邊衞者，責賣家產，闔房遷發，使絕顧念，庶衞卒皆土著，而逃亡益鮮。帝是其言。其後用主事王學益議，製勾單，立法詳善。久之，停差清軍御史，寬管解逃軍及軍赴衞違限之科，清軍官日玩愒，文卷磨滅，議者復請申飭。萬曆三年，給事中徐貞明言：「勾軍東南，資裝出於戶丁，解送出於里遞，每軍不下百金，大困東南之民，究無補於軍政。宜視班匠例，免其解補，而重徵班銀，以資召募，使東南永無勾補之擾，而西北之行伍亦充。」鄖陽巡撫王世貞因言有四便：應勾之戶樂於就近，不圖避匿，便一；各安水土，不至困絕，便二；近則不逃，逃亦易追，便三；解戶不至破家，便四。而兵部卒格貞明議不行。後十三年，南京兵部尚書郭應聘復請各就近地，南北改編。又言應勾之軍，南直隸至六萬六千餘，株連至二三十萬人，請自天順以前竟與釋免。報可。遠近皆悅。然改編令下，求改者相繼。明年，兵部言什伍漸耗，邊鎭軍人且希圖脫伍，有旨復舊，而應聘之議復不行。凡軍衞掌於職方，而勾清則武庫主之。有所勾攝，自衞所關報，先覈鄉貫居止，內府給批，下有司提本軍，謂之跟捕；提家丁，謂之勾捕。間有恩恤開伍者。洪武二十三年，令應補軍役生員遣歸卒業。宣德四年，上虞人李志道充楚雄衞軍，死，有孫宗皐宜繼，時已中鄉試，尚書張本言於帝，得免。如此者絕少。戶有軍籍，必仕至兵部尚書始得除。軍士應起解者，皆僉妻；有津給軍裝、解軍行糧、軍丁口糧之費。其冊單編造皆有恒式。初定戶口、收軍、勾清三冊。嘉靖三十一年又編四冊，曰軍貫，曰兜底，曰類衞，類姓。其勾軍另給軍單。蓋終明世於軍籍最嚴，然弊政漸叢，而擾民日甚。

明太祖起布衣，策羣力，取天下。卽位後，屢命元勳宿將分道練兵，而其制未定。洪武六年命中書省、大都督府、御史臺、六部議教練軍士律：騎卒必善馳射槍刀，步兵必善弓弩槍。步射以十二矢之半，遠可到，近可中爲程。遠可到，將弁百六十步，軍士百二十步；近可中，五十步。彀弩以十二矢之五，遠可到，蹶張八十步，划車六十步。槍必進退熟習。在京衞所以五千人爲率，取其一，指揮以下官領赴御前驗試，餘以次番試。在外都司衞所，每衞五千人取五之一，千戶以下官領赴京驗試，餘以次番試。軍士步騎皆善，將領各以其能受賞，否則軍士給錢六百爲道里費。將領自指揮使以下，所統軍士三分至六分不中者，次第奪俸；七分以上，次第降官，至爲軍止。都指揮軍士四分以上不中，奪俸一年；六分以上，罷職。後十六年，令天下衞所善射者十選一，於農隙分番赴京較閱，以優劣爲千百戶賞罰，邊軍本衞較射二十年命衞士習射於午門丹墀明年復令天下衞所馬步軍士各分十班將弁以應敘久次陞者統之冬月至京閱試指揮千百戶年深慣戰及屯田者免仍先下操練法俾遵行不如法及不嫺習者罰明年詔五軍府比試軍士分三等賞鈔又各給鈔三錠爲路費不中者亦給之明年再試不如式軍移戍雲南官謫從征總小旗降爲軍武臣子弟襲職試騎步射不中程令還衞署事與半俸二年後仍試如故者亦降爲軍文皇即位五駕北征六師嘗自較閱又嘗敕秦晉周肅諸王各選護衞軍五千命官督赴眞定操練陝西甘肅寧夏大同遼東諸守將及中都留守河南等都司徐宿等衞遣將統馬步軍分駐眞定德州操練候赴京閱視景泰初立十團營給事中鄧林進軒轅圖郎古八陣法也因用以教軍成化間增團營爲十二命月二次會操起仲春十五日止仲夏十五日秋冬亦如之弘治九年兵部尚書馬文升申明洪永操法五日內二日走陣下營三日演武武宗好武勇每令提督坐營官操練又自執金鼓演四鎭卒然大要以恣馳騁供嬉戲非有實也嘉靖六年定下營布陣止用三疊陣及四門方營又令每營選槍刀箭牌銃手各一二人爲教師轉相教習及更營制分兵三十枝設將三十員各統三千人訓練擇精銳者名選鋒厚其校藝之賞總督大臣一月會操者四餘日營將分練協理大臣及巡視給事御史隨意入一營校閱賞罰因以擇選鋒帝又置內營於內教場練諸內使隆慶初命各營將領以教練軍士分數多寡爲黜陟全營教練者加都督僉事以次減全不教練者降祖職一級革任回衞三年內教練有成操協大臣奬諭恩錄無功績者議罰規制雖立然將卒率媮惰操演徒爲具文先是浙江參將戚繼光以善教士聞嘗調土兵製鴛鴦陣破倭至是已官總兵穆宗從給事中吳時來請命繼光練兵薊門薊兵精整者數十年繼光嘗著練兵實紀以訓士一曰練伍首騎次步次車次輜重先選伍次較藝總之以合營二曰練膽氣使明作止進退及上下統屬相友相助之義三曰練耳使明號令四曰練手足使熟技藝五曰練營陣詳布陣起行結營及交鋒之正變終之以練將後多遵用之

賞功之制太祖時大賞平定中原征南諸將及雲南越州之功賞格雖具然不豫爲令惟二十九年命沿海衞所指揮千百戶獲倭一船及賊者陞一級賞銀五十兩鈔五十錠軍士水陸擒殺賊賞銀有差永樂初以將士久勞命禮部依太祖陞賞例參酌行之乃分奇功首功次功三等其賞之輕重次第率臨時取旨亦不豫爲令十二年定凡交鋒之際突出敵背殺敗賊衆者勇敢入陣斬將搴旗者本隊已勝別隊勝負未決而能救援克敵者受命能任事出奇破賊成功者皆爲奇功齊力前進首先敗賊者前隊交鋒未決後隊向前敗賊者皆爲首功軍行及營中擒獲奸細者亦准首功餘皆次功又立功賞勘合定四十字曰神威精勇猛强壯毅英雄克勝兼超捷奇功奮銳鋒智謀宣妙略剛烈効忠誠果敢能安定揚名顯大勳編號用寶貯內府印綬監當是時稽功之法甚嚴正統十四年造賞功牌有奇功頭功齊力之分以大臣主之凡挺身突陣斬將奪旗者與奇功牌生擒瓦剌或斬首一級與頭功牌雖無功而被傷者與齊力牌蓋專爲瓦剌入犯設也是後將士功賞視立功之地準例奏行北邊爲上東北邊次之西番及苗蠻又次之內地反賊又次之世宗時苦倭甚故海上功比北邊尤爲最北邊自甘肅迤東抵山海關成化十四年例一人斬一級者進一秩至三秩止二人共斬者爲首進秩同壯男與實授幼弱婦女與署職爲從及四級以上俱給賞領軍官部下五百人者獲五級進一秩領千人者倍之正德十年重定例獨斬一級者陞一秩三人共者首陞署一秩從給賞四五六人共者首給賞從量賞二人共斬一幼敵者首視三人例從量賞不願陞者每實授一秩賞銀五十兩署職二十兩嘉靖十五年定領軍官千把總加至三秩止都指揮以上止陞署職二級餘加賞東北邊初定三級當北邊之一萬曆中改與北邊同番寇苗蠻亦三級進一秩實授署職視北邊十級以上并不及數者給賞萬曆三年令陝西番寇功視成化中例軍官千總領五百人者部下斬三十級領千人者六十級把總領五百人者十級領千人者三十級俱進一秩至三秩止南方蠻賊宣德九年例三級以上及斬獲首賊俱陞一秩餘加賞正德十六年定軍官部下斬百級者陞署一秩三百級者實授一秩四百級者陞一秩餘功加賞倭賊嘉靖三十五年定斬倭首賊一級陞實授三秩不願者賞銀百五十兩從賊一級授一秩漢人脅從一級署一秩陣亡者本軍及子實授一秩海洋遇賊有功均以奇功論萬曆十二年更定視舊例少變以賊衆及船之多寡爲功賞之差復定海洋征戰無論倭寇海賊勘是奇功與世襲雲南夷賊擒斬功次視倭功內地反賊成化十四年例六級陞一秩至三秩止幼男婦女及十九級以上與不及數者給賞正德七年定流賊例名賊一級授一秩世襲爲從者給賞次賊一級署一秩從賊三級及陣亡者俱授一秩世襲重傷回營死者署一秩又以割耳多寡論功最多者至陞二秩世襲先是五年寧夏功後嘉靖元年江西功俱視流賊例崇禎中購闖獻以萬金爵封侯餘賊有差以賊勢重變常格也其俘獲人畜器械成化例俱給所獲者其論功陞秩成化十四年例軍士陞一秩爲小旗舍人陞一秩給冠帶以上類推嘉靖四十三年定都督等官無階可陞者所應襲男廕冠帶萬曆十三年定都指揮使陞秩者不授都督賞銀五十兩陞俸者半之其有司民兵隆慶六年定視軍人例自洪宣以後賞格皆以斬級多少豫定條例漸多倖弊日啓正德間副使胡世寧言兩軍格鬭手眼瞬息不得差池何暇割級其獲級者或殺已降或殺良民或偶得單行之賊被掠逃出之人非眞功也宜選强明剛正之員爲紀功官痛懲此弊時弗能行故事鎭守官奏帶例止五名後領兵官所奏有至三四百名者不在斬馘之例別立名目曰運送神鎗曰齎執旗牌曰衝鋒破敵曰三次當先曰軍前効勞冒濫之弊至斯極已

古所謂礮皆以機發石元初得西域礮攻金蔡州城始用火然造法不傳後亦罕用至明成祖平交阯得神機鎗礮法特置神機營肄習製用生熟赤銅相間其用鐵者建鐵柔爲最西鐵次之大小不等大者發用車次及小者用架用樁用托大利於守小利於戰隨宜而用爲行軍要器永樂十年詔自開平至懷來宣府萬全興和諸山頂皆置五礮架二十年從張輔請增置於山西大同天城陽和朔州等衞以禦敵然利器不可示人朝廷亦愼惜之宣德五年敕宣府總兵官譚廣神銃國家所重在邊墩堡量給以壯軍威勿輕給正統六年邊將黃眞楊洪立神銃局於宣府獨石帝以火器外造恐傳習漏泄敕止之正統末邊備日亟御史楊善請鑄兩頭銅銃景泰元年巡關侍郎江潮言眞定藏都督平安火傘上用鐵槍頭環以響鈴置火藥筒三發之可潰敵馬應州民師翺製銃有機頂刻三發及三百步外俱試驗之天順八年延綏參將房能言麓川破賊用九龍筒一線然則九箭齊發請頒式各邊至嘉靖八年始從右都御史汪鋐言造佛郎機礮謂之大將軍發諸邊鎭佛郎機者國名也正德末其國舶至廣東白沙巡檢何儒得其制以銅爲之長五六尺大者重千餘斤小者百五十斤巨腹長頸腹有修孔以子銃五枚貯藥置腹中發及百餘丈最利水戰駕以蜈蚣船所擊輒糜碎二十五年總督軍務翁萬達奏所造火器兵部試之言三出連珠百出先鋒鐵捧雷飛俱便用母子火獸布地雷礮止可夜劫營御史張鐸亦進十眼銅礮大彈發及七百步小彈百步四眼鐵鎗彈四百步詔工部造萬曆中通判華光大奏其父所製神異火器命下兵部其後大西洋船至復得巨礮曰紅夷長二丈餘重者至三千斤能洞裂石城震數十里天啓中錫以大將軍號遣官祀之崇禎時大學士徐光啓請令西洋人製造發各鎭然將帥多不得人城守不固有委而去之者及流寇犯闕三大營兵不戰而潰鎗礮皆爲賊有反用以攻城城上亦發礮擊賊時中官已多異志皆空器貯藥取聲震而已明置兵仗軍器二局分造火器號將軍者自大至五又有奪門將軍大小二樣神機礮襄陽礮盞口礮椀口礮旋風礮流星礮虎尾礮石榴礮龍虎礮毒火飛礮連珠佛郎機礮信礮神礮礮裏礮十眼銅礮三出連珠礮百出先鋒礮鐵捧雷飛礮火獸布地雷礮椀口銅鐵銃手把銅鐵銃神銃斬馬銃一窩鋒神機箭銃大中小佛郎機銅銃佛郎機鐵銃木廂銅銃筋繳樺皮鐵銃無敵手銃鳥嘴銃七眼銅銃千里銃四眼鐵鎗各號雙頭鐵鎗夾把鐵手鎗快鎗以及火車火傘九龍筒之屬凡數十種正德嘉靖間造最多又各邊自造自正統十四年四川始其他刀牌弓箭槍弩狼筅蒺藜甲冑戰襖在內有兵仗軍器鍼工鞍轡諸局屬內庫掌於中官在外有盔甲廠屬兵部掌以郎官京省諸司衞所又俱有雜造局軍資器械名目繁夥不具載惟火器前代所少故特詳焉

中原用車戰而東南利舟楫二者於兵事爲最要自騎兵起車制漸廢洪武五年造獨轅車北平山東千輛山西河南八百輛永樂八年北征用武剛車三萬輛皆惟以供餽運至正統十二年始從總兵官朱冕議用火車備戰自是言車戰者相繼十四年給事中李侃請以毫車千輛鐵索聯絡騎卒處中每車翼以刀牌手五人賊犯陣刀牌手擊之賊退則開索縱騎帝命造成祭而後用下車式於邊境用七馬駕寧夏多溝塹總兵官張泰請用獨馬小車時以爲便箭工周四章言神機鎗一發難繼請以車載鎗二十箭六百車首置五鎗架一人推二人扶一人執爨試可乃造景泰元年定襄伯郭登請倣古制爲偏箱車轅長丈三尺濶九尺高七尺五寸箱用薄板置銃出則左右相連前後相接鉤環牽互車載

衣糧器械幷鹿角二屯處十五步外設爲藩每車鎗礮弓弩刀牌甲士共六十人無事輪番推挽外以長車二十載大小將軍銃每方五輛轉輸樵採皆在圍中又用四輪車一列五色旗視敵指揮廷議此可以守難於攻戰命登酌行蘭州守備李進請造獨輪小車上施皮屋前用木板畫獸面鑿口置椀口銃四鎗四神機箭十四樹旗一行爲陣止爲營二年吏部郎中李賢請造戰車長丈五尺高六尺四寸四圍箱板穴孔置銃上闢小牎每車前後占地五步以千輛計四方可十六里芻糧器械輜重咸取給焉帝令亟行成化二年從郭登言製軍隊小車每隊六輛輛九人二人挽七人番代車前置牌畫猊首遠望若城壘然八年寧都諸生何京上禦敵車式上施鐵網網穴發鎗弩行則斂之五十車爲一隊用士三百七十五人十二年左都御史李賓請造偏箱車與鹿角參用兵部尚書項忠請驗閱以登高涉險不便已之十三年從甘肅總兵官王璽奏造雷火車中立樞軸旋轉發礮二十年宣大總督余子俊以車五百輛爲一軍每輛卒十人車隙補以鹿角旣成而遲重不可用時人謂之鷓鴣軍弘治十五年陝西總制秦紘請用隻輪車名曰全勝長丈四尺上下共六人可衝敵陣十六年閑住知府范吉獻先鋒霹靂車嘉靖十一年南京給事中王希文請倣郭固韓琦之制造車前銳後方上置七鎗爲櫓三層各置九牛神弩傍翼以卒行載甲兵止爲營陣下邊鎭酌行十五年總制劉天和復言全勝車之便而稍爲損益用四人推挽所載火器弓弩刀牌以百五十斤爲準箱前畫猊旁列虎盾以護騎士命從其制四十三年有司奏准京營教演兵車共四千輛每輛步卒五人神鎗夾靶鎗各二自正統以來言車戰者如此然未嘗一當敵至隆慶中戚繼光守薊門奏練兵車七營以東西路副總兵及撫督標共四營分駐建昌遵化石匣密雲薊遼總兵二營駐三屯昌平總兵一營駐昌平每營重車百五十有六輕車加百步兵四千騎兵三千十二路二千里間車騎相兼可禦敵數萬穆宗韙之命給造費然特以遏衝突施火器亦未嘗以戰也是後遼東巡撫魏學曾請設戰車營倣偏箱之制上設佛郎機二下置雷飛礮快鎗六每車步卒二十五人萬曆末經略熊廷弼請造雙輪戰車每車火礮二翼以十卒皆持火鎗天啓中直隸巡按御史易應昌進戶部主事曹履吉所製鋼輪車小衝車等式以禦敵皆罕得其用大約邊地險阻不利車戰而舟楫之用則東南所宜舟之制江海各異太祖於新江口設船四百永樂初命福建都司造海船百三十七又命江楚兩浙及鎭江諸府衞造海風船成化初濟川衞楊渠獻槳舟圖皆江舟也海舟以舟山之烏槽爲首福船耐風濤且禦火浙之十裝標號軟風蒼山亦利追逐廣東船鐵栗木爲之視福船尤巨而堅其利用者二可發佛郎機可擲火毬大福船亦然能容百人底尖上濶首昂尾高柁樓三重帆桅二傍護以板上設木女牆及礮牀中爲四層最下實土石次寢息所次左右六門中置水櫃揚帆炊爨皆在是最上如露臺穴梯而登傍設翼板可憑以戰矢石火器皆俯發可順風行海蒼視福船稍小開浪船能容三五十人頭銳四槳一櫓其行如飛不拘風潮順逆艟䑩船視海蒼又小蒼山船首尾皆濶帆櫓竝用櫓設船傍近後每傍五枝每枝五跳跳二人以板閘跳上露首於外其制上下三層下實土石上爲戰場中寢處其張帆下椗皆在上層戚繼光云倭舟甚小一入裏海大福海蒼不能入必用蒼船逐之衝敵便捷溫人謂之蒼山鐵也沙鷹二船相胥成用沙船可接戰然無翼蔽鷹船兩端銳進退如飛傍釘大茅竹竹間牎可發銃箭牎內舩外隱人以盪槳先駕此入賊隊沙船隨進短兵接戰無不勝漁船至小每舟三人一執布帆一執槳一執鳥嘴銃隨波上下可掩賊不備網梭船定海臨海象山俱有之形如梭竹桅布帆僅容二三人遇風濤輒舁入山麓可哨探蜈蚣船象形也能駕佛郎機銃底尖面濶兩傍楫數十行如飛兩頭船旋轉在舵因風四馳諸船無逾其速蓋自嘉靖以來東南日備倭故海舟之制特詳備云

明制馬之屬內廐者曰御馬監中官掌之牧於大壩蓋倣周禮十有二閑意牧於官者爲太僕寺行太僕寺苑馬寺及各軍衞卽唐四十八監意牧於民者南則直隸應天等府北則直隸及山東河南等府卽宋保馬意其曰備養馬者始於正統末選馬給邊邊馬足而寄牧於畿甸者也官牧給邊鎭民牧給京軍皆有孳生駒官牧之地曰草場或爲軍民佃種曰熟地歲徵租佐牧人市馬牧之人曰恩軍曰隊軍曰改編軍曰充發軍曰抽發軍苑馬分三等上苑萬中七千下四千一夫牧馬十匹五十夫設圉長一人凡馬肥瘠登耗籍其毛齒而時省之三歲寺卿偕御史印烙鬻其羸劣以轉市邊衞營堡府州縣軍民壯騎操馬則掌於行寺卿邊用不足又以茶易於番以貨市於邊其民牧皆視丁田授馬始曰戶馬旣曰種馬按歲徵駒種馬死孳生不及數輒賠補此其大凡也初太祖都金陵令應天太平鎭江廬州鳳陽揚州六府滁和二州民牧馬洪武六年設太僕寺於滁州統於兵部後增滁陽五牧監領四十八羣已爲四十監旋罷惟存天長大興舒城三監置草場於湯泉滁州等地復令飛熊廣武英武三衞五軍養一馬馬歲生駒一歲解京旣而以監牧歸有司專令民牧江南十一戶江北五戶養馬一復其身太僕官督理歲正月至六月報定駒七月至十月報顯駒十一二月報重駒歲終考馬政以法治府州縣官吏凡牡曰兒牝曰騍兒一騍四爲羣羣頭一人五羣羣長一人三十年設北平遼東山西陝西甘肅行太僕寺定牧馬草場永樂初設太僕寺於北京掌順天山東河南舊設者爲南太僕寺掌應天等六府二州四年設苑馬寺於陝西甘肅統六監監統四苑又設北京遼東二苑馬寺所統視陝西甘肅十二年令北畿民計丁養馬選居閒官教之畜牧民十五丁以下一匹十六丁以上二匹爲事編發者七戶一匹得除罪尋以寺卿楊砥言北方人戶五丁養一免其田租之半薊州以東至南海等衞戍守軍外每軍飼種馬一又定南方養馬例鳳廬揚滁和五丁一應天太鎭十丁一淮徐初養馬亦以丁爲率十八年罷北京苑馬寺悉牧之民洪熙元年令民牧二歲徵一駒免草糧之半自是馬日蕃漸散於隣省濟南兗州東昌民養馬自宣德四年始也彰德衞輝開封民養馬自正統十一年始也已而也先入犯取馬二萬寄養近京充團營騎操而畫以故時種馬給永平等府景泰三年令兒馬十八歲騍馬二十歲以上免算駒成化二年以南土不產馬改徵銀四年始建太僕寺常盈庫貯備用馬價是時民漸苦養馬六年吏部侍郎葉盛言向時歲課一駒而民不擾者以芻牧地廣民得爲生也自豪右莊田漸多養馬漸不足洪熙初改兩年一駒成化初改三年一駒馬愈削民愈貧然馬卒不可少乃復兩年一駒之制民愈不堪請敕邊鎭隨俗所宜凡可以買馬足邊軍民交益者便宜處置時馬文升撫陝西又極論邊軍償馬之累請令屯田卒田多丁少而不領馬者歲輸銀一錢以助賠償雖皆允行而民困不能舒也繼文升撫陝者蕭禎請省行太僕寺兵部覆云洪永時設行太僕及苑馬寺凡茶馬番人貢馬悉收寺苑放牧常數萬匹足充邊用正統以後北敵屢入抄掠馬遂日耗言者每請裁革是惜小費而忘大計於是敕諭禎但令加意督察而北畿自永樂以來馬日滋輒責民牧民年十五者卽養馬太僕少卿彭禮以戶丁有限而課駒無窮請定種馬額會文升爲兵部尚書奏行其請乃定兩京太僕種馬兒馬二萬五千騍馬四之二年納駒著爲令時弘治六年也十五年冬尚書劉大夏薦南京太常卿楊一清爲副都御史督理陝西馬政一清奏言我朝以陝右宜牧設監苑跨二千餘里後皆廢惟存長樂靈武二監今牧地止數百里然以供西邊尚無不足但苦監牧非人牧養無法耳兩監六苑開城安定水泉便利宜爲上苑牧萬馬廣寧萬安爲中苑黑水草場逼窄清平地狹土瘠爲下苑萬安可五千廣寧四千清平二千黑水千五百六苑歲給軍外可常牧馬三萬二千五百足供三邊用然欲廣孳息必多蓄種馬宜增滿萬匹兩年一駒五年可足前數請支太僕馬價銀四萬二千兩於平慶臨鞏買種馬七千又養馬恩隊軍不足請編流亡民及問遣回籍者且視恩軍例凡發邊衞充軍者改令各苑牧馬增爲三千人又請相地勢築城通商種植榆柳春夏放牧秋冬還廐馬旣得安敵來亦可收保孝宗方重邊防大夏掌兵部一清所奏輒行遷總制仍督馬政諸監草場原額十三萬三千七百餘頃存者已不及半一清覈之得荒地十二萬八千餘頃又開武安苑地二千九百餘頃正德二年聞於朝及一清去官未幾復廢時御史王濟言民苦養馬有一孳生馬輒害之間有定駒賂醫諱之有顯駒墜落之馬虧欠不過納銀二兩旣孳生者已聞官而復倒斃不過納銀三兩孳生不死則饑餓馬日瘦削無濟實用今種馬地畝人丁歲取有定額請以其額數令民買馬而種馬孳生縣官無與兵部是其言自後每有奏報輒引濟言縣官無與種馬事但責駒於民遺母求子矣初邊臣請馬太僕寺以見馬給之自改徵銀馬日少而請者相繼給價十萬買馬萬匹邊臣不能市良馬馬多死太僕卿儲巏以爲言請仍給馬又指陳各邊種馬盜賣私借之弊語雖切不能從而邊鎭給發日益繁延綏三十六營堡自弘治十一年始十年間發太僕銀二十八萬有奇買補四萬九千餘匹寧夏大同居庸關等處不與焉至正德七年遂開納馬例凡十二條九年復發太僕銀市馬萬五千於山東遼東河南及鳳陽保定諸府嘉靖元年陝西苑馬少卿盧璧條上馬政請督逋負明印烙訓醫藥均地差以救目前而闢場廣蓄爲經久計帝嘉納之自後言馬事者頗衆大都因事立說補救一時而已二十九年俺荅入寇太僕馬缺復行正德納馬例已稍增損之至四十一年遂開例至捐馬授

職。隆慶二年，提督四夷館太常少卿武金言種馬之設專爲孳生備用備用馬旣別買則種馬可遂省今備用馬已足三萬宜令每馬折銀三十兩解太僕種馬盡賣輸兵部一馬十兩則直隸山東河南十二萬匹可得銀百二十萬且收草豆銀二十四萬御史謝廷傑謂祖制所定關軍機不可廢兵部是廷傑言而是時內帑乏方分使括天下逋賦穆宗可金奏下部議部請養賣各半從之太僕之有銀也自成化時始然止三萬餘兩及種馬賣銀日增是時通貢互市所貯亦無幾及張居正作輔力主盡賣之議自萬曆九年始上馬八兩下至五兩又折徵草豆地租銀益多以供團營買馬及各邊之請然一騸馬輒發三十金而州縣以駑馬進其直止數金且仍寄養於馬戶害民不減曩時又國家有興作賞賚往往借支太僕銀太僕帑益耗十五年寺卿羅應鶴請禁支借二十四年詔太僕給陝西賞功銀寺臣言先年庫積四百餘萬自東西二役興僅餘四之一朝鮮用兵百萬之積俱空今所存者止十餘萬況本寺寄養馬歲額二萬匹今歲取折色則馬之派徵甚少而東征調兌尤多卒然有警馬與銀俱竭何以應之章下部未能有所釐革也崇禎初核戶兵工三部借支太僕馬價至一千三百餘萬蓋自萬曆以來問政太壞而邊牧廢弛愈不可問旣而遼東督師袁崇煥以缺馬請於兩京州縣寄養馬內折三千匹價買之西邊太僕卿余國鼎言祖宗令民養馬專供京營騎操防護都城非爲邊也後來改折無事則易馬輸銀有警則出銀市馬仍是爲京師備禦之意今折銀已多給各鎮如幷此馬盡折萬一變生奈何帝是其言郄崇煥請按明世馬政法久弊叢其始盛終衰之故大率由草場興廢太祖旣設草場於大江南北復定北邊牧地自東勝以西至寧夏河西察罕腦兒以東至大同宣府開平又東南至大寧遼東抵鴨綠江又北千里而南至各衞分守地又自雁門關西抵黃河外東歷紫荆居庸古北抵山海衞荒閒平埜非軍民屯種者聽諸王駙馬以至近邊軍民樵採牧放在邊藩府不得自占永樂中又置草場於畿甸尋以順聖川至桑乾河百三十餘里水草美令以太僕千騎令懷來衞卒百人分牧後增至萬二千匹宣德初復置九馬坊於保安州於是兵部奏馬大蕃息以色別而名之其毛色二十五等其種三百六十其後莊田日增草場日削軍民皆困於孳養弘治初兵部主事湯冕太僕卿王霽給事中韓祐周旋御史張淳皆請清覈而旋言香河諸縣地占於勢家霸州等處俱有仁壽宮皇莊乞罷之以益牧地雖允行而占佃已久卒不能清南京諸衞牧場亦久廢兵部尚書張鎣請復之御史胡海言恐遺地利遂止京師團營官馬萬匹與旗手等衞上直官馬皆分置草場歲春末馬非聽用者坐營官領下場放牧草豆住支秋末回給事御史閱視馬羸軍逃者以聞後上直馬不出牧而騎操馬仍歲出如例嘉靖六年武定侯郭勛以邊警爲辭奏免之徵各場租以充公費餘貯太僕買馬於是營馬專仰秣司農歲費至十八萬戶部爲詘而草場益廢議者爭以租佃取贏浸淫至神宗時弊壞極矣茶馬司洪武中立於川陝聽西番納馬易茶賜金牌信符以防詐僞每三歲遣廷臣召諸番合符交易上馬茶百二十觔中馬七十觔下馬五十觔以私茶出者罪死雖勛戚無貸末年易馬至萬三千五百餘匹永樂中禁稍弛易馬少乃命嚴邊關茶禁遣御史巡督正統末罷金牌歲遣行人巡察邊氓冐禁私販者多成化間定差御史一員領敕專理弘治間大學士李東陽言金牌制廢私茶盛有司又屢以敝茶給番族番人抱憾往往以羸馬應宜嚴敕陝西官司揭榜招諭復金牌之制嚴收良茶頗增馬直則得馬必蕃及楊一清督理苑馬遂命并理鹽茶一清申舊制禁私販種官茶四年間易馬九千餘匹而茶尚積四十餘萬觔靈州鹽池增課五萬九千貯慶陽固原庫以買馬給邊又懼後無專官制終廢也於正德初請令巡茶御史兼理馬政行太僕苑馬寺官聽其提調報可御史翟唐歲收茶七十八萬餘觔易馬九千有奇後法復弛嘉靖初戶部請揭榜禁私茶凡引俱南戶部印發府州縣不得擅印三十年詔給番族勘合然初制訖不能復矣馬市者始永樂間遼東設市三二在開原一在廣寧各去城四十里成化中巡撫陳鉞復奏行之後至萬曆初不廢嘉靖中開馬市於大同陝邊宣鎮相繼行隆慶五年俺答上表稱貢總督王崇古市馬七千餘匹爲價九萬六千有奇其價遼東以米布絹宣大山西以銀市易外有貢馬者以鈔幣加賜之初太祖起江左所急惟馬屢遣使市於四方正元壽節內外藩封將帥皆以馬爲幣外國土司番部以時入貢朝廷每厚加賜予所以招携懷柔者備至文帝勤遠畧遣使絕域外國來朝者甚衆然所急者不在馬自後狃於承平駕馭之權失馬無外增惟恃孳生歲課重以官吏侵漁牧政荒廢軍民交困矣蓋明自宣德以後祖制漸廢軍旅特甚而馬政其一云

明史卷九十三　　志第六十九

總裁官總理事務經筵講官少保兼太子太保保和殿大學士兼管吏部戶部尚書事加六級臣張廷玉等奉

敕修

刑法一

自漢以來刑法沿革不一隋更五刑之條設三奏之令唐撰律令一準乎禮以爲出入宋採用之而所重者敕律所不載者則聽之於敕故時輕時重無一是之歸元制取所行一時之例爲條格而已明初丞相李善長等言歷代之律皆以漢九章爲宗至唐始集其成今制宜遵唐舊太祖從其言始太祖懲元縱弛之後刑用重典然特取決一時非以爲則後屢詔釐正至三十年始申畫一之制所以斟酌損益之者至纖至悉令子孫守之羣臣有稍議更改卽坐以變亂祖制之罪而後乃滋弊者由於人不知律妄意律舉大綱不足以盡情僞之變於是因律起例因例生例例愈紛而弊愈無窮初詔內外風憲官以講讀律令一條考校有司其不能曉晰者罰有差庶幾人知律意因循日久視爲具文由此奸吏骫法任意輕重至如律有取自上裁臨時處治者因罪在八議不得擅自勾問與一切疑獄罪名難定及律無正文者設非謂朝廷可任情生殺之也英憲以後欽恤之意微偵伺之風熾巨惡大憝案如山積而旨從中下縱之不問或本無死理而片紙付詔獄爲禍尤烈故綜明代刑法大畧而以廠衞終之廠暨姓名傳不備載列之於此使有所考焉

明太祖平武昌卽議律令吳元年冬十月命左丞相李善長爲律令總裁官參知政事楊憲傅瓛御史中丞劉基翰林學士陶安等二十人爲議律官諭之曰法貴簡當使人易曉若條緒繁多或一事兩端可輕可重吏得因緣爲奸非法意也夫網密則水無大魚法密則國無全民卿等悉心參究日具刑名條目以上吾親酌議焉每御西樓召諸臣賜坐從容講論律義十二月書成凡爲令一百四十五條律二百八十五條又恐小民不能周知命大理卿周楨等取所定律令自禮樂制度錢糧選法之外凡民間所行事宜類聚成編訓釋其義頒之郡縣名曰律令直解太祖覽其書而喜曰吾民可以寡過矣洪武元年又命儒臣四人同刑官講唐律日進二十條五年定宦官禁令及親屬相容隱律六年夏刊律令憲綱頒之諸司其冬詔刑部尚書劉惟謙詳定大明律每奏一篇命揭兩廡親加裁酌及成翰林學士宋濂爲表以進曰臣以洪武六年冬十一月受詔明年二月書成篇目一準於唐曰衞禁曰職制曰戶婚曰廄庫曰擅興曰賊盜曰鬭訟曰詐僞曰雜律曰捕亡曰斷獄曰名例採用舊律二百八十八條續律百二十八條舊令改律三十六條因事制律三十一條掇唐律以補遺百二十三條合六百有六條分爲三十卷或損或益或仍其舊務合輕重之宜九年太祖覽律條猶有未當者命丞相胡惟庸御史大夫汪廣洋等詳議釐正十有三條十六年命尚書開濟定詐僞律條二十二年刑部言比年條例增損不一以致斷獄失當請編類頒行俾中外知所遵守遂命翰林院同刑部官取比年所增者以類附入改名例律冠於篇首爲卷凡三十爲條四百有六十名例一卷四十七條吏律二卷曰職制十五條曰公式十八條戶律七卷曰戶役十五條曰田宅十一條曰婚姻十八條曰倉庫二十四條曰課程十九條曰錢債三條曰市廛五條禮律二卷曰祭祀六條曰儀制二十條兵律五卷曰宮衞十九條曰軍政二十條曰關津七條曰廄牧十一條曰郵驛十八條刑律十一卷曰盜賊二十八條曰人命二十條曰鬬毆二十二條曰罵詈八條曰訴訟十二條曰受贓十一條曰詐僞十二條曰犯姦十條曰雜犯十一條曰捕亡八條曰斷獄二十九條工律二卷曰營造九條曰河防四條爲五刑之圖凡二首圖五曰笞曰杖曰徒曰流曰死笞刑五自一十至五十每十爲一等加減杖刑五自六十至一百每十爲一等加減徒刑五徒一年杖六十一年半杖七十二年杖八十二年半杖九十三年杖一百每杖十及徒半年爲一等加減流刑三二千里二千五百里三千里皆杖一百每五百里爲一等加減死刑二絞斬五刑之外徒有總徒四年（遇例減一年者）有准徒五年（斬絞雜犯減等者）流有安置有遷徙（去鄉一千里杖一百准徒二年）有口外爲民其重者曰充軍充軍者明初唯邊方屯種後定制分極邊烟瘴邊遠邊衞沿海附近軍有終身有永遠二死之外有凌遲以處大逆不道諸罪者充軍凌遲非五刑之正故圖不列凡徒流再犯者流者於原配處所依工樂戶留住法三流竝決杖一百拘役三年拘役者流人初止安置今加以居作卽唐宋所謂加役流也徒者於原役之所依所犯杖數年限決訖應役無得過四年次圖七曰笞曰杖曰訊杖曰枷曰杻曰索曰鐐笞大頭徑二分七釐小頭減一分杖大頭徑三分二釐小頭減如笞之數笞杖皆以荆條爲之皆臀受訊杖大頭徑四分五釐小頭減如笞杖之數以荆條爲之臀腿受笞杖訊皆長三尺五寸用官降

式較勘毋以筋膠諸物裝釘枷自十五斤至二十五斤止刻其上爲長短輕重之數長五尺五寸頭廣尺五寸杻長尺六寸厚一寸男子死罪者用之索鐵爲之以繫輕罪者其長一丈鐐鐵連環之以縶足徒者帶以輸作重三斤又爲喪服之圖凡八族親有犯視服等差定刑之輕重其因禮以起義者養母繼母慈母皆服三年毆殺之與毆殺嫡母同罪兄弟妻皆服小功互爲容隱者罪得遞減舅姑之服皆斬衰三年毆殺罵詈之者與夫毆殺罵詈之律同姨之子舅之子姑之子皆緦麻是曰表兄弟不得相爲婚姻大惡有十曰謀反曰謀大逆曰謀叛曰惡逆曰不道曰大不敬曰不孝曰不睦曰不義曰內亂雖常赦不原貪墨之贓有六曰監守盜曰常人盜曰竊盜曰枉法曰不枉法曰坐贓當議者有八曰議親曰議故曰議功曰議賢曰議能曰議勤曰議貴曰議賓太祖諭太孫曰此書首列二刑圖次列八禮圖者重禮也顧愚民無知若於本條下卽註寬恤之令必易而犯法故以廣大好生之意總列名例律中善用法者會其意可也太孫請更定五條以上太祖覽而善之太孫又請曰明刑所以弼教凡與五倫相涉者宜皆屈法以伸情乃命改定七十三條復諭之曰吾治亂世刑不得不重汝治平世刑自當輕所謂刑罰世輕世重也二十五年刑部言律條與條例不同者宜更定太祖以條例特一時權宜定律不可改不從三十年作大明律誥成御午門諭羣臣曰朕倣古爲治明禮以導民定律以繩頑刊著爲令行之旣久犯者猶衆故作大誥以示民使知趨吉避凶之道古人謂刑爲祥刑豈非欲民竝生於天地間哉然法在有司民不周知故命刑官取大誥條目撮其要畧附載於律凡榜文禁例悉除之除謀逆及律誥該載外其雜犯大小之罪悉依贖罪例論斷編次成書刊布中外令天下知所遵守大誥者太祖患民狃元習徇私滅公戾日滋十八年采輯官民過犯條爲大誥其目十條曰攬納戶曰安保過付曰詭寄田糧曰民人經該不解物曰灑派拋荒田土曰倚法爲奸曰空引偷軍曰黥刺在逃曰官吏長解賣囚曰寰中士夫不爲君用其罪至抄劄次年復爲續編三編皆頒學宮以課士里置塾師教之囚有大誥者罪減等於時天下有講讀大誥師生來朝者十九萬餘人竝賜鈔遣還自律誥出而大誥所載諸峻令未嘗輕用其後罪人率援大誥以減等亦不復論其有無矣蓋太祖之於律令也草創於吳元年更定於洪武六年整齊於二十二年至三十年始頒示天下日久而慮精一代法始定中外決獄一準三十年所頒其洪武元年之令有律不載而具於令者法司得援以爲證請於上而後行焉凡違令者罪笞特旨臨時決罪不著爲律令者不在此例有司輒引比律致罪有輕重者以故入論罪無正條則引律比附定擬罪名達部議定奏聞若輒斷決致罪有出入者以故失論大抵明律視唐簡覈而寬厚不如宋至其惻隱之意散見於各條可舉一以推也如罪應加者必贓滿數乃坐（如監守自盜贓至四十貫絞若止三十九貫九十九文欠一文不坐也）加極於流三千里以次增重終不得至死而減至流者自死而之生無絞斬之別（卽唐律稱加就重條）稱日者以百刻稱年者以三百六十日（如人命辜限及各文書違限雖稍不及一時刻仍不得以所限之年月科罪卽唐律稱日以百刻條）未老疾犯罪而事發於老疾以老疾論幼小犯罪而事發於長大以幼小論（卽唐律老小廢疾條）犯死罪非常赦所不原而祖父母父母老無養者得奏聞取上裁犯徒流者餘罪得收贖存留養親（卽唐律罪非十惡條）功臣及五品以上官禁獄者許令親人入侍徒流者竝聽隨行違者罪杖同居親屬有罪得互相容隱（卽唐律同居相容隱條）奴婢不得首主凡告人者告人祖父不得指其子孫爲證弟不證兄妻不證夫奴婢不證主文職責在奉法犯杖則不敍軍官至徒流以世功猶得擢用凡若此類或間採唐律或更立新制所謂原父子之親立君臣之義以權之者也建文帝卽位諭刑官曰大明律皇祖所親定命朕細閱較前代往往加重蓋刑亂國之典非百世通行之道也朕前所改定皇祖已命施行然罪可矜疑者尚不止此夫律設大法禮順人情齊民以刑不若以禮其諭天下有司務崇禮教赦疑獄稱朕嘉與萬方之意成祖詔法司問囚一依大明律擬議毋妄引榜文條例爲深文永樂元年定誣告法成化元年又令讞囚者一依正律盡革所有條例十五年南直隸巡撫王恕言大明律後有會定見行律百有八條不知所起如兵律多支廩給刑律罵制使及罵本管長官條皆輕重失倫流傳四方有誤官守乞追板焚燬命卽焚之有依此律出入人罪者以故論十八年定挾詐得財罪例弘治中去定律時已百年用法者日弛五年刑部尚書彭韶等以鴻臚少卿李鐩請刪定問刑條例至十三年刑官復上言洪武末定大明律後又申明大誥有罪減等累朝遵用其法外遺姦列聖因時推廣之而有例例以輔律非以破律也乃中外巧法吏或借便已私律浸格不用於是下尚書白昂等會九卿議增歷年問刑條例經久可行者二百九十七條帝摘其中六事令再議以聞九卿執奏乃不果改然自是以後律例竝行而網亦少密王府禁例六條諸王無故出城有罰其法尤嚴嘉靖七年保定巡撫王應鵬言正德間新增問刑條例四十四欵深中情法皆宜編入不從惟詔僞造印信及竊盜三犯者不得用可矜例刑部尚書胡世寧又請編斷獄新例亦命止依律文及弘治十三年所欽定者至二十八年刑部尚書喻茂堅言自弘治間定例垂五十年乞敕臣等會同三法司申明問刑條例及嘉靖元年後欽定事例永爲遵守弘治十三年以後嘉靖元年以前事例雖奉詔革除顧有因事條陳擬議精當可採者亦宜詳檢若官司妄引條例故入人罪者當議黜罰會茂堅去官詔尚書顧應祥等定議增至二百四十九條三十四年又因尚書何鰲言增入九事萬曆時給事中烏昇請續增條例至十三年刑部尚書舒化等乃輯嘉靖三十四年以後詔令及宗藩軍政條例捕盜條格漕運議單與刑名相關者律爲正文例爲附註共三百八十二條刪世宗時苛令特多崇禎十四年刑部尚書劉澤深復請議定問刑條例帝以律應恪遵例有上下事同而二三其例者刪定畫一爲是然時方急法百司救過不暇議未及行太祖之定律文也歷代相承無敢輕改其一時變通或由詔令或發於廷臣奏議有關治體言獲施行者不可以無詳也洪武元年諭省臣鞫獄當平恕古者非大逆不道罪止及身民有犯者毋得連坐尚書夏恕嘗引漢法請著律反者夷三族太祖曰古者父子兄弟罪不相及漢仍秦舊法太重却其奏不行民父以誣逮其子訴於刑部法司坐以越訴太祖曰子訴父枉出於至情不可罪有子犯法父賄求免者御史欲并論父太祖曰子論死父救之情也但論其子赦其父十七年左都御史詹徽奏民毆孕婦至死者律當絞其子乞代大理卿鄒俊議曰子代父死情可矜然死婦係二人之命犯人當二死之條與其存犯法之人孰若全無辜之子詔從俊議二十年詹徽言軍人有犯當杖其人嘗兩得罪而免宜并論前罪誅之太祖曰前罪既宥復論之則不信矣杖而遣之二十四年嘉興通判龐安獲鬻私鹽者送京師而以鹽賞獲者戶部以其違例罰償鹽入官且責取罪狀安言律者萬世之常法例者一時之旨意今欲依例而行則於律內非應捕人給賞之言自相違悖失信於天下也太祖然其言詔如律永樂二年刑部言河間民訟其母有司反擬母罪詔執其子及有司罪之三年定文職官及中外旗校軍民人等凡犯重條依律科斷輕者免決記罪其有不應侵損於人等項及情犯重者臨時奏請十六年嚴犯贓官吏之禁初太祖重懲貪吏詔犯贓者無貸復敕刑部官吏受贓者并罪通賄之人徙其家於邊著爲令日久法弛故復申飭之二十九年大理卿虞謙言誆騙之律當杖而流今梟首非詔書意命如律擬斷宣德二年江西按察使黃翰言民間無籍之徒好興詞訟輒令老幼殘疾男婦誣告平人必更議涉虛加罰乃可遂定老幼殘疾男婦誣告人罰鈔贖罪例其後憲宗時南京有犯誣告十人以上例發口外爲民而年逾七十律應收贖者更著令凡年七十以上十五以下及廢疾者依律論斷例應充軍瞭哨口外爲民者仍依律發遣若年八十以上及篤疾有犯應永戍者以子孫發遣應充軍以下者免之初制凡官吏人等犯枉法贓者不分南北俱發北方邊衞充軍正統五年行在三法司言洪武定律時鈔貴物賤所以枉法贓至百二十貫者免絞充軍今鈔賤物貴若以物估鈔至百二十貫枉法贓俱發充軍輕重失倫矣今後文職官吏人等受枉法贓比律該絞者估鈔八百貫之上俱發北方邊衞充軍其受贓不及前數者視見行例發落從之八年大理寺言律載竊盜初犯刺右臂再犯刺左臂三犯絞今竊盜遇赦再犯者咸坐以初犯或仍刺右臂或不刺請定爲例章下三法司議刺右遇赦再犯者刺左刺左遇赦又犯者不刺立案赦後三犯者絞帝曰竊盜已刺遇赦再犯者依常例擬不論赦仍通具前後所犯以聞後憲宗時都御史李秉援舊例奏革旣而南京盜王阿童五犯皆遇赦免帝聞之詔仍以赦前後三犯爲令至神宗時復議奏請改遣云十二年以知縣陳敏政言民以後妻所攜前夫之女爲子婦及以所攜前夫之子爲壻者竝依同父異母姊妹律減等科斷成化元年遼東巡撫滕照言大明律乃一代定法而決斷武臣獨舍律用例武臣益縱蕩不檢請一切用律詔從之武臣被黜降者騰口謗訕有司畏事復奏革其令弘治六年太常少卿李東陽言五刑最輕者笞杖然杖有分寸數有多寡今在外諸司笞杖之罪往往致死縱令事覺不過以因公還職以極輕之刑置之不可復生之地多者數十甚者數百積骸滿獄流血塗地可爲傷心律故勘平人者抵命刑具非法者除名偶不出此便謂之公一以公名雖多無害此則情重而律輕者不可以不議也請凡考訊輕罪卽時致死累二十或三十人以上本律外仍議

行降調或病死不實者并治其醫乃下所司議處十三年定竊盜三犯罪例法司以南京有三犯竊盜計贓滿百貫者犯當絞斬罪雖雜犯其情頗重三犯前罪卽累惡不悛之人難准常例其不滿貫犯徒流以下罪者雖至三犯原情實輕宜特依常例治之議上報允嘉靖十五年時有以手足毆人傷重延至辜限外死者部擬鬬毆殺人論絞大理寺執嘉靖四年例謂當以毆傷論笞部臣言律定辜限而問刑條例又謂鬬毆殺人情實事實者雖延至限外仍擬死罪奏請定奪臣部擬上每奉宸斷多發充軍蓋雖不執前科亦僅末減之耳毆傷情實至限外死卽以笞斷是乃僥倖兇人也且如以兇器傷人雖平復例亦充軍豈有實毆人致死偶死限外遂不當一兇器傷人之罪乎矧四年例已報罷請論中外仍如條例便詔如部議自後有犯辜限外人命者俱遵律例議擬奏請定奪隆慶二年大理少卿王諍言問刑官每違背律例獨任意見如律文所謂凡奉制書有所施行而違者杖一百本指制詔而言今則操軍違限守備官軍不入直開場賭博槩用此例律文犯姦條下所謂買休賣休和娶人妻者本指用財買求其妻又使之休賣其妻而因以娶之者言也故律應離異歸宗財禮入官至若夫婦不合者律應離異婦人犯姦者律從嫁賣則後夫憑媒用財娶以爲妻者原非姦情律所不禁今則槩引買休賣休和娶之律矣所謂不應得爲而爲者笞四十重者杖八十蓋謂律文該載不盡者方用此律也若所犯明有正條自當依本條科斷今所犯毆人成傷罪宜笞而議罪者則曰除毆人成傷律輕不坐外合依不應得爲而爲之事理重者律杖八十夫旣除毆人輕罪不坐則無罪可坐矣而又坐以不應得爲臣誠不知其所謂刑部尚書毛愷力爭之廷臣皆是諍議得旨買休賣休本屬姦條今後有犯非係姦情者不得引用他如故萬曆中左都御史吳時來申明律例六條一律稱庶人之家不許存養奴婢蓋謂功臣家方給賞奴婢庶民當自服勤勞故不得存養有犯者皆稱僱工人初未言及縉紳之家也縉紳之家存養奴婢勢所不免合令法司酌議無論官民之家立券用値工作有年限者以僱工人論受値微少工作計日月者以凡人論若財買十五以下恩養日久十六以上配有室家者視同子孫論或恩養未久不曾配合者庶人之家仍以僱工人論縉紳之家視奴婢律論一律稱僞造諸衙門印信者斬惟銅鐵私鑄者故斬若篆文雖印形質非印者不可謂之僞造故例又立描摸充軍之條以後僞造印信人犯如係木石泥蠟之類止引描摸之例若再犯擬斬僞造行使止一次而贓不滿徒者亦准竊盜論如再犯引例三犯引律一律稱竊盜三犯者絞以曾經刺字爲坐但贓有多寡卽擬有輕重以後凡遇竊盜三犯俱在赦前俱在赦後者依律論絞或赦前赦後所犯并計三次者皆得奏請定奪錄官附入矜疑辨問疏內并與改遣一强盜肆行劫殺按贓擬辟決不待時但其中豈無羅織讐扳妄收抵罪者以後務加參詳或贓證未明遽難懸斷者俱擬秋後斬一律稱同謀共毆人以致命傷重下手者論絞原謀餘人各得其罪其有兩三人共毆一人各成重傷難定下手及係造謀主令之人遇有在監禁斃者卽以論抵今恤刑官遇有在家病故且在數年之後者卽將見監下手之人擬從矜宥是以病亡之軀而抵毆死之命殊屬縱濫以後毋得一槩准抵一在京惡逆與强盜眞犯雖停刑之年亦不時處決乃兇惡至於殺父卽時凌遲猶有餘憾而在外此類反得遷延歲月以故事當類奏無單奏例耳夫單奏急詞也類奏緩詞也如此獄在外數年使其瘐死將何以快神人之憤哉今後在外凡有此者御史單詳到院院寺單奏決單一到卽時處決其死者下府州縣戮其屍庶典刑得正旨下部寺酌議俱從之惟僞造印文者不問何物成造皆斬報可

贖刑本虞書呂刑有大辟之贖後世皆重言之至宋時尤愼贖罪非八議者不得與明律頗嚴凡朝廷有所矜恤限於律而不得伸者一寓之於贖例所以濟法之太重也又國家得時藉其入以佐緩急而實邊足儲振荒宮府頒給諸大費往往取給於贓贖二者故贖法比歷代特詳凡贖法有二有律得收贖者有例得納贖者律贖無敢損益而納贖之例則因時權宜先後互異其端實開於太祖云律凡文武官以公事犯笞罪者官照等收贖錢吏每季類決之各還職役不附過杖以上記所犯罪名每歲類送吏兵二部候九年滿考通記所犯次數黜陟之吏典亦備銓選降敘至於私罪其文官及吏典犯笞四十以下者附過還職而不贖笞五十者調用軍官杖以上皆的決文官及吏杖罪並罷職不敘至嚴也然自洪武中年已三下令准贖及雜犯死罪以下矣三十年命部院議定贖罪事例凡內外官吏犯笞杖者記過徒流遷徙者俸贖之三犯罪之如律自是律與例互有異同及頒行大明律御製序雜犯死罪徒流遷徙等刑悉視今定贖罪條例科斷於是例遂輔律而行仁宗初卽位諭都察院言輸罰工作之令行有財者悉倖免宜一論如律久之其法復弛正統間侍講劉球言輸罪非古自公罪許贖外宜悉依律時不能從其後循太祖之例益推廣之凡官吏公私雜犯准徒以下俱聽運炭納米等項贖罪其軍官軍人照例免徒流者例贖亦如之矣贖罪之法明初嘗納銅成化間嘗納馬後皆不行不具載惟納鈔納錢納銀常並行焉而以初制納鈔爲本故律贖者曰收贖律鈔納贖者曰贖罪例鈔永樂十一年令除公罪依例紀錄收贖及死罪情重者依律處治其情輕者斬罪八千貫絞罪及榜例死罪六千貫流徒杖笞納鈔有差無力者發天壽山種樹宣德二年定笞杖罪囚每十贖鈔二十貫徒流罪名每徒一等折杖二十三流並折杖百四十其所罰鈔悉如笞杖所定無力者發天壽山種樹死罪終身徒流各按年限杖五百株笞一百株景泰元年令問擬笞杖罪囚有力者納鈔笞十二百貫每十以二百貫遞加至笞五十爲千貫杖六十千八百貫每十以三百貫遞加至杖百爲三千貫其官吏贓物亦視今例折鈔天順五年令罪囚納鈔每笞十鈔二百貫餘四笞遞加百五十貫至杖六十增爲千四百五十貫餘杖各遞加二百貫成化二年令婦人犯法贖罪弘治十四年定折收銀錢之制例難的決人犯并婦人有力者每杖百應鈔二千二百五十貫折銀一兩每十以二百貫遞減至杖六十爲銀六錢笞五十應減爲鈔八百貫折銀五錢每十以百五十貫遞減至笞二十爲銀二錢笞十應鈔二百貫折銀一錢如收銅錢每銀一兩折七百文其依律贖鈔除過失殺人外亦視此數折收正德二年定錢鈔兼收之制如杖一百應鈔二千二百五十貫者收鈔千一百二十五貫錢三百五十文嘉靖七年巡撫湖廣都御史朱廷聲言收贖與贖罪有異在京與在外不同鈔貫止聚於都下錢法不行於南方故事審有力及命婦軍職正妻及例難的決者有贖罪例鈔老幼廢疾及婦人餘罪有收贖律鈔贖罪例鈔錢鈔兼收如笞一十收鈔百貫收錢三十五文其鈔二百貫折銀一錢杖一百收鈔千一百二十五貫收錢三百五十文其鈔二千二百五十貫折銀一兩今收贖律鈔笞一十止贖六百文比例鈔折銀不及一釐杖一百贖鈔六貫折銀不及一分似爲太輕蓋律鈔與例鈔貫旣不同則折銀亦當有異請更定爲則凡收贖者每鈔一貫折銀一分二釐五毫如笞一十贖鈔六百文則折銀七釐五毫以罪重輕遞加折收贖帝從其奏令中外問刑諸司皆以此例從事是時重修條例奏定贖例在京則做工（每笞一十做工一月折銀三錢至徒五年折銀十八兩）運囚糧（每笞一十米五斗折銀二錢五分至徒五年五十石折銀二十五兩）運灰（每笞一十一千二百斤折銀一兩二錢六分至徒五年六萬斤折銀六十三兩）運甎（每笞一十七十箇折銀九錢一分至徒五年三千箇折銀三十九兩）運水和炭五等（每笞一十二百斤折銀四錢至徒五年八千五百斤折銀十七兩）運灰最重運炭最輕在外則有力稍有力二等（初有頗有力次有力等因御史言而革）其有力視在京運囚糧（每米五斗納穀一石初折銀上庫後折穀上倉）稍有力視在京做工年月爲折贖婦人審有力與命婦軍職正妻及例難的決之人贖罪應錢鈔兼收者笞杖每一十折收銀一錢其老幼廢疾婦人及天文生餘罪收贖者每笞一十應鈔六百文折收銀七釐五毫於是輕重適均天下便之至萬曆十三年復申明焉遂爲定制凡律贖若天文生習業已成能專其事犯徒及流者決杖一百餘罪收贖婦人犯徒流者決杖一百餘罪收贖（如杖六十徒一年全贖鈔應十二貫除決杖准訖六貫餘鈔六貫折銀七分五釐餘做此其決杖一百審有力又納例鈔二千二百五十貫應收錢三百五十文鈔一千一百二十五貫）凡年七十以上十五以下及廢疾犯流以下收贖八十以上十歲以下及篤疾盜及傷人者亦收贖凡犯罪時未老疾事發時老疾者依老疾論犯罪時幼小事發時長大者依幼小論並得收贖（如六十九以下犯罪年七十事發或無疾時犯罪廢疾後事發得依老疾收贖或七十九以下犯死罪八十事發或廢疾時犯罪篤疾時事發得入上請八十九犯死罪九十事發得勿論不在收贖之例）若在徒年限內老疾亦如之（如犯杖六十徒一年一月之後老疾合計全贖鈔十二貫除已杖六十准三貫六百文剩徒一年應八貫四百文計算每徒一月贖鈔七百文已役一月准贖七百文外未贖十一月應收贖七貫七百文餘倣此　老幼廢疾收贖惟雜犯五年仍科之蓋在明初卽眞犯死罪不可以徒論也）其誣告例告二事以上輕實重虛或告一事誣輕爲重者已論決全抵剩罪未論決笞杖收贖徒流杖一百餘罪亦聽收贖（如告人笞三十內止一十實已決全抵剩二十之罪未決收贖一貫二百文如告人杖六十內止二十實已決全抵剩四十之罪未決收贖二貫四百文如告人杖六十徒一年內止杖五十實已決全抵剩杖一十徒一年之罪未決徒一年折杖六十併杖共七十收贖四貫二百文如告人杖一百流二千里內止杖六十徒一年實已決以總徒四年論全抵剩杖四十徒三年之罪未決以連徒折杖流加一等論共計杖二百二十除告實杖六十徒一年折杖六十剩杖一百贖鈔六貫若計剩罪過杖一百以上須決杖一百訖餘罪方聽收贖）又過失傷人准鬬毆傷人罪依律收贖（至死者准雜犯斬絞收贖鈔四十二貫內鈔八分應三十三貫六百文銅錢二分應八千四百文給付其家）已徒五年再犯徒收贖（鈔三十六貫）若犯徒流存留養親者止杖一百餘罪收贖（其法實杖一百不准折贖然後計徒流年限一視老幼例贖之此律自英宗時詔有司行之後爲制）天文生婦女犯徒流決杖一百餘罪收贖者雖罪止杖六十徒一年亦決杖一百律所謂應加杖者是也皆先依本律議其所犯徒流之罪以詰減之至臨決時某係天文生某係婦人依

律決杖一百餘收贖所決之杖並須一百者包五徒之數也然與誣告收贖剩杖不同蓋收贖餘徒者決杖而贖徒收贖剩杖者折流歸徒折徒歸杖而照數收贖之其法各別也其婦人犯徒流成化八年定例除姦盜不孝與樂婦外若審有力并決杖亦得以納鈔贖罪（例每杖十折銀一錢爲率至杖一百折銀一兩止）凡律所謂收贖者贖餘罪也其例得贖罪者贖決杖一百也徒杖兩項分科之除婦人餘囚徒流皆杖決不贖惟弘治十三年許樂戶徒杖笞罪亦不的決此律鈔之大凡也例鈔自嘉靖二十九年定例凡軍民諸色人役及舍餘審有力者與文武官吏監生生員冠帶官知印承差陰陽生醫生老人舍人不分笞杖徒流雜犯死罪俱令運灰運炭運甎納米納料等項贖罪（此上係不虧行止者）若官吏人等例應革去職役（此係行止有虧）者與軍民人等審無力者笞杖罪的決徒流雜犯死罪各做工擺站哨瞭發充儀從情重者煎鹽炒鐵死罪五年流罪四年徒按年限其在京軍丁人等無差占者與例難的決之人笞杖亦令做工時新例犯姦盜受贓爲行止有虧之人槩不許贖罪唯軍官革職者俱運炭納米等項發落不用五刑條例的決實配之文所以寬武夫重責文吏也於是在京惟行做工運囚糧等五項在外惟行有力稍有力二項法令益徑省矣要而論之律鈔輕例鈔重然律鈔本非輕也祖制每鈔一文當銀一釐所謂笞一十折鈔六百文定銀七釐五毫者卽當時之銀六錢也所謂杖一百折鈔六貫銀七分五釐者卽當時之銀六兩也以銀六錢比例鈔折銀不及一釐以銀一兩比例鈔折銀不及一分而欲以此懲犯罪者之心宜其勢有所不行矣特以祖宗律文不可改也於是不得已定爲七釐五毫七分五釐之制而其實所定之數猶不足以當所贖者之罪然後例之變通生焉考洪武朝官吏軍民犯罪聽贖者大抵罰役之令居多如發鳳陽屯種滁州種苜蓿代農民力役運米輸邊贖罪之類俱不用鈔納也律之所載笞若干鈔若干文杖若干鈔若干貫者垂一代之法也然按三十年詔令罪囚運米贖罪死罪百石徒流遞減其力不及者死罪自備米三十石徒流十五石俱運納甘州威虜就彼充軍計其米價腳價之費與鈔數差不相遠其定爲贖鈔之等第固不輕於後來之例矣然罪無一定而鈔法之久日變日輕此定律時所不及料也卽以永樂十一年令斬罪情輕者贖鈔八千貫絞及榜例死罪六千貫之詔言之八千貫者律之八千兩也六千貫者律之六千兩也下至杖罪千貫笞罪五百貫亦一千兩五百兩也雖革除之際用法特苛豈有死罪納至八千兩笞杖罪納至一千兩五百兩而尚可行者則知鈔法之弊在永樂初年已不啻輕十倍於洪武時矣宣德時申交易用銀之禁冀通鈔法至弘治而鈔竟不可用遂開准鈔折銀之例及嘉靖新定條例俱以有力稍有力二科贖罪有力米五斗准律之納鈔六百文也稍有力工價三錢准律之做工一月也是則後之例鈔纔足比於初之律鈔耳而況老幼廢疾諸在律贖者之銀七釐五毫准鈔六百文銀七分五釐准鈔六貫凡所謂律贖者以比於初之律鈔其輕重相去尤甚懸絶乎唯運炭運石諸罪例稍重蓋此諸罪初皆令親自赴役事完寧家原無納贖之例其後法令益寬聽其折納而估算事力亦畧相當實不爲病也大抵贖例有二一罰役一納鈔而例復三變罰役者後多折工值納鈔鈔法既壞變爲納銀納米然運灰運炭運石運甎運碎甎之名尚存也至萬曆中年中外通行有力稍有力二科在京諸例并不見施行而法益歸一矣所謂通變而無失於古之意者此也初令罪人得以力役贖罪死罪拘役終身徒流按年限笞杖計日月或修造或屯種或煎鹽炒鐵滿日疎放疎放者引赴御橋叩頭畢送應天府給引寧家合充軍者發付陝西司按籍編發後皆折納工價惟赴橋如舊宣德二年御史鄭道寧言納米贖罪朝廷寛典乃軍儲倉拘係罪囚無米輸納自去年二月至今死者九十六人刑部郎俞士吉嘗奏囚無米者請追納於原籍匠仍輸作軍仍備操若非軍匠則追還所隸州縣遣之詔從其奏初制流罪三等視地遠近邊衞充軍有定所蓋降死一等唯流與充軍爲重然名例律稱二死三流各同爲一減如二死遇恩赦減一等卽流三千里流三等以大誥減一等皆徒五年犯流罪者無不減至徒罪矣故三流常設而不用而充軍之例爲獨重律充軍凡四十六條諸司職掌內二十二條則洪武間例皆律所不載者其嘉靖二十九年條例充軍凡二百十三條與萬曆十三年所定大畧相同洪武二十六年定應充軍者大理寺審訖開付陝西司本部置立文簿註姓名年籍鄉貫依南北籍編排甲爲二冊一進內府一付該管百戶領去充軍如浙江河南山東陝西山西北平福建直隸應天廬州鳳陽淮安揚州蘇州松江常州和州滁州徐州人發雲南四川屬衞江西湖廣四川廣東廣西直隸太平寧國池州徽州廣德安慶人發北平大寧遼東屬衞有逃故按籍勾補其後條例有發烟瘴地面極邊沿海諸處者例各不同而軍有終身有永遠永遠者罰及子孫皆以實犯死罪減等者充之明初法嚴縣以千數數傳之後以萬計矣有丁盡戶絶止存軍產者或并無軍產戶名未除者朝廷歲遣御史清軍有缺必補每當勾丁逮捕族屬里長延及他甲雞犬爲之不寧論者謂旣減死罪一等而法反加於刀鋸之上如革除所遣謫至國亡戍籍猶有存者刑莫慘於此矣嘉靖間有請開贖軍例者世宗曰律聽贖者徒杖以下小罪耳死罪矜疑乃減從謫發不可贖御史周時亮復請廣贖例部議審有力者銀十兩得贖三年以上徒一年稍有力者半之而贖軍之議卒罷御史胡宗憲言南方之人不任兵革其發充邊軍者宜令納銀自贖部議以爲然因擬納例以上帝曰豈可預設此例以待犯罪之人復不允萬曆二年罷歲遣清軍御史并於巡按民獲稍安給事中徐桓言死罪雜犯准徒充軍者當如其例給事中嚴用和請以大審可矜人犯免其永戍皆不許而命法司定例奏特旨處發叛逆家屬子孫止於本犯親枝內勾補盡絶卽與開豁若未經發遣而病故免其勾補其實犯死罪免死充軍者以著伍後所生子孫替役不許勾原籍子孫其他充軍及發口外者俱止終身崇禎十一年諭兵部編遣事宜以千里爲附近二千五百里爲邊衞三千里外爲邊遠其極邊烟瘴以四千里外爲率止拘本妻無妻則已不許擅勾親鄰如衰癇老疾准發口外爲民十五年又諭欲令引例充軍者准其贖罪時天下已亂議卒不行明制充軍之律最嚴犯者亦最苦親族有科斂軍裝之費里遞有長途押解之擾至所充之衞衞官必索常例然利其逃去可乾沒口糧每私縱之其後律漸弛發解者不能十一其發極邊者長解輒賄兵部持勘合至衞虛出收管而軍犯顧在家偃息云

明史卷九十四　志第七十

總裁官總理事務經筵講官太保兼太子太保保和殿大學士兼管吏部戶部尚書事加六級臣張廷玉等奉

敕修

刑法二

三法司曰刑部都察院大理寺刑部受天下刑名都察院糾察大理寺駁正太祖嘗曰凡有大獄當面訊防搆陷鍛鍊之弊故其時重案多親鞫不委法司洪武十四年命刑部聽兩造之詞議定入奏旣奏錄所下旨送四輔官諫院官給事中覆覈無異然後覆奏行之有疑獄則四輔官封駮之踰年四輔官罷乃命議獄者一歸於三法司十六年命刑部尚書開濟等議定五六日旬時三審五覆之法十七年建三法司於太平門外鍾山之陰命之曰貫城下敕言貫索七星如貫珠環而成象名天牢中虛則刑平官無邪私故獄無囚人貫內空中有星或數枚者卽刑繁刑官非其人有星而明爲貴人無罪而獄今法天道置法司爾諸司其各愼乃事法天道行之令貫索中虛庶不負朕肇建之意又論法司官布政按察司所擬刑名其間人命重獄具奏轉達刑部都察院叅考大理寺詳擬著爲令刑部有十三淸吏司治各布政司刑名而陵衞王府公侯伯府在京諸曹及兩京州郡亦分隸之按察名提刑蓋在外之法司也叅以副使僉事分治各府縣事京師自笞以上罪悉由部議洪武初決獄笞五十者縣決之杖八十者州決之一百者府決之徒以上具獄送行省移駁繁而賄賂行乃命中書省御史臺詳讞改月報爲季報以季報之數類爲歲報凡府州縣輕重獄囚依律決斷違枉者御史按察司糾劾至二十六年定制布政司及直隸府州縣笞杖就決徒流遷徙充軍雜犯死罪解部審錄行下具死囚所坐罪名上部詳議如律者大理寺擬覆平允監收候決其決不待時重囚報可卽奏遣官往決之情詞不明或失出入者大理寺駁回改正再問駁至三改擬不當將當該官吏奏問謂之照駁若亭疑讞決而囚有番異則改調隔別衙門問擬二次番異不服則具奏會九卿鞫之謂之圓審至三四訊不服而後請旨決焉正統四年稍更直省決遣之制徒流就彼決遣死罪以聞成化五年南大理評事張鈺言南京法司多用嚴刑迫囚誣服其被糾者亦止改正而無罪甚非律意乃詔申大理寺叅問刑部之制弘治十七年刑部主事朱瑬言部囚送大理第當駁正不當用刑大理卿楊守隨言刑具永樂間設不可廢帝是其言會官審錄之例定於洪武三十年初制有大獄必面訊十四年命法司論囚擬律以奏從翰林院給事中及春坊正字司直郎會議平允然後覆奏論決至是置政平訟理二旛審諭罪囚諭刑部曰自今論囚惟武臣死罪朕親審之餘俱以所犯奏然後引至承天門外命行人持訟理旛傳旨諭之其無罪應釋者持政平旛宣德意遣之繼令五軍都督府六部都察院六科通政司詹事府間及駙馬雜聽之錄冤者以狀聞無冤者實犯死罪以下悉論如律諸雜犯准贖永樂七年令大理寺官引法司囚犯赴承天門外行人持節傳旨會同府部通政司六科等官審錄如洪武制

十七年令在外死罪重囚悉赴京師審錄仁宗特命內閣學士會審重囚可疑者再問宣德二年奏重囚帝令多官覆閱之曰古者斷獄必訊於三公九卿所以合至公重民命卿等往同覆審毋致枉死英國公張輔等還奏訴枉者五六十人重命法司勘實因切戒焉天順三年令每歲霜降後三法司同公侯伯會審重囚謂之朝審歷朝遂遵行之成化十七年命司禮太監一員會同三法司堂上官於大理寺審錄謂之大審南京則命內守備行之自此定例每五年輒大審初成祖定熱審之例英宗特行朝審至是復有大審所矜疑放遣嘗倍於熱審時內閣之與審也自憲宗罷至隆慶元年高拱復行之故事朝審吏部尚書秉筆時拱適兼吏部故也至萬曆二十六年朝審吏部尚書缺以戶部尚書楊俊民主之三十二年復缺以戶部尚書趙世卿主之崇禎十五年命首輔周延儒同三法司清理淹獄蓋出於特旨云大審自萬曆二十九年曠不舉四十四年乃行之熱審始永樂二年止決遣輕罪命出獄聽候而已尋并寬及徒流以下宣德二年五六七月連諭三法司錄上繫囚罪狀凡決遣二千八百餘人七年二月親閱法司所進繫囚罪狀決遣千餘人減等輸納春審自此始六月又以炎暑命自實犯死罪外悉早發遣且馳諭中外刑獄悉如之成化時熱審始有重罪矜疑輕罪減等枷號疎放諸例正德元年掌大理寺工部尚書楊守隨言每歲熱審事例行於北京而不行於南京五年一審錄事例行於在京而畧於在外今宜通行南京凡審囚三法司皆會審其在外審錄亦依此例詔可嘉靖十年令每年熱審并五年審錄之期雜犯死罪准徒五年者皆減一年二十三年刑科羅崇奎言五六月間笞罪應釋放徒罪應減等者亦宜如成化時欽恤枷號例暫與鬬免至六月終止南法司亦如之報可隆慶五年令贓銀止十兩以上監久產絕或身故者熱審免追釋其家屬萬曆三十九年方大暑省刑而熱審矜疑疏未下刑部侍郎沈應文以獄囚久滯乞暫豁矜疑者未報明日法司盡按囚籍軍徒杖罪未結者五十三人發大興宛平二縣監候乃以疏聞神宗亦不罪也舊例每年熱審自小滿後十餘日司禮監傳旨下刑部即會同都察院錦衣衞題請通行南京法司一體審擬具奏京師自命下之日至六月終止南京自部移至日爲始亦滿兩月而止四十四年不舉行明年又逾兩月命未下會暑雨獄中多疫言官以熱審愆期朝審不行詔獄理刑無人三事交章上請又請釋楚宗英嬿蘊鈁等五十餘人暨誤知縣滿朝薦同知王邦才卞孔時等皆不報崇禎十五年四月亢旱下詔清獄中允黃道周言中外齋宿爲百姓請命而五日之內繫兩尚書不聞有抗疏爭者尚足回天意乎兩尚書謂李日宣陳新甲也帝方重怒二人不能從歷朝無寒審之制崇禎十年以代州知州郭正中疏及寒審命所司求故事尚書鄭三俊乃引數事以奏言謹按洪武二十三年十二月癸未太祖諭刑部尚書楊靖自今惟犯十惡并殺人者論死餘死罪皆令輸粟北邊以自贖永樂四年十一月法司進月繫囚數凡數百人大辟僅十之一成祖諭呂震曰此等既非死罪而久繫不決天氣沍寒必有聽其冤死者凡雜犯死罪下約二百悉准贖發遣九年十一月刑科曹潤等言昔以天寒審釋輕囚今囚或淹一年以上且一月間瘐死者九百三十餘人獄吏之毒所不忍言成祖召法司切責遂詔徒流以下三日內決放重罪當繫者恤之無令死於饑寒十二年十一月復令以疑獄名上親閱之宣德四年十月以皇太子千秋節減雜犯死罪以下宥笞杖及枷鐐者嗣後世宗神宗或以災異修刑或以覃恩布德寒審雖無近例而先朝寬大皆所宜取法者奏上帝納其言然永樂十一年十月遣副都御史李慶齎璽書命皇太子錄南京囚贖雜犯死罪以下宣德四年冬以天氣沍寒敕南北刑官悉錄繫囚以聞不分輕重因謂夏原吉等曰堯舜之世民不犯法成康之時刑措不用皆君臣同德所致朕德薄卿等其勉力匡扶庶無愧古人此寒審最著者三俊亦不暇詳也在外恤刑會審之例定於成化時初太祖患刑獄壅蔽分遣御史林愿石恆等治各道囚而敕諭之宣宗夜讀周官立政式敬爾由獄以長我王國慨然興歎以爲立國基命在於此乃敕三法司朕體上帝好生之心惟刑是恤令爾等詳覆天下重獄而犯者遠在千萬里外需次當決豈能無冤因遣官審錄之正統六年四月以災異頻見敕遣三法司官詳審天下疑獄於是御史張驥刑部郎林厚大理寺正李從智等十三人同奉敕往而復以刑部侍郎何文淵大理卿王文巡撫侍郎周忱刑科給事中郭瑾審兩京刑獄亦賜之敕後評事馬豫言臣奉敕審刑竊見各處捉獲強盜多因讎人指攀拷掠成獄不待詳報死傷者甚多今後宜勿聽妄指果有贓證御史按察司會審方許論決若未審錄有傷死者毋得准例陞賞是年出死囚以下無數九年山東副使王裕言囚獄當會審而御史及三司官或踰年一會囚多瘐死往者常遣御史會按察司詳審釋遣甚衆今莫若罷會審之例而行詳審之法敕遣按察司官一員專審諸獄部持舊制不可廢帝命審例仍舊復如詳審例選按察司官一員與巡按御史同審失出者姑勿問涉贓私者究如律成化元年南京戶部侍郎陳翼因災異復請如正統例部議以諸方多事不行八年乃分遣刑部郎中劉秩等十四人會巡按御史及三司官審錄敕書鄭重遣之十二年大學士商輅言自八年遣官後五年於茲乞更如例行帝從其請至十七年定在京五年大審即於是年遣部寺官分行天下會同巡按御史行事於是恤刑者至則多所放遣嘉靖四十三年定坐贓不及百兩產絕者免監追萬曆四年敕雜犯死罪准徒五年者并兩犯徒律應總徒四年者各減一年其他徒流等罪俱減等皆由恤刑者奏定所生全者益多矣初正統十一年遣刑部郎中郭恂員外陸瑜審南北直隸獄囚文職五品以下有罪許執問嘉靖間制審錄官一省事竣總計前後所奏依准改駁多寡通行考覈改駁數多者聽劾故恤刑之權重而責亦匪輕此中外法司審錄之大較也凡刑部問發罪囚所司通將所問囚數不問罪名輕重分南北人各若干送山東司呈堂奏聞謂之歲報每月以見監罪囚奏聞謂之月報其做工運炭等項每五日開送工科填寫精微冊月終分六科輪報之凡法官治囚皆有成法提人勘事必齎精微批文京外官五品以上有犯必奏聞請旨不得擅勾問罪在八議者實封以聞民間獄訟非通政司轉達於部刑部不得聽理誣告者反坐越訴者笞擊登聞鼓不實者杖訐告問官必覈實乃逮問至罪囚打斷起發有定期刑具有定器停刑有定月日檢驗屍傷有定法恤囚有定規籍沒亦有定物惟復讎者無明文弘治元年刑部尚書何喬新言舊制提人所在官司必驗精微批文與符號相合然後發遣此祖宗杜漸防微深意也近者中外提人止憑駕帖既不用符眞僞莫辨姦人矯命何以拒之請給批文如故帝曰此祖宗舊例不可廢命復行之然旗校提人率齎駕帖嘉靖元年錦衣衞千戶白壽等齎駕帖詣科給事中劉濟謂當以御批原本送科使知其事兩人相爭並列上命檢成弘事例以聞濟復言自天順時例卽如此帝入壽言責濟以狀對亦無以罪也天啟時魏忠賢用駕帖提周順昌諸人竟激蘇州之變兩畿決囚亦必驗精微批嘉靖二十一年恤刑主事戴楩吳元璧呂顒等行急失與內號相驗比至與原給外號不合爲巡按御史所糾納贖還職成化時六品以下官有罪巡按御史輒令府官提問陝西巡撫項忠言祖制京外五品以上官有犯奏聞不得擅勾問今巡按輒提問六品官甚乖律意當聞於朝命御史按察司提問爲是乃下部議從之凡罪在八議者實封奏聞請旨惟十惡不用此例所屬官爲上司非理凌虐亦聽實封徑奏軍官犯罪都督府請旨諸司事涉軍官及呈告軍官不法者俱密以實封奏無得擅勾問嘉靖中順天巡按御史鄭存仁檄府縣凡法司有所追取不得輒發尚書鄭曉考故事民間詞訟非自通政司轉達不得聽而諸司有應問罪人必送刑部各不相侵曉乃言刑部追取人府縣不當却存仁違制宜罪存仁亦執自下而上之律論曉欺罔乃命在外者屬有司在京者屬刑部然自曉去位民間詞訟五城御史輒受之不復遵祖制矣洪武時有告謀反者勘問不實刑部言當抵罪帝以問秦裕伯對曰元時若此者罪止杖一百蓋以開來告之路也帝曰姦徒不抵善人被誣者多矣自今告謀反不實者抵罪學正孫詢訐稅使孫必貴爲胡黨又訐元參政黎銘常自稱老豪傑謗訕朝廷帝以告訐非儒者所爲置不問永樂間定制誣三四人杖徒五六人流三千里十人以上者凌遲家屬徙化外洪武末年小民多越訴京師及按其事往往不實乃嚴越訴之禁命老人理一鄉詞訟會里胥決之事重者始白於官然卒不能止越訴者日多乃用重法戍之邊宣德時越訴得實者免罪不實仍戍邊景泰中不問虛實皆發口外充軍後不以爲例也登聞鼓洪武元年置於午門外一御史日監之非大寃及機密重情不得擊擊卽引奏後移置長安右門外六科錦衣衞輪收以聞旨下校尉領駕帖送所司問理蒙蔽阻遏者罪龍江衞吏有過罰令書寫值母喪乞守制吏部尚書詹徽不聽擊鼓訴寃太祖切責徽使吏終喪永樂元年縣令以贓戍擊鼓陳狀帝爲下法司其人言實受贓年老昏眊所致惟上哀憫帝以其歸誠屈法宥之宣德時直登聞鼓給事林富言重囚二十七人以姦盜當決擊鼓訴寃煩瀆不可宥帝曰登聞鼓之設正以達下情何謂煩瀆自後凡擊鼓訴寃阻遏者罪凡訐告原問官司者成化間定議覈究得實然後逮問弘治時南京御史王良臣按指揮周愷等估勢贓貨愷等遂訐良臣詔下南京法司逮繫會鞫侍郎楊守隨言此與舊章不合請自今以後官吏軍民奏訴牽緣別事摭拾原問官者立案

不行所奏事仍令問結虛詐者擬罪原問官枉斷者亦罪乃下其議於三法司法司覆奏如所請從之洪武二十六年以前刑部令主事廳會御史五軍斷事司大理寺五城兵馬指揮使官打斷罪囚二十九年并差錦衣衞官其後惟主事會御史將笞杖罪於打斷廳決訖附卷奉旨者次日覆命萬曆中刑部尚書孫丕揚言折獄之不速由文移牽制故耳議斷既成部寺各立長單刑部送審掛號次日即送大理大理審允次日即還本部參差者究處庶事體可一至於打斷相驗令御史三六九日遵例會同餘日止會寺官以速遣徒流以上部寺詳鞫笞杖小罪聽堂部處分命如議行凡獄囚已審錄應決斷者限三日應起發者限十日逾限計日以笞囚淹滯至死者罪徒此舊例也嘉靖六年給事中周瑯言比者獄吏苛刻犯無輕重槩加幽縶案無新故動引歲時意喻色授之間論奏未成囚骨已糜又況偏州下邑督察不及姦吏悍卒倚獄爲市或扼其飲食以困之或徙之穢溷以苦之備諸痛楚十不一生臣觀律令所載凡逮繫囚犯老疾必散收輕重以類分枷杻薦蓆必以時飭涼漿暖匣必以時備無家者給之衣服有疾者予之醫藥淹禁有科疏決有詔此祖宗良法美意宜敕臣下同爲奉行凡逮繫日月并已竟未竟疾病死亡者各載文冊申報長吏較其結竟之遲速病故之多寡以爲功罪而黜陟之帝深然其言且命中外有用法深刻致戕民命者即斥爲民雖才守可觀不得推薦凡內外問刑官惟死罪并竊盜重犯始用拷訊餘止鞭扑常刑酷吏輒用挺棍夾棍腦箍烙鐵及一封書鼠彈箏攔馬棍燕兒飛或灌鼻釘指用徑寸懶杆不去稜節竹片或鞭脊背兩踝致傷以上者俱奏請罪至充軍停刑之月自立春以後至春分以前停刑之日初一初八十四十五十八二十三二十四二十八二十九三十凡十日檢驗屍傷照磨司取部印屍圖一幅委五城兵馬司如法檢驗府則通判推官州縣則長官親檢毋得委下僚獄囚貧不自給者洪武十五年定制人給米日一升二十四年革去正統二年以侍郎何文淵言詔如舊且令有贓罰敝衣得分給成化十二年令有司買藥餌送部又廣設惠民藥局療治囚人至正德十四年囚犯煤油藥料皆設額銀定數嘉靖六年以運炭等有力罪囚折色糴米上本部倉每年約五百石乃停收歲冬給綿衣褲各一事提牢主事驗給之犯罪籍沒者洪武元年定制自反叛外其餘罪犯止沒田產孳畜二十一年詔謀逆姦黨及造僞鈔者沒貲產丁口以農器耕牛給還之凡應合鈔劄者曰姦黨曰謀反大逆曰姦黨惡曰造僞鈔曰殺一家三人曰採生拆割人爲首其大誥所定十條後未嘗用也復讎惟祖父被毆條見之曰祖父母父母爲人所殺而子孫擅殺行兇人者杖六十其即時殺死者勿論其餘親屬人等被人殺而擅殺之者杖一百按律罪人應死已就拘執其捕者擅殺之罪亦止此則所謂家屬人等自包兄弟在內其例可類推也凡決囚每歲朝審畢法司以死罪請旨刑科三覆奏得旨行刑在外者奏決單於冬至前會審決之正統元年令重囚三覆奏畢仍請駕帖付錦衣衞監刑官領校尉詣法司取囚赴市又制臨決囚有訴冤者直登聞鼓給事中取狀封進仍批校尉手馳赴市曹暫停刑嘉靖元年給事中劉濟等以囚廖鵬父子及王欽陶杰等頗有內援懼上意不決乃言往歲三覆奏畢待駕帖則已日午鼓下仍受訴詞得報且及未申時及再請始刑時已過酉大非刑人於市與衆棄之之意請自今決囚在未前畢事從之七年定議重囚有冤家屬於臨決前一日撾鼓翼日午前下過午行刑不覆奏南京決囚無刑科覆奏例弘治十八年南刑部奏決不待時者三人大理寺已審允下法司議謂在京重囚間有決不待時者審允奏請至刑科三覆奏或蒙恩仍監候會審南京無覆奏例乞俟秋後審竟類奏定奪如有巨憝難依常例者更具奏處決著爲令詔可各省決囚永樂元年定制死囚百人以上者差御史審決弘治十三年定歲差審決重囚官俱以霜降後至限期復命凡有大慶及災荒皆赦然有常赦有不赦有特赦十惡及故犯者不赦律文曰赦出臨時定罪名特免或降減從輕者不在此限十惡中不睦又在會赦原宥之例此則不赦者亦得原若傳旨肆赦不別定罪名者則仍依常赦不原之律自仁宗立赦條三十五皆楊士奇代草盡除永樂年間敝政歷代因之凡先朝不便於民者皆援遺詔或登極詔革除之凡以赦前事告言人罪者即坐以所告者罪弘治元年民呂梁山等四人坐竊盜殺人死遇赦都御史馬文升請宥死戍邊帝特命依律斬之世宗雖屢停刑尤愼無赦廷臣屢援赦令欲宥大禮大獄暨建言諸臣益持不允及嘉靖十六年同知姜輅酷殺平民都御史王廷相奏當發口外乃特命如詔書宥免而以違詔責廷相等四十一年三殿成羣臣請頒赦帝曰赦乃小人之幸不允穆宗登極覃恩雖徒流人犯已至配所者皆許放還蓋爲遷讁諸臣地也有明一代刑法大概太祖開國之初懲元季貪冒重繩贓吏揭諸司犯法者於申明亭以示戒又命刑部凡官吏有犯宥罪復職書過榜其門使自省不悛論如律累頒犯論戒諭榜諭悉象以刑誥示天下及十八年大誥成序之曰諸司敢不急公而務私者必窮搜其原而罪之凡三誥所列凌遲梟示種誅者無慮千百棄市以下萬數貴溪儒士夏伯啓叔姪斷指不仕蘇州人才姚潤王謨被徵不至皆誅而籍其家寰中士夫不爲君用之科所由設也其三編稍寬容然所記進士監生罪名自一犯至四犯者猶三百六十四人幸不死還職率戴斬罪治事其推原中外貪墨所起以六曹爲罪魁郭桓爲誅首郭桓者戶部侍郎也帝疑北平二司官吏李彧趙全德等與桓爲姦利自六部左右侍郎下皆死贓七百萬詞連直省諸官吏繫死者數萬人覈贓所寄借徧天下民中人之家大抵皆破時咸歸謗御史余敏丁廷舉或以爲言帝乃手詔列桓等罪而論右審刑吳庸等極刑以厭天下心言朕詔有司除姦顧復生姦擾吾民今後有如此者遇赦不宥先是十五年空印事發每歲布政司府州縣吏詣戶部覈錢糧軍需諸事以道遠預持空印文書遇部駁即改以爲常及是帝疑有姦大怒論諸長吏死佐貳榜百戍邊寧海人鄭士利上書訟其冤復杖戍之二獄所誅殺已過當而胡惟庸藍玉兩獄株連死者且四萬然時引大體有所縱舍沅陵知縣張傑當輸作自陳母賀當元季亂離守節今年老失養帝謂可厲俗特赦之秩傑令終養給事中彭與民坐繫其父爲上表訴哀立釋之且免同繫十七人有死囚妻妾訴夫冤法司請黥之帝以婦爲夫訴職也不罪都察院當囚死者二十四人命羣臣鞫有冤者減數人死眞州民十八人謀不軌戮之而釋其母子當連坐者所用深文吏開濟詹徽陳寧陶凱輩後率以罪誅之亦數宣仁言不欲純任刑罰嘗行郊壇皇太子從指道旁荊楚曰古用此爲扑刑取能去風雖寒不傷也尚書開濟議法密論之曰竭澤而漁害及鯤鮞焚林而田禍及麛鷇法太巧密民何以自全濟慙謝參政楊憲欲重法帝曰求生於重典猶索魚於釜得活難矣御史中丞陳寧曰法重則人不輕犯吏察則下無遁情太祖曰不然古人制刑以防惡衞善故唐虞畫衣冠異章服以爲戮而民不犯秦有鑿顚抽脅之刑參夷之誅而囹圄成市天下怨叛未聞用商韓之法可致堯舜之治也寧慚而退又嘗謂尚書劉惟謙曰仁義者養民之膏粱也刑罰者懲惡之藥石也舍仁義而專用刑罰是以藥石養人豈得謂善治乎蓋太祖用重典以懲一時而酌中制以垂後世故猛烈之治寬仁之詔相輔而行未嘗偏廢也建文帝繼體守文專欲以仁義化民元年刑部報囚減太祖時十三矣成祖起靖難之師悉指忠臣爲姦黨甚者加族誅掘冢妻女發浣衣局教坊司親黨讁戍者至隆萬間猶勾伍不絕也抗違者既盡殺戮懼人竊議之疾誹謗特甚山陽民丁鈺訐其鄉誹謗罪數十人法司迎上旨言鈺才可用立命爲刑科給事中永樂十七年復申其禁而陳瑛呂震紀綱輩先後用事專以刻深固寵於是蕭議周新解縉等多無罪死然帝心知苛法之非間示寬大千戶某灌桐油皮鞭中以決人刑部當以杖命并罷其職法司奏冒支官糧者命即戮之刑部爲覆奏帝曰此朕一時之怒過矣其依律自今犯罪皆五覆奏至仁宗性甚仁恕甫即位謂金純劉觀曰卿等皆國大臣如朕處法失中須更執奏朕不難從善也因召學士楊士奇楊榮金幼孜至榻前諭曰比年法司之濫朕豈不知其所擬大逆不道往往出於文致先帝數切戒之故死刑必四五覆奏而法司略不加意甘爲酷吏而不媿自今審重囚卿三人必往同讞有冤抑者雖細故必以聞洪熙改元二月諭都御史劉觀大理卿虞謙曰往者法司以誣陷爲功人或片言及國事輒論誹謗身家破滅莫復辨理今數月間此風又萌夫治道所急者求言所患者以言爲諱奈何禁誹謗哉因顧士奇等曰此事必以詔書行之於是士奇承旨載帝言於己丑詔書云若朕一時過於嫉惡律外用籍沒及凌遲之刑者法司再三執奏三奏不允至五五奏不允同三公及大臣執奏必允乃已永爲定制文武諸司亦毋得暴酷用鞭背等刑及擅用宮刑絕人嗣續有自宮者以不孝論除謀反及大逆者餘犯止坐本身毋一切用連坐法告誹謗者勿治在位未一年仁恩該洽矣宣宗承之益多惠政宣德元年大理寺駁正猗氏民妻王骨都殺夫之冤帝切責刑官尚書金純等謝罪乃已義勇軍士閻羣兒等九人被誣爲盜當斬家人擊登聞鼓訴冤覆按實不爲盜命釋羣兒等而切責都御史劉觀其後每遇奏囚色慘然御膳爲廢或以手撤其牘謂左右曰說與刑官少緩之一日御文華殿與羣臣論古肉刑侍郎對漢除肉刑人遂輕犯法帝曰此自由教化豈關肉刑之有無舜法有流宥金贖而四凶之罪止於竄殛可見當時被肉刑者必皆重罪不濫及也況漢承秦敝挾書

有律若槪用內刑受傷者必多矣明年著帝訓五十五篇其一恤刑也武進伯朱冕言比遣舍人林寬等送四百十七人戍邊到者僅五十人餘皆道死帝怒命法司鞫治之帝寬詔歲下閱囚屢放遣有至三千人者論刑官曰吾慮其瘐死故寬貸之非常制也是時官吏納米百石若五十石得贖雜犯死罪軍民減十之二諸邊衞十二石遼東二十石於例爲太輕然獨嚴贓吏之罰命文職犯贓者俱依律科斷由是用法輕而貪墨之風亦不甚恣然明制重朋比之誅都御史夏迪催糧常州御史何楚英誣以受金諸司懼罪明知其冤不敢白迪竟充驛夫憤死以帝之寬仁而大臣有冤死者此立法之弊也英宗以後仁宣之政衰正統初三楊當國猶恪守祖法禁內外諸司鍛鍊刑獄刑部尚書魏源以災旱上疑獄請命各巡撫審錄從之無巡撫者命巡按清軍御史行在都察院亦以疑獄上通審錄之御史陳祚言法司論獄多違定律專務刻深如戶部侍郎吳璽舉淫行主事吳軏宜坐貢舉非其人罪乃加以奏事有規避律斬及軏自經死獄官卒之罪明有遞減科乃援不應爲事理重者槪杖之夫原情以定律祖宗防範至周而法司乃抑輕從重至此非所以廣聖朝之仁厚也今後有妄援重律者請以變亂成法罪之帝是其言爲申警戒至六年王振始亂政數辱廷臣刑章大紊侍講劉球條上十事中言天降災譴多感於刑罰之不中宜一任法司視其狗私不當者而加以罪雖有觸忤如漢犯蹕盜環之事猶當聽張釋之之執奏而從之帝不能用而球卽以是疏觸振怒死於獄然諸酷虐事大率振爲之帝心頗寬平十一年大理卿俞士悅以毆鬬殺人之類百餘人聞請宥俱減死戍邊景泰中陽穀主簿馬彥斌當斬其子震請代死特宥彥斌編震充邊衞軍大理少卿薛瑄言法司發擬罪囚多加參語奏請變亂律意詔法官問獄一依律令不許妄加參語六年以災異審錄中外刑獄全活者甚衆天順中詔獄繁興三法司錦衣獄多繫囚未決吏往往洩獄情爲姦都御史蕭維禎附會徐有貞枉殺王文于謙等而刑部侍郎劉廣衡卽以詐撰制文坐有貞斬罪其後緹騎四出海內不安然霜降後審錄重囚實自天順間始至成化初刑部尚書陸瑜等以請命舉行之獄上杖其情可矜疑者免死發戍列代奉行人獲沾法外恩矣憲宗之卽位也敕三法司中外文武羣臣除贓罪外所犯罪名紀錄在官者悉與湔滌其後歲以爲常十年當決囚冬至節近特命過節行刑旣而給事中言冬至後行刑非時遂詔俟來年冬月山西巡撫何喬新劾奏遲延獄詞僉事尚敬劉源因言凡二司不決斷詞訟者半年之上悉宜奏請執問帝曰刑獄重事周書曰要囚服念五六日至於旬時特爲未得其情者言耳苟得其情卽宜決斷無罪拘幽往往瘐死是刑官殺之也故律特著淹禁罪囚之條其卽以喬新所奏通行天下又定制凡盜賊贓仗未眞人命死傷未經勘驗輒加重刑致死獄中者審勘有無故失明白不分軍民職官俱視酷刑事例爲民侍郎楊宣妻悍妒殺婢十餘人部擬命婦合坐者律特命決杖五十時帝多裨政而於刑獄尤愼之所失惟一二事嘗欲殺一囚不許覆奏御史方佑復以請帝怒杖謫佑吉安知府許聰有罪中官黃高嗾法司論斬給事中白昂以未經審錄爲請不聽竟乘夜斬之孝宗初立免應決死罪四十八人元年知州劉槪坐妖言罪斬以王恕爭得長繫末年刑部尚書閔珪讞重獄忤旨久不下帝與劉大夏語及之對曰人臣執法效忠珪所爲無足異帝曰且道自古君臣曾有此事否對曰臣幼讀孟子見瞽瞍殺人皋陶執之之語珪所執未可深責也帝頷之明日疏下遂如擬前後所任司寇何喬新彭韶白昂閔珪皆持法平者海內翕然頌仁德焉正德五年會審重囚減死者二人時宦豎滿獄李東陽等因風霾以爲言特許寬恤而刑官懼觸劉瑾怒所上止此後磔流賊趙璲等於市剝爲魁者六人皮法司奏祖訓有禁不聽尋以皮製鞍鐙帝每騎乘之而廷杖直言之臣亦武宗爲甚世宗卽位七月因日精門災疏理寃抑命再問緩死者三十八人而廖鵬王獻齊佐等與焉給事中李復禮等言鵬等皆江彬錢寧之黨王法所必誅乃令禁之如故後皆次第伏法自杖諸爭大禮者遂痛折廷臣五年命張璁桂萼方獻夫攝三法司變李福達之獄欲坐馬錄以姦黨律楊一淸力爭乃戍錄而坐罪者四十餘人璁等以爲己功遂請帝編欽明大獄錄頒示天下是獄所坐大抵璁三人夙嫌者以祖宗之法供權臣排陷而帝不悟也八年京師民張福殺母訴爲張柱所殺刑部郎中魏應召覆治得實而帝以柱乃武宗后家僕有意曲殺之命侍郎許讚盡反讞詞而下都御史熊浹及應召於獄其後猜忌日甚寃濫者多雖間命寬恤而意主苛刻嘗諭輔臣近連歲因災異免刑今復當刑科三覆請旨朕思死刑重事欲將盜陵殿等物及毆罵父母大傷倫理者取決餘令法司再理與卿共論愼之愼之時以爲得大體越數年大理寺奉詔讞奏獄囚應減死者帝謂諸囚罪皆不赦乃假借恩例縱姦壞法黜降寺丞以下有差自九年舉秋讞醮免決囚自後或因祥瑞或因郊祀大報停刑之典每歲舉行然屢譴怒執法官以爲不時請旨至上追冬至廢義而市恩也遂削刑部尚書吳山職降調刑科給事中劉三畏等中年益肆誅戮自宰輔夏言不免至三十七年乃出手諭言司牧者未盡得人任情作威湖廣幼民吳一魁二命枉刑母又就捕情迫無控萬里叩閽以此推之冤抑者不知其幾爾等宜亟體朕心加意矜恤仍通行天下咸使喩之是詔也卹卹乎有哀痛之思焉末年主事海瑞上書觸忤刑部當以死帝持其章不下瑞得長繫穆宗立徐階緣帝意爲遺詔盡還諸逐臣優恤死亡縱釋幽繫讀詔書者無不歎息萬曆初冬月詔停刑者三矣五年九月司禮太監孫得勝復傳旨奉聖母諭大婚期近命閣臣於三覆奏本擬旨免刑張居正言祖宗舊制凡犯死罪鞫問旣明依律棄市嘉靖末年世宗皇帝因齋醮始有暫免不決之令或間從御筆所勾量行取決此特近年姑息之弊非舊制也臣等詳閱諸囚罪狀皆滅絕天理敗傷彝倫聖母獨見犯罪者身被誅戮之可憫而不知彼所戕害者皆含冤蓄憤於幽冥之中使不一雪其痛怨恨之氣上干天和所傷必多今不行刑年復一年充滿囹圄旣費關防又乖國典其於政體又大謬也給事中嚴用和等亦以爲言詔許之十二年御史屠叔明請釋革除忠臣外親命自齊黃外方孝孺等連及者俱勘豁帝性仁柔而獨惡言者自十二年至三十四年內外官杖戍爲民者至百四十人後不復視朝刑辟罕用死囚屢停免云天啓中酷刑多別見不具論莊烈帝卽位誅魏忠賢崇禎二年欽定逆案凡六等天下稱快然是時承神宗廢弛熹宗昏亂之後銳意綜理用刑頗急大臣多下獄者矣六年冬論囚素服御建極殿召閣臣商榷而溫體仁無所平反陝西華亭知縣徐兆麒抵任七日城陷坐死帝心憫之體仁不爲救十一年南通政徐石麒疏救鄭三俊因言皇上御極以來諸臣麗丹書者幾千圜扉爲滿使情法盡協猶屬可憐兒怵惕於威嚴之下者有將順而無挽回有揣摩而無補救株連蔓引九死一生豈聖人惟刑之恤之意哉帝不能納也是年冬以彗見停刑其事關封疆及錢糧勦寇者詔刑部五日具獄十二年御史魏景琦論囚西市御史高欽舜工部郎中胡璉等十五人將斬忽中官本淸銜命馳免因釋十一人明日景琦回奏被責下錦衣獄蓋帝以囚有聲冤者停刑請旨而景琦倉卒不辨故獲罪十四年大學士范復粹疏請淸獄言獄中文武纍臣至百四十有奇大可痛不報是時國事日棘惟用重法以繩羣臣救過不暇而卒無救於亂亡也

明史卷九十五　志第七十一

總裁官總理事務經筵講官少保兼太子太保保和殿大學士兼管吏部戶部尚書事加六級臣張廷玉等奉
敕修

刑法三

刑法有創之自明不衷古制者廷杖東西廠錦衣衞鎭撫司獄是已是數者殺人至慘而不麗於法踵而行之至末造而極舉朝野命一聽之武夫宦豎之手良可歎也太祖常與侍臣論待大臣禮太史令劉基曰古者公卿有罪盤水加劍詣請室自裁未嘗輕折辱之所以存大臣之體侍讀學士詹同因取大戴禮及賈誼疏以進且曰古者刑不上大夫以勵廉恥也必如是君臣恩禮始兩盡帝深然之洪武六年工部尚書王肅坐法當笞太祖曰六卿貴重不宜以細故辱命以俸贖罪後羣臣罣誤許以俸贖始此然永嘉侯朱亮祖父子皆鞭死工部尚書夏祥斃杖下故上書者以大臣當誅不宜加辱爲言廷杖之刑亦自太祖始矣宣德三年怒御史嚴皚方鼎何傑等沈湎酒色久不朝參命枷以徇自此言官有荷校者至正統中王振擅權尚書劉中敷侍郎吳璽陳瑺祭酒李時勉率受此辱而殿陛行杖習爲故事矣成化十五年汪直誣陷侍郎馬文昇都御史牟俸等詔責給事御史李俊王濬輩五六人容隱廷杖人二十正德十四年以諫止南巡廷杖舒芬黃鞏等百四十六人死者十一人嘉靖三年羣臣爭大禮廷杖豐熙等百三十四人死者十六人中年刑法益峻雖大臣不免笞辱宣大總督翟鵬薊州巡撫朱方以撤防早宣大總督郭宗皐大同巡撫陳燿以寇入大同刑部侍郎彭黯左都御史屠僑大理卿沈良才以議丁汝夔獄緩戎政侍郎蔣應奎左通政唐國相以子弟冒功皆逮杖之方燿斃於杖下而黯僑良才等杖畢趣治事公卿之辱前此未有又因正旦朝賀怒六科給事中張思靜等皆朝服予

杖天下莫不駭然四十餘年間杖殺朝士倍蓰前代萬曆六年以爭張居正奪情杖吳中行等五人其後盧洪春孟養浩王德完輩咸被杖多者至一百後帝益厭言者疏多留中廷杖寢不用天啓時太監王體乾奉敕大審重笞戚畹李承恩以悅魏忠賢於是萬燝吳裕中斃於杖下臺省力爭不得閣臣葉向高言數十年不行之敝政三見於旬日萬萬不可再行忠賢乃罷廷杖而以所欲殺者悉下鎭撫司士大夫益無噍類矣南京行杖始於成化十八年南御史李珊等以歲祲請振帝摘其疏中訛字令錦衣衞詣南京午門前人杖二十守備太監監之至正德間南御史李熙劾貪吏觸怒劉瑾矯旨杖三十時南京禁衞久不行刑選卒習數日乃杖之幾斃東廠之設始於成祖錦衣衞之獄太祖嘗用之後已禁止其復用亦自永樂時廠與衞相倚故言者竝稱廠衞初成祖起北平刺探宮中事多以建文帝左右爲耳目故即位後專倚宦官立東廠於東安門北令嬖暱者提督之緝訪謀逆妖言大奸惡等與錦衣衞均權勢蓋遷都後事也然衞指揮紀綱門達等大幸更迭用事廠權不能如至憲宗時尚銘領東廠又別設西廠刺事以汪直督之所領緹騎倍東廠自京師及天下旁午偵事雖王府不免直中廢復用先後凡六年冤死者相屬勢遠出衞上會直數出邊監軍大學士萬安乃言太宗建北京命錦衣官校緝訪猶恐外官徇情故設東廠令內臣提督行五六十年事有定規往者妖狐夜出人心驚惶感勞聖慮添設西廠特命直督緝用戒不虞所以權一時之宜慰安人心也向所紛擾臣不贅言今直鎭大同京城衆口一辭皆以革去西廠爲便伏望聖恩特旨革罷官校悉回原衞宗社幸甚帝從之尚銘專用事未幾亦黜弘治元年員外郎張倫請廢東廠不報然孝宗仁厚廠衞無敢横司廠者羅祥楊鵬奉職而已正德元年殺東廠太監王岳命邱聚代之又設西廠以命谷大用皆劉瑾黨也兩廠爭用事遣邏卒刺事四方南康吳登顯等戲競渡龍舟身死家籍遠州僻壤見鮮衣怒馬作京師語者轉相避匿有司聞風密行賄賂於是無賴子乘機爲奸天下皆重足立而衞使石文義亦瑾私人廠衞之勢合矣瑾又改惜薪司外薪廠爲辦事廠榮府舊倉地爲內辦事廠自領之京師謂之內行廠雖東西廠皆在伺察中加酷烈焉且創例罪無輕重皆決杖永遠戍邊或枷項發遣枷重至百五十斤不數日輒死尚寶卿顧濬副使姚祥工部郎張瑋御史王時中輩竝不免瀕死而後謫戍御史柴文顯汪澄以微罪至凌遲官吏軍民非法死者數千瑾誅西廠內行廠俱革獨東廠如故張銳領之與衞使錢寧竝以緝事恣羅織廠衞之稱由此著也嘉靖二年東廠芮景賢任千戶陶淳多所誣陷給事中劉最執奏謫判廣德州御史黃德用使乘傳往會有顏如環者同行以黃袱裹裝景賢即奏逮下獄最等編戍有差給事中劉濟言最罪不至戍且緝執於宦寺之門鍛鍊於武夫之手裁決於內降之旨何以示天下不報是時盡罷天下鎭守太監而大臣狃故事謂東廠祖宗所設不可廢不知非太祖制也然世宗馭中官嚴不敢恣廠權不及衞使陸炳遠矣萬曆初馮保以司禮兼廠事建廠東上北門之北曰內廠而以初建者爲外廠保與張居正興王大臣獄欲族高拱衞使朱希孝力持之拱得無罪衞猶不大附廠也中年礦稅使數出爲害而東廠張誠孫暹陳矩皆恬靜矩治妖書獄無株濫時頗稱之會帝亦無意刻核刑罰用稀廠衞獄中至生青草及天啓時魏忠賢以秉筆領廠事用衞使田爾耕鎭撫許顯純之徒專以酷虐鉗中外而廠衞之毒極矣凡中官掌司禮監印者其屬稱之曰宗主而督東廠者曰督主東廠之屬無專官掌刑千戶一理刑百戶一亦謂之貼刑皆衞官其隸役悉取給於衞最輕黠猾巧者乃撥充之役長曰檔頭帽上銳衣青素襈褶繫小縧白皮靴專主伺察其下番子數人爲幹事京師亡命誆財挾讐視幹事者爲窟穴得一陰事由之以密白於檔頭檔頭視其事大小先予之金事曰起數金曰買起數既得事帥番子至所犯家左右坐曰打樁番子即突入執訊之無有左證符牒賄如數徑去少不如意搒治之名曰乾醡酒亦曰搬罾兒痛楚十倍官刑且授意使牽有力者有力者予多金即無事或靳不予予不足立聞上下鎭撫司獄立死矣每月旦廠役數百人掣簽庭中分瞰官府其視中府諸處會審大獄北鎭撫司考訊重犯者曰聽記他官府及各城門訪緝曰坐記某官行某事某城門得某奸胥吏疏白坐記者上之廠曰打事件至東華門雖夤夜投隙中以入即屏人達至尊以故事無大小天子皆得聞之家人米鹽猥事宮中或傳爲笑謔上下惴惴無不畏打事件者衞之法亦如廠然須具疏乃得上聞以此其勢不及廠遠甚有四人夜飲密室一人酒酣謾罵魏忠賢其三人噤不敢出聲罵未訖番子攝四人至忠賢所即磔罵者而勞三人金三人者魄喪不敢動莊烈帝即位忠賢伏誅而王體乾王永祚鄭之惠李承芳曹化淳王德化王之心王化民齊本正等相繼領廠事告密之風未嘗息也之心化淳敘緝奸功廕弟姪錦衣衞百戶而德化及東廠理刑吳道正等偵閣臣薛國觀陰事國觀由此死時衞使慴廠威已久大抵俛首爲所用崇禎十五年御史楊仁愿言高皇帝設官無所謂緝事衙門者臣下不法言官直糾之無陰訐也後以肅清輦轂乃建東廠臣待罪南城所閱詞訟多以假番故訴冤夫假稱東廠害猶如此況其眞乎此由積重之勢然也所謂積重之勢者功令比較事件番役每懸價以買事件受買者至誘人爲奸盜而賣之番役不問其從來誘者分利去矣挾忿首告誣以重法挾者志無不逞矣伏願寬東廠事件而後東廠之比較可緩東廠之比較緩而後番役之買事件與賣事件者俱可息積重之勢庶幾可稍輕後復切言緹騎不當遣帝爲諭東廠言所緝止謀逆亂倫其作奸犯科自有司存不宜緝并戒錦衣校尉之横索者然帝倚廠衞益甚至國亡乃已錦衣衞獄者世所稱詔獄也古者獄訟掌於司寇而已漢武帝始置詔獄二十六所歷代因革不常五代唐明宗設侍衞親軍馬步軍都指揮使乃天子自將之名至漢有侍衞司獄凡大事皆決焉明錦衣衞獄近之幽縶慘酷害無甚於此者太祖時天下重罪逮至京者收繫獄中數更大獄多使斷治所誅殺爲多後悉焚衞刑具以囚送刑部審理二十六年申明其禁詔內外獄毋得上錦衣衞大小咸經法司成祖幸紀綱令治錦衣親兵復典詔獄綱遂用其黨莊敬袁江王謙李春等緣借作奸數百千端久之族綱而錦衣典詔獄如故廢洪武詔不用矣英宗初理衞事者劉勉徐恭皆謹飭而王振用指揮馬順流毒天下枷李時勉殺劉球皆順爲之景帝初有言官校緝事之弊者帝切責其長令所緝送法司有誣罔者重罪英宗復辟召李賢屏左右問時政得失賢因極論官校提人之害帝然其言陰察皆實乃召其長戒之已緝弋陽王敗倫事虛復申戒之而是時指揮門達鎭撫逯杲怙寵賢亦爲羅織者數矣達遣旗校四出杲又立程督併以獲多爲主千戶黃麟之廣西執御史吳禎至索獄具二百餘副天下朝覲官陷罪者甚衆杲死達兼治鎭撫司構指揮使袁彬繫訊之五毒更下僅免朝官楊瑄李蕃韓祺李觀包瑛張祚諫萬鍾輩皆鋃鐺就逮冤號道路者不可勝記蓋自紀綱誅其徒稍戢至正統時復張天順之末禍益熾朝野相顧不自保李賢雖極言之不能救也鎭撫司職理獄訟初止立一司與外衞等洪武十五年添設北司而以軍匠諸職掌屬之南鎭撫司於是北司專理詔獄然大獄經訊即送法司擬罪未嘗具獄詞成化元年始令覆奏用參語法司益掣肘十四年增鑄北司印信一切刑獄毋關白本衞即衞所行下者亦徑自上請可否衞使毋得與聞故鎭撫職卑而其權日重初衞獄附衞治至門達掌問刑又於城西設獄舍拘繫狼籍達敗用御史呂洪言毀之成化十年都御史李賓言錦衣鎭撫司累獲妖書圖本皆誕妄不經之言小民無知輒被幻惑乞備錄其書名目榜示天下使知畏避免陷刑辟報可緝事者誣告猶不止十三年捕寧晉人王鳳等誣與瞽者受妖書署僞職并誣其鄕官知縣薛方通判曹鼎與通謀發卒圍其家搒掠誣伏方鼎家人數聲冤下法司驗得實坐妄報妖言當斬帝戒以不得戕害無辜而已不能罪也是年令錦衣衞副千戶吳綬於鎭撫司同問刑綬性狡險附汪直以進後知公議不容凡文臣非罪下獄者不復加箠楚忤直意黜去是時惟衞使朱驥持法平治妖人獄無寃者詔獄下所司獨用小杖嘗命中使詰責不爲改世以是稱之弘治十三年詔法司凡廠衞所送囚犯從公審究有枉即與辨理勿拘成案正德時衞使石文義與張綵表裏作威福時稱爲劉瑾左右翼然文義常侍瑾不治事治事者高得林瑾誅文義伏誅得林亦罷其後錢寧管事復大恣以叛誅世宗立革錦衣傳奉官十六汰旗校十五復諭緝事官校惟察不軌妖言人命强盜重事他詞訟及在外州縣事毋得與未幾事多下鎭撫鎭撫結內侍多巧中會太監崔文奸利事發下刑部尋以中旨送鎭撫司尚書林俊言祖宗朝以刑獄付法司事無大小皆聽平鞫自劉瑾錢寧用事專任鎭撫司文致冤獄法紀大壞更化善治在今日不宜復以小事撓法不聽俊復言此途一開恐後有重情即夤緣內降以圖免實長亂階御史曹懷亦諫曰朝廷專任一鎭撫法司可以空曹刑官爲冗員矣帝俱不聽六年侍郎張璁等言祖宗設三法司以糾官邪平獄訟設東廠錦衣衞以緝盜賊詰奸究自今貪官冤獄仍責法司其有徇情曲法乃聽廠衞覺察盜賊奸究仍責廠衞亦必送法司擬罪詔如議行然官校提人恣如故給事中蔡經等論其害願罷勿遣尚書胡世寧請從其議詹事霍韜亦言刑獄付三法司足矣錦衣衞復横撓之昔漢光武尚名節宋太祖刑法不加衣冠其後忠義之徒爭死效節夫士大夫有罪下刑曹辱矣有重罪廢之

誅之可也乃使官校衆執之脫冠裳就桎梏朝列清班暮幽犴獄剛心壯氣銷折殆盡及覆案非罪卽冠帶立朝班武夫捍卒指目之曰某吾辱之某吾繫執之小人無所忌憚君子遂致易行此豪傑所以輿山林之思而變故罕仗節之士也願自今東廠勿與朝儀錦衣衞勿典刑獄士大夫罪譴廢誅勿加笞杖鎖梏以養廉恥振人心勵士節帝以韜出位妄言不納祖制凡朝會廠衞率屬及校尉五百名列侍奉天門下糾儀凡失儀者卽褫衣冠執下鎭撫司獄杖之乃免故韜言及之迨萬曆時失儀者始不付獄罰俸而已世宗銜張鶴齡延齡奸人劉東山等乃誣二人毒魘呪詛帝大怒下詔獄東山因株引素所不快者衞使王佐探得其情論以誣罔法反坐佐乃枷東山等闕門外不及旬悉死人以佐比牟斌牟斌者弘治中指揮也李夢陽論延齡兄弟不法事下獄斌傅輕比得不死云世宗中年衞使陸炳爲伎與嚴嵩比而傾夏言然帝數興大獄而炳多保全之故士大夫不疾炳萬曆中建言及忤礦稅璫者輒下詔獄刑科給事中楊應文言監司守令及齊民被逮者百五十餘人雖已打問未送法司獄禁森嚴水火不入疫癘之氣充斥囹圄衞使駱思恭亦言熱審歲舉俱在小滿前今二年不行鎭撫司監犯且二百多拋瓦聲寃鎭撫司陸逵亦言獄囚怨恨有持刀斷指者俱不報然是時告訐風衰大臣被錄者寡其末年稍寬逮繫諸臣而錦衣獄漸清矣田爾耕許顯純在熹宗時爲魏忠賢義子其黨孫雲鶴楊寰崔應元佐之拷楊漣左光斗輩坐贓比較立限嚴督之兩日爲一限輸金不中程者受全刑全刑者曰械曰鐐曰棍曰拶曰夾棍五毒備具呼謈聲沸然血肉潰爛宛轉求死不得顯純叱咤自若然必伺忠賢旨忠賢所遣聽記者未至不敢訊也一夕令諸囚分舍宿於是獄卒曰今夕有當壁挺者壁挺獄中言死也明日漣死光斗等次第皆鎖頭拉死每一人死停數日葦蓆裹尸出牢戶蟲蛆腐體獄中事秘其家人或不知死日莊烈帝擒戮逆黨寃死家子弟望獄門稽顙哀號爲文以祭帝聞之惻然自劉瑾創立枷錦衣獄常用之神宗時御史朱應轂具言其慘請除之不聽至忠賢益爲大枷又設斷脊墮指刺心之刑莊烈帝問左右立枷何爲王體乾對曰以罪巨奸大憝耳帝愀然曰雖如此終可憫忠賢爲頸縮東廠之禍至忠賢而極然廠衞未有不相結者獄情輕重廠能得於內而外廷有扞格者衞則東西兩司房訪緝之北司拷問之鍛鍊周內始送法司卽東廠所獲亦必移鎭撫再鞫而後刑部得擬其罪故廠勢強則衞附之廠勢稍弱則衞反氣凌其上陸炳緝司禮李彬東廠馬廣陰事皆至死以炳得內閣高意及後中官愈重閣勢日輕閣臣反比廠爲之下而衞使無不競趨廠門甘爲役隸矣錦衣衞陞授勳衞任子科目功升凡四途嘉靖以前文臣子弟多不屑就萬曆初劉守有以名臣子掌衞其後皆樂居之士大夫與往還獄急時頗賴其力守有子承禧及吳孟明其著者也莊烈帝疑羣下王德化掌東廠以慘刻輔之孟明掌衞印時有縱舍然觀望廠意不敢違而鎭撫梁清宏喬可用朋比爲惡凡縉紳之門必有數人往來蹤跡故常晏起早闔毋敢偶語旗校過門如被大盜官爲囊橐均分其利京城中奸細潛入傭夫販子陰爲流賊所遣無一舉發而高門富豪跼蹐無寧居其徒黠者恣行請託稍拂其意飛誣立搆摘竿牘片字株連至十數人姜埰熊開元下獄帝論掌衞駱養性潛殺之養性洩上語且言二臣當死宜付所司書其罪使天下明知若陰使臣殺之天下後世謂陛下何如主會大臣多爲埰等言遂得長繫此養性之可稱者然他事肆虐亦多矣錦衣舊例有功賞惟緝不軌者當之其後冒濫無紀所報百無一實吏民重困而廠衞題請輒從隆慶初給事中歐陽一敬極言其弊言緝事員役其勢易逞而又各類計所獲功次以爲陞授則憑可逞之勢邀必獲之功枉人利已何所不至有盜經出首倖免故令多引平民以充數者有括家囊爲盜贓挾市豪以爲證者有潛搆圖書懷挾僞批用妖言假印之律相誣陷者或姓名相類朦朧見收父訴子孝坐以忤逆所以被訪之家諺稱爲剗毒害可知矣乞自今定制機密重情事干憲典者廠衞如故題請其情罪不明未經讞審必待法司詳擬成獄之後方與紀功仍敕兵刑二部勘問明白請旨陞賞或經緝拏未成獄者不得虛冒比擬及他詞訟不得概涉以侵有司之事如獄未成而官校及鎭撫司拷打傷重或至死者許法司參治法司容隱扶同則聽科臣并參如此則功必覈實訪必當事而刑無寃濫時不能用也內官同法司錄囚始於正統六年命何文淵王文審行在疑獄敕同內官與安周忱郭瑾往南京敕亦如之時雖未定五年大審之制而南北內官得與三法司刑獄矣景泰六年命太監王誠會三法司審錄在京刑獄不及南京者因災創舉也成化八年命司禮太監王高少監宋文毅兩京會審而各省恤刑之差亦以是歲而定十七年辛卯命太監懷恩同法司錄囚其後審錄必以丙辛之歲弘治九年不遣內官十三年以給事中邱俊言復命會審凡大審錄齎敕張黃蓋於大理寺爲三尺壇中坐三法司左右坐御史郎中以下捧牘立唯諾趨走惟謹三法司視成案有所出入輕重俱視中官意不敢忤也成化時會審有弟助兄鬭因毆殺人者太監黃賜欲從末減尚書陸瑜等持不可賜曰同室鬭者尚被髮纓冠救之況其兄乎瑜等不敢難卒爲屈法萬曆三十四年大審御史曹學程以建言久繫羣臣請宥皆不聽刑部侍郎沈應文署尚書事合院寺之長以書抵太監陳矩請寬學程罪然後會審獄具署名同奏矩復密啟言學程母老可念帝意解釋之其事甚美而監權之重如此錦衣衞使亦得與法司午門外鞫囚及秋後承天門外會審而大審不與也每歲決囚後圖諸囚罪狀於衞之外垣令人觀省內臣曾奉命審錄者死則於墓寢畫壁南面坐旁列法司堂上官及御史刑部郎引囚鞫躬聽命狀示後世爲榮觀焉成化二年命內官臨斬強盜宋全嘉靖中內臣犯法詔免逮問唯下司禮監治刑部尚書林俊言宮府一體內臣所犯宜下法司明正其罪不當廢祖宗法不聽按太祖之制內官不得識字預政備掃除之役而已末年焚錦衣刑具蓋示永不復用而成祖違之卒貽子孫之患君子惜焉

明史卷之九十六　志第七十二

總裁官總理事務經筵講官少保兼太子太保保和殿大學士兼管吏部戶部尚書事加六級張廷玉等奉

勅修

藝文一

明太祖定元都大將軍收圖籍致之南京復詔求四方遺書設秘書監丞尋改翰林典籍以掌之永樂四年帝御便殿閱書史問文淵閣藏書解縉對以尚多闕畧帝曰士庶家稍有餘資尚欲積書況朝廷乎遂命禮部尚書鄭賜遣使訪購惟其所欲與之勿較值北京旣建詔修撰陳循取文淵閣書一部至百部各擇其一得百櫃運致北京宣宗嘗臨視文淵閣親披閱經史與少傅楊士奇等討論因賜士奇等詩是時秘閣貯書約二萬餘部近百萬卷刻本十三抄本十七正統間士奇等言文淵閣所貯書籍有祖宗御製文集及古今經史子集之書向貯左順門北廊今移於文淵閣東閣臣等逐一點勘編成書目請用寶鈐識永久藏弆制曰可正德十年大學士梁儲等請檢內閣幷東閣藏書殘闕者令原管主事李繼先等次第修補先是秘閣書籍皆宋元所遺無不精美裝用倒摺四周外向蟲鼠不能損迄流賊之亂宋刻元鐫胥歸殘闕至明御製詩文內府鏤板而儒臣奉勅修纂之書及象魏布告之訓卷帙旣夥文藻復優當時頒行天下外此則名公卿之論撰騷人墨客家之言其工者深醇大雅卓卓可傳卽有怪奇駁雜出乎其間亦足以考風氣之正變辨古學之源流識大議小掌故備焉挹其華實無讓前徽可不謂文運之盛歟四部之目昉自荀勗晉宋以來因之前史兼錄古今載籍以爲皆其時柱下之所有也明萬曆中修撰焦竑修國史輯經籍志號稱詳博然延閣廣內之藏竑亦無從徧覽則前代陳編何憑記錄區區掇拾遺聞冀以上承隋志而贗書錯列徒滋譌舛故今第就二百七十年各家著述稍爲釐次勒成一志凡卷數莫考疑信未定者寧闕而不詳云

經類十一曰易類二曰書類三曰詩類四曰禮類五曰樂類六曰春秋類七曰孝經類八曰諸經類九曰四書類十曰小學類朱升周易旁注前圖二卷周易旁注十卷梁寅周易參義十二卷趙汸大易文詮八卷鮑恂大易舉隅三卷又名大易鉤元林大同易經奧義二卷歐陽貞周易問辨三十卷朱謐易學啓蒙述解二卷張洪周易傳義會通十五卷程汝器周易集傳十卷永樂中勅修周易傳義大全二十四卷義例一卷胡廣等纂楊士奇周易直指十卷劉髦石潭易傳撮要一卷林誌周易集說三卷李賢讀易記一卷劉定之周易圖釋三卷王恕玩易意見二卷羅倫周易說旨四卷談綱讀易愚慮二卷易攷圖義一卷卜筮節要一卷易義雜言一卷易指攷辨一卷蔡清周易蒙引二十四卷朱綬易經精蘊二十四卷何孟春易疑初筮告蒙約十二卷胡世寧讀易私記四卷陳鳳梧集定古易十二卷劉玉執齋易圖說一卷許誥圖書管見一卷周用讀易日記一卷崔銑讀易餘言五卷易大象說一卷湛若水修復古易經傳訓測十卷張邦奇易說一卷鄭善夫易論一卷呂柟周易說翼三

卷王崇慶周易議卦二卷唐龍易經大旨四卷韓邦奇易學啓蒙意見四卷（一名易學疏原）易占經緯四卷鍾芳學易疑義三卷王道周易億四卷梅鷟古易攷原三卷金賁亨學易記五卷舒芬易箋問一卷季本易學四同八卷圖文餘辨一卷著法別傳一卷古易辨一卷林希元易經存疑十二卷陳琛易經通典六卷（一名淺說）方獻夫周易約說十二卷余誠易圖說一卷黃芹易圖識漏一卷李舜臣易卦辱言一卷葉良珮周易義叢十六卷豐坊古易世學十五卷（坊云家有古易傳自遠祖稷又有古書世學六卷言得朝鮮倭國本合於今文古文石經古本書詩世學三十六卷亦言豐稷所傳錢謙益謂皆坊僞撰也）唐樞易修墨守一卷羅洪先易解一卷楊爵周易辨錄四卷薛甲易象大旨八卷熊過周易象旨決錄七卷胡經易演義十八卷王畿大象義述一卷盧翰古易中說四十四卷陳言易疑四卷陳士元易象鉤解四卷易象彙解二卷魯邦彥圖書就正錄一卷李贄九正易因四卷（贄自謂初著易因一書改至八九次而後定故有九正之名）徐師曾今文周易演義十二卷姜寶周易補疑十二卷顧曾唯周易詳蘊十三卷孫應鰲易談四卷鄧元錫易經繹五卷顏鯨易學義林十卷陳錫易原一卷王世懋易解一卷徐元氣周易詳解一卷萬廷言易說四卷易原四卷楊時喬周易古今文全書二十一卷來知德周易集註十六卷任惟賢周易義訓十卷張獻翼讀易韻考七卷曾士傳正易學啓蒙一卷葉山八白易傳十六卷金瑤六爻原意一卷李逢明易經隨筆三卷方社昌周易指要三卷孫從龍周易參疑十卷沈一貫易學十二卷馮時可易說五卷唐鶴徵周易象義四卷黃正憲易象管窺十五卷郭子章易解十五卷吳中立易詮古本三卷周垣易圖說一卷朱篁易郵七卷朱謀㙔易象通八卷陳第伏羲圖贊二卷鄒伯羔古易詮二十九卷今易詮二十四卷傅文兆羲經十一翼五卷林兆恩易外別傳一卷王宇周易占林二卷彭好古易鑰五卷方時化易疑一卷易引九卷周易頌二卷學易述談四卷章潢周易象義十卷姚舜牧易經疑問十二卷顏素易研六卷曾朝節易測十卷鄒元標易殼迪一卷徐三重易義一卷蘇濬周易冥冥篇四卷易經兒說四卷沈孚聞周易日鈔十一卷居隆讀易便解四卷楊啓新易林疑說二卷鍾化民讀易鈔十四卷李廷機易經纂注四卷易答問四卷鄒德溥易會八卷錢一本像象管見七卷易象鈔續鈔共六卷四聖一心錄四卷潘士藻洗心齋讀易述十七卷岳元聲易說三卷顧允成易圖說億言四卷焦竑易筌六卷高攀龍大易易簡說三卷周易孔義一卷郝敬周易正解二十卷易領四卷問易補七卷學易枝言二卷張納陛學易飲河八卷吳炯周易繹旨八卷萬尚烈易贊測一卷易大象測一卷吳默易說六卷姚文蔚周易旁注會通十四卷李本固古易彙編意辭集十七卷楊廷筠易顯六卷湯賓尹易經翼註四卷孫愼行周易明洛義纂述六卷不語易義二卷曹學佺周易可說七卷張汝霖周易因指八卷崔師訓大成易旨二卷劉宗周周易古文鈔三卷讀易圖記一卷薛三省易蠡一卷程汝繼周易宗義十二卷王三善周易象注九卷魏濬周易古象通八卷樊良樞易疑一卷易象三卷高捷易學象辭二集十二卷陸振奇易芥十卷楊瞿崍易林疑說十卷王納諫周易翼註三卷陸夢龍易略三卷文翔鳳邵窩易詁一卷卓爾康易學全書五十卷繆昌期周易會通十二卷羅喻義讀易內篇問篇外篇共七卷程玉潤周易演旨六十五卷錢士升易揆十二卷錢繼登易簣三卷吳極易學五卷方孔炤周易時論十五卷徐世淳易就六卷汪邦柱周易會通十二卷葉憲祖大易玉匙六卷方鯤易盪二卷鮑觀白易說二卷張伯樞易象大旨三卷吳桂森像象述五卷鄭維嶽易經意言六卷喻有功周易懸鏡七卷潘士龍演易圖說一卷洪守美易說醒四卷余叔純周易讀五卷陸起龍周易易簡編四卷徐奇周易卦義一卷洪化昭周易獨坐談五卷沈瑞鍾周易廣筌二卷林有桂易經觀理說四卷陳履祥孔易彀一卷許順義易經一注粹鈔四卷王祚昌周易敝書五卷容若春今易圖學心法釋義十卷張次仲周易玩辭困學記十二卷顧樞西疇易稿三卷陳仁錫羲經易簡錄八卷黃道周易象正十四卷三易洞璣十六卷倪元璐兒易內儀六卷外儀十五卷龍文光乾乾篇二卷文安之易傭十四卷林允昌周易耨義六卷張鏡心易經增註十二卷李奇玉易義四卷朱之俊周易纂六卷何楷古周易訂詁十六卷侯峒曾易解一卷黎遂球周易爻物當名一卷鄭賡唐讀易蒐十二卷陳際泰易經大意七卷羣經輔易說一卷周易翼簡捷解十六卷秦鏞易序圖說一卷金鉉易說一卷黃端伯易疏五卷來集之讀易偶通二卷

右易類二百二十二部一千五百七十卷

明太祖注尚書洪範一卷（帝嘗命儒臣書洪範揭於御座之右因自爲注）仁宗體尚書二卷（釋尚書中皐陶謨甘誓盤庚等十六篇以講解更其原文）世宗書經三要三卷（帝以太祖有注洪範一篇因注無逸再注伊訓分三冊共爲一書已乃製洪範序畧一篇復將皐陶謨伊訓無逸等篇通加注釋名曰書經三要）洪武中敕修書傳會選六卷（太祖以蔡沈書傳有得有失詔劉三吾等訂正之又集諸家之說足其未備書成頒刻然世竟鮮行永樂中修大全一依蔡傳取便於士子舉業此外不復有所考究也）朱升尚書旁注六卷書傳補正輯注一卷梁寅書纂義十卷朱右書集傳發揮十卷禹貢凡例一卷徐蘭書經體要一卷陳雅言尚書卓躍六卷郭元亮尚書該義十二卷永樂中敕修書傳大全十卷（胡廣等纂）張洪尚書補傳十二卷彭勗書傳通釋六卷徐善述尚書直指六卷陳濟書傳補注一卷徐驤洪範解訂正一卷章陬書經提要四卷費希冉尚書本旨七卷楊守陳書私鈔一卷黃瑜書經旁通十卷李承恩書經拾蔡二卷楊廉洪範纂要一卷熊宗立洪範九疇數解八卷張邦奇書說一卷吳世忠洪範考疑一卷鄭善夫洪範論一卷劉天民洪範辨疑一卷馬明衡尚書疑義一卷呂柟尚書說疑五卷韓邦奇禹貢詳畧二卷王崇慶書經說畧一卷舒芬書論一卷鄭曉尚書考一卷禹貢圖說一卷馬森書傳敷言十卷張居正書經直解八卷王樵尚書日記十六卷書帷別記四卷陳錫尚書經傳別解一卷歸有光洪範傳一卷考定武成一卷程弘賓書經虹臺講義十二卷屠本畯尚書別錄六卷鄧元錫尚書繹一卷章潢尚書圖說一卷陳第尚書疏衍四卷羅敦仁尚書是正二十卷鍾庚陽尚書傳心錄七卷王祖嫡書疏叢鈔一卷瞿九思書經以俟錄六卷姚舜牧書經疑問十二卷劉應秋尚書旨十卷郭正域東宮進講尚書義一卷錢一本範衍十卷袁宗道尚書纂注四卷焦竑禹貢解一卷吳炯書經質疑一卷王肯堂尚書要旨三十一卷郝敬尚書辨解十卷盧廷選尚書雅言六卷曹學佺書傳會衷十卷謝廷讚書經翼注七卷趙惟寰尚書蠡四卷陸鍵尚書傳翼十卷張爾嘉尚書貫言一卷姜逢元禹貢詳節一卷朱道行尚書集思通十二卷史惟堡尚書晚訂十二卷楊肇芳尚書副墨六卷潘士遴尚書葦籥五十卷徐大儀書經補注六卷黃道周洪範明義四卷鄭鄤禹貢注一卷艾南英禹貢圖注一卷傅元初尚書撮義四卷袁儼尚書百家彙解六卷江旭奇尚書傳翼二卷朱朝瑛讀書畧記二卷茅瑞徵虞書箋一卷禹貢匯疏十二卷王綱振禹貢逆志一卷張能恭禹貢訂傳一卷黃翼登禹貢注刪一卷夏允彝禹貢古今合注五卷羅喻義洪範直解一卷讀範內篇一卷

右書類八十八部四百九十七卷

周是修詩小序集成三卷梁寅詩演義八卷詩考四卷朱升詩旁注八卷汪克寬詩集傳音義會通三十卷曾堅詩疑大鳴錄一卷朱善詩解頤四卷高頤詩集傳解二十卷張洪詩正義十五卷楊禹錫詩義二卷鄭旭詩經總旨一卷永樂中敕修詩集傳大全二十卷（胡廣等纂）范理詩集解三十卷王逢詩經講說二十卷孫鼎詩義集說四卷李賢讀詩紀一卷楊守陳詩私鈔四卷易貴詩經直指十五卷程楷詩經講說二十卷陸深儼山詩微二卷張邦奇詩說一卷湛若水詩釐正二十卷呂柟毛詩序說六卷胡纘宗胡氏詩識三卷王崇慶詩經衍義一卷季本詩說解頤八卷總論二卷黃佐詩傳通解二十五卷潘恩詩經輯說七卷陸垹詩傳存疑一卷薛應旂方山詩說八卷陳錫詩辨疑一卷勞堪詩林伐柯四卷沈一貫詩經纂注四卷馮時可詩億二卷郭子章詩傳書例四卷朱得之印古詩說一卷袁仁毛詩或問二卷鄧元錫詩繹三卷陳第毛詩古音考四卷朱謀㙔詩故十卷凌濛初聖門傳詩嫡冢十六卷詩逆四卷陶其情詩經注疏大全纂十二卷趙一元詩經理解十四卷黃　正詩經埤傳八卷馮復京六家詩名物疏五十五卷吳雨毛詩鳥獸草木疏三十卷唐汝諤毛詩微言二十卷瞿九思詩經以俟錄六卷姚舜牧詩經疑問十二卷林兆珂毛詩多識篇七卷汪應蛟學詩畧一卷徐常吉毛詩翼說五卷吳炯詩經質疑一卷郝敬毛詩原解三十六卷序說八卷張彩詩原三十卷徐必達南州詩說六卷劉憲寵詩經會說八卷曹學佺詩經質疑六卷沈萬鈳詩經類考三十卷顧起元爾雅堂詩說四卷蔡毅中詩經補傳四卷沈守正詩經說通十四卷樊良樞詩商五卷徐光啓毛詩六帖六卷趙琮葩經約說十卷莊廷臣詩經逢源八卷鄒忠允詩傳闡二十四卷陸化熙詩通四卷胡允嘉讀詩錄一卷朱道行詩經集思通十二卷何楷毛詩世本古義二十八卷張次仲待軒詩記六卷張睿卿詩疏一卷唐達毛詩古音考辨一卷張溥詩經注疏大全合纂三十四卷高承埏五十家詩義裁中十二卷朱朝瑛讀詩畧記二卷張星懋詩釆八卷高鼎熺詩經存旨八卷韋調鼎詩經考定二十四卷趙起元詩權八卷喬中和葩經旁意一卷胡紹曾詩經胡傳十二卷范王孫詩志二十六卷

右詩類八十七部九百八卷

方孝孺周禮考次目錄一卷何喬新周禮集注七卷周禮明解十二卷陳鳳梧周禮合訓六卷魏校周禮沿革傳六卷官職會通二卷楊愼周官音詁一卷舒芬周禮

定本十三卷季本讀禮疑圖六卷陳深周禮訓雋十卷周禮訓注十八卷考工記句詁一卷唐樞周禮因論一卷羅洪先周禮疑一卷王圻續定周禮全經集注十四卷李如玉周禮會注十五卷柯尚遷周禮全經釋原十四卷金瑤周禮述注六卷王應電周禮傳十卷周禮圖說二卷學周禮法一卷非周禮辨一卷馮時行周禮別說一卷施天麟周禮通義二卷周卽登周禮說十四卷焦竑考工記解二卷陳與郊考工記輯注二卷郝敬周禮完解十二卷郭良翰周禮古本訂注六卷孫攀古周禮釋評六卷陳仁錫周禮句解六卷張采周禮合解十八卷林兆珂考工記述注二卷徐昭慶考工記通二卷王志長周禮注疏刪翼三十卷郎兆玉注釋古周禮六卷沈羽明周禮彙編六卷（已上周禮）汪克寬經禮補逸九卷黃潤玉儀禮戴記附注五卷何喬新儀禮叙錄十七卷陳鳳梧射禮集要一卷湛若水儀禮補逸經傳測一卷徐駿五服集證一卷王廷相昏禮圖一卷鄉射禮圖注一卷喪禮論一卷喪禮備纂二卷舒芬士相見禮儀一卷聞人詮飲射圖解一卷朱縉射禮集解一卷胡纘宗儀禮鄭注附逸禮二十五卷郝敬儀禮節解十七卷王志長儀禮注疏刪翼十七卷（已上儀禮）連伯聰禮記集傳十六卷朱右深衣考一卷黃潤玉考定深衣古制一卷永樂中敕修禮記大全三十卷（胡廣等纂）鄭節禮傳八十卷岳正深衣注疏一卷楊廉深衣纂要一卷夏時正深衣考一卷王廷相夏小正集解一卷深衣圖論一卷夏言深衣考一卷王崇慶禮記約蒙一卷楊愼檀弓叢訓二卷（一名附註）夏小正解一卷張孚敬禮記章句八卷戴冠禮記集說辨疑一卷柯尚遷曲禮全經類釋十四卷李孝先投壺譜一卷黃乾行禮記日錄四十九卷聞人德潤禮記要旨補十六卷邱欕禮記摘訓十卷徐師曾禮記集註三十卷戈九疇禮記要旨十六卷陳與郊檀弓輯註二卷姚舜牧禮記疑問十二卷沈一中禮記述注十八卷王荁禮記纂註四卷郝敬禮記通解二十二卷余心純禮經搜義二十八卷劉宗周禮經考次正集十四卷分集四卷樊良樞禮測二卷陳有元禮記約述八卷朱泰禎禮記意評四卷湯三才禮記新義三十卷王翼明禮記補注三十卷黃道周月令明義四卷坊記集傳二卷表記集傳二卷緇衣集解二卷陳際泰王制說一卷張習孔檀弓問四卷盧翰月令通考十六卷楊鼎熙禮記敬業八卷聞有章說禮三十一卷（已上禮記）夏時正三禮儀畧舉要十卷湛若水二禮經傳測六十八卷（大畧以曲禮儀禮爲經禮記爲傳）吳嶽禮考一卷劉績三禮圖二卷貢汝成三禮纂注四十九卷李黼二禮集解十二卷（合周禮儀禮爲一集諸家之說以解之）李經綸三禮類編三十卷鄧元錫三禮編繹二十六卷唐伯玉禮編二十八卷（已上通禮）

右禮類一百七部一千一百二十一卷

湛若水古樂經傳全書二卷張敔雅樂發微八卷樂書雜義七卷韓邦奇律呂新書直解一卷苑洛志樂二十卷周瑛律呂管鑰一卷劉績六樂圖二卷黃佐禮典四十卷樂典三十六卷何瑭樂律管見一卷（一名律呂管見）呂柟詩樂圖譜十八卷季本樂律纂要一卷律呂別書一卷李文利大樂律呂元聲六卷大樂律呂考証四卷張諤大成樂舞圖譜二卷古雅心談一卷李文察樂記補說二卷四聖圖解二卷律呂新書補注一卷典樂要論三卷古樂筌蹄九卷青宮樂調三卷劉濂樂經元義八卷九代樂章二十三卷鄧文憲律呂解注二卷黃積慶樂律管見二卷（正李文利之非）唐順之樂論八卷蔡宗兗律同二卷楊繼盛擬補樂經一卷潘巒文廟樂編二卷李璧宴饗樂譜一卷葛見堯含少論畧一卷呂懷律呂古義二卷韻樂補遺二卷律呂廣義三卷孫應鰲律呂分解發明四卷王邦直律呂正聲六十卷朱載堉樂律全書四十卷樂和聲大成樂舞圖說一卷何棟如文廟雅樂考二卷史記事大成禮樂集三卷瞿九思孔廟禮樂考五卷李之藻頖宮禮樂疏十卷黃居中文廟禮樂志十卷梅鼎祚古樂苑五十二卷衍錄四卷唐樂苑三十卷黃汝良樂律志四卷王朝璽律呂新書私解一卷王思宗黃鍾元統圖說一卷八音圖注一卷葉廣禮樂合編三十卷王正中律書詳註一卷

右樂類五十四部四百八十七卷

春秋本末三十卷（洪武中懿文太子命宮臣傅藻等編）趙汸春秋集傳十五卷附錄二卷春秋屬辭十五卷左傳補注十卷梁寅春秋考義十卷張以寧春秋尊王發微八卷春秋春王正月考一卷辨疑一卷汪克寬春秋胡傳附錄纂疏三十卷徐尊生春秋論一卷蔡深春秋纂十卷李衡春秋釋例集說三卷石光霽春秋書法鈎元四卷永樂中敕修春秋集傳大全三十七卷（胡廣等纂）金幼孜春秋直指三十卷春秋要旨三卷張洪春秋說約十二卷饒秉鑑春秋會傳十五卷提要一卷張復春秋中的一卷童品春秋經傳辨疑一卷余本春秋傳疑一卷郭登春秋左傳直解十二卷邵寶左觿一卷楊循吉春秋經解摘錄一卷湛若水春秋正傳三十七卷金賢春秋紀愚十卷劉節春秋列傳五卷劉績春秋左傳類解二十卷張邦奇春秋說一卷席書元山春秋論一卷江曉春秋補傳十五卷魏校春秋經世書二卷蔡芳春秋訓義十一卷呂柟春秋說志五卷許誥春秋意見一卷胡世寧春秋志疑十八卷鍾芳春秋集要二卷楊愼春秋地名考一卷湯𢈢春秋易簡發明二十卷季本春秋私考三十卷王崇慶春秋析義二卷王道春秋億四卷胡纘宗春秋本義十二卷姜綱春秋曲言十卷李濂夏周正辨疑會通四卷陸粲左傳附注五卷春秋左氏鐫二卷胡傳辨疑二卷任柱春秋質疑四卷黃佐續春秋明經十二卷石琚左傳章畧三卷唐順之春秋論一卷左氏始末十二卷趙恒春秋錄疑十七卷魏謙吉春秋大旨十卷詹萊春秋原經十七卷林命春秋訂疑十二卷姚咨春秋名臣傳十三卷袁顥春秋傳三十卷袁詳春秋或問八卷袁仁鍼胡篇一卷邵弁春秋尊王發微十卷（屬辭比事八卷或問一卷凡例輯畧一卷）傅遜春秋左傳屬事二十卷春秋左傳注解辨誤二卷嚴訥春秋國華十七卷高拱春秋正旨一卷姜寶春秋事義全考二十卷春秋讀傳解畧十二卷（疏胡傳之義意以便學者）王樵春秋輯傳十五卷凡例三卷馬森春秋伸義辨類二十九卷許孚遠左氏詳節八卷顏鯨春秋貫玉四卷李攀龍春秋孔義十二卷汪道昆春秋左傳節文十五卷吳國倫春秋世譜十卷（以春秋列國事實見於史記他書者分國爲諸侯世家）徐學謨春秋億六卷朱睦㮮春秋諸傳辨疑四卷王錫爵左傳釋義評苑二十卷鄧元錫春秋繹一卷黃洪憲春秋左傳釋附二十七卷黃正憲春秋翼附二十卷馮時可左氏討二卷左氏論二卷左氏釋二卷穆文熙國槩六卷余懋學春秋蠡測四卷凌稚隆左傳測義七十卷錢時俊春秋胡傳翼三十卷冷逢震周正考一卷徐卽登春秋說十一卷鄒德溥春秋匡解八卷姚舜牧春秋疑問十二卷郝敬春秋直解十二卷鄭良弼春秋或問十四卷存疑一卷續義二卷張事心春秋左氏人物譜一卷陸曾曷編春秋所見所聞所傳聞三卷施仁左粹類纂十二卷陳可言春秋左傳類事三十六卷曹宗儒春秋序事本末三十卷逸傳三卷左氏辯三卷曹學佺春秋闡義十二卷春秋義畧三卷錢世揚春秋說十卷王衡春秋纂注四卷魏靖國三傳異同三十卷卓爾康春秋辯義四十卷張國經春秋比事七卷錢應奎左記十一卷張銓春秋補傳十二卷馮伯禮春秋羅纂十二卷耿汝忞春秋愍渡十五卷顧懋樊春秋義三十卷王震春秋左翼四十三卷徐允祿春秋愚謂四卷馮夢龍春秋衡庫二十卷林嗣昌春秋易義十二卷張溥春秋三書三十一卷余颺春秋存俟十二卷虞宗瑤春秋提要二卷劉城春秋左傳地名錄二卷孫范左傳紀事本末二十二卷來集之春秋志在十二卷四傳權衡一卷賀仲軾春秋歸義三十二卷便考十卷

右春秋類一百三十一部一千五百二十五卷

宋濂孝經新說一卷孫蕡孝經集善一卷孫吾與孝經注解一卷方孝孺孝經誡俗一卷晏璧孝經刊誤一卷曹端孝經述解一卷劉實孝經集解一卷薛瑄定次孝經今古文一卷楊守陳孝經私鈔八卷余本孝經集注三卷王守仁孝經大義一卷陳深孝經解詁一卷歸有光孝經叙錄一卷李材孝經疏義一卷楊起元孝經外傳一卷孝經引證二卷虞淳熙孝經邇言九卷孝經集靈一卷胡時化注解孝經一卷吳撝謙重定孝經列傳七卷朱鴻孝經質疑一卷集解一卷王元祚孝經彙注三卷陳仁錫孝經小學詳解八卷黃道周孝經集傳二卷何楷孝經集傳二卷張有譽孝經衍義六卷江旭奇孝經疏義一卷瞿罕孝經貫注二十卷孝經存餘三卷孝經考異一卷孝經對問三卷呂維祺孝經本義二卷孝經大全二十八卷或問三卷

右孝經類三十五部一百二十八卷

蔣悌生五經蠡測六卷董彝經疑十卷黃潤玉經書補注四卷經譜一卷周洪謨經書辨疑錄三卷王恕石渠意見二卷拾遺一卷補缺一卷章懋諸經講義二卷邵寶簡端錄十二卷王崇慶五經心義五卷王守仁五經臆說四十六卷呂柟經說十卷楊愼經說八卷詹萊七經思問三卷鄭世威經書答問十卷薛治五經發揮七十卷丁奉經傳臆言二十八卷唐順之五經總論一卷胡賓六經圖全集六卷陳深十三經解詁六十卷穆相五經集序二卷王覺五經四書明音八卷蔡汝楠說經劄記八卷朱睦㮮授經圖二十卷五經稽疑六卷經序錄五卷陳士元五經異文十一卷王世懋經子臆解一卷徐常吉遺經四解四卷六經類雅五卷周應賓九經考異十二卷逸語一卷郝敬九部經解一百六十五卷陳禹謨經言枝指十卷蔡毅中六經注疏四十三卷卜大有經學要義五卷杜質明儒經翼七卷陳仁錫六經圖考三十六卷楊聯芳羣經類纂三十四卷楊維休五經宗義二十卷張瑄五經研朱集二十二卷顧夢麟十一經通考二十卷

右諸經類四十三部七百三十四卷

陶宗儀四書備遺二卷劉醇四書解疑四卷周是修論語類編二卷永樂中敕修四書大全三十六卷胡廣等纂孔諤中庸補注一卷黃潤玉學庸通旨一卷周洪謨四書辨疑錄三卷丁璣大學疑義一卷蔡清四書蒙引十五卷王守仁古本大學注一卷朱綬四書補注三卷夏良勝中庸衍義十七卷湛若水中庸測一卷程嗣光四書講義十卷呂柟四書因問六卷魏校大學指歸一卷王道大學億一卷穆孔暉大學千慮一卷季本四書私存三十七卷薛甲四書正義十二卷梁格集四書古義補十卷金賁亨學庸義二卷蘇濂四書通考補遺六卷朱潤四書通解十卷馬森學庸口義三卷廖紀四書管窺四卷陳士元論語類考二十卷孟子雜記四卷許孚遠論語學庸述四卷謝東山中庸集說啓蒙一卷唐樞四書問錄二卷楊時喬四書古今文註發九卷李材論語大意十二卷顧憲成大學通考一卷大學質言一卷管志道論語訂釋十卷中庸測義一卷孟子訂釋七卷鄒元標學庸商求二卷鄭維嶽四書知新日錄三十七卷王肯堂論語義府二十卷史記事四書疑問五卷郝敬四書攝提十卷姚舜牧四書疑問十二卷李槃中庸臆說一卷吳應賓中庸釋論十二卷顧起元中庸外傳三卷林茂槐四書正體五卷陳禹謨談經菀四十卷漢詁纂二十卷引經繹五卷人物槩十五卷名物考二十卷陶廷奎四書正學衍說八卷劉元卿四書宗解八卷陳仁錫四書語錄一百卷四書析義十卷四書備考八十卷張溥四書纂注大全三十七卷

右四書類五十九部七百十二卷

危素爾雅畧義十九卷朱睦㮮訓林十二卷朱謀㙔駢雅七卷李文成博雅志十三卷張萱彙雅前編二十卷後編二十卷羅日褧雅餘八卷穆希文蟫史集十一卷黃裳小學訓解十卷朱升小四書五卷集宋元儒方逢辰名物蒙求程若庸性理字訓陳櫟歷代蒙求各一卷黃繼善史學提要二卷何士信小學集成十卷圖說一卷趙古則學範六卷童蒙習句一卷方孝孺幼儀雜箴一卷張洪小學翼贊詩六卷鄭眞學範六卷朱逢吉童子習一卷吳訥小學集解十卷劉實小學集注六卷邱陵嬰教聲律二十卷廖紀童訓一卷陳選小學句讀六卷王雲鳳小學章句四卷湛若水古今小學六卷鍾芳小學廣義一卷黃佐小學古訓一卷王崇文蒙訓一卷王崇獻小學撮要六卷朱載瑋困蒙錄一卷耿定向小學衍義二卷吳國倫訓初小鑑四卷周憲王有燉家訓一卷朱勤美諭家邇談二卷鄭綺家範二卷王士覺家則一卷程達道家教輯錄一卷周是修家訓十二卷楊榮訓子編一卷曹端家規輯畧一卷楊廉家規一卷何瑭家訓一卷程敏政貽範錄三十卷周思兼家訓一卷孫植家訓一卷吳性宗約一卷家訓一卷楊繼盛家訓一卷王祖嫡家庭庸言二卷已上小學女誡一卷洪武中命儒臣編高皇后內訓一卷文皇后勸善書二十卷章聖太后女訓一卷獻宗爲序世宗爲後序慈聖太后女鑑一卷內則詩一卷嘉靖中命方獻夫等撰黃佐姆訓一卷王敬臣婦訓一卷王直女教續編一卷已上女學洪武正韻十六卷孫吾與韻會訂正四卷謝林字要源委五卷趙古則聲音文字通一百卷六書本義十二卷穆正文字譜系十二卷藺廷秀韻畧易通二卷章黼韻學集成十二卷直音篇七卷凃觀六書音義十八卷黃諫從古正文六卷顧充字類辨疑二卷張穎古今韻釋五卷梁倫稽古叶聲二卷周瑛書纂五卷音釋一卷王應電同文備考九卷楊慎轉注古音畧五卷古音叢目五卷古音獵要五卷古音附錄五卷古音餘五卷古音畧例一卷六書練証五卷六書索隱五卷古文韻語二卷韻林原訓五卷奇字韻五卷韻藻四卷方豪韻補五卷龔時憲玉篇鑑磻四十卷劉隅古篆分韻五卷潘恩詩韻輯畧五卷張之象四聲韻補五卷陳士元古俗字畧七卷韻苑考遺四卷田藝蘅大明同文集五十卷茅溱韻補本義十六卷焦竑俗書刊誤十二卷方日升古今韻會小補三十卷程元初五經詞賦叶韻統宗二十四卷黃鍾音韻通括二卷郝敬讀書通二十卷林茂槐讀書字考畧四卷趙宧光說文長箋七十二卷六書長箋十三卷梅膺祚字彙十二卷吳汝紀古今韻括五卷吳繼仕音聲紀元六卷呂維祺音韻日月燈六十卷周宇字考啓蒙十六卷諟字測三卷周伯殷字義切畧二卷楊昌文篆韻正義五卷熊晦類聚音韻三十卷楊廉綴算舉例一卷數學圖訣發明一卷顧應祥測圓算術四卷弧矢算術二卷釋測圓海鏡十卷唐順之句股等六論一卷朱載堉嘉量算經三卷李賷同文算指通編二卷前編二卷楊輝九章一卷已上書數

右小學類一百二十三部一千六十四卷

明史卷九十七　志第七十三

總裁官總理事務經筵講官少保兼太子太保保和殿大學士兼管吏部戶部尚書事加六級臣張廷玉等奉

敕修

藝文二

史類十：一曰正史類，編年在內二曰雜史類，三曰史鈔類，四曰故事類，五曰職官類，六曰儀注類，七曰刑法類，八曰傳記類，九曰地理類，十曰譜牒類。

明太祖實錄二百五十七卷建文元年董倫等修永樂元年解縉等重修九年胡廣等復修起元至正辛卯訖洪武三十一年戊寅首尾四十八年萬曆時允科臣楊天民請附建文帝元二三四年事蹟於後日曆一百卷洪武中詹同等編具載太祖征討平定之績禮樂治道之詳寶訓十五卷日曆既成詹同等又請分類更輯聖政爲書凡五卷其後史官隨類增至十五卷成祖實錄一百三十卷寶訓十五卷楊士奇等修仁宗實錄十卷寶訓六卷蹇義等修宣宗實錄一百十五卷寶訓十二卷楊士奇等修英宗實錄三百六十一卷成化元年陳文等修起宣德十年正月訖天順八年正月首尾三十年附景泰帝事蹟於中凡八十七卷寶訓十二卷與實錄同修憲宗實錄二百九十三卷寶訓十卷劉吉等修孝宗實錄二百二十四卷正德元年劉健謝遷等修未幾健遷皆去位焦芳等續修寶訓十卷與實錄同修武宗實錄一百九十七卷寶訓十卷費宏等修睿宗實錄五十卷寶訓十卷嘉靖四年大學士費宏言獻皇帝嘉言懿行舊邸必有成書宜取付史館纂修從之世宗實錄五百六十六卷寶訓二十四卷隆慶中徐階等修未竣萬曆五年張居正等續修成之穆宗實錄七十卷寶訓八卷張居正等修神宗實錄五百九十四卷寶訓二十六卷溫體仁等修光宗實錄八卷天啓三年葉向高等修成有熹宗御製序旣而霍維華等改修未及上而熹宗崩至崇禎元年始進呈向高原本幷貯皇史宬熹宗實錄八十四卷溫體仁等修洪武聖政記二卷永樂聖政記三卷永樂年表四卷洪熙年表二卷宣德年表四卷儲巏皇明政要二十卷鄭曉吾學編六十九卷雷禮大政記三十六卷鄧元錫明書四十五卷夏浚皇明大紀三十六卷王世貞國朝紀要十卷天言彙錄十卷陳建皇明通紀二十七卷續通紀十卷薛應旂憲章錄四十六卷沈越嘉隆聞見紀十二卷唐志大高廟聖政記二十四卷孫宜國朝事蹟一百二十卷吳朴洪武大政記二十卷吳瑞登明繩武編三十四卷嘉隆憲章錄二十卷黃翔鳳嘉靖大政編年紀一卷嘉靖大政類編二卷陳翼飛史待五十卷何喬遠名山藏三十七卷朱國禎史槩一百二十卷輯皇明紀傳三十卷支大倫永昭二陵編年信史六卷尹守衡史竊一百七卷朱睦㮮聖典三十四卷茅維嘉靖大政記二卷吳士奇皇明副書一百卷譚希思皇明大紀纂要六十三卷王大綱皇明朝野紀畧一千二百卷雷叔聞國史四十卷周永春政紀纂要四卷張銓國史紀聞十二卷馮復京明右史畧三十卷陳仁錫皇明世法錄九十二卷沈國元天啓從信錄三十五卷江旭奇通紀集要六十卷談遷國榷一百卷已上明史元史二百十二卷洪武中宋濂等修續宋元資治通鑑綱目二十七卷成化中商輅等修歷代通鑑纂要九十二卷弘治中李東陽等修周定王橚甲子編年十二卷王禕大事記續編七十七卷梁寅宋史畧四卷元史畧四卷朱右元史補遺十二卷張九韶元史節要二卷胡粹中元史續編十七卷邱濬世史正綱三十二卷金濂諸史會編一百十二卷南軒資治通鑑綱目前編二十五卷柯維騏宋史新編二百卷唐順之史纂左編一百四十二卷右編四十卷薛應旂宋元資治通鑑一百五十七卷甲子會紀五卷王宗沐宋元資治通鑑六十四卷安都十九史節定一百七十卷吳琉史類六百卷鄧元錫函史上編九十五卷下編二十卷許誥綱目前編三卷魏國顯史書大全五百十二卷黃佐通曆三十六卷姜寶稽古編大政記綱目八卷資治上編大政記綱目四十卷下編大政記綱目三十二卷邵經邦學史會同三百卷弘簡錄二百五十卷楊寅冬曆代史彙二百四十卷饒伸學海君道部二百三十四卷徐師曾世統紀年六卷吳繼安帝王曆祚考八卷馮琦宋史紀事本末二十八卷張溥宋史紀事本末一百九卷元史紀事本末二十七卷陳邦瞻元史紀事本末六卷湯桂禎戰國紀年四十六卷嚴衍資治通鑑補二百七十卷已上通史

右正史類一百十部一萬二百三十二卷

劉宸國初事蹟一卷俞本記事錄二卷王禕造邦勳賢畧一卷劉基禮賢錄一卷翊運錄二卷楊儀隴起雜事一卷紀張士誠韓林兒徐壽輝事楊學可明氏實錄一卷明玉珍事何榮祖家記一卷何眞子紀眞事張紞雲南機務鈔黃一卷夏原吉萬乘肇基錄一卷卞瑺興濠開基錄一卷陸深平元錄一卷童承敘平漢錄一卷黃標平夏錄一卷姚淶驅除錄一卷蔡於穀開國事畧十卷孫宜明初畧二卷邵相皇明啓運錄八卷梁億洪武輯遺二卷范守已造夏畧二卷戴重和陽開天記一卷錢謙益開國羣雄事畧十五卷太祖實錄辨証三卷已上皆紀洪武時事袁祥建文私記一卷孫交國史補遺六卷姜清祕史一卷黃佐革除遺事六卷張芹建文備遺錄二卷何孟春續備遺錄一卷馮汝弼補備遺錄一卷許相卿革朝志十卷朱睦㮮遜國記二卷屠叔方建文朝野彙編二十卷朱鷺建文書法儗四卷陳仁錫壬午書二卷曹參芳遜國正氣紀九卷

周遠令建文紀三卷已上紀建文時事都穆壬午功臣爵賞錄一卷別錄一卷袁褧奉天刑賞錄一卷郁袞順命錄一卷楊榮北征記一卷金幼孜北征前錄一卷後錄一卷黃福安南事宜一卷邱濬平定交南錄一卷楊士奇三朝聖諭錄三卷西巡扈從紀行錄一卷已上紀永樂洪熙宣德時事袁彬北征事蹟一卷楊銘正統臨戎錄一卷北狩事蹟一卷李實使北錄一卷劉定之否泰錄一卷劉濟革書一卷塞外無楮以羊皮書之故名革書李賢天順日錄二卷湯韶天順實錄辨証一卷張楷監國曆畧一卷彭時可齋筆記二卷已上紀正統景泰天順時事馬文升西征石城記一卷典復哈密記一卷宋端儀立齋閒錄四卷梅純損齋備忘錄二卷李東陽燕對錄二卷劉大夏宣召錄一卷陳洪謨治世餘聞四卷弘治繼世紀聞四卷正德許進平番始末一卷朱國祚孝宗大紀一卷費宏武廟初所見事一卷楊廷和視草餘錄二卷王鏊震澤紀聞一卷續紀聞一卷震澤長語二卷守溪筆記二卷王瓊雙溪雜記二卷楊一淸西征日錄一卷車駕幸第錄二卷胡世寧桃源建昌征案東鄉撫案共十卷祝允明九朝野記四卷江海殲渠記一卷紀劉六劉七趙風子事夏良勝東戍錄一卷謝蕡後鑒錄三卷已上紀成化弘治正德時事世宗大禮集議四卷纂要二卷明倫大典二十四卷大狩龍飛錄二卷王之垣承天大志紀錄事實三十卷費宏宸章集錄一卷張孚敬諭錄三卷論對錄三十四卷大禮要畧二卷欽明大獄錄二卷李時南城召對錄一卷文華盛記一卷夏言聖駕渡黃河記一卷記召對廟廷事一卷扈蹕錄一卷嚴嵩嘉靖奏對錄十二卷毛澄聖駕臨雍錄一卷陸深聖駕南巡錄一卷北還錄一卷韓邦奇大同紀事一卷孫允中雲中紀變一卷蘇祐雲中事紀一卷張岳交事紀聞一卷翁萬達平交紀事十卷江美中安南來威輯畧三卷談愷前後平粤錄四卷王軾平蠻錄二卷范表前後海寇議三卷鄭茂靖海紀畧一卷徐宗魯松寇紀畧一卷李日華倭變志一卷張鼐吳淞甲乙倭變志二卷朱紈茂邊紀事一卷趙汝謙平黔三記一卷徐學謨世廟識餘錄二十六卷高拱邊畧五卷劉應箕款塞始末一卷方逢時平惠州事一卷林庭機平曾一本敍一卷查志隆安慶兵變一卷曹子登甘州紀變一卷王尚文征南紀畧一卷張居正召對紀事一卷申時行召見紀事一卷王錫爵召見紀事一卷趙志皋召見紀事一卷方從哲乙卯召對錄三卷董其昌萬曆事實纂要三百卷顧憲成寤言寐言一卷陳惟之乞停礦稅疏圖一卷郭子章黔中止榷記一卷西南三征記一卷黔中平播始末三卷王禹聲郢事紀畧一卷紀楚中稅監激變事郭正域楚事妖書始末一卷朱賡勘楚始末一卷蔡獻臣勘楚紀事一卷瞿九思萬曆武功錄十四卷諸葛元聲兩朝平攘錄五卷茅瑞徵萬曆三大征考五卷哱氏屬白楊應龍曾偉芳寧夏紀事一卷宋應昌朝鮮復國經畧六卷蕭應宮朝鮮征倭紀畧一卷王士琦封貢紀畧一卷李化龍平播全書十五卷楊寅秋平播錄五卷沈德符野獲編八卷李維禎庚申紀事一卷張潑庚申紀事一卷已上紀嘉靖隆慶萬曆時事三朝要典二十四卷天啓中顧秉謙等修崇禎初詔毀之葉茂才三案記一卷蔡士順傃菴野鈔十一卷李檼全黔紀畧一卷張鍵平藺紀事一卷李遜之三朝野記七卷蔣德璟慤書十卷李日宣枚卜始末一卷楊士聰玉堂薈記四卷孫承宗督師全書一百卷楊嗣昌督師紀事五十卷夏允彝幸存錄一卷夏完淳續幸存錄一卷吳偉業綏寇紀畧十二卷文秉先撥志始六卷烈皇小識四卷彭孫貽流寇志十四卷李清南渡錄二卷已上紀天啓崇禎時事黃瑜雙槐歲鈔十卷起洪武訖成化中事倫以訓國朝彝憲二十卷孫宜國朝事迹一百二十卷高岱鴻猷錄十六卷鄭曉今言四卷徵吾錄二卷吾學編餘一卷潘恩美芹錄二卷袁袠皇明獻實二十卷孫世芳磯園稗史二卷李先芳安攘新編三十卷王世貞弇山堂別集一百卷識小錄二十卷少陽叢談二十卷明野史彙一百卷萬曆中董復表彙纂諸集爲弇州史料凡一百卷鄧球泳化類編一百三十六卷雜記二卷高鳴鳳今獻彙言二十八卷何棟如皇明四大法十二卷王禕國朝史畧四十五卷別集二卷于慎行穀山筆麈十八卷黃汝良野紀矇搜十二卷起洪永訖嘉隆曹育賢皇明類考二十二卷鄒德泳聖朝泰交錄八卷張萱西園聞見錄一百六卷吳士奇徵信編五卷考信編二卷項鼎鉉名臣寧攘編三十卷范景文昭代武功錄十卷已上統紀明代事寧獻王權漢唐祕史二卷洪武中奉敕編吳源至正近記二卷權衡庚申外史二卷楊循吉遼金小史九卷楊愼滇載記一卷倪輅南詔野史一卷包宗吉古史補二百卷袁祥新舊唐書折衷二十四卷程敏政宋紀受終考一卷李維楨韓范經畧西夏紀一卷王士騏苻秦書十五卷李廷機宋賢事彙二卷姚士粦後梁春秋十卷胡震亨靖康盜鑒錄一卷陳霆唐餘紀傳二十一卷錢謙益北盟會編鈔三卷已上紀前代事

右雜史類二百十七部二千二百四十四卷

楊維楨史義拾遺二卷范理讀史備忘八卷陳濟通鑑綱目集覽正誤五十九卷趙弼雪航膚見十卷李裕分類史鈔二十二卷呂柟史約三十七卷許誥宋元史闕幽三卷張寧讀史錄六卷李浩通鑑斷義七十卷邵寶學史十三卷王峯通鑑綱目發微三十卷張時泰續通鑑綱目廣義十七卷卜大有史學要義四卷周山師資論統一百卷鄭曉刪改史論十卷柯維騏史記考要十卷王洙宋元史質一百卷戴璟漢唐通鑑品藻三十卷鍾芳續古今紀要十卷歸有光讀史纂言十卷李維楨南北史小識十卷萬廷言經世要畧二十卷張之象太史史例一百卷徐明勳史衡二十卷于愼行讀史漫錄十四卷李贄藏書六十八卷續藏書二十七卷馬惟銘史書纂畧一百卷趙惟寰讀史快編六十卷謝肇淛史觿二十一卷吳無奇史裁二十六卷張溥史論二編十卷楊以任讀史四集四卷馮尙賢史學彙編十二卷

右史鈔類三十四部一千四十三卷

太祖御製永鑑錄一卷訓親藩紀非錄一卷訓周齊潭魯諸王祖訓錄一卷洪武中編集太祖製序頒賜諸王祖訓條章一卷封建王國之制宗藩昭鑑錄五卷洪武中陶凱等編集歷代公主錄一卷洪武中編集世臣總錄二卷爲政要錄一卷醒貪簡要錄二卷武士訓戒錄一卷臣戒錄一卷俱洪武中頒行存心錄十八卷吳沉等編集省躬錄十卷劉三吾等編集精誠錄三卷吳沉等編集國朝制作一卷王叔銘等編集宣宗御製歷代臣鑑三十七卷外戚事鑑五卷萬曆中重修大明會典二百二十八卷條例全文三十卷增修條例備考二十六卷大明會要八十卷太祖開國時事凡三十九則不知撰人李賢鑑古錄一卷夏寅政鑑三十卷顧濳稽古政要十卷王圻續文獻通考二百五十四卷鄧球續泳化編十七卷鄒泉古今經史格要二十八卷黃光昇昭代典則二十八卷周子義國朝故實二百卷名一國朝典故備遺張居正帝鑑圖說六卷焦竑養正圖解二卷勞堪皇明憲章類編四十二卷徐學聚國朝典彙二百卷唐瑤歷代志畧四卷張銓鑑古錄六卷喬懋敬古今廉鑑八卷馮應京皇明經世實用編二十八卷鄧士龍國朝典故一百卷黃溥皇明經濟錄十八卷徐奮鵬古今治統二十卷朱健古今治平畧三十六卷余繼登皇明典故紀聞十八卷宗藩條例二卷李春芳等輯戚元佐宗藩議一卷馮柯歷代宗藩訓典十二卷張志淳謚法二卷何三省帝后尊謚紀畧一卷鮑應鼇皇明臣謚彙考二卷葉來敬皇明謚考三十八卷郭良翰皇明謚紀彙編二十五卷鄭汝璧功臣封考八卷陸深科場條貫一卷張朝瑞皇明貢舉考八卷明歷科殿試錄七十卷歷科會試錄七十卷汪鯨大明會計類要十二卷張學顏萬曆會計錄四十三卷趙官後湖志十一卷後湖黃志六卷劉斯潔太倉考十卷王儀吳中田賦錄五卷徐民式三吳均役全書四卷婁志德兩浙賦役全書十二卷何士晉厰庫須知十二卷邵寶漕政錄十八卷席書漕船志一卷漕運錄二卷楊宏漕運志四卷王在晉通漕類編九卷陳仁錫漕政考二卷崔旦海運編二卷劉體仁海道漕運記一卷王宗沐海運志二卷梁夢龍海運新考三卷史繼偕皇明兵志考三卷侯繼高全浙兵志考四卷王士琦三雲籌俎考四卷何孟春軍務集錄六卷閻世科計遼始末四卷蔡鼎邊務要畧十卷周文郁邊事小紀六卷王士騏馭倭錄八卷方日乾屯田事宜五卷楊守謙屯田議一卷張抱赤屯田書一卷沈岱南船記四卷倪涑船政新書四卷朱廷立鹽政志十卷史啓哲兩淮鹽法志十二卷王圻兩浙鹽志二十四卷冷宗元長蘆鹺志七卷李開先山東鹽法志四卷詹榮河東運司志十七卷謝肇淛八閩鹺政志十六卷李澐粤東鹽政考二卷陳善黑白鹽井事宜二卷傅浚鐵冶志二卷胡彥茶馬類考六卷陳講茶馬志四卷徐彥登歷朝茶馬奏議四卷王宗聖榷政記十卷薛僑南關志六卷許天贈北關志十二卷林希荒政叢言一卷賀燦然備荒議一卷俞汝爲荒政要覽十卷

右故事類一百六部二千一百二十一卷

諸司職掌十卷洪武中翟善等編憲綱一卷洪武中御史臺進官制大全十六卷品級考五卷宣宗御製官箴一卷郭子章官釋十卷李日華官制備考二卷鄭曉直文淵閣表一卷典銓表一卷呂本館閣類錄二十二卷雷禮列卿表一百三十九卷王世貞公卿表二十四卷李維楨進士列卿表二卷徐鑑續列卿表十卷許重熙殿閣部院大臣表十六卷范景文大臣譜十六卷黃尊素隆萬列卿記二卷陳盟崇禎閣臣年表一卷內閣行畧一卷廖道南殿閣詞林記二十二卷黃佐翰林記二十卷張位詞林典故一卷史職議一卷陳沂翰林志一卷焦竑詞林歷官表三卷董其昌南京翰林志十二卷周應賓舊京詞林志六卷劉昌南京詹事府志二十卷李默吏部職掌四卷張瀚吏部職掌八卷鄭汝璧封司典故八卷王士騏銓曹紀要十六卷宋啓明吏部志四十卷汪宗伊南京吏部志二十卷留銓志餘二卷徐大相銓曹儀注五卷王崇慶南京戶部志二十卷謝彬南京戶部志二十卷宋端儀祠部典故四卷李廷機春官要覽六卷李化

龍邦政條例十卷譚綸軍政條例類考七卷傅鶚軍政類編二卷陳夢鶴武銓邦政二卷李邦華南樞新志四卷范景文南樞志一百七十卷俞汝爲南京兵部車駕司職掌八卷張可大南京錦衣衛志二十卷應廷育刑部志八卷龐嵩刑曹志四卷劉文徵刑部事宜十卷陳公相刑部文獻考八卷來斯行刑部獄志四十卷江山麗南京刑部志二十六卷曾同亨工部條例十卷周夢暘水部備考十卷劉振工部志一百三十九卷王廷相申明憲綱錄一卷劉宗周憲綱規條一卷傅漢風紀輯覽四卷符驗西臺雜記八卷何出光蘭臺法鑑錄二十三卷徐必達南京都察院志四十卷朱廷益通政司志六卷夏時正太常志十卷陳慶太常志十六卷盧維禎太常志十六卷呂鳴珂太常紀二十二卷倪嵩太常典禮總覽六卷屠本畯太常典錄六卷沈若霖南京太常寺志四十卷顧存仁太僕志十四卷楊時喬馬政記十二卷李日宣太僕志二十二卷雷禮南京太僕寺志十六卷徐必達光祿寺志二十卷韓鼎尚寶司實錄一卷潘煥宿南京尚寶司志二十卷周崑六科仕籍六卷蕭彥掖垣人鑑十七卷國子監規一卷錄洪武以來訓諭邢讓國子監志二十二卷謝鐸國子監續志十一卷吳節南雍舊志十八卷黃佐南雍志二十四卷王材南雍申敎錄十五卷崔銑國子監條例類編六卷盧上銘辟雍紀事十五卷汪俊四夷館則例二十卷四夷館考二卷楊樞上林記八卷王象雲上林彙考五卷焦竑京學志八卷

右職官類九十三部一千四百七十九卷

集禮五十卷洪武中梁寅等纂修初係寫本嘉靖中詔禮部校刊孝慈錄一卷宋濂等考定喪服古制爲是書太祖有序行移繁減體式一卷洪武中以元季官府文移紛冗詔廷臣減繁著爲定式稽制錄一卷編輯功臣服舍器制度禮制集要一卷官民服舍器用等式稽古定制一卷頒示功臣禮儀定式一卷敎民榜文一卷鄉飲酒禮圖式一卷俱洪武中頒行祭祀禮儀六卷郊壇祭享儀注一卷皆明初定式巡狩事宜一卷永樂中儀注瑞應圖說一卷永樂中編次憲宗幸學儀注一卷世宗御製忌祭或問一卷祀儀成典七十一卷嘉靖間更定儀文郊祀通典二十七卷夏言等編次乘輿冕服圖說一卷嘉靖間考古衣冠之制張璁爲注說武弁服制圖說一卷親征冠服之制張璁爲注說元端冠服圖說一卷燕居冠服之制張璁爲注說保和冠服圖說一卷宗室冠服之制張璁爲注說圜丘方澤總圖二卷圜丘方澤祭器樂器圖二卷朝日夕月壇總圖二卷朝日夕月壇祭器樂器圖二卷神祇社稷雩壇總圖三卷太廟總圖一卷太廟供器祭器圖一卷大享殿圖一卷大享殿供器祭器圖一卷天壽山諸陵總圖一卷泰神殿圖一卷帝王廟總圖二卷皇史宬景神等殿圖二卷圓明閣陽雷軒殿宇圖一卷沙河行宮圖一卷已上俱嘉靖間制式皇明典禮一卷萬曆中頒朝儀二卷車駕巡幸禮儀一卷親王昏禮儀注一卷昏禮傳制遣官圖一卷陵寢儀式一卷王國儀注一卷儀注事例一卷鴻臚儀注二卷出使儀注二卷射禮儀注一卷已上俱萬曆間制式禮書四十一卷不知撰人凡十七冊目錄一吉禮五軍禮凶禮共一賓禮三制度一考正一官制二公式二雜禮一大明禮制二十五卷不知撰人嘉靖祀典十七卷不知撰人朱國祚冊立儀注一卷皇甫濂藩府政令一卷郭正域皇明典禮志二十卷朱勤美王國典禮八卷謝鐸祭禮儀注二卷羅青霄儀注輯錄一卷郡邑慶賀祭祀諸儀俞汝楫禮儀志一百卷

右儀注類五十七部四百二十四卷

大明律三十卷洪武六年命刑部尚書劉惟謙詳定篇目皆準唐律合六百有六條九年復釐正十有三條餘仍故更定大明律三十卷洪武二十八年命詞臣同刑官參考比年律條以類編附凡四百六十條太祖御製大誥一卷大誥續編一卷大誥三編一卷大誥武臣一卷武臣敕諭一卷昭示姦黨錄一卷第二錄一卷第三錄三卷已上三錄皆胡黨獄詞逆臣錄五卷藍黨獄詞彰善癉惡錄三卷癉惡續錄一卷集犯諭一卷戒敕功臣鐵榜一卷已上皆洪武中頒何廣律解辨疑三十卷鄭節續眞西山政經二卷薛瑄從政錄一卷盧雍祥刑集覽二卷何文淵牧民備用一卷司刑備用一卷陳廷璉大明律分類條目四卷顧應祥重修問刑條例七卷劉惟謙唐律疏義十二卷張楷大明律解十二卷應檟大明律釋義三十卷高舉大明律集解附例三十卷范永鑾大明律例三十卷陳璋比部招擬二卷段正柏臺公案八卷應廷育讀律管窺十二卷雷夢麟讀律瑣言三十卷孫存大明律讀法書三十卷王樵讀律私箋二十四卷林兆珂註大明律例二十卷王之垣律解附例八卷舒化問刑條例七卷刑書會據三十卷王肯堂律例箋解三十卷歐陽東鳳闡律一卷熊鳴岐昭代王章十五卷吳訥祥刑要覽二卷鄒元標筮仕要訣一卷蘇茂相臨民寶鏡十六卷陳龍正政書二十卷曹璜治術綱目十卷

右刑法類四十六部五百九卷

開國功臣錄三十一卷黃金編次自徐達至指揮李觀凡五百九十一人謝鐸名臣事畧二十卷洪武至成化時人彭韶名臣錄贊二卷楊廉名臣言行錄四卷理學名臣言行錄二卷徐紘名臣琬琰錄五十四卷徐咸名臣言行錄前集十二卷後集十二卷王道名臣琬琰錄二卷續錄二卷張芹備遺錄一卷何孟春續遺錄一卷何喬新勳賢琬琰集二卷唐龍康山羣忠錄一卷二忠錄二卷紀王禕吳雲事沈庭奎名臣言行錄新編三十四卷楊豫孫補輯名臣琬琰錄一百十卷雷禮閣臣行實八卷列卿記一百六十五卷起洪武訖嘉靖禮子映補隆慶一朝王世貞嘉靖以來首輔傳八卷名卿紀蹟六卷吳伯與內閣名臣事畧十六卷薛應旂皇明人物考七卷鄭以偉註唐樞國琛集二卷史繼偕越章六卷明代八閩人傳顧璘國寶新編一卷項篤壽今獻備遺四十二卷凌迪知名臣類苑四十六卷錢薇名臣事實三十卷耿定向先進遺風二卷李廷機閣臣錄六卷焦竑國史獻徵錄一百二十卷經籍志作三百六十卷遜國忠節錄八卷唐鶴徵輔世編六卷續編五卷徐卽登建文諸臣錄二卷童時明昭代明良錄二十卷劉夢雷名臣考四卷林塾重輯名臣錄二卷朱謀㙔藩獻記四卷朱勤美公族傳畧二卷過庭訓直省分郡人物考一百十五卷王兆雲詞林人物考十六卷張璽明尚友集十六卷江盈科明臣小傳十六卷瞿汝說臣畧纂聞十二卷錢士升皇明表忠錄二卷余翹池陽三忠傳一卷紀黃觀金焦陳敬宗事馮復京先賢事畧十卷李裁明臣論世四卷林之盛應謚名臣傳十二卷杜瓊紀善錄一卷陳沂畜德錄一卷蘇茂相名臣類編二卷史旌賢維風編二卷鄭期禎東林諸賢言行錄五卷已上皆紀明代人物相鑒二十卷洪武十三年罷中書省詔儒臣採歷代史所載相臣賢者自蕭何至文天祥八十二人爲傳十六卷不肖者自田蚡至賈似道二十六人爲傳四卷太祖製序外戚傳三卷永樂中編輯漢以後可爲法戒者成祖製序古今列女傳三卷永樂中解縉等編宋濂唐仲友補傳一卷浦江人物記二卷胡廣文丞相傳一卷朱右李鄴侯傳二卷方槐生莆陽人物志三卷謝應芳懷古錄三卷思賢錄六卷劉徵金華名賢傳三卷丁元吉陸丞相蹈海錄一卷貢斌忠義集四卷尹直南宋名臣言行錄十六卷楊循吉吳中往哲記一卷謝鐸尊鄉錄十卷董遵金華淵源錄二卷金江義烏人物志二卷金賁亨台學源流二卷王佐東嘉先哲錄二十卷南逢吉越中述傳四卷周璟昭忠錄五卷程敏政宋遺民錄十五卷方鵬崑山人物志八卷姜紳漢名臣言行錄八卷魏顯國歷代相臣傳一百六十八卷守令傳二十四卷儒林傳二十卷陳鎬金陵人物志六卷王賓吳下名賢紀錄一卷龔守愚臨江先哲言行錄二卷劉元卿江右歷代名賢錄二卷黃佐廣州人物志二十四卷劉有光麻沙劉氏忠賢傳四卷孫承恩歷代聖賢像贊六卷楊時偉諸葛武侯全書十卷王承裕李衞公通纂四卷戴銑朱子實紀十二卷祝允明蘇材小纂六卷張昶吳中人物志十三卷袁褧吳中先賢傳十卷劉鳳續吳先賢贊十五卷歐大任百粵先賢志四卷耿定向二孝子傳一卷楊俊民河南忠臣集八卷烈女集五卷桑喬節義林六卷王蕡歷代忠義錄十八卷鄒泉人物尚論編二十卷鄭瑄唐忠臣睢陽錄二卷黃省曾高士傳頌二卷皇甫濂逸民傳二卷皇甫涍續高士傳十卷薛應旂隱逸傳二卷高士傳四卷黃姬水貧士傳二卷錢一本遯世編十四卷李默建寧人物志三卷呂維祺節孝義忠集四卷徐標忠孝廉節集四十卷顧憲成桑梓錄十卷李廷機漢唐宋名臣錄五卷王鴻儒掾曹名臣錄一卷丁明登古今長者錄八卷朱睦㮮中州人物志十六卷朱謀㙔豫章耆舊傳三卷朱常淓古今宗藩懿行考十卷郭良翰歷代忠義彙編二十六卷屠隆義士傳二卷沈堯中高士彙林二卷顧樞古今隱居錄三十卷陳懋仁壽者傳三卷陳繼儒邵康節外紀四卷逸民史二十二卷璩之璞蘇長公外紀十二卷徐𤊹蔡端明別紀十卷范明泰米襄陽志林十三卷徐學聚兩浙名賢錄五十四卷外錄八卷曹學佺蜀中人物記六卷郭凝之孝友傳二十四卷王道隆吳興名賢續錄六卷陳克仕古今彤史八卷曹思學內則類編四卷顧昱至孝通神集三十卷張采宋名臣言行錄十六卷夏樹芳女鏡八卷潘振古今孝史十二卷已上皆紀歷代人物

右傳記類一百四十四部一千九百九十七卷

大明志書洪武三年詔儒士魏俊民等類編天下州郡地理形勢降附顚末爲書卷亡寰宇通志一百十九卷景泰中修一統志九十卷天順中李賢等修承天大志四十卷嘉靖中顧璘修輿都志二十四卷世宗以其載獻帝事實於志體例不合詔徐階等重修桂萼歷代地理指掌四卷明輿地指掌圖一卷羅洪先增補朱思本廣輿圖二卷蔡汝楠輿地畧十一卷吳龍郡縣地理沿革十五卷盧傳印職方考鏡六卷張天復皇輿考十二卷蔡文職方鈔十卷曹嗣榮輿地一覽十五卷郭子章郡縣釋名十六卷古今郡國名類三卷項篤壽考定輿地圖十卷徐樞寰宇分合志八卷曹學佺一統名勝志一百九十八卷陸應陽廣輿記二十四卷陳組綬職方地圖三卷張元陽方隅武備十六卷一作方隅武事考龐迪我海外輿圖全說二卷劉崧北平八府志三十卷北平事蹟一卷郭造卿燕史一百二十卷劉侗帝京景物畧八卷孫國莊燕都游覽志四十卷蔣一驄長安客話八卷沈應文順天府志六卷唐舜卿涿州志十二卷汪浦薊州志九卷張欽保定府志二十五卷潘恩祁州志六卷戴詵易州志三十卷樊文深河間府志

二十八卷廖紀滄州志四卷項喬董子故里志六卷雷禮眞定府志三十二卷倪璣定州志四卷曹安冀州志四卷陳棐廣平府志十六卷宋訥東郡志十六卷唐錦大名府志二十八卷王崇慶開州志十卷張廷綱永平府志十一卷陳士元灤州志十一卷胡文璧天津三衞志十卷馬中錫宣府志十卷畢恭遼東志九卷李輔重修遼東志十二卷洪武京城圖志一卷陳沂南畿志六十四卷金陵世紀四卷金陵古今圖考一卷顧起元客座贅語十卷王兆雲烏衣佳話八卷周暉金陵瑣事八卷剩錄八卷留都錄五卷（見國子監書目不著撰人）程嗣功應天府志三十二卷柳瑛中都志十卷袁又新鳳陽新書八卷汪應軫泗州志十二卷王浩亳州志十卷呂景蒙潁州志二十卷潘鏜廬陽志三十卷楊循吉廬陽客記一卷潘塤淮郡文獻志二十六卷陳文燭淮安府志十六卷高宗本揚州府志十卷沈明臣通州志八卷張綖高郵州志三卷陳奇泰州志八卷盧熊吳邦廣記五十卷劉昌蘇州續志一百卷王鏊姑蘇志六十卷劉鳳續吳錄二卷吳郡考二卷桑悅太倉州志十一卷錢岡雲間通志十八卷顧淸松江府志三十二卷陳繼儒松江府志九十四卷謝應芳毘陵續志十卷王俱毘陵志四十卷張愷常州府志續集八卷唐鶴徵常州府志二十卷沈敕荆溪外紀二十五卷王樵鎭江府志三十六卷胡纘宗安慶府志三十一卷鍾城太平府志二十卷李默寧國府志十卷王崇池州府志九卷朱同新安志十卷程敏政新安文獻志一百卷何東序徽州府志二十二卷程一枝鄣大事記二卷李德陽廣德州志十卷陳璉永陽志二十六卷胡松滁州志四卷周斯盛山西通志三十三卷張欽大同府志十八卷呂柟解州志四卷孔天允汾州府志八卷栗應麟潞安府志十二卷周弘禴代州志二卷陸釴山東通志四十卷黃瓚齊魯通志一百卷彭勗山東郡邑勝覽九卷李錦泰安州志十卷邢侗武定州志十五卷于慎行兗州府志五十二卷莫驄濟寧州志十三卷舒祥沂州志四卷李珏東昌府志九卷鄧敏濮州志十卷周禧臨淸州志十八卷馮惟訥靑州府志十八卷李時颺少陽乘二十卷鍾羽正靑州風土記四卷任順莒州志六卷潘滋登州府志十卷楊循吉寧海州志二卷胡杞忠萊州府志八卷郭維洲平度州志二卷胡謐河南總志十九卷鄒守愚河南通志四十五卷李濂汴京遺迹志二十四卷祥符文獻志十七卷朱睦㮮中州文獻志四十卷開封府志八卷邵寶許州志三卷馮相陳州志四卷吳三樂鄭州志六卷徐衍祥禹州志十卷（萬曆中鈞州改曰禹州）李嵩歸德府志八卷李孟暘睢州志一卷程應登睢州志七卷崔銑彰德府志八卷（一名鄴乘）郭朴續志三卷劉湜磁州志四卷李遇春衞輝府志七卷何瑭懷慶府志十二卷喬縉河南郡志四十二卷程緒陝州志十卷葉珠南陽府志十卷張僊鄧州志六卷牛孟耕裕州志六卷陳鎏汝寧府志八卷李本固汝南新志二十二卷江貴信陽州志二卷張輝光州志十卷方應選汝州志四卷伍福陝西通志三十五卷（成化中修）馬理陝西通志四十卷（嘉靖中修）何景明雍大記三十六卷李應祥雍勝畧二十四卷南軒關中文獻志八十卷宋廷佐乾州志二卷喬世寧耀州志十一卷任慶雲商州志八卷周易鳳翔府志五卷賈鳳翔鳳翔府歷代事蹟紀畧二卷范文光豳風考畧三卷趙時春平涼府志十三卷胡纘宗漢中府志十卷鞏郡記三十卷秦州志三十卷熊爵臨洮府志十卷韓鼎慶陽府志十卷胡汝礪寧夏新志八卷鄭汝璧延綏鎭志八卷楊寧固原州志二卷李泰蘭州志十二卷張最岷州衞志一卷李璣洮州衞志五卷郭伸甘州衞志十卷朱捷河州志四卷包節陝西行都司志十二卷孟秋潼關衞志十卷王崇古莊浪漫記八卷薛應旂浙江通志七十二卷夏時正杭州府志六十四卷（成化中修）陳善杭州府志一百卷外志一卷（全郡山川原委）武林風俗畧一卷吳瓚武林紀事八卷柳琰嘉興府志三十二卷李日華檇李叢談四卷江翁儀湖州府志二十四卷徐獻忠吳興掌故集十七卷江一麟安吉州志八卷李德恢嚴州府志二十三卷吳堂富春志六卷徐與泰金華文獻志二十二卷吾冔衢州府志十四卷何鏜括蒼志五十五卷括蒼彙紀十五卷樓公璨括蒼志補遺四卷司馬相越郡志畧十卷張元忭紹興府志六十卷李堂四明文獻志十卷張時徹寧波府志四十二卷范理天台要畧八卷謝鐸赤城新志二十三卷王啓赤城會通記二十卷李漸三台文獻志二十三卷王瓚溫州府志二十三卷林庭㭿江西通志三十七卷王宗沐江西大志八卷趙秉忠江西輿地圖說一卷王世懋饒南九三郡輿地圖說一卷郭子章註豫章古今記一卷豫章雜記八卷廣豫章災祥記六卷盧廷選南昌府志五十卷江汝璧廣信府志二十卷王時槐吉安府志二十六卷郭子章吉志補二十卷熊相瑞州府志十四卷陳定袁州府志九卷余文龍贛州府志二十卷虞懋虔臺志十二卷談愷虔臺續志五卷魏裳湖廣通志九十八卷廖道南楚紀六十卷陳士元楚故畧二十卷郭正域武昌府志六卷朱衣漢陽府志三卷曹璘襄陽府志二十卷謝灉均州志八卷顏木隨州志二卷舒旌黃州府志十卷甘澤蘄州志九卷王寵懷荆州府志十二卷張春夷陵州志十卷劉璣岳州府志十卷張治長沙府志六卷陸東寶慶府志五卷楊佩衡州府志九卷朱麟常德府志二卷胡靖沅州志七卷姚昺永州府志十卷林球荆門州志十卷童承敘沔陽州志十八卷周紹稷鄖陽府志二十一卷王心郴州志六卷黃仲昭八閩通志八十七卷邵武府志二十五卷王應山閩大記五十五卷閩都記三十二卷何喬遠閩書一百五十四卷王世懋閩部疏一卷陳鳴鶴閩中考一卷晉安逸志三卷林燫福州府志三十六卷林材福州府志七十六卷周瑛興化府志五十四卷鄭岳莆陽文獻志七十五卷黃鳳翔泉州府志二十四卷何炯淸源文獻志八卷陳懋仁泉南雜記二卷徐鑾漳州府志三十八卷劉璵建寧府志六十卷游居敬延平府志三十四卷張大光福寧州志十六卷王元正四川總志八十卷楊愼全蜀藝文志六十四卷杜應芳補蜀藝文志五十四卷郭棐四川通志三十六卷夔州府志十二卷夔記四卷曹學佺蜀漢地理補二卷蜀郡縣古今通釋四卷蜀中風土記四卷方物記十二卷彭韶成都志二十五卷周洪謨叙州府志十二卷金光涪州志二卷陳嘉言嘉州志十卷余承勛西眉郡縣志十卷戴璟廣東通志七十二卷郭棐粵大記三十二卷嶺南名勝志十六卷謝肇淛百粵風土記一卷張邦翼嶺南文獻志十二卷補遺六卷馬欿南粵槃四卷黃佐廣州府志二十二卷香山志八卷鄭敬甫惠大記六卷郭春潮州府志八卷郭子章潮中雜記十二卷符錫韶州府志十卷葉春及肇慶府志二十卷王佐瓊臺外紀五卷珠崖錄五卷顧岕海槎餘錄一卷張詡厓門新志十八卷周孟中廣西通志六十卷魏濬西事珥八卷嶠南瑣記二卷陳璉桂林志三十卷張鳴鳳桂故八卷桂勝十四卷謝少南全州志七卷黨緒思恩府志四卷田秋思南府志八卷郭棐右江大志十二卷雲南志書六十一卷（洪武十四年既平雲南詔儒臣考定爲書）李元陽雲南通志十八卷大理府志十卷陳善滇南類編十卷楊愼滇程記一卷彭汝實六詔紀聞一卷楊鼐南詔通記十卷諸葛元聲滇史十四卷吳懋葉榆檀林志八卷楊士雲黑水集証一卷郡大記一卷趙瓚貴州新志十七卷謝東山貴陽圖考二十六卷郭子章黔記六十卷黔小志一卷祁順石阡府志十卷袁表黎平府志九卷周瑛興隆衞志二卷許論九邊圖論三卷魏煥九邊通考十卷霍冀九邊圖說一卷范守已籌邊圖記三卷劉效祖四鎭三關志十二卷蘇祐三關紀要三卷劉昌兩鎭邊關圖說二卷翁萬達宣大山西諸邊圖一卷楊守謙大寧考一卷紫荆考一卷花馬池考一卷楊一葵雲中邊畧四卷楊時寧大同鎭圖說三卷大同分營地方圖一卷張雨全陝邊政考十二卷劉敏寬延鎭圖說二卷楊錦朔方邊紀五卷詹榮山海關志八卷莫如善威茂邊政考五卷方孔炤全邊畧記十二卷胡宗憲籌海圖編十三卷黃光昇海塘記一卷仇俊卿海錄十卷鄭若曾萬里海防圖論二卷江南經畧八卷王在晉海防纂要十三卷謝廷傑兩浙海防類考十卷范涞續編十卷李如華溫處海防圖畧二卷安國賢南澳小記十二卷南日寨小記十卷吳時來江防考六卷洪朝選江防信地二卷吳道南國史河渠志二卷劉隅治河通考十卷劉天和問水集六卷吳山治河通考十卷潘季馴河防一覽十四卷宸斷大工錄十卷潘大復河防榷十二卷張光孝西瀆大河志六卷黃克纘疏治黃河全書二卷徐標河患備考二卷河防律令二卷王恕漕河通志十四卷王瓊漕河圖志八卷車爾正漕河總考四卷顧寰漕河總錄二卷高捷漕黃要覽二卷黃承元河漕通考四十五卷安平鎭志十一卷北河紀畧十四卷秦金通惠河志二卷謝肇淛北河紀八卷紀餘四卷朱國盛南河志十四卷陳夢鶴濟寧閘河類考六卷徐源山東泉志六卷王寵東泉志四卷濟寧閘河志四卷張純泉河紀畧八卷胡瓚泉河史十五卷張橋泉河志六卷馮世雍呂梁洪志一卷陳穆徐州洪志十卷袁黃皇都水利一卷伍餘福三吳水利論一卷歸有光三吳水利錄四卷許應夔修畢三吳水利考四卷王道行三吳水利考二卷王圻東吳水利考十卷沈啓吳江水利考四卷賈應璧紹興水利圖說二卷何鏜名山記十七卷愼蒙名山一覽記十五卷都穆遊名山記六卷黃以陞遊名山記六卷查志隆岱史十八卷宋燾泰山紀事十二卷燕汝靖嵩嶽古今集錄二卷李時芳華嶽全集十卷婁虛心北嶽編五卷王濬和恒嶽志二卷彭簪衡岳志八卷孫存岳麓書院圖志一卷太岳太和山志十五卷（洪熙中道士任自垣編）葛寅亮金陵梵刹志五十二卷張萊京口三山志十卷劉大賓茅山志十五卷王鏊震澤編八卷盧雍石湖志十卷談修惠山古今考十卷

潘之恒新安山水志十卷黃海二十九卷方漢齊雲山志七卷汪可立九華山志二卷吳之鯨武林梵刹志十二卷田藝蘅西湖遊覽志二十四卷張元忭雲門志畧五卷周應賓普陀山志五卷僧傳燈天台山志二十九卷朱諫雁山志四卷桑喬廬山紀事十二卷劉俊白鹿洞書院志六卷楊亘武夷山志六卷黃天全九鯉湖志六卷劉中藻洞山九潭志四卷喬世寧五臺山志一卷李應奇崆峒志二卷僧德清曹溪志四卷左宗郢麻姑山志十七卷陳璉羅浮志十五卷謝肇淛支提山志七卷彭山志十二卷楊士奇北京紀行錄二卷劉定之代祀錄一卷陸深停驂錄二卷李東陽東祀錄三卷張寧奉使錄二卷李思聰百夷傳一卷（洪武中出使緬國所紀）費信星槎勝覽集二卷天心紀行錄一卷（永樂中從鄭和使西洋所紀）陳誠西域行程記二卷馬歡瀛涯勝覽一卷倪謙朝鮮紀事一卷遼海編四卷錢溥朝鮮雜志三卷使交錄一卷黃福安南水程日記二卷龔用卿使朝鮮錄三卷謝杰使琉球錄六卷李文鳳粵嶠書二十卷（紀安南事）黃省曾西洋朝貢典錄二卷張燮東西洋考十二卷李言恭日本考五卷侯繼高日本風土記四卷卜大同備倭圖記四卷征苗圖記一卷田汝成炎徼紀聞四卷寧獻王權異域志一卷嚴從簡殊域周咨錄二十四卷羅曰褧咸賓錄八卷茅瑞徵象胥錄八卷尹耕譯語一卷艾儒畧職方外紀五卷

右地理類四百七十一部七千四百九十八卷

天潢玉牒一卷宗支二卷（男女各一冊）宗譜一卷主壻譜牒一卷（已上皆明初修）朱睦㮮帝系世表一卷周國世系表一卷周乘一卷鎮平世系錄二卷周憲王年表二卷周定王年表一卷楚王宗支一卷蜀府宗支圖譜一卷朱宙枝統宗繩蟄錄十二卷吳震元宋相譜二百卷朱右邾子世家一卷盧熊孔顏世系譜二卷楊廉二程年譜一卷李默朱子年譜四卷徐𤍠蔡忠惠年譜一卷郭勛三家世典一卷（輯徐達沐英郭英三家世系勳伐本末）中山徐氏世系錄一卷李韓公家乘一卷李臨淮遐思錄八卷吳沈千家姓一卷楊信民姓源珠璣六卷邢參姓氏彙典二卷楊愼希姓錄五卷王文翰尚古類氏集十二卷李日華姓氏譜纂七卷曹宗儒郡望辨二卷陳士元姓滙四卷姓觿二卷名疑四卷凌迪知歷代帝王姓系統譜六卷姓氏博考十四卷萬姓統譜一百四十卷余寅同姓名錄十二卷鄧名世古今姓氏書辨証四十卷

右譜牒類三十八部五百四十卷

明史卷九十八　　志第七十四

總裁官總理事務經筵講官少保兼太子太保保和殿大學士兼管吏部戶部尚書事加六級臣張廷玉等奉

敕修

藝文三

子類十二：一曰儒家類，二曰雜家類（前代藝文志列名法諸家，然寥寥無幾，備數而已。今總附雜家），三曰農家類，四曰小說家類，五曰兵書類，六曰天文類，七曰曆數類，八曰五行類，九曰藝術類（醫書附），十曰類書類，十一曰道家類，十二曰釋家類

聖學心法四卷（永樂中編爲四目君道臣道父道子道成祖製序）性理大全七十卷（永樂中既命胡廣等纂修經書大全又以周程張朱諸儒性理之書類聚成編成祖製序）傳心要語一卷孝順事實十卷爲善陰隲十卷（皆永樂中編）五倫書六十二卷（宣宗采經傳子史嘉言善行爲是書正統中英宗製序刊行）憲宗文華大訓二十八卷（綱四目二十有四成化中編嘉靖中世宗製序刊行）世宗敬一箴一卷注程子四箴注范浚心箴共二卷孫作東家子一卷葉儀潛書一卷劉廌留子一卷葉子奇太元本旨九卷朱右性理本原三卷張九韶理學類編八卷謝應芳辯惑編四卷周是修綱常彝範十二卷曹端理學要覽二卷夜行燭一卷月川語錄一卷尤文語錄二卷鮑寧天原發微辨正五卷金潤心學探微十二卷吳與弼康齋日錄一卷薛瑄讀書錄十卷續錄十卷周洪謨南皇子雜言二卷箐齋讀書錄二卷胡居仁居業錄八卷謝鐸伊洛淵源續錄六卷程敏政道一編五卷蔡清性理要解二卷楊廉伊洛淵源錄類增十四卷畏軒劄記三卷張吉陸學訂疑二卷章懋楓山語錄二卷周木延平問答續錄一卷楊守阯困學寡聞錄十卷韓邦奇性理三解八卷王鴻漸讀書記二卷王蕡大儒心學錄二十七卷徐問讀書劄記八卷續記八卷方鵬觀感錄十二卷魏校莊渠全書十卷陳獻章言行錄十卷附錄二卷趙鶴金華正學編十卷王守仁傳習錄四卷陽明則言二卷羅欽順困知記六卷附錄二卷陳建學蔀通辨十二卷許讚性學編一卷道統泝流錄一卷湛若水甘泉明論十卷遵道錄十卷問辨錄六卷黃佐泰泉庸言十二卷呂柟涇野子內篇三十三卷語錄二十卷鄒守益道南三書三卷明道錄四卷何瑭柏齋三書四卷薛蕙日錄五卷顧應祥惜陰錄十二卷沈霽語錄四卷邵經邦弘道錄五十七卷唐順之儒編六十卷薛應旂考亭淵源錄二十四卷薛子庸語十二卷王艮心齋語錄二卷周思兼學道記言六卷胡直胡子衡齊八卷陸樹聲汲古叢語一卷金賁亨道南錄五卷台學源流集七卷尤時熙擬學小記八卷劉元卿諸儒學案八卷周琦東溪日談十八卷羅汝芳明道錄八卷近溪集語十二卷耿定向庸言二卷雅言一卷新語一卷教學商求一卷李渭先行錄十卷王樵劄記一卷筆記一卷許孚遠語要二卷朱衡道南源委錄十二卷孫應鰲論學彙編八卷梁斗輝聖學正宗二十卷管志道問辨牘八卷理學酬咨錄八卷王敬臣俟後編四卷呂坤呻吟語四卷鄒德溥畏聖錄二卷鄧球理學宗旨二卷李材教學錄十二卷南中問辨錄十卷曾朝節臆言八卷鄒元標仁文會語四卷日新編二卷楊起元證學編二卷識仁編二卷徐即登儒學明宗錄二十五卷黃時燿知非錄六卷錢一本黽記四卷顧憲成劄記十八卷東林商語二卷證性編八卷當下繹一卷涇陽遺書二十卷李多見學原前後編八卷涂宗濬證學記三卷周子義日錄見聞十卷吳仕期大儒敷言三十三卷徐三重信古餘論八卷來知德日錄十二卷方學漸心學宗四卷姚舜牧性理指歸二十八卷馮從吾元儒考略四卷語錄六卷唐鶴徵憲世編六卷曾鳳儀明儒見道編二卷周汝登聖學宗傳十八卷高攀龍就正錄二卷高子遺書十二卷孫愼行困思抄四卷劉宗周理學宗要一卷證人要旨一卷劉子遺書四卷葉秉敬讀書錄鈔八卷黃道周榕壇問業十八卷章世純留書十卷黃淳耀吾師錄一卷語錄一卷劄記二卷

右儒家類一百四十部一千二百三十卷

太祖資治通訓一卷（凡十四章首君道次臣道又次民用士用工用商用皆著勸導之意）成祖公子書一卷（訓世臣子弟）務農技藝商賈書一卷（訓庶民）務本之訓一卷（采太祖創業事迹及往古興亡得失爲書以訓太孫）仁孝皇后勸善書二十卷宋濂燕書一卷王廉迂論十卷葉子奇草木子八卷王達筆疇二卷曹安讕言長語二卷趙弼事物紀原刪定二十卷解延年物類集說三十四卷羅頎梅山叢書二百卷物原二卷謝理東岑子四卷潘府南山素言一卷何孟春餘冬序錄六十五卷閒日分義一百卷戴鱀經濟考略二十卷戴璟博物策會十七卷陸深同異錄一卷傳疑錄二卷孫宜遯言二卷祝允明前聞記一卷讀書筆記一卷蔡羽太藪外史五卷劉繪劉子通論十卷高岱楚漢餘談一卷羅廣臣原子八卷王燾經濟總論十卷汪坦日知錄五卷劉鳳劉子雜組十卷王世貞劄記二卷宛委餘編十九卷王可大國憲家猷五十六卷（萬曆中御史言內閣絲綸簿猝無可考惟是書載之遂取以進）沈津百家類纂四十卷陳燿文學圃萱蘇六卷學林就正四卷陳絳金罍子四十四卷方弘靜千一錄二十六卷勞堪史編始事二卷陳其力芸心識餘八卷周祈名義考十二卷詹景鳳詹氏小辨六十四卷穆希文說原十六卷動植記原四卷王三聘事物考八卷徐常吉諸家要旨二卷徐伯齡蟫精雋二十卷趙士登省身至言十卷劉仕義知新錄二十四卷屠隆冥寥子二卷鴻苞四十八卷閔文振異物類苑五卷朱謀㙔元覽八卷趙樞生含元子十六卷別編十卷吳安國纍瓦編三十二卷馮應京經世實用編二十八卷柯壽愷語叢三十八卷徐三重鴻洲雜著十八卷王納諫會心言四卷沈節甫紀錄彙編二百十六卷祁承㸁國朝徵信錄二百十二卷淡生堂餘苑六百四卷董斯張廣博物志五十卷鄭瑄昨非菴日纂六十卷

右雜家類六十七部二千二百八十四卷

劉基多能鄙事十二卷周定王救荒本草四卷寧獻王臞仙神隱書四卷楊溥水雲錄二卷周履靖茹草編四卷鄺璠便民圖纂十六卷顧清田家月令一卷施大經閱古農書六卷俞貞木種樹書三卷溫純齊民要書一卷王世懋學圃雜疏三卷黃省曾稻品一卷蠶經一卷李德紹樹藝考二卷袁黃寶坻勸農書二卷陳鳴鶴田家月令一卷宋公望四時種植書一卷馮應京月令廣義二十四卷王象晉羣芳譜二十八卷徐光啟農政全書六十卷農遺雜疏五卷張國維農政全書八卷吳嘉言四季須知二卷

右農家類二十三部一百九十一卷

宋濂蘿山雜言一卷葉子奇草木子餘錄三卷陶宗儀輟耕錄三十卷說郛一百二十卷（又有續說郛四十六卷明季人陶珽纂輯）劉績霏雪錄二卷陶輔桑楡漫筆一卷瞿佑香臺集三卷張綸林泉隨筆一卷李賢古穰雜錄二卷岳正類博雜言二卷葉盛水東日記三十八卷單宇菊坡叢話二十六卷陸容菽園雜記十五卷姚福青谿暇筆二十卷張志淳南園漫錄十卷續錄十卷梅純續百川學海一百卷王錡寓圃雜記十卷羅鳳漫錄三十卷李詡漫筆八卷徐泰玉池談屑四卷羅欽德閒中瑣錄二卷王漢墨池瑣錄三卷沈周客坐新聞二十二卷都邛三餘贅筆二卷都穆奚囊續要二十卷徐禎卿異林一卷唐錦龍江夢餘錄四卷戴冠筆記十卷侯甸西樵野記十卷陸粲庚巳編十卷陸深儼山外集四十卷馬攀龍株守談略四卷陸采天池聲雋四十卷胡侍野談六卷楊愼丹鉛總錄二十七卷續錄十二卷餘錄十七卷新錄七卷閏錄九卷巵言四卷談苑醍醐九卷藝林伐山二十

卷堪戶錄一卷清暑錄二卷陸楫古今說海一百四十二卷陳霆兩山墨談十八卷司馬泰廣說郛八十卷古今彙說六十卷再續百川學海八十卷三續三十卷史流十品一百卷王文祿明世學山五十卷尤鏜紅箱集五十卷朱應辰漫鈔十卷李文鳳月山叢談十卷何良俊語林三十卷叢說三十八卷沈儀塵談錄十卷萬表灼艾集十卷高鶴見聞搜玉八卷項喬甌東私錄六卷張時徹說林二十四卷袁褧前後四十家小說八十卷廣四十家小說四十卷陸樹聲清暑筆談一卷長水日鈔一卷耄餘雜識一卷徐伯相畫暇叢記二十卷姚弘謨錦囊瑣綴八卷陳師筆談十五卷石磐菊徑漫談十四卷郎瑛七修類稿五十一卷朱國禎湧幢小品二十四卷李豫亨自樂編十六卷徐渭路史二卷汪雲程逸史搜奇十卷孫能傳剡溪漫筆六卷王應山風雅叢談六十卷陳禹謨說塵八卷田藝蘅留青日札三十九卷西湖志餘二十六卷胡應麟少室山房筆叢三十二卷續十六卷林茂槐說類六十二卷焦竑筆乘二十卷玉堂叢語八卷明世說八卷黃汝良筆談十二卷朱謀㙔異林十六卷湯顯祖續虞初志八卷張鼎思瑯琊代醉編四十卷屠本畯山林經濟籍二十四卷顧起元說略六十卷王肯堂鬱岡齋筆塵四卷董其昌畫禪室隨筆二卷商濬稗海三百六十八卷謝肇淛五雜組十六卷塵餘四卷文海披沙八卷徐㶿徐氏筆精八卷王兆雲驚座新書八卷王氏青箱餘十二卷張所望閱耕餘錄六卷郭良翰問奇類林三十六卷陳繼儒祕笈一百三十卷潘之恆亘史鈔九十一卷王學海筠齋漫錄十卷李日華六研齋筆記十二卷日記二十卷包衡清賞錄十二卷張重華娛耳集十二卷馬應龍藝林鉤微錄二十四卷李紹文明世說新語八卷張大復筆談十四卷徐應秋談薈三十六卷楊崇吾檢蠹隨筆三十卷來斯行槎菴小乘四十六卷沈弘正蟲天志十卷胡震亨讀書雜錄三卷閔元京湘烟錄十六卷茅元儀雜記三十二卷華繼善思聞錄五卷王所日格類鈔三十卷王勣纂言鈎元十六卷楊德周隨筆十二卷吳之俊獅山掌錄二十八卷

右小說家類一百二十七部三千三百七卷

劉寅七書直解二十六卷集古兵法一卷寧獻王權注素書一卷徐昌會握機櫜鑰六卷陳元素古今名將傳十七卷劉畿諸史將略十六卷何喬新續百將傳四卷（五代宋元訖）何瑭兵論一卷王芑綱目兵法六卷穆伯寅兵鑑撮要七卷劉濂兵說十二卷吳從周兵法彙編十二卷唐順之武編十二卷兵垣四編五卷何東序益智兵書一百卷武庫益智錄六卷陳禹謨左氏兵法略三十二卷李材將將紀二十四卷兵政紀略五十卷經武淵源十五卷顧其言新續百將傳四卷（一名明百將傳）馮孜古今將略四卷尹商閫外春秋三十二卷戚繼光紀效新書十四卷練兵實紀九卷雜集六卷將臣寶鑑一卷趙本學韜鈐內篇一卷俞大猷韜鈐續篇一卷劍經一卷葉夢熊運籌綱目十卷王鳴鶴登壇必究四十卷何僎讀史機略十卷鄭璧古今兵鑑三十二卷經世宏籌三十六卷王有麟古今戰守攻圍兵法六十卷姚文蔚省括編二十二卷趙大綱方略摘要十卷高折枝將略類編二十四卷施浚明古今紆籌十二卷楊惟休武略十卷孫承宗車營百八扣一卷徐常陣法舉要一卷龍正八陣圖演注一卷瞿汝稷兵略纂聞十二卷茅元儀武備志二百四十卷孫元化經武全編十卷顏季亨明武功紀勝通考八卷徐標兵機纂要四卷范景文師律十六卷谷中虛水陸兵律令操法四卷張燾西洋火攻圖說一卷王應遴備書二十卷冒起宗守筌五卷講武全書兵覽三十二卷兵律三十八卷兵占二十四卷兵機備纂十三卷（已上四部不知撰人）

右兵書類五十八部一千一百二十二卷

清類天文分野書二十四卷（洪武中編，以十二分野星次分配天下郡縣，又於郡縣之下詳載古今沿革之由）天元玉曆祥異賦七卷（仁宗製序）葉子奇元理一卷劉基天文祕略一卷觀象玩占十卷（不知撰人，或云劉基輯）楊廉星略一卷王應電天文會通一卷周述學天文圖學一卷吳玧天文要義二卷范守己天官舉正六卷陸侹天文地理星度分野集要四卷王臣夔測候圖說一卷黃履康管窺略三卷黃鍾和天文星象考一卷楊惟休天文書四卷潘元和古今災異類考五卷趙宧光九圜史一卷余文龍祥異圖說七卷史異編十七卷李之藻渾蓋通憲圖說二卷利瑪竇幾何原本六卷勾股義一卷表度說一卷圜容較義一卷測量法義一卷天問略一卷泰西水法六卷熊三拔簡平儀說一卷測量異同一卷李天經渾天儀說五卷王應遴乾象圖說一卷中星圖一卷陳嗣昌天文地理圖說二卷李元庚乾象圖說一卷陳藎謨象林一卷馬承勳風纂十二卷魏濬緯談一卷吳雲天文志雜占一卷艾儒略幾何要法四卷圖注天文祥異賦十卷天文玉曆璇璣經五卷天文鬼料竅一卷天文玉曆森羅記十二卷經史言天錄二十六卷嘉隆天象錄四十五卷雷占三卷風雲寶鑑一卷天文占驗二卷物象通占十卷白猿經一卷（已上十一部皆不知撰人）

右天文類五十部二百六十三卷

劉信曆法通徑四卷馬沙亦黑回回曆法三卷左贊曆解易覽一卷呂柟寒暑經圖解一卷顧應祥授時曆法二卷曾俊曆法統宗二卷曆臺撮要二卷周述學曆宗通議一卷中經測一卷曆草一卷貝琳百中經十卷（起成化甲午訖嘉靖癸巳，凡六十年，後人又續至壬戌止）戴廷槐革節卮言五卷袁黃曆法新書五卷何註曆理管窺一卷郭子章枝幹釋五卷朱載堉律曆融通四卷音義一卷萬年曆一卷萬年曆備考二卷曆學新說二卷（萬曆二十三年編進）蕭懋恩監曆便覽二卷邢雲路古今律曆考七十二卷徐光啟崇禎曆書一百二十六卷（曆書總目一卷，日躔曆指四卷，日躔表二卷，恆星曆指三卷，恆星圖一卷，恆星曆表四卷，恆星經緯表二卷，恆星出沒表二卷，月離曆指四卷，月離表六卷，交食曆指七卷，交食表七卷，五緯曆指九卷，五緯表十卷，測天約說二卷，大測二卷，割圓八線表六卷，黃道升度表七卷，黃赤道距度表一卷，通率表二卷，元史揆日訂訛一卷，通率立成表一卷，散表一卷，測圓八線立成長表四卷，黃道升度立成中表四卷，曆指一卷，測量全義十卷，比例規解一卷，南北高弧表十二卷，諸方半晝分表一卷，諸方晨昏分表一卷，曆學小辯一卷，曆學日辯五卷，崇禎二年敕光啟與李之藻、王應遴及西洋人羅雅谷等陸續成書）羅雅谷籌算一卷王英明曆體略三卷何三省曆法同異考四卷賈信臺曆百中經一卷曆法統宗十二卷曆法集成四卷經緯曆書八卷七政全書四卷（已上四部皆不知撰人）

右曆數類三十一部二百九十一卷

劉基玉洞金書一部注靈棋經二卷解皇極經世稽覽圖十八卷選擇曆書五卷（洪武中欽天監奉敕撰定）馬貴周易雜占一卷胡宏周易黃金尺一卷盧翰中菴籤易一卷季本蓍法別傳二卷周瑞文公斷易奇書三卷蔡元谷神易數一卷張其堤易卦類選大成四卷王宇周易占林四卷錢春五行類應八卷劉均卜筮全書八卷趙際隆卜筮全書十四卷張濡先天易數二卷周視考陰陽定論三卷楊向春皇極心易發微六卷蔡士順皇極祕數占驗一卷吳玧皇極經世鈐解二卷太乙統宗寶鑑二十卷太乙淘金歌一卷六壬金鑰匙二卷馮柯三極通二卷張幹山古今應驗異夢全書四卷陳士元夢占逸旨八卷張鳳翼夢占類考十二卷池本理禽遁大全四卷禽星易見四卷鮑世彥奇門微義四卷奇門陽遁一卷陰遁一卷劉翊奇門遁甲兵機書二十卷徐之鏌選擇禽奇盤例定局五卷胡獻忠八門神書一卷葉容太乙三辰顯異經十卷李元澧太乙九旗曆三卷邢雲路太乙書十卷李克家戎事類占二十一卷楊瓚六壬直指捷要二卷蔣日新開雲觀月歌一卷黃公達鳳髓靈文一卷袁祥六壬大全三十三卷徐常吉六壬釋義一卷黃賓廷六壬集應鈐六十卷寧獻王權肘後神樞二卷運化元樞一卷曆法通書三十卷（金谿何士泰景祥、臨江宋魯珍輝山合編）熊宗立金精鰲極六卷通書大全三十卷王天利三元節要三卷徐瓘陰陽捷徑一卷劉最選擇類編八卷萬邦孚彙選筮吉指南十一卷日家指掌二卷通書纂要六卷何瑭陰陽管窺一卷劉黃裳元圖符藏二卷（已上卜筮陰陽）劉基三命奇談滴天髓一卷吳天洪造命宗鏡集十二卷洪理曆府大成二十二卷歐陽忠星命祕訣望斗真經三卷楊源星學源流二十卷雷鳴夏子平管見二卷李欽淵海子平大全六卷萬民育三命會通十二卷陸位星學綱目正傳二十卷星學大成十八卷張果星宗命格十卷文武星案六卷西窗老人蘭臺妙選三卷袁忠徹古今識鑑八卷鮑栗之麻衣相法七卷李廷湘人相編十二卷（已上星相）周繼陽宅真訣二卷王君榮陽宅十書四卷陳夢和陽宅集成九卷李邦祥陽宅真傳二卷周經陽宅新編二卷陽宅大全十卷（不知撰人）劉基金彈子三卷披肝露膽一卷一粒粟一卷地理漫興三卷趙汸葬說一卷瞿佑葬說一卷謝昌地理四書四卷謝廷桂堪輿管見二卷周孟中地理真機十五卷徐善繼人子須知三十五卷董章堪輿祕旨六卷徐國柱地理正宗八卷趙祐地理紫囊八卷郭子章校定天玉經七注七卷陳時暘堪輿真諦三卷王崇德地理見知四卷李廸人天眼目九卷徐之鏌羅經簡易圖解一卷地理琢玉斧十三卷地理全書五十一卷（不知撰人）地理天機會元三十五卷（不知撰人）李國本理氣祕旨七卷地理形勢真訣三十卷徐㶿堪輿辨惑一卷（已上堪輿）

右五行類一百四部八百六十一卷

格古要論十四卷（洪武中曹昭撰，天順間王佐增輯）沈津欣賞編十卷茅一相續欣賞編十卷吳繼墨蛾小錄四卷周履靖藝苑一百卷繪林十六卷畫藪九卷朱存理鐵網珊瑚二十卷朱凱圖畫要略一卷都穆金薤琳瑯二十卷寓意編一卷唐寅畫譜三卷韓昂明畫譜一卷楊愼墨池瑣錄一卷書品一卷斷碑集四卷徐獻忠金石文一卷周英書纂五卷程士莊博古圖錄三十卷朱觀熰畫法權輿二卷劉璋明書畫史三卷羅周旦古今畫鑑五卷李開先中麓畫品一卷王勣畫史二十卷王世貞畫苑十卷補遺二卷莫是龍畫說一卷劉世儒梅譜四卷王穉登吳郡丹青志一卷徐𤊹閩畫記一卷曹學佺蜀畫苑四卷李日華書畫想像錄四十卷張丑清河書畫舫十二卷寧獻王權爛柯經一卷琴阮啓蒙一卷神奇祕譜三卷袁均哲太古遺音二卷嚴澂琴譜十卷楊表正琴譜六卷林應龍適情錄二十卷棋史二卷葉良貴歙硯志四卷方于魯墨譜六卷程君房墨苑十卷周應愿印說一卷鄭履祥印林二卷臧懋循六博碎金八卷文震亨長物志十二卷（已上雜藝）

孝宗類證本草三十一卷世宗易簡方一卷趙簡王補刊素問遺篇一卷（世傳素問王冰注本中有缺篇，簡王得全本補之）寧獻王權乾坤生意四卷壽域神方四卷周定王普濟方六十八卷李詗集解脈訣十二卷劉純玉機微義五十卷醫經小學六卷楊文德太素脈訣一卷李恆袖珍方四卷周禮醫學碎金四卷兪子容續醫說十卷徐子宇致和樞要九卷劉均美拔萃類方二十卷（一作四十卷）胡濙衞生易簡方四卷（濙永樂中爲禮部侍郞，出使四方，輯所得醫方進於朝。一作十二卷）陶華傷寒六書六卷傷寒九種書九卷傷寒全書五卷鄭達遵生錄十卷楊愼素問糾略三卷陰秉暘內經類考十卷孫兆素問注釋考誤十二卷張介賓張氏類經四十二卷張世賢圖注難經八卷吳球諸證辨疑四卷用藥元機二卷方賢奇效良方六十九卷錢原濬集善方三十六卷鄒福經驗良方十卷丁毅醫方集宜十卷王鏊本草單方八卷錢寶運氣說二卷李言聞四胗發明八卷李時珍瀕湖脈學一卷奇經八脈考一卷（時珍本草綱目一書，用力深久，詳方伎傳）虞摶醫學正傳八卷方脈發蒙六卷樓英醫學綱目四十卷陳諫薔齋醫要十五卷徐春甫古今醫統一百卷方廣丹溪心法附餘二十四卷傅滋醫學集成十二卷薛己家居醫錄十六卷外科心法七卷王璽醫林集要八十八卷錢萼醫林會海四十卷方穀脈經直指七卷本草集要十二卷王肯堂醫論四卷（肯堂著證治準繩全書，博通醫學，見王樵傳）黃承昊折肱漫錄六卷萬全保命活訣三十五卷李中梓頤生微論十卷李濂醫史十卷楊珣針灸詳說二卷徐鳳針灸大全七卷徐彪本草證治辨明十卷繆希雍本草經疏二十卷方藥宜忌考十二卷熊宗立傷寒運氣全書十卷傷寒活人指掌圖論十卷趙原陽外科序論一卷汪機外科理例八卷吳倫養生類要二卷王鑾幼科類萃二十八卷薛鎧保嬰撮要二十卷周子蕃小兒推拿祕訣一卷吳洪痘疹會編十卷（已上醫術）

右藝術類一百十六部一千五百六十四卷

永樂大典二萬二千九百卷（永樂初，解縉等奉敕編文獻大成，既竣，帝以爲未備，復敕姚廣孝等重修，四歷寒暑而成，更定是名，成祖製序。後以卷帙太繁，不及刊布，嘉靖中復加繕寫）張九韶羣書備數十二卷袁均哲羣書纂數十二卷類林雜說十五卷（楊士奇文籍志云明初人所編）沈易博文編四卷吳相滄海遺珠十卷楊循吉奚囊手鏡二十卷羣書集事淵海四十七卷（百川書志云弘治時人編）楊愼升菴外集一百卷（焦竑編次）王圻三才圖說一百六卷司馬泰文獻彙編一百卷凌瀚羣書類考二十二卷浦南金修辭指南二十卷顧充古雋考略十卷吳玧經史文編三十卷三才廣志三百卷唐順之稗編一百二十卷李先芳雜纂四十卷鄭若庸類雋三十卷王世貞類苑詳注三十六卷陳耀文天中記六十卷凌迪知文林綺繡七十卷文選錦字二十一卷左國腴詞八卷太史華句八卷徐璉羣書纂要一百九十六卷曹大同藝林華燭一百六十卷陳禹謨駢志二十卷補注北堂書鈔一百六十卷茅絢學海一百六十四卷徐常吉事詞類奇三十卷徐元泰喩林一百二十卷馮琦經濟類編一百卷章潢圖書編一百二十七卷何三畏類鎔二十卷彭大翼山堂肆考二百四十卷卓明卿藻林八卷郭子章黔類十八卷詹景鳳六緯擷華十卷焦竑類林八卷彭好古類編雜說六卷王家佐古今元屑八卷祝叔祺考古詞宗二十卷朱謀㙔金海一百二十卷林濂詞叢類采八卷續八卷兪安期唐類函二百卷宋應奎翼學編十三卷陳世寶古今類腴十八卷陳懋學事文類纂十六卷袁黃羣書備考二十卷徐鑒諸書考略四卷凌以棟五車韻瑞一百六十卷劉仲達鴻書一百八卷劉嗣昌類山十卷黃一正事物紺珠四十六卷汪宗姬儒數類函六十二卷劉國翰記事珠十卷吳楚材強識略二十四卷彭儼五侯鯖十二卷商濬博聞類纂二十卷范泓典籍便覽八卷楊淙事文玉屑二十四卷徐袍事典考略六卷朱東光玉林摘粹八卷王光裕客窗餘錄二十二卷劉業古今事類通考十卷夏樹芳詞林海錯十六卷王路清珠淵十卷唐希言事言要元集二十二卷錢應充史學璧珠十八卷胡尚洪子史類語二十四卷沈夢熊三才雜組五卷屠隆漢魏叢書六十卷陳仁錫潛確居類書一百二十卷經濟八編類纂二百五十五卷林琦倫史鴻文二十四卷程良孺茹古略八十卷雷金科文林廣記三十一卷徐應秋駢字憑霄二十卷枳記二十八卷胡震亨祕冊彙函二十卷毛晉津逮祕書十五集

右類書類八十三部二萬七千一百八十六卷

道藏目錄四卷道經五百十二函太祖注道德經二卷周顚仙傳一卷（太祖製）神仙傳一卷（成祖製）寧獻王權庚辛玉冊八卷造化鉗鎚一卷陶宗儀金丹密語一卷張三丰金丹直指一卷金丹祕旨一卷劉太初金丹正惑一卷黃潤玉道德經注解二卷楊愼莊子闕誤一卷王道老子億二卷朱得之老子通義二卷莊子通義十卷列子通義八卷薛蕙老子集解二卷商廷試訂注參同契經傳三卷徐渭分釋古注參同契三卷皇甫濂道德經輯解三卷孫應鰲莊義要刪十卷王宗沐南華經別編二卷田藝蘅老子指元二卷焦竑老子翼二卷老子異一卷莊子翼八卷南華經餘事雜錄二卷拾遺一卷龔錫爵老子疏略一卷陶望齡老子解二卷莊子解五卷郭良翰南華經薈解三十三卷羅勉道南華循本三十卷陸長庚老子元覽二卷南華副墨八卷陰符經測疏一卷周易參同契測疏一卷金丹就正篇一卷張紫陽金丹四百字測疏一卷方壺外史八卷李先芳陰符經解一卷蓬元雜錄十卷沈宗霈陰符釋義三卷尹眞人性命圭旨四卷桑喬大道眞詮四卷孫希化眞武全傳八卷池顯方國朝仙傳二卷靳昂龍砂一脉一卷朱多㸅龍砂八百純一元藻二卷朱載堉葆眞通十卷顧元紫府奇元十一卷曹學佺蜀中神仙記十卷傅兆際寰有詮六卷楊守業洞天元語五卷徐成名保合編十二卷

右道家類五十六部二百六十七卷

釋藏目錄四卷佛經六百七十八函太祖集注金剛經一卷（成祖製序）成祖御製諸佛名稱歌一卷普法界之曲四卷神僧傳九卷仁孝皇后夢感佛說大功德經一卷佛說大因緣經三卷宋濂心經文句一卷姚廣孝佛法不可滅論一卷道餘錄一卷克菴禪師語錄一卷一如三藏法數十八卷陳實大藏一覽十卷大祐淨土指歸二卷元瀞三會語錄二卷溥洽雨軒語錄五卷法聚玉芝語錄六卷內語二卷宗泐心經注一卷金剛經注一卷洪恩金剛經解義一卷心經說一卷楊愼禪藻集六卷禪林鉤元九卷弘道注解楞伽經四卷梵琦楚石禪師語錄二十卷汪道昆楞嚴纂注十卷交光法師楞嚴正脉十卷陸樹聲禪林餘藻一卷管志道龍華懺法一卷王應乾楞嚴圓通品四卷方允文楞嚴經解十二卷曾鳳儀金剛般若宗通二卷心經釋一卷楞嚴宗通十卷楞伽宗通八卷圓覺宗通四卷沈士榮續原敎論二卷楊時芳心經集解一卷何湛之金剛經偈論疏注二卷戚繼光禪家六籍十六卷如愚金剛筏喩二卷張有譽金剛經義趣廣演三卷李通華嚴疏鈔四十卷方澤華嚴要略二卷劉璉無隱集偈頌三卷古音禪源諸詮一卷景隆大藏要略五卷劉鳳釋敎編六卷陳士元象敎皮編六卷釋氏源流二卷方晟宗門崇行錄四卷一元歸元直指四卷陶望齡宗鏡廣刪十卷沈泰鴻慈向集十三卷陸長庚楞嚴述旨十卷王肯堂參禪要訣一卷楊惟休佛宗一卷張明弼兎角詮十卷徐可求禪燕二十卷瞿汝稷指月錄三十二卷袁宏道宗鏡攝錄十二卷姚希孟佛法金湯文錄十二卷袁中道禪宗正統一卷袾宏彌陀經疏四卷正訛集一卷禪關策進一卷竹窻三筆三卷自知錄二卷眞可紫柏語錄一卷德清華嚴法界境一卷楞嚴通義十卷法華通義七卷觀楞伽記四卷肇論略注三卷長松茹退二卷憨山緒言一卷李樹乾竺乾宗解四卷蕭士瑋起信論解一卷曹胤儒華嚴指南四卷兪王言金剛標指一卷心經標指一卷楞嚴標指十二卷圓覺標指一卷鎮澄楞嚴正觀疏十卷般若照眞論一卷傳燈楞嚴元義四卷天台山方外志三十卷通潤楞嚴合轍十卷楞伽合轍四卷法華大窾七卷石顯西方合論十卷智順善才五十三參論一卷仁潮法界安立圖六卷如卺禪宗正脉十卷章有成金華分燈錄十卷鍾惺楞嚴如說十卷沈宗霈楞嚴約指十二卷徵心百問一卷王正位赤水元珠一卷栴檀林一卷曾大奇通翼四卷曹學佺蜀中高僧記十卷王應遴慈無量集四卷林應起全閩祖師語錄三卷夏樹芳棲眞志四卷祖心冥樞會要四卷淨喜禪林寶訓四卷大艤禪警語一卷宗敎答響一卷歸正錄一卷博山語錄二十二卷元賢弘釋錄三卷宗林寒燈衍義二卷

右釋家類一百十五部六百四十五卷

明史卷九十九　志第七十五

總裁官總理事務經筵講官少保兼太子太保保和殿大學士兼管吏部戶部尚書事加六級張廷玉等奉敕修

藝文四

集類三：一曰別集類，二曰總集類，三曰文史類

明太祖文集五十卷詩集五卷仁宗文集二十卷詩集二卷宣宗文集四十四卷詩集六卷樂府一卷憲宗詩集四卷孝宗詩集五卷世宗翊學詩一卷宸翰錄一卷咏和錄一卷咏春同德錄一卷白鵲贊和集一卷神宗勸學詩一卷（各藩及宗室自著詩文集已見本傳不載）宋濂潛溪文集三十

卷皆元時作潛溪文粹十卷劉基選續文粹十卷方孝孺鄭濟同選宋學士文集七十五卷鑾坡前集十卷後集十卷續集十卷別集十卷芝園前集十卷後集十十卷別集十卷朝天集五卷詩集五卷劉基覆瓿集二十四卷拾遺二卷皆元時作犂眉公集四卷文成集二十卷彙編諸集及郁離子春秋明經諸書詞四卷危素學士集五十卷葉儀南陽山房稿二十卷王晃竹齋詩集三卷范祖幹柏軒集四卷戴良九靈山房集三十卷王逢梧溪詩集七卷梁寅石門集四卷楊維楨東維子集三十卷鐵崖文集五卷古樂府十六卷詩集六卷陶宗儀南村詩集四卷貢性之南湖集二卷謝應芳龜巢集二十卷張昱詩集二卷楊芾鶴崖集二十卷李祁雲陽先生集十卷裔孫李東陽傳其集涂幾涂子類稿十卷張憲玉笥集十卷吳復雲槎集十卷華幼武黃楊集四卷陶振賦一卷洪武初振獻紫金山金水河及飛龍在天三賦陶安文集二十卷李習橄欖集五卷汪廣洋鳳池吟稿十卷孫炎左司集四卷劉炳春雨軒集十卷詞一卷劉迪簡文集五卷郭奎望雲集五卷王褘忠文集二十四卷張以寧翠屏集五卷詹同文集三卷劉崧文集十八卷詩八卷魏觀蒲山集四卷朱善一齋集十卷逯海集五卷顧輝守齋類稿三十卷朱升楓林集十二卷趙汸東山集十五卷汪克寬環谷集八卷唐桂芳白雲集略四十卷李勝原盤谷遺稿五卷胡翰文集十卷蘇衡文集十六卷朱廉文集十七卷陳謨海桑集十卷周霆震石初集十卷高啟槎軒集十卷大全集十八卷詞一卷楊基眉菴集十二卷詞一卷徐賁北郭集六卷張羽靜居集六卷陳基夷白齋集二十卷王彝嬀蜼子集四卷王行半軒集十二卷袁凱海叟詩集四卷孫作滄螺集六卷朱右白雲稿十二卷徐尊生制誥二卷懷歸稿十卷還鄉稿十卷貝瓊清江文集三十卷詩十卷顧祿經進集二十卷答祿與權文集十卷杜斆拙菴集十卷吳源託素齋集八卷劉駟文集十卷宋訥西隱集十卷劉三吾坦齋集二卷一作坦翁集十二卷張孟兼名丁以字行文集六卷王翰敝帚集五卷梁園寓稿九卷方克勤愚菴集二十卷吳伯宗集二十四卷南宮使交成均玉堂凡四種杜隰雙清集十卷鄭眞滎陽外史集一百卷吳玉林松蘿吟稿二十卷方幼學犖山集十二卷唐肅丹崖集八卷謝肅密菴集十卷謝徽蘭庭集六卷邵亨貞蛾術文集十六卷烏斯道春草集十卷貝翱舒菴集十卷葉顒樵雲集六卷沈夢麟花溪集三卷劉鷹盤谷集十卷宋禧文集三十卷詩十卷鄭淵遂初齋稿十卷林靜愚齋集二十卷劉永之山陰集五卷龔斆鵝湖集六卷王沂徵士集八卷王祐長

江稿五卷解開文集四十卷林鴻鳴盛集四卷鴻與唐泰黃玄周玄鄭定高棅王偁王褒王恭陳亮另有閩中十才子詩十卷孫蕡西菴集九卷蕡與王佐黃哲趙介李德另有廣中五先生詩四卷藍仁詩集六卷藍智詩集六卷張適樂圃集六卷浦源舍人集十卷林弼登州集六卷陸中蒲栖集二十卷林大同文集九卷丁鶴年海巢集三卷本西域人後家武昌永樂中始卒楚憲王爲刻其集方孝孺遜志齋集三十卷拾遺十卷黃孔昭謝鐸同輯卓敬卓氏遺書五十卷練子寧金川玉屑集五卷茅大芳集五卷程本立巽隱集四卷王艮吉水人王充耘孫翰林集十卷王叔英靜學集二卷周是修芻蕘集六卷鄭居貞集五卷程通遺稿十卷梅殷都尉集三卷任亨泰遺稿二卷王紳文集三十卷王稌青巖類稿十卷林右集二卷王賓詩集二卷張紞鷗菴集一卷樓璉居夷集五卷龔詡野古集二卷高遜志嗇齋集二卷解縉學士集三十卷春雨集十卷似羅隱集二卷已上洪武建文時姚廣孝逃虛子集十卷外集一卷黃淮省愆集二卷詞一卷胡廣集十九卷楊榮兩京類稿三十卷玉堂遺稿十二卷楊士奇東里集二十五卷詩三卷胡儼頤菴集三十卷金幼孜集十二卷夏原吉集六卷王鈍野莊集六卷鄭賜聞一齋集四卷趙羾集三卷茹瑺詩一卷黃福家集三十卷使交文集十七卷鄭濟頤菴集九卷王達天游集二十二卷曾棨集十八卷林環文集十卷詩三卷林誌節齋集十五卷王汝玉詩集八卷張洪集二卷王紱詩集五卷梁潛泊菴集十二卷劉髦石潭集五卷鄒緝素菴集十卷王偁虛舟集五卷王褒養靜齋集十卷王恭詩集七卷高棅嘯臺集二十卷木天清氣集十四卷黃壽生文集十卷楊慈文集五卷蘇伯厚履素集十卷鄭棠道山集二十卷劉均拙菴集八卷徐永達文集二十卷詩十卷王洪毅齋集八卷黃裳集十卷袁忠徹符臺外集五卷陸顒顒光集二十卷瞿佑存齋樂全集三卷詞三卷曾鶴齡松臞集三卷陳叔剛綱齋集十卷柯暹東岡集十二卷羅亨信集十二卷劉鉉詩集六卷金實文集二十八卷王暹奏議二十卷文集四十卷蘇鉦竹坡吟稿二十卷周鳴退齋稿六十卷方勉怡菴集十五卷周敘石溪集十八卷楊溥文集十二卷詩四卷胡濙澹菴集五卷已上永樂時熊槩芝山集四十卷公餘集三十卷吳訥文集二十卷詩八卷泰樸抱拙集六卷陳繼怡菴集二十卷黃澤詩集十四卷羅紘蘭坡集十二卷馬愉淡軒文集八卷陳循芳洲集十六卷高穀集十卷廖莊漁梁集二卷林文澹軒稿十二卷龔錡蒙齋集十卷王訓文集三十卷梁蕁集二十卷

姜洪松岡集十一卷楊復土苴集五十卷劉廣衡雲菴集三十卷陳泰拙菴集二十五卷李奎九川集六卷徐琦文集六卷已上洪熙宣德時孫原貞奏議八卷歲寒集二卷王直抑菴集四十二卷王英文集六卷詩五卷錢習禮文集十四卷應制集一卷陳鎰文集六卷魏驥摘稿十卷周忱雙崖集八卷陳璉琴軒稿三十卷周旋文集十卷劉球兩谿集二十四卷張楷和唐音二十八卷和李杜詩十二卷李時勉文集十一卷詩一卷陳敬宗澹然集十八卷張倬毅齋集二十卷鄭鯨雲遨摘稿八卷彭時奏疏一卷文集四卷商輅奏議一卷文集三十二卷蕭鎡文集二十卷詩十卷于謙奏議十卷文集二十卷郭登聯珠集二十二卷景泰初登封定襄伯有詩名是集以其父珏兄武之作與登詩合編何文淵奏議一卷文稿四卷章瑄竹莊集四十卷吳宣野菴集十六卷鄭文康平橋集十八卷劉溥草窻集二卷溥與蔣主忠王貞慶晏鐸蘇平蘇正湯允勣王淮沈愚鄒亮等稱景泰十才子當時各有專稿桑琳鶴溪集二十卷錢洪詩集四卷劉英詩集六卷徐有貞武功集八卷許彬文集十卷詩四卷薛瑄敬軒集四十卷詩八卷李賢古穰集三十卷續集二十卷呂原介軒集十二卷岳正類博稿十卷劉儼文集三十二卷吳與弼康齋文集十二卷王宇厚齋集三卷張穆勿齋集二十卷劉昌五臺集二十二卷胥臺鳳臺金臺嵩臺越臺諸稿彙編蕭儀竹軒集二十卷周堂郡齋稿十卷羅周梅隱稿十八卷姚綬雲東集十卷湯允勣東谷集十卷易貴文集十五卷已上正統景泰天順時劉定之存稿二十一卷續稿五卷劉珝文集十六卷軒輗奏議四卷彭華文集十卷尹直澄江集二十五卷姚夔奏議三十卷文集十卷李裕奏議七卷文集四卷楊鼎奏議五卷文稿二十卷倪謙玉堂南宮上谷歸田四稿共一百七十卷余子俊奏議六卷周洪謨箐齋集五十卷南皐集二十卷林聰奏議八卷文集十四卷張瑄奏議八卷觀菴集十五卷關洛紀巡錄十七卷謝一夔文集六卷韓雍奏議一卷文集十五卷柯潛竹巖集八卷陸釴春雨堂稿三十卷葉盛奏草三十卷文稿二卷詩一卷楊守陳全集三十卷范理丹臺稿十卷林鶚文稿十卷羅倫一峯集十卷莊昶定山集十卷黃仲昭未軒集十三卷陳獻章白沙子八卷文集二十二卷遺編六卷楊起元文編六卷張弼文集五卷詩四卷胡居仁敬齋集三卷陳眞晟布衣存稿九卷夏寅文集四十卷備遺錄二十三卷張寧文集三十二卷夏時正留餘稿三十五卷陸容式齋集三十八卷龍瑄鴻泥集二十卷周瑛翠渠摘稿七卷段正介菴集三十

卷蔣琬文集十卷朱翰石田稿十四卷張冑西溪集十五卷丁元吉文集六十四卷劉敔鳳巢稿六卷桑悅兩都賦二卷古賦三卷文集十六卷祁順巽川集二十卷徐溥文集七卷邱濬瓊臺類稿五十二卷詩十二卷李東陽懷麓堂前後集九十卷續稿二十卷謝遷歸田稿十卷陸簡龍皐稿十九卷程敏政篁墩全集一百二十卷吳寬匏菴集七十八卷張元禎文集二十四卷王恕奏稿十五卷文集九卷韓雍奏議一卷倪岳青溪漫稿二十四卷馬文升奏議十六卷文集一卷王與思軒集十二卷楊守阯碧川文鈔二十九卷詩二十卷張昇文集二十二卷童軒枕肱集二十卷杭淮雙溪詩集八卷黎淳龍峯集十三卷劉大夏奏議一卷詩二卷張悅集五卷何喬新文集三十二卷彭韶奏議五卷文集十二卷王珣奏稿十卷詩二卷閔珪文集十卷徐貫餘力集十二卷董越文集四十二卷謝鐸奏議四卷文稿四十五卷詩三十六卷陳音愧齋集十二卷張詡東所集十卷鄒智立齋遺文四卷李承箕大崖集二十卷錢福文集六卷楊循吉遺集五卷邵珪半江集六卷趙寬半江集六卷杭濟詩集六卷吳元應詩集十五卷顧潛靜觀堂集十四卷文林溫州集十二卷呂㦂九柏集六卷沈周石田詩鈔十卷史鑑西村集八卷祝允明祝氏集略三十卷懷里堂集三十卷小集七卷唐寅集四卷顧盤海涯集十卷王鏊文集三十卷楊廷和奏議一卷石齋集八卷梁儲鬱洲集九卷費宏文集二十四卷靳貴戒菴集二十卷楊一清奏議三十卷石淙類稿四十五卷詩二十卷蔣冕湘皐集三十三卷毛紀鼇峯類稿二十六卷韓文質菴集四卷吳文度交石集十卷林瀚集二十五卷屠勳東湖稿十二卷羅玘奏議一卷文集十八卷續集十四卷儲巏文集十五卷王鴻儒凝齋集九卷邵寶容春堂全集六十一卷章懋文集九卷楊廉奏議四卷文集六十二卷喬宇白巖集二十卷黃瓚文集十二卷蔡清虛齋文集五卷魯鐸文集十卷王雲鳳虎谷集二十一卷毛澄類稿十八卷王瓊奏議四卷彭澤幸菴行稿十二卷林俊文集四十卷詩十四卷李夢陽空同全集六十六卷康海對山集十九卷樂府二卷王九思渼陂集十九卷樂府四卷何景明大復集六十四卷鄭善夫奏議一卷少谷全集二十五卷徐禎卿迪功集十一卷朱應登凌溪集十九卷王廷陳夢澤集三十八卷景暘前谿集十四卷陳沂文集十二卷詩五卷田汝耔奏議五卷水南集十八卷倫文敘迂岡集十卷白沙

集十二卷顏木爐餘稿四卷盧雍古園集十二卷陳霆水南集十七卷王守仁陽明全書三十八卷陸完水村集二十卷唐錦龍江集十四卷穆孔暉文集三卷史學球谿集二十卷許莊康衢集一百卷汪循仁峯文集二十五卷錢仁夫水部詩曆十二卷徐璉玉峯集十五卷五言詩五卷黃省曾五岳山人集三十八卷孫一元太白山人稿五卷謝承舉一名璿詩集十五卷王寵雅宜山人集十卷傅汝舟丁戊集十二卷高瀫石門集二卷蕭雍酌齋遺稿四卷已上成化、弘治、正德時廖道南文集五十卷詩六卷羅欽順整菴稿三十三卷何孟春疏議十卷文集十八卷顧清文集四十二卷劉瑞五清集十八卷呂柟涇野集五十卷何瑭文集十一卷魏校莊渠文錄十六卷詩四卷陳察虞山集十三卷楊慎文集八十一卷南中集七卷詩五卷詞四卷胡世寧奏議十卷鄭岳山齋稿二十四卷陳洪謨文稿二卷王時中奏議十卷董玘文集六卷秦金詩集十卷潘希曾奏議四卷竹澗集八卷劉龍文集四十八卷劉夔奏議十卷陸深全集一百卷續集十卷張邦奇全集五十卷馬中錫奏疏三卷東田集六卷劉玉執齋集二十卷周倫貞翁稿十二卷劉節梅國集四十二卷章拯文集八卷邊貢華泉集四卷詩八卷王廷相奏議十卷家藏集五十四卷顧璘息園文稿九卷詩十四卷劉麟文集十二卷崔銑洹詞十二卷王爌南渠稿十六卷陳鳳梧奏議十卷修辭錄六卷張翀文集二十卷夏良勝東洲稿十二卷詩八卷姚鏌文集八卷王道文集十二卷徐問文集二十四卷萬鏜治齋文集四卷湛若水甘泉前後集一百卷韓邦奇苑洛集二十二卷劉訒春岡集六卷黃衷矩齋集二十卷顧應祥文集十四卷樂府一卷樂護木亭稿三十六卷石瑤熊峯集四卷賈詠南塢集十卷崔桐東洲集四十卷毛伯溫奏議二十卷東塘集十卷王以旂奏議十卷石岡集四卷林廷棉集十卷孫承恩集三卷黃佐兩都賦二卷泰泉集六十卷童承叙內方集十卷貢汝成三大禮賦一卷嘉靖中獻林大輅愧瘖集十六卷許宗魯全集五十二卷胡纘宗鳥鼠山人集十八卷擬古樂府四卷詩七卷方鵬文集十八卷詩八卷王同祖太史集六十卷鄒守益東郭集十二卷遺稿十三卷顧鼎臣文集二十四卷張璧陽峯集二十六卷張治文集十四卷許讚松皐集二十六卷王崇慶端溪集八卷王邦瑞文集二十卷聶豹雙江集十八卷薛蕙考功集十卷汪必東南雋集二十卷孫存豐山集四十卷蕭鳴鳳文集十五卷

周佐北澗集十卷金賁亨文集四卷蔣山卿南泠集十二卷李濂嵩渚集一百卷林士元文集十卷林春澤人瑞翁集十二卷汪應軫文集十四卷陳琛文集十二卷王漸逵青蘿集十六卷戴鱀文集八卷廖世昭明一統賦三卷許相卿全集二十六卷陸釴少石子集十三卷邵經邦弘藝錄三十二卷陳講中川集十三卷邱養浩集齋類稿十八卷王用賓文集十六卷倫以訓白山集十卷倫以諒石溪集十卷倫以詵穗石集十卷顧瑮寒松齋稿四卷黃綰石龍集二十八卷費寀集四卷席書元山文選五卷方獻夫西樵稿五卷霍韜集十五卷舒芬內外集十八卷汪佃東麓稿十卷戴冠邃谷集十二卷詩二卷唐龍漁石集四卷歐陽鐸集二十二卷夏言桂洲集二十卷嚴嵩鈐山堂集二十六卷張孚敬詩集三卷歐陽德南野集三十卷許誥奏議二卷許論默齋集四卷張時徹芝園全集八十五卷呂禎澗松稿四卷鄭曉奏疏十四卷文集十二卷潘恩笠江集二十四卷陳儒芹山集四十卷王艮心齋文集二十卷王畿龍谿文集二十卷錢德洪緒山集二十四卷孫宜洞庭山人集五十三卷高叔嗣蘇門集八卷呂本期齋集十六卷徐階世經堂全集五十卷鄒守愚俟知堂集十三卷胡松奏疏五卷文集十卷袁煒詩集八卷嚴訥表奏二卷文集十二卷李春芳詒安堂稿十卷郭朴文集五卷林庭機文集十二卷茅瓚文集十五卷董份泌園全集三十七卷孫陞文集二十卷李璣西野集十三卷尹臺洞麓堂集三十八卷范欽天一閣集十九卷陳堯梧岡文集五卷詩三卷雷禮鐔墟堂稿二十卷蔡汝楠自知堂集二十四卷張岳淨峯稿四十六卷蘇濂伯子集十三卷蘇濬仲子集七卷陸垹文集十二卷謝東山文集四十卷李舜臣愚谷集十卷龔用卿雲岡集二十卷王維楨全集四十二卷王材文集六十五卷呂懷類稿三十三卷趙時春浚谷集十七卷王慎中遵巖文集四十一卷唐順之荊川集二十六卷陳束文集二卷熊過南沙集八卷任瀚逸稿六卷呂高江峯稿十二卷李默羣玉樓稿七卷馮恩奏疏一卷芻蕘錄四卷馬一龍游藝集十九卷陸粲貞山集十二卷康太和蠣峯集二十四卷余光兩京賦二卷楊爵斛山稿六卷馮汝弼祐山集十六卷包節侍御集六卷錢薇海石集二十八卷周怡訥溪集二十七卷羅洪先全集二十五卷唐樞木鐘臺集三十二卷林春東城集二卷柯維騏藝餘集十四卷盧襄五鴟草堂集十卷薛甲藝文類稿十四卷薛應旂方

山集六十八卷唐音文集二十卷劉繪奏議二卷嵩陽集十五卷喬世寧邱隅集十九卷孔汝錫文集十六卷詩十四卷袁袠胥臺集二十卷袁尊尼魯望集十二卷文徵明甫田集三十五卷文彭博士集三卷文嘉和州集一卷蔡羽林屋集二十卷南館集十三卷陳淳白陽詩集八卷湯珍小隱堂詩集八卷彭年隆池山樵集三卷田汝成叔禾集十二卷屠應埈蘭暉堂集八卷范言菁陽集五卷楊本仁少室山人集二十四卷沈愷環溪集二十六卷李開先中麓集十二卷皇甫沖子浚集六十卷皇甫涍少元集三十六卷皇甫汸司勳集六十卷皇甫濂水部集二十卷周詩虛巖山人集六卷黃姬水淳父集二十四卷駱文盛存稿十五卷崔廷槐樓溪集三十六卷栗應宏太行集十六卷詩六卷莫如忠崇蘭館集二十卷陳昌積文集三十四卷何良俊柘湖集二十八卷何良傅禮部集十卷許穀省中二臺武林歸田四稿共十七卷華鑰水西居士集十二卷張之象翦綃集二卷徐獻忠長谷集十五卷鄔紳中憲集六卷陳暹文集四卷瞿景淳內制集一卷文集十六卷王問仲山詩選八卷侯一元少谷集十六卷俞憲詩集二十四卷南逢吉姜泉集十四卷錢芹永州集五卷姚淶文集八卷華察巖居稿八卷沈束屏南集十卷茅坤文集三十六卷吳維嶽天目山齋稿二十八卷李嵩存笥稿十卷馮惟健陂門集八卷馮惟訥光祿集十卷桑介白厓詩選十卷李應元蔡蒙山房稿四卷陳鳳清華堂稿六卷吳玩環山樓集六卷沈鍊鳴劍集十二卷青霞山人集五卷金大車子有集二卷金大輿子坤集二卷楊繼盛忠愍集四卷呂時中潭西文集十七卷林懋和雙臺詩選九卷王交綠槐堂稿二十二卷向洪邁詩文集十卷盧岐嶷吹劍集三十五卷周思兼文集八卷詹萊招搖池館集三十卷謝江岷陽集八卷傅夏器錦泉集六卷朱曰藩山帶閣集三十三卷岳岱山居稿三十卷高岱西曹集九卷陸楫蒹葭堂集七卷李先芳東岱山房稿三十卷陳宗虞卧雲樓稿十四卷黃伯善文稿六卷詩十五卷胡瀚今山文集一百卷蔡宗堯龜陵集二十卷孫樓百川集十二卷張世美西谷集十六卷邵圭潔北虞集六卷李攀龍滄溟集三十二卷白雪樓詩集十卷王世貞弇州四部稿一百七十四卷四部者一賦二詩三文四說以擬域中之四部州汪道昆序之續稿二百十八卷王世懋奉常集五十四卷詩十五卷梁有譽比部集八卷徐中行天目山人集二十一卷詩六卷宗臣詩文集十五卷吳國倫甔甀洞

稿五十四卷續稿二十七卷詩十五卷謝榛四溟山人集二十卷詩四卷盧柟賦五卷蠛蠓集五卷劉鳳文集三十二卷陸弼詩集二十六卷汪道昆太函集一百二十卷南溟副墨二十四卷許邦才梁園集四卷魏學禮集二十四卷魏裳雲山堂集六卷張佳允奏議七卷峴崍文集六十五卷張九一綠波樓集十卷黎民表文集十六卷歐大任虞部集二十二卷俞允文詩文集二十四卷余曰德詩集十四卷萬表玩鹿亭稿八卷高拱獻忱集五卷詩文集四十四卷趙貞吉文集二十三卷詩五卷高儀奏議十卷楊巍夢山存稿四卷殷士儋金輿山房稿十四卷諸大綬文集八卷楊博獻納稿十卷奏議七十卷詩文集十二卷張瀚詩文集四十卷董傳策奏議一卷采薇集十四卷馬森文集二十卷洪朝選靜菴稿十五卷朱衡文集二十卷陳紹儒司空集二十卷何維柏天山堂集二十卷周詩與鹿集十二卷郭汝霖石泉山房集十二卷王時槐存稿十四卷曹大章含齋稿二十卷林大春井丹集十五卷王叔果半山藏稿二十卷王叔杲玉介園稿二十卷徐師曾湖上集十四卷張祥鳶華陽洞稿二十二卷陳善黔南類稿八卷穆文熙逍遙園集十卷胡直衡廬稿三十卷王格少泉集十卷姚汝循詩文集二十四卷張元忭不二齋稿十二卷歸有光震川集三十卷外集十卷錢謙益訂正劉效祖詩稿六卷王叔承吳越游七卷沈明臣詩集四十二卷陳鶴詩集二十一卷馮遷長鋏齋稿七卷朱邦憲詩文集十五卷徐渭詩文全集二十九卷王寅詩文集八卷郭造卿海岳山房集二十卷俞汝爲缶音集四卷謝汝韶天池稿十六卷謝肇淛文集二十八卷詩三十卷駱問禮萬一樓集六十一卷外集十卷王可大三山彙稿八卷沈桐觀頤集二十卷王養端遂昌三賦一卷黃謙詩文稿十六卷戴廷槐錦雲集十六卷已上嘉靖、隆慶時張居正奏對稿十卷詩文集四十七卷張四維條麓堂集三十四卷馬自強文集二十卷陸樹聲詩文集二十六卷林燫文集十六卷詩六卷汪鏜餘清堂定稿三十二卷徐學謨文集四十三卷詩二十二卷潘季馴奏疏二十卷文集五卷吳桂芳奏議十六卷文集十六卷譚綸奏議十卷俞大猷正氣堂集十六卷戚繼光橫槊稿三卷海瑞文集七卷吳時來悟齋稿十五卷趙用賢奏議一卷文集三十卷詩六卷吳中行賜餘堂集十四卷艾穆熙亭集十卷鄒元標奏疏五卷文集七卷續集十二卷沈思孝陸沈漫稿六卷蔡文範文集十八卷范槲明蜀都賦

一卷王宗沐奏疏四卷文集三十卷王崇古奏議五卷山堂彙稿十七卷王士性五岳遊草十二卷陳士元歸雲集七十五卷鄧元錫潛學稿十七卷林偕春雲山居士集八卷申時行綸扉奏草十卷賜閒堂集四十卷余有丁詩文集十五卷許國文集六卷王錫爵詩文集三十二卷王家屏文集二十卷趙志皐奏議十六卷文集四卷詩五卷耿定向文集二十卷姜寶文集三十八卷詩十卷孫應鼇彙稿十六卷魏學曾文集十卷沈節甫文集十五卷王樵方麓居士集十四卷宋儀望文集十二卷詩十四卷魏允貞文集四卷魏允中文集八卷顧憲成文集二十卷孟化鯉文集八卷葉春及綱齋集六卷王穉登詩集十二卷盛時泰城山堂集六十八卷張鳳翼處實堂前後集五十三卷張獻翼文起堂集十六卷莫是龍石秀齋集十卷曹子念詩集十卷顧大典清音閣集十卷鄔佐卿芳潤齋集九卷茅溱四友齋集十卷莫叔明詩三卷田藝蘅詩文集二十卷胡應麟少室山房類稿一百二十卷陳文燭文集十四卷詩十二卷李維楨大泌山房全集一百三十四卷屠隆由拳集二十三卷白榆集二十卷栖眞館集三十卷屠本畯詩草六卷馮時可元成選集八十三卷沈鯉亦玉堂稿十八卷于愼行文集四十二卷詩二十卷李廷機文集十八卷曾同亨泉湖山房稿三十卷王圻鴻洲類稿十卷謝杰天靈山人集二十卷馮琦宗伯集八十一卷曾朝節紫園草二十二卷郭子章粤草蜀草楚草閩草浙草晉草留草共五十五卷許孚遠致和堂集八卷田一儁鍾台遺稿十二卷林景暘玉恩堂集十卷鄧以讚定宇集四卷黃洪憲碧山學士集二十一卷王祖嫡文集三十七卷劉日升愼修堂集二十三卷郭正域黃離草十卷唐文獻占星堂集十六卷鄒德溥全集五十卷沈懋學郊居稿六卷馮夢禎快雪堂集六十四卷邢侗來禽館集二十八卷余寅農丈人集二十卷詩八卷虞淳熙德園全集六十卷湯顯祖玉茗堂文集十五卷詩十六卷謝廷諒薄遊草二十四卷謝廷讚綠屋遊草十五卷陳第寄心集六卷羅大紘文集十二卷來知德瞿塘日錄三十卷徐卽登正學堂稿二十六卷蘇濬紫溪集三十四卷羅汝芳近溪集十二卷詩二卷潘士藻闇然堂集六卷焦竑澹園集四十九卷續集三十五卷袁宗道白蘇齋類稿二十四卷袁宏道詩文集五十卷袁中道珂雪齋集二十四卷陶望齡歇菴集十六卷瞿九思文集七十五卷馮大受詩集十卷何三畏漱六齋集四十八卷瞿汝稷同鄉集十四卷郝敬小山草十卷許樂善適志齋稿十卷王納諫初日齋集七卷姚舜牧文集十六卷葉向高綸扉奏草三十卷文集二十卷詩八卷丁賓文集八卷區大相詩集二十七卷顧起元文集三十卷詩二十卷湯賓尹睡菴初集六卷王衡緱山集二十七卷公鼐問次齋集三十卷邱禾實文集八卷詩四卷南師仲元麓堂集五十卷張以誠酌春堂集十卷何喬遠集八十卷張燮羣玉樓集八十四卷張萱西園全集三十卷李光縉景璧集十九卷曹學佺石倉詩文集一百卷徐熥幔亭集二十卷徐𤊹鼇峯集二十六卷黃汝亨寓林集三十二卷趙宧光寒山漫草八卷俞安期翏翏集二十八卷歸子慕陶菴集四卷趙南星文集二十四卷楊漣文集三卷左光斗奏疏三卷文集五卷魏大中藏密齋集二十五卷魏學洢茅簷集八卷繆昌期從野堂存稿八卷李應昇落落齋遺稿十卷周宗建奏議四卷黃尊素文集六卷馮從吾疏草一卷少墟文集二十二卷孫愼行奏議二卷元晏齋集十卷曹于汴抑節堂集十四卷陳于廷定軒存稿三卷張鼐寶日堂集六卷楊守勤寧澹齋集十卷婁堅學古緒言二十六卷唐時升三易集二十卷李流芳檀園集十二卷程嘉燧松圓浪淘集十八卷朱國祚介石齋集二十卷鍾惺隱秀堂集八卷譚元春嶽歸堂集十卷蔡復一遯菴集十七卷王思任文集三十卷董其昌容臺集十四卷別集六卷陳繼儒晚香堂集三十卷王廷宰緯蕭齋集六卷李日華恬致堂集四十卷方應祥青來閣集三十五卷姚希孟文集二十八卷陳仁錫無夢園集四十卷蕭士瑋春浮園集十卷鄭懷魁葵圃集三十卷謝兆申詩文稿二十四卷顧正誼詩史十五卷張采知畏堂文存十一卷詩存四卷張溥七錄齋集十二卷詩三卷唐汝詢編蓬集十卷曾異撰紡授堂集二十七卷孫承宗奏議三十卷文集十八卷賀逢聖文類五卷蔣德璟敬日草九卷黃景昉甌安館集三十卷倪元璐奏牘三卷詩文集十七卷李邦華奏議六卷文集八卷王家彥奏議五卷文集五卷凌義渠文集六卷馬世奇文集六卷詩三卷劉理順文集十二卷金鉉文集六卷鹿善繼文稿四卷孫元化文集一百卷熊人霖華川集二十四卷陳山毓靖質居士集六卷陳龍正幾亭集六十四卷陳際泰太乙山房集十四卷吳應箕文集二十八卷呂維祺詩文集二十卷徐石麒可經堂集十二卷黃道周石齋集十二卷張肯堂莞爾集二十卷袁繼咸六柳堂集三卷黃端伯瑤光閣集八卷金聲文集九卷陳函輝寒山集十卷艾南英天傭子集六卷黎遂球文集二十一卷詩十卷李日宣奏議十六卷敬修堂集三十卷黃淳耀陶菴集七卷侯峒曾文集四十卷侯岐曾文集三十卷已上萬曆天啓崇禎時

宗泐全室外集十卷西游集一卷洪武中宗泐爲右善世奉使西域求遺經往返道中之作來復蒲菴集十卷法住幻住詩一卷清濋蘭江望雲集二卷廷俊泊川文集五卷克新雪廬稿一卷守仁夢觀集六卷如蘭支離集七卷德祥桐嶼詩一卷子楩水雲堂稿二卷宗衍碧山堂集三卷妙聲東皋錄七卷元極圓菴集十卷溥洽雨軒外集八卷善啓江行倡和詩一卷大同竺菴集二卷覺澄雨華詩集二卷明秀雪江集三卷普泰野菴詩集三卷宗林香山夢寐集一卷方澤冬谿內外集八卷眞可紫柏老人集十五卷德清憨山夢游集四十卷弘恩雪浪齋詩集二卷寬悅堯山藏草五卷法杲雪山詩集八卷一元山居百咏一卷如愚空華集二卷飲河集二卷四悉稿四卷智舷黃山老人詩六卷慧秀秀道人集十三卷傳慧浮幻齋詩三卷流雲集二卷圓復三支集二卷一華集二卷元賢禪餘集四卷張宇初峴泉文集二十卷鄧羽觀物吟一卷張友霖鐵鑛集二卷邵元節集四卷汪麗陽野懷散稿一卷張蚩蚩適適吟一卷顏復膺潛菴咏物詩六卷已上方外

安福郡主桂華詩集一卷周憲王宮人夏雲英端清閣詩一卷陳德懿詩四卷楊夫人詞曲五卷孟淑卿荆山居士詩一卷朱靜菴詩集十卷鄒賽貞詩四卷楊文儷詩一卷金文貞蘭莊詩一卷馬閑卿芷居集一卷端淑卿綠窻詩稿四卷王鳳嫺焚餘草五卷張引元張引慶雙燕遺音一卷董少玉詩一卷周玉如雲巢詩一卷邢慈靜非非草一卷沈天孫留香草四卷屠瑤瑟留香草一卷袁九淑伽音集一卷姚青蛾玉鴛閣詩二卷王虞鳳罷繡吟一卷劉苑華詩一卷陸卿子考槃集六卷雲卧閣稿四卷元芝集四卷徐媛絡緯吟十二卷沈紉蘭效顰集一卷項蘭貞裁雲草一卷月露吟一卷薄少君嫠泣集一卷方孟式紉蘭閣集八卷方維儀清芬閣集七卷黃幼藻柳絮編一卷桑貞白香奩稿二卷已上閨秀

右別集類一千一百八十八部一萬九千八百九十六卷

歷代名臣奏議三百五十卷永樂中黃淮等奉敕纂輯王恕歷代諫議錄一百卷謝鐸赤城論諫錄十卷鐸與黃孔昭同輯天台人文之有關治道者宋十人明六人張瀚明疏議輯略三十七卷張國綱明代名臣奏疏二十卷張鹵嘉隆疏鈔二十卷吳亮萬曆疏鈔五十卷孫旬明疏議七十卷朱王弼明留臺奏議二十卷慶靖王㮵文章類選四十卷鄭淵續文類五十卷鄭柏續文章正宗四十卷王稌國朝文纂四十卷趙友同古文正原十五卷吳訥文章辨體五十卷外集五卷李伯璵文翰類選大成一百六十二卷張洪古今箴銘集十四卷程敏政明文衡九十八卷楊循吉明文寶八十卷姚福明文苑通編十卷賀泰唐文鑑二十一卷李夢陽古文選增定二十二卷劉節廣文選八十二卷李堂正學類編十五卷謝朝宣古文會選三十卷楊愼古雋八卷林希元古文類鈔二十卷唐順之文編六十四卷明文選二十卷張時徹明文範六十八卷汪宗元明文選二十卷張士瀹明文纂五十卷愼蒙明文則二十二卷薛甲大家文選二十二卷王逢年文統一百卷茅坤唐宋八大家文鈔一百四十四卷徐師曾文體明辯八十四卷正錄六十卷附錄二十四卷褚鈇滙古菁華二十四卷姚翼歷代文選五十卷陳第屈宋古音義三卷郭棐名公玉屑錄二十卷胡時化名世文宗三十卷查鐸西漢菁華十四卷申用懋西漢文苑十二卷湯紹祖續文選二十七卷孫鑛今文選十二卷馬繼銘廣文選二十五卷劉世教賦紀一百卷潘士達古文世編一百卷陳翼飛文儷六十卷何喬遠明文徵七十四卷汪瑗楚辭集解十五卷陳仁錫古文奇賞二十二卷續二十四卷三續二十六卷四續五十三卷明文奇賞四十卷王志堅古文瀾編二十卷續編三十卷四六法海十二卷楊瞿崍明文翼統四十卷張燦擬離騷二十卷黃道周續離騷二卷胡震亨續文選十四卷方岳貢古文國瑋集五十二卷俞王言辭賦標義十八卷陳山毓賦略五十卷陳子龍明代經世文編五百八卷張溥古文五刪五十二卷漢魏百名家集陳經邦明館課五十一卷張陽新安文粹十五卷趙鶴金華文統十三卷阮元聲金華文徵二十卷張應麟海虞文苑二十四卷錢穀續吳都文粹六百卷董斯張吳興藝文補七十卷楊愼尺牘清裁十一卷古今翰苑瓊琚十二卷王世貞增集尺牘清裁二十八卷梅鼎祚書記洞詮一百二十卷俞安期啓雋類函一百卷凌稚隆名公翰藻五十二卷宋公傳元詩體要十四卷南海甄林序稱其嘗同修東觀書蓋永樂初纂修大典者高棅唐詩品彙九十卷拾遺十卷唐詩正聲二十二卷周叙唐詩類編十卷蕭儀明代風雅廣選三十七卷楊愼風雅逸編十卷選詩外編九卷五言律祖六卷近體始音五卷詩林

振秀十一卷明詩鈔七卷何景明校漢魏詩十四卷黃佐明音類選十八卷徐泰明代風雅四十卷程敏政詠史詩選十五卷徐獻忠六朝聲偶集七卷百家唐詩一百卷黃德水初唐詩紀三十卷李于鱗古今詩刪三十四卷唐詩選七卷何喬新唐律羣玉十六卷鄒守愚全唐詩選十八卷謝東山明近體詩鈔二十九卷馮惟訥詩紀一百五十六卷風雅廣逸七卷王宗聖增補六朝詩彙一百十四卷張之象古詩類苑一百二十卷唐詩類苑二百卷唐雅二十六卷卓明卿唐詩類苑一百卷潘是仁宋元名家詩選一百卷毛應宗唐雅同聲五十卷俞安期詩雋類函一百五十卷許學夷詩源辨體十六卷俞憲盛明百家詩一百卷盧純學明詩正聲六十卷符觀唐詩正體七卷宋詩正體四卷元詩正體四卷明詩正體五卷鍾惺古唐詩歸四十七卷臧懋循古詩所五十二卷唐詩所四十七卷李騰鵬詩統四十二卷張可仕補訂明布衣詩一百卷沈子來唐詩三集合編七十八卷陳子龍明詩選十三卷胡震亨唐音統籤一千二十四卷甲籤帝王詩七卷乙籤初唐詩七十九卷丙籤盛唐詩一百二十五卷丁籤中唐詩三百四十一卷戊籤晚唐詩二百一卷又餘閏六十四卷己籤五唐雜詩四十六卷庚籤僧詩三十八卷道士詩六卷宮閨詩九卷外國詩一卷辛籤樂章十卷雜曲五卷塡詞十卷歌一卷謠一卷諧謔四卷諺一卷語一卷酒令一卷題語判語一卷讖記一卷占辭一卷蒙求一卷章咒一卷偈頌二十四卷壬籤仙詩三卷神詩二卷鬼詩二卷夢詩一卷物怪詩一卷癸籤體凡發微評彙樂通詁箋談叢集錄三十六卷曹學佺石倉十二代詩選八百八十八卷古詩十三卷唐詩一百十卷宋詩一百七卷元詩五十卷明詩一集八十六卷二集一百四十卷三集一百卷四集一百三十二卷五集五十卷六集一百卷徐獻忠樂府原十五卷胡瀚古樂府類編四卷陳耀文花草粹編十二卷錢允治國朝詩餘五卷沈際飛草堂詩餘十二卷卓人月古今詞統十六卷毛晉宋六十家詞六十卷程明善嘯餘譜十卷黎淳國朝試錄六百四十卷輯明成化已前試士之文邱濬爲序汪克寬春秋作義要訣一卷楊愼經義模範一卷梁寅策要六卷劉定之十科策略八卷張和篠菴論鈔一卷黃佐論原十卷論式三卷戴鱀策學會元四十卷唐順之策海正傳十二卷茅維論衡六卷表衡六卷策衡二十二卷陳禹謨類字判草二卷明狀元策十二卷坊刻本四書程文二十九卷五經程文三十二卷論程文十卷詔誥表程文五卷策程文二十卷已上五種見葉盛菉竹堂書目皆明初舉業程式

右總集類一百六十二部九千八百一十卷

詩學梯航一卷宣德中周叙等奉敕編寧獻王臞仙文譜八卷詩譜一卷詩格一卷西江詩法一卷寧靖王奠培詩評一卷宋元禧文章緒論一卷唐之淳文斷四卷溫景明藝學淵源四卷閔文振蘭莊文話一卷詩話一卷張大猷文章源委一卷汪弘誨文字談苑四卷朱荃宰文通二十卷瞿佑吟堂詩話三卷懷悅詩家一指一卷葉盛秋臺詩話一卷游潛夢蕉詩話二卷李東陽懷麓堂詩話一卷徐禎卿談藝錄一卷都穆詩話二卷强晟汝南詩話四卷沈麟唐詩世紀五卷楊愼升菴詩話四卷程啓充南谿詩話三卷安磐頤山詩話二卷黃卿編茗詩話八卷宋孟淸詩學體要類編三卷朱承爵詩話一卷顧元慶夷白齋詩話一卷陳霆渚山堂詩話三卷皇甫循解頤新語八卷黃省曾詩法八卷梁格氷川詩式四卷邵經邦律詩指南四卷謝東山詩話四卷王世懋藝圃擷餘一卷謝榛詩家直說四卷俞允文名賢詩評二十卷胡應麟詩藪二十卷凌雲續全唐詩話十卷郭子章豫章詩話六卷續十二卷謝肇淛小草齋詩話四卷趙宧光彈雅集十卷曹學佺蜀中詩話四卷程元初名賢詩指十五卷王昌會詩話彙編三十二卷

右文史類四十八部二百六十卷

明史卷一百　表第一

總裁官總理事務經筵講官少保兼太子太保保和殿大學士兼管吏部戶部尚書事加六級張廷玉等奉

敕修

諸王世表一

明太祖建藩子孫世系預錫嘉名以示傳世久遠當神宗中葉僅及祖訓之半而不億之麗宗祿虧乏議者遂有減歲祿限宮媵且限支子之請由是支屬承祧者親王無旁推之恩羣從繼世者郡封絕再襲之例以及名婚不時有明禁本折互支無常期啓禎時軍餉告絀大農蒿目安能顧贍藩維親王或可自存郡王以至中尉空乏尤甚一旦盜起無力禦侮徒手就戮宗社爲墟惜哉考之史冊漢諸王表與王子侯離而不屬世次難明唐宗族蕃大源遠流長然諸王以不出閤不分房子孫皆闕而不著宋史於太祖太宗魏王廷美之裔迄臨安淪沒悉載譜牒而賢愚竝列漫無裁割茲表明代親王至郡王而止以從史漢諸王及王子侯之例又彷唐宗分房法繫各府郡王於親王之下如小宗之從大宗其餘不得封者槩不載

洪武中太祖以子孫蕃衆命名慮有重復乃於東宮親王世系各擬二十字字爲一世子孫初生宗人府依世次立雙名以上一字爲據其下一字則取五行偏旁者以火土金水木爲序惟靖江王不拘東宮擬名曰允文遵祖訓欽武大君勝順道宜逢吉師良善用晟泰府曰尚志公誠秉惟懷敬誼存輔嗣資廉直匡時永信惇晉府曰濟美鍾奇表知新愼敏求審心咸景慕述學繼前修燕府後爲帝系曰高瞻祁見佑厚載翊常由慈和怡伯仲簡靖迪先猷周府曰有子同安睦勤朝在肅恭紹倫敷惠潤昭格廣登庸楚府曰孟季均榮顯英華蘊盛容宏才升博衍茂士立全功齊府曰賢能長可慶睿智實堪宗養性期淵雅寅思復會通魯府曰肇泰陽當健觀頤壽以弘振擧希兼達康莊遇本寧蜀府曰悅友申賓讓承宣奉至平懋進深滋益端居務穆淸湘府曰久鎭開方岳揚威謹禮儀剛毅循超卓權衡素自持代府曰遜仕成聰俊充廷鼐鼎彝傳貽連秀郁炳燿壯洪基肅府曰贍祿貢眞弼縉紳識烈忠曦暉躋當運凱諫處恒隆遼府曰貴豪恩寵致憲術儼尊儒雲仍祺保合操翰麗龍輿慶府曰秩邃寘台鼒倪伸帥倬奇适完因巨衎隲眷發需晃寧府曰磐奠覲宸拱多謀統議中總添支庶潤作哲向親衷岷府曰徽音膺彥譽定幹企禋雍崇理原諮訪寬鎔喜賁從谷府曰賦質僖雄敬叢典闡福昌篤著恂懌豫擴齋昱禎祥韓府曰中範徵

偕旭融謨朋璟達宣詔倫灝慥令緒份蕃維藩府曰佶勃詮勛允恬珵效遇瑝湜源謹哲暐圭璧澈澄昂安府曰奕庠斌廷賞凝覃濬祉襄恢嚴顥輯矩纘密廓程綱唐府曰瓊芝彌宇宙碩器聿琳琚戫齡蒙頌禮嘉曆協銘圖郢府曰偉聞參望爽箴誨洎皋夔麒麟餘積兆奎穎暠曙璣伊府曰顒勉謨訏典褒珂采鳳琛應疇頒冑選昆玉冠泉金靖江王曰贊佐相規約經邦任履亨若依純一行遠得襲芳名考明代帝系熹宗莊烈二帝名始及由字其他王府亦多不出十字

親王之子例封郡王若以支屬嗣者自後長子襲封親王外餘子仍照原封世次授以本等爵級不得冒濫郡爵郡王無子兄弟及兄弟之子不得請襲違者爲冒封皆萬曆七年例也

太祖二十六子懿文太子外皇子楠未封成祖以洪武三年封燕王後尊爲帝系不得仍列之藩封世次其得封者二十三王曰秦愍王樉曰晉恭王棡曰周定王橚曰楚昭王楨曰齊王榑曰潭王梓曰趙王杞曰魯荒王檀曰蜀獻王椿曰湘獻王柏曰代簡王桂曰肅莊王楧曰遼簡王植曰慶靖王㮵曰寧獻王權曰岷莊王楩曰谷王橞曰韓憲王松曰瀋簡王模曰安惠王楹曰唐定王桱曰郢靖王棟曰伊厲王㰘而靖江王以南昌嫡孫受封郡王附載於後

秦
愍王樉太祖嫡二子洪武三年封十一年就藩西安府二十八年薨
隱王尚炳愍嫡一子洪武二十八年襲封永樂十年薨
僖王志堩隱嫡一子永樂十年襲封二十二年未娶薨 懷王志均隱庶二子初封渭南王永樂二十二年進封宣德元年未娶薨 康王志𡐤隱庶三子初封富平王宣德三年進封景泰六年薨
惠王公錫康嫡一子天順二年襲封成化二十二年薨
簡王誠泳惠庶一子成化四年封鎮安王弘治元年襲封秦王十一年
昭王秉欆簡從弟臨潼王誠潥庶一子初襲臨潼王弘治十三年嗣封
定王惟焯昭庶一子正德四年襲封嘉靖二十三年薨無子
宣王懷埢定再從弟奉國將軍惟爤之子初封鎮國中尉嘉靖二十七
靖王敬鎔宣庶一子初封隆德王隆慶三年襲封萬曆四年薨
敬王誼漶靖嫡一子萬曆三年封世子九年襲封十四年薨無子

	永興	保安
	懿簡王尚烈愍嫡二子永樂元年封十五年薨	懷僖王尚煜愍嫡三子永樂元年封七年薨
	恭憲王志壈懿簡庶一子永樂十九年襲封景泰五年薨	悼順王志垌懷僖庶一子永樂十九年襲封正統元年薨
	昭僖王公鉐恭憲庶一子景泰六年襲封弘治元年薨	莊簡王公鍊悼順嫡一子正統十一年襲封成化十一年薨
薨無子	榮惠王誠瀾昭僖嫡一子弘治四年襲封正德二年薨二子俱殀	榮穆王誠潢莊簡嫡一子成化十四年襲封弘治八年薨無子 昭和王誠潾莊簡庶一子弘治十年以鎮國將軍進封十四年薨無子 靖和王誠潄莊簡庶二子正德三年以鎮國將軍進封
秦王追諡其祖公銘爲安王父誠潔爲莊王十四年薨	莊定王秉欅榮惠從姪正德六年以奉國將軍嗣封嘉靖十二年薨王以從姪由將軍進封據例爲冒	恭懿王秉棧靖和庶一子嘉靖六年以鎮國將軍襲封
	恭定王惟爗莊定庶一子嘉靖十七年襲封萬曆二年薨王自首冒封不再襲除	
年嗣封秦王追諡其曾祖鎮國將軍誠潤爲恭王祖輔國將軍秉柎爲順王父惟爔爲端王誠潤安庶二子也四十五年宣王薨		
王誼漶靖嫡三子萬曆十三年襲封奉國中尉十四年加封紫陽王十五年進封		
存樞誼漶子萬曆　年襲封崇禎末陷於賊		

	興平	永壽	安定	宜川
	恭靖王尚烐愍庶四子永樂初封正統十四年薨	懷簡王尚灴愍庶五子永樂初封十八年薨	尚炌愍庶六子永樂初封十六年削爲庶人發守愍王墳園除	
	莊惠王志壎恭靖嫡一子景泰三年襲封天順元年薨無子除	安惠王志壇懷簡嫡一子宣德六年襲封成化六年薨		莊靖王志埰隱
		康定王公鋌安惠嫡一子成化八年襲封九年薨		榮順王公銳莊
十四年薨		莊僖王誠淋康定庶一子成化十二年以鎮國將軍襲封弘治八年薨		康僖王誠灌榮
因王父冒封例不再襲除		恭和王秉欓莊僖庶一子弘治十年以鎮國將軍襲封嘉靖十七年薨庶一子惟燿先卒庶六子惟熗以母邵氏封妃自謂嫡子當立請襲得允後惟燿子懷墡奏辨以會議邵氏因內助進封惟熗不得稱嫡乃以懷墡襲封		思裕王秉構康
		惟燿初封鎮國將軍嘉靖七年卒以子懷墡襲封追諡懷順王		
		榮靖王懷墡懷順庶一子嘉靖二十八年襲封二十九年薨		
		王敬鏞榮靖嫡一子嘉靖三十一年襲封薨		
		王誼況敬鏞嫡一子萬曆五年封長子三十三年襲封四十二年薨		
		王存桑誼況庶一子萬曆二十七年封長孫三十三年改封長子四十五年襲封		

庶三子宣德元年封正統十三年薨
靖庶一子景泰二年襲封成化二十年薨
順庶一子弘治三年以鎮國將軍襲封九年薨
傳嫡一子弘治十三年襲封嘉靖元年薨無子除

臨潼
惠簡王公銘康庶三子正統七年封成化十年薨
和王誠淑惠簡嫡一子成化十三年襲封弘治五年薨後子秉樨嗣秦封郡爵不再襲

郃陽
惠恭王公鏜康庶四子正統七年封成化七年薨
溫穆王誠泓惠恭庶一子成化十二年以鎮國將軍襲封弘治七年薨
子秉柔卒
悼安王誠淯惠恭庶二子弘治七年以鎮國將軍進封本年薨
安僖王秉檄悼安嫡一子正德三年以輔國將軍襲封本年薨無子除

汧陽
端懿王公鏳康庶五子正統十一年封弘治八年薨
安裕王誠洌端懿嫡一子弘治十年襲封十五年薨
莊靖王秉榛安裕庶一子正德三年襲封嘉靖三十三年薨二子俱未名卒除

崇信
王
誼渉靖

晉
恭王棡太祖嫡三子洪武三年封十一年就藩太原府三十一年薨
定王濟熺恭嫡一子洪武三十一年襲封永樂十二年爲弟濟熿誣構廢守恭王墳園後事明仁宗賜王冠服命依子美圭養宣德十年薨
憲王美圭定嫡一子永樂三年封世子爲叔濟熿誣廢隨父守墳二十一年事明封平陽王宣德十年襲封晉王正統六年薨
莊王鍾鉉憲庶一子初封榆社王正統七年襲封弘治十五年薨曾孫知烊立
奇源莊嫡一子天順三年封世子弘治十四年薨以孫知烊襲封追封王謚曰靖
表榮靖嫡一子成化十四年封世孫弘治六年薨以子知烊襲封追封王謚曰懷
端王知烊懷庶二子弘治十一年封世曾孫十六年襲封嘉靖十二年薨無子
簡王新㙉端從弟新化王知烯庶一子嘉靖十二年以新化王長子奉敕管理府事十五年嗣封晉王追謚其祖秉櫟爲安王父知烯爲康王萬曆三年薨
敬王慎鏡簡親弟鎮國將軍新墧嫡一子初封輔國將軍萬曆四年奉敕管理府事六年卒七年追封加謚無子
惠王慎鍐新墧嫡三子敬親弟嘉靖三十年封輔國將軍萬曆七年進封本年薨
穆王敏淳惠嫡一子萬曆十三年襲封三十八年薨
王求桂穆庶一子萬曆三十九年請敕管理府事四十一年襲封崇禎末陷於賊

庶一子萬曆二十三年以奉國中尉加封

高平
懷簡王濟燭恭庶二子永樂初封薨無子除

平陽
濟熿恭庶三子永樂初封十二年晉王濟熺廢遂襲晉封宣德二年通高煦事發革爵發高牆除

慶成

莊惠王濟炫恭庶四子永樂元年封別城汾州宣德四年薨
恭僖王美𡍬莊惠庶一子宣德七年以鎮國將軍襲封景泰七年薨
溫穆王鍾鎰恭僖庶一子正統十二年襲封弘治九年薨
端順王奇湞溫穆嫡一子弘治十二年襲封嘉靖十二年薨
恭裕王表欒端順嫡一子嘉靖十四年襲封三十九年薨
安穆王知㰒恭裕嫡一子嘉靖二十八年以鎮國將軍改封長子四十一年襲封隆慶三年薨
新堤安穆嫡一子嘉靖四十二年封長子四十三年卒以子慎鐮襲封追封王謚悼懷
榮懿王慎鐘悼懷庶一子嘉靖四十二年以奉國將軍改封長孫隆慶六年襲封萬曆三十四年薨
王敏淓榮懿庶一子萬曆三十七年以鎮國將軍襲封薨
王求檢敏淓嫡一子萬曆三十八年封長子既而襲封

寧化
懿簡王濟煥恭庶五子永樂八年封景泰元年薨
僖順王美壤懿簡庶二子景泰三年以鎮國將軍襲封成化七年薨長子鍾錡殀卒
鍾錪僖順庶二子成化八年襲封弘治四年革爵發高牆正德三年卒准歸葬
奇濊鍾錪嫡一子弘治三年封長子十八年卒嘉靖十年以子表欒襲封追封王謚悼康
康和王表欒悼康庶一子正德十三年以輔國將軍管理府事嘉靖八年乞封准襲王隆慶四年薨
恭端王知爐康和庶一子嘉靖三十一年封長子萬曆三年襲封十三年薨
莊定王新壂恭端庶一子嘉靖三十一年封長孫萬曆六年封長子十九年襲封二十一年薨
溫裕王慎鑒莊定嫡一子萬曆二十七年襲封三十八年薨
王敏濟溫裕嫡一子萬曆四十四年襲封

永和
昭定王濟烜恭庶六子永樂九年封別城汾州正統八年薨
美鳩昭定嫡一子正統九年襲封十四年以事取回京
順僖王鍾鋏美鳩庶一子成化五年以奉國中尉乞封准襲王十年薨
榮懷王奇湞順僖嫡一子成化十三年襲封弘治元年薨
靖惠王表格榮懷嫡一子弘治四年襲封正德十三年薨
安簡王知𤇆靖惠嫡一子嘉靖元年襲封二十八年薨
莊定王新壇安簡嫡一子嘉靖三十二年襲封隆慶六年薨長子殀
恭懿王慎鐳莊定庶二子萬曆五年襲封二十六年薨
王敏霊恭懿庶一子萬曆二十九年襲封

廣昌
悼平王濟熇恭嫡七子永樂初封宣德二年薨
安僖王美堅悼平庶一子宣德七年襲封景泰五年薨無子除

交城
榮順王美垸定庶二子正統三年封別城平陽
莊僖王鍾鏼榮順庶一子成化十五年襲封弘
榮惠王奇浥莊僖嫡一子弘治十二年以鎮國

府成化十一年薨	陽曲 榮靖王美坑定庶三子正統二年封別城平陽府成化十六年薨	西河 靖恭王美埠定庶四子正統二年封別城平陽府景泰七年薨
治十年薨	鍾筱榮靖庶一子成化十九年以鎮國將軍襲封二十年革爵嘉靖元年卒其子孫以本等官職管理府事不得襲王除	順簡王鍾鏷靖恭嫡一子天順元年襲封成化二十年薨
將軍襲封十四年薨無子 奇濬莊僖庶三子初封輔國將軍加鎮國卒以子表枫嗣交城封追封王諡榮僖 奇浄莊僖庶六子封鎮國將軍卒以子表栅嗣交城封追封王諡恭簡		恭定王奇瀾順簡庶一子弘治四年襲封嘉靖三十六年薨
榮端王表枫榮僖嫡一子正德五年以輔國將軍嗣封六年薨無子 端和王表栅恭簡庶一子嘉靖二十六年以輔國將軍進封以從弟承兄爵自首冒封不再襲隆慶四年薨除		康懿王表相恭定嫡一子嘉靖三十八年襲封萬曆十五年薨
		王知燧康懿庶一子隆慶六年封長子萬曆十八年襲封薨
		王新甄知燧嫡一子萬曆二十五年封長子

方山 莊憲王美垣定庶五子正統二年封成化六年薨	臨泉 莊簡王美塔定庶六子正統二年封三年薨	雲邱 簡靖王美堨定庶七子正統二年封成化十六年薨	寧河 康僖王美墭定庶八子正統二年封成化二十一年薨	
昭僖王鍾鋋莊憲庶一子成化八年以鎮國將軍襲封十六年革爵正德六年薨子孫俱以本等官職奉祀除	悼昭王鍾鏶莊簡庶一子景泰七年襲封成化五年薨	端惠王鍾鋋簡靖嫡一子成化十七年襲封弘治九年薨	安憲王鍾鏷康僖嫡一子弘治元年襲封十四年薨	徐溝 悼僖王鍾鐸憲
	榮穆王奇潩悼昭嫡一子成化八年襲封正德九年薨	恭僖王奇湞端惠嫡四子弘治六年以鎮國將軍改封長子十二年襲封正德十三年薨	溫簡王奇沄安憲嫡一子正德三年襲封嘉靖三十八年薨	
	表柃榮穆庶一子成化二十三年封鎮國將軍正德十六年未襲卒	王表棹恭僖庶一子嘉靖元年以鎮國將軍襲封五年薨無子除	榮莊王表楠溫簡嫡一子嘉靖四十年襲封隆慶六年薨	
	莊靖王知烛表柃庶一子正德七年奉敕管理府事十五年准襲未拜命卒無子除		恭懿王知戾榮莊嫡一子嘉靖四十一年封長子萬曆三年襲封二十年薨	
			定惠王新睚恭懿庶一子萬曆二十三年襲封二十六年薨無子除	

庶二子正統六年封景泰元年薨無子除	河東 昭靖王鍾鏸憲庶三子正統十三年封成化二十年薨	太谷 懷僖王鍾鋐憲庶四子正統十四年封天順二年薨無子除			
	榮安王奇淮昭靖嫡一子成化二十三年襲封正德九年薨		義寧 榮康王奇湊莊庶二子天順二年封弘治九年薨	河中 悼懷王奇溶莊庶三子成化元年封二十年薨	襄陰
	表枋榮安庶一子初封輔國將軍加封鎮國將軍正德五年卒以子知烔襲封追封王諡恭憲		僖裕王表櫬榮康嫡一子弘治十年襲封正德四年薨	康簡王表榑悼懷嫡一子弘治二年襲封嘉靖十二年薨	
	榮懿王知烔恭憲嫡一子正德十三年以輔國將軍襲封嘉靖四十三年薨		端靖王知烿僖裕嫡一子正德七年襲封嘉靖四年薨	恭靖王知炬康簡嫡一子嘉靖十四年以鎮國將軍襲封萬曆十九年薨	
	端穆王新墳榮懿嫡一子隆慶元年襲封四年薨		康定王新壥端靖庶一子嘉靖十一年襲封四十四年薨	新塗恭靖庶一子嘉靖二十九年封鎮國將軍萬曆十年卒	
	安裕王慎鍵端穆庶三子隆慶五年以輔國將軍改封長子萬曆三年襲封三十年薨		安僖王慎鏶康定庶一子隆慶三年以鎮國將軍改封長子五年襲封萬曆十三年薨	王慎鏔新塗庶一子萬曆十六年以輔國將軍改封長孫二十二年襲封四十二年薨	
	王敏漎安裕嫡一子萬曆十一年封長子三十三年襲封		王敏渾安僖嫡一子萬曆十六年襲封三十八年薨	王敏淚慎鏔庶一子萬曆二十七年封長子	
	王求杙敏漎嫡一子萬曆三十四年封長子		求橘敏渾嫡一子萬曆三十四年封長子三十八年卒無子除		

安惠王奇濅莊王庶四子成化五年封弘治九年薨

宣懿王表樘安惠嫡一子弘治十三年襲封正德十三年薨無子除

新化

恭裕王表槺靖王嫡二子初封鎮國將軍正德五年封八年薨

端和王知㜧恭裕嫡一子正德十年襲封嘉靖四年薨後子新塡嗣晉封郡爵例不襲

安溪

表梮靖王庶三子弘治七年封鎮國將軍正德二年卒三年追封王諡懷無子除

靖安

康僖王表栚靖王庶四子正德六年以鎮國將軍加封嘉靖三十三年薨

恭懿王知㛿康僖庶一子嘉靖三十一年以鎮國將軍改封長子三十六年襲封萬曆七年薨

王新環恭懿嫡一子嘉靖三十七年封長子萬曆十年襲封薨

愼鍛新環庶一子萬曆十二年封長子三十九年卒以子敏沒襲封追封王諡

王敏沒愼鍛庶一子萬曆三十年封長孫既而襲封

旌德

懷安王表楕靖王庶五子正德五年封嘉靖十年

榮穆王知燩懷安嫡一子嘉靖十一年封隆慶

薨

二年薨無子除

周

定王橚太祖嫡五子洪武三年封吳十一年改封周十四年就藩開封府洪熙元年薨

憲王有燉定嫡一子正統元年襲封四年薨無子

簡王有爝定庶四子初封祥符王正統四年進封景泰三年薨郡封例不襲

靖王子垕簡庶一子景泰六年襲封七年薨無子

懿王子埅簡庶二子初封通許王天順元年進封成化二十一年薨郡爵不再襲

惠王同鑣懿庶一子初封睢陽王成化二十三年襲封弘治十一年薨

安潢惠庶二子成化二十三年封世子弘治二年薨以子睦㰘襲封追封王諡曰悼

恭王睦㰘悼庶一子初封鎮國將軍弘治十四年襲封嘉靖十七年薨

勤熄恭嫡一子正德十一年封世子嘉靖九年薨以子朝堈襲封追封王諡曰康

莊王朝堈康嫡一子嘉靖十九年襲封三十年薨

敬王在鋌莊嫡一子嘉靖三十一年襲封萬曆十一年薨

端王肅溱敬嫡一子隆慶六年封世子萬曆十四年襲封薨

王恭枵端嫡一子萬曆十七年封世子既而襲封

汝南

有爋定嫡二子永樂初封宣德三年以罪削爵除

順陽

懷莊王有烜定庶三子永樂初封十三年薨無

榮澤

安懿王表欞靖庶六子正德七年封嘉靖十二年薨

端簡王知爟安懿一子嘉靖十五年襲封二十八年薨無子除

子除

新安

有熺定庶五子永樂初封宣德三年以罪削爵除

永寧

靖僖王有光定庶六子永樂初封成化二年薨

安惠王子埸靖僖庶一子成化三年襲封十二年薨

莊和王同鈃安惠庶一子成化十四年以鎮國將軍襲封弘治九年薨

榮穆王安法莊和嫡一子弘治十三年襲封嘉靖元年薨

恭定王睦㰒榮穆庶一子嘉靖二年以鎮國將軍襲封三年薨

端順王勤焬恭定庶一子嘉靖五年以鎮國將軍襲封十六年薨

敏懿王朝墦端順庶一子嘉靖二十年襲封四十五年薨

溫簡王在鏉敏懿嫡一子隆慶五年襲封萬曆二十六年薨無子除

汝陽

恭僖王有煸定庶七子永樂初封正統九年薨

安惠王子壂恭僖庶一子正統十一年以鎮國將軍襲封成化六年薨

安和王同鏗安惠嫡一子成化八年襲封正德十年薨

康肅王安瀍安和庶一子嘉靖三年以鎮國將軍襲封四年薨

宣思王睦槿康肅庶一子嘉靖七年以鎮國將軍襲封十一年薨

榮定王勤烝宣思嫡一子嘉靖十七年襲封四十五年薨

莊簡王朝譔榮定嫡一子隆慶四年襲封無子除

鎮平

恭定王有爌定庶八子永樂初封成化七年薨

榮莊王子懭恭定庶一子成化九年以鎮國將軍襲封十八年薨

端裕王同鑾榮莊庶一子成化二十一年以鎮國將軍襲封弘治十八年薨

昭順王安泭端裕庶一子正德六年以鎮國將軍襲封十五年薨無子除

宜陽

康簡王有烯定庶九子永樂初封成化六年薨無子除

遂平

悼恭王有熉定庶十子宣德元年封正統元年薨
榮靖王子墲悼恭庶一子正統四年襲封成化四年薨
恭安王同鑣榮靖嫡一子成化七年襲封弘治元年薨
康穆王安洛恭安庶一子弘治四年以鎮國將軍襲封嘉靖二十四年薨
睦櫱康穆庶一子初封鎮國將軍嘉靖十二年卒以子勤熾襲封追封王諡端靖
安僖王勤熾端靖庶一子嘉靖二十七年襲封萬曆十五年薨
朝墡安僖庶一子嘉靖三十一年封鎮國將軍三十六年卒以孫肅湃襲封追封王諡惠懿
在鉷惠懿庶一子隆慶元年封長孫萬曆十八年卒以子肅湃襲封追封王諡懷恪
裕王肅湃懷恪庶一子萬曆二十二年襲封薨
王恭櫂肅湃嫡一子萬曆三十七年封長子天啟元年襲封

封邱

康懿王有熺定庶十一子宣德二年封成化三年薨
溫和王子封康懿庶一子成化五年以鎮國將軍襲封弘治十五年薨
僖順王同鋊溫和庶一子正德七年以鎮國將軍襲封嘉靖三年薨
端惠王安淣僖順嫡一子嘉靖六年襲封三十一年薨
肅安王睦詠端惠庶一子嘉靖三十四年以鎮國將軍襲封隆慶三年薨
莊靖王勤羮肅安庶一子萬曆七年襲封十六年薨無子除

羅山

悼恭王有熀定庶十二子宣德二年封四年薨無子除

內鄉

恭莊王有炯定庶十三子宣德二年封天順八年薨
子壊恭莊庶一子景泰元年封鎮國將軍天順元年卒以子同鋇襲封追封王諡懷靖
溫穆王同鋇懷靖庶一子成化元年襲封弘治十六年薨
溫定王安滝溫穆嫡一子弘治七年襲封嘉靖二十二年薨
莊順王睦欖溫定庶一子嘉靖二十六年襲封三十六年薨
端惠王勤烰莊順嫡一子嘉靖三十八年襲封萬曆二十三年薨
王朝鑪端惠庶一子萬曆十六年封長子二十六年襲封薨
王在壂朝鑪嫡一子萬曆二十九年封長子既而襲封

胙城

莊簡王有熗定庶十四子宣德二年封景泰四年薨
榮順王子墉莊簡庶一子景泰七年以鎮國將軍襲封成化十三年薨
昭僖王同鑾榮順庶一子成化十五年以鎮國將軍襲封弘治元年薨
宣靖王安瀏昭僖嫡一子弘治四年襲封嘉靖二年薨
恭懿王睦梔宣靖嫡一子嘉靖五年以鎮國將軍襲封十八年薨
端惠王勤焞恭懿庶一子嘉靖二十年襲封萬曆八年薨
王朝埏端惠庶三子萬曆三年封長子後卒無子除

原武

安懿王子埘簡庶三子正統六年封成化八年薨
康僖王同鐵安懿庶一子成化五年襲封弘治七年薨
恭順王安淇康僖庶一子弘治十三年以鎮國將軍襲封嘉靖三十七年薨
莊惠王睦欄恭順嫡一子嘉靖三十九年襲封萬曆七年薨
端和王勤崙莊惠嫡一子嘉靖四十一年封長子萬曆十年襲封十六年薨
溫穆王朝崘端和庶一子隆慶三年封長孫萬曆十二年改封長子十九年襲封三十五年薨
王在鋅溫穆庶一子萬曆十六年封長孫二十年改封長子三十八年襲封

鄢陵

安僖王子墍簡庶四子正統六年封成化二十一年薨
靖簡王同鉄安僖庶一子弘治元年以鎮國將軍襲封正德十年薨
端僖王安沆靖簡嫡一子正德十六年襲封嘉靖十八年薨
恭昭王睦祠端僖嫡一子嘉靖二十一年襲封三十六年薨
勤烒恭昭嫡一子嘉靖七年封長孫二十一年封長子隆慶五年卒
康懿王朝縱勤烒庶一子萬曆二年以輔國將軍改封長子十九年襲封薨
莊和王在稔康懿嫡一子萬曆二十一年封長子三十年襲封
王肅汭莊和庶三子天啟元年襲封

河陰

懷僖王子墭簡庶五子正統六年封十二年薨
康簡王同鑣懷僖嫡一子天順元年襲封弘治十四年薨
莊定王安沍康簡庶一子弘治十六年襲封嘉靖三十三年薨
恭肅王睦橘莊定嫡一子嘉靖三十六年襲封隆慶三年薨
溫恪王勤炸恭肅嫡一子萬曆二年襲封四十五年薨
王朝趌溫恪庶一子萬曆二十二年封長子天啟元年襲封

項城

恭和王子堰簡庶七子正統元年封成化十九年薨無子除

宜陽

悼和王子垗簡庶八子天順元年封二年薨無子除

潁川

溫僖王子墟簡庶九子天順元年封成化二十一年薨
榮莊王同鑺溫僖庶一子弘治二年襲封嘉靖六年薨
安溍榮莊庶一子封鎮國將軍嘉靖二年卒以子睦榇襲封追封王諡安惠
恭順王睦榇安惠庶一子嘉靖十五年襲封萬曆十四年薨
勤熳恭順嫡一子嘉靖三十五年封長子萬曆十五年卒
王朝墼勤熳庶一子萬曆二十年襲封薨
王在鏶朝墼嫡一子萬曆三十九年封長子既而襲封

義陽

康靖王子圪簡庶十子天順元年封弘治十二年薨
榮安王同鏷康靖庶一子弘治十六年襲封正德二年薨
恭端王安汶榮安庶一子嘉靖元年襲封薨
莊僖王睦鏷恭端嫡一子嘉靖二十五年襲封萬曆二十四年薨
王勤臟莊僖庶一子萬曆三十七年襲封

汝陰

懷懿王子埯簡庶十二子天順元年封成化十一年薨無子除

臨汝

端懿王子塼簡庶十三子天順三年封弘治九年薨
恭康王同衡端懿庶一子弘治十四年襲封嘉靖二十一年薨
王安涍恭康庶一子嘉靖三十二年襲封薨
王睦隚安涍庶三子萬曆八年封長子三十二年襲封

沈邱

榮戾王同鏴懿庶二子成化元年封正德元年薨
靖和王安涪榮戾庶一子正德三年襲封嘉靖三年薨
榮定王睦栲靖和庶一子嘉靖七年襲封二十八年薨
莊懿王勤焻榮定嫡一子嘉靖三十一年襲封萬曆十七年薨
王朝蓊莊懿嫡一子萬曆七年封長子二十年襲封
王在鍠朝蓊嫡一子萬曆二十三年封長子既而襲封

上洛

莊惠王同鋘懿庶三子成化三年封弘治十二
榮定王安漹莊惠嫡一子正德三年襲封嘉靖
康裕王睦櫨榮定嫡一子嘉靖三十二年襲封
恭靖王勤譓康裕嫡二子萬曆二年以鎮國將
王朝璿恭靖嫡一子萬曆六年封長子三

年薨
二十九年薨
四十年薨長子勤櫄先卒
軍襲封薨
十二年襲封

郃陽
恭惠王同鉳懿庶四子成化三年封嘉靖元年薨
靖肅王安汞恭惠庶一子嘉靖四年襲封二十一年薨
睦㭊靖肅嫡一子正德十六年封鎭國將軍嘉靖十年卒以子勤灰襲封追封王謚安定
莊憲王勤灰安定嫡一子嘉靖二十一年襲封萬曆二十四年薨
朝垬莊憲嫡一子嘉靖四十年封長子萬曆二十年卒以子在銕襲封追封王謚穆懷
端懿王在銕穆懷庶一子萬曆十六年封長子二十七年襲封
王肅泱端懿庶一子萬曆四十六年襲封

臨淄
榮惠王同鈞懿庶五子成化七年封弘治四年薨
端簡王安灢榮惠庶一子弘治十年襲封正德十五年薨
莊毅王睦藥端簡庶一子嘉靖十四年襲封二十六年薨
端靖王勤㶋莊毅嫡一子嘉靖三十二年襲封三十四年薨一子二子三子俱殀卒四子朝望係濫妾所生萬曆十年降封奉國將軍除

堵陽
安僖王同鈦懿庶六子成化十年封嘉靖二十一年薨
安澤安僖庶一子封鎭國將軍嘉靖十三年卒以孫勤炆襲封追封王謚榮憲
睦樒榮憲庶一子正德十六年封輔國將軍嘉靖十二年卒以子勤炆襲封追封王謚康裕
端簡王勤炆康裕庶一子嘉靖二十七年襲封萬曆五年薨
恭懿王朝墉端簡嫡一子萬曆三年封長子十三年襲封二十二年薨
王在鑅恭懿庶一子萬曆四十年襲封

河清
昭和王同鑄懿庶七子成化九年封弘治七年
端穆王安沈昭和庶一子弘治七年襲封十五

薨

年薨無子
莊憲王安泂昭和庶二子正德六年以鎭國將軍進封嘉靖二十五年薨
榮僖王睦棧莊憲嫡一子嘉靖二十八年襲封三十三年薨
王勤熛榮僖嫡一子嘉靖三十六年襲封

新會
恭簡王同鐊懿庶八子成化二十三年封嘉靖二年薨
康惠王安㴥恭簡嫡一子嘉靖八年襲封四十二年薨
睦樒康惠庶一子嘉靖三十九年以鎭國將軍改封長子隆慶二年襲封萬曆十二年以罪削爲庶人發高牆除

義寧
昭安王安湙惠庶四子弘治二年封十二年革爵正德二年復爵嘉靖十年薨
榮懿王睦㰒昭安嫡一子嘉靖五年襲封十五年薨
恭簡王勤爈榮懿子嘉靖十八年襲封萬曆十六年薨
朝墠恭簡嫡一子嘉靖三十六年封長子隆慶三年卒以子在鍃襲封追封王謚
王在鍃朝墠庶一子萬曆五年封長孫二十二年襲封

平樂
安泛惠庶五子弘治二年封十三年以罪廢爲庶人送鳳陽守陵除

崇善
恭順王安涫惠
端懿王睦樋恭
勤盪端懿嫡一
王朝墉勤

庶六子弘治二年封正德十一年薨
順庶一子嘉靖元年襲封本年薨
子嘉靖六年封長子十年卒
鑑庶一子嘉靖二十年襲封二十八年薨無子除

海陽
康隱王安漨惠庶七子弘治二年封正德七年薨
端康王睦杲康隱庶三子嘉靖二年襲封二十六年薨
莊恪王勤炊端康庶一子嘉靖三十五年襲封萬曆二十三年薨
王朝墍莊恪嫡一子隆慶六年封長子萬曆二十四年襲封三十九年薨
王在鎮朝墍庶一子萬曆三十八年以鎮國將軍改封長子四十四年襲封

安定
懷簡王安洱惠庶十子弘治二年封四年薨無子除

曲江
恭和王安濼惠庶十一子弘治二年封正德十二年薨
榮定王睦檜恭和庶一子正德十六年襲封嘉靖十七年薨
端靖王勤爟榮定嫡一子嘉靖二十一年襲封萬曆六年薨
王朝薆端靖庶一子萬曆三十八年襲封

博平
恭裕王安涐惠庶十三子弘治二年封嘉靖三年薨
溫簡王睦柯恭裕庶一子嘉靖五年襲封萬曆三年薨
端順王勤烌溫簡嫡一子嘉靖十八年封長子萬曆九年襲封十一年薨
榮和王朝基端順庶一子隆慶元年封長孫萬曆十五年襲封薨
王在銁榮和嫡一子萬曆十八年封長子三十四年襲封薨
王肅淇在銁嫡一子萬曆三十六年封長子既而襲封

聊城
懷和王安潧惠嫡十五子弘治

（續）	汾西	魯陽	信陵	郃陵	萊陽
二年封六年薨無子除	靖安王安澯惠庶十六子弘治二年封嘉靖二年薨	康和王安渘惠庶十七子弘治三年封嘉靖三年薨	懿簡王安滰惠庶十八子弘治五年封正德十年薨	恭順王安瀾惠庶十九子弘治十年封嘉靖十一年薨	榮康王安瀜惠庶二十子弘治十年封嘉靖十三年薨
	端惠王睦㰘靖安庶一子嘉靖七年襲封二十八年薨	榮安王睦欅康和庶一子嘉靖七年襲封二十七年薨	莊安王睦㮮懿簡嫡一子正德十六年襲封嘉靖二十四年薨	王睦梓恭順庶一子嘉靖二十一年襲封萬曆十六年薨	端定王睦桄榮康嫡一子嘉靖十九年襲封二十九年薨
	康懿王勤熑端惠嫡一子嘉靖三十二年襲封三十五年薨	康憲王勤炳榮安一子嘉靖四十年襲封四十三年薨無子除	端和王勤熩莊安庶一子嘉靖二十九年襲封本年薨無子除	勤榮睦梓庶一子嘉靖三十五年封鎮國將軍萬曆十六年薨	莊懿王勤煥端定嫡一子嘉靖三十七年襲封萬曆二十年薨
	榮靖王朝埛康懿嫡一子嘉靖三十九年襲封隆慶六年薨無子除			王朝滕勤榮庶一子萬曆二十七年襲封	王朝驊莊懿嫡一子萬曆十四年封長子二十三年襲封薨
				王在鋮朝滕嫡一子襲封崇禎十六年爲李自成所掠	王在鎙朝驊嫡一子萬曆三十年封長子既而襲封

東會	富陽	會稽	浦江	麗水	應城
莊懿王安寫惠庶二十一子弘治十年封嘉靖五年薨	昭穆王安灌惠庶二十二子弘治十六年封嘉靖二年薨	康敬王安演惠庶二十三子弘治十六年封薨	懷隱王安涇惠庶二十四子弘治十六年封嘉靖六年薨	恭順王安汾惠庶二十五子弘治四年封正德十五年薨無子除	恭穆王睦桎悼庶四子正德六
莊惠王睦柊莊懿庶一子嘉靖八年襲封萬曆五年薨	端僖王睦㰘昭穆嫡一子嘉靖八年襲封十七年薨	宣懿王睦杉康敬嫡一子嘉靖二十五年襲封三十四年薨	安簡王睦榠懷隱嫡一子嘉靖十二年襲封二十五年薨		端康王勤爆恭穆嫡一子嘉靖
勤羌莊惠嫡一子嘉靖二十一年封長子三十八年卒	勤熤端僖嫡一子嘉靖二十二年襲封萬曆元年以罪廢爲庶人發高牆除	恭裕王勤遨宣懿嫡二子嘉靖四十一年襲封隆慶六年薨	康惠王勤熑安簡庶一子嘉靖三十年襲封薨		溫惠王朝均端康嫡一子隆慶
王朝堡勤羌庶一子萬曆四年封長孫十七年襲封薨		王朝雅恭裕一子萬曆中襲封薨無子除	王朝郢康惠嫡一子萬曆十年封長子十九年襲封薨		王在錠溫惠庶一子萬曆
王在鎘朝堡庶一子萬曆二十一年封長子既而襲封薨			王在敘朝郢嫡一子萬曆四十二年封長子既而襲封		王藹落在錠庶一子萬曆
王書泉在鎘庶一子萬曆四十年封長孫既而襲封					

（續）	益陽	奉新	南陵	京山
年封嘉靖三十九年薨	康定王睦楮悼庶五子正德六年封嘉靖二十五年薨	榮憲王睦橺悼庶六子正德六年封嘉靖十五年薨	莊裕王睦㰋悼庶九子正德八年封隆慶元年薨無子除	
四十一年襲封薨	勤熞康定庶一子嘉靖十一年封鎮國將軍尋卒以子朝壥襲封追封王諡恭憲	恭僖王勤烕榮憲庶一子嘉靖十八年襲封萬曆四年薨		溫惠王勤炫恭嫡三子正德十二年封嘉靖四十五年薨
五年以長孫改封長子萬曆十七年襲封十八年薨	端裕王朝壥恭憲嫡一子嘉靖二十八年襲封四十一年薨無子除	莊靖王朝埏恭僖庶一子嘉靖四十一年封長子萬曆二十二年襲封二十九年薨		朝壁溫惠庶一子嘉靖十六年封鎮國將軍三十九年卒以子在株襲封追封王諡安肅
四年封長孫二十一年襲封薨		王在錝莊靖庶一子萬曆三十二年襲封四十四年薨		昭憲王在株安肅庶一子隆慶六年襲封萬曆三十五年薨
二十二年封長子既而襲封				王肅沛昭憲嫡二子萬曆十年封長子三十八年襲封薨
				王恭樸肅沛庶一子萬曆二十八年封長孫既而襲封

華亭	寶坻	湯溪	瑞金	商城	臨安
榮安王勤烱恭庶四子正德十四年封嘉靖三十一年薨	端順王勤炸恭庶五子正德十四年封萬曆元年薨	榮憲王勤烶恭嫡六子嘉靖二十年封三十年薨	榮簡王勤煥恭嫡七子嘉靖一年封三十二年薨	榮簡王勤烒恭庶九子嘉靖三年封四十四年薨	王勤烷恭
王朝垣榮安嫡一子嘉靖三十四年襲封萬曆二十四年薨	朝怡端順嫡一子萬曆二十七年封長子卒	簡靖王朝型榮憲嫡一子嘉靖三十六年襲封萬曆二十三年薨	溫靖王朝壈榮簡嫡一子嘉靖三十五年襲封隆慶三年薨	康靖王朝埼榮簡庶一子隆慶三年襲封萬曆九年薨	
王在鏳朝垣庶一子萬曆十二年封長子二十七年襲封	在鈐朝怡庶一子隆慶四年封長孫卒	恭安王在鐙簡靖嫡一子萬曆十年封長子二十六年襲封三十五年薨	端惠王在鈉溫靖嫡一子萬曆元年襲封二十九年薨	王在鈦康靖嫡一子萬曆二年封長子九年襲封三十二年薨無子除	
肅溥在鏳庶一子萬曆三十年封長子四十年卒		王肅濟恭安庶一子萬曆三十八年襲封四十二年薨			

	柘城	修武	安吉	汝寧	彰德
嫡十子嘉靖六年封七年薨無子除	端惠王勤烌恭嫡十一子嘉靖九年封萬曆十三年薨	康簡王勤烶恭庶十二子嘉靖九年封三十七年薨	莊憲王勤燏恭庶十三子嘉靖十三年封萬曆十七年薨	端恪王勤然恭嫡十四子嘉靖十四年封隆慶二年薨	康懿王勤焯恭庶十五子嘉靖二十一年封萬
	昭定王朝埢端惠嫡一子嘉靖三十年封長子萬曆十六年襲封二十年薨	莊恪王朝堋康簡庶一子嘉靖四十年襲封萬曆二十六年薨	榮順王朝堤莊憲庶一子萬曆二年以鎮國將軍改封長子二十二年襲封薨	榮簡王朝埭端恪庶一子隆慶六年襲封萬曆二十二年薨	王朝墭康懿嫡一子隆慶九年封長子萬
	在鐠昭定庶一子隆慶五年封長孫未襲卒	在銅莊恪庶一子萬曆二十一年封長子二十九年卒	王在鑿榮順庶一子萬曆十七年封長孫三十三年襲封	王在鋡榮簡嫡一子萬曆二十二年封長子二十五年襲封三十五年薨	
	王肅濠在鐠庶一子萬曆二十二年封長孫三十一年襲封崇禎五年薨	王肅溧在銅庶一子萬曆四十年襲封			

	順慶	保寧	儀封	安昌	遂寧
曆二十二年薨					
曆二十七年襲封三十一年薨	莊惠王朝埴康庶二子嘉靖二十年封萬曆二十二年薨	恭簡王朝堵康庶二子嘉靖二十年封三十九年薨			
	榮簡王在錍莊惠庶一子萬曆二十二年封長子二十五年襲封薨	端和王在鋷恭簡庶一子嘉靖四十一年襲封萬曆二十年薨	恭端王在鑾莊庶一子嘉靖三十年封萬曆四年薨	恭惠王在鉷莊嫡三子嘉靖三十六年封萬曆二十五年薨	康僖王在鋌莊庶四子嘉靖三十七年封萬曆二十一年薨長
	王肅瀐榮簡嫡一子萬曆中封長子天啓元年襲封	王肅淏端和嫡一子萬曆二十四年襲封薨	莊簡王肅溢恭端嫡一子萬曆二年封長子九年襲封二十四年薨	王肅渣恭惠子萬曆二十二年封長子二十八年襲封	王肅淯康僖嫡二子萬曆二十八年以兄肅澫未受冊與
		王恭肅淏庶一子襲封薨	王恭櫪莊簡嫡一子萬曆三十二年襲封		
		王紹炈恭嫡一子襲封崇禎十六年爲李自成所掠			

子肅灂二十四年須冊未受命卒

未封郡爵者同乃以鎮國將軍輔封

消川

王恭榕端庶四子萬曆二十七年封三十五年薨無子除

寧陽

王恭櫼端庶九子萬曆四十七年封

明史卷一百一

表第二

總裁官總理事務經筵講官少保兼太子太保保和殿大學士兼管吏部戶部尚書事加六級張廷玉等奉

敕修

諸王世表二

楚

昭王楨太祖庶六子洪武三年封十四年就藩武昌府永樂二十二年薨

莊王孟烷昭嫡三子永樂二十二年襲封正統四年薨

憲王季堄莊庶一子初封武陵王正統中襲封八年薨無子康王季埱莊庶

靖王均鈋東安恭定王庶一子以憲康俱無後於成化元年嗣封正德五年薨

端王榮滅靖嫡一子正德七年襲封嘉靖十三年薨

愍王顯榕端庶一子初封長樂王嘉靖十五年襲封二十四年爲世子英燿所

恭王英㷿愍庶三子嘉靖三十年襲封隆慶五年薨

王華奎恭子萬曆六年封世子八年襲封三十一年宗人華趆等訐其

二子初封黔陽王正統九年進封天順六年薨無子

弒英燿取赴京師正刑

非恭王子章下國中詢問闔宗譁然政府右之事竟寢崇禎十六年獻賊陷武昌沈王於江

巴陵

恒簡王孟熜昭庶一子洪武三十年封本年薨無子除

永安

懿簡王孟炯昭庶二子建文元年封宣德七年薨

莊惠王季塈懿簡庶一子正統二年襲封成化四年薨

均鑅莊惠嫡一子正統十年封長子成化三年卒以子榮澹襲封追封王謚悼懷

靖懿王榮澹悼懷庶一子成化八年襲封正德十五年薨

昭定王顯梧靖懿嫡一子嘉靖六年襲封本年薨

恭順王英㷆昭定嫡一子嘉靖二十八年襲封薨

榮惠王華垛恭順嫡一子嘉靖三十年封長子萬曆三年襲封薨

王蘊鐘榮惠嫡一子萬曆三年封長子既而襲封薨

盛滄蘊鐘嫡子萬曆二十一年封長子卒

王容析盛滄嫡一子萬曆三十八年封長孫既而襲封

壽昌

安僖王孟煒昭嫡四子建文元年封正統五年薨

靖和王季坪安僖庶一子正統十四年襲封弘治十五年薨

莊穆王均鐵靖和嫡一子弘治十八年襲封正德五年薨無子除

滎陽

靖簡王孟煒昭庶五子永樂二年封正統十四年薨

莊僖王季堞靖簡嫡一子景泰二年襲封五年薨

端懿王均鐵莊僖庶一子景泰六年襲封正德九年薨

榮灉端懿嫡一子弘治六年以鎮國將軍改封長子正德元年卒以子顯休襲

顯休端隱嫡一子嘉靖元年襲封二十八年以罪勒令自盡除

封追封王謚端隱

通山

靖恭王孟熻昭庶六子永樂二年封正統九年薨

莊簡王季垟靖恭庶一子正統十二年襲封成化六年薨

均鑲莊簡嫡一子正統十年封長子本年卒以子榮漼襲封追封王謚溫惠

溫定王榮漼溫惠庶一子成化九年襲封正德十一年薨

端穆王顯榪溫定嫡一子正德十六年襲封嘉靖十八年薨

莊懿王英炊端穆庶一子嘉靖九年以鎮國將軍改封長子二十二年襲封萬曆九年薨

華埧莊懿嫡一子嘉靖二十三年封長子三十八年卒以子蘊鉉襲封追封王謚榮悼

王蘊鉉榮悼庶一子隆慶四年封長孫萬曆七年襲封薨

王盛渶蘊鉉嫡一子萬曆十六年封長子三十一年襲封薨

王容枘盛渶嫡一子萬曆三十九年封長子既而襲封

景陵

順靖王孟炤昭庶八子永樂二年封正統十二年薨無子除

岳陽

悼惠王孟爟昭庶九子永樂二年封宣德元年薨

恭僖王季塡悼惠嫡一子宣德五年襲封天順七年薨無子除

江夏

康靖王孟炬昭庶十子宣德三年封成化十年薨

悼順王季堅康靖庶一子成化四年襲封本年薨

安惠王均鍊悼順嫡一子成化二十一年襲封弘治十三年薨

端僖王榮濱安惠庶一子弘治十六年襲封本年薨

莊定王顯梏端僖庶一子嘉靖二十七年襲封萬曆中薨

恭懿王英熉莊定嫡一子萬曆十一年襲封十七年薨

王華埴恭懿嫡一子萬曆十五年封長子二十一年襲封

王蘊鋏華埴嫡一子萬曆三十一年封長子三十九年襲封

東安

恭定王季堔莊庶三子正統二年封天順七年薨一子鈞鈋

昭簡王均鈽恭定庶二子成化元年襲封正德三年薨長子榮

恭懿王榮淑昭簡庶二子嘉靖二年襲封四十一年薨一子二

康惠王顯梡恭懿庶三子嘉靖三十七年以鎮國將軍改封長

王英㷿康惠庶一子萬曆二十二年封長子二十四年襲

嗣楚封 庶二子均鈽襲郡爵

演殀

子俱殀

子隆慶封 元年襲封萬曆十五年薨

大冶 悼僖王季塡莊庶四子正統九年封景泰元年薨無子除

緇雲 懷僖王榮淋靖庶二子弘治十五年封正德三年薨無子除

保康 榮康王顯檣端庶二子嘉靖六年封十年薨無子除

武岡 王顯槐端庶三子嘉靖十七年封萬曆十八年薨

英燉顯槐庶一子萬曆十四年封長子卒

王華增英槓庶一子萬曆二十八年襲封

宣化 王華壁恭庶二子萬曆九年封

漢陽 王蘊鑨庶一子萬曆二

齊 榑太祖庶七子洪武三年封十五年就藩青州府建文元年召至京廢爲庶人永樂元年復封四年奪爵安置廬州宣德三年暴卒子孫俱爲庶人移南京封除

十四年 封

潭 梓太祖庶八子洪武三年封十八年就藩長沙府二十三年以妃坐事召王入見王懼自焚無子封除

趙 杞太祖庶九子洪武三年封四年薨無子封除

魯 荒王檀太祖庶十子洪武三年封十八年就藩兗州府二十二

靖王肇燀荒庶一子永樂元年襲封成化二年薨

惠王泰堪靖嫡一子成化三年襲封九年薨

莊王陽鑄惠嫡一子成化十二年襲封嘉靖二年薨

當漎莊嫡一子成化十九年封世子弘治十八年薨以孫觀烶

健杙懷嫡一子弘治十六年封世孫正德十五年薨以子觀烶

端王觀烶悼嫡一子嘉靖七年襲封二十八年薨

恭王頤坦端一子嘉靖三十年襲封萬曆二十二年薨

敬王壽鏳恭庶六子初封富平王萬曆二十四年襲封二十八

年薨

襲封追封王謚曰懷

襲封追封王謚曰悼

年薨無子

憲王壽鋐恭庶七子初封常德王萬曆二十九年進封崇禎九年薨無子

肅王壽鏞恭庶九子初封泰興王崇禎九年進封十二年薨

以派肅嫡一子崇禎十三年襲封十五年大清兵破兗州

自縊

以海肅五子崇禎十七年襲封尋寄居台州既監國於紹興大清順治三年六月王師渡浙以海航海依鄭成功十一年成功使人沈之海中

鉅野 傳順王泰墱靖嫡二子宣德二年封天順八年薨

恭定王陽鎣傳順嫡一子成化五年襲封弘治十八年薨

莊憲王當涵恭定嫡一子正德元年襲封嘉靖八年薨

端肅王健樋莊憲庶一子嘉靖十年襲封三十四年薨

惠榮王觀熚端肅庶一子嘉靖三十六年襲封隆慶六年薨無子除

鄒平 莊靖王泰塍靖嫡三子宣德四年封天順八年

恭懿王陽鐪莊靖庶一子成化三年襲封正德

莊定王當潩恭懿庶一子正德九年襲封嘉靖

健檣莊定庶一子正德七年封鎮國將軍嘉靖

恭靖王觀爐榮安庶一子嘉靖二十一年襲封

康順王頤在恭靖嫡一子隆慶二年襲封萬曆

王壽硂康順庶一子萬曆二十七年封長

四年薨
十八年薨
十二年卒以子觀熾襲封追封王謚榮安
四十一年薨
三十年薨
子三十三年襲封

安邱
靖恭王泰垿靖庶四子宣德十年封成化八年薨
陽鑒靖恭嫡一子天順五年封長子成化三年卒以子當遂襲封追封王謚莊簡
榮順王當遂莊簡嫡一子成化十二年襲封弘治十八年薨
端惠王健樸榮順嫡一子正德元年襲封嘉靖二年薨
榮恪王觀㷂端惠庶一子嘉靖二年襲封十四年薨
溫僖王顒堀榮恪嫡一子嘉靖十八年襲封萬曆二十七年薨
壽鏛溫僖　一子萬曆中未襲卒
王以　一子萬曆中襲封薨
弘櫃以　嫡一子萬曆四十四年封長子

樂陵
恭惠王泰塈靖庶五子宣德二年封天順五年薨
宣懿王陽鎔恭惠嫡一子成化八年襲封正德九年薨
當漆宣懿嫡一子成化九年封鎮國將軍正德十五年卒以子健概襲封追封王謚端簡
莊康王健概端簡嫡子嘉靖十六年襲封三十二年薨
恭僖王觀熸莊康嫡子嘉靖三十六年襲封隆慶六年薨
裕穆王頤坸恭僖嫡子隆慶四年封長子萬曆十八年襲封十九年薨
王壽鎬裕穆庶一子萬曆二年封長孫二十七年襲封薨
王以泛壽鎬嫡一子萬曆中封長子天啓元年襲封

東阿
端懿王泰　靖庶六子宣德四年封弘治八年薨
陽鐔端懿嫡一子成化元年封長子十九年卒無子正德十五年追封王謚悼和
榮靖王陽鐐端懿嫡二子弘治十二年襲封正德六年薨
康惠王當潓榮靖庶一子正德九年襲封嘉靖四十三年薨無子除

東甌
端肅王當汎莊
恭恪王健楸端

嫡二子成化二十二年封嘉靖二十二年薨
肅嫡一子嘉靖二十六年襲封四十四年薨無子除

鄆城
康僖王當滋莊嫡三子弘治十三年封嘉靖二十年薨無子除

館陶
宣思王當涊莊嫡四子弘治十六年封嘉靖二十二年薨無子除

翼城
恭安王當溸莊嫡五子正德四年封嘉靖二十二年薨
康僖王健樏恭安嫡一子嘉靖二十六年襲封萬曆二十三年薨
王觀熿康僖庶一子嘉靖三十七年封長子萬曆中襲封
頤堪觀熿庶一子萬曆十八年封長孫卒
頤埥觀熿庶二子萬曆三十二年改封長孫三十九年卒

滋陽
榮莊王當漬莊庶六子成化十四年封嘉靖十八年薨
健楠榮莊庶一子弘治九年封鎮國將軍正德十二年卒以子觀熚襲封追封王謚懷懿
恭裕王觀熼懷懿嫡一子嘉靖三十二年襲封四十三年薨
頤堄恭裕嫡一子嘉靖二十三年封長子三十四年卒以子壽鍑襲封追封王謚
昭順王壽鍑頤堄庶一子隆慶四年襲封萬曆間薨嫡一子以塋封長子卒
王以漢昭順嫡二子萬曆三十五年以鎮國將軍改封長子四十二年襲封

陽信
安僖王當湝莊庶七子成化十四年封嘉靖四年薨
安懿王健杜安僖嫡一子嘉靖七年襲封二十三年薨
榮康王觀燃安懿庶一子嘉靖二十七年襲封本年薨
恭簡王頤埔榮康嫡一子嘉靖三十一年襲封三十七年薨
王壽鈔恭簡嫡一子隆慶三年襲封萬曆二十九年薨
王以澍壽鈔嫡一子萬曆十九年封長子三十四年襲封薨
王弘福以澍嫡一子萬曆四十三年封長子

高密
康穆王當淐莊庶八子成化十九年封正德四年薨
安簡王健杙康穆嫡一子正德七年襲封嘉靖十五年薨
昭和王觀熯安簡嫡一子嘉靖十八年襲封十九年薨
王頤封昭和嫡一子嘉靖二十六年襲封三十二年薨無子除

歸善
當沍莊庶九子弘治元年封正德九年廢發高牆本年卒
康肅王健栶當沍嫡一子嘉靖二十年襲封二十二年薨無子除

新蔡
端穆王當浮莊庶十子弘治九年封嘉靖二十六年薨
昭和王健御端穆嫡一子嘉靖二十九年襲封隆慶四年薨
恭惠王觀煃昭和嫡一子萬曆二年襲封三十七年薨
王頤掛恭惠嫡一子萬曆三年封長子四十年襲封薨

東原
溫懿王頤埨端庶二子嘉靖三十六年封萬曆二十七年薨
王壽鉷溫懿庶一子萬曆三十三年以鎮國將軍襲封薨
王以源壽鉷嫡一子萬曆四十年封長子

福安
憲惠王壽鉁恭

蜀

- 獻王椿，太祖庶十一子。洪武十一年封，二十三年就藩成都府，永樂二十一年薨。
- 悅燫，獻王嫡一子。洪武年封世子，永樂七年薨，諡悼莊。
- 和王悅㷫，獻庶五子。初封保寧王，以僖王無嗣，
- 靖王友堉，悼莊嫡一子。永樂二十二年襲封，宣德六年薨，無子。
- 僖王友壎，悼莊嫡三子。初封羅江王，宣德七年進封，九年薨，無子，叔悅㷫立。
- 定王友垓，和王嫡一子。天順七年襲封，本年薨。
- 懷王申鈫，定王嫡一子。天順八年襲封，成化七年
- 庶五子。萬曆八年封，二十一年薨，無子，除。

寧德

- 恭王壽鋮，庶八子。萬曆十一年封

長泰

- 昭和王壽鏥，恭庶十一子。萬曆十四年封，二十年薨，無子，除。

永福

- 恭王壽鉅，庶十二子。萬曆十八年封，四十一年薨，無子，除。

- 宣德十年進封，天順五年薨。
- 薨，子殀。
- 惠王申鑿，定王庶三子。初封通江王，成化八年進封，弘治六年薨。
- 昭王賓瀚，惠王嫡一子。弘治七年襲封，正德三年薨。
- 成王讓栩，昭王嫡一子。正德五年襲封，嘉靖二十六年薨。
- 康王承爚，成王庶三子。嘉靖二十八年襲封，三十七年薨。
- 端王宣圻，康王庶一子。嘉靖四十年襲封，萬曆四十年薨。
- 恭王奉銓，端王嫡一子。萬曆六年封世子，四十三年襲封，薨。
- 王至澍，恭王嫡一子。萬曆三十二年封世孫，四十四年改封世子，既而襲封。

華陽

- 悼隱王悅燿，獻王庶二子。永樂二年封，洪熙元年別城武岡州，尋遷澧州，宣德八年薨。
- 康簡王友堚，悼隱庶一子。正統二年襲封，成化九年薨。
- 悼康王申熜，康簡嫡一子。成化十二年襲封，二十年薨。
- 恭順王賓涇，悼康庶一子。弘治五年襲封，嘉靖七年薨。
- 讓核，恭順嫡一子。正德五年封長子，卒。以子承爝襲封，追封王，諡康僖。
- 莊靖王承爝，康僖嫡一子。嘉靖十四年襲封，二十五年薨。
- 溫懿王宣墡，莊靖嫡一子。萬曆十三年襲封，二十五年薨。
- 安惠王奉銧，溫懿庶一子。萬曆十五年封長子，二十八年襲封，四十年薨。
- 王至濾，安惠嫡一子。萬曆二十二年封長孫，三十年改封長子，四十三年襲封。

崇寧

- 王悅燇，獻庶三子。永樂二年封，十六年薨，無子，除。

崇慶

- 王悅炘，獻庶四子。永樂二年封，九年薨，無子，除。

永川

- 莊簡王悅烯，獻庶六子。永樂二十二年封，天順四年薨。
- 友堎，莊簡嫡一子。未襲，卒。

黔江

- 悼懷王友埘，悼

- 莊世子，嫡二子。永樂二十二年封，宣德元年薨，未婚，封除。

內江

- 莊懿王友墦，和庶二子。正統十一年封，正德七年薨。
- 申鏛，莊懿嫡一子。成化三年封長子，弘治十年卒。
- 康靖王賓沚，申鏛庶一子。正德十年襲封，嘉靖二十三年薨。
- 讓枌，康靖嫡一子。正德十四年封長子，嘉靖十八年卒。
- 王承熒，讓枌庶一子。嘉靖二十一年襲封，四十五年薨。
- 恭穆王宣埒，承熒嫡一子。隆慶四年襲封，萬曆三十六年薨。一子奉鍘，封長子，卒。
- 王奉鋆，恭穆嫡二子。萬曆三十七年以鎮國將軍改封長子，四十年襲封，薨。
- 王至沂，奉鋆嫡一子。萬曆四十一年封長子，既而襲封。

德陽

- 僖安王友堿，和庶三子。正統十一年封，成化十一年薨。
- 恭裕王申鈓，僖安庶一子。成化十三年襲封，正德十六年薨。
- 榮康王賓灉，恭裕嫡一子。嘉靖三年襲封，二十七年薨，子殀，除。

石泉

- 榮穆王友墳，和庶四子。天順四年封，正德六年薨。
- 恭簡王申鏄，榮穆嫡一子。正德十二年襲封，嘉靖十九年薨。
- 康惠王賓清，恭簡庶一子。嘉靖二十四年襲封，四十四年薨。
- 王讓機，康惠嫡一子。隆慶四年襲封，萬曆十一年薨。
- 王承燗，讓機庶一子。隆慶二年封長孫，萬曆十四年襲封，三十六年薨。
- 王宣垷，承燗庶一子。萬曆二十七年封長子，三十九年襲封。

汶川

- 懿簡王友墻，和庶五子。天順四年封，成化九年薨。
- 榮康王申銷，懿簡庶一子。成化十四年襲封，嘉靖二十一年薨。
- 恭僖王賓沙，榮康嫡一子。嘉靖二十五年襲封，四十年薨。
- 讓杝，恭僖庶一子。嘉靖三十年封長子，三十九年卒。
- 安惠王承炯，讓杝庶一子。嘉靖四十五年襲封，萬曆二十六年薨。
- 王宣盬，安惠嫡一子。萬曆六年封長子，二十八年襲封。
- 奉銄，宣盬嫡一子。萬曆二十五年封長孫，三十年改封長子，三十五年卒。
- 奉鄉，宣盬嫡二子。萬曆三十六

年改封長子既而襲封

慶符

恭僖王友壎和庶六子天順八年封弘治十八年薨

端順王申鈘恭僖庶一子正德四年襲封嘉靖十一年薨

恭和王賓沾端順庶一子嘉靖十六年襲封四十五年薨

康定王讓檥恭和庶一子隆慶二年襲封萬曆三十二年薨

王承炌康定嫡一子萬曆十五年封長子二十二年襲封

王宣𡐛承炌嫡一子萬曆四十年封長子

南川

安靖王申鋁定庶四子成化七年封嘉靖十一年薨一子賓㴇先卒長孫讓櫓亦卒

賓㴇安靖二子正德中封鎮國將軍嘉靖中卒

王讓櫸賓㴇庶一子嘉靖十五年襲封萬曆五年薨

承㷡讓櫸庶一子隆慶四年以鎮國將軍改封長子萬曆五年先卒

王宣爔承㷡庶一子萬曆十年襲封三十年薨

王奉鉌宣爔嫡一子萬曆三十二年襲封四十年薨

王至湘奉鉌嫡一子萬曆四十五年襲封

江安

莊裕王宣址康庶二子嘉靖四十一年封萬曆二十一年薨

王奉鈐莊裕嫡一子萬曆十年封長子二十年襲封四十三年薨長子至湇未婚卒

王至沍奉鈐嫡三子天啓元年襲封

新寧

王奉鈦端嫡二子萬曆十二年封未婚薨除

東鄉

王奉鏈端庶五子萬曆二十八年封薨

王至瀘奉鏈嫡一子天啓元年封長子既

而襲封

隆昌

王奉鐠端庶七子萬曆三十一年封薨

富順

王至深恭嫡三子萬曆四十四年封

太平

王至湙恭庶四子萬曆四十四年封

湘

獻王柏太祖庶十二子洪武十一年封十八年就藩荊州府建文元年以告反遣使訊王懼自焚死諡曰戾無子封除永樂初改諡

代

簡王桂太祖庶十三子初封豫洪武二十五年改封代是年就藩大同府正統十一年薨

遜㷤簡嫡一子永樂二年封世子十六年薨諡悼戾後子仕壥襲封追封王諡曰戾

隱王仕壥戾庶一子正統十三年襲封天順七年薨

惠王成鍊隱嫡一子成化二年襲封弘治二年薨

聰沬惠庶一子成化十五年封武邑王尋廢爲庶入後復冠帶弘治十一年薨以子俊杖襲代封追封王諡曰

懿王俊杖思庶一子弘治十二年襲封嘉靖六年薨

昭王充燿懿庶一子正德五年封泰順王嘉靖九年襲封二十六年薨

恭王廷埼昭庶一子嘉靖十五年封泰興王二十八年襲封萬曆元年薨

定王鼐鉉恭庶一子嘉靖三十六年封太平王萬曆九年襲封二十二年薨無子

、王鼐鈞恭庶三子嘉

康王鼎渭鼐鈞嫡一子

王彝康嫡一子崇

王傳㷫彝嫡一子

恩

靖三十八年封新寧王萬曆二十四年進封

年襲封崇禎二年薨

禎間襲封薨

崇禎間襲封十七年三月闖賊陷大同遇害

廣靈

榮憲王遜烑簡庶二子永樂二年封天順二年薨

莊裕王仕墭榮憲嫡一子天順七年襲封弘治九年薨

順簡王成鏇莊裕嫡一子弘治十二年襲封嘉靖二年薨

宣和王聰漢順簡嫡一子嘉靖四年襲封九年薨

康定王俊槻宣和嫡一子嘉靖十一年襲封二十五年薨

榮昭王充煡康定嫡一子嘉靖二十八年襲封四十五年薨

王廷𡌴榮昭嫡一子隆慶三年襲封

鼐鈖廷𡌴嫡一子隆慶三年封長子萬曆二十九年卒無子

鼐鐀廷𡌴嫡二子初封鎮國將軍應改封長子萬曆二十七年先卒

鼎濡鼐鐀嫡一子萬曆二十一年封輔國將軍三十一年改封長孫

路城

僖順王遜炵簡嫡三子永樂二十九年封成化七年薨

安簡王仕埬僖順嫡一子成化九年襲封弘治三年薨

榮安王成鐳安簡嫡一子弘治五年襲封十二年薨

宣惠王聰湞榮安嫡一子弘治十四年襲封嘉靖元年薨

端憲王俊椶宣惠嫡一子嘉靖三年襲封三十四年薨

康定王充燒端憲嫡一子嘉靖三十六年襲封萬曆十一年薨

恭恪王廷墉康定庶一子萬曆十五年襲封薨

王鼐鋉恭恪嫡一子隆慶六年封長孫萬曆十八年改封長子三十六年襲封

山陰

康惠王遜煁簡庶四子永樂二十二年封別城蒲州成化三年薨

端裕王仕𡑔康惠庶一子成化六年襲封弘治十六年薨

榮靖王成鍫端裕嫡一子正德元年襲封嘉靖十四年薨

僖順王聰澍榮靖嫡一子嘉靖十六年襲封三十四年薨

王俊柵僖順嫡一子嘉靖三十七年襲封萬曆三十一年薨

王充熙俊柵庶一子萬曆十年封長子既而襲封薨

王廷理充熙庶一子萬曆三十一年封長孫

襄垣

恭簡王遜熚簡庶五子永樂二十二年封別城

仕壎恭簡嫡一子襲封後犯十惡取赴京四死

蒲州天順六年薨
子孫俱爲庶人不得承襲
安惠王仕坯恭簡庶二子成化十七年襲封十八年薨
成鍨安惠嫡一子成化二十一年襲封隆慶二年薨子聰灐封長子卒灐子俊渠封長孫卒渠子充煌封曾長孫隆慶三年請襲封廷讓仕坯弟冒兄爵不准承襲依世次降封輔國中尉奉祀

靈邱
榮順王遜烇簡庶六子永樂二十二年封天順五年別城絳州成化十一年薨
僖靖王仕墉榮順嫡一子成化十三年襲封弘治六年薨
莊和王成鈠僖靖庶一子弘治七年襲封十年薨
端懿王聰渪莊和嫡一子弘治十二年襲封嘉靖三十四年薨
俊格端懿嫡一子弘治十七年封長子嘉靖二十四年卒四十二年以曾孫鼐鐐襲封追封王諡康悼
充㷖康悼嫡一子嘉靖元年封長孫三十年卒四十二年追封王諡悼懿
廷扯悼懿嫡一子嘉靖二十四年封曾長孫三十一年卒四十二年追封王諡懷僖
鼐鐐懷僖嫡一子嘉靖三十四年封玄長孫四十二年襲封隆慶三年坐非刑致死曾叔祖降爲庶人除

宣寧
靖莊王遜炓簡庶七子正統二年封天順五年別城澤州成化六年薨
和僖王仕鼒靖莊嫡一子成化八年襲封弘治四年薨
恭安王成鉆和僖嫡一子弘治七年襲封正德五年薨
康靖王聰瀐恭安庶一子正德十六年襲封嘉靖七年薨
昭榮王俊相康靖嫡一子嘉靖十五年襲封隆慶五年薨
溫簡王充爍昭榮嫡一子萬曆八年襲封十八年薨無子除

懷仁

榮定王遜熵簡庶八子景泰七年封弘治三年薨
仕墶榮定嫡二子封鎮國將軍弘治元年卒以子成鈀襲郡封追封王諡安僖
恭和王成鈀安僖嫡一子弘治五年襲封十五年薨
溫惠王聰淑恭和嫡一子弘治十七年襲封正德十二年薨無子
聰浰恭和嫡二子正德十二年以鎮國將軍管理府事嘉靖八年卒子俊榭襲郡封追封王諡康僖
莊簡王俊榭康僖嫡一子嘉靖二十二年以輔國將軍襲封隆慶五年薨長子充燦因父冒封照世次以奉國將軍奉祀

隰川
懿安王遜燮簡庶十子正統七年封天順五年別城澤州成化十年薨
恭僖王仕壏懿安庶一子成化十三年襲封二十一年薨
成　恭僖子諡莊隱年月無考
康肅王聰羕莊隱嫡一子弘治七年襲封正德十三年薨
莊惠王俊栢康肅嫡一子嘉靖元年襲封三十四年薨子妖除

昌化
溫憲王仕壥戾庶二子正統十三年封成化二十年薨
榮僖王成鍰溫憲嫡一子成化二十三年襲封正德八年薨
端襄王聰瀘榮僖嫡一子正德九年襲封嘉靖二十二年薨無子除

定安
悼隱王成鏻隱嫡二子景泰元年封別城忻州成化五年薨
聰滴悼隱一子成化　年封長子居喪失禮停封後卒子孫

遜以將軍中尉奉祀不襲郡爵

博野
悼恭王成鍈隱嫡三子景泰五年封成化五年薨
端穆王聰溱悼恭嫡一子成化九年襲封弘治五年薨
莊憲王俊槓端穆嫡一子弘治十三年襲封嘉靖二十八年薨無子除

和川
悼僖王成鏝隱庶四子天順三年封成化十四年薨
宣懿王聰潪悼僖嫡一子成化十六年襲封弘治十八年薨
恭惠王俊䵂宣懿嫡一子正德四年襲封嘉靖二十一年薨
康王充烰恭惠嫡一子嘉靖二十四年襲封二十五年薨
昭順王廷城康庶一子嘉靖二十九年襲封萬曆八年薨
端簡王鼐鉉昭順庶一子萬曆十五年襲封三十四年薨
王鼎東端簡嫡一子萬曆十九年封長子三十八年襲封薨
王彝樻鼎東庶一子萬曆三十三年封長孫既而襲封

寧津
懷康王成鉠隱庶五子成化九年封二十二年薨
懷莊王聰滴懷康一子弘治三年襲封四年薨無子
溫穆王聰冷懷康庶子弘治九年以鎮國將軍進封十八年薨
王俊㯮溫穆庶一子正德十六年襲封萬曆三年薨

東強
靖安王成舒隱庶六子成化九年封弘治九年薨
康惠王聰滋靖安嫡一子弘治十七年襲封嘉靖二十六年薨
俊㮚康惠嫡一子正德十六年封長子嘉靖十九年卒後以子充㸌襲封追封王諡榮和
恭懿王充㸌榮和庶一子嘉靖二十八年襲封萬曆十三年薨
王廷坑恭懿嫡一子萬曆十一年襲封三十五年薨
王鼐錞廷坑嫡一子萬曆三十一年封長子天啓三年襲封崇禎七年薨

饒陽

悼昭王成鐩隱庶七子成化九年封十九年薨

榮莊王聽潡悼昭嫡一子成化二十三年襲封嘉靖十五年薨

俊榱榮莊嫡一子正德八年封長子嘉靖二年卒以子充蒸襲封追封王謚康僖

充蒸康僖庶一子嘉靖十八年襲封三十二年革爵

樂昌

康懿王聰涓惠庶二子成化十九年別城朔州嘉靖二十六年薨

俊福康懿嫡一子弘治十四年封長子嘉靖二十二年卒以子充爌襲封追封王謚榮簡

溫靖王充爌榮簡庶一子嘉靖三十年襲封萬曆七年薨

王廷瓗溫靖嫡一子萬曆十年襲封四十三年薨

王鼐鉡廷瓗庶一子萬曆四十六年襲封

吉陽

恭順王聰注惠庶三子成化十九年封嘉靖三十三年薨

端惠王俊槿恭順庶一子嘉靖三十六年襲封萬曆十一年薨

順僖王充熠端惠庶一子萬曆十四年襲封四十一年薨

王廷埢順僖庶一子萬曆四十三年襲封

溧陽

榮定王聰瀙惠庶四子弘治三年封嘉靖三十六年薨

恭懿王俊椐榮定庶一子嘉靖四十年襲封萬曆九年薨

充炅恭懿　一子萬曆初封長子八年先卒

進賢

莊惠王俊櫕思庶二子正德五年封嘉靖二十九年薨

恭懿王充烆莊惠嫡一子嘉靖三十二年襲封三十六年薨

王廷培恭懿庶一子嘉靖四十三年襲封四十四年薨無子除

河內

莊安王充爔懿庶四子正德五年封嘉靖二十八年薨

恭憲王廷俔莊安庶一子嘉靖三十二年襲封三十六年薨無子除

富川

悼定王充煙懿庶五子嘉靖元年封七年薨

康簡王廷垶悼定庶一子嘉靖二十年襲封萬曆元年薨

鼐鏈康簡嫡一子嘉靖三十七年封長子萬曆二年請封未命卒

王鼎漸鼐鏈庶一子萬曆二十六年襲封

寶豐

悼順王充炕懿庶十一子嘉靖九年封十一年薨無子除

碭山

悼懷王充炯懿庶十二子嘉靖九年封十年薨無子除

永慶

懿簡王鼐鉦恭庶三子嘉靖四十年封萬曆九年薨

王鼎涗懿簡嫡一子萬曆十二年襲封四十一年薨

王彝棖鼎涗庶二子天啓元年襲封

肅

莊王楧太祖庶十四子初封漢二十五年改封肅就藩甘州後移蘭州永樂十七年薨

康王瞻焰莊庶一子永樂二十二年襲封天順八年薨

簡王祿埤康庶一子初封洵陽王成化四年襲封十五年薨

恭王貢錝簡庶一子初封汾州王成化二十三年襲封嘉靖十五年薨

真淤恭嫡一子成化十年封世子嘉靖五年薨以子弼桄襲封追封王謚曰靖

定王弼桄靖嫡二子嘉靖十八年襲封四十一年薨

縉炯定嫡一子封世子嘉靖三十六年薨以子紳堵襲封追封王謚曰昭

懿王縉熿鎮國將軍弼柿庶一子隆慶五年以輔國將軍嗣封追封弼柿安王弼柿靖庶四子也萬曆十六年懿王薨

懷王紳堵昭庶一子嘉靖四十二年襲封四十三年薨無子從叔縉熿立

憲王紳堯懿庶一子萬曆十九年襲封四十六年薨

王識鋐憲嫡一子萬曆四十二年封世子天啓元年襲封崇禎十六年死流賊之難

淳化

端惠王真泓恭庶二子弘治十三年封嘉靖三十一年薨

康穆王弼果端惠庶一子嘉靖三十五年襲封萬曆十一年薨

縉勳康穆嫡一子隆慶元年封長子萬曆十八年卒一子紳坑先卒

王紳在縉勳庶二子萬曆二十三年襲封

鉛山

榮和王真滁恭庶三子正德十三年封嘉靖三十四年薨

康裕王弼幹榮和嫡一子嘉靖四十年襲封萬曆六年薨

恭莊王縉衛康裕庶一子萬曆十一年襲封二十六年薨

王紳鄢恭莊庶一子萬曆三十七年以繼母楊妃守節植孤雖濫妾所生特准襲封

金壇

恭裕王真洵恭庶四子嘉靖四年封隆慶五年薨

弼槿恭裕嫡一子嘉靖三十二年封長子四十五年罪降庶人發高牆除

會寧
莊惠王眞潤恭庶五子嘉靖十年封隆慶二年薨
弼楹莊惠嫡一子嘉靖三十三年封長子隆慶五年卒以子縉剡襲封追封王謚端憲
恭懿王縉剡端憲庶一子萬曆四年襲封二十四年薨
王紳域恭懿嫡一子萬曆二十四年封長子二十七年襲封

延長
莊懿王眞漁恭庶六子嘉靖十年封萬曆十八年薨
弼棟莊懿嫡一子嘉靖四十三年封長子萬曆十六年卒以子縉授襲封追封王謚
王縉授弼棟庶一子萬曆二年封長孫二十一年襲封薨
王紳封縉授庶一子萬曆二十三年封長子既而襲封

開化
王弼枳靖庶六子嘉靖中封薨
王縉燧弼枳庶一子萬曆九年以鎮國將軍改封長子三十八年卒
王紳縉燧嫡一子萬曆十一年封長孫四十二年襲封
王識鑒紳庶一子萬曆二十年封曾長孫改封長子既而襲封

會昌
王弼棟靖庶七子嘉靖四十二年以鎮國將軍進封薨
王縉撲弼棟庶一子萬曆十九年以輔國將軍改封長子既而襲封薨
王紳增縉撲庶一子萬曆二十年封長子既而襲封

延安
恭靖王縉熾定嫡二子嘉靖二十九年封三十

七年薨無子除

遼
簡王植太祖庶十五子洪武十一年封衛二十六年改封遼就藩廣寧州永樂二年遷荊州府二十二年薨
貴烚簡庶二子初封長陽王洪熙元年進封正統四年罪降庶人十四年卒
肅王貴燮簡庶四子初封興山王正統四年進封成化七年薨
靖王豪墭肅嫡一子成化九年襲封十四年薨
惠王恩鐕靖嫡二子成化十六年襲封弘治八年薨
恭王寵涭惠嫡一子弘治十年襲封正德十六年薨
莊王致格恭嫡二子嘉靖三年襲封十六年薨
憲㸅莊庶一子初封句容王嘉靖十九年襲封隆慶二年罪降庶人發高牆封除

長陽
貴烚見
昭和王豪堪貴烚嫡一子成化十年比弋陽永和事例以輔國將軍襲封正德五年薨
安靖王恩鈉昭和嫡一子正德九年襲封嘉靖二十年薨
恭裕王寵游安靖嫡一子嘉靖二十三年襲封隆慶二年薨
致楹恭裕庶一子嘉靖三十六年封長子四十三年卒以子憲煥襲封追封王謚悼莊
王憲煥悼莊庶一子萬曆二年襲封薨
王衍雅憲煥嫡一子萬曆三十四年封長子

遠安
貴燮簡庶三子建文元年封洪熙元年罪降庶人成化二年卒不准襲孫恩鈊乞照長陽王例襲封憲宗以貴燮犯不孝罪非長陽王比不允

除

巴東
貴煊簡庶五子建文二年封洪熙元年罪降庶人景泰三年卒子孫不准襲除

潛江
王貴沌簡庶六子永樂二年封尋薨無子除

宣都
王貴熁簡庶七子永樂二年封尋薨無子除

松滋
安惠王貴炘簡庶八子永樂二年封正統七年薨
靖簡王豪壇安惠嫡一子正統十一年襲封弘治十一年薨
榮和王恩鈳靖簡嫡一子弘治十三年襲封嘉靖元年薨
昭憲王寵洌榮和庶一子嘉靖四年襲封二十五年薨
恭肅王致橃昭憲嫡一子嘉靖二十九年襲封萬曆六年薨
莊懿王憲爐恭肅嫡一子萬曆十年襲封二十四年薨
王衍樫莊懿嫡一子萬曆二十七年襲封

益陽
安僖王貴烰簡庶九子永樂二十二年封正統十三年薨
懿簡王豪墍安僖嫡一子景泰三年襲封成化五年薨
恭和王恩銅懿簡嫡一子成化九年襲封正德十六年薨
康恪王寵淄恭和嫡一子嘉靖三年襲封八年薨
榮惠王致檣康恪嫡一子嘉靖十二年襲封三十六年薨
莊懿王憲熵榮惠庶一子嘉靖三十九年襲封萬曆十年薨

湘陰
安僖王貴焆簡庶十一子永樂
康懿王豪墍安僖嫡一子成化
恭簡王恩鍶康懿嫡一子弘治
端靖王寵漪恭簡嫡一子正德
恭定王致榴端靖嫡一子嘉靖
莊順王憲烟恭定庶一子隆慶
衍穫莊順庶一子萬曆七年封
王儼釪衍穫庶一子萬曆

二十二年封成化四年薨
六年襲封弘治十三年薨
十六年襲封正德四年薨
七年襲封嘉靖二十四年薨
二十八年襲封隆慶二年薨
六年襲封萬曆二十八年薨
鎭國將軍未襲卒
二十四年襲封

衡陽

莊和王貴豎簡庶十二子禾樂二十二年封天順元年薨
靖僖王豪㸁莊和嫡一子天順四年襲封弘治元年薨
恩鐯靖僖嫡一子成化十年封長子弘治四年卒以子寵淹襲封追封王謚悼 倍
安僖王寵淹悼僖庶一子弘治六年襲封嘉靖十八年薨無子除

應山

悼恭王貴爆簡庶十三子宣德七年封正統十一年薨
端順王豪環悼恭嫡一子正統十四年襲封弘治二年薨
和僖王恩鍇端順嫡一子弘治四年襲封八年薨無子除

宜城

康簡王貴楴簡庶十五子宣德七年封成化十一年薨
榮僖王豪玲康簡庶一子成化十五年襲封弘治十一年薨
懷靖王恩銑榮僖嫡一子弘治十三年襲封正德十三年薨
懿定王寵濱懷靖嫡一子嘉靖元年襲封十五年薨
榮昭王致根懿定嫡一子嘉靖十九年襲封二十九年薨無子除

枝江

莊惠王貴熠簡庶十六子宣德七年封景泰四年薨
靖僖王豪壂莊惠嫡一子景泰六年襲封天順六年薨
溫穆王恩錢靖僖嫡一子成化元年襲封弘治七年薨
悼懷王寵潤溫穆庶一子弘治十年襲封正統十六年薨
端懿王致擇悼懷庶一子嘉靖十三年襲封四十四年薨無子除

沅陵

恭憲王貴熇簡庶十七子宣德八年封成化八
昭安王豪塊恭憲嫡一子成化十三年襲封弘
宣穆王恩鈽昭安嫡一子弘治六年襲封十年

年薨
治四年薨
薨無子
莊恪王恩鉌昭安嫡二子弘治十三年以鎭國將軍進封十六年薨
榮簡王寵洙莊恪嫡一子正德八年襲封嘉靖三十年薨
恭僖王致枇榮簡庶一子嘉靖三十三年以鎭國將軍襲封無子除

麻陽

悼僖王貴㸂簡庶十八子宣德八年封正統七年薨無子除

衡山

恭惠王貴烕簡庶十九子正統二年封成化十二年薨無子除

蘄水

靖和王貴爅簡庶二十子正統二年封成化四年薨
安穆王豪梓靖和嫡一子成化七年襲封弘治十二年薨
康順王恩鉅安穆庶一子弘治十四年襲封嘉靖九年薨
僖簡王寵澍康順嫡一子嘉靖十二年襲封十五年薨
端懿王致樝僖簡嫡一子嘉靖十九年襲封萬曆七年薨
榮順王憲熜端懿庶一子萬曆十年襲封三十一年薨
王術輊榮順嫡一子萬曆十四年封長子三十三年襲封

肅寧

悼靖王恩鎔靖嫡三子成化十三年封十九年薨
榮順王寵汕悼靖嫡一子成化二十三年襲封嘉靖十四年薨
恭懿王致栟榮順庶一子嘉靖二十三年襲封萬曆四年薨
王憲燦恭懿嫡一子萬曆七年襲封薨
王術埈憲燦庶二子天啓元年封長子崇禎中襲封十六年爲李自成所掠

長垣

恭順王恩鉀靖嫡四子成化十
王寵汮恭順嫡一子正德

三年封正德八年薨
十二年襲封嘉靖三十七年薨無子除

光澤

榮端王寵瀼憲嫡二子成化二十三年封嘉靖二十五年薨
恭僖王致櫟榮端嫡一子嘉靖二十九年襲封三十一年薨
莊懿王憲燵恭僖庶一子隆慶五年襲封萬曆三十一年薨
王術堨莊懿嫡一子萬曆十九年封長子三十四年襲封三十八年管理遼府事

廣元

康僖王致慥恭嫡三子正德八年封嘉靖三十年薨
端恪王憲㵾康僖嫡一子嘉靖三十三年襲封隆慶二年因憲㸅革爲庶人暫理遼府事萬曆十年薨
王術垌端恪庶一子萬曆六年封長子十三年襲封三十七年薨無子除

明史卷一百二

表第三

總裁官總理事務 經筵講官少保兼太子太保保和殿大學士兼管吏部戶部尚書事加六級張廷玉等奉

敕修

諸王世表三

慶

靖王㮵太祖庶十六子二十四年封二十六年就藩韋州建文三年遷寧夏正
康王秩煃靖庶一子正統四年襲封成化五年薨
懷王邃壄康庶一子初封平原王成化七年襲封十五年薨無子
莊王邃恭王寘台浤恭鼒櫍定

統三年薨

塀康庶二子初封岐陽王成化十七年進封弘治四年薨

鍪莊庶一子初封落文王弘治七年襲封十一年薨

庶一子弘治十六年襲封後革爲庶人嘉靖三十年卒以二子鼒枋襲封追復王諡曰定

庶一子封世子薨諡端和

惠王鼒枋定庶二子嘉靖二十年以桐鄉王改封世子三十一年襲封萬曆二年薨

端王倪熑惠嫡一子嘉靖三十七年封世子萬曆五年襲封十六年薨

憲王伸域端庶一子初封綏德王萬曆十九年襲封本年薨

王帥鋅憲嫡二子萬曆二十三年襲封薨

王倬淮帥鋅嫡一子萬曆四十五年封世子旣而襲封

靖寧

王秩養靖庶二子封後薨無子除

眞寧

莊惠王秩榮靖庶三子景泰六年封成化三年薨

康簡王邃埣莊惠庶一子天順元年襲封成化十二年薨

溫穆王寘鐃康簡嫡一子弘治三年襲封十五年薨

榮僖王台涔溫穆嫡一子正德元年襲封十年薨

安惠王鼒樿榮僖嫡一子正德十六年襲封嘉靖三十一年薨

恭簡王倪姲安惠嫡一子嘉靖三十三年襲封萬曆五年薨無子除

安化

惠懿王秩炵靖庶四子永樂十九年封弘治十五年薨

邃塓惠懿庶一子初封鎮國將軍天順八年卒以子寘鐇襲封追封王諡恭和

寘鐇恭和庶一子弘治五年襲封正德五年叛逆伏誅除

岐山

悼莊王秩煉靖庶五子封後薨無子除

安塞

宣靖王秩炅靖

庶六子正統九年封成化九年薨無子除

弘農

安僖王邃塽康庶三子天順三年封弘治三年薨

榮惠王寘鐲安僖庶一子弘治五年襲封正德三年薨

恭定王台泙榮惠嫡一子正德十年襲封嘉靖二十八年薨

康僖王鼒樐恭定庶一子嘉靖三十三年襲封隆慶六年薨

恭順王倪熑康僖嫡一子嘉靖三十八年封長子萬曆三年襲封十七年薨

王伸縫恭順嫡一子萬曆十年封長子二十一年襲封薨

王帥鍠伸縫嫡一子萬曆三十二年封長子旣而襲封

豐林

溫僖王邃垙康庶六子成化八年封正德六年薨

安簡王寘鏷溫僖嫡一子正德十年襲封嘉靖五年薨

端康王台瀹安簡庶一子嘉靖九年襲封二十六年薨

恭懿王鼒棫端康嫡一子嘉靖三十一年襲封萬曆六年薨

倪湠恭懿嫡一子嘉靖三十八年封長子萬曆五年卒無子除

鞏昌

寘鉶莊庶二子弘治三年封嘉靖十二年革爵發高牆除

壽陽

和靖王台濠恭庶二子正德三年封十三年薨

端懿王鼒榻和靖嫡一子嘉靖十四年襲封二十年薨

僖憲王倪爋端懿嫡一子嘉靖三十二年襲封萬曆四年薨

伸捏僖憲庶一子萬曆十七年封長子二十八年卒

王帥鍪伸捏嫡一子萬曆三十七年封長孫四十六年襲封

延川

端穆王鼒櫝定庶二子嘉靖十八年封四十二年薨

倪煋端穆庶一子萬曆二年封長子十七年卒

寧

獻王權太祖庶十七子洪武二十四年封二十六年就藩大寧永樂元年移南昌府正統十三

盤烒獻嫡一子永樂二年封世子正統二年薨以子奠培襲封追封王諡曰惠

靖王奠培惠嫡一子正統十四年襲封弘治四年薨

康王覲鈞靖嫡一子初封上高王弘治五年襲封十年薨

宸濠康嫡一子初封上高王弘治十二年襲封正德十四年反逆伏誅除

華陰

端懿王倪焯惠嫡二子嘉靖四年封萬曆十一年薨

王伸堨端懿嫡一子萬曆二十二年襲封薨

王帥銳伸堨嫡一子萬曆四十三年封長子旣而襲封

鎮原

王伸壇端庶二子萬曆元年封天啓五年薨

王帥鋅伸壇嫡一子萬曆二十四年封長子天啓五年襲封

蒙陰

王帥鉀憲嫡三子萬曆二十五年封薨

龍祥

王倬淥帥鋅嫡二子天啓二年封

潭水

王倬漎帥鋅嫡三子天啓二年封

年薨

臨川
盤熚獻庶二子宣德元年封天順五年罪降庶人鳳陽居住成化二十一年卒嘉靖三十五年追復王謚康僖
奠瑜康僖嫡一子正德七年封長子天順五年罪降庶人守西山祖墳成化八年卒嘉靖二十五年追封王謚恭順子孫不襲除

宜春
安簡王盤烑獻庶三子宣德三年封弘治五年薨
宣和王奠沾安簡嫡一子弘治八年襲封九年薨
覲鐏宣和嫡一子弘治八年封長子九年卒以子宸渹襲封追封王謚懷簡
康僖王宸渹懷簡嫡一子弘治十一年襲封十三年薨
拱㰘康僖嫡一子正德二年襲封十五年坐宸濠反解京自盡子送鳳陽除

新昌
安僖王盤炷獻庶四子宣德五年封天順三年薨無子除

信豐
悼惠王盤熿獻庶五子宣德七年封正德四年薨無子除

瑞昌
恭僖王奠墠惠庶二子景泰二
榮安王覲錫恭僖嫡一子成化
宸瀱榮安庶一子初封鎮國將
拱栟悼順嫡一子弘治十二年

年以鎮國將軍加封成化十二年薨
十四年襲封弘治元年薨
軍弘治三年卒本年追封王謚悼順
襲封正德十五年坐宸濠反死子送鳳陽除

樂安
昭定王奠壘惠庶三子景泰二年以鎮國將軍加封弘治元年薨
覲鐳昭定庶一子成化四年封鎮國將軍十七年卒以子宸湔襲郡封追封王謚溫隱
靖莊王宸湔溫隱嫡一子弘治四年襲封嘉靖二十一年薨
端簡王拱欏靖莊嫡一子嘉靖二十四年襲封三十八年薨
王多焜端簡嫡一子嘉靖四十年襲封萬曆間薨
王謀䤨多焜庶一子萬曆四十二年封長子天啟二年襲封

石城
恭靖王奠堵惠庶四子景泰二年以鎮國將軍加封成化二十二年薨
覲鎬恭靖庶一子初封鎮國將軍成化二十一年卒以子宸浮襲封追封王謚端隱
安恪王宸浮端隱嫡一子弘治二年襲封十二年革爵嘉靖二十四年奏復冠帶二十七年卒無子除

弋陽
榮莊王奠壏惠庶五子景泰二年以鎮國將軍加封天順五年薨
僖順王覲鐵榮莊嫡一子成化二年襲封弘治十年薨
莊僖王宸㴐僖順嫡一子弘治十七年襲封正德九年薨
端惠王拱樻莊僖嫡一子嘉靖二年襲封三十年薨
恭懿王多焜端惠庶一子嘉靖三十三年襲封萬曆五年薨無子除

鍾陵
覲錐靖庶三子成化九年封弘治十八年罪降庶人送鳳陽正德十三年卒除

建安
簡定王覲鍊靖庶四子成化十七年封嘉靖十七年薨
莊順王宸濂簡定嫡一子嘉靖二十一年襲封三十三年薨
昭靖王拱樾莊順嫡一子嘉靖三十六年襲封隆慶四年薨
康懿王多㸅昭靖嫡一子萬曆元年襲封二十九年薨
王謀瓏康懿嫡一子隆慶二年封長孫萬曆二年改封長子三十一年襲封薨
王統鑩謀瓏庶一子萬曆四十五年封長子既而襲封

岷
莊王楩太祖庶十八子洪武二十四年封二十八年就藩雲南建文元年削籍永樂元年復封二十一年遷武岡州景泰元年薨
恭王徽煣莊嫡二子初封鎮南王景泰三年襲封天順七年薨
順王音埑恭嫡一子成化元年襲封十六年薨
簡王膺鈺順嫡一子弘治元年襲封十三年薨
靖王彥汰簡庶一子初封江陵王弘治十七年襲封嘉靖二十三年薨
康王譽榮靖嫡一子嘉靖二十五年襲封三十一年薨
憲王定燿康庶二子嘉靖三十四年襲封薨
僖靖世子幹甦憲庶一子初封南充王萬曆十五年改封世子二十年卒
世孫企鈴僖靖嫡一子萬曆二十八年封世孫四十二年卒
王企鏜僖靖嫡二子初封郡王崇禎四年進封十六年被盜遇害
王禋洪企鈴嫡一子萬曆中封世曾孫天啟二年襲封崇禎元年薨無子叔企鏜立

江川
恭惠王徽熘莊庶三子宣德四年封成化五年薨
榮懿王音埶恭惠庶一子成化十六年襲封嘉靖元年薨
王膺鏈榮懿庶一子嘉靖三年襲封萬曆二十五年薨子孫先卒除

廣通
徽煠莊庶四子宣德四年封景泰三年罪降庶人尋卒除

陽宗

徽焟莊庶五子宣德四年封景泰五年罪降庶人尋卒除					
	南渭 榮順王音壂恭庶二子景泰四年封弘治五年薨				
	膺釟榮順庶一子以鎮國將軍奏准管理府事正德十二年卒後子彥濱襲封追封王謚懷簡	安昌 懷僖王膺鋪順嫡一子成化二年封十八年薨	充城 膺鋸順嫡三子成化五年封二十二年罪送鳳陽卒無子除	黎山 安懿王膺鉁順嫡四子成化六年封弘治十一年薨	沙陽 端靖王膺鉋順嫡五子成化十三年封正德十
	安和王彥濱懷簡嫡一子嘉靖三年襲封二十二年薨	榮和王彥澪懷僖嫡一子弘治二年襲封正德九年薨		康靖王彥濮安懿庶一子弘治十六年襲封嘉靖六年薨	王彥濕端靖嫡一子正德十四年襲封十
	莊順王譽檣安和嫡一子嘉靖二十六年襲封三十九年薨無子除	王譽榔榮和嫡一子嘉靖元年襲封四十一年薨		榮僖王譽枚康靖嫡一子嘉靖十一年襲封三十七年薨	
		定烷譽榔庶一子嘉靖十九年封鎮國將軍三十八年卒		王定蓁榮僖嫡一子嘉靖四十一年襲封萬曆十一年薨	
		王幹理定烷庶一子隆慶三年封長孫既而襲封薨		王幹礓定蓁嫡一子萬曆四年封長子既而襲封薨	
		王企鋼幹理庶一子萬曆二十七年封曾長孫既而襲封		王企鎂幹礓庶一子萬曆二十一年封長孫	

二年薨	唐年 恭裕王膺鋑順庶六子成化十三年封嘉靖十八年薨					
六年薨無子除	王彥凋恭裕嫡一子嘉靖二十二年襲封四十年薨	南安 彥泥簡庶二子弘治十一年封嘉靖五年罪降庶人發高牆除	南豐 王彥激簡庶三子正德十二年封嘉靖四十年薨			
	譽㯳彥凋嫡一子嘉靖二十三年封長子隆慶元年卒無子除		王譽棡彥激嫡一子隆慶四年襲封萬曆十九年薨	善化 康簡王譽桔靖嫡二子正德九年封嘉靖三十年薨	建德 榮安王譽樾靖嫡三子正德六年封嘉靖二年薨	漢川 康定王譽榛靖嫡五子嘉靖元
			定㷿譽棡嫡一子萬曆九年封長子二十二年卒	王定焌康簡嫡一子嘉靖三十三年襲封萬曆二年薨	王定炯榮安嫡一子嘉靖十二年襲封萬曆三年薨	王定焞康定庶一子嘉靖
			幹臺定㷿嫡一子萬曆中封長孫卒	王幹埴定焌庶一子萬曆九年襲封薨	幹墡定炯嫡一子嘉靖三十四年封長子萬曆三十五年頒冊未受命卒	
			王企厭幹臺庶一子萬曆四十五年封曾長孫既而襲封	王企鉅幹埴嫡一子萬曆十二年封長子既而襲封薨	企錞幹墡庶一子隆慶六年封長孫	
				王禋潭企鉅庶一子萬曆三十六年封長孫	禋汴企錞嫡一子萬曆二十二年封曾長孫	

年封萬曆七年薨	遂安 王譽檡靖庶七子嘉靖十七年封三十三年薨無子除	長壽 王譽櫓靖庶八子嘉靖十七年封四十二年薨無子除			
四十二年以鎮國將軍改封長子萬曆十九年襲封薨無子除			綏寧 王定光康庶三子嘉靖二十七年封萬曆二十年薨	南漳 王定熑康庶六子嘉靖三十二年封三十六年薨無子除	祁陽 王定㸅康庶七子嘉靖三十一年封薨
			王幹址定光庶一子隆慶元年封長子萬曆三十五年頒冊未受命卒		王幹蛙定㸅嫡一子萬曆二年封長子既而襲封薨
			王企鋅幹址庶一子萬曆十七年封長孫		企銓幹蛙庶一子萬曆二十年封長孫四十二年卒
					王禋泞企銓嫡一子萬曆四十五年封曾長孫既而襲封

廣濟王定㸂康庶八子嘉靖三十六年封萬曆二十七年薨

鈴鐘定㸂嫡一子萬曆九年封長子三十六年頒冊未受命卒無子除

青林王幹垣憲庶三子嘉靖四十五年封本年薨無子除

常寧王幹坤憲庶四子萬曆十五年封四十五年薨無子除

谷

橞太祖庶十九子洪武二十四年封二十八年就藩宣府成祖即位移長沙府永樂十五年坐謀逆削爲庶人自焚死除

韓

憲王松太祖庶二十子洪武二十四年封未就藩永樂五年薨

恭王冲㦛憲嫡一子永樂八年襲封二十二年之藩平涼府正統五年薨

懷王範圯恭庶一子初封開城王正統七年襲封九年薨無子

靖王範埛恭庶二子初封西鄉王正統十一年進封景泰元年薨

惠王徵釥靖庶一子初封高陵王景泰元年襲封成化五年薨

悼王偕沇惠庶二子初封廣安王成化五年襲封十年薨無子

康王偕滆惠庶三子初封彰化王成化十二年進封弘治十四年薨

昭王旭櫏康嫡一子初封渭源王弘治十七年襲封嘉靖十三年薨

定王融燧昭嫡二子嘉靖十五年襲封四十四年薨

謨典定嫡一子嘉靖十八年封世子四十年薨諡悼恭後子朗錡襲封追封王改諡曰安

端王朗錡安嫡二子嘉靖四十五年以鎮國將軍改封世孫隆慶二年襲封萬曆三十四年薨

敬安世子璟浤端嫡一子隆慶四年封世子萬曆二十八年薨

遂杞敬安嫡一子萬曆二十年封世孫三十六年薨

王亶塉遂杞嫡一子萬曆三十八年封世曾孫三十九年襲封崇禎十六年賊陷平涼被執

襄陵

莊穆王冲炑憲庶二子永樂二年封成化十三年薨

恭惠王範址莊穆嫡一子成化十七年襲封正德元年薨

安穆王徵鈐恭惠庶一子正德六年襲封嘉靖十七年薨

偕測安穆庶一子正德七年封鎮國將軍十五年卒以孫襲封追封王諡端和

旭櫍端和庶一子初封輔國將軍嘉靖十六年改封長孫二十年卒以子襲封追封王諡懿簡

順清王融焚懿簡庶一子嘉靖二十五年襲封萬曆十年薨

恭懿王謨增順清嫡一子隆慶元年封長子萬曆十年襲封十一年薨

溫恪王朗鑽恭懿嫡一子萬曆十五年襲封四十五年薨

王璟洸溫恪嫡一子萬曆三十三年封長子既而襲封

樂平

定肅王冲炊憲庶三子永樂二年封成化二十二年薨

範場定肅庶一子初封鎮國將軍成化九年卒以子徵鐙襲封追封王諡僖安

恭安王徵鐙僖安庶一子弘治三年襲封嘉靖二十二年薨

溫定王偕溷恭安庶一子嘉靖二十六年襲封三十八年薨

旭椻溫定嫡一子嘉靖三十年以輔國將軍改封長子三十三年卒後子融尌襲封追封王諡安和

昭順王融尌安和嫡一子嘉靖四十一年襲封萬曆四年薨

莊簡王謨炯昭順庶一子萬曆十一年襲封四十二年薨

王朗鎏莊簡嫡一子萬曆四十二年封長子四十五年襲封

臨汾

王冲㷆憲庶四子封後薨無子除

襄城

昭裕王範埆恭庶三子正統二年封成化二十年薨

宣惠王徵鉅昭裕嫡一子景泰二年襲封弘治十二年薨

安僖王偕洄宣惠庶一子弘治十四年襲封正德五年薨

康順王旭欄安僖庶一子正德十年襲封嘉靖十六年薨

溫靖王融焱康順庶一子嘉靖二十年襲封三十一年薨

僖和王謨垣溫靖庶一子嘉靖四十七年襲封萬曆間薨無子除

通渭

莊簡王範壁恭庶四子正統十二年封成化五年薨

榮靖王徵錸莊簡庶一子成化八年襲封弘治十二年薨

恭裕王偕浧榮靖嫡二子弘治十五年襲封正德三年薨

安定王旭楊恭裕庶一子正德七年襲封嘉靖十八年薨

端順王融烷安定庶一子嘉靖二十二年襲封三十三年薨

惠穆王謨墒端順庶一子嘉靖三十五年襲封萬曆二十四年薨

朗鉽惠穆嫡一子萬曆八年封長子二十一年卒無子除

平利

懷簡王範墼恭庶五子封後薨無子除

漢陰

恭惠王徵鍉靖庶二子封後薨無子王疾時妃父周恂謀取他人子納之長受封成化十四年事發恂伏誅冒封男女俱賜自盡除

高平

榮和王偕灤惠庶六子成化七年封正德七年薨

昭簡王旭櫓榮和嫡一子弘治三年襲封正德十五年薨

融烇昭簡庶一子嘉靖五年襲封十五年革爵三十七年卒除

除

西德
昭僖王偕𣶏惠庶七子成化八年封正德七年薨
旭樅昭僖庶一子弘治元年封長子正德六年卒以子融熑襲封追封王謚悼昭
康惠王融熑悼昭庶一子嘉靖元年襲封萬曆十年薨
端靖王謨墒康惠嫡一子嘉靖二十三年封長子萬曆十四年襲封十七年薨
王朗鍩端靖嫡一子萬曆二十四年封長子三十九年襲封薨
王璟㢺朗鍩嫡一子天啟二年襲封

隴西
安懿王旭林康嫡三子弘治十三年封嘉靖二十五年薨無子除

寧遠
宣和王旭栓康嫡四子弘治十三年封正德十一年薨
恭懿王融煥宣和嫡一子嘉靖四年襲封四十一年薨
恭靖王謨垙恭懿嫡一子隆慶二年襲封本年薨
王朗鎮恭靖嫡一子萬曆四年襲封薨
王璟奭朗鎮嫡一子萬曆二十三年封長子既而襲封

長泰
榮和王旭橫康庶六子弘治十七年封嘉靖十三年薨
恭簡王融焯榮和嫡一子嘉靖十七年襲封萬曆九年薨
謨墳恭簡庶一子嘉靖三十年封鎮國將軍萬曆十一年卒無子除

永福
端僖王旭樺康庶七子弘治十七年封嘉靖二十六年薨
恭靖王融燓端僖庶一子萬曆十六年以鎮國將軍襲封三十九年越關革爵

建寧
恭安王旭椿康庶八子弘治十七年封嘉靖十二年薨
融炯恭安嫡一子嘉靖十七年襲封三十七年罪降庶人隆慶三年卒
王謨堂融炯嫡一子嘉靖三十六年封長子萬曆二十四年辯准復爵二十五年襲封二十八年薨
王朗鑌謨堂嫡一子萬曆三十二年襲封

長洲
定恭王融焌昭庶二子正德十年封隆慶五年薨
謨墠定恭嫡一子嘉靖十五年封長子三十七年卒以子朗鋺襲封追封王謚簡靖
王朗鋺簡靖庶一子萬曆二年襲封薨
王璟湊朗鋺嫡一子萬曆二十四年封長子天啟二年襲封

崑山
榮康王融㸌昭庶四子嘉靖元年封四十三年薨
恭順王謨垸榮康嫡一子隆慶二年襲封萬曆七年薨
莊簡王朗錦恭順嫡一子萬曆十六年襲封二十一年薨無子除

長樂
康懿王融焞昭庶子嘉靖十二年封四十三年薨
榮安王謨圩康懿嫡一子隆慶四年襲封萬曆三十五年薨
朗騐榮安嫡一子萬曆二十三年封長子三十五年未襲卒
王璟㴋朗騐庶一子萬曆三十九年襲封

高淳
莊懿王謨𡏖定庶二子嘉靖十
王朗鎔莊懿庶一子萬曆
王璟滓朗鎔嫡一子萬曆
王達朴璟滓庶一子萬曆

九年封四十年薨
三年以鎮國將軍襲封薨
九年封長子既而襲封薨
二十七年封長孫天啟三年襲封

休寧
安靖王謨堢定庶三子嘉靖十九年封三十二年薨
端惠王朗鏐安靖庶一子嘉靖三十七年襲封萬曆十四年薨無子除

慶陽
莊懿王謨墪定嫡四子嘉靖二十四年封三十八年薨
恭恪王朗鎗莊懿庶一子隆慶四年襲封萬曆七年薨無子除

通安
端裕王謨㙐定庶六子嘉靖二十七年封萬曆二十一年薨
王朗鐠端裕庶一子萬曆十二年封長子二十四年襲封薨
王璟淮朗鐠庶一子萬曆三十五年封長子既而襲封薨

崇明
懷莊王璟清端嫡二子隆慶四年封萬曆十一年薨

長吉
莊靖王璟瀾端庶三子萬曆二年封二十四年薨
王逵植莊靖嫡一子萬曆二十年封長子二十八年襲封

瀋

保德　璟湚端嫡四子萬曆二年封二十年薨無子除

綏平　安穆王璟洛端嫡五子萬曆五年封二十年薨無子除

咸陽　王璟漫端庶六子萬曆十一年封薨無子除

商邱　王璟澤端庶七子萬曆十四年封薨無子除

固原　王璟渭端庶八子萬曆二十年封薨無子除

汶陽　王璟汆端庶九子萬曆二十三年封薨無子除

簡王模太祖庶二十一子洪武二十四年封永樂六年就藩潞州後改潞安府宣德六年薨

康王佶焞簡庶一子初封武鄉王宣德七年襲封天順元年薨

莊王幼學康嫡一子天順三年襲封正德十一年薨

恭王詮鉦莊庶一子正德三年以西陽王改封世子十三年襲封嘉靖六年薨

勛淮恭庶一子初封福山王嘉靖四年先薨一子未名卒二子未封卒以從姪允移嗣封追封王諡曰靖

允橙靖嫡二子嘉靖六年管理府事九年薨無子以再從弟允移嗣封追封王諡曰懷

憲王允移靖從弟靈川王勛潪嫡一子嘉靖五年襲封靈川王九年以懷王絕嗣管理府事十年嗣封追諡其祖詮鉌爲安王父爲惠王二十八年薨

宣王恬烄憲嫡二子嘉靖三十一年襲封萬曆十年薨

王珵堯宣嫡一子嘉靖三十七年封世子萬曆十二年襲封

王效鏞珵堯嫡一子萬曆八年封世孫十三年改封世子

陵川　康肅王佶熢簡庶二子永樂二十二年封成化十年薨

幼塈康肅嫡一子正統十三年封長子成化八年卒以子詮鏤襲封追封王諡懷懿

康簡王詮鏤懷懿庶一子成化十三年襲封嘉靖十年薨

勛漾康簡嫡一子弘治三年封長子嘉靖九年卒以子允杲襲封追封王諡悼康

莊安王允杲悼康嫡一子嘉靖十四年襲封三十九年薨

溫穆王恬熵莊安嫡一子隆慶元年襲封萬曆二十七年薨

王珵墉溫穆庶一子萬曆二十一年封長子三十年襲封四十年薨

平遙　僖靖王佶熘簡庶三子永樂二十二年封正統十一年薨

懿安王幼壇僖靖嫡一子正統二年襲封成化間薨無子除

黎城　昭僖王佶熺簡庶四子宣德三

莊惠王幼壃昭僖嫡一子正統

年封正統九年薨

十二年襲封成化十三年薨無子除

稷山　悼靖王佶焆簡庶五子宣德三年封正統七年薨

莊靖王幼垬悼靖嫡一子正統十二年襲封天順六年薨

榮和王詮鎣莊靖庶一子成化五年襲封正德九年薨

端簡王勛泟榮和嫡一子正德十三年襲封嘉靖二十年薨

昭靖王允柯端簡嫡一子嘉靖二十四年襲封四十五年薨

康和王恬炠昭靖庶一子隆慶四年襲封萬曆十四年薨

王珵堣康和嫡一子萬曆間襲封薨

王效鈦珵堣庶一子萬曆三十四年封長子天啟二年襲封

沁水　悼懷王佶熅簡庶六子宣德三年封正統四年薨

安惠王幼壊悼懷嫡一子正統十三年襲封成化七年薨

端懿王詮鐇安惠嫡一子成化十二年襲封正德元年薨

榮穆王勛濡端懿嫡一子正德三年襲封十二年薨

莊和王允樓榮穆嫡一子嘉靖元年襲封二十一年薨

昭定王恬炘莊和嫡一子嘉靖二十五年襲封四十年薨

康僖王珵增昭定嫡一子隆慶元年襲封萬曆二十九年薨

王效鋞康僖庶一子萬曆十四年封長子三十三年襲封

沁源　恭定王佶焯簡庶八子宣德三年封正統十四年薨

端憲王幼埼恭定嫡一子景泰四年襲封成化十一年薨

榮靖王詮鍾端憲嫡一子成化十三年襲封正德九年薨

康僖王勛溱榮靖嫡一子正德十一年襲封嘉靖二十一年薨

允楊康僖嫡一子正德十三年封長子嘉靖九年卒以子恬焯襲封追封王諡悼和

康裕王恬焯悼和嫡一子嘉靖十五年襲封萬曆十年薨長子珵場罪發高牆

憲肅王珵墀康裕嫡二子萬曆五年以鎮國將軍改封長子十三年襲封三十五年薨

效鏤憲肅庶一子萬曆九年以輔國將軍改封長孫十五年罪降爲庶人

王效鋙憲肅庶二子萬曆四十三年襲封

清源　莊簡王幼圩康嫡三子正統十一年封弘治十四年薨

榮僖王詮鐍莊簡嫡四子初封鎮國將軍成化十三年繼黎城莊惠王嗣後以莊簡三子俱卒

端和王勛瀟榮僖嫡一子正德十一年襲封嘉靖三十七年薨

恭裕王允枌端和庶一子嘉靖四十年襲封萬曆八年薨

王恬焚恭裕庶一子萬曆十一年襲封三十九年薨

王珵堉恬焚嫡一子萬曆中襲封

	遼山	內邱	廣宗	唐山	永年
	宣穆王幼塏康嫡四子正統十二年封弘治十三年薨	恭僖王幼熑康嫡六子景泰四年封正德十二年薨	懷靖王幼林康嫡七子景泰五年封天順八年薨無子除	悼僖王幼墧康嫡八子景泰五年封成化十七年薨	柔安王幼㙶康嫡十子景泰五
秦淮歸宗弘治十年襲封正德十年薨	端和王詮鉞宣穆庶一子弘治十七年襲封正德十三年薨	詮鉚恭僖嫡一子成化八年封長子正德七年卒以子勛滐襲封追封王諡悼順		榮康王詮鈹悼僖嫡一子成化十九年襲封弘治四年薨	詮鋤榮安嫡一子成化九年封
	恭靖王勛澄端和庶一子嘉靖十年襲封萬曆三年薨	端靖王勛滐悼順庶一子嘉靖元年襲封二十二年薨		恭懿王勛澂榮康嫡一子弘治七年襲封嘉靖三十九年薨	勛浚懷僖嫡一子成化十九年
	王允杞恭靖嫡一子萬曆八年襲封四十年薨	允秘端靖庶一子正德六年封長子嘉靖二十五年頒冊未受命卒以子恬熙襲封追封王諡安裕		允橋恭懿嫡一子正德五年封長子嘉靖四十三年卒	恭裕王允檣悼順嫡一子正德
	恬熚允杞嫡一子嘉靖四十五年封長孫萬曆三年改封長子十五年卒	莊懿王恬熙安裕嫡一子嘉靖三十年襲封萬曆十一年薨		莊惠王恬熇允橋庶一子隆慶三年襲封萬曆二十年薨	莊憲王恬定恭裕嫡一子嘉靖
	王珵地恬熚庶一子萬曆四十年以奉國將軍改封長孫既而襲封	王珵墉莊懿嫡一子萬曆十五年襲封薨		王珵鄧莊惠嫡一子萬曆八年封長子二十三年襲封薨	溫恭王珵封莊憲嫡一子嘉靖
		王效鋰珵墉庶一子萬曆十八年封長子既而襲封		王效鈀珵鄧嫡一子萬曆四十年封長子	
		王迥濱效鋰嫡一子萬曆四十三年封長孫			

年封正德三年薨					
長子弘治十八年卒以孫允檣襲封追封王諡懷僖	靈川 榮懿王詮鈇莊庶二子成化十九年封正德四年薨	宜山 康僖王詮鏑莊庶三子成化二十一年封嘉靖十六年薨	宿遷 榮簡王詮鏉莊庶四子弘治三年封嘉靖二十二年薨	吳江 昭和王詮鐙莊庶五子弘治四年封正德七年薨	定陶
封長孫弘治十七年卒以子允檣襲封追封王諡悼順	恭裕王勛潪榮懿嫡一子正德八年襲封嘉靖三年薨後子允梭嗣濬封郡爵例不襲	榮端王勛渥康僖庶一子嘉靖二十年襲封萬曆十六年薨	端惠王勛澤榮簡嫡一子嘉靖二十六年襲封三十二年薨	榮順王勛消昭和嫡五子嘉靖五年襲封萬曆二十五年薨	
十六年襲封嘉靖十二年薨		允檄榮端庶一子嘉靖三十三年封長子萬曆十二年卒	允柠端惠庶一子嘉靖十二年封長孫三十二年卒	允栿榮順嫡一子嘉靖三十年封長子萬曆十六年卒	
十七年襲封三十七年薨		恬嘶允檄嫡一子萬曆二年封長孫三十三年未襲卒	王恬熛允柠嫡一子嘉靖三十六年襲封隆慶六年薨無子除	王恬羔允栿庶一子萬曆十八年封長孫二十九年襲封三十九年薨無子除	
四十年襲封隆慶二年薨		珵壅恬嘶嫡一子萬曆二十八年封曾長孫既而襲封			

恭靖王詮鑞莊庶六子正德二年封嘉靖三十一年薨	雲和 王詮鐘莊庶七子正德八年封嘉靖三十六年薨無子除				
勛澟恭靖嫡一子嘉靖四年封長子三十年卒以子允櫏襲封追封王亦諡恭靖					
王允櫏恭靖嫡一子嘉靖三十四年襲封萬曆三十八年薨		德平 榮順王允檳惠嫡二子嘉靖三十七年封萬曆十年薨			
恬鮔允櫏嫡一子萬曆五年封長子四十二年未襲卒		端和王恬煿榮順嫡一子萬曆十三年襲封三十二年薨	鎮康 恭裕王恬焯憲嫡一子嘉靖三十一年封萬曆八年薨無子除	安慶 端懿王恬爣憲嫡七子嘉靖三十一年封萬曆二十二年薨	
王珵持恬鮔嫡一子萬曆三十六年封長孫既而襲封		王珵雖端和庶一子萬曆十四年封長子三十六年襲封薨		王珵垣端懿嫡一子萬曆二十二年封長子三十五年襲封薨	保定 順惠王珵坦宣
		王效鉤珵雖嫡一子萬曆四十四年封長子既而襲封			王效鑒順

嫡二子。嘉靖三十八年封，萬曆二十八年薨。
惠庶一子。萬曆二十九年封長子，三十三年襲封，薨。

德化
溫簡王理幾，宣庶二子。隆慶六年封，萬曆二十七年薨。無子除。

靈壽
王理埕，宣庶五子。萬曆二十二年封，二十八年薨。無子除。

六合
王理延，宣庶六子。萬曆二十二年封。

安
惠王楹，太祖庶二十二子。洪武二十四年封，永樂六年就藩平涼府，十五年薨。無子，封除。

唐
定王桱，太祖庶二十三子。洪武二十四年封，永樂六年就藩南
靖王瓊烴，定嫡一子。永樂十九年襲封，宣德元年薨。無子。

陽府十三年薨。
憲王瓊炟，定嫡二子。宣德三年襲封，成化十一年薨。
莊王芝址，憲嫡二子。初封舞陽王，成化十三年襲封，二十一年薨。
成王彌鍗，莊庶一子。初封潁昌王，成化二十三年襲封，嘉靖二年薨。二子俱殀，姪宇溫嗣。
敬王宇溫，成親弟文城王彌鉗嫡一子。初封文城王，嘉靖四年進封。追諡其父為恭王。三十九年薨。
順王宙栎，敬庶二子。嘉靖四十一年襲封，四十三年薨。
端王碩熿，順庶一子。隆慶三年封世子，五年襲封，崇禎五年薨。
器墭，端庶一子。萬曆二十二年封世子，後以端王惑於嬖人被囚，遇毒薨。追封王，諡曰裕。
聿鍵，裕嫡一子。初從世子被囚。萬曆中封世孫，崇禎五年襲封。九年以勤王違制，降為庶人，發鳳陽高牆。十七年五月，赦出。次年奔福州自立，僭號隆武。大清順治三年八月，奔汀州，王師至，被執死。
聿鏄，裕嫡二子。聿鍵立，封為唐王。大清順治三年十一月，福建平，立於廣州，僭號紹武。踰月，王師至，被執死。

新野
悼懷王瓊熚，定庶二子。宣德三年封，正統元年薨。
恭簡王芝城，悼懷嫡一子。正統九年襲封，成化十一年薨。
宣懿王彌鍚，恭簡嫡一子。成化十四年襲封，弘治十一年薨。
榮僖王宇滬，宣懿嫡一子。弘治十二年襲封，嘉靖三十二年薨。
康靖王宙杭，榮僖嫡一子。嘉靖三十五年襲封，隆慶六年薨。長子碩爆未襲卒。
王碩燦，康靖庶二子。萬曆六年襲封，薨。
器垌，碩燦庶一子。萬曆四十二年，查父碩燦以弟冒兄爵，照世次降封輔國將軍。
器蹦，碩燦庶四子。萬曆四十六年，器垌以父冒封革，襲。

三城
康穆王芝垝，憲庶三子。成化七年封，正德六年薨。無子除。

新城
芝坦，憲庶四子。成化九年封，弘治十三年以罪革爵。正德十年卒。無子除。

承休
榮和王芝垠，憲庶五子。成化七年封，二十年革爵，弘治七年復，正德十五年薨。
昭毅王彌鑛，榮和庶一子。嘉靖二年襲封，二十一年薨。
安僖王宇淵，昭毅嫡一子。嘉靖二十四年襲封，萬曆十四年薨。
宙枝，安僖嫡一子。嘉靖二十四年封長子，萬曆五年卒。以子碩熛襲封，追封王，諡端惠。
王碩熛，端惠庶一子。萬曆十八年襲封。

蕩陰
昭安王芝坂，憲庶子。成化九年封，正德十六年薨。
端肅王彌鍔，昭安嫡一子。嘉靖三年襲封，三十五年薨。
宇澄，端肅嫡一子。嘉靖六年封長子，十九年卒。以子宙桑襲封，追封王，諡悼懷。
榮簡王宙桑，悼懷嫡一子。嘉靖三十八年襲封，萬曆十九年薨。無子除。

器蹦請嗣郡爵，例封奉國將軍，奉祀，除。

淅陽
溫僖王彌鑪，莊庶一子。成化十

五年封正德六年薨無子除

文城 恭靖王彌鉗莊庶三子成化十五年封正德十一年薨後子嗣唐封郡府例不襲

鄖城 恭端王彌鋸莊庶四子成化二十一年封嘉靖三十一年薨

宇濟恭端嫡一子正德十三年封長子嘉靖三十四年卒以子宙桃襲封追封王諡昭憲

榮康王宙桃昭憲庶一子嘉靖三十五年襲封三十七年薨無子除

衛輝 恭懿王彌鉤莊庶五子成化二十一年封嘉靖二十六年薨

端順王宇漳恭懿嫡一子嘉靖二十九年襲封四十一年薨

宙桐端順庶一子初封鎮國將軍嘉靖四十年卒以子碩熿襲封追封王諡榮昭

溫僖王碩熿榮昭庶一子嘉靖四十三年襲封四十五年薨無子除

福山 王器塽端庶五子萬曆二十五年封薨

清源 王器堤端庶六子萬曆二

郢 靖王棟太祖庶二十四子洪武二十四年封永樂六年就藩安陸州十二年薨無子封除

十五年封二十六年薨無子除

安陽 王器埈端庶七子萬曆二十七年封薨

寶慶 王器增端庶八子萬曆三十一年封薨

永興 王器培端庶九子萬曆二十七年封三十八年薨無子除

永壽 王器圻端庶十子萬曆三十七年封薨

德安 王器壥端庶十一子萬曆四十二年封

伊 厲王㰘太祖庶二十五子建文三年封永樂六年就藩河南府十一年薨

簡王顒炔厲庶一子永樂二十一年襲封天順六年薨

勉堡簡庶一子初封洛陽王天順八年薨以子諟鈲襲封追封親王諡曰安

悼王諟鈲安嫡一子成化二年襲封十一年薨無子

定王諟銔安嫡四子初封郯城王成化十三年進封正德三年薨

莊王訏淵定嫡一子正德六年襲封嘉靖五年薨無子

敬王訏淳定庶二子初封濟源王嘉靖六年進封二十一年薨

典楧敬庶一子嘉靖二十三年襲封四十三年罪降庶人發高牆除

光陽 榮靖王勉坍簡庶二子成化四年封正德七年薨無子除

方城 懷僖王諟鏶安庶二子成化四年封二十一年薨

昭和王訏洼懷僖嫡一子弘治二年襲封嘉靖三年薨

典榕昭和嫡一子正德二年封長子嘉靖二年卒以子褒熇襲封追封王諡懷順

溫僖王褒熇懷順嫡一子嘉靖九年襲封三十六年薨

王珂堵溫僖庶一子嘉靖四十年襲封萬曆二十三年薨

王采鋳珂堵庶一子萬曆二十四年封長子二十六年襲封薨

王鳳潚采鋳嫡一子萬曆四十四年封長子既而襲封

西鄂 安僖王諟欽安庶三子成化四年封十五年薨

恭靖王訏潹安僖嫡一子弘治元年襲封正德七年薨無子除

萬安

康懿王典楧敬庶二子嘉靖七年封以奉祀隆慶四年薨

昭和王覺燒康懿嫡一子萬曆二年襲封二十六年薨

恭宜王珂佳昭和嫡一子萬曆二十一年封長子二十九年襲封以就府營福藩別城永寧壽薨

王采𨨏恭宣嫡一子襲封崇禎九年二月以盜熾請加築永寧城十四年闖賊破城遇害

安樂

褒熵典楧庶五子嘉靖二十九年封三十二年革爵四十三年卒無子除

靖江 附

守謙太祖嫡兄南昌王興隆子文正嫡一子洪武三年封九年就藩桂林府尋廢爲庶人七年復爵使居雲南還鳳陽後召錮京師二十五年卒

悼僖王贊儀守謙嫡一子建文二年襲封永樂元年就藩六年薨

莊簡王佐敬悼僖庶一子永樂九年襲封成化五年薨

相承莊簡嫡一子正統元年封長子天順二年卒以子規裕襲封追封王謚懷順

昭和王規裕懷順嫡一子成化七年襲封弘治二年薨

端懿王約麒昭和嫡一子弘治三年襲封正德十一年薨

安肅王經扶端懿嫡一子正德十三年襲封嘉靖四年薨

恭惠王邦薴安肅嫡一子嘉靖六年襲封隆慶六年薨

康僖王任昌恭惠嫡一子萬曆五年襲封十年薨

溫裕王履燾康僖嫡一子萬曆十三年襲封二十年薨無子叔任晟立

憲定王任晟恭惠庶二子萬曆二十年以輔國將軍進封三十八年薨長子履祥先卒

榮穆王履祐憲定嫡二子萬曆二十八年以奉國將軍改封長子四十年襲封薨

王亨嘉榮穆庶一子萬曆四十三年封長子崇禎中襲封大清順治二年叛稱監國爲福王總督丁魁楚巡撫瞿式耜所殺

明史卷一百三

表第四

總裁官總理事務經筵講官少保兼太子太保保和殿大學士兼管吏部戶部尚書事加六級張廷玉等奉

敕修

諸王世表四

建文初封弟允熥爲吳王允熞爲衡王允熙爲徐王皆懿文太子子也福王時追謚吳王曰悼衡王曰愍徐王曰哀見福王傳

吳

悼王允熥懿文太子嫡三子建文元年封未就藩成祖入京師降封廣澤王居漳州其年九月召還廢爲庶人永樂十三年卒

衡

愍王允熞懿文太子庶四子建文元年封未就藩成祖入京師降封懷恩王居建昌其年與吳王俱召還廢爲庶人

徐

哀王允熙懿文太子庶五子建文元年封未就藩成祖入京師降封敷惠王隨母居太子陵永樂二年改封甌寧王奉懿文祀四年卒無子除

成祖四子仁宗外高爔未封其得封者二王曰漢王高煦曰趙簡王高燧

漢

高煦成祖嫡二子洪武二十八年封高陽王永樂二年進封十五年就藩樂安州宣德元年八月反削爵錮西內焚死世子贈先卒韋妃及九子俱從死除

趙

簡王高燧成祖嫡三子永樂二年封洪熙元年就藩彰德府宣德六年薨世子瞻坡先卒

惠王瞻塙簡嫡二子初封安陽王宣德七年襲封景泰五年薨

悼王祁鏿惠嫡一子景泰六年襲封天順四年薨

靖王見灂悼庶一子成化元年襲封弘治十五年薨

莊王祐棌靖庶三子初封清流王弘治十六年襲封正德十三年薨

康王厚煜莊嫡一子正德十六年襲封嘉靖三十九年薨

載培康庶一子初封獲嘉王嘉靖十六年薨謚昭定後以孫常清襲趙封進封親王改謚曰恭

翊鐳恭嫡一子嘉靖二十八年封世孫三十八年薨以子常清襲封追封王謚曰安

穆王常清安嫡一子嘉靖四十四年襲封萬曆四十二年薨

由松穆嫡一子萬曆十三年封世子四十二年未襲薨無子

王慈燝壽光王由桂嫡一子萬曆中改封世孫四十五年嗣封

臨漳

恭安王祁鏊惠嫡二子正統九年封成化二十一年薨

榮和王見滍恭安嫡一子成化二十三年襲封正德十一年薨

祐栻榮和庶一子成化二十三年封鎮國將軍弘治十八年卒

康端王厚炣悼懷庶一子正德十六年襲封嘉靖八年薨

莊惠王載墭康端庶一子嘉靖十七年襲封萬曆十八年薨

王翊鑭莊惠庶一子萬曆十四年封長子二十一年襲封

王常海翊鑭嫡一子萬曆二十七年封長子天啟二年襲

以子厚炣襲封追封王謚悼懷
薨
封

湯陰

莊僖王祁鏞惠嫡三子正統九年封成化二十一年薨
見準莊僖嫡一子成化二十一年襲封弘治六年以罪賜死除

襄邑

恭定王祁鍟惠嫡四子正統九年封成化元年薨
懷簡王見淪恭定嫡一子成化四年襲封十二年薨無子
榮惠王見沂恭定庶二子成化十三年進封弘治六年薨
昭和王祐欅榮惠庶一子弘治七年襲封正德十一年薨
端順王厚熵昭和庶一子嘉靖三十八年襲封萬曆十一年薨子翊彭擅婚例不准襲除

洛川

靖懿王祁鍡惠嫡五子正統十年封成化十九年薨
榮恪王見渥靖懿嫡一子成化二十年襲封正德十二年薨
康定王祐梊榮恪庶一子嘉靖元年襲封十九年薨
厚熔康定嫡一子正德十四年封長子嘉靖八年卒以子載境襲封追封王謚懷順
恭簡王載境懷順嫡一子嘉靖二十三年襲封三十三年薨
莊憲王翊鏴恭簡嫡一子嘉靖三十八年襲封四十四年薨
端惠王常渲莊憲嫡一子萬曆元年襲封三十二年薨
王由刷端惠嫡一子萬曆二十一年封長子三十六年襲封薨
王慈炟由刷嫡一子天啓三年襲封

南樂

安懿王祁鉷惠嫡七子天順元年封弘治十六年薨
榮僖王見灟安懿庶一子正德十一年襲封嘉靖元年薨
宣靖王祐櫍榮僖庶一子嘉靖四年襲封十八年薨
康順王厚熘宣靖嫡一子嘉靖二十二年襲封萬曆八年薨
恭恪王載墺康順庶一子萬曆十二年襲封十三年薨
王翊鏞恭恪庶一子萬曆十六年襲封薨
王常汱翊鏞嫡一子萬曆三十年封長子既而襲封

平鄉

榮順王祁鍶惠庶八子天順元年封成化十二年薨
榮康王見沘榮順庶一子弘治元年襲封嘉靖七年薨
祐楸榮康庶一子正德三年封鎮國將軍八年卒以子厚爆襲封追封王謚僖穆
恭和王厚爆僖穆嫡一子嘉靖十二年襲封萬曆四年薨
安莊王載坋恭和庶一子萬曆四年以鎮國將軍襲封十一年罪革半祿子孫降封奉祀除

汝源

榮昭王見淇悼庶二子成化三年封嘉靖八年薨
祐桐榮昭嫡一子成化十九年封長子嘉靖七年卒以子厚焆襲封追封王謚懷和
端僖王厚焆懷和庶一子嘉靖十年襲封二十八年薨
載壗端僖嫡一子未襲卒無子除

昆陽

溫穆王見洽悼庶三子成化三年封正德元年薨無子除

廣安

端裕王祐枳靖庶五子弘治五年封十五年薨
溫懿王厚熵端裕嫡一子正德十年襲封嘉靖三十五年薨
康裕王載堂溫懿嫡一子嘉靖三十八年襲封隆慶五年薨
王翊鏐康裕嫡一子萬曆二年襲封三十四年薨

江寧

恭懿王厚煉莊庶三子正德十六年封嘉靖四十一年薨
莊惠王載墺恭懿嫡一子嘉靖四十四年襲封萬曆九年薨
王翊鉻莊惠庶一子萬曆十二年襲封二十八年薨一子常淦先卒無嗣

除

光山

康靖王厚煇莊庶四子嘉靖二年封三十年薨一子殀除

秀水

憲穆王厚烱莊庶六子嘉靖九年封十九年薨一子殀除

成皐

端穆王載埦康庶四子嘉靖十九年封萬曆十二年薨
翊錝端穆庶一子嘉靖三十六年封鎮國將軍萬曆五年卒以子常洩襲封追封王謚昭裕
王常洩昭裕庶一子萬曆十五年襲封薨
王由朴常洩嫡一子萬曆二十九年封長子既而襲封薨

壽光

王由桂穆庶七子萬曆二十七年封三十六年薨後子慈憸嗣趙封郡爵例不襲

鄭

仁宗十子宣宗外瞻垠未封其得封者八王曰鄭靖王瞻埈曰越靖王瞻墉曰襄憲王瞻墡曰荊憲王瞻堈曰淮靖王瞻墺曰滕懷王瞻塏曰梁莊王瞻垍曰衛恭王瞻埏

靖王瞻埈，仁宗庶二子。永樂二十二年封，宣德四年就藩鳳翔府，正統九年移懷慶府，成化二年薨。

簡王祁鍈，靖嫡一子。成化四年襲封，弘治八年薨。

見滋，簡嫡一子。成化七年封世子，十五年薨。以子祐枔襲封，追封王，謚曰僖。

康王祐枔，僖嫡一子。弘治十四年襲封，正德二年薨，無子，從弟祐檡立。

懿王祐檡，東垣端惠王嫡一子。初襲東垣王，正德四年嗣封，十六年薨。

恭王厚烷，懿嫡四子。嘉靖六年襲封，二十九年以諫帝眞修降庶人，發高牆。隆慶元年復爵，加祿四百石，萬曆十九年薨。

端清世子載堉，恭嫡一子。嘉靖二十五年封世子。萬曆三十三年讓爵載璽，詔載堉及子翊錫以世子世孫祿終身，其子孫仍封東垣王，以接見濆之統。

王載璽，恭再從弟庶人厚燁嫡一子，盟津王見憲曾孫也。以載堉讓爵，萬曆三十四年受封，薨。

王翊鐘，載璽嫡一子。萬曆三十五年封世子，旣而襲封。崇禎十三年以罪賜死，除。

新平

懷僖王祁鈘，靖嫡二子。正統七年封，景泰七年薨，無子，除。

涇陽

安靖王祁銑，靖庶三子。正統八年封，弘治元年薨。

見溢，安靖嫡一子。弘治四年襲封，八年革爵十

薨。

六年卒，無子，除。

朝邑

榮簡王祁銘，靖嫡四子。正統八年封，成化二十二年薨，無子，除。

盟津

見憲，簡庶三子。成化十年封，二十年罪降庶人。發高牆，弘治元年釋回，四年卒，子孫俱庶人。

祐橏，見憲嫡一子。

厚燁，祐橏嫡一子。

載璽，嗣鄭封，見前。

東垣

端惠王見濆，簡庶四子。成化十年封，弘治十六年薨。

祐檡，嗣鄭封，見前。

榮昭王厚烱，懿庶二子。正德十二年仍准襲郡封，嘉靖三十八年薨。

康僖王載墩，榮昭嫡一子。嘉靖四十二年襲封，萬曆十一年薨。

恭懿王翊鐙，康僖一子。萬曆中襲封，薨。

王常滜，恭懿嫡一子。萬曆二十五年以鎮國將軍改封長子，三十七年襲封，四十二年薨。

王由彬，常滜嫡子。萬曆三十八年封長子，四十六年襲封，崇禎八年薨。世子載堉孫常滐立。

王常滐，端清次子翊欽嫡一子。初封輔國將軍，以萬曆中詔仍封東垣。崇禎八年値東垣王由彬薨，遂襲封。

河陽

懷簡王見濿，簡

庶五子。成化十二年封，十五年薨，無子，除。

信陽

悼懷王見湨，簡庶七子。成化十七年封，十八年薨，無子，除。

宜章

懷順王見洲，簡庶八子。弘治元年封，十一年薨，無子，除。

繁昌

恭定王見澴，簡庶九子。弘治元年封，嘉靖十二年薨。

榮戾王祐榜，恭定庶一子。嘉靖十六年襲封，隆慶六年薨。

端順王厚爍，榮戾庶一子。萬曆十二年襲封，二十七年薨。

王載墱，端順庶一子。萬曆二十四年襲封。

盧江

懿簡王見滿，簡庶十子。弘治三年封，嘉靖十六年薨。

榮穆王祐榻，懿簡庶一子。嘉靖二十二年襲封，四十三年薨。

王厚炏，榮穆嫡一子。萬曆二年襲封，薨。

王載禋，厚炏嫡一子。萬曆中襲封。

丹陽

靖和王見滏，簡庶十一子。弘治四年封，正德十一年薨，無子，除。

眞邱

榮隱王見濇，簡

庶十二子，弘治十年封，正德十二年薨，無子，除。

德慶

恭惠王載墊，恭庶二子。嘉靖三十年封，萬曆十六年薨。

王翊鍈，恭惠嫡一子。萬曆中襲封，薨，無子，除。

崇德

恭簡王載陛，恭庶四子。隆慶二年封，五年薨，無子，除。

越

靖王瞻墉，仁宗嫡三子。永樂二十二年封，建邸衢州府。未行，正統四年薨，無子，除。

襄

憲王瞻墡，仁宗嫡五子。永樂二十二年封，宣德四年就藩長沙府，正統元年移襄陽府。成化十四年薨。

定王祁鏞，憲嫡一子。成化十五年襲封，弘治元年薨。

簡王見淑，定庶一子。弘治二年襲封，三年薨。

懷王祐材，簡庶一子。弘治四年襲封，十七年薨，無子。康王祐櫍，簡庶二子。初封光化王，正德三年進封，嘉靖二十九年薨，無子，從姪厚頫嗣。

莊王厚頫，陽山王祐楒庶一子。初襲陽山王，嘉靖三十一年嗣封，追謚其祖見滂爲恭王，父爲惠王。四十五年薨。

靖王載堯，莊庶一子。初封安福王，隆慶三年襲封，萬曆二十三年薨。郡爵例不襲。

忠王翊銘，靖庶一子。萬曆二十四年襲封，崇禎十四年張獻忠陷襄陽，遇害。

王常澄，翊銘嫡二子。初封福清王，崇禎十七年進封，寄居九江府。

寧鄉

莊憲王祁鑌，憲嫡二子。正統八年封，成化七年薨，無子，除。

棗陽

安穆王祁鉦，憲庶三子。正統八年封，成化十二年薨。

僖順王見[illegible]，安穆庶一子。成化十六年襲封，弘治六年薨。

榮肅王祐楒，僖順嫡一子。弘治十六年襲封，嘉靖四年革爵爲庶人，十八年復爵，三十四年薨。

恭靖王厚爝，榮肅庶一子。嘉靖四十年襲封，萬曆二十一年薨。

載埤，恭靖庶一子。嘉靖四十三年封長子，萬曆二十一年卒。以子翊鉊襲封，追封王，謚。

王翊鉊，載埤庶一子。萬曆二十六年襲封，二十九年未婚薨，除。

陽山

恭和王見滂，定庶二子。成化十六年封，正德十一年薨。

榮康王祐楒，恭和庶一子。嘉靖元年襲封，十四年薨。後子嗣襄封，郡爵例不襲。

鎮寧

恭靖王見灦，定庶三子。弘治四年封，嘉靖元年薨。

安懿王祐檽，恭靖嫡一子。嘉靖五年襲封，萬曆四年薨。

恭懿王厚熧，安懿庶一子。萬曆九年襲封，二十三年薨。

王載堍，恭懿庶一子。萬曆中襲封，薨，無子，除。

鄖城

王載塀，莊庶二子。嘉靖四十四年封隆慶王，隆慶三年以同朝廷年號改封。薨。

王翊鈴，載塀子。萬曆中封長子，天啓六年襲封。

永城

王載圻，莊庶三子。嘉靖四十四年封，萬曆四年薨，無子，除。

蘭陽

王翊鎬，靖庶二子。萬曆三十一年封。

貴陽

王常法，翊銘庶三子，受封。崇禎十四年，獻賊陷襄陽，與襄王同遇害。

進賢

王常泩，翊銘庶四子，受封。

荊

憲王瞻堈，仁宗庶六子。永樂二十二年封，宣德四年就藩建昌府，正統十年移蘄州，景泰四年薨。

靖王祁鎬，憲嫡一子。景泰六年襲封，天順五年薨。

見潚，靖嫡一子。天順八年襲封，弘治五年坐不法召至京，幷其長子祐柄俱降爲庶人，遷置武昌，姪祐櫚立。

和王祐櫚，都梁王見潭嫡一子。成化十九年襲封都梁，弘治七年進封，十七年薨。

端王厚烇，和嫡一子。正德二年襲封，嘉靖三十二年薨。

載墭，端庶一子。初封永定王，嘉靖二十九年薨。以子翊鉅襲荊封，追封王，謚曰莊。

恭王翊鉅，莊嫡一子。嘉靖三十二年以永定長子進封世孫，三十四年襲封，隆慶四年薨。世子常泠罪降庶人。

敬王常洁，恭嫡二子。初封泰寧王，萬曆三年襲封，四年薨，無子。康王常盗，恭嫡三子。萬曆二年封安城王，七年進封，二十五年薨。

王由樊，康嫡二子。萬曆十七年封世子，三十八年襲封，天啓二年薨。

王慈煃，由樊嫡一子。萬曆四十年封世子，天啓六年襲封。

都昌

惠靖王祁鑑，憲

懷順王見潭，惠

悼僖王祐檮，懷

王厚熙，悼

王載塎，厚

翊鏵，載塎嫡一

嫡二子正統八年封成化十三年薨
靖庶一子成化十六年襲封十九年薨
順嫡一子弘治九年襲封十一年薨
僖嫡一子正德五年襲封嘉靖八年薨
熙嫡一子嘉靖中襲封薨
子封長子先卒無子除

都梁
悼惠王見溥靖嫡二子成化二年封十三年薨後子祐櫊襲削封郡爵例不襲

樊山
溫懿王見澋靖庶三子成化三年封正德元年薨
莊和王祐構溫懿嫡一子正德四年襲封嘉靖七年薨
恭恪王厚焌莊和庶一子嘉靖十一年襲封三十年薨
王載坽恭恪庶一子嘉靖三十六年襲封萬曆二十五年薨
王翊鍼載坽庶一子萬曆十二年封長子二十八年襲封薨
王常滄翊鍼嫡一子萬曆三十三年封長子既而襲封

富順
王厚焜和庶二子正德九年封萬曆四年薨
王載烘厚焜庶一子萬曆十年襲封十二年薨
王翊鍉載烘庶一子萬曆十六年襲封薨
王常湢翊鍉庶一子萬曆十八年封長孫三十四年封長子天啓三年襲封薨
王由燸常湢嫡一子萬曆三十四年封長孫

永新
安莊王厚熾和庶三子正德十一年封嘉靖三十七年薨
恭懿王載㙉安莊嫡一子嘉靖四十一年襲封萬曆十一年薨
翊鑵恭懿嫡一子嘉靖四十三年以輔國將軍改封長子萬曆十三年未襲卒
王常渭翊鑵庶一子萬曆十六年襲封薨
王由樌常渭庶一子萬曆三十四年封長子既而襲封

德安
王翊鐠莊
王常瀇翊

淮
靖王瞻墺仁宗庶七子永樂二十二年封宣德四年就藩韶州府正統元年移饒州府十一年薨
康王祁銓靖嫡一子正統十三年襲封弘治十五年薨
見濂康嫡一子成化十六年封世子弘治六年薨無子姪祐棨嗣封追封王諡曰安
定王祐棨清江端裕王嫡一子弘治十八年襲封嘉靖三年薨無子
莊王祐梈端裕庶二子初封鎮國將軍嘉靖四年進封十六年薨
憲王厚燾莊嫡一子嘉靖十八年襲封四十二年薨
恭王載坮憲嫡一子嘉靖四十五年襲封萬曆五年薨一子封郡王未襲薨
順王載堅憲嫡二子初封建昌王萬曆八年進封二十三年薨
王翊鉅順庶一子萬曆二十三年封世子二十六年襲封薨
王常清翊鉅嫡一子萬曆四十四年封世子既而襲封

嫡二子嘉靖三十六年封萬曆中薨
鐯庶一子萬曆三十年襲封

鄱陽
懷僖王祁鏞靖庶二子正統九年封十三年薨無子除

永豐
恭和王祁鉞靖庶三子正統九年封成化十一年薨
懷順王見淨恭和嫡一子成化十三年襲封弘治三年薨
榮和王祐棡懷順嫡一子弘治八年襲封嘉靖二十二年薨
安僖王厚炑榮和庶一子嘉靖二十五年襲封四十一年薨
載址安僖庶一子嘉靖四十一年封長子四十四年卒
莊裕王翊鍛載址庶一子萬曆三年襲封十五年薨
王常測莊裕嫡一子萬曆二十二年封長子二十六年襲封薨
王由桐常測嫡一子萬曆三十五年封長子既而襲封

清江

端裕王見澱康嫡二子成化二十一年封弘治十五年薨後子祐棨嗣淮封郡爵不再襲

南康
莊惠王見沿康嫡三子弘治二年封嘉靖二十四年薨
祐桐莊惠庶一子初封鎮國將軍嘉靖十八年卒以子厚焚襲封追封王諡榮僖
安懿王厚焚榮僖嫡一子嘉靖三十二年襲封萬曆二十四年薨
王載璡安懿嫡一子萬曆五年封長子二十八年襲封薨
王翊鉈載璡庶一子萬曆三十一年封長子既而襲封

德興
莊僖王見鄯康庶四子弘治三年封正德十年薨
恭簡王祐楗莊僖嫡一子正德十六年襲封嘉靖二十六年薨
端順王厚戫恭簡庶一子嘉靖三十年襲封萬曆十八年薨
王載埰端順嫡一子隆慶三年封長子萬曆二十一年襲封薨
王翊鍊載埰庶一子萬曆二十三年封長子天啓三年襲封

順昌
恭懿王見淠康嫡六子弘治九年封嘉靖二十二年薨
王祐樅恭懿庶一子嘉靖二十五年襲封四十年薨
王厚熔祐樅庶一子嘉靖四十四年以鎮國將軍改封長子萬曆三年襲封十八年薨
王載圭厚熔庶一子萬曆三十五年襲封

崇安
榮穆王見洵康庶七子弘治九年封嘉靖三年
昭和王祐榦榮穆嫡一子嘉靖六年襲封二十

一年薨。一子殀，絕除。

薨

高安

恭僖王厚昃，莊嫡二子。嘉靖十九年封，四十五年薨。

端惠王載埨，恭僖庶一子。隆慶四年襲封，萬曆十五年薨。

王翊鈇，端惠嫡一子。萬曆十八年襲封，薨。

王常淇，翊鈇嫡一子。萬曆三十四年封長子，既而襲封。

上饒

恭惠王厚熻，莊庶三子。嘉靖十九年封，萬曆十七年薨。

王載塙，恭惠嫡一子。隆慶四年封長子，萬曆二十年襲封，薨。

王翊鉅，載塙嫡一子。萬曆三十五年封長子，既而襲封。

吉安

肅簡王厚燔，莊庶四子。嘉靖二十二年封，四十二年薨。

王載堁，肅簡嫡一子。萬曆二十年襲封，薨。

王翊鏐，載堁庶一子。萬曆四十三年封長子，既而襲封。

廣信

順恭王厚爗，莊庶五子。嘉靖二十二年封，萬曆五年薨。

王載堡，順恭嫡一子。嘉靖四十一年封長子，萬曆三十五年襲封，四十三年薨。無子，除。

嘉興

王厚熫，莊庶七子。嘉靖二十五年封，萬曆三年薨。子載坰

係擅婚之子，降封輔國將軍郡爵除。

紹興

王厚爀，莊嫡八子。嘉靖二十五年封，萬曆二十一年薨。

載封，厚爀嫡一子。隆慶四年封長子，萬曆二十三年未襲，卒。

王翊銓，載封庶一子。萬曆十九年封長子，三十年襲封，四十一年薨。無子，除。

金華

王載埁，憲庶三子。嘉靖三十九年封，薨。

王翊鈽，載埁庶一子。萬曆二十八年以鎮國將軍改封長子，三十七年襲封，薨。

王常濱，翊鈽嫡一子。萬曆三十九年封長子，既而襲封。

華容

王載域，憲庶四子。嘉靖三十三年封，隆慶元年薨。無子，除。

榮昌

昭王翊鏡，順庶子。萬曆元年封，八年薨。無子，除。

滕

懷王瞻塏，仁宗庶八子。永樂二

十二年封，建藩雲南。洪熙元年薨，無子，封除。

梁

莊王瞻垍，仁宗庶九子。永樂二十二年封，宣德四年就藩安陸州。正統六年薨，無子，封除。

衛

恭王瞻埏，仁宗庶十子。永樂二十二年封，建藩懷慶府。正統三年薨，無子，封除。

明史卷一百四　表第五

總裁官總理事務經筵講官少保兼太子太保保和殿大學士兼管吏部戶部尚書事加六級張廷玉等奉

敕修

諸王世表五

英宗九子，憲宗外，庶三子見湜未封殤，其得封者七王：曰德莊王見潾，曰許悼王見淳，曰秀懷王見澍，曰崇簡王見澤，曰吉簡王見浚，曰忻穆王見治，曰徽莊王見沛。

德

莊王見潾英宗

懿王祐榕莊嫡

厚燉懿庶二子

恭王載墱懷庶

定王翊鋯恭嫡

王常䄅定嫡

由樻常䄅庶一

庶二子天順元年封成化三年就藩濟南府正德十二年薨

二子正德十六年襲封嘉靖十八年薨

初封東平王嘉靖中改封世子未襲卒以子載墱襲封追封王諡曰愼

二子嘉靖二十年襲封萬曆二年薨

一子萬曆五年襲封十六年薨

一子萬曆十九年襲封崇禎五年薨

子初封廣宗王萬曆四十三年改封世子未襲卒

王由樞常潔庶二子初封郡王崇禎中進封十二年正月大淸兵克濟南見執

泰安

恭簡王祐楒莊庶一子成化十六年封嘉靖十三年薨

端懿王厚熿恭簡庶一子嘉靖十六年襲封二十五年薨

康惠王載埏端懿庶一子嘉靖三十八年襲封三十九年薨無子除

濟寧

安僖王祐樗莊庶三子成化十七年封正德七年薨子五人俱殀絕除

歷城

榮和王厚熾懿庶三子嘉靖二年封七年薨無子除

臨朐

榮簡王厚熾懿庶七子嘉靖十五年封二十三

懷莊王載埈榮簡嫡一子嘉靖三十六年襲封

王翊鉡懷莊嫡一子隆慶六年襲封萬曆

王常浣翊鉡嫡一子萬曆三十三年封長

年薨

四十三年薨

三十七年薨

子既而襲封

高唐

悼僖王厚燏懿庶八子嘉靖二十二年封二十六年薨無子除

臨淸

溫懿王載塛懷庶三子嘉靖二十二年封萬曆二年薨

僖順王翊鋑溫懿嫡一子萬曆五年襲封三十年薨

王常瀝僖順嫡一子萬曆十二年封長子三十八年襲封

寧海

恭和王載圩懷嫡四子嘉靖二十二年封隆慶三年薨

王翊鐸恭和嫡一子萬曆二年襲封四十五年薨

王常洄翊鐸庶六子天啓元年襲封

堂邑

端順王翊鐖恭庶二子嘉靖二十八年封萬曆十六年薨無子除

利津

安和王翊鑠恭庶三子嘉靖三十八年封萬曆十年薨

常瀟安和嫡一子萬曆四年封長子十一年卒無子除

安陵

王常瀯定嫡二子萬曆十

年封四十年薨無子除

紀城

溫裕王常澍定嫡三子萬曆十年封薨

王由棶溫裕嫡一子萬曆二十二年封長子三十七年襲封

嘉祥

王常洼定嫡四子萬曆十年封

清平

昭裕王常瀸定嫡五子萬曆十一年封三十九年薨

王由桑昭裕庶一子萬曆四十二年襲封

永年

王由[illegible]常㵾庶八子萬曆四十二年封薨無子除

寧陽

王由椅常㵾庶九子萬曆四十五年封

許

悼王見淳英宗庶四子景泰三年封未就藩薨

	秀	崇		瑞安	慶元
無子封除	懷王見澍英宗庶五子天順元年封成化六年就藩汝寧府八年薨無子封除	簡王見澤英宗嫡六子天順元年封成化十年就藩汝寧府弘治十八年薨		恭簡王祐桓簡庶二子成化二十一年封嘉靖十五年薨	榮康王祐楷簡庶三子弘治七年封嘉靖二十
		靖王祐櫍簡嫡一子正德三年襲封六年薨		厚燫恭簡嫡一子正德三年封長子十二年卒以子載塨襲封追封王謚	厚焯榮康嫡一子正德十三年封長子嘉靖九
		恭王厚燿靖嫡一子正德九年襲封嘉靖十六年薨		莊惠王載塨厚燫庶一子嘉靖十八年襲封二十七年薨無子除	莊懿王載玠厚焯庶一子嘉靖二十八年襲封
		莊王載境恭嫡一子嘉靖十八年襲封三十六年薨			
		端王翊鍾莊嫡一子嘉靖三十七年襲封萬曆三十八年薨			
		常淓端庶一子萬曆元年封泰和王六年改封世子十一年未襲薨無子	常澾端庶二子萬曆九年封南陽王十四年改封世子三十年未襲薨		
			王由櫍常淓庶一子萬曆四十年襲封崇禎十五年閏十一月闖賊陷汝寧王及世子慈煇俱被執		

	懷安	歸德	吉		長沙	穀城
			簡王見浚英宗庶七子天順元年封成化十三年就藩長沙府嘉靖六年薨			
五年薨			祐枎簡庶一子初封常山王改封世子正德五年薨以子厚焆襲封追封王謚曰悼			
年卒以子載坅襲封追封王謚	莊惠王厚熑靖嫡二子正德十一年封萬曆六年薨		定王厚焆悼庶一子嘉靖八年襲封十八年薨			
二十九年薨兩子俱殀除	溫穆王載垧莊惠庶一子萬曆十一年襲封三十一年薨	端惠王載壐恭庶五子嘉靖二十八年封萬曆十八年薨無子除	端王載均定庶一子初封光化王嘉靖十九年襲封四十年薨			
	懷安王翊鏆溫穆嫡一子萬曆十六年封長子三十四年襲封薨		莊王翊鎮端嫡二子嘉靖四十二年襲封隆慶四年薨無子	宣王翊鑿端庶一子初封龍陽王隆慶六年進封萬曆四十六年薨	王翊鏈端庶三子嘉靖三十六年封薨	
	常潤懷安嫡一子萬曆三十年封長孫三十六年封長子未襲卒			常淳宣庶一子萬曆九年封世子四十六年未襲薨	王常浖翊鏈嫡一子萬曆四年封長子天啓元年襲封	
	王由札常潤嫡一子萬曆中封長孫天啓元年襲封			王由榛常淳嫡一子天啓元年襲封崇禎九年薨		
				王慈由榛嫡一子崇禎十二年襲封		

	德化	福清	忻	徽	太和
			穆王見治英宗庶八子成化二年封八年薨無子封除	莊王見沛英宗庶九子成化二年封十七年就藩鈞州正德元年薨	
				簡王祐楑莊庶一子弘治十三年以興化王改封世子正德三年襲封嘉靖四年薨	端僖王祐檇莊庶二子弘治五年封嘉靖十五
				恭王厚爝簡庶一子嘉靖五年以安邑王改封世子本年襲封二十九年薨	靖安王厚炬端僖庶一子嘉靖十九年襲封萬
				載埨恭庶二子初封浦成王嘉靖三十年襲封三十五年罪降庶人發高牆除	恭莊王載熲靖安嫡一子萬曆十五年襲封三
昭憲王翊鉉端庶四子嘉靖三十八年封萬曆二十年薨					王翊釪恭莊庶一子萬曆二十三年封長
王常灑昭憲嫡一子萬曆八年封長子二十四年襲封	王常汶宣嫡二子萬曆二十四年以鎮國將軍加封	王常澂宣嫡三子萬曆四十二年以鎮國將軍加封			

年薨	遂昌 恭惠王祐櫍莊庶三子弘治十二年封嘉靖三十年薨	景寧 恭裕王祐椀莊庶四子弘治十二年封嘉靖十五年薨	建德 康和王祐樘莊庶五子正德元年封嘉靖十四年薨	陽城 恭僖王祐櫟莊庶六子正德六年封嘉靖三十八年薨	
曆六年薨	厚熑恭惠嫡一子嘉靖二年封長子二十四年卒	莊僖王厚㰖恭裕庶一子嘉靖十九年襲封三十四年薨	安簡王厚焥康和嫡一子嘉靖十九年襲封隆慶六年薨	懿簡王厚熿恭僖嫡一子嘉靖四十二年襲封萬曆三年薨	嘉定 宣惠王厚烼簡庶四子正德十六年封嘉靖三
十六年薨	王載埒厚熑庶一子嘉靖三十八年襲封四十二年薨無子除	載埈莊僖庶一子嘉靖三十八年襲封隆慶三年罪降庶人除	恭穆王載埰安簡庶一子萬曆四年襲封二十四年薨	王載坒懿簡嫡二子初封鎮國將軍以兄長子載埫罪降庶人萬曆三十七年襲封薨	恭順王載端宣惠庶一子嘉靖三十八年襲封
子三十九年襲封			王翊鋐恭穆庶一子萬曆二十七年襲封四十三年薨	王翊鈍載坒嫡一子萬曆四十四年封長子既而襲封	
			王常瀌翊鋐嫡一子萬曆四十二年封長子四十六年襲封薨		

十三年薨	新昌 端僖王厚㸌簡庶三子嘉靖元年封隆慶五年薨	慶雲 康僖王厚燦簡庶四子嘉靖四年封十五年薨	隆平 悼康王厚焻簡庶五子嘉靖七年封九年薨無子除			
萬曆二年薨	王載埻端僖嫡一子萬曆中襲封	莊靖王載堅康僖嫡一子嘉靖二十六年襲封三十七年薨		伍城 恭和王載埻恭庶一子嘉靖十六年封二十一年薨無子除	太康 王載垙恭庶三子嘉靖十七年封萬曆十二年薨	陽夏 王載[illegible]恭庶四子嘉靖十七年封萬曆二

十一年薨	德平 王載堜恭庶五子嘉靖十九年封萬曆三十八年薨	榮陽 裕安王載堦恭庶六子嘉靖十九年封萬曆十五年薨	懷慶 莊惠王載垐恭庶七子嘉靖三十二年封萬曆元年薨	咸平 溫裕王載塔恭庶八子嘉靖三十二年封萬曆三十三年薨	延津 端惠王載塡恭庶九子嘉靖三十三年封萬曆七年薨	孟津 昭順王載坐恭庶十子嘉靖四十年封萬曆三
	王翊鐇載堜庶一子萬曆三十五年封長子既而襲封	王翊鉻裕安庶一子萬曆二十年襲封三十年薨		翊鏌溫裕庶一子萬曆四年封長子十六年未襲卒	王翊錚端惠嫡一子萬曆二十七年襲封薨	王翊鍍昭順庶一子萬曆三十四年封長
		王常澎翊鉻嫡一子萬曆三十年封長子三十四年襲封		王常禁翊鏌庶一子萬曆三十六年襲封	王常滄翊錚嫡一子萬曆四十三年封長子既而襲封	

十七年薨

子四十年襲封

上蔡

溫裕王載坳恭庶十一子嘉靖四十年封萬曆三十三年薨

昭敬王翊鎭溫裕嫡一子萬曆十六年封長子三十五年襲封三十八年薨

王常淓昭敬嫡一子萬曆三十八年封長子四十一年襲封

安陽

翊錡載埨庶一子嘉靖中封三十五年罪降庶人除

萬善

翊鈁載埨庶二子嘉靖中封三十五年罪降庶人除

憲宗十四子孝宗外悼恭太子及他皇子俱未名殤其得封者十王曰興獻王祐杬曰岐惠王祐棆曰益端王祐檳曰衡恭王祐楎曰雍靖王祐橒曰壽定王祐榰曰汝安王祐梈曰涇簡王祐橓曰榮莊王祐樞曰申懿王祐楷

興

獻王祐杬憲宗庶四子成化二十三年封弘治七年就藩安陸州正德十四年薨後以子嗣大統追尊獻皇帝

廟號睿宗

岐

惠王祐棆憲宗嫡五子成化二十三年封弘治八年就藩德安府十四年薨無子封除

益

端王祐檳憲宗庶六子成化二十三年封弘治八年就藩建昌府嘉靖十八年薨

莊王厚燁端嫡一子嘉靖二十年襲封三十五年薨無子

恭王厚炫端嫡二子初封崇仁王嘉靖三十六年進封萬曆五年薨

載增恭嫡一子嘉靖八年封崇仁王長子二十五年卒以子翊鈏襲封追封王謚曰昭

宣王翊鈏昭嫡一子萬曆八年襲封三十一年薨

敬王常遷宣嫡二子萬曆九年封世子三十三年襲封四十三年薨

王由本敬庶三子萬曆三十五年以鎭國將軍進封嘉善王三十九年改封世子四十五年襲封

金谿

莊惠王厚燁端庶三子正德十二年封嘉靖二十九年薨

榮靖王載埠莊惠庶一子嘉靖三十三年襲封三十九年薨

恭憲王翊鎌榮靖嫡一子隆慶五年襲封萬曆十六年薨

王常淦恭憲嫡一子萬曆十九年襲封薨

王由櫺常淦嫡一子萬曆三十六年封長子天啟元年襲封

玉山

恭安王厚煐端庶四子正德十三年封嘉靖三十一年薨無子除

安東

王載環恭嫡二子嘉靖三十八年封萬曆三十九年薨

翊鎌載環嫡二子以兄長子翊鈇萬曆九年以鎭國將軍改封長子三十三年卒

王常灃翊鎌庶一子萬曆三十九年封長孫四十三年襲封

舒城

康簡王載坃恭嫡三子嘉靖三十八年封萬曆六年薨

懷莊王翊鋃康簡庶一子嘉靖四十年封長子萬曆九年襲封十一年薨

王常泔懷莊庶一子萬曆十四年襲封三十八年薨

王由櫂常泔嫡一子萬曆三十八年封長子四十三年襲封

皐平

懿簡王載集恭嫡四子嘉靖三十八年封萬曆十年薨

王翊鋌懿簡嫡一子萬曆十三年襲封薨

王常瀾翊鋌庶一子萬曆十八年封長子既而襲封

銅陵

恭簡王載壞恭嫡五子嘉靖三十八年封三十九年薨

端僖王翊鉦恭簡嫡一子嘉靖四十四年襲封萬曆六年薨

王常涙端僖嫡一子萬曆十九年襲封薨

王由梴常涙嫡一子萬曆二十九年封長子既而襲封

黎邱

莊懿王常漆宣嫡三子萬曆九年封薨

浦陽

	淳河	華山	箹谿	羅川	安仁	德化
肅安王常漯宣嫡四子萬曆九年封二十九年薨	懷僖王常汭宣嫡五子萬曆九年封二十年薨	王常汎宣嫡六子萬曆九年封薨	王常淶宣嫡八子萬曆九年封薨	懿王常濟宣嫡九子萬曆九年封二十九年薨	昭憲王常漈宣嫡十子萬曆九年封二十九年薨	王常淥宣
王由樓肅安庶一子天啟元年襲封	王由栻懷僖嫡一子萬曆三十年襲封	王由㰒常汎嫡一子萬曆三十二年封長子既而襲封		王由栳懿嫡一子萬曆三十一年襲封	王由楝昭憲嫡一子萬曆二十九年封長子三十三年襲封	王由楒常

	德安	鄖西	豐城	瀘溪	峽江	安義	新建
嫡十一子萬曆十八年封薨	王常洞宣嫡十二子萬曆二十三年封薨	王常湖宣庶十三子萬曆二十五年封薨	王常[illegible]宣庶十四子萬曆二十八年封薨	王常淄宣庶十五子萬曆二十九年封薨	王常湡宣庶十六子萬曆三十年封四十二年薨無子除	王常漴宣庶十七子萬曆三十一年封薨	
淥嫡一子萬曆三十八年封長子既而襲封	王由枘常洞嫡一子萬曆三十一年封長子既而襲封						

	奉新	仁化	典安	和順	永寧	嘉祥
王常泫宣庶十八子萬曆三十四年封薨	王常蓮宣庶十九子萬曆三十四年封					
		王由倏敬庶四子萬曆三十五年以鎮國將軍進封薨	王由檀敬庶五子萬曆三十五年以鎮國將軍進封	王由棟敬庶八子萬曆三十五年以鎮國將軍進封	王由櫆敬庶十子萬曆三十九年封	王由檉敬庶十一子萬曆四十年封
		王慈鈉由倏嫡一子天啟二年襲封				

衡

恭王祐楎憲宗庶七子成化二十三年封弘治十二年就藩青州府嘉靖十七年薨

莊王厚燆恭庶一子初封江華王嘉靖十年改封世子十九年襲封隆慶六年薨

康王載圭莊庶二子初封東昌王嘉靖二十七年改封世子萬曆三年襲封七年薨無子

安王載封莊庶三子初封武定王萬曆九年進封十四年薨

定王翊鏤安嫡一子萬曆十七年襲封二十年薨

王常濾定庶一子萬曆八年封世子二十四年襲封

玉田

懷簡王厚煐恭庶二子嘉靖元年封二十二年薨

王載塘懷簡嫡一子嘉靖二十六年襲封萬曆四十三年薨

王翊鍵載塘庶一子萬曆十六年封長子旣而襲封

新樂

端惠王厚熑恭庶三子嘉靖三年封三十二年薨

康憲王載堲端惠嫡一子嘉靖三十六年襲封萬曆二十一年薨

王翊鎔康憲嫡一子萬曆二十四年襲封四十二年薨無子除

高唐

端裕王厚瑛恭庶四子嘉靖中封萬曆十一年薨

載墀端裕嫡一子嘉靖三十八年封長子萬曆二年卒以子翊鑲襲封追封王諡恭和

王翊鑲恭和庶一子萬曆十六年襲封四十年薨

王常澤翊鑲嫡一子萬曆三十二年封長子四十六年襲封

齊東

温惠王厚炳恭庶五子嘉靖九年封三十七年薨

安和王載垢温惠庶一子嘉靖四十一年襲封隆慶六年薨

王翊鑭安和嫡一子萬曆三年襲封薨

王常泛翊鑭嫡一子萬曆二十五年封長子旣而襲封

邵陵

王厚熢恭庶六子嘉靖十八年封萬曆十八年薨

載增厚熢嫡一子嘉靖三十八年封長子萬曆十一年卒

王翊鋘載增嫡一子萬曆九年封長孫三十四年襲封薨

王常溸翊鋘庶一子萬曆三十五年封長子旣而襲封

漢陽

温惠王厚煖恭庶七子嘉靖三十五年封萬曆十年薨

載塵温惠嫡一子隆慶三年封長子萬曆十一年卒無子除

平度

康惠王載埰莊庶四子嘉靖二十四年封隆慶五年薨

王翊鐓康惠庶一子萬曆五年襲封二十八年薨

王常湍翊鐓嫡一子萬曆二十八年封長子三十二年襲封

寧陽

王載垿莊庶五子嘉靖二十五年封薨

王翊鐓載垿庶一子萬曆三十九年封長子旣而襲封

昌樂

王載埕莊庶六子嘉靖二十六年封隆慶

六年薨無子除

壽張

王載壎莊庶七子嘉靖二十九年封三十四年薨無子除

商河

康順王載埭莊庶八子嘉靖三十五年封萬曆三十三年薨

王翊鑛康順嫡一子萬曆二年封長子二十五年襲封四十四年薨無子除

雍

靖王祐橒憲宗嫡八子成化二十三年封弘治十二年就藩衡州府正德二年薨無子封除

壽

定王祐榰憲宗庶九子弘治四年封十一年就藩保寧府十七年移德安府嘉靖二十四年薨無子封除

汝

安王祐梈憲宗

庶十一子弘治四年封十四年就藩衛輝府嘉靖二十年薨無子封除

涇

簡王祐橓憲宗庶十二子弘治四年封十五年就藩沂州嘉靖十六年薨無子封除

榮

莊王祐樞憲宗庶十三子弘治四年封正德三年就藩常德府嘉靖十八年薨

厚勳莊嫡一子正德十年封世子嘉靖十一年薨以子載墐襲封追封王諡曰懷

恭王載墐懷王嫡一子嘉靖十九年襲封萬曆二十三年薨

王翊鈐恭嫡一子萬曆二十六年襲封四十年薨

王常溴翊鈐嫡一子萬曆九年封長孫二十六年改封世子四十二年襲封薨

憲王由枵常溴嫡二子萬曆三十年封世孫四十四年改封世子既而襲封

福寧

懷僖王厚熜莊嫡二子正德十年封嘉靖十四年薨無子除

惠安

康和王厚熒莊嫡三子嘉靖元年封二十三年薨

宣懿王載塋康和嫡一子嘉靖二十七年襲封四十二年薨

王翊鐮宣懿庶一子隆慶六年襲封萬曆四十二年薨

永春

榮簡王厚烈莊庶四子嘉靖八年封萬曆十六年薨

載迫榮簡庶一子隆慶五年封長子萬曆十六年卒無子除

富城

康定王厚熒莊庶五子嘉靖十年封萬曆四年薨

王載壔康定嫡一子嘉靖二十八年封長子萬曆七年襲封三十九年薨

王翊鑑載壔庶一子萬曆十六年封長子四十三年襲封

貴溪

端靖王厚賁莊庶六子嘉靖十年封萬曆九年薨

載堺端靖嫡一子嘉靖二十九年封長子三十一年卒無子

王載埦端靖嫡三子萬曆三十三年以鎮國將軍進封

申

懿王祐楷憲宗庶十四子弘治四年封建邸敘州府十六年未就藩薨無子封除

肇慶

王由楨常溴嫡五子天啟六年封

世宗八子穆宗外哀冲莊敬二太子及他皇子俱殤其得封者一王曰景恭王載圳

景

恭王載圳世宗庶四子嘉靖十八年封四十年就藩德安府四十四年薨無子封除

穆宗四子神宗外憲懷太子及他皇子殤其得封者一王曰潞簡王翊鏐

潞

簡王翊鏐穆宗嫡四子隆慶五年封萬曆十七年就藩衛輝府四十二年薨

王常淓簡庶一子萬曆四十六年襲封後以國亡寓杭州大清順治二年六月王師至遂降

寶豐

王常溋簡庶二子天啟三年封

神宗八子光宗外三子未封其得封者四王曰福恭王常洵曰瑞王常浩曰惠王常潤曰桂端王常瀛

福

恭王常洵神宗庶三子萬曆二十九年封四十二年就藩河南

由崧恭庶一子萬曆四十五年封德昌王崇禎十六年襲封十

府崇禎十四年正月闖賊陷洛陽遇害

七年闖賊陷京師五月自立於南京僭號弘光大清順治二年五月王師渡江被執

潁上

由櫐恭王庶二子萬曆中封崇禎十四年正月與恭王同遇害

瑞

常浩王神宗庶五子萬曆二十九年封天啓七年就藩漢中府崇禎十七年張獻忠陷重慶遇害

惠

常潤王神宗庶六子萬曆二十九年封天啓七年就藩荆州府崇禎末奔廣州大清順治三年廣東平被執死

桂

端王常瀛神宗庶七子萬曆二十九年封天啓七年就藩衡州府崇禎十六年獻賊陷衡州王由永州入廣西寄居蒼梧十七年薨

由檥端王嫡三子初封安仁王唐王聿鍵自立僞封為桂王大清順治三年卒於梧州無子

由榔端王嫡四子初封永明王大清順治三年福建平由榔自立於肇慶僭號永曆是冬王師度嶺由榔走廣西自是走貴州又走雲南遂入緬甸十八年冬王師至緬人獻之明年殺諸雲南

莊烈帝六子獻愍太子慈烺外嫡第二子庶第五子第六子俱殤其封而未建藩邸者二王曰定哀王慈炯曰永悼王慈炤

定

哀王慈炯莊烈帝嫡三子崇禎十四年封未建藩邸十七年闖賊陷京師被執不知所終

永

悼王慈炤莊烈帝庶四子崇禎十五年封未建藩邸十七年闖賊陷京師被執不知所終

明史卷一百五　　表第六

總裁官總理事務　經筵講官少保兼太子太保保和殿大學士兼管吏部戶部尚書事加六級張廷玉等奉

敕修

功臣世表一

自昔帝王受命驅策羣力以有天下迨區宇既寧疇庸論功列爵崇報一時攀鱗附翼之士奮起兜牟之中剖符析珪爰及苗裔德意厚矣唐宋以來稍異曩制房喬遠勢首讓世封是以英衞子孫齒於叱隸而宋代勳階祇崇虛號祖孫父子各擬名邦初無世及之文非復承家之舊至明祖開基乃曠然復古凡熊羆之宿將帷幄之謀臣生著號而殁襲封茅土之頒殆逾百數馴及季年黨獄蔓延剗削芟殊存者不及三四然觀鐵榜所列訓誡之辭則河山之誓白馬之盟初意固不其然高危滿溢亦其自取焉耳乃若文皇差靖難之勞英宗懋奪門之賞跡參佐命籍次元功以視開國諸臣亦曷可同年而語乎世宗中葉開冊府之舊藏修繼絶之隆典於是鄂曹衞信之裔復列徹侯延其世緒天下翕然歸厚雖宋頴韓洪終於剿絶而自餘推誠宣力名載丹書者奕葉貂蟬保守祿位典宿衞領京營鎮陪京督漕運寄隆方岳階晉公孤家分典瑞之榮朝無酎金之罰較諸

西京世冑殆將過之今考其襲替歲月見於實錄者作功臣表以與紀傳相表裏或牴牾散軼時世無可考稽則畧而不書固史氏闕文之義云爾

世次	魏國公	鄂國公	韓國公	曹國公	宋國公
始封	徐達 吳元年九月辛丑以平吳功封信國公洪武三年十一月丙申大封功臣進封奉天開國推誠宣力武臣魏國公祿五千石世襲十八年二月己未卒追封中山王諡武寧達初封公位次第二李善長得罪進位第一	常遇春 吳元年九月辛丑封洪武二年七月己亥卒於軍十月庚午追封奉天翊運推誠宣德靖遠功臣開平王謚忠武	李善長 吳元年九月辛丑封宣國公洪武三年十一月丙申大封功臣第一封開國輔運推誠守正文臣韓國公祿四千石世襲二十三年五月乙卯坐胡黨死爵除崇禎二年七月癸巳裔孫世選以太祖手敕進有二百六十春應期來奏之語大學士韓爌劾其誣下獄論死已獲釋	李文忠 洪武三年大封功臣第四封奉天開國輔運推誠宣力武臣曹國公祿三千石世襲十七年三月戊戌獲譴卒追封岐陽王謚武靖	馮勝 洪武三年大封功臣第五封宋國公祿三千石世襲二十八年二月丁卯賜死
子	輝祖 洪武二十一年十月丙寅襲領中軍都督府建文初加太子太傅文帝即位削爵永樂五年卒	茂 洪武三年十一月大封功臣第三封鄭國公祿三千石世襲二十年九月丁酉有罪安置龍州二十四年卒；昇 洪武二十一年十月丙寅改封開國公加太子太保死永樂初		景隆 洪武十九年四月丁酉襲惠帝時征燕爲大將軍文帝即位九月以降附功加祿千石永樂二年削爵禁錮	
孫	欽 永樂五年七月辛巳襲十九年正月壬辰削爵二十二年十月乙巳復是年十一月庚子卒	繼祖 永樂元年安置雲南			
曾孫	顯宗 洪熙元年三月戊寅襲正統十三年卒；承宗 正統十三年七月戊子襲領前府天順七年十二月庚寅卒	寧		璿 弘治五年授南京錦衣衛指揮使世襲	
五世	俌 成化元年襲弘治九年守備南京正德五年七月加太子太傅十二年七月丙戌卒諡莊靖	復 弘治五年授世襲南京錦衣衛指揮使		濂；沂 嘉靖十三年襲僉書南京軍府十五年卒	
六世		經		臨淮侯 性 嘉靖十一年四月辛卯續封臨淮侯祿千石世襲十三年閏二月乙巳卒無子叔沂襲；庭竹 嘉靖十五年十二月丙申襲十八年鎮湖廣二十八年三月己丑提督操江屢領南京軍府隆慶五年二月守備南京萬曆三年卒	
七世	鵬舉 正德十三年十一月癸亥襲守備南京兼中府僉書嘉靖四年加太子太保領中府十七年四月壬戌守備南京隆慶五年二月辛丑卒	鳳		言恭 萬曆三年十月甲午襲四年中府僉書加少傅十四年二月戊寅總督京營二十年七月庚午加少保二十七年卒	
八世	邦瑞 隆慶六年四月丙寅襲萬曆二年南京中府僉書十七年卒	懷遠侯 元振 嘉靖十一年四月辛卯續封懷遠侯祿千石世襲十四年領南京後府二十八年卒		宗城 以使朝鮮逃歸論死不得襲	
九世	維志 一作繼志萬曆十七年九月丙寅襲十九年正月己酉協守南京兼領後府二十一年八月癸未卒	文濟 一作文倚嘉靖二十八年十月丙午襲嘉靖三十四年領南京前府隆慶二年二月僉事中府萬曆八年卒		邦鎮 萬曆三十八年四月甲申襲四十年十二月甲辰掌府軍前衛天啓二年卒	
十世	弘基 萬曆二十三年七月己亥襲僉書南京軍府三十五年協守南京領後府三十七年四月提督操江天啓元年以疾辭任加太子太保崇禎十四年復守南京加太傅卒謚莊武	允緒 萬曆九年八月壬寅襲累領南京軍府崇禎三年十月加太子太師十三年五月卒		弘濟 崇禎十二年七月甲戌以臨淮侯遣代祭餘無考	
十一世	文爵 崇禎末襲	明良			
十二世		延齡 崇禎末襲			
十三世					

爵除

衛國公

鄧愈：洪武三年大封功臣第六，封衛國公，祿三千石，世襲。十年十一月癸未卒。追封寧河王，謚武順。

鎮：洪武十三年三月丙申襲，改封申國公。坐李善長親黨，死。

源：鎮弟銘子，爲鎮後。

梃

炳：弘治五年授錦衣衛指揮使，世襲。

定遠侯

繼坤：嘉靖十一年四月辛卯續封定遠侯，祿千石，世襲。十五年六月領後府。三十五年卒。

祚錫：嘉靖三十六年三月壬午襲。三十八年四月癸亥卒。

世棟：隆慶六年三月戊戌襲。萬曆二年四月管紅盔將軍。四年後府僉書。十六年卒。

紹煜：一作遠煜。萬曆二十五年十二月辛酉襲。南京軍府僉書。天啓七年卒。

文明：崇禎元年二月庚子襲。十七年三月城陷，死於賊。

信國公

湯和：洪武三年大封功臣第七，封開國輔運推誠宣力武臣、中山侯，祿一千五百石。七年八月乙卯加祿十石。十一年正月己卯進封信國公，祿三千石，世襲。二十八年八月戊辰卒。追封東甌王，謚襄武。

鼎：早卒，贈信世子。

晟

文瑜

倫

靈璧侯

紹宗：弘治五年授南京錦衣衛指揮使，世襲。嘉靖十一年四月辛卯續封靈璧侯，祿千石，世襲。

佑賢：嘉靖十四年七月襲。慶兼南京軍府。二十九年八月癸亥卒。

世隆：嘉靖三十九年十月巳亥襲。隆慶間協守南京，領後府，改提督漕運，累進少保。萬曆十四年卒。謚僖敏。

之誥：萬曆十五年二月庚辰襲。領前府。三十五年九月巳亥卒。

國祚：萬曆四十年八月壬戌襲。崇禎三年九月甲辰加太子太保。

國祥

文瓊：以上二世襲年無考。崇禎中俱嘗以侯遣祭。

延安侯

唐勝宗：洪武三年十一月封第八勳，祿同前。七年八月乙卯加祿千石。坐事削爵，久之還爵。二十三年坐胡黨誅，爵除。

吉安侯

陸仲亨：洪武三年十一月封第九勳，祿同前。七年八月加祿千石。與唐勝宗同削爵，已同復。二十三年坐黨誅，爵除。

江夏侯

周德興：洪武三年十一月封第十勳，祿同前。七年八月加祿千石。二十五年八月己未以罪誅，爵除。

淮安侯

華雲龍：洪武三年十一月封第十一勳，祿同前。七年六月癸亥自北平召還，道卒。

中：洪武九年十一月庚寅襲。坐貶，死。追論胡黨，除。

濟寧侯

顧時：洪武三年十一月封第十二勳，祿同前。七年八月加祿千石。十二年十一月甲寅卒。追封滕國公，謚襄靖。

敬：洪武十二年襲，後除。

長興侯

耿炳文：洪武三年十一月封第十三勳，祿同前。七年八月加祿千石。永樂二年以嫌自殺，除。

臨江侯

陳德

鏞

封爵	嗣
洪武三年十一月封第十四勳祿同前七年八月加祿千石十一年十一月壬辰卒追封杞國公謚定襄	洪武十四年五月壬子襲二十年六月庚子從征納哈出卒於軍已坐胡黨除
鞏昌侯郭興　一名子興洪武三年十一月封第十五勳祿同前七年八月加祿千石十七年十一月癸酉卒追封陝國公謚宣武	郭振　洪武二十二年十月辛酉襲坐胡黨除
六安侯王志　洪武三年十一月封第十六勳號同前祿九百石七年八月加祿至二千五百石十九年八月已亥卒追封許國公謚襄簡	威　洪武二十二年十月辛酉襲二十三年坐事謫指揮使卒追坐胡黨除
滎陽侯鄭遇春　洪武三年十一月封第十七勳祿加祿皆同王志二十三年坐胡黨死除	
平涼侯費聚　洪武三年十一月封第十八勳號同前祿一千五百石七年八月加祿千石坐胡黨死除	
江陰侯吳良　洪武三年十一月封第十九勳號同前祿一千五百石七年八月加祿千石十四年十一月丁未卒追封江國公謚襄烈	吳高　洪武十七年五月辛酉襲二十八年坐事謫廣西已召還建文時以被間再謫文帝即位召守大同永樂十二年十月以罪免卒除
靖海侯吳禎　洪武三年十一月封第二十勳祿加祿同吳良十二年卒追封海國公謚襄毅	忠　洪武十七年五月襲二十三年追論禎胡黨死除
南雄侯趙庸　洪武三年十一月封第二十一勳祿加祿同前二十三年坐胡黨死除	
德慶侯廖永忠　洪武三年十一月封第二十二勳祿加祿同前八年三月甲申卒	權　洪武十三年四月庚寅襲十七年四月癸巳卒
南安侯俞通源　洪武三年十一月封第二十三	

	勳祿加祿同前二十二年三月戊戌卒明年附黨事發以死不問爵除	
廣德侯	華高　洪武三年十一月封第二十四勳號同前祿六百石四年四月乙未卒追封巢國公謚武莊無子爵除	
營陽侯	楊璟　洪武三年十一月封第二十五勳號同前祿一千五百石七年加祿千石十五年八月乙巳卒追封芮國公謚武信	楊通　洪武十七年十一月丁酉襲二十年降指揮使已追坐璟胡黨除
蘄國公	康茂才	康鐸　洪武三年十一

	洪武三年八月己未卒於軍追封推忠翊運宣力懷遠功臣蘄國公謚武康	月封蘄春侯位次第二十六勳祿加祿同楊璟十五年七月丙子卒贈蘄國公謚忠愍子淵幼優給已獲讁卒爵除
永嘉侯	朱亮祖　洪武三年十一月封第二十七勳祿加祿同楊璟十三年九月庚寅坐罪死爵除	
潁國公	傅友德　洪武三年十一月封潁川侯位次第二十八勳祿同前十七年四月辛卯進封潁國公祿三千石世襲二十七年十一月乙丑	

	賜死爵除	
臨川侯	胡美　洪武三年十一月封豫章侯第二十九勳祿加祿同楊璟十三年四月乙丑改封臨川十七年有罪賜死爵除	
東平侯	韓政　洪武三年十一月封第三十勳祿加祿同前十二年二月戊午卒追封鄆國公	韓勳　洪武十九年十一月甲子襲二十六年坐藍黨死爵除
宜春侯	黃彬　洪武三年十一月封第三十一勳祿加祿同王志二十三年坐胡黨死爵除	
宣寧侯	曹良	泰

臣｜洪武三年十一月封第三十二，勳祿同王志。五年六月甲辰歿於陣。二十三年十月甲申追封安國公，謚忠壯。

洪武六年五月乙巳襲。七年八月加祿至二千五百石。二十六年坐藍黨死，爵除。

汝南侯｜梅思祖｜洪武三年十一月封第三十三，勳祿加祿同王志。十五年十月壬午卒。已坐胡黨除。

河南侯｜陸聚｜洪武三年十一月封第三十四，勳祿加祿同前。已坐胡黨死，除。

忠勤伯｜汪廣洋｜洪武三年十一月以文臣封，祿三百六十石。七年八月加祿至一千九百石。十二年貶死。

誠意伯｜劉基｜洪武三年十一月封開國翊運守正文臣，誠意伯，祿二百四十石。八年四月丁巳卒。二十三年予世襲。正德八年十二月追贈太師，謚文成。

璉

廌｜洪武二十四年三月辛丑襲，增祿至五百石。二十五年謫戍，赦還。永樂間卒。

法

柜

㬊

祿｜景泰三年授世襲五經博士。

瑜｜弘治十三年詔授處州衛指揮使。嘉靖十一年六月甲申續封誠意伯，祿七百石。十二年四月僉書中軍都督府。十三年領南京前府。十五年提督操江。二十年七月卒。

世延｜嘉靖二十八年二月癸丑襲。屢領南京軍府，後以罪廢。隆慶二年復。萬曆三十四年坐罪論死，卒。

藎臣｜萬曆三十六年五月乙卯襲。天啓元年甲申領南京右府。

孔昭｜天啓三年七月辛亥襲。六年三月僉書右府。崇禎中累進少保。十一年領南京右府，提督操江兼巡江防。

永城侯｜薛顯｜洪武三年十二月戊辰封。以罪安置海南，已召還，給祿一千五百石。二十年九月癸巳卒於軍。追封永國公，謚桓襄。無子。後追論胡黨，以死不究，除。

西平侯｜沐英｜洪武十年十月戊午封，祿二千五百石，世襲。二十五年六月丁卯卒於雲南。十月己巳追封黔寧王，謚昭靖。

春｜洪武二十五年十月乙亥襲，鎮雲南。三十一年卒，謚惠襄。

昂｜景泰中贈定邊伯。

誠

黔國公｜晟｜洪武三十一年襲侯。永樂六年七月以征安南功進封公，祿三千石，世襲，世鎮雲南。仁宗即位，加太傅，支二俸。正統四年三月丁卯卒。追封定遠王，謚忠敬。

斌｜正統五年襲。景泰元年十月卒，謚榮康。

琮｜成化元年八月己亥襲。十九年加太子太傅。弘治九年九月庚戌卒，謚武僖。無子。

崑｜誠子。弘治十年十月己卯襲。正德七年加太子太傅。十四年六月卒。追贈太師，謚莊襄。

紹勛｜正德十六年二月甲午襲。嘉靖七年加太子太傅。十五年卒。贈太師，謚敏靖。

朝輔｜嘉靖十五年十二月乙亥襲。加太子太保。二十六年六月庚子卒，謚恭僖。

融｜嘉靖二十六年閏九月甲辰襲。二十八年卒。

紘｜嘉靖二十八年十月庚辰襲。夭，叔朝弼襲。

朝弼｜嘉靖三十三年三月癸丑襲。隆慶四年削爵，論死。

昌祚｜隆慶五年二月丁酉襲。萬曆十二年九月戊寅加太子太保。二十三年八月以病免，子叡襲。三十七年叡以罪……

叡｜萬曆二十三年襲。三十七年九月丁酉死於獄。

啓元｜天啓五年三月丁卯襲。崇禎元年六月己亥卒。

天波｜崇禎元年十二月甲辰襲。七年八月甲寅加太子太保。明亡後從永明王入緬，死於難。

安慶侯 仇成
洪武十二年十一月甲午封，祿二千石，世襲指揮使。十七年四月壬午予世侯，加祿五百石。二十一年七月辛巳卒。追封皖國公，諡莊襄。

正
洪武二十三年閏四月丙戌襲。以事除。

磨復襲爵。天啟五年卒。

涼國公 藍玉
洪武十二年十一月甲午封永昌侯，祿襲同前。十七年四月壬午予世侯，加祿五百石。二十一年十二月壬戌進封公，加祿五百石。二十六年二月乙酉謀反，伏誅。

永平侯 謝成
洪武十二年十一月封，祿襲同仇成。二十六年坐累卒。

鳳翔侯 張龍
洪武十二年封，祿襲同前。後予世襲，加祿五百石。三十年卒。

傑
建文時襲。永樂初除。

安陸侯 吳復
洪武十二年封，祿襲同前。十六年十月己亥卒，追封黔國公，諡武毅，加祿五百石，世襲。

傑
洪武十九年四月襲。建文中謫南寧衛指揮使，爵除。

宣德侯 金朝興
洪武十二年十一月封，祿襲同前。十五年七月丙子卒。明年追封沂國公，諡武毅。十七年予世襲，加祿五百石。

鎮
洪武十九年四月襲。以父朝興追坐胡黨除。

懷遠侯 曹興
洪武十二年十一月封，祿襲同前。二十六年坐藍黨死，除。

靖寧侯 葉昇
洪武十二年十一月封，祿襲同前。二十五年八月丙子坐胡黨誅。

景川侯 曹震
洪武十二年十一月封，祿襲同前。二十六年坐藍黨誅。

會寧侯 張溫
洪武十二年十一月封，祿襲同前。二十六年坐

藍黨誅

雄武侯

周武　洪武十二年十一月封，祿襲同前。二十三年三月庚午卒，追封汝國公，謚襄勇。子興襲指揮同知。

定遠侯

王弼　洪武十二年十一月封，祿襲同前。十七年四月加祿至二千五百石。二十七年十二月乙亥卒。

崇山侯

李新　洪武十五年十二月己卯封，祿一千五百石。二十八年九月戊戌以罪誅。

普定侯

陳桓　洪武十七年四月壬午封，祿二千五百石，世襲。二十六年坐藍黨死，除。

東川侯

胡海　又名海洋。洪武十七年四月封，祿同前。二十四年七月丁亥卒。授其子指揮使。

武定侯

郭英　興弟。洪武十七年四月封，祿二千五百石，世襲。永樂元年二月甲子卒，追封營國公，謚威襄。

銘

玹　永樂二十二年十一月襲。正統九年八月鎮宣府。十二年七月丙午卒。諸子以爭襲停。

昌　天順三年五月丁未襲。

良　弘治十五年四月癸丑襲。十一月坐劾免管營。操。正德二年六月戊子卒。

勛　正德三年三月丙寅襲。鎮兩廣，屢兼軍府。四年八月神機營管操。嘉靖十八年進封翊國公，加太師，前後益祿四百石。二十八年八月有罪下獄。明年卒於獄。

守乾　嘉靖二十九年三月壬辰襲。屢領軍府。三十九年四月丁酉卒。

大誠　嘉靖四十四年三月庚戌襲。四十五年五月管紅盔將軍。萬曆四年領南京右府。四十四年六月癸亥卒。

應麒　萬曆四十五年二月壬子襲。尋卒。

應麟　萬曆四十五年十一月甲戌襲。崇禎元年卒。

培民　崇禎初襲。三年九月甲辰加太子太保。十七年三月城陷死。

鶴慶侯

張翼

洪武十七年四月封，祿襲同前。二十六年坐藍黨誅。

航海侯

張赫　洪武二十年十月戊申封，祿二千石，世襲。二十三年八月甲子卒，追封恩國公，謚莊簡。子停襲。

舳艫侯

朱壽　洪武二十年十二月封，祿襲同前。二十六年坐藍黨誅，除。

海西侯

納哈出　洪武二十年九月以元降將封。二十一年七月辛丑卒於軍。

察罕　洪武二十一年八月襲。改封瀋陽侯。二十六年四月壬午坐藍黨誅，除。

東莞伯

何眞　洪武二十年七月封，祿一千五百石，世襲。二十一年三月己卯卒	榮　洪武二十一年四月乙巳襲。二十六年坐藍黨誅除
全寧侯　孫恪　興祖子。洪武二十一年八月戊辰封，祿二千石，世襲。坐藍黨死除	
樂浪公　濮英　洪武二十年閏六月庚申戰歿金山，追封金山侯，諡忠襄。七月進封公	璵　洪武二十一年九月丙戌封西涼侯，祿二千五百石，世襲。二十六年追坐英藍黨謫戍除
徽先伯　桑敬　世傑子。洪武二十三年九月壬寅封，祿一千七百石，世襲。已坐藍黨誅除	
永定侯　張銓　洪武二十三年十月甲申封，祿一千五百石，世襲指揮使	
越嶲侯　俞淵　洪武二十五年六月戊午封，祿二千五百石，世襲。明年五月戊辰削爵，放還里。建文初召還，戰歿白溝河。永樂初除	

以上皆身受封或不及封而子孫封者其追贈封爵

無世系可譜別以五等爲次具列於左

公	侯	伯	子	男
越國公胡大海　壬寅二月金華死事，甲辰三月追封，諡武莊	東邱郡侯花雲　庚子閏五月太平死事	天水郡伯趙天麟　癸卯臨江死事	盱眙縣子王清　鄱陽湖戰歿	當塗縣男王愷　金華死事
泗國公耿再成　壬寅二月處州死事，初封高陽郡公，諡武壯，洪武十年四月改封	高陽郡侯王鼎　同前	隴西郡伯牛海龍　南昌戰歿	羅山縣子王鳳顯　同前	丹陽縣男孫炎　處州死事
蔡國公張德勝　龍江戰歿，癸卯十月追封，諡忠毅	太原郡侯許瑗　同前	安定郡伯程國勝　鄱陽湖戰歿	定遠縣子姜潤　同前	合肥縣男徐明　南昌戰歿
梁國公趙德勝　南昌死事，癸卯十月追封，諡武桓	太原郡侯王道同　處州死事	太原郡伯王咬住　同前	梁縣子石明　同前	五河縣男王理　鄱陽湖戰歿
濟陽郡公丁普郎　鄱陽湖戰歿	南陽郡侯葉琛　壬寅三月死祝康宗之難	縉雲郡伯胡深　吳元年取閩戰歿，洪武元年四月追封	合肥縣子王德　同前	舒城縣男王仁　同前
河間郡公俞廷玉　甲辰十一月追封	忠節侯張子明　癸卯六月南昌死事	康安郡伯孫虎　落馬河戰歿	懷遠縣子常德勝　同前	定遠縣男史德勝　同前
鄖國公廖永安　乙巳十月以使吳不屈，遙封楚國公。丙午七月卒於吳，諡武閔。洪武十三年四月改封	高陽郡侯韓成　癸卯七月鄱陽湖戰歿	譙郡伯戴德　洪武四年二月卒，追封，世襲指揮僉事	含山縣子丁宇　同前	萬春縣男常惟德　同前
東海郡公茅成　丙午十一月伐吳戰歿	潁上郡侯陳兆先　同前		廬江縣子汪澤　同前	含山縣男曹信　同前
虢國公俞通海　廷玉子。吳元年四月卒於平江軍，追封豫國公，洪武三年改封，諡忠烈	下邳郡侯余昶　同前		巢縣子陳冲　同前	虹縣男鄭興　同前
濟國公丁德	潁川郡侯陳弼　同前		定遠縣子王喜仙　同前	隋縣男羅世榮　同前
	東海郡侯徐公輔　同前		汝陽縣子逯德山　同前	洪武實錄所載南昌死事有許圭、朱潛、張德山、夏茂、葉思誠五人，鄱陽湖死事有張志雄、朱鼎、劉義、袁華四人，凡九人封爵無考
	京兆郡侯宋貴　同前		宣遠縣子裴軫　同前	
	汝南郡侯昌文貴			

興 吳元年卒於平江軍洪武元年追封
同前

天水郡公嚴德 吳元年九月討方谷珍戰歿洪武二年六月追封
隴西郡侯李信 同前

姑孰郡公陶安 洪武元年追封
太原郡侯王勝 同前

清河郡侯李志高 同前

隴西郡侯李繼先 南昌戰歿

彭城郡侯劉齊 同前

天水郡侯趙國旺 同前

永義侯桑世傑 伐吳戰歿癸卯十月追封

燕山侯孫興祖 洪武三年北征戰歿諡忠愍

安遠侯蔡僊 洪武三年九月追封諡武襄

東勝侯汪興祖 洪武四年四月伐蜀戰歿十二月追封予世券以子幼停襲

廬江侯何德 洪武十四年七月辛追封諡壯敏

霍山侯王簡 洪武十三年五月辛追封

臨沂侯王眞 洪武十三年七月辛追封諡桓義

汝陰侯高顯 洪武十三年九月辛追封諡武肅

富春侯孫世 洪武十四年十二月辛追封諡忠勇

合浦侯陳清 洪武十五年三月辛追封諡崇武

東海侯陳文 洪武十七年十月辛追封諡孝勇

英山侯於顯 洪武二十年十二月辛追封諡襄武

昌樂侯邱廣 洪武十一年以文臣追封諡景成

右洪武朝洪武中所封有歸德侯陳理歸義侯明昇崇禮侯買的里八剌三人以非功臣故不載

灤城侯李堅 尚太祖女大名公主建文初從伐燕以功封已戰敗被執尋卒
莊 建文中襲永樂初除

歷城侯盛庸 建文中以伐燕封永樂元年除

右建文朝

明史卷一百六 表第七

總裁官總理事務經筵講官少保兼太子太保保和殿大學士兼管吏部戶部尚書事加六級張廷玉等奉

敕修

功臣世表二

始封	子	孫	曾孫	五世	六世	七世	八世	九世	十世	十一世
淇國公邱福 建文四年六月己巳成祖卽位										

成國公　朱能　九月甲申封第二勳號同前祿二千二百石世襲永樂四年十月卒於軍追封東平王謚武烈	九月甲申以靖難功第一封奉天靖難推誠宣力武臣淇國公祿二千五百石世襲永樂六年七月甲寅加祿千石七年八月北征戰沒追削爵遷家屬海南除
勇　永樂六年七月壬子襲甲寅加祿千石洪熙宣德間屢領行在軍府累進太保正統十四年沒於土木追封平陰王謚武愍	
儀　景泰三年五月丁酉襲祿二千石天順二年正月加祿五百石七年二月守備南京成化二十二年加太子太傅弘治九年三月卒	
輔　弘治九年十二月己酉襲十三年七月守備南京領中府正德五年七月加太子太傅六年十月掌前府嘉靖二年九月己丑卒贈太傅謚恭僖	
麟　嘉靖四年三月辛酉襲六月卒 鳳　嘉靖八年九月壬寅襲九年神機營坐營十五年七月己未卒贈太保謚榮康	
希忠　嘉靖十五年九月甲子襲屢典軍務累進太師二十六年八月加祿百石隆慶五年五月領後府萬曆元年九月卒十月乙未追封定襄王謚恭靖十一年八月癸亥追奪王爵	
時泰　萬曆二年襲九月卒	
應楨　萬曆八年二月己亥襲十四年自殺 應槐　萬曆二十九年九月己酉襲領左府三十八年五月壬申卒	
鼎臣　萬曆二十八年二月辛亥襲明年卒無子叔應槐襲 純臣　萬曆三十九年三月癸卯襲崇禎三年十一月戊戌加太傅九年五月己酉總京營九月庚戌巡視邊關十七年三月降賊被	

泰寧侯　陳珪　九月甲申封第四勳號同前祿一千二百石世襲永樂十七年四月卒追封靖國公謚忠襄	成陽侯　張武　九月甲申封第三勳號同前祿千五百石世襲永樂元年十月卒贈潞國公謚忠毅無子除
瑜　永樂十七年七月癸丑襲二十年北征失機下獄死	
鏞　永樂二十二年八月辛未襲宣德五年正月卒	
灝　宣德五年四月丙申襲七年卒 瀛　宣德十年二月丁卯襲正統十四年沒於土木追封寧國公謚恭愍 涇　正統十四年十一月丁酉襲天順六年十月鎮廣西成化七年九月移鎮淮安總漕運八年七	
桓　成化八年十二月甲子襲祿一千石弘治元年八月鎮寧夏七年七月壬子卒	
璇　弘治七年十一月己酉襲十二月給祿千石正德元年六月卒 璉	
儒　正德六年七月丁丑襲嘉靖三年十月管圍子手上直十二年卒無子叔璉襲	

保定	武安侯　鄭亨　九月甲申封第五勳號同前祿一千五百石世襲宣德九年二月乙丑卒追封漳國公謚忠毅	
	能　宣德十年二月丙辰襲正統七年卒	
	宏　正統十一年二月癸卯襲成化九年領南京中府十三年二月卒	月卒
	英　成化十三年襲弘治三年八月坐耀武營鎮陝西正德十一年十月甲寅卒	
	綱　正德十二年三月癸未襲嘉靖二十八年七月辛巳卒	嘉靖十三年閏二月丙寅襲祿千石二十三年卒 瑺　嘉靖二十四年正月庚申襲三十一年十二月壬子卒
	崑　嘉靖二十八年十一月乙未襲萬曆八年六月丁未卒	良弼　嘉靖四十一年五月己亥襲四十五年五月掌府軍前衛萬曆四年正月領南京右府提督操江十四年正月領前府四十七年六月辛巳總京營天啓元年五月戊申加少保
	維忠　萬曆八年十二月己亥襲十二年七月掌府軍前衛二十六年卒 維孝　萬曆二十六年十一月戊戌襲天啓二年卒	聞禮　天啓中襲
	之俊　天啓二年襲崇禎十七年城陷死於賊	延祚　天啓中襲崇禎元年加少保

（續前）封蔡國公謚忠烈
宿衛十五年三月卒
嘉靖三十三年卒
十五年五月領南京右府隆慶五年五月提督操江萬曆十年卒
三十七年六月己未卒
四十年閏十一月甲申總京營四十三年九月壬辰卒
年卒叔應垣襲
應垣　崇禎三年九月己酉襲
錫登　崇禎中襲十七年城陷死於賊

（續前）前府十五年六月卒謚襄恪
太傅領中府七年三月乙亥卒謚榮靖
廣隆慶五年二月辛亥總京營萬曆七年六月加少保九年十二月甲午卒謚榮僖
江十七年城陷死於賊

同安侯
火眞　九月甲申封第七勳祿同張武七年八月北征戰沒除

侯
孟善　九月甲申封第六勳號同前祿一千二百石世襲永樂十年六月甲戌卒追封滕國公謚忠勇
瑛　永樂十一年六月癸亥襲仁宗即位十一月以罪奪爵流雲南宣德十年二月己未召還授京衛世襲指揮使
俊　天順元年七月癸酉以承天門災詔予伯爵祿八百石四年六月卒
昂　天順四年十一月戊寅襲成化八年十二月卒子達仍襲指揮使

鎮遠侯
顧成　九月甲申封第八加號奉天翊運推誠宣力武臣祿襲同張武十二年五月丁酉卒追封夏國公謚武毅
統
興祖　永樂十三年二月甲午襲正統十四年九月削爵景泰三年五月甲午復封伯天順元年七月復侯爵七年閏七月卒
翰
淳　天順八年四月丁酉襲祿千石成化九年三月卒
溥　淳從弟成化九年七月癸丑襲以支庶減祿止八百石弘治二年鎮湖廣五年加太子太保領
仕隆　弘治十七年閏四月丁卯襲正德四年八月領閤子手上直十六年鎮湖廣嘉靖二年加太子
寰　嘉靖七年襲十年三月領紅盔將軍侍衛十七年四月鎮淮安總督漕運二十九年七月鎮兩
承光　寰從子萬曆十年四月丙申襲十四年二月前府僉書二十六年九月己亥卒
大理　萬曆中襲二十四年正月管紅盔將軍天啓二年加太子太保
肇迹　天啓中襲崇禎元年七月僉書左府三年九月甲辰加少師十四年正月領南京右府提督操

靖安侯
王忠　九月甲申封第九勳號同邱福祿千石永樂七年八月北征戰沒無子除

武城侯
王聰　九月甲申封第十勳祿同張武永樂七年八月北征戰沒追封漳國公謚威毅
瑛　永樂七年十二月戊戌襲卒除

永康侯
徐忠　九月甲申封第十一勳號同前祿千一百石世襲永樂十一年八月庚午卒追
安　永樂十六年八月癸巳襲成化十七年十二月卒
昌
錡　成化十八年三月辛卯襲弘治三年四月五軍營坐營八年四月管紅盔將軍
溥　弘治末襲正德四年四月卒
源　溥庶兄正德八年三月壬申襲
喬松　嘉靖三十四年五月甲辰襲四
文煒　萬曆十一年襲十九年領前府
應坤　萬曆三十七年十一月壬寅襲
錫印　天啓元年十月壬申襲崇禎二

隆平侯
張信　九月甲申封第十二勳號同前祿千石世襲伯永樂二十二年九月丙申予世侯正統七年五月卒追封鄖國公謚恭僖
鏞
淳　正統八年襲十年十一月卒
福　正統十二年閏四月襲天順二年三月卒弟祐襲
祐　天順二年十一月甲辰襲成化中慶領南京軍府十七年三月卒
鋋
祿　鋋孫正德三年十一月丁酉襲四年七月丁酉卒
璋　正德十三年襲嘉靖二十三年三月甲辰以罪削爵
瓛
桐　嘉靖三十七年十一月癸未襲四十四年二月鎮湖廣萬曆三
炳　萬曆三年襲四十五年卒
坤
國彥　萬曆四十六年閏四月戊辰襲
拱微　襲年無考崇禎三年九月甲辰加太子太傅七年四月僉書南

年四月癸巳卒

京中府十一年戰沒

安平侯

李遠　九月甲申封，第十三勳。誥同前，歲祿千石。永樂七年八月北征，戰歿，贈莒國公，諡忠壯。

安　永樂七年十二月戊戌襲伯。宣德二年以征交阯失律奪爵。天順元年復襲。

成安侯

郭亮　九月甲申封，第十四勳。號同前，祿千二百石，世伯爵。永樂二十一年三月庚寅卒，追封興國公，諡忠壯。

晟　永樂二十二年八月辛未襲，侯祿千石。正統十四年八月領中府。天順二年二月卒。

昂　天順三年二月乙丑襲伯。六年領南京後府。成化二年閏二月卒。

鏞　成化六年正月辛丑襲。弘治五年十一月卒。

寧　弘治六年襲。正德六年二月管紅盔將軍。十年六月南京前府。嘉靖元年十二月庚子卒。

瓚　寧從子。嘉靖二年二月己卯襲。十八年正月庚寅揚威營坐營。

應乾　嘉靖二十八年六月庚戌襲。萬曆十四年卒。

邦柱　萬曆十四年襲。

邦相　萬曆十七年四月癸卯襲。三十六年五月戊戌卒。

祚延　萬曆三十八年四月庚午襲。四十年卒。

祚久　萬曆四十年十

思恩侯

房寬　九月甲申封，第十五。祿八百石，世指揮使。永樂七年十一月卒。

邦棟　天啓元年八月癸酉襲。崇禎三年九月甲辰加少保。

二月辛亥襲。天啓元年卒。

祚永　崇禎中襲。十四年六月領南京前府。

興安伯

徐祥　九月甲申封，第十六。加號奉天翊衛宣力武臣，祿千石，世都督僉事。永樂二年五月卒。

永

亨　永樂二年襲伯。正統九年以勦寇功進封侯，加祿百石。天順四年七月卒，諡武襄。

賢　天順四年襲伯。成化五年十一月卒。

盛　成化十六年十一月甲申襲。弘治三年八月神機營左掖管操。十三年六月領三千營管操。十七年二月卒。

良　盛從子。正德三年十二月壬午襲。嘉靖十二年卒。

勳　嘉靖十三年八月丁酉襲。十四年卒。

夢暘　嘉靖二十年五月庚戌襲。萬曆四年二月辛未領前府。三十一年十二月卒。

汝誠

汝孝　萬曆三十七年九月癸未襲。崇禎初加太子太保。

繼榮　萬曆三十一年襲。三十三年四月己巳卒，無子。叔汝孝襲。

繼本　襲年無考。

治安　崇禎末襲。十七年死於賊。

武康伯

徐理　九月甲申封，第

楨　永樂七年十月

勇　景泰四年二月

十七勳。祿同徐祥。永樂六年二月卒。

壬子襲伯。正統九年六月卒。

己丑襲。其年卒，無子，除。

襄城伯

李濬　九月甲申封，第十八勳。祿同前，世指揮同知。已進封侯。永樂三年十一月卒。

隆　永樂四年九月己巳襲伯。正統十二年卒。

珍　正統十三年十二月甲戌襲。十四年沒於土木。贈侯，諡悼僖。

瑾　景泰元年六月庚子襲。成化四年八月己酉以平都掌蠻功進封侯。二十二年十月加太保。弘治二年三月卒。追封芮國公，諡壯武。

鏞　弘治二年九月己巳襲伯。三年四月坐幼官營。八年三月坐揚威營。十一年五月壬寅卒。

鄘　瑾孫，鏞從兄。弘治十一年八月戊子襲。十三年八月領右府。正德四年七月卒。

全禮　正德四年十二月癸卯襲。十六年九月癸亥領南京前府兼督操江。嘉靖十八年卒。贈太子少保，諡恭敏。

應臣　嘉靖二十年二月乙丑襲。萬曆十年卒。

成功　一作承功。萬曆十年襲。二十九年七月己酉領南京右府兼操江。三十六年十一月甲戌卒。予祭葬。

守錡　萬曆三十八年二月癸亥襲。崇禎元年十一月辛未總京營。

國楨　崇禎三年襲。十六年十二月己酉加太子太保，總京營。明年城陷，賊執殺之。

英國公　榮國公

張玉　東昌戰死，成祖即位，追封諡忠

輔　九月甲申封信安伯，第十九勳

懋　景泰元年五月戊辰襲。成化間

銳

崙　正德十年十月癸酉襲。十二年

溶　嘉靖十四年十一月甲申襲。四

元功　萬曆十年三月甲申襲。二十四

顯洪熙元年三月追封河間王改諡忠武

號祿襲同徐祥永樂三年十一月癸巳進封新城侯祿一千五百石世襲六年七月癸丑以安南功封英國公祿三千石世襲二十一年加太師正統十四年沒於土木追封定興王諡忠烈

屢領軍府累加太保正德十年三月卒追封寧陽王諡恭靖

九月坐奮武營管操嘉靖十四年六月乙卯卒贈太保諡莊和

十四年十二月領左府加太子太保萬曆二年加少保

年十一月庚子卒

元德　萬曆二十四年襲二十六年五月卒

維賢　萬曆二十六年十一月甲辰襲三十七年十一月丁未領後府累加少傅兼太子太保天啓三年七月加太保崇禎三年十一月戊戌加太師

之極　見崇禎十年正月戊申襲年無考

世澤　崇禎十六年襲城陷被殺世次無考

新昌伯
唐雲　九月甲申封第二十勳祿同徐祥世指揮使永樂元年七月卒

崇安侯
譚淵　夾河戰死成祖即位追封諡壯節

新寧伯
忠　九月甲申封祿千石宣德八年五月卒

璟　宣德十年二月丁卯襲正統十四年六月卒

裕　正統十四年十月丁巳襲景泰三年三月卒

祐　天順元年六月癸巳襲成化十七年領前府屢典軍職加太保

綸　嘉靖四年閏十二月甲戌襲十一年三月領南京前府二十七

功承　嘉靖二十七年八月辛未襲三十六年十二月領南京左府隆

國佐　隆慶元年七月戊午襲萬曆二十七年六月甲申卒

懋勛　萬曆二十七年八月乙酉襲天啓三年卒

弘業　天啓中襲崇禎末死於賊

正德四年七月管五軍營嘉靖四年卒諡莊僖

年卒

慶元年二月丙午卒

應城伯
孫巖　九月甲申封第二十一勳祿同徐祥永樂十六年六月卒追進侯諡威武

亨　永樂十八年正月襲伯二十一年正月卒

英　永樂二十一年二月己巳襲明年二月卒

傑　永樂二十二年九月戊子襲宣德五年有罪下獄尋復景泰二年十二月卒

繼先　景泰三年襲弘治三年八月管五軍營圍子手十六年九月卒

鉞　弘治十六年十一月壬子襲嘉靖十八年卒

岱

永爵　嘉靖十九年十月壬午襲三十五年二月甲子卒

文棟　嘉靖三十五年九月庚午襲三十九年八月僉書中府萬曆十四年正月領南京後府十七年卒

允恭　萬曆十七年六月庚辰襲二十八年六月甲申卒

廷勳　萬曆三十三年十月丙辰襲崇禎三年九月甲辰加少保十七年死於賊

富昌伯
房勝　九月甲申封勳祿同前世指揮使永樂四年十月卒

忻城伯
趙彝　九月甲申封第二十三勳號祿襲同徐祥宣德

榮　宣德元年七月戊午襲正統十四年七月領前

溥　成化四年七月丙戌襲弘治十七年閏四月卒

槿　溥從子弘治十八年九月甲申襲正德十三年

武　正德十三年十二月辛卯襲嘉靖三十五年五

祖允　嘉靖三十七年四月癸未襲四十年卒

元年正月卒諡武毅

府天順元年理南京軍府成化三年六月卒

正月卒

月丁亥卒

祖征　嘉靖四十二年九月癸卯襲萬曆元年乙未奪祿五年卒

泰修　萬曆六年襲十一年十月南京左府僉書十四年正月改中府二十五年七月甲午卒

世新　萬曆二十六年九月丁酉襲四十四年正月戊子總京營

之龍　泰昌元年九月丁亥襲崇禎十六年十二月癸酉守備南京大清兵下江南降

雲陽伯
陳旭　九月甲申封第二十四勳號祿襲同前永樂六年七月加祿五百石八年三月卒無子除

廣恩伯
劉才　九月甲申封祿九百石世指揮同知宣德五年三月卒

忠誠伯
茹瑺　以推戴功封加號奉天翊運守正文臣祿千石已坐事下獄死

順昌伯

王佐　推戴功，封勳祿同徐祥。世指揮使。三年八月有罪下獄死。

平江伯

陳瑄　推戴功，封勳號祿襲同前。永樂二十二年十一月予世伯。宣德八年十月卒，追封侯，謚恭襄。

佐　宣德十年二月丙辰襲。正統初卒。

豫　正統二年四月癸未襲。十四年十一月進封侯。景泰四年鎮臨清。五年十一月守備南京。天順七年九月卒。成化六年二月贈黟國公，謚莊敏。

銳　天順八年十月丁酉襲伯。成化六年二月鎮兩廣。八年改鎮淮揚。弘治元年閏正月提督神機營。八年以治河功加太保，累加太傅。十五年十二月卒。

熊　弘治十六年十月己未襲。正德元年五月領後府。四年十二月戊戌以忤劉瑾削爵，戍海南。瑾敗，復爵。六年十二月庚子卒。

垚　以幼給祿，尋卒。熊絕，以從子圭襲。

圭　嘉靖元年正月甲午襲。二十二年六月鎮兩廣。二十九年十二月丙戌領後府。三十三年四月加太傅，掌錦衣衛。十二月己丑卒，贈太傅，謚武襄。

王謨　嘉靖三十四年三月甲辰襲。三十九年九月鎮兩廣。隆慶四年十月鎮淮安。萬曆二年十一月前府僉書，尋卒。

允兆　萬曆四年五月管紅盔將軍，侍衛入直。

啓　一作啓。萬曆三十二年七月丁丑襲。三十七年三月乙巳前府僉書。

治安　崇禎元年五月戊寅，優給侯襲。餘無考。

定國公

徐增壽　徐達次子。建文末，以通燕誅。成

景昌　永樂二年六月己亥襲，祿二千五百石。二十二

顯忠　正統三年十月丁巳襲。十三年四月卒。

永寧　景泰六年二月乙亥襲。成化二年坐誤毀制書

世英

光祚　弘治十七年五月壬寅襲。正德十五年十一月

延德　嘉靖八年十一月癸卯襲。三十年正月庚子領

文璧　隆慶二年三月甲戌襲。五年三月領右府，加太

廷輔

希皋　萬曆三十年十二月癸卯襲。崇禎三年卒。

允禎　崇禎三年襲。十六年加太子太保。明年城陷死。

祖入立，追封武陽侯，謚忠愍。永樂二年進封公，世襲。

年以罪停祿，洪熙元年復。正統二年六月卒。

間住。弘治十七年正月卒。

領中府。嘉靖五年加太師。八月卒，謚榮僖。

中府。隆慶元年十二月壬辰卒。

師。萬曆十一年九月加少保兼太子太保。三十年六月卒，謚康惠。

於賊。

永春侯

王寧　尚太祖女懷慶公主。建文中以通燕下獄。成祖入立，封奉天翊運推誠效義武臣，祿千石，世襲。永樂六年有罪下獄，已見原。九年九月卒。停襲。

廣平侯

袁容　尚成祖女永安公主。永樂元年五月甲申以功封，祿千五百石，世襲。宣德三年十二月卒，追封沂國公，謚忠穆。

禎　宣德中襲，尋卒。

瑄　天順元年七月以承天門災復予侯。成化十四年十一月卒。

琇　成化十五年襲。

輅　禎從子。成化二十二年十月丁未襲，祿千石。弘治三年七月卒。停襲。

富陽侯

李讓　尚成祖女永平公主。永樂元年五月甲申以功封，祿千石，世襲。二年八月乙未卒，追封景國公，謚恭敏。

茂芳　永樂二年襲。仁宗即位，以舊嫌削爵。

輿　天順元年七月襲伯。成化十五年八月卒。除。

豐城侯

李彬　永樂元年五月丁亥封，勳號同邱福，祿千石，世襲。六年七月癸酉加祿五百石。二十年正月卒，贈茂國公，謚剛毅。

賢　永樂二十一年二月己巳襲。宣德八年五月領行在前府。正統二年二月鎮大同。十一年十二月領南京中府。景泰元年五月守南京。二年十一月壬寅卒。成化十年三月追封豐國公，謚忠憲。

勇　景泰四年襲。成化十四年十月加太子太保。十八年九月卒。

璽　成化十九年九月壬辰襲，祿千石。弘治元年九月領圍子手官軍侍衛。十七年仍加前祿。正德二年閏正月卒。

旻　璽庶兄。正德三年六月庚辰襲。十五年十二月協守南京。嘉靖二年加太子太傅。六年十月鎮兩廣。十年六月己巳卒，謚武襄。

熙　旻從子。嘉靖十年十月甲午襲。二十一年七月鎮湖廣。二十九年十二月丙戌領前府。三十一年八月戊寅總京營。明年二月甲戌卒。

儒　熙從子。嘉靖三十六年二月乙巳襲，祿五百石。隆慶四年五月丁丑卒。

環　萬曆元年正月甲辰襲。十九年正月前府僉書。二十年八月領右府。九月提督操江。二十九年卒。

承祚　萬曆三十年七月乙巳襲。崇禎元年以附魏黨下獄，戍煙瘴。

開先　崇禎三年襲。十七年三月死於賊。

涇國公

寧陽侯

陳亨　成祖入立，追封，諡襄敏。

懋　永樂元年五月丁亥襲，論父亨歸附功，封寧陽伯，勳號同李彬，祿千石，世襲。七年十二月壬子進封侯，加祿至三千石。洪熙元年予世侯。宣德十年六月鎮寧夏，移甘肅。正統四年十月加太保。天順七年七月卒，追封濬國公，諡武靖。

晟

潤　天順七年十二月戊戌襲。成化三年六月卒。

瑛　晟子輔幼，瑛借襲。

輔　成化二十二年二月己丑襲，祿千石。弘治元年六月有罪下獄，八年卒。無子。

繼祖　正德元年四月襲。嘉靖十一年二月領南京左府。二十八年三月丁酉掌神機營五千下。三十五年六月乙未卒。

維藩　嘉靖三十七年正月戊寅襲。隆慶二年八月壬午卒。

大紀　隆慶二年十一月庚申襲。五年十月甲辰領中府。明年卒。

應詔　萬曆十年三月甲申襲。三十一年三月領前府。三十八年六月總京營。四十八年卒。

光裕　泰昌元年九月戊子襲。崇禎元年七月甲申領左府。二年加太子太保。

金鄉侯

王真　成祖入立，追封，諡忠壯，勳同前。洪熙元年三月進封寧國公。

成山侯

通　永樂元年五月丁亥封武義伯，祿千石，世襲。十一年五月進封成山侯。仁宗即位，領後府，加太子太保，加祿至二千二百石，予世侯。正統四年閏二月有罪削爵。十四年起爲

琮　天順元年七月壬午復爵成山伯。五年鎮遼東。六年鎮陝西。八年召還。成化三年領南京後府，兼操江。五年五月卒。

鏞　成化十年十二月丁未襲。弘治中累加太子太傅。嘉靖四年五月辛巳卒。

洪　嘉靖四年六月襲。十一月掌圍子手上直。二十四年十月卒。

維熊　嘉靖二十五年四月辛卯襲。隆慶四年十月乙卯卒。

應龍　隆慶五年四月丙申襲。萬曆二十三年七月辛巳卒。

允忠　萬曆二十四年二月癸丑襲。二十九年五月戊戌守南京，領中府。三十七年四月己未卒。

國柱　萬曆三十七年十二月庚申襲。天啓元年六月甲申領南京左府。二年六月甲申加太子太保。

道寧　崇禎四年九月乙亥襲。九年八月卒。

道允　崇禎十年襲。

都督僉事。景泰三年四月卒。

清遠伯

王友　永樂元年五月丁亥封，祿千石。六年七月癸丑以安南功進世侯，加祿五百石。十二年九月坐誹謗削爵除。

榮昌伯

陳賢　永樂元年五月丁亥封，祿千石，世襲。十三年十一月卒。

智　永樂十四年八月己巳襲。宣德元年四月丙寅削爵除。

安鄉伯

張興　永樂元年五月丁亥封，祿襲同前。五年正月卒。

勇　興兄子。永樂中襲。

安　永樂十五年九月庚申襲。宣德十年五月丙申領左府。正統十一年四月鎮廣東。十四年十一月卒於任。

寧

景泰三年襲。弘治五年十一月卒。

恂　弘治六年襲。十一年二月領南京前府，督操江。正德二年正月卒。

坤　正德二年十二月乙未襲。六年三月三千營管操。嘉靖三十三年二月戊戌卒。

鐸　嘉靖三十三年五月壬戌襲。四十年四月辛亥卒。

鉉　嘉靖四十年十二月己巳襲。萬曆三年八月領前府。十七年卒。

世恩

光燦　崇禎末死於賊。以上二世襲年無考。

遂安伯

陳志　永樂元年五月丁亥封，祿襲同前。八年五月卒。

春

英　永樂九年八月壬辰襲。宣德二年四月鎮永平。七年正月卒。

塤　正統十一年二月丙寅襲。十四年八月沒於土木。諡榮懷。

韶　正統十四年襲。成化三年坐事謫遼東。明年復。弘治元年九月領三千營。二年三月領右府。累加至少保。十七年二月卒。

鏸　弘治十七年五月戊戌襲。正德五年三月管紅盔將軍。嘉靖元年四月提督操江慶典軍府。十四年五月提督團營。累加太子太保。十八年二

澍　隆慶六年襲。萬曆四年二月管紅盔將軍入直。

瑋　萬曆二十八年十二月癸巳襲。崇禎元年卒。

秉衡　襲年無考。

長衡　崇禎十四年襲。

永新伯 許誠 一作成。永樂三年十月丙子以發奸封，祿千石，世指揮使。十六年十二月卒。

月爲留守

西寧侯 宋晟 永樂三年十一月癸巳以征西功封，祿一千一百石，世襲。五年七月卒。
- 琥 永樂六年七月壬子襲。洪熙元年正月削爵。
- 瑛 洪熙元年襲。宣德十年正月領前府。正統十四年七月癸巳戰沒於陽和，追封鄖國公，諡忠順。
- 傑 景泰元年正月壬辰襲。
- 誠 景泰六年九月戊戌襲。七年二月領右府。天順元年二月鎮甘肅，其年卒。
- 讓 天順二年三月壬寅襲。成化八年十二月卒。
- 愷 成化十一年二月戊子襲。正德二年閏正月協守南京，兼領右府。十五年辭任。
- 良臣 正德十六年九月己酉襲。嘉靖元年四月領五軍營。五年十一月管紅盔將軍入直。九年三月坐奮武營管操。三十四年五月
- 天馴 嘉靖三十四年十月乙亥襲。四十四年二月領中府。
- 公度 嘉靖四十五年五月己亥襲。閏十月甲午卒。
- 世恩 萬曆中襲。二十年九月管紅盔將軍。二十五年十月乙亥卒。
- 光夏 一作廣夏。萬曆三十四年七月辛巳襲。天啓七年卒。
- 裕本 莊烈帝即位，十二月丁酉襲。三年九月甲辰加太子太保。
- 裕德 崇禎十一年襲，死於賊。

安遠侯 柳升 永樂六年七月癸丑以安南功封安遠伯，祿千石，世襲。八年八月壬寅進封侯，加祿五百石。二十年予世侯。宣德二年九月敗沒於交阯。正統中追封融國公，諡襄愍。
- 溥 宣德十年二月辛未襲。正統元年十二月領中府。三年六月鎮廣西。十四年十二月領神機營。景泰五年再鎮廣西。天順元年四月領右府。五年三月卒，諡武肅。
- 承慶
- 景 天順五年十二月辛巳襲。成化末鎮兩廣。弘治七年十二月以罪削爵。十二年復。十三年六月領三千營。二十年二月卒。
- 文 弘治十六年正月己未襲。正德初鎮兩廣，移鎮湖廣，召還。嘉靖十一年十二月己亥卒。
- 珣 嘉靖十二年四月丙戌襲，祿千石。十三年十二月鎮兩廣。十八年加祿三十石。加少保。二十二年三月甲戌卒，贈太保，諡武襄。
- 震 嘉靖二十四年正月丁亥襲。二十九年五月乙丑協守南京。隆慶五年十月丙午領南京左府。萬曆十一年十月南京中府僉書。
- 懋勛
- 昌祚 天啓元年正月襲。崇禎三年九月甲辰加太子太師。
- 紹宗 崇禎七年四月癸亥鎮甘肅。以上三世，諸書止稱安遠伯，襲卒無考。

乙未卒

建平伯 高士文 戰沒交阯，追封，祿千三百石，世襲。
- 福 永樂六年襲。二十二年九月卒。
- 遠 洪熙元年二月戊申襲。正統十四年六月領前府。成化十三年六月召還。弘治元年七月卒。
- 進 弘治二年三月辛酉襲。六年十月卒。
- 霳 弘治七年二月庚辰襲。十一年三月丁巳領五軍營管操。嘉靖初卒，無子，除。

寧遠侯 何福 永樂七年九月庚子北征功封，祿千石。明年八月以罪自殺，除。

恭順伯 吳允誠 本名把都帖木兒。永樂十年正月戊子北征功封，祿一千二百石，世襲。十五年四月卒，贈邠國公。
- 恭順侯 克忠 永樂十六年二月戊申襲。洪熙元年進封侯，世襲。正統十四年八月庚申戰沒於宣府。
- 瑾 正統十四年十月丙辰襲。天順五年七月庚子死於曹欽之難，贈涼國公，諡武壯。
- 鑑 天順六年二月壬申襲。正德元年十二月卒。
- 世興 正德二年四月丁丑襲。四年六月掌三千營。
- 繼爵 嘉靖二十七年二月甲寅襲。三十九年四月領左府。四十二年二月鎮兩廣。隆慶四年正月甲戌總京營。萬曆二年十月領南京中府。二十七年卒。
- 汝蔭 萬曆二十七年十一月丙午襲。三十二年六月右府僉書，管紅盔將軍上直。三十七年九月領中府。崇禎四年卒。
- 惟業 崇禎四年襲。
- 維英 襲無考。崇禎十六年十二月庚午卒。

廣寧伯 劉榮 永樂十七年九月壬子封，祿千二百石，世襲。十八年四月卒，諡忠武，追進侯。
- 湍 永樂十八年十二月襲。宣德九年二月卒。
- 安 宣德十年二月丙辰襲。正統十四年八月守大同。景帝即位，下獄。景泰三年五
- 瓘 進子安姪。成化十二年六月庚寅襲。十六年卒。
- 璇 成化十六年四
- 佶 弘治二年十二
- 泰 嘉靖二年二月
- 允中 嘉靖三十一年
- 嗣德 襲年無考萬曆

月復天順元年二月進封侯加祿三百石領右府累加太子太傅卒追封嶧國公謚忠僖
月丙辰襲弘治二年九月卒
月丙申襲十二年二月管紅盔將軍上直正德四年十一月領後府嘉靖元年十二月壬午卒
巳丑襲四年八月坐練武營九年十一月丁亥提督操江歷典軍職世宗南巡領中府居守二十六年八月甲辰卒謚康順
襲三十九年八月僉書中府四十五年四月領前府
允正 萬曆十九年襲三十三年六月巳巳卒
十一年五月管紅盔將軍十四年二月左府僉書十八年十一月壬寅卒無子叔允正襲
嗣爵 萬曆三十八年九月戊申襲四十一年十一月乙丑管紅盔將軍上直
嗣恩 崇禎十二年襲

安陽侯
郭義 永樂十八年十二月甲寅封祿千一百石加號奉天靖難武臣世指揮使十九年正月卒

陽武侯
薛祿 永樂十八年十二月甲寅封勳號同前祿千五百石封三代皆
勳
詵 宣德七年八月壬子襲十年五月領前府正統四年五月卒
琮 景泰四年二月壬子襲成化四年四月卒
倫 成化十二年七月丙辰襲祿千石弘治三年神機營右哨正德
翰 一作瀚嘉靖九年三月丙辰襲十九年十二月壬午管紅盔將
鋹 翰從子萬曆五年九月戊辰襲
鉦 襲年無考萬曆
濂 襲年無考崇禎

侯賜誥券仁宗即位加太子太保世侯命巡邊歲祿五百石宣德五年卒追封鄆國公謚忠武
十六年九月坐鼓勇營
軍上直
十九年正月任前府僉事
三年九月甲辰加太子太師京師陷死於賊

會安伯
金玉 與薛祿同日封祿八百石世指揮使永樂十九年卒

永順伯
薛斌 與薛祿同日封祿九百石世指揮使永樂十九年九月丁未卒
綬 永樂二十二年八月辛未念父功襲伯正統十四年八月庚申鵓兒嶺戰歿追封侯謚武毅
輔 景泰元年七月丁卯襲成化十二年正月卒
勳 成化十二年六月己丑襲弘治四年十月坐五軍營左掖正德三年十二月坐五千營四年十月領南京前府提督操江六年六月卒

武進伯
朱榮 永樂二十年九
冕 洪熙元年十月
瑛 正統十四年襲
雲 天順五年五月

月辛未北征功封祿千二百石世襲洪熙元年七月卒追封侯謚忠靖
乙酉襲領行在左府宣德二年改右府正統四年二月鎮大同十四年七月癸巳戰沒於陽和追封侯謚忠愍
天順四年十二月卒
丙午襲成化九年十二月卒
霖 成化十年三月己酉襲弘治二年九月卒
潔 弘治三年二月戊申襲三月給歲祿八百石正德三年正月卒
本 正德三年四月甲申襲十二年十月卒無子叔江襲
江 正德十三年三月丁卯襲嘉靖十二年五月卒
海 嘉靖十八年九月戊申襲二十一年五月管紅盔將軍上直二十七年八月癸亥卒
承勳 嘉靖三十七年三月乙卯襲
世雍 隆慶六年襲萬曆十四年正月後府僉書仍管紅盔將軍無子
天爵 世系無考萬曆二十七年八月戊子襲三十九年卒
自洪 一作自弘萬曆四十年十月壬午襲崇禎三年九月甲辰加太傅

安順伯
薛貴 初名脫火赤與朱榮同日封祿九百石世指揮使洪熙元年予世伯宣德元年七月庚申進封侯加祿三百石五年二月卒追封濱國公謚忠
山
忠 一作貴侄天順元年七月襲伯六年十二月卒
琉 一作琉龍天順七年四月丁卯襲弘治三年二月卒子鼎仍襲指揮使

北弟可可帖木兒襲指揮使									
忠勇王 金忠 本名也先土干永樂二十一年以其部屬來歸封賜姓名宣德四年二月累加太保六年八月卒									
榮國公 姚廣孝 永樂十六年三月追封加號推誠輔國協力宣謀文臣諡恭靖									
景城伯 馬榮 永樂八年追封諡壯武									
新泰伯 張欽 永樂十五年二月追封諡剛勇									
萊陽伯 周長 永樂十五年二月追封諡忠毅									
成武伯 陳亨 一名午永樂十六年三月追封諡忠勇									
平陰伯 朱崇 永樂二十年二月追封諡武襄									
保昌伯 程寬 永樂二十年正月追封諡忠威									

右永樂朝 自姚廣孝以下皆從北平以功追贈者

明史卷一百七 表第八

總裁官總理事務經筵講官少保兼太子太保保和殿大學士兼管吏部戶部尚書事加六級張廷玉等奉敕修

功臣世表三

始封	子	孫	曾孫	五世	六世	七世	八世	九世	十世
保定伯 梁銘 仁宗即位十二月己巳封祿千五百石世襲宣德二年九月乙未卒於交阯軍中	珤 宣德十年二月辛未襲景泰三年十二月丁未進封侯五年二月賜誥券予世襲伯爵天順元年十月鎮陝西還領左府成化三年十二月卒追封蠡國公諡襄靖	傳 成化四年五月乙亥襲祿千石十七年正月卒 任 成化十八年五月丙子襲弘治三年九月領南京左府	永福 正德八年八月壬戌襲十年閏四月乙丑領南京後府嘉靖元年改右府九年五月有罪革任卒	繼藩 嘉靖十四年七月辛未襲十五年十二月管紅盔將軍明年十月坐五軍營右哨二十九年九月戊午領南京前府隆慶二年十二月提督操江五年五月癸亥領左府萬曆二年十一月壬申提督南京操江兼管巡江	世勛 萬曆初襲屢典軍職崇禎元年六月乙巳閒任	天秩 崇禎十五年五月壬午管紅盔將軍以上二世襲卒無考			
忠勤伯 李賢 洪熙元年正月戊申封六月癸丑卒除									

廣義伯
吳管者 洪熙元年正月戊子封祿千石世襲
玘 正統四年十一月甲戌襲景泰七年九月卒
琮 玘從弟天順二年九月丁亥襲成化二年七月鎮寧夏五年六月以罪論戍除

清平侯
吳成 初名買驢洪熙元年七月壬辰封伯祿一千一百石世襲宣德四年二月進封侯加祿四百石八年十二月卒追封梁國公諡勇壯
英 宣德十年二月丙辰襲
璽 天順八年九月庚申襲成化十四年九月卒
琮 成化十五年襲弘治十一年八月領南京後府十七年四月卒
傑 正德三年三月辛亥襲六年四月神機營管操嘉靖四年十二月鎮湖廣十年六月庚申卒
家彥 嘉靖二十年五月戊子襲二十七年十月管紅盔將軍上直
國乾 萬曆四年八月丁亥襲三十七年十月卒
遵周 萬曆三十八年九月丙午襲天啟元年六月領前府崇禎十五年改中府

右洪熙朝

崇信伯
費瓛 宣德元年八月丁卯封祿千一百石世襲十月鎮甘肅三年二
釗 宣德三年八月庚寅襲天順四年閏十一月卒
淮 成化八年四月丁丑襲
柱 弘治十一年七月己酉襲十四年七月領五軍營正德中左府

月卒
僉書嘉靖九年十二月壬戌卒
栻 嘉靖十年五月戊子襲屢典戎職十七年十一月乙未卒
煒 嘉靖十八年六月癸亥襲二十九年一月僉書中軍都督府事
坤 嘉靖三十五年三月庚午襲
甲金 萬曆二年二月襲十九年十二月領中府
天澤 萬曆四十三年襲崇禎三年九月甲辰加太子太師十一年卒追贈太傅
尚檝 崇禎十一年六月乙卯襲

會寧伯
李英 宣德二年九月戊申封祿千一百石鎮西寧正統二年三月癸巳有罪革爵

新建伯
李玉 宣德四年二月辛丑封祿八百石世指揮使正統六年八月卒

奉化伯
滕定 宣德四年七月乙丑封祿襲同前正統六年十一月卒追封侯

順義伯
金順 宣德四年七月

乙丑封祿同前八年九月卒

安陽伯
曹隆 永樂九年九月卒宣德初追封諡忠毅

邵陽伯
馬聚 宣德四年二月戊寅卒追封諡壯勇

清源伯
冀傑 宣德四年二月辛巳卒追封諡忠壯

西和伯
吳守義 宣德四年六月乙酉卒追封諡僖順

營山伯
高成 宣德四年七月辛酉卒追封諡武毅

湯陰伯
郭資 宣德八年十二

（上欄）

月以文臣追封，諡忠襄。

撫次伯
張廉　永樂中從征有功，宣德七年十月辛卯卒，追封，諡忠敏。

臨漳伯
郭義　宣德間追封。

右宣德朝

會川伯
趙安　正統三年封，祿千石，鎮涼州。九年十二月卒。

寧遠伯
任禮　正統三年四月封，祿千二百石，世襲。成化元年正月卒，追封侯，諡僖武。
壽　成化元年五月丁卯襲，鎮陝西。四年十一月以罪戍邊，爵除。

定西侯
蔣貴　正統三年封定西伯，祿千二百石。七年五月進封侯，世襲。十四
義
琬　正統十四年十月辛亥襲，領左府。成化十年閏六月領團營，累
驥　成化二十三年襲。弘治十七年四月領神機營五千下。十八年
勛　正德四年十二月癸卯襲。十年十二月神機營五千下坐營。十
傳　嘉靖十一年正月癸酉襲。二十三年五月領南京前府。二十五

（中欄）

年正月卒，追封涇國公，諡武勇。

加太保。二十三年八月卒，追封京國公，諡敏毅。

二月鎮湖廣，移鎮遼東。正德四年六月卒。

二年十一月掌府軍前衛印。

年召還，屢典軍職。三十四年六月甲子卒。
佑　嘉靖三十五年九月庚午襲。隆慶二年正月領右府。五年正月庚辰改前府。萬曆三年十月壬申卒。
建元　萬曆三年十一月癸丑襲。四年二月管紅盔將軍上直。二十年九月協守南京。
承勳　萬曆三十九年八月庚辰襲。天啟元年六月丙申領南京前府。
維恭　天啟二年十二月己卯襲。崇禎三年九月甲辰加少保。十三年卒。
秉忠　崇禎十三年襲。

修武伯
沈清　正統六年十月封，祿千石，世襲。八年四月卒，諡襄榮。
榮　正統八年七月己卯襲。十三年十月領左府。十四年八月壬戌沒於土木，追創爵。天順初追封侯，諡僖愍。
煜　景泰三年五月以立后立儲恩准襲，祿八百石。天順末鎮薊州，移鎮寧夏。成化十三年以罪削爵。
祺　成化中襲，卒無子。
坊　成化二十三年十一月甲辰襲。弘治六年三月己巳卒，子襲指揮使。

永寧伯
譚廣　正統六年十一月癸卯封。九年十月卒，諡襄毅。成化三年九月追封侯，子襲指揮使。

靖遠伯

（下欄）

王驥　正統七年五月壬申封奉天翊衛推誠宣力守正文臣，祿千二百石，尋加三百石。天順四年五月卒，追封侯，諡忠毅。
瑺　天順四年十月乙卯襲。成化七年二月卒。
添　成化八年襲。十二年五月坐五軍營。十五年八月卒。
憲　成化十九年二月襲。弘治初管紅盔將軍侍直。正德八年掌府軍前衛。九年十二月卒。
瑾　正德十年四月襲，屢典軍職。嘉靖三十四年九月癸巳鎮兩廣。
學詩　萬曆元年正月辛亥襲。
學禮　萬曆四年四月癸酉襲。十九年二月壬申領左府，改中府。四十一年卒。
繼芳　萬曆四十一年七月戊辰襲，踰年卒。
永恩　一作承恩。萬曆四十三年七月丙寅襲。天啟六年三月壬子領南京左府。崇禎十四年二月督浦口河池事務。

平鄉伯
陳懷　正統九年三月丙寅封。十四年沒於土木，追封侯，諡忠毅。
輔　正統十四年十一月壬辰襲。
政　景泰六年正月庚申襲。成化八年鎮兩廣。二十一年十一月卒。
信　成化二十二年十二月丙子襲。弘治六年正月卒，子襲指揮使。

招遠伯
馬亮　與陳懷同日封。十一年七月卒，諡榮毅，子襲指揮使。

忠勇伯
蔣信　正統中封，卒，追封侯，諡僖順。
善　景泰五年八月丁酉襲。天順元年三月增祿千一百石。弘治中卒，無子，除。

蒙陰伯 李英 英宗即位三月追封謚襄毅

綿谷伯 高文 正統元年十二月甲子卒追封謚莊靖

懷遠伯 山雲 正統三年十一月追封謚忠毅

威遠伯 方政 正統五年八月追封謚忠毅

泌陽伯 韓僖 正統五年九月追封謚榮襄

臨武伯 蕭授 正統十年追封

萊陽伯 孫榮 正統中追封

山陽伯 金純 正統中以文臣

追封

茌平伯 吳中 正統七年六月以文臣追封謚榮襄

右正統朝

昌平侯 楊洪 景帝即位八月辛未封昌平伯十一月乙丑進封侯世襲二年九月卒追封潁國公謚武襄

傑 景泰二年襲四年二月卒

俊 景泰四年五月乙丑襲

珍 景泰七年十二月丙辰襲天順元年坐附于謙除成化十七年四月詔許襲爵

定襄伯 郭登 景泰元年閏正月庚午封祿千二百石世襲天順元年二月領南京中府坐罪奪爵八年三月壬辰復成化八年四月卒追封侯謚忠武

嵩 登從子成化八年十二月乙丑襲祿七百石十三年六月領南京前府尋改提督操江十四年正月卒子襲指揮使

撫寧伯 朱謙 景泰元年九月丁未封二年二月卒天順元年十月追封侯成化五年謚武襄

保國公 永 景泰二年八月辛未襲子世券成化三年正月壬申進封侯十五年進封公世襲祿二千石累加太師弘治二年三月掌後府九年二月卒追封宣平王謚武莊

暉 弘治九年六月甲辰襲公子孫仍世侯十六年六月提督團營正德六年八月卒

撫寧侯 麒 正德七年四月襲侯十二年十二月鎮兩廣九年三月坐奮武營管操嘉靖十二年十二月鎮湖廣十三年三月守備南京十七年加祿三百石其年卒

岳 嘉靖十七年襲二十一年四月僉書中府四十二年二月掌左府

岡 隆慶二年七月壬子襲萬曆十八年九月壬寅卒

繼勳 萬曆十九年襲二十三年十二月癸丑掌府軍前衞三十七年九月丁未歸自南京至臨清爲關使所逼自殺

國弼 萬曆四十六年閏四月丙寅襲天啟元年六月領中府有罪革祿莊烈帝即位十一月庚午復崇禎四年正月已未守南京兼領中府累加少傅十一年正月削爵十六年四月壬午復

南和侯襲伯 方瑛 政子景泰五年封伯世襲天順元年七月戊子追封侯子孫世襲伯祿千二百石三年十一月卒謚忠襄

毅 天順四年十二月庚寅襲以罪革爵

壽祥 成化十七年四月丙辰襲弘治三年八月坐五軍營左哨十四年三月顯武營管操正德四年九月鎮貴州嘉靖間再僉南京軍府十七年九月丁丑卒謚康

東 嘉靖十八年九月戊戌襲二十七年十一月丁酉坐揚威營三十年九月卒

炳 嘉靖三十三年十一月己酉襲屢掌兩京軍府

熠 炳從弟隆慶六年正月癸未襲萬曆十九年正月丙午任中府僉書二十七年十二月卒

應奇 隆慶二年襲卒無子叔熠襲

一元 萬曆四十三年三月丙辰襲天啟六年三月領南京後府餘無考

			順				
南寧伯	毛勝 景泰五年封世襲鎮金齒天順二年八月卒追封侯謚莊毅	榮 天順三年十二月乙卯襲以罪謫廣西成化二年復鎮貴州五年十一月鎮兩廣六年正月卒	文 成化七年二月戊午襲十四年二月提督操江弘治元年九月協守南京六年八月卒	良 弘治七年二月丙子襲十五年三月三千營管操十八年九月領南京後府正德十一年十二月管紅盔將軍上直嘉靖七年二月坐奮武營管操十九年十一月戊戌卒	重器 嘉靖二十一年七月丙寅襲二十八年十二月丁酉坐立威營三十四年二月戊寅卒 邦器 嘉靖三十四年九月癸巳襲四十年卒 國器 嘉靖四十一年六月癸丑襲四十五年二月領南京前府	祖德 一作得祖萬曆二十三年九月乙酉襲三十五年管紅盔將軍上直	孟龍 一作夢龍天啟中襲崇禎九年卒 茂龍 崇禎十年二月甲午襲
鉅鹿侯	井源 駙馬都尉沒於土木景帝即位追封						
任邱伯	梁成 左都督沒於土木追封						
山陽伯							

	武興 景泰間追封	
溧陽伯	紀廣 景泰四年正月卒追封謚僖順	順寧 景泰四年七月襲
沭陽伯	金濂 景泰間以文臣追封	

右景泰朝

忠國公	石亨 景帝即位八月辛未封武清伯十月壬戌進封侯天順元年正月壬午進封公祿千五百石四年正月有罪下獄死除	
太平侯	張軏 輔弟天順元年正月壬午封祿二千石世襲二年三月卒追封裕國公謚勇襄	瑾 天順二年七月戊子襲成化元年六月庚子革
文安伯	張輗	斌

	軏兄與軏同日封祿千二百石世襲六年二月卒追封侯謚忠僖	天順六年六月庚寅襲七年八月有罪除						
興濟伯	楊善 天順元年正月丙戌封奉天翊衛推誠宣力武臣祿千二百石世襲二年五月卒追封侯謚忠敏	宗 天順二年九月丁酉襲成化元年予世指揮使						
海寧伯	董興 天順元年正月己丑封祿千一百石世襲成化十二年十一月卒除							
懷寧侯	孫鏜 天順元年正月己丑封懷寧伯五年七月進封侯世襲成化七年正月丁亥卒追封涼國公謚武毅	輔 成化七年五月己丑襲十六年二月卒	泰 成化十六年十二月丙寅襲弘治十四年十月卒	應爵 弘治十五年十二月庚午襲十七年閏四月坐神威營正德三年十二月總神機營四年七月領前府十月兼	瑛 正德十三年正月癸卯襲十五年十二月管紅盔將軍上直嘉靖十八年七月卒 瑺	秉元	世忠	承恩

提督團營，十二年六月卒。

嘉靖十八年襲，二十三年卒。

嘉靖二十三年四月戊寅襲，二十七年十二月乙丑坐勍勇營，三十七年十月己未卒。

嘉靖三十八年三月甲午襲，四十四年六月管紅盔將軍，隆慶元年三月協守南京，領後府，四年十月守備南京，領中府，萬曆元年二月鎮湖廣，二十年十一月戊子卒，予祭葬。

萬曆二十九年三月癸亥襲。

承蔭　萬曆中提督操江，崇禎元年十一月戊午革操江任。

繼濟　崇禎四年七月戊寅襲。

維藩　崇禎中襲。

豐潤伯

曹義　天順元年二月甲辰封，祿千三百石，世襲。四年正月卒，追封侯，謚莊武。

振　天順四年七月襲，成化十六年五月坐神機營，弘治元年四月提督操江，二年五月卒。

愷　弘治三年二月庚子襲，鎮貴州，正德十五年十一月提督操江，嘉靖五年六月甲戌卒。

棟　嘉靖五年十月丁卯襲，七年正月庚寅卒。

松　棟庶兄，嘉靖七年襲，屢典軍府，守備南京。

文炳　嘉靖四十年十一月戊戌襲，四十三年十月領南京左府，隆慶五年十月丙午領左府。

允成　萬曆二十三年六月庚午襲，四十三年卒。

匡治　崇禎元年二月戊戌襲，二年九月甲辰加太子太師，十一年四月辛丑左府僉書。

東寧伯

焦禮　與曹義同日封，祿千二百石，世襲。七年正月卒，追封侯，謚襄毅。

亮

壽　天順七年正月襲，十二月坐三千營，成化元年八月鎮陝西，八

年十一月卒。

俊　成化九年十月丁丑襲，弘治三年四月坐三千營，八年三月領南京前府，提督操江，十一年二月鎮貴州，十三年九月卒。

淇　一作洪。弘治十四年十一月戊戌襲，祿八百石，正德五年二月鎮兩廣，六年十月甲辰卒。

洵　正德八年襲，十七年四月乙卯卒。

棟　洵從子。正德十六年二月丁亥襲，嘉靖五年十一月坐立威營，十年三月總五軍營，十四年六月領中府，十八年二月掛右副將軍印，扈駕，三十六年正月甲戌卒，贈太子太保。

文耀　嘉靖四十二年四月乙卯襲。

夢熊　襲年無考。萬曆三十二年六月己酉後府僉書，天啓元年六月甲申領南京後府，崇禎三年九月甲辰加太師。

懷柔伯

施聚　與曹義同日封，祿千一百石，世襲。九年六月卒，追封侯，謚威靖。

榮　天順七年六月癸亥襲，成化元年正月卒。

鑑　成化元年六月丁酉襲，四年八月有罪，奪爵，謫貴州立功，十三年四月復，弘治三年八月坐練武營，四年二月

瓚　一作瓆。弘治八年十二月乙亥襲，領南京左府，九年十二月神機營左哨坐營管操，嘉靖八年十二月癸酉卒。

南京協同守備，八年正月卒。

瑾　嘉靖中襲。

燾　嘉靖十五年五月丙子襲，三十四年六月己巳卒。

嵩　嘉靖三十五年十二月壬寅襲，隆慶三年三月壬申卒。

光祖　隆慶四年十月庚子襲。

壯猷　萬曆三十四年四月壬子襲，崇禎四年二月庚午領南京左府，七年卒。

兆麟　崇禎十年正月襲。

武功伯

徐有貞　天順元年三月癸酉以文臣封，祿千一百石，世指揮使，尋以罪謫除。

武平侯襲伯

陳友　天順元年七月戊子封伯，祿千一百石，世襲。三年四月己巳進封侯，子孫仍世伯，加祿百石。四年三月卒，弘治三年六月追封沔國公，謚武僖。

能　天順四年六月戊辰襲，成化八年六月停祿，尋復，十九年七月卒。

綱　成化二十年三月癸丑襲，祿千石，管紅盔將軍，上直，弘治四年兼坐揚威營，八年三月卒。

勳　弘治九年四月壬寅襲，正德元年五月領右府，二年二月三千營管操，四年十月卒。

熹　正德五年襲。

大策　嘉靖十三年閏二月丙寅襲，萬曆五年閏八月卒。

永壽　萬曆五年十二月乙未襲。按實錄時有武平伯陳如松者，萬曆十九年正月庚戌管理紅盔將軍，世次襲年無考。

世恩　襲年無考。天啓五年十二月管紅盔將軍，崇禎三年九月甲辰加太子太傅。

定遠侯
石彪 與陳友同日封伯祿千一百石世襲三年四月己巳進封侯加祿百石四年二月以罪誅除

高陽伯
李文 與陳友同日封祿千石失事褫爵弘治二年十二月卒追贈伯爵子襲指揮使

武強伯
楊能 洪從子與陳友同日封祿千石四年十一月卒無子除

宣城伯
衛穎 天順元年十月甲子封祿一千一百石子世襲成化元年四月掌右府八年八月督後府弘治十一年卒追封
璋 弘治十一年五月乙丑襲
錞 正德十三年正月癸卯襲十六年二月坐果勇營嘉靖十四年五月提督神機營十八年二月爲留守三十六
守正 嘉靖三十六年五月丙子襲三十七年十月僉書後府隆慶二年五月丁丑卒
國本 隆慶二年八月甲辰襲五年正月庚辰掌府軍前衛萬曆中屢僉軍府
應爵 萬曆二十八年九月辛丑襲三十五年卒
時泰 萬曆三十九年二月己卯襲崇禎三年九月甲辰加太保十七年三月闔門死難

侯諡壯勇
年正月卒贈太傅

彰武伯
楊信 洪從子天順二年封祿千石八年七月予世襲成化十三年十二月卒追封侯諡武毅
瑾 成化十四年四月丁巳襲弘治二年四月卒
質 弘治十年三月戊申襲給祿千石嘉靖十一年三月右府僉書十七年七月戊戌卒
儒 嘉靖十八年正月丁酉襲四十一年五月卒
炳 嘉靖四十一年十二月丙子襲隆慶四年八月領左府十一月協守南京五年十一月總京營萬曆十一年九月乙未加太子太傅十四年三月卒贈太保
世階 襲年無考萬曆三十八年六月領左府四十九年卒
崇猷 泰昌元年十二月辛酉襲

右天順朝

武靖侯襲伯
趙輔 成化二年十一月庚辰封伯祿千二百石四年正月進封侯子世伯二十二年六月卒追封容國公諡恭肅
承慶 成化末襲弘治元年三月領神機營五千下管操九月掌府軍前衛八年三月協守南京兼右府正德二年七月癸亥卒
弘澤 正德三年七月庚辰襲四年十月坐五軍營六年四月掌前府十五年十二月管紅盔將軍上直
世爵 嘉靖八年襲十年十二月壬寅坐五軍營二十年四月右府僉書二十二年七月甲寅卒
國斌 嘉靖二十三年四月戊寅襲
光遠 萬曆二年六月戊申襲四年二月左府僉書十四年正月鎮湖廣
祖蔭 萬曆二十四年五月庚辰襲三十七年二月壬申協守南京後府四十年卒
祖芳 萬曆四十二年十月己丑襲
邦鎮 世系襲年無考

伏羌伯
毛忠 成化三年四月庚子封祿千石四年十一月討
銳 成化五年四月丁丑襲弘治元年正月鎮湖廣
江 嘉靖三年九月甲子襲十四年一月坐神機營

滿四戰沒追封侯子世伯
二年十月移鎮兩廣十七年六月加太子太傅正德四年十月提督漕運世宗即位命鎮湖廣卒贈太傅諡威襄
五千下十二年四月鎮湖廣十三年卒
漢 嘉靖十三年五月癸未襲屢典南京軍府提督操江漕運
楫 漢從子嘉靖三十三年九月壬寅襲三十四年十一月南京後府僉書三十七年八月癸酉卒
登 嘉靖三十九年八月壬戌襲四十五年五月僉書左府隆慶五年十月丙午領中府萬曆二十年二月丙午卒
承祚 崇禎四年正月壬寅襲十二年四月丙申領右府自登至承祚世系無考

順義伯
羅秉忠 成化四年八月己酉封十六年十二月卒諡榮壯停襲

靖安伯
和勇 成化五年六月癸亥封十年二月卒諡武敏子襲指揮使

寧晉伯
劉聚 成化七年三月甲申封祿千石九年六月予世襲十年四月卒追封侯諡威勇
祿 成化十年閏六月襲
福 成化十一年六月乙酉襲祿八
岳 弘治十三年五月癸巳襲正德

百石弘治十三年八月佐後府明年十月卒

十六年五月坐爛武營

文 嘉靖六年襲

良璽 嘉靖二十三年四月戊寅襲無子叔斌襲

斌 嘉靖三十五年二月庚子襲隆慶四年十月辛丑卒

應芳 萬曆三年正月乙丑襲

天錫 萬曆三十七年十月乙酉襲

光溥 崇禎十一年六月乙卯襲十三年二月辛未後府僉書管府事十四年五月領右府

興寧伯

李震 成化十二年九月庚申封祿千石十四年有罪削爵二十年九月復二十二年八月卒停襲

威寧伯

王越 成化十六年以文臣封世襲十七年二月加太子太傅卒贈太傅謚襄敏停襲

昌寧伯

趙勝

成化十九年十月丙戌封二十三年七月卒追封侯謚壯敏子其後指揮使

固原伯

劉玉 成化七年十一月卒以右都督追封謚毅敏

宣良伯

冉保 成化中左都督追封

右成化朝

廣昌伯

劉寧 弘治中左都督追封

涇陽伯

神英 正德五年四月庚子封以附劉瑾除

咸寧侯

仇鉞 正德五年九月丙辰封伯世襲七年十月進封侯十六年五月

鸞 嘉靖元年襲三年十月顯武營管操七年三月坐奮武營管操

卒

十六年九月鎮寧夏十八年二月掛左副將軍印扈駕二十三年正月鎮甘肅二十六年十二月有罪逮捕下獄二十七年三月出獄三十一年八月壬戌卒追褫屍除

洛南伯

馮禎 正德中副總兵追封

邢臺伯

馮斌 正德中右都督追封

新建伯

王守仁 世宗即位十一月丁巳以文臣封祿千石世襲隆慶元年四月甲寅追封侯謚文成

正億 隆慶初襲萬曆五年卒

承勳 萬曆五年襲二十年督漕運三十年十二月以督漕久勞加太子太保天啓五年正月卒於家

先通 承勳從子崇禎十二年十月辛丑襲十七年三月死於賊

忠誠伯

陸炳 嘉靖中左都督

追封									
寧遠伯 李成梁 萬曆七年五月丙辰封祿八百石二十九年三月鎮遼東三十四年六月庚子卒	如松 萬曆二十六年四月死事遼東追贈加少保諡忠烈		尊祖 崇禎十年閏四月甲子襲						
寧南伯 左良玉 崇禎十七年三月癸巳封									
定西伯 唐通 與良玉同日封降於賊									
靖南伯 黃得功 與良玉同日封									

右自弘治至崇禎朝

明史卷一百八 表第九

總裁官總理事務經筵講官少保兼太子太保保和殿大學士兼管吏部戶部尚書事加六級張廷玉等奉敕修

外戚恩澤侯表

古恩澤封有三曰外戚曰中官曰嬖倖明興追崇外氏廟貌之隆爵超五等而苗裔無攷未及授官高后外家不奉朝請家法之嚴有自來矣自文皇后而外率由儒族單門入儷宸極后父初秩不過指揮侯伯保傅以漸而進優者厚田宅列僮奴雖擁侈富之貲曾無憑藉之勢制防之微意寓焉肅宗申明功令裁抑世封戚畹周親不得與汗馬餘勳爲齒雖稱肺腑事劣封君上視漢唐殆相懸絕茲考實錄所載封襲歲月備列爲表以別於元功之次他若宦官子弟濫列金貂方士義兒均從班爵嬖文成之丕誕踵養子之傾輈亂政亟行若循一軌各依年次備著於篇亦班固表外戚譜張釋欒大之例也

始封	子	孫	曾孫	五世	六世	七世	八世	九世	十世
恩親侯 李貞 尚太祖姊孝親公主洪武元年二月庚午封後以子文忠功進封曹國公									
揚王 陳公 逸其名太祖母淳皇后父洪武二年追贈									
徐王									
馬公 逸其名高皇后父洪武二年追贈									
惠義侯 劉繼祖 太祖同里人以與淳皇帝葬地洪武十一年九月丙申追封									
彭城伯 張麒 昭皇后父永樂九年七月辛酉追封伯仁宗即位十一月壬申追贈侯	昶 仁宗即位封世襲正統三年六月卒	輔	瑾 正統三年十月乙卯襲成化十六年四月卒	信 成化十七年十二月丁卯襲	欽 正德三年十月甲戌襲嘉靖十七年二月壬子卒	勳 嘉靖十七年八月丙辰襲 熊 嘉靖三十年六月壬戌襲右府僉書	守忠 萬曆中襲三十八年後府僉書	嘉猷 萬曆四十年十二月辛亥襲	光祖 崇禎元年七月庚申襲十二年四月左府僉書城陷死於賊
保昌伯 蔣廷瓚 仁宗乳母夫仁宗即位十一月追封									
會昌伯 孫忠 恭皇后父宣德四年三月辛亥封世襲景泰三年九月卒贈侯	會昌侯 繼宗 天順元年正月辛卯進世侯加太傅掌後府成化十五年十一		銘 成化十六年襲弘治十四年三月五軍營管操正德元年二月	杲 正德十六年二月襲嘉靖二年九月坐耀武營管操十二年九					

諡康靖。天順元年贈安國公，改諡恭憲。

月卒，贈鄖國公，諡榮襄。

奮武營。管操。四年總神機營，僉掌軍府。十五年三月卒。

月充五軍營右哨坐營。十六年十月卒。諡榮僖。以革外戚封除。

惠安伯

張昇 麒子景弟。正統五年封，世襲。六年正月卒。

琮 正統六年七月壬子襲。成化三年八月卒。無子。

瑛 襲未幾，卒。無子。

瓚 瑛庶兄。成化十六年三月庚寅襲。弘治六年十月卒。

偉 弘治七年三月己亥襲。十二年鎮陝西，召還。十三年八月領左府。正德三年十二月提督團營并三千營管操。嘉靖十四年六月卒，贈太傅，諡康靖。

鑭 嘉靖十七年四月丙午襲，屢典營務。二十九年正月丁丑卒。

元善 鑭從子。嘉靖三十四年二月辛巳襲。萬曆三十七年六月己未卒。

慶臻 萬曆三十七年十一月癸巳襲。崇禎元年七月己巳總京營。十月己亥革京營總督，聽議。十七年闖陷城，家自焚死。

安平伯

吳安 景帝母吳太后兄。景泰中封。天順元年二月除。

昭武伯

曹欽 內臣曹吉祥嗣

子。天順元年十二月以吉祥奪門功封。五年七月謀反，伏誅。

慶雲侯

周能 憲宗母孝肅太后父。成化四年四月甲午追封。十七年十二月加贈寧國公，諡榮靖。

壽 成化三年十一月乙亥封慶雲伯。四年予世襲。十七年十二月進封侯。弘治元年加祿百石。正德四年二月卒。贈宣國公，諡恭和。

瑛 正德四年六月己卯襲。後以例除。

安昌伯

錢承宗 睿皇后弟鍾孫。成化十五年正月庚辰封。弘治二年四月予世襲。嘉靖四年閏十二月卒。

維圻 嘉靖五年八月乙卯襲。後以例除。

瑞安侯

王源 純皇后弟。成化二十年十一月封伯，世襲。弘治元年加祿百石。六年追封源父

橋 嘉靖三年十一月丁丑襲伯。後以例除。

鎮皐國公。進源爵侯。嘉靖三年七月丁卯卒。贈太師，諡榮靖。

長寧伯

周彧 能子，壽弟。成化二十一年封，世襲。弘治元年加祿百石。正德三年十二月卒。

瑭 正德四年二月襲。十四年三月卒。

大經 正德十四年七月襲。嘉靖三十八年六月甲子卒。以例除。

壽寧侯

張巒 敬皇后父。弘治四年二月己未封伯。五年三月進侯。八月卒。贈昌國公，諡莊肅。

鶴齡 弘治五年十一月襲。嘉靖元年三月加太師。二年八月庚子進昌國公。十二年十月丙子以罪除。

建昌侯

張延齡 巒子，鶴齡弟。弘治八年四月乙丑封伯。十六年九月進侯。嘉靖元年三月加太傅。十二年十月丙子下獄論死。爵除。

崇善伯	王清 源弟弘治十年封十一年三月子世襲嘉靖十三年卒以例除		
安仁伯	王濬 清弟正德二年封十月丁卯卒贈侯	桓 正德三年襲嘉靖中以例除	
慶陽伯	夏儒 敎皇后父正德二年封世襲追贈三代十年四月丁未卒	世臣 一名臣正德十六年襲嘉靖二年八月加太子太保八年以例除	
永定伯	朱泰 本姓許正德中以義子賜姓封十六年除		
泰安伯	張富 內臣張永弟正德五年九月己未封十六年除		
安定伯	張容		
	富弟封除同前		
永壽伯	朱德 賜姓正德五年九月癸酉封十六年除		
平涼伯	馬山 內臣馬永成兄與朱德同日封十六年除		
鎮安伯	魏英 內臣魏彬弟封同前除同前		
高平伯	谷大寬 內臣谷大用兄封除同前		
永清伯	谷大亮 大寬弟正德八年二月丙午封十六年除		
鎮平伯	陸永 內臣陸闇弟封同前除同前		
平虜伯	朱彬		
	本姓江賜姓正德十三年九月甲寅封十六年三月下獄伏誅		
安邊伯	朱泰 彬弟與彬同日封十六年除		
京山侯	崔元 尚永康公主嘉靖元年五月己酉封世襲二十八年六月卒停襲		
昌化伯	邵喜 世宗祖母孝惠太后弟嘉靖元年五月己酉封二年卒	蕙 嘉靖二年八月甲辰襲六年十二月卒無子	杰 蕙從弟茂子嘉靖七年二月甲寅襲尋以不應襲除
玉田伯	蔣輪 世宗母獻皇后弟嘉靖元年五月己酉封世襲五年正月癸丑卒	榮 輪從子襲隆慶五年三月甲子卒以例停	
泰和伯	陳萬言		

	安平侯	恭誠伯	慶都伯	德平伯	固安伯
肅皇后父嘉靖二年八月庚子封十四年卒贈太子太保停襲	方銳 世宗孝烈皇后父嘉靖間封伯二十一年進封侯二十五年五月己丑卒贈太保謚榮靖	陶仲文 以方術幸嘉靖二十九年八月丙寅封	杜繼宗 穆宗母孝恪太后弟隆慶元年二月庚寅封	李銘 穆宗孝懿皇后父隆慶元年二月庚寅封	陳景行 穆宗孝安皇后
	方承裕 嘉靖二十六年襲伯隆慶六年正月丙寅卒停襲				

	武清侯	永年伯	永寧伯	博平侯	新城侯
父隆慶元年二月庚寅封	李偉 神宗母慈聖太后父神宗即位封武清伯尋進侯萬曆十一年卒贈安國公	王偉 端皇后父萬曆五年封	王天瑞 光宗母孝靖太后父光宗即位封崇禎十四年卒	郭維城 光宗孝元皇后父泰昌元年九月癸丑封伯天啓元年閏二月進封侯	
	李文全 萬曆十二年五月丁丑襲三十六年卒	王棟 萬曆中襲三十四年七月丁亥卒	王長錫 崇禎十四年襲	郭振明 天啓元年閏二月丙戌封博平伯	
	李銘誠 萬曆三十七年襲伯四十五年二月辛亥進侯天啓七年八月戊戌加太子太師崇禎十一年正月卒				
	李國瑞 崇禎中襲尋以借餉悴死	王明輔 萬曆三十五年正月辛未襲			
	李存善 崇禎末襲				

	太康侯	寧國公	安平伯	東安侯
王昇 熹宗母孝和太后弟天啓元年閏二月封伯尋進侯崇禎八年卒	張國紀 熹宗后父天啓元年封伯崇禎十一年十一月進封侯死於賊	魏良卿 內臣魏忠賢姪天啓六年三月封肅寧伯進侯十月戊申進封公七年八月丙申加太師莊烈帝即位伏誅	魏鵬翼 忠賢從孫天啓七年七月己卯封八月丙申加少師莊烈帝即位伏誅	魏良棟
王國興 崇禎九年十二月戊寅襲死於賊				

良卿弟天啓七年八月乙巳封莊烈帝即位伏誅		
新樂侯	劉效祖 莊烈帝母孝純太后弟莊烈帝即位封崇禎八年卒九年贈侯予三代誥十三年九月父惠元追封瀛國公	文炳 崇禎九年十二月甲子襲十三年九月加少傅十七年三月死難
嘉定伯	周奎 莊烈后父崇禎三年封十七年京城陷被執	

明史卷一百九　表第十

總裁官總理事務經筵講官少保兼太子太保保和殿大學士兼管吏部戶部尚書事加六級張廷玉等奉

敕修

宰輔年表一

明太祖初壹海內仍元制設中書省綜理機務其官有丞相平章左右丞參政而吏戶禮兵刑工六尚書爲曹官行之一紀革中書省歸其政於六部遂設四輔官又倣宋制置殿閣大學士而其官不備其人亦無所表見變理無聞何關政本視前代宰執迥乎異矣成祖簡翰林官直文淵閣參預機務有歷升至大學士者其時章疏直達御前多出宸斷儒臣入直備顧問而已至仁宗而後諸大學士歷晉尚書保傅品位尊崇地居近密而綸言批答裁決機宜悉由票擬閣權之重偃然漢唐宰輔特不居丞相名耳諸輔之中尤以首揆爲重夫治道得失人才用舍理亂興衰繫宰臣是繫其賢邪忠佞淸正貪鄙判若白黑百世不可掩也行蹟雖見紀傳而除免歲月不能盡悉故備列於表傳曰欲知宰相賢否視天下治亂覽斯表者可以證矣

紀年	宰輔拜免				
	中書令	左右丞相	平章政事	左右丞	參知政事
太祖洪武元年戊申	時中書及都督府議倣元制設中書令太子爲之太祖曰吾子年未長學未充更事未多所宜尊禮師傅講習經傳博通古今識達機宜他日軍國重務皆令啓聞何必作中書令乎遂不設	李善長 正月左丞相宣國公兼太子少師 徐達 正月右丞相信國公兼太子少傅北征中原	常遇春 鄂國公兼太子少保錄軍國重事出征已後凡加省銜而出征者不具錄 胡廷瑞 正月同知詹事院事 廖永忠 正月同知詹事院事 李伯昇 正月同知詹事院事	趙庸 左丞正月兼副詹事 王溥 右丞正月兼副詹事	楊憲 五月署汴梁省事 傅瓛 八月免 汪廣洋 十二月任 劉惟敬 十二月任
二年己酉		善長 達 十一月還京		楊憲 右丞九月任	廣洋 四月遷陝西參政 惟敬 三月遷廣西參政 蔡哲 正月任五月遷福建參政 陳亮 十月任 睢稼 十月任 侯至善 十一月任
三年庚戌		善長 十一月改封韓國公晉太師 達 正月北征十一月還京改封魏國公晉太傅		憲 正月賜名舉七月遷左丞尋伏誅 汪廣洋 左丞 月任六月免未幾復除左丞十一月封忠勤伯	亮 正月賜名寧三月出知蘇州府 稼 四月兼弘文館學士 至善 胡惟庸 正月任 李謙 九月任十二月遷廣東參政
四年辛亥		善長 正月致仕 達 正月出征北平十二月還京 汪廣洋 右丞相正月任		胡惟庸 右丞正月任	至善 宋冕 閏三月任六月遷江西按察司副使
五年壬子		廣洋		惟庸	至善 月罷
六年癸丑		廣洋 正月左遷廣東參政 胡惟庸 右丞相七月任			丁玉 六月任 馮冕 六月任
七年甲寅		惟庸		丁玉 右丞四月任	冕 侯善 五月任
八年乙卯		惟庸		玉	冕 善
九年丙辰		惟庸		玉 正月出征延安七月還京	
十年丁巳		惟庸 九月遷左丞相 廣洋 右丞相九月復		玉 九月改御史大夫	
十一年戊午		惟庸 廣洋			
十二年己未		惟庸 廣洋 十二月謫海南賜死		殷哲 左丞十一月任 李素 右丞十一月任	方彝 左參政九月任 殷哲 右參政九月任十一月降通政尋升左丞
十三年庚申		惟庸 正月賜死		哲 正月罷 素 正月罷	
	是年正月革中書省左右丞相左右丞參政等官				

建文四年壬午秋七月燕王即皇帝位仍稱洪武三十	黃淮 編修八月入十一月晉侍讀 胡廣 侍講九月入十一月晉侍讀 楊榮 修撰九月入十一月晉侍講 解縉 侍讀八月入十一月晉侍讀學士 楊士奇 編修九月入十一月晉侍講 金幼孜 檢討九月入十一月晉侍講 胡儼 檢討九月入十一月晉侍講

	五年始簡翰林官直文淵閣
永樂元年癸未	縉　淮　廣　榮　士奇　儼　幼孜
二年甲申	縉四月晉學士兼右春坊大學士　淮四月晉左庶子　廣四月晉右庶子　儼四月晉左諭德九月改祭酒　榮四月晉右諭德　士奇四月晉左中允　幼孜
三年乙酉	縉　淮　廣　榮　士奇　幼孜
四年丙戌	縉　淮　廣　榮　士奇　幼孜
五年丁亥	縉二月黜爲廣西布政司右參議　淮十一月晉右春坊大學士　廣十一月晉翰林學士兼左春坊大學士　榮十一月晉右春坊右庶子　士奇十一月晉左春坊左諭德　幼孜十一月晉右春坊右諭德榮士奇幼孜仍兼侍講
六年戊子	廣　淮　榮六月丁憂十月起復　士奇　幼孜
七年己丑	廣正月命扈從　淮二月命輔東宮監國　榮正月起復扈從　士奇二月命輔東宮監國　幼孜正月扈從
八年庚寅	廣　淮　榮　士奇　幼孜
九年辛卯	廣　淮　榮　士奇　幼孜
十年壬辰	廣　淮　榮十一月經略甘肅　士奇　幼孜
十一年癸巳	廣　淮　榮　士奇　幼孜
十二年甲午	廣　淮閏九月下獄　榮　士奇閏九月下獄未幾特宥復職　幼孜
十三年乙未	廣　榮　士奇　幼孜
十四年丙申	廣四月晉文淵閣大學士仍兼坊學　榮四月晉翰林院學士仍兼庶子　幼孜四月晉翰林院學士仍兼論德　士奇
十五年丁酉	廣　榮　幼孜　士奇二月晉翰林院學士仍兼諭德
十六年戊戌	廣五月卒　榮　幼孜　士奇
十七年己亥	榮　幼孜　士奇
十八年庚子	榮閏正月晉文淵閣大學士兼翰林院學士　幼孜閏正月晉文淵閣大學士兼翰林院學士　士奇
十九年辛丑	榮　幼孜　士奇正月晉左春坊大學士
二十年壬寅	榮　幼孜　士奇九月下獄尋釋復舊職
二十一年癸卯	榮　幼孜　士奇
二十二年甲辰八月仁宗即位	士奇八月晉禮部左侍郎兼華蓋殿大學士九月晉少保十一月晉少傅　榮八月晉太常卿仍兼前職九月晉太子少傅謹身殿大學士十二月加工部尚書　幼孜八月晉戶部右侍郎仍兼前職九月晉太子少保兼武英殿大學士　淮八月出獄陞通政使兼武英殿大學士
洪熙元年乙巳六月宣宗即位	士奇正月晉兵部尚書　榮　幼孜正月晉禮部尚書　淮正月晉少保戶部尚書　楊溥太常卿兼學士閏七月同治內閣事　權謹三月以孝行由光祿丞授文華殿大學士九月以通政司左參議致仕
宣德元年丙午	士奇　榮　淮　幼孜正月丁憂尋起復　溥　張瑛三月晉禮部左侍郎兼華蓋殿大學士
二年丁未	士奇　淮八月致仕　榮　幼孜　溥　瑛二月晉尚書兼華蓋殿大學士　陳山二月晉戶部尚書兼謹身殿大學士
三年戊申	士奇八月扈從北巡　榮八月扈從北巡　幼孜　山　瑛　溥八月扈從北巡
四年己酉	士奇　榮　幼孜　山十月專授小內使書　瑛十月改南京禮部尚書　溥八月丁憂尋起復
五年庚戌	士奇　榮四月晉少傅　幼孜　溥
六年辛亥	士奇　榮　幼孜十二月卒　溥
七年壬子	士奇　榮　溥
八年癸丑	士奇　榮　溥
九年甲寅	士奇　榮　溥八月晉禮部尚書仍兼學士
十年乙卯正月英宗即位	士奇　榮　溥
正統元年丙辰	士奇　榮

（續前）	溥
二年丁巳	士奇 榮 溥
三年戊午	士奇 四月晉少師 榮 四月晉少師 溥 四月晉少保兼禮部尚書武英殿大學士
四年己未	士奇 二月歸省四月還朝 榮 溥
五年庚申	士奇 榮 二月歸省七月還朝卒於道 溥 馬愉 翰林院侍講學士二月入 曹鼐 侍講二月入
六年辛酉	士奇 溥 二月歸省 愉 鼐
七年壬戌	士奇 溥 愉 鼐
八年癸亥	士奇 溥 愉 鼐
九年甲子	士奇 三月卒 溥 愉 鼐 正月晉學士 陳循 學士四月入直
十年乙丑	溥 愉 十月晉禮部右侍郎 鼐 十月晉吏部左侍郎 循 十月晉戶部右侍郎 苗衷 侍讀學士十月晉兵部右侍郎入 高穀 侍講學士十月晉工部右侍郎入
十一年丙寅	溥 七月卒 鼐 循 愉 三月歸省 衷 穀
十二年丁卯	鼐 循 愉 九月卒 衷 穀
十三年戊辰	鼐 循 衷 穀
十四年己巳九月景皇帝即位	鼐 八月歿於土木 循 八月晉戶部尚書兼學士 衷 穀 八月晉工部尚書兼學士 張益 侍讀學士五月入八月歿於土木 彭時 修撰八月入 商輅 修撰八月入
景泰元年庚午	循 衷 二月晉兵部尚書兼學士八月致仕 穀 時 聞正月守制回籍 輅 九月晉學士 俞綱 生員三月晉兵部右侍郎內閣辦事疏辭出佐兵部 江淵 刑部侍郎兼學士八月入九月晉戶部右侍郎
二年辛未	循 十二月晉少保戶部尚書兼文淵閣大學士 穀 十二月晉少保工部尚書兼東閣大學士 淵 輅 王一寧 禮部侍郎兼學士十二月入 蕭鎡 祭酒兼學士十二月入
三年壬申	循 四月兼太子太傅 穀 四月兼太子太傅 淵 二月晉吏部左侍郎四月兼太子少師九月奔喪 一寧 四月晉太子少師七月卒 鎡 二月晉戶部右侍郎四月晉太子少師 輅 四月晉兵部左侍郎兼右春坊大學士 王文 十月太子太保左都御史入
四年癸酉	循 穀 文 正月召至二月晉吏部尚書兼學士五月丁憂九月起復 鎡 淵 四月還任 輅
五年甲戌	循 穀 文 六月晉少保兼東閣大學士 鎡 淵 正月撫安山東七月召還 輅
六年乙亥	循 穀 文 淵 正月晉太子少師兼工部尚書視部事 鎡 輅
七年丙子	循 五月兼華蓋殿大學士 穀 五月兼謹身殿大學士 文 五月兼謹身殿大學士 鎡 五月晉戶部尚書 輅 五月兼太常寺卿
八年丁丑正月壬午英宗復皇帝位改天順元年	循 正月充鐵嶺衛軍 穀 正月辭保傅二月致仕 文 正月棄市 鎡 正月爲民 輅 正月爲民 徐有貞 正月兵部尚書兼學士入三月封武功伯兼華蓋殿大學士掌文淵閣事六月下獄降廣東右參政七月復下獄宥死發雲南金齒衛爲民 許彬 正月晉禮部右侍郎兼學士入七月謫南京禮部左侍郎 薛瑄 正月晉禮部右侍郎兼學士入六月致仕 李賢 二月禮部侍郎兼學士入三月晉吏部尚書六月下獄降福建右參政尋留爲吏部右侍郎七月復任 呂原 六月通政司左參議兼翰林院侍講入十二月晉學士 岳正 六月翰林院修撰入七月謫爲廣東欽州同知 時 九月太常寺少卿兼翰林院侍讀入十二月晉學士
二年戊寅	賢 時 原
三年己卯	賢 時 原
四年庚辰	賢 時 原
五年辛巳	賢 八月加太子少保 時 原
六年壬午	賢 時 原 十一月卒
七年癸未	賢 時 陳文 二月晉禮部右侍郎兼學士入
八年甲申正月憲宗即位	賢 二月晉少保吏部尚書兼華蓋殿大學士 文 二月晉吏部左侍郎兼學士 時 二月晉吏部右侍郎兼學士
成化元年乙酉	賢 文 三月晉禮部尚書 時 十月晉兵部尚書
二年丙戌	賢 三月丁憂五月起復十二月卒 文 時 七月歸省 劉定之 太常寺少卿兼翰林院侍讀學士十二月入
三年丁亥	文 八月加太子太保兼文淵閣大學士 時 二月還任八月加太子太保兼文淵閣大學士 定之 八月晉工部右侍郎兼學士 輅 三月兵部左侍郎兼學士復入
四年戊子	文 四月卒 時 輅 十月晉兵部尚書 定之 十月晉禮部左侍郎
五年己丑	時 輅 定之 八月卒 萬安 五月禮部左侍郎兼學士入
六年庚寅	時 輅

	安
七年辛卯	時 輅 安
八年壬辰	時 輅 安
九年癸巳	時 輅五月晉戶部尚書 安五月晉禮部尚書
十年甲午	時 輅 安
十一年乙未	時正月晉少保三月卒 輅四月兼文淵閣大學士 安 劉珝四月吏部左侍郎兼學士入 劉吉四月禮部左侍郎兼學士入
十二年丙申	輅二月晉太子少保吏部尚書 安二月晉戶部尚書 珝 吉
十三年丁酉	輅四月兼謹身殿大學士六月加少保致仕 安四月加太子少保六月晉文淵閣大學士 珝四月晉吏部尚書 吉四月晉禮部尚書
十四年戊戌	安二月晉吏部尚書兼謹身殿大學士十月加太子太保 珝二月加太子少保兼文淵閣大學士 吉二月加太子少保兼文淵閣大學士
十五年己亥	安 珝 吉
十六年庚子	安 珝 吉
十七年辛丑	安 珝 吉
十八年壬寅	安十二月晉太子太傅兼華蓋殿大學士 珝十二月晉太子太保兼謹身殿大學士 吉正月丁憂七月起復十二月晉太子太保兼武英殿大學士
十九年癸卯	安 珝 吉
二十年甲辰	安 珝 吉
二十一年乙巳	安 珝九月致仕 吉十二月晉戶部尚書兼謹身殿大學士 彭華十二月晉吏部左侍郎兼學士入
二十二年丙午	安十月晉少傅兼太子太師 吉十月晉少保兼太子太傅 華十月晉禮部尚書太子少保 尹直九月晉戶部左侍郎兼學士入十月晉兵部尚書太子少保
二十三年丁未九月孝宗即位	安七月晉少師十月罷 吉十一月晉少傅兼太子太師吏部尚書 華三月致仕 直十一月罷 徐溥十月吏部左侍郎兼學士入十一月晉禮部尚書兼文淵閣大學士 劉健十一月晉禮部右侍郎兼學士入
弘治元年戊申	吉 溥 健
二年己酉	吉 溥 健
三年庚戌	吉 溥 健
四年辛亥	吉八月晉少師華蓋殿大學士 溥八月晉太子太傅戶部尚書兼武英殿大學士 健八月晉禮部尚書兼文淵閣大學士 邱濬十月太子太保禮部尚書入兼文淵閣大學士
五年壬子	吉八月致仕 溥 濬 健
六年癸丑	溥 濬 健
七年甲寅	溥八月加少傅吏部尚書謹身殿大學士 濬八月加少保戶部尚書武英殿大學士 健八月晉太子太保兼禮部尚書武英殿大學士
八年乙卯	溥 濬二月卒 健 李東陽二月禮部左侍郎兼翰林院侍讀學士入 謝遷二月詹事府少詹事兼侍讀學士入十月服闋至京晉詹事
九年丙辰	溥 健 東陽 遷
十年丁巳	溥 健 東陽 遷
十一年戊午	溥二月加少師兼太子太師華蓋殿大學士七月致仕 健二月加少傅兼太子太傅戶部尚書謹身殿大學士 東陽二月晉太子少保禮部尚書兼文淵閣大學士 遷二月晉太子少保兵部尚書兼東閣大學士
十二年己未	健 東陽 遷
十三年庚申	健 東陽 遷
十四年辛酉	健 東陽 遷
十五年壬戌	健 東陽 遷
十六年癸亥	健二月加少師兼太子太師吏部尚書華蓋殿大學士五月考滿加特進 東陽二月晉太子太保戶部尚書兼謹身殿大學士 遷二月晉太子太保禮部尚書兼武英殿大學士
十七年甲子	健 東陽 遷
十八年乙丑五月武宗即位	健七月加左柱國 東陽七月加少傅兼太子太傅八月加柱國 遷七月加少傅兼太子太傅八月加柱國
正德元年丙寅	健十月致仕 東陽十二月晉少師兼太子太師吏部尚書華蓋殿大學士 遷十月致仕 焦芳十月吏部尚書兼文淵閣大學士入命仍掌吏部印十二月加太子太保武英殿大學士 王鏊十月吏部左侍郎兼學士入十二月加戶部尚書文淵閣大學士
二年丁卯	東陽 芳八月晉少傅兼太子太傅謹身殿大學士 鏊八月晉少傅兼太子太傅武英殿大學士 楊廷和八月南京戶部尚書入十月改戶部尚書兼文淵閣大學士
三年戊辰	東陽 芳 鏊 廷和八月晉少保兼太子太保
四年己巳	東陽 芳五月晉少師兼太子太師華蓋殿大學士 鏊四月致仕 廷和 劉宇六月吏部尚書兼文淵閣大學士即予告踰年致仕
五年庚午	東陽九月加左柱國 芳五月致仕 廷和二月晉吏部尚書武英殿大學士九月晉少傅兼太子太傅謹身殿大學士 曹元二月太子少保兵部尚書晉吏部尚書兼文淵閣大學士入八月致仕尋黜爲民 梁儲九月改太子少保吏部尚書兼文淵閣大學士入尋晉少保太子太保武英殿 劉忠九月掌詹事府事吏部尚書兼文淵閣大學士入尋晉少傅兼太子太傅武英殿
六年辛未	東陽 廷和 忠十一月致仕 儲 費宏十二月晉禮部尚書兼文淵閣大學士入
七年壬申	東陽十二月致仕 廷和十月晉少師兼太子太師華蓋殿大學士 儲十月晉少保兼太子太傅謹身殿大學士 宏十月晉太子太保武英殿大學士
八年癸酉	廷和 儲 宏

九年甲戌	廷和 儲 宏五月致仕 靳貴二月禮部尚書兼文淵閣大學士入
十年乙亥	廷和三月丁憂 儲 貴 楊一清閏四月吏部尚書兼武英殿大學士入
十一年丙子	儲 一清八月致仕 貴 蔣冕八月禮部尚書兼文淵閣大學士入
十二年丁丑	儲 貴四月致仕 冕七月加太子太傅兼武英殿大學士 毛紀五月禮部尚書兼東閣大學士入七月加太子太保兼文淵閣大學士 楊廷和少師兼太子太師吏部尚書華蓋殿大學士十一月服除入
十三年戊寅	廷和 儲 冕 紀
十四年己卯	廷和 儲 冕 紀
十五年庚辰	廷和 儲 冕 紀
十六年辛巳四月世宗即位	廷和加左柱國 儲五月致仕加左柱國 冕正月加少傅謹身殿大學士 紀正月加少保改戶部尚書兼武英殿大學士 袁宗皋五月歷吏部左侍郎晉禮部尚書兼文淵閣大學士入九月卒 費宏四月召十月入加柱國少保

明史卷一百十

表第十一

總裁官總理事務經筵講官少保兼太子太保保和殿大學士兼管吏部戶部尚書事加六級張廷玉等奉

敕修

宰輔年表二

嘉靖元年壬午	廷和 冕 紀 宏
二年癸未	廷和 冕 紀 宏
三年甲申	廷和二月致仕 冕五月致仕 紀六月晉吏部尚書謹身殿大學士七月致仕 宏 石珤五月吏部尚書兼文淵閣大學士入 賈詠八月晉禮部尚書兼文淵閣大學士入
四年乙酉	宏六月加少師兼太子太師 珤六月加太子太保武英殿大學士 詠六月加太子太保武英殿大學士 一清十一月召
五年丙戌	一清五月復吏部尚書武英殿大學士加少師仍兼太子太傅入七月加兼太子太師謹身殿大學士 宏七月晉華蓋殿大學士 珤七月加少保 詠七月加少保
六年丁亥	宏二月致仕 一清八月晉左柱國華蓋殿大學士 珤八月致仕 詠八月致仕 遷二月召少傅兼太子太傅禮部尚書武英殿大學士十月復入 翟鑾三月吏部左侍郎兼學士入 張璁十月禮部尚書兼文淵閣大學士入
七年戊子	一清 遷三月致仕 璁正月加少保兼太子太保六月加少傅兼太子太傅晉吏部尚書謹身殿大學士 鑾六月晉禮部尚書兼文淵閣大學士
八年己丑	一清九月致仕 璁八月罷九月召還 鑾 桂萼二月少保兼太子太傅吏部尚書武英殿大學士入八月革去散官及學士以尚書致仕九月復少保兼太子太傅吏部尚書武英殿大學士仍致仕十一月召復任
九年庚寅	璁 萼四月至京命照舊辦事 鑾
十年辛卯	孚敬璁二月改名七月致仕十一月召復任 萼正月以病乞歸八月卒 鑾 李時九月太子太傅禮部尚書兼文淵閣大學士入
十一年壬辰	孚敬三月至京晉太子太師華蓋殿大學士八月致仕 時 鑾 方獻夫五月原任太子太保吏部尚書兼學士應召至京晉武英殿大學士入七月掌吏部事
十二年癸巳	獻夫 時 鑾十一月丁憂 孚敬正月召復任四月赴召至京
十三年甲午	孚敬正月晉少師兼太子太保吏部尚書武英殿大學士 獻夫正月晉少保四月致仕 時正月晉少保
十四年乙未	孚敬四月致仕 時 費宏七月召八月入十月卒
十五年丙申	時七月加太子太傅九月晉少傅兼謹身殿大學士十一月兼太子太師閏十二月晉華蓋殿大學士 夏言閏十二月少傅太子太師禮部尚書兼武英殿大學士入
十六年丁酉	時 言
十七年戊戌	時十二月卒 言 顧鼎臣八月太子太保禮部尚書兼文淵閣大學士入
十八年己亥	言正月晉特進光祿大夫上柱國少師五月以少保兼尚書致仕未行復少傅兼太子太傅禮部尚書武英殿大學士復入 鼎臣正月晉少保兼太子太保武英殿大學士
十九年庚子	言十一月加少師兼太子太師吏部尚書華蓋殿大學士 鼎臣十月卒 鑾正月行邊事竣還京詔以原職太子少保禮部尚書兼武英殿大學士十一月加少保兼太子太傅尚書大學士如故
二十年辛丑	言八月落職致仕九月詣迎和門辭詔仍還私宅調理以俟後命十月復少傅兼太子太師禮部尚書武英殿大學士仍赴閣辦事 鑾
二十一年壬寅	言三月復少師吏部尚書華蓋殿大學士勳階兼官悉如舊七月革職閒住 鑾八月加少傅兼謹身殿大學士 嚴嵩八月少保太子太保禮部尚書兼武英殿大學士入仍掌禮部事
二十二年癸卯	鑾 嵩
二十三年甲辰	鑾八月削籍 嵩八月加太子太傅九月晉兼吏部尚書謹身殿大學士十二月加少傅 許讚吏部尚書九月兼文淵閣大學士入 張璧禮部尚書九月兼東閣大學士入
二十四年乙巳	嵩七月加太子太師八月加少師 讚七月加少傅十一月革職閒住 璧七月加太子太保八月卒 言九月復召十二月復少師兼太子太師吏部尚書華蓋殿大學士原職起用
二十五年丙午	言 嵩
二十六年丁未	言 嵩十一月晉華蓋殿大學士
二十七年戊申	言正月削奪保傅以尚書致仕十月棄市 嵩
二十八年己酉	嵩 張治二月晉禮部尚書兼文淵閣大學士入 李本二月少詹事兼學士入
二十九年庚戌	嵩八月加上柱國 治八月加太子太保十月卒 本八月晉吏部右侍郎兼東閣大學士
三十年辛亥	嵩 本十一月晉禮部尚書
三十一年壬子	嵩 本 徐階少保兼太子太保禮部尚書三月兼東閣大學士入仍掌部事
三十二年癸丑	嵩 階七月晉柱國 本
三十三年甲寅	嵩 階八月晉太子太傅武英殿大學士 本八月晉太子太保文淵閣大學士
三十四	嵩

年乙卯	階 本
三十五年丙辰	嵩 階 本 二月命暫管吏部事三月晉少保兼武英殿大學士
三十六年丁巳	嵩 階 八月加少傅 本 七月晉柱國八月加太子太傅
三十七年戊午	嵩 階 本
三十八年己未	嵩 階 五月晉吏部尚書 本
三十九年庚申	嵩 階 八月晉太子太師 本 八月晉少傅
四十年辛酉	嵩 階 本 五月丁憂 袁煒 十一月加太子太保戶部尚書兼武英殿大學士入
四十一年壬戌	嵩 五月罷 階 三月晉少師 煒 三月晉少保
四十二年癸亥	階 煒
四十三年甲子	階 八月晉建極殿大學士 煒 八月晉少傅兼太子太傅建極殿大學士
四十四年乙丑	階 煒 三月病歸 嚴訥 四月吏部尚書兼武英殿大學士入仍暫掌吏部事十一月病歸 李春芳 四月晉禮部尚書兼武英殿大學士入
四十五年丙寅十二月穆宗卽位	階 春芳 三月晉吏部尚書 郭朴 三月晉吏部尚書兼武英殿大學士入 高拱 三月晉禮部尚書兼文淵閣大學士入
隆慶元年丁卯	階 春芳 二月晉少保四月晉少傅兼太子太傅 朴 二月晉少保四月晉少傅兼太子太傅九月致仕 拱 二月晉少保兼太子太保四月晉少傅兼太子太傅五月罷 陳以勤 二月晉禮部尚書兼文淵閣大學士入四月加太子太保 張居正 二月晉吏部左侍郎兼東閣大學士入四月晉禮部尚書武英殿大學士
二年戊辰	階 七月致仕 春芳 正月加少師兼太子太師建極殿大學士 以勤 正月加少傅兼太子太傅 居正 正月加少保兼太子太保
三年己巳	春芳 以勤 居正 趙貞吉 八月禮部尚書兼文淵閣大學士入 拱 十二月召還兼掌吏部事
四年庚午	春芳 六月晉少師十二月加中極殿大學士 拱 十二月晉少師建極殿大學士 以勤 七月致仕加太子太師 居正 十二月晉太子太傅吏部尚書柱國又晉少傅建極殿大學士 貞吉 十一月致仕 殷士儋 十一月太子太保禮部尚書兼文淵閣大學士入踰月晉少保武英殿大學士
五年辛未	春芳 五月致仕 拱 居正 士儋 十一月致仕
六年壬申六月神宗卽位	拱 正月加柱國晉中極殿大學士六月罷 居正 正月加少師兼太子太師八月加左柱國中極殿大學士 高儀 四月禮部尚書兼文淵閣大學士入六月卒 呂調陽 六月禮部尚書兼文淵閣大學士入八月晉太子少保武英殿大學士
萬曆元年癸酉	居正 調陽 十一月晉太子太保
二年甲戌	居正 調陽 七月晉少保
三年乙亥	居正 調陽 張四維 八月晉禮部尚書兼東閣大學士入
四年丙子	居正 十月特晉左柱國太傅俸如伯爵 調陽 十月晉太子太傅吏部尚書 四維
五年丁丑	居正 九月丁憂奪情 調陽 八月晉少傅 四維 八月晉太子太保文淵閣大學士
六年戊寅	居正 三月歸葬六月還朝 調陽 二月晉建極殿大學士七月以病回籍 四維 二月晉少保武英殿大學士 馬自强 三月太子太保禮部尚書兼文淵閣大學士入十月卒 申時行 三月吏部左侍郎兼東閣大學士入
七年己卯	居正 四維 時行 十二月加禮部尚書兼文淵閣大學士
八年庚辰	居正 四維 六月晉少傅兼太子太傅 時行
九年辛巳	居正 十一月晉太傅左柱國 四維 加柱國 時行
十年壬午	居正 六月晉太師尋卒 四維 六月晉太子太師九月晉少師 時行 六月晉太子太保九月晉少保 潘晟 禮部尚書武英殿大學士六月命未任罷 余有丁 六月禮部尚書兼文淵閣大學士入九月晉太子太保
十一年癸未	四維 四月丁憂 時行 九月晉少傅兼太子太傅吏部尚書建極殿大學士 有丁 九月晉少保戶部尚書武英殿大學士 許國 四月禮部尚書兼東閣大學士入九月晉太子太保文淵閣大學士
十二年甲申	時行 九月晉少師太子太師中極殿大學士 有丁 九月晉少傅太子太傅建極殿大學士十一月卒 國 九月晉少保太子太保武英殿大學士 王錫爵 十二月起禮部尚書兼文淵閣大學士 王家屏 十二月以吏部侍郎兼東閣大學士
十三年乙酉	時行 國 錫爵 六月入 家屏
十四年丙戌	時行 國 八月晉柱國少傅兼太子太傅 錫爵 家屏 九月丁憂
十五年丁亥	時行 國 二月晉吏部尚書建極殿大學士 錫爵 二月晉太子太保武英殿大學士
十六年戊子	時行 四月加左柱國 國 錫爵 六月晉太子太保 家屏 十二月服闋召
十七年己丑	時行 國 八月晉太子太師吏部尚書 錫爵 家屏 四月還朝晉禮部尚書
十八年庚寅	時行 國 錫爵 家屏
十九年辛卯	時行 三月加太傅九月致仕 國 九月致仕 錫爵 六月歸省 家屏 趙志皐 九月禮部尚書兼東閣大學士入 張位 九月吏部侍郎兼東閣大學士
二十年壬辰	家屏 三月致仕 志皐 位 四月入
二十一年癸巳	錫爵 正月還朝 志皐 四月晉太子太保文淵閣大學士 位 四月晉禮部尚書文淵閣大學士
二十二年甲午	錫爵 二月晉少傅兼太子太保吏部尚書建極殿大學士五月致仕 志皐 二月晉少保兼太子太保戶部尚書 位 二月晉太子太保 陳于陛 五月禮部尚書兼東閣大學士入 沈一貫 五月禮部尚書兼東閣大學士十一月入
二十三年乙未	志皐 位 于陛 十月晉太子少保 一貫 十月晉太子少保
二十四年丙申	志皐 三月晉少傅兼太子太傅建極殿大學士 位 于陛 八月晉太子太保十二月卒 一貫
二十五年丁酉	志皐 位 五月晉少保太子太保吏部尚書武英殿大學士 一貫 五月晉太子太保戶部尚書武英殿大學士
二十六年戊戌	志皐 十月養病 位 六月閒住

	一貫
二十七年己亥	志皋 養病四月晉兼太子太師中極殿大學士 一貫 四月晉少保吏部尚書
二十八年庚子	志皋 養病 一貫 五月晉少保吏部尚書
二十九年辛丑	志皋 養病九月卒 一貫 十一月晉兼太子太傅建極殿大學士 沈鯉 九月禮部尚書召兼東閣大學士 朱賡 九月禮部尚書召兼東閣大學士
三十年壬寅	一貫 七月晉少傅兼太子太傅 鯉 七月入 賡 四月入七月晉太子太保
三十一年癸卯	一貫 四月晉左柱國少傅中極殿大學士 鯉 賡
三十二年甲辰	一貫 鯉 十月晉少保文淵閣大學士 賡 十月晉太子太保文淵閣大學士
三十三年乙巳	一貫 十月晉少師兼太子太師 鯉 十月晉少傅兼太子太傅 賡 十月晉少保兼太子太保
三十四年丙午	一貫 七月致仕 鯉 七月致仕 賡
三十五年丁未	賡 三月晉戶部尚書武英殿大學士 錫爵 六月加少保召辭不至 于慎行 禮部尚書五月加太子太保東閣大學士十一月入尋卒 李廷機 五月晉禮部尚書兼東閣大學士入 葉向高 五月晉禮部尚書兼東閣大學士十一月入
三十六年戊申	賡 十一月卒 廷機 十月養病以後杜門注籍不赴閣 向高
三十七年己酉	廷機 養病 向高
三十八年庚戌	廷機 養病 向高 十二月晉太子太保文淵閣大學士
三十九年辛亥	廷機 養病 向高
四十年壬子	廷機 養病九月晉太子太保致仕 向高
四十一年癸丑	向高 十一月晉少保兼太子太保戶部尚書武英殿大學士十二月晉少傅兼太子太傅吏部尚書建極殿大學士 方從哲 九月晉禮部尚書兼東閣大學士入 吳道南 九月晉禮部尚書兼東閣大學士入
四十二年甲寅	向高 八月晉少師兼太子太師致仕 從哲 道南 未赴
四十三年乙卯	從哲 道南 五月入
四十四年丙辰	從哲 十二月晉太子太保文淵閣大學士 道南
四十五年丁巳	從哲 十二月晉太子太保文淵閣大學士 道南 七月丁憂
四十六年戊午	從哲
四十七年己未	從哲
四十八年庚申八月光宗卽位九月崩熹宗卽位八月以後爲泰昌元年	從哲 八月晉少保戶部尚書武英殿大學士十月晉少師兼太子太師吏部尚書中極殿大學士十二月致仕 史繼偕 八月晉禮部尚書兼東閣大學士 沈漼 八月晉禮部尚書兼東閣大學士 何宗彥 八月晉禮部尚書兼東閣大學士 劉一燝 八月晉禮部尚書東閣大學士入十月晉太子太保戶部尚書文淵閣大學士 韓爌 八月晉禮部尚書東閣大學士入十月晉太子太保戶部尚書文淵閣大學士 朱國祚 八月晉禮部尚書召兼東閣大學士 孫如游 禮部尚書十月兼東閣大學士入 向高 八月召
天啓元年辛酉	向高 六月晉中極殿大學士十月入 一燝 六月晉少保兼太子太保吏部尚書武英殿大學士又晉少傅兼太子太傅建極殿大學士九月晉中極殿大學士十月晉少師兼太子太師 爌 六月晉少保吏部尚書武英殿大學士又晉少傅兼太子太傅建極殿大學士九月晉中極殿大學士十月晉少師兼太子太師 繼偕 十月入晉太子太保文淵閣大學士 漼 七月入九月晉太子太保文淵閣大學士十月晉少保武英殿大學士 宗彥 六月入九月晉太子太保文淵閣大學士十月晉少保武英殿大學士 國祚 六月入九月晉太子太保文淵閣大學士十月晉少保武英殿大學士 如游 閏二月晉太子太保文淵閣大學士致仕
二年壬戌	向高 一燝 三月致仕 爌 繼偕 漼 七月致仕 宗彥 國祚 孫承宗 二月晉兵部尚書東閣大學士入兼掌兵部八月晉太子太保出鎮山海關
三年癸亥	向高 正月晉中極殿大學士七月晉左柱國十一月晉上柱國十二月晉少傅 爌 正月晉少師太子太師中極殿大學士七月加特進十一月晉左柱國 繼偕 正月晉太子太師文淵閣大學士七月晉少傅兼太子太傅尋加少保致仕 宗彥 正月晉少保兼太子太保戶部尚書七月晉少傅兼太子太傅十一月晉太子太師 國祚 正月晉少保兼太子太保戶部尚書四月致仕 顧秉謙 禮部尚書正月兼東閣大學士入七月晉太子太保文淵閣大學士十一月晉少保太子太保 朱國禎 正月晉禮部尚書兼東閣大學士六月入七月晉太子太保文淵閣大學士十月晉少保兼太子太保 朱延禧 正月晉禮部尚書兼東閣大學士入七月晉太子太保文淵閣大學士十一月晉少保兼太子太保 魏廣微 正月禮部尚書兼東閣大學士十月入十一月晉太子太保文淵閣大學士 承宗 出鎮正月晉少保兼太子太保文淵閣大學士七月晉少傅兼太子太傅十一月晉太子太師
四年甲子	向高 七月致仕 爌 十一月致仕 宗彥 正月卒 秉謙 國禎 十二月致仕 延禧 廣微 承宗 出鎮
五年乙丑	秉謙 正月晉少傅兼太子太師吏部尚書建極殿大學士九月晉左柱國少師中極殿大學士 延禧 正月晉少傅兼太子太師吏部尚書建極殿大學士六月罷 廣微 正月晉少保兼太子太傅吏部尚書建極殿大學士八月致仕晉少傅兼太子太傅 周如磐 禮部尚書八月兼東閣大學士入尋晉太子太保文淵閣大學士十一月致仕 黃立極 八月晉禮部尚書兼東閣大學士入九月晉太子太保文淵閣大學士 丁紹軾 八月晉禮部尚書兼東閣大學士入九月加太子太保文淵閣大學士 馮銓 八月晉禮部侍郎兼東閣大學士入九月晉禮部尚書文淵閣大學士 承宗 出鎮正月晉少師兼太子太師九月晉左柱國中極殿大學士十月致仕
六年丙寅	秉謙 四月晉太保閏六月晉上柱國太師九月致仕 立極 四月晉少保兼太子太保戶部尚書武英殿大學士十一月晉少傅兼太子太傅吏部尚書建極殿大學士 紹軾 四月晉少保兼太子太保戶部尚書武英殿大學士尋卒 銓 四月晉少保兼太子太保戶部尚書武英殿大學士閏六月免 施鳳來 七月晉禮部尚書兼東閣大學士入十月晉太子太保文淵閣大學士十一月晉少保兼太子太保戶部尚書武英殿大學士 張瑞圖 七月晉禮部尚書東閣大學士入十月晉太子太保文淵閣大學士十一月晉少保兼太子太保戶部尚書武英殿大學士 李國𣝕 七月晉禮部尚書東閣大學士入十月晉太子太保文淵閣大學士十一月晉少保兼太子太保戶部尚書武英殿大學士
七年丁卯八月莊烈帝卽位	立極 三月晉少傅兼太子太傅吏部尚書建極殿大學士八月加左柱國晉少師兼太子太師中極殿大學士十月晉太保辭免十一月致仕 鳳來 三月晉少保兼太子太保戶部尚書武英殿大學士八月晉少師兼太子太師中極殿大學士十月晉左柱國吏部尚書 瑞圖 三月晉少保兼太子太保戶部尚書武英殿大學士八月加少師兼太子太師中極殿大學士十月晉左柱國吏部尚書 國𣝕 三月晉少保兼太子太保戶部尚書武英殿大學士八月晉少師兼太子太師中極殿大學士十月晉左柱國吏部尚書 來宗道 太子太保禮部尚書十二月兼東閣大學士入 楊景辰 十二月晉禮部尚書兼東閣大學士入 周道登 十二月晉禮部尚書兼東閣大學士入 錢龍錫 十二月晉禮部尚書兼東閣大學士入 李標 十二月晉禮部尚書兼東閣大學士入 劉鴻訓 十二月晉禮部尚書兼東閣大學士入
崇禎元年戊辰	鳳來 三月致仕晉太傅 瑞圖 三月致仕晉太保 國𣝕 四月晉太保五月致仕 宗道 四月晉少保兼太子太保戶部尚書文淵閣大學士六月致仕晉少傅兼太子太傅 景辰 四月晉太子太保文淵閣大學士六月致仕晉少保 道登 六月任七月晉太子太保文淵閣大學士 標 二月任七月晉太子太保文淵閣大學士 龍錫 六月任七月晉太子太保文淵閣大學士 鴻訓 二月任七月晉太子太保文淵閣大學士十二月罷尋遣戍 爌 四月召十二月任
二年己巳	爌 三月晉太傅 道登 正月致仕 標 龍錫 十二月罷 成基命 十一月晉禮部尚書兼東閣大學士入 周延儒 十二月晉禮部尚書兼東閣大學士入 何如寵 禮部尚書十二月兼東閣大學士入 錢象坤 十二月晉禮部尚書兼東閣大學士入 承宗 十一月召以少師兼太子太師兵部尚書中極殿大學士出鎮山海關四年十一月

紀年	大學士
	致仕
三年庚午	爌 正月致仕 標 二月晉少保兼太子太保戶部尚書武英殿大學士三月致仕 基命 二月晉太子太保文淵閣大學士九月致仕 延儒 二月晉太子太保文淵閣大學士十一月晉少保武英殿大學士 如寵 二月晉太子太保文淵閣大學士十一月晉少保武英殿大學士 象坤 二月晉太子太保文淵閣大學士十一月晉少保武英殿大學士 溫體仁 禮部尚書六月兼東閣大學士入十一月晉太子太保文淵閣大學士 吳宗達 禮部尚書六月兼東閣大學士入十一月晉太子太保文淵閣大學士
四年辛未	延儒 如寵 八月致仕 象坤 六月致仕 體仁 宗達
五年壬申	延儒 二月晉少傅兼太子太傅吏部尚書建極殿大學士 體仁 二月晉少保兼太子太保戶部尚書武英殿大學士 宗達 二月晉少保兼太子太保戶部尚書武英殿大學士 鄭以偉 五月晉禮部尚書兼東閣大學士入十月晉太子少保 徐光啓 五月晉禮部尚書兼東閣大學士入十月加太子少保
六年癸酉	延儒 六月罷 體仁 十一月晉少傅兼太子太傅吏部尚書建極殿大學士 宗達 十二月晉少傅兼太子太傅吏部尚書建極殿大學士 以偉 六月卒 光啓 七月晉太子太保文淵閣大學士十月卒 錢士升 九月晉禮部尚書兼東閣大學士入 王應熊 十一月晉禮部尚書兼東閣大學士入 何吾騶 十一月晉禮部尚書兼東閣大學士入 何如寵 七月召辭不赴
七年甲戌	體仁 二月晉少師兼太子太師中極殿大學士 宗達 二月晉少師兼太子太師中極殿大學士 應熊 二月晉太子太保文淵閣大學士 吾騶 二月晉太子太保文淵閣大學士 士升 二月晉太子太保文淵閣大學士
八年乙亥	體仁 宗達 五月致仕 應熊 九月罷 吾騶 十一月罷 士升 文震孟 七月晉禮部侍郎兼東閣大學士入十一月閒住 張至發 七月晉禮部侍郎兼東閣大學士入
九年丙子	體仁 十月晉少師兼太子太師中極殿大學士 士升 四月免 至發 六月晉禮部尚書十月晉太子太保文淵閣大學士 林釬 禮部侍郎正月兼東閣大學士入六月卒 黃士俊 禮部尚書六月兼東閣大學士入十月晉太子太保文淵閣大學士 孔貞運 六月晉禮部尚書兼東閣大學士入十月晉太子太保文淵閣大學士 賀逢聖 禮部尚書六月兼東閣大學士入十月晉太子太保文淵閣大學士
十年丁丑	體仁 正月晉左柱國三月晉太保俱辭免六月致仕 至發 三月晉少傅兼太子太傅戶部尚書 士俊 三月晉少傅兼太子太傅戶部尚書 逢聖 三月晉少傅兼太子太傅戶部尚書 貞運 三月晉少傅兼太子太傅戶部尚書 劉宇亮 八月晉禮部尚書兼東閣大學士入 傅冠 八月晉禮部尚書兼東閣大學士入 薛國觀 八月晉禮部侍郎兼東閣大學士入
十一年戊寅	至發 四月罷 士俊 正月罷 逢聖 三月罷 貞運 六月罷 宇亮 六月晉文淵閣大學士十一月出督師 冠 六月晉文淵閣大學士八月罷 國觀 六月晉禮部尚書 程國祥 六月改禮部尚書兼東閣大學士入 楊嗣昌 六月改禮部尚書兼東閣大學士入仍掌兵部 方逢年 六月晉禮部尚書兼東閣大學士入十二月閒住 蔡國用 六月晉禮部尚書兼東閣大學士入 范復粹 六月晉禮部侍郎兼東閣大學士入
十二年己卯	宇亮 二月罷 國觀 六月晉太子太保戶部尚書文淵閣大學士十一月晉少保吏部尚書武英殿大學士 國祥 四月致仕 嗣昌 九月督師 國用 六月晉太子太保戶部尚書文淵閣大學士 復粹 五月晉禮部尚書六月晉太子太保戶部尚書文淵閣大學士 姚明恭 五月晉禮部尚書兼東閣大學士入 張四知 五月晉禮部尚書兼東閣大學士入 魏炤乘 五月晉禮部尚書兼東閣大學士入
十三年庚辰	國觀 六月致仕 國用 六月卒 復粹 明恭 五月罷 四知 炤乘 謝陞 四月晉太子少保改禮部尚書兼東閣大學士入八月晉少保兼太子太保吏部尚書武英殿大學士 陳演 禮部侍郎四月兼東閣大學士入 嗣昌 督師九月晉太子少保
十四年辛巳	復粹 五月罷 四知 炤乘 陞 演 延儒 二月召九月入十一月晉少師兼太子太師中極殿大學士 逢聖 二月召九月入 至發 二月召辭不赴 嗣昌 三月卒於軍
十五年壬午	延儒 逢聖 六月罷 四知 五月晉太子太保六月罷 炤乘 三月罷 陞 四月罷 演 蔣德璟 六月晉禮部尚書兼東閣大學士入 黃景昉 六月晉禮部尚書兼東閣大學士入 吳甡 六月晉禮部尚書兼東閣大學士入 應熊 十一月召明年九月至未任罷
十六年癸未	延儒 五月晉太師兼太子太師吏部尚書中極殿大學士尋罷 演 五月晉太子少保戶部尚書武英殿大學士 德璟 五月晉太子少保戶部尚書文淵閣大學士 景昉 五月晉太子少保戶部尚書文淵閣大學士九月致仕 甡 三月督師未行五月晉太子少保戶部尚書兼兵部尚書文淵閣大學士尋罷 魏藻德 五月擢少詹事兼東閣大學士入 李建泰 吏部右侍郎十一月兼東閣大學士入 方岳貢 右副都御史十一月兼東閣大學士入
十七年甲申三月莊烈帝崩明亡	演 二月免未行死於賊 德璟 三月免 藻德 二月晉兵部尚書文淵閣大學士死於賊 建泰 正月出督師 岳貢 二月晉戶部尚書文淵閣大學士死於賊 范景文 工部尚書二月兼東閣大學士入三月殉節 邱瑜 禮部侍郎二月兼東閣大學士入死於賊

明史卷一百十一　　表第十二

總裁官經筵講官少保兼太子太保保和殿大學士兼管吏部戶部尚書事加六級張廷玉等奉敕修

七卿年表一

七卿前史無表也曷爲表明太祖十三年罷丞相政歸六部部權重也洪宣以後閣體既尊而權亦漸重於是閣部相持凡廷推考察各騁意見以營其私而黨局分焉科道庶僚乘其間隙參奏紛拏馴至神宗厭其囂聒置而不論而被劾多者其人自去逮熹宗朝則正論澌滅矣莊烈矯之卒不能救二百七十年間七卿之正直而獨立者若而人偏邪而嫉能者若而人貪庸而媚宰輔者若而人備列之可以觀世變矣作七卿表自洪武十三年始成祖遷都南京止設侍郎仁宗乃有尚書都御史而未備備官自孝宗始其權位重者曰參贊機務憲宗後乃專屬之兵部然累世承平履其任者惟養清望而已無關政本故不具錄

紀年	吏部尚書	戶部尚書	禮部尚書	兵部尚書	刑部尚書	工部尚書	左右都御史
七卿除罷							
太祖洪武十三年庚申	偰斯 正月任二月改禮部 洪彝 正月任尋免 劉崧 四月禮部侍郎署五月致仕 阮畯 六月任	徐鐸 正月任坐黨逆免 范敏 五月本部郎中署	鄭九成 正月任以後無考 偰斯 二月任六月致仕 李晃 七月侍郎試十月爲江西布政司試參政	趙本 去年十一月任以後無考	呂宗藝 去年十一月任以後無考	薛祥 二月任	安然 正月任五月致仕 李善長 五月署
十四年辛酉	畯	敏 正月免 徐輝 二月	李叔正 正月任	李澂 九月任	胡楨 七月郎中試	祥 十月杖死	

		試尚書十二月除名	高信十二月以郎中試	唐鐸十一月任			
十五年壬戌	峻三月致仕 李信三月任	郭允道五月任 曾泰八月任	信二月免 劉仲質十一月任 十二月改大學士 任昂十一月任	鐸十一月改諫議大夫 趙仁十一月任	開濟七月試	趙俊三月任	
十六年癸亥	信正月卒 陳敬正月試 十二月致仕	王時月任	昂	仁	濟二月實授 十二月罪誅	俊	
十七年甲子	余熂正月任	栗恕正月試 六月出為福建參政 郭桓五月試	昂 趙瑁十月試	俞綸三月試	劉逵正月試 王惠迪十一月任	麥至德正月試	詹徽正月試任左 湯友恭月任右
十八年乙丑	熂四月罪誅 趙瑁三月任 未幾罪誅	桓正月降侍郎 三月罪誅 徐鐸正月任 茹太素九月任 十二月降御史	瑁三月改吏部	溫祥卿正月任 六月降主事	惠迪三月罪誅 唐鐸十月任	至德正月降侍郎 三月罪誅 徐本正月任	徽 友恭
十九年丙寅					鐸	本月免	徽 友恭
二十年丁卯			李原名六月試		鐸		徽 友恭
二十一年戊辰			原名	唐鐸六月任	鐸六月改兵部		徽 友恭月免 凌漢正月任右 八月降刑部侍郎
二十二年己巳		楊靖二月任	原名	鐸四月兼詹事 五月致仕 沈溍二月任	趙勉二月任	秦逵二月任	徽
二十三年庚午	詹徽六月以左都御史兼	靖五月改刑部 趙勉五月任	原名	溍五月改工部 六月復任 秦逵五月任 六月復改工部 茹瑺十一月試	勉五月改戶部 安童正月任 楊靖五月任	逵五月改兵部 六月復任 沈溍五月任 六月復改兵部	徽四月兼掌通政司 六月兼吏部
二十四年辛未	徽十二月任 仍兼左都御史	勉		溍十月免 瑺十一月實授	靖	逵	徽十二月遷吏部尚書 仍兼院務 袁泰十二月任右
二十五年壬申	徽十二月加太子少保	勉閏十二月下獄誅		瑺十二月加太子少保	靖	逵九月自殺	徽八月解院務 泰八月卒
二十六年癸酉	徽二月罪誅 梁煥二月以給事中署 翟善四月以主事署	郁新六月任		瑺	靖正月兼太子賓客 尋坐事免	嚴震直六月任 十二月降御史	
二十七年甲戌	善五月陞左侍郎仍署	新	任亨泰五月任	瑺		王儁十月以侍郎署	曹銘九月任右
二十八年乙亥	善閏九月降知縣	新	亨泰八月使安南	瑺		儁二月任	銘九月罪死 吳斌正月任左 王平二月任右
二十九年丙子	杜澤正月任	新	亨泰二月還降御史 門克新正月任 八月卒	瑺	夏恕七月以大理丞署	孫顯六月以侍郎署	來恭月任 八月降侍郎 鄧文鑑十一月以刑部主事署
三十年丁丑	澤十月免	新	鄭沂八月任	瑺	恕月任	顯二月任 嚴震直八月任	楊靖四月任左 七月賜死 嚴震直四月任右 八月改工部尚書
三十一年戊寅閏五月惠帝即位	茹瑺九月任 十二月署河南布政 張紞十二月任	新 王鈍十二月任	沂八月免 陳迪八月任	瑺九月遷吏部尚書 齊泰五月任 參預國政	恕 暴昭五月任	震直 鄭賜十二月任	暴昭四月任 五月遷刑部尚書
建文元年己卯	紞	新 鈍	迪	泰十一月罷 茹瑺十一月復任	昭七月出掌平燕布政司事 侯泰七月任	賜 震直月巡視河北	景清二月任左 練子寧二月任右
二年庚辰	紞	新 鈍	迪	瑺 鐵鉉十二月任督軍	泰 昭	賜 震直	清 子寧
三年辛巳	紞	新 鈍	迪二月加太子少保	齊泰正月復 閏三月又謫 瑺 鉉	泰 昭	賜 震直	清 子寧
四年壬午秋七月燕王即皇帝位	紞七月自經死 蹇義九月任	新六月歸附仍任 鈍六月歸附 七月致仕 夏原吉九月任 郭資十一月任 仍掌北平布政事	迪六月殉難 宋禮七月以刑部員外署 八月陞右侍郎 尋遷左仍署 李至剛十二月任	泰六月殉難 鉉八月死難 瑺六月迎降 九月封忠誠伯仍任 劉儁九月任	泰六月殉難 昭六月殉難 鄭賜七月任 雒僉十二月任 仍知保定府	賜六月歸附 七月改刑部 震直六月歸附 七月致仕 同戶部尚書王鈍巡視中原 九月卒 黃福九月任	清六月殉難 子寧六月殉難
永樂元年癸未	義	新 原吉四月治水蘇松 資二月改行部	至剛 鄭沂七月復任 九月致仕	瑺 儁	賜 僉二月改行部	福	陳瑛正月任
二年甲申	義四月兼詹事	新 原吉	至剛四月兼左春坊大學士	儁 金忠四月任 兼詹事	賜	福 宋禮十二月任	瑛 吳中九月任右
三年乙酉	義	新八月卒 原吉月回部	至剛八月下獄 鄭賜九月任	儁 忠	賜九月改禮部 呂震九月任	福四月改行部 禮	瑛 中
四年丙戌	義	原吉	賜	儁七月參贊交南軍務 忠	震	禮閏七月採木四川	瑛 中
五年丁亥	義	原吉	賜 趙羾六月任	忠	震	禮 吳中正月任	瑛 中正月改工部尚書
六年戊子	義	原吉	賜六月卒 羾 劉觀六月任 十二月改刑部 呂震十二月任	忠 儁五月班師 八月復出征 十二月戰殁	震十二月改禮部 劉觀十二月任	禮 中	瑛
七年己丑	義輔太子居守	原吉二月扈駕巡北京 兼署行在禮兵二部及都察院	羾扈駕 兼署行在刑部 震	忠輔太子居守 方賓以兵部侍郎扈駕 兼署行在吏部 三月任	觀	禮 中扈駕	瑛
八年庚寅	義	原吉扈駕 二月輔導皇長孫 仍兼行在吏戶兵三部	羾扈駕 震	忠 賓扈駕	觀三月參贊貴州軍務 征永昌叛寇	禮 中扈駕	瑛
九年辛卯	義	原吉	羾九月下獄 震	忠 賓	觀	禮三月督濬會通河 中	瑛二月罪誅
十年壬辰	義	原吉	震	忠 賓	觀	禮十二月復出採木 中 白彥芳三月以陝西參議署	
十一年癸巳	義	原吉扈駕巡北京	震扈駕	忠 賓扈駕	觀	禮 中	
十二年甲午	義	原吉扈駕征瓦剌	震扈駕	忠 賓八月扈駕回北京	觀月謫爲吏	禮月回部 中	
十三年乙未	義	原吉扈駕	震扈駕	忠四月卒 賓扈駕	觀六月改左都御史 二月復任	禮 中扈駕	劉觀六月任
十四年丙申	義	原吉扈駕	震扈駕 金純三月任	賓扈駕 陳洽四月任 參贊交阯	吳中八月任 扈駕 十一月俱回京	禮 中八月扈駕 改刑部	觀
十五年丁酉	義	原吉扈駕巡北京	震扈駕 純	賓扈駕 趙羾十一月任 屯戍邊塞	中	禮	觀
十六年戊戌	義	原吉扈駕	震扈駕 純	賓扈駕 羾	中	禮	觀

十七年己亥	義	原吉扈駕	震扈駕 純	賓扈駕 瓛	中	禮九月數閱 京	觀
十八年庚子	義	原吉扈駕 郭資二十月任	震扈駕 純	賓扈駕 瓛	中	禮 李慶二十月任	觀 王彰二十月任右
十九年辛丑是年設六部於北京	義四月巡撫應天七月還朝	原吉十一月下獄 資	震 純四月巡撫四川役還朝署刑部	賓十一月自經 瓛督屯戍	中十一月下獄	禮 慶	觀 彰四月巡撫河南
二十年壬寅	義九月下獄	資	震九月下獄 純兼署刑部	瓛督戍屯二月督餉		禮七月卒 慶兼署兵部二月還督	觀 彰二月督餉
二十一年癸卯	義二月復任	資	震三月復任 純	瓛		慶兼署兵部	觀 彰
二十二年甲辰八月仁宗卽位	義八月加少保九月晉少傅十一月晉少師	資十月兼太子賓客十一月加太子太師致任 原吉八月出獄復任十月加太子太傅一月晉少保	震十月加太子少師十一月晉太子太保 純八月改工部	瓛八月遷南京刑部尚書 李慶八月任十月加太子少保	吳中八月出獄十月兼詹事改工部 金純十月任	慶八月改兵部 金純八月任十月改刑部 黃福九月交阯召還十月兼詹事 吳中十一月任加太子少保	觀八月兼太子賓客十一月晉太子少保 彰九月鎮撫河南 向琎十月任右兼詹事
洪熙元年乙巳六月宣宗卽位	義	原吉	震加太子太保	慶十月改南京 張本四月任	純正月兼太子賓客	福 中 李友直正月任專管督繕三月改行部	觀 彰 琎九月改南京
宣德元年丙午	義	原吉	震四月卒 胡濙四月任	本八月從討高煦留撫樂安尋回部 陳洽十一月交阯陣歿	純	福十二月出鎮交阯 中 友直	觀 彰
二年丁未	義	原吉 郭敦八月任尋巡撫陝西	濙	本四月安撫山西軍民	純	福十一月還 中三月加少保 友直	觀 彰四月卒
三年戊	義八月扈從	原吉八月	濙八月扈從	本	純五月下獄	福	觀六月巡視

申	十月解部事俸給如舊	十月扈從解部事俸給如舊 敦五月召還			八月致仕	中六月下獄尋釋奪少保八月扈從 友直五月四川採木八月改行部工部	河道十月下獄 顧佐七月任右
四年己酉	義 郭璡四月任	原吉 敦 郭資四月召六月以原官太子太師掌部事	濙五月兼詹事	本十二月加太子賓客		福四月出督漕運 中 友直	佐
五年庚戌	義 璡	原吉正月卒 敦 資 黃福八月任 李昶閏十二月任	濙	本六月兼戶部		福八月改戶部 中二月兼吏部 友直	佐
六年辛亥	義 璡	敦四月卒 資 福 昶十月卒	濙正月兼戶部	本正月卒 許廓正月任		中 友直	佐
七年壬子	義 璡	資 福八月改南京	濙兼戶部	廓六月卒		中 友直	佐
八年癸丑	義 璡閏八月兼都察院	資十二月卒	濙兼戶部			中 友直	佐閏八月以疾致仕 熊槩九月任右
九年甲寅	義 璡九月兼工部		濙兼戶部	王驥三月任		中 友直	槩九月兼刑部十月卒 佐十月病痊復任
十年乙卯正月英宗卽位	義正月卒 璡		濙兼掌戶部	驥	魏源七月任 施禮七月任九月改南京	中七月加少保 友直正月督易州柴炭	佐
正統元	璡	劉中敷	濙	驥十二月下	源	中	佐六月致仕

年丙辰		月任		獄尋釋		友直三月督京倉	陳智六月任右
二年丁巳	璡	中敷	濙	驥五月出理甘肅邊務	源五月整飭大同邊務	中 友直	智
三年戊午	璡	中敷七月下獄尋釋	濙七月下獄旋釋	驥四月回部兼大理卿	源四月回部七月下獄十二月又下獄	中 友直九月卒	智十二月下獄
四年己未	璡	中敷	濙	驥	源閏二月釋 獄	中	智閏二月釋 獄
五年庚申	璡	中敷	濙	驥四月出征麓川 柴車二月自陝西召任郎 歸省	源	中	智
六年辛酉	璡	中敷十月下獄荷校尋還職閏十一月又下獄 王佐十二月任	濙	車三月還朝六月卒 驥二月總督軍務	源	中十月晉少師	智六月劾免 王文六月任右
七年壬戌	璡 魏驥以侍郎署	佐	濙	驥三月還朝五月封靖遠伯解部事 徐晞五月任	源	中四月致仕六月卒 王巹七月任	文
八年癸亥	璡正月致仕 王直正月任	佐	濙	晞	源三月致仕 王質三月任十一月降戶部侍郎 金濂八月任	巹	文
九年甲子	直	佐	濙	晞	濂	巹	文
十年乙丑	直	佐	濙	晞十月致仕 鄺埜九月任	濂	巹 黎澄六月安南王子任內府供事	文十月出撫陝西 陳鎰十月自陝西召還任右
十一年丙寅	直八月下獄尋釋	佐三月下獄尋釋	濙	埜	濂三月下獄尋釋	巹 澄七月卒	鎰三月下獄尋釋

十二年丁卯	直	佐	濙	埜	濂	巹	鎰
十三年戊辰	直	佐	濙	埜	濂十一月出征福建	巹二月致仕 石璞五月任七月出征浙江賊葉宗留	鎰
十四年己巳八月景帝監國九月卽位	直八月加太子太保	佐八月殁於土木 金濂十一月任加太子太保	濙八月加太子太傅	埜八月殁於土木 于謙八月任十月加少保	濂十月改戶部 俞士悅十一月任	璞十二月回部	鎰八月出撫畿內十月改左十一月回院 俞士悅八月任十一月遷刑部尚書 楊善十二月任右
景泰元年庚午	直	濂	濙	謙	士悅	璞十一月出巡大同	鎰 善八月改左 王文閏正月自陝西回院
二年辛未	直 何文淵七月任	濂	濙	謙	士悅	璞六月回部	鎰四月出撫陝西 善 文
三年壬申	直正月加少傅四月兼太子太師 文淵四月加太子太保	濂二月下獄尋釋革太子太保調工部三月復任四月加太子太保	濙正月加少傅四月兼太子太師	謙四月兼太子太傅 儀銘五月任	士悅四月加太子太保	璞四月加太子太保	善正月加太子太保 文正月加太子太保十月入閣 鎰三月回院四月加太子太保 王翺二月自陝西巡撫回院四月加太子太保七月出督兩廣
四年癸酉	直 文淵六月下獄旋釋致仕 王翺六月任	濂	濙	謙 銘二月兼詹事	士悅	璞七月出治沙灣決河	善 鎰九月致仕 翺三月召還六月吏部尚書

							羅通 七月任右 蕭維禎 七月任左十一月丁憂
五年甲戌	直 翱	濂 二月卒 張鳳 四月任	濙	謙 銘 七月卒	士悅	璞 四月奔喪復任	善 維禎 七月起復 李實 五月任右
六年乙亥	直 翱	鳳	濙 七月兼掌詹事府	謙 石璞 正月任	士悅	璞 正月改兵部 江淵 正月以內閣起復	善 維禎 實
七年丙子	直 翱	鳳	濙	謙 璞 正月安撫湖廣	士悅	淵	維禎 實
天順元年丁丑正月英宗復位	直 正月奪少傅兼太子太師銜致仕 翱 正月奪太子太保銜留任	鳳 二月改南京 沈固 三月任	濙 正月奪少傅兼太子太師銜致仕 楊善 三月以興濟伯管部事	謙 正月棄市 璞 六月回部旋致仕 驥 二月以靖遠伯管部事六月解任 陳汝言 六月任	士悅 正月謫戍 軒輗 二月任七月致仕 劉廣衡 八月任	淵 正月謫戍 趙榮 正月任	維禎 二月改南京 實 二月爲民 耿九疇 三月任右六月下獄改江西布政 馬昂 五月任出撫山西十一月回院 寇深 七月任
二年戊寅	翱	固	善 五月卒	汝言 正月下獄 馬昂 二月任	廣衡 十月子告十二月卒 陸瑜 十月布政陞	榮	昂 二月遷兵部尚書 深
三年己卯	翱	固		昂	瑜	榮	深
四年庚辰	翱	固 二月致仕 年富 二月任	蕭晅 二月布政陞任十一月改南京 石瑁 十一	昂	瑜	榮	深
			月任				
五年辛巳	翱	富	瑁	昂 八月加太子少保	瑜	榮 八月兼大理卿	深 七月被曹欽殺 李賓 七月任右
六年壬午	翱	富	瑁 十二月卒	昂	瑜	榮 七月致仕	賓
七年癸未	翱	富	姚夔 正月任	昂	瑜 十二月下獄尋釋	周瑄 二月以刑部侍郎署 白圭 三月任	賓 十一月下獄尋釋 周瑄 十一月以刑部侍郎署
八年甲申正月憲宗即位	翱	富 四月卒 馬昂 八月任	夔	昂 八月改戶部 王竑 八月任	瑜	圭	賓 李秉 八月任左
成化元年乙酉	翱 三月加太子太保	昂	夔	竑 九月致仕 王復 十月任	瑜	圭 十二月督師荊襄	賓 八月遷南京兵部尚書 秉
二年丙戌	翱	昂	夔	復 八月整飭延綏邊備	瑜	圭 五月召回十二月丁憂復起	秉 八月整飭大同邊備
三年丁亥	翱 七月病免十一月卒 李秉 十二月任	昂	夔	復 四月改工部 白圭 四月任	瑜	圭 正月加太子少保四月改兵部 王復 四月任	林聰 四月任右 秉 三月召回五月進督師東征十一月回十二月陞吏部尚書
四年戊子	秉 正月加太子少保	昂 九月致仕 楊鼎 十月任	夔	圭 程信 四月四川回部	瑜	復	聰
五年己丑	秉 正月免 崔恭 正月任五月憂去 姚夔 六月任	鼎	夔 六月改吏部 鄒幹 八月任	圭 信	瑜	復	聰
六年庚寅	夔	鼎	幹	圭 信 九月改南京	瑜	復	聰 李賓 九月任
七年辛卯	夔 九月加太子少保	鼎	幹	圭	瑜	復	聰 八月出撫大同
八年壬辰	夔	鼎	幹	圭	瑜	復	賓 項忠 五月回院陞左
九年癸巳	夔 二月卒 尹旻 三月任	鼎	幹	圭 八月憂去十二月起復	瑜 八月致仕 王槩 八月任	復	忠 賓 加太子太保 董方 十一月任右
十年甲午	旻	鼎	幹	圭 十二月卒 項忠 十二月任	槩 八月卒 項忠 十月任十二月改兵部 董方 十二月任	復	忠 十一月遷刑部尚書 賓 方 二月出撫大同十二月遷刑部尚書
十一年乙未	旻	鼎	幹	忠	方	復	賓 二月加太子少保 王越 二月任左兼提督團營
十二年丙申	旻	鼎	幹	忠	方	復	賓 越
十三年丁酉	旻	鼎	幹	忠 六月除名 余子俊 七月召十月任	方 七月致仕 林聰 七月任	復	賓 七月致仕 越 十二月加兵部尚書
十四年戊戌	旻 二月加太子少保	鼎 二月加太子太保	幹 二月加太子少保	子俊 十月加太子少保	聰 十月加太子少保	復	越 十月加太子太保
十五年己亥	旻 正月加太子太保	鼎 十二月致仕 陳鉞 十二月召	幹 十二月致仕 張文質 十二月任	子俊	聰	復 十二月致仕 劉昭 十二月任	越 月出征延綏
十六年庚子	旻	鉞 正月任	文質	子俊	聰	昭	越 三月回院封威寧伯仍督團營
十七年辛丑	旻	鉞 二月改兵部 翁世資 二月任	文質 正月憂去 周洪謨 二月任	子俊 正月憂去 陳鉞 二月任	聰	昭	越 五月出鎮寧夏 戴縉 三月任右
十八年壬寅	旻	世資	洪謨	鉞 三月爲民 張鵬 三月任	聰 閏八月卒 張鎣 九月任	昭	縉
十九年癸卯	旻 加柱國	世資 二月加太子少保致仕 余子俊 三月召七月任	洪謨	鵬	鎣	昭	縉 三月改南京工部尚書 李裕 四月任右
二十年甲辰	旻 十一月晉太子太傅	子俊 二月出督大同加太子太保 殷謙 十月任仍兼倉場十一月加太子少保	洪謨 十一月加太子少保	鵬 十一月加太子少保	鎣 十一月加太子少保	昭 十一月加太子少保	裕 六月改南京 朱英 六月任右十一月加太子少保
二十一年乙巳	旻	謙	洪謨	鵬 閏四月致仕 馬文升 十一月任	鎣	昭	英 七月卒 屠滽 七月任右
二十二年丙午	旻 四月奪太子太傅授太子少保五月勒免 耿裕 八月任十月改南京禮部 李裕 十月任	謙 六月致仕 劉昭 八月任十二月奪太子少保免	洪謨	文升 九月改南京	鎣 十月憂去 杜銘 十月任	昭 八月改戶部 李裕 八月任十月改吏部 謝一夔 十月任	滽 九月改南京 劉敷 九月召
二十三年丁未九月孝宗即位	裕 十一月致仕 王恕 十一月任十二月加太子太保	李敏 正月任	洪謨	余子俊 正月召七月任仍加太子太保	銘 十月致仕	一夔 五月卒 賈俊 六月任	敷 二月任十一月罷 馬文升 十一月任左
弘治元年戊申	恕	敏	洪謨 十月致仕 耿裕 十月任	子俊	何喬新 正月任	俊	文升
二年己酉	恕	敏	裕	子俊 二月卒 馬文升 二月任兼督團營	喬新	俊	文升 二月遷兵部尚書 屠滽 二月任

三年庚戌	恕	敏	裕	文升	喬新	俊	滽
四年辛亥	恕	敏正月致仕 葉淇二月任	裕四月下獄旋釋	文升	喬新八月致仕 彭韶九月任	俊	滽二月病去 白昂二月任
五年壬子	恕	淇	裕	文升五月加太子少保	韶	俊五月加太子少保	昂
六年癸丑	恕閏五月致仕 耿裕六月任	淇	裕六月改吏部 倪岳六月任	文升	韶七月致仕 白昂八月任	俊	昂八月遷刑部尚書 屠滽七月召任右
七年甲寅	裕九月加太子太保	淇九月加太子少保	岳	文升九月晉太子太保	昂九月加太子少保	俊二月致仕 劉璋二月任	滽九月陞左加太子少保
八年乙卯	裕	淇	岳	文升	昂	璋	滽
九年丙辰	裕正月卒 屠滽二月任	淇四月致仕 周經四月任	岳四月改南京吏部 徐瓊四月任	文升	昂	璋七月致仕 徐貫八月任	滽二月遷吏部尚書 閔珪四月任
十年丁巳	滽四月加太子太保	經	瓊	文升九月加柱國	昂	貫	珪
十一年戊午	滽二月晉太子太傅	經二月加太子少保	瓊二月加太子少保	文升二月晉少保兼太子太傅	昂二月加太子太保	貫二月加太子少保	珪二月加太子少保 佀鍾十二月任右
十二年己未	滽	經	瓊	文升	昂	貫十月晉太子太保	珪 鍾
十三年庚申	滽五月加柱國致仕 倪岳六月任	經五月晉太子太保致仕 佀鍾五月任	瓊五月晉太子太保致仕 傅瀚五月任	文升六月晉少傅	昂五月加太子太傅致仕 閔珪五月任 七月晉太子太保	貫五月加太子太傅致仕 曾鑑五月任	珪五月遷刑部尚書 鍾五月遷戶部尚書 戴珊六月任左 史琳六月任右經略紫荊關
十四年辛酉	岳十月卒 馬文升十月任	鍾	瀚	文升十月改吏部 劉大夏十月召	珪	鑑	珊 琳
十五年壬戌	文升	鍾	瀚二月卒 張昇二月任	大夏	珪	鑑	珊 琳
十六年癸亥	文升六月晉少師兼太子太師	鍾	昇	大夏	珪	鑑	珊 琳
十七年甲子	文升	鍾五月致仕 秦紘五月命未任十月致仕 韓文十一月任	昇	大夏	珪加柱國	鑑	珊 琳
十八年乙丑五月武宗卽位	文升	文	昇	大夏	珪	鑑	珊十二月卒 琳 屠勳九月任右
正德元年丙寅	文升四月致仕 焦芳四月任十月入閣 許進十月任	文十一月閏任 顧佐十二月任	昇	大夏五月致仕加太子太保 許進五月任十月改吏部 閻仲宇十一月任	珪	鑑	張敷華正月任十二月致仕 琳正月卒 勳
二年丁卯	進八月加太子少保	佐	昇閏正月致仕 李傑閏正月任十月致仕 劉機十月任	仲宇四月加太子太保致仕 劉宇四月任八月加太子少保九月晉太子少傅	珪閏正月致仕 屠勳閏正月任	鑑閏正月卒 李鐩閏正月任	劉宇閏正月任左四月遷兵部尚書 屠滽四月起掌院事 勳閏正月遷刑部尚書
三年戊辰	進八月致仕 劉宇八月任	佐八月致仕 劉璣九月任	機二月丁憂 周經三月任十月致仕 白鉞十月任	宇八月改吏部 曹元八月任九月加太子少保	勳二月加太子少保致仕 王鑑之二月任	鐩十一月致仕 洪鍾十二月任	滽
四年己巳	宇六月加少傅六月入閣 張綵六月任十一月加太子少保	璣	鉞	元	鑑之正月致仕 洪鍾正月任十一月加太子少保改左都御史 劉璟十二月任	鍾正月改刑部 才寬正月任四月出督陝西 畢亨十二月任	滽閏九月致仕 陳金十月任十一月出督江西 洪鍾十一月任
五年庚午	綵八月下獄死 劉機八月任九月加太子少保十二月致仕	璣八月免 楊一清八月任加太子少保	鉞九月加太子少保改內閣管誥敕十月卒 費宏九月任	元二月入閣 胡汝礪二月陞三月卒 王敞三月任九月加太子少保	璟九月加太子少保十二月致仕	亨九月改南京 李鐩九月任	鍾三月督師討湖廣賊
六年辛未	楊一清正月任十二月晉少保兼太子太保	一清正月改吏部 孫交月任	宏十二月入閣 傅珪十二月任	敞五月致仕 何鑑五月任十二月加太子少保	何鑑正月任五月改兵部	鐩	鍾討賊 王鼎五月任
七年壬申	一清	交	珪	鑑九月晉太子太保	張子麟十二月任	鐩十二月加太子少傅	鍾九月還京十二月致仕 鼎六月罷 陸完十月任加太子太保 李士實七月任右掌院
八年癸酉	一清	交六月致仕 王瓊六月任	珪六月致仕 劉春六月任	鑑十一月致仕 陸完十一月任	子麟	鐩	完十一月遷兵部尚書 士實十一月致仕 石玠十二月任
九年甲戌	一清十月晉少傅兼太子太傅	瓊	春	完七月加太子太保	子麟	鐩	玠
十年乙亥	一清閏四月入閣 陸完閏四月任	瓊閏四月改兵部 石玠五月任	春八月憂去 毛紀八月任	完閏四月改吏部 王瓊閏四月任	子麟	鐩	玠五月遷戶部尚書 彭澤五月任左加太子少保 王璟五月任右
十一年丙子	完七月晉太子太保	玠七月晉太子少保	紀九月改管誥敕 李遜學九月任	瓊	子麟七月加太子少保	鐩七月晉太子少傅	澤月加太子少保 璟
十二年丁丑	完二月加柱國	玠	遜學五月改東閣誥敕 毛澄六月任	瓊二月加少保兼太子太保十一月晉少傅兼太子太傅	子麟	鐩二月晉太子太保	澤二月經略哈密五月還致仕 璟六月遷左 張綸六月任右
十三年戊寅	完月加少保	玠	澄	瓊月加柱國	子麟	鐩	璟 綸
十四年己卯	完	玠四月致仕 楊潭五月自倉場管部事	澄	瓊月晉少師兼太子太師	子麟	鐩月加柱國	璟 綸
十五年庚辰	完十一月下獄充軍 王瓊十二月任	潭	澄	瓊十二月改吏部	子麟月加柱國晉太子太保	鐩	璟月加太子太保 綸 陳金六月任
十六年辛巳四月世宗卽位	瓊四月下獄謫戍 石瑤五月任七月改東閣誥敕 喬宇八月任十一月晉少保	潭四月罷 孫交五月任復加太子太保	澄	王憲正月任四月罷 彭澤五月任	子麟十月歸省	鐩四月致仕 林俊五月任	璟四月致仕 金四月致仕 綸八月致仕 金獻民六月任
嘉靖元年壬午	宇月加柱國	交	澄三月晉太子太傅	澤月加柱國	子麟四月致仕 林俊四月任	俊四月改刑部 陶琰四月任十一月改南京兵部 趙璜十二月	獻民

七卿年表二

明史卷一百十二 表第十三

總裁官總理事務經筵講官少保兼太子太保保和殿大學士兼管吏部戶部尚書事加六級臣廷玉等奉

敕修

	二年癸未	三年甲申	四年乙酉	五年丙戌	六年丁亥	七年戊子
	宇	宇 七月致仕 楊旦 八月命，未任，免 廖紀 十月任	紀	紀 七月加太子太保	紀 四月晉少保致仕 羅欽順 五月召，又辭不赴 李承勛 八月命，十月改刑部 桂萼 十一月任	萼 正月加太子太保，六月晉少保兼太子太傅
	交 十月致仕 秦金 十一月任	金	金	金	金 三月致仕 鄒文盛 四月任	文盛 十二月致仕 梁材 十二月任
	澄 二月致仕，閏四月卒 羅欽順 三月召，辭不赴 汪俊 七月任	俊 三月致仕 席書 三月召，八月任	書 閏十二月加太子太保	書 七月晉少保	書 二月加武英殿大學士，三月卒 羅欽順 二月召，辭不赴 吳一鵬 五月自誥敕回部，九月改南京 桂萼 九月任，十一月改吏部 方獻夫 十一月任	獻夫 六月加太子太保
	澤 十月晉少保，致仕 金獻民 十一月任	獻民 九月督師甘肅	獻民 三月回京，六月致仕 李鉞 六月任	鉞 九月致仕 王時中 十月任	時中 三月引疾，十月復任 李承勛 十二月任，加太子太保，提督團營	時中 十月罷 承勛 三月掌都察院 胡世寧 十一月任，加太子太保
	俊 七月加太子太保，致仕 金獻民 八月任，十一月改兵部 趙鑑 十一月任	鑑	鑑	鑑 五月致仕 顏頤壽 五月任	頤壽 八月下獄爲民 桂萼 八月以禮部侍郎署 李承勛 十月任，加太子少保，十二月改兵部 胡世寧 九月任，加太子少保，改都御史，十二月復任	世寧 十一月改兵部 高友璣 十一月任
月任	璜	璜	璜	璜	璜 三月致仕 童瑞 四月任	瑞 劉麟 七月任
	獻民 八月遷刑部尚書 俞諫 八月任	諫 八月卒 邊憲 六月任，十月卒 李鉞 十月任	鉞 六月遷兵部尚書 顏頤壽 六月任	頤壽 五月遷刑部尚書 聶賢 六月任	賢 六月爲民 胡世寧 七月任，九月遷刑部尚書，十月復任，又十二月仍爲刑部尚書 伍文定 十二月任	文定 三月督師雲貴 李承勛 三月以京營兵部尚書兼管

八年己丑	九年庚寅	十年辛卯	十一年壬辰	十二年癸巳	十三年甲午	十四年乙未
萼 二月入閣 方獻夫 二月任	獻夫 九月告	獻夫 七月召，未赴 王瓊 十二月任	瓊 七月卒 獻夫 七月以內閣掌部事 汪鋐 九月任，加太子太保	鋐	鋐 七月加太子太保，兼兵部尚書，督團營，兼督大工	鋐 九月免
材	材	材 九月憂去 許讚 九月任	讚	讚	讚 八月歸省 梁材 九月任	材
獻夫 二月改吏部 李時 三月任	時	時 七月加太子太保，九月入閣 夏言 九月任	言 十一月加太子太保	言	言 正月晉少保	言
世寧 正月致仕 承勛 二月任，兼督京營	承勛	承勛 三月卒 時中 四月復任，九月改刑部 王憲 十一月任	憲 八月兼督京營	憲	憲 正月加太子太保	憲 三月致仕 張瓚 三月任
友璣 四月致仕 周倫 五月任，九月改南京 許讚 九月任	讚	讚 九月改戶部 王時中 九月任	時中	時中 二月免 聶賢 四月任	賢	賢 七月致仕 唐龍 七月任
麟 七月致仕 章拯 八月任	拯 十一月致仕 蔣瑤 十二月任	瑤 七月加太子少保	瑤 四月髮去 趙璜 四月召，未赴，卒 聶賢 九月召，未赴，十月改左都御史 秦金 十一月任	金	金 四月加太子太保	金 七月加太子太保，改南京兵部 林庭棉 八月任
承勛 二月遷兵部尚書 汪文定 二月召回，三月致仕 熊浹 七月任，免 王憲 八月任，十二月免 汪鋐 十二月任	鋐 十月兼督京營	鋐 七月加太子太保	鋐 九月遷吏部尚書 聶賢 十月任 王大用 九月任，仍右僉巡撫	賢 四月遷刑部尚書 王廷相 四月任	廷相 二月加兵部尚書，提督團營，仍掌院事	廷相

十五年丙申	十六年丁酉	十七年戊戌	十八年己亥	十九年庚子
許讚 四月命，守制未赴，閏十二月任	讚 十一月加太子太保	讚	讚 正月晉少保	讚
材	材	材 三月致仕 李廷相 三月以倉場回部	廷相 五月致仕 梁材 五月復任，十月加太子少保	材 六月閒住 李如圭 六月任
言 七月兼太子太傅，九月晉少傅兼太子太師，閏十二月入閣 嚴嵩 閏十二月任	嵩	嵩	嵩 正月加太子太保	嵩 七月晉少保
瓚 十一月加太子太保	瓚	瓚 毛伯溫 三月任，討安南，四月罷，行管右都御史事	瓚	瓚 十一月晉少保 樊繼祖 十二月添注協理部事
龍	龍 七月加太子少保	龍 四月歸養 楊志學 五月任	志學 六月致仕 周期雍 六月任	期雍 八月致仕 錢如京 九月任
庭棉 十一月加太子太保 甘爲霖 十月任，督大工	庭棉 六月致仕 爲霖 十二月罷 溫仁和 六月任 毛伯溫 十二月任	仁和 八月改管詹事府 伯溫 三月改兵部 楊志學 四月任督工，五月改刑部 蔣瑤 九月任 周敍 五月任督工	瑤 正月加太子少保 甘爲霖 閏七月復任，督工	瑤 五月致仕 張潤 六月任 爲霖 七月加太子少保
廷相 四月加太子少保	廷相 毛伯溫 五月奪情任右，十二月遷工部尚書	廷相 伯溫 四月以兵部尚書管右 王堯封 四月任右，改倉場尚書	廷相 三月加太子太保 伯溫 二月巡邊，四月回院，七月征安南，十月加太子少保	廷相 伯溫

二十年辛丑	二十一年壬寅	二十二年癸卯	二十三年甲辰	二十四年乙巳	二十五年丙午	二十六年丁未
讚 四月致仕，十月復任	讚	讚	讚 八月加太子太傅，九月入閣 熊浹 九月任	浹 七月加太子太保，十一月爲民 唐龍 十二月任	龍 七月罷，卒 周用 七月任	用 正月卒 聞淵 正月任，六月加太子太保
如圭	如圭 八月致仕 王杲 九月任	杲	杲	杲	杲	杲 五月加太子少保，九月下獄充軍 夏邦謨 九月任
嵩	嵩 八月入閣，仍掌部事	嵩 四月解部事 張璧 二月任	璧 九月入閣 費寀 三月掌詹事府，九月回部	寀 七月加太子少保	寀	寀 六月加太子太保
瓚 樊繼祖 七月出督宣大 劉天和 九月任，提督團營	瓚 十月卒 天和 八月致仕 毛伯溫 十一月任	伯溫	伯溫 十月爲民 戴金 十月任	金 閏正月免 唐龍 正月任，七月加太子太保，十二月改吏部 路迎 十二月任，兼管團營	迎 六月免 陳經 六月任	經 七月加太子少保，致仕 王以旂 九月任
如京 八月致仕 吳山 九月任	山 十月削籍 聞淵 十月任	淵	淵 七月加太子少保	淵	淵	淵 正月改吏部 屠僑 二月任，九月改左都御史 喻茂堅 閏九月任
潤 三月憂去 爲霖 三月管部事，仍督大工	爲霖	爲霖	爲霖	爲霖 七月晉少保兼太子太保	爲霖 五月致仕 王以旂 五月任	以旂 二月改左都御史 文明 二月任
廷相 七月爲民 伯溫 四月晉太子太保，八月召還掌院	伯溫 十月遷兵部尚書 潘鑑 閏五月任右，出採木 熊浹 十二月任	浹 鑑 十二月任事，尋解	浹 九月遷吏部尚書 周用 十月任	用	用 三月加太子少保，七月遷吏部尚書 宋景 七月任	景 正月卒 王以旂 二月任，九月遷兵部尚書 屠僑 九月任

二十七年戊申	淵	邦謨	寀八月晉少保，十二月卒。孫承恩十二月以掌詹事回部。	以旂正月出督三邊。劉儲秀正月命，未任免。趙廷瑞正月任。	茂堅	明	僑
二十八年己酉	淵九月致仕。夏邦謨九月任。	邦謨九月改吏部。潘潢十月任。	承恩正月免。徐階二月任。	廷瑞三月加太子少保，四月免，六月卒。范鏓四月命，未任，免。翁萬達五月任，十月憂去。丁汝夔十月任。	茂堅九月致仕。劉訒十月任。	明十一月卒。李士翱十二月任。	僑
二十九年庚戌	邦謨	潢七月調南京。李士翱七月任，八月免。孫應奎十月任。	階八月加太子太保。	汝夔八月棄市。萬達九月召，未至，罷。王邦瑞十一月任。	訒四月爲民。李士翱五月命，七月改戶部。顧應祥七月任。	士翱五月改刑部。胡松五月任。	僑
三十年辛亥	邦謨二月致仕。李默三月任，十月爲民。萬鏜十月任。	應奎	階十一月晉少保。	邦瑞二月爲民。趙錦二月任，十一月加太子少保。	應祥二月降調。萬鏜三月任，十月改吏部。應大猷十一月任。	松二月致仕。歐陽必進三月任。	僑七月加太子少保。
三十一年壬子	鏜	應奎五月改南京。韓士英五月命，未任，罷。方鈍六月任。	階三月入閣，仍管部事。歐陽德三月召，十月任。	錦十月充軍。翁萬達十月召，未赴，卒。	大猷九月閒住。何鰲九月任。	必進	僑
三十二年癸丑	鏜三月加太子少保，八月爲民。李默八月復任。	鈍	德	聶豹正月任，加太子少保。	鰲	必進	僑
三十三年甲寅	默十一月加太子少保	鈍	德三月卒。王用賓三月任，十一月加太子少保。	豹四月加太子少傅，十一月加太子太保。	鰲	必進四月加太子少保，九月憂去。吳鵬九月任。	僑二月加太子太保
三十四年乙卯	默	鈍	用賓	豹二月閒住。楊博三月任。	鰲	鵬	僑正月卒。周延正月任。
三十五年丙辰	默二月下獄死。吳鵬三月任。	鈍	用賓四月改南京吏部。吳山四月任。	博正月憂去。許論正月任。	鰲十二月致仕。歐陽必進十二月任。	鵬三月改吏部。趙文華三月任，加太子太保，五月視師江浙，十一月回部，進少保。	延。鄭曉四月任右。
三十六年丁巳	鵬	鈍	山八月加太子太保。	論	必進八月改工部。賈應春九月任。	文華八月免。歐陽必進八月任。	延
三十七年戊午	鵬	鈍三月改南京用。賈應春三月任。	山	論三月爲民。楊博三月任，宣大視師。	應春三月改戶部。鄭曉三月任，兼署兵部，六月回刑部。	必進九月加太子太保。雷禮九月添注，督大工。	延十一月加太子少保。
三十八年己未	鵬	應春六月致仕。馬坤六月任。	山	博十月回部，十二月晉少保。	曉	必進。禮督工。	延
三十九年庚申	鵬三月加太子少保。	坤三月爲民。江東三月任，四月改南京兵部。高燿四月倉場回部。	山八月晉少保。	博	曉四月閒住。閔煦五月任。潘恩八月任。	必進九月晉少保。禮督工。	延
四十年辛酉	鵬三月致仕。歐陽必進三月任，十一月晉柱國，致仕。郭朴十一月任，加太子少保	燿	山三月閒住。袁煒三月任，加太子少保，十一月入閣。	博	恩三月改左都御史。馮天馭四月任，六月閒住。蔡雲程七月任。	必進二月改左都御史。禮三月回部管事。	延二月卒。歐陽必進二月任，三月遷吏部尚書。潘恩三月任。
四十一年壬戌	朴	燿八月加太子少保。	嚴訥正月任。	博正月加柱國。	雲程月致仕。張永明五月任，九月改左都御史。黃光昇十月任。	禮三月加太子太保，十月加太子太傅。	恩九月致仕。張永明九月任。
四十二年癸亥	朴正月憂去。嚴訥三月任。	燿	訥三月改吏部。李春芳三月任。	博	光昇	禮	永明
四十三年甲子	訥八月加太子太保。	燿	春芳八月加太子太保。	博	光昇	禮	永明
四十四年乙丑	訥四月入閣，仍管部事。郭朴四月召，十一月加太子太保。	燿	春芳四月入閣。董份四月任，六月爲民。高拱七月任。	博	光昇	禮	永明
四十五年丙寅二月穆宗即位	朴三月入閣。胡松四月任，十月卒。楊博十月任。	燿三月加太子太保。	拱三月入閣。高儀四月任。	博十月改吏部。趙炳然閏十月戎政回部，加太子少保。	光昇	禮三月晉少保，十月晉太傅，柱國。	永明十月致仕。王廷十月任。
隆慶元年丁卯	博七月晉少傅兼太子太傅。	燿正月閒住。葛守禮正月任，六月終養。馬森六月任。	儀	炳然四月加太子太保，告病。郭乾四月任，十月致仕。霍冀十月任。	光昇四月致仕。毛愷五月任。	禮	廷
二年戊辰	博	森	儀	冀	愷	禮九月致仕。朱衡九月任。	廷
三年己巳	博十二月致仕。高拱十二月以內閣兼署。	森二月致仕。劉體乾二月任。	儀十一月病免，加太子少保。殷士儋十二月任。	冀	愷	衡	廷
四年庚午	拱兼署	體乾七月閒住。張守直七月任。	士儋二月加太子太保，十二月入閣。潘晟十一月任。	冀二月閒住。郭乾二月任，十二月加太子少保。	愷二月致仕。葛守禮二月任，十一月改左都御史。劉自強十一月任。	衡	廷正月致仕。趙貞吉二月以內閣兼掌，十二月解院務。葛守禮十一月任。
五年辛未	拱兼署	守直	晟	乾三月免。楊博三月起，十月任。	自強	衡	守禮
六年壬申六月神宗即位	拱六月罷。楊博六月任，加少師兼太子太師。	守直七月致仕。王國光七月倉場回部。	晟三月致仕。呂調陽四月任，六月入閣。陸樹聲七月任。	博六月改吏部。譚綸七月任。	自強七月致仕。王之誥七月任。	衡正月出治河，六月督陵工。	守禮
萬曆元年癸酉	博九月致仕。張瀚九月任。	國光	樹聲十月致仕。萬士和十二月任。	綸加太子少保。	之誥	衡	守禮
二年甲戌	瀚	國光	士和	綸	之誥	衡五月晉太子太保，致仕。郭朝賓六月任。	守禮
三年乙亥	瀚七月加太子少保。	國光	士和九月致仕。馬自強九月任。	綸	之誥三月送親，九月致仕。王崇古九月任，加柱國。	朝賓	守禮六月加太子少保，致仕。陳瓚六月任左。
四年丙子	瀚	國光二月請告。殷正茂二月任。	自強	綸	崇古	朝賓	瓚
五年丁丑	瀚十月免。方逢時十月以兵部兼署。王國光十月任。	正茂	自強八月加太子少保。	綸四月卒。王崇古四月任，十月致仕。方逢時十月戎政回部，加少保兼太子太保。	崇古四月改兵部。劉應節四月任，閏八月致仕。吳百朋九月任。	朝賓十一月致仕。李幼滋十二月任。	瓚十月病免。陳炌十一月任。

六年戊寅	國光	正茂六月致仕 張學顏七月任	自強三月入閣 潘晟三月任	逢時	百朋五月卒 嚴清五月任	幼滋	紒
七年己卯	國光十二月加太子太保	學顏	晟	逢時月加柱國	清	幼滋十二月予告	紒
八年庚辰	國光	學顏	晟十一月加太子太保十二月致仕 徐學謨十二月任	逢時	清	曾省吾正月任	紒
九年辛巳	國光	學顏	學謨	逢時四月致仕 梁夢龍四月任	清	省吾	紒
十年壬午	國光十月免 梁夢龍十月任十二月免 嚴清十二月任	學顏	學謨	夢龍十月加太子太保尋改吏部 吳兌十一月任	清十二月改吏部	省吾十月加太子太保十二月致仕 楊巍十二月任	紒
十一年癸未	清七月病免 楊巍七月任	學顏四月改兵部 楊巍四月任七月改吏部 王遴七月任	學謨九月加太子少保十月致仕 陳經邦十月任	兌三月致仕 張學顏四月任	潘季馴正月任	巍四月改吏部 楊兆四月任九月加太子少保	紒七月免 趙錦七月召十一月任
十二年甲申	巍	遴	經邦十月致仕 沈鯉十月任	學顏二月加太子少保九月晉太子太保	季馴七月爲民 舒化十一月任	兆	錦九月加太子少保
十三年乙酉	巍十月加太子少保	遴三月改兵部 畢鏘三月任	鯉	學顏三月病免 王遴三月任九月致仕 張佳胤九月任閏九月加太子太保	化	兆六月晉太子太保	錦四月加兵部尚書十一月憂去
十四年	巍	鏘五月病免	鯉	佳胤十二	化	兆	辛自修

丙戌		宋纁五月任		月致仕			正月任
十五年丁亥	巍	纁	鯉二月加太子少保	嚴清正月召病不赴 王一鶚四月任	化五月病免 李世達六月任	兆二月卒 何起鳴正月任二月免 石星二月任	自修月致仕 吳時來二月任
十六年戊子	巍九月加太子太保	纁	鯉九月致仕 朱賡九月任	一鶚	世達	星九月加太子少保 曾同亨九月任專督陵工	時來
十七年己丑	巍	纁	賡七月憂去 于愼行七月任	一鶚	世達	星 同亨	時來
十八年庚寅	巍二月致仕 宋纁三月任	纁三月改吏部 石星三月任	愼行	一鶚	世達五月改左都御史 陸光祖五月任	星三月改戶部 同亨三月回部掌事	時來五月致仕 李世達五月任
十九年辛卯	纁五月卒 陸光祖四月任	星八月改兵部 楊俊民八月倉場回部	愼行九月致仕 李長春九月任	一鶚九月致仕九月卒 石星八月任	光祖四月改吏部 趙錦五月召未赴卒 張國彥十二月任尋致仕 孫丕揚十二月任	同亨	世達
二十年壬辰	光祖三月致仕 孫鑨三月任	俊民	長春十一月致仕 羅萬化十二月掌詹事回部	星	丕揚	同亨七月加太子少保十二月致仕	世達十月加太子少保
二十一年癸巳	鑨七月致仕 陳有年八月任	俊民	萬化	星四月晉太子太保	丕揚十一月改左都御史 趙煥十一月任	辛自修正月任未幾卒 溫純四月任九月終養 衷貞吉九月任	世達十月致仕 孫丕揚十一月任
二十二	有年七月	俊民	萬化九月	星	煥	貞吉八月	丕揚八月

年甲午	致仕 孫丕揚八月任		致仕 范謙十月任			改左都御史 沈節甫八月以侍郎署	遷吏部 衷貞吉八月任
二十三年乙未	丕揚六月加太子少保	俊民六月加太子少保	謙	星十月加少保	煥四月致仕 蕭大亨五月任仍加太子太保	節甫署 李戴五月任未幾憂去	貞吉
二十四年丙申	丕揚閏八月病免	俊民	謙	星	大亨	徐作六月以侍郎署尋陞右都御史仍署部事	貞吉月卒 徐作十月任右署工部事
二十五年丁酉	蔡國珍二月召五月任九月加太子少保	俊民	謙十月卒	星二月革職候勘九月下獄	大亨	作兼署	作
二十六年戊戌	國珍四月病免 李戴六月召	俊民九月晉太子太保	余繼登六月以侍郎署	田樂六月任十二月加太子太保	大亨	楊一魁五月召十二月任	溫純五月召十二月任 作六月免
二十七年己亥	戴	俊民四月致仕 陳蕖五月任	繼登五月任	樂四月晉太子太傅九月加柱國	大亨	一魁	純
二十八年庚子	戴	蕖	繼登七月卒	樂	大亨	一魁五月加太子太保	純
二十九年辛丑	戴六月加太子太保	蕖	馮琦十月任	樂二月晉太保	大亨	一魁	純
三十年壬寅	戴	蕖三月病免 趙世卿三月以倉場回部	琦	樂三月致仕 蕭大亨六月以刑部尚書兼署	大亨	一魁二月免 姚繼可閏二月任	純
三十一年癸卯	戴十二月致仕 趙世卿十二月以戶部尚書兼署	世卿十二月兼署吏部	琦三月卒 李廷機月以侍郎署	大亨署	大亨四月晉少保	繼可	純
三十二年甲辰	世卿兼署五月辭 楊時喬五月以左侍郎	世卿	廷機署	大亨十月任兼署刑部	大亨十月改兵部仍署刑部事	繼可	純四月加太子太保

	署						
三十三年乙巳	時喬署	世卿	廷機署	大亨	大亨兼署 董裕四月陞尚書仍管左侍郎事十二月致仕 沈應文十一月署	繼可七月致仕 趙煥十二月任	純七月致仕 詹沂八月以副都署
三十四年丙午	時喬署	世卿	廷機署	大亨	應文署	煥正月終養 劉元霖十一月以侍郎署	沂署
三十五年丁未	時喬署	世卿	廷機署五月入閣 楊道賓六月侍郎掌翰林院回部署事	大亨三月晉少傅	應文署	元霖署	沂署
三十六年戊申	時喬署 孫丕揚九月召	世卿	道賓署	大亨十一月致仕 李化龍十一月以戎政尚書掌部事	應文八月任	元霖署	沂署
三十七年己酉	時喬二月卒 丕揚四月任	世卿	道賓二月卒 吳道南二月以侍郎署	化龍	應文	王汝訓四月以侍郎署	沂署 孫瑋五月以倉場尚書兼署院事
三十八年庚戌	丕揚十二月加太子太傅	世卿九月請告出城待命	道南八月憂去 翁正春九月以侍郎署	化龍兼戎政	應文正月致仕 劉元霖五月以工部侍郎兼署 趙煥九月召	汝訓五月卒 元霖五月再署部事兼署刑部	瑋兼署
三十九年辛亥	丕揚	李汝華六月以侍郎署	正春署	化龍八月加少傅十二月卒	元霖兼署 煥九月任	元霖署	瑋兼署 許弘綱月以副都署院事
四十年壬子	丕揚二月致仕 趙煥八月	汝華署	正春署	王象乾正月任二月加太子太保	煥八月改吏部 許弘綱	元霖	弘綱署院事九月兼署刑部

	任				九月以副都御史兼署		
四十一年癸丑	煥九月致仕 王象乾十月以兵部尚書兼署	汝華署	正春署 四月改吏部侍郎 孫慎行五月以侍郎署	象乾十月兼署吏部	弘綱五月乞休七月去 魏養蒙七月以兵部侍郎署	元霖六月任十月兼署都察院	弘綱署 七月致仕 孫瑋正月任七月出城待命十月歸 劉元霖十月以工部尚書兼署
四十二年甲寅	象乾 鄭繼之二月任九月兼署兵部	汝華署	慎行署 八月自免歸 何宗彥八月以侍郎署	象乾八月自免歸 涂宗濬八月召不赴 鄭繼之九月以吏部尚書兼署 李鋕九月以侍郎署	張問達三月以侍郎署兼署都察院事	元霖三月卒 林如楚三月以刑部侍郎兼署	張問達三月以刑部侍郎兼署
四十三年乙卯	繼之正月加太子少保	汝華署	宗彥署	鋕署 八月改吏部右侍郎 崔景榮四月以左侍郎署九月管戎政 魏養蒙九月以侍郎署	問達署	如楚署	問達兼署 四月封印於庫 李鋕八月以吏部侍郎署
四十四年丙辰	繼之	汝華四月任	宗彥署	養蒙署 黃嘉善十月召未至	李鋕正月任兼署都察院事	如楚署	鋕正月以刑部尚書兼署
四十五年丁巳	繼之七月晉太子太保	汝華	宗彥署	養蒙署 四月免 崔景榮四月以侍郎署	鋕	如楚署	鋕署
四十六年戊午	繼之二月致仕 李汝華閏四月兼署 趙煥六月任	汝華閏四月兼署吏部	宗彥署	景榮二月封印出城 嘉善七月任	鋕十一月改左都御史	如楚署	鋕十一月任
四十七	煥十一月卒	汝華五月	宗彥署十	嘉善十一	張問達	如楚七月	鋕八月致仕

年己未	汝華署	兼署工部	一月乞歸	月養病 楊應聘十一月以侍郎署	以倉場尚書兼署	引疾 李汝華五月署 周嘉謨七月任 黃克纘十二月以戎政尚書署	張問達十二月署
四十八年庚申八月光宗即位爲泰昌元年九月熹宗即位	周嘉謨六月任	汝華 王紀八月任	孫如游四月以侍郎署八月任十月入閣 孫慎行十二月任	嘉善九月免 應聘三月卒 崔景榮十月任	問達署 黃克纘七月任仍加太子少保	嘉謨六月改吏部 王佐九月任	張問達七月任
天啟元年辛酉	嘉謨九月加太子少保十月加太子太保十二月致仕 張問達十二月任	汝華六月致仕加太子太保 汪應蛟六月任	慎行	景榮五月致仕 王象乾五月任督師 張鶴鳴十月任	克纘十月加太子太保	佐九月加太子少保十月加太子太保	問達十月加太子太保十二月遷吏部尚書 鄒元標十二月任
二年壬戌	問達	應蛟十二月致仕	慎行七月致仕 顧秉謙八月任	鶴鳴正月加太子太保行邊七月回部卽予告 孫承宗二月以內閣掌部事八月出鎮 董漢儒九月任	克纘正月改戎政 王紀二月任七月爲民 孫瑋八月召未至	佐正月加太子太傅三月致仕 姚思仁四月任	元標十月致仕加太子太保 趙南星十一月任
三年癸亥	問達九月加少保致仕 趙南星十月任	李長庚二月任旋以憂去 陳大道三月任七月免 李宗延九月以倉場回部	盛以弘二月命五月致仕 林堯俞五月任七月加太子少保	漢儒七月憂去 趙彥八月任十月加太子太保	瑋三月任閏十月遷吏部尚書掌左都御史 喬允升十一月任	思仁二月致仕加太子太保 鍾羽正三月任七月致仕 王舜鼎八月任	南星十月遷吏部尚書 孫瑋閏十月以吏部尚書銜掌院事十一月加太子太保
四年甲	南星十月	宗延十一	堯俞	彥	允升十二	舜鼎四月	瑋八月卒

子	致仕 崔景榮十一月任	月掌都察院 李起元十一月任			月致仕	卒 陳長祚二月任九月免 馮從吾九月召未至 黃克纘十二月任	高攀龍八月任十月致仕 李宗延十一月改吏部尚書掌院事
五年乙丑	景榮七月免 李宗延七月任十二月免 王紹徽十二月任	起元	堯俞二月加太子少保八月致仕 薛三省九月任十二月乞休	彥五月致仕 高第五月任十月經畧遼東 王永光十月任	李養正正月任十二月免 周應秋四月任十二月改左都御史 徐兆魁十二月任	克纘十二月免復加太子太師	宗延七月遷吏部尚書 王紹徽八月任十二月遷吏部尚書 周應秋十二月任
六年丙寅	紹徽閏六月閒住 周應秋七月任十月加太子太保	起元七月免十一月加太子太傅 郭允厚七月任十月加太子太保	李思誠正月任十月加太子太保十二月削職	永光七月加太子太保致仕 馮嘉會七月戎政回部十月加太子太保十一月加太子太傅	兆魁六月閒住 薛貞七月任十月加太子太保	董可威正月任五月致仕 薛鳳翔五月任十月加太子太保 崔呈秀七月任仍管大工十月加太子太保	應秋七月遷吏部尚書 房壯麗七月任十月加太子太保 崔呈秀十月以工部尚書兼左都御史
七年丁卯八月莊烈帝即位	應秋八月加太子太師十一月免 房壯麗十一月任	允厚七月加太子太傅八月加太子太師	來宗道正月任十一月加太子太保十二月入閣 孟紹虞十二月任	嘉會三月加太子太師四月卒 王之臣正月經畧回部管事加太子太保四月專任晉太子太師七月復出經畧 霍維華七月任八月加太子太保 崔呈秀八月任十月免 閻鳴泰	貞十一月免 蘇茂相十一月任	鳳翔八月加少傅兼太子太傅 呈秀七月加太子太傅八月加少傅兼太子太傅改兵部	壯麗八月晉太子太傅十一月遷吏部尚書 曹思誠十一月任加太子太保

				十月任晉少師			
崇禎元年戊辰	壯麗四月免 王永光五月任	允厚二月免 王永光三月任五月改吏部 畢自嚴五月任	紹虞六月免 何如寵六月任	鳴泰三月免 王在晉四月任十月免 王洽十二月任	茂相二月免 王在晉三月任加太子太保四月改兵部 喬允升五月任	鳳翔正月免 劉廷元正月任五月免 李長庚五月任十二月憂去	思誠四月免 曹于汴五月任
二年己巳	永光	自嚴	如寵十二月入閣	洽十一月下獄死 申用懋十一月任十二月致仕	允升十二月下獄	張鳳翔正月任十一月下獄 南居益十二月任	于汴
三年庚午	永光三月加少保	自嚴八月加太子太保	李騰芳正月任十二月加太子少保	梁廷棟正月任七月加太子少保	韓繼思正月任三月削職 胡應台三月任	居益六月削職 劉遵義六月任 曹珖八月任	于汴二月免 閔洪學三月任
四年辛未	永光三月免 閔洪學三月任	自嚴	騰芳五月致仕 黃汝良五月任	廷棟五月閒住 熊明遇六月任	應台	珖	洪學三月遷吏部尚書 陳于廷四月任
五年壬申	洪學八月免 李長庚八月召十二月任	自嚴	汝良	明遇七月免 張鳳翼九月任	應台	珖二月加太子少保五月免 張延登六月召十月改左都御史 周士樸十月任	于廷三月加太子少保九月免 張延登十月任
六年癸酉	長庚	自嚴三月下獄 侯恂五月任	汝良三月致仕 李康先五月任	鳳翼	應台	士樸	延登
七年甲戌	長庚八月削職 謝陞八月任	恂	康先	鳳翼二月加太子少保	應台閏八月免 馮英九月任	士樸十月削職 劉遵憲十一月復任	延登八月免 唐世濟八月任
八年乙	陞三月加太	恂	康先正月	鳳翼	英	遵憲	世濟

亥	子少保		免 黃士俊二月任				
九年丙子	陞	恂十一月削職	士俊六月入閣 姜逢元七月任	鳳翼七月督師九月卒 楊嗣昌十月奪情任	英	遵憲	世濟十一月下獄
十年丁丑	陞二月免 田維嘉三月任	程國祥正月任	逢元十二月免	嗣昌	英四月削職充軍 鄭三俊閏四月任加太子太保	遵憲	商周祚四月任
十一年戊寅	維嘉四月免 商周祚五月任十一月削職	國祥六月入閣 李待問七月任	林欲楫正月掌詹事回部	嗣昌六月入閣仍掌部事	三俊三月下獄 劉之鳳四月任	遵憲	周祚五月遷吏部尚書 鍾炌六月任
十二年己卯	莊欽鄰正月召七月未至罷 謝陞八月復任	待問	欲楫	嗣昌九月督師討賊 傅宗龍五月任十二月下獄	甄淑正月任	遵憲十一月加太子少保	炌月削職 傅永淳七月任
十三年庚辰	陞四月入閣 傅永淳五月任九月免 李日宣九月任	待問	欲楫	陳新甲正月任	淑七月免 李覺斯七月任十二月削職 劉澤深十二月任	遵憲	永淳五月遷吏部尚書 王道直八月任
十四年辛巳	日宣	待問	欲楫	新甲	澤深十二月卒	遵憲	道直
十五年壬午	日宣六月下獄充軍 鄭三俊八月任	待問二月免 傅淑訓二月任	欲楫八月加太子太保	新甲八月下獄棄市 張國維九月任	鄭三俊正月任八月改吏部 范景文八月召未任改工部 徐石麒十一月任	遵憲四月加太子太保免 范景文十月任	道直七月免 劉宗周八月任十二月削職 李邦華十二月任
十六年癸未	三俊五月免	淑訓五月削職	欲楫十月致仕	國維五月免	石麒正月削職	景文	邦華

	李遇知五月任	倪元璐五月任十月兼署禮部	倪元璐十月以戶部尚書兼署	馮元飈五月任十一月告病 張縉彥十月任	張忻八月任		
十七年甲申三月莊烈帝崩明亡	遇知三月病去	元璐二月解職三月殉難	王鐸三月召未赴	縉彥三月降賊	忻三月降賊	景文二月入閣三月殉難 陳必謙三月任	邦華三月殉難

明史卷一百十三

總裁官總理事務經筵講官少保兼太子太保保和殿大學士兼管吏部戶部尚書事加六級臣張廷玉等奉

敕修

列傳第一

后妃

明太祖鑒前代女禍立綱陳紀首嚴內教洪武元年命儒臣修女誡諭翰林學士朱升曰治天下者正家爲先正家之道始於謹夫婦后妃雖母儀天下然不可俾預政事至於嬪嬙之屬不過備職事侍巾櫛恩寵或過則驕恣犯分上下失序歷代宮闈政由內出鮮不爲禍惟明主能察於未然下此多爲所惑卿等其纂女誡及古賢妃事可爲法者使後世子孫知所持守升等乃編錄上之五年六月命禮臣議宮官女職之制禮臣上言周制後宮設內官以贊內治漢設內官一十四等凡數百人唐設六局二十四司官凡一百九十人女史五十餘人皆選良家女充之帝以所設過多命重加裁定於是折衷曩制立六局一司局曰尚宮尚儀尚服尚食尚寢尚功司曰宮正秩皆正六品每局領四司其屬二十有四而尚宮總行六局之事戒令責罰則宮正掌之官七十五人女史十八人視唐減百四十餘人凡以服勞宮寢祗勤典守而已諸妃位號亦惟取賢淑莊敬惠順康寧爲稱閨房雍肅旨寓深遠又命工部制紅牌鐫戒諭后妃之詞懸於宮中牌用鐵字飾以金復著令典自后妃以下至嬪御女史巨細衣食之費金銀幣帛器用百物之供皆自尚宮取旨牒內使監覆奏移部臣取給焉若尚宮不及奏內使監不覆奏而輒領於部者論死或以私書出外罪亦如之宮嬪以下有疾醫者不得入宮以證取藥何其慎也是以終明之代宮壼肅清論者謂其家法之善超軼漢唐爰自孝慈以迄愍后考厥族里次其世代雖所遇不齊顯晦異致而凡居正號者並列於篇其妃嬪有事實者亦附見焉

后妃一

太祖孝慈高皇后馬氏宿州人父馬公母鄭媼早卒馬公素善郭子興遂以后託子興馬公卒子興育之如己女子興奇太祖以后歸焉后仁慈有智鑒好書史太祖有劄記輒命后掌之倉卒未嘗忘子興嘗信讒疑太祖后善事其妻嫌隙得釋太祖既克太平后率將士妻妾渡江及居江寧吳漢接境戰無虛日親緝甲士衣鞋佐軍陳友諒寇龍灣太祖率師禦之后盡發宮中金帛犒士嘗語太祖定天下以不殺人爲本太祖善之洪武元年正月太祖卽帝位冊爲皇后初后從帝軍中值歲大歉帝又爲郭氏所疑嘗乏食后竊炊餅懷以進肉爲焦居常貯糗糒脯修供帝無所乏絕而己不宿飽及貴帝比之蕪蔞豆粥滹沱麥飯每對羣臣述后賢同於唐長孫皇后后退以語后后曰妾聞夫婦相保易君臣相保難陛下不忘妾同貧賤願無忘羣臣同艱難且妾何敢比長孫皇后也后勤於內治暇則講求古訓告六宮以宋多賢后命女史錄其家法朝夕省覽或言宋過仁厚后曰過仁厚不愈於刻薄乎一日問女史黃老何教也而竇太后好之女史曰清淨無爲爲本若絕仁棄義民復孝慈是其教矣后曰孝慈卽仁義也詎有絕仁義而爲孝慈者哉后嘗誦小學求帝表章焉帝前殿決事或震怒后伺帝還宮輒隨事微諫雖帝性嚴然爲緩刑戮者數矣參軍郭景祥守和州人言其子持矟欲殺父帝將誅之后曰景祥止一子人言或不實殺之恐絕其後帝廉之果枉李文忠守嚴州楊憲誣其不法帝欲召還后曰嚴敵境也輕易將不宜且文忠素賢憲言詎可信帝遂已文忠後卒有功學士宋濂坐孫慎罪逮至論死后諫曰民家爲子弟延師尚以禮全終始況天子乎且濂家居必不知情帝不聽會后侍帝食不御酒肉帝問故對曰妾爲宋先生作福事也帝惻然投箸起明日赦濂安置茂州吳興富民沈秀者助築都城三之一又請犒軍帝怒曰匹夫犒天子軍亂民也宜誅后諫曰妾聞法者誅不法也非以誅不祥民富敵國民自不祥不祥之民天將災之陛下何誅焉乃釋秀戍雲南帝嘗令重囚築城后曰贖罪罰役國家至恩但疲囚加役恐仍不免死亡帝乃悉赦之帝嘗怒責宮人后亦佯怒令執付宮正司議罪帝曰何爲后曰帝王不以喜怒加刑賞當陛下怒時恐有畸重付宮正則酌其平矣卽陛下論人罪亦詔有司耳一日問帝今天下民安乎帝曰此非爾所宜問也后曰陛下天下父妾辱天下母子之安否何可不問遇歲旱輒率宮人蔬食助祈禱歲凶則設麥飯野羹帝或告以振卹后曰振卹不如蓄積之先備也奏事官朝散會食廷中后命中官取飲食親嘗之味弗甘遂啓帝曰人主自奉欲薄養賢宜厚帝爲飭光祿官帝幸太學還后問生徒幾何帝曰數千后曰人才衆矣諸生有廩食妻子將何所仰給於是立紅板倉積糧賜其家太學生家糧自后始諸將克元都俘寶玉至后曰元有是而不能守意者帝王自有寶歟帝曰朕知后謂得賢爲寶耳后拜謝曰誠如陛下言妾與陛下起貧賤至今日恒恐驕縱生於奢侈危亡起於細微故願得賢人共理天下又曰法屢更必弊法弊則奸生民數擾必困民困則亂生帝歎曰至言也命女史書之冊其規正類如此帝每御膳后皆躬自省視平居服大練浣濯之衣雖敝不忍易聞元世祖后煮故弓弦事亦命取練織爲衾裯以賜高年煢獨餘帛纇絲緝成衣裳賜諸王妃公主使知蠶桑艱難妃嬪宮人被寵有子者厚待之命婦入朝待之如家人禮帝欲訪后族人官之后謝曰爵祿私外家非法力辭而止然言及父母早卒輒悲哀流涕帝封馬公徐王鄭媼爲王夫人修墓置廟焉洪武十五年八月寢疾羣臣請禱祀求良醫后謂帝曰死生命也禱祀何益且醫何能活人使服藥不效得毋以妾故而罪諸醫乎疾亟帝問所欲言曰願陛下求賢納諫慎終如始子孫皆賢臣民得所而已是月丙戌崩年五十一帝慟哭遂不復立后是年九月庚午葬孝陵諡曰孝慈皇后宮人思之作歌曰我后聖慈化行家邦撫我育我懷德難忘懷德難忘於萬斯年毖彼下泉悠悠蒼天永樂元年上尊諡曰孝慈昭憲至仁文德承天順聖高皇后

嘉靖十七年加上尊謚曰孝慈貞化哲順仁徽成天育聖至德高皇后

成穆貴妃孫氏陳州人元末兵亂妃父母俱亡從仲兄蕃避兵揚州青軍陷城元帥馬世熊得之育爲義女年十八太祖納焉及卽位冊封貴妃位衆妃上洪武七年九月薨年三十有二帝以妃無子命周王橚行慈母服三年東宮諸王皆期敕儒臣作孝慈錄庶子爲生母服三年衆子爲庶母期自妃始葬褚岡賜兄瑛田租三百石歲供祀後附葬孝陵

淑妃李氏壽州人父傑洪武初以廣武衛指揮北征卒於陣十七年九月孝慈皇后服除冊封淑妃攝六宮事未幾薨

寧妃郭氏濠人郭山甫女山甫善相人太祖微時過其家山甫相之大驚曰公相貴不可言因謂諸子興英曰吾相汝曹皆可封侯者以此亟遣從渡江並遣妃侍太祖後封寧妃李淑妃薨妃攝六宮事山甫累贈營國公興英皆以功封侯自有傳

惠帝皇后馬氏光祿少卿全女也洪武二十八年冊爲皇太孫妃建文元年二月冊爲皇后四年六月城陷崩於火

成祖仁孝皇后徐氏中山王達長女也幼貞靜好讀書稱女諸生太祖聞后賢淑召達謂曰朕與卿布衣交也古君臣相契者率爲婚姻卿有令女其以朕子棣配焉達頓首謝洪武九年冊爲燕王妃高皇后深愛之從王之藩居孝慈高皇后喪三年蔬食如禮高皇后遺言可誦者后一一舉之不遺靖難兵起王襲大寧李景隆乘間進圍北平時仁宗以世子居守凡部分備禦多稟命於后景隆攻城急城中兵少后激勸將校士民妻皆授甲登陴拒守城卒以全王卽帝位冊爲皇后言南北每年戰鬬兵民疲敝宜與休息又言當世賢才皆高皇帝所遺陛下不宜以新舊間又言帝堯施仁自親始帝輒嘉納焉初后弟增壽常以國情輸之燕爲惠帝所誅至是欲贈爵后力言不可帝不聽竟封定國公命其子景昌襲乃以告后后曰非妾志也終弗謝嘗言漢趙二王性不順官僚宜擇廷臣兼署之一日問陛下誰與圖治者帝曰六卿理政務翰林職論思后因請悉召見其命婦賜冠服鈔幣諭曰婦之事夫奚止饋食衣服而已必有助焉朋友之言有從有違夫婦之言婉順易入吾旦夕侍上惟以生民爲念汝曹勉之嘗採女憲女誡作內訓二十篇又類編古人嘉言善行作勸善書頒行天下永樂五年七月疾革惟勸帝愛惜百姓廣求賢才恩禮宗室毋驕畜外家又告皇太子曩者北平將校妻爲我荷戈城守恨未獲隨皇帝北巡一賚䘏之也是月乙卯崩年四十有六帝悲慟爲薦大齋於靈谷天禧二寺聽羣臣致祭光祿爲具物甲午謚曰仁孝皇后七年營壽陵於昌平之天壽山又四年而陵成以后葬焉卽長陵也帝亦不復立后仁宗卽位上尊謚曰仁孝慈懿誠明莊獻配天齊聖文皇后祔太廟

昭獻貴妃王氏蘇州人永樂七年封貴妃妃有賢德事仁孝皇后恭謹爲帝所重帝晚年多急怒妃曲爲調護自太子諸王公主以下皆倚賴焉十八年七月薨禮視太祖成穆孫貴妃

恭獻賢妃權氏朝鮮人永樂時朝鮮貢女充掖庭妃與焉姿質穠粹善吹玉簫帝愛憐之七年封賢妃命其父永均爲光祿卿明年十月侍帝北征凱還薨於臨城葬嶧縣

仁宗誠孝皇后張氏永城人父麒以女貴追封彭城伯具外戚傳洪武十六年封燕世子妃永樂二年封皇太子妃仁宗立冊爲皇后宣宗卽位尊爲皇太后英宗卽位尊爲太皇太后后始爲太子妃操婦道至謹雅得成祖及仁孝皇后懽太子數爲漢趙二王所間體肥碩不能騎射成祖恚至減太子宮膳瀕易者屢矣卒以后故得不廢及立爲后中外政事莫不周知宣德初軍國大議多稟聽裁決是時海內寧泰帝入奉起居出奉遊宴四方貢獻雖微物必先上皇太后兩宮慈孝聞天下三年太后遊西苑皇后皇妃侍帝親掖輿登萬歲山奉觴上壽獻詩頌德又明年謁長獻二陵帝親櫜鞬騎導至河橋下馬扶輦畿民夾道拜觀陵旁老稚皆山呼拜迎太后顧曰百姓戴君以能安之耳皇帝宜重念及還過農家召老婦問生業賜鈔幣有獻蔬食酒漿者取以賜帝曰此田家味也從臣英國公張輔尚書蹇義大學士楊士奇楊榮金幼孜楊溥請見行殿太后慰勞之且曰爾等先朝舊人勉輔嗣君他日帝謂士奇曰皇太后謁陵還道汝輩行事甚習言輔武臣也達大義義重厚小心弟寡斷汝克正言無避忤先帝或數不樂然終從汝以不敗事又有三事時悔不從也太后遇外家嚴弟昇至淳謹然不許預議國事宣宗崩英宗方九歲宮中訛言將召立襄王矣太后趣召諸大臣至乾淸宮指太子泣曰此新天子也羣臣呼萬歲浮言乃息大臣請太后垂簾聽政太后曰毋壞祖宗法第悉罷一切不急務時時勸帝向學委任股肱以故王振雖寵於帝終太后世不敢專大政正統七年十月崩當大漸召士奇溥入命中官問國家尚有何大事未辦者士奇舉三事一謂建庶人雖亡當修實錄一謂太宗詔有收方孝孺諸臣遺書者死宜弛其禁其三未及奏上而太后已崩遺詔勉大臣佐帝惇行仁政語甚諄篤上尊謚曰誠孝恭肅明德弘仁順天啓聖昭皇后合葬獻陵祔太廟

宣宗恭讓皇后胡氏名善祥濟寧人永樂十五年選爲皇太孫妃已爲皇太子妃宣宗卽位立爲皇后時孫貴妃有寵后未有子又善病三年春帝令后上表辭位乃退居長安宮賜號靜慈仙師而冊貴妃爲后諸大臣張輔蹇義夏原吉楊士奇楊榮等不能爭張太后憫后賢常召居淸寧宮內廷朝宴命居孫后上孫后常怏怏正統七年十月太皇太后崩后痛哭不已踰年亦崩用嬪御禮葬金山后無過被廢天下聞而憐之宣宗後亦悔嘗自解曰此朕少年事天順六年孫太后崩錢皇后爲英宗言后賢而無罪廢爲仙師其沒也人畏太后殮葬皆不如禮因勸復其位號英宗問大學士李賢賢對曰陛下此心天地鬼神實臨之然臣以陵寢享殿神主俱宜如奉先殿式庶稱陛下明孝七年七月上尊謚曰恭讓誠順康穆靜慈章皇后修陵寢不祔廟

宣宗孝恭皇后孫氏鄒平人幼有美色父忠永城縣主簿也誠孝皇后母彭城伯夫人故永城人時時入禁中言忠有賢女遂得入宮方十餘歲成祖命誠孝后育之已而宣宗婚詔選濟寧胡氏爲妃而以孫氏爲嬪宣宗卽位封貴妃故事皇后金寶金冊貴妃以下有冊無寶妃有寵宣德元年五月帝請於太后製金寶賜焉貴妃有寶自此始妃亦無子陰取宮人子爲己子卽英宗也由是眷寵益重胡后上表遜位請早定國本妃僞辭曰后病痊自有子吾子敢先后子耶三年三月胡后廢遂冊爲皇后英宗立尊爲皇太后英宗北狩太后命郕王監國景帝卽位尊爲上聖皇太后時英宗在迤北數寄禦寒衣裘及還幽南宮太后數入省視石亨等謀奪門先密白太后許之英宗復辟上徽號曰聖烈慈壽皇太后明興宮闈徽號亦自此始天順六年九月崩上尊謚曰孝恭懿憲慈仁莊烈齊天配聖章皇后合葬景陵祔太廟而英宗生母人卒無知之者

吳太后景帝母也丹徒人宣宗爲太子時選入宮宣德三年封賢妃景帝卽位尊爲皇太后英宗復辟復稱宣廟賢妃成化中薨

郭嬪名愛字善理鳳陽人賢而有文入宮二旬而卒自知死期書楚聲以自哀詞曰修短有數兮不足較也生而如夢兮死則覺也先吾親而歸兮慚予之失孝也心悽悽而不能已兮是則可悼也正統元年八月追贈皇庶母惠妃何氏爲貴妃謚端靜趙氏爲賢妃謚純靜吳氏爲惠妃謚貞順焦氏爲淑妃謚莊靜曹氏爲敬妃謚莊順徐氏爲順妃謚貞惠袁氏爲麗妃謚恭定諸氏爲淑妃謚貞靜李氏爲充妃謚恭順何氏爲成妃謚肅僖冊文曰茲委身而蹈義隨龍馭以上賓宜薦徽稱用彰節行蓋宣宗殉葬宮妃也初太祖崩宮人多從死者建文永樂時相繼優恤若張鳳李衡趙福張璧汪賓諸家皆自錦衣衛所試百戶散騎帶刀舍人進千百戶帶俸世襲人謂之太祖朝天女戶歷成祖仁宣二宗亦皆用殉景帝以郕王薨猶用其制蓋當時王府皆然至英宗遺詔始罷之

英宗孝莊皇后錢氏海州人正統七年立爲后帝憫后族單微欲侯之后輒遜謝故后家獨無封英宗北狩傾中宮貲佐迎駕夜哀泣籲天倦卽臥地損一股以哭泣復損一目英宗在南宮不自得后曲爲慰解后無子周貴妃有子立爲皇太子英宗大漸遺命曰錢皇后千秋萬歲後與朕同葬大學士李賢退而書之冊憲宗立上兩宮徽號下廷臣議太監夏時希貴妃意傳諭獨尊貴妃爲皇太后大學士李賢彭時力爭乃兩宮並尊而稱后爲慈懿皇太后及營裕陵賢時請營三壙下廷議夏時復言不可事竟寢成化四年六月太后崩周太后不欲后合葬帝使夏時懷恩召大臣議彭時首對曰合葬裕陵主祔廟定禮也翼日帝召問時對如前帝曰朕豈不知慮他日妨母后耳時曰皇上孝事兩宮聖德彰聞禮之所合孝之所歸也商輅亦言不祔葬損聖德劉定之曰孝從義不從命帝默然久之曰不從命尚得爲孝耶時力請合葬裕陵左而虛右以待周太后已復與大臣疏爭帝再下廷議吏部尚書李秉禮部尚書姚夔集廷臣九十九人議皆請如時言帝曰卿等言是顧朕屢請太后未得命乖禮非孝違親亦非孝明日詹事柯潛給事中魏元等上疏又明日夔等合疏上皆執議如初中旨猶諭別擇葬地於是百官伏哭文華門外帝命羣臣退衆叩頭不得旨不敢退自巳至申乃得允衆呼萬歲出事詳時夔傳中是年七月上尊謚曰孝莊獻穆弘惠顯仁恭天欽聖睿皇后祔太廟九月合葬裕陵異隧距英宗元堂數丈許中窒之虛右壙以待周太后其隧

獨通而奉先殿祭亦不設后主弘治十七年周太后崩孝宗御便殿出裕陵圖示大學士劉健謝遷李東陽曰陵有二隧若者窒若者可通往來皆先朝內臣所爲此未合禮昨見成化間彭時姚夔等章奏先朝大臣爲國如此先帝亦不得已耳欽天監言通隧上干先帝陵堂恐動地脈朕已面折之窒則天地閉塞通則風氣流行健等因力贊帝復問祔廟禮健等言祔二后自唐始也祔三后自宋始也漢以前一帝一后曩者定議合祔孝莊太后居左今大行太皇太后居右且引唐宋故事爲証臣等以此不敢復論帝曰二后已非況復三后遷曰宋祔三后一繼立一生母也帝曰事須師古太皇太后鞠育朕躬朕豈敢忘顧私情耳祖宗來一帝一后今並祔壞禮自朕始且奉先殿祭皇祖特座一飯一匙而已夫孝穆皇太后朕生母也別祀之奉慈殿今仁壽宮前殿稍寬朕欲奉太皇太后於此他日奉孝穆皇太后於後歲時祭享如太廟於是命羣臣詳議議上將建新廟欽天監奏年方有礙廷議請暫祀周太后於奉慈殿稱孝肅太皇太后殿在奉先殿西帝以祀孝穆至是中奉孝肅而徙孝穆居左焉帝始欲通隧亦以陰陽家言不果行

孝肅周太后英宗妃憲宗生母也昌平人天順元年封貴妃憲宗即位尊爲皇太后其年十月太后誕日帝令僧道建齋祭禮部尚書姚夔帥羣臣詣齋所爲太后祈福給事中張寧等劾之帝是其言令自後僧道齋醮百官不得行香二十三年四月上徽號曰聖慈仁壽皇太后孝宗立尊爲太皇太后先是憲宗在位事太后至孝五日一朝燕享必親太后意所欲惟恐不懽至錢太后合葬裕陵太后殊難之憲宗委曲寬譬乃得請孝宗生西宮母妃紀氏薨太后育之宮中省視萬方及孝宗即位事太后亦至孝太后病瘍久之愈詰諭羣臣曰自英皇厭代予正位長樂憲宗皇帝以天下養二十四年猶一日茲予偶患瘍皇帝夜籲天爲予請命春郊罷宴問視惟勤俾老年疾體獲底康寧以昔視今父子兩世孝同一揆予甚嘉焉弘治十一年冬清寧宮災太后移居仁壽宮明年清寧宮成迺還居焉太后弟長寧伯彧家有賜田有司請釐正之帝未許也太后曰柰何以我故骫皇帝法使歸地於官弘治十七年三月崩謚孝肅貞順康懿光烈輔天承聖睿皇后合葬裕陵以大學士劉健謝遷李東陽議別祀於奉慈殿不祔廟仍稱太皇太后嘉靖十五年與紀邵二太后並移祀陵殿題主曰皇后不繫帝謚以別嫡庶其後穆宗母孝恪神宗母孝定光宗母孝靖熹宗母孝和莊烈帝母孝純咸遵用其制

景帝廢后汪氏順天人正統十年冊爲郕王妃十四年冬王即皇帝位冊爲皇后后有賢德嘗念京師諸死事及老弱遇害者暴骨原野令官校掩埋之生二女無子景泰三年妃杭氏生子見濟景帝欲立爲太子而廢憲宗后執不可以是忤帝意遂廢后立杭氏爲皇后七年杭后崩謚肅孝英宗復位削皇后號毀所葬陵而后仍稱郕王妃景帝崩英宗以其後宮唐氏等殉議及后李賢曰妃已幽廢況兩女幼尤可憫帝乃已憲宗復立爲太子雅知后不欲廢立事之甚恭因爲帝言遷之外王府得盡攜宮中所有而出與周太后相得甚歡歲時入宮敘家人禮然性剛執一日英宗問太監劉桓曰記有玉玲瓏繫腰今何在桓言當在妃所英宗命索之后投諸井對使者曰無之已而告人曰七年天子不堪消受此數片玉耶已有言后出所攜鉅萬計英宗遣使檢取之遂立盡正德元年十二月薨議祭葬禮大學士王鏊曰葬以妃祭以后遂合葬金山明年上尊謚曰貞惠安和景皇后

憲宗廢后吳氏順天人天順八年七月立爲皇后先是憲宗居東宮萬貴妃已擅寵后既立摘其過杖之帝怒下詔曰先帝爲朕簡求賢淑已定王氏育於別宮待期太監牛玉輒以選退吳氏於太后前復選冊立禮成之後朕見舉動輕佻禮度率略德不稱位因察其實始知非預立者用是不得已請命太后廢吳氏別宮立甫踰月耳后父俊先授都督同知至是下獄戍邊謫玉孝陵種菜玉從子太常少卿綸甥吏部員外郎楊琮並除名姻家懷寧侯孫鏜閒住於是南京給事中王徽王淵朱寬李翔李鈞等合疏言玉罪重罰輕因並劾大學士李賢帝怒徽等皆貶邊州判官後孝宗生於西宮后保抱惟謹孝宗即位念后恩命服膳皆如母后禮官其姪錦衣百戶正德元年薨劉瑾欲焚之大學士王鏊持不可乃以妃禮葬

孝貞皇后王氏上元人憲宗在東宮英宗爲擇配得十二人選后及吳氏栢氏留宮中吳氏既立而廢遂冊爲皇后天順八年十月也萬貴妃寵冠後宮后處之淡如孝宗即位尊爲皇太后武宗即位尊爲太皇太后正德五年十二月上尊號曰慈聖康壽十三年二月崩上尊謚曰孝貞莊懿恭靖仁慈欽天輔聖純皇后合葬茂陵祔太廟

孝穆紀太后孝宗生母也賀縣人本蠻土官女成化中征蠻俘入掖庭授女史警敏通文字命守內藏時萬貴妃專寵而妬後宮有娠者皆治使墮栢賢妃生悼恭太子亦爲所害帝偶行內藏應對稱旨悅幸之遂有身萬貴妃知而恚甚令婢鉤治之婢謬報曰病痞乃謫居安樂堂久之生孝宗使門監張敏溺焉敏驚曰上未有子柰何棄之稍哺粉餌飴蜜藏之他室貴妃日伺無所得至五六歲未敢剪胎髮時吳后廢居西內近安樂堂密知其事往來哺養帝不知也帝自悼恭太子薨後久無嗣中外皆以爲憂成化十一年帝召張敏櫛髮照鏡嘆曰老將至而無子敏伏地曰死罪萬歲已有子也帝愕然問安在對曰奴言即死萬歲當爲皇子主於是太監懷恩頓首曰敏言是皇子潛養西內今已六歲矣匿不敢聞帝大喜即日幸西內遣使往迎皇子使至妃抱皇子泣曰兒去吾不得生兒見黃袍有鬚者即兒父也衣以小緋袍乘小輿擁至階下髮披地走投帝懷帝置之膝撫視久之悲喜泣下曰我子也類我使懷恩赴內閣具道其故羣臣皆大喜明日入賀頒詔天下移妃居永壽宮數召見萬貴妃日夜怨泣曰羣小紿我其年六月妃暴薨或曰貴妃致之死或曰自縊也謚恭恪莊僖淑妃敏懼亦吞金死敏同安人孝宗既立爲皇太子時孝肅皇太后居仁壽宮語帝曰以兒付我太子遂居仁壽一日貴妃召太子食孝肅謂太子曰兒去無食也太子至貴妃賜食曰已飽進羹曰疑有毒貴妃大恚曰是兒數歲即如是他日魚肉我矣因恚而成疾孝宗即位追謚淑妃爲孝穆慈慧恭恪莊僖崇天承聖純皇后遷葬茂陵別祀奉慈殿帝悲念太后特遣太監蔡用求太后家得紀父貴紀祖旺兄弟以聞帝大喜詔改父貴爲貴授錦衣衞指揮同知祖旺爲旺授錦衣衞指揮僉事賜子第宅金帛莊田奴婢不可勝計追贈太后父爲中軍都督府左都督母爲夫人其曾祖祖父亦如之遣修太后先塋之在賀者置守墳戶復其家先是太后在宮中嘗自言家賀縣姓紀幼不能知親族也太監郭鏞聞而識之太監陸愷者亦廣西人故姓李蠻中紀李同音因妄稱太后兄令人訪其族人詣京師愷女兄夫韋父成者出冒之有司待以戚畹名所居里曰迎恩里貴旺曰韋猶冒李兄我實李氏因詐爲宗系上有司有司莫辨也二人既驟貴父成亦詣闕爭辨帝命郭鏞按之鏞逐父成猶令馳驛歸及帝使治后先塋蠻中李姓者數輩皆稱太后家自言於使者使者還奏貴旺不實復遣給事中孫珪御史滕祐間行連賀間微服入猺獞中訪之盡得其狀歸奏帝謫罰鏞等有差戍貴旺邊海自此帝數求太后家竟不得弘治三年禮部尚書耿裕奏曰粵西當大征之後兵燹饑荒人民奔竄歲月悠遠蹤跡難明昔孝慈高皇后與高皇帝同起艱難化家爲國徐王親高皇后父當后之身尋求家族尚不克獲然後立廟宿州春秋祭祀今紀太后幼離西粵入侍先帝連賀非徐宿中原之地嬪宮無母后正位之年陛下訪尋雖切安從得其實哉臣愚謂可倣徐王故事定擬太后父母封號立祠桂林致祭帝曰孝穆皇太后早棄朕躬每一思念惄焉如割初謂宗親尚可旁求寧受百欺冀獲一是卿等謂歲久無從物色請加封立廟以慰聖母之靈皇祖既有故事朕心雖不忍又奚敢違於是封后父推誠宣力武臣特進光祿大夫柱國慶元伯謚端僖后母伯夫人立廟桂林府有司歲時祀大學士尹直撰哀冊有云覩漢家堯母之門增宋室仁宗之慟帝燕閒念誦輒欷歔流涕也

孝惠邵太后憲宗妃興獻帝母也父林昌化人貧甚鬻女於杭州鎭守太監妃由此入宮知書有容色成化十二年封宸妃尋進封貴妃興王之藩妃不得從世宗入繼大統妃已老目眚矣喜孫爲皇帝摸世宗身自頂至踵已尊爲皇太后嘉靖元年上尊號曰壽安十一月崩帝欲明年二月遷葬茂陵大學士楊廷和等言祖陵不當數興工作驚動神靈不從謚曰孝惠康肅溫仁懿順協天祐聖皇太后別祀奉慈殿七年七月改稱太皇太后十五年遷主陵殿稱皇后與孝肅孝穆等

恭肅貴妃萬氏諸城人四歲選入掖廷爲孫太后宮女及長侍憲宗於東宮憲宗年十六即位妃已三十有五機警善迎帝意遂讒廢皇后吳氏六宮希得進御帝每遊幸妃戎服前驅成化二年正月生皇第一子帝大喜遣中使祀諸山川遂封貴妃皇子未期薨妃亦自是不復娠矣當是時帝未有子中外以爲憂言者每請溥恩澤以廣繼嗣給事中李森魏元御史康永韶等先後言尤切四年秋彗星屢見大學士彭時尚書姚夔亦以爲言帝曰內事也朕自主之然不能用妃益驕中官用事者一忤意立見斥逐掖廷御幸有身飲藥傷墜者無數孝宗之生頂寸許無髮或曰藥所中也紀淑妃之死實妃爲之佞倖錢能覃勤汪直梁芳韋興輩皆假貢獻苛斂民財傾竭府庫以結貴妃歡奇技淫巧禱祠宮觀糜費無算久之帝後宮生子漸多芳等懼太子年長他日

立將治已罪同導妃勸帝易儲會泰山震占者謂應在東宮帝心懼事乃寢二十三年春暴疾薨帝輟朝七日謚曰恭肅端慎榮靖皇貴妃葬天壽山弘治初御史曹璘請削妃謚號魚臺縣丞徐頊請逮治診視紀太后諸醫捕萬氏家屬究問當時薨狀孝宗以重違先帝意已之

明史卷一百十四　列傳第二

總裁官總理事務　經筵講官少保兼太子太保保和殿大學士兼管吏部戶部尚書事加六級張廷玉等奉
敕修

后妃二

孝宗孝康皇后張氏興濟人父巒以鄉貢入太學母金氏夢月入懷而生后成化二十三年選爲太子妃是年孝宗即位冊立爲皇后帝頗優禮外家追封巒昌國公封后弟鶴齡壽寧侯延齡建昌伯爲后立家廟於興濟工作壯麗數年始畢鶴齡延齡並注籍宮禁縱家人爲奸利中外諸臣多以爲言帝以后故不問武宗即位尊爲皇太后五年十二月以寘鐇平上尊號曰慈壽皇太后世宗入繼稱聖母加上尊號曰昭聖慈壽嘉靖三年加上昭聖康惠慈壽已改稱伯母十五年復加上昭聖恭安康惠慈壽二十年八月崩謚曰孝康靖肅莊慈哲懿翊天贊聖敬皇后合葬泰陵祔廟武宗之崩也江彬等懷不軌賴后與大學士楊廷和定策禁中迎立世宗而世宗事后顧日益薄元年大婚初傳昭聖懿旨既復改壽安太后壽安者憲宗妃興獻帝生母也廷和爭之乃止三年興國太后誕節敕命婦朝賀燕賚倍常及后誕日敕免賀修撰舒芬疏諫奪俸御史朱淛馬明衡陳逅季本員外郎林惟聰等先後言皆得罪竟罷朝賀初興國太后以藩妃入太后猶以故事遇之帝頗不悅及帝朝太后待之又倨會太后弟延齡爲人所告帝坐延齡謀逆論死太后窘迫無所出哀沖太子生請入賀帝謝不見使人請不許大學士張孚敬亦爲延齡請帝手敕曰天下者高皇帝之天下孝宗皇帝守高皇帝法卿慮傷伯母心豈不慮傷高孝二廟心耶孚敬復奏曰陛下嗣位時用臣言稱伯母皇太后朝臣歸過陛下至今未已茲者大小臣工默無一言誠幸太后不得令終以重陛下過耳夫謀逆之罪獄成當坐族誅昭聖獨非張氏乎陛下何以處此冬月慮囚帝又欲殺延齡復以孚敬言而止亡何奸人劉東山者告變并逮鶴齡下詔獄太后至衣敝襦席藁爲請亦不聽久之鶴齡瘐死及太后崩帝竟殺延齡事詳外戚傳

武宗孝靜皇后夏氏上元人正德元年冊立爲皇后嘉靖元年上尊稱曰莊肅皇后十四年正月崩合葬康陵祔廟初禮臣上喪儀帝曰嫂叔無服且兩宮在上朕服青臣民如母后服禮部尚書夏言曰皇上以嫂叔絕服則羣臣不敢素服見皇上請暫罷朝參許之已而議謚大學士張孚敬曰大行皇后上嫂也與累朝元后異宜用二字或四字李時曰宜用八左都御史王廷相吏部侍郎霍韜等曰均帝后也何殊言集衆議因奏曰古人尚質謚法簡稱其行後人增加臣子情也生今世宜行今制大行皇后宜如列聖元后謚二四及八於禮無據帝不從命再議羣臣請如孚敬言帝曰用六合陰數焉於是上謚孝靜莊惠安肅毅皇后十五年帝覺孚敬言非是敕曰孝靜皇后謚不備不稱配武宗乃改謚孝靜莊惠安肅溫誠順天偕聖毅皇后

世宗孝潔皇后陳氏元城人嘉靖元年冊立爲皇后帝性嚴厲一日與后同坐張方二妃進茗帝循視其手后恚投杯起帝大怒后驚悸墮娠崩七年十月也喪禮從殺帝素服御西角門十日即元冠元裳御奉天門謚曰悼靈葬襖兒峪葬之日梓宮出王門百官一日臨給事中王汝梅諫不聽十五年禮部尚書夏言議請改謚時帝意久釋矣乃改謚曰孝潔穆宗即位禮臣議孝潔皇后大行皇帝元配宜合葬祔廟若遵遺制祔孝烈則舍元配也若同祔則二后也大行皇帝升祔時宜奉孝潔配還葬永陵孝烈主宜別祀報可隆慶元年二月上尊謚曰孝潔恭懿慈睿安莊相天翊聖肅皇后

張廢后世宗第二后也初封順妃七年陳皇后崩遂立爲后是時帝方追古禮令后率嬪御親蠶北郊又日率六宮聽講章聖女訓於宮中十三年正月廢居別宮十五年薨喪葬儀視宣宗胡廢后

孝烈皇后方氏世宗第三后也江寧人帝即位且十年未有子大學士張孚敬言古者天子立后並建六宮三夫人九嬪二十七世婦八十一御妻所以廣嗣也陛下春秋鼎盛宜博求淑女爲子嗣計從之十年三月后與鄭氏王氏閻氏韋氏沈氏盧氏沈氏杜氏同冊爲九嬪冠九翟冠大采鞠衣圭用次玉穀文冊黃金塗視皇后殺五分之一至期帝袞冕告太廟還服皮弁御華蓋殿傳制遣大臣行冊禮既冊從皇后朝奉先殿禮成帝服皮弁受百官賀蓋創禮也張后廢遂立爲后而封沈氏爲宸妃閻氏爲麗妃舊制立后謁內廟而已至是下禮臣議廟見禮於是羣臣以天子立三宮以承宗廟禮經有廟見之文乃考据禮經參稽大明集禮擬儀注以上至期帝率后謁太廟及世廟越三日頒詔天下明日受命婦朝二十一年宮婢楊金英等謀弒逆帝賴后救得免乃進后父泰和伯銳爵爲侯初曹妃有色帝愛之冊爲端妃是夕帝宿端妃宮金英等伺帝熟寢以組縊帝項誤爲死結得不絕同事張金蓮知事不就走告后后馳至解組帝蘇后命內監張佐等捕宮人雜治言金英等弒逆王寧嬪首謀又曰曹端妃雖不與亦知謀時帝病悸不能言后傳帝命收端妃寧嬪及金英等悉磔於市并誅其族屬十餘人然妃實不知也久之帝始知其冤二十六年十一月乙未后崩詔曰皇后比救朕危奉天濟難其以元后禮葬預名葬地曰永陵謚孝烈親定謚禮視昔加隆焉禮成頒詔天下及大祥禮臣請安主奉先殿東夾室帝曰奉先殿夾室非正也可即祔太廟於是大學士嚴嵩等請設位於太廟東皇妣睿皇后之次後寢藏主則設幄於憲廟皇祖妣之右以從祔於祖姑之義帝曰祔禮至重豈可權就后非帝乃配帝者自有一定之序安有享從此而主藏彼之禮其祧仁宗祔以新序即朕位次勿得亂禮嵩曰祔新序非臣下所敢言且陰不可當陽位乃命姑藏主睿皇后側二十九年十月帝終欲祔后太廟命再議尚書徐階言不可給事中楊思忠是階議餘無言者帝覘知狀及議疏入謂后正位中宮禮宜祔享但遽及廟次則臣子之情不唯不敢實不忍也宜設位奉先殿帝震怒階思忠惶恐言周建九廟三昭三穆國朝廟制同堂異室與周禮不同今太廟九室皆滿若以聖躬論仁宗當祧固不待言但此乃異日聖子神孫之事臣聞夏人之廟五商以七周以九禮由義起五可七七可九九之外亦可加也請於太廟及奉先殿各增二室以祔孝烈則仁宗可不必祧孝烈皇后可速正南面之位陛下亦無預祧以俟之嫌帝曰臣子之誼當祧當祔力請可也苟禮得其正何避豫爲於是階等復會廷臣上言唐虞夏五廟其祀皆止四世周九廟三昭三穆然而兄弟相及亦不能盡足六世今仁宗爲皇上五世祖以聖躬論仁宗於禮當祧孝烈皇后於禮當祔請祧仁宗祔孝烈皇后於太廟第九室因上祧祔儀注已而請忌日祭帝猶銜前議報曰孝烈繼后所奉者又入繼之君忌不祭亦可階等請益力帝曰非天子不議禮后當祔廟居朕室次禮官顧謂今日未宜徒飾說以惑衆聽因諭嚴嵩等曰禮官從朕言勉強耳即不忍祧仁宗且置后主別廟將來由臣下議處忌日令奠一卮酒不至傷情於是禮臣不敢復言第請如敕行乃許之後二年楊思忠爲賀表觸忌予杖削籍隆慶初與孝潔皇后同日上尊謚曰孝烈端順敏惠恭誠祗天衛聖皇后移主弘孝殿

孝恪杜太后穆宗生母也大興人嘉靖十年封康嬪十五年進封妃三十三年正月薨是時穆宗以裕王居邸禮部尚書歐陽德奏喪儀請輟朝五日裕王主喪事遵高皇帝孝慈錄斬衰三年帝謂當避君父之尊大學士嚴嵩言高帝命周王橚爲孫貴妃服慈母服斬衰三年是年孝慈錄成遂爲定制自後久無是事及茲當作則垂訓於後帝命比賢妃鄭氏故事輟朝二日賜謚榮淑葬金山穆宗立上謚曰孝恪淵純慈懿恭順贊天開聖皇太后遷葬永陵祀主神霄殿追封后父林爲慶都伯命其子繼宗嗣

穆宗孝懿皇后李氏昌平人穆宗爲裕王選爲妃生憲懷太子嘉靖三十七年四月薨帝以部疏稱薨非制命改稱故葬金山穆宗即位謚曰孝懿皇后封后父銘德平伯神宗即位上尊謚曰孝懿貞惠順哲恭仁儷天襄聖莊皇后合葬昭陵祔太廟

孝安皇后陳氏通州人嘉靖三十七年九月選爲裕王繼妃隆慶元年冊爲皇后后無子多病居別宮神宗即位上尊號曰仁聖皇太后六年加上貞懿十年加康靜初神宗在東宮每晨謁奉先殿朝帝及生母畢必之后

所問安后聞履聲輒喜既嗣位孝事兩宮無間二十四年七月崩諡曰孝安貞懿恭純溫惠佐天弘聖皇后祀奉先殿别室

孝定李太后神宗生母也漷縣人侍穆宗於裕邸隆慶元年三月封貴妃生神宗即位上尊號曰慈聖皇太后舊制天子立尊皇后爲皇太后若有生母稱太后者則加徽號以别之是時太監馮保欲媚貴妃因以並尊風大學士張居正下廷臣議尊皇后曰仁聖皇太后貴妃曰慈聖皇太后始無别矣仁聖居慈慶宮慈聖居慈寧宮居正請太后視帝起居乃徙居乾清宮太后教帝頗嚴帝或不讀書即召使長跪每御講筵入嘗令效講臣進講於前遇朝期五更至帝寢所呼曰帝起敕左右掖帝坐取水爲盥面挈之登輦以出帝事太后惟謹而諸內臣奉太后旨者往往挾持太過帝嘗在西城曲宴被酒令內侍歌新聲辭不能取劍擊之左右勸解乃戲割其髮翼日太后聞傳語居正具疏切諫令爲帝草罪己御札又召帝長跪數其過帝涕泣請改乃已六年帝大婚太后將返慈寧宮敕居正曰吾不能視皇帝朝夕先生親受先帝付託其朝夕納誨終先帝憑几之誼三月加尊號曰宣文十年加明肅十二年同仁聖太后謁山陵二十九年加貞壽端獻三十四年加恭熹四十二年二月崩上尊諡曰孝定貞純欽仁端肅弼天祚聖皇太后合葬昭陵别祀崇先殿后性嚴明萬曆初政委任張居正綜覈名實幾於富强后之力居多光宗之未冊立也給事中姜應麟等疏請被謫太后聞之弗善一日帝入侍太后問故帝曰彼都人子也太后大怒曰爾亦都人子帝惶恐伏地不敢起蓋內廷呼宮人曰都人太后亦由宮人進故云光宗由是得立羣臣請福王之藩行有日矣鄭貴妃欲遲之明年以祝太后誕爲解太后曰吾潞王亦可來上壽乎貴妃乃不敢留福王御史曹學程以建言論死太后憐其母老言於帝釋之后父偉封武清伯家人嘗有過命中使出數之而抵其家人於法顧好佛京師內外多置梵剎動費鉅萬帝亦助施無算居正在日嘗以爲言未能用也

神宗孝端皇后王氏餘姚人生京師萬曆六年冊立爲皇后性端謹事孝定太后得其懽心光宗在東宮危疑者數矣調護備至鄭貴妃顓寵后不較也正位中宮者四十二年以慈孝稱四十八年四月崩諡孝端光宗即位上尊諡曰孝端貞恪莊惠仁明媲天毓聖顯皇后會帝崩熹宗立始上冊寶合葬定陵主祔廟與后同日冊封者有昭妃劉氏天啓崇禎時嘗居慈寧宮掌太后璽性謹厚撫愛諸王莊烈帝禮事之如大母嘗以歲朝朝見帝就便坐俄假寐太后戒勿驚命尚衣謹護之頃之帝覺攝衣冠起謝曰神祖時海內少事今苦多難兩夜省文書未嘗交睫在太妃前困不自持如此太妃爲之泣下崇禎十五年薨年八十有六

孝靖王太后光宗生母也初爲慈寧宮宮人年長矣帝過慈寧私幸之有身故事宮中承寵必有賞賚文書房內侍記年月及所賜以爲驗時帝諱之故左右無言者一日侍慈聖宴語及之帝不應慈聖命取內起居注示帝且好語曰吾老矣猶未有孫果男者宗社福也母以子貴寧分差等耶十年四月封恭妃八月光宗生是爲皇長子既而鄭貴妃生皇三子進封皇貴妃而恭妃不進封二十九年冊立皇長子爲皇太子仍不封如故三十四年元孫生加慈聖徽號始進封皇貴妃四十年病革光宗請旨得往省宮門猶閉抉鑰而入妃目眚手光宗衣而泣曰兒長大如此我死何恨遂薨大學士葉向高言皇太子母妃薨禮宜從厚不報復請乃得允諡溫肅端靖純懿皇貴妃葬天壽山光宗即位下詔曰朕嗣承基緒撫臨萬方遡厥慶源則我生母溫肅端靖純懿皇貴妃恩莫大焉朕昔在青宮莫親溫凊今居禁闥徒痛栝棬欲伸罔極之深悰惟有肇稱乎殷禮其準皇祖穆宗皇帝尊生母榮淑康妃故事禮部詳議以聞會崩熹宗即位上尊諡曰孝靖溫懿敬讓貞慈參天允聖皇太后遷葬定陵祀奉慈殿后父天瑞封永寧伯

恭恪貴妃鄭氏大興人萬曆初入宮封貴妃生皇三子進皇貴妃帝寵之外廷疑妃有立己子謀羣臣爭言立儲事章奏累數千百皆指斥宮闈攻擊執政帝槩置不問由是門戶之禍大起萬曆二十九年春皇長子移迎禧宮十月立爲皇太子而疑者仍未已先是侍郎呂坤爲按察使時嘗集閨範圖說太監陳矩見之持以進帝帝賜妃妃重刻之坤無與也二十六年秋或撰閨範圖說跋名曰憂危竑議匿其名盛傳京師謂坤書首載漢明德馬后由宮人進位中宮意以指妃而妃之刊刻實藉此爲立己子之據其文託朱東吉爲問答東吉者東朝也其名憂危以坤曾有憂危一疏因借其名以諷蓋言妖也妃兄國泰姪承恩以給事中戴士衡嘗糾坤全椒知縣樊玉衡並糾貴妃疑出自二人手帝重譴二人而置妖言不問踰五年續憂危竑議復出是時太子已立大學士朱賡得是書以聞書託鄭福成爲問答鄭福成者謂鄭之福王當成也大畧言帝於東宮不得已而立他日必易其特用朱賡內閣者實寓更易之義詞尤詭妄時皆謂之妖書帝大怒敕錦衣衞搜捕甚急久之乃得皦生光者坐極刑語詳郭正域沈鯉傳四十一年百戶王曰乾又告變言奸人孔學等爲巫蠱將不利於聖母及太子語亦及妃賴大學士葉向高勸帝以靜處之而速福王之藩以息羣言事乃寢其後梃擊事起主事王之寀疏言張差獄情詞連貴妃宮內侍龐保劉成等朝議洶洶貴妃聞之對帝泣帝曰外廷語不易解若須自求太子貴妃向太子號訴貴妃拜太子亦拜帝又於慈寧宮太后几筵前召見羣臣令太子降諭禁株連於是張差獄乃定神宗崩遺命封妃皇后禮部侍郎孫如游爭之乃止及光宗崩有言妃與李選侍同居乾清宮謀垂簾聽政者久之始息崇禎三年七月薨諡恭恪惠榮和靖皇貴妃葬銀泉山

光宗孝元皇后郭氏順天人父維城以女貴封博平伯進侯卒兄振明嗣后於萬曆二十九年冊爲皇太子妃四十一年十一月薨諡恭靖熹宗即位上尊諡曰孝元昭懿哲惠莊仁合天弼聖貞皇后遷葬慶陵祔廟

孝和王太后熹宗生母也順天人侍光宗東宮爲選侍萬曆三十二年進才人四十七年三月薨熹宗即位上尊諡曰孝和恭獻溫穆徽慈諧天鞠聖皇太后遷葬慶陵祀奉先殿崇禎十一年三月以加上孝純太后尊諡於御用監得后及孝靖太后玉冊玉寶始命有司獻於廟忠賢黨王體乾坐息玩論死蓋距上諡時十有八年矣

孝純劉太后莊烈帝生母也海州人後籍宛平初入宮爲淑女萬曆三十八年十二月生莊烈皇帝已失光宗意被譴薨光宗中悔恐神宗知之戒掖庭勿言葬於西山及莊烈帝長封信王追進賢妃時莊烈帝居勗勤宮問近侍曰西山有申懿王墳乎曰有傍有劉娘娘墳乎曰有每密付金錢往祭及即位上尊諡曰孝純恭懿淑穆莊靜毗天毓聖皇太后遷葬慶陵帝五歲失太后問左右遺像莫能得傅懿妃者舊與太后同爲淑女比宮居自稱習太后言宮人中狀貌相類者命后母瀛國太夫人指示畫工可意得也圖成由正陽門具法駕迎入帝跪迎於午門懸之宮中呼老宮婢視之或曰似或曰否帝雨泣六宮皆泣故事生母忌日不設祭不服青十五年六月帝以太后故欲追前代生繼七后同建一廟以展孝思乃御德政殿召大學士及禮臣入問曰太廟之制一帝一后祧廟亦然歷朝繼后及生母凡七位皆不得與即宮中奉先殿亦尚無祭奈何禮部侍郎蔣德璟曰奉先殿外尚有奉慈殿所以奉繼后及生母者雖廢可舉也帝曰奉慈殿外尚有弘孝神霄本恩諸殿德璟曰內廷規制臣等未悉孝宗建奉慈殿嘉靖間廢之今未知尚有舊基否帝曰奉慈已撤惟奉先尚可拓也於是别置一殿祀孝純及七后云

康妃李氏光宗選侍也時宮中有二李選侍人稱東西李康妃者西李也最有寵嘗撫視熹宗及莊烈帝光宗即位不豫召大臣入帝御煖閣凭几命封選侍爲皇貴妃選侍趣熹宗出曰欲封后帝不應禮部侍郎孫如游奏曰今兩太后及元妃才人諡號俱未上俟四大禮舉行後未晚既而帝崩選侍尚居乾清宮外廷恟懼疑選侍欲聽政大學士劉一燝吏部尚書周嘉謨兵科都給事中楊漣御史左光斗等上疏力爭選侍移居仁壽殿事詳一燝漣傳熹宗即位降敕暴選侍凌毆聖母因致崩逝及妄覬垂簾狀而御史賈繼春進安選侍揭與周朝瑞爭駁不已帝復降敕曰九月一日皇考賓天大臣入宮哭臨畢因請朝見選侍阻朕煖閣司禮監官固請乃得出既許復悔又使李進忠等再三趣回及朕至乾清丹陛進忠等猶牽朕衣不釋甫至前宮門又數數遣人令朕還母御文華殿也此諸臣所目覩察選侍行事明欲要挾朕躬垂簾聽政朕蒙皇考令選侍撫視飲膳衣服皆皇祖皇考賜也選侍侮慢凌虐朕晝夜涕泣皇考自知其悞時加勸慰若避宮不早則爪牙成列朕且不知若何矣選侍因毆崩聖母自忖有罪每使宮人竊伺不令朕與聖母舊侍言有輒捕去朕之苦衷外廷豈能盡悉乃諸臣不念聖母惟黨選侍妄生謗議輕重失倫理法焉在朕今停選侍封號以慰聖母在天之靈厚養選侍及皇八妹以敬遵皇考之意爾諸臣可以仰體朕心矣已復屢旨詰責繼春繼春遂削籍去是時熹宗初即位委任司禮太監王安故敕諭如此久之魏忠賢亂政四年封選侍爲康妃五年修三朝要典漣光斗等皆得罪死復召繼春與前旨大異矣久之始卒

莊妃李氏即所稱東李者也仁慈寡言笑位居西李前而寵不及莊烈帝幼失母育於西李既而西李生女光宗改命東李撫視天啓元年二月封莊妃魏忠賢客氏用事惡妃持正宮中禮數多被裁損憤鬱薨崇禎初詔賜妃弟成棟田產

選侍趙氏者光宗時未有封號熹宗即位忠賢客氏惡

之矯旨賜自盡選侍以光宗賜物列案上西向禮佛痛哭自經死

熹宗懿安皇后張氏祥符人父國紀以女貴封太康伯天啟元年四月冊爲皇后性嚴正數於帝前言客氏魏忠賢過失嘗召客氏至欲繩以法客魏交恨遂誣后非國紀女幾惑帝聽三年后有娠客魏盡逐宮人異己者而以其私人承奉竟損元子帝嘗至后宮后方讀書帝問何書對曰趙高傳也帝默然時宮門有匿名書列忠賢逆狀者忠賢疑出國紀及被逐諸臣手其黨邵輔忠孫杰等欲因此興大獄盡殺東林諸臣而借國紀以搖動中宮冀事成則立魏良卿女爲后順天府丞劉志選偵知之首上疏劾國紀御史梁夢環繼之會有沮者乃已及熹宗大漸折忠賢逆謀傳位信王者后力也莊烈帝上尊號曰懿安皇后十七年三月李自成陷都城后自縊順治元年

世祖章皇帝命合葬熹宗陵

裕妃張氏熹宗妃也性直烈客魏恚其異己幽於別宮絕其飲食天雨妃匍匐飲簷溜而死又慧妃范氏者生悼懷太子不育復失寵李成妃侍寢密爲慧妃乞憐客魏知之怒亦幽成妃於別宮妃預藏食物簷瓦間閉宮中半月不死斥爲宮人崇禎初皆復位號

莊烈帝愍皇后周氏其先蘇州人徙居大興天啟中選入信邸時神宗劉昭妃攝太后寶宮中之政悉稟成於熹宗張皇后故事宮中選大婚一后以二貴人陪中選則皇太后幕以青紗帕取金玉跳脫繫其臂不中卽以年月帖子納淑女袖侑以銀幣遣還懿安疑后弱昭妃曰今雖弱後必長大因冊爲信王妃帝卽位立爲皇后后性嚴慎嘗以寇急微言曰吾南中尚有一家居帝問之遂不語蓋意在南遷也至他政事則未嘗預田貴妃有寵而驕后裁之以禮歲元日寒甚田妃來朝翟車止廡下后良久方御坐受其拜拜已遽下無他言而袁貴妃之朝也相見甚歡語移時田妃聞而大恨向帝泣帝嘗在交泰殿與后語不合推后仆地后憤不食帝悔使中使持貂裀賜后且問起居妃尋以過斥居啟祥宮三月不召一日后侍帝於永和門看花請召妃帝不應后遂令以車迎之乃相見如初帝以寇亂茹蔬后見帝容體日瘁具饌將進而瀛國夫人奏適至曰夜夢孝純太后歸語帝瘁而泣且曰爲我語帝食毋過苦帝持奏入宮后適進饌帝追念孝純且感后意因出奏示后再拜舉七箸相向而泣淚盈盈沾案崇禎十七年三月十八日暝都城陷帝泣語后曰大事去矣后頓首曰妾事陛下十有八年卒不聽一語至有今日乃撫太子二王慟哭遣之出宮帝令后自裁后入室闔戶宮人出奏猶云皇后領旨后遂先帝崩帝又命袁貴妃自縊繫絕久之蘇帝拔劍斫其肩又斫所御妃嬪數人袁妃卒不殊

世祖章皇帝定鼎諡后曰莊烈愍皇后與帝同葬田貴妃寢園名曰思陵下所司給袁妃居宅贍養終其身有宮人魏氏者當賊入宮大呼曰我輩必遭賊汚有志者早爲計遂躍入御河死頃間從死者一二百人宮人費氏年十六自投眢井中賊鉤出見其姿容爭奪之費氏紿曰我長公主也羣賊不敢逼擁見李自成自成命中官審視之非是以賞部校羅某者費氏復紿羅曰我實天潢義難苟合將軍宜擇吉成禮羅喜置酒極歡費氏懷利刃俟羅醉斷其喉立死因自詫曰我一弱女子殺一賊帥足矣遂自刎死自成聞大驚令收葬之

恭淑貴妃田氏陝西人後家揚州父弘遇以女貴官左都督好佚遊爲輕俠妃生而纖妍性寡言多才藝侍莊烈帝於信邸崇禎元年封禮妃進皇貴妃宮中有夾道暑月駕行幸御蓋行日中妃命作遮蓧覆之從者皆得休息又易小黃門之舁輿者以宮婢帝聞以爲知禮嘗有過謫別宮省愆所生皇五子薨於別宮妃遂病十五年七月薨諡恭淑端惠靜懷皇貴妃葬昌平天壽山卽思陵也

贊曰高皇后從太祖備歷艱難贊成大業母儀天下慈德昭彰繼以文皇后仁孝寬和化行宮壼後世承其遺範內治肅雍論者稱有明家法遠過漢唐信不誣矣萬曆兩貴妃亦非有陰鷙之謀干政奪嫡之事徒以恃寵溺愛遂滋謗訕易曰閑有家悔亡苟越其閑悔將無及聖人之垂戒遠矣哉

明史卷一百十五　列傳第三

總裁官總理事務經筵講官少保兼太子太保保和殿大學士兼管吏部戶部尚書事加六級臣張廷玉等奉

敕修

興宗孝康皇帝 孝康皇后 呂太后　睿宗獻皇帝 獻皇后

興宗孝康皇帝標太祖長子也母高皇后元至正十五年生於太平陳迪家太祖爲吳王立爲王世子從宋濂受經吳元年年十三矣命省臨濠墓諭曰商高宗舊勞於外周成王早聞無逸之訓皆知小民疾苦故在位勤儉爲守成令主兒生長富貴習於晏安今出旁近郡縣遊覽山川經歷田野其因道途險易以知鞍馬勤勞觀閭閻生業以知衣食艱難察民情好惡以知風俗美惡卽祖宗所居訪求父老問吾起兵渡江時事識之於心以知吾創業不易又命中書省擇官輔行凡所過郡邑城隍山川之神皆祭以少牢過太平訪迪家賜白金五十兩至泗濠告祭諸祖墓是冬從太祖觀郊壇令左右導之農家徧觀服食器具又指道旁荊楚曰古用此爲扑刑以其能去風雖傷不殺人古人用心仁厚如此兒念之洪武元年正月立爲皇太子帶刀舍人周宗上書乞教太子帝嘉納中書省都督府請倣元制以太子爲中書令帝以元制不足法令詹同考歷代東宮官制選勳德老成及新進賢者兼領東宮官於是左丞相李善長兼太子少師右丞相徐達兼太子太傅中書平章錄軍國重事常遇春兼太子少保右都督馮宗異兼右詹事中書平章政事胡廷瑞廖永忠李伯昇兼同知詹事院事中書左右丞趙庸王溥兼副詹事中書參政楊憲兼詹事丞傅瓛兼詹事同知大都督康茂才張興祖兼左右率府使大都督府副使顧時孫興祖同知左右率府事僉大都督府事吳楨耿炳文兼左右率府副使御史大夫鄧愈湯和兼諭德御史中丞劉基章溢兼贊善大夫治書侍御史文原吉范顯祖兼太子賓客諭之曰朕於東宮不別設府僚而以卿等兼領者蓋軍旅未息朕若有事於外必太子監國若設府僚卿等在內事當啟聞太子或聽斷不明與卿等意見不合卿等必謂府僚導之嫌隙易生又所以特置賓客諭德等官者欲輔成太子德性且選名儒爲之職此故也昔周公教成王克詰戎兵召公教康王張皇六師此居安慮危不忘武備蓋繼世之君生長富貴昵於安逸不諳軍旅一有緩急罔知所措二公之言其并識之是年命選國子生國琦王璞張傑等十餘人侍太子讀書禁中琦等入對謹身殿儀狀明秀應對詳雅帝喜因謂殿中侍御史郭淵友等曰諸生於文藝習矣然與太子處當端其心術不流浮靡庶儲德亦獲裨助因厚賜之未幾以梁貞王儀爲太子賓客秦庸盧德明張昌爲太子諭德先是建大本堂取古今圖籍充其中徵四方名儒教太子諸王分番夜直選才俊之士充伴讀帝時時賜宴賦詩商搉古今評論文字無虛日命諸儒作鍾山龍蟠賦置酒歡甚自作時雪賦賜東宮官令三師諭德朝賀東宮東宮答拜又命東宮及王府官編輯古人行事可爲鑒戒者訓諭太子諸王四年春製大本堂玉圖記賜太子十年令自今政事竝啟太子處分然後奏聞諭曰自古創業之君歷涉勤勞達人情周物理故處事咸當守成之君生長富貴若非平昔練達少有不謬者故吾特命爾日臨羣臣聽斷諸司啟事以練習國政惟仁不失於疎暴惟明不惑於邪佞惟勤不溺於安逸惟斷不牽於文法凡此皆心爲權度吾自有天下以來未嘗暇逸於諸事務惟恐毫髮失當以負上天付託之意戴星而朝夜分而寢爾所親見爾能體而行之天下之福也時令儒臣爲太子講大學衍義二十二年置詹事院二十四年八月敕太子巡撫陝西先是帝以應天開封爲南北京臨濠爲中都御史胡子祺上書曰天下形勝地可都者四河東地勢高控制西北堯嘗都之然其地苦寒汴梁襟帶河淮宋嘗都之然其地平曠無險可憑洛陽周公卜之周漢遷之然嵩邙非有殽函終南之阻澗瀍伊洛非有涇渭灞滻之雄夫據百二河山之勝可以聳諸侯之望舉天下莫關中若也帝稱善至是諭太子曰天下山川惟秦地號爲險固汝往以省觀風俗慰勞秦父老子弟於是擇文武諸臣扈太子行既行使諭曰爾昨渡江震雷忽起於東南導爾前行是威震之兆也然一旬久陰不雨占有陰謀宜慎舉動嚴宿衛施仁布惠以回天意仍申諭從行諸臣以宿頓閒比還獻陝西地圖遂病病中上言經畧建都事明年四月丙子薨帝慟哭禮官議期喪請以日易及當除服帝不忍禮官請之始釋服視朝八月庚申祔葬孝陵東諡曰懿文太子爲人友愛秦周諸王數有過輒調護之得返國有告晉王異謀者太子爲涕泣請帝乃感悟帝初撫兄子文正姊子李文忠及沐英等爲子高后視如己出帝或以事督過之太子輒告高后爲慰解其仁慈天性然也太子元妃常氏繼妃呂氏生子五長雄英次建文皇帝次允熥次允熞次允熙建文元年追尊爲孝康皇帝廟號興宗燕王卽帝位復稱懿文皇太子

孝康皇后常氏開平王遇春女洪武四年四月冊爲皇太子妃十一年十一月薨諡敬懿太祖爲輟朝三日建文元年追尊爲孝康皇后永樂元年復稱敬懿皇太子妃

皇太后呂氏壽州人父本累官太常卿惠帝卽位尊爲皇太后燕兵至金川門迓太后至軍中述不得已起兵之故太后還未至宮中已火既而隨其子允熙居懿文陵永樂元年復稱皇嫂懿文太子妃初太祖冊常妃繼冊呂妃常氏薨呂氏始獨居東宮而其時秦王樉亦納王保保妹爲妃又以鄧愈女爲配皆前代故事所無也

睿宗興獻皇帝祐杬憲宗第四子母邵貴妃成化二十

三年封興王弘治四年建邸德安已改安陸七年之藩舟次龍江有慈烏數萬繞舟至黃州復然人以爲瑞謝疏陳五事孝宗嘉之賜予異諸弟王嗜詩書絕珍玩不畜女樂非公宴不設牲醴楚俗尚巫覡而輕醫藥乃選布良方設藥餌以濟病者長史張景明獻所著六益於王賜之金帛曰吾以此懸宮門矣邸旁有臺曰陽春數與羣臣賓從登臨賦詩正德十四年薨謚曰獻王薨二年而武宗崩召王世子入嗣大統是爲世宗禮臣毛澄等援漢定陶宋濮王故事考孝宗改稱王爲皇叔父興獻大王王妃爲皇叔母帝命廷臣集議未決進士張璁上書請考興獻王帝大悅會母妃至自安陸止通州不入帝啟張太后欲避天子位奉母妃歸藩羣臣惶懼太后命進王爲興獻帝妃爲興國后璁更爲大禮或問以進而主事霍韜桂萼給事中熊浹議與璁合帝因諭輔臣楊廷和蔣冕毛紀帝后加稱皇廷和等合廷臣爭之未決嘉靖元年禁中火廷和及給事中鄧繼曾朱鳴陽引五行五事爲廢禮之證乃輟稱皇加稱本生父興獻帝尊園曰陵黃屋監衞如制設祠署安陸歲時享祀用十二籩豆樂用八佾帝心終未慊三年加稱爲本生皇考恭穆獻皇帝興國太后爲本生母章聖皇太后建廟奉先殿西曰觀德殿祭如太廟七月諭去本生號九月詔稱孝宗皇伯考稱獻皇帝曰皇考璁萼等旣驟貴干進者爭以言禮希上意百戶隨全錄事錢子勳言獻皇帝宜遷葬天壽山禮部尚書席書議高皇帝不遷祖陵太宗不遷孝陵蓋其慎也小臣妄議山陵宜罪工部尚書趙璜亦言不可乃止尊陵名曰顯陵明年修獻皇帝實錄建世廟於太廟左六年以觀德殿狹隘改建崇先殿七年命璁等集明倫大典成加上尊謚曰恭睿淵仁寬穆純聖獻皇帝親製顯陵碑封松林山爲純德山從祀方澤次五鎭改安陸州爲承天府十七年通州同知豐坊請加尊皇考廟號稱宗以配上帝九月加上尊謚知天守道洪德淵仁寬穆純聖恭儉敬文獻皇帝廟號睿宗祔太廟位次武宗上明堂大享奉主配天罷世廟之祭四十四年芝生世廟柱復作玉芝宮祀焉穆宗立乃罷明堂配享初楊廷和等議封益王次子崇仁王厚炫爲興王奉獻帝祀不允興國封除獻帝有長子厚熙生五日而殤嘉靖四年贈岳王謚曰懷獻皇后蔣氏世宗母也父斅大興人追封玉田伯弘治五年冊爲興王妃世宗入承大統卽位三日遣使詣安陸奉迎而令廷臣議推尊禮咸謂宜考孝宗而稱興王爲皇叔父妃爲皇叔母議三上未決會妃將至禮臣上入宮儀由崇文門入東安門皇帝迎於東華門不許再議由正陽門入大明承天端門從王門入宮又不許王門諸王所出入門也敕曰聖母至御太后車服從御道入朝太廟故事后妃無謁廟禮禮臣難之時妃至通州聞考孝宗恚曰安得以吾子爲他人子留不進帝涕泣願避位羣臣以慈壽太后命改稱興獻后乃入以太后儀謁奉先奉慈二殿不廟見元年改稱興國太后三年乃上尊號曰本生章聖皇太后是年秋用張璁等言尊爲聖母章聖皇太后五年獻帝世廟成奉太后入謁七年上尊號曰慈仁九年頒太后所製女訓於天下十五年奉太后謁天壽山陵命諸臣進賀行殿是年加上尊號曰康靜貞壽十七年十二月崩諭禮工二部將改葬獻皇帝於大峪山以駙馬都尉京山侯崔元爲奉迎行禮使兵部尚書張瓚爲禮儀護行使指揮趙俊爲吉凶儀仗官翊國公郭勛知聖母山陵事已帝親幸大峪相視令議奉太后南詣合葬而禮部尚書嚴嵩等言靈駕北來慈宮南詣共一舉耳大峪可朝發夕至顯陵遠在承天恐陛下春秋念之臣謂如初議便帝曰成祖豈不思皇祖耶何以南孝陵因止崔元等毋行而令趙俊往且啟視幽宮是年上尊謚曰慈孝貞順仁敬誠一安天誕聖獻皇后明年俊歸謂顯陵不吉遂議南巡九卿大臣許讚等諫不聽左都御史王廷相又諫帝曰朕豈空行哉爲吾母耳已而侍御呂柟給事中曾烶御史劉賢郎中岳倫等復相繼疏諫不聽三月帝至承天謁顯陵作新宮焉曰待合葬也歸過慶都御史謝少南言慶都有堯母墓佚於祀典請祀之帝曰帝堯父母異陵可知合葬非古卽拜少南左春坊左司直兼翰林院檢討定議葬大峪山四月帝謁長陵諭嚴嵩曰大峪不如純德仍命崔元護梓宮南祔七月合葬顯陵主祔睿宗廟

贊曰興宗睿宗雖未嘗身爲天子而尊號崇稱典禮具備其實有不容泯者史者所以記事也記事必核其名與實曰宗曰帝者當時已定之名名定而實著焉矣爰據元史裕宗睿宗列傳之例別爲一卷如右而各以后附焉

明史卷一百十六　列傳第四

總裁官總理事務經筵講官少保兼太子太保保和殿大學士兼管吏部戶部尚書事加六級臣張廷玉等奉敕修

諸王

明制皇子封親王授金冊金寶歲祿萬石府置官屬護衞甲士少者三千人多者至萬九千人隸籍兵部冕服車旗邸第下天子一等公侯大臣伏而拜謁無敢鈞禮親王嫡長子年及十歲則授金冊金寶立爲王世子長孫立爲世孫冠服視一品諸子年十歲則授塗金銀冊銀寶封爲郡王嫡長子爲郡王世子嫡長孫則授長孫冠服視二品諸子授鎭國將軍孫輔國將軍曾孫奉國將軍四世孫鎭國中尉五世孫輔國中尉六世以下皆奉國中尉其生也請名其長也請婚祿之終身喪葬予費親親之誼篤矣考二百餘年之間宗姓實繁賢愚雜出今據所紀載自太祖時追封祔廟十五王以及列朝所封者著於篇而郡王以下有行義事實可採者世系亦得附見焉

諸王一

宗室十五王

太祖諸子一

秦王樉　汧陽王誠洌

晉王棡　慶成王濟炫　西河王奇溯　新堞

周王橚　鎭平王有爌　博平王安減　南陵王睦楧　鎭國中尉睦㮮　鎭國將軍安漉　鎭國中尉勤熨

楚王楨　武岡王顯槐　　齊王榑

潭王梓　　趙王杞

魯王檀　歸善王當沍　輔國將軍當濆　奉國將軍健根　安邱王當澻　壽鏻

熙祖二子長仁祖次壽春王俱王太后生壽春王四子長霍邱王次下蔡王次安豐王次蒙城王霍邱王一子寶應王安豐王四子六安王來安王都梁王英山王下蔡蒙城及寶應六安諸王先卒皆無後洪武元年追封二年定從祀禮祔享祖廟東西廡壽春霍邱安豐蒙城四王皆以王妃配食蒙城王妃田氏早寡有節行太祖甚重之十王四妃墓在鳳陽白塔祠官歲祀焉

仁祖四子長南昌王次盱眙王次臨淮王次太祖俱陳太后生南昌王二子長山陽王無後次文正盱眙王一子昭信王無後臨淮王無子太祖起兵時諸王皆前卒獨文正在洪武初諸王皆追封從祀文正以罪謫死子守謙封靖江王自有傳正德十一年御史徐文華言宋儒程頤曰成人而無後者祭終兄弟之孫之身蓋從祖而祔亦從祖而毀未有祖祧而祔食之孫獨存者今懿僖二祖旣祧太廟祔享諸王亦宜罷祀廷議不可文華竟以妄言下獄嘉靖中建九廟東西廡如故九廟災復同堂異室之制祔十五王於兩序盱眙臨淮王二妃配食南昌王妃王氏後薨祔葬皇陵不配食

太祖二十六子高皇后生太子標秦王樉晉王棡成祖周王橚胡充妃生楚王楨達定妃生齊王榑潭王梓郭寧妃生魯王檀郭惠妃生蜀王椿代王桂谷王橞胡順妃生湘王柏韓妃生遼王植余妃生慶王㮵楊妃生寧王權周妃生岷王楩韓王松趙貴妃生瀋王模李賢妃生唐王桱劉惠妃生郢王棟葛麗妃生伊王㰘而肅王楧母郜無名號趙王杞安王楹皇子楠皆未詳所生母

秦愍王樉太祖第二子洪武三年封十一年就藩西安其年五月賜璽書曰關內之民自元氏失政不勝其敝今吾定天下又有轉輸之勞民未休息爾之國若宮室已完其不急之務悉已之十五年八月高皇后崩與晉燕諸王奔喪京師十月還國十七年皇后大祥復來朝尋遣還二十二年改大宗正院爲宗人府以樉爲宗人令二十四年以樉多過失召還京師令皇太子巡視關陝太子還爲之解明年命歸藩二十八年正月命帥平羌將軍甯正征叛番於洮州番懼而降帝悅賚予甚厚其年三月薨賜謚冊曰哀痛者父子之情追謚者天下之公朕封建諸子以爾年長首封於秦期永綏祿位以藩屏帝室夫何不良於德竟殞厥身其謚曰愍樉妃元河南王王保保女弟次妃寧河王鄧愈女樉薨王妃殉子隱王尚炳嗣沔人高福興等爲亂尚炳巡邊境上捕盜永樂九年使者至西安尚炳稱疾不出迎見使者又傲慢帝逮治王府官吏賜尚炳書曰齊王拜胙遂以國霸晉侯惰玉見譏無後王勉之尚炳懼來朝謝罪明年三月薨子僖王志堩嗣二十二年薨無子庶兄懷王志均由渭南王嗣宣德元年薨妃張氏未婚入宮守服弟康王志𡐤嗣好古嗜學四年護衞軍張嵩等訐其府中事志𡐤不安辭三護衞宣宗答書獎諭予一護衞志𡐤顧數聽細人正統十年誣奏鎭守都御史陳鎰按問皆虛而審理正秦弘等又交章奏王凌辱府僚箠死軍役帝再以書戒飭之景泰六年薨子惠王公錫嗣以賢聞成化二十二年薨子簡王誠泳嗣性孝友恭謹嘗銘冠服以自警秦川多賜地軍民佃以爲業供租稅歲歉輒蠲之長安有魯齋書院久廢故址半爲民居誠泳別易地建正學書院又旁建小學擇軍校子弟秀慧者延儒

生教之親臨課試王府護衞得入學自誠泳始所著有經進小鳴集弘治十一年甍無子從弟臨潼王誠漈子昭王秉欆嗣十四年甍子定王惟焯嗣有賢行有司以聞嘉靖十九年敕表以綽楔獻金助太廟工益歲祿二百石賜玉帶襲衣惟焯嘗奏請潼關以西鳳翔以東河堧地曰皇祖所賜先臣楧也戶部尚書梁材執奏陝西外供三鎮內給四王民困已極豈得復奪堧地濫給宗藩詔如材言二十三年甍無子再從子宣王懷埢由中尉嗣奏以本祿千石贍諸宗賜敕獎諭四十五年甍子靖王敬鎔嗣萬曆四年甍子敬王誼漶嗣十四年甍無子弟誼漶由紫陽王嗣甍子存樞嗣李自成破西安存樞降於賊僞授權將軍妃劉氏死之汧陽王誠洌康王諸孫也事父及繼母以孝聞父疾經月不解帶及甍醯醬鹽酪不入口明年墓生嘉禾一本雙穗嘉瓜二實並蔕慈烏異鳥環集以母馬妃早卒不逮養追服衰食蔬者三年雪中萓草生華咸謂孝感所致弘治十五年賜敕嘉獎時有輔國將軍秉欅亦好學篤行父病禱於神乞以身代疾竟愈母喪廬墓有雙鶴集庭中定王以聞世宗表其門

晉恭王棡太祖第三子也學文於宋濂學書於杜環洪武三年封十一年就藩太原中道笞膳夫帝馳諭曰吾帥羣英平禍亂不爲姑息獨膳夫徐興祖事吾二十三年未嘗折辱怨不在大小子識之棡修目美髯顧盼有威多智數然性驕在國多不法或告棡有異謀帝大怒欲罪之太子力救得免二十四年太子巡陝西歸棡隨來朝敕歸藩自是折節待官屬皆有禮更以恭慎聞是時帝念邊防甚且欲諸子習兵事諸王封並塞居者皆預軍務而晉燕二王尤被重寄數命將兵出塞及築城屯田大將如宋國公馮勝穎國公傅友德皆受節制又詔二王軍中事大者方以聞三十一年三月甍子定王濟熺嗣永樂初帝以濟熺縱下黜其長史龍潭濟熺懼欲上護衞不許弟平陽王濟熿幼狠戾失愛於父及長太祖召秦晉燕周四世子及庶子之長者教於京師濟熿與燕王子高煦周王子有爋邪詭相比不爲太祖所愛濟熺既嗣王成祖封濟熿平陽王濟熿追憾父并憾濟熺不爲解嗾其弟慶成王濟炫等日訴濟熺過於朝又誘府中官校文致其罪歷年不已十二年帝奪濟熺爵及世子美圭皆爲庶人俾守恭王園而立濟熿爲晉王濟熿既立益橫暴至進毒弒嫡母謝氏逼烝恭王侍兒吉祥幽濟熺父子蔬食不給父兄故侍從宮人多爲所害莫敢言恭王宮中老媼走訴成祖乃即獄中召晉府故承奉左微問之盡得濟熿搆濟熺狀立命徵馳召濟熺父子濟熺幽空室已十年矣左微者故因濟熺牽連繫獄或傳徵死已久及至一府大驚徵入空室釋濟熺父子相抱持大慟時帝北征駐驒沙城濟熺父子謁行在所帝見濟熺病惻然封美圭平陽王使奉父居平陽予以恭王故連伯灘田會帝崩濟熿遂不與美圭田仁宗連以書諭卒不聽又聞朝廷賜濟熺王者冠服及他賚予益怨望成祖仁宗之崩不爲服使寺人代臨幕中廣致妖巫爲詛咒不輟宣宗即位濟熿密遣人結高煦謀不軌寧化王濟煥告變比擒高煦又得濟熿交通書帝未之問也而濟熿所遣使高煦人懼罪及走京師首實內使劉信等數十人告濟熿擅取屯糧十萬餘石欲應高煦并發其宮中詛咒事濟煥亦至是始知嫡母被弒馳奏遣人察實召至京示以諸所發奸逆狀廢爲庶人幽鳳陽同謀官屬及諸巫悉論死時宣德二年四月也晉國絕封凡八年至英宗即位之二月乃進封美圭爲晉王還居太原正統六年甍子莊王鍾鉉嗣弘治十五年甍世子奇源及其子表榮皆前卒表榮子端王知烊嗣知烊七歲而孤能盡哀居母喪嘔血芝生寢宮嘉靖十二年甍無子再從子簡王新典嗣新化王表槺榮澤王表欓者端王諸父也表欓先卒子知爀嗣爲新化王亦前卒二子新典新墉端王請新典嗣新化王未封而端王甍表欓謀攝府事端王妃王氏曰王無後次及新化王新化父子卒有孫新典在即召入府拜几筵爲喪主表欓忿曰我尊行顧不得王上疏言新典故新化王長子不得爲人後新典宜嗣新化王新墉宜嗣晉王禮部議新典宜嗣是爲簡王新典母太妃尚氏嚴教子以禮太妃疾新典叩頭露禱長史有敎陳輒拜受教其老也以弟鎮國將軍新墧子慎鏡攝藩事萬曆三年甍慎鏡亦卒弟惠王慎鈑嗣七年甍子穆王敏淳嗣三十八年甍子求桂嗣李自成陷山西求桂與秦王存樞並爲賊所執入北京不知所終慶成王濟炫晉恭王子其生也太祖方御慶成宴因以爲封永樂元年徙居潞州坐擅發驒馬縱軍人爲盜被責召還太原十年徙汾州甍謚莊惠曾孫端順王奇湞正德中以賢孝聞賜敕褒獎生子七十人嘉靖初尚書王瓊聞於朝嗣王表樂樸茂寡言孝友好文學嘉靖三十年壽八十詔書嘉獎賚以金幣輔國將軍奇添端順王弟也早卒夫人王氏守節奉姑六十餘年世宗時以節孝旌又溫穆王曾孫中尉知𤇯病篤淑人賀氏欲先死以殉取酒一勺咽之左右救奪遂絕飲食與知𤇯同時卒表樂以聞禮官言會典無旌命婦例世宗特命旌之謚曰貞烈西河王奇溯定王曾孫三歲而孤問父所在即慟哭長刻梅檀爲父順簡王像祀之母病渴中夜稽顙禱天俄有甘泉自地湧出母飲泉病良已及卒哀毀骨立子表相嗣亦以仁孝聞與寧河王表楠河東嗣王奇淮並爲人所稱新堞恭王七世孫家汾州崇禎十四年由宗貢生爲中部知縣有事他邑土寇乘間陷其城坐免官已而復任署事者聞賊且至亟欲解印去新堞毅然曰此我致命之秋也即受之得賊所傳僞檄怒而碎之議拒守邑新遭寇無應者乃屬父老速去而已誓必死妻盧氏妾薛氏馮氏請先死許之有女數歲拊其背而勉之縊左右皆泣下乃書表封印使人馳送京師冠帶望闕拜又望拜其母遂自經士民葬之社壇側以妻女祔先是土寇薄城縣丞光先與戰不勝自焚死新堞哭之慟爲之誄曰殺身成仁雖死猶生至是新堞亦死難

周定王橚太祖第五子洪武三年封吳王七年有司請置護衞於杭州帝曰錢塘財賦地不可十一年改封周王命與燕楚齊三王駐鳳陽十四年就藩開封即宋故宮地爲府二十二年橚棄其國來鳳陽帝怒將徙之雲南尋止使居京師世子有燉理藩事二十四年十二月敕歸藩建文初以橚燕王母弟頗疑憚之橚亦時有異謀長史王翰數諫不納佯狂去橚次子汝南王有爋告變帝使李景隆備邊道出汴猝圍王宮執橚竄蒙化諸子並別徙已復召還京錮之成祖入南京復爵加祿五千石永樂元年正月詔歸其舊封獻頌九章及佾舞明年來朝獻騶虞帝悅宴賜甚厚以汴梁有河患將改封洛陽橚言汴堤固無重勞民力乃止十四年疏辭所賜在城稅課十八年十月有告橚反者帝察之有驗明年二月召至京示以所告詞橚頓首謝死罪帝憐之不復問橚歸國獻還三護衞仁宗即位加歲祿至二萬石橚好學能詞賦嘗作元宮詞百章以國土夷曠庶草蕃廡考核其可佐饑饉者四百餘種繪圖疏之名救荒本草闢東書堂以敎世子長史劉淳爲之師洪熙元年甍子憲王有燉嗣博學善書弟有爋數訐有燉宣宗書諭之有爋與弟有熺詐爲祥符王有爝與趙王書繫箭上置彰德城外詞甚悖都指揮王友得書以聞宣宗逮友訊無跡召有爝至曰必有爋所爲訊之具服並得有熺掠食生人肝腦諸不法事於是並免爲庶人有燉正統四年甍無子帝賜書有爝曰周王在日嘗奏身後務從儉約以省民力妃夫人以下不必從死年少有父母者遣歸既而妃鞏氏夫人施氏歐氏陳氏張氏韓氏李氏皆殉死詔謚妃貞烈六夫人貞順弟簡王有爝嗣景泰三年甍子靖王子垕嗣七年甍弟懿王子埅嗣成化二十一年甍子惠王同鑣嗣弘治十一年甍世子安潢未襲封而卒孫恭王睦㰘嗣謚安潢悼王初安潢爲世子與弟平樂王安泛義寧王安涘爭漁利置囹圄刑具集亡賴爲私人惠王戒安潢不從王怒安泛因而傾之安潢亦持安泛不法事惠王甍羣小交搆安潢奏安泛私壞社稷壇營私第安泛亦誣奏安潢諸陰事下鎮巡官按驗項之安潢死其子睦㰘立而幼安泛侵陵世子妃安涘亦許妃出不正其子不可嗣十三年帝命太監魏忠刑部侍郎何鑑按治安泛懼益誣世子毒殺惠王並世子妃淫亂所連逮千人鑑等奏其妄廢安泛爲庶人幽鳳陽安涘亦革爵嘉靖十七年睦㰘甍子勤熄先卒孫莊王朝堈嗣三十年甍子敬王在鋌嗣萬曆十年甍子端王肅溱嗣甍子恭枵嗣崇禎十四年冬李自成攻開封恭枵出庫金五十萬餉守陴者懸賞格殪一賊予五十金賊穴城守者投以火賊被爇死不可勝計乃解圍去明年正月帝下詔褒獎且加勞曰此高皇帝神靈憫宗室子孫維城莫固啓王心而降之福也其年四月自成再圍汴築長圍城中樵採路絕九月賊決河灌城城圮恭枵從後山登城樓率宮妃及寧鄉安鄉永壽仁和諸王露棲雨中數日援軍駐河北以舟來迎始獲免事聞賜書慰勞並賜帑金文綺命寄居彰德汴城之陷也死者數十萬諸宗皆沒府中分器寶藏盡淪於巨浸踰年乃從水中得所奉高帝高后金容迎至彰德奉焉久之王甍贈謚未行國亡其孫南走死於廣州鎮平王有爌定王第八子嗜學工詩作道統論數萬言又採歷代公族賢者自夏五子迄元太子眞金百餘人作賢王傳若干卷博平王安涜惠王第十三子惠王有子二十五人而安涜獨賢嘗輯貽後錄養正錄諸書勤於治生田園僮奴車馬甚具賓客造門傾己納之其時稱名德者必曰博平南陵王睦楧悼王第九子敏達有識嘉靖四十一年御史林潤言天下財賦歲供京師米四百萬石而各藩祿歲至八百五十三萬石山西河南存留米二百三十六萬三千石而宗室祿米五百四萬石即無災傷蠲免歲輸亦不足供祿米之半年復一年愈加蓄衍勢窮弊極將何以支事下諸王議明年睦楧條上七議

請立宗學以崇德教，設科選以勵人才，嚴保勘以杜冒濫，革冗職以除素餐，戒奔競以息饕貪，制拜掃以廣孝思，立憂制以省祿費。詔下廷臣參酌之。其後諸藩遂稍稍陳說利弊，尚書李春芳集而上焉。及頒宗藩條例，多採睦㮮議云。

鎮國中尉睦㮮，字灌甫，鎮平王諸孫。父奉國將軍安河，以孝行聞於朝，璽書旌賚。既沒，周王及宗室數百人請建祠，詔賜祠額曰崇孝。睦㮮幼端穎，郡人李夢陽奇之。及長，被服儒素，覃精經學，從河洛間宿儒游。年二十，通五經，尤邃於易、春秋。謂本朝經學一稟宋儒，古人經解殘闕放失，乃訪求海內通儒，繕寫藏弆。若李鼎祚易解、張洽春秋傳，皆叙而傳之。呂柟嘗與論易，歎服而去。益訪購古書圖籍，得江都葛氏、章邱李氏書萬卷，丹鉛歷然。論者以方漢之劉向。築室東坡，延招學者，通懷好士，而內行修潔。事親晨昏不離側。喪三年，居外舍。有弟五人，親爲教督，盡推遺產與之。萬曆五年，舉文行卓異，爲周藩宗正，領宗學。約宗生以三六九日午前講易、詩、書，午後講春秋、禮記，雖盛寒暑不輟。所撰有五經稽疑六卷、授經圖傳四卷、韻譜五卷，又作明帝世表、周國世系表、建文遜國褒忠錄、河南通志、開封郡志諸書。巡撫御史褚鈇議稍減郡王以下歲祿，均給貧宗。帝遣給事中萬象春就周王議。新會王睦㰕號於衆曰：「裁祿之謀起於睦㮮。」聚宗室千餘人擊之，裂其衣冠。上書抗詔。帝怒，廢睦㰕爲庶人。睦㮮屢疏引疾乞休，詔勉起之。又三年卒，年七十。宗人頌功德者五百人，詔賜輔國將軍禮葬之，異數也。學者稱爲西亭先生。

時有將軍安涀者，一歲喪母，事其父以孝聞。父病革，刲臂爲湯飲父。父歿，巳年七十，追念母不逮養，服衰廬墓三年。詔旌其門。素精名理，聲譽大著。人稱睦㮮爲大山，安涀爲小山云。

又勤熨者，鎮國中尉也。嘉靖中上書曰：「陛下躬上聖之資，不法古帝王兢業萬幾，擇政任人，乃溺意長生，屢修齋醮，興作頻仍。數年來，朝儀久曠，委任非人，遂至賄賂公行，刑罰倒置，奔競成風，公私殫竭。脫有意外變，臣不知所終。」帝覽疏怒，坐誹謗，降庶人，幽鳳陽。子朝堄巳賜名，以罪人子無敢爲請封者。上書請釋父罪，且陳中興四事。詔並禁錮。穆宗登極，釋歸，命有司存恤。

楚昭王楨，太祖第六子。始生時，平武昌報適至。太祖喜曰：「子長，以楚封之。」洪武三年封楚王。十四年就藩武昌。嘗錄御註洪範及大寶箴置座右。十八年四月，銅鼓、思州諸蠻亂，命楨與信國公湯和、江夏侯周德興帥師往討。和等分屯諸洞，立柵與蠻人雜耕作。久之，擒其渠魁，餘黨悉潰。三十年，古州蠻叛，帝命楨帥師，湘王柏爲副。往征，楨請餉三十萬，又不親蒞軍。帝詰責之，命城銅鼓衞而還。是年熒惑入太微，詔諭楨戒愼。楨書十事以自警。未幾，楨子巴陵王卒，帝復與敕曰：「舊歲熒惑入太微。太微天庭，居翼軫，楚分也。五星無故入，災必甚焉。爾子疾逝，恐災不止此，尙省愼以回天意。」至冬，王妃薨。時初設宗人府，以楨爲右宗人。永樂初，進宗正。二十二年薨。

子莊王孟烷嗣，敬愼好學。宣德中，平江伯陳瑄密奏：「湖廣東南大藩，襟帶湖湘，控引蠻越，人民蕃庶，商賈輻聚。楚設三護衞，自始封至今，生齒日繁，兵强國富。小人行險，或生邪心。請選其精鋭，以轉漕爲名，俟至京師，因而留之，可無後患。」帝曰：「楚無過，不可。」孟烷聞之懼，五年上書請納兩護衞，自留其一。帝勞而聽之。正統四年薨。子憲王季堄嗣，事母鄧妃至孝。英宗賜書獎諭，著東平河間圖贊，爲士林所誦。八年薨。弟康王季埱嗣。天順六年薨。再從子靖王均鈋嗣。正德五年薨。子端王榮㳚嗣，以仁孝著稱，武宗表曰彰孝之坊。嘉靖十三年薨。子愍王顯榕嗣，居喪哀痛，遇慶禮却賀。端王壻儀賓沈寶與顯榕有隙，使人誣奏顯榕左右呼顯榕萬歲，且誘顯榕設水戲以習水軍。世宗下其章，撫臣具言顯榕居喪能守禮，寶坐誣削爲民。顯榕妃吳氏生世子英燿，性淫惡，嘗烝顯榕宮人。顯榕知之，杖殺其所使陶元兒。英燿又使卒劉金納妓宋么兒於別館。顯榕欲罪金，金遂誘英燿謀爲逆。嘉靖二十四年正月十八日，張燈置酒饗顯榕，別宴顯榕弟武岡王顯槐於西室。酒半，金等從座後出，以銅爪擊顯榕腦，立斃。顯槐驚救，被傷奔免。英燿徙顯榕屍宮中，命長史孫立以中風報。王從者朱貴抉門出告變，撫按官以聞。英燿懼，具疏奏辨，且逼崇陽王顯休爲保奏。通山王英炊不從，直奏英燿弑逆狀。詔遣中官及駙馬都尉鄔景和、侍郎喻茂堅往訊，英燿辭服。詔逮入京。是年九月告太廟，伏誅，焚屍揚灰，悉誅其黨。革顯休祿十之三，顯槐、英炊皆賚金幣，而以顯榕次子恭王英㷿嗣。隆慶五年薨。子華奎幼，萬曆八年始嗣爵。衞官王守仁上告曰：「遠祖定遠侯弼，楚王楨妃父也，遺瓌寶數十萬寄楚帑，爲嗣王侵匿。」詔遣中官清核。華奎奏辨，且請避宮搜掘，皆不報。久之，繫鞫王府承奉等，無所得。時諸璫方以搜括希上意，不欲暴守仁罪，帝頗悟，罷其事。華奎乃奏上二萬金助三殿工。三十一年，楚宗人華趆等言華奎與弟宣化王華壁皆非恭王子。華奎乃恭王妃兄王如言子，抱養宮中；華壁則王如綍家人王玉子也。華趆妻，即如言女，知之悉。禮部侍郎郭正域請行勘，大學士沈一貫右華奎，委撫按訊，皆言僞王事無左驗，而華趆妻持其說甚堅，不能決。廷議令覆勘。中旨以楚王襲封已二十餘年，宜治華趆等誣罔。御史錢夢臯爲一貫劾正域，正域發華奎行賄一貫事，華奎遂訟言正域主使。正域罷去。東安王英燧、武岡王華增、江夏王華堉等皆言僞跡昭著，行賄有據。諸宗人赴都投揭，奉旨切責，罰祿削爵有差。華趆坐誣告，降庶人，錮鳳陽。未幾，華奎輸賄入都，宗人遮奪之。巡撫趙可懷屬有司捕治。宗人蘊鈐等方恨可懷治楚獄不平，遂大鬨，殿可懷死。巡按吳楷以楚叛告，一貫擬發兵會勦，命未下，諸宗人悉就縛。於是斬二人，勒四人自盡，錮高墻及禁閒宅者復四十五人。三十三年四月也。自是無敢言楚事者。久之，禁錮諸人以恩詔得釋，而華奎之眞僞竟不白。其後張獻忠掠湖廣，華奎募卒自衞，以張其在爲帥。獻忠兵至武昌，其在爲內應，執華奎沉之江，諸宗無得免者。

武岡王顯槐，端王第三子也。嘉靖四十三年上書條藩政，請設宗學，擇立宗正、宗表，督課親郡王以下子弟。十歲入學，月餼米一石。三載，督學使者考績，陟其中程式者全祿之。五試不中課，則黜之，給以本祿三之二。其庶人暨妻女，月餼六石，庶女勿加恩。其後廷臣集議，多采其意。

齊王榑，太祖第七子。洪武三年封。十五年就藩青州。二十三年命王帥護衞及山東徐、邳諸軍從燕王北征。二十四年復帥護衞騎士出開平。時已令潁國公傅友德調發山東都司各衞軍出塞，論王遇敵當自爲隊，奏凱之時勿與諸將爭功。榑數歷塞上，以武略自喜，然性凶暴，多行不法。建文初，有告變者，召至京，廢爲庶人，與周王同禁錮。燕兵入金川門，急遣兵護二王。二王卒不知所以，大怖，伏地哭。已知之，乃大喜。成祖令王齊如故。榑益驕縱。帝與書召來朝，面諭王無忘患難時。榑不悛，陰畜刺客，招異人術士爲咒詛，輒用護衞兵守青州城，並城築苑牆斷往來，守吏不得登城夜巡。李拱、曾名深等上急變，榑拘匿以滅口。永樂三年詔索拱，諭榑改過。是時周王橚亦中浮言，上書謝罪，帝封其書示榑。明年五月來朝，廷臣劾榑罪。榑厲聲曰：「奸臣喋喋，又欲效建文時耶！會盡斬此輩。」帝聞之不懌，留之京邸，削官屬護衞，誅指揮柴直等，盡出榑繫囚及所造不法器械。羣臣請罪教授葉垣等，帝曰：「王性凶悖，朕溫詔開諭至六七，猶不悟，教授輩如王何。垣等先自歸發其事，可勿問。」榑既被留，益有怨言。是年八月召其子至京師，並廢爲庶人。宣德三年，福建妄男子樓濂詭稱七府小齊王，謀不軌。事覺，械至京，誅其黨數百人。榑及三子皆暴卒，幼子賢爀安置廬州。景泰五年徙齊庶人、谷庶人置南京，敎守臣愼防。後谷庶人絶，齊庶人請得谷庶人第。嘉靖十三年釋高牆庶人長鑿，榑曾孫也。萬曆中有承綵者，亦榑裔。齊宗人多凶狡，獨承綵頗好學云。

潭王梓，太祖第八子。洪武三年封。十八年就藩長沙。梓英敏好學，善屬文。嘗召府中儒臣設醴賦詩，親品其高下，賚以金幣。妃於氏，都督顯女也。顯子琥，初爲寧夏指揮。二十三年坐胡惟庸黨，顯與琥俱坐誅。梓不自安，帝遣使慰諭，且召入見。梓大懼，與妃俱焚死。無子，除其封。

趙王杞，太祖第九子。洪武二年生，次年受封，明年殤。

魯荒王檀，太祖第十子。洪武三年生，生兩月而封。十八年就藩兗州。好文禮士，善詩歌。餌金石藥，毒發傷目。帝惡之。二十二年薨，謚曰荒。子靖王肇煇，甫彌月，母妃湯，信國公和女，撫育教誨有度。永樂元年三月始得嗣。成祖愛重之，車駕北巡，過兗，錫以詩幣。宣德初，上言：「國長史鄭昭、紀善王貞奉職三十年矣，宜以禮致其事。」帝謂蹇義曰：「皇祖稱王禮賢敬士，不虛也。」許之。成化二年薨。子惠王泰堪嗣，九年薨。子莊王陽鑄嗣，嘉靖二年薨。莊王在位久，世子當漎、當漎子健杙皆前卒。健杙子端王觀熰嗣，狎典膳秦信等，游戲無度，挾娼樂，裸男女雜坐。左右有忤者，錐斧立斃，或加以炮烙。信等乘勢殘殺人。館陶王當淴亦淫暴，與觀熰交惡，相訐奏。帝念觀熰尙幼，革其祿三之二，逮誅信等，亦革當淴祿三之一。二十八年，觀熰薨。子恭王頤坦嗣，有孝行，捐邸中田湖贍貧民，辭常祿給貧宗，前後七賜璽書嘉勞。萬曆二十二年薨。世子壽鏳先卒，弟敬王壽鋐嗣。二十八年薨。弟憲王壽鋐嗣。崇禎九年薨。弟肅王壽鏞嗣。薨，子以派嗣。十二年

大清兵克兗州，被執死。弟以海轉徙台州，張國維等迎居於紹興，號魯監國。

順治三年六月

大兵克紹興，以海遁入海。久之，居金門，鄭成功禮待頗恭。既而懈，以海不能平，將往南澳，成功使人沈之海中。

歸善王當沍，莊王幼子也。正德中，賊攻兗州，帥家衆乘城，取護衞弓弩射卻賊。降敕獎諭，遂以健武聞。時有卒袁質與舍人趙巖俱家東平，武斷爲鄉人所惡。吏部主事粱穀亦東平人，少不檢，倚惡少爲助，既貴頗厭苦之

又與千戶高乾有怨正德九年穀邑人西鳳竹屈昂誣穀云質嚴且爲亂穀心動因並指乾等告變於尚書楊一淸兵部議以大兵駐濟南伺變先是當沍數與質嚴校射至是當沍父莊王聽長史馬魁譖言當沍結質嚴欲反慮禍及奏於朝帝遣司禮太監溫祥大理少卿王純錦衣衞指揮韓端往按問祥等至圍當沍第執之祥等讞穀所指皆平人魁懼事敗乃諷所厚陳環及術士李秀佐證之復以書及賄抵鎭守太監畢眞使逮二人詰問已而二人以實對書賄事亦爲眞所發於是御史李翰臣劾穀報怨邀功長史魁惑王罔奏宜即訊詔下翰臣獄謫廣德州判官免穀罪不問御史程啓充等疏言穀魁鼓煽流言死不蔽罪縱首禍而謫言者非國體不報廷臣議當沍罪卒無所坐以藏護衞兵器違祖制廢爲庶人戍質等於肅州所連逮多瘐死魁坐誣奏斬鳳竹昂流口外中官送當沍之高墻當沍大慟曰寃乎觸墻死聞者傷之輔國將軍當濆鉅野王泰墱諸孫也慷慨有志節嘉靖三年上書請停郡縣主郡縣君郇典以蘇民困七年奏辭輔國將軍並子奉國將軍祿佐疏運河賜敕褒諭又上書言各藩郡縣主郡縣君先儀賓沒者故事儀賓得支半祿今四方災傷邊陲多事民窮財盡而各儀賓暴橫僭肆多不法請勿論品級減其月給明年又請以父子應得祿米佐振因勸帝法祖宗重國本裁不急之費息土木之工詞甚愷切帝嘉其意特敕褒之不聽辭祿時東甌王健楸無子上書言宗室所以蕃由詐以媵子爲嫡糜費縣官今臣無嫡嗣請以所受府第屯廠盡歸魯府待給新封省民財萬一乞著爲例報可奉國將軍健根鉅野王陽鎣諸孫博通經術年七十猶縱談名理亹亹不倦嘉靖中詔褒其賢孝子鎭國中尉觀熿字中立居母喪蔬食逾年哀毀骨立嘗繪太平圖上獻世宗嘉獎之賜承訓書院名額並五經諸書弟觀鰎以詩畫著名同時鉅野中尉頤塨安坵將軍頤鏞聲詩淸拔樂陵王頤㦤亦喜稱詩安邱王當潩靖王曾孫少孤事祖父母以孝聞曾孫頤堀好學秉禮尤諳練典故藩邸中有大疑輒就決一意韜晦監司守令希見其面年七十餘猶手不廢書魯府宗室壽鏳家兗州崇禎中爲雲南通判有聲績永明王由榔在廣西以爲右僉都御史使募兵值沙定州亂兵不能集孫可望兵至壽鏳知不免張魔蓋往見之行三揖禮曰謝將軍不殺不掠之恩可望脅之降不從繫他所使人誘以官終不從從容題詩於壁或以詩報可望遂遇害

明史卷一百十七　列傳第五

總裁官總理事務經筵講官少保兼太子太保保和殿大學士兼管吏部戶部尚書事加六級臣張廷玉等奉
敕修

諸王二

蜀獻王椿太祖第十一子洪武十一年封十八年命駐鳳陽二十三年就藩成都性孝友慈祥博綜典籍容止都雅帝嘗呼爲蜀秀才在鳳陽時闢西堂延李叔荊蘇伯衡商榷文史旣至蜀聘方孝孺爲世子傅表其居曰正學以風蜀人詣講郡學知諸博士貧分祿餼之月一石後爲定制造安車賜長史陳南賓聞義烏王紳賢聘至待以客禮紳父禕死雲南往求遺骸資給之時諸王皆備邊練士卒椿獨以禮教守西陲番人入寇燒黑崖關椿請於朝遣都指揮瞿能隨涼國公藍玉出大渡河邀擊之自是番人讋伏前代兩川之亂皆因內地不逞者鉤致爲患有司私市蠻中物或需索啓爭端椿請緒錦香扇之屬從王邸定爲常貢此外悉免宣索蜀人由此安業日益殷富川中二百年不被兵革椿力也成祖即位來朝賜予倍諸藩谷王橞椿母弟也圖不軌椿子悅燇獲咎走橞所橞稱爲故建文君以詭衆永樂十四年椿暴其罪帝報曰王此舉周公安王室之心也入朝賚金銀綺綵鉅萬二十一年薨世子悅㷆先卒孫靖王友堉嗣初華陽王悅燿謀奪嫡椿覺之會有他過杖之百將械於朝友堉爲力請得釋椿之薨友堉方在京師悅燿竊王帑友堉歸不問悅燿更誣奏友堉怨誹成祖召入訊之會崩仁宗察其誣命歸藩召悅燿悅燿猶執奏仁宗抵其章於地遷之武岡復遷澧州宣德五年總兵官陳懷奏都司私遣蜀邸砲用以警夜非制詔逮都司首領官明年獻還二護衞從之是年薨妃李侍姬黃皆自經以殉無子弟僖王友壎由羅江王嗣九年薨獻王第五子和王悅𤇼由保寧王嗣天順五年薨繼妃徐氏年二十六不食死謚靜節子定王友垓嗣七年薨子懷王申鈘嗣成化七年薨弟惠王申鑿嗣弘治六年薨子昭王賓瀚嗣正德三年薨子成王讓栩嗣自椿以下四世七王幾百五十年皆檢飭守禮法好學能文孝宗恒稱蜀多賢王舉獻王家範爲諸宗法讓栩尤賢明喜儒雅不邇聲伎創義學修水利振災卹荒嘉靖十五年巡撫都御史吳山巡按御史金粲以聞賜敕嘉獎署坊表曰忠孝賢良二十年建太廟獻黃金六十斤白金六百斤酬以玉帶幣帛二十六年薨子康王承爚嗣三十七年薨子端王宣圻嗣萬曆四十年薨子恭王奉銓嗣四十三年薨子至澍嗣崇禎末京師陷蜀尚無恙未幾張獻忠陷成都合宗被害至澍率妃妾投於井

湘獻王柏太祖第十二子洪武十一年封十八年就藩荊州性嗜學讀書每至夜分開景元閣招納俊乂日事校讐志在經國喜談兵膂力過人善弓矢刀槊馳馬若飛三十年五月同楚王楨討古州蠻每出入縹囊載書以隨遇山水勝境輒徘徊終日尤善道家言自號紫虛子建文初有告柏反者帝遣使即訊柏懼無以自明闔宮焚死謚曰戾王無子封除永樂初改謚獻置祠官守其園

代簡王桂太祖第十三子洪武十一年封豫王二十五年改封代是年就藩大同糧餉艱遠令立衞屯田以省轉運明年詔帥護衞兵出塞受晉王節制桂性暴建文時以罪廢爲庶人成祖即位復爵永樂元年正月還舊封十一月賜璽書曰聞弟縱戮取財國人甚苦告者數矣且王獨不記建文時耶尋命有司自今王府不得擅役軍民斂財物聽者治之已復有告其不軌者賜敕列其三十二罪召入朝不至再召至中途遣還革其三護衞及官屬王妃中山王徐達女仁孝文皇后妹也驕妒嘗漆桂二侍女爲癩事聞帝以中山王故不罪桂移怒世子遜煓出其母子居外舍桂已老尚時時與諸子遜炓遜焴窄衣禿帽遊行市中袖鎚斧傷人王府敎授楊普上言遜炓抑軍人武亮與博戲致箠殺軍人朝廷杖治亮降敕責戒稍斂戢十六年四月復護衞及官屬正統十一年桂薨世子遜煓先卒孫隱王仕壥嗣景泰中嘗上言總兵官郭登守城功朝廷爲勞登天順七年薨子惠王成鍊嗣弘治二年薨子聰沬先封武邑王以肆酒革爵已居惠王喪益淫酗廢爲庶人遷太原久之惠王妃爲疏理復封武邑王卒子懿王俊杖襲封代王嘉靖三年大同軍叛闖王宮俊杖走免事平賜書慰問六年薨子昭王充燿嗣十二年大同軍又叛充燿走宣府再賜慰問事平返國奏亂賊旣除軍民交困乞遣大臣振撫詔允行二十四年和川奉國將軍充灼坐罪奪祿怨充燿不爲解乃與襄垣中尉充㜝謀引敵入大同殺王會應州人羅廷璽等以白蓮教惑衆見充灼爲妖言因畫策約奉小王子入塞藉其兵攻鴈門取平陽立充灼爲主事定即計殺小王子充灼然之先遣人陰持火箭焚大同草場五六所而令通蒙古語者衞奉闌出邊爲總兵周尚文邏卒所獲並得其所獻小王子表箚實以聞逮充灼等至京賜死焚其屍王府長史等官皆逮治總督侍郎翁萬達疏言大同狹瘠祿餉不支代宗日繁衍衆聚而貧且地近邊易生反側請量移和川昌化諸郡王於山陝隙地詔改遷於山西先是景泰間昌化王仕壥乞移封景帝不許至是乃遷代宗自簡至懿封郡王者凡二十有三而外徙者十王二十六年充燿薨子恭王廷埼嗣饒陽王充䖆數以事侵廷埼恐得罪乃以陳邊事爲名三十一年奏鎭巡官之罪世宗爲黜巡撫都御史何思逮總兵官徐仁等充䖆益驕遂與廷埼互訐前後勘官莫能判巡撫都御史侯鉞奏奪其祿充䖆怒不承三十三年詔遣司禮少監王臻即訊充䖆乃伏下法司錮高墻萬曆元年廷埼薨子定王鼐鉉嗣三十二年薨無子弟新寧王鼐鈞嗣薨子康王鼎渭嗣崇禎二年薨再傳至孫傳㜭崇禎十七年三月李自成入大同闔門遇害襄垣王遜燂簡王第五子分封蒲州諸王就藩後非請命不得歲時定省遜燂念大同不置作思親篇詞甚悲切其後宗人聰灤聰洚俊㰖俊權俊𣓹俊杓俊㗆充焞皆嫻於文章俊㗆字若訥尤博學有盛名不慕榮利姊陵川縣君適裴禹卿地震城崩禹卿死縣君以首觸棺嘔血卒年二十有一詔謚貞節靈邱王遜烇簡王第六子宣宗時封好學工詩尤善醫嘗施藥治瘟疫全活無算子仕𡍼孫成鍛曾孫聰涓三王皆以孝旌聰涓子俊格能文善書嘉靖時獻皇儲明堂二頌與獻帝后挽歌賜金帛聰涓嘗乞封其孫廷址爲曾長孫禮官奏無故事帝以王壽考特許之已而復封廷址子鼐鐮爲元長孫聰涓薨年八十三鼐鐮襲高祖爵聰涓之從父成鐵亦有孝行聰涓聞於朝賜金幣獎諭詔禮官自今宗室中孝行卓異如成鐵者撫按疏聞又成鋘者隰川王諸孫父仕𡏲坐罪幽鳳陽病死成鋘微服走鳳陽視喪上疏自劾越禁乞負父骨歸葬澤州即不得願爲庶人止墓側歲時省祀詔許歸葬弟成鐎亦好學有志槩嘉靖十三年上言雲中叛卒之變幸獲銷弭究其釁端實貪酷官吏激成之臣慮天下之禍隱於民心異日不獨雲中而已指陳切直帝下廷臣飭行時以其兄弟爲二難焉萬曆二十年西夏弗寧山陰王俊柵奏詩八章寓規諷之旨代處塞上諸宗㳺經禍亂其言

皆憂深思遠有中朝士大夫所不及者廷鄣代府宗室也崇禎中爲鞏昌府通判署秦州事有廉直聲十六年冬賊陷秦州被執使之跪叱曰我天朝宗姓頭可斷膝不可屈賊欲活之大呼曰今日惟求一死坐自若遂見害

肅莊王楧太祖第十四子洪武十一年封漢王二十四年命偕衞谷慶寧岷五王練兵臨淸明年改封肅又明年詔之國以陝西各衞兵未集命駐平涼二十八年始就藩甘州詔王理陝西行都司甘州五衞軍務三十年令督軍屯糧遇征伐以長興侯耿炳文從建文元年乞內徙遂移蘭州永樂六年以捶殺衞卒三人及受哈密進馬逮其長史官屬已又聽百戶劉成言罪平涼衞軍敕械成等京師十七年薨子康王贍焰嗣宣德七年上二護衞府中被盜爲榜募告捕者御史言非制罪其長史楊威贍焰又請加歲祿敕曰洪武永樂間歲祿不過五百石莊王不言者以朝廷念遠地轉輸難故也仁考卽位加五百石矣朕守祖制不敢違正統元年上言甘州舊邸改都司而先王墳園尚在乞禁近邸樵採從之天順三年上馬五百匹備邊予直不受帝强予之八年薨子簡王祿埤嗣成化十五年薨子恭王貢錝嗣嘉靖十五年薨世子眞淤長孫弼桓皆早卒次孫定王弼桄嗣四十一年薨子縉炯先卒孫懷王紳堵嗣踰二年薨無子靖王第四子弼柿子輔國將軍縉熿以屬近宜嗣禮官言縉熿懷王從父不宜襲詔以本職理府事上冊寶罷諸官屬穆宗卽位定王妃吳氏及延長王眞潓等先後上言聖祖刈羣雄定天下報功之典有隆無替臣祖莊王受封邊境操練征戍屛衞天家不幸大宗中絕反拘於昭穆之次不及勳武繼絕之典非所以崇本支厚藩衞也下部議議以郡王理藩政帝不許隆慶五年特命縉熿嗣肅王設官屬之半萬曆十六年薨謚曰懿子憲王紳堯嗣四十六年薨子識鋐嗣崇禎十六年冬李自成破蘭州被執宗人皆死

遼簡王植太祖第十五子洪武十一年封衞王二十五年改封遼明年就藩廣寧以宮室未成暫駐大凌河北樹柵爲營帝命武定侯郭英爲築城郭宮室英王妃父也督工峻急會高麗自國中至鴨綠江皆積粟帝慮其有陰謀而役作軍士艱苦令輟役至三十年始命都督楊文督遼東諸衞士繕治之增其雉堞以嚴邊衞復圖西北沿邊要害示植與寧王權諭之曰自東勝以西至寧夏河西察罕腦兒東勝以東至大同宣府開平又東南至大寧又東至遼東抵鴨綠江北至大漠又自鴈門關外西抵黃河渡河至察罕腦兒又東至紫荆關又東至居庸關及古北口又東至山海衞凡軍民屯種地毋縱畜牧其荒曠地及山場聽諸王駙馬牧放樵採東西往來營駐因以時練兵防寇違者論之植在邊習軍旅屢樹軍功建文中靖難兵起召植及寧王權還京植渡海歸朝改封荆州永樂元年入朝帝以植初貳於己嫌之十年削其護衞留軍校廚役三百人備使令二十二年薨子長陽王貴烚嗣初植庶子遠安王貴燮巴東王貴煊嘗告其父有異謀及父死又不奔喪仁宗卽位皆廢爲庶人正統元年府僚乞加王祿敕曰簡王得罪朝廷成祖特厚待仁宗朝加祿得支二千石宣宗又給旗軍三百人親親已至王素乖禮度府臣不匡正顧爲王請乎不許三年巡撫侍郎吳政奏王不友諸弟待庶母寡恩捶死長史杜述居國多過召訊京師盡得其淫穢黷倫兇暴諸不法事明年四月廢爲庶人守簡王園弟肅王貴㷂嗣成化七年薨子靖王豪墭嗣十四年薨子惠王恩鐕嗣弘治五年松滋王府諸宗人恩鑡等闌入荆州府支歲祿恩鐕禁之皆怨已儀賓袁鏞復誘恩鑡等招羣小奪軍民商賈利恩鐕發其事恩鑡等愈怨謀殺王朝廷遣官按實幽恩鑡等鳳陽謫戍其黨有差恩鐕陰使送者刑梏之斃八十餘人不數日世子暴卒八年恩鐕疽發背薨子恭王寵涭嗣與弟光澤王寵瀼友愛飲食服御必俱寵瀼有令德寵涭有事必咨之後行正德十六年薨子莊王致格嗣病不視事妃毛氏明書史沉毅有斷中外肅然賢聲聞天下嘉靖十六年致格薨子憲㸅嗣以奉道爲世宗所寵賜號淸微忠教眞人予金印隆慶元年御史陳省劾憲㸅諸不法事詔奪眞人號及印明年巡按御史郜光先復劾其大罪十三命刑部侍郎洪朝選往勘具得其淫虐僭擬諸罪狀帝以憲㸅宜誅念宗親免死廢爲庶人錮高牆初副使施篤臣憾憲㸅甚朝選至湖廣篤臣詐爲憲㸅書餽朝選因封持之憲㸅建白纛曰訟冤之纛篤臣驚曰王反矣使卒五百圍王宮朝選還朝實王罪不言王反大學士張居正家荆州故與憲㸅有隙嫌朝選不坐憲㸅反久之屬巡撫都御史勞堪羅織朝選死獄中其後居正死憲㸅訟冤籍居正家而篤臣亦死遼國除諸宗隸楚藩以廣元王術堣爲宗理

慶靖王㮵太祖第十六子洪武二十四年封二十六年就藩寧夏以餉未敷令駐慶陽北古韋州城就延安綏寧租賦二十八年詔王理慶陽寧夏延安綏德諸衞軍務三十年始建邸王好學有文忠孝出天性成祖善之令歲一至韋州度夏宣德初言寧夏卑濕水泉惡乞仍居韋不許令歲一往來如成祖時正統初寧夏總兵官史昭奏王沮邊務占靈州草場畜牧遣使由綏德草地往還煽惑土民章未下或告王闖兵造戎器購天文書樠疑皆昭爲之三年上書請徙國避昭英宗不可貽書慰諭其年薨子康王秩煃嗣景泰元年以寧夏屢被兵乞徙內地不許成化五年薨子懷王邃壟嗣十五年薨弟莊王邃塀嗣弘治四年薨子恭王寘鐢嗣十一年薨子定王台浤嗣正德五年安化王寘鐇反台浤稽首行君臣禮詔削護衞革祿三之一戍其承奉長史嘉靖三年台浤賄鎭守太監李昕總兵官种勛求爲奏請復祿昕勛不納台浤銜之會寧夏衞指揮楊欽等得罪於巡撫都御史張璿謀藉王殺璿及勛事覺下都司按察司按治欽等誣台浤不軌璿以聞帝使太監扶安副都御史王時中等復按上言台浤他罪有之無謀不軌事詔廷臣定議坐前屈事寘鐇蒙恩不悛煽構羣小謀害守臣廢爲庶人留邸歲與米三百石以其叔父鞏昌王寘鉶攝府事寘鉶裁慶邸宮妃薪米取邸中金帛萬計台浤子鼒櫝幼失愛於父逃寘鉶所寘鉶造台浤謀逆謠語使寺人誘鼒櫝吟誦圖陷台浤自立懷王妃王氏奏寘鉶裁減衣食至不能自存豐林王台瀚亦欲陷寘鉶遂發其瀆亂人倫諸罪驗實廢爲庶人幽高牆廷議謂台浤父子乖離徙台浤西安而封鼒櫝世子視府事十一年十月也十五年以兩宮徽號恩復台浤冠帶薨鼒櫝先卒弟惠王鼒枋嗣好學樂善以禮飭諸宗世宗賜之敕建坊表之寧夏築邊牆鼒枋出銀米佐工萬曆二年薨子端王倪熿嗣十六年薨子憲王伸域嗣十九年薨明年寧夏賊哱拜反王妃方氏匿其子帥鋅地窖中自經死時壽陽嗣王倪爊哱拜脅降之不屈爲所囚鎭原王伸塇理府事謀襲賊弗克府中人皆被殺賊平御史劉芳譽言諸宗死節者俱應䘏錄方妃宜建祠旌表詔從之給銀一萬五千兩分振諸宗人帥鋅嗣薨子倬漼嗣崇禎十六年流賊破寧夏被執安塞王秩炅靖王季子也十二而孤母位氏誨之性通敏過目不忘善古文遇縉紳學士質難辨惑移日不倦所著有隨筆二十卷庶人寘鐇祖秩炵靖王第四子也封安化王父邃墁鎭國將軍以寘鐇襲王爵性狂誕相者言其當大貴巫王九兒教鸚鵡妄言禍福寘鐇遂覬望非分寧夏指揮周昂千戶何錦丁廣衞諸學生孫景文孟彬史連輩皆往來寘鐇所正德五年帝遣大理少卿周東度寧夏屯田東希劉瑾意以五十畝爲一頃又畝斂銀爲瑾賄敲扑慘酷戍將衞卒皆憤怨而巡撫都御史安惟學數杖辱將士妻將士銜刺骨寘鐇知衆怨令景文飲諸武臣酒以言激之諸武臣多願從寘鐇者又令人結平鹵城戍將及素所厚張欽等會有邊警叅將仇鉞副總兵楊英帥兵出防禦總兵官姜漢簡銳卒六十人爲牙兵令周昂領之遂與何錦定約四月五日寘鐇設宴邀撫鎭官飲於第惟學東不至錦昂帥牙兵直入殺姜漢及太監李增鄧廣於坐分遣卒殺惟學東及都指揮楊忠於公署遂焚官府釋囚繫撤黃河渡船於西岸以絕渡者遣人招楊英仇鉞皆佯許之英奔衆保王宏堡衆潰英奔靈州鉞引還寘鐇奪其軍出金帛犒將士僞署何錦大將軍周昂丁廣副將軍張欽先鋒魏鎭楊泰等總兵都護令孫景文作檄以討劉瑾爲名陝西總兵官曹雄聞變遣指揮黃正駐靈州檄楊英督靈州兵防黃河都指揮韓斌總兵官侯勳叅將時源各以兵會英密使蒼頭報仇鉞爲內應令史墉浮渡奪西岸船營河東焚大小二壩草寘鐇懼令錦等出禦獨留昂守城使使召鉞鉞稱病昂來問疾鉞刺昂死令親兵馳寘鐇第擊殺景文連等十餘人遂擒寘鐇迎英衆入寘鐇反十有八日而擒錦廣泰欽先後皆獲械送伏誅寘鐇賜死諸子弟皆論死有孫鼒材逃出削髮爲僧居永寧山中未幾爲土僧所淩詣官言狀傳至京安化宮人左寶瓶在浣衣局使驗之吒曰此鼒材殿下也帝念其自歸免死安置鳳陽

寧獻王權太祖第十七子洪武二十四年封踰二年就藩大寧大寧在喜峯口外古會州地東連遼左西接宣府爲巨鎭帶甲八萬革車六千所屬朶顔三衞騎兵皆驍勇善戰權數會諸王出塞以善謀稱燕王初起兵與諸將議曰曩余巡塞上見大寧諸軍慓悍吾得大寧斷遼東取邊騎助戰大事濟矣建文元年朝議恐權與燕合使人召權權不至坐削三護衞其年九月江陰侯吳高攻永平燕王往救高退燕王遂自劉家口間道趨大寧詭言窮蹙來求救權邀燕王單騎入城執手大慟具言不得已起兵故求代草表謝罪居數日欵洽不爲備北平銳卒伏城外吏士稍稍入城陰結三衞部長及諸戍卒燕王辭去權祖之郊伏兵起擁權行三衞彍騎及諸戍卒一呼畢集守將朱鑑不能禦戰歿王府妃妾世

子皆隨入松亭關歸北平大寧城爲空權入燕軍時時爲燕王草檄燕王謂權事成當中分天下比即位王乞改南土請蘇州曰畿內也請錢塘曰皇考以予五弟竟不果建文無道以王其弟亦不克享建寧重慶荊州東昌皆善地惟弟擇焉永樂元年二月改封南昌帝親製詩送之詔卽布政司爲邸瓴甋規制無所更已而人告權巫蠱誹謗事密探無驗得已自是日韜晦構精廬一區鼓琴讀書其間終成祖世得無患仁宗時法禁稍解乃上書言南昌非其封國帝答書曰南昌叔父受之皇考已二十餘年非封國而何宣德三年請乞近郭灌城鄉土田明年又論宗室不應定品級帝怒頗有所詰責權上書謝過時年已老有司多齮齕以示威重權日與文學士相往還託志翀舉自號臞仙嘗奉敕輯通鑑博論二卷又作家訓六篇寧國儀範七十四章漢唐祕史二卷史斷一卷文譜八卷詩譜一卷其他註纂數十種正統十三年薨世子盤烒先卒孫靖王奠培嗣奠培善文辭而性卞急多嫌猜景泰七年弟弋陽王奠壏訐其反逆巡撫韓雍以聞帝遣官往覈不實時軍民連逮者六七百人會英宗復辟俱赦釋惟謫戍其教授游堅奠培由是憾守土官不爲禮布政使崔恭積不平王府事多持不行奠培遂劾奏恭不法恭與按察使原傑亦奏奠培私獻惠二王宮人逼內官熊璧自盡按問皆實遂奪護衛踰三年而奠壏以有罪賜死初錦衣衛指揮逯杲聽詞事者言誣奠壏烝母帝令奠培具實以聞復遣駙馬都尉薛桓與杲按問奠培奏無是事杲按亦無實帝怒責問杲杲懼仍以爲實遂賜奠壏母子自盡焚其屍是日雷雨大作平地水深數尺衆咸寃之弘治四年奠培薨子康王覲鈞嗣十年薨子上高王宸濠嗣其母故娼也始生靖王夢蛇啖其室旦日鴟鳴惡之及長輕佻無威儀而善以文行自飾術士李自然李日芳妄言其有異表又謂城東南有天子氣宸濠喜時時詗中朝事聞謗言輒喜或言帝明聖朝廷治卽怒武宗末年無子羣臣數請召宗室子子之宸濠屬疎顧深結左右於帝前稱其賢初宸濠賄劉瑾復所奪護衛瑾誅仍論奪及陸完爲兵部尚書宸濠結嬖人錢寧臧賢爲內主欲奏復大學士費宏執不可諸嬖人乘宏讀廷試卷取中旨行之宸濠益恣擅殺都指揮戴宣逐布政使鄭岳御史范輅幽知府鄭巘宋以方盡奪諸附王府民廬責民間子錢強奪田宅子女養羣盜劫財江湖間有司不敢問日與致仕都御史李士實舉人劉養正等謀不軌副使胡世寧請朝廷早裁抑之宸濠連奏世寧罪世寧坐謫戍自是無敢言者正德十二年典儀閻順內官陳宣劉良間行詣闕上變寧賢等庇之不問宸濠疑出承奉周儀殺儀家及典仗查武等數百人巡撫都御史孫燧列其事中道爲所邀不得達宸濠又賄錢寧求取中旨召其子司香太廟寧言於帝用異色龍牋加金報賜異色龍牋者故事所賜監國書牋也宸濠大喜列仗受賀復勒諸生父老奏闕下稱其孝且勤時邊將江彬新得幸太監張忠附彬欲傾寧賢乘間爲帝言寧賢盛稱寧王陛下以爲何如帝曰薦文武百執事可任使也薦藩王何爲者忠曰賢稱寧王孝譏陛下不孝耳稱寧王勤譏陛下不勤耳帝曰然下詔逐王府人毋留闕下是時宸濠與士實養正日夜謀益遣姦人盧孔章等分布水陸孔道萬里傳報浹旬往返蹤跡大露朝野皆知其必反巡撫都御史孫燧七上章言之皆爲所邀沮諸權姦多得宸濠金錢匿其事不以聞十四年御史蕭淮疏言宸濠諸罪謂不早制將來之患有不可勝言者疏下內閣大學士楊廷和謂宜如宣宗處趙府事遣勳戚大臣宣諭令王自新帝命駙馬都尉崔元都御史顏頤壽太監賴義持諭往收其護衛令還所奪官民田宸濠聞元等且至乃定計以己生辰日宴諸守土官詰旦皆入謝宸濠命甲士環之稱奉太后密旨令起兵入朝孫燧及副使許逵不從縛出斬之執御史王金主事馬思聰金山參議黃宏許做廉布政使胡廉參政陳杲劉棐僉事賴鳳指揮許金白昂等下獄參政王綸季斅僉事潘鵬師夔布政使梁宸按察使楊璋副使唐錦皆從逆以李士實劉養正爲左右丞相王綸爲兵部尚書集兵號十萬命其承奉涂欽與素所蓄羣盜閔念四等略九江南康破之馳檄指斥朝廷七月壬辰朔宸濠出江西留其黨宜春王拱樤內官萬銳等守城自帥舟師蔽江下攻安慶汀贛巡撫僉都御史王守仁聞變與吉安知府伍文定等檄諸郡兵先後至乃使奉新知縣劉守緒破其墳廠伏兵戊申直攻南昌辛亥城破拱樤銳等皆就擒宮人自焚死宸濠方攻安慶不克聞南昌破大恐解圍還守仁逆擊之乙卯遇於黃家渡賊兵乘風進薄氣驕甚文定及指揮余恩佯北誘賊趨利前後不相及知府邢珣徐璉戴德孺從後急擊文定還兵乘之賊潰斬溺萬計又別遣知府陳槐林瑊曾璵周朝佐復九江南康明日復戰官兵稍卻文定帥士卒殊死鬭擒斬二千餘級宸濠乃退保樵舍明日官軍以火攻之宸濠大敗諸妃嬪皆赴水死將士焚溺死者三萬餘人宸濠及其世子郡王儀賓竝李士實劉養正涂欽王綸等俱就擒宸濠自舉事至敗蓋四十有三日時帝聞宸濠反下詔暴其罪告宗廟廢爲庶人逮繫尚書陸完嬖人錢寧臧賢等籍其家江彬張忠從臾帝親征至良鄉守仁捷奏至檄止之守仁已械繫宸濠等取道浙江帝留南京遣許泰朱暉及內臣張永張忠搜捕江西餘黨民不勝其擾檄守仁還江西守仁至杭州遇張永以俘付之使送行在十五年十二月帝受所獻俘回鑾至通州誅之封除初宸濠謀逆其妃婁氏嘗諫及敗歎曰昔紂用婦言亡我以不用婦言亡悔何及嘉靖四年弋陽王拱樻等言獻王惠王四服子孫所共祀非宸濠一人所自出如臣等皆得甄別守職業如故而二王不獲廟享臣竊痛之疏三上帝命弋陽王以郡王奉祀樂舞齊郎之屬半給之寧藩既廢諸郡王勢頡頏莫能一帝命拱樻攝府事卒樂安王拱欏攝拱欏奏以建安樂安弋陽三王分治八支著爲令石城王奠堵惠王第四子性莊毅家法甚嚴靖王奠培與諸郡王交惡臨川弋陽皆被構得罪奠堵獨謹約不能坐以過失子覲鎬孝友有令譽早卒孫宸浮嗣與母弟宸浦庶兄宸潤皆淫縱殺人弘治十二年互訐奏宸浮宸浦竝革爲庶人宸潚宸潤奪祿宸潚遂從宸濠反雷震死嘉靖二十四年復宸浮宸浦冠帶宸潤子拱梃上書爲父澡雪亦還爵宸潚弟宸滓素方正宸濠欲屈之不得數使人火其居而諷諸宗資給之以示惠宸滓辭不受宸濠敗宸滓得免子輔國將軍拱槷孫奉國將軍多㷿曾孫鎮國中尉謀㙔三世皆端謹自好而謀㙔尤貫串羣籍通曉朝廷典故諸王子孫好學敦行自周藩中尉睦㮮而外莫及謀㙔者萬曆二十二年廷議增設石城宜春管理命謀㙔以中尉理石城王府事得劾治不法者典藩政三十年宗人咸就約束暇則閉戶讀書著易象通詩故春秋戴記魯論箋及他書凡百十有二種皆手自繕寫黃汝亨爲進賢令投謁抗禮劇談久之逡巡改席次日北面稱弟子人兩稱之病革猶與諸子說易子八人皆賢而好學從弟謀暨築室龍沙躬耕賦詩以終奉國將軍拱樒瑞昌王奠墠四世孫也父宸渠爲宸濠累逮繫中都兄拱枘請以身代拱樒佐之卒得白嘉靖九年上書請建宗學令宗室設壇墠行耕桑禮謹祀典加意恤刑皆得旨俞允捐田白鹿洞贍學者其後以議禮稱旨拱枘上大禮頌竝賜敕褒諭諸子羣從多知名者多熅多燉以孝友著多燏多炘以秉禮嚴重稱多熿多㷿多炘以善詞賦名而多熅與從兄多熿獨杜門却埽多購異書校讎以爲樂萬曆中督撫薦理瑞昌王府事謝不起多熘父拱樛以宸濠事被逮多熘甫十餘齡哭走軍門乞以身代王守仁見而異之嘉靖二年疏訟父寃得釋歸復爵時諸郡王統於弋陽而瑞昌始王不祀多熘自謂小宗宜典宗祏請於朝特敕許焉乃益祭田修飭家政儼若朝典四子皆莊謹嗜學奉國將軍多煌惠王第五子弋陽王奠壏五世孫也孝友嗜學弋陽五傳而絕宗人舉多煌賢能敕攝府事瑞昌諸宗皆屬焉性廉靜寡欲淑人熊氏早卒不再娶獨處齋閤者二十六年萬曆四十一年撫按以行誼聞詔褒之會病卒詔守臣加祭一壇又多炡者亦奉國將軍頗敏善詩歌嘗變姓名出遊蹤跡遍吳楚晚病羸猶不廢吟諷卒門人私謚曰清敏先生子謀墠亦有父風時樂安輔國將軍多炭有詩癖與謀墠等放志文酒終其世

明史卷一百十八　列傳第六

總裁官總理事務經筵講官少保兼太子太保保和殿大學士兼管吏部戶部尚書事加六級張廷玉等奉

敕修

諸王三

太祖諸子三

岷王楩　谷王橞

韓王松　瀋王模（沁水王珵坮　清源王幼𡋣）

安王楹　唐王桱（三城王芝垝　文城王彌鉗）

（彌鍗　輔國將軍宇浹）　郢王棟

伊王㰘　皇子楠

靖江王守謙

興宗諸子

虞王雄英　吳王允熥

衡王允熞　徐王允熙

惠帝諸子

太子文奎　少子文圭

成祖諸子

高煦　趙王高燧

高爔

岷莊王楩太祖第十八子洪武二十四年封國岷州二

十八年以雲南新附宜親王鎭撫改雲南有司請營宮殿帝令暫居樓亭俟民力稍紓後作建文元年西平侯沐晟奏其過廢爲庶人徙漳州永樂初復王與晟交惡帝賜書諭楩而詔戒晟楩沉湎廢禮擅收諸司印信殺戮吏民帝怒奪冊寶尋念王建文中久幽繫復予之而楩不悛六年削其護衞罷官屬洪熙元年徙武岡寄居州治久之始建王邸景泰元年薨子恭王徽煣嗣初世子徽焲宣德初訐其弟鎭南王徽煣誹謗仁廟宣宗疑其詐並召至京及所連闔豎面質事果誣斬闔豎而遣徽煣等歸徽煣嗣位弟廣通王徽煠有勇力家人段友洪以技術得寵致仕後軍都事于利賓言徽煠有異相當主天下遂謀亂作僞敕分遣友洪及蒙能陳添行入苗中誘諸苗以銀印金幣使發兵攻武岡苗首楊文伯等不敢受事覺友洪爲徽煣所執都御史李實以聞遣駙馬都尉焦敬中官李琮徵徽煠入京師湖廣總督王來總兵官梁珤復發陽宗王徽焟通謀狀亦徵入皆除爵幽高牆時景泰二年十月也天順七年徽煣薨子順王音埑嗣病瘋痺屢年不起次子安昌王膺鋪侍醫藥晨夕不去左右憲宗聞之賜敕嘉奬成化十六年音埑薨世子膺銋居喪飲博無度承奉劉忠禁制之遂殺忠事聞驗實革冠帶停封居四年乃嗣弘治十三年薨謚曰簡子靖王彥汰嗣嘉靖四年與弟南安王彥泥訐陰事彥泥廢爲庶人彥汰亦坐抗制擅權革爵八年令世子譽榮攝府事譽榮上疏懇辭謂臣坐享尊榮而父困苦寂寞臣心何安且前曾舉臣弟善化王譽栝廷議以子無制父理奏寢不行臣亦人子也獨不愧臣弟乎帝覽疏憐之下部議十二年賜彥汰冠帶理府事十五年以兩宮徽號恩復王又八年始薨子康王譽榮嗣三十一年薨子憲王定燿嗣三十四年薨曾孫禋洪天啓二年嗣崇禎元年薨無子從父企鏜嗣十六年流賊陷武岡遇害

谷王橞太祖第十九子洪武二十四年封二十八年三月就藩宣府宣府上谷地故曰谷王燕兵起橞走還京師及燕師渡江橞奉命守金川門登城望見成祖麾蓋開門迎降成祖德之卽位賜橞樂七奏衞士三百賚予甚厚改封長沙增歲祿二千石橞居國橫甚忠誠伯茹瑺過長沙不謁橞橞白之帝瑺得罪死遂益驕肆奪民田侵公稅殺無罪人長史虞廷綱數諫誣廷綱誹謗磔殺之招匿亡命習兵法戰陣造戰艦弓弩器械大創佛寺度僧千人爲咒詛日與都指揮張成宦者吳智劉信謀呼成師尙父智信國老令公僞引讖書云我高皇帝十八子與讖合橞行次十九以趙王杞早卒故云謀於元夕獻燈選壯士教之音樂同入禁中伺隙爲變又致書蜀王爲隱語欲結蜀爲援蜀王貽書切責不聽已而蜀王子崇寧王悅㷆得罪逃橞所橞因詭衆往年我開金川門出建文君今在邸中我將爲申大義事發有日矣蜀王聞之上變告初護衞都督僉事張興見橞爲不法懼禍及因奏事北京白其狀帝不信與過南京復啓於太子且曰乞他日無連坐至是帝歎曰朕待橞厚張興常爲朕言不忍信今果然立命中官持敕諭橞歸悅㷆於蜀且召橞入朝橞至帝示以蜀王章伏地請死諸大臣廷劾橞曰周戮管蔡漢辟濞長皆大義滅親陛下縱念橞奈天下何帝曰橞朕弟朕且令諸兄弟議永樂十五年正月周王橚楚王楨蜀王椿等各上議橞違祖訓謀不軌蹤跡甚著大逆不道誅無赦帝曰諸王羣臣奉大義國法固爾吾寧生橞於是及二子皆廢爲庶人官屬多誅死興以先發不坐

韓憲王松太祖第二十子洪武二十四年封國開原性英敏通古今恭謹無過永樂五年薨以未之國命葬安德門外十年子恭王冲𪸩嗣時棄大寧三衞地開原逼塞不可居二十二年改封平涼仁宗卽位名冲𪸩與弟襄陵王冲烌樂平王冲烁入朝各獻詩頌帝嘉悅賜金幣有差宣宗初請徙江南不許請蠲護衞屯租建邸第許之遣主事毛俊經度並建襄陵樂平二邸及岷州廣福寺陝西守臣言歲歉請輟工帝令繕王宮罷建寺役平涼接邊徼間諜充斥冲𪸩習邊鄙利弊正統元年上書極言邊事賜書褒答五年薨子懷王範圯嗣九年薨弟靖王範坳嗣景泰元年薨子惠王徵釙嗣初土木之變冲烌赴京師勤王會解嚴下書慰勞及成化六年薨入河套冲烌復請率子壻擊賊憲宗止之冲𪸩兄弟並急王事以藩禁嚴不用自是宗臣無預兵事者成化五年徵釙薨子悼王偕流嗣十年薨弟康王偕灊嗣弘治十四年薨子昭王旭櫏嗣性忠孝工詩居藩有惠政韓土瘠祿薄弟建寧王旭櫛至以所受金冊質於宗室偕泆事聞廢爲庶人諸貧宗往往凌劫有司平涼知府吳世良鄭衍任守德王松先後被窘辱嘉靖十三年旭櫏薨子定王融燧嗣懲宗室之橫頗繩以法不逞者怨之三十二年襄陵王融焚及諸宗二百餘人訐奏王奸利事勘無實革融焚等祿四十四年融燧薨子謨典先卒世宗末年以宗祿不足詔身不及王者許其嫡長子繼王餘子如故秩謨典以世子不及王王其長子朗錡餘子止鎭國將軍萬曆三十四年朗錡薨謚曰端子孫皆早卒曾孫亶塉嗣崇禎十六年賊陷平涼被執襄陵王冲烌憲王第二子有至性母病刲股和藥病良已及卒終喪毀瘠每展墓必率子孫躬畚鍤培冢先後璽書褒美者六子範址服其教母荆罹危疾亦刲股進之愈其後五世同居門內雍肅嘉靖十一年賚以羊酒文幣韓諸王以襄陵家法爲第一王孫徵鑕病卒聘杜氏女未婚歸王家志操甚厲詔賜旌表

瀋簡王模太祖第二十一子洪武二十四年封永樂六年就藩潞州宣德六年薨子康王佶焞嗣景泰中數與州官置酒大會巡撫朱鑑以聞帝令諸王非時令壽節不得輒與有司讌飲著爲令天順元年薨子莊王幼㙾嗣正德十一年薨子恭王詮鉦嗣嘉靖六年薨孫允檯攝府事九年卒無子再從弟憲王允棧攝府事凡十年乃嗣封當是時瀋府諸郡王勛消詮鏅並爭襲帝皆切責之而令允棧嗣二十八年薨子宣王恬烄嗣好學工古文詞審聲律弟安慶王恬爔鎭康王恬焯穆宗時皆以孝義旌萬曆十年恬烄薨子定王珵堯嗣仁孝恭慎弟六人封郡王者二餘例不得封朝廷奬王恭皆封郡王而不與祿薨子效鏞嗣明亡國除沁水王珵堦簡王七世孫也工詩喜士名譽藉甚前此有德平王允梃負雋才與衡府新樂王載璽周宗人睦㮮俊㻁等齊名又淸源王幼圷康王第三子博學能文詞其後輔國將軍勳漣從子允杉允椊允析及鎭國將軍恬烷與諸子珵圻等並以能詩名時稱瀋藩多才焉

安惠王楹太祖第二十二子洪武二十四年封永樂六年就藩平涼十五年薨無子封除府僚及樂戶悉罷留典仗校尉百人守園洪熙初韓恭王改封平涼就安王邸英宗令官校隸韓長史供安王祀暇日給韓王子襄陵王冲烌使令景泰五年冲烌遂乞承安王祀正德十二年嗣襄陵王徵鈐請樂戶祀安王明年樂平王徵鐙援徵鈐例以請禮部言親王有樂戶郡王別城居者有事假鼓吹於有司其附親王國者假樂戶於長史司因並革安王供祀樂戶嘉靖二年韓王旭櫏復爲代請帝以安王故報可之徵鈐卒韓王融燧令長史革之徵鈐長孫旭橦上言禮樂自天子出韓王不宜擅予奪融燧亦言親王郡王禮樂宜有降殺帝曰樂戶爲安王祀也給如故

唐定王桱太祖第二十三子洪武二十四年封永樂六年就藩南陽十三年薨子靖王瓊烴嗣綜覈有矩矱爲成祖所喜入朝五日三召見宣德元年薨妃高氏未冊自經以殉詔封靖王妃無子弟憲王瓊炟嗣成化十一年薨子莊王芝址嗣諸弟三城王芝垝湯陰王芝垙並好學有令譽而承休王芝垠憲王繼妃焦氏子也妃愛之遇節旦召樂婦入宮芝址詰之語不遜焦妃怒持鐵鎚擊宮門芝址閉不敢出芝垠與妃弟璟誣王詈繼母按驗不實得芝垠慢母詈兄狀革爵久之始復二十一年芝址薨子成王彌鍗嗣弘治中疏言朝廷待親藩生爵歿謚親至矣間有惡未敗聞歿獲美謚是使善者怠惡者肆也自今宜勘實用寓彰癉禮臣請降敕奬諭勉厲諸王詔可武宗喜遊幸彌鍗作憂國詩且上疏以用賢圖治爲言弟文城王彌鉗有學行孝友篤至嘉靖二年彌鍗薨無子彌鉗子敬王宇溫嗣二十一年獻金助太廟工賜玉帶益祿二百石時承休王芝垠子彌鋠以父與莊王交訐失令名折節蓋前愆宇溫上其事璽書褒奬三十九年宇溫薨子順王宙栐嗣四十三年薨子端王碩熿嗣惑於嬖人囚世子器墭及其子聿鍵於承奉司器墭中毒死崇禎五年碩熿薨聿鍵嗣七年流賊大熾蠲金築南陽城又援潞藩例乞增兵三千人不許九年秋八月京師戒嚴倡義勤王詔切責勒還國事定下部議廢爲庶人幽之鳳陽弟聿鏌嗣十四年李自成陷南陽聿鏌遇害十七年京師陷福王由崧立於南京乃赦聿鍵出

大淸順治二年五月南都降聿鍵行至杭遇鎭江總兵官鄭鴻逵戶部郎中蘇觀生遂奉入閩南安伯鄭芝龍巡撫都御史張肯堂與禮部尙書黃道周等定議奉王稱監國閏六月丁未遂立於福州號隆武改福州爲天興府進芝龍鴻逵爲侯封鄭芝豹鄭彩爲伯觀生道周俱大學士肯堂爲兵部尙書餘拜官有差聿鍵好學通典故然權在鄭氏不能有所爲是年八月芝龍議簡戰守兵二十餘萬計餉不支其半請預借兩稅一年令羣下捐俸勸紳士輸助徵府縣銀穀未解者官吏督迫閭里騷然又廣開事例猶苦不足仙霞嶺守關兵僅數百人皆不堪用聿鍵屢促芝龍出兵輒以餉詘辭久之芝龍知衆論不平乃請以鴻逵出浙東彩出江西各擁兵數千號數萬旣行託候餉皆行百里而還先是黃道周知芝龍無意出師自請行從廣信趨婺源兵潰死事詳道周傳是時李自成兵敗走死通山其兄子李錦帥衆降於湖廣總督何騰蛟一時增兵十餘萬侍郎楊廷麟

祭酒劉同升起兵復吉安臨江於是廷麟等請聿鍵出江右騰蛟請出湖南原任知州金堡言騰蛟可恃芝龍不可恃宜棄閩就楚聿鍵大喜授堡給事中遣觀生先行募兵先是靖江王亨嘉僭稱監國不奉聿鍵命爲巡撫瞿式耜等所擒以捷聞而魯王以海又稱監國於紹典拒聿鍵使者故聿鍵決意出江西湖廣十二月發福州駐建寧廣東布政湯來賀運餉十萬由海道至明年二月駐延平三月

大清兵取吉安撫州圍楊廷麟於贛州尚書郭維經出閩募兵援贛六月

大兵克紹興魯王以海遁入海閩中大震芝龍假言海寇至徹兵回安平鎮航海去守關將士皆隨之仙霞嶺空無一人七月何騰蛟遣使迎聿鍵將至韶州唯時我兵已抵閩關守浦城御史鄭爲虹給事中黃大鵬延平知府王士和死焉八月聿鍵出走數日方至汀州

大兵奄至從官奔散與妃曾氏俱被執妃至九瀧投於水聿鍵死於福州給事中熊緯尚書曹學佺通政使馬思禮等自縊死

郢靖王棟太祖第二十四子洪武二十四年封永樂六年之藩安陸十二年薨無子封除留內外官校守園王妃郭氏武定侯英女王薨踰月妃慟哭曰未亡人無子尚誰恃引鏡寫容付宮人曰俟諸女長令識母遂自經妃四女一夭其三女封光化穀城南漳郡主歲祿各八百石宣德四年以郢故邸封梁王瞻垍移郢宮人居南京

伊厲王㰘太祖第二十五子洪武二十一年生生四年封永樂六年之藩洛陽歲祿僅二千石王好武不樂居宮中時時挾彈露劍馳逐郊外奔避不及者手擊之髡裸男女以爲笑樂十二年薨禮臣請追削封爵不許二十二年子簡王顒炔始得嗣縱中官擾民洛陽人苦之河南知府李驥稍持以法誣奏驥被逮治已而得白罪王左右英宗時上表文不恭屢被譙讓天順六年薨世孫悼王諟鈲嗣成化十一年薨弟定王諟鋝嗣好學崇禮居喪哀毀歲時祀先致齋於外郡王請將軍中尉非慶賀不褻見民間高年者禮下之正德三年薨子莊王訏淵嗣嘉靖五年薨弟敬王訏淳嗣居母喪以孝聞以祿薄上言先朝以河南課鈔萬七千七百貫准祿米八千石八年革諸王請乞租稅伊府課鈔亦在革中乞補祿戶部言課鈔本成弘間請乞非永樂時欽賜比河南一省缺祿者八十餘萬宜不許帝從部議二十一年薨世子典楧嗣貪而愎多持官吏短長不如指必搆之去既去復折辱之御史行部過北邙山外楧要笞之縉紳往來率紆途取他境經郭外者府中人輒追挽其車詈其不朝入朝者復辱以非禮府牆壞請更築乃奪取民舍以廣其宮郎中陳大壯與邸鄰索其居不與使數十人從大壯臥起奪其飲食竟至餓死所爲宮崇臺連城擬帝闕有錦衣官校之陝者經洛陽典楧忽召官屬迎詔鼓吹擁錦衣入捧一黃卷入宮衆請開讀曰密詔也遂趣錦衣去錦衣謂王厚待之不知所以其夜大張樂至曙府中皆呼千歲詐謂天子特親我也鬨河南府城大選民間子女七百餘留其姝麗者九十人不中選者令以金贖都御史張永明御史林潤給事中邱岳相繼言其罪狀再遣使往勘革祿三之二令壞所僭造宮城歸民間女執羣小付有司典楧不奉詔部牒促之布政使持牒入見楧曰牒何爲者可用障牖耳四十三年二月撫按官以聞詔禮部會三法司議僉謂典楧淫暴無藩臣禮陛下曲赦再四終不悛改奸回日甚宜如徽王載埨故事禁錮高牆削除世封詔從其議與子褒𤇆俱安置開封

皇子楠太祖第二十六子洪武二十六年生踰月殤

靖江王守謙太祖從孫父文正南昌王子也當太祖起兵時南昌王前死妻王氏攜文正依太祖太祖高后撫如己子比長涉獵傳記饒勇畧隨渡江取集慶路已有功授樞密院同僉太祖從容問若欲何官文正對曰叔父成大業何患不富貴爵賞先私親何以服衆太祖喜其言益愛之太祖爲吳王命爲大都督節制中外諸軍事及再定江西以洪都重鎮屏翰西南非骨肉重臣莫能守乃命文正統元帥趙得勝等鎮其地儒士郭之章劉仲服爲參謀文正增城浚池招集山寨未附者號令明肅遠近震懾居無何友諒帥舟師六十萬圍洪都文正數摧其鋒堅守八十有五日城壞復完者數十丈友諒旁掠吉安臨江俘其守將徇城下不爲動太祖親帥兵來援友諒乃解去與太祖相拒於彭蠡友諒掠糧都昌文正遣方亮焚其舟糧道絕友諒遂敗復遣何文輝等討平未附州縣江西之平文正功居多太祖還京告廟飲至賜常遇春廖永忠及諸將士金帛甚厚念文正前言知大體錫功尚有待也而文正不能無少望性素卞急至是暴怒遂失常度任掾吏衛可達奪部中子女按察使李飲冰奏其驕侈觖望太祖遣使詰責文正懼飲冰益言其有異志太祖即日登舟至城下遣人名之文正倉卒出迎太祖數曰汝何爲者遂載與俱歸欲竟其事高后力解之曰兒特性剛耳無他也免官安置桐城未幾卒飲冰亦以他事伏誅文正之被讁也守謙甫四歲太祖撫其頂曰兒無恐爾父倍訓教貽我憂我終不以爾父故廢爾育之宮中守謙幼名鐵柱吳元年以諸子命名告廟更名煒洪武三年更名守謙封靖江王祿視郡王官屬親王之半命耆儒趙壎爲長史傅之既長之藩桂林桂林有元順帝潛邸改爲王宮上表謝太祖敕其從臣曰從孫幼而遠鎮西南其善導之守謙知書而好比羣小粵人怨咨召還戒諭之守謙作詩怨望帝怒廢爲庶人居鳳陽七年復其爵徙鎮雲南使其妃弟徐溥同往賜書戒飭語極摯切守謙暴橫如故名還使再居鳳陽復以強取牧馬錮之京師二十五年卒子贊儀幼命爲世子三十年春遣省晉燕周楚齊蜀湘代肅遼慶谷秦十三王自湘楚入蜀歷陝西抵河南山西北平東至大寧遼陽還自山東使知親親之義熟山川險易習勞苦贊儀恭慎好學永樂元年復之國桂林使蕭用道爲長史用道善輔導贊儀亦敬禮之六年薨諡曰悼僖子莊簡王佐敬嗣初給銀印宣德中改用金塗正統初與其弟奉國將軍佐敏相訐奏語連大學士楊榮帝怒戒其使人成化五年薨子相承先卒孫昭和王規裕嗣弘治二年薨子端懿王約麒嗣以孝謹聞正德十一年薨子安肅王經扶嗣好學有儉德嘗爲敬義箴嘉靖四年薨子恭惠王邦薴嗣與巡按御史徐南金相訐奏奪祿米罪其官校隆慶六年薨子康僖王任昌嗣萬曆十年薨子溫裕王履燾嗣二十年薨無子從父憲定王任晟嗣三十八年薨子榮穆王履祜嗣薨子亨嘉嗣李自成陷京師後自稱監國於廣西爲巡撫瞿式耜所誅時唐王聿鍵在福建奏捷焉

興宗五子后常氏生虞懷王雄英吳王允熥呂后生惠帝衡王允熞徐王允熙

虞懷王雄英興宗長子太祖嫡長孫也洪武十五年五月薨年八歲追加封謚

吳王允熥興宗第三子建文元年封國杭州未之藩成祖即位降爲廣澤王居漳州未幾召還京廢爲庶人錮鳳陽永樂十五年卒

衡王允熞興宗第四子建文元年封成祖降爲懷恩王居建昌與允熥俱召還錮鳳陽先後卒

徐王允熙興宗第五子建文元年封成祖降爲敷惠王隨母呂太后居懿文陵永樂二年下詔改甌寧王奉太子祀四年十二月邸中火暴薨諡曰哀簡

惠帝二子俱馬后生

太子文奎建文元年立爲皇太子燕師入七歲矣莫知所終

少子文圭年二歲成祖入幽之中都廣安宮號爲建庶人英宗復辟憐庶人無罪久繫欲釋之左右或以爲不可帝曰有天命者任自爲之大學士李賢贊曰此堯舜之心也遂請於太后命內臣牛玉往出之聽居鳳陽婚娶出入使自便與閽者二十人婢妾十餘人給使令文圭孩提被幽至是年五十七矣未幾卒

成祖四子仁宗漢王高煦趙王高燧俱文皇后生高爔未詳所生母

漢王高煦成祖第二子性凶悍洪武時召諸王子學於京師高煦不肯學言動輕佻爲太祖所惡及太祖崩成祖遣仁宗及高煦入臨京師舅徐輝祖以其無賴密戒之不聽盜輝祖善馬徑渡江馳歸途中輒殺民吏至涿州又擊殺驛丞於是朝臣舉以責燕成祖起兵仁宗居守高煦從嘗爲軍鋒白溝河之戰成祖幾爲瞿能所及高煦帥精騎數千直前決戰斬能父子於陣及成祖東昌之敗張玉戰死成祖隻身走適高煦引師至擊退南軍徐輝祖敗燕兵於浦子口高煦引蕃騎來成祖大喜曰吾力疲矣兒當鼓勇再戰高煦麾蕃騎力戰南軍遂卻成祖屢瀕於危而轉敗爲功者高煦力爲多成祖以爲類己高煦亦以此自負恃功驕恣多不法成祖即位命將兵往開平備邊時議建儲淇國公邱福駙馬王寧善高煦時時稱高煦功高幾奪嫡成祖卒以元子仁賢且太祖所立而高煦又多過失不果永樂二年仁宗立爲太子封高煦漢王國雲南高煦曰我何罪斥萬里不肯行從成祖巡北京力請並其子歸南京成祖不得已聽之請得天策衞爲護衞輒以唐太宗自比已復乘間請益兩護衞所爲益恣成祖嘗命同仁宗謁孝陵仁宗體肥重且足疾兩中使掖之行恒失足高煦從後言曰前人蹉跌後人知警時宣宗爲皇太孫在後應聲曰更有後人知警也高煦回顧失色高煦長七尺餘輕趫善騎射兩腋若龍鱗者數片既負其雄武又每從北征在成祖左右時媒孽東宮事譖解縉至死黃淮等皆繫獄十三年五月改封青州又不欲行成祖始疑之賜敕曰既受藩封豈可常居京邸前以雲南遠憚行今封青州又託故欲留侍前後殆非實意茲命更不可辭然高煦還延自如私選各衞健士又募兵三千人不隸籍兵部

縱使劫掠兵馬指揮徐野驢擒治之高煦怒手鐵瓜撾殺野驢衆莫敢言遂僭用乘輿器物成祖聞之怒十四年十月還南京盡得其不法數十事切責之褫冠服囚繫西華門內將廢爲庶人仁宗涕泣力救乃削兩護衞誅其左右狎暱諸人明年三月徙封樂安州趣卽日行高煦至樂安怨望異謀益急仁宗數以書戒不悛成祖北征晏駕高煦子瞻圻在北京覘朝廷事馳報一晝夜六七行高煦亦日遣人潛伺京師幸有變仁宗知之顧益厚遇遺書召至增歲祿賜賚萬計仍命歸藩封其長子爲世子餘皆郡王先是瞻圻怨父殺其母屢發父過惡成祖曰爾父子何忍也至是高煦入朝悉上瞻圻前後覘報中朝事仁宗召示瞻圻曰汝處父子兄弟間讒構至此穉子不足誅遣守鳳陽皇陵未幾仁宗崩宣宗自南京奔喪高煦謀伏兵邀於路倉卒不果及帝卽位賜高煦及趙王視他府特厚高煦日有請並陳利國安民四事帝命有司施行仍復書謝之因語羣臣曰皇祖嘗諭皇考謂叔有異志宜備之然皇考待之極厚如今所言果出於誠則是舊心已革可不順從凡有求請皆曲徇其意高煦益自肆宣德元年八月遂反遣其親信枚靑等潛至京師約舊功臣爲內應英國公張輔執之以聞時高煦已約山東都指揮靳榮等又散弓刀旂幟於衞所盡奪傍郡縣畜馬立五軍指揮王斌領前軍韋達左軍千戶盛堅右軍知州朱恒後軍諸子各監一軍高煦自將中軍世子瞻坦居守指揮韋弘韋興千戶王玉李智領四哨部署已定僞授王斌朱恒等太師都督尚書等官御史李濬以父喪家居高煦招之不從變姓名間道詣京師上變帝猶不忍加兵遣中官侯泰賜高煦書泰至高煦盛兵見泰南面坐大言曰永樂中信讒削我護衞徙我樂安仁宗徒以金帛餌我我豈能鬱鬱居此汝歸報急縛奸臣夏原吉等來徐議我所欲泰懼唯唯而已比還帝問漢王何言治兵何如泰皆不敢以實對是月高煦遣百戶陳剛進疏更爲書與公侯大臣多所指斥帝歎曰漢王果反乃議遣陽武侯薛祿將兵往討大學士楊榮等勸帝親征帝是之張輔奏曰高煦素懦願假臣兵二萬擒獻闕下帝曰卿誠足擒賊顧朕初卽位小人或懷二心不親行不足安反側於是車駕發京師過楊村馬上顧從臣曰度高煦計安出或對曰必先取濟南爲巢窟或對曰彼曩不肯離南京今必引兵南下帝曰不然濟南雖近未易攻聞大軍至亦不暇攻護衞軍家樂安必內顧不肯徑趣南京高煦外誇詐內實怯臨事狐疑不能斷今敢反者輕朕年少新立衆心未附不能親征耳今聞朕行已膽落敢出戰乎至卽擒矣高煦初聞祿等將兵攘臂大喜以爲易與及聞親征始懼時有從樂安來歸者帝厚賞之令還諭其衆仍遺書高煦曰張敖失國始於貫高淮南被誅成於伍被今六師壓境王卽出倡謀者朕與王除過恩禮如初不然一戰成擒或以王爲奇貨縛以來獻悔無及矣前鋒至樂安高煦約詰旦出戰帝令大軍蓐食兼行駐蹕樂安城北壁其四門賊乘城守王師發神機銃箭聲震如雷諸將請卽攻城帝不許再敕諭高煦皆不答城中人多欲執獻高煦者高煦大懼乃密遣人詣行幄願假今夕訣妻子卽出歸罪帝許之是夜高煦盡焚兵器及通逆謀書明日帝移蹕樂安城南高煦將出城王斌等力止曰寧一戰死無爲人擒高煦紿斌等復入宮遂潛從間道出見帝羣臣請正典刑不允以劾章示之高煦頓首言臣罪萬萬死惟陛下命帝令高煦爲書召諸子餘黨悉就擒赦城中罪脅從者不問命薛祿及尚書張本鎭撫樂安改曰武定州遂班師廢高煦父子爲庶人築室西安門內錮之王斌等皆伏誅惟長史李默以嘗諫免死謫口北爲民天津靑州滄州山西諸都督指揮約舉城應者事覺相繼誅凡六百四十餘人其故縱與藏匿坐死戍邊者一千五百餘人編邊氓者七百二十人帝製東征記以示羣臣高煦及諸子相繼皆死

趙簡王高燧成祖第三子永樂二年封尋命居北京詔有司政務皆啓王後行歲時朝京師辭歸太子輒送之江東驛高燧恃寵多行不法又與漢王高煦謀奪嫡時時譖太子於是太子宮寮多得罪七年帝聞其不法事大怒誅其長史顧晟褫高燧冠服以太子力解得免擇國子司業趙亨道董子莊爲長史輔導之高燧稍改行二十一年五月帝不豫護衞指揮孟賢等結欽天監官王射成及內侍楊慶養子造僞詔謀進毒於帝俟晏駕詔從中下廢太子立趙王總旗王瑜姻家高以正者爲賢等畫謀謀定告瑜瑜上變帝曰豈應有此立捕賢得僞詔賢等皆伏誅陞瑜遼海衞千戶帝顧高燧曰爾爲之耶高燧大懼不能言太子力爲之解曰此下人所爲高燧必不與知自是益斂戢仁宗卽位加漢趙二王歲祿二萬石明年之國彰德辭常山左右二護衞宣宗卽位賜田園八十頃帝擒高煦歸至單橋尚書陳山迎駕言曰趙王與高煦共謀逆久矣宜移兵彰德擒趙王否則趙王反側不自安異日復勞聖慮帝未決時惟楊士奇以爲不可山復邀尚書蹇義夏原吉共請帝曰先帝友愛二叔甚漢王自絕於天朕不敢赦趙王反形未著朕不忍負先帝也及高煦至京亦言嘗遣人與趙通謀戶部主事李儀請削其護衞尚書張本亦以爲言帝不聽旣而言者益衆明年帝以其詞及羣臣章遣駙馬都尉廣平侯袁容持示高燧高燧大懼乃請還常山中護衞及羣牧所儀衞司官校帝命收其所還護衞而與儀衞司宣德六年薨子惠王瞻塙嗣景泰五年薨子悼王祁鎡嗣天順四年薨子靖王見潚嗣惠王悼王皆頗有過失至見潚惡尤甚屢賊殺人又嘗乘醉欲殺其叔父成化十二年事聞詔奪祿米三之二去冠服戴民巾讀書習禮其後二年見潚母妃李氏爲之請得冠服如故見潚卒不能改愛幼子祐枳遂誣長子祐棌以大逆復被詔詰讓弘治十五年薨子莊王祐棌嗣正德十三年薨子康王厚煜嗣事祖母楊妃以孝聞嘉靖七年六月璽書褒予明年冬境內大饑厚煜上疏請辭祿一千石以佐振帝嘉王憂國詔有司發粟不允所辭及帝南巡厚煜遠出迎命益祿三百石厚煜性和厚構一樓名思訓嘗獨居讀書文藻贍麗宗人輔國將軍祐棕等數犯法與有司爲難厚煜庇祐棕祐棕卒得罪並見責讓其後有司益務以事裁抑諸宗洛川王翊鍣奴與通判田時雨之隸爭瓜而毆時雨捕王奴厚煜請解不得竟論奴充軍未幾宗室數十人索祿時雨以宗室毆府官白於上官知府傳汝礪盡捕各府人厚煜由是忿恚竟自縊死三十九年十月也厚煜子成皋王載垸疏聞於朝下法司按問時雨斬河南市汝礪戍極邊厚煜子載培及載培子翊鎦皆前卒翊鎦子穆王常淸嗣以善行見旌萬曆四十二年薨世子由松前卒弟壽光王由桂子慈㷿嗣薨無子穆王弟常洟嗣崇禎十七年彰德陷被執

明史卷一百十九　列傳第七

總裁官總理事務經筵講官少保兼太子太保保和殿大學士兼管吏部戶部尚書事加六級張廷玉等奉敕修

諸王四

仁宗諸子

鄭王瞻埈 盧江王載堙　越王瞻墉

蘄王瞻垠　襄王瞻墡 棗陽王祐楒

荊王瞻堈　淮王瞻墺

滕王瞻塏　梁王瞻垍

衞王瞻埏

英宗諸子

德王見潾　許王見淳

秀王見澍　崇王見澤

吉王見浚　忻王見治

徽王見沛

景帝子

懷獻太子見濟

憲宗諸子

悼恭太子祐極　岐王祐棆

益王祐檳　衡王祐楎 新樂王載璽

雍王祐枟　壽王祐榰

汝王祐梈　涇王祐橓

榮王祐樞　申王祐楷

孝宗子

蔚王厚煒

仁宗十子昭皇后生宣宗越王瞻墉襄王瞻墡李賢妃生鄭王瞻埈蘄王瞻垠淮王瞻墺張順妃生荊王瞻堈郭貴妃生滕王瞻塏梁王瞻垍衞王瞻埏

鄭靖王瞻埈仁宗第二子永樂二十二年九月封仁宗崩皇后命與襄王監國以待宣宗宣德元年帝征樂安仍命與襄王居守四年就藩鳳翔正統八年詔遷懷慶留京邸明年之國瞻埈暴厲數斃人杖下英宗以御史周瑛爲長史稍戢成化二年薨子簡王祁鍈嗣祁鍈之爲世子也襄王朝京師經新鄉祁鍈不請命遣長史往迎英宗聞之不悅賜書責讓及嗣王多不法又待世子寡恩長史江萬程諫被責辱萬程以聞帝遣英國公張懋太監王允中齎敕往諭始上書謝罪弘治八年薨世子見滋母韓妃不爲祁鍈所禮見滋悒悒先卒子康王祐枔嗣正德二年薨無子從弟懿王祐檡嗣十六年薨子恭王厚烷嗣世宗幸承天厚烷迎謁於新鄉加祿三百石疏奏母閻太妃貞孝事蹟詔付史館其後帝修齋醮諸王爭遣使進香厚烷獨不遣嘉靖二十七年七月上書請帝修德講學進居敬窮理克己存誠四箴演連珠十章以神仙土木爲規諫語切直帝怒下其使者於獄詔曰前宗室有謗訕者置不治茲復效尤王今之西伯也欲爲爲之後二年而有祐橏之事厚烷遂獲罪初祁鍈有子十人世子見滋次孟津王見濍次東垣王見湏見濍母有寵於祁鍈規奪嫡不得竊世子金冊以去祁鍈索之急因怨不復朝所爲益不法祁鍈言之憲宗革爲庶人及康王薨無子見濍子祐橏應及以前罪廢

乃立東垣王子祐櫸至是祐櫓求復郡王爵怨厚烷不爲奏乘帝怒摭厚烷四十罪以叛逆告詔駙馬中官卽訊還報反無驗治宮室名號擬乘輿則有之帝怒曰厚烷訕朕躬在國驕傲無禮大不道削爵錮之鳳陽隆慶元年復王爵增祿四百石厚烷自少至老布衣蔬食世子載堉篤學有至性痛父非罪見繫築土室宮門外席藁獨處者十九年厚烷還邸始入宮萬曆十九年厚烷薨載堉曰鄭宗之序盟津爲長前王見濾旣錫謚復爵矣爵宜歸盟津後累疏懇辭禮臣言載堉雖深執讓節然嗣鄭王已三世無中更理宜以載堉子翊錫嗣載堉執奏如初乃以祐櫓之孫載壐嗣而令載堉及翊錫以世子世孫祿終其身子孫仍封東垣王二十二年正月載堉上疏請宗室皆得儒服就試毋論中外職中式者視才品器使詔允行明年又上曆算歲差之法及所著樂律書考辨詳確識者稱之卒謚端清崇禎中載壐子翊鍾以罪賜死國除廬江王載堙簡王元孫也崇禎十七年二月賊陷懷慶載堙整冠服端坐堂上賊至被執欲屈之厲聲曰吾天朝藩王肯降汝逆賊耶詬罵不屈遇害賊執其長子翊𣟶擁之北行三月過定興於旅店作絕命詞遂不食死

越靖王瞻墉仁宗第三子永樂二十二年封衢州未之藩宣宗賜以昌平莊田正統四年薨妃吳氏殉謚貞惠無後

蘄獻王瞻垠仁宗第四子初封靜樂王永樂十九年薨謚莊獻仁宗卽位追加封謚無後

襄獻王瞻墡仁宗第五子永樂二十二年封莊敬有令譽宣德四年就藩長沙正統元年徙襄陽英宗北狩諸王中瞻墡最長且賢衆望頗屬太后命取襄國金符入宮不果召瞻墡上書請立皇長子令郕王監國募勇智士迎車駕書至景帝立數日矣英宗還京師居南內又上書景帝宜旦夕省膳問安率羣臣朔望見無忘恭順英宗復辟石亨等誣于謙王文有迎立外藩語帝頗疑瞻墡久之從宮中得瞻墡所上二書而襄國金符固在太后閤中乃賜書召瞻墡比二書於金縢入朝宴便殿避席請曰臣過汴汴父老遮道言按察使王槩賢以誣逮詔獄願皇上加察帝立出槩命爲大理卿詔設襄陽護衛命有司爲王營壽藏及歸帝親送至午門外握手泣別瞻墡逡巡再拜帝曰叔父欲何言頓首曰萬方望治如饑渴願省刑薄斂帝拱謝曰敬受教目送出端門乃還四年復入朝命百官朝王於邸詔王詣昌平謁三陵及辭歸禮送加隆且敕王歲時與諸子得出城遊獵蓋異數也六年又召以老辭歲時存問禮遇之隆諸藩所未有成化十四年薨子定王祁鏞嗣弘治元年薨子簡王見淑嗣三年薨子懷王祐材嗣好鷹犬蓄善馬往返南陽八百里日猶未晡妃父井海誘使殺人孝宗戒諭戍海及其左右祐材好道術賜予無節又嘗與興邸爭地連逮七十餘家獄久不決大理卿汪綸兩解之乃得已十七年薨弟康王祐櫍嗣亦好道術嘉靖二十九年薨無子從子莊王厚熲由陽山王嗣定王曾孫也時王邸災先世蓄積一空厚熲折節爲恭儉節祿以餉邊進金助三殿工兩賜書幣事嫡母王太妃及生母潘太妃以孝聞潘卒殯之東偏王太妃曰汝母有子社稷是賴無以我故避正寢厚熲泣曰臣不敢以非禮加臣母及葬跣足扶櫬五十里士大夫過襄者皆爲韋布交四十五年薨子靖王載堯嗣萬曆二十三年薨子翊銘嗣崇禎十四年張獻忠陷襄陽遇害初大學士楊嗣昌之視師也以襄陽爲軍府增堞浚隍貯五省餉金及弓刀火器是年二月獻忠邀殺嗣昌使於道奪其符驗以數十騎紿入襄城夜半火作遲明賊大至執翊銘南城樓屬卮酒曰王無罪王死嗣昌得以死償王遂殺王及貴陽王常法火城樓焚其屍賊去僅拾顱骨數寸妃妾輩死者四十三人福清王常澄進賢王常淦走免事聞帝震悼命所司備喪禮謚曰忠王嗣昌朝惠王於荊州謁者謝之曰先生惠顧寡人願先之襄陽謂襄城之破罪在嗣昌也十七年以常澄嗣襄王寄居九江後徙汀州不知所終棗陽王祐楒憲王曾孫也材武善文章博涉星曆醫卜之書嘉靖初上書請考興獻帝世宗以其議發自宗人足厭服羣心褒之更請除宗人祿使以四民業自爲生賢者用射策應科第寢不行時襄王祐櫍病廢不事事承奉邵亨挾權自恣至捶死鎭寧王舅祐楒誘致之抉其目帝遣大理少卿袁宗儒偕中官錦衣往訊亨論死祐楒坐奪爵帝幸承天念祐楒前疏復之

荊憲王瞻堈仁宗第六子永樂二十二年封宣德四年就藩建昌宮中有巨蛇蜿蜒自梁垂地或凭王座瞻堈大懼請徙正統十年徙蘄州景泰二年上書請朝上皇不許四年薨子靖王祁鎬嗣天順五年薨子見潚嗣靖王三子長見潚次都梁王見溥樊山王見澋見潚與見溥同母怨母之匿見溥也錮母奪其衣食竟死出柩於竇召見溥入後園箠殺之紿其妃何氏入宮逼淫之從弟都昌王見潭妻茆氏美求通焉見潭母馬氏防之嚴見潚髠馬氏鞭之囊土壓見潭死械繫茆妃入宮嘗集惡少年輕騎微服涉漢水掠人妻女見澋懼其及也密聞於孝宗召至京帝御文華門命廷臣會鞫見潚引伏廢爲庶人錮西內居二年見潚從西內摭奏見澋罪誣其與楚府永安王謀不軌帝遣使往按問不實見澋吏奏見潚嘗私造弓弩與子祐柄有異謀驗之實賜見潚死廢祐柄而以見溥子祐橺嗣爲荊王時弘治七年也十七年薨謚曰和子端王厚烇嗣性謙和銳意典籍嘉靖中病辭祿不允令富順王厚焜攝朝謁厚焜和王第二子與弟永新王厚熿以能詩善畫名厚烇子永定王載墭長厚焜卽謝攝事人尤以爲賢嘉靖三十二年厚烇薨載墭已前卒其子恭王翊鉅嗣荊自靖王諸子交惡失令譽及厚烇兄弟感先世家難以禮讓訓飭宗人見澋曾孫載埁尤折節恭謹以文行稱郡王女例請祿於朝載埁四女皆妻士人不請封嘗上應詔正禮二疏不報讀易窮理著大隱山人集子翊鋋翊壂翊鑿皆工詩兄弟嘗共處一樓號花萼社翊鉅表載埁賢以訓諸子諸子不率教世子常泠尤殘恣翊鉅言於朝革爲庶人隆慶四年翊鉅薨次子常洁嗣萬曆四年薨無子弟康王常㴻由安城王嗣萬曆二十五年薨子定王由樊嗣天啓二年薨子慈煃嗣崇禎時流賊革裏眼左金王詭降於楚帥慈煃欲與爲好召宴盛陳女樂十六年正月張獻忠陷蘄州慈煃先一月薨賊圍王宮盡掠其所見妓樂去

淮靖王瞻墺仁宗第七子永樂二十二年封宣德四年就藩韶州英宗卽位之十月以韶多瘴癘正統元年徙饒州正統十一年薨子康王祁銓嗣弘治十五年薨世子見濂早卒無子從子定王祐棨嗣游戲無度左右倚勢暴橫境內苦之長史莊典以輔導失職自免詔不許推官汪文盛數持王府事有顧嵩者病狂持刀斧入王門官校執詰之謬言出汪指使典白之守臣鎭守太監黎安嘗以事至饒從騎入端禮門被撻銜祐棨甚先是祐棨有名琴曰天風環珮寧王宸濠求之不得又求濱湖地不與至是嗾安奏祐棨過失及文盛破誣事詔下撫按訊安與宸濠謀不待報遂繫典及府中官校鞫之典辭倨宸濠箠之斃獄中他所連坐甚衆於是祐棨奏安挾仇殺典庇嵩帝遣都御史金獻民太監張欽往按治祐棨畏宸濠不能自明欽等復言祐棨信奸徒爲暴請嚴戒之軍校坐戍者二十餘人典冤竟不白嘉靖三年祐棨薨無子弟莊王祐楑嗣十六年薨子憲王厚燾嗣四十二年薨子恭王載埴嗣萬曆五年薨弟順王載堅嗣二十三年薨子翊鉅嗣翊鉅之未王也與妓王愛狎冒妾額入宮且令撫庶子常洪爲子陳妃與世子常清俱失愛潛謀易嫡御史陳王道以理諭王出之外舍常洪遂與宗人翊銂等謀夜入王宮盜冊寶資貨以出守臣上其事王愛論死勒常洪自盡翊銂等削屬籍永錮奪翊鉅四歲祿久之薨子常清嗣國亡不知所終

滕懷王瞻墍仁宗第八子永樂二十二年封雲南未之國洪熙元年薨無後

梁莊王瞻垍仁宗第九子永樂二十二年封宣德初詔鄖越襄荊淮五王歲給鈔五萬貫惟梁倍之四年就藩安陸故郢邸也襄王瞻墡自長沙徙襄陽道安陸與瞻垍留連不忍去瀕別瞻垍慟曰兄弟不復更相見奈何左右皆泣下正統元年言府卑濕乞更爽塏地帝詔郢中歲歉俟有秋理之竟不果六年薨無子封除梁故得郢田宅園湖後皆賜襄王及睿宗封安陸盡得郢梁邸田供二王祠祀

衞恭王瞻埏仁宗第十子永樂二十二年封懷慶幼善病宣宗撫愛之未就藩歲時謁陵皆命攝祀孝謹好學以賢聞正統三年薨妃楊氏殉賜謚貞烈無子封除

英宗九子周太后生憲宗崇王見澤萬宸妃生德王見潾及皇子見湜吉王見浚忻王見治王惠妃生許王見淳高淑妃生秀王見澍韋德妃生徽王見沛

德莊王見潾英宗第二子初名見清景泰三年封榮王天順元年三月復東宮同日封德秀崇吉四王歲祿各萬石初國德州改濟南成化三年就藩請得齊漢二庶人所遺東昌兗州閒田及白雲景陽廣平三湖地憲宗悉予之復請業南旺湖以漕渠故不許又請漢庶人舊牧馬地知府趙璜言地歸民間供稅賦已久不宜奪帝從之正德初詔王府莊田畝徵銀三分歲爲常見潾奏初年兗州莊田歲畝二十升獨清河一縣成化中用少卿宋旻議歲畝五升若如新詔臣將無以自給戶部執山東水旱相仍百姓凋敝宜如詔帝曰王何患貧其勿許十二年薨子懿王祐榕嗣嘉靖中戶部議覈王府所請山場湖陂斷自宣德以後者皆還官詔允行於是山東巡撫都御史邵錫奏德府莊田俱在革中與祐榕相訐奏錫持之益急儀衞司軍額千七百人逃絕者以餘丁補錫謂非制檄濟南知府楊撫籍諸補充者勿與餉軍校大譁毀府門詔逮問長史楊穀楊孟法戍儀衞副薛寧及軍校陶榮諭王守侯度毋徇羣小滋多事議者

請錫故激致其罪不盡祐榕過云此十一年八月事至十八年涇徽二王復請得所革莊田祐榕援以爲請詔仍與三湖地使自徵其課其年薨孫恭王載墱嗣萬曆二年薨子定王翊錧嗣十六年薨子常潔嗣崇禎五年薨世子由樞嗣十二年正月
大清兵克濟南見執

見湜英宗第三子早卒復辟後不復追贈

許悼王見淳英宗第四子景泰三年封明年薨禮臣請用親王禮葬帝以王幼殺其制

秀懷王見澍英宗第五子生於南宮天順元年封成化六年就藩汝寧長史劉誠獻千秋日鑒錄見澍朝夕誦之就藩時慮途中擾民令併日行王居臨左右請遷文廟廣之見澍不聽曰居近學宮時聞絃頌聲顧不美乎論書至西伯戡黎長史誠主吳氏說曰戡黎者武王也右長史趙銳主孔氏說曰實文王事爭之失色見澍曰經義未有定論不嫌往復今若此非先皇帝簡二先生意也成化八年薨無子封除

崇簡王見澤英宗第六子生於南宮天順元年封成化十年就藩汝寧故秀邸也弘治八年七月皇太后春秋高思一見王帝特敕召之禮部尚書倪岳言數年來三王之國道路供億民力殫竭今召王復來往返勞費兼水溢旱蝗舟車所經恐有他虞親王入朝雖有故事自宣德來已鮮舉行英宗復辟襄王奉詔來朝雖篤敦叙之恩實塞疑讒之隙非故事也大學士徐溥亦以爲言帝重違太后意不允既而言官交章及之乃已十八年薨子靖王祐樒嗣正德六年薨子恭王厚燿嗣三王並有賢名而靖王尤孝友嘉靖十六年厚燿薨子莊王載境嗣三十六年薨子端王翊鑽嗣萬曆三十八年薨孫由樍嗣崇禎十五年閏十一月李自成陷汝寧執由樍去僞封襄陽伯令諭降州縣之未下者由樍不從殺之於泌陽城弟河陽王由材世子慈輝等皆遇害

吉簡王見浚英宗第七子生於南宮天順元年封時甫二歲成化十三年就藩長沙刻先聖圖及尚書於嶽麓書院以授學者嘉靖六年薨孫定王厚焆嗣請湘潭商稅益邸租不許十八年薨子端王載均由光化王嗣四十年薨子莊王翊鎭嗣隆慶四年薨無子庶兄宣王翊鑾由龍陽王嗣萬曆四十六年薨孫由棟嗣崇禎九年薨子慈煃嗣十六年張獻忠入湖南同惠王走衡州隨入粵國亡後死於緬甸

忻穆王見治英宗第八子成化二年封未就藩八年薨無後

徽莊王見沛英宗第九子成化二年封十七年就藩鈞州承奉司自置吏左布政使徐恪革之見沛以聞憲宗書諭王置吏非制也恪無罪正德元年薨子簡王祐檯嗣嘉靖四年薨子恭王厚爝嗣二十九年薨子浦城王載埨嗣初厚爝好琴斲琴者與知州陳吉交惡厚爝庇之劾吉逮詔獄都御史駱昂御史王三聘白吉冤帝怒并逮之昂杖死三聘吉俱戍邊議者不直厚爝時方士陶仲文有寵於世宗厚爝厚結之仲文具言王忠敬奉道帝喜封厚爝太清輔元宣化眞人予金印及載埨嗣王益以奉道自媚於帝命綰其父眞人印南陽人梁高輔自言能導引服食載埨用其術和藥命高輔因仲文以進帝封高輔通妙散人載埨淸微翊教輔化忠孝眞人載埨遂益恣壞民屋作臺榭苑囿庫官王章諫杖殺之嘗微服之揚州鳳陽爲邏者所獲羈留三月走歸時高輔被上寵不復親載埨載埨銜之已而爲帝取藥不得求載埨舊所蓄者載埨不與而與仲文高輔大恨乘間言載埨私往南中與他過失帝疑之奪眞人印仲文知釁已成不復敢言三十五年有民耿安者奏載埨奪其女下按治有司因發其諸不法事獄成降爲庶人錮高牆時載埨居宮中所司防守嚴獄詞不得聞及帝遣內臣同撫按至始大懼登樓望龍亭後有紅板輿歎曰吾不能自明徒生奚爲遂自縊死妃沈氏次妃林氏爭取帛自縊子安陽王翊錡萬善王翊鈁并革爵及未封子女皆遷開封聽周王約束國除

景皇帝一子

懷獻太子見濟母杭妃始爲郕王世子英宗北狩皇太后命立憲宗爲皇太子而以郕王監國及郕王卽位心欲以見濟代太子而難於發皇后汪氏又力以爲不可遲回久之太監王誠舒良爲帝謀先賜大學士陳循高穀百金侍郎江淵王一寧蕭鎡學士商輅半之用以緘其口然猶未發也會廣西土官都指揮使黃竑以私怨戕其弟思明知府㺹滅其家所司聞於朝竑懼罪急遣千戶袁洪走京師上疏勸帝早與親信大臣密定大計易建東宮以一中外之心絕覬覦之望疏入景帝大喜亟下廷臣會議且令釋竑罪進階都督時景泰三年四月也疏下之明日禮部尚書胡濙侍郎薩琦鄒幹集文武羣臣廷議衆相顧莫敢發言惟都給事中李侃林聰御史朱英以爲不可吏部尚書王直亦有難色司禮太監興安厲聲曰此事不可已卽以爲不可者勿署名無持兩端羣臣皆唯唯署議於是濙等暨魏國公徐承宗寧陽侯陳懋安遠侯柳溥石淸侯石亨成安侯郭晟定西侯蔣琬駙馬都尉薛桓襄城伯李瑾武進伯朱瑛平鄉伯陳輔安鄉伯張寧都督孫鏜張軏楊俊都督同知田禮范廣過興衞頴都督僉事張輗劉深張通郭瑛劉鑑張義錦衣衞指揮同知畢旺曹敬指揮僉事林福吏部尚書王直戶部尚書文淵閣大學士陳循工部尚書東閣大學士高穀吏部尚書何文淵戶部尚書金濂兵部尚書于謙刑部尚書俞士悅左都御史王文王翺楊善吏部侍郎江淵俞山項文耀戶部侍郎劉中敷沈翼蕭鎡禮部侍郎王一寧兵部侍郎李賢刑部侍郎周瑄工部侍郎趙榮張敏通政使李錫通政欒惲王復參議馮貫諸寺卿蕭維禎許彬蔣守約齊整李賓少卿張固習嘉言李宗周蔚能陳誠黃士儁張翔齊政寺丞李茂李希安柴望鄺鏞楊詢王溢翰林學士商輅六科都給事中李讚李侃李春蘇霖林聰張文質十三道御史王震朱英涂謙丁泰亨强弘劉琚陸厚原傑嚴樞沈義楊宜王驥左鼎上言陛下膺天明命中興邦家統緒之傳宜歸聖子黃竑奏是制曰可禮部具儀擇日以聞卽日簡置東宮官公孤詹事僚屬悉備五月廢汪后立杭妃爲皇后更封太子爲沂王立見濟爲太子詔曰天佑下民作之君實遺安於四海父有天下傳之子斯本固於萬年大赦天下令百官朔望朝太子賜諸親王公主邊鎭文武內外羣臣又加賜陳循高穀江淵王一寧蕭鎡商輅各黃金五十兩四年二月乙未太子冠十一月以御史張鵬言簡東宮師傅講讀官越四日太子薨諡曰懷獻葬西山天順元年降稱懷獻世子諸建議易儲者皆得罪

憲宗十四子萬貴妃生皇第一子柏賢妃生悼恭太子祐極紀太后生孝宗邵太后生興獻帝祐杬岐王祐棆雍王祐橒張德妃生益王祐檳衡王祐楎汝王祐梈姚安妃生壽王祐榰楊恭妃生涇王祐橓申王祐楷潘端妃生榮王祐樞王敬妃生皇第十子第一子第十子皆未名殤

悼恭太子祐極憲宗次子成化七年立爲皇太子薨

岐惠王祐棆憲宗第五子成化二十三年與益衡雍三王同日封弘治八年之藩德安十四年薨無子封除

益端王祐檳憲宗第六子弘治八年之藩建昌故荊邸也性儉約巾服澣至再日一素食好書史愛民重士無所侵擾嘉靖十八年薨子莊王厚燁嗣性朴素外物無所嗜三十五年薨無子弟恭王厚炫嗣自奉益儉辭祿二千石萬曆五年薨孫宣王翊鈏嗣嗜結客厚炫所積府藏悉斥以招賓從通聘問於諸藩不數年頓盡三十一年薨子敬王常遷嗣四十三年薨子由本嗣國亡竄閩中

衡恭王祐楎憲宗第七子弘治十二年之藩青州嘉靖十七年薨子莊王厚燆嗣嘗辭祿五千石以贍宗室宗人德之隆慶六年薨子康王載圭嗣萬曆七年薨無子弟安王載封嗣十四年薨子定王翊鏤嗣二十年薨子常㴶嗣新樂王載璽恭王孫也博雅善文辭索諸藩所纂述得數十種梓而行之又撰洪武聖政頌皇明政要諸書多可傳者從父高唐王厚煐齊東王厚炳皆以博學篤行聞嘉靖中賜敕獎諭者再

雍靖王祐橒憲宗第八子初封保寧弘治十二年之藩衡州地卑濕宮殿朽敗不可居邸中數有異乞移山東東平州廷臣以擇地別建勞民傷財四川叙州有申王故府宜徙居之詔可旣而以道遠不可徙正德二年地裂宮室壞王薨無子封除

壽定王祐榰憲宗第九子弘治四年與汝涇榮申四王同日封十一年就藩保寧正德元年以岐王世絕改就岐邸於德安校尉横擾市民知府李重抑之奏逮重安陸民劉鵬隨重詣大理對簿重未之識也訝之鵬曰太守仁爲民受過民皆得効死豈待識乎重卒得白祐榰聞而悔之後以賢聞嘉靖二十四年薨無子除封

汝安王祐梈憲宗第十一子弘治十四年之藩衞輝正德十五年請預支食鹽十年爲婚費詔别給長蘆鹽二千引食鹽如故世宗南巡迓於途甚恭加祿五百石錫金幣嘉靖二十年薨無子封除

涇簡王祐橓憲宗第十二子弘治十五年之藩沂州嘉靖十六年薨子厚烇未封而卒無子封除

榮莊王祐樞憲宗第十三子正德初尚留京邸乞霸州信安鎭田故牧地也部臣言永樂中設立草場蕃育馬匹以資武備至成化中近倖始陳乞爲莊後岐壽二府相沿莫之改正暨孝宗皇帝留神戎務淸理還屯不以私廢公也今榮王就國有期所請宜勿與三年之藩常德祐樞狀貌類高帝居國稍驕縱世宗詔以沅江酉港天心團坪河泊稅入王邸嘉靖十八年薨孫恭王載墐嗣萬曆二十三年薨子翊鈐嗣四十年薨子常溒嗣薨子憲王由枵嗣薨子慈炤嗣張獻忠入湖南奉母妃姚氏走辰溪不知所終

申懿王祐楷，憲宗第十四子。封叙州，未就藩。弘治十六年薨。無子，封除。

孝宗二子。武宗、蔚王厚煒，俱張皇后生。

蔚悼王厚煒，孝宗次子。生三歲薨。追加封謚。

明史卷一百二十　列傳第八

總裁官總理事務經筵講官少保兼太子太保保和殿大學士兼管吏部戶部尚書事加六級張廷玉等奉敕修

諸王五

世宗八子。閻貴妃生哀冲太子載基，王貴妃生莊敬太子載壡，杜太后生穆宗，盧靖妃生景王載圳，江肅妃生潁王載㙺，趙懿妃生戚王載墍，陳雍妃生薊王載壇，趙榮妃生均王載堸。

哀冲太子載基，世宗第一子。生二月而殤。

莊敬太子載壡，世宗第二子。嘉靖八年，世宗將南巡，立爲皇太子，甫四歲，命監國，以大學士夏言爲傳。尚書霍韜、郎中鄒守益獻東宮聖學圖冊，疑爲謗訕，幾獲罪。帝既得方士段朝用，思習修攝術，諭禮部具皇太子監國儀。太僕卿楊最諫，杖死。監國之議亦罷。贊善羅洪先、趙時春、唐順之請太子出閣講學文華殿，皆削籍。太廟成，命太子攝祀。二十八年三月行冠禮，越二日薨。帝命與哀冲太子並建寢園，歲時祭祀，從諸陵後。

景恭王載圳，世宗第四子。嘉靖十八年冊立太子，同日封穆宗裕王，載圳景王。其後太子薨，廷臣言裕王次當立。帝以前太子不永，遲之。晚信方士語，二王皆不得見。載圳既與裕王並出邸，居處衣服無別。載圳年少，左右懷窺覬，語漸聞中外，頗有異論。四十年之國德安。居四年薨。帝謂大學士徐階曰：「此子素謀奪嫡，今死矣。」初，載圳之藩，多請莊田，部議給之。荆州沙市不在請中，中使責市租，知府徐學謨執不與。又取薪稅於漢陽之劉家墹，推官吳宗周持之，皆獲譴。其他土田湖陂侵入者數萬頃。王無子，歸葬西山，妃妾皆還居京邸，封除。

潁殤王載㙺，世宗第五子。生未踰月殤。

戚懷王載墍，世宗第六子。

薊哀王載壇，世宗第七子。

均思王載堸，世宗第八子。三王俱未踰歲殤，追加封謚。

穆宗四子。李皇后生憲懷太子翊釴，孝定太后生神宗、潞王翊鏐，其靖王翊鈴母氏無考。

憲懷太子翊釴，穆宗長子。生五歲殤，贈裕世子。隆慶元年追謚。

靖悼王翊鈴，穆宗第二子。生未踰年殤，贈藍田王。隆慶元年追加封謚。

潞簡王翊鏐，穆宗第四子。隆慶二年生，生四歲而封。萬曆十七年之藩衞輝。初，翊鏐以帝母弟居京邸，王店、王莊徧畿內。比之藩，悉以還官，遂以內臣司之，皇店、皇莊自此益侈。翊鏐居藩，多請贍田、食鹽，無不應者。其後福藩遂緣爲故事。明初，親王歲祿外，量給草場牧地，間有以廢壤河灘請者，多不及千頃，部臣得執奏，不盡從也。景王就藩時，賜予槩裁省。楚地曠，多閒田，詔悉予之。景藩除，潞得景故籍田，多至四萬頃。部臣無以難。至福王常洵之國，版籍更定，民力益絀，尺寸皆奪之民間，海內騷然。論者推原事始，頗以翊鏐爲口實云。翊鏐好文，性勤飭，恒以歲入輸之朝，助工助邊無所惜，帝益善之。四十二年，皇太后哀問至，翊鏐悲慟，廢寢食，未幾薨。世子常淓幼，母妃李氏理藩事。時福王奏請輙取中旨，帝於王妃奏亦從中下，示無異同。部臣言：「王妃奏陳四事，如軍校月糧之當給，發義和店之預防侵奪，義所當許。至歲祿之欲先給，王莊之欲更設，則不當許，且於王無絲豪益，徒令邸中人日魚肉小民，飽私囊。將來本支千億，請索日頻，盡天府之版章給王邸而不足也。」不報。四十六年，常淓嗣。崇禎中，流賊擾秦、晉、河北，常淓疏告急，言衞輝城卑土惡，請選護衞三千人助守，捐歲入萬金資餉，不煩司農。朝廷嘉之。盜發王妃塚，常淓上言：「賊延蔓漸及江北，鳳、泗陵寢可虞，宜早行勦滅。」時諸藩中能急國難者，惟周、潞二王云。後賊躪中州，常淓流寓於杭。順治二年六月降於我

大清。

神宗八子。王太后生光宗，鄭貴妃生福王常洵、沅王常治，周端妃生瑞王常浩，李貴妃生惠王常潤、桂王常瀛，其邠王常溆、永思王常溥母氏無考。

邠哀王常溆，神宗第二子。生一歲殤。

福恭王常洵，神宗第三子。初，王皇后無子，王妃生長子，是爲光宗。常洵次之，母鄭貴妃最幸。帝久不立太子，中外疑貴妃謀立己子，交章言其事，竄譴相踵，而言者不止。帝深厭苦之。二十九年始立光宗爲太子，而封常洵福王，婚費至三十萬，營洛陽邸第至二十八萬，十倍常制。廷臣請王之藩者數十百奏，不報。至四十二年，始令就藩。先是，海內全盛，帝所遣稅使、礦使遍天下，月有進奉，明珠異寶文毳錦綺山積，他搜括贏美億萬計。至是多以資常洵。臨行，出宮門，召還數四，期以三歲一入朝。下詔賜莊田四萬頃。所司力爭，常洵亦奏辭，得減半。中州腴土不足，取山東、湖廣田益之。又奏乞故大學士張居正所沒產，及江都至太平沿江荻洲雜稅，並四川鹽井榷茶銀以自益。伴讀、承奉諸官，假履畝爲名，乘傳出入河南北、齊、楚間，所至騷動。又請淮鹽千三百引，設店洛陽與民市。中使至淮、揚支鹽，乾沒要求，輙數倍。而中州舊食河東鹽，以改食淮鹽故，禁非王肆所出不得鬻，河東引遏不行，邊餉由此絀。廷臣請改給王鹽於河東，且無與民市，弗聽。帝深居久，羣臣章奏率不省。獨福藩使通籍中左門，一日數請，朝上夕報可。四方姦人亡命，探風旨，走利如騖。如是者終萬曆之世。及崇禎時，常洵地近屬尊，朝廷尊禮之。常洵日閉閤飲醇酒，所好惟婦女倡樂。秦中流賊起，河南大旱蝗，人相食，民間藉藉，謂先帝耗天下以肥王，洛陽富於大內。援兵過洛者，喧言：「王府金錢百萬，而令吾輩枵腹死賊手。」南京兵部尚書呂維祺方家居，聞之懼，以利害告常洵，不爲意。十三年冬，李自成連陷永寧、宜陽。明年正月，參政王蔭昌帥衆警備。總兵官王紹禹、副將劉見義、羅泰各引兵至。常洵召三將入，賜宴加禮。越數日，賊大至，攻城。常洵出千金募勇士，縋而出，用矛入賊營，賊稍却。夜半，紹禹親軍從城上呼賊相笑語，揮刀殺守堞者，燒城樓，開北門納賊。常洵縋城出，匿迎恩寺。翌日，賊跡而執之，遂遇害。兩承奉伏尸哭，賊捽之去。承奉呼曰：「王死，某不願生，乞一棺收王骨，虀粉無所恨。」賊義而許之。桐棺一寸，載以斷車，兩人即其旁自縊死。王妃鄒氏及世子由崧走懷慶。賊火王宮，三日不絕。事聞，帝震悼，輟朝三日，令河南有司改殯。十六年秋七月，由崧襲封，帝親擇宮中寶玉帶賜之。明年三月，京師失守，由崧與潞王常淓俱避賊至淮安。四月，鳳陽總督馬士英等迎由崧入南京。庚寅，稱監國。以兵部尚書史可法、戶部尚書高弘圖及士英俱爲大學士，士英仍督鳳陽軍務。壬寅，自立於南京，僞號弘光。史可法督師江北。召士英入，分淮、揚、鳳、廬爲四鎮，以總兵官黃得功、劉良佐、劉澤清、高傑領之。由崧性闇弱，湛於酒色聲伎，委任士英及士英黨阮大鋮，擢至兵部尚書，巡閱江防。二人日以鬻官爵、報私憾爲事。事詳諸臣傳中。未幾，有王之明者，詐稱莊烈帝太子，下之獄。又有婦童氏，自稱由崧妃，亦下獄。於是中外譁然。明年三月，南寧侯左良玉舉兵武昌，以救太子誅士英爲名，順流東下。阮大鋮、黃得功等帥師禦之，而我

大清兵以是年五月己丑渡江。辛卯夜，由崧走太平，蓋趨得功軍也。壬辰，士英挾由崧母妃奔杭州。癸巳，由崧至蕪湖。丙申，

大兵至南京城北，文武官出降。丙午，執由崧至南京。九月甲寅，以歸京師。

沅懷王常治，神宗第四子。生一歲殤。

瑞王常浩，神宗第五子。初，太子未立，有三王並封之旨，蓋謂光宗、福王及常浩也。尋以羣臣爭，遂寢。二十九年，東宮立，與福、惠、桂三王同日封。常洵以長先之藩。常浩年已二十有五，尚未選婚。羣臣交章言，率不報，而日索部帑爲婚費，贏十八萬，藏宮中，且言冠服不能備。天啓七年之藩漢中。崇禎時，流寇劇，封地當賊衝。七年上書言：「臣託先帝骨肉，獲奉西藩，未幾年而寇至，比西賊再

渡河關入漢興破洵陽逼興安紫陽平利白河相繼陷沒督臣洪承疇單騎裹甲出入萬山賊始敗遁臣捐犒單振飢銀七千餘兩此時撫臣練國事移兵商洛按臣范復粹馳赴漢中近境稍寧既而鳳縣再陷蜀賊入秦州楚賊上興安六月遂犯郡界幸諸將憑江力拒賊方稍退臣在萬山絕谷中賊四面至覆亡無日臣肺腑至親藩封最僻而於寇盜至迫惟陛下哀憐常浩在宮中衣服禮秩降等好佛不近女色及寇逼秦中將吏不能救乞師於蜀總兵官侯良柱援之遂奔重慶隴西士大夫多挈家以從十七年張獻忠陷重慶被執遇害時天無雲而雷者三從死者甚衆

惠王常潤神宗第六子福王之藩內廷蓄積爲空中官藉諸王冠婚索部帑以實宮中所需輒數十萬珠寶稱是戶部不能給常潤與弟常瀛年二十皆未選婚其後兵事亟始減殺成禮天啓七年之藩荊州崇禎十五年十二月李自成再破彝陵荊門常潤走湘潭自成入荊州據之常潤之渡湘也遇風於陵陽磯宮人多漂沒身僅以免就吉王於長沙十六年八月張獻忠陷長沙常潤走衡州就桂王衡州繼陷與吉王桂王走永州巡按御史劉熙祚遣人護三王入廣西以身當賊永州陷熙祚死之

桂端王常瀛神宗第七子天啓七年之藩衡州崇禎十六年衡州陷與吉惠二王同走廣西居梧州

大清順治二年

大兵平江南福王就擒在籍尚書陳子壯等將奉常瀛監國會唐王自立於福建遂寢是年薨於蒼梧世子已先卒次子安仁王由㰘亦未幾卒次由榔崇禎時封永明王三年八月

大兵取汀州執唐王聿鍵於是兩廣總督丁魁楚廣西巡撫瞿式耜巡按王化澄與舊臣呂大器等共推由榔監國母妃王氏曰吾兒不勝此願更擇可者魁楚等意益堅合謀迎於梧十月十四日監國肇慶以魁楚大器式耜爲大學士餘授官有差是月

大兵取贛州內侍王坤倉卒奉由榔仍走梧州式耜等力爭乃回肇慶十一月唐王弟聿𨮁自閩浮海至粵時閩舊臣蘇觀生撤兵奔廣州與布政使顧元鏡總兵官林察等謀立聿𨮁僞號紹武與由榔相拒是月由榔亦自立於肇慶僞號永曆遣兵部侍郎林佳鼎討聿𨮁會

大兵由福建取廣州執聿𨮁觀生自縊祭酒梁朝鍾太僕卿霍子衡等俱死肇慶大震王坤復奉由榔走梧州明年二月由平樂潯州走桂林魁楚棄由榔走岑溪降於

大軍既而平樂不守由榔大恐會武岡總兵官劉承允以兵至全州王坤請赴之式耜力諫不聽乃以式耜及總兵官焦璉留守桂林封陳邦傅爲思恩侯守昭平遂趨承允軍中三月封承允安國公錦衣指揮馬吉翔等爲伯承允挾由榔歸武岡改曰奉天府政事皆決焉是時長沙衡永皆不守湖廣總督何騰蛟與侍郎嚴起恒走白牙市六月由榔遣官召騰蛟至密使除承允顧承允勢盛騰蛟復還白牙

大兵由寶慶趨武岡馬吉翔等挾由榔走靖州承允舉城降由榔又奔柳州道出古泥總兵官侯性太監龐天壽帥舟師來迎會天雨飢餓性供帳甚備九月土舍覃鳴珂作亂大掠城中矢及由榔舟先是

大兵趨桂林焦璉拒守甚力又廣州有警

大兵東向桂林稍安既而湖南十三鎮將郝永忠盧鼎等俱奔赴桂林騰蛟亦至與式耜議分地給諸將使各自爲守璉已先復陽朔平樂陳邦傅復潯州合兵復梧州廣西全省略定十二月由榔返桂林五年二月

大兵至靈川郝永忠潰於興安奔還挾由榔走柳州

大兵攻桂林式耜騰蛟拒戰時南昌金聲桓等叛降於由榔八月由榔至肇慶六年春

大兵下湘潭何騰蛟死明年由榔走梧州是年十二月

大兵入桂林瞿式耜及總督張同敞死焉由榔聞報大懼自梧州奔南寧時孫可望已據滇黔受封爲秦王八年三月遣兵來衞殺嚴起恒等九年二月可望迎由榔入安隆所改曰安龍府久之日益窮促聞李定國與可望有隙遣使密召定國以兵來迎馬吉翔黨於可望偵知之大學士吳貞毓以下十餘人皆被殺事詳貞毓傳後二年李定國敗於新會將由安隆入滇可望患之促由榔移貴陽就己由榔故遲行定國至遂奉由榔由安南衞走雲南居可望署中封定國晉王可望以妻子在滇未敢動明年由榔送其妻子還黔遂舉兵與定國戰於三岔可望將白文選單騎奔定國軍可望敗挈妻子赴長沙

大軍前降十五年三月

大兵三路入雲南定國阨雞公背斷貴州道別將守七星關抵生界立營以牽蜀師

大兵出遵義由水西取烏撒守將棄關走李定國連敗於安隆由榔走永昌明年正月三日

大兵入雲南由榔走騰越定國敗於潞江又走南甸二十六日抵囊木河是爲緬境緬勒從官盡棄兵仗始啓關至蠻莫二月緬以四舟來迎從官自覓舟隨行者六百四十餘人陸行者自故岷王子而下九百餘人期會於緬甸十八日至井亘黔國公沐天波等謀奉由榔走戶獵二河不果五月四日緬復以舟來迎明日發井亘行三日至阿瓦阿瓦者緬酋所居城也又五日至赭硜陸行者緬人悉掠爲奴多自殺惟岷王子八十餘人流入暹羅緬人於赭硜置草屋居由榔遣兵防之十七年定國文選與緬戰索其主連敗緬兵緬終不肯出由榔十八年五月緬酋弟莽猛白代立紿從官渡河盟既至以兵圍之殺沐天波馬吉翔王維恭魏豹等四十有二人詳任國璽傳存者由榔與其屬二十五人十二月

大兵臨緬白文選自木邦降定國走景線緬人以由榔父子送

軍前明年四月死於雲南六月李定國卒其子嗣興等降

永思王常溥神宗第八子生二歲殤

光宗七子王太后生熹宗簡王由㰒選侍生齊王由楫李選侍生懷王由模劉太后生莊烈皇帝定懿妃生湘王由栩敬妃生惠王由楷

簡懷王由㰒光宗第二子生四歲殤

齊思王由楫光宗第三子生八歲殤

懷惠王由模光宗第四子生五歲殤

湘懷王由栩光宗第六子

惠昭王由楷光宗第七子俱早殤五王皆追加封謚

熹宗三子懷冲太子慈然不詳其所生母皇貴妃范氏生悼懷太子慈焴容妃任氏生獻懷太子慈炅

懷冲太子慈然熹宗第一子

悼懷太子慈焴熹宗第二子

獻懷太子慈炅熹宗第三子與懷冲悼懷皆殤

莊烈帝七子周皇后生太子慈烺懷隱王慈烜定王慈炯田貴妃生永王慈炤悼靈王慈煥悼懷王及皇七子

太子慈烺莊烈帝第一子崇禎二年二月生九月立爲皇太子十年預擇東宮侍班講讀官命禮部尚書姜逢元詹事姚明恭少詹王鐸屈可伸侍班禮部侍郎方逢年諭德項煜修撰劉理順編修吳偉業楊廷麟林曾志講讀編修胡守恒楊士聰校書十一年二月太子出閣十五年正月開講閣臣條上講儀七月改慈慶宮爲端本宮慈慶懿安皇后所居也時太子年十四議明歲選婚故先爲置宮而移懿安后於仁壽殿既而以寇警暫停京師陷賊獲太子僞封宋王及賊敗西走太子不知所終由崧時有自北來稱太子者驗之以爲駙馬都尉王昺孫王之明者僞爲之繫獄中南京士民譁然不平袁繼咸及劉良佐黃得功輩皆上疏爭左良玉起兵亦以救太子爲名一時眞僞莫能知也由崧既奔太平南京亂兵擁王之明立之越五日降於我

大清

懷隱王慈烜莊烈帝第二子殤

定王慈炯莊烈帝第三子崇禎十四年六月諭禮臣朕第三子年已十齡遵祖制宜加王號但既受冊封必具冕服而會典開載年十二或十五始行冠禮十齡受封加冠二禮可竝行乎於是禮臣歷考經傳及本朝典故以奏定於是歲冊封越二年行冠禮九月封爲定王十一月選新進士爲檢討國子助教等官爲侍詔充王講讀官以兩殿中書充侍書十七年京師陷不知所終

永王慈炤莊烈帝第四子崇禎十五年三月封永王賊陷京師不知所終

悼靈王慈煥莊烈帝第五子生五歲而病帝視之忽云九蓮菩薩言帝待外戚薄將盡殤諸子遂薨九蓮菩薩者神宗母孝定李太后也太后好佛宮中像作九蓮座故云帝念王靈異封爲孺孝悼靈王元機慈應眞君命禮臣議孝和皇太后莊妃懿妃道號禮科給事中李焻言諸后妃祀奉先殿不可崇邪教以亂禨稱不聽十六年十二月改封宣顯慈應悼靈王去眞君號

悼懷王莊烈帝第六子生二歲殤第七子生三歲殤名俱無考

贊曰有明諸藩分封而不錫土列爵而不臨民食祿而不治事蓋矯枉鑒覆所以杜漢晉末大之禍意固善矣然徒擁虛名坐糜厚祿賢才不克自見知勇無所設施防閑過峻法制日增出城省墓請而後許二王不得相見藩禁嚴密一至於此當太祖時宗藩備邊軍戎受制贊儀疎屬且令遍歷各國使通親親然則法綱之繁起自中葉豈太祖衆建屏藩初計哉

明史卷一百二十一　列傳第九

總裁官特進光祿大夫經筵講官少保兼太子太保保和殿大學士兼管吏部戶部尚書事加六級臣張廷玉等奉

敕修

公主

明制皇姑曰大長公主皇姊妹曰長公主皇女曰公主俱授金冊祿二千石壻曰駙馬都尉親王女曰郡主郡王女曰縣主孫女曰郡君曾孫女曰縣君元孫女曰鄉君壻皆儀賓郡主祿八百石餘遞減有差郡主以下恩禮既殺無足書者今依前史例作公主傳而駙馬都尉附焉

仁祖二女

太原長公主淳皇后所生嫁王七一早卒洪武三年追冊并贈七一榮祿大夫駙馬都尉遣使具衣冠改葬於盱眙

曹國長公主太祖母姊嫁李貞貞性純孝助理家尤勤儉早卒貞攜子文忠避兵依太祖於滁陽洪武元年二月追冊主爲孝親公主封貞恩親侯駙馬都尉先是兵亂主未葬命有司具禮葬於李氏先墓詔曰公主祠堂碑亭其制悉視功臣之贈爵爲王者三年改冊主隴西長公主五年以文忠貴加冊曹國長公主并進貞右柱國曹國公貞性孝友恭謹初文忠守嚴州屢以征伐事出皆委貞權掌軍務文忠克桐廬以所俘卒送嚴嚴城空虛俘卒謀叛去貞饗其衆醉而縛之以歸應天太祖嘉之累授官如子爵賜甲第西華門元津橋之西帝數臨幸太子諸王時往起居親重無與比晚歲尤折節謙抑嘗曰富貴而忘貧賤君子不爲也十二年冬卒贈隴西王謚恭獻文忠自有傳

太祖十六女附福成慶陽二主

臨安公主洪武九年下嫁李祺韓國公善長子也是時始定公主婚禮先期賜駙馬冠誥竝朝服儀從甚盛主執婦道甚備祺功臣子帝長壻頗委任之四方水旱每命祺往振濟二十三年善長坐事死祺已前卒主至永樂十九年薨

寧國公主孝慈皇后生洪武十一年下嫁梅殷殷字伯殷汝南侯思祖從子也天性恭謹有謀略便弓馬太祖十六女諸駙馬中尤愛殷時李文忠以上公典國學而殷視山東學政賜敕褒美謂殷精通經史堪爲儒宗當世皆榮之帝春秋高諸王强盛殷嘗受密命輔皇太孫及燕師日逼惠帝命殷充總兵官鎮守淮安悉心防禦號令嚴明燕兵破何福軍執諸將平安等遣使假道於殷以進香爲名殷答曰進香皇考有禁不遵者爲不孝王大怒復書言今興兵誅君側惡天命有歸非人所能阻殷割使者耳鼻縱之曰留汝口爲殿下言君臣大義王爲氣沮而鳳陽守徐安亦拆浮橋絕舟檝以遏燕燕兵乃涉泗出天長取道揚州王卽帝位殷尚擁兵淮上帝迫公主齧血爲書投殷殷得書慟哭乃還京既入見帝迎勞曰駙馬勞苦殷曰勞而無功耳帝默然永樂二年都御史陳瑛奏殷畜養亡命與女秀才劉氏朋邪詛咒帝曰朕自處之因諭戶部考定公侯駙馬伯儀仗從人之數而別命錦衣衞執殷家人送遼東明年冬十月殷入朝前軍都督僉事譚深錦衣衞指揮趙曦擠殷笪橋下溺死以殷自投水聞都督同知許成發其事帝怒命法司治深曦罪斬之籍其家遣官爲殷治喪謚榮定而封許成爲永新伯初公主聞殷死謂上果殺殷牽衣大哭問駙馬安在帝曰爲主跡賊無自苦尋官殷二子順昌爲中府都督同知景福爲旗手衞指揮使賜公主書曰駙馬殷雖有過失兄以至親不問比聞溺死兄甚疑之都督許成來首已加爵賞謀害之人悉置重法特報妹知之瓦剌灰者降人也事殷久謂深曦實殺殷請於帝斷二人手足剖其腸祭殷遂自經死十二月進封公主爲寧國長公主宣德九年八月薨年七十一初主聞成祖舉兵貽書責以大義不答成祖至淮北貽主書命還居太平門外勿罹兵禍主亦不答然成祖故重主卽位後歲時賜與無算諸王莫敢望殷孫純成化中舉進士知定遠縣忤上官棄歸襲武階爲中都副留守

崇寧公主洪武十七年下嫁牛城未幾薨

安慶公主寧國主母妹洪武十四年下嫁歐陽倫倫頗不法洪武末茶禁方嚴數遣私人販茶出境所至繹騷雖大吏不敢問有家奴周保者尤横輒呼有司科民車至數十輛過河橋巡檢司擅捶辱司吏吏不堪以聞帝大怒賜倫死保等皆伏誅

汝寧公主洪武十五年與懷慶大名二主先後下嫁而主下嫁陸賈吉安侯仲亨子也

懷慶公主母成穆孫貴妃下嫁王寧寧壽州人既尚主掌後軍都督府事建文中嘗洩中朝事於燕籍其家繫錦衣衞獄成祖卽位稱寧孝於太祖忠於國家正直不阿橫遭誣搆封永春侯予世券寧能詩頗好佛嘗侍帝燕語勸帝誦佛經飯僧爲太祖資福帝不懌自是恩禮漸衰久之坐事下獄見原卒子貞亮官羽林前衞僉事先寧卒宣德十年貞亮子彝援詔書言公主嫡孫當嗣侯不許命以衞僉事帶俸奉主祀寧又有子貞慶工詩與劉溥等稱十才子

大名公主下嫁李堅堅武陟人父英洪武初爲驍騎右衞指揮僉事從征雲南陣沒贈指揮使堅有才勇既尚主掌前軍都督府事建文初以左副將軍從伐燕及戰勝負略相當封灤城侯予世券滹沱河之戰燕卒薛祿刺堅墮馬被禽械送北平道卒子莊年七歲嗣侯成祖卽位莊父姓名在姦黨中以主故獲宥主懼禍遂納侯誥券宣德元年主薨莊在南京師事劉溥放浪詩酒以壽終

福清公主母鄭安妃洪武十八年下嫁張麟鳳翔侯龍子也麟未嗣侯卒永樂十五年主薨

壽春公主洪武十九年下嫁傅忠潁國公友德子也先是九年二月定制公主未受封者歲給紵絲紗羅絹布線已封賜莊田一區歲徵租一千五百石鈔二千貫主爲太祖所愛賜吳江縣田一百二十餘頃皆上腴歲入八千石踰他主數倍二十一年薨賜明器儀仗以葬

十公主早薨

南康公主洪武二十一年下嫁胡觀東川侯海子也海嘗以罪奪祿田及觀尚主詔給田如故觀初在選中帝命黃巖徐宗實教之既婚督課益嚴又爲書數千言引古義相戒勸觀執弟子禮甚恭太祖爲大喜建文三年觀從李景隆北征爲燕兵所執永樂初奉使晉府還科道官劾觀僭乘晉王所賜樓輿詔姑宥之已都御史陳瑛等劾觀强取民間子女又娶娼爲妾且言預知李景隆逆謀陛下曲加寬宥絕無悛心宜正其罪遂罷觀朝請尋自經死宣德中主爲子忠乞嗣詔授孝陵衞指揮僉事進同知正統三年主薨

永嘉公主母郭惠妃洪武二十二年下嫁郭鎮武定侯英子也英卒鎮不得嗣宣德十年主乞以子珍嗣語在英傳景泰六年主薨世宗卽位元孫勛有寵爲主乞追謚特賜謚貞懿

十三公主早薨

含山公主母高麗妃韓氏洪武二十七年下嫁尹清建文初清掌後府都督事先主卒主至天順六年始薨年八十有二

汝陽公主永嘉主同母妹與含山主同年下嫁謝達達父彥鳳陽人少育於孫氏冒其姓數從征討有功累官前軍都督僉事詔復謝姓選其子尚主仁宗卽位主以屬尊與寧國懷慶大名南康永嘉含山寶慶七主皆進稱大長公主自後諸帝卽位公主進封長公主大長公主皆如制

寶慶公主太祖最幼女下嫁趙輝輝父和以千戶從征安南陣沒輝襲父官先是成祖卽位主甫八歲命仁孝皇后撫之如女永樂十一年輝以千戶守金川門年二十餘狀貌偉麗遂選以尚主主既爲后所撫裝奩視他主倍渥婚夕特詔皇太子送入邸主性純淑宣德八年薨輝至成化十二年始卒凡事六朝歷掌南京都督及宗人府事家故豪侈姬妾至百餘人享有富貴者六十餘年壽九十

福成公主南昌王女母王氏嫁王克恭克恭嘗爲福建行省參政後改福州衞指揮使

慶陽公主蒙城王女嫁黃琛琛本名寶武昌人以帳前參隨舍人擢兵馬副指揮太祖愛其謹厚配以王女累從征討積功至龍江翼守禦千戶洪武元年冊兩王女爲公主授克恭琛爲駙馬都尉遷琛淮安衞指揮使四年三月禮官上言皇姪女宜改封郡主克恭琛當上駙馬都尉誥帝曰朕惟姪女二人不忍遽加降奪其稱公主駙馬如故公主歲給祿米五百石視他主減三之二駙馬止食本官俸擢琛中都留守卒官子鉉至都督僉事主至建文時改封慶成郡主燕師南下主嘗詣軍中議和蓋成祖從姊或謂福成慶陽皆太祖從姊者誤也

興宗四女

江都公主洪武二十七年下嫁耿璿長興侯炳文子也累官前軍都督僉事主爲懿文太子長女初稱江都郡主建文元年進公主璿爲駙馬都尉炳文之伐燕也璿嘗勸直擣北平會炳文罷歸謀不用永樂初稱疾不出坐罪死主復降爲郡主憂卒

宜倫郡主永樂十五年下嫁于禮

三女無考

南平郡主未下嫁永樂十年薨追冊

成祖五女

永安公主下嫁袁容容壽州人父洪以開國功官都督洪武二十八年選容爲燕府儀賓配永安郡主燕兵起有戰守功永樂元年進郡主爲公主容駙馬都尉再論功封廣平侯祿一千五百石予世券凡車駕巡幸皆命容居守初都指揮欽台乘馬過容門容怒其不下箠之幾死帝聞之賜趙王高燧書曰自洪武來往來駙馬門者未聞令下馬也昔晉王敦爲駙馬縱恣暴橫卒以滅亡汝其以書示容令械辱欽台之人送京師容由是斂戢十五年主薨停容侯祿宣宗卽位復故卒贈沂國公諡忠穆子楨嗣卒無子庶弟瑄正統初乞嗣帝曰容封以公主恩禎嗣以公主子瑄庶子可長陵衞指揮僉事天順元年詔復侯爵卒弟琇成化十五年嗣卒姪輅乞嗣侯言官持不可帝曰詔書許子孫嗣輅容孫也輅後毋嗣仍世衞僉事輅卒子夔弘治間乞嗣侯不許

永平公主下嫁李讓讓舒城人與袁容同歲選爲燕府儀賓燕兵起帥府兵執謝貴等取大寧戰白溝河有功署掌北平布政司事佐仁宗居守其父申官留守左衞指揮同知惠帝欲誘致讓曰讓來吾宥爾父讓不從力戰破平安兵帝遂殺申籍其家姻族皆坐死或徙邊永樂元年進讓駙馬都尉封富陽侯食祿千石掌北京行部事卒贈景國公諡恭敏子茂芳嗣侯仁宗卽位以茂芳母子在先帝時有逆謀廢爲庶人追奪其父讓幷三代誥券毀之是年茂芳死正統九年主薨天順元年詔與茂芳子輿伯爵卒成化間授輿子欽長陵衞指揮僉事

安成公主文皇后生成祖卽位下嫁宋琥西寧侯晟子也正統八年主薨

咸寧公主安成主同母妹永樂九年下嫁宋瑛琥弟也襲西寧侯正統五年主薨十四年瑛與武進伯朱冕禦也先於陽和戰死

常寧公主下嫁沐昕西平侯英子主恭愼有禮通孝經女則正統六年薨年二十二

仁宗七女

嘉興公主昭皇后生宣德三年下嫁井源正統四年薨後十年源死土木之難

慶都公主宣德三年下嫁焦敬正統五年薨

清河公主宣德四年下嫁李銘八年薨

眞定公主母李賢妃與清河主同年下嫁王誼景泰元年薨

德安公主早薨仁宗卽位之十月與蘄王瞻垠同日追封諡悼簡冊辭謂第四女蓋早殤名次未定也又五女延平公主六女德慶公主俱未下嫁薨

宣宗二女

順德公主正統二年下嫁石璟璟昌黎人天順五年曹欽反璟帥衆殺賊禽其黨脫脫詔獎勞成化十四年奉祀南京踰年卒

常德公主章皇后生正統五年下嫁薛桓成化六年薨

英宗八女

重慶公主與憲宗同母天順五年下嫁周景景字德彰安陽人好學能書英宗愛之間燕遊幸多從憲宗立命掌宗人府事居官廉愼詩書之外無所好主事舅姑甚孝衣履多手製歲時拜謁如家人禮景每早朝主必親起視飲食主之賢近世未有也弘治八年景卒又四年主薨年五十四子賢歷官都指揮僉事有聲

嘉善公主母王惠妃成化二年下嫁王增兵部尚書驥孫也弘治十二年薨

淳安公主成化二年下嫁蔡震震行醇謹正德中劉瑾下獄詔廷訊有問者瑾輒指其人附己廷臣無敢詰震厲聲曰我皇家至戚應不附爾趣獄卒考掠之瑾乃服罪以是知名嘉靖中卒贈太保諡康僖

崇德公主母楊安妃成化二年下嫁楊偉興濟伯善孫也弘治二年薨

廣德公主母萬宸妃成化八年下嫁樊凱二十年八月薨

宜興公主母魏德妃成化九年下嫁馬誠正德九年薨

隆慶公主母高淑妃成化九年下嫁游泰十五年薨

嘉祥公主母劉氏成化十三年下嫁黃鏞後六年薨

景帝一女

固安公主英宗復辟降稱郡主成化時年已長憲宗以閣臣奏五年十一月下嫁王憲禮儀視公主以故尚書謇義賜第賜之

憲宗五女

仁和公主弘治二年下嫁齊世美嘉靖二十三年薨

永康公主弘治六年下嫁崔元元代州人世宗入繼以迎立功封京山侯給誥券禮部言奉迎乃臣子之分遽膺封爵無故事帝曰永樂初年太宗入繼大統駙馬都尉王寧以翊戴功封永春侯何得言無故事給事中底蘊御史高越等連章論其不可皆不聽已坐張延齡事下詔獄尋釋元好交文士播聲譽寵幸優渥勛臣戚畹莫敢望焉嘉靖二十八年卒贈左柱國太傅兼太子太傅諡榮恭駙馬封侯贈官不以軍功自元始主先元薨

德清公主弘治九年下嫁林岳岳字鎭卿應天人少習舉子業奉母孝撫弟極友愛主亦有賢行事姑如齊民禮岳卒於正德十三年主孀居三十一年始薨

長泰公主成化二十三年薨追冊

仙遊公主弘治五年薨追冊

孝宗三女

太康公主弘治十一年薨未下嫁

永福公主嘉靖二年下嫁鄔景和景和崑山人嘗奉旨直西苑撰元文以不諳元理辭帝不悅時有事淸馥殿在直諸臣俱行贊祝禮景和不俟禮成而出已而賞賚諸臣景和與焉疏言無功受賞懼增罪戾乞容辭免俾洗心滌慮以効他日馬革裹尸啣環結草之報帝大怒謂詛咒失人臣禮削職歸原籍時主已薨矣三十五年入賀聖誕畢因言臣自五世祖寄籍錦衣衞世居北地今被罪南徙不勝犬馬戀主之私扶服入賀退而私省公主墳墓邱封翳然荊棘不剪臣切自念狐死尚正首邱臣託命貴主獨與逝者魂魄相弔於數千里外不得春秋祭掃祔心傷悔五內崩裂臣之罪重不敢祈恩惟陛下幸哀故主使得寄籍原衞長與相依死無所恨帝憐而許之隆慶二年復官卒贈少保諡榮簡

永淳公主下嫁謝詔

睿宗二女

長寧公主早薨

善化公主早薨嘉靖四年二主同日追冊

世宗五女

常安公主未下嫁嘉靖二十八年薨追冊

思柔公主後常安主二月薨年十二追冊

寧安公主嘉靖三十四年下嫁李和

歸善公主嘉靖二十三年薨追冊葬祭視太康主

嘉善公主嘉靖三十六年下嫁許從誠四十三年薨

穆宗六女

蓬萊公主早薨

太和公主早薨隆慶元年與蓬萊主同日追冊

壽陽公主萬曆九年下嫁侯拱辰國本議起拱辰掌宗人府亦具疏力爭卒贈太傅諡榮康

永寧公主下嫁梁邦瑞萬曆三十五年薨

瑞安公主神宗同母妹萬曆十三年下嫁萬煒崇禎時主累加大長公主所產子及庶子長祚弘祚皆官都督煒官至太傅管宗人府印嘗以親臣侍經筵每文華進講佩刀入直李建泰西征命煒以太牢告廟年七十餘矣國變同子長祚死於賊弘祚投水死長祚妻李氏亦赴井死

延慶公主萬曆十五年下嫁王昺昺嘗救御史劉光復觸帝怒削職光宗立復官

神宗十女

榮昌公主萬曆二十四年下嫁楊春元四十四年春元卒久之主薨

壽寧公主二十七年下嫁冉興讓主爲神宗所愛命五日一來朝恩澤異他主崇禎時洛陽失守莊烈帝命興讓同太監王裕民給事中葉高標往慰福世子於河北都城陷興讓死於賊

靜樂雲和雲夢靈邱仙居泰順香山天台八公主皆早世追冊

光宗九女

懷淑公主七歲而薨追冊餘五女皆早世未封

寧德公主下嫁劉有福

遂平公主天啓七年下嫁齊贊元崇禎末贊元奔南京主前薨

樂安公主下嫁鞏永固永固字洪圖宛平人好讀書負才氣崇禎十六年二月帝召公侯伯於德政殿言祖制勛臣駙馬入監讀書習武經弓馬諸臣各有子弟否成國公朱純臣定國公徐允禎等皆以幼對而永固獨上疏請肄業太學帝褒答之總督趙光抃以邊事繫獄特疏申救又請復建文皇帝廟諡事雖未行時論韙焉甲申春賊破宣大李邦華請太子南遷爲異議所格及事急帝密召永固及新樂侯劉文炳護行叩頭言親臣不藏甲臣等難以空手搏賊皆相向涕泣十九日都城陷時公主已薨未葬永固以黃繩縛子女五人繫柩旁曰此帝甥也不可汙賊手舉劍自刎闔室自焚死

熹宗二女皆早世

莊烈帝六女

坤儀公主周皇后生追諡

長平公主年十六帝選周顯尚主將婚以寇警暫停城陷帝入壽寧宮主牽帝衣哭帝曰汝何故生我家以劍揮斫之斷左臂又斫昭仁公主於昭仁殿越五日長平主復甦大清順治二年上書言九死臣妾跼蹐高天願髡緇空王稍申罔極

詔不許命顯復尚故主土田邸第金錢車馬錫予有加主涕泣踰年病卒賜葬廣寧門外餘三女皆早世無考

明史卷一百二十二　列傳第十

總裁官總理事務經筵講官少保兼太子太保保和殿大學士兼管吏部戶部尚書事加六級張廷玉等奉敕修

郭子興　韓林兒

郭子興其先曹州人父郭公少以日者術遊定遠言禍福輒中邑富人有瞽女無所歸郭公乃娶之家日益饒生三子子興其仲也始生郭公卜之吉及長任俠喜賓客會元政亂子興散家資椎牛釃酒與壯士結納至正十二年春集少年數千人襲據濠州太祖往從之門者疑其諜執以告子興子興奇太祖狀貌解縛與語收帳下爲十夫長數從戰有功子興喜其大妻小張夫人亦指目太祖曰此異人也乃妻以所撫馬公女是爲孝慈高皇后始子興同起事者孫德崖等四人與子興而五各稱元帥不相下四人者粗而戇日剽掠子興意輕之四人不悅合謀傾子興子興以是多家居不視事太祖乘間說曰彼日益合我益離久之必爲所制子興不能從也元師破徐州徐帥彭大趙均用帥餘衆奔濠德崖等以其故盜魁有名乃共推奉之使居己上大有智數子興與相厚而薄均用於是德崖等譖諸均用曰子興知有彭將軍耳不知有將軍也均用怒乘間執子興幽諸德崖家太祖自他部歸大驚急帥子興二子訴於大大曰吾在孰敢魚肉而翁者與太祖偕詣德崖家破械出子興挾之歸元師圍濠州乃釋故憾共城守五閱月圍解大均用皆自稱王而子興及德崖等爲元帥如故未幾大死子早住領其衆均用專狠益甚挾子興攻盱眙泗州將害之太祖已取滁乃遣人說均用曰大王窮迫時郭公開門延納德至厚也大王不能報反聽細人言圖之自剪羽翼失豪傑心竊爲大王不取且其部曲猶衆殺之得無悔乎均用聞太祖兵甚盛心憚之太祖又使人賂其左右子興用是得免乃將其所部萬餘就太祖於滁子興爲人梟悍善鬭而性悻直少容方事急輒從太祖謀議親信如左右手事解即信讒疏太祖太祖左右任事者悉召之去稍奪太祖兵柄太祖事子興愈謹將士有所獻孝慈皇后輒以貽子興妻子興至滁欲據以自王太祖曰滁四面皆山舟楫商旅不通非可旦夕安者也子興乃已及取和州子興命太祖統諸將守其地德崖饑就食和境求駐軍城中太祖納之有讒於子興者子興夜至和太祖來謁子興怒甚不與語太祖曰德崖嘗困公宜爲備子興默然德崖聞子興至謀引去前營已發德崖方留視後軍而其軍與子興軍鬭多死者子興執德崖太祖亦爲德崖軍所執子興聞之大驚立遣徐達往代太祖縱德崖還德崖軍釋太祖達亦脫歸子興憾德崖甚將甘心焉以太祖故强釋之邑邑不樂未幾發病卒歸葬滁州子興三子長子前戰死次天敘天爵子興死韓林兒檄天敘爲都元帥張天祐及太祖副之天祐子興婦弟也太祖渡江天敘天祐引兵攻集慶陳埜先叛俱被殺林兒復以天爵爲中書右丞已而太祖爲平章政事天爵失職怨望久之謀不利於太祖誅死子興後遂絕有一女小張夫人出者事太祖爲惠妃生蜀谷代三王洪武三年追封子興爲滁陽王詔有司建廟用中牢祀復其鄰宥氏世世守王墓十六年太祖手書子興事蹟命太常丞張來儀文其碑滁人郭老舍者宣德中以滁陽王親朝京師弘治中有郭琥自言四世祖老舍滁陽王第四子予冠帶奉祀已爲宥氏所訐禮官言滁陽王祀典太祖所定曰無後廟碑昭然老舍非滁陽王子奪奉祀

韓林兒欒城人或言李氏子也其先世以白蓮會燒香惑衆謫徙永年元末林兒父山童鼓妖言謂天下當大亂彌勒佛下生河南江淮間愚民多信之潁州人劉福通與其黨杜遵道羅文素盛文郁等復言山童宋徽宗八世孫當主中國乃殺白馬黑牛誓告天地謀起兵以紅巾爲號至正十一年五月事覺福通等遽入潁州反而山童爲吏所捕誅林兒與母楊氏逃武安山中福通據朱皋破羅山上蔡眞陽確山犯葉舞陽陷汝寧光息衆至十餘萬元兵不能禦時徐壽輝等起蘄黃布王三孟海馬等起湘漢芝蔴李起豐沛而郭子興亦據濠應之時皆謂之紅軍亦稱香軍十五年二月福通物色林兒得諸碭山夾河迎至亳僭稱皇帝又號小明王建國曰宋建元龍鳳拆鹿邑太清宮材治宮闕於亳尊楊氏爲皇太后遵道文郁爲丞相福通文素平章政事劉六知樞密院事劉六者福通弟也遵道寵用事福通嫉之陰命甲士撾殺遵道自爲丞相加太保事權一歸福通既而元師大敗福通於太康進圍亳福通挾林兒走安豐未幾兵復盛遣其黨分道略地十七年李武崔德陷商州遂破武關以圖關中而毛貴陷膠萊益都濱州山東郡邑多下是年六月福通帥衆攻汴梁且分軍三道關先生破頭潘馮長舅沙劉二王士誠趨晉冀白不信大刀敖李喜喜趨關中毛貴出山東北犯勢銳甚田豐者元鎭守黃河義兵萬戶也叛附福通陷濟寧尋敗走其秋福通兵陷大名遂自曹濮陷衞輝白不信大刀敖李喜喜陷興元遂入鳳翔屢爲察罕帖木兒李思齊所破走入蜀十八年田豐復陷東平濟寧東昌益都廣平順德毛貴亦數敗元兵陷清滄據長蘆鎭尋陷濟南益引兵北殺宣慰使董摶霄於南皮陷薊州犯漷州略柳林以逼大都順帝徵四方兵入衞議欲遷都避其鋒大臣諫乃止貴旋破元兵擊敗還據濟南而福通出沒河南北五月攻下汴梁守將竹貞遁去遂迎林兒都焉關先生破頭潘等又分其軍爲二一出絳州一出沁州踰太行破遼潞遂陷冀寧攻保定不克陷完州掠大同興和塞外諸郡至陷上都毀諸宮殿轉掠遼陽抵高麗十九年陷遼陽殺懿州路總管呂震順帝以上都宮闕盡廢自此不復北巡李喜喜餘黨復陷寧夏略靈武諸邊地是時承平久州郡皆無守備長吏聞賊來輒棄城遁以故所至無不摧破然林兒本起盜賊無大志又聽命福通徒擁虛名諸將在外者率不遵約束所過焚劫至啖老弱爲糧且皆福通故等夷福通亦不能制兵雖盛威令不行數攻下城邑元兵亦數從其後復之不能守惟毛貴稍有智略其破濟南也立賓興院選用元故官姬宗周等分守諸路又於萊州立屯田三百六十所每屯相距三十里造輓運大車百輛凡官民田十取其二多所規畫故得據山東者三年及察罕帖木兒數破賊盡復關隴是年五月大發秦晉之師會汴城下屯杏花營諸軍環城而壘林兒兵出戰輒敗嬰城守百餘日食將盡福通計無所出挾林兒從百騎開東門遁還安豐後宮官屬子女及符璽印章寶貨盡沒於察罕時毛貴已爲其黨趙均用所殺有續繼祖者又殺均用所部自相攻擊獨田豐據東平勢稍强二十年關先生等陷大寧復犯上都田豐陷保定元遣使招之被殺王士誠又躙晉冀元將孛羅敗之於臺州遂入東平與豐合福通嘗責李武崔德逗撓將罪之二十一年夏兩人叛去降於李思齊時李喜喜關先生等東西轉戰已多走死餘黨自高麗還寇上都孛羅復擊降之而察罕既取汴梁遂遣子擴廓討東平脅降田豐王士誠乘勝定山東惟陳猱頭者獨守益都不下與福通遙爲聲援二十二年六月豐士誠乘間刺殺察罕入益都元以兵柄付擴廓圍城數重猱頭等告急福通自安豐引兵赴援遇元師於火星埠大敗走還元兵急攻益都穴地道以入殺豐士誠而械送猱頭於京師林兒勢大窘明年張士誠將呂珍圍安豐林兒告急於太祖太祖曰安豐破則士誠益强遂親帥師往救而珍已入城殺福通太祖擊走珍以林兒歸居之滁州明年太祖爲吳王又二年林兒卒或曰太祖命廖永忠迎林兒歸應天至瓜步覆舟沉於江云初太祖駐和陽郭子興卒林兒牒子興子天敘爲都元帥張天祐爲右副元帥太祖爲左副元帥時太祖以孤軍保一城而林兒稱宋後四方響應遂用其年號以令軍中林兒歿始以明年爲吳元年其年遣大將軍定中原順帝北走距林兒亡僅歲餘林兒僭號凡十二年

贊曰元之末季羣雄蜂起子興據有濠州地偏勢弱然有明基業實肇於滁陽一旅子興之封王祀廟食報久長良有以也林兒橫據中原縱兵蹂躪蔽遮江淮十有餘年太祖得以從容締造者藉其力焉帝王之興必有先驅者資之以成其業夫豈偶然哉

明史卷一百二十三　列傳第十一

總裁官總理事務經筵講官少保兼太子太保保和殿大學士兼管吏部戶部尚書事加六級張廷玉等奉敕修

陳友諒　張士誠
方國珍　明玉珍

陳友諒沔陽漁家子也本謝氏祖贅於陳因從其姓少讀書略通文義有術者相其先世墓地曰法當貴友諒心竊喜嘗爲縣小吏非其好也徐壽輝兵起友諒往從之依其將倪文俊爲簿掾壽輝羅田人又名眞一業販布元末盜起袁州僧彭瑩玉以妖術與麻城鄒普勝聚

衆爲亂用紅巾爲號奇壽輝狀貌遂推爲主至正十一年九月陷蘄水及黃州路敗元威順王寬徹不花遂卽蘄水爲都稱皇帝國號天完建元治平以普勝爲太師未幾陷饒信明年分兵四出連陷湖廣江西諸郡縣遂破昱嶺關陷杭州別將趙普勝等陷太平諸路勢大振然無遠志所得不能守明年爲元師所破壽輝走免已而復熾遷都漢陽爲其丞相倪文俊所制十七年九月文俊謀弒壽輝不克奔黃州時友諒隸文俊麾下數有功爲領兵元帥遂乘釁殺文俊并其兵自稱宣慰司尋稱平章政事明年陷安慶又破龍興瑞州分兵取邵武吉安而自以兵入撫州已又破建昌贛汀信衢當是時江以南惟友諒兵最强太祖之取太平也與爲鄰友諒陷元池州太祖遣常遇春擊取之由是數相攻擊趙普勝者故驍將號雙刀趙初與俞通海等屯巢湖同歸太祖叛去歸壽輝至是爲友諒守安慶數引兵爭池州太平往來掠境上太祖患之啗普勝客使潛入友諒軍間普勝普勝不之覺見友諒使者輒訴功悻悻有德色友諒銜之疑其貳於己以會師爲名自江州猝至普勝以燒羊逆於雁汊甫登舟友諒卽殺普勝并其軍乃以輕兵襲池州爲徐達等擊敗師盡覆始友諒破龍興壽輝欲徙都之友諒不可未幾壽輝遽發漢陽次江州江州友諒治所也伏兵郭外迎壽輝入卽閉城門悉殺其所部卽江州爲都奉壽輝以居而自稱漢王置王府官屬遂挾壽輝東下攻太平太平城堅不可拔乃引巨舟薄城西南士卒緣舟尾攀堞而登遂克之志益驕進駐采石磯遣部將陽白事壽輝前戒壯士挾鐵撾擊碎其首壽輝旣死以采石五通廟爲行殿卽皇帝位國號漢改元大義太師鄒普勝以下皆仍故官會大風雨羣臣班沙岸稱賀不能成禮友諒性雄猜好以權術馭下旣僭號盡有江西湖廣之地恃其兵强欲東取應天太祖患友諒與張士誠合乃設計令其故人康茂才爲書誘之令速來友諒果引舟師東下至江東橋呼茂才不應始知爲所紿戰於龍灣大敗潮落舟膠死者無算亡戰艦數百乘輕舸走張德勝追敗之慈湖焚其舟馮國勝以五翼軍蹙之友諒出皂旗軍迎戰又大敗遂棄太平走江州太祖兵乘勝取安慶其將于光歐普祥皆降明年友諒遣兵復陷安慶太祖自將伐之復安慶長驅至江州友諒戰敗夜挈妻子奔武昌其將吳宏以饒降王溥以建昌降胡廷瑞以龍興降友諒忿疆土日蹙乃大治樓船數百艘皆高數丈飾以丹漆每船三重置走馬棚上下人語聲不相聞艣箱皆裹以鐵載家屬百官盡銳攻南昌飛梯衝車百道竝進太祖從子文正及鄧愈堅守三月不能下太祖自將救之友諒聞太祖至撤圍東出鄱陽湖遇於康郎山友諒集巨艦連鎖爲陣太祖兵不能仰攻連戰三日幾殆已東北風起乃縱火焚友諒舟其弟友仁等皆燒死友仁號五王眇一目有勇畧旣死友諒氣沮是戰也太祖舟雖小然輕駛友諒軍俱艨艟巨艦不利進退以是敗太祖所乘舟檣白友諒約軍士明日併力攻白檣舟太祖知之令舟檣盡白翌日復戰自辰至午友諒軍大敗友諒欲退保鞋山太祖已先扼湖口邀其歸路持數日友諒謀於衆右金吾將軍曰出湖難宜焚舟登陸直趨湖南圖再舉左金吾將軍曰此示弱也彼以步騎躡我進退失所據大事去矣友諒不能決旣而曰右金吾言是也左金吾以言不用舉所部來降右金吾知之亦降友諒益困太祖凡再移友諒書其畧曰吾欲與公約從各安一方以俟天命公失計肆毒於我我輕師間出奄有公龍興十一郡猶不自悔禍復搆兵端一困於洪都再敗於康郎骨肉將士重罹塗炭公卽倖生還亦宜却帝號坐待眞主不則喪家滅姓悔晚矣友諒得書忿恚不報久之乏食突圍出湖口諸將自上流邀擊之大戰涇江口漢軍且鬬且走日暮猶不解友諒從舟中引首出有所指撝驟中流矢貫睛及顱死軍大潰太子善兒被執太尉張定邊夜挾友諒次子理載其屍遁還武昌友諒豪侈嘗造鏤金牀甚工宮中器物類是旣亡江西行省以牀進太祖歎曰此與孟景七寶溺器何異命有司毀之友諒僭號凡四年子理旣還武昌嗣僞位改元德壽是冬太祖親征武昌明年二月再親征其丞相張必先自岳州來援次洪山常遇春擊禽之徇於城下必先驍將也軍中號潑張倚爲重及被禽城中大懼由是欲降者衆太祖乃遣其故臣羅復仁入城招理理遂降入軍門俯伏不敢視太祖見理幼弱掖之起握其手曰吾不汝罪也府庫財物恣理取旋應天授爵歸德侯友諒之從徐壽輝也其父普才止之不聽及貴往迎之普才曰汝違吾命吾不知死所矣普才五子長友富次友直又次友諒又次友仁友貴友仁友貴前死鄱陽太祖平武昌封普才承恩侯友富歸仁伯友直懷恩伯贈友仁康山王命所司立廟祀之以友貴祔理居京師邑邑出怨望語帝曰此童孺小過耳恐細人蠱惑不克全朕恩宜處之遠方洪武五年理及歸義侯明昇竝徙高麗遣元降臣樞密使延安答理護行賜高麗王羅綺俾善視之亦從普才等滁陽熊天瑞者本荆州樂工從徐壽輝抄畧江湘間後受陳友諒命攻陷臨江吉安又陷贛州友諒俾以參知政事守贛兼統吉安南安南雄韶州諸路久之陽言東下署其幟曰無敵自稱金紫光祿大夫司徒平章軍國重事友諒不能制陰圖取廣東造戰艦於南雄帥數萬衆趨廣州元將何眞以兵迎於胥江會天大雷雨震其艦檣折天瑞懼而還太祖兵克臨江遣常遇春等攻贛天瑞拒守五越月二十五年正月乃帥其養子元震肉袒詣軍門降太祖宥之授指揮使明年從攻浙西叛降於張士誠敎士誠飛礮擊外軍城中木石俱盡外軍多傷者士誠滅天瑞伏誅有周時中者龍泉人書爲壽輝平章後帥所部降策天瑞必叛後果如其言時中累官吏部尚書出爲鎭江知府歷福建鹽運副使元震本姓田氏善戰有名遇春之圍贛也元震竊出覘兵遇春亦引數騎出猝與遇元震不知爲遇春也過之及遇春還始覺遂單騎前襲遇春遇春遣從騎揮刀擊之元震奮鐵撾且鬬且走遇春曰壯男子也舍之由是喜其才勇旣從天瑞降薦以爲指揮使天瑞誅復故姓云

張士誠小字九四泰州白駒場亭人有弟三人竝以操舟運鹽爲業緣私作姦利頗輕財好施得羣輩心常鬻鹽諸富家富家多陵侮之或負其直不酬而弓手邱義尤窘辱士誠甚士誠忿卽帥諸弟及壯士李伯昇等十八人殺義并滅諸富家縱火焚其居入旁郡場招少年起兵鹽丁方苦重役遂共推爲主陷泰州高郵守李齊諭降之復叛殺行省參政趙璉并陷興化結砦德勝湖有衆萬餘元以萬戶告身招之不受紿殺李齊襲據高郵自稱誠王僭號大周建元天祐是歲至正十三年也明年元右丞相脫脫總大軍出討數敗士誠圍高郵隳其外城城且下順帝信讒解脫脫兵柄削官爵以他將代之士誠乘間奮擊元兵潰去由是復振踰年淮東饑士誠乃遣弟士德由通州渡江入常熟十六年二月陷平江并陷湖州松江及常州諸路改平江爲隆平府士誠自高郵來都之卽承天寺爲府第踞坐大殿中射三矢於棟以識是歲太祖亦下集慶遣楊憲通好於士誠其書曰昔隗囂稱雄於天水今足下亦擅號於姑蘇事勢相等吾深爲足下喜睦鄰守境古人所貴竊甚慕焉自今信使往來毋惑讒言以生邊釁士誠得書留憲不報已遣舟師攻鎭江徐達敗之於龍潭太祖遣達及湯和攻常州士誠兵來援大敗失張湯二將乃以書求和請歲輸粟二十萬石黃金五百兩白金三百觔太祖答書責其歸楊憲歲輸五十萬石士誠復不報初士誠旣得平江卽以兵攻嘉興元守將苗帥楊完者數敗其兵乃遣士德間道破杭州完者還救復敗歸明年耿炳文取長興徐達取常州吳良等取江陰士誠兵不得四出勢漸蹙亡何徐達兵徇宜興攻常熟士德迎戰敗爲前鋒趙德勝所擒士德小字九六善戰有謀能得士心浙西地皆其所畧定旣被擒士誠大沮太祖欲留士德以招士誠士德間道貽士誠書俾降元士誠遂決計請降江浙右丞相達識帖睦邇爲言於朝授士誠太尉官其將吏有差士德在金陵竟不食死士誠雖去僞號擅甲兵土地如故達識帖睦邇在杭與楊完者有隙陰召士誠兵士誠遣史文炳襲殺完者遂有杭州順帝遣使徵糧賜之龍衣御酒士誠自海道輸糧十一萬石於大都歲以爲常旣而益驕令其下頌功德邀王爵不許二十三年九月士誠復自立爲吳王尊其母曹氏爲王太妃置官屬別治府第於城中以士信爲浙江行省左丞相幽達識帖睦邇於嘉興元徵糧不復與參軍俞思齊者字中孚泰州人諫士誠曰向爲賊可無貢今爲臣不貢可乎士誠怒抵案仆地思齊卽引疾去當是時士誠所據南抵紹興北踰徐州達於濟寧之金溝西距汝潁濠泗東薄海二千餘里帶甲數十萬以士信及女夫潘元紹爲腹心左丞徐義李伯昇呂珍爲爪牙參軍黃敬夫蔡彥文葉德新主謀議元學士陳基右丞饒介典文章又好招延賓客所贈遺輿馬居室什器甚具諸僑寓貧無籍者爭趨之士誠爲人外遲重寡言似有器量而實無遠圖旣據有吳中吳承平久戶口殷盛士誠漸奢縱怠於政事士信元紹尤好聚斂金玉珍寶及古法書名畫無不充牣日夜歌舞自娛將帥亦偃蹇不用命每有攻戰輒稱疾邀官爵田宅然後起甫至軍所載婢妾樂器踵相接不絕或大會遊談之士樗蒲蹴踘皆不以軍務爲意及喪師失地還士誠槪置不問已復用爲將上下嬉娛以至於亡太祖與士誠接境士誠數以兵攻常州江陰建德長興諸全輒不利去而太祖遣邵榮攻湖州胡大海攻紹興常遇春攻杭州亦皆不能下廖永安被執謝再興叛降士誠會太祖與陳友諒相持未暇及也友諒亦遣使約士誠夾攻太祖而士誠欲守境觀變許使者卒不行太祖旣平武昌師還卽命徐達等規取淮東克泰州通州圍高郵士誠以舟師溯江來援太祖自將擊走之達等遂拔高郵取淮安悉定淮北地於是

移檄平江數士誠八罪徐達常遇春帥兵自太湖趨湖州吳人迎戰於毗山又戰於七里橋皆敗遂圍湖州士誠遣朱暹五太子等以六萬衆來援屯於舊館築五砦自固達遇春築十壘以遮之斷其糧道士誠知事急親督兵來戰敗於皁林其將徐志堅敗於東遷潘元紹敗於烏鎭昇山水陸寨皆破舊館援絕五太子朱暹呂珍皆降五太子者士誠養子短小精悍能平地躍丈餘又善沒水珍暹皆宿將善戰至是降達等以徇於湖州守將李伯昇等以城降嘉興松江相繼降潘原明亦以杭州降於李文忠二十六年十一月大軍進攻平江築長圍困之士誠距守數月太祖貽書招之曰古之豪傑以畏天順民爲賢以全身保族爲智漢竇融宋錢俶是也爾宜三思勿自取夷滅爲天下笑士誠不報數突圍決戰不利李伯昇知士誠困甚遣所善客踰城說士誠曰初公所恃者湖州嘉興杭州耳今皆失矣獨守此城恐變從中起公雖欲死不可得也莫若順天命遣使金陵稱公所以歸義救民之意開城門幅巾待命當不失萬戶侯且公之地譬如博者得人之物而復失之於公何損士誠仰觀良久曰吾將思之乃謝客竟不降士誠故有勇勝軍號十條龍者皆驍猛善鬬每被銀鎧錦衣出入陣中至是亦悉敗溺萬里橋下死最後丞相士信中礮死城中洶洶無固志二十七年九月城破士誠收餘衆戰於萬壽寺東街衆散走倉皇歸府第拒戶自縊故部將趙世雄解之大將軍達數遣李伯昇潘元紹等諭意士誠瞑目不答舁出葑門入舟不復食至金陵竟自縊死年四十七命具棺葬之方士誠之被圍也語其妻劉曰吾敗且死矣若曹何爲劉答曰君無憂妾必不負君積薪齊雲樓下城破驅羣妾登樓令養子辰保縱火焚之亦自縊有二幼子匿民間不知所終先是黃敬夫等三人用事吳人知士誠必敗有黃菜葉十七字之謠其後卒驗云莫天祐者元末聚衆保無錫州士誠招之不從以兵攻之亦不克士誠既受元官天祐乃降士誠累表爲同僉樞密院事及平江既圍他城皆下惟天祐堅守士誠破胡廷瑞急攻之乃降太祖以其多傷我兵誅之李伯昇仕士誠至司徒既降命仍故官進中書平章同知詹事府事嘗將兵討平湖廣慈利蠻又爲征南右副將軍同吳良討靖州蠻後坐胡黨死潘元明以平章守杭州降仍爲行省平章與昇俱歲食祿七百五十石不治事雲南平以元明署布政司事卒官士誠自起至亡凡十四年

方國珍黃巖人長身黑面體白如瓠力逐奔馬世以販鹽浮海爲業元至正八年有蔡亂頭者行剽海上有司發兵捕之國珍怨家告其通寇國珍殺怨家遂與兄國璋弟國瑛國珉亡入海聚衆數千人刼運艘梗海道行省參政朶兒只班討之兵敗爲所執脅使請於朝授定海尉尋叛寇溫州元以孛羅帖木兒爲行省左丞督兵往討復敗被執乃遣大司農達識帖睦邇招之降已而汝潁兵起元募舟師守江國珍疑懼復叛誘殺台州路達魯花赤泰不華亡入海使人潛至京師賂諸權貴仍許降授徽州路治中國珍不聽命陷台州焚蘇之太倉元復以海道漕運萬戶招之乃受官尋進行省參政俾以兵攻張士誠士誠遣將禦之崑山國珍七戰七捷會士誠亦降乃罷兵先是天下承平國珍兄弟始倡亂海上有司憚於用兵一意招撫惟都事劉基以國珍首逆數降數叛不可赦朝議不聽國珍既授官據有慶元溫台之地益强不可制國珍之初作亂也元出空名宣敕數十道募人擊賊海濱壯士多應募立功所司邀重賄不輒與有一家數人死事卒不得官者而國珍之徒一再招諭皆至大官由是民慕爲盜從國珍者益衆元既失江淮資國珍舟以通海運重以官爵羈縻之而無以難也有張子善者好縱橫術說國珍以師泝江窺江東北畧青徐遼海國珍曰吾始志不及此謝之去太祖已取婺州使主簿蔡元剛使慶元國珍謀於其下曰江左號令嚴明恐不能與抗況爲我敵者西有吳南有閩莫若姑示順從藉爲聲援以觀變衆以爲然於是遣使奉書進黃金五十觔白金百觔文綺百匹太祖復遣鎭撫孫養浩報之國珍請以溫台慶元三郡獻且遣次子關爲質太祖卻其質厚賜而遣之復使博士夏煜往拜國珍福建行省平章事弟國瑛參知政事國珉樞密分院僉事國珍名獻三郡實陰持兩端煜既至乃詐稱疾自言老不任職惟受平章印誥而已太祖察其情以書諭曰吾始以汝豪傑識時務故命汝專制一方汝顧中懷叵測欲覘我虛實則遣侍子欲卻我官爵則稱老病夫智者轉敗爲功賢者因禍成福汝審圖之是時國珍歲歲治海舟爲元漕張士誠粟十餘萬石於京師元累進國珍官至江浙行省左丞相衢國公分省慶元國珍受之如故特以甘言謝太祖絕無內附意及得所諭書竟不省太祖復以書諭曰福基於至誠禍生於反覆隗囂公孫述故轍可鑒大軍一出不可虛辭解也國珍詐窮復陽爲惶懼謝罪以金寶飾鞍馬獻太祖復卻之已而苗帥蔣英等叛殺胡大海持首奔國珍國珍不受自台州奔福建國璋守台邀擊之爲所敗被殺太祖遣使弔祭踰年溫人周宗道以平陽來降國珍從子明善守溫以兵爭參軍胡深擊敗之遂下瑞安進兵溫州國珍恐請歲輸白金三萬兩給軍俟杭州下卽納土來歸太祖詔深班師吳元年克杭州國珍據境自如遣間諜假貢獻名覘勝負又數通好於擴廓帖木兒及陳友定圖爲犄角太祖聞之怒貽書數其十二罪復責軍糧二十萬石國珍集衆議郎中張仁本左丞劉庸等皆言不可從有邱楠者獨爭曰彼所言均非公福也惟智可以決事惟信可以守國惟直可以用兵公經營浙東十餘年矣遷延猶豫計不早定不可謂智既許之降抑又倍焉不可謂信彼之徵師則有詞矣我實負彼不可謂直幸而扶服請命庶幾可視錢俶乎國珍不聽惟日夜運珍寶治舟楫爲航海計二十七年九月太祖已破平江命參政朱亮祖攻台州國瑛迎戰敗走進克溫州平南將軍湯和以大軍長驅抵慶元國珍帥所部遁入海追敗之盤嶼其部將相次降和數令人示以順逆國珍乃遣子關奉表乞降曰臣聞天無所不覆地無所不載王者體天法地於人無所不容臣荷主上覆載之德舊矣不敢自絕於天地故一陳愚衷臣本庸才遭時多故起身海島非有父兄相藉之力又非有帝制自爲之心方主上霆擊電掣至於婺州臣愚卽遣子入侍固已知主上有今日矣將以依日月之末光望雨露之餘潤而主上推誠布公俾守鄉郡如故吳越事臣遵奉條約不敢妄生節目子姓不戒潛搆釁端猥勞問罪之師私心戰兢用是俾守者出迎然而未免浮海何也孝子之於親小杖則受大杖則走臣之情事適與此類卽欲面縛待罪闕廷復恐嬰斧鉞之誅使天下後世不知臣得罪之深將謂主上不能容臣豈不累天地大德哉蓋幕下士詹鼎詞也太祖覽而憐之賜書曰汝違吾諭不卽斂手歸命次且海外負恩實多今者窮蹙無聊情詞哀懇吾當以汝此誠爲誠不以前過爲過汝勿自疑遂促國珍入朝面讓之曰若來得毋晚乎國珍頓首謝授廣州西行省左丞食祿不之官數歲卒於京師子禮官廣洋衞指揮僉事關虎賁衞千戶所鎭撫關弟行字明敏善詩承旨宋濂嘗稱之劉仁本字德元國珍同縣人元末進士乙科歷官浙江行省郎中與張本仁俱入國珍幕數從名士趙俶謝理朱右等賦詩有稱於時國珍海運輸元實本仁司其事朱亮祖之下溫州也獲本仁太祖數其罪鞭背潰爛死餘官屬從國珍降者皆徙滁州獨赦邱楠以爲韶州知府詹鼎者寧海人有才學爲國珍府都事判上虞有治聲既至京未見用草封事萬言候駕出獻之帝爲立馬受讀命丞相官鼎楊憲忌其才沮之憲敗除留守經歷遷刑部郎中坐累死

明玉珍隨州人身長八尺餘目重瞳子徐壽輝起玉珍與里中父老團結千餘人屯青山及壽輝稱帝使人招之玉珍曰來則共富貴不來舉兵屠之玉珍引衆降以元帥守沔陽與元將哈麻禿戰湖中飛矢中右目遂眇久之玉珍帥斗船五十艘掠糧川峽間將引還時元右丞完者都募兵重慶義兵元帥楊漢應募至欲殺之而并其軍不克漢走出峽遇玉珍爲言重慶無重兵完者都與右丞哈麻禿不相能若回船出不意襲之可取而有也玉珍意未決部將戴壽曰機不可失也可分船爲二半貯糧歸沔陽半因漢兵攻重慶不濟則掠財物而還玉珍從其策襲重慶走完者都執哈麻禿獻壽輝壽輝授玉珍隴蜀行省右丞至正十七年也已而完者都自果州來會平章朗革歹參政趙資謀復重慶屯嘉定之大佛寺玉珍遣萬勝禦之勝黃陂人有智勇玉珍寵愛之使從己姓衆呼爲明二後乃復姓名勝攻嘉定半年不下玉珍帥衆圍之遣勝以輕兵襲陷成都虜朗革歹及資妻子朗革歹妻自沉於江以資妻子徇嘉定招資降資引弓射殺妻俄城破執資及完者都朗革歹歸於重慶館諸治平寺欲使爲己用三人者執不可乃斬於市以禮葬之蜀人謂之三忠於是諸郡縣相次來附二十年陳友諒弒徐壽輝自立玉珍曰與友諒俱臣徐氏顧悖逆如此命以兵塞瞿塘絕不與通立壽輝廟於城南隅歲時致祀自立爲隴蜀王以劉楨爲參謀楨字維周瀘州人元進士嘗爲大名路經歷棄官家居玉珍之攻重慶也道瀘部將劉澤民薦之玉珍往見與語大悅卽日延至舟中尊禮備至次年楨屛人說曰西蜀形勝地大王撫而有之休養傷殘用賢治兵可以立不世業不於此時稱大號以係人心一旦將士思鄉土瓦解星散大王孰與建國乎玉珍善之乃謀於衆以二十二年春僭卽皇帝位於重慶國號夏建元天統立妻彭氏爲皇后子昇爲太子倣周制設六卿以劉楨爲宗伯分蜀地爲八道更置府州縣官名蜀兵視諸國爲弱勝兵不滿萬人玉珍素無遠畧然性節儉頗好學折節下士既卽位設國子監敎公卿子弟設提舉司敎授建社稷宗廟求雅樂開進士科定賦稅以十分取一蜀人悉便安

之皆劉楨爲之謀也明年遣萬勝由界首鄒興由建昌又指揮李某者由八番分道攻雲南兩路皆不至惟勝兵深入元梁王走營金馬山踰年王挾大理兵擊勝勝以孤軍無繼引還復遣興取巴州久之復更六卿爲中書省樞密院改冢宰戴壽司馬萬勝爲左右丞相司寇向大亨司空張文炳知樞密院事司徒鄒興鎮成都吳友仁鎮保寧司寇莫仁壽鎮夔關皆平章事是歲遣勝取興元使參政江儼通好於太祖太祖遣都事孫養浩報聘遺玉珍書曰足下處西蜀予處江左蓋與漢季孫劉相類近者王保保以鐵騎勁兵虎踞中原其志殆不在曹操下使有謀臣如攸彧猛將如遼郃予兩人能高枕無憂乎予與足下實唇齒邦願以孫劉相吞噬爲鑒自後信使往返不絕二十六年春玉珍病革召壽等諭曰西蜀險固若協力同心左右嗣子則可以自守不然後事非所知也遂卒凡立五年年三十六子昇嗣改元開熙葬玉珍於江水之北號永昌陵廟號太祖尊母彭氏爲皇太后同聽政昇甫十歲諸大臣皆麤暴不肯相下而萬勝與張文炳有隙勝密遣人殺之文炳所善玉珍養子明昭復矯彭氏旨縊殺勝勝於明氏功最多其死蜀人多憐之吳友仁自保寧移檄以清君側爲名昇命戴壽討之友仁遺壽書謂不誅昭則國必不安衆必不服昭朝誅吾當夕至壽乃奏誅昭友仁入朝謝罪於是諸大臣用事而友仁尤專恣國柄旁落遂益不振萬勝既死劉楨爲右丞相後三年卒是歲昇遣使告哀於太祖已又遣使入聘太祖亦遣侍御史蔡哲報之洪武元年太祖克元都昇奉書稱賀明年太祖遣使求大木昇遂并獻方物帝答以璽書其冬遣平章楊璟諭昇歸命昇不從璟復遺昇書曰古之爲國者同力度德同德度義故能身家兩全流譽無窮反是者輒敗足下幼冲席先人業據有巴蜀不咨至計而聽羣下之議以瞿塘劍閣之險一夫負戈萬人無如之何此皆不達時變以誤足下之言也昔據蜀最盛者莫如漢昭烈且以諸葛武侯佐之綜核官守訓練士卒財用不足皆取之南詔然猶朝不謀夕僅能自保今足下疆埸南不過播州北不過漢中以此準彼相去萬萬而欲藉一隅之地延命頃刻可謂智乎我主上仁聖威武神明響應順附者無不加恩負固者然後致討以足下先人通好之故不忍加師數使使諭意又以足下年幼未歷事變恐惑於狂瞽失遠大計故復遣璟面諭禍福深仁厚德所以待明氏者不淺足下可不深念乎且向者如陳張之屬竊據吳楚造舟塞江河積糧過山岳强將勁兵自謂無敵然鄱陽一戰友諒授首旋師東討張氏面縛此非人力實天命也足下視此何如友諒子竄歸江夏王師致伐勢窮銜璧主上宥其罪愆剖符錫爵恩榮之盛天下所知足下無彼之過而能翻然覺悟自求多福則必享茅土之封保先人之祀世世不絕豈不賢智矣哉若必欲崛强一隅假息頃刻魚遊沸鼎燕巢危幕禍害將至恬不自知璟恐天兵一臨凡今爲足下謀者他日或各自爲身計以取富貴當此之時老母弱子將安所歸禍福利害瞭然可覩在足下審之而已昇終不聽又明年興元守將以城降吳友仁數往攻之不克是歲太祖遣使假道征雲南昇不奉詔四年正月命征西將軍湯和帥副將軍廖永忠等以舟師由瞿塘趨重慶前將軍傅友德帥副將軍顧時等以步騎由秦隴趨成都伐蜀初壽言於昇曰以王保保李思齊之强猶莫能與明抗況吾蜀乎一旦有警計安出友仁曰不然吾蜀襟山帶江非中原比莫若外交好而內修備昇以爲然遣莫仁壽以鐵索橫斷瞿塘峽口至是又遣壽友仁鄒興等益兵爲助北倚羊角山南倚南城砦鑿兩岸石壁引鐵索爲飛橋用木板置礮以拒敵和軍至不能進傅友德覘階文無備進破之又破綿州壽乃留興等守瞿塘而自與友仁還會向大亨之師以援漢州數戰皆大敗壽大亨走成都友仁走保寧時永忠亦破瞿塘關飛橋鐵索皆燒斷興中矢死夏兵皆潰遂下夔州師次銅羅峽昇大懼右丞劉仁勸奔成都昇母彭泣曰成都可到亦僅延旦夕命大軍所過勢如破竹不如早降以活民命於是遣使齎表乞降昇面縛銜璧輿櫬與母彭及官屬降於軍門和受璧永忠解縛承旨撫慰下令諸將不得有所侵擾而壽大亨亦以成都降於友德昇等悉送京師禮臣奏言皇帝御奉天殿明昇等俯伏待罪午門外有司宣制赦如孟昶降宋故事帝曰昇幼弱事由臣下與孟昶異宜免其伏地上表待罪之儀是日授昇爵歸義侯賜第京師冬十月和等悉定川蜀諸郡縣執友仁於保寧遂班師壽大亨仁壽皆鑿舟自沉死丁世貞者文州守將也友德攻文州據險力戰汪興祖死焉文州破遁去已復以兵破文州殺朱顯忠友德擊走之夏亡復集餘衆圍秦州五十日兵敗夜宿梓潼廟爲其下所殺友仁至京師帝以其寇漢中首造兵端令明氏失國僇於市戍他將校於徐州明年徙昇於高麗

贊曰友諒士誠起刀筆負販因亂僭竊恃其富强而卒皆敗於其所恃迹其始終成敗之故太祖料之審矣國珍首亂反覆無信然竟獲良死玉珍乘勢割據一隅僭號二世皆不可謂非幸也國珍又名谷珍蓋降後避明諱云

明史卷一百二十四　列傳第十二

總裁官總理事務經筵講官少保兼太子太保保和殿大學士兼管吏部戶部尚書事加六級臣張廷玉等奉

敕修

擴廓帖木兒 蔡子英

陳友定 伯顏子中等

把匝剌瓦爾密

擴廓帖木兒

擴廓帖木兒沈邱人本王姓小字保保元平章察罕帖木兒甥也察罕養爲子順帝賜名擴廓帖木兒汝潁盜起中原大亂元師久無功至正十二年察罕起義兵戰河南北擊賊關中河東復汴梁走劉福通平山東降田豐滅賊幾盡既而總大軍圍益都田豐叛察罕爲王士誠所刺事具元史察罕既死順帝即軍中拜擴廓太尉中書平章政事知樞密院事如察罕官帥兵圍益都穴地而入克之執豐士誠剖其心以祭察罕縛陳猱頭等二十餘人獻闕下東取莒州山東地悉定至正二十二年也初察罕定晉冀孛羅帖木兒在大同以兵爭其地數相攻朝廷下詔和解終不聽擴廓既平齊地引軍還駐太原與孛羅構難如故會朝臣老的沙禿堅獲罪於太子出奔孛羅孛羅匿之詔削孛羅官解其兵柄孛羅遂舉兵反犯京師殺丞相搠思監自爲左丞相老的沙爲平章禿堅知樞密院太子求援於擴廓擴廓遣其將白鎖住以萬騎入衛戰不利奉太子奔太原踰年擴廓以太子令舉兵討孛羅入大同進薄大都順帝乃襲殺孛羅於朝擴廓從太子入覲以爲太傅左丞相當是時微擴廓太子幾殆擴廓功雖高起行間驟至相位中朝舊臣多忌之者而擴廓久典軍亦不樂在內居兩月即請出治兵南平江淮詔許之封河南王俾總天下兵代皇太子出征分省中官屬之半以自隨鹵簿甲仗亘數十里軍容甚盛時太祖已滅陳友諒盡有江楚地張士誠據淮東浙西擴廓知南軍强未可輕進乃駐軍河南檄關中四將軍會師大舉四將軍者李思齊張思道孔興脫列伯也思齊羅山人與察罕同起義兵齒位略相埒得檄大怒曰吾與若父交若髮未燥敢檄我耶令其下一甲不得出武關思道等亦皆不聽調擴廓歎曰吾奉詔總天下兵而鎮將不受節制何討賊爲乃遣其弟脫因帖木兒以一軍屯濟南防遏南軍而自引兵西入關攻思齊等思齊等會兵長安盟於含元殿舊基併力拒擴廓相持經年數百戰未能決順帝使使諭令罷兵專事江淮擴廓欲遂定思齊等然後引軍東乃遣其驍將貊高趨河中欲出不意擣鳳翔覆思齊巢穴貊高所將多孛羅部曲行至衛輝軍變脅貊高叛擴廓襲衛輝彰德據之罪狀擴廓於朝初太子之奔太原也欲用唐肅宗靈武故事自立擴廓不可及還京師皇后諭指令以重兵擁太子入城脅順帝禪位擴廓未至京三十里留其軍以數騎入朝由是太子銜之而順帝亦心忌擴廓廷臣譁言擴廓受命平江淮乃西攻關中令罷兵不奉詔跋扈有狀及貊高奏至順帝乃削擴廓太傅中書左丞相令以河南王就食邑汝南分其軍隸諸將而以貊高知樞密院事兼平章總河北軍賜其軍號忠義功臣太子開撫軍院於京師總制天下兵馬專備擴廓擴廓既受詔退軍澤州其部將關保亦歸於朝朝廷知擴廓勢孤乃詔李思齊等東出關與貊高合攻擴廓而令關保以兵戍太原擴廓憤甚引軍據太原盡殺朝廷所置官吏於是順帝下詔盡削擴廓官爵令諸軍四面討之是時明兵已下山東收大梁梁王阿魯溫察罕父也以河東降脫因帖木兒敗走餘皆望風降遁無一人抗者既迫潼關思齊等倉皇解兵西歸而貊高關保皆爲擴廓所擒殺順帝大恐下詔歸罪於太子罷撫軍院悉復擴廓官令與思齊等分道南討詔下一月明兵已逼大都順帝北走擴廓入援不及大都遂陷距察罕死時僅六年云明兵已定元都將軍湯和等自澤州徇山西擴廓遣將禦之戰於韓店明師大敗會順帝自開平命擴廓復大都擴廓乃北出雁門將由保安徑居庸以攻北平徐達常遇春乘虛擣太原擴廓還救部將豁鼻馬潛約降於明明兵夜劫營營中驚潰擴廓倉卒以十八騎北走明兵遂西入關思齊以臨洮降思道走寧夏其弟良臣以慶陽降既而復叛明兵破誅之於是元臣皆入於明唯擴廓擁兵塞上西北邊苦之洪武三年太祖命大將軍徐達總大兵出西安擣定西擴廓方圍蘭州趨赴之戰於沈兒峪大敗盡亡其衆獨與妻子數人北走至黃河得流木以渡遂奔和林時順帝崩太子嗣立

復任以國事踰年太祖復遣大將軍徐達左副將軍李文忠征西將軍馮勝將十五萬衆分道出塞取擴廓大將軍至嶺北與擴廓遇大敗死者數萬人劉基嘗言於太祖曰擴廓未可輕也至是帝思其言謂晉王曰吾用兵未嘗敗北今諸將自請深入敗於和林輕信無謀致多殺士卒不可不戒明年擴廓復攻雁門命諸將嚴爲之備自是明兵希出塞矣其後擴廓從其主徙金山卒於哈剌那海之衙庭其妻毛氏亦自經死蓋洪武八年也初察罕破山東江淮震動太祖遣使通好元遣戶部尚書張昶郎中馬合謀浮海如江東授太祖榮祿大夫江西等處行中書省平章政事賜以龍衣御酒甫至而察罕被刺太祖遂不受殺馬合謀以張昶才留官之及擴廓視師河南太祖乃復遣使通好擴廓輒留使者不遣凡七致書皆不答既出塞復遣人招諭亦不應最後使李思齊往始至則待以禮尋使騎士送歸至塞下辭曰主帥有命請公留一物爲別思齊曰吾遠來無所齎騎士曰願得公一臂思齊知不免遂斷與之還未幾死太祖以是心敬擴廓一日大會諸將問曰天下奇男子誰也皆對曰常遇春將不過萬人橫行無敵眞奇男子太祖笑曰遇春雖人傑吾得而臣之吾不能臣王保保其人奇男子也竟冊其妹爲秦王妃張昶仕明累官中書省參知政事有才辨明習故事裁決如流甚見信任自以故元臣心嘗戀戀會太祖縱降人北還昶附私書訪其子存亡楊憲得書稿以聞下吏按問昶大書牘背曰身在江南心思塞北太祖乃殺之而擴廓幕下士不屈節縱出塞者有蔡子英子英永寧人元至正中進士察罕開府河南辟參軍事累薦至行省參政元亡從擴廓走定西明兵克定西擴廓軍敗子英單騎走關中亡入南山太祖聞其名使人繪形求得之傳詣京師至江濱亡去變姓名傭舂久之復被獲械過洛陽見湯和長揖不拜抑之跪不肯和怒爇火焚其鬚不動其妻適在洛請與相見子英避不肯見至京太祖命脫械以禮遇之授以官不受退而上書曰陛下乘時應運削平羣雄薄海內外莫不賓貢臣鼎魚漏網假息南山曩者見獲復得脫亡七年之久重煩有司追跡而陛下以萬乘之尊全匹夫之節不降天誅反療其疾易冠裳賜酒饌授以官爵陛下之量包乎天地矣臣感恩無極非不欲自竭犬馬但名義所存不敢輒渝初志自惟身本韋布智識淺陋過蒙主將知薦仕至七命躍馬食肉十有五年愧無尺寸以報國士之遇及國家破亡又復失節何面目見天下士管子曰禮義廉恥國之四維今陛下創業垂統正當挈持大經大法垂示子孫臣民奈何欲以無禮義寡廉恥之俘囚而厠諸維新之朝賢士大夫之列哉臣日夜思維咎往昔之不死至於今日分宜自裁陛下待臣以恩禮臣固不敢賣死立名亦不敢偷生苟祿若察臣之愚全臣之志禁錮海南畢其餘命則雖死之日猶生之年昔王蠋閉戶以自縊李芾闔門以自屠彼非惡榮利而樂死亡顧義之所在雖湯鑊有不得避也渺焉之軀上愧古人死有餘恨惟陛下裁察帝覽其書益重之館之儀曹忽一夜大哭不止人問其故曰無他思舊君耳帝知不可奪洪武九年十二月命有司送出塞令從故主於和林

陳友定一名有定字安國福清人徙居汀之清流世業農爲人沈勇喜遊俠鄉里皆畏服至正中汀州府判蔡公安至清流募民兵討賊友定應募公安與語奇之使掌所募兵署爲黃土砦巡檢以討平諸山寨功遷清流縣尹陳友諒遣其將鄧克明等陷汀部畧杉關行省授友定汀州路總管禦之戰於黃土大捷走克明踰年克明復取汀州急攻建寧守將完者帖木兒檄友定入援連破賊悉復所失郡縣行省上其功第一進參知政事已置分省於延平以友定爲平章於是友定盡有福建八郡之地友定以農家子起傭伍目不知書及據八郡數招致文學知名士如閩縣鄭定廬州王翰之屬留置幕下麤涉文史習爲五字小詩皆有意理然頗任威福所屬違令者輒承制誅竄不絕漳州守將羅良不平以書責之曰郡縣者國家之土地官司者人主之臣役而廥廩者朝廷之外府也今足下視郡縣如室家驅官僚如圉僕擅廥廩如私藏名雖報國實有鷹揚跋扈之心不知足下欲爲郭子儀乎抑爲曹孟德乎友定怒竟以兵誅良而福清宣慰使陳瑞孫崇安令孔楷建陽人詹翰拒友定不從皆被殺於是友定威震八閩然事元未嘗失臣節是時張士誠據浙西方國珍據浙東名爲附元歲漕粟大都輒不至而友定歲輸粟數十萬石海道遼遠至者嘗十三四順帝嘉之下詔褒美太祖既定婺州與友定接境友定侵處州參政胡深擊走之遂下浦城克松溪獲友定將張子玉與朱亮祖進攻建寧破其二柵友定遣阮德柔以兵四萬屯錦江繞出深後斷其歸路而自帥牙將賴政等以銳師搏戰德柔自後夾擊深兵敗被執死太祖既平方國珍即發兵伐友定將軍胡廷美何文輝由江西趨杉關湯和廖永忠由明州海道取福州李文忠由浦城取建寧而別遣使至延平招諭友定友定置酒大會諸將及賓客殺明使者瀝其血酒甕中與衆酌飲之酒酣誓於衆曰吾曹並受元厚恩有不以死拒者身磔妻子戮遂往視福州環城作壘距壘五十步輒築一臺嚴兵爲拒守計已而聞杉關破急分軍爲二以一軍守福而自帥一軍守延平以相犄角及湯和等舟師抵福之五虎門平章曲出引兵逆戰敗明兵緣南臺蟻附登城守將遁去參政尹克仁宣政使朶耳麻不屈死僉院柏帖木兒積薪樓下殺妻妾及二女縱火自焚死延美克建寧湯和進攻延平友定欲以持久困之諸將請出戰不許數請不已友定疑所部將叛殺蕭院判軍士多出降者會軍器局災城中礟聲震地明師知有變急攻城友定呼其屬訣曰大事已去吾一死報國諸君努力因退入省堂衣冠北面再拜仰藥死所部爭開城門納明師師入趨視之猶未絕也舁出水東門適天大雷雨友定復甦械送京師入見帝詰之友定厲聲曰國破家亡死耳尚何言遂併其子海殺之海一名宗海工騎射亦喜禮文士友定既被執自將欒歸於軍門至是從死元末所在盜起民間起義兵保障鄉里稱元帥者不可勝數元輒因而官之其後或去爲盜或事元不終惟友定父子死義時人稱完節焉友定既死興化泉州皆望風納款獨漳州路達魯花赤迭里彌實具公服北面再拜引斧斫印章以佩刀剚喉而死時云閩有三忠謂友定栢帖木兒迭里彌實也鄭定字孟宣好擊劍爲友定記室及敗浮海入交廣間久之還居長樂洪武末累官至國子助教王翰字用文仕元爲潮州路總管友定敗爲黃冠棲永泰山中者十載太祖聞其賢强起之自刎死有子偁知名爲友定所辟者又有伯顏子中子中其先西域人後仕江西因家焉子中明春秋五舉有司不第行省辟授東湖書院山長遷建昌教授子中雖儒生慷慨喜談兵江西盜起授分省都事使守贛州而陳友諒兵已破贛子中倉卒募吏民與鬬城下不勝脫身間道走閩陳友定素知之辟授行省員外郎出奇計以友定兵復建昌浮海如元都獻捷累遷吏部侍郎持節發廣東何眞兵救閩至則眞已降於廖永忠子中跳墮馬折一足致軍前永忠欲脅降之不屈永忠義而舍之乃變姓名冠黃冠遊行江湖間太祖求之不得簿錄其妻子子中竟不出嘗齎鴆自隨久之事寖解乃還鄉里洪武十二年詔郡縣舉元遺民布政使沈立本密言子中於朝以幣聘使者至子中太息曰死晚矣爲歌七章哭其祖父師友飲鴆而死當元亡時守土臣仗節死者甚衆明兵克太平總管靳義赴水死攻集慶行臺御史大夫福壽戰敗嬰城固守城破猶督兵巷戰坐伏龜樓指揮左右或勸之遁福壽叱而射之遂死於兵參政伯家奴達魯花赤達尼達思等皆戰死克鎮江守將段武平章定定戰死克寧國百戶張文貴殺妻妾自刎死克徽州萬戶吳訥戰敗自殺克婺州浙東廉訪使楊惠婺州達魯花赤僧住戰死克衢州總管馬浩赴水死石抹宜孫守處州其母與弟厚孫先爲明兵所獲令爲書招之不聽比克處宜孫戰敗走建寧收集士卒欲復處州攻慶元爲耿再成所敗還走建寧半道遇鄉兵被殺部將李彥文葬之龍泉太祖嘉其忠遣使致祭復其處州生祠又祠福壽於應天余闕於安慶李黼於江州闕黼事具元史其後大軍北克益都平章普顏不花不屈死克東昌平章申榮自經死眞定路達魯花赤鈒納錫彰聞王師取元都朝服登城西崖北面再拜投崖死克奉元西臺御史桑哥失里與妻子俱投崖死左丞拜泰古逃入終南山郎中王可仰藥死檢校阿失不花自經死三原縣尹朱春謂其妻曰吾當死以報國妻曰君能盡忠妾豈不能盡節亦俱投繯死又大軍攻永州右丞鄧祖勝固守食盡力窮仰藥死克梧州吏部尚書普顏帖木兒戰死張翱赴水死克靖江都事趙元隆陳瑜劉永錫廉訪使僉事帖木兒不花元帥元禿蠻萬戶董丑漢府判趙世傑皆自殺至如劉福通徐壽輝陳友諒等所破郡縣守吏將帥多死節者已見元史不具載載其見明實錄者又有劉謙江西人爲仁壽教官明玉珍入蜀棄官隱瀘州玉珍欲官之不就鳳山趙善璞隱深山明玉珍聘爲學士亦不就而張士誠破平江時參軍楊椿挺身戰刃交於胸瞋目怒罵死妻亦自經士誠又以書幣徵故左司員外郎楊乘於松江乘具酒醴告祖禰顧西日晴明曰人生晚節如是足矣夜分自經死其親藩死事最烈者有雲南梁王

梁王把匝剌瓦爾密元世祖第五子雲南王忽哥赤之裔也封梁王仍鎭雲南順帝之世天下多故雲南僻遠王撫治有威惠至正二十九年明玉珍僭號於蜀遣兵三道來攻王走營金馬山明年以大理兵迎戰玉珍兵敗退久之順帝北去大都不守中國無元尺寸地而王守雲南自若歲遣使自塞外達元帝行在執臣節如故未幾明師平四川天下大定太祖以雲南險僻不欲用兵明年正月北平守將以所得王遺往漠北使者蘇成

來獻太祖乃命待制王禕齎詔偕成往招諭王待禕以禮會元嗣君遣使脫脫來徵餉脫脫疑王有他意因脅以危語王遂殺禕而以禮斂之踰三年太祖復遣湖廣參政吳雲偕大軍所獲雲南使臣鐵知院等往知院以巳奉使被執誘雲改制書紿王雲不從被殺王聞雲死收其骨送蜀給孤寺太祖知王終不可以諭降乃命傅友德爲征南將軍藍玉沐英爲副帥師征之洪武十四年十二月下普定王遣司徒平章達里麻率兵駐曲靖沐英引軍疾趨乘霧抵白石江霧解達里麻望見大驚友德等率兵進擊達里麻兵潰被擒先是王以女妻大理酋段得功嘗倚其兵力後以疑殺之遂失大理援至是達里麻敗失精甲十餘萬王知事不可爲走普寧州之忽納砦焚其龍衣驅妻子赴滇池死遂與左丞達的右丞驢兒夜入草舍俱自經太祖遷其家屬於耽羅

贊曰洪武九年方谷珍死宋濂奉敕撰墓碑於一時羣雄皆直書其名獨至察罕曰齊國李忠襄王順逆之理昭然可見矣擴廓百戰不屈欲繼先志而齎恨以死友定不作何眞之偷生梁王恥爲納哈出之背國要皆元之忠臣也詩曰其儀一兮心如結兮易曰苦節悔亡其伯顏子中蔡子英之謂歟嘗謂元歸塞外一時從臣必有賦式微之章於沙漠之表者惜其姓字湮沒不得見於人間然則若子英者又豈非厚幸哉

明史卷一百二十五　列傳第十三

總裁官總理事務　經筵講官少保兼太子太保保和殿大學士兼管吏部戶部尚書事加六級張廷玉等奉

敕修

徐達　常遇春

徐達字天德濠人世業農達少有大志長身高顴剛毅武勇太祖之爲郭子興部帥也達時年二十二往從之一見語合及太祖南畧定遠帥二十四人往達首與焉尋從破元兵於滁州澗從取和州子興授達鎭撫子興執孫德崖德崖軍亦執太祖達挺身詣德崖軍請代太祖乃得歸達亦獲免從渡江拔采石取太平與常遇春皆爲軍鋒冠從破禽元將陳埜先別將兵取溧陽溧水從下集慶太祖身居守而命達爲大將帥諸軍東攻鎭江拔之號令明肅城中宴然授淮興翼統軍元帥時張士誠已據常州挾江東叛將陳保二以舟師攻鎭江達敗之於龍潭遂請益兵以圍常州士誠遣將來援達以敵狡而銳未易力取乃離城設二伏以待別遣將王均用爲奇兵而自督軍戰敵退走遇伏大敗之獲其張湯二將進圍常州明年克之進僉樞密院事繼克寧國徇宜興使前鋒趙德勝下常熟擒士誠弟士德明年復攻宜興克之太祖自將攻婺州命達留守應天別遣兵襲破天完將趙普勝復池州遷奉國上將軍同知樞密院事進攻安慶自無爲陸行夜掩浮山寨破普勝部將於青山遂克潛山還鎭池州與遇春設伏敗陳友諒軍於九華山下斬首萬人生擒三千人遇春曰此勁旅也不殺爲後患達不可乃以狀聞而遇春先以夜阬其人過半太祖不懌悉縱遣餘衆於是始命達盡護諸將陳友諒犯龍江達軍南門外與諸將力戰破之追及之慈湖焚其舟明年從伐漢取江州友諒走武昌達追之友諒出戰艦沔陽達營漢陽沌口以遏之進中書右丞明年太祖定南昌降將祝宗康泰叛達以沌口軍討平之從援安豐破吳將呂珍遂圍廬州會漢人寇南昌太祖召達自廬州來會師遇於鄱陽湖友諒軍甚盛達身先諸將力戰敗其前鋒殺千五百人獲一巨舟太祖知敵可破而慮士誠內犯卽夜遣達還守應天自帥諸將鏖戰竟斃友諒明年太祖稱吳王以達爲左相國復引兵圍廬州克其城畧下江陵辰州衡州寶慶諸路湖湘平召還帥遇春等徇淮東克泰州吳人陷宜興達還救復之復引兵渡江克高郵俘吳將士千餘人會遇春攻淮安破吳軍於馬騾港守將梅思祖以城降進破安豐獲元將忻都走左君弼盡得其運艘元兵侵徐州迎擊大破之俘斬萬計淮南北悉平師還太祖議征吳右相國李善長請緩之達曰張氏汰而苛大將李伯昇輩徒擁子女玉帛易與耳用事者黃蔡葉三參軍書生不知大計臣奉主上威德以大軍壓之三吳可計日定太祖大悅拜達大將軍平章遇春爲副將軍帥舟師二十萬人薄湖州敵三道出戰達亦分三軍應之別遣兵扼其歸路敵戰敗返走不得入城還戰大破之擒將吏二百人圍其城士誠遣呂珍等以兵六萬赴救屯舊館築五寨自固達使遇春等爲十壘以遮之士誠自以精兵來援大破之於皁林士誠走遂拔昇山水陸寨五太子朱暹呂珍等皆降以徇於城下湖州降遂下吳江州從太湖進圍平江達軍葑門遇春軍虎邱郭子興軍婁門華雲龍軍胥門湯和軍閶門王弼軍盤門張溫軍西門康茂才軍北門耿炳文軍城東北仇成軍城西南何文輝軍城西北築長圍困之架木塔與城中浮屠等別築臺三成瞰城中置弓弩火筒臺上又置巨礮所擊輒糜碎城中大震達遣使請事太祖敕勞之曰將軍謀勇絕倫故能遏亂畧削羣雄今事必稟命此將軍之忠吾甚嘉之然將在外君不御軍中緩急將軍其便宜行之吾不中制既而平江破執士誠傳送應天得勝兵二十五萬人城之將破也達與遇春約曰師入我營其左公營其右又令將士曰掠民財者死毀民居者死離營二十里者死既入吳人安堵如故師還封信國公尋拜征虜大將軍以遇春爲副帥步騎二十五萬人北取中原太祖親禡於龍江是時稱名將必推達遇春兩人才勇相類皆太祖所倚重遇春剽疾敢深入而達尤長於謀畧遇春下城邑不能無誅僇達所至不擾卽獲壯士與諜結以恩義俾爲己用由此多樂附大將軍者至是太祖諭諸將御軍持重有紀律戰勝攻取得爲將之體者莫如大將軍達又謂達進取方畧宜自山東始師行克沂州降守將王宣進克嶧州王宣復叛擊斬之莒密海諸州悉下乃使韓政分兵扼河張興祖取東平濟寧而自帥大軍拔益都徇下濰膠諸州縣濟南降分兵取登萊齊地悉定洪武元年太祖卽帝位以達爲右丞相冊立皇太子以達兼太子少傅副將軍遇春克東昌會師濟南擊斬樂安反者還軍濟寧引舟師泝河趨汴梁守將李克彝走左君弼竹貞等降遂自虎牢關入洛陽與元將脫因帖木兒大戰洛水北破走之梁王阿魯溫以河南降畧定嵩陝陳汝諸州遂擣潼關李思齊奔鳳翔張思道奔鄜城遂入關西至華州捷聞太祖幸汴梁召達詣行在所置酒勞之且謀北伐達曰大軍平齊魯掃河洛王保保逡巡觀望潼關既克思齊輩狼狽西奔元聲援已絕今乘勢直擣元都可不戰有也帝曰善達復進曰元都克而其主北走將窮追之乎帝曰元運衰矣行自澌滅不煩窮兵出塞之後固守封疆防其侵軼可也達頓首受命遂與副將軍會師河陰遣裨將分道徇河北地連下衛輝彰德廣平師次臨淸使傅友德開陸道通步騎顧時浚河通舟師遂引而北遇春已克德州合兵取長蘆扼直沽作浮橋以濟師水陸並進大敗元軍於河西務進克通州順帝帥后妃太子北去踰日達陳兵齊化門塡濠登城監國淮王帖木兒不花左丞相慶童平章迭兒必失樸賽因不花右丞張康伯御史中丞滿川等不降斬之其餘不戮一人封府庫籍圖書寶物令指揮張勝以兵千人守宮殿門使宦者護視諸宮人妃主禁士卒毋所侵暴吏民安居市不易肆捷聞詔以元都爲北平府置六衞留孫興祖等守之而命達與遇春進取山西遇春先下保定中山眞定馮勝湯和下懷慶度太行取澤潞達以大軍繼之時擴廓帖木兒方引兵出鴈門將由居庸以攻北平達聞之與諸將謀曰擴廓遠出太原必虛北平有孫都督在足以禦之今乘敵不備直擣太原使進不得戰退無所守所謂批亢擣虛者也彼若西還自救此成禽耳諸將皆曰善乃引兵趨太原擴廓至保安果還救達選精兵夜襲其營擴廓以十八騎遁去盡降其衆遂克太原乘勢收大同分兵徇未下州縣山西悉平二年引兵西渡河至鹿臺張思道遁遂克奉元時遇春下鳳翔李思齊走臨洮達會諸將議所向皆曰張思道之才不如李思齊而慶陽易於臨洮請先慶陽達曰不然慶陽城險而兵精猝未易拔也臨洮北界河湟西控羌戎得之其人足備戰鬬物產足佐軍儲蹙以大兵思齊不走則束手縛矣臨洮既克於旁郡何有遂渡隴克秦州下伏羌寧遠入鞏昌遣右副將軍馮勝逼臨洮思齊果不戰降分兵克蘭州襲走豫王盡收其部落輜重還出蕭關下平涼思道走寧夏爲擴廓所執其弟良臣以慶陽降達遣薛顯受之良臣復叛夜出兵襲傷顯達督軍圍之擴廓遣將來援逆擊敗去遂拔慶陽良臣父子投於井引出斬之盡定陝西地詔達班師賜白金文綺甚厚將論功大封會擴廓攻蘭州殺指揮使副將軍遇春已卒三年春帝復以達爲大將軍平章李文忠爲副將軍分道出兵達自潼關出西道擣定西取擴廓文忠自居庸出東道絕大漠追元嗣主達至安定擴廓退屯沈兒峪進軍薄之隔溝而壘日數交擴廓遣精兵從間道劫東南壘左丞胡德濟倉卒失措軍驚擾達帥兵擊却之德濟大海子也達以其功臣子械送之京師而斬其下指揮等數人以徇明日整兵奪溝殊死戰大破擴廓兵擒郯王濟王及國公平章以下文武僚屬千八百六十餘人將士八萬四千五百餘人馬駝雜畜以巨萬計擴廓僅挾妻子數人奔和林德濟至京帝釋之而以書諭達將軍效衞青不斬蘇建耳獨不見穰苴之待莊賈乎將軍誅之則已今下廷議吾且念其信州諸暨功不忍加誅繼自今將軍毋事姑息達既

破擴廓卽帥師自徽州南一百八渡至畧陽克沔州入連雲棧攻興元取之而副將軍文忠亦克應昌獲元嫡孫妃主將相先後露布聞詔振旅還京師帝迎勞於龍江乃下詔大封功臣授達開國輔運推誠宣力武臣特進光祿大夫左柱國太傅中書右丞相參軍國事改封魏國公歲祿五千石予世券明年帥盛熙等赴北平練軍馬修城池徙山後軍民實諸衞府置二百五十四屯墾田一千三百餘頃其冬召還五年復大發兵征擴廓達以征虜大將軍出中道左副將軍李文忠出東道征西將軍馮勝出西道各將五萬騎出塞達遣都督藍玉擊敗擴廓於土剌河擴廓與賀宗哲合兵力拒達戰不利死者數萬人帝以達功大弗問也時文忠軍亦不利引還獨勝至西涼獲全勝坐匿駝馬賞不行事具文忠勝傳明年達復帥諸將行邊破敵於答剌海還軍北平留三年而歸十四年復帥湯和等討乃兒不花已復還鎭每歲春出冬暮召還以爲常還輒上將印賜休沐宴見歡飲有布衣兄弟稱而達愈恭愼帝嘗從容言徐兄功大未有寧居可賜以舊邸舊邸者太祖爲吳王時所居也達固辭一日帝與達之邸强飲之醉而蒙之被舁臥正寢達醒驚趨下階俯伏呼死罪帝覘之大悅乃命有司卽舊邸前治甲第表其坊曰大功胡惟庸爲丞相欲結好於達達薄其人不答則賂達閽者福壽使圖達福壽發之達亦不問惟時時爲帝言惟庸不任相後果敗帝益重達十七年太陰犯上將帝心惡之達在北平病背疽稍愈帝遣達長子輝祖齎敕往勞尋召還明年二月病篤遂卒年五十四帝爲輟朝臨喪悲慟不已追封中山王謚武寧贈三世皆王爵賜葬鍾山之陰御製神道碑文配享太廟肖像功臣廟位皆第一達言簡慮精在軍令出不二諸將奉持凜凜而帝前恭謹如不能言善拊循與下同甘苦士無不感恩效死以故所向克捷尤嚴戢部伍所平大都二省會三郡邑百數閭井宴然民不苦兵歸朝之日單車就舍延禮儒生談議終日雍雍如也帝嘗稱之曰受命而出成功而旋不矜不伐婦女無所愛財寶無所取中正無疵昭明乎日月大將軍一人而已子四輝祖添福膺緒增壽長女爲文皇帝后次代王妃次安王妃輝祖初名允恭長八尺五寸有才氣以勳衞署左軍都督府事達薨嗣爵以避皇太孫諱賜今名數出練兵陝西北平山東河南元將阿魯帖木兒隸燕府有異志捕誅之還領中軍都督府建文初加太子太傅燕王子高煦輝祖甥也王將起兵高煦方留京師竊其善馬而逃輝祖大驚遣人追之不及乃以聞遂見親信久之命帥師援山東敗燕兵於齊眉山燕人大懼俄被詔還諸將勢孤遂相次敗績及燕兵渡江輝祖猶引兵力戰成祖入京師輝祖獨守父祠弗迎於是下吏命供罪狀惟書其父開國勳及券中免死語成祖大怒削爵幽之私第永樂五年卒萬曆中錄建文忠臣廟祀南都以輝祖居首後追贈太師謚忠貞輝祖死踰月成祖詔羣臣輝祖與齊黃輩謀危社稷朕念中山王有大功曲赦之今輝祖死中山王不可無後遂命輝祖長子欽嗣九年欽與成國公勇定國公景昌永康侯忠等俱以縱恣爲言官所劾帝宥勇等而令欽歸就學十九年來朝遽辭歸帝怒罷爲民仁宗卽位復故爵傳子顯宗承宗承宗天順初守備南京兼領中軍府公廉恤士有賢聲卒子俌嗣俌字公輔持重善容止南京守備體最隆懷柔伯施鑑以協同守備位俌上俌不平言於朝詔以爵爲序著爲令弘治十二年給事中胡易御史胡獻以災異陳言下獄俌上章救之正德中上書諫遊畋語切直嘗與無錫民爭田賄劉瑾爲時所譏俌嗣五十二年而卒贈太傅謚莊靖孫鵬舉嗣嬖其妾冒封夫人欲立其子爲嫡坐奪祿傳子邦瑞孫維志曾孫弘基自承宗至弘基六世皆守備南京領軍府事弘基累加太傅卒謚莊武子文爵嗣明亡爵除增壽以父任仕至左都督建文帝疑燕王反嘗以問增壽增壽頓首曰燕王先帝同氣富貴已極何故反及燕師起數以京師虛實輸於燕帝覺之未及問比燕兵渡江帝召增壽詰之不對手劍斬之殿廡下王入撫屍哭卽位追封武陽侯謚忠愍尋進封定國公祿二千五百石以其子景昌嗣驕縱數被劾成祖輒宥之成祖崩景昌坐居喪不出宿奪冠服歲祿已而復之三傳至元孫光祚累典軍府加太師嗣四十五年卒謚榮僖傳子至孫文璧萬曆中領後軍府以小心謹畏見親於帝數代郊天加太師累上書請建儲罷礦稅釋逮繫嗣三十五年卒謚康惠再傳至曾孫允禎崇禎末爲流賊所殺洪武諸功臣惟達子孫有二公分居兩京魏國之後多賢而累朝恩數定國常倍之嘉靖中詔裁恩澤世封有言定國功弗稱者竟弗奪也添福早卒膺緒授尚寶司卿累遷中軍都督僉事奉朝請世襲指揮使

常遇春字伯仁懷遠人貌奇偉勇力絕人猿臂善射初從劉聚爲盜察聚終無成歸太祖於和陽未至困臥田間夢神人被甲擁盾呼曰起起主君來驚寤而太祖適至卽迎拜時至正十五年四月也無何自請爲前鋒太祖曰汝特饑來就食耳吾安得汝留也遇春固請太祖曰俟渡江事我未晚也及兵薄牛渚磯元兵陳磯上舟距岸且三丈餘莫能登遇春飛舸至太祖麾之前遇春應聲奮戈直前敵接其戈乘勢躍而上大呼跳盪元軍披靡諸將乘之遂拔采石進取太平授總管府先鋒進總管都督時將士妻子輜重皆在和州元中丞蠻子海牙復以舟師襲據采石道中梗太祖自將攻之遣遇春多張疑兵分敵勢戰既合遇春操輕舸衝海牙舟爲二左右縱擊大敗之盡得其舟江路復通尋命守溧陽從攻集慶功最從元帥徐達取鎭江進取常州吳兵圍達於牛塘遇春往援破解之禽其將進統軍大元帥克常州遷中翼大元帥從達攻寧國中流矢裹創鬭克之別取馬駝沙以舟師攻池州下之進行省都督馬步水軍大元帥從取婺州轉同僉樞密院事守婺移兵圍衢州以奇兵突入南門甕城毁其戰具急攻之遂下得甲士萬人進僉樞密院事攻杭州失利召還應天從達拔趙普勝之水寨從守池州大破漢兵於九華山下語具達傳友諒薄龍灣遇春以五翼軍設伏大破之遂復太平功最太祖追友諒於江州命遇春留守用法嚴軍民肅然無敢犯進行省參知政事從取安慶漢軍出江游徼遇春擊之皆反走乘勝取江州還守龍灣援長興俘殺吳兵五千餘人其將李伯昇解圍遁命覈安慶城先是太祖所任將帥最著者平章邵榮右丞徐達與遇春爲三而榮尤宿將善戰至是驕蹇有異志與參政趙繼祖謀伏兵爲變事覺太祖欲宥榮死遇春直前曰人臣以反名尚何可宥臣義不與共生太祖乃飲榮酒流涕而戮之以是益愛重遇春池州帥羅友賢據山寨通張士誠遇春破斬之從援安豐比至呂珍已陷其城殺劉福通聞大軍至盛兵拒守太祖左右軍皆敗遇春橫擊其陣三戰三破之俘獲士馬無算遂從達圍廬州城將下陳友諒圍洪都召還會師伐漢遇於彭蠡之康郎山漢軍舟大乘上流鋒銳甚遇春偕諸將大戰呼聲動天地無不一當百友諒驍將張定邊直犯太祖舟舟膠於淺幾殆遇春射中定邊太祖舟得脫而遇春舟復膠於淺有敗舟順流下觸遇春舟乃脫轉戰三日縱火焚漢舟湖水皆赤友諒不敢復戰諸將以漢軍尚强欲縱之去遇春獨無言比出湖口諸將欲放舟東下太祖命扼上流遇春乃溯江而上諸將從之友諒窮蹙以百艘突圍諸將邀擊之漢軍遂大潰友諒死師還第功最賚金帛土田甚厚從圍武昌太祖還應天留遇春督軍困之明年太祖卽吳王位進遇春平章政事太祖復視師武昌漢丞相張必先自岳來援遇春乘其未集急擊禽之城中由是氣奪陳理遂降盡取荊湖地從左相國達取廬州別將兵畧定臨江之沙坑麻嶺牛陂諸寨禽僞知州鄧克明遂下吉安圍贛州熊天瑞固守不下太祖使使諭遇春克城無多殺苟得地無民何益於是遇春浚壕立柵以困之頓兵六月天瑞力盡乃降遇春果不殺太祖大喜賜書褒勉遇春遂因兵威諭降南雄韶州還定安陸襄陽復從徐達克泰州敗士誠援兵督水軍壁海安壩以遏之其秋拜副將軍伐吳敗吳軍於太湖於毗山於三里橋遂薄湖州士誠遣兵來援屯於舊館出大軍後遇春將奇兵由大全港營東阡更出其後敵出精卒搏戰奮擊破之襲其右丞徐義於平望盡燔其赤龍船復敗之於烏鎭逐北至昇山破其水陸寨悉俘舊館兵湖州遂下進圍平江軍虎邱士誠潛師趨遇春遇春與戰北濠破之幾獲士誠久之諸將破葑門遇春亦破閶門以入吳平進中書平章軍國重事封鄂國公復拜副將軍與大將軍達帥兵北征帝親諭曰當百萬衆摧鋒陷堅莫如副將軍不慮不能戰慮輕戰耳身爲大將顧好與小校角甚非所望也遇春拜謝既行以遇春兼太子少保從下山東諸郡取汴梁進攻河南元兵五萬陳洛水北遇春單騎突其陣敵二十餘騎攢槊刺之遇春一矢殪其前鋒大呼馳入麾下壯士從之敵大潰追奔五十餘里降梁王阿魯溫河南郡邑以次下謁帝於汴梁遂與大將軍下河北諸郡先驅取德州將舟師並河而進破元兵於河西務克通州遂入元都別下保定河間眞定與大將軍攻太原擴廓帖木兒來援遇春言於達曰我騎兵雖集步卒未至驟與戰必多殺傷夜劫之可得志達曰善會擴廓部將豁鼻馬來約降且請爲內應乃選精騎夜銜枚往襲擴廓方燃燭治軍書倉卒不知所出跣一足乘孱馬以十八騎走大同豁鼻馬降得甲士四萬遂克太原遇春追擴廓至忻州而還詔改遇春左副將軍居右副將軍馮勝上北取大同轉徇河東下奉元路與勝軍合西拔鳳翔會元將也速攻通州詔遇春還備以平章李文忠副之帥步騎九萬發北平徑會州敗敵將江文清於錦州敗也速於全寧進攻大興州分千騎爲八伏守將夜遁盡禽之遂拔開平元帝北走追奔數百里獲其宗王慶生及平章鼎住等將士萬人車萬輛馬三千匹牛五萬頭子女寶貨稱是師

還次柳河川暴疾卒年僅四十太祖聞之大震悼喪至龍江親出奠命禮官議天子爲大臣發哀禮議上用宋太宗喪韓王趙普故事制曰可賜葬鍾山原給明器九十事納墓中贈翊運推誠宣德靖遠功臣開府儀同三司上柱國太保中書右丞相追封開平王謚忠武配享太廟肖像功臣廟位皆第二遇春沉鷙果敢善撫士卒摧鋒陷陣未嘗敗北雖不習書史用兵輒與古合長於大將軍達二歲數從征伐聽約束惟謹一時名將稱徐常遇春嘗自言能將十萬衆橫行天下軍中又稱常十萬云遇春從弟榮積功爲指揮同知從李文忠出塞戰死臚朐河遇春二子茂昇茂以遇春功封鄭國公食祿二千石予世券驕稗不習事洪武二十年命從大將軍馮勝征納哈出於金山勝茂婦翁也茂多不奉勝約束勝數誚責之茂應之慢勝益怒未有以發也會納哈出請降詣右副將軍藍玉營酒次與玉相失納哈出取酒澆地顧其下咄咄語茂方在坐麾下趙指揮者解蒙古語密告茂納哈出將遁矣茂因出不意直前搏之納哈出大驚起欲就馬茂拔刀砍其臂傷納哈出所部聞之有驚潰者勝故怒茂增飾其狀奏茂激變遂械繫至京茂亦言勝諸不法事帝收勝總兵印而安置茂於龍州二十四年卒初龍州土官趙貼堅死從子宗壽當襲貼堅妻黃以愛女子茂爲小妻擅州事茂既死黃與宗壽爭州印相告訐或構蜚語謂茂實不死宗壽知狀帝怒責令獻茂自贖命楊文韓觀出師討龍州已而知茂果死宗壽亦輸款乃罷兵茂無子弟昇改封開國公數出練軍加太子太保昇之沒實錄不載其他書紀傳謂建文末昇及魏國公輝祖力戰浦子口死於永樂初或謂昇洪武中坐藍玉黨有告其聚兵三山者誅死常氏爲興宗外戚建文時恩禮宜厚事遭革除無可考其死亦遂傳聞異詞昇子繼祖永樂元年遷雲南之臨安衞時甫七歲繼祖子寧寧子復弘治五年詔曰太廟配享諸功臣其贈王者皆佐皇祖平定天下有大功而子孫或不沾寸祿淪於氓隸朕不忍所司可求其世嫡量授一官奉先祀乃自雲南召復授南京錦衣衞世指揮使嘉靖十一年紹封四王後封復孫元振爲懷遠侯傳至曾孫延齡有賢行崇禎十六年全楚淪陷延齡請統京兵赴九江協守又言江都有地名常家沙族丁數千皆其始祖遠裔請鼓以忠義練爲親兵帝嘉之不果行南都諸勳戚多恣睢自肆獨延齡以守職稱國亡身自灌園蕭然布衣終老

贊曰明太祖奮自滁陽戡定四方雖曰天授蓋二王之力多焉中山持重有謀功高不伐自古名世之佐無以過之開平摧鋒陷陣所向必克智勇不在中山下而公忠謙遜善持其功名允爲元勳之冠身依日月剖符錫土若二王者可謂極盛矣顧中山賞延後裔世叨榮寵而開平天不假年子孫亦復衰替貴匹勳齊而食報或爽其故何也太祖嘗語諸將曰爲將不妄殺人豈惟國家之利爾子孫實受其福信哉可爲爲將帥者鑑矣

明史卷一百二十六　列傳第十四

總裁官總理事務 經筵講官少保兼太子太保保和殿大學士兼管吏部戶部尚書事加六級臣張廷玉等奉敕修

李文忠　鄧愈
湯和　沐英

李文忠字思本小字保兒盱眙人太祖姊子也年十二而母死父貞攜之轉側亂軍中瀕死者數矣踰二年乃謁太祖於滁陽太祖見保兒喜甚撫以爲子令從己姓讀書穎敏如素習年十九以舍人將親軍從援池州破天完軍驍勇冠諸將別攻青陽石埭太平旌德皆下之敗元院判阿魯灰於萬年街復敗苗軍於於潛昌化進攻淳安夜襲洪元帥降其衆千餘授帳前左副都指揮兼領元帥府事尋會鄧愈胡大海之師取建德以爲嚴州府守之苗帥楊完者以苗獠數萬水陸奄至文忠將輕兵破其陸軍取所馘首浮巨筏上水軍見之亦遁完者復來犯與鄧愈擊却之進克浦江禁焚掠示恩信義門鄭氏避兵山谷招之還以兵護之民大悅完者死其部將乞降撫之得三萬餘人與胡大海拔諸暨張士誠寇嚴州禦之東門使別將出小北門間道襲其後夾擊大破之踰月復來攻又破之大浪灘乘勝克分水士誠遣將據三溪復擊敗之斬陸元帥焚其壘士誠自是不敢窺嚴州進同僉行樞密院事胡大海得漢將李明道王漢二送文忠所釋而禮之使招建昌守將王溥溥降苗將蔣英劉震殺大海以金華叛文忠遣將擊走之親撫定其衆處州苗軍亦殺耿再成叛文忠遣將屯縉雲以圖之拜浙東行省左丞總制嚴衢信處諸全軍事吳兵十萬方急攻諸全守將謝再興告急遣同僉胡德濟往援再興復請益兵文忠兵少無以應會太祖使邵榮討處州亂卒文忠乃揚言徐右丞邵平章將大軍刻日進吳軍聞之懼謀夜遁德濟與再興帥死士夜半開門突擊大破之諸全遂完明年再興叛降於吳以吳軍犯東陽文忠與胡深迎戰於義烏將千騎橫突其陣大敗之已用深策去諸全五十里別築一城以相犄角士誠遣司徒李伯昇以十六萬衆來攻不克踰年復以二十萬衆攻新城文忠帥朱亮祖等馳救去新城十里而軍德濟使人告賊勢盛宜少駐以俟大軍文忠曰兵在謀不在衆乃下令曰彼衆而驕我少而銳以銳遇驕必克之矣彼軍輜重山積此天以富汝曹也勉之會有白氣自東北來覆軍上占之曰必勝詰朝會戰天大霧晦冥文忠集諸將仰天誓曰國家之事在此一舉文忠不敢愛死以後三軍乃使元帥徐大興湯克明等將左軍嚴德王德等將右軍而自以中軍當敵衝會處州援兵亦至奮前搏擊霧稍開文忠橫槊引鐵騎數十乘高馳下衝其中堅敵以精騎圍文忠數重文忠手所格殺甚衆縱騎馳突所向皆披靡大軍乘之城中兵亦鼓譟出敵遂大潰逐北數十里斬首數萬級溪水盡赤獲將校六百甲士三千鎧仗芻粟收數日不盡伯昇僅以身免捷聞太祖大喜召歸宴勞彌日賜御衣名馬遣還鎮明年秋大軍伐吳令攻杭州以牽制之文忠帥亮祖等克桐廬新城富陽遂攻餘杭守將謝五再興弟也諭之降許以不死五與再興子五人出降諸將請僇之文忠不可遂趨杭州守將潘元明亦降整軍入元明以女樂迎麾去之營於麗譙下令曰擅入民居者死一卒借民釜斬以徇城中帖然得兵三萬糧二十萬就加榮祿大夫浙江行省平章事復姓李氏大軍征閩文忠別引軍屯浦城以逼之師還餘寇金子隆等聚衆剽掠文忠復討禽之遂定建延汀三州命軍中收養道上棄兒所全活無算洪武二年春以偏將軍從右副將軍常遇春出塞薄上都走元帝語具遇春傳遇春卒命文忠代將其軍奉詔會大將軍徐達攻慶陽行次太原聞大同圍急謂左丞趙庸曰我等受命而來閫外之事苟利於國專之可也今大同甚急援之便遂出雁門次馬邑敗元游兵禽平章劉帖木進至白楊門天雨雪已駐營文忠令移前五里阻水自固元兵乘夜來劫文忠堅壁不動質明敵大至以二營委之殊死戰度敵疲乃出精兵左右擊大破之禽其將脫列伯俘斬萬餘人窮追至莽哥倉而還明年拜征虜左副將軍與大將軍分道北征以十萬人出野狐嶺至興和降其守將進兵察罕腦兒禽平章竹眞次駱駝山走平章沙不丁次開平降平章上都罕等時元帝已崩太子愛猷識里達臘新立文忠諜知之兼程趨應昌元嗣君北走獲其嫡子買的立八剌暨后妃宮人諸王將相官屬數百人及宋元玉璽金寶十五玉冊二鎮圭大圭玉帶玉斧各一出精騎窮追至北慶州而還道興州禽國公江文淸等降三萬七千人至紅羅山又降楊思祖之衆萬六千餘人獻捷京師帝御奉天門受朝賀大封功臣文忠功最授開國輔運推誠宣力武臣特進榮祿大夫右柱國大都督府左都督封曹國公同知軍國事食祿三千石予世券四年秋傅友德等平蜀令文忠往拊循之築成都新城發軍戍諸郡要害乃還明年復以左副將軍由東道北征出居庸趨和林至口溫元人遁進至臚朐河令部將韓政等守輜重而自帥大軍人齎二十日糧疾馳至土剌河元太師蠻子哈剌章悉衆渡河列騎以待文忠引軍薄之敵稍却至阿魯渾河敵來益衆文忠馬中流矢下馬持短兵鬬指揮李榮以所乘馬授文忠而自奪敵馬乘之文忠得馬益殊死戰遂破敵虜獲萬計追奔至稱海敵兵復大集文忠乃斂兵據險椎牛饗士縱所獲馬畜於野敵疑有伏稍稍引去文忠亦引還失故道至桑哥兒麻乏水渴甚禱於天所乘馬跑地泉湧出三軍皆給乃刑牲以祭遂還是役也兩軍勝負相當而宣寧侯曹良臣指揮使周顯常榮張耀俱戰死以故賞不行六年行北平山西邊敗敵於三角村七年遣部將分道出塞至三不剌川俘平章陳安禮至順寧楊門斬眞珠驢至白登禽太尉不花其秋帥師攻大寧高州克之斬宗王朶朶失里禽承旨百家奴追奔至瓆帽山擊斬魯王獲其妃及司徒答海等進師豐州禽元故官十二人馬駝牛羊甚衆窮追至百干兒乃還是後屢出備邊十年命與韓國公李善長議軍國重事十二年洮州十八番族叛與西平侯沐英合兵討平之築城東籠山南川置洮州衞還言西安城中水鹹鹵不可飲請鑿地引龍首渠入城以便汲從之還掌大都督府兼領國子監事文忠器量沉宏人莫測其際臨陣踔厲風發遇大敵益壯頗好學問常師事金華范祖幹胡翰通曉經義爲詩歌雄駿可觀初太祖定應天以軍興不給增民田租文忠請之得減額其釋兵家居恂恂若儒者帝雅愛重之家故多客嘗以客言勸帝少誅僇又諫帝征日本及言宦者過盛非天子不近刑人之義以是積忤旨不免譴責十六年冬遂得疾帝親臨視使淮安侯華中護醫藥明年三月卒年四十六帝疑中毒之貶中爵放其家屬於建昌衞諸醫並妻子皆斬親爲文致祭追封岐陽王謚武靖配享太廟

肖像功臣廟位皆第二父貞前卒贈隴西王謚恭獻文忠三子長景隆次增枝芳英皆帝賜名增枝初授勳衞擢前軍左都督芳英官至中都正留守景隆小字九江讀書通典故長身眉目疎秀顧盼偉然每朝會進止雍容甚都太祖數目屬之十九年襲爵屢出練軍湖廣陝西河南市馬西番進掌左軍都督府事加太子太傅建文帝卽位景隆以肺腑見親任嘗被命執周王橚及燕兵起長興侯耿炳文討燕失利齊泰黃子澄等共薦景隆乃以景隆代炳文爲大將軍將兵五十萬北伐賜通天犀帶帝親爲推輪餞之江滸令一切便宜行事景隆貴公子不知兵惟自尊大諸宿將多怏怏不爲用景隆馳至德州會兵進營河間燕王聞之喜語諸將曰李九江紈綺少年耳易與也遂命世子居守戒勿出戰而自引兵援永平直趨大寧景隆聞之進圍北平都督瞿能攻張掖門垂破景隆忌能功止之及燕師破大寧還軍擊景隆景隆屢大敗奔德州諸軍皆潰明年正月燕王攻大同景隆引軍出紫荆關往救無功而還帝慮景隆權尚輕遣中官齎璽書賜黃鉞弓矢專征伐方渡江風雨舟壞賜物盡失乃更製以賜四月景隆大誓師於德州會武定侯郭英安陸侯吳傑等於眞定合軍六十萬進營白溝河與燕軍連戰復大敗璽書斧鉞皆委棄走德州復走濟南斯役也王師死者數十萬人南軍遂不支帝始詔景隆還黃子澄慟憤執景隆於朝班請誅之以謝天下燕師渡江帝旁皇甚方孝孺復請誅景隆帝皆不問使景隆及尚書茹瑺都督王佐如燕軍割地請和燕兵屯金川門景隆與谷王橞開門迎降燕王卽帝位授景隆奉天輔運推誠宣力武臣特進光祿大夫左柱國增歲祿千石朝廷有大事景隆猶以班首主議諸功臣咸不平永樂二年周王發其建文時至邸受賂事刑部尚書鄭賜等亦劾景隆包藏禍心蓄養亡命謀爲不軌詔勿問已成國公朱能吏部尚書蹇義與文武羣臣廷劾景隆及弟增枝逆謀有狀六科給事中張信等復劾之詔削勳號絕朝請以公歸第奉長公主祀亡何禮部尚書李至剛等復言景隆在家坐受閽人伏謁如君臣禮大不道增枝多立莊田蓄僮僕無慮千百意叵測於是奪景隆爵竝增枝及妻子數十人錮私第沒其財產景隆嘗絕食旬日不死至永樂末乃卒正統十三年始下詔令增枝等啟門第得自便弘治初錄文忠後以景隆曾孫璿爲南京錦衣衞世指揮使卒子濂嗣卒子性嗣嘉靖十一年詔封性爲臨淮侯祿千石踰年卒無子復以濂弟沂紹封卒子庭竹嗣屢典軍府提督操江佩平蠻將軍印鎭湖廣卒子言恭嗣守備南京入督京營累加少保言恭字惟寅好學能詩折節寒素子宗城少以文學知名萬曆中倭犯朝鮮兵部尚書石星主封貢薦宗城才授都督僉事充正使持節往指揮楊方亨副之宗城至朝鮮釜山倭來益衆道路籍籍言且劫二使宗城恐變服逃歸而方亨渡海爲倭所辱宗城下獄論戍以其子邦鎭嗣侯明亡爵絕

鄧愈虹人初名友德太祖爲賜名父順與據臨濠與元兵戰死兄友隆代之復病死衆推愈領軍事愈年甫十六每戰必先登陷陣軍中咸服其勇太祖起滁陽愈自盱眙來歸授管軍總管從渡江克太平破禽陳埜先略定溧陽溧水下集慶取鎭江皆有功進廣興翼元帥出守廣德州破長鎗帥謝國璽於城下俘其總管武世榮獲甲士千人移鎭宣州以其兵取績溪與胡大海克徽州遷行樞密院判官守之苗帥楊完者以十萬衆來攻守禦單弱愈激厲將士與大海合擊破走之進拔休寧婺源獲卒三千徇下高河壘與李文忠胡大海攻建德道遂安破長鎗帥余子貞逐北至淳安又破其援兵遂克建德楊完者來攻破禽其將李副樞降溪洞兵三萬踰月復破完者於烏龍嶺再遷僉行樞密院事署臨安李伯昇來援敗之閑林寨遣使說降饒州守將于光遂移守饒饒濱彭蠡湖與友諒接境數來侵輒擊却之進江南行省參政總制各翼軍馬取浮梁徇樂平餘干建昌皆下友諒撫州守將鄧克明爲吳宏所攻遣使僞降以緩師愈知其情卷甲夜馳二百里比明入其城克明出不意單騎走愈號令嚴肅秋毫不犯遂定撫州克明不得已降會友諒丞相胡廷瑞獻龍興路改洪都府以愈爲江西行省參政守之而命降將祝宗康泰以所部從二人初不欲降及奉命從徐達攻武昌遂反舟次女兒港趨還乘夜破新城門而入愈倉卒聞變以數十騎走數與賊遇從騎死且盡窘甚連易三馬馬輒踣最後得養子馬乘之始得奪撫州門以出奔還應天太祖弗之罪也既而徐達還師復洪都復命愈佐大都督朱文正鎭之其明年友諒衆六十萬入寇樓船高與城等乘漲直抵城下圍數百重愈分守撫州門當要衝友諒親督衆來攻城壞且三十餘丈愈且築且戰敵攻益急晝夜不解甲者三月太祖自將來援圍始解論功與克敵等太祖已平武昌使愈帥兵徇江西未附州縣鄧克明之弟志清據永豐有卒二萬愈擊破之禽其大帥五十餘人從常遇春平沙坑麻嶺諸寨進兵取吉安圍贛州五月乃克之進江西行省右丞時年二十八兵興諸將早貴未有如愈與李文忠者愈爲人簡重愼密不憚危苦將軍嚴善撫降附其徇安福也部卒有虜掠者判官潘樞入謁面責之愈驚起謝趣下令掠民者斬索軍中所得子女盡出之樞因閉置空舍中自坐舍外作糜食之卒有謀乘夜劫取者愈鞭之以徇樞悉護遣還其家民大悅已而遇春克襄陽以愈爲湖廣行省平章鎭其地賜以書曰爾戍襄陽宜謹守法度山寨來歸者兵民悉仍故籍小校以下悉令屯種且耕且戰爾所戍地鄰擴廓若爾愛加於民法行於軍則彼所部皆將慕義來歸如脫虎口就慈母我賴爾如長城爾其勉之愈披荆棘立軍府營屯撫循招徠威惠甚著吳元年建御史臺召爲右御史大夫領臺事洪武元年兼太子諭德大軍經畧中原愈爲征戍將軍帥襄漢兵取南陽以北未附州郡遂克唐州進攻南陽敗元兵於瓦店逐北抵城下遂克之禽史國公等二十六人隨葉舞陽魯山諸州縣相繼降攻下牛心光石洪山諸山寨均房金商之地悉定三年以征虜左副副將軍從大將軍出定西擴廓屯車道峴愈直抵其壘立柵逼之擴廓敗走分兵自臨洮進克河州招諭吐蕃諸酋長宣慰何鎖南等皆納印請降追豫王至西黃河抵黑松林破斬其大將河州以西朶甘烏斯藏諸部悉歸附出甘肅西北數千里而還論功授開國輔運推誠宣力武臣特進榮祿大夫右柱國封衞國公同參軍國事歲祿三千石予世券四年伐蜀命愈赴襄陽練軍馬運糧給軍士五年辰澧諸蠻作亂以愈爲征南將軍江夏侯周德興江陰侯吳良爲副討之愈帥楊璟黃彬出澧州克四十八洞又捕斬房州反者六年以右副將軍從徐達巡西北邊十年吐番川藏爲梗剽貢使愈以征西將軍偕副將軍沐英討之分兵爲三道窮追至崑崙山俘斬萬計獲馬牛羊十餘萬留兵戍諸要害乃還道病至壽春卒年四十一追封寧河王謚武順長子鎭嗣改封申國公以征南副將軍平永新龍泉山寇再出塞有功其妻李善長外孫也善長敗坐姦黨誅弟銘錦衣衞指揮僉事征蠻卒於軍有子源爲鎭後弘治中授源孫炳爲南京錦衣衞世指揮使嘉靖十一年詔封炳子繼坤定遠侯五傳至文明崇禎末死流賊之難

湯和字鼎臣濠人與太祖同里閈幼有奇志嬉戲嘗習騎射部勒羣兒及長身長七尺倜儻多計畧郭子興初起和帥壯士十餘人歸之以功授千戶從太祖攻大洪山克滁州授管軍總管從取和州時諸將多太祖等夷莫肯爲下和長太祖三歲獨奉約束甚謹太祖甚悅之從定太平獲馬三百從擊陳埜先流矢中左股拔矢復鬭卒與諸將破禽埜先別下溧水句容從定集慶從徐達取鎭江進統軍元帥徇奔牛呂城降陳保二取金壇常州以和爲樞密院同僉守之常與吳接境張士誠間諜百出和防禦嚴密敵莫能窺再寇再擊却之俘斬千計進攻無錫大破吳軍於錫山走莫天祐獲其妻子進中書左丞以舟師徇黃楊山敗吳水軍獲千戶四十九人拜平章政事援長興與張士信戰城下城中兵出夾擊大敗之俘卒八千解圍而還討平江西諸山寨永新守將周安叛進擊敗之連破其十七寨圍城三月克之執安以獻還守常州從大軍伐士誠克太湖水寨下吳江州圍平江戰於閶門飛礮傷左臂召還應天創愈復往攻克之論功賜金帛初建御史臺以和爲左御史大夫兼太子諭德尋拜征南將軍與副將軍吳禎帥常州長興江陰諸軍討方國珍渡曹娥江下餘姚上虞取慶元國珍走入海追擊敗之獲其大帥二人海舟二十五艘斬馘無算還定諸屬城遣使招國珍國珍詣軍門降得卒二萬四千海舟四百餘艘浙東悉定遂與副將軍廖永忠伐陳友定自明州由海道乘風抵福州之五虎門駐師南臺使人諭降不應遂圍之敗平章曲出於城下參政袁仁請降遂乘城入分兵徇興化漳泉及福寧諸州縣進拔延平執友定送京師時洪武元年正月也大軍方北伐命造舟明州運糧輸直沽海多颶風輸鎭江而還拜偏將軍從大將軍西征與右副將軍馮勝自懷慶踰太行取澤潞晉絳諸州郡從大將軍拔河中明年渡河入潼關分兵趨涇州使部將招降張良臣既而叛去會大軍圍慶陽執斬之又明年復以右副將軍從大將軍敗擴廓於定西遂定寧夏逐北至察罕腦兒禽猛將虎陳獲馬牛羊十餘萬徇東勝大同宣府皆有功還授開國輔運推誠宣力武臣榮祿大夫柱國封中山侯歲祿千五百石予世券四年拜征西將軍與副將軍廖永忠帥舟師泝江伐夏夏人以兵扼險攻不克江水暴漲駐師大溪口久不進而傅友德已自秦隴深入取漢中永忠先驅破瞿塘關入夔州和乃引軍繼之入重慶降明昇師還友德永忠受上賞而和不及明年從大將軍北伐遇敵於斷頭山戰敗亡一指揮帝不問尋與李善長營中都宮闕鎭北平覽彰德城征察罕腦兒大

捷九年伯顏帖木兒爲邊患以征西將軍防延安伯顏乞和乃還十一年春進封信國公歲祿三千石議軍國事數出中都臨淸北平練軍伍完城郭十四年以左副將軍出塞征乃兒不花破敵灰山營獲平章別里哥樞密使久通而還十八年思州蠻叛以征虜將軍從楚王討平之俘獲四萬禽其酋以歸和沉敏多智數頗有酒過守常州時嘗請事於太祖不得醉出怨言曰吾鎭此城如坐屋脊左顧則左右顧則右太祖聞而銜之平中原師還論功以和征閩時放遣陳友定餘孽八郡復擾師還爲秀蘭山賊所襲失二指揮故不得封公伐蜀還面數其逗撓罪頓首謝乃已其封信國公也猶數其常州時過失鐫之券於時帝春秋寖高天下無事魏國曹國皆前卒意不欲諸將久典兵未有以發也和以間從容言臣犬馬齒長不堪復任驅策願得歸故鄕爲容棺之墟以待骸骨帝大悅立賜鈔治第中都並爲諸公侯治第既而倭寇上海帝患之顧謂和曰卿雖老强爲朕一行和請與方鳴謙俱鳴謙國珍從子也習海事常訪以禦倭策鳴謙曰倭海上來則海上禦之耳請量地遠近置衞所陸聚步兵水具戰艦則倭不得入入亦不得傅岸近海民四丁籍一以爲軍戍守之可無煩客兵也帝以爲然和乃度地浙西東並海設衞所城五十有九選丁壯三萬五千人築之盡發州縣錢及籍罪人貲給役役夫往往過望而民不能無擾浙人頗苦之或謂和曰民讟矣奈何和曰成遠算者不恤近怨任大事者不顧細謹復有讟者齒吾劍踰年而城成稽軍次定考格立賞令浙東民四丁以上者戶取一丁戍之凡得五萬八千七百餘人明年閩中並海城工竣和還報命中都新第亦成和帥妻子陛辭賜黃金三百兩白金二千兩鈔三千錠彩幣四十有副夫人胡氏賜亦稱是並降璽書褒諭諸功臣莫得比焉自是和歲一朝京師二十三年朝正旦感疾失音帝卽日臨視惋嘆久之遣還里疾小間復命其子迎至都俾以安車入內殿宴勞備至賜金帛御膳法酒相屬二十七年病寖篤不能興帝思見之詔以安車入覲手拊摩之與敍里閈故舊及兵興艱難事甚悉和不能對稽首而已帝爲流涕厚賜金帛爲葬費明年八月卒年七十追封東甌王謚襄武和晚年益爲恭愼入聞國論一語不敢外泄媵妾百餘病後悉資遣之所得賞賜多分遺鄕曲見布衣時故交遺老歡如也當時公侯諸宿將坐姦黨先後麗法稀得免者而和獨享壽考以功名終嘉靖間東南苦倭患和所築沿海城戍皆堅緻久且不圮浙人賴以自保多歌思之巡按御史請於朝立廟以祀和五子長子鼎爲前軍都督僉事從征雲南道卒少子醴積功至左軍都督同知征五開卒於軍鼎子晟晟子文瑜皆早世不得嗣英宗時文瑜子傑乞嗣爵竟以歷四十餘年未襲罷之傑無子以弟倫之子紹宗爲後孝宗錄功臣後授紹宗南京錦衣衞世指揮使嘉靖十一年封靈璧侯食祿千石傳子至孫世隆隆慶中協守南京兼領後府改提督漕運歷四十餘年以勞加太子太保進少保卒謚僖敏傳爵至明亡乃絕和曾孫允勤字公讓爲諸生工詩負才使氣巡撫尙書周忱使作啟事卽席具數萬言忱薦之朝少保于謙召詢古今將畧及兵事允勤應對如響累授錦衣千戶偕中書舍人趙榮通問英宗於沙漠脫脫不花問中朝事慷慨酬答不少屈景泰中用尙書胡濙薦署指揮僉事天順中錦衣偵事者摭允勤舊事以聞謫爲民成化初復故官三年擢署都指揮僉事爲延綏東路參將分守孤山堡孤山最當寇衝允勤奏請築城聚糧增兵戍守未報寇大至允勤病力疾上馬陷伏死事聞賻祭如例

沐英字文英定遠人少孤從母避兵母又死太祖與孝慈皇后憐之撫爲子從朱姓年十八授帳前都尉守鎭江稍遷指揮使守廣信已從大軍征福建破分水關畧崇安別破閔溪十八寨縛馮谷保始命復姓移鎭建寧節制邵武延平汀州三衞尋遷大都督府僉事進同知府中機務繁積英年少明敏剖決無滯后數稱其才帝亦器重之洪武九年命乘傳詣關陝抵熙河問民疾苦事有不便更置以聞明年充征西副將軍從衞國公鄧愈討吐番西畧川藏耀兵崑崙功多封開國輔運推誠宣力武臣榮祿大夫柱國西平侯食祿二千五百石予世券明年拜征西將軍討西番敗之土門峽徑洮州獲其長阿昌失納築城東籠山擊禽酋長三副使瘿嗉子等平朶甘納兒七站拓地數千里俘男女二萬雜畜二十餘萬乃班師元國公脫火赤等屯和林數擾邊十三年命英總陝西兵出塞畧亦集乃路渡黃河登賀蘭山涉流沙七日至其境分四翼夜擊之而自以驍騎衝其中堅禽脫火赤及知院愛足等獲其全部以歸明年又從大將軍北征異道出塞畧公主山長寨克全寧四部度臚朐河執知院李宣盡俘其衆尋拜征南右副將軍同永昌侯藍玉從將軍傅友德取雲南元梁王遣平章達里麻以兵十餘萬拒於曲靖英乘霧趨白石江霧霽兩軍相望達里麻大驚友德欲渡江英曰我兵罷懼爲所扼乃帥諸軍嚴陳若將渡者而奇兵從下流濟出其陳後張疑幟山谷間人吹一銅角元兵驚擾英急麾軍渡江以善泅者先之長刀斫其軍軍却師畢濟鏖戰良久復縱鐵騎遂大敗之生禽達里麻僵屍十餘里長驅入雲南梁王走死右丞觀音保以城降屬郡皆下獨大理倚點蒼山洱海扼龍首龍尾二關關故南詔築土酋段世守之英自將抵下關遣王弼由洱水東趨上關胡海由石門間道渡河扳點蒼山而上立旗幟英亂流斬關進山上軍亦馳下夾擊禽段世遂拔大理分兵收未附諸蠻設官立衞守之回軍與友德會滇池分道平烏撒東川建昌芒部諸蠻立烏撒畢節二衞土酋楊苴等復煽諸蠻二十餘萬圍雲南城英馳救蠻潰竄山谷中分兵捕滅之斬級六萬明年詔友德及玉班師而留英鎭滇中十七年曲靖亦佐酋作亂討降之因定普定廣南諸蠻通田州糧道二十年平浪穹蠻奉詔自永寧至大理六十里設一堡留軍屯田明年百夷思倫發叛誘羣蠻入寇摩沙勒寨遣都督甯正擊破之二十二年思倫發復寇定邊衆號三十萬英選騎三萬馳救置火礮勁弩爲三行蠻毆百象被甲荷欄楯左右挾大竹爲筒筒置標鎗銳甚英分軍爲三都督馮誠將前軍甯正將左都指揮同知湯昭將右將戰令曰今日之事有進無退因乘風大呼礮弩並發象皆反走昔剌亦者寇梟將也殊死鬬左軍小却英登高望之取佩刀命左右斬帥首來左帥見一人握刀馳下恐奮呼突陣大軍乘之斬馘四萬餘人生獲三十七象餘象盡殪賊渠帥各被百餘矢伏象背以死思倫發遁去諸蠻震慴麓川始不復梗已會穎國公傅友德討平東川蠻又平越州酋阿資及廣西阿赤部是年冬入朝賜宴奉天殿賚黃金二百兩白金五千兩鈔五百錠綵幣百疋遣還陛辭帝親拊之曰使我高枕無南顧憂者汝英也還鎭再敗百夷於景東思倫發乞降貢方物阿資又叛擊降之南中悉定使使以兵威諭降諸番番部有重譯入貢者二十五年六月聞皇太子薨哭極哀初高皇后崩英哭至嘔血至是感疾卒於鎭年四十八軍民巷哭遠夷皆爲流涕歸葬京師追封黔寧王謚昭靖侑享太廟英沉毅寡言笑好賢禮士撫卒伍有恩未嘗妄殺在滇百務具舉簡守令課農桑歲較屯田增損以爲賞罰墾田至百萬餘畝滇池隘洩而廣之無復水患通鹽井之利以來商旅辨方物以定貢稅視民數以均力役疏節濶目民以便安居常讀書不釋卷暇則延諸儒生講說經史太祖初起時數養他姓爲子攻下郡邑輒遣之出守多至二十餘人惟英在西南勳最大子春晟昂皆鎭雲南昕駙馬都尉尙成祖女常寧公主春字景春材武有父風年十七從英征西番又從征雲南從平江西寇皆先登積功授後軍都督府僉事羣臣請試職帝曰兒我家人勿試也遂予實授嘗命錄烈山囚又命鞫叛黨於蔚州所開釋各數百人英卒命嗣爵鎭雲南洪武二十六年維摩十一寨亂遣瞿能討平之明年平越巂蠻立瀾滄衞其冬阿資復叛與何福討之春曰此賊積年逋誅者以與諸土酋姻婭輾轉亡匿今悉發諸酋從軍縻繫之而多設營堡制其出入授首必矣遂趨越州分道逼其城伏精兵道左以羸卒誘賊縱擊大敗之阿資亡山谷中春陰結旁近土官詗知所在樹壘斷其糧道賊困甚已出不意擣其巢遂禽阿資並誅其黨二百四十人越州遂平廣南酋儂貞佑糾黨蠻拒官軍破禽之俘斬千計寧遠酋刀拜爛依交阯不順命遣何福討降之三十年麓川宣慰使思倫發爲其屬刀幹孟所逐來奔春挾與俱朝受上方畧遂拜春爲征虜前將軍帥何福徐凱討之先以兵送思倫發於金齒檄幹孟來迎不應乃選卒五千令福與瞿能將踰高良公山直擣南甸大破之斬其酋刀名孟回軍擊景罕寨賊乘高堅守官軍糧且盡福告急春帥五百騎救之夜渡怒江旦抵寨下令騎騁揚塵蔽天賊大驚潰乘勝擊崆峒寨亦潰前後降者七萬人將士欲屠之春不可幹孟乞降帝不許命春總滇黔蜀兵攻之未發而春卒年三十六謚惠襄春在鎭七年大修屯政闢田三十餘萬畝鑿鐵池河灌宜良涸田數萬畝民復業者五千餘戶爲立祠祀之無子弟晟嗣晟字景茂少凝重寡言笑喜讀書太祖愛之歷官後軍左都督建文元年嗣侯比就鎭而何福已破禽刀幹孟歸思倫發亡何思倫發死諸蠻分據其地晟討平之以其地爲三府二州五長官司又於怒江西置屯衞千戶所戍之麓川遂定初岷王封雲南不法爲建文帝所囚成祖卽位遣歸藩益驕恣晟稍持之王怒譖晟帝以王故詔誡晟貽書岷王稱其父功毋督過永樂三年八百大甸寇邊遏貢使晟會車里木邦討定之明年大發兵討交阯拜晟征夷左副將軍與大將軍張輔異道自雲南入遂由蒙自徑野蒲斬木通道奪猛烈栅華諸關隘舁舟夜出洮水渡富良江與輔會師共破多邦城擣其東西二都盪諸巢禽僞王黎季犛語在輔傳論功封黔國公

歲祿三千石，予世券。交阯簡定復叛，命晟佩征夷將軍印討之，戰生厥江，敗績。輔再出師，師合討，禽定送京師。輔還，晟留捕陳季擴，連戰不能下。輔復出帥師會晟，窮追至占城，獲季擴，乃班師。晟亦受上賞。十七年，富州蠻叛，晟引兵臨之，弗攻，使人譬曉，竟下之。仁宗立，加太傅，鑄征南將軍印給之，沐氏繼鎮者輒予印，以爲常。宣德元年，交阯黎利勢熾，詔晟會安遠侯柳升進討。升敗死，晟亦退兵。羣臣交劾晟，帝封其章示之。正統三年，麓川思任發反，晟抵金齒，與弟昂及都督方政會兵。政爲前鋒，破賊沿江諸寨，大軍遂北至高黎共山下，再破之。明年復破其舊寨，政中伏死，官軍敗績。晟引還，慚懼發病，至楚雄卒。贈定遠王，謚忠敬。晟席父兄業，用兵非所長，戰數不利，朝廷以其絕遠，且世將，寬假之。而滇人懾晟父子威信，莊事如朝廷，片楮下土酋，具威儀出郭迎，盥而後啟，曰：「此令旨也。」晟久鎮，置田園三百六十區，資財充牣，善事朝貴，賂遺不絕，以故得中外聲。晟有子斌，字文輝，幼嗣公爵，居京師，而以昂代鎮。昂字景高，初爲府軍左衞指揮僉事。成祖將使晟南討，乃擢昂都指揮同知，領雲南都司，累遷至右都督。正統四年佩將印討麓川，抵金齒，畏賊盛，遷延者久之。參將張榮前驅至芒部，敗，昂不救，引還，貶秩二級。已，思任發入寇，擊却之。又捕斬師宗反者。六年，兵部尚書王驥、定西伯蔣貴將大軍討思任發，昂主餽運。賊破，復昂職，命督軍捕思任發，不能得。十年，昂卒，贈定邊伯，謚武襄。斌始之鎮，會緬甸執思任發送京師，其子思機發來襲，斌擊却之。思機發復據孟養。十三年，復大發兵，使驥等討之，而斌爲後拒，督餉無乏。卒，贈太傅，謚榮康。子琮幼。景泰初，命昂孫璘以都督同知代鎮。璘字廷章，素儒雅，滇人易之，既而號令肅然不可犯。天順初卒。琮猶幼，擢璘弟錦衣副千戶瓚爲都督同知往代。居七年，先後討平㱔祿諸寨及土官之搆兵者，降思卜發，勒還諸蠻侵地，功多，然頗黷貨。成化三年春，琮始之鎮，而以瓚爲副總兵，移鎮金齒。琮字廷芳，通經義，能詞章，屬夷餽贄無所受。尋甸酋殺兄子求爲守，琮捕誅之。廣西土官虐所部爲亂，琮請更設流官，民大便。以次討平馬龍、麗江、劍川、順寧、羅雄諸叛蠻，捕禽橋甸、南窩反者。卒，贈太師，謚武僖。無子，以瓚孫崑嗣。崑字元中，初襲錦衣指揮僉事，琮撫爲子。朝議以崑西平侯裔孫，當嗣侯，而守臣爭之，謂滇人知黔國公，不知西平侯也，侯之恐爲所輕。孝宗以爲然，令嗣公，佩印如故。弘治十二年平龜山竹箐諸蠻，又平普安賊，再益歲祿。正德二年，師宗民阿本作亂，與都御史吳文度督兵分三道進，一出師宗，一出羅雄，一出彌勒，而別遣一軍伏盤江，截賊巢，遂大破之。七年，安南長官司那代爭襲，殺土官，復與都御史顧源討禽之。再加太子太傅。崑初喜文學，自矜厲，其後通路權近，所請無不得，寖驕恣，三司使從角門入。諸言官論劾者，輒得罪去。卒，贈太師，謚莊襄。子紹勛嗣。尋甸土舍安銓叛，都御史傅習討之，敗績。武定土舍鳳朝文亦叛，與銓連兵攻雲南，大擾。世宗遣尚書伍文定將大軍征之。未至，而紹勛督所部先進，告土官子弟當襲者，先予冠帶，破賊後當爲請。衆多奮戰，賊大敗。朝文絕普渡河走，追斬之東川。銓還尋甸，列砦數十，官軍攻破之，禽銓於芒部，先後禽賊黨千餘人，俘斬無算。時嘉靖七年也。捷聞，加太子太傅，益歲祿。而是時老撾、木邦、孟養、緬甸、孟密相仇殺，師宗、納樓、思陀、八寨皆亂，久不解。紹勛使使者徧歷諸蠻，諷以武定、尋甸事，皆懾伏，願還侵地，而木邦、孟養俱貢方物謝罪，南中悉定。紹勛有勇畧，用兵輒勝。卒，贈太師，謚敏靖。子朝輔嗣。都御史劉渠索賂，朝輔與之，因上章言：「臣家世守茲土，上下相承。今有司紛更典制，關臣職守，率不與聞，接見不循故例。臣疎遠孤危，動作掣肘，無以彈壓蠻方。乞申敕諸臣，悉如其舊。」詔許之。給事中萬虞愷劾朝輔，並論渠。詔罷渠，而令朝輔治事如故。卒，贈太保，謚恭僖。二子融、鞏皆幼，詔視琮、璘故事，令融嗣公，給半祿，而授朝輔弟朝弼都督僉事，佩印代鎮。居三年，融卒，鞏當嗣，朝弼心害之。於是朝弼嫡母李請護鞏居京師，待其長而還鎮。報可。鞏未至京卒，朝弼遂得嗣。嘉靖三十年，元江土舍那鑑叛，詔朝弼與都御史石簡討之，分五軍薄其城。城垂拔，以瘴發引還。詔罷簡，將再出師，鑑懼，仰藥死，乃已。四十四年，討禽叛蠻阿方、李向陽。隆慶初，平武定叛酋鳳繼祖，破賊巢三十餘。朝弼素驕，事母嫂不如禮，奪兄田宅，匿罪人蔣旭等，用調兵火符遣人詗京師，乃罷。朝弼以其子昌祚嗣，給半祿。朝弼怏怏，益放縱。葬母至南京，都御史請留之，詔許還滇，毋得預滇事。朝弼恚，欲殺昌祚。撫按交章言狀，並發其殺人通番諸不法事，逮繫詔獄，論死，援功錮之南京，卒。昌祚初以都督僉事總兵官鎮守，久之嗣公爵。萬曆元年，姚安蠻羅思等叛，殺郡守，昌祚與都御史鄒應龍發土漢兵討之，破向寧、鮓摩等十餘寨，犁其巢，盡得思等。十一年，隴川賊岳鳳叛附緬甸，挾其兵侵旁近土司。昌祚壁洱海，督禪將鄧子龍、劉綎等斬木邦叛酋罕虔，以暑瘴退師。明年，復攻罕虔故巢，三道並入，禽其酋罕招等，又破緬兵於猛臉，岳鳳降。論功，加太子太保，悉食故祿。復以次平羅雄諸叛蠻，再賜銀幣。緬兵攻猛廣，昌祚會師壁永昌，緬人遁，追擊至那莫江，瘴作而還。二十一年，緬人復入寇，昌祚逐之，連戰俱捷，遂傳於緬。會羣蠻內亂，乃還。沐氏在滇久，威權日盛，尊重擬親王。昌祚出，僉事楊寅秋不避道，昌祚笞其輿人。寅秋訴於朝，下詔切責。已，以病命子叡代鎮。武定土酋阿克叛，攻會城，脅府印去，叡被逮下獄。昌祚復理鎮事，卒。孫啟元嗣，卒。子天波嗣。十餘年而土司沙定洲作亂，天波奔永昌。亂定，復歸於滇。永明王由榔入滇，天波任職如故。已，從奔緬甸。緬人欲劫之，不屈死。初，沙定洲之亂，天波母陳氏、妻焦氏自焚死。後天波奔緬，妾夏氏不及從，自縊死。踰數十日收葬，支體不壞，人以爲節義所感焉。

贊曰：明興，諸將以六王爲稱首，非獨功茂，亦由其忠誠有以契主知焉。親莫如岐陽，舊莫如東甌，而寧河、黔寧皆以英年膺腹心之寄，汗馬勞純，勤不二，旂常炳燿，洵無愧矣。岐陽敦詩說禮，以儒雅見重。東甌乞身歸第，以明哲自全，皆卓然非人所能及。獨黔寧威震遐荒，剖符弈世，勳名與明相始終。而寧河盡瘁馳驅，功高齡促，後嗣亦少所表見。論者謂諸王之遺澤，隆替有殊，然而中山有增壽，與岐陽之有景隆，追溯先烈，不無遺憾。榮遇之弗齊，亦安見其有幸有不幸哉。

明史卷一百二十七　列傳第十五

總裁官總理事務經筵講官少保兼太子太保保和殿大學士兼管吏部戶部尚書事加六級張廷玉等奉
敕修

李善長　汪廣洋

李善長，字百室，定遠人。少讀書，有智計，習法家言，策事多中。太祖畧地滁陽，善長迎謁。知其爲里中長者，禮之，留掌書記。嘗從容問曰：「四方戰鬬，何時定乎？」對曰：「秦亂，漢高起布衣，豁達大度，知人善任，不嗜殺人，五載成帝業。今元綱既紊，天下土崩瓦解。公濠產，距沛不遠。山川王氣，公當受之。法其所爲，天下不足定也。」太祖稱善。從下滁州，爲參謀，預機畫，主饋餉，甚見親信。太祖威名日盛，諸將來歸者，善長察其材，言之太祖。復爲太祖布欵誠，使皆得自安。有以事力相齟齬者，委曲爲調護。郭子興中流言，疑太祖，稍奪其兵柄。又欲奪善長自輔，善長固謝弗往。太祖深倚之。太祖軍和陽，自將擊雞籠山寨，少留兵佐善長居守。元將謀知，來襲，設伏敗之，太祖以爲能。太祖得巢湖水師，善長力贊渡江。既拔采石，趨太平，善長預書榜禁戢士卒。城下，即揭之通衢，肅然無敢犯者。太祖爲太平興國翼大元帥，以爲帥府都事。從克集慶。將取鎮江，太祖慮諸將不戢下，乃佯怒欲置諸法，善長力救得解。鎮江下，民不知有兵。太祖爲江南行中書省平章，以爲參議。時宋思顏、李夢庚、郭景祥等俱爲省僚，而軍機進退，賞罰章程，多決於善長。改樞密院爲大都督府，命兼領府司馬，進行省參知政事。太祖爲吳王，拜右相國。善長明習故事，裁決如流，又嫻於辭命。太祖有所招納，輒令爲書。前後自將征討，皆命居守，將吏帖服，居民安堵，轉調兵餉無乏。嘗請榷兩淮鹽，立茶法，皆斟酌元制，去其弊政。既復制錢法，開鐵冶，定魚稅，國用益饒，而民不困。吳元年九月，論平吳功，封善長宣國公。改官制，尚左，以爲左相國。太祖初渡江，頗用重典，一日謂善長：「法有連坐三條，不已甚乎？」善長因請自大逆而外皆除之，遂命與中丞劉基等裁定律令，頒示中外。太祖即帝位，追帝祖考及冊立后妃、太子、諸王，皆以善長充大禮使。置東宮官屬，以善長兼太子少師，授銀青榮祿大夫、上柱國、錄軍國重事，餘如故。已，帥禮官定郊社宗廟禮。帝幸汴梁，善長留守，一切聽便宜行事。尋奏定六部官制，議官民喪服及朝賀東宮儀。奉命監修元史，編祖訓錄、大明集禮諸書。定天下嶽瀆神祇封號，封建諸王，爵賞功臣，事無巨細，悉委善長與諸儒臣謀議行之。洪武三年大封功臣。帝謂善長雖無汗馬勞，然事朕久，給軍食，功甚大，宜進封大國。乃授開國輔運推誠守正文臣、特進光祿大夫、左柱國、太師、中書左丞相，封韓國公，歲祿四千石，子孫世襲。予鐵券，免二死，子免一死。時封公者，徐達、常遇春子茂、李文忠、馮勝、鄧愈及善長六人。而善長位第一，制詞比之蕭何，褒稱甚至。善長外寬和，內多忮刻。參議李飲冰、楊希聖稍侵善長權，即按其罪奏黜之。與中丞劉基爭法而詬，基不自安，請告歸。太祖所任張昶、楊憲、汪廣洋、胡惟庸皆獲罪，善長事寄如故。貴富極意，稍驕，帝始微厭之。四年以疾致仕，賜臨濠地若干頃，置守塚戶百五十，給佃戶千五百家，儀仗士二十家踰年病愈命董建臨濠宮殿徙江南富民十四萬田濠州以善長經理之留濠者數年七年擢善長弟存義爲太僕丞存義子伸佑皆爲羣牧所官九年以臨安公主歸其子祺拜駙馬都尉初定婚禮公主修婦道甚肅光寵赫奕時人豔之祺尚主後一月御史大夫汪廣洋陳寧疏言善長狎寵自恣陛下病不視朝幾及旬不問候駙馬都尉祺六日不朝宣至殿前又不引罪大不敬坐削歲祿千八百石尋命與曹國公李文忠總中書省大都督府御史臺同議軍國大事督圜丘工丞相胡惟庸初爲寧國知縣以善長薦擢太常少卿後爲丞相因相往來而善長弟存義子佑惟庸從女壻也十三年惟庸謀反伏誅坐黨死者甚衆善長如故御史臺缺中丞以善長理臺事數有所建白十八年有人告存義父子實惟庸黨者詔免死安置崇明善長不謝帝銜之又五年善長年已七十有七耄不檢下嘗欲營第從信國公湯和假衞卒三百人和密以聞四月京民坐罪應徙邊者善長數請免其私親丁斌等帝怒按斌斌故給事惟庸家因言存義等往時交通惟庸狀命逮存義父子鞫之詞連善長云惟庸有反謀使存義陰說善長善長驚叱曰爾言何爲者審爾九族皆滅已又使善長故人楊文裕說之云事成當以淮西地封爲王善長驚不許然頗心動惟庸乃自往說善長猶不許居久之惟庸復遣存義進說善長歎曰吾老矣吾死汝等自爲之或又告善長云將軍藍玉出塞至捕魚兒海獲惟庸通沙漠使者封績善長匿不以聞於是御史交章劾善長而善長奴盧仲謙等亦告善長與惟庸通賂遺交私語獄具謂善長元勳國戚知逆謀不發舉狐疑觀望懷兩端大逆不道會有言星變其占當移大臣遂并其妻女弟姪家口七十餘人誅之而吉安侯陸仲亨延安侯唐勝宗平涼侯費聚南雄侯趙庸榮陽侯鄭遇春宜春侯黃彬河南侯陸聚等皆同時坐惟庸黨死而已故營陽侯楊璟濟寧侯顧時等追坐者又若干人帝手詔條列其罪傅著獄辭爲昭示姦黨三錄布告天下善長子祺與主徙江浦久之卒祺子芳茂以公主恩得不坐芳爲留守中衞指揮茂爲旗手衞鎮撫罷世襲善長死之明年虞部郎中王國用上言善長與陛下同心出萬死以取天下勳臣第一生封公死封王男尚公主親戚拜官人臣之分極矣藉令欲自圖不軌尚未可知而今謂其欲佐胡惟庸者則大謬不然人情愛其子必甚於兄弟之子安享萬全之富貴者必不僥倖萬一之富貴善長與惟庸猶子之親耳於陛下則親子女也使善長佐惟庸成不過勳臣第一而已矣太師國公封王而已矣尚主納妃而已矣寧復有加於今日且善長豈不知天下之不可倖取當元之季欲爲此者何限莫不身爲齏粉覆宗絕祀能保首領者幾何人哉善長胡乃身見之而以衰倦之年身蹈之也凡爲此者必有深讎激變大不得已父子之間或至相挾以求脫禍今善長之子祺備陛下骨肉親無纖芥嫌何苦而忽爲此若謂天象告變大臣當災殺之以應天象則尤不可臣恐天下聞之謂功如善長且如此四方因之解體也今善長已死言之無益所願陛下作戒將來耳太祖得書竟亦不罪也

汪廣洋字朝宗高郵人流寓太平太祖渡江召爲元帥府令史江南行省提控置正軍都諫司擢諫官遷行省都事累進中書右司郎中尋知驍騎衞事參常遇春軍務下贛州遂居守拜江西參政洪武元年山東平以廣洋廉明持重命理行省撫納新附民甚安之是年召入爲中書省參政明年出參政陝西三年李善長病中書無官召廣洋爲右丞時左丞楊憲專決事廣洋依違之猶爲所忌嗾御史劾廣洋奉母無狀帝切責放還鄉憲再奏徙海南憲誅召還其冬封忠勤伯食祿三百六十石誥詞稱其剸繁治劇屢獻忠謀比之子房孔明及善長以病去位遂以廣洋爲右丞相參政胡惟庸爲左丞廣洋無所建白久之左遷廣東行省參政而帝心終善廣洋復召爲左御史大夫十年復拜右丞相廣洋頗耽酒與惟庸同相浮沉守位而已帝數誡諭之十二年十二月中丞涂節言劉基爲惟庸毒死廣洋宜知狀帝問之對曰無有帝怒責廣洋朋欺貶廣南舟次太平帝追怒其在江西曲庇文正在中書不發楊憲姦賜敕誅之廣洋少師余闕淹通經史善篆隸工爲歌詩爲人寬和自守與姦人同位而不能去故及於禍

贊曰明初設中書省置左右丞相竟領樞要率以勳臣領其事然徐達李文忠等數受命征討未嘗專理省事其從容丞弼之任者李善長汪廣洋胡惟庸三人而已惟庸敗後丞相之官遂廢不設故終明之世惟善長廣洋得稱丞相獨惜善長以布衣徒步能擇主於草昧之初委身勠力贊成鴻業遂得剖符開國列爵上公乃至富極貴溢於衰暮之年自取覆滅廣洋謹厚自守亦不能發姦遠禍俱致重譴不亦大負爰立之初心而有愧置諸左右之職業也夫

明史卷一百二十八　列傳第十六

總裁官總理事務經筵講官少保兼太子太保保和殿大學士兼管吏部戶部尚書事加六級張廷玉等奉敕修

劉基 子璉 璟　宋濂
葉琛　章溢 子存道

劉基字伯溫青田人曾祖濠仕宋爲翰林掌書宋亡邑子林融倡義旅事敗元遣使簿錄其黨多連染使道宿濠家濠醉使者而焚其廬籍悉毀使者計無所出乃爲更其籍連染者皆得免基幼穎異其師鄭復初謂其父爚曰君祖德厚此子必大君之門矣元至順間舉進士除高安丞有廉直聲行省辟之謝去起爲江浙儒學副提舉論御史失職爲臺臣所阻再投劾歸基博通經史於書無不窺尤精象緯之學西蜀趙天澤論江左人物首稱基以爲諸葛孔明儔也方國珍起海上掠郡縣有司不能制行省復辟基爲元帥府都事基議築慶元諸城以逼賊國珍氣沮及左丞帖里帖木兒招諭國珍基言方氏兄弟首亂不誅無以懲後國珍懼厚賂基基不受國珍乃使人浮海至京賄用事者遂詔撫國珍授以官而責基擅威福羈管紹興方氏遂愈橫亡何山寇蜂起行省復辟基勦捕與行院判石抹宜孫守處州經畧使李國鳳上其功執政以方氏故抑之授總管府判不與兵事基遂棄官還青田著郁離子以見志時避方氏者爭依基基稍爲部署寇不敢犯及太祖下金華定括蒼聞基及宋濂等名以幣聘基未應總制孫炎再致書固邀之基始出既至陳時務十八策太祖大喜築禮賢館以處基等寵禮甚至初太祖以韓林兒稱宋後遙奉之歲首中書省設御座行禮基獨不拜曰牧豎耳奉之何爲因見太祖陳天命所在太祖問征取計基曰士誠自守虜不足慮友諒劫主脅下名號不正地據上流其心無日忘我宜先圖之陳氏滅張氏勢孤一舉可定然後北向中原王業可成也太祖大悅曰先生有至計勿惜盡言會陳友諒陷太平謀東下勢張甚諸將或議降或議奔據鍾山基張目不言太祖召入內基奮曰主降及奔者可斬也太祖曰先生計安出基曰賊驕矣待其深入伏兵邀取之易耳天道後舉者勝取威制敵以成王業在此舉矣太祖用其策誘友諒至大破之以克敵賞賞基基辭友諒兵復陷安慶太祖欲自將討之以問基基力贊遂出師攻安慶自旦及暮不下基請逕趨江州擣友諒巢穴遂悉軍西上友諒出不意帥妻子奔武昌江州降其龍興守將胡美遣子通欵請勿散其部曲太祖有難色基從後躡胡牀太祖悟許之美降江西諸郡皆下基喪母值兵事未敢言至是請還葬會苗軍反殺金處守將胡大海耿再成等浙東搖動基至衢爲守將夏毅諭安諸屬邑復與平章邵榮等謀復處州亂遂定國珍素畏基致書唁基答書宣示太祖威德國珍遂入貢太祖數以書卽家訪軍國事基條答悉中機宜尋赴京太祖方親援安豐基曰漢吳伺隙未可動也不聽友諒聞之乘間圍洪都太祖曰不聽君言幾失計遂自將救洪都與友諒大戰鄱陽湖一日數十接太祖坐胡牀督戰基侍側忽躍起大呼趣太祖更舟太祖倉卒徙別舸坐未定飛礮擊舊所御舟立碎友諒乘高見之大喜而太祖舟更進漢軍皆失色時湖中相持三日未決基請移軍湖口扼之以金木相犯日決勝友諒走死其後太祖取士誠北伐中原遂成帝業畧如基謀吳元年以基爲太史令上戊申大統曆熒惑守心請下詔罪己大旱請決滯獄卽命基平反雨隨注因請立法定制以止濫殺太祖方欲刑人基請其故太祖語之以夢基曰此得土得衆之象宜停刑以待後三日海寧降太祖喜悉以囚付基縱之尋拜御史中丞兼太史令太祖卽皇帝位基奏立軍衞法初定處州稅糧視宋制畝加五合惟青田命毋加曰令伯溫鄉里世世爲美談也帝幸汴梁基與左丞相善長居守基謂宋元寬縱失天下今宜肅紀綱令御史糾劾無所避宿衞宦侍有過者皆啟皇太子寘之法人憚其嚴中書省都事李彬坐貪縱抵罪善長素暱之請緩其獄基不聽馳奏報可方祈雨卽斬之由是與善長忤帝歸愬基僇人壇壝下不敬諸怨基者亦交譖之會以旱求言基奏士卒物故者其妻悉處別營凡數萬人陰氣鬱結工匠死胔骸暴露吳將吏降者皆編軍戶足干和氣帝納其言旬日仍不雨帝怒會基有妻喪遂請告歸時帝方營中都又銳意滅擴廓基瀕行奏曰鳳陽雖帝鄉非建都地王保保未可輕也已而定西失利擴廓竟走沙漠迄爲邊患其冬帝手詔敘基勳伐召赴京賜賚甚厚追贈基祖父皆永嘉郡公累欲進基爵基固辭不受初太祖以事責丞相李善長基言善長勳舊能調和諸將太祖曰是數欲害君君乃爲之地耶吾行相君矣基頓首曰是如易柱須得大木若束小木爲之且立覆及善長罷帝欲相楊憲憲素善基基力言不可曰憲有相才無相器夫宰相者持心如水以義理爲權衡而己無與者也憲則不然帝問汪廣洋曰此褊淺殆甚於憲又問胡惟庸曰譬之駕懼其僨轅

也帝曰吾之相誠無逾先生基曰臣疾惡太甚又不耐繁劇爲之且孤上恩天下何患無才惟明主悉心求之目前諸人誠未見其可也後憲廣洋惟庸皆敗三年授弘文館學士十一月大封功臣授基開國翊運守正文臣資善大夫上護軍封誠意伯祿二百四十石明年賜歸老於鄉帝嘗手書問天象基條荅甚悉而焚其草大要言霜雪之後必有陽春今國威已立宜少濟以寬大基佐定天下料事如神性剛嫉惡與物多忤至是還隱山中惟飲酒奕棋口不言功邑令求見不得微服爲野人謁基基方濯足令從子引入茆舍炊黍飯令令告曰某靑田知縣也基驚起稱民謝去終不復見其韜跡如此然究爲惟庸所中初基言甌括間有隙地曰談洋南抵閩界爲鹽盜藪方氏所由亂請設巡檢司守之奸民弗便也會茗洋逃軍反吏匿不以聞基令長子璉奏其事不先白中書省胡惟庸方以左丞掌省事挾前憾使吏訐基謂談洋地有王氣基圖爲墓民弗與則請立巡檢逐民帝雖不罪基然頗爲所動遂奪基祿基懼入謝乃留京不敢歸未幾惟庸相基大慼曰使吾言不驗蒼生福也憂憤疾作八年三月帝親製文賜之遣使護歸抵家疾篤以天文書授子璉曰亟上之毋令後人習也又謂次子璟曰夫爲政寬猛如循環當今之務在修德省刑祈天永命諸形勝要害之地宜與京師聲勢連絡我欲爲遺表惟庸在無益也惟庸敗後上必思我有所問以是密奏之居一月而卒年六十五基在京病時惟庸以醫來飲其藥有物積腹中如拳石其後中丞涂節首惟庸逆謀并謂其毒基致死云基虬髯貌修偉慷慨有大節論天下安危義形於色帝察其至誠任以心膂每召基輒屏人密語移時基亦自謂不世遇知無不言遇急難勇氣奮發計畫立定人莫能測暇則敷陳王道帝每恭己以聽常呼爲老先生而不名曰吾子房也又曰數以孔子之言導予顧帷幄語秘莫能詳而世所傳爲神奇多陰陽風角之說非其至也所爲文章氣昌而奇與宋濂並爲一代之宗所著有覆瓿集犂眉公集傳於世子璉璟璉字孟藻有文行洪武十年授考功監丞試監察御史出爲江西參政太祖常欲大用之爲惟庸黨所脅墮井死璉子廌字士端洪武二十四年三月嗣伯食祿五百石初基爵止及身至是帝追念基功又憫基父子皆爲惟庸所厄命增其祿予世襲明年坐事貶秩歸里洪武末坐事戍甘肅尋赦還建文帝及成祖皆欲用之以奉親守墓力辭永樂間卒子法停襲景泰三年命錄基後授法曾孫祿世襲五經博士弘治十三年以給事中吳士偉言乃命祿孫瑜爲處州衛指揮使正德九年加贈基太師謚文成嘉靖十年刑部郎中李瑜言基宜侑享高廟封世爵如中山王達下廷臣議僉言高帝收攬賢豪一時佐命功臣並軌宣猷而帷幄奇謀中原大計往往屬基故在軍有子房之稱剖符發諸葛之喻基亡之後孫廌實嗣太祖召諭再三鐵券丹書誓言世祿廌嗣未幾旋即隕世穮圭裳於末裔委帶礪於空言或謂後嗣孤貧弗克負荷或謂長陵紹統遂至猜嫌雖一辱泥塗傳聞多謬而載書盟府績效具存昔武王興滅天下歸心成季無後君子所歎基宜侑享太廟其九世孫瑜宜嗣伯爵與世襲制曰可瑜卒孫世延嗣嘉靖末南京振武營兵變世延掌右軍都督府事撫定之數上封事不報忿而恣橫萬曆三十四年坐罪論死卒適孫萊臣年幼庶兄藎臣借襲藎臣卒萊臣當襲藎臣子孔昭復據之崇禎時出督南京操江福王之立與馬士英阮大鋮比後航海不知所終璟字仲璟基次子弱冠通諸經太祖念基每歲召璟同章溢子允載葉琛子永道胡深子伯機入見便殿燕語如家人洪武二十三年命襲父爵璟言有長兄子廌在帝大喜命廌襲封以璟爲閤門使且諭之曰考宋制閤門使卽儀禮司朕欲汝日夕左右以宣達爲職不特禮儀也帝臨朝出侍班百官奏事有闕遺者隨時糾正都御史袁泰奏車牛事失實帝宥之泰忘引謝璟糾之服罪帝因諭璟凡似此者卽面糾朕雖不之罪要令知朝廷綱紀已復令同法司錄獄囚寃滯谷王就封擢爲左長史璟論說英偉喜談兵初溫州賊葉丁香叛延安侯唐勝宗討之決策於璟破賊還稱璟才畧帝喜曰璟眞伯溫兒矣嘗與成祖弈成祖曰卿不少讓耶璟正色曰可讓處則讓不可讓者不敢讓也成祖默然靖難兵起璟隨谷王歸京師獻十六策不聽令參李景隆軍事景隆敗璟夜渡盧溝河冰裂馬陷冒雪行三十里子貊自大同赴難遇之良鄕與俱歸上閱見錄不省遂歸里成祖卽位召璟稱疾不至逮入京猶稱殿下且云殿下百世後逃不得一篡字下獄自經死法官希旨緣坐其家成祖以基故不許宣德二年授貊刑部照磨

宋濂字景濂其先金華之潛溪人至濂乃遷浦江幼英敏强記就學於聞人夢吉通五經復往從吳萊學已遊柳貫黃溍之門兩人皆亟遜濂自謂弗如元至正中薦授翰林編修以親老辭不行入龍門山著書踰十餘年太祖取婺州召見濂時已改寧越府命知府王顯宗開郡學因以濂及葉儀爲五經師明年三月以李善長薦與劉基章溢葉琛並徵至應天除江南儒學提舉命授太子經尋改起居注濂長基一歲皆起東南負重名基雄邁有奇氣而濂自命儒者基佐軍中謀議濂亦首用文學受知恒侍左右備顧問嘗召講春秋左氏傳濂進曰春秋乃孔子褒善貶惡之書苟能遵行則賞罰適中天下可定也太祖御端門口釋黃石公三畧濂曰尚書二典三謨帝王大經大法畢具願留意講明之已論賞賚復曰得天下以人心爲本人心不固雖金帛充牣將焉用之太祖悉稱善乙巳三月乞歸省太祖與太子並加勞賜濂上箋謝并奉書太子勉以孝友敬恭進德修業太祖覽書大悅召太子爲語書意賜札褒荅并令太子致書報焉尋丁父憂服除召還洪武二年詔修元史命充總裁官是年八月史成除翰林院學士明年二月儒士歐陽佑等採故元元統以後事蹟還朝仍命濂等續修六越月再成賜金帛是月以失朝參降編修四年遷國子司業坐考祀孔子禮不以時奏謫安遠知縣旋召爲禮部主事明年遷贊善大夫是時帝留意文治徵召四方儒士張唯等數十人擇其年少俊異者皆擢編修令入禁中文華堂肄業命濂爲之師濂傳太子先後十餘年凡一言動皆以禮法諷勸使歸於道至有關政教及前代興亡事必拱手曰當如是不當如彼皇太子每斂容嘉納言必稱師父云帝剖符封功臣召濂議五等封爵宿大本堂討論達旦歷據漢唐故實量其中而奏之甘露屢降帝問災祥之故對曰受命不於天於其人休符不於祥於其仁春秋書異不書祥爲是故也皇從子文正得罪濂曰文正固當死陛下體親親之誼置諸遠地則善矣車駕祀方丘患心不寧濂從容言曰養心莫善於寡欲審能行之則心淸而身泰矣帝稱善者良久嘗問以帝王之學何書爲要濂舉大學衍義乃命大書揭之殿兩廡壁頃之御西廡諸大臣皆在帝指衍義中司馬遷論黃老事命濂講析講畢因曰漢武溺方技謬悠之學改文景恭儉之風民力旣敝然後嚴刑督之人主誠以禮義治心則邪說不入以學校治民則禍亂不興刑罰非所先也問三代歷數及封疆廣狹旣備陳之復曰三代治天下以仁義故多歷年所又問三代以上所讀何書對曰上古載籍未立人不專講誦君人者兼治教之責率以躬行則衆自化嘗奉制詠鷹令七舉足卽成有自古戒禽荒之言帝忻然曰卿可謂善陳矣濂之隨事納忠皆此類也六年七月遷侍講學士知制誥同修國史兼贊善大夫命與詹同樂韶鳳修日曆又與吳伯宗等修寶訓九月定散官資階給濂中順大夫欲任以政事辭曰臣無他長待罪禁近足矣帝益重之八年九月從太子及秦晉楚靖江四王講武中都帝得輿圖濠梁古蹟一卷遣使賜太子題其外令濂詢訪隨處言之太子以示濂因歷歷舉陳隨事進說甚有規益濂性誠謹官內庭久未嘗訐人過所居室署曰溫樹客問禁中語卽指示之嘗與客飲帝密使人偵視翼日問濂昨飲酒否坐客爲誰饌何物濂具以實對笑曰誠然卿不朕欺間召問羣臣臧否濂惟舉其善者曰善者與臣友臣知之其不善者不能知也主事茹太素上書萬餘言帝怒問廷臣或指其書曰此不敬此誹謗非法問濂對曰彼盡忠於陛下耳陛下方開言路惡可深罪旣而帝覽其書有足採者悉召廷臣詰責因呼濂字曰微景濂幾誤罪言者於是帝廷譽之曰朕聞太上爲聖其次爲賢其次爲君子宋景濂事朕十九年未嘗有一言之僞誚一人之短始終無二非止君子抑可謂賢矣每燕見必設坐命茶每旦必令侍膳往復咨詢常夜分乃罷濂不能飲帝嘗强之至三觴行不成步帝大懽樂御製楚辭一章命詞臣賦醉學士詩又嘗調甘露於湯手酌以飲濂曰此能愈疾延年願與卿共之又詔太子賜濂良馬復爲製白馬歌一章亦命侍臣和焉其寵待如此九年進學士承旨知制誥兼贊善如故其明年致仕賜御製文集及綺帛問濂年幾何曰六十有八帝乃曰藏此綺三十二年作百歲衣可也濂頓首謝又明年來朝十三年長孫愼坐胡惟庸黨帝欲置濂死皇后太子力救乃安置茂州濂狀貌豐偉美鬚髯視近而明一黍上能作數字自少至老未嘗一日去書卷於學無所不通爲文醇深演迤與古作者並在朝郊社宗廟山川百神之典朝會宴享律曆衣冠之制四裔貢賦賞勞之儀旁及元勳巨卿碑記刻石之辭咸以委濂屢推爲開國文臣之首士大夫造門乞文者後先相踵外國貢使亦知其名數問宋先生起居無恙否高麗安南日本至出兼金購文集四方學者悉稱爲太史公不以姓氏雖白首侍從其勳業爵位不逮基而一代禮樂制作濂所裁定者居多其明年卒於夔年七十二知事葉以從葬之蓮花山下蜀獻王慕濂名復移塋華陽城東弘治九年四川巡撫馬俊奏濂眞儒翊運述作可師黼黻多功輔導著績久死遠戍幽壤沉淪乞加卹錄下禮部議復

其官春秋祭葬所正德中追謚文憲仲子璲最知名字伯珩善詩尤工書法洪武九年以濂故召爲中書舍人其兄子慎亦爲儀禮序班帝數試璲與慎并教誡之笑語濂曰卿爲朕教太子諸王朕亦教卿子孫矣濂行步艱帝必命璲慎扶掖之祖孫父子共官內庭衆以爲榮慎坐罪璲亦連坐並死家屬悉徙茂州建文帝卽位追念濂與宗舊學召璲子懌官翰林永樂十年濂孫坐姦黨鄭公智外親詔特宥之

葉琛字景淵麗水人博學有才藻元末從石抹宜孫守處州爲畫策捕誅山寇授行省元帥王師下處州琛避走建寧以薦徵至應天授營田司僉事尋遷洪都知府佐鄧愈鎮守祝宗康泰叛愈脫走琛被執不屈大罵死之追封南陽郡侯塑像耿再成祠後祀功臣廟

章溢字三益龍泉人始生聲如鐘弱冠與胡深同師王毅毅字叔剛許謙門人也教授鄉里講解經義聞者多感悟溢從之遊同志聖賢學天性孝友嘗遊金華元憲使禿堅不花禮之改官秦中要與俱行至虎林心動辭歸歸八日而父歿未葬火焚其廬溢搏顙籲天火至柩所而滅蘄黃寇犯龍泉溢從子存仁被執溢挺身告賊曰吾兄止一子寧我代賊素聞其名欲降之縛於柱溢不爲屈至夜紿守者脫歸集里民爲義兵擊破賊俄府官以兵來欲盡誅詿誤者溢走說石抹宜孫曰貧民迫凍餒誅之何爲宜孫然其言檄止兵留溢幕下從平慶元浦城溢授龍泉主簿不受歸宜孫守台州爲賊所圍溢以鄉兵赴援却賊已而賊陷龍泉監縣寶忽丁遁去溢與其師王毅帥壯士擊走賊寶忽丁還內慚殺毅以反溢時在宜孫幕府聞之馳歸偕胡深執戮首惡因引兵平松陽麗水諸寇長槍軍攻婺聞溢兵至解去論功累授浙東都元帥府僉事溢曰吾所將皆鄉里子弟肝腦塗地而吾獨取功名弗忍也辭不受以義兵屬其子存道退隱匡山明兵克處州避入閩太祖聘之與劉基葉琛宋濂同至應天太祖勞基等曰我爲天下屈四先生今天下紛紛何時定乎溢對曰天道無常惟德是輔惟不嗜殺人者能一之耳太祖偉其言授僉營田司事巡行江東兩淮田分籍定稅民甚便之以病久在告太祖知其念母也厚賜遣歸省而留其子存厚於京師浙東設提刑按察使命溢爲僉事胡深出師溫州命溢守處州饋餉供億民不知勞山賊來寇敗走之遷湖廣按察僉事時荆襄初平多廢地議分兵屯田且以控制北方從之會浙東按察使宋思顏孔克仁等以職事被逮詞連溢太祖遣太史令劉基諭之曰素知溢守法毋疑也會胡深入閩陷沒處州動搖命溢爲浙東按察副使往鎮之溢以獲罪蒙宥不應遷秩辭副使仍爲僉事旣至宣布詔旨誅首叛者餘黨悉定召舊部義兵分布要害賊寇慶元龍泉溢列木柵爲屯賊不敢犯浦城戍卒乏食李文忠欲運處州糧餉之溢以舟車不通而軍中所掠糧多請入官均給之食遂足溫州茗洋賊爲患溢命子存道捕斬之朱亮祖取溫州軍中頗掠子女溢悉籍還其家吳平詔存道守處而召溢入朝太祖諭羣臣曰溢雖儒臣父子宣力一方寇盜盡平功不在諸將後復問溢征閩諸將如何對曰湯和由海道胡美由江西必勝然閩中尤服李文忠威信若令文忠從浦城取建寧此萬全計也太祖立詔文忠出師如溢策處州糧舊額一萬三千石軍興加至十倍溢言之丞相奏復其舊浙東造海舶徵巨材於處溢曰處婺之交山巖峻險縱有木從何道出白行省罷之洪武元年與劉基並拜御史中丞兼贊善大夫時廷臣伺帝意多嚴苛溢獨持大體或以爲言溢曰憲臺百司儀表當養人廉恥豈恃搏擊爲能哉帝親祀社稷會大風雨還坐外朝怒儀禮不合致天變溢委曲明其無罪乃貰之文忠之征閩也存道以所部鄉兵萬五千人從閩平詔存道以所部從海道北征溢持不可曰鄉兵皆農民許以事平歸農今復調之是不信也帝不懌旣而奏曰兵已入閩者俾還鄉里昔嘗叛逆之民宜籍爲軍使北上一舉而恩威著矣帝喜曰孰謂儒者迂濶哉然非先生一行無能辦者溢行至處州遭母喪乞守制不許鄉兵旣集命存道由永嘉浮海而北再上章乞終制詔可溢悲戚過度營葬親負土石感疾卒年六十五帝痛悼親撰文卽其家祭之

存道溢長子溢應太祖聘存道帥義兵歸總管孫炎炎令守上游屢却陳友定兵及以功授處州翼元帥副使戍浦城總制胡深死命代領其衆爲遊擊溢卽處城坐鎮之溢謂父子相統於律不宜奏罷存道官不允旋分兵征閩而詔存道守處復部鄉兵從李文忠入閩及還浮海至京師帝褒諭之命從馮勝北征積功授處州衞指揮副使洪武三年從徐達西征留守與元敗蜀將吳友仁再守平陽轉左衞指揮同知五年從湯和出塞征陽和遇敵於斷頭山力戰死焉

贊曰太祖旣下集慶所至收攬豪雋徵聘名賢一時韜光韞德之士幡然就道若四先生者尤爲傑出基濂學術醇深文章古茂同爲一代宗工而基則運籌帷幄濂則從容輔導於開國之初敷陳王道忠誠恪愼卓哉佐命臣也至溢之宣力封疆琛之致命遂志宏才大節建豎偉然洵不負弓旌之德意矣基以儒者有用之學輔翊治平而好事者多以讖緯術數妄爲傅會其語近誕非深知基者故不錄云

明史卷一百二十九　列傳第十七

總裁官總理事務經筵講官少保兼太子太保保和殿大學士兼管吏部戶部尚書事加六級臣張廷玉等奉

敕修

馮勝兄國用　傅友德

廖永忠趙庸　楊璟

胡美

馮勝定遠人初名國勝又名宗異最後名勝生時黑氣滿室經日不散及長雄勇多智畧與兄國用俱喜讀書通兵法元末結寨自保太祖畧地至妙山國用偕勝來歸甚見親信太祖嘗從容詢天下大計國用對曰金陵龍蟠虎踞帝王之都先拔之以爲根本然後四出征伐倡仁義收人心勿貪子女玉帛天下不足定也太祖大悅俾居幕府從克滁和戰三义河板門寨鷄籠山皆有功從渡江取太平遂命國用典親兵委以心腹太祖旣禽陳埜先釋之令招其部曲國用策其必叛不如弗遣尋果叛爲其下所殺其從子兆先復擁衆屯方山蠻子海牙扼采石國用與諸將攻破海牙水寨又破禽兆先盡降其衆三萬餘人衆疑懼太祖擇驍勇者五百人爲親軍宿衞帳中悉屏舊人獨留國用侍榻側五百人者始安卽命國用將之以攻集慶爭效死先登與諸將下鎭江丹陽寧國泰興宜興從征金華攻紹興累擢親軍都指揮使卒於軍年三十六太祖哭之慟洪武三年追封郢國公肖像功臣廟位第八國用之卒子誠幼勝先已積功爲元帥遂命襲兄職典親軍陳友諒逼龍灣太祖禦之戰石灰山勝攻其中堅大破之又追破之采石遂復太平從征友諒破安慶水寨長驅至江州走友諒進親軍都護從解安豐圍遷同知樞密院事從戰鄱陽下武昌克廬州移兵取江西諸路與諸將收淮東克海安壩取泰州徐達圍高郵未下還師援宜興以勝督軍高郵守將詐降勝令指揮康泰帥數百人先入城敵閉門盡殺之太祖怒召勝決大杖十令步詣高郵勝慚憤攻甚力達亦自宜興還益兵攻克之遂取淮安安豐破禽吳將呂珍於舊館下湖州克平江功次平章常遇春再遷右都督從大將軍達北征下山東諸州郡洪武元年兼太子右詹事坐小法貶一官爲都督同知引兵遡河取汴洛下陝州趨潼關守將宵遁遂奪關取華州還汴謁帝行在授征虜右副將軍留守汴梁尋從大將軍征山西由武陟取懷慶踰太行克碗子城取澤潞禽元右丞賈成於猗氏克平陽絳州禽元左丞田保保等獲將士五百餘人帝悅詔右副將軍勝居常遇春下偏將軍湯和居勝下偏將軍楊璟居和下二年渡河趨陝西克鳳翔遂渡隴取鞏昌進逼臨洮降李思齊還從大將軍圍慶陽擴廓遣將攻原州爲慶陽聲援勝扼驛馬關敗其將遂克慶陽執張良臣陝西悉平九月帝召大將軍還命勝駐慶陽節制諸軍勝以關陝旣定輒引兵還帝怒切責之念其功大赦勿治而賞賚金幣不能半大將軍明年正月復以右副將軍同大將軍出西安擣定西破擴廓帖木兒獲士馬數萬分兵自徽州南出一百八渡徇畧陽禽元平章蔡琳遂入沔州遣別將自連雲棧取興元移兵土番征哨極於西北凱旋論功授開國輔運推誠宣力武臣特進榮祿大夫右柱國同參軍國事封宋國公食祿三千石子世券誥詞謂勝兄弟親同骨肉十餘年間除肘腋之患建爪牙之功平定中原佐成混一所以稱揚之者甚至五年以勝宣力四方與魏國公達曹國公文忠各賜彤弓擴廓在和林數擾邊帝患之大發兵三道出塞命勝爲征西將軍帥副將軍陳德傅友德等出西道取甘肅至蘭州友德以驍騎前驅再敗元兵勝復敗之掃林山至甘肅元將上都驢迎降至亦集乃路守將卜顏帖木兒亦降次別篤山岐王朵兒只班遁去追獲其平章長加奴等二十七人及馬駝牛羊十餘萬是役也大將軍達軍不利左副將軍文忠殺傷相當獨勝斬獲甚衆全師而還會有言其私匿駝馬者賞不行自後數出練兵臨清北平出大同征元遺衆鎭陝西及河南冊其女爲周王妃久之大將軍達在副將軍文忠皆卒而元大尉納哈出擁衆數十萬屯金山數爲遼東邊害二十年命勝爲征虜大將軍潁國公傅友德永昌侯藍玉爲左右副將軍帥南雄侯趙庸等以步騎二十萬征之鄭國公常茂曹國公李景隆申國公鄧鎭等皆從帝復遣故所獲納哈出部將乃剌吾者奉璽書往諭降勝出松亭關分築大寧寬河會州富峪

四城駐大寧踰兩月留兵五萬守之而以全師壓金山納哈出見乃刺吾驚曰爾尚存乎乃刺吾述帝恩德納哈出喜遣其左丞探馬赤等獻馬且覘勝軍勝已深入踰金山至女直苦屯降納哈出之將慶國公觀童大軍奄至納哈出度不敵因乃刺吾請降勝使藍玉輕騎受之玉飲納哈出酒歡甚解衣衣之納哈出不肯服顧左右咄咄語謀遁去勝之壻常茂在坐遽起砍其臂都督耿忠擁以見勝納哈出將士妻子十餘萬屯松花河聞納哈出傷驚潰勝遣觀童諭之乃降得所部二十餘萬人牛羊馬駝輜重亘百餘里還至亦迷河復收其殘卒二萬餘車馬五萬而都督濮英殿後爲敵所殺師還以捷聞並奏常茂激變狀盡將降衆二十萬人入關帝大悅使使者迎勞勝等械繫茂會有言勝多匿良馬使閽者行酒於納哈出之妻求大珠異寶王子死二日強娶其女失降附心又失濮英三千騎而茂亦訐勝過帝怒收勝大將軍印命就第鳳陽奉朝請諸將士亦無賞勝自是不復將大兵矣二十一年奉詔調東昌番兵征曲靖番兵中道叛勝鎮永寧撫安之二十五年命籍太原平陽民爲軍立衞屯田皇太孫立加太子太師偕穎國公友德練軍山西河南諸公侯皆聽節制時詔列勳臣望重者八人勝居第三太祖春秋高多猜忌勝功最多數以細故失帝意藍玉誅之月召還京踰二年賜死諸子皆不得嗣而國用子誠積戰功雲南累官至右軍左都督納哈出者元木華黎裔孫爲太平路萬戶太祖克太平被執以名臣後待之厚知其不忘元賚遣北歸元既亡納哈出聚兵金山畜牧蕃盛帝遣使招諭之終不報數犯遼東爲葉旺所敗勝等大兵臨之乃降封海西侯從傅友德征雲南道卒子察罕改封瀋陽侯坐藍玉黨死

傅友德其先宿州人後徙碭山元末從劉福通黨李喜喜入蜀喜喜敗從明玉珍玉珍不能用走武昌從陳友諒無所知名太祖攻江州至小孤山友德帥所部降帝與語奇之用爲將從常遇春援安豐略廬州還從戰鄱陽湖輕舟挫友諒前鋒被數創戰益力復與諸將邀擊於涇江口友諒敗死從征武昌城東南高冠山下瞰城中漢兵據之諸將相顧莫前友德帥數百人一鼓奪之流矢中頰洞脅不爲沮武昌平授雄武衞指揮使從徐達拔廬州別將克彝陵衡州襄陽攻安陸被九創破禽其將任亮從大軍下淮東破張士誠援兵於馬騾港獲戰艘千復大破元將竹貞於安豐同陸聚守徐州擴廓遣將李二來攻次陵子村友德度兵寡不敵遂堅壁不戰詗其衆方散掠以二千人泝河至呂梁登陸擊之單騎奮槊刺其將韓乙敵敗去度且復至亟還開城門而陣於野臥戈以待約聞鼓即起李二果至鳴鼓士騰躍搏戰破禽二召還進江淮行省參知政事撤御前麾蓋鼓吹送歸第明年從大將軍北征破沂州下青州元丞相也速來援以輕騎誘敵入伏奮擊敗走之遂取萊陽東昌明年從定汴洛收諸山寨渡河取衞輝彰德至臨清獲元將爲嚮導取德州滄州既克元都偵邏古北隘口守盧溝橋畧大同還下保定眞定守定州從攻山西克太原擴廓自保安來援萬騎突至友德以五十騎衝郤之因夜襲其營擴廓倉卒遁去追至土門關獲其士馬萬計復敗賀宗哲於石州敗脫列伯於宣府遂西會大將軍圍慶陽以偏師駐靈州遏其援兵遂克慶陽還賜白金文綺洪武三年從大將軍擣定西大破擴廓移兵伐蜀領前鋒出一百八渡奪畧陽關遂入沔分兵自連雲棧合攻漢中克之以饋餉不繼還軍西安蜀將吳友仁寇漢中友德以三千騎救之攻斗山寨令軍中人燃十炬布山上蜀兵驚遁是冬論功授開國輔運推誠宣力武臣榮祿大夫柱國同知大都督府事封潁川侯食祿千五百石予世券明年充征虜前將軍與征西將軍湯和分道伐蜀和帥廖永忠等以舟師攻瞿塘友德帥顧時等以步騎出秦隴太祖諭友德曰蜀人聞我西伐必悉精銳東守瞿塘北阻金牛以抗我師若出不意直擣階文門戶既隳腹心自潰兵貴神速患不勇耳友德疾馳至陝集諸軍聲言出金牛而潛引兵趨陳倉攀援巖谷晝夜行抵階州敗蜀將丁世珍克其城蜀人斷白龍江橋友德修橋以渡破五里關遂拔文州渡白水江趨綿州時漢江水漲不得渡伐木造戰艦欲以軍聲通瞿塘乃削木爲牌數千書克階文綿日月投漢水順流下蜀守者見之皆解體初蜀人聞大軍西征丞相戴壽等果悉衆守瞿塘及聞友德破階文擣江油始分兵援漢州以保成都未至友德已破其守將向大亨於城下謂將士曰援師遠來聞大亨破已膽落無能爲也迎擊大敗之遂拔漢州進圍成都壽等以象戰友德令強弩火器衝之身中流矢不退將士殊死戰象反走躪藉死者甚衆壽等聞其主明昇已降乃籍府庫倉廩面縛詣軍門成都平分兵徇州邑未下者克保寧執吳友仁送京師蜀地悉定友德之攻漢州也湯和尚頓軍大溪口既於江流得木牌乃進師而戴壽等撤其精兵西救漢州留老弱守瞿塘故永忠等得乘勝擣重慶降明昇於是太祖製平西蜀文盛稱友德功爲第一廖永忠次之師還受上賞五年副征西將軍馮勝征沙漠敗失剌罕於西涼至永昌敗太尉朶兒只巴獲馬牛羊十餘萬畧甘肅射殺平章不花降太尉鎖納兒等至瓜沙州獲金銀印及雜畜二萬而還是時師出三道獨友德全勝以主將勝坐小法賞不行明年復出雁門爲前鋒獲平章鄧孛羅帖木兒還鎮北平陳便宜五事皆從之召還從太子講武於荆山益歲祿千石九年破禽伯顏帖木兒於延安降其衆帝將征雲南命友德巡行川蜀雅播之境修城郭繕關梁因兵威降金筑普定諸山寨十四年副大將軍達出塞討乃兒不花渡北黃河襲灰山斬獲甚衆其年秋充征南將軍帥左副將軍藍玉右副將軍沐英將步騎三十萬征雲南至湖廣分遣都督胡海等將兵五萬由永寧趨烏撒而自帥大軍由辰沅趨貴州克普定普安降諸苗蠻進攻曲靖大戰白石江禽元平章達里麻遂擊烏撒循格孤山而南以通永寧之兵遣兩將軍趨雲南元梁王走死友德城烏撒羣蠻來爭奮擊破之得七星關以通畢節又克可渡河降東川烏蒙芒部諸蠻烏撒諸蠻復叛討之斬首三萬餘級獲牛馬十餘萬水西諸部皆降十七年論功進封潁國公食祿三千石予世券十九年帥師討平雲南蠻二十年副大將軍馮勝征納哈出於金山二十一年東川蠻叛復爲征南將軍帥師討平之移兵討越州叛酋阿資明年破之於普安二十三年從晉王燕王征沙漠禽乃兒不花還駐開平復征寧夏明年爲征虜將軍備邊北平復從燕王征哈者舍利追元遼王軍南行遠令班師敵不設備因潛師深入至黑嶺大破敵衆而還再出練兵山陝總屯田事加太子太師尋遣還鄉友德喑啞跳盪身冒百死自偏裨至大將每戰必先士卒雖被創戰益力以故所至立功帝屢敕奬勞子忠尚壽春公主女爲晉世子濟熺妃二十五年友德請懷遠田千畝帝不悅曰祿賜不薄矣復侵民利何居爾不聞公儀休事耶尋副宋國公勝分行山西屯田於大同東勝立十六衞是冬再練軍山西河南明年偕召還又明年賜死以公主故錄其孫彥名爲金吾衞千戶弘治中晉王爲友德五世孫瑛援六王例求襲封下禮官議不許嘉靖元年雲南巡撫都御史何孟春請立祠祀友德詔可名曰報功

廖永忠巢人楚國公永安弟也從永安迎太祖於巢湖年最少太祖曰汝亦欲富貴乎永忠曰獲事明主掃除寇亂垂名竹帛是所願耳太祖嘉焉副永安將水軍渡江拔采石太平禽陳埜先破蠻子海牙及陳兆先定集慶克鎮江常州池州討江陰海寇皆有功永安陷於吳以永忠襲兄職爲樞密僉院總其軍攻趙普勝柵江營復池州陳友諒犯龍江大呼突陣諸軍從其後大敗之從伐友諒至安慶破其水寨遂克安慶從攻江州州城臨江守備甚固永忠度城高下造橋於船尾名曰天橋以船乘風倒行橋傅於城遂克之進中書省右丞從下南昌援安豐戰鄱陽湖決圍殊死戰敵將張定邊直犯太祖舟常遇春射走之永忠乘飛舸追且射定邊被百餘矢漢卒多死傷明日復與俞通海等以七舟載葦荻乘風縱火焚敵樓船數百又以六舟深入搏戰復旋繞而出敵驚爲神又邀擊之涇江口友諒死從征陳理分兵柵四門於江中連舟爲長寨絕其出入理降還京太祖以漆牌書功超羣將智邁雄師八字賜之懸於門已從徐達取淮東張士誠遣舟師薄海安太祖令永忠還兵水寨禦之達遂克淮東諸郡從伐士誠取德清進克平江拜中書平章政事尋充征南副將軍帥舟師自海道會湯和討降方國珍進克福州洪武元年兼同知詹事院事畧定閩中諸郡至延平破執陳友定尋拜征南將軍以朱亮祖爲副由海道取廣東永忠先發書諭元左丞何眞曉譬利害眞即奉表請降至東莞眞帥官屬出迎至廣州降盧左丞禽海寇邵宗愚數其殘暴斬之廣人大悅馳諭九眞日南朱厓儋耳三十餘城皆納印請吏進取廣西至梧州降元達魯花赤拜住潯柳諸路皆下遣亮祖會楊璟收未下州郡永忠引兵克南寧降象州兩廣悉平永忠善撫綏民懷其惠爲之立祠明年九月還京師帝命太子帥百官迎勞於龍江入見仍命太子送還第復出撫定泉漳三年從大將軍徐達北征克察罕腦兒還封德慶侯食祿一千五百石予世券明年以征西副將軍從湯和帥舟師伐蜀和駐大溪口永忠先發及舊夔府破守將鄒興等兵進至瞿塘關山峻水急蜀人設鐵鎖橋橫據關口舟不得進永忠密遣數百人持糗糧水筒舁小舟踰山渡關出其上流蜀山多草木令將士皆衣青蓑衣魚貫走崖石間度已至帥精銳出墨葉渡夜五鼓分兩軍攻其水陸寨水軍皆以鐵裹船頭置火器而前黎明蜀人始覺盡銳來拒永忠已破其六寨會將士舁舟出江者一時並發上下夾攻大破之鄒興死遂焚三橋斷橫江鐵索禽同僉蔣達等八十餘人飛天張鐵頭張等皆遁去遂入夔府明日和始

至乃與和分道進期會於重慶永忠帥舟師直擣重慶次銅鑼峽蜀主明昇請降永忠以和未至辭侯和至乃受降承制撫慰下令禁侵掠卒取民七茄立斬之慰安戴壽向大亨等家令其子弟持書往成都招諭壽等已爲傅友德所敗及得書遂降蜀地悉平帝製平蜀文旌其功有傅一廖二之語褒賚甚厚明年北征至和林六年督舟師出海捕倭尋還京初韓林兒在滁州太祖遣永忠迎歸應天至瓜步覆其舟死帝以咎永忠及大封功臣諭諸將曰永忠戰鄱陽時忘軀拒敵可謂奇男子然使所善儒生窺朕意徼封爵故止封侯而不公及楊憲爲相永忠與相比憲誅永忠以功大得免八年三月坐僭用龍鳳諸不法事賜死年五十三子權十三年嗣侯從傅友德征雲南守畢節及瀘州召還十七年卒子鏞不得嗣以嫡子爲散騎舍人累官都督建文時與議兵事宿衛殿廷與弟銘皆嘗受學於方孝孺孝孺死鏞銘收其遺骸葬聚寶門外山上甫畢亦見收論死弟鉞及從父指揮僉事昇俱戍邊初廖永忠等之歸太祖也趙庸兄弟亦俱降後亦有過不得封公與永忠類庸廬州人與兄仲中聚衆結水寨屯巢湖歸太祖仲中累功爲行樞密院僉事守安慶陳友諒陷安慶仲中棄城走還龍江法當誅常遇春請原之太祖不許曰法不行無以懲後遂誅仲中而以其官授庸從復安慶徇江西諸路進參知政事從戰康郎山與俞通海廖永忠等以六舟深入敗敵平武昌克廬州援安豐皆有功大軍取淮東庸與華高帥舟師克海安泰州進圍平江吳平擢中書左丞從大將軍取山東洪武元年命兼太子副詹事河南平命庸留守復分兵渡河徇下河北州縣進克河間守之尋移守保定并收未復山寨又從大軍克太原下關陝從常遇春北追元帝師還遇春卒命庸爲副將軍同李文忠攻慶陽行至太原元兵攻大同急文忠與庸謀以便宜援大同再敗元兵於馬邑禽其將脫列伯論功賞賚亞於大將軍三年復從文忠北伐出野狐嶺克應昌師還論功最以在應昌私納奴婢不得封公封南雄侯食祿一千五百石予世券已從伐蜀中途還十四年閩粵盜起命庸討之踰年悉平諸盜及陽山歸善叛蠻殲其魁散遣餘衆民得復業奏籍蜑戶萬人爲水軍又平廣東盜號鏟平王者獲賊黨萬七千八百餘人斬首八千八百餘級降其民萬三千餘戶還賜綵幣上尊良馬其冬出理山西軍務巡撫北邊二十年以左參將從傅友德討納哈出二十三年以左副將軍從燕王出古北口降乃兒不花還坐胡惟庸黨死爵除

楊璟合肥人本儒家子以管軍萬戶從太祖下集慶進總管下常州進親軍副都指揮使從下婺州遷樞密院判官再從伐漢以功擢湖廣行省參政移鎮江陵進攻湖南蠻寇駐師三江口復以招討功遷行省平章政事帥左丞周德興參政張彬將武昌諸衛軍取廣西洪武元年春進攻永州守將鄧祖勝迎戰敗斂兵固守璟進圍之元兵來援駐東鄉倚湘水列七營軍勢甚盛璟擊敗之俘獲千餘人全州守將平章阿思蘭及周文貴再以兵來援輒遣德興擊敗之遣千戶王廷取寶慶德興彬取全州略定道州藍山桂陽武岡諸州縣而永州久不下令裨將分營諸門築壘困之造浮橋西江上急攻之祖勝力盡仰藥死百戶夏昇約降璟兵踰城入參政張子賢巷戰軍潰被執遂克永州而征南將軍廖永忠參政朱亮祖亦自廣東取梧州定潯貴鬱林亮祖以兵來會進攻靖江不下璟謂諸將曰彼所恃西濠水耳決其隄岸破之必矣乃遣指揮邱廣攻閘口殺守隄兵盡決濠水築土隄五道傅於城城中猶固守急攻二月克之執平章也兒吉尼先是張彬攻南關爲守城者所詬怒欲屠其民璟甫入立下令禁止之民乃安復移師徇郴州降兩江土官黃英岑伯顏等而永忠亦定南寧象州廣西悉平還與偏將軍湯和從徐達取山西至澤州及元平章韓扎兒戰於韓店敗績還捕唐州亂卒留鎮南陽未幾詔璟往使於夏是時夏主昇幼母彭及諸大臣用事璟既至數諭昇以禍福俾從入覲昇集其下共議而諸大臣方專恣不利昇歸朝皆持不可昇亦莫能決璟還再以書諭昇終不聽踰二年而夏亡璟還湖廣行省平章慈利土官覃垕搆諸洞蠻爲亂命帥師往討連敗之垕詐降璟使部卒往報爲所執太祖遣使讓璟璟督戰士力攻賊乃遁三年大封功臣封璟營陽侯祿千五百石予世券四年從湯和伐夏戰於瞿塘不利明年充副將軍從鄧愈討定辰沅蠻寇再從大將軍徐達鎭北平練兵遼東十五年八月卒追封芮國公謚武信子通嗣二十年帥降軍戍雲南多道亡降普定指揮使二十三年詔書坐璟胡惟庸黨謂以瞿塘之敗被責有異謀云

胡美沔陽人初名廷瑞避太祖字易名美初仕陳友諒爲江西行省丞相守龍興太祖既下江州遣使招諭美美遣使鄭仁傑詣九江請降且請無散部曲太祖初難之劉基蹴所坐胡牀太祖悟賜書報曰鄭仁傑至言足下有効順之誠此足下明達也又恐分散所部此足下過慮也吾起兵十年奇才英士得之四方多矣有能審天時料事機不待交兵挺然委身來者嘗推赤心以待隨其才任使之兵少則益之以兵位卑則隆之以爵財乏則厚之以賞安肯散其部曲使人自危疑負來歸之心哉且以陳氏諸將觀之如趙普勝驍勇善戰以疑見僇猜忌若此竟何所成近建康龍灣之役予所獲長張梁鉉彭指揮諸人用之如故視吾諸將恩均義一長張破安慶水寨梁鉉等攻江北僉膺厚賞此數人者其自視無復生理尚待之如此況如足下不勞一卒以完城來歸者耶得失之機間不容髮足下當早爲計美得書乃遣康泰至九江來降太祖遂如龍興至樵舍美以陳氏所授丞相印及軍民糧儲之數來獻迎謁於新城門太祖慰勞之俾仍舊官美之降也同僉康泰平章祝宗不欲從美微言於太祖太祖命將其兵從徐達征武昌二人果叛攻陷洪都達等還兵擊定之祝宗走死執康泰歸於建康太祖以泰爲美甥赦勿誅美從征武昌復與達等帥馬步舟師取淮東進伐張士誠下湖州圍平江別將取無錫降莫天祐師還加榮祿大夫其冬命爲征南將軍帥師由江西取福建諭之曰汝以陳氏丞相來歸事吾數年忠實無過故命汝總兵取閩左丞何文輝爲爾副參政戴德聽調發二人雖皆吾親近勿以其故廢軍法聞汝嘗攻閩中宜深知其地利險易今總大軍攻圍城邑必擇便宜可否爲進退無失機宜美遂渡杉關下光澤邵武守將李宗茂以城降次建陽守將曹復疇亦降進圍建寧守將同僉達里麻參政陳子琦謀堅守以老我師美數挑戰不出急攻之乃降整軍入城秋毫無所犯執子琦等送京師獲將士九千七百餘人糧糗馬畜稱是會湯和等亦取福州延平興化美遂遣降將諭降汀泉諸郡福建悉平美留守其地尋召還從幸汴梁太祖即位以美爲中書平章同知詹事院事洪武三年命赴河南招集擴廓故部曲是年冬論功封豫章侯食祿千五百石予世券誥詞以竇融歸漢爲比十三年改封臨川侯董建潭府於長沙太祖榜列勳臣謂持兵兩雄間可觀望而不觀望來歸者七人七人者韓政曹良臣楊璟陸聚梅思祖黃彬及美皆封侯美與璟有方面勳帝遇之尤厚十七年坐法死二十三年李善長敗帝手詔條列姦黨言美因長女爲貴妃偕其子壻入亂宮禁事覺子壻刑死美賜自盡云

贊曰馮勝傅友德百戰驍將也考當日功臣位次與太祖褒美之詞豈在湯和鄧愈下哉廖永忠智勇超邁功亞宋穎皆不得以功名終身死爵除爲可慨矣江夏侯周德興之得罪也太祖宥之因誡諭公侯謂多粗暴無禮自取敗亡又謂永忠數犯法屢宥不悛然則洪武功臣之不獲保全者或亦有以自取歟楊璟胡美功雖不逮然嘗别將各著方面勳故次列之云

明史卷一百三十　列傳第十八

總裁官總理事務 經筵講官少保兼太子太保保和殿大學士兼管吏部戶部尚書事加六級張廷玉等奉

敕修

吳良　康茂才

丁德興　耿炳文

郭英　華雲龍

韓政　仇成

張龍　吳復周武

胡海　張赫

華高　張銓

何眞

吳良定遠人初名國興賜名良雄偉剛直與弟禎俱以勇略聞從太祖起濠梁並爲帳前先鋒良能没水偵探禎每易服爲間諜禎别有傳良從取滁和戰采石克太平下溧水溧陽定集慶功多又從徐達克鎭江下常州進鎭撫守丹陽與趙繼祖等取江陰張士誠兵據秦望山良攻奪之遂克江陰即命爲指揮使守之時士誠據全吳跨淮東浙西兵食足江陰當其要衝枕大江扼南北襟喉士誠數以金帛啗將士窺釁太祖諭良曰江陰我東南屏蔽汝約束士卒毋外交毋納逋逃毋貪小利毋與爭鋒惟保境安民而已良奉命惟謹備禦修飭以敗敵功進樞密院判官士誠大舉兵來寇艨艟蔽江其將蘇同僉駐君山指畫進兵良遣弟禎出北門與戰而潛遣元帥王子明帥壯士馳出南門合擊大敗之俘斬甚衆敵宵遁尋復寇常州良遣兵從間道殲其援兵於無錫當是時太祖數自將爭江楚上流與陳友諒角大軍屢出金陵空虛士誠不敢北出侵尺寸地以良在江陰爲屏蔽也良仁恕儉約聲色貨利無所好夜宿城樓枕戈達旦訓將練兵常如寇至暇則延儒生講論經史新學宮立社學大開屯田均徭省賦在境十年封疆宴

然太祖常名良勞曰吳院判保障一方我無東顧憂功甚大車馬珠玉不足旌其勞命學士宋濂等爲詩文美之仍遣還鎭壽大發兵取淮東克泰州士誠兵復出馬馱沙侵鎭江巨艦數百泝江而上良戒嚴以待太祖親督大軍禦之士誠兵遁追至浮子門良出兵夾擊獲卒二千太祖詣江陰勞軍周巡壁壘歎曰良今之吳起也吳平加昭勇大將軍蘇州衞指揮使移鎭蘇州武備益修軍民輯睦進都督僉事移守全州洪武三年進都督同知封江陰侯食祿千五百石予世券四年討靖州綏寧諸蠻五年廣西蠻叛副征南將軍鄧愈帥平章李伯昇出靖州討之數月盡平左右兩江及五溪之地移兵入銅鼓五開收潭溪開太平擣清洞崖山之衆於銅關鐵寨諸蠻皆震慴內附粤西遂平八年督田鳳陽十二年齊王封青州王妃良女也遂命良往建王府十四年卒於青年五十八贈江國公諡襄烈子高嗣侯屢出山西北平河南練兵從北征帥蕃軍討百夷二十八年有罪謫廣西從征趙宗壽燕師起高守遼東與楊文數出師攻永平燕王謀去高曰高雖怯差密文勇而無謀去高文無能爲也乃遺二人書盛譽高極詆文故易其函授之二人得書並以聞建文帝果疑高削爵徙廣西獨文守遼東竟敗永樂初復名高鎭守大同上言備邊方略八年帝北征班師高稱疾不朝被劾廢爲庶人奪券洪熙元年帝見高名曰高往年多行無禮其謫戍海南高已死徙其家會赦得釋宣德十年子昇乞嗣不許

康茂才字壽卿蘄人通經史大義事母孝元末寇亂陷蘄結義兵保鄉里立功自長官累遷淮西宣慰司都元帥太祖既渡江將士家屬留和州時茂才移戍采石扼江渡太祖遣兵數攻之茂才力守常遇春設伏殲其精銳茂才復立寨天寧洲又破之奔集慶太祖克集慶乃帥所部兵降太祖釋之命統所部從征明年授秦淮翼水軍元帥守龍灣取江陰馬馱沙敗張士誠兵獲其樓船從廖永安攻池州取樅陽太祖以軍興民失農業命茂才爲都水營田使仍兼帳前總制親兵左副指揮使陳友諒既陷太平謀約張士誠合攻應天太祖欲其速來破之知茂才與友諒有舊命遣僕持書給爲內應友諒大喜問康公安在曰守江東木橋使歸太祖易橋以石友諒至見橋愕然連呼老康莫應退至龍灣伏兵四起茂才合諸將奮擊大破之太祖嘉茂才功賜賚甚厚明年太祖親征友諒茂才以舟師從克安慶破江州友諒西遁遂下蘄州興國漢陽沿流克黃梅寨取瑞昌敗友諒八指揮降士卒二萬人遷帳前親兵副都指揮使攻左君弼廬州未下從援南昌戰彭蠡友諒敗死從征武昌皆有功進金吾侍衞親軍都護從大將軍徐達再攻廬州克之取江陵及湖南諸路改神武衞指揮使進大都督府副使士誠攻江陰太祖自將擊之比至鎭江士誠已焚瓜洲遁茂才追北至浮子門吳軍遮海口乘潮來薄茂才力戰大敗之擣淮安馬騾港拔其水寨淮安平尋拔湖州進逼平江士誠遣銳卒迎鬬大戰尹山橋茂才持大戟督戰盡覆敵衆與諸將合圍其城軍齊門平江下還取無錫還同知大都督府事兼太子右率府使洪武元年從大將軍經略中原取汴洛留守陝州規運饋餉造浮橋渡師招徠絳解諸州扼潼關秦兵不敢東向茂才善撫綏民立石頌德焉是年復從大將軍征定西取興元還軍道卒追封蘄國公諡武康子鐸年十歲入侍皇太子讀書大本堂以父功封蘄春侯食祿一千五百石予世券督民墾田鳳陽帥兵征辰州蠻平施疊諸州從大將軍達北征又從征南將軍傅友德征雲南克普定破華楚山諸砦卒於軍年二十三追封蘄國公諡忠愍子淵幼未襲授散騎舍人已坐事革冠服勒居山西遂不得嗣弘治末錄茂才後爲世襲千戶

丁德興定遠人歸太祖於濠偉其狀貌以黑丁呼之從取洪山寨以百騎破賊數千盡降其衆從克滁和敗青山盜從渡江拔采石取太平分兵取溧水溧陽皆先登從破蠻子海牙水砦擣方山營禽陳兆先下集慶取鎭江以功進管軍總管下金壇廣德寧國從平常州擢左翼元帥寧國復叛從胡大海復之分兵下江陰取徽州石埭池州樅陽攻江州移兵擊安慶所向皆捷復援江陰略江西傍近州縣攻雙刀趙挫其鋒時徐達邵榮攻宜興久不下太祖遣使謂曰宜興城西通太湖口士誠餉道所由斷其餉則必破達乃遣德興絕太湖口而幷力急攻城遂拔論功授鳳翔衞指揮使陳友諒犯龍江德興軍於石灰山力戰擊敗之遂從征友諒擣安慶克九江援安豐敗呂珍走左君弼從戰鄱陽平武昌克廬州略定湖南衡州諸郡又從大將軍收淮東征浙西敗士誠兵於舊館下湖州圍平江卒於軍贈都指揮使洪武元年追封濟國公列祀功臣廟子忠龍江衞指揮使子世襲

耿炳文濠人父君用從太祖渡江積功爲管軍總管援宜興與張士誠兵爭柵力戰死炳文襲職領其軍取廣德進攻長興敗士誠將趙打虎獲戰船三百餘艘禽其守將李福安等遂克長興長興據太湖口陸通廣德與宣歙接壤爲江浙門戶太祖既得其地大喜改爲長安州立永興翼元帥府以炳文爲總兵都元帥守之溫祥卿者多智數避亂來歸炳文引入幕府畫守禦計甚悉張士誠左丞潘元明元帥嚴再興帥師來爭炳文奮擊大敗去久之士誠復遣司徒李伯昇帥衆十萬水陸進攻城中兵七千太祖患之命陳德華高費聚往援伯昇夜刦營諸將皆潰炳文嬰城固守攻甚急隨方禦之不解甲者月餘常遇春復帥援兵至伯昇棄營遁追斬五千餘人其明年改永興翼元帥府爲永興衞親軍指揮使司以炳文爲使已而士誠大發兵遣其弟士信復來爭炳文又敗之獲其元帥宋興祖士信憤甚益兵圍城炳文與費聚出戰又大敗之長興爲士誠必爭地炳文拒守凡十年以寡禦衆大小數十戰戰無不勝士誠迄不得逞大軍伐士誠炳文將所部克湖州圍平江吳平進大都督府僉事從征中原克山東沂嶧諸州下汴梁狗河南扈駕北巡已又從常遇春取大同克晉冀從大將軍徐達征陝西走李思齊張思道卽鎭其地浚涇陽洪渠十萬餘丈民賴其利尋拜秦王左相都督僉事洪武三年封長興侯食祿千五百石予世券十四年從大將軍出塞破元平章乃兒不花於北黃河十九年從穎國公傅友德征雲南討平曲靖蠻二十一年從永昌侯藍玉北征至捕魚兒海二十五年帥兵平陝西徽州妖人之亂三十年以征西將軍禽蜀寇高福興俘三千人始炳文守長興功最高太祖榜列功臣以炳文附大將軍達爲一等及洪武末年諸公侯且盡存者惟炳文及武定侯郭英二人而炳文以元功宿將爲朝廷所倚重建文元年燕王兵起帝命炳文爲大將軍帥副將軍李堅寗忠北伐時年六十有五矣兵號三十萬至者惟十三萬八月次真定分營滹沱河南北都督徐凱軍河間潘忠楊松駐鄚州先鋒九千人駐雄縣値中秋不設備爲燕王所襲九千人皆死忠等來援過月漾橋伏發水中忠松俱被執不屈死鄚州陷而炳文部將張保者降燕備告南軍虛實燕王縱保歸使張雄鄚敗狀謂北軍且至於是炳文移軍盡渡河並力當敵軍甫移燕兵驟至循城蹴擊炳文軍不得成列敗入城爭門門塞蹈藉死者不可數計燕兵遂圍城炳文衆尚十萬堅守不出燕王知炳文老將未易下越三日解圍還而帝聞炳文敗憂甚太常卿黃子澄遂薦李景隆爲大將軍乘傳代炳文比至軍燕師已先一日去炳文歸景隆代將竟至於敗燕王稱帝之明年刑部尚書鄭賜都御史陳瑛劾炳文衣服器皿有龍鳳飾玉帶用紅鞓僭妄不道炳文懼自殺子璿前軍都督僉事尚懿文太子長女江都公主炳文北伐璿嘗勸直擣北平炳文受代歸不復用璿憤甚永樂初杜門稱疾坐罪死璿弟瓛後軍都督僉事與江陰侯吳高都指揮楊文帥遼東兵圍永平不克退保山海關高被間徙廣西文守遼東瓛數請攻永平以動北平文不聽後與弟尚寶司卿瑄皆坐罪死

郭英鞏昌侯興弟也年十八與興同事太祖親信令值宿帳中呼爲郭四從克滁和采石太平征陳友諒戰鄱陽湖皆與有功從征武昌陳氏驍將陳同僉持槊突入太祖呼英殺之衣以戰袍攻岳州敗其援兵還克廬州襄陽授驍騎衞千戶克淮安濠州安豐進指揮僉事從徐達定中原又從常遇春攻太原走擴廓下興州大同至沙淨州渡河取西安鳳翔鞏昌慶陽追敗賀宗哲於亂山遷本衞指揮副使進克定西討察罕腦兒克登寧州斬首二千級進河南都指揮使時英女弟爲寧妃英將赴鎭命妃餞英於第賜白金二十罌廐馬二十匹在鎭綏輯流亡申明約束境內大治九年移鎭北平十三年召還進前軍都督府僉事十四年從穎川侯傅友德征雲南與陳桓胡海分道進攻赤水河路久雨河水暴漲英斬木爲筏乘夜濟比曉抵賊營賊大驚潰禽烏撒幷阿容等攻克曲靖陸京越州關索嶺椅子寨降大理金齒廣南平諸山寨十六年復從友德平棠化鄧川濟餘人收精甲數萬船千餘艘十七年論平雲南功封武定侯食祿二千五百石予世券十八年加靖海將軍鎭守遼東二十年從大將軍馮勝出金山納哈出降進征虜右副將軍從藍玉至捕魚兒海師還賞賚甚厚遣還鄉明年召入京命典禁兵三十年副征西將軍耿炳文備邊陝西平沔縣賊高福興及還御史裴承祖劾英私養家奴百五十餘人又擅殺男女五人帝弗問僉都御史張春等執奏不已乃命諸戚里大臣議其罪議上竟宥之建文時從耿炳文李景隆伐燕無功靖難後罷歸第永樂元年卒年六十七贈營國公諡威襄英孝友通書史行師有紀律以忠謹見親於太祖又以寧妃故恩寵尤渥諸功臣莫敢望焉子十二人鎭尚永嘉公主銘遼府典寶鏞中軍右都督女九人二爲遼郢王妃女孫爲仁宗貴妃銘出也以故銘子玹得嗣侯宣德中玹署宗人府事奪河間民田廬又奪天津屯田千畝罪其奴

而宥玹英宗初永嘉公主乞以其子珍嗣侯珍英嫡孫也授錦衣衞指揮僉事玹卒子聰與珍爭嗣遂並停襲亦授聰如珍官天順元年珍子昌以詔恩得襲聰爭之不得昌卒子良當嗣聰又言良非昌子復停嗣授指揮僉事以屢乞嗣下獄尋釋復官旣而郭宗人共乞擇英孫一人嗣英爵廷臣皆言良本英嫡孫宜嗣侯詔可正德初卒子勛嗣勛桀黠有智數頗涉書史正德中鎭兩廣入掌三千營世宗初掌團營大禮議起勛知上意首右張璁世宗大愛幸之勛怙寵頗驕恣大學士楊一淸惡之因其賕請事覺罷營務奪保傅官階一淸罷仍總五軍營董四郊興造明年督團營十八年兼領後府從幸承天請以五世祖英侑享太廟廷臣持不可侍郎唐胄爭尤力帝不聽英竟得侑享其明年獻皇稱宗入太廟進勛翊國公加太師先是妖人李福達自言能化藥物爲金銀勛與相暱福達敗力持其獄廷臣多得罪者至是復進方士段朝用云以其所化金銀爲飲食器可不死帝益以爲忠給事中戚賢劾勛擅作威福網利虐民諸事李鳳來等復以爲言下有司勘勛京師店舍多至千餘區副都御史胡守中又劾勛以族叔郭憲理刑東廠肆虐無辜帝置勿治會帝用言官言給勛敕與兵部尚書王廷相遂安伯陳譓同淸軍役敕具勛不領言官劾其作威植黨勛疏辯有何必更勞賜敕語帝乃大怒責其强悖無人臣禮於是給事中高時盡發勛奸利事且言交通張延齡帝益怒下勛錦衣獄二十年九月也尋諭鎭撫司勿加刑訊奏上當勛死罪帝令法司覆勘而給事中劉大直復劾勛亂政十二罪請併治法司乃盡實諸疏中罪狀當勛罪絞帝令詳議法司更當勛不軌罪斬沒入妻孥田宅奏上留中不下帝意欲寬勛屢示意指而廷臣惡勛甚謬爲不喻者更坐勛重辟明年考察言官特旨貶高時二級以風廷臣廷臣終莫爲勛請其冬勛死獄中帝憐之責法司淹繫褫刑部尚書吳山職侍郎都御史以下鐫降有差而免勛籍沒僅奪誥券而已自明興以來勳臣不與政事惟勛以挾恩寵擅朝權恣爲姦慝致敗勛死數年其子守乾嗣侯傳至曾孫培民崇禎末死於賊

華雲龍定遠人聚衆居韮山太祖起兵來歸從克滁和爲千夫長從渡江破采石水寨及方山營下集慶路生擒元將得兵萬人克鎭江遷總管攻拔廣德戰舊館擒湯元帥進右副元帥龍江之役雲龍伏石灰山援戰殺傷相當雲龍躍馬大呼擣其中堅遂大敗友諒兵乘勝復太平從下九江南昌分兵攻下瑞州臨江吉安從援安豐戰彭蠡平武昌累功至豹韜衞指揮使從徐達帥兵取高郵進克淮安遂命守之改淮安衞指揮使尋攻嘉興降吳將宋興圍平江軍於胥門從大軍北征徇下山東郡縣與徐達會師通州進克元都擢大都督府僉事總六衞兵留守兼北平行省參知政事踰年攻下雲州獲平章火兒忽答右丞哈海進都督同知兼燕王左相洪武三年冬論功封淮安侯祿一千五百石予世券雲龍上言北平邊塞東自永平薊州西至灰嶺下隘口一百二十一相去可二千二百里其王平口至宫坐嶺隘口九相去五百餘里俱衝要宜設兵紫荊關及蘆花山嶺尤要害宜設千戶守禦所又言前大兵克永平留故元八翼軍士千六百人屯田人月支糧五斗所得不償費宜入燕山諸衞補伍操練俱從之行邊至雲州襲元平章僧家奴營於牙頭突入其帳禽之盡俘其衆至上都大石崖攻克劉學士諸寨驢兒國公奔漠北自是無內犯者威名大著建燕邸增築北平城皆其經畫洪武七年有言雲龍據元相脫脫第宅僭用故元宫中物召還命何文輝往代未至京道卒子中襲李文忠之卒也中侍疾進藥坐貶死二十三年追論中胡黨爵除

韓政睢人嘗爲義兵元帥帥衆歸太祖授江淮行省平章政事李濟據濠州名爲張士誠守實觀望太祖使右相國李善長以書招之不報太祖歎曰濠吾家也濟如此我有國無家可乎乃命政帥指揮顧時以雲梯礮石四面攻濠濟度不能支始出降政歸濟於應天太祖大悅以時守濠州政從徐達攻安豐扼其四門潛穴城東龍尾壩入其城二十餘丈城壞遂破之元將忻都竹貞左君弼皆走追奔四十餘里禽都俄而貞引兵來援與戰城南門再破走之淮東西悉平已從大軍平吳又從北伐降梁城守將盧斌分兵扼黃河斷山東援軍遂取益都濟寧濟南皆有功克東平功尤多改山東行省平章政事以師會大將軍於臨淸檄政守東昌既下大都命政分兵守廣平政遂諭降白土諸寨移守彰德下蟻尖寨蟻尖者在林慮西北二十里爲元右丞吳庸王居義小鎖兒所據大將軍之北伐也遣將士收復諸山寨降者相繼蟻尖獨恃險不下至是兵逼之庸誘殺居義及小鎖兒以降得士卒萬餘人尋調征陝西還兵守禦河北洪武三年封東平侯祿千五百石予世券移鎭山東未幾復移河北招撫流民復業甚衆從左副將軍李文忠擣應昌至臚朐河文忠深入令政守輜重還命巡河南陝西再從信國公湯和練兵於臨淸十一年二月卒帝親臨其喪追封鄆國公子勳襲二十六年坐藍黨誅爵除

仇成含山人初從軍充萬戶屢遷至秦淮翼副元帥太祖攻安慶敵固守不戰廖永忠張志雄破其水寨成以陸兵乘之遂克安慶初元左丞余闕守安慶陳友諒將趙普勝陷之友諒旣殺普勝元帥余某者襲取之張定邊復來犯余帥走死至是以成爲橫海指揮同知守其地時左君弼據廬州羅友賢以池州叛無爲知州董曾陷死四面皆賊境成撫集軍民守禦嚴密漢兵不敢東下從征鄱陽殲敵涇江口功最征平江敗張士誠兵於城西南洪武三年僉大都督府事鎭遼東久之以屯戍無功降永昌衞指揮使尋復官十二年論藍玉等征西功當封帝念成舊勳先封爲安慶侯歲祿二千石二十年充征南副將軍討平容美諸峒復從大軍征雲南功多予世券加祿五百石二十一年七月有疾賜內醞手詔存問卒贈皖國公謚莊襄子正襲爵

張龍濠人從渡江定常州寧國婺州皆有功從征江州爲都先鋒平武昌授花槍所千戶從平淮東守禦海安與張士誠將戰於海口禽彭元帥俘其卒數百進攻通州擊斬賊將擢威武衞指揮僉事從平山東河南大兵克潼關以龍爲副留守洪武三年調守鳳翔改鳳翔衞指揮賀宗哲悉衆圍城龍固守宗哲攻北門龍出兵搏戰矢傷右脇不爲動遂大敗之進克鳳州禽李參政等二十餘人大將軍達入沔州遣龍別將一軍由鳳翔入連雲棧攻興元降其守將劉思忠蜀將吳友仁來犯龍擊却之友仁復悉兵薄城大治攻具龍從北門突出繞友仁軍後敵盡棄甲仗走自是不復窺興元召僉大都督府事十一年副李文忠征西番洮州論功封鳳翔侯祿二千石世指揮使復從傅友德征雲南鎭七星關破大理鶴慶平諸洞蠻加祿五百石予世券二十年從馮勝出金山降納哈出明年勝調降軍征雲南次常德叛去龍追至重慶收捕之二十三年春同延安侯唐勝宗督屯田於平越鎭遠貴州議置龍里衞都勻亂佐藍玉討平之以老疾請告三十年卒子麟尚福淸公主授駙馬都尉孫傑侍公主京師永樂初失侯傑子嗣宣德十年援詔恩乞嗣吏部言龍侯不嗣者四十年不許

吳復字伯起合肥人少負勇略元末集衆保鄉里歸太祖於濠從克泗滁和采石太平累官萬戶從破蠻子海牙水寨定集慶從徐達攻鎭江斬元平章定定下丹陽金壇克常州進統軍元帥徇江陰無錫還守常州張士誠兵奄至力戰敗之追奔至長興連敗之於高橋太湖及忠節門士誠奪氣從援安豐平武昌從徐達克廬州下漢沔荊諸郡縣授鎭武衞指揮同知守沔陽從常遇春下襄陽別將破安陸禽元同僉任亮遂守之克汝州魯山洪武元年授懷遠將軍安陸衞指揮使悉平鄖均房竹諸山寨之不附者三年從大將軍征陝西敗擴廓禽其將又敗擴廓於秦州征土番克和州援漢中拔南鄭明年從傅友德平蜀又明年從鄧愈平九溪辰州諸蠻克四十八洞還守安陸七年進大都督府僉事巡北平還授世襲指揮使十一年從沐英再征西番禽三副使得納鄰哈七站之地明年師還論功封安陸侯食祿二千石十四年從傅友德征雲南克普定城水西充總兵官勦捕諸蠻遂由關索嶺開箐道取廣西十六年克墨定苗至吉剌堡築安莊新城平七百房諸寨斬獲萬計轉餉盤江是年十月金瘡發卒於普定追封黔國公謚威毅加祿五百石予世券復臨陣奮發衝犯矢石體無完膚平居恂恂口不言征伐事在普定買妾楊氏年十七復死視殮畢沐浴更衣自經死封貞烈淑人子傑嗣屢出山陝河南北平練兵從征二十八年有罪從征龍州建功自贖建文中帥師援眞定戰白溝河失律謫南寧衞指揮使永樂元年子璟乞嗣正德間再三乞皆不許弘治六年璟孫鐸援詔乞嗣亦不許十八年錄復子孫世職千戶初與復以征西番功侯者又有周武武開州人從定江東滅漢收淮東平吳積功爲指揮僉事從定中原進都督僉事洪武十一年以參將從沐英討西番朶甘功多師還封雄武侯祿二千石世指揮使出理河南軍務巡撫北邊二十三年卒贈汝國公謚勇襄

胡海字海洋定遠人嘗入土豪赤塘王總管營自拔來歸授百戶從敗元將賈魯兵克泗滁進萬戶從渡江拔蠻子海牙水寨破陳埜先兵從取集慶鎭江敗元將謝國璽於寧國選充先鋒從大軍圍湖州墮其東南門月城從攻宜興下婺州鏖戰紹興生得賊四百餘人進都先鋒又從戰龍江克安慶與漢人相持八戰皆大捷遂入江州從徐達攻廬州皆有功海驍勇屢戰屢傷手足胸腹間金痍皆遍而鬬益力士卒從之者無不激勵自効太祖壯之授花槍上千戶復從大軍克荊澧衡潭擢寶慶衞指揮僉事遷指揮使命鎭益陽從平章楊璟征湖南廣西未下郡縣由祁陽進圍永州與守兵戰於東鄉橋生得千萬戶四人以夜半先登拔之抵靖江戰南

門生得萬戶二人夜四鼓自北門八角亭先登功最命爲左副總兵剿平左江上思蠻調征蜀克龍伏隘天門山及溫湯關予世襲指揮使仍鎭益陽武岡靖州五開諸苗蠻先後作亂悉捕誅首亂而撫其餘衆遷都督僉事十四年從征雲南由永寧趨烏撒進克可渡河與副將軍沐英會師攻大理敵悉衆扼上下關定遠侯王弼自洱水東趨上關英帥大軍趨下關而遣海以夜四鼓取石門間道渡河繞點蒼山後攀大樹緣崖而上立旂幟英士卒望見皆踴躍大呼敵衆驚擾英遂斬關入海亦麾山上軍馳下前後夾攻敵悉潰走十七年論功封東川侯祿二千五百石予世券踰三年以左參將從征金山又二年以征南將軍討平澧州九溪諸蠻寇師還乞歸鄉里厚賚金帛以行二十四年七月病疽卒年六十三長子斌龍虎衞指揮使從征雲南過曲靖猝遇寇中飛矢卒贈都督同知次玉坐藍黨死次觀尚南康公主爲駙馬都尉未嗣卒宣德中公主乞以子忠嗣詔授孝陵衞指揮僉事予世襲

張赫臨淮人江淮大亂團義兵以捍鄉里嘉山繆把頭招之不往聞太祖起帥衆來附授千戶以功進萬戶從渡江所至攻伐皆預以功擢常春翼元帥守禦常州尋從戰鄱陽攻武昌已又從大將軍伐張士誠進圍平江諸將分門而軍赫軍閶門士誠屢出兵突戰屢挫其鋒又從大軍克慶元幷下溫台洪武元年擢福州衞都指揮副使進本衞同知復命署都指揮使司事是時倭寇出沒海島中乘間輒傅岸剽掠沿海居民患苦之帝數遣使齎詔書諭日本國王又數絕日本貢使然竟不得倭人要領赫在海上久所捕倭不可勝計最後追寇至琉球大洋與戰禽其魁十八人斬首數十級獲倭船十餘艘收弓刀器械無算帝偉赫功命掌都指揮印尋調興化衞召還擢大都督府僉事會遼東漕運艱軍食後期帝深以爲慮以赫習海道命督海運事久之封航海侯予世券前後往來遼東十二年凡督十運勞勩備至軍中賴以無乏病卒追封恩國公謚莊簡子榮從征雲南有功爲水軍右衞指揮使孫鑑福建都指揮使永樂中留鎭交阯

華高和州人與俞通海等以巢湖水師來附從克太平授總管從破采石方山兵下集慶鎭江遷秦淮翼元帥與鄧愈徇廣德守將嚴兵城下高以數騎挑戰元兵堅壁不動高衝擊大破之遂取其城得兵萬人糧數千斛從平常州進僉行樞密院事副俞通海擊破趙普勝柵江營再敗陳友諒援長興克武昌授湖廣行省左丞帥舟師從克淮東收浙西進行省平章政事洪武三年封廣德侯歲祿六百石高性怯且無子請得宿衞有所征討輒稱疾不行令練水師復以不習辭帝以故舊優容之時諸勳臣多出行邊惟高不遣最後繕廣東邊海城堡高請行帝曰卿復自力甚善四年四月事竣至瓊州卒初有言高殖利者故歲祿獨薄至是貧不能葬帝憐之命補支祿三百石以無子納誥券墓中贈巢國公謚武莊授從子岳指揮僉事

張銓定遠人從取太平定集慶鎭江常州婺州擣江州戰鄱陽湖取鄂渚收淮東平吳累功爲指揮僉事從取中原燕晉秦蜀進都督僉事使建齊王府事竣副江夏侯周德興征五溪蠻已而水盡源通塔平散毛諸洞酋作亂復副德興討平之從征雲南由永寧克烏撒久之復從傅友德平烏撒及曲靖普定龍海孟定諸蠻洪武二十三年封永定侯食祿千五百石世指揮使

何眞字邦佐東莞人少英偉好書劍元至正初爲河源縣務副使轉淡水場管勾棄官歸元末盜起眞聚衆保鄉里十四年縣人王成陳仲玉作亂眞赴告元帥府帥受賂反捕眞逃居坭岡舉兵攻成不克久之惠州人王仲剛與叛將黃常據惠眞擊走常殺仲剛以功授惠陽路同知廣東都元帥守惠州海寇趙宗愚陷廣州眞以兵破走之復其城擢廣東分省參政尋擢右丞贛州熊天瑞引舟師數萬欲圖眞眞迎之胥江天大雷雨折天瑞舟檣擊走之廣人賴以完先是眞再攻成誅仲玉而成卒固守二十六年復圍成募禽成者予鈔十千成奴縛成以出眞予之鈔命具湯鑊趨烹奴號於衆曰奴叛主者視此緣海叛者皆降時中原大亂嶺表隔絕有勸眞效尉佗故事者不聽屢遣使由海道貢方物於朝累進資德大夫行省左丞洪武元年太祖命廖永忠爲征南將軍帥舟師取廣東永忠至福州以書諭眞眞遂航海趨潮州師既至眞遣都事劉克佐詣軍門上印章籍所部郡縣戶口兵糧奉表以降永忠聞於朝賜詔褒眞曰朕惟古之豪傑保境安民以待有德若竇融李勣之屬擁兵據險角立羣雄間非眞主不屈此唐漢名臣於今未見爾眞連數郡之衆乃不煩一兵保境來歸雖竇李奚讓焉永忠抵東莞眞帥官屬迎勞遂奉詔入朝擢江西行省參知政事且諭之曰天下分爭所謂豪傑有三易亂爲治者上也保民達變知所歸者次也負固偷安身死不悔斯其下矣卿輸誠納土不逆顏行可謂識時務者眞頓首謝在官頗著聲望尤喜儒術讀書綴文已轉山東參政四年命還廣東收集舊卒事竣仍莅山東九年致仕大軍征雲南命眞偕其子兵馬指揮貴往規畫軍餉置郵驛遷山西右布政使再與貴勾軍廣東擢貴鎭南衞指揮僉事尋命眞爲浙江布政使改湖廣二十年復致仕封東莞伯祿一千五百石子世券卒子榮嗣與弟貴及尚寶司丞宏皆坐藍黨死眞弟迪疑禍及己遂作亂擊殺南海官軍三百餘人遁入海島廣東都司發兵討禽之伏誅

贊曰陳友諒之克太平也其鋒甚銳微茂才則金陵之安危未可知矣吳良守江陰耿炳文守長興而吳人不得肆其志締造之基其力爲多至若華雲龍張赫吳復胡海之屬或威著邊疆或功存海運搴旗陷陣所向皆摧揆之前代功臣何多讓焉而又皆能保守祿位以恩禮令終斯其尤足嘉美者歟

明史卷一百三十一　　列傳第十九

總裁官總理事務經筵講官少保兼太子太保保和殿大學士兼管吏部戶部尚書事加六級張廷玉等奉

敕修

顧時　吳禎
薛顯　郭興
陳德　王志
梅思祖　金朝興
唐勝宗　陸仲亨
費聚　陸聚
鄭遇春　黃彬
葉昇

顧時字時舉濠人倜儻好奇畧從太祖渡江積功由百夫長授元帥取安慶南昌廬州泰州擢天策衞指揮同知李濟據濠州時從平章韓政討降之攻張士誠昇山水寨引小舫繞敵舟舟中多俯視而笑時乘其懈帥壯士數人大呼躍入舟衆大亂餘舟競進五太子來援薛顯又敗之五太子等降遂從大將軍平吳旋師取山東洪武元年拜大都督府副使兼同知率府事從大將軍定河南北浚牐以通舟師自臨清至通州下元都與諸將分邏古北諸隘口從大軍取平陽克崞州獲逃將王信等四十六人取蘭州圍慶陽張良臣耀兵城下擊敗之獲其勁將九人良臣乃不敢復出慶陽平徐達還京令時將騎兵畧靜寧州走賀宗哲西邊悉平三年進大都督同知封濟寧侯祿千五百石予世券四年爲左副將軍副傅友德帥河南陝西步騎伐蜀自興元進克階文敗蜀兵於漢川遂克成都明年副李文忠北征分道入沙漠迷失道糧且盡遇寇士疲不能戰時帥麾下數百人躍馬衝擊敵衆引去獲其輜重糧畜以歸軍聲大振六年從徐達鎭北平踰年召還八年復出鎭十二年卒年四十六葬鍾山追封滕國公謚襄靖祔祭功臣廟時能以少擊衆沉鷙不伐帝甚重之子敬金吾衞鎭撫十五年嗣侯爲左副將軍平龍泉山寇有功二十三年追論胡惟庸黨榜列諸臣以時爲首敬坐死爵除

吳禎江國襄烈公良弟也初名國寶賜名禎與良俱從克滁和渡江克采石從定集慶下鎭江廣德常州宣城江陰皆有功又從常遇春自銅陵取池州以舟師毀其北門入城敵艦百餘至復大敗之遂克池州積功由帳前都先鋒累遷爲天興翼副元帥以千人助良守江陰數敗吳兵破士誠水寨禽其驍將朱定授英武衞親軍指揮使又大破吳兵於浮子門從大將軍徐達帥馬步舟師取湖州勒奇兵出舊館大捷湖州平遂戍之從圍平江破葑胥二門進僉大都督府事撫平江尋副征南將軍湯和討方國珍乘潮入曹娥江毀壩通道出不意直抵軍廐國珍亡入海追及之盤嶼合戰自申至戌敗之盡獲其戰艦士卒輜重國珍降復自海道進取福州圍其西南水部三門一鼓克之洪武元年進兵破延平禽陳友定閩海悉平還次昌國會海寇劫蘭秀山剿平之兼率府副使尋爲吳王左相兼僉大都督府事二年大將軍平陝西還禎與副將軍馮勝駐慶陽三年討平沂州答山賊命爲靖海將軍練軍海上其冬封靖海侯食祿千五百石予世券與秦晉二王傅金朝興汪興祖並專傅王解都督府事仇成戍遼陽命禎總舟師數萬由登州餉之海道險遠經理有方兵食無乏完城練卒盡收遼海未附之地降平章高家奴等坐事謫定遼衞指揮使尋召還七年海上有警復充總兵官同都督僉事於顯總江陰四衞舟師出捕倭至琉球大洋獲其兵船獻俘京師自是常往來海道總理軍務數年海上無寇十一年奉詔出定遼得疾輿還京師明年卒追封海國公謚襄毅與良俱肖像功臣廟子忠嗣侯二十三年追論禎胡惟庸黨爵除

薛顯蕭人趙均用據徐州以顯爲元帥守泗州均用死以泗州來降授親軍指揮從征伐南昌平命顯從大都督朱文正守之陳友諒寇南昌顯守章江新城二門友諒攻甚急顯隨方禦之間出銳卒搏戰斬其平章劉進昭禽副樞趙祥固守三月乃解武昌既平鄧仲謙據新淦不下顯討斬之因徇下未附諸郡縣以功擢江西行省參政從徐達等收淮東遂伐張士誠與常遇春攻湖州別將游軍取德清攻昇山水寨士誠遣其五太子盛兵來援遇春與戰小却顯帥舟師奮擊燒其船衆大潰五太子及朱暹呂珍等以舊館降得兵六萬人遇春謂顯曰今日之戰將軍功過春弗如也五太子等既降吳人震恐湖州遂下進圍平江與諸將分門而軍吳平進行省右丞命從大將軍徐達取中原濒行太祖諭諸將謂薛顯傅友德勇畧冠軍可當一面進克兗沂青濟取東昌棣州樂安還收河南搗關陝渡河取衛輝彰德廣平臨清帥馬步舟師取德州長蘆敗元兵於河西務又敗之通州遂克元都分兵邏古北諸隘口畧大同獲喬右丞等三十四人進征山西次保定取七垜寨追敗脫因帖木兒與友德將鐵騎三千畧平定西取太原走擴廓降豁鼻馬邀擊賀宗哲於石州拔白崖桃花諸山寨與大將軍達會平陽以降將杜旺等十一人見遂從入關中抵臨洮別將攻馬鞍山西番寨大獲其畜產襲走元豫王敗擴廓於寧夏復與達會師取平涼張良臣僞以慶陽降顯往納之良臣蒲伏道迎夜劫顯營突圍免良臣據城叛達進圍之擴廓遣韓扎兒攻原州以撓明師顯駐兵靈州遏之良臣援絕遂敗追賀宗哲於六盤山逐擴廓出塞外陝西悉平洪武三年冬大封功臣以顯擅殺胥吏獸醫火者馬軍及千戶吳富面數其罪封永城侯勿予券謫居海南分其祿爲三一以贍所殺吳富及馬軍之家一以給其母妻令功過無相掩顯居海南踰年帝念之召還予世券食祿一千五百石復從大將軍征漠北數奉命巡視河南屯田北平練軍山西從魏國公巡北邊從宋國公出金山二十年冬召還次山海衛卒贈永國公謚桓襄無子弟綱幼二十三年追坐顯胡惟庸黨以死不問爵除

郭興一名子興濠人滁陽王郭子興據濠稱元帥興隸麾下太祖在甥館興歸心焉軍行嘗備宿衛累功授管軍總管進統軍元帥圍常州晝夜不解甲者七月城下受上賞從攻寧國江陰宜興婺州安慶衢州皆下之戰於鄱陽陳友諒連巨艦以進我師屢却興獻計以火攻之友諒死從征武昌斬獲多進鷹揚衛指揮使從徐達取廬州援安豐大敗張士誠兵平襄陽衛灃還克高郵淮安轉戰湖州圍平江軍於婁門吳平擢鎮國將軍大都督府僉事洪武元年從達取中原克汴梁守禦河南馮勝取陝州請益兵守潼關達曰無如興者遂調守之爲犄角日窺伺欲東向興悉力捍禦王左丞來攻大敗潼關三秦門戶時哈麻圖據奉元李思齊張思道等與之從徐達帥輕騎直擣奉元大軍繼進遂克之移鎮鞏昌邊境帖然三年爲秦王武傅兼陝西行都督府僉事其冬封功臣興以不守紀律止封鞏昌侯食祿一千五百石予世券四年伐蜀克漢川成都六年從徐達鎮北平同陳德敗元兵於答剌海口十一年練兵臨清十六年巡北邊召還踰年卒贈陝國公謚宣武二十三年追坐胡惟庸黨爵除興女弟爲寧妃弟英武定侯季弟德成性通敏嗜酒兩兄積功至列侯而德成止驍騎舍人太祖以寧妃故欲貴顯之德成辭帝不悅頓首謝曰臣性耽麴蘖庸闇不能事事位高祿重必任職司事不治上殆殺我人生貴適意但多得錢飲醇酒足矣餘非所望帝稱善賜酒百罌金幣稱之寵遇益厚嘗侍宴後苑醉匍匐脫冠謝帝顧見德成髮種種笑曰醉風漢髮如此非酒過耶德成仰首曰臣猶厭之盡薙始快帝默然既醒大懼佯狂自放剃髮衣僧衣唱佛不已帝謂寧妃曰始以汝兄戲言今實爲之眞風漢也後黨事起坐死者相屬德成竟得免

陳德字至善濠人世農家有勇力從太祖於定遠以萬夫長從戰皆有功爲帳前都先鋒同諸將取寧徽衢婺諸城擢元帥李伯昇寇長興德往援擊走之從援南昌大戰鄱陽湖禽水寨姚平章太祖舟膠淺德力戰身被九矢不退從平武昌大敗張士誠兵於舊館擢天策衛親軍指揮使吳平進僉大都督府事從大將軍北取中原克元汴梁立河南行都督府以德署府事討平羣盜征山西破澤州磨盤寨獲參政喻仁遂會大軍克平陽太原大同渡河取奉元鳳翔至秦州元守將呂國公遁追禽之徐達圍張良臣於慶陽良臣恃其兄思道爲外援間使往來德悉禽獲慶陽遂下又大破擴廓於古城降其卒八萬洪武三年封臨江侯食祿一千五百石予世券明年從潁川侯傅友德伐蜀分道入綿州破龍德大敗吳友仁之衆乘勝拔漢州向大亨戴壽等走成都追敗之遂與友德圍成都蜀平賜白金綵幣復還汴五年爲左副將軍與馮勝征漠北破敵於別篤山俘斬萬計克甘肅取亦集乃路留兵扼關而還明年復總兵出朔方敗敵三岔山禽其副樞失剌罕等七十餘人其秋再出戰於答剌海口斬首六百級獲其同僉忻都等五十四人凡三戰三捷七年練兵北平十年還鳳陽十一年卒追封杞國公謚定襄子鏞襲封十六年爲征南左副將軍討平龍泉諸山寇練兵汴梁十九年與靖海侯吳禎城會州二十年從馮勝征納哈出將至金山與大軍異道相失敗沒二十三年追坐德胡惟庸黨詔書言其征西時有過被譴責遂與惟庸通謀爵除

王志臨淮人以鄉兵從太祖於濠下滁和從渡江屢騰柵先登身冒矢石授右副元帥從取常州寧國江陰復宜興攻高郵搗九江下黃梅鏖戰鄱陽從平武昌還克廬州敗張士誠兵追奔四十里以親軍衛指揮使改六安衛守六安從幸汴梁渡河取懷慶澤潞留守平陽大將軍徐達西伐會師克興元洪武三年進同知都督府事封六安侯歲祿九百石予世券移守漢中帥兵出察罕腦兒塞還鎮平陽復從大將軍征沙漠其後用兵西南皆以偏將軍從雖無首功然持重未嘗敗衂其攻合肥敗樓兒張禽吳副使爲戰功第一領山西都司衛所軍務帝稱其處置得宜十六年督兵往雲南品甸繕城池立屯堡置驛傳安輯其民十九年卒追封許國公謚襄簡子威二十二年嗣侯明年坐事謫安南衛指揮使卒無子弟琙嗣改清平衛世襲志亦追坐胡惟庸黨以死不問

梅思祖夏邑人初爲元義兵元帥叛從劉福通擴廓醢其父尋棄福通歸張士誠爲中書左丞守淮安徐達兵至迎降并獻四州士誠殺其兄弟數人太祖擢思祖大都督府副使從大軍伐吳克昇山水寨下湖州圍平江皆有功吳平遷浙江行省右丞從大將軍伐中原克山東取汴洛破陝州下潼關旋師徇河北至衛輝元平章龍二棄城走彰德師從之龍二復出走遂降其城守之畧定北平未下州郡從大軍平晉冀復從平陝西別將克邠州獲元參政毛貴等三十人從大將軍破擴廓於定西還自秦州破畧陽入沔州取興元洪武三年論功封汝南侯食祿九百石予世券四年伐蜀五年征甘肅還命巡視山陝遼東城池十四年四川水盡源通塔平散毛諸洞長官作亂命思祖爲征南副將軍與江夏侯周德興帥兵討平之十五年復與傅友德平雲南置貴州都司以思祖署都指揮使尋署雲南布政司事與平章潘元明同守雲南思祖善撫輯遠人安之是年卒賜葬鍾山之陰子義遼東都指揮使二十三年追坐思祖胡惟庸黨滅其家思祖從子殷爲駙馬都尉別有傳

金朝興巢人淮西亂聚衆結寨自保俞通海等旣歸太祖朝興亦帥衆來附從渡江征伐皆預有功克常州爲都先鋒復宜興爲左翼副元帥平武昌進龍驤衛指揮同知平吳改鎮武衛指揮使克大同改大同衛指揮使取東勝州獲元平章劉麟等十八人洪武三年論功爲都督僉事兼秦王左相未幾解都督府事專傅王四年從大軍伐蜀七年帥師至黑城獲元太尉盧伯顏平章帖兒不花并省院等官二十五人遂從李文忠分領東道兵取和林語具文忠傳朝興沉勇有智畧所至以偏師取勝雖未爲大帥而功出諸將上十一年從沐英西征收納鄰七站地明年論功封宣德侯祿二千石世襲指揮使十五年從傅友德征雲南駐師臨安元右丞兀卜台元帥完者都土酋楊政等俱降朝興撫輯有方軍民咸悅進次會川卒追封沂國公謚武毅十七年論平雲南功改錫世侯券增祿五百石長子鎮嗣封二十三年追坐朝興胡惟庸黨降鎮平壩衛指揮使從征有功進都指揮使其後世襲衛指揮使嘉靖元年命立傅友德梅思祖及朝興廟於雲南額曰報功

唐勝宗濠人太祖起兵勝宗年十八來歸從渡江積功爲中翼元帥從徐達克常州進圍寧國扼險力戰敗其援兵城遂降從征婺州克之從征池州力戰敗陳友諒兵擢龍驤衛指揮僉事從征友諒至安慶敵固守勝宗爲陸兵疑之出不意擣克其水寨從下南昌畧定江西諸郡援安豐攻廬州戰鄱陽邀擊涇江口皆有功擢驃騎衛指揮同知從定武昌徇長沙沅陵澧陽從徐達取江陵還定淮東穴城克安豐追獲元將忻都爲安豐衛指揮使守之從大將軍伐中原克汴梁歸德許州輒留守從大軍克延安進都督府同知洪武三年冬封延安侯食祿千五百石予世券坐擅馳驛騎奪爵降指揮捕代縣反者久之復爵十四年浙東山寇葉丁香等作亂命總兵討之禽賊首并其黨三千餘人分兵平安福賊至臨安降元右丞兀卜台等十五年巡視陝西督屯田簡軍士明年鎮遼東奉敕勿通高麗高麗使至察其奸表聞賜敕褒美比魏田豫却烏桓略稱名臣在鎮七年威信大著召還帥師討平貴州蠻練兵黃平二十三年坐胡惟庸黨誅爵除

陸仲亨濠人歸太祖從征滁州取大柳樹諸寨克和陽擊敗元兵逐青山羣盜從渡江取太平定集慶從徐達

下諸郡縣授左翼統軍元帥從征陳友諒功多進驃騎衞指揮使從常遇春討贛州降熊天瑞爲贛州衞指揮使節制嶺南北新附諸郡調兵克梅州會昌湘鄉悉平諸山寨洪武元年帥衞軍與廖永忠等征廣東略定諸郡縣會永忠於廣州降元將盧左丞廣東平改美東衞指揮使擢江西行省平章代鄧愈鎮襄陽改同知都督府事三年冬封吉安侯祿千五百石予世券與唐勝宗同坐事降指揮使捕寇雁門同復爵十二年與周德興黃彬等從湯和練兵臨清未幾即軍中逮三人至京旣而釋之移鎮成都平巨津州叛蠻烏撒諸蠻復叛從傅友德討平之二十三年治胡惟庸逆黨家奴封帖木告仲亨與勝宗費聚趙庸皆與通謀下吏訊獄具帝曰朕每怪其居貴位有憂色遂誅仲亨籍其家初仲亨年十七爲亂兵所掠父母兄弟俱亡持一升麥伏草間帝見之呼曰來遂從征伐至封侯帝嘗曰此我初起時腹心股肱也竟誅死

費聚字子英五河人父德興以材勇爲游徼卒聚少習技擊太祖遇於濠偉其貌深相結納定遠張家堡有民兵無所屬郭子興欲招之念無可使者太祖力疾請行偕聚騎而往步卒九人俱至寶公河望其營甚整弓弩皆外向步卒懼欲走太祖曰彼以騎蹴我走將安往遂前抵其營招諭已定約三日太祖先歸留聚俟之其帥欲他屬聚還報太祖復偕聚以三百人往計縛其帥收卒三千人豁鼻山有秦把頭八百餘人聚復招降之遂從取靈壁克泗滁和州授承信校尉旣定江東克長興立永興翼元帥府以聚副耿炳文爲元帥張士誠入寇擊敗之召領宿衞援安豐兩定江西克武昌皆從改永興翼元帥府爲永興親軍指揮司仍副炳文爲指揮同知士誠復入寇獲其帥宋興祖再敗之士誠奪氣不敢復窺長興隨征淮安湖州平江皆有功進指揮使湯和討方國珍聚以舟師從海道邀擊浙東平復由海道取福州破延平歸次昌國剿海寇葉陳二姓於蘭秀山至是聚始獨將洪武二年會大軍取西安改西安衞指揮使進都督府僉事鎮守平涼三年封平涼侯歲祿千五百石予世券時諸將在邊屯田募伍歲有常課聚頗躭酒色無所事事又以招降無功召還切責之明年從傅友德征雲南大戰白石江禽達里麻雲南平進取大理未幾諸蠻復叛命副安陸侯吳復爲總兵授以方畧分攻關索嶺及阿咱等寨悉下之蠻地始定置貴州都指揮使司以聚署司事十八年命爲總兵官帥指揮丁忠等征廣南禽火立達俘其衆萬人還鎮雲南二十三年召還李善長敗語連聚帝曰聚曩使姑蘇不稱旨朕嘗詈責遂欲反耶竟坐黨死爵除子超征方國珍沒於陣璿以人材舉官江西參政孫宏從征雲南積功爲右衞指揮使坐奏對不實戍金齒

陸聚不知何許人元樞密院同知脫脫敗芝蔴李於徐州彭大等奔濠聚撫戢流亡繕城保境寇不敢犯徐達經理江淮聚以徐宿二州降太祖嘗詔諭二州吾桑梓地未忍加兵及歸附大悅以聚爲江南行省參政仍守徐州遣兵畧定沛魚臺邳蕭宿遷睢寧擴廓遣李左丞侵徐駐陵子村聚遣指揮傅友德擊之俘其衆禽李左丞又敗元兵於宿州禽僉院邢端等從定山東平汴梁還鎮改山東行省參政從平元都畧大同保定眞定攻克車子山及鳳山城山鐵山諸寨分守井陘故關會師陝西克承天寨聚所部皆淮北勁卒雖燕趙精騎不及也北征沂邳山民乘間作亂召聚還討平之洪武三年封河南侯歲祿九百石予世券八年同衞國公愈屯田陝西置衞戍守十二年同信國公和練兵臨清尋理福建軍務召還賜第鳳陽二十三年坐胡惟庸黨死爵除

鄭遇春濠人與兄遇霖俱以勇力聞遇霖與里人有郤欲殺之遇春力護得解衆皆畏遇霖而以遇春爲賢太祖下滁州遇霖爲先鋒取鐵佛岡三汊河大柳等寨遇春亦累功至總管攻蕪湖遇霖戰死遇春領其衆時諸將所部不過千人遇春兼兩隊而所部九驍果累戰功多授左翼元帥從平陳友諒身先士卒未嘗自言功太祖異之取六安爲六安衞指揮僉事從大將軍定山東河南北克朔州改朔州衞指揮副使洪武三年進同知大都督府事封滎陽侯歲祿九百石予世券明年命駐臨濠開行大都督府坐累奪爵尋復之復守朔州從傅友德平雲南帥楊文等經畧城池屯堡還京督金吾諸衞造海船百八十艘運餉遼東籍陝西岷州諸衞官馬二十三年坐胡惟庸黨死爵除

黃彬江夏人從歐普祥攻陷袁吉屬縣徐壽輝以普祥守袁州及陳友諒殺壽輝僭僞號彬言於普祥曰公與友諒比肩奈何下之友諒驕恣非江東敵也保境候東師當不失富貴普祥遂遣使納欵友諒遣弟友仁攻之彬與普祥敗其衆獲友仁友諒懼約分界不相犯乃釋友仁時江楚諸郡皆爲陳氏有袁扼其要害潭岳贛兵不得出友諒勢大蹙太祖兵臨之遂棄江州彬力也太祖至龍興令普祥仍守袁州而以彬爲江西行省參政未幾普祥死彬領其衆普祥故殘暴彬盡反所爲民甚安之從常遇春征贛州饒鼎臣據吉安爲熊天瑞聲援遇春兵至鼎臣走安福彬以兵躡之鼎臣走茶陵天瑞乃降永新守將周安叛彬從湯和執安鼎臣亦殪移鎮袁州招集諸山寨江西悉定進江淮行省中書左丞洪武三年封宜春侯歲祿九百石予世券四年贛州上猶山寇叛討平之五年古州等洞蠻叛以鄧愈爲征南將軍三道出師彬與營陽侯璟出澧州師還賜第中都明年從徐達鎮北平出練兵沂州臨清二十三年坐胡惟庸黨死爵除

葉昇合肥人左君弼據廬昇自拔來歸以右翼元帥從征江州以指揮僉事從取吳以府軍衞指揮使從定明州洪武三年論功僉大都督府事明年從征西將軍湯和以舟師取蜀越二年出爲都指揮使鎮守西安討平慶陽叛寇十二年復僉大都督府事西番叛與都督王弼征之降乞失迦平其部落復討平延安伯顏帖木兒禽洮州番酋論功封靖寧侯歲祿二千石世指揮使鎮遼東修海蓋復三城在鎮六年邊備修舉外寇不敢犯發高麗賂遺帝屢賜敕與唐勝宗同褒二十年命同普定侯陳桓總制諸軍於雲南定邊姚安立營屯田經理畢節衞明年東川龍海諸蠻叛昇以參將從沐英討平之巳而湖廣安福所千戶夏德忠誘九溪洞蠻爲寇昇同胡海等討之潛兵出賊後掩擊禽德忠立永定九溪二衞因留屯襄陽贛州山賊復結湖廣峒蠻爲寇昇爲副將軍同胡海等討平之俘獲萬七千人昇凡三平叛蠻再出練兵甘肅河南二十五年八月坐交通胡惟庸事覺誅死涼國公藍玉昇姻也玉敗復連及昇以故名隸兩黨云

贊曰諸將當草昧之際上觀天命委心明主戰勝攻取克建殊勳皆一時之智勇也及海內寧謐乃名隸黨籍或追論或身坐鮮有能自全者圭裳之錫固足酬功而礪帶之盟不克再世亦可慨矣夫

明史卷一百三十二　列傳第二十

總裁官總理事務經筵講官少保兼太子太保保和殿大學士兼管吏部戶部尚書事加六級張廷玉等奉敕修

朱亮祖　周德興
王弼　藍玉　曹震　張翼　張溫　陳桓
朱壽　曹興　謝成
李新

朱亮祖六安人元授義兵元帥太祖克寧國禽亮祖喜其勇悍賜金幣仍舊官居數月叛歸於元數與我兵戰爲所獲者六千餘人遂入宣城據之太祖方取建康未暇討也已遣徐達等圍之亮祖突圍戰常遇春被創而還諸將莫敢前太祖親往督戰獲之縛以見問曰爾將何如對曰生則盡力死則死耳太祖壯而釋之累功授樞密院判從下南昌九江戰鄱陽湖下武昌進廣信衞指揮使李文忠破李伯昇於新城亮祖乘勝燔其營落數十獲同僉元帥等六百餘人軍士三千馬八百匹輜重鎧甲無算伯昇僅以數騎遁太祖嘉其功賜賚甚厚胡深請會兵攻陳友定亮祖由鉛山進取浦城克崇安建陽功最多會攻桐廬圍餘杭遷浙江行省參政副李文忠守杭州帥馬步舟師數萬討方國瑛下天台進攻台州國瑛出走追至黃巖降其守將哈兒魯徇下仙居諸縣進兵溫州方明善拒戰擊敗之克其城徇下瑞安復敗明善於盤嶼追至楚門國瑛及明善詣軍降洪武元年副征南將軍廖永忠由海道取廣東何眞降悉定其地進取廣西克梧州元尚書普賢帖木兒戰死遂定鬱林潯貴諸郡與平章楊璟會師攻克靖江同廖永忠克南寧象州廣西平班師太子帥百官迎勞龍灣三年封永嘉侯食祿千五百石予世券四年伐蜀帝以諸將久無功命亮祖爲征虜右副將軍濟師至蜀而明昇已降徇下未附州縣師還以擅殺軍校不預賞八年同傅友德鎮北平還又同李善長督理屯田巡海道十二年出鎮廣東亮祖勇悍善戰而不知學所爲多不法番禺知縣道同以聞亮祖誣奏同同死事見同傳帝尋悟明年九月召亮祖至與其子府軍衞指揮使暹俱鞭死御製壙誌仍以侯禮葬二十三年追論亮祖胡惟庸黨次子昱亦坐誅

周德興濠人與太祖同里少相得從定滁和渡江累戰皆有功遷左翼大元帥從取金華安慶高郵援安豐征廬州進指揮使從討贛州安福永新拔吉安再進湖廣行省左丞同楊璟討廣西攻永州元平章阿思蘭及周

文貴自全州來援德興再擊敗之斬朱院判追奔至全州遂克之道州寧州藍山皆下進克武岡州分兵據險絕靖江聲援廣西平功多洪武三年封江夏侯歲祿千五百石予世券是歲慈利土酋覃垕連茅岡諸寨爲亂長沙洞苗俱煽動太祖命德興爲征蠻將軍帥師討平之明年伐蜀副湯和爲征西左將軍克保寧先是傅友德已克階文而和所帥舟師未進及保寧下兩路軍始合蜀平論功帝以和功由德興賞德興而面責和且追數征蠻事謂覃垕之役楊璟不能克趙庸中道返功無與德興比者復副鄧愈爲征南左將軍帥趙庸左君弼出南寧平婪鳳安田諸州蠻克泗城州功復出諸將上賞倍於大將命署中立府行大都督府事德興功既盛且恃帝故人營第宅踰制有司列其罪詔特宥之十三年命理福建軍務旋召還明年五溪蠻亂德興已老力請行帝壯而遣之賜手書曰趙充國圖征西羌馬援請討交阯朕常嘉其事謂今人所難卿忠勤不怠何忝前賢靖亂安民在此行也至五溪蠻悉散走會四川水盡源通塔平諸洞作亂仍命德興討平之十八年楚王楨討思州五開蠻復以德興爲副將軍德興在楚久所用皆楚卒威震蠻中定武昌等十五衛歲練軍士四萬四千八百人決荊山嶽山壩以溉田歲增官租四千三百石楚人德之還鄉賜黃金二百兩白金二千兩文綺百匹居無何帝謂德興福建功未竟卿雖老尚勉爲朕行德興至閩按籍僉練得民兵十萬餘人相視要害築城一十六置巡司四十有五防海之策始備逾三年歸第復令節制鳳陽留守司并訓練屬衛軍士諸勳臣存者德興年最高歲時入朝賜予不絕二十五年八月以其子驥亂宮并坐誅死

王弼其先定遠人後徙臨淮善用雙刀號雙刀王初結鄉里依三臺山樹柵自保踰年帥所部來歸太祖知其才使備宿衛破張士誠兵於湖州取池州石埭攻婺源州斬守將鐵木兒不花拔其城獲甲三千擢元帥下蘭溪金華諸暨援池州復太平下龍興吉安大戰鄱陽邀擊陳友諒於涇江口從平武昌還克廬州拔安豐破襄陽安陸取淮東克舊館降士誠將朱暹遂取湖州遷驍騎右衛親軍指揮使進圍平江弼軍盤門士誠親帥銳士突圍出西門搏戰將奔常遇春軍遇春分兵北濠截其後而別遣兵與戰士誠軍殊死鬭遇春拊弼背曰軍中皆稱爾健將能爲我取此乎弼應曰諾馳騎揮雙刀奮擊敵小却遇春帥衆乘之吳兵大敗人馬溺死沙盆瀆者甚衆士誠馬逸墮水幾不救肩輿入城自是不敢復出吳平賞賚甚厚從大軍征中原下山東畧定河南北遂取元都克山西走擴廓自河中渡河克陝西進征察罕腦兒師還洪武三年授大都督府僉事世襲指揮使十一年副西平侯沐英征西番降朶甘諸酋及洮州十八族殺獲甚衆論功封定遠侯食祿二千石十四年從傅友德征雲南至大理土酋段世扼龍尾關弼以兵由洱水趨上關與沐英兵夾擊之拔其城禽段世鶴慶麗江諸郡以次悉平加祿五百石予世券二十年以副將軍從馮勝北伐降納哈出明年復以副將軍從藍玉出塞深入不見敵玉欲引還弼持不可玉從之進至捕魚兒海以弼爲前鋒直薄敵營走元嗣主脫古思帖木兒盡獲其輜重語在玉傳二十三年奉詔還鄉二十五年從馮勝傅友德練軍山西河南明年同召還先後賜死爵除弼子六人女爲楚王妃

藍玉定遠人開平王常遇春婦弟也初隸遇春帳下臨敵勇敢所向皆捷遇春數稱於太祖由管軍鎭撫積功至大都督府僉事洪武四年從傅友德伐蜀克綿州五年從徐達北征先出雁門敗元兵於亂山再敗之於土剌河七年帥兵拔興和獲其國公帖里密赤等五十九人十一年同西平侯沐英討西番禽其酋三副使斬獲千計明年師還封永昌侯食祿二千五百石予世券十四年以征南右副將軍從潁川侯傅友德征雲南禽元平章達里麻於曲靖梁王走死滇地悉平玉功爲多益祿五百石册其女爲蜀王妃二十年以征虜左副將軍從大將軍馮勝征納哈出次通州聞元兵有屯慶州者玉乘大雪帥輕騎襲破之殺平章果來禽其子不蘭溪還會大軍進至金山納哈出遣使詣大將軍營納欵玉往受降納哈出以數百騎至玉大喜飲以酒納哈出酌酒酬玉玉解衣衣之曰請服此而飲納哈出不肯服玉亦不飲爭讓久之納哈出覆酒於地顧其下咄咄語將脫去鄭國公常茂在坐直前砍傷之都督耿忠擁以見勝其衆驚潰遣降將觀童諭降之還至亦迷河悉降其餘衆會馮勝有罪收大將軍印命玉行總兵官事尋卽軍中拜玉爲大將軍移屯薊州時順帝孫脫古思帖木兒嗣立擾塞上二十一年三月命玉帥師十五萬征之出大寧至慶州諜知元主在捕魚兒海間道兼程進至百眼井去海四十里不見敵欲引還定遠侯王弼曰吾輩提十餘萬衆深入漠北無所得遽班師何以復命玉曰然令軍士穴地而爨毋見烟火乘夜至海南敵營尚在海東北八十餘里玉令弼爲前鋒疾馳薄其營敵謂我軍乏水草不能深入不設備又大風揚沙晝晦軍行敵無所覺猝至前大驚迎戰敗之殺太尉蠻子等降其衆元主與太子天保奴數十騎遁去玉以精騎追之不及獲其次子地保奴妃公主以下百餘人又追獲吳王朶兒只代王達里麻及平章以下官屬三千人男女七萬七千餘人並寶璽符敕金牌金銀印諸物馬駝牛羊十五萬餘焚其甲仗蓄積無算奏捷京師帝大喜賜敕褒勞比之衞青李靖又破哈剌章營獲人畜六萬師還進涼國公明年命督修四川城池二十三年施南忠建二宣撫司蠻叛命玉討平之又平都勻安撫司散毛諸洞益祿五百石詔還鄉二十四年命玉理蘭州莊浪等七衛兵以追逃寇祁者孫遂畧西番罕東之地土酋哈昝等遁去會建昌指揮使月魯帖木兒叛詔移兵討之至則都指揮瞿能等已大破其衆月魯走柏興州玉遣百戶毛海誘縛其父子送京師誅之而盡降其衆因請增置屯衛報可復請籍民爲兵討朶甘百夷詔不許遂班師玉長身赬面饒勇畧有大將才中山開平既沒數總大軍多立功太祖遇之厚寖驕蹇自恣多蓄莊奴假子乘勢暴橫嘗佔東昌民田御史按問玉怒逐御史北征還夜扣喜峯關關吏不時納縱兵毀關入帝聞之不樂又人言其私元主妃妃慚自經死帝切責玉初帝欲封玉梁國公以過改爲涼仍鐫其過於券玉猶不悛侍宴語傲慢在軍擅黜陟將校進止自專帝數譙讓西征還命爲太子太傅玉不樂居宋潁兩公下曰我不堪太師耶比奏事多不聽益怏怏二十六年二月錦衣衛指揮蔣瓛告玉謀反下吏鞫訊獄辭云玉同景川侯曹震鶴慶侯張翼舳艫侯朱壽東莞伯何榮及吏部尚書詹徽戶部侍郎傅友文等謀爲變將伺帝出耤田舉事獄具族誅之列侯以下坐黨夷滅者不可勝數手詔布告天下條列爰書爲逆臣錄至九月乃下詔曰藍賊爲亂謀泄族誅者萬五千人自今胡黨藍黨概赦不問胡謂丞相惟庸也於是元功宿將相繼盡矣凡列名逆臣錄者一公十三侯二伯葉昇前坐事誅胡玉等諸小侯皆別見其曹震張翼張溫陳桓朱壽曹興六侯附著左方

曹震濠人從太祖起兵累官指揮使洪武十二年以征西番功封景川侯祿二千石從藍玉征雲南分道取臨安諸路至威楚降元平章閭乃馬歹等雲南平因請討容美散毛諸洞蠻及西番朶甘思曩日諸族詔不許又請以貴州四川二都司所易番馬分給陝西河南將士又言四川至建昌驛道經大渡河往來者多死瘴癘詢父老自嵋州峨嵋至建昌有古驛道平易無瘴毒已令軍民修治請以瀘州至建昌驛馬移置峨嵋新驛從之二十一年與靖寧侯葉昇分道討平東川叛蠻俘獲五千餘人尋復命理四川軍務同藍玉覈征南軍士會永寧宣慰司言所轄地有百九十灘其八十餘灘道梗不利詔震疏治之震至瀘州按視有支河通永寧乃鑿石削崖令深廣以通漕運又闢陸路作驛舍郵亭駕橋立棧自茂州一道至松潘一道至貴州以達保寧先是行人許穆言松州地磽瘠不宜屯種戍卒三千糧運不給請移戍茂州俾就近屯田帝以松州控制西番不可動至是運道既通松潘遂爲重鎭帝嘉其勞踰年復奏四事一請於雲南大寧境就井煑鹽募商輸粟以贍邊一令商入粟雲南建昌給以重慶綦江市馬之引一請蠲馬湖逋租一施州衞軍儲仰給湖廣泝江險遠請以重慶粟順流輸之皆報可震在蜀久諸所規畫並極周詳蜀人德之藍玉敗謂與震及朱壽誘指揮莊成等謀不軌論逆黨以震爲首並其子炳誅之張翼臨淮人父聚以前翼元帥從平江南淮東積功爲大同衞指揮同知致仕翼隨父軍中驍勇善戰以副千戶嗣父職從征陝西禽叛寇擢都指揮僉事進僉都督府事從藍玉征雲南克普定曲靖取鶴慶麗江剗七百房山寨擣劍川擊石門十七年論功封鶴慶侯祿二千五百石予世券二十六年坐玉黨死張溫不詳何許人從太祖渡江授千戶積功至天策衞指揮僉事從大軍收中原克陝西攻下蘭州守之元將擴廓偵大將軍南還自甘肅帥步騎奄至諸將請固守以待援溫曰彼遠來未知我虛實乘暮擊之可挫其銳倘彼不退固守未爲晚也於是整兵出戰元兵少却已而圍城數重溫斂兵固守敵攻不能下乃引去太祖稱爲奇功擢大都督府僉事已又命兼陝西行都督府僉事當蘭州之受圍也元兵乘夜梯城而登千戶郭佑被酒臥他將巡城者擊退之圍既解溫將斬佑天策衞知事朱有聞爭曰當賊犯城時將軍斬佑以令衆軍法也賊既退始追僇之無及於事且有擅殺名溫謝曰非君不聞是言遂杖佑釋之帝聞而兩善焉并賞有聞綺帛其明年以參將從傅友德伐蜀功多十一年以副將會王弼等討西羌明年論功封會寧侯祿二千石又明年命往理河南軍務十四年從傅友德征雲南二十年秋帥師討納哈出餘衆從北伐皆有功後以居室器用僭上獲罪遂坐玉黨死陳桓濠人從克

滁和渡江克集慶先登從取寧國金華戰龍江彭蠡收淮東浙西平中原累功授都督僉事洪武四年從伐蜀十四年從征雲南與胡海郭英帥兵五萬由永寧趨烏撒道險隘自赤河進師與烏撒諸蠻大戰敗走之再破芒部土酋走元右丞實卜遂城烏撒降東川烏蒙諸蠻進克大理畧定汝寧靖寧諸州邑十七年封普定侯祿二千五百石予世劵二十年同靖寧侯葉昇征東川俘獲甚衆就令總制雲南諸軍再平九溪洞蠻立營堡屯田還坐玉黨死朱壽未詳何許人以萬戶從渡江下江東郡邑進總管收常婺克武昌平蘇湖轉戰南北積功爲橫海衞指揮進都督僉事與張赫督漕運有功洪武二十年封舳艫侯祿二千石予世劵坐玉黨死曹興一名興才未詳何許人從平武昌授指揮僉事取平江進指揮使克蘇九疇炭山寨進都督僉事兼太原衞指揮進山西行省參政領衞事爲晉王相洪武十一年從沐英討洮州羌降朶甘酋禽三副使等師還封懷遠侯世襲指揮使理軍務山西從北征有功後數年坐玉黨死同時以黨連坐者都督則有黃輅湯泉馬俊王誠聶緯王銘許亮謝熊汪信蕭用楊春張政祝哲陶文茆鼎凡十餘人多玉部下偏裨於是勇力武健之士芟夷畧盡罕有存者

謝成濠人從克滁和渡江定集慶授總管克寧國婺州進管軍千戶戰鄱陽平武昌下蘇湖進指揮僉事從大軍征中原克元都攻慶陽擣定西爲都督僉事晉王府相從沐英征朶甘降乞失迦平洮州十八族洪武十二年封永平侯祿二千石世指揮使二十年同張溫追討納哈出餘衆召還二十七年坐事死沒其田宅

李新濠州人從渡江數立功戰龍灣授管軍副千戶取江陵進龍驤衞正千戶克平江遷神武衞指揮僉事調守茶陵衞屢遷至中軍都督府僉事十五年以營孝陵封崇山侯歲祿千五百石二十二年命改建帝王廟於雞鳴山新有心計將作官吏視成畫而已明年遣還鄉須賜金帛田宅時諸勳貴稍僭肆帝頗嫉之以黨事緣坐者衆新首建言公侯家人及儀從戶各有常數餘者宜歸有司帝是之悉發鳳陽隸籍爲民命禮部纂稽制錄嚴公侯奢侈踰越之禁於是武定侯英還佃戶輸稅信國公和還儀從戶曹國公景隆還莊田皆自新發之二十六年督有司開胭脂河於溧水西達大江東通兩浙以濟漕運河成民甚便之二十八年以事誅

贊曰治天下不可以無法而草昧之時法尚疏承平之日法漸密固事勢使然論者每致慨於鳥盡弓藏謂出於英主之猜謀殊非通達治體之言也夫當天下大定勢如磐石之安指麾萬里奔走恐後復何所疑忌而芟薙之不遺餘力哉亦以介胄之士獷驁難馴乘其鋒銳皆能豎尺寸於疆埸追身處富貴志滿氣溢近之則以驕恣啟危機遠之則以怨望扞文網人主不能廢法而曲全之亦出於不得已而非以剪除爲私計也亮祖以下諸人既昧明哲保身之幾又違制節謹度之道駢首就僇亦其自取焉爾

明史卷一百三十三　　列傳第二十一

總裁官總理事務經筵講官少保兼太子太保保和殿大學士兼管吏部戶部尚書事加六級臣張廷玉等奉

敕修

廖永安　俞通海弟通源淵

胡大海養子德濟　耿再成

張德勝汪興祖　趙德勝南昌康郎山兩廟忠臣附

桑世傑劉成　茅成楊國興

胡深　孫興祖

曹良臣周顯常榮張耀　濮英于光等

廖永安字彥敬德慶侯永忠兄也太祖初起永安兄弟偕俞通海等以舟師自巢湖來歸太祖親往收其軍遂以舟師攻元中丞蠻子海牙於馬場河元人駕樓船不利進退而永安輩操舟若飛再戰再破元兵始定渡江策頃之發江口永安舉帆請所向命直指牛渚西北風方駛頃刻達岸太祖急揮甲士鼓勇以登采石鎭兵皆潰遂乘勝取太平授管軍總管以舟師破海牙水柵禽陳兆先入集慶擢建康翼統軍元帥以舟師從取鎭江克常州擢同僉江南行樞密院事又以舟師同常遇春自銅陵趨池州合攻破其北門執徐壽輝守將遂克池州偕俞通海拔江陰之石牌戍降張士誠守將欒瑞擢同知樞密院事又以舟師破士誠兵於常熟之福山港再破之通州之狼山獲其戰艦以歸遂從徐達復宜興乘勝深入太湖遇吳將呂珍與戰後軍不繼舟膠淺被執永安長水戰所至輒有功士誠愛其才勇欲降之不可爲所囚太祖壯永安不屈遙授行省平章政事封楚國公永安被囚凡八年竟死於吳吳平喪還太祖迎祭於郊洪武六年帝念天下大定諸功臣如永安及俞通海張德勝耿再成胡大海趙德勝桑世傑皆已前沒猶未有謚號乃下禮部定議議曰有元失馭四海糜沸英傑之士或起義旅或保一方泯泯棼棼莫知所屬眞人奮興不期自至龍行而雲虎嘯而風若楚國公臣永安等皆熊羆之士膂力之才非陷堅沒陣卽罹變捐軀義與忠俱名耀天壤陛下混一天下追維舊勞爵祿及子孫烝嘗著祀典易名定謚於禮爲宜臣謹按謚法以赴敵逢難謚臣永安武閔殺身克戎謚臣通海忠烈奉上致果謚臣張德勝忠毅勝敵致強謚臣大海武莊闢土斥境武而不遂謚臣再成武壯折衝禦侮壯而有力謚臣趙德勝武桓臣世傑業封永義侯與漢世祖封寇恂景丹相類當卽以爲謚詔曰可九年皆加贈開國輔運推誠宣力武臣光祿大夫柱國已又改封永安鄖國公無子授其從子昇爲指揮僉事

俞通海字碧泉其先濠人也父廷玉徙巢子三人通海通源淵元末盜起汝潁廷玉父子與趙普勝廖永安等結寨巢湖有水軍千艘數爲廬州左君弼所窘遣通海間道歸太祖太祖方駐師和陽謀渡江無舟楫通海至大喜曰天贊我也親往拔其軍而趙普勝叛去元兵以樓船扼馬場河等口瀨湖惟一港可通亦久涸會天大雨水深丈餘乃引舟出江至和陽通海爲人沉毅治軍嚴而有恩士樂爲用巢湖諸將皆長於水戰而通海爲最從破海牙諸水寨授萬戶從渡江克采石取太平徇下諸屬縣海牙復以戰艦截采石而陳兆先合淮兵二十萬屯方山相犄角通海與廖永安等擊之大敗其衆海牙遁進破兆先取集慶路從湯和拔鎭江遷秦淮翼元帥偕諸將取丹陽金壇常州遷行樞密院判官從克寧國下水陽因以舟師畧太湖降張士誠守將於馬蹟山艤舟胥口呂珍兵暴至諸將欲退通海曰不可彼衆我寡退則情見不如擊之乃身先疾鬭矢下如雨中右目不能戰命帳下士被己甲督戰敵以爲通海也不敢逼徐解去由是一目遂眇已偕永安等克石牌戍奪馬馱沙而還普勝既叛歸友諒陷池州遣別將守而自據樅陽水寨太祖方征浙東以樅陽爲憂通海往攻大破之普勝陸走盡獲其舟遂復池州遷僉樞密院事陳友諒犯龍灣偕諸將擊走之追焚其舟於慈湖禽七帥遂北至采石功最進樞密院同知從攻友諒下銅陵克九江掠蘄黃從徐達擊叛將祝宗康泰復南昌從援安豐敗士誠兵還攻廬州友諒大舉圍南昌從太祖擊之遇於康郎山舟小不能仰攻力戰幾不支通海乘風縱火焚其舟二十餘敵少挫太祖舟膠友諒驍將張定邊直前犯太祖舟常遇春射中定邊通海飛舸來援舟驟進水湧太祖舟得脫而通海舟復爲敵巨艦所壓兵皆以頭抵艦兜鍪盡裂僅免明日復戰偕廖永忠等以七舟置火藥焚敵舟數百踰二日復以六舟深入敵連大艦力拒太祖登舵樓望久之無所見意已沒有頃六舟繞敵艦出飄颻若游龍軍士讙譟勇氣百倍戰益力友諒兵大敗師次左蠡通海進曰湖有淺舟難回旋莫若入江據敵上流彼舟入卽成禽矣遂移師出湖水陸結柵友諒不敢出居湖中一月食盡引兵突走竟敗死是役也通海功最多師還賜良田金帛明年從平武昌拜中書省平章政事總兵畧劉家港進逼通州敗士誠兵禽其將朱瓊陳勝進攝江淮行中書省事鎭廬州從徐達平安豐又從克湖州畧太倉秋毫不犯民大悅圍平江戰滅渡橋搗桃花塢中流矢創甚歸金陵太祖幸其第問曰平章知予來問疾乎通海不能語太祖揮涕而出翼日卒年三十八太祖臨哭甚哀從官衞士皆感涕追封豫國公侑享太廟肖像功臣廟洪武三年改封虢國公謚忠烈通海父廷玉官僉樞密院事先卒追封河間郡公通海無子弟通源嗣其官通源字百川從大將軍征中原偕副將軍馮勝等會兵太原定河中渡河克鹿臺取鳳翔鞏昌涇州守開城會張良臣據慶陽再叛大將軍命諸將分兵蹙之通源自臨洮疾趨至涇畧其西顧時畧其北傅友德畧其東陳德畧其南大將軍逼城下良臣援絕糧盡敗死遂克慶陽征定西克興元皆先登洪武三年封南安侯歲祿千五百石予世劵四年從廖永忠伐蜀又從徐達出塞撫甘肅有功徙江南豪民十四萬田鳳陽又攻雲南征廣南蠻俘斬數萬二十二年詔還鄉賜鈔五萬置第於巢未行卒子祖病不能嗣逾年追論胡黨以通源死不問爵除淵以父兄故充參侍舍人從征積功授都督僉事通源既坐黨太祖念廷玉通海功二十五年封淵越巂侯歲祿二千五百石予世劵帥師討建昌叛賊越巂明年坐累失侯遣還里建文元年名復爵隨大軍征燕戰沒於白溝河次子靖嗣官

胡大海字通甫虹人長身鐵面智力過人太祖初起大海走謁滁陽命爲前鋒從渡江與諸將畧地以功授右翼統軍元帥宿衞帳下從破寧國副院判鄧愈戍之遂拔徽州畧定其境內元將楊完者以十萬衆來攻大海戰城下大破走之遂與鄧愈李文忠自昱嶺關攻建德敗元師於淳安遂克建德再敗楊完者降溪洞兵三萬人進樞密院判官克蘭溪從取婺州遷僉樞密院事下諸暨守將宵遁萬戶沈勝既降復叛大海擊敗之生禽

四千餘人改諸暨爲諸全州移兵攻紹興再破張士誠兵太祖以寧越重地名大海使守之士誠將呂珍圍諸全大海救之珍堰水灌城大海奪堰反灌珍營珍勢蹙於馬上折矢誓請各解兵許之郎中王愷曰珍猾賊不可信不如因擊之大海曰言出而背之不信既縱而擊之不武師還人皆服其威信尋攻處州走元將石抹宜孫遂定處州七邑陳友諒寇龍江命分軍擣信州以牽制敵大海用王愷言親引兵往遂克信州以爲廣信府信方絕糧或勸還師大海曰此閩楚襟喉地也可棄之乎築城浚隍以守之先是軍糧少所得郡縣將士皆徵糧於民名曰寨糧民甚病之大海以爲言始命罷去進江南行省參知政事鎭金華初嚴州既下苗將蔣英劉震李福皆自桐廬來歸大海喜其驍勇留置麾下至是三人者謀作亂晨入分省署請大海觀弩於八詠樓大海出英遣其黨跪馬前詐訴英過大海未及答反顧英英出袖中椎擊大海中腦仆地幷其子關住郎中王愷皆遇害英等大掠城中奔於吳其後李文忠攻杭州杭人執英以降太祖命誅英刺其血以祭大海大海善用兵每自誦曰吾武人不知書惟知三事而已不殺人不掠婦女不焚毀廬舍以是軍行遠近爭附及死聞者無不流涕又好士所至輒訪求豪儁劉基宋濂葉琛章溢之見聘也大海實薦之追封越國公謚武莊肖像功臣廟配享太廟初太祖克婺州禁釀酒大海子首犯之太祖怒欲行法時大海方征越都事王愷請勿誅以安大海心太祖曰寧可使大海叛我不可使我法不行竟手刃之及關住復被殺大海遂無後養子德濟字世美不知何許人大海帥以歸太祖從攻婺州爲誘兵大破元兵於梅花門外禽其將季彌章由是知名既下信州太祖以德濟爲行樞密院同僉使守之陳友諒將李明道來寇德濟與力戰大海來援夾擊之禽明道及其宣慰王漢二及大海爲蔣英所害處州降將李祐之亦殺院判耿再成以叛張士誠聞浙東亂遣其弟士信寇諸全德濟自信州往救乘懈得入城與知州欒鳳院判謝再興分門守夜半出敵不意砍士信營破走之擢浙江行省參知政事移守新城士誠將李伯昇帥步騎大入寇德濟固守乞師於李文忠文忠馳救德濟出兵夾擊大破之詳文忠傳時德濟所部有潛移家入新城者文忠疑德濟使然誅其都事羅彥敬欲徵戒德濟將士皆怒走告德濟德濟怡然曰右丞殺彥敬自爲廣信作戰衣有弊耳再言者斬於是太祖召德濟褒諭之而責文忠失將士心且曰胡德濟之量汝不及也擢浙江行省右丞賜駿馬未幾改左丞移鎭杭州從大將軍徐達出定西德濟軍失利達斬其部將數人械至京師帝念舊功釋之復以爲都指揮使鎭陝西卒欒鳳高郵人知諸全有能聲方士信來攻與謝再興力守數出奇兵挫敵再興使部校鬻貨於杭太祖慮其輸我軍虛實召再興還而以參軍李夢庚總制諸全軍馬既而念再興功爲兒子文正娶其長女命徐達娶其幼女復遣守諸全再興忿夢庚出己上鳳復以細故繩之遂叛殺鳳鳳妻王氏以身蔽鳳並殺之執夢庚降於士誠夢庚亦死之太祖以再興數有功叛非其志故鳳與夢庚皆不得卹云

耿再成字德甫五河人從太祖於濠克泗滁州元兵圍六合太祖救之與再成軍瓦梁壘力戰度不敵引還元兵尾至太祖設伏澗側令再成誘敵大敗之以鎭撫從渡江下集慶以元帥守鎭江以行樞密院判官守長興再守揚州從取金華爲前鋒屯縉雲之黃龍山以遏敵衝與胡大海破石抹宜孫於處州克其城守之宜孫來攻又敗之慶元再成持軍嚴士卒出入民間蔬果無所損金華苗帥蔣英等叛殺胡大海處州苗帥李祐之等聞之亦作亂再成方對客飯聞變上馬收戰卒不滿二十人迎賊罵曰賊奴國家何負汝乃反賊攢槊刺再成再成揮劍連斷數槊中傷墜馬大罵不絕口死胡深等收其屍槀葬之後改葬金陵聚寶山追封高陽郡公侑享太廟肖像功臣廟洪武三年加贈泗國公謚武壯子天璧聞父難糾部曲殺賊比至李文忠已破賊斬之遂以天璧守處州拒方國珍張士誠皆有功擢指揮副使克浦城擣建寧走陳友定征襄陽進至西安招諭河州臨洮皆下改杭州指揮同知七年出海捕倭深入外洋溺死

張德勝字仁輔合肥人才畧雄邁與俞通海等以舟師自巢來歸從渡江克采石太平陳埜先來攻與湯和等破禽之授太平興國翼總管破蠻子海牙水寨禽陳兆先下集慶克鎭江授秦淮翼元帥取常州擢樞密院判克寧國收長槍兵下太湖畧馬蹟山攻宜興取馬馱沙及石牌寨進僉樞密院事趙普勝陷池州德勝往援弗及還從徐達拔宜興普勝復掠靑陽石埭德勝與戰柵江口破走之已復同通海擊敗其衆遂復池州引兵自無爲趨浮山走普勝將胡總管追敗之靑山逐北至潛山陳友諒將郭泰逆戰沙河破斬之遂克潛山友諒犯龍江德勝總舟師迎戰殺傷相當德勝大呼麾諸將奮擊友諒軍披靡遂大敗與諸將追及之慈湖縱火焚其舟至采石大戰沒於陣追封蔡國公謚忠毅肖像功臣廟侑享太廟子宣幼養子興祖嗣職興祖巢人本汪姓既嗣職從破安慶克江州拔蘄黃取南昌從援安豐大敗張士誠兵鄱陽之戰與廖永忠等以六舟深入又邀擊友諒於涇江口功最擢湖廣行省參政從平武昌遂克廬州畧地至通州而還進大都督府僉事從徐達取淮東下浙西進同知大都督府事大軍北征別將衞軍由徐州克沂靑東平乘勝至東阿降元參政陳璧及所部五萬餘人孔子五十六世孫衍聖公希學帥曲阜知縣希舉鄒縣主簿孟思諒等迎謁於軍門興祖禮之兗東州縣聞風皆下遂取濟寧濟南洪武元年以都督兼右率府使從攻樂安克汴梁河洛還守濟寧與大將軍會師德州帥舟師並河進遂克元都徇下永平西取大同將三衞卒守之再敗元兵斬獲無算時德勝子宣已長命爲宣武衞指揮同知而興祖復姓爲汪三年進克武朔二州獲元知院馬廣等帥兵至大同北口大敗元兵獲擴廓弟金剛奴等四百餘人未幾命爲晉王武傅兼山西行都督府僉事四年從前將軍傅友德合兵伐蜀克階文乘勝至五里關中飛石死蜀平詔都督興祖殁於王事優賞其子追封東勝侯予世券興祖子幼命與宣同居以疾卒爵除

趙德勝濠人爲元義兵長善馬槊每戰先登隸王忙哥麾下察其必敗太祖取滁陽德勝母在軍中乃棄其妻來從太祖喜賜之名爲帳前先鋒從取鐵佛岡攻三汊河破張家寨克全椒後河諸寨援六合中流矢幾殆擊雞籠山擣烏江下和州含山夜襲陳埜先營拔板門鐵長官二寨遂取儀眞授總管府先鋒從渡江下太平克蕪湖句容溧水溧陽皆有功從常遇春敗蠻子海牙於采石破陳兆先營於方山下集慶功最從徐達取鎭江破苗軍水寨下丹陽金壇平寧國轉領軍先鋒取廣德破張士誠水寨復從遇春攻常州解牛塘圍復廣德寧國取江陰攻常熟禽張士德從攻湖州宜興叛還兵定之擢中翼左副元帥陳友諒犯龍江龍江第一關曰虎口城太祖以屬德勝友諒至力戰伏兵起友諒大敗遂復太平下銅陵臨山寨畧黃山橋及馬馱沙征高郵有功進後翼統軍元帥從太祖西征破安慶水寨乘風泝小孤山距九江五里友諒始知倉皇遁去遂克九江徇黃梅廣濟克瑞昌臨江吉安還下安慶進克撫州取新淦討南昌叛將復其城礟傷肩授僉江南行樞密院事與朱文正鄧愈共守南昌平羅友賢於池州破友諒將於西山復臨江吉安撫州未幾友諒大舉兵圍南昌德勝帥所部數千背城逆戰射殺其將敵大沮明日復合環城數匝友諒親督戰晝夜攻城且壞德勝帥諸將死戰且戰且築城壞復完暮坐城門樓指揮士卒弩中腰膂鏃入六寸拔出之歎曰吾自壯歲從軍傷矢石屢矣無重此者丈夫死不恨恨不能掃清中原耳言畢而絕年三十九追封梁國公謚武桓列祀功臣廟配享太廟德勝剛直沉鷙馭下嚴肅未嘗讀書臨機應變動合古法平居篤孝友如修士友諒圍南昌八十五日先後戰死者凡十四人張子明者領兵千戶也洪都圍久內外隔絕朱文正遣子明告急於應天以東湖小漁舟從水關潛出夜行晝止半月始得達太祖問友諒兵勢對曰兵雖盛戰鬬死者不少今江水日涸賊巨艦將不利援至可破也太祖謂子明歸語而帥堅守一月吾自取之還至湖口爲友諒所獲令誘城中降子明佯諾至城下大呼我張大舍已見主上令諸公堅守救且至賊怒攢槊殺之追封忠節侯友諒攻撫州樞密院判李繼先乘城戰死左翼元帥牛海龍突圍死左副元帥趙國旺引兵燒戰艦敵追至投橋下死百戶徐明躍馬出射賊賊知明名併力攻被執死軍士張德山夜半潛出城焚賊舟賊覺死夏茂成守城樓中飛礟死右翼元帥同知朱潛統軍元帥許珪俱戰死蔣必勝陷吉安參政劉齊知府朱文華被執不屈死趙天麟守臨江友諒攻之城陷不屈死祝宗康泰叛陷洪都知府葉琛與行省都事萬思誠迎戰皆死事平皆贈爵侯伯以下有差立忠臣廟於豫章並祠十四人以德勝爲首而康郎山戰死者三十五人首丁普郎普郎初爲陳友諒將守小孤山偕傅友德來降授行樞密院同知數有功及援南昌大戰鄱陽湖自辰至午普郎身被十餘創首脫猶直立執兵作鬬狀敵驚爲神時七月己丑也追贈濟陽郡公張志雄亦友諒將素驍勇號長張從趙普勝守安慶友諒殺普勝志雄怨來降爲樞密院判至是舟檣折敵攢刺之知不能脫遂自刎元帥余昶右元帥陳弼徐公輔皆以其日戰沒先一日左副指揮韓成元帥宋貴陳兆先戰沒兆先者埜先從子既被禽太祖以其兵備宿衞感帝大度効死力至是戰死韓成子觀至都督別有傳越四日辛卯復大戰副元帥昌文貴左元帥李信王勝劉義死八月壬戌扼敵涇江口同知元帥李志高副使王咬住亦戰死其他偏裨死事者千戶姜潤王鳳顯石明王德

朱鼎王清常德勝袁華陳冲王喜仙汪澤丁宇史德勝裴彰王理王仁鎮撫常惟德鄭興逯德山羅世榮曹信凡贈公一人侯十二人伯二人子十五人男六人肖像康郎山忠臣廟有司歲致祭又程國勝者徽人以義兵元帥來歸敗楊完者累功至萬戶守南昌與牛海龍夜封友諒營海龍中流矢死國勝泗水得脫抵金陵從太祖戰鄱陽張定邊直前犯太祖舟國勝與韓成陳兆先駕舸左右奮擊太祖舟脫國勝等繞出敵艦後援絕力戰死而南昌城中謂國勝已前死故豫章康山兩廟俱得預祀云

桑世傑無爲人亦自巢湖來歸趙普勝有異志世傑發其謀普勝逸去從渡江以舟師破元水軍授秦淮翼元帥下鎮江徇金壇丹陽攻寧國長槍諸軍克水陽平常州判行樞密院事署地江陰宜興初石牌民朱定販鹽無賴與富民趙氏有隙遂告變滅趙氏授江陰判官尋復爲盜元遣兵捕之定聞張士誠據高郵乃導士誠由通州渡江遂陷平江以定爲參政而遣元帥欒瑞戍石牌及大兵旣取江陰瑞尚據石牌導舟師往來太祖命永安及世傑擊之世傑力戰死瑞亦降張氏窺江路絕太祖念其功贈安遠大將軍輕車都尉永義侯侑享太廟子敬以父死事累官都督府僉事洪武二十三年封徽先伯歲祿千七百石子世券明年同徐輝祖等防邊尋令屯軍平陽坐藍玉黨死又劉成者靈璧人以統兵總管從耿炳文定長興爲永興翼左副元帥數佐炳文敗士誠兵李伯昇以十萬衆來攻城中兵僅七千太祖遣兵援之未至炳文嬰城守成引數十騎出西門擊敗伯昇兵禽其將宋元帥轉至東門敵悉兵鬬之遂戰死贈懷遠將軍立廟長興

茅成定遠人自和州從軍隸常遇春麾下克太平始授萬戶從定常州寧國進總管克衢州授副元帥守金華改太平興國翼元帥從克安慶援安豐戰鄱陽克武昌授武德衞千戶尋進指揮副使取贛州安陸襄陽泰州皆有功從徐達攻平江焚張士誠戰船築長圍困之達攻婁門士誠出兵戰成擊敗之突至外郛中矢死贈東海郡公祀功臣廟同時死者有楊國興亦定遠人以右翼元帥守宜興初常州人陳保二聚衆號黃包軍既降復叛誘執詹李二將國興執斬之授神武衞指揮使至是攻閶門戰死以其子益襲指揮使

胡深字仲淵處州龍泉人穎異有智畧通經史百家之學元末兵亂嘆曰浙東地氣盡白禍將及矣乃集里中子弟自保石抹宜孫以萬戶鎮處州辟參軍事募兵數千收捕諸山寇溫州韓虎等殺主將叛深往諭之軍民感泣殺虎以城降已偕章溢討龍泉之亂搜旁縣盜以次平之宜孫時已進行省參政承制命深爲元帥戊戌十二月太祖親征婺州深帥兵車數百輛往援至松溪不能救敗去婺遂下明年耿再成侵處州宜孫分遣元帥葉琛參謀林彬祖鎮撫陳中眞及深帥兵拒戰會胡大海兵至與再成合大破之進抵城下宜孫戰敗與葉琛章溢走建寧處州遂下深以龍泉慶元松陽遂昌四縣降太祖素知深名召見授左司員外郎遣還處州招集部曲從征江西旣定命以親軍指揮守吉安處州苗軍叛殺守將耿再成深從平章邵榮討誅之會改中書分省爲浙東行中書省遂以深爲行省左右司郎中總制處州軍民事時山寇竊發人情未固深募兵萬餘人捕誅渠帥沿海軍素驍誅其尤橫者數人患遂息癸卯九月諸全叛將謝再興以張士誠兵犯東陽左丞李文忠令深引兵爲前鋒再興敗走深建議以諸全爲浙東藩屛乃度地去諸全五十里並五指山築新城分兵戍守太祖初聞再興叛急馳使詰文忠別爲城守計至則工已竣後士誠將李伯昇大舉來侵頓新城下不能拔敗去太祖嘉深功賜以名馬太祖稱吳王以深爲王府參軍仍守處州溫州豪周宗道聚衆據平陽數爲方國珍從子明善所偪以城來歸明善怒攻之深遣兵擊走明善遂下瑞安進兵溫州方氏懼請歲輸銀三萬充軍實乃命深班師復還鎭陳友定兵至破之追至浦城又敗其守兵城遂下進拔松溪獲其守將張子玉因請發廣信撫州建昌三路兵規取八閩太祖喜曰子玉驍將禽之則友定破膽乘勢攻之理無不克因命廣信指揮朱亮祖由鉛山建昌左丞王溥由杉關會深齊進已亮祖等克崇安進攻建寧友定將阮德柔固守深覘氛祲不利欲緩之亮祖曰師已至此庸可緩乎且天道幽遠山澤之氣變態無常何足徵也時德柔兵屯錦江逼深陣後亮祖督戰益急深引兵還擊破其二柵德柔軍力戰友定自以銳師夾擊日已暮深突圍走馬蹶被執遂遇害年五十二追封縉雲郡伯太祖嘗問宋濂曰胡深何如人對曰文武才也太祖曰誠然浙東一障吾方賴之而深以久任鄉郡志圖平閩以報効竟以死徇深馭衆寬厚用兵十餘年未嘗妄戮一人守處州興學造士縉雲田稅重以新沒入田租償其數鹽稅什一請半取之以通商賈軍民皆懷其惠云

孫興祖濠人從太祖渡江積功爲都先鋒戰龍江遷統軍元帥破瑞昌八陣營擢天策衞指揮使興祖沉毅有謀大將軍徐達雅重之克泰州以達請命守海陵海陵士誠兵入淮要地也興祖整軍令練士伍防禦甚嚴吳兵自海口來侵擊敗之禽彭元帥平江旣下命興祖取通州士誠守將已詣徐達降進大都督府副使移鎭彭城達旣定關陝旋師北向檄興祖會東昌從克元都置燕山六衞留兵三萬人命興祖守之領大都督分府事大兵西征擴廓由居庸窺北平達謂諸將北平有孫都督不足慮遂直擣太原語詳達傳洪武三年帥六衞卒從達出塞次三不剌川遇敵力戰死年三十五太祖悼惜之追封燕山侯諡忠愍配享通州常遇春祠未幾中書省以都督同知汪興祖兼俸事入奏帝聞奏興祖名歎息命以月俸給故燕山侯興祖家以其長子恪襲武德衞指揮使久之歷都督僉事二十一年以右參將從藍玉北征至捕魚兒海論功封全寧侯歲祿二千石予世券恪謹敏有儒將風從征楚蜀還駐沔陽簡閱各衞所軍士備邊二十五年進兼太子太保未幾籍兵山西從宋國公勝練兵旋召還賜第中都後坐藍玉黨死

曹良臣安豐人穎寇起聚鄉里築堡自固歸太祖於應天爲江淮行省參政從取淮東收浙西進行省左丞從大軍取元都畧地至澤潞進山西行省平章還守通州時大兵出山西通州守備單弱所部不滿千人元丞相也速將萬騎營白河良臣曰吾兵少不可與戰彼衆雖多亡國之餘敗氣不振當以計走之乃密遣指揮仵勇等於瀕河舟中多立赤幟亘三十餘里鉦鼓聲相聞也速大駭遁去良臣出精騎逐北百餘里元兵自是不敢窺北平復從大將軍達擊擴廓帖木兒於定西敗之洪武三年封宣寧侯歲祿九百石予世券明年從伐蜀克歸州山寨取容美諸土司會周德興拔茅岡覃垕寨自白鹽山伐木開道出紙坊溪以趨夔州進克重慶明年從副將軍文忠北征至臚朐河收其部落文忠帥良臣持二十日糧兼程進至土剌河哈剌章渡河拒戰少卻追至阿魯渾河敵騎大集將士皆殊死戰敵大敗走而良臣與指揮周顯常榮張耀皆戰死事聞贈良臣安國公諡忠壯列祀功臣廟子泰襲侯坐藍玉黨死爵除顯合肥人從渡江累功至指揮同知洪武三年以收應昌紅羅山寨遷指揮使榮開平王遇春再從弟歷指揮僉事遇春卒於軍榮護喪還從朱亮祖平蜀累官至振武衞指揮同知耀壽州人初從陳埜先建康下始歸附累功爲守禦福建指揮使守興化至是俱戰沒帝厚卹諸臣家命有司各表其墓

濮英廬州人初以勇力爲百夫長積功至西安衞指揮坐軍政不修召還詰責遣葉昇代之昇更言其賢令還衞洪武十九年太祖命耿炳文選陝西都司衞所卒備邊惟英所練稱勁旅加都督僉事明年命帥所部隨大將軍馮勝北征抵金山降納哈出遂班師而以英將奇兵三千人爲殿納哈出餘衆竄匿者尚數十萬聞師旋設伏於途謀俟大軍過竄取之未發英後至猝爲所乘衝突不能出馬踣遂見執敵旣得英思挾爲質英絕食不言乘間引佩刀剖腹死事聞贈金山侯諡忠襄明年進贈樂浪公封其子璵爲西涼侯祿二千五百石予世券二十三年命練兵東昌又令駐臨清訓練士卒二十五年召還同宋國公勝等簡閱山西士馬璵能修父職帝甚嘉之復令籍山西民兵所籍州縣最多事集而不擾明年坐藍玉黨戍五開死洪武中指揮使死事者又有于光嚴德孫虎光都昌人初事徐壽輝鎭浮梁陳友諒弒壽輝光以浮梁來降授樞密院判積功爲鷹揚衞指揮鎭鞏昌擴廓圍蘭州光赴援至馬蘭灘戰敗被執以徇城下光大呼曰公等但堅守徐將軍將大軍旦夕至矣賊怒批其頰遂被殺祀功臣廟嚴德太平人從起兵積功爲海寧衞指揮從朱亮祖討方國珍戰歿於台州追封天水郡公孫虎不知何許人從援池州下於潛昌化定建德諸全皆有功授千戶克新城桐廬進海寧衞指揮使平嘉興盜從副將軍李文忠北征由東道入應昌至落馬河與元兵戰死追封康安郡伯又指揮僉事劉廣戍永平禦寇戰死涼州衞百戶劉林戍涼州也先帖木兒叛戰死邊人壯之名其所居寶融臺爲劉林臺錢塘衞千戶袁興全椒人從征雲南自請爲前鋒陷陣死並褒贈有差

贊曰明祖之興自決策渡江始力爭於東南數千里之內摧友諒滅士誠然後北定中原南圖閩粵則廖永安胡大海以下諸人厥功豈細哉討不旋踵効命疆埸雖勛業未竟然褒崇廟祀竹帛爛然以視功成命爵終罹黨籍者其猶幸也夫

總裁官總理事務經筵講官少保兼太子太保保和殿大學士兼管吏部戶部尚書事加六級張廷玉等奉
敕修

何文輝 徐司馬　葉旺 馬雲
繆大亨 武德　蔡遷 陳文
王銘　甯正 袁義
金興旺 費子賢　花茂
丁玉　郭雲 王溥

何文輝字德明滁人太祖下滁州得文輝年十四撫爲
己子賜姓朱氏太祖初起多蓄義子及長命偕諸將分
守諸路周舍守鎭江道舍守寧國馬兒守婺州柴舍眞
童守處州金剛奴守衢州皆義子也金剛奴後無考周
舍卽沐英軍中又呼沐舍柴舍者朱文剛與耿再成死
處州難又有朱文遜史不傳其小字亦以義子死太平
自沐英外最著者唯道舍馬兒馬兒卽徐司馬而道舍
卽文輝也文輝以天寧翼元帥守寧國進江西行省參
政數攻江西未下州縣討新淦鄧仲廉斬之援安福走
饒鼎臣平山尖寨從徐達取淮東復從下平江賜文綺
進行省左丞復其姓以征南副將軍與平章胡美由江
西取福建度杉關入光澤徇邵武建陽直趨建寧元同
僉達里麻參政陳子琦閉門拒守文輝與美環攻之踰
十日達里麻不能支夜潛至文輝營乞降詰旦總管翟
也先不花亦以衆降於文輝美怒兩人不詣己欲屠其
城文輝馳告美曰與公同受命至此爲安百姓耳今既
降奈何以私忿殺人美乃止師入城秋毫無所犯汀泉
諸州縣聞之皆相次歸附會車駕幸汴梁召文輝扈從
因命爲河南衞指揮使定汝州餘寇從大將軍取陝西
留守潼關洪武三年授大都督府都督僉事予世襲指
揮使復以參將從傅友德等平蜀賜金幣留守成都文
輝號令明肅軍民皆德之帝嘗稱其謀畧威望遷大都
督府同知五年命帥山東兵從李文忠出應昌明年移
鎭北平文忠北征文輝督兵巡居庸關以疾召還九年
六月卒年三十六遣官營葬滁州東沙河上卹賚甚厚
子環成都護衞指揮使征迤北陣歿徐司馬字從政揚
州人元末兵亂年九歲無所依太祖得之養爲子亦賜
姓既長出入侍左右及取婺州除總制命助元帥常遇
春守婺吳元年授金華衞指揮同知洪武元年從副將
軍李文忠北征擒元宗王慶生擢杭州衞指揮使尋進
都指揮使詔復姓九年遷鎭河南時新建北京於汴梁
號重地帝素賢司馬特委任之宋國公馮勝方練兵河
南會有星變占在大梁帝使使密敕勝且曰并以此語
馬兒知之既復敕二人曰天象屢見大梁軍民錯處尤
宜愼防今秦晉二王還京當嚴兵宿衞王抵汴時若宋
國公出迓則都指揮居守都指揮出迓則宋國公亦然
敕書官而不名倚重與宋公等十九年入覲遂擢中軍
都督府僉事二十五年以左副總兵從藍玉征建昌討
越巂明年正月還至成都卒追坐藍玉黨二子皆獲罪
司馬好文學性謙厚所至撫循士卒甚得衆心在河南
久尤有惠政公暇退居一室蕭然如寒素雖戰功不及
文輝而雅量過之並稱賢將云

葉旺六安人與合肥人馬雲同隸長鎗軍謝再興爲千
戶再興叛二人自拔歸數從征積功並授指揮僉事洪
武四年偕鎭遼東初元主北走其遼陽行省參政劉益
屯蓋州與平章高家奴相爲聲援保金復等州帝遣斷
事黃儔齎詔諭益益籍所部兵馬錢糧輿地之數來歸
乃立遼陽指揮使司以益爲指揮同知未幾元平章洪
保保馬彥翬合謀殺益右丞張良佐左丞商暠擒彥翬
殺之保保挾儔走納哈出營良佐因權衞事以狀聞且
言遼東僻處海隅肘腋皆敵境平章高家奴守遼陽山
寨知院哈剌章屯瀋陽古城開元則右丞也先不花金
山則太尉納哈出彼此相依時謀入犯今保保逃往虜
必起乞留斷事吳立鎭撫軍民而以所擒平章八丹知
院僧孺等械送京師帝命立良佐爲蓋州衞指揮
僉事既念遼陽重地復設都指揮使司統轄諸衞以旺
及雲並爲都指揮使往鎭之已知儔被殺納哈出將內
犯敕旺等預爲備未幾納哈出果以衆至見備禦嚴不
敢攻越蓋至金州金州城未完指揮韋富王勝等督士
卒分守諸門乃剌吾者敵驍將也率精騎數百挑戰城
下中伏弩仆爲我兵所獲敵大沮富等縱兵擊敵引退
不敢由故道從蓋城南十里沿柞河遁旺先以兵扼柞
河自連雲島至窟駝寨十餘里緣河壘冰爲牆沃以水
經宿凝沍如城布釘板沙中旁設坑穽伏兵以伺雲及
指揮周鶚吳立等建大旗城中嚴兵不動寂若無人已
寇至城南伏四起兩山旌旗蔽空矢石雨下納哈出倉
皇趨連雲島遇冰城旁走悉陷於穽遂大潰雲自城中
出合兵追擊至將軍山畢栗河斬獲及凍死者無算乘
勝追至豬兒峪納哈出僅以身免第功進旺雲俱都督
僉事時洪武八年也十二年命雲征大寧提聞受賞召
還京後數年卒旺留鎭如故會高麗遣使致書及禮物
而龍州鄭白等請內附旺以聞帝謂人臣無外交此間
謀之漸勿輕信彼特示弱於我以窺邊釁還之使無所
藉口明年旺復送高麗使者周誼入京帝以其國中弑
逆又詭殺朝使反覆不可信切責旺等絕之而留誼不
遣十九年召旺爲後軍都督府僉事居三月遼東有警
復命還鎭二十一年三月卒旺與雲之鎭遼也翦荊棘
立軍府撫輯軍民墾田萬餘頃遂爲永利旺尤久先後
凡十七年遼人德之嘉靖初以二人有功於遼命有司
立祠春秋祀之

繆大亨定遠人初糾義兵爲元攻濠不克元兵潰大亨
獨以衆二萬人與張知院屯橫澗山固守月餘太祖以
計夜襲其營破之大亨與子走免比明復收散卒列陣
以待太祖遣其叔貞諭降之命將所部從征數有功擢
元帥總兵取揚州克之降青軍元帥張明鑑初明鑑聚
衆淮西以青布爲號稱青軍又以善長鎗稱長鎗軍由
含山轉掠揚州元鎭南王孛羅普化招降之以爲濠泗
義兵元帥踰年食盡謀擁王作亂王走死淮安明鑑遂
據城屠居民以食大亨言於太祖賊饑困若掠食四出
則難制矣且驍鷙可用無爲他人得太祖命大亨亟攻
明鑑降得衆數萬馬二千餘匹悉送其將校妻子至應
天改淮海翼元帥府爲江南分樞密院以大亨爲同僉
樞密院事總制揚州鎭江大亨有治畧寬厚不擾而治
軍嚴肅禁暴除殘民甚悅之未幾卒太祖過鎭江嘆曰
繆將軍生平端直未嘗有過惜不見矣遣使祭其墓武
德安豐人元至正中爲義兵千戶知元將亡言於其帥
張鑑曰吾輩才雄萬夫今東屻西挫事勢可知不如早
擇所依鑑然其言相率歸太祖隸李文忠從赴池州力
戰流矢中右股拔去戰自若取於潛昌化克嚴州皆預
進萬戶苗帥楊完者軍烏龍嶺德請曰此可襲而取也
文忠問故對曰乘高覘之其部曲從舉不安而聲囂文
忠曰善卽襲完者覆其營取蘭溪克諸暨攻紹興皆先
登陷陣傷右臂不顧文忠嘆曰將士人人如此何戰不
捷哉蔣英賀仁德之叛浙東大震從文忠定金華又從
攻處州遇仁德於劉山戈中右股德引刀斷戈追擊之
仁德再戰再敗走遂爲其下所殺德還師守嚴後二年
定官制改管軍百戶從文忠破張士誠兵於諸暨與諸
將援浦城所過山寨皆下復從文忠下建延汀三州悉
定閩溪諸寨進管軍千戶移守衢子世襲最後從靖海
侯吳禎巡海上禎以德可任令守平陽在任八年致仕
及征雲南帝以德宿將命與諸大帥偕行張鑑又名明
鑑淮西人既歸太祖每攻伐必與德俱先德卒官至江
淮行樞密院副使

蔡遷不詳其鄉里元末從芝麻李據徐州李敗歸太祖
爲先鋒從渡江下采石克太平取溧水破蠻子海牙水
寨及陳埜先皆有功定集慶授千戶從徐達取廣德寧
國遷萬戶進攻常州獲黃元帥遂爲都先鋒從征馬馱
沙克池州攻樅陽從征衢婺二州授帳前左翼元帥敗
陳友諒於龍江進復太平取安慶水寨收九江敗友諒
八陣指揮於壽昌遂克南昌從援安豐攻合肥戰鄱陽
從征武昌進指揮同知從常遇春討平鄧克明餘黨進
攻贛州取南安南雄諸郡還兵追饒鼎臣於茶陵遷龍
驤衞同知從徐達克高郵破馬港授武德衞指揮使守
淮安移守黃州從下湘潭辰全道永諸州轉荊州衞指
揮進克廣西遷廣西行省參政兼靖江王相討平諸叛
蠻洪武三年九月卒詔歸葬京師贈安遠侯謚武襄遷
爲將十五年未嘗獨任多從諸將征討身經數十戰輒
奮勇突出橫刀左右擊敵皆披靡不敢近既還金瘡滿
體人視之不可堪而遷畧不爲意爲太祖所愛重及卒
尤痛惜之親製文祭焉合肥陳文者南北征伐累立戰
功亦遷亞也文少孤奉母至孝元季挈家歸太祖積官
都督僉事卒追封東海侯謚孝勇明臣得謚孝者文一
人而已

王銘字子敬和州人初隸元帥俞通海麾下從攻蠻子
海牙於采石以銘驍勇選充奇兵戰方合帥敢死士大
譟突之拔其水寨自是數有功與吳軍戰太湖流矢中
右臂引佩刀出其鏃復戰通海勞之復拔通州之黃橋
鵝項諸寨賜白金文綺龍灣之戰逐北至采石銘獨突
敵陣敵兵攢槊刺銘傷頰銘三出三入所殺傷過當賜
文綺銀椀選充宿衞從取江州戰康郎山及涇江口復
克英山諸寨擢管軍百戶從副將軍常遇春戰湖州之
昇山再戰舊館已又戰烏鎭前後數十戰功多命守松
江移太倉捕斬倭寇千餘人再賜金幣洪武四年都試
百戶諸善用槍者莫能與銘抗累官至長淮衞指揮
僉事移守溫州上疏曰臣所領鎭外控島夷城池樓櫓
仍陋襲簡非獨不足壯國威猝有風潮之變捍禦無所
勢須改爲帝報可於是繕城濬濠悉倍於舊加築外垣
起海神山屬郭公山首尾二千餘丈宏敞壯麗屹然東
浙巨鎭帝甚嘉之予世襲銘嘗請告暫還和州溫士女
遮道送迎長吏皆相顧歎曰吾屬爲天子牧民民視吾
屬去來漠然愧王指揮多矣歷右軍都督僉事二十六
年坐藍玉黨死

甯正字正卿，壽州人。幼爲葦德成養子，冒葦姓。元末隨德成來歸，從渡江。德成戰殁宣州，以正領其衆。積功授鳳翔衞指揮副使，從定中原，入元都，招降元將士八千餘人。傅友德自眞定畧平定州，以正守眞定。已，從大軍取陝西。馮勝克臨洮，留正守之。大軍圍慶陽，正駐邠州絶敵聲援。慶陽下，還守臨洮。從鄧愈破定西，克河州。洪武三年授河州衞指揮使。上言：「西民轉粟餉軍甚勞，而茶布可易粟。請以茶布給軍，令自相貿易，省輓運之苦。」詔從之。正初至衞，城邑空虛，勤於勞徠，不數年河州遂爲樂土。璽書嘉勞，始復甯姓。兼領寧夏衞事，修築漢唐舊渠，引河水溉田，開屯數萬頃，兵食饒足。十三年從沐英北征，擒元平章脫火赤、知院愛足，取全寧四部。十五年遷四川都指揮使，討平松茂諸州。雲南初定，命正與馮誠共守之。思倫發作亂，正破之於摩沙勒寨，斬首千五百。已，敵衆大集圍定邊，沐英分兵三隊，正將左軍，鏖戰大敗之。語在英傳。土酋阿資叛，復從英討降之。英卒，詔授正左都督，代鎮。已，復命爲平羌將軍，總川陝兵討平階文叛寇張者。二十八年從秦王討平洮州番。還京，明年卒。又袁義，盧江人，本張姓，德勝族弟也。初爲雙刀趙總管，守安慶，敗趙同僉丁普郎於沙子港。左君弼招之，弗從。德勝戰死，始來附，爲帳前親軍元帥，賜姓名。數從征伐，積功爲興武衞指揮僉事。從大將軍北征，敗元平章俺普達等於通州，走賀宗哲、詹同於澤潞，功最。復從定陝西，敗元豫王兵，與諸將合攻慶陽。張良臣兵驟薄義營，義堅壁不爲動，伺其懈，力擊破之，走擴廓軍於定西，南取興元。進本衞同知，調羽林衞，移鎮遼東。已，從沐英征雲南，克普定諸城，留鎮楚雄。蠻人屢叛，義積糧高壘，且守且戰，以功遷楚雄衞指揮使。嘗入朝，帝厚加慰勞，以其老，命醫爲染鬚鬢，俾還任以威遠人，且特賜銀印寵異之。歷二十年，墾田築堰，治城郭橋梁，規畫甚備，軍民德之。建文元年徵還，爲右軍都督府僉事，進同知，卒官。

金興旺，不詳所始。爲威武衞指揮僉事，進同知。洪武元年，大將軍徐達自河南至陝西，請益兵守潼關，以興旺副郭興守之。進指揮使。明年攻臨洮，移興旺守鳳翔，轉軍餉。未幾，賀宗哲攻鳳翔，興旺與知府周煥嬰城守。敵編荆爲大箕，形如半舫，每箕五人負之，攻城，矢石不能入；投藁焚之，輒颺起。乃置鉤藁中，擲著其隙，火遂熾，敵棄箕走。復爲地道薄城，城中以矛迎刺，敵死甚衆，而攻不已。興旺與煥謀曰：「彼謂我援師不至，必不敢出，乘其不意擊之，可敗也。」潛出西北門奮戰，敵少却。會百戶王輅自臨洮收李思齊降卒東還，卽以其衆入城共守。敵拔營去，衆欲追之。輅曰：「未敢而退，誘我也。」遣騎偵之，至五里坡，伏果發，還師復圍城。衆議欲走，興旺叱曰：「天子以城畀我，寧可去耶！」以輅所將皆新附，慮生變，乃括城中貲畜積庭中，令曰：「敵少緩，當大犒新兵。」新兵喜，協力固守。相持十五日，敵聞慶陽下，乃引去。帝遣使以金綺勞興旺等。明年，達入沔州，遣興旺與張龍由鳳翔入連雲棧，合攻興元，守將降，以興旺守之。擢大都督府僉事。蜀將吳友仁帥衆三萬寇興元，興旺悉城中兵三千禦敵，面中流矢，拔矢復戰，斬數百人。敵益衆，乃斂兵入城。友仁決濠塡塹，爲必克計。達聞之，令傅友德夜襲木槽關，攻斗山寨，人持十炬，連亘山上。友仁驚遁，興旺出兵躡之，墜崖石死者無算。友仁自是氣奪。時興旺威鎮隴蜀。而國初諸都督中，城守功，興旺外尤推費子賢。子賢亦不詳所始。從渡江，爲廣德翼元帥，數有功。取武康，又取安吉，築城守之。張士誠兵數來犯，輒敗去。最後張左丞以兵八萬來攻，子賢所部僅三千人，而守甚固，設車弩城上，射殺其梟將二人，敵乃解去。以功進指揮同知。取福建，克元都，定西，俱有功，授大都督府僉事，世指揮使。

花茂，巢縣人。初從陳埜先，已而來歸。從定江左，滅陳友諒，平中原、山西、陝西，積功授武昌衞副千戶。征西蜀，克瞿唐關，入重慶，下左右兩江及田州，進神策衞指揮僉事。調廣州左衞，平陽春、淸遠、英德、翁源、博羅諸山寨叛蠻及東莞、龍川諸縣亂民，進指揮同知。平電白、歸善賊，再遷都指揮同知，世襲指揮使。數剿連州、廣西、湖廣諸徭賊。上言：「廣東南邊大海，姦宄出沒。東莞、筍岡諸縣逋逃蜑戶，附居海島，遇官軍則詭稱捕魚，遇番賊則同爲寇盜，飄忽不常，難於訊詰。不若籍以爲兵，庶便約束。」又請設沿海依山廣海、碣石、神電等二十四衞所，築城浚池，收集海島隱料無籍等軍，仍於山海要害地立堡屯軍，以備不虞。皆報可。進都指揮使。久之，卒，賜葬安德門。長子榮襲職。次子英果毅有父風，亦以軍功爲廣東都指揮使，有聲永樂中。

丁玉，初名國珍，河中人。仕韓林兒爲御史，才辨有時譽。呂珍破安豐，玉來歸，隨征彭蠡，爲九江知府。大兵還建康，彭澤山民叛，玉聚鄉兵討平之。太祖嘉其武畧，命兼指揮，更名玉。從傅友德克衡州，以指揮同知鎮其地。復調守永州。玉有文武才，撫輯新附，威望甚著。洪武元年進都指揮使，尋兼行省參政，鎮廣西。十年召爲右御史大夫。四川威茂土酋董貼里叛，以玉爲平羌將軍討之。至威州，貼里降，承制設威州千戶所。十二年平松州，玉遣指揮高顯等城之，請立軍衞。帝謂松州山多田少，耕種不能贍軍，守之非策。玉言松州爲西羌要地，軍衞不可罷，遂設官築戍如玉議。會四川妖人彭普貴爲亂，焚掠十四州縣，指揮普亮等不能克，命玉移軍討滅之。帝手敕褒美，轉左御史大夫。師還，拜大都督府左都督。十三年坐胡惟庸姻誅。

郭雲，南陽人。長八尺餘，狀貌魁偉。元季聚義兵保裕州白泉寨，累官湖廣行省平章政事。元主北奔，河南郡縣皆下，雲獨堅守。大將軍徐達遣指揮曹諒圍之，雲出戰被執。大將軍呵之跪，雲植立嫚罵求死，脅以刃，不動。大將軍壯之，繫送京師。太祖奇其狀貌，釋之。時帝方閱漢書，問識字否，對曰識，因以書授之，雲誦其書甚習。帝大喜，厚加賞賜，用爲溧水知縣，有政聲。帝益以爲賢，特擢南陽衞指揮僉事，使還鄉收故部曲，就戍其地。凡數年卒。長子洪年甫十三，帝爲下制曰：「雲出田間，倡義旗，保鄉曲，崎嶇累年，竭心所事。王師北伐，人神嚮應，而雲數戰不屈，勢窮援絶，終無異志。朕嘉其節概，試之有司，則閭閻頌德；俾鎭故鄉，則軍民樂業。雖無汗馬之勳、倒戈之效，治績克著，忠義稟然。子洪可入開國功臣列，授宣武將軍、飛熊衞親軍指揮使司僉事，世襲。」其同時以降將予世職者，有王溥。溥，安仁人。仕陳友諒爲平章，守建昌。太祖命將攻之，不克；朱亮祖擊於饒之安仁港，亦失利。友諒將李明道之寇信州也，溥弟漢二在軍，俱爲胡大海擒，歸於行省李文忠。文忠命二人招溥。是歲，太祖拔江州，友諒走武昌，溥乃遣使降，命仍守建昌。明年，太祖次龍興，帥其衆來見。數慰勞，從歸建康，賜第聚寶門外，號其街曰宰相街，以寵異之。尋遣取撫州及江西未附郡縣。從克武昌，進中書右丞。洪武元年命兼詹事府副詹事。從大將軍北征，屢有功，賜文幣，擢河南行省平章，不署事，歲祿視李伯昇、潘元明。初，溥未仕時，奉母葉氏避兵貴溪，遇亂與母相失，凡十八年。嘗夢母若告以所在。至是從容言於帝，請歸省墳墓。許之，且命禮官具祭物。溥率士卒之貴溪，求不得，晝夜號泣。居人吳海言：「夫人爲賊逼，投井中死矣。」溥求得井，有鼠自井出，投溥懷中，旋復入井。汲井索之，母屍在焉。哀呼不自勝，乃具棺斂，卽其地以葬。溥卒，子孫世襲指揮同知。

贊曰：文輝司馬任寄股肱，葉旺、馬雲效著邊域，大亨以端直見思，郭雲以政績蒙寵。他如蔡遷、王銘、甯正、金興旺輩，或善戰，或善守，或善撫綏，要皆一時良將也。蓋明運初興，人材蔚起，鐵券丹符之外，其可稱者猶如此。以視詩人兔罝之詠，何多讓哉。

明史卷一百三十五　列傳第二十三

總裁官總理事務經筵講官少保兼太子太保保和殿大學士兼管吏部戶部尚書事世襲三等伯臣張廷玉等奉
敕修

陳遇 秦從龍　葉兌
范常 潘庭堅　宋思顏 夏煜
郭景祥 李夢庚 毛騏　王濂　楊元杲 阮弘道 汪河
孔克仁

陳遇，字中行，先世曹人。高祖義甫，宋翰林學士，徙居建康，子孫因家焉。遇天資沉粹，篤學博覽，精象數之學。元末爲溫州教授，已而棄官歸隱，學者稱爲靜誠先生。太祖渡江，以秦從龍薦，發書聘之，引伊、呂、諸葛爲喻。遇至，與語大悅，遂留參密議，日見親信。太祖爲吳王，授供奉司丞，辭。卽皇帝位，三授翰林學士，皆辭。乃賜肩輿一乘、衞士十人護出入，以示榮寵。洪武三年奉命至浙江廉察民隱，還，賜金帛，除中書左丞，又辭。明年召對華蓋殿，賜坐，命草平西詔，授禮部侍郎兼弘文館大學士，復辭。西域進良馬，遇引漢故事以諫。除太常少卿，固辭，強之不可。最後除禮部尚書，又固辭。帝沉吟良久，從之，自是不復強以官。帝嘗從容言欲官其子，遇曰：「臣三子皆幼，學未成，請俟異日。」帝亦弗強也。遇自開基之始，卽侍帷幄。帝嘗問保國安民至計，遇對以不嗜殺人、薄斂、任賢、復先王禮樂爲首務。廷臣或有過被譴責，遇力爲解，多得全釋。其計畫多秘不傳，而寵禮之隆，勳戚大臣無與比者。數臨幸其第，語必稱先生，或呼爲君子。命爵輒辭，終成其高。十七年卒，賜葬鍾山。子恭，舉人，累官工部尚書，有能聲。遇弟遠，字中復，嘗隨遇侍帝。永樂初爲翰林待詔，精繪事。遠子孟顯，善書。

秦從龍，字元之，洛陽人。仕元，官江南行臺侍御史。兵亂，避居鎭江。徐達之攻鎭江也，太祖謂之曰：「聞有秦元之者，才器老成，汝當詢訪，致吾欲見意。」達下鎭江，訪得之。太祖命從子文正、甥李文忠奉金綺造其廬聘焉從龍與妻陳偕來太祖自迎之於龍江時太祖居富民家因邀從龍與同處朝夕訪以時事已卽元御史臺爲府居從龍西華門外事無大小悉與之謀嘗以筆書漆簡問答甚密左右皆不能知從龍生日太祖與世子厚有贈遺或親至其家燕飮至正二十五年冬從龍子澤死請告歸太祖出郊握手送之尋病卒年七十太祖驚悼時方督軍至鎭江親臨哭之厚卹其家命有司營葬

葉兌字良仲寧海人以經濟自負尤精天文地理卜筮之書元末知天運有歸以布衣獻書太祖列一綱三目言天下大計時太祖已定寧越規取張士誠方國珍而察罕兵勢甚盛遣使至金陵招太祖故兌書於三者籌之爲詳其畧曰愚聞取天下者必有一定之規模韓信初見高祖畫楚漢成敗孔明臥草廬與先主論三分形勢者是也今之規模宜北絕李察罕南併張九四撫溫台取閩越定都建康拓地江廣進則越兩淮以北征退則畫長江而自守夫金陵古稱龍蟠虎踞帝王之都藉其兵力資財以攻則克以守則固百察罕能如吾何哉江之所備莫急上流今義師已克江州足蔽全吳兌自滁和至廣陵皆吾所有匪直守江兼可守淮矣張氏傾覆可坐而待淮東諸郡亦將來歸北畧中原李氏可併也今聞察罕妄自尊大致書明公如曹操之招孫權竊以元運將終人心不屬而察罕欲效操所爲事勢不侔宜如魯肅計鼎足江東以觀天下之釁此其大綱也至其目有三張九四之地南包杭紹北跨通泰而以平江爲巢穴今欲攻之莫若聲言掩取杭紹湖秀而大兵直擣平江城固難以驟拔則以鎖城法困之於城外矢石不到之地別築長圍分命將卒四面立營屯田固守斷其出入之路分兵畧定屬邑收其稅糧以贍軍中彼坐守空城安得不困平江既下巢穴已傾杭越必歸餘郡解體此上計也張氏重鎭在紹興紹興懸隔江海所以數攻而不克者以彼糧道在三江斗門也若一軍攻平江斷其糧道一軍攻杭州絕其援兵紹興必拔所攻在蘇杭所取在紹興所謂多方以誤之者也紹興既拔杭城勢孤湖秀風靡然後進攻平江犁其心腹江北餘孽隨而瓦解此次計也方國珍狼子野心不可馴狎往年大兵取婺州彼卽奉書納欵後遣夏煜陳顯道招諭彼復狐疑不從顧遣使從海道報元謂江東委之納欵誘令張昶齎詔而來且遣韓叔義爲說客欲說明公奉詔彼既降我而反欲招我降元其反覆狡獪如是宜興師問罪然彼以水爲命一聞兵至挈家航海中原步騎無如之何夫上兵攻心彼言杭越一平卽當納土不過欲欵我師耳攻之之術宜限以日期責其歸順彼自方國璋之沒自知兵不可用又叔義還稱義師之盛氣已先挫今因陳顯道以自通正可脅之而從也事宜速不宜緩宣諭之後更置官吏拘集舟艦潛收其兵權以消未然之變三郡可不勞而定福建本浙江一道兵脃城陋兩浙既平必圖歸附下之一辯士力耳如復稽遲則大兵自溫處入奇兵自海道入福州必不支福州下旁郡迎刃解矣威聲已震然後進取兩廣猶反掌也太祖奇其言欲留用之力辭去賜銀幣襲衣後數歲削平天下規模次第畧如兌言

范常字子權滁人太祖軍滁杖策謁軍門太祖夙知其名與語意合留置幕下有疑輒問常悉以實對諸將克和州兵不戢常言於太祖曰得一城而使人肝腦塗地何以成大事太祖乃切責諸將搜軍中所掠婦女還其家民大悅太祖以四方割據戰爭無虛日命常爲文禱於上帝其辭曰今天下紛紜生民塗炭不有所屬物類盡矣倘元祚未終則羣雄當早伏其辜某亦在羣雄中請自某始若已厭元德有天命者宜歸之無使斯民久阽危苦存亡之機驗於三月太祖嘉其能達已意命典文牘授元帥府都事取太平命爲知府諭之曰太平吾股肱郡其民數困於兵當令得所常以簡易爲治興學恤民官稟有穀數千石請給民乏種者秋稔輸官公私皆足居三年民親愛之召入爲侍儀洪武元年擢翰林直學士兼太常卿帝銳意稽古禮文羣臣集議間有異同常能參合衆言委曲當上意尋以病免歸歲餘手詔徵詣闕仍故官帝宴閒輒命儒臣列坐賦詩爲樂常每先成語多率帝笑曰老范詩質樸殊似其爲人也遷起居注常有足疾數在告賜以安車尋乞歸帝賦詩四章送之賜宅於太平子祖歷官雲南左參政有修潔稱潘庭堅字叔聞當塗人元末爲富陽教諭謝去太祖駐太平以陶安薦徵庭堅爲帥府教授愼密謙約爲太祖所稱下集慶擢中書省博士婺州下改爲金華府以庭堅同知府事時上游諸郡次第平定擇儒臣撫綏之先後用陶安汪廣洋於江西而庭堅與王愷守浙東太祖爲吳王設翰林院與安同召爲學士而庭堅已老遂告歸洪武四年復召至主會試子黼字章甫有文名官至江西按察使會修律令留爲議律官書成卒黼謹飭類父而文采淸雅過之父子皆以鄉校顯時以爲榮

宋思顏不知何許人太祖克太平以思顏居幕府及定集慶置江南行中書省太祖總省事以李善長及思顏爲參議同時所設省中官李夢庚郭景祥侯元善楊元杲陶安阮弘道孔克仁王愷欒鳳夏煜等數十人而思顏獨與善長並授參議其任較諸人爲重已建大都督府以思顏兼參軍事太祖嘗視事東閣天暑汗沾衣左右更以衣進皆數經浣濯者思顏曰主公躬行節儉眞可示法子孫惟願終始如一太祖嘉其直賜之幣他日又進曰句容虎爲害既捕獲宜除之今豢養民間何益太祖欣然卽命殺虎其隨事納忠類如此後出爲河南道按察僉事坐事死夏煜字允中江寧人有俊才工詩辟爲中書省博士婺州平調浙東分省兩使方國珍咸稱旨太祖征陳友諒儒臣惟劉基與煜侍鄱陽戰勝太祖所與草檄賦詩者煜其一也洪武元年使總制浙東諸府與高見賢楊憲凌說四人以伺察搏擊爲事後俱以不良死

郭景祥濠人與鳳陽李夢庚皆從渡江典文書佐謀議分任行中書省左右司郎中旣同調浙東分省尋復同入爲大都督府參軍景祥性諒直博涉書史遇事敢言太祖親信之嘗曰景祥文吏而有折衝禦侮才能盡忠於我可大任也先是克滁州太平溧陽以城郭不完輒命景祥董治之旣而和州守臣言州城久廢命景祥相度卽故址城之九旬而工畢太祖以爲能授和州總制景祥益治城隍樓櫓廣屯田練士卒威望肅然和遂爲重鎭璽書褒勞仕終浙江行省參政謝再興之守諸全也部將私販易吳境太祖怒殺部將召諭再興命夢庚往諸全總制軍事再興還鎭忿夢庚出已上遂叛執夢庚降於吳夢庚死之其時參佐行省者又有毛騏王濂濂字習古定遠人李善長婦兄也少嗜學事親孝初從汝穎賊太祖克集慶乃渡江來歸善長爲言得召見除執法官讞獄平允遷中書省員外郎出爲浙江按察僉事治行著聞大風晝晦濂應詔言民瘼請緩征太祖納之洪武三年卒帝謂善長曰濂有王佐才今死朕失一臂後善長坐事帝歎曰使王濂在必不至是騏字國祥與濂同里太祖自濠引兵趨定遠騏扶縣令出降太祖喜留與飮食籌兵事悉當意取滁州擢總管府經歷典倉廩兼掌晨昏曆稽將帥之失伍者從渡江擢行省郎中是時太祖左右惟善長及騏文書機密皆兩人協贊尋授參議官征婺州命權理中書省事委以心膂俄病卒太祖親爲文哭之臨視其葬子驤管軍千戶積功擢親軍指揮僉事從定中原進指揮使滕州段士雄反驤討平之捕倭浙東斬獲多擢都督僉事見親任嘗掌錦衣衞事典詔獄後坐胡惟庸黨死

楊元杲阮弘道皆滁人家世皆儒者從渡江同爲行省左右司員外郎與陶安等更番掌行機宜文字元杲以郎中擢理軍儲於金華而弘道亦於是歲以郎中從大都督文正守南昌皆有功二人皆於太祖最故又皆儒雅嗜文學練達政體而元杲知慮尤周密帝嘗曰文臣從渡江掌簿書文字勤勞十餘年無如楊元杲阮弘道李夢庚侯元善樊景昭者其後元杲歷應天府尹弘道歷福建江西行省參政皆卒官元杲子賁博學強記以詞翰知名薦授大名知縣仕至周府紀善元善全椒人歷官參知政事與樊景昭俱無所表見又汪河者舒城人嘗師余闕以文章名從渡江爲行中書省掾數陳時務太祖高其才進大都督府都事使察罕議論稱旨後奉命偕錢楨至河南報擴廓聘爲所留太祖前後七致擴廓書終不報洪武元年大軍下河洛擴廓走定西河始得歸被拘凡六年帝甚嘉之進吏部侍郎備陳西征方畧二年改御史臺侍御史九年拜晉王左相親御便殿諭遣之居數歲卒於官

孔克仁句容人由行省都事進郎中嘗偕宋濂侍太祖太祖數與論天下形勢及前代興亡事陳友諒既滅太祖志圖中原謂克仁曰元運既隳豪傑互爭其釁可乘吾欲督兩淮江南諸郡之民及時耕種加以訓練兵農兼資進取退守仍於兩淮間餽運可通之處儲糧以俟兵食既足中原可圖卿以爲何如克仁對曰積糧訓兵觀釁待時此長策也當是時江左兵勢日盛太祖以漢高自期嘗謂克仁曰秦政暴虐漢高帝起布衣以寬大馭羣雄遂爲天下主今羣雄蠭起皆不知修法度以明軍政此其所以無成也因感歎久之又曰天下用兵河北有孛羅帖木兒河南有擴廓帖木兒關中有李思齊張良弼然有兵而無紀律者河北也稍有紀律而兵不振者河南也道途不通餽餉不繼者關中也江南則惟我與張士誠耳士誠多奸謀尚間諜御衆無紀律我以數十萬衆修軍政任將帥相時而動其勢有不足平者克仁頓首曰主上神武當定天下於一矣嘗問漢書濂與克仁侍太祖曰漢治道不純者何克仁對曰王霸雜故也太祖曰誰執其咎克仁曰責在高祖太祖曰高祖創業遭秦滅學民憔悴甫蘇禮樂之事固所未講孝文爲令主正當制禮作樂以復三代之舊乃逡巡未遑使

漢業終於如是帝王之道貴不違時三代之王有其時而能爲之漢文有其時而不爲周世宗則無其時而爲之者也又嘗問克仁漢高起徒步爲萬乘主所操何道克仁對曰知人善任使太祖曰項羽南面稱孤仁義不施而自矜功伐高祖知其然承以柔遜濟以寬仁卒以勝之今豪傑非一我守江左任賢撫民以觀天下之變若徒與角力則猝難定也及徐達等下淮東西又謂克仁曰壬辰之亂生民塗炭中原諸將孛羅擁兵犯闕亂倫干紀行已夷滅擴廓挾太子以稱戈急私讐無敵愾之志思齊輩碌碌竊據一方民受其害士誠外假元名反覆兩端明玉珍父子據蜀僭號喜於自用而無遠謀觀其所爲皆不能有成予揆天時審人事有可定之機今師西出襄樊東踰淮泗首尾相應擊之必勝大事可成天下不難定既定之後生息猶難方勞思慮耳克仁侍帷幄最久故獲聞太祖謀畧居多洪武二年四月命克仁等授諸子經功臣子弟亦令入學已出知江州入爲參議坐事死

贊曰太祖起布衣經營天下渡江以來規模宏遠聲教風馳雖曰天授抑亦左右丞弼多國士之助歟陳遇見禮不下劉基而超然利祿之外葉兌於天下大計籌之審矣亦能抗節肥遯其高致均非人所易及孔克仁無可稱述以太祖之雄謀大畧具其事中故敘列於篇

明史卷一百三十六　列傳第二十四

總裁官總理事務經筵講官少保兼太子太保保和殿大學士兼管吏部戶部尚書事加六級張廷玉等奉

敕修

陶　安　錢用壬　詹　同
朱　升　崔　亮　牛諒　答祿與權　張籌
朱夢炎　劉仲質　陶　凱
曾　魯　任　昂
李原名　樂韶鳳

陶安字主敬當塗人少敏悟博涉經史尤長於易元至正初舉浙江鄉試授明道書院山長避亂家居太祖取太平安與耆儒李習率父老出迎太祖召與語安進曰海內鼎沸豪傑並爭然其意在子女玉帛非有撥亂救民安天下心明公渡江神武不殺人心悅服應天順人以行弔伐天下不足平也太祖問曰吾欲取金陵何如安曰金陵古帝王都取而有之撫形勝以臨四方何向不克太祖曰善留參幕府授左司員外郎以習爲太平知府習字伯羽年八十餘矣卒於官安從克集慶進郎中及聘劉基宋濂章溢葉琛至太祖問安四人者何如對曰臣謀畧不如基學問不如濂治民之才不如溢琛太祖多其能讓黃州初下思得重臣鎭之無逾安者遂命知黃州寬租省徭民以樂業坐事謫知桐城移知饒州陳友定兵攻城安召吏民諭以順逆嬰城固守援兵至敗去諸將欲盡戮民之從寇者安不可太祖賜詩襃美州民建生祠事之吳元年初置翰林院首召安爲學士時徵諸儒議禮命安爲總裁官尋與李善長劉基周禎滕毅錢用壬等刪定律令洪武元年命知制誥兼修國史帝嘗御東閣與安及章溢等論前代興亡本末安言喪亂之源由於驕侈帝曰居高位者易驕處佚樂者易侈驕則善言不入而過不聞侈則善道不立而行不顧如此者未有不亡卿言甚當又論學術安曰道不明邪說害之也帝曰邪說害道猶美味之悅口美色之眩目邪說不去則正道不興天下何從治安頓首曰陛下所言可謂深探其本矣安事帝十餘歲視諸儒最舊及官侍從寵愈渥御製門帖子賜之曰國朝謀畧無雙士翰苑文章第一家時人榮之御史或言安隱過帝詰曰安寧有此且若何從知曰聞之道路帝大怒立黜之洪武元年四月江西行省參政闕帝以命安諭之曰朕渡江首謁軍門敷陳王道及參幕府裨益良多繼入翰林益聞讜論江西上游地撫綏莫如卿安辭帝不許至任政績益著其年九月卒於官疾劇草上時務十二事帝親爲文以祭追封姑孰郡公子晟洪武中爲浙江按察使以貪賄誅其兄昱亦坐死發家屬四十餘人爲軍後死亡且盡所司復至晟家勾補安繼妻陳詣闕訴帝念安功除其籍初安之裁定諸禮也廣德錢用壬亦多所論建用壬字成夫元南榜進士第一授翰林編修出使張士誠留之授以官大軍下淮揚來歸累官御史臺經歷預定律令尋與陶安等博議郊廟社稷諸儀其議釋奠耤田皆援據經文及漢魏以來故事以定其制詔報可語詳禮志洪武元年分建六部官拜用壬禮部尚書凡禮儀祭祀宴享貢舉諸政皆專屬禮官又詔與儒臣議定乘輿以下冠服諸式時儒生多習古義而用壬考証尤詳確然其後諸典禮亦多有更定云其年十二月請告歸

詹同字同文初名書婺源人幼穎異學士虞集見之曰才子也以其弟槃女妻之至正中舉茂才異等除郴州學正遇亂家黃州仕陳友諒爲翰林學士承旨太祖下武昌召爲國子博士賜名同時功臣子弟教習內府諸博士治一經不盡通貫同學識淹博講易春秋最善應教爲文才思泉湧一時莫與並遷考功郎中直起居注會議祫禘禮同議當遂用之洪武元年與侍御史文原吉起居注魏觀等循行天下訪求賢才還進翰林直學士遷侍讀學士帝御下峻御史中丞劉基曰古者公卿有罪盤水加劍詣請室自裁所以勵廉恥存國體也同時侍側遂取戴記及賈誼疏以進復剴切言之帝嘗與侍臣言聲色之害甚於鴆毒創業之君爲子孫所承式尤不可不謹同因舉成湯不邇聲色垂裕後昆以對其因事納忠如此四年進吏部尚書六年兼學士承旨與學士樂韶鳳定釋奠先師樂章又以渡江以來征討平定之蹟禮樂治道之詳雖有紀載尚未成書請編日曆帝從之命同與宋濂爲總裁官吳伯宗等爲纂修官七年五月書成自起兵臨濠至洪武六年共一百卷同等又言日曆秘天府人不得見請訪唐貞觀政要分輯聖政宣示天下帝從之乃分四十類凡五卷名曰皇明寶訓嗣後凡有政蹟史官日記錄之隨類增入焉是年賜敕致仕語極襃美未行帝復命與濂議大祀分獻禮久之起承旨卒同以文章結主知應制占對靡勿敏贍帝嘗言文章宜明白顯易通道術達時務無取浮薄同所爲多稱旨而操行尤耿介故至老眷注不衰子徽字資善洪武十五年舉秀才官至太子少保兼吏部尚書有才智剛決不可犯勤於治事爲帝所奬任然性險刻李善長之死徽有力焉藍玉下獄語連徽及子尚寶丞紱並坐誅同從孫希原爲中書舍人善大書宮殿城門題額往往皆希原筆也

朱升字允升休寧人元末舉鄉薦爲池州學正講授有法蘄黃盜起棄官隱石門數避兵逋竄卒未嘗一日廢學太祖下徽州以鄧愈薦召問時務對曰高築牆廣積糧緩稱王太祖善之吳元年授侍講學士知制誥同修國史以年老特免朝謁洪武元年進翰林學士定宗廟時享齋戒之禮尋命與諸儒修女誡采古賢后妃事可法者編上之大封功臣制詞多升撰時稱典核踰年請老歸卒年七十二升自幼力學至老不倦尤邃經學所作諸經旁注辭約義精學者稱楓林先生子同官禮部侍郎坐事死

崔亮字宗明藁城人元浙江行省掾明師至舊館亮降授中書省禮曹主事遷濟南知府以母憂歸洪武元年冬禮部尚書錢用壬請告去起亮代之初亮居禮曹時即位大祀諸禮皆其所條畫丞相善長上之朝由是知名及爲尚書一切禮制用壬先所議行者亮皆援引故實以定其議考證詳確逾於用壬二年議上仁祖陵曰英陵復請行祭告禮太常博士孫吾與以漢唐未有行者駁之亮曰漢光武加先陵曰昌宋太祖亦加高祖陵曰欽曾祖陵曰康祖陵曰定考陵曰安蓋創業之君尊其祖考則亦尊崇其陵既尊其陵自應祭告禮固緣人情而起者也廷議是亮頃之亮言禮運曰禮行於郊則百神受職今宜增天下神祇壇於圜丘之東方澤之西又言郊特牲器用陶匏周禮疏外祀用瓦今祭祀用瓷與古意合而槃盂之屬與古尙異宜皆易以瓷惟籩用竹又請大祀前七日陪祀官詣中書受誓戒戒辭如唐禮又依周禮定五祀及四時薦新禜禮圭瓚鬱鬯之制并言旗纛月朔望致祭煩而瀆宜止行於當祭之月皆允行帝嘗謂亮先賢有言見其生不忍見其死聞其聲不忍食其肉今祭祀省牲於神壇甚邇心殊未安亮乃奏考古省牲之儀遠神壇二百步帝大喜帝慮郊社諸祭壇而不屋或驟雨沾服亮引宋祥符九年南郊遇雨於太尉廳望祭及元經世大典壇垣內外建屋避風雨故事奏之遂詔建殿於壇南遇雨則望祭而靈星諸祠亦皆因亮言建壇屋焉時仁祖已配南北郊而郊祀禮成後復詣太廟恭謝亮言宜罷惟先祭三日詣太廟以配享告詔可帝以日中有黑子疑祭天不順所致欲增郊壇從祀之神亮執奏漢唐煩瀆不宜取法乃止帝一日問亮曰朕郊祀天地拜位正中而百官朝參則班列東西何也亮對曰天子祭天升自午陛北向答陽之義也祭社升自子陛南向答陰之義也若羣臣朝參當避君上之尊故升降皆由卯陛朝班分列東西以避馳道其義不同亮倉卒占對必傳經義多此類自郊廟祭祀外朝賀山呼百司箋奏上下冠服殿上坐墩諸儀及大射軍禮皆亮所酌定惟言大祀帝親省牲中祀小祀之牲當遣官代帝命親祭者皆親省又請依唐制令郡國奏祥瑞帝以災異所係尤重命有司驛聞與亮議異焉三年九月卒於官其後牛諒答祿與權張籌朱夢炎劉

仲質之屬亦各有所論建牛諒字士良東平人洪武元年舉秀才爲典簿與張以寧使安南還稱旨三遷至禮部尚書更定釋奠及大祀分獻禮與詹同等議省牲冠服御史答祿與權請祀三皇太祖下其議禮官併命考歷代帝王有功德者廟祀之七年正月諒奏三皇立廟京師春秋致祭漢唐以下就陵立廟帝爲更定行之亦詳禮志是年坐怠職降主事未幾復官後仍以不任職罷諒著述甚多爲世傳誦答祿與權字道夫蒙古人仕元爲河南北道廉訪使僉事入明寓河南永寧洪武六年用薦授秦府紀善改御史請重刊律令盱眙民進瑞麥與權請薦宗廟帝曰以瑞麥爲朕德所致朕不敢當其必歸之祖宗御史言是也明年出爲廣西按察僉事未行復爲御史上書請祀三皇下禮官議遂并建帝王廟且遣使者巡視歷代諸陵寢設守陵戶二人三年一祭其制皆由此始又請行禘禮議格不行改翰林修撰坐事降典籍尋進應奉十一年以年老致仕禘禮至嘉靖中始定張籌字惟中無錫人父翼嘗勸張士誠將莫天佑降復請於平章胡美勿僇降人城中人得完以詹同薦授翰林應奉改禮部主事奉詔與尚書陶凱編集漢唐以來藩王事蹟爲昭鑑錄洪武九年由員外郎進尚書與學士宋濂定諸王妃喪服之制籌記誦淹博在禮曹久諳於歷代禮文沿革然頗善附會初陶安等定圜丘方澤宗廟社稷諸儀行數年矣洪武九年籌爲尚書乃更議合社稷爲一壇罷勾龍棄配位奉仁祖配饗以明祖社尊而親之之道遂以社稷與郊廟祀並列上祀識者竊非之已出爲湖廣參政十年坐事罰輸作十二年仍起禮部員外郎後復官以事免朱夢炎字仲雅進賢人元進士爲金谿丞太祖召居賓館命與熊鼎集古事爲質直語教公卿子弟名曰公子書洪武十一年自禮部侍郎進尚書帝方稽古右文夢炎援古証今剖析源流如指諸掌文章詳雅有根據帝甚重之卒於官劉仲質字文質分宜人洪武初以宜春訓導薦入京擢翰林典籍奉命校正春秋本末十五年拜禮部尚書命與儒臣定釋奠禮頒行天下學校每歲春秋仲月通祀孔子如儀時國子學新成帝將行釋菜侍臣有言孔子雖聖人臣也禮宜一奠再拜帝曰昔周太祖如孔子廟左右謂不宜拜周太祖曰孔子百世帝王師何敢不拜今朕有天下敬禮百神於先師禮宜加崇乃命仲質詳議仲質請帝服皮弁執圭詣先師位前再拜獻爵又再拜退易服乃詣彝倫堂命講庶典禮隆重詔曰可又立學規十二條合欽定九條頒賜師生已復奉命頒劉向說苑新序於學校令生員講讀是年冬改華蓋殿大學士帝爲親製誥文坐事貶御史後以老致仕仲質爲人厚重篤實博通經史文體典確常當帝意焉

陶凱字中立臨海人領至正鄉薦除永豐敎諭不就洪武初以薦徵入同修元史書成授翰林應奉敎習大本堂授楚王經三年七月與崔亮並爲禮部尚書各有敷奏軍禮及品官墳塋之制凱議也其年亮卒凱獨任定科舉式明年會試以凱充主考官取吳伯宗等百二十人程文進御凱序其首簡遂爲定例帝嘗諭凱曰事死如事生朕養已不逮宜盡追遠之道凱以太廟已有常祀乃請於乾清宮左別建奉先殿以奉神御明奉先殿之制自此始五年凱言漢唐宋時皆有會要紀載時政今起居注雖設其諸司所領諭旨及奏事簿籍宜依會要編類爲書庶可以垂法後世下臺省府者宜各置銅櫃藏之以備稽考俾無遺闕從之明年二月出爲湖廣參政致仕八年起爲國子祭酒明年改晉王府左相凱博學工詩文帝嘗厭前代樂章多諛辭或未雅馴命凱與詹同更撰甚稱旨長至侍齋宮言宜有篇什以紀慶成遂命凱首唱諸臣俱和而宋濂爲之序其後扈行陪祀有所獻帝輒稱善一時詔令封册歌頌碑誌多出其手云凱嘗自號耐久道人帝聞而惡之坐在禮部時朝使往高麗主客曹誤用符驗論死

曾魯字得之新淦人年七歲能暗誦五經一字不遺稍長博通古今凡數千年國體人才制度沿革無不能言者以文學聞於時元至正中魯帥里中豪集少壯保鄉曲數具牛酒爲開陳順逆衆皆遵約束無敢爲非義者人號其里曰君子鄉洪武初修元史召魯爲總裁官史成賜金帛以魯居首乞還山會編類禮書復留之時議禮者蠭起魯衆中揚言曰某禮宜據某說則是從某說則非有辨詰者必歷舉傳記以告尋授禮部主事開平王常遇春薨高麗遣使來祭魯索其文視之外襲金龍黃帕文不署洪武年號魯讓曰龍帕誤耳納貢稱藩而不奉正朔於義何居使者謝過卽令易去安南陳叔明簒立懼討遣使入貢以覘朝廷意主客曹已受其表魯取副封視之白尚書詰使者曰前王日煃今何驟更名使者不敢諱具言其實帝曰島夷乃狡獪如此耶御其貢由是器重魯五年二月帝問丞相魯何官對曰主事耳卽日超六階拜中順大夫禮部侍郎魯以順字犯其父諱辭就朝請下階吏部持典制不之許成將捕獲倭人帝命歸之儒臣草詔上閱魯藁大悅曰頃陶凱文已起人意魯復如此文運其昌乎未幾命主京畿鄉試甘露降鍾山羣臣以詩賦獻帝獨褒魯是年十二月引疾歸道卒淳安徐尊生嘗曰南京有博學士二人以筆爲舌者宋景濂以舌爲筆者曾得之也魯屬文不留藁其徒間有所輯錄亦未成書云洪武中禮部侍郎二十餘人其知名者自曾魯外有劉崧秦約陳思道張衡數人崧自有傳約崇明人字文仲博學工辭章洪武初以文學舉召試愼獨箴約文第一立擢禮部侍郎母老乞歸已復召入陳三事皆切直仍乞歸卒思道山陰人字執中以進士授刑部主事帝賞其執法超拜兵部侍郎益勵風節人莫敢干以私改禮部乞歸居家不殖生產守令造門不得見久之卒衡事別載

任昂字伯顒河陰人元末舉進士除知寧晉縣不赴洪武初薦起爲襄垣訓導擢御史十五年拜禮部尚書帝加意太學罷祭酒李敬吳顒命昂增定監規八條遂以曹國公李文忠大學士宋訥兼領國子監事會司諫闕賢上言邇來郡邑所司非人師道不立歲選士多缺甚至俊秀生員黜充承差乖朝廷育賢意昂乃奏定天下歲貢士從翰林院考試以爲殿最明年命科舉與薦舉並行昂條上科場成式視前加詳取士制始定廣東都指揮狄崇王臻以妾爲繼室乞封下廷議昂持不可從之遂命昂及翰林院定嫡妾封贈例因詔偕吏部定文官封贈例十一廕敍例五頒示中外尋請更定冕服之制及朝參坐次又奏毀天下淫祠正祀典稱號蜀祀秦守李冰附以漢守文翁宋守張詠密縣祀太傅卓茂鈞州祀丞相黃霸彭澤祀丞相狄仁傑皆遺愛在民李龍遷祀於隆州謝夷甫祀於福州皆爲民捍患吳丞相陸遜以勞定國宜祀於吳以子抗從子凱配元總管李黼立祀江州元帥余闕立廟安慶皆以死勤事從闕守皖全家殉義者有萬戶李宗可宜配享闕廟皆報可明年命以鄉飲酒禮頒天下復令制大成樂器分頒學宮是時以八事考課外吏及次第雲南功賞事不隸禮部帝皆令昂主其議尋予告歸

李原名字資善安州人洪武十五年以通經儒士舉爲御史二十年使平緬歸言思倫發懷詐窺伺宜嚴邊備靖江王以大理印行令旨非法爲遠人所輕稱旨擢禮部尚書自是遠方之事多咨之高麗奏遼東文高和定州皆其國舊壤乞就鐵嶺屯戍原名言數州皆入元版圖屬於遼高麗地以鴨綠江爲界今鐵嶺已置衛不宜復有陳請帝命諭其國守分土無生釁安南歲貢方物帝念其勞民原名以帝意諭之令三年一貢自是爲定制又以帝命行養老之政申明府州縣歲貢多寡之數定官民巾服之式皆著爲令初以答祿與權言建歷代帝王廟至是原名請以風后力牧等三十六人侑享帝去趙普安童阿朮而增陳平馮異潘美木華黎餘悉如原名奏魯王薨定喪服之制進士王希曾請喪出母原名謂非禮宜禁凡郊祀宗廟社稷嶽瀆諸制先後儒臣論定時有詳畧帝悉令原名更正之諸禮臣惟原名在任久二十三年以老致仕

樂韶鳳字舜儀全椒人博學能文章謁太祖於和陽從渡江參軍事洪武三年授起居注數遷六年拜兵部尚書與中書省御史臺都督府定教練軍士法改侍講學士與承旨詹同正釋奠先師樂章編集大明日曆七年帝以祭祀駕還應用樂舞前導命韶鳳等撰詞因撰神降祥神貺惠酣酒色荒禽荒諸曲以進凡三十九章曰回鑾樂歌皆寓規諫禮部具樂舞圖以上命太常肄習之明年帝以舊韻出江左多失正命與廷臣參考中原雅音正之書成名洪武正韻又命考陵寢朔望祭祀及登壇脫舄諸禮儀皆詳稽故實俱從之尋病免未幾復起爲祭酒奉詔定皇太子與諸王往復書劄禮考據精詳屢被褒答十三年致仕歸以壽終弟暉禮毅皆知名

贊曰明初之議禮也宋濂方家居諸儀率多陶安裁定大祀禮專用安議其餘參彙諸說從其所長祫禘用詹同時享用朱升釋奠耕耤用錢用壬五祀用崔亮朝會用劉基祝祭用魏觀軍禮用陶凱皆能援據經義酌古準今郁然成一代休明之治雖折中斷制裁自上心諸臣之功亦曷可少哉

明史卷一百三十七　列傳第二十五

總裁官總理事務經筵講官少保兼太子太保保和殿大學士兼管吏部戶部尚書事加六級張廷玉等奉
敕修

劉三吾 汪叡 朱善　安然 王本等
吳伯宗 鮑恂 任亨泰　吳沉
桂彥良 李希顏 董子莊 徐宗實 趙季通 陳南賓 楊黼 劉淳 金實等
宋訥 許存仁 張美和 聶鉉 貝瓊　趙俶 錢宰 蕭執
李叔正　劉崧
羅復仁 孫汝敬

劉三吾茶陵人初名如孫以字行兄耕孫燾孫皆仕元

耕孫寧國路推官死長槍賊難燾孫常寧州學正死獠寇三吾避兵廣西行省承制授靖江路儒學副提舉明兵下廣西乃歸茶陵洪武十八年以茹瑺薦召至年七十三矣奏對稱旨授左贊善累遷翰林學士時天下初平典章闕略帝銳意制作宿儒凋謝得三吾晚悅之一切禮制及三場取士法多所刊定三吾博學善屬文帝製大誥及洪範注成皆命爲序敕修省躬錄書傳會選寰宇通志禮制集要諸書皆總其事賜賚甚厚帝嘗曰朕觀奎壁間嘗有黑氣今消矣文運其興乎卿等宜有所述作以稱朕意帝製詩時令屬和嘗賜以朝鮮玳瑁筆朝叅命列侍衞前燕享賜坐殿中與汪叡朱善稱三老既而三吾年日益老才力日益減往往忤意禮遇亦漸輕二十三年授晉世子經吏部侍郎侯庸劾其怠職降國子助教尋還職三吾爲人慷慨不設城府自號坦坦翁至臨大節屹乎不可奪懿文太子薨帝御東閣門召對羣臣慟哭三吾進曰皇孫世嫡承統禮也太孫之立由此戶部尚書趙勉者三吾壻也坐贓死三吾引退許之未幾復爲學士三十年偕紀善白信蹈等主考會試榜發泰和宋琮第一北士無預者於是諸生言三吾等南人私其鄉帝怒命侍講張信等覆閱不稱旨或言信等故以陋卷呈三吾等實屬之帝益怒信蹈等論死三吾以老戍邊琮亦遣戍帝親賜策問更擢六十一人皆北士時謂之南北榜又曰春夏榜云建文初三吾召還久之卒琮起刑部檢校鄉人楊士奇輩貴顯琮無所攀援宣德中猶以檢討掌助教事卒官汪叡字仲魯婺源人元末與弟同集衆保鄉邑助復饒州授浮梁州同知不就胡大海克休寧叡兄弟來附設星源翼分院於婺源以同爲院判叡歸田里庚子秋同將兵爭鄱陽不克棄妻孥亡之浙西幕府疑之檄叡入應天爲質已聞同爲張士誠所殺乃授叡安慶稅令未幾徵叅贊川蜀軍事以疾辭去洪武十七年復召見命講西伯戡黎篇授左春坊左司直常命續薰風自南來詩及他應制皆稱旨請春夏停決死罪體天地生物之仁從之踰年疾作請假歸叡敦實閒靜不妄言笑及進講遇事輒言帝嘗以善人呼之朱善字備萬豐城人九歲通經史大義能屬文元末兵亂隱山中事繼母以孝聞洪武初爲南昌教授八年廷對第一授修撰踰年奏對失旨改典籍放還鄉復召爲翰林待詔上疏論婚姻律曰民間姑舅及兩姨子女法不得爲婚讐家詆訟或已聘見絕或既婚復離甚至兒女成行有司逼奪按舊律尊長卑幼相與爲婚者有禁蓋謂母之姊妹與己之身是爲姑舅兩姨不可以卑幼上匹尊屬若姑舅兩姨子女無尊卑之嫌成周時王朝相與爲婚者不過齊宋陳杞故稱異姓大國曰伯舅小國曰叔舅列國齊宋魯秦晉亦各自爲甥舅之國後世晉王謝唐崔盧潘楊之睦朱陳之好皆世爲婚媾溫嶠以舅子娶姑女呂榮公夫人張氏即其母申國夫人姊女古人如此甚多願下羣臣議弛其禁帝許之十八年擢文淵閣大學士嘗講家人卦心箴帝大悅未幾請告歸卒年七十二著有詩經解頤史輯傳於世正德中謚文恪

安然祥符人徙居潁川元季以左丞守萊州明兵下山東率衆歸附累官山東叅政撫綏流移俸餘悉給公用帝聞而嘉之洪武二年召爲工部尚書出爲河南叅政歷浙江布政使入爲御史臺右大夫十三年改左中丞坐事免未幾召爲四輔官先是胡惟庸謀反伏誅帝以歷代丞相多擅權遂罷中書省分其職於六部既又念密勿論思不可無人乃建四輔官以四時爲號詔天下舉賢才戶部尚書范敏薦耆儒王本杜佑龔斆杜斆趙民望吳源召至告於太廟以本佑龔斆爲春官杜斆趙民望吳源爲夏官秋冬闕命本等攝之位都督次屢賜敕論隆以坐論之禮命協贊政事均調四時會立冬朔風釀寒帝以爲順冬令乃本等功賜敕嘉勉又月分三旬人各司之以雨暘時若驗其稱職與否刑官議獄四輔及諫院覆覈奏行有疑讞四輔官封駁居無何斆等四人相繼致仕召然代之本後坐事誅諸人皆老儒起田家惇朴無他長獨然久歷中外練達庶務眷注特隆十四年八月卒帝念然來歸之誠親製文祭之繼然爲四輔者李幹何顯周幹出爲知府佑顯周俱罷去是官遂廢不復設本不詳其籍里佑安邑人嘗三主本布政司鄉試稱得人龔斆鉛山人以行誼重於鄉致仕後復起爲國子司業歷祭酒坐放諸生假不奏聞免杜斆字致道壺關人舉元鄉試第一歷官臺州學正歸家教授通易詩書三經源莆田人亦再徵爲國子司業卒於官民望藁城人幹絳州人顯周內黃人

吳伯宗名祐以字行金谿人洪武四年廷試第一時開科之始帝親製策問得伯宗甚喜賜冠帶袍笏授禮部員外郎與修大明日曆胡惟庸用事欲人附己伯宗不爲屈惟庸銜之坐事謫居鳳陽上書論時政因言惟庸專恣不法不宜獨任久之必爲國患辭甚愷切帝得奏召還賜衣鈔奉使安南稱旨除國子助教命進講東宮首陳正心誠意之說改翰林典籍帝製十題命賦援筆立就詞旨雅潔賜織金錦衣除太常寺丞辭改國子司業又辭忤旨貶金縣教諭未至召還爲翰林檢討十五年進武英殿大學士明年冬坐弟仲實爲三河知縣薦舉不實詞連伯宗降檢討伯宗爲人溫厚然內剛不苟媕阿故屢躓踰年卒於官伯宗成進士考試官則宋濂鮑恂也恂字仲孚崇德人受易於臨川吳澄好古力行著大易傳義學者稱之元至正中以薦授溫州路學正尋召入翰林不就洪武四年初科舉取士召爲同考官試已辭去十五年與吉安余詮高郵張長年登州張紳皆以明經老成爲禮部主事劉庸所薦召至京恂年八十餘長年詮亦皆踰七十矣賜坐顧問翌日並命爲文華殿大學士皆以老疾固辭遂放還紳後至以爲鄠縣教諭尋召爲右僉都御史終浙江左布政使其明年以耆儒徵者曰全思誠字希賢上海人亦授文華殿大學士又明年請老賜敕致仕伯宗之使安南也以名德爲交人所重其後襄陽任亨泰亦舉洪武二十一年進士第一以禮部尚書使安南交人以爲榮前後使安南者並稱吳任云亨泰爲禮部尚書時日照民江伯兒以母病殺其三歲子祀岱嶽有司以聞帝怒其滅絕倫理杖百戍海南因命亨泰定旌表孝行事例亨泰議曰人子事親居則致其敬養則致其樂有疾則謹其醫藥臥冰割股事非恒經割股不已至於割肝割肝不已至於殺子違道傷生莫此爲甚墮宗絕祀尤不孝之大者宜嚴行戒諭倘愚昧無知亦聽其所爲不在旌表之例詔曰可明年議秦王喪禮因定凡世子襲爵之禮會討龍州趙宗壽命偕御史嚴震直使安南諭以謹邊方無納逋逃時帝以安南篡弒絕其貢使至是聞詔使至震恐亨泰爲書述朝廷用兵之故以安慰之交人大悅使還以私市蠻人爲僕降御史未幾思明土官與安南爭界詞復連亨泰坐免官

吳沉字濬仲蘭溪人元國子博士師道子也以學行聞太祖下婺州召沉及同郡許元葉瓚玉胡翰汪仲山李公常金信徐孳童冀戴良吳履孫履張起敬會食省中日令三人進講經史已命沉爲郡學訓導洪武初郡以儒士舉誤上其名曰信仲授翰林院待制沉謂修撰王釐曰名誤不更是欺罔也將白於朝釐言恐觸上怒沉不從牒請改正帝喜曰誠慤人也遂眷遇之召侍左右以事降編修給事中鄭相同言故事啓事東宮惟東宮官屬稱臣朝臣則否今一體稱臣於禮未安沉駁之曰東宮國之大本尊東宮所以尊主上也相同言非是帝從之尋以奏對失旨降翰林院典籍已擢東閣大學士初帝謂沉曰聖賢立教有三曰敬天曰忠君曰孝親散在經卷未易會其要領爾等以三事編輯至是書成賜名精誠錄命沉撰序居一年降翰林侍書改國子博士以老歸沉嘗著辯言孔子封王爲非禮後布政使夏寅祭酒邱濬皆沿其說至嘉靖九年更定祀典改稱至聖先師實自沉發之也

桂彥良名德偁以字行慈谿人元鄉貢進士爲平江路學教授罷歸張士誠方國珍交辟不就洪武六年徵詣公車授太子正字帝嘗出御製詩文彥良就御座前朗誦聲徹殿外左右驚愕帝嘉其朴直時選國子生蔣學等爲給事中舉人張唯等爲編修肄業文華堂命彥良及宋濂孔克表爲之師嘗從容有所咨問彥良對必以正帝每稱善書其語揭便殿七年冬至詞臣撰南郊祝文用予我字帝以爲不敬彥良曰成湯祭上帝曰予小子履武王祀文王之詩曰我將我享古有此言帝色霽曰正字言是也時御史臺具獄令詞臣覆讞彥良所論釋者數十人遷晉王府右傅帝親爲文賜之彥良入謝帝曰江南大儒惟卿一人對曰臣不如宋濂劉基帝曰濂文人耳基峻隘不如卿也彥良至晉製格心圖獻王後更王府官制改左長史朝京師上太平十二策帝曰彥良所陳通達事體有裨治道世謂儒者泥古不通今若彥良可謂通儒矣十八年請告歸越二年卒明初特重師傅既命宋濂教太子而諸王傅亦慎其選彥良與陳南賓等皆宿儒老生而李希顏與駙馬都尉胡觀傅徐宗實尤以嚴見憚李希顏字愚菴郟人隱居不仕太祖手書徵之至京爲諸王師規範嚴峻諸王有不率教者或擊其額帝撫而怒高皇后曰烏有以聖人之道訓吾子顧怒之耶太祖意解授左春坊右贊善諸王就藩希顏歸舊隱閭里宴集常著緋袍戴笠往客問故笑曰笠本質緋君賜也徐宗實名垕以字行黃巖人少穎悟篤於學洪武中被薦除銅陵簿請告迎養忤帝意謫戍淮陰驛會東川侯胡海子觀選尚主帝爲觀擇師難其人以命宗實中使援他府例置駙馬位中堂南向而布師席於西階上東向宗實手引駙馬位使下然後爲說書左右大驚相顧以目帝聞而嘉之召宗實慰勞數四洪武末授蘇州通判奏發官粟二十萬石以活饑民春水暴齧隄倡議修築吳人皆以爲便請旌元節婦王氏禮部以前朝事不當允宗實言武王封比干墓獨非前

朝事乎遂得旌建文二年超擢兵部右侍郎坐事貶官尋復職燕事急使兩浙招義勇成祖即位疏乞歸逾二年以事被逮道卒陳南賓名光裕以字行茶陵人元末爲全州學正洪武三年聘至都除無棣丞歷膠州同知所至以經術爲治召爲國子助教嘗入見講洪範九疇帝大喜書姓名殿柱後御注洪範多採其說擢蜀府長史蜀獻王好學敬禮尤至造安車以賜爲構第名安老堂二十九年與方孝孺同爲四川考試官詩文清勁有法卒年八十其後諸王府長史劉淳董子莊趙季通楊黼金實蕭用道宋子環之屬皆有名劉淳南陽人洪武末爲原武訓導周王聘爲世子師尋言於朝補右長史以正輔王端禮門槐盛夏而枯淳陳咎徵進戒王用其言修省枯枝復榮王旌其槐曰攄忠致仕十餘年而卒年九十有七董子莊名琰以字行江西樂安人有學行洪武中以學官遷知茂名縣永樂時由國子司業出爲趙王府右長史隨事匡正王多過帝輒以責長史子莊以能諫得無過十八年春當陪祀國社夙起衣冠端坐而卒趙季通字師道天台人亦由教官歷知永豐龍溪與修太祖實錄累進司業出爲趙王府左長史與子莊同心輔導藩府賢僚首稱趙董云楊黼吉水人官御史仁宗即位上疏言十事擢衛王府右長史盡心獻替未嘗苟取一錢宣德初卒金實開化人永樂初上書言治道帝嘉之復對策稱旨除翰林典籍與修太祖實錄永樂大典遷爲東宮講官歷左春坊左司直仁宗立除衛府左長史正統初卒爲人孝友敦行誼閱經史日有程限至老不輟蕭用道泰和人建文中舉懷才抱德詣闕試文章擢靖江王府長史召入翰林修類要燕師渡淮與周是修同上書指斥用事者永樂時預修太祖實錄改右長史從王之藩桂林嘗爲王陳八事曰慎起居寡嗜慾勤學問養德性簡鞭扑之刑無侵下人利常接府僚以通羣情簡擇謹厚人以備差遣又作端禮體仁遵義廣智四門箴獻王久之以疾乞歸成祖怒貶宣府鷂兒嶺巡檢卒子晅由進士官湖廣左布政使天順四年舉治行卓異拜禮部尚書初兩京尚書缺多用布政使爲之自晅後遂無拜尚書者晅重厚廉靜而不善奏對調南京卒宋子環盧陵人由庶吉士歷考功郎中從師逵採木湖廣以寬厚得衆心仁宗即位授梁府右長史改越府和易澹泊所至有賢聲宣德中卒官自是以後王府官不爲清流遂無足紀者矣

宋訥字仲敏滑人父壽卿元侍御史訥性持重學問該博至正中舉進士任鹽山尹棄官歸洪武二年徵儒士十八人編禮樂諸書訥與焉事竣不仕歸久之用四輔官杜斆薦授國子助教以說經爲學者所宗十五年超遷翰林學士命撰宣聖廟碑稱旨賞賚甚厚改文淵閣大學士嘗寒附火燎脇下衣至膚始覺帝製文警之未幾遷祭酒時功臣子弟皆就學及歲貢士嘗數千人訥爲嚴立學規終日端坐講解無虛晷夜恒止學舍十八年復開進士科取士四百七十有奇由太學者三之二再策士亦如之帝大悅製詞褒美助教金文徵等疾訥搆之吏部尚書余熂牒令致仕訥陛辭帝驚問大怒誅熂文徵等留訥如故訥嘗病帝曰訥有壽骨無憂也尋愈帝使畫工瞷訥圖其像危坐有怒色明日入對帝問昨何怒訥驚對曰諸生有趨蹟者碎茶器臣愧失教故自訟耳且陛下何自知之帝出圖訥頓首謝長子麟舉進士擢御史出爲望江主簿帝念訥老召還侍二十三年春訥病甚乃止學舍麟請歸私第叱曰時當丁祭敢不敬耶祭畢舁歸舍而卒年八十帝悼惜自爲文祭之又遣官祭於家爲治葬地文臣四品給祭葬者自訥始正德中謚文恪訥嘗應詔陳邊事言海內乂安惟沙漠尚煩聖慮若窮追遠擊未免勞費陛下爲聖子神孫計不過謹邊備而已備邊在乎實兵實兵在乎屯田漢趙充國將四萬騎分屯緣邊九郡而單于引却陛下宜於諸將中選謀勇數人以東西五百里爲制立法分屯布列要害遠近相應遇敵則戰寇去則耕此長策也帝頗採用其言訥既卒帝思之官其次子復祖爲司業誡諸生守訥學規違者罪至死明開國時即重師儒官許存仁魏觀爲祭酒老成端謹訥稍晚進最蒙遇與訥定學規者司業王嘉會龔斆三人年俱高鬚髮皓白終日危坐堂上肅然而張美和聶鉉貝瓊等皆名儒當洪武時先後爲博士助教學錄以故諸生多所成就魏觀事別載嘉會字原禮嘉興人以薦徵累官國子監司業十六年亦以老請歸優詔留之年八十卒賻卹甚厚許存仁名元以字行金華許謙子也太祖素聞謙名克金華訪得存仁與語大悅命傳諸子擢國子博士嘗命講尚書洪範休咎徵之說又嘗問孟子何說爲要存仁以行王道省刑薄賦對吳元年擢祭酒存仁出入左右垂十年自稽古禮文事至進退人才無不與論議既將議即大位而存仁告歸司業劉丞直曰主上方應天順人公宜稍待存仁不聽果忤旨僉事程孔昭劾其隱事遂逮死獄中張美和名九韶以字行清江人能詞賦元末累舉不仕洪武三年以薦爲縣學教諭後遷國子助教改翰林院編修致仕歸帝親爲文賜之復與錢宰等並徵修書傳既成遣還聶鉉字器之美和同邑人洪武四年進士爲廣宗丞疏免旱災稅秩滿入覲獻南都賦及洪武聖德詩授翰林院待制改國子助教遷典籍與美和同賜歸十八年復召典會試欲留用之乞便地自養令食廬陵教諭俸終其身貝瓊字廷琚崇德人性坦率篤志好學年四十八始領鄉薦張士誠屢辟不就洪武初聘修元史既成受賜歸六年以儒士舉除國子助教瓊嘗慨古樂不作爲大韶賦以見志宋濂之爲司業也建議立四學並祀舜禹湯文爲先聖太祖既絀其說瓊復爲釋奠解駁之識者多是瓊議與美和鉉齊名時稱成均三助九年改官中都國子監教勳臣子弟瓊學行素優將校武臣皆知禮重十一年致仕卒

趙俶字本初山陰人元進士洪武六年徵授國子博士帝嘗御奉天殿召俶及錢宰貝瓊等曰汝等一以孔子所定經書爲教愼勿雜蘇秦張儀縱橫之言諸臣頓首受命俶因請頒正定十三經於天下屏戰國策及陰陽讖卜諸書勿列學宮明年擇諸生穎異者三十五人命俶專領之教以古文尋擢李擴黃義等入文華武英二堂說書皆見用九年御史臺言博士俶以詩經教成均四年其弟子多爲方岳重臣及持節各部者今年逾懸車請賜骸骨於是以翰林院待詔致仕賜內帑錢治裝宋濂率同官暨諸生千餘人送之卒年八十一子圭玉兵部侍郎出知萊州有聲錢宰字子予會稽人吳越武肅王十四世孫至正間中甲科親老不仕洪武二年徵爲國子助教作金陵形勝論歷代帝王廟樂章皆稱旨十年乞休進博士賜敕遣歸至二十七年帝觀蔡氏書傳象緯運行與朱子詩傳相悖其他註與鄱陽鄒季友所論有未安者徵天下宿儒訂正之兵部尚書唐鐸舉宰及致仕編修張美和助教靳權等行人馳傳徵至命劉三吾總其事江東諸門酒樓成賜百官鈔宴其上宰等賦詩謝帝大悅諭諸儒年老願歸者先遣之宰年最高請留帝喜書成賜名書傳會選頒行天下厚賜令馳驛歸卒年九十六又蕭執者字子所泰和人洪武四年鄉舉爲國子學錄明年夏至帝有事北郊召尚書吳琳主事宋濂率文學士以從執偕陶凱等十二人入見齋所令賦詩復令賦山梔花獨喜執作遍示諸臣寵眷傾一時時帝留意文學往往親試廷臣執與陳觀知遇尤異觀以訓導入覲試王猛捫蝨論立擢陝西參政尋召還侍左右應制作鍾山賦賜金幣在陝以廉謹稱或問陝産金何狀觀大驚曰吾備位藩寮何金之問其卒也妻子幾無以自存而執以親老乞歸親沒廬墓側申國公鄧鎮勦龍泉寇不戢下執往責之鎮爲禁止邑人以安兩人皆篤行君子也

李叔正字克正初名宗頤靖安人年十二能詩長益淹博時江西有十才子叔正其一也以薦授國子學正洪武初告歸未幾復以薦爲學正遷渭南丞同州蒲城人爭地界累年不決行省以委叔正單騎至剖數語立決渭南歲輸糧二萬豪右與猾吏爲奸田無定額叔正履畝丈量立法精密諸弊盡剔遷興化知縣尋召爲禮部員外郎以年老乞歸不許改國子助教於是叔正三至太學矣帝方銳意文治於國學人材尤加意然諸生多貴冑不率教叔正嚴立規條旦夕端坐督課無倦色朝論賢之擢監察御史奉命巡嶺表瓊州府吏訐其守踞公座簽表文叔正鞫之守得白抵吏罪太祖嘉之曰人言老御史懦乃明斷如是耶累官禮部侍郎十四年進尚書卒於官叔正妻夏氏陳友諒陷南昌時投井死叔正感其義終身不復娶

劉崧字子高泰和人舊名楚家貧力學寒無鑪火手皸裂而鈔錄不輟元末舉於鄉洪武三年舉經明行修改今名召見奉天殿授兵部職方司郎中奉命徵糧鎮江鎮江多勳臣田租賦爲民累崧力請得少減遷北平按察司副使輕刑省事招集流亡民咸復業立文天祥祠於學宮之側勒石學門示府縣勿以徭役累諸生嘗請減僻地驛馬以益宛平帝可其奏顧謂侍臣曰驛傳勞逸不均久矣崧能言之牧民不當如是耶爲胡惟庸所惡坐事謫輸作尋放歸十三年惟庸誅徵拜禮部侍郎未幾擢吏部尚書雷震謹身殿帝廷諭羣臣陳得失崧頓首以修德行仁對尋致仕明年三月與前刑部尚書李敬並徵拜敬國子祭酒而崧爲司業賜鞍馬令朝夕見見輒燕語移時未旬日卒疾作猶强坐訓諸生及革敬問所欲言曰天子遣崧教國子將責以成功而遽死乎無一語及家事帝命有司治殯殮親爲文祭之崧幼博學天性廉愼兄弟三人共居一茆屋有田五十畝及貴無所增益十年一布被鼠傷始易之仍葺以衣其子居官未嘗以家累自隨之任北平攜一童往至則遣還晡時吏退孤燈讀書往往達旦善爲詩豫章人宗之爲西江派云

羅復仁吉水人少嗜學陳友諒辟爲編修已知其無成

遁去謁太祖於九江留置左右從戰鄱陽齎蠟書諭降江西未下諸郡授中書諮議從圍武昌太祖欲招陳理降以復仁故友諒臣也遣入城諭且曰理若來不失富貴復仁頓首曰如陳氏遺孤得保首領俾臣不食言於異日臣死不憾太祖曰汝行吾不汝誤也復仁至城下號慟者竟日理縋之入見理大哭陳太祖意且曰大兵所向皆摧不降且屠城中民何罪理聽其言遂率官屬出降還國子助敎以老特賜乘小車出入每宴見賜坐飲食已復使擴廓前使多拘留復仁議論慷慨獨得還洪武元年擢編修復偕主事張福往諭安南還占城侵地安南奉詔遣復仁金貝土產甚厚悉却不受帝聞而賢之三年置弘文館以復仁爲學士與劉基同位在帝前率意陳得失嘗操南音帝顧喜其質直呼爲老實羅而不名閒幸其舍負郭窮巷復仁方堊壁急呼其妻抱杌以坐帝帝曰賢士豈宜居此遂賜第城中天壽節製水龍吟一闋以獻帝悅厚賜之尋乞致仕陛辭賜大布衣題詩衣襟上褒美之已又召至京師奏減江西秋糧報可留三月賜玉帶鐵拄杖坐墩裘馬食具遣還以壽終孫汝敬名簡以字行永樂二年庶吉士就學文淵閣誦書不稱旨卽日遣戍江南數日復之自此刻厲爲學累遷侍講仁宗時上言時政十五事忤旨下獄旣與李時勉同改御史直聲震一時宣宗初上書大學士楊士奇曰太祖高皇帝奄有四海太宗文皇帝再造寰區然猶翼翼兢兢無敢豫怠先皇帝嗣統未及期月奄棄羣臣揆厥所由皆儉壬小夫獻金石之方以致疾也去冬簡以愚戇應詔上書言涉不敬罪當萬死先皇帝憐其孤直寬雷霆之誅俾居言路撫躬循省無可稱塞伏見今年六月車駕幸天壽山躬謁二陵京師之人瞻望咨嗟以爲聖天子大孝旣而道路喧傳禮畢卽較獵講武扈從惟也先土干與其徒數百人風馳電掣驅逐先後某聞此言心悸膽落夫蒐苗獮狩固有國之常經然以謁陵出而與降將較獵於山谷閒垂堂之戒銜橜之虞不可不深慮也執事四朝舊臣二聖元輔於此不言則孰得而言之者惟特加採納以弘靖獻之忠光弼直之義尋擢工部右侍郎兩使安南時黎利言其主陳暠已死而張筵設女樂汝敬叱之利懼謝還督兩浙漕運理陝西屯田多所建置坐受餽充爲事官英宗立遇赦汝敬誤引詔復職復逮繫以在陝措置勞宥死戍邊尋復職蒞故任塞上有警汝敬往督餉遇敵紅城子中流矢墜馬得免以疾告歸卒

贊曰明始建國首以人材爲務徵辟四方宿儒羣集闕下隨其所長而用之自議禮定制外或參列法從或預直承明而成均胄子之任尤多稱職彬彬乎稱得人焉夫諸臣當元之季世窮經績學株守草野幾於沒齒無聞及乎泰運初平連茹利見乃各展所蘊以潤色鴻猷黼黻文治昔人謂天下不患無才惟視上之網羅何如耳顧不信哉

明史卷一百三十八　　列傳第二十六

總裁官總理事務經筵講官少保兼太子太保保和殿大學士兼管吏部戶部尚書事加六級張廷玉等奉

敕修

陳修　滕毅　趙好德　翟善　李仁　吳琳

楊思義　滕德懋　范敏　費震　張琬

周楨　劉惟謙　周湞　端復初　李質　黎光　劉敏

楊靖　凌漢　單安仁　朱守仁　嚴德珉

薛祥　秦逵　趙翥　唐鐸　沈溍　趙俊

開濟

陳修字伯昂上饒人從太祖平浙東授理官援引律令悉本寬厚盡改元季弊政擢兵部郎中遷濟南知府時亂後比戶彫殘且多衞將練兵屯田其閒修撫治有方兵民相安流亡復業帝嘉之洪武四年拜吏部尚書六部之設始自洪武元年鎭江滕毅首長吏部佐省臺裁定銓除考課諸法畧具至是修與侍郎李仁詳考舊典參以時宜按地衝僻爲設官煩簡凡庶司黜陟及課功覈實之法皆精心籌畫銓法秩然未幾卒官其後部制屢創令入覲官各舉所知定內外封贈廕敘之典自浮山李信始天下朝正官各造事蹟文冊圖畫土地人民以進及撥用吏員法自崑山余熂始倣唐六典自五府六部都察院以下諸司設官分職編集爲書曰諸司職掌定吏役考滿給由法以爲司衞府縣首領選監生能文章者兼除州縣官及學正教諭自泰興翟善始三年一朝考覈等第自沂水杜澤始此洪武時銓政大畧也六部初屬中書省權輕多仰承丞相意指毅修及詹同吳琳趙好德輩居吏部稱賢然亦無大建豎至十三年中書省革部權乃專而銓衡爲尤要顧帝用法嚴熂以排宋訥誅善貶澤拜尚書未數月罷惟信歷侍郎拜尚書幾二載卒於官云滕毅字仲弘太祖征吳以儒士見留徐達幕下尋除起居注命與楊訓文集古無道之君若桀紂秦始皇隋煬帝行事以進曰吾欲觀喪亂之由以爲炯戒耳吳元年出爲湖廣按察使尋召還擢居吏部一月改江西行省參政卒趙好德字秉彝汝陽人由安慶知府入爲戶部侍郎進尚書改吏部帝嘉其典銓平嘗召與四輔官入內殿坐論治道命畫史圖像禁中終陝西參政子毅永樂中官至工部侍郎翟善字敬夫以貢舉歷官吏部文選司主事二十六年尚書詹徽侍郎傅友文誅命善署部事再遷至尚書明於經術奏對合帝意帝曰善雖年少氣宇恢廓他人莫及也欲爲營第於鄉善辭又欲除其家戍籍善曰戍卒宜增豈可以臣破例帝益以爲賢二十八年坐事降宣化知縣以終李仁唐縣人初仕陳友諒王師克武昌來歸以常遇春薦代陶安知黃州府歷官侍郎進尚書坐事謫青州政最擢戶部侍郎致仕吳琳黃岡人太祖下武昌以詹同薦召爲國子助教經術逾于同吳元年除浙江按察司僉事復入爲起居注命齎幣帛求書於四方洪武六年自兵部尚書改吏部嘗與同迭主部事踰年乞歸帝嘗遣使察之使者潛至旁舍一農人坐小杌起拔稻苗布田貌甚端謹使者前曰此有吳尚書者在否農人斂手對曰琳是也使者以狀聞帝爲嘉歎

楊思義不詳其籍里太祖稱吳王授起居注初錢穀隸中書省吳元年始設司農卿以思義爲之明年設六部改爲戶部尚書大亂之後人多廢業思義請令民間皆植桑麻四年始徵其稅不種桑者輸絹不種麻者輸布如周官里布法詔可帝念水旱不時緩急無所恃命思義令天下立預備倉以防水旱思義首邦計以農桑積貯爲急凡所興設雖本帝意而經畫詳密時稱其能調陝西行省參政卒於官終洪武朝爲戶部尚書者四十餘人皆不久於職績用罕著惟茹太素楊靖滕德懋范敏費震之屬差有聲太素靖自有傳德懋字思勉吳人由中書省掾歷外任洪武三年召拜兵部尚書尋改戶部爲人有才辨器量弘偉長於奏疏一時招徠詔諭之文多出其手以事免官卒范敏閿鄉人洪武八年舉秀才擢戶部郎中十三年授試尚書薦耆儒王本等皆拜四輔官帝以徭役不均命編造黃冊敏議百一十戶爲里丁多者十人爲里長鳩一里之事以供歲役十年一周餘百戶爲十甲後遂仍其制不廢明年以不職罷費震鄱陽人洪武初以賢良徵爲吉水知州寬惠得民擢知漢中歲凶盜起發倉粟十餘萬斛貸民俾秋成還倉盜聞皆來歸令占宅自爲保伍得數千家帝聞而嘉之後坐事被逮以有善政特釋爲寶鈔提舉十一年帝謂吏部曰資格爲常流設耳有才能者當不次用之超擢者九十五人而拜震戶部侍郎尋進尚書奉命定丞相御史大夫以下歲祿之制出爲湖廣布政使以老致仕洪武初有張琬者鄱陽人以貢士試高等授給事中改戶部主事一日帝問天下財賦戶口之數口對無遺帝悅立擢左侍郎謹身殿災上言時政歲饑請蠲民租百萬餘石俱見嘉納琬才敏有心計年二十七卒於官時人惜之

周楨字文典江寧人元末流寓湖南太祖平武昌用爲江西行省僉事歷大理卿太祖以唐宋皆有成律斷獄惟元以一時行事爲條格胥吏易爲奸詔楨與李善長劉基陶安滕毅等定律令少卿劉惟謙丞周湞與焉書成太祖稱善洪武元年設刑部以楨爲尚書尋改治書侍御史明年出爲廣東行省參政時省治初開正官多缺吏治鮮勤懲香山丞冲敬有治行以勞卒官楨爲文祭之聞者感動一時郡邑良吏雷州同知余騏孫惠州知府萬迪乳源知縣張安仁清流知縣李鐸揭陽縣丞許德廉州知府脫因歸善知縣木寅楨皆列其政績以聞寅土司脫因蒙古人也於是屬吏益勸三年九月召爲御史中丞尋引疾致仕帝初卽位懲元寬縱用法太嚴奉行者重足立律令旣具吏士始知循守其後數有釐正皆以楨書爲權輿云劉惟謙不詳何許人吳元年以才學舉洪武初歷官刑部尚書六年命詳定新律刪繁損舊輕重得宜帝親加裁定頒行焉後坐事免周湞字伯寧鄱陽人江西十才子之一也官亦至刑部尚書終洪武世爲刑部者亦幾四十人楊靖最著而端復初李質黎光劉敏亦有名復初字以善溧水人子貢裔也從省文稱端氏元末爲小吏常遇春鎭金華召致幕下未幾辭去太祖知其名召爲徽州府經歷令民自實田彙爲圖籍積弊盡剔稍遷至磨勘司令時官署新立案牘塡委復初鉤稽無遺帝嘗廷譽之性嚴峭人不敢干以私僚屬多貪敗復初獨以清白免洪武四年超拜刑部尚書用法平杭州飛糧事覺逮繫百餘人詔復初往治誠僞立辨知府以下皆服罪明年出爲湖廣參政令民來歸者復其賦一年流亡畢集以治辨聞坐事召還卒子孝文翰林待詔孝思翰林侍書先後使朝鮮並著清節朝鮮人爲立雙清館云李質字文彬德慶人有材略元末居何眞麾下嘗募兵平德慶亂民旁郡多賴其保障名士客嶺南者茶陵劉三吾江右伯顏子中羊城

孫蕡建安張智等皆禮之洪武元年從眞降授中書斷事明年改都督府斷事强力執法五年擢刑部侍郎進尚書治獄平恕遣振饑山東御製詩餞之尋出爲浙江行省參政居三年惠績著聞帝念質老召還嘗入見便殿訪時政質直言無隱拜靖江王右相王罪廢質竟坐死黎光東莞人以鄉薦拜御史巡蘇州請振水災全活甚衆巡鳳陽上封事悉切時弊帝嘉之洪武九年擢刑部侍郎執法不阿爲御史大夫陳寧所忌坐事死貶所劉敏肅寧人舉孝廉爲中書省吏嘗暮市蘆龍江口載於家俾妻織席鬻以奉母而後入治事性廉介或遺之瓮瓦器亦不受爲楚相府錄事中書以沒官女婦給文臣家衆勸其請給以事母敏固辭曰事母子婦事何預他人及省臣敗吏多坐誅敏獨無所預帝賢之擢工部侍郎改刑部出爲徽州府同知有惠政卒於官

楊靖字仲寧山陽人洪武十八年進士選吏科庶吉士明年擢戶部侍郎時任諸司者率進士及太學生然時有不法者帝製大誥舉通政使蔡瑄左通政茹瑺工部侍郎秦逵及靖以諷厲之曰此亦進士太學生也能率職以稱朕心其見稱如此二十二年進尚書明年五月詔在京官三年皆遷調著爲令乃以刑部尚書趙勉與靖換官諭曰愚民犯法如啗飲食設法防之犯者益衆推恕行仁或能感化自今惟犯十惡並殺人者死餘罪皆令輸粟北邊又曰在京獄囚卿等覆奏朕親審決猶恐有失在外各官所擬豈能盡當卿等當詳讞然後遣官審決靖承旨研辨多所平反帝嘉納之嘗鞫一武弁門卒撿其身得大珠屬僚驚異靖徐曰僞也安有珠大如此者乎碎之帝聞歎曰靖此舉有四善焉不獻朕求悅一善也不窮追投獻二善也不獎門卒杜小人僥倖三善也千金之珠卒然而至略不動心有過人之智應變之才四善也二十六年兼太子賓客並給二祿已坐事免會征龍州趙宗壽詔靖諭安南輸粟餉師以白衣往安南相黎一元以陸運險艱欲不奉詔靖宣示反覆開諭且許以水運一元乃輸粟二萬至沲海江別造浮橋以達龍州帝大悅拜靖左都御史靖公忠有智略善理繁劇治獄明察而不事深文寵遇最厚同列無與比三十年七月坐爲鄉人代改訴冤狀草爲御史所劾帝怒遂賜死時年三十八時有凌漢字斗南原武人以秀才舉獻烏鵲論授官歷任御史巡按陝西疏所部疾困數事帝善之召其子賜衣鈔漢鞫獄平允及還京有德漢者邀置酒欲厚贈以金漢曰酒可飲金不可受也帝聞之嘉歎擢右都御史時詹徽爲左論議不合每面折徽徽銜之左遷刑部侍郎改禮部後爲徽所劾降左僉都御史帝憫其衰令歸田里漢以徽在有後憂不敢去歲餘徽誅復擢右僉都御史尋致仕歸漢出言不檢居官屢躓然以廉直見知於帝故終得保全又吳人嚴德珉由御史擢左僉都御史以疾求歸帝怒黥其面謫戍南丹遇赦放還布衣徒步自齒齊民宣德中猶存嘗以事爲御史所逮德珉跪堂下自言曾在臺勾當公事曉三尺法御史問何官答言洪武中臺長所謂嚴德珉是也御史大驚揖起之次日往謁則擔囊徙矣有教授與飲見其面黥戴敝冠問老人犯何法德珉述前事因言先時國法甚嚴仕者不保首領此敝冠不易戴也乃北面拱手稱聖恩聖恩云

單安仁字德夫濠人少爲府吏元末江淮兵亂安仁集義兵保鄉里授樞密判官從鎭南王孛羅普化守揚州時羣雄四起安仁歎曰此輩皆爲人驅除耳王者之興當自有別鎭南王爲長槍軍所逐安仁無所屬聞太祖定集慶乃曰此誠是已率衆歸附太祖悅命將其軍守鎭江嚴飭軍伍敵不敢犯移守常州其子叛降張士誠太祖知安仁忠謹弗疑也久之遷浙江副使悍帥橫斂民名曰寨糧安仁寘於法進按察使徵爲中書左司郎中佐李善長裁斷調瑞州守禦千戶入爲將作卿洪武元年擢工部尚書仍領將作事安仁精敏多智計諸所營造大小中程甚稱帝意逾年改兵部尚書請老歸賜田三千畝牛七十角歲給尚書半俸六年起山東參政懇辭許之家居嘗奏請濬儀眞南壩至朴樹灣以便官民輸輓疏轉運河江都深港以防淤淺移瓜州倉厫置揚子橋西免大江風潮之患帝善其言再授兵部尚書致仕初尚書階正三品十三年中書省罷始進爲正二而安仁致仕在前帝念安仁勳舊二十年特授資善大夫其年十二月卒年八十五徐州朱守仁者字元夫元末亦以保障功官樞密同知守舒城明兵下廬州以城來歸歷官工部侍郎洪武四年進尚書奉命察山東官吏稱旨尋改北平行省參政以餽餉不繼謫蒼梧知縣初守仁知袁州撫安創殘民甚德之至是連知容州高唐州皆有善政十年進四川布政使治尚簡嚴以年老致仕坐事罰輸作特宥之十五年雲南平改威楚開南等路宣撫司爲楚雄府遂命守仁知府事招集流移均徭役建學校境內大治二十八年上計入朝郡人垂涕送之拜太僕卿首請立牧馬草場於江北滁州諸處所轄十四監九十八羣馬大蕃息馬政之修自守仁始久之致仕永樂初入朝遇疾卒

薛祥字彥祥無爲人從俞通海來歸渡江爲水寨管軍鎭撫數從征有功洪武元年轉漕河南夜半抵蔡河賊驟至祥不爲動好語諭散之帝聞大喜以方用兵供億艱授京畿都轉運使分司淮安濬河築堤自揚達濟數百里徭役均平民無怨言有勞者立奏授以官元都下官民南遷道經淮安祥多方存恤山陽海州民亂駙馬都尉黃琛捕治詿誤甚衆祥會鞫無驗者悉原之治淮八年民相勸爲善及考滿還京皆焚香祝其再來或肖像祀之八年授工部尚書時造鳳陽宮殿帝坐殿中若有人持兵鬬殿脊者太師李善長奏諸工匠用厭鎭法帝將盡殺之祥爲分別交替不在工者並鐵石匠皆不預活者千數營謹身殿有司列中匠爲上匠帝怒其罔命棄市祥在側爭曰奏對不實竟殺人恐非法得旨用腐刑祥復徐奏曰腐廢人矣莫若杖而使工帝可之明年改天下行省爲承宣布政司以北平重地特授祥三年治行稱第一爲胡惟庸所惡坐營建擾民謫知嘉興府惟庸誅復召爲工部尚書帝曰讒臣害汝何不言對曰臣不知也明年坐累杖死天下哀之子四人謫瓊州遂爲瓊山人孫遠正統七年進士景泰時官戶部郎中天順元年擢本部右侍郎改工部奉詔塞開封決河還仍改戶部成化初督兩廣軍餉位至南京兵部尚書以忤汪直免官其繼祥爲工部尚書有名者有秦逵等逵字文用宣城人洪武十八年進士歷事都察院奉檄清理四徒寬嚴得宜帝嘉其能擢工部侍郎時營繕事繁部中缺尚書凡興作事皆逵領之初議籍四方工匠驗其丁力定三年爲班更番赴京三月交代名曰輪班匠未及行至是逵議量地遠近爲班次置籍爲勘合付之至期齎至部免其家徭役著爲令帝念逵勤勩詔有司復其家二十二年進尚書明年改兵部未幾復改工部帝以學校爲國儲材而士子巾服無異胥吏宜更易之命逵製式以進凡三易其製始定賜監生藍衫絛各一以爲天下先明代士子衣冠蓋創自逵云有趙翥者永寧人有志節以學行聞由訓導舉賢良擢贊善大夫拜工部尚書奏定天下歲造軍器之數及議定藩王宮城制度趙俊者不知何許人自工部侍郎進尚書帝以國子監所藏書板歲久殘剝命諸儒考補工部督匠修治俊奉詔監理古籍始備洪武十二年翥改署刑部尋致仕去俊十七年免而逵於二十五年九月坐事自殺

唐鐸字振之虹人太祖初起兵卽侍左右守濠州從定江州授西安縣丞召爲中書省管勾洪武元年湯和克延平以鐸知府事拊輯新附士民安之居三年入爲殿中侍御史復出知紹興府六年十二月召拜刑部尚書明年改太常卿丁母憂特給半俸十四年服闋起兵部尚書明年初置諫院以爲諫議大夫帝嘗與侍臣論歷代興廢曰使朕子孫如成康輔弼如周召則可祈天永命鐸因進曰豫教元良選左右爲輔導宗社萬年福也帝又謂鐸曰人有公私故言有邪正正言務規諫邪言務謗訕鐸曰謗近忠訕近愛不爲所眩則讒佞自遠未幾左遷監察御史請選賢能京官徧歷郡縣訪求賢才體察官吏選歷練老成望隆名重者居布政按察之職帝從之旣復擢爲右副都御史歷刑兵二部尚書二十二年置詹事院命吏部曰輔導太子必擇端重之士三代保傅禮甚尊嚴兵部尚書鐸謹厚有德量以爲詹事食尚書俸如故以鐸嘗請豫教故也其年致仕二十六年起太子賓客進太子少保二十八年龍州土官趙宗壽以奏鄭國公常茂死事不實被召又不至帝怒命楊文統大軍往討而命鐸招諭鐸至廉得茂實病死宗壽亦伏罪來朝乃詔文移兵征奉議諸州叛蠻卽以鐸參議軍事逾月諸蠻平鐸相度形勢請設奉議衞及向武河池懷集武仙賀縣諸處守禦千戶所鎭以官軍皆報可鐸爲人長者性愼密不妄取予帝以故舊遇之嘗曰鐸自友及臣至今三十餘年其與人交不至變色絕亦不出惡聲又曰都御史詹徽剛斷嫉惡胥吏不得肆其貪謗訕滿朝唐鐸重厚又謂儒而無爲人心不古有若是耶後徽卒坐罪誅死而鐸恩遇不替三十年七月卒於京師年六十九賻贈甚厚命有司護其喪歸葬沈溍字尚賢錢塘人與鐸同官兵部以明敏稱帝嘗以勗臣子弟多闇法撰大誥二十二篇論天下武臣皆令誦習使知儆惕已又以諭戒八條頒示將士時溍以試兵部侍郎掌部事一切訓飭事宜皆承旨行之尋進尚書廣西都司建譙樓青州衞造軍器皆擅科民財溍請凡都司衞所營作必都督府奏准官給物料毋擅役民違者治罪仍禁武臣預民事時干戈甫息武臣暴橫數扞文法至是始戢溍力也帝嘗諭致治之要在進賢退不肖溍因言君子常少小人常多在上風厲之耳賢者舉而不仁者遠矣帝善其言二十三年以溍與工部尚書秦逵換官賜誥獎諭尋復舊任後以事免明初衞所世籍及軍卒勾補之法皆溍所定然名目瑣細簿籍煩多吏

易爲奸終明之世頗爲民患而軍衞亦日益耗減語詳兵志潮州生陳質父在戍籍父沒質被勾補請歸卒業帝命除其籍滔以缺軍伍持不可帝曰國家得一卒易得一士難遂除之然此皆特恩云

開濟字來學洛陽人元末爲察罕帖木兒掌書記洪武初以明經舉授河南府訓導入爲國子助教以疾罷歸十五年七月御史大夫安然薦濟有吏治才召試刑部尚書踰年實授濟以綜覈爲己任請天下諸司設文簿日書所行事課得失又各部勘合文移立程限定功罪又言軍民以細故犯罪者宜卽決遣數月間滯牘一清帝大以爲能會都御史趙仁言曩者以賢良方正孝弟力田諸科所取士列置郡縣多不舉職宜覈其去留濟條議以經明行修爲一科工習文詞爲一科通曉書義爲一科人品俊秀爲一科練達治理爲一科言有條理爲一科六科備者爲上三科以上爲中不及三科者爲下從之濟敏慧有才辯凡國家經制田賦獄訟工役河渠事衆莫能裁定濟一算畫卽有條理品式可爲世守以故帝甚信任數備顧問兼預他部事人以是忌之謗議滋起然濟亦深刻奸以法中傷人嘗奉命定詐僞律濟議法巧密帝曰張密網以羅民可乎又設籍曰寅戌之書以程僚屬出入帝切責曰古人以卯酉爲常今使趨事者朝寅暮戌奉父母會妻子幾何時耶又爲榜戒其僚屬請揭文華殿帝曰告誡僚屬之言欲張殿廷豈人臣禮濟慚謝尋令郎中仇衍脫囚死爲獄官所發濟與侍郎王希哲主事王叔徵執獄官斃之其年十二月御史陶垕仲等發其事且言濟奏事時置奏劄懷中或隱而不言覘伺上意務爲兩端奸狡莫測役甥女爲婢妹早寡逐其姑而略其家財帝怒下濟獄併希哲衍等皆棄市

贊曰六部之制仿於周官所以佐王理邦國熙庶績任至重也明興建官分職立法秩然又三途用人求賢彌廣若陳脩滕毅之典銓法楊思義范敏之治賦役周楨之定律令單安仁之領將作以至沈溍開濟輩之所經畫皆委曲詳備細大不遺考其規模固一代政治之權輿者歟

敕修明史卷一百三十九　列傳第二十七

總裁官總理事務經筵講官少保兼太子太保保和殿大學士兼管吏部戶部尚書事加六級臣張廷玉等奉

敕修

錢唐 程徐　韓宜可 周觀政 歐陽韶

蕭岐 門克新　馮堅

茹太素 曾秉正　李仕魯 陳汶輝

葉伯巨　鄭士利 方徵

周敬心　王朴

錢唐字惟明象山人博學敦行洪武元年舉明經對策稱旨特授刑部尚書二年詔孔廟春秋釋奠止行於曲阜天下不必通祀唐伏闕上疏言孔子垂教萬世天下共尊其教故天下得通祀孔子報本之禮不可廢侍郎程徐亦疏言古今祀典獨社稷三皇與孔子通祀天下民非社稷三皇則無以生非孔子之道則無以立堯舜禹湯文武周公皆聖人也然發揮三綱五常之道載之於經儀範百王師表萬世使世愈降而人極不墜者孔子力也孔子以道設教天下祀之非祀其人祀其教也祀其道也今使天下之人讀其書由其教行其道而不得舉其祀非所以維人心扶世教也皆不聽久之乃用其言帝嘗覽孟子至草芥寇讎語謂非臣子所宜言議罷其配享詔有諫者以大不敬論唐抗疏入諫曰臣爲孟軻死死有餘榮時廷臣無不爲唐危帝鑒其誠懇不之罪孟子配享亦旋復然卒命儒臣修孟子節文云唐爲人彊直嘗詔講虞書唐陛立而講或糾唐草野不知君臣禮唐正色曰以古聖帝之道陳於陛下不跪不爲倨又嘗諫宮中不宜揭武后圖忤旨待罪午門外竟日帝意解賜之食卽命撤圖未幾謫壽州卒程徐字仲能鄞人元名儒端學子也至正中以明春秋知名歷官兵部尚書致仕明兵入元都妻金抱二歲兒與女瓊赴井死洪武二年偕危素等自北平至京授刑部侍郎進尚書卒徐精勤通敏工詩文有集傳於世

韓宜可字伯時浙江山陰人元至正中行御史臺辟爲掾不就洪武初薦授山陰教諭轉楚府録事尋擢監察御史彈劾不避權貴時丞相胡惟庸御史大夫陳寧中丞涂節方有寵於帝嘗侍坐從容燕語宜可直前出懷中彈文劾三人險惡似忠奸佞似直恃功怙寵內懷反側擢置臺端擅作威福乞斬其首以謝天下帝怒曰快口御史敢排陷大臣耶命下錦衣衞獄尋釋之九年出爲陝西按察司僉事時官吏有罪者笞以上悉謫屯鳳陽至萬數宜可疏爭之曰刑以禁淫慝一民軌宜論其情之輕重事之公私罪之大小今悉令謫屯此小人之幸君子殆矣乞分別以協衆心帝可之已入朝京師會賜諸司沒官男女宜可獨不受且極論罪人不孥古之制也有事隨坐法之濫也況男女人之大倫婚姻踰時尚傷和氣合門連坐豈聖朝所宜帝是其言後坐事將刑御謹身殿親鞫之獲免復疏陳二十餘事皆報可未幾罷歸已復徵至命撰祀鍾山大江文諭日本征烏蠻詔皆稱旨特授山西右布政使尋以事安置雲南惠帝卽位用檢討陳性善薦起雲南參政入拜左副都御史卒於官是夜大星隕櫪馬皆驚嘶人謂宜可當之云帝之建御史臺也諸御史以敢言著者自宜可外則稱周觀政觀政亦山陰人以薦授九江教授擢監察御史嘗監奉天門有中使將女樂入觀政止之中使曰有命觀政執不聽中使慍而入頃之出報曰御史且休女樂已罷不用觀政又拒曰必面奉詔已而帝親出宮謂之曰宮中音樂廢缺欲使內家肄習耳朕已悔之御史言是也左右無不驚異者觀政累官江西按察使前觀政者有歐陽韶字子韶永新人薦授監察御史有詔日命兩御史侍班韶嘗侍直帝乘怒將戮人他御史不敢言韶趨蹌殿廷下倉卒不能措詞急捧手加額呼曰陛下不可帝察韶朴誠從之未幾致仕卒於家

蕭岐字尚仁泰和人五歲而孤事祖父母以孝聞有司屢舉不赴洪武十七年詔徵賢良強起之上十便書大意謂帝刑罰過中訐告風熾請禁止實封以杜誣罔依律科獄以信詔令凡萬餘言召見授潭王府長史力辭忤旨謫雲南楚雄訓導岐卽日行遣騎追還歲餘改授陝西平涼再歲致仕復召與錢宰等考定書傳賜幣鈔給驛歸嘗輯五經要義又取刑統八韻賦引律令爲之解合爲一集嘗曰天下之理本一出乎道必入乎刑吾合二書使覽者有所省也學者稱正固先生當是時太祖治尚剛嚴中外凜凜奉法救過不給而岐所上書過切直帝不爲忤厭後以言被超擢者有門克新克新鞏昌人泰州教諭也二十六年秋滿來朝召問經史及政治得失克新直言無隱授贊善時紹興王俊華以善文辭亦授是職上論吏部曰左克新右俊華重直言也初教官給由至京帝詢民疾苦岢嵐吳從權山陰張桓皆言臣職在訓士民事無所與帝怒曰宋胡瑗爲蘇湖教授其教兼經義治事漢賈誼董仲舒皆起田里敷陳時務唐馬周不得親見太宗且教武臣言事今既集朝堂朕親詢問俱無以對志聖賢之道者固如是乎命竄之邊方且榜諭天下學校使爲鑒戒至是克新以亮直見重不數年擢禮部尚書尋引疾命太醫給藥物不輟其俸及卒命有司護喪歸葬

馮堅不知何許人爲南豐典史二十四年上書言九事一曰養聖躬請清心省事不與細務以爲民社之福二曰擇老成諸王年方壯盛左右輔導願擇取老成之臣出爲王官使得直言正色以圖匡救三曰攘要荒請務農講武屯戍邊圉以備不虞四曰勵有司請得廉正有守之士任以方面旌別屬吏具實以聞而黜陟之使人勇於自治五曰褒祀典請敕有司採歷代忠烈諸臣追加封謚俾末俗有所興勸六曰省宦寺晨夕密邇其言易入養成禍患而不自知請裁去冗員可杜異日陵替之弊七曰易邊將假以兵柄久在邊圉多致縱佚請時遷歲調不使久居其任不惟保全勳臣實可防將驕卒惰內輕外重之漸八曰訪吏治廉幹之才或爲上官所忌僚吏所嫉上不加察非激勸之道請廣布耳目訪察廉貪以明黜陟九曰增關防諸司以帖委胥吏俾督所部輒加箠楚害及於民請增置勘合以付諸司聽其塡寫差遣事訖繳報庶所司不輕發以病民而庶務亦不致曠廢書奏帝嘉之稱其知時務達事變又謂侍臣曰堅言惟調易邊將則未然邊將數易則兵力勇怯敵情出沒山川形勝無以備知倘得趙充國班超者又何取數易爲哉乃命吏部擢堅左僉都御史在院頗持大體其明年卒於任

茹太素澤州人洪武三年鄉舉上書稱旨授監察御史六年擢四川按察使以平允稱七年五月召爲刑部侍郎上言自中書省內外百司聽御史按察使檢舉而御史臺未有定考宜令守院御史一體察核磨勘司官吏數少難以檢覈天下錢糧請增置若干員各分爲科在外省衞凡會議軍民事各不相合致稽延請用按察司一員糾正帝皆從之明年坐累降刑部主事陳時務累萬言太祖令中書郎王敏誦而聽之中言才能之士數年來幸存者百無一二今所任率迂儒俗吏言多忤觸帝怒召太素面詰杖於朝次夕復於宮中令人誦之得其可行者四事慨然曰爲君難爲臣不易朕所以求直言欲其切於情事文詞太多便至熒聽太素所陳五百餘言可盡耳因令中書定奏對式俾陳得失者無繁文摘太素疏中可行者下所司帝自序其首頒示中外十年與同官曾秉正先後同出爲參政而太素往浙江尋以侍親賜還里十六年召爲刑部試郎中居一月遷都

察院僉都御史復降翰林院檢討十八年九月擢戶部尚書太素抗直不屈屢瀕於罪帝時宥之一日宴便殿賜之酒曰金盃同汝飲白刃不相饒太素叩首即續韻對曰丹誠圖報國不避聖心焦帝爲惻然未幾謫御史復坐排陷詹徽與同官十二人俱鐐足治事後竟坐法死曾秉正南昌人洪武初薦授海州學正九年以天變詔羣臣言事秉正上疏數千言大畧曰古之聖君不以天無災異爲喜惟以祇懼天譴爲心陛下聖文神武統一天下天之付與可謂盛矣兵動二十餘年始得休息天之有心於太平亦已久矣民之思治亦切矣創業與守成之政大抵不同開創之初則行富國强兵之術用趨事赴功之人大統既立邦勢已固則普天之下水土所生人力所成皆邦家倉庫之積孔哺之童垂白之叟皆邦家休養之人不患不富庶惟保成業於永久爲難耳於此之時當盡革向之所爲何者足應天心何者足慰民望感應之理其效甚速又言天既有警則變不虛生極論大易春秋之旨帝嘉之召爲思文監丞未幾改刑部主事十年擢陝西參政會初置通政司即以秉正爲使在位數言事帝頗優容之尋竟以忤旨罷貧不能歸鬻其四歲女帝聞大怒置腐刑不知所終

李仕魯字宗孔濮人少頴敏篤學足不窺戶外者三年聞鄱陽朱公遷得宋朱熹之傳往從之遊盡受其學太祖故知仕魯名洪武中詔求能爲朱氏學者有司舉仕魯入見太祖喜曰吾求子久何相見晚也除黃州同知曰朕姑以民事試子行召子矣期年治行聞十四年命爲大理寺卿帝自踐阼後頗好釋氏教詔徵東南戒德僧數建法會於蔣山應對稱旨者輒賜金襴袈裟衣召入禁中賜坐與講論吳印華克勤之屬皆拔擢至大官時時寄以耳目由是其徒橫甚讒毀大臣舉朝莫敢言惟仕魯與給事中陳汶輝相繼爭之汶輝疏言古帝王以來未聞縉紳緇流雜居同事可以相濟者也今勳舊耆德咸思辭祿去位而緇流憸夫乃益以讒間如劉基徐達之見猜李善長周德興之被謗視蕭何韓信其危疑相去幾何哉伏望陛下於股肱心膂悉取德行文章之彥則太平可立致矣帝不聽諸僧怙寵者遂請爲釋氏創立職官於是以先所置善世院爲僧錄司設左右善世左右闡教左右講經覺義等官皆高其品秩道教亦然度僧尼道士至踰數萬仕魯疏言陛下方創業凡意指所向即示子孫萬世法程奈何捨聖學而崇異端乎章數十上亦不聽仕魯性剛介由儒術起方欲推明朱氏學以闢佛自任及言不見用遽請於帝前曰陛下深溺其教無惑乎臣言之不入也還陛下笏乞賜骸骨歸田里遂置笏於地帝大怒命武士捽搏之立死階下陳汶輝字耿光詔安人以薦授禮科給事中累官至大理寺少卿數言得失皆切直最後忤旨懼罪投金水橋下死仕魯與汶輝死數歲帝漸知諸僧所爲多不法有詔清理釋道二教云

葉伯巨字居升寧海人通經術以國子生授平遙訓導洪武九年星變詔求直言伯巨上書畧曰臣觀當今之事太過者三分封太侈也用刑太繁也求治太速也先王之制大都不過三國之一上下等差各有定分所以强榦弱枝遏亂源而崇治本耳今裂土分封使諸王各有分地蓋懲宋元孤立宗室不競之弊而秦晉燕齊梁楚吳蜀諸國無不連邑數十城郭宮室亞於天子之都優之以甲兵衞士之盛臣恐數世之後尾大不掉然後削其地而奪之權則必生觖望甚者緣間而起防之無及矣議者曰諸王皆天子骨肉分地雖廣立法雖侈豈有抗衡之理臣竊以爲不然何不觀於漢晉之事乎孝景高帝之孫也七國諸王皆景帝之同祖父兄弟子孫也一削其地則遽構兵西向晉之諸王皆武帝親子孫也易世之後迭相攻伐遂成劉石之患由此言之分封踰制禍患立生援古証今昭昭然矣此臣所以爲太過者也昔賈誼勸漢文帝盡分諸國之地空置之以待諸王子孫向使文帝早從誼言則必無七國之禍願及諸王未之國之先節其都邑之制減其衞兵限其疆理亦以待封諸王之子孫此制一定然後諸王有賢且才者入爲輔相其餘世爲藩屏與國同休割一時之恩制萬世之利消天變而安社稷莫先於此臣又觀歷代開國之君未有不以任德結民心以任刑失民心者國祚長短悉由於此古者之斷死刑也天子撤樂減膳誠以天生斯民立之司牧固欲其並生非欲其即死不幸有不率教者入於其中則不得已而授之以刑耳議者曰宋元中葉專事姑息賞罰無章以致亡滅主上痛懲其弊故制不宥之刑權神變之法使人知懼而莫測其端也臣又以爲不然開基之主垂範百世一動一靜必使子孫有所持守況刑者民之司命可不慎歟夫笞杖徒流死今之五刑也用此五刑既無假貸一出乎大公至正可也而用刑之際多裁自聖衷遂使治獄之吏務趨求意旨深刻者多功平反者得罪欲求治獄之平豈易得哉近者特旨雜犯死罪免死充軍又刪定舊律諸則減宥有差矣然未聞有戒敕治獄者務從平恕之條是以法司猶循故例雖聞寬宥之名未見寬宥之實所謂實者誠在主上不在臣下也故必有罪疑惟輕之意而後好生之德洽於民心此非可以淺淺期也何以明其然也古之爲士者以登仕爲榮以罷職爲辱今之爲士者以溷跡無聞爲福以受玷不錄爲幸以屯田工役爲必獲之罪以鞭笞捶楚爲尋常之辱其始也朝廷取天下之士網羅捃摭務無餘逸有司敦迫上道如捕重囚比到京師而除官多以貌選所學或非其所用所用或非其所學洎乎居官一有差跌苟免誅戮則必在屯田工役之科率是爲常不少顧惜此豈陛下所樂爲哉誠欲人之懼而不敢犯也竊見數年以來誅殺亦可謂不少矣而犯者相踵良由激勸不明善惡無別議賢議能之法既廢人不自勵而爲善者怠也有人於此廉如夷齊智如良平少戾於法上將錄長棄短而用之乎將舍其所長苛其所短而置之法乎苟取其長而舍其短則中庸之材爭自奮於廉智倘苛其短而棄其長則爲善之人皆曰某廉若是某智若是朝廷不少貸之吾屬何所容其身乎致使朝不謀夕棄其廉恥或事掊克以備屯田工役之資者率皆是也若是非用刑之煩者乎漢嘗徙大族於山陵矣未聞實之以罪人也今鳳陽皇陵所在龍興之地而率以罪人居之怨嗟愁苦之聲充斥園邑殆非所以恭承宗廟意也且夫强敵在前則揚精鼓銳攻之必克擒之必獲可也今賊突竄山谷以計求之庶或可得顧勞重兵彼方驚散入不可蹤跡之地捕之數年既無其方而乃歸咎於新附戶籍之細民而遷徙之騷動數千里之地室家不得休居雞犬不得寧息況新附之衆向者流移他所朝廷許其復業今附籍矣而又復遷徙是法不信於民也夫戶口盛而後田野闢賦稅增今責守令年增戶口正爲是也近者已納稅糧之家雖承旨分釋還家而其心猶不自安已起戶口雖蒙憐恤而猶見留開封祗候訛言驚動不知所出況太原諸郡外界邊境民心如此甚非安邊之計也臣願自今朝廷宜存大體赦小過明詔天下修舉八議之法嚴禁深刻之吏斷獄平允者超遷之殘酷裒斂者罷黜之鳳陽屯田之制見在居屯者聽其耕種起科已起戶口見留開封者悉放復業如此則足以隆好生之德樹國祚長久之福而兆民自安天變自消矣昔者周自文武至於成康而教化大行漢自高帝至於文景而始稱富庶蓋天下之治亂氣化之轉移人心之趨向非一朝一夕故也今國家紀元九年於茲偃兵息民天下大定紀綱大正法令修明可謂治矣而陛下切切以民俗澆漓人不知懼法出而奸生令下而詐起故或朝信而暮猜者有之昨日所進今日被戮者有之乃至令下而尋改已赦而復收天下臣民莫之適從臣愚謂天下之趨於治猶堅冰之泮也冰之泮非太陽所能驟致陽氣發生土脉微動然後得以融釋聖人之治天下亦猶是也刑以威之禮以導之漸民以仁摩民以義而後其化熙熙孔子曰如有王者必世而後仁此非空言也求治之道莫先於正風俗正風俗之道莫先於守令知所務守令知所務莫先於風憲知所重使風憲知所重莫先於朝廷知所尚古郡守縣令以正率下以善導民使化成俗美征賦期會獄訟簿書固其末也今之守令以戶口錢糧獄訟爲急務至於農桑學校王政之本乃視爲虛文而置之將何以教養斯民哉以農桑言之方春州縣下一白帖里甲回申文狀而已守令未嘗親視種藝次第旱澇戒備之道也以學校言之廩膳諸生國家資之以取人才之地也今四方師生缺員甚多縱使具員守令亦鮮有以禮讓之實作其成器者朝廷切切於社學屢行取勘師生姓名所習課業乃今社鎮城郭或但置立門牌遠村僻處則又徒存其名守令不過具文案備照刷而已上官分部按臨亦但循習故常依紙上照刷未嘗巡行點視也興廢之實上下視爲虛文小民不知孝弟忠信爲何物而禮義廉恥掃地矣風紀之司所以代朝廷宣導德化訪察善惡聽訟讞獄其一事耳今專以獄訟爲要忠臣孝子義夫節婦視爲末節而不暇舉所謂宣導風化者安在哉其始但知以去一贓吏決一獄訟爲治而不知勸民成俗使民遷善遠罪乃治之大者此守令風憲未審輕重之失也王制論鄉秀士升於司徒曰選士司徒論其秀士而升於太學曰俊士大樂正又論造士之秀升之司馬曰進士司馬辨論官材論定然後官之任官然後爵之其考之之詳若此故成周得人爲盛今使天下諸生考於禮部升於太學歷練衆職任之以事可以洗歷代舉選之陋上法成周然而升於太學者或未數月遽選入官間或委以民社臣恐其人未諳時務未熟朝廷禮法不能宣導德化上乖國政而下困黎民也開國以來選舉秀才不爲不多所任名位不爲不重自今數之在者有幾臣恐後之視今亦猶今之視昔昔年所舉之人豈不深可痛惜乎凡此皆臣所爲求治太速之過也昔者宋有天下蓋三百餘年其始

以禮義教其民當其盛時閭閻里巷皆有忠厚之風至於恥言人之過失洎乎末年忠臣義士視死如歸婦人女子羞被汚辱此皆教化之效也元之有國其本不立犯禮義之分壞廉恥之防不數十年棄城降敵者不可勝數雖老儒碩臣甘心屈辱此禮義廉恥不振之弊遺風流俗至今未革深可怪也臣謂莫若敦仁義尚廉恥守令則責其以農桑學校爲急風憲則責其先教化審法律以平獄緩刑爲急如此則德澤下流求治之道庶幾得矣郡邑諸生升於太學者須令在學肄業或三年或五年精通一經兼習一藝然後入選或宿衞或辦事以觀公卿大夫之能而後任之以政則其學識兼懋庶無敗事且使知祿位皆天之祿位而可以塞覬覦之心也治道旣得陛下端拱穆淸待以歲月則陰陽調而風雨時諸福吉祥莫不畢至尚何天變之不消哉書上帝大怒曰小子間吾骨肉速逮來吾手射之旣至丞相乘帝喜以奏下刑部獄死獄中先是伯巨將上書語其友曰今天下惟三事可患耳其二事易見而患遲其一事難見而患速縱無明詔吾猶將言之况求言乎其意蓋謂分封也然是時諸王止建藩號未嘗裂土不盡如伯巨所言迨洪武末年燕王屢奉命出塞勢始强後因削奪稱兵遂有天下人乃以伯巨爲先見云

鄭士利字好義寧海人兄士元剛直有才學由進士歷官湖廣按察使僉事荆襄卒乘亂掠婦女吏不敢問士元立言於將領還所掠安陸有寃獄御史臺已讞上士元奏其寃得白會考校錢穀册書空印事覺凡主印者論死佐貳以下榜一百戍遠方士元亦坐是繫獄時帝方盛怒以爲欺罔丞相御史莫敢諫士利歎曰上不知以空印爲大罪誠得人言之上聖明寧有不悟會星變求言士利曰可矣旣而讀詔有假公言私者罪士利曰吾所欲言爲天子殺無罪者耳吾兄非主印者固當出需吾兄杖出乃言卽死不恨士元出士利乃爲書數千言言數事而於空印事尤詳曰陛下欲深罪空印者恐奸吏得挾空印紙爲文移以虐民耳夫文移必完印乃可今考較書策乃合兩縫印非一印一紙比縱得之亦不能行况不可得乎錢穀之數府必合省省必合部數難懸決至部乃定省府去部遠者六七千里近亦三四千里册成而後用印往返非期年不可以故先印而後書此權宜之務所從來久何足深罪且國家立法必先明示天下而後罪犯法者以其故犯也自立國至今未嘗有空印之律有司相承不知其罪今一旦誅之何以使受誅者無詞朝廷求賢士置庶位得之甚難位至郡守皆數十年所成就通達廉明之士非如草菅然可刈而復生也陛下奈何以不足罪之罪而壞足用之材乎臣竊爲陛下惜之書成閉門逆旅泣數日兄子問曰叔何所苦士利曰吾有書欲上觸天子怒必受禍然殺我生數百人我何所恨遂入奏帝覽書大怒下丞相御史雜問究使者士利笑曰顧吾書足用否耳吾業爲國家言事自分必死誰爲我謀獄具與士元皆輸作江浦而空印者竟多不免方徵字可久莆田人以鄉舉授給事中嘗侍遊後苑與聯詩句太祖知其有母在賜白金馳驛歸省還改監察御史出爲懷慶知府徵志節甚偉遇事敢直言居郡時因星變求言疏言風憲官以激濁揚淸爲職今不聞旌廉拔能專務羅織人罪多徵贓罰此大患也朝廷賞罰明信乃能勸懲去年各行省官吏以用空印罹重罪而河南參政安然山東參政朱芾俱有空印反遷布政使何以示勸懲帝問羅織及多徵贓罰者爲誰徵指河南僉事彭京以對貶沁陽驛丞十三年以事逮至京卒

周敬心山東人太學生也洪武二十五年詔求曉曆數者敬心上疏極諫且及時政數事畧曰臣聞國祚長短在德厚薄不在曆數三代尚矣三代而下最久莫如漢唐宋最短莫如秦隋五代其久也以有道其短也以無道陛下膺天眷命救亂誅暴然神武威斷則有餘寬大忠厚則不足陛下若效兩漢之寬大唐宋之忠厚講三代所以有道之長則帝王之祚可傳萬世何必問諸小道之人耶臣又聞陛下連年遠征北出沙漠爲恥不得傳國璽耳昔楚平王時琢卞和之玉至秦始名爲璽歷代遞嬗以訖後唐治亂興廢皆不在此石敬瑭亂潞王攜以自焚則秦璽固已毀矣敬瑭入洛更以玉製晉亡入遼遼亡遺於桑乾河元世祖時札剌爾者漁而得之今元人所挾石氏璽耳昔者三代不知有璽仁爲之璽故曰聖人大寶曰位何以守位曰仁陛下奈何忽天下之大璽而求漢唐宋之小璽也方今力役過煩賦斂過厚教化溥而民不悅法度嚴而民不從昔汲黯言於武帝曰陛下內多欲而外施仁義奈何欲效唐虞之治乎方今國則願富兵則願强城池則願高深宮室則願壯麗土地則願廣人民則願衆於是多取軍卒廣籍貲財征伐不休營造無極如之何其可治也臣又見洪武四年錄天下官吏十三年連坐胡黨十九年逮官吏積年爲民害者二十三年罪妄言者大戮官民不分臧否其中豈無忠臣烈士善人君子於茲見陛下之薄德而任刑矣水旱連年夫豈無故哉言皆激切報聞

王朴同州人洪武十八年進士本名權帝爲改焉除吏科給事中以直諫忤旨罷旋起御史陳時事千餘言性鯁直數與帝辨是非不肯屈一日遇事爭之彊帝怒命戮之及市召還諭之曰汝其改乎朴對曰陛下不以臣爲不肖擢官御史奈何摧辱至此使臣無罪安得戮之有罪又安用生之臣今日願速死耳帝大怒趣命行刑過史館大呼曰學士劉三吾志之某年月日皇帝殺無罪御史朴也竟戮死帝撰大誥謂朴誹謗猶列其名有張衡者萬安人朴同年進士授禮科給事中奏疏愷切擢禮部侍郎以淸愼見褒載於大誥後亦以言事坐死

贊曰太祖英武威斷廷臣奏對往往失辭而錢唐韓宜可李仕魯輩抱其朴誠力諍於堂陛間可謂古之遺直矣伯巨敬心以縫掖諸生言天下至計雖違於信而後諫之義然原厥本心由於忠愛以視末季沽名賣直之流有不可同日而語者也

明史卷一百四十　列傳第二十八

總裁官總理事務經筵講官少保兼太子太保保和殿大學士兼管吏部戶部尚書事加六級臣張廷玉等奉敕修

魏觀　陶垕仲　王佑
劉仕貆（王溥　徐均）　王宗顯（王興宗　王興福）　呂文燧（蘇恭讓）
趙廷蘭　王觀（楊卓　羅性）
道同（歐陽銘）　盧熙（兄熊　倪孟賢）　王士弘（郎敏）
青文勝

魏觀字杞山蒲圻人元季隱居蒲山太祖下武昌聘授國子助教再遷浙江按察司僉事吳元年遷兩淮都轉運使入爲起居注奉命偕吳琳以幣帛求遺賢於四方洪武元年建大本堂命侍太子說書及授諸王經未幾又命偕文原吉詹同吳輔趙壽等分行天下訪求遺才所舉多擢用三年轉太常卿攷訂諸祀典稱旨改侍讀學士尋遷祭酒明年坐考祀孔子禮不以時奏謫知龍南縣旋召爲禮部主事五年廷臣薦觀才出知蘇州府前守陳寧苛刻人呼陳烙鐵觀盡改寧所爲以明教化正風俗爲治建黌舍聘周南老王行徐用誠與教授貢潁之定學儀王彝高啓張羽訂經史耆民周壽誼楊茂林文友行鄉飲酒禮政化大行課績爲天下最明年擢四川行省參知政事未行以部民乞留命還任初張士誠以蘇州舊治爲宮遷府治於都水行司觀以其地湫隘還治舊基又濬錦帆涇興水利或譖觀興旣滅之基帝使御史張度廉其事遂被誅帝亦尋悔命歸葬

陶垕仲名鑄以字行鄞人洪武十六年以國子生擢監察御史糾彈不避權貴劾刑部尚書開濟至死直聲動天下未幾擢福建按察使誅贓吏數十人興學勸士撫恤軍民帝下詔褒異布政使薛大方貪暴垕仲劾奏之大方辭相連并逮至京訊實坐大方罪詔垕仲還官垕仲言臣父昔爲方氏部曲以故官例徙鳳陽臣幼弱依兄撫養至於有成今兄亦爲鳳陽軍吏臣叨聖恩備位司憲欲推祿養報生育恩使父母兄弟得復聚處實戴聖天子孝治天下至意帝特許迎養去徙籍垕仲淸介自持祿入悉以贍賓客未幾卒官時廣西僉事王佑泰和人按察使尋適嘗咨以政體佑曰蠻方之人瀆倫傷化不及此時明禮法示勸懲後雖治適從之廣西稱治蜀平徙佑知重慶州招徠撫輯甚得民和坐事免官卒

劉仕貆字伯貞安福人父閌元末隱居不仕仕貆少受父學紅巾賊亂掠其鄉母張氏率羣婦女沉茭潭死賊械仕貆久之得釋洪武初以供役爲安福丞張禧所辱仕貆憤益力學十五年應賢良舉對策稱旨授廣東按察司僉事分司瓊州瓊俗善蠱上官至輒致所產珍貨爲贄受則喜不受則懼按治蠱殺之仕瓊者多爲所汙仕貆廉且惠輕徭理枉大得民和雖却其贄夷人不恐害也辱仕貆者張禧適謫丞瓊山以屬吏謁大慚怖仕貆待之與他吏等未幾朝議省僉事官例降東莞河泊使渡河遇風歿於水同寮張仕祥葬之鴉磯後有王溥者桂林人洪武末爲廣東參政亦以廉名其弟自家來省屬吏與同舟贈以布袍溥命還之曰一衣雖微不可不愼此汙行辱身之漸也糧運由海道多漂沒溥至庾嶺相度形勢命有司鑿石塡塹修治橋梁易以車運民甚便之居官數年笥無重衣庖無兼饌以誣逮下詔獄寮屬餽贐皆不受曰吾豈以患難易其心哉事白得歸卒時有徐均者陽春主簿也地僻土豪得盤踞爲姦邑長至輒餌以厚賂從而把持之均至吏白應往視莫大老莫大老者洞主也均曰此非王民邪不來且誅出雙劍示之大老恐入謁均廉得其不法事繫之獄詰朝以兩瓜及安石榴數枚爲饋皆黃金美珠也均不視械送府府官受賕縱之歸復致前饋均怒欲捕治之而府檄調均攝陽江陽江大治以憂去官

王宗顯和州人僑居嚴州胡大海克嚴禮致幕中太祖征婺州大海以宗顯見太祖曰我鄉里也命至婺覘敵宗顯潛得城中虛實及諸將短長還白太祖太祖喜曰我得婺以爾爲知府既而元樞密同僉寧安慶與守將帖木烈思貳遣都事縋城請降開東門納兵與宗顯所刺事合改婺州爲寧越府以宗顯知府事宗顯故儒者博涉經史開郡學聘葉儀宋濂爲五經師戴良爲學正吳沉徐源等爲訓導自兵興學校久廢至是始聞絃誦聲未幾卒官太祖之下婺也又以王興宗爲金華知縣興宗故隸人也李善長李文忠皆以爲不可太祖曰興宗從我久勤廉能斷儒生法吏莫先也居三年果以治行聞遷判南昌改知嵩州時方籍民爲軍興宗奏曰元末聚民爲兵散則仍爲民今軍民分矣若籍爲軍則無民何所徵賦帝曰善遷懷慶知府上計至京帝以事詰諸郡守至興宗獨曰是守公勤不貪不須問再遷蘇州擢河南布政使陛辭帝曰久不見爾老矣我鬚亦白宴而遣之益勤其職後坐累得白卒於官同時有呂文燧字用明永康人元末盜起文燧散家財募壯士得三千人與盜連戰破走之三授以官皆不受太祖定婺置永康翼以文燧爲左副元帥兼知縣事尋召爲營田司經歷擢知廬州府浙西平徙知嘉興松江民作亂寇嘉興文燧柵內署帥壯士拒守李文忠援至賊就擒諸將因欲屠城文燧曰作亂者賊也民何罪力止之滿三載入朝奉詔持節諭闍婆國次興化疾卒明年嘉興佐貳以下坐鹽法死者數十人有司以文燧嘗署名公牘請籍其家帝曰文燧誠信必不爲姦利且沒於使事可念也勿籍一時郡首以治行稱者又有王興福蘇恭讓二人興福隨人初守徽州有善政遷杭州杭初附人心未安興福善撫輯民甚德之秩滿當遷郡人遮道攀留興福諭遣之曰非余能惠父老父老善守法耳太祖嘉之擢吏部尚書坐事左遷西安知府卒官恭讓玉田人舉聰明正直任漢陽知府爲治嚴明而不苛有重役輒詣上官反復陳說多得減省而知漢陽縣者趙庭蘭徐人亦能愛民任事朝廷嘗遣使徵陳氏散卒他縣多以民丁應庭蘭獨言縣無有漢陽人言郡守則稱恭讓言縣令則稱庭蘭云

王觀字尚賓祥符人性耿介儀度英偉善談論由鄉薦入太學擢知蘇州府公廉有威黠吏錢英屢陷長官觀捶殺之事聞太祖遣行人齎敕褒之勞以御酒歲大祲民多逋賦部使者督甚急觀置酒延諸富人勸貸貧民償辭指誠懇富人皆感動逋賦以完朝廷嘉其能榜以勵天下守蘇者前有季亨魏觀後有姚善况鍾皆賢稱姑蘇五太守並祀學宮楊卓字自立泰和人洪武四年進士授吏部主事踰年遷廣東行省員外郎田家婦獨行山中遇伐木卒欲亂之婦不從被殺官拷同役卒二十人皆引服卓曰卒人衆必善惡異也可盡抵罪乎列二十人庭下熟視久之指兩卒曰殺人者汝也兩卒大驚服罪坐事謫田鳳陽復起爲杭州通判有兄弟爭田者累歲不決卓至垂涕開論遂罷爭卓精吏事吏不能欺而治平恕民悅服焉病免卒卓同邑羅性字子理洪武初舉於鄉授德安同知有大盜久不獲株連繫獄者數百人性至郡悉出所繫約十日得賊卽盡貸衆叩頭願盡力七日果得嘗治蔬圃得窖鐵萬餘斤會方賦鐵造軍器民爭求售性曰此天所以濟民也吾何預焉悉以充賦秩滿赴京坐用棗木染軍衣謫戍西安性博學時四方老師宿儒在西安者數十人吳人鄒奕曰合吾輩所讀書庶幾羅先生之半年七十卒

道同河間人其先蒙古族也事母以孝聞洪武初薦授太常司贊禮郎出爲番禺知縣番禺故號煩劇而軍衛尤橫數鞭辱縣中佐吏前令率不能堪同執法嚴非理者一切抗弗從民賴以少安未幾永嘉侯朱亮祖至數以威福撼同同不爲動土豪數十輩抑買市中珍貨稍不快意輒巧詆以罪同械其魁通衢諸豪家爭賄亮祖求免亮祖置酒召同從容言之同厲聲曰公大臣奈何受小人役使亮祖不能屈也他日亮祖破械脫之借他事笞同富民羅氏者納女於亮祖其兄弟因怙勢爲奸同復按治亮祖又奪之去同積不平條其事奏之未至亮祖先劾同訕傲無禮狀帝不知其由遂使使誅同會同奏亦至帝悟以爲同職甚卑而敢斥言大臣不法事其人骨鯁可用復使使宥之兩使者同日抵番禺後使者甫到則同已死矣縣民悼惜之或刻木爲主祀於家卜之輒驗遂傳同爲神云當同未死時布政使徐本雅重同同方笞一醫未竟而本急欲得醫遣卒語同釋之同岸然曰徐公乃亦效永嘉侯耶笞竟始遣自是上官益嚴憚然同竟用此取禍先是有歐陽銘者亦嘗以事抗將軍常遇春銘字日新泰和人以薦除江都縣丞兵燹後民死徙者十七八銘招徠拊循漸次復業有繼母告子不孝者呼至案前委曲開譬母子泣謝去卒以慈孝稱嘗治廨後隙地得白金百兩會部符徵漆卽市之以輸遷知臨淄遇春師過其境卒入民家取酒相毆擊一市盡譁銘笞而遣之卒訴令屬將軍遇春詰之曰卒王師民亦王民也民毆且死卒不當笞耶銘雖愚何至詈將軍將軍大賢奈何私一卒撓國法遇春意解爲責軍士以謝後大將軍徐達至軍士相戒曰是健吏曾抗常將軍者毋犯也銘爲治廉靜平恕暇輒進諸生講文藝或單騎行田間課耕穫邑大治秩滿入覲卒

盧熙字公暨崑山人兄熊字公武爲兗州知府時兵革甫定會營魯王府又濬河大役並興熊竭心調度民以不擾後坐累死熙以薦授睢州同知有惠愛命行知府事適御史奉命搜舊軍雖民濫入伍者千人檄熙追送熙令民自實得嘗隸尺籍者數人畀之御史怒繫曹吏必盡得不則以格詔論同官皆懼熙曰吾民牧也民散安用牧乃自詣御史曰州軍籍盡此矣迫之民且散獨有同知在耳請以充役御史怒斥去堅立不動已知不能奪乃罷去後卒於官貧不能喪官爲具殮喪歸吏民挽哭者塞道大雨無一人却者又王士弘者知寧海縣靖海侯吳楨奉命收方氏故卒無賴子誣引平民台溫騷然士弘上封事辭極懇切詔罷之民賴以安倪孟賢南昌人知麗水縣民有賣卜者干富室不應遂詣京告大姓陳公望等五十七人謀亂命錦衣衛千戶周原往捕之孟賢廉得實謂僚屬曰朝廷命孟賢令是邑忍坐視善良者橫被荼毒耶卽具疏聞復令耆老四十人赴闕訴下法司鞫實論告密者如律又欒平奸民亦詣闕訴大姓五十餘家謀逆饒州知州郎敏力爲奏辨詔誅奸民而被誣者得盡釋

青文勝字質夫夔州人仕爲龍陽典史龍陽瀕洞庭歲罹水患逋賦數十萬敲朴死者相踵文勝慨然詣闕上疏爲民請命再上皆不報歎曰何面目歸見父老復具疏擊登聞鼓以進遂自經於鼓下帝聞大驚憫其爲民殺身詔寬龍陽租二萬四千餘石定爲額邑人建祠祀之妻子貧不能歸養以公田百畝萬曆十四年詔有司春秋致祭名其祠曰惠烈

贊曰太祖起閭右稔墨吏爲民害嘗以極刑處之然每旌舉賢能以示勸勉不專任法也嘗遣行人齎敕併鈔三十錠內酒一尊賜平陽知縣張礎又建陽知縣郭伯泰丞陸鎰爲政不避權勢遣使勞以酒醴遷其官丹徒知縣胡夢通丞郭伯高金壇丞李思進坐事當逮民詣闕言多善政帝並賜內尊降敕褒勞永州守余彥誠齊東令鄭敏等十人坐事下獄部民列政績以請皆復官宜春令沈昌等四人更擢郡守其自下僚不次擢用者寧遠尉王尚賢爲廣西參政祥符丞鄒俊爲大理卿靜寧州判元善爲僉都御史芝陽令李行素爲刑部侍郎至如懷寧丞陳希文宜興簿王復春先以善政擢已知其貪肆旋置重典所以風厲激勸者甚至以故其時吏治多可紀述云

明史卷一百四十一

總裁官總理事務經筵講官少保兼太子太保保和殿大學士兼管吏部戶部尚書事加六級臣張廷玉等奉敕修

列傳第二十九

齊泰 黃子澄

方孝孺 盧原質 鄭公智 林嘉猷 胡子昭 鄭居貞 劉政 方法 樓璉

練子寧 宋徵 葉希賢 茅大芳 周璿

卓敬 郭任 盧迥 陳迪 黃魁 巨敬

景清 連楹 胡閏 高翔

王度 戴德彝 謝昇 丁志方 甘霖 董鏞 陳繼之 韓永 葉福

齊泰溧水人初名德洪武十七年舉應天鄉試第一明年成進士歷禮兵二部主事雷震謹身殿太祖禱郊廟擇歷官九年無過者陪祀德與焉賜名泰二十八年以兵部郎中擢左侍郎太祖嘗問邊將姓名泰歷數無遺又問諸圖籍出袖中手冊以進簡要詳密大奇之皇太孫素重泰及卽位命與黃子澄同參國政尋進尚書時遺詔諸王臨國中毋奔喪王國吏民聽朝廷節制諸王謂泰矯皇考詔間骨肉皆不悅先是帝爲太孫時諸王多尊屬擁重兵患之至是因密議削藩建文元年周代湘齊岷五王相繼以罪廢七月燕王舉兵反師名靖難指泰子澄爲奸臣事聞泰請削燕屬籍聲罪致討或難之泰曰明其爲賊敵乃可克遂定議伐燕布告天下時太祖功臣存者甚少乃拜長興侯耿炳文爲大將軍帥師分道北伐至眞定爲燕所敗子澄薦曹國公李景隆代將泰極言不可子澄不聽卒命景隆將當是時帝舉五十萬兵畀景隆謂燕可旦夕滅燕王顧大喜曰昔漢高止能將十萬景隆何才其衆適足爲吾資也是冬景隆果敗帝有懼色會燕王上書極詆泰子澄帝乃解二人任以謝燕而陰留之京師仍參密議景隆遺燕王書言二人已竄可息兵燕王不聽明年盛庸捷東昌帝告廟命二人任職如故及夾河之敗復解二人官求罷兵

燕王曰此綏我也進益急始削藩議起帝入泰子澄言謂以天下制一隅甚易及屢敗意中悔是以進退失據迨燕兵日逼復召泰還未至京師已不守泰走外郡謀興復時購泰急泰墨白馬走行稍遠汗出墨脫或曰此齊尚書馬也遂被執赴京同子澄方孝孺不屈死泰從兄弟敬宗等皆坐死叔時永陽彥等謫戍子甫六歲免死給配仁宗時赦還

黃子澄名湜以字行分宜人洪武十八年會試第一由編脩進脩撰伴讀東宮累遷太常寺卿惠帝爲皇太孫時嘗坐東角門謂子澄曰諸王尊屬擁重兵多不法柰何對曰諸王護衛兵纔足自守倘有變臨以六師其誰能支漢七國非不强卒底亡滅大小强弱勢不同而順逆之理異也太孫是其言比即位命子澄兼翰林學士與齊泰同參國政謂曰先生憶昔東角門之言乎子澄頓首曰不敢忘退而與泰謀泰欲先圖燕子澄曰不然周齊湘代岷諸王在先帝時尚多不法削之有名今欲問罪宜先周周王燕之母弟削周是剪燕手足也謀定明日入白帝會有言周王橚不法者遂命李景隆帥兵襲執之詞連湘代諸府於是廢橚及岷王楩爲庶人幽代王桂於大同囚齊王榑於京師湘王柏自焚死下燕議周王罪燕王上書申救帝覽書惻然謂事宜且止子澄與泰爭之未決出相語曰今事勢如此安可不斷明日又入言曰今所慮者獨燕王耳宜因其稱病襲之帝猶豫曰朕即位未久連黜諸王若又削燕何以自解於天下子澄對曰先人者制人毋爲人制帝曰燕王智勇善用兵雖病恐猝難圖乃止於是命都督宋忠調緣邊官軍屯開平選燕府護衛精壯隸忠麾下召護衛胡騎指揮關童等入京以弱燕復調北平永清左右衛官軍分駐彰德順德都督徐凱練兵臨清耿瓛練兵山海關以控制北平皆泰子澄謀也時燕王憂懼以三子皆在京師稱病篤乞三子歸泰欲遂收之子澄曰不若遣歸示彼不疑乃可襲而取也竟遣還未幾燕師起王泣誓將吏曰陷害諸王非由天子意乃奸臣齊泰黃子澄所爲也始帝信任子澄與泰驟事削藩兩人本書生兵事非其所長當耿炳文之敗也子澄謂勝敗常事不足慮因薦曹國公李景隆可大任帝遂以景隆代炳文而景隆益無能爲連敗於鄭村壩白溝河喪失軍輜士馬數十萬已又敗於濟南城下帝急召景隆還赦不誅子澄慟哭請正其罪帝不聽子澄拊膺曰大事去矣薦景隆誤國萬死不足贖罪及燕兵漸南與齊泰同謫外密令募兵子澄微服由太湖至蘇州與知府姚善倡義勤王善上言子澄才足捍難不宜棄閒遠以快敵人帝復召子澄未至而京城陷欲與善航海乞兵善不可乃就嘉興楊任謀舉事爲人告俱被執子澄至成祖親詰之抗辨不屈磔死族人無少長皆斬姻黨悉戍邊一子變姓名爲田經遇赦家湖廣咸寧正德中進士黃表其後云

楊任洪武中由人材起家歷官袁州知府時致仕匿子澄於家亦磔死二子禮益俱斬親屬戍邊

方孝孺字希直一字希古寧海人父克勤洪武中循吏自有傳孝孺幼警敏雙眸炯炯讀書日盈寸鄉人目爲小韓子長從宋濂學濂門下知名士皆出其下先輩胡翰蘇伯衡亦自謂弗如孝孺顧末視文藝恒以明王道致太平爲己任嘗臥病絕糧家人以告笑曰古人三旬九食貧豈獨我哉父克勤坐空印事誅扶喪歸葬哀動行路既免喪復從濂卒業洪武十五年以吳沉揭樞薦召見太祖喜其舉止端整謂皇太子曰此莊士當老其才禮遣還後爲仇家所連逮至京太祖見其名釋之二十五年又以薦召至太祖曰今非用孝孺時除漢中教授日與諸生講學不倦蜀獻王聞其賢聘爲世子師每見陳說道德王尊以殊禮名其讀書之廬曰正學及惠帝即位召爲翰林侍講明年遷侍講學士國家大政事輒咨之帝好讀書每有疑即召使講解臨朝奏事臣僚面議可否或命孝孺就扆前批答時脩太祖實錄及類要諸書孝孺皆爲總裁更定官制孝孺改文學博士燕兵起廷議討之詔檄皆出其手建文三年燕兵掠大名王聞齊黃已竄上書請罷盛庸吳傑平安兵孝孺建議曰燕兵久頓大名天暑雨當不戰自疲急令遼東諸將入山海關攻永平眞定諸將渡盧溝擣北平彼必歸救我以大兵躡其後可成擒也今其奏事適至宜且與報書往返踰月使其將士心懈我謀定勢合進而蹴之不難矣帝以爲然命孝孺草詔遣大理寺少卿薛嵓馳報燕盡赦燕罪使罷兵歸藩又爲宣諭數千言授嵓持至燕軍中密散諸將士比至嵓匿宣諭不敢出燕王亦不奉詔五月吳傑平安盛庸發兵擾燕餉道燕王復遣指揮武勝上書伸前請帝將許之孝孺曰兵罷不可復聚願毋爲所惑帝乃誅勝以絕燕未幾燕兵掠沛縣燒糧艘時河北師老無功而德州又饋餉道絕孝孺深以爲憂以燕世子仁厚其弟高煦狡譎有寵於燕王嘗欲奪嫡謀以計間之使內亂乃建議白帝遣錦衣衛千戶張安齎璽書往北平賜世子世子得書不啟封并安送燕軍前間不得行明年五月燕兵至江北帝下詔徵四方兵孝孺曰事急矣遣人許以割地稽延數日東南募兵漸集北軍不長舟楫決戰江上勝負未可知也帝遣慶成郡主往燕軍陳其說燕王不聽帝命諸將集舟師江上而陳瑄以戰艦降燕燕兵遂渡江時六月乙卯也帝憂懼或勸帝他幸圖興復孝孺力請守京城以待援兵即事不濟當死社稷乙丑金川門啟燕兵入帝自焚是日孝孺被執下獄先是成祖發北平姚廣孝以孝孺爲託曰城下之日彼必不降幸勿殺之殺孝孺天下讀書種子絕矣成祖頷之至是欲使草詔召至悲慟聲徹殿陛成祖降榻勞曰先生毋自苦予欲法周公輔成王耳孝孺曰成王安在成祖曰彼自焚死孝孺曰何不立成王之子成祖曰國賴長君孝孺曰何不立成王之弟成祖曰此朕家事顧左右授筆札曰詔天下非先生草不可孝孺投筆於地且哭且罵曰死即死耳詔不可草成祖怒命磔諸市孝孺慨然就死作絕命詞曰天降亂離兮孰知其由奸臣得計兮謀國用猶忠臣發憤兮血淚交流以此殉君兮抑又何求嗚呼哀哉兮庶不我尤時年四十有六其門人德慶侯廖永忠之孫鏞與其弟銘檢遺骸瘞聚寶門外山上孝孺有兄孝聞力學篤行先孝孺死弟孝友與孝孺同就戮亦賦詩一章而死妻鄭及二子中憲中愈先自經死二女投秦淮河死孝孺工文章醇深雄邁每一篇出海內爭相傳誦永樂中藏孝孺文者罪至死門人王稌潛錄爲侯城集故後得行於世仁宗即位諭禮部建文諸臣已蒙顯戮家屬籍在官者悉宥爲民還其田土其外親戍邊者留一人戍所餘放還萬曆十三年三月釋坐孝孺謫戍者後裔浙江江西福建四川廣東凡千三百餘人而孝孺絕無後惟克勤弟克家有子曰孝復洪武二十五年嘗上書闕下請減信國公湯和所加寧海賦謫戍慶遠衛以軍籍獲免孝復子琬後亦得釋爲民世宗時松江人俞斌自稱孝孺後一時士大夫信之爲纂歸宗錄既而方氏察其僞言於官乃已神宗初有詔褒錄建文忠臣建表忠祠於南京首徐輝祖次孝孺云孝孺之死宗族親友前後坐誅者數百人其門下士有以身殉者盧原質鄭公智林嘉猷皆寧海人原質字希魯孝孺姑子也由進士授編修歷官太常少卿建文時屢有建白燕兵至不屈與弟原朴等皆被殺公智字叔貞嘉猷名昇以字行皆師事孝孺孝孺嘗曰匡我者二子也公智以賢良舉爲御史有聲嘉猷洪武丙子以儒士校文四川建文初入史館爲編修尋遷陝西僉事嘗以事入燕邸知高煦謀傾世子狀孝孺間燕之謀實嘉猷發之胡子昭字仲常初名志高榮縣人孝孺爲漢中教授時往從學蜀獻王薦爲縣訓導建文初與修太祖實錄授檢討累遷至刑部侍郎鄭居貞閩人與孝孺友善以明經歷官鞏昌通判河南參政所至有善績孝孺教授漢中居貞作鳳雛行勗之諸人皆坐黨誅死孝孺主應天鄉試所得士有長洲劉政桐城方法政字仲理燕兵起草平燕策將上之以病爲家人所沮及聞孝孺死遂嘔血卒法字伯通官四川都司斷事諸司表賀成祖登極當署名不肯投筆出被逮次望江瞻拜鄉里曰得望我先人廬舍足矣自沉於江成祖既殺孝孺以草詔屬侍讀樓璉璉金華人嘗從宋濂學承命不敢辭歸語妻子曰我固甘死正恐累汝輩耳其夕遂自經或曰草詔乃括蒼王景或曰無錫王達云

練子寧名安以字行新淦人父伯尚工詩洪武初官起居注以直言謫外任終鎭安通判子寧英邁不羣十八年以貢士廷試對策力言天之生材有限陛下恐以區區小故縱無窮之誅何以爲治太祖善其意擢一甲第二授翰林修撰丁母艱力行古禮服闋復官歷遷工部侍郎建文初與方孝孺並見信用改吏部左侍郎以賢否進退爲己任多所建白未幾拜御史大夫燕師起李景隆北征屢敗召還子寧從朝中執數其罪請誅之不聽憤激叩首大呼曰壞陛下事者此賊也臣備員執法不能爲朝廷除賣國奸死有餘罪即陛下赦景隆必無赦臣因大哭求死帝爲罷朝宗人府經歷宋徵御史葉希賢皆抗疏言景隆失律喪師懷二心宜誅並不納燕師既渡淮靖江府長史蕭用道衡府紀善周是修上書論大計指斥用事者書下廷臣議用事者盛氣以詬二人子寧曰國事至此尚不能容言者耶詬者愧而止燕王即位縛子寧至語不遜磔死族其家姻戚俱戍邊子寧從子大亨官嘉定知縣聞變同妻沉劉家河死里人徐子權以進士爲刑部主事聞子寧死慟哭賦詩自經子寧善文章孝孺稱其多學而文弘治中王佐刻其遺文曰金川玉屑集提學副使李夢陽立金川書院祀子寧名其堂曰浩然徵不知何許人嘗疏請削罪藩屬籍燕師入不屈并妻子俱死希賢松陽人亦坐奸黨被殺或曰去爲僧號雪菴和尚云

茅大芳名誧以字行泰興人博學能詩文洪武中爲淮南學官召對稱旨擢秦府長史制詞以董仲舒爲言大

芳益奮激盡心輔導願其堂曰希董方孝孺爲之記建文元年遷副都御史燕師起遺詩淮南守將梅殷辭意激烈聞者壯之周璿洪武末以天策衞知事建言擢左僉都御史燕王稱帝與大芳並見收不屈死而大芳子順童道壽俱論誅二孫死獄中

卓敬字惟恭瑞安人穎悟過人讀書十行俱下舉洪武二十一年進士除戶科給事中鯁直無所避時制度未備諸王服乘擬天子敬乘間言京師天下視效陛下於諸王不早辨等威而使服飾與太子埒嫡庶相亂尊卑無序何以令天下帝曰爾言是朕慮未及此益器重之他日與同官見適八十一人命改官爲元士尋以六科爲政事本源又改曰源士已復稱給事中歷官戶部侍郎建文初敬密疏言燕王智慮絕倫雄才大略酷類高帝北平形勝地士馬精强金元所由興今宜徙封南昌萬一有變亦易控制夫將萌而未動者幾也量時而可爲者勢也勢非至剛莫能斷幾非至明莫能察奏入翌日召問敬叩首曰臣所言天下至計願陛下察之事竟寢燕王卽位被執責以建議徙燕離間骨肉敬厲聲曰惜先帝不用敬言耳帝怒猶憐其才命繫獄使人諷以管仲魏徵事敬泣曰人臣委贄有死無二先皇帝曾無過舉一旦橫行簒奪恨不卽死見故君地下乃更欲臣我耶帝猶不忍殺姚廣孝故與敬有隙進曰敬言誠見用上寧有今日乃斬之誅其三族敬立朝慷慨美丰姿善談論凡天官輿地律曆兵刑諸家無不博究成祖嘗歎曰國家養士三十年惟得一卓敬萬曆初用御史屠叔方言表墓建祠同時戶部侍郎死者有郭任盧迥任丹徒人一曰定遠人廉愼有能建文初佐戶部飲食起居俱在公署時方貶削諸藩任言天下事先本後末則易成今日儲財粟備軍實果何爲者乃北討周南討湘舍其本而末是圖非策也且兵貴神速苟曠日持久銳氣既竭姑息隨之將坐自困耳燕王聞而惡之兵起任與同官盧迥主調兵食京師失守被禽不屈死之子經亦論死少子戍廣西迥仙居人爽朗不拘細行喜飲酒飲後輒高歌人謂迥狂及仕折節恭愼建文三年拜戶部侍郎燕兵入不屈縛就刑長謳而死台人祀之八忠祠

陳迪字景道宣城人祖宥賢明初從征有功世撫州守禦百戶因家焉迪倜儻有志操辟府學訓導爲郡草賀萬壽表太祖異之久之以通經薦歷官侍講出爲山東左參政多惠政丁內艱起復除雲南右布政使普定曲靖烏撒烏蒙諸蠻煽亂迪率土兵擊破之賜金幣建文初徵爲禮部尚書時更修制度沿革損益迪議爲多會以水旱詔百官集議迪請清刑獄招流民凡二十餘事皆從之尋加太子少保李景隆等數戰敗迪陳大計命督運軍儲已聞變趨赴京師燕王卽帝位召迪責問抗聲不屈命與子鳳山丹山等六人磔於市既死人於衣帶中得詩及五噫歌辭意悲烈蒼頭侯來保拾其遺骸歸葬妻管縊死幼子珠生五月乳母潛置溝中得免八歲爲怨家所訐成祖宥其死戍撫寧尋徙登州爲蓬萊人洪熙初赦還鄉給田產成化中寧國知府涂觀建祠祀迪弘治間裔孫鼎舉進士仕至應天府尹剛鯁有聲黃魁不知何許人爲禮部侍郎有學行習典禮迪及侍郎黃觀皆愛敬之燕兵入不屈死有巨敬者平涼人爲御史改戶部主事充史官以淸愼稱與迪同不屈死夷其族

景淸本耿姓訛景眞寧人倜儻尚大節讀書一過不忘洪武中進士授編修改御史三十年春召見命署左僉都御史以奏疏字誤懷印更改爲給事中所劾下詔獄尋宥之詔巡察川陝私茶除金華知府建文初爲北平參議燕王與語言論明晰大稱賞再遷御史大夫燕師入諸臣死者甚衆淸素預密謀且約孝孺等同殉國至是獨詣闕自歸成祖命仍其官委蛇班行者久之一日早朝淸衣緋懷刃入先是日者奏異星赤色犯帝座甚急成祖故疑淸及朝淸獨著緋命搜之得所藏刃詰責淸奮起曰欲爲故主報讎耳成祖怒磔死族之籍其鄉轉相攀染謂之瓜蔓抄村里爲墟初金川門之啟御史連楹叩馬欲刺成祖被殺屍植立不仆楹襄垣人

胡閏字松友鄱陽人太祖征陳友諒過長沙王吳芮祠見題壁詩奇之立召見帳前洪武四年郡舉秀才入見帝曰此書生故題詩鄱陽廟壁者邪授都督府都事遷經歷建文初選右補闕尋進大理寺少卿燕師起與齊黃輩晝夜畫軍事京師陷召閏不屈與子傳道俱死幼子傳慶戍邊四歲女郡奴入功臣家稍長識大義日以爨灰汚面洪熙初赦還鄉貧甚誓不嫁見者競遺以錢穀曰此忠臣女也高翔朝邑人洪武中以明經爲監察御史建文時戮力兵事成祖聞其名與閏同召欲用之翔喪服入見語不遜族之發其先冢親黨悉戍邊諸給高氏產者皆加稅曰令世世罵翔也

王度字子中歸善人少力學工文辭用明經薦爲山東道監察御史建文時燕兵起度悉心贊畫及王師屢敗度奏請募兵小河之捷奉命勞軍徐州還方孝孺與度書誓死社稷燕王稱帝坐方黨謫戍賀縣又坐語不遜族度有智計盛庸之代景隆度密陳便宜是以有東昌之捷景隆徵還赦不誅反用事忌庸等功讒間之度亦見疎論者以其用有未盡惜之戴德彝奉化人洪武二十七年進士累官侍講太祖諭之曰翰林雖職文學然既列禁近凡國家政治得失民生利害當知無不言昔唐陸贄崔羣李絳在翰林皆能正言讜論補益當時汝宜以古人自期已改監察御史建文時改左拾遺燕王入召見不屈死之德彝死時兄弟並從京師嫂項家居聞變度禍且族令闔舍逃去匿德彝二子山中毀戴氏族譜獨身留家收者至無所得械項至京搒掠終無一言戴族獲全時御史不屈死者有諸城謝昇聊城丁志方而懷寧甘霖從容就戮子孫相戒不復仕又董鏞不知何許人諸御史有志節者時時會鏞所誓以死報國諸將校觀望不力戰鏞輒露章劾之城破被殺家戍極邊而給事中死者則有陳繼之韓永葉福三人繼之莆田人建文二年進士時江南僧道多腴田繼之請人限五畝餘以賦民從之兵事亟數條奏機宜燕兵入不屈見殺父母兄弟悉戍邊永西安人或曰浮山猊魁梧音吐洪亮每慷慨論兵事燕王入欲官之抗辭不屈死福侯官人繼之同年生燕兵至守金川門城陷死之

贊曰帝王成事蓋由天授成祖之得天下非人力所能禦也齊黃方練之儔抱謀國之忠而乏制勝之策然其忠憤激發視刀鋸鼎鑊甘之若飴百世而下凜凜猶有生氣是豈泄然不恤國事而以一死自謝者所可同日道哉由是觀之固未可以成敗之常見論也

明史卷一百四十二　列傳第三十

總裁官總理事務經筵講官少保兼太子太保保和殿大學士兼管吏部戶部尚書事加六級張廷玉等奉
敕修

鐵鉉　暴昭　侯泰
陳性善　陳植　王彬　崇剛
張昺　謝貴　彭二　葛誠　余逢辰
宋忠　余瑱　馬宣　曾濬　卜萬　朱鑑　石撰
瞿能　莊得　楚智　王指揮　楊本　皂旗張
張倫　陳質
顏伯瑋　唐子清　黃謙　向朴　鄭恕　鄭華
王省
陳彥回　張彥方
姚善　錢芹

鐵鉉鄧人洪武中由國子生授禮科給事中調都督府斷事嘗讞疑獄立白太祖喜字之曰鼎石建文初爲山東參政李景隆之北伐也鉉督餉無乏景隆兵敗白溝河單騎走德州城戍皆望風潰鉉與參軍高巍感奮涕泣自臨邑趨濟南偕盛庸宋參軍等誓以死守燕兵攻德州景隆走依鉉德州陷燕兵收其儲蓄百餘萬勢益張遂攻濟南景隆復大敗南奔鉉與庸等乘城守禦燕兵堤水灌城築長圍晝夜攻擊鉉以計焚其攻具間出兵奮擊又遣千人出城詐降燕王大喜軍中皆懽呼鉉伏壯士城上候王入下鐵板擊之別設伏斷橋既而失約王未入城板驟下王驚走伏發橋倉卒不可斷王鞭馬馳去憤甚百計進攻凡三閱月卒固守不能下當是時平安統兵二十萬將復德州以絕燕餉道燕王懼解圍北歸燕王自起兵以來攻眞定二日不下卽舍去獨以得濟南斷南北道卽畫疆守金陵不難圖故乘大破景隆之銳盡力以攻期於必拔而竟爲鉉等所挫帝聞大悅遣官慰勞賜金幣封其三世鉉入謝賜宴凡所建白皆採納擢山東布政使尋進兵部尚書以盛庸代景隆爲平燕將軍命鉉參其軍務是年冬庸大敗燕王於東昌斬其大將張玉燕王奔還北平自燕兵犯順南北日尋干戈而王師克捷未有如東昌者自是燕兵南下由徐沛不敢復道山東比燕兵漸逼帝命遼東總兵官楊文將所部十萬與鉉合絕燕後文師至直沽爲燕將宋貴等所敗無一至濟南者四年四月燕軍南綴王師於小河鉉與諸將時有斬獲連戰至靈璧平安等師潰被禽既而庸亦敗績燕兵渡江鉉屯淮上兵亦潰燕王卽皇帝位執之至反背坐廷中嫚罵令其一回顧終不可遂磔於市年三十七子福安戍河池父仲名年八十三母薛並安置海南宋參軍者逸其名燕兵攻濟南不克舍之南去參軍說鉉直擣北平鉉以卒困甚不果後不知所終

暴昭潞州人洪武中由國子生授大理寺司務三十年擢刑部右侍郎明年進尚書耿介有峻節布衣麻履以清儉知名建文初充北平採訪使得燕不法狀密以聞請預爲備燕兵起設北平布政司於眞定昭以尚書掌司事與鐵鉉輩悉心經畫平安諸軍敗召歸金川門陷出亡被執不屈磔死繼昭爲刑部尚書者侯泰字順懷南和人以薦舉起家建文初仕至尚書燕王舉兵力主

抗禦之策嘗督餉於濟寧淮安京師不守行至高郵被執下獄與弟敬祖子玘俱被殺

陳性善名復初以字行山陰人洪武三十年進士臚唱過御前帝見其容止凝重屬目久之曰君子也授行人司副遷翰林檢討性善工書嘗召入便殿繙錄誠意伯劉基子璉所獻其父遺書帝威嚴見者多惴恐至惶汗不成一字性善舉動安詳字畫端好帝大悅賜酒饌留竟日出惠帝在東宮習知性善名及即位擢爲禮部侍郞薦起流人薛正言等數人雲南布政使韓宜可謫籍亦以性善言起副都御史一日帝退朝獨留性善賜坐問治天下要道手書以進性善盡所言悉從之已爲有司所格性善進曰陛下不以臣不肖猥承顧問既僭塵聖聽許臣必行未幾輒改事同反汗何以信天下帝爲動容燕師起改副都御史監諸軍靈壁戰敗與大理丞彭與明欽天監副劉伯完等皆被執已悉縱還性善曰辱命罪也奚以見吾君朝服躍馬入於河以死餘姚黃墀陳子方與性善友亦同死燕王入京師詔追戮性善徙其家於邊與明萬安人貢入太學歷給事中建文初爲大理右丞廉勤敏達以督軍被執縱歸慚憤裂冠裳變姓名與伯完俱亡去不知所終時以侍郎監軍者有廬江陳植植元末舉鄉試不仕洪武間官吏部主事建文二年官兵部右侍郎燕兵臨江植監戰江上慷慨誓師部將有議迎降者植責以大義甚厲部將殺之以降且邀賞燕王怒立誅部將具棺斂葬植白石山上燕師之至江北也御史王彬巡按江淮駐揚州與鎭撫崇剛嬰城堅守時盛庸兵既敗人無固志守將王禮謀舉城降彬執之及其黨繫獄剛出練兵彬修守具晝夜不懈有力士能舉千斤彬嘗以自隨燕兵飛書城中縛王御史降者官三品左右憚力士莫敢動禮弟崇賂力士母誘其子出乘彬解甲浴猝縛之出禮於獄開門納燕師彬與剛皆不屈死彬字文質東平人洪武中進士剛逸其里籍又兵部主事樊士信應城人守淮力拒燕兵不勝死之

張昺澤州人洪武中以人材累官工部右侍郎謝貴者不知所自起歷官河南衞指揮僉事建文初廷臣議削燕更置守臣乃以昺爲北平布政使貴爲都指揮使竝受密命時燕王稱疾久不出二人知其必有變乃部署在城七衞及屯田軍士列九門防守將執王昺庫吏李友直預知其謀密以告王王遂得爲備建文元年七月六日朝廷遣人逮燕府官校王僞縛官校置廷中將付使者紿昺貴入至端禮門爲伏兵所執俱不屈死燕將張玉朱能等帥勇士攻九門克其八獨西直門不下都指揮彭二躍馬呼市中曰燕王反從我殺賊者賞集兵千餘人將攻燕府會燕健士從府中出格殺二兵遂散晝奪九門初昺被殺喪得還靖難後出昺屍焚之家人及近戚皆死葛誠不知所由進洪武末爲燕府長史嘗奉王命奏事京師帝召見問府中事誠具以實對遣還王佯病盛暑擁爐坐呼寒甚昺貴等入問疾誠言王實無病將爲變又密疏聞於帝及昺貴將圖王誠與護衞指揮盧振約爲內應事敗誠振俱被殺夷其族又伴讀余逢辰字彥章宣城人有學行王信任之以故得聞異謀乘間力諫知變將作貽書其子誓必死兵起復泣諫言君父兩不可負死之北平人杜奇者才儁士也燕王起兵徵入府奇因極諫當守臣節王怒立斬之

宋忠不知何許人洪武末爲錦衣衞指揮使有百戶以非罪論死忠疏救御史劾之太祖曰忠率直無隱爲人請命何罪遂宥百戶尋爲僉都御史劉觀所劾調鳳陽中衞指揮使三十年平羌將軍齊讓征西南夷無功以忠爲參將從將軍楊文討之師旋復官錦衣建文元年以都督奉敕總邊兵三萬屯開平悉簡燕府護衞壯士以從又以都督徐凱屯臨清耿瓛屯山海關相犄角北平故有永清左右衞忠調其左屯彰德右屯順德以備燕及張昺謝貴謀執燕王忠亦帥兵趨北平未至而燕兵起居庸失守不得進退保懷來燕王度忠必爭居庸帥精兵八千卷甲倍道趨懷來時北平將士在忠部下者忠告以家屬竝爲燕屠滅盍努力復讎報國恩燕王偵知之急令其家人張故旂幟爲前鋒呼父兄子弟相問勞將士咸喜曰我家固亡恙宋總兵欺我遂無鬭志忠倉卒布陣未成列燕王一麾渡河鼓譟進忠敗死之忠之守懷來也都指揮余瑱彭聚孫泰與俱及戰瑱被執不屈死泰中流矢血被甲裹創力鬭與聚俱歿於陣當是時諸將校爲燕所俘者百餘人皆不肯降以死惜姓名多不傳

馬宣亦不知何許人官都指揮使宋忠之趨居庸宣亦自薊州帥師赴北平聞變走還燕王既克懷來旋師欲南下張玉進曰薊州外接大寧多騎士不取恐爲後患會宣發兵將攻北平與燕兵戰公樂驛敗歸與鎭撫曾濬城守玉等往攻之宣出戰被禽罵不絕口與濬俱死燕兵之襲大寧也守將都指揮卜萬與都督劉眞陳亨帥兵扼松亭關亨欲降燕畏萬不敢發燕行反間貽萬書盛稱萬極詆亨厚賞所獲大寧卒緘書衣中俾密與萬故使同獲卒見之亦縱去而不與賞不得賞者發其事眞亨搜卒衣得書遂執萬下獄死籍其家萬忠勇而死於間論者惜之及大寧陷指揮使朱鑑力戰不屈死寧府左長史石撰者平定人以學行稱燕王舉兵撰輒爲守禦計每以臣節諷寧王王亦心敬之及城陷憤詈不屈支解死

瞿能合肥人父通洪武中累官都督僉事能嗣官以四川都指揮使從藍玉出大渡河擊西番有功又以副總兵討建昌叛酋月魯帖木兒破之雙狼寨燕師起從李景隆北征攻北平與其子帥精騎千餘攻張掖門垂克景隆忌之令候大軍同進於是燕人夜汲水沃城方大寒冰凝不可登景隆卒致大敗已又從景隆進駐白溝河與燕師戰能父子奮擊所向披靡日暝各收軍明日復戰燕王幾爲所及王急佯招後軍以疑之得脫去薄暮能復引衆搏戰大呼滅燕斬馘數百諸將俞通淵滕聚復帥衆來會會旋風起王突入馳擊能父子死於陣通淵聚俱死精兵萬餘竝沒南軍由是不振時與北兵戰死者有都指揮莊得楚智皂旗張等得故隸宋忠懷來之敗一軍獨全後從盛庸戰夾河斬燕將譚淵已而燕王以驍騎乘暮掩擊得力戰死智嘗從馮勝藍玉出塞有功建文初守北平尋召還及討燕帥兵從景隆戰輒奮勇北人望旂幟股栗至是馬陷被執死皂旗張逸其名或曰張能力挽千斤每戰輒麾皂旗先驅軍中呼皂旗張死時猶執旗不仆又王指揮者臨淮人常騎小馬軍中呼小馬王戰白溝河被重創脫胄付其僕曰吾爲國捐軀以此報家人立馬植戈而死二人死尤異云又中牟楊本初爲太學生通禽遁術應募授錦衣鎭撫從景隆討燕有功景隆忌之不以聞尋劾景隆喪師辱國遂以孤軍獨出被禽繫北平獄後被殺

張倫不知何許人河北諸衞指揮使也勇悍負氣喜觀古忠義事馬宣自薊州起兵攻北平不克死倫發憤合兩衞官帥所部南奔結盟報國從李景隆盛庸戰皆有功燕王即帝位招倫降倫笑曰張倫將自賣爲丁公乎死之京師陷武臣皆降附從容就義者倫一人而已又陳質者以參將守大同進中軍都督同知助宋忠保懷來忠敗退守大同代王欲舉兵應燕質持之不得發及燕兵攻大同不下蔚州廣昌附於燕質復取之成祖即位以質劫制代王剽掠已附誅死

顏伯瑋名瓌以字行廬陵人唐魯國公眞卿後建文元年以賢良徵授沛縣知縣李景隆屯德州沛人終歲輓運伯瑋善規畫得不困會設豐沛軍民指揮司乃集民兵五千人築七堡爲備禦計尋調其兵益山東所存疲弱不任戰燕兵攻沛伯瑋遣縣丞胡先間行至徐州告急援不至遂命其弟珏子有爲還家侍父題詩公署壁上誓必死燕兵夜入東門指揮王顯迎降伯瑋冠帶升堂南向拜自經死有爲不忍去復還見父屍自刎其側主簿唐子清典史黃謙俱被執燕將欲釋子清子清曰願隨顏公地下遂死之遣謙往徐州招降謙不從亦死又向朴慈谿人力學養親洪武末以人才召見知獻縣縣無城郭燕將譚淵至朴集民兵與戰被執懷印死鄭恕仙居人蕭縣知縣燕將王聰破蕭不屈死二女當配亦死之鄭華臨海人由行人貶東平吏目燕兵至州長武盡棄城走華謂妻蕭曰吾義必死奈若年少何蕭泣曰君不負國妾敢負君華曰足矣帥吏民憑城固守城破力戰不屈死

王省字子職吉水人洪武五年領鄉舉至京詔免會試命吏部授官省言親老乞歸養尋以文學徵太祖親試稱旨當殊擢自陳才薄親老乞便養授浮梁教諭凡三爲教官最後得濟陽燕兵至爲游兵所執從容引譬詞義慷慨衆舍之歸坐明倫堂伐鼓聚諸生謂曰若等知此堂何名今日君臣之義何如因大哭諸生亦哭省以頭觸柱死女靜適即墨主簿周岐鳳聞燕兵至濟陽知父必死三遣人往訪得遺骸歸葬

姚善字克一安陸人初姓李洪武中由鄉舉歷祁門縣丞同知廬州重慶二府三十年遷蘇州知府初太祖以吳俗奢僭欲重繩以法黠者更持短長相攻訐善爲政持大體不爲苛細訟遂衰息吳中大治好折節下士敬禮隱士王賓韓奕俞貞木錢芹輩以月朔會學宮迎芹上座請質經義芹曰此非今所急也善悚然起問芹乃授以一冊視之皆守禦策時燕兵已南下密結鎭常嘉松四郡守練民兵爲備薦芹於朝署行軍斷事善尋至京師會朝廷以燕王上書貶齊泰黃子澄於外善言不當貶遂復召二人建文四年詔兼督蘇松常鎭嘉興五府兵勤王兵未集燕王已入京師時子澄匿善所約共航海起兵善謝曰公朝臣當行收兵圖興復善守土與城存亡耳子澄去善爲麾下許千戶者縛以獻不屈死年四十三子節等四人俱戍配芹字繼忠少好奇節元末干諸將不遇洪武初辟大都督府掾從中山王出北平至大漠還解職家居二十年甘貧樂道以善薦起從

李景隆北行，遣入奏事，道病將卒，猶條上兵事，年七十三。

陳彥回字士淵莆田人父立誠爲歸安縣丞被誣論死彥回謫戍雲南家人從者多道死比至蜀唯彥回與祖母郭在會赦又弗原監送者憐而縱之貧不能歸依鄉人知縣黃積良冒黃姓久之以閩中教諭嚴德政薦授保寧訓導考滿至京召見以爲平江知縣逾年太祖崩彥回入臨又以給事中楊維康薦擢徽州知府建文元年以循良受上賞祖母郭卒當去百姓走京師乞留彥回哀絰赴闕自陳乞復姓當彥回之戍雲南也其弟彥囦亦戍遼東至是詔除彥囦籍連乞終喪不許葬郭徽城北十里北山之陽時走墓下哭甚哀人目之曰太守山嘗對百姓泣曰吾罪人也向亡命冒他姓以祖母存恐陳首獲罪隱忍二十年今祖母沒宜自請死上特宥我終當死報國耳燕兵逼京師彥回糾義勇赴援已而被禽械至京死之張彥方龍泉人初爲給事中以便養乞改禾平知縣應詔勤王帥所部抵湖口被執械至樂平斬之梟其首譙樓當暑月一蠅不集經旬面如生邑人竊葬之清白堂後同時以勤王死者有松江同知死允烈云同知姓名不可考或曰周繼瑜也勤王詔下榜募義勇入援極言大義感動人心幷斥靖難兵乖恩悖道械至京磔於市

贊曰燕師之南嚮也連敗二大將其鋒蓋不可當鐵鉉以書生竭力抗禦於齊魯之間屢挫燕衆設與耿李易地而處天下事固未可知矣張昺謝貴葛誠圖燕於肘腋而事不就宋忠馬宣東西繼敗瞿能諸將垂勝戰亡燕兵卒得長驅南下而姚善陳彥回之屬欲以郡邑之甲奮拒於大勢已去之後此黃鉞所謂兵至江南禦之無及者也

明史卷一百四十三　列傳第三十一

總裁官總理事務經筵講官少保兼太子太保保和殿大學士兼管吏部戶部尚書事加六級張廷玉等奉
敕修

王艮 高遜志　廖昇 魏冕 鄒瑾
周是修　程本立
黃觀　王叔英 林英
黃鉞 曾鳳韶　王艮
陳思賢 龍溪六生 台溫二樵　程通 黃希范 葉惠仲 黃彥清 蔡運
石允常　高巍 韓郁
高賢寧　王璡
周縉　牛景先 程濟等

王艮字敬止吉水人建文二年進士對策第一貌寢易以胡靖卽胡廣也艮次之又次李貫三人皆同里並授修撰如洪武中故事設文史館居之預修太祖實錄及類要時政記諸書一時大著作皆綜理之數上書言時務燕兵薄京城艮與妻子訣曰食人之祿者死人之事吾不可復生矣解縉吳溥與艮靖比舍居城陷前一夕皆集溥舍縉陳說大義靖亦奮激慷慨艮獨流涕不言三人去溥子與弼尚幼歎曰胡叔能死是大佳事溥曰不然獨王叔死耳語未畢隔牆聞靖呼外喧甚謹視豚溥顧與弼曰一豚尚不能舍肯舍生乎須臾艮舍哭飲鴆死矣縉馳謁成祖甚喜明日薦靖召至叩頭謝貫亦迎附後成祖出建文時羣臣封事千餘通令縉等編閱事涉兵農錢穀者留之諸言語干犯及他一切皆焚毀因從容問貫縉等曰爾等宜皆有之衆未對貫獨頓首曰臣實未嘗有也成祖曰爾以無爲美耶食其祿任其事當國家危急官近侍獨無一言可乎朕特惡夫誘建文壞祖法亂政者耳後貫遷中允坐累死獄中臨卒歎曰吾愧王敬止矣有高遜志者艮座主也蕭縣人寓嘉興幼嗜學師貢師泰周伯琦等文章典雅成一家言徵修元史入翰林累遷試吏部侍郎以事謫朐山建文初召爲太常少卿與董倫同主會試得士自艮外胡靖吳溥楊榮金幼孜楊溥胡濙顧佐等皆爲名臣燕師入存歿無可考

廖昇襄陽人不知其所以進學行最知名與方孝孺王紳相友善洪武末由左府斷事擢太常少卿建文初修太祖實錄董倫王景爲總裁官昇與高遜志爲副總裁官李貫王紳胡子昭楊士奇羅恢程本立爲纂修官皆一時選燕師渡江朝廷遣使請割地不許昇聞而慟哭與家人訣自縊死殉難諸臣昇死最先其後陳瑛奏諸臣逆天命效死建文君請行追戮亦首及昇云時爲瑛追論者有魏冕等冕官御史燕兵犯闕都督徐增壽徘徊殿廷有異志冕率同官毆之與大理丞鄒瑾大呼請速加誅明日宮中火起有勸冕降者厲聲叱之遂自殺瑾亦死瑾冕皆永豐人其同里鄒朴官秦府長史聞瑾死憤甚不食卒或曰卽瑾子也又都給事中龔泰義烏人由鄉薦起家燕王入金川門泰被縛以非奸黨釋不殺自投城下死泰嘗遊學宮狂人擠之溺池中幾死弗校人服其量

周是修名德以字行泰和人洪武末舉明經爲霍邱訓導太祖問家居何爲對曰教人子弟孝弟力田太祖喜擢周府奉祀正逾年從王北征至黑山還遷紀善建文元年有告王不法者官屬皆下吏是修以嘗諫王得免改衡府紀善衡王惠帝母弟未之藩是修留京師預翰林纂修好薦士陳說國家大計燕兵渡淮與蕭用道上書指斥用事者用事者怒共挫折之是修屹不爲動京城失守留書別友人江仲隆解縉胡靖蕭用道楊士奇付以後事具衣冠爲贊繫衣帶間入應天府學拜先師畢自經於尊經閣年四十九燕王卽帝位陳瑛言是修不順天命請追戮帝曰彼食其祿自盡其心勿問是修外和內剛志操卓犖非其義一介不苟得也嘗曰忠臣不計得失故言無不直烈女不慮死生故行無不果嘗輯古今忠節事爲觀感錄其學自經史百家陰陽醫卜靡不通究爲文援筆立就而雅贍條達初與士奇縉靖及金幼孜黃淮胡儼約同死臨難惟是修竟行其志云

程本立字原道崇德人先儒頤之後父德剛負才氣不仕元將路成兵過皁林暴掠德剛爲陳利害成悅戢其部衆欲奏官之辭去本立少有大志讀書不事章句洪武中旌孝子太祖嘗謂之曰學者爭務科舉以窮經爲名而無實學子質近厚當志聖賢之學本立益自力聞金華朱克修得朱熹之傳於許謙往從之遊舉明經秀才除秦府引禮舍人賜楮幣鞍馬母憂去官服除補周府禮官從王之開封二十年春進長史從王入覲坐累謫雲南馬龍他郎甸長官司吏目留家大梁攜一僕之任土酋施可伐煽百夷爲亂本立單騎入其巢諭以禍福諸酋咸附未幾復變西平侯沐英布政使張紞知本立賢屬行縣典兵事且撫且禦自楚雄姚安抵大理永昌鶴慶麗江山行野宿往來綏輯凡九年民夷安業三十一年奏計京師學士董倫府尹向寶交薦之徵入翰林預修太祖實錄遷右僉都御史俸入外不通餽遺建文三年坐失陪祀貶官仍留纂修實錄成出爲江西副使未行燕兵入自縊死

黃觀字伯瀾一字尚賓貴池人父贅許從許姓受學於元待制黃冔冔死節觀益自勵洪武中貢入太學繪父母墓爲圖瞻拜輒淚下二十四年會試廷試皆第一累官禮部右侍郎乃奏復姓建文初更官制左右侍中次尚書改觀右侍中與方孝孺等並親用燕王舉兵觀草制諷其散軍歸藩束身謝罪辭極詆斥四年奏召募兵上遊且督諸郡兵赴援至安慶燕王已渡江入京師下令暴左班文職奸臣罪狀觀名在第六旣而索國寶不知所在或言已付觀出收兵矣命有司追捕收其妻翁氏幷二女給象奴奴索釵釧市酒肴翁氏悉與之持去急攜二女及家屬十人投淮淸橋下死觀聞金川門不守歎曰吾妻有志節必死招魂葬之江上命舟至羅刹磯朝服東向拜投湍急處死觀弟覲先匿其幼子逃他處或云覲妻畢氏孀居母家遺腹生子故黃氏有後於貴池初觀妻投水時嘔血石上成小影陰雨則見相傳爲大士像僧舁至庵中翁氏見夢曰我黃狀元妻也比明沃以水影愈明有愁慘狀後移至觀祠名翁夫人血影石今尚存

王叔英字原采黃巖人洪武中與楊大中葉見泰方孝孺林右並徵至叔英固辭歸二十年以薦爲仙居訓導改德安教授遷漢陽知縣多惠政歲旱絕食以禱立應建文時召爲翰林修撰上資治八策曰務問學謹好惡辨邪正納諫諍審才否愼刑罰明利害定法制皆援證古今可見之行事又曰太祖除奸剔穢抑强鋤梗如醫去病如農去草去病急或傷體膚去草嚴或傷禾稼病去則宜調燮其血氣草去則宜培養其根苗帝嘉納之燕兵至淮奉詔募兵行至廣德京城不守會齊泰來奔叔英謂泰貳心欲執之泰告以故乃相持慟哭共圖後舉已知事不可爲沐浴更衣冠書絕命詞藏衣裾間自經於元妙觀銀杏樹下天台道士盛希年葬之城西五里其詞曰人生穹壤間忠孝貴克全嗟予事君父自省多過愆有志未及竟奇疾忽見纏肥甘空在案對之不下咽意者造化神有命歸九泉嘗念夷與齊餓死首陽巓周粟豈不佳所見良獨偏高蹤邈難繼偶爾無足傳千秋史官筆愼勿稱希賢又題其案曰生旣已矣未有補於當時死亦徒然庶無慚於後世燕王稱帝陳瑛簿錄其家妻金氏自經死二女下錦衣獄赴井死叔英與孝孺友善以道義相切劘建文初孝孺欲行井田叔英貽書曰凡人有才固難能用其才尤難子房於漢高能用其才者也賈誼於漢文不能用其才者也子房察高帝可行而言故高帝用之一時受其利雖親如樊酈信如平勃任如蕭曹莫得間焉賈生不察而易言且言之太過故絳灌之屬得以短之方今明良相值千載一時但事有行於古亦可行於今者夏時周冕之類是也有行於古不可行於今者井田封建之類是也可行者行則人之從之也易而民樂其利難行而行則從之也難而民受其患時井田雖不行然孝孺卒用周官更易制度無濟實事爲燕王藉口論者服叔英之識而惜孝孺

不能用其言也時御史古田林英亦在廣德募兵知事無濟再拜自經妻宋氏下獄亦自經死

黃鉞字叔揚常熟人少好學家有田在葛澤陂鉞父令督耕其中鉞從友人家借書竊讀不廢縣舉賢良授宜章典史建文元年舉湖廣鄉試明年賜進士授刑科給事中三年丁父憂方孝孺弔之屏人問曰燕兵日南蘇常鎭江京師左輔也君吳人朝廷近臣今雖去宜有以教我鉞曰三府唯鎭江最要害守非其人是撤垣而納盜也指揮童俊狡不可任奏事上前視遠而言浮心不可測也蘇州知府姚善忠義激烈有國士風然仁有餘而禦下寬恐不足定亂且國家大勢當守上游兵至江南禦之無及也孝孺乃因鉞附書於善善得書與鉞相對哭誓死國鉞至家依父殯以居燕兵至江上善受詔統兵勤王以書招鉞鉞知事不濟辭以營葬畢乃赴旣而童俊果以鎭江降燕鉞聞國變杜門不出明年以戶科左給事中召半途自投於水以溺死聞故其家得不坐曾鳳韶廬陵人洪武末年進士建文初嘗爲監察御史燕王稱帝以原官召不赴又以侍郎召知不可免乃刺血書衣襟曰予生廬陵忠節之邦素負剛鯁之腸讀書登進士第仕宦至錦衣郎慨一死之得宜可以含笑於地下而不愧吾文天祥囑妻李氏子公望勿易我衣卽以此殮遂自殺年二十九李亦守節死

王良字天性祥符人洪武末累官僉都御史坐緩其僚友獄貶刑部郎中建文中歷遷刑部左侍郎議減燕府人罪不稱旨出爲浙江按察使燕王卽位頗德之遣使召良良執使者將斬之衆劫之去良集諸司印於私第將自殺未卽決妻問故曰吾分應死死未知所以處汝耳妻曰君男子乃爲婦人謀乎饋良食食已抱其子入後園置子池旁投水死良殮妻畢以子付友人家遂積薪自焚印俱毀成祖曰死固良分朝廷印不可毀毀印良不得無罪徙其家於邊

陳思賢茂名人洪武末爲漳州教授以忠孝大義勗諸生每部使者涖漳參謁時必請曰聖躬安否燕王登極詔至慟哭曰明倫之義正在今日堅臥不迎詔率其徒吳性原陳應宗林珏鄒君默曾廷瑞呂賢六人卽明倫堂爲舊君位哭臨如禮有司執之送京師思賢及六生皆死六生皆龍溪人嘉靖中提學副使邵銳立祠祀思賢以六生侑食又台州有樵夫日負薪入市口不貳價聞燕王卽帝位慟哭投東湖死而溫州樂清亦有樵夫聞京師陷其鄉人卓侍郎敬死號慟投於水二樵皆逸其名

程通績溪人嘗上書太祖乞除其祖戍籍詞甚哀竟獲請已授遼府紀善燕師起從王泛海歸京師上封事數千言陳禦備策進左長史永樂初從王徙荆州有言其前上封事多指斥者械至死於獄家屬戍邊幷捕其友人徽州知府黃希范論死籍其家葉惠仲臨海人與兄夷仲並有文名以知縣徵修太祖實錄遷知南昌府永樂元年坐直書靖難事族誅黃彥清歙人官國子博士以名節自勵坐在梅殷軍中私諡建文帝誅死蔡運南康人歷官四川參政勁直不諧於俗罷歸復起知賓州有惠政永樂初亦追論奸黨死石允常寧海人洪武二十七年進士官河南僉事廉介有聲坐事謫常州同知建文末帥兵防江軍潰棄官去後追錄廢周藩事繫獄二年免死戍邊

高巍遼州人尚氣節能文章母蕭氏有痼疾巍左右侍奉至老無少懈母死蔬食廬墓三年洪武中旌孝行由太學生試前軍都督府左斷事疏墾河南山東北平荒田又條上抑末技愼選舉惜名器數事太祖嘉納之尋以決事不稱旨當罪減死戍貴州關索嶺特許弟姪代役曰旌孝子也及惠帝卽位上疏乞歸田里未幾遼州知州王欽應詔辟巍巍因赴吏部上書論時政用事者方議削諸王獨巍與御史韓郁先後請加恩畧曰高皇帝分封諸王比之古制旣皆過當諸王又率多驕逸不法違犯朝制不削朝廷綱紀不立削之則傷親親之恩賈誼曰欲天下治安莫如衆建諸侯而少其力今盍師其意勿行鼂錯削奪之謀而效主父偃推恩之策在北諸王子弟分封於南在南子弟分封於北如此則藩王之權不削而自削矣臣又願益隆親親之禮歲時伏臘使人饋問賢者下詔褒賞之驕逸不法者初犯容之再犯赦之三犯不改則告太廟廢處之豈有不順服者哉書奏帝頷之已而燕兵起命從李景隆出師叅贊軍務巍復上書言臣願使燕披忠膽陳義禮曉以禍福感以親親之誼令休兵歸藩帝壯其言許之巍至燕自稱國朝處士高巍再拜上書燕王殿下太祖上賓天子嗣位布維新之政天下愛戴皆曰內有聖明外有藩輔成康之治再見於今矣不謂大王顯與朝廷絕張三軍抗六師臣不知大王何意也今在朝諸臣文者智輳武者勇奮執言仗義以順討逆勝敗之機明於指掌皆云大王藉口誅左班文臣實則吳王濞故智其心路人所共知巍竊恐奸雄無賴乘隙奮擊萬一有失大王得罪先帝矣今大王據北平取密雲下永平襲雄縣掩眞定雖易若建瓴然自兵興以來業經數月尚不能出蕞爾一隅地且大王所統將士計不過三十萬以一國有限之衆應天下之師亦易罷矣大王與天子義則君臣親則骨肉尚在離間況三十萬異姓之士能保其同心協力效死於殿下乎巍每念至此未始不爲大王灑泣流涕也願大王信巍言上表謝罪再修親好朝廷鑒大王無他必蒙寬宥太祖在天之靈亦安矣倘執迷不悟舍千乘之尊捐一國之富恃小勝忘大義以寡抗衆爲僥倖不可成之悖事巍不知大王所稅駕也況大喪未終毒興師旅其與泰伯夷齊求仁讓國之義不大逕庭乎雖大王有肅清朝廷之心天下不無篡奪嫡統之議卽幸而不敗謂大王何如人巍白髮書生蜉蝣微命性不畏死洪武十七年蒙太祖高皇帝旌臣孝行巍竊自負旣爲孝子當爲忠臣死忠死孝巍至願也如蒙賜死獲見太祖在天之靈巍亦可以無愧矣書數上皆不報已而景隆兵敗巍自拔南歸至臨邑遇參政鐵鉉相持痛哭奔濟南誓死拒守屢敗燕兵及京城破巍自經死驛舍郁疏畧曰諸王親則太祖遺體貴則孝康皇帝手足尊則陛下叔父使二帝在天之靈子孫爲天子而弟與子遭殘戮其心安乎臣每念至此未嘗不流涕也此皆豎儒偏見病藩封太重疑慮太深乃至此夫唇亡齒寒人人自危周王旣廢湘王自焚代府被摧而齊臣又告王反矣爲計者必曰兵不舉則禍必加是朝廷執政激之使然燕舉兵兩月矣前後調兵不下五十餘萬而一矢無獲謂之國有謀臣可乎經營旣久軍興輒乏將不效謀士不效力徒使中原無辜赤子困於轉輸民不聊生日甚一日九重之憂方深而出入帷幄與國事者方且揚揚自得彼其勸陛下削藩國者果何心哉諺曰親者割之不斷疏者續之不堅殊有理也陛下不察不待十年悔無及矣臣至愚感恩至厚不敢不言幸少垂洞鑒興滅繼絕釋代王之囚封湘王之墓還周王於京師迎楚蜀爲周公俾各命世子持書勸燕罷兵守藩以慰宗廟之靈明詔天下撥亂反正篤厚親親宗社幸甚不聽燕師渡江郁棄官遁去不知所終

高賢寧濟陽儒學生嘗受學于教諭王省以節義相砥礪建文中貢入太學燕兵破德州圍濟南賢寧適在圍中不及赴是時燕兵勢甚張黃子澄等謀遣使議和以息之尚寶司丞李得成者慷慨請行見燕王城下王不聽圍益急叅政鐵鉉等百計禦之王射書城中諭降賢寧作周公輔成王論射城外王悅其言爲緩攻相持兩月卒潰去燕王卽位後賢寧被執入見成祖曰此作論秀才耶秀才好人予一官賢寧固辭錦衣衞指揮紀綱故劣行被黜生也素與賢寧善勸就職賢寧曰君爲學校所棄故應爾我食廩有年義不可且嘗辱王先生之教矣綱爲言於帝竟得歸年九十七卒

王璡字器之日照人博通經史尤長於春秋初爲教授坐事謫遠方洪武末以賢能薦授寧波知府夜四鼓卽秉燭讀書聲徹署外問諸學課諸生諸生率四鼓起誦習無敢懈毀境內淫祠三皇祠亦在毀中或以爲疑璡曰不當祠而祠曰淫不得祠而祠曰瀆惟天子得祭三皇於士庶人無預毀之何疑自奉儉約一日饌用魚羹璡謂其妻曰若不憶吾啖草根時耶命撤而埋之人號埋羹太守燕師臨江璡造舟艦謀勤王爲衞卒縛至京成祖問造舟何爲對曰欲泛海趨瓜洲阻師南渡耳帝亦不罪放還里以壽終

周縉字伯紳武昌人以貢入太學授永清典史攝令事成祖舉兵守令相率迎降永清地尤近縉獨爲守禦計已度不可爲懷印南奔道聞母卒歸終喪燕兵已迫糾義旅勤王聞京師不守乃走匿吏部言前北平所屬州縣官朱寧等二百九十人當皇上靖難俱棄職逃亡宜寘諸法詔令入粟贖罪遣戍興州有司遂捕縉械送戍所居數歲子代還年八十而沒朱寧等皆無考

牛景先不知何許人官御史金川門開易服宵遁卒於杭州僧寺已而窮治齊黃黨籍其家燕兵之入一夕朝臣縋城去者四十餘人其姓名爵里莫可得而考然世相傳有程濟及河西傭補鍋匠之屬程濟朝邑人有道術洪武末官岳池教諭惠帝卽位濟上書言某月日北方兵起帝謂非所宜言逮至將殺之濟大呼曰陛下幸囚臣臣言不驗死未晚乃下之獄已而燕兵起釋之改官編修叅北征軍淮上敗召還或曰徐州之捷諸將樹碑紀功濟一夜往祭人莫測後燕王過徐見碑大怒趣左右椎之再椎遽曰止爲我錄文來已按碑行誅無得免者而濟名適在椎脫處然考其實徐州未嘗有捷也金川門啓濟亡去或曰帝亦爲僧出亡濟從之莫知所終河西傭不知何許人建文四年冬披葛衣行乞金城市中已至河西爲傭於莊浪魯氏取直買羊裘而以故葛衣覆其上破縷縷不肯棄力作倦輒自吟哦或夜聞其哭聲久之有京朝官至識傭欲與語走南山避之或問京朝官傭何人官亦不答在莊浪數年病且死呼主

人屬曰我死勿殮西北風起火我勿埋我骨魯家從其言補鍋匠者常往來夔州重慶間業補鍋凡數年川中人多識之一日於夔州市遇一人相顧愕然已相持哭共入山巖中坐語竟日復相持哭別去其人卽馮翁也翁在夔以章句授童子給衣食能爲古詩詩後題馬二子或馬公或塞馬先生後二人皆不知所終又會稽有二隱者一雲門僧一若耶溪樵僧每泛舟賦詩歸卽焚之樵每於溪沙上以荻畫字已輒亂其沙人有疑之者從後抱持觀之則皆孤臣去國之詞也時又有玉山樵者居金華之東山麻衣戴笠終身不易嘗爲王姓者題詩曰宗人故疑其王姓云雪庵和尚人疑其爲葉希賢見練子寧傳其後數十年松陽王詔游治平寺於轉輪藏上得書一卷載建文亡臣二十餘人事蹟楮墨斷爛可識者僅九人梁田玉梁良玉梁良用梁中節皆定海人同族同仕於朝田玉官郞中京師破去爲僧良玉官中書舍人變姓名走海南鬻書以老良用爲舟師死於水中節好老子太元經爲道士何申宋和郭節俱不知何許人同官中書申使蜀至峽口聞變嘔血疽發背死和及節挾卜筮書走異域客死何洲海州人不知何官亦去爲卜者客死郭良官籍俱無考與梁中節相約棄官爲道士餘十一人竝失其姓名縉雲鄭僖紀其事爲忠賢奇秘錄傳於世及萬曆時江南又有致身錄云得之茅山道書中建文時侍書吳江史仲彬所述紀帝出亡後事甚具仲彬程濟葉希賢牛景先皆從亡之臣又有廖平金焦諸姓名而雪庵和尚補鍋匠等具有姓名官爵一時士大夫皆信之給事中歐陽調律上其書於朝欲爲請謚立祠然考仲彬實未嘗爲侍書錄蓋晚出附會不足信

贊曰靖難之役朝臣多捐軀徇國若王艮以下諸人之從容就節非大義素明者不能也高巍一介布衣慷慨上書請歸藩服其持論甚偉又能超然遠引晦跡自全可稱奇士若夫行遯諸賢雖其姓字雜出於諸家傳紀未足徵信而忠義奇節人多樂道之者傳曰與其過而去之寧過而存之亦足以扶植綱常使懦夫有立志也

明史卷一百四十四　列傳第三十二

總裁官總理事務經筵講官少保兼太子太保保和殿大學士兼管吏部戶部尚書事加六級張廷玉等奉敕修

盛庸　平安

何福　顧成

盛庸不知何許人洪武中累官至都指揮建文初以參將從耿炳文伐燕李景隆代炳文遂隸景隆麾下二年四月景隆敗於白溝河走濟南燕師隨至景隆復南走庸與參政鐵鉉悉力固守燕師攻圍三月不克庸鉉乘夜出兵掩擊燕衆大敗解圍去乘勝復德州九月論功封歷城侯祿千石尋命爲平燕將軍充總兵官陳暉平安爲左右副總兵馬溥徐眞爲左右參將進鉉兵部尚書參贊軍務時吳傑平安守定州庸駐德州徐凱屯滄州爲犄角是冬燕兵襲滄州破擒凱掠其輜重進薄濟寧庸引兵屯東昌以邀之背城而陣燕王帥兵直前薄庸軍左翼不動復衝中堅庸開陣縱王入圍之數重燕將朱能帥番騎來救王乘間突圍出而燕軍爲火器所傷甚衆大將張玉死於陣王獨以百騎殿退至館陶庸檄吳傑平安自眞定遮燕歸路明年正月傑平安戰深州不利燕師始得歸是役也燕精銳喪失幾盡庸軍聲大振帝爲享廟告捷三月燕兵復南出保定庸營夾河王將輕騎來覘掠陣而過庸遣千騎追之爲燕兵射却及戰庸軍列盾以進王令步卒先攻騎兵乘間馳入庸麾軍力戰斬其將譚淵而朱能張武等帥衆殊死鬭王以勁騎貫陣與能合庸部驍將莊得皂旗張等俱戰死是日燕軍幾敗明日復戰燕軍東北庸軍西南自辰至未互勝負兩軍皆疲將士各坐息復起戰忽東北風大起飛塵蔽天燕兵乘風大呼左右橫擊庸大敗走還德州自是氣沮已而燕將李遠焚糧艘於沛縣庸軍遂乏餉明年靈璧戰敗平安等被執庸獨引軍而南列戰艦淮南岸燕將邱福等潛濟出庸後庸不能支退爲守江計燕兵渡淮由盱眙陷揚州庸禦戰于六合及浦子口皆失利都督陳瑄帥舟師降燕燕兵遂渡江庸倉卒聚海艘出高資港迎戰復敗軍益潰散成祖入京師庸以餘衆降卽命守淮安尋賜敕曰比以山東未定命卿鎭守淮安今鐵鉉就獲諸郡悉平朕念山東久困兵革憊于轉輸卿宜輯兵養民以稱朕意永樂元年致仕無何千戶王欽訐庸罪狀立進欽指揮同知於是都御史陳瑛劾庸怨望有異圖庸自殺

平安滁人小字保兒父定從太祖起兵官濟寧衞指揮僉事從常遇春下元都戰沒安初爲太祖養子驍勇善戰力舉數百斤襲父職遷密雲指揮使進右軍都督僉事建文元年伐燕安以列將從征及李景隆代將用安爲先鋒燕王將渡白溝河安伏萬騎河側邀之燕王曰平安豎子耳往歲從出塞識我用兵今當先破之及戰不能挫安時南軍六十萬列陣河上王帥將士馳入陣戰至瞑互有殺傷及夜深乃各斂軍燕王失道從者僅三騎下馬伏地視河流辨東西始知營壘所在明日再戰安擊敗燕將房寬陳亨燕王見事急親冒矢石力戰馬創矢竭劍折不可擊走登堤佯舉鞭招後騎以疑敵會高煦救至乃得免當是時諸將中安戰最力王幾爲安槊所及已而敗語詳成祖紀燕兵圍濟南安營單家橋謀出御河奪燕餉舟又選善水卒五千人渡河將攻德州圍乃解安與吳傑進屯定州明年燕敗盛庸於夾河迴軍與安戰單家橋安奮擊大破之擒其將薛祿無何逸去再戰滹沱河又破之安於陣中縛木爲樓高數丈戰酣輒登樓望發強弩射燕軍死者甚衆忽大風起發屋拔樹聲如雷都指揮鄧戩陳鵬等陷敵中安遂敗走眞定燕王與南軍數大戰每親身陷陣所向皆靡惟安與庸二軍屢挫之滹沱之戰矢集王旗如蝟毛王使人送旗北平諭世子謹藏以示後世顧成已先被執在燕見而泣曰臣自少從軍今老矣多歷戰陣未嘗見若此也踰月燕師出大名安與庸及吳傑等分兵擾其餉道燕王患之遣指揮武勝上書於朝請撤安等息兵爲緩師計帝不許燕王亦決計南下遣李遠等潛走沛縣焚糧舟掠彰德破尾尖寨諭降林縣時安在眞定度北平空虛帥萬騎直走北平至平村去城五十里而軍燕王懼遣劉江等馳還救安戰不利引還時大同守將房昭引兵入紫荆關據易州西水寨以窺北平安自眞定餉之八月燕兵北歸安及燕將李彬戰於楊村敗之四年燕兵復南下破蕭縣安引軍躡其後至淝河燕將白義王眞劉江迎敵安轉戰斬眞眞驍將燕王嘗曰諸將奮勇如王眞何事不成至是爲安所殺燕王乃身自迎戰安部將火耳灰挺槊大呼直前刺王馬忽蹶被禽安稍引却已復進至小河張左右翼擊燕軍斬其將陳文已復移軍齊眉山與諸將列陣大戰自午至酉又敗之燕諸將謀北還圖後舉王不聽尋何福軍亦至與安合燕軍益大懼王晝夜擐甲者數日福欲持久老燕師移營靈璧深塹高壘自固而糧運爲燕兵所阻不得達安分兵往迎燕王以精騎遮安軍分爲二福開壁來援爲高煦所敗諸將謀移軍淮河就糧夜令軍中聞三礮卽走翌日燕軍猝薄壘發三礮軍中誤以爲己號爭趨門遂大亂燕兵乘之人馬墜壕塹俱滿福單騎走安及陳暉馬溥徐眞孫成等三十七人皆被執文臣宦官在軍被執者又百五十餘人時四月辛巳也安久駐眞定屢敗燕兵斬驍將數人燕將莫敢嬰其鋒至是被禽軍中歡呼動地曰吾屬自此獲安矣爭請殺安燕王惜其材勇選銳卒衞送北平命世子及郭資等善視之王卽帝位以安爲北平都指揮使尋進行後府都督僉事永樂七年三月帝巡北京將至覽章奏見安名謂左右曰平保兒尚在耶安聞之遂自殺命以指揮使祿給其子

何福鳳陽人洪武初累功爲金吾後衞指揮同知從傅友德征雲南擢都督僉事又從藍玉出塞至捕魚兒海二十一年江陰侯吳高帥迤北降人南征抵沅江衆叛由思州出荆樊道渭河欲遁歸沙漠明年正月福與都督聶緯追擊及諸鄜延盡殲之移兵討平都勻蠻俘斬萬計二十四年拜平羌將軍討越州叛蠻阿資破降之擇地立柵處其衆置寧越堡遂平九名九姓諸蠻尋與都督茅鼎會兵徇五開未行而畢節諸蠻復叛大掠屯堡殺吏士福令畢節諸衞嚴備而檄都督陶文等從鼎擣其巢禽叛酋戮之分兵盡捕諸蠻建堡設戍乃趨五開請因兵力討水西奢香不許三十年三月水西蠻居宗必登等作亂會顧成討平之其冬拜征虜左將軍副西平侯沐春討麓州叛蠻刀幹孟明年福與都督瞿能踰高良公山擣南甸禽其酋刀名孟回軍擊景罕寨不下春以銳軍至賊驚潰幹孟懼乞降已而春卒賊復懷貳是時太祖已崩惠帝初卽位拜福征虜將軍福遂破禽刀幹孟降其衆七萬分兵徇下諸寨麓川地悉定建文元年還京師論功進都督同知練兵德州進左都督與盛庸平安會兵伐燕戰淮北不利奔還成祖卽位以福宿將知兵推誠用之聘其甥女徐氏爲趙王妃尋命佩征虜將軍印充總兵官鎭寧夏節制山陝河南諸軍福至鎭宣布德意招徠遠人塞外諸部降者相踵邊陲無事因請置驛屯田積穀定賞罰爲經久計會有讒之者帝不聽降敕褒慰永樂四年八月移鎭甘肅福馭軍嚴下多不便者帝間使使戒福善自衞毋爲小人所中六年福請遣京師蕃將將迤北降人帝報曰爾久總蕃漢兵恐勢衆致讒耳爾老將朕推誠倚重毋顧慮尋請以布市馬選其良者別爲羣置官給印專領之于是馬大蕃息永昌苑牧馬自此始明年本雅失里紏阿魯台

將入寇爲兀剌所敗走臚朐河欲收諸部潰卒窺河西詔福嚴兵爲備迤北王子國公司徒以下十餘人帥所部駐亦集乃乞內附福以聞帝令庶子楊榮往佐福經理其衆悉降福親至亦集乃鎭撫之送其酋長於京師帝嘉福功命榮卽軍中封福爲寧遠侯祿千石且詔福軍中事先行後聞八年帝北征召福從出塞初帝以福有才畧寵任踰諸將福亦善引嫌有事未嘗專決在鎭嘗請取西平侯家氂昌蓄馬以充孳牧帝報曰皇考時貴近家多許養馬以示共享富貴之意爾所奏固爲國矣然非待勳戚之道不聽其餘有請輒行委寄甚重及從征數違節度羣臣有言其罪者福益怏怏有怨言師還都御史陳瑛復劾之福懼自縊死爵除而趙王妃亦尋廢

顧成字景韶其先湘潭人祖父業操舟往來江淮間遂家江都成少魁岸膂力絕人善馬槊文其身以自異太祖渡江來歸以勇選爲帳前親兵擎蓋出入嘗從上出舟膠於沙成負舟而行從攻鎭江與勇士十人轉鬬入城被執十人皆死成躍起斷縛仆持刀者脫歸導衆攻城克之授百戶大小數十戰皆有功進堅城衞指揮僉事從伐蜀攻羅江禽元帥以下二十餘人進降漢州蜀平改成都後衞洪武六年擒重慶妖賊王元保八年調守貴州時羣蠻叛服不常成連歲出兵悉平之已從潁川侯傅友德征雲南爲前鋒首克普定留成列柵以守蠻數萬來攻成出柵手殺數十百人賊退走餘賊猶在南城成斬所俘而縱其一曰吾夜二鼓來殺汝夜二鼓吹角鳴礮賊聞悉走獲器甲無算進指揮使諸蠻隸普定者悉平十七年平阿黑螺螄等十餘寨明年奏罷普定府析其地爲三州六長官司進貴州都指揮同知有告其受賕及僭用玉器等物者以久勞不問二十九年遷右軍都督僉事佩征南將軍印會何福討水西蠻斬其酋居宗必登明年西堡滄浪諸寨蠻亂成遣指揮陸秉與其子統分道討平之成在貴州凡十餘年討平諸苗洞寨以百數皆誅其渠魁撫綏餘衆恩信大布蠻人帖服是年二月召還京建文元年爲左軍都督從耿炳文禦燕師戰眞定被執燕王解其縛曰此天以爾授我也送北平輔世子居守南軍圍城防禦調度一聽於成燕王卽位論功封鎭遠侯食祿千五百石予世券命仍鎭貴州永樂元年上書請嚴備西北諸邊及早建東宮帝褒答之六年三月召至京賜金帛遣還思州宣慰使田琛與思南宣慰使田宗鼎搆兵詔成以兵五萬壓其境琛等就禽於是分思州思南地更置州縣遂設貴州布政司其年八月臺羅苗普亮等作亂詔成帥二都司三衞兵討平之成性忠謹涉獵書史始居北平多效謀畫然終不肯將兵賜兵器亦不受再鎭貴州屢平播州都勻諸叛蠻威鎭南中土人立生祠祀焉其被召至京也命輔太子監國成頓首言太子仁明廷臣皆賢輔導之事非愚臣所及請歸備蠻時羣小謀奪嫡太子不自安成入辭文華殿因曰殿下但當竭誠孝敬孳孳恤民萬事在天小人不足措意十二年五月卒年八十有五贈夏國公謚武毅八子長統普定衞指揮以成降燕被誅統子興祖嗣侯仁宗卽位廣西蠻叛詔興祖爲總兵官討之先後討平潯州平樂思恩宜山諸苗降附甚衆宣德中交阯黎利復叛陷隘留關圍邱溫時興祖在南寧坐擁兵不援徵下錦衣衞獄踰年得釋正統末從北征自土木脫歸論死也先逼都城復冠帶充副總兵禦敵於城外授都督同知守備紫荊關景泰三年坐受賄復下獄尋釋以立東宮恩予伯爵天順初復侯守備南京卒孫淳嗣卒無子從弟溥嗣掌五軍右掖弘治二年拜平蠻將軍鎭湖廣始至捕斬苗中首惡五年十月貴州都勻苗乜富架作亂自稱都順王梗滇蜀道詔溥充總兵官帥兵八萬討之分五路剋期竝進誅富架父子斬首萬計加太子太保增祿二百石召入提督團營掌前軍都督府事十八年卒謚襄恪溥淸愼守法卒之日囊無餘資英國公張懋出布帛以斂子仕隆嗣管神機營左哨得士心正德初出爲漕運總兵數請恤軍卒鎭淮安十餘年以淸白聞武宗南巡江彬橫甚折辱諸大吏惟仕隆不爲屈嘉靖初移鎭湖廣尋召還論奉迎防守功加太子太傅掌中軍都督府事錦衣千戶王邦奇者怨大學士楊廷和兵部尚書彭澤上疏言哈密失策事由兩人帝怒逮繫廷和諸子壻給事中楊言疏救忤旨事下五府九卿科道議仕隆言廷和功在社稷邦奇小人假邊事惑聖聽傷國體有詔切責移病解營務卒贈太傅謚榮靖子寰嗣守備南京奉詔讞獄多所平反十七年爲漕運總兵官明年獻皇后梓宮赴承天漕舟以避梓宮後期者三千而江南北多災傷寰請被災地停漕一年令改折色軍民交便又條上漕政七事竝施行諸爲漕蠹者病之遂布蜚語爲給事中王交所劾已按驗不實再鎭淮安會安南事起移鎭兩廣莫宏瀷者安南都統使莫福海子也福海死宏瀷幼其權臣阮敬與族人莫正中搆兵國內亂正中逃入欽州時有議乘釁取安南者寰與提督侍郎周延決策請于朝令宏瀷襲都統使安南遂定三十年事也尋以兵討平桂林平樂叛猺復命鎭淮有禦倭功入總京營加太子太保復出督漕召還請老隆慶五年特起授京營總督尋乞休神宗嗣位起掌左府久之致仕加少保萬曆十年卒贈太傅謚榮僖自溥至寰三世皆寬和廉靖內行飭謹曉文藝仕隆寰兩世督漕皆勤於職三傳至孫肇跡京師陷死於賊

贊曰東昌小河之戰盛庸平安屢挫燕師斬其驍將厥功甚壯及至兵敗被執不克引義自裁隱忍偷生視鐵鉉暴昭輩能無愧乎何福顧成皆太祖時宿將著功邊徼而一遇燕兵或引卻南奔或身遭俘馘成祖棄瑕錄舊均列茅土亦云幸矣福固不以功名終而成之延及苗裔榮不勝辱亦奚足取哉

明史卷一百四十五　列傳第三十三

總裁官總理事務經筵講官少保兼太子太保保和殿大學士兼管吏部戶部尚書事加六級張廷玉等奉敕修

姚廣孝　張玉子輗 軏 從子信　朱能　邱福李遠 王聰 王忠 火眞　譚淵王眞　陳亨子懋 徐理 房寬 劉才

姚廣孝長洲人本醫家子年十四度爲僧名道衍字斯道事道士席應眞得其陰陽術數之學嘗游嵩山寺相者袁珙見之曰是何異僧目三角形如病虎性必嗜殺劉秉忠流也道衍大喜洪武中詔通儒書僧試禮部不受官賜僧服還經北固山賦詩懷古其儕宗泐曰此豈釋子語耶道衍笑不答高皇后崩太祖選高僧侍諸王爲誦經薦福宗泐時爲左善世舉道衍燕王與語甚合請以從至北平住持慶壽寺出入府中跡甚密時時屏人語及太祖崩惠帝立以次削奪諸王周湘代齊岷相繼得罪道衍遂密勸成祖舉兵成祖曰民心向彼奈何道衍曰臣知天道何論民心乃進袁珙及卜者金忠於是成祖意益決陰選將校勾軍卒收材勇異能之士燕邸故元宮也深邃道衍練兵後苑中穴地作重屋繚以厚垣密甃瓴甋瓶缶日夜鑄軍器畜鵝鴨亂其聲建文元年六月燕府護衞百戶倪諒上變詔逮府中官屬都指揮張信輸誠於成祖成祖遂決策起兵適大風雨至簷瓦墮地成祖色變道衍曰祥也飛龍在天從以風雨瓦墮將易黃也兵起以誅齊泰黃子澄爲名號其衆曰靖難之師道衍輔世子居守其年十月成祖襲大寧李景隆乘間圍北平道衍守禦甚固擊卻攻者夜縋壯士擊傷南兵援師至內外合擊斬首無算景隆平安等先後敗遁成祖圍濟南三月不克道衍馳書曰師老矣請班師乃還復攻東昌戰敗亡大將張玉復還成祖意欲稍休道衍力趣之益募勇士敗盛庸破房昭西水寨道衍語成祖毋下城邑疾趨京師京師單弱勢必舉從之遂連敗諸將於淝河靈壁渡江入京師成祖卽帝位授道衍僧錄司左善世帝在藩邸所接皆武人獨道衍定策起兵及帝轉戰山東河北在軍三年或旋或否戰守機事皆決於道衍道衍未嘗臨戰陣然帝用兵有天下道衍力爲多論功以爲第一永樂二年四月拜資善大夫太子少師復其姓賜名廣孝贈祖父如其官帝與語呼少師而不名命蓄髮不肯賜第及兩宮人皆不受常居僧寺冠帶而朝退仍緇衣出振蘇湖至長洲以所賜金帛散宗族鄉人重修太祖實錄廣孝爲監修又與解縉等纂修永樂大典書成帝褒美之帝往來兩都出塞北征廣孝皆留輔太子於南京五年四月皇長孫出閣就學廣孝侍說書十六年三月入覲年八十有四矣病甚不能朝仍居慶壽寺車駕臨視者再語甚懽賜以金唾壺問所欲言廣孝曰僧溥洽繫久願赦之溥洽者建文帝主錄僧也初帝入南京有言建文帝爲僧遁去溥洽知狀或言匿溥洽所帝乃以他事禁溥洽而命給事中胡濙等徧物色建文帝久之不可得溥洽坐繫十餘年至是帝以廣孝言卽命出之廣孝頓首謝尋卒帝震悼輟視朝二日命有司治喪以僧禮葬追贈推誠輔國協謀宣力文臣特進榮祿大夫上柱國榮國公謚恭靖賜葬房山縣東北帝親製神道碑誌其功官其養子繼尚寶少卿廣孝少好學工詩與王賓高啓楊孟載友善宋濂蘇伯衡亦推奬之晚著道餘錄頗毀先儒識者鄙焉其至長洲候同產姊姊不納訪其友王賓賓亦不見但遙語曰和尚誤矣和尚誤矣復往見姊姊詈之廣孝惘然洪熙元年加贈少師配享成祖廟庭嘉靖九年世宗論閣臣曰姚廣孝佐命嗣興勞烈具有顧係釋氏之徒班諸功臣侑食太廟恐不足尊敬祖宗於是尚書李

時偕大學士張璁桂萼等議請移祀大興隆寺太常春秋致祭詔曰可

張玉字世美祥符人仕元爲樞密知院元亡從走漠北洪武十八年來歸從大軍出塞至捕魚兒海以功授濟南衞副千戶遷安慶衞指揮僉事又從征遠順散毛諸洞北逐元人之擾邊者至鴉寒山還調燕山左護衞從燕王出塞至黑松林又從征野人諸部以驍果善謀畫爲王所親任建文元年成祖起兵玉帥衆奪北平九門撫諭城內外三日而定師將南玉獻計遣朱能東攻薊州殺馬宣降遵化分兵下永平密雲皆致其精甲以益師擢都指揮僉事是時朝廷遣大兵討燕都督徐凱軍河間潘忠楊松軍鄚州長興侯耿炳文以三十萬衆軍眞定玉進說曰潘楊勇而無謀可襲而俘也成祖命玉將親兵爲前鋒抵樓桑值中秋南軍方宴會夜半疾馳破雄縣忠松來援邀擊於月漾橋生禽之遂克鄚州自以輕騎覘炳文軍還言軍無紀律其上有敗氣宜急擊成祖遂引兵西至無極顧諸將謀所嚮諸將以南軍盛請屯新樂玉曰彼雖衆皆新集我軍乘勝徑趨眞定破之必矣成祖喜曰吾倚玉足濟大事明日抵眞定大破炳文軍獲副將李堅甯忠都督顧成等斬首三萬復敗安陸侯吳傑軍燕兵由是大振江陰侯吳高以遼東兵圍永平曹國公李景隆引數十萬衆將攻北平成祖與玉謀先援永平至則高遁走玉追斬甚衆遂從間道襲大寧拔其衆而還次會州初立五軍以玉將中軍時李景隆已圍北平成祖旋師大戰於鄭村壩景隆敗成祖乘勝抵城下城中兵鼓譟出內外夾攻南軍大潰明年從攻廣昌蔚州大同諜報景隆收潰卒號百萬且復至玉曰兵貴神速請先據白溝河以逸待勞駐河上三日景隆至以精騎馳擊復大敗之進拔德州追奔至濟南圍其城三月解圍還尋再出破滄州禽徐凱進攻東昌與盛庸軍遇成祖以數十騎繞出其後庸圍之數重成祖奮擊得出玉不知成祖所在突入陣中力戰格殺數十人被創死年五十八燕兵起轉鬬三年鋒銳甚至是失大將一軍奪氣師還北平諸將叩頭請罪成祖曰勝負常事不足計恨失玉耳艱難之際失吾良輔因泣下不能止諸將皆泣其後譚淵沒於夾河王眞沒於淝河雖悼惜不如玉也建文四年六月成祖稱帝贈玉都指揮同知九月甲申追贈榮國公諡忠顯洪熙元年三月加封河間王改諡忠武與東平王朱能金鄉侯王眞榮國公姚廣孝竝侑享成祖廟廷子三人長輔次輗次軏從子信輔自有傳輗以功臣子爲神策衞指揮使正統五年英國公輔訴輗毆守墳者斥及先臣詞多悖慢帝命錦衣衞鞫實錮之尋釋三遷至中府右都督領宿衞景泰三年加太子太保英宗復位以軏迎立功并封輗文安伯食祿千二百石天順六年卒贈侯諡忠僖子斌嗣坐詛咒奪爵軏永樂中入宿衞爲錦衣衞指揮僉事從宣宗征高煦又從成國公朱勇出塞至遺帽山正統十三年以副總兵征麓川還討貴州叛苗積功爲前府右都督總京營兵景泰二年坐驕淫不道下獄尋釋景帝不豫與石亨曹吉祥迎上皇於南城封太平侯食祿二千石于謙王文范廣之死軏有力焉納賄亂政亞于亨天順二年卒贈裕國公諡勇襄子瑾嗣成化二年革奪門功奪侯授指揮使信舉建文二年鄉試第一永樂中歷刑科都給事中數言事擢工部右侍郎奉命視開封決河請疏魚王口至中灤故道二十餘里詔如其議詳宋禮傳出治浙江海塘坐事謫交阯洪熙初召爲兵部左侍郎帝嘗謂英國公輔有兄弟可加恩者乎輔頓首言輗軏蒙上恩備近侍然皆奢侈獨從兄侍郎信賢可使也帝召見信曰是英國公兄耶趣武冠冠之改錦衣衞指揮同知世襲時去開國未遠武階重故也居職以平恕稱宣德六年遷四川都指揮僉事在蜀十五年致仕

朱能字士弘懷遠人父亮從太祖渡江積功至燕山護衞副千戶能嗣職事成祖藩邸嘗從北征降元太尉朶兒不花燕兵起與張玉首謀殺張昺謝貴奪九門授指揮同知帥衆拔薊州殺馬宣下遵化破雄縣戰月漾橋執楊松潘忠降其衆於鄚州長驅至眞定大敗耿炳文軍獨與敢死士三十騎追奔至滹沱河躍馬大呼突南軍軍數萬人皆披靡蹂藉死者甚衆降三千餘人成祖以手札勞之進都指揮僉事從援永平走吳高襲克大寧還將左軍破李景隆於鄭村壩從攻廣昌蔚州大同戰白溝河爲前鋒再敗平安軍進攻濟南次鋒山南軍乘高而陣能以奇兵繞其後襲破之降萬餘人從攻滄州破東門入斬首萬餘級東昌之戰盛庸鐵鉉圍成祖數重張玉戰死事急能帥周長等殊死鬬翼成祖潰圍出復從戰夾河譚淵死燕師挫能至再戰再捷軍復振與平安戰藁城敗之追奔至眞定畧地彰德定州破西水寨將輕騎千人掠衞水獲指揮賈榮克東阿東平盡破汶上諸寨旣而王眞戰死淝河燕軍屢敗諸將議旋師能獨按劍曰漢高十戰九敗終有天下今舉事連得勝小挫輒歸更能北面事人耶成祖亦叱諸將曰任公等所之諸將乃不敢言遂引兵南敗平安銀牌軍都督陳暉來援又敗之遂拔靈璧軍禽平安等降十萬衆累遷右軍都督僉事進克泗州渡淮敗盛庸兵拔盱眙下揚州渡江入金川門九月甲申論功次邱福授奉天靖難推誠宣力武臣特進榮祿大夫右柱國左軍都督府左都督封成國公祿二千二百石與世券永樂二年兼太子太傅加祿千石四年七月詔能佩征夷將軍印西平侯沐晟爲左副將軍由廣西雲南分道討安南帝親送之龍江十月行次龍州卒於軍年三十七能於諸將中年最少善戰張玉善謀帝倚爲左右手玉歿後軍中進止悉諮能能身長八尺雄毅開豁居家孝友位列上公未嘗以富貴驕人善撫士卒卒之日將校皆爲流涕敕葬昌平追封東平王諡武烈洪熙時配享成祖廟廷子勇嗣以元勳子特見任用歷掌都督府事留守南京永樂二十二年從北征宣宗卽位從平漢庶人征兀良哈張輔解兵柄詔以勇代勇以南北諸衞所軍備邊轉運錯互非便請專令南軍轉運北軍備邊又言京軍多遠戍非居重馭輕之道請選精兵十萬益之又請令公侯伯都督子弟操練皆報可正統九年出喜峯口擊朶顏諸部至富峪川而還爲兵部尚書徐晞所劾詔不問尋論功加太保勇頳面虬鬚狀貌甚偉勇畧不足而敬禮士大夫十四年從駕至土木迎戰鷂兒嶺中伏死所帥五萬騎皆沒于謙等追論勇罪奪封景泰元年勇子儀乞葬祭帝以勇大將喪師辱國致陷乘輿不許已請襲禮部尚書胡濙主之又以立東宮恩得嗣減歲祿至千石天順初追封勇平陰王諡武愍儀及子輔皆守備南京又三傳至希忠從世宗幸承天掌行在左府事至衞輝行宮夜火希忠與都督陸炳翼帝出由是被恩遇入直西苑歷掌後右兩府總神機營提督十二團營及五軍營累加太師益歲祿七百石代郊天者三十九賞賚不可勝紀卒追封定襄王諡恭靖萬曆十一年以給事中余懋學言追奪王爵弟希孝亦至都督加太保卒贈太傅諡忠僖希忠五傳至曾孫純臣崇禎時見倚任李自成薄京師帝手敕純臣總督中外諸軍輔太子敕未下城已陷爲賊所殺

邱福鳳陽人起卒伍事成祖藩邸積年勞授燕山中護衞千戶燕師起與朱能張玉首奪九門大戰眞定突入子城戰白溝河以勁卒擣中堅夾河滄州靈壁諸大戰皆爲軍鋒盛庸兵扼淮戰艦數千艘蔽淮岸福與朱能將數百人西行二十里自上流潛濟猝薄南軍庸驚走盡奪其戰艦軍乃得渡累遷至中軍都督同知福爲人樸戇鷙勇謀畫智計不如玉敢戰深入與能埒每戰勝諸將爭前效虜獲福獨後成祖每歎曰邱將軍功我自知之卽位大封功臣第福爲首授奉天靖難推誠宣力武臣特進榮祿大夫右柱國中軍都督府左都督封淇國公祿二千五百石與世券命議諸功臣封賞每奉命議政皆首福漢王高煦數將兵有功成祖愛之福武人與之善數勸立爲太子帝猶豫久之竟立仁宗以福爲太子太師六年加歲祿千石尋命與蹇義金忠等輔導皇長孫明年七月將大軍出塞至臚朐河敗沒先是本雅失里殺使臣郭驥帝大怒發兵討之命福佩征虜大將軍印充總兵官武城侯王聰同安侯火眞爲左右副將靖安侯王忠安平侯李遠爲左右參將以十萬騎行帝慮福輕敵諭以兵事須愼重自開平以北卽不見寇宜時時如對敵相機進止不可執一一舉未捷俟再舉已行又連賜敕謂軍中有言敵易取者愼勿信之福出塞帥千餘人先至臚朐河南遇遊騎擊敗之遂渡河獲其尚書一人飲之酒問本雅失里所在尚書言聞大兵來惶恐北走去此可三十里福大喜曰當疾馳禽之諸將請俟諸軍集偵虛實而後進福不從以尚書爲鄉導直薄敵營戰二日每戰敵輒佯敗引去福銳意乘之李遠諫曰將軍輕信敵間懸軍轉鬬敵示弱誘我深入必不利退則懼爲所乘獨可結營自固晝揚旂伐鼓出奇兵與挑戰夜多燃炬鳴礮張軍勢使彼莫測俟我軍畢至併力攻之必捷否亦可全師而還始上與將軍言何如而遂忘之乎王聰亦力言不可福皆不聽厲聲曰違命者斬卽先馳麾士卒隨行控馬者皆泣下諸將不得己與俱俄而敵大至圍之數重聰戰死福及諸將皆被執遇害年六十七一軍皆沒敗聞帝震怒以諸將無足任者決計親征奪福世爵徙其家海南李遠懷遠人襲父職爲蔚州衞指揮僉事燕兵攻蔚州舉城降南軍駐德州運道出徐沛間遠以輕兵六千詐爲南軍袍鎧人挿柳一枝於背徑濟寧沙河至沛無覺者焚糧舟數萬河水盡熱魚鱉皆浮死南將袁宇三萬騎來追伏兵擊敗之建文四年正月燕軍駐藁縣遠分哨至藁城遇德州將葛進步騎萬餘乘冰渡滹沱河遠迎擊之進繫馬林間以步兵接戰遠佯卻潛分兵出其後解所繫馬再戰進引退失馬遂大敗斬首四千獲馬千匹成祖以歲首大捷賜書嘉勞曰將軍以輕騎八百破敵數萬出奇

應變雖古名將不過也。復遣哨淮上，敗守淮將士，斬千餘級。累功爲都督僉事，封安平侯，祿千石，子世伯券。永樂元年偕武安侯鄭亨備宣府。遠沈毅有膽畧，言論慷慨。旣從邱福出塞至臚朐河，諫福不聽。師敗，遠帥五百騎突陣，殺數百人，馬蹶被執，罵不絕口死，年四十六。追封莒國公，謚忠壯。子安嗣伯爵。洪熙元年爲交阯參將，失律，謫爲事官。已，從王通棄交阯還，下獄奪券，謫赤城立功。英宗即位，起都督僉事，征阿台朶兒只伯，遷都督同知，充總兵官，鎭松潘。正統六年副定西伯蔣貴征麓川。貴令安駐軍潞江護餉，而自帥大軍進。賊破，安耻無功，聞有餘賊屯高黎貢山，徑往擊之，爲所敗，失士卒千餘人，都指揮趙斌等皆死。逮下獄，謫戍獨石，卒。詔授子濤都指揮同知。王忠，孝感人，與李遠同降於蔚州。每戰帥精騎爲奇兵，多斬獲。累遷都督僉事，封靖安侯，祿千石。出塞戰歿，年五十一，爵除。王聰，蘄水人，以燕山中護衞百戶從起兵，取薊州，攻遵化，徇涿州，轉戰萑平、滑口，破南軍，獲馬千五百。還守保定，從次江上，畧南軍舟濟師。累遷都指揮使，封武城侯，祿千五百石。偕同安侯火眞備禦宣府，屢奉詔巡邊。從邱福出塞戰死，年五十三。追封漳國公，謚武毅。子瑛嗣。聰及遠嘗諫福，故得褒䘏。火眞，蒙古人，初名火里火眞。洪武時歸附，爲燕山中護衞千戶。從攻眞定，先馳突耿炳文陣，大軍乘之，遂捷。從襲大寧，戰鄭村壩。日暝，天甚寒，眞斂敵鞍爇火。成祖前甲士數人趨附火，衞士止之。成祖曰：「吾衣重裘猶寒，此皆壯士，勿止也。」聞者感泣。眞嘗將騎兵，每戰輒有斬獲，呼譟歸營，衆服其勇。累遷都督僉事，封同安侯，祿千五百石。出塞戰歿，年六十一，爵除。子孫世襲觀海衞千戶。裔孫斌，嘉靖中武舉。倭寇浙東，帥海舟與賊戰。賊然火毬擲斌舟，斌輒手接之，還燒賊舟。賊屯補陀山，斌直擣其營，多殺傷。後軍不繼，被禽不屈，賊支解之。官爲建祠曰忠勇。

譚淵，淸流人。嗣父職爲燕山右護衞副千戶。燕兵起，從奪九門，破雄縣。潘忠、楊松自鄚州來援，淵帥壯士千餘人伏月漾橋水中，人持茭草一束，蒙頭通鼻息。南軍已過，即出據橋。忠等戰敗，趨橋不得渡，遂被禽。累進都指揮同知。淵驍勇善戰，引兩石弓，射無不中，然性嗜殺。滄州破，成祖命給牒散降卒，未遣者三千餘人，待明給牒。淵一夜盡殺之。王怒，淵曰：「此曹皆壯士，釋之爲後患。」王曰：「如爾言，當盡殺敵，敵可盡乎？」淵慚而退。夾河之戰，南軍陣動塵起，淵遽前搏戰，馬蹶被殺。成祖悼惜之。即位，贈都指揮使，追封崇安侯，謚壯節，立祠祀之。子忠，從入京師有功，又以淵故，封新寧伯，祿千石。永樂二十年將右掖從征沙漠。宣德元年從征樂安。三年坐征交阯失律，下獄論死。已，得釋，卒。子瑺乞嗣，吏部言忠罪死不當襲。帝曰：「券有免死文。」其子嗣。再傳至孫祐，成化中協守南京，還掌前府，提督團營，累加太傅。嗣伯六十九年始卒，謚莊僖。子綸嗣，嘉靖十四年鎭湖廣，剿九溪蠻有功，益祿。坐占役軍士奪爵。數傳至弘業，國亡，死於賊。

王眞，咸寧人。洪武中起卒伍，積功至燕山右護衞百戶。燕兵起，攻九門，戰永平，眞定，下廣昌，徇鴈門，從破滄州，追南兵至滑口，俘獲七千餘人。累遷都指揮使。淝河之戰，眞與白義、劉江各帥百騎誘平安軍，縛草置囊中爲束帛狀。安追擊，眞等佯棄囊走，安軍士競取之。伏發，兩軍鏖戰，眞帥壯士直前，斬馘無算。後軍不繼，安軍圍之數匝，眞被重創，連格殺數十人，顧左右曰：「我義不死敵手。」遂自刎。成祖即位，追封金鄉侯，謚忠壯。眞勇健有智畧，成祖每追悼之，曰：「奮武如王眞，何功不成！不死，功當冠諸將。」仁宗時追封寧國公，加號効忠。子通，自有傳。

陳亨，壽州人。元末揚州萬戶。從太祖於濠，爲鐵甲長，擢千戶。從大將軍北征，守東昌。敵數萬奄至，亨固守，出奇兵誘敗之。復從徇未下諸城。洪武二年守大同，積功至燕山左衞指揮僉事。數從出塞，遷北平都指揮使。及惠帝即位，擢都督僉事。燕師起，亨與劉眞、卜萬守大寧，移李景隆帥五十萬衆將攻北平。北平勢弱，而大寧行都司所領興州、營州二十餘衞，皆西北精銳，朶顏、泰寧、福餘三衞元降將所統番騎獷卒尤驍勇。卜萬將與景隆軍合，成祖懼，以計紿亨，囚萬，遂從劉家口間道疾攻大寧。亨及劉眞自松亭回救，中道聞大寧破，乃與指揮徐理、陳文等謀降燕。夜二鼓，襲劉眞營，眞單騎走廣寧。亨等帥衆降。成祖盡拔諸軍及三衞騎卒，挾寧王以歸。自是衝鋒陷陣，多三衞兵。成祖取天下，自克大寧始。亨、理旣降，累從破南軍。白溝河之戰，亨中創幾死。已，攻濟南，與平安戰鏵山，大敗，創甚，輿還北平。進都督同知。成祖還軍，親詣亨第勞問。其年十月卒。成祖自爲文以祭。比即位，追封涇國公，謚襄敏。長子恭，嗣都督同知。少子懋，初以舍人從軍，立功爲指揮僉事。已而將亨兵，功多，累進右都督。永樂元年封寧陽伯，祿千石。六年三月佩征西將軍印，鎭寧夏，善撫降卒。明年秋，故元丞相昝卜及平章司徒國公知院十餘人，皆帥衆相繼來降。已而平章都連等叛去，懋追禽之黑山，盡收所部人口畜牧。進侯，益祿二百石。八年從北征，督左掖。十一年巡寧夏邊。尋命將山西、陝西二都司及鞏昌、平涼諸衞兵駐宣府。明年從北征，領左哨，戰忽失温，與成山侯王通先登。都督朱崇等乘之，遂大捷。明年復鎭寧夏。二十年從北征，領御前精騎，破敵於屈裂河。別將五千騎循河東北，捕餘寇，殲之山澤中。師還，武安侯鄭亨將輜重先行，懋伏隘以待。敵來躡，伏起，縱擊，敵死過半。還京，賜龍衣玉帶，册其女爲麗妃。明年將陝西、寧夏、甘肅三鎭兵從征阿魯台，爲前鋒。又明年復領前鋒從北征。成祖之崩於榆木川也，六軍在外，京師守備虛弱，仁宗召懋與陽武侯薛祿帥精騎三千馳歸衞京師。命掌前府，加太保，與世侯。宣德元年從討樂安，還，仍鎭寧夏。三年奏從靈州城得黑白二兔以獻，宣宗喜，親畫馬賜之。懋在鎭久，威名震漠北，顧恃寵自恣，乾沒鉅萬，屢被劾，帝曲宥之。命所司徵其贓，懋自陳用已盡，詔貸免。英宗即位，命偕張輔叅議朝政。出爲平羌將軍，鎭甘肅。其冬寇掠鎭番，懋遣兵援之，解去，以斬獲聞。參贊侍郎柴車劾懋失律致寇，又取所遺老弱冒爲都指揮馬亮等功，受陞賞。論斬，詔免死，奪祿。久之，還祿奉朝請。十三年福建賊鄧茂七反，都御史張楷討之無功，乃詔懋佩征南將軍印，充總兵官，帥京營、江浙兵往討。至浙江，有欲分兵扼海口者，懋曰：「是使賊致死於我也。」明年抵建寧，茂七已死，餘賊聚尤溪、沙縣。諸將欲屠之，懋曰：「是堅賊心也。」乃下令招撫，賊黨多降。分道逐捕，悉平之。已而沙縣賊復熾，久不定。會英宗北狩，景帝立，遂詔班師。言官劾之，以賊平不問。仍加太保，掌中府，兼領宗人府事。英宗復位，益祿二百石。天順七年卒，年八十四。贈濬國公，謚武靖。懋修髯偉貌，聲如洪鐘，胸次磊落，敬禮士大夫。靖難功臣至天順時無在者，惟懋久享祿位，數廢數起，卒以功名終。長子晟有罪，弟潤嗣。潤卒，弟瑛嗣，減祿之半。嗣侯十六年，而晟子輔已長，乃令輔嗣，瑛免爲勳衞。輔後坐事失侯，卒，無子，復封瑛孫繼祖爲侯。傳爵至明亡。徐理，西平人。洪武時爲永淸中護衞指揮僉事，改營州衞。旣降，爲右軍副將，每戰先登有功。成祖將襲滄州，命理及陳旭潛於直沽造浮橋以濟師。累進都指揮僉事，封武康伯，還守北平。理馭下寬，得士卒心。永樂六年卒。再傳至孫勇，無子，絕封。陳文降後，爲前軍左副將，戰小河，死於陣。房寬，陳州人。洪武中以濟寧左衞指揮從徐達練兵北平，遂爲北平都指揮同知，移守大寧。寬在邊久，凡山川阨塞、殊域情僞，莫不畢知，然不能撫士卒。燕兵奄至，城中縛寬以降，成祖釋之，俾領其衆。戰白溝河，將右軍，失利。從克廣昌、彰德，進都督僉事。以舊臣畧其過，封思恩侯，祿八百石，世指揮使。永樂七年卒。劉才，字子才，霍邱人。元末爲元帥。明興歸附，歷營州中護衞指揮僉事。燕師襲大寧，才降，從戰有功，封廣恩伯，祿九百石，世指揮同知。永樂八年從北征，督右掖，失律，議罪，旣而宥之。二十一年偕隆平侯張信理永平、山海邊務。明年復從北征，至懷來，以疾還。才悃愊無華，不爲苟合，亦不輕訾毀人，甚爲仁宗所重。宣德五年卒。

贊曰：惠帝承太祖遺威餘烈，國勢初張，仁聞昭宣，衆心悅附。成祖奮起方隅，冒不韙以爭天下，未嘗有萬全之計也。乃道衍首贊密謀，發機決策，張玉、朱能之輩戮力行間，轉戰無前，隕身不顧。於是收勁旅，摧雄師，四年而成帝業。意者天之所與，羣策羣力，應時並濟。諸人之得爲功臣首也，可不謂厚幸哉！

明史卷一百四十六

總裁官總理事務經筵講官少保兼太子太保保和殿大學士兼管吏部戶部尚書事加六級臣廷玉等奉敕修

列傳第三十四

張武　陳珪
孟善　鄭亨
徐忠　郭亮　趙彝
張信　唐雲　徐祥
李濬　孫巖　房勝
陳旭　陳賢
張興　陳志
王友

張武，瀏陽人。豁達有勇力，稍涉書史。爲燕山右護衞百戶。從成祖起兵，克薊州，取雄縣，戰月漾橋，乘勝抵鄚州，與諸將敗耿炳文於眞定。夾河之戰，帥壯士爲前鋒，突陣佯敗走。南軍追之，武還擊，南軍遂潰。攻西水寨，前軍夜失道，南軍來追，武引兵伏要路，擊却之。戰小河，陳文殁於陣，武帥敢死士自林間突出，與騎兵合，大破南軍，斬首二萬級，溺死無算。累授都督同知。成祖即位，論功封成陽侯，祿千五百石，位次朱能下。是時侯者，陳珪、鄭亨、孟善、火眞、顧成、王忠、王聰、徐忠、張信、李遠、郭亮、房寬

十三人武爲第一還守北平永樂元年十月卒出內廄馬以賻贈潞國公謚忠毅無子爵除

陳珪泰州人洪武初從大將軍徐達平中原授龍虎衛百戶改燕山中護衛從成祖出塞爲前鋒進副千戶已從起兵積功至指揮同知還佐世子居守累遷都督僉事封泰寧侯祿千二百石佐世子居守如故永樂四年董建北京宮殿經畫有條理甚見獎重八年帝北征偕駙馬都尉袁容輔趙王留守北京十五年命鑄繕工印給珪並設官屬兼掌行在後府十七年四月卒年八十五贈靖國公謚忠襄子瑜嗣二十年從北征失律下獄死兄子鐘嗣再傳至瀛歿土木贈寧國公謚恭愍弟涇嗣天順六年鎮廣西明年九月猺賊作亂涇將數千人駐梧州是冬大籐賊數百人夜入城殺掠甚衆涇擁兵不救徵還下獄論斬尋宥之卒子桓嗣弘治初鎮寧夏中貴人多以所親冒功賞桓拒絕之爲所譖召還卒數傳至延祚明亡爵除

孟善海豐人仕元爲山東樞密院同僉明初歸附從大軍北征授定遠衛百戶從平雲南進燕山中護衛千戶燕師起攻松亭關戰白溝河皆有功已守保定南軍數萬攻城城中兵纔數千善固守城完累遷右軍都督同知封保定侯祿千二百石永樂元年鎮遼東七年召還北京鬚眉皓白帝憫之命致仕十年六月卒贈滕國公謚忠勇子瑛嗣將左軍再從北征督運餉仁宗即位爲左叅將鎮交阯坐庶兄常山護衛指揮賢永樂中謀立趙王事並奪爵毀其券謫雲南宣德六年放還充爲事官於宣府英宗即位授京衛指揮使卒子俊嗣官天順初以恩詔與伯爵卒子昂嗣卒爵除

鄭亨合肥人父用洪武時積功爲大興左衛副千戶請老亨嗣職洪武二十五年應募持檄諭韃靼至斡難河還還密雲衛指揮僉事燕師起以所部降戰眞定先登進指揮使襲大寧至劉家口諸將將攻關成祖慮守關卒走報大寧得爲備乃令亨將勁騎數百卷旆登山潛出關後斷其歸路急攻之悉縛守關者遂奄至大寧進北平都指揮僉事夜帥衆破鄭村壩兵西破紫荊關掠廣昌取蔚州直抵大同還戰白溝河逐北至濟南進都指揮同知攻滄州軍北門扼餉道東昌戰敗收散卒還軍深州明年戰夾河藁城略地至彰德耀兵河上還屯完縣明年從破東平汶上軍小河戰敗王眞死諸將皆欲北還惟亨與朱能不可入京師歷遷中府左都督封武安侯祿千五百石予世券留守北京時父用猶在受封爵視亨永樂元年充總兵官帥武成侯王聰安平侯李遠備宣府亨至邊度宣府萬全懷來形便每數堡相距中擇一堡可容數堡士馬者爲高城深池浚井蓄水謹瞭望寇至夜舉火晝鳴礮併力堅守規畫周詳後莫能易三年二月召還旋遣之鎮七年秋備邊開平明年帝北征命亨督運出塞將右哨追敗本雅失里大軍與阿魯台遇亨帥衆先大破之論功爲諸將冠其冬仍出鎮宣府十二年復從北征領中軍戰忽失溫追敵中流矢却復與大軍合破之二十年復從出塞將左哨帥卒萬人治龍門道過軍破兀良哈於屈裂河將輜重還擊破寇之追躡者仍守開平成祖凡五出塞亨皆在行仁宗即位鎮大同洪熙元年二月頒制諭及將軍印於各邊總兵官亨佩征西前將軍印在鎮墾田積穀邊備完固自是大同希寇患宣德元年召掌行後府事已仍鎮大同轉餉宣府招降迤北部長四十九人請於朝厚撫之歸附者相屬九年二月卒於鎮亨嚴肅重厚善撫士卒恥掊克在大同時鎮守中官撓軍政亨裁之以理其人不悅然其卒也深悼惜之贈漳國公謚忠毅妾張氏自經以殉贈淑人子能嗣傳爵至明亡

徐忠合肥人襲父爵爲河南衛副千戶累從大軍北征多所俘獲進濟陽衛指揮僉事洪武末鎮開平燕兵破居庸懷來忠以開平降從徇灤河與陳旭拔其城李景隆攻北平燕師自大寧還救至會州置五軍張玉將中軍朱能將左軍李彬將右軍房寬將後軍忠號驍勇使將前軍遂敗陳暉於白河破景隆於鄭村壩白溝河之戰忠單騎突陣一指中流矢未暇去鏃急抽刀斷之控滿疾驅殊死戰燕王乘高見之謂左右曰眞壯士也進攻濟南克滄州大戰東昌夾河攻彰德破西水寨克東阿東平汶上大戰靈壁遂從渡江入京師自指揮同知累遷都督僉事封永康侯祿一千一百石予世券忠每戰摧鋒跳盪爲諸將先而馭軍甚嚴所過無擾善撫降附得其死力事繼母以孝聞夜歸必揖家廟而後入儉約恭謹未嘗有過成祖北巡以忠老成留輔太子監國永樂十一年八月卒贈蔡國公謚忠烈傳爵至裔孫錫登崇禎末死於賊從兄錫蔭嘗襲侯卒無子其妻朱氏成國公純臣女也夫歿樓居十餘年不履地城陷捧廟主自焚死

郭亮合肥人爲永平衛千戶燕兵至永平與指揮趙彝以城降即命爲守時燕師初起先畧定旁郡邑既克居庸懷來山後諸州皆下而永平地接山海關障隔遼東既降北平益無患成祖遂南敗耿炳文於眞定既而遼東鎮將江陰侯吳高都督楊文等圍永平亮拒守甚固援師至內外合擊高退走未幾高中讒罷楊文代將復率衆來攻亮及劉江合擊大敗之累進都督僉事成祖即位以守城功封成安侯祿千二百石世伯爵永樂七年守開平以不檢聞二十一年三月卒贈興國公謚忠壯妾韓氏自經以殉贈淑人子晟當嗣伯仁宗特命嗣侯宣德五年坐匿駕先歸革爵尋復之無子弟昂嗣伯傳爵至明亡趙彝虹人洪武時爲燕山右衛百戶從傅友德北征城宣府萬全懷來擢永平衛指揮僉事降燕歷諸戰皆有功累遷都指揮使成祖稱帝封忻城伯祿千石永樂八年鎮宣府嘗從北征坐盜餉下獄得釋尋以呂梁洪湍險命彝鎮徐州經理復以擅殺運丁盜官糧爲都御史李慶所劾命法司論治復得釋仁宗立召還宣德初卒子榮嗣數傳至之龍崇禎末協守南京大清兵下江南之龍迎降

張信臨淮人父興永寧衛指揮僉事信嗣官移守普定平越積功進都指揮僉事惠帝初即位大臣薦信謀勇調北平都司受密詔令與張昺謝貴謀燕王信憂懼不知所爲母怪問之信以告母大驚曰不可汝父每言王氣在燕汝無妄舉滅家族成祖稱病信三造燕邸辭不見信固請入拜牀下密以情輸成祖戄然起立召諸將定計起兵奪九門成祖入京師論功比諸戰將進都督僉事封隆平侯祿千石與世伯券成祖德信甚呼爲恩張欲納信女爲妃信固辭以此益見重凡察藩王動靜諸密事皆命信信怙寵頗驕永樂八年冬都御史陳瑛言信無汗馬勞忝冒侯爵恣肆貪墨強占丹陽練湖八十餘里江陰官田七十餘頃請下有司驗治帝曰瑛言是也昔中山王有沙洲一區耕農水道所經家僮阻之以擅利王聞即歸其地於官今信何敢爾命法司雜治之尋以舊勳不問二十年從北征督運餉大閱於隰寧信辭疾不至謫充辦事官已而復職仁宗即位加少師並支二俸與世侯券宣德元年從征樂安三年帝巡邊征兀良哈命居守明年督軍萬五千人浚河西務河道正統七年五月卒於南京贈郕國公謚恭僖子鏞自立功爲指揮僉事先卒子淳嗣傳爵至明亡有唐雲者燕山中護衛指揮也不知所自起成祖既殺張昺謝貴等將士猶據九門閉甕城陳戈戟內向張玉等夜襲之已克其八惟西直門不下成祖令雲解甲騎馬導從如平時諭守者曰天子已聽王自制一方汝等急退後者戮雲於諸指揮中年最長素信謹將士以爲不欺遂散時衆心未附雲告以天意所嚮衆乃定雲從成祖久出入左右甚見倚任先後出師皆留輔世子南兵數攻城拒守甚力戰未嘗失利累遷都指揮使成祖稱帝封新昌伯世指揮使明年七月卒賜賚甚厚

徐祥大冶人初仕陳友諒歸太祖於江州積功至燕山右護衛副千戶成祖以其謹直命侍左右從起兵轉戰四年皆有功累進都指揮使成祖即位論功封興安伯祿千石時封伯者祥及徐理李濬張輔唐雲譚忠孫巖房勝趙彝陳旭劉才茹瑺王佐陳瑄十四人祥第一祥在諸將中年稍長及封益勤慎永樂二年五月卒年七十三孫亨嗣十二年從北征爲中軍副將至土剌河獲馬三千還守開平將輕騎往來興和大同備邊屢從出塞宣德元年以右副將征交阯無功奪爵英宗即位復之正統九年征兀良哈出界嶺口河北川進侯出鎮陝西召還天順初卒謚武襄子賢嗣伯以跛免朝謁給半祿卒子盛嗣卒無子再從弟艮嗣艮祖母故小妻也繼祖母定襄伯郭登女至是其孫爭襲朝議以郭氏初嘗適人法不當爲正嫡艮竟得嗣艮時年五十家貧傭大中橋汲水都督府求興安伯後艮乃謝其隣而去僉書南京中府忤劉瑾革祿二百石傳爵至明亡

李濬和州人父旺洪武中燕山左護衛副千戶濬嗣官從起兵奪九門招募薊州永平壯勇數千人破南軍於眞定從收大寧鄭村壩之戰帥精騎突陣衆鼓譟乘之大捷轉戰山東爲前鋒至小河猝與南軍遇帥敢死士先斷河橋南軍不能爭成祖至遂大敗之累遷都指揮使封襄城伯祿千石永樂元年出鎮江西永新盜起捕誅其魁尋召還三年十一月卒子隆字彥平年十五嗣封雄偉有將畧數從北征出奇料敵成祖器之既遷都以南京根本地命隆留守仁宗即位命鎮山海關未幾復守南京隆讀書好文論事侃侃清慎守法尤敬禮士大夫在南京十八年前後賜璽書二百餘及召還南都民流涕送之江上正統五年入總禁軍十一年巡大同邊賜寶刀一申飭戒備內外凜凜訖還不僇一人明年卒子珍嗣歿於土木贈侯謚悼僖無子弟瑾嗣成化三年四川都掌蠻叛命佩征夷將軍印充總兵官往討兵部尚書程信督之師至永寧分六路進瑾與信居中節制盡破諸蠻寨前後斬首四千五百有奇獲鎧仗牲畜無算分都掌地設官建治控制之師還進侯累加太保弘治二年卒贈芮國公謚壯武瑾性寬弘能下士兄璉

以貌寢不得嗣瑾敬禮甚厚瑾卒撫其子郿如己子瑾子黼嗣伯數年卒無子郿得嗣四傳至守錡累典營務加太子少保崇禎初總督京營坐營卒爲盜落職憂憤卒子國禎嗣有口辯嘗召對指陳兵事甚悉帝信以爲才十六年命總督京營倚任之而國禎實無他能明年三月李自成犯京師三大營兵不戰而潰再宿城陷賊勒國禎降國禎解甲聽命責賄不足被拷折踝自縊死

孫巖鳳陽人從太祖渡江累官燕山中護衞千戶致仕燕師起通州守將房勝以城降王以巖宿將使與勝協守南軍至攻城甚急樓堞皆毀巖勝多方捍禦已復突門力戰追奔至張家灣獲餉舟三百累擢都指揮僉事論功以舊臣有守城功封應城伯祿千石永樂十一年備開平旋移通州以私憾椎殺千戶奪爵安置交阯已而復之十六年卒贈侯謚威武子亨嗣傳至明亡爵除

房勝景陵人初從陳友諒來歸累功至通州衞指揮僉事燕兵起北平勝首以通州降成祖即位以守城功封富昌伯祿千石世指揮使永樂四年卒

陳旭全椒人父彬從太祖爲指揮僉事旭嗣官爲會州衞指揮同知舉城降燕從徇灤河功多力戰眞定守德州盛庸兵至棄城走置不問從入京師封雲陽伯祿千石永樂元年命巡視中都及直隸衞所軍馬城池四年從英國公張輔征交阯爲右參將偕豐城侯李彬破西都師還與彬各加祿五百石已而陳季擴叛復從輔往勦輔還又命副沐晟八年以疾卒於軍無子封絕

陳賢壽州人初從太祖立功授雄武衞百戶從征西番雲南北征至捕魚兒海皆有功歷燕山右護衞指揮僉事燕師起從諸將轉戰常突陣陷堅軍中稱其驍勇累遷都督僉事永樂元年四月成祖慮功臣封有遺闕令邱福等議福等言都督僉事李彬功不在房寬下涇國公子懋金鄉侯子通俱未襲爵而陳賢張興陳志王友功與劉才等於是封彬豐城侯懋通與賢等四人並封伯祿皆千石賢封榮昌伯八年充神機將軍從北征十三年十一月卒子智前立功爲常山右護衞指揮嗣父爵宣德中以參將佩征夷將軍印鎭交阯怯不任戰又與都督方政相失黎利勢盛不能禦敗績奪爵充爲事官從王通立功尋以棄地還下獄得釋正統初復爲指揮使

張興壽州人起卒伍爲燕山左護衞指揮僉事從起兵功多累遷都指揮同知從子勇有力敢戰從興行陣爲肘腋興嘗單騎追敵被數十創傷重不任戰以勇嗣指揮使代將其兵再論功興封安鄉伯永樂五年正月卒無子勇嗣永樂八年從北征失律謫交阯敕還復爵卒子安嗣正統十三年鎭廣東黃蕭養寇廣州安帥舟師遇賊於戙船澳安方醉卧官軍不能支退至沙角尾賊薄之軍潰安溺死傳爵至光燦死流寇

陳志巴人洪武中爲燕山中護衞指揮僉事從起兵累遷都指揮同知封遂安伯志素以恭謹受知戮力戎行始終不懈永樂八年五月卒孫瑛嗣屢從出塞鎭永平山海薊州城雲州獨石爽闓有將材然貪殘人多怨者卒子塤嗣歿於土木謚榮懷弟韶嗣卒孫鏞嗣總薊州兵朶顏入寇禦却之嘉靖初叙奉迎功加太子太保進少保委寄亞武定侯郭勛嗣伯六十餘年卒又五傳而明亡

王友荊州人襲父職爲燕山護衞百戶從起兵定京師論功當侯以驕縱授都指揮僉事及邱福等議上乃封清遠伯明年充總兵官帥舟師沿海捕倭倭數掠海上友無功帝切責之已大破倭帝喜降敕褒勞尋召還四年從征交阯與指揮柳琮合兵破籌江柵困枚普賴諸山斬首三萬七千餘級六年七月進侯加祿五百石與世券明年再征交阯爲副總兵八年還從北征督中軍別與劉才築城飲馬河上會知院失乃干欲降帝令友將士卒先行論以遇敵相機勦滅友等至與敵相距一程迂道避之應昌軍中乏食多死者帝震怒屢旨切責奪其軍屬張輔還令羣臣議罪已而赦之十二年坐妄告友夫婦誹謗有驗奪爵未幾卒仁宗即位官其子順爲指揮僉事

贊曰張武陳珪諸人或從起藩封或率先歸附皆偏裨列校非有勇畧智計稱大將材也一旦遘風雲之會剖符策功號稱佐命與太祖開國諸臣埒酬庸之義不亦厚歟

明史卷一百四十七　　列傳第三十五

總裁官總理事務經筵講官少保兼太子太保保和殿大學士兼管吏部戶部尚書事加六級張廷玉等奉
敕修

解縉　黃淮
胡廣　金幼孜
胡儼

解縉字大紳吉水人祖子元爲元安福州判官兵亂守義死父開太祖嘗召見論元事欲官之辭去縉幼穎敏洪武二十一年舉進士授中書庶吉士甚見愛重常侍帝前一日帝在大庖西室諭縉朕與爾義則君臣恩猶父子當知無不言縉即日上封事萬言畧曰臣聞令數改則民疑刑太繁則民玩國初至今將二十載無幾時不變之法無一日無過之人嘗聞陛下震怒鋤根翦蔓誅其姦逆矣未聞褒一大善賞延於世復及其鄉終始如一者也臣見陛下好觀說苑韻府雜書與所謂道德經心經者臣竊謂甚非所宜也說苑出於劉向多戰國縱横之論韻府出元之陰氏抄輯穢蕪畧無可採陛下若喜其便於檢閱則願集一二志士儒英臣請得執筆隨其後上泝唐虞夏商周孔下及關閩濂洛根實精明隨事類別勒成一經上接經史豈非太平制作之一端歟又今六經殘缺禮記出於漢儒踳駁尤甚宜及時刪改訪求審樂之儒大備百王之典作樂書一經以惠萬世尊祀伏羲神農黃帝堯舜禹湯文武皋陶伊尹太公周公稷契夷益傳說箕子於太學孔子則自天子達於庶人通祀以爲先師而以顏曾子思孟子配自閔子以下各祭於其鄉魯之闕里仍建叔梁紇廟贈以王爵以顏路曾晳孔鯉配一洗歷代之因仍肇起天朝之文獻豈不盛哉若夫祀天宜復掃地之規尊祖宜備七廟之制奉天不宜爲筵宴之所文淵未備夫館閣之隆太常非俗樂之可肄官妓非人道之所爲禁絕倡優易置寺閹執戟陛墀皆爲吉士虎賁趣馬悉用俊良除山澤之禁稅蠲務鎭之征商木輅朴居而土木之工勿起布壄荒田而四裔之地勿貪釋老之壯者驅之俾復於人倫經咒之妄者火之俾絕其欺誑絕鬼巫破淫祀省冗官減細縣痛懲法外之威刑永革京城之工役流十年而聽復杖八十以無加婦女非帷簿不修毋令逮繫大臣有過惡當誅不宜加辱治曆明時授民作事但申播植之宜何用建除之謬所宜著者日月之行星辰之次仰觀俯察事合逆順七政之齊正此類也近年以來臺綱不肅以刑名輕重爲能事以問囚多寡爲勳勞甚非所以勵清要長風采也御史糾彈皆承密旨每聞上有赦宥則必故爲執持意謂如此則上恩愈重此皆小人趨媚効勞之細術陛下何不肝膽而鏡照之哉陛下進人不擇賢否授職不量重輕建不爲君用之法所謂取之盡錙銖置朋姦倚法之條所謂用之如泥沙監生進士經明行修而多屈於下僚孝廉人材冥蹈瞽趨而或布於朝省椎埋嚚悍之夫闒茸下愚之輩朝捐刀鑷暮擁冠裳左棄筐篋右綰組符是故賢者羞爲之等列庸人悉習其風流以貪婪苟免爲得計以廉潔受刑爲飾辭出於吏部者無賢否之分入於刑部者無枉直之判天下皆謂陛下任喜怒爲生殺而不知皆臣下之乏忠良也古者善惡鄉鄰必記今雖有申明旌善之舉而無黨庠鄉學之規互知之法雖嚴訓告之方未備臣欲求古人治家之禮睦鄰之法若古藍田呂氏之鄉約今義門鄭氏之家範布之天下世臣大族率先以勸旌之復之爲民表帥將見作新於變至於比屋可封不難矣陛下天資至高合於道微神怪妄誕臣知陛下洞矚之矣然猶不免所謂神道設教者臣謂不必然也一統之輿圖已定矣一時之人心已服矣一切之姦雄已慴矣天無變災民無患害聖躬康寧聖子聖孫繼繼繩繩所謂得眞符者矣何必興師以取寶爲名諭衆以神仙爲徵應也哉臣觀地有盛衰物有盈虛而商稅之征率皆定額是使其或盈也姦黠得以侵欺其歉也良善困於補納夏稅一也而茶椒有糧菓絲有稅既稅於所產之地又稅於所過之津何其奪民之利至於如此之密也且多貧下之家不免拋荒之告今日之土地無前日之生植而今日之徵聚有前日之稅糧或賣產以供稅產去而稅存或賠辦以當役役重而民困土田之高下不均起科之輕重無別膏腴而稅反輕瘠鹵而稅反重欲拯困而革其弊莫若行授田均田之法兼行常平義倉之舉積之以漸至有九年之食無難者臣聞仲尼曰王公設險以守其國近世狃於晏安墮名城銷鋒鏑禁兵諱武以爲太平一旦有不測之虞連城望風而靡及今宜敕有司整葺寬之以歲月守之以里胥額設弓手兼教民兵開武舉以收天下之英雄廣鄉校以延天下之俊乂古時多有書院學田貢士有莊義田有族皆宜興復而廣益之夫罪人不孥罰弗及嗣連坐起於秦法孥戮本於偽書今之爲善者妻子未必蒙榮有過者里胥必陷其罪況律以人倫爲重而有給配婦女之條聽之於不義則又何取夫節義哉此風化之所由也孔子曰名不正則言不順尚書侍郎內侍也而以加於六卿郎中員外內職也而以名於六屬御史詞臣所以居寵臺閣郡守縣令不應迴避鄉邦同寅協恭相倡以禮而今內外百司捶楚屬官甚於奴隸是使柔懦之徒蕩無廉耻進退奔趨肌膚不保甚非所以長孝行勵節義也臣以爲自今非犯罪惡解官笞杖之刑勿用催科督厲小有過差蒲鞭示辱亦足懲矣臣但知罄竭愚衷急於陳獻畧無次序惟陛下幸垂鑒焉書奏帝稱其才已復獻太平十策文多不錄縉嘗入兵部索皁隷語嫚尚書沈溍以聞帝曰縉以冗散自恣耶命改爲御史韓國公李善長

得罪死，縉代郎中王國用草疏白其冤，又爲同官夏長文草疏劾都御史袁泰，泰深銜之。時近臣父皆得入覲，縉父開至，帝謂曰：「大器晚成，若以而子歸，益令進學，後十年來，大用未晚也。」歸八年，太祖崩，縉入臨京師。有司劾縉違詔旨，且母喪未葬，父年九十，不當舍以行，謫河州衞吏。時禮部侍郎董倫方爲惠帝所信任，縉因寓書於倫曰：「縉率易狂愚，無所避忌，數上封事，所言分封勢重，萬一不幸，必有厲長、吳濞之虞；郙哈木來歸，欽承顧問，謂宜待之有禮，稍忤機權，其徒必貳。此類非一，頗皆億中。又嘗爲王國用草諫書，言韓國事，爲詹徽所疾，欲中以危法。伏蒙聖恩，申之慰諭，重以鏹賜，令以十年著述，冠帶來廷。元史舛誤，承命改修，及踵成宋書，刪定禮經凡例，皆已留中。奉親之暇，杜門纂述，漸有次第。洊將八載，賓天之訃忽聞，痛切欲絕。母喪在殯，未遑安厝；家有九十之親，倚門望思，皆不暇戀。冀一拜山陵，隕淚九土，何圖詿誤，蒙恩遠行。揚粵之人，不耐寒暑，復多疾病，俯仰奔趨，伍於吏卒，誠不堪忍。晝夜涕泣，恒懼不測，負平生之心，抱萬古之痛。是以數嗚知感，冀還京師，得望天顏，或遂南還，父子相見，即更生之日也。」倫乃薦縉，召爲翰林待詔。成祖入京師，擢侍讀，命與黃淮、楊士奇、胡廣、金幼孜、楊榮、胡儼並直文淵閣，預機務。內閣預機務自此始。尋進侍讀學士。奉命總裁太祖實錄及列女傳，書成，賜銀幣。永樂二年，皇太子立，進縉翰林學士兼右春坊大學士。帝嘗召縉等曰：「爾七人朝夕左右，朕嘉爾勤慎，時言之宮中。恒情慎初易，保終難，願共勉焉。」因各賜五品服，命七人命婦朝皇后於柔儀殿，后勞賜備至。又以立春日賜縉等金綺衣，與尚書埒。縉等入謝，帝曰：「代言之司，機密所繫，且旦夕侍朕，裨益不在尚書下也。」一日，帝御奉天門，諭六科諸臣直言，因顧縉等曰：「王、魏之風，世不多有。若使進言者無所懼，聽言者無所忤，天下何患不治。朕與爾等共勉之。」其年秋，胡儼出爲祭酒。縉等六人從容獻納，帝嘗虛己以聽。縉少登朝，才高任事，直前，表裏洞達。引拔士類，有一善稱之不容口。然好臧否，無顧忌，廷臣多害其寵。又以定儲議爲漢王高煦所忌，遂致敗。先是，儲位未定，淇國公邱福言漢王有功，宜立。帝密問縉，縉稱：「皇長子仁孝，天下歸心。」帝不應。縉又頓首曰：「好聖孫。」謂宣宗也。帝頷之。太子遂定。高煦由是深恨縉。會大發兵討安南，縉諫，不聽，卒平之，置郡縣。而太子既立，又時時失帝意。高煦寵益隆，禮秩踰嫡。縉又諫曰：「是啓爭也，不可。」帝怒，謂其離間骨肉，恩禮寖衰。四年賜黃淮等五人二品紗羅衣，而不及縉。久之，福等議稍稍傳達外廷，高煦遂譖縉洩禁中語。明年，縉坐廷試讀卷不公，謫廣西布政司參議。既行，禮部郎中李至剛言縉怨望，改交阯，命督餉化州。永樂八年，縉奏事入京，值帝北征，縉謁皇太子而還。漢王言縉伺上出，私覲太子，徑歸，無人臣禮。帝震怒。縉時方偕檢討王偁道廣東，覽山川，上疏請鑿贛江通南北。奏至，逮縉下詔獄，拷掠備至。詞連大理丞湯宗，宗人府經歷高得暘，中允李貫，贊善王汝玉，編修朱紘，檢討蔣驥、潘畿、蕭引高，并及至剛，皆下獄。汝玉、貫、紘、引高、得暘皆瘐死。十三年，錦衣衞帥紀綱上囚籍，帝見縉姓名曰：「縉猶在耶？」綱遂醉縉酒，埋積雪中，立死，年四十七。籍其家，妻子宗族徙遼東。方縉居翰林時，內官張興恃寵，笞人左順門外，縉叱之，興斂手退。帝嘗書廷臣名，命縉各疏其短長。縉言：「蹇義天資厚重，中無定見。夏原吉有德量，不遠小人。劉儁有才幹，不知顧義。鄭賜可謂君子，頗短於才。李至剛誕而附勢，雖才不端。黃福秉心易直，確有執守。陳瑛刻於用法，尚能持廉。宋禮戇直而苛，人怨不卹。陳洽疏通警敏，亦不失正。方賓簿書之才，駔儈之心。」帝以付太子。太子因問尹昌隆、王汝玉，縉對曰：「昌隆君子而量不弘。汝玉文翰不易得，惜有市心耳。」後仁宗即位，出縉所疏示楊士奇曰：「人言縉狂，觀所論列，皆有定見，不狂也。」詔歸縉妻子宗族。縉初與胡廣同侍成祖宴，帝曰：「爾二人生同里，長同學，仕同官。縉有子，廣可以女妻之。」廣頓首曰：「臣妻方娠，未卜男女。」帝笑曰：「定女矣。」已而果生女，遂約婚。縉敗，子禎亮徙遼東，廣欲離婚。女截耳誓曰：「薄命之婚，皇上主之，大人面承之，有死無二。」及赦還，卒歸禎亮。正統元年八月，詔還所籍家產。成化元年，復縉官，贈朝議大夫。始縉言漢王及安南事得禍，後高煦以叛誅，安南數反，置吏未久復棄去，悉如縉言。縉兄綸，洪武中亦官御史，性剛直，後改應天教授。子禎期，以書名。

黃淮，字宗豫，永嘉人。父性，方國珍據溫州，遯跡避僞命。淮舉洪武末進士，授中書舍人。成祖即位，召對稱旨，命與解縉常立御榻左，備顧問。或至夜分，帝就寢，猶賜坐榻前語，機密重務悉預聞。既而與縉等六人並直文淵閣。改翰林編修，進侍讀。議立太子，淮請立嫡以長。太子立，遷左庶子，兼侍讀。永樂五年，解縉黜，淮進右春坊大學士。明年，與胡廣、金幼孜、楊榮、楊士奇同輔導太孫。七年，帝北巡，命淮及蹇義、金忠、楊士奇輔皇太子監國。十一年再北巡，仍留守。明年，帝征瓦剌還，太子遣使迎稍緩，帝重入高煦譖，悉徵東宮官屬下詔獄，淮及楊溥、金問皆坐繫十年。仁宗即位，復官。尋擢爲通政使，兼武英殿大學士，與楊榮、金幼孜、楊士奇同掌內制。丁母憂，乞終制，不許。明年進少保、戶部尚書，兼大學士如故。仁宗崩，太子在南京，漢王久蓄異志，中外疑懼，淮憂危嘔血。宣德元年，帝親征樂安，命淮居守。明年以疾乞休，許之。父性年九十，奉養甚歡。及性卒，賜葬祭。淮詣闕謝，值燈時，賜遊西苑，詔乘肩輿登萬歲山，命主會試。比辭歸，餞之太液池，帝爲長歌送之，且曰：「朕生日，卿其復來。」明年入賀。英宗立，再入朝。正統十四年六月卒，年八十三。謚文簡。淮性明果，達於治體。永樂中，長沙妖人李法良反，仁宗方監國，命豐城侯李彬討之。漢王忌太子有功，詭言彬不可用。淮曰：「彬老將，必能滅賊，願急遣彬。」卒禽法良。又時有告黨逆者，淮言於帝曰：「洪武末年已有赦，禁不宜復理。」吏部追論靖難兵起時，南人官北地不即歸附者，當編戍。淮曰：「如是，恐示人不廣。」帝皆從之。阿魯台歸欵，請得役屬吐蕃諸部。求朝廷刻金作誓詞，磨其金酒中，飲諸酋長以盟。衆議欲許之。淮曰：「彼勢分則易制，一則難圖矣。」帝顧左右曰：「黃淮論事，如立高岡，無遠不見。」西域僧大寶法王來朝，帝將刻玉印賜之，以璞示淮。淮曰：「朝廷賜諸番制敕，用敕命、廣運二寶。今此玉較大，非所以示遠人，尊朝廷。」帝嘉納。其獻替類如此。然量頗隘，同列有小過，輒以聞。或謂解縉之謫，淮有力焉。其見疎於宣宗也，亦謂楊榮言淮病瘵，能染人云。

胡廣，字光大，吉水人。父子祺，名壽昌，以字行。陳友諒陷吉安，太祖遣兵復之，將殺脅從者千餘人。子祺走謁帥，力言不可，得免。洪武三年，以文學選爲御史。上書請都關中，帝稱善。遣太子巡視陝西，後以太子薨，不果。子祺出爲廣西按察僉事，改知彭州，所至平冤獄，毀淫祀，修廢堰，民甚德之。遷延平知府，卒於任。廣，其次子也。建文二年，廷試。時方討燕，廣對策有「親藩陸梁，人心搖動」語，帝親擢廣第一，賜名靖，授翰林修撰。成祖即位，廣偕解縉迎附，擢侍講，改侍讀，復名廣。遷右春坊右庶子。永樂五年，進翰林學士，兼左春坊大學士。帝北征，與楊榮、金幼孜從。數召對帳殿，或至夜分。過山川阨塞，立馬議論。行或稍後，輒遣騎四出求索。嘗失道，脫衣乘驏馬渡河，水沒馬及腰以上，帝顧勞良苦。廣善書，每勒石，皆命書之。十二年再北征，皇長孫從，命廣與榮、幼孜軍中講經史。十四年，進文淵閣大學士，兼職如故。帝徵烏思藏僧作法會，爲高帝、高后薦福，言見諸祥異。廣乃獻聖孝瑞應頌，帝綴爲佛曲，令宮中歌舞之。禮部郎中周訥請封禪，廣言其不可，遂不許。廣上却封禪頌，帝益親愛之。廣性縝密，帝前所言及所治職務，出未嘗告人。時人以方漢胡廣，然頗能持大體。奔母喪還朝，帝問百姓安否，對曰：「安，但郡縣窮治建文時姦黨，株及支親，爲民厲。」帝納其言。十六年五月卒，年四十九。贈禮部尚書，謚文穆。文臣得謚自廣始。喪還，過南京，太子爲致祭。明年，官其子穜翰林檢討。仁宗立，加贈廣少師。

金幼孜，名善，以字行，新淦人。建文二年進士，授戶科給事中。成祖即位，改翰林檢討，與解縉等同直文淵閣。遷侍講。時翰林坊局臣講書東宮，皆先具經義，閣臣閱正，呈帝覽，乃進講。解縉書，楊士奇易，胡廣詩，幼孜春秋。因進春秋要旨三卷。永樂五年遷右諭德，兼侍講。因諭吏部，直內閣諸臣胡廣、金幼孜等考滿，勿改他任。七年從幸北京。明年北征，幼孜與廣、榮扈行。駕駐清水源，有泉湧出，幼孜獻銘，榮獻詩，皆勞以上尊。帝重幼孜文學，所過山川要害，輒命記之。幼孜據鞍起草立就。使自瓦剌來，帝召幼孜等傍輿行，言敵中事，親倚甚。嘗與廣、榮及侍郎金純失道陷谷中，暮夜，幼孜墜馬，廣、純去不顧，榮爲結鞍行，又輒墜，榮乘以已騎，明日始達行在所。是夜，帝遣使十餘輩迹榮、幼孜，不獲。比至，帝喜動顏色。自後北征皆從，所撰有北征前後二錄。十二年命與廣、榮等纂五經四書性理大全，遷翰林學士。十八年與榮並進文淵閣大學士。二十二年從北征，中道兵疲，帝以問羣臣，莫敢對，惟幼孜言不宜深入，不聽。次開平，帝謂榮、幼孜曰：「朕夢神人語上帝好生者再，是何祥也？」榮、幼孜對曰：「陛下此舉，固在除暴安民。然火炎崑岡，玉石俱燬，惟陛下留意。」帝然之，即命草詔招諭諸部。還軍至榆木川，帝崩，祕不發喪，榮訃京師，幼孜護梓宮歸。仁宗即位，拜戶部右侍郎，兼文淵閣大學士，尋加太子少保，兼武英殿大學士。是年十月，命幼孜、榮、士奇會錄罪囚於承天門外，詔法司錄重囚必會三學士，委寄益隆。帝御西角門閱廷臣制誥，顧三學士曰：「汝三人及蹇、夏二尚書，皆先帝舊臣，朕方倚以自輔。嘗見前代人主惡聞直言，雖素所親信，亦畏威順旨，緘默取容，賢良之臣言不見聽，退而杜口。朕與卿等當深用爲戒。」因取五人誥詞，親增二語云：「勿謂崇高而難入，勿以有所從違而或怠。」幼孜等頓首稱謝。洪熙元年，進禮部尚書，兼大學士、學士如故，並給三俸。尋乞歸省母。明年，母卒。宣宗立，詔起復，修兩朝實錄，充總裁官。三年，持節寧夏，冊慶府郡王妃所過詢兵民疾苦，還奏之，帝嘉納焉。從巡邊，度雞鳴山，帝曰：「唐太宗恃其英武征遼，嘗過此山。」幼孜對曰：「太宗尋悔此役，故建憫忠閣。」帝曰：「此山崩於元順帝時，爲元亡徵。」對曰：「順帝亡國之主，雖山不崩，國亦必亡。」宣德六年十二月卒，年六十四。贈少保，諡文靖。幼孜簡易靜默，寬裕有容，眷遇雖隆，而自處益謙。名其宴居之室曰退庵。疾革時，家人囑請身後恩，不聽，曰：「此君子所恥也。」

胡儼，字若思，南昌人。少嗜學，於天文、地理、律曆、醫卜無不究覽。洪武中，以舉人授華亭教諭，能以師道自任。母憂服除，改長垣，乞便地就養，復改餘干學官。許乞便地自儼始。建文元年薦授桐城知縣。鑿桐陂水，溉田爲民利。縣有虎傷人，儼齋沐告於神，虎遁去。桐人祀之朱邑祠。四年，副都御史練子寧薦於朝，曰：「儼學足達天人，智足資帷幄。」比召至，燕師已渡江。成祖即位，曰：「儼知天文，其令欽天監試。」既試，奏儼實通象緯氣候之學。尋又以解縉薦，授翰林檢討，與縉等俱直文淵閣。遷侍講，進左庶子。父喪，起復。儼在閣，承顧問，嘗不欲先人，然少戇。永樂二年九月拜國子監祭酒，遂不預機務。時用法嚴峻，國子生託事告歸者坐戍邊。儼至，即奏除之。七年，帝幸北京，召儼赴行在。明年北征，命以祭酒兼侍講，掌翰林院事，輔皇太孫留守北京。十九年改北京國子監祭酒。當是時，海內混一，垂五十年，帝方內興禮樂，外懷要荒，公卿大夫彬彬多文學之士。儼館閣宿儒，朝廷大著作多出其手。重修太祖實錄、永樂大典、天下圖誌，皆充總裁官。居國學二十餘年，以身率教，動有師法。洪熙改元，以疾乞休。仁宗賜敕獎勞，進太子賓客，仍兼祭酒，致仕，復其子孫。宣宗即位，以禮部侍郎召，辭歸。家居二十年，方岳重臣咸待以師禮。儼與言，未嘗及私。自處淡泊，歲時衣食纔給。初爲湖廣考官，得楊溥文，大異之，題其上曰：「必能爲董子之正言，而不爲公孫之阿曲。」世以爲知人。正統八年八月卒，年八十三。

贊曰：明初罷丞相，分事權於六部。成祖始命儒臣直文淵閣，預機務。沿及仁、宣，而閣權日重，實行丞相事。解縉以下五人，則詞林之最初入閣者也。夫處禁密之地，必以公正自持，而尤貴於厚重不洩。縉少年高才，自負匡濟大畧，太祖俾十年進學，愛之深矣。彼其動輒得謗，不克令終，夫豈盡嫉賢害能者力，固使之然歟。黃淮功在輔導，胡廣、金幼孜勞著扈從，胡儼久於國學。觀諸臣從容密勿，隨事納忠，固非僅以文字翰墨爲勳績已也。

明史卷一百四十八　列傳第三十六

纂修官總理事務經筵講官少保兼太子太保保和殿大學士兼管吏部戶部尚書事加六級臣張廷玉等奉

敕修

楊士奇，名寓，以字行，泰和人。早孤，隨母適羅氏，已而復宗。貧甚，力學，授徒自給。多游湖、湘間，館江夏最久。建文初，集諸儒修太祖實錄，士奇已用薦徵授教授，當行，王叔英復以史才薦，遂召入翰林，充編纂官。尋命吏部考第史館諸儒。尚書張紞得士奇策，曰：「此非經生言也。」奏第一。授吳王府審理副，仍供館職。成祖即位，改編修。已，簡入內閣，典機務。數月，進侍讀。永樂二年選宮僚，以士奇爲左中允。五年進左諭德。士奇奉職甚謹，私居不言公事，雖至親厚不得聞。在帝前，舉止恭慎，善應對，言事輒中。人有小過，嘗爲揜覆之。廣東布政使徐奇載嶺南土物饋廷臣，或得其目籍以進。帝閱無士奇名，召問。對曰：「奇赴廣時，羣臣作詩文贈行，臣適病弗預，以故獨不及。今受否未可知，且物微，當無他意。」帝遽命燬籍。六年，帝北巡，命與蹇義、黃淮留輔太子。太子喜文辭，贊善王汝玉以詩法進。士奇曰：「殿下當留意六經，暇則觀兩漢詔令。詩小技，不足爲也。」太子稱善。初，帝起兵時，漢王數力戰有功，帝許以事成立爲太子。既而不得立，怨望。帝又憐趙王年少，寵異之。由是兩王合而間太子，帝頗心動。九年，還南京，召士奇問監國狀。士奇以孝敬對，且曰：「殿下天資高，即有過必知，知必改，存心愛人，決不負陛下託。」帝悅。十一年正旦，日食，禮部尚書呂震請勿罷朝賀。侍郎儀智持不可。士奇亦引宋仁宗事力言之，遂罷賀。明年，帝北征，士奇仍輔太子居守。漢王譖太子益急。帝還，以迎駕緩，盡徵東宮官黃淮等下獄。士奇後至，宥之。召問太子事，士奇頓首言：「太子孝敬如初。凡所稽遲，皆臣等罪。」帝意解。行在諸臣交章劾士奇不當獨宥，遂下錦衣衛獄，尋釋之。十四年，帝還京師，微聞漢王奪嫡謀及諸不軌狀，以問蹇義，義不對。乃問士奇，對曰：「臣與義俱侍東宮，外人無敢爲臣兩人言漢王事者。然漢王兩遣就藩，皆不肯行。今知陛下將徙都，輒請留守南京。惟陛下熟察其意。」帝默然，起還宮。居數日，帝盡得漢王事，削兩護衛，處之樂安。明年進士奇翰林學士，兼故官。十九年改左春坊大學士，仍兼學士。明年復坐輔導有闕，下錦衣衛獄，旬日而釋。仁宗即位，擢禮部侍郎兼華蓋殿大學士。帝御便殿，蹇義、夏原吉奏事未退，帝望見士奇，謂二人曰：「新華蓋學士來，必有讜言，試共聽之。」士奇入言：「恩詔減歲供甫下二日，惜薪司傳旨徵棗八十萬斤，與前詔戾。」帝立命減其半。服制二十七日期滿，呂震請即吉。士奇不可，震厲聲叱之。蹇義兼取二說進。明日，帝素冠麻衣絰而視朝，廷臣惟士奇及英國公張輔服如之。朝罷，帝謂左右曰：「梓宮在殯，易服豈臣子所忍言，士奇執是也。」進少保，與同官楊榮、金幼孜並賜「繩愆糾繆」銀章，得密封言事。尋進少傅。時藩司守令來朝，尚書李慶建議發軍伍餘馬給有司，歲課其駒。士奇曰：「朝廷選賢授官，乃使牧馬，是貴畜而賤士也，何以示天下後世。」帝許中旨罷之，已而寂然。士奇復力言，又不報。有頃，帝御思善門，召士奇謂曰：「朕向者豈眞忘之。聞呂震、李慶輩皆不喜卿，朕念卿孤立，恐爲所傷，不欲因卿言罷耳。今有辭矣。」手出陜西按察使陳智言養馬不便疏，使草敕行之。士奇頓首謝。羣臣習朝正旦儀，呂震請用樂。士奇與黃淮疏止，未報。士奇復奏，待庭中，至夜漏十刻報可。越日，帝召謂曰：「震每事誤朕，非卿等言，悔無及。」命兼兵部尚書，並食三祿。士奇辭尚書祿。帝監國時，憾御史舒仲成，至是欲罪之。士奇曰：「陛下即位，詔向忤旨者皆得宥。若治仲成，則詔書不信，懼者衆矣。如漢景帝之待衛綰，不亦可乎？」帝即罷弗治。或有言大理卿虞謙言事不密，帝怒，降一官。士奇爲白其罔，得復秩。又大理少卿弋謙以言事得罪，士奇曰：「謙應詔陳言，若加之罪，則羣臣自此結舌矣。」帝立進謙副都御史，而下敕引過。時有上書頌太平者，帝以示諸大臣，皆以爲然。士奇獨曰：「陛下雖澤被天下，然流徙尚未歸，瘡痍尚未復，民尚艱食。更休息數年，庶幾太平可期。」帝曰：「然。」因顧蹇義等曰：「朕待卿等以至誠，望匡弼。惟士奇曾五上章，卿等皆無一言。豈果朝無闕政，天下太平耶？」諸臣慚謝。是年四月，帝賜士奇璽書曰：「往者朕膺監國之命，卿侍左右，同心合德，徇國忘身，屢歷艱虞，曾不易志。及朕嗣位以來，嘉謨入告，期予於治，正固不二，簡在朕心。」茲創制「楊貞一印」賜卿，尚克交修，以成明良之譽。尋修太宗實錄，與黃淮、金幼孜、楊溥俱充總裁官。未幾，帝不豫，召士奇與蹇義、黃淮、楊榮至思善門，命士奇書敕召太子於南京。

宣宗即位，修仁宗實錄，仍充總裁。宣德元年，漢王高煦反，帝親征平之。師還，次獻縣之單家橋，侍郎陳山迎謁，言漢、趙二王實同心，請乘勢襲彰德，執趙王。榮力贊決。士奇曰：「事當有實，天地鬼神可欺乎？」榮厲聲曰：「汝欲撓大計耶！今逆黨言趙實與謀，何謂無辭？」士奇曰：「太宗皇帝三子，今上惟兩叔父。有罪者不可赦，其無罪者宜厚待之，疑則防之，使無虞而已。何遽加兵，傷皇祖在天意乎？」時惟楊溥與士奇合。將入諫，榮先入，士奇繼之，閽者不納。尋召義、原吉入。二人以士奇言白帝。帝初無罪趙意，移兵事得寢。比還京，帝思士奇言，謂曰：「今議者多言趙王事，奈何？」士奇曰：「趙最親，陛下當保全之，毋惑羣言。」帝曰：「吾欲封羣臣章示王，令自處何如？」士奇曰：「善，更得一璽書幸甚。」於是發使奉書至趙。趙王得書大喜，泣曰：「吾生矣。」即上表謝，且獻護衛，言者始息。帝待趙王日益親，而薄陳山。謂士奇曰：「趙王所以全，卿力也。」賜金幣。時交阯數叛，屢發大軍征討，皆敗沒。交阯黎利遣人僞請立陳氏後，帝亦厭兵，欲許之。英國公張輔、尚書蹇義以下皆言與之無名，徒示弱天下。帝召士奇、榮謀，二人力言：「陛下卹民命以綏荒服，不爲無名。漢棄珠厓，前史以爲美談，不爲示弱。」許之便。尋命擇使交阯者，蹇義薦伏伯安口辨。士奇曰：「言不忠信，雖蠻貊之邦不可行。伯安小人，往且辱國。」帝是之，別遣使。於是棄交阯，罷兵，歲省軍興鉅萬。五年春，帝奉皇太后謁陵，召英國公張輔、尚書蹇義及士奇、榮、幼孜、溥朝太后於行殿。太后慰勞之。帝又語士奇曰：「太后爲朕言，先帝在青宮，惟卿不憚觸忤，先帝能從，以不敗事。又誨朕當受直言。」士奇對曰：「此皇太后盛德之言，願陛下念之。」尋敕鴻臚寺，士奇老有疾，趨朝或後，毋論奏。帝嘗微行，夜幸士奇宅。士奇倉皇出迎，頓首曰：「陛下奈何以社稷宗廟之身自輕？」帝曰：「朕欲與卿一言，故來耳。」後數日，獲二盜有異謀，帝召士奇告之故，且曰：「今而後知卿之愛朕也。」帝以四方屢水旱，召士奇議下詔寬恤，免災傷租稅及官馬虧額者。士奇因請並蠲逋賦薪芻錢，減官田額，理寃滯，汰工役，以廣德意。民大悅。踰二年，帝謂士奇曰：「恤民詔下已久，今更有可恤者乎？」士奇曰：「前詔減官田租，戶部徵如故。」帝怫然曰：「今首行之，廢格者論如法。」士奇復請撫逃民，察墨吏，舉文學武勇之士，令極刑家子孫皆得仕進。又請廷臣三品以上及二司官各舉所知，備方面郡守選。皆報可。當是時，帝勵精圖治，士奇等同心輔佐，海內號爲治平。帝乃倣古君臣豫遊事，每歲首，賜百官旬休。車駕亦時幸西苑萬歲山，諸學士皆從，賦詩賡和，從容問民間疾苦。有所論奏，帝皆虛懷聽納。帝之初即位也，內閣臣七人。陳山、張瑛以東宮舊恩入，不稱，出爲他官。黃淮以疾致仕。金幼孜卒。閣中惟士奇、榮、溥三人。榮疏闓果毅，遇事敢爲，數從成祖北征，能知邊將賢否、阨塞險易遠近敵情順逆然頗通饋遺邊將歲時致良馬帝頗知之以問士奇士奇力言榮曉暢邊務臣等不及不宜以小眚介意帝笑曰榮嘗短卿及原吉卿乃爲之地耶士奇曰願陛下以曲容臣者容榮帝意乃解其後語稍稍聞榮以此愧士奇相得甚歡帝亦益親厚之先後所賜珍果牢醴金綺衣幣書器無算宣宗崩英宗卽位方九齡軍國大政關白太皇太后太后推心任士奇榮溥三人有事遣中使詣閣諮議然後裁決三人者亦自信侃侃行意士奇首請練士卒嚴邊防設南京參贊機務大臣分遣文武鎭撫江西湖廣河南山東罷偵事校尉又請以次蠲租稅愼刑獄嚴覈百司皆允行正統之初朝政清明士奇等之力也三年宣宗實錄成進少師四年乞致仕不允敕歸省墓未幾還是時中官王振有寵於帝漸預外庭事導帝以嚴御下大臣往往下獄靖江王佐敬私饋榮金榮先省墓歸不之知振欲借以傾榮士奇力解之得已榮尋卒士奇溥益孤其明年遂大興師征麓川帑藏耗費士馬物故者數萬又明年太皇太后崩振勢益盛大作威福百官小有牴牾輒執而繫之廷臣人人惴恐士奇亦弗能制也士奇既耄子稷傲很嘗侵暴殺人言官交章劾稷朝議不卽加法封其狀示士奇復有人發稷橫虐數十事遂下之理士奇以老疾在告天子恐傷士奇意降詔慰勉士奇感泣憂不能起九年三月卒年八十贈太師謚文貞有司乃論殺稷初正統初士奇言瓦剌漸强將爲邊患而邊軍缺馬恐不能禦請於附近太僕寺關領西番貢馬亦悉給之士奇歿未幾也先果入寇有土木之難識者思其言又雅善知人好推轂寒士所薦達有初未識面者而于謙周忱況鍾之屬皆用士奇薦居官至一二十年廉能冠天下爲世名臣云次子導以廕補尚寶丞成化中進太常少卿掌司事

楊榮字勉仁建安人初名子榮建文二年進士授編修成祖初入京榮迎謁馬首曰殿下先謁陵乎先卽位乎成祖遽趣駕謁陵自是遂受知旣卽位簡入文淵閣爲更名榮同值七人榮最少警敏一日晚寧夏報被圍召七人皆已出獨榮在帝示以奏榮曰寧夏城堅人皆習戰奏上已十餘日圍解矣夜半果奏圍解帝謂榮曰何料之審也江西盜起遣使撫諭而令都督韓觀將兵繼其後賊就撫奏至帝欲賜敕勞觀榮曰計發奏時觀尚未至不得論功帝益重之再遷至侍講太子立進右諭德仍兼前職與在直諸臣同賜二品服評議諸司事宜稱旨復賜衣幣帝威嚴與諸大臣議事未決或至發怒榮至輒爲霽顏事亦遂決五年命往甘肅經畫軍務所過覽山川形勢察軍民閱城堡還奏武英殿帝大悅値盛暑親剖瓜啖之尋進右庶子兼職如故明年以父喪給傳歸旣葬起復視事又明年母喪乞歸帝以北行期迫不許命同胡廣金幼孜扈從甘肅總兵官何福言脫脫不花等請降需命於亦集乃命榮往甘肅偕福受降持節卽軍中封福寧遠侯因至寧夏與寧陽侯陳懋規畫邊務還陳便宜十事帝嘉納之八年從出塞次臚朐河選勇士三百人爲衞不以隸諸將令榮領之師旋餉不繼榮請盡以供御之餘給軍而令軍中有餘者得相貸入塞官爲倍償軍賴以濟明年乞奔喪命中官護行還詢閭中民情及歲豐歉榮具以對尋命侍諸皇孫讀書文華殿十年甘肅守臣宋琥言叛寇老的罕逃赤斤蒙古且爲邊患乃復遣榮至陝西會豐城侯李彬議進兵方略榮還奏言隆冬非用兵時且有罪不過數人兵未可出帝從其言叛者亦降明年復與廣幼孜從北巡又明年征瓦剌太孫侍行帝命榮以間陳說經史兼領尚寶事凡宣詔出令及旗志符驗必得榮奏乃發帝嘗晚坐行幄召榮計兵食榮對曰擇將屯田訓練有方耕耨有時卽兵食足矣十四年與金幼孜俱進翰林學士仍兼庶子從還京師明年復從北征十六年胡廣卒命榮掌翰林院事益見親任諸大臣多忌榮欲疏之共舉爲祭酒帝曰吾固知其可第求代榮者諸大臣乃不敢言十八年進文淵閣大學士兼學士如故明年定都北京會三殿災榮麾衞士出圖籍制誥昇東華門外帝褒之榮與幼孜陳便宜十事報可二十年復從出塞軍事悉令參決賚予優渥師還勞將士分四等賜宴榮幼孜皆列前席受上賞已復下詔征阿魯台或請調建文時江西所集民兵帝問榮榮曰陛下許民復業且二十年一旦復徵之非示天下信從之明年從出塞軍務悉委榮晝夜見無時帝時稱楊學士不名也又明年復從北征當是時帝凡五出塞士卒饑凍饋運不繼死亡十二三大軍抵答蘭納木兒河不見敵帝問羣臣當復進否羣臣唯唯惟榮幼孜從容言宜班師帝許之還次榆木川帝崩中官馬雲等莫知所措密與榮幼孜入御幄議二人議六師在外去京師尚遠祕不發喪以禮斂鎔錫爲椑載輿中所至朝夕進膳如常儀益嚴軍令人莫測或請因他事爲敕馳報皇太子二人曰誰敢爾先帝在則稱敕賓天而稱敕詐也罪不小衆曰然乃具大行月日及遺命傳位意啓太子榮與少監海壽先馳訃旣至太子命與蹇義楊士奇議諸所宜行者仁宗卽位進太常卿餘官如故尋進太子少傅謹身殿大學士旣而有言榮當大行時所行喪禮及處分軍事狀帝賜敕褒勞賚予甚厚進工部尚書食三祿時士奇淮皆辭尚書祿榮幼孜亦固辭不允宣德元年漢王高煦反帝召榮等定計榮首請帝親征曰彼謂陛下新立必不自行今出不意以天威臨之事無不濟帝從其計至樂安高煦出降師還以決策功受上賞賜銀章五褒予甚至三年從帝巡邊至遵化聞兀良哈將寇邊帝留扈行諸文臣於大營獨命榮從自將輕騎出喜峯口破敵而還五年進少傅辭大學士祿九年復從巡邊至洗馬林而還英宗卽位委寄如故正統三年與士奇俱進少師五年乞歸展墓命中官護行還至武林驛而卒年七十贈太師謚文敏授世襲都指揮使榮歷事四朝謀而能斷永樂末浙閩山賊起議發兵帝時在塞外奏至以示榮榮曰愚民苦有司不得已相聚自保兵出將益聚不可解遣使招撫當不煩兵從之盜果息安南之棄諸大臣多謂不可獨榮與士奇力言不宜以荒服疲中國其老成持重類如此論事激發不能容人過然遇人觸帝怒致不測往往以微言導帝意輒得解夏原吉李時勉之不死都御史劉觀之免戍邊皆賴其力嘗語人曰事君有體進諫有方以悻直取禍吾不爲也故其恩遇亦始終無間重修太祖實錄及太宗仁宣三朝實錄皆爲總裁官先後賜賚不可勝計性喜賓客雖貴盛無稍崖岸士多歸心焉或謂榮處國家大事不愧唐姚崇而不拘小節亦頗類之家富曾孫業爲建安指揮以貲敗詳宦官傳業從弟旦字晉叔弘治中進士歷官太常卿以忤劉瑾左遷知溫州府治最稍遷浙江提學副使瑾誅累擢至戸部侍郎督京通倉出理餉甘肅還進右都御史總督兩廣軍務討平番禺清遠河源諸猺嘉靖初遷至南京吏部尚書張璁桂萼驟進旦率九卿極言不可會吏部尚書喬宇罷召旦代之未至爲給事中陳洸所劾勒致仕年七十餘卒

楊溥字弘濟石首人與楊榮同舉進士授編修永樂初侍皇太子爲洗馬太子嘗讀漢書稱張釋之賢溥曰釋之誠賢非文帝寬仁未得行其志也採文帝事編類以獻太子大悅久之以喪歸時太子監國命起視事十二年東宮遣使迎帝遲帝怒黃淮逮至北京繫獄及金問至帝益怒曰問何人得侍太子下法司鞫連溥逮繫錦衣衞獄家人供食數絶而帝意不可測旦夕且死溥益奮讀書不輟繫十年讀經史諸子數周仁宗卽位釋出獄擢翰林學士嘗密疏言事帝褒答之賜鈔幣已念溥由己故久困尤憐之明年建弘文閣於思善門左選諸臣有學行者侍值士奇薦侍講王進儒士陳繼蹇義薦學錄楊敬訓導何澄詔官繼博士敬編修澄給事中日値閣中命溥掌閣事親授閣印曰朕用卿左右非止學問欲廣知民事爲治道輔有所建白封識以進尋進太常卿兼職如故宣宗卽位弘文閣罷召溥入內閣與楊士奇等共典機務居四年以母喪去起復九年遷禮部尚書學士値內閣如故英宗初立與士奇榮請開經筵豫擇講官必得學識平正言行端謹老成達大體者數人供職且請愼選宮中朝夕侍從內臣太后大喜一日太后坐便殿帝西向立召英國公張輔及士奇榮溥尚書胡濙入諭曰卿等老臣嗣君幼幸同心共安社稷又召溥前曰仁宗皇帝念卿忠屢加歎息不意今尚見卿溥感泣太后亦泣左右皆悲愴始仁宗爲太子被讒宮寮多死詔獄溥及黃淮一繫十年瀕死者數矣仁宗時時於宮中念諸臣太后亦久憐之故爲溥言之如此太后復顧帝曰此五臣三朝簡任俾輔後人皇帝萬幾宜與五臣共計正統三年宣宗實錄成進少保武英殿大學士溥後士奇榮二十餘年入閣至是乃與士奇榮並六年歸省墓尋還是時王振尚未橫天下清平朝無失政中外臣民翕然稱三楊以居第目士奇曰西楊榮曰東楊而溥嘗自署郡望曰南郡因號爲南楊溥質直廉靜無城府性恭謹每入朝循牆而走諸大臣論事爭可否或至違言溥平心處之諸大臣皆歎服時謂士奇有學行榮有才識溥有雅操皆人所不及云比榮士奇相繼卒在閣者馬愉高穀曹鼐皆後進望輕溥孤立王振益用事十一年七月溥卒年七十五贈太師謚文定官其孫壽尚寶司丞後三年振遂導英宗北征陷土木幾至大亂時人追思此三人者在當不至此而後起者爭暴其短以爲依違中旨釀成賊奄之禍亦過刻之端也

馬愉字性和臨朐人宣德二年進士第一授翰林修撰九年秋特簡史官及庶吉士三十七人進學文淵閣以愉爲首正統元年充經筵講官再遷至侍讀學士時王振用事一日語楊士奇榮曰朝廷事久勞公等公等皆高年倦矣士奇曰老臣盡瘁報國死而後已榮曰吾輩衰殘無以効力當擇後生可任者報聖恩耳振喜而退士奇告榮失言榮曰彼厭吾輩矣一旦內中出片紙令

某人入閣且奈何及此時進一二賢者同心協力尚可爲也士奇以爲然翼日遂列侍讀學士苗衷侍講曹鼐及愉名以進由是愉被擢用五年詔以本官入內閣參預機務尋進禮部右侍郎十二年卒贈尚書兼學士贈官兼職自愉始愉端重簡默門無私謁論事務寬厚嘗奏天下獄久者多瘐死宜簡使者分道決遣帝納焉邊警方命將而別部使至衆議執之愉言賞善罰惡爲治之本波及於善非法乘人之來執之不武帝然之厚遣其使

贊曰成祖時士奇榮與解縉等同直內閣溥亦同爲仁宗宮僚而三人逮事四朝爲時耆碩溥入閣雖後德望相亞是以明稱賢相必首三楊均能原本儒術通達事幾協力相資靖共匪懈史稱房杜持衆美效之君輔贊彌縫而藏諸用又稱姚崇善應變以成天下之務宋璟善守文以持天下之正三楊其庶幾乎

明史卷一百四十九　列傳第三十七

總裁官總理事務經筵講官少保兼太子太保保和殿大學士兼管吏部戶部尚書事加六級張廷玉等奉敕修

蹇義　夏原吉俞士吉　鄒師顏　李文郁

蹇義字宜之巴人初名瑢洪武十八年進士授中書舍人奏事稱旨帝問汝蹇叔後乎瑢頓首不敢對帝嘉其誠篤爲更名義手書賜之滿三載當遷特命滿九載曰朕且用義由是朝夕侍左右小心敬慎未嘗忤色惠帝旣卽位推太祖意超擢吏部右侍郞是時齊泰黃子澄當國外與大師內改制度義無所建明國子博士王紳遺書責之義不能答燕師入迎附遷左侍郞數月進尚書時方務反建文之政所更易者悉罷之義從容言曰損益貴適時宜前改者固不當今必欲盡復者亦未悉當也因舉數事陳說本末帝稱善從其言永樂二年兼太子詹事帝有所傳諭太子輒遣義能委曲導意帝與太子俱愛重之七年帝巡北京命輔皇太子監國義熟典故達治體軍國事皆倚辦時舊臣見親用者戶部尚書夏原吉與義齊名中外稱曰蹇夏滿三考帝親宴二人便殿褒揚甚至數奉命兼理他部事職務塡委處之裕如十七年以父喪歸帝及太子皆遣官賜祭詔起復十九年三殿災敕廷臣二十六人巡行天下義及給事中馬俊分巡應天諸府問軍民疾苦黜文武長吏擾民者數人條興革數十事奏行之還治部事明年帝北征還以太子曲宥呂震壻主事張鶴朝參失儀罪義不匡正逮義繫錦衣衞獄又明年春得釋仁宗卽位義原吉皆以元老爲中外所信帝又念義監國時舊勞尤厚倚之首進義少保賜冠服象笏玉帶兼食二祿歷進少師賜銀章一文曰繩愆糾繆已復賜璽書曰曩朕監國卿以先朝舊臣日侍左右兩京肇建政務方殷卿勞心焦思不恤身家二十餘年夷險一節朕承大統贊襄治理不懈益恭朕篤念不忘茲以己意創製蹇忠貞印賜卿俾藏於家傳之後世知朕君臣共濟艱難相與有成也時惟楊士奇亦得賜貞一印及敕尋命與英國公輔及原吉同監修太宗實錄義視原吉尤重厚然過於周慎士奇嘗於帝前謂義曰何過慮義曰恐鹵莽爲後憂耳帝兩是之楊榮嘗毀義帝不直榮義頓首言榮無他卽左右有讒榮者願陛下愼察帝笑曰吾固弗信也宣宗卽位委寄益重時方修獻陵帝欲遵遺詔從儉約以問義原吉二人力贊曰聖見高遠出於至孝萬世之利也帝親爲規畫三月而陵成宏麗不及長陵其後諸帝因以爲制迨世宗營永陵始益崇侈云帝征樂安義原吉及諸學士皆從預軍中機務賜鞍馬甲胄弓劍及還賚予甚厚三年從巡邊還帝以義原吉士奇榮四人者皆已老賜璽書曰卿等皆祖宗遺老畀輔朕躬今黃髮危齒不宜復典冗劇傷朝廷優老待賢之禮可輟所務朝夕在朕左右討論至理共寧邦家官祿悉如舊明年郭璡代爲尚書尋以胡濙言命義等四人議天下官吏軍民建言章奏復賜義銀章文曰忠厚寬宏七年詔有司爲義營新第於文明門內英宗卽位齋宿得疾遣醫往視問所欲言對曰陛下初嗣大寶望敬守祖宗成憲始終不渝耳遂卒年七十三贈太師謚忠定義爲人質直孝友善處僚友間未嘗一語傷物士奇常言張詠之不飾玩好傅堯俞之遇人以誠范景仁之不設城府義兼有之子英有詩名以廕爲尚寶司丞歷官太常少卿

夏原吉字維喆其先德興人父時敏官湘陰教諭遂家焉原吉早孤力學養母以鄉薦入太學選入禁中書制誥諸生或喧笑原吉危坐儼然太祖詗而異之擢戶部主事曹務叢脞處之悉有條理尚書郁新甚重之有劉郎中者忌其能會新劾諸司怠事者帝欲宥之新持不可帝怒問誰教若新頓首曰堂後書算生帝乃下書算生於獄劉郎中遂言教尚書者原吉也帝曰原吉能佐尚書理部事汝欲陷之耶劉郎中與書算生皆棄市建文初擢戶部右侍郎明年充採訪使巡福建所過郡邑核吏治咨民隱人皆悅服久之移駐蘄州成祖卽位或執原吉以獻帝釋之轉左侍郎言原吉建文時用事不可信帝不聽與蹇義同進尚書偕義等詳定賦役諸制建白三十餘事皆簡便易遵守曰行之而難繼者且重困民吾不忍也浙西大水有司治不效永樂元年命原吉治之尋命侍郎李文郁爲之副復使僉都御史俞士吉齎水利書賜之原吉請循禹三江入海故蹟濬吳淞下流上接太湖而度地爲閘以時蓄洩從之役十餘萬人原吉布衣徒步日夜經畫盛暑不張蓋曰民勞吾何忍獨適事竣還京師言水雖由故道入海而支流未盡疏洩非經久計明年正月原吉復行浚白茆塘劉家河大黃浦大理少卿袁復爲之副已復命陝西參政宋性佐之九月工畢水洩蘇松農田大利三年還其夏浙西大饑命原吉率俞士吉袁復及左通政趙居任往振發粟三十萬石給牛種有請召民佃水退淤田益賦者原吉馳疏止之姚廣孝還自浙西稱原吉曰古之遺愛也亡何郁新卒召還理部事首請裁冗食平賦役嚴鹽法錢鈔之禁淸倉場廣屯種以給邊蘇民且便商賈皆報可凡中外戶口府庫田賦贏縮之數各以小簡書置懷中時檢閱之一日帝問天下錢穀幾何對甚悉以是益重之當是時兵革初定論靖難功臣封賞分封諸藩增設武衞百司已又發卒八十萬問罪安南中官造巨艦通海外諸國大起北都宮闕供億轉輸以鉅萬萬計皆取給戶曹原吉悉心計應之國用不絀六年命督軍民輸材北都詔以錦衣官校從治怠事者原吉慮犯者衆告戒而後行人皆感悅七年帝北巡命兼攝行在禮部兵部都察院事有二指揮冒月廩帝欲斬之原吉曰非律也假實爲盜將何以加乃止八年帝北征輔太孫留守北京總行在九卿事時諸司草創每旦原吉入佐太孫參決庶務朝退諸曹郎御史環請事原吉口答手書不動聲色北達行在南啟監國京師肅然帝還賜鈔幣鞍馬牢醴慰勞有加尋從還南京命侍太孫周行鄉落觀民間疾苦原吉取齏黍以進曰願殿下食此知民艱九載滿與蹇義皆宴便殿帝指二人謂羣臣曰高皇帝養賢以貽朕欲觀古名臣此其人矣自是屢侍太孫往來兩京在道隨事納忠多所裨益十八年北京宮室成使原吉南召太子太孫旣還原吉言連歲營建今告成宜撫流亡蠲逋負以寬民力明年三殿災原吉復申前請亟命所司行之初以殿災詔求直言羣臣多言都北京非便帝怒殺主事蕭儀曰方遷都時與大臣密議久而後定非輕舉也言者因劾大臣帝命跪午門外質辨大臣爭詈言者原吉獨奏曰彼應詔無罪臣等備員大臣不能協贊大計罪在臣等帝意解兩宥之或尤原吉背初議曰吾輩歷事久言雖失幸上憐之若言官得罪所損不細矣衆始歎服原吉雖居戶部國家大事輒令詳議帝每御便殿闕門召語移時左右莫得聞退則恂恂若無預者交阯平帝問遷官與賞孰便對曰賞費於一時有限遷官爲後日費無窮也從之西域法王來朝帝欲郊勞原吉不可及法王入原吉見不拜帝笑曰卿欲效韓愈耶山東唐賽兒反事平俘脅從者三千餘人至原吉請於帝悉原之谷王橞叛帝疑長沙有通謀者原吉以百口保之乃得寢十九年冬帝將大舉征沙漠命原吉與禮部尚書呂震兵部尚書方賓工部尚書吳中等議皆言兵不當出未奏會帝召賓賓力言軍興費乏帝不懌召原吉問邊儲多寡對曰比年師出無功軍馬儲蓄十喪八九災眚迭作內外俱疲況聖躬少安尚須調護乞遣將往征勿勞車駕帝怒立命原吉出理開平糧儲而吳中入對如賓言帝益怒召原吉繫之內官監幷繫大理丞鄒師顏以嘗署戶部也賓懼自殺遂幷籍原吉家自賜鈔外惟布衣瓦器明年北征以糧盡引還已復連歲出塞皆不見敵還至榆木川帝不豫顧左右曰夏原吉愛我崩聞至之三日太子走繫所呼原吉哭而告之原吉伏地哭不能起太子令出獄與議喪禮復問赦詔所宜對以振饑省賦役罷西洋取寶船及雲南交阯採辦諸道金銀課悉從之仁宗卽位復其官原吉在獄有母喪至是乞歸終制帝曰卿老臣當與朕共濟艱難卿有喪朕獨無喪乎厚賜之令家人護喪馳傳歸葬有司治喪事原吉不敢復言尋加太子少傅呂震以太子少師班原吉上帝命鴻臚引震列其下進少保兼太子少傅尚書如故食三祿原吉固辭乃聽辭太子少傅祿賜繩愆糾繆銀章建第於兩京已而仁宗崩太子至自南京原吉奉遺詔迎於盧溝橋宣宗卽位以舊輔益親重明年漢王高煦反亦以靖難爲辭移檄罪狀諸大臣以原吉爲首帝夜召諸臣議楊榮首勸帝親征帝難之原吉曰獨不見李景隆已事耶臣昨見所遣將命下卽色變臨事可知矣且兵貴神速卷甲趨之所謂先人有奪人之心也榮策善帝意遂決師還賚予加

等賜闕者三人原吉以無功辭不聽三年從北巡帝取原吉橐糗嘗之笑曰何惡也對曰軍中猶有餒者帝命賜以大官之饌且犒將士從閱武兎兒山帝怒諸將慢褫其衣原吉曰將帥國爪牙奈何凍而斃之反覆力諫帝曰爲卿釋之再與蹇義同賜銀印文曰含弘貞靖帝雅善繪事嘗親畫壽星圖以賜其他圖畫服食器用銀幣玩好之賜無虛日五年正月兩朝實錄成復賜金幣鞍馬旦入謝歸而卒年六十五贈太師謚忠靖敕戶部復其家世世無所與原吉有雅量人莫能測其際同列有善卽採納之或有小過必爲之掩覆吏汚所服金織賜衣原吉曰勿怖汚可浣也又有汚精微文書者吏叩頭請死原吉不問自入朝引咎帝命易之呂震嘗傾原吉震爲子乞官原吉以震在靖難時有守城功爲之請平江伯陳瑄初亦惡原吉原吉顧時時稱瑄才或問原吉量可學乎曰吾幼時有犯未嘗不怒始忍於色中忍於心久則無可忍矣嘗夜閱爰書撫案而歎筆欲下輒止妻問之曰此歲終大辟奏也與同列飲他所夜歸値雪過禁門有欲不下者原吉曰君子不以冥冥墮行其愼如此原吉與義皆起家太祖時義秉銓政原吉筦度支皆二十七年名位先於三楊仁宣之世外兼臺省內參館閣與三楊同心輔政義善謀榮善斷而原吉與士奇尤持大體有古大臣風烈子瑄以廕爲尚寶司丞喜談兵景泰時數上章言兵事有沮者不獲用終南京太常少卿俞士吉字用貞象山人建文中爲兗州訓導上書言時政擢御史出按鳳陽徽州及湖廣能辨釋冤獄成祖卽位進僉都御史奉詔以水利書賜原吉因留督浙西農政湖州逋糧至六十萬石同事者欲減其數以聞士吉曰欺君病民吾不爲也具以實奏悉得免尋爲都御史陳瑛所劾與大理少卿袁復同繫獄復死獄中士吉謫爲事官治水蘇松旣而復職還上聖孝瑞應頌帝曰爾爲大臣不言民間利病乃獻諛耶擲還之宣德初仕至南京刑部侍郎致仕李文郁襄陽人永樂初以戶部侍郎副原吉治水有勞後坐事謫遼東二十年仁宗卽位召還爲南京通政參議致仕鄒師顏宜都人永樂初爲江西參政坐事免尋以薦擢御史有直聲遷大理丞署戶部與原吉同下獄仁宗立釋爲禮部侍郎省墓歸還至通州卒貧不能歸葬尚書呂震聞於朝宣宗命驛舟送之詔京官卒者皆給驛著爲令

贊曰書曰敷求哲人俾輔于爾後嗣蹇義夏原吉自筮仕之初卽以誠篤幹濟受知太祖至成祖益任以繁劇而二人實能通達政體諳練章程稱股肱之任仁宣繼體委寄優隆同德協心匡翼令主用使吏治修明民風和樂成績懋著蔚爲宗臣樹人之效遠矣哉

明史卷一百五十

總裁官總理事務經筵講官少保兼太子太保保和殿大學士兼管吏部戶部尚書事加六級張廷玉等奉

敕修

列傳第三十八

郁新字敦本臨淮人洪武中以人才徵授戶部度支主事遷郎中踰年擢本部右侍郎嘗問天下戶口田賦地理險易應答無遺帝稱其才尋進尚書時親王歲祿米五萬石新定議減五之四並定郡王以下祿有差又以邊餉不繼定召商開中法令商輸粟塞下按引支鹽邊儲以足夏原吉爲戶部主事新重之諸曹事悉委任焉建文二年引疾歸成祖卽位召掌戶部事以古朴爲侍郎佐之永樂元年河南蝗有司不以聞新劾治之初轉漕北京新言自淮抵河多淺灘跌坡運舟艱阻請別用淺船載三百石者自淮河沙河運至陳州潁溪口跌坡下復用淺船載二百石者運至跌坡上別用大船運入黃河至八柳樹諸處令河南車夫陸運入衞河轉輸北京從之又言湖廣屯田所產不一請皆得輸官粟穀糜黍大麥蕎穄二石准米一石稻穀薥秫二石五斗䅉稗三石各准米一石豆麥芝麻與米等著爲令二年議公侯伯駙馬儀賓祿二百石以上者請如文武官例米鈔兼給三年以士卒勞困議減屯田歲收不如額者十之四五又議改納米北京贖罪者於南京倉皆允行是年八月卒於官帝歎曰新理邦賦十三年量計出入今誰可代者輟朝一日賜葬祭而召夏原吉還理部事新長於綜理密而不繁其所規畫後不能易

趙羾字雲翰夏人從祥符洪武中由鄉舉入太學授兵部職方司主事圖天下要害阨塞並屯戍所宜以進帝以爲才遷員外郎建文初遷浙江參政建策捕海寇有功永樂二年使交阯還奏稱旨擢刑部侍郎改工部再改禮部五年進尚書賜宴華蓋殿撤膳羞遺其母初羾每以事爲言者所劾帝不問九年秋朝鮮使臣將歸例有賜賚羾不以奏帝怒曰是且使朕失遠人心遂下之獄尋得釋使督建隆慶保安永寧諸州縣撫綏新集民安其業十五年丁母艱起復改兵部尚書專理塞外兵事帝北征轉餉有方仁宗嗣位改南京刑部宣德五年御史張楷劾羾及侍郎俞士吉怠縱召至命致仕羾性精敏歷事五朝位列卿自奉如寒素正統元年卒年七十三

金忠鄞人少讀書善易卜兄戍通州亡忠補戍貧不能行相者袁珙資之旣至編卒伍賣卜北平市多中市人傳以爲神僧道衍稱於成祖成祖將起兵託疾召忠卜得鑄印乘軒之卦曰此象貴不可言自是出入燕府中常以所占勸舉大事成祖深信之燕兵起自署官屬授忠王府紀善守通州南兵數攻城不克已召置左右有疑輒問術益驗且時進謀畫遂拜右長史贊戎務爲謀臣矣成祖稱帝論佐命功擢工部右侍郎贊世子守北京尋召還進兵部尚書帝起兵時次子高煦從戰有功許以爲太子至是淇國公邱福等黨高煦勸帝立之獨忠以爲不可在帝前歷數古適孽事帝不能奪密以告解縉黃淮尹昌隆縉等皆以忠言爲是於是立世子爲皇太子而忠爲東宮輔導官以兵部尚書兼詹事府詹事六年命兼輔皇太孫帝北征留忠與蹇義黃淮楊士奇輔太子監國是時高煦奪嫡謀愈急蜚語譖太子十二年北征還悉徵東宮官屬下獄以忠勳舊不問而密令審察太子事忠言無有帝怒忠免冠頓首流涕願連坐以保之以故太子得無廢而宮僚黃淮楊溥等亦以是獲全忠起卒伍至大位甚見親倚每承顧問知無不言然慎密不洩處僚友不持兩端退恒推讓之明年四月卒給驛歸葬命有司治祠墓復其家洪熙元年追贈榮祿大夫少師謚忠襄官子達翰林檢討達剛直敢言仕至長蘆都轉運使忠有兄華負志節忠守通州有功欲推恩官之辭不就嘗召賜金綺亦不受成祖目爲迂叟放還一日讀宋史至王倫附秦檜事放聲長歎而逝里中稱爲白雲先生

李慶字德孚順義人洪武中以國子生署右僉都御史後授刑部員外郎遷紹興知府永樂元年召爲刑部侍郎性剛果有幹局馭下甚嚴帝以爲才數命治他事不得時至部然屬吏與罪人交通私饋餉慶輒知之繩以重法五年改左副都御史兩遭親喪並起復時勳貴武臣多令子弟家人行商中鹽爲官民害慶言舊制四品以上官員家不得與民爭利今都督蔡福等旣行罰公侯有犯亦乞按問帝命嚴禁如制忻成伯趙彝擅殺運夫盜賣軍餉都督譚青朱崇貪縱慶劾之皆下吏已劾都督費瓛欺罔梁銘貪暴鎭守德州都督曹得贖貨皆被責中外凜其風采十八年進工部尚書尋兼領兵部事仁宗立改兵部加太子少保弋謙以言事忤旨呂震等交口詆之惟慶與夏原吉無所言帝尋悟降敕自責並責震等甚愧此兩人山陵事多趣辦中官有求輒不與人多嚴憚之號爲生李奉命侍皇太子謁孝陵在途約束將士秋毫無所擾太子欲獵慶諫止及太子還北京遂留慶南京兵部宣德二年安遠侯柳升討黎利命慶參贊軍務許擇部曹賢能者自隨師至鎭夷關升意輕賊不爲備郎中史安主事陳鏞言於慶時慶已病甚強起告升升不聽直前中伏敗死慶病遂篤明日亦死一軍盡沒

師逵字九達東阿人少孤事母至孝年十三母疾思藤花菜逵出城南二十餘里求得之及歸夜二鼓遇虎逵驚呼天虎舍之去母疾尋愈洪武中以國子生從御史出按事爲御史所劾逮至帝偉其貌釋之謫御史臺書案牘久之擢御史遷陝西按察使獄囚淹繫千人浹旬盡決遣悉當其罪母憂去官廬墓側不飲酒食肉者三年成祖卽位召爲兵部侍郎改吏部永樂四年建北京宮殿分遣大臣出採木逵往湖湘以十萬衆入山闢道路召商賈軍役得貿易事以辦然頗嚴刻民不堪多從李法良爲亂左中允周幹劾之時仁宗監國以帝所特遣置不問八年帝北征命總督饋餉逵請量程置頓堡更遞轉輸從之逵佐蹇義在吏部二十年人不敢干以私仁宗嗣位與趙羾古朴皆改官南京而逵進戶部尚書兼掌吏部宣德二年正月卒官年六十二逵廉不殖生產祿賜皆分宗黨有子八人至無以自贍成祖在北京嘗語左右曰六部扈從臣不貪者惟逵而已

古朴字文質陳州人洪武中以太學生清理郡縣田賦圖籍還隸五軍斷事理刑自陳家貧願得祿養母帝嘉之除工部主事母歿官給舟歸葬服闋改兵部累遷郎中建文三年擢兵部侍郎成祖卽位改戶部永樂二年

朴奏先奉詔令江西湖廣及蘇松諸府輸糧北京今閭竝患水潦轉運艱難而北京諸郡歲幸豐宜發鈔命有司增價收糴減南方運從之營建北京命採木江西以恤民見褒七年帝北巡皇太子監國召還佐夏原吉理戶部仁宗卽位改南京通政使明年就拜戶部尚書出督畿內田賦師逵病命朴代之宣德三年二月卒於官初戶部主事劉良不檢乞中貴人求上考朴不可良遂誣奏朴罪朴就逮成祖察其誣得釋他日吏部奏予良誥仁宗曰此人素無行且嘗誣大臣不可與良後果以贓敗朴在朝三十餘年自郎署至尚書確然有守不通干請與右都御史向寶俱以清介稱寶字克忠進賢人洪武中以進士授兵部員外郎九年無過擢通政使以不善奏對力辭改應天府尹建文時坐事謫廣西成祖卽位召復職已復坐事下獄降兩浙鹽運判官仁宗在東宮知其廉及卽位召爲右都御史兼詹事竝給兩俸尋應詔陳八事多可採者宣德初改南京三年入覲帝憫其老命致仕歸卒於途寶有文學寬厚愛民而持身廉直屢遭困阨不稍易平居言不及利歷仕四十餘年卒之日家具蕭然

陳壽隨人洪武中由國子生授戶部主事永樂元年遷員外郎出爲山東參政所至以愛民爲務用夏原吉薦召爲工部左侍郎皇太子監國南京壽日陳兵民困又乘間言左右干恩澤者多恐累明德太子深納之嘗目送之出顧侍臣曰侍郎中第一人也九年以漢王高煦譖下獄貧不能給朝夕官屬有饋之者拒不受竟死獄中踰年啟殯如生仁宗卽位贈工部尚書諡敏肅官其子瑺中書舍人後亦至工部侍郎與壽同下獄死者有馬京許思溫京武功人洪武中以進士授翰林編修歷左通政大理卿永樂元年爲行部左侍郎皇太子守北京命兼輔導盡誠翊贊太子甚重之數爲高煦所譖謫戍廣西仍坐前事逮下獄思溫字叔雍吳人以國子生署刑部主事累官北平按察副使燕師起思溫佐城守有勞擢刑部侍郎改吏部兼贊善亦以讒下獄皆瘐死仁宗立贈京少傅諡文簡思溫吏部尚書官其子俊贊禮郎進學翰林

劉季箎名韶以字行餘姚人洪武中進士除行人使朝鮮却其餽贐帝聞賜衣鈔擢陝西參政陝有逋賦有司峻刑督民不能輸季箎至與其寮分行郡縣悉縱械者緩爲期民感其德悉完納陝不產硇砂而歲有課季箎言於朝罷之洪渠水溢爲治堰蓄洩遂爲永利建文中召爲刑部侍郎民有爲盜所引者逮至盜已死乃召盜妻子使識之聽其辭誣也釋之吏竊官錢誣千餘人悉爲辨免河陽逆旅朱趙二人異室寢趙被殺有司疑朱殺之考掠誣服季箎獨曰是非夙讐且其裝無可利緩其獄竟得殺趙者揚州民家盜夜入殺人遺刀屍傍刀有記識其鄰家也官捕鞫之鄰曰失此刀久矣不勝掠誣服季箎使人懷刀就其里潛察之一童子識曰此吾家物盜乃得永樂初纂修大典命姚廣孝解縉及季箎總其事八年坐失出下獄謫外任逡巡未行復下獄久之始釋命以儒服隸翰林院編纂尋授工部主事卒於官

劉辰字伯靜金華人國初以署典籤使方國珍國珍飾二姬以進叱卻之李文忠駐師嚴州辟置幕下元帥葛俊守廣信盛冬發民浚城濠文忠止之不聽文忠怒欲臨以兵辰請往諭之俊悔謝事遂已以親老辭歸建文中用薦擢監察御史出知鎮江府勤於職事瀕江田八十餘頃久淪於水賦如故以辰言得除京口閘廢轉漕者道新河出江舟數敗辰修故閘公私皆便漕河易涸仰練湖益水三斗門久廢辰修築之運舟旣通湖下田益稔永樂初李景隆言辰知國初事召至預修太祖實錄遷江西布政司參政奏蠲九郡荒田糧歲饑勸富民貸饑者蠲其徭役以爲之息官爲立券期年而償辰居官廉勤尚氣與都司按察使不相得數爭坐免官十四年起行部左侍郎復留南京者三年帝念其老賜敕及鈔幣令致仕卒於途年七十八

楊砥字大用澤州人洪武末由進士授行人司右司副上疏言揚雄爲莽大夫貽譏萬世董仲舒天人三策及正誼明道之言足以扶翼世教今孔廟從祀有雄無仲舒非是帝從之歷官湖廣布政司參議建文中言帝堯之德始於親九族今宜惇睦諸藩無自翦枝葉不報父喪歸成祖卽位起鴻臚寺卿乙終制服闋擢禮部侍郎坐視河渠失職降工部主事改禮部永樂十年遷北京行太僕寺卿時吳橋至天津大水決堤傷稼砥請開德州東南黃河故道及土河以殺水勢帝命工部侍郎藺芳經理之定牧馬法請令民五丁養種馬一匹十馬立羣頭一人五十馬立羣長一人養馬家歲蠲租糧之半而薊州以東至山海諸衞土地寬廣水草豐美其屯軍人養種馬一匹租亦免半帝命軍租盡蠲之餘悉從其議於是馬大蕃息砥剛介有守尤篤孝行十六年母喪哀毀未至家卒

虞謙字伯益金壇人洪武中由國子生擢刑部郎中出知杭州府建文中請限僧道田人無過十畝餘以均給貧民從之永樂初召爲大理寺少卿時有詔建文中上言改舊制者悉面陳謙乃言前事請罪帝見謙怖笑曰此秀才鬭老佛耳釋弗問而僧道限田制竟罷都察院論誣騙罪準洪武榜例梟首以徇謙奏比奉詔準律斷罪誣騙當杖流梟首非詔書意帝從之天津衞倉災焚糧數十萬石御史言主者盜用多縱火自蓋逮幾八百人應死者百謙白其濫得論減七年帝北巡皇太子奏謙爲右副都御史明年偕給事中杜欽巡視淮鳳抵陳州災傷免田租贖民所鬻子女明年謙請振太子諭之曰軍民困極而卿等從容請啟彼汲黯何如人也尋命督兩浙蘇松諸府糧輸南北京及徐州淮安富民賂有司率得近地而貧民多遠運謙建議分四等丁多糧最少者運北京次少者運徐州丁糧等者運南京淮安丁少糧多者存留本土民利賴之又言徐州呂梁二洪行舟多阻請每洪增挽夫二百月給廩官牛一百暇時聽民耕大舟至用以挽人以爲便嘗督運木役者大疫謙令散處之疫遂息未幾偕給事中許能巡撫浙江仁宗卽位召還改大理寺卿時呂升爲少卿仰瞻爲丞而謙又薦嚴本爲寺正帝方矜愼刑獄謙等亦悉心奏當凡法司及四方所上獄謙等再四參復必求其平嘗語人曰彼無憾斯我無憾矣嘗應詔上言七事皆切中時務有言其奏事不密市恩於外者帝怒降少卿一日楊士奇奏事畢不退帝問欲何言得非爲虞謙乎士奇因具白其誣且言謙歷事三朝得大臣體帝曰吾亦悔之遂命復職宣宗立謙言舊制犯死罪者罰役終身今所犯不等宜依輕重分年限報可宣德二年三月卒於官謙美儀觀風采凝重工詩畫自負才望工部侍郎蘇瓚以鄙猥班謙上恒怏怏人以是隘其量云呂升山陰人永樂初爲溧陽教諭歷官江西福建按察僉事所至有清愼聲入爲大理寺少卿宣德八年致仕卒仰瞻長洲人永樂中由虎賁衞經歷遷大理寺丞正統間宦官王振用事百官多奔走其門惟瞻與大理卿薛瑄不往會與瑄辨殺夫冤獄益忤振下獄謫戍大同景泰初召爲右寺丞執法愈堅在位者多不悅移疾歸加大理少卿嚴本字志道江陰人少通羣籍習法律以傳霖刑統賦辭約義博註者非一乃著輯義四卷永樂十一年以薦徵試以疑律敷析明暢授刑部主事侍郎張本掌部事官吏少當意者獨重本疑獄輒俾訊之奉命使嶽州時督辦後期例罰工本不忍迫民或以爲言本曰吾辦矣蓋已寓書其子鬻田爲工作償也仁宗立以刑部尚書金純及虞謙薦改大理寺正斷獄者多以知情故縱及大不敬論罪本爭之曰律自叛逆數條外無故縱之文卽不敬情有重輕豈可槩入重比謙韙之悉爲駁正眞鄉民失馬疑其鄰告於丞拷死丞坐決罰不如法當徒而告者坐絞本曰丞罪當告者因疑而訴律以誣告致死是丞與告者各殺一人可乎駁正之莒縣屯卒奪民田民訟於官卒被笞夜盜民驢民搜得之卒反以爲誣擒送千戶民被禁死法司坐千戶徒本曰千戶生則死者冤矣遂正其故勘罪蘇州衞卒十餘人夜劫客舟於河西務一卒死懼事覺誣鄰舟解囚人爲盜其侶往救見殺皆誣服本疑之曰解人與囚同舟爲盜囚必知之按驗果得實遂抵卒罪本立身方嚴非禮弗履其使嶽也知府饋酒肴亦不受年七十八卒

湯宗字正傳浙江平陽人洪武末由太學生擢河南按察僉事改北平建文時上變言按察使陳瑛受燕邸金錢有異謀詔逮瑛安置廣西而遷宗山東按察使坐事左遷刑部郎中出知蘇州府蘇連歲水民流逋租百餘萬石宗諭富民出米代輸富民知其愛民不三月悉完納永樂元年有言其坐視水患者逮下獄謫判祿州以黃淮薦召爲大理寺丞或言宗嘗發潛邸事帝曰帝王惟才是使何論舊嫌時外國貢使病死從人謂醫殺之獄具宗閱牘歎曰醫與使者何讐而故殺之乎卒辨出之尋命振饑河南還署戶部事解縉下獄詞連宗坐繫十餘年仁宗立復官再遷南京大理卿宣宗初清軍山東會天久不雨極陳民間饑困狀帝爲蠲租免役罷不急之務宣德二年卒

贊曰永宣之際嚴飭吏治職事修舉若郁新之理賦楊砥之馬政劉季箎虞謙之治獄可謂能其官矣李慶師逵諸人清介有執皆列卿之良也陳壽馬京遭讒早廢惜乎未竟其用金忠奮身卒伍進自藝術末流而有士君子之行當其侃侃持論於文皇父子間忠直不撓卒以誠信悟主豈不偉哉

明史卷一百五十一　列傳第三十九

總裁官總理事務經筵講官少保兼太子太保保和殿大學士兼管吏部戶部尚書事加六級張廷玉等奉

敕修

茹瑺　嚴震直

張紞毛泰亨　王鈍

鄭賜　郭資

呂震　李至剛

方賓　吳中

劉觀

茹瑺衡山人洪武中由監生除承敕郎歷通政使勤於職太祖賢之二十三年拜右副都御史又試兵部尚書尋實授加太子少保及惠帝即位改吏部與黃子澄不相能刑部尚書暴昭發其贓罪出掌河南布政司事尋復召為兵部尚書燕兵至龍潭帝遣瑺及曹國公李景隆都督同知王佐詣燕軍議和瑺等見成祖伏地流汗不能發一言成祖曰公等言耳何懼至是久之乃言奉詔割地講和成祖笑曰吾無罪而削為庶人今救死何以地為且皇考封諸子已各有分地矣其縛姦臣來吾即解甲謁孝陵歸藩瑺等唯唯頓首還成祖入京師召瑺瑺首勸進成祖既即位下詔言景隆瑺佐及陳瑄事太祖忠功甚重封瑺忠誠伯食祿一千石終其身仍兵部尚書太子少保選其子鑑為秦府長安郡主儀賓即命瑺出營郡主府第還朝坐不送趙王遣歸里既而為家人所訟逮至京釋還過長沙不謁谷王王以為言時方重藩王禮谷王又開金川門有功帝意嚮之陳瑛遂劾瑺違祖制逮下錦衣獄瑺知不免命子銓市毒藥服之死時永樂七年二月也法司劾銓毒其父請以謀殺父母論後以銓實承父命減死與兄弟家屬二十七人謫戍廣西河池仁宗立釋還宣宗與所沒田廬瑺居官謹慎謙和有容其死也人頗惜之

嚴震直字子敏烏程人洪武時以富民擇糧長歲部糧萬石至京師無後期帝才之二十三年特授通政司參議再遷為工部侍郎二十六年六月進尚書時朝廷事營建集天下工匠於京師凡二十餘萬戶震直請戶役一人書其姓名所業於官有役則按籍更番召之役者稱便鄉民訴其弟姪不法帝付震直訊具獄上帝以為不欺赦其弟姪已坐事降御史數雪寃獄二十八年討龍州使震直偕尚書任亨泰諭安南還條奏利病稱旨尋命修廣西興安縣靈渠審度地勢導湘灕二江浚渠五千餘丈築渼潭及龍母祠土堤百五十餘丈又增高中江石堤建陡閘三十有六鑿去灘石之礙舟者漕運悉通歸奏帝稱善三十年二月疏言廣東舊運鹽八十五萬餘引於廣西召商中買今終年所運纔十之一請分三十萬八千餘引貯廣東別募商入粟廣西之糧衞所支鹽廣東鬻之江西南安贛州吉安臨江四府便帝從之廣鹽行於江西自此始其年四月擢右都御史尋復為工部尚書建文中嘗督餉山東已而致仕成祖即位召見命以故官巡視山西至澤州病卒

張紞字昭季富平人洪武中舉明經為東宮侍書累遷試左通政十五年雲南平出為左參政陛辭帝賦詩二章賜之歷左布政使二十年春入覲治行為天下第一特令吏部勿考賜璽書曰曩者討平西南命官撫守爾紞實先往於今五年諸蠻聽服誠信相孚克恭乃職不待考而朕知其功出天下十二牧上故嘉爾績命爾仍治滇南往欽哉紞在滇凡十七年土地貢賦法令條格皆所裁定民間喪祭冠婚咸有定制務變其俗滇人遵用之朝士董倫王景輩謫其地皆接以禮意惠帝即位召為吏部尚書詔徵遺逸士集闕下紞所選用皆當其才會修太祖實錄命試翰林編纂官紞奏楊士奇第一士奇由是知名成祖入京師錄中朝姦臣二十九人紞與焉以茹瑺言宥仍故職無何帝臨朝而歎咎建文時之改官制者乃令紞及戶部尚書王鈍解職務月給半俸居京師紞懼自經於吏部後堂妻子相率投池中死紞在吏部值變官制小吏張祖言曰高皇帝立法創制規模甚遠今更之未必勝徒滋人口願公力持之紞不能用然心賢祖奏為京衞知事後紞死屬吏無敢視者唯祖經紀其喪世傳燕師入京紞即自經死嚴震直奉使至雲南遇建文君悲愴吞金死考諸國史非其實也時有毛泰亨者建文時為吏部侍郎與紞同事紞死泰亨亦死

王鈍字士魯太康人元末猗氏縣尹洪武中徵授禮部主事歷官福建參政以廉慎聞遣諭麓川卻其贈或曰不受恐遠人疑貳鈍乃受之還至雲南輸之官庫二十三年遷浙江左布政使在浙十年名與張紞埒帝嘗稱於朝以勸庶僚建文初拜戶部尚書成祖入踰城走為邏卒所執詔仍故官未幾與紞俱罷尋命同工部尚書嚴震直等分巡山西河南陝西山東又同新昌伯唐雲經理北平屯種承制再上疏言事皆允行永樂二年四月賜敕以布政使致仕既歸鬱鬱死子瀹永樂四年進士仁宗時遷鄭王府左長史數以禮諫王嘗擬荀卿成相篇撰十二章以獻語切與王不合召改戶部郎中英宗即位擢戶部右侍郎巡撫浙江有惠政母喪起復入覲留攝部事尋以老乞歸卒

鄭賜字彥嘉建寧人洪武十八年進士授監察御史時天下郡邑吏多坐罪謫戍賜嘗奉命於龍江編次行伍方暑諸囚憊甚賜脫其械俾僦舍止息周其飲食病者與醫藥多所全活秩滿當遷湖廣布政司參議闕命賜與檢討吳文為之二人協心剗弊民以寧輯苗獠畏懷母喪去服除改北平參議事成祖甚謹復坐累謫戍安東屯及惠帝即位成祖及楚王楨皆舉賜為長史不許召為工部尚書燕兵起督河南軍扼燕成祖入京師李景隆訐賜罪亞齊黃逮至帝曰吾於汝何如乃相背耶賜曰盡臣職耳帝笑釋之授刑部尚書永樂元年劾都督孫岳擅毀太祖所建寺詔安置海南岳建文時守鳳陽嘗毀寺材修戰艦以禦燕軍燕知其有備取他道南下故賜劾之二年劾李景隆陰養亡命謀不軌又與陳瑛同劾耿炳文僭侈炳文自經死皆揣帝意所惡者祁陽教諭康孔高朝京師還枉道省母會母疾留侍九閱月不行賜請逮問孔高罪當杖帝曰母子暌數年一旦相見難遽舍况有疾可矜也命復其官三年秋代李至剛為禮部尚書四年正月西域貢佛舍利賜因請釋囚帝曰梁武元順溺佛教有罪者不刑紀綱大壞此豈可效是年六月朔日當食陰雲不見賜請賀不許賜言宋盛時嘗行之帝曰天下大矣京師不見如天下見之何卒不許賜為人頗和厚然不識大體帝意輕之為同官趙羾所間六年六月憂悸卒帝疑其自盡楊士奇曰賜有疾數日惶懼不敢求退昨立右順門力不支仆地口鼻有噓無吸語未竟帝曰微汝言幾誤疑賜賜固善人才短耳命予葬祭洪熙元年贈太子少保謚文安

郭資武安人洪武十八年進士累官北平左布政使陰附於成祖及兵起張昺等死資與左參政孫瑜按察司副使墨麟僉事呂震率先降呼萬歲成祖悅命輔世子居守成祖轉戰三年資主給軍餉及即位以資為戶部尚書掌北平布政司北京建改行部尚書統六曹事定都仍改戶部時營城郭宮殿置官吏及出塞北征工役繁興資舉職無廢事仁宗立以舊勞兼太子賓客尋以老病加太子太師賜敕致仕宣德四年復起戶部尚書奉職益勤八年十二月卒年七十三贈湯陰伯謚忠襄官其子佑戶部主事資治錢穀有能稱仁宗嘗以問楊士奇對曰資性強毅人不能干以私然蠲租詔數下不奉行使陛下恩澤不流者資也

呂震字克聲臨潼人洪武十九年以鄉舉入太學時命太學生出稽郡邑壤地以均貢賦震承檄之兩浙還奏稱旨擢山東按察司試僉事入為戶部主事遷北平按察司僉事燕兵起震降於成祖命侍世子居守永樂初遷真定知府入為大理寺少卿三年遷刑部尚書六年改禮部皇太子監國震壻主事張鶴朝參失儀太子以震故宥之帝聞之怒下震及蹇義於錦衣獄已復職仁宗即位命兼太子少師尋進太子太保兼禮部尚書宣德元年四月卒震嘗三奉命省親兩值關中饑令所司出粟振之還始以聞然無學術為禮官不知大體成祖崩遺詔二十七日釋縗服及期震建議羣臣皆易烏紗帽黑角帶近臣言仁孝皇后崩既釋縗服太宗易素冠布腰絰震勃然變色詆其異己仁宗黜震議易素冠布腰絰洪熙元年分遣羣臣祀嶽鎮海瀆及先代帝王陵震乞祀周文武成康便道省母私以妻喪柩與香帛同載祀太廟致齋飲酒西番僧舍大醉歸一夕卒震為人佞諛傾險永樂時曹縣獻騶虞榜葛剌國麻林國進麒麟震請賀帝曰天下治安無麒麟何害貴州布政使蔣廷瓚言帝北征班師詔至思南大巖山有呼萬歲者三震言此山川效靈帝曰山谷之聲空虛相應理或有之震為國大臣不能辯其非又欲因之進媚豈君子事君之道耶中周訥請封禪震力贊之帝責其謬震雖累受面斥然終不能改金水河太液池冰具樓閣龍鳳花卉狀帝召羣臣觀之震因請賀不許而隆平侯張信奏太和山五色雲見侍郎胡濙圖上瑞光榔梅靈芝震率羣臣先後表賀云成祖初巡北京命定太子留守事宜震請常事聽太子處分章奏分貯南京六科回鑾日通奏報可十一年十四年震再請如前制十七年帝在北京因事索章奏侍臣言留南京帝忘震前請曰章奏宜達行在豈禮部別有議耶問震震懼罪曰無之奏章當達行在三問對如前遂以擅留奏章殺右給事中李能眾知能冤畏震莫敢言尹昌隆之禍由震搆之事具昌隆傳夏原吉方賓以言北征餉絀得罪以震兼領戶兵部事震亦自危帝令官校十人隨之曰若震自盡爾十人皆死震有精力能彊記才足以濟其為人凡奏事他尚書皆執副本又與左右侍郎更進迭奏震既兼三部奏牘益多皆自占奏侍郎不與也情狀委曲千緒萬端背誦如流未嘗有悞嘗扈北狩帝見碑立沙磧中率從臣讀其文後一年與諸文學臣語及碑詔禮部遣官往

錄之震言不須遣使請筆札帝前疏之帝密使人拓其本校之無一字脫悞者子熊宣宗初立震數於帝前乞官至流涕帝不得已授兵科給事中

李至剛名鋼以字行松江華亭人洪武二十一年舉明經選侍懿文太子授禮部郎中坐累謫戍邊尋召爲工部郎中遷河南右參議河決汴堤至剛議借王府積木作筏濟之建文中調湖廣左參議坐事繫獄成祖卽位左右稱其才遂以爲右通政與修太祖實錄朝夕在上左右稱說洪武中事甚見親信尋進禮部尚書永樂二年冊立皇太子至剛兼左春坊大學士直東宮講筵與解縉後先進講已復坐事下獄久之得釋降禮部郎中恨解縉中傷之縉下獄詞連至剛亦坐繫十餘年仁宗卽位得釋復以爲左通政給事中梁盛等劾至剛輩十餘人當大行晏駕不宿公署飲酒食肉恬無戚容帝念至剛先朝舊人出爲興化知府時年已七十再歲歿於官至剛爲人敏給能治繁劇善傅會首發建都北平議請禁言事者挾私成祖從之旣得上心務爲佞諛嘗言太祖忌辰宜倣宋制令僧道誦經山東野蠶成繭至剛請賀陝西進瑞麥至剛率百官賀帝皆不聽中官使眞臘從者逃三人國王以國中三人補之帝令遣還至剛言中國三人安知非彼私匿帝曰朕以至誠待內外何用逆詐所建白多不用妻父麗重法至剛爲乞免帝曰獄輕重外人何以知之至剛曰都御史黃信爲臣言帝怒誅信初至剛與解縉交甚厚帝書大臣姓名十人命縉疏其人品言至剛不端縉謫廣西至剛遂奏其怨望改謫交阯

方賓錢塘人洪武時由太學生試兵部郎中建文中署應天府事坐罪戍廣東以茹瑺薦召復官成祖入京師賓與侍郎劉儁等迎附特見委用進兵部侍郎四年儁以尚書出征黎利賓理部事有幹才應務不滯性警敏能揣上意見知於帝頗恃寵貪恣七年進尚書扈從北京兼掌行在吏部事明年從北征與學士胡廣金幼孜楊榮侍郎金純竝與機密自後帝北巡賓輒扈從十九年議親征尚書夏原吉吳中呂震與賓共議宜且休兵養民未奏會帝召賓賓言糧餉不足召原吉原吉亦以不給對帝怒遣原吉視糧開平旋召還下獄賓方提調靈濟宮中使進香至語賓以帝怒賓懼自縊死帝實無意殺賓聞賓死乃益怒戮其屍

吳中字思正武城人洪武末爲營州後屯衞經歷成祖取大寧迎降以轉餉捍禦功累遷至右都御史永樂五年改工部尚書從北征艱歸起復改刑部十九年與夏原吉方賓等同以言北征餉絀忤旨繫獄仁宗卽位出之復其官兼詹事加太子少保宣德元年從征樂安三年坐以官木石遺中官楊慶作宅下獄落宮保奪祿一年正統六年殿工成進少師明年卒年七十追封茌平伯諡榮襄中勤敏多計算先後在工部二十餘年北京宮殿長獻景三陵皆中所營造職務塡委規畫井然然不恤工匠又湛於聲色時論鄙之

劉觀雄縣人洪武十八年進士授太谷縣丞以薦擢監察御史三十年遷署左僉都御史坐事下獄尋釋出爲嘉興知府丁父憂去永樂元年擢雲南按察使未行拜戶部右侍郎二年調左副都御史時左都御史陳瑛殘刻右都御史吳中寬和觀委蛇二人間務爲容悅四年北京營造宮室觀奉命採木浙江未幾還明年冬帝以山西旱命觀馳傳往散遣採木軍民六年鄭賜卒擢禮部尚書十二月與刑部尚書呂震易官坐事爲皇太子譴責帝在北京聞之以大臣有小過不宜遽折辱特賜書諭太子八年都督僉事費瓛討涼州叛羌命觀贊軍事還坐事謫本部吏十三年還職改左都御史十五年督浚河漕十九年命巡撫陝西考察官吏仁宗嗣位兼太子賓客旋加太子少保給二俸時大理少卿弋謙數言事帝厭其繁瑣尚書呂震大理卿虞謙希旨劾奏觀復令十四道御史論其誣妄以是爲輿論所鄙時未有官妓之禁宣德初臣僚宴樂以奢相尚歌妓滿前觀私納賄賂而諸御史亦貪縱無忌三年六月朝罷帝召大學士楊士奇楊榮至文華門諭曰祖宗時朝臣謹飭年來貪濁成風何也士奇對曰永樂末已有之今爲甚耳榮曰永樂時無踰方賓帝問今日誰最甚者榮對曰劉觀又問誰可代者士奇榮薦通政使顧佐帝乃出觀視河道以佐爲右都御史於是御史張循理等交章劾觀竝其子輻諸贓汙不法事帝怒逮觀父子以彈章示之觀疏辯帝益怒出廷臣先後密奏中有枉法受賕至千金者觀引伏遂下錦衣衞獄明年將置重典士奇榮乞貸其死乃謫輻戍遼東而命觀隨往觀竟客死七年士奇請命風憲官考察奏罷有司之貪汙者帝曰然向使不罷劉觀風憲安得肅

贊曰成祖封茹瑺以事太祖有功然考之未有所表見意史軼之歟嚴震直之於廣西張紞之於雲南治效卓然王鈍鄭賜爲方伯監司聲績頗著至其晚節皆不克自振惜夫郭資呂震之徒有幹濟才而操行無取李至剛之險吳中劉觀之墨又不足道矣

明史卷一百五十二　列傳第四十

總裁官總理事務經筵講官少保兼太子太保保和殿大學士兼管吏部戶部尚書事加六級張廷玉等奉敕修

董倫字安常恩人洪武十五年以張以寧薦授贊善大夫侍懿文太子陳說剴切太祖嘉之進左春坊大學士太子薨出爲河南左參議肇州吏目蘭溪諸葛伯衡廉倫薦之帝遽擢爲陝西參議又言儒學訓導宜與冠帶別於士子訓導始注選三十年坐事謫雲南教官雲南初設學校倫以身教人皆嚮學建文初召拜禮部侍郎兼翰林學士與方孝孺同侍經筵御書怡老堂額寵之又賜鳩几玉鳩杖解縉謫河州以倫言得召還倫質直敦厚嘗勸帝睦親藩不聽成祖卽位倫年已八十命致仕尋卒其與倫同時爲禮部侍郎者有王景字景彰松陽人洪武初爲懷遠教諭以博學應詔命作朝享樂章定藩王朝覲儀累官山西參政與倫先後謫雲南建文初召入翰林修太祖實錄用張紞薦除禮部侍郎兼翰林侍講成祖卽位擢學士帝問葬建文帝禮景頓首言宜用天子禮從之永樂六年卒於官

儀智字居眞高密人洪武末舉耆儒授高密訓導遷莘縣教諭擢知高郵州課農興學吏民愛之永樂元年遷寶慶知府土人健悍獨畏智相戒不敢犯召爲右通政兼右中允未幾遷湖廣右布政使坐事謫役通州六年冬湖廣都指揮使龔忠入見帝問湖湘間老儒忠以智對卽日召之旣至拜禮部左侍郎十一年元旦日當食尚書呂震請朝賀如常智持不可會左諭德楊士奇亦以爲言乃免賀如智議十四年詔吏部翰林院擇耆儒侍太孫士奇及蹇義首薦智太子曰吾嘗舉李繼鼎大悞悔無及智誠端士然老矣士奇頓首言智起家學官明理守正雖耄精神未衰廷臣中老成正大無踰智者是日午朝帝顧太子曰侍太孫講讀得人未太子對曰舉禮部侍郎儀智議未決帝喜曰智雖老能直言可用也遂命輔導皇太孫每進講書史必反覆啓迪以正心術爲本十九年年八十致仕卒於家洪熙元年贈太子少保諡文簡季子銘字子新宣宗卽位以侍郎戴綸薦授行在禮科給事中九年秩滿帝念智舊勞改銘修撰正統三年預修宣廟實錄成遷侍講後改郕府長史郕王監國視朝午門廷臣劾王振叫號莫辨人聲銘獨造膝前免冠敷奏下令旨族振衆譁始息景帝卽位力贊征伐諸大事尋以潛邸恩授禮部右侍郎明年兼經筵官帝每臨講幄輒命中官擲金錢於地任講官遍拾之號恩典文臣與者內閣高穀等外惟銘與俞山俞綱蕭鎡趙琬數人而已尋進南京禮部尚書懷獻太子立加太子太保召爲兵部尚書兼詹事蘇州淮安諸郡積雪民凍餓死相枕沙灣築河役山東河南九萬人責民間鐵器數萬具銘請於帝多所寬恤因災異言消弭在敬天法祖省刑薄斂節用愛人錄皇明祖訓以進深見獎納卒諡忠襄銘少學於吳訥天性孝友易直有父風長子海錦衣衞百戶季子泰舉於鄉爲禮科給事中竝以父恩授云

鄒濟字汝舟餘杭人事母以孝聞博學強記尤長春秋爲餘杭訓導師法嚴累遷國子學錄助教以薦知平度州永樂初預修太祖實錄成除禮部郎中征安南從幕府司奏記還爲廣東右參政再遷左春坊左庶子授皇孫經濟爲人和易坦夷無貴賤皆樂親之秩滿進少詹事當是時宮僚多得罪徐善述王汝玉馬京梁潛輩被讒相繼下獄死濟積憂得疾皇太子以書慰曰卿善自攝卽有不諱當提攜卿息不使墜蓬蒿也卒年六十八洪熙元年贈太子少保諡文敏命有司立祠墓側春秋祀之子幹字宗盛濟卒時尚幼仁宗監國命爲應天府學生月賜鈔米舉正統四年進士景帝初由兵部郎中超擢本部右侍郎以才爲于謙所倚也先入寇九門皆閉百姓避兵者號城下求入幹開門納之尋改禮部兼庶子考察山西官吏黜布政使侯復以下五十餘人巡視河南鳳陽水災與王竑請振又請令諸生輸粟入監

讀書納粟入監自此始成化十二年振畿內饑再遷禮部尚書加太子少保被劾乞休卒諡康靖徐善述字好古天台人洪武中行歲貢法善述首貢入太學授桂陽州學正永樂初以國子博士擢春坊司直郎見重於皇太子每稱爲先生嘗致書賜酒及詩遷左贊善坐累死與鄒濟同日贈太子少師諡文肅立祠春秋祀亦如濟王汝玉名璲以字行長洲人穎敏強記少從楊維楨學年十七舉於鄉永樂初由應天府學訓導擢翰林五經博士歷遷右春坊右贊善預修永樂大典仁宗在東宮特被寵遇羣臣應制撰神龜賦汝玉第一解縉次之七年坐修禮書紊制度當戍邊皇太子監國宥之以爲翰林典籍尋進左贊善坐解縉累瘐死洪熙初贈太子賓客諡文靖遣官祭其家梁潛字用之泰和人洪武末舉鄉試授四川蒼溪訓導以薦除知四會縣改陽江陽春皆以廉平稱永樂元年召修太祖實錄書成擢修撰尋兼右春坊右贊善代鄒賜總裁永樂大典帝幸北京屢驛召赴行在十五年復幸北京太子監國帝親擇侍從臣翰林獨楊士奇以潛副之有陳千戶者擅取民財令旨謫交阯數日後念其有軍功貸還或譖於帝曰上所謫罪人皇太子曲宥之矣帝怒誅陳千戶事連潛及司諫周冕逮至行在親詰之潛等具以實對帝謂楊榮呂震曰事豈得由潛然卒無人爲白者俱繫獄或毀冕放恣遂併潛誅潛妻楊氏痛潛非命不食死子褧由進士爲刑部主事善辨冤獄用薦擢廣西副使進布政使將士多殺良民報功褧論其帥生致難民一人准功一級全活無算田州土官岑鑑兄弟相讐褧爲解之却其厚餽無服梗化女土官民夷服其信義終浙江布政使

周述字崇述吉水人永樂二年與從弟孟簡並進士及第帝手題二人策奬賞之並授翰林編修尋詔解縉選曾棨等二十八人讀書文淵閣述孟簡皆與焉司禮監給紙筆光祿給朝暮饌禮部月給膏燭鈔人三錠工部擇近宅居之一時以爲榮述嘗扈北巡累進左春坊諭德仁宗即位命從皇太子謁陵南京召至榻前問所以匡弼儲君者對稱旨宣宗時進左庶子正統初卒官孟簡在翰林二十年始遷詹事府丞出爲襄王府長史有言宜留備顧問者帝曰輔朕弟尤勝於輔朕也述溫厚簡靜未嘗有疾言遽色文章雅贍孟簡謙退不伐生平無睚眦於人並爲世所重云

陳濟字伯載武進人讀書過目成誦嘗以父命如錢塘家人齎貨以從比還以其貲之半市書口誦手鈔十餘年盡通經史百家之言成祖詔修永樂大典用大臣薦以布衣召爲都總裁修撰曾棨等爲之副詞臣纂修者及太學儒生數千人繙秘庫書數百萬卷浩無端倪濟與少師姚廣孝等數人發凡起例區分鉤考秩然有法執筆者有所疑輒就濟質問應口辨析無滯書成授右贊善謹慎無過皇太子甚禮重之凡稽古纂集之事悉以屬濟隨事敷奏多所裨益五皇孫皆從受經居職十五年而卒年六十二濟少有酒過母戒之終其身未嘗至醉弟洽爲兵部尚書事濟如父濟深懼盛滿彌自謙抑所居蓬戶葦壁裁蔽風雨終日危坐手不釋卷爲文根據經史不事葩藻嘗云文貴如布帛菽粟有益於世爾其後有陳繼楊翥者亦以布衣通經用楊士奇薦繼由博士入翰林而翥竟用景帝潛邸恩與俞山俞綱等皆至大官自天順後始漸拘資格編修馬昇檢討傅宗不由科目李賢皆出之爲參議布衣無得預館閣者而弘治間潘辰獨以才望得之一時詫異數焉陳繼字嗣初吳人幼孤母吳氏躬織以資誦讀比長貫穿經學人呼爲陳五經奉母至孝府縣交薦以母老不就母卒哀毀過人永樂中復舉孝行旌其母曰貞節仁宗即位開弘文閣帝臨幸問今山林亦有名士乎楊士奇初不識繼夏原吉治水蘇松得其文歸以示士奇士奇心識之及帝問遂以繼對召爲國子博士尋改翰林五經博士直弘文閣宣宗初遷檢討引疾歸卒楊翥字仲舉亦吳人少孤貧隨兄戍武昌授徒自給楊士奇微時流寓窘乏翥輒解館舍讓之而已教授他所士奇心賢之及貴薦翥經明行修宣宗詔試吏部稱旨授翰林院檢討歷修撰正統中詔簡郕王府僚諸翰林皆不欲行乃出侍講儀銘及翥爲左右長史久之引年歸王即大位入朝拜禮部右侍郎景泰三年進尚書給祿致仕明年卒年八十五翥篤行絕俗一時縉紳厚德者翥爲最既沒景帝念之召其子肆入覲授本邑主簿俞山字積之秀水人由鄉舉爲郕府伴讀景帝時拜吏部右侍郎而嘉興俞綱由諸生繕寫實錄試中書舍人授郕府審理景帝時以兵部右侍郎入閣預機務居三日固辭守本官景帝將易東宮山密疏諫不聽懷獻太子立加太子少傅山意不自安致仕去綱加太子少保英宗復辟山以致仕得免而綱當景泰時能周旋二帝間故得調南京禮部成化初致仕卒潘辰字時用景寧人少孤隨從父家京師以文學名弘治六年詔天下舉才德之士隱於山林者府尹唐恂舉辰吏部以辰生長京師寢之恂復奏給事中王綸夏昂亦交章薦乃授翰林待詔久之掌典籍事預修會典成進五經博士正德中劉瑾摘會典小疵復降爲典籍俄還故官南京缺祭酒吏部推石珤及辰帝以命珤而擢辰編修居九年超擢太常少卿致仕歸卒特賜祭葬辰居官勤慎晨入夜歸典制誥時有以幣酧者堅却之士大夫重其學行稱爲南屏先生

王英字時彥金谿人永樂二年進士選庶吉士讀書文淵閣帝察其慎密令與王直書機密文字與修太祖實錄授翰林院修撰進侍讀二十年扈從北征師旋過李陵城帝聞城中有石碑召英往視既至不識碑所而城北門有石出土尺餘發之乃元時李陵臺驛令謝某德政碑也碑陰刻達魯花赤等名氏具以奏帝曰碑有蒙古名異日且以爲己地啓爭端命再往擊碎之沈諸河還奏帝喜其詳審曰爾是二十八人中讀書者朕且用爾因問以北伐事英曰天威親征彼必遠遁願勿窮追帝笑曰秀才謂朕黷武邪因曰軍中動靜有聞即入奏且諭中官勿阻立功官軍有過命勿與糧相聚泣以英奏復給予仁宗即位累進右春坊大學士乞省親歸宣宗立還朝是時海內宴安天子雅意文章每與諸學士談論文藝賞花賦詩禮接優渥嘗謂英曰洪武中學士有宋濂吳沈朱善劉三吾永樂初則解縉胡廣汝勉之毋俾前人獨專其美修太宗仁宗實錄成遷少詹事賜麒麟帶母喪特與葬祭遣中官護歸尋起復正統元年命侍經筵總裁宣宗實錄進禮部侍郎八年命理部事浙江民疫遣祭南鎮時久旱英至大雨民呼侍郎雨年七十再乞休不許十二年英子按察副使裕坐事下獄英上疏待罪宥不問明年進南京禮部尚書俾就閒逸居二年卒年七十五賜祭葬諡文安英端凝持重歷仕四朝在翰林四十餘年屢爲會試考官朝廷制作多出其手四方求銘志碑記者不絕性直諒好規人過三楊皆不喜故不得柄用裕後累官四川按察使

錢習禮名幹以字行吉水人永樂九年進士選庶吉士尋授檢討習禮與練子寧姻戚既仕鄉人以奸黨持之恒惴惴楊榮乘間言於帝帝笑曰使子寧在朕猶當用之況習禮乎仁宗即位遷侍讀知制誥以省親歸宣德元年修兩朝實錄與侍講陳敬宗陳循同召還進侍讀學士英宗開經筵爲講官宣宗實錄成擢學士掌院事七年以故鴻臚寺爲翰林院落成諸殿閣大學士皆至習禮不設楊士奇楊溥座曰此非三公府也士奇等以聞帝命具座後遂爲故事正統九年乞致仕不許明年六部侍郎多闕帝命吏部尚書王直會大臣推舉而特旨擢習禮於禮部習禮力辭不允王振用事達官多造其門習禮恥爲屈十二年六月復上章乞骸骨乃得歸習禮篤行誼好古秉禮動有矩則家居十五年卒年八十有九諡文肅

周敘字公敘吉水人年十一能詩永樂十六年進士選庶吉士作黃鸚鵡賦稱旨授編修歷官侍讀直經筵正統六年上疏言事帝嘉納焉八年夏又上言比天旱陛下責躬虔禱而臣下不聞效忠補過之言徒陳情乞用而已掌銓選者罔論賢否第循資格司國計者不問耕桑惟勤賦斂軍士困役作刑罰失重輕風憲無激揚言官務緘默僧道數萬日耗戶口流民衆多莫爲矜恤帝以章示諸大臣王直等皆引罪求罷十一年遷南京侍講學士郕王監國馳疏言君父之讐不共戴天殿下宜臥薪嘗膽如越之報吳使智者獻謀勇者效力務掃北庭雪國恥先遣辯士卑詞重幣乞還鑾輿暫爲君父屈因條上勵剛明親經史修軍政選賢才安民心廣言路謹微漸修庶政八事王嘉納之景泰二年又請復午朝日接大臣咨諏治道經筵之餘召文學從臣講論政事并詔天下臣民直言時政缺失帝因詔求言敘負氣節篤行誼曾祖以立在元時以宋遼金三史體例未當欲重修敘思繼先志正統末請於朝詔許自撰銓次數年未及成而卒同邑劉儼字宣化正統七年進士第一歷官太常少卿景泰中典順天鄉試黜大學士陳循王文子幾得危禍詳高穀傳天順初改掌翰林院事卒官贈禮部侍郎諡文介儼立朝正直居鄉亦有令德云

柯潛字孟時莆田人景泰二年舉進士第一歷洗馬天順初遷尚寶少卿兼修撰憲宗即位以舊宮僚擢翰林學士英宗實錄成進少詹事慈懿太后之喪潛與修撰羅璟上章請合葬裕陵廷臣相繼爭未報潛曰朝廷大事臣子大節舍是奚所用心與璟皆再疏爭竟得如禮連遭父母喪詔起爲祭酒固乞終制許之未幾卒潛邃於文學性高介爲學士時即院中後圃構清風亭鑿池蒔芙蓉植二栢於後堂人稱其亭爲柯亭栢爲學士栢院中有井學士劉定之所浚也柯亭劉井翰林中以爲美談云羅璟字仲明泰和人天順末進士及第授編修進修撰預修宋元通鑑綱目累官洗馬孝宗爲太子簡侍講讀母喪歸璟與尚書尹旻子侍講龍同娶於孔氏旻得罪李孜省指璟爲旻黨調南京禮部員外郎孝宗嗣位王恕等言璟才乃授福建提學副使弘治五年召

爲南京祭酒久之卒

孔公恂字宗文先聖五十八世孫也景泰五年舉會試聞母疾不赴廷對帝以問禮部具言其故乃遣使召之日且午不及備試卷命翰林院給以筆札登第即丁母憂歸衍聖公孔彥縉卒孫弘緒幼弱詔遣禮部郎治喪公恂理其家事天順初授禮科給事中弘緒已襲封大學士李賢妻以女公恂因得交於賢賢言公恂大聖人後贊善司馬恂宋大賢溫國公光後宜輔導太子帝喜同日超拜少詹事侍東宮講讀入語孝肅皇后曰吾今日得聖賢子孫爲汝子傅孝肅皇后者憲宗生母方以皇貴妃有寵於是具冠服拜謝宮中傳以爲盛事云憲宗嗣位改公恂大理左少卿公恂言不通法律乃復少詹事成化二年上章言兵事諸武臣譁然給事御史交章駁之下獄謫漢陽知府未至丁父憂服闋商輅請復建言得罪者官乃還故秩涖南京詹事府久之卒司馬恂字恂如浙江山陰人正統末由舉人擢刑科給事中累遷少詹事憲宗立命兼國子祭酒卒贈禮部左侍郎恂強記敦厚與物無忤居官無所表見

贊曰建文之初修尊賢敬老之節董倫以宿儒見重雖寡所表見當非苟焉已也儀智父子仍世以儒術進從容輔導蓋其賢哉鄒濟諸人以宮僚被遇而讒搆不免陳濟輩起布衣列禁近而善始終固有幸不幸與二周王英錢習禮周叙柯潛謙和直諒各著其美蓋皆異於浮華博習之徒矣

明史卷一百五十三　　列傳第四十一

總裁官總理事務經筵講官少保兼太子太保保和殿大學士兼管吏部戶部尚書事加六級張廷玉等奉敕修

宋禮　藺芳　陳瑄　王瑜
周忱

宋禮字大本河南永寧人洪武中以國子生擢山西按察司僉事左遷戶部主事建文初薦授陝西按察僉事復坐事左遷刑部員外郎成祖即位命署禮部事以敏練擢禮部侍郎永樂二年拜工部尚書嘗請給山東屯田牛種又請犯罪無力准工者徙北京爲民並報可七年丁母憂詔留視事九年命開會通河會通河者元至元中以壽張尹韓仲暉言自東平安民山鑿河至臨清引汶絕濟屬之衞河爲轉漕道名曰會通然岸狹水淺不任重載故終元世海運爲多明初輸餉遼東北平亦專用海運洪武二十四年河決原武絕安山湖會通遂淤永樂初建北京河海兼運海運險遠多失亡而河運則由江淮達陽武發山西河南丁夫陸輓百七十里入衞河歷八遞運所民苦其勞至是濟寧州同知潘叔正上言舊會通河四百五十餘里淤者乃三之一濬之便於是命禮及刑部侍郎金純都督周長往治之禮以會通之源必資汶水乃用汶上老人白英策築堽城及戴村壩橫亘五里遏汶流使無南入洸而北歸海匯諸泉之水盡出汶上至南旺中分之爲二道南流接徐沛者十之四北流達臨清者十之六南旺地勢高決其水南北皆注所謂水脊也因相地置閘以時蓄洩自分水北至臨清地降九十尺置閘十有七而達於衞南至沽頭地降百十有六尺置閘二十有一而達於淮凡發山東及徐州應天鎭江民三十萬蠲租一百一十萬石有奇二十旬而工成又奏濬沙河入馬常泊以益汶語詳河渠志是年帝復用工部侍郎張信言使興安伯徐亨工部侍郎蔣廷瓚會金純濬祥符魚王口至中灤下復舊黃河道以殺水勢使河不病漕命禮兼董之八月還京師論功第一受上賞潘叔正亦賜衣鈔明年以御史許堪言衞河水患命禮往經畫禮請自魏家灣開支河二泄水入土河復自德州西北開支河一泄水入舊黃河使至海豐大沽河入海帝命俟秋成後爲之禮還言海運經歷險阻每歲船輒損敗有漂沒者有司修補迫於期限多科斂爲民病而船亦不堅計海船一艘用百人而運千石其費可辦河船容二百石者二十船用十人可運四千石以此而論利病較然請撥鎭江鳳陽淮安揚州及兗州糧合百萬石從河運給北京其海道則三歲兩運已而平江伯陳瑄治江淮間諸河功亦相繼告竣於是河運大便利漕粟益多十三年遂罷海運初帝將營北京命禮取材川蜀禮伐山通道奏言得大木數株皆尋丈一夕自出谷中抵江上聲如雷不偃一草朝廷以爲瑞及河工成復以採木入蜀十六年命治獄江西明年造番舟自蜀召還以老疾免朝參有奏事令侍郎代二十年七月卒於官禮性剛馭下嚴急故易集事以是亦不爲人所親卒之日家無餘財洪熙改元禮部尚書呂震請予葬祭如制弘治中主事王寵始請立祠詔祀之南旺湖上以金純周長配隆慶六年贈禮太子太保藺芳夏縣人洪武中舉孝廉累遷刑部郎中永樂中出爲吉安知府寬厚廉潔民甚德之吉水民詣闕言縣有銀礦遣使覆視父老遮芳訴曰聞宋季嘗有言此者卒以妄得罪今皆樹藝地安所得銀礦芳詰告者知其誣獄具同官不敢署名芳請獨任之奏上帝曰吾固知妄也得寢已坐事謫辦事官從宋禮治會通河復爲工部都水主事十年河決陽武灌中牟祥符尉氏遣芳按視芳言中鹽隄當暴流之衝請加築塞又言自中灤分導河流使由故道北入海誠萬世利又言新築岸埽止用草索不能堅久宜編木成大囤貫椿其中實以瓦石復以木橫貫椿表牽築隄上則殺水固隄之長策也詔悉從之其後築隄者遵用其法以宋禮薦擢工部右侍郎亡何行太僕卿楊砥言吳橋東光興濟交河及天津屯田雨水決隄傷稼乞開德州良店東南黃河故道以分水勢復命芳往治之所經郡邑有不便民者輒疏以聞事竣還十五年十一月卒於官芳自奉約布衣蔬食事母至孝母甚賢芳所治事暮必告母有不當輒加教誡芳受命唯謹由是爲良吏云

陳瑄字彥純合肥人父聞以義兵千戶歸太祖累官都指揮同知瑄代父職父坐事戍遼陽瑄伏闕請代詔併原其父子瑄少從大將軍幕以射雁見稱屢從征南番又征越巂討建昌叛番月魯帖木兒踰梁山平天星寨破寧番諸蠻復征鹽井進攻卜木瓦寨賊熾甚瑄將中軍賊圍之數重瑄下馬射傷足裹創戰自巳至酉全師還又從征賈哈剌以奇兵涉打中河得間道作浮梁渡軍旣渡撤梁示士卒不返連戰破賊又會雲南兵征百夷有功遷四川行都司都指揮同知建文末遷右軍都督僉事燕兵逼命總舟師防江上燕兵至浦口瑄以舟師迎降成祖遂渡江旣即位封平江伯食祿一千石賜誥券世襲指揮使永樂元年命瑄充總兵官總督海運輸粟四十九萬餘石餉北京及遼東遂建百萬倉於直沽城天津衞先是漕舟行海上島人畏漕卒多閉匿瑄招令互市平其直人交便之運舟還會倭寇沙門島瑄追擊至金州白山島焚其舟殆盡九年命與豐城侯李彬統浙閩兵捕海寇海溢隄圮自海門至鹽城凡百三十里命瑄以四十萬卒築治之爲捍潮隄萬八千餘丈明年瑄言嘉定瀕海地江流衝會海舟停泊於此無高山大陵可依請於青浦築土山方百丈高三十餘丈立堠表識旣成賜名寶山帝親爲文記之宋禮旣治會通河成朝廷議罷海運仍以瑄董漕運議造淺船二千餘艘初運二百萬石寖至五百萬石國用以饒時江南漕舟抵淮安率陸運過壩踰淮達清河勞費甚鉅十三年瑄用故老言自淮安城西管家湖鑿渠二十里爲清江浦導湖水入淮築四閘以時宣洩又緣湖十里築隄引舟由是漕舟直達於河省費不訾其後復濬徐州至濟寧河又以呂梁洪險惡於西別鑿一渠置二閘蓄水通漕又築沛縣刁陽湖濟寧南旺湖長隄開泰州白塔河通大江又築高郵湖隄於隄內鑿渠四十里避風濤之險又自淮至臨清相水勢置閘四十有七作常盈倉四十區於淮上及徐州臨清通州皆置倉便轉輸慮漕舟膠淺自淮至通州置舍五百六十八舍置卒導舟避淺復緣河隄鑿井樹木以便行人凡所規畫精密宏遠身理漕河者三十年舉無遺策仁宗即位之九月瑄上疏陳七事一曰南京國家根本乞嚴守備二曰推舉宜嚴實無循資格選朝臣公正者分巡天下三曰天下歲運糧餉湖廣江西浙江及蘇松諸府並去北京遠往復踰年上逋公租下妨農事乞令轉至淮徐等處別令官軍接運至京又快船馬船所載不過五六十石每船官軍足用有司添差軍民遞送拘集聽候至有凍餒請革罷四曰教職多非其人乞考不職者黜之選俊秀補生員而軍中子弟亦令入學五曰軍伍竄亡乞嚴其老疾者以子弟代逃亡者追補戶絕者驗除六曰開平等處邊防要地兵食虛乏乞選練銳士屯守兼務七曰漕運官軍每歲北上歸即修船勤苦終年該衞所又於其隙雜役以重困之乞加禁絕帝覽奏曰瑄言皆當令所司速行遂降敕獎諭尋賜券世襲平江伯宣宗即位命守淮安督漕運如故宣德四年言濟寧以北自長溝至棗林淤塞計用十二萬人疏濬半月可成帝念瑄久勞命尚書黃福往同經理六年瑄言歲運糧用軍十二萬人頻年勞苦乞於蘇松諸郡及江西浙江湖廣別僉民丁又於軍多衞所僉軍通爲二十四萬人分番迭運又江南之民運糧赴臨清淮安徐州往返一年失悞農業而湖廣江西浙江及蘇松安慶軍士每歲以空舟赴淮安載糧若令江南民撥糧與附近衞所官軍運載至京量給耗米及道里費則軍民交便帝命黃福及侍郎王佐議行之更民運爲兌運自此始也八年十月卒於官年六十有九追封平江侯贈太保謚恭襄初瑄以濬河有德於民民立祠清河縣正統中命有司春秋致祭孫豫字立卿讀書修謹正統末福建沙縣賊起以副總兵從寧

陽侯陳懋分道討平之進封侯也先入犯出鎭臨清建城堡練兵撫民安靜不擾明年召還父老詣闕請留從之景泰五年山東饑奏詔振邮尋守備南京天順元年召還益歲祿百石三年卒贈黟國公謚莊敏子銳嗣伯成化初分典三千營及團營尋佩平蠻將軍印總制兩廣移鎭淮陽總督漕運建淮河口石閘及濟寧分水南北二閘築隄疏泉修舉廢墜總漕十四年章數十上日本貢使買民男女數人以歸道淮安銳留不遣贖還其家淮揚饑疫煮糜施藥多所存濟弘治六年河決張秋奉敕塞治還增祿二百石累加太傅兼太子太傅十三年火篩寇大同銳以總兵官佩將軍印往援旣至擁兵自守爲給事中御史所劾奪祿閒住其年卒子熊嗣正德三年出督漕運劉瑾索金錢熊不應銜之坐事逮下詔獄謫戍海南衞奪誥券熊故黷貨在淮南頗殃民雖爲瑾搆陷人無惜之者瑾誅赦還復爵卒無子再從子圭嗣以薦出鎭兩廣封川寇起圭督諸將往討擒其魁俘斬數千加太子太保復平柳慶及賀連山賊加太保蔭一子安南范子儀等寇欽廉黎岐賊寇瓊厓相犄角圭移文安南曉以利害使縛子儀而急出兵攻黎岐敗走之論功復蔭一子加歲祿四十石圭能與士卒同甘苦聞賊所在輒擐甲先登深箐絕壑衝冒瘴毒無所避以故所向克捷在粵且十年殲諸小賊不可勝數召還掌後軍府圭妻仇氏咸寧侯鸞女弟也圭深嫉鸞鸞數短圭於世宗幾得罪鸞敗帝益重圭命總京營兵寇入紫荊關圭請出戰營於盧溝寇退而止明年寇復入古北口或議列營九門爲備圭以徒示弱無益寇亦尋退董築京師外城加太子太傅卒贈太傅謚武襄子王謨嗣僉書後軍出鎭兩廣賊張璉反屠掠數郡王謨會提督張臬討平之擒斬三萬餘論功加太子太保蔭一子萬曆中出鎭淮安總漕運入掌前軍府事卒贈少保謚武靖傳至明亡爵絕

王瑜字廷器山陽人以總旗隸趙王府永樂末常山護衞指揮孟賢等與宦官黃儼結謀弒帝廢太子而立趙王其黨高正者瑜舅也密告瑜瑜大驚曰奈何爲此族滅計垂涕諫不聽正懼謀泄將殺瑜瑜遂詣闕告變按治有驗賢等盡伏誅而授瑜遼海衞千戶仁宗卽位擢錦衣衞指揮同知厚賜之并戒同官事必白瑜乃行瑜持大體不爲苛細廷中稱其賢宣德八年進都指揮僉事充左副總兵代陳瑄鎭淮安董漕運累進左軍都督僉事淮安瑜故鄉也人以爲榮在淮數年守瑄成法不變有善政民有親在與弟訟產者瑜曰訟弟不友無親不孝杖而斥之又有負金不能償至翁壻兄弟相訟者瑜曰奈何以財故傷恩卽代償勸其敦睦二卒盜敗舟一板有司以盜官物坐卒死瑜曰兩卒之命抵敗舟一板耶竟得末減歲凶發官廩以振然性好貨爲英宗切責而前所發不軌事有枉者正統四年議事入京得疾束兩手如高懸狀號救求解而卒

周忱字恂如吉水人永樂二年進士選庶吉士明年成祖擇其中二十八人令進學文淵閣忱自陳年少乞預帝嘉其有志許之尋擢刑部主事進員外郞忱有經世才浮沉郞署二十年人無知者獨夏原吉奇之洪熙改元稍遷越府長史宣德初有薦爲郡守者原吉曰此常調也安足盡周君五年九月帝以天下財賦多不理而江南爲甚蘇州一郡積逋至八百萬石思得才力重臣往釐之乃用大學士楊榮薦遷忱工部右侍郞巡撫江南諸府總督稅糧始至召父老問逋稅故皆言豪戶不肯加耗并徵之細民民貧逃亡而稅額益缺忱乃創爲平米法令出耗必均又請敕工部頒鐵斛下諸縣準式革糧長之大入小出者舊例糧長正副三人以七月赴南京戶部領勘合既畢復齎送部往反資費皆科斂充之忱止設正副各一人循環赴領訖事有司類收上之部民大便忱見諸縣收糧無團局糧長卽家貯之曰此致逋之由也遂令諸縣於水次置囤囤設糧頭囤戶各一人名轄收至六七萬石以上始立糧長一人總之名總收民持帖赴囤官爲監納糧長但奉期會而已置撥運綱運二簿撥運記支撥起運之數預計所運京師通州諸倉耗以次定支綱運聽其塡注剩淺諸費歸以償之支撥羨餘存貯在倉曰餘米次年餘多則加六徵又次年加五徵初太祖平吳盡籍其功臣子弟莊田入官後惡富民豪并坐罪沒入田產皆謂之官田按其家租籍征之故蘇賦比他府獨重官民田租共二百七十七萬石而官田之租乃至二百六十二萬石民不能堪時宣宗屢下詔減官田租忱乃與知府況鍾曲算累月減至七十二萬餘石他府以次減民始少甦七年江南大稔詔令諸府縣以官鈔平糴備振貸蘇州遂得米二十九萬石故時公侯祿米軍官月俸皆支於南戶部蘇松民轉輸南京者石加費六斗忱奏令就各府支給與船價米一斗所餘五斗通計米四十萬石有奇并官鈔所糴共得米七十萬餘石遂置倉貯之名曰濟農振貸之外歲有餘美凡綱運風漂盜奪者皆借給於此秋成抵數還官其修圩築岸開河濬湖所支口糧不責償耕者借貸必驗中下事力及田多寡給之秋與糧竝賦凶歲再振其姦頑不償者後不復給定爲條約以聞帝嘉獎之終忱在任江南數大郡小民不知凶荒兩稅未嘗逋負忱之力也時漕運軍民相半軍船給之官民則僦舟加以雜耗率三石致一石往復經年失農業忱與平江伯陳瑄議民運至淮安或瓜洲水次交兌漕軍運抵通州淮安石加五斗瓜洲又益五升其附近并南京軍未過江者卽倉交兌加與過江米二斗襯墊蘆席與折米五合兌軍或後期阻風則令州縣支贏米設廒於瓜洲水次遷米貯之量支餘米給守者由是漕費大省民間馬草歲運兩京勞費不訾忱請每束折銀三分南京則輕齎卽地買納京師百官月俸皆持俸帖赴領南京米賤時俸帖七八石僅易銀一兩忱請檢重額官田極貧下戶兩稅準折納金花銀每兩當米四石解京兌俸民出甚少而官俸常足嘉定崑山諸縣歲納布疋重三斤抵糧一石比解以縷粗見斥者十八九忱言布縷細必輕然價益高今旣貴重勢不容細乞自今不拘輕重務取長廣如式從之各郡驛馬及一切供帳舊皆領於馬頭有耗損則馬頭橫科補買忱令田畝出米升九合與秋糧俱征驗馬上中下直給米正統初淮揚災鹽課虧敕忱巡視奏令蘇州諸府撥餘米一二萬石運揚州鹽場聽抵明年田租竈戶得納鹽給米時米貴鹽賤官得積鹽民得食米公私大濟尋敕兼理松江鹽課華亭上海二縣逋課至六十三萬餘引竈丁逃亡忱謂田賦宜養農夫鹽課宜養竈丁因上便宜四事命速行之忱爲節竈戶運耗得米三萬二千餘石亦倣濟農倉法置贍鹽倉益補逃亡缺額由是鹽課大殖浙江當造海船五十艘下忱計度忱召問都匠言一艘須米千石忱以成大事不宜惜費第減二十石奏於朝竟得報可以九載秩滿進左侍郞六年命兼理湖州嘉興二府稅糧又命同刑科都給事中郭瑾錄南京刑獄忱素樂易先是大理卿胡槩爲巡撫用法嚴忱一切治以簡易告訐者輒不省或面詰忱公不及胡公忱笑曰胡卿敕旨在祛除民害朝廷命我但云安撫軍民委寄正不同耳旣久任江南與吏民相習若家人父子每行村落屏去騶從與農夫餉婦相對從容問所疾苦爲之商略處置其馭下也雖卑官冗吏悉開心訪納遇長吏有能如況鍾及松江知府趙豫常州知府莫愚同知趙泰輩則推心與咨畫務盡其長故事無不舉常詣松江相視水利見嘉定上海間沿江生茂草多淤流乃濬其上流使崑山顧浦諸所水迅流駛下壅遂盡滌暇時以匹馬往來江上見者不知其爲巡撫也歷宣德正統二十年間朝廷委任益專兩遭親喪皆起復視事忱以此益發舒見利害必言言無不聽初欲減松江官田額依民田起科戶部郭資胡濙奏其變亂成法請罪之宣宗切責資等忱嘗言吳淞江畔有沙塗柴場百五十頃水草茂盛蟲蝻多生其中請募民開墾可以足國課消蟲災又言丹徒丹陽二縣田沒入江者賦尚未除國初蠲稅之家其田多併於富室宜徵其租沒於江者除之則額不虧而貧富均無錫官田賦白米太重請改征租米悉報可其因災荒請蠲貸及所陳他利病無算小者用便宜行之無所顧慮久之見財賦充溢益務廣大修葺廨舍學校先賢祠墓橋梁道路及崇飾寺觀贈遺中朝官資餉過客無稍吝惜胥吏漁蠹其中亦不甚訾省以故屢召人言九年給事中李素等劾忱妄意變更專擅科斂忱上章自訴帝以餘米旣爲公用置不問先是奸民尹崇禮欲撓忱法奏忱不當多徵耗米請究問倉庫主者忱因罷前法旣而兩稅復逋民無所賴咸稱不便忱乃奏按崇禮罪舉行前法如故再以九載滿進戶部尚書尋以江西人不得官戶部乃改工部仍巡撫景泰元年溧陽民彭守學復訐忱如崇禮言戶部遂請遣御史李鑑等往諸郡稽覈明年又以給事中金達言召忱還朝忱乃自陳臣未任事之先諸郡稅糧無歲不逋自臣蒞任設法剗弊節省浮費於是歲無逋租更積贏美凡向之公用所須科取諸民者悉於餘米隨時支給或振貸未還遇赦宥免或未估時値低昂不一緣奉宣宗皇帝并太上皇敕諭許臣便宜行事以此支用不復具聞致守學訐奏戶部遣官追徵實臣出納不謹死有餘罪禮部尚書楊寧言妄費罪乃在忱今估計餘直悉征於民間至有棄家逃竄者乞將正統以前者免追詔許之召鑑等還旣而言官猶交章劾忱請正其罪景帝素知忱賢大臣亦多保持之但令致仕然當時言理財者無出忱右其治以愛民爲本濟農倉之設也雖與民爲期約至時多不追取每歲徵收畢踰正月中旬輒下檄放糧曰此百姓納與朝廷賸數今還與百姓用之努力種朝廷田秋間又納朝廷稅也其所弛張變通皆可爲後法諸府餘米數多至不可校公私饒足施及外郡景泰初江北大饑都御史王竑從忱貸米三萬石忱爲計至來年麥熟以十萬石畀之性機警錢穀鉅萬一屈指無遺算嘗陰爲冊記陰晴風雨或言某日江中遇風失米忱言是日江中

無虞其人驚服有奸民故亂其舊案嘗之忱曰汝以某時就我決事我爲汝斷理敢相紿耶三殿重建詔徵牛膠萬觔爲緣繪用忱適赴京言庫貯牛皮歲久朽腐請出煎膠俟歸市皮償庫土木之變當國者議欲焚通州倉絕寇資忱適議事至言倉米數百萬可充京軍一歲餉令自往取則立盡何至遂付煨燼頃之詔趣造盔甲數百萬忱計明盔浴鐵工多令且沃錫數日畢辦忱既被劾帝命李敏代之敕無輕易忱法然自是戶部括所積餘米爲公賦儲備蕭然其後吳大饑道殣相望課逋如故矣民益思忱不已卽生祠處處祀之景泰四年十月卒謚文襄兄鍾等自有傳

贊曰宋禮陳瑄治河通運道爲國家經久計生民被澤無窮周忱治財賦民不擾而廩有餘美此無他故殫公心以體國而才力足以濟之誠異夫造端興事徼一時之功智籠巧取爲科斂之術者也然河渠之利世享其成而忱之良法美意未幾而澌滅無餘民用重困豈非成功之有迹者易以循而用法之因人者難其繼哉雖然見小利而樂紛更不能不爲當日之嘵嘵者惜也

總裁官總理事務經筵講官少保兼太子太保保和殿大學士兼管吏部戶部尚書事加六級張廷玉等奉

明史卷一百五十四　列傳第四十二

敕修

張輔字文弼河間王玉長子也燕師起從父力戰爲指揮同知玉歿東昌輔嗣職從戰夾河藁城彰德靈璧皆有功從入京師封信安伯祿千石予世券妹爲帝妃邱福朱能言輔父子功俱高不可以私親故薄其賞永樂三年進封新城侯加祿三百石是時安南黎季犛弒其主自稱太上皇立子蒼爲帝其故王之孫陳天平自老撾來奔季犛佯請歸國帝遣都督黃中以兵五千送之前大理卿薛嵓爲輔季犛伏兵芹站殺天平嵓亦死帝大怒命成國公朱能爲征夷將軍輔爲右副將軍帥豐城侯李彬等十八將軍兵八十萬會左副將軍西平侯沐晟分道進討兵部尚書劉儁贊軍事刑部尚書黃福大理寺卿陳洽給饋餉四年十月能卒於軍輔代領其衆自憑祥進師度坡壘關望祭安南境內山川檄季犛二十罪進破隘留雞陵二關道芹站走其伏兵抵新福晟軍亦自雲南至營於白鶴安南有東西二都依宣洮沲富良四江爲險賊緣江南北岸立柵聚舟其中築城於多邦隘城柵橋艦相連九百餘里兵衆七百萬欲據險以老輔師輔自新福移軍三帶州造船圖進取會帝聞朱能卒敕拜輔爲將軍制詞以李文忠代開平王常遇春爲比且言乘冬月瘴癘未興宜及時滅賊十二月輔軍次富良江北遣驃騎將軍朱榮破賊嘉林江遂與晟合軍進攻多邦城佯欲他攻以懈賊令都督黃中等將死士人持炬火銅角夜四鼓越重濠雲梯傅其城都指揮蔡福先登士蟻附而上角鳴萬炬齊舉城下兵鼓噪繼進遂入城賊驅象迎戰輔以畫獅蒙馬衝之翼以神機火器象皆反走賊大潰斬其帥二人追至繖圓山盡焚緣江木柵俘斬無算進克東都輯吏民撫降附來歸者日以萬計遣別將李彬陳旭取西都又分軍破賊援兵季犛焚宮室倉庫逃入海三江州縣皆望風降明年春輔遣清遠伯王友等濟自注江悉破籌江困枚萬劫普賴諸寨斬首三萬七千餘級賊將胡杜聚舟盤灘江輔使降將陳封襲走之盡得其舟遂定東潮諒江諸府州尋擊破季犛舟師於木丸江斬首萬級擒其將校百餘人溺死者無算追至膠水縣悶海口還軍築城鹹子關令都督柳升守之已賊由富良江入輔與晟夾岸迎戰升等以舟師橫擊大破之馘斬數萬江水爲赤乘勝窮追時天旱水淺賊棄舟陸走官軍至忽大雨水漲遂畢渡五月至奇羅海口獲季犛及其子蒼竝僞太子諸王將相大臣等檻送京師安南平得府州四十八縣一百八十戶三百十二萬求陳氏後不得遂設交阯布政司以其地內屬自唐之亡交阯淪於蠻服者四百餘年至是復入版圖帝爲詔告天下諸王百官奉表稱賀六年夏輔振旅還京師再賜宴奉天殿帝爲賦平安南歌進封英國公歲祿三千石予世券其年冬陳氏故臣簡定復叛命沐晟討之敗績於生厥江明年春復命輔佩征虜將軍印帥師往討時簡定已僭稱越上皇別立陳季擴爲皇勢張甚輔就叱覽山伐木造舟招諒江北諸避寇者復業遂進至慈廉州破喝門江克廣威州孔目柵遇賊鹹子關賊舟六百餘保江東南岸輔帥陳旭等以划船戰乘風縱火擒賊帥二百餘人盡得其舟追至太平海口賊將鄧景異以三百艘迎敵復大破之於是季擴自言陳氏後遣使求紹封輔曰向者遍索陳王後不應今詐也吾奉命討賊不知其他遂遣朱榮蔡福等以步騎先進輔帥舟師繼之自黃江至神投海會師清化分道入磊江獲簡定於美良山中及其黨送京師八年正月進擊賊餘黨斬數千人築京觀惟季擴未獲帝留沐晟討之召輔班師謁帝於興和命練兵宣府萬全督運北征時陳季擴雖請降實無悛心乘輔歸攻剽如故晟不能制交人苦中國約束又數爲吏卒侵擾往往起附賊乍服乍叛將帥益玩寇九年正月仍命輔與沐晟協力進討輔至申軍令都督黃中素驕違節度詰之不孫斬以徇將士惕息無敢不用命者其年七月破賊帥鄧景異於月常江獲船百餘生擒僞元帥鄧宗稷等又捕斬別部賊首數人以瘴癘息兵明年八月擊賊於神投海賊舟四百餘分三隊鋭甚輔衝其中堅賊却左右隊迭進官軍與相鉤連殊死戰自卯至巳大破賊擒渠帥七十五人進軍乂安府賊將降者相繼十一年冬與晟會順州戰愛子江賊驅象前行輔戒士卒一矢落象奴二矢射象鼻象奔還自蹂其衆裨將楊鴻韓廣薛聚等乘勢繼進矢落如雨賊大敗擒其帥五十六人追至愛母江盡降其衆明年正月進至政平州聞賊屯暹蠻昆蒲諸柵遂引兵往懸崖側徑騎不得進輔與將校徒步行山箐中夜四鼓抵其巢悉擒鄧景異阮鎔等季擴走老撾遣指揮師祐以兵索之破其三關遂縛季擴及其孥送京師賊平承制以賊所取占城地設升華思義四州增置衞所官其降人留軍守之而還十三年春至京旋命爲交阯總兵官往鎭而餘寇陳月湖等復作亂輔悉討平之十四年冬召還輔凡四至交阯前後建置郡邑及增設驛傳遞運規畫甚備交人所畏惟輔輔還一年而黎利反累遣將討之無功至宣德時柳升敗沒王通與賊盟倉卒引還廷議棄交阯輔爭之不能得也仁宗卽位掌中軍都督府事進太師竝支二俸尋命輔所受太師俸於北京倉支給時百官俸米皆給於南京此蓋特恩云成祖喪滿二十七日帝素冠麻衣以朝而羣臣皆已從吉惟輔與學士楊士奇服如帝帝歎曰輔武臣也而知禮過六卿益見親重尋命知經筵事監修實錄宣德元年漢王高煦謀反誘諸功臣爲內應潛遣人夜至輔所輔執之以聞盡得其反狀因請將兵擊之帝決策親征命輔扈行事平加祿三百石輔威名益盛而久握兵四年都御史顧佐請保全功臣詔輔解府務朝夕侍左右謀畫軍國重事進階光祿大夫左柱國朝朔望英宗卽位加號翊運佐理知經筵監修實錄如故輔雄毅方嚴治軍整肅屹如山岳三定交南威名聞海外歷事四朝連姻帝室而小心敬愼與蹇夏三楊同心輔政二十餘年海內宴然輔有力焉王振擅權文武大臣望塵頓首惟輔與抗禮也先入犯振導英宗親征輔從行不使預軍政輔老矣默默不敢言至土木死於難年七十五追封定興王謚忠烈子懋九歲嗣公憲宗閱騎射西苑懋三發連中賜金帶歷掌營府累加至太師嘗上言防邊事宜諫止發京營兵作圓通寺弘治中御史李興彭程下獄懋論救復請罷作眞武觀免織造召還中官董織者武宗卽位與羣小狎遊懋率文武大臣諫其言皆切直然性豪侈又頗朘削軍士屢爲言者所糾嗣公凡六十六年握兵柄者四十年尊寵爲勳臣冠正德十年卒年亦七十五贈寧陽王謚恭靖萬曆十一年與朱希忠竝削王號孫崙嗣傳爵至世澤流寇陷京師遇害初輔之定交阯也先後百餘戰其從征死事最著者有高士文徐政士文咸陽人洪武中以小校從征雲南及金山有功爲燕山左護衞百戶質直剛果善騎射從成祖起兵累官都督僉事從張輔征交阯黎季犛既擒餘黨竄山谷中出沒爲寇五年八月士文帥所部敗之廣源進圖其寨晝夜急攻垂破賊突走士文追與戰中飛石死所部復追賊賊失巢潰散遂爲指揮程瑒所滅朝廷念士文功追封建平伯令其子福嗣祿千三百石予世券三傳至孫靁無子以義子爲嗣事覺爵除徐政儀眞人建文時爲揚州衞副千戶以城降成祖累遷都指揮同知從征交阯奪船於三帶江以濟大軍拔西都戰鹹子關皆有功陳季擴反盤灘地最要衝張輔遣政守之七年八月賊黨鄧景異來攻與戰飛鎗貫脇猶督兵力戰竟敗賊賊退腹潰而死

黃福字如錫昌邑人洪武中由太學生歷金吾前衞經歷上書論國家大計太祖奇之超拜工部右侍郎建文時深見倚任成祖列姦黨二十九人福與焉成祖入京師福迎附李景隆指福姦黨福曰臣固應死但目爲姦黨則臣心未服帝置不問復其官未幾拜工部尚書永樂三年陳瑛劾福不恤工匠改北京行部尚書明年坐事逮下詔獄謫充爲事官已復職督安南軍餉安南旣平郡縣其地命福以尚書掌布政按察二司事時遠方初定軍旅未息庶務繁劇福隨事制宜咸有條理上疏言交阯賦稅輕重不一請酌定務從輕省又請循瀘江北岸至欽州設衞所置驛站以便往來開中積鹽使商賈輸粟以廣軍儲官吏俸廩倉粟不足則給以公田又

言廣西民餽運陸路艱險，宜令廣東海運二十萬石以給，皆報可。於是編氓籍，定賦稅，興學校，置官師。數召父老宣諭德意，戒屬吏毋苛擾。一切鎭之以靜，上下帖然。時羣臣以細故謫交阯者衆，福咸加拯恤，甄其賢者與共事。由是至者如歸。鎭守中官馬騏怙寵虐民，福數裁抑之。騏誣福有異志，帝察其妄，不問。仁宗卽位，召還，命兼詹事，輔太子。福在交阯凡十九年。及還，交人扶攜走送，號泣不忍別。福還，交阯賊遂劇，訖不能靖。仁宗崩，督獻陵工。宣德元年，馬騏激交阯復叛。時陳洽以兵部尚書代福，累奏乞福還撫交阯。會福奉使南京，召赴闕，敕曰：「卿惠愛交人久，交人思卿，其爲朕再行。」仍以工部尚書兼詹事，領二司事。比至，柳升敗死，福走還，至雞陵關，爲賊所執，欲自殺。賊羅拜下泣曰：「公交民父母也，公不去，我曹不至此。」力持之。黎利聞之曰：「中國遣官吏治交阯，使人人如黃尚書，我豈得反哉！」遣人馳往守護，饋白金、餱糧，肩輿送出境。至龍州，盡取所遺歸之官。還，爲行在工部尚書。四年，與平江伯董漕事，議令江西、湖廣、浙江及江南北諸郡民，量地遠近，轉粟於淮、徐、臨淸，而令軍士接運至北京，民大稱便。五年陳足兵食省役之要。其言足食，謂：「永樂間，雖營建北京，南討交阯，北征沙漠，資用未嘗乏。比國無大費，而歲用僅給。卽不幸有水旱征調，將何以濟？請役操備營繕軍士十萬人，於濟寧以北、衞輝、眞定以東，緣河屯種。初年自食，次年人收五石，三年收倍之。既省京倉口糧六十萬石，又省本衞月糧百二十萬石，歲可得二百八十萬石。」帝善之，下行在戶、兵二部議。郭資、張本言：「緣河屯田實便，請先以五萬頃爲率，發附近居民五萬人墾之。但山東近年旱饑，流徙初復，衞卒多力役，宜先遣官行視田，以俟開墾。」帝從之，命吏部郎中趙新等經理屯田，福總其事。既而有言軍民各有常業，若復分田，役益勞擾，事竟不行。改戶部尚書。七年，帝於宮中覽福漕事便宜疏，出以示楊士奇曰：「福言智慮深遠，六卿中誰倫比者？」對曰：「福受知太祖，正直明果，一志國家。永樂初，建北京行部，綏輯凋瘵；及使交阯，總藩憲，具有成績，誠六卿所不及。福年七十矣，諸後進少年高坐公堂理政事，福四朝舊人，乃朝暮奔走勞悴，殊非國家優老敬賢之道。」帝曰：「非汝不聞此言。」士奇又曰：「南京根本重地，先帝以儲宮監國。福老成忠直，緩急可倚。」帝曰：「然。」明日，改福官南京。明年兼掌南京兵部。英宗卽位，加少保，參贊南京守備襄城伯李隆機務。留都文臣參機務自福始。隆用福言，政肅民安。正統五年正月卒，年七十八。福丰儀修整，不妄言笑。歷事六朝，多所建白。公正廉恕，素孚於人。當官不爲赫赫名，事微細無不謹。憂國忘家，老而彌篤。自奉甚約，妻子僅給衣食，所得俸祿，惟待賓客、周匱乏而已。初，成祖手疏大臣十人，命解縉評之，惟於福曰：「秉心易直，確乎有守。」無少貶。福參贊南京時，嘗坐李隆側，士奇寄聲曰：「豈有孤卿而旁坐者？」福曰：「焉有少保而贊守備者邪？」卒不變。然隆待福甚恭，公退卽推福上坐，福亦不辭。士奇之省墓也，道南京，聞福疾，往候之。福驚曰：「公輔幼主，一日不可去左右，奈何遠出？」士奇深服其言。兵部侍郎徐琦使安南回，福與相見石城門外。或指福問安南來者曰：「汝識此大人否？」對曰：「南交草木亦知公名，安得不識。」福卒，贈謚不及，士論頗不平。成化初，始贈太保，謚忠宣。

劉儁，字子士，江陵人。洪武十八年進士。除兵部主事，歷郎中。遇事善剖決，爲帝所器。二十八年擢右侍郎。建文時爲侍中。成祖卽位，進尚書。永樂四年大征安南，以儁參贊軍務。儁爲人縝密勤敏，在軍佐畫籌策有功，還受厚賚。未幾，簡定復叛，儁再出參贊沐晟軍務。六年冬，晟與簡定戰生厥江，敗績。儁行至大安海口，颶風作，揚沙晝晦，且戰且行，爲賊所圍，自經死。洪熙元年三月，帝以儁陷賊不屈，有司不言，未加褒卹，敕責禮官，乃賜祭，贈太子少傅，謚節愍，官其子奎給事中。與儁同死者，呂毅、劉昱。毅，項城人。以濟南衞百戶從成祖渡江，積功至都督僉事。與同官黃中充左右副將軍，佐征南將軍韓觀鎭廣西。尋與中將兵送故安南王孫陳天平歸國，至芹站，天平被劫去，坐奪官。帝薄毅罪，起爲鷹揚將軍，從張輔討季犛有功，掌交阯都司事。至是與賊戰，深入陷陣死。昱，武城人。自吏科給事中遷左通政，出爲河南參政，改交阯。嚴肅有治材，吏民畏憚。軍敗，亦死之。

陳洽，字叔遠，武進人。好古力學，與兄濟、弟浚竝有名。洪武中，以善書薦授兵科給事中。嘗奉命閱軍，一過輒識之，有再至者輒叱去。帝嘉其能，賜金織衣。父戍五開，歿，洽奔喪。會蠻叛道梗，冒險間行，負父骨以歸。建文中，以茹瑺薦，起文選郎中。成祖卽位，擢吏部右侍郎，改大理卿。安南兵起，命洽赴廣西，與韓觀選士卒從征。及大軍出，遂命贊軍務，主饋餉。安南平，轉吏部左侍郎。是時黃福掌布按二司事，事務寬大，拊循其民。洽數拔才能，振以風紀，聚將士功罪，建置土官，經理兵食，剖決如流。還朝，命兼署禮部、工部事。七年復參張輔軍，討簡定，平之。還從帝北征，與輔練兵塞外。九年復與輔往交阯討陳季擴。居五年，進兵部尚書，復留贊李彬軍事。仁宗召黃福還，以洽掌布按二司，仍參軍務。中官馬騏貪暴，洽不能制，反者四起。黎利尤桀黠，而榮昌伯陳智、都督方政不相能，寇勢日張。洽上疏言：「賊雖乞降，內懷詭詐，黨羽漸盛，將不可制。乞諭諸將速滅賊，毋爲所餌。」宣宗降敕切責智等，令進兵，復敗於茶籠州。帝乃削智、政官爵，命成山侯王通佩征夷將軍印往討，洽仍贊其軍。宣德元年九月，通至交阯。十一月進師應平夾寧橋。洽與諸將言地險惡，恐有伏，宜駐師覘賊。通不聽，麾兵徑渡，陷泥淖中。伏發，官軍大敗。洽躍馬入賊陣，創甚墜馬。左右欲扶還，洽張目叱曰：「吾爲國大臣，食祿四十年，報國在今日，義不苟生。」揮刀殺賊數人，自剄死。事聞，帝歎曰：「大臣以身殉國，一代幾人！」贈少保，謚節愍，官其子樞刑科給事中。

自黎利反，用兵三四年，將吏先後死者甚衆。侯保，贊皇人。由國子生歷知襄城、贛榆、博興三縣，有善政。交阯初設府縣，擇人撫綏，以保知交州府，遷右參政。永樂十八年，黎利反，保以黃江要害，築堡守之。賊至，力拒數月，出戰不勝，死。馮貴，武陵人。舉進士，爲兵科給事中。從張輔征交阯，督兵餉，累遷左參政。涖事明敏，善撫流亡。土兵二千人，驍果善戰，貴撫以恩意，數擊賊有功。中官馬騏盡奪之。黎利反，貴以羸卒數百禦賊於瑰縣，力屈而死。仁宗時，尚書黃福言狀，贈貴左布政使，保右布政使。然貴嘗言交阯產金，遂命以參議提督金場，時論非之。伍雲，定遠人。以荆州護衞指揮同知從征交阯，破坡壘隘，留多邦城，拔東西二都，皆有功。賊平，調昌江衞。仁宗初，隨方政討黎利於茶籠，深入陷陣死。陳忠，臨淮人。初爲寬河副千戶，以靖難功積官指揮同知。坐事戍廣西，從征交阯。自簡招市舁小舟入江，刦黎季犛木寨，破之。攻多邦城，先登。論功還故官，調交州左衞。屢與賊戰有功，進都指揮同知。黎利寇淸化，忠戰死。仁宗憫之，與雲皆優恤如制。李任，永康人。以燕山衞指揮僉事從成祖起兵，累功爲都指揮同知。宣德元年從征交阯，守昌江。黎利以昌江爲官軍往來要路，悉力攻之。時都督蔡福爲賊所獲，逼令招任降。任於城上罵福曰：「汝爲大將，不能殺賊，反爲賊用，狗彘不食汝餘！」發礮擊之，賊擁福去。大集兵象、飛車、衝梯薄城環攻。任與指揮顧福帥精騎出城掩擊，燒其攻具。賊又築土山臨射城中，鑿地道潛入城。任、福隨方禦之，死守九月餘，前後三十戰。賊聞征夷將軍柳升兵將至，益兵來攻。二年四月，城陷。任、福猶帥死士三戰，三敗賊。賊驅象大至，不能支，皆自剄死。內官馮智、指揮劉順俱自經，城中軍民婦女不屈死者數千人。劉子輔，廬陵人。由國子生擢監察御史，巡按浙江。性廉平，浙人德之。按察使周新不苟許與，獨稱子輔賢。遷廣東按察使，坐累左遷諒江知府。善撫循其民。黎利反，子輔與守將集兵民死守，亦九閱月，與昌江先後同陷。子輔曰：「吾義不汚賊刃。」卽自縊死，一子一妾皆死。何忠，字廷臣，江陵人。由進士爲監察御史，廉愼，人莫敢干以私。永樂中，三殿災，言事忤旨，出爲政平知州，民安其政。寧橋之敗，王通詭與賊和，而請濟師於朝，爲賊所遮，不得達。賊遣使奉表入謝，通乃遣忠及副千戶桂勝與偕行，以奏還土地爲辭，陰令請兵。至昌江，內官徐訓泄其謀，賊遂拘忠、勝，臨以白刃。二人瞋目怒罵，不屈，竝忠子皆被害。徐麒，桂林中衞指揮使，與南寧千戶蔡顒守邱溫。時賊勢已熾，將吏多棄城遁。邱溫被圍，麒與顒猶帥疲卒固守，城陷，皆死，無一降者。易先，湘陰人。以國子生授諒山知府，有善政。歲滿還朝，郡人乞留，詔進秩三品還任。賊破諒山，先自縊死。周安以指揮僉事守備乂安。黎利勢張，都督蔡福以芻糧將盡，退就東關。既行，千戶包宣以其衆詣賊降。安等至富良江，爲賊所蹙，俱陷賊。賊逼蔡福詣諸城說降，安憤甚，潛與衆謀，俟官軍至爲內應。包宣覺之，以告利。利收安，將殺之。安曰：「吾天朝臣子，豈死賊手！」與指揮陳麟躍起奪賊刀，殺數人，皆自刎死。所部九千餘人悉被殺。交阯布政使弋謙以任等十二人死事聞，宣宗歎息，贈任都督同知，福、順、麒都指揮同知，安指揮同知，顒指揮僉事，勝正千戶，竝令子孫承襲；子輔、先布政司參政，忠府同知，智太監，竝予誥賜祭。惟麟嘗與朱廣開門納賊，故贈恤不及。已而黎利稱臣，歸蔡福、朱廣等六人，盡棄市，籍其家。

李彬，字質文，鳳陽人。父信，從太祖渡江，積功爲濟川衞指揮僉事。彬嗣職，從潁國公傅友德出塞，斬獲多。還，與築諸邊城。成祖起兵，彬歸附，爲前鋒，轉戰有功，累遷右軍都督僉事。永樂元年四月以邱福議封豐城侯，祿千石，予世券。明年，襄城伯李濬討永新叛寇，命彬帥師策應，未至，寇平。命以所統鎭廣東。四年召還，捕南陽皁君山寇。其年七月以左參將賁征夷副將軍印授沐晟，進討安南。十二月，彬及雲陽伯陳旭破安南西都，又大敗賊於木丸江。安南平，論功，與旭皆以臨敵稽緩，不益封，加祿五百石。尋充總兵官，備倭海上，移兵討擒長沙賊李法良。又帥浙、閩兵捕海寇。十年命往甘肅，與西寧侯宋琥經略降酋。彬與柳升嚴兵境上，而令土官李英防野馬川涼州酋老的罕叛都指揮何銘戰死英追躡盡俘其衆老的罕走赤斤蒙古帝欲發兵彬言道遠餉難繼宜緩圖之明年代琥鎮甘肅赤斤蒙古縛老的罕以獻帝嘉彬功賜賚甚厚十二年從北征領右哨破敵於忽失溫追奔至土剌河師還受上賞移鎮陝西十五年二月命佩征夷將軍印鎮交阯至則破擒陸那縣賊阮貞遣都督朱廣等平順州及北畫諸寨明年清化府土巡檢黎利反彬遣廣討破之利遁去十七年遣都督同知方政襲利於可藍柵獲其將軍阮箇立等利走老撾師還復出爲寇都指揮黃誠擊走之以暑雨旋師當是時交人反者四起彬遣諸將分道往討方政討車綿子等於嘉興鄭公証於南策丁宗老於大灣朱廣討譚輿邦等於別部都指揮徐謜討范軟於俄樂指揮陳原瑰討陳直誠於惡江都指揮王忠討楊恭於峽山皆先後報捷而賊勢尤劇者彬輒自將往擊潘僚者乂安土知府也爲中官馬騏所虐反衛儀彬擊敗之追至玉麻州擒其酋進焚賊柵僚竄老撾彬遣都指揮師祐帥師往僚以老撾兵迎戰破之農巴林悉降其衆范玉者塗山寺僧也反東潮州彬往討敗之江中玉脫走追獲之東潮而鄭公証之黨黎姪復起都指揮陳忠等累敗之於小黃江彬自將追捕至鎮蠻盡縛其衆於是諸賊畧平惟黎利數出沒聚衆磊江屢爲徐謜方政所敗復遁去十九年彬以餽運不繼請令官軍與土軍參錯屯田並酌屯守征行多寡之數以聞帝從之將發兵入老撾索黎利老撾懼請自捕以獻會彬疾作而罷明年正月卒繼之者孟瑛陳智李安方政皆不能討王通代鎮賊勢益盛交阯遂不可守彬卒贈茂國公諡剛毅子賢嗣宣德三年從出塞還修永寧隆慶諸城正統初鎮大同尋守備南京景泰二年卒贈豐國公諡忠憲子勇嗣再傳至孫昱正德中鎮貴州擒思南石阡流賊平武定諸蠻有功加太子太傅嘉靖初鎮湖廣有威惠楚人安之從兩廣武定侯郭勛典京營以罪罷世宗以昱遠鎮無內黨召代之尋坐事罷卒諡武襄無子從子熙嗣出鎮湖廣楚世子獄株連甚衆熙言於御史平反二百餘人討平沅州麻陽叛蠻卒無子從子儒嗣傳至孫承祚天啓時附魏忠賢請設海外督理內臣又請予忠賢九錫崇禎初奪爵戍邊子開先嗣爲伯都城陷遇害

柳升懷寧人襲父職爲燕山護衛百戶大小二十餘戰累遷左軍都督僉事永樂初從張輔征交阯破賊魯江斬其帥阮子仁等守鹹子關賊入富良江舟亘十餘里截江立寨陸兵亦數萬人輔將步騎升將水軍夾攻大敗之獲僞尚書阮希周等又敗賊於奇羅海口得舟三百部卒得季犛及其子澄升賚露布獻俘被賞賚師還封安遠伯祿千石予世券七年同陳瑄帥舟師巡海至青州海中大破倭追至金州白山島而還明年從北征至回曲津將神機火器爲前鋒大敗阿魯台進封侯加祿五百石仍世伯爵出鎮寧夏討斬叛將馮答蘭帖木兒等召還總京營兵十二年復從北征將大營兵戰忽蘭忽失溫以火器破敵十八年蒲臺妖婦唐賽兒反命升與都指揮劉忠將京軍往勦圍其寨升自以大將意輕賊賊乞降信之夜爲所襲忠中流矢死賽兒遁去及明始覺追獲其黨百餘人都指揮衞青力戰解安邱圍升忌其功摧辱之徵下獄已得釋二十年復從北征將中軍破兀良哈於屈裂兒河子世侯帝五出塞升皆從數有功寵待在列侯右仁宗即位命掌右府加太子太傅宣德元年冬成山侯王通征黎利敗聞命升爲征虜副將軍充總兵官保定侯梁銘爲左副總兵都督崔聚爲參將尚書李慶贊軍務帥步騎七萬會黔國公沐晟往討時賊勢已盛道路梗絕朝廷久不得交阯奏報二年六月有軍丁李茂先者三人間道走京師言昌江被圍急帝授三人百戶敕升急進援而昌江已於四月陷九月升始入隘留關利僞爲國人上書請立陳氏後升不啓封以聞賊緣途據險列柵官軍連破之抵鎮夷關升以賊屢敗易之時李慶梁銘皆病甚郎中史安主事陳鏞言於慶曰柳將軍辭色皆驕驕者兵家所忌賊或示弱以誘我未可知也防賊設伏璽書告誡甚切公宜力言之慶强起告升升不爲意至倒馬坡與百餘騎先馳度橋橋遽壞後隊不得進賊伏四起升陷泥淖中中鏢死其日銘病卒明日慶亦卒又明日崔聚帥軍至昌江賊來益衆官軍殊死鬬賊驅象大戰陣亂賊大呼降者不死官軍或死或走無降者全軍盡沒史安陳鏞及李宗昉潘禋皆死之崔聚懷遠人從成祖起兵八年從北征敗敵於廣漠戍洪熙元年累遷左軍都督僉事至是力戰被執賊百計降之終不屈死升質直寬和善撫士卒勇而寡謀遂及於敗升敗沐晟師不得進亦引還王通孤軍援絕遂棄交阯朝議以升喪師不令子溥襲爵久之乃許正統十二年贈升融國公諡襄愍溥初掌中府出鎮廣西廉慎然無將畧承山雲後不能守成法過於寬弛猺獞相煽爲亂溥先後討斬大藤峽賊渠破柳州思恩諸蠻寨而賊滋蔓如故景泰初兵事亟召掌右府總神機營事定復出鎮天順初召還防宣府大同累進太傅陝西有警命佩平虜大將軍印往禦敵再入涼州溥閉壁不出敵飽掠去躡取數十級報捷被劾落太傅閒住尋復起掌神機營卒諡武肅孫景嗣景子文文子珣凡三世皆鎮兩廣有平蠻功嘉靖十九年命珣佩征夷副將軍印征安南莫登庸登庸乞降加太子太傅又以討瓊州黎賊功加少保卒贈太保諡武襄傳至明亡爵絕史安字志靜豐城人廉重好學由進士歷官儀制司郎中陳鏞字叔振錢塘人由庶吉士授祠祭司主事楊士奇稱其清介端確表裏一出於正李宗昉不知何許人亦以主事從潘禋鄞人以後軍都事從嘗勸升持重廣偵探引芹站寧橋事爲戒升不聽軍敗格鬭死

梁銘汝陽人以燕山前衞百戶從仁宗守北平李景隆圍城戰甚力積功至後軍都督僉事侍仁宗監國永樂八年坐事下獄十九年赦復職副都督胡原捕倭廣東仁宗即位進都督同知以參將佩征西將軍印同都督同知陳懷鎮寧夏追論守城功封保定伯祿千石予世券宣德初御史石璞劾其貪黷下獄當奪爵宥之副柳升征交阯升敗銘病卒銘勇敢善戰能得士卒心既死崔聚獨以衆入全軍遂覆子珤嗣正統末充副總兵討福建盜鄧茂七擊斬餘賊於九龍山班師而賊黨復作謫充爲事官從石亨立功復爵景泰元年拜平蠻將軍代王驥討貴州苗其冬分四道進攻大敗之斬首七千有奇破寨五百明年自沅州進兵與都督方瑛破賊於興澤又大破之香鑪山俘僞王韋同烈等擒斬數千人分兵攻都勻草塘諸苗悉震恐降師還苗復叛珤復與瑛討平之論功進侯益祿五百石四年討平湖廣清浪叛苗天順元年出鎮陝西破敵涼州又破敵靖虜堡召還理左府事成化初卒贈蠡國公諡襄靖珤天資平恕數總兵柄未嘗妄殺一人子弟從征以功授官輒辭不受人以爲賢傳爵至世勳崇禎初提督京營京師陷遇害

王通咸寧人金鄉侯眞子也嗣父官爲都指揮使將父兵轉戰有功累進都督僉事復以父死事故封武義伯祿千石予世券永樂七年董營長陵十一年進封成山侯加祿二百石明年從北征領右掖二十年從出塞以大軍殿連出塞竝領右掖仁宗即位命掌後府加太子太保時交阯總兵官豐城侯李彬已前卒榮昌伯陳智都督方政以參將代鎮不協黎利益張數破郡邑殺將吏智出兵數敗宣宗削智爵而命通佩征夷將軍印帥師往討黎利弟善攻交州城都督陳濬等擊却之會通至分道出擊參將馬瑛破賊於石室縣通引軍與瑛合至應平之寧橋中伏軍大潰死者二三萬人尚書陳洽與焉通中傷還交州利在乂安聞之自將精卒圍東關通氣沮陰遣人許爲利乞封而檄清化迤南地歸利按察使楊時習執不可通厲聲叱之清化守羅通亦不肯棄城與指揮打忠堅守朝廷遣柳升等助通未至二年二月利攻城通以勁兵五千出不意擣賊營破之斬其司空丁禮以下萬餘級利惶懼欲走諸將請乘勝急擊通猶豫三日不出賊勢復振樹柵掘濠塹四出攻掠分兵陷昌江諒江而圍交益急通斂兵不出利乞和通以聞會柳升戰歿沐晟師至水尾縣不得進通益懼更啗利和爲利馳上謝罪表其年十月大集官吏軍民出城立壇與利盟約退師因宴利遺利錦綺利亦以重寶爲謝十二月通令太監山壽與陳智等由水路還欽州而自帥步騎還廣西至南寧始以聞會廷議厭兵遂棄交阯交阯內屬者二十餘年前後用兵數十萬餽餉至百餘萬轉輸之費不與焉至是棄去官吏軍民還者八萬六千餘人其陷於賊及爲賊所戮者不可勝計而土官嚮義者陶季容陳汀之屬乃往往自拔來歸明年通還京羣臣交劾論死繫獄奪券籍其家正統四年特釋爲民景帝立起都督僉事守京城禦也先有功進同知守天壽山還其家產景泰三年卒天順元年詔通子琮嗣成山伯琮子鏞成化時賜原券傳爵至明亡陶季容者世爲水尾土官交阯平以爲土知縣歷歸化知州遷宣化府同知守北閑堡宣德元年遣所部阮執先等追賊至清波縣爲所獲既而遣執先還招季容脅以兵不爲動宣宗聞之擢宣化知府降敕獎勞賊復遣人誘季容季容執以送沐晟而導官軍敗賊於水尾王通棄交阯季容率官屬入朝陳汀古雷縣千夫長數從方政擊賊有功政信倚之王通棄地汀北行爲賊所得授以官令守交州東關汀挈其家九十餘人從間道走賊追之家屬盡陷汀獨身入欽州帝嘉其義以爲指揮厚賚之他若土官阮世寧阮公庭皆不願從利率所部來歸乞居龍州陳州之地帝命加意撫卹資糧器用官給之

贊曰成祖因季犛簒立興師問罪以彰天討求陳氏後不得從而郡縣其地得取亂侮亡之道矣蠻疆險遠易動難馴數年之間叛者數起柳升以輕敵喪師王通以畏怯棄地雖黃福惠愛在交叛人心折而大勢已去再

至無功宣宗用老成謀國之言廓然置之度外亙以其得不爲益失不爲損事勢所不必爭非獨憚於勞民而絀於籌餉也嘗考黃福與張輔書言惡本未盡除守兵不足用馭之有道可以漸安守之無法不免再變權交事之始終蓋惜張輔之不得爲滇南之沐氏也

明史卷一百五十五　列傳第四十三

總裁官總理事務經筵講官少保兼太子太保保和殿大學士兼管吏部戶部尚書事加六級張廷玉等奉敕修

宋晟　薛祿郭義金玉
劉榮　朱榮
費瓛　譚廣
陳懷馬亮　蔣貴孫琬
任禮　趙安
趙輔　劉聚

宋晟字景陽定遠人父朝用兄國興竝從渡江皆積功至元帥攻集慶國興戰歿晟嗣其職既而朝用請老晟方從鄧愈克徽州召還襲父官累進都指揮同知歷鎮江西大同陝西洪武十二年坐法降涼州衛指揮使十七年五月討西番叛酋至亦集乃路禽元海道千戶也先帖木兒國公吳把都刺赤等俘獲萬八千人送酋長京師簡其精銳千人補卒伍餘悉放遣召還復爲都指揮進右軍都督僉事仍鎮涼州二十四年充總兵官與都督劉眞討哈梅里其地去肅州千餘里晟令軍中多具糧糗倍道疾馳乘夜至城下黎明金鼓聲震地闔城股栗遂克之禽其王子列兒怯帖木兒及僞國公以下三十餘人收其部落輜重以歸自是番戎慴服兵威極於西域明年五月從藍玉征罕東徇阿眞川土酋哈昝等遁去師還調中軍都督僉事二十八年六月從總兵官周興出開原至忽刺江部長西陽哈遁追至甫答迷城俘人畜而還明年拜征南右副將軍討廣西㳘㠓諸寨苗禽斬七千餘人又明年總羽林八衛兵討平五開龍里苗三十一年出鎮開平從燕王出塞還城萬全諸衛建文改元仍鎮甘肅成祖卽位入朝進後軍左都督拜平羌將軍遣還鎮永樂三年招降把都帖木兒倫都兒灰等部落五千人獲馬駝牛羊萬六千封西寧侯祿千一百石世指揮使晟凡四鎮涼州前後二十餘年威信著絕域帝以晟舊臣有大將材專任以邊事所奏請輒報可御史劾晟自專帝曰任人不專則不能成功況大將統制一邊寧能盡拘文法卽敕晟以便宜從事晟嘗請入朝報曰西北邊務一以委卿非召命毋輒來尋命營河西牧地及圖出塞方畧會病卒五年七月也晟三子長瑄建文中爲府軍右衛指揮使戰靈壁先登斬數級力鬭死瑄弟琥尚成祖女安成公主得嗣侯予世券八年佩前將軍印鎮甘肅十年與李彬捕叛酋老的罕俘斬甚衆召還洪熙元年坐不敬奪爵幷削駙馬都尉官宣德中復都尉琥既廢弟瑛嗣瑛尚咸寧公主正統中歷掌左軍前府事充剌也先入寇瑛充總兵官督大同守將朱冕石亨等戰陽和全軍敗沒瑛及冕皆戰死贈鄆國公諡忠順子傑嗣景泰中典禁兵宿衛以謹愼稱卒子誠嗣署右府事復佩平羌將軍印鎮甘肅誠有材武嘗出獵至涼州遇寇掠牛馬北去誠三矢殪三人寇驚散盡驅所掠還九傳至孫裕德死流寇難

薛祿膠人行六軍中呼曰薛六既貴乃更名祿祿以卒伍從燕起兵首奪九門眞定之戰左副將軍李堅迎鬭鋒始交祿持槊刺堅墜馬禽之擢指揮僉事從援永平下大寧富峪會州寬河還救北平先驅敗南軍游騎進指揮同知攻大同爲先鋒戰白溝河追奔至濟南遷指揮使戰東昌以五十騎敗南兵數百時成祖爲盛庸所敗還走北平庸檄眞定諸將屯威縣深州邀燕歸路祿皆擊走之戰滹沱河右軍卻祿馳赴陣出入數十戰破之追奔至夾河斬馘無算戰單家橋爲平安所執奮脫縛拔刀殺守卒馳還復戰大敗安軍掠順德大名彰德攻西水寨生禽都指揮花英乘勝下東阿東平汶上連戰淝河小河靈壁功最入京師擢都督僉事永樂六年進同知八年充驃騎將軍從北征進右都督十年上言自古用人必資豫教今武臣子弟閒暇不教恐緩急無可使者帝韙其言會四方送幼軍數萬至悉隸祿操習之十五年以行在後軍都督董營造十八年十二月定都北京授奉天靖難推誠宣力武臣封陽武侯祿千一百石二十一年將右哨從北征還討平長興盜二十二年再領右哨從北征仁宗卽位命掌左府加太子太保予世券洪熙元年充總兵官備禦塞外尋以獲寇功益祿五百石是年頒諸將軍印於各邊鎮祿佩鎮朔大將軍印巡開平至大同邊宣宗卽位召還陳備邊五事尋復遣巡邊宣德元年從征樂安爲前鋒高煦就禽留祿與尚書張本鎮撫之明年春奉詔巡視畿南諸府城池嚴戒軍士毋擾民違者以軍法論是夏復佩大將軍印北巡開平還駐宣府敵犯開平無所得而退去城三百餘里祿帥精兵晝伏夜行三夕至縱輕騎蹂敵營破之大獲人畜師還敵躡其後復奮擊敗之敵由是遠遁召還三年從北征破敵於寬河留鎮薊州永平復數佩鎮朔印巡邊護餉出開平宣府間五年遇敵於鳳凰嶺斬獲多加太保上言永寧衛團山及鵰鶚赤城雲州獨石宜築城堡便守禦詔發軍民三萬六千赴工精騎一千五百護之皆聽祿節制臨行賜詩以山甫南仲爲比祿武人不知書以問楊士奇士奇曰上以古賢人待君也祿拊心曰祿安敢望前賢然敢不勉圖報上恩萬一其年六月有疾召還踰月卒贈鄞國公諡忠武祿有勇而好謀謀定後戰戰必勝紀律嚴明秋毫無犯善撫士卒同甘苦人樂爲用靖難諸功臣張玉朱能及祿三人爲最而祿逮事三朝巋然爲時宿將孫詵嗣至曾孫翰卒無子族人爭襲久之不得請田宅竝入官世絕者三十餘年萬曆五年乃復封翰族子鋹爲侯再傳至濂崇禎末京師陷被害永樂中從起兵北平後積功至大將封侯伯不以靖難功者薛祿及郭義金玉劉榮朱榮凡五人而義玉與祿同日封云郭義濟寧人洪武時累功爲燕山千戶從成祖入京師累遷左都督永樂九年坐曠職謫交阯立功已而宥之數從出塞有功封安陽侯祿千一百石亦授奉天靖難武臣號時義在南京疾革聞命而卒金玉江浦人襲父官爲羽林衛百戶調燕山護衛從起兵有功累遷河南都指揮使永樂三年進都督僉事八年充鷹揚將軍從北征師旋爲殿至長秀川收敵所棄牛羊雜畜亘數十里十四年討平山西妖賊劉子進論前後功封惠安伯祿九百石十九年卒妾田氏自經以殉贈淑人

劉榮宿遷人初冒父名江從魏國公徐達戰灰山黑松林爲總旗給事燕邸雄偉多智畧成祖深器之授密雲衛百戶從起兵爲前鋒屢立戰功徇山東與朱榮帥精騎三千夜襲南軍於滑口斬數千人獲馬三千禽都指揮唐禮等累授都指揮僉事戰滹沱河奪浮橋掠館陶曹州大獲還軍救北平敗平安軍於平村楊文以遼東兵圍永平江往援文引卻江聲言還北平行二十餘里卷甲夜入永平文聞江去復來攻江突出掩擊大敗之斬首數千禽指揮王雄等七十一人遷都指揮使從至淝河與白義王眞以輕騎誘致平安敗之時南軍駐宿州積糧爲持久計成祖患之議絕其餉道命江將三千人往趦趄不行成祖大怒欲斬之諸將叩首請乃免渡江策功以前罪不封止授都督僉事遷中府右都督永樂八年從北征以遊擊將軍督前哨乘夜據淸水源敗敵斡難河復敗阿魯台於靖虜鎮師還爲殿卽軍中進左都督遣鎮遼東敵闌入殺官軍帝怒命斬江既而宥之九年復鎮遼東十二年再從北征仍爲前鋒將勁騎偵敵於飲馬河見敵騎東走追至康哈里孩擊斬數十人復與大軍合擊馬哈木於忽失溫下馬持短兵突陣斬獲多受上賞復充總兵官鎮遼東倭數寇海上北抵遼南訖浙閩瀕海郡邑多被害江度形勢請於金線島西北望海堝築城堡設烽堠嚴兵以待十七年六月瞭者言東南海島中舉火江急引兵赴堝上倭三十餘舟至泊馬雄島登岸奔望海堝江依山設伏別遣將斷其歸路以步卒迎戰佯卻賊入伏中礮舉伏起自辰至酉大破賊賊走櫻桃園空堡中江開西壁縱之走復分兩路夾擊盡覆之斬首千餘級生禽百三十人自是倭大創不敢復入遼東詔封廣寧伯祿千二百石予世券始更名榮尋遣還鎮明年四月卒榮爲將常爲軍鋒所向無堅陣馭士卒有紀律恩信嚴明諸欸塞者撫輯備至既卒人咸思之贈侯諡忠武子湍嗣卒無子弟安嗣正統十四年與郭登鎮大同也先擁英宗至城下邀登出見登不可安出見伏哭帝前景帝降敕切責安馳至京師言奉上皇命來告敵情且言進已爲侯羣臣交劾下獄論死會京師戒嚴釋安充總兵官陣東直門寇退進都督同知守備白羊口復伯爵英宗復位予世侯再益祿三百石曹欽反安被創加太子少傅成化中卒贈崐國公諡忠僖傳爵至明亡

朱榮字仲華沂人洪武十四年以總旗從西平侯沐英征雲南累官副千戶守大寧降於成祖襲孫霖於滑口圍定州斷南軍餉道大小二十餘戰論功授都督僉事永樂四年從新城侯張輔征交阯破雞陵關會沐晟於白鶴輔等議於嘉陵江上流濟師遣榮陣下流十八里日增其數以惑賊又作舟筏爲欲濟狀以牽制之賊果分兵渡江登岸榮等奮擊大破之大軍進克多邦城榮功爲多帝以榮嘗息事師還論功僅擢右都督賜白金鈔幣七年復從輔討賊餘黨平之明年督右掖從征阿魯台與劉榮竝進左都督十二年復從北征與榮俱爲前鋒其冬充總兵官鎮大同修忙牛嶺兎毛河赤山榆楊口來勝諸城寇不敢近居三年召還十八年代劉榮

鎭遼東二十年復從北征爲前鋒駐鸚鶻諤寇以五千騎覘敵所向大軍次玉沙泉榮帥銳士三百人人三馬齎二十日糧深入敵已棄牛羊馬駝北走悉收之焚其輜重移師破兀良哈師還封武進伯祿千二百石仍鎭遼東二十二年復從北征已還鎭洪熙元年佩征虜前將軍印鎭如故其年七月卒於鎭贈侯謚忠靖子冕嗣以晉王濟熿新廢命鎭山西尋召還六年命輸餉獨石因巡其地正統四年佩征西將軍印鎭大同十四年從北征戰於陽和死之謚忠愍子瑛嗣傳爵至明亡

費瓛定遠人祖愚洪武時爲燕府左相改授燕山中護衞指揮使傳子肅至瓛從成祖起兵有功累進後軍都督僉事永樂八年春凉州衞千戶虎保永昌衞千戶亦令眞巴等叛衆數千屯據驛路新附伯顏帖木兒等應之西鄙震動都指揮李智擊之不勝賊聲言攻永昌凉州城皇太子命瓛往討至凉州智及都指揮陳懷以師會遂進兵鎭番遇賊於雙城瓛擊其左懷等擊其右賊大敗走斬首三百餘級追奔至黑魚海獲賊千餘馬駝牛羊十二萬虎保等遠遁乃班師十二年充總兵官鎭甘肅瓛以肅州兵多糧少脫有調發猝難措置請以臨鞏稅糧付近邊軍丁轉運又以凉州多閒田請給軍屯墾從之洪熙元年予平羌將軍印永樂時諸邊率用宦官協鎭恣睢專軍務瓛亦爲所制仁宗知之賜璽書責之曰爾以名臣後受國重寄乃俯首受制於人豈大丈夫所爲其痛自懲艾圖後效瓛得書陳謝宣宗嗣位進右府左都督元年七月入朝封崇信伯祿千一百石從征高煦次流河驛帝念前鋒薛祿軍少命瓛帥兵益之還予世券復鎭甘肅二年沙州衞賊屢刦撒馬兒罕及亦力把里貢使瓛討破之明年卒於鎭瓛爲人和易善撫士在鎭十五年境內寧謚子釗嗣從征鄧茂七還掌都督府天順中受武定侯郭英玄孫昭賂誣嫡孫昌不孝欲奪其爵法司請逮治詔解府事卒子淮嗣爵傳至明亡乃絕

譚廣字仲宏丹徒人洪武初起卒伍從征金山爲燕山護衞百戶從成祖起兵以百騎掠涿州生得將校三十人戰白溝眞定夾河咸有功屢遷指揮使留守保定都督韓觀帥師十二萬來攻廣以孤軍力拒四十餘日伺間破走之永樂九年進大寧都指揮僉事董建北京旣而領神機營從北征充驍騎將軍十一年練軍山西明年從征九龍口爲前鋒賊數萬憑峭廣命挽強士射之萬矢齊發死者無算乘勝夾擊賊大敗論功進都督僉事仁宗嗣位擢左都督佩鎭朔將軍印鎭宣府宣德三年請軍衞如郡縣例立風雲雷雨山川社稷壇六年以宣府糧少請如開平獨石召商中鹽納粟以足兵食俱從之明年帝從戶部議令他衞軍戍宣府者悉遣還屯種廣上言臣所守邊一千四百餘里敵人窺伺竊發無時脫有警徵兵數百里外勢豈能及屯種之議臣愚未見其可帝以邊卒戍守有餘但命永樂中調戍者勿遣正統初朝議以脫歡雖款塞狡謀未可測命廣及他鎭總兵官陳懷李謙王彧圖上方略廣等各上議大要謂邊寇出沒不常惟守禦爲上策宜分兵扼要害而間遣精銳巡塞外遇敵則量力戰守間諜以偵之輕兵以躡之寇來無所得去有所懼則邊患可少弭帝納其言六年十一月以禦敵功封永寧伯祿千二百石仍鎭宣府八年乞致仕優詔不許明年十月召還陛見帝憫其老免常朝是月卒年八十二謚襄毅廣長身多力奮跡行伍至大將大小百餘戰未嘗挫衄在宣府二十年修屯堡嚴守備增驛傳又請頒給火器於各邊將校失律卽奏請置罪而撫士卒有恩邊徼帖然稱名將嘗逞憤杖殺都司經歷又以私憾杖百戶並爲言官所劾置不問旣卒吏部言非世券授其子序指揮使

陳懷合肥人襲父職爲眞定副千戶永樂初積功至都指揮僉事從平安南進都指揮使涖山西都司事再從張輔禽安南賊簡定從都督費瓛征凉州叛人虎保皆有功仁宗立進都督同知宣德元年代梁銘爲總兵官鎭寧夏時官軍征交阯者屢敗詔發松潘軍援之將士憚行千戶錢宏與衆謀詐言番叛帥兵掠麥匝諸族番人震恐遂反殺指揮陳傑等陷松潘疊溪圍威茂諸州指揮吳玉韓整高隆相繼敗績西鄙騷然詔遣鴻臚丞何敏指揮吳瑋往招之而命懷統劉昭趙安蔣貴帥師數萬隨其後瑋等至賊不順命瑋與龍州知州薛繼賢擊賊復松潘比懷至仍用瑋前鋒遂復疊溪降二十餘寨招撫復業者萬二千二百餘戶歸所掠軍民二千二百餘人事遂定進左都督厚賚金幣而紬瑋功不錄懷留鎭四川在鎭驕縱不法干預民事受賕庇罪人侵奪屯田笞辱僉事柴震等數爲言官所劾帝降敕責讓復以御史王禮彈章示之懷引罪置不問六年松潘勒都北定諸族暨空郎龍溪諸寨番復叛懷遣兵戰敗指揮安寧等死者三百餘人懷乃親督兵深入破革兒骨寨進攻空郎乞兒洞賊敗斬首墜崖死者無算革兒骨賊復聚生苗邀戰擊破之剿戮殆盡於是任昌牛心諸寨番聞風乞降羣寇悉平久之巡按御史及按察使復奏懷僭侈踰分每旦令三司官分班立有事跪白懷中坐稱旨行遣且日荒於酒不飭邊備致城寨失陷宣宗怒召懷還命文武大臣鞫之罪當斬下都察院獄宥死落職正統二年以原官鎭大同時北人來貢者日給廩餼爲軍民累懷言於朝得減省居二年以老召還命理中府事九年春與中官但住出古北口征兀良哈還與馬亮等同封而懷得平鄉伯十四年扈駕北征死土木贈侯謚忠毅子輔乞襲爵吏部言非世券執不許景帝以懷死事許之輔卒子政請襲吏部執如初中旨許嗣政鎭兩廣久自陳軍功乞世券吏部復執不可詔予之政卒子信嗣弘治中卒無子弟俊嗣指揮使馬亮淇人以燕山衞卒從成祖起兵累功至都指揮僉事宣宗時官至左都督兀良哈之役偕中官劉永誠出劉家口至黑山大松林流沙河諸處遇賊勝之還封招遠伯是役也王振主之故諸將功少率得封亮善騎射每戰身先士卒所向克捷時稱驍將爲伯三年卒謚榮毅

蔣貴字大富江都人以燕山衞卒從成祖起兵雄偉多力善騎射積功至昌國衞指揮同知從大軍征交阯及沙漠遷都指揮僉事掌彭城衞事宣德二年四川松潘諸番叛充右參將從總兵官陳懷討之募鄉導絕險而進薄其巢一日十數戰大敗之進都指揮同知鎭守密雲七年復命爲參將佐懷鎭松潘明年進都督僉事充副總兵協方政鎭守又明年諸番復叛政等分道進討貴督兵四千攻破任昌大寨會都指揮趙得宮聚兵以次討平龍溪等三十七寨斬首一千七百級投崖墜水死者無算捷聞進都督同知充總兵官佩平蠻將軍印代政鎭守英宗卽位以所統皆極邊地奏增軍士月糧正統元年召還爲右都督阿台寇甘凉邊將告急命佩平虜將軍印帥師討之賊犯莊浪都指揮江源戰死亡士卒百四十餘人侍郎徐晞劾貴朝議以貴方選軍甘州勢不相及而莊浪乃晞所統責晞委罪置貴不問明年春諜報敵駐賀蘭山後詔大同總兵官方政都指揮楊洪出大同邀西貴與都督趙安出凉州塞會勦貴至魚兒海子都指揮安敬言前途無水草引還鎭守陝西都御史陳鎰言狀尚書王驥出理邊務斬敬責貴立功貴感奮會朶兒只伯懼罪連遣使入貢敵勢稍弱貴帥輕騎敗之於狼山追抵石城已聞朶兒只伯依阿台於兀魯乃地貴將二千五百人爲前鋒往襲副將李安沮之貴拔劍厲聲叱安曰敢阻軍者死遂出鎭夷間道疾馳三日夜抵其巢阿台方牧馬貴猝入馬羣令士卒以鞭擊弓弰驚馬馬盡佚敵失馬挽弓步鬭貴縱騎蹂擊指揮毛哈阿奮入其陣大敗之復分軍爲兩翼別遣百騎乘高爲疑兵轉戰八十里會任禮亦追敵至黑泉阿台與朶兒只伯以數騎遠遁西邊悉平三年四月王驥以捷聞論功封定西伯食祿一千二百石給世券明年代任禮鎭甘肅又明年冬以征麓川蠻思任發召還京六年命佩平蠻將軍印充總兵官與王驥帥師抵金齒分路進擣麓川上江寨破木籠山七寨及馬鞍山象陣功皆第一事詳王驥傳明年師還進封侯益祿三百石八年夏復佩平蠻將軍印與王驥討思任發子思機發攻破其寨明年師還賞賚甚渥加歲祿五百石是役也貴子雄乘敵敗帥三十人深入敵扼其後自刎沉於江贈懷遠將軍彭城衞指揮使十四年正月貴卒年七十贈涇國公謚武勇貴起卒伍不識字天性朴實忘己下人能與士卒同甘苦出境討賊衣糧器械常身自囊負不役一人臨陣輒身先之以故所向有功子義病不能嗣以義子琬嗣侯天順末佩平羌將軍印總兵甘肅築甘州沙河諸屯堡成化八年召還協守南京兼督操江十年入督十二團營尋兼總神機營兵上言太祖肇建南京京城外復築土城以衞居民誠萬世之業今北京但有內城己巳之變敵騎長驅直薄城下可以爲鑒今西北隅故址猶存亟行勸募之令濟以工罰成功不難又言大同宣府諸塞下腴田無慮數十萬悉爲豪右所占畿內八府良田半屬勢要家細民失業脫使邊關有警內郡何資運道或梗京師安給請遣給事御史按覈塞下田定其科額畿內民田嚴戢豪右毋得侵奪庶兵民足食而內外有備章下所司雖不盡行時論韙之十三年帥京軍防秋大同宣府陳機宜十餘事皆報可十五年偕汪直按遼東邊事二十年佩將軍印出禦邊寇寇退班師累加太保兼太子太傅卒贈涼國公謚敏毅子驥嗣典京營兵弘治中充總兵官歷鎭薊州遼東湖廣官中外二十年家無餘貲再傳至孫傅嘉靖中累典軍府佩征蠻將軍印鎭兩廣以平海賊及慶遠猺功加太子太保明亡爵絕

任禮字尚義臨漳人以燕山衞卒從成祖起兵積功至山東都指揮使永樂二十年擢都督僉事從北征前行偵敵還受厚賞仁宗卽位命掌廣西都司事尋改遼東宣宗立進都指揮同知從平樂安又從征兀良哈還爲後拒英宗立進左都督正統元年佩平羌將軍印充左

副總兵鎮甘肅阿台朶兒只伯數犯肅州璽書譙讓二年復寇莊浪都指揮魏榮擊却之禽朶兒只伯姪把秃孛羅禮以聞三年與王驥蔣貴出塞敗朶兒只伯於石城復分道至梧桐林亦集乃進至黑泉而還斬獲多封寧遠伯祿千二百石明年還朝又明年代貴鎮甘肅八年赤斤蒙古衞都督且旺失加苦也先暴橫欲移駐也洛卜剌禮以其地近肅州執不許已奏請建寺於其地禮復言許其建寺彼必移居遺後患事竟寢時邊將家僮墾塞上田者每頃輸糧十二石禮連請於朝得減四石是時邊塞無警禮與巡撫曹翼屯田積粟繕甲訓兵邊備甚固十一年沙州衞都督喃哥兄弟爭部衆離貳禮欲乘其饑窘遷之內地會喃哥亦請居肅州境內禮因遣都指揮毛哈剌往撫其衆而親帥兵繼其後比至喃哥復持兩端其部下欲奔瓦剌禮進兵逼之遂收其全部千二百餘人以還事聞賜賚甚厚時瓦剌也先方盛封喃哥弟鎖南奔爲祁王禮以二寇合則勢益難制遣人招之鎖南奔欲從未決禮潛師直抵罕東縶之以歸帝大喜賜禮鐵券令世襲十四年也先分道入寇抵肅州禮遣裨將禦之再戰再敗失士馬萬計徵還以伯就第景泰初提督三千營以老致仕久之復起守備南京入掌中府禮自起卒伍至大將恪謹奉法成化初卒贈侯謚僖武子壽嗣總兵鎮陝西坐征滿四失律宥死戍邊子弘予世指揮使

趙安狄道人從兄琦土指揮同知坐罪死安謫戍甘州永樂元年進馬除臨洮百戶使西域從北征有功累進都指揮同知宣德二年松潘番叛充左參將從總兵陳懷討平之進都督僉事時議討兀良哈詔安與史昭統所部赴京師兀良哈旋來朝命回原衞使烏思藏四年還明年復以左參將從史昭討曲先斬獲多九年中官宋成等使烏思藏命安帥兵千五百人送之畢力朩江尋與侍郎徐晞出塞討阿台朶兒只伯敗之正統元年進都督同知充右副總兵官協任禮鎮甘肅明年與蔣貴出塞勦寇無功三年復與王驥任禮蔣貴分道進師至刁力溝執右丞達魯花赤等三十人以功封會川伯祿千石明年移鎮涼州安家臨洮姻黨厮養多爲盜副使陳斌以聞在涼州又多招無賴爲僮奴擾民復爲御史孫毓所劾詔皆不問安勇敢有將略與貴禮並稱西邊良將九年十二月卒子英爲指揮使立功進都督同知

趙輔字良佐鳳陽人襲職爲濟寧衞指揮使景帝嗣位尚書王直等以將才薦擢署都指揮僉事充左參將守懷來天順初徵入右府涖事成化元年以中府都督同知拜征夷將軍與韓雍討兩廣蠻克大藤峽還封武靖伯已而蠻入潯州言官交劾廣西巡按御史端宏謂賊流毒方甚而輔妄言賊盡冒封爵不罪輔無以示戒輔乃自陳戰鬬委其罪於守將歐信帝皆弗問三年總兵征遼東與都御史李秉從撫順深入連戰有功進侯八年廷議大舉搜河套拜輔將軍陝西延綏寧夏三鎮兵皆聽節制輔至榆林寇已深入大掠輔不能制與王越疏請罷兵言官交論其罪命給事中郭鏜往勘還言寇於六月入平涼鞏昌臨洮殺掠人畜迨七月而縱橫慶陽境內輔與越至榆林不進宜治其弛兵玩寇罪帝不納輔還領督京營言者攻益力詔姑置之輔辭侯乞世伯帝許其世伯侯如故僅減祿二百石言官力爭不聽輔復上疏暴功言減祿無以贍老又言上命內官盧永征南蠻黃順汪直征東北皆莫大功宜付史館余子俊等請寘輔於法卒不問十二年解營務家居十年卒贈容國公謚恭肅輔少俊辯有才善詞翰多交文士又好結權幸故屢遭論劾卒無患子承慶嗣伯協守南京正德初坐傳寫諫官劉蒨疏爲劉瑾所惡削半祿閒住四傳至元孫光遠萬曆中鎮湖廣明亡乃絕

劉聚者太監永誠從子也爲金吾指揮同知以奪門功進都指揮僉事復超擢都督同知與討曹欽進右都督成化六年以右副總兵從朱永赴延綏追賊黃草梁遇伏鏖戰傷頰麾下力捍以免頃復與都督范瑾等擊寇青草溝敗之永等追寇牛家砦聚亦據南山力攻寇大敗出境論功進左都督以內援特封寧晉伯八年冬代趙輔爲將軍總陝西諸鎮兵寇入花馬池率副總兵孫鉞遊擊將軍王璽等擊却之還至高家堡寇復至敗之追奔至漫天嶺伏起夾擊又敗之鉞璽亦別破賊於井油山捷聞予世券其冬孛羅忽滿都魯乜加思蘭連兵深入至秦州安定會寧諸州縣縱橫數千里賊退適王越自紅鹽池還妄以大捷聞璽書嘉勞頃之紀功兵部員外郎張謹劾聚及總兵官范瑾等六將殺被掠者冒功部科及御史交章劾詔遣給事中韓文往勘還奏如謹言所報首功百五十僅十九級帝以寇旣遁置不問聚尋卒贈侯謚威勇傳子祿及福福弘治中掌三千營加太子太保卒子岳嗣卒從子文請嗣吏部言聚無大功子孫不宜再襲世宗不允命文嗣亦傳至明亡乃絕

贊曰宋晟在太祖時即與開國諸元勳參迹戎行其後四鎮涼州威著西鄙兩子尚主世列徹侯功名盛矣薛祿以下諸人皆與靖難祿東昌滹沱之戰劉榮守永平譚廣守保定宣力最著雖策勳之日未即剖符而各以積閥受封其善撫士卒愼固封守恪謹奉職有足尚者趙輔劉聚猷績遠遜前人而帶礪之盟與國終始誠厚幸哉諸人並以勳爵鎮禦邊陲故類著於篇

明史卷一百五十六　列傳第四十四

總裁官總理事務　經筵講官少保兼太子太保保和殿大學士兼管吏部戶部尚書事加六級臣張廷玉等奉敕修

吳允誠蒙古人名把都帖木兒居甘肅塞外塔溝地官至平章永樂三年與其黨倫都兒灰率妻子及部落五千馬駝萬六千因宋晟來歸帝以蒙古人多同名當賜姓別之尚書劉儁請如洪武故事編爲勘合允誠得賜姓名授右軍都督僉事倫都兒灰亦賜姓名柴秉誠授後軍都督僉事餘授官賜冠帶給畜產鈔幣有差使領所部居涼州耕牧晟以招徠功封西寧侯自是降附者益衆邊境日安由允誠始七年往亦集乃覘敵禽哈剌等二十餘人進都督同知明年從出塞敗本雅失里進右都督尋進左都督與中官王安追闊脫赤至把力河獲之封恭順伯食祿千二百石予世券允誠三子答蘭管者克勤允誠與二子從軍留其妻及管者居涼州番人虎保等誘脅允誠衆欲叛去允誠妻與管者謀召部將都指揮保住卜顏不花等禽其黨誅之帝喜降敕獎之賜鏹鈔羊米甚厚授管者指揮僉事保住賜姓名楊效誠授指揮僉事韃靼可汗鬼力赤遇弒其下多潰答蘭與別立哥請出塞自效有功別立哥者秉誠子也帝征瓦剌允誠父子皆從師還命仍居涼州備邊允誠卒贈國公謚忠壯命答蘭更名克忠襲其爵再征阿魯台從行三征阿魯台復從兄弟皆有功洪熙元年以戚里恩克忠進侯時管者已積功至都指揮同知亦封廣義伯克忠嘗充副總兵巡邊正統九年統兵出喜峰口征兀良哈有功加太子太保土木之變克忠與其弟都督克勤子瑾爲後拒寇突至驟戰不勝敵兵據山上飛矢石如雨官軍死傷略盡克忠下馬射矢竭猶殺數人與克勤俱歿於陣贈邠國公謚忠勇克勤贈遵化伯謚僖敏瑾被執逃歸嗣侯英宗嘗欲使瑾守甘肅辭曰臣外人若用臣守邊恐外裔輕中國帝善其言乃止曹欽反瑾與從弟琮聞變椎長安門上告門閉欽攻不得入遂縱火瑾將五六騎與欽力戰死贈涼國公謚忠壯子世券三傳至曾孫繼爵嘗守備南京傳子汝蔭孫惟英與繼爵皆總督京營戎政崇禎末都城陷汝蔭弟勳衞汝徵偕妻女投繯死管者卒子玘嗣管者妻早奴亦有智略嘗親入朝獻良馬朝廷多其忠玘卒管者弟克勤子琮嗣鎮守寧夏成化四年滿四反琮坐激變且臨陣先退下獄論死謫戍邊爵除

薛斌蒙古人本名脫歡父薛台洪武中歸附賜姓薛累官燕山右護衞指揮僉事斌嗣職從起兵累遷都督僉事從北征有功進都督同知永樂十八年封永順伯祿九百石世指揮使斌卒子壽童方五歲從父貴引見仁宗立命嗣伯賜名綬長驍勇善戰正統十四年秋與成國公朱勇等遇敵於鷂兒嶺軍敗弦斷矢盡猶持空弓擊敵敵怒支解之旣而知其本蒙古人也曰此吾同類宜勇健若此相與哭之謚武毅子輔孫勳並得嗣伯勳子璽乃嗣指揮使如券文貴本名脫火赤斌之弟以舍人從燕王起兵屢脫王於險積官都指揮使再從北征進都督僉事永樂二十二年封安順伯祿九百石宣德元年進侯加祿三百石予世券卒贈濱國公謚忠勇無子從子山嗣爲指揮使天順改元以復辟恩命山子忠嗣伯卒子瑤嗣弘治中卒子昂降襲指揮使李賢初名丑驢韃靼人元工部尚書洪武二十一年來歸通譯書太祖賜姓名授燕府紀善侍燕世子最恭謹靖難師起有勞績累遷都指揮同知凡塞外表奏及朝廷所降詔敕皆命賢譯亦屢陳所見成祖皆採納之仁宗即位念舊勞進後軍都督僉事再進右都督賜賚甚渥尋召見憫其病封忠勤伯食祿千一百石尋卒

吳成遼陽人初名買驢父通伯元遼陽行省右丞太祖時觀童來降通伯父子與俱買驢更今姓名充總旗數從大軍出塞建文元年授永平衞百戶降燕從戰皆有功三遷都指揮僉事始知名南軍聞吳買驢名多於陣上指目之設伏淝河進兵小河合戰齊眉山攻敗靈璧軍皆殊死鬭功多成祖即位授都指揮使從征本雅失

里疾戰本雅失里以七騎遁從征阿魯台合朱榮兵爲前鋒追至闊灤海召還進都督僉事又三從出塞洪熙元年進左都督從陽武侯薛祿征大松嶺爲前鋒有功增祿米宣宗初以成嘗宿衞東宮錄舊勞封清平伯祿千一百石予世券從征樂安復與薛祿爲前鋒事定出守備興和成好畋獵而不修武備寇伺其出獵卒入城掠其妻孥以去帝聞之置不罪已而阿魯台入貢還其家口三年帝北征從敗賊於寬河進侯祿如故八年卒贈渠國公謚壯勇子忠前死忠子英嗣伯卒子壐嗣坐貪淫奪爵久乃復之卒無子從弟琮嗣四傳至元孫遵用崇禎末京師陷被殺滕定父瓚住元樞密知院洪武中來降授會州衞指揮僉事賜姓滕從燕起兵進燕山右衞指揮使卒定嗣官屢從出塞有功進至都督僉事宣德四年封奉化伯祿八百石正統初卒子福嗣爲指揮使金順本名阿魯哥失里永樂中來降授大寧都指揮僉事從敗本雅失里又敗阿魯台累進都督僉事宣德三年從巡北邊有斬捕功明年封順義伯祿八百石卒子忠嗣爲指揮僉事

金忠者蒙古王子也先土干也素桀黠爲阿魯台所忌永樂二十一年成祖親征漠北至上莊堡率妻子部屬來降時六師深入寇已遠遁帝方恥無功見其來歸大喜賜姓名封忠勇王賜冠帶織金襲衣命坐列侯下輟御前珍羞賜之復賜金銀寶器忠大喜過望班師在道忠騎從數問寇中事眷寵日隆明年忠請爲前鋒討阿魯台自效帝初不許會大同開平警報至諸將請從忠言帝復出塞忠與陳懋爲前鋒而阿魯台聞王師復出倉皇渡荅蘭納木兒河遁去忠懋至河不見寇抵白邙山卒無所遇乃班師仁宗嗣位加太子太保並支二俸宣德三年親征兀良哈敗寇於寬河忠與把台請自效帝許之或言不可遣帝曰去留任所欲耳朕有天下獨少此二人邪二人獲數十人馬牛數百來獻帝喜命中官酌以金巵遂賜之明年加太保六年秋卒命有司治喪葬把台者忠之甥從忠來降授都督僉事宣德初賜姓名蔣信正統中封忠勇伯從駕陷土木也先使隸賽罕王帳下信雖居朔漠志常在中國每詣上皇所慟哭擁衞頗至已竟從駕還詔復給其祿景泰五年卒贈侯謚僖順子也兒索忽襲爵天順初更名善弘治中卒無子爵絕

李英西番人父南哥洪武中率衆歸附授西寧州同知累功進西寧衞指揮僉事英嗣官永樂十年番酋老的罕叛英擊之討來川俘斬三百六十人夜雪賊遁追盡獲之進都指揮僉事番僧張荅里麻者通譯書成祖授以左覺義居西寧恣甚以計取西番貢使貲納逋逃交通外域肆惡十餘年英發其事磔死籍其家西陲快之末年中官喬來喜鄧成等使西域道安定曲先遇賊見殺掠所齎金幣仁宗璽書諭赤斤罕東及安定曲先詰賊主名而敕英與土官指揮康壽等進討英諷知安定指揮哈三孫散哥曲先指揮散卽思實殺使者遂率兵西入賊驚走追擊踰崑崙山深入數百里至雅令闊與安定賊遇大敗之俘斬千一百餘人獲馬牛雜畜十四萬曲先賊聞風遠遁安定王桑爾加失夾等懼詣闕謝罪宣宗嘉英功遣使褒諭宴勞之令馳驛入朝既至擢右府左都督賜賚加等宣德二年封會寧伯祿千一百石幷封南哥如子爵英恃功而驕所爲多不法寧夏總兵官史昭奏英父子有異志南哥上章辯賜敕慰諭之英家西寧招逋逃七百餘戶置莊墾田豪奪人產復爲兵部及言官所劾帝宥英追逃者入官七年西寧指揮祁震子成當襲父職庶兄監藏英甥也欲奪之成從祖太平攜成赴京辯英遣人篡取太平及其義兒杖之義兒竟死言官交劾幷及前罪遂下英詔獄奪爵論死正統二年始釋後稍給其祿尋卒英宗復辟官其子杲錦衣指揮同知尋進都指揮使用薦擢左軍都督僉事屢分典營務以嚴愼稱英從子文宣德間爲陝西行都司都指揮僉事西番思俄可嘗盜他部善馬都指揮穆肅求不得會思俄可以畜產鬻於邊肅誣以盜收掠致死番人惶駭思亂文劾之逮肅下吏西陲以寧累官都指揮使天順元年冒迎駕功進都督僉事未幾以右都督出鎭大同寇二千餘騎犯威遠文率師敗之封高陽伯石亨敗革奪門冒功者官文自首帝以守邊不問四年秋孛來大舉入寇文按兵不戰遂入鴈門大掠忻代諸州京師震恐寇退徵文下詔獄論斬帝宥文死降都督僉事立功延綏既而進都督同知成化中哈密爲土魯番所併求救於朝詔文與右通政劉文往甘肅經略之無功而還弘治初卒正德初贈高陽伯

毛勝字用欽初名福壽元右丞相伯卜花之孫伯父那海洪武中歸附以靖難功至都指揮同知無子勝父安太嗣爲羽林指揮使傳子濟無子勝嗣論濟征北功進都指揮使嘗逃歸塞外尋復自還正統七年以征麓川功擢都督僉事靖遠伯王驥請選在京番將舍人捕苗雲南乃命勝與都督冉保統六百人往已再征麓川郎命二人充左右參將賊平進都督同知十四年夏也先謀入寇勝偕平鄉伯陳懷等率京軍三萬鎭大同懷遇寇戰歿勝脫還以武清伯石亨薦景帝進勝左都督督三千營操練貴州苗大擾詔勝往討未行而也先逼京師勝禦之彰義門北擊退之越二日引兵西直門外解都督孫鏜圍明日都督武興戰歿於彰義門寇乘勝進勝與都御史王竑急援之寇遂引卻勝追襲至紫荊關頗有斬獲事定乃命以左副總兵統河間東昌降夷赴貴州賊首韋同烈據香鑪山作亂勝與總兵梁珤右副總兵方瑛等從總督王來分道夾擊勝進自重安江大破之會師山下環四面攻之賊窘縛同烈降還討湖廣巴馬諸處反賊克二十餘寨禽賊首吳奉先等百四十人斬首千餘級封南寧伯予世券疏請更名從之移鎭騰衝金齒芒市長官刀放革潛結麓川遺孽思卜發爲變勝設策禽之巡按御史牟俸劾其貪暴不法數十事且言勝本降人狡猾難制今又數通外夷恐貽邊患詔巡撫覆實卒置不問天順二年卒贈侯謚莊毅子榮嗣坐石亨黨發廣西立功成化初鎭貴州尋移兩廣卒子文嗣弘治初協守南京傳爵至明亡乃絕

焦禮字尚節蒙古人父把思台洪武中歸附爲通州衞指揮僉事子勝嗣傳至義榮無子以勝弟謙嗣累功至都指揮同知卒子管失奴幼謙弟禮借襲其職備禦遼東宣德初禮當還職宣宗念禮守邊勞命居職如故別授管失奴指揮使禮尋以年勞累進都指揮同知正統中積功至右都督英宗北狩景帝命充左副總兵守寧遠未幾也先逼京城詔禮率師入衞寇退還鎭景泰四年賊二千餘騎犯興水堡禮擊走之璽書獎勵進左都督英宗復辟以禮守邊有功召入覲封東寧伯世襲賜賚甚厚遣還鎭兵部以禮年垂八十不可獨任奏遣都指揮鄧鐸協同守備居無何禮奏鐸欺侮請更調命都指揮張俊代鐸天順七年卒於鎭贈侯謚襄毅禮有膽略精騎射善以少擊衆守寧遠三十餘年士卒樂爲用邊陲寧謐孫壽嗣爵卒無子弟俊嗣成化末歷鎭甘肅寧夏弘治中掌南京前府兼督操江出鎭貴州湖廣俊少事商販既貴能下士而折衝非所長卒子淇嗣嘗分典京營正德中賄劉瑾出鎭兩廣踰年卒弟洵嗣洵雖嗣爵先業盡爲淇妻所有生母卒無以塟哀憤得疾卒無子以再從子棟嗣嘉靖中提督五軍營兼掌中府踰十年改總兵湖廣卒贈太子太保謚莊僖傳爵至明亡乃絕

毛忠字允誠初名哈喇西陲人曾祖哈喇歹洪武初歸附起行伍爲千戶戰歿祖拜都從征哈密亦戰歿父寶以驍勇充總旗至永昌百戶忠襲職時年二十膂力絕人善騎射常從太宗北征宣德五年征曲先叛寇有功八年征亦不剌山禽僞少師知院九年出脫歡山十年征黑山寇皆禽其酋各進一官歷指揮同知正統三年從都督蔣貴征朵兒只伯先登陷陣大獲擢都指揮僉事十年以守邊勞進同知始賜姓明年從總兵官任禮收捕沙洲衞都督喃哥部落徙之塞內進都指揮使十三年率師至罕東生禁喃哥弟僞祁王鎖南奔井其部衆擢都督僉事始賜名忠尋充右參將協守甘肅景泰初侍郎李實使漠北還言忠數遣使通瓦剌詔執赴京既至兵部論其罪請置大辟景帝不許請貶官發福建立功乃遣之福建而官秩如故令甘肅守臣徙其家屬京師初忠之征沙漠也獲番僧加失領眞以獻英宗赦不誅後逃之瓦剌爲也先用憾忠欲陷之遂宣言忠與也先交通而朝廷不察也英宗在塞外獨知之比復辟卽召還而忠在福建亦屢有斬馘功乃擢都督同知充左副總兵鎭守甘肅陛見慰諭甚至賜玉帶織金蟒衣天順二年寇大入甘肅巡撫芮釗劾奏諸將失事罪部議忠功足贖罪置不問三年以鎭番破賊功進左都督五年孛來以數萬騎分掠西寧莊浪甘肅諸道入涼州忠鏖戰一日夜矢盡力疲賊來益衆軍中皆失色忠意氣彌厲拊循將士復殊死鬭賊見終不可勝而援軍亦至遂解去忠竟全師還七年永昌涼州莊浪塞外諸番屢爲邊患忠與總兵官衞穎分討之忠先破巴哇諸大族其酋啞馬吉思諸族他將不能下者忠復擊破之論功忠止增祿百石而穎乃得世券忠以爲言遂封伏羌伯成化四年固原賊滿四據石城反詔忠移師討之與總督項忠等夾攻賊巢忠由木頭溝直抵礟架山下多所斬獲賊稍卻冒矢石連奪山北山西兩峰而項忠等軍亦克山之東峰及石城東西二門賊大窘相對哭忽昏霧起他哨舉烟掣軍賊遂併力攻忠忠力戰不已爲流矢所中卒年七十五從子海孫鏜前救忠亦死忠爲將嚴紀律善撫士其卒也西陲人弔哭者相望於道事聞贈侯謚武勇予世券弘治中從有司言建忠義坊於蘭州以表其里又從巡撫許進言建武勇祠於甘州城東春秋致祭孫銳襲伯爵成化中協守南京弘治初出鎭湖廣改兩廣平蠻賊累有功咸璽書獎勵九年以廣西破賊增歲祿二百石言官劾銳廣置邸舍私造大船

以通番商匿不問思恩土官岑濬反與總督潘蕃討平之既又討平賀縣獞賊加官至太子太傅正德三年劉瑾欲殺尚書劉大夏坐以處置田州事失宜并逮銳下詔獄獄具革其加官并歲祿五百石已而賄瑾起督漕運踰年瑾誅被劾罷六年盜劉宸等擾畿甸命銳與中官谷大用討之所統京軍皆驕惰不習戰明年正月遇賊於長垣與戰大敗身被傷亡將印會許泰援軍至僅免言官交劾乃召還以與大用同事竟不罪世宗即位復起鎮湖廣居三年卒贈太傅謚威襄傳子江及漢漢嘉靖中掌南京左府提督操江畋總督漕運未上給事中楊上林劾其所至貪墨詔褫職逮問卒無子從子桓嗣卒子登嗣萬曆中掌中軍府事垂二十年又再傳而明亡

和勇初名脫脫孛羅和寧王阿魯台孫也阿魯台既爲䍐剌脫歡所殺子阿卜只俺窮蹙款塞來歸宣宗授以左都督賜第京師卒勇襲指揮使帶俸錦衣衛積功至都督僉事天順元年詔加同知賜姓名久之以兩廣多寇命充遊擊將軍統降夷千人往討時總兵顏彪無將略賊勢愈熾廣西巡撫吳禎殺降冒功得優賞彪效之亦殺平民報捷朝廷進彪官勇亦進右都督既而師久無功言官劾文武將吏之失事者詔停勇俸充爲事官成化初趙輔韓雍征大藤峽賊詔勇以所部從征其冬賊大破進左都督增祿百石三年召督効勇營訓練壽上言大藤峽之役臣與趙輔同功輔還京餘賊復叛臣親搗賊巢縶其魁誅其黨還被掠男女四千人今輔已封伯而臣止進秩惟陛下憐察憲宗以勇再著戰功特封靖安伯十年卒謚武敏世襲指揮使勇性廉謹在兩廣時諸將多營私漁利勇獨無所取時論稱之

羅秉忠初名克羅俄領占沙州衛都督僉事困即來子也兄喃哥既襲父職英宗復命秉忠爲指揮使協理衛事既而喃哥率千二百人內徙詔居之東昌平山二衛給田廬什器所以撫恤甚厚喃哥卒秉忠爲都指揮使代領其衆英宗北狩塞上多警朝議恐降人乘機爲變欲徙之南方會貴州苗亂都督毛福壽南征即擢秉忠都督僉事率所部援剿積戰功至左都督天順初始賜姓名曹欽之反番官多從之者秉忠亦坐下獄籍其家久之上章自辯乃得釋成化初尚書程信討山都掌蠻秉忠以遊擊將軍從既抵永寧分兵六道秉忠由金鵞江進大破之論功封順義伯十六年卒謚榮壯子孫世指揮使

贊曰明興諸番部懷太祖功德多樂內附賜姓名授官職者不可勝紀繼以成祖銳意遠圖震耀威武於是吳允誠金忠之徒率衆來屬遂得列爵授任比肩勳舊或以戰功自奮錫券受封傳世不絕視夫陸梁倔强者順逆殊異不其昭歟土木以還勢以不競邊政日弛火篩俺答諸部騷動無寧歲盛衰之故槩可攷焉

明史卷一百五十七　列傳第四十五

總裁官總理事務經筵講官少保兼太子太保保和殿大學士兼管吏部戶部尚書事加八級臣張廷玉等奉

敕修

金純　張本
郭敦　郭璡
鄭辰　柴車
劉中敷 子機　張鳳
周瑄 子紘　楊鼎 翁世資
黃鎬　胡拱辰
陳俊　林鶚
潘榮　夏時正

金純字德修泗州人洪武中國子監生以吏部尚書杜澤薦授吏部文選司郎中三十一年出爲江西布政司右參政成祖即位以蹇義薦召爲刑部右侍郎時將營北京命採木湖廣永樂七年從巡北京八年從北征遷左侍郎九年命與宋禮同治會通河又同徐亨蔣廷瓚濬魚王口黃河故道初太祖用兵梁晉間使大將軍徐達開塌場口通河於泗又開濟寧西耐牢坡引曹鄆河水以通中原之運其後故道寖塞至是純疏治之自開封北引水達鄆城入塌場出穀亭北十里爲永通廣運二閘十四年改禮部左侍郎越二月進尚書十五年從巡北京十九年同給事中葛紹祖巡撫四川仁宗即位改工部居數月又改刑部明年兼太子賓客宣德三年純有疾帝命醫視療稍間免其朝參俾護疾視事會暑敕法司理滯囚純數從朝貴飲爲言官所劾帝怒曰純以疾不朝而燕於私可乎命繫錦衣獄既念純老臣釋之落太子賓客八月予致仕去純在刑部仁宗嘗諭純法司近尚羅織言者輒以誹謗得罪甚無謂自今告誹謗者勿論純亦務寬大每誡屬吏不得妄椎擊人故當純時獄無瘐死者正統五年卒贈山陽伯

張本字致中東阿人洪武中自國子生授江都知縣燕兵至揚州御史王彬據城抗爲守將所縛本率父老迎降成祖以滁泰二知州房吉田慶成率先歸附命與本竝爲揚州知府偕見任知府譚友德同涖府事尋擢本江西布政司右參政永樂四年召爲工部左侍郎坐事免官冠帶辦事明年五月復官尋以奏牘書銜誤左爲右爲給事中所劾帝命改授本部右侍郎而宥其罪七年皇太子監國奏爲刑部右侍郎善摘奸命督北河運躬自相視立程度舟行得無滯會疾作太子賜之狐裘冠鈔遣醫馳視十九年將北征命本及王彰分往兩直隸山東山西河南督有司造車挽運明年即命本督北征餉仁宗即位拜南京兵部尚書兼掌都察院事召見言時政得失且請嚴飭武備帝嘉納之遂留行在兵部宣德初工部侍郎蔡信乞徵軍匠家口隸錦衣衞本言軍匠二萬六千人屬二百四十五衞所爲匠者暫役其一丁若盡取以來家以三四丁計之數近十萬軍伍既缺人情驚駭不可帝善本言征漢庶人從調兵食庶人就禽命撫輯其衆而錄其餘黨還以軍政久敝奸人用貨脫籍而援平民實伍言於帝擇廷臣四出釐正之時馬大孳息畿內軍民爲畜牧所困本請分牧於山東河南及大名諸府山東河南養馬自此始晉王濟熿坐不軌奪爵本奉命散其護衞軍於邊鎮四年命兼太子賓客戶部以官田租減度支不給請減外官俸及生員軍士月給帝以軍士艱不聽減餘下廷議本等持不可乃止陽武侯薛祿城獨石諸戍戍本往計守禦之宜還奏稱旨命兼掌戶部本慮邊食不足而諸邊比歲稔請出絲麻布帛輸邊易穀多者三四十萬石少者亦十萬石儲偫頓充六年病卒賜賻三萬緡葬祭甚厚本廉介有執持尚刻少恕錄高煦黨脅從者多不免成祖宴近臣銀罌各一案因以賜之獨本案設陶罌論曰卿號窮張銀器無所用本頓首謝其爲上知如此

郭敦字仲厚堂邑人洪武中以鄉舉入太學授戶部主事遷衢州知府多惠政衢俗貧者死不葬輒焚其屍敦爲厲禁且立義阡俗遂革禁民聚淫祠敦疾民勤弛其禁弗聽疾亦瘳在衢七年永樂初坐累徵耆老數百人伏闕乞留不得後廷臣言敦廉正召補監察御史遷河南左參政調陝西十六年春胡濙言敦有大臣體擢禮部右侍郎兼太僕寺卿偕給事中陶衎巡撫順天二十年督北征餉仁宗即位以大行喪不齋宿降太僕卿旋進戶部左侍郎兼詹事府少詹事宣德二年進尚書陝西旱命與隆平侯張信整飭庶務當行者同三司官計議奏行敦乃請蠲逋賦振貧乏考黜貪吏罷不急之務凡十數事悉從之歲餘召還在部多所興革罷王田之奪民業者令民開荒不起科建漕運議民運至瓜洲儀眞資衞卒運至京民甚便之敦事親孝持身廉同官有爲不義者輒厲色待之其人悔謝乃已性好學公退手不釋卷六年卒官年六十二

郭璡字時用初名進新安人永樂初以太學生擢戶部主事歷官吏部左右侍郎仁宗即位命兼詹事府少詹事更名璡宣宗初掌行在詹事府吏部尚書蹇義老罷部務帝欲以璡代璡厚重勤敏然寡學術楊士奇言恐璡不足當之宜妙擇大臣通經術知今古者帝乃止踰年卒爲尚書論以呂蒙正夾袋虞允文材館錄故事璡由是留意人才識進士李賢輔相器授吏部主事後果爲名相時外官九年考滿部民走闕下乞留輒增秩復任璡慮有妄者請覆實從之璡雖長六卿然望輕又政歸內閣自布政使至知府闕聽京官三品以上薦舉既又命御史知縣皆聽京官五品以上薦舉要職選擢皆不關吏部正統初左通政陳恭言古者擇任庶官悉由選部職任專而事體一今令朝臣各舉所知恐開私謁之門長奔競之風乞杜絕令歸一下吏部議璡遜謝不敢當事遂寢正統六年御史曹恭以災異請罷大臣不職者帝命科道官參議璡及尚書吳中侍郎李庸等被劾者二十人璡等自陳帝切責而宥之璡子亮受賂爲人求官事覺御史孫毓等劾璡乃令璡致仕而以王直代

鄭辰字文樞浙江西安人永樂四年進士授監察御史江西安福民告謀逆事命辰往廉之具得誣狀福建番客殺人復命辰往止坐首惡釋其餘南京敕建報恩寺役囚萬人蜚語言役夫謗訕恐有變命辰往驗無實無一得罪者谷庶人謀不軌復命辰察之盡得其蹤跡帝語方賓曰是眞國家耳目臣矣十六年超遷山西按察使糾治貪濁不少貸潞州盜起有司以叛聞詔發兵討捕辰方以事朝京師奏曰民苦徭役而已請無發兵帝然之還則屏騶從親入山谷撫諭盜皆感泣復爲良民禮部侍郎蔚綬轉粟給山海軍辰統山西民輦任民勞多逋耗綬令即山海貸償之辰曰山西民貧而悍急之恐生變不如緩之使自通有無用其言卒無逋者丁內艱歸軍民詣御史乞留御史以聞服闋還舊任宣德三年召爲南京工部右侍郎初兩京六部堂官缺帝命廷

臣推方面官堪內任者蹇義等薦九人獨辰及邵玘傳啓讓帝素知其名即眞授餘試職而已英宗即位分遣大臣考察天下方面官辰往四川貴州雲南悉奏罷其不職者雲南布政使周璟居妻喪繼娶辰劾其有傷風教璟坐免正統元年奉命振南畿河南饑時河堤決即命辰伺便修塞或議自大名開渠引諸水通衞河利灌輸辰言勞民不便事遂寢遷兵部左侍郎與豐城侯李彬轉餉宣府大同鎭守都督譚廣撓令劾之事以辦八年得風疾告歸明年卒辰爲人重義輕財初登進士產悉讓兄弟在山西與同僚杜僉事有違言杜卒爲治喪資遣其妻子

柴車字叔輿錢塘人永樂二年以舉人授兵部武選司主事歷員外郎八年帝北征從尚書方賓扈行還遷江西右參議坐事左遷兵部郎中出知岳州府復入爲郎中宣德五年擢兵部侍郎明年山西巡按御史張勗言大同屯田多爲豪右占據命車往按得田幾二千項還之軍英宗初西鄙不靖以車廉幹命協贊甘肅軍務調軍給餉悉得事宜初朶兒只伯寇涼州副總兵劉廣衷師不以實聞頗飾功要賞車劾其罪械廣至京賜車金幣旌其直岷州土官后能冒功得陞賞車奏請加罪能復請命宥之車反覆論其不可曰詐冒如能者實繁有徒臣方次第按覈今宥能何以戢衆若無功得官則捐軀死敵者何以待之朝廷難從能請然嘉車賢遣使勞賜之正統三年以破朶兒只伯功增俸一級在邊章數十上悉中時病同事多不悅車持益堅嘗建言漢北降人朝廷留之京師雖厚爵賞其心終異如長脫脫木兒者昔隨其長來歸未幾叛去今乃復來安知他日不再叛宜徙江南離其黨類事下兵部請處之河間德州帝報可後降者悉以此令從事稽覈屯田豪占者悉清出之得六百餘項四年進兵部尚書參贊如故尋命兼理陝西屯田明年召還命與僉都御史曹翼歲更代出鎭及期病甚詔遣大理寺少卿程富代翼而命車歸治疾未及行六年六月卒車在江西時以採木入閩經廣信廣信守故人也餽蜜一罌發視之乃白金笑曰公不知故人矣却不受同事邊塞者多以宴樂爲豪舉車惡之遂斷酒肉其介特多此類

劉中敷大興人初名中孚燕王舉兵以諸生守城功授陳留丞擢工部員外郎仁宗監國命署部事賜今名遷江西右參議宣德三年遷山東右參政進左布政使質直廉靜吏民畏懷歲大侵言於巡撫減賦三之二正統改元父憂奪情俄召拜戶部尚書帝冲年踐阼慮羣下欺己治尚嚴而中官王振假以立威屢摭大臣小過導帝用重典大臣下吏無虛歲三年諷給事御史劾中敷與左侍郎吳璽等下獄釋還職六年言官劾中敷專擅詔法司於內廷雜治當流許輸贖帝特宥之其冬中敷璽及右侍郎陳瑺請以供御牛馬分牧民間言官劾其變亂成法並下獄論斬詔荷校長安門外凡十六日而釋尨刺入貢詔問馬駝芻菽數不能對復與璽瑺論斬繫獄中敷以母病特許歸省明年冬當決四法司以請命璽瑺戍邊中敷侯母終具奏已釋爲民景帝立起戶部左侍郎兼太子賓客時方用兵論功行賞無虛日中敷言府庫財有限宜撙節以備緩急帝嘉納景泰四年卒贈尚書中敷性淡泊食不重味仕宦五十年家無餘貲子璉正統十年進士授刑科給事中累官太僕寺卿璉華靡居官剛果左遷遼東苑馬寺卿卒子機幼有孝行成化十四年進士改庶吉士正德中代張綵爲吏部尚書以人言乞歸起南京兵部尚書參贊機務流賊犯江上衆議擇將適都督李昂自貴州罷官至機即召任之昂以無朝命辭機曰機奉敕有云敕所不載聽便宜此即朝命也衆服其膽識致仕歸卒

張鳳字子儀安平人父益官給事中永樂八年從征漠北歿於陣鳳登宣德二年進士授刑部主事讞江西叛獄平反數百人正統三年十二月法司坐事盡繫獄遂擢鳳本部右侍郎以主事擢侍郎前時未有也明年命提督京倉六年改戶部尋調南京適尚書久闕鳳遂掌部事貴州奏軍衞乏糧乞運龍江倉及兩淮鹽於鎭遠府易米鳳以龍江鹽雜泥沙不堪易米給軍盡以淮鹽予之然後以聞帝嘉賞又言留都重地宜歲儲二百萬石爲根本計從之遂爲令南京糧儲舊督以都御史十二年冬命鳳兼理廉謹善執法號板張景泰二年進尚書四年改兵部參贊軍務戶部尚書金濂卒召鳳代之時四方兵息而災傷特甚帝屢詔寬恤鳳偕廷臣議上十事明年復先後議上八事咸報可鳳以災傷蠲賦多國用益詘乃奏言國初天下田八百四十九萬餘項今數既減半加以水旱停征國用何以取給京畿及河南山東無額田甲方墾闢乙即訐其漏賦請準輕則征租不惟永絶爭端亦且少助軍國報可給事中成章等劾鳳擅更祖制楊穟等復爭之帝曰國初都江南轉輸易今居極北可守常制耶四方報凶荒者鳳請令御史勘實議者非之英宗復辟調南京戶部仍兼督糧儲五年二月卒鳳有孝行性淳樸故人死聘其女爲子婦教其子而養其母終身同學友蘇洪好面斥鳳過及爲鳳屬官猶然鳳待之如初聞其貧即賙給之

周瑄字廷玉陽曲人由鄉舉入國學正統中除刑部主事善治獄十三年遷員外郎明年帝北征郎中當扈從者多託疾瑄請行六師覆沒瑄被創歸擢署郎中校尉受賕縱盜以讐人代瑄辨雪之抵校尉罪外郡送囚一日至八百人瑄慮其觸熱三日決遣之殆盡景泰元年以尚書王直薦超拜刑部右侍郎久之出振順天河間饑未竣而英宗復位有司請召還不聽復賜敕令便宜處置瑄遍歷所部大舉荒政先後振饑民二十六萬五千給牛種各萬餘奏行利民八事事竣還明年轉左帝方任門達逯杲數興大獄瑄委曲開諭多所救正復飭諸郎毋避禍以故移部定罪者不至冤濫官刑部久屬吏不敢欺意主寬恕不爲深文同佐部者安化孔文英爲御史時按黃巖妖言獄當坐者三千人皆白其誣獨械首從一人論罪及是居部與瑄並稱長者七年命瑄署工部事瑄恬靜淡榮利成化改元爲侍郎十六年矣始遷右都御史督理南京糧儲捕懲作奸者數輩宿弊爲清鳳陽淮徐饑以瑄言發廩四十萬以振久之遷南京刑部尚書令諸司事不須勘者毋出五日獄無滯囚暑疫悉遣輕繫者曰召汝則至囚歡呼去無失期者爲尚書九載屢疏乞休久之乃得請家無田園卜居南京卒贈太子少保謚莊懿長子經尚書自有傳次子紘進士爲南京吏科給事中兩以災異言事帝並嘉納未幾與御史張昺聞軍爲中官蔣琮誣奏貶南京光祿署丞仕終山東參議

楊鼎字宗器陝西咸寧人家貧力學舉鄉會試第一正統四年殿試第二授編修久之與侍講杜寧等十人簡入東閣肄業鼎居侍從雅欲以功名見嘗建言修飭戎備通漕三邊二事同輩誚其迂鼎益自信也先將寇京師詔行監察御史事募兵兗州景泰三年進侍講兼中允五年超擢戶部右侍郎天順初轉左陳汝言譖之帝不聽三年冬以陪祀陵寢不謹下獄贖杖還職帝嘗命中官牛玉諭旨欲取江南折糧銀實內帑而以他稅物充武臣俸鼎不可馬牛芻乏議徵什二又以民艱力沮皆報罷七年尚書年富有疾詔鼎掌部事成化四年代馬昂爲戶部尚書而以翁世資爲侍郎六年鼎疏言陝西外患四寇內患流民然寇害止邊塞流民則疾在腹心漢中僻居萬山襟喉川蜀四方流民數萬急之生變置之有後憂請暫設監司一人專領其事其願附籍者聽之不願者資遣兼與守臣練士馬修城池庶可弭他日患詔從之湖廣頻歲饑發廩已盡及是有秋用鼎言發庫貯銀布易米備災淮徐臨德四倉舊積糧百餘萬石後餉乏民饑輒請移用粟且匱鼎議上贖罪中鹽折鈔徵逋六事行之由是諸倉有儲畜尋加太子少保鼎居戶部持廉然性頗拘滯十五年秋給事御史劾鼎非經國才鼎再疏求去賜敕馳驛歸命有司月給米二石歲給役四人終其身大臣致仕有給賜自鼎始也卒贈太子太保謚莊敏子時暘進士累官侍講學士多識典故有用世才時敷舉人盧墓被旌官兵部司務翁世資者莆田人正統七年進士除戶部主事歷郎中天順元年拜工部右侍郎四年命中官往蘇松杭嘉湖增織彩幣七千匹世資以東南水潦民艱食議減其半尚書趙榮左侍郎霍瑄難之世資請身任其咎乃連署以諫帝果怒詰主議者榮等委之世資遂下詔獄謫衡州知府成化初擢江西左布政使坐事下吏尋得白大軍征兩廣轉江西餉需十萬人世資議齎直就易嶺南米民得不擾以右副都御史巡撫山東歲饑發倉儲五十餘萬石以振撫流亡百六十二萬人召爲戶部右侍郎佐鼎久之代薛遠總督倉場進尚書十七年還理部事閱二年致仕

黃鎬字叔高侯官人正統十二年以進士試事都察院未半歲以明習法律授御史十四年按貴州羣苗盡叛道梗塞靖遠伯王驥等自麓川還軍無紀律苗襲其後官軍大敗鎬赴平越遇賊幾死夜跳入城賊圍之議者欲棄城走鎬曰平越貴州咽喉無平越是無貴州也乃偕諸將固守置密疏竹筒中募士人間行乞援於朝且劾驥等覆師狀景帝命保定伯梁瑤等合川湖軍救之圍始解城被困已九月掘草根煮弩鎧而食之死者相枕籍城卒全鎬功爲多復留按一年久之遷廣東僉事改浙江成化初以大臣會薦擢廣東左參政高雷廉瓊海多盜鎬討平之再遷廣西左布政使以右副都御史總督南京糧儲歷吏部左右侍郎十六年拜南京戶部尚書鎬有才識敏吏事理鹽政多所釐剔時論稱之十九年致仕道卒贈太子少保謚襄敏

胡拱辰字共之淳安人正統四年進士爲黟縣知縣有惠政擢御史疏陳時弊八事父艱歸景帝即位詔科道官憂居者悉起復拱辰至屢疏以選將保邦修德弭災爲言出爲貴州左參政白水堡犵狫頭目沈時保素梗

化拱辰言於總兵官方瑛遣將禽之一方遂寧至畢節平宣慰使隴富亂威行邊徼母憂去御史追劾其受賕事下浙江按臣執訊事白調廣東歷廣西四川左右布政使皆有平寇功成化八年拜南京右副都御史提督操江十一年就遷兵部右侍郎儲位虛久與尚書崔恭等請册立言甚切其年復就改左副都御史總理糧儲就進工部尚書節財省事人皆便之以年至乞歸弘治中巡按御史陳銓言拱辰退休十餘年生平清操如一日乞加禮異以勵臣節詔有司月給廩二石歲隸四人正德元年年九十遣行人齎敕存問賚羊酒加賜廩隸三年正月卒贈太子少傅謚莊懿

陳俊字時英莆田人舉鄉試第一正統十三年進士除戶部主事督天津諸衛軍採草奏減新增額三十五萬束豪猾侵蘇松改折銀七十餘萬兩俊往督不數月畢輸尚書金濂以爲能俾典諸曹章奏歷郎中天順五年兩廣用兵俊督餉時州縣殘破帑藏殫虛弛鹽商越境令引加米二斗軍興賴以無乏母喪不聽歸蠻平始還初俊爲主事奔父喪賻者皆却之至是文武將吏醵金賻亦不納成化初擢南京太常少卿四年召拜戶部右侍郎俊練習錢穀四方災傷邊鎮急芻餉奏請還至裁決咸當尚書楊鼎深倚之京師大饑先後發太倉粟八十萬石平糶石值六錢豪猾乘時射利俊請糶以升斗爲率過一石勿與饑民獲濟尋議用兵河套敕俊赴河南山陝會巡撫諸臣畫芻餉發帑金二十萬助之俊以邊庾空竭歲又不登而榆林道險遠轉輸難乃發金於內地市易修西安韓城同官徑道以利飛輓還朝進俸一級歷吏部左右侍郎九載滿拜南京戶部尚書尋改兵部參贊機務先是參贊之任不專屬兵部自薛遠後繼以俊遂爲定制久之就改吏部二十一年星變率九卿陳時弊二十事皆極痛切帝多采納而權倖所不便者終格不行明年乞致仕詔加太子少保賜敕馳傳還卒謚康懿

林鶚字一鶚浙江太平人景泰二年進士授御史監京畿鄉試陳循等訐考官鶚邑子林挺預薦疑鶚有私逮挺考訊挺實無他得白英宗復辟倣先朝故事出廷臣爲知府鶚得鎮江召見賜膳及道里費諭所以擢用意鶚感激革弊舉廢治甚有聲漕故經孟瀆險甚巡撫崔恭議鑿河自七里港引金山上流通丹陽避之鶚言道里遠多石且壞民廬墓請按京口閘甘露壩故迹濬之令通舟春夏啓閘秋冬度壩功力省便恭從其議遂爲永利居五年以才任治劇調蘇州成化初超遷江西按察使有犯大辟賄達官求生者鶚執愈堅廣東寇剽贛州急調兵禦之遁去廣信妖賊妄稱天神惑衆捕戮其魁立解散歷左右布政使歲饑奏減民租十五萬石成化六年擢南京刑部右侍郎母憂服除召爲刑部右侍郎執法不撓十二年得疾卒鶚事母孝謹對妻子無惰容不妄交與公餘輒危坐讀書歿不能具棺斂友人爲經紀其喪鶚在蘇州先聖像剝落鶚曰塑像非古也昔太祖於國學用木主命改從之嘉靖中御史趙大佑上其節行贈刑部尚書謚恭肅

潘榮字尊用龍溪人正統十三年進士犒師廣東還除吏科給事中景泰初疏論停起復抑奔競數事帝納之尋進右給事中四年九月上言致治之要莫切於納諫比以言者忤聖意諭禮部凡遇建言務加審察或假以報復具奏罪之此令一下廷臣喪氣以言爲諱國家有利害生民有得失大臣有奸慝何由而知況今巨寇陸梁塞上多事奈何反塞言者路望明詔臺諫知無不言緘默者罪並敕閣部大臣勿搜求參駁虧傷治體疏入報聞天順六年使琉球還遷都給事中成化六年三月偕同官上言近雨雪愆期災異迭見陛下降詔自責躬行祈禱詔大臣盡言宜上天感格而今乃風霾晝晦沴氣赤而復黑豈非應天之道有未盡與夫人君敬天不在齋戒祈禱而已政令乖宜下民失所崇尚珍玩費用不經後宮無序恩澤不均爵濫施於賤工賞妄及於非分皆非敬天之道願陛下日御便殿召大臣極陳缺失而釐革之庶災變可弭時萬妃專寵羣小夤緣進寶玩官賞冗濫故榮等懇言之帝不能用是年遷南京太常少卿又七年就擢戶部右侍郎尋改右副都御史總督南京糧儲積奇羨數萬石以備荒十七年召爲戶部左侍郎尋署部事英國公張懋等四十三人自陳先世以大功錫爵子孫承襲所司輒減歲祿非祖宗報功意榮等言懋等於無事時妄請增祿若有功何以勸賞況頻年水旱國用未充所請不可許事乃寢中官趙陽等乞兩淮鹽十萬引帝已許之榮等言近禁勢家中鹽詔旨甫頒而陽等輒違犯宜正其罪帝爲切責陽等南京戶部尚書黃鎬罷以榮代之孝宗嗣位謝政歸賜月廩歲夫如制九年卒年七十有八贈太子太保

夏時正字季爵仁和人正統十年進士除刑部主事景泰六年以郎中錄囚福建出死罪六十餘人中有減死詔充所在濱海衛軍者時正慮其入海島爲變轉發之山東然後以聞因言凡福建減死囚俱宜戍之北方法司是其言而請治違詔罪帝特宥之時正又言通番及劫盜諸獄以待會讞淹引時月囚多瘐死請令所司斷決詔從之且推行之天下天順初擢大理寺丞久之以便養遷南京大理少卿成化五年遷本寺卿明年春命巡視江西災傷除無名稅十餘萬石汰諸司冗役數萬奏罷不職吏二百餘人增築南昌濱江堤及豐城諸縣陂岍民賴其利嘗上奏不具齋奏人姓名吏科論其簡忞帝宥其罪錄彈章示之遂乞休歸僦居民舍布政使張瓚爲築西湖書院居之家食三十年年近九十而卒時正雅好學聞居久多所著述於稽古禮文事尤詳

贊曰金紳等黽勉奉公當官稱職加之褆躬淸白操行無虧固列卿之良也鄭辰之廉事周瑄之治獄皆有仁人之用心君子哉

明史卷一百五十八　　列傳第四十六

總裁官總理事務經筵講官少保兼太子太保保和殿大學士兼管吏部戶部尚書事加四級臣張廷玉等奉

敕修

黃宗載　顧佐邵玘　賈諒　陳鎰　嚴升

段民吾紳　章敞徐琦　劉戩

吳訥朱與言　魏驥

魯穆　耿九疇

軒輗陳復　黃孔昭

黃宗載一名垕字厚夫豐城人洪武三十年進士授行人奉使四方未嘗受餽遺累遷司正永樂初以薦爲湖廣按察司僉事巨奸宿猾多謫戍銅鼓五開間陰持官吏短長宗載榜數其罪曰不改必寘之法衆莫敢犯武陵多戎籍民家慮與爲婚姻徭賦將累已男女至年四十尚不婚宗載以理諭之皆解悟一時婚者三百餘家鄰邑效之其俗遂變徵詣文淵閣修永樂大典書成受賜還任董造海運巨艦數十艘事辦而民不擾車駕北征徵兵湖廣使者貪暴失期宗載坐不舉劾謫楊青驛驛夫尋起御史出按交阯時交阯新定州縣官多用兩廣雲南舉人及歲貢生員之願仕遠方者皆不善撫字宗載因言有司率不稱職若俟九年黜陟恐益廢弛請任二年以上者巡按御史及兩司覈實舉按以聞帝是之及歸行李蕭然不攜交阯一物尚書黃福語人曰吾居此久所接御史多矣惟宗載知大體丁祖母憂起復改詹事府丞洪熙元年擢行在吏部侍郎少師蹇義領部事宗載一輔以正宣德元年奉命清軍浙江三年督採木湖湘英宗初以侍郎羅汝敬巡撫陝西坐事戴罪辦事汝敬妄引詔書復職而吏部不言爲御史所劾宗載及尚書郭璡俱下獄未幾得釋遷南京吏部尚書居九年乞休章四上乃許九年七月卒於家年七十九宗載持廉守正不矯不隨學問文章俱負時望公卿大夫齒德之盛推宗載云

顧佐字禮卿太康人建文二年進士除莊浪知縣端陽日守將集官僚校射以佐文士難之持弓矢一發而中守將大服永樂初入爲御史七年成祖在北京命吏部選御史之才者赴行在佐預焉奉命招慶遠蠻督採木四川從北征巡視關隘遷江西按察副使召爲應天尹剛直不撓吏民畏服人比之包孝肅北京建改尹順天權貴人多不便之出爲貴州按察使洪熙元年召爲通政使宣德三年都御史劉觀以貪被黜大學士楊士奇楊榮薦佐公廉有威歷官並著風采爲京尹政淸弊革帝喜立擢右都御史賜敕獎勉命察諸御史不稱者黜之御史有缺舉送吏部補選佐視事卽奏黜嚴皚楊居正等二十人謫遼東各衛爲吏降八人罷三人而舉進士鄧棨國子生程富謁選知縣孔文英教官方瑞等四十餘人堪任御史帝使歷政三月而後任之居正等六人辨愬帝怒并諸爲吏者悉戍之旣而皚自戍所潛還京脅他賄爲佐所奏且言皚謀害己詔戮皚於市帝北巡命偕尚書張本等居守還復賜敕令約束諸御史於是糾黜貪縱朝綱肅然居歲餘姦吏奏佐受隸金私遣歸帝密示士奇曰爾不嘗舉佐廉乎對曰中朝官俸薄僕馬薪芻資之隸遣隸半使出資免役隸得歸耕官得資費中朝官皆然臣亦然先帝知之故增中朝官俸帝歎曰朝臣貧如此因怒訴者曰朕方用佐小人敢誣之必下法司治士奇對曰細事不足干上怒帝乃以吏狀付佐曰汝自治之佐頓首謝召吏言上命我治汝汝改行吾當貸汝帝聞之益喜謂佐得大體或告佐不理冤訴帝曰此必重囚教之命法司會鞫果千戶臧清殺無罪三人當死使人誣佐帝曰不誅清則佐法不行磔清於市八年秋佐有疾乞歸不許以南京右都御史熊概代理其事踰年而概卒佐疾良已入見帝慰勞之令免

朝賀視事如故正統初考察御史不稱者十五人降黜之邵宗九載滿吏部已考稱亦與焉宗奏辨尚書郭璡亦言宗不應與在任者同考帝遂責佐而御史張鵬等復劾宗徵過帝以鵬朋欺并切責佐佐上章致仕去賜敕奬慰賚鈔五十貫命戶部復其家十一年九月卒佐孝友操履清白性嚴毅每旦趨朝小憩外廬立雙藤戶外百僚過者皆折旋避之入內直廬獨處小夾室非議政不與諸司羣坐人稱爲顧獨坐云然持法深論者以爲病時雩都陳勉嵊縣賈諒先後爲副都御史與佐同臯臺職而蘭谿邵玘官南京與佐齊名榮昌嚴升名亦亞於玘玘字以先永樂中進士授御史仁宗監國知其廉直每法司缺官卽命玘署有重獄輒付之歷仕中外所過人不敢犯宣德三年由福建按察使入爲南京左副都御史奏黜御史不職者十三人簡黜諸司庸懦不肖者八十餘人風紀大振居二年以疾卒玘負氣好侮同列治獄頗刻深然持身廉潔內行修事母以孝聞陳勉與玘同年進士仁宗初以楊士奇薦由廣東副使擢左副都御史信豐諸縣盜起命勉撫之招徠三千六百餘人亂遂定景泰初仕至南京右副都御史掌院事致仕卒勉外和內剛精通法律吏不敢欺賈諒字子信永樂中由鄉舉入太學選侍皇太孫說書擢刑科給事中宣德四年劾清軍侍郎金庠受賄罷之郎中胡珏蕭翔等十一人御史方鼎三人以不職被劾帝未信命諒及張居傑密察之得實悉貶官明年又劾陽武侯薛祿朋比不敬廷中肅然尋拜右副都御史偕錦衣指揮王裕參議黃翰中官張義等巡視四川江西湖廣按治豪強不少假正統二年江北河南大水命諒及工部侍郎鄭辰往振芒碭山盜爲患諒捕獲甚衆四年還至德州卒諒內行修當官有風采嚴升建文時進士歷官大理寺右少卿清軍蘇松執法不撓調南京僉都御史與玘同心治事剛果自信嘗著神羊賦以見志焉

段民字時舉武進人永樂二年進士選庶吉士與章敞吾紳董俱讀書文淵閣又俱授刑部主事民旋進郎中山東妖婦唐賽兒作亂三司官坐縱寇誅擢民左參政當是時索賽兒急盡逮山東北京尼及天下出家婦女先後幾萬人民力爲矜宥人情始安車駕北征餉舟由濟寧達潞河陸輓出居庸至塞外民深計曲算下不擾而事集旣還敕與巡按御史考所過府縣吏廉墨以聞宣德三年召入京命署南京戶部右侍郎踰年實授又明年改刑部初二部皆以不治聞民至紀綱修舉宿弊以革上元人有爲姪毆者憤甚詣通政司告時方令納米贖罪而越訴禁甚嚴犯者戍邊東民上言依定例卑幼之罪得贖而尊長反遠竄揆於理有未安請更擬帝是之帝以民廉介端謹特賜敕令考察南京百官八年詔書罪四自十惡外竝減一等有重囚三十餘人例不得赦民亦減其罪後有旨報決乃復追還而逃已數人民自陳狀給事中年富等劾民帝知民賢不問九年二月卒於官年五十九貧不能殮都御史吳訥稅以衣衾帝聞命有司營葬成化間葉盛請褒䘏不果其後百有餘年始追謚襄介吾紳字叔縉衢州人官刑部主事治獄有聲歷郎中拜禮部侍郎成祖謂呂震曰紳出自翰林可佐卿典禮矣旣而爲震所擠出爲廣東參政尋召爲南京刑部侍郎奉敕考察兩廣福建方面官有故人官參政素貪黷權要多爲之地紳至竟黜之時稱其公復改禮部正統六年卒於官紳淸彊有執澹於榮利初拜侍郎賀者畢集而一室蕭然了無供具衆笑而起章敞字尚文會稽人由庶吉士授刑部主事山西盜發捕逮數百人敞察其寃留詞色異者一人餘悉遣出明日訊之留者盜餘非也遷郎中改吏部宣德六年擢禮部侍郎偕徐琦使安南命黎利權國事利遣人白相見禮敞曰汝敬使者所以尊朝廷奚白爲利聽命趨拜下坐噉以聲色不爲動還致厚贐不受利以付貢使及闕悉閱貢物封其贐付闕吏利死子麟嗣敞復奉詔往却贐如初正統初纂洪武以來條格使諸司參酌吏無能爲奸尚書胡濙寬大敞佐以嚴肅二年十二月卒子瑾亦累官至禮部侍郎徐琦字良玉先世錢塘人其祖謫戍寧夏遂家焉幼力學通經史永樂十三年舉進士授行人歷兵部員外郎明敏有斷居官務持大體宣德六年擢右通政副敞使安南亦不受餽還拜南京兵部右侍郎八年帝以安南貢賦不如額南征士卒未盡返命琦復往時黎利已死其子麟疑未決琦曉以禍福麟懼鑄代身金人貢方物以謝帝悅命落琦戍籍宴賚甚厚正統初與工部侍郎鄭辰考察南畿有司黜不法者三十人時災異屢見琦陳弭災十事悉嘉納五年命參贊南京機務十四年進尚書參贊如故有言往年分調南京軍家屬悉宜北徙朝議欲行之琦奏安土重遷人之情也今驟徙數萬衆人心一搖事或叵測事得寢軍衛無學校琦請天下衛所視府州縣例皆立學從之景泰元年靖遠伯王驥贊機務琦專理部事驥解任琦仍參贊四年三月卒年六十八謚貞襄敞琦皆以使安南不辱命著稱安南多寶貨後使者率從水道挾估客往以爲利交人頗輕之弘治時侍講劉戩往頒詔由南寧乘傳抵其國交人大驚戩依舊制受陪臣拜謁不交一語越宿卽行餽遺一無所受使人要於途固致之卒麾去與敞琦皆爲交人所重戩字景元安福人

吳訥字敏德常熟人父遵任沅陵簿坐事繫京師訥上書乞身代事未白而父歿訥感奮力學永樂中以醫薦至京仁宗監國聞其名命教功臣子弟成祖召對稱旨俾日侍禁廷備顧問洪熙元年侍講學士沈度薦訥經明行修授監察御史敬慎廉直不務矯飾宣德初出按浙江以振風紀植綱常爲務時軍犯逃者往往令家人妄愬逮繫至千人訥請嚴禁卽寃不得越告從之繼按貴州恩威并行蠻人畏服將代還部民詣闕乞留不許五年七月進南京右僉都御史尋進左副都御史正統初光祿丞董正等盜官物訥發之謫戍四十四人右通政李畛者奉使蘇松行事多不謹訥徵誡之畛不悅誣訥稽延詔書等事訥疏辯互爲臺省所劾俱逮下獄旣而釋之英宗初御經筵錄所輯小學集解上之四年三月以老致仕以朱與言代訥博覽議論有根柢於性理之奧多有發明所著書皆可垂於後歸家布衣蔬食環堵蕭然周忱撫江南欲新其居不可家居十六年而卒年八十六謚文恪鄉人祀之言偃祠朱與言字一鶚萬安人永樂九年進士授湖廣按察僉事宣德中遷四川副使合州盜起督吏目熊鼎斬六十餘人賊勢遂衰事聞擢鼎合州同知雅州妖人爲亂與言執送京師境內以寧正統元年召爲南京右副都御史入代訥領院事年老致仕卒與言剛方廉慎爲政務大體數建白多切時弊家居門庭淸肅鄉人有不善惟恐與言知之

魏驥字仲房蕭山人永樂中以進士副榜授松江訓導常夜分攜茗粥勞諸生諸生感奮多成就者召修永樂大典書成還任用師逵薦遷太常博士帝謂曰劉履節爲御史九年高皇帝方授是官不輕予人也宣德初遷吏部考功員外郎歷南京太常寺少卿正統三年召試行在吏部左侍郎踰年實授屢命巡視畿甸遺蝗問民疾苦八年改禮部尋以老請致仕吏部尚書王直言驥未衰如念其老宜令去繁就簡乃改南京吏部復以老辭不允十四年進尚書英宗北狩驥率諸司條上時務多施行景泰元年年七十七致仕驥居官務大體在太常山川壇獲雙白兔圻內生瑞麥皆却不進在吏部有進士未終制求考功同官將許之驥持不可法司因旱卹刑有王綱者惡逆當辟或憫其少欲緩之驥曰此婦人之仁天道不時正此故也獄決而雨正統中王振怙寵凌公卿獨嚴重驥呼先生景泰初以請老至京師大學士陳循驥門生也請間曰公雖位冢宰然未嘗立朝願少待事在循輩驥正色曰君爲輔臣當爲天下進賢才不得私一座主退語人曰渠以朝廷事爲一己事安得善終竟致仕去驥端厚祗慎顧勁直好別白君子小人恒曰無是非之心非人也家居憂國憂民老而彌篤蕭山故多水患有宋時縣令楊時溯隄遺跡驥倡修螺山石巖畢公諸塘堰捍江潮興湖利鄉人賴之居恒布衣糲食不殖生產事兄敎諭騏雖耄益恭時戴笠行田間嘗遇錢塘主簿隷訶之答曰蕭山魏驥也主簿倉皇謝慰而去成化七年御史梁昉言臣先任蕭山見致仕尚書臣魏驥里居與里人偶處敎子孫孝弟力田增隄濬湖捍禦災患所行動應禮法倡理學勖後進雖在林野有補治化驥生平學行醇篤心術正大諳世事瞭國體致仕二十餘年年九十八歲四方仰德有如卿雲百年化育滋此人瑞臣讀前史有以歸老賜祿畢其身者有尊養三老五更者有安車蒲輪召者有賜几杖者上齒德也驥齒德有餘爵在上卿可稱達尊乞下所司酌前代故事施行帝覽奏嘉歎遣行人存問賜羊酒命有司月給米三石使命未至而驥卒賜祭葬如禮謚文靖其子完以驥遺言詣闕辭葬乞以其金振饑民帝憮然曰驥臨終遺命猶恐勞民可謂純臣矣許之蕭山民德驥不已詣闕請祀於德惠祠以配楊時制曰可

魯穆字希文天台人永樂四年進士家居褐衣蔬食足跡不入州府比謁選有司餽之贐穆曰吾方從仕未能利物乃先厲州里乎弗受除御史仁宗監國屢上封事漢王官校多不法人莫敢言穆上章劾之不報然直聲振朝廷遷福建僉事理寃濫摧豪強泉州人李某調官廣西其姻富民林某遣僕酖李於道而室其妻李之宗人訴於官所司納林賂坐訴者繫獄久穆廉得其實立正林罪漳民周允文無子以姪爲後晚而妾生子因析產與姪屬以妾子允文死姪言兒非叔子逐去盡奪其貲妾訴之穆召縣父老及周宗族密置妾子羣兒中咸指兒類允文遂歸其產民呼魯鐵面時楊榮當國家人犯法穆治之不少貸榮顧謂穆賢薦之朝英宗卽位擢右僉都御史明年奉命捕蝗大名還以疾卒命給舟歸其喪始穆入爲僉都御史所載不過囊衣尚書吳中贈以器用不受至是中爲治棺衾乃克殯子崇志歷官應

天尹廉直有父風

耿九疇字禹範盧氏人永樂末進士宣德六年授禮科給事中議論持大體有清望正統初大臣言兩淮鹽政久壞宜得重名檢者治之於是推擇爲鹽運司同知痛革宿弊條奏便宜五事著爲令母喪去官塲民數千人詣闕乞留十年正月起爲都轉運使節儉無他好公退焚香讀書廉名益振婦孺皆知其名以事見誣逮下吏已得白卽留爲刑部右侍郎屢辯疑獄無所撓屈禮部侍郎章瑾下獄九疇及江淵等議貶其官瑾壻給事中王汝霖銜之與同官葉盛張固林聰等論刑部不公九疇淵遂劾盛等且言汝霖父永和死土木嬉笑自如不宜居職時景帝新立急於用人置汝霖等不問瑾如奏鳳陽歲凶盜且起敕往巡視招撫奏留英武飛熊諸衞軍耕守招來流民七萬戶境內以安兩淮自九疇去鹽政復弛景泰元年仍命兼理尋敕錄諸府重囚多所平反十月命兼撫江北諸府三年三月代陳鎰鎭陝西都指揮楊得青等私役操卒九疇劾之詔按治且命諸邊如得青者具劾以聞邊將請增臨洮諸衞戍九疇言邊城士卒非乏將帥能嚴紀律賞罰明信則人人自奮不然徒冗食耳乃不增戍邊民春夏出作田秋冬輒徙入塞九疇言邊將所以禦寇衞民也今使民避寇失業安用將帥因禁民入徙有被寇者治守帥罪四年布政使許資言侍郎出鎭與巡按御史不相統事多拘滯請改授憲職便乃轉右副都御史大臣鎭守巡撫皆授都御史自九疇始有旨市羊角爲燈九疇引宋蘇軾諫神宗買浙燈事乃寢災異求言請帝延儒碩公賞罰擇守令簡將帥優詔報焉天順初議事京師帝顧侍臣曰九疇廉正人也留爲右都御史罪人繫都察院獄者不給米九疇爲言乃日給一升遂爲令已上疏陳崇廉恥清刑獄勸農桑節軍賞重臺憲五事帝皆嘉納是年六月御史張鵬等劾石亨曹吉祥亨等謂九疇實使之遂并下獄謫江西布政使尋調四川明年禮部缺尚書帝問李賢賢曰老成清介無如九疇乃召還既至憐其老改南京刑部尚書四年卒謚清惠子裕自有傳

軒輗字惟行鹿邑人永樂末年進士授行人司副宣德六年用薦改御史按福建剔蠹鋤奸風采甚峻正統元年清軍浙江劾不職官四十餘人五年言祖宗設御史官爲職綦重今內外諸司有事多擅遣御史非制請禁之立報可是年超擢浙江按察使前使奢汰輗力矯之寒暑一青布袍補綴殆遍居常蔬食妻子親操井臼與僚屬約三日出俸錢市肉不得過一斤僚屬多不能堪故舊至食惟一豆或具雞黍則人驚以爲異時鎭守內臣阮隨布政使孫原貞杭州知府陳復仁和知縣許僕居官皆廉一方大治溫處有銀場洪武間歲課僅二千八百餘兩永樂時增至八萬二千兩民不堪命帝卽位以大臣議罷之至是參政俞士悅請復開謂利歸於上則礦盜自絕下三司議輗力持不可乃止既而給事中陳傅復請朝廷遂從之遂致葉宗留之變會稽趙伯泰宋苗裔也奏孝宗理宗及福王陵墓俱爲豪民侵奪御史王琳謂福王降於元北去山陰安得墓伯泰不平復訴帝命輗及巡按御史歐陽澄覆按輗言福王葢衣冠之藏伯泰言非誣詔戍豪民於邊停琳等俸遣親喪起復十三年奏陳四事俱切時弊帝悉從之景帝立以右副都御史鎭守浙江景泰元年命兼理兩浙鹽課聞賊吳金八等流劫青田諸縣輗與原貞討平之賊首羅丕廖寧八復自閩抵浙輗等防遏有功進秩一等明年改督南京糧儲五年復改左副都御史掌南院事考黜御史不職者數人天順元年二月召拜刑部尚書數月引疾乞歸帝召見問曰昔浙江廉使考滿歸行李僅一簏乃卿耶輗頓首謝賜白金慰遣之明年南京督理糧儲缺官帝問李賢大臣中誰曾居此職者賢以輗對且稱其廉乃命以左都御史往八年夏以老乞骸骨不待報徑歸抵家趣具浴欠伸而卒輗孤峭遇人無賢否拒不與接爲按察使嘗飲同僚家歸撫其腹曰此中有贓物也在南都都御史張純置酒延客輗惡其汰不往徹饌遺之亦不納歲時詣禮部拜表慶賀屏居一室撤燭端坐事竣竟歸未嘗與僚友一語僚友聞其來亦輒避去不樂與之處量頗褊隘御史有訐人陰私者輒獎其能嘗令御史劾南京祭酒吳節節亦發輗私事衆頗不直輗然清操聞天下與耿九疇齊名語廉吏必曰軒耿陳復福建懷安人輗同年進士由戶部主事知杭州廉靜無私獄訟大省日端坐堂皇與曹掾講讀律令而已遭喪部民乞留詔起復未幾卒輗倡僚屬助之乃克斂吏民相率致賻其子盡郤之稱貸歸

黃孔昭黃巖人初名曜後以字行改字世顯年十四遭父母喪哀毀骨立舉天順四年進士授屯田主事奉使江南卻餽弗受進都水員外郎成化五年文選郞中陳雲等爲吏所訐盡下獄貶官尚書姚夔知孔昭廉調之文選九年進郎中故事選郎率閉門謝客孔昭曰國家用才猶富家積粟粟不素積豈足贍饑才不預儲安能濟用苟以深居絕客爲高何由知天下才俊公退遇客至輒延見訪以人才書之於冊除官以其才高下配地繁簡由是銓敘平允其以私干者悉拒之嘗與尚書尹旻爭至推案盛怒孔昭拱立俟其怒止復言之旻亦信其諒直旻暱通政談倫欲用爲侍郎孔昭執不可旻卒用之倫果敗旻欲推故人爲巡撫孔昭不應其人入都謁孔昭至屈膝孔昭益鄙之旻令推舉孔昭曰彼所少者大臣體耳旻謂其人曰黃君不離銓曹汝不能遷也爲郎中滿九載始擢右通政久之遷南京工部右侍郎有官地十餘區爲勢家所侵奏復之奉詔薦舉方面以知府樊瑩僉事章懋應後皆爲名臣郎官主藏者以羨銀數千進斥退之掘地得古鼎急命工鐫文廟二字送之廟中俄中貴欲獻諸朝見鐫字而止孔昭嗜學敦行與陳選林鶚謝鐸友善並爲士類所宗弘治四年卒嘉靖中贈禮部尚書謚文毅子俌亦舉進士爲文選郎中俌子綰以議大禮至禮部尚書自有傳

贊曰國家盛時士大夫多以廉節自重豈刻意厲行好爲矯飾名譽哉亦其澹嗜欲恥營競介特之性然也仁宣之際懲吏道貪墨登進公廉剛正之士宗載佐銓衡顧佐掌邦憲風紀爲之一清段民吳訥魏驥魯穆嶄然秉羔羊素絲之節軒耿孔昭矯厲絕俗物不能干章敞徐琦劉戩律己嚴正異域傾心廉之足尚也卓矣

明史卷一百五十九　列傳第四十七

總裁官總理事務經筵講官少保兼太子太保保和殿大學士兼管吏部戶部尚書事加六級張廷玉等奉
敕修

熊概葉春　陳鎰
李儀丁璥　陳泰
李棠會翬　賈銓
王宇　崔恭
劉孜宋傑邢宥　李侃雷復李綱
原傑　彭誼
牟俸　夏壎子鍭
高明　楊繼宗

熊概字元節豐城人幼孤隨母適胡氏冒其姓永樂九年進士授御史十六年擢廣西按察使峒谿蠻大出掠布政使議請靖江王兵遏之概不可曰吾等居方面寇至無捍禦顧煩王耶且寇必不至戒嚴而已已而果然久之調廣東洪熙元年正月命以原官與布政使周幹參政葉春巡視南畿浙江初夏原吉治水江南還代以左通政趙居任兼督農務居任不恤民歲以豐稔聞成祖亦知其誣罔既卒左通政岳福繼之庸懦不事事仁宗監國時嘗命概以御史署刑部知其賢故有是命是年八月幹還言有司多不得人土豪肆惡而福不任職宣宗召福還擢概大理寺卿與春同往巡撫南畿浙江設巡撫自此始浙西豪持郡邑短長爲不法海鹽民平康暴橫甚御史捕之遁去會赦還益聚黨八百餘人概捕誅之已悉捕豪惡數十輩械至京論如法於是奸宄帖息諸衞所糧運不繼軍乏食概以便宜發諸府贖罪米四萬二千餘石贍軍乃聞於朝帝悅諭戶部勿以專擅罪概概用法嚴姦民憚之騰謗書於朝宣德二年行在都御史劾概與春所至作威福縱兵擾民帝弗問陰使御史廉之無所得由是益任概明年七月賜璽書獎勵概亦自信諸當興革者皆列以聞時屢遣部官至江南造紙市銅鐵概言水澇民饑乞罷之五年還朝始復姓亡何遷右都御史治南院事行在都御史顧佐疾驛召概代領其職兼署刑部九年十月錄囚自朝至日晏未暇食忽風眩卒賜祭給舟歸其喪概性剛決巡視江南威名甚盛及掌臺憲聲稱漸損於初葉春者海鹽人起家掾吏歷禮部郎中兩淮鹽運使改四川右參政與概巡撫江浙諸府既復奉命與錦衣指揮任啓御史賴英太監劉寧巡視先後凡三蒞浙西治事於鄉人無議其私者概遷都御史春同日進刑部右侍郎卒於官

陳鎰字有戒吳縣人永樂十年進士授御史遷湖廣副使歷山東浙江皆有聲英宗卽位之三月擢右副都御史與都督同知鄭銘鎭守陝西北方饑民多流移就食鎰道出大名見之疏陳其狀詔免賦役正統改元鎰言陝西用兵民困供億派徵物料乞悉停免詔可明年五月以勞績下敕獎勵因命巡延綏寧夏邊所至條奏軍民便宜多所廢置所部六府饑請發倉振帝從輔臣請修荒政鎰請徧行於各邊由是塞上咸有儲蓄六年春以鎰久勞於外命與王翺歲一更代七年翺調遼東鎰復出鎭歲滿當代以陝人乞留詔仍舊任時倉儲充溢

有軍衞者足支十年無者直可支百年鎰以陳腐委棄可惜請每歲春夏時給官軍爲月餉不復折鈔從之九年春進右都御史鎭守如故秦中饑乞蠲租十之四其餘米布兼收時瓦剌也先漸强遣人授罕東諸衞都督喃哥等爲平章又置甘肅行省名號鎰以聞請嚴爲之備已命與靖遠伯王驥巡視甘肅寧夏延綏邊務聽便宜處置以災沴頻仍條上撫安軍民二十四事多議行鎰瞢恐襄漢間流民嘯聚爲亂請命河南湖廣陝西三司官親至其地撫恤之得旨允行而當事者不以爲意王文亦相繼力言有司怠忽恐遺禍至成化時乃有項忠之役人益思鎰言英宗北狩景帝監國鎰合大臣廷論王振於是振姪王山伏誅也先將入犯以于謙薦出撫畿內事寧召還進左都御史景泰二年陝西饑軍民萬餘人願得陳公活我監司以聞帝復命之鎰至是凡三鎭陝先後十餘年陝人戴之若父母每還朝必遮道擁車泣再至則歡迎數百里不絕其得軍民心前後撫陝者莫及也三年春召還加太子太保與王文並掌都察院文威嚴諸御史畏之若神鎰性寬恕少風裁譽望損於在陝時明年秋以疾致仕卒贈太保謚僖敏天順七年詔官其子伸爲刑部照磨

李儀涿人永樂間以薦舉授戶部主事宣宗旣平高煦儀請去趙王護衞尚書張本亦言往歲孟賢謀逆趙王未必不知高煦亦謂與趙合謀儀言是帝不聽旣而言者益衆帝封其詞遣使諭王如儀指王卽獻護衞趙卒無事儀尋出知九江府有惠政英宗卽位之歲始設諸邊巡撫僉都御史丁璿方督大同宣府軍儲而儀以右僉都御史巡撫其地盛有所建置明年請以大同東西二路分責於總兵官羅文方政從之時朝議遣方政楊洪出塞與甘肅將蔣貴史昭合擊朶兒只伯儀言四裔爲患自古有之在備禦有方耳和寧殘部窮無所歸乍臣乍叛小爲邊寇邊將謹待之將自遁何必窮兵萬一乘虛襲我少有失適足爲笑乞敕政等無窮追不納督糧參政劉璉不職儀劾之璉乃誣儀淫亂事適參將石亨欲奏鎭守中官郭敬罪先咨儀儀誤緘咨牒於核餉主事文卷中戶部以聞致亨敬相奏訐詔儀璉自陳而切責敬等璉止停俸二歲儀雖引罪自負其直詞頗激遂被劾下吏瘐死正統二年二月也儀居官廉謹邊人素德之聞其死建昭德祠以祀丁璿上元人永樂中進士由御史擢居是職正統五年將征麓川命乘傳往備儲餉尋言用兵便宜遂命撫雲南麓川平召爲左副都御史所至有聲

陳泰字吉亨光澤人幼從外家曹姓旣貴乃復故舉鄉試第一除安慶府學訓導正統初廷臣交薦擢御史巡按貴州官軍征麓川歲取土兵二千爲鄉導戰失利輒殺以冒功泰奏罷之再按山西時百官俸薄折鈔又不能卽得泰上章乞量增祿廩俾足養廉然後治贓汚則貪風自息事格不行六年夏言連歲災異咎在廷臣請敕御史給事中糾彈大臣去其尤不職者而後所司各考覈其屬帝從之於是御史馬謹等交章劾吏部尚書郭璡等數十人已復出按山東泰素厲操行好搏擊三爲巡按懲奸去貪威稜甚峻九年超擢四川按察使與鎭守都御史寇深相失十二年八月參議陳敏希深指劾泰擅杖武職毆輿夫至死逮刑部獄坐斬泰奏辯大理卿俞士悅亦具狀以聞皆不聽景帝監國赦復官于謙薦守紫荊關也先入犯關門不守復論死景帝宥之命充爲事官從總兵官顧興祖築關隘自効景泰元年擢大理右少卿守備白羊口四月都督同知劉安代寧遠伯任禮巡備涿易眞保諸城命泰以右僉都御史參其軍務三年兼巡撫保定六府尋命督治河道自儀眞至淮安濬渠八十里塞決口九築壩三役六萬人數月而畢七年移撫蘇松天順改元罷巡撫官改廣東副使以憂去四川盜起有言泰嘗莅其地有威名乃復故官往巡撫八年進右副都御史總督漕運兼巡撫淮揚諸府莅淮三年謝政歸成化六年卒

李棠字宗楷縉雲人宣德五年進士授刑部主事爲尚書魏源所器金濂代源以剛嚴懾下棠與辯論是非讜訶不爲動濂亦器之進員外郎錄囚南畿多所平反進郎中景帝嗣位超擢本部侍郎未幾巡撫廣西提督軍務所部多寇棠以次討平之正己帥下令行政舉景泰三年思明土知府黃𤦭老子鈞嗣𤦭庶兄玹使其子殺𤦭父子滅其家而以他盜爲亂告棠檄右參政曾翬副使劉仁宅按其事翬等誘執玹父子下之獄玹窘則遣使走京師上書請帝廢太子立己子帝大喜立擢玹都督同知出其子於獄事具懷獻太子及土司傳棠旣不得竟黃玹獄鬱鬱累疏謝病歸不攜嶺表一物以清節顯曾翬字時升泰和人宣德八年進士治秦府永興王葬却有司饋遺歷刑部員外郎尚書金濂器之俾典奏牘有重獄諸郎不能決輒以屬翬秦王許巡撫陳鎰狎妓翬按得其情劾藩府誣大臣鎰得白正統十三年進郎中以何文淵薦擢廣西右參政李棠檄翬及副使劉仁宅按黃玹父子玹使人持千金賄於道且擁精兵挾之二人佯許諾已誘執玹下之獄棠以聞未幾玹以上書擢都督同知父子俱出獄翬等太息而已尋以憂去服闋起官河南御史清軍者利得軍多枉及民翬辨釋甚衆南陽諸府多流戶衆議驅逐人情惶急翬與巡撫撫安之天順五年遷山東右布政使民墾田無賦者姦民指爲閒田獻諸戚畹部使者來勘翬曰祖制民墾荒田永不科稅奈何奪之使者奏如言乃免成化初轉左河南歲饑計開封積粟多奏請平糶貧民賴以濟召拜刑部左侍郎仍食從二品俸尋巡撫浙江考察官吏奏罷不職者百餘人他弊政多所釐革還朝久之謝病去翬操行謹所至有聲及歸生計蕭然絕跡公府鄉人以爲賢

賈銓字秉鈞邯鄲人永樂末進士宣德四年授禮科給事中數有參駁英宗踐阼旣肆赦復命讞在京重囚多所原宥從銓請推之南京秩滿出爲大理知府王驥征麓川饋運有勞驥薦之麓川平擢雲南左參政仍知府事尋以驥言還治司事正統十二年左布政使闕軍民數萬人頌銓參贊軍務侍郎侯璡等亦疏請銓遂得擢土官十餘部歲當貢馬輸差發銀及海肥八府民歲當輸食鹽米鈔至景泰初皆積逋不能償銓等爲言除之治行聞賜誥旌異景泰七年九載滿當入都軍民乞留命還任天順四年與梁棨等舉政績卓異戶部初闕尚書王翺欲擢銓帝問李賢賢曰聞其名未見其人也及是來覲帝命賢覘之還奏貌寢乃以爲右副都御史巡撫山東尋兼撫河南山東歲祲請召還清軍御史河南饑請停徵課馬皆許之成化初左都御史李秉督師遼東召銓署院事中官唐愼等從征荊襄還杖死淮安知事谷淵自奏丐免銓請罪之乃付愼等司禮監命法司罪其從人未幾卒官謚恭靖銓在雲南治行爲一時冠比爲巡撫清靜不自表暴吏民亦安之

王宇字仲宏祥符人童丱時日記萬言巡撫侍郎于謙奇之登正統四年進士授南京戶部主事秩滿當轉郎中吏部以宇才特用爲撫州知府爲政簡靜而鋤強遏姦凜不可犯一府大治天順元年所司上其治行詔賜誥命項忠之擢山東右布政使命撫恤所屬饑民明年遷右副都御史巡撫宣府中官嚴順都督張林等令家人承納芻糧宇劾奏都御史寇深爲解帝切責深尋命兼撫大同石亨及從子彪驕恣大同其舊鎭地徵索尤橫宇抗疏論其姦乞置之法疏雖不行聞者敬憚督餉郎中楊益不能備芻藁爲宇所劾戶部庇之宇并劾尚書沈固等皆輸罪遭喪起復爲大理卿固辭不許宇剛介所至有盛名居大理平反爲多七年卒

崔恭字克讓廣宗人正統元年進士除戶部主事出理延綏倉儲有能聲以楊溥薦擢萊州知府內地輸遼東布悉貯郡庫歲久朽敝守者多破家恭別搆屋三十楹貯之請約計歲輸外餘以充本府軍餉遂放遣守者八百人也先犯京師遣民兵數千入援廷議城臨清檄發役夫恭以方春民乏食請俟秋成居府六年萊人以比漢楊震景泰中超遷湖廣右布政使諸司供給率取之民恭與僚佐約悉罷之公安監利流民擅相殺恭下令願附籍者聽否則迨秋遣歸衆遂定尋遷江西左布政使司有廣濟庫官吏乾沒五十萬恭白於巡撫韓雍典守者咸獲罪定均徭法酌輕重十年一役遂爲定例天順二年寧王奠培不法恭劾之削其護衞王稍戢遷右副都御史代李秉巡撫蘇松諸府按部進耆老言利病爲興革與都督徐恭浚儀眞漕河又浚常鎭河避江險已大治吳淞江起崑山夏界口至上海白鶴江又自白鶴江至嘉定卞家渡迄莊家涇凡浚萬四千二百餘丈又浚曹家港蒲匯塘新涇諸水民賴其利目曹家港爲都堂浦初周忱奏定耗羨則例李秉改定以賦之輕重遞盈縮其例甚平而難於稽算吏不勝煩擾恭乃罷去悉如忱舊吏部缺右侍郎李賢王翺舉恭遂召用置勸懲簿有聞皆識之翺甚倚恭轉左父憂起復憲宗卽位乞致仕不允成化五年尚書李秉罷商輅欲用姚夔彭時欲用王概而北人居言路者謂時實逐秉喧謗於朝時稱疾不出侍讀尹直以時概皆己鄉人恐因此得罪急言於輅以恭代秉越五月母喪歸服除起南京吏部劾罷諸司不職者數人十一年春命參贊機務居三年致仕又二年卒贈太子少保謚莊敏

劉孜字顯孜萬安人正統十年進士授御史出按遼東景帝卽位有建南遷議者孜馳奏乞斬言者以定人心期滿當代朝議邊務方殷復留一歲再按畿輔時方築滄州城以孜言罷擢山東按察使天順四年吏部舉天下治行卓異按察使惟孜一人遷左布政使明年春以右副都御史巡撫江南十府蘇松財賦自周忱立法後代者多所更孜首訪忱遺蹟斟酌行之民稱便成化元年應天饑方振貸而江北饑民就食者衆孜請盡發諸縣廩全活無算時民間多積困瀕江官田久廢沒仍責輸賦蘇松杭嘉諸府僉補富戶南京廊房旣傾圮猶征

鈔上元江寧農民代河泊所網戶採鰣魚應天都稅宣課諸司額外增稅江陰諸縣民戶償納荒租六合江浦官牛歲徵犢孜皆疏罷之召拜南京刑部尚書以宋傑代四年致仕道卒孜廉慎治事精審然持法過嚴時議其刻傑爲人長者居二年罷去而邢宥代宥文昌人正統十三年進士授御史出巡福建民十八人被誣爲盜當刑呼冤宥爲緩之果得眞盜天順中出爲台州知府有治績坐累謫晉江丞憲宗復其職改知蘇州姦民攬納秋賦置之法得其贓萬緡以隄沙河覽官道大水民饑不待奏輒發米二十萬斛以振宥素廉介及治蘇嚴而不苛傑薦於朝詔加浙江左參政仍理府事賜璽書居半歲遂以右僉都御史代傑巡撫開丹陽河築奔牛閘省兌運冗費民以爲便尋兼理兩浙鹽政考察屬吏奏黜不職者百七十餘人居數載引疾歸

李侃字希正東安人正統七年進士授戶科給事中景帝監國陳簡將才募民壯用戰車三事也先逼京師議者欲焚城外馬草侃言敵輕剽無持久心乞勿焚免復斂爲民累皆報許時父母在容城侃曉夜悲泣乞假冒險迎之景泰初議錄扈從死事諸臣後侃因言避難偷生者宜嚴譴以厲臣節上皇將還與同官劉福等言禮宜從厚忤旨被詰尚書胡濙爲解乃已再遷都給事中軍興減天下學校師儒俸廩侃奏復之戶部尚書金濂違詔徵租侃論濂下之吏石亨從子彪侵民業侃請置重典幷嚴禁勳戚中官不得豪奪細民有司隱者同罪帝宥亨彪餘如其請時給事中敢言者林聰稱首侃亦矯抗有直聲廷議易儲諸大臣唯唯侃泣言東宮無失德聰與御史朱英亦言不可時議壯之擢詹事府丞天順元年改太常丞進太僕卿明年復設山西巡撫遷侃右僉都御史任之奏言塞北之地與窮荒無異非生長其間者未有能寧居而狎敵者也今南人戍西北邊怯風寒聞寇股栗而北人戍南亦不耐暑多潛逃宜令南北清勾之軍各就本土補伍人情交便戎備得修時不能用奏發巡按李傑罪傑亦訐侃按傑事有驗除名侃無贓罪獲宥六年考察屬吏奏罷布政使王允李正芳以下百六十人因言諸臣年與臣若不堪任事者臣悉退之臣亦當罷詔不許侃性剛方力振風紀貪墨者屏跡其年冬以母喪歸軍民擁泣至不得行服除遂不出家居十餘年卒侃事親孝好學安貧歿幾不能殮弘治初國子生江紀等言前祭酒胡儼都御史高明李侃學行事功彰著耳目並乞賜謚寢不行侃二子德恢嚴州知府德仁河東鹽運使雷復字景暘湖廣寧遠人正統初進士授行人歷官廣西副使藤縣民胡趙成搆猺陷縣治復與參將范信討斬之成化初以大臣會薦擢山東右布政使七年徵拜禮部右侍郎尋改右副都御史巡撫山西繼李侃後端恪守法得軍民心敗寇紅沙烟再敗之烟寺溝石人村賜敕獎勞時山西大祲而廷議以陝西用兵令預徵芻餉轉輸榆林復上言自山西至榆林道路險絕民齎銀往易價騰踴不免稱貸償責多破產今雨雪愆違饑民疾病流離困悴萬狀而應輸綾帛藥果諸物又不下萬計乞依山東例蠲除仍發帑振贍帝從之及發金三萬不足請鬻鹽四十萬引幷令民入粟授散官皆報可十年夏卒於官李綱字廷張長清人幼從父入都墜車下車轢體過竟不傷人咸異之登天順元年進士授御史歷按南畿浙江劾去浙江贓吏至四百餘人時目爲鐵御史奉敕編集陝西延綏土兵還遷太僕寺少卿巡畿輔馬政盡抑有司饋按冀州遇盜問隸人曰太僕李公耶是何從得金不啟篋而去成化十三年遷右僉都御史轉左出督漕運與平江伯陳銳共事踰年卒銳見笥中惟敝衣揮涕曰君子也爲具棺斂聞其清節於朝帝特命賜祭葬不爲令綱清剛似李侃爲時所重

原傑字子英陽城人正統十年進士又二年授南京御史尋改北巡按江西捕誅劇盜姦宄斂跡復按順天諸府大水牧官馬者乏芻馬多斃有司責償傑請免之開中鹽引入米振饑疏入爲部所格景帝從傑議超擢江西按察使發寧王奠培淫亂事革其護衛治行聞賜誥旌異遷山東左布政使成化二年就拜右副都御史巡撫其地歲凶振救民無流移召爲戶部左侍郎時黃河遷決不常彼陷則此淤軍民就淤墾種姦徒指爲閑場由地獻王府邀賞王府輒據有之傑請獻者論戍幷罪受獻者從之江西盜起以傑嘗再莅其地得民詔往治捕戮六百餘人餘悉解散改左副都御史還佐院事荆襄流民數十萬朝廷以爲憂祭酒周洪謨嘗著流民圖說謂當增置府縣聽附籍爲編氓可實襄鄧戶口俾數百年無患都御史李賓以聞帝善之十二年遂命傑出撫徧歷山谿宣朝廷德意諸流民欣然願附籍於是大會湖廣河南陝西撫按官籍之得戶十一萬三千有奇口四十三萬八千有奇其初至無產及平時頑梗者驅還其鄉而附籍者用輕則定田賦民大悅因相地勢以襄陽所轄鄖縣居竹房上津商洛諸縣中道路四達去襄陽五百餘里山林阻深將吏鮮至猝有盜賊府難遙制乃拓其城置鄖陽府以縣附之且置湖廣行都司增兵設戍而析竹山置竹谿析鄖置鄖西析漢中之洵陽置白河與竹山上津房咸隸新府又於西安增山陽南陽增南召桐柏汝州增伊陽各隸其舊府制既定薦知鄧州吳遠爲鄖陽知府諸縣皆擇鄰境良吏爲之流人得所四境乂安將還以地界湖廣河南陝西事無統紀因薦御史吳道宏自代詔即擢道宏大理少卿撫治鄖陽襄陽荆州南陽西安漢中六府鄖陽之有撫治自此始也傑以功進右都御史傑數歷於外既居內臺不欲出荆襄之命非其意也事竣急請還朝會南京兵部缺尚書以傑任之傑疏辭不許遂卒於南陽年六十一鄖襄民爲立祠詔贈太子太保錄其子宗敏爲國子生

彭誼字景宜東莞人正統中由鄉舉除工部司務嘗與尚書辯事無所阿景帝立用薦改御史從尚書石璞塞沙灣決河進秩二等復決再往塞之景泰五年以從大學士王文巡視江淮禽獲蘇州賊擢大理寺丞明年二月擢右僉都御史提督紫荆倒馬諸關劾都指揮胡璽納賄縱軍罪天順初罷巡撫官中朝有不悅誼者下還紹興知府歲饑輒發廩振貸吏白當俟朝命誼曰民方急安得循故事耶築白馬閘障海潮歷九載多惠政超擢山東左布政使入爲工部左侍郎成化四年遼東巡撫張岐得罪吏部舉代者帝曰遼東自王翱後屢更巡撫多不稱可於大臣中求之乃改誼右副都御史以往鎮守中官橫徵諸屬衞誼下令凡文牒不經巡撫審定者所司毋輒行虐燄爲息十年冬戶部檄所司開黑山金場誼奏永樂中太監王彥等開是山督夫六千人三閱月止得金八兩請罷之遂止誼好古博學通律曆占象水利兵法之屬平居謙厚簡默臨事毅然有斷鎮遼八年軍令振肅年未老四疏告歸家居四十餘年卒

牟俸巴人景泰初進士授御史巡按雲南南寧伯毛勝鎮金齒俸劾其違縱罪將吏皆聳天順元年出爲福建僉事成化初進秩副使久之遷江西按察使政尚嚴厲入爲太僕卿八年以左僉都御史巡撫山東歲祲請發濟南倉儲減價以糶令臨清關稅收米麥濟振皆從之時大饑雖獲振饑民衆轉徙益多俸請敕鄰境撫按隨所在安輯秋成賫遣復業又乞開中淮浙鹽百萬引盡蠲州縣逋課詔如所請更命移臨清倉粟十萬石振之至七月俸又言公私困竭救荒靡策乞開納粟例令胥吏得就選富民授散官且截留漕糧備振十月復言今救荒者止救其饑不謀其寒縱得食終不免僵死乞貸貧民布棉帝皆嘉納俸又檄發東昌濟寧倉粟十萬餘石爲軍士月糧而以德州臨清寄庫銀易米振濟奏請伏專擅罪帝特宥之已復以俸奏免柴夫折價銀移河南輸邊粟濟山東而別給銀爲邊餉山東輸京租二十萬石給本地用十年又饑請發倉儲出貸撫山東五年盡心荒政活饑民不可勝數以右副都御史改撫蘇松俸性嚴以所部多巨室欲故摧抑之乃禁索私租勸富家出穀備振動千計怨謗紛然中官汪直有事南京或譖俸直歸未發也俸初在山東與布政陳鉞負氣不相下後鉞從容言俸短直信之十四年俸議事至京直請執俸下詔獄先是所親學士江朝宗除服還朝俸迓之九江聯舟並下所至有司供張頗盛直因謂朝宗有所關說幷下獄詞連僉事吳㻒等十餘人俱被逮繫獄半歲讁戍湖廣俸在江西時共成許聰獄人多議其深文至是被禍皆知爲直誣然無白其冤者踰年卒戍所

夏壎字宗成天台人景泰二年進士授御史天順初巡按福建繼淸軍江西發鎮守中官葉達恣橫狀達爲斂威以薦超擢廣東按察使時用師歲久役民守城壎至悉遣之成化初奏猺獞弗靖用兵無功由有司撫字乖方賊因得誘良民爲徒黨劇寇數百脅從萬千進則驅之當前退則殺以抒憤害常在民而利常在彼況用兵不已供斂日增以易搖之人心責無窮之軍費恐外患未除內變先作請愼選監司守令撫綏遺民彼被脅之衆自聞風來歸帝深納其言尋遷布政使調江西八年以右副都御史巡撫四川苗獠時爲寇壎立互知會捕法賊爲之戢古州苗萬餘居爛土久時議逐之壎謂非計松潘參將堯彧請益戍兵三千又力陳不可皆得寢已奏所部將校多犯法奏請踰時輒至遁逸請先逮繫然後奏聞帝可之壎剛介善聽斷所至民不冤在蜀二年民夷畏服然厭繁劇與時多齟齬子鍭獻詩勸歸壎欣然納焉年未五十即求退章四上得請既歸杜門養親不接賓客又五年卒鍭舉進士弘治四年謁選入都上書請復李文祥鄒智等官罷大學士劉吉忤旨下獄得釋久之除南京大理評事疏論賦斂徭役馬政鹽課利弊及宗藩戚里侵漁狀不報鍭素無宦情居官僅歲餘念母老乞侍養遂歸家居三十餘年竟不復出

高明字上達貴溪人幼事母以孝聞登景泰二年進士授御史聞內苑造龍舟切諫有指揮爲大臣所陷論死

辯出之徐州民訴有司於朝時例越訴者戍邊明言戍邊防誣訴也今訴不誣法止當杖民有爲妖言者吏貪功誣以謀反明按無反狀止坐妖言律皆報許巡按河南黜屬吏六十人再按畿輔入總諸道章奏天順初尚書陳汝言有罪偕諸御史劾下之獄四年御史趙明等劾天下朝覲官觸帝怒詰草疏主名衆大懼明獨自承都御史寇深言頻年章疏盡出明手幸勿以細故加罪帝意解反稱明能石亨既誅僮僕皆收明言不宜坐免者百人擢大理寺丞憲宗立拜南京右僉都御史以留都春夏淫雨請修人事以回天意時納馬入監者至萬餘人明請區別薦郎中孫瓊陳鴻漸梅倫何宜主事宋瑛皆端方廉潔恬於進取宜顯擢以風有位疏下所司成化三年揚州鹽寇起守兵失利詔明討之造巨艦名曰籌亭往來江上督戰並江置邏堡候望賊蹤跡無所匿遂平之內官鬻私鹽據法沒入鹽政大治因條上利病十餘事多議行仍還原任以親老乞終養歸十四年上杭盜發詔起巡撫福建督兵往討禽誅首惡餘皆減死遣戍以上杭地接江西廣東盜易嘯聚請析置永定縣移疾徑歸久之卒

楊繼宗字承芳陽城人天順初進士授刑部主事囚多疫死爲時其食飲令三日一櫛沐全活甚衆又善辨疑獄河間獲盜遣里民張文郭禮送京師盜逸文謂禮曰吾二人並當死汝母老鮮兄弟以我代盜庶全汝母子命禮泣謝從之文桎梏詣部繼宗察非盜竟辨出之成化初用王翺薦擢嘉興知府以一僕自隨署齋蕭然性剛廉孤峭人莫敢犯而時時集父老問疾苦爲袪除之大興社學民間子弟八歲不就學者罰其父兄遇學官以賓禮師儒競勸文教大興御史孔儒清軍里老多撻死繼宗榜曰御史杖人至死者詣府報名儒怒繼宗入見曰爲治有體公但剔姦弊勸懲官吏若比戶稽核則有司事非憲體也儒不能難而心甚銜之瀕行突入府署發篋視之敝衣數襲而已儒慙而去中官過者繼宗遺以菱芡曆書中官索錢繼宗即發牒取庫金曰金具在與我印券中官咋舌不敢受入覲汪直欲見之不可憲宗問直朝覲官孰廉直對曰天下不愛錢者惟楊繼宗一人耳九載秩滿超遷浙江按察使數與中官張慶忤慶兄敏在司禮每於帝前毀繼宗帝曰得非不私一錢之楊繼宗乎敏惶恐遺書慶曰善遇之上已知其人矣聞母喪立出止驛亭下盡籍廨中器物付有司惟攜一僕書數卷而還服除以右僉都御史巡撫順天畿內多權貴莊田有侵民業者輒奪還之按行關塞武備大飭星變應詔陳言歷指中官及文武諸臣貪殘狀且請召還中官出鎮者益爲權貴所嫉治中陳翼訐其過權貴因中之左遷雲南副使孝宗立遷湖廣按察使既至命汲水百斛洗滌廳事而後視事曰吾以除穢也居無何復以僉都御史巡撫雲南三司多舊僚相見歡然既而出位揖之曰明日有公事諸君幸相諒遂劾罷不職者八人未幾卒繼宗力持風節而居心慈厚自處必以禮爲知府謁上官必衣繡服朝覲謁吏部亦然或言不可笑曰此朝廷法服也此而不服將安用之爲浙江按察時倉官十餘人坐缺糧繫獄至鬻子女以償繼宗欲寬之而無由一日送月俸至命量之則溢原數較他司亦然因悟倉吏缺糧之由將具實以聞衆懼請於繼宗願捐俸代償由是十人者獲釋嘗監鄉試得二卷具朝服再拜曰二子當大魁天下吾爲朝廷得人賀耳及拆卷王華李旻也後果相繼爲狀元人服其鑑天啟初諡貞肅

贊曰明初以十五布政司分治天下諸邊要害則遣侯伯勳臣鎮扼之永樂之季敕蹇義等二十六人巡行天下安撫軍民事竣還朝不爲經制宣德初始命熊概巡撫蘇松兩浙越數年而江西河南諸省以次專設巡撫官天順初暫罷復設諸邊亦稍用廷臣出鎮或參贊軍務蓋以地大物衆法令滋章三司謹奉敎條修其常職而興利除弊均賦稅擊貪濁安善良惟巡撫得以便宜從事熊概以下諸人強幹者立聲威愷悌者流惠愛政績均有可紀于謙周忱巡撫最爲有名而勳業尤盛故別著焉

明史卷一百六十　列傳第四十八

總裁官總理事務經筵講官少保兼太子太保保和殿大學士兼管吏部戶部尚書事加八級張廷玉等奉敕修

王彰　魏源
金濂　石璞王卺
羅通　羅綺張固
張瑄　張鵬
李裕

王彰字文昭鄭人洪武二十年舉於鄉補國子生使山東平羅以廉幹稱擢吏部源士踰年革源士改給事中累遷山西左參政永樂五年召爲禮部侍郎父喪服除改戶部陝西大疫奉使祀西嶽新安民鬻子女償賦彰奏爲蠲除贖還所鬻改右副都御史陝西僉事馬英激肅州番爲變殺御史及都指揮彰劾英置極典又劾御史陳孟旭受賕枉法文獻盜銀課及金吾指揮李嚴逐母不養皆坐死他所論劾甚衆十一年從帝北巡彰有母年八十餘矣命歸省賜其母冠服金幣諭之曰君子居官不忘親居家不忘君凡所過民安否吏賢不肖悉以聞彰還奏事稱旨久之進右都御史十九年帝遣廷臣二十六人巡撫天下彰與給事中王勵往河南終明世大臣得撫鄉土者彰與葉春而已河南水災民多流亡長吏不加恤彰奏黜貪刻者百餘人罷不急之徵十餘事招復流民發廩振貸多所全活還朝命督餉北征仁宗即位河溢開封命彰與都指揮李信往振恤宣德元年五月命彰自良鄉抵南京巡撫軍民尋以所言率常事降敕切責令詳具利病以聞復諭侍臣曰兩京相距數千里驛使往來爲擾或遘水旱小民失所朝使還及御史巡歷皆不以告故遣彰往視今所奏多細故大臣如此朕復何望卿等當悉朕意君臣同體勿有所疑尋召還命與都督山雲巡山海至居庸諸關隘踰二月還奏將士擅離者帝命逮治遂命兵部三月一遣御史給事中黜閱明年四月卒於官彰嚴介自持請托皆絕然用法過刻其母屢以爲言不能改時劉觀爲左都御史人謂彰公而不恕觀私而不刻云

魏源字文淵建昌縣人永樂四年進士除監察御史辨松江知府黃子威誣奏減浙東瀕海漁課巡按陝西西安大疫療活甚衆奏言諸府倉粟積一千九十餘萬石足支十年今民疫妨農請輪鈔代兩稅之半從之涼州土寇將爲變亟請勦亂遂息兩遭喪俱起復洪熙元年出爲浙江按察副使宣德三年召署刑部右侍郎五年河南旱荒民多轉徙帝以源廉正有爲命爲左布政使俾馳驛之任時侍郎許廓往撫輯廷議又起丁憂布政使李昌祺原官源與廓昌祺發倉廩免逋賦雜役流民漸歸雨亦旋降歲大豐居三年召還授刑部左侍郎明年永豐民夏九旭等據大盤山爲亂帝以源江西人命撫之都督任禮帥兵隨其後未至官軍禽九旭因命二人採木四川兼飭邊務英宗即位進尚書正統二年五月命整飭大同宣府諸邊許便宜行事源遣都督僉事李謙守獨石楊洪副之劾萬全衞指揮杜衡戍廣西明年奏大同總兵官譚廣老帝命黃眞楊洪充左右參將協鎮諸將肅然按行天城朔州諸險要令將吏分守設威遠衞增修開平龍門城自獨石抵宣府增置墩堠免屯軍租一年儲火器爲邊備諸依權貴避役者悉括歸伍尋以宣大軍務久弛請召還巡撫僉都御史盧睿而薦兵部侍郎于謙爲鎮守參贊朝廷以謙方撫山西河南不聽于是言官以臨邊擅易置大臣爲源罪合疏劾之且言源爲御史嘗犯贓乃冒領誥命帝以源有勞置不問事竣還朝與都御史陳智相詈於直廬智以聞詔兩責之歲旱錄上疑獄且請推行於天下報可旋坐決獄不當與侍郎何文淵俱下獄得宥復以上遼王貴焓罪狀不言其內亂事與三司官皆繫詔獄累月釋還職源在刑部久議獄多平恕陝西僉事計資言武臣雜犯等罪予半俸謫極邊源以所言深刻奏寢之郎中林厚言禁刁訟告訐及擇理刑官勘重囚務懲贓具四事皆以源議得施行六年以足疾命朝朔望八年致仕卒

金濂字宗瀚山陽人永樂十六年進士授御史宣德初巡按廣東廉能最改按江西浙江捕巨盜不獲坐免盜就執乃復官嘗言郡縣吏貪濁宜敕按察司巡按御史察廉能者如洪武間故事遣使勞賚則清濁分循良勸帝嘉納之用薦遷陝西副使正統元年上書請補衞所缺官益寧夏守兵設漢中鎮守都指揮使多議行三年擢僉都御史參贊寧夏軍務濂有心計善籌畫西陲晏然寧夏舊有五渠而鳴沙洲七星漢伯石灰三渠淤濂請濬之溉蕪田一千三百餘頃時詔富民輸米助邊千石以上褒以璽書濂言邊地粟貴請并旌不及額者儲由此充六年詔僉都御史盧睿與濂更代明年睿召還濂復出鎮尋加右副都御史與睿代者再八年秋拜刑部尚書侍經筵十一年安鄉伯張安與弟爭祿詔逮治法司與戶部相諉言官劾濂及戶部尚書王佐右都御史陳鎰侍郎丁鉉馬昂副都御史丁璿程富等俱下獄數日釋之福建賊鄧茂七等爲亂都督劉聚都御史張楷征之不克十三年十一月大發兵命寧陽侯陳懋等爲將軍往討以濂參軍務比至御史丁瑄已大破賊茂七死餘賊擁其兄子伯孫據九龍山拒官軍濂與衆謀羸師誘之出伏精兵入其壘遂禽伯孫帝乃移楷討浙寇而留濂擊平餘賊未下者會英宗北狩兵事棘召還言者交劾濂無功景帝不問加濂太子賓客給二俸尋改戶部尚書進太子太保時四方用兵需餉急濂綜核無遺議上撙節便宜十六事國用得無乏未幾上皇還也先請遣使往來如初帝堅意絕之濂再疏諫不聽初

帝卽位，詔免景泰二年天下租十之三濂檄有司但減米麥其折收銀布絲帛者徵如故三年二月學士江淵以爲言命部查理濂內慚抵無有給事中李侃等請詰天下有司違詔故濂恐事敗乃言銀布絲帛詔書未載若槩減免國用何資於是給事中御史劾濂失信於民爲國斂怨且訐其陰事帝欲宥之而侃與御史王允力爭遂下都察院獄越三日釋之削宮保改工部吏部尚書何文淵言理財非濂不可乃復還戶部濂上疏自理遂乞骸骨帝慰留之東宮建復宮保尋復條上節軍匠及僧道冗食共十事五年卒官以軍功追封沭陽伯諡榮襄濂剛果有才所至以嚴辦稱然接下多暴怒在刑部持法稍深及爲戶部值兵興財詘頗厚斂以足用云

石璞字仲玉臨漳人永樂九年舉於鄉入國學選授御史正統初歷任江西按察使三年坐逸囚降副使璞善斷疑獄民娶婦三日歸寧失之婦翁訟婿殺女誣服論死璞禱於神夢神示以麥字璞曰麥者兩人夾一人也比明械囚趣行刑未出一童子窺門屏間捕入則道士徙也叱曰爾師令爾偵事乎童子首實果二道士匿婦槁麥中立捕論如法在江西數年風紀整肅雖婦豎無不知石憲使者七年遷山西布政使明年以朝廷歲用物料有司科派擾民請于折糧銀內歲存千兩令官買辦庶官用可完民亦不擾從之工部尚書王巹以不能屈意王振十三年致仕去璞爲振所善遂召爲尚書明年處州賊葉宗留作亂總兵官徐恭等往討以璞參其軍事師未至宗留已爲其黨陳鑑胡所殺巡撫張驥招降鑑胡賊勢稍息璞等逗遛無功爲御史張洪等所劾詔俟師旋以聞已而景帝嗣位召還論功兼大理寺卿尋出募天下義勇還朝會中官金英下獄法司劾璞嘗賂英遂并下璞獄當斬特宥之出理大同軍餉敵犯馬營命提督宣府軍務至則寇已退還理部事加太子太保給二俸河決沙灣命治之璞以決口未易塞別濬渠自黑洋山至徐州以通漕艘而決口如故乃命內官黎賢等偕御史彭誼助之于沙灣築石堤以禦決河開月河二引水益運河以殺水勢決乃塞璞還言京師盜賊多出軍伍間有獲者輒云糧餉虧減妻孥饑凍故又聞兩畿山東河南被災窮民多事剽掠不及今撫循恐方來之憂甚於邊患戶外守軍夜行晝伏艱苦萬狀今邊疆未靖宜增餉以作士氣乃反減其月糧此實啟盜憤國之端非節財足用之術帝深納其言沙灣復決璞再往治之以母憂歸起復六年改兵部尚書與于謙協理部事明年湖廣苗亂命璞總督軍務與南和伯方瑛討之天順元年以提閘召還命致仕旣而論功賜鈔幣四年冬用李賢薦召爲南京左都御史時璞已老聵不能任事七年爲錦衣衞指揮僉事門達所劾罷歸卒王巹郿人永樂中鄉薦歷山東左布政使所至有惠政正統六年入爲工部侍郎代吳中爲尚書歸家十五年卒

羅通字學古吉水人永樂十年進士授御史巡按四川都指揮郭贇與淸軍御史汪琳中交通爲奸利通劾奏逮治之三殿災偕同官何忠等極陳時政闕失忤旨出爲交阯淸化知州宣德元年黎利反王通戰敗擅傳檄割淸化迤西畀賊賊方圍淸化通與指揮打忠堅守乘間破賊殺傷甚衆賊將遁而檄至通曰吾輩殺賊多出城必無全理與就縛曷若盡忠死乃與忠益固守賊久攻不下令降將蔡福說降通登陴大罵賊知城不可拔引去及還京宣宗大獎勞之改戶部員外郎出理宣府軍餉奏言朝議儲餉開平令每軍運一石又當以騎士護行計所費率二石七斗而致一石今軍民多願輸米易鹽請捐舊例五分之二則人自樂輸餉足而兵不疲帝可之正統初遷兵部郎中從尚書王驥整飭甘肅邊務從破敵于兀魯乃還以貪淫事爲驥所覺驥遣通奏邊情卽疏通罪下獄謫廣西容山閘官已調東莞河泊所官九年都督僉事曹儉薦其有文武才乞收用吏部執不可景帝監國以于謙陳循薦起兵部員外郎守居庸關俄進郎中帝卽位進右副都御史也先犯京師別部攻居庸甚急天大寒通汲水灌城冰堅不得近七日遁走追擊破之景泰元年召還時楊洪督京營命通參軍務兼理院事言諸邊報警率由守將畏徵調飾詐以惑朝廷遇賊數十輒稱殺敗數千向者德勝等門外不知斬馘幾何而獲官者至六萬六千餘人輦下且然何況塞外且韓信起自行伍穰苴拔於寒微宜博搜將士中如信苴者與議軍事若今腰玉珥貂皆苟全性命保爵祿之人憎賢忌才能言而不能行未足與議也意蓋詆謙與石亨輩謙疏辨言槩責邊報不實果有警不奏必致悞事德勝門外官軍升級惟武淸侯石亨功次冊當先者萬九千八百餘人及陣亡三千餘人而已安所得六萬之多通以爲濫宜將臣及亨等陞爵削奪有如韓信穰苴者乞卽命指薦幷罷臣營務俾專治部事疏下廷議廷臣共言謙及石亨楊洪實堪其任又謂通志在滅賊無他帝兩解之尋敕謙錄功不得如從前冒濫蓋因通言而發也給事中覃浩等言通本以知兵用不宜理院事乃解其兼職塞上軍民多爲寇所掠通請榜諸邊能自歸者軍免戍守三年民復徭役終身又請懸封爵重賞募能擒斬也先伯顏帖木兒喜寧者已又言古之將帥務搜拔衆才如知山川形勢者可使導軍能騰高越險者可使覘敵能風角鳥占者可使備變今軍中未見其人乞敕廷臣各舉所知命總兵官楊洪副將孫鏜同臣考驗詔皆行之宣府有警總兵官朱謙告急廷推都督同知范廣帥兵往以通提督軍務寇退駐師懷來宣府以邊儲不敷召還六月于謙以山西近寇請遣大臣往鎭楊洪亦乞遣重臣從雁門關護餉大同帝以命通通不欲行請得與謙洪俱謙言國家多難非臣子辭勞之日奏乞躬往帝不允卒命通通本謙所舉而每事牴牾人由是不直通二年召還仍贊軍務東宮改建加太子少保上言貢使攜馬四萬餘匹宜量增價酬之價增則後來益衆此亦强中國弱外裔之一策帝以所貢馬率不堪用若增價正墮賊計寢通奏四年進右都御史贊軍務如故通好大言遇人輒談兵自陳殺賊功求世襲武職爲給事中王竑所劾帝釋不罪天順初自陳預謀迎駕恐爲石亨等所掩乃授其二子所鎭撫三年致仕成化六年卒賜祭葬如例

羅綺磁州人宣德五年進士英宗卽位授御史按直隸福建有能名正統九年參贊寧夏軍務踰年當代軍民詣鎭守都御史陳鎰乞留以聞命復任尋擢大理右寺丞參贊如故常以事劾指揮任信陳斌二人皆王振黨十一年四月信斌訐綺不法事下總兵官黃眞覆覈眞謂綺常詈宦官爲老奴以激怒振召還京法司擬贖振改令錦衣衞再鞫指揮同知馬順鍛鍊成獄謫戍遼東景帝立綺訴冤不聽尋用尚書于謙金濂薦召復故官進右少卿副李實使瓦剌上皇還以勞擢刑部左侍郎明年二月出督雲南四川軍儲已代寇深鎭守松潘賊首卓勞糾他砦阿兒結等頻爲寇綺禽斬之土官王永高茂林董敏相讐殺守將不能制綺擣永巢誅之又敗黑虎諸寨番斬馘三百五十在鎭七年威名甚震天順初召爲左副都御史以功賜二品祿御史張鵬楊瑄劾石亨亨謂綺與右都御史耿九疇使之幷下獄降廣東參政綺鞅鞅未赴明年閏二月綺鄉人告磁州同知龍約自京還與綺言天子仍寵宦官刻香木爲王振形以葬綺微笑云朝廷失政致吾輩降黜奏上捕綺下吏坐死籍其家陳所籍財賄于文華門示百官家屬戍邊婦女沒入浣衣局憲宗立赦爲民還其貲產時與綺先後鎭四川者張固字公正新喻人宣德八年進士正統初授刑科給事中改吏科奉命撫裕州流民景泰改元給事中李實請於四川行都司設鎭守大臣乃遷固大理右少卿鎭建昌有政績三年還理寺事山東盜起奉命督捕適霖潦災流人載道固盡心振卹盜賊弭散還卒於官固在諫職敢言大臣多被彈劾又劾都御史陳鎰等舉屬官出身掾吏者爲知府自是掾吏不得歷知府著爲例英宗將北征偕同官疏諫復辟追念之已卒遣使諭祭官其一子子黼仕至廣西按察使

張瑄字廷璽江浦人正統七年進士授刑部主事歷郎中有能聲景泰時賜敕爲吉安知府俗尚巫迎神無休日瑄遇諸途投神水中俄遘危疾父老皆言神爲祟請復之瑄怒不許疾亦愈歲大饑陳牒上官不俟報輒發廩振貸居八年用薦擢廣東右布政使廣西賊莫文章等越境陷連山瑄擊斬之又破陽山賊周公轉新興賊鄧李保等旣而大藤峽賊頻陷屬邑瑄坐停俸成化初韓雍平賊錄瑄轉餉勞賜銀幣給俸如初瑄按行所部督建預備倉六十二修陂塘圩岸四千六百增築廣州新會諸城垣一十二民德瑄惟恐其去旣轉左布政使會滿九載當赴京軍民相率乞留巡撫陳濂等爲之請乃仍故任八年始以右副都御史巡撫福建平賊林壽六魏懷三等福安壽寧諸縣鄭江浙賊首葉旺葉春等負險瑄捕誅之餘盡解散帝降敕勞之改撫河南議事入都陳撫流民振滯才十八事所司多議行黃河水溢瑄請振且移王府祿米於他所留應輸榆林餉濟荒石取直八錢輸榆林民稱便還理院事尋遷南京刑部侍郎久之進尚書二十年星變被劾帝弗問居三年給事御史復劾之遂落職孝宗立復官致仕

張鵬字騰霄淶水人景泰二年進士授御史上疏言懷利事君人臣所戒比每遇聖節或進羊馬錦綺交錯殿廷自非貪賄安有餘財充進奉且陛下富有四海豈藉是足國哉宜一切停罷塞諂諛奔競之途疏凡四事帝頗採用出按大同宣府奏兩鎭軍士敝衣菲食病無藥死無棺乞官給醫藥棺櫝設義冢俾饗厲祭死者蒙恩則生者勸帝立報可且命諸邊槩行之奏停淮揚征賦給牛種天順元年同官楊瑄劾石亨曹吉祥鵬亦偕劉泰魏瀚康驥論劾俱得罪下詔獄諸御史多謫官而鵬瑄戍遼東頃之赦免復戍南丹憲宗立廷臣交薦召復原官尋超擢福建按察使成化四年以右僉都御史巡撫廣西勦蠻寇有功其冬罷巡撫官命還理南京都察

院事改督漕運兼撫淮揚四府尋解漕務專理巡撫事復還南院進副都御史巡撫寧夏召還歷兵部左右侍郎十八年代陳鉞爲兵部尚書守珠池宦官韋助乞往來高肇瓊廉會守巡官捕寇鵬執不可帝竟許之南北印馬率遣勛臣內侍後以災傷止遣御史是年帝復欲遣內侍鵬等執不可帝勉從之命俟後仍如故事鎮守大同中官汪直言小王子將大舉請發京兵援鵬等言大同士馬四萬已足用所請宜勿許且京軍困營造精力銷沮猝有急何以作威厲氣請悉停其役詔可尋加太子少保鵬初爲御史剛直尚氣節有盛名後敭歷中外惟事安靜羣小竊柄閣臣萬安劉吉輩專營私鵬循職而已不能有所匡救二十一年星變鵬偕僚屬言傳奉武職至八百餘人乞悉令閒住非軍功毋濫授四方鎮守監槍守備內官非正統間原設者悉宜召還廷臣亦交以請下兵部覆覈鵬畏中官不敢堅其議帝遂盡留之時論皆咎鵬奸民章瑾獻珍寶得爲錦衣鎮撫理刑缺鵬所上不允知帝意屬瑾卽推用焉臺諫劾大臣不職者多及鵬鵬力求去遂賜敕給驛以歸弘治四年卒謚懿簡

李裕字資德豐城人景泰五年進士授御史天順中巡按陝西上安邊八事石彪濫報首功詔裕覈實彪從父亨以書抵裕裕焚之以實聞亨亦旋敗由是有强直聲都御史寇深遇僚屬嚴惟裕不爲屈以才擢山東按察使重囚二百餘人或經十餘年未判裕旬月閒決遣殆盡大峴山賊寨七十餘裕捕戮其魁縱脅從除其逋負亂遂平成化初遷陝西左布政使入爲順天府尹政聲大著進右副都御史總督漕運兼巡撫江北諸府濬白塔孟瀆二河以便漕張秋南旺及淮安西湖舊編木捍衝激勞費無已裕與郎中楊恭等謀易以石遂爲永利淮鳳方饑而太僕徵預備馬二萬匹裕論罷之在淮六歲每歲入計事陳利病多施行父憂歸服除留佐院事十九年代戴縉爲右都御史縉附汪直嘗請復立西廠者也在臺綱紀不立裕欲振之御史有過或遭箠撻由是得謗汪直敗縉副都御史屠滽請雪諸忤直得罪者帝不悅奪俸又坐累調南京都察院考績赴都留爲工部尚書初吏部尚書尹旻罷耿裕代之以持正不爲萬安所喜而李孜省方貴幸用事欲引鄉人乃協謀去耿裕以裕代之裕本廉介負時望以孜省故名頗損其銓敘亦平故事考察目有四曰老疾曰罷軟曰貪酷曰不謹裕言人材質不同偏執類酷遲鈍類軟乞立才力不及一途以寓愛惜人才之意帝善之遂著爲令孝宗立言官交章劾裕進由孜省裕不平爲辨誣錄連疏乞休去正德中卒年八十八

贊曰王彰等或以性行未純爲時訾議綜其生平瑕瑜互見然敭歷中外勞績多有可紀書稱與人不求備春秋之義善善長則諸人固不失爲國家幹濟材歟

明史卷一百六十一　列傳第四十九

總裁官總理事務經筵講官少保兼太子太保保和殿大學士兼管吏部戶部尚書事加六級張廷玉等奉
敕修

周新　李昌祺 蕭省身
陳士啟　應履平
林碩　況鍾 朱勝
陳本深 羅以禮 趙泰　莫愚　彭勗 孫鼎
夏時　黃潤玉
楊瓚 王懋 趙亮　葉錫　劉實
陳選　夏寅
陳壯　張昺
宋端儀

周新南海人初名志新字日新成祖常獨呼新遂爲名因以志新字洪武中以諸生貢入太學授大理寺評事以善決獄稱成祖卽位改監察御史敢言多所彈劾貴戚震懼目爲冷面寒鐵京師中至以其名怖小兒輒皆奔匿巡按福建奏請都司衞所不得凌府州縣府衞官相見均禮武人爲之戢改按北京時令吏民罪徒流者耕北京閒田監禁詳擬往復待報多瘐死新請從北京行部或巡按詳允就遣以免淹滯從之且命畿內罪人應決者許收贖帝知新所奏無不允還朝卽擢雲南按察使未赴改浙江冤民繫久聞新至喜曰我得生矣至果雪之初新入境羣蚋迎馬頭跡得死人榛中身繫小木印新驗印知死者故布商密令廣市布視印文合者捕鞫之盡獲諸盜一日視事旋風吹葉墜案前葉異他樹詢左右獨一僧寺有之寺去城遠新意僧殺人發樹果見婦人屍鞫實磔僧一商暮歸恐遇刼藏金叢祠石下歸以語其妻旦往求金不得訴於新新召商妻訊之果商妻有所私商驟歸所私尚匿妻所聞商語夜取之妻與所私皆論死其他發奸擿伏皆此類也新微服行部忤縣令令欲拷治之聞廉使且至繫之獄新從獄中詢諸囚得令貪汚狀告獄吏曰我按察使也令驚謝罪劾罷之永樂十年浙西大水通政趙居任匿不以聞新奏之夏原吉爲居任解帝命覆視得蠲振如新言嘉興賊倪弘三刼旁郡黨數千人累敗官軍新督兵捕之列木柵諸港汊賊陸走追躡之桃源繫以獻當是時周廉使名聞天下錦衣衞指揮紀綱使千戶緝事浙江攫賄作威福新欲按治之遁去頃之新齎文冊入京遇千戶涿州捕繫州獄脫走訴於綱綱誣奏新罪帝怒命逮新旗校皆錦衣私人在道榜掠無完膚旣至伏陛前抗聲曰陛下詔按察司行事與都察院同臣奉詔禽奸惡奈何罪臣帝愈怒命戮之臨刑大呼曰生爲直臣死當作直鬼竟殺之他日帝悔問侍臣曰周新何許人對曰南海帝嘆曰嶺外乃有此人枉殺之矣後帝若見人緋衣立日中曰臣周新已爲神爲陛下治奸貪吏云後紀綱以罪誅事益白妻有節操新未遇時縫紉自給及貴偶赴同官妻內讌荊布如田家婦諸婦慚盡易其衣飾新死無子妻歸貧甚廣東巡撫楊信民曰周志新當代第一人可使其夫人終日餒耶時時賙給之妻死浙人仕廣東者皆會葬

李昌祺名禎以字行廬陵人永樂二年進士選庶吉士預修永樂大典僻書疑事人多就質擢禮部郎中遷廣西左布政使坐事謫役尋宥還洪熙元年起故官河南與右布政使蕭省身繩豪猾去貪殘疏滯舉廢救災恤貧數月政化大行憂歸宣宗已命侍郎魏源代而是時河南大旱廷臣以昌祺廉潔寬厚河南民懷之請起昌祺命奪喪赴官撫恤甚至正統改元上書言三事皆報可四年致仕家居二十餘年屏跡不入公府故廬裁蔽風雨伏臘不充景泰二年卒蕭省身泰和人與昌祺同舉進士洪熙元年布政考滿當給誥命奏父年八十餘願以給父帝嘉而許之後遂爲例居河南十二年治行與昌祺等

陳士啟名雷以字行泰和人永樂二年進士選庶吉士擢禮部郎中尚書呂震險忮屬吏皆憚之承奉唯謹士啟獨不少徇十二年三月吏部言布按二司多缺官帝曰布政按察吾方岳臣方數千里地懸數人手其簡廷臣賢能者分別用之於是諸曹郎給事中出爲監司者二十餘人而士啟得山東右參政盡心吏事不爲察察名督繇賦不峻期約青州饑疏請振之粟使至而饑民倍士啟復上疏先出粟予民謂使者曰有罪吾獨任廷議竟從之坐唐賽兒亂下獄數月釋還職高煦謀不軌士啟自青州暮馳歸語三司密聞於朝高煦旣執從薛祿張本錄餘黨撫安人民事竣命清理山東軍籍宣德六年卒於官

應履平奉化人建文二年進士授德化知縣歷官吏部郎中出爲常德知府宣宗初擢貴州按察使所至祛除奸蠹數論時政舊制都督府遣使於外必領內勘合下都司不敢輒下衞至是軍府寖橫使者挾關文四馳歷諸衞朘軍伍宣德七年履平抗疏言勘合之設所以防詐僞今右軍府遣發至黔者不遵故事小人憑勢橫求詐冒何從省宣宗善其言都督陳政引罪帝令諸司永守之軍府爲之戢山雲鎮廣西以備蠻歲調貴州軍萬人春秋更代還多逃亡則取原衞軍以補不逐逃者履平奏貴州四境皆苗蠻軍伍虛有急孰與戰守今衞軍逃於廣西而以在衞者補不數年貴州軍伍盡空邊釁且起帝乃命雲嚴責廣西諸衞追還逃軍俟足用卽遣歸罷貴州戍卒雲名將鎮粵有功輕履平書生正統元年履平劾雲弄權擅作威福帝令雲自陳雲大驚引罪帝宥之明年上書言四事一鎮遠六府自湖廣改屬貴州當食川鹽去蜀道遠仍食淮鹽爲便一軍衞糧支於重慶舟楫不通易就輕賫多耗費請以鎮遠秋糧輸湖廣者就近支給一停黎平諸府歲辦黃白蠟一貴州初開三司月俸止一石今糧漸充裕請增給竝從之時方面以公事行部者例不給驛履平言僦車舟必擾民請給驛便又以軍伍不足請令衞所官旂犯雜死及徒流者俱送鎮將立功期滿還伍邊軍犯盜及土官民與官旂罪輕者入粟餽儲所贖罪竝從之三年遷雲南左布政使時麓川用兵屢奏勞績八年致仕歸

林碩字懋弘閩縣人永樂十年進士授御史出按山東宣德初按浙江爲治嚴肅就擢按察使千戶湯某結中官裴可烈爲奸利碩將繩以法中官誣碩毀詔書被逮碩叩頭言臣前爲御史官七品今擢按察使官三品日夜淬勵思報上恩小人不便欲去臣唯陛下裁察帝動容曰朕固未之信召汝面訊耳立釋碩復其官敕責可烈碩在浙久人懷其惠正統三年誤引赦例出人死僉事耿定劾之逮訊輸贖還職其冬遷廣東布政使未及任而卒其後寧波知府鄭珞劾可烈不法可烈竟罷去

況鍾字伯律靖安人初以吏事尚書呂震奇其才薦授儀制司主事遷郎中宣德五年帝以郡守多不稱職會蘇州等九府缺皆雄劇地命部院臣舉其屬之廉能者

補之。鍾用尚書蹇義、胡濙等薦，擢知蘇州，賜敕以遣之。

蘇州賦役繁重豪猾舞文爲奸利最號難治鍾乘傳至府初視事羣吏環立請判牒鍾佯不省左右顧問惟吏所欲行止吏大喜謂太守闇易欺越三日召詰之曰前某事宜行若止我某事宜止若强我行若輩舞文久罪當死立捶殺數人盡斥屬僚之貪虐庸懦者一府大震皆奉法鍾乃蠲煩苛立條教事不便民者立上書言之清軍御史李立勾軍暴同知張徽承風指動以酷刑抑配平人鍾疏免百六十人役止終本身者千二百四十人屬縣逋賦四年凡七百六十餘萬石鍾請量折以鈔爲部議所格然自是頗蠲減又言近奉詔募人佃官民荒田官田準民田起科無人種者除賦額崑山諸縣民以死徙從軍除籍者凡三萬三千四百餘戶所遺官田二千九百八十餘頃應減稅十四萬九千餘石其他官田沒海者賦額猶存宜皆如詔書從事臣所領七縣秋糧二百七十七萬九千石有奇其中民糧止十五萬三千餘石而官糧乃至二百六十二萬五千餘石有畝徵至三石者輕重不均如此洪武間令出馬役於北方諸驛前後四百餘匹期三歲遣還今已三十餘歲矣馬死則補未有休時工部征三梭闊布八百匹浙江十一府止百匹而蘇州乃至七百乞敕所司處置帝悉報許當是時屢詔減蘇松重賦鍾與巡撫周忱悉心計畫奏免七十餘萬石凡忱所行善政鍾皆協力成之所積濟農倉粟歲數十萬石振荒之外以代民間雜辦及逋租其爲政纖悉周密嘗置二簿識民善惡以行勸懲又置通關勘合簿防出納奸僞置綱運簿防運夫侵盜置館夫簿防非理需求興利除害不遺餘力鋤豪强植良善民奉之若神先是中使織造採辦及購花木禽鳥者踵至郡佐以下動遭笞縛而衞所將卒時凌虐小民鍾在斂跡不敢肆雖上官及他省吏過其地者咸心憚之鍾雖起刀筆然重學校禮文儒單門寒士多見振贍有鄒亮者獻詩於鍾鍾欲薦之或爲匿名書毀亮鍾曰是欲我速成亮名耳立奏之朝名授吏刑二部司務遷御史初鍾爲吏時吳江平思忠亦以吏起家爲吏部司務遇鍾有恩至是鍾數延見執禮甚恭且令二子給侍曰非無僕隸欲籍是報公耳思忠家素貧未嘗緣故誼有所干人兩賢之鍾嘗丁母憂郡民詣闕乞留詔起復正統六年秩滿當遷部民二萬餘人走訴巡按御史張文昌乞再任詔進正三品俸仍視府事明年十二月卒於官吏民聚哭爲立祠鍾剛正廉潔孜孜愛民前後守蘇者莫能及鍾之後李從智朱勝相繼知蘇州咸奉敕從事然敕書委寄不如鍾矣李從智宜賓人朱勝金華人勝廉靜精敏下不能欺嘗曰吏貪吾不多受牒隸貪吾不行杖獄卒貪吾不繫囚由是公庭清肅民安而化之居七年超遷江南左布政使初與鍾同薦者戶部郎中羅以禮知西安兵部郎中趙豫知松江工部郎中莫愚知常州戶部員外郎邵旻知武昌刑部員外郎馬儀知杭州陳本深知吉安御史陳鼎知建昌何文淵知溫州皆賜敕乘傳行

陳本深字有源鄞人永樂初由鄉舉入國子監授刑部主事善發奸畿內盜殺人亡匿有司繫無辜十八人於獄本深以計獲盜十八人皆免遷員外郎與況鍾等同受敕爲知府本深知吉安吉安多豪强好訐訟巨猾彭摶等十九人橫閭里本深遣人與相結爲具名與飲伏壯士後堂拉殺之皆曳其屍以出一府大驚樂安大盜曾子良據大盤山衆萬餘本深設伏大破之斬子良本深爲政舉大綱不屑苛細大猾旣殲府中無事晨起鼓而升堂吏無所白輒鼓而休間有所訟呼至榻前析曲直遣之亦不受狀有抑不伸者雖三尺童子皆得往白久之民恥爭訟尤折節士人飾治學宮奏新先儒歐陽修周必大楊邦乂胡銓楊萬里文天祥祠廟正統六年滿九載當遷郡人乞留詔予正三品俸廨前民嫁女本深聞鼓樂聲笑曰吾來時乳下兒也今且嫁我尚留此耶遂請老前後守吉安十八年旣去郡人肖像祀之羅以禮桂陽人永樂十三年進士由郎中知西安府遭喪補紹興再以喪去代者不稱職部民追思乞以禮於朝詔起復視事歲滿進秩復任已移知建昌所至皆有惠愛歷三郡凡二十七年乃致仕莫愚臨桂人由鄉舉以郎中出知常州奏請減宜興歲進茶數禁公差官凌虐有司嚴核上官薦劾之實皆報可郡民陳思保年十二世業漁其父兄行劫思保在舟中有司以爲從論當斬愚疏言小兒依其父兄非爲從比令全家舟居將舉家坐耶宣宗命釋之謂廷臣曰爲守能言此可謂有仁心矣正統六年秩滿郡民乞留巡撫周忱以聞詔進二階復任與愚同時爲同知者潞城趙泰字熙和由鄉舉入國子監歷事都察院授常州同知濬孟瀆得勝二河作魏村閘周忱況鍾議減蘇州重糧泰亦檢常州官田租請竝減之遷工部郎中命塞東昌決河忱薦爲協同都運益勤其職亡何疾卒

彭勗字祖期永豐人七歲入佛寺不拜僧强之叱曰彼不衣冠而袒跣何拜爲永樂十三年舉進士親老乞近地以養除南雄府教授學舍後有祠數現光怪學官弟子率禱祀勗撤而焚之滿考補建寧教授副使王增有疾醫者許宗道誣諸生游亨魘魅以舍旁童五郎祠爲徵增怒寘亨家七人重罪下近祠居民獄四百家勗抗論游氏非巫者五郎非邪神初指地築城人也事載郡志中增愕索圖經證之大慚悔事得解建寧朱子故宅有祠無祭勗疏請春秋祭蠲子孫徭又新尊賢堂祀胡安國蔡沈眞德秀諸生翕然嚮學正統元年以楊士奇薦召授御史時初設提學官命督南畿學校詳立教條士風大振疏言國朝祠祭載在禮官修齋起梁武帝設醮起宋徽宗宜一切除之禁立庵院罷給僧尼度牒又言眞定保定山東民逃鳳陽潁州以萬計皆守令匿災暴斂所致乞厚軫恤守令課績宜以戶口增耗爲殿最又請設南京諸衞武學皆報可所至葺治先賢墳祠母憂歸以孫鼎代勗起復改吏部考功郎中出爲山東副使土木之變數言兵事以直不容於時致仕歸孫鼎字宜鉉廬陵人永樂間舉人歷松江教授正統八年楊溥薦爲御史董南畿學政置本源錄錄諸生善行行部不令人知單輿猝至諸生謁輒閉門試之即日定甲乙諸生試歸榜已揭通衢請託者無所措手通州旱饑奏蠲糧三千四百餘石英宗北狩鼎試罷謂諸生曰故事當簪花宴今臣子枕戈之秋不敢陷諸君不義設茗飲步送諸門旣而詣闕上書請隨所用效死不報未幾以親老致仕知府張瑄疏言鼎孝追曾閔學繼朱程宜起居論思之職帝不允天順元年卒於家

夏時字以正錢塘人永樂十六年進士授戶科給事中洪熙元年議改鈔法時力言其擾市肆無裨國用疏留中鈔果大沮民多犯禁議竟寢帝思時言命侍皇太子祀孝陵所過有災傷輒白太子發粟以振留署南京戶科宣德初一日三上封事稱旨命署尚寶司兼理吏禮兵刑四科視七篆無留事命覈後湖黃冊陳便宜十四事邳徐濟寧臨清武清旱以時請遣官振之尋擢江西僉事正統三年奏令守令多刻剝無辜傷和干紀乞令御史按察司官遍閱罪囚釋冤滯逮按枉法官吏從之還參議七年奏恤民六事多議行十二年以大臣薦超擢廣西左布政使前後所上又十餘疏雖不盡用天下壯其敢言年未七十致仕歸卒其爲僉事時進知州柯暹所撰教民條約及均徭冊式刊爲令人皆便之時爲人廉潔好義親歿廬墓有異徵歿而鄉人祀之名其祠曰孝廉

黃潤玉字孟淸鄞人五歲侍母疾夜不就寢十歲道見遺金不拾永樂初徙南方富民實北京潤玉請代父行官少之對曰父去日益老兒去日益長官異其言許之十八年舉順天鄉試授建昌府學訓導父喪除改官南昌宣德中用薦擢交阯道御史出按湖廣斥兩司以下不職者至百有二十人正統初詔推舉提學官以楊士奇薦擢廣西僉事提督學政時寇起軍興有都指揮妄掠子女萬餘口潤玉劾而歸之副使李立入民死罪至數百人亦爲辨釋南丹衞處萬山中戍卒冒瘴多死爲奏徙夷曠地母憂歸起官湖廣論罷巡撫李實親故二人實憤奏潤玉不諳刑律坐謫含山知縣以年老歸歸二十年年八十有九卒學者稱南山先生

楊瓚蠡縣人永樂末進士知趙城縣課績爲山西最超擢鳳陽知府正統十年大計天下羣吏始命舉治行卓異者瓚及王懋葉錫趙亮等與焉鳳陽帝鄉勛臣及諸將子孫多犯令瓚請立戶稽出入由是始遵約束瓚言民間子弟可造者多請增廣生員毋限額禮部採瓚言考取附學天下學校之有附學生由瓚議始擢浙江右布政使與鎭守侍郎孫原貞共平陶得二之亂景泰二年瓚以湖州諸府官田賦重請均之民田賦輕者而嚴禁詭寄之弊詔與原貞督之田賦稱平久之卒官王懋修武人永樂末進士爲海豐知縣後超擢西安知府亦有聲葉錫永嘉人宣德五年進士爲吳縣知縣舉卓異遷奸民訐於朝將逮繫吳人羣詣闕頌錫乃令視事如故抵誣者罪尋擢寧國知府而趙亮爲慶雲典史亦在舉中同被宴賚時人以爲榮秩滿擢知本縣

劉實字嘉秀安福人宣德五年舉進士居三年選庶吉士正統初授金華府通判仍歲荒旱請蠲租且贖還饑民子女義門鄭氏族大不能自給又買馬出丁供山西郵傳困甚亦以實言獲免母喪歸廬墓三載起順天府治中景泰時侍臣薦其文學召修宋元通鑑綱目實爲人耿介意所不可雖達官貴人不稍遜然頗自是見同曹所纂不當輒大笑聲徹廷陛人亦以此忌之天順初還原任四年擢知南雄府商稅巨萬舊皆入守橐實無所私中官至南雄入譖言府僚參謁留實折辱之民競前擁之出中官慚將召謝之實不往中官去至韶州聞韶人言南雄守且訟於朝矣懼馳奏誣實毀敕大不敬逮下詔獄實從獄中上書言臣官三十年未嘗以妻子自隨食麤衣敝爲國家愛養小民不忍困之以是忤朝

使帝覽書意稍解且釋之而實竟疾死實苦節自持政務紛遝未嘗廢書士大夫重其學行其歿也南雄人哀而祠之孫丙自有傳

陳選字士賢臨海人父員韜宣德五年進士爲御史出按四川黜貪獎廉雪死囚四十餘人正統末大軍征鄧茂七往撫其民釋被誣爲賊者千餘家都指揮蔣貴要所部賄都督范雄病不能治軍皆劾罷之歷廣東右參政福建右布政使廣東值黃蕭養亂後而福建亦寇盜甫息員韜所至拊循教養得士民心選自幼端慤寡言笑以聖賢自期天順四年會試第一成進士授御史巡按江西盡黜貪殘吏時人語曰前有韓雍後有陳選廣寇流入贛州奏聞不待報遣兵平之憲宗即位嘗劾尚書馬昂侍郎吳復鴻臚卿齊政救修撰羅倫學士倪謙錢溥言雖不盡行一時憚其風采已督學南畿頒冠婚祭射儀於學宮令諸生以時肄之作小學集註以教諸生按部常止宿學宮夜巡兩廡察諸生誦讀除試牘糊名之陋曰己不自信何以信於人成化六年遷河南副使尋改督學政立教如南畿汪直出巡都御史以下皆拜謁選獨長揖直問何官選曰提學副使直曰大於都御史耶選曰提學何可比都御史但忝人師不敢自詘辱選詞氣嚴正而諸生亦羣集署外直氣懾好語遣之久之進按察使決遣輕繫數百人重囚多所平反囹圄爲空治尚簡易獨於贓吏無所假然受賂百金以上者坐六七鐶而止或問之曰奸人惜財亦惜命若盡挈所賂以貨要人即法撓矣歷廣東左右布政使肇慶大水不待報輒發粟振之二十一年詔減省貢獻而市舶中官韋眷奏乞均徭戶六十人添辦方物選持詔書爭帝命與其半眷由是怒選番人馬力麻詭稱蘇門答剌使臣欲入貢私市易眷利其厚賄將許之選立逐之去撒馬兒罕使者自甘肅貢獅子將取道廣東浮海歸云欲往滿喇加更市以進選疏言不可許恐遺笑外番輕中國帝納其言而眷憾選甚先是番禺知縣高瑤沒眷通番貲鉅萬選移檄獎之且聞於朝至是眷誣奏選瑤朋比爲貪墨詔遣刑部員外郎李行會巡按御史徐同愛訊之選有所黜吏張褧眷意其怨選引令誣証選褧堅不從執褧拷掠無異辭行同愛畏眷竟坐選如眷奏與瑤俱被徵士民數萬號泣遮留使者辟除乃得出至南昌病作行阻其醫藥竟卒年五十八編修張元禎爲選治喪殮之褧聞選死哀悼乃上書曰臣聞口能鑠金毀足銷骨竊見故罪人選抱孤忠孑處羣邪之中獨立衆憎之地太監眷通番敗露知縣瑤按法持之選移文獎厲以激貪懦固賢監司事也都御史宋旻及同愛怯勢養奸致眷橫行胸臆穢衊清流勘官行頤指煅煉竟無左証臣本小吏註誤觸法被選黜罷實臣自取眷意臣憾選厚賂啖臣臣雖胥役敢昧素心眷知臣不可誘嗾行等逮臣致理拷掠彌月臣忍死籲天終無異口行等乃依傍眷語文致其詞劾選勘災不實擅便發倉曲庇屬官意圖報謝必如所云是毀共姜爲夏姬詬伯夷爲莊蹻也頃年嶺外地震水溢漂民廬舍屬郡交牒報災老弱引領待哺而撫按藩臬若罔聞知選獨抱隱憂食不下咽謂展轉行勘則民命垂絕所以便宜議振志在救民非有他也選故剛正不堪屈辱憤懣旬日嬰疾而殂行幸其殞身阻其醫療訖命之日密走報眷小人佞毒一至於此臣擯黜罪人秉耒田野百無所圖誠痛忠良銜屈而爲聖朝累也不報員韜父子皆持操甚潔而員韜量能容物選務克己因自號克菴遇物亦稍峻人謂員韜德性四時皆備選得其秋焉嘗割田百四十畝贍其族人暨卒族人以選子戴貧還之戴不可而止弘治初主事林沂疏雪選冤詔復官禮葬正德中追贈光祿卿謚忠愍

夏寅字正夫松江華亭人正統十三年舉進士授南京吏部主事力學爲文以宏奥稱進郎中成化元年考滿入都上言徐州旱澇民不聊生饑餒切身必爲盜賊乞特遣大臣鎮撫蠲租發廩沿途貢船丁夫不足役及老稚而所載官物僅一箱餘皆私齎乞嚴禁絕淮徐濟寧軍士赴京操練然其地實南北要衝宜各設文武官鎮守訓兵屯田常使兩京聲勢聯絡倉猝可以制變章下所司行之唯不設文武官遷江西副使提督學校其教務先德行進浙江右參政處州民若虐政走山谷寅檄招之衆皆解散久之進山東右布政使弘治初致仕歸寅清直無黨援嘗語人曰君子有三惜此生不學一可惜此日閒過二可惜此身一敗三可惜世傳爲名言

陳壯字直大其先浙江山陰人祖坐事謫戍交阯後調京衞遂家焉壯舉天順八年進士授南京御史編修章懋等建言得罪抗疏救之帝遣中官采花木復疏諫尚書陳翌請以馬豆代百官俸壯言飼馬之物不可養士大夫事乃寢壯家素窶常祿外一無所取父母歿廬墓側居喪一循古禮歷江西僉事致仕歸家居十餘年弘治中以尚書張悅薦起官福建居二年又乞致仕時倪岳爲吏部素賢之擢河南副使歲荒振饑民懷其惠僉都御史林俊謝病舉以自代未及遷而壯又乞致仕巡撫孫需奏留之又二年竟致仕去

張昺字仲明慈谿人都御史楷孫也舉成化八年進士授鉛山知縣性剛明善治獄有嫁女者及壻門而失女互以訟於官不能決昺行邑界見大樹妨稼欲伐之民言樹有神巢其巔昺不聽率衆往伐有衣冠三人拜道左昺叱之忽不見比伐樹血流出樹間昺怒手斧之卒仆其樹巢中墮二婦人言狂風吹至樓上其一即前所嫁女也有巫能隱形淫人婦女昺執巫痛杖之無所苦已並巫失去昺馳縛以歸印巫背鞭之立死乃盡毀諸淫祠寡婦惟一子爲虎所噬訴於昺昺與婦期五日乃齋戒祀城隍神及期二虎伏庭下昺叱曰孰傷吾民法當死無罪者去一虎起斂尾去一虎伏不動昺射殺之以畀節婦一縣稱神鉛山俗婦人夫死輒嫁有病未死先受聘供湯藥者昺欲變其俗令寡婦皆具牒受判署二木曰羞嫁者跪之曰節不嫁者跪之民傳四妻祝誓死守舅姑給令跪羞木下昺判從之祝投後園池中死邑大旱昺夢婦人泣拜覺而識其里居姓氏往詰其狀及啟土貌如生昺哭之慟曰殺婦者吾也爲文以祭改葬焉天遂大雨諸異政多類此擢南京御史弘治元年七月偕同官上言邇臺諫交章論事矣而扈蹕糾儀者不免錦衣捶楚之辱是言路將塞之漸也經筵既舉矣而封章累進卒不能回寒暑停免之說是聖學將怠之漸也內侍雖斥梁芳而賜祭仍及便辟是復啟寵倖之漸也外戚雖罪萬喜而莊田又賜皇親是驕縱姻婭之漸也左道雖斥而符書尚揭於官禁番僧旋復於京師是異端復興之漸也傳奉雖革而千戶復除張質通政不去張苗是傳奉復啟之漸也織造停矣仍聞有蟒衣牛斗之織淫巧其漸作乎寶石廢矣又聞有戚里不時之賜珍玩其漸崇乎詩云靡不有初鮮克有終願陛下以爲戒帝嘉納之先是昺以雷震孝陵柏樹與同官劾大學士劉吉等十餘人給事中周紘亦與同官劾吉吉銜之其冬昺紘奉命閱軍軍多缺伍兩人欲劾奏守備中官蔣琮琮先事劾兩人章下內閣吉修隙擬黜之外尚書王恕抗章曰不治失伍之罪而罪執法之臣何以服天下再疏爭言官亦論救乃調昺南京通政司經歷紘南京光祿寺署丞久之昺用薦遷四川僉事富豪殺人屢以賄免御史檄昺治果得其情尋進副使守備中官某將進術士周慧於朝昺禽慧論徙之極邊歲餘引疾歸環堵蕭然擁經史自娛都御史王璟以振荒至餽昺百金堅拒不得受下戶饑民粟以答其意知縣丁洪昺令鉛山所取士也旦夕候起居爲具蔬食昺曰吾誠不自給奈何以此煩令君卒弗受炊烟屢絕處之澹如及卒含斂不具洪爲經紀其喪

宋端儀字孔時莆田人成化十七年進士官禮部主事雲南缺提學官部議屬端儀吏先期洩之端儀曰啟事未登已喧衆口人其謂我干乞乎力辭之已進主客員外郎貢使以贄見悉却不納初在國學爲祭酒邱濬所知及濬柄政未嘗一造其門廣東提學缺部以端儀名上濬竟沮之濬卒始以按察僉事督廣東學校卒官端儀慨建文朝忠臣湮沒乃搜輯遺事爲革除錄建文忠臣之有錄自端儀始也

贊曰明初重監司守牧之任尚書有出爲布政使而侍郎爲參政者監司之入爲卿貳者比比也守牧稱職增秩或至二品天順而後巡撫之寄專而監司守牧不得自展布重內輕外之勢成矣夫賦政於外於民最親李昌祺陳本深之屬靜以愛民況鍾張昺能於其職所謂承宣德化爲天子分憂者非耶周新陳選冤死爲可哀讀張褧書又以見公正之服人者至而直道之終不泯也

明史卷一百六十二　列傳第五十

總裁官總理事務　經筵講官少保兼太子太保保和殿大學士兼管吏部戶部尚書事加六級臣張廷玉等奉

敕修

尹昌隆字彥謙泰和人洪武中進士及第授修撰改監察御史惠帝初即位視朝晏昌隆疏諫曰高皇帝雞鳴而起昧爽而朝未日出而臨百官故能庶績咸熙天下乂安陛下嗣守大業宜追繩祖武兢兢業業憂勤萬幾今乃即於晏安日上數刻猶未臨朝羣臣宿衞疲於伺候曠職廢業上下懈弛播之天下傳之四裔非社稷福也帝曰昌隆言切直禮部其宣示天下使知朕過未幾以地震上言謫福寧知縣燕兵既逼昌隆以北來奏章動引周公輔成王爲詞勸帝罷兵許王入朝設有蹉跌便舉位讓之若沈吟不斷進退失據將求爲丹徒布衣且不可得成祖入京師昌隆名在奸臣中以前奏貸死

命傳世子於北平永樂二年册世子爲皇太子擢昌隆左春坊左中允隆事匡諫太子甚重之解縉之黜同日改昌隆禮部主事尚書呂震方用事性刻忮當其獨處精思以手指刮眉尾則必有密謀深計官屬相戒無敢白事者昌隆前白事震怒不應移時又白之震愈怒拂衣起昌隆退白太子取令旨行之震大怒奏昌隆假托宮僚陰欲樹結潛蓄無君心逮下獄尋遇赦復官父憂起復謁震震溫言接之入理前奏復下錦衣衞獄籍其家帝凡巡幸下詔獄者率輿以從謂之隨駕重囚昌隆與焉後數年谷王謀反事發以王前奏昌隆爲長史坐以同謀詔公卿雜問昌隆辯不已震折之獄具置極刑死夷其族後震病且死號呼尹相言見昌隆守欲殺之云

耿通齊東人洪武中舉於鄉授襄陽教授永樂初擢刑科給事中歷左右給事中剛直敢言嘗劾都御史陳瑛御史袁綱覃珩朋比爲蒙蔽搆陷無辜綱珩已下獄瑛長官不宜獨宥又言驍騎諸衞倉壞工部侍郎陳壽不預修糧至無所受多損耗病民工部尚書宋禮不卹下匠役滿不即遣歸多至失所瑛等皆被譴責當是時給事中敢言者通與陳諤舉朝憚其風采久之擢大理寺右丞帝北巡太子監國漢王高煦謀奪嫡陰結帝左右爲讒間宮僚多得罪者監國所行事率多更置通從容諫帝太子事無大過誤可無更也數言之帝不悅十年秋有言通受請託故出人罪者帝震怒命都察院會文武大臣鞫之午門曰必殺通無赦羣臣如旨當通罪斬帝曰失出細故耳通爲東宮關說壞祖法離間我父子不可恕其置之極刑廷臣不敢爭竟論姦黨磔死陳諤字克忠番禺人永樂中以鄉舉入太學授刑科給事中遇事剛果彈劾無所避每奏事大聲如鐘帝令餓之數日奏對如故曰是天性也每見呼爲大聲秀才嘗言事忤旨命坎瘞奉天門露其首七日不死赦出還職已復忤旨罰修象房貧不能僱役躬自操作適駕至問爲誰諤匍匐前具道所以帝憐之命復官歷任順天府尹政尚嚴鷙執政忌之出爲湖廣按察使改山西坐事落職仁宗即位遇赦當還故官帝以諤前在湖廣頗撓楚王細故謫海鹽知縣遷荊王長史爲王府所厭苦宣德三年遷鎭江同知致仕歸卒

戴綸高密人永樂中自昌邑訓導擢禮科給事中與編修林長懋俱侍皇太孫說書歷中允諭德仁宗即位太孫爲太子遷洗馬仍侍講讀始成祖命太孫習武事太孫亦雅好之時出騎射綸與長懋以太孫春秋方富不宜荒學問而事游畋時時進諫綸又具疏爲帝言之他日太孫侍帝問宮臣相得者誰也太孫以綸對因出綸奏付之太孫由此怨綸長懋者莆田人以鄉薦歷青州教授擢編修仁宗初進中允爲人剛嚴累進直言與綸善宣宗即位加恩宮僚擢綸兵部侍郎頃之復以諫獵忤旨命參贊交阯軍務而長懋自南京來後至亦出爲鬱林知州無何坐怨望並逮至京下錦衣衞獄帝臨鞫之綸抗辯觸帝怒立箠死籍其家諸父河南知府賢太僕寺卿希文皆被繫而長懋在獄十年英宗立乃得釋復其官還守鬱林有惠政其卒也州人立廟祀之

陳祚字永錫吳人永樂中進士擢河南參議十五年與布政使周文褒王文振合疏言建都北京非便並謫均州太和山佃戶躬耕力作處之晏然仁宗立詔選用遷謫諸臣祚在選中會帝崩不果用宣德二年命憲臣即均州羣試之祚策第一試吏部復第一遂擢御史巡按福建方面大吏多被彈擊禁止和買閩人德之還奏白塔河上通邵伯湖下注大江蘇松舟楫多從往來淺狹湮塞請開濬從之轉漕果便尋出按江西時天下承平帝頗事遊獵玩好祚馳疏勸聖學其畧曰帝王之學先明理明理在讀書陛下雖有聖德而經筵未甚興舉講學未有程度聖賢精微古今治亂豈能周知洞晰眞德秀大學衍義一書聖賢格言無不畢載願於聽政之暇命儒臣講說非有大故無得間斷使知古今若何而治政事若何而得必能開廣聰明增光德業而邪佞之以奇巧蕩聖心者自見疏遠天下人民受福無窮矣帝見疏大怒曰豎儒謂朕未讀大學耶薄朕至此不可不誅學士陳循頓首曰俗士處遠不知上無書不讀也帝意稍解下祚獄逮其家人十餘口隔別禁繫者五年其父竟瘐死其時刑部主事郭循諫拓西內皇城修離宮逮入面詰之循抗辯不屈亦下獄英宗立祚與循皆得釋復官祚再按湖廣以奏遼王貴烚罪有所隱與巡撫侍郎吳政逮至京下獄尋赦出時王振用事法務嚴峻祚上言乃者法司論獄多違定律如侍郎吳璽誤舉主事吳軏宜坐貢舉非其人律乃坐以奏事有規避律斬及軏自經死獄官獄卒罪應遞減乃援不應爲重罪概杖之一事如此餘可推矣天時不順災沴數見未必非此帝是之以其章示法司尋改南京遷福建按察使僉事有威惠神祠不載祀典者悉撤去久之以疾歸卒祚天資嚴毅雖子弟罕接其言笑獨重里人邢量量博學士隱於卜敝屋數椽或竟日不舉火祚數挾册就質疑往往至暮郭循字循初廬陵人居官有才譽既復職進郎中以尚書魏源薦擢廣東參政有剿寇功景泰初卒

劉球字廷振安福人永樂十九年進士家居讀書十年從學者甚衆授禮部主事胡濙薦侍經筵與修宣宗實錄改翰林侍講從弟玭知莆田遺一夏布球封還貽書戒之正統六年帝以王振言大舉征麓川球上疏曰帝王之馭四裔必宥其小而防其大所以適緩急之宜爲天下久安計也周伐崇不克退修德教以待其降至於玁狁則命南仲城朔方以備之漢征南越不利卽罷兵賜書通好至於匈奴雖已和親猶募民徙居塞下入粟實邊復命魏尚守雲中拒之今麓川殘寇思任發素本羈屬以邊將失馭致勤大兵雖渠魁未殲亦多戮羣醜爲誅爲舍無繫輕重璽書原其罪俾得自新甚盛德也邊將不達聖意復議大舉欲屯十二萬衆於雲南以趣其降不降則攻之不慮王師不可輕出蠻性不可驟馴地險不可用衆客兵不可久淹況南方水旱相仍軍民交困若復動衆紛擾爲憂臣竊謂宜緩天誅如周漢之於崇越也至於瓦剌終爲邊患及其未卽騷動正宜以時防禦迺欲移甘肅守將以事南征卒然有警何以爲禦臣竊以爲宜慎防遏如周漢之於玁狁匈奴也伏望陛下罷大舉之議推選智謀將帥輔以才識大臣量調官軍分屯金齒諸要害結木邦諸蠻以爲援乘間進攻因便撫諭寇自可服至於西北障塞當敕邊臣巡視濬築溝塹增繕城堡勤訓練嚴守望以防不虞有備無患之道也章下兵部謂南征已有成命不用球言八年五月雷震奉天殿球應詔上言所宜先者十事其畧曰古聖王不作無益故心正而天不違之臣願皇上勤御經筵數進儒臣講求至道務使學問功至理欲判然則聖心正而天心自順夫政由己出則權不下移太祖太宗日視三朝時召大臣於便殿裁決庶政權歸總於上皇上臨御九年事體日熟願守二聖成規復親決故事使權歸於一古之擇大臣者必詢諸左右大夫國人及其有犯雖至大辟亦不加刑第賜之死今用大臣未嘗皆出公論及有小失輒桎梏箠楚之然未幾時又復其職甚非所以待大臣也自今擇任大臣宜允愜衆論小犯則置之果不可容下法司定罪使自爲計勿輒繫庶不乖共天職之意今之太常卽古之秩宗必得清慎習禮之臣然後可交神明今卿貳皆缺宜選擇儒臣使領其職古者省方巡狩所以察吏得失問民疾苦兩漢唐宋盛時數遣使巡行郡縣洪永間亦嘗行之今久不舉故吏多貪虐民不聊生而軍衞尤甚宜擇公明廉幹之臣分行天下古人君不親刑獄必付理官蓋恐徇喜怒而有所輕重也邇法司所上獄多奉敕增減輕重法司不能執奏及訊他囚又觀望以爲輕重民用多冤宜使各舉其職至運磚輸米諸例均非古法尤宜罷之春秋營築悉書戒勞民也京師興作五六年矣曰不煩民而役軍軍獨非國家赤子乎況營作多完宜罷工以蘇其力各處水旱有司既不振救請減租稅或亦徒事虛文宜令戶部以時振濟量加減免使不致失業麓川連年用兵死者十七八軍貲爵賞不可勝計今又遣蔣貴遠征緬甸責獻思任發果禽以歸不過梟諸通衢而已緬將挾以爲功必求與木邦共分其地不與則致怨與之則兩蠻坐大是減一麓川生二麓川也設有蹉跌兵事無已臣見皇上每錄重囚多宥令從軍仁心若此今欲生得一失地之竄寇而驅數萬無罪之衆以就死地豈不有乖於好生之仁哉況思機發已嘗遣人來貢非無悔過乞免之意若敕緬斬任發首來獻仍赦思機發盡削四境之地分於各寨新附之蠻則一方可寧矣邇北貢使日增包藏禍心誠爲難測宜分遣給事御史閱視京邊官軍及時訓練勿使借工各廠服役私家公武舉之選以求良將定召募之法以來武勇廣屯田公鹽法以厚儲蓄庶武備無缺而外患有防疏入下廷議言球所奏惟擇太常官宜從令吏部推舉修撰董璘遂乞改官太常奉享祀事初球言麓川事振固已銜之欽天監正彭德清者球鄉人也素爲振腹心凡天文有變皆匿不奏倚振勢爲姦公卿多趨謁球絕不與通德清恨之遂摘疏中攬權語謂振曰此指公耳振益大怒會璘疏上振遂指球同謀並逮下詔獄屬指揮馬順殺球順深夜攜一小校持刀至球所球方臥起立大呼太祖太宗頸斷體猶植遂支解之瘞獄戶下璘從旁竊血裙遺球家後其子鉞求得一臂裹裙以殮順有子病久忽起捽順髮拳且蹴之曰老賊令爾他日禍逾我我劉球也順驚悸俄而子死小校亦死璘字德文高郵人有孝行獄解遂歸不復出球死數年瓦剌果入寇英宗北狩振被殺朝士立擊順斃之而德清自土木遁還下獄論斬尋瘐死詔戮其屍景帝憐球忠贈翰林學士諡忠愍立祠於鄉球二子長鉞次釪皆篤學躬耕養母球既得䘏兄弟乃出應舉先後成進士鉞廣東參政釪雲南按察使

陳鑑字貞明高安人宣德二年進士授行人正統中擢

御史出按順天言京師風俗澆漓其故有五一事佛過甚二營喪破家三服食靡麗四優倡爲蠹五博塞成風章下禮部格不行改按貴州時麓川酋思任發子思機發逝孟養屢上書求宥罪通貢不許復大舉遠征兵連不解雲貴軍民疲敝苗乘機煽動閩浙間盜賊大起舉朝皆知其不可懲劉球禍無敢諫者十四年正月鑑抗疏言賊酋遠遁不爲邊患宜專責雲南守臣相機勦滅無遠勞禁旅王振怒欲困之改鑑雲南參議使赴騰衝招賊已復撫鑑爲巡按時嘗請改四川播州宣慰司隸貴州爲鑑罪令兵部劾之論死繫獄景帝嗣位乃得赦尋授河南參議致仕歸卒自正統中劉球以忤王振寃死鑑繼下獄中外莫敢言事者數年至景帝時言路始開爭發憤上書有何觀者復以言得罪去觀以善書爲中書舍人景泰二年劾尚書王直輩正統時阿附權奸不宜在左右中貴見權奸語以爲侵己激帝怒下科道參議吏科毛玉主奏稿力詆觀林聰葉盛持之乃刪削奏上會御史疏亦上中有觀考滿不遷私緘吏部語帝怒下觀詔獄杖之謫九溪衞經歷

鍾同字世京吉安永豐人父復宣德中進士及第歷官修撰與劉球善球上封事約與俱復妻勸止之球詣復邸邀偕行復已他往妻從屏間詈曰汝自上疏何累他人爲球出歎曰彼乃謀及婦人遂獨上奏竟死居無何復亦病死妻深悔之每哭輒曰早知爾曷若與劉君偕死同幼聞母言即感奮思成父志嘗入吉安忠節祠見所祀歐陽修楊邦乂諸人歎曰死不入此非夫也景泰二年舉進士明年授御史懷獻太子既薨中外望復沂王於東宮同與郎中章綸早朝語及沂王皆泣下因與約疏請復儲五年五月同因上疏論時政遂及復儲事其畧曰近得賊諜言也先使偵京師及臨清虛實期初秋大舉深入直下河南臣聞之不勝寒心而廟堂大臣皆恬不介意昔秦伐趙諸侯自若孔子順獨憂之人皆以爲狂臣今者之言何以異此臣草茅時聞寺人搆惡戕殺直臣劉球遂致廷臣箝口假使當時犯顏有人必能諫止上皇之行何至有蒙塵之禍陛下赫然中興鋤奸黨旌忠直命六師禦敵於郊不戰而三軍之氣自倍臣謂陛下方且鞭撻四裔坐致太平奈何邊氛甫息瘡痍未復而侈心遽生失天下望伏願取鑒前車厚自奮厲毋徇貨色毋甘嬉遊親庶政以總威權敦倫理以厚風俗辨邪正以專委任嚴賞罰以彰善惡崇風憲以正紀綱去浮費罷冗員禁僧道之蠧民擇賢將以訓士然後親率羣臣謝過郊廟如成湯之六事自責唐太宗之十漸即改庶幾天意可回國勢可振又言父有天下固當傳之於子乃者太子薨逝足知天命有在臣竊以爲上皇之子即陛下之子沂王天資厚重足令宗社有託伏望擴天地之量敦友于之仁蠲吉具儀建復儲位實祖宗無疆之休又言陛下命將帥各陳方畧經旬踰時互相委責及石亨柳溥有言又不過庸人孺子之計平時尚爾一旦有急將何策制之夫禦敵之方莫先用賢陛下求賢若渴而大臣之排抑尤甚所舉者率多親舊富厚之家即長材屈抑孰肯爲言朝臣欺謾若此臣所以撫膺流涕爲今日妨賢病國者醜也疏入帝不懌下廷臣集議寧陽侯陳懋吏部尚書王直等請帝納其言因引罪求罷帝慰留之越數日章綸亦疏言復儲事遂並下詔獄明年八月大理少卿廖莊亦以言沂王事予杖左右言事由同倡帝乃封巨梃就獄中杖之同竟死時年三十二同之上疏也策馬出馬伏地不肯起同叱曰吾不畏死爾奚爲者馬猶盤辟再四乃行同死馬長號數聲亦死英宗復位贈同大理左寺丞錄其子啓爲國子生尋授咸寧知縣啓請父遺骸歸葬詔給舟車路費成化中授次子越通政知事給同妻羅氏月廩壽賜同諡恭愍從祀忠節祠與球聯位竟如同初志方同下獄時有禮部郎孟玘者亦疏言復儲事帝不罪而進士楊集上書于謙曰奸人黃玹獻議易儲不過爲逃死計耳公等遽成之公國家柱石獨不思所以善後乎今同等又下獄矣脫諸人死杖下而公等坐享崇高如清議何謙以書示王文文曰書生不知忌諱要爲有膽當進一官處之乃以集知安州玘閩人集常熟人也

章綸字大經樂清人正統四年進士授南京禮部主事景泰初召爲儀制郎中綸見國家多故每慷慨論事嘗上太平十六策反覆萬餘言也先既議和請力圖修攘以待其變中官興安請帝建大隆福寺成將臨幸綸具疏諫河東鹽運判官濟南楊浩除官未行亦上章諫帝即罷幸浩後累官副都御史巡撫延綏綸又因災異請求致變之由語頗切至五年五月鍾同上奏請復儲越二日綸亦抗疏陳修德弭災十四事其大者謂內官不可干外政佞臣不可假事權後宮不可盛聲色凡陰盛之屬請悉禁罷又言孝弟者百行之本願退朝後朝謁兩宮皇太后修問安視膳之儀上皇君臨天下十有四年是天下之父也陛下親受册封是上皇之臣也陛下與上皇雖殊形體實同一人伏讀奉迎還宮之詔曰禮惟加而無替義以卑而奉尊望陛下允蹈斯言或朔望或節旦率羣臣朝見延和門以展友于之情實天下之至願也更請復汪后於中宮正天下之母儀還沂王之儲位定天下之大本如此則和氣充溢災沴自弭疏入帝大怒時日已暝宮門閉乃傳旨自門隙中出立執綸及鍾同下詔獄榜掠慘酷逼引主使及交通南宮狀瀕死無一語會大風揚沙晝晦獄得稍緩令錮之明年杖廖莊闕下因封杖就獄中杖綸同各百同竟死綸長繫如故英宗復位郭登言綸與廖莊林聰左鼎倪敬等皆直言忤時宜加旌擢帝乃立釋綸命內侍檢前疏不得內侍從旁誦數語帝嗟歎再三擢禮部右侍郎綸既以大節爲帝所重而性亢直不能諧俗石亨貴倖招公卿飲綸辭不往又數與尚書楊善論事不合亨善共短綸乃調南京禮部就改吏部憲宗即位有司以遺詔請大婚綸言山陵尚新元朔未改百日從吉心寧自安陛下踐阼之初當以孝治天下三綱五常實原於此乞俟來春舉行議雖不從天下咸重其言成化元年兩淮饑奏救荒四事皆報可四年秋子元應以冒籍舉京闈給事中朱清御史楊智等因劾綸命侍郎葉盛勘之明年綸及僉都御史高明考察庶官兩人議不協疏既上綸復獨奏給事中王讓不赴考察且言明剛愎自用已言多不見從乞與明俱罷章並下盛等於是讓及下考諸臣連章劾綸綸亦屢疏求罷帝不聽既而盛等勘上元應實冒籍帝宥綸而所奏他事亦悉不問未幾復轉禮部溫州知府范奎被論調官綸言溫州臣鄉郡奎大得民心解官之日士民三萬人哭泣攀轅留十八日乃得去請還之以慰民望章下所司竟報寢綸性戇好直言不爲當事者所喜爲侍郎二十年不得遷請老去久之卒居數年其妻張氏上其奏稿且乞恩帝嘉歎贈南京禮部尚書諡恭毅官一子鴻臚典簿元應後舉進士爲南京給事中偕同官論陳鉞罪忤旨停俸孝宗嗣位上治本五事仕終廣東布政使

廖莊字安止吉水人宣德五年進士八年改庶吉士與知縣孔友諒等七人歷事六科英宗初授刑科給事中正統二年御史元亮請如詔書蠲邊軍侵沒糧餉不允按察使龔鐩亦請如詔書宥盜犯之未獲者法司亦寢不行莊以詔書當信上章爭之五年詔京官出修荒政兼徵民逋莊慮使者督趣困民請寬災傷州縣俟秋成從之振荒陝西全活甚衆還奏寬鄖九事多議行楊士奇家人犯法偕同官論列或曰獨不爲楊公地乎曰正所以爲楊公也八年命與御史張驥同署大理寺事踰月授左寺丞十一年遷南京大理少卿踰二年奸人陳玦者與所親賈福爭襲指揮職南京刑部侍郎齊韶納玦賄欲奪福官與之爲莊所駁韶捶福至死被逮玦亦誣莊俱徵下詔獄會韶他罪並發棄市莊乃得釋景泰五年七月上疏曰臣曩在朝見上皇遣使册封陛下每遇慶節必令羣臣朝謁東廡恩禮隆洽羣臣皆感歎謂上皇兄弟友愛如此今陛下奉天下以事上皇願時時朝見南宮或講明家法或商畧治道歲時令節俾羣臣朝見以慰上皇之心則祖宗在天之神安天地之心亦安矣太子者天下之本上皇之子陛下之猶子也宜令親儒臣習書策以待皇嗣之生使天下臣民曉然知陛下有公天下之心豈不美歟蓋天下者太祖太宗之天下仁宗宣宗繼體守成者此天下也上皇北征亦爲此天下也今陛下撫而有之宜念祖宗創業之艱難思所以係屬天下之人心即弭災召祥之道莫過於此疏入不報明年莊以母喪赴京闕給勘合詣東角門朝見帝憶莊前疏命廷杖八十謫定羌驛丞天順初召還時母喪未終復遭父喪特予祭葬命起復仍官南京天順五年就擢禮部右侍郎改刑部成化初召爲刑部左侍郎踰年卒贈尚書諡恭敏莊性剛喜面折人過而實坦懷無芥蔕不屑細謹好存謝賓客爲歡狎既官法司或勸稍屏謝往來遠嫌疑莊笑曰昔人有言臣門如市臣心如水吾無媿吾心而已卒之日無以爲斂衆裒錢助其喪初景帝時英宗在南宮左右爲離間及懷憲太子薨羣小恐沂王復立讒搆愈甚故鍾同章綸與莊相繼力言皆得罪然帝頗感悟六年七月辛巳刑科給事中徐正請間言事亟召入乃言上皇臨御歲久沂王嘗位儲副天下臣民仰戴宜遷置所封之地以絕人望别選親王子育之宮中帝驚愕大怒立叱出之欲正其罪慮駭衆乃命謫遠任而帝怒未解已復得其淫穢事謫戍鐵嶺衞蓋帝雖怒同等所言過激而小人之言亦未遽聽也迨英宗復辟于謙王文以謀立外藩誅死其事遂不白云

倪敬字汝敬無錫人正統十三年進士擢御史景泰初畿輔饑命出視請蠲田租戶部持不可再疏爭竟得請巡按山西時有入粟補官令敬奏罷之戍將侵餉者悉按治豪猾斂迹再按福建時議將復銀冶敬未行抗疏論得寢既至奏罷諸司器物濫取於民者鎮守內臣戴細保貪橫敬列其罪以聞帝召細保還命敬捕治其黨

吏民相慶代還留家四月逮治尋復職六年七月以時多災異偕同官吳江盛顒江陰杜宥無湖黃讓安福羅俊固始汪淸上言府庫之財不宜無故而予遊觀之事不宜非時而行曩以齋僧屢出帑金易米不知櫛風沐雨之邊卒趨事急公之貧民又何以濟之近聞造龍舟作燕室營繕日增嬉遊不少非所以養聖躬也章綸鍾同直言見忤幽錮踰年非所以昭聖德也願罷桑門之供輟宴佚之娛止興作之役寬直臣之囚帝得疏不懌下之禮部部臣稱其忠愛帝報聞然意終不釋未幾詔都御史蕭維禎考察其屬諭令去之御史罷黜者十六人而敬等預焉皆謫爲典史敬得廣西宜山英宗復辟詔皆授知縣乃以敬知祥符安遠侯柳溥器敬西征請以自隨改都督府都事踰年師還卒士類惜之盛顒等五人皆進士顒儁爽負氣嘗按廣東劾巡撫侍郎揭稽不職稽坐左遷顒後爲羅江知縣擢敘州知府並有禦寇功杜宥爲英德知縣鄰境多寇創立縣城嘗被圍糧盡宥死守不下夜縋死士焚其營賊始驚潰移韶州通判謝病歸黃讓知安岳遷中府都事以撻錦衣衞隸爲門達所譖戍廣西赦還復冠帶貧甚課耕自給羅俊嘗巡按四川有廉聲仕終南雄知府

楊瑄字廷獻豐城人景泰五年進士授御史剛直尚氣節景帝不豫廷臣請立東宮帝不允瑄與同官錢璡樊英等約疏爭會奪門事起乃已天順初印馬畿內至河間民訴曹吉祥石亨奪其田瑄以聞並列二人怙寵專權狀帝語大學士李賢徐有貞曰眞御史也遂遣官按覈而命吏部議瑄名將擢用吉祥聞之懼訴於帝請罪之不許未幾亨西征還適彗星見十三道掌道御史張鵬盛顒周斌費廣張寬王鑑趙文博彭烈張奎李人儀邵銅鄭冕陶復及御史劉泰魏翰康驥將劾亨吉祥諸違法事先一日給事中王鉉洩於亨亨與吉祥泣訴帝誣鵬等爲已誅內官張永從子結黨排陷欲爲永報讐明日疏入帝大怒收鵬及瑄御文華殿悉召諸御史擲彈章俾自讀斌且讀且對神色自若至冒功濫職帝詰之曰彼帥將士迎駕朝廷論功行賞何云冒濫斌曰當時迎駕止數百人光祿賜酒饌名數具在今超遷至數千人非冒濫而何帝默然竟下瑄鵬及諸御史於獄榜掠備至詰主使者瑄等無所引乃坐鵬御史耿九疇羅綺主謀亦下獄論瑄鵬死餘遣戍亨等復譖諸言官帝諭吏部給事御史年踰三十者留之餘悉調外尚書王翱列上給事中何玘等十三人御史吳禎等二十三人詔以玘等爲州判官禎等爲知縣會大風震雷拔木發屋須臾大雨雹亨吉祥家大木俱折二人亦懼掌欽天監禮部侍郎湯序本亨黨亦言上天示警宜恤刑獄於是帝感悟戍瑄鵬鐵嶺衞餘貶知縣泰翰驥三人復職而玘禎等亦得無謫瑄鵬行半道適承天門災肆赦放還或謂當詣亨吉祥謝二人卒不往復謫戍南丹憲宗卽位並還故官瑄尋遷浙江副使按行海道禁將校私縱戍卒修捍海塘築海鹽堤岸二千三百丈民得奠居爲副使十餘年政績卓然進按察使西湖水舊可溉諸縣田四十六萬頃時湮塞過半瑄請浚之設防置牐以利灌溉功未就卒海鹽人祠祀之子源字本淸幼習天文授五官監候正德元年劉瑾等亂政源上言自八月初大角及心宿中星動搖不止大角天王之坐心宿中星天王正位也俱宜安靜今乃動搖其占曰人主不安國有憂意者陛下輕舉逸遊弋獵無度以致然也又北斗第二第三第四星明不如常第二曰天璇后妃之象后妃不得其寵則不明廣營宮室妄鑿山陵則不明第三曰天機不愛百姓驟興征徭則不明第四曰天權號令不當則不明伏願陛下祗畏天戒安居深宮絕嬉戲禁遊畋罷騎射停工作申嚴號令毋輕出入抑遠寵倖裁節賜予親元老大臣日事講習克修厥德以弭災變疏下禮部尚書張昇等稱源忠愛報聞迨十月霾霧時作源言此衆邪之氣陰冒於陽臣欺其君小人擅權下將叛上引譬甚切瑾怒矯旨杖三十釋之又上言自正德二年來占得火星入太微垣帝座前或東或西往來不一乞收攬政柄思患預防蓋專指瑾也瑾大怒召而叱之曰若何官亦學爲忠臣源厲聲曰官大小異忠一也又矯旨杖六十謫戍肅州行至河陽驛以創卒其妻斬蘆荻覆之葬驛後楊氏父子以忠諫名天下爲士論重而源小臣抗節尤人所難天啓初賜謚忠懷

盛顒字時望無錫人周斌字國用昌黎人王鑑太原人趙文博代州人彭烈峽江人李人儀隆昌人邵銅閬縣人鄭冕樂平人皆進士授御史顒降束鹿知縣斌江陰鑑膚施文博淳化烈江浦人儀襄陽銅博羅冕衡山並有善政束鹿徭役苦不均顒爲立九則法繼者莫能易母憂去服除民相率詣闕乞還顒再任益不用鞭扑訟者諭之輒叩頭不復辯鄰邑訟不決亦皆赴訴片言折之各心厭去郊外有隙地爭來築室居之遂成市號爲淸官店斌在江陰有惠政民歌曰旱爲災周公禱之甘露來水爲患周公禱之陰雨散天順七年先以薦擢開封知府而顒等至憲宗嗣位所司以治行聞帝曰諸臣直諫爲權倖所排又能稱職其悉予郡於是擢顒知邵武鑑延安文博衞輝烈河南人儀荊州銅溫州冕衡州顒復以任治劇調延平巡按御史上顒政績陝西湖廣守臣亦上鑑人儀居縣時治行皆特賜封誥顒累遷陝西左布政使時三邊多警歲復洊饑顒經畫餽餉無缺軍民悉安成化十七年召爲刑部右侍郎居二年山東旱饑盜起改顒左副都御史往巡撫顒至露禱大雨霑溉稿禾復蘇舉救荒之政既振餘粟尚百餘萬石又推行九則法於諸府黜暴除苛民甚德之居三年以老致仕弘治中卒斌歷廣東右布政使初去江陰民立生祠及自開封遷去民亦涕泣追送焉鑑初爲御史嘗於左順門面斥中官非禮中官怒甚因考察屬都御史蕭維禎去之維禎不可而止文博終巡撫河南右副都御史烈廣東左布政使費廣等無考

贊曰直言敢諫之士激於事變奮不顧身獲罪固其所甘心耳然觀尹昌隆死於呂震耿通陷於高煦劉球之斃陳鑑之繫由於王振楊瑄之戍厄於石亨曹吉祥乃至戴綸諫遊獵陳祚請勤學鍾同章綸廖莊倡復儲倪敬等直言時事皆用賈禍忠臣之志抑而不伸亦可悲夫

明史卷一百六十三　列傳第五十一

總裁官總理事務經筵講官少保兼太子太保保和殿大學士兼管吏部戶部尚書事加六級臣張廷玉等奉

敕修

李時勉　陳敬宗

劉鉉　薩琦　邢讓　李紹

林瀚 子庭㭿 庭機 孫燫 烴　謝鐸

魯鐸 趙永

李時勉名懋以字行安福人成童時冬寒以衾裹足納桶中誦讀不已中永樂二年進士選庶吉士進學文淵閣與修太祖實錄授刑部主事復與重修實錄書成改翰林侍讀性剛鯁慨然以天下爲己任十九年三殿災詔求直言條上時務十五事成祖決計都北京時方招徠遠人而時勉言營建之非及遠國入貢人不宜使羣居輦下忤帝意已觀其他說多中時病抵之地復取視者再卒多施行尋被讒下獄歲餘得釋楊榮薦復職洪熙元年復上疏言事仁宗怒甚召至便殿對不屈命武士撲以金瓜脅折者三曳出幾死明日改交阯道御史命日慮一囚言一事章三上乃下錦衣衞獄時勉於錦衣千戶某有恩千戶適涖獄密召醫療以海外血竭得不死仁宗大漸謂夏原吉曰時勉廷辱我言已勃然怒原吉慰解之其夕帝崩宣宗卽位已踰年或言時勉得罪先帝狀帝震怒命使者縛以來朕親鞫必殺之已又令王指揮卽縛斬西市毋入見王指揮出端西旁門而前使者已縛時勉從端東旁門入不相値帝遙見罵曰爾小臣敢觸先帝疏何語趣言之時勉叩頭曰臣言諒闇中不宜近妃嬪皇太子不宜遠左右帝聞言色稍霽徐數至六事止帝令盡陳之對曰臣惶懼不能悉記帝意益解曰是第難言耳草安在對曰焚之矣帝乃太息稱時勉忠立赦之復官侍讀比王指揮詣獄還則時勉已襲冠帶立階前矣宣德五年修成祖實錄成遷侍讀學士帝幸史館撒金錢賜諸學士皆俛取時勉獨正立帝乃出餘錢賜之正統三年以宣宗實錄成進學士掌院事兼經筵官六年代貝泰爲祭酒八年乞致仕不允初時勉請改建國學帝命王振往視時勉待振無加禮振銜之廉其短無所得時勉嘗芟彝倫堂樹旁枝振遂言時勉擅伐官樹入家取中旨與司業趙琬掌饌金鑑並枷國子監前官校至時勉方坐東堂閱課士卷徐呼諸生品第高下顧僚屬定甲乙揭榜乃行方盛暑枷三日不解監生李貴等千餘人詣闕乞貸有石大用者上章願以身代諸生圜集朝門呼聲徹殿庭振聞諸生不平恐激變及通政司奏大用章振內慚助教李繼請解於會昌侯孫忠忠皇太后父也忠生日太后使人賜忠家忠附奏太后太后爲言之帝帝初不知也立釋之繼不拘檢柙時勉嘗規切之繼不能盡用然心感時勉言至是竟得其助大用豐潤人樸魯初不爲六館所知及是名動京師明年中鄉試官至戶部主事九年帝視學時勉進講尚書辭旨淸朗帝悅賜予有加連疏乞致仕不允十二年春乃得請朝臣及國子生餞都門外者幾三千人或遠送至登舟候舟發乃去英宗北狩時勉日夜悲慟遣其孫驥詣闕上書請選將練兵親君子遠小

人褒表忠節，迎還車駕，復讐雪恥。景泰元年得旨褒答，而時勉卒矣，年七十七。謚文毅。成化五年以其孫顒請，改謚忠文，贈禮部侍郎。

人褒表忠節迎還車駕復讐雪恥景泰元年得旨褒答而時勉卒矣年七十七謚文毅成化五年以其孫顒請改謚忠文贈禮部侍郎時勉爲祭酒六年列格致誠正四號訓勵甚切崇廉恥抑奔競別賢否示勸懲諸生貧不能婚葬者節省餐錢爲贍給督令讀書燈火達旦吟誦聲不絕人才盛於昔時始太祖以宋訥爲祭酒最有名其後寧化張顯宗申明學規人比之訥而胡儼當成祖之世尤稱人師然以直節重望爲士類所依歸者莫如時勉英國公張輔暨諸侯伯奏願偕諸國子監聽講帝命以二月三日往時勉升師席諸生以次立講五經各一章畢事設酒饌諸侯伯讓曰受教之地當就諸生列坐惟輔與抗禮諸生歌鹿鳴之詩賓主雍雍盡暮散去人稱爲太平盛事

陳敬宗字光世慈谿人永樂二年進士選庶吉士進學文淵閣與修永樂大典書成授刑部主事又與修五經四書大全再修太祖實錄授翰林侍講內艱歸宣德元年起修兩朝實錄明年轉南京國子監司業帝諭之曰侍講清華之選司業師儒之席位雖不崇任則重矣九年秩滿遷祭酒正統三年上書言舊制諸生以在監久近送諸司歷事比來有因事予告者遷延累歲至撥送之期始赴實長奸惰請以肄業多寡爲次第又近有願就雜職之例士風卑陋誠非細故請加禁止從之敬宗美鬚髯容儀端整步履有定則力以師道自任立教條革陋習六館士千餘人每升堂聽講設饌會食整肅如朝廷稍失容即令待罪堂下僚屬憚其嚴誣以他事訟之法司周忱與敬宗善曰盍具疏自理爲屬草辭稍遷就敬宗驚曰得無誑君耶不果上事亦竟白滿考入京師王振欲見之令忱道意敬宗曰吾爲諸生師表而私謁中貴何以對諸生振知不可屈乃貽之文錦羊酒求書程子四箴冀其來謝敬宗書訖署名而已返其幣終不往見王直爲吏部尚書從容謂曰先生官司成久將薦公爲司寇敬宗曰公知我者今與天下英才終日論議顧不樂耶性善飲酒至數斗不亂襄城伯李隆守備南京每留飲聲伎滿左右竟日舉杯未嘗一盻其嚴重如此十二年冬乞休不允景泰元年九月與尚書魏驥同引年致仕家居不輕出有被其容接者莫不興起天順三年五月卒年八十三後贈禮部侍郎謚文定初敬宗與李時勉同在翰林袁忠徹嘗相之曰二人並列曰二公他日功名相埒敬宗儀觀魁梧時勉貌稍寢後二人同時爲兩京祭酒時勉平恕得士敬宗方嚴終明世稱賢祭酒者曰南陳北李

劉鉉字宗器長洲人生彌月而孤及長刲股療母疾母卒哀毀以孝聞永樂中用善書徵入翰林舉順天鄉試授中書舍人宣德時預修成祖仁宗實錄遷兵部主事仍供事內廷正統中再修宣宗實錄進侍講以學士曹鼐等薦與修撰王振教習庶吉士景帝立進侍講學士直經筵三年以高穀薦遷國子祭酒時以國計不足放遣諸生不願歸者停其月廩鉉言養才國家急務今倉廩尚盈柰何靳此遂得復給又令甄別六館生年老貌寢學藝疎淺者斥爲民鉉言諸生荷教澤久豈無片長兄離親戚棄墳墓艱苦備至一旦被斥非朝廷育才意乞揀年貌衰而有學者量授之官帝可其奏尋以母喪歸服闋赴都陳詢已爲祭酒帝重鉉命與詢並任天順初改少詹事侍東宮講讀明年十月卒帝及太子皆賜祭賻贈有加憲宗立贈禮部侍郎謚文恭鉉性介特言行不苟教庶吉士及課國子生規條嚴整讀書至老彌篤仲子瀚以進士使南方瀕行閱其衣篋比還篋如故乃喜曰無玷吾門矣瀚官終副使能守父訓薩琦字廷珪其先西域人後著籍閩縣舉宣德五年進士歷官禮部侍郎兼少詹事天順元年卒琦有文德狷潔不苟合名行與鉉相頡頏云

邢讓字遜之襄陵人年十八舉於鄉入國子監爲李時勉所器與劉珝齊名登正統十三年進士改庶吉士授檢討景泰元年李實自瓦剌還請再遣使迎上皇景帝不許讓疏曰上皇於陛下有君之義有兄之恩安得而不迎且令寇假大義以問我其何辭以應若從羣臣請仍命實齎敕以往且述迎復之指雖上皇還否未可必而陛下恩義之篤昭然於天下萬一迎而不許則我得責直於彼以興問罪之師不亦善乎疏入帝委曲諭解之天順末父憂歸未終喪起修英宗實錄進修撰成化二年超遷國子祭酒慈懿太后崩議祔廟禮讓率僚屬疏諫兩京國學教官例不得遷擢讓等以爲言由科目者滿考得銓敘讓在太學亦力以師道自任修辟雍通志督諸生誦小學及諸經痛懲謁告之弊時以此見稱而謗者亦衆爲人負才狹中意所輕重輒形於詞色名位相軋者多忌之五年擢禮部右侍郎越二年以在國子監用會饌錢事與後祭酒陳鑑司業張業典籍王允等俱得罪坐死諸生訴闕下請代復詔廷臣雜治卒坐死贖爲民鑑既得罪吏部尚書姚夔請起致仕禮部侍郎李紹爲祭酒馳召之而紹已卒紹字克述安福人宣德八年進士改庶吉士授檢討大學士楊士奇臥病英宗遣使詢人才士奇舉紹等五人以對土木之敗京師戒嚴朝士多遣家南徙紹曰主辱臣死奚以家爲卒不遣累遷翰林學士以李賢王翺薦擢禮部侍郎成化二年以疾求解職紹好學問居官剛正有器局能奬掖後進其卒也帝深惜之

林瀚字亨大閩人父元美永樂末進士撫州知府瀚舉成化二年進士改庶吉士授編修再遷諭德請急歸弘治初召修憲宗實錄充經筵講官稍遷國子監祭酒進禮部右侍郎掌監事如故典國學垂十年饌銀歲以百數計悉貯之官以次營立署舍師儒免僦居由瀚始歷吏部左右侍郎十三年拜南京吏部尚書以災異率羣僚陳十二事御史王獻臣自遼東逮下詔獄儒士孫伯堅等賫緣爲中書舍人瀚疏爭忤旨乞罷不許已奏請重根本曰保固南京曰佑啓皇儲曰撫綏百姓曰增進賢才正德元年四月吏部尚書馬文升去位言官邱俊石介等薦瀚帝用侍郎焦芳乃改瀚南京兵部參贊機務命未至瀚引疾乞休因陳養正心崇正道務正學親正人四事優詔慰留時災異數見瀚及南京諸臣條時政十二事語涉近倖多格不行瀚素剛方與守備中官不合他內臣進貢道其地者瀚每裁抑之遂交譖於劉瑾會劉健謝遷罷政瀚聞太息言官戴銑等以留健遷被徵瀚獨贐送瑾聞益恨明年二月假銑等獄詞謫瀚浙江參政致仕旋指爲奸黨瑾誅復官致仕予月廩歲隸如故事尋命有司歲時存問瀚爲人謙厚而自守介然卒年八十六贈太子太保謚文安子九人庭㭿庭機最顯庭㭿字利瞻瀚次子也弘治十二年進士授兵部主事歷職方郎中吏部尚書張綵欲改爲御史固謝之乃以爲蘇州知府頻歲大水疏請停織造罷繁征割關課備振再上始報可遷雲南左參政正德九年以父老乞侍養時子炫已成進士官禮部主事亦謁假歸三世一堂鄉人稱盛事嘉靖初父憂服闋起官江西歷湖廣左右布政使舉治行卓異擢右副都御史巡撫保定諸府歷工部右侍郎應詔言郊壇大工南城西苑相繼興作請以儉約先天下又因災傷乞撤還採木燒造諸使進左拜尚書加太子太保時帝方大興土木功庭㭿所規畫多稱意會詔建沙河行宮庭㭿議加天下田賦爲御史桑喬給事中管見所劾乞罷歸卒贈少保謚康懿炫終通政司參議庭機字利仁瀚季子也嘉靖十四年進士改庶吉士授檢討遷司業擢南京祭酒累遷至工部尚書穆宗立調禮部俱官陪京時子爊已爲祭酒遂致仕歸萬曆九年卒年七十有六贈太子太保謚文僖子爊烴爊字貞恒庭機長子嘉靖二十六年進士改庶吉士授檢討景恭王就邸命爊侍講讀三遷國子祭酒自爊祖瀚父庭機三世爲祭酒前此未有也隆慶改元擢禮部右侍郎充日講官寇犯邊條上備邊七事改吏部調南京吏部署禮部事魏國公徐鵬舉廢長立幼爊持不可萬曆元年進工部尚書改禮部仍居南京名位一與父庭機等母喪去官服闋以庭機篤老侍養家居七年先父庭機卒贈太子少保謚文恪明代三世爲尚書並得謚文林氏一家而已子世勤性篤孝芝生者三枯簟復青御史上其事被旌烴字貞燿庭機次子也嘉靖四十一年進士授戶部主事歷廣西副使兄爊卒請急歸養久之歷太僕少卿因災異極陳礦稅之害請釋逮繫諸臣不報終南京工部尚書致仕林氏三世五尚書皆內行修潔爲時所稱

謝鐸字鳴治浙江太平人天順末進士改庶吉士授編修預修英宗實錄性介特力學慕古講求經世務成化九年校勘通鑑綱目上言綱目一書帝王龜鑑陛下命重加考定必將進講經筵爲致治資也今天下有太平之形無太平之實因仍積習廢實狥名曰振綱紀而小人無畏忌曰勵風俗而縉紳棄廉恥飭官司而汙暴益甚恤軍民而罷敝益極減省有制而興作每疲於奔命蠲免有詔而徵斂每困於追呼考察非不舉而倖門日開簡練非不行而私撓日衆賞竭府庫之財而有功者不勸罰窮讞覆之案而有罪者不懲以至修省祈禱之命屢頒水旱災傷之來不絕禁垣被震城門示災不思竦動旋轉以大答天人之望是則誠可憂也願陛下以古證今兢兢業業然後可長治久安而載籍不爲無用矣帝不能從時塞上有警條上備邊事宜請養兵積粟收復東勝河套故疆又言今之邊將無異晚唐債帥敗則士卒受其殃捷則權豪蒙其賞且剋侵軍餉辦納月錢三軍方怨憤填膺孰肯爲國效命者語皆切時弊秩滿進侍講直經筵遭兩喪服除以親不逮養遂不起弘治初言者交薦以原官召修憲宗實錄三年擢南京國子祭酒上言六事曰擇師儒慎科貢正祀典廣載籍復會饌均撥歷其正祀典請進宋儒楊時而罷吳澄禮部尚書傅瀚持之乃進時而澄祀如故明年謝病去家居將十年薦者益衆會國子缺祭酒部議起之帝素重鐸擢禮部右侍郎管祭酒事屢辭不許時章懋爲南祭酒

兩人皆人師諸生交相慶居五年引疾歸鐸經術湛深爲文章有體要兩爲國子師嚴課程杜請謁增號舍修堂室擴廟門置公廨三十餘居其屬諸生貧者周恤之死者請官定制爲之殮家居好周恤族黨自奉則布衣蔬食正德五年卒贈禮部尚書諡文肅

魯鐸字振之景陵人弘治十五年會試第一歷編修閉門自守不妄交人武宗立使安南却其餽正德二年遷國子監司業累擢南祭酒尋改北鐸屢典成均教士切實爲學不專章句士有假歸廢學者訓飭之悔過乃已久之謝病歸嘉靖初以刑部尚書林俊薦用孝宗朝謝鐸故事起南祭酒踰年復請致仕累徵不起卒諡文恪鐸以德望重於時居鄉有盜掠牛馬或紿云魯祭酒物也舍之去大學士李東陽生日鐸爲司業與祭酒趙永皆其門生也相約以二帕爲壽比檢笥亡有徐曰鄉有饋乾魚者盍以此往詢諸庖食過半矣以其餘詣東陽東陽喜爲烹魚置酒留二人飲極歡乃去永字爾錫臨淮人與鐸同年進士亦官編修復與鐸相繼爲祭酒尋遷南京禮部侍郎大學士楊一清重其才欲引以自助乃爲他語挑之永正色曰可以纓冠汚吾道乎遂請致仕去人服其廉介

贊曰明太祖時國學師儒體貌優重魏觀宋訥爲祭酒造就人才克舉其職諸生卿命奉使往往擢爲大官不專以科目進也中葉以還流品稍雜撥歷亦爲具文成均師席不過爲儒臣序遷之地而已李時勉陳敬宗諸人方廉清鯁表範卓然類而傳之庶觀者有所法焉

明史卷一百六十四　列傳第五十二

總裁官總理事務經筵講官少保兼太子太保保和殿大學士兼管吏部戶部尚書事加六級臣張廷玉等奉

敕修

鄒緝（鄭維桓　柯暹）　弋謙（黃驥）
黃澤（孔友諒）　范濟
聊讓（郭佑　胡仲倫　華敏　賈斌）　左鼎（練綱）
曹凱（許仕達）　劉煒（尚褫）
單宇（姚顯　楊浩）　張昭（賀煬）
高瑤（虎臣）

鄒緝字仲熙吉水人洪武中舉明經授星子教諭建文時入爲國子助教成祖卽位擢翰林侍講立東宮兼左中允屢署國子監事永樂十九年三殿災詔求直言緝上疏曰陛下肇建北京焦勞聖慮幾二十年工大費繁調度甚廣冗官蠶食耗費國儲工作之夫動以百萬終歲供役不得躬親田畝以事力作猶且征求無藝至伐桑棗以供薪剝桑皮以爲楮加之官吏橫征日甚一日如前歲買辦顏料本非土產動科千百民相率斂鈔購之他所大青一斤價至萬六千貫及進納又多留難往復展轉當須二萬貫鈔而不足供一柱之用其後既遣官采之產所而買辦猶未止蓋緣工匠多派牟利而不顧民艱至此夫京師天下根本人民安則京師安京師安則國本固而天下安自營建以來工匠小人假託威勢驅迫移徙號令方施廬舍已壞孤兒寡婦哭泣叫號倉皇暴露莫知所適遷移甫定又復驅令他徙至有三四徙不得息者及其既去而所空之地經月逾時工猶未及此陛下所不知而人民疾怨者也貪官汚吏徧布內外剝削及於骨髓朝廷每遣一人卽是其人養活之計虐取苛求初無限量有司承奉惟恐不及間有廉彊自守不事干媚者輒肆讒毀動得罪譴無以自明是以使者所至有司公行貨賂剝下媚上有同交易夫小民所積幾何而內外上下誅求如此今山東河南山西陝西水旱相仍民至剝樹皮掘草根以食老幼流移顚踣道路賣妻鬻子以求苟活而京師聚集僧道萬餘人日耗廩米百餘石此奪民食以養無用也至報効軍士朝廷厚與糧賜及使就役乃驕傲橫恣閑遊往來此皆姦詭之人懼還原伍假此規避非眞有報効之心也朝廷歲令天下織錦鑄錢遣內官買馬外蕃所出常數千萬而所取曾不能一二馬至雖多類皆駑下責民牧養騷擾殊甚及至死傷輒令賠補馬戶貧困更鬻妻子此尤害之大者漠北降人賜居室盛供帳意欲招其同類也不知來者皆懷窺覘非眞遠慕王化甘去鄉土宜於來朝之後遣歸本國不必留爲後日子孫患至宮觀禱祠之事有國者所當深戒古人有言淫祀無福況事無益以害有益蠹財妄費者乎凡此數事皆下失民心上違天意怨讟之興實由於此夫奉天殿者所以朝羣臣發號令古所謂明堂也而災首及焉非常之變也非省躬責己大布恩澤改革政化疏滌天下窮困之人不能回上天譴怒前有監生生員以單丁告乞侍親因而獲罪遣戍者此實有虧治體近者大赦法司執滯常條當赦者尚復拘繫並乞重加湔洗蠲除租賦一切勿征有司百官全其廩祿拔簡賢才申行薦舉官吏貪贓蠹政者嚴其罪而罷黜之則人心歡悅和氣可臻所以保安宗社爲國家千萬年無窮之基莫有大於此者矣且國家所恃以久長者惟天命人心而天命常視人心爲去留今天意如此不宜勞民當還都南京奉謁陵廟告以災變之故保養聖躬休息於無爲毋聽小人之言復有所興作以誤陛下於後也書奏不省時三殿初成帝方以定都詔天下忽罹火災頗懼下詔求直言及言者多斥時政帝不懌而大臣復希旨詆言者帝於是發怒謂言事者謗訕下詔嚴禁之犯者不赦侍讀李時勉侍講羅汝敬俱下獄御史鄭維桓何忠羅通徐瑢給事中柯暹俱左官交阯惟緝與主事高公望庶吉士楊復得無罪是年冬緝進右庶子兼侍講明年九月卒於官緝博極羣書居官勤愼清操如寒士子循宣德中爲翰林待詔請贈父母帝諭吏部曰曩皇祖征沙漠朕守北京緝在左右陳說皆正道良臣也其予之鄭維桓慈谿人永樂十三年進士出知交阯南清州卒柯暹池州建德人由鄉舉出知交阯驩州累官浙江雲南按察使

弋謙代州人永樂九年進士除監察御史出按江西言事忤旨貶峽山知縣復坐事免歸仁宗在東宮素知謙骨鯁及嗣位召爲大理少卿直陳時政言官吏貪殘政事多非洪武之舊及有司誅求無藝帝多採納旣復言五事詞太激帝乃不懌尚書呂震吳中侍郎吳廷用大理卿虞謙等因劾謙誣罔都御史劉觀令衆御史合糾謙帝召楊士奇等言之士奇對曰謙不諳大體然心感超擢思欲圖報耳主聖則臣直惟陛下優容之帝乃不罪謙然每見謙詞色甚厲士奇從容言陛下詔求直言謙言不當觸怒外廷悚惕以言爲戒今四方朝覲之臣皆集闕下見謙如此將謂陛下不能容直言帝惕然曰此固朕不能容亦呂震輩迎合以益朕過自今當置之遂免謙朝參令專視司事未幾帝以言事者益少復召士奇曰朕怒謙矯激過實耳朝臣遂月餘無言爾語諸臣白朕心士奇曰臣空言不足信乞親降璽書遂令就榻前書敕引過曰朕自卽位以來臣民上章以數百計未嘗不欣然聽納苟有不當不加譴訶羣臣所共知也間者大理少卿弋謙所言多非實事羣臣迎合朕意交章奏其賣直請置諸法朕皆拒而不聽但免謙朝參而自是以來言者益少今自去冬無雪春亦少雨陰陽愆和必有其咎豈無可言而爲臣者懷自全之計退而默默何以爲忠朕於謙一時不能含容未嘗不自愧咎爾羣臣勿以前事爲戒於國家利弊政令未當者直言勿諱謙朝參如故時中官採木四川貪橫帝以謙清直命往治之擢謙副都御史賜鈔以行遂罷採木之役宣德初交阯右布政戚遜以貪淫黜命謙往代王通棄交阯謙亦論死正統初釋爲民土木之變謙布衣走闕下薦通及甯懋阮遷等十三人皆奇才可用衆議以通副石亨謙請專任通事遂寢廷臣以謙負重名奏留之亦不報景泰二年復至京疏薦通等不納罷歸未幾卒仁宗性寬大容直言謙以故得無罪反責呂震等而黃驥言西域事帝亦誚震而行其言驥全州人洪武中中鄉舉爲沙縣教諭永樂時擢禮科給事中常三使西域仁宗初上疏言西域貢使多商人假托無賴小人投爲從者乘傳役人運貢物至京師賞賚優厚番人慕利貢無虛月致民失業妨農比其使還多齎貨物車運至百餘輛丁男不足役及婦女所至辱驛官鞭夫隸無敢與較者乞敕陝西行都司惟哈密諸國王遣使入貢者許令來京止正副使得乘驛馬陝人庶少甦至西域所產惟馬切邊需應就給甘肅軍士其硇砂梧桐鹻之類皆無益國用請一切勿受則來者自稀浮費益省帝以示尚書呂震且讓之曰驥嘗奉使悉西事卿西人顧不悉邪驥言是其卽議行後遷右通政與李琦羅汝敬撫諭交阯不辱命使還尋卒

黃澤閩縣人永樂十年進士擢河南左參政南陽多流民拊循使復業嘗率丁役至北京周恤備至久之調湖廣仁宗卽位入覲言時政多見采宣宗立下詔求言澤上疏言正心恤民敬天納諫練兵重農止貢獻明賞罰遠嬖倖汰冗官十事其言遠嬖倖曰刑餘之人其情幽陰其慮險譎大姦似忠大詐似信大巧似愚一與之親如飲醇酒不知其醉如噬甘腊不知其毒寵之甚易遠之甚難是以古者宦寺不使典兵干政所以防患於未萌也涓涓弗塞將爲江河此輩宜一切疏遠勿使用事漢唐已事彰彰可監當成祖時宦官稍稍用事宣宗寖以親幸澤於十事中此爲尤切帝雖嘉歎不能用也其後設內書堂而中人多通書曉文義宦寺之盛自宣宗始宣德三年擢浙江布政使復上言平陽麗水等七縣銀冶宜罷并請盡罷諸坑冶語甚切帝歎息曰民困若此朕何由知遣官驗視酌議以聞澤在官有政績然多暴怒鹽運使丁鎡不避道撻之爲所奏巡按御史馬謹亦劾澤九載秩滿自出行縣斂白金三千兩償官物且越境過家遂逮下獄正統六年黜爲民初澤奏金華台

州戶口較洪武時耗減而歲造弓箭如舊乞減免下部議得允而澤已罷官踰月矣孔友諒長洲人永樂十六年進士改庶吉士出知雙流縣宣宗初上言六事一曰守令親民之官古者不拘資格必得其人不限歲月使盡其力今居職者多不知撫字之方而廉幹得民心者又遷調不常差遣不一或因小事連累朝夕營治往來道路日不暇給乞敕吏部擇才望素優及久歷京官者任之諭戒上司毋擅差遣假以歲月責成治效至遠缺佐貳多經裁減獨員居職或遇事赴京多委雜職署事因循苟且政令無常民不知畏今後路遠之缺常留一正員任事不得擅離庶法有常守二曰科舉所以求賢必名實相副非徒誇多而已今秋闈取士動一二百人弊既多端僥倖過半會試下第十常八九其登第者實行或乖請於開科之歲詳核諸生行履孝弟忠信學業優贍者乃許入試庶浮薄不致濫收而國家得眞才之用三曰祿以養廉祿入過薄則生事不給國朝制祿之典視前代爲薄今京官及方面官稍增俸祿其餘大小官自折鈔外月不過米二石不足食數人仰事俯育與道路往來費安所取資貪者放利行私廉者終窶莫訴請敕戶部勘實天下糧儲以歲支之餘量增官俸仍令內外風憲官採訪廉潔之吏重加旌賞則廉者知勸貪者知戒四曰古者賦役量土宜驗丁口不責所無不盡所有今自常賦外復有和買採辦諸事自朝廷視之不過令有司支官錢平買而無賴之輩關通吏胥壟斷貨物巧立辨驗折耗之名科取數倍姦弊百端乞盡停採買減諸不急務則國賦有常民無科擾其二事言汰冗員任風憲言者多及之不具載宣德八年命吏部擇外官有文學者六十八人試之得友諒及進士胡端禎等七人悉令辨事六科居二年皆授給事中惟友諒未授官而卒

范濟元進士洪武中以文學舉爲廣信知府坐累謫戍興州宣宗卽位濟年八十餘矣詣闕言八事其一曰楮幣之法昉於漢唐元造元統交鈔後又造中統鈔久而物重鈔輕公私俱敝乃造至元鈔與中統鈔兼行子母相權新陳通用又令民間以昏鈔赴平準庫中統鈔五貫得換至元鈔一貫又其法日造萬錠共計官吏俸稍內府供用若干天下正稅雜課若干斂發有方周流不滯以故久而通行太祖皇帝造大明寶鈔以鈔一貫當白金一兩民歡趨之迄今五十餘年其法稍弊亦由物重鈔輕所致願陛下因時變通重造寶鈔一準洪武初制使新舊兼行取元時所造之數而增損之審國家度支之數而權衡之俾鈔少而物多鈔重而物輕嚴僞造之條開倒換之法推陳出新無耗無阻則鈔法流通永永無弊其二曰備邊之道守險爲要若朔州大同開平宣府大寧乃京師之藩垣邊徼之門戶土可耕城可守宜盛兵防禦廣開屯田修治城堡謹烽火明斥堠毋貪小利毋輕遠求堅壁清野使無所得俟其懈而擊之得利則止毋窮追深入此守邊大要也其三曰兵不在多在於堪戰比者多發爲事官吏人民充軍塞上非白面書生則老弱病廢遇有征行有力者得免貧弱者備數器械不完糗糧不具望風股栗安能效死今宜選其壯勇勤加訓練餘但令乘城擊柝趨走牙門庶幾各得其用其四曰民病莫甚於勾軍衞所差官至六七員百戶差軍旗亦二三人皆有力交結及畏避征調之徒重賄得遣旣至州縣擅作威福迫脅里甲恣爲姦私無丁之家誅求不已有丁之戶詐稱死亡託故留滯久而不還及還則以所得財物徧賄官吏朦朧具覆究其所取之丁十不得一欲軍無缺伍難矣自今軍士有故令各衞報都督府及兵部府部牒布政按察司令府州縣準籍貫姓名勾取送衞則差人騷擾之弊自絕其五曰洪武中令軍士七分屯田三分守城最爲善策比者調度日繁興造日廣處有屯種之名田多荒蕪兼養馬採草伐薪燒炭雜役旁午兵力爲得不疲農業焉得不廢願敕邊將課卒墾荒限以頃畝官給牛種稽其勤惰明賞罰以示勸懲則塞下田可盡墾轉餉益紓諸邊富實計無便於此者其六曰學校者風化之源人材所自出貴明體適用非徒較文藝而已也洪武中妙選師儒教養甚備人材彬彬可觀邇來士習委靡立志不弘執節不固平居無剛方正大之氣安望其立朝爲名公卿哉宜選良士爲郡縣學官擇民間子弟性行端謹者爲生徒訓以經史勉以節行俟其有成貢於國學磨礱砥礪使其氣充志定卓然成材然後舉而用之以任天下國家事無難矣其七曰兵者凶器聖人不得已而用之漢高祖解平城之圍未聞蕭曹勸以復讎唐太宗禦突厥於便橋未聞房杜勸以報怨古英君良相不欲疲民力以誇武功計慮遠矣洪武初年嘗赫然命將欲淸沙漠旣以餽運不繼旋卽頒師遂撤東勝衞於大同塞山西陽武谷口選將練兵扼險以待內修政教外嚴邊備廣屯田興學校罪貪吏徙頑民不數年間朶兒只巴獻女伯顏帖木兒乃兒不花等相繼擒獲納哈出亦降此專務內治不勤遠畧之明效也伏望遠鑒漢唐近法太祖毋以窮兵黷武爲快毋以犂庭掃穴爲功棄捐不毛之地休養冠帶之民俾竭力於田桑盡心於庠序邊塞絕傷痍之苦閭里絕呻吟之聲將無倖功士無夭閼遠人自服荒外自歸國祚靈長於萬年矣其八曰官不在衆在乎得人國家承大亂後因時損益以府爲州以州爲縣繼又裁併小縣之糧不及俸者量民數以設官民多者縣設丞簿少者知縣典史而已其時官無廢事民不愁勞今藩臬二司及府州縣官視洪武中再倍政愈不理民愈不寧姦弊蘖生詐僞滋起甚有官不能聽斷吏不諳文移乃容留書寫之人在官影射賄賂公行獄訟淹滯皆官冗吏濫所致也望斷自宸衷凡內外官吏竝依洪武中員額冗濫者悉汰則天工無曠庶績咸熙而天下大治矣奏上命廷臣議之尙書呂震以爲文辭冗長且事多已行不足采帝曰所言甚有學識多契朕心當察其素履以聞震乃言濟故元進士曾守郡坐事戍邊帝曰惜哉斯人令久淹行伍今猶足用震曰年老矣帝曰國家用人正須老成但不宜任以繁劇乃以濟爲儒學訓導

聊讓蘭州人肅府儀衞司餘丁也好學有志尙明習時務景帝嗣位懲王振蒙蔽大闕言路吏民皆得上書言事景泰元年六月讓詣闕陳數事其畧曰邇歲土木繁興異端盛起番僧絡驛汚吏縱橫相臣不正其非御史不劾其罪上下蒙蔽民生凋瘵致寇犯邊上皇播越陛下枕戈嘗膽之秋可不拔賢舉能一新政治乎昔宗岳爲將敵國不敢呼名韓范鎭邊西賊聞之破膽司馬光居相位强鄰戒勿犯邊今文武大臣之有威名德望者宜使典樞要且延訪智術才能之士布滿朝廷則也先必畏服而上皇可指日還矣大臣陽也宦寺陰也君子陽也小人陰也近日食地震陰盛陽微謫見天地望陛下總攬乾綱抑宦寺使不得預政遏小人俾不得居位則陰陽順而天變弭矣天下治亂在君心邪正田獵是娛宮室是侈宦寺是狎三者有一足蠱君心願陛下涵養克治多接賢士大夫少親宦官宮妾自能革奢靡戒遊佚而心無不正矣堯立謗木恐人不言所以聖秦除謗法恐人議己所以亡陛下廣從諫之量旌直言之臣則國家利弊閭閻休戚臣下無所顧忌而言無不盡矣蘇子曰平居無犯顏敢諫之臣則臨難必無仗節死義之士願陛下恒念是言而審察之書奏帝頗嘉納之後四年讓登進士官知縣卒景泰二年監生郭佑亦上書言兵事畧曰逆寇犯順上皇蒙塵此千古非常之變百世必報之讎也今使臣之來動以數千務驕蹇責望於我而我乃隱忍姑息致賊勢日張我氣日索求和與和求戰與戰是和戰之權不在我而在賊也願陛下結人心親賢良以固國本廣儲蓄練將士以壯國氣正分定名裁之以義如桀驁侵軼則提兵問罪使大漠之南不敢有匹馬闌入乃可保百年無虞不然西北力罷東南財竭不能一日安枕矣昨以國用耗乏謀國大臣欲紓一時之急令民納粟者賜冠帶令軍旅稍寧行之如故農工商販之徒不較賢愚惟財是授驕親戚誇鄉里長非分之邪心贓汚吏罷退爲民欲掩閭黨之恥納粟草冠帶而歸前以冒貨去職今以輸貨得官何以禁貪殘重名爵況天下統一藏富在民未至大不得已而舉措如此是以空乏啟寇心也章下廷議格不行又有胡仲倫者雲南鹽課提舉司吏目也緣事入都會上皇北狩也先欲妻以妹上皇因遣廣寧伯劉安入言於帝仲倫上疏爭之言今日事不可屈者有七降萬乘之尊與諸婚媾一也敵假和議使我無備二也必欲爲姻驕倨自大三也索金帛使我坐困四也以送駕爲名乘機入犯五也逼上皇手詔誘取邊城六也欲求山後之地七也稍從其一大事去矣曩上皇在位王振專權忠諫者死鯁直者戍君子見斥小人驟遷章奏多決中旨黑白混淆邪正倒置閩浙之寇方殷兀剌之釁大作陛下宜親賢遠姦信賞必罰通上情達下志賣國之姦無所投隙倉卒之變未由發機朝廷自此尊天下自此安矣帝嘉納焉又有華敏者南京錦衣衞軍餘也意氣慷慨讀書通大義憤王振亂國與儕輩言輒裂眥怒詈景泰三年九月上書曰近年以來內官袁琦唐受喜寧王振專權害政致國事傾危望陛下防微杜漸總攬權綱爲子孫萬世法不然恐禍稔蕭牆曹節侯覽之害復見於今日臣雖賤陋不勝痛哭流涕謹以虐軍害民十事爲陛下痛切言之內官家積金銀珠玉累室兼籯從何而至非內盜府藏則外朘民膏害一也怙勢矜寵占公侯邸舍興作工役勞擾軍民害二也家人外親皆市井無籍之子縱橫豪悍任意作奸納粟補官貴賤淆雜害三也建造佛寺耗費不貲營一己之私破萬家之產害四也廣置田莊不入賦稅寄戶郡縣不受征徭阡陌連亘而民無立錐害五也家人中鹽虛占引數轉而售人倍支鉅萬壞國家法豪奪商利害六也奏求塌房邀接商旅倚勢賒買恃强不償行賈坐敝莫敢誰何害七也賣放

軍匠名爲伴當俾辦月錢致內府監局營作乏人工役煩重并力不足害八也家人貿置物料所司畏懼以一科十虧官損民害九也監作所至非法酷刑軍匠塗炭不勝怨酷害十也章下禮部寢不行又有賈斌者商河人山西都司令史也亦疏言宦官之害引漢桓帝唐文宗宋徽欽爲戒且獻所輯忠義集四卷採史傳所記直諫盡忠守節之士而宦官恃寵蠹政可爲鑒戒者附焉乞命工刊布禮部以其言當乞垂鑒納不必刊行帝報聞

左鼎字周器永新人正統七年進士明年都御史王文以御史多闕請會吏部於進士選補帝從之尚書王直考鼎及白圭等十餘人曉諳刑名皆授御史而鼎得南京尋改北巡按山西時英宗北狩兵荒洊臻請蠲太原諸府稅糧停大同轉餉夫以蘇其困也先請和抗言不可尋以山東河南饑遣鼎巡視民賴以安律官吏故勘平人致死者抵罪時以給事中于泰言悉得寬貰鼎言小民無知情貸可也官吏深文巧詆與故殺何異法者天下之公不可意爲輕重自是論如律景泰四年疏言瓦剌變作將士無用由軍政不立謂必痛懲前弊乃今又五年矣貂蟬盈座悉屬公侯鞍馬塞途莫非將帥民財歲耗國帑日虛以天下之大土地兵甲之衆曾不能振揚威武則軍政仍未立也昔太祖定律令至太宗暫許有罪者贖蓋權宜也乃法吏拘牽沿爲成例官吏受枉法財悉得減贖骫骳如此復何顧憚哉國初建官有常近始因事增設主事每司二人今有增至十人者矣御史六十人今則百餘人矣甚至一部有兩尚書侍郎亦倍常額都御史以數十計此京官之冗也外則增設撫民管屯官如河南參議益二而爲四僉事益三而爲七此外官之冗也天下布按二司各十餘人乃歲遣御史巡視復遣大臣巡撫鎮守夫今之巡撫鎮守卽曩之方面御史也爲方面御史則合衆人之長而不足爲巡撫鎮守則任一人之智而有餘有是理邪至御史遷轉太驟當以六年爲率令其通達政事然後可以治人巡按所係尤重毋使初任之員漫然嘗試其餘百執事皆當慎擇而久任之帝頗嘉納未幾復言國家承平數十年公私之積未充一遇軍興抑配橫徵鬻官市爵率行衰世苟且之政此司邦計者過也臣請痛抑末技嚴禁遊惰斥異端使歸南畝裁冗員以省虛糜開屯田而實邊料士伍而紓饟寺觀營造供佛飯僧以及不急之工無益之費悉行停罷專以務農重粟爲本而躬行節儉以先之然後可阜民而裕國也倘忽不加務任掊克聚斂之臣行朝三暮四之術民力已盡而征發無已民財已竭而賦斂日增苟紓目前之急不恤意外之虞臣竊懼焉章下戶部尚書金濂請解職帝不許鼎言亦不盡行踰月以災異偕同官陳救弊恤民七事末言大臣不乏奸回宜黜罷其尤用清政本帝善其言下詔甄別而大臣辭職並慰留給事中林聰請明諭鼎等指實劾奏鼎聰等乃共論吏部尚書何文淵刑部尚書俞士悅工部侍郎張敏通政使李錫不職狀錫罷文淵致仕鼎居官清勤卓有聲譽御史練綱以敢言名而鼎尤善爲章奏京師語曰左鼎手練綱口自公卿以下咸憚之鼎出爲廣東右參政會英宗復位以郭登言召爲左僉都御史踰年卒練綱字從道長洲人祖則成洪武時御史綱舉鄉試入國子監歷事都察院郕王監國上中興八策也先將入犯復言和議不可就南遷不可從有持此議者宜立誅安危所倚惟于謙石亨當主中軍而分遣大臣守九門擇親王忠孝著聞者令同守臣勤王檄陝西守將調番兵入衞帝悉從之綱有才辨急功名都御史陳鎰尚書俞士悅皆綱同里念綱數陳時政有聲且畏其口遂薦之授御史景泰改元上時政五事巡視兩淮鹽政駙馬都尉趙輝侵利劾奏之三年冬偕同官應詔陳八事並允行亡何復偕同官上言吏部推選不公任情高下請置尚書何文淵右侍郎項文曜於理尚書王直左侍郎俞山素行本端爲文曜等所罔均宜按問帝雖不罪終以綱等爲直明年命出贊延綏軍務自陳名輕責重乞授僉都御史帝曰遷官可自求耶遂寢其命初京師戒嚴募四方民壯分營訓練歲久多逃或赴操不如期廷議編之尺籍綱等言召募之初激以忠義許事定罷遣今展轉輪操已孤所望況其逃亡實迫寒餒豈可遽著軍籍邊方多故倘更召募誰復應之詔卽除前令五年巡按福建與按察使楊珏互訐俱下吏謫珏黃州知府綱郴州判官久之卒

曹凱字宗元益都人正統十年進士授刑科給事中磊落多壯節英宗北征諫甚力且曰今日之勢大異澶淵彼文武忠勇士馬勁悍今中貴竊權人心玩愒此輩不惟以陛下爲孤注卽懷愍徽欽亦何暇恤帝不從乘輿果陷凱痛哭竟日聲徹禁庭與王竑共擊馬順至死景泰中遷左給事中林聰劾何文淵周旋詔宥之凱上殿力諍二人遂下吏時令輸豆得補官凱爭曰近例輸豆四千石以上授指揮彼受祿十餘年費已償矣乃令之世襲是以生民膏血養無功子孫而彼取息長無窮也有功者必相謂曰吾以捐軀獲此彼以輸豆亦獲此是朝廷以我軀命等於荏菽其誰不解體乞自今惟令帶俸不得任事傳襲文職則止原籍帶俸帝以爲然命已授者如故未授者悉如凱議福建巡按許仕達與侍郎薛希璉相訐命凱往勘用薦擢浙江右參政時諸衞武職役軍辦納月錢至四千五百餘人以凱言禁止鎮守都督李信擅募民爲軍糜餉萬餘石凱劾奏之信雖獲宥諸助信募軍者咸獲罪在浙數年聲甚著初凱爲給事常劾武清侯石亨亨得志修前憾譖凱衞經歷卒許仕達歙人正統十年進士擢御史景泰元年四月上疏言災沴數見請帝痛自修省帝深納之未幾復請於經筵之餘日延儒臣講論經史帝亦優詔褒答巡按福建劾鎮守中官廖秀下之獄秀訐仕達下鎮守侍郎薛希璉等廉問會仕達亦劾希璉貪縱乃命凱及御史王豪往勘還奏兩人互有虛實而耆老數千人乞留仕達給事中林聰閩人也亦爲仕達言乃命留任且敕希璉勿搆郤仕達厲風紀執漳州知府馬嗣宗送京師大理寺劾其擅執帝以執贓吏不問期滿當代耆老詣闕請留不許未幾卽以爲福建左參政天順中歷山東貴州左右布政使

劉煒字有融慈谿人正統四年進士授南京刑科給事中副都御史周銓以私憾撻御史諸御史范霖楊永與尚褫等十人共劾銓煒與同官盧祥等復劾之銓下詔獄亦訐霖永及煒祥等王振素惡言官盡逮下詔獄霖永坐絞後減死他御史或戍或謫煒祥事白留任而銓已先瘐死煒累進都給事中景泰四年戶部以邊儲不足奏令罷退官非贓罪者輸米二十石給之誥敕煒等言考退之官多有罷軟酷虐荒溺酒色廉恥不立者非止贓罪已也賜之誥敕以何爲辭若但褒其納米則是朝廷誥敕止直米二十石何以示天下後世此由尚書金濂不識大體有此謬舉帝立爲已之山東歲歉戶部以尚書沈翼習其地民瘼請令往振及往初無方畧煒因劾翼且言其地已有尚書薛希璉少卿張固鎭撫又有侍郎鄒幹都御史王竑振濟而復益之以翼所謂十羊九牧乞還翼南京戶部而專以命希璉等從之平江侯陳豫鎭臨清事多違制煒劾之豫被責讓明年都督黃竑以易儲議得帝眷奏求霸州武清縣地煒等抗章言竑本蠻獠遽蒙重任怙寵妄干乞地六七十里豈盡無主者請正其罪帝宥竑遣戶部主事黃岡謝杲往勘還奏果民產戶部再請罪竑帝卒宥焉杲官至貴州巡撫以清愼稱煒天順初出爲雲南參政改廣東分守惠潮二府潮有巨寇招之不服會兵進勦誅其魁改涖南韶會大軍征兩廣以勞瘁卒官尚褫字景福羅山人正統四年進士除行人上書請毋囚繫大臣擢南御史以劾周銓下獄與他御史皆謫驛丞得雲南虛仁驛景泰五年冬因災異上書陳數事中言忠直之士冒死陳言執政者格以條例輕則報罷重則中傷是言路雖開猶未開也釋教盛行誘煽聾俗由掌邦禮者畏王振勢度僧多至此宜盡勒歸農章下禮部尚書胡濙惡其刺己悉格不行量移豐城知縣爲邑豪誣搆繫獄尋得釋成化初大臣會薦擢湖廣僉事初有詔荊襄流民許所在附籍都御史項忠復遣還鄉督甚急多道死褫憫之陳牒巡撫吳琛請進止琛以報忠忠怒劾褫中朝知其意在卹民卒申令流民聽附籍不願乃遣還鄉褫爲僉事十年所司上其治行賜誥旌異致仕卒

單宇字時泰臨川人正統四年進士除嵊縣知縣馭吏嚴吏欲誣奏宇宇以聞坐不并上吏奏逮下獄事白調諸曁遭喪服除待銓京師適英宗北狩宇憤中官監軍諸將不得專進止致喪師疏請盡罷之以重將權景帝不納初王振佞佛請帝歲一度僧其所修大興隆寺日役萬人糜帑數十萬閎麗冠京都英宗爲賜號第一叢林命僧大作佛事躬自臨幸以故釋教益熾至是宇上書言前代人君尊奉佛氏卒致禍亂近男女出家累百千萬不耕不織蠶食民間營搆寺宇徧滿京邑所費不可勝紀請撤木石以建軍營銷銅鐵以鑄兵仗罷遣僧尼歸之民俗庶皇風清穆異教不行疏入爲廷議所格復知侯官而咸陽姚顯以鄉舉入國學亦上言曩者修治大興隆寺窮極壯麗又奉僧楊某爲上師儀從侔王者食膏粱被組繡藐萬乘若弟子今上皇被留賊庭乞令前赴瓦剌化諭也先誠能奉駕南還庶見護國之力不然佛不足信彰彰矣當景泰時廷臣諫事佛者甚衆帝卒不能從而中官興安最用事佞佛甚於振請帝建大隆福寺嚴壯與興隆埒四年三月寺成帝尅期臨幸河東鹽運判官濟寧楊浩切諫乃止宇好學有文名三爲縣咸以慈惠聞居侯官久之卒顯後爲齊東知縣移武城公廉剛正用巡撫翁世資薦擢太僕丞浩初以鄉舉入國學除官未行遂抗疏聲譽籍甚累官右副都御史巡撫延綏

張昭不知何許人天順初爲忠義前衞吏英宗復辟甫

數月欲遣都指揮馬雲等使西洋廷臣莫敢諫昭聞之上疏曰安內救民國家之急務慕外勤遠朝廷之末策漢光武閉關謝西域唐太宗不受康國內附皆深知本計者也今畿輔山東仍歲災歉小民絕食逃竄妻子衣不蔽體被薦裹席鬻子女無售者家室不相完轉死溝壑未及埋瘞已成市鬻此可爲痛哭者也望陛下用和番之費益以府庫之財急遣使振卹庶饑民可救奏下公卿博議言雲等已罷遣宜籍記所市物俟命帝命姑已之天順三年秋建安老人賀煬亦上書論時事言今銓授縣令多年老監生逮滿九載年幾七十苟且貪污宜擇年富有才能者其下僚及山林抱德士亦當推舉景泰朝錄先賢顏孟程朱子孫授以翰林博士俾之奉祀然有官無祿宜班給以昭崇儒之意黃幹劉爚蔡沈眞德秀配祠朱子亦景泰間從僉事呂昌之請然未入祀辭宜增補預備義倉本以振貧民乃豪猾多冒支不償致廩庾空虛乞令出粟義民各疏里內饑民同有司散放未幾又言朝廷建學立師將以陶鎔士類而師儒鮮積學草野小夫夤緣津要初解兔園之冊已廁鶚薦之羣及受職泮林猥瑣貪饕要求百故而授業解惑莫措一詞生徒亦往往玩愒歲月佻達城闕待次循資濫升太學侵尋老耄俾博一官但屋身家之謀無復功名之念及今不嚴甄選人材日陋士習日非矣帝善其言下所司行之

高瑤字庭堅閩縣人由鄉舉爲荊門州學訓導成化三年五月抗疏陳十事其一言正統己巳之變先帝北狩陛下方在東宮宗社危如一髮使非郕王繼統國有長君則禍亂何由平鑾輿何由返六七年間海宇寧謐元元樂業厥功不細迨先帝復辟貪天功者遂加厚誣使不得正其終節惠隮祀未稱典禮望特敕禮官集議追加廟號盡親親之恩章下廷議久不決至十二月始奏追崇廟號非臣下敢擅議惟陛下裁決而左庶子黎淳力爭謂不當復且言瑤此言有死罪二一誣先帝爲不明一陷陛下於不孝臣以謂瑤此舉非欲尊郕王特爲羣邪進用階必有小人主之者帝曰景泰往過朕未嘗介意豈臣子所當言淳爲此奏欲獻諂希恩耶議遂寢然帝終感瑤言久之竟復郕王帝號瑤後知番禺縣多異政發中官韋眷通番事沒其貲鉅萬於官眷憾甚誣奏於朝瑤及布政使陳選俱被逮士民泣送者塞道瑤竟謫戍永州釋還卒黎淳華容人天順元年進士第一官至南京禮部尚書頗有名譽其與瑤爭郕王廟號也專欲阿憲宗意至以昌邑更始比景帝爲士論所薄當成化時言路大阻給事御史多獲譴惟瑤以卑官建危議卒無罪時皆稱帝盛德云又有虎臣者麟遊人成化中貢入太學上言天下士大夫過先聖廟宜下輿馬從之省親歸會陝西大饑巡撫鄭時將請振臣齎奏行陳饑歉狀詞激切大獲振貸已上言臣鄉比歲災傷人相食由長吏貪殘賦役失均請敕有司審民戶編三等以定科徭從之孝宗踐阼將建棕棚萬歲山備登眺臣抗疏切諫祭酒費誾懼禍及鋃鐺縶臣堂樹下俟官校宣臣至左順門傳旨慰諭曰若言是棕棚已毀矣誾大慚臣名遂聞都下頃之命授七品官乃以爲雲南碍嘉知縣卒官

贊曰明自太祖開基廣闢言路中外臣僚建言不拘所職草野微賤奏章咸得上聞沿及宣英流風未替雖升平日久堂陛深嚴而逢掖布衣刀筆掾史抱關之冗吏荷戈之戍卒朝陳封事夕達帝閽採納者榮顯其身報罷者亦不之罪若仁宗之復弋謙朝參引咎自責郎懸鞀設鐸復何以加以此爲招宜乎忼慨發憤之徒扼腕而談世務也英景之際實錄所載不可勝書今掇其著者列於篇迨憲宗季年閹尹擅朝事勢屢變別自爲卷得有考焉

明史卷一百六十五　列傳第五十三

總裁官總理事務 經筵講官少保兼太子太保保和殿大學士兼管吏部戶部尚書事加六級張廷玉等奉
敕修

陶成 子魯　陳敏
丁瑄　王得仁 子一夔
葉禎　伍驥
毛吉　林錦
郭緒　姜昂 子龍

陶成字孔思鬱林人永樂中舉於鄉除交阯鳳山典史尚書黃福知其賢命署諒江府教授交人化之秩滿遷山東按察司檢校用薦擢大理評事正統中以劉中敷薦超擢浙江僉事成有智畧遇事敢任倭犯桃渚成密布釘板海沙中倭至艤舟躍上釘洞足背倭畏之遠去秩滿進副使處州賊葉宗留陳鑑胡陶得二等寇蘭谿成擊斬數百人進屯武義立木城以守誘賊黨爲內應前後斬首數百生擒百餘人又自抵賊巢諭降者三千餘人賊勢漸衰惟得二尚在久之勢復熾擁衆來犯先遣其黨十餘輩僞爲鄉民避賊者以敝縕裹薪闖入城及成出戰賊持薪縱火焚木城官軍驚潰成與都指揮僉事崔源戰死時景泰元年五月也事聞贈成左參政錄其子魯爲八品官魯字自強廕授新會丞當是時廣西猺流刼高廉惠肇諸府破城殺吏無虛月香山順德間土寇蜂起新會無賴子羣聚應之魯召父老語曰賊氣吞吾城不早備且陷若輩能率子弟捍禦乎皆曰諾乃築堡砦繕甲兵練技勇以孤城捍賊衝建郭掘濠布鐵蒺藜刺竹于外城守大固賊來犯輒擊破之天順七年秩滿巡撫葉盛上其績就遷知縣尋以破賊功進廣州同知仍知縣事成化二年從總督韓雍征大藤峽雍在軍嚴重獨於魯未嘗不虛已用其策輒有功雍請擢魯爲僉事專治新會陽江陽春瀧水新興諸縣兵其冬會參將王瑛破劇賊廖婆保等於欽化二州大獲璽書嘉勞明年賊首黃公漢等猖獗偕參將夏鑑等連破之思恩潯州未幾賊陷石康執知縣羅紳復偕鑑追擊至六菊山敗之兩廣自韓雍去罷總督不設帥臣觀望相推諉寇盜滋蔓魯奏請重臣仍開府梧州遂爲永制秩滿課最進副使兵部尚書余子俊奏其撫輯勞賚銀幣魯治兵久賊剿兩粵大者會剿小者專征所向奏捷賊讐之次骨刼其鬱林故居焚誥命發先塋戕其族黨魯聞大慟詔從籍廣東補給封誥慰勞有加益奮志討賊二十年以征荔浦猺功增俸一級又九載課最進湖廣按察使治兵兩廣如故鬱林陸川賊黃公定胡公明等爲亂與參將歐磐分五路進討大破之毀賊巢一百三十弘治四年總督秦紘遣平德慶猺進湖廣右布政使魯言身居兩廣而官以湖廣爲名於事體非便乃改湖廣左布政使兼廣東按察副使領嶺西道事人稱之爲三廣公十一年總督鄧廷瓚請官其子俾統魯所募健卒備征討乃授其子荆民錦衣百戶是年魯卒荆民復陳父功遂進副千戶世襲魯善撫士多智計謀定後戰鑿池公署後爲亭其中不置橋夜則召部下計事以版度一人語畢令退如是凡數人乃擇其長而參伍用之故常得勝算而機不洩羽書狎至戎裝宿戒聲色不動審賊可乘潛師出城中夜合圍曉輒奏凱賊善偵終不能得要領歷官四十五年始終不離兵事大小數十戰凡斬馘二萬一千四百有奇奪還被掠及撫安復業者十三萬七千有奇兩廣人倚之如長城然魯將兵不專尚武嘗言治寇賊化之爲先不得已始殺之耳每平賊率置縣建學以興教化魯初爲丞年幾弱冠知縣王重勉之學重故老儒魯遂請執弟子禮每晨授經史講解而後視事後重卒官魯執喪如父禮且資其二子又敬事名儒陳獻章獻章亦重之宋陸秀夫張世傑盡節崖山未有廟祀特爲建祠請祠額賜名大忠嘉靖初魯歿三十載矣新會人思其德頌於朝賜祠祀之

陳敏陝西華亭人宣德時爲四川茂州知州遭喪去官所部諸長官司及番民百八十人詣闕奏言州僻處邊徼萬山中與松潘疊溪諸番鄰歲被其患自敏涖州撫馭有方民得安業今以憂去職軍民失所依乞矜念遠方還此良牧帝立報可正統中九載滿軍民復請留進成都府同知視茂州事都司徐甫言敏及指揮孫敬在職公勤羣番信服章下都御史王翺等覈實進敏右參議仍視州事以監司秩涖州前此未有也黑虎寨番掠近境爲官軍所獲敏從其俗與誓而遣之旣復出掠爲巡按御史陳員韜所劾詔貰之提督都御史寇深器其才言敏往來撫卹番人贊理軍政乞別除知州俾敏專戎務吏部以敏涖茂久別除恐未悉番情猝難馴服宜增設同知一人佐之報可敏旣以參議治州其體儼監司遂劾按察使陳泰無故杖死番人泰亦訐敏帝不問而泰下獄論罪景泰改元參議滿九載進右參政視州事如前涖州二十餘年威信大行番民胥悅秩漸高諸監司郡守反位其下同事多忌之者爲按察使張淑所劾罷去

丁瑄不知何許人正統間爲御史初福建多礦盜命御史柳華捕之華令村聚皆置望樓編民爲甲擇其豪爲長得自置兵仗督民巡徼沙縣佃人鄧茂七素無賴旣爲甲長益以氣役屬鄉民其俗佃人輸租外例餽田主茂七倡其黨令毋餽而田主自往受粟田主訴於縣縣逮茂七不赴下巡檢追攝茂七殺弓兵數人上官聞遣軍三百捕之被殺傷幾盡巡檢及知縣並遇害茂七遂大剽略僞稱剷平王設官屬黨數萬人陷二十餘縣都指揮范眞指揮彭璽等先後被殺時福建參政交阯人宋新賄王振得遷左布政使侵漁貪惡民不能堪益相

率從亂東南騷動十三年四月茂七圍延平刷卷御史張海登城撫諭賊訴乞貰死免三年徭役即解散爲良民海以聞命瑄往招討以都督劉聚僉都御史張楷大軍繼其後瑄既至先令人齎敕往撫茂七不肯降瑄馳赴沙縣圖之賊首林宗政等萬餘人攻後坪欲立砦瑄令通判倪寬等率衆先據要害而身與都指揮雍埜等邀其歸路斬賊二百餘級獲其渠陳阿巖明年二月瑄誘賊復攻延平督衆軍分道衝擊賊大敗遁走指揮劉福追之遂斬茂七招脅從復業未幾復禽其黨林子得等尤溪賊首鄭永祖率四千人攻延平瑄偕埜等邀擊禽之斬首五百有奇餘黨潰散楷之監大軍討賊也至建寧頓不進日置酒賦詩爲樂聞瑄破賊則馳至延平攘其功瑄被脅依違具奏福不能平愬之詔責瑄具狀楷等皆獲罪瑄有功不問功亦竟不錄茂七雖死其從子伯孫等復熾朝廷更遣陳懋等以大軍討瑄乃還朝景泰初出爲廣東副使卒當是時浙閩盜所在剽掠爲民患將帥率玩寇而文吏勵民兵拒賊往往多斬獲閩則有張瑛王得仁之屬浙江則金華知府石瑁禽遂昌賊蘇才於蘭谿處州知府張佑擊敗賊衆禽斬千餘人於是帝降敕數誚讓諸將帥都指揮鄧安等因歸咎於前御史柳華時王振方欲殺朝士威衆命逮華華已出爲山東副使聞命仰藥死詔籍其家男戍邊婦女沒入浣衣局而御史汪澄柴文顯亦以是得罪初澄按福建以茂七亂檄浙江江西會討尋以賊方議降止兵毋進既知賊無降意復趣進兵而賊已不可制浙江巡按御史黃英恐得罪具白澄止兵狀兵部因劾澄失機福建三司亦言賊初起按臣柴文顯匿不奏釀成今患遂俱下吏獄成詔磔文顯籍其家澄棄市而宋新及按察使方冊等十八人俱坐斬遇赦謫驛丞天順初復官論者謂華所建置未爲過澄文顯罪不至死武將不能滅賊反罪文吏華文顯至與叛逆同科失刑實由王振云華吳縣人文顯浙江建德人澄仁和人

王得仁名仁以字行新建人本謝姓父避讐外家因冒王氏得仁五歲喪母哀號如成人初爲衞吏以才薦授汀州府經歷廉能勤敏上下愛之秩滿當遷軍民數千人乞留詔增秩再任居三年推官缺英宗從軍民請就令遷擢數辯冤獄却饋遺抑鎮守內臣苛索政績益著沙縣賊陳政景故鄧茂七黨也糾清流賊藍得隆等攻城得仁與守將及知府劉能擊敗之禽政景等八十四人餘賊鶩潰諸將議窮搜得仁恐濫及百姓下令招撫辦釋難民三百人都指揮馬雄得通賊者姓名將按籍行戮得仁力請焚其籍賊復寇寧化率兵往援斬首甚衆民多自拔歸賊勢益衰賊退屯將樂得仁將追滅之俄遘疾衆欲輿歸就醫得仁不可曰吾一動賊必長驅乃起坐帳中諭將吏戮力平賊遂卒時正統十四年夏也軍民哀慟喪還哭奠者道路相屬多繪像祀之天順末吏民乞建祠有司爲請詔如廣東楊信民故事春秋致祭子一夔天順四年舉進士第一授修撰進左諭德成化七年彗星見應詔陳五事請正宮闈親大臣開言路愼刑獄戒妄費語極剴摯被旨切責累遷工部尚書卒贈太子少保正德中諡文莊

葉禎字夢吉高要人舉於鄉授潯州府同知補鳳翔調慶遠兩廣猺賊蠭起列郡咸被害將吏率縮朒觀望禎誓不與賊俱生募健兒日訓練峒酋韋父强數敗官軍禎生縶之其黨忿悉衆攻城旗山守將擁兵不救禎率健兒出戰賊却去旋躡禎戰相當禎子公榮殲焉頃之賊圍雞刺諸村禎率三百人趨赴道遇賊入頭山下鏖戰禎被數鎗手刃賊一人與從子官慶及三百人皆死時天順三年正月晦也嶺南素無雪是夜大雷電雪深尺許賊釋圍去諸村獲全事聞贈朝列大夫廣西叅議守臣爲立廟祀之

伍驥字德良安福人景泰五年進士授御史莊重寡言笑見義敢爲天順七年巡按福建先是上杭賊起都指揮僉事丁泉汶上人善捍禦賊屢攻城皆爲所却已而賊轉熾驥聞立馳入汀州調援兵四集驥單騎詣賊壘賊不意御史猝至皆擐甲露刃驥從容立馬諭以禍福賊見其至誠感悟泣下歸附者千七百餘戶給以牛種俾復故業惟賊首李宗政負固不服遂與泉深入破之泉力戰爲賊所害驥弔死恤傷激以忠義復與賊戰連破十八砦俘斬八百餘人四境悉平而驥冒瘴癘成疾班師至上杭卒軍民哀之如父母旦夕臨者數千人爭出財立祠成化中以知縣蕭宏請詔與泉並祀賜祠名褒忠

毛吉字宗吉餘姚人景泰五年進士除刑部廣東司主事司轄錦衣衞衞卒伺百官陰事以片紙入奏卽獲罪公卿大夫莫不惴恐公行請屬狎侮官司郎以罪下刑部者亦莫敢捶撻吉獨執法不撓有犯必重懲之其長門達怙寵肆虐百官道遇率避馬吉獨舉鞭拱手過達怒甚吉以疾失朝下錦衣獄達大喜簡健卒用巨梃搒之肉潰見骨不死天順五年擢廣東僉事分巡惠潮二府痛抑豪右民大悅及期當代相率籲留之程鄉賊楊輝者故劇賊羅劉寧黨也已撫復叛與其黨曾玉謝瑩分據寶龍石坑諸洞攻陷江西安遠剽閩廣間已欲攻程鄉吉先其未至募壯士合官軍得七百人抵賊巢先破石坑斬玉次擊瑩馘之復生擒輝諸洞悉破凡俘斬千四百人捷聞憲宗進吉副使璽書嘉勞移巡高雷廉三府時民遭賊躪數百里無人烟諸將悉閉城自守或以賊告反被撻有自賊中逸歸者輒誣以通賊撲殺之吉不勝憤以平賊爲已任按部雷州海康知縣王騏雲南太和人也日以義激其民賊至輒奮擊吉壯其勇節獎勵之適報賊掠鄉聚吉與騏各率所部擊敗之薦騏遷雷州通判未聞命戰死贈同知蔭其子爲國子生成化元年二月新會告急吉率指揮閻華掌縣事同知陶魯合軍萬人至大磴破賊乘勝追至雲岫山去賊營十餘里時已乙夜召諸將分三哨黎明進兵會陰晦衆失期及進戰賊棄營走上山吉命潘百戶者據其營衆競取財物賊馳下殺百戶華亦馬躓爲賊所殺諸軍遂潰吉勒馬大呼止軍吏勸吉避吉曰衆多殺傷我獨生可乎言未已賊持鎗趨吉吉且罵且戰手劍一人斷其臂力絀遂被害是日雷雨大作山谷皆震動又八日始得屍貌如生事聞贈按察使錄其子科入國子監尋登進士終雲南副使方吉出軍時賫千金犒委驛丞余文司出入已用十之三吉既死文憫其家貧以所餘金授吉僕使持歸治喪是夜僕婦忽坐中堂作吉語顧左右曰請夏憲長來畢家大驚走告按察使夏壎壎至起揖曰吉受國恩不幸死於賊今余文以所遺官銀付吉家雖無文簿可考吉負垢地下矣願亟還官毋汚我言畢仆地頃之始甦於是歸金於官吉死時年四十後賜諡忠襄

林錦字彥章連江人景泰初由鄉貢授合浦訓導猺寇充斥內外無備錦條具方略悉中機宜巡撫葉盛異之檄署靈山縣事城毀於賊錦因形便爲柵以守廣設戰具賊不敢逼滿秩去官民曰公去賊復至誰禦者悉逃入山盛以狀聞詔卽以錦爲知縣馳驛之官民復來歸適歲饑諸猺益剽掠無虛日錦單騎詣壘曉以禍福猺感悟附縣二十五部咸聽命其不服者則討之天順六年破賊羅禾水再破之黃姜嶺又大破之新莊先後斬獲千餘級還所掠人口賊悉平乃去柵築土城盛及監司屢薦其才成化改元會連州爲賊所陷乃以錦爲試知府歲復大饑賊四出劫掠錦諭散千餘人誅梗化者而綏輯其流移境內悉平四年上官交薦請改授憲職令專備欽廉羣盜乃以爲按察使僉事益勤於政十年賜敕旌異久之進副使錦以所部屢有盜警思爲經久計乃設團河營於西設新寮營於南而別設洪崖營以杜諸寇出沒路易靈山土城更築高墉亘五百丈卒爲巖邑十四年兵部上其撫輯功被賚錦在兵間以教化爲務靈山尚鬼則禁淫祠修學校勸農桑其治廉欽皆飭學宮振起文教爲人誠實洞見肺腑猺蠻莫不愛信其行軍與士卒同甘苦有功輒推以與人以故士多效死所在祠祀

郭緒字繼業太康人成化十七年進士使楚府却其饋授戶部主事督餉二十萬於陝西給軍主者以羨告悉還之歷遷雲南參議初孟密宣撫司之設也實割木邦宣慰司地既而孟密思揲復於界外侵木邦地二十七所屢諭之還不聽乃調孟養宣撫思祿兵脅之思揲始還所侵地然多殺孟養兵思祿讐之發兵越金沙江奪木邦故割孟密地十有三所兩酋搆怨不已巡撫陳金承詔遣緒與副使曹玉往諭之旬餘抵金齒叅將盧和先統軍距所據地二程而舍遣官馳驛往諭皆留不報和懼還軍至千崖遇緒語故戒勿進緒不可玉以疾辭緒遂單騎從數人行旬日至南甸峻險不可騎乃斬棘徒步引繩以登又旬日至一大澤土官以象輿來緒乘之往行毒霧中泥沙踸踔又旬日至孟賴去金沙江僅二舍手自爲檄使持過江諭以朝廷招徠意蠻人相顧驚曰中國使竟至此乎發兵率象馬數萬夜渡江持長槊勁弩環之數重從行者懼請勿進緒拔刀叱曰明日必渡江敢阻者斬思祿既得檄見譬曉禍福甚備又聞至者纔數人乃遣酋長來聽令且致饋緒却之出敕諭宣示思祿亦繼至緒先叙其勞次白其冤狀然後責其叛諸酋聞咸俛伏呼萬歲請歸侵地緒詰前所留使人乃盡出而歸之和及玉聞報馳至則已歸地納欵矣時弘治十四年五月也越三年擢緒四川督儲參政武宗卽位始以雲南功加俸一級明年致仕歸

姜昂字恒頫太倉人成化八年進士除棗强知縣授御史偕同官劾方士李孜省杖午門外以母老乞改南尋出爲河南知府吏白事畢退闔門讀書鞭箠懸不用藩府人有犯立夬遣之改知寧波擢福建叅政請終養歸服闋而卒昂在官日市少肉供母而自食菜茹子弟學書不聽用官紙筆家居室不蔽風雨子龍字夢賓正德三年進士歷禮部郎中武宗南巡率同官諫罰跪五日

杖幾死出爲建寧同知尋遷雲南副使備兵瀾滄姚安滇故盜藪龍讓土酋曰爾世官縱盜寧非賄乎酋懼撫諭羣盜悉聽命巨盜方定者既降而貧爲妻妾所詬卒不忍負龍竟仰藥死南安大盜千人御史欲徵兵龍檄三日散盡四川鹽井刺馬仁雲南麗江和歌仲讐殺數十年龍撫諭遂解大侯州土官猛國恃險肆暴龍擒之在滇四年番漢大治鄧川州立三正人祠祀袁州郭紳莆田林俊及龍

贊曰陶成陳敏諸人以監司守令著征剿功而成及毛吉葉禎身死王事勞烈顯著亦可以愧戎帥之畏懦避縮者矣林錦威能臨制材足綏懷邊疆皆得斯人何憂不治郭緒單騎入險諭服兩酋令當洪永間亦何至尚淹常調哉平世秉國者多抑邊功謂恐生事然大帥倚內援敘錄又多踰等適足以長武夫玩寇之心而無以獎勞臣致死之節國家以賞罰馭世曷可不公乎

明史卷一百六十六　列傳第五十四

總裁官總理事務經筵講官少保兼太子太保保和殿大學士兼管吏部尚書事加六級臣張廷玉等奉敕修

韓觀　山雲
蕭授 吳亮　方瑛 陳友
李震　王信 都勝 郭鋐
彭倫　歐磐
張祐

韓觀字彥賓虹人高陽忠壯侯成子也以舍人宿衞忠謹爲太祖所知授桂林右衞指揮僉事洪武十九年討平柳州融縣諸蠻累遷廣西都指揮使二十二年平富川蠻設靈亭千戶所二十五年平賓州上林蠻二十七年會湖廣兵討全州灌陽諸猺斬千四百餘人明年捕禽宜山諸縣蠻斬其僞王及萬戶以下二千八百餘人以征南左副將軍從都督楊文討龍州土官趙宗壽宗壽伏罪移兵征南丹奉議及都康向武高勞上林思恩都亮諸蠻先後斬獲萬餘級觀生長兵間有勇畧性鷙悍誅罰無所假下令如山人莫敢犯初羣蠻所在蜂起剽郡縣殺守吏勢甚熾將士畏觀法爭死鬭觀得賊必處以極刑間縱一二使歸告諸蠻諸蠻膽落由是境內得安二十九年召還進都督同知明年復從楊文討平吉州及五開叛苗與顧成討平水西諸蠻堡還理左府事建文元年練兵德州禦燕師無功成祖即位委任如故命往江西練軍城守兼節制廣東福建湖廣三都司盧陵民嘯聚山澤帝不欲用兵遣行人許子謨齎敕招諭命觀臨撫之觀至衆皆復業賜璽書褒勞命佩征南將軍印鎭廣西節制兩廣官軍帝知觀嗜殺賜璽書戒之曰蠻民易叛難服殺愈多愈不治卿往鎭務綏懷之毋專殺僇會羣蠻復叛帝遣員外郎李宗輔齎敕招之觀大陳兵示將發狀而遣使與宗輔俱桂林蠻復業者六千家惟思恩蠻未附而慶遠柳潯諸蠻方殺掠吏民乃上章請討永樂元年與指揮葛森等擊斬理定諸縣山賊千一百八十有奇擒其酋五十餘人斬以徇還所掠男女於民而撫輯其逃散者明年遣都指揮朱輝諭降宜山忻城諸山寨荔波猺震恐乞爲編戶帝屬觀撫之八十餘洞皆歸附明年潯桂柳三府蠻作亂已撫復叛遣朱輝以偏師破之蠻大懼會朝廷遣郎中徐子良至遂來降歸所掠人畜器械四年大發兵討安南詔觀畫方畧轉粟二十萬石餉軍已復命偕大理卿陳洽選土兵三萬會太平仍令觀偵安南賊中動靜尋從大兵發憑祥抵坡壘關以所部營關下伐木治橋梁給軍食安南平命措置交阯緣途諸堡而柳潯諸蠻乘觀出復叛五年觀旋師抵柳州賊望風遁匿觀請俟秋涼深入且請濟師帝使使發湖廣廣東貴州三都司兵又敕新城侯張輔遣都督朱廣方政以征交阯兵協討十月諸軍皆集分道進剿觀自以貴州兩廣兵由柳州攻馬平來賓遷江賓州上林羅城融縣皆破之會兵象州復進武宣東鄉桂林貴平永福斬首萬餘級禽萬三千餘人羣蠻復定捷聞帝嘉勞之九年拜征夷副將軍仍佩故印總兵鎭交阯明年復命轉粟給張輔軍輔再出師定交阯觀皆主餽運不爲將故功不著觀在廣西久威震南中蠻人惴惴奉命繼之者自山雲外皆不能及十二年九月卒無子宣德二年保定伯梁銘奏求觀南京故宅帝許之既聞觀妻居其中曰觀功臣也雖歿豈可奪之遂不許令有司以他宅賜銘

山雲徐人父青以百戶從成祖起兵積功至都督僉事雲貌魁梧多智畧初襲金吾左衞指揮使數從出塞有功時幼軍二十五所隸府軍前衞掌衞者不任事更命雲及李玉等五人撫戢之仁宗立擢行在中軍都督僉事宣德元年改北京行都督府命偕都御史王彰自山海抵居庸巡視關隘以便宜行事帝征樂安召輔鄭王襄王居守明年柳慶蠻韋朝烈等掠臨桂諸縣時鎭遠侯顧興以不救邱溫被逮公侯大臣舉雲帝亦自知之三年正月命佩征蠻將軍印充總兵官往鎭雲至討朝烈破之賊保山巔山峻險掛木於藤壘石其上官軍至輒斷藤下木石無敢近者雲夜半束火牛羊角以金鼓隨其後驅向賊賊謂官軍至亟斷藤比明木石且盡衆譟而登遂盡破之南安廣源諸蠻悉下是夏忻城蠻譚團作亂雲討禽之四年春討平柳潯諸蠻其秋雒容蠻出掠遣指揮王綸破之雲上綸功並劾其殺良民罪帝宥綸而心重雲廣西自韓觀卒後諸蠻漸橫雲以廣西兵少留貴州兵爲用先後討平潯柳平樂桂林宜山思恩諸蠻九年又以慶遠鬱林苗猺非大創不服請濟師詔發廣東兵千五百人益雲雲分道剿捕禽斬甚衆復遣指揮田眞攻大藤峽賊破之雲在鎭先後大戰十餘斬首萬二千二百六十降賊酋三百七十奪還男女二千五百八十築城堡十三鋪舍五百陶甓石增高益厚自是猺獞屏跡居民安堵論功進都督同知璽書褒勞雲謀勇深沉而端潔不苟取公賞罰嚴號令與士卒同甘苦臨機應變戰無不捷廣西鎭帥初至土官率饋獻爲故事帥受之即爲所持雲始至聞府吏鄭牢剛直召問曰饋可受乎牢曰潔衣被體一汚不可湔將軍新潔衣也雲曰不受彼且生疑奈何牢曰黷貨法當死將軍不畏天子法乃畏土夷乎雲曰善盡卻饋獻嚴馭之由是土官畏服調發無敢後者雲所至詢問里老撫善良察誣枉土人皆愛之英宗即位雲墜馬傷股帝遣醫馳視以病請代優詔不許進右都督正統二年上言潯州與大藤峽諸山相錯猺寇出沒占耕旁近田左右兩江土官所屬人多田少其狼兵素勇爲賊所畏若量撥田州土兵於近山屯種分界耕守斷賊出入不過數年賊必坐困報可嗣後東南有急輒調用狼兵自此始也明年冬卒於鎭贈懷遠伯謚忠毅長子俊襲府軍前衞指揮使廣西人思雲不置立祠肖像祀焉初韓觀鎭廣西專殺戮慶遠諸生來迓觀曰此皆賊覘我也悉斬之雲平恕參佐有罪輒上請不妄殺人人亦不敢犯鄭牢嘗逮事觀觀醉輒殺人牢輒留之醒乃以白牢爲士大夫所重然竟以隸終

蕭授華容人由千戶從成祖起兵至都指揮同知永樂十六年擢右軍都督僉事充總兵官鎭湖廣貴州宣德元年鎭遠邛水蠻銀總作亂指揮祝貴往撫被殺授遣都指揮張名破斬之貴州宣慰所轄乖西巴香諸峒寨山箐深險諸蠻錯居攻剽他部傷官軍發民冢而昆阻比諸寨亦恃險不輸賦二年授遣都指揮蘇保會宣慰宋斌攻破昆阻比寨窮追斬僞王以下數百人乖西諸蠻皆震懾歸命水西蠻阿閉妨宜作亂授結旁寨酋以計誅之而西堡蠻阿骨等與寨底豐寧清平平越普安諸苗復相聚爲寇四川筠連諸蠻應之授且捕且撫諸蠻先後聽命承制赦之以豐寧酋稔惡械送京師伏誅七年諭降安隆酋岑俊已討辰州蠻禽其酋八十斬馘無算移兵擊江華苗討富川山賊先後破禽之先是貴州治古答意二長官司苗數出掠授築二十四堡環其地分兵以戍賊不得逞久之其酋吳不爾覘官軍少復掠清浪殺官吏授遣張名擊破之賊走湖廣境結生苗勢復張授乃發黔楚蜀軍分道捕討進軍草子坪誅不爾斬首五百九十餘級賊悉平九年都勻蠻爲亂引廣西賊入掠授遣指揮陳原顧勇分道邀擊獲賊首韋萬良等降下合江蔡郎等五十餘寨英宗即位命佩征蠻副將軍印鎭守如故念授年老以都督僉事吳亮副之正統元年普定蠻阿遲等叛僭稱王四出攻掠授遣顧勇等擣其巢破之而廣西蒙顧十六洞與湖廣逃民相聚蜂起授督兵圍之再戰悉禽斬其酋餘黨就誅捷聞進右都督上言靖州與廣西接壤特苦苗患永樂宣德間嘗儲糧數萬石備軍輿比年儲糧少有警發人徒轉輸賊輒先覺以故不能得賊乞於清浪靖州二衞各增儲五萬石庶緩急可藉報可四年貴州計沙賊苗金蟲苗總牌糾紅江生苗作亂僞立統千侯統萬侯號授督兵抵計沙分遣都指揮鄭通攻三羊洞馬鴨攻黃栢山大破之吳亮窮追至蒲頭紅江斬總牌千戶尹勝誘斬金蟲於是生苗盡降授沉毅多計算稗校皆盡其材而馭軍嚴整自鎭遠侯顧成歿羣蠻所在屯結官軍討之皆無功授在鎭二十餘年規畫多本於成久益明練威信大行寇起輒滅前後諸帥莫及也論功進左都督是年六月召還以老致仕尋起視事右府十年卒贈臨武伯謚靖襄吳亮來安人永樂初爲旗手衞指揮僉事宣德中署湖廣都指揮僉事尋以右副總兵與王瑜督漕運英宗初討新淦賊有功累進都督僉事副授鎭湖廣貴州破普定蠻進都督同知平計沙苗進右都督方政歿於麓川召亮還京命爲副總兵將兵五萬往討至雲南賊益熾坐金齒參將張榮敗不救逮下獄左遷都督僉事仍佩征南副將軍印鎭湖廣貴州討平四川都掌

蠻尋召還視右府事正統十一年卒亮姿貌魁梧性寬簡不喜殺僇所至蠻人懷附好讀書至老手不釋卷

方瑛都督政之子正統初以舍人從父征麓川父戰死瑛發憤矢報父讐初襲指揮使已論政死事功遷都指揮同知六年從王驥征麓川帥兵六千突賊壘賊渠衣黃衣帳中瑛直前左右擊斬數百人躪死者無算遂平其地進都指揮使尋復從驥破貢章沙壩阿嶺諸蠻進都督僉事涖後府事充右參將協守雲南十三年復從驥征麓川破鬼山大寨留鎭雲南景泰元年廷議以瑛有將畧命都督毛福壽代還進都督同知甫抵京而貴州羣苗叛道梗驥請瑛還討其年四月拜右副總兵與保定伯梁珤侍郎侯璡次第破走之進右都督復破賞改諸砦禽僞苗王王阿同等璡卒都御史王來代督軍務分道擊賊香爐山瑛入自龍場大破平之三年秋來劾瑛違法事置不問來召還命瑛鎭守貴州其冬討白石崖賊俘斬一千五百人招降四百六十砦進左都督五年四川草塘苗黃龍韋保作亂自稱平天大王剽播州西坪黃灘瑛與巡撫蔣琳會川兵進剿賊魁皆就縛因分兵克中潮山及三百灘乖西谷種乖立諸砦執僞王谷蟻丁等斬首七千餘詔封南和伯瑛爲將嚴紀律信賞罰臨陳勇敢善撫士士皆樂爲用以故數有功廷臣言宜委以禁旅乃召還同石亨督京營軍務明年琳奏瑛前守貴州邊境寧苗蠻畏服乞遣還帝不許未幾湖廣苗叛拜瑛平蠻將軍率京軍討之而使御史張鵬偵其後還奏瑛所過秋毫不犯帝大喜七年賊渠蒙能攻平溪衞都指揮鄭泰等擊却之能中火槍死瑛遂進沅州連破鬼板等一百六十餘砦與尚書石璞移兵天柱率陳友等分擊天堂諸砦復大破之克砦二百七十禽僞侯伯以下一百二人時英宗已復位捷聞璞召還瑛留鎭貴州湖廣瑛討蒙能餘黨克銅鼓藕洞一百九十五砦覃洞上隆諸苗各斬其渠納欵帝嘉瑛功進侯天順二年東苗干把豬等僭僞號攻都勻諸衞命瑛與巡撫白圭合川湖雲貴軍討之克六百餘砦邊方悉定瑛前後克砦幾二千俘斬四萬餘平苗之功前此無與比者尋卒於鎭年四十五帝震悼賜謚忠襄瑛天姿英邁曉古兵法嘗上練兵法及陳圖老將多稱之爲人廉謙和不伐所至鎭以安靜民思之久而不忘子毅嗣伯爵誘祖母誣從父瑞不孝坐奪爵閒住卒子壽祥嗣正德中歷鎭貴州湖廣傳爵至明亡乃絕陳友其先西域人家全椒正統初官千戶累遷都指揮僉事頻年使瓦剌有勞尋復進都指揮使九年充寧夏游擊將軍與總兵官黃眞擊兀良哈多獲進都督僉事未幾出塞招答哈卜等四百人來歸景帝卽位進都督同知征湖廣貴州苗尋充左參將守備靖州景泰二年偕王來等擊賊香爐山自萬潮山入大破之留鎭湖廣論功進右都督四年春奏斬苗五百餘級五年又奏斬苗三百餘而都指揮戚安等八人戰死兵部疑首功不實指揮蔡昇亦奏友欺妄命總督石璞廉之斬獲僅三四十人陷將士千四百人宜罪詔令殺賊自効天順元年隨瑛征天堂諸苗大獲命充左副總兵仍鎭湖廣已又偕瑛破蒙能餘黨召封武平伯予世券孛來犯邊充游擊將軍從安遠侯柳溥等往禦率都指揮趙瑛等與戰敵敗遁再犯鎭番復擊却之俘百六十人尋佩將軍印充總兵官討寧夏寇先是寇大入甘涼溥及總兵衞穎等不能禦惟友稍獲至是巡撫芮釗列諸將失事狀兵部請免友罪詔並宥溥等召還進侯卒傳子至孫綱弘治中請友贈謚詔贈沔國公謚武僖綱傳子勳及熹嘉靖中吏部以友征苗功多冒濫請停襲帝不從熹子大策復得嗣至明亡乃絕

李震南陽人父謙都督僉事震襲指揮使正統九年從征兀良哈有功進都指揮僉事已從王驥平麓川進同知景帝卽位充貴州右參將擊苗於偏橋敗之景泰二年從王來征韋同烈破鎭兒流源諸砦俘斬千六百人共克香爐山獲同烈進都指揮使守靖州尋坐罪徵還方瑛討苗乞震隨軍詔許立功贖已從瑛大破天堂諸苗仍充左參將瑛平銅鼓諸賊震亦進武岡克牛欄等五十四砦斬獲多進都督僉事天順中復從瑛平貴東苗干把豬瑛卒卽以震充總兵官代鎭貴州湖廣初麻城人李添保以逋賦逃入苗中僞稱唐太宗後衆萬餘僭王建元武烈剽掠遠近震進擊大破之添保遁入貴州鬼池諸苗中復誘羣苗出掠震禽之送京師尋破西堡苗五年春剿城步猺獞攻橫水城溪莫宜中平諸砦皆破之長驅至廣西西延會總兵官過興軍克十八團諸猺前後俘斬數千人其冬命震專鎭湖廣以李安充總兵守貴州明年夏率師由錦田江華抵雲川貴嶺橫江諸砦破猺俘斬二千八百餘人七年冬苗據赤谿湳洞長官司震與安分道進斬賊渠飛天侯等破砦二百遂復長官司進都督同知明年冬廣西猺侵湖南夜入桂陽州大掠震遣兵分道追擊連敗之俘斬千餘人成化改元守備靖州都指揮同知莊榮奏貴州黎平諸府密邇湖廣五開諸衞非大將總領不可乃復命震兼鎭貴州未幾獲賊首苗蟲蝦荆襄賊劉千斤石和尚爲亂震進討賊屢敗乘勝追及於梅溪賊巢官軍不利都指揮以下死者三十八人有詔切責白圭等大軍至震自南漳進兵合擊大破之賊遂平論功進右都督時武岡沅靖銅鼓五開苗復蜂起而貴州亦告警震言貴州終難遙制請專鎭湖廣許之乃還兵由銅鼓天柱分四道進連破賊直抵淸水江因苗爲導深入賊境兩月間破巢八百焚廬舍萬三千斬獲三千三百而廣西猺劫桂陽者亦擊斬三千八百有奇當是時震威名著西南苗獠聞風畏慴呼爲金牌李七年與項忠討平流賊李原招撫流民九十萬人荆襄遂定語具忠傳十一年苗復犯武岡靖州湖湘大擾震與巡撫劉敷等分五道進破六百二十餘砦俘斬八千五百餘人獲賊孳萬計論功封興寧伯時武靖侯趙輔寧晉伯劉聚皆以功封論者多訾議之獨震功最高人無異言參將吳經者與震有隙弟千戶綬爲汪直腹心經屬綬譖之會直方傾項忠詞連震遂逮下獄奪爵降左都督南京閒住未幾直遣校尉緝事言震陰結守備太監覃包私通貨賂帝怒遣直赴南京數包等罪責降包孝陵司香勒震回京直敗震訴復爵尋卒震在湖湘久熟知苗情善用兵一時征苗功方瑛後震爲最然貪功好進事交結竟以是敗

王信字君實南鄭人生半歲父忠征北戰歿母岳氏苦節育之後俱獲旌正統中信襲寬河衞千戶成化初積功至都指揮僉事守備荆襄劉千斤反信以房縣險進據之民兵不滿千人賊衆四千突至圍其城拒四十餘日選死士出城五六里舉礮賊疑援至驚走追敗之已白圭統大軍至以信爲右參將分道抵後巖山賊遂滅論功進都指揮同知賊黨石龍復陷巫山信與諸將共平之而流民仍嘯荆襄南陽間信以爲憂言於朝卽命信兼督南陽軍務賊首李原等果亂信復與項忠討平之擢署都督僉事鎭守臨淸十三年以本官佩平蠻將軍印移鎭湖廣永順保靖二宣慰世相讐殺信諭以禍福兵卽解靖州及武岡蠻久不戢守臣議剿之信親詣犒以牛酒責其無狀衆稽顙服罪十七年疏言湖廣諸蠻雖腹心蠹實無能爲久不靖者由我將士利其竊發以邀功也選精銳愼隄防其患自息荆襄流逋本避徭役濫誅恐傷天和南畝之甿咸無蓄積收穫未竟餱糧已空機杼方停布縷何在乞選公正仁惠守令加意撫綏濫授冗員無慮千百無一矢勞冒崇階之賞乞察勘削奪部指揮劉斌張全智勇力薦於朝且云英雄之士處心剛正安肯俯首求媚若不加意延訪則志士沉淪朝廷安得而用之二十一年巡撫馬馴等言副總兵周賢參將彭倫官皆都督僉事而信反止署職宜量進一秩以重其權兵部言信無軍功帝特擢爲都督同知頃之改總督漕運帥府舊有湖擅爲利信開以泊漕艘勢要壅水一裁以法漕務修舉明年卒信沉毅簡重好觀書被服儒雅歷大鎭不營私產嘗曰儉足以久死後不累子孫所遺多矣故人婚喪傾資助之子繼善從善皆舉進士繼信總漕運者寧津都勝合肥郭鋐勝襲職南京羽林左衞指揮僉事鋐襲彭城衞指揮使成化初勝擢署都指揮僉事而鋐亦以從征荔浦功進都指揮僉事中武舉還同知勝備倭揚州擊敗鹽徒爲亂者尹旻等舉勝將才鋐亦爲張懋所舉乃命勝充參將協同漕運而鋐代之備倭陝西大饑勝奉詔輸米百萬石往振信卒遂遷署都指揮使充總兵官代之鋐代勝爲參將弘治中勝以都督僉事帶俸南京前府時鋐已鎭守廣西副總兵破府江獞賊遂以時望擢總漕運鋐沉毅有將畧而勝無汗馬勳徒以居官廉靜故頻有任使歷任五十七年所處皆膏腴地而自奉簡淡日食止豆腐時因以爲號鋐累進都督同知凡軍民利病多陳於朝嘗濬通州河二十里置壩令淺船搬運歲省白金數萬當孝宗時朝政整肅文武大臣率得人鋐蒞漕十三年不易正德初始召佐後府尋卒

彭倫初職爲湖廣永定衞指揮使累功至都指揮同知成化初從趙輔平大藤峽賊進都指揮使守備貴州淸浪諸處討破茅坪銅鼓叛苗賊掠乾溪倫討之賊還所掠與盟而退倫以賊入時道卬水諸砦不卽邀遏乃下令賊入境能生致者予重賞縱者置諸法由是諸司各約所屬凡生苗軼入卽禽之送帳下者纍纍倫大會所部目把縛俘囚寘高竿集健卒亂射殺之復剖裂肢體烹啖諸壯士罪輕者截耳鼻使去曰以此識再犯不赦矣因令諸砦樹牌爲界羣苗股栗不敢犯明年充右參將仍鎭淸浪益盡心邊計戎事畢舉妖賊石全州潛入絞洞煽動古州苗洪江甘篆諸苗咸應之倫遣兵截禽並搜獲其妻子諸苗將攻鎭遠倫大敗之斬首及墮崖死者無算無何卬水十四砦苗糾洪江生苗爲逆倫分五哨往甫行雨如注倫曰賊不虞我急趨之可得志也競進夾攻縶其魁俘斬餘黨賊盡平靖州苗亂湖廣總兵官李震檄倫會討軍至卬水江諸熟苗驚欲竄倫與

僉事李晃計曰苗寇必助賊乃急撫定之又緣道降天堂小坪諸苗既抵靖州倫將右哨出賊背布營賊走據高山倫軍仰攻之賊敗走遂渡江搗其巢大獲乘勝攻白崖塘崖高萬仞下臨深淵稱絕險倫會左哨同進得徑路夜登賊倉皇潰追斬二千餘級俘獲如之盡夷其砦初臻剖六洞苗侵熟苗田不輸賦又不供驛馬有司莫敢問倫遣人諭之頓首請如制錄功進都督僉事久之御史鄧庠員外郞費瑄劾事貴州總兵官吳經等皆被劾獨薦倫智謀老成弘治初經論罷即以倫代倫用師先計後戰故多功四年以老致仕卒予邺如制

歐磐滁人襲世職指揮成化中擢廣東都指揮僉事屢剿蠻寇有功用總督朱英薦充廣西右參將分守柳州慶遠與左參將馬義討融縣八砦猺克之師旋餘賊復出掠被劾帝絀磐等功但邺死事家猺賊方公強亂兵部劾總鎮中官顧恒並及磐當謫戍督撫奏磐所守乃猺獞出沒地磐募死士夜入賊巢斬其渠胡公返咸震聾蠻論功可贖罪帝乃宥之還故任二十三年鬱林陸川賊黃公定胡公明等亂磐偕按察使陶魯等分五道攻破之進都指揮同知弘治初謝病解職總督秦紘言磐多歷戰陳有才有守乞起用詔還任八年府江永安諸獞亂總督閔珪調兵六萬分四哨往討磐自象州修仁直搗陸峒所向摧破已偕諸軍連破山砦百八十斬首六千有奇進都指揮使還廣西副總兵思恩土官岑濬築石城於丹良莊截江括商利帥府令毀之不聽磐自田州還督兵將毀城濬率衆拒擊敗之卒夷其城都御史鄧廷瓚等以磐功多言於朝進都督僉事十五年命佩平蠻將軍印鎮守湖廣磐爲將廉能得士久鎮南邦蠻人畏服十八年請老又二年卒祭葬如制

張祐字天祐廣州人幼好學能文弘治中襲世職爲廣州右衞指揮使年十九從總督潘蕃征南海寇禓元祖先登有功正德二年擢署都指揮僉事守備德慶瀧水猺獞負險者聞其威信稍稍遁去總督林廷選引爲中軍事無大小咨焉守備惠潮擒盜魁劉文安李通寶穴平之遷廣西右參將分守柳慶總督陳金討府江賊命祐進沈沙口大破之增俸一等擢副總兵鎮守廣西尋進署都督僉事古田諸猺獞亂祐言先年征討率倚兩江土兵賞不酬勞今調多失期乞定議優賚從之督都指揮沈希儀等討臨桂灌陽諸猺斬首五百餘級璽書獎勞又連破古田賊俘斬四千七百進署都督同知已復討平洛容肇慶平樂諸蠻增俸一等蔭子世百戶嘉靖改元母喪哀毀骨立尋以疾乞休還衞初上思州土目黃鏐作亂祐購其黨黃廷寶縛獻之總督張嵿惡祐不白已至劾祐懷奸避難逮繫德慶獄數上書訟寃釋令閒住盧蘇王受亂田州總督姚鏌召至軍中待以賓禮多所裨贊後王守仁代鏌詢撫剿之宜祐曰以夷治夷可不煩兵而下守仁納之蘇受果效順因命祐部分其衆事寧守仁言思田初定宜設一副總兵鎮之請即以命祐報可破封川賊盤古子又剿廣東會寧劇賊邱區長等斬首一千二百勒銘大隆山十一年楊春賊趙林花陷高州總督陶諧檄祐討深入多所斬獲忽中危疾卒軍中爲哀慟祐身長八尺智識絕人馭軍有節制與下同甘苦不營私產性好書每載以自隨軍暇即延儒生講論嘗過烏蠻灘謁馬伏波祠太息曰歿不俎豆其間非夫也題詩而去後田州人立祠橫山祀之

贊曰苗蠻阻險自固易動難服自其性然而草薙禽獮濫殺邀功貪貨賄與事端控馭乖方綏懷無策則鎮將之過也韓觀諸人雖功最焯著而皆以威信震懾蠻荒若山雲王信張祐之廉儉有守士君子何以過故尤足尚云

明史卷一百六十七　列傳第五十五

總裁官總理事務　經筵講官少保兼太子太保保和殿大學士兼管吏部戶部尚書事加六級張廷玉等奉

敕修

曹　鼐張　益　鄺　埜

王　佐丁　鉉等　孫　祥謝　澤

袁　彬哈　銘　袁　敏

曹鼐字萬鍾寧晉人少伉爽有大志事繼母以孝聞宣德初由鄉舉授代州訓導願授別職改太和縣典史七年督工匠至京師疏乞入試復中順天鄉試明年舉進士一甲第一賜宴禮部進士宴禮部自鼐始入翰林爲修撰正統元年充經筵講官宣宗實錄成進侍講錫三品章服五年以楊榮楊士奇薦入直文淵閣參預機務鼐爲人內剛外和通達政體榮既歿士奇常病不視事閣務多決於鼐帝以爲賢進翰林學士十年進吏部左侍郎兼學士十四年七月也先入寇中官王振挾帝親征朝臣交章諫不聽鼐與張益以閣臣扈從未至大同士卒已乏糧宋瑛朱冕全軍沒諸臣請班師振不許趣諸軍進大將朱勇膝行聽命尚書鄺埜王佐跪草中至暮不得請欽天監正彭德清言天象示警若前恐危乘輿振詈曰爾何知若有此亦天命也鼐曰臣子固不足惜主上繫天下安危豈可輕進振終不從前驅敗報踵至始懼欲還定襄侯郭登言於鼐益曰自此趨紫荊裁四十餘里駕宜從紫荊入振欲邀帝至蔚州幸其第不聽復折而東趨居庸八月辛酉次土木地高掘地二丈不及水瓦剌大至據南河明日佯却且遣使通和帝召鼐草詔答之振遽令移營就水行亂寇騎蹂陣入帝突圍不得出擁以去鼐益等俱及於難景帝立贈鼐少傅吏部尚書文淵閣大學士諡文襄官其子恩大理評事英宗復位加贈太傅改諡文忠復官其孫榮錦衣百戶鼐弟鼎進士歷吏科都給事中張益字士謙江寧人永樂十三年進士由庶吉士授中書舍人改大理評事與修宣宗實錄成改修撰博學強記詩文操筆立就三楊雅重之尋進侍讀學士正統十四年入文淵閣未三月遘蒙難以歿景帝立贈學士諡文僖曾孫琮進士嘉靖初歷官南京右都御史

鄺埜字孟質宜章人永樂九年進士授監察御史成祖在北京或奏南京鈔法爲豪民沮壞帝遣埜廉視衆謂將起大獄埜執一二市豪歸奏曰市人聞令震懼鈔法通矣事遂已倭犯遼東戍守失律者百餘人皆應死命埜按問具言可矜狀帝爲宥之營造北京執役者鉅萬命埜稽省病者多不死十六年有言秦民羣聚謀不軌者擢埜陝西按察副使敕以便宜調兵勦捕埜白其誣詔誅妄言者宣德四年振關中饑在陝久刑政清簡父憂服除擢應天府尹鋤苛急政市征田稅皆酌其平正統元年進兵部右侍郎明年尚書王驥出督軍埜獨任部事時邊陲多警將帥乏人埜請令中外博舉謀畧材武士以備任使六年山東災埜請寬民間孳牧馬賠償之令以甦其力十年進尚書舊例諸衞自百戶以下當代者必就試京師道遠無賚者終身不得代埜請就令各都司試之人以爲便瓦剌也先勢盛埜請爲備又與廷臣議上方畧請增大同兵擇智謀大臣巡視西北邊務尋又請罷京營兵修城之役令休息以備緩急時不能用也先入寇王振主親征不與外廷議可否詔下埜上疏言也先入犯一邊將足制之陛下爲宗廟社稷主奈何不自重不聽既扈駕出關力請回鑾振怒令與戶部尚書王佐皆隨大營埜墜馬幾殆或勸留懷來城就醫埜曰至尊在行敢託疾自便乎車駕次宣府朱勇敗沒埜請疾驅入關嚴兵爲殿不報又詣行在申請振怒曰腐儒安知兵事再言者死埜曰我爲社稷生靈言何懼振叱左右扶出埜與佐對泣帳中明日師覆埜死年六十五埜爲人勤廉端謹性至孝父子輔爲句容教官教埜甚嚴埜在陝久思一見父乃謀聘父爲鄉試考官父怒曰子居憲司而父爲考官何以防閑馳書責之埜又嘗寄父褐復貽書責曰汝掌刑名當洗寃釋滯以無忝任使何從得此褐乃以汚我封還之埜奉書跪誦泣受教景泰初贈埜少保官其子儀爲主事成化初諡忠肅

王佐海豐人永樂中舉於鄉卒業太學以學行聞擢吏科給事中器宇凝重奏對詳雅爲宣宗所簡注宣德二年超拜戶部右侍郎以太倉臨清德州淮徐諸倉多積弊敕佐巡視平江伯陳瑄言漕卒十二萬人歲漕艱苦乞僉南方民如軍數更番轉運詔佐就瑄及黃福議之佐還奏東南民力已困議遂寢受命治通州至直沽河道已赴宣府議屯田事宜英宗初立出鎮河南奏言軍衞收納稅糧奸弊百出請變其制廷議自邊衞外皆改隸有司尋召還命督理甘肅軍餉正統元年理長蘆鹽課三年提督京師及通州倉場所至事無不辦六年尚書劉中敷得罪召理部事尋進尚書十一年承詔訊安鄉伯張安兄弟爭祿事坐與法司相諉被劾下吏獲釋時軍旅四出耗費動以鉅萬府庫空虛佐從容調劑節縮有方在戶部久不爲赫赫名而寬厚有度政務糾紛未嘗廢學人稱其君子土木之變與鄺埜丁鉉王永和鄧棨同死難贈少保官其子道戶部主事成化初諡忠簡丁鉉字用濟豐城人永樂中進士授太常博士歷工刑吏三部員外郎進刑部郎中正統三年超拜刑部侍郎九年出理四川茶課奏減其常數以佚豐歲振饑江淮及山東河南民咸賴之平居恂恂若無能臨事悉治辦從征歿贈刑部尚書官其子琥大理評事後諡襄愍王永和字以正崑山人少至孝父病伏枕十八年侍湯藥無少懈永樂中舉於鄉歷嚴州饒州訓導以蹇義薦爲兵科給事中嘗劾都督王彧鎮薊州縱寇及錦衣馬順不法事持節册韓世子妃糺中官蹇傲罪以勁直聞正統六年進都給事中八年擢工部右侍郎從征歿贈工部尚書官其子汝賢大理評事後諡襄敏鄧棨字孟擴南城人永樂末年進士授監察御史奉敕巡按蘇松諸府期滿將代去父老赴闕乞留得請旋以憂去宣德十年陝西闕按察使詔廷臣舉清慎有威望者楊士奇薦棨遂以命之正統十年入爲右副都御史北征扈從師出居庸關疏請回鑾以兵事專屬大將至宣府大同復再上章皆不報及遇變同行者語曰吾輩可自脫去

榮曰鑾輿失所我尙何歸主辱臣死分也遂死贈右都御史官其子璿大理評事後謚襄敏英宗之出也備文武百官以行六師覆於土木將相大臣及從官死者不可勝數英國公張輔及諸侯伯自有傳其餘姓氏可考者卿寺則龔全安黃養正戴慶祖王一居劉容凌壽給事御史則包良佐姚銑鮑輝張洪黃裳魏貞夏誠申祐尹竑童存德孫慶林祥鳳庶寮則齊汪馮學明王健程思溫程式逯端俞鑑張瑭鄭瑄俞拱潘澄錢昺馬預尹昌羅如墉劉信李恭石玉景帝立旣贈卹諸大臣自給事御史以下皆降敕褒美錄其子爲國子生一時卹典槩備云龔全安蘭谿人進士授工科給事中累遷左通政歿贈通政使黃養正名蒙以字行瑞安人以善書授中書舍人累官太常少卿歿贈太常卿戴慶祖溧陽人王一居上元人俱樂舞生累官太常少卿歿俱贈太常卿包良佐字克忠慈谿人進士授吏科給事中鮑輝字淑大浙江平陽人進士授工科給事中數有建白張洪安福人黃裳字元吉曲江人俱進士授御史裳嘗言寧紹台三府疫死三萬人死者宜蠲租存者宜振恤巡視兩浙鹽政請卹水災報可魏貞懷遠人進士官御史申祐字天錫貴州婺川人父爲虎齧祐持梃奮擊之得免舉於鄉入國學師諸生救祭酒李時勉旋登進士拜四川道御史以謇諤聞尹竑字太和巴人童存德字居敬蘭谿人俱進士官御史林祥鳳字鳴皋莆田人由鄉舉授訓導擢御史齊汪字源澄天台人以進士歷兵部車駕司郎中程思溫婺源人程式常熟人逯端仁和人俱進士官員外郎俞鑑字元吉桐廬人以進士授兵部職方司主事駕北征郎中胡寧當從以病求代鑑慷慨許諾或曰家遠子幼奈何鑑曰爲國臣子敢計身家尚書鄺埜知其賢數與計事鑑曰惟力勸班師耳時不能用張瑭字廷玉慈谿人進士授刑部主事尹昌吉水人進士官行人司正羅如墉字本崇廬陵人進士授行人從北征瀕行訣妻子誓以死報國屬翰林劉儼銘其墓儼驚拒之如墉笑曰行當驗耳後數日果死劉容太僕少卿凌壽尚寶少卿夏誠孫慶皆御史馮學明郎中王健員外郎俞拱潘澄錢昺皆中書舍人馬預大理寺副劉信夏官正李恭石玉序班里居悉無考

孫祥大同人正統十年進士授兵科給事中擢右副都御史守備紫荊關也先逼關都指揮韓青戰死祥堅守四日也先由間道入夾攻之關破祥督兵巷戰兵潰被殺言官誤劾祥棄城遁寇退有司修關得其屍戰地焚而瘞之不以聞祥弟祺詣闕言冤詔卹其家成化改元錄其子紳爲大理寺右評事又謝澤者上虞人永樂十六年進士由南京刑部主事出爲廣西參政正統末擢通政使守備白羊口王師敗於土木守邊者無固志澤與其子儼訣而行受事未數日也先兵大入守將呂鐸遁澤督兵扼山口大風揚沙不辨人馬或請移他關避敵澤不可寇至衆潰澤按劍厲聲叱賊遂被殺事聞遣官葬祭錄儼爲大理評事

袁彬字文質江西新昌人正統末以錦衣校尉扈帝北征土木之變也先擁帝北去從官悉奔散獨彬隨侍不離左右也先之犯大同宣府逼京師皆奉帝以行上下山坂涉溪澗冒危險彬擁護不少懈帝駐蹕土城欲奉書皇太后貽景帝及諭羣臣以彬知書令代草帝旣入沙漠所居止氈帳敝幃旁列一車一馬以備轉徙而已彬周旋患難未嘗違忤夜則與帝同寢天寒甚恒以脅溫帝足有哈銘者蒙古人幼從其父爲通事至是亦侍帝帝宣諭也先及其部下嘗使銘也先輩有所陳請亦銘爲轉達帝獨居氈廬南望悒鬱二人時進諧語慰帝帝亦爲解顏中官喜寧爲也先腹心也先嘗謂帝曰中朝若遣使來皇帝歸矣帝曰汝自送我則可欲中朝遣使徒費往返爾寧聞怒曰欲急歸者彬也必殺之寧勸也先西犯寧夏掠其馬直趨江表居帝南京彬銘謂帝曰天寒道遠陛下又不能騎空取凍飢且至彼而諸將不納奈何帝止寧計寧又欲殺二人皆帝力解而止也先將獻妹於帝彬請駕旋而後聘帝竟辭之也先惡彬銘二人欲殺者屢矣一日縛彬至曠埜將支解之帝聞如失左右手急趨救乃免彬嘗中寒帝憂甚以身壓其背汗浹而愈帝居漠北期年視彬猶骨肉也及帝還京景帝僅授彬錦衣試百戶天順復辟擢指揮僉事尋進同知帝眷彬甚奏請無不從內閣商輅旣罷彬乞得其居第旣又以湫隘乞官爲別建帝亦報從彬娶妻命外戚孫顯宗主之賜予優渥時召入曲宴敘患難時事歡洽如故時其年十二月進指揮使與都指揮僉事王喜同掌衛事二人嘗受中官夏時囑私遣百戶季福偵事江西福者帝乳媼夫也詔問誰所遣二人請罪帝曰此必有主使者遂下福吏得二人受囑狀所司請治時及二人罪帝宥時二人贖徒還職而詔自今受囑遣官者必殺無赦已而坐失囚喜解職彬遂掌衛事五年秋以平曹欽功進都指揮僉事時門達恃帝寵勢傾朝野廷臣多下之彬獨不爲屈達誣以罪請逮治帝欲法行語之曰任汝往治但以活袁彬還我達遂鍛鍊成獄賴漆工楊塤訟冤獄得解然猶調南京錦衣衛帶俸閑住語詳達傳越二月英宗崩達得罪貶官都勻召彬復原職仍掌衛事未幾達徵下獄充軍南丹彬餞之於郊餽以贐成化初進都指揮同知久之進都指揮使先是掌錦衣衛者率張權勢罔財賄彬任職久行事安靜十三年擢都督僉事涖前軍都督府卒於官世襲錦衣僉事哈銘從帝還賜姓名楊銘歷官錦衣指揮使數奉使外蕃爲通事孝宗嗣位汰傳奉官銘以塞外侍衛功獨如故以壽卒於官袁敏者金齒衛知事也英宗北征應募從至大同及駕還駐萬全左衛敏見敵騎逼請留精兵三四萬人扼其衝而車駕疾驅入關王振不納六師遂覆敏跳還上書景帝曰上皇曩居九重所服者袞繡所食者珍羞所居者瓊宮瑤室今駕陷沙漠服有袞繡乎食有珍羞乎居有宮室乎臣聞之主辱臣死上皇辱至此臣子何以爲心臣不惜碎首刳心乞遣官一人或就令臣齎書及服御物問安塞外以盡臣子之義臣雖萬死心實甘之命禮部議竟報寢

贊曰異哉土木之敗也寇非深入之師國非積弱之勢徒以宦豎竊柄狎寇弄兵逆衆心而驅之死地遂致六師撓敗乘輿播遷大臣百官身膏草野夫始之不能制其不出出不能使之早旋枕藉疆場無益於敗然値倉皇奔潰之時主辱臣死志異偷生亦可無譏於傷勇矣

明史卷一百六十八　列傳第五十六

總裁官總理事務經筵講官少保兼太子太保保和殿大學士兼管吏部戶部尚書事加六級張廷玉等奉

敕修

陳循 蕭鎡　王文

江淵　許彬

陳文　萬安 彭華

劉珝 子鈗　劉吉

尹直

陳循字德遵泰和人永樂十三年進士第一授翰林修撰習朝廷典故帝幸北京命取秘閣書詣行在遂留侍焉洪熙元年進侍講宣德初受命直南宮日承顧問賜第玉河橋西巡幸未嘗不從進侍講學士正統元年兼經筵官久之進翰林院學士九年入文淵閣典機務初廷議天下吏民建言章奏皆三楊主之至是榮士奇已卒循及曹鼐馬愉在內閣禮部援故事請帝以楊溥老宜優閒令循等預議明年進戶部右侍郎兼學士土木之變人心洶懼循居中所言多採納進戶部尚書兼職如故也先犯京師請敕各邊精騎入衛馳檄回番以疑敵帝皆從其計景泰二年以葬妻與鄉人爭墓地爲前後巡按御史所不直循輒訐奏給事中林聰等極論循罪帝是聰言而置循不問循本以才望顯及是素譽隳焉二年十二月進少保兼文淵閣大學士帝欲易太子內畏諸閣臣先期賜循及高穀白金百兩江淵王一寧蕭鎡半之比下詔議循等遂不敢諍加兼太子太傅尋以太子令旨賜百官銀帛踰月帝復賜循等六人黃金五十兩進華蓋殿大學士兼文淵閣如故循子英及王文子倫應順天鄉試被黜相與搆考官劉儼黃諫爲給事中張寧等所劾帝亦不罪英宗復位于謙王文死杖循百戍鐵嶺衛循在宣德時御史張楷獻詩忤旨循曰彼亦忠愛也遂得釋御史陳祚上疏觸帝怒循婉爲解得不死景帝朝嘗集古帝王行事名勤政要典上之河南江北大雪麥苗死請發帑市麥種給貧民因事進言多足採者然久居政地刻躁爲士論所薄其嚴譴則石亨輩爲之非帝意也亨等旣敗循自貶所上書自訟言天位陛下所固有當天與人歸之時羣臣備法駕大樂恭詣南內奏請臨朝非特宮禁不驚抑亦可示天下萬世而亨等儌倖一時計不出此卒皆自取禍敗臣服事累葉曾著微勞實爲所擠惟陛下憐察詔釋爲民一年卒成化中于謙事雪循子引例請卹乃復官賜祭同邑蕭鎡字孟勤宣德二年進士需次於家八年帝命楊溥合選三科進士拔二十八人爲庶吉士鎡爲首英宗即位授編修正統三年進侍讀久之代李時勉爲國子監祭酒景泰元年以老疾辭旣得允監丞鮑相率六館生連章乞留帝可其奏明年以本官兼翰林學士與侍郎王一寧並入直文淵閣又明年進戶部右侍郎兼官如故易儲議起鎡曰無易樹子霸者所禁矧天朝乎不聽加太子少師寰宇通志成進戶部尚書帝不豫諸臣議復憲宗東宮李賢私問鎡鎡曰旣退不可再也英宗復位遂削籍天順八年卒成化中復官賜祭鎡學問該博文章爾雅然性猜忌遇事多退避云

王文字千之，初名強，東鹿人。永樂十九年進士，授監察御史，持廉奉法，爲都御史顧佐所稱。宣德末，奉命治彰德妖賊張普祥獄，還奏稱旨，賜今名。英宗卽位，遷陝西按察使。遭父憂，命奔喪，起視事。正統三年正月擢右副都御史，巡撫寧夏。五年召爲大理寺卿。明年與刑部侍郎何文淵錄在京刑獄，尋遷右都御史。九年出視延綏、寧夏邊務，劾治定邊營失律都督僉事王禎、都督同知黃眞等罪，邊徼爲肅。明年代陳鎰鎮守陝西。平涼、臨洮、鞏昌饑，奏免其租。尋進左都御史。在陝五年，鎮靜不擾。景泰改元，召掌院事。文爲人深刻有城府，面目嚴冷，與陳鎰同官，一揖外未嘗接談，諸御史畏之若神。廷臣無敢干以私者，然中實柔媚。初按大理少卿薛瑄獄，希王振指，欲坐瑄死。至是治中官金英縱家奴不法事，但抵奴罪。給事中林聰等劾文、鎰畏勢長奸，下詔獄，二人俱伏，乃宥之。二年六月，學士江淵上言法司斷獄多枉，文及刑部尚書俞士悅求罷，且言淵嘗私以事不聽故見誣，帝兩置之。三年春加太子太保。時陳鎰鎮陝西將還，文當代，諸御史交章留之，乃改命侍郎耿九疇。南京地震，江淮北大水，命巡視，偕南九卿議上軍民便宜九事。又言徐、淮間饑甚，而南京儲蓄有餘，請盡發徐、淮倉粟振貸，而以應輸南京者輸徐、淮補其缺。皆報可。是時陳循最任，好剛自用，高穀與循不相能，以文彊悍，思引與共政以敵之，乃疏請增閣員。循舉其鄉人蕭維禎，穀遂舉文，而文得中官王誠助，於是詔用文。尋自江淮還朝，改吏部尚書兼翰林院學士，直文淵閣。二品大臣入閣自文始。尋遭母喪，奪哀如前。文雖爲穀所引，而穀遲重，循性明決，文反與循合而不附穀。其後以子倫故，欲傾考官，又用穀言而罷，由是兩人卒不相得。五年三月，江淮大水，復命巡視。先是，蘇、松、常、鎮四府糧四石折白銀一兩，民以爲便。後戶部復徵米，令輸徐、淮，凡一百十餘萬石，率三石而致一石，有破家者。文用便宜停之。又發廩振饑民三百六十餘萬。時年饑多盜，文捕長洲盜許道師等二百人，欲張其功，坐以謀逆。大理卿薛瑄辨其誣。給事中王鎭乞會廷臣勘實，得爲盜者十六人，置之法，而餘得釋還。進少保兼東閣大學士，再進謹身殿大學士，仍兼東閣。初，英宗之還也，廷臣議奉迎禮，文時爲都御史，厲聲曰：「公等謂上皇果還耶？也先不索土地金帛而遽送駕來耶？」衆素畏文，皆愕然，不決而罷。及易儲議起，文率先承命。景帝不豫，羣臣欲乞還沂王東宮，文曰：「安知上意誰屬？」乃疏請早選元良。以是中外諠傳文與中官王誠等謀召取襄世子。英宗復位，卽日與于謙執於班內。言官劾文與謙等謀立外藩，命鞫於廷。文力辯曰：「召親王須用金牌信符，遣人必有馬牌，內府兵部可驗也。」辭氣激壯。逮車駕主事沈敬按問，無迹，廷臣遂坐謙、文召敬謀未定，與謙同斬於市，諸子悉戍邊。敬亦坐知謀反故縱，減死戍鐵嶺。文之死，人皆知其誣，以素刻忮，且迎駕、復儲之議不愜輿論，故冤死而民不思。成化初，赦其子還，尋復官，贈太保，諡毅愍。倫改名宗彝，成化初進士，歷戶部郎中，出理遼東餉。中官汪直東征，言宗彝督餉勞，擢太僕少卿。弘治中，累官南京禮部尚書。卒，諡安簡。

江淵，字世用，江津人。宣德五年庶吉士，授編修。正統十二年，詔與杜寧、裴綸、劉儼、商輅、陳文、楊鼎、呂原、劉俊、王玉共十人肄業東閣，曹鼐等爲之師。郕王監國，徐有貞倡議南遷，太監金英叱出之，踉蹌過左掖門。淵適入，迎問之，有貞曰：「以吾議南遷不合也。」於是淵入，極陳固守之策，遂見知於王。由侍講超擢刑部右侍郎。也先薄京師，命淵參都督孫鏜軍事。景泰元年出視紫荆、倒馬、白羊諸關隘，與都指揮同知翁信督修雁門關。其秋，遂以本官兼翰林學士，入閣預機務。尋改戶部侍郎，兼職如故。明年六月以天變條上三事：一，厚結朵顏、赤斤諸衞爲東西藩籬；一，免京軍餘丁以養生業；一，禁訐告王振餘黨以免枉濫。詔悉從之。又明年二月改吏部，仍兼學士。是春，京師久雨雪，淵上言：「漢劉向曰：『凡雨，陰也；雪又雨之陰也。』仲春少陽用事，而寒氣脅之，占法謂人君刑法暴濫之象。陛下恩威溥洽，未嘗不赦過宥罪，竊恐有司奉行無狀，冤抑或有未伸。且向者下明詔免景泰二年田租之三，今復移檄追徵，則是朝廷自失大信於民，怨氣鬱結，良由此也。」帝乃令法司申冤濫，詰戶部違詔，下尚書金濂於獄，卒免稅如詔。東宮既易，加太子少師。四川巡撫僉都御史李匡不職，以淵言罷之。母憂起復。初，侍講學士倪謙遭喪，淵薦謙爲講官，謙遂奪哀。至是，御史周文言淵引謙正自爲今日地。帝以事既處分，不問，而令自今羣臣遭喪無濫保。五年春，山東、河南、江北饑，命同平江侯陳豫往撫。淵前後條上軍民便宜十數事，并請築淮安月城以護常盈倉，廣徐州東城以護廣運倉，悉議行。時江北洊饑，淮安糧運在塗者，淵悉追還備振。漕卒乘機侵耗，事聞，遣御史按實，淵被劾當劖籍。廷臣以淵守便宜，不當罪，帝宥之。閣臣既不相協，而陳循、王文尤刻私。淵好議論，每爲同官所抑，意忽忽不樂。會兵部尚書于謙以病在告，詔推一人協理部事，淵心欲得之。循等佯推淵，而密令商輅草奏，示以「石兵江工」四字，淵在旁不知也。比詔下，調工部尚書石璞於兵部，而以淵代璞。淵大失望。英宗復位，與陳循等俱謫戍遼東，未幾卒。初，黃玹之奏易儲也，或疑淵主之。邱濬曰：「此易辨也，廣西紙與京師紙異。」索奏視之，果廣西紙，其誣乃白。成化初，復官。

許彬，字道中，寧陽人。永樂十三年進士，改庶吉士，授檢討。正統末，累遷太常少卿兼翰林待詔，提督四夷館。上皇將還，遣彬至宣府奉迎。上皇命書罪己詔及諭羣臣敕，遣祭土木陣亡官軍，以此受知上皇。還，擢本寺卿。石亨等謀復上皇，以其謀告彬，彬進徐有貞，語具有貞傳。英宗復位，進禮部左侍郎兼翰林院學士，入直文淵閣。未幾，爲石亨所忌，出爲南京禮部右侍郎。甫行，貶陝西參政，至則乞休去。憲宗立，命以侍郎致仕，尋卒。彬性坦率，好交游，不能擇人，一時浮蕩士多出其門。晚參大政，方欲杜門謝客，而客惡其變態，競相騰謗，竟不安其位。

陳文，字安簡，廬陵人。鄉試第一。正統元年進士及第，授編修。十二年命進學東閣。秩滿，遷侍講。景泰二年，閣臣高穀薦文才，遂擢雲南右布政使。貴州比歲用兵，資餉雲南，民困轉輸，文令商賈代輸，而民倍償其費，皆稱便。稅課額鈔七十餘萬，吏俸所取給，典者侵蝕，吏或累歲不得俸，文悉按治，課日美溢。雲南產銀，民間用銀貿易，視內地三倍。隸在官者免役，納銀亦三之，納者不爲病。文曰：「雖如是，得無傷廉乎？」損之，復令減隸額三之一。名譽日起。遷廣東左布政使，母憂未赴。英宗既復位，一日謂左右曰：「向侍朕編修晳而長者安在？」左右以文對，卽召爲詹事。乞終制，不允。入侍東宮講讀。學士呂原卒，帝問李賢誰可代者，曰：「柯潛可。」出告王翺，翺曰：「陳文以次當及，奈何抑之？」明日，賢入見，如翺言。七年二月進禮部右侍郎兼學士，入內閣。文既入，數撓賢以自異，曰：「吾非若所薦也。」侍讀學士錢溥與文比舍居，交甚歡。溥嘗授內侍書，其徒多貴幸，來謁，必邀文共飲。英宗大漸，東宮內侍王綸私詣溥計事，不召文，文密覘之。綸言：「帝不豫，東宮納妃如何？」溥謂當奉遺詔行事。已而英宗崩，賢當草詔，文起奪其筆曰：「無庸，已有草者。」因言綸、溥定計，欲逐賢，以溥代之，而以兵部侍郎韓雍代尚書馬昂。賢怒，發其事。是時憲宗初立，綸自謂當得司禮，氣張甚。英宗大殮，綸衰服襲貂，帝見而惡之。太監牛玉恐其軋己，因數綸罪逐之去。溥謫知順德縣，雍浙江參政。詞所連順天府尹王福、通政參議趙昂、南寧伯毛榮、都督馬良、馮宗、劉聚、錦衣都指揮僉事門達等，皆坐謫。雍亦文素所不悅者也。改吏部左侍郎，同知經筵事。成化元年進禮部尚書。羅倫論賢奪情，文內媿，陰助賢逐倫，益爲時論所鄙。三年春，帝命戶部尚書馬昂、副都御史林聰及給事中潘禮、陳越清理京營，文奏必得內臣共事始可劃除宿弊，因薦太監懷恩，帝從之。英宗實錄成，加太子少保兼文淵閣大學士。四年卒，贈少傅，諡莊靖。文素以才自許，在外頗著績效，士大夫多冀其進用。及居宮端，行事鄙猥。既參大政，無所建明，朝退則引賓客故人置酒爲曲宴，專務請屬。性卞急，遇睚眦怨必報。及賢卒，文益恣意行。名節大喪。歿後，禮部主事陸淵之、御史謝文祥皆疏論文不當得美諡，帝以事已施行，不許。

萬安，字循吉，眉州人。長身魁顏，眉目如刻畫，外寬而深中。正統十三年進士，改庶吉士，授編修。成化初，屢遷禮部左侍郎。五年命兼翰林學士，入內閣參機務。同年生詹事李泰，中官永昌養子也，齒少於安，安兄事之，得其驩。自爲同官，每當遷，必推安出己上。至是議簡閣臣，泰復推安曰：「子先之，我不患不至。」故安得入閣，而泰忽暴病死。安無學術，既柄用，惟日事請託，結諸閹爲內援。時萬貴妃寵冠後宮，安因內侍致殷勤，自稱子姪行。妃嘗自媿無門閥，聞則大喜。妃弟錦衣指揮通，遂以族屬數過安家。其妻王氏有母至自博興，王謂母曰：「嚮家貧時，以妹爲人婢，今安在？」母曰：「第憶爲四川萬編修者。」通心疑是安，訪之，則安小婦。由是兩家婦日往來，通妻著籍禁內，恣出入，安得備知宮中動靜，益自固。侍郎邢讓、祭酒陳鑑與安同年，不相能，安搆獄除兩人名。七年冬，彗見天田，犯太微，廷臣多言君臣否隔，宜時召大臣議政。大學士彭時、商輅力請，司禮中官乃約以御殿日召對，且曰：「初見，情未洽，勿多言，姑俟他日。」將入，復約如初。比見，時言天變可畏，帝曰：「已知，卿等宜盡心。」時又言：「昨御史有疏請減京官俸薪，武臣不免觖望，乞如舊便。」帝可之。安遂頓首呼萬歲，欲出，時、輅不得已，皆叩頭退。中官戲朝士曰：「若輩嘗言不召見，及見，止知呼萬歲耳。」一時傳笑，謂之「萬歲閣老」。帝自是不復召見大臣矣。其後尹直入閣，欲請見帝計事，安止之曰：「往彭公請召對，一語不合，輒叩頭呼萬歲，以此貽笑。今吾輩每事盡言，太監擇而聞之，上無不允者，勝面對多矣。」其容悅不識大體，且善歸過於人如此。九年進禮部尚書，久之，改戶部。十三年加太子少保，俄改文淵閣大學士。孝宗出閣，進吏部尚書謹身殿大學士尋加太子太保時彭時已歿商輅以忤汪直去在內閣者劉珝劉吉而安爲首輔與南人相黨附珝與尚書尹旻王越又以北人爲黨互相傾軋然珝疏淺而安深鷙故珝卒不能勝安十八年汪直寵衰言官請罷西廠帝不許安具疏再言之報可中外頗以是稱安文華大訓成進太子太傅華蓋殿大學士復進少傅太子太師再進少師當是時朝多秕政四方災傷日告帝崇信道教封金闕玉闕眞君爲上帝遣安祭於靈濟宮而李孜省鄧常恩方進用安因彭華潛與結藉以排異己於是珝及王恕馬文升秦紘耿裕諸大臣相繼被逐而華遂由詹事遷吏部侍郎入內閣朝臣無敢與安牴牾者華安福人大學士時之族弟舉景泰五年會試第一深刻多計數善陰伺人短與安孜省比嘗嗾蕭彥莊攻李秉又逐尹旻羅璟人皆惡而畏之踰年得風疾去孝宗嗣位安草登極詔書禁言官假風聞挾私中外譁然御史楊熏詰閣安從容言曰此裏面意也衆即以其語奏聞謂安抑塞言路歸過於君無人臣禮於是庶吉士鄒智御史文貴姜洪等交章列其罪狀先是歙人倪進賢者粗知書無行諂事安日與講房中術安暱之因令就試得進士授爲庶吉士除御史帝一日於宮中得疏一小篋則皆論房中術者末署曰臣安進帝命太監懷恩持至閣曰此大臣所爲耶安媿汗伏地不能出聲及諸臣彈章入復令恩就安讀之安數跪起求哀無去意恩直前摘其牙牌曰可出矣始惶遽索馬歸第乞休去時年已七十餘尚於道上望三台星冀復用居一年卒贈太師謚文康初孝穆皇太后之薨內庭籍籍指萬貴妃孝宗立魚臺縣丞徐頊上書發其事廷臣議逮鞫萬氏戚屬曾出入宮掖者安驚懼不知所爲曰我久不與萬氏往來矣而劉吉先與萬氏姻亦自危其黨尹直尚在閣共擬旨寢之孝宗仁厚亦置不問安吉得無事安在政府二十年每遇試必令其門生爲考官子孫甥壻多登第者子翼南京禮部侍郎孫弘璧翰林編修安死無幾翼弘璧相繼死安竟無後

劉珝字叔温壽光人正統十三年進士改庶吉士授編修天順中歷右中允侍講東宮憲宗即位以舊宮僚屢遷太常卿兼侍讀學士直經筵日講成化十年進吏部左侍郎充講官如故珝每進講反覆開導詞氣侃侃聞者爲竦學士劉定之稱爲講官第一憲宗亦愛重之明年詔以本官兼翰林學士入閣預機務帝每呼東劉先生賜印章一文曰嘉猷贊翊尋進吏部尚書再加太子少保文淵閣大學士文華大訓成加太子太保進謹身殿大學士珝性疎直自以宮寮舊臣遇事無所回護員外郎林俊以劾梁芳繼曉下獄珝於帝前解之李孜省輩左道亂政欲動搖東宮珝密疏諫謀少阻素薄萬安嘗斥安負國無恥安積忿日夜思中珝初商輅之劾汪直也珝與萬安劉吉助之爭得罷西廠他日珝又折王越於朝越慚而退已而西廠復設珝不能有所諍至十八年安見直寵衰揣知西廠當罷邀珝同奏珝辭不與安遂獨奏疏上帝頗訝無珝名安陰使人訐珝與直有連會珝子鎡邀妓狎飲里人趙賓戲爲劉公子曲或增飾穢語雜教坊院本奏之帝大怒決意去珝遣中官覃昌召安吉赴西角門出帝手封書一函示之安等佯驚救次日珝具疏乞休令馳驛賜月廩歲隸白金楮幣甚厚其實排珝使去者安吉兩人謀也時內閣三人安貪狡吉陰刻珝稍優顧喜譚論人目爲狂躁珝既倉卒引退而彭華尹直相繼入內閣安吉之黨乃益固珝初遭母憂廬墓三年比歸侍父盡孝父歿復廬於墓弘治三年卒謚文和嘉靖初以言官請賜祠額曰昭賢仍遣官祭之子鈗字汝中八歲時憲宗召見愛其聰敏且拜起如禮即命爲中書舍人宮殿門闕高同官楊一清常提之出入帝慮牙牌易損命易以銀歷官五十餘年嘉靖中至太常卿兼五經博士仍供事內閣誥敕房博學有行誼與長洲劉棨並淹貫故實時稱二劉

劉吉字祐之博野人正統十三年進士改庶吉士授編修充經筵官寰宇通志成進修撰天順四年侍講讀於東宮以憂歸憲宗即位召纂英宗實錄至京上疏乞終制不允進侍讀實錄成遷侍讀學士直經筵累遷禮部左侍郎成化十一年與劉珝同受命兼翰林學士入閣預機務尋進禮部尚書孝宗出閣加太子少保兼文淵閣大學士十八年遭父喪詔起復吉三疏懇辭而陰屬貴戚萬喜爲之地得不允文華大訓成加太子太保進武英殿大學士久之進戶部尚書謹身殿大學士尋加少保兼太子太傅孝宗即位庶吉士鄒智御史姜洪力詆萬安尹直及吉皆小人當斥吉深銜之安直皆去吉獨留委寄愈專慮言者攻不已乃建議超遷科道官處以不次之位詔起廢滯給事中賀欽御史强珍輩十人已次第擬擢吉復上疏薦之部曹預薦者惟林俊一人冀以此籠絡言路而言者猶未息庶子張昇御史曹璘歐陽旦南京給事中方向御史陳嵩等相繼劾吉吉憤甚中昇逐之數與大獄智向因繫遠貶洪亦謫官復與中官蔣琮比逐南御史姜綰等臺署爲空中外側目言者亦少衰初吉與萬安劉珝在成化時帝失德無所規正時有紙糊三閣老泥塑六尚書之謠至是見孝宗仁明同列徐溥劉健皆正人而吉於閣臣居首兩人有論建吉亦署名復時時爲正論竊美名以自蓋弘治二年二月旱帝令儒臣撰文禱雨吉等言邇者奸徒襲李孜省鄧常恩故術見月宿在畢天將陰雨遂奏請祈禱覬一驗以希進用倖門一開爭言祈禱要寵召禍實基於此祝文不敢奉詔帝意悟遂已之五月以災異請帝修德防微慎終如始八月又以災異陳七事代王獻海青吉等言登極詔書已却四方貢獻乞勿受明年三月偕同列上言陛下聖質清羸與先帝不同凡宴樂游觀一切嗜好之事宜悉減省左右近臣有請如先帝故事者當以太祖太宗典故斥退之祖宗令節宴游皆有時陛下法祖宗可也土魯番使者貢獅子還帝令內閣草敕遣中官送之吉等言不宜優寵太過使番戎輕中國事遂寢既又言獅子諸獸日飼二羊歲當用七百二十又守視校尉日五十人皆縻費宜絕諸獸食聽自斃帝不能用十二月星變又言邇者妖星出天津歷杵臼迫營室其占爲兵爲饑爲水旱今兩畿河南山西陝西旱蝗四川湖廣歲不登倘明年復然恐盜賊竊發禍亂將作願陛下節用度罷宴游屏讒言斥異教留懷經史講求治道沙河修橋江西造瓷器南海子繕垣牆俱非急務宜悉停止帝嘉納之帝惑近習言頗崇祈禱事發經牌令閣臣作贊又令擬神將封號吉等極言邪說當斥吉自帝初即位進少傅兼太子太師吏部尚書及憲宗實錄成又進少師華蓋殿大學士吉柄政久權勢烜赫帝初傾心聽信後眷頗衰而吉終無去志五年帝欲封后弟伯爵命吉撰誥券吉言必盡封二太后家子弟方可帝不悅遣中官至其家諷令致仕始上章引退詔賜敕馳驛如故事吉多智數善附會自緣飾銳於營私時爲言路所攻居內閣十八年人目之爲劉緜花以其耐彈也吉疑其言出下第舉子因請舉人三試不第者不得復會試時適當會試期舉子已羣集都下禮部爲請詔姑許入試後如令已而吉罷令亦不行吉歸踰年卒贈太師謚文穆

尹直字正言泰和人景泰五年進士改庶吉士授編修成化初充經筵講官與修英宗實錄總裁欲革去景泰帝號引漢昌邑更始爲比直辨曰實錄中有初爲大臣後爲軍民者方居官時則稱某官既罷去而後改稱如漢府以謀逆降庶人其未反時書王書叔如故也豈有逆計其反而即降從庶人之號者哉且昌邑旋立旋廢景泰帝則爲宗廟社稷主七年更始無所受命景泰帝則策命於母后當時定傾危難之中微帝則京師非國家有雖易儲失德然能不惑於盧忠徐振之言卒全兩宮以至今日其功過足相準不宜去帝號時不能難既成進侍讀歷侍讀學士六年上疏乞纂修大明通典并續成宋元綱目章下所司十一年遷禮部右侍郎辭不許丁父憂服除起南京吏部右侍郎就改禮部左侍郎二十二年春召佐兵部占城王古來爲安南所逼棄國來求援議者欲送之還直曰彼窮來歸我若驅使還國是殺之也宜遣大臣即詢量宜處置詔從之命都御史屠滽往貴州鎮巡官奏苗反請發兵廷議將從之直言起釁邀功不可信命官往勘果無警是年九月改戶部兼翰林學士入內閣踰月進兵部尚書加太子太保直明敏博學練習朝章而躁於進取性矜忌不自檢飭與吏部尚書尹旻相惡直初覬禮部侍郎而旻薦他人直以中旨得之次日遇旻於朝舉笏謝旻曰公所謂簡在帝心者自是怨益深後在南部八年鬱鬱不得志屬其黨萬安彭華謀內召旻輒持不可諸朝臣亦皆畏直幸其在南及推兵部左右侍郎吏部列何琮等八人詔用琮而直以安華及李孜省力中旨召還至是修怨與孜省等比陷旻父子得罪又搆罷江西巡撫閔珪物論喧然不平刑部郎袁清者安私人又幸於內侍郭閏勘事浙江輳轢諸大吏吏部尚書李裕惡之比還即除紹興知府清懼累章求改裕極論其罪下詔獄安閏以屬直爲言於孜省取中旨赦之改知鄖陽孝宗立進士李文祥御史湯鼐姜洪繆樗庶吉士鄒智等連章劾直給事中宋琮及御史許斌言直自初爲侍郎以至入閣夤緣攀附皆取中旨帝於是薄其爲人令致仕弘治九年表賀萬壽幷以太子年當出閣上承華箴引先朝少保黃淮事冀召對帝却之正德中卒謚文和

贊曰易稱內君子外小人爲泰外君子內小人爲否況端揆之寄百寮具瞻者乎陳循以下諸人雖不爲大奸慝而居心刻忮務逞已私同已者比異已者忌比則相援忌則相軋至萬安劉吉要結近倖蒙恥固位猶幸同列多賢相與彌縫匡救而穢跡昭彰小人之歸何可掩哉

明史卷一百六十九　列傳第五十七

總裁官總理事務經筵講官少保兼太子太保保和殿大學士兼管吏部戶部尚書事加六級張廷玉等奉
敕修

高穀　胡濙
王直

高穀字世用揚州興化人永樂十三年進士選庶吉士授中書舍人仁宗即位改春坊司直郎尋遷翰林侍講英宗即位開經筵楊士奇薦穀及苗衷馬愉曹鼐四人侍講讀正統十年由侍講學士進工部右侍郎入內閣典機務景泰初進尙書兼翰林學士掌閣務如故英宗將還奉迎禮薄千戶龔遂榮投書於穀具言禮宜從厚援唐肅宗迎上皇故事穀袖之入朝徧示廷臣曰武夫尙知禮況儒臣乎衆善其言胡濙王直欲以聞穀曰迎復議上上意久不決若進此書使上知朝野同心亦一助也都御史王文不可已而言官奏之詰所從得穀對曰自臣所因抗章懇請如遂榮言帝雖不從亦不之罪二年進少保東閣大學士易儲加太子太傅給二俸應天鳳陽災命祀三陵振貧民七年進謹身殿大學士仍兼東閣內閣七人言論多齟齬穀清直持議正王文由穀薦數擠穀穀屢請解機務不許都給事中林聰忤權要論死穀力救得薄譴陳循及文摛考官劉儼黃諫帝命禮部會穀覆閱試卷穀力言儼等無私且曰貴胄與寒士競進已不可況不安義命欲因此搆考官乎帝乃賜循文子中式惟黜林挺一人事得已英宗復位循文等皆誅竄穀謝病英宗謂穀長者語廷臣曰穀在內閣議迎駕及南內事嘗左右朕其賜金帛襲衣給驛舟以歸尋復賜敕獎諭穀既去位杜門絕賓客有問景泰天順間事輒不應天順四年正月卒年七十穀美丰儀樂儉素位至台司敝廬瘠田而已成化初贈太保諡文義

胡濙字源潔武進人生而髮白彌月乃黑建文二年舉進士授兵科給事中永樂元年遷戶科都給事中惠帝之崩於火或言遯去諸舊臣多從者帝疑之五年遣濙頒御製諸書幷訪仙人張邋遢徧行天下州郡鄉邑隱察建文帝安在濙以故在外最久至十四年乃還所至亦間以民隱聞母喪乞歸不許擢禮部左侍郎十七年復出巡江浙湖湘諸府二十一年還朝馳謁帝於宣府帝已就寢聞濙至急起召入濙悉以所聞對漏下四鼓乃出先濙未至傳言建文帝蹈海去帝分遣內臣鄭和數輩浮海下西洋至是疑始釋皇太子監國南京漢王爲飛語謗太子帝改濙官南京因命廉之濙至密疏馳上監國七事言誠敬孝謹無他帝悅仁宗即位召爲行在禮部侍郎濙陳十事力言建都北京非便請還南都省南北轉運供億之煩帝皆嘉納旣聞其嘗有密疏疑之不果召轉太子賓客兼南京國子祭酒宣宗即位仍遷禮部左侍郎明年來朝乃留行在禮部尋進尙書漢王反與楊榮等贊親征事平賚予甚厚明年賜第長安右門外給闕者二人賜銀章四生辰賜宴其第四年命兼理詹事府事六年張本卒又兼領行在戶部時國用漸廣濙慮度支不足爾祖詔下輒沮格帝嘗切戒之然眷遇不少替嘗曲宴濙及楊士奇夏原吉蹇義曰海內無虞卿等四人力也英宗即位詔節冗費濙因奏減上供物及汰法王以下番僧四五百人浮費大省正統五年山西災詔行寬卹旣而有採買物料之命濙上疏言詔旨宜信又言軍旗營求差遣因而擾民宜罷之皆報可行在禮部印失詔弗問命改鑄已又失被劾下獄未幾印獲復職九年年七十乞致仕不許英宗北狩羣臣聚哭於朝有議南遷者濙曰文皇定陵寢於此示子孫以不拔之計也與侍郎于謙合中外始有固志景帝即位進太子太傅楊善使也先濙言上皇蒙塵久宜附進服食不報上皇將還命禮部具奉迎儀濙等議遣禮部迎於龍虎臺錦衣具法駕迎居庸關百司迎土城外諸將迎教場門上皇自安定門入進東安門於東上北門南面坐皇帝謁見畢百官朝見上皇入南城大內議上傳旨以一轎二馬迎於居庸關至安定門易法駕餘如奏給事中劉福等言禮太薄帝報曰朕尊大兄爲太上皇帝尊禮無加矣福等顧云太薄其意何居禮部其會官詳察之濙等言諸臣意無他欲陛下篤親親耳帝曰昨得太上皇書具言迎駕之禮宜從簡損朕豈得違之羣臣乃不敢言會千戶龔遂榮爲書投大學士高穀言奉迎宜厚具言唐肅宗迎上皇故事穀袖之以朝與王直等共觀之直與濙欲聞之帝爲都御史王文所阻而給事中葉盛竟以聞盛同官林聰復劾直濙穀等皆股肱大臣有聞必告不宜偶語竊議有詔索書濙等因以書進且言肅宗迎上皇典禮今日正可做行陛下宜躬迎安定門外分遣大臣迎龍虎臺帝不悅曰第從朕命無事紛更上皇至居南城宮濙請帝明年正旦率羣臣朝延安門不許上皇萬壽節請令百官拜賀延安門亦不許三年正月與王直並進少傅易太子加兼太子太師王文惡林聰文致其罪欲殺之濙不肯署遂稱疾數日不朝帝使興安問疾對曰老臣本無疾聞欲殺林聰殊驚悸耳聰由是得釋英宗復位力疾入朝遂求去賜璽書白金楮幣襲衣給驛官其一子錦衣世鎭撫濙歷事六朝垂六十年中外稱耆德及歸有三弟年皆七十餘鬚眉皓白燕聚一堂因名之曰壽愷又七年始卒年八十九贈太保諡忠安濙節儉寬厚喜怒不形於色能以身下人在禮部久表賀祥瑞以官當首署名人因謂其性善承迎南城人龔謙多妖術濙薦爲天文生又薦道士仰彌高曉陰陽兵法使守邊時頗譏之

王直字行儉泰和人父伯貞洪武十五年以明經聘至京時應詔者五百餘人伯貞對第一授試僉事分巡廣東雷州復呂塘廢渠淸鹽法會罷分巡官召還爲戶部主事以父喪服闋不時起謫居安慶建文初復以薦知瓊州崖州黎相仇殺以反聞且用兵伯貞捕其首惡兵遂罷瓊田歲常三穫以賦軍軍不時受俟民乏乃急斂以要利伯貞爲立期三輸之弊始絕居數年大治流民占籍者萬餘憂歸卒於家直幼而端重家貧力學舉永樂二年進士改庶吉士與曾棨王英等二十八人同讀書文淵閣帝善其文召入內閣俾屬草尋授修撰歷事仁宗宣宗累遷少詹事兼侍讀學士正統三年宣宗實錄成進禮部侍郎學士如故五年出涖部事尙書胡濙悉以部政付之直處之若素習者八年正月代郭璡爲吏部尙書十一年戶部侍郎奈亨附王振搆郎中趙敏詞連直及侍郎曹義趙新並下獄三法司廷鞫論亨斬直等贖徒帝宥直義奪亨新俸帝將親征也先直率廷臣力諫曰國家備邊最爲謹嚴謀臣猛將堅甲利兵隨處充滿且耕且守是以久安今敵肆猖獗違天悖理陛下但宜固封疆申號令堅壁淸野蓄銳以待之可圖必勝不必親御六師遠臨塞下況秋暑未退旱氣未回靑草不豐水泉猶塞士馬之用未充兵凶戰危臣等以爲不可帝不從命直留守王師覆於土木大臣羣請太后立皇子爲皇太子命郕王攝政已勸王即位以安反側時變起倉卒朝臣議屢上皆直爲首而直自以不如于謙每事推下之雍容鎭率而已加太子太保景泰元年也先使使議和且請還上皇下禮部議未決直率羣臣上言曰太上皇惑細人言輕身一出至於蒙塵陛下宵衣旰食徵天下兵與羣臣兆姓同心僇力期滅此朝食以雪不共戴天之恥迺者天誘其衷也先有悔心之萌而來求成於我請還乘輿此轉禍爲福之機也望陛下俯從其請遣使往報因察其誠僞而撫納之奉太上皇以歸少慰祖宗之心陛下天位已定太上皇還不復涖天下事陛下第崇奉之則天倫厚而天眷益隆誠古今盛事也帝曰卿等言良然但前後使者五輩往終不得要領今復遣使設彼假送駕爲名來犯京師豈不爲蒼生患賊詐難信其更議之已而瓦剌別部阿剌使復至胡濙等復以爲言於是帝御文華殿門召諸大臣及言官諭以宜絕狀直對曰必遣使毋貽後悔帝不悅于謙前爲解帝意釋羣臣旣退太監興安匍出呼曰若等固欲遣使有文天祥富弼其人乎直大言曰廷臣惟天子使旣食其祿敢辭難乎言之再聲色愈厲安語塞乃議遣使命李實羅綺往旣行而瓦剌可汗脫脫不花及也先使先後至將遣歸使者謂館伴曰中國關外十四城皆爲我有前阿剌知院使來尙遣人偕往今亦必得大臣同行庶有濟胡濙以聞下廷議直等固請乃遣楊善等報之比實還又以也先使至具言也先欲和狀直與寧陽侯陳懋等上疏請更遣使齎禮幣往迎上皇不許復上疏曰臣等與李實語具得彼中情事其所需衣物賚斧者上皇言也而奉迎車駕也先意也昨者脫脫不花及阿剌知院使來皆有報使今也先使以迎請爲辭乃不遣使與偕是疑敵而召兵也又不許已而實自言於帝帝第報也先書就令楊善迎歸而已直等復上言今北使已發願本上皇之心順臣民之願因彼悔心遣使往報以圖迎復此不待計而決者也不然衆志難犯違天不祥彼將執爲兵端邊事益棘京師亦不得高枕臥矣帝乃命羣臣擇使直與陳懋等請仍遣實報曰候善歸議之御史畢鑾等復上疏力言就令彼以詐來我以誠往萬一不測則我之兵力固在帝終不聽已而善竟奉上皇還二年也先遣使入貢且請答使直屢疏言邊備未修芻糧未積瘡痍未復宜如其請遣使往以觀虛實開導其善不許無何也先遣騎入塞以報使爲辭直與羣臣復請之卒不許直等乃上疏言陛下銳意治兵爲戰守計眞大有爲之主然使命不通難保其不爲寇宜敕沿邊守臣發兵遊徼有警則入保無事則力耕陛下於機務之暇時召京營總督總兵詢以方畧誠接而禮貌之信賞罰以持其後斯戰守可言也帝曰善明年正月進少傅帝欲易太子未發會思明土知府黃玹以爲請帝喜下禮部議胡濙唯唯文武諸臣議者九十一人當署名直有難色陳循濡筆強之乃署竟易皇太子直進兼太子太師賜金幣加等頓足歎曰此何等大事乃爲一蠻酋所壞吾輩愧死矣景帝疾亟直濙等會諸大臣臺諫請復立沂王爲皇太子推大學士商輅

草疏未上而石亨徐有貞等奪門迎上皇復位殺王文等疏草留姚夔所嘗出以示郎中陸昶歎曰是疏不及進天也直遂乞休賜璽書金綺楮幣給驛歸直爲人方面修髯儀觀甚偉性嚴重不苟言笑及與人交恂恂如也在翰林二十餘年稽古代言編纂紀注之事多出其手與金谿王英齊名人稱二王以居地目直曰東王英曰西王直以次當入閣楊士奇不欲也及長吏部益廉慎時初罷廷臣薦舉方面大吏專屬吏部直委任曹郎嚴抑奔競凡御史巡方歸者必令具所屬賢否以備選擢稱得人其子稹爲南國子博士考績至部文選郎欲留侍直直不可曰是亂法自我始也朝廷以直老命何文淵爲尚書佐之文淵去又命王翺部遂有二尚書直爲尚書十四年年益高名德日益重帝優禮之免其常朝比家居嘗從諸佃僕耕蒔擊鼓歌唱諸子孫更迭舉觴上壽直歎曰曩者西楊抑我令不得共事然使我在閣今上復辟當不免遼陽之行安得與汝曹爲樂哉天順六年卒年八十四贈太保諡文端稹仕至翰林檢討亦以學行稱曾孫恩自有傳

贊曰高穀之清直胡濙之寬厚王直之端重蓋皆有大臣之度焉當英景之間國勢初更人心觀望執政任事之臣多阿意取容而穀濙惓惓於迎駕之儀直侃侃於遣使之請皆力持正議不隨衆俛仰故能身負碩望始終一節可謂老成人矣

明史卷一百七十　列傳第五十八

總裁官總理事務經筵講官少保兼太子太保保和殿大學士兼管吏部戶部尚書事加六級張廷玉等奉
敕修

于謙 子冕 王偉 吳寧

于謙字廷益錢塘人生七歲有僧奇之曰他日救時宰相也舉永樂十九年進士宣德初授御史奏對音吐鴻暢帝爲傾聽顧佐爲都御史待寮屬甚嚴獨下謙以爲才勝已也扈蹕樂安高煦出降帝命謙口數其罪謙正詞崭崭聲色震厲高煦伏地戰慄稱萬死帝大悅師還賞賚與諸大臣等出按江西雪冤囚數百疏奏陝西諸處官校爲民害詔遣御史捕之帝知謙可大任會增設各部右侍郎爲直省巡撫乃手書謙名授吏部超遷兵部右侍郎巡撫河南山西謙至官輕騎徧歷所部延訪父老察時事所宜興革卽具疏言之一歲凡數上小有水旱輒上聞正統六年疏言今河南山西積穀各數百萬請以每歲三月令府州縣報缺食下戶隨分支給先菽秫次黍麥次稻俟秋成償官而免其老疾及貧不能償者州縣吏秩滿當遷預備糧有未足不聽離任仍令風憲官以時稽察詔行之河南近河處時有衝決謙令厚築隄障計里置亭亭有長責以督率修繕並令種樹鑿井榆柳夾路道無渴者大同孤懸塞外按山西者不及至奏別設御史治之盡奪鎭將私墾田爲官屯以資邊用威惠流行太行伏盜皆避匿在官九年遷左侍郎食二品俸初三楊在政府雅重謙謙所奏朝上夕報可皆三楊主持而謙每議事京師空橐以入諸權貴人不能無望及是三楊已前卒太監王振方用事適有御史姓名類謙者嘗忤振謙入朝薦參政王來孫原貞自代通政使李錫阿振指劾謙以久不遷怨望擅舉人自代下法司論死繫獄三月已而振知其誤得釋左遷大理寺少卿山西河南吏民伏闕上書請留謙者以千數周晉諸王亦言之乃復命謙巡撫時山東陝西流民就食河南者二十餘萬謙請發河南懷慶二府積粟以振又奏令布政使年富安集其衆授田給牛種使里老司察之前後在任十九年丁內外艱皆令歸治喪旋起復十三年以兵部左侍郎召明年秋也先大入寇王振挾帝親征謙與尚書鄺埜極諫不聽埜從治兵留謙理部事及駕陷土木京師大震衆莫知所爲郕王監國命羣臣議戰守侍講徐珵言星象有變當南遷謙厲聲曰言南遷者可斬也京師天下根本一動則大事去矣獨不見宋南渡事乎王是其言守議乃定時京師勁甲精騎皆陷沒所餘疲卒不及十萬人心震恐上下無固志謙請王檄取兩京河南備操軍山東及南京沿海備倭軍江北及北京諸府運糧軍亟赴京師以次經畫部署人心稍安卽遷本部尚書郕王方攝朝廷臣請族誅王振而振黨馬順者輒叱言官於是給事中王竑廷擊順衆隨之朝班大亂衛卒聲洶洶王懼欲起謙排衆直前掖王止且啓王宣諭曰順等罪當死勿論衆乃定謙袍袖爲之盡裂退出左掖門吏部尚書王直執謙手歎曰國家正賴公耳今日雖百王直何能爲當是時上下皆倚重謙謙亦毅然以社稷安危爲已任初大臣憂國無主太子方幼寇且至請皇太后立郕王王驚謝至再謙颺言曰臣等誠憂國家非爲私計王乃受命九月景帝立謙入對慷慨泣奏曰寇得志要留大駕勢必輕中國長驅而南請飭諸邊守臣協力防遏京營兵械且盡宜亟分道募民兵令工部繕器甲遣都督孫鏜衛穎張軏張儀雷通分兵守九門要地列營郭外都御史楊善給事中王竑參之徙附郭居民入城通州積糧令官軍自詣關支以贏米爲之直毋棄以資敵文臣如軒輗者宜用爲巡撫武臣如石亨楊洪柳溥者宜用爲將帥至軍旅之事臣身當之不効則治臣罪帝深納之十月敕謙提督各營軍馬而也先挾上皇破紫荆關直入窺京師石亨議斂兵堅壁老之謙不可曰柰何示弱使敵益輕我亟分遣諸將率師二十二萬列陣九門外都督陶瑾安定門廣寧伯劉安東直門武進伯朱瑛朝陽門都督劉聚西直門鎭遠侯顧興祖阜成門都指揮李端正陽門都督劉得新崇文門都指揮湯節宣武門而謙自與石亨率副總兵范廣武興陳德勝門外當也先以部事付侍郎吳寧悉閉諸城門身自督戰下令臨陣將不顧軍先退者斬其將軍不顧將先退者後隊斬前隊於是將士知必死皆用命副總兵高禮毛福壽却敵彰義門北禽其長一人帝喜令謙選精兵屯教場以便調用復命太監興安李永昌同謙理軍務初也先深入視京城可旦夕下及見官軍嚴陣待意稍沮叛閹喜寧嗾使邀大臣迎駕索金帛以萬萬計復邀謙及王直胡濙等出議帝不許也先氣益沮庚申寇窺德勝門謙令亨設伏空舍遣數騎誘敵敵以萬騎來薄副總兵范廣發火器伏起齊擊之也先弟孛羅平章卯那孩中礮死寇轉至西直門都督孫鏜禦之亨亦分兵至寇引退副總兵武興擊寇彰義門與都督王敬挫其前鋒寇且却而內官數百騎欲爭功躍馬競前陣亂興被流矢死寇逐至土城居民升屋號呼投磚石擊寇譁聲動天王竑及福壽援至寇乃却相持五日也先邀請既不應戰又不利知終弗可得志又聞勤王師且至恐斷其歸路遂擁上皇由良鄉西去謙調諸將追擊至關而還論功加謙少保總督軍務謙曰四郊多壘卿大夫之恥也敢邀功賞哉固辭不允乃益兵守眞保涿易諸府州請以大臣鎭山西防寇南侵景泰元年三月總兵朱謙奏敵二萬攻圍萬全敕范廣充總兵官禦之已而寇退謙請卽駐兵居庸寇來則出關勦殺退則就糧京師大同參將許貴奏迤北有三人至鎭欲朝廷遣使講和謙曰前遣指揮季鐸岳謙往而也先隨入寇繼遣通政王復少卿趙榮不見上皇而還和不足恃明矣況我與彼不共戴天理固不可和萬一和而彼肆無厭之求從之則坐敝不從則生變勢亦不得和貴爲介胄臣而恇怯如此何以敵愾法當誅移檄切責自是邊將人人主戰守無敢言講和者初也先多所要挾皆以喜寧爲謀主謙密令大同鎭將禽寧戮之又計授王偉誘誅間者小田兒且因諜用間請特釋忠勇伯把台家許以封爵使陰圖之也先始有歸上皇意遣使通欵京師稍解嚴謙上言南京重地撫輯須人中原多流民設遇歲荒嘯聚可虞乞敕內外守備及各巡撫加意整飭防患未然召還所遣召募文武官及鎭守中官在內地者於時八月上皇北狩且一年矣也先見中國無釁滋欲乞和使者頻至請歸上皇大臣王直等議遣使奉迎帝不悅曰朕本不欲登大位當時見推實出卿等謙從容曰天位已定寧復有他顧理當速奉迎耳萬一彼果懷詐我有辭矣帝顧而改容曰從汝從汝先後遣李實楊善往卒奉上皇以歸謙力也上皇既歸瓦剌復請朝貢先是貢使不過百人正統十三年至三千餘賞賚不饜遂入寇及是又遣使三千來朝謙請列兵居庸關備不虞京師盛陳兵宴之因言和議難恃條上安邊三策請敕大同宣府永平山海遼東各路總兵官增修備禦京兵分隸五軍神機三千諸營雖各有總兵不相統一請擇精銳十五萬分十營團操團營之制自此始具兵志中瓦剌入貢每攜故所掠人口至謙必奏酬其使前後贖還累數百人初永樂中降人安置近畿者甚衆也先入寇多爲內應謙謀散遣之因西南用兵每有征行輒選其精騎厚賚以往已更遣其妻子內患以息楊洪自獨石入衛八城悉以委寇謙使都督孫安以輕騎出龍門關據之募民屯田且戰且守八城遂復貴州苗未平何文淵議罷二司專設都司以大將鎭之謙曰不設二司是棄之也議乃寢謙以上皇雖還國恥未雪會也先與脫脫不花搆請乘間大發兵身往討之以復前仇除邊患帝不許謙之爲兵部也也先勢方張而福建鄧茂七浙江葉宗留廣東黃蕭養各擁衆僭號湖廣貴州廣西猺獞苗獠所至蜂起前後征調皆謙獨運當軍馬倥傯變在俄頃謙目視指屈口具章奏悉合機宜僚吏受成相顧駭服號令明審雖勳臣宿將小不中律卽請旨切責片紙行萬里外靡不惕息其才畧開敏精神周至一時無與比至性過人憂國忘身上皇雖歸口不言功東宮既易命兼宮僚者支二俸

諸臣皆辭謙獨辭至再自奉儉約所居僅蔽風雨帝賜第西華門辭曰國家多難臣子何敢自安固辭不允乃取前後所賜璽書袍錠之屬悉加封識歲時一省視而已帝知謙深所論奏無不從者嘗遣使往真定河間采野菜直沽造乾魚謙一言卽止用一人必密訪謙謙具實對無所隱不避嫌怨由是諸不任職者皆怨而用弗如謙者亦往往嫉之比寇初退都御史羅通卽劾謙上功簿不實御史顧曤言謙太專請六部大事同內閣奏行謙據祖制折之戶部尚書金濂亦疏爭而言者捃摭不已諸御史以深文彈劾者屢矣賴景帝破衆議用之得以盡所設施謙性故剛遇事有不如意輒拊膺歎曰此一腔熱血竟灑何地視諸選耎大臣勳舊貴戚意頗輕之憤者益衆又始終不主和議雖上皇實以是得還不快也徐珵以議南遷爲謙所斥至是改名有貞稍稍進用嘗切齒謙石亨本以失律削職謙請宥而用之總兵十營畏謙不得逞亦不樂謙德勝之捷亨功不加謙而得世侯內媿乃疏薦謙子冕詔赴京師辭不允謙言國家多事臣子義不得顧私恩且亨位大將不聞舉一幽隱拔一行伍微賤以裨軍國而獨薦臣子於公議得乎臣於軍功力杜僥倖決不敢以子濫功亨復大恚都督張軏以征苗失律爲謙所劾與內侍曹吉祥等皆素憾謙景泰八年正月壬午亨與吉祥有貞等旣迎上皇復位宣諭朝臣畢卽執謙與大學士王文下獄誣謙等與黃竑搆邪議更立東宮又與太監王誠舒良張永王勤等謀迎立襄王子亨等主其議嗾言官上之都御史蕭惟禎定讞坐以謀逆處極刑文不勝誣辯之疾謙笑曰亨等意耳辯何益奏上英宗尚猶豫曰于謙實有功有貞進曰不殺于謙此舉爲無名帝意遂決丙戌改元天順丁亥棄謙市籍其家家戍邊遂溪敎諭吾豫言謙罪當族謙所薦舉諸文武大臣並應誅部議持之而止千戶白琦又請榜其罪鏤板示天下一時希旨取寵者率以謙爲口實謙自値也先之變誓不與賊俱生嘗留宿直廬不還私第素病痰疾作景帝遣興安舒良更番往視聞其服用過薄詔令上方製賜至醯菜畢備又親幸萬歲山伐竹取瀝以賜或言寵謙太過興安等曰彼日夜分國憂不問家產卽彼去令朝廷何處更得此人及籍沒家無餘貲獨正室鐍鑰甚固啟視則上賜蟒衣劍器也死之日陰霾四合天下冤之指揮朵兒者本出曹吉祥部下以酒酹謙死所慟哭吉祥怒抶之明日復酹奠如故都督同知陳逵感謙忠義收遺骸殯之踰年歸葬杭州逵六合人故舉將才出李時勉門下者也皇太后初不知謙死比聞嗟悼累日英宗亦悔之謙旣死而亨黨陳汝言代爲兵部尚書未一年敗贓累巨萬帝召大臣入視愀然曰于謙被遇景泰朝死無餘貲汝言抑何多也亨俯首不能對俄有邊警帝憂形於色恭順侯吳瑾侍進曰使于謙在當不令寇至此帝爲默然是年有貞爲亨所中戍金齒又數年亨亦下獄死吉祥謀反族誅謙事白成化初冕赦歸上疏訟冤得復官賜祭誥曰當國家之多難保社稷以無虞惟公道之獨持爲權姦所並嫉在先帝已知其枉而朕心實憐其忠天下傳誦焉弘治二年用給事中孫需言贈特進光祿大夫柱國太傅謚肅愍賜祠於其墓曰旌功有司歲時致祭萬曆中改謚忠肅杭州河南山西皆世奉祀不絕冕字景瞻廕授副千戶坐戍龍門謙冤旣雪幷復冕官自陳不願武職改兵部員外郎居官有幹局累遷至應天府尹致仕卒無子以族子允忠爲後世襲杭州衞副千戶奉祠吳寧字永清歙人宣德五年進士除兵部主事正統中再遷職方郎中郕王監國謙薦擢本部右侍郎謙禦寇城外寧掌部事命赴軍中議方畧比還城門弗啟寇騎充斥寧立雨中指揮兵士移時乃入寇旣退畿民猶日數驚相率南徙或議仍召勤王兵寧曰是益之使驚也莫若告捷四方人心自定因具奏行之景泰改元以疾乞歸後不復出家居三十餘年卒寧方介有識鑑嘗爲謙擇婿得千戶朱驥謙疑之寧曰公他日當得其力謙被刑驥果歸其喪葬之驥自有傳王偉字士英攸人年十四隨父謫戍宣府宣宗巡邊獻安邊頌命補保安州學生舉正統元年進士改庶吉士授戶部主事英宗北狩命行監察御史事集民壯守廣平謙引爲職方司郎中軍書塡委處分多中窾會遂薦擢兵部右侍郎出視邊叛人小田兒爲敵間謙屬偉圖之會田兒隨貢使入至陽和城壯士從道旁突出斷其頭去使者不敢詰偉喜任智數旣爲謙所引恐嫉謙者目已爲朋附嘗密奏謙誤冀自解帝以其奏授謙謙叩頭謝帝曰吾自知卿何謝爲謙出偉問上與公何言謙笑曰我有失望君面規我何至爾邪出奏示之偉大慙沮然竟坐謙黨罷歸成化三年復官請毁白琦所鏤板踰年告病歸卒

贊曰于謙爲巡撫時聲績表著卓然負經世之才及時遘艱虞繕兵固圉景帝旣推心置腹謙亦憂國忘家身繫安危志存宗社厥功偉矣變起奪門禍機猝發徐石之徒出力而擠之死當時莫不稱冤然有貞與亨吉祥相繼得禍皆不旋踵而謙忠心義烈與日月爭光卒得復官賜卹公論久而後定信夫

明史卷一百七十一　列傳第五十九

總裁官總理事務經筵講官少保兼太子太保保和殿大學士兼管吏部戶部尚書事加六級張廷玉等奉
敕修

王驥 孫瑾　徐有貞
楊善　李實　趙榮　霍瑄　沈固　王越

王驥字尚德束鹿人長身偉幹便騎射剛毅有膽曉暢戎畧中永樂四年進士爲兵科給事中使山西奏免鹽池逋課二十餘萬尋遷山西按察司副使洪熙元年入爲順天府尹宣德初擢兵部右侍郎代顧佐署都察院久之署兵部尚書九年命爲眞正統元年奉詔議邊事越五日未奏帝怒執驥與侍郎鄺埜下之獄尋得釋阿台朶兒只伯數寇甘涼邊將屢失利侍郎柴車徐晞都御史曹翼相繼經理邊務未能制二年五月命驥往許便宜行事驥疾驅至軍大會諸將問往時追敵魚兒海子先退敗軍者誰僉曰都指揮安敬驥先承密旨戮敬遂縛敬斬轅門并宣敕責都督蔣貴諸將皆股慄驥乃大閱將士分兵畫地使各自防禦邊境肅然閱軍甘涼汰三之一定更番法兵得休息而轉輸亦省俄阿台復入寇帝以任禮爲平羌將軍蔣貴趙安爲副驥督軍三年春偕諸將出塞以貴爲前鋒而自與任禮帥大軍後繼與貴約曰不捷無相見也貴擊敵石城敵走兀魯乃貴帥輕騎二千五百人出鎭夷間道兼行三日夜及之禽左丞脫羅斬首三百餘獲金銀印各一駝馬兵甲千計驥與禮自梧桐林至亦集乃禽樞密同知僉院十五人萬戶二人降其部落窮進至黑泉而趙安等出昌寧至刁力溝亦禽右丞達魯花赤三十人分道夾擊轉戰千餘里朶兒只伯遠遁論功貴禮皆封伯而驥兼大理卿支二俸尋召還理部事久之麓川之役起麓川宣慰使思任發叛數敗王師黔國公沐晟討之不利道卒以沐昂代昂條上攻取策徵兵十二萬人中官王振方用事喜功名以驥可屬思大舉驥亦欲自效六年正月遂拜蔣貴平蠻將軍李安劉聚爲副而驥總督軍務大發東南諸道兵十五萬討之刑部侍郎何文淵侍講劉球先後疏諫不納頒行賜驥貴金兜牟細鎧蟒繡緋衣朱弓矢驥請得以便宜從事馳傳至雲南部署諸將遣參將冉保由東路趨孟定大軍由中路至騰衝分道夾擊是年十一月與貴以二萬人趨上江圍其寨五日不下會大風縱火焚柵拔之斬首五萬餘級進自夾象石渡下江通高黎貢山道閏月至騰衝長驅抵杉木籠山賊乘高據險築七壘相救驥遣叅將宮聚副將劉聚分左右翼緣嶺上而自將中軍奮擊之賊大潰乘勝至馬鞍山踰月抵賊巢山陡絕深塹環之東南面江壁立不可上驥遣前軍覘賊敗其伏兵賊更自間道立柵馬鞍山出大軍後驥戒軍中無動而令都指揮方瑛以六千人突賊寨斬首數百復誘敗其象陣會東路軍冉保等已合木邦車里大候諸土軍破烏木弄戛邦諸寨遣別將守西峩渡防賊軼刻期與大軍會驥乃督諸將環攻其七門積薪縱火風大作賊焚死無算溺江死者數萬人思任發攜二子走孟養獲其虎符金牌宣慰司印及所掠騰衝諸衞所印章三十有奇犂其巢穴留兵守之而還明年四月遣偏師討維摩土司韋郎羅郎羅走安南俘其妻子傳檄安南縛之以獻五月師還帝遣戶部侍郎王質齎羊酒迎勞賜宴奉天門封推誠宣力武臣特進榮祿大夫上柱國靖遠伯歲祿千二百石世襲指揮同知賜貂蟬冠玉帶貴進侯劉聚等遷賞有差從征少卿李蕡郎中侯璡楊寧皆擢侍郎士卒賜予加等府庫爲竭思任發之竄緬甸也其子思機發復帥餘衆居者藍乞入朝謝罪廷議因而撫之王振不可是年八月復命驥總督雲南軍務帥叅將冉保毛福壽以往未至而思機發遣弟招塞入貢緬甸亦奏獲思任發要麓川地朝廷不納其貢且敕驥圖緬甸驥因請濟師八年五月復命蔣貴爲平蠻將軍調土兵五萬往發卒轉餉五十萬人驥初檄緬甸送思任發緬人陽聽命持兩端是年冬大軍逼緬甸緬人以樓船載思任發覘官軍而潛以他舟載之歸驥知緬人貪木邦水利爲唇齒且慮思機發將以獻其父故仇之故終不肯獻思任發驥乃趨者藍破思機發巢得其妻子部落而思機發獨脫去明年召還加祿三百石命與都御史陳鎰巡延綏寧夏甘肅諸邊初寧夏備邊軍半歲一更後邊事亟三年乃更軍士日久疲罷又益選軍餘防冬家有五六人在邊者軍

用重困驥請歲一更當代者以十月至而代者留至來年正月乃遣歸邊備足而軍不勞帝善其議行之諸邊當是時緬人已以思任發來獻而思機發竊駐孟養地屢遣使入貢謝罪中外咸願罷兵振意終未慊要思機發躬入朝謝沐斌帥師至金沙江招之不至論孟養執之以獻亦不聽命於是振怒欲盡滅其種類十三年春復命驥總督軍務宮聚爲平蠻將軍帥師十五萬人往明年造舟浮金沙江蠻人柵西岸拒守官軍聯舟爲浮橋以濟拔其柵進破鬼哭山連下十餘寨墜溺死者無算而思機發終脫去不可得是時官軍踰孟養至孟那海地在金沙江西去麓川千里自古兵力所不至諸蠻見大軍皆震怖而大軍遠涉驥慮餽餉不繼亟謀引還時思機發雖遁匿而思任發少子思陸復擁衆據孟養驥度賊終不可滅乃與思陸約立石表誓金沙江上曰石爛江枯爾乃得渡遂班師驥凡三征麓川卒不得思機發議者咎驥等老師費財以一隅騷動天下而會川衞訓導詹英抗疏劾之大畧謂驥等多役民夫舁綵繒散諸土司以邀厚利擅用腐刑詭言進御實充私役師行無紀十五萬人一日起行互相蹂踐每軍負米六斗跋陟山谷自縊者多抵金沙江徬徨不敢渡既渡不敢攻攻而失都指揮路宣翟亨等俟賊解多捕魚戶爲俘以地分木邦緬甸掩敗爲功此何異李宓之敗而楊國忠以捷聞也奏下法司王振左右之得不問而命英從驥軍自效英知往且獲罪匿不去當是時湖廣貴州諸苗所在蜂起圍平越及諸城堡貴州東路閉驥至武昌詔還軍討苗會英宗北狩羣臣劾王振并及驥以驥方在軍且倚之平苗置弗問命佩平蠻將軍印充總兵官侍郎侯璡總督軍務已而苗益熾衆至十餘萬平越被圍半歲巡按御史黃鎬死守糧盡掘草根食之而驥頓軍辰沅不進景泰元年鎬草疏置竹筒中募人自間道出聞於朝更命保定伯梁珤爲平蠻將軍益兵二萬人侯璡自雲南督之前疾戰大破賊盡解諸城圍而驥亦俘剗平王蟲富等以獻驥還命總督南京機務其冬乞世券與之南畿軍素偷惰驥至以所馭軍法敎之于謙弗重也朝廷以其舊臣寵禮之三年四月賜敕解任奉朝請驥年七十餘躍馬食肉盛聲伎如故久之石亨徐有貞等奉英宗復辟驥與謀賞稍後上章自訟言臣子祥入南城爲諸將所擠墮地幾死今論功不及疑有蔽之者帝乃官祥指揮僉事而命驥仍兵部尚書理部事加號奉天翊衞推誠宣力守正文臣光祿大夫餘如故數月請老又三年乃卒年八十三贈靖遠侯謚忠毅傳子瑺及孫添添尚嘉善長公主再傳至孫瑾嘉靖初提督三千營協守南京還掌左府久之佩征蠻將軍印鎭兩廣廣東新寧新興思平間多高山叢箐亡命者輒入諸猺中吏不得問衆至萬餘人流劫高要陽江諸縣官軍討之輒失利三十五年春瑾與巡撫都御史談愷檄諸路土兵誅其魁陳以明悉平諸巢捷聞加太子太保而扶藜葵梅諸山嵑馮天恩等據險爲寇者亦數十年瑾復督軍分道進剿破巢二百餘復以功廕一子錦衣百戶言官劾其暴橫召還賫傳至明亡乃絕

徐有貞字元玉初名珵吳人宣德八年進士選庶吉士授編修爲人短小精悍多智數喜功名凡天官地理兵法水利陰陽方術之書無不諳究時承平既久邊備媮惰而西南用兵不息珵以爲憂正統七年疏陳兵政五事帝善之而不能用十二年進侍講十四年秋熒惑入南斗珵私語友人劉溥曰禍不遠矣亟命妻子南還及土木難作郕王召廷臣問計珵大言曰驗之星象稽之歷數天命已去惟南遷可以紓難太監金英叱之胡濙陳循咸執不可兵部侍郎于謙曰言南遷者可斬也珵大沮不敢復言景帝即位遣科道官十五人募兵於外珵行監察御史事往彰德寇退召還仍故官珵急於進取自刱南遷議爲內廷訕笑久不得遷因遺陳循玉帶且用星術言公帶將玉矣無何循果加少保大喜因屢薦之而是時用人多決於少保于謙珵屬謙門下士遊說求國子祭酒謙爲言於帝帝曰此議南遷徐珵邪爲人傾危將壞諸生心術珵不知謙之薦之也以爲沮已深怨謙循勸珵改名因名有貞景泰三年遷右諭德河決沙灣七載前後治者皆無功廷臣共舉有貞乃擢左僉都御史治之至張秋相度水勢條上三策一置水門一開支河一濬運河議既定督漕都御史王竑以漕渠淤淺滯運艘請急塞決口帝敕有貞如竑議有貞守便宜言臨清河淺舊矣非因決口未塞也漕臣但知塞決口爲急不知秋冬雖塞來春必復決徒勞無益臣不敢邀近功詔從其言有貞於是大集民夫躬親督率治渠建閘起張秋以接河沁河流之旁出不順者爲九堰障之更築大堰楗以水門閱五百五十五日而工成名其渠曰廣濟閘曰通源方工之未成也帝以轉漕爲急工部尚書江淵等請遣中書偕文武大臣督京軍五萬人往助役期三月畢工有貞言京軍一出日費不貲遇漲則束手坐視無所施力今泄口已合決堤已堅但用沿河民夫自足集事議遂寢事竣召還佐院事帝厚勞之復出巡視漕河濟寧十三州縣河夫多負官馬及他雜辦所司趣之亟有貞爲言免之七年秋山東大水河堤多壞惟有貞所築如故有貞乃修舊隄決口自臨清抵濟寧各置減水閘水患悉平還朝帝召見獎勞有加進左副都御史八年正月景帝不豫石亨張軏等謀迎上皇以告太常卿許彬彬曰此不世功也彬老矣無能爲徐元玉善奇策盍與圖之亨即夜至有貞家聞之大喜曰須令南城知此意軏曰陰達之矣令太監曹吉祥入白太后辛巳夜諸人復會有貞所有貞升屋覽乾象亟下曰時至矣勿失時方有邊警有貞令軏詭言備非常勒兵入大內亨掌門鑰夜四鼓開長安門納之既入復閉以遏外兵時天色晦冥亨軏皆惶惑謂有貞曰事當濟否有貞大言必濟趣之行既薄南城門錮毀牆以入上皇燈下獨出問故有貞等俯伏請登位乃呼進舉兵士惶懼不能舉有貞率諸人助挽以行星月忽開朗上皇各問諸人姓名至東華門門者拒弗內上皇曰朕太上皇帝也遂反走乃升奉天門有貞等常服謁賀呼萬歲景帝明當視朝羣臣咸待漏闕下忽聞殿中呼噪聲方驚愕俄諸門畢啟有貞出號於衆曰太上皇帝復位矣趣入賀即日命有貞兼學士入內閣參預機務明日加兵部尚書有貞謂亨曰願得冠側注從兄後亨爲言於帝封武功伯兼華蓋殿大學士掌文淵閣事賜號奉天翊衞推誠宣力守正文臣祿千一百石世錦衣指揮使給誥劵有貞遂誣少保于謙大學士王文殺之內閣諸臣斥逐畧盡陳循素有德於有貞亦弗救也事權盡歸有貞中外咸側目而有貞愈益發舒進見無時帝亦傾心委任有貞既得志則思自異於曹石窺帝於二人不能無厭色乃稍稍裁之且微言其貪橫狀帝亦爲之動御史楊瑄奏劾亨吉祥侵占民田帝問有貞及李賢皆對如瑄奏有詔獎瑄亨吉祥大怨恨日夜謀搆有貞帝方眷有貞時屏人密語吉祥令小豎竊聽得之故洩之帝帝驚問曰安所受此語對曰受之有貞某日語某事外間無弗聞帝自是疏有貞會御史張鵬等欲糾亨他罪未上而給事中王鉉泄之亨吉祥二人乃泣訴於帝謂內閣實主之遂下諸御史獄併逮繫有貞及李賢忽雷雹交作大風折木帝感悟重違亨意乃釋有貞出爲廣東參政亨等憾未已必欲殺之令人投匿名書指斥乘輿云有貞怨望使其客馬士權者爲之遂追執有貞於德州幷士權下詔獄榜治無驗會承天門災肆赦亨吉祥慮有貞見釋言於帝曰有貞自撰武功伯券辭云纘禹成功又自擇封邑武功禹受禪爲帝武功者曹操始封也有貞志圖非望帝出以示法司刑部侍郎劉廣衡等奏當棄市詔徙金齒爲民亨敗帝從容謂李賢王翱曰徐有貞何大罪爲石亨輩所陷耳其釋歸田里成化初復冠帶閒住有貞既釋歸猶冀帝復召時時仰觀天象謂將星在吳益自負常以鐵鞭自隨數起舞及聞韓雍征兩廣有功乃擲鞭太息曰孺子亦應天象邪遂放浪山水間十餘年乃卒有貞初出獄時拊士權背曰子義士也他日一女相託金齒歸士權時往候之絕不及婚事士權辭去終身不言其事人以是薄有貞而重士權

楊善字思敬大興人年十七爲諸生成祖起兵預城守有勞授典儀所引禮舍人永樂元年改鴻臚寺序班善偉風儀音吐洪亮工進止每朝謁引進奏時上目屬之累進右寺丞仁宗即位擢本寺卿宣德六年被劾下獄褫冠帶踰月正統六年子容詐作中官書假金於尚書吳中事覺謫戍威遠衞置善不問久之擢禮部左侍郎仍視鴻臚事十四年八月扈駕北征及土木師潰善間行得脫也先將入寇改左副都御史與都督王通提督京城守備寇退進右都御史視鴻臚如故景泰元年廷臣朝正畢循故事相賀於朝房善獨流涕曰上皇在何所而我曹自相賀乎衆媿爲之止是年夏李實羅綺使瓦剌議罷兵未還而也先使至言朝廷遣使報阿剌知院而不遣大臣報可汗及太師事必不濟尚書王直等奏其言廷議簡四人爲正副使與偕行帝命俟李實還議之已而實將至乃命善及侍郎趙榮爲使齎金銀書幣往先是袁敏者請齎服御物問上皇安不納及是尚書胡濙等言上皇蒙塵久御用服食宜付善等隨行亦不報時也先欲還上皇而敕書無奉迎語自齎賜也先外善等無他賜善乃出家財悉市彼中所需者攜以往既至其館伴與飲帳中詫善曰土木之役六師何怯也善曰彼時官軍壯者悉南征王司禮邀大駕幸其里不爲戰備故令汝得志耳今南征將士歸可二十萬又募中外材官技擊可三十萬悉教以神鎗火器藥弩百步外洞人馬腹立死又用策士言緣邊要害隱鐵椎三尺馬蹄踐輒穿又刺客林立夜度營幕若猿狖伴色動善曰惜哉今皆置無用矣問何故曰和議成歡好且若兄弟安用此因以所齎遺之其人喜悉以語也先明日謁也先亦大有所遺也先亦喜善因詰之曰太上皇帝朝

太師遣貢使必三千人歲必再賚金幣載途乃背盟見攻何也也先曰奈何削我馬價予帛多剪裂前後使人往多不歸又減歲賜善曰非削也太師馬歲增價難繼而不忍拒故微損之太師自度價比前孰多也帛剪裂者通事爲之事露誅矣即太師貢馬有劣弱貂或敝亦豈太師意耶且使者多至三四千人有爲盜或犯他法歸恐得罪故自亡耳留若奚爲貢使受宴賜上名或浮其人數朝廷核實而予之所減乃虛數有其人者固不減也也先屢稱善復曰太師再攻我屠戮數十萬太師部曲死傷亦不少矣上天好生太師好殺故數有雷警今還上皇和好如故中國金幣日至兩國俱樂不亦美乎也先曰敕書何以無奉迎語善曰此欲成太師令名使自爲之若載之敕書是太師迫於朝命非太師誠心也也先大喜問上皇歸將復得爲天子乎善曰天位已定難再移也先曰堯舜如何善曰堯讓舜今兄讓弟正相同也其平章昂克問善何不以重寶來購善曰若齎貨來人謂太師圖利今不爾乃見太師仁義爲好男子垂史策頌揚萬世也先笑稱善知院伯顏帖木耳勸也先留使臣而遣使要上皇復位也先懼失信不可竟許善奉上皇還時舉朝競奇善功而景帝以非初遣旨薄其賞遷左都御史仍蒞鴻臚事二年廷臣朝正旦畢修賀朝房善又曰上皇不受賀我曹何相賀也三年正月加太子太保六年以衰老乞致仕優詔不許善狀貌魁梧應對捷給然無學術滑稽對客鮮莊語家京師治第郭外園多善果歲時饋公卿戚里中貴無不得其歡心王振用事善媚事之至是又與石亨曹吉祥結天順元年正月亨吉祥奉上皇復辟善以預謀封奉天翊衛推誠宣力武臣特進光祿大夫柱國興濟伯歲祿千二百石賜世券掌左軍都督府事尚書胡濙頌善迎駕功命兼禮部尚書尋改守正文臣善使瓦剌攜子四人行至是竝得官又爲從子養子乞恩得官者復十數人氣勢烜赫招權納賄亨輩嫉而間之以是漸疏外二年五月卒贈興濟侯謚忠敏善負才辨以巧取功名而儉忮爲士論所棄其爲序班坐事與庶吉士章樸同繫獄久之相狎時方窮治方孝孺黨樸言家有孝孺集未及燬善從借觀密奏之樸以是誅死而善得復官于謙王文之戮陳循之竄善亦有力焉子宗襲爵後革奪門功降金吾指揮使孫增尚公主李實字孟誠合州人正統七年進士爲人恣肆無拘檢有口辨景泰初爲禮科給事中也先令完者脫歡議和實請行擢禮部右侍郎以往少卿羅綺爲副至則見上皇頗得也先要領還言也先請和無他意及楊善往上皇果還是年十月進右都御史巡撫湖廣五年召還掌院事初實使謁上皇請還京引咎自責失上皇意後以居鄉暴橫斥爲民趙榮字孟仁其先西域人元時入中國家閩縣舅薩琦官翰林從入都以能書授中書舍人正統十四年十月也先擁上皇至大同知府霍瑄謁見慟哭而返也先遂犯京師奉上皇登土城邀大臣出迓榮慨然請行大學士高穀拊其背曰子忠義人也解所佩犀帶贈之即擢大理右少卿充鴻臚卿偕右通政王復出城朝見進羊酒諸物也先以非大臣遣之還而邀于謙石亨王直胡濙出景帝不遣改榮太常少卿仍供事內閣景泰元年七月擢工部右侍郎偕楊善等往敕書無奉迎語善口辯榮左右之竟奉上皇歸進左侍郎行人王宴請開沁河通漕運再下廷議言不便遣榮往勘還亦言不便尋奉敕會山東河南三司相度河道衆以榮不由科目慢之榮怒多所撻辱又自攝衣探水深淺三司各上章言榮單馬馳走驚駭軍民杖傷縣官鬻廩米多取其直撫按薛希璉張琛亦以聞章下治河僉都御史徐有貞覈奏法司言榮雖失大體終爲急於國事鬻米從人所爲諸臣侮大臣抗敕旨宜逮治希璉琛亦宜罪帝令按臣責取諸臣供狀宥之天順元年進尚書曹欽反榮策馬大呼於市曰曹賊作逆壯士同我討罪果有至者即率之往賊平英宗與李賢言歎榮忠命兼大理寺卿食其俸七年以疾罷成化十一年卒賜恤如制霍瑄字廷璧鳳翔人由鄉舉入國學授大同通判正統十二年以武進伯朱冕薦就擢知府也先擁英宗至城下瑄與理餉侍郎沈固等出謁叩馬號泣衆露刃叱之不爲動上皇命括城內金帛瑄悉所有獻之上皇嘉歎寇數出沒大同渾源伺軍民樵採輒驅掠或幸脫歸率殘傷肢體遺民相率入城無所棲又乏食瑄俱爲奏之老弱聽暫徙發粟振而所留城守丁壯除賦役秩滿當遷鎮巡諸臣乞留詔加山西右參政仍治府事英宗復位徵拜瑄工部右侍郎而固亦以石亨薦起爲戶部尚書既而巡撫上瑄治行賜誥旌異初瑄在大同巡撫年富被逮瑄賚其家還里爲鎮守太監韋力轉所惡撻之十餘至是瑄以聞且言力轉每宴輒用妓樂服御僭侈如王者强取部民女爲妾力轉亦訐瑄違法事帝兩釋焉其年轉左賜二品服成化初屢爲言官所劾命致仕卒於京師瑄初治郡有聲晚節不檢特以艱危時見知天子遂久列顯位沈固丹陽人永樂中起家鄉舉積官至尚書石亨敗乞休去王越字世昌濬人長身多力善射涉書史有大略登景泰二年進士廷試日旋風起颺其卷去更給卷乃畢事授御史出按陝西聞父訃不俟代輒歸爲都御史所劾帝特原之天順初起掌諸道章奏超拜山東按察使七年大同巡撫都御史韓雍召還帝難其代喟然曰安得如雍者而任之李賢薦越召見越偉服短袂進止便利帝喜擢右副都御史以行甫至遭母憂奪情視事越乃繕器甲簡卒伍修堡砦減課勸商爲經久計成化三年撫寧侯朱永征毛里孩以越贊理軍務其秋兼巡撫宣府五年冬寇入河套延綏巡撫王銳請濟師詔越帥師赴之河套者周朔方秦河南地土沃豐水草東距山西偏頭關西距寧夏可二千里三面阻河北拊榆林之背唐三受降城在河外故內地明初阻河爲守延綏亦無事自天順間毛里孩等三部始入爲寇然時出沒不敢久駐至是始屯牧其中屢爲邊患越至榆林遣遊擊將軍許寧出西路龍州鎮靖諸堡范瑾出東路神木鎮羌諸堡而自與中官秦剛按榆林城爲聲援寧戰黎家澗瑾戰崖窰川皆捷右參將神英又破敵於鎮羌寇乃退明年正月以捷聞越引還抵偏頭關延綏告警兵部劾越擅還詔弗罪而令越屯延綏近地爲援寇萬餘騎五路入掠越令寧等擊退之進右副都御史是年三月朝廷以阿羅出等擾邊不止拜撫寧侯朱永爲將軍與越共圖之破敵開荒川諸將追奔至牛家寨阿羅出中流矢走論功進右都御史又明年越以方西征辭大同巡撫詔聽之加總督軍務專辦西事然是時寇數萬而官軍堪戰者僅萬人又分散防守勢不敵永越乃條上戰守二策尚書白圭亦難之請敕諸將守其年寇復連入懷遠諸堡永越禦却之圭復請大舉搜套明年遣侍郎葉盛至軍議時永已召還越以士卒衣裝盡壞馬死過半請且休兵與盛偕還而廷議以套不滅三邊終無寧歲先所調諸軍已踰八萬將權不一迄無成功宜專遣大將調度乃拜武靖伯趙輔爲平虜將軍敕陝西寧夏延綏三鎮兵皆受節制越總督軍務比至寇方深入環慶固原飽掠軍竟無功越輔以滿都魯孛羅忽亂加思蘭方強盛勢未可破乃奏言欲窮搜河套非調精兵十五萬不可今餽餉煩勞公私困竭重加科斂內釁可虞宜姑事退守散遣士馬量留精銳就糧鄜延沿邊軍民悉令內徙其寇所出沒之所多置烽燧鑿塹築牆以爲保障奏上廷議不決越等又奏寇知我軍大集移營近河潛謀北渡殆不戰自屈但山陝荒旱芻糧缺供邊地早寒凍餒相繼以時度之攻取實難請從防守之策臣等亦暫還朝於是部科諸臣劾越輔欺謾會輔有疾召還以寧晉伯劉聚代明年越與聚敗寇漫天嶺進左都御史是時三遣大將皆以越總督軍務寇每入小擊輒去軍罷即復來率一歲數入將士益玩寇而寇勢轉熾其年九月滿都魯及孛羅忽亂加思蘭留妻子老弱於紅鹽池大舉深入直抵秦州安定諸州縣越策寇盡銳西不備東偏乃率延綏總兵官許寧遊擊將軍周玉各將五千騎爲左右哨出榆林踰紅兒山涉白鹽灘兩晝夜行八百里將至暴風起塵翳目一老卒前曰天贊我也去而風使敵不覺還軍遇歸寇處下風乘風擊之蔑不勝矣越遽下馬拜之擢爲千戶分兵千爲十覆而身率寧玉張兩翼薄其營大破之禽斬三百五十獲駝馬器械無算焚其廬帳而還及滿都魯等飽掠歸則妻子畜產已蕩盡相顧痛哭自是遠徙北去不敢復居河套西陲息肩者數年初文臣視師者率從大軍後出號令行賞罰而已越始多選跳盪士爲腹心將親與寇搏又以間覘敵累重邀劫之或剪其零騎用是數有功十年春廷議設總制府於固原舉定西侯蔣琬爲總兵官越提督軍務控制延綏寧夏甘肅三邊總兵巡撫而下竝聽節制詔罷琬即以越任之三邊設總制自此始論功加太子少保增俸一級紀功郎中張謹兵科給事中郭鏜等論劉聚等濫殺冒功并劾越妄奏越方自以功大賞薄遂怏怏稱疾還朝明年與左都御史李賓同掌院事兼督十二團營越素以才自喜不修小節爲朝議所齮至是乃破名檢與羣小關通奸人韋英者以官奴從征延綏冒功得百戶汪直掌西廠用事英爲爪牙越因英自結於直內閣論罷西廠越遇大學士劉吉劉珝於朝顯謂之曰汪直行事亦甚公如黃賜專權納賂非直不能去商萬在事久是非多有所忌憚二公入閣幾日何亦爲此珝曰吾輩所言非爲身謀使直行事皆公朝廷置公卿大夫何爲越不能對兵部尚書項忠罷越當遷而朝命予陝西巡撫余子俊越駡不平請解營務優詔不許因自陳搗巢功爲故尚書白圭所抑從征將士多未錄乞移所加官酬之子俊亦言越賞不酬功乃進兵部尚書仍掌院事尋加太子太保越急功名汪直初東征越望督師爲陳鉞所沮鉞驟寵心益艷之十六年春延綏守臣奏寇潛渡河入靖虜越乃說直出師詔拜保國公朱永爲平虜將軍直監軍而越提督軍務越說

直令永率大軍由南路，已與直將輕騎循塞垣而西俱會榆林越至大同聞敵帳在威寧海子則盡選宣大兩鎭兵二萬出孤店潛行至貓兒莊分數道值大風雨雪晦冥進至威寧寇猶不覺掩擊大破之斬首四百三十餘級獲馬駝牛羊六千師不至榆林而還永所出道迂不見敵無功由是封越威寧伯世襲歲祿千二百石越受封不當復領都察院而越不欲就西班御史許進等頌其功引王驥楊善例請仍領院事提督團營從之明年復與直永帥師出大同適寇入掠追擊至黑石崖禽斬百二十餘人獲馬七百匹進太子太傅增歲祿四百石明制文臣不得封公侯越從勳臣例改掌前軍都督府總五軍營兵督團營如故自是眞爲武人且望侯矣其年五月宣府告警命佩平胡將軍印充總兵官復以直監督軍務率京軍萬人赴之比至寇已去因留屯其地至冬而直爲其儕所間寵衰越等再請班師不許陳鉞居兵部亦代直請帝切責之兩人始懼已大同總兵官孫鉞卒即命越代之而以直總鎭大同宣府悉召京營將士還明年寇犯延綏越等調兵援之頗有斬獲益祿五十石帝是時益知越直交結狀大學士萬安等以越有智計恐誘直復進乃請調越延綏以離之兩人勢益衰明年直得罪言官幷劾越詔奪爵除名謫居安陸三子以功廕得官者皆削籍且使使齎敕諭之越聞使至欲自裁見敕有從輕語乃稍自安越既爲禮法士所疾自負豪傑驁然自如飲食供奉擬王者射獵聲樂自恣雖謫從不少衰故其得罪時議頗謂太過而竟無白之者孝宗立赦還弘治七年越屢疏訟冤詔復左都御史致仕越年七十耄矣復結中官李廣以中旨召掌都察院事給事中季源御史王一言等交章論乃寢十年冬寇犯甘肅廷議復設總制官先後會舉七人不稱旨吏部尚書屠滽以越名上乃詔起原官加太子太保總制甘涼邊務兼巡撫越言甘鎭兵弱非籍延寧兩鎭兵難以克敵請兼制兩鎭解巡撫事從之明年越以寇巢賀蘭山後數擾邊乃分兵三路進剿斬四十三級獲馬駝百餘加少保兼太子太傅遂條上制置哈密事宜會李廣得罪死言官連章劾廣黨皆及越越聞憂恨其冬卒於甘州贈太傅謚襄敏越姿表奇偉議論飆舉久歷邊陲身經十餘戰知敵情僞及將士勇怯出奇制勝動有成算獎拔士類籠罩豪俊用財若流水以故人樂爲用又嘗薦楊守隨佀鍾屠滽輩皆有名於世睦族敦舊振窮卹貧如恐不及其膽智過絕於人嘗與朱永帥千人巡邊寇猝至永欲走越止之列陣自固寇疑未敢前薄暮令騎皆下馬銜枚魚貫行自率驍勇爲殿從山後行五十里抵城謂永曰我一動寇追擊無噍類矣示暇以惑之也下馬行無軍聲令寇不覺耳性故豪縱嘗西行謁秦王王開筵奏妓越語王下官爲王吠犬久矣寧無以相酬者因盡乞其妓女以歸一夕大雪方圍爐飲諸妓擁琵琶侍一小校詗敵還陳敵情未竟越大喜酌金巵飲之命彈琵琶侑酒卽以金巵賜之語畢益喜指妓絕麗者目之曰若得此何如校皇恐謝越大笑立予之校所至爲盡死力越在時人多咎其貪功及死而將餒卒惰冒功糜餉滋甚邊臣竟未有如越者

贊曰人非有才之難而善用其才之難王驥王越之將兵楊善之奉使徐有貞之治河其才皆有過人者假使隨流平進以幹畧自奮不失爲名卿大夫而顧以躁於進取依附攀援雖剖符受封在文臣爲希世之遇而譽望因之隳損甚亦不免削奪名節所繫可不重哉

明史卷一百七十二 列傳第六十

總裁官總理事務經筵講官少保兼太子太保保和殿大學士兼管吏部戶部尚書事加六級張廷玉等奉敕修

羅亨信字用實東莞人永樂二年進士改庶吉士授工科給事中出視浙江水災奏蠲三縣租進吏科右給事中坐累謫交阯爲吏居九年仁宗嗣位始召入爲御史嚴通州倉儲巡按畿內清軍山西皆有聲宣德中有薦其堪方面者命食按察僉事俸待遷英宗卽位之三月擢右僉都御史練兵平涼西寧正統二年蔣貴討阿台朶兒只伯亨信叅其軍務至魚兒海貴等以芻餉不繼留十日引還亨信讓之曰公等受國厚恩敢臨敵退縮耶死法孰與死敵貴不從亨信上章言貴逗遛狀帝以其章示監督尚書王驥等明年進兵大破之亨信以叅贊功進秩一等父喪歸葬還朝改命巡撫宣府大同叅將石亨請簡大同民三之一爲軍亨信奏止之十年進右副都御史巡撫如故時遣官度二鎭軍田一軍八十畝外悉徵稅五升亨信言文皇帝時詔邊軍盡力墾田毋徵稅陛下復申命之今奈何忽爲此舉塞上諸軍防邊勞苦無他生業惟事田作每歲自冬徂春迎送瓦剌使臣三月始得就田七月又復刈草八月以後修治關塞計一歲中曾無休暇況邊地磽瘠霜早收薄若更徵稅則民不復畊必致竄逸計臣但務積粟不知人心不固雖有粟將誰與守帝納其言而止初亨信嘗奏言也先專候釁端以圖入寇宜預於直北要害增置城衞爲備不然恐貽大患兵部議寢不行及土木之變人情洶懼有議棄宣府城者官吏軍民紛然爭出亨信仗劍坐城下令曰出城者斬又誓諸將爲朝廷死守人心始定也先挾上皇至城南傳命啓門亨信登城語曰奉命守城不敢擅啓也先逡巡引去赤城鵰鶚懷來永寧保安諸守將棄城遁並按其罪當是時車駕既北寇騎日薄城下闔門左右皆戰場亨信與總兵楊洪以孤城當其衝外禦強寇內屏京師洪既入衞又與朱謙共守勞績甚著著兜鍪處顚髮盡禿景帝卽位進左副都御史明年年七十有四矣乞致仕許之歸八年卒於家

侯璡字廷玉澤州人少慷慨有志節登宣德二年進士授行人烏撒烏蒙土官以爭地相讐殺詔遣璡及同官章聰諭解之正其疆理而還副侍郎章敞使交阯關門卑前驅傴而入璡叱曰此狗竇耳奈何辱天使交人爲毀關乃入及歸饋遺無所受遷兵部主事正統初從尚書柴車等出鐵門關禦阿台有功進郎中從王驥征麓川至金齒驥自統大軍擊思任發而遣璡援大侯州賊衆三萬至督都指揮馬讓盧鉞擊走之遂由高黎貢山兼程夜行會大軍壓其巢麓川平拜禮部右侍郎叅贊雲南軍務詔與楊寧二年更代驥再征麓川璡以功遷左九年代還母憂起復尋調兵部十一年復代寧鎭雲南思機發寇孟養驥復南征璡與都督張軏分兵進抵金沙江破之鬼哭山壘書褒賚景泰初貴州苗韋同烈叛圍新添平越清平興隆諸衞命璡總督貴州軍務討之時副總兵田禮已解新添平越圍璡遂遣兵攻敗都盧水西諸賊貴州道始通又調雲南兵由烏撒會師開畢節諸路檄普安土兵援安南衞而自率師攻紫塘彌勒等十餘寨會賊復圍平越回師擊退之遂分哨七盤坡羊腸河楊老堡解清平圍東至重安江與驥兵會興隆抵鎭遠道皆通搗闘進兵部尚書進克賞改苗禽其渠王阿同等三十四人別賊阿趙僞稱趙王率衆掠清平璡復討禽之木西苗阿忽等六族皆自乞歸化詔璡隨方處置景泰元年八月以勞瘁卒於普定年五十三賜祭葬廕其子錦衣衞世襲千戶

楊寧字彥謐歙人宣德五年進士授刑部主事機警多才能負時譽正統初從尚書魏源巡視宣大四年與都督吳亮征麓川賊欸軍門約降寧曰兵未加而先降誘我也宜嚴兵待之不聽令寧督運金齒已而賊果大至官兵敗績諸將獲罪寧擢郎中復從王驥至騰衝破賊寧與太僕少卿李蕡督戰並有功師還寧超拜刑部右侍郎遭母憂奪情九年代侯璡參贊雲南軍務時麓川甫平寧以騰衝地要害與都督沐昂築城置衞設戍兵控諸蠻邊方遂定居二年召還閩浙盜起命寧鎭江西賊至輒擊敗之暇則詢民疾苦境內嚮服景泰初召拜禮部尚書偕胡濙理部事迤北可汗遣使入貢寧言宜留使數日宴勞賜予視也先使倍厚彼性多猜二人必內搆邊患可緩帝務誠信不許其冬以足疾調南刑部七年爲御史莊昇所劾遣覈未報寧力詆言官都察院再劾寧脅制言路詔免其罪錄狀示之英宗復辟命致仕踰年卒寧有才而善交權貴嘗自敘前後戰功乞世廕子竭方一歲遂得新安衞副千戶

王來字原之慈谿人宣德二年以會試乙榜授新建教諭寧王府以諸生充樂舞來請易以道士諸王府設樂舞生始此六年以薦擢御史出按蘇松常鎭四府命偕巡撫周忱考察屬吏敕有請自上裁語來言賊民吏去之惟恐不速必請而後行民困多矣帝爲改敕賜之中官陳武以太后命使江南橫甚來數抑之武還愬於帝帝問都御史顧佐巡按誰也佐以來對帝歎息稱其賢曰識之及報命獎諭甚至英宗卽位以楊士奇薦擢山西左叅政言流民所在成家及招還故土每以失產復逃去乞請隨在附籍便又言郡縣官不以農業爲務致民多游惰催徵輒致已命朝廷憫其失業下詔蠲除而田日荒閒租稅無出累及良民宜擇守長賢者以課農爲職其荒田令附近之家通力合作供租之外聽其均分原主復業則還之蠶桑可裨本業者聽其規畫仍令提學風憲官督之庶人知務本從之來居官廉練達政事侍郎于謙撫山西亟稱其才可置近侍而來執法嚴疾惡尤甚以公事杖死縣令不職者十人逮下獄當徙

遇赦以原官調補廣東來自此始折節爲和平而政亦修舉正統十三年遷河南左布政使明年改左副都御史巡撫河南及湖廣襄陽諸府也先逼京師來督兵勤王渡河聞寇退乃引還景泰元年貴州苗叛總督湖廣貴州軍務侯璡卒於軍進來右都御史代之與保定伯梁珤都督毛勝方瑛會兵進討至靖州賊掠長沙寶慶武岡來等分道邀擊俘斬三千餘人賊遁去已復出掠官軍連戰皆捷賊魁韋同烈據興隆刧平越清平諸衞來與方瑛擊敗之賊退保香爐山山陡絶勝瑛與都督陳友三道進來與珤大軍繼之先後破三百餘寨會師香爐山下發礮轟崖石聲動地賊懼縛同烈幷賊將五十八人降餘悉解散遂移軍淸平且檄四川兵共勦都匀草塘諸賊賊望風具牛酒迎降賊平班師詔留來珤鎮撫尋命來兼巡撫貴州奏言近因黔楚用兵暫行鬻爵之例今寇賊稍寧惟平越都匀等四衞乏餉宜召商中鹽罷納米例從之三年十月召還加兼大理寺卿珤以來功大乞加旌異都給事中蘇霖駁之乃止來還在道以貴州苗復反敕回師進討明年事平召爲南京工部尚書英宗復辟六尚書悉罷來歸成化六年卒於家

孫原貞名瑀以字行德興人永樂十三年進士授禮部主事歷郎中英宗初用薦擢河南右叅政居官淸愼有吏才正統八年大臣會薦遷浙江左布政使久之盜大起閩浙間赦而再叛景帝卽位發兵討之原貞嘗策賊必叛上方畧請爲備至是卽命原貞叅議軍事深入擒其魁而溫州餘賊猶未滅命都指揮李信爲都督僉事調軍討之遂拜原貞兵部左侍郎參信軍務鎭守浙江丁母憂當去副都御史軒輗請留之報可景泰元年原貞進兵擣賊巢俘斬賊首陶得二等招撫三千六百餘人追還被掠男女捷聞璽書奬勵請奔喪踰月還鎭復分兵勦平餘寇奏析瑞安地增置泰順析麗水靑田二縣地置雲和宣平景寧四邑建官置戍盜患遂息論功進秩一等浙官田賦重右布政使楊瓚請均於民田輕額者詔原貞督之田賦以平三年請褒贈禦賊死事武臣指揮同知脫綱王瑛都指揮僉事沈麟崔源皆得贈卹六月進兵部尚書鎭守如故未幾命考察福建庶官因留鎭焉福州建寧二府舊有銀冶因寇亂罷朝議復開原貞執不可乃寢五年冬疏言四方屯軍率以營繕轉輸諸役妨耕作宜簡精銳實伍餘悉歸之農苟增萬人屯卽歲省支倉糧十二萬石且積餘糧六萬石兵食豈有不足哉今歲漕數百萬石道路費不貲如浙江糧軍兌運米石加耗米七斗民自運米石加八斗其餘計水程遠近加耗是田不加多而賦斂實倍欲民無困不可得也況今太倉無十數年之積脫遇水旱其何以濟宜量入爲出汰冗食浮費俟倉儲旣裕漸減歲漕數而民困可蘇也臣昔官河南稽諸逃民籍凡二十餘萬戶悉轉徙南陽唐鄧襄樊間群聚謀生安保其不爲盜宜及今年豐遣近臣循行督有司籍爲編戶給田業課農桑立社學鄉約義倉使敦本務業生計旣定徐議賦役庶無他日患時不能盡用後劉千斤之亂果如原貞所料已復鎭浙江英宗復位罷歸成化十年卒年八十七原貞所至有勞績在浙江尤著名孫需字孚吉成化八年進士爲常州府推官疑獄立剖擢南京御史劾僧繼曉忤旨予杖出爲四川副使弘治中累官右副都御史巡撫河南歲凶募民築汴河堤堤成而饑者亦濟鎭守中官劉瑯貪橫奸民赴瑯訟者需以法論之遣戍瑯爲跪請執不聽瑯恨次骨大臣子橫于鄉需抑之瑯與謀改需撫陝西尋改撫鄖陽安輯流民占籍者九萬餘戶正德元年召爲南京兵部右侍郎四年就拜禮部尚書未兩月劉瑾惡之追論撫河南時事罰米輸邊廷推需刑部尚書中旨令致仕瑾誅起南京工部尚書就改刑部再改吏部十三年乞休去嘉靖初卒謚淸簡張憲字廷式與需同里同舉進士相代爲尚書嘗爲浙江右布政使後以工部右侍郎督易州山廠公帑無毫髮私歷南京禮部尚書劉瑾勒致仕瑾誅起工部卒

朱鑑字用明晉江人童時刲股療父疾舉鄉試授蒲圻教諭宣德二年與廬陵知縣孔文英等四十三人以顧佐薦召於各道觀政三月遂擢御史巡按湖廣諭降梅花峒賊蕭啓寧等請復舊制同副使僉事按行所部問民疾苦湖湘俗男女婚嫁多踰三十鑑申明禮制其俗遂變三載代歸正統五年復按廣東奏設欽州守備都指揮奉命錄囚多所平反招撫逋叛甚衆還朝請天下按察司增僉事一人專理屯田遂爲定制七年用薦擢山西左參政奏減平陽採薪供邊夫役景帝監國進布政使尋擢右副都御史巡撫其地上言也先奸詭百端殺掠無已復假和親遣使覘伺以送駕爲名覬得開關延接稍示抗拒彼卽有辭其謀旣深我慮宜遠宜暫罷中貴監軍之制假總兵以生殺權使志無所撓討有所施整散兵募勇士重懸賞格鼓勸義旅徵勤王兵數道竝進戮力復讐庶大駕可還敵兵自退曩者江南寇發皆以誅王振爲名夫事歸朝廷則治歸宦官則亂昔高皇帝與羣臣議事必屏去左右恐泄事機乞杜權倖之門凡軍國重事屬任大臣必當有濟景帝嘉納之時瓦剌窺塞下鑑日夜爲守禦計景泰元年敵數萬騎攻雁門都指揮李端擊却之尋犯河曲及義井堡殺二指揮圍忻代諸州石亨等不能禦長驅抵太原城北山西大震命鑑移鎭雁門而別遣都督僉事王良鎭太原援兵漸集敵亦饜乃引去時山西仍遘兵荒鑑外飭戎備內撫災民勞瘁備至二年十月鎭守山西都御史羅通召還命鑑兼領其事明年詔遣大臣行天下黜陟有司禮部侍郎鄒幹至山西多所論劾鑑請召幹還幹因極論鑑徇護帝是幹言其年十月召鑑佐院事至京致仕去初景帝易儲鑑貽大學士陳循書言不可且曰陛下於上皇當避位以全大義循大駭英宗復位鑑詣闕上表賀帝曰鑑老疾何妄來其速令還家居二十餘年卒

楊信民名誠以字行浙江新昌人鄉舉入國學宣德時除工科給事中母憂歸營葬土石必躬舁數百步曰吾葬吾母而專役他人吾不安也服闋改刑科正統中淸軍江西還奏民隱五事多議行尋以王直薦擢廣東左參議淸操絶俗嘗行田野訪利弊爲更置性剛負氣按察使郭智不法信民劾之下獄黃翰代智信民復發其奸已又劾僉事韋廣廣遂訐信民因與翰俱被逮軍民譁然詣闕下乞留信民詔復信民官而鞫廣鞫實除名景帝監國于謙薦之命守備白羊口會廣東賊黃蕭養圍廣州急嶺南人乞信民乃以爲右僉都御史巡撫其地士民聞而相慶曰楊公來矣時廣州被圍久將士戰輒敗禁民出入樵采絶而鄉民避賊來者拒不納多爲賊所害民益愁苦歸賊信民至開城門發倉廩刻木鍥給民得出入賊見木鍥曰此楊公所給也不敢傷避賊者悉收保民若更生信民益厲甲兵多方招撫降者日至乃使使持檄入賊營諭以恩信蕭養曰得楊公一言死不恨尅日請見信民單車詣之隔濠與語賊黨望見讙曰果楊公也爭羅拜有泣下者賊以大魚獻信民受之不疑蕭養且降而都督董興大軍至賊忽中變夜有大星隕城外七日而信民暴疾卒時景泰元年三月乙卯也軍民聚哭城中皆縞素賊聞之亦泣曰楊公死吾屬無歸路矣未幾興平賊所過村聚多殺掠民仰天號曰楊公在豈使吾曹至是訃聞賜葬祭錄其子玖爲國子生廣東民赴京請建祠許之成化中賜謚恭惠久之從選人盧從愿請命有司歲以其忌日祭焉

張驥字仲德安化人永樂中舉於鄉入國學宣德初授御史出按江西慮囚福建有仁廉聲正統八年吏部尚書王直等應詔博舉廷臣公廉有學行者驥與焉遷大理右寺丞巡撫山東先是濟南設撫民官專撫流民後反爲民擾驥奏罷之俗遇旱輒伐新葬塚墓殘其肢體以爲旱所由致名曰打旱骨樁以驥言禁絶還朝進右少卿已命巡視濟寧至淮揚饑民驥立法捕蝗停不急務諭逋發廩民賴以濟十三年冬巡撫浙江初慶元人葉宗留與麗水陳鑑胡聚衆盜福建寶豐諸銀礦已而羣盜自相殺遂爲亂九年七月福建參議竺淵往捕被執死宗留僭稱王時福建鄧茂七亦聚衆反勢甚張宗留鑑胡附之流剽浙江江西福建境上參議耿定僉事王晟及都督僉事陳榮指揮劉眞都指揮吳剛龔禮永豐知縣鄧顒前後敗歿遂昌賊蘇牙俞伯通剽蘭溪又與相應遠近震動驥至遣金華知府石瑁擊斬牙等撫定其餘黨而鑑胡方以爭忿殺宗留專其衆自稱大王國號太平建元泰定僞署將帥圍處州分掠武義松陽龍泉永康義烏東陽浦江諸縣未幾茂七死鑑胡勢孤驥命麗水丞丁寧率老人王世昌等齎榜入賊巢招之鑑胡遂偕其黨出降惟陶得二不就撫殺使者入山爲亂如故時十四年四月也驥旣招降鑑胡而別賊蘇記養等掠金華亦爲官軍所獲賊勢乃益衰其秋景帝嗣位召驥還卒於道驥所至咸有建樹山東兩浙民久而思之鑑胡至京帝宥不誅更遇赦釋充留守衞軍也先入犯鑑胡乘間亡被獲伏誅竺淵奉化人耿定和州人王晟鄆城人鄧顒樂昌人俱進士顒兵潰被執不屈死詔爲營葬淵等贈官錄一子

馬謹字守禮新樂人宣德二年進士事父母孝遭喪親負土以葬正統中以御史按浙江時修備倭海船徵材于嚴衢諸郡謹恐軍士藉勢肆斬伐請禁飭之報可所至貪猾屏跡疏振台處寧紹四府饑吏部驗封郎中缺人久帝令推擇會謹九載滿尚書郭璡薦謹廉直遂用之十年薦擢湖廣右布政使正統末湖南叛苗掠靖州命謹同御史侯爵撫諭參將張善率兵繼之謹等至招數千人復業其出掠者擊敗之尋與善破淇溪諸寨景泰初復與善大破臘婆諸洞已同參將李震擊破青龍渡馬楊山諸賊追奔至雞心嶺先後斬首千四百有奇師還靖州賊復出掠搗其巢斬獲如前武岡城溪諸賊結廣西蠻據靑肺山復與震攻破之獲賊楊光拳等五百六十人斬首倍之扶城諸砦聞風欵附謹出入行間三歲衝冒鋒鏑與諸將同而運籌轉餉功尤多轉左布

政使錄功進秩一等六年五月遷右副都御史仍支二品俸巡撫河南撫流民三萬一千餘戶天順初廢巡撫官謹亦罷歸久之卒謹性廉介楊士奇嘗稱爲冰霜鐵石

程信字彥實其先休寧人洪武中戍河間因家焉信舉正統七年進士授吏科給事中景帝卽位薦起薛瑄等三人也先犯京師信督軍守西城上言五事都督孫鏜擊也先失利欲入城信不納督軍從城上發箭礮助之鏜戰益力也先遂却景泰元年請振畿輔饑民復河間學官生徒因用兵罷遣者皆報可進左給事中以天變上中興固本十事其言敬天則請帝敦孝友之實以答天心帝嘉納之明年二月出爲山東右參政督餉遼東巡撫寇深奏盜糧一石以上者死又置新斛視舊加大屬信鉤考信立碎之曰奈何納人於死深由是不悅信尋以憂去服闋起四川參政理松潘餉偕侍郎羅綺破黑虎諸寨天順元年信入賀時方錄景泰間進言者特擢信太僕卿京衞馬耗多信定期徵之三營大將石亨孫鏜曹欽並以奪門功有寵庇諸武臣爲言太僕苛急請改隸兵部信言高皇帝令太僕馬數勿使人知若隸兵部馬登耗太僕不得聞脫有警馬不給誰任其咎帝是之乃隸太僕如故明年改左僉都御史巡撫遼東都指揮夏霖恣不法僉事胡鼎發其四十罪信以聞下霖錦衣獄門達言信不當代奏帝責令陳狀時寇深方掌都察院修前郤劾信徵下詔獄降南京太僕少卿五年召爲刑部右侍郎母憂歸成化元年起兵部尋轉左四川戎縣山都掌蠻數叛陷合江等九縣廷議發大軍討之以襄城伯李瑾充總兵官太監劉恒爲監督進信尚書提督軍務至永寧分道進都督芮成由戎縣巡撫貴州都御史陳宜參將吳經由芒部都指揮崔旻由普市永腦南寧伯毛榮由李子關巡撫四川都御史汪浩參將宰用由渡船鋪左右遊擊將軍羅秉忠穆義由金鵝池而信與瑾居中節制轉戰六日破龍背豹尾諸寨七百五十餘明年至大壩焚寨千四百五十前後斬首四千五百有奇俘獲無算按諸九姓不奉化者遷瀘州衞於渡船鋪增置關堡改大壩爲太平川長官司分山都掌地設官建治控制之帝降璽書嘉勞錄功進兼大理寺卿與白圭同涖兵部言官劾信上首功不實信四疏乞休不許信欲有爲而阻於圭不自得數稱疾六年春旱應詔言兵事宜更張者四兵弊宜申理者五大畧言延綏兩廣歲遭劫掠宜擇大臣總制四方流民多聚荆襄宜早區畫京軍操練無法功次陞賞未當語多侵圭圭奏寢之改南京兵部參贊機務明年致仕踰年卒贈太子少保謚襄毅信有才力識大體征南蠻時制許便宜從事迄班師未嘗擅賞戮一人曰刑賞人主大柄也不得已而假之人幸而事集輒自專非人臣所宜在南京守備臣欲預錢穀訟獄事信曰守備重臣所以謹非常也若此乃有司職耳論者韙之子敏政見文苑傳

白圭字宗玉南宮人正統七年進士除御史監朱勇軍討兀良哈有功巡按山西辨疑獄百餘從車駕北征陷土木脫還景帝命往澤州募兵尋遷陝西按察副使擢浙江右布政使福建賊鄧懷言流剽處州協諸將平之天順二年貴州東苗干把豬等僭號攻劫都勻諸處詔進右副都御史贊南和侯方瑛軍往討圭以谷種諸夷爲東苗羽翼先勦破百四十七砦遂會兵青崖復破四百七十餘砦乘勝攻六美山干把豬就擒諸苗震讋湖廣災就命圭巡撫四年召爲兵部右侍郎明年孛來寇莊浪圭與都御史王竑贊都督馮宗軍務分兵巡邊圭敗之固原州七年進工部尚書成化元年荆襄賊劉千斤等作亂敕撫寧伯朱永爲總兵官都督喜信鮑政爲左右參將中官唐愼林貴奉監之而以圭提督軍務發京軍及諸道兵會討千斤名通河南西華人縣門石狻猊重千斤通隻手舉之因以爲號正統中流民聚荆襄間通竄入爲妖言潛謀倡亂石龍者號石和尚聚衆剽掠通與共起兵僞稱漢王建元德勝流民從者四萬人圭等至南漳賊迎戰敗之乘勝逼其巢通奔壽陽謀走陝西圭遣兵扼其道通乃退保大市與苗龍合官軍又破之雁坪斬通子聰及其黨苗虎等賊退保後巖山據險下木石如雨諸軍四面攻圭往來督戰士皆蟻附登賊大敗擒通及其衆三千五百餘人獲賊子女萬一千有奇焚其廬舍夷險阻而還石龍與其黨劉長子等逸去轉掠四川連陷巫山大昌圭等分兵蹙之長子縛龍以降餘寇悉平錄功加圭太子少保增俸一級遭父憂葬畢視事三年改兵部尚書兼督十二團營六年阿羅出等駐牧河套陝西數被寇圭言鎭巡官偷肆宜治延綏巡撫王銳鎭守太監秦剛總兵官房能俱獲罪去圭乃議大舉搜河套發京兵及他鎭兵十萬屯延綏而以輸餉責河南山西陝西民不給則預徵明年賦於是內地騷然而前後所遣三大將朱永趙輔劉聚皆畏怯不任戰卒以無功十年卒官年五十六贈少傅謚恭敏圭性簡重公退卽閉閤臥請謁皆不得通在貴州時有憤中官虐而欲刺之者俟入圭所圭擁衾問之其人驚曰乃吾公耶卽自刎不殊仆於地圭呼燭起視傅以善藥遣之人服其量次子鉞字秉德進士及第授編修累官太子少保禮部尚書習典故以詞翰稱卒贈太子太保謚文裕

張瓚字宗器孝感人正統十三年進士授工部主事遷郞中歷知太原寧波二府有善政成化初市舶中官福住貪恣瓚禁戢其下住誣瓚於朝瓚遂列住罪住被責其黨多抵法大臣會薦遷廣東參政轉浙江左布政使十年冬以右副都御史巡撫四川播州致仕宣慰楊輝言所屬夭壩干灣溪諸寨及重安長官司爲生苗竊據請王師進討詔瓚諭還侵地不服則征之瓚率兵討定請設安寧宣撫司卽授輝子友爲宣撫以鎭詔可賜敕獎勞以母老乞歸母已卒會松茂番寇邊詔起復視事先是僉事林璧言松茂巀爲大鎭都御史寇深侍郎羅綺嘗假便宜專制其地故有功今惟設兩參將以副使居中調度事權輕臨敵稟令制府千里請戰謀洩機緩未有能獲利者宜別置重臣彈壓或卽命瓚兼領專其責成十二年七月命瓚兼督松茂安綿建昌軍務瓚至軍審度形勢改大壩舊設副使於安綿而令副總兵堯彧軍松潘參將孫暠軍威疊爲夾攻計乘間修河西舊路作浮梁治月城避偏橋棧道軍獲安行轉餉無阻十四年六月攻白草壩西坡禪定數大砦斬獲亡算徇茂州疊溪所過降附抵曲山三砦攻破之再討平白草壩餘寇先後破滅五十二砦賊魁撒哈等皆殲他一百五砦悉獻馬納欵諸番盡平留兵戍要害增置墩堡乃班師帝嘉其功徵拜戶部左侍郎辭歸終制十五年起左副都御史總督漕運兼巡撫江北諸府十八年歲大祲疏請振濟發銀五萬兩復敕瓚移淮安倉糧分振而瓚已卒瓚功名著西蜀其後撫蜀者如謝士元輩雖有名不及瓚惟夭壩干之役或言楊輝溺愛庶長子友欲官之詐言生苗爲亂瓚信而興師其功不無矯飾云謝士元字仲仁長樂人景泰五年進士授戶部主事督通州倉陳四弊屢與監倉宦官忤天順七年擢建昌知府地多盜爲軍將所庇士元以他事持軍將奸發輒得民懷券訟田宅士元叱曰僞也券今式而所訟乃二十年事民驚服訟爲衰止考滿進從三品俸治府事如故以憂去服闋起知廣信永豐有銀礦處州民盜發之聚數千人將士憚其驍獷不敢勦士元勒兵趨之賊遮刺士元傷左股裹創力戰獲其魁塞礦穴而還入覲改永平遭喪不赴服闋擢四川右參政進右布政使弘治元年就擢右副都御史巡撫其地土番大小娃者將煽亂士元託行邊馳詣其地賊恐羅拜道左徐慰遣之歲大祲流民趨就食士元振恤有方全活者數萬明年坐事下獄事白遂致仕

孔鏞字韶文長洲人景泰五年進士知都昌縣分戶九等以定役設倉水次便收斂民甚賴之以弟銘尙寧府郡主改知連山猺獞出沒鄰境縣民悉竄鏞往招之民驚走鏞炊飯民舍留錢償其直以去民乃漸知親鏞相率還鏞慰勞振恤俾復故業敎以戰守道路漸通縣治遂復都御史葉盛征廣西以鏞從諸將妄殺者鏞輒力爭所全活甚衆成化元年用葉盛等薦擢高州試知府前知府劉海以猺警閉城門自護鄉民避猺至者輒不納還爲猺所戕又疑民陰附賊輒戮之賊緣是激衆怒爲內應城遂陷鏞至開門納來者流亡日歸城不能容別築城東北居之附郭多暴骸民以疫死復爲義塚瘞焉時賊屯境內者凡十餘部而其魁馮曉屯化州鄧公長屯茅峒屢招不就鏞一日單騎從二人直抵茅峒去城十里許道遇賊徒令還告曰我新太守也公長驟聞新守至亟呼其黨擐甲迎及見鏞坦易無騶從氣大沮鏞徐下馬入坐庭中公長率其徒弛甲羅拜鏞諭曰汝曹故良民迫凍餒耳前守欲兵汝吾今奉命爲汝父母汝我子也信我則送我歸賚汝粟帛不信則殺我卽大軍至無遺種矣公長猶豫其黨皆感悟泣下鏞曰餒矣當食我公長爲跪上酒饌既食曰日且暮當止宿夜解衣酣寢賊相顧駭服再宿而返見道旁裸而懸樹上者纍纍詢之皆諸生也命盡釋之公長遣數十騎擁還城中人望見皆大驚謂知府被執來給降也盡登陴鏞止騎城外獨與羸卒入取穀帛使載歸公長益感激遂焚其巢率黨數千人來降公長既降諸賊次第納欵惟曉恃險不服鏞選壯士二百人乘夜抵化州曉倉皇走匿獲其妻子以歸撫恤甚厚曉亦以五百人降已與僉事陶魯敗賊廖婆保他賊先後來犯多敗去境內大定上官交薦擢按察副使分巡高雷二府益招劇賊梁定侯大六鄧辛酉等給田產分處內地爲官備他盜廣西賊犯信宜岑溪皆擊敗之治績聞賜誥命旌異遭喪服除改廣西猺獞聞鏞至悉遠遁十四年兵部上其功賚銀幣尋進按察使荔浦賊來寇總督朱英以兵屬鏞擊平之進食二品祿已遷左布政使旋以右副都御史巡撫貴州清平部苗阿溪者桀驁多智其養子阿賴尤有

力橫行諸部中守臣皆納溪賂驕不可制鏞行部至清平詗得溪所呪者二人遂以計擒溪傑之并討平雞背苗郡蠻震懾鏞居官廉歷仕三十餘年皆在邊陲觸瘴成疾乞骸骨不許弘治二年召爲工部右侍郎道卒年六十三平樂李時敏者爲信宜知縣嘗與鏞共平傜亂有功遷知化州粵人以孔李並稱

鄧廷瓚字宗器巴陵人景泰五年進士知淳安縣有惠政丁母憂服除遷太僕寺丞貴州新設程番府地在萬山中蠻獠雜居吏部難其人特擢廷瓚爲知府至則悉心規畫城郭衢巷學校壇廟廨舍以次興建榜諭諸獠受約束政平令和巡撫陳儼上其治行帝令久任九載秩滿始遷山東左參政尋進右布政使弘治二年以右副都御史巡撫貴州廷瓚自令至守淹常調者踰三十年至是去知府止三歲遂得開府以生母憂歸服闋還原任都勻苗乜富架長脚等作亂敕廷瓚提督軍務同湖廣總兵官顧溥貴州總兵官王通等討之副使吳倬遣熟苗詐降富架誘令入寇伏兵擒其父子官軍乘勝連破百餘寨生縶長脚以歸羣蠻震懾廷瓚言都勻清平舊設二衞九長官司其人皆世祿自用其法恣虐激變苗民亂四十餘年今元兇就除非大更張不可請改爲府縣設流官與土官兼治庶可久安因上善後十一事帝悉從之遂設府一曰都勻州二曰獨山麻哈縣一曰清平苗患自此漸戢論功進右都御史八年召掌南京都察院事甫數月命提督兩廣軍務兼巡撫越二年進左廷瓚治尚簡易於吏事但總大綱結羣蠻以恩信不輕用兵而兵出必成功鬱林雲爐大桂諸蠻及四會饑民作亂以次討平兩廣遂無事十三年復召掌南院未行卒贈太子少保諡襄敏廷瓚有雅量待人不疑時多稱其長者至所設施動中機宜其在貴州平苗功爲尤偉云

王軾字用敬公安人天順八年進士授大理右評事遷右寺正錄囚四川平反百餘人擢四川副使歲凶請官銀十萬兩爲糴費以按嘉定同知盛崇仁贓罪被訐下吏事白還職改陝西弘治初擢四川按察使三年遷南京右僉都御史提督操江八年進右副都御史總理南京糧儲旋命巡撫貴州明年入爲大理卿詔與刑部裁定條例頒天下十三年拜南京戶部尚書尋命兼左副都御史督貴州軍務討普安賊婦米魯時鎮守中官楊友總兵官曹愷巡撫錢鉞共發兵討魯大敗於阿馬坡都指揮吳遠被執普安幾陷友等請濟師乃以命軾軾未至而友等遣人招賊賊揚言欲降益擁衆攻圍普安安南衞城斷盤江道勢愈熾又乘間劫執友右布政使閭鉦按察使劉福都指揮李宗武郭仁史韜李雄吳達等死焉軾至以便宜調廣西湖廣雲南四川官軍土兵八萬人合貴州兵分八道進使致仕都督王通將一軍十五年正月參將趙晟破六墜砦賊遁過盤江都指揮張泰等渡江追擊指揮劉懷等遂進解安南衞圍而愷通及都指揮李政亦各破賊砦賊還攻平夷衞及大河扼勒諸堡都御史陳金以雲南兵禦之賊遁歸馬尾籠寨官軍聚攻益急土官鳳英等格殺米魯餘黨遂平用兵凡五月破賊砦千餘斬首四千八百有奇俘獲一千二百捷聞帝大喜嘉勞召還京賜賚有加錄功加太子少保已改南京兵部參贊機務連乞致仕不允武宗立遇疾復請詔加太子太保賜敕乘傳歸卒贈太保諡襄簡

劉丙字文煥南雄知府實孫也成化末登進士選庶吉士改御史巡按雲南雲南諸司吏舊不得給由父滿子代丙請如例考入官流戍僉發必經兵部多淹延致死丙請屬之撫按土官無後者請錄其弟姪勿令妻妾冒冠服俱著爲例後督兩淮鹽課中官請引二萬爲織造費部議許之丙執不可得減四之三歷福建四川副使俱督學校三遷四川左布政使正德六年以右副都御史巡撫湖廣所部鎭溪千戶所筸子坪長官司與貴州銅仁四川酉陽梅桐諸土司犬牙相錯弘治中錯溪苗龍麻陽與銅仁苗龍童保聚衆攻剽土官李椿等實縱之而筸子百夫長龍眞與通謀後遂四出劫掠遠近騷然先後守臣莫能制丙將討之賊入連山深箐爲拒守計丙率師破其數寨賊走據天生崖及六龍山貴州巡撫沈林兵繼至連攻破之前後擒童保等二百人斬首八百九十餘級都指揮潘勛又破鎭筸諸寨擒麻陽等百六十人斬首級如前餘賊遠遁璽書獎勵丙操履淸介敢任事所至嚴明法令修舉遷工部右侍郎採木入山越二載犯風痺得疾卒詔贈尚書諡恭襄

贊曰英景間瓦剌逼西陲邊圉孔棘而黃蕭養葉宗留之徒劫掠嶺南浙閩境上其後荆襄流民嘯聚則以劉通石龍爲之魁他若都勻松茂黔楚諸苗猺叛者數起羅亨信侯璡諸人保固封圻誅戮禁亂討則有功撫則信著宣力封疆無忝厥任矣孔鏞以知府服叛猺其才力有過人者韓愈言柳中丞行事適機宜風采可畏愛不如是惡能以有爲哉

明史卷一百七十三　　列傳第六十一

總裁官總理事務　經筵講官少保兼太子太保保和殿大學士兼管吏部戶部尚書事加六級張廷玉等奉

敕修

楊洪 子俊 從子能 信　石亨 從子彪 從孫後

郭登　朱謙 子永 孫暉等

孫鏜 趙勝　范廣

楊洪字宗道六合人祖政明初以功爲漢中百戶父璟戰死靈璧洪嗣職調開平善騎射遇敵輒身先突陣初從成祖北征至斡難河獲人馬而還帝曰將才也令識其名進千戶宣德四年命以精騎二百專巡徼塞上繼命城西貓兒峪留兵戍之敗寇於紅山英宗立尚書王驥言邊軍怯弱由訓練無人因言洪能詔加洪遊擊將軍洪所部才五百詔選開平獨石騎兵益之再進都指揮僉事時先朝宿將已盡洪後起以敢戰著名爲人機變敏捷善出奇擣虛未嘗小挫雖爲偏校中朝大臣皆知其能有毀之者輒爲曲護洪以是得展其才尚書魏源督邊事指揮杜衡部卒李全皆訐奏洪罪帝從源言謫衡廣西執全付洪自治尋命洪副都督僉事李謙守赤城獨石謙老而怯故與洪左洪每調軍謙輒陰沮之洪嘗厲將士殺敵謙笑曰敵可盡乎徒殺吾人耳御史張鵬劾罷謙因命洪代洪益自奮朝廷亦厚待之每奏捷功雖微必敘洪初敗兀良哈兵執其部長朶欒帖木兒既代謙任復敗其兵於西涼亭帝賜敕嘉獎又敕宣大總兵官譚廣等曰此卽前寇延綏爲指揮王禎所敗者去若軍甚邇顧不能撲滅若視洪等媿不三年春擊寇於伯顏山洪馬蹶傷足戰益力擒其部長也陵台等四人追至寶昌州又擒阿台答剌花等五人寇大敗遁去璽書慰勞遣醫視進都指揮同知賜銀幣尋以譚廣老命充右參將佐之洪建議加築開平城拓龍門所自獨石至潮河川增置堠臺六十尋進都指揮使與兀良哈兵戰三岔口又嘗追寇至亦把禿河再遷都督同知九年兀良哈寇延綏洪與內臣韓政等出大同至黑山迤北邀破之克列蘇進左都督軍士蒙賞者九千九百餘人洪嘗請給旗牌不許乃自製小羽箭木牌令軍中有司論其專擅帝不問十二年充總兵官代郭玹鎭宣府自宣德以來迤北未嘗大舉入寇惟朶顏三衞衆乘間擾邊多不過百騎或數十騎他將率巽懦洪獨以敢戰至大將諸部亦憚之稱爲楊王瓦剌可汗脫脫不花太師也先皆嘗致書於洪並遺之馬洪聞於朝敕令受之而報以禮嗣後數有贈遺帝方倚任洪不責也帝旣北狩道宣府也先傳帝命趣開門城上人對曰所守者主上城池天已暮門不敢開且洪已他往也先乃擁帝去景帝監國論前後功封昌平伯也先復令帝爲書遺洪洪封上之時景帝已卽位馳使報洪上皇書僞也自今雖眞書毋受於是洪一意堅守也先逼京師急詔洪將兵二萬入衞比至寇已退敕洪與孫鏜范廣等追擊餘寇至霸州破之獲阿歸等四十八人還所掠人畜萬計及關寇返關殺官軍數百人洪子俊幾爲所及寇去以功進侯命率所部留京師督京營訓練兼掌左府事朝廷以洪宿將所言多采納嘗陳禦寇三策又奏請簡汰三千諸營將校不得以貧弱充伍皆從之景泰元年于謙以邊警未息宜令洪等條上方略洪言四事命兵部議行都督宮聚王喜張斌先坐罪繫獄洪與石亨薦三人習戰請釋令立功詔已許而言官劾其黨邪撓政帝以國家多事務得人置不問上皇還洪與石亨俱授奉天翊衞宣力武臣予世券明年夏佩鎭朔大將軍印還鎭宣府從子能信充左右參將其子俊爲右都督管三千營洪自以一門父子官極品手握重兵盛滿難居乞休致請調俊等他鎭帝不許八月以疾召還京踰月卒贈穎國公諡武襄妾葛氏自經以殉詔贈淑人洪久居宣府御兵嚴肅士馬精强爲一時邊將冠然未嘗專殺又頗好文學嘗請建學宣府敎諸將子弟子傑嗣上言臣家一侯三都督蒼頭得官者十六人大懼不足報稱乞停蒼頭楊釗等職詔許之仍令給俸傑卒無子庶兄俊嗣俊初以舍人從軍正統中累官署都指揮僉事總督獨石永寧諸處邊務景帝卽位給事中金達奏使獨石劾俊貪侈乃召還也先犯京師俊敗其別部於居庸進都督僉事尋充右參將佐朱謙鎭宣府太監喜寧數誘敵入寇中朝患之購擒斬寧者賞黃金千兩白金二萬兩爵封侯寧爲都指揮江福所獲而俊冒其功廷臣請如詔帝以俊邊將職所當爲不允加右都督賜金幣俊恃父勢橫恣嘗以私憾杖都指揮陶忠至死洪懼奏俊輕躁恐僨邊事乞令來京隨臣操練許之旣至言官交劾下獄論斬詔令隨洪立功未幾冒擒喜寧功事覺詔追奪冒陞官軍別賞福等而降俊官令勦賊自効俄充遊擊將軍巡徼眞保涿易諸城還督三千營訓練景泰三年俊上疏曰也先旣弑其主倂其衆包藏禍心窺伺邊境直須時動耳聞其妻孥輜重去宣府纔數百里我緣邊宿兵不下數十萬宜分爲奇正以待誘使來攻正兵列營大同宣府堅壁觀變而出奇兵倍道擣其

巢彼必還自救我軍夾攻可以得志疏下廷議于謙等以計非萬全遂寢團營初設命俊分督四營明年復充遊擊將軍送瓦剌使歸至永寧被酒杖都指揮姚貴八十且欲斬之諸將力解而止貴訴於朝宣府參政葉盛亦論俊罪以俊嘗潰於獨石斥爲敗軍之將俊上疏自理封還所賜敕書以明已功言官劾其跋扈論斬錮之獄會傑卒傑母魏氏請暫釋俊營傑葬事乃宥死降都督僉事旋襲洪職家人告俊盜軍儲再論死輸贖還爵久之又以陰事告俊免死奪爵命其子珍襲俊初守永寧懷來聞也先欲奉上皇還密戒將士毋輕納既還又言是將爲禍本及上皇復位張軏與俊不協言於朝遂徵下詔獄坐誅奪珍爵戍廣西憲宗立授龍虎衛指揮使能字文敬沈毅善騎射從洪屢立功爲開平衛指揮使進都指揮僉事景泰元年進同知充遊擊將軍沿邊巡徼寇犯蔚州畏不進復與紀廣禦寇野狐嶺敗傷右膝爲御史張昊所劾宥之尋命與石彪各統精兵三千訓練備調遣再加都督僉事累進左副總兵協守宣府巡撫李秉劾其貪惰弗問五年召還總神機營天順初以左都督爲宣府總兵官與石彪破寇磨兒山封武强伯也先已死孛來繼興能欲約兀良哈共襲劫之與以信礮兵部劾其非計帝以能志在滅賊置不罪寇犯宣府能失利復爲兵部所劾帝亦宥之是年卒無子弟倫襲羽林指揮使信字文實幼從洪擊敵興州賊將方躍馬出陣前信直前擒之以是知名累功至指揮僉事正統末進都指揮僉事守柴溝堡也先犯京師入衛進都指揮同知景泰改元守懷來寇入不能禦護餉永寧聞礮聲奔還皆被劾朝議以方用兵不問累進都督僉事代能爲左副總兵協鎮宣府上言鹿角之制臨陣可捍敵馬結營可衛士卒每隊宜置十具遇敵團牌拒前鹿角列後神銃弓矢相繼迭發則守無不固戰無不克從之天順初移鎮延綏進都督同知明年破寇青陽溝大獲封彰武伯佩副將軍印充總兵官鎮守如故延綏設總兵官佩印自信始也頃之破寇高家堡三年與石彪大破寇於野馬澗明年寇二萬騎入榆林信擊却之追奔至金鷄峪斬平章阿孫帖木兒還所掠人畜萬計其冬代李文鎮大同憲宗卽位信自陳前後戰功予世券成化元年冬禦寇延綏無功召還督三千營毛里孩據河套命佩將軍印總諸鎮兵往禦寇既渡河北去已復還掠套分掠水泉營及朔州信等屢却之寇遂東入大同因詔信還鎮大同六年信與副將徐恕參將張瑛分道出塞敗寇於胡柴溝獲馬五百餘匹璽書奬勵信在邊三十年鎮以安靜人樂爲用然性好營利代王嘗奏其違法事詔停一歲祿十三年冬卒於鎮贈侯謚武毅

洪父子兄弟皆佩將印一門三侯伯其時稱名將者推楊氏昌平侯旣廢能以流爵弗世而信獨傳其子瑾弘治初領將軍宿衛三傳至曾孫炳隆慶時協守南京召掌京營戎政屢加少師卒謚恭襄傳子至孫崇猷李自成陷京師被殺

石亨渭南人生有異狀方面偉軀美髯及膝其從子彪魁梧似之鬚亦過腹就飲酒肆相者曰今平世二人何乃有封侯相亨嗣世父職爲寬河衛指揮僉事善騎射能用大刀每戰輒摧破正統初以獲首功累遷都指揮僉事敗敵黃牛坡獲馬甚衆三年正月敵三百餘騎飲馬黃河亨追擊至官山下多所斬獲進都指揮同知尋充左參將佐武進伯朱冕守大同六年上言邊餉難繼請分大同左右玉林雲川四衛軍墾淨水坪迤西曠土官給牛種可歲增糧萬八千石明年又言大同西路屯堡皆臨極邊玉林故城去右衛五十里與東勝單于城接水草便利請分軍築壘防護屯種詔皆允行尋以敗敵紅城功進都指揮使敵犯延安追至金山敗之再遷都督僉事亨以國制搜將才未廣請倣漢唐制設軍謀宏遠智識絕倫等科令人得自陳試驗擢用不專保舉報可十四年與都督僉事馬麟巡徼塞外至箭豁山敗兀良哈衆進都督同知是時邊將智勇者推楊洪其次則亨亨雖偏將中朝倚之如大帥故亨亦盡力其秋也先大舉寇大同亨及西寧侯宋瑛武進伯朱冕等戰陽和口瑛冕戰沒亨單騎奔還降官募兵自効郕王監國尚書于謙薦之召掌五軍大營進右都督無何封武清伯也先逼京師命偕都督陶瑾等九將分兵營九門外德勝門當敵衝特以命亨于謙以尚書督軍寇薄彰義門都督高禮等却之轉至德勝門外亨用謙令伏兵誘擊死者甚衆旣而圍孫鏜西直門外以亨救引卻相持五日寇斂衆遁論功亨爲多進侯景泰元年二月命佩鎮朔大將軍印帥京軍三萬人巡哨大同遇寇敗之其秋予世襲誥券易儲加亨太子太師于謙立團營命亨提督充總兵官如故八年帝將郊宿齋宮疾作不能行禮召亨代亨受命楊前見帝病甚遂與張軏曹吉祥等謀迎立上皇上皇旣復辟以亨首功進爵忠國公眷顧特異言無不從其弟姪家人冒功錦衣者五十餘人部曲親故竄名奪門籍得官者四千餘人兩京大臣斥逐殆盡納私人重賄引用太僕丞孫弘郎中陳汝言蕭璁張用瀚郝璜龍文朱銓員外郎劉本道爲侍郎時有語曰朱三千龍八百勢焰熏灼嗜進者競走其門旣以私憾殺于謙范廣等又以給事中成章御史甘澤等九人嘗攻其失貶黜之數興大獄搆陷耿九疇岳正而戍楊瑄張鵬譖周斌盛顒等又惡文臣爲巡撫抑武臣不得肆盡撤還由是大權悉歸亨亨無日不進見數預政事所請或不從艴然見於辭色卽不召必假事以入出則張大其勢市權利久之帝不能堪嘗以語閣臣李賢賢曰惟獨斷乃可帝然之一日語賢曰閣臣有事須燕見彼武臣何故頻見遂敕左順門非宣召毋得納總兵官亨自此稀燕見亨嘗白帝立碑於其祖墓工部希亨指請敕有司建立翰林院撰文帝以永樂以來無爲功臣祖宗立碑故事責部臣而令亨自立初帝命所司爲亨營第旣成壯麗踰制帝登翔鳳樓見之問誰所居恭順侯吳瑾謬對曰此必王府帝曰非也瑾曰非王府誰敢僭踰若此帝頷之亨旣權侔人主而從子彪亦封定遠侯驕橫如亨兩家蓄材官猛士數萬中外將帥半出其門都人側目三年秋彪謀鎮大同令千戶楊斌等奏保帝覺其詐收斌等拷問得實震怒下彪詔獄亨懼請罪帝慰諭之亨請盡削弟姪官放歸田里帝亦不許及鞫彪得繡蟒龍衣及違式寢床諸不法事罪當死遂籍彪家命亨養病亨嘗遣京衛指揮裴瑄出關市木道大同指揮盧昭追捕亡者至是事覺法司請罪亨帝猶置不問法司再鞫彪言彪初爲大同遊擊以代王增祿爲己功王至跪謝自是數款彪出歌妓行酒彪夌侮親王罪亦當死因劾亨招權納賕肆行無忌與術士鄒叔彝等私講天文妄談休咎宜置重典帝命錮彪於獄亨閒住罷朝參時方議革奪門功窮治亨黨由亨得官者悉黜朝署一清明年五月錦衣指揮逯杲奏亨怨望與其從孫後等造妖言蓄養無賴專伺朝廷動靜不軌迹已著廷臣皆言不可輕宥乃下亨詔獄坐謀叛律斬沒其家貲踰月亨瘐死彪後並伏誅彪驍勇敢戰善用斧初以舍人從軍正統末積功至指揮同知也先逼京師旣退追襲餘寇頗有斬獲進署都指揮僉事景泰改元詔予實授充遊擊將軍守備威遠衛敵圍土城彪用礮擊死百餘人遁去塞上日用兵彪勇冠流輩每戰必捷以故一歲中數遷至都督僉事恃亨勢多縱家人占民產又招納流亡五十餘戶擅越關置莊墾田爲給事中李侃御史張奎所劾請並罪亨景帝皆宥不問但令給還民產遣流亡戶復業而已三年冬充右參將協守大同嘗憾巡撫年富抑已不得逞及英宗復辟召彪還亨方得志彪遂誣奏富罪致之獄未幾進都督同知再以遊擊將軍赴大同備敵與參將張鵬等哨磨兒山寇千餘騎來襲彪率壯士衝擊斬把禿王搴其旗俘斬百二十人追至三山墩又斬七十二人以是封定遠伯遊擊如故天順二年命偕高陽伯李文赴延綏禦寇以疾召還尋充總兵官明年寇二萬騎入掠安邊營彪與彰武伯楊信等禦之連戰皆捷斬鬼力赤追出塞轉戰六十餘里生擒四十餘人斬首五百餘級獲馬駝牛羊二萬餘爲西北戰功第一捷聞進侯彪本以戰功起家不藉父兄麼然一門二公侯勢盛而驕多行不義謀鎮大同與亨表裏握兵柄爲帝所疑遂及於禍後天順元年進士助亨籌畫都督杜清出亨門下後造妖言有土木掌兵權語蓋言杜也事覺後伏誅清亦流金齒

郭登字元登武定侯英孫也幼英敏及長博聞强記善議論好談兵洪熙時授勳衛正統中從王驥征麓川有功擢錦衣衛指揮僉事又從沐斌征騰衝遷署都指揮僉事十四年車駕北征扈從至大同超拜都督僉事充參將佐總兵官廣寧伯劉安鎮守朱勇等軍覆倉猝議旋師登告學士曹鼐張益曰車駕宜入紫荊關王振不從遂及於敗當是時大同軍士多戰死城門晝閉人心洶洶登慷慨奮勵修城堞繕兵械拊循士卒弔死問傷親爲裹創傳藥曰吾誓與此城共存亡不令諸君獨死也八月也先擁帝北去經大同使袁彬入城索金幣登閉城門以飛橋取彬入登與安及侍郎沈固給事中孫祥知府霍瑄等出謁伏地慟哭以金二萬餘及宋瑛朱冕內臣郭敬家貲進帝以賜也先等是夕敵營城西登謀遣壯士劫營迎駕不果明日也先擁帝去景帝監國進都督同知充副總兵尋令代安爲總兵官十月也先犯京師登將率所部入援先馳蠟書奏奏至敵已退景帝優詔褒答進右都督登計京兵新集不可輕用上用兵方略十餘事景泰元年春偵知寇騎數千自順聖川入營沙窩登率兵躡之大破其衆追至栲栳山斬二百餘級得所掠人畜八百有奇邊將自土木敗後畏縮無敢與寇戰登以八百人破敵數千騎軍氣爲之一振捷聞封定襄伯予世券四月寇騎數千奄至登出東門戰佯北誘之入土城伏起敵敗走登度敵且復至令軍士齎毒酒羊豕楮錢僞爲祭冢者見寇卽棄走寇至爭飲食之死者甚衆六月也先復以二千騎入寇登再擊却

之越數日奉上皇至城外聲言送駕還登與同守者設計具朝服候駕月城內伏兵城上俟上皇入卽下月城閘也先及門而覺遂擁上皇去時鎭守中官陳公忌登會有發公奸贓者公疑登使之遂與登搆帝謂于謙曰大同吾藩籬也公與登如是其何以守遣右監丞馬慶代公還登愈感奮初也先欲取大同爲巢穴故數來攻及每至輒敗有一營數十人不還者敵氣懾始有還上皇意上皇旣還代王仕壥頌登功乞降敕獎勞兵部言登已封伯乃止二年登以老疾乞休舉石彪自代且請令其子嵩宿衞帝以嵩爲散騎舍人不聽登辭是時邊患甫息登悉心措置思得公廉有爲者與俱遂劾奏沈固廢事而薦尚書楊寧布政使年富又言大同旣有御史又有巡按御史僉都御史任寧宜止巡撫宣府帝悉從之以年富代固而徵還固及寧其秋以疾召還登初至大同士卒可戰者纔數百馬百餘匹及是馬至萬五千精卒數萬屹然成巨鎭登去大同人思之初英宗過大同遣人謂登曰朕與登有姻何拒朕若是登奏曰臣奉命守城不知其他英宗銜之及復辟登懼不免首陳八事多迎合尋命掌南京中府事明年召還言官劾登結陳汝言獲召鞫實論斬宥死降都督僉事立功甘肅憲宗卽位詔復伯爵充甘肅總兵官奏邊軍償馬艱甚至鬻妻子乞借楚慶肅三王府馬各千匹官酬其直從之用朱永等薦召掌中府事總神機營兵成化四年復設十二團營命登偕朱永提督八年卒贈侯諡忠武登儀觀甚偉鬚垂過腹爲將兼智勇紀律嚴明料敵制勝動合機宜嘗以意造攪地龍飛天網鑿深塹覆以土木如平地敵入圍中發其機自相撞擊頃刻皆陷又倣古製造偏箱車四輪車中藏火器上建旗幟鉤環聯絡布列成陣戰守皆可用其軍以五人爲伍敎之盟於神祠一人有功五人同賞罰亦如之十伍爲隊隊以能挽六十斤弓者爲先鋒十隊領以一都指揮令功無相撓罪有專責一時稱善登事母孝居喪秉禮能詩明世武臣無及者無子以兄子嵩爲子登謫甘肅留家京師嵩窘其衣食登妾縫紉自給幾殆弗顧登還欲黜之以其壻於會昌侯侯嘗活已隱忍不發及卒嵩遂襲爵後以非登嫡嗣止嵩身子參降錦衣衞指揮使

朱謙夏邑人永樂初襲父職爲中都留守左衞指揮僉事洪熙時隸陽武侯薛祿征北有功進指揮使宣德元年進萬全都指揮僉事正統六年與參將王眞巡哨至伯顏山遇寇擊走之次閔安山遇兀良哈三百騎又敗之追至莽來泉寇越山澗遁去乃還時謙已遷都指揮同知乃以爲都指揮使八年充右參將守備萬全左衞明年與楊洪破兀良哈兵於克列蘇進都督僉事所部發其不法事帝以方防秋宥之復以北征功進都督同知帝北狩也先擁至宣府城下令開門謙與參將紀廣都御史羅亨信不應遂去進右都督與楊洪入衞會寇已退追襲之近畿戰失利洪劾之兵部並劾洪不救景帝俱弗問洪入總京營廷議欲得如洪者代之僉舉謙乃進左都督充總兵官鎭守宣府景泰元年四月寇三百騎入石烽口復由故道去降敕切責踰月復入犯謙率兵禦之次關子口寇數千騎突至謙拒以鹿角發火器擊之寇少却如是數四謙軍且退寇復來追都督江福援之亦失利謙卒力戰寇不得入六月復有二千騎南侵謙遣都指揮牛璽等往禦戰南坡謙見塵起率參將紀廣等馳援自已至午寇敗遁論功封撫寧伯是時寇氣甚驕屢擾宣府大同意二城且旦夕下而謙守宣府郭登守大同數挫其衆也先知二人難犯始一意歸上皇八月上皇還道宣府謙率子永出見厚犒其使者旣而謙謬報寇五千騎毀牆入察之則也先貢使也詔切責之謙惶恐謝明年二月卒於鎭贈侯子永襲謙在邊久善戰然勇而寡謀故其名不若楊洪石亨郭登之著成化中諡武襄永字景昌偉軀貌頎盼有威初見上皇於宣府數目屬焉景泰中嗣爵奉朝請英宗復辟睹永識之曰是見朕宣府者耶永頓首謝卽日召侍左右分領宣威營禁軍天順四年宣大告警命帥京軍巡邊七年統三千營尋兼神機營憲宗立改督團營領三千營如故成化元年荊襄盜劉通作亂命永與尙書白圭往討進師南漳擊斬九百有奇會疾留南漳而圭率大軍破賊永往會道遇餘賊俘斬數百人其秋復進討石龍馮喜皆捷論功進侯毛里孩犯邊命佩將軍印會彰武伯楊信禦之會遣使朝貢乃班師六年阿羅出寇延綏復拜將軍偕都御史王越都督劉玉劉聚往討擊敗之蘇家寨寇萬騎自雙山堡分五道至戰於開荒川寇少却乘勢馳之皆棄輜重走至牛家寨遇都指揮吳瓚兵少寇圍之指揮李鎬滕忠至復力戰聚及都指揮范瑾神英分據南山夾擊寇乃大敗斬首一百有六獲馬牛數千阿羅出中流矢遁時斬獲無多然諸將咸力戰追敵邊人以爲數十年所未有論功予世侯阿羅出雖少挫猶據河套明年正月寇屢入永所部屢有斬獲三月復以萬餘騎分掠懷遠諸堡永與越等分兵爲五設伏敗之追至山口及滉忽都河寇敗走而遊擊孫鉞蔡瑄別破他部於鹿窖山捷聞璽書獎勞永等再請班師皆不許寇復以二萬餘騎入掠擊退之歲將盡乃召永還留越總制三邊十四年加永太子太保明年冬拜靖虜將軍東伐以中官汪直監督軍務還進爵保國公又明年正月延綏告警命永爲將軍越提督軍務直仍監督分道出塞越與直選輕騎出孤店關俘寇於威寧海子而永率大軍由西路出榆林不見寇道回遠費兵食巨萬馬死者五千餘匹於是越得封伯直廕錫踰等而永無功賞不行久之進太子太傅十七年二月復偕直越出師大同禦亦思馬獲首功百二十遂賜襲世公十九年秋小王子入邊宣大告急越與直已得罪以永爲鎭朔大將軍中官蔡新監其軍督諸將周玉李璵等擊敗之還仍督團營或投匿名書言永圖不軌永乞解兵柄不許其冬手敕加太傅太子太師弘治四年監修太廟成進太師永治軍嚴肅所至多奏功前後八佩將軍印內總十二團營兼掌都督府列侯勛名無與比九年卒追封宣平王諡武毅子暉嗣給事中王廷言永功不當公朝議止予襲一世後皆侯詔可暉字東陽長身美髯人稱其威重類父又屢從父塞下歷行陣時以爲才弘治五年授勳衞年垂五十始嗣爵分典神機營十三年更置京營大帥命暉督三千營兼領右府事火篩入大同平江伯陳銳等不能禦命暉佩大將軍印代之比至寇已退乃還明年春火篩連小王子大入延綏寧夏右都御史史琳請濟師復命暉佩大將軍印統都督李俊李澄楊玉馬儀劉寧五將往而以中官苗逵監其軍至寧夏寇已飽掠去乃與琳逵率五路師搗其巢於河套寇已徙帳僅斬首三級獲馬駝牛羊千五百以歸未幾寇入固原轉掠平涼慶陽關中大震兩鎭將嬰城不敢戰而暉等畏怯不急赴比至斬首十二人還所掠生口四千遂以捷聞是役也大帥非制勝才師行紆迴無紀律邊民死者徧埜諸郡困轉輸餉軍費八十餘萬他徵發稱是先後僅獲首功十五級廷臣連章劾三人罪帝不問已而上擣巢有功將士萬餘人尙書馬文升大學士劉健持之帝先入逵等言竟錄二百十人署職一級餘皆被賚及班師帝猶遣中官齎羊酒迎勞言官極論暉罪終不聽以暉總督團營領三千營右府如故武宗卽位寇大入宣府復命暉偕逵琳帥師往寇轉掠大同參將陳雄擊斬八十餘級還所掠人口二千七百有奇暉等奏捷列有功將士二萬餘人兵部侍郎閻仲宇大理丞鄧璋往勘所報多不實終以逵故衆咸給賜劉瑾用事暉等更奏錄功太薄請依成化間白狐莊例兵部力爭不納竟從暉言得擢者千五百六十三人暉加太保正德六年卒子麒襲侯嘗充總兵官鎭兩廣與姚鏌平田州誅岑猛加太子太保嘉靖初召還久之守備南京卒子岳嗣亦守備南京隆慶中卒四傳至孫國弼天啓中楊漣劾魏忠賢國弼亦乞速賜處分忠賢怒停其歲祿崇禎時總督京營溫體仁柄國國弼抗疏劾之詔捕其門客及繕疏者下獄停祿如初及至南京進保國公乃與馬士英阮大鋮相結以訖明亡

孫鏜字振遠東勝州人襲濟陽衞指揮同知用朱勇薦進署指揮使正統末擢指揮僉事充左參將從總兵官徐恭討葉宗留敗賊金華復破之烏龍嶺英宗北狩景帝召鏜還超擢都督僉事典三千營也先將入犯進右都督充總兵官統京軍一萬禦之紫荊關將發寇已入遂營都城外寇薄德勝門爲于謙等所卻轉至西直門鏜與大戰斬其前鋒數人寇稍北鏜逐之寇益兵圍鏜鏜力戰不解高禮毛福壽來援禮中流矢會石亨兵至寇乃退詔鏜副楊洪追之戰於涿州深溝頗有斬獲師還仍典營務景泰初楊洪劾鏜下獄石亨請赦鏜江淵亦言城下之役惟鏜戰最力乃釋之三年冬充副總兵協郭登鎭大同登節制嚴鏜不得逞欲與分軍且令子百戶宏侮登帝械宏竟以鏜故貰之召還典三千營如故英宗復辟以奪門功封懷寧伯尋予世券天順初甘肅告警詔鏜充總兵官帥京軍往討將陛辭病宿朝房夜二鼓太監曹吉祥昭武伯曹欽反其部下都指揮馬亮告變於恭順侯吳瑾瑾趨語鏜鏜草奏叩東長安門自門隙投入內廷始得集兵縛吉祥守皇城諸門鏜走太平侯張瑾家邀兵擊賊瑾不敢出鏜倉猝復走宣武街急遣二子輔軏呼征西將士給之曰刑部囚反獄獲者重賞衆稍聚至二千人始語之故時已黎明遂擊欽欽方攻東長安門不得入轉攻東安門鏜兵追及賊稍散軏斫欽中膊軏亦被殺欽知事不成竄歸其家猶督衆拒鏜力戰至晡始定論功第一進爵世侯仍典三千營贈軏百戶世襲鏜麤猛善戰然數犯法初賄太監金英得遷都督事覺論斬景帝特宥之天順末以受將士賄屢被劾不自安求退詔解營務及府軍前衞事猶掌左府憲宗卽位中官牛玉得罪鏜坐與玉婚停祿閒住尋陳情予半祿已復自陳功狀給祿如故成化七年卒贈湶國公諡武敏子輔請嗣吏部言奪門功例不得世

傳帝以鏜捕反者子之傳子至孫應爵正德中總督團營四傳至曾孫世忠萬曆中鎭守湖廣總督漕運凡二十年又三傳至孫維藩流賊陷京師被殺鏜之冒奪門功封伯爵也都督董興及曹義施聚趙勝等皆乘是時冒封予世券與義聚自有傳趙勝字克功遷安人襲職爲永平衞指揮使正統末禦寇西直門進都指揮僉事天順初與孫鏜等預奪門功超遷都督僉事又與鏜擊反者曹欽進同知李來犯甘肅勝與李杲充左右叅將從白圭西征至固原擊寇却之憲宗立典鼓勇營訓練成化改元山西告警拜將軍次雁門寇已退乃還明年復出延綏禦寇會方納欵遂旋師尋典耀武營四年充總兵官鎭遼東七年召典五軍營已改三千營乩加思蘭犯宣府詔勝爲將軍統京兵萬人禦之亦以寇遁召還久之進左都督加太子太保十九年封昌寧伯勝初與李杲並有名後屢督大師未見敵無功貴緣得封名大損後加太保營萬貴妃塋墮崖石間死贈侯諡壯敏弘治初孫鑑乞襲爵吏部言勝無功不當傳世乃授錦衣衞指揮使

范廣遼東人正統中嗣世職爲寧遠衞指揮僉事進指揮使十四年積功遷遼東都指揮僉事廣精騎射驍勇絶倫英宗北狩廷議舉將材尚書于謙薦廣擢都督僉事充左副總兵爲石亨副也先犯京師廣躍馬陷陣部下從之勇氣百倍寇退又追敗之紫荊關錄功命實授俄進都督同知出守懷來尋召還景泰元年二月亨出巡邊時都督衞穎統大營命廣協理三月寇犯宣府敕兵部會諸營將遴選將材僉舉廣命充總兵官偕都御史羅通督兵巡哨駐居庸關外數月還京副石亨提督團營軍馬亨所爲不法其部曲多貪縱廣數以爲言亨銜之譖罷廣止領毅勇一營廣又與都督張軏不相能及英宗復辟亨軏恃奪門功誣廣黨附于謙謀立外藩遂下獄論死子昇戍廣西籍其家以妻孥第宅賜降丁明年春軏早朝還途中爲拱揖狀左右怪問之曰范廣過也遂得疾不能睡痛楚月餘而死成化初廷臣訟廣冤命子昇仍襲世職廣性剛果每臨陣身先士卒未嘗敗衂一時諸將盡出其下最爲于謙所信任以故爲儕輩所忌

贊曰楊洪石亨輩遭時多事奮爪牙之力侯封世券照耀一門酬庸亦過厚矣洪知盛滿可懼而亨邪狠粗傲怙寵而驕其赤族宜哉朱謙勇略不及郭登登乃無後而謙子永進爵上公子孫世侯勿絶孫鏜范廣善戰略相等而廣以冤死所遇有幸有不幸相去豈不遠哉

明史卷一百七十四　列傳第六十二

總裁官總理事務經筵講官少保兼太子太保保和殿大學士兼管吏部戶部尚書事加六級張廷玉等奉敕修

史昭　劉昭　李達　巫凱　曹義　施聚
許貴 子寧　周賢 子玉
歐信　王璽
魯鑑 子麟 孫經　劉寧　周璽　莊鑑
彭清　姜漢 子奭 孫應熊
安國　杭雄

史昭合肥人永樂初積功至都指揮僉事八年充總兵官鎭涼州土軍老的罕先與千戶虎保作亂虎保敗老的罕就撫昭上書言其必叛狀未至而老的罕果叛昭與都指揮滿都等擊平之移鎭西寧仁宗立進都督僉事上言西寧風俗鄙悍請設學校如中土報可宣德初昭以衞軍守禦不暇屯種其家屬願力田者七百七十餘人請俾耕藝收其賦以足軍食從之五年曲先衞都指揮使散即思邀劫西域使臣昭率參將趙安偕中官王安王瑾討之長驅至曲先散即思望風遁擒其黨荅荅不花等獲男女三百四十人馬駝牛羊三十餘萬威震塞外捷聞璽書慰勞賞賚加等七年春以征西將軍鎭寧夏孛的達里麻犯邊遣兵擊之至潤台察罕俘獲甚衆進都督同知正統初詔以寧夏孤懸河外東抵綏德二千里曠遠難守請於花馬池築哨馬營增設烽堠直接哈剌兀速之境邊備大固尋進右都督時阿台朵兒只伯數寇邊詔昭與甘肅守將蔣貴趙安進剿並無功被詔切責貶都督僉事三年復右都督八年以老召還明年卒昭居寧夏十二年老成持重兵政修舉亦會敵勢衰弱邊境得無事兵部尚書王驥寧夏參將王榮嘗舉其過朝議以昭守邊久習兵事不易也而與昭並爲邊將最久有勳績可稱者都督同知劉昭鎭西寧二十年都指揮李達鎭洮州至四十年並爲蕃漢所畏服

劉昭全椒人永樂五年以都指揮同知使朶甘烏思藏建驛站還至靈藏番賊邀劫昭敗之進都指揮使鎭河州宣德二年副陳懷討平松潘寇累進都督同知移西寧復鎭河州兼轄西寧罕東酋劄兒加邀殺中官使西域者奪璽書金幣去命昭副甘肅總兵官劉廣討之劄兒加請還所掠書幣貢馬贖罪帝以窮寇不足深治命昭等還李達定遠人累官都督僉事正統中致仕

巫凱句容人由盧州衞百戶積功至都指揮同知永樂六年以從英國公張輔平交阯功遷遼東都指揮使十一年召帥所部會北京明年從征沙漠命先還凱言諸衞兵宜以三之二守禦而以其一屯種開原市馬悉給本衞乘操從之宣宗立以都督僉事佩征虜前將軍印代朱榮鎭遼東時中國人自塞外脫歸者令悉送京師俟親屬赴領凱言遠道往來恐致失所阻遠人慕歸心乃更令有馬及少壯者送京師餘得自便敵掠西山凱擊敗之盡得所掠者降敕褒勉帝嘗遣使造舟松花江招諸部地遠軍民轉輸大困多逃亡會有警凱力請罷其役而逃軍入海西諸部者已五百餘人既而造舟役復興中官阮堯民都指揮劉清等董之多不法致激變凱劾堯民等下之吏英宗登極進都督同知上言邊情八事請厚恤死事者家益官吏折俸鈔歲給軍士冬衣布棉軍中口糧芻粟如舊制且召商實邊俱允行未幾爲兵部尚書王驥所劾朝廷知凱賢令凱自陳并諭廷臣文武官有罪得實始奏誣者罪不貸凱由是得行其志正統三年十二月有疾命醫馳視未至而卒凱性剛毅饒智略馭衆嚴而有恩在遼東三十餘年威惠並行邊務修飭前後守東陲者曹義外皆莫及義字敬方儀眞人以燕山左衞指揮僉事累功至都督僉事副凱守遼東凱卒代爲總兵官凱名將義承其後廉介有守遼人安之兀良哈犯廣寧前屯詔切責命王翺往飭軍務劾義死罪頃之義獲犯邊孛台等詔戮於市自是義數與兀良哈戰正統九年會朱勇軍夾擊斬獲多進都督同知累官左都督義在邊二十年無赫赫功然能謹守邊陲其麾下施聚焦禮等皆至大將英宗復辟特封義豐潤伯聚亦封懷柔伯居四年義卒贈侯諡莊武繼室李氏殉詔旌之施聚其先沙漠人居順天通州父忠爲金吾右衞指揮使從北征陣歿聚嗣職宣德中備禦遼東累擢都指揮同知以義薦進都指揮使義與兀良哈戰聚皆從也先逼京師景帝詔聚與焦禮俱入衞聚慟哭即日引兵西部下進牛酒聚揮之曰天子安在吾屬何心饗此比至寇已退乃還聚以勇敢稱官至左都督値英宗推恩得封伯後義二年卒贈侯諡威靖義三傳至楝聚四傳至瑾吏部皆言不當復襲世宗特許之傳爵至明亡

許貴字用和江都人永新伯成子也襲職爲羽林左衞指揮使安鄉伯張安舉貴將才試騎射及策皆最擢署都指揮同知尋以武進伯朱冕薦擢山西行都司督操大同諸衞士馬正統末守備大同西路也先入寇從石亨戰陽和後口敗績貴力戰得還英宗北狩邊城悉殘破大同當敵衝人心尤恟懼貴以忠義激戰士敵來擊敗之進都指揮使景泰元年春充右參將敵寇威遠追敗之蒲州營奪還所掠人畜敵萬騎逼城下禦却之再遷都督同知大同乏馬命求民間得八百餘匹所司不給直貴爲請乃予之嘗募死士入賊壘劫馬百餘悉畀戰士士皆樂爲用分守中官韋力轉淫虐衆莫敢言貴劾奏之三年疾還京英宗復辟命理左府事尋調南京松潘地雜番苗密邇董卜韓胡舊設參將一人天順五年守臣告警廷議設副總兵以貴鎭守未抵鎭而山都掌蠻叛詔便道先翦之貴分兩哨直抵其巢連破四十餘砦斬首千一百級生擒八百餘人餘賊遠遁貴亦感嵐氣未至松潘卒帝爲輟朝一日賻及祭葬如制子寧字志道正統末自以舍人從軍有功爲錦衣千戶貴歿嗣指揮使用薦擢署都指揮僉事守禦柴溝堡成化初充大同遊擊將軍寇入犯與同官秦傑等禦之小龍州澗擒其右丞把禿等十一人改督宣府操練移延綏地逼河套寇數入掠孤山堡寧提孤軍奮擊之三戰皆捷寇渡河走明年復以三千騎入沙河墩與總兵官房能禦之寇退復掠康家岔寧出塞百五十里追與戰獲馬牛羊千餘而還時能守延綏無將略巡撫王銳請濟師詔大同巡撫王越帥衆赴越遣寧出西路破敵黎家澗進都指揮同知復遣寧與都指揮陳輝追寇獲馬騾六百朝廷以阿羅出復入河套頻擾邊命越與朱永禦而以寧才擢都督僉事佩靖虜副將軍印代能充總兵官寧起世冑不十年至大將同列推讓不及父友多隸部下亦不以爲驕踰月寇大入永遣寧及遊擊孫鉞禦之至波羅堡相持三日夜寇乃解去亡失多寧以力戰得出卒被賞至冬賊入安邊寧追擊有功七年又與諸將孫鉞祝雄等敗寇於混忽都河璽書褒獎進北開元王把哈孛羅屢欲降內懼朝廷見罪外畏阿羅出讐之

徬徨不決寧請撫慰以固其心卒降之明年參將錢亮敗績於師婆澗士卒死者十三四寧與越等俱被劾帝不罪時滿都魯等屢犯延綏寧帥鎮兵力戰寇不得志乃出西路直犯環慶固原寧將輕騎夜襲之鴨子湖奪馬畜而還又明年寇入榆林澗與巡撫余子俊敗之滿都魯等大入西路留其家紅鹽池越乘間與寧及宣府將周玉襲破其巢進署都督同知與子俊築邊牆增營堡寇患少衰十八年寇分數道入寧墮之邊牆獲級百二十予實授時越方鎮大同命寧與易鎮至則與鎮守太監汪直不協巡撫郭鏜以聞調直南京小王子大入寧知敵勢盛欲持重俟隙乃斂兵守而別遣將劉寧董升與周璽相犄角寇大掠焚代王別堡王趣戰使衆哭於轅門寧憤與鏜等營城外寇以十餘人爲誘太監蔡新部騎馳擊寧將士爭赴之遇伏大敗死者千餘人寧奔夏米莊鏜新馳入城會璽等來援寇乃退寧還陣亡家婦子號呼詬詈擲以瓦礫寧大喪氣已而寇復入劉寧宋澄莊鑑等禦之十戰少利寇退寧等掩其敗更以捷聞巡按程春震發之與鏜新俱下獄鏜降六官新以初任降三官寧降指揮同知閒住弘治中用薦署都指揮使分領操練十一年十二月卒贈都督僉事寧束髮從軍大小百十餘戰身被二十七創性沉毅守官廉待士有恩不屑干進劉寧神英李杲皆出麾下子泰自有傳

周賢滁人襲宣府前衛千戶景泰初累功至都指揮僉事守備西猫兒峪助副總兵孫安守石八城尋充右參將代安鎮守兀良哈入寇總兵官過興令宣府副將楊信及賢合擊賢不俟信徑擊敗之信被劾都御史李秉言信緩師賢亦棄約帝兩宥之天順初總兵官楊能奏賢擢都督僉事寇駐塞下能檄賢與大軍會失期徵下獄以故官赴寧夏隸定遠伯石彪寇二萬騎入安邊營彪率賢等擊之連戰皆捷追至野馬澗半坡墩寇大敗而賢追不已中流矢卒詔贈都督同知賢初下吏自以不復用及得釋感激誓死報竟如其志子玉字廷璧當嗣指揮使以父死事超二官爲萬全都司都指揮同知督理屯田進都指揮使充宣府遊擊將軍九年會昌侯孫繼宗等奉詔舉將才玉爲首詔率所部援延綏從王越襲紅鹽池進署都督僉事還守宣府寇入馬營赤城擊敗之兵部言宣府諸大帥無功玉所部三千人能追敵出境請加一秩酬其勞乃予實授尋充宣府副總兵十三年佩征朔將軍印鎮宣府破敵紅崖追奔至水磨灣進署都督同知十七年五月寇復入犯參將吳儼少監崖榮追出塞至赤把都爲所遮兵分爲三皆被圍儼榮走據北山困甚守備張澄率兵進力戰解二圍抵北山下儼榮已夜遁澄拔其衆而還死者過半澄所部七百人亦多戰死詔錄澄功治儼等罪玉先以葛谷堡赤城頻受掠凡三被論至是復以節制不嚴見劾帝皆置不問十九年小王子犯大同敗總兵官許寧入順聖川大掠以六千騎寇宣府玉將二千人前行巡撫秦紘兵繼進至白腰山擊敗之指揮曹洪邀擊至西陽河都指揮孫成亦敗寇七馬房時寇乘勝氣甚銳竟爲玉等所挫一時稱其功未幾寇復入玉伏兵敗之朱永至大同復會玉軍擊敗之鴛鴿峪進署右都督余子俊築邊牆玉不爲力且與紘不相能子俊惡之奏與寧夏神英易鎮久之復移鎮甘肅孝宗嗣位實授右都督玉督邊牆工峻急部卒張伏興等以瓦石投之兵部言悍卒漸不可長遂戮伏興戍其黨土魯番貢獅子願獻還哈密城及金印贖所留使者玉爲之奏帝命與巡撫王繼經畫既果來歸玉等皆受賚七年病歸尋卒謚武僖玉初爲偏裨及鎮宣府甚有名後涖甘肅部下屢失事又侵屯田死後事發子襲職降二等

歐信嗣世職金吾右衛指揮使景泰三年以廣東破賊功擢都指揮同知已命守備白羊口遷大寧都指揮使天順初以都督僉事充參將守備廣東雷廉諸府巡撫葉盛薦其廉勇進都督同知代副總兵翁信兩廣猺獞陷開建殺官吏帝趣進兵信破賊化州之馬里村再破之石城擊斬海南衛反者邵瑄時所在盜羣起將吏不能定廣西參將范信守潯梧猺盡在境內陰納猺賂縱使越境流劫約毋犯已於是雷廉高肇悉被寇帝命廣西總兵官陳涇及信合勦時有斬馘而賊勢不衰朝廷猶倚范信會涇以罪徵乃擢范信都督僉事充副總兵鎮廣東而命信佩征蠻將軍印代涇鎮廣西成化元年賊掠英德諸縣信討斬五百餘人奪還人口韓雍督師令信等分五哨攻破大籐峽已而餘賊復入潯州信被劾獲宥召還理前府事七年春充總兵官鎮守遼東累敗福餘三衛言者謂信已老請召還巡撫彭誼奏官軍耆老五千餘人皆言信忠謹有謀勇累立戰功威鎮邊陲年六旬騎射勝壯士不宜召回乃留鎮如故久之陳鉞代誼鉞貪功信不能違十四年爲巡按王崇之所劾其冬乃召歸尋遣中官汪直等往按直右鉞歸罪信等下獄鐫一官閒住飲恨而卒范信既徙廣東賊勢愈盛劫掠不止乃語人曰令賊仍犯廣東亦我遣之耶而是時都督顏彪佩征夷將軍印討賊久無功濫殺良民報捷嶺南人咸疾之

王璽太原左衛指揮同知也成化初擢署都指揮僉事守禦黃河七墅巡撫李侃薦於朝阿魯出寇延綏命充遊擊將軍赴援戰孤山堡敗之寇再入戰漫天嶺劉宗塢及漫塔水磨川皆有功進都指揮同知充副總兵鎮守寧夏九年以將才與周玉同薦十二年擢署都督僉事充總兵官鎮守甘肅黃河以西自莊浪抵肅州南山其外番人阿吉等二十九族所居也洪武間立石畫界約樵牧毋越疆歲久湮廢諸番往往闌入而中國無賴人又潛與交通爲邊患璽請復畫疆域召集諸番諭以界石廢恐官軍欺凌諸部今復立之聽界外駐牧互市則入關如此番人必聽命可潛消他日憂帝稱善從之十七年進署都督同知時璽以都督僉事爲總兵官而魯鑑以署都督同知爲參將璽恐難於節制乞解兵柄故有是命初哈密爲土魯番所擾使其將牙蘭守之都督罕慎寄居苦峪口近赤斤罕東數相攻罕慎勢窮無援朝議救璽築城苦峪別立哈密衛以居之璽遣諜者間牙蘭牙蘭不聽得其所羈掠九十餘人以歸具悉虛實十七年召集赤斤罕東將士犒以牛酒令助罕慎罕慎合二衛兵夜襲哈密及剌木等八城遂復其地仍令罕慎居之事聞獎勞賚金幣已罕東入寇璽禦却之請興師以討帝念其常助罕慎第遣使責諭明年北寇殺哨卒璽率參將李俊及赤斤兵擊之於狼心山黑河西多所斬獲二十年移鎮大同璽有復哈密功官不進陳於朝乃實授都督同知璽習韜略諳文事勇而有謀廷臣多稱之在邊二十餘年爲番人所憚弘治元年卒賜祭葬贈卹有加

魯鑑其先西大同人祖阿失都鞏卜失加明初率部落歸附太祖授爲百夫長俾統所部居莊浪傳子失加累官莊浪衛指揮同知正統末鑑嗣父職久之擢署都指揮僉事成化四年固原滿四反鑑以土兵千人從征諸軍圍石城日挑戰鑑出則先驅入則殿後最爲賊所憚賊平進署都督同知尋充左參將分守莊浪命其子麟爲百戶統治土軍十七年坐寇入境戴罪立功尋充左副總兵協守甘肅寇犯永昌被劾鑑疏辨第停其俸兩月俄命充總兵官鎮守延綏自陳往功予實授孝宗立得疾致仕弘治初命麟襲指揮使加都指揮僉事已進同知充甘肅遊擊將軍魯氏世守西陲有捍禦功至鑑官益顯其世業益大而所部土軍生齒又日盛麟既移甘肅帝以土軍非鑑不能治特起治之且命有司建坊旌其世績鑑乃條上邊務四事多議行鑑有材勇遇敵輒冒矢石數被傷不爲沮故能積功至大將十五年以舊創疾發卒贈右都督賜卹如制時麟已由甘肅參將擢左副總兵豪健如其父而恭順不如先爲遊擊時寇入永昌失律委罪副將陶禎下御史按當戍邊但貶一秩遊擊如故暨爲副將調韋州禦寇寇大入不能擊遣都指揮楊琳邀之孔壖溝琳大敗不救連被劾麟自愬止停俸二月時已授麟子經官令約束土軍而麟奏經幼土人不受要束乞歸治之不俟報徑歸帝用劉大夏言從其請武宗立甘肅巡撫畢亨薦經及麟謀勇令率所部協戰守正德二年經既襲指揮使自陳嘗隨父有功乃以爲都指揮僉事未幾麟卒贈都督僉事賜祭葬故事都指揮無卹典以經乞破例予之經積戰功再遷都指揮使充左參將分守莊浪復自陳功閥兵部執不可帝特命爲署都督僉事世宗立乞休巡撫許鳳翔言經力戰被創疾行愈且世將敢戰知名異域今邊患棘不宜聽其去帝乃諭留且勞以銀幣尋充副總兵分守如故嘉靖六年冬以都督同知充總兵官鎮守延綏大學士楊一清言經守莊浪二十餘載屢立戰功其部下土軍非他人所能及雖其子瞻已爲指揮僉事奉命統轄然年尚少今陝西總兵官張鳳乃延綏世將若調鳳延綏而改經陝西自可彈壓莊浪無西顧患帝立從之居二年竟以疾致仕久之命瞻以本官守備山丹經奏言自臣高祖後世守茲土今臣家居瞻又移他鎮土軍皇皇不欲別附若因此生他患是墮先業而負世恩也乞令守故業可二十二年宣大有警詔經簡壯士五千赴援至而邊患已息乃遣還以經力疾趨召厚賚之明年瞻卒經以次子及孫皆幼請得自轄土軍詔許之經驍勇奉職寡過繼祖父爲大帥保功名稱良將三十五年卒賜卹如制

劉寧字世安其先山陽人襲世職爲永寧衛指揮使勇敢善戰自以宂散無所見會延綏用兵疏請效死尚書白圭許之屢以功遷都指揮使充宣府遊擊將軍周璽字廷玉遷安人嗣職爲開平衛指揮使負氣習兵書善騎射以征北功擢署都指揮僉事充右參將分守陽和救部兵三千訓肄聽調成化十六年從王越征威寧海子累進都指揮使時邊寇無虛歲十八年分道入掠璽與遊擊董昇戰黑石崖寧戰塔兒山皆有功璽進署都

督僉事。遷大同副總兵。寧進都督僉事，改左參將，分守陽和。十九年秋，亦思馬因大入大同，總兵官許寧分遣壘守懷仁，寧與董昇營西山，自將中軍擊之。夏米、莊敗績，寧、昇被圍數重，幾陷，亟發巨礮擊之，敵多死，圍乃解。壘聞中軍失利，亟還兵援，夜遇敵，乘勝前銳甚。壘厲將士曰：「今日有進無退。」大呼陷陣。敵少卻，久之，短兵接，臂中流矢，拔鏃戰益急。與子鵬及麾下壯士擊殺數十人。會寧兵至，中軍潰卒亦稍集，敵乃退。許寧等亦還，無何復入掠。寧將兵三千遇之聚落站西，連戰敗之，復敗之白登、椰林，又追敗之小鴉鴿谷。而大同西路參將莊鑑亦邀其歸路，戰於牛心山。敵遂遁。時諸將多失利，許寧以下獲罪，而壘以功予實授。寧超遷都督同知，莊鑑以所部無失亡，亦賚銀幣。鑑，遼東人。天順中，襲定遼右衛指揮使。驍猛有膽決，遇賊輒奮，數有功，累官都督僉事。掌左府。弘治十一年佩鎮朔將軍印，鎮宣府。以才與大同總兵官張俊易鎮。兵部侍郎熊繡奏其經畫功，進都督同知。壘尋以右副總兵分守代州，兼督偏頭諸關，而改寧左副總兵，協守大同，二人並著功北邊，稱名將。壘以偏頭去太原遠，請改分守為鎮守，又以鎮守不當聽節制，乞易總兵銜。憲宗皆曲從之。弘治初，移鎮陝西，討平扶風諸縣附籍回回。三年佩征西將軍印，鎮守寧夏。甫一歲卒。且死，召諸子曰：「吾佩印分閫，分已足，獨未嘗大破敵，抱恨入地矣。」連呼殺賊而瞑。子鵬，累官錦衣衛指揮僉事。壘歿後三年，而寧佩平羌將軍印，鎮甘肅。其冬，寇犯涼州，寧與戰抹山墩，擒斬五十餘，相持至暮，收輜重南行，寇復來襲，擒其長一人。明日，參將顏玉來援，副將陶禎兵亦至，寇乃遁，俘其稚弱，獲馬駝牛羊二千。進右都督。明年，與巡撫許進襲破土魯番於哈密，進左都督，增俸百石。以疾還京。十三年，大同告警，命寧為副總兵，從平江伯陳銳禦之。銳無將略，與寧不協，止毋戰。寇遂得志去，坐停半俸。閒住，尋以參將贊畫朱暉軍務，亦無功。寧自陳哈密功，乞封伯。詔還全俸。寧有膽智，為大同副將時，入貢者數萬人，懷異志。寧率二十騎直抵其營，衆駭愕，有部長勒馬引弓出，寧前下馬與諸部長坐，舉策指畫，宣天子威德，一人語不遜，寧摑其面，奮臂起，其長叱之退。寧復坐與語，呼酒歡飲，皆感悟，卒如約。嘗仿古番上法，以五十八人為隊，隊伍重為陣，建五色幟，又各建五巨幟於中軍，中幟起，五陣各視其色應之，循環無端，每戰用是取勝。晚再赴大同，已老病，帥又怯懦，故無成功。然孝宗朝良將稱寧。十七年卒，贈廣昌伯。

彭清，字源潔，榆林人。初襲綏德衛指揮使，以功擢都指揮僉事。弘治初，充右參將，分守肅州。寇入犯，率兵躡之，獲馬駝器仗及所掠人畜而還。尋與巡撫王繼恢復哈密有功。清雖位偏校，而好謀有勇略，名聞中朝，尤為尚書馬文升所器。嘗引疾乞休，文升力言於朝，慰留之。八年，甘肅有警，以文升薦，擢左副總兵，仍守甘肅。未幾，巡撫許進乞移清涼州，而是時哈密復為土魯番所據，文升方密圖恢復，倚清成功，言肅州多故，而清名著西域，不可易，乃寢。文升既得楊翥策，銳欲擣哈密，襲牙蘭，乃發罕東赤斤暨哈密兵，令清統之為前鋒，從許進潛往，行半月抵其城下，攻克之。牙蘭已先遁，乃撫安哈密遺種，全師而還。是役也，文升授方略，擬從間道往，而進仍由故道，牙蘭遂逸去，斬獲無幾。然番人素輕中國，謂不能涉其地，至是始知畏。清功居多，稍遷都指揮使。十年總兵官劉寧罷，擢清都督僉事，代之。其冬，土魯番歸哈密忠順王陝巴，且乞通貢。西域復定，屢辭疾請解兵柄，不允。十五年卒。清御士有恩，久鎮西陲，威名甚著，番夷憚之。性廉潔，在鎮遭母及妻妹四喪，貧不能歸葬。卒之日，將士及庶民婦豎皆流涕。遺命其子不得受賻贈，故其喪亦不能歸。帝聞之，命撫臣發帑錢資送歸里，賜祭葬如制。

姜漢，榆林衛人。弘治中，嗣世職為本衛指揮使。御史胡希顏薦其材勇，進都指揮僉事，充延綏遊擊將軍。十八年春，寇犯寧夏，與武營漢帥所部馳援，遇於中沙墩，擊敗之。賜敕獎勞。武宗嗣位，寇大舉犯宣大，漢偕副總兵曹雄、參將王戟分道援，有功。尋代雄為副總兵，協守延綏。正德三年移守涼州，明年冬擢署都督僉事，充總兵官，鎮寧夏。漢馭軍嚴整，得將士心。甫數月，而安化王寘鐇謀逆，置酒召漢及巡撫安惟學等宴，酒半，其黨何錦等率衆入，即座上執漢。漢奮起怒罵，不屈，遂殺之。子奭逃免。賊平，訟於朝，詔賜祭葬，有司為立祠，春秋祭之。嘉靖時，復從巡撫張珩請，賜額「憫忠」。奭當嗣職，帝以漢死事，特進一官，為都指揮僉事。十一年，回賊魏景陽作亂華陰諸縣，悉被害，巡撫蕭翀檄奭討之，獲景陽，進署都指揮同知，充右參將，守肅州。嘉靖二年擢右副總兵，分守涼州，進署都督僉事，充總兵官，鎮甘肅。回賊犯甘州，奭與戰張欽堡，敗走之。未幾，西海賊八千騎犯涼州，奭率遊擊周倫等襲擊於苦水墩，大敗之，斬首百餘級，殲其長，還所掠人口千二百、畜產二千。都指揮張錦亦戰死，錄功，進署都督同知。吉囊他部寇莊浪，奭與遇分水嶺，再勝之。遂至平嶺，敵騎大集，奭伏兵誘之，復斬其長一人，獲首功七十。予實授。十六年春，寇大入甘州，不能禦，貶二秩，戴罪。尋以永昌破敵功，復署都督僉事。其冬坐前罪罷。久之，以薦擢副總兵，協守大同，為總督翁萬達劾罷。卒，子應熊嗣指揮使，擢宣府西路參將。二十七年春，俺答寇大同，總兵官周尚文戰曹家莊，應熊從，萬達自懷來鼓譟揚塵而西，寇不測衆寡，遂遁。累進都督僉事，充總兵官，鎮守寧夏。三十二年，套寇數萬騎屯賀蘭山，遣精騎掠紅井。應熊戒將士固守，以綴敵，而潛師攻敵營，斬首百四十級，進都督同知。越二年，套寇數萬踏冰西渡，由寧夏山後直抵莊涼，應熊等掩擊，獲首功百餘，進右都督。御史崔棟劾其縱寇，褫職逮問。充為事官赴塞上立功。四十年秋，寇六萬餘騎犯居庸岔道口，應熊被圍於南溝中，五鎗墮馬，參將胡鎮殺數人，奪之歸。其冬，復為右都督，充總兵官，鎮守大同，以招徠塞外人口，增俸一級。四十二年，寇大舉犯畿輔，詔應熊等入援。諸鎮兵盡集，見敵勢盛，不敢擊，給事中李瑜遂劾應熊及宣大總督江東、保定總兵官祝福坐視胡鎮被圍，一卒不發。帝怒，降敕嚴責，會寇將遁，應熊禦之密雲，頗有斬獲。寇退，帝令江東第諸將功，以應熊為首，詔增其祖職二級。已，錄防秋勞，進左都督。總督趙炳然劾其縱寇互市，殘害朔州，坐戍邊。穆宗立，赦還。子顯祚，襲職，累官署都督僉事、總兵官，歷鎮山西、宣府。子弼亦至都督僉事，為援遼總兵官。姜氏為大將，著邊功，凡五世。

安國，字良臣，綏德衛人。初為諸生，通春秋、子史，知名里中。後襲世職為指揮僉事。正德三年中武會舉第一，進署指揮使，赴陝西三邊立功。劉瑾要賄，國同舉六十人咸無貲，瑾乃編之行伍。有警聽調，禁其擅歸。六十人者悉大窘，儕於戍卒，不聊生，而邊臣憚瑾，竟無有收恤之者。寘鐇反，肆赦，始放還。通政叢蘭請收用，瑾怒，諷給事中張瓚等劾諸人皆庸才，悉停其加官。瑾誅，始以故官分守寧夏西路。尋進署都指揮僉事，充右參將，擢右副總兵，協守大同，徙延綏。十一年冬，寇二萬騎分掠偏頭關諸處。國偕遊擊杭雄馳敗之岢嵐州，斬首八十餘級，獲馬千餘匹。寇遂遁。初，寇大入白羊口，帝遣中官張忠、都督劉暉、侍郎丁鳳統京軍討之，比至，已飽掠去。忠、暉恥無功，紀功御史劉澄甫攘國等功歸之，大行遷賞。忠等悉增祿，予世廕，尚書王瓊亦加少保，廕子錦衣。國時以署都督僉事為寧夏總兵官，僅予實授，意不平，不敢自列。乃具疏力辭，為部卒重傷者乞敘錄，瓊請再敘國功，始進都督同知。當是時，佞倖擅朝，債帥風大熾，獨國以材武致大將，端謹練戎務，所至思盡職，推將材者必歸焉。在鎮四年卒，特謚武敏。

杭雄，字世威，世為綏德衛總旗。雄承廕數先登，積首功六遷至指揮使。正德七年進署都指揮僉事，勦賊四川，尋守備西寧。用尚書楊一清薦，擢延綏遊擊將軍，從都御史彭澤經略哈密，偕副將安國破敵岢嵐，進都督僉事，改參將，擢都督同知，統邊兵操於西內。武宗幸宣府、大同，雄扈從，即拜大同總兵官。嘉靖初，汰傳奉官，雄當貶，以方守邊，命署都督僉事，鎮守如故。小王子萬餘騎入沙河堡，雄戰卻之。未幾，復大入，不能禦，求罷，不許，移延綏。召僉書後軍都督府。三年秋，土魯番侵甘肅，詔尚書金獻民視師，以雄佩平虜大將軍印，充總兵官，提督陝西、延綏、寧夏、甘肅四鎮軍務，列侯出征始佩大將軍印，無授都督者，至是特以命雄。甫至，寇已破走，而雄亦得廕錦衣千戶。既班師，復出鎮寧夏。吉囊大入，總督王憲檄雄等破之，進都督同知。寇八千騎乘冰犯寧夏，雄及副總兵趙鎮禦之，前鋒陷伏中，雄等皆敗。總督王瓊劾之，奪官閒住。明年卒。雄敢戰，嘗以數騎行邊，敵騎至，乃下馬，積鞍為壘，跪而射之，敵退，解衣，腋凝血，乃知中飛矢。武宗在大同，見雄氈帷敝甚，曰：「老杭窮乃爾。」寇至，帝將親擊，雄叩馬諫曰：「主人畜犬，不使吠盜，奚用犬為？願聽臣等効力。」帝笑而止。少役延綏巡撫行臺，既貴，每至臺議事，不敢正席坐，曰：「此當年役所也。」正德、嘉靖間，西北名將，馬永而下稱雄云。

贊曰：時平則將略無由見，或綰符出鎮，守疆禦侮，著有勞效，以功名終，亦足尚矣。許貴、周賢、魯鑑、姜漢，家世為將，勳閥相承，而賢與漢死事尤烈。彭清、杭雄之清節，斯又其最優者歟。

明史卷一百七十五　列傳第六十三

總裁官總理事務經筵講官少保兼太子太保保和殿大學士兼管吏部戶部尚書事加六級臣張廷玉等奉
敕修

衛青 子穎　董興
何洪 劉雄　劉玉
仇鉞　神英 子周
曹雄 子謙　馮禎
張俊 李鋐　楊銳 崔文

衛青，字明德，松江華亭人。以薊州百戶降成祖，積功至都指揮僉事，莅中都留守司事，改山東備倭。永樂十八年二月蒲臺妖婦林三妻唐賽兒作亂自言得石函中寶書神劍役鬼神剪紙作人馬相戰鬬徒衆數千據益都卸石棚寨指揮高鳳敗歿勢遂熾其黨董彥昇等攻下莒即墨圍安邱總兵官安遠侯柳升帥都指揮劉忠圍賽兒寨賽兒夜劫官軍軍亂忠戰死賽兒遁去比明升始覺追不及獲賊黨劉俊等及男女百餘人而賊攻安邱益急知縣張旟丞馬撝死戰賊不能下合莒即墨衆萬餘人以攻青方屯海上聞之帥千騎晝夜馳至城下再戰大敗之城中亦鼓譟出殺賊二千生禽四千餘悉斬之時城中旦夕不能支青救稍遲城必陷比賊敗升始至青迎謁升怒其不待己捽之出是日鰲山衛指揮王真亦以兵百五十人殲賊諸城賊遂平而賽兒卒不獲帝賜書勞青切責升尚書吳中等劾升且言升娼青功於是下升獄而擢青山東都指揮使真都指揮同知旟撝左右參議賞賚有差青還備倭海上尋坐事繫獄宣德元年帝念其功釋之俾復職時京師營繕役繁調及防海士卒青以爲言得番代英宗立進都督僉事尋卒青有孝行善撫士卒居海上十餘年海濱人思之請於朝立祠以祀次子頴正統初襲濟南衛指揮使景帝立奉詔入衛再遷至都指揮同知以石亨薦擢署都督僉事管五軍營右哨論黃花鎭白羊口及西直門禦寇功累進都督同知景泰三年協鎭宣府逾年召還天順元年以奪門功封宣城伯予世券出鎭甘肅孛來入犯不能禦爲有司所劾詔不問亨敗頴以守邊故得無奪憲宗即位廷議以頴不勝任乃召還會盡革奪門世爵頴以天順間征西番馬吉思冬沙諸族功自愬詔如故成化二年爲遼東總兵官尋引疾罷給事中陳鉞等劾之下獄尋宥之弘治中卒贈侯謚壯勇傳子至孫錞嘉靖時督神機營屢加太保兼太子太師四傳至時春崇禎時掌後府京師陷懷鐵券闔門十七人皆赴井死

董興長垣人初爲燕山右衛指揮使累遷署都指揮同知正統中新建伯李玉等舉興將才進署都指揮使京營管操復用薦擢署都督僉事充右參將從寧陽侯陳懋討鄧茂七破餘黨於建寧進都督同知南海賊黃蕭養圍廣州安鄉伯張安都指揮王清戰死賊衆攻城益急詔拜興左副總兵調江西兩廣軍往討而以侍郎孟鑑贊理軍務興用天文生馬軾自隨興果銳不能戢下軾戒之景泰元年二月師至廣州賊舟千餘艘勢甚熾而徵兵未至諸將請濟師軾曰廣民延頸久矣即以狠兵往擊猶拉朽耳興從之既而兵大集進至大洲擊賊殺溺死者萬餘人餘多就撫蕭養中流矢死函首以獻俘其父及子等餘黨皆伏誅論功進右都督留鎭廣東給事中黃士儁劾興寬縱降其官明年復職久之召還分督京營與曹吉祥結姻冒奪門功封海寧伯未幾充總兵官鎭遼東予世券議革奪門者爵興以守邊得免吉祥誅乃奪興爵仍右都督發廣西立功以錦衣李貴薦復爵總兵宣府再予世券憲宗嗣位罷還已停世襲家居十餘年卒

何洪全椒人嗣世職爲成都前衛指揮使正統中從征麓川景泰末從征天柱銅鼓皆有功屢遷都指揮使掌四川都司事與平東苗憲宗即位論功擢都督僉事巡撫汪浩乞留洪四川許之德陽人趙鐸反自稱趙王漢州諸賊皆歸之連番衆數陷城殺將吏遣其黨何文讓及僧悟昇掠安岳諸縣洪斬悟昇生禽文讓鐸將逼成都官軍分三路討洪偕都指揮寧用趙彰明賊引去追至梓潼朱家河力戰賊少卻洪乘勝陷陣後軍不繼爲賊所圍左右跳盪殺賊甚衆力竭而死洪勇敢善撫士號令嚴蜀將無及之者旣死官軍奪氣而四川都指揮僉事臨淮劉雄亦戰死雄剛勁遇敵輒前嘗捕賊漢州生禽七十餘人及鐸亂追之羅江大水河手馘數人賊連敗千戶周鼎傷雄前救之徑奔賊陣叢刺死詔贈洪都督同知予祭葬子節襲都指揮僉事雄贈都指揮同知賜祭命子襲職超二官洪雖死綿竹典史蕭讓帥鄉兵擊鐸破之官兵頻進擊其黨稍散去鐸勢孤帥餘賊趨彰明千戶田儀等設伏梓潼而參將周貴直擣其巢賊大敗夜奔石子嶺儀亟進斬鐸賊盡平成化元年正月也

劉玉字仲璽磁州人生有膂力給侍曹吉祥家從征麓川授副千戶積功至都指揮僉事天順元年以奪門功進都督僉事充右參將守備潯州慶遠蠻剽博白及廣東之寧川玉偕左參將范信邀擊敗之俄命分守貴州從方瑛討東苗殲千把豬討西堡苗禽其魁楚得先後斬首千級毀其巢而還旋改右副總兵鎭守貴州吉祥誅玉下吏當斬以道遠不與謀免死謫海南副千戶六年帝將以谷登爲甘肅副總兵李賢言登不任玉老成乃復以爲都督僉事右副總兵鎭守涼州咎咺族叛會兵平之進都督同知成化四年滿俊亂固原白圭舉玉爲總兵官統左右參將夏正劉清討之兵分爲七玉與總督項忠抵石城賊已數敗會毛忠死玉亦被圍中流矢力戰得出相持兩月大小百十戰竟平之進左都督掌右府事自愬前西堡功命增俸百石掌耀武營六年充左副總兵從朱永出延綏五月河套部入犯玉帥衆禦却之逾年卒贈固原伯謚毅敏玉雖起僕隸勇決過人善撫士所至未嘗衄滿俊之叛據石城險屢敗官軍玉戰最力及論功秖賜秩一級時惜其薄子文襲指揮使

仇鉞字廷威鎭原人初以傭卒給事寧夏總兵府大見信愛會都指揮僉事仇理卒無嗣遂令鉞襲其世職爲寧夏前衛指揮同知理江都人故鉞自稱江都仇氏再以破賊功進都指揮僉事正德二年用總制楊一清薦擢寧夏遊擊將軍五年安化王寘鐇及都指揮何錦周昂指揮丁廣反鉞時駐城外玉泉營聞變欲遁去顧念妻子在城中恐爲所屠滅遂引兵入城解甲覲寘鐇歸臥家稱病以所將兵分隸賊營錦等信之時時就問計鉞亦謬輸心腹而陰結壯士遣人潛出城令還報官軍旦夕至鉞因紿錦廣宜急出兵守渡口遏東岸兵勿使渡河錦廣果傾營出而昂獨守城寘鐇以禡牙召鉞鉞稱病亟昂來視鉞方堅臥呻吟伏卒猝起捶殺昂鉞乃被甲橫刀提其首躍馬大呼壯士皆集徑馳詣寘鐇第縛之傳寘鐇令召錦等還而密諭其部曲以禽寘鐇狀衆遂大潰錦廣單騎走賀蘭山爲邏卒所獲舉事凡十八日而敗先是中朝聞變議以神英爲總兵官而命鉞爲副俄傳鉞降賊欲追敕還大學士楊廷和曰鉞必不從賊令知朝廷擢用志當益堅不然棄良將資敵人耳乃不追事果定而劉瑾厯陝西總兵官曹雄盡以鉞功歸之鉞竟無殊擢巡按御史閻睿訟其功詔奪俸三月瑾誅始進署都督僉事充寧夏總兵官尋論功封咸寧伯歲祿千石予世券明年冬召掌三千營七年二月拜平賊將軍偕都御史彭澤討河南盜劉惠趙燧以中官陸闇監其軍未至而參將馮禎戰死洛南賊勢益熾已聞官軍將至遂奔汝州又聞官軍扼要害乃走寶豐復由舞陽遂平轉掠汝州東南敗奔固始抵潁州屯朱皋鎭永順宣慰彭明輔等擊之賊倉猝渡河溺死者二千人餘衆走光山鉞追及之命諸將神周姚信時源金輔左右夾擊賊大敗斬首千四百有奇湖廣軍亦破其別部賈勉兒於羅田賊沿途潰散自六安陷舒城復還光山至商城官軍追之急賊復南攻六安將陷時源等涉河進敗之七里岡賊趨廬州至定遠西又敗還至六安分其衆爲二劉惠與趙鐩二弟鐇鎬帥萬餘人北走商城而鐩道遇其徒張通及楊虎遺黨數千人勢復振掠鳳陽陷泗宿睢寧定遠於是澤與鉞計使神周追鐩時源金輔追惠姚信追勉兒勉兒鐩復合周信連敗之宿州追奔至應山其衆畧盡鐩薙髮懷度牒潛至江夏飯村店軍士趙成執送京師伏誅源輔追劉惠連戰皆捷惠窘走南召指揮王謹追及於土地嶺射中惠左目自縊死勉兒數爲都指揮朱忠夏廣所敗獲之項城丁村餘黨邢本道劉資及楊寡婦等先後皆被禽凡出師四月而河南賊悉平趙鐩一名風子文安諸生也劉七等亂起鐩挈家匿渚中賊驅之登陸將汚其妻女鐩素驍健有膂力手格殺二賊賊聚執之遂入其黨爲之魁賊專事淫掠鐩稍有智計定爲部伍勸其黨無妄殺移檄府縣約官吏師儒毋走避迎者安堵由是橫行中原勢出劉六等上嘗攻鈞州五日以馬文升方家居舍之去有司遣人齎招撫榜至鐩具疏附奏言今羣奸在朝舞弄神器濁亂海內誅戮諫臣屛棄元老舉動若此未有不亡國者乞陛下睿謀獨斷梟羣奸之首以謝天下即梟臣之首以謝羣奸其桀黠如此鉞旣平河南賊移師會陸完共滅劉七等於江北論功進世侯增祿百石仍督三千營八年大同有警命充總兵官統京軍禦之鉞上五事中請遣還京操邊軍停京軍出征以省公私之擾尤切時弊時不能用鉞旣至値寇犯萬全河沙擊之斬首三級而軍士亡者二十餘人寇亦引去奏捷蒙賚朝論恥之帝詔諸邊將入侍豹房鉞嘗一入後輒力辭十年冬稱疾解營務詔給軍三十人役其家世宗立再起督三千營掌前府事未上卒年五十七謚武襄子昌以病廢孫鸞嗣侯世宗時怙寵通邊磔死爵除

神英字景賢壽州人天順初襲父職爲延安衛指揮使守備寧塞營屢將騎兵從都督張欽等征討有功成化元年尚書王復行邊薦英有謀勇進都指揮僉事以從征滿四功遷都指揮使充延綏右參將屢敗敵加思蘭兵進署都督僉事巡撫余子俊築邊牆命英董役工成受賚久之充總兵官鎭守寧夏移延綏復移宣府弘治改元移大同十一年馬市開英違禁貿易寇掠蔚州又不救言官連劾召還閒住尋起督果勇營嘗充右參將從朱暉禦寇延綏武宗立寇犯宣府與李俊並充左參將帥京軍以援尋以都督同知僉書左府剿近畿劇賊進右都督正德五年給事中段豸劾英老命致仕當是時劉瑾竊政總兵官曹雄等以附瑾得重權英素習瑾厚賄之因自陳邊功乞敍錄特詔予伯爵吏兵二部持之下廷議而廷臣希瑾指無不言當封者遂封涇陽伯

祿八百石未幾寘鐇反命充總兵官討之未至賊已滅其秋瑾敗爲言官所劾詔奪爵以右都督致仕越二年卒子周輸粟爲指揮僉事累官都指揮使充延綏右參將正德六年命以所部兵討河南流賊數有功再進都督同知賊平遂以副總兵鎭山西九年秋寇大入寧武關鬭忻定襄寧化周擁兵不戰軍民死者數千詔巡撫官執歸京師周潛結貴近行至易州僞稱病自陳戰功帝乃宥周罪盡削其秩爲總旗而輸粟指揮如故已夤緣江彬入豹房驟復都督賜國姓典兵禁中遂與彬相倚爲聲勢納賄不貲彬敗周亦下獄伏誅

曹雄西安左衞人弘治末歷官都指揮僉事爲延綏副總兵武宗卽位用總督楊一清薦擢署都督僉事充總兵官鎭固原以瑾同鄉自附於瑾瑾欲廣樹黨日相親重正德四年雄上言故事布按二司及兵備道臣文移達總兵官者率由都司轉達今邊務亟徵調不時都司遠在會城往返千里恐誤軍機乞如巡撫大同例徑呈總兵官便兵部尚書曹元希瑾意覆如其言旣復受瑾屬奏雄鎭守未佩印宜如各邊例特賜印以重其權乃進雄署都督同知以延綏總兵官吳江所佩征西將軍印佩之而別鑄靖虜將軍印予江及總督才寬禦寇沙窩爲所殺雄擁兵不救佯引罪乞解兵柄令子謐齎奏詣京師瑾異謐貌妻以從女而優詔褒雄令居職如故糾者反被責寘鐇反寧夏雄聞變卽統兵壓境上令都指揮黃正以兵三千入靈州固士卒心約鄰境刻期討密焚大小二壩積草與守備史鏞等奪河西船盡泊東岸賊黨何錦懼急帥兵出守大壩以防決河雄乃令鏞潛通書仇鉞俾從中舉事賊遂成禽是役也功雖成於鉞而居外布置賊不內顧雄有勞焉捷聞瑾以平賊功歸之進左都督謐亦官千戶雄不安引咎自劾推功諸將降旨慰勞未幾瑾敗言官交劾降指揮僉事尋徵下獄以黨逆論死籍其家詔宥之與家屬永戍海南遇赦不原雄長子謙讀書能文有機畧好施予故參政李崙主事孔琦家貧甚雄請周卹其妻子以勸廉吏謙意也御史高藝先被逮無行貲謙爲治裝並卹其家受業楊一清聞一清將起用貽書止之曰近日關中人材連茹而起實山川不幸獨不留三五輩爲後日地耶時陝人率附瑾以進故謙云然雄下獄謙亦被繫爲怨家箠死馮禎綏德衞人起家卒伍累功爲本衞指揮僉事弘治末擢署都指揮僉事守備偏頭關尋充參將分守寧夏西路以勇敢聞寘鐇反馳奏告變事平進署都指揮同知已擢副總兵協守延綏正德六年七月盜起中原詔以所部千五百人入討至阜城遇賊禎令軍中毋顧首級貪虜獲遂大敗賊逐北數十里俘斬八百六十有奇進解曹州圍執其魁朱諒錄功進都督僉事明年春劉惠趙鐩亂河南連陷鹿邑上蔡西平遂平舞陽葉縱掠南頓新蔡商水襄城復還駐西平禎偕副總兵時源參將神周金輔擊敗之賊奔入城官軍塞其門乘夜焚死千餘人斬首稱是餘賊潰而西巡撫鄧璋等朝崇王於汝寧宴飲連日賊招散亡勢復振陷鄢陵滎陽汜水鞏圍河南府三日諸軍始集賊屯洛南覘官軍饑疲迎戰右哨金輔不敢渡洛禎及源周方陣而後哨參將姚信所部京軍先馳失利遽遁陣亂賊乘之禎下馬殊死鬭援絕死焉贈洛南伯賜祭葬授其子大金都督僉事後賊平論功復廕一子世百戶明年是日禎死所風霾大作又明年亦如之伊王奏聞敕有司建祠歲以死日致祭尋用給事中李鐸言歲給米二石帛二疋贍其家

張俊宣府前衞人嗣世職爲本衞指揮使累擢大同遊擊將軍弘治十二年以功進都指揮同知火篩入大同左衞大掠八日俊遣兵三百邀其前復分兵三百爲策應而親禦之荊東莊依河結營擊卻三萬餘騎帝大喜立擢都督僉事未幾總兵官王璽失事被徵卽命俊代之其冬以寇入戴罪尋移鎭宣府中官苗逵督師延綏檄大同宣府卒爲援騎俊持不遣逵遂劾俊帝宥俊而命發卒如逵言武宗初立寇乘喪大入連營二十餘里俊遣諸將李稽白玉張雄王鎭穆榮各帥三千人分扼要害俄寇由新開口毀垣入稽遽前迎敵玉雄鎭榮各帥所部拒於虞臺嶺俊急帥三千人赴援道傷足以兵屬都指揮曹泰泰至鹿角山被圍俊力疾益調兵五千人持三日糧馳解泰圍復援出鎭又分兵救稽玉稽玉亦潰圍出獨雄榮阻山澗援絕死諸軍已大困收兵還寇追之行且戰僅得入萬全右衞城士馬死亡無算俊及中官劉清巡撫李進皆徵還御史郭東山言俊扶病馳援勸懲不宜偏廢乃許贖罪正德五年起署都督同知典神威營操練明年六月賊楊虎等自山西十八盤還破武安掠威曲周武城清河故城景州轉入文安與劉六等合都指揮桑玉屢敗僉事許承芳請濟師乃命俊充副總兵與參將王琮統京軍千人討之往來近畿數月不能創賊已朝議調邊軍協守賊遂連敗明年三月劉六劉七齊彥名麗文宣等敗奔登萊海套陸完檄俊軍萊州合諸將李鋐等邀之賊遂北走轉掠寶坻香河玉田俊急偕許泰郤永遏之帝喜勞以白金賊由武清西去未幾得疾召還後賊平實授都督同知久之卒俊爲邊將持廉有謀勇其歿也家無贏貲李鋐大同右衞人世指揮同知累功進都指揮僉事充參將協守大同山東盜起詔改遊擊將軍尋充副總兵與俊等邀賊復與劉暉部將傅鎧張椿等數立功賊平進都指揮同知充總兵官鎭鳳陽諸府尋以江西盜猖獗擢署都督僉事與都御史俞諫同提督軍務賊王浩八據裴源山憑高發矢石官軍幾不支鋐下馬持刀督將士殊死鬭賊乃走追數十里禽之復以次討平劉昌三胡浩三等移駐餘干將擊遺賊之未下者疽發背卒於軍詔贈右都督廕子都指揮僉事

楊銳字進之蕭縣人嗣世職爲南京羽林前衞指揮使正德初以才擢掌龍江右衞事督造漕舟於淮安寧王宸濠有異謀王瓚以安慶居要害宜置戍乃進銳署都指揮僉事守備其地銳與知府張文錦治戰艦日督士肄水戰十四年六月丙子宸濠反東下焚彭澤湖口望江已丑奄至安慶城下舟五十餘艘銳文錦與指揮崔文同知林有祿通判何景暘懷寧知縣王誥等禦之江滸已收兵入城被圍銳文軍城西文錦有祿軍城北景暘誥軍東南城西九要衝銳晝夜拒戰殺傷賊二百餘斬其間諜乃稍卻七月丁酉賊悉兵至號十萬舳艫相銜六十餘里宸濠乘黃艦泊黃石磯身自督戰江西僉事潘鵬在賊軍安慶人也宸濠令諭降呼銳及文錦語衆心頗搖吏黃洲者以大義責數之鵬慚而退旣復持僞檄至其家僮見遙呼之銳腰斬以徇將射鵬鵬遁去衆心乃定賊怒圍城數周攻益急銳等殊死戰賊雲樓數十瞰城中城中亦造飛樓射賊夜縋人焚賊樓賊置天梯廣二丈高於城版蔽之前後有門伏兵其中輪轉以薄城城上束葦沃膏燃其端梯稍近卽投之須臾盡焚賊多死時軍衞卒不滿百乘城皆民兵老弱婦女饋餉人運石一二數日積如山賊攻城城上或投石或沸湯沃之賊輒傷銳等射書賊營諭令解散有亡去者乃募死士夜刦賊營賊大驚擾比曉稍定宸濠慚憤謂其下曰安慶且不克安望南都會聞伍文定等破南昌遂解圍去文出城襲擊又破之旬有八日而圍解事聞武宗大喜擢銳參將分守安徽池太寧國及九江饒黃銳薦鄭岳胡世寧帝卽召用世宗立論功擢都督僉事廕子世千戶再遷僉書左府改南京右府充總兵官鎭遼東改督漕運鎭淮安嘉靖十年爲巡按御史李循義劾罷踰年卒崔文世爲安慶衞指揮使守城勞亞於銳世宗錄其功超三階爲都指揮使廕子世百戶江淮多盜廷議設總兵官督上下江防擢文都督僉事任之改蒞南京前府專督操江久之卒

贊曰衞靑等當承平時不逞竊發列城擾攘賴其戡定雖所敵非堅然勇敢力戰功多可紀或遂身膏原野若何洪劉雄馮禎輩壯節有足惜者鉞以心計定亂銳以城守摧逆干城之寄克稱廟謨神英曹雄亦有勞績而以附閹損名且獲罪爲將者其以跅弛爲戒哉

明史卷一百七十六　列傳第六十四

總裁官總理事務經筵講官少保兼太子太保保和殿大學士兼管吏部戶部尚書事加六級臣張廷玉等奉

敕修

李賢　呂原子常
岳正　彭時
商輅　劉定之

李賢字原德鄧人舉鄉試第一宣德八年成進士奉命察蝗災於河津授驗封主事少師楊士奇欲一見賢竟不往正統初言塞外降人居京師者盈萬指揮使月俸三十五石實支僅一石降人反實支十七石五斗是一降人當京官十七員半矣宜漸出之外省冗費且消患未萌帝不能用時詔文武臣誥敕非九年不給賢言限以九年或官不能滿秩或親老不待不得者十八九無以勸臣下請仍三年便從之遷考功郎中改文選扈從北征師覆脫還景泰二年二月上正本十策曰勤聖學顧箴警戒嗜慾絕玩好愼舉措崇節儉畏天變勉貴近振士風結民心帝善之命翰林寫置左右備省覽尋又陳車戰火器之利帝頗採納是冬擢兵部右侍郎轉戶部也先數貢馬賢謂輦金帛以强寇自斃非策因陳邊備廢弛狀于謙請下其章厲諸將轉吏部採古二十二君行事可法者曰鑑古錄上之英宗復位命兼翰林學士入直文淵閣與徐有貞同預機務未幾進尚書賢氣度端凝奏對皆中機宜帝深眷之山東饑發帑振不足召有貞及賢議有貞謂頒振多中飽賢曰慮中飽而不貸坐視民死是因噎廢食也遂命增銀石亨曹吉祥與有貞爭權並忌賢諸御史論亨吉祥亨吉祥疑出有貞賢意訴之帝下二人獄會有風雷變得釋謫賢福建參政未行王翺奏賢可大用遂留爲吏部左侍郎踰月復尚書直內閣如故亨知帝嚮賢怒然無可如何乃佯與交驩賢亦深自匿非宣召不入而帝益親賢顧問無虛

曰孛來近塞亨言傳國璽在彼可掩而取帝色動賢言釁不可啓璽不足寶事遂寢亨益惡賢時帝亦厭亨吉祥驕橫屏人語賢曰此輩干政四方奏事者先至其門爲之柰何賢曰陛下惟獨斷則趨附自息帝曰向嘗不用其言乃怫然見辭色賢曰願制之以漸當亨吉祥用事賢顧忌不敢盡言然每從容論對所以裁抑之者甚至及亨得罪帝復問賢奪門事賢曰迎駕則可奪門豈可示後天位乃陛下固有奪卽非順且爾時幸而成功萬一事機先露亨等不足惜不審置陛下何地帝悟曰然賢曰若郕王果不起羣臣表請陛下復位安用擾擾爲此輩又安所得邀陞賞招權納賄安自起老成耆舊依然在職何至有殺戮降黜之事致干天象易曰開國承家小人勿用正謂此也帝曰然詔自今章奏勿用奪門字幷議革冒功者四千餘人至成化初諸被革者怨請復以賢言幷奪太平侯張瑾興濟伯楊宗爵時論益大快之帝既任賢所言皆見聽于謙嘗分遣降人南征陳汝言希宦官指盡召之還賢力言不可帝曰吾亦悔之今已就道後當聽其願去者帝憂軍官支俸多歲入不給賢請汰老弱於外則費省而人不覺帝深納焉時歲有邊警天下大水江南北尤甚賢外籌邊計內請寬百姓罷一切徵求帝用其言四方得蘇息七年二月空中有聲帝欲禳之命賢撰青詞賢言君不恤民天下怨叛厥有鼓妖因請行寬恤之政又請罷江南織造清錦衣獄止邊臣貢獻停內外採買帝難之賢執爭數四同列皆懼賢退曰大臣當知無不言可卷舌偷位耶終天順之世賢爲首輔呂原彭時佐之然賢委任最專初御史劉濬劾柳溥敗軍罪觸帝怒賢言御史耳目官不宜譴石亨譖賢曲護帝寖疎賢尋悟待之如初每獨對良久方出遇事必召問可否或遣中官就問賢務持大體尤以惜人才開言路爲急所薦引年富軒輗耿九疇王竑李秉程信姚夔崔恭李紹等皆爲名臣時勸帝延見大臣有所薦必先與吏兵二部論定之及入對帝訪文臣請問王翺武臣請問馬昂兩人相左右故言無不行而人不病其專惟羣小與爲難曹欽之反也擊賢東朝房執將殺之逼草奏釋己罪賴王翺救乃免賢密疏請禽賊黨時方擾攘不知賢所在得疏帝大喜裹傷入見慰勞之特加太子太保賢因言賊既誅急宜詔天下停不急務而求直言以通閉塞帝從之門達方用事錦衣官校恣橫爲劇患賢累請禁止帝召達誡諭之達怙寵益驕賢乘間復具陳達罪帝復召戒達達銜次骨因袁彬獄陷賢賢幾不免語載達傳帝不豫臥文華殿會有間東宮於帝者帝頗惑之密告賢賢頓首伏地曰此大事願陛下三思帝曰然則必傳位太子乎賢又頓首曰宗社幸甚帝起立召太子至賢扶太子令謝太子謝抱帝足泣帝亦泣讒竟不行憲宗卽位進少保華蓋殿大學士知經筵事是年春日黯無光賢偕同官上言曰君象君德明則日光盛惟陛下敬以修身正以御下剛以斷事明以察微持之不息則天變自弭和氣自至翌日又言天時未和由陰氣太盛自宣德至天順間選宮人太多浣衣局沒官婦女愁怨尤甚宜放還其家帝從之中外欣悅五月大雨雹大風飄瓦拔郊壇樹賢言天威可畏陛下當凜然加省無狎左右近幸崇信老成共圖國是有司請造鹵簿賢言內庫尚有未經御者今恩詔甫頒方節財用柰何復爲此帝卽日寢之每遇災變必與同官極陳無隱而於帝初政申誡尤切門達既竄其黨多投匿名書搆賢賢乞罷有詔慰留吳后廢言官請誅牛玉語侵賢又有造蜚語搆賢者帝命衞士宿賢家護出入成化二年三月遭父喪詔起復三辭不許遣中官護行營葬還至京又辭遣使宣意遂視事其年冬卒年五十九帝震悼贈太師謚文達賢自以受知人主所言無不盡景帝崩將以汪后殉葬用賢言而止惠帝少子幽禁已六十年英宗憐欲赦之以問賢賢頓首曰此堯舜用心也天地祖宗實式憑之帝意乃決帝嘗祭山川壇以夜出未便欲遣官代祀賢引祖訓爭之卒成禮而還嘗言內帑餘財不以卹荒濟軍則人主必生侈心而移之於土木禱祠聲色之用前後頻請發帑振貸卹邊不可勝計故事方面官敕三品京官保舉賢患其營競令吏部每缺舉二人請帝簡用並推之例始此自三楊以來得君無如賢者然自郞署結知景帝超擢侍郞而所著書顧謂景帝爲荒淫其抑葉盛擠岳正不救羅倫尤爲世所惜云

呂原字逢原秀水人父嗣芳萬泉教諭兄本景州訓導嗣芳老就養景州與本相繼卒貧不能歸葬厝於景原時至墓慟哭久之奉母南歸家益貧知府黃懋奇原文補諸生遣入學舉鄉試第一正統七年進士及第授編修十二年與侍講裴綸等十人同選入東閣肄業直經筵景泰初進侍講與同官倪謙授小內侍書於文華殿東廡帝至命謙講國風原講堯典皆稱旨問何官並以中允兼侍講對帝曰品同耳何相兼爲進二人侍講學士兼中允尋進左春坊大學士天順初改通政司右參議兼侍講徐有貞李賢下獄之明日命入內閣預機務石亨曹吉祥用事貴倨獨敬原原朝會衣青袍亨笑曰行爲先生易之原不答尋與岳正列亨吉祥罪狀疏留中二人怒摘救諭中語謂閣臣謗訕帝大怒坐便殿召對厲聲曰正大膽敢爾原素恭謹阿正何也正罷去原得留李賢既復官入閣柄政原佐之未幾彭時亦入三人相得甚歡賢通達遇事立斷原濟以持重庶政稱理其年冬進翰林院學士六年遭母喪水漿不入口三日詔葬畢卽起視事原乞終制不允乃之景州啓父兄殯歸葬舟中寢苫哀毁體素豐至是羸瘠抵家甫襄事而卒年四十五贈禮部左侍郞謚文懿原內剛外和與物無競性儉約身無紈綺歸裝惟賜衣數襲分祿恤宗姻子㦤字秉之以蔭補國子生供事翰林遷中書舍人疏乞應試所司執故事不許憲宗特許之遂舉順天鄉試舍人得赴試自㦤始累遷禮部郞中好學能文諳掌故琉球請歲一入貢回回貢使乞道廣東歸國皆以非制格之以薦進南京太僕寺少卿故事太僕馬數不令他官知以是文籍磨滅登耗無稽㦤曰他官不與聞是也當職者可貿貿耶議請三年一校勘著爲例累遷南京太常卿輯典故因革若干卷正德初致仕歸

岳正字季方漷縣人正統十三年會試第一賜進士及第授編修進左贊善天順初改修撰教小內侍書閣臣徐有貞李賢下獄帝既用呂原預政頃之薛瑄又致仕帝謀代者王翺以正薦遂召見文華殿正長身美鬚髯帝遙見色喜既登陛連稱善問年幾何家安在何年進士正具以對復大喜曰爾年正强仕吾北人又吾所取士今用爾內閣其盡力輔朕正頓首受命趨出石亨張軏遇之左順門愕然曰何自至此比入帝曰朕今日自擇一閣臣問爲誰帝曰岳正兩人陽賀帝曰但官小耳當與吏部左侍郞兼學士兩人曰陛下既得人俟稱職加秩未晚帝默然遂命以原官入閣正素豪邁負氣敢言及爲帝所拔擢益感激思自効掌欽天監侍郞湯序者亨黨也嘗奏災異請盡去奸臣帝問正正言奸臣無指名卽求之人人自危且序術淺何足信也乃止有僧官僧黨數十人皆得免或爲匿名書列曹吉祥罪狀吉祥怒請出榜購之帝使正撰榜格正與呂原入見曰爲政有體盜賊責兵部姦宄責法司豈有天子出榜購募者且事緩之則自露急之則愈匿此人情也帝是其言不問亨從子彪鎭大同獻捷下內閣問狀使者言捕斬無算不能悉致皆梟置林木間正按地圖詰之曰某地至某地皆沙漠汝梟置何所其人語塞時亨吉祥恣甚帝頗厭之正從容言二人權太重臣請以計間之帝許焉正出見吉祥曰忠國公常令杜淸來此何爲者吉祥曰辱石公愛致誠欵耳正曰不然彼使伺公所爲耳因勸吉祥辭兵柄復詣亨諭令自戢亨吉祥揣知正意怒吉祥見帝免冠泣請死帝內愧慰諭之召正責漏言會承天門災正極言亨將爲不軌且言陳汝言小人今既爲尚書可用盧彬爲侍郞二人者俱譎悍若同事必相齮齕乘其隙可並去之徐有貞再下獄云用有貞則天變可弭帝皆不納及敕諭廷臣命正視草正草敕曰乃者承天門災朕心震驚罔知所措意敬天事神有未盡與祖宗成憲有不遵與善惡不分用舍乖與曲直不辨刑獄冤與征調多方軍旅勞與賞賚無度府庫虛與請謁不息官爵濫與賄賂公行政事廢與朋奸欺罔附權勢與羣吏弄法擅威福與征斂徭役太重而閭閻靡寧與讒諂奔競之徒倖進而忠言正士不用與抑有司闒茸酷暴貪冒無厭而致軍民不得其所與此皆傷和致災之由而朕有所未明也今朕省愆思咎怵惕是存爾羣臣休戚惟均其洗心改過無蹈前非當行者直言無隱敕下舉朝傳誦而亨吉祥搆蜚語謂正賣直謗訕帝怒命仍授內侍書明日謫欽州同知道漷以母老留旬日陳汝言令巡校言狀且言正嘗奪公主田遂逮繫詔獄杖百戍肅州行至涿夜宿傳舍手梏急氣奔且死涿人楊四醉卒酒脫正梏剜其中且厚賂卒乃得至戍所亨吉祥既誅帝謂李賢曰岳正固嘗言之賢曰正有老母得放歸田里幸甚乃釋爲民憲宗立御史呂洪等請復正與楊瑄官詔正以原官直經筵纂修英宗實錄初正得罪都督僉事季鐸乞得其宅至是敕還正正還朝自謂當大用而賢欲用爲南京祭酒正不悅忌者僞爲正劾賢疏草賢嗛之成化元年四月廷推兵部侍郞淸理貼黃以正與給事中張寧名並上詔以爲私出正爲興化知府而寧亦補外正至官築堤溉田數千頃節縮浮費經理預備倉欲有所興革鄉士大夫不利其所爲騰謗言正亦厭吏職五年入覲遂致仕又五年卒年五十五無子大學士李東陽御史李經其壻也正博學能文章高自期許氣屹屹不能下人在內閣才二十八日勇事敢言便殿論奏至唾濺帝衣有規以信而後諫者慨然曰上顧我厚懼無以報稱子乃以諫官處我

耶英宗亦悉其忠其在戍所嘗念之曰岳正倒好只是大膽正聞自爲像贊述帝前語末言臣嘗聞古人之言蓋將之死而靡慽也其自信不回如此然意廣才疏欲以縱橫之術離散權黨反爲所噬人皆迂而惜之嘉靖中追贈太常寺卿謚文肅

彭時字純道安福人正統十三年進士第一授修撰明年郕王監國令同商輅入閣預機務聞繼母憂力辭不允乃拜命釋褐踰年參大政前此未有也尋進侍讀景泰元年以兵事稍息得請終制然由此忤旨服除命供事翰林院不復與閣事易儲遷左春坊大學士寰宇通志成遷太常寺少卿俱兼侍讀天順元年徐有貞旣得罪岳正許彬相繼罷帝坐文華殿召見時曰汝非朕所擢狀元乎時頓首明日仍命入閣兼翰林院學士閣臣自三楊後進退禮甚輕爲帝所親擢者唯時與正二人而帝方嚮用李賢數召賢獨對賢推重時退必咨之時引義爭可否或至失色賢初小忤久亦服其諒直曰彭公眞君子也慈壽皇太后上尊號詔告天下時欲推恩賢謂一年不宜再赦時曰非赦也宜行優老典朝臣父母七十與誥敕百姓八十給冠帶是老吾老以及人之老也賢稱善卽奏行之帝愛時風度選庶吉士命賢盡用北人南人必若時者方可賢以語時俄中官牛玉宣旨時謂玉曰南士出時上者不少何可抑之已選十五人南六人與焉門達搆賢帝惑之曰去賢行專用時矣或傳其語時矍然曰李公有經濟才何可去因力直之且曰賢去時不得獨留語聞帝意乃解帝大漸口占遺命定后妃名分勿以嬪御殉葬凡四事付閣臣潤色時讀竟涕下悲愴不自勝中官復命帝亦爲隕涕憲宗卽位議上兩宮尊號中官夏時希周貴妃旨言錢后久病不當稱太后而貴妃帝所生母宜獨上尊號賢曰遺詔已定何事多言時曰李公言是也朝廷所以服天下在正綱常若不爾損聖德非小頃之中官復傳貴妃旨子爲皇帝母當爲太后豈有無子而稱太后者宣德間有故事賢色變目時時曰今日事與宣德間不同胡后表讓位退居別宮故在正統初不加尊今名分固在安得爲比中官曰如是何不草讓表時曰先帝存日未嘗行今誰敢草若人臣阿意順從是萬世罪人也中官厲聲怵以危語時拱手向天曰太祖太宗神靈在上孰敢有二心錢皇后無子何所規利而爲之爭臣義不忍默者欲全主上聖德耳若推大孝之心則兩宮並尊爲宜賢亦極言之議遂定及將上寶冊時曰兩宮同稱則無別錢太后宜加兩字以便稱謂乃尊爲慈懿皇太后貴妃爲皇太后越數日中官覃包至內閣曰上意固如是但迫於太后不敢自主非二公力爭幾悞大事時閣臣陳文默無語聞包言甚愧禮成進吏部右侍郎兼學士同知經筵成化改元進兵部尚書兼官如故明年秋乞歸省三年二月詔趣還朝英宗實錄成加太子少保兼文淵閣大學士四年慈懿太后崩詔議山陵時及商輅劉定之言太后作配先帝正位中宮陛下尊爲太后詔示天下先帝全夫婦之倫陛下盡母子之愛於義俱得今梓宮當合葬裕陵主當祔廟此不易之禮比聞欲別卜葬地臣等實懷疑懼竊謂皇上所以遲疑者必以今皇太后萬壽後當與先帝同尊自嫌二后並配非祖宗制考之於古漢文帝尊所生母薄太后而呂后仍祔長陵宋仁宗追尊生母李宸妃而劉后仍祔太廟今若陵廟之制稍有未合則有乖前美貽議來葉於是諸大臣相繼言之帝猶重違太后意時偕朝臣伏文華門泣請帝與太后皆感動始從時議彗見三台時等言外廷大政固所當先宮中根本尤爲至急諺云子出多母今嬪嬙衆多維熊無兆必陛下愛有所專而專寵者已過生育之期故也望均恩愛爲宗社大計時帝專寵萬貴妃妃年已近四十時故云然又言大臣黜陟宜斷自宸衷或集羣臣僉議不可悉委臣下使大權旁落帝雖不能從而心嘉其忠都御史項忠討滿四不利朝議命撫寧侯朱永將京軍往赴永故難其行多所邀請時惡其張大且度軍可無行第令整裝待會忠馳奏已圍賊石城帝遣中官懷恩黃賜偕兵部尚書白圭程信等至閣議時曰賊四出攻剽鋒誠不可當今入石城自保我軍圍甚固此困獸易禽耳信曰安知忠不退師時曰彼部分已定何故自退且今出師度何時到信曰來春時曰如此益緩不及事事成敗冬月決矣信忿出危言曰忠若敗必斬一二人然後出師衆危之問時何見曰觀忠疏曲折知其能若聞別遣禁軍將退避不敢任賊不可知矣時惟商輅然其言至冬賊果平人乃大服改吏部尚書五年得疾在告踰三月帝趣赴閣視事免朝參是冬無雪疏言光祿寺採辦各城門抽分掊尅不堪而獻珍珠寶石者倍估增直漁竭帑藏乞革其弊以惠小民帝優詔褒納畿輔山東河南旱請免夏稅鹽鈔及太僕寺賠課馬京師米貴請發倉儲五十萬石平糶並從之時以舊臣見倚重遇事爭執無所避而是時帝怠於政大臣希得見萬安同在閣結中貴戚畹上下壅隔時頗懷憂七年疾復作乞致仕帝慰留之不得去冬彗復見時言政本七事一毋惑佛事糜金錢二傳旨專委司禮監毋令他人以防詐僞三延見大臣議政事四近幸賜予太多工匠冒官無紀而重囚死徙者法不蔽罪宜戒淫刑僭賞五虛懷受諫勿惡切直六戒廷臣毋依違凡政令失當直言論奏七淸理牧馬草地減退勢要莊田皆切中時弊寧晉伯劉聚爲從父太監永誠請封謚且乞祠額禮部執故事却之帝特賜額曰褒功命內閣擬封謚時等言卽子永誠將來守邊內臣皆援此陳乞是變祖宗法自今日始或言宋童貫封王時曰貫封王在徽宗末年豈盛世事耶乃寢時每因災變上言或留中或下所司多阻隔悒悒不得志五年以後凡七在告帝輒命醫就視數遣內臣賜賚十一年正月以秩滿進少保踰月卒年六十贈太師謚文憲時立朝三十年孜孜奉國持正存大體公退未嘗以政語子弟有所論薦不使其人知燕居無惰容服御儉約無聲樂之奉非其義不取有古大臣風

商輅字弘載淳安人舉鄉試第一正統十年會試殿試皆第一終明之世三試第一者輅一人而已除修撰尋與劉儼等十人進學東閣輅丰姿瓌偉帝親簡爲展書官郕王監國以陳循高穀薦入內閣參機務徐珵倡南遷議輅力沮之其冬進侍讀景泰元年遣迎上皇於居庸進學士三年錦衣指揮盧忠令校尉上變告上皇與少監阮浪內使王瑤圖復位帝震怒捕二人下詔獄窮治之忠筮於術者同寅寅以大義折之且曰此大凶兆死不足贖忠懼佯狂以冀免輅及中官王誠言於帝曰忠病風無足信不宜聽妄言傷大倫帝意少解乃並下忠獄坐以他罪降爲事官立功殺瑤剮浪於獄事得不竟太子旣易進兵部左侍郎兼左春坊大學士如故賜第南薰里塞上腴田率爲勢豪侵據輅請覈還之軍開封鳳陽諸府饑民流濟寧臨淸間爲有司驅逐輅憂其爲變請招墾畿內八府閒田給糧種民皆有所歸鍾同章綸下獄輅力捄得無死寰宇通志成加兼太常卿景帝不豫羣臣請建東宮不許將繼奏輅援筆曰陛下宣宗章皇帝之子當立章皇帝子孫聞者感動以日暮奏未入而是夜石亨輩已迎復上皇明日王文于謙等被收召輅與高穀入便殿溫旨諭之命草復位詔亨密語輅赦文毋別具條欵輅曰舊制也不敢易亨輩不悅諷言官劾輅朋奸下之獄輅上書自愬復儲疏在禮部可覆驗不省中官與安稍解之帝愈怒安曰向者此輩創議南遷不審置陛下何地帝意漸釋乃斥爲民然帝每獨念輅朕所取士嘗與姚夔侍東宮不忍棄之以忌者竟不復用成化三年二月召至京命以故官入閣輅疏辭帝曰先帝已知卿枉其勿辭首陳勤學納諫儲將防邊省冗官設社倉崇先聖號廣造士法凡八事帝嘉納之其言納諫也請召復元年以後建言被斥者於是羅倫孔公恂等悉復官明年彗星見給事中董旻御史胡深等劾不職大臣並及輅御史林誠詆輅嘗與易儲不宜用帝不聽輅因求罷帝怒命廷鞫諸言者欲加重譴輅曰臣嘗請優容言者今論臣反責之如公論何帝悅旻等各予杖復職尋進兵部尚書久之進戶部宋元通鑑綱目成改兼文淵閣大學士皇太子立加太子少保進吏部尚書十三年進謹身殿大學士輅爲人平粹簡重寬厚有容至臨大事決大議毅然莫能奪仁壽太后莊戶與民爭田帝欲徙民塞外輅曰天子以天下爲家安用皇莊爲事遂寢乾淸宮門災工部請採木川湖輅言宜少緩以存警畏從之悼恭太子薨帝以繼嗣爲憂紀妃生皇子六歲矣左右畏萬貴妃莫敢言久之乃聞於帝帝大喜欲宣示外廷遣中官至內閣諭意輅請敕禮部擬上皇子名於是廷臣相率稱賀帝卽命皇子出見廷臣越數日帝復御文華殿皇子侍召見輅及諸閣臣輅頓首曰陛下踐祚十年儲副未立天下引領望久矣當卽立爲皇太子安中外心帝頷之是冬遂立皇子爲皇太子初帝召見皇子留宮中而紀妃仍居西內輅恐有他患難顯言偕同官上疏曰皇子聰明岐嶷國本攸繫重以貴妃保護恩踰己出但外議謂皇子母因病別居久不得見宜移就近所俾母子朝夕相接而皇子仍藉撫育於貴妃宗社幸甚由是紀妃遷永壽宮踰月妃病篤輅請曰如有不諱禮宜從厚且請命司禮監奉皇子過妃宮問視及製衰服行禮帝皆是之帝將復郕王位號下廷議輅極言王有社稷功位號當復帝意遂決帝建玉皇閣於宮北命內臣執事禮與郊祀等輅等爭罷之黑眚見疏弭災八事曰番僧國師法王毋濫賜印章四方常貢外勿受玩好許諸臣直言分遣部使慮囚省冤獄停不急營造實三邊軍儲守沿邊關隘設雲南巡撫帝優詔褒納中官汪直之督西廠也數興大獄輅率同官條直十一罪言陛下委聽斷於直直又寄耳目於羣小如韋瑛輩皆自言承密旨得顓刑殺擅作威福賊虐善良陛下若謂摘奸禁亂法不得已則前此數年何以帖然無事且曹欽之變由逯杲刺事激成可爲

懲鑒自直用事士大夫不安其職商賈不安於塗庶民不安於業若不亟去天下安危未可知也帝愠曰用一內豎何遽危天下誰主此奏者命太監懷恩傳旨詰責甚厲輅正色曰朝臣無大小有罪皆請旨逮問直擅抄沒三品以上京官大同宣府邊城要害守備俄頃不可缺直一日械數人南京祖宗根本地留守大臣直擅收捕諸近侍在帝左右直輒易置直不去天下安得無危萬安劉珝劉吉亦俱對引義慷慨恩等屈服輅顧同列謝曰諸公皆爲國如此輅復何憂會九卿項忠等亦劾直是日遂罷西廠直雖不視廠事寵幸如故譖輅嘗納指揮楊曅賄欲脫其罪輅不自安而御史戴縉復頌直功請復西廠輅遂力求去詔加少保賜敕馳傳歸輅既去士大夫益俛首事直無敢與抗者矣錢溥嘗以不遷官作禿婦傳以譏輅高瑤請復景帝位號黎淳疏駁極詆輅輅皆不爲較待之如平時萬貴妃重輅名出父像屬爲贊遺金帛甚厚輅力辭使者告以妃意輅曰非上命不敢承也貴妃不悅輅終不顧其和而有執如此及謝政劉吉過之見其子孫林立歎曰吉與公同事歷年未嘗見公筆下妄殺一人宜天之報公厚輅曰正不敢使朝廷妄殺一人耳居十年卒年七十三贈太傅謚文毅子良臣成化初進士官翰林侍講

劉定之字主靜永新人幼有異稟父授之書日誦數千言不令作文一日偶見所爲祀竈文大異之舉正統元年會試第一殿試及第授編修京城大水應詔陳十事言號令宜出大公裁以至正不可苟且數易公卿侍從當數召見察其才能心術而進退之降人散處京畿者宜漸移之南方郡縣職以京朝官補使迭相出入內外無畸重薦舉之法不當拘五品以上可倣唐制朝臣遷秩舉一人自代吏部籍其名而簡用之武臣子孫教以韜略守令牧養爲先務毋徒取幹辦羣臣遭喪乞永罷起復以教孝僧尼蠹國當嚴絕富民輸粟授官者有犯宜追奪疏入留中十三年弟寅之與鄉人相訐辭連定之下獄得白秩滿進侍講景帝卽位復上言十事曰自古如晉懷愍宋徽欽皆因邊塞外破藩鎭內潰救援不集馴致播遷未有若今日以天下之大數十萬之師奉上皇於漠北委以與寇者也晉宋遭禍亂棄故土偏安一隅尚能奮於既衰以禦方張之敵未有若今日也先乘勝直抵都城以師武臣之衆既不能奮武以破賊又不能約和以迎駕聽其自來而自去者也國勢之弱雖非旦夕所能强豈可不思自强之術而力行之臣愚敢略陳所見近日京軍之戰但知堅壁持重而不能用奇制勝至前敗而後不救左出而右不隨謂宜倣宋吳玠吳璘三疊陣法互相倚恃迭爲救護至鐵騎衝突必資刀斧以制之郭子儀破安祿山八萬騎用千人執長刀如牆而進韓世忠破兀朮拐子馬用五百人執長斧上揕人胸下斫馬足是刀斧揮霍便捷優於火鎗也紫荊居庸二關名爲關塞實則坦途今宜增兵士繕亭障塞蹊隧陸則縱橫掘塹名曰地網水則瀦泉令深名曰水櫃或多植榆柳以制奔突或多招鄉勇以助官軍此皆古所嘗爲已有明效往者奉使之臣充以驛人駔夫招釁啟戎職此之故今宜擇內蘊忠悃外工專對若陸賈富弼其人者使備正介之選庶不失辭辱國臣於上皇朝乞從漠北降人知謀短淺未蒙採納比乘國釁奔歸故土寇掠畿甸者屢見告矣宜乘大兵聚集時遷之南方使與中國兵民相錯雜以牽制而變化之且可省俸給減漕輓其事甚便天下農出粟女出布以養兵也兵受粟於倉受布於庫以衞國也向者兵士受粟布於公門納月錢於私室於是手不習擊刺之法足不習進退之宜第轉貨爲商執技爲工而以工商所得補納月錢民之膏血兵之氣力皆變爲金銀以惠奸宄一旦率以臨敵如驅羊拒狼幾何其不敗也今宜痛革其弊一新簡練之政將帥踵舊習者誅毋赦如是而兵威不振者未之有也守令朘民猶將帥之剝兵也宜嚴糾考愼黜陟犯贓者舉主與其罰然後貪墨者寡薦舉者愼民安而邦本固矣古販繒屠狗之夫俱足助成帝業今于謙楊善亦非出自將門然將能知將宜令各舉所知不限門閥公卿侍從亦令舉勇力知謀之士以備將材庶搜羅既廣禦侮有人昔者漢圖恢復所恃者諸葛亮南宋禦金所恃者張浚彼皆忠義夙著功業久立及街亭一敗亮辭丞相符離未捷浚解都督何則賞罰明則將士奮也昨德勝門下之戰未聞摧陷强寇但迭爲勝負互殺傷而已雖不足罰亦不足賞乃石亨則自伯進侯于謙則自二品遷一品天下未聞其功但見其賞豈不怠忠臣義士之心乎可令仍循舊秩勿躐新階他日勳名著而爵賞加正未爲晚夫既與不忍奪者姑息之政既進不肯退者患失之心上不行姑息之政下不懷患失之心則治平可計日而望也向者御史建白欲令大臣入內議政疏寢不行夫人主當總攬威權親決機務政事早朝未決者日御便殿使大臣敷奏言官察其邪正而糾劾之史官直書簡册以示懲勸此前代故事祖宗成法也願陛下遵而行之若僅封章入奏中旨外傳恐偏聽獨任致生奸亂欲治化之成難矣人主之德欲其明如日月以察直枉仁如天地以覆羣生勇如雷霆以收威柄故司馬光之告君以仁明武爲言卽中庸所謂知仁勇也知仁勇非學而能之哉夫經莫要於尚書春秋史莫正於通鑑綱目陛下留心垂覽其於君也既知禹湯文武之所以興又知桀紂幽厲之所以替而趨避審矣於馭內臣也既知有呂强張承業之忠又知有仇士良陳弘志之惡於馭廷臣也既知有蕭曹房杜之良又知有李林甫楊國忠之奸而用舍當矣如是則於知仁勇之德豈不大有助哉苟徒如嚮者儒臣進講誦述其善諱避其惡是猶恐道路之有陷穽閉目而過之其不至於顚仆者幾何今天下雖遭大創尚如金甌之未缺誠能本聖學以見之政治臣見國勢可强讐恥可雪兄弟之恩可全祖宗之制可復亦何憚而不爲此書奏帝優詔答之三年遷洗馬也先使者乞遣報使帝堅不許定之疏引故事以請帝下廷議竟不果遣久之遷右庶子天順改元調通政司左參議仍兼侍講尋進翰林學士憲宗立進太常少卿兼侍讀學士直經筵成化二年十二月以本官入直文淵閣進工部右侍郎兼翰林學士江西湖廣災有司方徵民賦定之言國儲充積倉庾至不能容而此張口待哺之氓乃責其租課非聖主恤下意帝感其言卽命停徵四年進禮部左侍郎萬貴妃專寵皇后希得見儲嗣未兆郕王女及笄未下嫁定之因久旱竝論及之且請經筵兼講太祖御製諸書斥異端邪教勿令害政耗財帝留其疏不下五年卒官贈禮部尚書謚文安定之謙恭質直以文學名一時嘗有中旨命製元宵詩內使却立以俟據案伸紙立成七言絕句百首又嘗一日草九制筆不停書有質宋人名字者就列其世次若譜系然人服其敏博

贊曰英宗之復辟也當師旅饑饉之餘民氣未復權奸內訌柱石傾移朝野多故時事亦孔棘矣李賢以一身搘拄其間沛然若有餘獎厲人材振飭綱紀迨憲孝之世名臣相望猶多賢所識拔偉哉宰相才也彭時商輅侃侃守義盡忠獻納粹然一出於正其於慈懿典禮非無媿焉呂原岳正劉定之雖相業未優而原之行誼正之氣概定之之建白咸有可稱故以時次竝列於篇

明史卷一百七十七

總裁官總理事務經筵講官少保兼太子太保保和殿大學士兼管吏部戶部尚書事加六級張廷玉等奉敕修

列傳第六十五

王翺　年富
王竑　李秉
姚夔　王復
林聰　葉盛

王翺字九皐鹽山人永樂十三年初會試貢士於行在帝時欲定都北京思得北士用之翺兩試皆上第大喜特召賜食改庶吉士授大理寺左寺正左遷行人宣德元年以楊士奇薦擢御史時官吏有罪不問重輕許運磚還職翺請犯贓吏但許贖罪不得復官以懲貪黷帝從之五年巡按四川松潘蠻竊發都督陳懷駐成都相去八百餘里不能制翺上便宜五事請移懷松潘而松茂軍糧於農隙齊力起運護以官軍毋專累百姓致被刼掠吏不給由爲民蠹令自首毋隱州縣土司徧設社學會川銀場歲運米八千餘石給軍往返勞費請令有罪者納粟自贖詔所司議詳運糧事而遷蠹吏北京餘悉允行英宗卽位廷議遣文武大臣出鎭守擢翺右僉都御史偕都督武興鎭江西懲貪抑奸吏民畏愛正統二年召還院四年處州賊流劫廣信命翺往捕盡俘以還是年冬松潘都指揮趙諒誘執國師商巴掠其財與同官趙得誣以叛其弟小商巴怒聚衆剽掠命翺及都督李安軍二萬征之而巡按御史白其枉詔審機進止翺至出商巴於獄遣人招其弟撫定餘黨而劾誅諒戍得復商巴國師松潘遂平六年代陳鎰鎭陝西軍民之借糧不能償者燬免之七年冬提督遼東軍務翺以軍令久弛寇至將士不力戰因諸將庭謁責以失律罪命左右曳出斬之皆惶恐叩頭願効死贖翺乃躬行邊起山海關抵開原繕城垣濬溝塹五里爲堡十里爲屯使烽燧相接練將士室鰥寡軍民大悅又以邊塞孤遠軍餉匱緣俗立法令有罪得收贖十餘年間得穀及牛羊數十萬邊用以饒八年以九載滿進右副都御史指揮孫璟鞭殺戍卒其妻女哭之亦死他卒訴璟殺一家三人翺曰卒死法妻死夫女死父非殺也命璟償其家葬薶費璟感激後參將遼東追敵三百里事李秉爲名將十二年與總兵曹義等出塞擊兀良哈禽斬百餘人獲畜產四千六百進右都御史十四年諸將破敵廣平山進左脫脫不花大舉犯廣寧翺方閱兵寇猝至衆潰翺入城自保或謂城不可守翺手劍曰敢言棄城者斬寇

退坐停俸半載景泰三年召還掌院事易儲加太子太保潯梧猺亂總兵董興武毅推委不任事于謙請以翁信陳旺易之而特遣一大臣督軍務乃以命翱兩廣有總督自翱始翱至鎮將吏讋服推誠撫諭猺人嚮化部內無事明年召入爲吏部尚書初何文淵協王直掌銓多私爲言官攻去翱代一循成憲天順改元直致仕翱始專部事石亨欲去翱翱乞休已得請李賢力爭乃留及賢爲亨所逐亦以翱言留兩人相得歡甚帝每用人必咨賢賢以推翱以是翱得行其志帝眷翱厚時召對便殿稱先生不名而翱年幾八十多忘嘗令郎談論隨入帝問故翱頓首曰臣老矣所聆聖諭恐遺悞令此郎代識之其人誠謹可信也帝喜吏部主事曹恂已遷江西參議遇疾還翱以聞命以主事回籍恂怒伺翱入朝捽翱胸摑其面大聲詬詈事聞下詔獄翱具言恂實病得斥歸時服其量五年加太子少保成化元年進太子太保雨雪免朝參屢疏乞歸輒慰留數遣醫視疾三年疾甚乃許致仕未出都卒年八十有四贈太保謚忠肅翱在銓部謝絕請謁公餘恒宿直廬非歲時朔望謁先祠未嘗歸私第每引選或値名對侍郎代選歸雖暮必至署閱所選惟恐有不當也論薦不使人知曰吏部豈快恩怨地耶自奉儉素景帝知其貧爲治第鹽山孫以廕入太學不使應舉曰勿妨寒士路壻賈傑官近畿翱夫人數迎女傑恚曰若翁典銓移我官京師反手爾何往來不憚煩也夫人聞之乘間請翱翱怒推案擊夫人傷面傑卒不得調其自遼東還朝也中官同事者重翱贐明珠數顆翱固辭其人曰此先朝賜也公得毋以贓卻我乎不得已納而藏焉中官死召其從子還之爲都御史時夫人爲娶一妾逾半歲語翱翱怒曰汝何破我家法卽日具金幣返之妾終不嫁曰豈有大臣妾嫁他人者翱卒妾往奔喪其子養之終身李賢嘗語人曰皐陶言九德王公有其五亂而敬擾而毅簡而廉剛而塞彊而義也然性頗執嘗有詔舉賢良方正經明行修及山林隱逸士至者率下部試翱黜落百不取一二性不喜南士英宗嘗言北人文雅不及南人顧質直雄偉緩急當得力翱由是益多引北人晚年徇中官郭聰囑爲都御史李秉所劾翱自引伏蓋不無小損云子孫世官錦衣千戶

年富字大有懷遠人本姓嚴訛爲年以會試副榜授德平訓導年甫踰冠嚴重如老儒宣德三年課最擢吏科給事中糾正違失務存大體帝以六科任重命科擇二人掌其事乃以富與賈銓並掌刑科都御史顧佐等失入死罪十七人富劾之帝詰責佐等英宗嗣位上言永樂中招納降人縻以官爵坐耗國帑養亂招危宜遣還故土府軍前衞幼軍本選民間子弟隨侍青宮今死亡殘疾僉補爲擾請於二十五所內以一所補調勿更累民軍民之家規免稅徭冒僧道者累萬宜悉遣未度者復業議多施行遷陝西左參政尋命總理糧儲陝西歲織綾絹氈毾九百餘疋永樂中加織駞毾五十匹富請罷之官吏諸生衞卒祿廩率以邊餉減削富請復其舊諸邊將校占墾腴田有至三四十頃者富奏每頃輸賦十二石都督王禎以爲過重疏爭之廷議減三之二遂爲定額又會計歲用以籌軍餉言臣所部歲收二稅百八十九萬石屯糧七十餘萬石其間水旱流移蠲逋負大率三分減一而歲用乃至百八十餘萬入少出多今鎮守諸臣不量國計競請益兵餉何由給請減冗卒汰駑馬杜侵耗之弊帝可其奏三邊士馬供億浩繁軍民疲遠輸豪猾因緣爲奸利富量遠近定徵科出入愼鉤考宿弊以革民困大蘇富遇事果敢有爲權勢莫能撓聲震關中然執法過嚴僥倖者多不悅以是屢遭誣謗陝西文武將吏恐失富咸上章陳其勞乃得停俸留任九載滿遷河南右布政使復有言富苛虐者帝命覈舉王將坐之旣知舉富者少師楊溥也意乃解富至河南歲饑流民二十餘萬公剽掠巡撫于謙委富輯之皆定土木敗後邊境道阻部檄富轉饟無後期者進左景泰二年春以右副都御史巡撫大同提督軍務時經喪敗法弛弊尤甚富一意拊循奏免秋賦罷諸州縣稅課局停太原民轉餉大同武清侯石亨武安侯鄭宏武進伯朱瑛令家人領官庫銀帛糴米實邊多所乾沒富首請按治詔宥亨等抵家人罪亨所遣卒越關抵大同富復劾亨專擅亨輸罪已削襄垣王府菜戶又杖其廚役之署教授事者又劾分守中官韋力轉參將石彪及山西參政林厚罪是時富威名重天下而諸豪家愈側目相與摭富罪于謙方當事力保持之帝亦知富深故得行其志林厚力詆富帝曰厚怨富誣富耳朕方付富邊事豈輕聽人言加辱耶削厚官六年母憂起復七年富上言諸邊鎮守監鎗內官增於前如陽和天城一城二人擾民殊甚請減汰事格不行又言高皇帝定制軍官私罪收贖惟笞則然杖卽降授徒流俱充軍律明甚近犯贓者輕皆復職重惟立功刑不足懲更無顧憚此皆法官過也下廷議流徙輸贖如故惟於本衞差操不得領軍英國公張懋及鄭宏各置田莊於邊境歲役軍耕種富劾之還軍於伍天順元年革巡撫官富亦罷歸頃之石彪以前憾劾富逮下詔獄帝問李賢賢稱富能袪弊帝曰此必彪爲富抑不得逞其私耳賢曰誠如聖諭宜早雪之諭門達從公問事果無驗乃令致仕明年以廷臣薦起南京兵部右侍郎未上改戶部巡撫山東道聞屬邑蝗馳疏以聞改左副都御史巡撫如故官吏習富威名望之讋服豪猾屏跡四年春戶部缺尚書李賢舉富左右巧阻之帝語賢曰戶部非富不可人多不喜富此富所以爲賢也特召任之富酌贏縮謹出納躬親會計吏不能欺事關利害者僚屬或不敢任富曰第行之吾當其責諸君毋署名可也由是部事大理丁父憂奪哀如初憲宗立富以陝西頻用兵而治餉者非人請黜左布政孫毓用右布政楊璿參政婁良西安知府余子俊吏部尚書王翱論富侵官請下於理富力辨曰薦賢爲國非有所私也因乞骸骨帝慰留之爲黜毓頃之病疽卒賜謚恭定富廉正强直始終不渝與王翱同稱名臣初英宗嘗諭李賢曰戶部如年富不易得賢對曰若他日繼翱爲吏部非富不可然性好疑尤惡干請屬吏黠者故反其意嘗之欲事行故言不可卽不行故言可富輒爲所賣

王竑字公度其先江夏人祖俊卿坐事戍河州遂著籍竑登正統四年進士十一年授戶科給事中豪邁負氣節正色敢言英宗北狩郕王攝朝午門羣臣劾王振誤國罪讀彈文未起王使出待命衆皆伏地哭請族振振衣指揮馬順者振黨也厲聲叱言者去竑憤怒奮臂起捽順髮呼曰若曹奸黨罪當誅今尚敢爾且罵且齧其面衆共擊之立斃朝班大亂王恐遽起入竑率羣臣隨王後王使中官金英問所欲言曰內官毛貴王長隨亦振黨請寘諸法王命出二人衆又捶殺之血漬廷陛當是時竑名震天下王亦以是深重竑且召諸言官慰諭甚至王卽帝位也先犯京師命竑與王通楊善守禦京城擢右僉都御史督毛福壽高禮軍寇退詔偕都指揮夏忠等鎮守居庸竑至簡士馬繕阨塞劾將帥不職者壁壘一新景泰元年四月浙江鎮守中官李德上言馬順等有罪當請命行誅諸臣乃敢擅殺非有內官擁護危矣是皆犯闕賊臣不宜用章下廷議于謙等奏曰上皇蒙塵禍由賊振順等實振腹心陛下監國羣臣共請行戮而順猶敢呵叱是以在廷文武及宿衞軍士忠憤激發不暇顧忌捶死三人此正春秋誅亂賊之大義也向使乘輿播遷奸黨猶在國之安危殆未可知臣等以爲不足問帝曰誅亂臣所以安衆志廷臣忠義朕已知之卿等勿以德言介意八月竑以疾還朝尋命同都督僉事徐恭督漕運治通州至徐州運河明年尚寶司檢順牙牌不得順子請責之竑帝許焉諸諫官言順黨奸罪重廷臣共除之遑問牙牌且非竑一人事若責之竑忠臣懼矣乃寢前旨是年冬耿九疇召還敕竑兼巡撫淮揚廬三府徐和二州又命兼理兩淮鹽課四年正月以災傷疊見方春盛寒上言請敕責諸臣痛自修省省刑薄斂罷無益之工嚴無功之賞散財以收民心愛民以植邦本陛下益近親儒臣講道論德進君子退小人以回天意且引罪乞罷帝納其言遂下詔修省求直言先是鳳陽淮安徐州大水道殣相望竑上疏奏不待報開倉振之至是山東河南饑民就食者坌至廩不能給惟徐州廣運倉有餘積竑欲盡發之典守中官不可竑往告曰民旦夕且爲盜若不吾從脫有變當先斬若然後自請死耳中官憚竑威名不得已從之竑乃自劾專擅罪因言廣運所儲僅支三月請令死罪以下得於被災所入粟自贖帝復命侍郎鄒幹齎帑金馳赴聽便宜竑乃躬自巡行散振不足則令沿淮上下商舟量大小出米全活百八十五萬餘人勸富民出米二十五萬餘石給饑民五十五萬七千家賦牛種七萬四千餘復業者五千五百家他境流移安輯者萬六百餘家病者給藥死者具棺所鬻子女贖還之歸者予道里費人忘其饑頌聲大作初帝聞淮鳳饑憂甚及得竑發廣運倉自劾疏喜曰賢哉都御史活我民矣尚書金濂大學士陳循等皆稱竑功是年十月就進左副都御史時濟寧亦饑帝遣尚書沈翼齎帑金三萬兩往振翼散給僅五千兩餘以歸京庫竑劾翼奉使無狀請仍易米備振從之明年二月上言比年饑饉薦臻人民重困頃冬春之交雪深數尺淮河抵海冰凍四十餘里人畜僵死萬餘弱者鬻妻子强者肆劫敚衣食路絕流離載途陛下端居九重大臣安處廊廟無由得見使目擊其狀未有不爲之流涕者也陛下嗣位以來非不敬天愛民而天變民窮特甚者臣竊恐聖德雖修而未至大倫雖正而未篤賢才雖用而未收其效邪佞雖屏而未盡其類仁愛施而實惠未溥財用省而上供未節刑罰寬而冤獄未伸工役停而匠力未息法制頒而奉行或有吏張賦稅免而有司或仍牽制有一於此皆足以干和召變伏望陛下修厥德以新厥治欽天命法祖宗正倫理篤恩義戒

逸樂絕異端斯修德有其誠矣進忠良遠邪佞公賞罰寬賦役節財用戒聚斂卻貢獻罷工役斯圖治有其實矣如是而災變不息未之有也帝褒納之敕內外臣工同加修省六年霍山民趙玉山自稱宋裔以妖術惑衆爲亂竑捕獲之先後劾治貪濁吏革糧長之蠹民者民大稱便英宗復辟革巡撫官改竑浙江參政數日石亨張軏追論竑擊馬順事除名編管江夏居半歲帝於宮中得竑疏見正倫理篤恩義語感悟命遣官送歸田里敕有司善視之天順五年孛來寇莊浪都督馮宗等出討用李賢薦起竑故官與兵部侍郎白圭參贊軍務明年正月竑與宗擊退孛來於紅崖子川圭等還竑仍留鎮至冬乃召還明年春復令督漕撫淮揚淮人聞竑再至歡呼迎拜數百里不絕憲宗即位給事中蕭斌御史呂洪等共薦竑及宣府巡撫李秉堪大用下廷議尚書王翺大學士李賢請從其言帝曰古人君夢卜求賢今獨不能從輿論所與乎即召竑爲兵部尚書秉爲左都御史命下朝野相慶時將用兵兩廣竑舉韓雍爲總督雍新得罪衆難之竑曰天子方棄瑕錄用雍有罪不當用竑非罪廢者耶卒用雍竑條上進剿事宜且言將帥征討毋得奏攜私人妄冒首功又請復京營舊額禁勢家豪帥擅役禁軍於是命竑同給事中御史六人簡閱十二營軍士竑以擇兵不若擇將共奏罷營職八十餘人而慎簡材武補之兵部清理貼黃缺官竑借諸大臣舉修撰岳正都給事中張寧爲李賢所沮竟出二人於外幷罷會舉例竑憤然曰吾尚可居此耶即引疾求退帝方嚮用竑優詔慰留日遣醫視疾竑請益切九月命致仕去竑爲尚書一年謝病者四月人以未竟其用爲惜既去中外薦章百十上竝報寢初竑號其室曰戇庵既歸改曰休庵杜門謝客鄉人希得見時李秉亦罷歸日出入里閈與故舊談笑遊燕竑聞之曰大臣何可不養重自愛秉聞之亦笑曰所謂大臣豈以立異鄉曲尚矯激爲賢哉時兩稱之竑居家二十年弘治元年十二月卒年七十五正德間贈太子少保謚莊毅淮人立祠祀之

李秉字執中曹縣人少孤力學舉正統元年進士授延平推官沙縣豪誣良民爲盜而淫其室秉捕治豪豪誣秉坐下獄副使侯軏直之論豪如法由是知名徵入都察院理刑將授御史都御史王文薦爲本院經歷尋改戶部主事宣府屯田爲豪占秉往視歸田於民而請罷科索邊人賴之兩淮鹽課弊覺逮數百人秉往覈搜得僞印逮者以白景帝立進郎中景泰二年命佐侍郎劉璉督餉宣府發璉侵牟狀即擢右僉都御史代璉兼參贊軍務宣府軍民數遭寇牛具悉被掠朝廷遣官市牛萬五千給屯卒人予直市穀種璉盡以畀京軍之出守者一不及屯卒更停其月餉而徵屯糧甚急秉盡反璉政厚恤之軍卒自城守外悉得屯作凡使者往來及官官鎮守供億科斂者皆奏罷以官錢給費尋上邊備六事言軍以有妻者爲有家月餉一石無者減其四郎有父母兄弟而無妻榮以無家論非義當一體增給從之時宣府億萬庫頗充裕秉益召商中鹽納糧料飭戎裝市耕牛給軍軍愈感悅三年冬命兼理巡撫事頃之又命提督軍務秉盡心邊計不恤嫌怨劾都指揮楊文楊鑑都督江福貪縱罪之論守獨石內官弓勝田獵擾民請徵還又劾總兵官紀廣等罪廣訐秉自解帝召秉還以言官交請乃命御史練綱給事中嚴誠往勘卒留秉時邊民多流移秉廣行招徠復業者奏給月廩瘞土木鷂兒嶺暴骸乞推行諸塞軍家爲寇所殺掠無依者官爲養贍或資遣還鄉氈諸弊政所條奏百十章多允行諜報寇牧近邊廷議遣楊俊會宣府兵出剿秉曰塞外原諸部牧地非犯邊也掩殺倖功非臣所敢聞乃止諸部質所掠男婦求易米朝議成丁者予一石幼者半之諸部槊乞一石鎮將不可秉曰是輕人重粟也如其言予之自請專擅罪帝以爲識體天順初罷巡撫官改督江南糧儲初江南蘇松賦額不均陳泰爲巡撫令民田五升者倍征官田重者無增耗賦均而額不虧秉至一守其法尋坐舉知府違例被逮帝以秉過微宥之復任請許墅關稅悉徵米備荒又發內官金保監淮安倉科索罪御史李周等左遷秉疏救帝怒將罪之會廷議復設巡撫大臣薦秉才遂命巡撫大同都指揮孫英先以罪貶職還衞總兵李文妄引詔書令復職秉至即斥之裨將徐旺領騎卒操練秉以旺不勝任解其官未幾天城守備中官陳例久病秉請易以羅付帝責秉專擅徵下詔獄指揮門達幷以前舉知府救御史及斥孫英等爲秉罪法司希旨斥爲民居三年用閣臣薦起故官涖南京都察院憲宗立進右副都御史復撫宣府數月召拜左都御史成化改元掌大計黜罷貪殘倍於其舊明年秋命整飭遼東抵大同邊備至即劾鎮守中官李良總兵武安侯鄭宏失律罪出都指揮裴顯於獄舉指揮崔勝傅海等擊敵鳳皇山捷聞璽書嘉勞秉乃在巡宣府大同更將帥申軍令而還未幾命爲總督與武清伯趙輔分五道出塞大捷帝勞以羊酒賜麒麟服加太子少保三年冬吏部尚書王翺致仕廷推代者帝特擢秉任之秉銳意澄仕路監生需次八千餘人請分別考核黜庸劣者數百人於是怨謗紛起左侍郎崔恭以久次當得尚書而秉得之頗不平右侍郎尹旻嘗學於秉秉初用其言既而疎之侍讀彭華附中貴數以私干秉秉不聽胥怨秉御史戴用請兩京堂上官及方面正佐如正統間例會廷臣保舉又吏部司屬與各部均陞調不得久擅要地且驟遷語侵吏部吏部持之帝令兩京官四品以上吏部具缺取上裁而御史劉璧吳遠馮徽爭請仍歸吏部帝怒詰責言者會朝覲考察秉斥退者衆又多大臣鄉故衆怨交集而大理卿王槩亦欲去秉代其位乃與華謀嗾同鄉給事中蕭彥莊劾秉十二罪且言其陰結年深御史附己以攬權帝怒下廷議恭旻輒言吾兩人諫之不聽刑部尚書陸瑜等附會二人意爲奏帝以秉徇私變法負任使落秉太子少保致仕所連皆罷命彥莊指秉所結御史不能對久之以璧等三人名上遂俱下詔獄出之外陵等實良吏有名以讒黜衆議不平陵尤不服連章訐彥莊廷訊陵詞直帝惡彥莊誣罔謫大寧驛丞方秉之被劾也勢洶洶且逮秉秉謂人曰爲我謝彭先生秉罪惟上所命第毋令入獄入則秉必不出恐傷國體因具疏引咎畧不自辨時天下舉若罪李公願罷我輩試以贖及帝薄責秉乃已秉行官屬餞送皆欷歔有泣下者秉慷慨揖諸人登車而去秉去恭遂爲尚書秉誠心直道夷險一節與王竑竝負重望家居二十年中外薦疏十餘上竟不起弘治二年卒贈太子太保後謚襄敏子聰明智孫邦直皆舉鄉試聰南宮知縣以彥莊劾罷歸明建寧府同知智南陽府知府邦直寧波府同知彥莊謫後署大寧縣以科斂爲盜所殺

姚夔字大章桐廬人孝子伯華孫也正統七年進士鄉會試皆第一明年授吏科給事中陳時政八事又言預備倉本振貧民而里甲慮貧者不能償輒隱不報致稱貸富室倍稱還之收穫甫畢遽至乏絕是貧民遇凶年饑豐年亦饑也乞敕天下有司歲再發廩必躬勘察先給其最貧者帝立命行之景帝監國諸大臣議勸即位未決以問諸言官夔曰朝廷任大臣正爲社稷計何紛紛爲議遂定也先薄京城請急徵宣府遼東兵入衞景泰元年超擢南京刑部右侍郎四年就改禮部奉敕考察雲南官吏還朝留任禮部景帝不豫尚書胡濙在告夔強起之偕羣臣疏請復太子不允明日夔欲率百官伏闕請而石亨輩已奉上皇復位出夔南京禮部英宗雅知夔及聞復儲議驛召還進左侍郎天順二年改吏部知府某以貪敗賄石亨求復夔執不可遂止七年代石璟爲禮部尚書成化二年帝從尚書李賓言令南畿及浙江江西福建諸生納米濟荒得入監夔奏罷之四年以災異屢見疏請均愛六宮以廣繼嗣乞罷西山新建塔院斥遠阿吒哩之徒勤視經筵裁決庶政親君子遠小人節用度愛名器服食言動悉遵祖宗成憲以回天意且言今日能守成化初政足矣帝優旨答之他所請十事皆立報可慈懿太后崩中旨議別葬閣臣持不可下廷議夔言太后配先帝二十餘年合葬升祔典禮具在一有不慎違先帝心損母后之德他日有據禮議改者如陛下孝德何疏三上又率羣臣伏文華門哭諫帝爲固請周太后竟得如禮後孝宗見夔及彭時疏謂劉健曰先朝大臣忠厚爲國乃如此彗星見言官連劾夔夔求去不允帝信番僧有封法王佛子者服用僭擬無度奸人慕之競爲其徒夔力諫勢稍減五年代崔恭爲吏部尚書雨雪失時陳時弊二十事七年加太子少保彗星見復偕羣臣陳二十八事大要以絕求請禁採辦恤軍匠減力役撫流民節冗費爲急帝多採納明年九月南畿浙江大水夔請命廷臣共求安民弭患之術每遇災異輒請帝振恤憂形於色明年卒贈少保謚文敏夔才器宏遠表裏洞達朝議未定者夔一言立決其在吏部留意人才不避親故初王翺爲吏部事抑南人北人喜之至夔頗右南人論薦率能稱職子璧由進士歷官兵部郎中項忠劾汪直璧預其謀直搆忠連璧下獄謫廣西思明同知謝病歸夔從弟龍與夔同舉進士除刑部主事累官福建左布政使右布政使劉讓同年不相能讓粗暴龍亦乏清操成化初入覲王翺兩罷之

王復字初陽固安人正統七年進士授刑科給事中聲容宏偉善敷奏擢通政參議也先犯京師邀大臣出迎上皇衆憚行復請往乃遷右通政假禮部侍郎與中書舍人趙榮偕敵露刃夾之復等不爲懾還仍涖通政事再遷通政使天順中歷兵部左右侍郎成化元年延綏總兵官房能奏追襲河套部衆有旨獎勞復以七百里趨戰非宜且恐以僥倖啟釁請敕戒諭帝是之進尚書錦衣千戶陳玨者本畫工及卒從子錫請襲百戶復言

襲雖先帝命然非軍功宜勿許遂止毛里孩擾邊命復出視陝西邊備自延綏抵甘肅相度形勢上言延綏東起黃河岸西至定邊營接寧夏花馬池縈紆二千餘里險隘俱在內地而境外乃無屏障止憑墩堡以守軍反居內民顧居外敵一入境官軍未行民遭掠已盡矣又西南抵慶陽相去五百餘里烽火不接寇至民猶不知其迤北墩堠率皆曠遠非禦邊長策請移府谷響水等十九堡置近邊要地而自安邊營接慶陽自定邊營接環州每二十里築墩臺一計凡三十有四隨形勢爲溝牆庶息響相聞易於守禦其經畧寧夏則言中路靈州以南本無亭燧東西二路營堡遼絕聲聞不屬致敵每深入亦請建置墩臺如延綏計爲臺五十有八其經畧甘肅則言永昌西寧鎭番莊浪俱有險可守惟涼州四際平曠敵最易入又水草便利輒經年宿留遠調援軍兵疲銳挫急何能濟請於甘州五衞內各分一千戶所置涼州中衞給之印信其五所軍伍則於五衞內餘丁選補且耕且練斯戰守有資兵威自振又言洪武間建東勝衞其西路直達寧夏皆列烽堠自永樂初北寇遠遁因移軍延綏棄河不守誠使兵强糧足仍準祖制據守黃河萬全計也今河套未靖豈能遽復然亦宜因時損益延綏將校視他鎭爲少調遣不足請增置參將二人統軍九千使駐要地互相援接實今日急務奏上皆從之復在邊建置多合機宜及還朝言者謂治兵非復所長特命白圭代之改復工部謹守法度聲名逾兵部時中官請修皇城西北迴廊復議綏其役給事中高斐亦言災沴頻仍不宜役萬人作無益帝皆不許中官領騰驤四衞軍者請給胖襖鞋袴復執不可曰朝廷制此本給征行之士使得刻日戒途無勞縫紉京軍則歲給冬衣布棉此成憲也奈何渝之大應法王劄實巴死中官請造寺建塔復言大慈法王但建塔未嘗造寺今不宜創此制乃止命建塔猶發軍四千人供役云十四年加太子少保復好古嗜學守廉約與人無城府當官識大體居工部十二年會災異言官言其衰老乞休不許居二月汪直諷言官更劾復及鄒幹薛遠乃傳旨竝令致仕歸久之卒贈太子太保謚莊簡

林聰字季聰寧德人正統四年進士授吏科給事中景泰元年進都給事中時方多故聰慷慨論事無所諱中官金英家人犯法都御史陳鎰王文治之不罪英聰率同列劾鎰文畏勢縱奸幷及御史宋瑮謝琚皆下獄已而復職聰又言瑮琚不任風紀二人竟調外中官單增督京營有寵朝士稍忤者輒遭辱家奴白晝殺人奪民產侵商稅聰發其奸下詔獄獲宥增自是不敢肆三年春疏言臣職在糾察刑獄妖僧趙才興之疎族百口律不當坐而抄提至京叛人王英兄不知情家口律不當逮而俱配流所雖終見原然其始受害已不堪矣湖廣巡撫蔡錫以劾副使邢端爲所訐繫獄經年而端居職如故侍郎劉璉督餉侵隱不爲無罪較沈固周忱乾沒萬計孰爲輕重璉下獄追徵而固忱不問犯人徐南與子中書舍人頤俱坐王振黨當斬乃論南大辟頤止除名皆刑罰之失平者帝是之端下獄璉得釋南亦減死除名東宮改建聰有異論遷春坊司直郎四年春學士商輅言聰敢言不宜置之散地乃復爲吏科都給事中上言奪情非令典請永除其令帝納之初正統中福建銀場額重民不堪聰恐生變請輕之時弗能用已果大亂及是復極言其害竟得減免五年三月以災異偕同官條上八事雜引五行諸書累數千言大畧以絕玩好謹嗜欲爲崇德之本而修人事在進賢退奸武清侯石亨指揮鄭倫身享厚祿而多奏求田地百戶唐興多至一千二百餘頃宜爲限制餘如罷齋醮汰僧道愼刑獄禁私役軍士省輪班工匠皆深中時弊帝多採納先是吏部尚書何文淵以聰言下獄致仕去及是吏部除副使羅箎爲按察使參政李輅僉事陳永爲布政使聰疏爭之幷言山西布政使王瑛老宜罷箎等遂還故官瑛致仕御史白仲賢以久次擢廣東按察使聰言仲賢奔競不當超擢乃遷鎭江知府兵部主事吳誠貪緣得吏部聰劾之遂改工部諸司憚聰風裁聰所言無敢不奉行者吏部尤甚內閣及諸御史亦竝以聰好論建弗善也其年冬聰甥陳和爲教官欲得近地便養聰爲言於吏部御史黃溥等遂劾聰挾制吏部幷前劾仲賢爲私其鄉人參政方員欲奪仲賢官子之與吳誠有怨輒劾誠福建參政許仕達囑聰求進聰舉仕達堪巡撫幷劾尚書王直阿聰章下廷訊坐專擅選法論斬高穀胡濙力救帝亦自知聰止貶國子學正英宗復辟超拜左僉都御史出振山東饑活饑民百四十五萬還進右副都御史捕江淮鹽盜以便宜禽戮渠魁數人餘悉解散而奏籍指揮之受盜賂者母憂起復再辭不許天順四年曹欽反將士妄殺至割乞兒首報功市人不敢出戶聰署院事急令獲賊者必生致濫殺爲止錦衣官校惡欽殺指揮逯杲悉捕欽姻識千戶龔遂榮及外舅賀三亦在繫中人知其冤莫敢直聰辨出之其他湔雪者甚衆七年冬以刑部四自縊諸給事中劾紀綱廢弛與都御史李賓俱下獄尋釋成化二年淮南北饑聰出巡視奏貸漕糧及江南餘糧以振民德之如山東明年偕戶部尚書馬昂清理京軍進右都御史七年代王越巡撫大同歲餘遇疾致仕再歲以故官起掌南院前掌院多不樂御史言事聰獨獎勵之或咎聰聰曰已既不言又禁他人言可乎十三年秋名拜刑部尚書尋加太子少保聰以舊德名用持大體秉公論不嚴而肅時望益峻十五年偕中官汪直定西侯蔣琬按遼東失事狀直庇巡撫陳鉞聰不能爭論者惜焉十八年乞歸不得卒於位年六十八贈少保謚莊敏聰爲諫官嚴重不可犯實恂恂和易不爲嶄絕之行以故不肖者畏之而賢者多樂就焉景泰時士大夫激昂論事朝多直臣率聰與葉盛爲之倡

葉盛字與中崑山人正統十年進士授兵科給事中師覆土木諸將多遁還盛率同列請先正扈從失律者罪且選將練兵爲復讐計郕王即位例有賞賚盛以君父蒙塵辭不許也先迫都城請罷內府軍匠備征操又請令有司儲糧料給戰士遣散卒取軍器於天津以張外援三日問章七八上多中機宜寇退進都給事中言勸懲之道在明賞罰敢戰如孫鏜死事如謝澤韓青當賞其他守禦不嚴赴難不力者皆當罰大臣陳循等議名還鎭守居庸都御史羅通幷留宣府都督楊洪掌京營盛言今日之事邊關爲急往者獨石馬營不棄駕何以陷土木紫荊白羊不破寇何以薄都城今紫荊倒馬諸關寇退幾及一月尚未設守禦宣府爲大同應援居庸切近京師守之尤不可非人洪等既留必求如洪者代之然後可以副重寄而集大功帝是之尋命出安集陝州流民景泰元年還朝言流民雜五方其情不一雖幸成編戶而鬬爭讐殺時時有之宜專官綏撫又言畿輔旱蝗相仍請加寬恤帝多採納京衞武臣及其子弟多驕惰不習兵盛請簡拔精壯備操守京城勳戚所置市廛月徵稅盛以國用不足請籍其稅佐軍餉皆從之明年上弭災防患八事帝以兵革稍息頗事宴遊盛請復午朝故事立報可當是時帝虛懷納諫凡六科聯署建請多盛與林聰爲首廷臣議事盛每先發言在復論難與議大臣或不悅曰彼豈少保耶因呼爲葉少保然物論皆推盛才擢右參政督餉宣府尋以李秉薦協贊都督僉事孫安軍務初安嘗領獨石馬營龍門衞所四城備禦英宗既北狩安以四城遠在塞外勢孤奏棄之內徙至是廷議命安修復盛與鬬草萊葺廬舍庀戰具招流移爲行旅置爨舖請帑金買牛千頭以賦屯卒立社學置義冢療疾扶傷兩歲間四城及赤城鵰鶚諸堡次第皆完安由是進副總兵而守備中官弓勝害安奏安疾宜代帝以問盛言安爲勝所持故病今諸將無踰安者乃留安且遣醫視疾已又劾勝卒調之他鎭英宗復位盛遭父憂奔喪天順二年名爲右僉都御史巡撫兩廣乞終制不許瀧水猺鳳弟吉肆掠督諸將生禽之時兩廣盜蜂起所至破城殺將諸將怯不敢戰殺平民冒功民相率從賊盛以蠻出沒不常請自今攻劫城池者始以聞餘止類奏疏至兵部駁不行盛與總兵官顏彪破賊砦七百餘所彪頗濫殺謗者遂以咎盛六年命吳禎撫廣西而盛專撫廣東憲宗立議事入都給事中張寧等欲薦之入閣以御史呂洪言遂止而以韓雍代撫廣東初編修邱濬與盛不相能大學士李賢入濬言及是草雍敕曰無若葉盛之殺降也盛不置辨稍遷左僉都御史代李秉巡撫宣府請量減中鹽米價以勸商裕邊復舉官牛官田之法墾田四千餘頃以其餘積市戰馬千八百匹修堡七百餘所邊塞益寧成化三年秋入爲禮部右侍郎偕給事毛弘按事南京還改吏部出振真定保定饑議清莊田分養民間種馬罷倉涿州天津積粟備荒皆切時計滿都魯諸部久駐河套兵部尚書白圭議以十萬衆大舉逐之沿河築城抵東勝徙民耕守帝壯其議八年春敕盛往會總督王越巡撫馬文升余子俊徐廷璋詳議初盛爲諫官喜言兵多所論建既往來三邊知時無良將邊備久虛轉運勞費搜河套復東勝未可輕議乃會諸臣上疏言守爲長策如必決戰亦宜堅壁清野伺其惰歸擊之令一大創庶可遏再來又或乘彼入掠遣精卒進擣其巢令彼反顧內外夾擊足以有功然必守固而後戰可議也帝善其言而圭主復套師出竟無功人以是服盛之先見八年轉左侍郎十年卒年五十五謚文莊盛淸修積學尚名檢薄嗜好家居出入常徒步生平慕范仲淹堂寢皆設其像志在君民不爲身計有古大臣風

贊曰天順成化間六部最稱得人王翶等正直剛方皆所謂名德老成人也觀翶與李秉年富之任封疆王竑之擊奸黨活饑民王復之籌邊備姚夔之典秩宗林聰葉盛之居言路所表見皆自卓卓其聲實茂著繫朝野重望有以哉

明史卷一百七十八　列傳第六十六

總裁官總理事務經筵講官少保兼太子太保保和殿大學士兼管吏部戶部尚書事加六級臣張廷玉等奉

敕修

項忠　韓雍

余子俊阮勤　朱英

秦紘

項忠字藎臣嘉興人正統七年進士授刑部主事進員外郎從英宗陷於瓦剌令飼馬乘間挾二馬南奔馬疲棄之徒跣行七晝夜始達宣府景泰中由郎中遷廣東副使按行高州諜報賊攜男女數百剽村落忠曰賊無攜家理必被掠良民也戒諸將毋妄殺已訊所俘獲果然盡釋之從征瀧水猺有功增俸一秩天順初歷陝西按察使母憂歸部民詣闕乞留詔起復時陝西連歲災傷忠發廩振且請輕罪納米民賴以濟七年以大理卿召民乞留如前遂改右副都御史巡撫其地洮岷羌叛忠疏言羌志在劫掠盡誅則傷仁遽撫則不威請聽臣便宜從事報可乃發兵據險揚聲進討衆盡降西安水泉鹵不可飲爲開龍首渠及皁河引水入城又疏鄭白二渠溉涇陽三原醴泉高陵臨潼五縣田七萬餘頃民祠祀之陝西數苦兵成化元年上言三邊大將遇敵逗留雖云才怯亦由權輕士卒畏敵不畏將是以戰無成功宜許以軍法從事廟堂舉將才踰年不聞有一人應詔陝西風土强勁古多名將豈無其人但格於不能答策耳今天下學校生徒善答策者百不一二奈何責之武人帝善其言而所司守故事不能用毛里孩寇延綏詔忠偕彰武伯楊信禦之無功明年信議大舉搜河套敕忠提督軍務忠方赴延綏而寇復陷開城深入靜寧隆德六州縣大掠而去兵部劾忠帝特宥之搜套師亦不出又明年召理院事四年滿俊反滿俊者亦名滿四其祖巴丹自明初率所部歸附世以千戶畜牧爲雄長仍故俗無科徭其地在開城縣之固原里接邊境俊獷悍素藏匿姦盜出邊抄掠會有獄連俊有司跡逋至其家多要求俊怒遂激衆爲亂守臣遣俊姪指揮璹往捕俊殺其從者劫璹叛入據石城石城即唐吐蕃石堡城稱險固非數萬人不能克者也山上有城砦四面峭壁中鑿五石井以貯水惟一徑可緣而上俊自稱招賢王有衆四千都指揮邢端等禦之敗績不再月衆至二萬關中震動乃命忠總督軍務與監督軍務太監劉祥總兵官都督劉玉帥京營及陝西四鎭兵討之師未行而巡撫陳价等先以兵三萬進討復大敗賊因官軍器甲勢益張朝議欲益兵忠慮京軍肥弱不足恃且更遣大將撓事權因上言臣等調兵三萬三千餘人足以滅賊今秋深草寒若更調他軍恐往復需時賊得遠遁且邊兵不能久留益兵非便大學士彭時商輅主其議京軍得毋遣忠遂與巡撫都御史馬文升分軍七道抵石城下與戰斬獲多伏羌伯毛忠乘勝奪其西北山幾破忽中流矢死玉亦被圍諸軍欲退忠斬一千戶以徇衆力戰玉得出乃列圍困之適有星孛於台斗中朝多言占在秦分師不利忠曰李晟討朱泚熒惑守歲此何害日遣兵薄城下焚芻草絕汲道賊窘欲降邀忠與文升相見忠偕劉玉單騎赴之文升亦從數十騎至呼俊璹諭以速降賊遙望羅拜忠直前挾璹以歸俊氣沮猶豫不出忠命縛木爲橋人負土囊填濠塹擊以銅礮死者益衆賊倚愛將楊虎狸爲謀主夜出汲被禽忠貫其死諭以購賊賞格示之金且賜金帶鉤縱歸使誘俊出戰伏兵禽焉急擊下石城盡獲餘寇毀其城鑿石紀功增一衞於固原西北西安廢城留兵戍之而還初石城未下天甚寒士卒頗困忠慮賊奔突乘凍渡河與套寇合日夜治攻具身當矢石不少避大小三百餘戰彭時商輅知忠能辦賊不從中制卒用殄賊論功進右都御史與林聰協掌院事白圭既平劉通荊襄間流民屯結如故通黨李鬍子者名原僞稱平王與小王洪王彪等掠南漳房內鄉渭南諸縣流民附賊者至百萬六年冬詔忠總督軍務與湖廣總兵官李震討之忠乃奏調永順保靖土兵而先分軍列要害多設旗幟鉦鼓遣人入山招諭流民歸者四十餘萬彪亦就禽時白圭爲兵部遣錦衣百戶吳綬贊參將王信軍綬欲攘功不利賊瓦解縱流言圭信之止土兵毋調忠疏爭且劾綬罪帝爲召綬還而聽調土兵如故合二十五萬分八道逼之流民歸者又數萬賊潛伏山砦伺間出劫忠命副使余洵都指揮李振擊之遇於竹山乘溪漲半渡截擊禽李原小王洪等賊多溺死忠移軍竹山捕餘孽復招流民五十萬斬首六百四十俘八百有奇家口三萬餘人戶選一丁戍湖廣邊衞餘令歸籍給田疏陳善後十事悉允行忠之下令逐流民也有司一切驅逼不前即殺之民有自洪武中占籍者亦在遣中戍者舟行多疫死給事中梁璟因星變求言劾忠妄殺白圭亦言流民既成業者宜隨所在著籍又駁忠所上功次互異帝皆不聽進忠左都御史廕子綬錦衣千戶諸將錄功有差忠上疏言臣先後招撫流民復業者九十三萬餘人賊黨遁入深山又招諭解散自歸者五十萬人俘獲百人皆首惡耳今言皆良家子則前此屢奏猖獗難禦者伊誰也賊黨罪固當死正因不忍濫誅故令丁壯謫發遣戍其久附籍者或乃占山四十餘里招聚無賴千人爭鬬劫殺若此者可以久居故不遣乎臣揭榜曉賊謂已殺數千蓋張虛勢怵之非實事也且圭固嘗身任其事今日之事又圭所遺先時中外議者謂荊襄之患何日得寧今幸平靖而流言沸騰以臣爲口實昔馬援薏苡蒙謗鄧艾檻車被徵功不見錄身更不保臣幸際聖明願賜骸骨勿使臣爲馬鄧之續帝溫詔答之八年召還與李賓協掌院事後二年拜刑部尚書尋代圭爲兵部汪直開西廠恣橫忠屢遭侮不能堪會大學士商輅等劾直忠亦倡九卿劾之奏留中而西廠遂罷直深恨之未幾西廠復設直以吳綬爲腹心綬挾前憾伺忠益急忠不自安乞歸治病未行而綬嗾偵事者誣忠罪給事中郭鏜御史馮貫等復交章劾忠事連其子經太監黃賜興寧伯李震彰武伯楊信等詔法司會錦衣衞廷鞫忠抗辯不少屈然衆知出直意無敢爲之白者竟斥爲民賜與震等亦得罪直敗復官致仕家居二十六年至弘治十五年乃卒年八十二贈太子太保謚襄毅忠倜儻多大略練戎務彊直不阿敏於政事故所在著稱子經經子錫錫子治元皆舉進士經江西參政錫南京光祿寺卿治元員外郎

韓雍字永熙長洲人正統七年進士授御史負氣果敢以才略稱錄囚南畿碭山教諭某苦膳夫膳夫逃匿父訴教諭殺其子取他尸支解以證既誣服雍蹤跡得之白其冤出巡河道已巡按江西黜貪墨吏五十七人廬陵太和盜起捕誅之十三年冬處州賊葉宗留自福建轉犯江西官軍不利都督僉事陳榮指揮劉眞遇伏死詔雍及鎭守侍郎楊寧督軍民協守會福建巡按御史汪澄牒鄰境會討賊鄧茂七俄以賊議降止兵雍曰賊果降退未晚也趣進賊已叛澄坐得罪死人以是服雍識景泰二年擢廣東副使大學士陳循薦爲右僉都御史代楊寧巡撫江西歲饑奏免秋糧劾奏寧王不法事王府官皆得罪時雍年甫三十赫然有才望所規畫措置咸可爲後法天順初罷天下巡撫官改山西副使寧王以前憾劾其擅乘肩輿諸事下獄奪官起大理少卿尋復爲右僉都御史佐寇深理院事石亨既誅錦衣指揮劉敬坐飯亨直房用朋黨律論死雍言律重朋黨謂阿比亂朝政也以一飯當之豈律意且亨盛時大臣朝夕趨門不坐獨坐敬何也深歎服出之母憂起復四年巡撫宣府大同七年議事入覲帝壯其貌留爲兵部右侍郎憲宗立坐學士錢溥累貶浙江左參政廣西猺獞流剽廣東殘破郡邑殆徧成化元年正月大發兵拜都督趙輔爲總兵官以太監盧永陳瑄監其軍兵部尚書王竑曰韓雍才氣無雙平賊非雍莫可乃改雍左僉都御史贊理軍務雍馳至南京集諸將議方略先是編修邱濬上書大學士李賢言賊在廣東者宜驅在廣西者宜困欲宿兵大藤峽扼其出入蹂其禾稼期一二年盡賊賢善之獻於朝詔錄示諸將諸將主其說請令遊擊將軍和勇率番騎趨廣東而大軍直趨廣西分兵撲滅雍曰賊已蔓延數千里而所至與戰是自敝也當全師直擣大藤峽南可援高雷廉東可應南韶西可取柳慶北可斷陽峒諸路首尾相應攻其腹心巢穴既傾餘迎刃解耳舍此不圖而分兵四出賊益奔突郡邑益殘所謂救火而嘘之也衆曰善輔亦知雍才足辦賊軍謀一聽雍雍等遂倍道趨全州陽峒苗掠興安擊破之至桂林斬失機指揮李英等四人以徇按地圖與諸將議曰賊以修仁荔浦爲羽翼當先收二縣以孤賊勢乃督兵十六萬人分五道先破修仁賊窮追至力山禽千二百餘人斬首七千三百級荔浦亦定十月至潯州延問父老皆曰峽天險不可攻宜以計困雍曰峽延廣六百餘里安能使困兵分則力弱師老則財匱賊何時得平吾計決矣遂長驅至峽口儒生里老數十人伏道左願爲嚮導雍見即罵曰賊敢紿我叱左右縛斬之左右皆愕既縛而袂中利刃出推問果賊也悉支解刳腸胃分挂林箐中纍纍相屬賊大驚曰韓公天神也雍令總兵官歐信等爲五哨自象州武宣攻其北身與輔督都指揮白全等爲八哨自桂平平南攻其南參將孫震等爲二哨從水路入而別分兵守諸隘口賊魁侯大狗等大懼先移其累重於桂州橫石塘而立柵南山多置滾木礧石鏢鎗藥弩拒官軍十二月朔雍等督諸軍水陸並進擁團牌登山殊死戰連破石門林峒沙田右營諸巢焚其室廬積聚賊皆奔潰伐木開道直抵橫石塘及九層樓諸山賊復立柵數重憑高以拒官軍誘賊發矢石度且盡雍躬督諸軍緣木攀藤上別遣壯士從間道先登據山頂舉礮賊不能支遂大敗先後破賊三百二十四砦生禽大狗及其黨七百八十人斬首三千二百有奇墜溺死者不可勝計峽有大藤如虹橫亘兩厓間雍斧斷之改名斷藤峽勒石紀功而還分兵擊餘黨鬱林

陽江洛容博白次第皆定帝大喜賜敕嘉勞召輔等還遷雍左副都御史提督兩廣軍務雍乃散遣諸軍以省饋餉而遺孽侯鄭昂等遂乘虛陷潯州及洛容北流二縣雍被劾引罪帝宥之雍益發兵撲討時諸賊所在蜂起思恩潯賓柳城悉被擾掠流劫至廣東欽化二州皆應時破殄四年春雍以兩廣地大事殷請東西各設巡撫帝可之命陳濂撫廣東張鵬撫廣西而雍專理軍事尋以憂歸明年兩廣盜復起僉事陶魯言兩廣地勢錯互當如臂指相使不可離析近賊犯廣西臣與廣東三司議調兵匝月未決盜賊無所憚乞仍命大臣總督便會僉事林錦巡按御史龔晟亦以爲請乃罷兩巡撫而起復雍右都御史總督如故又明年正月雍疏辭新命乞終制不許雍抵任遣參將張壽遊擊馮昇等分道討賊忻州八砦蠻及諸山猺獞掠州縣者皆摧破之蠻民素懾雍威寇盜寖息九年柳潯諸蠻復叛參將楊廣等俘斬九百人方更進而賊破懷集縣兵部劾雍奏報不實廣西鎮守中官黃沁素憾雍抑己因訐雍且言其貪欲縱酒濫賞妄費帝遣給事中張謙等往勘而廣西布政使何宜副使張斅銜雍素輕己共醞釀其罪謙還奏事虛實交半竟命致仕去雍洞達闓爽重信義撫江西時請追謚文天祥謝枋得詔謚天祥忠烈枋得文節有雄略善斷動中事機臨戰率躬親矢石不目瞬自奉尊嚴三司皆長跪白事軍門設銅鼓數十儀節詳密禆將以下繩柙無所假兩地鎮守宦官素驕恣亦慴息無敢肆疾惡嚴坦中不爲崖岸揮斥財帛不少惜故雖令行禁止民得安堵而謗議亦易起爲中官所齮齕公論皆不平兩廣人念雍功尤惜其去爲立祠祀焉家居五年卒年五十七正德間謚襄毅初以軍功予一子錦衣百戶雍以授其弟睦至是錄一子國子生

余子俊字士英青神人父祥戶部郎中子俊舉景泰二年進士授戶部主事進員外郎在部十年以廉幹稱出爲西安知府歲饑發廩十萬石振貸區畫以償官不損而民濟成化初所司上治行當旌者知府十人而子俊爲首以林聰薦爲陝西右參政歲餘擢右布政使六年轉左調浙江甫半載拜右副都御史巡撫延綏先是巡撫王銳請沿邊築牆建堡爲久遠計工未興而罷子俊上疏言三邊惟延慶地平易利馳突寇屢入犯獲邊人爲導徑入河套屯牧自是寇顧居內我反屯外急宜於沿邊築牆置堡況今舊界石所在多高山陡厓依山形隨地勢或剷削或壘築或挑塹鑿引相接以成邊牆於計爲便尚書白圭以陝民方困奏緩役既而寇入孤山堡復犯榆林子俊先後與朱永許寧擊敗之是時寇據河套歲發大軍征討卒無功八年秋子俊復言今征套士馬屯延綏者八萬芻茭煩內地若今冬寇不北去又須備來年軍資姑以今年之數約之米豆需銀九十四萬草六十萬每人運米豆六斗草四束應用四百七萬人約費行資八百二十五萬公私煩擾至此安得不變計臣前請築牆建堡詔事寧舉行請於明年春夏寇馬疲乏時役陝西運糧民五萬給食興工期兩月畢事主猶持前議阻之帝是子俊言命速舉子俊先用軍功進左副都御史明年又用紅鹽池擣巢功進右都御史寇以擣巢故遠徙不敢復居套內地患稍息子俊得一意興役東起清水營西抵花馬池延袤千七百七十里鑿崖築牆掘塹其下連比不絕每二三里置敵臺崖砦備巡警又於崖砦空處築短牆橫一斜二如箕狀以瞭敵避射凡築城堡十一邊墩十五小墩七十八崖砦八百十九役軍四萬人不三月而成牆內之地悉分屯墾歲得糧六萬石有奇十年閏六月子俊具上其事因以母老乞歸慰留不許初延綏鎮治綏德州屬縣米脂吳堡悉在其外寇以輕騎入掠鎮兵覺而追之輒不及往往得利去自子俊徙鎮榆林增衛益兵拓城置戍攻守器畢具遂爲重鎮寇抄漸稀軍民得安耕牧焉十二年十二月移撫陝西子俊知西安時以居民患水泉鹹苦鑿渠引城西濟河入灌民利之久而水溢無所洩至是乃於城西北開渠洩水使經漢故城達渭公私益便號余公渠又於涇陽鑿山引水溉田千餘頃通南山道直抵漢中以便行旅學校公署圮者悉新之奏免岷河洮三衞之戍南方者萬有奇易置南北之更戍者六千有奇就戍本土岷州栗林羌爲寇子俊潛師設伏擊走之十三年召爲兵部尚書奏申明條例十事又列上軍功賞格由是中外有所遵守緬甸酋卜剌浪欲奪思洪發貢章地設詞請於朝子俊言不宜許乃諭止之貴州巡撫陳儼等以播州苗竊發請調湖廣廣西四川兵五萬合貴州兵會勦子俊言賊在四川而貴州請討是邀功也奏寢其事初子俊論陳鉞掩殺貢夷罪帝以汪直故宥之鉞多方構子俊於直會母憂歸得免子俊之築邊牆也或疑沙土易傾寇至未可恃至十八年寇入犯許寧等逐之寇扼於牆塹散漫不得出遂大衄邊人益思子俊功服闋拜戶部尚書尋加太子太保二十年命兼左副都御史總督大同宣府軍務其冬還朝明年正月星變陳時弊八事帝多采納未幾復出行邊初子俊巡歷宣大請以延綏邊牆法行之兩鎮因歲歉而止比復出銳欲行之言東起四海治西抵黃河延袤千三百餘里舊有墩百七十應增築四百四十墩高廣皆三丈計役夫八萬六千數月可成詔明年四月卽工然是時歲比不登公私耗敝驟興大役上下難之子俊又欲責成於邊臣而已不親其事謗議由是起至冬疏請還京帝入蜚語命改左都御史巡撫大同中官韋敬讒子俊假修邊多侵耗又劾子俊私恩怨易將帥兵部侍郎阮勤等爲白帝怒讓勤等而給事御史復交章劾中朝多欲傾子俊工部侍郎杜謙等往勘平情按之還奏易置將帥如勤等言所費無私然爲銀百五十萬米菽二百三十萬耗財煩民不得無罪遂落太子太保致仕去時二十二年二月也明年正月兵部缺尚書帝悟子俊無罪復召任之仍加太子太保孝宗嗣位以先朝老臣待之彌厚弘治元年疏陳十事已又上邊防七事帝多允行明年疾亟猶手削奏稿陳救荒弭盜之策甫得請而卒年六十一贈太保謚肅敏子俊沉毅寡言有偉略凡奏疏公移必自屬草每夜分方寢嘗曰大臣謀國當身任利害豈得遠怨市恩爲自全計故榆林始事怨讟蠭起子俊持之益堅竟以成功爲數世利性孝友居母憂時令子寘毋會試曰雖無律令吾心不忍也當廕子移以廕弟子寰舉進士終戶部員外郎寘就武廕爲錦衣千戶終指揮同知曾孫承勛承業皆進士承勛翰林修撰承業雲南僉事阮勤本交阯人其父內徙占籍長子勤舉景泰五年進士歷台州知府清慎有惠政賜誥旌異以右副都御史巡撫陝西築墩臺十四所治垣塹三十餘里歲饑奏免七府租四十餘萬石入爲侍郎調南京刑部蠻邦人著聲中國者勤爲最

朱英字時傑桂陽人五歲而孤力學舉正統十年進士授御史浙閩盜起簡御史十三人與中官分守諸府英守處州而葉宗留黨四出剽掠處州道梗英間道馳至撫降甚衆戮賊首周明松等賊散去乃還景泰初御史王豪嘗以劾陳循爭地事忤循爲所訐至是循草詔言風憲官被訐者雖經赦宥悉與外除於是豪當改知縣英言若如詔書則凡遭御史抨擊之人皆將挾讐誣訐而御史愈緘默不言矣章下法司請如英言乃復豪職未幾出爲廣東右參議過家省母橐中惟賜金十兩抵任撫凋瘵流亡立均徭法十歲一更民稱便天順初兩廣賊愈熾諸將多濫殺冒功巡撫葉盛屬英督察參將范信誣宋泰永平二鄉民爲賊屠戮殆盡又欲屠進城鄉英馳諭悉縱去信忿留師不還英密請於盛檄信班師一方始靖潮州賊羅劉寧等流劫遠近屢挫官兵英會師破滅之還所掠人口數千別置一營以處婦女人莫敢犯官參議十年進右參政遭母憂成化初服闋補陝西大軍討滿四英主饋餉有功歷福建陝西左右布政使皆推行均徭法十年以右副都御史巡撫甘肅先後陳安邊二十八事其請徙居戎安流離簡貢使於時務尤切明年冬兩廣總督吳琛卒廷議以英前在廣東有威信遂以代琛自韓雍大征以來將帥喜邀功利俘掠名爲鵰勦英至鎮以寧靜約飭將士毋得張賊聲勢妄請用師招撫猺獞效順者定爲編戶給復三年於是馬平陽朔蒼梧諸縣蠻悉望風附而荔波賊李公主有衆數萬久負固亦遣子納款爲置永安州處之俾其子孫世吏目自是歸附日衆凡爲戶四萬三千有奇口十五萬有奇帝甚嘉之鎮守中官與督撫總兵官坐次中官居中總督居總兵官左時總兵官陳政以伯爵欲抑英居右英不可奏乞裁定命解英總督止爲巡撫居政下尚書余子俊言英招徠功多當增秩褒賞乃反削其事權恐無以鎮諸蠻乃擢英右都御史仍總督位次如故田州酋黃明烝其知府岑溥祖母欲殺溥溥出走思恩明因肆屠戮英將進討檄溥族人思城知州岑欽殺明雪恥欽遂誅明幷其族屬傳首軍門英淳厚然持法無所假借與市舶中官韋眷忤眷摭奏英專權玩賊潯州知府史芳以事見責亦訐英奸貪欺罔按皆無驗乃鐫芳二官諭眷協和共事十六年交阯攻老撾議者恐其內寇詔問英處置之宜英對言彼不過爭甌脫耳諭之當自悔懼帝從其言果上表謝潯梧高廉賊起偕政等分道擊之再戰俘斬甚衆十九年桂林平樂蠻攻城殺將英政復分兵十二道擊破之明年入掌都察院事尋加太子少保又明年正月星變疏陳八事請禁邊將節旦獻馬鎮守中官武將不得私立莊田侵奪官地燒丹符咒左道之人當置重典四方分守監槍內官勿進貢品物罷撤倉場馬房上林苑增設內侍召還建言得罪諸臣清內府收白糧積弊治奸民投獻莊田及貴戚受獻者罪權倖皆不便執政多持之不行英造內閣力爭竟不能盡從也時流民集京師者多英請人給米月三斗幼者半之報許其年秋卒贈太子太保英爲總督承韓雍吳琛後雍雖有大功恢廓自奉賻遺過侈有司困供億公私耗竭而琛務謹廉至英益持清節僅攜一

蕃頭之官先後屢賜璽書金幣英藏璽書貯金幣於庫其威望不及雍而惠澤過之在甘肅積軍儲三十萬兩廣四十餘萬皆不以聞或問之答曰此邊臣常分何足言人服其知大體正德中追謚恭簡子守孚進士刑部郎中

秦紘字世纓單人景泰二年進士授南京御史劾治內官傅鎖兒罪諫止江南采翠毛魚魫等使權貴忌之蜚語聞會考察坐謫湖廣驛丞天順初以御史練綱薦遷雄縣知縣奉御杜堅捕天鵞暴橫紘執杖其從者坐下詔獄民五千詣闕訟乃調知府谷憲宗即位遷葭州知州調秦州毋喪去官州人乞借紘服闋還故任尋擢鞏昌知府改西安遷陝西右參政岷州番亂提兵三千破之進俸一級成化十三年擢右僉都御史巡撫山西奏鎮國將軍奇瀏等罪奇瀏父慶城王鍾鎰爲奏辯且誣紘帝重違王意逮紘下法司治事皆無驗而內官尚亨籍紘家以所得敝衣數事奏帝歎曰紘貧一至此耶賜鈔萬貫旌之於是奪奇瀏等三人爵王亦削祿三之一而改紘撫河南尋復調宣府小王子數萬騎寇大同長驅入順聖川掠宣府境紘與總兵官周玉等邀擊遁去尋入掠興寧口連戰却之追還所掠畜書勞焉進左僉都御史巡撫如故未幾召還理院事遷戶部右侍郎萬安逐尹旻誣紘旻黨降廣西右參政進福建左布政使弘治元年以王恕薦擢左副都御史督漕運明年三月進右都御史總督兩廣軍務奏言中官武將總鎮兩廣者率縱私人擾商賈高居私家擅理公事賊殺不辜交通土官爲奸利而天下鎮守官皆得擅執軍職受民訟非制請嚴禁絶總鎮府故有賞功所歲儲金錢數萬費出無經宜從都御史勾稽廣潮南韶多盜當設社學編保甲以絶盜源帝悉從其請恩城知州岑欽攻逐田州知府岑溥與泗城知州岑應分據其地紘入田州逐走欽還溥於府留官軍戍之亂遂定復遣將討平黎賊陵水猺賊德慶紘之初涖鎮也劾總兵官安遠侯柳景貪暴逮下獄景亦訐紘勘無左證法司當景死景連姻周太后家有奧援訐紘不已詔并逮紘廷鞫卒無罪詔宥景死奪爵閑住而紘亦罷歸大臣王恕等請留紘不納廷臣復連章言紘可大用居數月起南京戶部尚書十一年引疾去十四年秋寇大入花馬池敗官軍孔壩溝直抵平涼言者謂紘有威名雖老可用詔起戶部尚書兼右副都御史總制三邊軍務紘馳至固原按行敗所躬祭陣亡將士掩其骼奏錄死事指揮朱鼎等五人恤軍士戰歿者家劾治敗將楊琳等四人罪更易守將練壯士興屯田申明號令軍聲大振初寇未入河套平涼固原皆內地無患自孛來住牧後固原當兵衝爲平慶臨鞏門戶而城隘民貧兵力單弱商販不至紘乃拓治城郭招徠商賈建改爲州而身留節制之奏言固原主客兵止萬八千人散守城堡二十四勢分力弱宜益兵舊臨鞏秦州諸軍歲赴甘涼備禦及他方有警又調兵甘涼或發京軍征討夫京師天下本邊將手握重兵而一遇有事輒請京軍非强幹弱枝之道請自今京兵毋輕發臨鞏甘涼諸軍亦宜各還本鎮但選知兵宿將一二人各守其地人以戍爲家軍以將爲命自樂趨役而有戰心計之得者也紘見固原迤北延袤千里閒田數十萬頃曠野近邊無城堡可依議於花馬池迤西至小鹽池二百里每二十里築一堡堡周四十八丈役軍五百人固原迤北諸處亦各築屯堡募人屯種每頃歲賦米五石可得五十萬石規畫已定而寧夏巡撫劉憲爲梗紘乃奏曰竊見三邊情形延綏甘涼地雖廣而士馬精强寧夏怯弱矣然河山險阻惟花馬池至固原軍既怯弱又墩臺疏遠敵騎得長驅深入故當增築墩堡韋州豫望城諸處亦然今固原迤南修築將畢惟花馬池迤北二百里當築十堡而憲危言阻衆且廢垂成之功乞令憲制三邊而改臣撫寧夏俾得終邊防於事爲便帝下詔責憲憲引罪卒行紘策修築諸邊城堡一萬四千餘所垣塹六千四百餘里固原屹爲重鎮紘又以意作戰車名全勝車詔頒其式於諸邊在事三年四鎮晏然前後經略西陲者莫及十七年加太子少保召還視部事以年老連章力辭乞致仕詔賜敕乘傳歸月廩歲隸如制明年九月卒年八十贈少保謚襄毅紘廉介絶俗妻孥菜羹麥飯常不飽性剛果勇於除害不自顧慮士大夫識與不識稱爲偉人在兩廣被逮時方議討後山賊治軍事畢從容就道儀衞騶從不貶損旣踰嶺始囚服就縶謂官校曰兩廣蠻夷雜處總制體尊遽就拘執損國威今旣踰嶺眞囚矣其嚴重得體如此正德五年劉瑾亂政紘家奴憾紘婦弟楊瑾以紘所遺火礮投緝事校尉誣瑾畜違禁軍器劉瑾怒歸罪於紘籍其家無所得言官張九叙涂敬等復希瑾意劾紘士類嗤之

贊曰項忠韓雍皆以文學通籍而親提桴鼓樹勳戎馬之場其應機決勝成畫遠謀雖宿將殆無以過豈不壯哉賞不酬勞謠諑繼起文法吏從而繩其後功名之士所爲發憤而太息也余子俊盡心邊計數世賴之朱英廉威名粵嶠秦紘經略著西陲文武兼資偉哉一代之能臣矣

明史卷一百七十九　列傳第六十七

總裁官總理事務經筵講官少保兼太子太保保和殿大學士兼管吏部戶部尚書事加六級臣張廷玉等奉

敕修

羅倫 涂棐　章懋 從子拯

黃仲昭　莊昶

鄒智　舒芬 崔桐 馬汝驥

羅倫字彝正吉安永豐人五歲嘗隨母入園果落衆競取倫獨賜而後受家貧樵牧挾書誦不輟及爲諸生志聖賢學嘗曰舉業非能壞人人自壞之耳知府張瑄憫其貧周之粟謝不受居父母喪踰大祥始食鹽酪成化二年廷試對策萬餘言直斥時弊名震都下擢進士第一授翰林修撰踰二月大學士李賢奔喪畢奉詔還朝倫詣賢沮之不聽乃上疏曰臣聞朝廷援楊溥故事起復大學士李賢臣竊謂賢大臣起復大事綱常風化繫焉不可不慎曩陛下制策有曰朕夙夜拳拳欲正大綱舉萬目使人倫明於上風俗厚於下竊謂明人倫厚風俗莫先於孝在禮子有父母之喪君三年不呼其門子夏問三年之喪金革無避禮與孔子曰魯公伯禽有爲爲之也今以三年之喪從其利者吾弗知也陛下於賢以爲金革之事起復之與則未之有也以大臣起復之與則禮所未見也夫爲人君當舉先王之禮教其臣爲人臣當守先王之禮事其君昔宋仁宗嘗起復富弼矣弼辭曰不敢遵故事以遂前代之非但當據禮經以行今日之是仁宗卒從其請孝宗嘗起復劉珙矣珙辭曰身在草土之中國無門庭之寇難冒金革之名私竊利祿之實孝宗不抑其情此二君者未嘗以故事强其臣二臣者未嘗以故事徇其君故史册書之爲盛事士大夫傳之爲美談無他君能教臣以孝臣有孝可移於君也自是而後無復禮義王黼史嵩之陳宜中賈似道之徒皆援故事起復然天下壞亂社稷傾危流禍當時遺譏後代無他君不教臣以孝臣無孝可移於君也陛下必欲賢身任天下之事則賢身不可留口實可言宜降溫詔俾如劉珙得以言事使賢於天下之事知必言言必盡陛下於賢之言聞必行行必力賢雖不起復猶起復也苟知之而不能盡言之而不能力行賢雖起復無益也且陛下無謂廟堂無賢臣庶官無賢士君盂也臣水也水之方圓盂實主之臣之直佞君實召之陛下誠於退朝之暇親直諒博洽之臣講聖學君德之要詢政事得失察民生利病訪人才賢否考古今盛衰舍獨信之偏見納逆耳之苦言則衆賢羣策畢萃於朝又何待違先王之禮經損大臣之名節然後天下可治哉臣伏見比年以來朝廷以奪情爲常典縉紳以起復爲美名食稻衣錦之徒接踵廟堂不知此人於天下之重何關耶且婦於舅姑喪亦三年孫於祖父母服則齊衰奪情於夫初無預其妻奪情於父初無干其子今或舍館如故妻孥不還乃號於天下曰本欲終喪朝命不許雖三尺童子臣知其不信也爲人父者所以望其子之報豈擬至於此哉爲人子者所以報其親之心豈忍至於此哉枉己者不能直人忘親者不能忠君陛下何取於若人而起復之也今大臣起復羣臣不以爲非且從而贊之羣臣起復大臣不以爲非且從而成之上下成俗混然同流率天下之人爲無父之歸臣不忍聖明之朝致綱常之壞風俗之弊一至此極也願陛下斷自聖衷許賢歸家持服其他已起復者仍令奔喪未起復者悉許終制脫有金革之變亦從墨衰之權使任軍事於外盡心喪於內將朝廷端則天下一大臣法則羣臣效人倫由是明風俗由是厚矣疏入謫福建市舶司副提舉御史陳選疏救不報御史楊琅復申救帝切責之尚書王翺以文彥博救唐介事諷賢賢曰潞公市恩歸怨朝廷吾不可以效之亡何賢卒明年以學士商輅言召復原職改南京居二年引疾歸遂不復出倫爲人剛正嚴於律己義所在毅然必爲於富貴名利泊如也里居倡行鄉約相率無敢犯衣食粗惡或遺之衣見道殣解以覆之晨留客飲妻子貸粟鄰家及午方炊不爲意以金牛山人跡不至築室著書其中四方從學者甚衆十四年卒年四十八嘉靖初從御史唐龍請追贈左春坊諭德謚文毅學者稱一峰先生方倫爲提舉時御史豐城涂棐巡按福建司禮中官黃賜延平人也請見棐不可泉州知府李宗學以受賕爲棐所按訐棐自解賜從中主其奏棐宗學俱被徵詔逮倫當并逮鎮撫司某曰羅

先生可至此乎即日鞫成上之倫得免棐亦復官棐天順四年進士成化中嘗言祖宗朝政事必與大臣面議自先帝幼冲未能裁決柄國者慮其缺遺假簡易之辭以便宣布凡視朝奏事論旨輒日所司知之此一時權宜非可循爲定制況批答多參以中官內閣或不與尤乖祖制乞復面議杜蔽壅之弊憲宗不能用終廣東副使

章懋字德懋蘭谿人成化二年會試第一成進士改庶吉士明年冬授編修憲宗將以元夕張燈命詞臣撰詩詞進奉懋與同官黃仲昭檢討莊昶疏諫曰頃諭臣等撰鰲山煙火詩詞臣等竊議此必非陛下本懷或以兩宮聖母在上欲備極孝養奉其歡心耳然大孝在乎養志不可徒陳耳目之玩以爲養也今川東未靖遼左多虞江西湖廣亦地數千里萬姓嗷嗷張口待哺此正陛下宵旰焦勞兩宮母后同憂天下之日至翰林官以論思爲職鄙俚之言豈宜進於君上伏讀宣宗皇帝御製翰林箴有曰啓沃之言唯義與仁堯舜之道鄒魯以陳張燈豈堯舜之道詩詞豈仁義之言若謂煙火細故不足爲聖德累則舜何必不造漆器禹何必不嗜旨酒漢文何必不作露臺古帝王愼小謹微必矜細行者正以欲不可縱漸不可長也伏乞將煙火停止移此視聽以明目達聰省此貲財以振饑恤困則災祲可銷太平可致帝以元夕張燈祖宗故事惡懋等妄言竝杖之闕下左遷其官修撰羅倫先以言事被黜時稱翰林四諫懋既貶臨武知縣未行以給事中毛弘等論救改南京大理左評事踰三年遷福建僉事平泰寧沙尤賊聽福安民採礦以杜盜源建議番貨互通貿易以裕商民政績甚著滿考入都年止四十一力求致仕吏部尚書尹旻固留之不可既歸屏跡不入城府奉親之暇專以讀書講學爲事弟子執經者日益進貧無供具惟脫粟菜羹而已四方學士大夫高其風稱爲楓山先生家居二十餘年中外交薦部檄屢起之以親老堅不赴弘治中孝宗登用羣賢衆議兩京國學當用名儒起謝鐸於北監及南監缺祭酒遂以懋補之懋方遭父憂不就時南監缺司業且二十年詔特以羅欽順爲之而虛位以待懋十六年服闋懋復固辭不允始涖任六館士人人自以爲得師監生尤樾母病例不得歸省晝夜泣懋遣之歸曰吾寧以違制獲罪武宗立陳勤聖學隆繼述謹大婚重詔令敬天戒五事正德元年乞休五疏不允復引疾懇辭明年三月始得請五年起南京太常卿明年又起爲南京禮部右侍郎皆力辭不就言者屢陳懋德望請加優禮詔有司歲時存問世宗嗣位即家進南京禮部尚書致仕其冬遣行人存問而懋已卒年八十六贈太子少保謚文懿懋爲學恪守先儒訓或諷爲文章曰小技耳予弗暇有勸以著述者曰先儒之言至矣芟其繁可也通籍五十餘年歷俸僅滿三考難進易退世皆高之生三子兼令業農縣令過之諸子釋耒跪迎人不知其貴公子也子省懋於南監徒步往道爲巡檢所笞已知而請罪懋慰遣之晚年三子一孫盡死年八十二生少子接後以廕爲國子生從子拯字以道幼從懋學登弘治十五年進士爲刑部主事正德初忤劉瑾下詔獄謫梧州府通判瑾誅擢南京兵部郎中嘉靖中累官工部尚書桂萼欲復海運延公卿議得失拯曰海運雖有故事而風濤百倍於河且天津海口多淤自古不聞有濬海者議遂寢南北郊議起拯言不可失帝意尋坐郊壇祭器缺供落職歸久之復官致仕卒

黃仲昭名潛以字行莆田人祖壽生翰林檢討有學行父嘉束鹿知縣以善政聞仲昭性端謹年十五六即有志正學登成化二年進士改庶吉士授編修與章懋莊昶同以直諫被杖謫湘潭知縣在道用諫官言改南京大理評事兩京諸司隸卒率放還而取其月錢爲故事惟仲昭與羅倫不取御史縱子弟取賂刑部曲爲地仲昭駁正之有羣掠民婦轉鬻者部坐首惡一人仲昭請皆坐連遭父母喪不離苦塊者四年服除以親不逮養遂不出弘治改元御史姜洪疏薦吏部尚書王恕檄有司敦趣北至恕迓之大門外揖讓升堂相向再拜世兩高之除江西提學僉事誨士以正學久之再疏乞休日事著述學者稱未軒先生卒年七十四仲昭兄深御史深子乾亨行人使滿剌加歿於海乾亨子如金廣西提學副使希雍蘇州同知仲昭孫懋南京戶部侍郎

莊昶字孔暘江浦人自幼豪邁不羣嗜古博學舉成化二年進士改庶吉士授翰林檢討與編修章懋黃仲昭疏諫內廷張燈忤旨廷杖二十謫桂陽州判官尋以言官論救改南京行人司副居三年母憂去繼丁父憂哀毀喪除不復出卜居定山二十餘年學者稱定山先生巡撫王恕嘗欲葺其廬辭之昶生平不尚著述有自得輒見之於詩薦章十餘上部檄屢趣俱不赴大學士邱濬素惡昶語人曰率天下士背朝廷者昶也弘治七年有薦昶者奉詔起用昶念濬當國不出且得罪強起入都大學士徐溥語郎中邵寶曰定山故翰林復之濬聞曰我不識所謂定山也乃復以爲行人司副俄遷南京吏部郎中得風疾明年乞身歸部臣不爲奏又明年京察尚書倪岳以老疾罷之居二年卒年六十三天啓初追謚文節

鄒智字汝愚合州人年十二能文家貧讀書焚木葉繼晷者三年舉成化二十二年鄉試第一時帝益倦於政而萬安劉吉尹直居政府智憤之道出三原謁致仕尚書王恕慨然曰治天下在進君子退小人方今小人在位毒痛四海而公顧屏棄田里智此行非爲科名欲上書天子別白賢奸拯斯民於塗炭耳恕奇其言笑而不答明年登進士改庶吉士遂上疏曰陛下於輔臣遇事必咨殊恩異數必及亦云任矣然或進退一二人處分一事往往降中旨使一二小人陰執其柄是既任之而又疑之也陛下豈不欲推誠待物哉由其進身之初多出私門先有以致陛下之厭薄及與議事又唯諾惟謹伈伈俔俔若有所不敢反不如一二俗吏足以任事此陛下所爲疑也臣竊以爲過矣昔宋仁宗知夏竦懷詐則黜之知呂夷簡能改過則容之知杜衍韓琦范仲淹富弼可任則不次擢之故能北拒契丹西臣元昊未聞一任一疑可以成天下事也願陛下察孰爲竦孰爲夷簡而黜之容之孰爲衍琦仲淹弼而擢之日與講論治道不使小人得參其間則天工亮矣臣又聞天下事惟輔臣得議惟諫官得言諫官雖卑與輔臣等乃今之諫官以軀體魁梧爲美以應對捷給爲賢以簿書刑獄爲職業不畏天變不恤人窮或以忠義激之則曰吾非不欲言言出則禍隨其誰吾聽嗚呼既不能盡言效職而復引過以歸於上有人心者固如是乎臣願罷黜浮冗廣求風節之臣令仗下糾彈入閣參議或請對或輪對或非時召對霽色接之溫言導之使得畢誠盡蘊則天聽開矣臣又聞汲黯在朝淮南寢謀君子之有益人國也大矣以陛下之聰明寧不知君子可任而故屈抑之哉乃小人巧讒間以中傷之耳今碩德如王恕忠鯁如強珍亮直剛方如章懋林俊張吉皆一時人望不宜貶錮負上天生才之意陛下誠召此數人置要近之地使各盡其平生則天心協矣臣又聞高皇帝制閹寺惟給掃除不及以政近者舊章日壞邪徑日開人主大權盡出其手內倚之爲相外倚之爲將藩方倚之爲鎭撫伶人賤工倚之以作奇技淫巧法王佛子倚之以恣出入宮禁此豈高皇帝所許哉願陛下以宰相爲股肱以諫官爲耳目以正人君子爲腹心深思極慮定宗社長久之計則大綱正矣然其本則在陛下明理何如耳竊聞侍臣進講無反覆論辨之功陛下聽講亦無從容沃心之益如此而欲明理以應事臣不信也願陛下念義理之難窮惜日月之易邁考之經史驗之身心使終歲無間則聖學明而萬事畢治豈特四事之舉措得其當已耶疏入不報智旣慷慨負奇其時御史湯鼐中書舍人吉人進士李文祥亦並負意氣智皆與之善因相與品覈公卿裁量人物未幾孝宗嗣位弊政多所更智喜以爲其志且得行乃復因星變上書曰伏讀明詔云天下利弊所當興革所在官員人等條具以聞此殆陛下知前日登極詔書爲奸臣所誤禁言官毋風聞挾私言事物論囂然故復下此條自解耳夫不曰朕躬有過朝政有闕而曰利弊當興革不曰許諸人直言無隱而曰官員人等條具以聞陛下所以求言者已不廣矣今欲興天下之利革天下之弊當求利弊之本原而興且革之不當毛舉細故以爲利弊在是也本原何在閣臣是已少師安持祿怙寵少保吉附下罔上太子少保直挾詐懷奸世之小人也陛下留之則君德必不就朝政必不修此弊所當革者也致仕尚書王恕忠亮可任大事尚書王竑剛毅可寢大奸都御史彭韶方正可決大疑世之君子也陛下用之則君德開明朝政清肅此利所當興也然君子所以不進小人所以不退大抵由宦官權重而已漢元帝嘗任蕭望之周堪矣卒制於弘恭石顯宋孝宗嘗任劉俊卿劉珙矣卒間於陳源甘昇李林甫牛仙客與高力士相附和而唐政不綱賈似道丁大全與董宋臣相表裏而宋室不振君子小人進退之機未嘗不繫此曹之盛衰願陛下鑒旣往謹將來攬天綱張英斷凡所以待宦官者一以高皇帝爲法則君子可進小人可退而天下之治出於一矣以陛下聰明冠世豈不知刑臣不可委信然而不免誤用者殆正心之學未講也心發於天理則耳目聰明言動中節何宦官之能惑發於人欲則一身無主萬事失綱投間抵隙蒙蔽得施雖有神武之資亦將日改月化而寖失其初欲進君子退小人興天下之利革天下之弊豈可得哉帝得疏頷之居無何安直相繼罷斥而吉任寄如故銜智刺骨鼐常朝當侍班智告之曰祖宗盛時御史侍班得面陳政務得失立取進止自後惟退而具疏此君臣情意所由隔也君幸値維新之日盍倣先朝故事行之及恕赴召至京智往謁曰後世人臣不獲時見天子故事多苟且願公且勿受官先請朝見取時政不善者歷陳之力請

除革而後拜命庶其有濟若先受官無復見天子之日矣龔與恕亦未能用其言會劉槩獄起吉使其黨魏璋入智名遂下詔獄智身親三木僅屬喘息慷慨對簿曰智見經筵以寒暑輟講午朝以細事塞責紀綱廢弛風俗浮薄生民憔悴邊備空虛私竊以爲憂與龔等往來論議誠有之不知其他獄者承吉意竟謫廣東石城所吏目事具湯鼐傳智至廣東總督秦紘檄召修書乃居會城閒陳獻章講道新會往受業自是學益粹弘治四年十月得疾遽卒年二十有六同年生吳廷舉爲順德知縣殮而歸其喪天啓初追謚忠介

舒芬字國裳進賢人年十二獻馴鷹賦於知府祝瀚遂知名正德十二年舉進士第一授修撰時武宗數微行畋遊無度其明年孝貞皇后崩甫踰月欲幸宣府託言往視山陵罷沿道兵衞芬上言陛下三年之內當深居不出雖釋服之後固儼然埶疚也且自古萬乘之重非奔竄逃匿未有不嚴侍衞者又等威莫大於車服以天子之尊下同庶人舍大輅袞冕而羸車褻服是御非所以辨上下定禮儀不聽孝貞山陵畢迎主祔廟自長安門入芬又言孝貞皇后作配茂陵未聞失德祖宗之制既葬迎主必入正門昨孝貞之主顧從陛下駕由旁門入他日史臣書之曰六月己丑車駕至自山陵迎孝貞純皇后主入長安門將使孝貞有不得正終之嫌其何以解於天下後世祔廟之夕疾風迅雷甚雨意者聖祖列宗及孝貞皇后之靈儆告陛下也陛下宜卽明詔中外以示改過不報遂乞歸養不許又明年三月帝議南巡時寧王宸濠久蓄異謀與近倖相結人情惶懼言官伏闕諫忤旨被責讓芬憂之與吏部員外郎夏良勝禮部主事萬潮庶吉士汪應軫要諸曹連章入諫衆許諾芬遂偕編修崔桐庶吉士江暉王廷陳馬汝驥曹嘉及應軫上疏曰古帝王所以巡狩者協律度同量衡訪遺老問疾苦黜陟幽明式序在位是以諸侯畏焉百姓安焉若陛下之出不過如秦皇漢武侈心爲樂而已非能行巡狩之禮者也博浪柏谷其禍亦可鑒矣近者西北再巡六師不攝四民告病哀痛之聲上徹蒼旻傳播四方人心震動故一聞南巡詔書皆鳥驚獸散而有司方以迎奉爲名徵發嚴急江淮之間蕭然煩費萬一不逞之徒乘勢倡亂爲禍非細且陛下以鎮國公自命苟至親王國境或據勛臣之禮以待陛下將北嚮朝之乎抑南面受其朝乎假令循名責實深求悖謬之端則左右寵倖無死所矣尚有事堪痛哭不忍言者宗藩蓄劉濞之釁大臣懷馮道之心以祿位爲故物以朝署爲市廛以陛下爲奕棋以革除年間爲故事特左右寵倖知術短淺無能以此言告陛下耳使陛下得聞此言雖禁門之外亦將警蹕而出尚敢輕騎慢遊哉疏入陸完迎謂曰上聞有諫者輒恚欲自引決諸君且休勿歸過君上沽直名芬等不應而出有頃良勝潮過芬扼腕恨完芬因邀博士陳九川至酌之酒曰匹夫不可奪志君輩可遂已乎明日遂偕諸曹連疏入帝大怒命跪闕下五日期滿復杖之三十芬創甚幾斃舁至翰林院中掌院者懼得罪命摽出之芬曰吾官此卽死此耳竟謫福建市舶副提舉裹創就道世宗卽位召復故官嘉靖三年春昭聖太后壽旦詔免諸命婦朝賀芬言前者興國太后令旦命婦朝賀如儀今遇皇太后壽節忽行傳免恐失輕重之宜乞收成命以彰聖孝帝怒奪俸三月時帝欲尊崇本生芬偕其僚連章極諫及張璁桂萼方獻夫驟擢學士芬及同官楊維聰編修王思羞與同列拜疏乞罷未幾復偕同官楊愼等伏左順門哭爭帝怒下獄廷杖奪俸如初旋遭母喪歸卒於家年四十四世稱忠孝狀元芬丰神玉立負氣峻厲端居竟日無惓容夜則計過自訟以倡明絕學爲已任其學貫串諸經兼通天文律曆而尤精於周禮嘗曰周禮視儀禮禮記猶蜀之視吳魏也賈氏謂儀禮爲本周禮爲末妄矣朱子不加是正何也疾革其子請所言惟以未及表章周禮爲恨學者稱梓溪先生萬曆中追謚文節先是修撰羅倫以諫謫福建提舉踰六十年而芬繼之與倫同鄉同官所謫地與官又同福建士大夫遂祀芬配倫云崔桐字來鳳海門人鄉試第一與芬同進士及第授編修旣諫南巡並跪闕下受杖奪俸嘉靖中以侍讀出爲湖廣右參議累擢國子祭酒禮部右侍郎馬汝驥字仲房綏德人正德十二年進士改庶吉士偕芬等諫南巡罰跪受杖教習期滿當授編修特調澤州知州懲王府人虐小民比王有所屬輒投其書櫝中不視陵川知縣貪汝驥欲黜之巡按御史爲曲解汝驥不聽竟褫其官世宗立召復編修尋錄直諫功增秩一等預修武宗實錄進修撰歷兩京國子司業擢南京右通政就改國子祭酒召拜禮部右侍郎尚書嚴嵩愛重汝驥入閣稱之帝特加侍讀學士汝驥行已峭厲然性故和易人望歸焉卒贈尚書謚文簡應軫等自有傳

贊曰詞臣以文學侍從爲職非有言責也激於名義侃侃廷諍抵罪謫而不悔豈非皎然志節之士歟奪情之典不始李賢然自羅倫疏傳誦天下而朝臣不敢以起復爲故事於倫理所裨豈淺鮮哉章懋等引宣宗箴明國家設官意不爲彰君之過鄒智指列賢奸矯拂媮末舒芬危言聳切有爰盎攬轡之風況夫淸修峻節行無瑕尤若諸子者洵足以矯文士浮夸之習矣

明史卷一百八十　列傳第六十八

總裁官總理事務經筵講官少保兼太子太保保和殿大學士兼管吏部戶部尚書事加六級張廷玉等奉敕修

張寧　王徽（王淵等）
毛弘　邱弘
李森　魏元（康永韶等）
強珍　王瑞（張稷）
李俊　汪奎（從子舜民　崔陞等）
湯鼐（吉人　董傑）　劉槩　姜綰（余濬等）
姜洪（歐陽旦　暢亨）　曹璘
彭程　龐泮（呂獻）
葉紳　胡獻（武衢等）
張弘至　屈伸
王獻臣（吳一貫　余濂）

張寧字靖之海鹽人景泰五年進士授禮科給事中七年夏帝從唐瑜等奏考覈南京大小諸臣寧言京師尤根本地不可獨免又言京衞帶俸武職一衞至二千餘人通計三萬餘員歲需銀四十八萬米三十六萬并他折俸物動經百萬耗損國儲莫甚於此而其間多老弱不嫻騎射之人莫若簡可者補天下都司衞所缺官而悉汰其餘議格不行帝得疾適遇星變詔罷明年元會百官朝參如朔望寧言四方來覲不得一覲天顏疑似之際必至訛言相驚願勉循舊典用慰人心帝疾不能從而奪門之變作天順中曹石竊柄事關禮科者寧輒裁損英宗以是知寧朝鮮與鄰部毛憐衞讐殺詔寧同都指揮武忠往解寧辭義慷慨而忠驍健張兩弓折之射鴈一發墜朝鮮人大驚服兩人竟解其讐而還中官覃包邀與相見不往尋擢都給事中憲宗初御經筵請日以大學衍義進講是年十月皇太后生辰禮部尚書姚夔仍故事設齋建醮會百官赴壇行香寧言無益徒傷大體乞禁止帝嘉納之未幾給事中王徽以牛玉事劾大學士李賢得罪寧率六科論救由是寖與內閣忤會王竑等薦寧堪僉都御史淸軍職貼黃與岳正並舉得旨會舉多私皆予外任寧出爲汀州知府以簡靜爲治期年善政具舉寧才高負志節善章奏聲稱籍甚英宗嘗欲重用之不果久居諫垣不爲大臣所喜旣出守益鬱鬱不得志以病免歸家居三十年言者屢薦終不復召無子有二妾寧沒剪髮誓死樓居不下者四十年詔旌爲雙節

王徽字尚文應天人天順四年進士除南京刑科給事中憲宗卽位數月與同官王淵朱寬李翔李鈞疏陳四事末言自古宦官賢良者少奸邪者多若授以大權致令敗壞然後加刑是始愛而終殺之非所以保全之也願法高皇帝舊制毋令預政典兵置產立業家人義子悉編原籍爲民嚴禁官吏與之交接惟厚其賞賚使得豐足無復他望此國家之福亦宦官之福也其冬帝入萬妃譖廢吳后罪中官牛玉擅易中宮謫之南京徽復與淵等劾之曰陛下冊立中宮此何等事而賊臣牛玉乃大肆奸欺中宮旣退人情咸謂玉必萬死顧僅斥陪京猶全首領則凡侍陛下左右者將何所忌憚哉內閣大臣身居輔弼視立后大事漠然不以加意方玉欺肆之初婚禮未成禮官畏權輒爲阿附及玉事發之後國法難貸刑官念舊竟至苟容而李賢等又坐視成敗不出一言黨惡欺君莫此爲甚請并罪賢等爲大臣不忠者戒臣等前疏請保全宦官正欲防患於未萌乃處置之道未聞牛玉之禍果作然往不可諫來猶可追臣等不敢遠引請以近事徵之正統末有王振矣詎意復有曹吉祥天順初有吉祥矣詎意復有牛玉若又不思預防安知後不有甚於牛玉者哉夫宦者無事之時似乎恭愼一聞國政卽肆奸欺將用某人也必先賣之以爲已功將行某事也必先泄之以張已勢迨趨附日衆威權日盛而禍作矣此所以不可預聞國政也內官在帝左右大臣不識廉恥多與交結饋獻珍奇伊優取媚卽以爲賢而朝夕譽之有方正不阿者卽以爲不肖而朝夕譏謗之日加浸潤未免致疑由是稱譽者獲顯譏謗者被斥恩出於內侍怨歸於朝廷此所以不可許其交結也內官弟姪授職任事倚勢爲非聚奸養惡廣營財利奸弊多端身雖居內心實在外內外交通亂所由起此所以不可使其子姪在外任職營立家產也臣等職居言路不爲苟容雖死無悔惟陛下裁察詔謂妄言邀

譽欲加罪諸給事御史交章論救乃並謫州判官檄得貴州普安淵茂州寬潼川翔寧州鈞綏德奏蓋鈞筆也侍郎葉盛編修陳音相繼請留不納最後御史楊琅言尤切幾得罪檄至普安興學校教士始有舉於鄉者郤土官隴暢及白千戸貼治甚有聲居七年棄官歸言者屢薦終以宦官惡之不復錄檄嘗曰今仕者以剛方爲刻息緩爲寬學者以持正爲滯估軟爲通爲文以典雅爲膚淺怪異爲古健其論治嘗誦張宣公語無求辦事之人當求曉事之人時皆服其切中弘治初吏部尚書王恕薦起陝西左參議踰年謝病還卒年八十三子章見文苑傳王淵浙江山陰人天順元年進士除南京吏科給事中素伉直終順天府治中朱寬莆田人李翔大足人皆天順元年進士李鈞永新人景泰二年進士寬爲南京禮科給事中翔兵科鈞工科旣被謫寬進表入京道卒翔鈞皆以判官終

毛弘字士廣鄞人登天順初進士六年授刑科給事中成化三年夏偕六科諸臣上言比塞上多事正陛下宵衣旰食時乃聞退朝之暇頗事逸遊礮聲數聞於外非禁城所宜有況災變頻仍兩畿水旱川廣兵革之餘公私交困願省遊戲宴飲之娛停金豆銀豆之賞日御經筵講求正學庶幾上解天怒下慰人心御史展毓等亦以爲言皆嘉納帝從學士商輅請改元後建言罷官者悉錄用弘請斷自踐阼而後召還給事中王徽等不許慈懿太后崩詔別葬弘偕魏元等疏諫未得請朝罷弘倡言曰此大事吾輩當以死諫請合大小臣工伏闕固爭衆許諾有退卻者給事中張賓呼曰君輩獨不受國恩乎何爲首鼠兩端乃伏哭文華門竟得如禮弘在垣中所論列最多聲震朝宁帝頗厭苦之嘗曰昨日毛弘今日毛弘前後所陳或不見聽而弘慷慨論議無所屈欽天監正谷濱受賕當除名命輸贖貶秩正一眞人張元吉有罪論死詔繫獄弘等皆固爭終不聽三遷至都給事中得疾暴卒

邱弘字寬叔上杭人天順末進士授戶科給事中數陳時政成化四年春偕同官上言洪武永樂間以畿輔山東土曠人稀詔聽民開墾永不科稅邇者權豪怙勢率指爲閒田朦朧奏乞如嘉善長公主求文安諸縣地西天佛子劄實巴求靜海縣地多至數十百頃夫地踰百頃古者百家產也豈可徇一人之私情而奪百家恒產哉帝納其言詔自今請乞皆不許著爲令劄實巴所乞地竟還之民弘再遷至都給事中六年夏山東河南大旱弘請振因言四方告災部臣拘成例必覆實始免上雖蠲租下鮮實惠請自今遇災撫按官勘實卽與蠲除從之萬貴妃有寵中官梁芳陳喜爭進淫巧奸人屠宗順輩日獻奇異寶石輒厚酬之糜帑藏百萬計有因以得官者都人倣傚競尚侈靡僭擬無度弘偕同官疏論宗順等罪請追還帑金嚴禁侈俗事下刑部尚書陸瑜因請置宗順等於理沒其貲以振饑民帝不許但命僭侈者罪無赦然竟不能禁也京師歲歉米貴而四方游僧萬數弘請驅逐以省冗食又請發太倉米減價以糶給貧民最甚者帝悉從之復言在京百獸房及清河寺諸處所育珍禽野獸日飼魚肉米菽乞並縱放以省冗費報聞明年使琉球道卒弘與毛弘同居言路皆敢言人稱二弘云

李森字時茂歷城人天順元年進士授戶科給事中負氣敢言憲宗立上疏請禁朝覲官科歛徵求爲民害者吏部尚書王翺請從其言帝爲下詔禁止頃之言近有無功而晉侯伯都督者有無才德而位九列者有以畫奕彈琴醫卜技能而得官職者名爵日輕廩祿日費是玩天下之公器棄國家之大柄也自今宜擇人授毋令匪才競進且請嚴軍官黜陟覈逃伍虛糧皆報可御史謝文祥以劾姚夔下獄森偕同官救之不納明年夏日食瓊山縣地震森疏陳十事未幾以貴倖侵奪民產率諸給事言昔奉先帝敕皇親强占軍民田者罪毋赦投獻者戍邊一時貴戚莫敢犯比給事中邱弘奏絕權貴請乞陛下亦旣俯從乃外戚錦衣指揮周彧求武强武邑田六百餘頃翊聖夫人劉氏求通州武淸地三百餘頃詔皆許之何其與前敕悖也彼谿壑難厭而畿內膏腴有限小民衣食皆出於此一旦奪之何以爲生且本朝百年來戶口日滋安得尚有閒田不耕不稼名爲奏求實豪奪而已帝善其言而已賜者仍不問山西災山東及杭紹嘉湖大水森等請蠲振帝並從之時帝未有儲嗣而萬貴妃專寵後宮莫得進言者每勸上普恩澤然未敢顯言妃妬也惟森抗章爲言帝心慍森已再遷左給事中會戶科都給事中缺吏部列森名上詔予外任部擬興化知府不允乃出爲懷慶通判未幾投劾歸不復出

魏元字景善朝城人天順元年進士授禮科給事中成化初萬貴妃兄弟驕橫元疏劾之四年慈懿太后崩將別葬元偕同官三十九人抗章極諫御史康永韶亦偕同官四十一人爭之伏哭文華門竟得如禮其年九月彗星見元率諸給事上言入春以來災異疊至近又彗星見東方光拂台垣皆陰盛陽微之證臣聞君之與后猶天之與地不可得而參貳也傳聞宮中乃有盛寵匹耦中宮尚書姚夔等向嘗言之陛下謂內事朕自裁置屛息傾聽將及半載而昭德宮進膳未聞少減中宮未聞少增夫宮闈雖遠而視聽猶咫尺衽席之微謫見元象不可不懼且陛下富有春秋而震位尚虛豈可以宗社大計一付之愛專情一之人而不求所以固國本安民心哉願明伉儷之義嚴嫡妾之防俾尊卑較然各安其分本支百世之基實在於此四方旱澇相仍民困日棘荆襄流民告變陛下作民父母初無儆惕僅循故事付部施行而戶部尚書馬昂凡有奏報遇上意喜則曰移所司處置遇上意怒則曰事窒難行徵有利害卽乞聖裁首鼠依違民更何望惟亟罷征稅發內帑遣官振贍庶可少慰人心陛下崇信異教每遇生辰輒重糜貲財廣建齋醮而西僧劄實巴等至加法王諸號賜予騈蕃出乘椶輿導用金吾仗縉紳避道奉養過於親王悖理亂紀孰甚於此乞革奪名號遣還其國追錄橫賜用振饑民仍敕寺觀永不得再請齋醮以蠹國用天下之財不在官則在民今公私交困由玩好太多賞賚無節或營立塔寺或購市珍奇一物之微累價巨萬國帑安得不絀願屛絕淫巧停罷宴遊諸銀場及不急務悉爲禁止至兩京文武大臣不乏奸貪爭爲蒙蔽陛下勿謂其位高而不忍遽去勿謂其舊臣而姑且寬容宜令各自陳免用全大體其貪位不去者則言官糾劾而褒答之然竟不能用元屢遷都給事中出爲福建右參政巡視海道嚴禁越海私販巨商以重寶賂元怒叱出之母憂歸廬墓三年服除起江西參政卒康永韶字用和祁門人舉於鄉入國學選授御史成化初巡按畿輔劾尚書馬昂抑市民地四年偕同官胡深鄭已等爭慈懿太后山陵事彗星見復偕同官上言入事大旨與元前疏相類兩京大臣考察庶寮去留多不當永韶等復劾大臣行私且摘刑部主事余志等十二人罪爲志所訐俱下詔獄永韶謫順昌知縣再調福清惠安久之有薦其知天文者中旨召還授欽天監正進太常少卿掌監事永韶爲御史有直聲及是乃更迎合取寵占候多隱諱甚者以災爲祥陝西大饑永韶言今春星變當有大咎賴秦民饑死足當之誠國家無疆福帝甚悅中旨擢禮部右侍郎仍掌監事坐曆多訛字落職歸胡深定遠衞人天順末進士旣爭慈懿太后山陵事復與同官陳宏鄭已何純方昇張進祿上疏請斥奸邪痛詆學士商輅尚書程信姚夔馬昂帝不納翌日給事中董旻陳鶴胡智亦劾輅等疏呈御前故事諫官彈章非大廷宣讀則封進未有不讀而面呈者帝不悅曰大臣進退有體旻等敢不循舊章亂朝儀耶輅等乞休帝惟聽昂去夔憤甚連疏求去深旻等復合辭攻而詆夔甚力帝怒下深等九人獄先是御史林誠亦嘗劾輅不納引病去帝幷屬誠吏毛弘等皆論救輅亦請寬之乃各杖二十復其官未幾深坐按陝時杖殺訴冤者謫黔陽丞稍遷鬱林知州卒鄭已山海衞人成化二年進士巡按陝西請蠲邊地逋賦分別邊兵令壯者戰守老弱耕牧章下所司定西侯蔣琬鎭甘肅已欲按其罪語洩爲所劾戍宣府已性矜傲時論不甚惜董旻樂平人成化二年進士歷吏科都給事中爲吏所訐下詔獄謫石臼知縣孝宗時卒官四川參議

强珍字廷貴滄州人成化二年進士除涇縣知縣請減額賦民德之擢御史初遼東巡撫陳鉞啟釁召敵敵至務爲蔽欺巡按御史王崇之劾鉞鉞大恐謀之汪直誣逮崇之下詔獄輸贖調延安推官及直鉞用兵方論功而敵大入中官韋朗總兵官緱謙等匿不以聞珍往巡按請正鉞罪兵部尚書余子俊等奏鉞累犯重辟不當貸帝弗從未幾指揮王全等誘殺朶顏衞人珍發其狀全等俱獲罪直方自矜有大功聞珍疏怒適巡邊還鉞郊迎五十里訴珍誣已直益怒奏珍所劾皆妄詔遣錦衣千戶蕭聚往勘械赴京比至直先榜掠然後奏聞坐奏事不實當輸贖詔特謫戍遼東而責兵部及言官先嘗劾鉞者居三年直敗復珍官致仕弘治初起山東副使擢大理少卿明年以右僉都御史巡撫宣府時緱謙已罷珍奏留謙才力可用給事中言謙數失機珍不應奏保遂改南京右通政尋以母老乞休久之卒

王瑞字良璧望江人成化五年進士授吏科給事中嘗於文華殿抗言內寵滋甚詞氣鯁直帝震怒同列戰慄瑞無懼色十五年疏請天下進表官各陳地方利病帝惡其紛擾杖之湖廣江西撫按官以所部災傷盜起請免有司朝覲瑞等言歲侵民困由有司不職正當加罪乃爲請留正官旣留則人才進退何由審辨是朝覲考察兩大典皆從此廢壞矣帝然其言卽命吏部禁之進都給事中言三載黜陟朝廷大典今布按二司賢否由撫按牒報其餘由布按評覆任情毀譽多至失眞舉劾

謬者請連坐十九年冬瑞以傳奉冗員淆亂仕路率同官奏曰祖宗設官有定員初無倖進之路近始有納粟冠帶之制然止榮其身不任以職今倖門大開鬻販如市恩典內降遍及吏胥武階蔭襲下逮白丁或選期未至超越官資或外任雜流驟還京職以至廝養賤夫市井童稚皆得攀援妄竊名器踰濫至此有識寒心伏覩英廟復辟景泰倖用者卒皆罷斥陛下臨御天順冒功者一切革除乞斷自宸衷悉皆斥汰以存國體御史賓應張稷等亦言比來末流賤伎妄廁公卿屠狗販繒濫居清要文職有未識一丁武階亦未挾一矢白徒驟貴間歲頻遷或父子並坐一堂或兄弟分踞各署甚有軍匠逃匿易姓進身官吏犯贓隱罪希寵一日而數十人得官一署而數百人寄俸自古以來有如是之政令否也帝得疏意頗動居三日貶李孜省凌中等四人秩奪黃謙錢通等九人官人心快之明年正月太監尚銘罷斥而其黨李榮蕭敬等猶用事瑞等復奏劾之不從瑞居諫垣十餘年遷湖廣右參議謝病歸卒

李俊字子英岐山人成化五年進士除吏科給事中屢遷都給事中十五年帝以李孜省爲太常寺丞俊偕同官言孜省本贓吏不宜玷清班奉郊廟百神祀會御史亦有言乃改上林監副時汪直竊柄陷馬文升牟俸遣戍帝責言官不糾杖俊及同官二十七人御史王濬等二十九人當是時帝耽於燕樂羣小亂政屢致災譴至二十一年正月朔申刻有星西流化白氣聲如雷帝頗懼詔求直言俊率六科諸臣上疏曰今之弊政最大且急者曰近倖干紀也大臣不職也爵賞太濫也工役過煩也進獻無厭也流亡未復也天變之來率由於此夫內侍之設國初皆有定制今或一監而叢一二十人或一事而參五六七輩或分布藩郡享王者之奉或總領邊疆專大將之權或依憑左右援引憸邪或交通中外投獻奇巧司錢穀則法外取財貢方物則多端責賂兵民坐困官吏嬰殃殺人者見原僨事者逃罪如梁芳韋興陳喜輩不可枚舉惟陛下大施剛斷無令干紀奉使於外者悉爲召還用事於內者嚴加省汰則近倖戢而天意可回矣今之大臣其未進也非夤緣內臣則不得進其既進也非依憑內臣則不得安此以財貿官彼以官鬻財無怪其漁獵四方而轉輸權貴也如尚書殷謙張鵬李本侍郎艾福杜銘劉俊皆既老且懦尚書張鎣張瑄侍郎尹直大理卿田景暘皆清論不愜惟陛下大加黜罰勿爲姑息則大臣知警而天意可回矣夫爵以待有德賞以待有功也今或無故而爵一庸流或無功而賞一貴倖祈雨雪者得美官進金寶者射厚利方士獻煉服之書伶人奏曼延之戲掾史胥徒皆叨官祿俳優僧道亦玷班資一歲而傳奉或至千人數歲而數千人矣數千人之祿歲以數十萬計是皆國之命脉民之脂膏可以養賢士可以活饑民誠可惜也方士道流如左通政李孜省太常少卿鄧常恩輩尤爲誕妄此招天變之甚者乞盡罷傳奉之官毋令汙玷朝列則爵賞不濫而天意可回矣今都城佛刹迄無寧工京營軍士不復遺力如國師繼曉假術濟私糜耗特甚中外切齒願陛下內惜資財外惜人力不急之役姑賜停罷則工役不煩而天意可回矣近來規利之徒率假進奉以耗國財或錄一方書市一玩器購一畫圖製一簪珥所費不多獲利十倍願陛下洞燭此弊留府庫之財爲軍國之備則進獻息而天意可回矣陝西河南山西赤地千里屍骸枕籍流亡日多萑苻可慮願體天心之仁愛憫生民之困窮追錄貴倖鹽課暫假造寺資財移振饑民俾苟存活則流亡復而天意可回矣夫天下譬之人身人主元首也大臣股肱也諫官耳目也京師腹心也藩郡軀幹也大臣不職則股肱痿痺諫官緘默則耳目塗塞京師不戢則腹心受病藩郡災荒則軀幹削弱元首豈能宴然而安哉伏望陛下聽言必行事天以實疏斥羣小親近賢臣咨治道之得失究前代之興亡以聖賢之經代方書以文學之臣代方士則必有正誼足以廣聖學讜論足以究天變而手足便利耳目聰明腹心安泰軀幹強健元首於是乎大明矣帝優詔答之降孜省上林丞常恩本寺丞繼曉革國師爲民令巡按御史追其誥敕制下舉朝大悅五月俊出爲湖廣布政司參議弘治中屢官山西參政卒

汪奎字文燦婺源人成化二年進士爲秀水知縣擢御史二十一年星變偕同官疏陳十事言建言貶謫諸臣劾忠於國宜復其職妖僧繼曉結中官梁芳耗竭內藏乞治芳罪斬繼曉都市傳奉官顧賢等皆中官恒從子而冒錦衣李孜省小吏而授通政宜盡斥以清仕路尚書殷謙李本侍郎杜銘尹直皆素乏清譽尚書張鵬張鎣張瑄侍郎杜謙艾福馬顯劉俊大理卿宋欽巡撫都御史魯能馬馴皆老懦無能侍郎談倫奔競無恥巡撫趙文博粗鄙妄爲大理卿田景暘素行不謹宜令致仕鎮守守備內官視天順間逾數倍作威福凌虐有司浙江張慶四川蔡用得逮治四品以下官尤傷國體宜悉撤還內外坐營監鎗內官增置過多皆私役軍士辦納月錢多者至二三百人武將亦皆私役健丁行伍惟存老弱勳戚內官奏乞鹽利滿載南行所至張欽賜黃旗商旅不行邊儲虧損並宜嚴禁陝西山西河南頻年水旱死徙大半山陝之民僅存無幾宜核被災郡縣槩與蠲除給事中張善吉先坐罪謫官考績至京昏夜乞憐得授茲職大玷清班宜罷斥山陝河洛饑民多流鄖襄至骨肉相噉請大發帑庾振濟消弭他變當是時帝以災變求言奎疏入雖觸帝忌未加譴無何有御史失儀奎當面糾退朝乃奏帝以其怠緩杖之於廷居數月復出爲夔州通判討平雲陽劇賊孝宗立量移敘州同知以薦擢成都知府歲饑多盜振救多復業三遷廣西左布政使弘治十四年以右副都御史巡撫貴州未浹歲普安賊婦米魯作亂被劾致仕正德六年卒從子舜民字從仁成化十四年進士授行人擢御史出按甘肅劾中官將帥失事陳邊計章數十上先是奎杖闕下舜民扶掖之帝聞而怒至是奏獄情詞不當貶棠化衞經歷弘治初遷知東莞未上擢江西僉事善讞獄剖析如流其清軍法後人遵守之改雲南屯田副使田爲勢要奪者釐而歸之官麓川遺孽思祿渡金沙江據孟密承檄撫定之母憂歸服除適淮揚大饑以故官奉命振濟用便宜發粟奏停不急務活饑民百二十萬人流冗復業者八千餘戶進福建按察使盜竊福清縣庫或誣其怨家已成獄舜民廉得眞盜脫三十人於死抵誣者罪歲旱禱不應躬蒞福州獄釋枉繫輕罪者所部有司皆清獄遂大雨歷河南左右布政使正德二年以右副都御史撫治鄖陽甫一月罷天下巡撫官改莅南京都察院道卒奎性簡靜不苟取與以篤實見稱而舜民好學砥行矯矯持風節尤負時望方星變求言時九卿各條奏數事率有所避無甚激切者唯奎與李俊等言最直而武選員外郎崔陞彭綱主事蘇章戶部主事周軫刑部主事李旦皆有言陞章言宦官妖僧罪請亟誅竄而尚書王恕今伊傅不宜置南京綱斥李孜省繼曉請誅之以謝天下軫亦請誅梁芳李孜省并汰內侍罷方書旦陳十事且言神仙佛老外戚女謁聲色貨利奇技淫巧皆陛下素所惑溺而左右近習交相誘之言甚切帝以方修省皆不罪後以吏盜蠹舊賜外蕃故敕事下綱章吏貶之外而密論吏部尚書尹旻出旦等且書六十人姓名於屏俟奏遷則貶遠惡地旦乃與給事中盧瑀秦昇童柷同日俱謫部臣見遠謫者多有應遷者輒故遲之陞軫遂得免崔陞字廷進本樂安人父爲彰德庫大使因家焉成化五年進士由工部主事改兵部稍遷延安知府四川參政守官廉居常服布袍家童拾馬矢給爨家居三十年年八十八卒子銑自有傳彭綱清江人與蘇章周軫秦昇童柷皆成化十一年進士貶永寧知州改汝州鑿渠溉田數千畝再遷雲南提學副使蘇章餘千人貶姚安通判再遷延平知府有政績終浙江參政周軫莆田人副使瑛從子後進郎中終山東運使李旦字啓東獻縣人成化十七年進士貶鎮遠通判未幾卒盧瑀鄞縣人成化五年進士爲刑科給事中疏論淮揚逋課十餘萬清西北勒市戰馬宿弊常觸帝怒杖之遷工科都給事中與昇柷皆因星變陳言獲譴瑀貶長沙通判終廣平知府秦昇南昌人貶廣安州同知童柷蘭谿人貶興國州同知終袁州知府是時崔陞以請召王恕忤旨而工部主事王純亦以諫罷王恕被杖謫官純仙居人成化十七年進士貶思南推官弘治中屢遷湖廣提學僉事

湯鼐字用之壽州人成化十一年進士授行人擢御史孝宗嗣位首劾大學士萬安罔上誤國明日宣至左順門中官森列令鼐跪鼐曰令鼐跪者旨耶抑太監意耶曰有旨鼐始跪及宣旨言疏已留中鼐大言臣所言國家大事奈何留中已而安斥鼐亦出畿輔印馬馳疏言陛下視朝之餘宜御便殿擇侍臣端方謹厚若劉健謝遷程敏政吳寬者日與講學論道以爲出治之本至如內閣尹直尚書李裕都御史劉敷侍郎黃景奸邪無恥或夤緣中官進用或依附佞倖行私不早驅斥必累聖明司禮中官李榮蕭敬曩爲言官劾罷尋夤緣復入遂撫言官過貶竄殆盡致士氣委靡宜亟正典刑勿爲姑息諸傳奉得官者請悉編置瘴鄉示天下戒且召致仕尚書王恕王竑都御史彭韶僉事章懋等而還建言得罪諸臣以厲風節報聞弘治元年正月鼐又劾禮部尚書周洪謨侍郎倪岳張悅南京兵部尚書馬文升因言少傅劉吉與萬安尹直奸貪等耳安直斥而吉獨進官不以爲恥請大申黜陟明示勸懲又劾李榮蕭敬而薦謫降進士李文祥爲臺諫尚書王恕以盛暑請輟經筵鼐極言不可語侵恕當是時帝更新庶政言路大開新進者爭欲以功名自見封章旁午頗傷激訐鼐意氣尤銳其所抨擊間及海內人望以故大臣多畏之而吉尤不能堪使人啗御史魏璋曰君能去鼐行僉院事矣璋欣然日夜伺鼐短未幾而吉人之獄起吉人者長安人成

化末進士爲中書舍人四川饑帝遣郎中江漢往振人言漢不勝任宜遣四使分道振且擇才能御史爲巡按庶荒政有裨因薦給事中宋琮陳璚韓鼎御史曹璘郎中王沂洪鐘員外郎東思誠評事王寅理刑知縣韓福及壽州知州劉槩可使而巡按則龎足任之璋遂草疏僞署御史陳景隆等名言吉人抵抗成命私立朋黨帝怒下人詔獄令自引其黨人以龎璘思誠槩福對璋又嗾御史陳璧等言璘福思誠非其黨其黨則龎槩及主事李文祥庶吉士鄒智知州董傑是也槩嘗餽龎白金貽之書謂夜夢一人騎牛幾墮龎手挽之得不仆又見龎手執五色石引牛就道因解之曰人騎牛謂朱乃國姓意者國將傾賴龎扶之而引君當道也龎槩等自相標榜誣毀時政請並文祥智傑逮治疏上吉從中主之悉下詔獄欲盡置之死刑部尚書何喬新侍郎彭韶等持之外議亦洶洶不平乃坐槩妖言律斬龎受賄戍肅州人欺罔削籍智文祥傑皆謫官吏部尚書王恕奏曰律重妖言謂造作符讖類耳槩書詞雖妄良以龎數言事不避利害因推詡之今當以妖言設有如造亡秦讖者更何以罪之帝得疏意動命姑繫獄既而熱審喬新等言槩本不應妖言律且槩五歲而孤無兄弟母孫氏守節三十年曾被旌老病且貧槩死母必不全祈聖恩矜恤乃減槩死戍海州槩濟寧人成化二十年進士除壽州知州毀境內淫祠幾盡三年教化大行弘治初上言刑賞予奪人主大柄後世乃有爲女子小人强臣外戚所攘竊者由此輩心險術巧人主稍加親信輒墮計中愛者乘君之喜而游言以揚之惡者乘君之怒而微言以中之使賢人君子卒受曖昧而去卿相缺人則遷延餌引待有交通請屬軟美易制之人然後薦用其剛正不阿者輒媒孽而放棄之俟其氣衰慮易不至大立異同乃更收錄巧計既行刑賞予奪雖名人主獨操實一出於其所簸弄迨黨立勢成復恐一旦敗露則又極意以排諫諍之士務使其君孤立於上耳無聞目無見以圖便其私不至其身與國俱敗不止故夫刑賞予奪必由大臣奏請臺諫集議而後可行或有矯誣窮治不輕貸則讒佞莫能間而權不下移矣考績赴都遂遇禍竟卒於戍所龎既戍無援之者久之始釋歸董傑涇縣人成化末進士龎之論暑月輟講也傑方謁選亦抗疏爭由是知名授沔陽知州甫數月逮繫詔獄謫四川行都司知事歷遷河南左布政使所在盡職業爲民所懷正德六年江西盜起巡撫王哲兵敗召還擢傑右副都御史代之未幾卒璋既爲吉心腹果擢大理寺丞坐事下獄黜爲九江同知悒悒死

姜綰字玉卿弋陽人成化十四年進士由景陵知縣擢南京御史弘治初陳治道十事又言午朝宜論大政毋泛陳細故皆報聞二年二月南京守備中官蔣琮以蘆場事下綰覆按琮屬綰求右己綰疏言琮以守備重臣與小民爭利假公事以適私情用揭帖而抗詔旨揚言陰中脅以必從其他變亂成法厥罪有十以內官侵言官職罪一妬害大臣妄論都御史秦紘罪二怒河閘官失迎候欲奏罷之罪三受民詞不由通政罪四分遣腹心侵漁國課罪五按季收班匠工銀罪六擅收用罷閑都事罪七官僚忤意輒肆中傷罪八妄奏主事周琦罪欺罔朝廷罪九保舉罷斥內臣竊天子威柄罪十事下南京三法司既復特遣官覆治以奏先是御史余濬劾中官陳祖生違制墾後湖田湖爲之淤奏下南京主事盧錦勘報錦故與祖生有隙而給事中方向嘗率同官繆樗等劾祖生及文武大臣不職狀又因雷震孝陵栢劾大學士劉吉等十一人而詆祖生益力祖生銜向切骨時向方監後湖黃冊祖生遂揭向錦實侵湖田詔下法司勘勘未上而琮爲綰所劾於是琮祖生及吉合謀削錦籍謫向官復逮綰及同官孫紘劉遜金章紀傑曹玉譚肅徐禮余濬給事中繆樗赴京論鞫皆謫爲州判官綰謫判桂陽量移寧國同知遷慶遠知府斬劇賊韋七旋韋萬妙其黨糾賊數萬攻城綰堅守檄民兵夾擊破走之東蘭諸州蠻悉歸侵地總督劉大夏奇其材薦爲右江兵備副使思恩知府岑濬逐田州知府岑猛綰獻策總督潘蕃令與都指揮金堂合諸路兵大破賊思恩平綰條二府形勢請改設流官比中土廷議從之綰引疾還俄起河南按察使尋復以疾歸卒於家余濬慈谿人成化十七年進士孝宗初疏請永除納粟入監令又劾浙江鎮守中官張慶廣東鎮守中官韋眷因薦王恕堪內閣馬文升彭韶張悅阮勤黃孔昭堪吏部後湖之勘自濬啟之貶平度州判官終知府方向字與義桐城人成化十七年進士謫雲南多羅驛丞歷官瓊州知府入覲時僕私市一珠索而投諸海繆樗字全之溧陽人成化十一年進士孝宗初陳時政八事因劾大學士尹直等時號敢言終營州判官孫紘字文晃鄞人成化十四年進士謫膠州判官遷廣德知州卒官紘少貧傭書市肉以養母既通籍終身不食肉劉遜安福人成化十四年進士謫澧州判官遷武岡知州岷王不檢下遜裁抑之又欲損其歲祿王怒奏於朝徵下詔獄貶四川行都司斷事歷湖廣副使劉瑾徵賄不得坐缺軍儲被逮已而釋之再坐斷獄稽延罰米百石先是榮王乞辰州常德田二千頃山場八百里民舍市廛千餘間遜與巡撫韓重持勿予至是瑾悉予之部議補遜瓊州副使瑾勒令致仕瑾誅起官歷福建按察使金章等無他表見

姜洪字希範廣德人成化十四年進士除盧氏知縣單騎勸農桑民姜仲禮願代父死罪洪奏免之徵拜御史孝宗即位陳時政八事歷詆太監蕭敬內閣萬安劉吉學士尹直侍郎黃景劉宣都御史劉敷尚書李裕李敏杜銘大理丞宋經而薦致仕尚書王恕王竑李秉去任侍郎謝鐸編修張元禎檢討陳獻章僉事章懋評事黃仲昭御史强珍徐鏞于大節給事中王徽蕭顯賀欽員外林俊主事王純及現任尚書余子俊馬文升巡撫彭韶侍郎張悅詹事楊守陳且言指揮許寧內官懷恩並拔出曹輩足副任使他所陳多斥近倖疏辭幾萬言帝嘉納之爲所斥者憾不置弘治元年出按湖廣與督漕都御史秦紘爭文移被劾所司白洪無罪劉吉欲中之再下禮部會議遂貶夏縣知縣御史歐陽旦請召還洪及暢亨等不納遷桂林知府猺獞侵擾古田請兵討平之擢雲南參政土官陶洪與八百媳婦約爲亂洪乘間翦滅歷山東左參政正德二年遷山西布政使劉瑾索賀印錢不應四年二月中旨令致仕瑾誅起山東左布政使七年以右副都御史巡撫山西未滿歲卒洪性廉直身後喪不能舉天啟初追謚莊介歐陽旦安福人成化十七年進士由休寧知縣擢御史嘗請逐劉吉罷皇莊歷湖廣僉事浙江副使終南京右副都御史暢亨字文通河津人成化十四年進士由長垣知縣擢御史巡按浙江歲饑奏罷上供綾紗等物弘治元年二月景寧縣屏風山異獸萬餘大如羊白色銜尾浮空去亨請罷溫處銀課而寘鎮守中官張慶於法章下所司銀課得減責慶陳狀慶因訐亨考察不公停亨俸三月亨又劾僉事鄒滂滂亦訐亨慶等搆之逮亨謫涇陽知縣給事中麗泮上疏爭不聽

曹璘字廷暉襄陽人成化十四年進士授行人久之選授御史孝宗嗣位疏言梓宮發引陛下宜衰絰杖履送至大明門外拜哭而別率宮中行三年喪貴妃萬氏有罪宜告於先帝削其謚遷葬他所帝納其奏而戒勿言貴妃事頃之請進用王恕等諸大臣復先朝言事于大節等諸臣官放遣宮中怨女罷撤監督京營及鎮守四方太監又言梁芳以指揮袁輅獻地建寺請令襲廣平侯爵以數畝地得侯勛臣誰不解體宜亟爲革罷疏奏帝頗采焉弘治元年七月上言近日星隕地震金木二星晝現雷擊禁門皇陵雨雹南京內園災狂夫叫閽景寧白氣飛騰而陛下不深求致咎之由以盡弭災之實經筵雖御徒爲具文方舉輒休暫行遽罷所謂一日暴之十日寒之者願日御講殿與儒臣論議罷斥大學士劉吉等以消天變臣昨冬曾請陛下墨衰視政今每遘節序輒漸御黃袞從官朱緋三年之間爲日有幾宜但御淺服且陛下方諒陰少監郭鏞乃請選妃嬪雖拒勿納鏞猶任用何以解臣民疑祖宗嚴自宮之禁今此曹干進紛紜當論罪朝廷特設書堂令翰林官教習內使本非高皇帝制詞臣多夤緣以干進而內官亦且假儒術以文奸宜速罷之諸邊有警輒命京軍北征此輩驕惰久不足用乞自今勿遣而以出師之費賞邊軍帝得疏不喜降旨譙讓已出按廣東訪陳獻章於新會服其言論遂引疾歸居山中讀書三十年不入城市

彭程字萬里鄱陽人成化末進士弘治初授御史巡視京城降人雜處畿甸多爲盜事發則投戚里奄豎爲窟穴程每先機制之有發輒得巡鹽兩浙代還巡視光祿五年上疏言臣適見光祿造皇壇器皇壇者先帝修齋行法之所陛下即位此類廢斥盡何復有皇壇煩置器光祿金錢悉民膏血用得其當猶恐病民况投之無用地頃李孜省繼曉輩倡邪說而先帝篤信之者意在遠希福壽也今二人已伏重辟則禍患之來二人尚不能自免豈能福壽他人倘陛下果有此舉宜遏之將萌如無請治所司逢迎罪帝初無皇壇造器之命特光祿姑爲備帝得程奏大怒以爲暴揚先帝過立下錦衣獄給事中叢蘭亦巡視光祿繼上疏論之帝宥蘭奪光祿卿胡恭等俸付程刑部定罪尚書彭韶等擬贖杖還職帝欲置之死命繫之韶等復疏救程子尚三上章乞代父死終不聽是時巡按陝西御史嵩縣李興亦坐酷刑繫獄及朝審上興及程罪狀詔與斬程及家屬戍隆慶文武大臣英國公張懋等合疏言興所斃多罪犯不宜當以死程用諫爲職坐此戍邊則作奸枉法者何以處之尚書王恕又特疏救乃減興死杖之百偕妻子戍賓州程竟無所減程母李氏年老無他子叩闕乞留侍養南京給事中毛珵等亦奏曰昔劉禹錫附王叔文當竄遠方裴度以其母老爲請得改連州陛下聖德非唐中主

可比而程罪亦異禹錫祈少矜憐全其母子不許子尚隨父戍所遂舉廣西鄉試明年帝念程母老放還其後劉瑾亂政追論程巡鹽時稍虧額課勒其家償程死久矣止遺一孫女罄產不足則並女鬻之行道皆爲流涕

龐泮字元化天台人成化二十年進士授工科給事中弘治中中旨取善擊銅鼓者泮疏諫屢遷刑科都給事中副使楊茂元被逮泮率同列救之茂元得薄譴九年四月帝以岷王劾武岡知州劉遜命逮之泮率同官呂獻等言錦衣天子親軍非不軌及妖言重情不可輕遣遜所坐微而王奏牽左證百人勢難盡逮宜敕撫按官體勘疏入忤旨下泮等四十二人及御史劉紳等二十人詔獄六科署空吏部尚書屠滽請令中書代收部院封事御史張淳奉使還恥獨不與抗疏論之考功郎中儲巏亦諫滽等復率九卿救之帝乃釋泮等皆停俸三月中官何鼎以直言下獄楊鵬戴禮賫緣入司禮監泮等言鼎狂直宜容鵬等得罪先朝俾參機密害非小會御史黃山張泰等亦以爲言帝怒詰外廷何由知內廷事令對狀停泮等俸半歲威寧伯王越謀起用中官蔣琮李廣有罪外戚周彧張鶴齡縱家奴殺人泮皆極論直聲甚著十一年擢福建右參政中官奪宋儒黃幹宅爲僧菴泮改爲書院以祀幹遷河南右布政使中旨取洛陽牡丹疏請罷之轉廣西左布政使致仕呂獻浙江新昌人成化二十年進士授刑科給事中坐事杖闕廷弘治時詔選駙馬李廣受富人金陰爲地爲獻所發有直聲正德中終南京兵部右侍郎

葉紳字廷縉吳江人成化末進士除戶科給事中改吏科歷禮科左給事中弘治十年太子年十七猶未出閣紳請擇講官教諭尋以修省陳八事斥中官李廣又劾尚書徐瓊童軒侯瓚侍郎鄭紀王宗彝巡撫都御史劉璥張誥張岫等二十人乞賜罷斥而末言去大奸則專劾李廣八大罪誑陛下以燒鍊而進不經之藥罪一爲太子立寄壇而興煖疏之說罪二撥置皇親希求恩寵罪三盜引玉泉經繞私第罪四首開倖門大肆奸貪罪五太常崔志端眞人王應裿輩稱廣爲教主眞人廣即代求善官乞賜玉帶罪六假果戶爲名侵奪畿民土地幾至激變罪七四方輸納上供威取勢逼致民破產罪八內而皇親駙馬事之如父外而總兵鎭守稱之爲公陛下奈何養此大奸於肘腋而不思驅斥哉御史張縉等亦以爲言帝曰姑置之踰數月廣竟得罪飲酖死紳又極陳大臣恩蔭葬祭之濫下所司議頗有減損擢尚寶少卿卒

胡獻字時臣揚州興化人弘治九年進士改庶吉士授御史踰月即極論時政數事言屠滽爲吏部尚書王越李蕙爲都御史皆交通中官李廣得之廣得售奸由陛下議政不任大臣而任廣輩也祖宗時恒御內閣商決章奏經筵日講悉陳時政得失又不時接見儒臣願陛下追復舊制京通二倉總督監督內臣每收米萬石勒白金十兩以歲運四百萬石計之人四千兩又各占斗級二三百人使納月錢夫監督倉儲自有戶部焉用中官願賜罷遣京操軍士自數千里至而總兵坐營等官各使分屬辦納月錢乞嚴革以蘇其困陛下遇災修省去春求言諫官及郎中王雲鳳主事胡爟皆有論奏留中不報雲鳳尋得罪如此則與不修省何異願斷自聖心凡利弊當興革者即見施行東廠校尉本以緝奸邏者但爲內戚中官泄憤報怨如御史武衢忤壽寧侯張鶴齡及太監楊鵬主事毛廣忤太監韋泰皆爲校尉所發推求細事誣以罪名舉朝皆知其枉無敢言者臣亦知今日言之異日必爲所陷然臣弗懼也疏入鶴齡與泰各疏辨會給事中胡易劾監庫中官賀彬貪贖入罪彬亦訐易帝遂下獻易詔獄謫獻藍山丞久之釋易獻未赴官遷宜陽知縣馬文升數薦於朝遷南都察院經歷武宗即位擢廣西提學僉事遷福建提學副使未任卒武衢沂水人成化二十年進士以御史謫雲南通海主簿終汾州知州毛廣平湖人成化二十年進士其事蹟無考胡易寧都人弘治三年進士爲吏科給事中華昶劾程敏政法司白昂閔珪據舊章令六科共鞫東廠劾易等皆昶同僚不當與訊得旨下詔獄昂珪請罪皆停俸比昶獄成易等猶被繫大臣以爲言始令復職當弘治時言官以忤內臣得罪者又有任儀車梁任儀閩中人成化二十三年進士爲御史弘治三年秋詔修齋於大興隆寺理刑知縣王嶽驕遇之中使捽辱嶽使跪於寺前儀不平劾中使罪姓名偶誤乃並儀下吏出爲中部知縣終山西參政車梁山西永寧人弘治三年進士爲御史十五年條列時政中言東廠錦衣衞所獲盜先嚴刑具成案然後送法司法司不敢平反請自今徑送法司毋先刑訊章下未報主東廠者言梁從父郎中霆先以罪爲東廠所發挾私妄言遂下梁詔獄給事御史交章論救乃得釋終漢陽知府

張弘至字時行華亭人南安知府弼子也舉弘治九年進士改庶吉士授兵科給事中十二年冬陳初政漸不克終八事初汰傳奉官殆盡近匠官張廣寧等一傳至百二十餘人少卿李綸指揮張玘等再傳至百八十餘人異初政者一初追戮繼曉逐番僧佛子近齋醮不息異初政者二初去萬安李裕輩朝彈夕斥近被劾數十疏如尚書徐瓊者猶居位異初政者三初聖諭有大政召大臣面議近上下否隔異初政者四初撤增設內官近已還者復去已革者復增異初政者五初愼重詔旨左右不敢妄干近陳情乞恩率俞允異初政者六初令兵部申舊章有妄乞陞武職者奏治近乞陞無違拒異初政者七初節光祿供億近冗食日繁移太倉銀賒市廛物異初政者八帝下所司邊將王杲馬昇秦恭陳瑛失機論死久繫弘至請速正典刑親王之藩者所次舍率營蓆殿並從官幕次俱飾絨毯錦帛因弘至言多減省孝宗晚年從廷臣請遣官覈騰驤四衞虛冒弊以太監甯瑾言而止弘至抗章爭會兵部亦以爲言乃卒覈之武宗立以戶科右給事中奉使安南還遷都給事中母憂歸卒

屈伸字引之任邱人成化末進士選庶吉士授禮科給事中弘治九年詔度僧禮部爭不得伸極陳三不可不納京師民訛言寇近邊兵部請榜諭伸言若榜示人心愈驚昔漢建始中都人訛言大水至議令吏民上城避之王商不從頃之果定今當以爲法事遂寢寇犯大同游擊王杲匿敗績狀伸率同官發之並劾罪總兵官王璽等屢遷兵科都給事中泰寧衞部長大掠遼陽部議令守臣遣書稱朝廷寬大不究已往若還所掠則予重賞伸等言在我示怯弱之形在彼無創艾之意非王者威攘之道前日犯邊不以爲罪今日歸俘反以爲功誨以爲盜之利啟無賴心又非王者懷柔之道帝悟書不果遣已劾鎭守中官孫振總兵官蔣驥巡撫陳瑤僨事罪帝不問廣寧復失事瑤等以捷聞伸及御史耿明等交章劾其欺罔乃按治之太監苗逵成國公朱暉等搗巢獲三級及寇大入固原不敢救旣而斬獲十二級先後以捷聞伸等數劾之及班師又極論曰暉等西討無功班師命甫下將士已入國門不知奉何詔書且此一役糜京帑及邊儲共一百六十餘萬兩而首功止三級是以五十萬金易一無名之首也乃所上有功將士至萬餘人假使馘一渠魁如火篩或斬級至千百將竭天下財不足供費而報功者不知幾萬萬也暉逵及都御史史琳監軍御史王用宜悉寘重典帝不聽雲南有鎭守中官復遣監丞孫叙鎭金騰伸等極言不可錦衣指揮孫鑾坐罪閒住中旨復之令掌南鎭撫事伸等力爭乃命止帶俸中旨令指揮胡震分守天津伸力爭不聽鎭守河南中官劉瑯乞皂隸帝命予五十人故事尚書僅十二人伸等力爭詔止減二十人自後中官咸援例陳乞祖制遂壞伸居諫垣久持議侃侃不撓未及遷而卒

王獻臣字敬止其先吳人隸籍錦衣衞弘治六年舉進士授行人擢御史巡大同邊請亟正諸將姚信陳廣閉營避寇及馬昇王杲秦恭喪師罪悉竄大同延綏旱傷逋賦以寬軍民帝多從之嘗令部卒導從遊山爲東廠緝事者所發並言其擅委軍政官徵下詔獄罪當輸贖特命杖三十謫上杭丞十七年復以張天祥事被逮天祥者遼東都指揮僉事斌孫也斌以罪廢天祥入粟得祖官有泰寧衞部十餘騎射傷海西貢使天祥出毛喇關掩殺他衞三十八人以歸指爲射貢使者巡撫張鼐等奏捷獻臣疑之方移牒駁勘會斌婦弟指揮張茂及子欽與天祥有郤詐爲前屯衞文書呈獻臣具言刼營事獻臣即以聞未報而獻臣被徵帝命大理丞吳一貫錦衣指揮楊玉會新按臣余濂勘之盡得其實斌等皆論死天祥斃於獄天祥叔父洪屢訟冤帝密令東廠廉其事還奏所勘皆誣帝信之欲盡反前獄召內閣劉健等出東廠揭帖示之命盡逮一貫等會訊闕下健等言東廠揭帖不可行於外旣退復爭之帝再召見責健等健對曰獄經法司讞皆公卿士大夫言足信帝曰法司斷獄不當身且不保言足信乎謝遷曰事當從衆若一二人言安可信健等又言衆證遠不可悉逮帝曰此大獄逮千人何恤苟功罪不明邊臣孰肯効力者健等再四爭執見帝聲色厲終不敢深言東廠非一貫等旣至帝親御午門鞫之欲抵一貫死閔珪戴珊力救乃謫嵩明州同知獻臣廣東驛丞濂雲南布政司照磨茂父子論死而斌免洪反得論功武宗立獻臣遷永嘉知縣吳一貫字道夫海陽人成化十七年進士由上高知縣擢御史弘治中歷按浙江福建南畿以强幹聞擢大理右寺丞畿輔河南饑請發粟二十萬石以振又別請二萬石給京邑及昌平民旣謫官正德初遷江西副使討華林賊有功進按察使行軍至奉新卒士民立忠節祠祀焉余濂字宗周都昌人弘治六年進士武宗時終雲南副使孝宗勵精圖治委任大臣中官勢稍絀而張天祥及滿倉兒事皆發自東廠廷議猶爲所撓云滿倉兒事其孫磐傳

贊曰：御史爲朝廷耳目而給事中典章奏得爭是非於廷陛間皆號稱言路天順以後居其職者振風裁而恥緘默自天子大臣左右近習無不指斥極言南北交章連名列署或遭譴謫則大臣抗疏論救以爲美談顧其時門戶未開名節自勵未嘗有承意指於政府效搏噬於權璫如末季所爲者故其言有當有不當而其心則公上者愛國次亦愛名然論國事而至於愛名則將惟其名之可取而事之得失有所不顧於匡弼之道或者其未善乎

明史卷一百八十一　列傳第六十九

總裁官總理事務經筵講官少保兼太子太保保和殿大學士兼管吏部戶部尚書事加六級張廷玉等奉
敕修

徐溥　邱濬
劉健　謝遷
李東陽　王鏊
劉忠

徐溥字時用宜興人祖鑑瓊州知府有惠政溥景泰五年進士及第授編修憲宗初擢左庶子再遷太常卿兼學士成化十五年拜禮部右侍郎尋轉左久之改吏部孝宗嗣位兼文淵閣大學士參預機務旋進禮部尚書弘治五年劉吉罷溥爲首輔屢加少傅太子太傅溥承劉吉恣睢之後填以安靜務守成法與同列劉健李東陽謝遷等協心輔治事有不可輒共爭之欽天監革職監正李華爲昌國公張巒擇葬地中旨復官溥等言郎位以來未嘗有內降倖門一開末流安底臣等不敢奉詔八年太皇太后召崇王來朝溥等與尚書倪岳諫帝爲請乃已占城奏安南侵擾帝欲遣大臣往解溥等言外國相侵有司檄諭之足矣無勞遣使萬一抗令則虧損國體問罪興師後患滋大於是罷不遣是年十二月詔撰三清樂章溥等言天至尊無對漢祀五帝儒者猶非之況三清乃道家妄說耳一天之上安得有三大帝且以周柱下史李耳當其一以人鬼列天神矯誣甚矣郊祀樂章皆太祖所親製今使製爲時俗詞曲以享神明褻瀆尤甚臣等誦讀儒書邪說俚曲素所不習不敢以非道事陛下國家設文淵閣命學士居之誠欲其謨謀政事講論經史培養本原匡弼闕失非欲其阿諛順旨惟言莫違也今經筵早休日講久曠異端乘間而入此皆臣等無狀不足以啟聖心保初政憂愧之至無以自容數月以來奉中旨處分未當者封還執奏至再至三願陛下曲賜聽從俾臣等竭駑鈍少有裨益非但樂章一事而已奏入帝嘉納之帝自八年後視朝漸晏溥等屢以爲言中官李廣以燒鍊齋醮寵十年二月溥等上疏極論曰舊制內殿日再進奏事重者不時上聞又常面召儒臣咨訪政事今奏事日止一次朝參之外不得一望天顏章奏批答不時斷決或稽留數月或竟不施行事多壅滯有妨政體經筵進講每歲不過數日正士疎遠邪說得行近聞有以齋醮修鍊之說進者宋徽宗崇道教科儀符籙最盛卒至乘輿播遷金石之藥性多酷烈唐憲宗信柳泌以殞身其禍可鑒今龍虎山上清宮神樂觀祖師殿及內府番經廠皆焚燬無餘彼如有靈何不自保天厭其穢亦已明甚陛下若親近儒臣明正道行仁政福祥善慶不召自至何假妖妄之說哉自古奸人蠱惑君心者必以太平無事爲言唐臣李絳有云憂先於事可以無憂事至而憂無益於事今承平日久溺於晏安目前視之雖若無事然工役繁興科斂百出士馬罷敝閭閻困窮愁歎之聲上干和氣致熒惑失度太陽無光天鳴地震草木興妖四方奏報殆無虛月將來之患灼然可憂陛下高居九重言官皆畏罪緘默臣等若復不言誰肯爲陛下言者帝感其言三月甲子御文華殿召見溥及劉健李東陽謝遷授以諸司題奏曰與先生輩議溥等擬旨上帝應手改定事端多者健請出外詳閱帝曰盍就此面議既畢賜茶而退自成化間憲宗召對彭時商輅後至此始再見舉朝詡爲盛事然終溥在位亦止此一召而已尋以災異求言廷臣所上封事經月不報而言官論救何鼎忤旨待罪者久溥等皆以爲言於是悉下諸章而罷諸言官弗問溥時年七十引年求退不許詔風雨寒暑免朝參十一年皇太子出閣加少師兼太子太師進華蓋殿大學士以目疾乞歸帝眷留久之乃許恩賚有加踰年卒贈太師謚文靖溥性凝重有度在內閣十二年從容輔導人有過悞輒爲掩覆曰天生才甚難不忍以微瑕棄也屢遇大獄及逮繫言官委曲調劑孝宗仁厚多納溥等所言天下陰受其福嘗曰祖宗法度所以惠元元者備矣患不能守耳卒無所更置性至孝嘗再廬墓自奉甚薄好施予置義田八百畝贍宗族請籍記於官以垂永久帝爲復其徭役

邱濬字仲深瓊山人幼孤母李氏教之讀書過目成誦家貧無書嘗走數百里借書必得乃已舉鄉試第一景泰五年成進士改庶吉士授編修濬既官翰林見聞益廣尤熟國家典故以經濟自負成化元年兩廣用兵濬奏記大學士李賢指陳形勢纚纚數千言賢善其計聞之帝命錄示總兵官趙輔巡撫都御史韓雍雍等破賊雖不盡用其策而濬以此名重公卿間秩滿進侍講與修英宗實錄進侍講學士續通鑑綱目成擢學士遷國子祭酒時經生文尚險怪濬主南畿鄉試分考會試皆痛抑之及是課國學生尤諄切告誡返文體於正尋進禮部右侍郎掌祭酒事濬以眞德秀大學衍義於治國平天下條目未具乃博採羣書補之孝宗嗣位表上其書帝稱善賚金幣命所司刊行特進禮部尚書掌詹事府事修憲宗實錄充副總裁弘治四年書成加太子太保尋命兼文淵閣大學士參預機務尚書入內閣者自濬始時年七十一矣濬以衍義補所載皆可見之行事請摘其要者奏聞下內閣議行之帝報可明年濬上言臣見成化時彗星三見徧掃三垣地五六百震邇者彗星見天津地震天鳴無虛日異鳥三鳴於禁中春秋二百四十年書彗孛者三地震者五飛禽者三今乃屢見於二十年之間甚可畏也願陛下體上天之仁愛念祖宗之艱難正身清心以立本而應務謹好尚不惑於異端節財用不至於耗國公任使不失於偏聽禁私謁明義理愼儉德勤政務則承風希寵左道亂政之徒自不敢肆其奸而天災弭矣因列時弊二十二事帝納之六年以目疾免朝參濬在位嘗以寬大啟上心忠厚變士習顧性褊隘嘗與劉健議事不合至投冠於地言官建白不當意輒面折之與王恕不相得至不交一言六年大計羣吏恕所奏罷二千人濬請未及三載者復任非貪暴有顯跡者勿斥留九十人恕爭之不得求去太醫院判劉文泰嘗往來濬家以失職訐恕恕疑文泰受濬指而言者譁然言疏稿出濬手恕竟坐罷人以是大不直濬給事中毛珵御史宋惪周津等交章劾濬不可居相位帝不問踰年加少保八年卒年七十六贈太傅謚文莊濬廉介所居邸第極湫隘四十年不易性嗜學既老右目失明猶披覽不輟議論好矯激聞者駭愕至修英宗實錄有言于謙之死當以不軌書者濬曰己巳之變微于公社稷危矣事久論定誣不可不白其持正又如此正德中以巡按御史言賜祠於鄉曰景賢

劉健字希賢洛陽人父亮三原教諭有學行健少端重與同邑閻禹錫白良輔遊得河東薛瑄之傳舉天順四年進士改庶吉士授編修謝交遊鍵戶讀書人以木強目之然練習典故有經濟志成化初修英宗實錄起之憂中固辭不許書成進修撰三遷至少詹事充東宮講官受知於孝宗既即位進禮部右侍郎兼翰林學士入內閣參預機務弘治四年進尚書兼文淵閣大學士累加太子太保改武英殿十一年春進少傅兼太子太傅代徐溥爲首輔健學問深粹正色敢言以身任天下之重清寧宮災太監李廣有罪自殺健與同列李東陽謝遷疏言古帝王未有不遇災而懼者向來奸佞熒惑聖聽賄賂公行賞罰失當災異之積正此之由今幸元惡殄喪聖心開悟而餘慝未除宿弊未革伏願奮發勵精進賢黜姦明示賞罰凡所當行斷在不疑毋更因循以貽後悔帝方嘉納其言而廣黨蔡昭等旋取旨予廣祭葬祠額健等力諫僅寢祠額南北言官指陳時政頻有所論劾一切皆不問國子生江瑢劾健東陽杜抑言路帝慰留健東陽而下瑢於獄二人力救得釋十三年四月大同告警京師戒嚴兵部請甄別京營諸將帝召健及東陽遷至平臺面議去留乃去遂安伯陳韶等三人而召鎮遠侯顧溥督團營時帝視朝頗晏健等以爲言頷之而已十四年秋帝以軍興缺餉屢下廷議健等言天下之財其生有限今光祿歲供增數十倍諸方織作務爲新巧齋醮日費鉅萬太倉所儲不足餉戰士而內府取入動四五十萬宗藩貴戚之求土田奪鹽利者亦數千萬計土木日興科斂不已傳奉冗官之俸薪內府工匠之餼廩歲增月積無有窮期財安得不匱今陝西遼東邊患方殷湖廣貴州軍旅繼動不知何以應之望陛下絕無益之費躬行節儉爲中外倡而令羣臣得畢獻其誠講求革弊之策天下幸甚明年四月以災異陳勤朝講節財用罷齋醮公賞罰數事及冬南京鳳陽大水廷臣多上言時務久之不下健等因極陳怠政之失請勤聽斷以振紀綱帝皆嘉納大明會典成加少師兼太子太師吏部尚書華蓋殿大學士與東陽遷同賜蟒衣閣臣賜蟒自健等始帝孝事兩宮太后甚謹而兩宮皆好佛老先是清寧宮成命灌頂國師設壇慶讚又遣中官齎眞武像建醮武當山使使詣泰山進神袍或白晝散燈市上帝重違太后意曲從之而健等諫甚力十五年六月詔擬釋迦啞塔像讚十七年二月詔建延壽塔朝陽門外除道士杜永祺等五人爲眞人皆以健等力諫得寢是年夏小王子謀犯大同帝召見閣臣健請簡京營大帥因言京軍怯不任戰請自今罷其役作以養銳氣帝然之退復條上防邊事宜悉報允未幾邊警狎至帝惑中官苗逵言銳欲出師健與東陽遷委曲阻

之帝意猶未回兵部尚書劉大夏亦言京軍不可動乃止帝自十三年召對健等後閣臣希得進見及是在位久益明習政事數召見大臣欲以次革煩苛除宿弊嘗論及理財東陽極言鹽政弊壞由陳乞者衆因而私販數倍健進曰太祖時茶法始行駙馬歐陽倫以私販坐死高皇后不能救如倫事孰敢爲陛下言者帝曰非不敢言不肯言耳遂詔戶部覈利弊具議以聞當是時健等三人同心輔政竭情盡慮知無不言初或有從有不從既乃益見信所奏請無不納呼爲先生而不名每進見帝輒屏左右左右間從屏間竊聽但聞帝數數稱善諸進退文武大臣釐飭屯田鹽馬諸政健翊贊爲多未幾帝疾大漸召健等入乾清宮帝力疾起坐自敍即位始末甚詳命近侍書之已執健手曰先生輩輔導良苦東宮聰明但年尚幼好逸樂先生輩常勸之讀書輔爲賢主健等叡欷頓首受命而出翌日帝崩武宗嗣位健等釐諸弊政凡孝宗所欲興罷者悉以遺詔行之劉瑾者東宮舊豎也與馬永成谷大用魏彬張永邱聚高鳳羅祥等八人俱用事時謂之八黨日導帝遊戲詔條率沮格不舉京師淫雨自六月至八月健等乃上言陛下登極詔出中外歡呼想望太平今兩月矣未聞汰冗員幾何省冗費幾何詔書所載徒爲空文此陰陽所以失調雨暘所以不若也如監局倉庫城門及四方守備內臣增置數倍朝廷養軍匠費鉅萬計僅足供其役使寧可不汰文武臣曠職僨事虛糜廩祿者寧可不黜畫史工匠濫授官職者多至數百人寧可不罷內承運庫累歲支銀數百餘萬初無文簿司鑰庫貯錢數百萬未知有無寧可不勾校至如縱內苑珍禽奇獸放遣先朝宮人皆新政所當先而陛下悉牽制不行何以慰四海之望帝雖溫詔答之而左右宦豎日恣增益日衆享祀郊廟帶刀被甲擁駕後內府諸監局僉書多者至百數十人光祿日供驟益數倍健等極陳其弊請勤政講學報聞而已正德元年二月帝從尚書韓文言畿甸皇莊令有司徵課而每莊仍留宦官一人校尉十人健等言皇莊既以進奉兩宮自宜悉委有司不當仍主以私人反失朝廷尊親之意因備言內臣管莊擾民不省吏戶兵三部及都察院各有疏爭職掌爲近習所撓健等擬旨上不從令再擬健等力諫謂奸商譚景清之沮壞鹽政北征將士之無功授官武臣神英之負罪玩法御用監書篆之濫收考較皆以一二人私恩壞百年定制況今政令維新而地震天鳴白虹貫日恒星晝見太陽無光內賊縱橫外寇猖獗財匱民窮怨謗交作而中外臣僕方且乘機作奸排忠直猶仇讐保奸回如骨肉日復一日愈甚於前禍變之來恐當不遠臣等受知先帝叨任腹心邇者旨從中下畧不與聞有所擬議竟從改易似此之類不可悉舉若復顧惜身家共爲阿順則罔上悞國死有餘辜所擬四疏不敢更易謹以原擬封進不報居數日又言臣等遭逢先帝臨終顧命惓惓以陛下爲託痛心刻骨誓以死報即位詔書天下延頸而朝令夕改迄無寧日百官庶府倣傚成風非惟廢格不行抑且變易殆盡建言者以爲多言幹事者以爲生事累章執奏謂之瀆擾釐剔弊政謂之紛更憂在於民生國計則若罔聞知事涉於近幸貴戚則牢不可破臣等心知不可義當盡言比爲鹽法賞功諸事極陳利害拱俟數日未蒙批答若以臣等言是宜賜施行所言如非即當斥責乃留中不報視之若無政出多門咎歸臣等宋儒朱子有言一日立乎其位則一日業乎其官一日不得乎其官則不敢一日立乎其位若冒顧命之名而不盡輔導之實旣負先帝又負陛下天下後世其謂臣何伏乞聖明矜察特賜退休帝優旨慰留之疏仍不下越五日健等復上疏歷數政令十失指斥貴戚近倖尤切因再申前請帝不得已始下前疏命所司詳議健知志終不行首上章乞骸骨李東陽謝遷繼之帝皆不許旣而所司議上一如健等指帝勉從之由是諸失利者咸切齒六月庚午復上言近日以來免朝太多奏事漸晚遊戲漸廣經筵日講直命停止臣等愚昧不知陛下宮中復有何事急於此者夫濫賞妄費非所以崇儉德彈射釣獵非所以養仁心鷹犬狐兔田野之物不可育於朝廷弓矢甲胄戰鬬之象不可施於宮禁今聖學久曠正人不親直言不聞下情不達而此數者雜交於前臣不勝憂懼帝曰朕聞帝王不能無過貴改過卿等言是朕當行之健等乃錄廷臣所陳時政切要者請置坐隅朝夕省覽曰無單騎馳驅輕出宮禁曰無頻幸監局泛舟海子曰無事鷹犬彈射曰無納內侍進獻飲膳疏入報聞先是孝宗山陵畢健等即請開經筵帝初勉應之後數以朝謁兩宮停講或云擇日乘馬健等陳諫甚切至八月帝旣大婚健等又請開講命俟九月至期又命停午講健等以先帝故事日再進講力爭不得當是時健等懇切疏諫者屢矣而帝以狎近羣小終不能改旣而遣中官崔杲等督織造乞鹽萬二千引所司執奏給事中陶諧徐昂御史杜旻邵清楊儀等先後諫健等亦言不可帝召健等至煖閣面議頗有所詰問健等皆以正對帝不能難最後正色曰天下事豈皆內官所壞朝臣壞事者十常六七先生輩亦自知之因命鹽引悉如杲請健等退再上章言不可帝自愧失言乃命健等所奏於是中外咸悅以帝庶幾改過健等遂謀去八黨連章請誅之言官亦交論羣閹罪狀健及遷東陽持其章甚力帝遣司禮諸閹曰朕且改矣其爲朕曲赦若曹健等言此皆得罪祖宗非陛下所得赦復上言曰人君之於小人不知而誤用天下尚望其知而去之知而不去則小人愈肆君子愈危不至於亂亡不已且邪正不並立今舉朝欲決去此數人陛下又知其罪而故留之左右非特朝臣疑懼此數人亦不自安上下相猜中外不協禍亂之機始此矣不聽健等以去就爭瑾等八人窘甚相對涕泣而尚書韓文等疏復入於是帝命司禮王岳等詣閣議一日三至欲安置瑾等南京遷欲遂誅之健推案哭曰先帝臨崩執老臣手付以大事今陵土未乾使若輩敗壞至此臣死何面目見先帝聲色俱厲岳素剛正疾邪慨然曰閣議是其儕范亨徐智等亦以爲然是夜八人益急環泣帝前帝怒立收岳等下詔獄而健等不知方倚岳內應明日韓文倡九卿伏闕固爭健逆謂曰事且濟公等第堅持頃之事大變八人皆宥不問而瑾掌司禮健遷遂乞致仕賜敕給驛歸月廩歲夫如故事健去瑾憾不已明年三月辛未詔列五十三人爲姦黨榜示朝堂以健爲首又二年削籍爲民追奪誥命瑾誅復官致仕後聞帝數巡遊輒歎息不食曰吾負先帝世宗立命行人齎敕存問以司馬光文彥博爲比賜賚有加及年躋九十詔撫臣就第致束帛餼羊上尊官其孫成學中書舍人嘉靖五年卒年九十四遺表數千言勸帝正身勤學親賢遠佞帝震悼賜卹甚厚贈太師謚文靖健器局嚴整正己率下朝退僚宷私謁不交一言許進輩七人欲推焦芳入吏部健曰老夫不久歸田此座即焦有恐諸公俱受其害耳後七人果爲芳所擠東陽以詩文引後進海內士皆抵掌談文學健若不聞獨教人治經窮理其事業光明俊偉明世輔臣鮮有比者孫望之進士

謝遷字于喬餘姚人成化十年鄉試第一明年舉進士復第一授修撰累遷左庶子弘治元年春中官郭鏞請豫選妃嬪備六宮遷上言山陵未畢禮當有待祥禫之期歲亦不遠陛下富於春秋請俟諒陰旣終徐議未晚尚書周洪謨等如遷議從之帝居東宮時遷已爲講官及是與日講務積誠開帝意前夕必正衣冠習誦及進講數詞詳切帝數稱善進少詹事兼侍講學士八年詔同李東陽入內閣參預機務遷時居憂力辭服除始拜命進詹事兼官如故皇太子出閣加太子少保兵部尚書兼東閣大學士上疏勸太子親賢遠佞勤學問戒逸豫帝嘉之尚書馬文升以大同邊警餉饋不足請加南方兩稅折銀遷曰先朝以南方賦重故折銀以寬之若復議加恐民不堪命且足國在節用用度無節雖加賦奚益尚書倪岳亦爭之議遂寢孝宗晚年慨然欲釐弊政而內府諸庫及倉場馬坊中官作奸骫法不可究詰御馬監騰驤四衞勇士自以禁軍不隸兵部率空名支餉其弊尤甚遷乘間言之帝令擬旨禁約遷曰虛言設禁無益宜令曹司搜剔弊端明白奏聞然後嚴立條約有犯必誅庶積蠹可去帝俞允之遷儀觀俊偉秉節直亮與劉健李東陽同輔政而遷見事明敏善持論時人爲之語曰李公謀劉公斷謝公尤侃侃天下稱賢相武宗嗣位屢加少傅兼太子太傅數諫帝弗聽因天變求去甚力帝輒慰留及請誅劉瑾不克遂與健同致仕歸禮數俱如健而瑾怨遷未已焦芳旣附瑾入內閣亦憾遷嘗舉王鏊吳寬自代不及已乃取中旨勒罷其弟兵部主事迪斥其子編修丕爲民四年二月以浙江應詔所舉懷才抱德士餘姚周禮徐子元許龍上虞徐文彪皆遷同鄉而草詔由健欲因此爲二人罪矯旨謂餘姚隱士何多此必徇私援引下禮等詔獄詞連健遷瑾欲逮健遷籍其家東陽力解芳從旁厲聲曰縱輕貸亦當除名旨下如芳言禮等咸戍邊尚書劉宇復劾兩司以上訪舉失實坐罰米有削籍者且詔自今餘姚人毋選京官著爲令其年十二月言官希瑾指請奪健遷及尚書馬文升劉大夏韓文許進等誥命詔幷追還所賜玉帶服物同時奪誥命者六百七十五人當是時人皆爲遷危而遷與客圍棋賦詩自若瑾誅復職致仕世宗即位遣使存問起迪參議丕復官翰林遷乃遣子正入謝勸帝勤學法祖納諫優旨答之嘉靖二年復詔有司存問六年大學士費宏舉遷自代楊一清欲阻張璁亦力舉遷帝乃遣行人齎手敕即家起之命撫按官敦促上道遷年七十九矣不得已拜命比至而璁已入閣一清以官尊於遷無相下意遷居位數月力求去帝待遷愈厚以天寒免朝參除夕賜御製詩及以病告則遣醫賜藥餌光祿致酒餼使者相望於道遷竟以次年正月辭歸十年卒於家年八十有三贈太傅謚文正迪仕至廣

東布政使丕鄉試第一弘治末進士及第歷官吏部左侍郎贈禮部尚書

李東陽字賓之茶陵人以戍籍居京師四歲能作徑尺書景帝召試之甚喜抱置膝上賜果鈔後兩召講尚書大義稱旨命入京學天順八年年十八成進士選庶吉士授編修累遷侍講學士充東宮講官弘治五年憲宗實錄成由左庶子兼侍講學士進太常少卿兼官如故五年旱災求言東陽條摘孟子七篇大義附以時政得失累數千言上之帝稱善閣臣徐溥等以詔敕繁請如先朝王直故事設官專領乃擢東陽禮部右侍郎兼侍讀學士入內閣專典誥敕八年以本官直文淵閣參預機務與謝遷同日登用久之進太子少保禮部尚書兼文淵閣大學士十七年重建闕里廟成奉命往祭還上疏言臣奉使遄行適遇亢旱天津一路夏麥已枯秋禾未種輓舟者無完衣荷鋤者有菜色盜賊縱橫青州尤甚南來人言江南浙東流亡載道戶口消耗軍伍空虛庫無旬日之儲官缺累歲之俸東南財賦所出一歲之饑已至於此北地咨嗟素無積聚今秋再歉何以堪之事變之生恐不可測臣自非經過其地則雖久處官曹日理章疏猶不得其詳況陛下高居九重之上耶臣訪之道路皆言冗食太衆國用無經差役頻煩科派重疊京城土木繁興供役軍士財力交殫每遇班操寧死不赴勢家鉅族田連郡縣猶請乞不已親王之藩供億至二三十萬游手之徒託名皇親僕從每於關津都會大張市肆網羅商稅國家建都於北仰給東南商賈驚散大非細故更有織造內官縱羣小掊擊閘河官吏莫不奔駭鬻販窮民所在騷然此又臣所目擊者夫閭閻之情郡縣不得而知也郡縣之情廟堂不得而知也廟堂之情九重亦不得而知也始於容隱成於蒙蔽容隱之端甚小蒙蔽之禍甚深臣在山東伏聞陛下以災異屢見敕羣臣盡言無諱然詔旨頻降章疏畢陳而事關內廷貴戚者動爲掣肘累歲經時俱見遏罷誠恐今日所言又爲虛文乞取從前內外條奏詳加採擇斷在必行帝嘉歎悉付所司是時帝數召閣臣面議政事東陽與首輔劉健等竭心獻納時政闕失必盡言極諫東陽工古文閣中疏草多屬之疏出天下傳誦明年與劉健謝遷同受顧命武宗立屢加少傅兼太子太傅劉瑾入司禮東陽與健遷卽日辭位中旨去健遷而東陽獨留恥之再疏懇請不許初健遷持議欲誅瑾詞甚厲惟東陽少緩故獨留健遷瀕行東陽祖餞泣下健正色曰何泣爲使當日力爭與我輩同去矣東陽默然瑾既得志務摧抑縉紳而焦芳入閣助之虐老臣忠直士放逐殆盡東陽悒悒不得志亦委蛇避禍而焦芳嫉其位已上日夕搆之瑾先是東陽奉命編通鑑纂要既成瑾令人摘筆畫小疵除謄錄官數人名欲因以及東陽東陽大窘屬芳與張綵爲解乃已瑾兇暴日甚無所不訕侮於東陽猶陽禮敬凡瑾所爲亂政東陽彌縫其間亦多所補救尚寶卿崔璿副使姚祥郎中張瑋以違制乘肩輿從者妄索驛馬給事中安奎御史張彧以覈邊餉失瑾意皆荷重校幾死東陽力救璿等謫戍奎彧釋爲民三年六月壬辰朝退有遺匿名書於御道數瑾罪者詔百官悉跪奉天門外頃之執庶僚三百餘人下詔獄次日東陽等力救會瑾亦廉知其同類所爲衆獲宥後數日東陽疏言寬恤數事章下所司既而戶部覆奏言糧草虧折自有專司巡撫官總領大綱宜從輕減瑾大怒矯旨詰責數百言中外駭歎瑾患盜賊日滋欲戍其家屬竝鄰里及爲之囊橐者或自陳獲盜七十人所司欲以新例從事東陽言如是則百年之案皆可追論也乃免劉健謝遷劉大夏楊一清及平江伯陳熊輩幾得危禍皆賴東陽而解其潛移默奪保全善類天下陰受其庇而氣節之士多非之侍郎羅玘上書勸其早退至請削門生籍東陽得書俛首長歎而已焦芳既與中人爲一王鏊雖持正不能與瑾抗東陽乃援楊廷和共事差倚以自強已而鏊辭位代者劉宇曹元皆瑾黨東陽勢益孤東陽前已加少師兼太子太師後瑾欲加芳官詔東陽食正一品祿四年五月孝宗實錄成編纂諸臣當序遷所司援會典故事詔以劉健等前纂修會典多縻費皆奪陞職東陽亦坐降俸居數日乃以實錄功復之五年春久旱下詔恤刑東陽等因上詔書所未及者數條帝悉從之而法司畏瑾減死者止二人其秋瑾誅東陽乃上疏自列曰臣備員禁近與瑾職掌相關凡調旨撰敕或被駁再三或逕自改竄或持回私室假手他人或遞出謄黃逼令落藁眞假混淆無從別白臣雖委曲匡持期於少濟而因循隱忍所損亦多理宜黜罷帝慰留之寘鐇平加特進左柱國廕一子尚寶司丞爲御史張芹所劾帝怒奪芹俸東陽亦乞休辭廕不許時焦芳曹元已罷而劉忠梁儲入政事一新然張永魏彬馬永成谷大用等猶用事帝嬉遊如故皇子未生多居宿於外又議大興豹房之役建寺觀禁中東陽等憂之前後上章切諫不報七年東陽等以京師及山西陝西雲南福建相繼地震而帝講筵不舉視朝久曠宗社祭享不親禁門出入無度谷大用仍開西廠屢上疏極諫帝亦終不聽九載秩滿兼支大學士俸河南賊平廕子世錦衣千戶再疏力辭改廕六品文官其冬帝欲調宣府軍三千入衞而以京軍更番戍邊東陽等力持不可大臣臺諫皆以爲言中官旁午索草敕帝坐乾清宮門趣之東陽等終不奉詔明日竟出內降行之江彬等遂以邊兵入豹房矣東陽以老疾乞休前後章數上至是始許賜敕給廩隸如故事又四年卒年七十贈太師諡文正東陽事父淳有孝行初官翰林時常飲酒至夜深父不就寢忍寒待其歸自此終身不夜飲於外爲文典雅流麗朝廷大著作多出其手工篆隸書碑版篇翰流播四裔獎成後進推挽才彥學士大夫出其門者悉粲然有所成就自明興以來宰臣以文章領袖縉紳者楊士奇後東陽而已立朝五十年清節不渝既罷政居家請詩文書篆者塡塞戶限頗資以給朝夕一日夫人方進紙墨東陽有倦色夫人笑曰今日設客可使案無魚菜耶乃欣然命筆移時而罷其風操如此

王鏊字濟之吳人父琬光化知縣鏊年十六隨父讀書國子監諸生爭傳誦其文侍郎葉盛提學御史陳選奇之稱爲天下士成化十年鄉試明年會試俱第一廷試第三授編修杜門讀書避遠權勢弘治初遷侍講學士充講官中貴李廣導帝遊西苑鏊講文王不敢盤於遊田反覆規切帝爲動容講罷謂廣曰講官指若曹耳壽寧侯張巒故與鏊有連及巒貴鏊絕不與通東宮出閣大臣請選正人爲宮僚鏊以本官兼諭德尋轉少詹事擢吏部右侍郎嘗奏陳邊計畧言昨火篩入寇大同陛下宵旰不寧而緣邊諸將皆嬰城守無一人敢當其鋒者此臣所不解也臣竊謂今日火篩小王子不足畏而嬖倖亂政功罪不明委任不專法令不行邊圉空虛深可畏也比年邊將失律往往令戴罪殺賊副總兵姚信擁兵不進亦得逃罪此人心所以日解士氣所以不振也望陛下大奮乾剛時召大臣咨詢邊將勇怯有罪必罰有功必賞專主將之權起致仕尚書秦紘爲總制節制諸邊提督右都御史史琳坐鎮京營遙爲聲援厚恤沿邊死事之家召募邊方驍勇之士用間以攜其部曲分兵掩擊出奇制勝寇必不敢長驅深入從之又言宜倣前代制科如博學宏詞之類以收異材六年一舉尤異者授以淸要之職有官者加秩數年之後士類濯磨必以通經學古爲高脫去謏聞之陋時不能用尋以父憂歸正德元年四月起左侍郎與韓文諸大臣請誅劉瑾等八黨俄瑾入司禮大學士劉健謝遷相繼去內閣止李東陽一人瑾欲引焦芳廷議獨推鏊瑾迫公論命以本官兼學士與芳同入內閣踰月進戶部尚書文淵閣大學士明年加少傅兼太子太傅景帝汪后薨疑其禮鏊曰妃廢不以罪宜復故號葬以妃祭以后乃命輟朝致祭如制憲宗廢后吳氏之喪瑾議欲焚之以滅迹日不可以成服鏊曰服可以不成葬不可薄也從之尚寶卿崔璿等三人荷校幾死鏊謂瑾曰士可殺不可辱今辱且殺之吾尚何顏居此李東陽亦力救璿等得遣戍瑾銜尚書韓文必欲殺之又欲以他事中健遷鏊前後力救得免或惡楊一淸於瑾謂築邊牆糜費鏊爭曰一淸爲國修邊安得以功爲罪瑾怒劉大夏逮至京欲坐以激變罪死鏊爭曰岑猛但遷延不行耳未叛何名激變時中外大權悉歸瑾鏊初開誠與言間聽納而芳專媕阿瑾橫彌甚禍流縉紳鏊不能救力求去四年疏三上許之賜璽書乘傳有司給廩隸咸如故事家居十四年廷臣交薦不起世宗卽位遣行人存問鏊疏謝因上講學親政二篇帝優詔報聞官一子中書舍人嘉靖三年復詔有司存問未幾卒年七十五贈太傅諡文恪鏊博學有識鑒文章爾雅議論明暢晚著性善論一篇王守仁見之曰王公深造世未能盡也少善制舉義後數典鄉試程文魁一代取士尚經術險詭者一切屏去弘正間文體爲一變

劉忠字司直陳留人成化十四年進士改庶吉士授編修弘治四年憲宗實錄成遷侍講直經筵尋兼侍東宮講讀又九年進侍讀學士武宗卽位以宮寮擢學士掌翰林院仍直經筵正德二年劉瑾用事日導帝遊戲亂祖宗舊章忠上言戒逸遊崇正學數事已因進講與楊廷和傅經義規帝闕失而指斥近倖尤切帝謂瑾曰經筵講書耳浮詞何爲瑾素惡兩人因諷吏部尚書許進出之南京南京諸部惟右侍郎一人進特請用爲禮部左侍郎命下外議籍籍進患之甫兩月卽擢忠本部尚書其冬就改吏部時留都一御史素驕橫一郎中張綵所暱也秩滿皆署下考疾吏胥詭名寄籍督諸曹核汰千人大計京官所黜多於前又疏請不時糾劾以示勸懲無待六年考黜詔可之忠在南京正直有風釆然是時瑾方以嚴苛折辱士大夫而忠操繩墨待下糾劾過峻時論遂謂忠附會瑾意頗歸怨焉五年二月改吏部尚書兼翰林學士專典制詔兩疏乞休不報瑾誅以本

官兼文淵閣大學士入閣預機務甫數日以平寧夏功加少傅兼太子太傅故事閣臣加官無遽至三孤者忠無功驟得不自安連疏固辭不許瑾雖誅張永魏彬輩擅政大臣復爭與交驩忠獨無所顧永嘗遣廖鵬謁忠忠僕隸遇之又卻其餽由是與永輩左前後乞休疏七八上皆慰留明年命典會試甫畢帝以試錄文義多舛召李東陽示之忠知爲中官所搆乞省墓詔乘傳還抵家再上章乞致仕報許給月廩歲隸終其身世宗卽位屢薦不起遣行人存問忠奏謝因有所獻納帝褒其忠愛嘉靖二年卒年七十二贈太保謚文肅

贊曰徐溥以寬厚著邱濬以博綜聞觀其指事陳言懇懇焉爲憂盛危明之計可謂勤矣劉健謝遷正色直道蹇蹇匪躬閹豎亂政秉義固諍志雖不就而剛嚴之節始終不渝有明賢宰輔自三楊外前有彭商後稱劉謝庶乎以道事君者歟李東陽以依違蒙詬然善類賴以扶持所全不少大臣同國休戚非可以決去爲高遠蹈爲潔顧其志何如耳王鏊劉忠持正不阿奉身早退此誠明去就之節烏能委蛇俛仰以爲容悅哉

明史卷一百八十二　列傳第七十

總裁官總理事務經筵講官少保兼太子太保保和殿大學士兼管吏部戶部尚書事加六級臣張廷玉等奉
敕修

王恕子承裕　馬文升
劉大夏

王恕字宗貫三原人正統十三年進士由庶吉士授大理左評事進左寺副嘗條刑罰不中者六事皆議行之遷揚州知府發粟振饑不待報作資政書院以課士天順四年以治行最超遷江西右布政使平贛州寇憲宗嗣位詔大臣嚴覈天下方面官乃黜河南左布政使侯臣等十三人而以恕代臣成化元年南陽荊襄流民嘯聚爲亂擢恕右副都御史撫治之會丁母憂詔奪喪兩月卽起視事恕辭不許與尚書白圭共平大盜劉通復討破其黨石龍嚴束所部毋濫殺流民復業移撫河南論功進左副都御史稍遷刑部右侍郎父憂服除以原官總督河道浚高郵邵伯諸湖修雷公上下句城陳公四塘水閘因災變請講求弭災策帝爲賜山東租一年畿輔亦多減免旋改南京戶部左侍郎十二年大學士商輅等以雲南遠在萬里西控諸夷南接交阯而鎭守中官錢能貪恣甚議遣大臣有威望者爲巡撫鎭壓之乃改恕左副都御史以行就進右都御史初能遣指揮郭景奏事京師言安南捕盜兵闌入雲南境帝卽命景齎敕戒約之舊制使安南必由廣西而景直自雲南往能因景遺安南王黎灝玉帶寶絲蟒衣珍奇諸物灝遣將率兵送景還欲遂通雲南道景懼後禍紿先行白守關者因脫歸揚言安南寇至關吏戒嚴黔國公沐琮遣人諭其帥始返而諸臣畏能匿不奏能又頻遣景及指揮盧安蘇本等交通干崖孟密諸土官納其金寶無算恕皆廉得之遣騎執景景懼自殺因劾能私通外國罪當死詔遣刑部郎中潘蕃往按之能又以其間譯進黃鸚鵡恕請禁絕且盡發能貪暴狀言昔交阯以鎭守非人致一方陷沒今日之事殆又甚焉陛下何惜一能不以安邊徼能大懼急屬貴近請召恕還而是時商輅項忠諸正人方以忤汪直罷遂改恕掌南京都察院參贊守備機務能事立解蕃勘上得實置不問恕居雲南九月威行徼外黔國以下咸惕息奉令疏凡二十上直聲動天下當是時安南納江西叛人王姓者爲謀主潛遣諜入臨安又於蒙自市銅鑄兵器將伺間襲雲南恕請增設副使二員以飭邊備謀遂沮還南京數月遷兵部尚書參贊如故考選官屬嚴拒請託同事者咸不悅而錢能歸屢譖恕於帝帝亦銜恕數直言遂命兼右副都御史巡撫南畿舊制應天鎭江太平寧國廣德官田徵半租民田全免其後民田率歸豪右而官田累貧民恕乃量減官田耗稍增之民田常州時有美米乃奏以六萬石補夏稅又補他府戶口鹽鈔六百萬貫公私便焉所部水災奏免秋糧六十餘萬石周行振貸全活二百餘萬口江南歲輸白糧民多至破產而光祿粲以給庖人賤工又中官暴橫四方輸上供物監收者率要羨入織造綵繒及採花卉禽鳥者絡繹道路恕先後論列皆不納中官王敬挾妖人千戶王臣南行採藥物珍玩所至騷然長吏多被辱至蘇州召諸生寫妖書諸生大譁敬奏諸生抗命恕亟疏言當此凶歲宜遣使振濟顧乃橫索玩好昔唐太宗諷梁州獻名鷹明皇令益州織半臂褙子琵琶捍撥鏤牙合子諸物李大亮蘇頲不奉詔臣雖無似有慕斯人因盡列敬等罪狀敬亦誣奏恕并及常州知府孫仁仁被逮仁新淦人由進士歷知府爲人方峻敬至不爲禮以是見忤恕抗章救三疏劾敬會中官尚銘亦發敬奸狀乃下敬等獄戍其黨十九人而棄臣市傳首南京仁亦得釋歸後積官至巡撫寧夏右副都御史二十年復改恕南京兵部尚書時錢能亦守備南京語人曰王公天人也吾敬事而已恕坦懷待之能卒斂戢林俊之下獄也恕言天地止一壇祖宗止一廟而佛至千餘寺一寺立而移民居且數百家費內帑且數十萬此舛也俊言當不宜罪帝得疏不懌恕侃侃論列無少避先後應詔陳言者二十一建白者三十九皆力阻權倖天下傾心慕之遇朝事有不可必曰王公胡不言也則又曰公疏且至矣已恕疏果至時爲諺曰兩京十二部獨有一王恕於是貴近皆側目帝亦頗厭苦之二十二年起用傳奉官恕諫尤切帝愈不悅恕先加太子少保會南京兵部侍郎馬顯乞罷忽附批落恕宮保致仕朝野大駭恕數爲巡撫歷侍郎至尚書皆在留都以好直言終不得立朝旣歸名益高臺省推薦無虛月工部主事仙居王純比恕汲黯至予杖謫思南推官孝宗卽位始用廷臣薦召入爲吏部尚書尋加太子少保先是中外劾大學士劉吉者必薦恕吉以是大恚凡恕所推舉必陰撓之弘治元年閏正月言官劾兩廣總督宋旻漕運總督邱鼐等三十七人宜降黜中多素有時望者吉竟取中旨允之章不下吏部恕以不得其職拜疏乞去不許陝西缺巡撫恕推河南布政使蕭禎詔別推恕執奏曰陛下不以臣不肖任臣銓部倘所舉不效臣罪也今陛下安知禎不才而拒之是必左右近臣意有所屬臣不能承望風指以固祿位且陛下旣以禎爲不可用是臣不可用也願乞骸骨帝乃卒用禎時言官多稱恕賢且老不當任劇職宜置內閣參大政最後南京御史吳泰等復言之帝曰朕用蹇義王直故事官恕吏部有謀議未嘗不聽何必內閣也恕嘗侍經筵見帝困熱暑請依故事大寒暑暫停仍進講義於宮中進士董傑御史湯鼐給事中韓重等遂交章論駁恕待罪請解職優詔不許恕上言臣蒙國厚恩日夕思報人見陛下任臣過重遂望臣太深欲臣盡取朝政更張之如宋司馬光故事無論臣才遠不及光卽今亦豈元祐時且六卿分職各有攸司臣豈敢越而謀之但傑等責臣良是臣無所逃罪惟乞放還帝復優詔勉留之恕感激眷遇益以身任國事方以疾在告聞帝頗擢用宦官至有賜蟒衣給莊田者具疏切諫中官黃順請起復匠官潘俊供役恕言不可以小臣壞重典再執奏竟報許劉吉旣憾恕吉所陷壽州知州劉槩及言官周紘張昺湯鼐姜綰等恕又抗章力救吉以是益恨乃合私人魏璋等共排之恕先後推用羅明熊懷强珍陳壽邱鼐白思明等咸諷璋等糾駁恕知志不得行連章求去帝輒慰留且以其老特免午朝遇大風雨雪早朝亦免徽王見沛乞歸德州田已得旨恕言王國懿親不當爭尺寸地使小民失業帝婉辭報焉盧溝橋成中官李興乞進文思院副使潘俊等官恕言營造常職安得錄功成化季始有此事陛下初政幸已革汰奈何復行且山陵大工未聞陞職援例奏乞將何詞拒之帝納其言已修京城河橋帝復從興請授四人官許五人冠帶恕執奏不從再疏爭曰臣職掌銓選義當盡言而再疏莫回天聽以爲業已許之不可易夫事求其當設未當雖十易何害不然流弊有不可救者報聞先後以災異條七事以星變陳二十事咸切時弊壽寧伯張巒請勳號誥券恕言錢王兩太后正位中宮數十年錢承宗王源始邀封爵今皇后立甫三年巒已封伯遽有此請累聖德不可許通政經歷高祿巒妹壻也超遷本司參議恕言天下之官以待天下之士勿私貴戚妨公議中旨以灸等御醫徐生超補院判恕請選上考者不納文華殿中書舍人杜昌等賚緣還秩御醫王玉自陳乞進官恕皆力爭寢之是時劉吉已罷而邱濬入閣亦與恕不相能初濬以禮部尚書掌詹事與恕同爲太子太保恕長六卿位濬上及濬入閣恕以吏部弗讓也濬由是不悅恕考察天下庶官已黜而濬調旨留之者九十餘人恕屢爭不能得因力求罷不許太醫院判劉文泰者故往來濬家以求遷官爲恕所沮銜恕甚恕里居日嘗屬人作傳鏤板以行濬謂其沽直謗君上聞罪且不小文泰心動乃自爲奏草示除名都御史吳禎潤色之訐恕變亂選法且傳中自比伊周於奏疏留中者槩云不報以彰先帝拒諫無人臣禮欲中以奇禍恕以奏出濬指抗言臣傳作於成化二十年致仕在二十二年非有望於先帝也且傳中所載皆足昭先帝納諫之美何名彰過文泰無賴小人此必有老於文學多陰謀者主之帝下文泰錦衣獄鞫之得實因請逮濬恕及禎對簿帝心不悅恕乃貶文泰御醫責恕沽名焚所鏤版置濬不問恕再疏請辨理不從遂力求去聽馳驛歸不賜敕月廩歲隸亦頗減廷論以是不直濬及濬卒文泰往弔濬妻叱之出曰以若故使相公齮王公負不義名何弔爲恕歸歷中外五十餘年剛正清嚴始終一致所引薦耿裕彭韶何喬新周經李敏張悅倪岳劉大夏戴珊章懋等皆一時名臣他賢才久廢草澤者拔擢之恐後弘治二十年間衆正盈朝職業修理號爲極盛者恕力也武宗嗣位遣行人齎敕存問賚羊酒益廩隸且諭以讜論無隱恕陳

國家大政數事帝優詔報之正德三年四月卒年九十三平居食噉兼人卒之日小減閉戶獨坐忽有聲若雷白氣瀰漫矚之瞑矣訃聞輟朝贈特進左柱國太師謚端毅五子十三孫多賢且顯少子承裕字天宇七歲能詩弱冠著太極動靜圖說恕官吏部令日接賓客以是周知天下賢才選用無不當舉弘治六年進士恕致政承裕即告歸侍養起授兵科給事中出理山東河南屯田減登萊糧額三畝徵一斗還青州彰德軍田先賜王府者三百六十餘頃武宗立屢遷吏科都給事中以言事忤劉瑾罰米輸塞上再遷太僕卿嘉靖六年累官南京戶部尚書清逋稅一百七十萬石積羨銀四萬八千餘兩帝手書清平正直褒之在部三年致仕卒贈太子少保謚康僖

馬文升字負圖鈞州人貌瓌奇多力登景泰二年進士授御史歷按山西湖廣風裁甚著還領諸道章奏母喪除超遷福建按察使成化初召為南京大理卿以父喪歸滿四之亂陝西巡撫陳价下吏即家起文升右副都御史代价馳至軍與總督項忠討平之事具忠傳錄功進左副都御史巡撫如故文升數條奏便宜務選將練兵修安邊營至鐵鞭城烽堠剪除劇賊西固番族不即命者悉滅之修茶政易番馬八千有奇以給士卒振鞏昌臨洮饑民撫安流移績甚著是時孛羅忽滿都魯乩加思蘭比歲犯邊文升請駐兵韋州而設伏諸堡待之遂敗寇黑水口禽其平章迭烈孫又敗之湯羊嶺斬首二百名其嶺曰得勝坡勒石紀之而還文升軍功甚盛奏捷不為誇張中亦無主之者以是賞薄至九年冬總制王越以大捷奏文升亦遣子璁報功廷臣勘奏不實坐停俸三月十一年春代越總制三邊軍務尋入為兵部右侍郎明年八月整飭遼東軍務巡撫陳鉞貪而狡將士小過輒罰馬馬價騰踴文升上邊計十五事因請禁之鉞由是嗛文升文升還部轉左十四年春鉞以掩殺冒功激變中官汪直欲自往定之帝令司禮太監懷恩等七人詣內閣會兵部議恩欲遣大臣往撫以沮直行文升疾應曰善恩入白帝即命文升往直不悅欲令其私人王英與俱文升謝絕之疾馳至鎮宣璽書撫慰無不聽撫者又請前以也先亂失授官璽書者十餘人得襲官事定直欲攘其功請於帝挾王英馳至開原再下令招撫文升乃推功與直然直內慚文升又與直抗禮奴視其左右直益不喜而陳鉞益諂事直得直懽日夜譖文升思中之未有以發也文升還賜牢醴明年春以遼東屢失事遣直偕定西侯蔣琬尚書林聰等按之會余子俊劾鉞鉞疑出文升意傾之益急直因奏文升行事乖方禁邊人市農器致怨叛乃下文升詔獄謫戍重慶衞直既傾文升則與鉞大發兵徼功鉞以是驟遷至尚書十九年直敗文升復官明年起為左副都御史巡撫遼東文升凡三至遼軍民聞其來皆鼓舞益禁抑中官總兵使不得朘削衆益大喜二十一年進右都御史總督漕運淮徐和饑移江南糧十萬石鹽價銀五萬兩振之是年冬召為兵部尚書明年以李孜省譖調南京孝宗即位召拜左都御史弘治元年上言憲宗朝岳鎮海瀆諸廟用方士言置石函周以符篆貯金書道經金銀錢寶石及五穀為厭勝具宜毀從之又上言十五事悉議行帝耕耤田教坊以雜戲進文升正色曰新天子當使知稼穡艱難此何為者即斥去御史徐瑁賀霖失承旨下獄文升言初政不宜輒罪言官遂得釋尋命提督十二團營明年代余子俊為兵部尚書督團營如故承平既久兵政廢弛西北部落時伺塞下文升嚴覈諸將校黜貪懦者三十餘人奸人大怨夜持弓矢伺其門或作謗書射入東長安門內帝聞詔錦衣緝捕給騎士十二衞文升出入文升乞休優詔不許小王子以數萬騎牧大同塞下勢洶洶文升以疾在告帝使中官挾醫視因就問計文升謂彼方敗於他部無能為請密為備而揚聲逼之必徙去已而果然遭繼母憂詔起復再疏辭不許西北別部野乜克力其長曰亦剌思王曰滿哥王曰亦剌因王各遣使款肅州塞乞貢且互市巡撫許進總兵官劉寧為請文升言互市可許入貢不可許乃却之土魯番既襲執陝巴而令牙蘭據守哈密僭稱可汗侵沙州迫罕東諸部附己文升議此寇桀驁不大創終不知畏宜用漢陳湯故事襲斬之察指揮楊翥熟番情召詢以方畧翥備陳罕東至哈密道路請調罕東兵三千為前鋒漢兵三千繼之持數日糧間道兼程進可得志文升喜遂請於帝敕發罕東赤斤哈密兵令副總兵彭清將之隸巡撫許進往討果克之語詳進傳團營軍不足請於錦衣及騰驤四衞中選補已得請矣中官甯瑾阻之文升及兵科蔚春等言詔旨宜信不納陝西地大震文升言此外寇侵凌之兆今火篩方跳梁而海內民困財竭將懦兵弱宜行仁政以養民講武備以固圉節財用停齋醮止傳奉冗員禁奏乞閒地日視二朝以勤庶政且撤還陝西織造內臣振邮被災者家帝納其言內臣立召還文升為兵部十三年盡心戎務於屯田馬政邊備守禦數條上便宜國家事當言者即非職守亦言無不盡嘗以太子年及四齡當早諭教請擇醇謹老成知書史如衞聖楊夫人者保抱扶持凡言語動止悉導之以正若內庭曲宴鐘鼓司承應元宵鼇山端午競渡諸戲皆勿令見至於佛老之教尤宜屏絕恐惑眩心志山東久旱浙江及南畿水災文升請命所司振邮練士卒以備不虞帝皆深納之民困賦役文升極陳其害謂今民田十稅四五其輸邊塞者糧一石費銀一兩以上豐年用糧八九石方易一兩若絲綿布帛之輸京師者交納之費過於所輸南方轉漕通州至有三四石致一石者中州歲役五六萬人治河山東河南修塞決口夫不下二十萬蘇松治水亦如之湖廣建吉興岐雍四王府江西益壽二府山東衡府通計役夫不下百萬諸王之國役夫供應亦四十萬加以湖廣征蠻山陝防邊供餽餉給軍旅者又不知凡幾賦重役繁未有甚於此時者也宜嚴敕內外諸司省煩費寬力役毋擅有科率王府之工宜速竣庶令困敝少蘇更乞崇正學抑邪術以清聖心節財用省工作以培邦本詔下所司詳議他所論奏者甚衆在班列中最為耆碩帝亦推心任之自太子太保屢加至少保兼太子太傅歲時賜賚諸大臣莫敢望也吏部尚書屠滽罷廷推文升御史魏英等言兵部非文升不可帝亦以為然乃命倪岳代滽而加文升少傅以慰之岳卒以文升代南京鳳陽大風雨壞屋拔木文升請帝減膳撤樂修德省愆御經筵絕遊宴停不急務止額外織造振饑民捕盜賊已又上吏部職掌十事帝悉褒納一品九載滿加少師兼太子太師帝以將考察特召文升及都御史戴珊史琳至煖閣諭以秉公黜陟又以文升年高重聽再呼告之命左右掖之下階始文升為都御史王恕在吏部兩人皆以正直任天下事疏出天下傳誦恕去人望皆歸文升迨為吏部年已八十修髯長眉遇事侃侃不少衰孝宗崩文升承遺詔請汰傳奉官七百六十三人命留太僕卿李綸等十七人餘盡汰之正德元年御用監中官王瑞復請用新汰者七人文升不奉詔給事中安奎劾得瑞納賄狀劾之瑞恚誣文升抗旨更下廷議皆是文升帝終不聽文升因乞歸不許是時朝政已移於中官文升老日懷去志會兩廣缺總督文升推兵部侍郎熊繡繡怏怏不欲出其鄉人御史何天衢遂劾文升徇私欺罔文升連疏求去許之賜璽書乘傳月廩歲隸有加家居非事未嘗入州城語及時事輒顰蹙不答居三年劉瑾亂政坐文升前用雍泰為朋黨除其名五年卒年八十五瑾誅復官贈特進光祿大夫太傅謚端肅文升有文武才長於應變朝端大議往往待之決功在邊鎮外國皆聞其名尤重氣節厲廉隅直道而行雖遭讒詬屢起屢仆迄不少貶子璁以鄉貢士待選吏部文升使請外曰必大臣子而京秩誰當外者卒後踰年大盜趙燧等剽河南至鈞州以文升家在捨之去攻泌陽燬焦芳家束草若芳像裂之嘉靖初加贈文升左柱國太師

劉大夏字時雍華容人父仁宅由鄉舉知瑞昌縣流民千餘家匿山中選者索賂不得誣民反衆議加兵仁宅單騎招之民爭出訴遂罷兵擢廣西副使大夏年二十舉鄉試第一登天順八年進士改庶吉士成化初館試當留自請試吏乃除職方主事再遷郎中明習兵事曹中宿弊盡革所奏覆多當上意尚書倚之若左右手汪直好邊功以安南黎灝敗於老撾欲乘間取之言於帝索永樂間討安南故牘大夏匿弗予密告尚書余子俊曰兵釁一開西南立糜爛矣子俊悟事得寢朝鮮貢道故由鴉鶻關至是請改由鴨綠江尚書將許之大夏曰鴨綠道徑祖宗朝豈不知顧紆迴數大鎮此殆有微意不可許乃止中官阿九者其兄任京衞經歷以罪為大夏所笞憲宗入其譖捕繫詔獄令東廠偵之無所得會懷恩力救乃杖二十而釋之十九年遷福建右參政以政績聞聞父訃一宿即行弘治二年服闋還廣東右布政使田州泗城不靖大夏往諭遂順命後山賊起承檄討之令獲賊必生致驗實乃坐得生者過半改左移浙江六年春河決張秋詔博選才臣往治吏部尚書王恕等以大夏薦擢右副都御史以行乃自黃陵岡浚賈魯河復浚孫家渡四府營上流以分水勢而築長隄起胙城歷東明長垣抵徐州亘三百六十里水大治更名張秋鎮曰安平鎮孝宗嘉之賜璽書褒美語詳河渠志召為左副都御史歷戶部左侍郎十年命兼左僉都御史往理宣府兵餉尚書周經謂曰塞上勢家子以市糴為私利公毋以剛賈禍大夏曰處天下事以理不以勢俟至彼圖之初塞上糴買必粟千石芻萬束乃得告納以故中官武臣家得操利權大夏令有芻粟者自百束十石以上皆許勢家欲牟利無所得不兩月儲積充羨邊人蒙其利明年秋三疏移疾歸築草堂東山下讀書其中越二年廷臣交薦起右都御史總制兩廣軍務敕使及門攜二僮行廣人故思大夏鼓舞稱慶大夏為清吏治捐供億禁內外鎮守官私役軍士盜賊為之衰止十

五年拜兵部尚書屢辭乃拜命既召見帝曰朕數用卿數引疾何也大夏頓首言臣老且病竊見天下民窮財盡脫有不虞責在兵部自度力不辦故辭耳帝默然南京鳳陽大風拔木河南湖廣大水京師苦雨沈陰大夏請凡事非祖宗舊而害軍民者悉條上釐革十七年二月又言之帝命事當興革者所司具實以聞乃會廷臣條上十六事皆權倖所不便者相與力尼之帝不能決下再議大夏等言事屬外廷悉蒙允行稍涉權貴復令察覈臣等至愚莫知所以久之乃得旨傳奉官疏名以請勿匠廚役減月米三斗增設中官司禮監覈奏四衞勇士御馬監具數以聞餘悉如議織造齋醮皆停罷光祿省浮費鉅萬計而勇士虛冒之弊亦大減制下舉朝歡悅先是外戚近倖多干恩澤帝深知其害政奮然欲振之因時多災異復宣諭羣臣令各陳缺失大夏乃復上數事其年六月再陳兵政十害且乞歸帝不許令弊端宜革者更詳具以聞於是大夏舉南北軍轉漕番上之苦及邊軍困敝邊將侵尅之狀極言之帝乃召見大夏於便殿問曰卿前言天下民窮財盡祖宗以來徵斂有常何今日至此對曰正謂不盡有常耳如廣西歲取鐸木廣東取香藥費固以萬計他可知矣又問軍對曰窮與民等帝曰居有月糧出有行糧何故窮對曰其帥侵尅過半安得不窮帝太息曰朕臨御久乃不知天下軍民困何以爲人主遂下詔嚴禁當是時帝方鋭意太平而劉健爲首輔馬文升以師臣長六卿一時正人充布列位帝察知大夏方嚴且練事尤親信數召見決事大夏亦隨事納忠大同小警帝用中官苗逵言將出師內閣劉健等力諫帝猶疑之召問大夏曰卿在廣知苗逵延綏擣巢功乎對曰臣聞之所俘婦稚十數耳賴朝廷威德全師以歸不然未可知也帝默然良久問曰太宗頻出塞今何不可對曰陛下神武固不後太宗而將領士馬遠不逮且淇國公小違節制舉數十萬衆委沙漠奈何易言之度今上策惟守耳都御史戴珊亦從旁贊決帝遽曰微卿曹朕幾誤由是師不果出莊浪土帥魯麟爲甘肅副將求大將不得恃其部衆强徑歸莊浪廷臣懼生變欲授以大帥印又欲召還京處之散地大夏請奬其先世忠順而聽麟就閒麟素貪虐失衆心兵柄已去無能爲竟怏怏病死帝欲宿兵近地爲左右輔大夏言保定設都司統五衞祖宗意當亦如此請遣還操軍萬人爲西衞納京東兵密雲薊州爲東衞帝報可中官監京營者恚失兵揭飛語宮門帝以示大夏曰宮門豈外人能至必此曹不利失兵耳由是閒不得行帝嘗諭大夏曰臨事輒思召卿慮越職而止後有當行罷者具揭帖以進大夏頓首曰事之可否外付府部內咨閣臣可矣揭帖滋弊不可爲後世法帝稱善又嘗問天下何時太平對曰求治亦難太急但用人行政悉與大臣面議當而後行久之天下自治嘗乘間言四方鎮守中官之害帝問狀對曰臣在兩廣見諸文武大吏供億不能敵一鎮守其煩費可知帝曰然祖宗來設此久安能遽革第自今必廉如鄧原麥秀者而後用不然則已之大夏頓首稱善大夏每被召跪御榻前帝左右顧近侍輒引避嘗對久憊不能興呼司禮太監李榮掖之出一日早朝大夏固在班帝偶未見明日諭曰卿昨失朝耶恐御史糾不果召卿其受眷深如此特賜玉帶麒麟服所賚金幣上尊歲時不絕未幾孝宗崩武宗嗣位承詔請撤四方鎮守中官非額設者帝止撤均州齊元大夏復議上應撤者二十四人又奏減皇城京城守視中官皆不納頃之列上傳奉武臣當汰者六百八十三人報可大漢將軍薛福敬等四十八人亦當奪官福敬等故不入侍以激帝怒帝遽命復之而責兵部對狀欲加罪中官甯瑾頓首曰此先帝遺命陛下列之登極詔書不宜罪帝意乃解中官韋興者成化末得罪久廢至是夤緣守均州言官交諫大夏等再三爭皆不聽正德元年春又言鎮守中官如江西董讓薊州劉瑯陝西劉雲山東朱雲貪殘尤甚乞按治帝不悅大夏自知言不見用數上章乞骸骨其年五月詔加太子太保賜敕馳驛歸給廩隸如制給事中王翊張襘請留之吏部亦請如翊襘言不報大夏忠誠懇篤遇知孝宗忘身徇國於權倖多所裁抑嘗請嚴覈勇士爲劉瑾所惡劉宇亦憾大夏遂與焦芳譖於瑾曰籍大夏家可當邊費十二三年九月假田州岑猛事逮繫詔獄瑾欲坐以激變律死都御史屠滽持不可瑾謾罵曰卽不死可無戍耶李東陽爲婉解且瑾詗大夏家實貧乃坐戍極邊初擬廣西芳曰是送若歸也遂改肅州大夏年已七十三布衣徒步過大明門下叩首而去觀者歎息泣下父老攜筐送食所至爲罷市焚香祝劉尚書生還比至戍所諸司憚瑾絕餽問儒學生徒傳食之遇團操輒荷戈就伍所司固辭大夏曰軍固當役也所攜止一僕或問何不挈子姓曰吾宦時不爲子孫乞恩澤今垂老得罪忍令同死戍所耶大夏旣遣戍瑾猶摭他事罰米輸塞上者再五年夏赦歸瑾誅復官致仕清軍御史王相請復廩隸錄其子孫中官用事者終嗛之不許大夏歸教子孫力田謀食稍贏散之故舊宗族預自爲壙志曰無使人飾美俾懷愧地下也十一年五月卒年八十一贈太保諡忠宣大夏嘗言居官以正己爲先不獨當戒利亦當遠名又言人生蓋棺論定一日未死卽一日憂責未已其被逮也方鋤菜園中入室攜數百錢跨小驢就道赦歸有門下生爲巡撫者枉百里謁之道遇扶犁者問孰爲尚書家引之登堂卽大夏也朝鮮使者在鴻臚寺館遇大夏邑子張生因問起居曰吾國聞劉東山名久矣安南使者入貢曰聞劉尚書戍邊今安否其爲外國所重如此

贊曰王恕砥礪風節馬文升練達政體劉大夏篤棐自將皆具經國之遠猷蘊畜君之正志綢繆庶務數進讜言迹其居心行己磊落光明剛方鯁亮有古大臣節概歷事累朝享有眉壽朝野屬望名重遠方詩頌老成書稱黃髮三臣者近之矣恕昧遠名之戒以作傳見疏而文升大夏被遇孝宗之朝明良相契荃宰一心迨至宦豎乘權耆舊擯斥進退之際所係詎不重哉

明史卷一百八十三　　列傳第七十一

總裁官總理事務　經筵講官少保兼太子太保保和殿大學士兼管吏部戶部尚書事加六級張廷玉等奉

敕修

何喬新　彭韶

周經　耿裕

倪岳　閔珪

戴珊

何喬新字廷秀江西廣昌人父文淵永樂十六年進士授御史歷按山東四川烏蒙奸民什伽私其知府祿昭妻懼誅誣昭反詔發軍討文淵檄止所調軍而白其誣宣德五年用顧佐薦賜敕知溫州府居六年治最增俸賜璽書以胡濙薦擢刑部右侍郎督兩淮鹽課正統三年兩議獄不當與尚書魏源下獄皆得釋朝議征麓川文淵疏諫曰麓川徼外彈丸地不足煩大兵若遣雲南守將屯金齒令三司官撫諭之遠人獲更生而朝廷免調兵轉餉策之善者也帝下其議廷臣多主用兵於是西南騷動僅乃克之而失亡多其冬以疾乞歸景帝卽位起吏部左侍郎尋進尚書佐王直理部事東宮建加太子太保災異見給事中林聰等劾文淵憸邪左庶子周旋疏言其枉聰幷劾旋御史曹凱復廷爭之遂與旋俱下獄聰疏有囑內臣語太監興安請詰主名聰不敢堅對乃釋文淵命致仕英宗復位削其加官而景泰中易儲詔書父有天下傳之子語出文淵或傳朝命逮捕懼而自縊時喬新已登景泰五年進士官南京禮部主事奔喪歸里里人故侍郎揭稽嘗受業文淵而與喬新兄弟不協奏文淵死實諸子迫之自經又逼嫁父所愛妾喬新亦訐稽爲巡撫時嘗薦黃竑且代草易儲疏皆被徵比對簿父妾斷指爲諸郎訟冤獄得少解帝亦以事經赦釋不問已復丁母憂服除改刑部主事歷廣東司郎中錦衣衞卒犯法捕治不少貸都指揮袁彬有所囑執不從彬怒使人捃摭無所得由是名大起成化四年遷福建副使所屬壽寧銀礦盜採者聚衆千餘人所過剽掠募兵擊禽其魁福寧豪尤氏殺人出入隨兵甲拒捕者二十年福清薛氏時出諸番互市事覺謀作亂皆捕殺之福安寧德銀礦久絕有司責課民多破產喬新以爲言減三之二興化民自洪武初受牛於官至是猶歲課其租奏免之清流歸化里介沙縣將樂間恃險不供賦白都御史置歸化縣其民始奉要束遷河南按察使歲大饑故事振貸迄秋止喬新曰止於秋謂秋成可仰也今秋可但已乎振至明年麥熟乃止都御史原傑以招撫流民至南陽引喬新自助初項忠驅流民過當民間傑至益寬山谷喬新躬往招之附籍者六萬餘戶遷湖廣右布政使荊州民苦徭役驗丁口貧富列爲九等民便之十六年擢右副都御史巡撫山西邊地軍民每出塞伐木捕獸喬新言此輩苟遇敵必輸情求生皆賊導也宜毋聽闌出犯者罪守將詔可敵犯塞偕參將支玉伏兵灰溝營擊斬甚衆進左副都御史歲饑奏免雜辦及戶口鹽鈔十之四劾僉事尚敬劉源稽獄請赦天下斷獄官淹半載以上者悉議罪帝稱善亟從之召拜刑部右侍郎山西大饑人相食命往振活三十餘萬人還流冗十四萬戶還朝會安寧宣撫使楊友欲奪嫡弟播州宣慰使愛爵誣愛有異謀喬新往勘與巡撫劉璋共白愛誣友奪官安置他府播人遂安孝宗嗣位萬安劉吉等忌喬新剛正出爲南京刑部尚書沿江蘆洲率爲中官占奪託言備進奉費喬新奏還之民初喬新之出中官懷恩不平一日以事詣閣言新君踐阼當用正人胡爲出何公安等默然旣而刑部尚書杜銘罷羣望屬喬新而吉代安爲首輔終忌之久不補弘治改元用王恕薦始召喬新代銘奏言舊制遣官勘事及逮捕必齎精徼批文赴所在官司驗視乃行近止用駕帖

不合符宜復舊制以防矯詐帝立報許時吉仇正人類興大獄喬新率據法直之吉愈啣恨數摭他事奪俸二年夏京城大水喬新請恤被災者家又慮刑獄失平條上律文當更議者數事吉悉格不行大理丞鬪御史鄒魯覬遷而喬新薦郎中魏紳會喬新外家與鄉人訟魯即誣喬新受賕曲庇吉取中旨下其外家詔獄喬新乃拜疏乞歸頃之窮治無驗魯坐停俸喬新亦許致仕喬新性廉介觀政工部時嘗使淮西巢令闔擻少學於文淵以金幣餽喬新却之闔曰以壽吾師耳喬新曰子欲壽吾親因他人致之則可因吾致之則不可卒不受福建市舶中官死鎮守者分其貲遺三司喬新獨固辭不得輸之於庫既家居楊受遣使厚致賻且獻良材可爲櫬者喬新堅却之喬新年十一時侍父京邸修撰周旋過之喬新方讀通鑑續編旋問曰書法何如綱目對曰呂文煥降元不書叛張世傑溺海不書死節曹彬包拯之卒不書其官而紀羲軒多採怪妄似未有當也旋大驚異比長博綜羣籍聞異書輒借鈔積三萬餘帙皆手較讐著述甚富與人寡合氣節友彭韶學問友邱濬而已罷歸後巡按江西御史陳詮奏喬新始終全節中間祇以受親故餽遺之嫌勒令致仕進退黯昧誠爲可惜乞行勘本官如無疾則行取任用有疾則加慰勞以存故舊之恩全進退之節不許後中外多論薦竟不復起十五年卒年七十六江西巡撫林俊爲彭韶及喬新請諡吏部覆從之有旨令上喬新致仕之由給事中吳世忠言喬新學行政事莫不優忠勤剛介老而彌篤御史鄒魯挾私誣劾一辭不辨恬然退歸杜門著書人事寡接士大夫莫不高其行若必考退身之由疑旌賢之典則如宋蔣之奇嘗誣奏歐陽修矣胡紘輩嘗誣奏朱熹矣未聞以一人私情廢萬世公論也事竟寢正德十一年廣昌知縣張傑復以爲言乃贈太子太保予廕明年賜諡文肅喬新五世孫源萬曆初爲刑部右侍郎亦有清節

彭韶字鳳儀莆田人天順元年進士授刑部主事進員外郎成化二年疏論僉都御史張岐憸邪宜召王竑李秉葉盛忤旨下詔獄給事中毛弘等救之不聽卒輸贖尋遷郎中錦衣指揮周彧太后弟也奏乞武強武邑民田不及賦額者籍爲閒田命韶偕御史季琮覆勘韶等周視徑歸上疏自劾曰眞定田自祖宗時許民墾種即爲恒產除租賦以勸力農功臣戚里家與國咸休豈當與民爭尺寸地臣誠不忍奪小民衣食附益貴戚請伏奉使無狀罪疏入詔以田歸民而責韶等邀名方命復下詔獄言官爭論救得釋當是時韶與何喬新同官並有重名一時稱何彭遷四川副使安岳尼氏焚滅劉某家二十一人定遠曹氏殺其兄一家十二人所司以爲疑獄久不決韶一訊得實咸伏辜進按察使盡撤境內淫祠王府祭葬舊遣內官公私煩費奏罷之雲南鎮守太監錢能進金燈擾道路韶劾之不報十四年春遷廣東左布政使中官奉使紛遝鎮守顧恒市舶韋眷珠池黃福皆以進奉爲名所至需求民不勝擾韶先後論奏最後梁芳弟錦衣鎮撫德以廣東其故鄉歸採禽鳥花木害尤酷韶抗疏極論語侵芳芳怒搆於帝調之貴州二十年擢右副都御史巡撫應天明年正月星變上言彗星示災見於歲暮遂及正旦歲暮者天道之終正旦者歲事之始此天心仁愛欲陛下善始善終也陛下嗣位之初家禮正防微周儉德昭用人慎乃邇年以來進奉貴妃加於嫡后褒寵其家幾與先帝后家埒此正家之道未終也監局內臣數以萬計利源兵柄盡以付之犯法縱奸一切容貸此防微之道未終也四方鎮守中官爭獻珍異動稱敕旨科擾小民此持儉之道未終也六卿並加師保監寺兼領崇階及予告而歸廩食輿夫濫加庸鄙爵賞一輕人誰知勸此用人之道未終也惟陛下慎終如始天下幸甚時方召爲大理卿帝得疏不悅命仍故官巡撫順天永平二府均大興宛平昌平諸縣徭役劾奏鎮守中官陶弘罪孝宗即位召爲刑部右侍郎嘉興百戶陳輔緣盜販爲亂陷府城大掠遁入太湖遣韶巡視韶至賊已滅乃命兼僉都御史整理鹽法尋進左侍郎以商人苦抑配爲定折價額蠲宿負憫竈戶煎辦徵賠折閱之困繪八圖以獻條利病六事悉允行弘治二年秋還朝明年改吏部與尚書王恕甄人才覈功實仕路爲清彗星見上言宦官太盛不可不亟裁損因請午朝面議大政冊祇具文已又言濫授官太多乞嚴杜倖門痛爲釐正帝是其言然竟不能用四年秋代何喬新爲刑部尚書故安遠侯柳景贓敗至數千兩徵僅十一以其母訴免韶執奏曰昔唐宣宗元舅鄭光官租不入京兆尹韋澳械其莊吏宣宗欲寬之澳不奉詔景無元舅之親贓非負租之比獨蒙宥除是臣等守法媿於澳也不從御史彭程以論皇壇器下獄韶疏救因極陳光祿冗食濫費狀乃命具歲辦數以聞荊王見潚有罪奏上淹旬不下內官王明苗通高永殺人減死遣戍昌國公張巒建墳踰制役軍至數萬畿內民冒充陵廟戶及勇士旗校輒免徭役致見戶不支流亡日衆韶皆抗疏極論但下所司而已韶涖部三年昌言正色秉節無私與王恕及喬新稱三大老而爲貴戚近習所疾大學士劉吉亦不之善韶志不能盡行連章乞休乃命乘傳歸月廩歲隸如制明年南京地震御史宗彝等言韶喬新强珍謝鐸陳獻章章懋彭程俱宜召用不報又明年卒年六十六諡惠安贈太子少保韶嗜學公暇手不釋書正德初林俊言韶諡不副行乞如魏驥吳訥葉盛改諡文竟不行

周經字伯常刑部尚書瑄子也天順四年進士改庶吉士授檢討成化中歷侍讀中允侍孝宗於東宮講文華大訓太子起立閣臣以爲勞議請坐聽經與諸講官皆不可乃已孝宗立進太常少卿兼侍讀弘治二年擢禮部右侍郎中官請修黃村尼寺奉祀孝穆太后土魯番貢獅子不由甘肅假道滿剌加浮海至廣東經倡議毀其寺却貢不與通改吏部進左侍郎通政經歷沈祿者皇后姑壻也尚書王恕在告中官傳旨擢祿本司參議經言非面承旨又無御札不敢奉詔復與恕疏爭之事雖不能止朝論韙焉靈壽奸民獻地於中官李廣戶部持不得經倡九卿疏爭卒罪獻地者嘗上言外戚家無功求遷無勞乞賞兼齋醮遊宴濫費無紀致帑藏殫虛宜大爲撙節近例預備倉積粟多者守令賜誥敕不次遷官遂致剝下干進請如洪武間例悉出官帑平糴毋奪民財考績毋專以積粟爲能至淸軍之弊洪熙以前在旗校宣德以後在里胥弊在旗校者版籍猶存若里胥則並版籍而淆亂之宜考故冊洗奸弊災傷民乞省恤惜薪司薪炭約支數年災荒郡縣宜盡與停免四方顏料雜辦亦然此救民急務也帝多採納之八年文武大臣以災異陳時政經爲具奏草而斥戲樂一事語尤切直帝密令中官廉草奏者尚書耿裕曰疏首吏部裕實具草經曰疏草出經手即有罪罪經世兩賢之明年代葉淇爲戶部尚書時孝宗寬仁而戶部尤奸蠹所萃挾勢行私者不可勝紀少不如意讒毀隨之經悉按祖宗成憲無所顧寬逋緩征裁節冗濫四方告災必覆奏蠲除每委官監稅課入多者與下考苛切之風爲之少衰奉御趙瑄獻雄縣地爲東宮莊經等劾瑄違制下詔獄而帝復從鎮撫司言遣官勘實經等復爭之曰太祖太宗定制閒田任民開墾若因奸人言而籍之官是土田予奪盡出奸人口小民無以爲生矣既而勘者及巡撫高銓言閒田止七十頃悉與民田錯於是從經言仍賦之民治瑄罪中官何鼎劾外戚張鶴齡下獄經疏救之忤旨切責雍王祐枟乞衡州稅課司及衡陽縣河泊所經言不可許帝納之命自今四方稅課王府不得請中官織造者請增給兩浙鹽課二萬引經等言鹽筴佐邊不宜濫給且祖宗朝織染諸局供御有常數若曰取用有加則江南兩浙已例外增造若曰工匠不足則仰食公家不下千餘人所爲何事是知供用未必缺而徒導陛下以勞民傷財之事也帝不從經恐歲以爲常再疏請斷其後乃命歲予五千引先是倉場監督內官依成化末年例裁減十一年秋帝復增用少監莫英等三人經上疏力爭帝以已遣不聽內靈臺請錦衣餘丁百人供灑掃經等諫不納經曰祖宗設內臺其地至密今一旦增百人將必有漏洩妄言者帝悟立已之崇王見澤乞河南退灘地二十餘里經言不宜予興王祐杬前後乞赤馬諸河泊所及近湖地千三百餘頃經三疏爭之竟不許帝以肅寧諸縣地四百餘頃賜壽寧侯張鶴齡其家人因侵民地三倍且毆民至死下巡撫高銓勘報銓言可耕者無幾請仍賦民不許時王府勳戚莊田例畝徵銀三分獨鶴齡奏加徵二分且概加之沙鹻地經抗章執奏命侍郎許進偕太監朱秀覆覈經言地已再勘今復遣使徒滋煩擾昔太祖以劉基故減青田賦徵米五合欲使基鄉里子孫世世頌基今興濟篤生皇后正宜恤民減賦俾世世戴德何乃使小民銜怨無已也頃之進等還言此地乃憲廟皇親栢權及民恒產不可奪帝竟予鶴齡如其請加稅而命償權直除民租額經等復諫曰東宮親王莊田徵稅自有例鶴齡不宜獨優權先帝妃家亦戚畹也名雖償直實乃奪之天下將謂陛下惟厚椒房親不念先朝外戚帝終不納大同缺戰馬馬文升請太倉銀以市經言糧馬各有司存祖訓六部毋相壓兵部侵戶部權非祖訓帝爲改撥太僕銀給之給事中魯昂請盡括稅役金錢輸太倉經曰不節織造賞賚齋醮土木之費而欲括天下財是舛也內官傳旨索太倉銀三萬兩爲燈費持不與經剛介方正好强諫雖重忤旨不恤宦官貴戚皆憚而疾之太監李廣死帝得朝臣與餽遺簿籍大怒科道因劾諸臣交通狀有及經者經上疏曰昨科道劾廷臣奔競李廣闌入臣名雖蒙恩不問實含傷忍痛無以自明夫人奔競李廣冀其進言左右圖寵眷耳陛下試思廣在時曾言及臣否且交結餽遺簿籍具在乞檢曾否有臣姓名更嚴鞫廣家人臣但有寸金尺帛即治臣交結之罪斬首市曹

以爲奔競無恥之戒若無干涉亦乞爲臣洗雪庶得展布四體終事聖明若令含汙忍垢即死塡溝壑目且不瞑帝慰答之十三年星變自陳乞休報許賜敕馳驛加太子太保以侶鍾代廷臣爭上章留之中外論薦者至八十餘疏咸報寢武宗即位言官復薦召爲南京戶部尚書遭繼母憂未任正德三年服闋經𤧬兵部尚書曹元方善劉瑾言經雖老尚可用乃召爲禮部尚書固辭不許强赴召受事數月即謝病去五年三月卒年七十一贈太保謚文端子曾進士浙江右參政

耿裕字好問刑部尚書九疇子也景泰五年進士改庶吉士授戶科給事中改工科天順初以九疇爲右都御史改裕檢討九疇坐劾石亨貶裕亦謫泗州判官終父喪補定州成化初召復檢討歷國子司業祭酒侯伯年幼者皆肄業監中裕采古諸侯貴戚言行可法者爲書授之帝聞而稱善歷吏部左右侍郎坐尚書尹旻累停俸者再已代旻爲尚書大學士萬安與裕不協而李孜省私其同鄉李裕欲使代裕相與謀中之坐以事調侍郎黎淳南京而奪裕俸言官復交劾有之裕入謝旣出帝怒曰吾再寬裕罪當再謝今一謝以奪俸故意鞅鞅耶孜省等因而傾之遂調南京禮部而以李裕代踰年孝宗嗣位轉南京兵部參贊機務弘治改元召拜禮部尚書時公私侈靡耗費日廣裕隨事救正因災異條上時事及申理言官先後陳言甚衆大要歸於節儉給事中鄭宗仁疏節光祿供應裕等請納其奏巡視光祿御史田奫以供費不足累行戶請借太倉銀償之裕等言疑有侵盜弊請敕所司禁防帝皆從之南京守備中官請增奉先殿日供品物裕等不可帝方踐阼斥番僧還本土止留乳奴班丹等十五人其後多潛匿京師轉相招引齋醮復興言官以爲言裕等因力請驅斥帝乃留百八十二人餘悉遂之禮部公廨火裕及侍郎倪岳周經等請罪被劾下獄已釋之停其俸初撒馬兒罕及土魯番皆貢獅子甘肅鎭守太監傅悳先圖形以進巡按御史陳瑤請却之裕等乞從瑤請而治悳違詔罪帝不從後番使再至留京師頻有宣召裕等言番人不道因朝貢許其自新彼復潛稱可汗興兵犯順陛下優假其使適遇倔强之時彼將謂天朝畏之益長桀驁且獅子野獸無足珍異帝即遣其使還尋代王恕爲吏部尚書加太子太保御用監匠人李綸等以內降得官裕言先有詔文官不由臣部推舉傳乞除授者參送法司按治今除用綸等不信前詔不可給事中呂獻等皆論奏裕亦再疏爭終不聽裕爲人坦夷諒直諳習朝章秉銓數年無愛憎亦不徇毀譽銓政稱平自奉澹泊兩世貴盛而家業蕭然父子並以名德稱九年正月卒年六十七贈太保謚文恪

倪岳字舜咨上元人父謙奉命祀北岳母夢緋衣神入室生岳遂以爲名謙終南京禮部尚書謚文僖岳天順八年進士改庶吉士授編修成化中歷侍讀學士直講東宮二十二年擢禮部右侍郎仍直經筵弘治初改左侍郎岳好學文章敏捷博綜經世之務尚書耿裕方正持大體至禮文制度率待岳而決六年裕改吏部岳遂代爲尚書詔召國師領占竹於四川岳力諫帝不從給事中夏昂御史張禎等相繼爭之事竟寢時營造諸王府規制宏麗踰永樂宣德之舊岳請頒成式又以四方所報災異禮部於歲終類奏率爲具文乃詳次其月日博引經史徵應勸帝勤講學開言路寬賦役愼刑罰黜奸貪進忠直汰冗員停齋醮省營造止濫賞帝頗採納焉左侍郎徐瓊與后家有連謀代岳九年南京吏部缺尚書廷推瓊詔加岳太子太保往任之而瓊果代岳尋改岳南京兵部參贊機務還代屠滽爲吏部尚書嚴絕請托不徇名譽銓政稱平岳狀貌魁岸風釆嚴峻善斷大事每盈廷聚議決以片言聞者悅服同列中最推遜馬文升然論事未嘗苟同前後陳請百餘事軍國弊政剔抉無遺疏出人多傳錄之論西北用兵害尤切其畧云近歲毛里孩阿羅忽孛羅出癿加思蘭大爲邊患蓋緣河套之中水草甘肥易於屯牧故賊頻據彼地擁衆入掠諸將怯懦率嬰城自守苟或遇敵輒至挫衂旣莫敢折其前鋒又不能邀其歸路敵進獲重利退無後憂致兵鋒不靖邊患靡寧命將徂征四年三舉絕無寸功或高臥而歸或安行以返析圭擔爵優游朝行輦帛輿金充牣私室且軍旅一動輒報捷音賜予濫施官秩輕授甚至妄殺平民謬稱首級敵未敗北輒以奔遁爲辭功賞所加非私家子弟即權門厮養而什伍之卒轉餉之民則委骨荒城膏血野草天怒人怨禍幾日深非細故也京營素號冗怯留鎭京師猶恐未壯根本顧乃輕於出禦用褻天威臨陣輒奔反墮邊軍之功爲敵人所侮且延綏邊也去京師遠宣府大同亦邊也去京師近彼有門庭之喻此無陛楯之嚴可乎頃兵部建議令宣府出兵五千大同出兵一萬併力以援延綏而不慮其相去旣遠往返不逮人心苦於轉移馬力疲於奔軼夫聲東擊西者賊寇之奸態也擣虛批亢者兵家之長策也精銳旣盡乎西老弱乃留於北萬一北或有警而西未可離首尾衡決遠近坐困其可爲得計哉至於延綏士馬屯集糧糗不貲乃以山西河南之民任飛芻轉粟之役徒步千里夫運而妻供父輓而子荷道路愁怨井落空虛幸而得至束芻百錢斗粟倍直不幸遇賊身且斃矣他尚何云輸將不足則有輕齎輕齎不足又有預徵水旱不可先知豐歉未能逆卜徵如何其可預也又令民輸芻粟補官而媚權貴私親故者或出空牒以授倉庾無升合之入至若輸粟給鹽則豪右請託率占虛名鬻之而商賈費且倍蓰官爵日輕鹽法日沮而邊儲之不充如故也又朝廷出帑藏給邊歲爲銀數十萬山西河南輸輕齎於邊者歲不下數十萬銀日積而多則銀益賤粟日散而少則粟益貴而不知者遂於養兵之中寓養狙之術或以茶鹽或以銀布名爲準折糧價實則侵尅軍需故朝廷有廩廩之虞軍士無果腹之樂至兵馬所經例須應付居平人日米一斗馬日芻一束追逐一日之間或一二堡或三四城豈能俱給哉而典守者巧爲竊攘之謀凡所經歷悉有開支罔上行私莫此爲甚及訪禦敵之策則又論議紛紜有謂復受降之故險守東勝之舊城使聲援交接犄角易制夫欲復城河北卽須塞外屯兵出孤遠之軍涉荒漠之地輜重爲累餽餉惟艱彼或抄掠於前躡襲於後曠日持久軍食乏絕進不得城退不得歸一敗而聲威大損矣又有謂統十萬之衆裹半月之糧奮揚武威掃蕩窟穴使河套一空事非不善也然帝王之兵以全取勝孫吳之法以逸待勞今欲鼓勇前行窮搜遠擊乘危履險覬萬一之倖贏糧遠隨則重不及事提兵深入則孤不可援且其間地方千里無城郭之居委積之守彼或往來遷徙罷我馳驅我則情見勢屈爲敵所困旣失坐勝之機必蹈覆沒之轍其最無策者又欲棄延綏勿守使兵民息肩不知一民尺土皆受之祖宗不可忽也向失東勝故今日之害萃於延綏而關陝震動今棄延綏則他日之害鍾於關陝而京師震動賊愈近而禍愈大矣因陳重將權增城堡廣斥堠募民壯去客兵明賞罰嚴間諜實屯田復邊漕數事時兵部方主用兵不能盡用也十四年十月卒年五十八贈少保謚文毅明世父子官翰林俱謚文自岳始

閔珪字朝瑛烏程人天順八年進士授御史出按河南以風力聞成化六年擢江西副使進廣東按察使久之以右僉都御史巡撫江西南贛諸府多盜率强宗家僕珪請獲盜連坐其主法司議從之尹直輩謀之李孜省取中旨責珪不能弭盜左遷廣西按察使孝宗嗣位擢右副都御史巡撫順天入爲刑部右侍郎進右都御史總督兩廣軍務與總兵官毛銳討古田獞副總兵馬俊參議馬鉉自臨桂深入敗死軍遂退詔停俸討賊珪復進兵連破七寨他賊悉就撫弘治七年遷南京刑部尚書尋召爲左都御史十一年東宮出閣加太子少保十三年代白昂爲刑部尚書再加太子太保以災異與都御史戴珊共陳時政八事又陳刑獄四事多報可珪久爲法官議獄皆會情比律歸於仁恕宣府妖人李道明聚衆燒香巡撫劉聰信千戶黃珍言株連數十家謂道明將引北寇攻宣府及逮訊無驗珪乃止坐道明一人餘悉得釋而抵珍罪聰亦下獄貶官帝之親鞫吳一貫也將寘大辟珪進曰一貫推案不實罪當徒帝不允珪執如初帝怒戴珊從旁解之帝乃霽威令更擬珪終以原擬上帝不悅召語劉大夏對曰刑官執法乃其職未可深罪帝默然久之曰朕亦知珪老成不易得但此事太執耳卒如珪議正德元年六月以年踰七十再疏求退不允及劉瑾用事九卿伏闕固諫韓文被斥珪復連章乞休明年二月詔加少保賜敕馳傳歸六年十月卒年八十二贈太保謚莊懿從孫如霖南京禮部尚書如霖曾孫洪學吏部尚書洪學從弟夢得兵部戎政尚書他爲庶僚者復數人

戴珊字廷珍浮梁人父哻由鄉舉官嘉興教授有學行富人數輩遣其奴子入學哻不可賂上官强之執愈堅見忤坐他事去珊幼嗜學天順末與劉大夏同舉進士久之擢御史督南畿學政成化十四年遷陝西副使仍督學政正身率教士皆愛慕之歷浙江按察使福建左右布政使終任不攜一土物弘治二年以王恕薦擢右副都御史撫治鄖陽蜀盜野王剛流劫竹山平利珊合川陝兵擒副使朱漢等討擒其魁餘皆以脅從論全活甚衆入歷刑部左右侍郎與尚書何喬新彭韶共事晉府寧化王鍾鈵淫虐不孝勘不得實再遣珊等勘之遂奪爵禁錮進南京刑部尚書久之召爲左都御史十七年考察京官珊廉介不苟合給事中吳蕣王蓋自疑見黜連疏詆吏部尚書馬文升並言珊縱妻子納賄珊等乞罷帝慰留之御史馮允中等言文升珊歷事累朝淸德素著不可因浮詞廢計典乃下蕣蓋詔獄命文升珊卽舉察事珊等言兩人逆計當黜故先劾臣等今黜之彼必曰是挾私也苟避不黜則負委任而使詐諼者得

志帝命上兩人事蹟皆黜之已劉健等因召對力言蓋罪輕宜調用帝方嚮用文升珊卒不納帝晚年召對大臣珊與大夏造膝宴見尤數一日與大夏侍坐帝曰時當述職諸大臣皆杜門如二卿者雖日見客何害袖出白金賚之曰少佐而廉且屬勿廷謝曰恐爲他人忌也珊以老疾數求退輒優詔勉留遣醫賜食慰諭有加珊感激泣下私語大夏曰珊老病子幼恐一旦先朝露公同年好友何惜一言乎大夏曰唯唯後大夏燕對畢帝問珊病狀言珊實病乞憫憐聽其歸帝曰彼屬卿言耶主人留客堅客則強留珊獨不能爲朕留耶且朕以天下事付卿輩猶家人父子今太平未兆何忍言歸大夏出以告珊珊泣曰臣死是官矣帝既崩珊以新君嗣位不忍言去力疾視事疾作遂卒贈太子太保謚恭簡

贊曰孝宗之爲明賢君有以哉恭儉自飭而明於任人劉謝諸賢居政府而王恕何喬新彭韶等爲七卿長相與維持而匡弼之朝多君子殆比隆開元慶曆盛時矣喬新韶雖未究其用而望著朝野史稱宋仁宗時國未嘗無嬖倖而不足以累治世之體朝未嘗無小人而不足以勝善類之氣孝宗初政亦畧似之不然承憲宗之季而欲使政不旁撓財無濫費滋培元氣中外乂安豈易言哉

明史卷一百八十四

總裁官總理事務經筵講官少保兼太子太保保和殿大學士兼管吏部戶部尚書事加六級張廷玉等奉

敕修

列傳第七十二

周洪謨 楊守陳 弟守阯 子茂元 茂仁
張元禎 陳音 傅瀚
張昇 吳寬
傅珪 劉春
吳儼 顧清
劉瑞

周洪謨字堯弼長寧人正統十年進士及第授編修博聞強記善文詞熟國朝典故喜談經濟景泰元年疏勸帝親經筵勤聽政因陳時務十二事再遷侍讀天順二年掌南院事憲宗嗣位復陳時務言人君保國之道有三曰力聖學曰修內治曰攘外侮力聖學之目一曰正心修內治之目五曰求眞才去不肖旌忠良罷冗職恤漕運攘外侮之目六曰選將帥練士卒講陳法治兵器足饋餉靖邊陲帝嘉納焉成化改元廷議討四川山都掌蠻洪謨上方畧六事詔付軍帥行之進學士尋爲南京祭酒上言南監有紅板倉二十間高皇后積粟以養監生妻孥者宜修復帝允行之母喪服闋改北監十一年言士風澆浮請復洪武中學規帝嘉納命禮部榜諭崇信伯費淮入監習禮久不至洪謨劾之奪冠帶以儒巾赴監停歲祿之半學政肅然先聖像用冕旒十二而舞佾豆籩數不稱洪謨請備天子制又言古者鳴球琴瑟爲堂上之樂笙鏞柷敔爲堂下之樂而干羽則舞於兩階今舞羽居上樂器居下非古制當改尚書鄒幹駁止之洪謨再疏爭帝竟命其議還禮部右侍郎久之轉左以蔡傳所釋璿璣玉衡後人遵用其制考驗多不合宜改製帝卽屬洪謨洪謨易以木旬日而就十七年進尚書二十年加太子少保二十一年星變有所條奏帝多採納弘治元年四月天壽山震雷風雹樓殿瓦獸多毀洪謨復力勸修省帝深納之洪謨矜莊寡合與萬安同鄉安居政府時頗與之善至是言官先後論奏致仕歸又三年卒年七十二謚文安洪謨嘗言士人出仕或去鄉數千里旣昧土俗亦拂人情不若就近選除王府官終身不遷乖祖制當稍變更都掌蠻及白羅羅羿子數叛宜特設長官司就擇其人任之庶無後患將歿猶上安中國定四裔十事其好建白如此

楊守陳字維新鄞人祖範有學行嘗誨守陳以精思實踐之學舉景泰二年進士改庶吉士授編修成化初充經筵講官進侍講英宗實錄成遷洗馬尋進侍講學士同修宋元通鑑綱目母憂服闋起故官孝宗出閣爲東宮講官時編文華大訓事涉宦官者皆不錄守陳以爲非備列其善惡得失書成進少詹事孝宗嗣位宮僚悉遷秩執政擬守陳南京吏部右侍郎帝舉筆去南京字左右言劉宣見爲右侍郎帝乃改宣左而以守陳代之修憲宗實錄充副總裁弘治改元正月上疏曰孟子言我非堯舜之道不敢陳於王前夫堯舜之道何道書曰人心惟危道心惟微惟精惟一允執厥中此堯舜之得於內者深而爲出治之本也詢四岳闢四門明四目達四聰此堯舜之資於外者博而爲致治之綱也臣昔忝宮僚伏覩陛下朗讀經書未嘗勤睿問以究聖賢奧旨儒臣畧陳訓詁未嘗進詳說以極帝王要道是陛下得於內者未深也今視朝所接見者大臣之丰采而已君子小人之情狀小臣遠臣之才行何由識退朝所披閱者百官之章奏而已諸司之典則羣吏之情弊何由見宮中所聽信者內臣之語言而已百官之正議萬姓之繁言何由聞恐陛下資於外者未博也願遵祖宗舊制開大小經筵日再御朝大經筵及早朝但如舊儀若小經筵必擇端方博雅之臣更番進講凡所未明輒賜清問凡聖賢經旨帝王大道以及人臣賢否政事得失民情休戚必講之明而無疑乃可行之篤而無弊若夫前朝經籍祖宗典訓百官章奏皆當貯文華殿後陛下退朝披覽日令內閣一人講官二人居前殿右廂有疑則詢必洞晰而後已一日之間居文華殿之時多處乾清宮之時少則欲寡心清臨政不惑得於內者深而出治之本立矣午朝則御文華門大臣臺諫更番侍直事已具疏者用揭帖畧節口奏陛下詳問而裁決之在外文武官來覲俾條列地方事口陳大要付諸司評議其陛辭赴任者隨其職任而戒諭之有大政則御文華殿使大臣各盡其謀勿相推避不當則許言官駁正其他具疏進者召閣臣面議可否然後批答而於奏事辭朝諸臣必降詞色詳詢博訪務竭下情使賢才常接於目前視聽不偏於左右合天下之耳目以爲聰明則資於外者博而致治之綱舉矣若如經筵常朝祇循故事凡百章奏皆付內臣調旨批答臣恐積弊未革後患滋深且今積弊不可勝數官鮮廉恥之風士多浮競之習敎化凌夷刑禁弛懈俗侈而財滋乏民困而盜日繁列衞之城池不修諸郡之倉庫鮮積甲兵朽鈍行伍空虛將驕惰而不知兵士疲弱而不習戰一或有警何以禦之此臣所以朝夕憂思至或廢寢忘食者也帝深嘉納後果復午朝召大臣面議政事皆自守陳發之尋以史事繁乞解部務章三上乃以本官兼詹事府專事史館二年卒謚文懿贈禮部尚書弟守阯子茂元茂仁守阯字維立成化初鄉試第一入國學祭酒邢讓下獄率六館生伏闕訟冤十四年進士及第授編修秩滿故事無遷留都者會從兄守隨爲李孜省所逐欲并逐守阯乃以爲南京侍讀弘治初召修憲宗實錄直經筵再遷侍講學士給事中龎泮等以救知州劉遜悉下獄吏部尚書屠滽奏遣他官攝之守阯貽書極詆滽失十年大計京官守阯時掌院事言臣與掌詹事府學士王鏊俱當聽部考察但臣等各有屬員進與吏部會考所屬則坐堂上退而聽考又當候階下我朝優假學士慶成侍宴班四品上車駕臨雍坐彝倫堂內視三品此故事也今四品不與考察則學士亦不應與臣等職講讀撰述稱否在聖鑒有不待考察者詔可學士不與考察自守阯始修會典充副總裁尋遷南京吏部右侍郎嘗署兵部陳時弊五事改署國子監考績入都會典猶未成仍留爲總裁事竣遷左侍郎還任進二秩武宗立引年乞休不待報竟歸詔加尚書致仕劉瑾亂政奪其加官瑾敗乃復久之卒守阯博極羣書師事兄守陳學行相埒其爲解元學士侍郎皆與兄同又對掌兩京翰林院人尤艷稱之守陳卒守阯爲位哭奠者三年茂元字志仁成化十一年進士授刑部主事歷郎中出爲湖廣副使改山東弘治七年河決張秋詔都御史劉大夏治之復遣中官李興平江伯陳銳繼往興威虐縶辱按察使茂元攝司事奏言治河之役官多而責不專有司供億日費百金諸臣初祭河天色陰晦帛不能燃所焚之餘宛然人面具耳目口鼻觀者駭異鬼神示怪夫豈偶然乞召還興銳等專委大夏功必可成且水者陰象今后戚家威權太盛假名姓肆貪暴者不可勝數請加禁防以消變異畫工藝士宜悉放遣山東旣有內臣鎭守復令李全鎭臨淸宜撤還疏入下山東撫按勘奏言焚帛之異誠有之所奏供億多過其實於是與銳連章劾茂元妄詔遣錦衣百戶胡節逮之父老遮道愬節乞還楊副使及陛見茂元長跪不伏帝怒置之詔獄節遍叩中官備言父老愬冤狀中官多感動會言者交論救部擬贖杖還職特謫長沙同知謝病歸久之起安慶知府遷廣西左參政正德四年劉瑾遣御史孫廸校勘錢穀索賄不予瑾又惡茂元從父守隨遂勒致仕瑾誅起官江西尋遷雲南左布政使以右副都御史巡撫貴州改涖南京都察院終刑部右侍郎茂仁字志道成化末進士歷刑部郎中遼東鎭守中官梁玘被劾偕給事中往按盡發其罪終四川按察使

張元禎字廷祥南昌人五歲能詩寧靖王召見命名元徵巡撫韓雍器之曰人瑞也乃易元禎舉天順四年進士改庶吉士授編修憲宗嗣位疏請行三年喪不省其年五月疏陳三事一勤講學願不廢寒暑所講必切於修德爲治之實不必以亂亡忌諱爲諱講退更凝神靜味驗之於身心政化講官令大臣公舉剛明正大之人

不拘官職大小一公聽政請日御文華殿午前進講午後聽政天下章奏命諸臣詳議面陳可否陛下親臨決其是非暇則召五品以下官臨意問以時事得失利病令下情得以畢達一廣用賢請命給事中御史各陳兩京堂上官賢否如有不盡亦許在京五品官指陳之以爲進退又令共薦有德望者以代所去之位則大臣皆得其人於是命之各言其所屬及方面郡縣官之賢否付內閣吏部陞黜之中外羣臣有剛正敢言者舉爲臺諫不必論其言貌官職出身但不宜委之堂上官恐憚其剛方而薦柔媚者以充數所舉之人咸其推薦不敢直斥其非是以古者大臣不舉臺諫疏入以言多窒礙難行寢之預修英宗實錄與執政議不合引疾家居講求性命之學閱二十年中外交薦皆不赴弘治初召修憲宗實錄進左贊善上言人君不以行王道爲心非大有爲之主也陛下毓德青宮已負大有爲之望邇者頗崇異端變近習以蠱此心殖貨利耽玩好以荒此心開倖門塞言路以昧此心則不能大有爲矣願定聖志一聖學廣聖智疏反覆累萬言帝頗納之實錄成遷南京侍講學士以養母歸久之召爲會典副總裁至則進學士充經筵日講官帝甚傾向元禎體清癯長不踰中人帝特設低几聽之數月以母憂去服闋遷南京太常卿已修通鑑纂要復召爲副總裁以故官兼學士改掌詹事府帝晚年德益進元禎因請講筵增講太極圖通書西銘諸書帝亟取觀之喜曰天生斯人以開朕也欲大用之未幾晏駕武宗立擢吏部左侍郎兼學士入東閣專典誥敕元禎素有盛譽林居久晚乃復出館閣諸人悉後輩見元禎言論意態以爲迂闊多姍笑之又名位相軋遂騰謗議言官交章劾元禎元禎七疏乞休劉健力保持之健去元禎亦卒天啓初追謚文裕陳音字師召莆田人天順末進士改庶吉士授編修成化六年三月以災異陳時政言講學莫先於好問陛下雖間御經筵然勢分嚴絕上有疑未嘗問下有見不敢陳願引儒臣賜坐便殿從容咨論仰發聖聰異端者正道之反法王佛子眞人宜一切罷遣章下禮部越數日又奏國家養士百年求其可用不可多得如致仕尚書李秉在籍修撰羅倫編修張元禎新會舉人陳獻章皆當世人望宜召還秉等而置獻章臺諫言官多絀黜願召還判官王徽評事章懋等以開言路忤旨切責司禮太監黃賜母死廷臣皆往弔翰林不往侍講徐瓊謀於衆音大怒曰天子侍從臣相率拜內豎之室若清議何瓊愧沮秩滿進侍講汪直黨韋瑛夜帥邏卒入兵部郎中楊士偉家縛士偉考掠及其妻子音與比鄰乘墉大呼曰爾擅辱朝臣不畏國法耶其人曰爾何人不畏西廠音厲聲曰我翰林陳音也久之遷南京太常少卿劉吉父喪起復音貽書勸其固辭吉不悅後吏部擬用音吉輒阻之曰腐儒以故十年不得調嘗與守備中官爭事爲所劾事卒得直弘治五年吉罷始進本寺卿越二年卒音負經術士多遊其門者然性健忘世故瑣屑事皆不解世多以不慧事附之以爲笑然不盡實也

傅瀚字曰川新喻人天順八年進士選庶吉士除檢討嗜學強記善詩文再遷左諭德直講東宮孝宗嗣位擢太常少卿兼侍讀歷禮部左右侍郎尋命兼學士入東閣專典誥敕兼掌詹事府事弘治十三年代徐瓊爲禮部尚書保定獻白鵲疏斥之陝西巡撫熊翀以鄠縣民所得玉璽來獻以爲秦璽復出也瀚率同列言秦璽完毀具載簡冊今所進璽形色篆紐皆不類蓋後人倣爲之且帝王受命在德不在璽太祖製六璽列聖相承百三十餘載天休滋至受命之符不在秦璽明矣請姑藏內府帝是其言薄賞得璽者京師星變地震雨雹四方多變異瀚條上軍民所不便者請躬行節儉以先天下光祿寺逋行戶物價至四萬餘兩瀚言由供億之濫願敦儉素俾冗費不生所條奏率傅正議十五年卒贈太子太保謚文穆

張昇字啓昭南城人成化五年進士第一授修撰歷諭德弘治改元遷庶子大學士劉吉當國昇因天變疏言陛下卽位言者率以萬安劉吉尹直爲言安直被斥吉獨存吉乃傾身阿佞取悅言官昏暮款門祈免糾劾許以超遷由是諫官緘口奸計始遂貴戚萬喜依憑宮壼凶焰熾張吉與締姻及喜下獄猶爲營救父存則異居各爨父歿則奪情起官談笑對客無復戚容盛納艷姬恣爲淫黷且歷數其納賄縱子等十罪吉憤甚風科道劾昇誣詆調南京工部員外郎吉罷復故官歷禮部左右侍郎十五年代傅瀚爲尚書孝宗崩眞人陳應循西番灌頂大國師那卜堅參等以祓除率其徒入乾清宮昇請置之法詔奪眞人國師高士等三十餘人名號逐之昇在部五年遇災異輒進直言亦數爲言者所攻然自守謹飭武宗嬉遊怠政給事中胡煜楊一渶張襘皆以爲言章下禮部昇因上疏請親賢遠佞克謹天戒帝是之而不能用昇遂連疏乞休不允正德二年秦府鎭國將軍誠激請襲封保安王昇執不可忤劉瑾謝病詔加太子太保乘傳歸月米歲夫如制卒於家

吳寬字原博長洲人以文行有聲諸生間成化八年會試廷試皆第一授修撰侍孝宗東宮秩滿進右諭德孝宗卽位以舊學遷左庶子預修憲宗實錄進少詹事兼侍讀學士弘治八年擢吏部右侍郎丁繼母憂吏部員缺命虛位待之服滿還任轉左改掌詹事府入東閣專典誥敕仍侍武宗東宮宦豎多不欲太子近儒臣數移事間講讀寬率其僚上疏曰東宮講學寒暑風雨則止朔望令節則止一年不過數月一月不過數日一日不過數刻是進講之時少輟講之日多豈容復以他事妨誦讀古人八歲就傅卽居宿於外欲離近習親正人耳庶民且然矧太子天下本哉帝嘉納之十六年進禮部尚書餘如故先是孝莊錢太后崩廷議孝肅周太后萬歲後並葬裕陵祔廟禮皆如適至是孝肅崩將祔廟帝終以並祔爲疑下禮官集議寬言魯頌閟宮春秋考仲子之宮皆別廟漢唐亦然會大臣亦多主別廟帝乃從之時詞臣望重者寬爲最謝遷次之遷旣入閣嘗爲劉健言欲引寬共政健固不從他日又曰吳公科第年齒聞望皆先於遷遷實自愧豈有私於吳公耶及遷引退舉寬自代亦不果用中外皆爲之惜而寬甚安之曰吾初望不及此也年七十數引疾輒慰留竟卒於官贈太子太保謚文定授長子奭中書舍人補次子奐國子生異數也寬行履高潔不爲激矯而自守以正於書無不讀詩文有典則兼工書法有田數頃嘗以周親故之貧者友人賀恩疾遷至邸旦夕視之恩死爲衣素一月

傅珪字邦瑞清苑人成化二十三年進士改庶吉士弘治中授編修尋兼司經局校書與修大明會典成遷左中允武宗立以東宮恩進左諭德充講官纂修孝宗實錄時詞臣不附劉瑾瑾惡之謂會典成於劉健等多所糜費鐫與修者官降珪修撰俄以實錄成進左中允再遷翰林學士歷吏部左右侍郎正德六年代費宏爲禮部尚書禮部事視他部爲簡自珪數有執爭章奏遂多帝好佛自稱大慶法王番僧乞田百頃爲法王下院中旨下部稱大慶法王與聖旨並珪佯不知執奏孰爲大慶法王敢與至尊並書大不敬詔勿問田亦竟止珪居閒類木訥者及當大事毅然執持人不能奪卒以此忤權倖去教坊司臧賢請易牙牌製如朝士又請改鑄方印珪格不行賢日夜騰謗於諸閹閒冀去珪流寇擾河南太監陸闇謀督師下廷議莫敢先發珪厲聲曰師老民疲賊日熾以冒功者多僨事者漏罰失將士心先所遣已無功可復遣耶今賊橫行郊圻肘腋間民囂然思亂禍旦夕及宗社吾儕死不償責諸公安得首鼠兩端由是議罷疏上竟遣閹而中官皆憾珪御史張羽奏雲南災珪因極言四方災變可畏八年五月復奏四月災因言春秋二百四十二年災變六十九事今自去秋來地震天鳴雹降星隕龍虎出見地裂山崩凡四十有二而水旱不與焉災未有若是甚者極陳時弊十事語多斥權倖權倖益深嫉之會戶部尚書孫交亦以守正見忤遂矯旨令二人致仕兩京言官交章請留不聽珪歸三年御史盧雍稱珪在位有古大臣風家無儲蓄日給爲累乞須月廩歲隸以示優禮又謂珪剛直忠讜當起用吏部請如雍言不報而珪適卒年五十七遺命毋請卹典撫按以爲言詔廕其子中書舍人嘉靖元年錄先朝守正大臣追贈太子少保謚文毅

劉春字仁仲巴人成化二十三年進士及第授編修屢遷翰林學士正德六年擢吏部右侍郎進左八年代傅珪爲禮部尚書淮王祐棨鄭王祐橏皆由旁支襲封而祐棨稱其本生爲考祐橏并欲追封入廟交城王秉杋由鎭國將軍嗣爵而進其妹爲縣主春皆據禮駁之遂著爲例帝崇信西僧常襲其衣服演法內廠有綽吉我些兒者出入豹房封大德法王遣其徒二人還烏思藏請給國師誥命如大乘法王例歲時入貢且得齎茶以行春持不可帝命再議春執奏曰烏思藏遠在西方性極頑獷雖設四王撫化其來貢必有節制使不爲邊患若許其齎茶給之誥敕萬一假上旨以誘羌人妄有請乞不從失異俗心從之則滋害奏上罷齎茶卒與誥命春又奏西番俗信佛教故祖宗承前代舊設立烏思藏諸司及陝西洮岷四川松潘諸寺令化導番人許之朝貢貢期人數皆有定制比緣諸番僻遠莫辨眞僞中國逃亡罪人習其語言竄身在內又多攙寺請額番貢日增宴賞繁費乞嚴其期限酌定人數每寺給勘合十道緣邊兵備存勘合底簿比對相同方許起送并禁自後不得濫營寺宇報可廣東布政使羅榮等入覲各言鎭守內臣入貢之害春列上累朝停革貢獻詔旨且言四方水旱盜賊軍民困苦狀乞罷諸鎭守臣不納春掌禮三年愼守彝典宗藩請封請婚及文武大臣祭葬贈謚多所裁正遭憂服闋起南京吏部尚書尋以禮部尚書專典誥敕掌詹事府事十六年卒贈太子太保謚文簡劉氏世以科第顯春父規御史弟台雲南參政子彭年巡撫貴州右副都御史彭年子起宗遼東苑馬寺卿起

宗子世賞廣東左布政使台子鶴年雲南布政使以清譽聞鶴年孫世會巡撫雲南右副都御史有征緬功皆由進士

吳儼字克溫宜興人成化二十三年進士改庶吉士授編修歷侍講學士掌南京翰林院正德初召修孝宗實錄直講筵劉瑾竊柄聞儼家多貲遣人啗以美官儼峻拒之瑾怒會大計羣吏中旨罷儼官瑾誅復職歷禮部左右侍郎拜南京禮部尚書十二年武宗北巡儼抗疏切諫明年復偕諸大臣上疏曰臣等初聞駕幸昌平會具疏極諭不蒙採納既聞出居庸幸宣大宰輔不及知羣臣不及從三軍之士不及衞京師內外人心動搖徐淮以南荒饉千里去冬雨雪爲災民無衣食安保其不爲盜所禦之寇尙遠隔陰山而不虞之禍或猝起於肘腋臣所大懼也不報十四年卒官贈太子少保謚文肅

顧清字士廉松江華亭人弘治五年舉鄉試第一明年成進士改庶吉士授編修與同年生毛澄羅欽順汪俊相砥以名節進侍讀正德初劉瑾竊柄清邑子張文冕爲謀主附者立尊顯清絕不與通瑾銜之四年摘會典小誤挫諸翰林清降編修又以諸翰林未諳政事調外任及兩京部屬清得南京兵部員外郎會父憂不赴瑾誅還侍讀擢侍讀學士掌院事尋遷少詹事充經筵日講官進禮部右侍郎時澄已爲尙書清協恭守職前後請建儲宮罷巡幸疏凡十數上世宗嗣位爲御史李獻所劾罷歸清學端行謹恬於進取家居薦者相繼悉報寢嘉靖六年詔舉老成堪用內閣者廷推及清乃以爲南京禮部右侍郎上言錦衣職侍衞祖宗朝非機密不遣正德間營差四出海內騷然陛下所親見近乃遣千戶勘揚州高瀹爭私財事因其女婦憯毒備加請自今悉付所司停旂校無遣從之屢疏引疾詔進尙書致仕時方進表入都道卒謚文僖

劉瑞字德符內江人父時敏官山東僉事以廉惠稱瑞舉弘治九年進士選庶吉士授檢討好學潔修遇事輒有論建清寧宮災請罷醮壇時召內閣講官延訪治道又言故閹李廣門下內臣宜悉治罪前太監汪直先帝罪人今來覲用當斥遠之副使楊茂元郎中王雲鳳以直言獲罪宜召復其官京師之萬春宮興濟眞武廟壽寧侯第在外之興岐衡雍汝涇諸府土木繁興宜悉罷不急者都勻之捷鄧廷瓚冒其功賀蘭之征王越啟其釁請追正欺罔之罪報聞闕里廟成遣大學士李東陽祭告瑞請更定先師封謚不果行武宗即位疏陳端治本九事請召祭酒章懋侍郎王鏊都御史林俊雍泰而超擢參政王綸副使王雲鳳僉事胡獻知府楊茂元照磨金濂由是諸臣多獲進用劉瑾用事瑞即謝病貧不能還鄉依從母子李充嗣於澧州瑾榜瑞爲奸黨又以前薦雍泰除其名罰米輸塞上坐是益困授徒自給瑾誅以副使督浙江學校召爲南京太僕少卿嘉靖二年由南太常卿就遷禮部右侍郎因災變偕同官條上六事且言齋醮無益且妨政織造多費且病民帝多納用之大禮議起瑞偕九卿合疏極言大宗小宗之義凡數千言四年卒官贈尙書隆慶初謚文肅

贊曰周洪謨等以詞臣歷卿貳或職事拳拳或侃侃建白進講以啟沃爲心守官以獻替自效於文學侍從之選均無愧諸

明史卷一百八十五　列傳第七十三

總裁官總理事務經筵講官少保兼太子太保保和殿大學士兼管吏部戶部尚書事加六級張廷玉等奉
敕修

李敏 葉淇　賈俊 劉璋
黃紱 張悅 張鎣
佀鍾　曾鑑
梁璟 王詔　徐恪
李介 子昆　黃珂
王鴻儒　叢蘭
吳世忠

李敏字公勉襄城人景泰五年進士授御史天順初奉敕撫定貴州蠻還巡按畿內以薊州餉道經海口多覆溺建議別開三河達薊州以避其險軍民利之成化初用薦超遷浙江按察使再任湖廣歷山西四川左右布政使十三年擢右副都御史巡撫大同敵騎出沒塞下掩殺守墩軍敏伏壯士突禽之修治垣塹敵不敢犯十五年召爲兵部右侍郎踰四年病歸河南大饑條上救荒數事詔以左副都御史巡撫保定諸府二十一年改督漕運尋召拜戶部尚書先是敏在大同見山東河南轉餉至者道遠耗費乃會計歲支外悉令輸銀民輕齎易達而將士得以其贏治軍裝交便之至是并請畿輔山西陝西州縣歲輸糧各邊者每糧一石徵銀一兩以十九輸邊依時值折軍餉有餘則召糴以備軍興帝從之自是北方二稅皆折銀由敏始也崇文門宣課司稅多爲勢要所侵漁敏因馬文升言請增設御史主事監視御史陳瑤斥敏聚斂敏再疏求去帝慰留之貴戚請隙地及鷹房牧馬場千頃敏執不可事得寢當憲宗末中官佞倖多賜莊田既得罪率辭而歸之官罪重者奪之然不以賦民敏請召佃畝科銀三分帝從之然他莊田如故也會京師大水敏乃極陳其害言今畿輔皇莊五爲地萬二千八百餘頃勛戚中官莊三百三十有二爲地三萬三千一百餘頃官校招無賴爲莊頭豪奪畜產戕殺人汙婦女民心痛傷災異所由生皇莊始正統間諸王未封相閒地立莊王之籓地仍歸官其後乃沿襲普天之下莫非王土何必皇莊請盡革莊戶賦民耕畝槩徵銀三分充各宮用度無皇莊之名而有足用之效至權要莊田亦請擇佃戶領之有司收其課聽諸家領取悅民心感和氣無切於此時不能用南京御史與守備太監蔣琮相訐御史咸逮謫而琮居職如故敏再疏力爭皆不聽弘治四年得疾乞休帝爲遣醫視療已復力請乃以葉淇代詔敏乘傳歸未抵家卒贈太子少保謚恭靖敏生平篤行誼所得祿賜悉以分昆弟故人里居時築室紫雲山麓聚書數千卷與學者講習及巡撫大同疏籍之於官詔賜名紫雲書院大同孔廟無雅樂以敏奏得頒給如制云葉淇字本清山陽人景泰五年進士授御史天順初石亨譖之下吏考訊無驗出爲武陟知縣成化中累官大同巡撫孝宗立召爲戶部侍郎弘治四年代李敏爲尙書尋加太子少保哈密爲土魯番所陷守臣請給其遺民廩食處之內地淇曰是自貽禍也寢其奏奸民獻大名地爲皇莊淇議歸之有司內官龍綬請開銀礦淇不可帝從之已綬請長蘆鹽二萬引鬻於兩淮以供織造費淇力爭竟不納淇居戶部六年直亮有執能爲國家惜財用每廷議用兵輒持不可惟變開中之制令淮商以銀代粟鹽課驟增至百萬悉輸之運司邊儲由此蕭然矣九年四月乞休歸卒贈太子太保從子贊進士歷官刑部右侍郎以清操聞

賈俊字廷杰束鹿人以鄉舉入國學天順中選授御史歷巡浙江山西陝西河南南畿所至有聲成化十三年自山東副使超拜右僉都御史巡撫寧夏在鎮七年軍民樂業召爲工部右侍郎二十一年奉敕振饑河南尋轉左數月拜尙書時專重進士舉人無至六卿者俊獨以重望得之及孝宗踐阼尙書王恕李敏周洪謨余子俊何喬新都御史馬文升皆一時民譽俊參其間亦稱職諸王府第塋墓悉官予直而儀仗時繕修內官監欲頻興大工俊言王府既有祿米莊田請給半直儀仗非甚敝不得煩有司公家所宜營惟倉庫城池餘皆停罷帝報可弘治四年中官奏修沙河橋請發京軍二萬五千及長陵五衞軍助役內府寶鈔司乞增工匠浙江及蘇松諸府方罹水災而織造錦綺至數萬匹俊皆執奏並得寢工部政務與內府監局相表裏而內官監專董工役職尤相關俊不爲所撓工役大省太廟後殿成加太子少保足疾致仕詔許乘傳歸給夫廩如制踰年卒俊廉愼居工部八年望孚朝野代之者劉璋字廷信延平人天順初進士歷官中外有聲居工部亦數有爭執名亞於俊

黃紱字用章其先封邱人曾祖徙平越遂家焉紱登正統十三年進士除行人歷南京刑部郎中剛廉人目之曰硬黃大猾譚千戶者占民蘆場莫敢問紱奪還之民成化九年遷四川左參議久之進左參政按部崇慶旋風起輿前不得行紱曰此必有冤吾當爲理風遂散至州禱城隍神夢若有言州西寺者寺去州四十里倚山爲巢後臨巨塘僧夜殺人沉之塘下分其貲且多藏婦女於窟中紱發吏兵圍之窮詰得其狀誅僧毀其寺倉吏倚皇親乾沒官糧巨萬紱追論如法威行部中歷四川湖廣左右布政使奏閉建昌銀礦兩京工興湖廣當輸銀二萬例徵之民紱以庫羨充之荊王奏徙先壟紱恐爲民擾執不可二十二年擢右副都御史巡撫延綏劾參將郭鏞都指揮鄭印李鐸王琮等抵罪計捕奸豪張綱申軍令增置墩堡邊政一新出見士卒妻衣不蔽體歎曰健兒家貧至是何面目臨其上亟豫給三月餉親爲拊循會有詔毀庵寺紱因盡汰諸尼以給壯士無妻者及紱去多攜子女拜送於道弘治三年拜南京戶部尙書言官以紱進頗驟頻有言帝不聽就改左都御史焚差歷簿於庭曰事貴得人耳資勞久近豈立官意哉紱歷官四十餘年性卞急不能容物然操履潔白所至有建樹六年乞休未行卒

張悅字時敏松江華亭人舉天順四年進士授刑部主事進員外郎成化中出爲江西僉事改督浙江學校力拒請託校士不糊名曰我取自信而已遷四川副使進按察使遭喪服闋補湖廣王府承奉張通縱恣悅繩以

法及入覲中官尚銘督東廠衆競趨其門悅獨不往銘銜甚伺察無所得銘敗召拜左僉都御史孝宗立遷工部右侍郎轉吏部左侍郎王恕爲尚書悅左右之嘗兩攝選事弘治六年夏大旱求言陳遵舊章卹小民崇儉素裁冗食禁濫罰數事又上修德圖治二疏並嘉納俄遷南京右都御史就改吏部尚書九年復改兵部參贊機務以年至累疏乞休詔加太子少保馳傳歸卒贈太子太保謚莊簡時與悅同里而先爲南京兵部尚書者張鎣字廷器正統十三年進士景泰初擢御史歷江西副使按察使陝西左布政使成化三年以右副都御史巡撫寧夏寧夏城土築鎣始甃以甎道河流溉靈州屯田七百餘頃以父喪去服除起撫河間諸府改大同歷刑部左右侍郎十八年擢本部尚書明年加太子少保又明年再以憂歸弘治元年起南京兵部尚書卒官贈太子太保謚莊懿

侶鍾字大器鄆城人成化二年進士授御史巡鹽兩淮按浙江還掌諸道章奏汪直諷鍾劾馬文升鍾不可被譖杖闕下以都御史王越薦擢大理寺丞再遷右少卿寇入大同廷議遣大臣巡視保定諸府乃以命鍾居數月即擢右副都御史巡撫其地河間瀕海民地爲勢家所據鍾奪還之召爲刑部右侍郎丁內艱僦運艘載母柩南還督漕總兵官王信奏之逮下吏會當路方逐尹旻黨而鍾與旻爲同鄉乃貶二秩爲曲靖知府改徽州復入爲大理寺左少卿弘治三年以右副都御史巡撫蘇松諸府盡心荒政召爲戶部侍郎總督倉場尋改吏部十一年遷右都御史居二年進戶部尚書十五年上天下會計之數言常入之賦以蠲免漸減常出之費以請乞漸增入不足當出正統以前軍國費省小民輸正賦而已自景泰至今用度日廣額外科率河南山東邊餉浙江雲南廣東雜辦皆昔所無民已重困無可復增往時四方豐登邊境無調發州縣無流移今太倉無儲內府殫絀而冗食冗費日加於前願陛下惕然省憂力加損節且敕廷臣共求所以足用之術帝乃下廷臣議議上十二事其罷傳奉冗官汰內府濫收軍匠清騰驤四衛勇士停寺觀齋醮省內侍畫工番僧供應禁王府及織造濫乞鹽引令有司徵莊田租皆權倖所不便者疏留數月不下鍾乃復言之他皆報可而事關權幸者終格不行奸商投外戚張鶴齡乞以長蘆舊引十七萬免追鹽課每引納銀五分別用價買各場餘鹽如其數聽鬻販帝許之後奸民援例乞兩淮舊引至百六十萬鍾等力持皆不聽自此鹽法大壞奸人橫行江湖官司無如何矣東廠偵事者發鍾子瑞受金事鍾屢疏乞休命馳驛歸正德時劉瑾摭鍾在部時事至罰米者三又數年卒

曾鑑字克明其先桂陽人以戍籍居京師天順八年進士授刑部主事通州民十餘人坐爲盜獄已具鑑辨其誣已果獲眞盜成化末歷右通政累遷工部左侍郎弘治十三年進尚書孝宗在位久海內樂業內府供奉漸廣司設監請改造龍毯素毯一百有奇鑑等言毯雖一物然徵毛毳於山陝採綿紗諸料於河南召工匠於蘇松經累歲勞費百端祈賜停止不聽內府針工局乞收幼匠千人鑑等言往年尚衣監收匠千人而兵仗局效之收至二千人軍器局司設監又效之各收千人弊源一開其流無已於是命減其半太監李興請辦元夕煙火有詔裁省因鑑奏盡罷之十六年帝納諸大臣言召還織造中官中官鄧瑢以請帝又許之鑑等極言乃命減三之一其冬言諸省方用兵且水旱多盜賊乞罷諸營繕及明年煙火龍虎山上淸宮工作帝皆報從正德元年雷震南京報恩寺塔守備中官傅容請修之鑑言天心示儆不宜重興土木以勞民力乃止御馬監太監陳貴奏遣馬房欽天監官倪謙覆視請從之給事中陶諧等劾貴假公營私并劾謙阿附不聽鑑執奏謂馬房皆由欽天監相視營造其後任意增置者宜令拆毀改正葺以已賚庶牧養無妨而民不勞報可內織染局請開蘇杭諸府織造上供錦綺爲數二萬四千有奇鑑力請停罷得減三分之半太監許鏞等各齎敕於浙江諸處抽運木植亦以鑑言得寢孝宗末閣部大臣皆極一時選鑑亦持正及與韓文等請誅宦官不勝諸大臣留者率巽順避禍鑑獨守故操有詔賜皇親夏儒第帝嫌其隘欲拓之鑑力爭不從明年春中官黃準守備鳳陽從其請賜旗牌鑑等言大將出征及諸邊守將乃有旗牌內地守備無故事乃寢其年閏正月致仕旋卒贈太子太保

梁璟字廷美崞縣人天順八年進士授兵科給事中成化時屢遷都給事中項忠征荊襄驅流民復業璟劾其縱兵逼迫較賊更慘語具忠傳延綏用兵令山西預征芻粟民相率逃亡璟疏陳其困得寬減畿輔八府舊止設巡撫一人駐薊州以禦邊不能兼顧璟請順天永平二府分設一巡撫以薊州邊務屬之令巡撫陳濂專撫保定六府兼督紫荊諸關朝議從之遂爲定制已與同官韓文王詔等奏請起致仕尚書王竑李秉而斥都御史王越并及宮闈隱事被撻文華殿武靖伯趙輔西征不敢戰稱病求還復謀典營府事璟等極論其罪乃令養疾歸九載秩滿擢陝西左參政分守洮岷西番入寇督兵斬其魁內艱服闋還原任歷左右布政使先後在陝十五年多政績孝宗嗣位遷右副都御史巡撫湖廣弘治二年民饑請免徵兩京漕糧八十九萬餘石從之帝登極詔書已罷四方額外貢獻而提督武當山中官復貢黃精梅笋茶芽諸物武當道士先止四百至是倍之所度道童更倍咸衣食於官月給油蠟香楮灑掃夫役以千計中官陳善又擕道士三十餘人各領護持敕所至張威虐璟皆奏請停免多見採納外艱服除再撫四川七年召拜南京吏部右侍郎久之就進戶部尚書致仕歸卒王詔字文振趙人生有異姿學士曹鼐奇之妻以女天順末登進士授工科給事中睿皇后崩值秋享太廟時議謂不當以卑廢尊詔言禮有喪不祭無已則移日俟釋服議雖不行識者是焉勘牧馬草場劾會昌侯孫繼宗撫寧侯朱永侵占罪時方面官缺令京卿三品保舉詔言恐長奔競風不聽累遷都給事中八年七月敕修隆善寺工竣授工匠三十人官尚寶少卿任道遜等以書碑皆進秩詔上疏力諫不省已偕梁璟等論及宮闈事帝大怒召至文華殿面詰之詔仰呼曰臣等言雖不當然區區犬馬之誠知爲國而已乃杖而釋之出爲湖廣右參政原傑經畧荊襄詔襄理功爲多以父憂去服除再任遷右布政使弘治元年轉貴州左布政使其冬以右副都御史巡撫雲南土官好爭襲所司入其賄變亂曲直生邊患詔不通苞苴一斷以法且去弊政之不便者諸夷歸命邊徼寧戢有故官不能歸者妻子多鬻爲奴詔爲資遣得歸者甚衆洪武中尚書吳雲繼王禕死事後禕謚忠文歲祀之而不及雲詔以爲請乃謚雲忠節與禕並祀四年召拜南京兵部右侍郎未上卒

徐恪字公肅常熟人成化二年進士授工科給事中中官欲出領抽分廠恪等疏爭中官怒請即遣恪等將摭其罪無所得乃已出爲湖廣左參政遷河南右參政陝西饑當轉粟數萬石恪以道遠請輸直上下稱便弘治初歷遷左右布政使徽王府承奉司違制置吏恪革之王奏恪侵侮帝賜書誡王河徙逼開封有議遷藩府三司於許州者恪言非便遂寢四年拜右副都御史巡撫其地奏言秦項梁唐龐勛元方谷珍輩往往起東南今東南民力已竭加水旱洊臻去冬彗掃天津直吳越地乞召還織造內臣敕撫按諸臣加意拊循以弭異變帝不從故事王府有大喪遣中官致祭所過擾民成化末始就遣王府承奉及帝即位又復之恪請如先帝制并條上汰冗官清賦稅禁科擾定贖例革抽分數事多議行戶部督逋急恪以災變請緩其事御史李興請於鄖陽別設三司割南陽荊州襄陽漢中保寧夔州隸之恪陳五不可乃止恪素剛正所至抑豪右祛奸弊及爲巡撫以所部多王府持法尤嚴宗人多不悅平樂義寧二王遂訐恪減祿米改校尉諸事勘無驗坐恪入王府誤行端禮門欲以平二王忿帝知恪無他而以二王幼降敕切責命湖廣巡撫韓文與恪易任吏民罷市泣送數十里不絕屬吏以羨金賂揮之去至則值岐王之國中使擕鹽數百艘抑賣於民爲恪所持阻不行其黨密搆於帝居一歲中旨改南京工部右侍郎恪上疏曰大臣進用宜出廷推未聞有傳奉得者臣生平不敢由他途進請賜罷黜帝慰留乃拜命勢要家濫索工匠者悉執不予十一年考績入都得疾遂致仕卒

李介字守貞高密人成化五年進士選庶吉士改御史巡鹽兩浙還掌河南道事以四方災傷陳時政數事帝多採用之介敢言遇事不可輒牽同列論奏忤帝意兩撻於庭九載滿擢大理丞進少卿弘治改元遷右僉都御史巡撫宣府尋召左院事歷兵部左右侍郎十年夏北寇謀犯大同命介兼佐僉都御史往督軍餉且經畧之比至寇已退乃大修戎備察核官田牛具錢還之軍以其資償軍所逋馬價邊人感悅先後條上便宜二十事卒贈尚書子昆字承裕弘治初進士歷禮部主事中官何鼎建言下獄臺諫救之咸被責昆復論救弗聽父憂歸起改兵部主事帝將建延壽塔於城外昆復疏諫正德初羣小用事請黜邪枉進忠直杜宦戚請乞節中外侈費皆不報進員外郎忤尚書劉宇貶知解州屢遷陝西左布政使十年以右副都御史巡撫甘肅與總督彭澤經畧哈密兵部尚書王瓊劾澤處置失宜語連昆下吏法司言昆設謀遏强寇功不可掩瓊不從謫浙江副使世宗立瓊得罪復官巡撫順天尋召爲兵部右侍郎嘉靖初改左大同軍亂殺巡撫張文錦昆奉命往撫承制曲赦之還請收卹文錦帝方惡其激變不從遇疾歸久之卒

黃珂字鳴玉遂寧人成化二十年進士授龍陽知縣治行聞擢御史出按貴州金達長官何倫謀不軌計擒之

改設流官賊婦米魯亂奏劾巡撫錢鉞總兵官焦俊等皆得罪改按畿輔歷山西按察使正德四年擢右僉都御史巡撫延綏安化王寘鐇反傳檄四方用討劉瑾爲名他鎭畏瑾不敢以聞珂封上其檄因陳便宜八事而急令副總兵侯勛參將時源分兵扼河東賊遂不敢出亦不剌寇邊珂偕總兵官馬昻督軍戰敗之木瓜山六年復寇邊珂檄副總兵王勛等七將分據要害夾擊復敗之屢賜璽書銀幣是年秋入爲戶部右侍郎總督倉場河南用兵出理軍餉主客兵十餘萬追奔轉戰遷止無常珂隨方轉輸軍興無乏錄功增俸一級改刑部進左侍郎已改佐兵部寧王宸濠謀復護衞珂執議獨堅九年擢南京右都御史尋就拜工部尚書以年至乞休歸卒贈太子少保諡簡肅

王鴻儒字懋學南陽人少工書家貧爲府書佐知府段堅愛其書留署中親教之遣入學校爲諸生遂舉鄉試第一成化末登進士授南京戶部主事累遷郎中擢山西僉事進副使俱督學政居九年士風甚盛孝宗嘗語劉大夏曰藩臬中若王鴻儒他日可大用也正德改元謝病歸劉瑾擅政收召名流四年夏起爲國子祭酒以父喪去再起南京戶部侍郎歷吏部右侍郎尋轉左十四年遷南京戶部尚書甫履任宸濠反命督軍餉疽發於背遂卒諡文莊鴻儒爲學務窮理致用爲世所推在吏部淸正自持門無私謁弟鴻漸鄉試亦第一以進士累官山東右布政使以廉靜稱

叢蘭字廷秀文登人弘治三年進士爲戶科給事中中官梁芳陳喜汪直韋興先以罪擯斥復夤緣還京蘭因淸寧宮災疏陳六事極論芳等罪諸人遂廢尋言吏部遵詔書請擢用建言詿誤諸臣而明旨不盡從非所以示信失儀被糾請免送詔獄畿內征徭繁重富民規免他戶代之宜釐正章下所司進兵科右給事中都督僉事吳安以傳奉得官蘭請罷之時命撥團營軍八千人修九門城濠蘭言臣頃簡營軍詔許專事訓練無復差撥命下未幾旋復役之如前詔何遂罷遣還通政參議小王子犯大同命經畧紫荆倒馬諸關塞蹊隧可通敵騎者百十所正德三年進左通政明年冬出理延綏屯田安化王寘鐇反蘭奏陳十事中言文武官罰米者當產不能償朝臣謫戍刑官妄引新例鍛鍊成獄沒其家貲校尉偏行邊塞勢焰薰灼人不自保劉瑾大惡之矯旨嚴責給事中張瓚御史汪賜等遂希旨劾蘭瑾方憂邊事置不問數月瑾誅進通政使俄擢戶部右侍郎督理三邊軍餉六年陝西巡撫都御史藍章以四月寇亂移駐漢中會河套有警乃命蘭兼管固靖等處軍務蘭上言陝西起運糧草數爲大戶侵牟請委官押送毋鎭請發內帑銀數萬預買糧草御史張彧淸出田畝請蠲免子粒如弘治十八年以前科則靈州鹽課請照例開中召商糴糧軍士折色主者多尅減乞選委鄰近有司散給從之是年冬南畿及河南歲侵命蘭往振未赴而河北賊自宿遷渡河將逼鳳陽乃命蘭以本官巡視廬鳳滁和兼理振濟河南白蓮賊趙景隆自稱宋王掠歸德蘭遣指揮石堅知州張思齊等擊斬之九月賊平論功賚金幣增俸一級召還理部事部無侍郎缺乃命添註明年大同有警命巡視居庸龍泉諸關尋兼督宣大軍餉進右都御史總制宣大山東軍務令內地皆築堡寇至收保如塞下寇五萬騎自萬全右衞趨蔚州大掠又三萬騎入平虜南城以失事停半歲俸十年夏改督漕運尋兼巡撫江北中官劉允取佛烏思藏道蘭境入謁辭不見允需舟五百餘艘役夫萬餘人蘭馳疏極陳其害不報居四年以事忤兵部尚書王瓊解漕務專任巡撫寧王宸濠反蘭移鎭瓜州十五年遷南京工部尚書世宗卽位御史陳克宅劾蘭附江彬帝以蘭素淸謹釋勿問蘭遂乞休去卒贈太子少保

吳世忠字懋貞金谿人弘治三年進士授兵科給事中兩畿及山東河南浙江民饑有詔振恤所司俟勘覆世忠極言其弊因條上興水利復常平二事多施行已請恤建文朝殉難諸臣乞賜爵諡崇廟食且錄其子孫復其族屬爲忠義勸章下禮官寢不行尚書王恕被訐求去上疏請留之壽寧侯張鶴齡求勘河間賜地其母金夫人復求不已帝命遣使世忠言侯家仰托肺腑豈宜與小民爭尺寸命部勘未已內臣繼之內臣未已大臣又繼之剝民斂怨非國家福尤非外戚之福不聽大同總兵官神英副總兵趙昶等因馬市令家人以違禁綵繒易馬番人因闌入私易鐵器既出塞復潛兵掠蔚州陷馬營轉剽中東二路英等擁兵不救巡撫劉獻鎭守中官孫振又不以實聞十一年事發世忠往勘上疏備陳大同邊備廢弛士卒困苦之狀因極言英獻等貪利畏敵蕩無法度英落職獻振召還昶及遊擊劉淮參將李嶼等俱逮問已而獻改大理少卿昶以大理丞吳一貫覆讞僅鐫級世忠復極論獻罪且詆一貫帝皆不問闕里文廟災陳八事不能盡用寇犯延綏大同世忠言國初設七十二衞軍士不下百萬近軍政日壞精卒不能得一二萬人此兵足憂也太倉之儲本以備軍近支費日廣移用日多倘興師十萬犒賜無所取給此食足憂也正統己巳之變尙有石亨楊洪適所用李杲阮與趙昶劉淮之屬先後皆敗今王璽馬昇又以失事告此將帥足憂也國家多事大臣有以鎭之邇者忠正多斥貪庸獲存既鮮匡濟之才又昧去就之節安能懾強敵壯國勢乎此任人足憂也政多舛乖民日咨怨京軍敝力役京民苦催科畿甸覬恩尤切顧使不樂其生至此臨難誰與死守此民心足憂也天變屢徵火患頻發雲南地震壓萬餘家大同馬災踣二千匹此天意足憂也願順好惡以收人心肅念慮以回天意遣文武重臣經畧宣大以飭邊防策免諸臣不肖者而起素有才望如何喬新劉大夏倪岳戴珊張敷華林俊諸人以任國事則賊將望風遠遁而邊境可無憂矣帝以言多詆毀切責之尋乞大同增置臺堡以開田給軍耕墾不徵其稅江西歲饑盜起請簡巡撫黜有司貪殘者又請築京師外城所司多從其議再遷吏科左給事中擢湖廣參議坐事降山東僉事正德四年閏九月召爲光祿少卿旋改尙寶司卿其年冬與通政叢蘭等出理邊屯世忠往薊州明年奏言占種盜賣積弊已久若一一究問恐人情不安請量爲處分從之劉瑾敗言官劾其嘗請淸核屯田助瑾爲虐世忠故方鯁朝議寬之得免再遷大理少卿八年擢右僉都御史巡撫延綏寇在河套逐之失利乃引疾歸

贊曰明至英宗以後倖門日開傳奉請乞官冗役繁用度奓汰盛極孽衰國計坐絀李敏諸人斤斤爲國惜財抵抗近倖以求紓民然涓滴之助無補漏卮國家當承平殷阜之世侈心易萌近習乘之糜費日廣易曰節以制度不傷財不害民又曰不節若則嗟若此恭儉之主所爲凜凜也

明史卷一百八十六　列傳第七十四

總裁官總理事務經筵講官少保兼太子太保保和殿大學士兼管吏部戶部尙書事加六級張廷玉等奉

敕修

韓　文（顧佐　陳仁）　張敷華

楊守隨（弟守隅）　許　進（子誥　讚　論）

雍　泰（張津）　陳　壽

樊　瑩　熊　繡

潘　蕃　胡　富

張　泰（吳文度）　張　鼐（冒政）

王　璟　朱　欽

韓文字貫道洪洞人宋宰相琦後也生時父夢紫衣人抱送文彥博至其家故名之曰文成化二年舉進士除工科給事中嚴章州軍功劾寧晉伯劉聚都御史王越馬文升等濫殺妄報尋劾越薦李秉王竑語頗涉兩宮帝怒撻之文華殿庭已進右給事中出爲湖廣右參議中貴督太和山乾沒公費文力遏之以其羨易粟萬石備振貸九谿土酋與鄰境爭地相攻文往諭皆服閱七年轉左弘治改元王恕以文久淹用爲山東左參政居二年用倪岳薦擢雲南左布政使以右副都御史巡撫湖廣移撫河南召爲戶部右侍郎母喪除起改吏部進左十六年拜南京兵部尙書歲侵米價翔踴文請預發軍餉三月戶部難之文曰救荒如救焚有罪吾自當之乃發廩十六萬石米價爲平明年召拜戶部尙書文凝厚雍粹居常抑抑至臨大事剛斷無所撓武宗卽位賞賚及山陵大婚諸費需銀百八十萬兩有奇部帑不給文請先發承運庫詔不許文言帑藏虛賞賚自京邊軍士外請分別給銀鈔稍益以內庫及內府錢幷暫借勛戚賜莊田稅而敕承運庫內官核所積金銀著之籍且盡罷諸不急費帝不欲發內帑命文以漸經畫文持大體務爲國惜財眞人陳應循大國師那卜堅參等落職文請沒其貲實國帑舊制監局倉庫內官不過二三人後漸添注或一倉十餘人上林苑林衡署至三十二人文力請裁汰淳安公主賜田三百頃復欲奪任邱民業文力爭乃止孝宗時外戚慶雲壽寧侯家人及商人譚景淸等奏請買補殘鹽至百八十萬引文條鹽政夙弊七事論殘鹽尤切孝宗嘉納未及行而崩卽入武宗登極詔中罷之侯家復奏乞下部更議文等再三執奏弗從竟如侯請正德元年內閣及言官復論之詔下廷議文言鹽法之設專以備邊今山陝饑寇方大入度支匱絀飛輓甚難奈何壞祖宗法忽邊防之重景淸復陳乞如故文等劾其桀悍請執付法官帝不得已始寢前命榮王乞霸州莊田崇王請自徵莊田租勿令有司與文皆持却之保定巡撫王璟請革皇莊廷議從之帝命再議文請命巡撫官召民佃畝徵銀三分輸內庫而盡撤中官管莊者大學士劉健等亦力言內臣管莊擾民乃命留中官各一人校尉十人餘如文議中旨索實石西珠文請屏絕珍奇以養儉德報可帝將大婚取戶部銀四十萬兩文連疏請得免四之一文司國計二年力遏權倖權倖深疾之而是時青宮舊奄劉瑾等八人號八虎日導帝狗馬鷹兔歌舞角觝不親萬幾文每退朝對

僚屬語及輒泣下郎中李夢陽進曰公大臣義共國休戚徒泣何爲諫官疏劾諸奄執政持甚力公誠及此時率大臣固爭去八虎易易耳文捋鬚昂肩毅然改容曰善縱事勿濟吾年足死矣不死不足報國即偕諸大臣伏闕上疏畧曰人主辨奸爲明人臣犯顏爲忠况羣小作朋逼近君側安危治亂胥此焉關臣等伏覩近歲朝政日非號令失當自入秋來視朝漸晚仰窺聖容日漸清削皆言太監馬永成谷大用張永羅祥魏彬邱聚劉瑾高鳳等造作巧僞淫蕩上心擊毬走馬放鷹逐犬俳優雜劇錯陳於前至導萬乘與外人交易狎暱媟褻無復禮體日遊不足夜以繼之勞耗精神虧損志德遂使天道失序地氣靡寧雷異星變桃李秋華考厥占候咸非吉徵此輩細人惟知蠱惑君上以便己私而不思赫赫天命皇皇帝業在陛下一身今大婚雖畢儲嗣未建萬一遊宴損神起居失節雖虀粉若輩何補於事高皇帝艱難百戰取有四海列聖繼承以至陛下先帝臨崩顧命之語陛下所聞也奈何姑息羣小置之左右以累聖德竊觀前古奄宦誤國爲禍尤烈漢十常侍唐甘露之變其明驗也今永成等罪惡既著若縱不治將來益無忌憚必患在社稷伏望陛下奮乾剛割私愛上告兩宮下諭百僚明正典刑以回天地之變泄神人之憤潛削禍亂之階永保靈長之業疏入帝驚泣不食瑾等大懼時內閣劉健謝遷等方持言官章不肯下文疏復入帝遣司禮太監李榮王岳等詣閣議一日三至健等持益堅岳素剛直獨曰閣議是是夜八人者環泣帝前帝怒立收岳下詔獄而外廷固未之知也明日文倡九卿科道再詣闕固爭俄有旨宥八人不問健遷倉皇致仕去八人各分據要地瑾掌司禮時事遂大變瑾恨文甚日令人伺文過踰月有以僞銀輸內庫者遂以爲文罪詔降一級致仕郎中陳仁謫鈞州同知給事中徐昂乞留文原官中旨謂顯有囑託落文職以顧佐代並除昂名二年三月榜奸黨姓名自劉健謝遷外尙書則文爲首餘若張敷華楊守隨林瀚等凡五十三人列於朝堂文子高唐知州士聰刑部主事士奇皆削籍文出都門乘一藍輿行李一車而已瑾恨未已坐以遺失部籍逮文及侍郎張縉下詔獄數月始釋罰米千石輸大同尋復罰米者再家業蕩然瑾誅復官致仕世宗即位遣行人齎璽書存問賚羊酒令有司月給廩四石歲給役夫六人終其身復加太子太保廕一孫光祿寺署丞嘉靖五年卒年八十有六贈太傅謚忠定士聰舉人罷官後不復仕士奇進士終湖廣參政少子士賢亦由舉人爲開封同知孫廷瑋進士行太僕卿顧佐字良弼臨淮人成化五年進士授刑部主事歷郎中按錦衣指揮牛循中官顧雄鍾欽罪無所撓出爲河間知府弘治中再遷大理少卿擢右僉都御史巡撫山西宗室第宅官爲繕費不貲佐請悉令自營治正統末權發太原平陽民戍邊後久不代佐奏令更代入爲左副都御史勘罷遼東總兵官李杲太監任良巡撫張玉歷戶部左右侍郎出理陝西軍食善區畫儲蓄餘三年正德改元代韓文爲尙書劉瑾憾文捃摭萬端部有故册逸欲以爲文罪逼佐上其事佐不可坐事奪俸三月佐乃再疏乞歸從之瑾憾不置三罰米輸塞上至千餘石家貧稱貸以償卒贈太子太保陳仁字子居莆田人成化末進士弘治中官戶部郎中闕里先聖廟災疏請修省陝西進古璽仁抗疏斥其僞詔召番僧領占竹於四川仁疏諫又請復建文忠臣方孝孺等官多格不行正德初瑾以贋銀事坐尚書文罪仁並謫後瑾誅累擢至浙江右布政使

張敷華字公實安福人父洪御史死土木難敷華少負氣節年七歲里社樹爲祟麾羣兒盡伐之景泰初錄死事後入國學舉天順八年進士選庶吉士成化元年與劉大夏願就部曹除兵部主事歷郎中廉重不撓名等於大夏十一年出爲浙江參議景寧礦盜起至數千人敷華諭散之執其魁十二人居浙十餘年歷布政使弘治初遷湖廣歲饑令府縣大修學宮以傭直貧餓者擢右副都御史巡撫山西中道奔喪服闋還故官部內賦輸大同困於折價敷華請太原以北可通車者仍輸米民便之改撫陝西製婚娶喪葬之式納民於禮妖僧據終南山爲逆廷議用兵尚書馬文升曰張都御史能辦此敷華果以計縛僧歸遷南京兵部右侍郎十二年改右都御史總督漕運兼巡撫淮揚諸府高郵湖堤圮浚深溝以殺水勢又築寶應堤民利賴焉改掌南京都察院與吏部尚書林瀚僉都御史林俊祭酒章懋稱南都四君子就遷刑部尚書正德元年召爲左都御史其冬大臣與言官請去劉瑾等內閣力主之帝猶豫敷華乃上言陛下宴樂逸遊日狎憸壬政令與詔旨相背行事與成憲交乖致天變上干人心下拂今給事中劉蒞御史朱廷聲徐鈺等連章論列但付所司英國公懋與臣等列名上請但云朕自處置臣竊歎惑請畧言時政之弊如四十萬庫藏已竭而取用不已六七歲童子何知而招爲勇士織造已停傳奉已革尋復如故鹽法莊田方遣官清覈而奏乞之疏隨閒中官監督京營鎭守四方者一時屢有更易政令紛拏弊端滋蔓夫國家大事百人爭之不足數人壞之有餘願陛下審察疏入不報旣而朝事大變宦官勢益張至除夕朝罷忽傳旨與楊守隨俱致仕敷華即日就道至徐州洪坐小艇觸石幾溺死瑾恨未已欲借湖廣倉儲浥爛坐以贓罪修撰康海過瑾曰吾秦人愛張公如父母公忍相薄耶瑾意稍解猶坐敷華奸黨與守隨等榜名朝堂明年六月病且革衣冠揖家廟就榻而卒瑾誅後二年贈太子少保謚簡肅敷華性剛介弘治時劉大夏常薦之帝曰敷華誠佳但爲人太峻耳爲部郎奉使盜探其囊得七金而已孫鼇山官御史

楊守隨字維貞鄞人侍郎守陳從弟也舉成化二年進士授御史巡視漕運覈大同軍餉巡按江西所至以風采見憚六年疏陳六事言鄖王受命艱危時削平禍亂功甚大歿乃謚以戾公論不平此非先帝意權奸逞私憾者爲之也亟宜改易彰陛下親親之仁尚書李秉劾忠守法一時良臣爲蕭彥莊誣劾致仕乞即召還律令犯公罪者不罷近御史朱賢婁芳等竝除名乞復其官且戒所司毋法外加罪一以律令從事西征之役以數萬甲兵討出沒不常之寇千里轉輸曠日持久恐外患未平內地先敝乞速班師戒邊臣愼封守近例軍官犯罪未結正者遇赦即原致此曹遷延以希倖免自今衆証明白者即據律定案毋使逃罪雖遇赦免亦不得管軍在外官俸兵餉有踰年不給者由郡縣蓄積少也請於起運外量加存留以濟乏匱疏奏時不能從太常少卿孫廣安母喪起復守隨與給事中李和等連章論之乃令守制八年冬以災異陳時政九事廷議四方災傷停遣刷卷御史會昌侯孫繼宗請并停在京者守隨言繼宗等任情作奸恐罪及假此祈免帝置繼宗不問而刷卷如故山東饑廷議吏納銀免考授冠帶守隨極言不可帝即罷之擢應天府丞未上母憂歸服除無缺添註視事初李孜省授太常寺丞因守隨言改上林監副憾之至是譖於帝中旨責守隨不當添註調南寧知府弘治初召爲應天府尹勘南京守備中官蔣琮罪琮嗾其黨郭鏞劾守隨按給事方向獄不公謫廣西右叅政久之進按察使八年召爲南京右僉都御史提督操江歷兩京大理卿九載滿進工部尚書仍掌大理寺刑部獄送寺覆讞者多加刑主事朱鑒論其非守隨言自永樂間寺已設刑具部四多未得實安得不更訊帝乃寢壅奏孝宗崩中官張瑜等以誤用御藥下獄守隨會訊杖之正德元年四月守隨奏每歲熱審行於京師而不行於南京五歲一審錄詳於在京而略於在外皆非是請更定其制報可中官李興擅伐陵木論死令家人以銀四十萬兩求變其獄守隨持之堅獄不得解廷臣之爭餘鹽也中旨詰是何大事守隨語韓文曰事誠有大於是者文遂偕九卿伏闕論八黨文等旣逐守隨憤獨上章極論之曰陛下嗣位以來左右近臣不能祗承德意盡取先朝良法而更張之盡誣先朝碩輔而劃汰之天下嗷嗷莫措手足致古今罕見之災交集數月以內陛下獨不思其故乎內臣劉瑾等八人奸險佞巧誣罔恣肆人目爲八虎而瑾尤甚日以荒縱導陛下或在西海擎鷹搏兔或於南城躡峻登高禁內鼓鉦震於遠邇宮中火礮聲徹晝夜淆雜尊卑陵夷貴賤引車騎而供執鞭之役列市肆而親商賈之爲致陛下日高未朝漏盡不寢此數人者方且竊攬威權詐傳詔旨放逐大臣刑誅臺諫邀阻封章廣納貨賂傳奉冗員多至千百招募武勇收及孩童紫綬金貂盡予爪牙之士蟒衣玉帶濫授心腹之人附己者進官忤意者褫職內外臣僚但知畏瑾不知畏陛下向也二三大臣受遺夾輔今則有潛交默附漏泄事機者矣向也南北羣僚矢心痛疾今則有畫策主文依附時勢者矣而且數易邊境將帥之臣大更四方鎭守之職志欲何爲夫太阿之柄不可授人今陛下於兵刑財賦之區機務根本之地悉以委之或掌團營或主兩廠或典司禮或督倉場大權在手彼復何憚於是大行殺戮廣肆誅求府藏竭於上財力匱於下武勇疲於邊上下胥讒神人共憤陛下猶不覺悟方且謂委任得人何其舛也伏望大奮乾剛立寘此曹重典遠鑒延熹之失毋使臣蹈藩武已覆之轍疏入帝不省瑾輩深啣之傳旨致仕守隨去李興遂以中旨免死矣瑾憾未釋三年四月坐覆獄失出逮赴京繫獄罰米千石輸塞上踰年復坐庇鄉人重獄除名追毀誥命再罰米二百石守隨家立破瑾誅復官又十年卒年八十五贈太子少保謚康簡從弟守隅由進士歷官江西叅政有政績寧府祿米石徵銀一兩後漸增十之五守隅入請於王裁減如舊瑾惡守隨竝罷守隅官瑾死後起官四川終廣西布政使

許進字季升靈寶人成化二年進士除御史歷按甘肅山東皆有聲陳鉞激變遼東爲御史強珍所劾進亦率同官論之汪直怒搆珍下獄摘進他疏譌字廷杖之幾

殆滿三考遷山東副使辨疑獄人稱神明分巡遼東坐累徵下詔獄孝宗嗣位釋還弘治元年擢右僉都御史巡撫大同小王子久不通貢遣使千五百餘人欵關進以便宜納之請於朝詔許五百人至京師已而屢盜邊進被劾不問三年復窺邊進等整軍待之新寧伯譚祐以京軍援乃遁去又乞通貢進再爲請帝許之當是時大同士馬盛强邊防修整貢使每至關率下馬脫弓矢入館俛首聽命無敢譁者會進與分守中官石岩相訐岩徵還進亦謫兗州知府七年遷陝西按察使土魯番阿黑麻攻陷哈密執忠順王陝巴去使其將牙蘭守之尚書馬文升謂復哈密非進不可乃薦爲右僉都御史巡撫甘肅明年泣鎮告諸將曰小醜陸梁謂我不敢深入耳堂堂天朝不能發一鏃塞外何以慰遠人諸將難之乃獨與總兵官劉寧謀厚結小列禿使以四千騎往殺數百人小列禿中流矢卒小列禿故與土魯番世相讐及死其子卜六阿歹益憤進復厚結之使斷賊道無令東援牙蘭而重犒赤斤罕東及哈密遺種之居苦峪者令出兵助討十一月副將彭清以精騎千五百出嘉峪關前行寧與中官陸誾統二千五百騎繼之越八日諸軍俱會羽集乜川薄暮大風揚沙軍士寒栗僵臥進出帳外勞軍有異鳥悲鳴將士多雨泣進慷慨曰男兒報國死沙場幸耳何泣爲將士皆感奮夜半風止大雨雪時番兵俱集惟罕東兵未至衆欲待之進曰潛師遠襲利在捷速兵已足用不須待也及明冒雪倍道進又六日奄至哈密城下牙蘭已先遁去餘賊拒守官軍四面竝進拔其城獲陝巴妻女賊退保土剌土剌華言大臺也守者八百人諸軍再戰不下問其俘則皆哈密人爲牙蘭所刼者進乃令勿攻或欲盡殲之進不可遣使撫諭即下於是探牙蘭所羇分守要害而疏請懷輯罕東諸衞爲援散土魯番黨與孤其勢遂班師錄功加右副都御史明年移撫陝西歷戶部右侍郎進左十三年火篩大舉犯大同邊將屢敗敕進與太監金輔平江伯陳銳率京軍禦之無功言官劾輔等玩寇并論進致仕去武宗即位乃起爲兵部左侍郎提督團營正德元年代劉大夏爲尚書七月應詔陳時政八事極言內監役京軍守皇城內侍橫索月錢諸弊多格不行又以帝狎比羣小請崇聖學以古荒淫主爲戒不納中官王岳奏官校王縉等緝事捕盜功各進一秩進言邊將出萬死馘一賊始獲晉級此輩乃冒濫得之孰不解體又言團營軍非爲營造設宜悉令歸伍居兵部半歲改吏部明年加太子少保進以才見用能任人性通敏劉瑾弄權亦多委蛇狥其意而瑾終不悅方進督團營時與瑾同事每閱操談笑指揮意度閒雅瑾及諸將咸服一日操畢忽呼三校前各杖數十瑾請其故進出權貴請託書示之瑾陽稱善心不喜至是欲去進用劉宇代焦芳以干請不得亦因擠進三年八月南京刑部郎中闕適無實授員外郎進循故事以署事主事二人上瑾以爲非制令對狀進不引咎三降嚴旨譙責不得已請罪乃令致仕未幾坐用雍泰削其籍二子誥讚在翰林俱輸贖調外任尋與劉健等六百七十五人竝追奪誥命瑾又摘進在大同時籍軍出雇役錢失勾校欲籍其家會瑾誅得解復官致仕未聞命卒年七十四嘉靖五年謚襄毅子誥讚詩詞論詩工部郎中詞知府誥字廷綸進次子也弘治十二年進士授戶科給事中出視延綏軍儲論丁糧丁草之害帝褒納之尋劾監督中官苗逵貪肆罪進刑科右給事中正德元年父進爲兵部尚書故事大臣子不得居言職遂改翰林檢討及進忤劉瑾削籍竝謫誥全州判官父喪歸久之薦起尚寶丞復引疾歸家居授徒講學嘉靖初起南京通政參議改侍講學士直經筵遷太常卿掌國子監請於太學中建敬一亭勒御製敬一箴註程子四箴范浚心箴於石帝悅從之帝將正文廟祀典詔請用木主文華殿東室舊有釋像帝命撤去詔所撰道統書言宜崇祀五帝三王以周公孔子配帝即採用其言十一年擢吏部右侍郎其冬拜南京戶部尚書弟讚亦長戶部兄弟竝司兩京邦計縉紳以爲榮卒官贈太子太保謚莊敏詔官祭酒時諸生旅櫬不能歸者三十餘皆爲葬之衣食不繼者竝周卹然頗善傅會時有白鵲之瑞詔獻論司業陳寰獻頌竝宣付史館給事中張裕謝存儒御史馮恩皆劾詔裕至比之祝欽明帝怒下裕獄謫福建布政司照磨存儒亦調邊方恩詆詔學術迂邪詔求罷帝曰恩所詆乃指前日去土偶用木主事也爾以是介意邪其爲帝眷寵如此讚字廷美進第三子也弘治九年進士授大名推官亦以辨疑獄知名召拜御史正德元年改編修劉瑾逐進讚亦出爲臨淄知縣累遷浙江左布政使嘉靖六年入爲光祿卿歷刑部左右侍郎知州金輅謫戍賂武定侯郭勛勛遣人篡取之指揮王臣不與縛臣以歸掠取其賄事覺讚等請論如律帝憐勛諭法司毋刑輅等輅等遂不承尚書高友璣在告坐畏縮被劾去讚請如常訊具得勛納賄狀乃再奪其祿八年進尚書詔許六部歷事監生發廷臣奸弊有詹啓者訐吏部侍郎徐縉下都御史汪鋐訊鋐語塞已論罪啓復訐縉及通政陳經等再下鋐訊鋐力斥其妄會太常卿彭澤欲傾縉代之僞爲縉書抵張孚敬求解復甚孚敬劾縉賄已縉疏辨詔法司會錦衣衞訊讚等卒論啓誣罔而縉行賄事莫能白坐除名帝方嘉啓能奉詔言事竟宥啓罪於是無賴子率持朝士陰事索貲財妄搆事端入奏諸司爲惕息軍人童源訐中官張永造塋犯天壽山龍脈復嫉永弟容僕王謙等發容違法事奸人張雄又爲謙草奏詆讚與兄誥及汪鋐廖道南史道內臣黃錦輩數十人受容重賂源亦上疏助之鞫得實源等竝戍極邊告訐始少衰十年改讚戶部尚書馳驛歸省母母先卒服未闋詔以爲吏部尚書服除始入朝帝以讚醇謹虛位待及至論列不當意詔選宮僚閣臣多引私黨言官劾罷十餘人帝以屬吏部讚乃舉霍韜毛伯溫顧璘呂柟鄒守益徐階任瀚薛蕙周鈇趙時春等詔璘柟蕙仍故官餘俱用之屢加少保兼太子太保九廟災自陳免居半歲帝難其代復起讚任之請發內帑借百官俸括富民財開鬻爵之令以濟邊需時議內地築墩堡讚謂非計帝以借俸括財非盛世事已之墩堡議亦寢翟鑾嚴嵩柄政多所請托郎中王與齡勸讚發之嵩辨之强帝眷嵩反切責讚除與齡籍讚自是懾嵩不敢抗亦頗以賄聞矣鑾罷帝謀代者嵩以讚柔和易制引之詔以本官兼文淵閣大學士參預機務政事一決於嵩讚無所可否久之加少傅以年踰七十數乞休帝責其忘君愛身落職閒住歸三年卒後復官贈少師謚文簡論字廷議進少子也嘉靖五年進士授順德推官入爲兵部主事改禮部好談兵幼從父歷邊境盡知阨塞險易因著九邊圖論上之帝喜頒邊臣議行自是以知兵聞累遷南京大理寺丞會廷推順天巡撫論名列第二帝曰是上九邊圖論者即拜右僉都御史任之白通事以千餘騎犯黃崖口論督將士敗之再犯大木谷復爲官軍所卻錄功進右副都御史歲餘以病免俺答薄都城起故官撫山西錄防秋功進兵部右侍郎召理京營戎政以築京師外城轉左三十三年出督宣大山西軍務奸人呂鶴初與邱富以左道惑衆富叛降俺答爲之謀主鶴遺其黨闖出塞外引寇入犯爲偵卒所獲論遣兵捕鶴竝誅其黨以功進右都御史再以功進兵部尚書廕子錦衣世千戶翁萬達爲總督築大同邊牆六百里里建一墩臺於牆內後以兵少牆不能守盡撤而守臺論言兵旣守臺則寇攻牆不得用其力及寇入牆率震駭逃散請改築於牆外每三百步建一臺俾矢石相及去墻不得越三十步高廣方四丈五尺其顚損三之一上置女牆營舍守以壯士十八人下築月城穴門通出入度工費不過九萬金數月而足詔立從之寇萬騎犯山西論督軍遮破之朔州川其犯宣府龍門者亦爲將士所敗先後俘斬五百三十有奇加太子太保廕子如初三十五年兵部尚書楊博以父喪去召論代之當是時嚴嵩父子用事將帥率以賄進南北用兵帝責中樞甚急丁汝夔王邦瑞趙錦聶豹咸不得善去論時已老重自顧念一切將帥黜陟兵機進止悉聽世蕃指揮望由此損俺答子辛愛憤總督楊順納其逃妾擁衆圍大同右衞城數重城中析屋而爨帝聞深以爲憂密問嵩嵩意欲棄之而難於發言則請降論問本兵論請復右衞軍馬歲辦五十萬金故爲難詞冀以動帝帝顧亟措餉發兵易置文武將吏右衞圍亦尋解給事中吳時來劾楊順因言論雷同附和日昏酣置邊警度外帝遂削論籍嵩徵爲之解亦不能救也三十八年復起故官督薊遼保定軍務把都兒犯薊西論厚集精銳以待至則爲遊擊胡鎭所破分掠沙兒嶺燕子窩又卻乃遁去事聞厚賚銀幣尋又奏密雲昌平二鎭防秋須餉銀三十餘萬給事中鄭茂言論奏請過多請察其侵冒弊詔論回籍聽勘給事中鄧棟徃覈具得虛冒狀奪官閒住未幾卒年七十二隆慶初復官謚恭襄曾孫浩然由世廕歷官太子太保左都督浩然子達蔭錦衣指揮李自成陷京師不屈死其從兄佳蔭弘農衞指揮崇禎十四年賊破靈寶持刀赴鬭死焉

雍泰字世隆咸寧人成化五年進士除吳縣知縣太湖漲沒田千頃泰作堤爲民利稱雍公堤民妾亡去妾父訟其夫密殺女匿屍湖石下泰詰曰彼密殺汝女汝何以知匿所且此非兩月尸必汝殺他人女冀得賂耳一考而服召爲御史巡鹽兩淮竈丁無妻者泰爲婚匹出知鳳陽府父憂去服闋起知南陽余子俊督師薦爲大同兵備副使擢山西按察使泰剛廉所至好搏擊豪强太原知府尹珍塗遇弗及避泰召至跽而數之珍不服泰竟笞珍珍訴於朝且告泰非罪杖人死逮下詔獄王恕請寬泰罪會事經赦乃降湖廣參議弘治四年轉浙江右布政使復以母憂去十二年起右副都御史巡撫宣府官馬死軍士不能償泰言於朝以官帑市邊軍貧有妻者輒鬻泰請官爲資給尚書周經因令貧者給聘

財典賣者收贖軍盡歡參將王傑有罪泰劾之下泰逮問泰又請按千戶八人帝以泰屢抑武臣方詔都察院行勘而參將李稽坐事畏泰重劾乞受杖泰取大杖決之稽乃奏泰凌虐帝遣給事中徐仁偕錦衣千戶往按傑復使人走登聞鼓下訟泰妄逮將校至八十六人并及其壻納賂事法司覈上祇爲民武宗立給事中潘鐸等薦泰有敢死之節克亂之才吏部尚書馬文升遂起泰南京右副都御史提督操江固辭不赴正德三年春許進爲吏部復起前官七月擢南京戶部尚書劉瑾泰鄉人也怒泰不與通甫四日即令致仕謂進私泰遂削二人籍而追斥馬文升及前薦泰者尚書劉大夏給事中趙士賢御史張津等爲民其他罰米輸邊者又五十餘人泰歸居韋曲別墅不入城市瑾誅復官致仕年八十卒卒時榻下有聲若霆者泰奉身儉素貴賓至不過二肉爲尚書無緋衣及卒家人始製以斂天啟中追謚端惠張津字廣漢博羅人成化末進士除建陽知縣築城郭遏礦盜建朱熹蔡元定諸賢祠置祭田畀其子孫憂歸補大冶徵授御史弘治十四年冬吏部缺尚書廷臣推馬文升閔珪而津偕同官文森曾大有請用致仕尚書周經兩廣總督劉大夏忤旨下詔獄給事御史論救得釋已言陛下延訪大臣而庶官不預非所以明目達聰也乞命卿佐侍從及考滿朝覲諸外僚咸得以時進見通達下情武宗初巡按廣西劾總鎮中官韋經擅移官帑預平富賀賊被賚出爲泉州知府坐嘗舉泰勒爲民劉瑾敗起寧波知府遷山東左參政擢右僉都御史提督操江進右副都御史巡撫應天諸府所部水旱請停織造車駕北巡疏諫不報浙孝豐奸民據深山拒捕積二十年莫能制津托別事赴浙悉縛之加戶部右侍郎巡撫如故帝自宣府還復欲北幸津疏切諫不報卒贈南京戶部尚書

陳壽字本仁其先新淦人祖志弘洪武間代兄戍遼東遂籍寧遠衛壽少貧甚得遺金坐守至夜分還其主從鄉人賀欽學登成化八年進士授戶科給事中視宣大邊防劾去鎮守中官不檢者又嘗劾萬貴妃兄弟及中官梁芳僧繼曉繫詔獄得釋屢遷都給事中弘治元年王恕爲吏部擢壽大理丞劉吉憾恕諷御史劾壽不習刑名冀以罪恕竟調壽南京光祿少卿就轉鴻臚卿十三年冬以右僉都御史巡撫延綏火篩數盜邊前鎮巡官俱得罪去壽至蒐軍實廣間諜分布士馬爲十道使互相應援軍勢始振明年諸部大入先以百餘騎來誘諸將請擊之壽不可自出帳擁數十騎據胡牀指麾飲食寇望見疑之引去諸道襲擊斬獲甚多朝廷方遣苗逵等重兵至而壽已奏捷孝宗嘉之加祿一等逵欲乘勝搗巢駐延綏久戰馬三萬匹日費芻菽不貲壽請出牧近塞就水草衆有難色壽跨馬先行衆皆從之省費數十萬當戰捷時或勸注子弟名籍壽曰吾子弟不知弓槊寧當與血戰士同受賞哉竟不許十六年以右副都御史掌南院正德初劉瑾矯詔逮南京科道戴銑薄彥徽等壽抗章論救瑾怒令致仕尋坐延綏倉儲虧損罰米二千三百石布千五百匹貧不能償上章自訴瑾廉知壽貧特免之中官廖堂鎮陝西貪暴楊一清以壽剛果九年正月起撫其地堂初奉詔製氈幄百六十間贏金數萬將遺權倖壽檄所司留備振復戒諭堂勿假貢獻名有所科取堂怒將傾之壽四疏乞休不得堂爪牙數十輩散府縣漁利壽命捕之皆逃歸氣益沮其秋拜南京兵部侍郎陝人號呼擁輿移日不得行踰年乞骸骨就進刑部尚書致仕壽爲給事中言時政無隱獨不喜劾人曰吾父戒吾勿作刑官易枉人言官枉人尤甚吾不敢妄言也嘉靖改元詔進一品階遣有司存問時年八十有三壽廉歷官四十年無家可歸寓南京所居不蔽風雨其卒也尚書李充嗣府尹寇天敘爲之斂又數年親舊賻助始得歸葬新淦

樊瑩字廷璧常山人天順末舉進士引疾歸養久之授行人使蜀不受餽土官作却金亭識之成化八年擢御史山東盜起奉命捕獲其魁清軍江北所條奏多著爲例改按雲南交阯誘邊氓爲寇馳檄寢其謀出知松江府運夫苦耗折瑩革民夫令糧長專運而寬其綱用以優之賦役循周忱舊法稍爲變通民困大甦憂歸起知平陽弘治初詔大臣舉方面官侍郎黃孔昭以瑩應尚書王恕亦器之擢河南按察使黃河爲患民多流移瑩巡振全活甚衆河南田賦多積弊巡撫都御史徐恪欲考本末衆難之瑩曰視萬猶千視千猶百耳何難恪以屬瑩部吏鈞考旬日間宿蠹一清四年遷應天府尹守備中官蔣琮與言官訐奏所蔓引多至罪黜瑩承命推鞫初若不爲異者琮大喜後奏其傷孝陵山脈事琮遂下獄充淨軍七年遷南京工部右侍郎尋改右副都御史巡撫湖廣錦田賊結兩廣猺獞爲寇瑩諭散餘黨戮首惡十八人歲餘以疾乞休家居七年中外交薦起故官撫治鄖陽旋改南京刑部右侍郎十六年雲南景東衞晝晦七日宜良地震如雷曲靖大火數發貴州亦多災異命瑩巡視至則劾鎮巡官罪黜文武不職者千七百人廉知景東之變乃指揮吳勇侵官帑圖脫罪因雲霧晦冥虛張其事劾罪之還進本部尚書武宗踐祚致仕歸劉瑾以會勘隆平侯爭襲事連及瑩削籍三年十一月卒年七十五明年又坐減松江官布罰米五百石輸邊瑩素貧至是益窘瑾敗復官贈太子少保謚清簡瑩性誠愨農月坐籃輿戴笠子孫舁行田間曰非徒覘稼欲子孫習勞也其後人率敦多愿朴力學者

熊繡字汝明道州人其先以戍籍自豐城徙焉繡舉成化二年進士授行人奉使楚府巡茶四川力拒餽遺擢御史巡按陝西左布政干璠以官帑銀餽苑馬卿邵進繡發其罪璠遁赴京訐繡帝幷下繡吏讞知清豐璠進亦除名久之鳳翔闕知府擢繡任之弘治初遷山東左參政進右布政使七年以右副都御史巡撫延綏榆林初僅小堡屯兵備冬景泰中始移巡撫總兵官居之遂爲西北巨鎮城隘弗能容繡因請增築千二百餘丈泣鎮數年練兵積粟邊政修舉歷兵部左右侍郎尚書劉大夏深倚信之騰驤四衞勇士額三四萬人率虛籍歲糜錢穀數十萬多入奄人家廷臣屢請稽核輒被撓十八年命繡清釐未竟而孝宗崩朝政漸變繡力持不顧得詭冒者萬四千人御馬太監甯瑾等疏請復舊給事御史交章劾瑾大夏亦力爭武宗不得已從之而宥瑾等不問正德元年擢右都御史總督兩廣軍務兼巡撫事旣抵鎮盡裁幕府供億秋毫無所取二年與總兵官伏羌伯毛銳討平賀縣猺劉瑾以前汰勇士事深疾繡伺察無所得召掌南京都察院事尋以中旨罷之已復摭延綏倉儲浥爛爲繡罪罰米五百石責繡躬輸於邊繡家遂破十年閏四月卒無子巡撫秦金頌其清節於朝贈刑部尚書太僕少卿何孟春以繡承繼孫幼且貧無以爲養請如主事張鳳翔孔琦例賜月廩且乞予謚遂謚莊簡給其孫米月一石

潘蕃字廷芳崇德人初冒鍾姓旣顯始復成化二年舉進士授刑部主事歷郎中雲南鎮守中官錢能爲巡撫王恕所劾詔蕃按盡得其實出爲安慶知府改鄖陽時府治初設陝洛流民畢聚蕃悉心撫循皆成土著累遷山東湖廣左右布政使弘治九年以右副都御史巡撫四川兼提督松潘軍務宣布威信蠻人畏服單車行松茂莫敢犯遷南京兵部右侍郎就改刑部十四年進右都御史總督兩廣帳下士舊不下萬人蕃汰之纔給使令而已黎寇符南蛇亂海南聚衆數萬蕃令副使胡富調狼土兵討斬之平賊巢千二百餘所論功進左都御史已又平歸善劇賊古三仔唐大鬢等思恩知府岑濬與田州知府岑猛相讐殺攻陷田州猛竄乞援蕃諭濬罷兵不從乃與鎮守太監韋經總兵官伏羌伯毛銳集兵十餘萬分六哨討之濬死傳首軍門斬級四千七百盡平其地迴軍討平南海縣豐湖賊禤元祖捷聞璽書嘉勞蕃奏思恩宜設流官猛搆兵失地宜降同知俾還守舊土兵部尚書劉大夏議猛世濟凶惡不宜歸舊治請兩府皆設流官而降猛爲千戶徙之福建帝從之正德改元之正月召爲南京刑部尚書踰年致仕初蕃去兩廣岑猛據田州不肯從知府謝湖畏猛悍亦逗遛事聞逮湖詔獄湖委罪蕃及韋經毛銳經復委罪於尚書大夏劉瑾方惡大夏遂幷逮四人大夏以不從蕃言爲罪而蕃亦坐不能撫猛俱謫戍肅州三年九月也旣而瑾從戶部郎中莊繹言遣太監韋霦覈廣東庫藏奏應解贓罰諸物多朽敝梧州貯鹽利軍賞銀六十餘萬兩不以時解逮問蕃及前總督大夏前左布政使仁和沈銳等八百九十九人罰米輸邊銳廉介已遷南京刑部右侍郎乞休歸至是奪職瑾誅蕃以原官致仕踰六年卒銳至嘉靖初始復職致仕方蕃解官歸無屋稅他人宅居之與鄉人飲露坐花下醉則任所之其風致如此

胡富字永年績溪人成化十四年進士授南京大理評事弘治初歷福建僉事福寧繫囚二百餘人富一訊皆定囹圄頓空以憂去起補山東遷廣東副使四會猺亂勦擒五百餘人瀧水猺出沒無時富度其所經地得荒田三千餘頃招獞戶耕牧其中猺畏獞不敢出擾居民得田作符南蛇圍儋州富與參議劉信往覘賊突至殺信富手斬劇賊一人賊乃退還益兵討平之歷陝西左右布政使正德初入爲順天府尹三年進南京大理寺卿就遷戶部右侍郎五年正月坐大理時勘事遲緩勒致仕亦瑾意也瑾敗起故官七年拜本部尚書南都倉儲僅支一年富在部三載有六年積上十餘事率權貴所不便格不行遂引年歸嘉靖元年贈太子少保謚康惠

張泰字叔亨廣東順德人成化二年進士除知沙縣時經鄧茂七之亂泰撫綏招集流亡盡復入爲御史偕同官諫萬貴妃干政廷杖幾斃出督京畿學校以憂去家居十餘年弘治五年起故官按雲南孟密土舍思揲搆亂以兵遏木邦宣慰使罕烒法於孟乃砦守臣撫諭拒不聽泰與巡撫張誥集兵示必討思揲懼始罷兵滇池

溢爲民災泰築堤以弭其患還朝乞罷織造內臣減皇莊及貴戚莊田被災稅賦給畿省災民牛種詔止給牛種餘不行寇入永昌甘肅遊擊魯麟委罪副總兵陶禎而總兵官劉寧疏言守臣不和詔泰往勘泰奏鎭守太監傅德故總兵官周玉侵據屯田巡撫馬續減削軍餉寇數入莫肯爲禦失士卒六百餘馬駝牛羊二萬皆不以聞帝怒下之吏德降內使錮南京續編氓口外泰又言甘州膏腴地悉爲中官武臣所據仍責軍稅城北草湖資戍卒牧馬今亦被占請悉歸之軍且推行於延寧二鎭詔皆從之遷太僕少卿改大理初薊州民田多爲牧馬草場所侵又侵御馬監及神機營草場皇莊貧民失業草場亦虧故額孝宗屢遣給事中周旋侍郎顧佐熊翀等往勘皆不能決至是命泰偕錦衣官會巡撫周季麟復勘泰密求得永樂間舊籍參互稽考田當歸民者九百三十餘頃而京營及御馬監牧地咸不失故額奏入駁議者再尚書韓文力持之留中未下及武宗嗣位文再請始出泰奏流亡者咸得復業尋遷右副都御史督儲南京奏釐革十二事多報可正德二年召爲工部右侍郎踰年遷南京右都御史泰淸謹劉瑾專權朝貴爭賂遺泰奏表至京惟餽土葛瑾憾之其年十月令以南京戶部尚書致仕明年七月卒摭他事罰米數百石瑾誅予葬祭如制吳文度字憲之晉江人從父客江寧遂家焉登成化八年進士除龍泉知縣徵授南京御史偕同官孫需等論妖僧繼曉被廷杖尋遷汀州知府猺弗靖設方畧綏撫猺承賦如居民弘治中歷江西左參政山西河南左右布政使正德元年遷右副都御史巡撫雲南師宗州賊阿本等作亂諭不從乃遣參議陳一經等督軍二萬攻之别遣兵截盤江據賊巢背先後俘斬千人入歷戶部侍郎三年冬進南京右都御史方文度召自雲南劉瑾以地產金寶屢責賄文度無以應瑾深銜之會工部尚書李鐩致仕廷推文度及南京戶部侍郎王珩遂改文度南京戶部尚書與珩俱致仕命下舉朝駭異旣歸所居屋僅數椽瑾誅未及用而卒珩趙人起家進士亦以淸操聞

張鼐字用和歷城人成化十一年進士授襄陵知縣入爲御史憲宗末年數笞言官鼐力諫又嘗劾妖僧繼曉方士鄧常恩等帝心惡之出按江西盜賊多强宗佃僕鼐與巡撫閔珪交奏其事尹直等搆之乃貶珪而坐鼐尹旻黨謫郴州判官弘治初擢河南僉事進參議以協治黃陵岡遷副使十五年進按察使罷官河南久屢遭河患督治有方民爲立祠是年秋擢右僉都御史巡撫遼東時軍政久弛又許餘丁納貲助驛遞給冠帶復其身邊人競援例避役鼐言不可因條上定馬制核屯糧淸隱占稽客戶減軍伴數事悉允行尋劾分守中官劉恭貪虐罪築邊牆自山海關迄開原靉陽堡凡千餘里遼撫自徐貫後歷張岫張玉陳瑤韓重四人多得罪去至鼐稱能武宗立移撫宣府正德改元召還尋進右副都御史署院事有知縣犯贓當褫職卒殺人當抵死劉瑾納重賄欲寬之鼐執不可出爲南京右都御史焦芳子黃中欲强市其居昇通政魏納鼐不從芳父子亦怨之會瑾遣給事中王翊等覈遼東軍餉還奏芻粟多浥爛遂以爲守臣罪逮鼐及繼任巡撫馬中錫鄧章前參政冒政參議方矩郎中王藎劉繹下詔獄令其家人輸米遼東鼐坐輸二千石以力不辦繫遼東久之總兵官毛倫等具奏諸人苦狀請得折價瑾勉從之閱三年事始竟皆斥爲民瑾誅復官鼐前卒世宗初予卹冒政泰州人鼐同年進士歷官右副都御史巡撫寧夏守官廉劉瑾覬賄不得遂假遼東事逮之罰米至三千石瑾誅復職致仕久之卒

王璟字廷采沂人成化八年進士爲登封知縣歷兩京御史弘治十四年以南京鴻臚卿拜右僉都御史理兩浙鹽政振荒浙江奏行荒政十事多所全活十七年冬巡撫保定武宗立太監夏綬乞於眞定諸府歲加葦場稅少監傅琢請履畝靜海永淸隆平諸縣田太監張峻欲稅寧晉小河往來客貨詔皆許之又以莊田故遣緹騎逮民魯堂等二百餘人畿南騷動璟抗疏切諫尚書韓文等力持之管莊內臣稍得召還正德元年四月引疾致仕命馳傳歸三年坐累奪官閒住六年起撫山西製火槍萬餘槍藏箭六皆傅毒藥用以禦寇寇不敢西累遷右都御史已遷左以張綸爲右都御史代之後陳金以太子太保左都御史入院位璟上人號璟中都御史焉時羣小用事大臣靡然附之璟獨守故操再進太子太保世宗立致仕卒贈少保諡恭靖初璟自保定巡撫歸其後兵科給事中高淓勘滄州鹽山牧地劾六十一人及璟與前巡撫都御史高銓銓卽淓父也詔去職者勿問璟銓竝獲免銓江都人累官南京戶部尚書正德二年廷推左都御史瑾勒令致仕尋坐事逮下獄復坐隆平侯家襲爵事除名罰米五百石後瑾益事操切每遣使勘核多務苛急承瑾意淓遂幷銓在劾中淓後官至光祿少卿以劾父不齒於人瑾誅銓復官致仕卒贈太子少保

朱欽字懋恭邵武人師吳與弼以學行稱舉成化八年進士授寧波推官治最徵授御史出督漕運按河南淸軍廣西竝著風節弘治中遷山東副使歷浙江按察使十五年入覲吏部舉天下治行卓異者六人欽與焉僉都御史林俊又舉欽自代乃稍遷湖廣左布政使武宗立以右副都御史巡撫山東中官王岳被謫道死欽上言岳謫守祖陵罪狀未暴賜死道路不厭人心臣知岳爲劉瑾輩所惡必瑾譖毀以至此望陛下察岳非辜懲瑾讒賊疏至瑾屏不奏銜之欽以山東俗淫酗嚴禁市酤令濟南推官張元魁察之犯者罪及鄰比有懼而自縊者其母欲奏訴元魁與知府趙璜賄之乃已瑾使偵事校尉發之俱逮下詔獄勒欽致仕璜除名元魁謫戍瑾憾欽未已摭前湖廣時小故下巡按御史逮問俄坐山東勘地事斥爲民又坐修曲阜先聖廟會計數多罰輸米六百石塞下又坐撫山東時以民夫給事尚書秦紘家再下巡按御史逮問瑾誅乃復官十五年卒年七十七與弼之門以宦學顯者欽爲稱首

贊曰武宗初劉謝受遺輔政韓文張敷華等爲列卿長當路多正人國事有賴八虎潛伏左右雖未敢顯與朝士爲難固腹心之蠹也夫以外攻內勢所甚難況相權之輕遠異前代雖抱韓琦之忠初無書敕之柄區區爭勝於筆舌間此難必之剛明之主而以望之武宗庸有濟乎一擊不勝反噬必毒消長之機間不容髮宦豎之貽禍烈也吁可畏哉

明史卷一百八十七　列傳第七十五

總裁官總理事務經筵講官少保兼太子太傅保和殿大學士兼管吏部戶部尚書事加六級臣張廷玉等奉
敕修

何鑑　馬中錫
陸完　洪鍾（陳鎬　蔣昇）
陳金　俞諫
周南（孫祿）　馬昊

何鑑字世光浙江新昌人成化五年進士授宜興知縣徵拜御史巡宣府大同劾巡撫鄭寧以下數十人不職按禪將孟璽等罪還巡太倉總督太監卒犯法逮治之爲所搆下錦衣獄得釋再按江北鳳陽皇陵所在近境取寸木法皆死陵軍多倚禁虐民鑑請以山麓爲限他樵採勿禁遂著爲令出爲河南知府振累歲饑條行荒政十事歷四川左右布政使弘治六年以右副都御史巡撫江南兼理杭嘉湖三府稅糧蘇松水災用便宜發漕米十五萬石振之與侍郎徐貫疏吳淞白茆諸渠泄水入海水患以除復巡撫山東遷刑部侍郎母憂去十八年還朝時承平久生齒日繁孝宗覽天下戶籍數乃視國初反減咎所司溺職欲釐正之敕鑑以故官兼左僉都御史往河南湖廣陝西閱實戶口得戶二十三萬五千有奇口七十三萬九千有奇因疏善後十事及軍民利病以聞會孝宗已崩武宗悉採納之正德二年拜南京兵部尚書參贊機務鑑前撫江南嘗按千戶張文冕罪文冕亡去至是搆於劉瑾而瑾亦嗛鑑不與通遂坐以事連罰米貧不能償奏懇獲免六年正月召爲刑部尚書時大盜竝起劉寵劉宸楊虎劉惠齊彥名朱諒等亂畿輔方四曹甫藍廷瑞鄢本恕等躪四川汪澄二羅光權王浩八王鈺五等擾江西皆稱王四方告急無虛日兵部尚書王敞不能辦賊帝既命洪鍾陳金馬中錫督師分討其年五月罷敞以鑑代之鑑乃選將練兵錄民間材武士令鄉聚悉樹柵浚溝團結相救河南山西兵守黃河斷太行京操班軍留守所在城邑每漕艘運卒一人屯河濱護運道通行旅文武大吏軟賊請敕峻責之而褒縣令能擊賊者以中錫玩寇奏遣陸完代還調邊將從完討賊賊連爲邊軍所破奔迸四出會中官谷大用伏羌伯毛銳率師駐臨淸賊遂謀以十二月朔伺帝省牲南郊乘間犯駕先一日趨霸州鑑立奏聞夜設備厥明帝召問鑑鑑請早出安人心遂成禮而還賊知有備西掠保定諸州縣以去河南巡撫鄧璋請濟師鑑言山東賊不及萬官軍奚啻十倍緣勢要私人營充頭目撓律攘功失將士心請盡遣若屬還都指揮以下失事卽軍前行戮益調邊軍助璋帝悉從之尋以捷書屢聞加鑑太子少保明年正月賊突霸州京師戒嚴鑑令邊兵亟邀賊賊遁去賊渠楊虎朱諒死其黨分擾山東河南鑑以山東賊劉寵劉宸齊彥名等責邊將許泰郤永劉暉李鋐以河南賊劉惠趙鐩邢老虎等責邊將馮禎時源神周金輔未幾毛銳敗績與大用俱召還鑑乃請用彭澤與仇鉞同辦河南賊而以山東賊專委陸完五月河南賊平七月山東餘賊亦平陳金洪鍾亦以次平江西四川諸賊帝喜加鑑太子太保廕子錦衣

世百戶鑑乃上言羣盜蕩平民罹兵久乞量免田租多方振贍黜貪殘長吏停不急工役還民故業貸以牛種復其家三年有訐舊事及怙惡者並寘於理帝悉報可先是七月中鑑以羣盜未盡請留邊將劉暉成山東時源戍河南郤永戍畿輔李鋐戍淮揚各假總兵之職俟事寧始罷仇鉞言邊軍久勞風土不習人馬俱病令賊已漸平請留三之一討賊餘悉遣還廷議二人議俱是請四將各千人鎭壓他將許泰神周金輔溫恭輩俱統所部還邊鎭帝許之命延綏軍徑還遼東宣府大同軍過闕勞賜帝時好弄兵羣小寵幸者言邊軍憨健過京軍遠甚宜留之京營帝以爲然至十一月三鎭軍畢至遂命留之以京軍往代鑑力陳不可廷臣集議復極言其害帝竟不從自是邊軍於大內團操號爲外四家軍而江彬進用矣八年宣府送迤北降人脫脫太等至京命充御馬監勇士鑑等上言漢魏徙氐羌於關中郭欽江統皆勸晉武早絕亂階苻堅處鮮卑於漢南苻融亦慮其窺測虛實今使降人出入禁中假寵踰分且生慢侮萬一北寇聞之潛使黠賊僞降以爲間諜寧不爲將來患哉帝不聽寧王宸濠謀復護衞鑑力遏之都督白玉以失事罷厚賄豹房諸倖臣求復鑑執不從諸倖臣嗾詷事者發鑑家僮取將校金錢言官遂交章劾鑑致仕去閱九年卒年八十

馬中錫字天祿故城人父偉爲唐府長史以直諫忤王械送京師而盡縶其家人中錫以幼免乃奔訴巡按御史御史言於王釋其家復奉母走京師訴冤父竟得白終處州知府中錫舉成化十年鄉試第一明年成進士授刑科給事中萬貴妃弟通驕橫再疏斥之再被杖公主侵畿內田勘還之民又嘗劾汪直違恣罪歷陝西督學副使弘治五年召爲大理右少卿南京守備太監蔣琮與兵部郎中婁性指揮石文通相訐連數百人遣官按不服中錫偕司禮太監趙忠等往一訊得實性除名琮下獄抵罪擢右副都御史巡撫宣府劾罷貪耄總兵官馬儀革鎭守以下私役軍士使隸尺籍寇嘗犯邊督軍敗之引疾歸中外交薦武宗卽位起撫遼東還屯田於軍而劾鎭守太監朱秀置官店擅馬市諸罪正德元年入歷兵部左右侍郎劉瑾初得志其黨朱瀛冒邊功至數百人尚書閻仲宇許之中錫持不可瑾大恚中旨改南京工部明年勒致仕其冬逮繫詔獄械送遼東責償所收腐粟踰年事竣斥爲民瑾誅起撫大同中錫居官廉所至革弊任怨以故有名六年三月賊劉六等起吏部尚書楊一清建議遣大臣節制諸道兵乃薦中錫爲右都御史提督軍務與惠安伯張偉統禁兵南征劉六名寵其弟七名宸文安人也並驍悍善騎射先是有司患盜召寵宸及其黨楊虎齊彥名等協捕頻有功會劉瑾家人梁洪徵賄於寵等不得誣爲盜遣甯杲柳尚義繪形捕之破其家寵等乃投大盜張茂茂家高樓重屋複壁深窖素招亡命爲逋逃主宦官張忠與鄰茂結爲兄夤緣馬永成谷大用于經輩得出入豹房侍帝蹵鞠而乘間爲盜如故後數爲河間參將袁彪所敗茂窘求救於忠忠置酒私第招茂彪東西坐酒酣舉觴屬彪字茂曰彥實吾弟也自今毋相厄又舉觴屬茂曰袁公善爾爾愼毋犯河間彪畏忠唯唯而已茂爲甯杲所禽寵等相率詣京謀自首忠與永成爲請於帝且曰必獻萬金乃赦寵宸不能辦逃去既而瑾誅有詔許自首寵等乃出詣官兵部奏赦之令捕他盜自効寵等憚要東未幾復叛黨日衆所至陷城殺將吏中錫等受命出師敗賊於彰德既又敗之河間進左都御史然賊方熾諸將率畏愞莫敢當其鋒或反與之結叅將桑玉嘗遇賊文安村中寵宸窘甚跳民家樓上欲自剄而玉素受賊賂故緩之有頃彥名持大刀至殺傷數十人大呼抵樓下寵宸知救至出射殺數人玉大敗叅將宋振禦賊棗强不發一矢城遂陷死者七千人當是時寵宸等自畿輔犯山東河南南下湖廣抵江西復自南而北直窺霸州楊虎等由河北入山西復東抵文安與寵等合破邑百數縱橫數千里所過若無人中錫雖有時望不習兵偉亦紈袴子見賊强諸將怯度不能破賊乃議招撫謂盜本良民由酷吏甯杲與中官貪黷所激若推誠待之可毋戰降也遂下令賊所在勿捕過勿邀擊饑渴則食飲之降者待以不死賊聞欲就撫相戒毋焚掠猶豫未定而朝廷以京軍弱議發邊兵中錫欲戰則兵未集欲撫則賊時向背終不得要領旣建議主撫不能變會寵等聞邊兵且至退屯德州桑園中錫肩輿入其營與酒食開誠慰諭之衆拜且泣送馬爲壽寵慷慨請降宸乃仰天吞嗟曰騎虎不得下今奄臣柄國人所知也馬都堂能自主乎遂罷會而是時方詔懸賞格購賊寵等偵知之益疑懼徑去焚掠如故獨至故城戒毋犯馬都堂家由是中錫謗大起謂其以家故縱賊言官交劾之下詔切責中錫猶堅持其說以請兵部尚書何鑑謂賊誑解甲則貰死卽不然毋爲所誑旣而寵等終不降乃遣侍郎陸完督師而召中錫偉還初中錫受命討賊大學士楊廷和謂楊一清曰彼文士耳不足任也竟無功與偉同下獄論死中錫死獄中偉革爵十一年巡按御史盧雍追訟中錫寃謂賊實聽撫僉事許承芳忌之潛請益兵疑賊心及賊再受約方至軍門而檻車已就道矣朝廷乃復中錫官賜祭予廕

陸完字全卿長洲人爲諸生中官王敬至蘇以事廷曳諸生諸生競起擊之完不與惡完者中之敬遂首列完名上聞巡撫王恕極論敬罪完乃得免舉成化二十三年進士謁選恕方爲吏部曰是嘗擊奄人者當爲御史入臺果有聲正德初歷江西按察使寧王宸濠雅重之時召預曲宴以金斝爲贈三年冬擢右僉都御史巡撫宣府劉瑾惡完赴闕後期命以試職視事明年夏復改南院督江防軍完以都御史試職非故事懼甚賄瑾召爲左僉都御史五年春拜兵部侍郎瑾敗言者劾其黨附帝不問明年霸州賊劉六劉七等起奉楊虎爲首惠安伯張偉右都御史馬中錫師出無功逮繫論死八月詔完兼右僉都御史提督軍務統京營宣府延綏軍討之行及涿州忽傳賊且逼京師命還軍入衞會副總兵許泰游擊郤永等敗楊虎等於霸州賊南走京師始解嚴指揮賀勇等再敗賊信安副總兵馮楨復大敗之阜城分兵追擊賊東圍滄州會劉六七中流矢乃解而南陷山東縣二十楊虎兵亦北殘威縣新河於是完頻請濟師益發遼東山西諸鎭兵逐賊賊益南圍濟寧焚運舟轉寇曹州楨泰永擊斬二千餘人獲其魁朱諒錄功進完右都御史諸將皆增秩中官谷大用張忠意賊旦暮平乃自請督師詔以大用總督軍務伏羌伯毛銳充總兵官忠監神鎗統京軍五千人會完討賊時劉六等縱橫沂莒間而楊虎陷宿遷執淮安知府劉祥靈璧知縣陳伯安連陷虹永城虞城夏邑及歸德州邊兵追及賊退至小黃河渡口百戶夏時設伏蹙之虎溺死餘賊奔河南推劉惠爲首大敗副總兵白玉軍攻陷沈邱殺都指揮王保執都指揮潘翀北陷鹿邑有陳翰者與甯龍謀奉惠爲奉天征討大元帥趙鐩副之翰自爲侍謀軍國重務元帥府長史與龍立東西二廠治事分其軍爲二十八營以應列宿營各置都督聚衆至十三萬欲牽制官軍於是惠鐩擾河南劉六及齊彥名等擾山東黨分爲二已而六復轉而北永敗之濰縣還趨霸州帝將出郊省牲聞之懼急召完赴援完擊破之文安賊南至湯陰完又督諸將追敗之先後俘斬千人當是時六等衆號數萬然多脅從精銳不過千餘人自兵部下首功令官軍追賊賊輒驅良民前行急則棄所掠逸去官軍所殺皆良民以故捷書屢奏而賊勢不衰明年正月六等復突霸州京師戒嚴詔完及大用銳還禦近畿賊乃西掠博野攻蠡縣臨城大用銳與遇於長垣大敗廷議召二人還別命都御史彭澤同咸寧伯仇鉞辦河南賊以畿輔山東賊委完完遣永追敗劉六於宋家莊賊南犯滕縣副總兵劉暉大敗之賊遂奔登萊海套完師次平度檄永玉與游擊溫恭三道進攻命副總兵張俊李鋐及泰暉分軍邀其奔逸賊走連戰皆大敗之賊乃變服易馬而遁先後禽斬二千六百餘人賊止三百人北走沿途招聚勢復張剽香河寶坻玉田轉攻武淸游擊王杲敗沒巡撫甯杲兵亦敗畿輔復震動而賊轉南至冠縣暉襲敗之指揮張勛又敗之平原賊南奔邳州渡河抵固始會河南賊已平劉六等勢益衰遂走湖廣奪舟至夏口遇都御史馬炳然殺之復登陸焚漢口爲指揮滿弼等追及劉六中流矢與子仲淮赴水死劉七齊彥名率五百人舟行自黃州順流抵鎭江南京告急完疾趨而南帝命彭澤仇鉞會完軍進勦大兵盡集江南北賊猶乘潮上下肆掠操江武靖伯趙弘澤都御史陳世良遇之敗績死者無算七月賊治舟孟瀆完等至鎭江留鉞防守令恭以騎駐江北暉永以舟趨江陰完率都指揮孫文傅鎧趨福山港賊擢抵通州颶風大作棄舟走保狼山完命同知羅瑋夜導軍登山南麓之彥名中槍死七中矢亦赴水死餘賊盡平還朝進完太子少保左都御史廕子錦衣世百戶明年代何鑑爲兵部尚書完有才智急功名善交權勢劉暉許泰江彬皆其部將後並寵倖用事完遂得其力時宸濠已萌異志聞完爲兵部致書盛陳舊好欲復護衞及屯田完答書令以祖制爲詞宸濠遂遣人輦金帛鉅萬寓所善教坊臧賢家徧遺用事貴人屬錢寧爲內主比奏下完遂爲覆請而以屯田屬戶部請付廷議內閣擬旨上並予之舉朝譁然六科給事中高淓十三道御史汪賜等力爭章並下部久不覆南京給事中徐文溥繼言之完乃請納諫官言帝竟不許十年改吏部尚書宸濠反就執中官張永至南昌搜其籍得完平日交通事上之帝大怒還至通州執完收其母妻子女封識其家比還京反縛之竿揭姓名於首雜俘囚中列凱旋前部以入將寘極刑值武宗崩世宗立法司覆奏完交外藩而遺金不却處護衞而執奏不堅當斬完復乞哀下廷臣覆讞以平賊功在八議之列遂得減死戍福建靖海衞母年九十餘

竟死獄中初完嘗夢至一山曰大武及抵戍所有山如其名歎曰吾戍已久定何所逃乎竟卒於戍所

洪鍾字宣之錢塘人成化十一年進士爲刑部主事遷郎中奉命安輯江西福建流民還言福建武平上杭清流永定江西安遠龍南廣東程鄉皆流移錯雜習鬬爭易亂宜及平時令有司立鄉社學教之詩書禮讓弘治初再遷四川按察使馬湖土知府安鼇恣淫虐土人怨之刺骨有司利其金置不問遷延二十年僉事曲銳請巡按御史張鸞按治鍾贊決捕鼇送京師寘極刑安氏自唐以來世有馬湖至是改流官一方始靖歷江西福建左右布政使十一年擢右副都御史巡撫順天整飭薊州邊備建議增築塞垣自山海關西北至密雲古北口黃花鎮直抵居庸延亘千餘里繕復城堡二百七十所悉城緣邊諸縣因奏減防秋兵六千人歲省輓輸犒賚費數萬計所部潮河川去京師二百里居兩山間廣百餘丈水漲成巨浸水退則坦然平陸寇得長驅直入鍾言關以東三里許其山外高內庳約餘二丈可鑿爲兩渠分殺水勢而於口外斜築石堰以束水置關堰內守以百人使寇不得馳突可免京師北顧憂且得屯種河壖地兵部尚書馬文升等請從之比興工鑿山山石崩壓死者數百人御史弋福給事中馬予聰等劾鍾巡撫張烜等請罷役不聽未幾工成侍郎張達偕司禮中官往視還言石洞僅洩小水地近邊垣多沙石不利耕種給事中屈伸等劾鍾欺妄三罪諸言官及兵部皆請逮鍾帝以鍾爲國繕邊不當罪停俸三月正德元年由巡撫貴州召督漕運兼巡撫江北明年就進右都御史蘇松浙江運舟由下港口及孟瀆河泝大江以達瓜洲遠涉二百八十餘里往往遭風濤鍾言孟瀆對江有夾河可抵白塔河口舊置四閘徑四十里至宜陵鎮再折而北即抵揚州運河開濬爲便從之改掌南京都察院就遷刑部尚書四年冬加太子少保兼左都御史掌院事五年春湖廣歲饑盜起命鍾以本官總制軍務陝西河南四川亦隸焉沔陽賊楊清邱仁等僭稱天王將軍出沒洞庭間圍岳州陷臨湘官軍屢失利鍾及總兵官毛倫徵都指揮潘勳柴奎布政使陳鎬副使蔣昇擊破之於麻穰灘禽斬七百四十餘人賊遂平初鍾掌院事劉瑾方熾及瑾誅言官劾鍾徇瑾撻御史朝議以鍾討賊置不問時保寧賊藍廷瑞自稱順天王鄢本恕自稱刮地王其黨廖惠稱掃地王衆十萬餘置四十八總管延蔓陝西湖廣之境廷瑞與惠謀據保寧本恕謀據漢中取鄖陽由荊襄東下巡撫林俊方議遏通江而惠已至攻陷其城殺參議黃瓚僉事錢朝鳳等遁去適官軍自他郡還賊疑援兵至亦遁俊益發羅㺐及石砫土兵助朝鳳進剿參議公勉仁亦會龍灘河漲賊半渡羅㺐奮擊之禽斬八百餘人墜崖溺水甚衆俊復遣知府張敏何珊等追之獲惠餘衆奔陝西西鄉鍾乃下令招撫歸者萬餘人既而賊收散亡陷營山殺僉事王源縱掠蓬劍二州鍾赴四川與俊議多不合軍機牽制賊益熾已乃檄陝西湖廣河南兵分道進湖廣兵先追及於陝西石泉廷瑞走漢中都指揮金冕圍之陝西巡撫藍章方駐漢中廷瑞遣其黨何虎詣章乞還川就撫章以廷瑞本川賊恐急之必致死陝且受患遂令冕護之出境廷瑞既入川求降鍾等令至東鄉聽撫賊意在緩師遷延累月依山結營要求營山縣或臨江市屯其衆遣官爲質鍾令漢中通判羅賢入其營本恕來謁約既定會官軍有殺其樵採者賊復疑懼遂殺賢剽如故官軍爲七壘守之賊不得逸其黨漸潰廷瑞以所掠女子詐爲已女結婚於永順土舍彭世麟冀得間逸去世麟密白鍾鍾授方略使圖之及期廷瑞本恕暨其黨王金珠等二十八人咸來會伏發悉就禽惟廖麻子得脫其衆聞變驚潰渡河鍾遣兵追擊俘斬七百餘人以功進太子太保未幾廖麻子及其黨曹甫掠營山蓬州七年總兵官楊宏副使張敏馬昊何珊等合擊之賊勢蹙鍾乃議招撫敏以單騎詣甫營甫聽命遂赴軍門受約束歸散其黨而麻子忿甫背已殺之并其衆轉掠川東官軍不敢擊潛躡賊後馘良民爲功土兵虐尤甚時有謠曰賊如梳軍如篦土兵如鬀巡按御史王綸紀功御史汪景芳劾鍾縱兵不戰綸復奏鍾樂飲縱遊致賊自合州渡江陷州縣詔召鍾還以彭澤代鍾遂乞歸嘉靖三年卒謚襄惠陳鎬會稽人成化二十三年進士既平賊就遷右副都御史巡撫湖廣蔣昇祁陽人鎬同年進士

陳金字汝礪應城人徙武昌祖坦夔州知府父琳廣西僉事金舉成化八年進士除婺源知縣擢南京御史弘治初出按浙江還因災異劾文武大僚十九人侍郎丁永中南京大理卿吳道宏南寧伯毛文等多罷去尋遷山西副使歷雲南左布政使討平竹子箐叛苗十三年就拜右副都御史巡撫其地孟養酋思祿與孟密酋思揲搆兵積年金奉詔發緬甸千崖隴川南甸諸部兵聚糧十二萬爲征討計而遣參議郭緒往撫之思祿懼遂罷兵修貢金以功賚銀幣貴州兵敗賊婦米魯米魯退攻平夷衛及大河扼勒諸堡金發兵連破之增俸一等召爲南京戶部右侍郎正德改元給事中周璽等劾不職大臣金與焉詔不問金以母老乞歸不允尋以右都御史總督兩廣軍務時內臣韋霦等建議請輸兩廣各司所貯銀於京師金疏不可詔留二十餘萬馬平洛容獞猖獗金偕總兵官毛銳發兵十三萬征之俘斬七千餘人進左都御史斷藤峽苗時出剽金念苗嗜魚鹽可以利縻也乃立約束令民與苗市改峽曰永通苗性貪而黠初陽受約既乃不予直殺掠益甚潯州人爲語曰永通不通來葬江中誰其作者噫陳公蓋咎金失計也三年十月還南京戶部尚書明年冬召爲左都御史未聞命以母喪歸六年二月江西盜起詔起金故官總制軍務南畿浙江福建廣東湖廣文武將吏俱隸焉許便宜從事都指揮以下不用命者專刑戮當是時撫州則東鄉賊王鈺五徐仰三傅傑一揭端三等南昌則姚源賊汪澄二王浩八殷勇十洪瑞七等瑞州則華林賊羅光權陳福一等而贛州大帽山賊何積欽等又起官軍累年不能克金以屬郡兵不足用奏調廣西狼土兵明年二月先進兵東鄉遣參議徐蕃等分屯要害而令副總兵張勇土官岑鏊岑猛各統官兵目兵擊賊熟塘進戰南㙩追敗之赤岸蔭嶺禽仰三馘鈺五等克柵二百六十五斬首萬一千六百餘級俘七百五十餘人五月移師姚源令參政董朴吳廷舉等分營餘干安仁貴溪鄱陽樂平遏賊而親統大軍擣其巢勇十重創死會張勇以目兵至毒弩射殺瑞七成七等俘斬共五千餘人七月乘勝斬光權華林賊盡平又督副使王秩等擊大帽山賊獲積欽俘斬千七百餘人半歲間剿賊幾盡遂即東鄉立縣竝立萬年縣招降人居之前後每奏捷輒賜璽書嘉勞賚銀幣加太子少保廕子錦衣世百戶金累破劇賊然所用目兵貪殘嗜殺剽掠甚於賊有巨族數百口闔門罹害者所獲婦女率指爲賊屬載數千艘去民間謠曰土賊猶可土兵殺我金亦知民患之方倚其力不爲禁又不能持廉軍資頗私入功雖多士民皆深怨焉東鄉之役鏊兵縱弩射趫捷若飛賊大窘鏊兵要賞千金金靳不予乃縱賊使逸桀黠者多不死尚數千人金急欲成功遂下令招撫其破姚源賊也金喜謂功在旦夕與將吏置酒高會賊覘諸要害無守者乃悉所有賂目兵乘暮遁去時賊絕爨已三日自分必死沿途棄稚弱散婦女及抵貴溪始得一飽食遂轉掠衢嚴間金知失策亦下令招降賊首王浩八等故僞降以緩官兵攻剿如故卒不能盡賊紀功給事中黎奭及兩京言官交章劾金乃召金還以俞諫代金遂請終喪去十年再起督兩廣軍務府江賊王公珣等爲亂金集諸道兵偕總兵官郭勛等分六路討之斬公珣大有所俘獲加少保太子太保廕子如初復以饒平捷詔子先受廕者進一秩金承召還朝道得疾歸詔強起之十四年冬入掌都察院事世宗立請老命乘傳還久之卒

俞諫字良佐桐廬人父藎舉進士官御史按江西治外戚王氏萬氏宗族恣橫罪坐事謫澧州判官大築陂堰溉田可萬頃累遷鄖陽知府諫舉弘治三年進士授長清知縣擢南京御史遷河南僉事禽嵩賊呂梅歷江西參議平大帽山賊遷廣東副使中道召爲大理少卿正德六年擢右僉都御史治水蘇杭諸府修治圩塘民享其利尋進右副都御史提督操江八年春姚源降賊王浩八叛詔以諫代陳金督江西浙江福建諸軍討之時浩八衆萬餘屯浙江開化爲同知伍文定等所敗遁還江西德興以所執都指揮白弘江洪爲質求撫於按察使王秩秩受之爲傳送姚源浩八奔據貴溪裴源山餘衆復集連營十里諫令秩與副使胡世寧參政吳廷舉列屯要害斷其歸路而躬與都督李鋐乘夜冒雨潛進大破之俘斬數千人遂禽浩八其黨潰走玉山諫與南贛巡撫周南江西巡撫任漢復擊斬七百餘人餘賊奔姚源諫督廷舉等進剿逼禽之諫懲金失一意用兵而任漢懦先爲布政使嘗贊金主撫雖亟上首功追賊緩餘黨復起先是東鄉賊爲金所敗乞降隸世寧號新兵而剽掠如故既懼罪復叛遣參將桂勇等討禽之萬年雖立縣賊尚衆吏胥多賊黨官府動息必知之副使李情治峻急衆欲叛畏鋐在餘干不敢發會鋐卒王垂七胡念二等遂作亂殺情及饒州通判陳達泰碧指揮邢世臣等焚廨舍諫發兵禽之亂乃定言官劾諫及漢南兵部請召漢還命諫兼領巡撫明年擊臨川賊斬其魁而遣參將李隆擊新淦賊賊踞萬山中僭稱王且八年隆等深入悉就禽俘斬千七百餘人錄功進諫右都御史巡撫如故劇賊徐九齡者初嘯聚建昌醴源已出沒江湖間積三十年黃州德安九江安慶池州太平咸被其害諫討斬之羣盜悉平寧王宸濠諷御史張鰲山劾諫十一年召還遂乞致仕嘉靖改元用薦起故官總督漕運青州礦盜王堂等起顏神鎮流刼東昌兗州濟南都指揮楊紀及指揮楊浩等擊之浩死紀僅免詔責山東將吏於是諸臣分道逐賊賊不復屯聚流刼金鄉魚

臺間突曹州欲渡河不得復掠考城竝河西岓至東明長垣河南及保定守臣咸告急賊黨王友賢等轉掠祥符封邱南抵徐州廷議以諸道巡撫權位相埒乃命諫與都督郤綱竝提督兩畿山東河南軍務以便宜節制諸道兵討之賊復流至考城官軍方欲擊而河南降賊張進引三百騎馳至中都留守顏愷與俱前方戰進忽三麾其旗先却賊乘之官軍大潰將士死者八百餘人諫等連營進賊始滅其秋召掌都察院事踰年卒官贈太子太保謚莊襄

周南字文化縉雲人成化十四年進士除六合知縣擢御史出按畿輔弘治初再按廣東劾總兵官柳景歷江西右布政使擢右副都御史巡撫大同武宗初立寇入宣府叅將陳雄等邀擊敗之錄功增南俸一秩母喪歸正德三年劉瑾擅政以大同倉粟有浥爛者逮南及督糧郎中孫祿下詔獄械送大同責倍輸會赦大同總兵官葉椿等爲請免其倍數輸畢釋爲民瑾誅以故官撫宣府不就引病歸明年起督南贛軍務南贛巡撫之設自南始汀州大帽山賊張時旺黃鏞劉隆李四仔等聚衆稱王攻剽城邑延及江西廣東之境數年不靖官軍討之輒敗推官莫仲昭知縣蔣璣指揮楊澤等被執賊勢愈熾南集諸道兵擊之龍牙侖時旺義民林富別擊斬鏞於鐵坑其他諸砦爲指揮孫堂等所破而副使楊璋僉事凌相等亦擊隆四仔禽之先後斬獲五千人仲昭等得逸還捷聞賜敕獎勞南乃移師會總督陳金共平姚源諸賊境內遂寧九年春進右都御史總督兩廣軍務踰年乞歸卒贈太子少保孫祿棲霞人弘治九年進士由戶部主事歷郎中瑾敗起故官累遷至應天府尹

馬昊本姓鄒字宗大寧夏人弘治十二年進士由行人選御史正德初遷山東僉事坐累謫眞定推官境內數有盜昊教吏士習射廣設方略盜發輒獲再坐累謫判開州眞定吏民伏闕請留乃免遷四川僉事昊長身驍捷善騎射知兵巨寇方四曹甫等方熾洪鍾討之久無功昊至閱所部笑曰將不知兵其何以戰於是擇健卒千人分數隊隊立長教之會甫將襲江津昊從巡撫林俊勦賊大敗之俘斬及焚死者二千餘人明年方四陷江津破綦江薄重慶昊夜出百騎舉火擊賊賊驚潰乘之斬獲多遂合羅狪土兵搏賊賊陳左而伏兵其右昊以正兵當左身率百騎擣其伏伏潰趨左左亦潰四奔婺川與甫相攻衆遂散四變姓名走爲他將所獲昊再被獎進副使與總兵官楊宏擊敗甫甫降而其黨廖麻子併其衆連陷銅梁榮昌坐奪冠帶時洪鍾已召還巡撫高崇熙恇怯復主撫麻子等陽受約崇熙遽罷諸軍令副使張敏徙開縣臨江市民空其地處之許給復三年爲請於朝昊力爭謂臨江市屬襟喉上達重敘下連湖湘地土饒衍奈何棄以資賊自遺患崇熙不從昊乃益治兵觀變其明年賊果執敏叛詔逮崇熙而擢昊右僉都御史代之賊圍中江將趨成都昊以五千騎與總督彭澤敗之遊擊關勳追斬麻子劍州餘衆走推其黨喻思俸爲主總兵官陳珣追至富村賊僞降因北渡江襲殺都指揮姚震轉入巴山故巢尋出走大安鎭珣不敢前而陝西兵與賊戰潰賊遂越寧羌犯略陽珣軍鼓譟賊夜走度廣元爲官軍所遏還趨通巴招餘黨諸將率稱病不擊賊詔逮珣且讓昊昊乃與彭澤督諸軍獲思俸西鄉山中復與澤平內江賊駱松祥羣盜悉靖錄功進副都御史十年亦不剌寇松潘番人磨讓六少等乘機亂爲之鄉導西土大震昊招土番爲間發兵掩擊之千戶張倫等夜率熟番攻破賊獲磨讓六少亦不剌遁去昊以松潘地險阻番人往往邀劫饋運乃督叅將張傑等修築墻柵自三舍堡至風洞關凡五十里賜敕褒之烏蒙芒部二府壤接筠連珙縣亘千里山箐深阻諸蠻僰人子弭子仲家子猫子倮猓等雜居其中有僰人子普法惡者通漢語曉符籙妄言彌勒出世自稱蠻王煽諸夷作亂流民謝文禮謝文義應之都指揮杜琮戰敗文義奪其胄十二年昊督指揮曹昱進討法惡敗走保靑山砦昊分據水口絕其汲道闢南方圍待之賊乏水渴突南圍官軍遮擊法惡中流矢死諸蠻大奔以功再進右都御史廕子錦衣世百戶昊有才氣能應變揮霍自喜所向輒有功然官川中久狎其俗銳意立功名卒以是敗先是亦不剌旣遁昊移兵攻小東路番砦未下茂州羣蠻懼見侵遂糾生苗圍城堡叅將芮錫等討之兵敗指揮麗昇等皆死又嘗遣副總兵張傑副使吳澧擊松潘南北二路番不利亡軍士三千餘人匿不以聞僰蠻平不置戍守遽班師請改高縣爲州設長吏增高珙筠連田租千八百石令指揮魏武度田奪降人業給之軍民而珙縣知縣步梁窺昊意誘殺降人阿尚杜琮以亡胄故怨文義潛使人購其頭於是文義乘羣蠻怨嗾之遂大訌攻高慶符二縣破其城琮率兵禦之又敗死傷七百人自黎雅以西天全六番皆相繼亂南京給事中孫懋暨巡按御史盧雍黎龍先後劾昊十四年遂遣官逮昊行至河南疏稱疾篤留於家世宗卽位始就逮尋削籍歸楊一淸胡世寧薦之爲桂萼所駁而止久之卒

贊曰何鑑綰中樞能任諸將滅賊蓋其時楊廷和在政府閣部同心故克奏効云爾馬中錫雅負時望而軍旅非其所長適用取敗然觀劉宸阻降之言亦可以觀朝事矣陸完交結之罪浮於首功得從八議有佚罰焉洪鍾陳金威略甚著而土兵之謠聞之心惻斯又統戎旃者所當留意也

明史卷一百八十八　列傳第七十六

總裁官總理事務經筵講官少保兼太子太保保和殿大學士兼管吏部戶部尚書事加六級張廷玉等奉敕修

劉蒨 呂翀 葛嵩　艾洪　趙佑 朱廷聲等
戴銑 李光翰等　陸崑 薄彥徽等
蔣欽　周璽 涂楨
湯禮敬 王渙 何紹正　許天錫 周鑰等
徐文溥 翟唐 王鑾　張士隆
張文明 陳鼎等　范輅
張欽　周廣 曹琥
石天柱

劉蒨字惟馨涪州人弘治十二年進士授戶科給事中劾戶部尚書侶鍾縱子受賕論外戚慶雲侯壽寧侯家人侵牟商利阻壞鹺法又論文選郎張綵顚倒銓政有直聲武宗踐祚未數月漸改孝宗之政蒨疏諫曰先帝大漸召閣臣劉健李東陽謝遷於榻前託以陛下今梓宮未葬德音猶存而政事多乖號令不信張瑜劉文泰方藥弗愼致先帝升遐不卽加誅容其奏辨中官劉瑯貽害河南宜按治僅調之薊州戶部奏汰冗員兵部奏革傳奉疏皆報罷夫先帝留健等輔陛下乃近日批答章奏以恩侵法以私撓公是閣臣不得與聞而左右近習陰有干預矣願遵遺命信老成政無大小悉咨內閣庶事無壅蔽權不假竊報聞正德元年吏部尚書馬文升致仕廷議推補御史王時中以閔珪劉大夏不宜在推舉之列蒨恐耆德益疎上疏極論其謬章下所司是蒨言詔爲飭言官毋挾私妄奏孝宗在位時深悉內臣出鎭之害所遣皆愼選劉瑾竊柄盡召還之而代以其黨蒨言用新人不若用舊人猶養饑虎不若養飽虎不聽尋與給事中張文等極言時政缺失五事忤旨奪俸三月劉健謝遷去位蒨與刑科給事中呂翀各抗章乞留語侵瑾先是兵科都給事中艾洪劾中官高鳳姪得林營掌錦衣衞諸疏傳至南京守備武靖伯趙承慶所應天尹陸珩錄以示諸僚兵部尚書林瀚聞而太息於是給事中戴銑御史薄彥徽等各馳疏極諫請留健遷瑾等大怒矯旨逮銑彥徽等下詔獄鞫治竝蒨翀洪俱廷杖削籍承慶停半祿閒住瀚珩貶秩致仕旣而列健遷等五十三人爲奸黨蒨及翀洪竝預焉瑾敗起蒨金華知府舉治行卓異未及遷輒告歸嘉靖初起知長沙遷江西副使卒御史范永奎訟於朝特予祭葬呂翀廣信永豐人弘治十二年進士其請留健遷言二臣不可聽去者有五孔子稱孟莊子之孝以不改父之臣爲難二臣皆先帝所簡以遺陛下今陵土未乾無故罷遣何以慰在天之靈不可一也二臣雖以老疾辭實由言違計沮不得其職而去陛下聽之亦以其不善將順非實有意優老也在二臣得去就之義在陛下有棄老成之嫌不可二也今民窮財殫府藏虛罄水旱盜賊星象草木之變迭見雜出萬一禍生不測國無老成誰與共事不可三也自古剛正者難容柔順者易合二臣既去則柔順之人必進將一聽陛下所爲非國家之福不可四也書曰無遺壽耇健等諳練有素非新進可侔今同日去國天下後世將謂陛下喜新進而厭舊人不可五也旣削籍歸後起雲南僉事遷四川副使修城都江堰以資灌溉水利大興嘉靖初卒艾洪濱州人弘治九年進士授兵科給事中武宗立詔淸覈騰驤諸衞及在京七十二衞軍給事中葛嵩剔抉無所徇得各監局占役者七千五百餘人有旨送各營備操旣而中官魏興蕭壽等撓之格不行洪率同官抗論竟不能得又劾英國公張懋懷寧侯孫應爵新寧伯譚佑彭城伯張信竝請斥陝西鎭監劉雲薊州鎭監劉瑯不聽雲尋調南京守備乞以其養子偉爲錦衣千戶洪復率同官劾之事乃寢洪在兵科久諫疏多可稱削籍後復罰米二百石輸宣府後起官終福建左參政葛嵩字鍾甫無錫人弘治十二年進士由行人擢禮科給事中閱薊州軍儲核貴戚所侵地歸之民正德初以釐營弊力抗權倖請出先朝宮人諫射獵因劾魏國公徐俌又偕九卿請誅劉瑾瑾怒斥爲奸黨罷歸

趙佑字汝翼雙流人弘治十二年進士由繁昌知縣召爲御史正德元年六月災異求言佑上言太監劉瑾邱聚馬永成輩日獻鷹犬導騎射萬一有銜橛之變豈不爲兩宮憂鎭守內臣鄧原麥秀頗簡靜而劉璟梁裕搆

代之戶部議馬房草場召民佃種寗瑾竟自奏止李興擅伐陵木已坐大辟乃欲賂左右祈免他如南京守備劉雲倉場監督趙忠韋㑺段循俱貪緣增設乞置瑾等於法罷璟裕毋遣而汰革額外冗員自今政事必諮大臣臺諫不爲近習所搖則災變自弭奏入羣奄大恨帝將大婚詔取太倉銀四十萬兩佑言左右以婚禮爲名將肆無厭之欲訐臣懼禍而不敢阻閣臣避怨而不敢爭用如泥沙坐致耗國不幸與師旅遘饑饉將何以爲計哉九月宛平郊外李花盛開佑言此陰擅陽權非偶然也帝皆不納是時中官益橫佑與同官朱廷聲徐鈺交章極論章下閣議將重罪中官事忽中變劉健謝遷去位瑾遂大逐廷臣忤已者指佑與廷聲鈺及陳琳潘鏜等爲奸黨勒罷之瑾誅佑用薦起山西僉事卒朱廷聲字克諧進賢人弘治十二年進士嘉靖中終刑部右侍郎徐鈺字用礪江夏人弘治九年進士終四川左布政使陳琳字玉疇莆田人弘治三年進士由庶吉士改御史上端本修政十五事出督南畿學政劉瑾逐健遷逮戴銑陸崑等琳抗章言南京窮冬雷震正旦日食正宜修德弭災委心元寮博采忠言豈宜自棄股肱隔塞耳目瑾大怒謫揭陽丞瑾敗遷嘉興同知世宗時終南京兵部右侍郎潘鏜字宗節六安人弘治九年進士有孝行爲滿城知縣憂歸繼知滑縣擢御史陳時務大計四事孝宗嘉納之正德初以論高鳳爲中人所惡傳旨鏜黨太監王岳除其名八年起廣東僉事謝病歸

戴銑字寶之婺源人弘治九年進士改庶吉士授兵科給事中數有建白久之以便養調南京戶科武宗嗣位偕同官請敕六科檢詳弘治間所行進賢退奸節財訓兵重祀慎刑救災恤困諸大政備錄進覽凡裁決機務悉以爲準報聞踰月言四方歲辦多非土產勞費滋甚宜獨其所無又請勤御經筵俾密勿大臣從容獻納旣乃與給事中李光翰徐蕃牧相任惠徐暹及御史薄彥徽等連章奏留劉健謝遷且劾中官高鳳帝怒逮繫詔獄廷杖除名銑創甚遂卒世宗立追贈光祿少卿李光翰新鄉人弘治十二年進士授南京戶科給事中正德改元災異求言光翰偕同官疏劾太監苗逵高鳳李榮及保國公朱暉且言大學士劉健等疏陳鹽法事留中不報將使老臣不安其位帝不省旣削籍歸後起台州知府與蕃同舉治行卓異尋卒徐蕃泰州人弘治六年進士授南京禮科給事中武宗嗣位復先朝所汰諸冗費蕃等力爭不納後起江西參議從都御史陳金討平東鄉寇嘉靖時累官工部右侍郎牧相餘姚人弘治十二年進士授南京兵科給事中論救宣府都御史雍泰又公疏請罷禮部尚書崔志端等皆不聽正德元年奉命與御史呂鏜清查御馬監因陳濫役濫費之弊及太監李棠扞詔旨營私罪至是受杖歸授徒養母後復官擢廣西參議命下相已前卒任惠灤州人弘治九年進士由行人擢南京吏科給事中正德元年九月偕同官諫佚遊語切直後起山東僉事未任卒徐暹歷城人弘治十五年進士武宗卽位擢南京工科給事中正德改元因災異上言七事且請斥英國公張懋尚書張昇等撤諸添註內官明正張瑜劉文泰用藥失宜致僨先帝及太監李興擅伐陵木新寧伯譚佑侍郎李鐩同事不舉之罪帝下之所司後起山西僉事進副使平巨盜混天王民德之卒於官

陸崑字如玉歸安人弘治九年進士授淸豐知縣以廉幹徵擢南京御史武宗卽位疏陳重風紀八事一獎直言古者臣下不匡其刑墨宋制御史入臺踰十旬無言有辱臺之罰今郞署建言如李夢陽楊子器輩當加旌擢而言官考績宜以章疏多寡及當否爲殿最二復面劾舊制御史上殿彼劾者趨出待罪卽唐人對仗讀彈文遺意近率封章奏聞批答未行彌縫先入乞遵舊典面奏立取睿裁三明淑慝尚書劉大夏王軾以病乞休侍郎張元禎陳淸屢劾不去賢不肖倒置實治亂消長之關宜勉留二人放元禎等還田里四嚴命令近者言妨左右頻見留中事涉所私輒收成命乞令諸曹章奏俱具數送閣已行者得考稽未行者易奏請五養銳氣御史與都御史例得互相糾繩行事不宜牽制六均差遣御史以南北爲限顯分重輕自今除巡按面命外其他差遣及遷轉資格宜均擬上請以示一體七專委任河南道有考覈之責請擇人專任八勵庶官郎中田岩姚汀張憲員外郎李承勛胡世寧張撰顧璘等二十人皆宜顯擢章下所司又劾中官高鳳苗逵保國公朱暉因請汰南京增設守備內臣廣開言路屏絕宴遊騎射帝不能從時八黨竊柄朝政日非崑偕十三道御史薄彥徽葛浩貢安甫王蕃史良佐李熙任諾姚學禮張鳴鳳蔣欽曹閔黃昭道王弘蕭乾元等上疏極諫曰自古奸臣欲擅主權必先蠱其心志如趙高勸二世嚴刑肆志以極耳目之娛和士開說武成毋自勤約宜及少壯爲樂仇士良教其黨以奢靡導君勿使親近儒生知前代興亡之故其君惑之卒皆受禍陛下嗣位以來天下顒然望治乃未幾寵倖奄寺顚覆典刑太監馬永成魏彬劉瑾傅興羅祥谷大用輩共爲蒙蔽日事宴遊上干天和災祲疊告廷臣屢諫未蒙省納若輩必謂宮中行樂何關治亂此正奸人欺君之故術也陛下廣殿細旃豈知小民窮簷蔀屋風雨之不庇錦衣玉食豈知小民祁寒暑雨凍餒之弗堪馳騁宴樂豈知小民疾首蹙頞赴訴之無路昨日雷震郊壇彗出紫微夏秋亢旱江南米價騰貴京城盜賊橫行可恣情縱欲不一顧念乎閣部大臣受顧命之寄宜隨事匡救弘濟艱難言之不聽必伏闕死諫以悟聖意顧乃怠緩悅從巽順退託自爲謀則善矣如先帝付委天下屬望何伏望側身修行亟屏永成輩以絕禍端委任大臣務學親政以還至治疏至朝事已變劉健謝遷皆被逐於是彥徽爲首復上公疏請留健遷而罪永成瑾等瑾怒悉逮下詔獄各杖三十除名昭道弘乾元逮捕未至命卽南京闕下杖之江西清軍御史王良臣聞崑等被逮馳疏救並逮下詔獄杖三十斥爲民後列奸黨五十三人崑彥徽等並與焉瑾誅復崑官致仕世宗初起用未行而卒薄彥徽陽曲人弘治九年進士授四川道御史嘗劾崔志端以羽士玷春卿有直聲至是被杖歸未及起官卒葛浩字天宏上虞人弘治九年進士由五河知縣擢御史數陳時政闕失孝宗多采納正德元年帝允司禮中官高鳳請令其從子得林掌錦衣衞事浩等爭之言先帝詔錦衣官悉由兵部推舉陛下亦悉罷傳奉乞官今得林由傳奉不關兵部廢先帝命壞銓舉法虛陛下詔一舉三失由鳳致之乞治鳳罪而罷得林御史潘鏜亦言鳳得林操中外大柄中人效尤弊將安底帝皆不聽浩旣削籍瑾憾未釋復坐先所劾武昌知府陳晦不實與安甫蕃熙學禮崑六人逮杖闕下瑾誅起浩知邵武府入覲陳利弊五事悉施行嘉靖中歷官兩京大理卿帝郊祀有犯蹕者法司欲置重典浩執奏得不死十年夏雷震午門自劾致仕歸年九十二卒貢安甫字克仁江陰人弘治九年進士授長垣知縣孝宗時擢御史嘗疏劾壽寧侯張鶴齡正德初考功郎楊子器以山陵事下詔獄安甫疏力救兵部尚書劉大夏爲中官所扼謝病去戶部侍郎陳清還南京工部尚書安甫率御史請還大夏而罷清報聞彥徽等公疏安甫筆也瑾知之故列奸黨以安甫首南御史家居十年終歲不入城市後起山東僉事甫三月引疾歸史良佐字禹臣亦江陰人弘治十二年進士由行人擢御史後起雲南副使平十八寨苗賜白金文綺濬海戶溉田千頃滇人頌之李熙上元人弘治九年進士由將樂知縣擢御史十八年奸人徐俊等造謠言帝遣官齎駕帖至南京有所捕治已而知其妄熙公疏言陛下於此事威與明少損矣儻奸人效尤妄以蜚語中善類害何可勝言事下法司亦力言駕帖之害帝納之正德元年九月以災異偕御史陳十事瑾誅得禍者皆起熙獨廢世宗嗣位始起饒州知府遷浙江副使以淸操聞姚學禮巴人家京師弘治六年進士正德元年公疏諫佚遊不納後起雲南僉事終參議張鳴鳳淸平人弘治九年進士爲永康知縣有政績擢御史後起湖廣僉事進副使母憂歸卒蔣欽杖死別有傳曹閔上海人弘治九年進士爲沙縣知縣被徵民號泣攀留累日不得去旣與崑等同得罪後當起官以養母不出母終枕塊得寒疾卒黃昭道平江人弘治十二年進士後起廣西僉事再遷雲南參政撫木邦孟密有功終左布政使王弘六合人弘治六年進士蕭乾元萬安人弘治十二年進士王蕃任諾鞫獄時抵不與知不足載王良臣陳州人弘治六年進士官南京御史瑾誅起山東副使終按察使

蔣欽字子修常熟人弘治九年進士授衞輝推官徵擢南京御史數有論奏正德元年劉瑾逐大學士劉健謝遷欽偕同官薄彥徽等切諫瑾大怒逮下詔獄廷杖爲民居三日欽獨具疏曰劉瑾小豎耳陛下親以腹心倚以耳目待以股肱殊不知瑾悖逆之徒蠹國之賊也忿臣等奏留二輔抑諸權奸矯旨逮問予杖削職然臣思畎畝猶不忘君矧待命衽席目擊時弊烏忍不言昨瑾要索天下三司官賄人千金甚有至五千金者不與則貶斥與之則遷擢通國皆寒心而陛下獨用之於左右是不知左右有賊而以賊爲腹心也給事中劉蒞指陛下闇於用人昏於行事而瑾削其秩撻辱之矯旨禁諸言官無得妄生議論不言則失於坐視言之則虐以非法通國皆寒心而陛下獨用之於前後是不知前後有賊而以賊爲耳目股肱也一賊弄權萬民失望愁歎之聲動徹天地陛下顧懵然不聞縱之使壞天下事亂祖宗法陛下尚何以自立乎幸聽臣言急誅瑾以謝天下然後殺臣以謝瑾使朝廷一正萬邪不能入君心一正萬欲不能侵臣之願也今日之國家乃祖宗之國家也陛下苟重祖宗之國家則聽臣所奏如其輕之則任瑾所欺疏入再杖三十繫獄越三日復具疏曰臣與賊瑾勢不兩立賊瑾蓄惡已非一朝乘間起釁乃其本志陛

下日與嬉遊茫不知悟內外臣庶凜如冰淵臣昨再疏受杖血肉淋漓伏枕獄中終難自默願借上方劍斬之朱雲何人臣肯少讓陛下試將臣較瑾瑾忠乎臣忠乎忠與不忠天下皆知之陛下亦洞然知之何仇於臣而信任此逆賊耶臣骨肉都銷涕泗交作七十二歲老父不顧養矣臣死何足惜但陛下覆國喪家之禍起於旦夕是大可惜也陛下誠殺瑾梟之午門使天下知臣欽有敢諫之直陛下有誅賊之明陛下不殺此賊當先殺臣使臣得與龍逢比干同遊地下臣誠不願與此賊並生疏入復杖三十方欽屬草時燈下微聞鬼聲欽念疏上且掇奇禍此殆先人之靈欲吾寢此奏耳因整衣冠立曰果先人盍厲聲以告言未已聲出壁間益悽愴欽歎曰業已委身義不得顧私使緘默負國爲先人羞不孝孰甚復坐奮筆曰死卽死此稾不可易也聲遂止杖後三日卒於獄年四十九瑾誅贈光祿少卿嘉靖中賜祭葬錄一子入監

周璽字天章廬州衞人弘治九年進士授吏科給事中三遷禮科都給事中慷慨好言事武宗初卽位請毀新立寺觀屏逐法王眞人停止醮事並論前中官齊元煉丹糜金罪頃之以久雨偕同官劾侍郎李溫太監苗逵九月以星變復劾溫及尚書崔志端熊翀賈斌都御史金澤徐源等翀溫澤因是罷帝遣中官韋興守鄖陽璽力言不可尋復偕同官言邇者聰明日蔽膏澤未施講學一暴而十寒詔令朝更而夕改冗員方革復留鎭監撤還更遣解戶困於交收鹽政壞於陳乞厚戚畹而駕帖頻頒私近習而帑藏不覈不可不亟爲釐正不聽正德元年復應詔陳八事中劾大寮賈斌等十一人中官李興等三人勳戚張懋等七人邊將朱廷解端李稽等三人未幾言陛下卽位以來鷹犬之好糜費日甚如是不已則酒色遊觀便佞邪僻凡可以悅耳目蕩心志者將無所不至光祿上供視舊十增七八新政已爾何以克終御史何天衢等亦以爲言章下禮部尚書張昇請從之帝雖不加譴不能用也明年擢順天府丞璽論諫深切牽與中官牴牾劉瑾等積不能堪至是命璽與監丞張淮侍郎張縉都御史張鸞錦衣都指揮楊玉勘近縣皇莊玉瑾黨三人皆下之璽辭色無假且公移與玉止牒文玉奏璽侮慢敕使瑾卽矯旨逮下詔獄搒掠死瑾誅詔復官賜祭恤其家嘉靖初錄一子又御史涂禎新淦人也弘治十二年進士初爲江陰知縣正德初巡鹽長蘆瑾縱私人中鹽又命其黨畢眞託取海物侵奪商利禎皆據法裁之比還朝遇瑾止長揖瑾怒矯旨下詔獄江陰人在都下者謀斂錢賂瑾解之禎不可喟然曰死耳豈以汙父老哉遂杖三十論戍肅州創重竟死獄中瑾怒未已取其子樸補伍瑾誅樸乃還禎復官賜祭

湯禮敬字仁甫丹徒人弘治九年進士授行人擢刑科給事中正德初上言陛下踐祚以來上天屢示災譴不謹天戒惟走馬射獵遊樂無度頃四月中旬雷電雨雹當六陽用事時陰氣乃與之抗此倖臣竊權忠鯁疎遠之應也已又論兩廣鎭監韋經又偕九卿伏闕請誅八黨劉瑾銜之尋以其請當審奏四決之日有媿寃者屏勿奏指爲變祖制謫薊州判官後列奸黨給事中十六人禮敬居首罷歸未幾卒瑾惡言官議切時政多剌已輒假他事坐之禮敬得罪後有王渙何紹正王渙字時霖象山人弘治九年進士由長樂知縣徵授御史正德元年應詔條上應天要道五事語多斥宦官明年出視山海諸關以病謝事未行盜發其部內都御史劉宇承瑾指劾渙失報逮下詔獄杖之斥爲民瑾敗復官致仕何紹正淳安人弘治十五年進士授行人正德三年擢吏科給事中中官廖堂鎭河南奏保方面數人且擅擬遷調吏部尚書許進等不能難紹正劾之瑾不得已責堂自陳而心甚銜紹正及冬坐頒曆導駕失儀杖之闕下謫海州判官屢遷池州知府築銅陵五十餘圩以備旱潦宸濠反攻安慶池人震恐紹正登陴固守事平增俸一級遷江西參政致仕池人爲立祠與宋包拯並祀許天錫字啓衷閩縣人弘治六年進士改庶吉士思親成疾陳情乞假孝宗賜傳以行還朝授吏科給事中時言官何天衢倪天明與天錫並負時望都人有臺省三天之目十三年建安書林火天錫言去歲闕里孔廟災今玆建安又火古今書版蕩爲灰燼闕里道所從出書林文章所萃聚也春秋書宣榭火說者曰榭所以藏樂器也天意若曰不能行政令何以禮樂爲禮樂不行天故火其藏以戒也頃師儒失職正教不修上之所尚者浮華下之所習者枝葉此番災變似欲爲儒林一掃積垢宜因此遣官臨視刊定經史有益之書其餘晚宋陳言如論範論草策略策海文衡文髓主意講章之類悉行禁刻其於培養人才實非淺鮮所司議從其言就令提學官校勘大同失事天錫往核具得其狀巡撫洪漢中官劉雲總兵官王璽以下咸獲罪內使劉雄怒儀眞知縣徐淮厨傳不飭愬之南京守備中官以聞逮淮繫詔獄天錫及御史馬允中論救卒調淮邊縣御史文森張津曾大有言事下吏崔志端由道士擢尚書天錫皆力爭十七年五月天變求言上疏曰外官三年考察又有撫按監臨科道糾劾其法已無可加惟兩京堂上官例不考覈而五品以下雖有十年考察之條居官率限九載或年勞轉遷或服除改補不能及期今請以六年爲期通行考察其大寮曾經彈劾者悉令自陳而簡去之用儆有位古者災異策免三公陰霖輒避位今大臣不引咎陛下又不行策免宜且革公孤銜俟天心旣回徐還厥職祖宗御內官恩不泛施法不輕貸內府二十四監局及在外管事者並有常員近年諸監局掌印僉事多至三四十人他管事無數留都亦然憑陵奢暴蠹蝕民膏第宅連雲田園遍野膏粱厭於輿臺文繡被乎狗馬凡若此類皆足召變乞敕司禮監會內閣嚴行考察以定去留此後或三年五年一行永爲定制帝善之於是令兩京四品以上並自陳聽命五品下六年考察遂著爲令惟大臣削公孤及內官考察事格不行尋與御史何深覈牛馬房條上便利十四事歲省芻豆費五十餘萬武宗卽位之七月因災異上疏請痛加修省廣求直言遷工科左給事中正德改元奉使封安南在道進都給事中三年春竣事還朝見朝事大變敢言者皆貶斥而劉瑾肆虐加甚天錫大憤六月朔清覈內庫得瑾侵匿數十事知奏上必罹禍乃夜具登聞鼓狀將以尸諫令家人於身後上之遂自經時妻子無從者一童侍側匿其狀而遁或曰瑾懼天錫發其罪夜令人縊殺之莫能明也時有旨令錦衣衞點閱六科給事中不至者劾之錦衣帥劾天錫三日不至訊之死矣聞者哀之方瑾用事橫甚尤惡諫官懼禍者往往自盡海陽周鑰弘治十五年進士爲兵科給事中勘事淮安與知府趙俊善俊許貸千金旣而不與時奉使還者瑾皆索重賄鑰計無所出舟行至桃源自刎從者救之已不能言取紙書趙知府悞我遂卒事聞繫俊至京責鑰死狀竟坐俊罪平定都夔弘治十五年進士爲禮科給事中正德五年出覈延綏戰功瑾屬其私人夔念從之則違國典不從則得禍遂自經死瓊山馮顒弘治九年進士爲御史嘗以事忤瑾爲所誣自經死顒初爲主事官軍討叛黎符南蛇久不克顒歷陳致變之由請購已革土官子孫俾召集舊卒以夷攻夷有功則復舊職尚書劉大夏亟稱之奏行其策正德初偕中官高金勘涇王所乞莊地清還二千七百餘頃而不得其死人皆惜之瑾誅天錫鑰夔顒俱復官賜祭且恤其家嘉靖中天錫子春訟寃復賜祭葬方瑾敗時刑部員外郎夾江宿進疏陳六事言忤逆瑾死者內臣如王岳范亨言官如許天錫周鑰並宜卹贈又附瑾大臣如兵部尚書王敞等及內侍餘黨俱宜斥疏入帝怒將親鞫之命張永召閣臣李東陽東陽語永曰後生狂妄且日暮非見君時幸少寬之永入少頃執進至午門杖五十削籍歸未幾卒世宗初贈光祿少卿

徐文溥字可大開化人正德六年進士授南京禮科給事中劾尚書劉櫻都御史李士實侍郎呂獻大理卿茆欽而請召還致仕尚書孫交傅珪時論以爲當寧王宸濠求復護衞文溥諫曰曩因寧藩不靖英廟革其護衞屯田及逆瑾亂政重賄謀復瑾旣伏誅陛下又革之正欲制以義而安全之耳乃曰驅使乏人夫晏居深邃靡征討之勞安享尊榮無居守之責何所用而乏人且王暴行大彰剝削商民挾制官吏招誘無賴廣行劫掠致舟航斷絕邑里蕭條萬民莫不切齒及今止之猶恐不逮顧可縱之加恣假翼於虎乎貢獻本有定制乃無故馳騁飛騎出入都城伺察動靜況今海內多故天變未息意外之虞實未易料宜裁以大義勿徇私情罪其獻謀之人逐彼偵事之使宗社幸甚時宸濠奧援甚衆疏入人咸危之帝但責其妄言而已又請擇建儲貳不報十年四月復偕同官上疏曰頃因災異禮部奏請修省伏讀聖諭謂事關朕躬者皆已知之臣惟玆一念之誠足以孚上帝迓休命矣雖然知之非艱行之維艱陛下誠能經筵講學早朝勤政布寬恤以安人心躬獻享以重宗廟孝養慈闈敬事蒼昊舍豹房而居大內遠嬖倖而近儒臣禁中不爲貿易皇店不以罔財還邊兵於故伍斥番僧於外寺毋昵俳優盡屏義子馬氏已醮之女弗留乎後宮馬昂梟獍之族立奪其兵柄停諸路之織造罷不急之土木汰倉局門戶之內官禁水陸舟車之進奉出留中奏牘以達下情省傳奉冗員以慎名器則陛下所謂事關朕躬非徒知之且一一行之而不轉禍爲福者未之有也報聞初帝聽中官崔瑤史宣劉瑯于喜誣奏先後逮知府翟唐部曹王鑾王瑞之御史施儒張經等又入中官王堂譖下僉事韓邦奇獄文溥言朝廷刑威所及乃在奄侍一言旗校繹絡於道途縉紳駢首於狴犴遠近震駭上下屏氣向一瑾亂政於內今數瑾縱橫於外乞并下堂法司且追治瑤等誣罔罪帝不聽遂引疾去世宗卽位廷臣交薦起河南叅議未幾以

念母乞歸撫按請移近地便養乃改福建尋遷廣東副使上言十事多涉權要恐貽母憂復引疾歸行至玉山卒瞿唐字堯佐長垣人弘治十二年進士由壽光知縣召爲御史正德四年出按湖廣奏言四川賊首劉烈僭號設官必將爲大患湖廣陝西壤地相接入竹山可抵荆襄入漢中可抵秦隴今內外壅蔽獎諭切責率皆虛文宜切圖預備之策時劉瑾竊柄以唐言壅蔽尤惡之兵部尚書王敞希指言今盜滌宿弊唐乃云然宜令指實會瑾怒稍解乃切責而宥之久之遷知寧波府市舶中官崔瑤藉貢物擾民爲唐所裁抑且杖其黨王臣臣尋病死瑤奏唐阻截貢獻笞殺貢使帝怒逮下詔獄巡按御史趙春等交章救之給事中范洵亦言唐被逮日軍民遮道涕泣請宥令還任帝不聽謫雲南嵩明知州再遷陝西副使卒王鑾字廷和大庾人正德三年進士授邵武知縣入爲都水主事出轄徐沛牐河十一年織造中官史宣過其地索輓夫千人沛縣知縣胡守約給其半宣怒自至縣捕吏鑾助守約與抗宣誣奏於朝逮繫詔獄以言官論救守約罷官鑾輸贖還職已分司南旺又捕誅中官廖堂姪廖鵬之黨嘉靖初遷武昌知府鎮守中官李景儒歲進魚鮓多科率鑾疏請罷之楚府征稅茶商重困鑾謂稅當歸官力與爭王詆爲毀辱親王鑾遂請終養不待報竟歸後吏部坐以擅離職守奪官

張士隆字仲修安陽人弘治八年舉鄉試入太學與同縣崔銑及寇天敘馬卿呂柟輩相砥礪以學行聞十八年成進士授廣信推官正德六年入爲御史巡鹽河東劾去貪汙運使劉愉建正學書院興起文教九年乾清宮災上疏曰陛下前有逆瑾之變後遭薊盜之亂猶不知警方且與居無度狎暱匪人積戎醜於禁中戲干戈於臥內徹旦燕遊萬幾不理寵信內侍濁亂朝綱致民困盜起財盡兵疲禍機潛蓄恐大命難保夫袞衣博帶之雅孰與市井狡獪之羣廣廈細旃之娛孰與鞍馬驅馳之險不報出按鳳陽織造中官史宣列黃梃二於騶前號爲賜棍每以挟人有至死者自都御史以下莫敢問士隆劾奏之又劾錦衣千戶廖鎧奸利事且曰鎧虐陝西卽其父鵬虐河南故習也河南以鵬故召亂鎧又欲亂陝西乞置鎧父子於法并召還廖鑾以釋陝人之憤鑾鎧所從鎮陝西者也錢寧素暱鎧見疏大恨遂因士隆按薛鳳鳴獄以陷之鳳鳴者寶坻人先爲御史坐罪削籍詔事諸佞倖尤善寧與從弟鳳翔有隙嫉緝事者發其私下吏論死刑部疑有寃并捕鞫鳳鳴鳳鳴懼使其妾訴枉自刭長安門外詞連寶坻知縣周在及素所讐者數十人悉逮付法司而鳳鳴得釋士隆與御史許完先後按治復捕鳳鳴對簿釋在還職寧怒令鳳鳴女告士隆完治獄偏枉遂下詔獄謫士隆晉州判官久之擢知州世宗立詔復故官出爲陝西副使漢中賊王大等匿豪家結回回爲亂士隆下令匿賊者罪及妻孥無赦賊無所容遂就禽滅築堰溉田千頃民利之卒於官

張文明字應奎陽曲人正德六年進士授行人擢御史巡按遼東尋按陝西鎮守中官廖堂貪恣文明捕治其爪牙二十四人堂大恨十三年車駕幸延綏文明馳疏諫極陳災異且言江彬逢惡導非亟宜行誅朝臣匡救無聞亦當罰治帝不省既而文明朝行在諸權倖扈從者文明裁抑之所需多不應司禮太監張忠等譖於帝言諸生毆旗校文明縱勿治帝怒命械赴京師下詔獄明年春言官交章請宥不報比駕旋命執至豹房帝將親鞫文明自謂必死及見帝命釋之謫電白典史時劉瑾雖誅佞幸猶熾中外諫官被禍者不可勝數文明止於貶謫人以爲幸世宗立召復故官尋出爲松江知府甫抵任卒巡按御史馬錄頌其忠詔贈太常少卿陳鼎字大器其先宣城人高祖尚書迪死惠帝之難子孫戍登州衞遂占籍焉鼎舉弘治十八年進士正德四年授禮科試給事中鎮守河南中官廖堂福建人也弟鵬之子鎧冒籍中河南鄉試物議沸騰畏堂莫敢與難鼎上章發其事鎧遂除名堂鵬大恨會流寇起鼎陳弭盜機宜堂囑權倖摘其語激帝怒下詔獄掠治謂鼎前籍平江伯貲産附劉瑾增估物價疑有侵盜尚書楊一清救之乃釋爲民世宗立復故官遷河南參議妖人馬隆等爲亂鼎督兵誅之改陝西副使擢浙江按察使廉介正直不通私謁召爲應天府尹未任卒賀泰字志同吳縣人弘治十二年進士由衢州府推官入爲御史武宗收京師無賴及宦官厮養爲義子一日而賜國姓者百二十七人泰抗言其非諸人激帝怒謫衢州推官終廣東叅議張璞字中善江夏人弘治十八年進士由歸安知縣召授御史正德八年出按雲南鎮守中官梁裕貪橫璞裁抑之爲所誣逮赴詔獄死獄中世宗嗣位贈太僕少卿賜祭葬成文大同山陰人弘治十五年進士由知縣擢御史正德中阿爾秃厮亦不剌與小王子戰敗引所部駐甘肅塞外時入寇掠陷堡砦五十有三巡撫張翼鎮守太監朱彬等反冒奏首功千九百有餘以捷奏者十有一文出巡按盡發其奸翼等賄中人傾文會文劾僉事趙應龍應龍亦訐文細事遂逮文斥爲民嘉靖中起用累官右副都御史巡撫遼東告歸卒李翰臣大同人正德三年進士官御史巡按山東吏部主事梁穀誣歸善王當沍謀叛翰臣劾穀挾私近倖方欲邀功責翰臣爲叛人掩飾逮繫詔獄謫德州判官終山東副使張經興州左衞人正德六年進士官御史出按宣府劾鎮守中官于喜貪肆罪爲喜所訐逮繫詔獄謫雲南河西典史尋卒世宗初贈祭如張璞毛思義陽信人弘治十五年進士官永平知府正德十三年駕幸昌平民間婦女驚避思義下令言大喪未舉車駕必不遠出非有文書妄稱駕至擾民者治以法鎮守中官郭原與思義有隙以聞立逮下詔獄繫半歲謫雲南安寧知州嘉靖中累遷副都御史應天巡撫胡文璧耒陽人弘治十二年進士正德初由戶部郎中改御史出知鳳陽遷天津副使中官張忠督直沽皇莊縱羣小牟利文璧捕治之爲所搆械繫詔獄謫延安府照磨嘉靖初累官四川按察使王相光山人正德三年進士官御史十二年巡按山東鎮守中官黎鑑假進貢苛斂相檄郡縣毋輒行鑑怒誣奏於朝逮繫詔獄謫高郵判官未幾卒嘉靖初贈光祿少卿董相嵩縣人正德六年進士官御史巡視居庸諸關江彬遣小校米英執人於平谷恃勢橫甚相收而杖之將以聞彬遽譖於帝械繫詔獄謫判徐州嘉靖初召復故官終山東副使劉士元彭縣人正德六年進士官御史巡按畿輔十三年帝獵古北口將招朶顏衞花當把兒孫等燕勞士元陳四不可先是帝幸河西務指揮黃勳假供奉擾民士元按之勳懼逃赴行在因嬖倖譖於帝云士元聞駕至令民間盡嫁其女藏匿婦人帝怒命裸縛面訊之野次無杖取生柳榦痛笞之四十幾死囚檻車馳入京并執知縣曹俊等十餘人同繫詔獄都御史王璟及科道陳霑牛天麟等交章論救不報謫麟山驛丞世宗立復故官出爲湖州知府遷湖廣副使修荒政積粟百萬餘石事聞被旌勞嘉靖九年屢遷右副都御史巡撫貴州居三年罷

范輅字以載桂陽人正德六年進士授行人除南京御史武宗久無子輅偕同官請擇宗室賢者育宮中以宋仁宗爲法不報先後劾中官黎安劉瑯及衞官簡文王忠罪又論馬姬有娠不當入宮語皆切直尋命清軍江西寧王宸濠令諸司以朝服見輅不可奏言高帝定制王府屬僚稱官後乃稱臣其餘文武及京官出使者皆稱官朝使相見以便服今天下王府儀注制未畫一臣以爲尊無二上凡不稱臣者皆不宜具朝服以嚴大防章下禮官議宸濠馳疏爭之延議請如輅言宸濠伶人秦榮僭侈輅劾治之又劾鎮守太監畢真貪虐十五事疏留不下真乃摭他事誣之遂逮下詔獄値帝巡幸淹繫經年至十四年四月始謫龍州宣撫司經歷未幾宸濠及真謀逆誅御史謝源伍希儒等交章薦輅未及召世宗立復故官遷福建僉事轉江西副使致仕歸又用胡世寧薦起密雲兵備副使討礦賊有功歷江西福建左右布政使卒官

張欽字敬之順天通州人正德六年進士由行人授御史巡視居庸諸關十二年七月帝聽江彬言將出關幸宣府欽上疏諫曰臣聞明主不惡切直之言以納忠烈士不憚死亡之誅以極諫比者人言紛紛謂車駕欲度居庸遠遊邊塞臣度陛下非漫遊蓋欲親征北寇也不知北寇猖獗但可遣將徂征豈宜親勞萬乘英宗不聽大臣言六師遠駕遂成己巳之變且匹夫猶不自輕陛下奈何以宗廟社稷之身蹈不測之險今內無親王監國又無太子臨朝外之甘肅有土番之患江右有葺賊之擾淮南有漕運之艱巴蜀有採辦之困京畿諸郡夏麥少收秋潦爲沴而陛下不虞禍變欲縱轡長驅觀兵絕塞臣竊危之已聞朝臣切諫皆不納復疏言臣愚以爲乘輿不可出者有三人心搖動供億浩繁一也遠涉險阻兩宮懸念二也北寇方張難與之角三也臣職居言路奉詔巡關分當效死不敢愛身以負陛下疏入不報八月朔帝微行至昌平傳報出關甚急欽命指揮孫璽閉關納門鑰藏之分守中官劉嵩欲詣昌平朝謁欽止之曰車駕將出關是我與君今日死生之會也關不開車駕不得出違天子命當死關開車駕得出天下事不可知萬一有如土木我與君亦死寧坐不開關死死且不朽頃之帝召璽璽曰御史在臣不敢擅離乃更召嵩嵩謂欽曰吾主上家奴也敢不赴欽因負敕印手劍坐關門下曰敢言開關者斬夜草疏曰臣聞天子將有親征之事必先期下詔廷臣集議其行也六軍翼衞百官扈從而後有車馬之音羽旄之美今寂然一不聞輒云車駕卽日過關此必有假陛下名出邊勾賊者臣請捕其人明正典刑若陛下果欲出關必兩宮用寶臣乃敢開不然萬死不奉詔奏未達使者復來欽拔劍叱之曰此詐也使者懼而返爲帝言張御史幾殺臣帝大怒

顧朱寧爲我趣捕殺御史會梁儲蔣冕等追至沙河請帝歸京師帝徘徊未決而欽疏亦至廷臣又多諫者帝不得已乃自昌平還意怏怏未已又二十餘日欽巡白羊口帝微服自德勝門出夜宿羊房民舍遂疾馳出關數問御史安在欽聞追之已不及欲再疏諫而帝使中官谷大用守關禁毋得出一人欽感憤西望痛哭於是京師盛傳張御史閉關三疏云明年帝從宣府還至關笑曰前御史阻我我今已歸矣然亦不之罪也世宗嗣位出爲漢中知府累官太僕卿嘉靖十七年以右副都御史巡撫四川召爲工部左侍郎被論罷欽初姓李旣通顯始復其姓事父母孝有不悅長跪請至解乃已

周廣字克之崑山人弘治十八年進士歷知莆田吉水二縣正德中以治最徵授御史疏陳四事畧言三代以前未有佛法況剌麻尤釋教所不齒耳貫銅環身衣赭服殘破禮法肆爲淫邪宜投四裔以禦魑魅奈何令近君側爲羣盜興兵口實哉昔禹戒舜曰毋若丹朱傲惟慢遊是好周公戒成王曰毋若商王紂之迷亂酗於酒德今之伶人助慢遊迷亂者也唐莊宗與伶官戲狎一夫夜呼倉皇出走臣謂宜遣逐樂工不復籍之禁內乃所以放鄭聲也陛下承祖宗統緒而羣小獻媚熒惑致三宮鎖怨蘭殿無徵雖陛下春秋鼎盛獨不思萬世計乎中人稍有貲產猶畜妾媵以圖嗣續未有專養螟蛉不顧祖宗繼嗣者也義子錢寧本宦豎蒼頭濫寵已極乃復攘姣貨賄輕蔑王章甚至投刺於人自稱皇庶子僭踰之罪所不忍言陛下何不愼選宗室之賢者置諸左右以待皇嗣之生諸義兒養子俱奪其名爵乃所以遠佞人也近兩京言官論大臣禦寇不職者陛下率優容卽武將失律亦赦不誅故兵氣不揚功成無日川原白骨積如邱山夫出師十萬日費千金今海內困憊已骨見而肉消矣諸統兵大臣如陳金陸完輩可任其優游玩寇不加切責哉請定期責令成功以贖前罪寧見疏大怒留之不下傳旨謫廣東懷遠驛丞主事曹琥救之亦被謫寧怒不已使人遮道刺廣廣知之易姓名變服潛行四百餘里乃免武定侯郭勛鎭廣東承寧風旨以白金試廣廣拒不受伺廣謁御史攝致軍門箠繫幾死御史救之始解越二年遷建昌知縣有惠政寧矯旨再謫竹寨驛丞世宗卽位復故官歷江西副使提督學校嘉靖二年舉治行卓異擢福建按察使鎭守中官以百金餽廣貯之庫將劾之中官懼謝罪自是不敢撓六年以右僉都御史巡撫江西墨吏望風去將限豪右田不果明年拜南京刑部右侍郎居二年暴疾卒嘉靖末贈右都御史廣初以鄉舉入太學師章懋在里閈與魏校友善平生嚴冷無笑容居官公彊弗受請託士類莫不憚之曹琥字瑞卿巢人弘治十八年進士授南京工部主事改戶部旣抗疏救廣吏部擬調河南通判寧欲遠竄乃改壽甸再遷廣信同知寧王暨鎭守中貴託貢獻頻有徵斂琥攝府事堅持不予士民德之擢鞏昌知府未任卒嘉靖初贈光祿卿

石天柱字季瞻岳池人正德三年進士當除給事中吏科李憲請如御史例試職一年授戶科試給事中乾清宮災上言今日外列皇店內張酒館寵信番僧從其鬼敎招集邊卒襲其衣裝甚者結爲昆弟無復尊卑數離深宮馳驅郊外章疏置之高閣視朝月止再三視老成爲贅疣待義子以心腹時享不親慈闈罕至不思前星未耀儲位久虛旣不常御宮中又弗預選宗室何以消禍本計久長哉屢遷工科都給事中十一年都督馬昂進其女弟已有娠帝嬖之天柱率同官合詞抗論未報又上疏曰臣等請出孕婦未蒙進止竊疑陛下之意將遂立爲己子與秦以呂易嬴而嬴亡晉以牛易馬而馬滅彼二君者特出不知致墮奸計謂陛下亦爲之耶天位至尊神明之冑尚不易負荷而况幺麼之子借使以陛下威力成於一時異日諸王宗室肯坐視祖宗基業與他人乎內外大臣肯俯首立於其朝乎望急遣出以清宮禁消天下疑卒不報泰山有碧霞元君祠中官黎鑑請收香錢爲修繕費天柱言祀典惟有東嶽神無所謂碧霞元君者淫祀非禮不可許十二年四月詔毀西安門外鳴玉積慶二坊民居有所營建天柱等疏請停止帝皆不省是年帝始巡遊塞外營鎭國府於宣府天柱率同官力諫孝貞純皇后將葬帝假啟土爲名欲復巡幸天柱念帝盤遊無度廷臣雖諫帝意不回思所以感動之者乃刺血草疏畧曰臣竊自念生臣之身者臣之親也成臣之身者累朝之恩也感成身之恩欲報之於陛下者臣之心也因刺臣血以寫臣心明臣愚忠冀陛下憐察數年以來星變地震大水奇荒災異不可勝數而陛下不悟禍延太皇太后天之意欲陛下居喪經中悔過自新以保大業也尚或不悟天意或幾乎息矣喪禮大事人子所當自盡陛下於太皇太后未能盡孝則羣臣於陛下必不能盡忠不忠將無所不至猝有變故人心瓦解矣夫大位者奸之窺也昔太康田於洛汭煬帝行幸江都皆以致敗可不鑒哉方今朝廷空城市空倉廩空邊鄙空天下皆知危亡之禍獨陛下不知耳治亂安危在此行止此臣所痛心爲陛下惜復昧死爲陛下言也凡數千言當天柱刺血時恐爲家人所阻避居密室雖妻子不知旣上卽易服待罪聞者皆感愴而帝不悟也踰月兵部尚書王瓊欲因哈密事殺都御史彭澤廷臣集議瓊盛氣以待衆不敢發言天柱與同官王爌力明澤無罪乃得罷爲民瓊怒取中旨出兩人於外天柱得臨安推官世宗卽位召復舊職遷大理丞未幾卒久之子請恤特予祭

贊曰諫臣之職在糾愆弼違諸臣戒盤遊斥權倖引義力爭無忝厥職矣武宗主德雖荒然文明止於遠竄入闕不罪張欽其天姿固非殘暴酷烈者比而義兒閹豎煬竈爲奸析楊交錯於闕庭忠直負痛於狴戶批鱗者尚獲生全投鼠者必陷死地元氣日削朝野震驚祚以不延統幾中絕風愆之訓垂戒不亦切乎

明史卷一百八十九　列傳第七十七

總裁官總理事務經筵講官少保兼太子太保保和殿大學士兼管吏部戶部尚書事加六級臣張廷玉等奉
敕修

李文祥　孫磐 徐珪
胡爟 周時從 王雄　羅僑
葉釗 劉天麒　戴冠
黃鞏　陸震
夏良勝 萬潮等　何遵 劉校等

李文祥字天瑞麻城人祖正芳山西布政使父灝陝西參政文祥自幼俊異弱冠舉於鄉成化末登進士萬安當國重其才以孫弘璧與同榜欵於家文祥意弗慊也屬題畫鳩語含刺安深銜之未幾孝宗嗣位卽上封事畧曰祖宗設內閣六部贊萬幾理庶務職至重也頃者在位多匪人權移內侍賞罰任其喜怒禍福聽其轉移讐視言官公行賄賂阿之則交引驟遷忤之則巧讒遠竄朝野寒心道路側目望陛下密察渠魁明彰國憲擇謹厚者供使令更博選大臣諮諏治理推心委任不復嫌疑然後體統正而近習不得肆也祖宗定律輕重適宜頃法司專徇已私不恤國典豪强者雖重必寬貧弱者雖輕必罪惠及奸宄養成玩俗兼之風尙奢麗禮制蕩然豪民僭王者之居富室擬公侯之服奇技淫巧上下同流望陛下申明舊章俾法曹遵律令臣庶各守等威然後禮法明而人心不敢玩也然國無其人誰與共理致仕尚書王恕王竑孤忠自許齒力未衰南京主事林俊思南通判王純剛方植躬才品兼茂望陛下起列朝端資其議論必有裨益可翊明時且賢才難得自古爲然習俗移人豪杰不免惟茲臣庶不盡庸愚能知自愧卽屬名流樂其危蹈乃爲猥品願陛下明察羣倫罷其罔上營私逆天蠹物者餘則勉以自新旣開改過之路必多遷善之人臣見登極詔書不許風聞言事古聖王懸鼓設木自求誹謗言之縱非其情聽者亦足爲戒何害於國遽欲罪之昔李林甫持此以禍唐王安石持此以禍宋遠近驟聞莫不驚駭願陛下再頒明詔廣求直言庶不墮奸謀足彰聖德大率君子之言決非小人之利諸問倘及必肆中傷如有所疑請試面對疏奏宦官及執政萬安劉吉尹直等咸惡之數日不下忽詔詣左順門以疏內有中興再造語傳旨詰責文祥從容辨析而出謫授陝西咸寧丞南京主事夏崇文論救不納工部主事莆田林沂復請召文祥及湯鼐納崇文言且召陳獻章謝鐸等時安已去吉直激帝怒嚴旨切責之廷臣多薦文祥率爲吉直所沮弘治二年以王恕薦召爲兵部主事監司以下餽贐皆不納到官未踰月復以咨以兵事大奇之欲薦爲監司文祥曰昔以言事出今以軍功進不可固辭不得乃請齋表入都固乞告歸疏再上不許還經商城渡氷陷死焉年僅三十

孫磐澧陽人弘治九年進士觀政在部時刑部典吏徐珪以滿倉兒事劾中官楊鵬得罪磐上疏曰近諫官以言爲諱而排寵倖觸權奸者乃在胥吏臣竊羞之請定建言者爲四等最上不避患害抗彈權貴者其次揚淸激濁能補闕拾遺又其次建白時政有裨軍國皆分別擢敘而粉飾文具循默不言者則罷黜之庶言官知警不至曠瘝時不見用徐珪者應城人先是千戶吳能以女滿倉兒付媒者鬻於樂婦張紿曰周皇親家也後轉鬻樂工袁璘所能歿妻聶訪得之女怨母鬻己詭言非己母聶與子劫女歸璘訟於刑部郎中丁哲員外郎王爵訊得情璘語不遜哲笞璘數日死御史陳玉主事孔琦驗璘屍瘞之東廠中官楊鵬從子嘗與女淫教璘妻訴冤於鵬而令張指女爲妹又令賈校尉屬女亦如張言媒者遂言聶女前鬻周皇親矣奏下鎭撫司坐哲爵

等罪復下法司錦衣衛讞索女皇親周彧家無有復命府部大臣及給事御史廷訊張與女始吐實都察院奏哲因公杖人死罪當徒爵玉琦及聶母女當杖獄上珪憤懣抗疏曰聶女之獄哲斷之審矣鵬拷聶使誣服鎮撫司共相蔽欺陛下令法司錦衣會問懼東廠莫敢明至鞫之朝堂乃不能隱夫女誣母僅擬杖哲等無罪反加以徒輕重倒置如此皆東廠威劫所致也臣在刑部三年見鞫問盜賊多東廠鎮撫司緝獲有稱校尉誣陷者有稱校尉爲人報讐者有稱校尉受首惡贓而以爲從令傍人抵罪者刑官洞見其情無敢擅更一字上干天和災異迭見臣願陛下革去東廠戮鵬叔姪並賈校尉及此女於市謫戍鎮撫司官極邊進哲爵琦玉各一階以洗其冤則天意可回太平可致如不罷東廠亦當推選謹厚中官如陳寬韋泰者居之仍簡一大臣與共理鎮撫司理刑亦不宜專用錦衣官乞推選在京各衛一二人及刑部主事一人共涖其事或三年六年一更則巡捕官校當無有作奸擅刑誣及無辜者矣臣一介微軀左右前後皆東廠鎮撫司之人禍必不免顧與其死於此輩孰若死於朝廷願斬臣頭以行臣言給臣妻子送骸骨歸臣雖死無恨帝怒下都察院考訊都御史閔珪等抵以奏事不實贖徒還役帝責具狀皆上疏引罪奪俸有差珪贖徒畢發爲民旣而給事中龐泮等言哲等獄詞覆奏已餘三月繫獄者凡三十八人乞早爲省釋乃杖滿倉兒送浣衣局哲給瘞埋葬貲發爲民爵及琦玉俱贖杖還職時弘治九年十二月也磐尋擢吏部主事正德元年宦官漸用事磐復上疏曰今日弊政莫甚於內臣典兵夫臣以內稱外事皆不當預矧可使握兵柄哉前代盛時未嘗有此唐宋季世始置監軍而其國遂以不永今九邊鎮守監槍諸內臣恃勢專恣侵尅百端有警則擁精卒自衞克敵則縱部下攘功武弁藉以夤緣憲司莫敢訐問所攜家人頭目率惡少無賴吞噬爭攫勢同狼虎致三軍喪氣百職灰心乞盡撤還京專以邊務責將帥此今日修攘要務也不從及劉瑾得志斥磐爲奸黨勒之歸瑾誅起河南僉事坐累罷珪以刑部主事陳鳳梧薦授桐鄉丞正德中歷贛州通判招降盜魁何積玉已復叛下珪獄尋釋之後以平盜功擢知州

胡爟字仲光蕪湖人弘治六年進士改庶吉士授戶部主事十年三月災異求言爟應詔疏言中官李廣楊鵬引左道劉良輔輩惑亂聖聰濫設齋醮耗蠹國儲而不肖士大夫方昏暮乞憐於其門交通請託陰盛陽微災何由弭因極陳戚畹方士傳奉冗員之害疏留中未幾廣死故爟得無罪當成化時宦官用事孝宗嗣位雖間有罷黜而勢積重不能驟返忤之者必結黨排陷不勝不止前後庶僚以忤璫被陷者如弘治元年戶部員外郎周時從疏請寘先朝遺奸汪直錢能蔡用輩於重典而察核兩京及四方鎮守中官諸宦官摘其奏中宗社字不越格命法司逮治已而釋之十三年秋大同有警命保國公朱暉禦之行人永清王雄極言暉不足任且請罷中官監督以重將權苗逵方督暉軍謂雄阻軍乃下詔獄謫雲南浪穹丞

羅僑字維升吉水人性純靜寡嗜慾受業張元禎講學里中舉弘治十二年進士除新會知縣有惠愛正德初入爲大理右評事五年四月京師旱霾上疏曰臣聞人道理則陰陽和政事失則災沴作頃因京師久旱陛下特沛德音釋逋戍之囚弛株連之禁而齋禱經旬雨澤尚滯臣竊以爲天心仁愛未已也陛下視朝或至日昃狎侮羣小號呶達旦其何以承天心基大業乎文網日密誅求峻急盜賊白晝殺人百姓流移藏道元氣索然科道知之而不敢言內閣言之而不敢盡此壅蔽之大患也古者進退大臣必有體貌黥劓之罪不上大夫邇來公卿去不以禮先朝忠藎如劉大夏者謫戍窮邊已及三載陛下置之不問非所以待耆舊敬大臣也本朝律例參酌古今足以懲奸而蔽罪近者法司承望風旨巧中善類傳曰賞僭則及淫人刑濫則及善人不幸而過寧僭無濫今之刑罰濫孰甚焉願陛下慎逸游屏玩好放棄小人召還舊德與在廷臣工宵旰圖治并勑法司慎守成律卽有律輕情重者亦必奏請裁決毋擅有輕重庶可上弭天變下收人心時朝士久以言爲諱僑疏上自揣必死輿櫬待命劉瑾大怒矯中旨詰責數百言令廷臣議罪大學士李東陽力救得改原籍教職其秋瑾敗僑尋召復官引病去宸濠反王守仁起兵吉安僑首赴義世宗卽位卽家授台州知府建忠節祠祀方孝孺延布衣張尺詢民間疾苦歲時循行阡陌課農桑講明冠婚喪祭禮境內大治嘉靖二年舉行卓異都御史姚鏌上書訟僑曰人臣犯顏進諫自古爲難曩八黨弄權逆瑾亂政廷臣結舌全軀自保而給事中劉茝評事羅僑殉國忘身發摘時弊幸存餘息遭遇聖朝謂宜顯加獎擢用厲具臣乃僑知台州茝知長沙使懷忠竭節之士淹於常調臣竊爲朝廷惜之帝納其言擢僑廣東左參政僑辭部牒敦趣不得已之官踰年遂謝病歸僑敦行誼動則古人羅洪先居喪不廢講學僑以爲非禮遺書責之其峭直如此

葉釗字時勉豐城人弘治十五年進士除南京刑部主事獄囚久淹悉按法出之守備中官侵蘆洲判歸之民應天諸府災上荒政四事尋進員外郎武宗立應詔陳八事中言宣大被寇殺卒幾千人監督中官苗逵妄報首功宜召還候勘宦官典兵於古未見唐始用之而宗社邱墟我正統朝用之而鑾輿北狩自今軍務勿遣監督鎮守者亦宜撤還且國初宦官悉隸禮部秩不過四品職不過掃除今請仍隸之部易置司禮俾供雜役罷革東廠移爲他署斯左右不得擅權而後天下可安也又乞召還劉大夏宥諫官戴銑等劉瑾怒坐斷獄詿誤逮下詔獄削籍歸講學西江瑾誅起禮部員外郎未聞命卒學者祀之石鼓書院時又有工部主事劉天麒者臨桂人釗同年進士分司呂梁奄人過者不爲禮愬之瑾逮下詔獄謫貴州安莊驛丞卒嘉靖初復官予祭

戴冠信陽人正德三年進士爲戶部主事見寵倖日多廩祿多耗乃上疏極諫畧曰古人理財務去冗食近京師勢要家子弟僮奴苟竊爵賞錦衣官屬數至萬餘次者繫籍勇士投充監局匠役不可數計皆國家蠹也歲漕四百萬宿有羸餘近紬水旱所入不及前而歲支反過之計爲此輩耗三之一陛下何忍以赤子膏血養無用之蠹乎兵貴精不貴多邊軍生長邊土習戰陣足以守禦今遇警輒發京軍而宣府調入京操之軍累經臣下論列堅不遣還不知陛下何樂於邊軍而不爲關塞慮也天子藏富天下務鳩聚爲帑藏是匹夫商賈計也逆瑾旣敗所籍財產不歸有司而貯之豹房遂創新庫夫供御之物內有監局外有部司此庫何所用之疏入帝大怒貶廣東烏石驛丞嘉靖初起官歷山東提學副使以清介聞

黃鞏字仲固莆田人弘治十八年進士正德中由德安推官入爲刑部主事掌諸司奏牘歷職方武選郎中十四年三月有詔南巡鞏上疏曰陛下臨御以來祖宗之綱紀法度一壞於逆瑾再壞於佞倖又再壞於邊帥蓋蕩然無餘矣天下知有權臣不知有天子亂本已成禍變將起試舉當今最急者陳之一崇正學臣聞聖人主靜君子愼動陛下盤遊無度流連忘反動亦過矣臣願陛下高拱九重凝神定慮屛紛華斥異端遠佞人延故老訪忠良可以涵養氣質薰陶德性而聖學維新聖政自舉二通言路言路者國家之命脈也古者明王導人以言用其言而顯其身今則不然臣僚言及時政者左右匿以不聞或事關權臣則留中不出而中傷以他事使其不以言獲罪而以他事獲罪由是雖有安民長策謀國至計無因自達雖必亂之事不軌之臣陛下亦何由知臣願廣開言路勿罪其出位勿責其沽名將忠言日進聰明日廣亂臣賊子亦有所畏而不敢肆矣三正名號陛下無故降稱大將軍太師鎭國公遠近傳聞莫不驚嘆如此則誰爲天子者天下不以天子事陛下而以將軍事陛下天下皆爲將軍之臣矣今不削去諸名號昭上下之分則體統不正朝廷不尊古之天子亦有號稱獨夫求爲匹夫而不得者竊爲陛下懼焉四戒遊幸陛下始時遊戲不出大庭馳逐止於南內論者猶謂不可旣而幸宣府矣幸大同矣幸太原榆林矣所至費財動衆郡縣騷然至使民間夫婦不相保陛下爲民父母何忍使至此極也近復有南巡之命南方之民爭先挈妻子避去流離奔踣怨讟煩興今江淮大饑父子兄弟相食天時人事如此陛下又重蹙之幾何不流爲盜賊也奸雄窺伺待時而發變生在內則欲歸無路變生在外則望救無及陛下斯時悔之晚矣彼居位大臣用事中官親暱羣小夫豈有毫髮愛陛下之心哉皆欲陛下遠出而後得以擅權自恣乘機爲利也其不然則亦袖手旁觀如秦越人不相休戚也陛下宜翻然悔悟下哀痛罪己之詔罷南巡撤宣府離宮示不復出發內帑以振江淮散邊軍以歸卒伍雪已往之謬舉收旣失之人心如是則尚可爲也五去小人自古未有小人用事不忘國喪身者也今之小人簸弄威權貪溺富貴者實繁有徒至於首開邊事以兵爲戲使陛下勞天下之力竭四海之財傷百姓之心者則江彬之爲也彬行伍庸流兇狠傲誕無人臣禮臣但見其有可誅之罪不聞其有可賞之功今乃賜以國姓封以伯爵託以心腹付以京營重寄使其外持兵柄內蓄逆謀以成騎虎之勢此必亂之道也天下切齒怒罵皆欲食彬之肉陛下亦何惜一彬不以謝天下哉六建儲貳陛下春秋漸高前星未耀祖宗社稷之託搖搖無所寄方且遠事觀遊屢犯不測收養義子布滿左右獨不能豫建親賢以承大業臣以爲陛下殆倒置也伏望上告宗廟請命太后旁諏大臣擇宗室親賢者一人養於宮中以繫四海之望他日誕生皇子仍俾出藩實宗社無疆之福也員外郎陸震草疏將諫見鞏疏稱歎因毀己稾與鞏連署以進帝

怒甚，下二人詔獄，復跪午門。衆謂天子出吾當牽裾死之跪五日期滿仍繫獄越二十餘日廷杖五十斥爲民彬使人沿途刺鞏有治洪主事知而匿之間行得脫旣歸潛心著述或米盡日中未爨晏如也嘗歎曰人生至公卿富貴矣然不過三四十年惟立身行道千載不朽世人顧往往以此易彼何也世宗立召爲南京大理丞疏請稽古正學敬天勤民取則堯舜保全君子辨別小人明年入賀卒於京師行人張岳訟其直節贈大理少卿賜祭葬天啟初追謚忠裕

陸震字汝亨蘭谿人受業同縣章懋以學行知名正德三年進士除泰和知縣時劉瑾擅政以逋鹽課責縣民償者連數百人震力白之上官得免鎭守中官歲徵貢絺爲減其額增築學舍居諸生毀淫祠祀忠節浮糧累民稽賦籍得詭寄隱匿者萬五千石以補之建倉縣左儲穀待振親行鄉落勸課農桑立保伍法使民備盜甓城七里外爲土城十里周之時發狼兵討賊所至擾民震言於總督令毋聽檥舟官具糧糗以次續食兵行肅然督捕永豐新淦賊以功受賞撫按交薦徵爲兵部主事泰和人生祠之在部主諸司章奏與中人忤改巡紫荊諸關又以論都御史彭澤副使胡世寧無罪忤尚書王瓊陸完孝貞皇后崩武宗至自宣府旣發喪數日復欲北出震抗疏曰日者昊天不弔威降大戚車駕在狩羣情惶惶陛下單騎衝雪還宮百官有司莫不感愴以爲陛下前蔽而今明也乃者梓宮在殯遽擬遊巡臣知陛下之心必有感然不安者且陛下卽位十有二年矣十者千之終十有二者支之終當氣運周會正修德更新時顧乃營宣府以爲居縱騎射以爲樂此臣所深懼也古人君車馬遊畋之好雖或有之至若以外爲主以家爲客挈天下大器賞罰大柄付之於人漠然不關意念此古今所絕無者伏望勉終喪制深戒盤遊不報進武選員外郎已偕黃鞏諫南巡遂下詔獄獄中與鞏講易九卦明憂患之道同繫者率處分後事震獨無一言旣杖創甚作書與諸子吾雖死汝等當勉爲忠孝吾筆亂神不亂也遂卒世宗立贈太常少卿予祭方震等繫獄江彬必欲致之死絕其飲食震季子體仁年十五變服爲他囚親屬職納橐饘焉後有詔錄一子官諸兄讓體仁爲漳州通判有政聲孫可教由進士歷南京禮部侍郎

夏良勝字于中南城人少爲督學副使蔡淸所知曰子異日必爲良臣當無有勝子者遂名良勝正德二年舉鄉試第一明年成進士授刑部主事調吏部進考功員外郎南巡詔下良勝具疏與禮部主事萬潮太常博士陳九川連署以進言方今東南之禍不獨江淮西北之憂近在輦轂廟祀之鬯位不可以久虛聖母之孝養不可以恒曠宮壼之孕祥尚可以早圖機務之繁重未可以盡委鎭國之號傳聞海內恐生覬覦之階邊將之屬納於禁近詎忘肘腋之患巡遊不已臣等將不知死所矣時舒芬黃鞏陸震疏已前入吏部郎中張衍瑞等十四人刑部郎中陸俸等五十三人繼之禮部郎中姜龍等十六人兵部郎中孫鳳等十六人又繼之而醫士徐鏊亦以其術諫畧言養身之道猶置燭然室閉之則堅風暴之則淚陛下輕萬乘習嬉娛躍馬操弓捕魚玩獸邇復不憚遠遊冒寒暑涉關河膳飲不調餚蔌無擇誠非養生道也況南方卑濕尤易致病乞念宗廟社稷之重勿事鞍馬勿過醉飽喜無傷心怒無傷肝慾無傷腎勞無傷脾就密室之安違暴風之禍臣不勝至願諸疏旣入帝與諸倖臣皆大怒遂下良勝潮九川鞏震鏊詔獄芬及衍瑞等百有七人罰跪午門外五日而大理寺正周敍等十人行人司副余廷瓚等二十人工部主事林大輅何遵蔣山卿連名疏相繼上帝益怒並下詔獄俄令敍廷瓚大輅等與良勝等六人俱跪闕下五日加梏拲焉至晚仍繫獄諸臣晨入暮出纍纍若重囚道途觀者無不泣下而廷臣自大學士楊廷和戶部尚書石玠疏救外莫有言者士民咸憤爭擲瓦礫詬詈之諸大臣皆恐入朝不待辨色請下詔禁言事者通政司遂格不受疏是時天連曀晝晦禁苑南海子水涌四尺餘橋下七鐵柱皆折如斬金吾衞都指揮僉事張英曰此變徵也駕出必不利乃肉袒戟刃於胸囊土數升持諫疏當蹕道跪哭卽自刺其胸血流滿地衞士奪其刃縛送詔獄問囊土何爲曰恐汚帝廷灑土掩血耳詔杖之八十遂死芬等百有七人跪旣畢杖各三十以芬衍瑞俸龍鳳爲倡首謫於外餘奪俸半歲良勝等六人及敍廷瓚大輅各杖五十餘三十人四十鞏震良勝潮九川除名他貶黜有差鏊戍邊而車駕亦不復出矣良勝旣歸講授生徒世宗立召復故官尚書喬宇賢之奏爲文選郎中公廉多所振拔大禮議起數偕寮長力爭及席書張璁桂萼方獻夫用中旨超擢又執不可由是爲議禮者所切齒以久次遷南京太常少卿未赴外轉給事中陳洸上書傳會張璁等議斥良勝與尚書宇等羣結朋黨任情擠排遂謫良勝茶陵知州及明倫大典成詔責前郎中良勝脅持庶官醸禍特深黜爲民初良勝輯其部中章奏名曰銓司存槀凡議禮諸疏具在爲讐家所發再下獄論杖當贖特旨謫戍遼東三萬衞踰五年卒於戍所穆宗立贈太常卿舒芬等自有傳萬潮字汝信進賢人正德六年進士由寧國推官入爲儀制主事與芬良勝九川稱江西四諫世宗立起故官歷浙江提學副使久之遷參政以忤權貴調廣西屢遷陝西左布政使右副都御史巡撫延綏所至著聲陳九川字惟濬臨川人正德九年進士從王守仁遊尋授太常博士旣削籍復從守仁卒業世宗嗣位召復故官再遷主客郎中正貢獻名物節貢使犒賞費數萬會天方國貢玉石九川簡去其不堪者所求蟒衣不爲奏覆怒罵通事胡士紳等士紳恚假番人詞訐九川及會同館主事陳邦偁帝怒下二人詔獄而是時張璁桂萼欲傾費宏奪其位乃屬士紳再訐九川盜貢玉饋宏製帶詞連兵部郎中張翀錦衣指揮張潮等帝益怒并下翀等詔獄指揮駱安請攝士紳質訊給事中解一貫等亦以爲言帝不許獄成九川戍鎭海衞邦偁等削籍有差久之遇赦放還卒張衍瑞字元承汲人弘治十八年進士爲淸豐知縣以執法忤劉瑾逮下詔獄幾死瑾誅得釋官吏部文選郎中旣杖謫平陽同知嘉靖初召還擢太常少卿尋卒贈太僕卿姜龍太倉人見父昂傳孫鳳洛陽人陸俸吳縣人周敍九谿衞人林大輅莆田人蔣山卿儀眞人皆由進士山卿遊顧璘門以詩名於時旣杖鳳俸並謫府同知敍縣丞大輅州判官山卿前府都事世宗立悉召復故官鳳終副使俸知府敍工部尚書大輅右副都御史巡撫湖廣山卿廣西參政徐鏊嘉定人本高氏子少孤依舅京師冒徐姓從其業爲醫供事內殿旣杖謫戍烏撒世宗卽位召還尋擢御醫鏊性耿介時朝士多新貴不知鏊鏊亦不言前事一官垂三十年不調年七十求致仕值同縣徐學謨爲禮部郎中引見尚書吳山山閱牘有諫南巡事瞿然曰此武廟時徐先生耶何淹也兩侍郎嫌其老學謨抗聲曰鏊雖老然少與舒狀元同患難爲可敬耳又久之始遷院判自引歸卒年八十三時同受杖者吏部則姚繼巖行人則陶滋巴思明李錫顧可久鄧顯麒熊榮楊秦王懋黃國用李儼潘銳劉黻張岳大理寺則寺正金罍寺副孟廷柯張士鎬郝鳳升傳尙文郭五常評事姚如皐蔡時並謫官世宗立召還張英亦得贈官予祭授弟雄都指揮僉事姚繼巖南通州人張衍瑞同年生也當遷文選郎中讓衍瑞嘉靖初歷太常少卿伏闕爭大禮甘貧約遠權勢及卒不能成喪

何遵字孟循江寧人家貧父命之賈不願也去爲儒舉正德九年進士吏部尚書陸完聞其名使子弟從學及選臺諫遵引疾曰不可因人進也授工部主事榷木荆州下令稅自百金以下減三之一風濤敗貲者勿算入算者手實其數自識之藏於郡稽數日一會所入比去不私一錢帝將南巡以進香東嶽爲詞遵抗言淫祠無福萬一宗藩中藉口奉迎潛懷不軌則福未降而禍已隨葢指宸濠也諸權倖見疏過勿進時黃鞏等已得罪遵復與同官林大輅蔣山卿上疏乞罷南巡極言江彬怙權倡亂鞏等無罪願特寬宥毋使後世有殺諫臣名帝怒下詔獄廷杖四十創甚肢體俱裂越二日遂卒年三十四家貧僚友助而殮之當遵草疏時家僮前抱持哭曰主縱不自計獨不念老親幼子乎遵執筆從容曰爲我謝大人兒子勿令廢學足矣死之日其父方與家人祭墓歸有鳥悲鳴心異之或傳工部有以言獲罪者父長號曰遵死矣已而果然時先遵受杖死者刑部主事鄖城劉校照磨汲人劉玨與遵同死杖下者陸震而外大理評事長樂林公黼行人司副鄱陽余廷瓚行人盱眙李紹賢澤州孟陽玉山詹軾安陸劉槩祥符李惠劉校字宗道性至孝母胡教子嚴偶不悅輒長跪請罪母悅乃起正德六年與詹軾劉槩同舉進士授刑部主事迎父就養卒於途校奔赴抱屍痛哭幾絕面有塵以舌舐而拭之及起故官帝將南巡刑曹諫疏校所草也杖將死大呼曰校無恨恨不見老母耳子元妻年十一哭於旁校曰爾讀書不多獨不識事君致身義乎善事祖母及母毋媿而父遂絕劉玨由貢士林公黼字質夫父母喪三年蔬粥不入內正德十二年與李紹賢李惠同舉進士諸曹諫南巡者皆罰跪闕前諸奸又日以危言恫喝聞者惴惴以故戶曹不敢出疏工曹諫者止三人獨大理闔署諫故帝怒加甚公黼夜草疏時聞暗中泣歎聲不顧比入獄黃鞏與語歎曰吾取友徧天下乃近遺質夫古人謂入險不驚殆斯人乎公黼體羸竟不勝杖而卒余廷瓚字伯獻與孟陽皆正德九年進士當禮兵二曹之進諫也廷瓚亦率其僚陳巡遊十不可通政司獨留之居數日諸曹已罰跪疏始上帝愈怒掠治尤嚴李紹賢字崇德嘗頒詔至徐州監倉中使席班首紹賢立命撤其席中使愕然去比逮繫見中官猶奴視之孟陽字子乾吏部侍郎春之子爲行人久不遷或諷

之見當路陽不可及是語諸僚此舉繫社稷安危一命之士皆與有憂豈必言官乃當効死父春前巡撫宣府有軍功忤中官張永罷歸聞子死諫哭之以詩語甚悲壯人爭傳之詹軾字敬之爲人開爽磊落善談論從父瀚字汝約與公黼同舉進士時方爲刑部主事亦以諫受杖軾死爲經紀其喪以歸嘉靖中瀚爭大禮再受杖每陰雨創痛曰吾無媿敬之地下足矣積官刑部侍郎劉棨字平甫李惠字德卿尚書鉞之子世宗立贈遵校尚寶卿珏刑部主事公黼廷瓚太常丞紹賢御史各賜祭錄一子入國學其以創死廕後者禮部員外郎慈谿馮涇驗封郎中吳江王鑾行人昌黎王瀚馮涇字伯清與瀚皆正德九年進士涇以孝友稱旣卒家貧不能還喪世宗立吏部以狀聞賜米二十斛命有司厚恤其家王鑾字汝和正德六年進士試政吏部爲尚書楊一清所知擢文選主事朝夕扃戶人罕得見再遷驗封郎中被創踰年卒王瀚亦前卒世宗立贈御史賜祭當諸曹連章迭諫江彬怒甚陰屬典詔獄者重其杖以故諸臣多死哭聲徹禁掖帝亦爲感動竟罷南巡諸臣之力也嘉靖初主事仵瑜上疏曰正德間給事御史挾勢變人趨權擇便凡朝廷大闕失羣臣大奸惡緘口不言一時犯顏敢諍視死如歸或拷死闕廷或流竄邊塞皆郎中員外主事評事行人照磨庶吉士非有言責者張英本一武夫抗言就死行道悲傷今幸聖皇御極褒恤忠良諸給事御史更何顏復立清明之朝請加黜罰以示創懲章下吏部瑜後以爭大禮杖死自有傳

贊曰李文祥孫磐甫釋褐觀政未列庶位胡爟以下率諸曹尚書郎或冗散卑末非司風憲當言路以諫諍爲盡職也抗言極論竄謫接踵而來者愈多死相枕籍而赴蹈恐後其抵觸權倖指斥乘輿皆切於安危之至計若張英陷胸以悟主徐鏊託術以諷諭誠心出於忠愛抑尤人所難能者矣

明史卷一百九十　　列傳第七十八

總裁官總理事務經筵講官少保兼太子太保保和殿大學士兼管吏部戶部尚書事加六級張廷玉等奉敕修

楊廷和　梁儲

蔣冕　毛紀

石珤 兄玠

楊廷和字介夫新都人父春湖廣提學僉事廷和年十二舉於鄉成化十四年年十九先其父成進士改庶吉士告歸娶還朝授檢討廷和爲人美風姿性沉靜詳審爲文簡暢有法好考究掌故民瘼邊事及一切法家言鬱然負公輔望弘治二年進修撰憲宗實錄成以預纂修進侍讀改左春坊左中允侍皇太子講讀修會典成超拜左春坊大學士充日講官正德二年由詹事入東閣專典誥勅以講筵指斥佞幸忤劉瑾傳旨改南京吏部左侍郎五月遷南京戶部尚書又三月召還進兼文淵閣大學士參預機務明年加少保兼太子太保瑾摘會典小誤奪廷和與大學士李東陽等俸二級尋以成孝宗實錄功還之明年加光祿大夫柱國遷改吏部尚書武英殿大學士時瑾橫益甚而焦芳張綵爲中外媾廷和與東陽委曲其間小有劑救而已安化王寘鐇反以誅瑾爲名廷和等草赦詔請擢邊將仇鉞以離賊黨鉞果執寘鐇會張永發瑾罪瑾伏誅廷和等乃復論功進少傅兼太子太傅謹身殿大學士予一子中書舍人流賊劉六劉七齊彥名反楊一清薦馬中錫討之廷和言中錫文士也不任此時業已行果不能平賊廷和請逮中錫下獄以陸完代之而斬故受賕縱賊者參將桑玉已又用學士陳霽言調諸邊兵討河南賊趙鐩等而薦彭澤爲總制賊平論功錄廷和一子錦衣衞千戶辭特加少師太子太師華蓋殿大學士東陽致政廷和遂爲首輔張永旣去瑾而驕捕得男子臂龍文者以爲功援故太監劉永誠例覬封侯廷和言永誠從子聚自以戰功封伯耳且非永誠身受之也乃止彭澤將西討鄢本恕問計廷和廷和曰以君才賊不足平所戒者班師早耳澤後破誅本恕等卽班師而餘黨復蝟起不可制澤旣發復留乃歎曰楊公先見吾不及也乾清宮災廷和請帝避殿下詔罪己求直言因與其僚上疏勸帝早朝晏罷躬九廟祭祀崇兩宮孝養勤日講復面奏開言路達下情還邊兵革宮市罷皇店出西僧省工作減織造凡十餘條皆切至帝不省尋以父卒乞奔喪不許三請乃許遣中官護行旋復起之三疏辭始許閣臣之得終父母喪者自廷和始也服甫闋卽召至帝方獵宣府使使賜廷和羊酒銀幣廷和疏謝因請迴鑾不報復與大學士蔣冕馳至居庸欲身出塞請帝命谷大用扼關門乃歸帝命迴鑾日羣臣各製旗帳迎廷和曰此里俗以施之親舊耳天子至尊不敢瀆獻帝再使使諭意執不從乃已當廷和柄政帝恒不視朝恣游大同宣府延綏間多失政廷和未嘗不諫俱不聽廷和亦不能執奏以是邑邑不自得數移疾乞骸骨帝亦不聽中官谷大用魏彬張雄義子錢寧江彬輩恣橫甚廷和雖不爲下然亦不能有所裁禁以是得稍自安御史蕭淮發寧王宸濠反謀錢寧輩猶庇之詆淮離間廷和請如宣宗諭趙王故事遣貴戚大臣齎勅往諭收其護衞屯田於是命中官賴義駙馬都尉崔元等往未至而宸濠反帝欲帥師親征廷和等力阻之帝乃自稱總督軍務威武大將軍總兵官後軍都督府太師鎭國公朱壽統各京邊將士南討而安邊伯許泰爲威武副將軍左都督劉暉爲平賊將軍前驅鎭守撫按悉聽節制命廷和與大學士毛紀居守以乾清坤寧二宮工成推恩錄一子錦衣衞副千戶辭時廷和當草大將軍征南勅諭謝弗肯帝心恚會推南京吏部尚書劉春理東閣誥勅以廷和私其鄉人切責之廷和謝罪乞罷不許少師梁儲等請與俱罷復不許廷和方引疾不入帝遂傳旨行之時十四年八月也帝旣南兩更歲朔廷和頗以鎭靜持重爲中外所推服凡請迴鑾者數十疏皆不復省帝歸駐蹕通州廷和等舉故事請帝還大內御殿受俘然後正宸濠等誅而帝已不豫趣召廷和等至通州受事卽行在執宸濠等僇之駕乃旋明年正月帝郊祀嘔血輿疾歸逾月益篤時帝無嗣司禮中官魏彬等至閣言國醫力竭矣請捐萬金購之草澤廷和心知所謂不應而微以倫序之說風之彬等唯唯三月十四日丙寅谷大用張永至閣言帝崩於豹房以皇太后命移殯大內且議所當立廷和舉皇明祖訓示之曰兄終弟及誰能瀆焉興獻王長子憲宗之孫孝宗之從子大行皇帝之從弟序當立梁儲蔣冕毛紀咸贊之乃令中官入啟皇太后廷和等候左順門下頃之中官奉遺詔及太后懿旨宣諭羣臣一如廷和請事乃定廷和遂以遺詔令太監張永武定侯郭勛安邊伯許泰尚書王憲選各營兵分布皇城四門京城九門及南北要害廠衞御史以其屬扞掫傳遺命罷威武營團練諸軍各邊兵入衞者俱重賚散歸鎭革皇店及軍門辦事官校悉還衞哈密土魯番佛郎機諸貢使皆給賞遣還國豹房番僧及少林僧教坊樂人南京快馬船諸非常例者一切罷遣又以遺詔釋南京逮繫囚放遣四方進獻女子停京師不急工務收宣府行宮金寶歸諸內庫中外大悅時平虜伯江彬擁重兵在肘腋間知天下惡之心不自安其黨都督僉事李琮尤狠黠勸彬乘間以其家衆反不勝則北走塞外彬猶豫未決於是廷和謀以皇太后旨捕誅彬遂與同官蔣冕毛紀及司禮中官溫祥四人謀張永伺知其意亦密爲備司禮魏彬者故與彬有連廷和以其弱可脅也因題大行銘旌與彬祥及他中官張銳陳嚴等爲詳言江彬反狀以危語怵之彬心動惟銳力言江彬無罪廷和面折之冕曰今日必了此乃臨嚴亦從旁贊決因俾祥彬等入白皇太后良久未報廷和冕益自危頃之嚴至曰彬已禽矣彬旣誅中外相慶廷和總朝政幾四十日興世子始入京師卽帝位廷和草上登極詔書文書房官忽至閣中言欲去詔中不便者數事廷和曰往者事齟齬動稱上意今亦新天子意耶吾儕賀登極後當面奏上問誰欲削詔草者冕紀亦相繼發危言其人語塞已而詔下正德中蠹政釐抉且盡所裁汰錦衣諸衞內監局旗校工役爲數十四萬八千七百減漕糧百五十三萬二千餘石其中貴義子傳陞乞陞一切恩倖得官者大半皆斥去中外稱新天子聖人且頌廷和功而諸失職之徒銜廷和次骨廷和入朝有挾白刃伺輿旁者事聞詔以營卒百人衞出入帝御經筵廷和知經筵事修武宗實錄充總裁廷和先已加特進一品滿九載兼支大學士俸賜勅旌諭至是加左柱國帝召對者三慰勞備至廷和益欲有所發攄引用正人布列在位給事御史交章論王瓊罪狀下詔獄瓊迫疏訐廷和以自解法司當瓊奸黨律論死瓊力自辨得減戍邊或疑法司承廷和指者會石珤自禮部尚書掌詹事府改吏部廷和復奏改之掌詹事司誥勅人或謂廷和太專然廷和以帝雖冲年性英敏自信可輔太平事事有所持諍錢寧江彬雖伏誅而張銳張忠于經許泰等獄久不決廷和等言不誅此曹則國法不正公道不明九廟之靈不安萬姓之心不服禍亂之機未息太平之治未臻帝乃籍沒其貲產廷和復疏請敬天戒法祖訓隆孝道保聖躬務民義勤學問慎命令明賞罰專委任納諫諍親善人節財用語多剴切皆優詔報可及議大禮廷和持論益不撓卒以是忤帝意先是武宗崩廷和草遺詔言皇考孝宗敬皇帝親弟興獻王長子某倫序當立遵奉

祖訓兄終弟及之文告於宗廟請於慈壽皇太后迎嗣皇帝位旣令禮官上禮儀狀請由東安門入居文華殿翼日百官三上箋勸進俟令旨俞允擇日卽位其箋文皆循皇子嗣位故事世宗覽禮部狀謂遺詔以吾嗣皇帝位非爲皇子也及至京止城外廷和固請如禮部所具儀世宗不聽乃御行殿受箋由大明門直入告大行几筵日中卽帝位詔草言奉皇兄遺詔入奉宗祧帝遲回久之始報可越三日遣官往迎帝母興獻妃未幾命禮官議興獻王主祀稱號廷和檢漢定陶王宋濮王事授尚書毛澄曰是足爲據宜尊孝宗曰皇考稱獻王爲皇叔考興國大王母妃爲皇叔母興國太妃自稱姪皇帝名別立益王次子崇仁王爲興王奉獻王祀有異議者卽奸邪當斬進士張璁與侍郎王瓚言帝入繼大統非爲人後瓚微言之廷和恐其撓議改瓚官南京五月澄會廷臣議上如廷和言帝不悅然每召廷和從容賜茶慰諭欲有所更定廷和卒不肯順帝指乃下廷臣再議廷和偕蔣冕毛紀奏言前代入繼之君追崇所生者皆不合典禮惟宋儒程頤濮議最得義理之正可爲萬世法至興獻王祀雖崇仁王主之他日皇嗣繁衍仍以第二子爲興獻王後而改封崇仁王爲親王則天理人情兩全無失帝益不悅命博考典禮務求至當廷和冕紀復言三代以前聖莫如舜未聞追崇其所生父瞽瞍也三代以後賢莫如漢光武未聞追崇其所生父南頓君也惟皇上取法二君則聖德無累聖孝有光矣澄等亦再三執奏帝留中不下七月張璁上疏謂當繼統不繼嗣帝遣司禮太監持示廷和言此議遵祖訓據古禮宜從廷和曰秀才安知國家事體復持入無何帝御文華殿召廷和冕紀授以手勅令尊父母爲帝后廷和退而上奏曰禮謂爲所後者爲父母而以其所生者爲伯叔父母蓋不惟降其服而又異其名也臣不敢阿諛順旨仍封還手詔羣臣亦皆執前議帝不聽迨九月母妃至京帝自定儀由中門入謁見太廟復申諭欲加稱與獻帝后爲皇廷和言漢宣帝繼孝昭後謚史皇孫王夫人曰悼考悼后光武上繼元帝鉅鹿南頓君以上立廟章陵皆未嘗追尊今若加皇字與慈壽考廟並是忘所後而重本生任私恩而棄大義臣等不得辭其責因自請斥罷廷臣諍者百餘人帝不得已乃以嘉靖元年詔稱孝宗爲皇考慈聖皇太后爲聖母興獻帝后爲本生父母不稱皇當是時廷和先後封還御批者四執奏幾三十疏帝常忽忽有所恨左右因乘間言廷和恣無人臣禮言官史道曹嘉遂交劾廷和帝爲薄謫道嘉以安廷和然意內移矣尋論定策功封廷和冕紀伯爵歲祿千石廷和固辭改廕錦衣衛指揮使復辭帝以賞太輕加廕四品京職世襲復辭會滿四考超拜太傅復四辭而止特賜勅旌異錫宴於禮部九卿皆與焉帝頗事齋醮廷和力言不可引梁武宋徽爲喻優旨報納江左比歲不登中官請遣官督織造工部及給事御史言之皆不聽趣內閣撰勅廷和等不奉命因極言民困財竭請毋遣帝趣愈急且戒毋瀆擾執拗廷和力爭言臣等與舉朝大臣言官言之不聽顧二三邪佞之言是聽陛下能獨與二三邪佞共治祖宗天下哉且陛下以織造爲累朝舊例不知洪武以來何嘗有之創自成化弘治耳憲宗孝宗愛民節財美政非一陛下不取法獨法其不美者何也卽位一詔中官之倖路絀塞殆盡天下方傳誦聖德今忽有此何以取信因請究擬旨者何人疑有假御批以行其私者帝爲謝不審傳戒所遣官毋縱肆而已不能止也廷和先累疏乞休其後請益力又以持考獻帝議不合疏語露不平三年正月帝聽之去責以因辭歸咎非大臣道然猶賜璽書給輿廩郵護如例申前廕子錦衣衛指揮使之命給事御史請留廷和皆不報廷和去始議稱孝宗爲皇伯考於是廷和子修撰愼率羣臣伏闕哭爭杖謫雲南旣而王邦奇誣訐廷和及其次子兵部主事惇壻修撰金承勛鄉人侍讀葉桂章與彭澤弟冲交關請屬俱逮下詔獄鞫治無狀乃得解七年明倫大典成詔定議禮諸臣罪言廷和謬主濮議自詭門生天子定策國老法當僇市姑削職爲民明年六月卒年七十一居久之帝問大學士李時太倉所積幾何時對曰可支數年由陛下初年詔書裁革冗員所致帝慨然曰此楊廷和功不可沒也隆慶初復官贈太保謚文忠初廷和入閣東陽謂曰吾於文翰頗有一日之長若經濟事須歸介夫及武宗之終卒安社稷者廷和力也人以東陽爲知言弟廷儀兵部右侍郎子愼惇孫有仁皆進士愼自有傳

梁儲字叔厚廣東順德人受業陳獻章舉成化十四年會試第一選庶吉士授編修尋兼司經局校書弘治四年進侍講改洗馬侍武宗於東宮冊封安南却其餽久之擢翰林學士同修會典遷少詹事拜吏部右侍郎正德初改左進尚書專典誥勅掌詹事府劉瑾摘會典小疵儲坐降右侍郎孝宗實錄成復尚書尋加太子少保調南京吏部瑾誅以吏部尚書兼文淵閣大學士入參機務屢加少傅太子太傅進建極殿十年楊廷和遭喪去儲爲首輔進少師太子太師華蓋殿大學士時方建乾清坤寧宮又營太素殿天鵝房船塢儲偕同官靳貴楊一清切諫明年春以國本未定請擇宗室賢者居京師備儲貳之選皆不報其秋一清罷蔣冕代之至明年貴亦罷毛紀入閣帝好微行嘗出西安門經宿返儲等諫不聽然猶慮外廷知是春從近倖言召百官至左順門明告以郊祀畢幸南海子觀獵儲等暨廷臣諫皆不納八月朔微服從數十騎幸昌平次日儲冕紀始覺追至沙河不及連疏請回鑾越十有三日乃旋儲等以國無儲副而帝盤游不息中外危疑力申建儲之請亦不報九月帝馳出居庸關幸宣府命谷大用守關無縱廷臣出遂由宣府抵大同遇寇於應州幾殆儲等憂懼請回鑾益急章十餘上帝不爲動歲除竟駐宣府當是時帝失德彌甚羣小竊權濁亂朝政人情惶惶儲懼不克任以廷和服闋屢請召之廷和還朝儲遂讓而處其下鳳陽守備中官邱德及鎭守延綏寧夏大同宣府諸中官皆乞更勅書兼理民事帝許之儲等極言不可弗聽十三年七月帝從江彬言將徧游塞上託言邊關多警命總督軍務威武大將軍總兵官朱壽統六師往征令內閣草勅閣臣不可帝復集百官左順門面諭廷和冕在告儲紀泣諫衆亦泣帝意不可回已而紀亦引疾儲獨廷爭累日帝竟不聽踰月帝以大將軍壽肅清邊境令加封鎭國公儲紀上言公雖貴人臣耳陛下承祖宗業爲天下君奈何謬自貶損旣封國公則將授以誥券追封三代祖宗在天之靈亦肯如陛下貶損否况鐵券必有免死之文陛下壽福無疆何甘自菲薄蒙此不祥之辭名旣不正言自不順臣等斷不敢阿意苟從取他日戮身亡家之禍也不報帝遂歷宣府太同直抵延綏儲等疏數十上悉置不省秦王請關中閒田爲牧地江彬錢寧張忠等皆爲之請帝排羣議許之命閣臣草制廷和冕引疾帝怒甚儲度不可爭乃上制草曰太祖高皇帝著令茲土不畀藩封非吝也念其土廣饒藩封得之多蓄士馬富而且驕奸人誘爲不軌不利宗社王今得地宜益謹毋收聚奸人毋多蓄士馬毋聽狂人謀不軌震及邊方危我社稷是時雖欲保親親不可得已帝駭曰若是其可虞事遂寢明年帝將南巡言官伏闕諫儲冕紀亦以爲言會諸曹多諫者乃止寧王宸濠反帝南征儲冕扈從在道聞賊滅連疏請駕旋抵揚州帝議南京行郊禮儲冕計此議行則回鑾益無日極陳不可疏三上始得請帝以宸濠械將至問處置之宜儲等請如宣宗征高煦故事罪人旣得卽日班師又因郊期改卜四方災異邊警乞還乘輿疏八九上帝殊無還意是秋行在有物若豕首墮帝前色碧又進御婦人室中若懸人首狀人情益驚儲冕危言諫帝頗心動而羣小猶欲導帝游浙西泛江漢儲冕益懼手疏跪泣行宮門外歷未至酉帝遣人取疏入諭之起叩頭言未奉俞旨不敢起也帝不得已許不日還京乃叩頭出帝崩楊廷和等定策迎興世子故事當以內閣一人與中貴勳戚偕禮官往廷和欲留蔣冕自助而慮儲老或憚行乃佯惜儲憊老阻其行儲奮曰事孰有大於此者敢以憊辭遂與定國公徐光祚等迎世子安陸邸旣卽位給事中張九敍等劾儲結納權奸持祿固寵儲三疏求去命賜勅馳傳遣行人護行歲給廩隸如制卒子鈞奏請贈謚吏部侍郎桂萼等言儲立身輔政有干公議因錄上兩京言官彈章帝念先朝舊臣特贈太師謚文康先是儲子次擄爲錦衣百戶居家與富人楊端爭民田端殺田主次擄遂滅端家二百餘人事發武宗以儲故僅發邊衞立功後還職累冒功至廣東都指揮僉事

蔣冕字敬之全州人兄昇南京戶部尚書以謹厚稱冕舉成化二十三年進士選庶吉士授編修弘治十三年太子出閣兼司經局校書正德中累官吏部左侍郎改掌詹事府典誥勅進禮部尚書仍掌府事冕清謹有器識雅負時望十一年命兼文淵閣大學士預機務明年改武英殿加太子太傅近倖冒邊功大行陞賞冕及梁儲亦廕錦衣世千戶兩人力辭乃改文廕帝之以威武大將軍行邊也冕時病在告疏諫曰陛下自損威重下同臣子倘所過諸王以大將軍禮見陛下何辭責之曩睿皇帝北征六軍官屬近三十萬猶且陷於土木今宿衞單弱經行邊徼寧不寒心請治左右引導者罪不報十四年扈帝南征還加少傅兼太子太傅戶部尚書謹身殿大學士帝崩與楊廷和協誅江彬世宗卽位議定策功加伯爵固辭改廕錦衣世指揮又辭乃廕五品文職仍進一階御史張鵬疏詆大臣賢否請罷冕御史趙永亨詆石珤不可掌銓衡冕珤遂求去朝議不平諸給事御史皆言其不可去帝乃命鴻臚諭留再下優詔始起視事嘉靖三年遣官織造江南命冕草勅冕以江南被災具疏請止帝不從勅亦久不進帝責其違慢冕引罪而止大禮議起冕固執爲人後之說與廷和等力爭之帝始而婉諭繼以譙讓冕執議不回及廷和罷政冕

當國帝愈欲尊崇所生逐禮部尙書汪俊以怵冕而用席書代之且召張璁桂萼物情甚沸冕乃抗疏極諫曰陛下嗣承丕基固因倫序素定然非聖母昭聖皇太后懿旨與武宗皇帝遺詔則將無所受命今既受命於武宗自當爲武宗之後特兄弟之名不容紊故但兄武宗考孝宗母昭聖而於孝廟武廟皆稱嗣皇帝稱臣稱御名以示繼統承祀之義今乃欲爲本生父母立廟奉先殿側臣雖至愚斷斷知其不可自古人君嗣位謂之承祧踐阼皆指宗祀而言禮爲人後者惟大宗以大宗尊之統也亦主宗廟祭祀而言自漢至今未有爲本生父母立廟大內者漢宣帝爲叔祖昭帝後止立所生父廟於葬所光武中興本非承統平帝而止立四親廟於章陵宋英宗父濮安懿王亦止卽園立廟陛下先年有旨立廟安陸與前代適同得其當矣豈可旣奉大宗之祀又兼奉小宗之祀夫情旣重於所生義必不專於所後將孝武二廟之靈安所托乎竊恐獻帝之靈亦將不能安雖聖心亦自不能安也邇者復允汪俊之去趣張璁桂萼之來人心益駭是日廷議建廟天本晴明忽變陰晦至暮風雷大作天意如此陛下可不思變計哉因力求去帝得疏不悅猶以大臣故優詔答之未幾復請罷建廟之議且乞休疏中再以天變爲言帝益不悅遂令馳傳歸給月廩歲夫如制冕當正德之季主昏政亂持正不撓有匡弼功世宗初朝政雖新而上下扞格彌甚冕守之不移代廷和爲首輔僅兩閱月卒齟齬以去論者謂有古大臣風明倫大典成落職閒住久之卒隆慶初復官諡文定

毛紀字維之掖縣人成化末舉鄉試第一登進士選庶吉士弘治初授檢討進修撰充經筵講官簡侍東宮講讀會典成遷侍讀武宗立改左諭德坐會典小誤降侍讀孝宗實錄成擢侍講學士爲講官正德五年進學士遷戶部右侍郎十年由吏部左侍郎拜禮部尙書烏思藏入貢其使言有活佛能前知禍福帝遣中官劉允迎之攜錦衣官百三十衛卒及私僕隸數千人芻糧舟車費以百萬計紀等上言自京師至烏思藏二萬餘里公私煩費不可勝言且自四川雅州出境過長河西行數月而後至無有郵驛村市一切資費取辦四川四川連歲用兵流賊甫平蠻寇復起困竭之餘重加此累恐生意外變疏再上內閣梁儲靳貴楊一淸皆切諫不報郊祀畢請勤朝講又以儲嗣未建乞早定大計亦不聽尋改理誥勅掌詹事府十二年兼東閣大學士入預機務其秋加太子太保改文淵閣帝南征紀佐楊廷和居守駕旋晉少保戶部尙書武英殿大學士世宗卽位錄定策功加伯爵再疏辭免嘉靖初帝欲追尊興獻帝閣臣執奏忤旨三年廷和冕相繼去國紀爲首輔復執如初帝欲去本生之稱紀與石珤合疏爭之帝召見平臺委曲諭意紀終不從朝臣伏闕哭爭者俱逮繫紀具疏乞原帝怒傳旨責紀要結朋奸背君報私紀乃上言曩蒙聖諭國家政事商確可否然後施行此誠內閣職業也臣愚不能仰副明命邇者大禮之議平臺召對司禮傳諭不知其幾似乎商確矣而皆斷自聖心不蒙允納何可否之有至於笞罰廷臣動至數百乃祖宗來所未有者亦皆出自中旨臣等不得與聞宣召徒勤扞格如故慰留雖切詰責隨加臣雖有體國之心不能自盡宋司馬光告神宗曰陛下所以用臣蓋察其狂直庶有補於國家若徒以祿位榮之而不取其言是以官私非其人也臣以祿位自榮而不能救正是徒盜竊名器以私其身也臣於陛下敢舉以爲告夫要結朋奸背君報私正臣平日所痛憤而深疾者有一於此罪何止罷黜今陛下以之疑臣尙可一日靦顏朝宁間哉乞賜骸骨歸鄉里以全終始尤望陛下法祖典學任賢納諫審是非辨忠邪以養和平之福帝銜紀亢直允其去馳驛給夫廩如故事紀有學識居官廉靜簡重與廷和冕正色立朝並爲縉紳所倚賴其代冕亦僅三月後明倫大典成追論奪官久之廷和冕皆淪喪紀以恩詔敘復帝亦且忘之二十一年年八十撫按以聞詔遣官存問再賜夫廩又三年卒贈太保諡文簡子渠進士太僕卿

石珤字邦彥藁城人父玉山東按察使珤與兄玠同舉成化末年進士改庶吉士授檢討數謝病居家孝宗末始進修撰正德改元擢南京侍讀學士歷兩京祭酒遷南京吏部右侍郎召改禮部進左侍郎武宗始遊宣府珤上疏力諫不報改掌翰林院事廷臣諫南巡禍將不測珤疏救之十六年拜禮部尙書掌詹事府世宗立代王瓊爲吏部尙書自羣小竊柄銓政混濁珤剛方謝請託諸犯淸議者多見黜時望大孚而內閣楊廷和有所不悅甫二月復改掌詹事府典誥勅嘉靖元年遣祀闕里及東嶽事竣還家屢乞致仕言官以珤望重交章請留乃起赴官三年五月詔以吏部尙書兼文淵閣大學士入參機務帝欲以奉先殿側別建一室祀獻帝珤抗疏言其非禮及廷臣伏闕泣爭珤與毛紀助之無何大禮議定紀去位珤復諫曰大禮一事已奉宸斷無可言矣但臣反覆思之終有不安於心者心所不安而不以言言恐觸忤而不敢盡則陛下將焉用臣臣亦何以仰報君父哉夫孝宗皇帝與昭聖皇太后乃陛下骨肉至親也今使疏賤讒佞小人輒行離間但知希合取寵不復爲陛下體察玆孟冬時享在邇陛下登獻對越如親見之寧不少動於中乎夫事亡如事存陛下承列聖之統以總百神臨萬方焉得不加慎重顧聽細人之說干不易之典哉帝得奏不悅戒勿復言明年建世廟於太廟東帝欲從何淵言毀神宮監伐林木以通輦道給事中韓楷御史楊秦葉忠等交諫忤旨奪俸給事中衛道繼言之貶秩調外珤復抗章極言不可弗聽及世廟成帝欲奉章聖皇太后謁見張璁桂萼力主之禮官劉龍等爭不得諸輔臣以爲言帝不報趣具儀珤乃上疏曰陛下欲奉皇太后謁見世廟臣竊以爲從令固孝而孝有大於從令者臣誠不敢阿諛以誤君上竊惟祖宗家法后妃已入宮未有無故復出者且太廟尊嚴非時享祫祭雖天子亦不輕入況后妃乎璁輩所引廟見之禮今奉先殿是也聖祖神宗行之百五十年已爲定制中間納后納妃不知凡幾未有敢議及者何至今日忽倡此議彼容悅佞臣豈有忠愛之實而陛下乃欲聽之乎且陰陽有定位不可侵越陛下爲天地百神之主致母后無故出入太廟街門是坤行乾事陰侵陽位不可之大者也臣豈不知君命當承第恐上累聖德是以不敢順旨曲從以成君父之過負覆載之德也奏入帝大愠珤爲人淸介端亮孜孜奉國數以力行王道淸心省事辨忠邪敦寬大毋急近效爲帝言帝見爲迂濶弗善也議大禮時帝欲援以自助而珤據禮爭持論堅確失帝意璁萼輩亦不悅璁萼朝夕謀輔政攻擊費宏無虛日以珤行高不能有所加至明年春奸人王邦奇訐楊廷和誣珤及宏爲奸黨兩人遂乞歸帝許宏馳驛而責珤歸怨朝廷失大臣誼一切恩典皆不予歸裝襆被車一輛而已都人歎異謂自來宰臣去國無若珤者自珤及楊廷和蔣冕毛紀以强諫罷政迄嘉靖季密勿大臣無進逆耳之言者矣珤加官自太子太保至少保七年冬卒諡文隱隆慶初改諡文介玠字邦秀弘治中由氾水知縣召爲御史出覈大同軍儲按甘肅及陝西所條上邊務悉中機宜爲都御史戴珊所委寄嘗因災異劾南京刑部尙書翟瑄以下二十七人正德中累官右副都御史巡撫大同召拜兵部右侍郎海西部長數犯邊泰寧三衛與別部相攻久缺貢市遣玠以左侍郎兼僉都御史往遼東巡視出關撫諭皆受約束帝大喜璽書嘉勞召還左都御史陸完遷廷推代者三上悉不用最後推玠乃以爲右都御史掌院事御史李隱劾玠貪緣不報十年拜戶部尙書中官史大鎭雲南請獨領銀場務杜甫鎭湖廣請借鹽船稅銀爲進貢資劉德守涼州請帶食茶六百引玠皆執不可西僧闡教王請船三百艘販載食鹽玠極言其害帝初出居庸玠切諫及在宣府需銀百萬兩玠持不可帝弗從乃進其半王瓊欲以哈密事害彭澤玠獨廷譽之奸民欲牟鹽利者賂朱寧爲請玠不可連章執奏廷臣諫南巡跪闕下諸大臣莫敢言玠獨論救尋小激帝怒嚴旨責令自陳遂引疾去賜勅馳傳給廩隸如故事家居二年卒贈太子少傅玠有操行居官亦持正其爲都御史時胡世寧論寧王玠與李士實請罪世寧以是爲人所議

贊曰武宗之季君德日荒嬖倖盤結左右廷和爲相雖無能改於其德然流賊熾而無土崩之虞宗藩叛而無瓦解之患者固賴廟堂有經濟之遠畧也至其誅大奸決大策扶危定傾功在社稷卽周勃韓琦殆無以過儲雖蒙物議而大節無玷蔣冕毛紀石珤淸忠鯁亮皆卓然有古大臣風自時厥後政府日以權勢相傾或脂韋淟涊持祿自固求如諸人豈可多得哉

明史卷一百九十一　列傳第七十九

總裁官總理事務經筵講官少保兼太子太保保和殿大學士兼管吏部戶部尙書事加六級張廷玉等奉
敕修

毛澄　汪俊 弟偉
吳一鵬　朱希周
何孟春　豐熙 子坊
徐文華　薛蕙 胡侍 王祿 侯廷訓

毛澄字憲淸崑山人舉弘治六年進士第一授修撰預修會典成進右諭德直講東宮武宗爲太子以澄進講明晰稱之帝帝大喜方秋夜置宴卽徹以賜武宗立進

左庶子直經筵以母憂歸正德四年劉瑾摘會典小疵貶諸纂修者秩以澄爲侍讀服闋還朝進侍講學士再進學士掌院事歷禮部侍郎十二年五月拜尚書其年八月朔帝微行澄率侍郎王瓚顧清等疏請還宮既又出居庸幸宣府久留不返澄等頻疏諫悉不報明年正月駕旋命百官戎服郊迎澄等請用常服不許七月帝自稱威武大將軍朱壽統六師巡邊遂幸宣府抵大同歷山西至榆林澄等屢疏馳諫至十二月復偕廷臣上疏曰去歲正月以來鑾輿數駕不遑寧居今茲之行又已半歲宗廟社稷享祀之禮並係攝行萬壽正旦冬至朝賀之儀悉從簡略臘朔省牲闕而不行遂二年矣歲律將周郊禋已卜皇祖之訓曰凡祀天地精誠則感格怠慢則禍生今六龍遐騁旋軫無日萬一冰雪阻違道途梗塞元正上日不及躬執玉帛於上帝前陛下何以自安且邊地荒寒隆冬尤甚臣等處重城食厚祿仰思聖體勞頓根本空虛遙望清塵憂心如醉伏祈趣駕速還躬親祼享宗社臣民幸甚不報十四年二月駕甫還京即諭禮部總督軍務威武大將軍總兵官太師鎮國公朱壽遣往兩畿瞻東嶽奉安聖像祈福安民澄等駭愕復偕廷臣上言陛下以天地之子承祖宗之業九州四海但知陛下有皇帝之號今曰總督軍務威武大將軍太師鎮國公者臣等莫知所指夫出此旨者陛下也加此號者陛下也不知受此號者何人如以皇儲未建欲遍告名山大川用祈默相則遣使走幣足將敬矣何必躬奉神像獻寶香如佛老所爲哉因歷陳五不可亦不報宸濠反江西帝南征示威武駐蹕留都者踰歲澄屢請回鑾及駕返通州用江彬言將即賜宸濠死澄據漢庶人故事請還京告郊廟獻俘行戮不從中官王堂鎮浙江請建生祠西番闡化王使者乞額外賜茶九萬斤澄皆力爭不聽王瓊欲陷彭澤澄獨白其無罪武宗崩澄偕大學士梁儲壽寧侯張鶴齡駙馬崔元太監韋霦等迎世宗於安陸既至將謁見有議用天子禮者澄曰今即如此後何以加豈勸進辭讓之禮當遂廢乎世宗踐阼甫六日有旨議興獻王主祀及尊稱五月七日戊午澄大會文武羣臣上議曰考漢成帝立定陶王爲皇太子立楚孝王孫景爲定陶王奉共王祀共王者皇太子本生父也時大司空師丹以爲恩義備至今陛下入承大統宜如定陶王故事以益王第二子崇仁王厚炫繼興王後襲興王主祀事又考宋濮安懿王之子入繼仁宗後是爲英宗司馬光謂濮王宜尊以高官大爵稱王伯而不名范鎮亦言陛下既考仁宗若復以濮王爲考於義未當乃立濮王園廟以宗樸爲濮國公奉濮王祀程頤之言曰爲人後者謂所後爲父母而謂所生爲伯叔父母此生人之大倫也然所生之義至尊至大宜別立殊稱曰皇伯叔父某國大王則正統既明而所生亦尊崇極矣今興獻王於孝宗爲弟於陛下爲本生父與濮安懿王事正相等陛下宜稱孝宗爲皇考改稱興獻王爲皇叔父興獻大王妃爲皇叔母興獻王妃凡祭告興獻王及上箋於妃俱自稱姪皇帝某則正統私親恩禮兼盡可以爲萬世法議上帝怒曰父母可更易若是耶命再議其月二十四日乙亥澄復會廷臣上議曰禮爲人後者爲之子自天子至庶人一也興獻王子惟陛下一人既入繼大統奉祀宗廟是以臣等前議欲令崇仁王厚炫主興獻王祀至於稱號陛下宜稱爲皇叔父興獻大王自稱姪皇帝名以宋程頤之說爲可據也本朝之制皇帝於宗藩尊行止稱伯父叔父自稱皇帝而不名今稱興獻王爲皇叔父大王又自稱名尊崇之典已至臣等不敢復有所議因錄程頤代彭思永議濮王禮疏進覽帝不從命博考前代典禮再議以聞澄乃復會廷臣上議曰臣等會議者再請改稱興獻王爲叔父者明大統之尊無二也然加皇字於叔父之上則凡爲陛下伯叔諸父皆莫能與之齊矣加大字於王之上則天下諸王皆莫得而並之矣興獻王稱號既定則王妃稱號亦隨之天下王妃亦無以同其尊矣況陛下養以天下所以樂其心不違其志豈一家一國之養可同日語哉此孔子所謂事之以禮者其他推尊之說稱親之議似爲非禮推尊之非莫詳於魏明帝之詔稱親之非莫詳於宋程頤之議至當之禮要不出於此幷錄上魏明帝詔書當是時帝銳意欲推崇所生而進士張璁復抗疏極言禮官之謬帝心動持澄等疏久不下至八月庚辰朔再命集議澄等乃復上議曰先王制禮本乎人情武宗既無子嗣又鮮兄弟援立陛下於憲廟諸孫之中是武宗以陛下爲同堂之弟考孝宗母慈壽無可疑矣可復顧私親哉疏入帝不懌復留中會給事中邢寰請議憲廟皇妃邵氏徽號澄上言王妃誕生獻王實陛下所自出但既承大統則宜考孝宗而母慈壽太后矣孝宗於憲廟皇妃宜稱皇太妃則在陛下宜稱太皇太妃如此則彝倫既正恩義亦篤疏入報聞其月帝以母妃將至下禮官議其儀澄等請由崇文門入東安門帝不可乃議由正陽左門入大明東門帝又不可澄等執議如初帝乃自定其儀悉由中門入時尊崇禮猶未定張璁復進大禮或問帝益嚮之至九月末乃下澄等前疏更令博採輿論以聞澄等知勢不可已謀於內閣加稱興王爲帝妃爲后而以皇太后懿旨行之乃疏言臣等一得之愚已盡於前議茲欲仰慰聖心使宜於今而不戾乎情合乎古而無悖乎義則有密勿股肱在臣等有司未敢擅任帝遂於十月二日庚辰以慈壽皇太后旨加興獻王號曰興獻帝妃曰興國太后皇妃邵氏亦尊爲皇太后宣示中外顧帝雖勉從廷議意猶慊之十二月十一日己丑復傳諭加稱皇帝內閣楊廷和等封還御批澄抗疏力爭又偕九卿喬宇等合諫帝皆不允明年嘉靖改元正月寧清宮後三小宮災澄復以爲言會朝臣亦多諫者事獲止澄端亮有學行論事侃侃不撓帝欲推尊所生嘗遣中官諭意至長跪稽首澄駭愕急扶之起其人曰上意也上言人孰無父母奈何使我不獲伸必祈公易議因出囊金畀澄澄奮然曰老臣悖耄不能隳典禮獨有一去不與議已耳抗疏引疾至五六上帝輒慰留不允二年二月疾甚復力請乃許之舟至興濟而卒先是論定策功加澄太子太傅廕錦衣世指揮同知力辭不受帝雅敬憚澄雖數忤旨而恩禮不衰既得疾遣醫診視藥物之賜時至其卒也深悼惜之贈少傅諡文簡

汪俊字抑之弋陽人父鳳進士貴州叅政俊舉弘治六年會試第一授庶吉士進編修正德中與修孝宗實錄以不附劉瑾焦芳調南京工部員外郎瑾芳敗召復原官累遷侍讀學士擢禮部右侍郎嘉靖元年轉吏部左侍郎時議興獻王尊號與尚書喬宇毛澄輩力爭澄引疾去代者羅欽順不至乃以俊爲禮部尚書是時獻王已加帝號矣主事桂萼復請稱皇考章下廷議三年正月俊集廷臣七十有三人上議曰祖訓兄終弟及指同產言今陛下爲武宗親弟自宜考孝宗明矣孰謂與人爲後而滅武宗之統也儀禮傳曰爲人後者孰後後大宗也漢宣起民間猶嗣孝昭光武中興猶考孝元魏明帝詔皇后無子擇建支子以繼大宗孰謂入繼之主與爲人後者異也宋范純仁謂英宗親受詔爲子與入繼不同蓋言恩義尤篤尤當不顧私親非以生前爲子者乃爲人後身後入繼者不爲人後也萼言孝宗既有武宗爲之子安得復爲立後臣等謂陛下自後武宗而上考孝宗非爲孝宗立後也又言武宗全神器授陛下何忍不繼其統臣等謂陛下既稱武宗皇兄矣豈必改孝宗稱伯乃爲繼其統乎又言禮官執者不過前宋濮議臣等愚昧所執實不出此蓋宋程頤之議曰雖當專意於正統豈得盡絕於私恩故所繼主於大義所生存乎至情至於名稱統緒所繫若其無別斯亂大倫殆爲今日發也謹集諸章奏惟進士張璁主事霍韜給事中熊浹與萼議同其他八十餘疏二百五十餘人皆如臣等議議上留中而特旨召桂萼張璁席書於南京越旬有五日乃下諭曰朕奉承宗廟正統大義豈敢有違第本生至情亦當兼盡其再集議以聞俊不得已乃集羣臣請加皇字以全徽稱議上復留十餘日至三月朔乃詔禮官加稱興獻帝爲本生皇考恭穆獻皇帝興國太后爲本生母章聖皇太后擇日祭告郊廟頒詔天下而別諭建室奉先殿側恭祀獻皇俊等復爭曰陛下入奉大宗不得祭小宗亦猶小宗之不得祭大宗也昔興獻帝奉藩安陸則不得祭憲宗今陛下入繼大統亦不得祭興獻帝是皆以禮抑情者也然興獻帝不得迎養壽安皇太后於藩邸陛下得迎興國太后於大內受天下之養而尊祀興獻帝以天子之禮樂則人子之情獲自盡矣乃今聖心無窮臣等敢不將順但於正統無嫌乃爲合禮帝曰朕但欲奉先殿側別建一室以伸追慕之情耳迎養藩邸祖宗朝無此例何容飾以爲詞其令陳狀俊具疏引罪乃嚴旨切責而趣立廟益急俊等乃上議曰立廟大內有干正統臣實愚昧不敢奉詔帝不納而令集廷臣大議俊等復上議曰謹按先朝奉慈別殿蓋孝宗皇帝爲孝穆皇太后附葬初畢神主無薦享之所而設也當時議者皆據周制特祀姜嫄而言至爲本生立廟大內則從古未聞惟漢哀帝爲定陶恭王立廟京師師丹以爲不可哀帝不聽卒遺後世之議陛下有可以爲堯舜之資臣等不敢導以衰世之事請於安陸特建獻帝百世不遷之廟俟他日襲封興王子孫世世獻饗陛下歲時遣官持節奉祀亦足伸陛下無窮至情矣帝仍命遵前旨再議俊遂抗疏乞休再請益力帝怒責以肆慢允其去召席書未至令吳一鵬署事明倫大典成落俊職卒於家隆慶初贈少保諡文莊俊行誼修潔立朝光明端介學宗洛閩與王守仁交好而不同其說學者稱石潭先生弟偉字器之由庶吉士授檢討與俊皆忤劉瑾調南京禮部主事瑾誅復故官屢遷南京國子祭酒武宗以巡幸至率諸生請幸學不從江彬矯旨取玉硯偉曰有秀才時故硯可持去俊罷官之歲偉亦至吏部右侍郎偕廷臣數爭大禮又伏闕力爭及席書

張璁等議行猶持前說不變轉官左侍郎爲陳洸劾罷卒於家

吳一鵬字南夫長洲人弘治六年進士選庶吉士授編修戶部尚書周經以讒去上疏乞留之正德初進侍講充經筵講官劉瑾出諸翰林爲部曹一鵬得南京刑部員外郎遷禮部郎中瑾誅復爲侍講進侍講學士歷國子祭酒太常卿竝在南京母喪除起故官世宗踐阼召拜禮部右侍郎尋轉左數與尚書毛澄汪俊力爭大禮俊去國一鵬署部事而帝趣建獻帝廟甚亟一鵬集廷臣上議曰前世入繼之君間有爲本生立廟園陵及京師者第歲時遣官致祀尋亦奏罷然猶見非當時取議後代若立廟大內而親享之從古以來未有也臣等寧得罪陛下不欲陛下失禮於天下後世今張璁桂萼之言曰繼統公立後私又曰統爲重嗣爲輕竊惟正統所傳之謂宗故立宗所以繼統立嗣所以承宗統之與宗初無輕重況當我朝傳子之世而欲倣堯舜傳賢之例擬非其倫又謂孝不在皇不皇惟在考不考遂欲改稱孝宗爲皇伯考臣等歷稽前古未有神主稱皇伯考者惟天子稱諸王曰伯叔父則有之非可加於宗廟也前此稱本生皇考實裁自聖心乃謂臣等留一皇字以覬陛下又謂百皇字不足當父子之名何肆言無忌至此乞速罷建室之議立廟安陸下璁萼等法司按治帝報曰朕起親藩奉宗祀豈敢違越但本生皇考寢園遠在安陸於卿等安乎命下再四爾等欺朕冲歲黨同執違敗父子之情傷君臣之義往且勿問其奉先殿西室亟修葺盡朕歲時追遠之情嘉靖三年四月也頃之一鵬極陳四方災異言自去年六月迄今二月其間天鳴者三地震者三十八秋冬雷電雨雹十八暴風白氣地裂山崩產妖各一民饑相食二非常之變倍於往時願陛下率先羣工救疾苦罷營繕信大臣納忠諫用回天意帝優詔報之踰月手敕名奉先殿西室爲觀德殿遂命一鵬偕中官賴義京山侯崔元迎獻帝神主於安陸一鵬等復上言歷考前史竝無自寢園迎主入大內者此天下後世觀瞻所係非細故也且安陸爲恭穆啓封之疆神靈所戀又陛下龍興之地王氣所鍾故我太祖重中都太宗重留都皆以王業所基永修世祀伏乞陛下俯納羣言改題神主奉安故宮爲百世不遷其觀德殿中別設神位香几以慰孝思則本生之情既隆正統之義亦盡奏入不納一鵬乃行慮使者爲道途患疏請禁約帝善其言而戒飭之比還朝則廷臣已伏闕哭爭朝事大變而給事中陳洸譸張尤甚一鵬抗疏曰大禮之議斷自聖心正統本生昭然不紊而洸妄謂陛下誕生於孝宗沒後三年嗣位於武宗沒後二月無從授受其說尤爲不經謹按春秋以受命爲正始故魯隱公上無所承內無所受則不書卽位今陛下承武宗之遺詔奉昭聖之懿旨正合春秋之義而洸謂孰從授受是以陛下爲不得正始也洸本小人不痛加懲艾無以杜效尤之漸不聽其年九月一鵬以本官入內閣專典誥敕兼掌詹事府事武宗實錄成進尚書領職如故尋以省墓歸還朝仍典誥敕未幾出理部事前此典內閣誥敕者皆需次柄政而張璁桂萼新用事素銜一鵬異己乃出爲南京吏部尚書加太子少保居二年南京官劾諸大臣王瓊等不職一鵬與焉遂乞致仕給廩如故事卒贈太子太保諡文端子子孝湖廣叅政

朱希周字懋忠崑山人徙吳縣高祖吉戶科給事中父文雲按察副使希周舉弘治九年進士孝宗喜其姓名擢爲第一授修撰進侍講充經筵講官劉瑾摘修會典小疵降修撰孝宗實錄成復官久之進侍讀學士擢南京吏部右侍郎閱五年召爲禮部右侍郎時方議大禮數偕其長爭執會左侍郎吳一鵬奉使安陸尚書席書未至希周獨理部事而帝方營觀德殿令協律郎崔元初習樂舞生於大內太常卿汪舉劾之帝遂令太常官一人同入內教習希周上言太常樂舞有定數不當更設帝不從舉復爭帝責其妄議而是時張璁桂萼已召至益交章請去本生之號帝悅從之趣禮官具上冊儀希周率郎中余才汪必東等疏諫曰陛下考孝宗母昭聖三年矣而更定之論忽從中出則明詔爲虛文不足信天下祭告爲瀆禮何以感神祇且本生非貶詞也不妨正統而親之義寓焉何嫌於此而必欲去之以滋天下之議時羣臣諫者甚衆疏皆留中遂相率詣左順門跪伏希周走告諸閣臣曰羣臣伏闕公等能坐視乎亦偕羣臣跪伏以請帝聞大怒命希周與何孟春等俱待罪而盡繫庶僚於詔獄明日上章聖皇太后冊文希周及尚書秦金金獻民趙鑑趙璜侍郎何孟春都御史王時中大理少卿張縉徐文華俱不赴帝怒責陳狀希周等伏罪復嚴旨譙責乃已而是時庶僚繫獄者猶未釋希周上言諸臣狂率固不可宥但今獻皇帝神主將至必百官齋迎乃克成禮乞早寬縲絏用襄大典不納大禮遂自此定矣其明年由左侍郎遷南京吏部尚書嘉靖六年大計京官南六科無黜者桂萼素以議禮嗛希周且惡兩京言官嘗劾己因言希周畏勢曲庇希周言南京六科止七人實無可去者臣以言路私之固不可如避言路嫌誅責之尤不可且使舉曹皆賢必去一二人示公設舉曹皆不肖亦但去一二人塞責乎因力稱疾乞休溫旨許之仍敕有司歲給夫廩林居三十年中外論薦者三十餘疏竟不復起性恭謹不妄取予卒年八十有四贈太子少保瀕歿屬諸子曰他日儻蒙易名典勿犯我家諱乃避文諡恭靖

何孟春字子元郴州人祖俊雲南按察司僉事父說刑部郎中孟春少遊李東陽之門學問該博第弘治六年進士授兵部主事言官龐泮等下獄疏救之詔修萬歲山毓秀亭乾清宮西室役軍九千人計費百餘萬抗疏極諫清寧宮災陳八事疏萬餘言進員外郎郎中出理陝西馬政條目畢張還上釐弊五事竝劾撫臣不職正德初請釐正孔廟祀典不果行出爲河南叅政廉公有威擢太僕少卿進爲卿駕幸宣府馳疏諫尋以右副都御史巡撫雲南討平十八寨叛蠻阿勿阿寺等奏設永昌府增五長官司五守禦所錄功廕一子辭不受世宗卽位遷南京兵部右侍郎半道召爲吏部右侍郎會蘇松諸府旱潦相繼而江淮北河水大溢漂沒田廬人畜無算孟春倣漢魏相條奏八事帝嘉納焉尋進左侍郎尚書喬宇罷代署部事先是大禮議起孟春在雲南聞之上疏言臣閱邸報見進士屆儒奏中請尊聖父爲皇叔考興獻大王聖母爲皇叔母興獻大王妃得旨下部知猶未奉俞命也臣惟前世帝王自旁支入奉大統推尊本生得失之迹具載史冊宣帝不敢加號於史皇孫光武不敢加號於南頓君晉元帝不敢加號於恭王抑情守禮宋司馬光所謂當時歸美後世頌聖者也哀安桓靈乃追尊其父祖犯義侵禮司馬光所謂取譏當時見非後世者也儀禮喪服爲人後者傳曰何以三年也受重者必以尊服服之爲人後者謂其父母報傳曰何以期也不二斬也重大宗者降其小宗也夫父母天下莫隆焉至繼大宗則殺其服而移於所後之親蓋名之不可以二也爲人後者爲之子不敢復顧私親聖人制禮尊無二上若恭敬之心分於彼則不得專於此故也今者廷臣詳議事猶未決豈非皇叔考之稱有未當者乎抑臣愚亦不能無疑禮生曰父母死曰考妣有世父母叔父母之文而無世叔考世叔妣之說今欲稱興獻王爲皇叔考古典何據宋英宗時有請加濮王皇伯考者宋敏求力斥其謬然則皇叔考之稱豈可加於興獻王乎卽稱皇叔父於義亦未安也經書稱伯父叔父皆生時相呼及其既歿從無通親屬冠於爵位之上者然則皇叔父之稱其可復加先朝已諡之親王乎臣伏覩前詔陛下稱先皇帝爲皇兄誠於獻王稱皇叔如宋王珪司馬光所云亦已愜矣而議者或不然何也天下者太祖之天下也自太祖傳至孝宗孝宗傳之先皇帝特簡陛下授之大業獻王雖陛下天性至親然而所以光臨九重富有四海子子孫孫萬世南面者皆先皇帝之德孝宗之所貽也臣故願以漢宣光武晉元三帝爲法若非古之名不正之號非臣所願於陛下也及孟春官吏部則已尊本生父母爲興獻帝興國太后繼又改稱本生皇考恭穆獻皇帝本生聖母章聖皇太后孟春三上疏乞從初詔皆不省於是帝益入張璁桂萼等言復欲去本生二字璁方盛氣列上禮官欺妄十三事且斥爲朋黨孟春偕九卿秦金等具疏略曰伊尹謂有言逆於心必求諸道有言孫於志必求諸非道邇者大禮之議邪正不同若諸臣匡拂累千萬言此所謂逆於心之言也陛下亦嘗求諸道否乎一二小人敢託將順之說招徠罷閒不學無耻之徒熒惑聖聽此所謂孫於志之言也陛下亦嘗求諸非道否乎何彼言之易行而此言之難入也遂發十三難以辨折璁疏入留中其時詹事翰林給事御史及六部諸司大理行人諸臣各具疏爭竝留中不下羣情益洶洶會朝方罷孟春倡言於衆曰憲宗朝百官哭文華門爭慈懿皇太后葬禮憲宗從之此國朝故事也修撰楊慎曰國家養士百五十年仗節死義正在今日編修王元正給事中張翀等遂遮留羣臣於金水橋南謂今日有不力爭者必共擊之孟春金獻民徐文華復相號召於是九卿則尚書獻民及秦金趙鑑趙璜俞琳侍郎孟春及朱希周劉玉都御史王時中張潤寺卿汪舉潘希曾張九敘吳祺通政張瓚陳霑少卿徐文華及張縉蘇民金瓚府丞張仲賢通政叅議葛禬寺丞袁宗儒凡二十有三人翰林則掌詹事府侍郎賈詠學士豐熙侍講張璧修撰舒芬楊維聰姚淶張衍慶編修許成名劉棟張潮崔桐葉桂章王三錫余承勳陸釴王相應良王思檢討金皐林時及愼元正凡二十有二人給事中則張翀劉濟安磐張漢卿張原謝蕡毛玉曹懷張嵩王瑄張挺鄭一鵬黃重李錫趙漢陳時明鄭自璧裴紹宗韓楷黃臣胡納凡二十有一人御史則王時柯余翱葉奇鄭本公楊樞劉穎祁杲杜民表楊瑞張英劉謙亨許中陳克宅譚纘劉翀張錄郭希愈蕭

一中張恂倪宗嶽王璜沈教鍾卿密胡瓊張濂何鰲張曰韶藍田張鵬翰林有孚凡三十人諸司郎官吏部則郎中余寬党承志劉天民員外郎馬理徐一鳴劉勳主事應大猷李舜臣馬冕彭澤張鵾司務洪伊凡十有二人戶部則郎中黃待顯唐昇賈繼之楊易楊淮胡宗明粟登党以平何巖馬朝卿員外郎申良鄭漳顧可久婁志德主事徐嵩張庠高奎安璽王尚志朱藻黃一道陳儒陳騰鸞高登程旦尹嗣忠郭日休李錄周詔戴亢繆宗周邱其仁祖琚張希尹司務金中夫檢校丁律凡三十有六人禮部則郎中余才汪必東張䆃張懷員外郎翁磐李文中張濂主事張鏜豐坊仵瑜丁汝夔臧應奎凡十有二人兵部則郎中陶滋賀縉姚汝皋劉淑相萬潮員外郎劉漳楊儀王德明主事汪溱黃嘉賓李春芳盧襄華鑰鄭曉劉一正郭持平余禎陳賞司務李可登劉從學凡二十人刑部則郎中相世芳張峩詹潮胡璉范錄陳力張大輪葉應驄白轍許路員外郎戴欽張儉劉士奇主事祁敕趙廷松熊宇何鰲楊濂劉仕蕭樟顧鐸王國光汪嘉會殷承敘陸銓錢鐸方一蘭凡二十有七人工部則郎中趙儒葉寬張子衷汪登劉璣江珊員外郎金廷瑞范鏓龐淳主事伍餘福張鳳來張羽車純蔣珙鄭騆凡十有五人大理之屬則寺正母德純蔣同仁寺副王暐劉道評事陳大綱鍾雲瑞王光濟張徽王天民鄭重杜鸞凡十有一人俱跪伏左順門帝命司禮中官諭退眾皆曰必得俞旨乃敢退自辰至午凡再傳諭猶跪伏不起帝大怒遣錦衣先執爲首者於是豐熙張翀余翱余寬黃待顯陶滋相世芳母德純八人並繫詔獄楊慎王元正乃撼門大哭衆皆哭聲震闕廷帝益怒命收繫四品以下官若干人而令孟春等待罪翼日編修王相等十八人俱杖死熙等及慎元正俱謫戍始下孟春等前疏責曰朕嗣承大統祇奉宗廟尊崇大禮自出朕心孟春等毀君害政變亂是非且張璁等所上十三條尚留中未發安得先知其以實對於是孟春等具疏伏罪言璁等所條者於未進之日先以私稾示人且有副本存通政司故臣等知之臣等忝從大臣後得與議禮之末竊以璁等欺罔故昌言論辨以瀆天聽罪應萬死惟望聖明加察辨其孰正孰邪則臣等雖死亦幸帝怒不已責孟春倡衆逞忿非大臣事君之道法宜重治姑從輕奪俸一月旋出爲南京工部左侍郎故事南部止侍郎一人時已有右侍郎張琮復以孟春爲左蓋贅員也孟春屢疏引疾至六年春始得請及明倫大典成削其籍久之卒於家隆慶初贈禮部尚書謚文簡孟春所居有泉用燕去來時盈涸得名遂稱燕泉先生云

豐熙字原學鄞人布政司慶孫也幼有異稟嘗大書壁間曰立志當以聖人爲的遜第一等事於人非夫也年十六喪母水漿不入口數日居倚廬三年弘治十二年舉殿試第二孝宗奇其策賜第一人袍帶寵之授編修進侍講遷右諭德以不附劉瑾出掌南京翰林院事父喪闋起故官世宗卽位進翰林學士與獻王大禮議起熙偕禮官數力爭及召張璁桂萼爲學士方獻夫爲侍讀學士熙昌言於朝曰此冷襃段猶流也吾輩可與並列耶抗疏請歸不允既而尊稱禮定卜日上恭穆獻皇帝謚冊熙等疏諫曰大禮之議頒天下三年矣乃以一二人妄言欲去本生之稱專隆鞠育之報臣等聞命驚惶罔知攸措竊惟陛下爲宗廟神人之主必宗廟之禮加隆斯繼統之義不失若乖先王之禮貽後世之譏豈不重累聖德哉不得命相率伏哭左順門遂下詔獄掠治復杖之闕廷遣戍熙得福建鎭海衞既璁等得志乃相率請釋謫戍諸臣罪皆首及熙帝不聽最後謹身殿災熙年且七十給事中田濡復請矜宥卒不聽居十有三年竟卒於戍所隆慶初贈官賜恤子坊字存禮舉鄉試第一嘉靖二年成進士出爲南京吏部考功主事尋謫通州同知免歸坊博學工文兼通書法而性狂誕熙既卒家居貧乏思效張璁夏言片言取通顯十七年詣闕上書言建明堂事又言宜加獻皇帝廟號稱宗以配上帝世宗大悅未幾進號睿宗配饗元極殿其議蓋自坊始人咸惡坊畔父云明年復進卿雲雅詩一章詔付史館待命久之竟無所進擢歸家悒悒以卒晚歲改名道生別爲十三經訓詁類多穿鑿語或謂世所傳子貢詩傳亦坊僞纂也

徐文華字用光嘉定州人正德三年進士授大理評事擢監察御史巡按貴州乖西苗阿雜等倡亂偕巡撫魏英討之破寨六百三十璽書獎勞江西副使胡世寧坐論寧王宸濠繫詔獄文華抗疏救曰世寧上爲聖朝下爲宗室竭誠發憤言甫脫口而禍患隨之亦可哀也寧王威燄日以張隱患日以甚失今不戢容有紀極顧又置世寧重法杜天下之口奪忠鯁之氣弱朝廷之勢啓宗藩之心招意外之變皆自今日始矣不納帝遣中官劉允迎佛烏斯藏文華力諫不報馬昂納妊身女弟於帝又疏諫曰中人之家不取再醮之婦陛下萬乘至尊乃有此舉返之於心則不安宣之於口則不順傳之天下後世則可醜誰爲陛下進此者罪可族也萬一防閑闊略不幸有李園呂不韋之徒乘間投隙豈細故哉今昂兄弟子姪出入禁闥陛下降絀等威與之亂服雜坐或同臥起壞祖宗法莫此爲甚馬姬專寵於內昂等弄權於外禍機竊發有不可勝言者乞早誅以絕禍源亦不報文華既數進直言帝及諸近倖皆銜之會文華條上宗廟禮儀祧廟禘祫特享出主祔食凡五事考證經義悉可施行帝怒責其出位妄言章下所司禮官闇於經術又阿帝意遂奏文華言非是命下詔獄黜爲民時正德十一年十月也世宗卽位起故官歷河南按察副使嘉靖二年舉治行卓異入爲大理右少卿尋轉左時方議興獻帝大禮文華數偕諸大臣力爭明年七月復倡廷臣伏闕哭諫坐停俸四月已席書張璁桂萼方獻夫會廷臣大議文華與汪偉鄭岳猶力爭武定侯郭勛遽曰祖訓如是古禮如是璁等言當書曰大臣事君當將順其美議乃定及改題廟主文華諫曰孝宗有祖道焉不可以伯考稱武宗有父道焉不可以兄稱不若直稱曰孝宗敬皇帝武宗毅皇帝猶兩全無害也疏入命再奪俸六年秋李福達獄起主獄者璁萼獻夫以議禮故憾文華等乃盡反獄詞下文華與諸法官獄獄具責文華阿附御史殺人遣戍遼陽遇赦卒於道隆慶初贈左僉都御史自大學士毛紀侍郎何孟春去位諸大臣前爭大禮者或依違順旨文華顧堅守前議不變其被譴不以罪士論深惜之

薛蕙字君采亳州人年十二能詩舉正德九年進士授刑部主事諫武宗南巡受杖奪俸旋引疾歸起故官改吏部歷考功郎中嘉靖二年廷臣數爭大禮與張璁桂萼等相持不下蕙撰爲人後解爲人後辨及辨璁萼所論七事合數萬言上於朝解有上下二篇推明大宗義其辨曰陛下繼祖體而承嫡統合於爲人後之義坦然無疑乃有二三臣者詭經畔禮上惑聖聰夫經傳纖悉之指彼未能覩其十一遽欲恃小慧騁夸詞可謂不知而作者也其曰陛下爲獻帝不可奪之適嗣按漢石渠議曰大宗無後族無庶子已有一適子當絕父嗣以後大宗否戴聖云大宗不可絕禮言適子不爲後者不得先庶子耳族無庶子則當絕父以後大宗晉范汪曰廢小宗昭穆不亂廢大宗昭穆亂矣先王所以重大宗也豈得不廢小宗以繼大宗乎夫人子雖有適庶其親親之心一也而禮適子不爲後庶子得爲後者此非親其父母有厚薄也直繫於傳重收族不同耳今之言者不知推本祖禰惟及其父母而止此弗忍薄其親忍遺其祖也其曰爲人後者爲之子乃漢儒邪說按此踵歐陽修之謬也夫爲人後者爲之子其言出於公羊固漢儒所傳者然於儀禮實相表裏古今以爲折衷未有異論者也藉若修之說其悖禮甚矣禮爲人後者斬衰三年此子於父母之喪也以其父母之喪服之非爲之子而何其言之悖禮一也傳言爲所後者之祖父母妻妻之父母昆弟昆弟之子若子其若子者由爲之子故耳傳明言若子今顧曰不爲之子其言之悖禮二也且爲人後者不爲之子然則稱謂之間將不曰父而仍曰伯父叔父乎其言之悖禮三也又立後而不爲之子則古立後者皆未嘗實子之而姑僞立是人也是聖人僞教人以立後而實則無後焉耳其言之悖禮四也夫無後者重絕祖考之祀故立後以奉之今所後既不得而子則祖考亦不得而孫矣豈可以入其廟而奉其祀乎其言之悖禮五也由此觀之名漢臣以邪說無乃其自名耶抑二三臣者亦自度其說之必窮也於是又爲遁辭以倡之曰夫統與嗣不同陛下之繼二宗當繼統而不繼嗣此一言者將欲以廢先王爲人後之義與則尤悖禮之甚者也然其牽合附會眩於名實苟不辨而絕之殆將爲後世禍矣夫禮爲大宗立後者重其統也重其統不可絕乃爲之立後至於小宗不爲之後者統可以絕則嗣可以不繼也是則以繼統故繼嗣繼嗣所以繼統也故禮爲人後言繼嗣也後大宗言繼統也統與嗣非有二也其何不同之有自古帝王入繼者必明爲人後之義而後可以繼統蓋不爲後則不成子也若不成子夫安所得統而繼之故爲後也者成子也成子而後繼統又將以絕同宗覬覦之心焉聖人之制禮也不亦善乎抑成子而後繼統非獨爲人後者爾也禮無生而貴者雖天子諸侯之子苟不受命於君父亦不敢自成尊也春秋重授受之義以爲爲子受之父爲臣受之君故穀梁子曰臣子必受君父之命斯義也非直尊君父也亦所以自尊焉耳蓋尊其君父亦將使人之尊己也如此則義禮明而禍亂亡今說者謂倫序當立斯立已是惡知禮與春秋之意哉若夫前代之君間有兄終而弟繼姪終而伯叔父繼者此遭變不正者也然多先君之嗣先君於己則考也己於先君則子也故不可考後君而亦無兩統二父之嫌若晉之哀帝唐之宣宗是也其或諸王入嗣則未有仍考諸王而不考天子者也陛下

天倫不先於武宗，正統不自於獻帝，是非孚奪至爲易辨而二三臣者猥欲比於遺變不正之舉故曰悖禮之尤者也其他所辨七事亦率倣此書奏天子大怒下鎮撫司考訊已貰出之奪俸三月會給事中陳洸外轉疑事由文選郎夏良勝及蕙良勝已被訐見斥而蕙故在時亳州知州顏木方坐罪乃誣蕙與木同年相關通疑有奸利章下所司蕙亦奏辨帝不聽令解任聽勘蕙遂南歸既而事白吏部數移文促蕙起蕙見璁萼等用事堅臥不肯起十八年詔選宮僚擬蕙春坊司直兼翰林檢討帝猶以前憾故報罷而蕙亦卒矣蕙貌臞氣清特已峻潔於書無所不讀學者重其學行稱爲西原先生

當是時廷臣力持大禮而璁萼建異議舉朝非之其不獲與廷議而以璁萼得罪者又有胡侍王祿侯廷訓云

胡侍寧夏人舉進士歷官鴻臚少卿張璁桂萼既擢學士侍劾二人越禮背經因據所奏反覆論辨凡千餘言帝怒命逮治言官論救謫潞州同知瀋府宗室勛注以事憾之奏侍試諸生題譏刺且謗大禮逮至京訊斥爲民

王祿新城人舉於鄉爲福建平和知縣嘉靖九年疏請建獻帝廟於安陸封崇仁王以主其祀不當考獻帝伯孝宗涉二本之嫌宗藩子有幼而岐嶷者當養之宮中備儲貳選疏奏卽棄官歸命按臣逮治亦斥爲民

侯廷訓樂清人與張璁同郡同舉進士而持論不合初釋褐卽上疏請考孝宗且言不當私藩邸舊臣語最切直除南京禮部主事嘉靖三年冬大禮定廷訓心非之私刊所著議禮書潛寄京師下詔獄拷訊子一元年十三伏闕訟冤得釋後起官至漳南僉事以貪虐被劾爲民一元舉進士官至江西布政使

贊曰大禮之議楊廷和爲之倡舉朝翕然同聲大抵本宋司馬光程頤濮園議然英宗長育宮中名稱素定而世宗奉詔嗣位承武宗後事勢各殊諸臣徒見先賢大儒成說可據求無得罪天下後世而未暇爲世宗熟計審處準酌情理以求至當爭之愈力失之愈深惜夫

明史卷一百九十二　列傳第八十

總裁官總理事務經筵講官少保兼太子太保保和殿大學士兼管吏部戶部尚書事加六級張廷玉等奉敕修

楊慎 王元正　王思 王相

張翀　劉濟

安磐　張漢卿

張原　毛玉 裴紹宗

王時柯 余翱　鄭本公

張曰韜 胡瓊　楊淮 申良

張漎 仵瑜 臧應奎 胡璉 余禎 李可登 安璽 殷承叙

郭楠 俞敬 李繼先 王懋

楊慎字用修新都人少師廷和子也年二十四舉正德六年殿試第一授翰林修撰丁繼母憂服闋起故官十二年八月武宗微行始出居庸關慎抗疏切諫尋移疾歸世宗嗣位起充經筵講官常講舜典言聖人設贖刑乃施於小過俾民自新若元惡大奸無可贖之理時大璫張銳于經論死或言進金銀獲宥故及之嘉靖三年帝納桂萼張璁言召爲翰林學士慎偕同列三十六人上言臣等與萼輩學術不同議論亦異臣等所執者程頤朱熹之說也萼等所執者冷褒段猶之餘也今陛下既超擢萼輩不以臣等言爲是臣等不能與同列願賜罷斥帝怒切責停俸有差踰月又偕學士豐熙等疏諫不得命偕廷臣伏左順門力諫帝震怒命執首事八人下詔獄於是慎及檢討王元正等撼門大哭聲徹殿庭帝益怒悉下詔獄廷杖之閱十日有言前此朝罷羣臣已散慎元正及給事中劉濟安磐張漢卿張原御史王時柯實糾衆伏哭乃再杖七人於廷慎元正濟並謫戍餘削籍慎得雲南永昌衞先是廷和當國盡斥錦衣冒濫官及是伺諸途將害慎慎知而謹備之至臨清始散去扶病馳萬里憊甚抵戍所幾不起五年聞廷和疾馳至家廷和喜疾愈還永昌聞尋甸安銓武定鳳朝文作亂率僮奴及步卒百餘馳赴木密所與守臣擊敗賊八年聞廷和訃奔告巡撫歐陽重請於朝獲歸葬葬訖復還自是或歸蜀或居雲南會城或留戍所大吏咸善視之及年七十還蜀巡撫遣四指揮逮之還嘉靖三十八年七月卒年七十有二慎幼警敏十一歲能詩十二擬作古戰場文過秦論長老驚異入京賦黃葉詩李東陽見而嗟賞令受業門下在翰林時武宗問欽天監及翰林星有注張又作汪張是何星也衆不能對慎曰柳星也歷舉周禮史記漢書以復預修武宗實錄事必直書總裁蔣冕費宏盡付稾草俾削定嘗奉使過鎭江謁楊一清閱所藏書叩以疑義一清皆成誦慎驚異益肆力古學既投荒多暇書無所不覽嘗語人曰資性不足恃日新德業當自學問中來故好學窮理老而彌篤世宗以議禮故惡其父子特甚每問慎作何狀閣臣以老病對乃稍解慎聞之益縱酒自放明世記誦之博著作之富推慎爲第一詩文外雜著至一百餘種並行於世隆慶初贈光祿少卿天啟中追謚文憲王元正字舜卿盩厔人與慎同年進士由庶吉士授檢討武宗幸宣大元正述五子之歌以諷竟以爭大禮謫戍茂州卒隆慶初贈修撰

王思字宜學太保直曾孫也正德六年進士改庶吉士授編修九年春乾清宮災思應詔上疏曰天下之治賴紀綱紀綱之立係君身而已私恩不偏於近習政柄不移於左右則紀綱立而宰輔得行其志六卿得專其職今者內閣執奏方堅而或撓於傳奉六卿擬議已定而或阻於內批此紀綱所由廢也惟陛下抑私恩端政本用舍不以讒移刑賞不以私拒則體統正而朝廷尊矣祖宗故事正朝之外日奏事左順門又不時召對便殿今每月御朝不過三五日每朝進奏不踰一二事其養德之功求治之實宰輔不得而知也聞見之非嗜好之過宰輔不得而知也天下之大四海之遠生民愁苦之狀盜賊縱橫之由豈能一一上達伏願陛下悉遵舊典凡遇宴閒少賜召問勿以遇災而懼災過而弛然後可以享天心保天命其年九月帝狎虎而傷閱月不視朝思復上封事曰孝宗皇帝之子惟陛下一人當爲天下萬世自重近者道路傳言虎逸於柙驚及聖躬臣聞之且駭且懼陛下卽位以來於茲九年朝宁不勤政太廟不親享兩宮曠於問安經筵倦於聽講揆厥所自蓋有二端嗜酒而荒其志好勇而輕其身由是戒懼之心日忘縱恣之欲日進好惡由乎喜怒政令出於多門紀綱積弛國是不立士氣摧折人心危疑上天示警日食地震宗社之憂凜若朝夕夫勇不可好陛下已薄有所懲矣至於荒志廢業惟酒爲甚書曰甘酒嗜音峻宇雕牆有一於此未或不亡陛下露處外宮日湎於酒廝養雜侍禁衞不嚴卽不幸變起倉卒何以備之此臣所大憂也疏入留中者數日忽傳旨降遠方雜職遂謫潮州三河驛丞思年少氣銳每衆中指切人是非已悔之自斂爲質訥及被謫怡然就道夜過瀧水舟飄巨石上緣石坐浩歌家人後至聞歌聲乃檥舟以濟王守仁講學贛州思從之遊及守仁討宸濠檄思贊軍議世宗嗣位召復故官仍加俸一級思疏辭且言陛下欲作敢言之氣以防壅蔽之奸莫若省覽奏章召見大臣勿使邪僻阿徇之說蠱惑聖聽則堯舜之治可成不然縱加恩於先朝譴責之臣抑末矣帝不允因命近日還俸者皆不得辭尋充經筵講官嘉靖三年與同官屢爭大禮不報時張璁桂萼方獻夫爲學士思羞與同列疏乞罷歸不許其年七月偕廷臣伏左順門哭諫帝大怒繫之詔獄杖三十踰旬再杖之思與同官王相給事中張原毛玉裴紹宗御史張曰韜胡瓊郎中楊淮胡璉員外郎申良張漎主事安璽仵瑜臧應奎余禎殷承叙司務李可登凡十有七人皆病創先後卒隆慶初各廕一子贈官有差思贈右諭德思志行邁流俗與李中鄒守益善高陵呂柟亟稱之嘗曰聞過而喜似季路欲寡未能似伯玉則改齋其人也改齋者思別號也王相字懋卿鄞人正德十六年進士由庶吉士授編修豪邁尚志節事親篤孝家貧屢空晏如仕僅四年而卒

張翀字習之潼川人正德六年進士選庶吉士改刑科給事中引疾歸起戶科世宗卽位詔罷天下額外貢獻其明年中都鎭守內官張陽復貢新茶禮部請遵詔禁不許翀言陛下詔墨未乾旋卽反汗人將窺測朝廷玩侮政令且陽名貢茶實雜致他物四方效尤何所抵極願守前詔無墮奸謀不聽寧夏歲貢紅花大爲軍民害言不能從尋言中官出鎭非太祖太宗舊制景帝遭國家多故偶一行之謂內臣是朝廷家人但有急事令其來奏乃往歲宸濠謀叛鎭守太監王宏反助爲逆內臣果足恃耶時平則坐享尊榮肆毒百姓遇變則心懷顧望不恤封疆不可不亟罷後張孚敬爲相竟罷諸鎭守其論實自翀發之屢遷禮科都給事中又言頃聞紫禁之內禱祠繁興乾清宮內官十數輩究習經典講誦科儀賞賚踰涯寵幸日密此由先朝罪人遺黨若太監崔文輩挾邪術爲嘗試計陛下爲其愚弄而已得肆其奸欺干撓政事牽引羣邪傷太平之業失四海之望竊計陛下寧遠君子而不忍斥其徒寧棄讜言而不欲違其教亦謂可以延年已疾耳側聞頃來嬪御女謁充塞閨幃一二黠慧柔曼者爲惑尤甚由是怠日講疏召對政令多僻起居愆度小人窺見間隙遂以左道蠱惑夫以齋醮爲足恃而恣欲宮壺之間以荒淫爲無傷而邀福邪妄之術甚非古帝王求福不回之道也嘉靖二年四

月以災異偕六科諸臣上疏曰：昔成湯以六事自責曰：政不節與？民失職與？宮壼崇與？女謁盛與？苞苴行與？讒夫昌與？今誠以近事較之，快船方減而輒允戴保奏添，鎭戍方裁而更聽趙榮分守，詔核馬房矣隨格于閹洪之一言，詔汰軍匠矣尋奪於監門之尊咻，是政不可謂節也。末作競於奇巧，遊手半於閭閻，耕桑時廢，缺俯仰之資，教化未聞，成偷薄之習，是民不可謂不失職也。兩宮營建，採運艱辛，或一木而役夫萬千，或一椽而廢財十百，死亡枕籍之狀，呻吟號嘆之聲，陛下不得而見聞，是宮壼不可謂不崇也。奉聖保聖之後先，女寵於冊后；莊奉肅奉之名聯姝，稱於乳母；或承恩漸隣於飛燕，或黠慧不下於婉兒，內以移主上之性情，外以開近習之貲倚，是女謁不可謂不盛也。窮奸之鋭、雄，公肆賂遺，而逃籍沒之律；極惡之鵬、鎧，密行請託，而逭三載之誅；錢神靈而王英改問於錦衣，關節通而于喜竟漏於禁網，是苞苴不可謂不行也。獻廟主祀，屆府部之議而用王槐諛佞之謀；重臣批答，乏體貌之宜而入羣小惎間之論；或譖發於內，陰肆毒螫，或讒行於外，顯逞擠排，上以汨朝廷之是非，下以亂人物之邪正，是讒夫不可謂不昌也。凡此皆成湯之所無，而今日之所有，是以不避斧鉞之誅，用附責難之義，望陛下採納。其年冬，命中官督蘇杭織造，舉朝阻之不能得，翀復偕同官張原等力爭。

時世宗初政，楊廷和等在內閣，羣小雖已用事，正論猶伸。翀前後指斥無所避，帝雖不見用，然亦嘗報聞不罪也。及明年三月，帝以桂萼言，鋭欲考獻帝，且欲立廟禁中，翀復偕同官力諫，帝於是責以朋言亂政，命奪俸。既又助尚書喬宇等再疏爭內殿建室之議，被詔切讓。呂柟、鄒守益下獄，翀等抗疏捄。及張璁、桂萼召至，翀與給事三十餘人連章言兩人賦性奸邪，立心憸佞，變亂宗廟，離間宮闈，詆毀詔書，中傷善類，望亟出之，爲人臣不忠之戒。皆不納。帝愈欲考獻帝，改孝宗爲伯考，翀等憂之。會給事中張漢卿劾席書振荒不法，戶部尚書秦金請命官往勘，帝是之。翀等乃取廷臣劾萼等章疏送刑部，令上請，且私相語曰：「倘上亦云是者，即撲殺之。」璁等以其語聞，帝留疏不下，而責刑部尚書趙鑑等朋邪害正，翀等陷義罔忠，而進璁、萼學士。廷臣相顧駭歎。諸曹乃各具一疏，力言孝宗不可稱伯考，署名者凡二百二十餘人，帝皆留中不報。七月戊寅，諸臣相率伏左順門懇請，帝兩遣中官諭之，不退，遂震怒，先逮諸曹爲首者八人於詔獄，翀與焉。尋杖於廷，謫戍瞿塘衞。而璁、萼寵益盛，翀居戍所十餘年，以東宮冊立恩放還，卒。

劉濟，字汝楫，騰驤衞人。正德六年進士。由庶吉士授吏科給事中。山西巡撫李鉞劾左右布政使倪天民、陳達，吏部請黜之，帝不許，濟疏爭，不省。帝幸宣府、楡林，濟皆疏請回鑾。詔封許泰、江彬伯爵，又與諸給事中力爭，皆不報。世宗即位，出核甘肅邊餉，奏革涼州分守中官及永昌新添遊兵。再遷工科左給事中。嘉靖改元，進刑科都給事中。主事陳嘉言坐事下獄，濟疏救，不許。廖鵬父子及錢寧黨王欽等皆以從逆論斬，鵬等夤緣中人，冀脫死。濟上言：「自來死囚臨斬，鼓下猶受訴詞，奏上得報，已及日旰，再請而後行刑，則已薄暮，殊非與衆棄之之意。乞自三請後，鼓下不得受詞。鵬、欽等罪甚當，幸陛下勿疑。」詔自今以申酉行刑，鵬等竟緩決，欽後以中旨免死，濟力爭，不聽。故事，廠衞有所逮，必取原奏情事送刑科簽發駕帖。千戶白壽齎帖至，濟索原奏，壽不與，濟亦不肯簽發，兩人列詞上。帝先入壽言，竟詘濟議。中官崔文僕李陽鳳坐罪已下刑部，帝受文愬，移之鎭撫，濟率六科爭之，不聽。都督劉暉以奸黨論戍，有詔復官。甘肅總兵官李隆嗾亂軍殺巡撫許銘，逮入都，營免赴鞫。濟皆力陳不可，帝從其言，暉奪職，隆受訊伏辜。定國公徐光祚規占民田，嗾灤州民訐前永平知府郭九皋，太監芮景賢主之，緹騎逮訊，濟請并治光祚，章下所司。給事中劉最以劾中官崔文調外任，景賢復劾其違禁，與御史黃國用皆逮下詔獄，戍最而謫國用，法司爭不得。濟言：「國家置三法司，專理刑獄，或主質成，或主平反。權臣不得以恩怨爲出入，天子不得以喜怒爲重輕。自錦衣鎭撫之官專理詔獄，而法司幾成虛設。如最等小過耳，羅織於告密之門，鍛鍊於詔獄之手，旨從內降，大臣初不與知，爲聖政累非淺。且李洪、陳宣罪至殺人，降級而已；王欽兄弟黨奸亂政，謫戍而已。以最等視之，奚啻天淵，而罪顧一律，何以示天下？」帝怒，奪濟俸一月。后父陳萬言奴何壐毆人死，帝命釋之，濟執奏曰：「萬言縱奴殺人，得免爲幸，乃并釋壐等，是法不行於戚畹奴也。」濟在諫垣久，言論侃侃，多與權幸相枝拄，直聲甚震，帝滋不能堪。大禮議起，廷臣爭者多得罪，濟疏救修撰呂柟、編修鄒守益、給事中鄧繼曾、御史馬明衡、朱淛、陳逅、季本、郎中林應驄，不聽。既而遮諸朝臣於金水橋，伏哭左順門，受杖闕廷，越十二日再杖，謫戍遼東。十六年冊立皇太子，赦諸謫戍者，濟不與，卒於戍所。隆慶初，復官，贈太常少卿。

安磐，字公石，嘉定州人。弘治十八年進士。改庶吉士。正德時，歷吏、兵二科給事中，乞假去。世宗踐阼，起故官。帝手詔欲加興獻帝皇號，磐言：「興，藩國也，不可加於帝號之上；獻，謚法也，不可加於生存之母。本生所後，勢不俱尊，大義私恩，自有輕重。」會廷臣多力爭，事得且止。嘉靖元年，主事霍韜言科道官褻服受詔，大不敬。磐偕同官論韜先以議禮得罪名教，恐言官發其奸，故摭拾細事，意在傾排。帝置不問。尋因事言：「先朝內外巨奸若張忠、劉養、韋霦、魏彬、王瓊、甯杲等，漏網得全要領，其貨賂可以通神，未嘗不夤緣覬復用，宜嚴察預防。天下事毋令若輩再壞。」帝納其言，命錦衣官密訪緝之。中官張欽家人李賢者，帝許任爲錦衣指揮，磐極言不可，不聽。錦衣千戶張儀以附中官張鋭黜革，御史楊百之忽爲訟寃，言儀當宸濠逆謀時，首倡大義，勸鋭卻其餽遺，今鋭以是免死，儀功不錄，無以示報。磐疏言百之憸邪，陽爲儀遊說，而陰與鋭交關，爲鋭再起地。百之情得，乃誣磐因請屬不行，挾私行謗。吏部尚書喬宇等議黜百之，刑部謂情狀未明，宜俱逮治。帝兩宥之，奪百之俸三月，磐一月。帝頻與齋醮，磐又抗言：「曩武宗爲左右所蠱，命番僧鎖南綽吉出入豹房，內官劉允迎佛西域，十數年間，糜費大官，流謗道路。自劉允放而鎖南囚，供億減，小人伏。奈何甫及二年，遽襲舊轍，不齋則醮，月無虛日，此豈陛下本意？實太監崔文等爲之。文，鐘鼓厮役，夤緣冒遷，旣經降革，乃營求還職，導陛下至此，使貽譏天下後世，文可斬也。文嘗試陛下，欲行香則從之，欲登壇則從之，欲拜疏則又從之，無已則導以遊幸土木，導以征伐，方且連類以進，伺便以逞，臣故曰文可斬也。」疏入，報聞。戶部主事羅洪載以杖錦衣百戶張僅下詔獄，磐與同官張漢卿、張逵、葛鳴等請付之法司，不聽。永福長公主下嫁，擇昏於七月下旬，磐言：「長公主於孝惠皇太后爲在室孫女，期服未滿，宜更其期。舊儀，駙馬見公主行兩拜禮，公主坐受，乖夫婦之分，亦當革正。」帝以遺旨格之，相見禮如故。錦衣革職旗校王邦奇屢乞復職，磐言：「邦奇等在正德世，貪饕搏噬，有若虎狼。其捕奸盜也，或以一人而牽十餘人，或以一家而連數十家，鍛鍊獄詞，付之司寇，謂之鑄銅板。其緝妖言也，或用番役四出，搜愚民詭異之書，或購奸僧潛行，誘愚民彌勒之教，然後從而掩之，無有解脫，謂之種妖言。數十年內，死者塡獄，生者寃號。今不追正其罪，使得保首領，亦已幸矣，尚敢肆然無忌，屢瀆天聽，何爲者哉？且陛下收已渙之人心，奠將危之國脈，實在登極一詔。若使此輩攘臂，一朝壞之，則奸人環立，釁起隄防，潰決不知所紀極矣。宜嚴究治，絕禍源。」帝不能從，其後邦奇卒爲大厲，如磐言。帝驛召席書、桂萼等，磐請斥之以謝天下。且言：「今欲別立一廟於大內，是明知恭穆不可入太廟矣。夫孝宗既不得考，恭穆又不得入，是無考也。世豈有無考之太廟哉？此其說之自相矛盾者也。」不聽。歷兵科都給事中。以率衆伏闕，再受杖，除名爲民，卒於家。

張漢卿，字元傑，儀封人。正德六年進士。授魏縣知縣。徵拜刑科給事中。嘗陳杜僥倖、廣儲積、愼刑獄三事，深切時弊，不報。武宗將南巡，偕同官伏闕諫。世宗嗣位，從巡撫李鐸言，發帑金二十萬優卹宣府軍民，以漢卿言，併發十三萬於大同。屢遷戶科都給事中。嘉靖元年冬，與同官上言：「陛下軫念畿輔莊田之害，遣官會勘，敕自正德以後投獻及額外侵占者，盡以給民，王言一布，天下孰不誦陛下之仁。乃者給事中夏言、御史樊繼祖、主事張希尹勘上涿州薰皮廠、安州鷹房草場，詔旨留用，所司執奏，迄不肯從，非所以全大信昭至公也。皮廠起於馬永成，鷹房刱於谷大用，皆奪民業爲之。今馬俊、趙霦侍藩邸舊恩，妄求免革，是復蹈永成、大用故轍也。乞盡還之民，而嚴罪俊、霦，爲欺罔者戒。」后父陳萬言請營新第，旣又乞莊田，內官吳勳等請督蘇州織造，漢卿皆極諫，不納。應天諸府大旱，帝將粥淮浙餘鹽及所沒產易銀振之，漢卿言易銀緩，非發帑金不可，帝爲發銀十五萬。未幾，復偕同官言：「今天下一歲之供，不給一歲之用，加以水旱頻仍，物力殫屈。陛下方躬行節儉，而中官梁楝等奏營造缺珠寶，是欲括戶部之銀也；梁政等又以蠲免三分之數，欲行京倉撥補，是欲耗太倉之粟也。夫內庫不足取之計部，計部不足取之郡邑，小民郡邑小民將安取哉？今東南洊饑，民至骨肉相食，而搜括之令頻行，臣等竊以爲不可。」報聞。已，又劾席書振濟乖方，乞遣官往勘，正其欺罔罪。帝方眷書，甚驛召爲禮部尚書，不罪也。初，興獻帝議加皇號，漢卿力爭，至是又倡衆伏闕，兩受杖，斥爲民。二十年，言官邢如默、賈準等會薦天下遺賢，及漢卿，終不召。

張原，字士元，三原人。正德九年進士。授吏科給事中。疏陳汰冗食、愼工作、禁貢獻、明賞罰、廣言路、進德學六事，中言：「天下幅員萬里，一舉事而計臣輒告匱，民貧故也。民何以貧？守令之哀斂，中臣之貢獻爲之也。比年軍需雜輸，十倍前制，皆取辦守令，守令假以自殖，又十倍於上供民既困矣而貢獻者復巧立名目爭新競異號曰孝順取於民者十百進於上者一二朝廷何樂於此而受之人君馭下惟賞與罰邇者庸才厮養莫不封侯履王或足不出門而受賞身不履陳而奏功禦敵者竟未沾恩罷軍者多至逃罪此士卒所由解體也疏入權倖惡之傳旨謫新添驛丞嘉靖初召復兵科仍加俸一級南寧伯毛良殺其子錦衣掌印指揮朱震等多違縱原先後論之皆奪職閒住帝進張鶴齡昌國公封陳萬言太和伯世襲授萬言子紹祖尚寶丞又以外戚蔣泰等五人爲錦衣千百戶原抗疏極言請行裁節未幾劾建昌侯張延齡强占民地定國公徐光祚子外戚玉田伯蔣輪昌化伯邵蕙家人擅作威福事雖不盡行權貴皆震慴進戶科右給事中撼門哭再被杖創重卒貧不能歸葬久之都御史陳洪謨備陳原與毛玉裴紹宗王思王相胡瓊等妻子流離狀請卹於朝不許隆慶元年贈光祿少卿

毛玉字國珍更字用成雲南右衛軍家子也其先良鄉人弘治十八年進士正德五年由行人擢南京吏科給事中劉瑾既敗大盜蠭起玉言大學士焦芳劉宇實亂天下請顯僇以謝萬姓羣盜擾山東河南玉請備留都已而盜果渡江以備嚴不敢犯外艱去起南京兵科御史林有年諫迎佛烏思藏下獄玉抗疏救之有年得薄罰又以繼母艱去服闋除吏科世宗卽位逾年與邸諸內官怙帝寵漸驕佚又故太監谷大用魏彬等相次謀復起事有萌芽玉卽抗疏歷敘武宗時事勸帝戒嗜欲杜請託以破僥倖之門塞蠱惑之隙帝嘉納焉御史曹嘉素輕險倣宋范仲淹百官圖分廷臣四等加以品題給事中安磐疏駁之言唐王珪之論房元齡等本朝解縉之論黃福等皆承君命而品藻之未有漫然恣其口吻如嘉者也玉復言嘉背違成法變亂國是乞斥帝從其言貶嘉於外御史許宗魯爲嘉訟請斥玉其同官倫以謀亦助爲言給事中張原以庶僚聚訟朝廷爲之多事重損國體乞身先斥罷玉亦上疏求去言宗魯等知朋友私恩不顧朝廷大體臣一身所係絕微公論所關甚大乞罷臣以謝御史帝皆慰留之時宸濠戚屬連逮者數百人玉奉命往訊多所全活且言宸濠稱亂由左右貪賂釀成之因劾守臣不死事者而禁天下有司與藩府交通帝俱從之再遷左給事中尋伏闕爭大禮下獄受杖竟卒後贈光祿少卿裴紹宗字伯修渭南人正德十二年進士除海門知縣武宗南巡受檄署江都事權倖憚之供億大省世宗卽位召入爲兵科給事中卽疏請法祖定制言太祖貽謀盡善如重大臣勤視朝親歷田野服浣濯衣種蔬宮中毀鏤金牀碎水晶漏造觀心亭揭大學衍義之類陛下所當繹思祖述而二三大臣尤宜朝夕納誨以輔養聖德陛下日御便殿親儒臣使耳目不蔽於淫邪左右不惑於險佞則君志素定治功可成帝嘉納之帝欲加興獻帝皇號紹宗力諫嘉靖二年冬帝以災異頻仍欲罷明年郊祀慶成宴紹宗言祭祀之禮莫重於郊丘君臣之情必通於宴享在以國戚廢大禮今且從吉宜卽舉行豈可以災傷復免修撰唐皐亦言之竟得如禮明年以伏闕受杖卒贈官如毛玉

王時柯字敷英萬安人正德十二年進士授行人嘉靖三年擢御史疏言桂萼輩以議禮迎合傳陞美官薛蕙陳相段續胡侍等連章論劾實出至公今佞人超遷而羣賢獲罪恐海內聞之謂陛下好諛惡直願採忠讜之言消朋比之禍特寬蕙等而聽席書方獻夫辭職除張璁桂萼别任則是非不謬人情悅服忤旨切責未幾有伏闕之事再予杖除名時御史疏爭大禮居首者余翺字大振定遠人正德中進士嘉靖二年爲御史嘗劾司禮太監張佐蒙蔽罪明年七月與時柯等被杖戍邊居戍所十四年皇子生赦還穆宗卽位時柯翺皆復官贈時柯光祿少卿

鄭本公朔州衞人正德九年進士歷御史武宗不豫國本未建本公請愼選宗室親賢者正位東宮繫天下望不報世宗嗣位及冬而乾清宮成帝由文華殿入居之本公上言事之可思者有六是宮八年營搆一旦告成陛下居安思危當遠羣小節燕遊以防一朝之患重妃配廣繼嗣以爲萬世之計愼終如始兢兢業業常若天祖之臨求言益切訪政益勤用防壅蔽之患持聖心遠貨色毋溺于鴆毒重興作惜財力永鑒于先朝帝嘉納之踰月帝欲加興獻帝皇號本公力言不可嘉靖改元出按遼東劾罷副總兵張銘都指揮周輔還朝論救給事中劉最忤旨切責二年十月時享太廟帝不親行本公與同官彭占祺極言遣代非宜報聞明年三月帝欲考興獻帝立廟禁中本公偕同官力爭謂陛下潛邸之日則爲孝宗之姪興獻王之子臨御之日則爲孝宗之子興獻帝之姪可兩言決也至立廟大內實爲不經獻帝之靈既不得入太廟又空去一國之祀而託享于大內焉陛下享太廟其文曰嗣皇帝於獻帝之廟又當何稱愛敬精誠兩無所屬獻帝將曖然不安帝怒責其朋言亂政奪俸三月其年六月以席書爲禮部尚書召張璁桂萼入京本公偕同官四十四人連章言萼首爲亂階璁再肆欺罔黃綰黃宗明方獻夫席書連彙接踵尚書之命由中而下行取之旨已罷再頒大臣因此被逐言官由之得罪雖往日瑾彬之奸流禍不若是酷也不納已偕廷臣伏闕哭諫繫獄廷杖還職當是時爭大禮者諸御史中本公言最切中尋遷通政參議九年不調以疾請改南京乃授大理寺丞稍遷南京太僕少卿謝病歸二十年言官邢如默賈準等會薦詔用不赴卒

張曰韜字席珍莆田人正德十二年進士授常州推官武宗南巡江彬縱其黨橫行州縣將抵常州民爭欲亡匿時知府暨武進知縣咸入覲曰韜兼綰府縣印召父老約曰彬黨至若等力與格又釋囚徒令與丐者各具瓦石待已彬黨果累騎來父老直遮之境上曰常州比歲災物力大屈無可啗若曹府中惟一張推官一錢不入卽欲具芻秣亦無以辦言已彬黨疑有他變乃稍退馳使告彬曰韜卽上書巡按御史言狀御史東郊行部過常州謂曰事迫矣彬將以他事縛君命曰韜登己舟先發自以小舟尾之彬黨果大至索曰韜誤截御史舟郊使嚴捕截舟者而陰令緩之其黨恐御史上聞咸散去曰韜遂免彬亦戒其黨毋擾由是常以南諸府得安世宗卽位召爲御史楊廷和等之爭織造也曰韜亦上言陛下既稱閣臣所奏惟愛主惜民是明知織造之害矣既知之而猶不已實由信任大臣弗專而羣小爲政也自古未有羣小蒙蔽於內而大臣能盡忠於外者崔文輩二三小人嘗濁亂先朝今復蒙惑聖衷竊弄威福陛下奈何任其逞私不早加斥逐哉臣聞織造一官行金數萬方得之既營之以重貲而欲其不責償於下此必無之事也帝不能用席書以中旨拜尚書曰韜與同官胡瓊各抗疏力爭既受杖猶占疏劾奸人陳洸罪未幾竟死隆慶初追贈光祿少卿胡瓊字國華南平人正德六年進士由慈谿知縣入爲御史歷按貴州浙江有聲哭諫受杖卒後贈官如曰韜

楊淮字東川無錫人正德十二年進士授戶部主事再遷郎中始監京倉革胥徒積弊殆盡繼監淮通二倉罷中官茶果之供除囤基及額外席草費最後監內庫奄人例有供餽淮悉絕之公勤廉愼爲尚書孫交秦金所重伏闕受杖月餘卒囊無一物家人賣屋以斂金與淮同里爲經紀歸其喪後贈太常少卿申良字延賢高平人登鄉薦授招遠知縣山東盜起良豫爲戰守具盜至追擊至黃縣俘斬數百人已復至再破走之歷知諸城良鄉權貴人往來要索良悉拒之進安吉知州錦衣葉瓊倚錢寧勢奪民田良讞還之民瓊因嗾奸人誣奏良事竟得白稍遷常州同知入爲戶部員外郎與淮俱杖死贈太僕少卿招遠民懷其政繪像祀之

張澯字景川廣東順德人祖善昭四川僉事謫臨江通判先是練子寧親黨戍臨江者八十餘人善昭上書曰子寧忠貫日月太宗謂若使子寧在朕固當用之仁宗亦謂方孝孺等忠臣夫既忠之矣何外親末屬尚以奸惡賜配百年不宥哉疏雖不行中外皆壯之澯登正德九年進士授建平知縣忤巡江御史賀洪改調廣昌訟洪罪洪坐削籍澯自廣昌遷禮部主事監督會同館尚書王瓊與都御史彭澤有隙以澤遣使土魯番許金幣贖哈密城印爲澤罪嗾番人在館者暴澤過惡誘澯爲署牒且曰澤所爲南宋覆轍也事成當顯擢澯力拒曰王公誤矣澤與土魯番檄具在豈宋和戎比昔范仲淹亦嘗致書元昊寧獨澤也不肯署尋進員外郎受杖死仵瑜字忠父蒲圻人父紳工部主事瑜少有志操正德十二年釋褐卽謝病去起補禮部主事復引疾歸世宗踐阼起故官疏陳勤聖學篤親親開言路敬大臣選諍臣去浮屠拯困窮重守令修武備儲人材十事已竟死杖下臧應奎字賢徵長興人正德十二年進士授南京車駕主事進貢中官索舟踰額力裁損之中官遣卒譁於部叱左右執之遁去父所生母卒法不得承重執私喪三年入爲禮部主事未幾杖死應奎受業湛若水之門以聖賢自期嘗過文廟慨然謂其友曰吾輩歿亦當俎豆其間其立志如此郎中胡璉字重器新喻人正德六年進士官刑部嘗諫武宗南巡受杖主事余禎字與邦奉新人正德九年進士司務李可登字思善輝縣人弘治末鄉薦俱官兵部可登素慷慨以忠義自許竟如其志戶部主事安璽宛平人正德十六年進士刑部主事殷承敍江夏人正德九年進士穆宗嗣位贈璉太常少卿澯太僕少卿瑜應奎承敍璽禎光祿少卿可登寺丞

郭楠字世重晉江人正德九年進士授浦江知縣課最入爲御史世宗卽位請召還直臣舒芬王思黃鞏張衍瑞等從之嘉靖元年核餉兩廣劾總兵官撫寧侯朱麟貪懦詔爲戒飭尋上章請退朝之暇延見大臣如祖宗故事且言主事陳嘉言忤中官不宜逮繫帝怒奪其俸

諸臣伏闕爭大禮皆得罪楠方巡按雲南馳疏言人臣事君阿意者未必忠犯顏者未必悖今羣臣伏闕呼號或榜掠殞身或間關謫戍不意聖明之朝而忠良獲罪若此乞復生者之職卹死者之家庶以收納人心全君臣之義帝大怒遣緹騎逮治言官論救皆不納既至下鎮撫獄掠治復廷杖之削其籍先是諸人既死廷臣莫敢上聞後府經歷俞敬奏言學士豐熙等皆以冒觸宸嚴繫獄拷訊諸臣跡雖狂悖心實忠誠今聞給事裴紹宗編修王相主事余禎等俱已死熙等在獄者亦垂亡矣其呻吟衽席創重不能起者又不知凡幾竊惟獻皇帝神主已奉迎入廟正宜赦過宥罪章大孝於天下望霽雷霆之威施雨露之澤已死者恤其後垂亡者宥其身使人臣無復以言爲諱宗社之幸也通政司經歷李繼先亦上言陛下追崇尊號乃人子至情誠不容已羣臣一時冒觸天威重得罪譴死者遂十餘人大臣紛紛去位小臣苟默自容今日大同告變曾無一人進一疏畫一策者則小大之臣志不奮而氣不揚亦可見矣乞錄卹已死赦還謫戍追復去國諸臣而在位者委任寬假之使各陳邊計臣愚不勝惓惓帝皆不省明年三月御史王懋言廷臣以議禮死杖下者十有七人其父母妻子顚沛可憫乞賜優卹贈官錄廕帝大怒謫懋四川高縣典史逾數日而楠疏至帝益怒遂逮治削籍六年春以災變修省從吏部言量與楠一官得吉水教諭終南寧知府

贊曰大禮之爭羣臣至撼門慟哭亦過激且戇矣然再受廷杖或死或斥廢錮終身抑何慘也楊慎博物洽聞於文學爲優王思張翀諸人或納諫武宗之朝或抗論世宗初政侃侃鑿鑿死節官下非徒意氣奮發立效一時已也

明史一百九十三　列傳第八十一

總裁官總理事務經筵講官少保兼太子太保保和殿大學士兼管吏部戶部尚書事加六級張廷玉等奉

敕修

費　宏 弟寀 從子懋中 子懋賢 世父瑄　翟　鑾

李　時　顧鼎臣

嚴　訥 袁煒　李春芳 孫思誠等

陳以勤　趙貞吉 殷士儋

高　儀

費宏字子充鉛山人甫冠舉成化二十三年進士第一授修撰弘治中遷左贊善直講東宮進左諭德武宗立擢太常少卿兼侍講讀預修孝宗實錄充日講官正德二年拜禮部右侍郎尋轉左五年進尚書帝耽於逸樂早朝日講俱廢宏請勤政務學納諫報聞魯府鄒平王子當漢當潢父爵爲弟當涼所奪且數年矣宏因當潢奏辨據法正之當涼怒誣宏受賂宏不爲動明年冬十二月命宏兼文淵閣大學士參預機務尋加太子太保武英殿大學士進戶部尚書倖臣錢寧陰黨宸濠欲交歡宏餽綵幣及他珍玩拒却之寧慙且恚宸濠謀復護衞屯田輦白金鉅萬徧賂朝貴寧及兵部尚書陸完主之宏從弟編修寀其妻與濠妻兄弟也知之以告宏宏入朝完迎問曰寧王求護衞可復乎宏曰不知當日革之者何故完曰今恐不能不予宏峻却之及中官持奏至閣宏極言不當予詔卒予之於是宸濠與寧合而恚宏寧數偵宏事無所得以御史余珊嘗劾寀不當留翰林卽指爲宏罪中旨責陳狀宏乞休命并寀致仕寧遣騎伺宏後抵臨清焚其舟貲裝盡燬宏歸杜門謝客宸濠復求與通宏謝絕之益怒會宏族人與邑奸人李鎭等訟宸濠陰令鎭賊宏鎭等遂據險作亂率衆攻費氏索宏不得執所與訟者支解之發宏先人塚毀其家劫掠遠近衆至三千人宏馳使愬於朝下巡撫孫燧按狀始遣兵勦滅宸濠敗言者爭請召宏世宗卽位遣行人卽家起宏加少保入輔政宏持重識大體明習國家故事與楊廷和蔣冕毛紀同心協贊數勸帝革武宗弊政大禮之議諸臣力與帝爭帝不能堪宏頗揣知帝旨第署名公疏未嘗特諫以是帝心善之及廷和等去位宏爲首輔加少師兼太子太師吏部尚書謹身殿大學士委任甚至戶部議督正德時逋賦宏偕石珤賈詠請斷自十年以後從之帝以四方災異敕羣臣修省宏等因言陛下用度無節工役不休畿內土地半成莊田內庫收納要求踰倍太倉無三年之積而冗食日增京營無十萬之兵而赴工不已直臣得罪未見原言官舉職乃被詰律所當行者數經讞不誅罪無可辨者遽傳旨獲免干和召怨自非一端帝引咎褒答然不能用也大同兵變張璁請討之宏曰討而勝玉石俱焚不勝彼將據城守損威重多矣莫若觀變而徐圖之事果旋定宏爲人和易好推轂後進其於大禮不能強諫亦未嘗附離而是時席書張璁桂萼用事書弟檢討春故由他曹改用及武宗實錄成宏議出爲僉事書由是憾宏璁萼由郎署入翰林驟至詹事舉朝惡其人宏每示裁抑璁萼亦大怨帝嘗御平臺特賜御製七言一章命輯倡和詩集署其銜曰內閣掌參機務輔導首臣其見尊禮前此未有也璁萼滋害宏寵萼言詩文小技不足勞聖心且使宏得馮寵靈凌壓朝士帝置不省萼遂與璁毀宏於帝言宏納郎中陳九川所盜天方貢玉受尚書鄧璋賕謀起用并及其居鄉事宏上書乞休畧曰萼璁挾私怨臣屢矣不與經筵講官則怨不與修獻皇帝實錄則怨不爲兩京鄉試考官則怨不爲教習則又怨萼璁疑內閣事屬臣操縱抑知臣下采物望上稟聖裁非可專擅萼璁曰攘袂搤擊覬覦臣位臣安能與小人相齮齕祈賜骸骨不允及璁居兵部宏欲用新寧伯譚綸掌奮武營璁遂劾宏劫制府部無何又因宏子懋良坐罪下吏攻之益力復錄前後劾疏上之不得請則力求罷詆宏尤切章數上宏亦連疏乞休帝輒下優詔慰留然終不以譴璁萼於是奸人王邦奇承璁萼指上書汙故大學士廷和等并誣宏宏竟致仕去時六年二月也十月璁遂以尚書大學士入直內閣閱一歲萼亦入矣十四年萼既前死璁亦去位帝始追念宏四月再遣行人卽家起官如故七月至京師使中使勞以上尊御饌面諭曰與卿別久卿康健無恙宜悉心輔導稱朕意宏頓首謝自是眷遇益厚偕李時召入無逸殿與周覽殿廬從容笑語移時始出賜銀章曰舊輔元臣數有咨問宏亦竭誠無隱承璁萼操切之後易以寬和朝士皆慕樂之未幾卒年六十有八帝嗟悼賻卹加等贈太保謚文憲宏三入內閣佐兩朝殆十年中遭讒搆訖以功名終其自少保入也弟寀爲贊善從子懋中由進士及第爲編修宏長子懋賢方改庶吉士父子兄弟並列禁近寀官至少保禮部尚書謚文通懋中終湖廣提學副使懋賢歷兵部郎中宏世父瑄成化十一年進士弘治時爲兵部員外郎貴州巡撫謝昶總兵官吳經等奏爛土苗反僭稱王乞發大軍征討以兵部尚書馬文升請令瑄與御史鄧庠往按白苗無反狀撫定之劾昶經及鎭守中官張成罪還貴州參議以終

翟鑾字仲鳴其先諸城人曾祖爲錦衣衞校尉因家京師舉弘治十八年進士改庶吉士正德初授編修劉瑾改翰林於他曹以鑾爲刑部主事旋復官進侍讀嘉靖中累遷禮部右侍郎六年春廷推閣臣帝意在張孚敬弗與命再推乃及鑾中貴人多譽鑾者帝遂踰次用之楊一清以鑾望輕請用吳一鵬羅欽順帝不許命鑾以吏部左侍郎兼學士入直文淵閣尋賜銀章曰清謹學士鑾初入閣一清謝遷輔政旣而孚敬與桂萼入鑾皆謹事之孚敬萼皆以所賜銀章密封言事鑾獨無所言詰之則頓首謝曰陛下明聖臣將順不暇何獻替之有帝心愛之一清萼孚敬先後罷鑾留獨秉政者兩月其後李時方獻夫入位皆居鑾上鑾亦無所怫帝數召時鑾入見嘗問都察院擬籍谷大用貲産當乎時鑾皆北人與中貴合時曰所擬不中律鑾曰按律籍沒止三條謀反叛逆及奸黨耳不合三尺法何以信天下帝曰大用亂政先朝正奸黨也鑾曰陛下卽天也春生秋殺何所不可帝卒從重擬丁生母憂歸服闋久不召夏言顧鼎臣居政府鑾與謀召己會帝將南巡慮塞上有警議遣重臣巡視言等因薦鑾充行邊使十八年二月改兵部尚書兼右都御史諸邊文武將吏咸受節制且齎帑金五十萬犒邊軍東西往返三萬餘里明年春入京遂命以原官入閣在大同與總督毛伯溫議築長堡過甘肅與總督劉天和議拓嘉峪關皆受廕敘二十一年言罷鑾爲首輔時已加少保武英殿大學士進少傅謹身殿嚴嵩初入鑾以資地居其上權遠出嵩下而嵩終惡鑾不能容御史趙大佑劾鑾私同年吏部尚書許讚亦發鑾請屬私書帝皆不問會鑾子汝儉汝孝與其師崔奇勛所親焦清同舉二十三年進士嵩遂屬給事中王交王堯日劾其有弊帝怒下吏部都察院鑾疏辨引西苑入直自解帝益怒勒鑾父子奇勛清及分考官編修彭鳳歐陽瞋爲民而下主考少詹事江汝璧及鄉試主考諭德秦鳴夏贊善浦應麒詔獄並杖六十褫其官鑾初輔政有修潔聲中持服家居至困頓不能自給其用行邊起也諸邊文武大吏俱槖鞬郊迎恒恐不得當鑾意饋遺不貲事竣歸裝千輛用以遺貴近得再柄政聲譽頓衰又爲其子所累訖不復振踰三年卒年七十穆宗卽位復官謚文懿

李時字宗易任邱人父槃進士萊州知府時舉弘治十五年進士改庶吉士授編修正德中歷侍讀右諭德世宗嗣位爲講官尋遷侍讀學士嘉靖三年擢禮部右侍郎俄以憂歸服除爲戶部右侍郎復改禮部尋代方獻夫爲尚書帝既定尊親禮慨然有狹小前人之志欲裁定舊章成一朝制作張孚敬夏言用事咸好更張所建諸典禮咸他人發端而時傅會成之或廷議不合率具兩端待帝自擇終未嘗顯爭以故帝愛其恭順四方上嘉瑞輒拜疏請賀帝謙讓時必再請由是益以時爲忠賜銀章曰忠敏安愼俾密封言事久而失之請罪帝再賜焉十年七月四郊成加太子太保雷震午門彗星見

東井時請敕臣工修省令言官指陳利害興革帝以建言乃科道事責寢不行光祿寺廚役王福錦衣衞千戶陳昇請遷顯陵於天壽山時等力陳不可巡檢徐震奏於安陸建京師時等駁其非制遂議改州爲承天府其秋桂萼卒命時兼文淵閣大學士入參機務時張孚敬已罷翟鑾獨相時後入以宮保官尊反居鑾上兩人皆謙遜無齟齬帝御無逸殿召時坐講無逸篇鑾講豳風七月詩武定侯郭勛及九卿翰林俱入侍講畢帝退御豳風亭賜宴自是數召見諮謀政務明年春孚敬還內閣事取獨裁時不敢有所評議未幾方獻夫入與時亦相得彗星復出帝召見時等諭以引咎修省之意從容語及乏才時等退條上務安靜惜人才慎刑獄三事頗及大禮大獄廢斥諸臣帝優詔褒答之然卒不能用也給事中魏良弼御史馮恩先後劾吏部尚書汪鋐觸帝怒時皆爲論救十二年孚敬復入鑾以憂去獻夫致仕時隨孚敬後拱手唯諾而已以故孚敬安之孚敬謝政費宏再入未幾卒時遂獨相時素寬平至是益鎮以安靜帝亦恒召對便殿接膝咨詢時雖無大匡救而議論恒本忠厚廷論咸以時爲賢客星見天棓旁帝問所主事應對曰事應之說起漢京房未必皆合惟在人君修德以弭之帝稱善遏蹕謁陵道沙河帝見居民蕭索愴然曰七陵在此宜加守護時對曰昔邱濬建議京師當設四輔以臨清爲南昌平爲北薊州保定爲東西各屯兵一二萬今若於昌平增一總兵可南衞京師北護陵寢帝乃下廷臣勘議於沙河築鞏華城爲置戍焉屢加少傅太子太師吏部尚書華蓋殿大學士會夏言入輔時不與抗每事推讓言亦安之帝待時不如孚敬言然少責辱始終不替孚敬言亦不敢望也十七年十二月卒官贈太傅謚文康

顧鼎臣字九和崑山人弘治十八年進士第一授修撰正德初再遷左諭德嘉靖初直經筵進講范浚心箴敷陳剴切帝悅乃自爲註釋而鼎臣特受眷累官詹事給事中劉世揚李仁劾鼎臣汙佞帝下世揚等獄以鼎臣救得薄譴拜禮部右侍郎帝好長生術內殿設齋醮鼎臣進步虛詞七章且列上壇中應行事帝優詔褒答悉從之詞臣以青詞結主知由鼎臣倡也改吏部左侍郎掌詹事府請令曾子後授五經博士比三氏子孫從之大同軍變張孚敬主用兵鼎臣言不可帝嘉納十三年孟冬享廟命鼎臣及侍郎霍韜捧主二人有期功服當辭乃上言古禮諸侯絕期今公卿卽古諸侯請得毋避禮部尚書夏言極詆其非乃已尋進禮部尚書仍掌府事京師淫雨四方多水災鼎臣請振饑弭盜報可十七年八月以本官兼文淵閣大學士入參機務尋加少保太子太傅進武英殿初李時爲首輔夏言次之鼎臣又次之時卒言當國專甚鼎臣素柔媚不能有爲充位而已帝將南巡立皇太子命言扈行鼎臣輔太子監國御史蕭祥曜劾吏部侍郎張潮受鼎臣屬調刑部主事陸崑爲吏部潮言兵部主事馬承學侍鼎臣有聯自詭必得銓曹臣故抑承學而用崑帝下承學詔獄鼎臣不問十九年十月卒官年六十八贈太保謚文康鼎臣官侍從時憫東南賦役失均屢陳其弊帝爲飭撫按巡撫歐陽鐸釐定之崑山無城言於當事爲築城後倭亂起崑山獲全鄉人立祠祀焉

嚴訥字敏卿常熟人舉鄉試以主司試錄觸忌一榜皆不得會試嘉靖二十年成進士改庶吉士授編修遷侍讀三吳數中倭患歲復大祲民死徙幾半有司徵斂益急訥疏陳民困請蠲貸帝得疏感動報如其請尋與李春芳入直西苑撰青詞超受翰林學士歷太常少卿禮部左右侍郎改吏部皆兼學士仍直西苑所撰青詞皆稱旨禮部尚書郭朴還吏部遂以訥代之朴遭父喪復代爲吏部尚書嚴嵩當國吏道汙雜嵩敗朴典銓猶未能盡變訥雅意自飭徐階亦推心任之訥乃與朝士約有事白於朝房毋謁私邸愼擇曹郎務抑奔競振淹滯又以資格太拘人才不能盡做先朝三途並用法州縣吏政績異者破格超擢銓政一新尋錄供奉勞加太子太保四十四年袁煒罷命兼武英殿大學士入參機務以代者郭朴未至仍掌銓政帝齋居西苑侍臣直廬皆在苑中訥晨出理部事暮宿直廬供奉青詞小心謹畏至成疾久不愈其年冬十一月遂乞歸踰年世宗崩遂不復出訥既歸里父母皆在晨夕潔餐孝養人以爲榮訥嘗語人曰銓臣與輔臣必同心乃有濟吾掌銓二年適華亭當國事無阻且所任選郎賢舉無失人華亭謂徐階選郎則陸光祖也家居二十年卒年七十有四贈少保謚文靖

袁煒字懋中慈谿人嘉靖十七年會試第一殿試第三授編修煒性行不羈爲御史包孝所劾帝宥不罪進侍讀久之簡直西苑撰青詞最稱旨三十五年閣臣推修撰全元立掌南京翰林院帝特用煒煒疏辭願以故官供奉帝大喜立擢煒侍講學士甫兩月手詔拜禮部右侍郎明年加太子賓客兼學士賜一品服三十九年復以供奉恩加俸二等俄進左侍郎明年二月調吏部兼官供奉如故踰月還禮部尚書加太子少保仍命入直煒自供奉以後六年中進宮保尚書前未有也先是二月朔日食微陰煒言不當救護禮部尚書吳山不從得譴去帝聞煒言善之遂以代山及七月朔又日食曆官言食止一分五杪例免救護煒乃阿帝意上疏言陛下以父事天以兄事日羣陰退伏萬象輝華是以太陽晶明氛祲銷爍食止一分與不食同臣等不勝欣忭疏入帝益喜其冬遂命以戶部尚書兼武英殿大學士入閣典機務累加少傅兼太子太傅建極殿大學士四十四年春疾篤請假歸道卒年五十八贈少師謚文榮煒才思敏捷帝中夜出片紙命撰青詞舉筆立成遇中外獻瑞輒極詞頌美帝畜一猫死命儒臣撰詞以醮煒詞有化獅作龍語帝大喜悅其詭詞媚上多類此以故帝急枋用之恩賜稠疊他人莫敢望自嘉靖中年帝專事焚修詞臣率供奉青詞工者立超擢卒至入閣時謂李春芳嚴訥郭朴及煒爲青詞宰相而煒貴倨鮮澳故出徐階門直以氣凌之與階同總裁承天大志諸學士呈稿煒竄改殆盡不以讓階諸學士不平階第曰任之而已其後煒死階亦盡竄改之煒自負能文見他人所作稍不當意輒肆詆誚館閣士出其門者斥辱尤不堪以故人皆畏而惡之

李春芳字子實揚州興化人嘉靖二十六年舉進士第一除修撰簡入西苑撰青詞大被帝眷與侍讀嚴訥超擢翰林學士尋遷太常少卿拜禮部右侍郎俱兼學士直西苑如故佐理部事進左侍郎轉吏部代訥爲禮部尚書時宗室蕃衍歲祿苦不繼春芳考故事爲書上之諸吉凶大禮及歲時給賜皆嚴爲之制帝嘉之賜名宗藩條例尋加太子太保四十四年命兼武英殿大學士與訥並參機務世宗眷侍直諸臣厚凡遷除皆出特旨春芳自學士至柄政凡六遷未嘗一由廷推春芳恭愼不以勢凌人居政府持論平不事操切時人比之李時其才力不及也而廉潔過之時徐階爲首輔得君甚春芳每事必推階階亦雅重之隆慶元年春有詔修翔鳳樓春芳曰上新卽位而遽興土木可乎事遂止齊康之劾徐階也語侵春芳春芳疏辨求去帝慰留之及代階爲首輔益務以安靜稱帝意時同列者陳以勤張居正以勤端謹而居正恃才凌物視春芳蔑如也始階以人言罷春芳歎曰徐公尚爾我安能久容旦夕乞身耳居正遽曰如此庶保令名春芳愕然三疏乞休帝不允既而趙貞吉入代以勤剛而負氣及高拱再入直凌春芳出其上春芳不能與爭謹自飭而已俺答款塞求封春芳借拱居正卽帝前決之會貞吉爲拱逐拱益張修階故怨春芳嘗從容爲階解拱益不悅時春芳已累加少師兼太子太師進吏部尚書改中極殿度拱輩終不容已兩疏請歸養不允南京給事中王禎希拱意疏詆之春芳求去益力賜敕乘傳遣官護行有司給夫廩如故事閱一歲拱復爲居正所擠幾不免而春芳歸父母尚無恙晨夕置酒食爲樂鄉里豔之父母歿數年乃卒年七十五贈太師謚文定孫思誠天啟六年官禮部尚書尋罷崇禎初坐頌璫削籍思誠孫清字映碧崇禎四年進士由寧波推官擢刑科給事中熊文燦撫張獻忠清論其失策以久旱請寬刑忤旨貶浙江按察司照磨未赴憂歸起吏科給事中俄出封淮府國變得不與福王時請追謚開國名臣及武熹兩朝忠諫諸臣於是李善長等十四人陸震等十四人左光斗等九人並得謚春芳曾孫信廣東平和知縣城破與二子泓遠淑遠同時死

陳以勤字逸甫南充人嘉靖二十年進士選庶吉士授檢討久之充裕王講官遷修撰進洗馬時東宮位號未定羣小多搆釁世宗於父子素薄王歲時不得燕見常祿外例有給賜王亦不敢請積三歲邸中窘甚王左右以千金賄嚴世蕃世蕃喜以屬戶部得并給三歲賚然世蕃常自疑一日屏人語以勤及高拱曰聞殿下近有惑志謂家大人何拱故爲謔語以勤正色曰國本默定久矣生而命名從后從土首出九域此君意也故事諸王講官止用檢討今兼用編修獨異他邸此相意也殿下每謂首輔社稷臣君安從受此言世蕃默然去裕邸乃安爲講官九年有羽翼功而深自晦匿王嘗書忠貞二字賜之父喪除還爲侍讀學士掌翰林院進太常卿領國子監擢禮部右侍郎尋轉左改吏部掌詹事府穆宗卽位以勤自以潛邸舊臣條上謹始十事曰定志保位畏天法祖愛民崇儉攬權用人接下聽言其言攬權聽言尤切詔嘉其忠懇隆慶元年春擢禮部尚書兼文淵閣大學士入參機務累加少傅兼太子太傅改武英殿穆宗朝講希御政無所裁決近侍多緣內降得厚恩以勤請勵精修政帝心動欲有所舉措卒爲內侍所阻疏亦留中四年條上時務因循之弊請愼擢用酌久任治贓吏廣用人練民兵重農穀帝嘉之下所司議高拱掌吏部惡所言侵己職寢其奏惟都察院議行贓吏一事而已初以勤之入閣也徐階爲首輔而拱方嚮用朝

士各有所附交相攻以勤中立無所比亦無私人竟階與拱去無嘗及之者及拱再入與趙貞吉相軋張居正復中搆之以勤與拱舊僚貞吉其鄉人而居正則所舉士也度不能爲解恐終不爲諸人所容力引疾求罷遂進兼太子太師吏部尚書賜敕馳傳歸詔其子編修于陛侍行後二年拱被逐倉皇出國門歎曰南充哲人也以勤歸十年年七十復頒上方銀幣命于陛馳歸賜之且敕有司存問又六年卒贈太保諡文端于陛別有傳

趙貞吉字孟靜內江人六歲日誦書一卷及長以博洽名最善王守仁學舉嘉靖十四年進士選庶吉士授編修時方士初進用貞吉請求眞儒贊大業執政不懌因請急歸還朝遷中允掌司業事俺答薄都城謾書求貢詔百官廷議貞吉奮袖大言曰城下之盟春秋恥之旣許貢則必入城倘要索無已奈何徐階曰君必有良策貞吉曰爲今之計請至尊速御正殿下詔引咎錄周尚文功以勵邊帥出沈束於獄以開言路輕損軍之令重賞功之格遣官宣諭諸將監督力戰退敵易易耳時帝遣中使瞯廷臣日中莫發一語聞貞吉言心壯之諭嚴嵩曰貞吉言是第不當及周尚文沈束事耳召入左順門令手疏便宜立擢左諭德兼監察御史奉敕宣諭諸軍給白金五萬兩聽隨宜勞賞初貞吉廷議罷盛氣謁嵩嵩辭不見貞吉怒叱門者適趙文華至貞吉復叱之嵩大恨及撰敕不令督戰以輕其權且不與一卒護行時敵騎充斥貞吉馳入諸將營散金犒士宣諭德意明日卽復命帝大怒謂貞吉漫無區畫徒爲尚文東游說下之詔獄杖於廷謫荔波典史稍遷徽州通判進南京吏部主事四十年遷至戶部右侍郎廷議遣大臣赴薊州督餉練兵嵩欲用貞吉召飲示之意貞吉曰督餉者督京運乎民運乎若二運已有職掌添官徒增擾耳況兵之不練其過宜不在是卽十戶侍出何益練兵嵩怫然罷會嵩請告吏部用倉場侍郎林應亮比嵩出益怒令都給事中張益劾應亮調之南京而改用僉都御史霍冀益又言督餉戶部專職令貞吉與左侍郎劉大賓廷推不及是不職也宜罷於是二人皆奪官隆慶初起禮部左侍郎掌詹事府穆宗幸太學祭酒胡杰適論罷以貞吉攝事講大禹謨稱旨命充日講官貞吉年踰六十而議論侃直進止有儀帝深注意焉尋遷南京禮部尚書旣行帝念之仍留直講三年秋命兼文淵閣大學士參預機務貞吉入謝奏朝綱邊務一切廢弛臣欲捐軀任事惟陛下主之帝益喜會寇入大同總兵官趙岢失事總督陳其學反以捷聞爲御史燕如宦所發貞吉欲置重罰兵部尚書霍冀僅議貶秩貞吉與同官爭不得因上言邊帥失律祖宗法具在今當事者屈法徇人如公論何臣老矣效忠無術乞賜罷不許俄加太子太保貞吉以先朝禁軍列三大營營各有帥今以一人總三營權重難制因極言其弊請分五營各統以大將稍復祖宗之舊帝善之命兵部會廷臣議尚書霍冀前與貞吉議不合頗不然其言廷臣亦多謂強兵在擇將不在變法冀等乃上議三大營宜如故惟以一人爲總督權太重宜三營各設一大將而罷總督以文臣爲總理報可初給事中楊鎔劾冀貪庸帝已留冀冀以鎔貞吉鄉人疑出貞吉意疏辨乞罷且詆貞吉貞吉亦疏辨求去詔留貞吉褫冀官其後營制屢更未踰年卽復其舊貞吉亦不能爭也俺答欵塞求封貞吉力贊其議先是高拱再入閣卽掌吏部貞吉言於李春芳亦得掌都察院拱以私憾欲考察科道貞吉與同事上言頃因御史葉夢熊言事忤旨陛下嚴諭考覈言官并及陞任在籍者應考近二百人其中豈無懷忠報主謇諤敢言之士今一以放肆奸邪罪之竊恐所司奉行過當忠邪不分致塞言路沮士氣非國家福也帝不從拱以貞吉得其情憾甚及考察拱欲去貞吉所厚者貞吉亦持拱所厚以解於是斥者二十七人而拱所惡者咸與拱猶以爲憾也嗾門生給事中韓楫劾貞吉庸橫考察時有私貞吉疏辨乞休且言臣自掌院務僅以考察一事與拱相左其他壞亂選法縱肆作奸昭然耳目者臣噤口不能一言有負任使臣眞庸臣也若拱者斯可謂橫也已臣放歸之後幸仍還拱內閣毋令久專大權廣樹衆黨疏入竟允貞吉去而拱握吏部權如故貞吉學博才高然好剛使氣動與物迕九列大臣或名呼之人亦以是多怨高拱張居正名輩出貞吉後而進用居先咸負才好勝不相下竟齟齬而去萬曆十年卒贈少保諡文肅

殷士儋字正甫歷城人嘉靖二十六年進士選庶吉士授檢討久之充裕王講官凡關君德治道輒危言激論王爲動色遷右贊善進洗馬直論如故隆慶元年擢侍讀學士掌翰林院事進禮部右侍郎未幾改吏部明年春拜禮部尚書掌詹事府事其冬還理部事四年正月朔望日月俱食士儋疏請布德緩刑納諫節用飭內外臣工講求民瘼報聞以舊恩進太子太保時寒暑皆罷講士儋請如故事四時無輟并進講祖訓及大學衍義貞觀政要帝嘉納之始世宗定宗藩條例親王無後以兄弟及兄弟之子嗣不得以旁繼嘉靖末肅懷王薨無子其大母定王妃請以輔國將軍縉熿嗣禮部議縉熿實懷王從叔不可承祧詔許以將軍攝府事及帝卽位王妃復請前尚書高儀執不可縉熿重賄中官屬宗人爲奏祈必得士儋持之甚力帝以肅藩越在遠塞不王無以鎭之遂許縉熿嗣士儋爭曰肅府自甘州徙蘭州實內地且請別選郡王賢者理府事毋遂私請壞條例而帝意堅不可奪士儋乃請封爲郡王諸宗率以此令從事帝終不許故事郊畢舉慶成宴自世宗倦勤典禮久廢帝卽位三載猶未舉行士儋始考定舊儀行之十一月命以本官兼文淵閣大學士入閣辦事俄俺答封事成進少保改武英殿始士儋與陳以勤高拱張居正並爲裕邸僚三人皆柄用士儋仍尚書不能無望拱素善張四維欲引共政而惡士儋不親己不爲援士儋遂藉太監陳洪力取中旨入閣以故怨拱及四維四維父擅鹽利爲御史郜永春所劾事已解他御史復及之拱四維疑出士儋指益相搆御史趙應龍遂劾士儋進由陳洪不可以忝大政士儋再辨求去不允而拱門生都給事中韓楫復揚言脅之士儋亦疑出拱指故事給事中朔望當入閣會揖士儋面詰楫曰聞君有憾於我憾自可耳毋爲他人使拱曰非體也士儋勃然起詬拱曰若逐陳公逐趙公復逐李公今又爲四維逐我若能常有此座耶奮臂欲毆之居正從旁解亦誶而對御史侯居艮復劾士儋始進不正求退不勇士儋再疏請益力乃賜道里費乘傳歸有司給廩隸如故事家居十一年卒時居正垂沒四維爲政怨士儋贈太保諡文通久之改諡文莊

高儀字子象錢塘人嘉靖二十年進士選庶吉士授編修歷侍講學士掌南京翰林院召爲太常卿掌國子監事擢禮部右侍郎改吏部教習庶吉士四十五年代高拱爲禮部尚書穆宗卽位諸大典禮皆儀所酌定世宗遺命郊社及祔享祔葬諸禮悉稽祖制更定儀乃會廷臣議天地分祀不必改旣祭先農不當復祈穀西苑帝社帝稷睿宗明堂配天與玉芝宮專祀當廢孝潔皇后當祔廟別祀孝烈於他所帝皆報可旣而中官李芳復請天地合祀如洪武制御史張檟請易皇極諸殿名盡復其舊儀皆持不可帝踐阼四月未召對大臣儀屢請隆慶二年正月饗太廟帝將遣代儀偕僚屬諫閣臣亦以爲言乃親祀如禮慶府輔國將軍縉熿請襲王爵儀執不從太子生七齡儀疏請出閣帝命待十齡行之詔取光祿銀二十萬兩儀力爭初世宗崇道教太常多濫員儀奏汰四十八人寺卿陳慶奏供事乏缺儀堅持不可掌禮部四年每歲暮類奏四方災異遇事秉禮循法居職甚稱引疾章六上卒見留會御史傅寵以先帝時撰文叩壇事劾儀儀四疏求去乃加太子少保馳傳歸歸二年用高拱薦命以故官侍東宮講讀掌詹事府六年四月詔兼文淵閣大學士入閣辦事踰月帝崩預顧命及拱爲張居正所逐儀已病太息而已未幾卒贈太子太保諡文端儀性簡靜寡嗜慾室無妾媵舊廬燬於火終身假館於人及沒幾無以殮

贊曰費宏等皆起家文學致位宰相宏卻錢寧拒宸濠忤張桂再蹶再起終亦無損清譽李時翟鑾皆負才望而鑾晚節不振貞吉負氣自高然處傾軋之勢卽委蛇庸得免乎顧鼎臣等雍容廊堂可謂極遭逢之盛而陳以勤誠心輔導獻納良多後賢濟美繼登相位終明之世稱韋平者數以勤父子天之報之何其厚哉

明史卷一百九十四　列傳第八十二

總裁官總理事務經筵講官少保兼太子太保保和殿大學士兼管吏部戶部尚書事加六級張廷玉等奉敕修

喬宇　孫交子元
林俊子達張黻　金獻民
秦金孫柱　趙璜
鄒文盛　梁材
劉麟　蔣瑤
王廷相

喬宇字希大山西樂平人祖毅工部左侍郎父鳳職方郎中皆以清節顯宇登成化二十年進士授禮部主事弘治初王恕爲吏部調之文選三遷至郎中門無私謁擢太常少卿武宗嗣位遣祀中鎭西海還朝條上道中所見軍民困苦六事已遷光祿卿歷戶部左右侍郎劉瑾敗大臣多以黨附見劾宇獨無所染拜南京禮部尚書乾清宮災率同列言視朝不勤經筵久輟國本未建義子猥多番僧處禁寺優伶侍起居立皇店留邊兵習戰鬭土木繁興織造不息凡十事帝不省久之改兵部參贊機務以帝遠遊塞上而監國無人請早建儲貳帝將自擊寇宇復率同列諫皆不報未幾寧王宸濠反揚

言旦夕下南京宇嚴爲警備而談笑自如時攜客燕城外密察地險易置戍守綜理周密內外宴然指揮楊銳有才畧署爲安慶守備鎭守中官劉瑯與濠通爲預伏死士宇刺得其情詰瑯用事者瑯懼不敢動宇乃大索城中斬所伏壯士三百人懸首江上宸濠失內應且知有備不敢東攻安慶銳固守不得下未幾敗帝至南京詔百官戎服朝明年正旦宇不可率諸臣朝服賀江彬索城門諸鑰都督府問宇宇曰守備者所以謹非常禁門鎖鑰孰敢索亦孰敢予雖天子詔不可得都督府以宇言復乃已彬矯旨有所求日數十至宇必廷白之彬亦稍稍止彬欲譖去宇守備太監王偉者初爲帝伴讀帝信之每從中調護故彬謀不行帝駐南京九月宇倡諸臣三請回鑾又自伏闕請駕旋蹕至揚州明年加太子太保論保障功復加少保世宗卽位召爲吏部尚書宇自爲選郎有人倫鑒及是銓政一清帝求治銳甚宇與林俊彭澤孫交皆海內重望帝亦委任之凡爲權倖所黜者皆起列庶位天下欣欣望治帝性剛好自用宇所執漸不見聽興府需次官六十三人乞遷敘宇言此輩虛隸名籍與見供事者不同黜罰之有差皆怨宇帝欲封駙馬都尉崔元爲侯外戚蔣輪邵喜爲伯宇不可無何詔進壽寧侯張鶴齡爲公封后父陳萬言爲伯授萬言子紹祖尚寶丞宇言累朝太后戚屬無生封公者張巒亦歿後贈今柰何以父贈爲子封萬言封伯視巒更驟而子授尚寶非制願陛下守典章以垂萬世帝並不從史道訐楊廷和宇言道挾私遂下之詔獄曹嘉助道劾宇宇求罷帝命鴻臚趣視事宇遇事不可無不力爭而爭大禮尤切帝欲加興獻帝皇號宇言加皇於本生之親則干正統非所以重宗廟正名分及禮官請稱獻帝爲本生考帝改稱本生皇考又詔建獻帝廟於大內宇等復連章諫特旨用席書爲禮部尚書宇又偕九卿言陛下罷汪俊用席書謫馬明衡季本陳逅召張璁桂萼霍韜舉措乖違人心駭愕夫以一二人邪說廢天下萬世公議內離骨肉外間君臣名爲効忠實累聖德且書不繇廷推特出內降此祖宗來所未有乞令俊與書各仍舊職宥明衡等止璁萼毋召壽復請罷璁萼書而出爭大禮者呂柟鄒守益於獄會璁萼至京詔皆用爲學士宇等又言內降恩澤先朝率施於佞倖小人若士大夫一預其間卽不爲清議所齒況學士最清華而俾萼等居之誰復肯與同列哉帝怒切責宇遂乞休許之馳傳給夫廩猶如故事御史許中劉隅等請留宇帝曰朕非不用宇宇自以疾求去耳後明倫大典成追論前議奪官楊一清卒宇渡江弔之南都父老皆出迎皐手加額曰活我者公也宇幼從父京師學於楊一清成進士後復從李東陽遊詩文雄儁兼通篆籀性好山水嘗陟太華絕頂遇虎僕夫皆驚仆宇端坐不動虎徐帖尾去家居澹泊服御若寒士身歿二妾劉許皆從死穆宗卽位復官贈少傅謚莊簡

孫交字志同安陸人成化十七年進士授南京兵部主事爲尚書王恕所知弘治初恕入吏部薦授稽勳員外郎歷文選郎中居吏部十四年於善類多所推引遷太常少卿提督四夷館大同有警命經畧黃花鎭諸邊增垣塹廣樹藝制敵騎馳突永樂時歲遣隆慶諸衞軍採薪炭其後罷之令歲輸銀二萬兩軍重困交奏免之正德初擢光祿卿三年進戶部右侍郎提督倉場改吏部尚書張綵附劉瑾交數規切綵怒調之南京瑾敗召拜戶部尚書時征討流寇調度煩急仍歲凶正賦不足交區畫適宜四方告饑輒請蠲租遣振以故民不至甚敝而小人用事者皆不便之帝欲以太平倉賜倖臣裴德雲南鎭守中官張倫請採銀礦南京織造中官吳經奏費乏交皆力爭八年五月中旨與禮部尚書傅珪並致仕言官多請留不報世宗在潛邸知交名甫卽位召復故官首請帝日讀祖訓言動悉取準則經筵日講寒暑勿輟帝褒納焉或議遷顯陵天壽山交言山陵事重太祖欲遷仁祖於鍾山慮泄靈氣而止具載皇陵碑事乃止武宗倖汰之後庫藏殫虛交裁冗食定經制宿弊爲清然事涉中官者帝亦不能盡從也嘗會廷臣議發內帑給軍廩官俸已報可爲中官梁謙等所沮交言宮府異同令出復反非新政所宜不聽中官監督倉場者初止數人正德中增至五十五人以交言罷撤過半其後復漸增帝已罷三十七人交欲盡去之並臨清徐淮諸倉一切勿遣帝令自今毋更加而已守珠池中官詔毋得預守土事而安川賚緣復故交劾川命如前詔正德中上林苑內臣至九十九人侵奪公私地無算帝卽位命留十八人如弘治時已復傳奉至六十二人交乞汰如初且盡歸侵奪地報許又論御馬監內臣宜如祖制毋監收芻豆並令戶部通知馬數杜其侵耗不從錦衣百戶張瑾率校尉支俸通倉橫取狼籍主事羅洪載欲按之瑾紿請受杖奏洪載擅笞禁衞官帝怒逮下詔獄讁外交與林俊喬宇先後論救不納御馬監閻洪乞外豹房地交言先帝以豹房故貽禍無窮洪等欲修復以開游徼之端非臣等所敢聞詔以地十頃給豹房餘令百戶趙愷等佃如故奉詔上各宮莊田數視舊籍不同帝詰其故交言舊籍多以奏請投獻數多妄報也新籍少以奉命清核田多除豁也帝意稍解令考成弘間籍以聞交年已七十連章乞罷帝輒慰留遣醫視療請益力乃許之手詔加太子太保馳驛令子編修元侍行有司時存問給食米輿隸復賜道里費卒年八十謚榮僖交言論恂恂不以勢位驕人清愼恬愨終始一致初在南京僚友以事簡多暇相率談諧飲奕爲樂交默處一室讀書不輟或以爲言交曰對聖賢語不愈於賓客妻妾乎興獻王素愛重交嘗割陽春臺東偏地益其宅後中官言孫尚書侵地世宗曰此先皇所賜吾敢奪耶元進士終四川副使謹厚有父風

林俊字待用莆田人成化十四年進士除刑部主事進員外郎性侃直不隨俗浮湛事涉權貴尚書林聰輒屬俊治之上疏請斬妖僧繼曉並罪中貴梁芳帝大怒下詔獄考訊後府經歷張黻救之並下獄太監懷恩力救俊得謫姚州判官黻師宗知州時言路久塞兩人直聲震都下爲之語曰御史在刑曹黃門出後府尋以正月朔星變帝感悟復俊官改南京弘治元年用薦擢雲南副使鶴慶元化寺稱有活佛歲時集士女萬人爭以金塗其面俊命焚之得金悉以償民逋又毀淫祠三百六十區皆撤其材修學宮千崖土舍刀怕愈欲奪從子宣撫官封其印數年俊檄諭之遂歸印進按察使五年調湖廣以雨雪災異上疏陳時政得失又言德安安陸建王府及增修吉府工役浩繁財費鉅萬民不堪命乞循寧襄德府故事一切省儉勿用琉璃及白石雕闌請著爲例不從九年引疾不待報徑歸久之薦起廣東右布政使不拜起南京右僉都御史督操江十四年正月朔陝西山西地震水涌疏述古宮闈外戚內侍柄臣之禍乞罷齋醮減織造清役占汰冗員止工作省供應節賞賜戒逸欲遠佞幸親賢人又請豫教皇儲因薦侍郎謝鐸少卿儲瓘楊廉致仕副使曹時中處士劉閔堪輔導報聞已屢疏乞休薦時中自代不許江西新昌民王武爲盜巡撫韓邦問不能靖命俊巡視身入武巢武請自効悉禽賊黨詔卽以俊代邦問俊引朱熹代唐仲友包拯代宋祁事力辭不允乃更定要約庶務一新王府徵歲祿率倍取於民以俊言大減省寧王宸濠貪暴俊屢裁抑之王請易琉璃瓦費二萬俊言宜如舊毋涉叔段京鄙之求吳王几杖之賜王怒伺其過無所得會俊以聖節按部遂劾奏之停俸三月尋以母憂歸武宗卽位言官交薦江西人在朝者合疏乞還俊乃進右副都御史再撫江西遭父憂不果正德四年起撫四川眉州人劉烈倡亂敗而逃諸不逞假其名剽掠俊繪形捕莫能得會保寧賊藍廷瑞鄢本恕廖惠等繼起勢益張轉寇巴州猝遇之華壟單輿抵其營譬曉利害賊羅拜約降俓雨失期復叛去攻陷通江俊擊敗之龍灘河遣知府張敏等追敗之門鎭子遂禽廖惠而廷瑞奔陝西西鄉越漢中三十六盤至大巴山官軍追及復大破之遂移師擊瀘州賊曹甫且遣人招諭甫佯聽令使弟琯刦如故指揮李蔭斬琯首賊遂移江津分七營將攻重慶俊發酉陽播州土兵助蔭以元日掩破其四營賊遁入民家焚之盡斃乘勝擣老營指揮汪洋等中伏死蔭復進去賊十五里甫以數十騎出遇蔭兵敗走官軍乘勝進圍之俘及焚死者二千有奇已本恕廷瑞爲永順土舍彭世麟所禽俊論功進右都御史甫黨方四亡命思南復攻南川綦江以窺瀘州俊益發土兵令副使何珊李鉞等敗之去捷聞璽書獎勵俊在軍與總督洪鍾議多左中貴子弟欲冒從軍功輒禁止御史俞緇走避賊而僉事吳景戰歿緇懟欲委罪俊遂劾俊累報首功賊終不減加鑿井毀寺逐僧徒迫爲賊於是俊前後被切責比方四敗賊且盡俊辭加秩及賞乞以舊職歸田詔不許辭秩聽其致仕言官交請留不報俊歸士民號哭追送時正德六年十一月也世宗卽位起工部尚書改刑部在道數引疾不許因請帝親近儒臣正其心以出號令用渾樸爲天下先初詔所革無遷就以廢公議旣抵京師會暑月經筵輟講舉祖宗勤學故事以諫俊時年已七十寓止朝房示無久居意數爲帝言親大臣勤聖學辨異端節財用朝有大政必侃侃陳論中外想望其風采中官葛景等奸利事覺爲言官所糾詔下司禮監察訊俊言內臣犯法法司不得訊是宮府異體也乞下法司公訊以昭平明之治都督劉暉下獄俊當以交結朋黨律言與許泰同罪請斬以謝天下廖鵬廖鑾齊佐王瓛論死屢詔緩刑俊乞亟行誅又劾谷大用占民田萬餘頃皆不聽中官崔文家人李陽鳳索匠師宋鈺賄不獲嗾文杖之幾死下刑部治未決而中旨移鎭撫司俊留不遣力爭不納明日又奏帝怒責陳狀俊言祖宗以刑獄付法司以緝獲奸盜付鎭撫訊鞫旣得猶必付法司擬罪未有奪取未定之囚反付推問者文先朝漏奸罪不容誅茲復干內降臣不忍朝廷百五十年紀綱

爲此輩壞亂帝憚其言直乃不問俊以耆德起田間持正不避嫌既屢見格遂乞致仕詔加太子太保給驛賜隸廩如制俊數爭大禮與楊廷和合嘗上言推尊所生有不容已之情有不可易之禮因輯堯舜至宋理宗事凡十條以上及大禮議定得罪者或杖死四年秋俊從病中上書言古者鞭撲之刑辱之而已非欲糜爛其體膚而致之死也又非所以加於士大夫也成化時臣及見廷杖二三臣率容厚棉底衣重氈疊裹然且沉卧久乃得痊正德朝逆瑾竊權始令去衣致末年多杖死臣又見成化弘治時惟叛逆妖言刼盜下詔獄始命打問他犯但言送問而已今一槩打問亦非故事自去歲舊臣斥逐殆盡朝署爲空乞聖明留念既去者禮致未去者慰留碩德重望如羅欽順王守仁呂柟魯鐸輩宜列置左右臣衰病待盡無復他望敢效古人遺表之意敬布犬馬之心帝但下所司而已又明年疾革復上書請懋學隆孝任賢納諫保躬導和且預辭身後卹典遂卒年七十六後一年明倫大典成追論俊附和廷和削其官其子達以士禮葬之俊歷事四朝抗辭敢諫以禮進退始終一節隆慶初復官贈少保謚貞肅達正德九年進士官至南京吏部郎中工篆籀能古文張皾吉水人成化八年進士歷知涪州宿州介特不避權貴弘治中俊蒙顯擢而皾老不用王恕爲之請特予誥命

金獻民字舜舉綿州人成化二十年進士除行人弘治初選授御史按雲南順天並著風裁出爲天津副使歷湖廣按察使正德初劉瑾亂政追坐獻民勘天津地不實與巡撫柳應辰等械繫詔獄斥爲民未幾又坐湖廣事再下獄罰贖歸踰年又以瀏陽民劉道隆獄讞不實罰米輸塞下瑾誅起貴州按察使擢僉都御史巡撫延綏歷南京刑部尚書世宗即位召爲左都御史李鳳陽下刑部程貴下都察院皆改詔獄獻民力爭已還刑部尚書執奏奸黨王欽王銓不宜貸死皆不納尋代彭澤爲兵部尚書五星聚營室其占主兵獻民因請敕天下鎭巡官預守戰之備且請用賢納諫罷土木屏玩好帝頗采納獻民性伉直有執持帝或不能從卒無所徇帝初即位盡斥先朝傳奉官已太監邱福潘傑等死詔官其弟姪錦衣及司禮太監張欽死以家人李賢承廕賢死復欲官其子儒獻民先後執奏帝皆不從土魯番速檀滿速兒寇肅州命獻民兼右都御史總制陝西四鎭軍務比至蘭州巡撫陳九疇已破敵獻民再以捷聞還京仍理部事論功廕錦衣世百戶錦衣百戶俞賢中官泰養子也以中旨管事諫官爭之獻民言祖宗有舊制孝廟有禁例陛下登極有明詔賢無公家庸又非泰子姓猥以厮養竊名器紊毀典章不可之大者宜納諫官言弗聽錦衣副千戶李全王邦奇等以冒濫汰去至是奏辨不已下部覆議獻民言全等足不履行陣而坐論首功身不隸公家而躐躋顯秩陛下登極汰去者三百餘人人心稱快萬一倖端再啓則前詔皆虛將來奏擾有何紀極帝竟授全等試百戶獻民復奏曰令出惟行勿惟反今以小人奏辨一旦復官九十餘人徇左右私壞祖宗法竊爲陛下惜之明旨不許貪緣管事而奔競已成風矣不許比例陳乞而奏擾已踵至矣誰生厲階至今爲梗望仍斥全等以息人言消天變言官任洛等亦以爲言不聽會寧夏總兵官种勛行賂京師偵事者獲其籍獻民名在焉給事蔡經御史高世魁等交章劾之獻民因引疾歸居二年邦奇訐前尚書彭澤詞連獻民逮下刑部獄法司劾獻民奉命專征未至其地掠功妄報失大臣體宜奪職閑住削其世廕詔可初大禮議起獻民數偕廷臣疏爭及左順門哭諫又與徐文華倡之帝由此不悅卒得罪隆慶初贈卹如制

秦金字國聲無錫人弘治六年進士授戶部主事歷郎中正德初遷河南提學副使改右參政守開封破趙鐩於陳橋歷山東左右布政使承寇躪後與巡撫趙璜共拊循瘡痍始起九年擢右副都御史巡撫湖廣諸王府所據山場湖蕩皆奏還之官降盜賀璋羅大洪復叛討平之郴州桂陽猺龔福全稱王金先後破砦八十餘斬首二千級禽福全及其黨劉福興等錄功增俸一級廕錦衣世百戶力辭得請入爲戶部右侍郎世宗即位改吏部言官論金無人倫鑑復改戶部轉左署部事外戚邵喜乞莊田金述祖制請按治帝宥喜命都察院禁如制中旨各宮仍置皇莊遣官校分督金言西漢盛時以苑囿賦貧民今奈何剝民以益上乞勘正德間額外侵占者悉歸其主而盡撤管莊之人帝稱善即從其議嘉靖二年擢南京禮部尚書率諸臣上疏曰陛下繼統以來昭德塞違勵精圖治動無過舉宜召天和而災眚頻告者何也詩曰靡不有初鮮克有終陛下登極一詔百度咸貞天下拭目望至治比來多與詔違百司罔遵萬民失仰此詔令不能如初也即位之初逐庸回任耆舊比內閣擬旨輒中改至疏請徒答溫語此任賢不能如初也即位之初聽言如流朝請暮報比來事涉戚畹宦寺雖九卿執奏科道交章皆日業經有旨此聽納不能如初也即位之初凡先朝傳陞乞陞等官一切釐革比來恩澤過濫封拜頻煩此愼名器不能如初也即位之初凡奸黨巨惡俱付三法司比來輒下鎭撫此謹國法不能如初也即位之初首命戶部減馬房糧芻之半且令科道官備覈馬數乃因太監閻洪等言遂寢前詔此恤民瘼不能如初也即位之初遣斥法王佛子國師禪師比來於禁地設齋醮此崇正道不能如初也即位之初精明充盛比來聖躬弗豫天顏未復此嗇精神不能如初也夫初政所以清明者政出公朝而左右不預也今政所以淆溷者政在左右而外廷不知也惟政不可一日不在朝廷惟權不可一日移於左右所謂政在朝廷者非必皆獨運也股肱有託耳目有寄即主威重於九鼎國勢安於泰山自古帝王制御天下操此術而已不則宮府之勢隔而信任有所偏婦寺之情親而聽受有所蔽名曰總攬而太阿之鐏實移於下矣章下禮部尚書汪俊力勸帝採納報聞尋就改兵部孫交去召爲戶部尚書帝欲考興獻帝金偕廷臣伏闕爭又與何孟春等條張璁建議之非及上聖母冊金及趙璜等復不至帝頻詰讓金爲人樂易及居官一以廉正自持在戶部尤孜孜爲國永福長公主乞寶坻武清地以金言頗減撫寧山海莊地賜魏國公徐達者達卒仍歸之官定國公光祚請之金執不可給事中黃重御史張珩等先後爭金等復以爲言始報許內府諸監局軍匠至數千人中官梁諫請下部採金玉珠石金皆執奏不聽奸人遂俊等乞兩淮鹽引三十萬帝許之金力爭不可積失帝旨六年春以考察自陳致仕馳驛給夫廩如制歸五年薦者不已乃起南京戶部疏陳利民六事尋召爲工部尚書加太子少保帝與張孚敬李時評諸大臣以金爲賢頗嫌其老居數月加太子太保改南京兵部踰歲致仕歸二十三年卒年七十八贈少保謚端敏孫柱以諸生授中書舍人大學士高拱得罪倉黃去京師門生皆避匿柱獨追送百里外吳中行疏論張居正奪情被杖下詔獄柱挾醫視湯藥遂忤居正還魯府審理尋假考察罷之

趙璜字廷實安福人少從父之官墜江中不死稍長行道上得遺金悉還其主登弘治三年進士授工部主事改兵部歷員外郎出爲濟南知府猾吏舞文積歲爲蠹璜擇愿民教之律令得通習者二十餘人逐吏而代之濮庶人牧場久籍於官募民佃德王府奏乞之璜勘還之民閱七年政績大著正德初擢順天府丞未上劉瑾惡璜坐巡撫朱欽事逮下詔獄除名瑾誅復職還右僉都御史巡撫宣府尋調山東河灘地數百里賦流民墾而除其租番僧乞徵以充齋糧帝許之璜力爭得免曲阜爲賊破闕里林廟在曠野璜請移縣就闕里從之擢工部右侍郎總理河道以邊警改理畿輔戎備事定命振順天諸府饑還佐部事世宗即位進左侍郎掌部事裁宦官賜塋費及御用監料價革內府酒醋麵局歲徵鐵輭價銀歲鉅萬嘉靖元年進尚書劉瑾創元明宮糜財數十萬瑾死奸人獻爲皇莊帝即位斥以予民既而中旨令仍舊璜言詔下數月而忽更示天下不信帝即報許會方修仁壽清寧宮費不繼璜因請與石景山諸房舍並斥賣以資用可無累民帝可之給事中徐景嵩等謂詔書許還民官不當自鬻劾璜璜疏辨幷發景嵩他事御史張鵬翰言璜摭言官無大臣誼帝責鵬翰黨庇景嵩竟斥其同官陳江亦以劾璜被責求去給事中章僑言璜一舉逐兩諫官甚損國體尚書彭澤復奏僑非是僑再辨帝兩解之詔營后父陳萬言第估工值六十萬璜持之萬言愬於帝下郎中員外二人詔獄璜言二臣無與乞罪臣帝不聽其後論救踵至萬言不自安再請貸二人獲釋工價亦大減三年顯陵司香內官言陵制狹小請改營視天壽山諸陵璜言陵制與山水相稱難槩同帝納其言已帝欲遷顯陵璜不可乃寢詔建玉德殿景福安喜二宮璜請俟仁壽宮成徐議其事帝不許頃之以災異申前請帝始從之并罷仁壽役江西建眞人府陝西督織造皆遣中使璜皆疏爭營建世廟中官所派物料戶部多裁省帝以問璜璜言曩造乾清坤寧兩宮所積餘貲足移用帝遂報可璜爲尚書六年值帝初政銳意釐剔中官不敢撓故得舉其職後論執不已諸權倖嫉者衆帝意亦寖疏璜素與秦金齊名考察自陳與金俱致仕廷臣乞留不許馳驛給夫廩如故事璜有幹局多智慮事棼錯他人相顧愕眙璜立辦既去人爭薦之十一年召復故官未上卒贈太子太保謚莊靖

鄒文盛字時鳴公安人弘治六年進士除吏科給事中遼東巡撫韓重劾鎭守中官廖玨文盛偕郎中楊茂仁勘實其罪謫長陵司香朶顏三衞屢擾邊文盛還奏制馭六策尚書劉大夏深善之下之邊吏尋出覈兩廣糧儲思恩土官岑濬與田州岑猛搆兵文盛言田州廣西之藩蔽李蠻田州之干城參政武清受濬重賂以計殺蠻釀成禍亂制敕房供事參議岑業濬懿親爲彌縫於

中漏我機事請先誅二人而後行討業有內援帝不聽淸尋以考察罷正德初歷戶科都給事中出爲保定知府累遷福建左布政使十一年以右副都御史巡撫貴州淸平苗阿旁阿階阿革稱王巡撫曹祥調永順保靖土兵討之尋被劾罷阿旁等據香爐山與隆偏橋平越新添龍里諸衞咸被其患文盛至檄川湖兵協剿以貴州兵擣磤木砦禽阿革川湖兵至抵山下山壁立惟小徑五賊皆樹柵仰攻不能克乃製戰樓與崖齊乘夜雨附崖登拔柵焚廬舍賊奔後山據絕頂官軍乘閒梯籐木以上遂禽阿旁餘賊盡平移師討平龍頭都黎都藺都蓬密西大支馬羅諸砦黑苗先後斬降無算錄功增俸一等廕子錦衣世百戶力辭免芒部陳聰等爲亂討破之四川土舍重安馮綸與凱里楊弘有怨弘卒綸糾諸苗相讐殺侵軼貴州境文盛遣參議蔡潮詣播州督宣慰楊斌撫定之請復設安寧宣撫司以弘子襲而錄潮功尚書王瓊以專擅爲潮罪不敘頃之改蒞南京都察院世宗即位召爲戶部左右侍郎遷南京右都御史就改戶部尚書嘉靖六年戶部尚書秦金罷召文盛代之首疏鹽政錢法十一事文盛爲人廉謹踆踆若無能與孫交秦金趙璜咸稱長者歲餘以年至再疏乞歸卒贈太子少保謚莊簡

梁材字大用南京金吾右衞人弘治十二年進士授德淸知縣勤敏有異政正德初遷刑部主事改御史出爲嘉興知府調杭州田租例參差材爲酌輕重立畫一之法遷浙江右參政進按察使鎭守中官畢眞與宸濠通將舉城應之材與巡按張縉刼持眞奪其兵衞尋以憂去嘉靖初起補雲南土官相讐殺累年材召其酋曰汝罪當死今貰汝以牛羊贖御史訐其輕材曰如是足矣急之變生諸酋束甲待變聞無他迺止歷貴州廣東左右布政使吏民輸課令自操權衡吏不得預時天下布政使廉名最著者二人材與姚鏌也六年拜右副都御史巡撫江西甫兩月召爲刑部左侍郎尋改戶部遂代鄒文盛爲尚書自外僚登六卿不滿二載自以受恩深益盡職上言臣考去年所入止百三十萬兩而所出至二百四十萬加催徵不前邊費無節凶荒又多奏免國計安所辦詳求弊端一宗藩二武職三冗食四冗費五逋負乞集廷臣計畫條請於是宗藩武職各議上三事其他皆嚴爲節帝悉報可惟武職閒住者議停半俸帝不納經費大省國用亦充中官麥福請盡徵牧馬草場租材不可侍郎王軏淸勳戚莊田言宜量等級爲限材奏成周班祿有土田祿由田出非常祿外復有土田今勳戚祿已踰分而陳乞動千萬請申禁之自特賜外量存三之一以供祀事帝命並淸已賜者額外侵據悉還之民勢豪家乃不敢妄請乞畿輔屯田御史督理正統間易以僉事權輕屯政日弛材請仍用御史御史郭弘化言天下土田視國初減半宜通行淸丈材恐紛擾請但敕所司淸釐籍難稽者始履畝而丈帝悉可之母喪去服除起故官大同巡撫樊繼祖請益軍餉材言大同歲餉七十七萬有奇例外解發又累萬較昔已數倍日益月增太倉銀不足供一鎭無論九邊也繼祖數請不得議開事例下戶兵二部行之時修建兩宮七陵役京軍七萬郭勛請給月糧冬衣材言非故事如所請當歲費銀四十五萬且冬衣例取內庫非部事勛怒劾材悞公帝詰責材竟如勛奏勛復建言三事請開礦助工餘鹽盡輸邊漕卒得攜貨物材議不盡行勛益怒材初爲戶部値帝勤政力袪宿弊多見從及是屢忤權倖不得志乃乞改南爲給事中周珫所劾下吏部尚書許讚等請留之帝不悅令與材俱對狀材引罪得宥而讚等坐奪俸材由此失帝意考尚書六年滿遂令致仕初徽王守莊者與佃人訟材請革守莊者令有司納租於王報可王奏不便帝又從之材已去侍郎唐胄等執初詔帝大怒并責材令以右侍郎閒住而奪胄俸下郎官詔獄明年戶部尚書李廷相罷帝念材廉勤大臣亦多薦者乃召復故官加太子少保三掌國計砥節守公如一日帝眷亦甚厚其秋考察京官特命監之有大獄不能決又命兼掌刑部事帝歎曰尚書得如材者十二人吾無憂天下矣大工頻興役外衞班軍四萬六千人郭勛籍其不至者責輸銀雇役廩食視班軍廷相嘗量給之材堅持不予勛劾材帝命補給勛又以軍不足籍逃亡軍布棉折餉銀募工材言今京班軍四萬餘已足用不宜藉口耗國儲帝從其奏勛益怒劾材變亂舊章先是醮壇須龍涎香材不以時進帝銜之遂責材沽名誤事落職閒住歸旋卒年七十一隆慶初贈太子太保謚端肅當嘉靖中歲大臣或阿上取寵材獨不撓以是終不容自材去邊儲國用大窘世宗乃歎曰材在當不至此

劉麟字元瑞本安仁人世爲南京廣洋衞副千戶因家焉績學能文與顧璘徐禎卿稱江東三才子弘治九年成進士言官龐泮等下獄麟偕同年生陸崑抗疏救除刑部主事進員外郎錄囚畿內平反三百九十餘人正德初進郎中出爲紹興府知府劉瑾銜麟不謁謝甫五月撫前錄囚細故罷爲民士民醵金贖不受爲建小劉祠以配漢劉寵因寓湖州與吳琬施侃孫一元龍霓爲湖南五隱瑾誅起補西安遭父憂樂吳興山水奉父柩葬焉遂居湖州起陝西左參政督糧儲都御史鄧璋督師議加賦充餉麟力爭會陝民詣闕愬得寢尋遷雲南按察使謝病歸嘉靖初召拜太僕卿進右副都御史巡撫保定六府中官耿忠守備紫荆多縱麟劾奏之請捐天津三衞屯田課及出庫儲給河南三衞軍月餉徵逋課以償皆報可帝因論戶部中外軍餉未給者悉補給之再引疾歸起大理卿拜工部尚書侍衞軍不給衣履錦衣帥駱安援紅盔軍例以請麟執不可詔量給銀自製後五載一給爲常四司財物悉貯後堂大庫司官出納多侵漁麟請特除一郞官主之帝稱善因賜名節愼庫已上節財十四事汰內府諸監局冒破錢中貴大恨及顯陵工竣執役者咸覬官麟止擬賚羣小愈怨會帝納諫官言停中外雜派工役麟牒停浙江蘇松織造而上供袍服在停中中官吳勳以爲言遂勒麟致仕久之顯陵殿閣雨漏追論麟落職淸修直節當官不撓居工部爲朝廷惜財謹費僅踰年而罷居郊外南坦賦詩自娛守爲築一臺令爲搆堂始有息游之所家居三十餘年廷臣頻論薦晚好樓居力不能搆懸籃輿於梁曲臥其中名曰神樓文徵明繪圖遺之年八十七卒贈太子少保謚淸惠

蔣瑤字粹卿歸安人弘治十二年進士授行人正德時歷兩京御史陳時弊七事中言內府軍器局軍匠六千中官監督者二人今增至六十餘人人占軍匠三十他局稱是行伍安得不耗并言傳奉官及濫收校尉勇士並宜釐革劉瑾雖誅權猶在宦豎有旨詰問且言自今如瑤議者毋覆奏尋出爲荆州知府築黃潭隄調揚州武宗南巡至揚瑤供御取具而已無所贈遺諸嬖倖皆怒江彬欲奪富民居爲威武副將軍府瑤執不可彬閉瑤空舍挫辱之脅以帝所賜銅瓜不爲懾會帝漁獲一巨魚戲言直五百金彬即畀瑤責其直瑤懷其妻簪珥袿服以進曰庫無錢臣所有惟此帝笑而遣之府故有瓊花觀詔取瓊花瑤言自宋徽欽北狩此花已絕今無以獻又傳旨徵異物瑤具對非揚產帝曰苧白布亦非揚產耶瑤不得已爲獻五百疋當是時權倖以揚繁華要求無所不至微瑤民且重困駕旋瑤扈至寶應中官邱得用鐵絙繫瑤數日始釋竟扈至臨淸而返揚人見瑤無不感泣迨遷陝西參政爭出貲建祠祀之名曰此大震嘉靖初歷湖廣江西左右布政使以右副都御史巡撫河南帝命桂萼等覈巡撫官去留令瑤歸候調已累遷工部尚書四郊工竣加太子少保西苑宮殿成帝置宴見瑤與王時中席在外命移殿內而移皇親於殿右以讓瑤曰親親不如尊賢其重瑤如此時土木繁興歲費數百萬計瑤規畫咸稱帝意數有賚子以憂去久之自南京工部尚書召改北部帝幸承天瑤扈從京師營建率役京軍多爲豪家占匿至是大工頻仍歲募民充役費二百餘萬瑤以爲言因請停不急者豪家所匿軍畢出募直大減以老致仕去瑤端亮淸介既歸僻處陋巷與尚書劉麟顧應祥輩結文酒社徜徉峴山間卒年八十九贈太子太保謚恭靖

王廷相字子衡儀封人幼有文名登弘治十五年進士選庶吉士授兵科給事中以憂去正德初服闋至京劉瑾中以罪謫亳州判官量移高淳知縣召爲御史疏言大盜四起將帥未能平由將權輕不能禦敵兵機疏不能扼險也盜賊所至鄉民奉牛酒甚者爲効力盜有生殺權而將帥反無之故兵不用命宜假便宜退却者必斬河南地平曠賊易奔山西地險阻亦縱深入將帥罪也若陳兵黃河之津使不得西分扼井陘天井使不得東而主將以大軍蹙之則賊進退皆窮可不戰禽矣帝切責總督諸臣悉從其議已出按陝西裁抑鎭守中官廖堂被誣時已改督京畿學校逮繫詔獄謫贛榆丞屢遷四川僉事山東副使皆提督學校嘉靖二年舉治行卓異再遷山東右布政使以右副都御史巡撫四川討平芒部賊沙保尋召理院事歷兵部左右侍郎遷南京兵部尚書參贊機務初有詔省進貢快船守備太監賴義復求增廷相請酌物輕重以定船數而大減宣德以後傳旨非祖制者龍江大勝新江浦子江淮五關守臣藉稽察權利安慶九江藉春秋閱視索賂廷相皆請革之草場蘆課銀率爲中官楊奇卜春及魏國公徐鵬舉所侵蝕以廷相請逮問奇春奪鵬舉祿三月入爲左都御史疏言南京守備權太重不宜令魏國世官給事中曾忭亦言之遂解鵬舉兵柄居二年加兵部尚書兼前官提督團營仍理院事兩考滿加太子少保畿民盜天壽山陵樹巡按楊紹芳引盜大祀神御物律斬廷相言大祀神御物者指神御在內祭器帷帳之物而言律文盜陵木者止杖一百徒三年今舍本律非刑之平忤旨罰俸一月帝將幸承天廷相與諸大臣諫不納扈從還以九年滿加太子太保雷震奉先殿廷相言人事修而

後天道順大臣法而後小臣廉今廉隅不立賄賂盛行先朝猶暮夜之私而今則白日之攫大臣汚則小臣悉傚京官貪則外臣無畏臣職憲紀不能絕其弊乞先罷斥用以刺尚書嚴嵩張瓚輩帝但論留而已初廷相請以六條考察差還御史帝令疏其所未盡編之憲綱乃取張孚敬汪鋐所奏列及新所定凡十五事以進悉允行之及九廟災下詔修省因敕廷相曰御史巡方職甚重卿總憲有年自定六條後不考黜一人今宜痛修省廷相惶恐謝廷相掌內臺最久有威重督團營與郭勛共事逡巡其間不能有所振飭給事中李鳳來等論權貴奪民利章下都察院廷相徹五城御史覈實遲四十餘日給事中章允賢遂劾廷相徇私慢上帝方詰責而廷相以御史所覈聞惟郭勛侵最多帝令勛自奏於是劾勛者羣起勛復以領敕稽留觸帝怒下獄責廷相朋比阿黨斥爲民越三年卒廷相博學好議論以經術稱於星歷輿圖樂律河圖雒書及周邵程張之書皆有所論駁然其說頗乖僻隆慶初復官贈少保諡肅敏

贊曰喬宇守南京從容鎮靜內嚴警備可謂能當大事者矣觀宇與孫交等砥節奉公懇懇廷諍意在杜塞倖門裨益國是雖得君行政未能媲美蹇夏要其淸嚴不苟行無瑕尤於前人亦不多讓蔣瑤爲尚書功名損於治郡王廷相掌內臺風力未著是殆其時爲之歟

明史卷一百九十五　　列傳第八十三

總裁官總理事務經筵講官少保兼太子太保保和殿大學士兼管吏部戶部尚書事加六級臣張廷玉等奉

敕修

王守仁 冀元亨

王守仁字伯安餘姚人父華字德輝成化十七年進士第一授修撰弘治中累官學士少詹事華有器度在講幄最久孝宗甚眷之李廣貴幸華講大學衍義至唐李輔國與張后表裏用事指陳甚切帝命中官賜食勞焉正德初進禮部左侍郎以守仁忤劉瑾出爲南京吏部尚書坐事罷旋以會典小誤降右侍郎瑾敗乃復故無何卒華性孝母岑年踰百歲卒華已年七十餘猶寢苫蔬食士論多之守仁娠十四月而生祖母夢神人自雲中送兒下因名雲五歲不能言異人拊之更名守仁乃言年十五訪客居庸山海關時闌出塞縱觀山川形勝弱冠舉鄉試學大進顧益好言兵且善射登弘治十二年進士使治前威寧伯王越葬還而朝議方急西北邊守仁條八事上之尋授刑部主事決囚江北引疾歸起補兵部主事正德元年冬劉瑾逮南京給事中御史戴銑等二十餘人守仁抗章救瑾怒廷杖四十謫貴州龍場驛丞龍場萬山叢薄苗獠雜居守仁因俗化導夷人喜相率伐木爲屋以棲守仁瑾誅量移廬陵知縣入覲遷南京刑部主事吏部尚書楊一淸改之驗封屢遷考功郎中擢南京太僕少卿就遷鴻臚卿兵部尚書王瓊素奇守仁才十一年八月擢右僉都御史巡撫南贛當是時南中盜賊蜂起謝志山據橫水左溪桶岡池仲容據浰頭皆稱王與大庾陳曰能樂昌高快馬郴州龔福全等攻剽府縣而福建大帽山賊詹師富等又起前巡撫文森托疾避去志山合樂昌賊掠大庾攻南康贛州贛縣主簿吳玭戰死守仁至知左右多賊耳目乃呼老黠隸詰之隸戰栗不敢隱因貰其罪令詗賊賊動靜無勿知於是檄福建廣東會兵先討大帽山賊明年正月督副使胡璉等破賊長富村逼之象湖山指揮覃桓縣丞紀鏞戰死守仁親率銳卒屯上杭佯退師出不意擣之連破四十餘寨俘斬七千有奇指揮王鎧等禽師富疏言權輕無以令將士請給旗牌提督軍務得便宜從事尚書王瓊奏從其請乃更兵制二十五人爲伍伍有小甲二伍爲隊隊有總甲四甲爲哨哨有長協哨二佐之二哨爲營營有官參謀二佐之三營爲陣陣有偏將二陣爲軍軍有副將皆臨事委不命於朝副將以下得遞相罰治其年七月進兵大庾志山乘間急攻南安知府季斆擊敗之副使楊璋等亦生禽曰能以歸遂議討橫水左溪十月都指揮許淸贛州知府邢珣寧都知縣王天與各一軍會橫水斆及守備郟文汀州知府唐淳縣丞舒富各一軍會左溪吉安知府伍文定程鄉知縣張戩遏其奔軼守仁自駐南康去橫水三十里先遣四百人伏賊巢左右進軍逼之賊方迎戰兩山舉幟賊大驚謂官軍已盡犁其巢遂潰乘勝克橫水志山及其黨蕭貴模等皆走桶岡左溪亦破守仁以桶岡險固移營近地諭以禍福賊首藍廷鳳等方震恐見使至大喜期仲冬朔降而珣文定已冒雨奪險入賊阻水陣珣直前搏戰文定與戩自右出賊倉卒敗走遇淳兵又敗諸軍破桶岡志山貴模廷鳳面縛降凡破巢八十有四俘斬六千有奇時湖廣巡撫秦金亦破福全其黨千人突至諸將禽斬之乃設崇義縣於橫水控諸猺還至贛州議討浰頭賊初守仁之平師富也龍川賊盧珂鄭志高陳英咸請降及征橫水浰頭賊將黃金巢亦以五百人降獨仲容未下橫水破仲容始遣弟仲安來歸而嚴爲戰守備詭言珂志高讐也將襲我故爲備守仁佯杖繫珂等而陰使珂弟集兵待遂下令散兵歲首大張燈樂仲容信且疑守仁賜以節物誘入謝仲容率九十三人營教場而自以數人入謁守仁呵之曰若皆吾民屯於外疑我乎悉引入祥符宮厚飮食之賊大喜過望益自安守仁留仲容觀燈樂正月三日大享伏甲士於門諸賊入以次悉禽戮之自將抵賊巢連破上中下三浰斬馘二千有奇餘賊奔九連山山橫亘數百里陡絕不可攻乃簡壯士七百人衣賊衣奔崖下賊招之上官軍進攻內外合擊禽斬無遺乃於下浰立平和縣置戍而歸自是境內大定初朝議賊勢强發廣東湖廣兵合勦守仁上疏止之不及桶岡旣滅湖廣兵始至及平浰頭廣東尚未承檄守仁所將皆文吏及偏裨小校平數十年巨寇遠近驚爲神進右副都御史予世襲錦衣衞百戶再進副千戶十四年六月命勘福建叛軍行至豐城而寧王宸濠反知縣顧佖以告守仁急趨吉安與伍文定徵調兵食治器械舟楫傳檄暴宸濠罪俾守令各率吏士勤王都御史王懋中編修鄒守益副使羅循羅欽德郎中曾直御史張鰲山周魯評事羅僑同知郭祥鵬進士郭持平降謫驛丞王思李中咸赴守仁軍御史謝源伍希儒自廣東還守仁留之紀功因集衆議曰賊若出長江順流東下則南都不可保吾欲以計撓之少遲旬日無患矣乃多遣間諜檄府縣言都督許泰郤永將邊兵都督劉暉桂勇將京兵各四萬水陸並進南贛王守仁湖廣秦金兩廣楊旦各率所部合十六萬直擣南昌所至有司缺供者以軍法論又爲蠟書遺僞相李士實劉養正敘其歸國之誠令從臾早發兵東下而縱諜泄之宸濠果疑與士實養正謀則皆勸之疾趨南京卽大位宸濠益大疑十餘日詗知中外兵不至乃悟守仁紿之七月壬辰朔留宜春王拱樤居守而刦其衆六萬人襲下九江南康出大江薄安慶守仁聞南昌兵少則大喜趨樟樹鎭知府臨江戴德孺袁州徐璉贛州邢珣都指揮余恩通判瑞州胡堯元童琦撫州鄒琥安吉談儲推官王暐徐文英知縣新淦李美泰和李楫萬安王冕寧都王天與各以兵來會合八萬人號三十萬或請救安慶守仁曰不然今九江南康已爲賊守我越南昌與相持江上二郡兵絕我後是腹背受敵也不如直擣南昌賊精銳悉出守備虛我軍新集氣銳攻必破賊聞南昌破必解圍自救逆擊之湖中蔑不勝矣衆曰善己酉次豐城以文定爲前鋒先遣奉新知縣劉守緖襲其伏兵庚戌夜半文定兵抵廣潤門守兵駭散辛亥黎明諸軍梯絚登縛拱樤等宮人多焚死軍士頗殺掠守仁戮犯令者十餘人宥脅從安士民慰諭宗室人心乃悅居二日遣文定珣璉德孺各將精兵分道進而使堯元等設伏宸濠果自安慶還兵乙卯遇於黃家渡文定當其前鋒賊趨利珣繞出賊背貫其中文定恩乘之璉德孺張兩翼分賊勢堯元等伏發賊大潰退保八字腦宸濠懼盡發南康九江兵守仁遣知府撫州陳槐饒州林城取九江建昌曾璵廣信周朝佐取南康丙辰復戰官軍却守仁斬先却者諸軍殊死戰賊復大敗退保樵舍聯舟爲方陣盡出金寶犒士明日宸濠方晨朝其羣臣官軍奄至以小舟載薪乘風縱火焚其副舟妃婁氏以下皆投水死宸濠舟膠淺倉卒易舟遁王冕所部兵追執之士實養正及降賊按察使楊璋等皆就禽南康九江亦下凡三十五日而賊平京師聞變諸大臣震懼王瓊大言曰王伯安居南昌上游必禽賊至是果奏捷帝時已親征自稱威武大將軍率京邊驍卒數萬南下命安邊伯許泰爲副將軍偕提督軍務太監張忠平賊將軍左都督劉暉將京軍數千泝江而上抵南昌諸嬖倖故與宸濠通守仁初上宸濠反書因言覬覦者非特一寧王請黜奸諛以回天下豪傑心諸嬖倖皆恨宸濠旣平則相與媢功且懼守仁見天子發其罪競爲蜚語謂守仁先與通謀慮事不成乃起兵又欲令縱宸濠湖中待帝自禽守仁乘忠泰未至先俘宸濠發南昌忠泰以威武大將軍檄邀之廣信守仁不與間道趨玉山上書請獻俘止帝南征帝不許至錢唐遇太監張永永提督贊畫機密軍務在忠泰輩上而故與楊一淸善除劉瑾天下稱之守仁夜見永頌其賢因極言江西困敝不堪六師擾永深然之曰永此來爲調護聖躬非邀功也公大勳永知之但事不可直情耳守仁乃以宸濠付永而身至京口欲朝行在聞巡撫江西命乃還南昌忠泰已先至恨失宸濠故縱京軍犯守仁或呼名嫚罵守仁不爲動撫之愈厚病予藥死予棺遭喪於道必停車慰問良久

始去京軍謂王都堂愛我無復犯者忠泰言寧府富厚甲天下今所蓄安在守仁曰宸濠異時盡以輸京師要人約內應籍可按也忠泰故嘗納宸濠賄者氣懾不敢復言已輕守仁文士强之射徐起三發三中京軍皆歡呼忠泰益沮會冬至守仁命居民巷祭已上冢哭時新喪亂悲號震野京軍離家久聞之無不泣下思歸者忠泰不得已班師比見帝與紀功給事中祝續御史章綸讒毀百端獨永時時左右之忠揚言帝前曰守仁必反試召之必不至忠泰屢矯旨召守仁守仁得永密信不赴及是知出帝意立馳至忠泰計沮不令見帝守仁乃入九華山日晏坐僧寺帝覘知之曰王守仁學道人聞召卽至何謂反乃遣還鎭令更上捷音守仁乃易前奏言奉威武大將軍方畧討平叛亂而盡入諸嬖倖名江彬等乃無言當是時讒邪搆煽禍變叵測微守仁東南事幾殆世宗深知之甫卽位趣召入朝受封而大學士楊廷和與王瓊不相能守仁前後平賊率歸功瓊廷和不喜大臣亦多忌其功會有言國哀未畢不宜舉宴行賞者因拜守仁南京兵部尚書守仁不赴請歸省已論功封特進光祿大夫柱國新建伯世襲歲祿一千石然不予鐵券歲祿亦不給諸同事有功者惟吉安守伍文定至大官當上賞其他皆名示遷而陰紬之廢斥無存者守仁憤甚時已丁父憂屢疏辭爵乞錄諸臣功咸報寢免喪亦不召久之所善席書及門人方獻夫黃綰以議禮得幸言於張璁桂萼將召用而費宏故銜守仁復沮之屢推兵部尚書三邊總督提督團營皆弗果用嘉靖六年思恩田州土酋盧蘇王受反總督姚鏌不能定乃詔守仁以原官兼左都御史總督兩廣兼巡撫綰因上書訟守仁功請賜鐵券歲祿並敘討賊諸臣帝咸報可守仁在道疏陳用兵之非且言思恩未設流官土酋歲出兵三千聽官征調既設流官我反歲遣兵數千防戍是流官之設無益可知且田州鄰交阯深山絕谷悉猺獞盤據必仍設土官斯可藉其兵力爲屛蔽若改土爲流則邊鄙之患我自當之後必有悔章下兵部尚書王時中條其不合者五帝令守仁更議十二月守仁抵潯州會巡按御史石金定計招撫悉散遣諸軍留永順保靖土兵數千解甲休息蘇受初求撫不得聞守仁至益懼至是則大喜守仁赴南寧二人遣使乞降守仁令諸軍門二人竊議曰王公素多詐恐紿我陳兵入見守仁數二人罪杖而釋之親入營撫其衆七萬奏聞於朝陳用兵十害招撫十善因請復設流官量割田州地別立一州以岑猛次子邦相爲吏目署州事俟有功擢知州而於田州置十九巡檢司以蘇受等任之並受約束於流官知府帝皆從之斷藤峽猺賊上連八寨下通仙臺花相諸洞蠻盤亘三百餘里郡邑罹害者數十年守仁欲討之故留南寧罷湖廣兵示不再用伺賊不備進破牛腸六寺等十餘寨峽賊悉平遂循橫石江而下攻克仙臺花相白石古陶羅鳳諸賊令布政使林富率蘇受兵直抵八寨破石門副將沈希儀邀斬軼賊盡平八寨始帝以蘇受之撫遣行人奉璽書獎諭及奏斷藤峽捷則以手詔問閣臣楊一清等謂守仁自誇大且及其生平學術一清等不知所對守仁之起由璁萼薦萼故不善守仁以璁强之後萼長吏部璁入內閣積不相下萼暴貴喜功名風守仁取交阯守仁辭不應一清雅知守仁而黃綰嘗上疏欲令守仁入輔毀一清一清亦不能無移憾萼遂顯詆守仁征撫交失賞格不行獻夫及霍韜不平上疏爭之言諸猺爲患積年初嘗用兵數十萬僅得一田州旋復召寇守仁片言馳諭思田稽首至八寨斷藤峽賊阻深巖絕岡國初以來未有輕議勦者今一舉蕩平若拉枯朽議者乃言守仁受命征思田不受命征八寨夫大夫出疆有可以安國家利社稷專之可也況守仁固承詔得便宜從事者乎守仁討平叛藩忌者誣以初同賊謀又誣其輦載金帛當時大臣楊廷和喬宇飾成其事至今未白夫忠如守仁有功如守仁一屈於江西再屈於兩廣臣恐勞臣灰心將士解體後此疆圉有事誰復爲陛下任之帝報聞而已守仁已病甚疏乞骸骨舉鄖陽巡撫林富自代不俟命竟歸行至南安卒年五十七喪過江西軍民無不縞素哭送者守仁天姿異敏年十七謁上饒婁諒與論朱子格物大指還家日端坐講讀五經不苟言笑游九華歸築室陽明洞中泛濫二氏學數年無所得謫龍場窮荒無書日繹舊聞忽悟格物致知當自求諸心不當求諸事物喟然曰道在是矣遂篤信不疑其爲教專以致良知爲主謂宋周程二子後惟象山陸氏簡易直捷有以接孟氏之傳而朱子集註或問之類乃中年未定之說學者翕然從之世遂有陽明學云守仁既卒桂萼奏其擅離職守帝大怒下廷臣議萼等言守仁事不師古言不稱師欲立異以爲高則非朱熹格物致知之論知衆論之不予則爲朱熹晚年定論之書號召門徒互相倡和才美者樂其任意庸鄙者借其虛聲傳習轉訛背謬彌甚但討捕輋賊禽獲叛藩功有足錄宜免追奪伯爵以章大信禁邪說以正人心帝乃下詔停世襲卹典俱不行隆慶初廷臣多頌其功詔贈新建侯謚文成二年予世襲伯爵既又有請以守仁與薛瑄陳獻章同從祀文廟者帝獨允禮臣議以瑄配及萬曆十二年御史詹事講申前請大學士申時行等言守仁言致知出大學良知出孟子陳獻章主靜沿宋儒周敦頤程顥且孝友出處如獻章氣節文章功業如守仁不可謂禪誠宜崇祀且言胡居仁純心篤行衆論所歸亦宜並祀帝皆從之終明之世從祀者止守仁等四人始守仁無子育弟子正憲爲後晚年生子正億二歲而孤既長襲錦衣副千戶隆慶初襲新建伯萬曆五年卒子承勛嗣督漕運二十年子先進無子將以弟先達子業弘繼先達妻曰伯無子爵自傳吾夫由父及子爵安往先進怒因育族子業洵爲後及承勛卒先進未襲死業洵自以非嫡嗣終當歸爵先達且虞其爭乃謗先達爲乞養而別推承勛弟子先通當嗣屢爭於朝數十年不決崇禎時先達子業弘復與先通疏辨而業洵兄業浩時爲總督所司懼忤業浩竟以先通嗣業弘憤持疏入禁門訴自刎不殊執下獄尋釋先通襲伯四年流賊陷京師被殺守仁弟子盈天下其有傳者不復載惟冀元亨嘗與守仁共患難冀元亨字惟乾武陵人篤信守仁學舉正德十一年鄉試從守仁於贛守仁屬以教子宸濠懷不軌而外務名高貽書守仁問學守仁使元亨往宸濠語挑之佯不喻獨與之論學宸濠目爲癡他日講西銘反覆君臣義甚悉宸濠亦服厚贈遣之元亨反其贈於官已宸濠敗張忠許泰誣守仁與通詰宸濠言無有忠等詰不已曰獨嘗遣冀元亨論學忠等大喜搒元亨加以炮烙終不承械繫京師詔獄世宗嗣位言者交白其冤出獄五日卒元亨在獄善待諸囚若兄弟囚皆感泣其被逮也所司繫其妻李李無怖色曰吾夫尊師樂善豈他慮哉獄中與二女治麻枲不輟事且白守者欲出之曰未見吾夫出安往按察諸僚婦聞其賢召之辭不赴已就見則囚服見手不釋麻枲問其夫學曰吾夫之學不出閨門衽席間聞者悚然

贊曰王守仁始以直節著比任疆事提弱卒從諸書生掃積年逋寇平定孽藩終明之世文臣用兵制勝未有如守仁者也當危疑之際神明愈定智慮無遺雖由天資高其亦有得於中者歟矜其刱獲標異儒先卒爲學者譏守仁嘗謂胡世寧少講學世寧曰某恨公多講學耳桂萼之議雖出於媢忌之私抑流弊實然固不能以功多爲諱矣

明史卷一百九十六　列傳第八十四

總裁官總理事務經筵講官少保兼太子太保保和殿大學士兼管吏部戶部尚書事加六級臣張廷玉等奉

敕修

張璁 胡鐸　桂萼

方獻夫　夏言

張璁字秉用永嘉人舉於鄉七試不第將謁選御史蕭鳴鳳善星術語之曰從此三載成進士又三載當驟貴璁乃歸正德十六年登第年四十七矣世宗初踐阼議追崇所生父興獻王廷臣持之議三上三却璁時在部觀政以是年七月朔上疏曰孝子之至莫大乎尊親尊親之至莫大乎以天下養陛下嗣登大寶卽議追尊聖考以正其號奉迎聖母以致其養誠大孝也廷議執漢定陶宋濮王故事謂爲人後者爲之子不得顧私親夫天下豈有無父母之國哉記曰禮非天降非地出人情而已漢哀帝宋英宗固定陶濮王子然成帝仁宗皆預立爲嗣養之宮中其爲人後之義甚明故師丹司馬光之論行於彼一時則可今武宗無嗣大臣遵祖訓以陛下倫序當立而迎立之遺詔直曰興獻王長子未嘗著爲人後之義則陛下之興實所以承祖宗之統與預立爲嗣養之宮中者較然不同議者謂孝廟德澤在人不可無後假令聖考尚存嗣位今日恐弟亦無後兄之義且迎養聖母以母之親也稱皇叔母則當以君臣禮見恐子無臣母之義禮長子不得爲人後聖考止生陛下一人利天下而爲人後恐子無自絕其父母之義故在陛下謂入繼祖後而得不廢其尊親則可謂爲人後以自絕其親則不可夫統與嗣不同非必父死子立也漢文承惠帝後則以弟繼宣帝承昭帝後則以兄孫繼若必奪此父子之親建彼父子之號然後謂之繼統則古有稱高伯祖皇伯考者皆不得謂之統乎臣竊謂今日之禮宜別立聖考廟於京師使得隆尊親之孝且使母

以子貴尊與父同則聖考不失其爲父聖母不失其爲母矣帝方扼廷議得璁疏大喜曰此論出吾父子獲全矣亟下廷臣議廷臣大怪駭交起擊之禮官毛澄等執如初會獻王妃至通州聞尊稱禮未定止不肯入帝聞而泣欲避位歸藩璁乃著大禮或問上之帝於是連駁禮官疏廷臣不得已合議尊孝宗曰皇考興獻王曰本生父興獻帝璁亦除南京刑部主事以去追崇議且寢至嘉靖三年正月帝得桂萼疏心動復下廷議汪俊代毛澄爲禮部執如澄璁乃復上疏曰陛下遵兄終弟及之訓倫序當立禮官不思陛下實入繼大統之君而強比與爲人後之例絕獻帝天性之恩蔑武宗相傳之統致陛下父子伯姪兄弟名實俱紊寧負天子不敢忤權臣此何心也伏睹聖諭云興獻王獨生朕一人既不得承緒又不得徽稱罔極之恩何由得報執政窺測上心有見於推尊之重故今日争一帝字明日争一皇字而陛下之心亦日以不帝不皇爲歉既而加稱爲帝謂陛下心既慰矣故留一皇字以覘陛下將來未盡之心遂敢稱孝宗爲皇考稱興獻帝爲本生父父子之名既更推崇之義安在乃遽詔告天下乘陛下不覺陷以不孝禮曰君子不奪人之親亦不可奪親也陛下尊爲萬乘父子之親人可得而奪之又可容人之奪之乎故今日之禮不在皇與不皇惟在考與不考若徒争一皇字則執政必姑以是塞今日之議陛下亦姑以是滿今日之心臣恐天下知禮者必將非笑無已也與桂萼第二疏同上帝益大喜立召兩人赴京命未達兩人及黃宗明黃綰復合疏力争及獻帝改稱本生皇考閣臣以尊稱既定請停召命帝不得已從之二人已在道復馳疏曰禮官懼臣等面質故先爲此術求遂其私若不亟去本生之稱天下後世終以陛下爲孝宗之子墮禮官欺蔽中矣帝益心動趣召二人五月抵都復條上七事衆洶洶欲撲殺之萼懼不敢出璁閱數日始朝給事御史張翀鄭本公等連章力攻帝益不悅特授二人翰林學士二人力辭且請面折廷臣之非給事御史李學曾吉棠等言璁萼曲學阿世聖世所必誅以傳奉爲學士累聖德不少御史段續陳相又特疏論并及席書帝責學曾等對狀下續相詔獄刑部尚書趙鑑亦請置璁萼於理語人曰得俞旨便捶殺之帝責以朋奸亦令對狀璁萼乃復列欺罔十三事力折廷臣及廷臣伏闕哭争盡繫詔獄予杖死杖下者十餘人貶竄相繼由是璁等勢大張其年九月卒用其議定尊稱帝益眷倚璁萼璁萼益恃寵讐廷臣舉朝士大夫咸切齒此數人矣四年冬大禮集議成進詹事兼翰林學士後議世廟神道廟樂武舞及太后謁廟帝率倚璁言而決璁緣飾經文委曲當帝意帝益器之璁急圖柄用爲大學士費宏所抑遂與萼連章攻宏帝亦知其情留宏不即放五年七月璁以省墓請既辭朝帝復用爲兵部右侍郎兼官如故給事中杜桐楊言趙廷瑞交章力詆并劾吏部尚書廖紀引用邪人帝怒切責之兩京給事御史解一貫張錄方紀達戴繼先等復交章論不已皆不聽尋進璁左侍郎復與萼攻費宏明年二月與王邦奇獄搆陷楊廷和等宏及石瑤同日罷吏部郎中彭澤以浮躁被斥璁言昔議禮時澤勸臣進大禮或問致招衆忌今諸臣去之將以次去臣等澤乃得留居三日復言臣與舉朝抗四五年舉朝攻臣至百十疏今修大禮全書元惡寒心羣奸側目故要略方進讒謗繁興使全書告成將誣陷益甚因引疾求退以要帝帝優詔慰留吏部闕尚書推前尚書喬宇楊旦禮部尚書亦缺推侍郎劉龍溫仁和仁和以俸深爭璁言宇旦乃楊廷和黨而仁和亦不宜自薦帝命大臣休致者非奉詔不得推舉宇等遂廢璁積怒廷臣日謀報復會山西巡按馬錄治反賊李福達獄詞連武定侯郭勛法司讞如錄擬璁讒於帝謂廷臣以議禮故陷勛帝果疑諸臣朋比乃命璁署都察院桂萼署刑部方獻夫署大理覆讞盡反其獄傾諸異己者大臣顏頤壽聶賢以下咸被搒掠錄等坐罪遠竄帝益以爲能獎勞之便殿賚二品服三代封誥京察及言官互糾已黜御史十三人璁掌憲復請考察斥十二人又奏行憲綱七條鉗束巡按御史其年冬遂拜禮部尚書兼文淵閣大學士入參機務去釋褐六年耳楊一清爲首輔翟鑾亦在閣帝待之不如璁嘗諭璁朕有密諭毋泄朕與卿帖悉親書璁因引仁宗賜楊士奇等銀章事帝賜璁二章文曰忠良貞一曰繩愆弼違因并及一清等璁初拜學士諸翰林恥之不與竝列璁深恨及侍讀汪佃講洪範不稱旨帝令補外璁乃請自講讀以下量才外補改官及罷黜者二十二人諸庶吉士皆除部屬及知縣由是翰苑爲空七年正月帝視朝見璁萼班兵部尚書李承勛下意嗛之一清因請加散官乃手敕加二人太子太保璁辭以未建青宮官不當設乃更加少保兼太子太保明倫大典成復進少傅兼太子太傅吏部尚書謹身殿大學士一清再相頗由璁萼力傾心下二人而璁終以壓於一清不獲盡如意遂相齟齬指揮聶能遷劾璁璁欲置之死一清擬旨稍輕璁益恨斥一清爲奸人鄙夫一清再疏引退且刺璁隱情帝手敕慰留因極言璁自伐其能恃寵不讓良可歎息璁見帝忽暴其短頗愧沮八年秋給事中孫應奎劾一清萼并及璁其同官王準復劾璁私參將陳璠宜斥璁乞休者再詞多陰詆一清帝乃褒諭璁而給事中陸粲復劾其擅作威福報復恩怨帝大感悟立罷璁頃之其黨霍韜力攻一清微爲璁白璁行抵天津帝命行人齎手敕召還一清遂罷去璁爲首輔帝自排廷議定大禮遂以制作禮樂自任而夏言始用事乃議皇后親蠶議勾龍棄配社稷議分祭天地議罷太宗配祀議朝日夕月別建東西二郊議祀高禖議文廟設主更從祀諸儒議祧德祖正太祖南向議祈穀議大禘議帝社帝稷奏必下璁議顧帝取獨斷璁言亦不盡入其諫罷太宗配天三四往復卒弗能止也十年二月璁以名嫌御諱請更乃賜名孚敬字茂恭御書四大字賜焉夏言恃帝眷數以事訐孚敬孚敬銜之未有以發納彭澤言搆陷行人司正薛侃因侃以害言廷鞫事露旨斥其枝罔御史譚纘端廷赦唐愈賢交章劾之帝諭法司令致仕孚敬乃大慚去未幾遣行人齎敕召之明年三月還朝言已擢禮部尚書益用事李時翟鑾在閣方獻夫繼入孚敬亦不能專恣如曩時矣八月彗星見東井帝心疑大臣擅政孚敬因求罷都給事中魏良弼詆孚敬奸孚敬言良弼以濫舉京營官奪俸由臣擬旨挾私報復給事中秦鰲劾孚敬強辨飾奸言官論列輒文致其罪擬旨不密引以自歸明示中外若天子權在其掌握帝是鰲言令孚敬自陳狀許之致仕李時請給廩隸敕書不許再請乃得馳傳歸十二年正月帝復思之遣鴻臚齎敕召四月還朝六月彗星復見畢昴間乞避位不許明年進少師兼太子太師華蓋殿大學士初潞州陳卿亂孚敬主用兵賊竟滅大同再亂亦主用兵薦劉源清爲總督師久無功其後亂定代王請大臣安輯夏言遂力詆用兵之謬請如王言語多侵孚敬孚敬怒持王疏不行帝諭令與言交好而遣黃綰之大同相機行事孚敬以議不用稱疾乞休疏三上已而子死請益力帝報曰卿無疾疑朕耳孚敬復上奏不引咎且歷詆同議禮之萼獻夫韜綰等帝詰責之乃復起視事帝於文華殿後建九五齋恭默室爲齋居所命輔臣賦詩孚敬及時各爲四首以上已數召見便殿從容議政十四年春得疾帝遣中官賜尊牢而與時言頗及其執拗且不惜人才以叢怨狀又遣中官賜藥餌手敕言古有剪鬚療大臣疾者朕今以己所服者賜卿孚敬幸得溫諭遂屢疏乞骸骨命行人御醫護歸有司給廩隸如制明年五月帝復遣錦衣官齎手敕視疾趣其還行至金華疾大作乃歸十八年二月卒帝在承天聞之傷悼不已孚敬剛明果敢不避嫌怨既遇主亦時進讜言帝欲坐張延齡反族其家孚敬諍曰延齡守財虜耳何能反數詰問對如初及秋盡當論孚敬上疏謂昭聖皇太后春秋高卒聞延齡死萬一不食有他故何以慰敬皇帝在天之靈帝恚責孚敬自古強臣令主非一若今愛死囚令主矣當悔不從廷和事敬皇帝耶帝故爲重語愒止孚敬而孚敬意不已以故終昭聖皇太后世延齡得長繫他若清勛戚莊田罷天下鎮守內臣先後殆盡皆其力也持身特廉痛惡贓吏一時苞苴路絕而性狠愎報復相尋不護善類欲力破人臣私黨而己先爲黨魁大禮大獄叢詬沒世顧帝始終眷禮廷臣卒莫與二嘗稱少師羅山而不名其卒也禮官請謚帝取危身奉上之義特謚文忠贈太師時有胡鐸者字時振餘姚人弘治末進士正德中官福建提學副使嘉靖初遷湖廣參政累官南京太僕卿鐸與璁同舉於鄉大禮議起鐸意亦主考獻王與璁合璁要之同署鐸曰主上天性固不可違天下人情亦不可拂考獻王不已則宗宗不已則入廟入廟則當有祧以藩封虛號之帝而奪君臨治世之宗義固不可也入廟則有位將位於武宗上乎武宗下乎生爲之臣死不得躋於君然魯嘗躋僖公矣恐異日不乏夏父之徒也璁議遂上旋被召鐸方服闋赴京璁又要同疏鐸復書謝之且與辨繼統之義大禮既定鐸又貽書勸召還議禮諸人養和平之福璁不能從鐸與王守仁同鄉不宗其學與璁同以考獻王爲是不與同進然其辨繼統謂國統絕而立君寓立賢之意蓋大謬云

桂萼字子實安仁人正德六年進士除丹徒知縣性剛使氣屢忤上官謫青田不赴用薦起知武康復忤上官下吏嘉靖初由成安知縣遷南京刑部主事世宗欲尊崇所生廷臣力持已稱興獻王爲帝妃爲興國太后頒詔天下二歲矣萼與張璁同官乃以二年十一月上疏曰臣聞帝王事父孝故事天明事母孝故事地察未聞廢父子之倫而能事天地主百神者也今禮官失考典章遏絕陛下純孝之心納陛下於與爲人後之非而滅武宗之統奪獻帝之宗且使興國太后壓於慈壽太后禮莫之盡三綱頓廢非常之變也乃自張璁霍韜獻議

論者指爲干進逆犇人口致達禮者不敢駮議切念陛下侍興國太后慨興獻帝弗祀已三年矣拊心出涕不知其幾願速發明詔稱孝宗曰皇伯考興獻帝皇考別立廟大內正興國太后之禮定稱聖母庶協事天事地之道至朝臣所執不過宋濮議耳按宋范純仁告英宗曰陛下昨受仁宗詔親許爲之子至於封爵悉用皇子故事與入繼之主不同則宋臣之論亦自有別今陛下奉祖訓入繼大統未嘗受孝宗詔爲之子也則陛下非爲人後而爲入繼之主也明甚考興獻帝母興國太后又何疑臣聞非天子不議禮天下有道禮樂自天子出臣久欲以請乃者復得席書方獻夫二疏伏望奮然裁斷將臣與二臣疏竝付禮官令臣等面質帝大喜明年正月手批議行三月萼復上疏曰自古帝王相傳統爲重嗣爲輕故高皇帝法前王著兄終弟及之訓陛下承祖宗大統正遵高皇帝制執政乃無故任己私背祖訓其爲不道尚可言哉臣聞道路人言執政窺伺陛下至情不已則加一皇字而已夫陛下之孝其親不在於皇不皇惟在於考不考使考獻帝之心可奪雖加千百字徽稱何益於孝陛下遂終其身爲無父人矣逆倫悖義如此猶可使與斯議哉與璁疏竝上帝益大喜召赴京初議禮諸臣無力詆執政者至萼遂斥爲不道且欲不使議其言恣肆無忌朝士尤疾之召命下衆益駭愕羣起排擊帝不爲動萼復偕璁論列不已遂召爲翰林學士卒用其言萼自是受知特深四年春給事中柯維熊言陛下親君子而君子不容如林俊孫交彭澤之去是也遠小人而小人尚在如張璁桂萼之用是也且今伏闕諸臣多死徙而御史王懋郭楠又謫譴竄以爲罰過重矣萼璁遂求去優詔慰留尋進詹事兼翰林學士議世廟神道及太后謁廟禮復排廷議希合帝指帝益以爲賢兩人氣益盛而閣臣抑之不令與諸翰林等兩人乃連章攻費宏并石珤齮之去給事中陳洸犯重辟萼與尚書趙鑑攘臂爭爲南京給事中所劾不問嘗陳時政請預蠲六年田租更登極初宿弊寬登聞鼓禁約復塞上開中制懲奸徒阻絕養濟院聽窮民耕城垣隙地停外吏赴部考滿申聖敬廣聖孝凡數事多議行六年三月進禮部右侍郎兼官如故時方京察南京言官拾遺及萼萼上言故輔楊廷和廣植私黨蔽聖聰者六年今亥第斥逐然遺奸在言路昔憲宗初年命科道拾遺後互相糾劾言路遂清請舉行如制章下吏部侍郎孟春等言憲宗無此詔萼被論報復無以厭衆心萼言詔出憲宗文集春欲媚言官宜并按問章下部再議春等言成化中科道有超擢巡撫不稱者憲宗命互劾去者七人非考察拾遺比帝終然萼言趣令速舉給事御史爭之竝奪俸春等乃以御史儲良才等四人名上帝獨黜良才而特旨斥給事中鄭自璧孟奇且令部院再覈復黜給事中余經等四人南京給事中顧溱等數人乃已其年九月改吏部左侍郎是月拜禮部尚書兼翰林學士故事尚書無兼學士者自萼始甫踰月遷吏部尚書賜銀章二曰忠誠靜愼曰繩愆匡違令密封言事與輔臣埒七年正月手敕加太子太保明倫大典成加少保兼太子太傅萼既得志日以報怨爲事陳九疇李福達陳洸之獄先後株連彭澤馬錄葉應驄等甚衆或被陷至譴戍廷臣莫不畏其兇威獨疏薦建言獲罪鄧繼曾季本等因事貶謫黃國用劉秉鑑等諸人得量移世亦稍以此賢萼然王守仁之起也萼實薦之已銜其不附己力齮齕及守仁卒極言醜詆奪其世封諸卹典皆不予八年二月命以本官兼武英殿大學士入參機務初萼璁赴召廷臣欲倣先朝馬順故事於左順門捶殺之走武定侯郭勛家以免勛遂與深相結亦蒙帝眷典禁兵久之勛奸狀大露璁霍韜力庇勛萼知帝已惡之獨疏其兇暴貪狡數事勛遂獲罪楊一清爲首輔持重萼璁好紛更且惡其壓己遂不相能給事中孫應奎請鑒別三臣賢否詆萼最力帝已疑萼令滌宿愆全君臣終始之義萼乃大懼疏辨且稱疾乞休帝報曰卿行事須勉徇公議庶不負前日忠萼益懼給事中王準因劾萼舉私人李夢鶴爲御醫詔下吏部言夢鶴由考選無私帝終以爲疑命太醫院更考言官知帝意已移給事中陸粲極論其罪并言夢鶴與萼家人吳從周序班桂林居間行賄事奏入帝大悟立奪萼官以尚書致仕璁亦罷政帝復列二人罪狀詔廷臣畧言其自用自恣負君負國所爲事端昭然衆見而萼尤甚法當寘刑典特寬貸之遂下夢鶴等法司皆首服無何霍韜兩疏訟萼言一清與法司構成萼贓罪一清遂去位刑部尚書周倫調南京郎中員外皆奪職命法司會錦衣鎭撫官再讞乃言夢鶴等假託行私與萼無與詔削夢鶴林籍從周論罪萼復散官是時璁已召還史館儒士蔡圻知帝必復萼疏頌萼功請召之帝乃賜敕令撫按官趣上道萼未至國子生錢潮等復請趣萼帝怒曰大臣進退幺麼敢與聞耶并圻下吏明年四月還朝盡復所奪官仍參機務萼初銳意功名勇任事不恤物議驟被摧抑氣爲之懾不敢復放恣居位數月屢引疾帝輒優旨慰留十年正月得請歸卒於家贈太傅諡文襄萼所論奏帝王心學論皇極論易復卦禮月令及進禹貢圖輿地圖說皆有裨君德時政性猜很好排異己以故不爲物論所容始與璁相得歡甚比同居政府遂至相失

方獻夫字叔賢南海人生而孤弱冠舉弘治十八年進士改庶吉士乞歸養母遂丁母憂正德中授禮部主事調吏部進員外郎與主事王守仁論學悅之遂請爲弟子尋謝病歸讀書西樵山中者十年嘉靖改元夏還朝道聞大禮議未定草疏曰先王制禮本緣人情君子論事當究名實竊見近日禮官所議有未合乎人情未當乎名實者一則守禮經之言一則循宋儒之說也臣獨以爲不然按禮經喪服傳曰何如而可以爲人後支子可也又曰爲人後者孰後後大宗也大宗者尊之統也不可以絕故族人以支子後大宗也適子不得後大宗爲是禮者蓋謂有支子而後可以爲人後未有絕人之後以爲人後者也今興獻帝止生陛下一人別無支庶乃使絕其後而後孝宗豈人情哉且爲人後者父嘗立之爲子子嘗事之爲父故卒而服其服今孝宗嘗有武宗矣未嘗以陛下爲子陛下於孝宗未嘗服三年之服是實未嘗後孝宗也而強稱之爲考豈名實哉爲是議者未見其合於禮經之言也又按程頤濮議謂英宗既以仁宗爲父不當以濮王爲親此非宋儒之說不善實今日之事不同蓋仁宗嘗育英宗於宮中是實爲父子孝宗未嘗育陛下於宮中其不同者一孝宗有武宗爲子矣仁宗未嘗有子也其不同者二濮王別有子可以不絕興獻帝無別子也其不同者三豈得以濮王之事比今日之事哉爲是議者未見其善述宋儒之說也若謂孝宗不可無後故必欲陛下爲子此尤不達於大道者也推孝宗之心所以必欲有後者在不絕祖宗之祀不失天下社稷之重而已豈必拘拘父子之稱而後爲有後哉孝宗有武宗武宗有陛下是不絕祖宗之祀不失天下社稷之重矣是實爲有後也且武宗君天下十有六年不忍孝宗之無後獨忍武宗之無後乎此尤不通之說也夫興獻帝當父也而不得父孝宗不當父也而強稱爲父武宗當繼也而不得繼是一舉而三失焉臣未見其可也且天下未嘗有無父之國也瞽瞍殺人舜竊負而逃今使陛下舍其父而有天下陛下何以爲心哉臣知陛下純孝之心寧不有天下決不忍不父其父也說者又謂興獻帝不當稱帝此尤不達於大道者也孟子曰孝子之至莫大乎尊親周公追王太王王季子思以爲達孝豈有子爲天子父不得稱帝者乎今日之事臣嘗爲之說曰陛下之繼二宗當繼統而不繼嗣興獻之異羣廟在稱帝而不稱宗夫帝王之體與士庶不同繼統者天下之公三王之道也繼嗣者一人之私後世之事也興獻之得稱帝者以陛下爲天子也不得稱宗者以實未嘗在位也伏乞宣示朝臣復稱孝宗曰皇伯興獻帝曰皇考別立廟祀之夫然後合於人情當乎名實非唯得先王制禮之意抑亦遂陛下純孝之心矣疏具見廷臣方觝排異議懼不敢上爲桂萼所見與席書疏竝表上之帝大喜立下廷議廷臣遂目獻夫爲奸邪至不與往還獻夫乃杜門乞假既不得請則進大禮上下二論其說益詳時已召張璁桂萼於南京至卽用爲翰林學士而用獻夫爲侍講學士攻者四起獻夫亦力辭帝卒用諸人議定大禮由是荷帝眷與璁萼埒四年冬進少詹事獻夫終不自安謝病歸六年召修明倫大典獻夫與霍韜同里以議禮相親善又同赴召乃合疏言自古力主爲後之議者宋莫甚於司馬光漢莫甚於王莽主濮議者光爲首呂誨范純仁呂大防附之而光之說惑人最甚主哀帝議者莽爲首師丹甄邯劉歆附之而莽之說流毒最深宋儒祖述王莽之說以惑萬世謬後學臣等謹按漢書魏志宋史畧采王莽師丹甄邯之奏與其事始末及魏明帝之詔濮園之議論正以附其後乞付纂修官參互考訂俾天下臣子知爲後之議實起於莽宋儒之論實出於莽下洗羣疑上彰聖孝詔下其書於史館還朝未幾命署大理寺事與璁萼覆讞李福達獄萼等議馬錄重辟獻夫力爭得減死其年九月拜禮部右侍郎仍兼學士直經筵日講尋代萼爲吏部左侍郎復代爲禮部尚書明倫大典成加太子太保獻夫視璁萼性寬平遇事亦間有執持不盡與附會萼反陳洸獄請盡逮問官葉應驄等以獻夫言多免逮思恩田州比歲亂獻夫請專任王守仁而罷鎭守中官鄭潤總兵官朱騏帝乃召潤騏還思田旣平守仁議築城建邑萼痛詆之獻夫歷陳其功狀築城得毋止璁萼與楊一清搆獻夫因災異進和衷之說且請收召譴戍削籍余寬馬明衡輩而倍取進士之數帝優詔答之寬等卒不用獻夫以尼僧道姑傷風化請勒令改嫁帝從之又因霍韜言盡汰僧道無牒毀寺觀私創者帝欲殺陳后喪獻夫引禮固爭尋復代萼爲吏部尚書萼璁罷政詔吏部核兩人私黨獻夫言陸粲等所劾百十人

誣者不少昔攻璁萼者以爲黨而去之今附璁萼者又以爲黨而去之縉紳之禍何時已乃奏留黃綰等二十三人而黜儲良才等十二人良才者初爲御史以考察黜上疏詆楊廷和指吏部侍郎孟春等爲奸黨萼因請復其職至是斥去時論快之安昌伯錢維圻卒庶兄維垣請嗣爵獻夫言外戚之封不當世及歷引漢唐宋事爲證帝善其言下廷議外戚遂永絕世封璁萼既召還羽林指揮劉永昌劾都督桂勇語侵萼及兵部尚書李承勛又劾御史廖自顯自顯坐逮已又訐兵部郎中盧襄等獻夫請按治永昌毋令奸人以蜚語中善類帝不從獻夫遂求退帝亦不允給事中孫應奎劾獻夫私其親故大理少卿洗光太常卿彭澤帝不聽都給事中夏言亦劾獻夫壞選法徙張璁所惡浙江參政黃卿於陝西而用璁所愛党以平代邪回之彭澤踰等躐遷太常及他所私昵皆有迹疑獻夫交通賄賂疏入帝令卿等還故官獻夫及璁疏辨因引退帝重違二人意復令卿等如前擬頃之給事中薛甲言劉永昌以武夫劾冢宰張瀾以軍餘劾勛臣下凌上替不知所止願存廉遠堂高之義俾小人不得肆攻訐章下吏部獻夫等請從甲言敕都察院嚴禁吏民毋得譸張亂政并飭兩京給事御史及天下撫按官論事先大體毋責小疵當是時帝方欲廣耳目周知百僚情僞得獻夫議不懌報罷於是給事中饒秀劾甲阿附自劉永昌後言官未聞議大臣獨夏言孫應奎趙漢議及璁獻夫耳漢已蒙詰譴言應奎所奏皆用人行政之失甲乃指爲毛舉細故而頌大臣不已貪縱如郭勛亦不欲人言必使大臣橫行羣臣緘口萬一有逆人廁其間奈何奏入帝心善其言下吏部再議甲具疏自明帝惡其不俟部奏命削二官出之外部謂甲已處分不復更議帝責令置對停獻夫俸一月郎官倍之獻夫不自得兩疏引疾帝即報允然猶虛位以俟十年秋有詔召還獻夫疏辭舉梁材汪鋐王廷相自代帝手詔褒答遣行人蔡靉趣之靉及門獻夫潛入西樵以疾辭既而使命再至云將別用乃就道明年五月至京命以故官兼武英殿大學士入閣輔政初賜獻夫銀章曰忠誠直諒令有事密封奏聞獻夫歸上之朝至是復賜如故吏部尚書王瓊卒命獻夫掌之獻夫家居引體自尊監司謁見輒稱疾不報家人姻黨橫於郡中鄉人屢訐告僉事龔大稔聽之獻夫還朝囑大稔會大稔坐事落職疑獻夫爲之遂上疏列其不法數事詞連霍韜獻夫疏辨帝方眷獻夫大稔遂被逮削籍十月孛見東井御史馮恩詆獻夫兇奸肆巧辨播弄威福將不利於國家故獻夫掌吏部而孛見帝怒下之獄獻夫亦引疾乞休優詔不允獻夫飾恬退名連被劾中恧避執大政氣厭厭不振獨帝欲殺張延齡常力爭而其時桂萼已前卒張璁最寵罷相者屢矣霍韜黃宗明言事一不當輒下之吏獻夫見帝恩威不測居職二歲三疏引疾帝優詔許之令乘傳予道里費家居十年卒先已加柱國少保乃贈太保謚文襄獻夫緣議禮驟貴與璁萼共事持論頗平恕故人不甚惡之

夏言字公謹貴溪人父鼎臨清知州言舉正德十二年進士授行人擢兵科給事中性警敏善屬文及居言路謇諤自負世宗嗣位疏言正德以來壅蔽已極今陛下維新庶政請日視朝後御文華殿閱章疏召閣臣面決或事關大利害則下廷臣集議不宜謀及褻近徑發中旨聖意所予奪亦必下內閣議而後行絕壅蔽矯詐之弊帝嘉納之奉詔偕御史鄭本公主事汪文盛覈親軍及京衞冗員汰三千二百人復條九事以上輦下爲肅清嘉靖初偕御史樊繼祖等出按莊田悉奪還民產劾中官趙霦建昌侯張延齡疏凡七上請改後宮負郭莊田爲親蠶厰公桑園一切禁戚里求請及河南山東奸人獻民田王府者救被逮永平知府郭九皐莊奉夫人弟邢福海肅奉夫人弟顧福傳旨授錦衣世千戶言力爭不可諸疏率謇諤爲人傳誦屢遷兵科都給事中勘青羊山平賊功罪論奏悉當副使牛鸞獲賊中交通名籍言請毀之以安衆心孝宗朝令吏兵二部每季具兩京大臣及在外文武方面官履歷進御正德後漸廢以言請復之七年調吏科當是時帝銳意禮文事以天地合祀非禮欲分建二郊并日月而四大學士張孚敬不敢決帝卜之太祖亦不吉議且寢會言上疏請帝親耕南郊后親蠶北郊爲天下倡帝以南北郊之說與分建二郊合令孚敬諭旨言乃請分祀天地廷臣持不可孚敬亦難之詹事霍韜詆尤力帝大怒下韜獄降璽書獎言賜四品服俸卒從其請又贊成二郊配饗議語詳禮志言自是大蒙帝眷郊壇工興即命言監之延綏饑言薦僉都御史李如圭爲巡撫吏部推代如圭者帝不用再推及言御史熊爵謂言出如圭爲己地至比之張綵帝切責爵令言毋辨而言不平訐爵且辭新命帝乃止孚敬頤指百寮無敢與抗者言自以受帝知獨不爲下孚敬乃大害言寵言亦怨孚敬驟用彭澤爲太常卿不右己兩人遂有隙言抗疏劾孚敬及吏部尚書方獻夫孚敬獻夫皆疏辨求去帝顧諸人厚爲兩解之言既顯與孚敬獻夫韜爲難益以强直厚自結帝欲輯郊禮爲成書擢言侍讀學士充纂修官直經筵日講仍兼吏科都給事中言又贊帝更定文廟祀典及大禘禮帝益喜十年三月遂擢少詹事兼翰林學士掌院事直講如故言眉目疎朗美鬚髯音吐弘暢不操鄉音每進講帝必目屬欲大用之孚敬忌彌甚遂與彭澤搆薛侃獄下言法司已帝覺孚敬曲乃罷孚敬而釋言八月四郊工成進言禮部左侍郎仍掌院事踰月代李時爲本部尚書去諫官未浹歲拜六卿前此未有也時士大夫猶惡孚敬恃言抗之言既以開敏結帝知又折節下士御史喻希禮石金請宥大禮大獄得罪諸臣帝大怒令言劾言謂希禮金無他腸請帝寬恕帝責言對狀逮二人詔獄遠竄之言引罪乃已以是大得公卿間聲帝制作禮樂多言爲尚書時所議閣臣李時翟鑾取充位帝每作詩輒賜言悉酬和勒石以進帝益喜奏對應制倚待立辦數召見諮政事善窺帝旨有所傅會賜銀章一俾密封言事文曰學博才優先後賜繡蟒飛魚麒麟服玉帶兼金上尊珍饌時物無虛月孚敬獻夫復相繼入輔知帝眷言厚亦不敢與較已而皆謝事議禮諸人獨霍韜在韜言不置十五年以順天府尹劉淑相事韜言相攻訐韜卒不勝事詳韜傳中言由是氣遂驕郎中張元孝李遂與小忤即奏謫之皇子生帝賜言甚渥初加太子太保進少傅兼太子太傅閏十二月遂兼武英殿大學士入參機務扈蹕謁陵還至沙河言庖中火延郭勛李時帳帝付言疏六亦焚言當獨引罪與勛等合謝被譙責爲時李時爲首輔政多自言出顧鼎臣入特先達且年長頗欲有所可否言意不悅鼎臣遂不敢與爭其冬時卒言爲首輔十八年以祇薦皇天上帝册表加少師特進光祿大夫上柱國明世人臣無加上柱國者言所自擬也武定侯郭勛得幸害言寵而禮部尚書嚴嵩亦心妒言言與嵩扈蹕承天帝謁顯陵畢嵩再請表賀言乞俟還京帝報罷意大不懌嵩知帝指固以請帝乃曰禮樂自天子出可也令表賀帝自是不悅言帝幸大峪山言進居守敕稍遲帝責讓言懼請罪帝大怒曰言自卑官因孚敬議郊禮進乃怠慢不恭進密疏不用賜章其悉還累所降手敕言益懼疏謝請免追銀章手敕爲子孫百世榮詞甚哀帝怒不解疑言毀損令禮部追取削少師勳階以少保尚書大學士致仕言乃以手敕四百餘并銀章上之居數日怒解命止行復以少傅太子太傅入直言疏謝帝悅諭令勵初忠秉公持正免衆怨言心知所云衆怨者郭勛輩也再疏謝謂自處不敢後他人一志孤立爲衆所忌帝復不悅詰責之惶恐謝乃已未幾雷震奉天殿召言及鼎臣不時至帝復詰讓令禮部劾之言等請罪帝復讓言傲慢并責鼎臣已乃還所追銀章御書陝西奏捷復少師太子太師進吏部尚書華蓋殿江淮賊平璽書獎勵賜金幣兼支大學士俸鼎臣已歿翟鑾再入恂恂若屬吏然不敢少齟齬而霍韜入掌詹事府數修怨以郭勛與言有隙結令助己三人日相搆既而韜死言勛交惡自若九廟災言方以疾在告乞罷不允昭聖太后崩詔問太子服制言報疏有譌字帝切責言言謝罪且乞還家治疾帝益怒令以少保尚書大學士致仕言始聞帝怒已上御邊十四策冀以解帝曰言旣蘊忠謀何堅自愛負朕眷倚姑不問初言撰靑詞及他文最當帝意言罷獨翟鑾在非帝所急也及將出都詣西苑齋宮叩首謝帝聞而憐之特賜酒饌俾還私第治疾俟後命會郭勛以言官重劾亦引疾在告京山侯崔元新有寵直內苑忌勛帝從容問元言勛皆朕股肱相妒何也元不對帝問言歸何時曰俟聖誕後始敢請又問勛何疾曰勛無疾言歸即出耳帝頷之言官知帝眷言惡勛因共劾勛勛辨語誖謾帝怒削勛同事王廷相籍給事中高時者言所厚也盡發勛貪縱不法十數事遂下勛獄復言少傅太子太師禮部尚書武英殿大學士疾愈入直言雖在告閣事多取裁治勛獄悉其指授二十一年春一品九年滿遣中使賜銀幣寶鈔羊酒內饌盡復其官階璽書獎美賜宴禮部尚書侍郎都御史陪侍當是時帝雖優禮言然恩眷不及初矣慈慶慈寧兩宮宴駕勛嘗請改其一居太子言不可合帝意至是帝猝問太子當何居言忘前語念與作費煩對如勛指帝不悅又疑言官劾勛出言意及建大享殿命中官高忠監視言不進敕稾入直西苑諸臣帝皆令乘馬又賜香葉束髮巾用皮帛爲履言謂非人臣法服不受又獨乘腰輿帝積數憾欲去言而嚴嵩因得間之嵩與言同鄉稱先達事言甚謹言入閣援嵩自代以門客畜之嵩心恨甚言既失帝意嵩日以柔佞寵言懼斥呼嵩與謀嵩則已潛造陶仲文第謀躪言代其位言知甚懾諷言官屢劾嵩帝方憐嵩不聽也兩人遂大郄六月嵩燕見頓首雨泣愬言見凌狀帝使悉陳言罪嵩因振暴其短帝大怒手敕禮部歷數言罪且曰郭勛已下獄猶千羅百織言官爲朝廷耳目專聽言主使朕不

早朝言亦不入閣軍國重事取裁私家王言要密視等戲玩言官不一言徒欺謗君上致神鬼怒雨甚傷禾言大懼請罪居十餘日獻帝諱辰猶召入拜候直西苑言因謝恩乞骸骨語極哀疏留八日會七月朔日食既下手詔曰日食過分正坐下慢上之咎其落言職閒住帝又自引三失布告天下御史喬佑給事中沈良才等皆具疏論言且請罪帝大怒貶黜十三人高時以劾勛故獨謫遠邊於是嚴嵩遂代言入閣言久貴用事家富厚服用豪侈多通問遺久之不召監司府縣吏亦稍慢易之悒悒不樂遇元旦聖壽必上表賀稱草土臣帝亦漸憐之復尚書大學士至二十四年帝微覺嵩貪恣復思言遣官齎敕召還盡復少師諸官階亦加嵩少師若與言並者言至直陵嵩出其上凡所批答畧不顧嵩嵩嗛不敢吐一語所引用私人言斥逐之亦不敢救銜次骨海內士大夫方怨嵩貪忮謂言能壓嵩制其命深以爲快而言以廢棄久務張權文選郎高簡之戍唐龍許成名崔桐王用賓黃佐之罷王杲王暐孫繼魯之獄皆言主之貴州巡撫王學益山東巡撫何鰲爲言官論劾輒擬旨逮訊龍故與嵩善暐事牽世蕃其他所譴逐不盡當朝士仄目最後御史陳其學以鹽法事劾崔元及錦衣都督陸炳言擬旨令陳狀皆造言請死炳長跪乃得解二人與嵩比而搆言未之悟也帝數使小內豎詣言所言負氣岸奴視之嵩必延坐親納金錢袖中以故日譽嵩而短言言進青詞往往失帝旨嵩聞益精治其事未幾河套議起言故慷慨以經濟自許思建立不世功因陝西總督曾銑請復河套贊決之嵩與元炳媒孽其間竟以此敗江都人蘇綱者言繼妻父也雅與銑善銑方請復河套綱亟稱於言言倚銑可辦密疏薦之謂羣臣無如銑忠者帝令言擬旨優獎之者再銑喜益銳意出師帝忽降旨詰責語甚厲嵩揣知帝意遂力言河套不可復語侵言言始大懼謝罪且言嵩未嘗異議今乃盡諉於臣帝責言強君脅衆嵩復騰疏攻言言亦力辨而帝已入嵩譖怒不可解二十七年正月盡奪言官階以尚書致仕猶無意殺之也會有蜚語聞禁中謂言去時怨謗嵩復代仇鸞草奏訐言納銑金交關爲奸利事逮蘇綱遂下銑綱詔獄嵩與元炳謀坐銑交結近侍律斬綱戍邊遣官校逮言言抵通州聞銑所坐大驚墮車曰噫吾死矣再疏訟冤言鸞方就逮上降論不兩日鸞何以知上語又何知嵩疏而附麗若此蓋嵩與崔元輩詐爲之以傾臣嵩靜言庸違似共工謙恭下士似王莽奸巧弄權父子專政似司馬懿在內諸臣受其牢籠知有嵩不知有陛下在外諸臣受其箝制亦知有嵩不知有陛下臣生死係嵩掌握惟歸命聖慈曲賜保全帝不省獄成刑部尚書喻茂堅左都御史屠僑等當言死援議貴議能條以上帝不從切責茂堅等奪其俸猶及言前不戴香冠事其年十月竟棄言市妻蘇流廣西從子主事克承從孫尚寶丞朝慶削籍爲民言死時年六十有七言豪邁有俊才縱辨博人莫能屈既受特眷揣帝意不欲臣下黨比遂日與諸議禮貴人抗帝以爲不黨遇益厚然卒爲嚴嵩所擠言死嵩禍及天下久乃多惜言者而言所推轂徐階後卒能去嵩爲名相隆慶初其家上書白冤狀詔復其官賜祭葬謚文愍言始無子妾有身妻忌而嫁之生一子言死妻逆之歸貌甚類言且得官矣忽病死言竟無後

贊曰璁萼獻夫議尊興獻帝本人子至情故其說易入原其初議未嘗不準情禮之中乃至遭時得君動引議禮自固務快恩讎於是知其建議之心非有惓惓忠愛之實欲引其君於當道也言所奏定典禮亦多可採而志驕氣溢卒爲嵩所擠究觀諸人立身本末與所言是非固兩不相掩云

明史卷一百九十七　列傳第八十五

總裁官總理事務經筵講官少保兼太子太保保和殿大學士兼管吏部戶部尚書事加六級張廷玉等奉敕修

席書 弟春 篆　霍韜 子與瑕

熊浹　黃宗明

黃綰 陸澄

席書字文同遂寧人弘治三年進士授郯城知縣入爲工部主事移戶部進員外郎十六年雲南晝晦地震命侍郎樊瑩巡視奏黜監司以下三百餘人書上疏言災異係朝廷不係雲南如人元氣內損然後瘡瘍發四肢朝廷元氣也雲南四肢也豈可舍致毒之源專治四肢之末今內府供應數倍往年冗食官數千投充校尉數萬齋醮寺觀無停日織造頻煩賞賚踰度皇親奪民田宦官增遣不已大獄據招詞不敢辯刑官亦不敢伸大臣賢者未起用小臣言事謫者未復文武官傳陞名器大濫災異之警偶泄雲南欲以遠方外吏當之此何理也漢遣八使巡行天下張綱獨曰豺狼當道安問狐狸今樊瑩職巡察不能劾戚畹大臣獨考黜雲南官吏舍本而治末乞陛下以臣所言弊政一切釐革他大害當祛大政當舉者悉令所司條奏而興革之時不能用武宗時歷河南僉事貴州提學副使時王守仁謫龍場驛丞書擇州縣子弟延守仁教之士始知學屢遷福建左布政使寧王宸濠反急募兵二萬討之至則賊已平乃返壽以右副都御史巡撫湖廣中官李鎮張暘假進貢及御鹽名歛財十餘萬書疏發之嘉靖元年改南京兵部右侍郎江南北大饑奉命振江北令州縣十里一廠煮糜哺之全活無算初書在湖廣見中朝議大禮未定揣帝向張璁霍韜獻議言昔宋英宗以濮王第十三子出爲人後今上以興獻王長子入承大統英宗入嗣在衮衣臨御之時今上入繼在宮車晏駕之後議者以陛下繼統武宗仍爲興獻帝之子別立廟祀張璁霍韜之議未爲非也然尊無二帝陛下於武宗親則兄弟分則君臣既奉孝宗爲宗廟主可復有他稱乎宜稱曰皇考興獻王此萬世不刊之典禮臣三四執奏未爲失也然禮本人情陛下尊爲天子慈聖設無尊稱可乎故尊所生曰帝后上慰慈闈此情之不能已也爲今日議宜定號曰皇考興獻帝別立廟大內歲時祀太廟畢仍祭以天子之禮似或一道也蓋別以廟祀則大統正而昭穆不紊隆以殊稱則至愛篤而本支不淪尊尊親親並行不悖至慈聖宜稱皇母某后不可以興獻加之獻謚也豈宜加於今日議既具會中朝競詆張璁爲邪說書懼不敢上而密以示桂萼萼然其議三年正月萼具疏并上之帝大喜趣召入對無何詔改稱獻帝爲本生皇考遂寢召命會禮部尚書汪俊以爭建廟去位特旨用書代之故事禮部長貳率用翰林官是時廷臣排異議益力書進又不由廷推因交章詆書至訾其振荒無狀多侵漁書亦屢辭新命并錄上大禮考議且乞遣官勘振荒狀帝爲遣司禮中官戶刑二部侍郎錦衣指揮往勘而趣書入朝益急比至德州則廷臣已伏闕哭爭盡繫詔獄書馳疏言議禮之家名爲聚訟兩議相持必有一是陛下擇其是者而非者不必深較乞宥其愆失俾獲自新不允其年八月入朝帝慰勞有加踰月乃會廷臣大議上奏曰三代之法父死子繼兄終弟及自夏歷漢二千年未有立從子爲皇子者也漢成帝以私意立定陶王始壞三代傳統之禮宋仁宗立濮王子英宗卽位始終不稱濮王爲伯今陛下生於孝宗崩後二年乃不繼武宗大統超越十有六年上考孝宗天倫大義固已乖悖又未嘗立爲皇子與漢宋不同自古天子無大宗小宗亦無所生所後禮經所載乃大夫士之禮不可語於帝王伯父子姪皆天經地義不可改易今以伯爲父以父爲叔倫理易常是爲大變夫得三代傳統之義遠出漢唐繼嗣之私者莫若祖訓祖訓曰朝廷無皇子必兄終弟及則嗣位者實繼統非繼嗣也伯自宜稱皇伯考父自宜稱皇考兄自宜稱皇兄今陛下於獻帝章聖己去本生之稱復下臣等大議臣書臣璁臣萼臣獻夫及文武諸臣皆議曰世無二道人無二本孝宗皇帝伯也宜稱皇伯考昭聖皇太后伯母也宜稱皇伯母獻皇帝父也宜稱皇考章聖皇太后母也宜稱聖母武宗仍稱皇兄莊肅皇后宜稱皇嫂尤願陛下仰遵孝宗仁聖之德念昭聖擁翊之功孝敬益隆始終無間大倫大統兩有歸矣奉神主而別立禰室於至親不廢隆尊號而不入太廟於正統無干尊親兩不悖矣一遵祖訓允合聖經復三代數千年未明之典禮洗漢宋悖經違禮之陋習非聖人其孰能之議上詔布告天下尊稱遂定帝既加隆所生中外獻諛希恩者紛然遝至錦衣百戶隨全光祿錄事錢子勛既以罪褫希旨請遷獻帝顯陵梓宮北葬天壽山工部尚書趙璜等斥其謬帝復下廷議書乃會廷臣上言顯陵先帝體魄所藏不可輕動昔高皇帝不遷祖陵文皇帝不遷孝陵全等諂諛小人妄論山陵宜下法司按問帝報曰先帝陵寢在遠朕朝夕思望不勝哀痛其再詳議以聞書復集衆議極言不可乃已書以大禮告成宜有以答天下望乃條新政十二事以獻帝優旨報焉大同軍變殺巡撫張文錦燬總兵官江桓印而出故帥朱振於獄令代桓帝因而命之論禮部鑄新印書持不可請討之與政府忤時執政者費宏石珤賈詠書心弗善也乃力薦楊一清王守仁入閣且曰今諸大臣皆中材無足與計天下事定亂濟時非守仁不可帝曰書爲大臣當抒猷畧共濟時艱何以中材自諉守仁迄不獲柄用四年光祿寺丞何淵請建世室祀獻皇帝於太廟帝命禮官集議書等上議王制天子七廟三昭三穆周以文武有大功德乃立世室與后稷廟皆百世不遷我太祖立四親廟德祖居北後改同堂異室議祧則以太祖擬文世室太宗擬武世室今獻皇帝以藩王追崇帝號何淵乃欲比之太祖太宗立世室於太廟甚無據不報頃之張璁特奏上力言不可書亦三疏如璁議帝遣中官卽其家諭之書復密疏切諫帝不悅責以畏衆飾奸乃議別立禰廟而世室之議竟寢五年秋章聖太后將謁世廟禮官議不合書以目眚在告上言母后謁廟事出刱聞禮官實無所據惟聖明裁酌且世廟既成宜有肆赦之典請盡還議禮遣戍諸臣

所謂合萬國之歡心以祀先王此天子大孝也報聞書以議禮受帝知倚爲親臣初進大禮集議加太子太保尋以獻帝實錄成進少保眷顧隆異雖諸輔臣莫敢望而書得疾不能視事屢疏乞休舉羅欽順自代帝輒慰留不允其後疾篤請益力詔加武英殿大學士賜第京師支俸如故甫聞命而卒贈太傅謚文襄任一子尚寶丞異數也書遇事敢爲性頗偏愎初長沙人李鑑爲盜知府宋卿論之死書方巡撫湖廣發卿贓私因劾卿故入鑑罪帝遣大臣按不如書言而書時已得幸乃命逮鑑入京再訊書遂言臣以議禮犯衆怒故刑官率右卿而重鑑罪請敕法司辨雪及法司讞上無異詞帝重違書意特減鑑死遣戍其他庇陳洸排費宏率恣行私意爲時論所斥弟春篆春由庶吉士授御史巡雲南以兄爲都御史改翰林檢討預修武宗實錄成當進秩內閣費宏以春由他官入與檢討劉夔並擬按察僉事夔亦故御史以避兄侍郎龍改授者也書大怒疏言故事無纂修書成出爲外任者帝以書故留春擢修撰而夔亦留擢編修書由是怨宏數詆諆及書卒帝念其議禮功累進春翰林學士嘉靖十二年由禮部右侍郎改吏部詔舉堪翰林者春欲召還故翰林楊惟聰陳沂尚書汪鋐不可遂有隙後鋐有所推舉不與春議春怒詬鋐鋐訐春前附楊廷和排議禮諸臣遂落職卒於家篆爲戶科給事中黜國公沐崑劾按察使沈恩等篆與同官李長私語崑奏多誣長即劾崑武宗責長誣重臣下詔獄詞連篆并繫治謫外篆得夷陵判官世宗嗣位復故官未上卒子祭贈光祿少卿

霍韜字渭先南海人舉正德九年會試第一謁歸成婚讀書西樵山經史淹洽世宗踐阼除職方主事楊廷和方柄政韜上言閣臣職參機務今止票擬而裁決歸近習輔臣失參贊之權近習起干政之漸自今章奏請召大臣面決施行講官臺諫班列左右衆議而公駁之宰相得取善之名內臣免招權之謗因言錦衣不當典刑獄東廠不當預朝議撫按兵備官不當以軍功授秩廕興府護衛軍不當盡取入京概授官職御史謝源伍希儒赴難有功不當罷黜平逆藩功自安慶南昌外不當濫敘帝嘉納之及大禮議起禮部尚書毛澄力持考孝宗韜私爲大禮議駁之澄貽書相質難韜三上書極辨其非已知澄意不可回其年十月上疏曰按廷議謂陛下宜以孝宗爲父興獻王爲叔別擇崇仁王子爲獻王後考之古禮則不合質之聖賢之道則不通揆之今日之事體則不順考儀禮喪服章云斬衰爲所後者又云爲人後者爲其父母報是於所後者蓋無稱爲父母之說而於本生父母又無改稱伯叔父母之云也漢儒不明其義謬爲邪說曰爲人後者爲之子果如其言則漢宣帝當爲昭帝後矣然昭帝從祖也宣帝從孫也孫將謂祖爲父可乎唐宣宗當爲武宗後矣然武宗姪也宣宗叔也叔反謂姪爲父可乎吳諸樊兄弟四人以國相授受蓋迭相爲後矣是兄弟自具高曾祖考也而可乎故曰考之古禮則不合也天下者天下之天下非一人所得私也宋人之告其君曰仁宗於宗室中特簡聖明授以大業陛下所以負扆端冕富有四海子孫萬世相承皆先帝之德蓋謂仁宗以天下授英宗宜舍本生父母而以仁宗爲父母也臣以聖賢之道觀之孟子言舜爲天子瞽瞍殺人臯陶執之舜則竊負而逃是父母重而天下輕也若宋儒之說則天下重而父母輕矣故曰求之聖賢之道則不通也武宗嗣孝宗歷十有六年孝宗非無嗣也今强欲陛下重爲孝宗之嗣何爲也哉夫陛下爲孝宗子矣誰爲武宗子乎孝宗有兩嗣子矣武宗獨無嗣子可乎臣子於君父一也既不忍孝宗之無嗣獨忍武宗之無嗣乎若曰武宗以兄固得享弟之祀則孝宗以伯獨不得享姪之祀乎既可越武宗直繼孝宗矣獨不可并越孝宗直繼憲宗乎武宗無嗣無可如何矣孝宗有嗣復强繼其嗣而絕興獻之嗣是於孝宗無所益而於興獻不大有損乎故曰揆之今日之事體則不順也然臣下之爲此議也其故有三曰前代故事之拘也曰不忘孝宗之德也曰避迎合之嫌也今陛下既考孝宗矣尊興獻王以帝號矣則將如斯而已乎臣竊謂帝王之相繼也繼其統而已矣固不屑屑於父子之稱也惟繼其統則不惟孝宗之統不絕卽武宗之統亦不絕矣然則如之何而可乎惟陛下於興獻王得正父子之稱以不絕天性之恩於國母之迎得正天子之母之禮復於昭聖太后武宗皇后處之有其道事之盡其誠則於尊尊親親兩不悖矣帝得疏喜甚迫羣議不遂行而朝士咸指目韜爲邪說韜意不自得尋謝病歸嘉靖三年帝議尊崇所生益急兩詔召韜韜辭疾不赴馳疏言今日大禮之議兩端而已曰崇正統之大義也曰正天倫之大經也徒尊正統其弊至於利天下而棄父母徒重天倫其弊至於小加大而卑踰尊故臣謂陛下宜稱孝宗曰皇伯考獻帝曰皇考此天倫之當辨者也尊崇之議則姑在所緩此大統之當崇者也乃廷議欲陛下上考孝宗又兼考獻帝此漢人兩統之失也本原既差則愈議愈失臣之愚慮則願陛下預防未然之失母重將來之悔而已始陛下尊昭聖皇太后爲母雖於禮未合然宮闈之內亦既相安今一旦改稱大非人情所堪願陛下以臣等建議之情上啟皇太后必中心悅豫無疑貳之隙萬一未喻亦得歸罪臣等加賜誅斥然後委曲申請務得其歡心陛下朝夕所以承迎其意慰釋其憂者亦無所不用其極庶名分正而嫌隙消天下萬世無所非議此臣愚慮者一也昭聖之嫡嗣武宗一人而已武宗無嗣莊肅皇后之屬望已矣臣謂陛下之事昭聖禮秩雖極尊崇然其勢日輕陛下之事聖母尊稱雖或未至然其勢日重故今日廷臣惓惓以尊大統母昭聖爲請者蓋預防陛下將來之失而追報孝宗之職分也臣嘗伏讀明詔正統大義不敢有違知陛下尊昭聖敬莊肅此心可上質天地下信士庶矣但恐左右之人不達聖意妄生疑間或以彌文小節遂搆兩宮之隙此不可不早慮而預防之也願陛下以臣等建議之情上啟聖母曰昭聖皇太后實大統嫡宗至尊無對伏願聖母時自謙抑示尊敬至意莊肅皇后母儀天下十六年聖母接見之儀不可輕忽凡正旦賀壽聖母每致謙讓不敢受納之意俾宮闈大權一歸昭聖而聖母若無與焉則天下萬世稱頌懿德與天無極萬一聖母意猶未喻亦得歸罪臣等加賜誅斥然後委曲申請務得允從庶宗統正而嫌隙消天下萬世無所非議此臣愚慮者二也帝深嘉其忠義趣令趨朝明年擢少詹事兼侍講學士韜固辭且請令六部長貳翰林給事御史俱調外任練政體監司守令政績卓異卽擢卿丞有文學者擢翰林舉貢入仕皆得擢翰林歷部院不宜困資格帝不允辭趣令赴職下其奏於有司悉格不用六年還朝命直經筵日講韜自以南音力辭日講請撰古今政要及詩書直解以進帝褒許之其年九月遷詹事兼翰林學士韜復固辭言自楊榮楊士奇楊溥以及李東陽楊廷和顓權植黨籠翰林爲屬官中書爲門吏故翰林遷擢不由吏部而中書至有進秩尚書者臣嘗建議謂翰林去留盡屬吏部庶不陰倚內閣爲腹心內閣亦不陰結翰林爲羽翼且欲京官補外以均勞逸議未卽行躬自蹈之而又躐居學士徐縉上何媿如之帝優詔不允明年四月進禮部右侍郎韜力辭且舉康海王九思李夢陽魏校顏木王廷陳何瑭自代帝不允再辭乃允之六月大禮成超拜禮部尚書掌詹事府事韜因言翰林院修書遷官日講廕子及巡撫子弟廕武職之非而以爲己不能力挽不可隨衆趨且稱給事中陳洸冤薦監生陳雲章才可用帝優詔褒答不允辭韜復奏曰今異議者謂陛下特欲尊崇皇考遂以官爵餌其臣臣等二三臣苟圖官爵遂阿順陛下之意臣嘗自慨若得禮定決不受官俾天下萬世知議禮者非利官也苟疑議禮者爲利官則所議雖是彼猶以爲非何以塞天下口因固辭不拜帝猶不允三辭乃允之韜先後薦王守仁王瓊諸人帝皆納用嘗因災異陳時弊十餘事多議行張璁桂萼之罷政也韜謂言官陸粲等受楊一清指使兩疏力攻一清奪其職而璁萼召還帝從夏言議將分祀天地建二郊韜極言其非帝不悅責韜罔上自恣言亦疏辨力詆韜韜素護前自遂見帝怒不敢辨乃遺言書痛詆之復錄其書送法司言怒疏陳其狀且劾韜無君七罪并以其書進呈帝大怒責韜謗訕君上醜正懷邪遂下都察院獄韜從獄中上書祈哀璁亦再申救帝皆不納南京御史鄧文憲言宜察韜心容其戇且天地分祀是置父母異處郊外親蠶是廢內外防閑帝怒謫之邊方韜繫獄踰月帝終念其議禮功令輸贖還職尋以母喪歸廣東僉事龔大稔訐韜及方獻夫居鄉不法事大稔反被逮削籍十二年韜起歷吏部左右侍郎時部事多主於尚書兩侍郎率不預韜爭於尚書汪鋐侍郎始獲參部事韜素剛愎與鋐爭鋐等亦嚴憚之既而鋐罷帝久不置尚書以韜掌部事閣臣李時傳旨用鴻臚卿王道中爲順天府丞韜言輔臣承天語無可疑然臣等猶當奏請用杜矯僞因守故事列道中及應天府丞郭登庸二人名上帝嘉其守法乃用登庸而改道中大理少卿久之出韜爲南京禮部尚書順天府尹劉淑相坐所親贓私被鞫疑禮部尚書夏言姻通判費完陷之訐言請屬事帝怒下淑相詔獄淑相與韜善言亦疑韜主之遂訐韜屆蹕謁陵遠遊銀山寺大不敬韜自訴因論言請謚故少師費宏爲文憲不叙宏累被劾狀按律增減緊關情節者斬且憲乃純皇帝廟號人臣安得用會南京給事中曾鈞騎馬不避尚書劉龍潘珍轎龍與鈞互訐奏韜劾鈞且請禁小臣乘轎給事中李充濁曹邁等交章言近侍之臣不當避道雖舉公會宴次得與尚書同列以證語頗侵韜韜疑充濁倚言爲內主訐充濁爲奸黨復摭言他事言益怒奏韜大罪十餘事且言彭時宋濂皆於正德間謚文憲不避廟號韜陋不知故事帝方不直韜淑相復從獄中摭言他事帝益

怒考訊之辭服韜主使乃斥淑相爲民降韜俸一級當議乘轎時言被劾不預都御史王廷相會禮部侍郎黃宗明張璧請禁飭小臣如韜奏而南京諸給事御史自如韜以爲言帝復申飭衆情滋不悅曹邁及同官尹相等遂與韜忿爭相劾韜遷南部怨望擅取海子魚與鄉人羣飲郊壇松下侍郎袁宗儒期喪不當進表逼使行韜上疏自理下廷議帝爲停韜俸四月相等亦停二月韜既與言交惡及言柄用韜每欲因事陷之上言頃吏部選劉文光等爲給事中尋忽報罷人皆曰閣臣抑之給事中李鶴鳴考察論官尋復故人皆曰賄得宜論吏部毋受當事頤指使天下知威福出朝廷而大臣有李林甫秦檜者不得播弄於左右其意爲言發也於是鶴鳴上疏自白並摭韜居鄉不法諸事帝兩置之無何韜劾南京御史龔湜郭本湜等自辨亦劾韜帝並置不問十八年簡補宮僚命韜以太子少保禮部尚書協掌詹事府事疏辭加秩且詆大臣受祿不讓晉秩不辭或有孤鼠鑽結陰固寵權怨氣召災實有所自其意亦爲言發既屢擊言不勝最後見郭勛與言有隙乃陰比勛與共齮齕言時中外訛言帝復南幸韜因頌勛言六飛南狩時臣下多納賄不法文官惟袁宗儒武官惟郭勛不受饋今訛言復播宜有以禁戢之帝既下詔安羣情乃詰韜曰朕非南巡卿不在行受賄事得自何人據實以奏韜對請問諸郭勛帝責其支詞務令指實韜窘乃言曩從諸臣無不受餽遺折取夫隸直者第問之夏言令自述至各官取賄實跡勛具悉始末當不欺如必欲臣言請假臣風憲職循途按之當備列以奏章下所司韜懼不當帝旨尋赴京列所遇進鮮船內臣貪橫狀帝亦不問明年十月卒於官年五十有四贈太子太保謚文敏韜學博才高量褊隘所至與人競帝頗心厭之故不大用先後多所建白亦頗涉國家大計且嘗薦大禮大獄得罪諸臣及廢籍李夢陽康海等在南都禁喪家宴飲絕婦女入寺觀罪娼戶市良人女毀淫祠建社學散僧尼表忠節既去士民思之始與璁萼結既而比郭勛舉進士出毛澄門下素執弟子禮議禮不合遂不復稱爲座主及總裁己丑會試亦遂不以唐順之等爲門生其議禮時詆司馬光後議薛瑄從祀至追論光不可祀孔廟其不顧公論如此子與瑕舉進士授慈谿知縣鄢懋卿巡鹽行部與瑕不禮爲所劾罷起知鄞縣終廣西僉事

熊浹字悅之南昌人正德九年進士授禮科給事中寧王宸濠將爲變浹與同邑御史熊蘭草奏授御史蕭淮上之濠倉卒舉事卒敗本兩人早發之力出核松潘邊餉副總兵張傑倚江彬勢贓累鉅萬誘殺熟番上功啓邊釁箠死千戶以下至五百人又嘗率家衆遮擊副使胡澧撫按莫敢言浹至盡發其狀傑遂褫職世宗踐阼廷議追崇禮未定浹馳疏言陛下起自藩服入登大寶倘必執爲後之說考孝宗而母慈壽則興獻母妃當降稱伯叔父母矣不知陛下承懽內庭時將仍舊稱乎抑改而從今稱乎若仍舊稱而不得尊之爲后則於慈壽徒有爲後之虛文於母妃則又缺尊崇之大典無一而可也臣愚謂興獻王尊以帝號別建一廟以示不敢上躋於列聖母妃則尊爲皇太后而少殺其儀稱以示不敢上同於慈壽此於大統固無所妨而天性之恩亦得以兼盡疏至會興王及妃已稱爲帝后下之禮官嘉靖初由右給事中出爲河南參議外艱歸六年服闋召修明倫大典超擢右僉都御史協理院事明年四月遷大理寺卿俄遷右副都御史大典成轉左八年二月遂擢右都御史掌院事京師民張福訴里人張柱殺其母東廠以聞刑部坐柱死不服福姊亦泣訴官謂母福自殺之其鄰人之詞亦然詔郎中魏應召覆按改坐福東廠奏法司妄出人罪帝怒下應召詔獄浹是應召議執如初帝愈怒褫浹職給事中陸粲劉希簡爭之帝大怒並下兩人詔獄侍郎許讚等遂抵柱死應召及鄰人俱充軍杖福姊百人以爲寃當是時帝方深疾孝武兩后家柱實武宗后家夏氏僕故帝必欲殺之浹家居十年至帝幸承天與近臣論舊人乃召爲南京禮部尚書改兵部參贊機務二十一年召爲兵部尚書掌都察院事居二年代許讚爲吏部尚書帝於禁中築乩仙臺問用其言決威福浹論其妄帝大怒欲罪之以前議禮故不遽斥二品六年滿加太子太保坐事奪俸者再浹知帝意終不釋遂稱病乞休帝大怒褫職爲民又十年卒浹少有志節自守嚴雖由議禮顯然不甚黨比尤愛護人才故其去吏部也善類多思之隆慶初復官予祭葬謚恭肅

黃宗明字誠甫鄞人正德九年進士除南京兵部主事進員外郎嘗從王守仁論學寧王宸濠反上江防三策武宗南征抗疏諫尋請告歸嘉靖二年起南京刑部郎中張璁桂萼爭大禮自南京召入都未上三年四月璁萼黃綰及宗明聯疏奏曰今日尊崇之議以陛下與爲人後者禮官附和之私也以陛下爲入繼大統者臣等考經之論也人之言曰兩議相持有大小衆寡不敵之勢臣等則曰惟理而已大哉舜之爲君視天下悅而歸己猶草芥也惟不順於父母如窮人無所歸今言者徇私植黨奪天子之父母而不顧在陛下可一日安其位而不之圖乎此聖諭令廷臣集議終日相視莫敢先發者勢有所壓理有所屈故也臣等大懼欺蔽因循終不能贊成大孝陛下何不親御朝堂進百官而詢之曰朕以憲宗皇帝之孫孝宗皇帝之姪興獻帝之子遵太祖兄終弟及之文奉武宗倫序當立之詔入承大統非與爲人後者也前者未及詳稽遽詔天下尊孝宗皇帝爲皇考昭聖太后爲聖母而興獻帝后別加本生之稱朕深用悔艾今當明父子大倫繼統大義改稱孝宗爲皇伯考昭聖爲皇伯母而去本生之稱爲皇考恭穆獻皇帝聖母章聖皇太后此萬世通禮爾文武廷臣尚念父子之親君臣之義與朕共明大倫於天下如此在朝百工有不感泣而奉詔者乎更以此告於天下萬姓其有不感泣而奉詔者乎此即周禮詢羣臣詢萬民之意也奏入帝大悅卒如其言宗明亦遂蒙帝眷明年出爲吉安知府遷福建鹽運使六年召修明倫大典以母憂歸服闋徵拜光祿卿十一年擢兵部右侍郎其冬編修楊名以劾汪鋐下詔獄詞連同官程文德亦坐繫詔書責主謀者益急宗明抗疏救且曰連坐非善政今以一人妄言必究主使廷臣孰不懼况名榜掠已極當嚴冬或困斃將爲仁明累帝大怒謂宗明即其主使並下詔獄謫福建右參政帝終念宗明議禮功明年召拜禮部右侍郎遼東兵變捶辱巡撫呂經而帝務姑息納鎮守中官王純等言將逮經宗明言前者遼陽之變生於有激今重賦苛徭悉已釐正廣寧復變又誰激之法不宜復赦請令新撫臣韓邦奇勒兵壓境揚聲討罪取其首惡用振國威不得專事姑息帝不從經卒被逮宗明尋轉左侍郎卒於官初議禮諸臣恃帝恩眷驅駕氣勢恣行胸臆宗明雖由是驟顯持論頗平於諸人中獨無畏惡之者

黃綰字宗賢黃巖人侍郎孔昭孫也承祖廕官後府都事嘗師謝鐸王守仁嘉靖初爲南京都察院經歷張璁桂萼爭大禮帝心嚮之三年二月綰亦上言曰武宗承孝宗之統十有六年今復以陛下爲孝宗之子繼孝宗之統則武宗不應有廟矣是使孝宗不得子武宗乃所以絕孝宗也由是使興獻帝不得子陛下乃所以絕興獻帝也不幾於三綱淪九法斁哉奏入帝大喜下之所司其月再上疏申前說俄聞帝下詔稱本生皇考復抗疏極辨又與璁萼及黃宗明合疏爭大禮乃定綰自是大受帝知及明年何淵請建世室綰與宗明斥其謬尋遷南京刑部員外郎再謝病歸帝念其議禮功六年六月召擢光祿少卿預修明倫大典王守仁中忌者雖封伯不給誥券歲祿諸有功若知府邢珣徐璉陳槐御史伍希儒謝源多以考察黜綰訟之於朝且請召守仁輔政守仁得給賜如制珣等亦敘錄綰尋遷大理左少卿其年十月璁萼逐諸翰林於外引己所善者補之遂用綰爲少詹事兼侍講學士直經筵以任子官翰林前此未有也明年大典成進詹事錦衣僉事聶能遷者初附錢寧得官用登極詔例還爲百戶後附璁萼議大禮且交關中貴崔文得復故職大典成諸人皆進秩能遷獨不與大恨囑罷閒主事翁洪草奏誣王守仁賄席書得召用詞連綰及璁綰疏辨且乞引避帝優旨留之而下能遷法司遣之戍洪亦編原籍爲民綰與璁輩深相得璁欲用爲吏部侍郎且令典試南京並爲楊一清所抑又以其南音不令與經筵綰大恚上疏醜詆一清而不斥其名帝心知其爲一清也以浮詞責之其年十月出爲南京禮部右侍郎偏攝諸部印十二年召拜禮部左侍郎初綰與璁深相結至是夏言長禮部帝方嚮用綰乃潛附之與璁左其佐南禮部也郎中鄒守益引疾詔綰覈實久不報而守益竟去吏部尚書汪鋐希璁指疏發其事詔奪守益官令鋐覆覈鋐遂劾綰欺蔽璁調旨制三秩出之外會禮部請祈穀導引官帝留綰供事鋐於是再疏攻綰且援及他事帝復命調外綰上疏自理因詆鋐爲璁鷹犬乞賜罷黜以避禍帝終念綰議禮功仍留任如故綰自是與璁貳矣初大同軍變殺總兵官李瑾據城拒守總制侍郎劉源清提督郤永議屠之城中恟懼外勾蒙古爲助塞上大震巡撫潘倣急請止兵源清怒馳疏力詆倣璁及廷議並右源清綰獨言非策及源清罷侍郎張瓚往代未至而郎中詹榮等已定亂執卒未盡獲軍民瘡痍甚代王請遣大臣綏輯之疏下禮部夏言以爲宜許而極詆前用兵之謬語侵璁璁怒力持不欲遣帝委曲諭解之乃特以命綰且令察軍情勘功罪得便宜行事綰馳至大同宗室軍民牒訴官軍暴掠者以百數無告叛軍者綰一無所問以安其心有爲叛軍使蒙古歸者綰執戮之反側者復相煽綰大集軍民曉以禍福罹害者陳牒綰佯不問而密以牒授給振官按里核實一日捕首惡數十人卒尚欽殺一家

三人懼不免夜鳴金倡亂無應者遂就禽綰復圖形購首惡數人軍民乃不復虞詿誤遂令有司樹木柵設保甲四隅創社學教軍民子弟城中大安還朝列上文武將吏功罪極詆源清永綰以勞增俸一等璁及兵部庇源清陰抑綰綰累疏論帝亦意嚮之源清永卒被逮綰尋以母憂歸十八年禮官以恭上皇天上帝大號及皇祖謚號請遣官詔諭朝鮮時帝方議討安南欲因以覘之乃曰安南亦朝貢之國不可以邇年叛服故不使與聞其擇大臣有學識者往廷臣屢以名上皆不用特起綰禮部尚書兼翰林學士爲正使諭德張治副之帝方幸承天趣綰詣行在受命綰憚往至徐州先馳使奏疾不能前致失期帝責綰不馳赴行在而舟詣京師爲大不敬令陳狀已而釋之綰數陳便宜請得節制兩廣雲貴重臣遣給事御史同事吏禮兵三部擇郎官二人備任使帝悉從之最後爲其父母請贈且援建儲恩例請給誥命如其官帝怒褫尚書新命以侍郎閒住使事亦竟寢久之卒於家綰起家任子致位卿貳初附張璁晚背璁附夏言時皆以傾狡目之方大禮之興也首繼璁上疏者爲襄府棗陽王祐楒其言曰孝廟止宜稱皇伯考聖父宜稱皇考興獻大王即興國之陵廟祀用天子禮樂祝稱孝子皇帝某聖母宜上徽號稱太妃迎養宮中庶繼體之道不失天性之親不泯時世宗登極歲之八月也自時厥後諸希寵干進之徒紛然而起失職武夫罷閒小吏亦皆攘臂努目抗論廟謨即璁萼輩亦羞稱之不與爲伍故自璁等八人外率無殊擢至致仕教諭王价遂請加諸臣貶竄誅戮之刑懲朋黨欺蔽之罪而最陋者南京刑部主事歸安陸澄初極言追尊之非逮服闋入都明倫大典已定璁萼大用事澄乃言初爲人誤質之臣師王守仁乃大悔恨萼悅其言請除禮部主事而帝見澄前疏惡之謫高州通判以去嘉靖四年七月席書將輯大禮集議因言近題請刊布多繫建言於三年以前若臣書及璁萼獻夫韜所正取者不過五人禮科右給事中熊浹南京刑部郎中黃宗明都察院經歷黃綰通政司經歷金述監生陳雲章儒士張少連及楚王棗陽王二宗室外所附取者不過六人有同時建議若監生何淵主事王國光同知馬時中巡檢房濬言或未純義多未正亦在不取其他罷職投閒之夫建言於璁萼等召用後者皆望風希旨有所覬覦亦一切不錄其錦衣百戶聶能遷昌平致仕教諭王价建言三年二三月未經採入今二臣奏乞附名應如其請帝從之因詔大禮已定自今有假言陳奏者必罪不宥至十二年正月蒲州諸生秦鏜伏闕上書言孝宗之統訖於武宗則獻皇帝於孝宗實爲兄終弟及陛下承獻皇帝之統當奉之於太廟而張孚敬議禮乃別創世廟以祀之使不得預昭穆之次是幽之也又謂分祀天地日月於四郊失尊卑大小之序去先師王號撤其塑像損其禮樂增啓聖祠皆非聖祖之意請復其初帝得奏大怒責以毀上不道下詔獄嚴訊令供主謀鏜服妄議希恩實無主使者乃坐妖言律論死繫獄其後又從豐坊之請入廟稱宗以配上帝則璁輩已死不及見矣

贊曰席書等亦由議禮受知而持論差平然事以激成末流多變蓋至入廟稱宗則亦非諸人倡議之初心矣書韜在官頗有所建樹浹宗明能自斂戢時論爲優至綰之傾狡乃不足道矣

明史卷一百九十八　列傳第八十六

總裁官總理事務　經筵講官少保兼太子太保保和殿大學士兼管吏部戶部尚書事加六級張廷玉等奉
敕修

楊一清　王瓊
彭澤　毛伯溫　汪文盛　鮑象賢
翁萬達

楊一清字應寧其先雲南安寧人父景以化州同知致仕攜之居巴陵少能文以奇童薦爲翰林秀才憲宗命內閣擇師教之年十四舉鄉試登成化八年進士父喪葬丹徒遂家焉服除授中書舍人久之遷山西按察僉事以副使督學陝西一清貌寢而性警敏好談經濟大略在陝八年以其暇究邊事甚悉入爲太常寺少卿進南京太常寺卿弘治十五年用劉大夏薦擢都察院左副都御史督理陝西馬政西番故饒馬而仰給中國茶飲以去疾太祖著令以蜀茶易番馬資軍中用久而寢弛奸人多挾私茶闌出爲利番馬不時至一清嚴爲禁盡籠茶利於官以服致諸番番馬大集會寇大入花馬池帝命一清巡撫陝西仍督馬政甫受事寇已退乃選卒練兵創平虜紅古二城以援固原築垣濬河以捍靖虜劾罷貪庸總兵武安侯鄭宏裁鎮守中官冗費軍紀肅然武宗初立寇數萬騎抵固原總兵曹雄軍隔絕不相聞一清帥輕騎自平涼晝夜行抵雄軍爲之節度多張疑兵脅寇寇移犯隆德一清夜發火礮響應山谷間寇疑大兵至遁出塞一清以延綏寧夏甘肅有警不相援患無所統攝請遣大臣兼領之大夏請即命一清總制三鎮軍務尋進右都御史一清遂建議修邊其略曰陝西各邊延綏據險寧夏甘肅扼河山惟花馬池至靈州地寬延城堡復疎寇毀牆入則固原慶陽平涼鞏昌皆受患成化初寧夏巡撫徐廷璋築邊牆綿亘二百餘里在延綏者余子俊修之甚固由是寇不入套二十餘年後邊備疎牆塹日夷弘治末至今寇連歲侵略都御史史琳請於花馬池韋州設營衞總制尚書秦紘僅修四五小堡及靖虜至環慶治塹七百里謂可無患不一二年寇復深入是紘所修不足捍敵臣久官陝西頗諳形勢寇動稱數萬往來倏忽未至徵兵多擾費既至召援輒後時欲戰則彼不來持久則我師坐老臣以爲防邊之策大要有四修濬牆塹以固邊防增設衞所以壯邊兵經理靈夏以安內附整飭韋州以遏外侵今河套即周朔方漢定襄赫連勃勃統萬城也唐張仁愿築三受降城置烽堠千八百所突厥不敢踰山牧馬古之舉大事者未嘗不勞於先逸於後夫受降據三面險當千里之蔽國初舍受降而衞東勝已失一面之險其後又輟東勝以就延綏則以一面而遮千餘里之衝遂使河套沃壤爲寇巢穴深山大河勢乃在彼而寧夏外險反南備河此邊患所以相尋而不可解也誠宜復守東勝因河爲固東接大同西屬寧夏使河套方千里之地歸我耕牧屯田數百萬畝省內地轉輸策之上也如或不能及今增築防邊敵來有以待之猶愈無策因條具便宜延綏安邊營石澇池至橫城三百里宜設墩臺九百座暖譙九百間守軍四千五百人石澇池至定邊營百六十三里平衍宜牆者百三十一里險崖峻阜可剷削者三十二里宜爲墩臺連接寧夏東路花馬池無險敵至仰客兵宜置衞與武營守禦所兵不足宜召募自環慶以西至寧州宜增兵備一人橫城以北黃河南岸有墩三十六宜修復帝可其議大發帑金數十萬使一清築牆而劉瑾憾一清不附己一清遂引疾歸其成者在要害間僅四十里瑾誣一清冒破邊費逮下錦衣獄大學士李東陽王鏊力救得解仍致仕歸先後罰米六百石安化王寘鐇反詔起一清總制軍務與總兵官神英西討中官張永監其軍未至一清故部將仇鉞已捕執之一清馳至鎮宣布德意張永旋亦至一清與結納相得甚歡知永與瑾有隙乘間扼腕言曰賴公力定反側然此易除也如國家內患何永曰何謂也一清遂促席畫掌作瑾字永難之曰是家晨夕上前枝附根據耳目廣矣一清慷慨曰公亦上信臣討賊不付他人而付公意可知今功成奏捷請間論軍事因發瑾奸極陳海內愁怨懼變起心腹上英武必聽公誅瑾瑾誅公益柄用悉矯前弊收天下心呂強張承業暨公千載三人耳永曰脫不濟奈何一清曰言出於公必濟萬一不信公頓首據地泣請死上前剖心以明不妄上必爲公動苟得請即行事毋須臾緩於是永勃然起曰嗟乎老奴何惜餘年不以報主哉竟如一清策誅瑾永以是德一清左右之得召還拜戶部尚書論功加太子少保賜金幣尋改吏部一清於時政最通練而性闊大愛樂賢士大夫與共功名凡爲瑾所搆陷者率見甄錄朝有所知夕即登薦門生偏天下嘗再帥關中起偏裨至大將封侯者累累然不絕饋謝有所入緣手即散之大盜躙中原一清疏請命將調兵前後凡數上皆報可盜平加少保太子太保廕錦衣百戶再推內閣不用用尚書靳貴而進一清少傅太子太傅給事中王昂論選法弊指一清植私黨帝爲謫昂一清更申救優旨報聞乾清宮災詔求直言一清上書言視朝太遲享祀太慢西內創梵宇禁中宿邊兵畿內皇店之害江南織造之擾因引疾乞歸帝慰留之大學士楊廷和憂去命一清兼武英殿大學士入參機務張永尋得罪罷而義子錢寧用事寧故善一清有搆之者因蓄怨會災異一清自劾極陳時政中有狂言惑聖聽匹夫搖國是禁廷雜介冑之夫京師無藩籬之託語譏切近倖帝弗省寧與江彬輩聞之大怒使優人於帝前爲蜚語刺譏一清時有考察罷官者嗾武學生朱大周訐一清陰事而以寧爲內主給事御史周金陳軾等交章劾大周妄言請究主使帝不聽一清乃力請骸骨歸賜敕褒諭給夫廩如制帝南征幸一清第樂飲兩晝夜賦詩賡和以十數一清從容諷止帝遂不爲江浙行世宗爲世子時獻王嘗言楚有三傑劉大夏李東陽及一清也心識之及即位廷臣交薦一清乃遣官賜金幣存問諭以宣召期趣使有言一清陳謝特予一子官中書舍人嘉靖三年十二月戊午詔一清以少傅太子太傅改兵部尚書左都御史總制陝西三邊軍務故相行邊自一清始溫詔褒美比之郭子儀一清至是三爲總制部曲皆踴躍喜亦不剌竄西海爲西寧

洮河害金獻民言撫便獨一清請勳士魯番求貢陳九疇欲絕之一清則請撫時帥諸將肆習行陣嘗曰無事時當如有事隄防有事時當如無事鎮靜會張璁等力排費宏御史吉棠因請還一清內閣給事中章僑御史侯秩等爭之帝譴秩官召一清爲吏部尚書武英殿大學士既入見加少師仍兼太子太傅非故事也亡何獻皇帝實錄成加太子太師謹身殿大學士一清以不預纂修辭不許王憲奏捷推功一清加特進左柱國華蓋殿大學士費宏已去一清遂爲首輔帝賜銀章二曰耆德忠正曰繩愆糾違令密封言事與張璁論張永前功起爲提督團營給事中陸粲請督築邊牆推明一清曩時議一清因力從臾之帝爲發帑金命侍郎王廷相往然久之亦竟止明倫大典成加正一品俸初大禮議起一清方家居見張璁疏寓書門人喬宇曰張生此議聖人復起不能易也又勸席書早赴召以定大議璁等既驟顯頗引一清帝亦以一清老臣恩禮加渥免常朝日講侍班朔望朝參令晨初始入閣視事御書和章及金幣牢醴之賜甚渥所言邊事國計大小無不傾聽璁與桂萼既攻去費宏意一清必援己一清顧請召謝遷心怨之遷未至璁已入內閣多所更建一清引故事稍裁抑其黨積不平錦衣聶能遷訐璁璁欲置之死一清不可璁怒上疏陰詆一清又嗾黃綰排之甚力一清疏辨言璁以能遷故排己且傍及璁他語因乞骸骨帝爲兩解之一清又因災變請戒飭百官和衷復乞宥議禮諸臣罪璁益憾桂萼入內閣亦不相能一清屢求去且言今持論者尚紛更臣獨主安靜尚刻覈臣獨主寬平用是多齟齬願避賢者路帝復溫旨褒之而給事中王準陸粲發璁萼招權納賄狀帝立罷璁萼且暴其罪其黨霍韜攘臂曰張桂行勢且及我遂上疏力攻一清言其受張永蕭敬賄一清再疏辨乞罷帝雖慰留之而璁復召還韜攻益急且言法司承一清風指構成萼罪帝果怒令法司會廷臣雜議出刑部尚書周倫於南京以侍郎許讚代讚乃實韜言請削一清籍帝令一清自陳璁乃三上密疏引一清贊禮功乞賜寬假實以堅帝意俾之去帝果允致仕馳驛歸仍賜金幣明年璁等構朱繼宗獄坐一清受張永弟容金錢爲永誌墓又與容世錦衣指揮遂落職閒住一清大恨曰老矣乃爲孺子所賣疽發背死遺疏言身被汚衊死且不瞑帝令釋贓罪不問後數年復故官久之贈太保謚文襄一清生而隱宮貌寺人無子博學善權變尤曉暢邊事羽書旁午一夕占十疏悉中機宜人或訾已反薦揚之惟晚與璁萼異爲所軋不獲以恩禮終然其才一時無兩或比之姚崇云

王瓊字德華太原人成化二十年進士授工部主事進郎中出治漕河三年臚其事爲志繼者按稽之不爽毫髮由是以敏練稱改戶部歷河南右布政使正德元年擢右副都御史督漕運明年入爲戶部右侍郎衡府有賜地蕪不可耕勒民出租以爲常王反誣民趙賢等侵據瓊往按奪旁近民地予之賢等戍邊民多怨者三年春廷推吏部侍郎前後六人皆不允最後以瓊上許之坐任戶部時邊臣借太倉銀未償所司奏遲尚書顧佐奪俸而瓊改南京已復改戶部八年進尚書瓊爲人有心計善鉤校爲郎時悉錄故牘條例盡得其斂散盈縮狀及爲尚書益明習國計邊帥請芻糗則屈指計某倉某場庤糧草幾何諸郡歲輸邊卒歲採秋青幾何曰足矣重索妄也人益以瓊爲才十年代陸完爲兵部尚書時四方盜起將士以首功進秩瓊言此嬴秦弊政行之邊方猶可未有內地而論首功者今江西四川妄殺平民千萬縱賊貽禍皆此議所致自今內地征討惟以蕩平爲功不計首級從之帝時遠遊塞外經歲不還近畿盜竊發瓊請於河間設總兵一人大名武定各設兵備副使一人責以平賊而檄順天保定兩巡撫嚴要害爲外防集遼東延綏士馬於行在以護車駕中外恃以無恐孝豐賊湯麻九反有司請發兵勦瓊請密敕勘糧都御史許廷光出不意禽之無一脫者四方捷奏上多推功瓊數受廕賚累加至少師兼太子太師子錦衣世千戶及營建乾清宮又廕錦衣千戶者二寵遇冠諸尚書十四年寧王宸濠反瓊請敕南和伯方壽祥督操江兵防南都南贛巡撫王守仁湖廣巡撫秦金各率所部趨南昌應天巡撫李充嗣鎮京口淮揚巡撫叢蘭扼儀眞奏上帝意欲親征持三日不下大學士楊廷和趣之竟下親征詔命瓊與廷和等居守先是瓊用王守仁撫南贛假便宜提督軍務比宸濠反書聞舉朝惴惴瓊曰諸君勿憂吾用王伯安贛州正爲今日賊旦夕禽耳未幾果如其言瓊才高善結納厚事錢寧江彬等因得自展所奏請輒行其能爲功於兵部者亦彬等力也陸完敗代爲吏部尚書瓊忌彭澤平流賊聲望出己上構於錢寧中澤危法又陷雲南巡撫范鏞甘肅巡撫李昆副使陳九疇於獄中外多畏瓊而大學士廷和亦以瓊所誅賞多取中旨不關內閣弗能堪明年世宗入繼言官交劾瓊繫都察院獄瓊力訐廷和帝愈不直瓊下廷臣雜議坐交結近侍律論死命戍莊浪瓊復訴年老改戍綏德張璁桂萼霍韜用事以瓊與廷和讎首薦之不納至嘉靖六年有邊警萼力請用瓊不果帝亦憫瓊老病令還籍爲民御史胡松因劾萼譎外任其同官周在請宥松並下詔獄萼復言瓊前攻廷和故廷臣羣起排之帝乃命復瓊尚書待用明年遂以兵部尚書兼右都御史代王憲督陝西三邊軍務土魯番據哈密廷議閉關絕其貢四年矣至是其將牙木蘭爲酋速檀滿速兒所疑率衆二千求內屬沙州番人帖木哥土巴等素爲土魯番役屬者苦其徵求亦率五千餘人入附番人來寇連爲參將雲昌等所敗其引瓦剌寇肅州者遊擊彭濬擊退之賊既失援又數失利乃獻還哈密求通貢乞歸羈留使臣而語多謾瓊奏乞撫納帝從兵部尚書王時中議如瓊請霍韜難之瓊再疏請詔還番使通貢如故自是西域復定而北寇常爲邊患初入犯莊浪瓊部諸將遮擊之斬數十級俄由紅城子入殺部偏主簿張文明明年以數萬騎寇寧夏已又犯靈州瓊督遊擊梁震等邀斬七十餘人其秋集諸道精卒三萬按行塞下寇聞徙帳遠遁諸軍分道出縱野燒耀兵而還先是南京給事中邱九仞劾瓊帝慰留之及璁萼罷政諸劾璁萼黨者咸首瓊乃令致仕俄寢前詔遣慰諭會番大掠臨洮瓊集兵討籠板爾諸族焚其巢斬首三百六十撫降七十餘族錄功加太子太保瓊在邊戎備甚飭寇嘗入山西得利踰歲復徼境上陽欲東瓊令備其西寇果入大敗之諸番蕩平西陲益靖甘肅軍民素苦土魯番侵暴恐瓊去相率乞守臣奏留於是巡撫唐澤巡按胡明善具陳其功乞如軍民請優詔奬之初帝惡楊廷和疑廷臣悉其黨故連用桂萼方獻夫爲吏部及獻夫去帝不欲授他人久不補至十年冬遣行人齎敕名瓊爲吏部尚書南京御史馬敭等十人力詆瓊先朝遺奸帝大怒盡逮敭等下詔獄慰諭瓊未幾敭等亦還職花馬池有警兵部尚書王憲請發兵瓊言花馬池備嚴寇不能入大軍至且先退徒耗中國憲竟發六千人比至彰德寇果遁明年秋卒官贈太師謚恭襄是年彭澤已先卒矣當正嘉間澤瓊並有才畧相中傷不已亦迭爲進退而瓊險忮公論尤不予然在本兵時功多而其督三邊也人以比楊一清云

彭澤字濟物蘭州人幼學於外祖段堅有志節會試二場畢聞母病徑歸母病亦已登弘治三年進士授工部主事歷刑部郎中勢豪殺人澤寘之辟中貴爲祈免執不聽出爲徽州知府澤將遣女治漆器數十使吏送其家澤父大怒趣焚之徒步詣徽澤驚出迓目吏負其裝父怒曰吾負此數千里汝不能負數步耶入杖澤堂下杖已持裝徑去澤益痛砥礪政最人以方前守孫遇見循吏傳中父喪歸正德初起知眞定閹人數撓禁澤治一棺於廳事以死怵之其人不敢逞遷浙江副使歷河南按察使所至以威猛稱擢右僉都御史巡撫遼東進右副都御史改保定未赴而劉惠趙鐩等亂河南命澤與咸寧伯仇鉞提督軍務討之陳便宜十一事厚賞峻罰以激勸將吏澤體幹修偉腰帶十二圍大音聲與人語若叱咤始至大陳軍容引見諸將校責以畏縮當死諸將校股栗伏罪良久乃釋遂下令鼓行薄賊大小數十戰連破之甫四月賊盡平語詳鉞傳錄功進右都御史太子少保廕子錦衣世百戶尋代洪鍾總督川陝諸軍討四川賊時鄢本恕藍廷瑞廖惠曹甫已平惟廖麻子喻思俸猖獗如故澤偕總兵官時源數敗賊部將閻勲追禽麻子於劍州思俸竄通巴間勢復振澤督諸軍圍之卒就禽澤遂移漢中請班師未報而內江榮昌賊復熾澤又移師討平之且平成都亂卒之執知州指揮者請班師益力詔暫留保寧鎮撫進左都御史太子太保廕子如初澤復請還者再乃召還未行會土魯番據哈密執忠順王速檀拜牙郎以其印去投謾書甘肅要索金幣總制鄧璋甘肅巡撫趙鑑以聞請遣大臣經畧大學士楊廷和等共薦澤澤久在兵間厭之以鄉土爲辭且引疾推璋及咸寧侯鉞可任帝優詔慰勉乃行澤材武知兵然性疎濶負氣經畧哈密事頗不當錢寧王瓊等交齮齕之遂因此得罪澤至甘州土魯番方寇赤斤苦峪諸衞遣使索金幣請還哈密澤以番人可利啗也與鑑謀遣哈密都督寫亦虎仙以幣二千銀酒鎗一賂之令還哈密城印未得報輒奏事平乞骸骨召還理院事巡按御史馮時雍言城未歸澤不宜遽名不納初兵部缺尚書廷臣共推澤而王瓊得之且陰阻澤言官多劾瓊者由是有隙澤又使酒常夌瓊瓊愈欲傾之澤時時罵錢寧寧未信瓊乃邀澤飲匿寧所親屏間挑澤醉罵使聞之寧果大怒會寇大入宣府廷議以許泰將兵澤總制東西兩邊軍務及詔下罷泰不遣又不命澤總制獨令提督兩遊擊兵六千人以行意以困澤澤言臣文臣摧鋒陷陣非臣所能獨任瓊乃奏遣成國公朱輔會寇遁澤還理院事寫亦虎仙者素桀

黠難居肅州陰通土魯番酋速檀滿速兒爲之耳目據城奪印皆其謀澤初不知而遣之滿速兒以城印來歸留速檀拜牙郎如故虎仙復啗使入寇曰肅州可得也滿速兒悅使其壻馬黑木隨入貢以覘虛實且徵賄澤已還鑑亦遷去李昆代巡撫慮他變質其使於甘州而驅虎仙出關虎仙懼弗去滿速兒聞之怒復取哈密分兵據沙州自率萬騎寇嘉峪關遊擊芮寧與參將蔣存禮禦之寧以七百人先遇寇沙子壩寇圍寧而分兵綴存禮軍寧軍盡沒遂躪城堡縱殺掠詔澤提督三邊軍務往禦會副使陳九疇繫其使失拜煙答及虎仙等內應絕乃復求和澤兵遂罷尋乞骸骨歸馳驛給夫廩如制澤旣去璁追論嘉峪之敗請窮詰增幣者主名錢寧從中下其事大學士梁儲等持之乃已會失拜煙答子訟父寃下法司議釋寫亦虎仙等璁因請遣給事御史勘失事狀還報無所引璁遂劾澤妄增金幣遺書議和失信啟釁辱國喪師昆九疇俱宜罪詔斥澤爲民昆九疇逮訊昆謫官九疇除名世宗入繼錢寧敗璁亦得罪御史楊秉中請召澤遂卽家起兵部尚書太子太保昆九疇亦復官部事積壞久澤釐功罪杜干請兵政一新初正德時廷臣建白戎務奉俞旨者多廢格澤請臚列成書次第修舉又請勅九邊守臣策防禦方畧毋畫境自保鎮巡居中調度毋相牽制諸邊各以農隙築牆濬濠修墩臺飭屯堡爲經久計內地盜甫息敕守臣練卒伍立保甲懲匿盜不舉者且撫西南諸苗蠻中海禁汰京軍老弱帝咸嘉納詔遣中官楊金鄭斌安川更代鎮守復令張弼劉瑤守凉州居庸澤持不可罷弗遣四川巡撫胡世寧劾分守中官趙欽澤因請盡罷諸鎮守時雖不從其後鎮守竟罷嘉靖元年澤言天下軍官部皆有帖黃籍用以黜陟錦衣獨無於是置籍如諸衞錦衣千戶劉璟等詔書黜汰復求還官司禮中官蕭敬請補監局工匠千五百人澤皆持不可帝並從之帝將授外戚蔣泰等五人爲錦衣澤爭不納在部多所執持會御史史道以許楊廷和下獄澤復劾道帝因諭言官惟大奸及機密事專疏奏餘只具公疏毋挾私中傷善類詔下給事御史交章劾澤阻言路壞祖宗法帝乃從吏部言停前論澤不自安累疏乞休言者復交劾之乃加少保賜敕乘傳歸錦衣百戶王邦奇憾澤嘗抑己上書言哈密失國由澤賂番求和所致語侵楊廷和陳九疇等張璁桂萼方疾廷和遂逮九疇廷訊戍邊澤復奪官爲民家居鬱鬱以卒總制尚書唐龍言澤孝友廉直先後討平羣盜功在盟府陛下起之田間俾掌邦政澤孜孜奉國復爲讒言搆罷今歿已五年所遺二妾衣食不給請覈澤往勞復官加卹以作忠臣之氣不從隆慶初復官諡襄毅

毛伯温字汝厲吉水人祖超廣西知府伯温登正德三年進士授紹興府推官擢御史巡按福建河南世宗卽位中官張銳張忠等論死其黨蕭敬韋霦陰緩之伯温請幷誅敬霦中官爲屏氣嘉靖初遷大理寺丞擢右僉都御史巡撫寧夏李福達獄起坐爲大理時失入褫職歸用薦起故官撫山西移順天皆未赴改理院事進左副都御史爲趙府宗人祐棕所訐解官候勘已復褫職十五年冬皇嗣生將頒詔外國禮部尚書夏言以安南久失朝貢不當遣使請討之遂起伯温右都御史與咸寧侯仇鸞治兵待命以父喪辭不許明年五月至京上方畧六事會安南世孫黎寧遣陪臣鄭惟僚等愬莫登庸弑逆請興師復讐帝疑其不實命暫緩師敕兩廣雲南守臣勘報而命伯温協理院事御史何維柏請聽伯温終制不許伯温引疾不出至禫除始起視事其冬遷工部尚書十七年春黔國公沐朝輔等以登庸降表至請宥罪許貢先是雲南巡撫汪文盛奏登庸聞發兵進討遣使潛覘帝已敕遵前詔進兵文盛又納安南降人武文淵策具言登庸可破狀復傳檄安南令奉表獻地及是下朝輔奏付廷議僉言不可許乃改伯温兵部尚書兼右都御史剋期啟行帝以用兵事重無必討意特欲威服之而兵部尚書張瓚無所畫視帝意爲可否朝論多主不當興師顧不敢顯諫制下數月兩廣總督侍郎張經以用兵方畧上且言須兵三十萬餉百六十萬石欽州知州林希元則極言登庸易取請卽日出師瓚不敢決復請廷議議上無成策帝不懌讓瓚師復止命伯温仍協理院事明年二月帝幸承天詔伯温總督宣大山西軍務俄選宮僚加兼太子賓客大同所轄鎮邊鎮川弘賜鎮河鎮虜五堡相距二百餘里極邊近賊帳自巡撫張文錦以築堡致亂後無敢議修者伯温曰變所由生以任用匪人非建議謬也卒營之募軍三千防守給以閒田永除其賦邊防賴焉錄功加太子少保是時登庸懼討數上表乞降帝亦欲因撫之遣侍郎黃綰招諭綰多所要求帝怒罷綰再下廷議咸言當討帝從之閏七月命伯温鸞南征文武三品以下不用命者許軍令從事伯温等至廣西會總督張經總兵官安遠侯柳珣參政翁萬達張岳等議徵兩廣福建湖廣狼土官兵凡十二萬五千餘人分三哨自憑祥龍峒思陵州入而以奇兵二爲聲援檄雲南巡撫汪文盛帥兵駐蓮花灘亦分三道進部署已定會鸞有罪召還卽以珣代十九年秋伯温等進駐南寧檄安南臣民諭以天朝興滅繼絕之義罪止登庸父子舉郡縣降者以其地授之懸重購購登庸父子而宣諭登庸籍土地人民納款卽如詔書宥罪登庸大懼遣使詣萬達乞降詞甚哀萬達送之伯温所伯温承制許之宣天子恩威納其圖籍幷所還欽州四峒地權令還國聽命馳疏以聞帝大悅詔改安南國爲安南都統使司以登庸爲都統使世襲置十三宣撫司令自署置伯温受命歲餘不發一矢而安南定由帝本不欲用兵故也論功加太子太保二十一年正月還朝復理院事邊關數有警伯温請築京師外城帝已報可給事中劉養直言廟工方興物力難繼乃命暫止其年十月張瓚卒伯温代爲兵部瓚貪黷在部八年戎備盡墮伯温會廷臣議上防邊二十四事軍令一新言官建議請覈實新軍京軍及內府力士匠役以裕國儲伯温因上冗濫當革者二十餘條凡錦衣騰驤諸衞御馬內官尙膳諸監素爲中貴盤踞者盡在革中帝稱善立命清汰宿弊頗釐而左右近習多不悅二十三年秋順天巡撫朱方以防秋畢請撤客兵未幾寇大入直逼畿輔帝震怒幷械總督翟鵬遣戍斃方杖下御史舒汀言方止議撤薊兵而幷撤宣大則伯温與職方郎韓最也帝遂削伯温籍杖最八十戍極邊伯温歸疽發背卒穆宗立復官賜卹天啟初追諡襄懋伯温氣宇沉毅飲啖兼十人臨事決機不動聲色安南之役萬達岳策爲多伯温力薦於朝二人遂得任用汪文盛字希周崇陽人正德六年進士授饒州推官有顧嵩者挾刃入淮王祐棨府被執誣文盛使刺王下獄訊治久之得白還官事詳淮王傳入爲兵部主事偕同官諫武宗南巡杖闕下嘉靖初歷福州知府遷浙江陝西副使皆督學校擢雲南按察使十五年冬廷議將討安南以文盛才就拜右僉都御史巡撫其地黔國公沐朝輔幼兵事一決於文盛副使鮑象賢言勦不如撫文盛然之會聞莫登庸已篡位安南舊臣不服多據地搆兵有武文淵者據宣光以所部萬人降獻進兵地圖且言舊臣阮仁蓮黎景瑂等皆分據一方與登庸抗天兵至號召國中義士諸方並起登庸可禽也文盛以聞授文淵四品章服子弟給冠帶文盛又招安南旁近諸國助討皆聽命乃奏言老撾地廣兵衆可使當一面八百車里孟艮多兵象可備徵調酋長俱未襲職乞免其保勘先授以官彼必鼓勇爲用帝悉從之文盛乃檄安南所部以土地歸者仍故職幷諭登庸歸命攻破鎮守營方瀛救之失利登庸部衆多來附文盛列營樹柵蓮花灘處之蓮花灘者蒙自縣地當交廣水陸衝爲安南腹裏登庸益懼請降願修貢因言黎寧阮氏子所持印亦僞文盛以聞朝議不許旣而毛伯温至南寧受登庸降如文盛議安南遂定是役也功成於伯温然伐謀制勝文盛功爲多及論功伯温及兩廣鎮巡官俱進秩而文盛止賚銀幣奸人唐弼請開大理銀礦帝許之文盛斥其妄下之吏召爲大理卿九廟災道病自陳疏少緩令致仕卒賜卹如制從子宗伊字子衡爲文盛後嘉靖十七年進士除浮梁知縣累官兵部郎中楊繼盛劾嚴嵩及其孫鵠冒功事宗伊議不撓忤嵩自免歸隆慶初起南京吏部郎中歷應天府尹裁諸司供億歲省民財萬計萬曆初進南京大理卿三遷戶部尚書總督倉場致仕卒天啟初追諡恭惠鮑象賢歙人由進士授御史歷雲南副使毛伯温檄文盛會師以象賢領中哨屢遷右副都御史巡撫陝西代石簡撫雲南初元江土舍那鑑殺知府那憲以叛布政使徐樾往招降被殺簡攻之未克坐樾事罷而象賢代之乃集土漢兵七萬以討鑑懼仰藥死擇那氏後立之遷兵部右侍郎總督兩廣軍務賊魁徐銓等糾倭橫海上檄副使汪栢等擊斬之廣西賊黃父將等擾慶遠擣其巢大獲予象賢一子官入佐南京兵部被劾回籍聽勘家居十年起太僕卿復以右副都御史巡撫山東召拜兵部左侍郎年老引去隆慶初卒

翁萬達字仁夫揭陽人嘉靖五年進士授戶部主事再遷郎中出爲梧州知府咸寧侯仇鸞鎮兩廣縱部卒爲虐萬達縛其尤橫者杖之閱四年聲績大著會朝議將討安南擢萬達廣西副使專辦安南事萬達請於總督張經曰莫登庸大言中國不能正土官弒逆罪安能問我今憑祥州土舍李寰弒其土官珍思恩府土目盧回煽九司亂龍州土舍趙楷殺從子燧爰又結田州人韋應殺燧弟寶斷藤峽猺侯公丁負固此曹同惡共濟一旦約爲內應我且不自保先禽此數人問罪安南易下耳經曰然惟君之所爲於是誅寰應禽回招還九司誘殺楷佯繫訟公丁者紿公丁執諸坐以兩軍破平其巢又議割四峒屬南寧降峒豪黃賢相登庸始懼遣浙江右參政經以征安南非萬達不可奏留之乃命以參政涖廣西已而毛伯温集兵進勦萬達上書伯温言揖讓

而告成功上策也懾之以不敢不從中策也芟夷絕滅終爲下策伯溫然之會獲安南諜者丁南傑萬達解其縛厚遇遣之去休以天朝兵威登庸大懼乃詣伯溫乞降是役也萬達功最賞不逾常格然帝知其能遷四川按察使歷陝西左右布政使二十三年擢右副都御史巡撫陝西尋進兵部右侍郎兼右僉都御史代翟鵬總督宣大山西保定軍務劾罷宣府總兵官郤永副總兵姜奭薦何卿趙卿沈希儀趙卿遂代永萬達謹偵候明賞罰每當防秋發卒乘障陰遣卒偵硃於油察離次者硃其處卒歸輒縛毋敢復離次者嚴殺降禁違輒抵死得降人撫之如所親以是益知敵情寇數萬騎犯大同中路入鐵裹門故總兵官張達力戰卻之又犯鵓鴿谷參將張鳳諸生王邦直等戰死萬達與總兵官周尚文備陽和而遣騎四出邀擊頗有斬獲寇登山見官兵大集乃引去事聞賜敕獎賚屢疏請修築邊牆議自大同東路陽和口至宣府西陽河須帑銀二十九萬帝已許之兵部撓其議以大同舊有二邊不當復於邊內築牆帝不聽乃自大同東路天城陽和開山口諸處爲牆百二十八里堡七墩臺百五十四宣府西路西陽河洗馬林張家口諸處爲牆六十四里敵臺十斬崖削坡五十里工五十餘日成進右都御史發代府宗室充灼等叛謀進左都御史已會宣大山西鎮巡官議上邊防修守事宜其畧曰山西起保德州黃河岸歷偏頭抵老營二百五十四里大同西路起丫角山歷中北二路東抵東陽河鎮口臺六百四十七里宣府起西陽河歷中北二路東抵永寧四海治千二十三里凡千九百二十四里皆逼巨寇險在外所謂極邊也山西老營堡轉南而東歷寧武雁門至平刑關八百里又轉南而東歷龍泉倒馬紫荊之吳王口插箭嶺浮圖峪至沿河口千七十餘里又東北歷高崖白羊至居庸關一百八十餘里凡二千五十餘里皆峻山層岡險在內所謂次邊也外邊大同最難守次宣府次山西之偏老大同最難守者北路宣府最難守者西路山西偏關以西百五十里恃河爲險偏關以東百有四里畧與大同西路等內邊紫荊寧武雁門爲要次則居庸倒馬龍泉平刑邇年寇犯山西必自大同犯紫荊必自宣府先年山西防秋止守外邊偏老一帶歲發班軍六千人備禦大同仍置兵寧雁爲聲援比棄極衝守次邊非守要之意宣府亦專備西中二路而北路空虛且連年三鎮防秋徵調遼陝兵馬糜糧賞不訾恐難持久併守之議實爲善經外邊四時皆防城堡兵各有分地冬春徂夏不必參錯徵發若泥往事臨時調遣近者數十里遠者百餘里首尾不相應萬一如往年潰牆而入越關而南京師震駭方始徵調何益事機擺邊之兵未可遽罷易曰王公設險以守其國設之云者築垣乘障資人力之謂也山川之險險與彼共垣塹之險險爲我專百人之堡非千人不能攻以有垣塹可憑也修邊之役必當再舉夫定規畫度工費二者修邊之事愼防秋併兵力重責成量徵調實邊堡明出塞計供億節財用八者守邊之事因條十事上之帝悉報許乃請帑銀六十萬兩修大同西路宣府東路邊牆凡八百里工成予一子官萬達精心計善鉤校牆堞近遠濠塹深廣曲盡其宜寇乃不敢輕犯牆內戍者得以暇耕牧邊費亦日省初客兵防秋歲帑金一百五十餘萬添發且數十萬其後減省幾半又議掣山西兵弁力守大同巡撫孫繼魯沮之帝爲逮繼魯悉納萬達言萬達更事久帝深倚之所請無不從獨言俺答貢事與帝意左先是二十一年俺答阿不孩使石天爵等款鎮遠堡求貢言小王子等九部牧青山艷中國縑帛入掠止人畜所得寡且不能無亡失故令天爵輸誠朝議不納天爵等復至巡撫龍大有執之大有進一官將吏悉遷擢磔天爵於市寇怒大入屠村堡信使絕五年會玉林衞百戸楊威爲所掠威詭能定貢市遂釋還俺答阿不孩復遣使款大同左衞塞邊帥家丁董寶等狃天爵前事復殺之以首功報萬達言北敵弘治前歲入貢疆場稍寧自虞臺嶺之戰覆我師漸輕中國侵犯四十餘年石天爵之事臣嘗痛邊臣失計今復通款卽不許當善相諭遣誘而殺之此何理也請亟誅寶等榜塞上明告以朝廷德意解其蓄怨搆兵之謀帝不聽未幾俺答阿不孩復奉印信番文欲詣邊陳款萬達爲奏曰今屆秋彼可一逞乃屢被殺戮猶請貢不已者緣入犯則利在部落獲貢則利歸其長處之克當邊患可弭若臣等封疆臣貢亦備不貢亦備不緣此懈也兵部尚書陳經等言敵難信請敕邊臣詰實責萬達十日內回奏萬達還其使與約至期使者不至萬達慮帝督過以使者去無可究爲辭已而使狎至牢拒之好言慰答而已俺答以通好散處其衆不設備亦不殺哨卒頃之復至詞益恭萬達又爲奏曰敵懇懇求貢去而復來今宣大興版築正當羈縻使無擾請限以地以人以時悉聽卽許之貢不聽則曲在彼卽拒絕之帝責其瀆奏卒不許蓋是時曾銑有復套之議夏言主之故力絀貢議且以復套事行諸邊臣議之萬達議曰河套本中國故壤成祖三犂王庭殘其部落舍黃河衞東勝後又撤東勝以就延綏套地遂淪失然正統弘治間我未守彼亦未取乃因循畫地守捐天險失沃野之利弘治前我猶歲搜套後乃任彼出入盤據其中畜牧生養譬之爲家成業久矣欲一舉復之毋乃不易乎提軍深入山川之險易迷徑之迂直水草之有無皆未熟知我馬出塞三日已疲彼騎一呼可集我軍數萬衆緩行持重則備益固疾行趨利則輜重在後卽得小利歸師尚艱倘失嚮導全軍殆矣彼遷徙遠近靡常一戰之後彼或保聚或佯遁觭角時動壁壘相持已離復合終不渡河我軍於此戰耶退耶兩相守耶數萬衆出塞亦必數萬衆援之又以驍將通糧道是皆至難而不可任者也夫馳擊者彼所長守險者我所便弓矢利馳擊火器利守險舍火器守險與之馳擊於黃沙白草間大非計議者欲整六萬衆爲三歲期春夏馬瘦彼弱我利於征秋冬馬肥彼強我利於守春蒐套秋守邊三舉彼必遠遁我乃拒河守夫馬肥瘦我與敵共之卽彼弱然坐以待懼其搗擊我及彼強又懼其報復我且六萬之衆千里襲人一舉失利議論蜂起烏能待三卽三舉三勝彼敗而守終不渡河版築亦無日議者見近時搗巢恒獲首功昔年城大同五堡寇不深競以爲套易復然搗巢因其近塞乘不備勝則倏歸舉足南向卽家門復套則深入其地後援不繼事勢異也往城諸邊近我土彼原不以爲利套自其四時駐牧地肯晏然已乎事體異也曰伺彼出套據河守先亟築渡口垣牆以次移實邊堡彼控弦十餘萬豈肯坐套出築垣二千餘里豈不日可成堡非百數十不相聯絡堡兵非千人不可居而遊徼瞭望者不與當三十萬衆不止也況循邊距河動輒千里一歲食糜億萬自內輸邊自邊輸河飛輓之艱不可不深慮若令彼有其隙我乘其敝從而圖之未嘗不可今塞下喘息未定邊卒瘡痍未起橫挑強寇以事非常愚所不解也議上不省其後俺答與小王子隙小王子欲寇遼東俺答以其謀告請與中國夾攻以立信萬達不敢聞使者再至爲言於朝帝不許二十七年三月萬達又言諸部求貢不遂慙且憤聲言大舉犯邊乞令邊臣得便宜從事帝怒切責之通貢議乃絕其年八月俺答犯大同不克退攻五堡官軍戰彌陀山卻之趨山西復敗還踰月犯宣府大掠永寧隆慶懷來軍民死者數萬萬達坐停俸二級俄錄彌陀山功還其俸俺答將復寇宣府總兵官趙卿怯萬達奏以周尚文代未至寇犯滴水崖指揮董暘江瀚唐臣張淮等戰死遂南下駐隆慶石河營分遊騎東掠遊擊王鑰大同遊擊袁正卻之寇移而南會尚文萬騎至參將田琦騎千餘與合連戰曹家莊斬四首搴其旗寇據險不退萬達督參將姜應熊等馳赴順風鼓譟揚沙蔽天寇驚曰翁太師至矣是夜東去諸將追擊連敗之帝偵萬達督戰狀大喜立進兵部尚書兼右副都御史尋召理部事以父憂歸明年秋大同失事督撫郭宗皐陳耀被逮詔起萬達代宗皐萬達方病疽廬墓間疏請終制未達而俺答犯都城兵部尚書丁汝夔得罪遂卽以萬達代之萬達家嶺南距京師八千里倍道行四十日抵近京時寇氛熾帝日夕徯萬達至遲之以問嚴嵩嵩故不悅萬達言寇患在肘腋諸臣觀望非君召不俟駕之義帝遂用王邦瑞於兵部不數日萬達至具疏自明帝責其欺慢念守制姑奪職聽別用仇鸞時爲大將軍寵方盛銜宿怨讒言搆於帝萬達遂失眷降兵部右侍郎兼右僉都御史經畧紫荊諸關三十年二月京察自陳乞終制帝疑其避事免歸瀕行疏謝復摘謁字爲不敬斥爲民明年十月兵部尚書趙錦以附仇鸞戍邊復起萬達代之未聞命卒年五十五萬達事親孝父殁負土成墳好談性命之學與歐陽德羅洪先唐順之王畿魏良政善通古今操筆頃刻萬言爲人剛介坦直勇於任事履艱危意氣彌厲臨陣嘗身先士卒尤善御將士得其死力嘉靖中邊臣行事適機宜建言中肯窾者萬達稱首隆慶中追諡襄毅

贊曰楊一清王瓊俱負才畧著績邊陲有人倫鑒鋤奸定難因以成功亦俱任智數然瓊其權譎之尤歟彭澤望甚偉顧處置哈密抑何舛也毛伯溫能任翁萬達張岳以成安南之功不失爲持重將萬達飭邊備整軍實其爭復套知彼知己尤深識遠慮云

明史卷一百九十九　列傳第八十七

總裁官總理事務　經筵講官少保兼太子太保保和殿大學士兼管吏部戶部尚書事加六級張廷玉等奉

敕修

李鉞子惠　王憲

胡世寧子純　繼　李承勛

王以旂　范鏓

王邦瑞子正國　鄭曉

李鉞字虔甫祥符人弘治九年進士除御史巡視中城理河東鹽政歷有聲績正德改元天鳴星變偕同官陳數事論中官李興甯謹苗逵高鳳等罪而請斥尚書李

孟暘都督神英武宗不能用以喪歸劉瑾惡鉞劾其黨假他事罰米五百石輸邊瑾敗起故官出爲鞏昌知府尋遷四川副使巡撫林俊委鉞與副使何珊討敗流賊方四等賜金加俸遷陝西按察使擢右僉都御史巡撫山西寇入白羊口鉞度宣大有備必窺岢嵐五臺間乃亟畫戰守寇果犯岢嵐鉞與延綏援將安國杭雄敗之加俸一級尋討平內寇武廷章等召入理院事世宗即位歷兵部左右侍郎出總制陝西三邊軍務鉞長軍旅料敵多中初至固原寇入犯援兵未集鉞下令大開諸營門晝夜不閉寇疑有備未敢逼乃礮擊之寇引去以其間增築墩堡謹烽堠廣儲蓄選壯勇爲備未幾寇復深入平涼邠州鉞令遊擊時陳周尚文等分伏要害邀其歸斬獲多鉞策寇失利必東犯延綏檄諸將設伏待寇果至又敗去已而言官論邠州失事罪請罷總兵官劉淮巡撫王珝等並及鉞詔奪淮職責鉞圖後效鉞自劾乞休不許盜楊錦等剽延綏殺指揮翟相鉞討禽之嘉靖二年以塞上無警召還給事中劉世揚請留鉞陝西而久任諸邊巡撫帝卒召鉞進右都御史總督漕運巡撫鳳陽諸府入掌都察院事四年代金獻民爲兵部尙書兼督團營中官刁永等多所陳乞帝皆許之又錄司禮扶安家八人官錦衣南京守備已三人復命卜春添注以往御馬監閻洪因軍政請自考騰驤四衞及牧馬所官鉞累疏力爭帝皆不納至責以抗旨令對狀鉞引罪乃罷武定侯郭勛以會武宴列尙書下疏爭之鉞言中府官之有會武宴猶禮部之有恩榮宴也恩榮禮部爲主會武中府爲主故皆列諸尙書之次宴圖可徵不得引團營故事帝竟從勛言錦衣革職百戶李全奏乞復任鉞請治其違旨罪帝不問於是官旗鄭彪等皆援全例以請鉞執奏如初而疏有猱攀狐媚語帝惡之復責對狀奪俸一月鉞旣屢諫不用失上意且知爲近倖所嫉會病遂再疏乞休許馳驛未行卒贈太子少保遣官護喪歸塟久之賜諡恭簡子惠正德十二年進士官行人諫武宗南巡死於廷杖贈監察御史

王憲字維綱東平人弘治三年進士歷知阜平滑二縣召拜御史正德初擢大理寺丞遷右僉都御史淸理甘肅屯田進右副都御史巡撫遼東歷鄖陽大同以應州禦寇功廕錦衣世百戶遷戶部右侍郎改撫陝西入爲兵部右侍郎近畿盜起借太監張忠都督朱泰捕之復以功廕錦衣武宗南征命率戶兵工三部郎各一人督理軍儲駕旋以中旨代王瓊爲兵部尙書世宗即位爲給事中史道劾罷嘉靖四年廷推鄧璋及憲爲三邊總制言官持不可帝竟用憲部將王宰史經連敗寇璽書褒諭吉囊數萬騎渡河從石臼墩深入憲督總兵官鄭卿杭雄趙瑛等分據要害擊之都指揮卜雲斷其歸路寇至靑羊嶺大敗去五日四捷斬首三百餘級獲馬駞器仗無算帝大喜加憲太子太保復予一子廕至是凡三廕錦衣世百戶矣中官織花絨於陝憲請罷之又因九廟成請釋還議禮得罪者頗爲士大夫所稱張璁桂萼欲用王瓊爲總制乃改憲南京兵部尙書已入爲左都御史朔州告急廷推憲總督宣大憲不肯行曰我甫入中臺何見驅亟也給事中夏言趙廷瑞劾憲託疾避難復罷歸未幾帝追念憲召爲兵部尙書小王子入寇條上平戎及諸邊防禦事宜又請立京營分伍操練法諸將不得藉內府供事規避營操帝皆嘉納舊制軍功論叙有生禽斬首當先殿後奇功頭功諸等其後濫冒日多憲定軍功襲替格自永樂至正德酌其輕重大小之差臚析以上詔著之會典爲成式尋兼督團營西番諸國來貢稱王號者百餘人憲與禮臣夏言等請如成化弘治間例答敕止國王一人仍限貢期人數議乃定大同兵變憲初言首亂當誅餘宜散遣而大學士張孚敬與總督劉源淸力主用兵憲乃不敢堅前議源淸攻城不能下北寇又內侵請別遣大臣禦北寇已得專攻城憲亦議從其奏論者多尤憲會帝悟大同重鎭不宜破壞乃寢其事亂亦旋定源淸竟得罪去居數年憲引年歸卒贈少保諡康毅子汝孝副都御史見丁汝夔傳

胡世寧字永淸仁和人弘治六年進士性剛直不畏彊禦且知兵除德安推官岐王初就藩從官驕世寧裁之他日復請湖田持不可遷南京刑部主事應詔陳邊備十策復上書極言時政闕失時孝宗已不豫猶頷之再遷郎中與李承勛魏校余祐善時稱南都四君子遷廣西太平知府太平知州李濬數殺掠吏民世寧密檄龍英知州趙元瑤禽之思明叛族黃文昌四世殺知府占三州二十七村副總兵康泰偕世寧入思明執其兄弟三人而泰畏文昌夜遁委世寧空城中危甚諸土酋德世寧發兵援乃得還文昌懼歸所侵地降土官承襲長吏率要賄不時奏以故諸酋怨叛世寧令生子即聞府應世及者年十歲以上朔望謁府父兄有故按籍請官於朝土官大悅母喪歸服闋赴京道滄州流寇攻城急世寧即馳入城畫防守計賊攻七日夜不能拔引去再知寶慶府岷王及鎭守中官王潤皆嚴憚之遷江西副使與都御史俞諫畫策禽盜討平王浩八以暇城廣昌南豐新城當是時寧王宸濠驕橫有異志莫敢言世寧憤甚正德九年三月上疏曰江西之盜勦撫二說相持臣愚以爲無難決也已撫者不誅再叛者毋赦初起者亟勦如是而已顧江西患非盜賊寧府威日張不逞之徒羣聚而導以非法上下諸司承奉太過數假火災奪民屋地採辦擾旁郡蹂藉徧窮鄉臣恐良民不安皆起爲盜臣下畏禍多懷二心禮樂刑政漸不自朝廷出矣請於都御史俞諫任滿中專委一人或別選公忠大臣鎭撫勑王止治其國毋撓有司以靖亂源銷意外變章下兵部尙書陸完議令諫往計賊情撫勦之宜至所言違制擾民疑出僞託宜令王約束之得旨報可宸濠聞大怒列世寧罪徧賂權幸必殺世寧章下都察院右都御史李士實宸濠黨也與左都御史石玠等上言世寧狂率當治命未下宸濠奏復至指世寧爲妖言乃命錦衣官校逮捕世寧世寧已遷福建按察使取道還里宸濠遂誣世寧逃馳使令浙江巡按潘鵬執送江西鵬盡繫世寧家人索之急李承勛爲按察使保護之世寧乃亡命抵京師自投錦衣獄獄中三上書言宸濠逆狀卒不省繫歲餘言官程啓充徐文華蕭鳴鳳邢寰等交章救楊一淸復以危言動錢寧乃謫戍瀋陽居四年宸濠果反世寧起戍中爲湖廣按察使尋擢右僉都御史巡撫四川道聞世宗即位疏以司馬光仁明武三言進因薦魏校何瑭邵鋭可講官林俊楊一淸劉忠林廷玉可輔弼知府劉滋徐鈺先爲諫官有直聲宜擢用時韙其言松潘所部熟番將吏久不能制率輸貨以假道番殺官軍憚不敢詰官軍殺番輒抵罪世寧陳方畧請選將益兵立賞罰格嚴隱匿禁修烽堠時巡徼以振軍威通道路詔悉行之又劾罷副總兵張傑中官趙欽甫兩月召爲吏部右侍郎未上以父憂歸旣免喪家居朝廷方議大禮異議者多得罪世寧意是張璁等疏乞早定追崇大禮未上語聞京師旣有議遷顯陵祔天壽山者世寧極言不可乃並前疏上之帝深嘉歎無何闔廷臣伏闕爭有杖死者馳疏言臣向以仁明武三言進然尤以仁爲本仁生成之德明日月之臨皆不可一日無武則雷霆之威但可一震而已今廷臣忤旨陛下赫然示威辱以箠楚體羸弱者輒斃傳之天下書之史册謂鞭撲行殿陛刑辱及士夫非所以光聖德新進一言偶合後難保必當舊德老成一事偶忤後未必皆非望陛下以三無私之心照臨於上無先存適莫於中帝雖不能從亦不忤尋召爲兵部左侍郎條戍邊時所見險塞利害二十五事以上又請善保聖躬毋輕餌藥物獻大學秦誓章洪範惟辟威福繫辭節初爻講義並乞留中給事中余經遂劾世寧啓告密之漸世寧乞罷不許大禮成進秩一等復陳用人二十事工匠趙奎等五十四人以中官請悉授職世寧言賞過濫不納屢疏引疾改南京吏部就遷工部尙書已復召爲左都御史加太子少保辭宮銜許之世寧故方嚴及掌憲務持大體條上憲綱十餘條末言近士習忌刻一遭譏毀則終身廢棄僉事彭祺發豪強罪受謗奪官諸如此者宜許大臣申理帝採其言惟祺報寢執政請禁私謁世寧曰臣官以察爲名人非接其貌聽其言無由悉其才行帝以爲然遂弗禁俄改刑部尙書每重獄別白爲帝言之帝輒感悟中官劉聰誣漕卒掠御服坐二千人世寧劾其妄已聽情得抵罪帝乃益信世寧王瓊修郤陳九疇將致之死以世寧救得戍兵部尙書王時中罷以世寧代加太子太保再辭不得命乃陳兵政十事曰定武畧崇憲職重將權增武備更賞罰馭土夷足邊備絕弊源正謬誤惜人才所言多破常格帝優旨答之土魯番貢使乞歸哈密城易降人牙木蘭王瓊上其事世寧言先朝不惜棄大寧交阯何有於哈密況初封忠順爲我外藩而自罕愼以來三爲土魯番所執遂狎與戎比以疲我中國耗財老師戎得挾以邀索臣以爲此與國初所封元孽和順寧順安定三王等耳安定在哈密內近甘肅今存亡不可知我一切不問獨重哈密何也宜專守河西謝絕哈密牙木蘭本曲先衞人反正歸順非納降比彼安得索之唐悉怛謀事可鑑也張璁等皆主瓊議格不用獨留牙木蘭不遣居兵部三月求去帝不許免朝參世寧又上備邊三事固稱疾篤乃聽乘傳歸給廪隸如制歸數月復起南京兵部尙書固辭不拜九年秋卒贈少保諡端敏世寧風格峻整居官廉疾惡若讐而薦達賢士如不及都御史馬昊陳九疇坐累廢副使施儒楊必進考察被黜御史李潤副使范輅爲時所抑連章薦之與人語吶不出口及具疏援据古今洞中窾會與李承勛善而持議不苟合承勛欲授隴勝官復芒部故地世寧言勝非隴氏子芒氏不當復立始以議禮與張璁桂萼合璁萼德之欲援以自助世寧不肯附會論事多牴牾萼議欲銷兵世寧力折之昌化伯以他姓子冒封下廷議世寧言吾輩不得以厚賂故誣朝廷萼爲色變萼方爲

吏部而世寧引疾言天變人窮盜賊滋起咎在吏戶兵三部不得人兵部尤重請避賢路又以哈密議語侵璁諸大臣皆忌之帝始終優禮不替子純繼純以父任知肇慶府有才行繼幼不慧不爲世寧知世寧在江西出討賊部將入見繼繼爲指陣法進退離合甚詳凡三日世寧歸閱大異之知其故嘆曰吾有子不自識何也自是擊賊輒令繼從與策方畧世寧十不失三繼十不失一世寧方草疏論宸濠繼請曰是且重得禍世寧曰吾已許國遑恤其他及世寧下獄繼念其父病死

李承勛字立卿嘉魚人父田進士官右副都御史巡撫順天有操執爲政不苛承勛舉弘治六年進士由太湖知縣遷南京刑部主事歷工部郎中遷南昌知府正德六年贛州賊犯新淦執參政趙士賢靖安賊據越王嶺瑪瑙岸華林賊又陷瑞州諸道兵不敢前承勛督民兵勦數有功華林賊殺副使周憲憲軍大潰承勛單騎入憲營衆乃復集都御史陳金仰檄承勛討之賊黨王奇聽撫搜得其衷刃縱使還奇感泣誓以死報承勛令奇密入砦說降其黨爲內應而親率所部登山奇夜拔柵官軍奮而前降者自內出賊遂潰已從金斬賊渠羅光權胡雪二華林賊平鎭守中貴黎安誣承勛擅易賊首王浩八獄詞坐下吏大理卿燕忠卽訊得白舉治行卓異超遷浙江按察使歷陝西河南左右布政使以右副都御史巡撫遼東邊備久弛開原尤甚士馬纔十二牆堡墩臺圮殆盡將士依城塹自守城外數百里悉爲諸部射獵地承勛疏請修築會世宗立發帑銀四十餘萬兩承勛命步將四人各一軍守要害身負畚鍤先士卒凡爲城塹各九萬一千四百餘丈墩堡百八十有一招逋逃三千二百人開屯田千五百頃又城中固鐵嶺斷陰山遼河之交城蒲河撫順扼要衝邊防甚固錄功進秩一等又數陳軍民利病咸報可以疾歸起故官蒞南院三遷刑部尚書加太子少保帝以京營多弊欲振飭之遂加承勛太子太保改兵部尚書兼左都御史專督團營尋兼掌都察院以疾三疏乞休且言山西潞城賊以四道兵討之不統於一人故無功川貴芒部之役措置乖方再勝再叛宜命伍文定深計毋專用兵豐沛河工二年三易大臣工不就宜令知水利者各陳所見而俾侍郎潘希曾度可否其尤要者在決壅蔽患倣唐宋轉對次對故事不時召見大臣帝不允辭下其議於所司時秦晉楚蜀歲祲詔免田賦承勛言有司例十月始徵賦今九月矣恐官吏督趣陰圖乾沒宜及其未徵遣官馳告以所蠲數山陬僻壤俾悉戶曉有司不能奉宣德意者罪之撫按失舉奏并坐帝褒納之奪京營把總湯清職郭勛爲求復語侵承勛承勛因求退給事中王準等劾勛恣乃敕責勛而下清法司兵部尚書胡世寧致仕詔承勛還部代之疏言朝廷有大政及推舉文武大臣必下廷議議者率相顧不發拱手聽宜及未議前備條所議布告與議者俾先諗其故然後平心商質各盡所懷議苟不合聽其別奏庶足盡諸臣之見而所議者公帝然其言下詔申飭尋命兼督團營言官攻張璁桂萼黨并及承勛承勛連章求退帝復溫旨答之中官出鎭者率暴橫承勛因諫官李鳳毛等言先後裁一十七人又革錦衣官五百人監局冒役數千人獨御馬監未汰復因給事中田秋奏多所裁減而請以騰驤四衞屬部聚詭冒制可中官言曩彰義門破也先東市勦曹賊皆四衞功以直內故易集隸兵部不便承勛言彰義門之戰禍由王振東市作賊卽曹吉祥也帝卒從承勛議歸兵部寇犯大同議遣大臣督兵衆推都御史王憲憲不肯行給事中夏言謂承勛曰事急公當請行承勛竟不請給事中趙廷瑞竝劾之會寇退罷十年春大風晝晦帝憂邊事承勛言去歲氷合敵騎盡入河套延寧固原皆當警備甘肅軍餉專仰河東宜於蘭州糴貯以備緩急曩河西患土魯番今亦卜喇又深入兩寇雲擾孤危益甚套寇出入竝經莊浪急宜繕塞設險斷臂截踵使不得相合兀良哈最近京師不善撫卽門庭寇雲南安鳳之叛軍民困敝臨安蒙自盜賊復興曠日淹時恐釀大患交阯世子流寓老撾異日歸命請援或據地求封皆未可測惟急用人理財俾邊鄙無虞帝嘉納焉承勛沉毅有大畧帝所信任自輔臣外獨承勛與胡世寧大事輒咨訪二人亦孜孜奉國知無不言世寧卒半歲承勛亦卒帝深嗟悼贈少保謚康惠所賚予常典外特賜白金綵幣米蔬諸物承勛官四十年家無餘貲其議大禮亦與世寧相合云

王以旂字士招江寧人正德六年進士除上高知縣華林賊方熾以旂訓鄉兵禦之賊不敢犯徵授御史出按河南宸濠反鎭守太監劉璟倡議停鄉試以旂言河南去江西遠罷試無名乃止璟又言帝親征道且出汴牒取供頓銀四萬兩巡撫議予之以旂執不予世宗卽位欲加興獻帝皇號以旂抗言不可已上弭災要務言司禮取中旨免張漢贓科臣不預聞此啟矯僞之漸也帝不聽累遷兵部右侍郎徐呂二洪竭漕舟膠命兼右僉都御史總理河漕踰年渠水通進秩一等尋拜南京右都御史召爲工部尚書改左都御史代陳經爲兵部尚書兼督團營三邊總督曾銑議復河套大學士夏言主之數下優旨獎銑令以旂集廷臣議以旂等力主銑議議上帝意忽變嚴旨咎銑令再議以旂等惶恐盡反前說帝逮銑令以旂代之套寇自西海還肆掠永昌鎭羌總兵官王繼祖禦却之已復來犯并及鎭番山丹部將蔡勳馬宗援三戰皆捷前後斬首一百四十餘級論功廕以旂一子已而寇數萬復屯寧夏塞外將大入官軍擊之斬首六十餘級寇宵遁延綏寧夏開馬市二鎭市五千匹其長狠台吉等約束所部終市無譁以旂以聞詔大賚二鎭文武將吏以旂復賜金幣錄延綏將士破敵功再廕一子在鎭六年修延綏城堡四千五百餘所又築蘭州邊垣加官至太子太保比卒軍民爲罷市贈少保謚襄敏再予一子官

范鏓字平甫其先江西樂平人遷瀋陽鏓登正德十二年進士授工部主事遷員外郎嘉靖三年伏闕爭大禮下獄廷杖由戶部郎中改長蘆鹽運司同知遷河南知府歲大饑巡撫都御史潘塤駁諸請振文牒候勘實乃發鏓不待報輒開倉振之全活十餘萬民爭謳頌鏓語聞禁中帝爲責戶部及塤與巡按御史匿災狀塤歸罪鏓以自解被劾罷去鏓名由此顯遷兩淮鹽運使條上鹺政十要歷四川參政湖廣按察使浙江河南左右布政使二十年擢右副都御史巡撫寧夏鏓爲人持重有方略旣涖重鎭不上首功一意練步騎廣儲蓄繕治關隘亭障寇爲遠徙俘歸者五百人上疏言邊將各有常祿無給田之制自武定侯郭勛奏以軍餘開墾田園給將領委奸軍爲莊頭害殊大宜給還軍民任耕種便帝從其請居數年引疾歸起故官撫河南尋召爲兵部右侍郎轉左尚書王以旂出督三邊鏓署部事頃之奉詔總理邊關阨隘奏上經略潮河川居庸關諸處事宜請於古道門外蜂窩嶺增墩臺一爲外屏濬濠設橋以防衝突川西南兩山對處各設敵臺以控中流分戍兵番直守要害又薊鎭五里垜划車开連口慕田谷等地宜設墩臺惡谷紅生谷香鑪石等地宜斬崖塹居庸關外諸口在宣府爲內地在居庸則爲邊藩宜敕東中路文武臣修築加潮河川提督爲守備增副將居庸關領天壽山黃花鎭設橫嶺守備塞懷來路增置新軍二千餘人資團練又議紫荆倒馬龍泉等關及山海關古北口經略事宜請於紫荆之桑谷倒馬之中窯關峪龍泉之陡石嶺諸要害創築城垣增設敵樓營舍薊州所轄燕河太平馬蘭密雲四路修築未竟者括諸司贖鍰竣之而浮圖峪插箭嶺尤爲紫荆倒馬二關衝移參將分駐石門杜家莊俾保定總兵駐紫荆薊遼懸絕千里移建昌營遊擊於山海關三屯等營缺軍應速募馬不足者補入其常戍之兵介冑不備量給鎧仗番上者悉予行糧毋俾荷戈枵腹又言諸路緩急以密雲之分守爲最各關要害以密雲之遙西爲最若燕河之冷口馬蘭之黃崖太平之榆木嶺擦崖子皆所急也宜敕撫鎭督諸將領分各營士馬兼側近按伏之兵迭爲戰守兵部言軍戍久戀土猝移置恐他變莫若山海關增置能將一員募軍三千屯駐薊遼撫臣調度援燕河餘如鏓言下守臣議帝才鏓甚會兵部尚書趙廷瑞罷卽命鏓入代鏓以老辭且言隨事通變之將順之宜帝怒責鏓不恭削其籍時嚴嵩當國而鏓本由徐階薦天下推爲長者惜其去不以罪然鏓罷帝召翁萬達甫至以憂去丁汝夔代之明年俺答逼都城汝夔遂誅死而鏓歸久之乃卒隆慶元年復官

王邦瑞字惟賢宜陽人早有器識爲諸生山東盜起上勦寇十四策於知府正德十二年成進士改庶吉士與王府有連出爲廣德知州嘉靖初祖憂去補滁州屢遷南京吏部郎中出爲陝西提學僉事坐歲貢不中式五名以上貶濱州知州再遷固原兵備副使涇邠巨盜李孟春流劫河東西勦平之以祖母憂去服除復提學陝西轉參政母憂解職起擢右僉都御史巡撫寧夏寇乘冰入犯設伏敗之改南京大理卿未上召爲兵部右侍郎改吏部進左俺答犯都城命邦瑞總督九門邦瑞屯禁軍郭外以巡捕軍營東西長安街大啟郭門納四郊避寇者兵部尚書丁汝夔下獄命邦瑞攝其事兼督團營寇退請治諸將功罪且濬九門濠塹皆報可邦瑞見營制久弛極陳其弊遂罷十二團營悉歸三大營以咸寧侯仇鸞統之邦瑞亦改兵部左侍郎專督營務復條上興革六事中言宦官典兵古今大患請盡撤提督監槍者帝報從之又舉前編修趙時春工部主事申旞知兵竝改兵部分理京營事未幾帝召兵部尚書翁萬達未至遲之遂命邦瑞代條上安攘十二事仇鸞搆邦瑞於帝帝眷漸移會鸞奏革薊州總兵官李鳳鳴大同總兵官徐玨任而薦京營副將成勳代鳳鳴密雲副將徐仁代玨旨從中下邦瑞言朝廷易置將帥必采之公卿斷自宸衷所以愼防杜漸示臣下不敢專也且京營大

將與列鎮將不相統攝，何緣京營乃黜陟各鎮今曲徇鸞請臣恐九邊將帥悉奔走托附非國之福也帝不悅下旨譙讓鸞又欲節制邊將罷薊鎮邊垣邦瑞皆以爲不可鸞大憾益肆讒搆會邦瑞復陳安攘大計遂嚴旨落職以冠帶辦事居數日大計自陳竟除名以趙錦代邦瑞去鸞益橫明年誅死錦亦坐黨比遣戍於是帝漸思之踰十年京營缺人帝曰非邦瑞不可乃起故官既至疏便宜數事悉允行踰年卒贈太子少保諡襄毅遣行人護喪歸葬邦瑞嚴毅有識量歷官四十年以廉節著子正國南京刑部侍郎

鄭曉字窒甫海鹽人嘉靖元年舉鄉試第一明年成進士授職方主事日披故牘盡知天下阨塞士馬虛實強弱之數尚書金獻民屬撰九邊圖志人爭傳寫之以爭大禮廷杖大同兵變上疏極言不可赦張孚敬柄政器之欲改賓翰林及言路曉皆不應父憂歸久之不起許讚爲吏部尚書調之吏部歷考功郎中夏言罷相帝惡言官不糾劾詔考察去留大學士嚴嵩因欲去所不悅者而曉去喬佑等十三人多嵩所厚嵩大憾曉調文選嵩欲用趙文華爲考功曉言於讚曰昔黃禎爲文選調李開先考功皆山東人詔不許今調文華曉避位而已讚以謝嵩嵩欲以子世蕃爲尚寶丞曉曰治中遷知府例也遷尚寶丞無故事嵩益怒以推謫降官周鈇等貶曉和州同知稍遷太僕丞歷南京太常卿召拜刑部右侍郎俄改兵部兼副都御史總督漕運大江南北皆中倭漕艘幾阻曉請發帑金數十萬造戰艑築城堡練兵將積芻糗詔從之中國奸民利倭賄多與通通州人顧表者尤桀黠爲倭導以故營砦皆據要害盡知官兵虛實曉懸重賞捕戮之募鹽徒驍悍者爲兵增設泰州海防副使築瓜州城廟灣麻洋雲梯諸海口皆增兵設堠遂破倭於通州連敗之如皋海門襲其軍呂泗圍之狼山前後斬首九百餘賊潰去錄功再增秩三賚銀幣時賊多中國人曉言武健才諝之徒困無所逞甘心作賊非國家廣行網羅使有出身之階恐有如孫恩盧循輩出乎其間禍滋大矣洪武時倭寇近海州縣以高皇帝威靈兼謀臣宿將築城練兵經略數年猶未乂安乃招漁丁島人鹽徒蜑戶籍爲水軍至數萬人又遣使出海宣布威德久之倭始不爲患今江北雖平而風帆出沒倏忽千里倭恃華人爲耳目華人借倭爲爪牙非詳爲區畫後患未易弭也帝頗採納之尋召爲吏部左侍郎遷南京吏部尚書帝以曉知兵改右都御史協理戎政尋拜刑部尚書俺答圍大同右衞急帝命兵部尚書楊博往督大師乃以曉攝兵部曉言今兵事方棘而所簡聽征京軍三萬五千人乃令執役赴工何以備戰守乞歸之營伍帝立從之尋還視刑部事嚴嵩勢益熾曉素不善嵩而其時大獄如總督王忬以失律中允郭希顏以言事曉竝予輕比嵩則置重典南都叛卒周山等殺侍郎黃懋官海寇汪直通倭爲亂曉置重典嵩故寬假之惟巡撫阮鶚總督楊順御史路楷以嵩曲庇曉不能盡法議者議其失出云故事在京軍民訟俱投牒通政司送法司問斷諸司有應鞫者亦參送法司無自決遣者後諸司不復遵守獄訟紛拏曉奏循故事帝報許於是刑部間捕囚畿府而巡按御史鄭存仁謂訟當自下而上檄州縣法司有追取毋輒發曉聞率侍郎趙大祐傅頤守故事爭存仁亦據律執奏章俱下都察院會刑科平議議未上曉疏辨嵩激帝怒切讓遂落曉職兩侍郎亦貶二秩曉通經術習國家典故時望蔚然爲權貴所扼志不盡行既歸角巾布衣與鄉里父老遊處見者不知其貴人也既卒子履淳等訟曉禦倭功於朝詔復職隆慶初贈太子少保諡端簡履淳自有傳

贊曰李鉞諸人皆以威略幹濟顯於時鉞與王憲王以旂之治軍旅李承勛范鏓之畫邊計才力均有過人者胡世寧奮不顧身首發奸逆危言正色始終一節易稱王臣蹇蹇世寧近之矣王邦瑞抵抗權倖躓而復起鄭曉諳悉掌故博洽多聞兼資文武所在著效亦不愧名臣云

明史卷二百　列傳第八十八

總裁官總理事務經筵講官少保兼太子太保保和殿大學士兼管吏部戶部尚書事加六級張廷玉等奉

敕修

姚鏌 子淶　張嵿

伍文定 邢珣等　蔡天佑 胡瓚 張文錦

詹榮 劉源清　劉天和

楊守禮　張岳 李允簡

郭宗皋　趙時春

姚鏌字英之慈谿人弘治六年進士除禮部主事進員外郎擢廣西提學僉事立宣成書院延五經師以教士子桂人祀山魈卓旺鏌毀像俗遂變遷福建副使未幾改督學政正德九年擢貴州按察使十五年拜右副都御史巡撫延綏上邊務六事皆議行嘉靖元年吉囊入涇陽鏌遣遊擊彭椷出西路釋指揮卜雲於獄使副之夜半邀擊斬其二將乃遁璽書褒諭尋召爲工部右侍郎出督漕運改兵部左侍郎四年遷右都御史提督兩廣軍務兼巡撫田州土官岑猛謀不軌鏌調永順保靖兵使沈希儀與張經李璋張佑程鑒各統兵八萬分道討而鏌與總兵官朱麒等攻破定羅丹梁用希儀計結猛婦翁岑璋使爲內應大破之斬猛子邦彥璋誘殺猛獻其首詔進鏌左都御史加太子少保任一子官諸將進秩有差鏌請改設流官陳善後七事制可乃命參議汪必東僉事申惠與參將張經以兵萬人鎮其地必東惠移疾他駐猛黨盧蘇王受等詐言猛不死借交阯兵二十萬且至夷民信之蘇等薄城經突圍走城遂陷王受亦攻入思恩府巡按御史石金劾鏌失策罔上竝論前總督盛應期帝以鏌有功許便宜撫勦蘇受數求赦鏌不許將大討之會廷議起王守仁督兩廣軍令鏌與同事鏌引疾乞罷許馳驛歸初廣東提學道魏校毀諸寺觀田數千畝盡入霍韜方獻夫諸家鏌至廣追還之官韜獻夫恨甚與張璁桂萼合排鏌謂大同當征而反撫田州當撫而反征皆費宏謀國不臧釀成南北患時宏雖去猶借鏌以排之也鏌既得請方俟代千夫長韋貫徐伍攻復思恩鏌上其狀詔先賞貫等而以撫勦事宜俟守仁處置既而鏌奏辯石金前疏詆金沮撓養寇金亦再疏詆鏌帝先入璁等言落鏌職閒住其後蘇受復叛帝漸思鏌十三年三邊闕總制大學士費宏李時同召對宏薦鏌時亦助之遂命以兵部尚書總制三邊軍務未赴宏卒鏌辭帝不悅仍落職閒住鏌既罷薦者至二十疏不用家居數年卒子淶字維東嘉靖二年殿試第一授翰林修撰爭大禮廷杖又議郊祀合祀不當輕易召修明倫大典懇辭不與累官侍讀學士

張嵿字時俊蕭山人成化二十三年進士弘治初修憲宗實錄命往蘇松諸府採軼事事竣授上饒知縣遷南京兵部主事就進刑部郎中正德初遷興化知府隆平侯張祐無子弟祿與族人爭襲訴於南京法司久不決復訴京師劉瑾方擅政遂劄尚書樊瑩都御史高銓籍嵿以郎承勘爲民瑾敗起知南雄擢江西參政進右布政使舉治行卓異遷左寧王宸濠欲拓地廣其居嵿執不可大恚遣人餽之嵿發視則棗梨薑芥蓋隱語也未幾召爲光祿卿以右副都御史巡撫保定諸府忤中貴移疾歸世宗卽位命以右都御史總督兩廣軍務廣西上思州賊黃鏐糾峒兵劫州縣嵿討禽之廣東新寧恩平賊蔡猛三等剽掠衆至數萬嵿合兵三萬餘人擊新寧諸賊破巢二百禽斬一萬四千餘人俘賊屬五千九百餘人猛三等皆授首自嶺南用兵以寡勝衆未有若是役者捷聞獎賚程鄉賊梁八尺等與福建上杭流賊相應遣都指揮李皐等會福建官兵夾擊俘斬五百餘人歸善李文積聚奸宄拒捕討之久弗克嵿遣參政徐度等勦之俘斬千餘人佛郎機國人別都盧剽劫滿剌加諸國復率其屬疎世利等擁五舟破巴西國遂入寇新會嵿遣將出海禽之獲其二舟賊乃遁尋召掌南京都察院事就改工部尚書六年大計京官拾遺被劾致仕後數年卒

伍文定字時泰松滋人父琇貴州參議文定登弘治十二年進士有膂力便弓馬議論慷慨授常州推官精敏善決獄稱彊吏魏國公徐俌與民爭田文定勘歸之民劉瑾入俌重賄與大獄巡撫艾樸以下十四人悉被逮文定已遷成都同知亦下詔獄斥爲民瑾敗起補嘉興江西姚源賊王浩八等流劫浙江開化都御史俞諫檄文定與參將李隆都指揮江洪僉事儲珊討之軍華埠而都指揮白弘與湖州知府黃衷別營馬金賊黨劉昌三破執弘官軍大挫浩八突華埠洪文定擊敗之追及於孔埠隆珊亦追至地淮破其巢進攻涇田洪以奇兵深入中賊誘與指揮張琳等皆被執文定等殿後得還賊亦遁歸江西諫等上文定忠勇狀詔所司獎勞擢河南知府計禽劇賊張勇李文簡以才任治劇調吉安計平永豐及大茅山賊已佐巡撫王守仁平桶岡橫水宸濠反吉安士民爭亡匿文定斬亡者一人衆乃定乃迎守仁入城知府邢珣徐璉戴德孺等先後至共討賊文定當大帥丙辰之戰身犯矢石火燎鬚不動賊平功最擢江西按察使張忠許泰至南昌欲冒其功而守仁已俘宸濠赴浙江忠等失望大恨文定出謁遂縛之文定罵曰吾不恤九族爲國家平大賊何罪汝天子腹心屈辱忠義爲逆賊報讎法當斬忠益怒椎文定仆地文定求解任不報尋遷廣東右布政使未赴而世宗嗣位上忠等罪狀且曰曩忠泰與劉暉至江西忠自稱天子弟暉稱天子兒泰稱威武副將軍與天子同僚折辱命吏誣害良民需求萬端漁獵盈百萬致餓殍遍野盜賊縱橫雖寸斬三人不足謝江西百姓今大憝江彬錢寧皆

已伏法三人實其黨與乞速正天誅用章國典又請發宸濠貲財還之江西以資經費矜釋忠泰所陷無辜及寧府宗人不預謀者以清冤獄帝並嘉納之論功進右副都御史提督操江嘉靖三年討獲海賊董效等二百餘人賜敕獎勞壽謝病歸六年召拜兵部右侍郎其冬擢右都御史代胡世寧掌院事雲南士酋安銓反敗參政黃昭道攻陷尋甸嵩明明年武定士酋鳳朝文亦反殺同知以下官與銓合兵圍雲南詔進文定兵部尚書兼前職提督雲南四川貴州湖廣軍討之以侍郎梁材督餉會芒部叛酋沙保子普奴爲亂并以屬文定文定未至雲南銓等已爲巡撫歐陽重所破遂移師征普奴左都御史李承勛極言川貴殘破不當用兵遂召還命提督京營文定至湖廣疏乞省祭歸已四川巡按御史戴金復上言叛酋稱亂之初勢尚可撫而文定決意進兵一無顧惜飛芻輓糧糜數十萬及有詔罷師尚不肯已又極論土酋阿濟等罪軍民訛言幾復生變臣愚以爲文定可罪也尚書方獻夫李承勛因詆文定好大喜功傷財動衆乃令致仕文定忠義自許遇事敢爲不與時俯仰芒部之役憤小醜數亂欲爲國伸威爲議者旁撓廟堂專務姑息以故功不克就九年七月卒於家天啟初追謚忠襄邢珣當塗人弘治六年進士正德初歷官南京戶部郎中忤劉瑾除名瑾誅起南京工部遷贛州知府招降劇盜滿總等授廬給田撫之甚厚後討他盜多藉其力守仁征橫水桶岡珣常爲軍鋒功最增二秩宸濠反以重賞誘總總執其使送珣遂從守仁共平宸濠徐璉朝邑人文定同年進士由戶部郎中出爲袁州知府從討宸濠獲首功千餘事定珣璉遷江西右參政世宗錄功各增秩二等嘉靖二年大計給事御史劾監司不職者二十二人珣璉與焉吏部以軍功未酬請進秩布政使致仕從之二人竟廢珣子埴嘗學於張璁嘉靖初登鄉薦璁貴顯屢欲援之辭不應授浦城知縣有徐浦者役公府埴一見異之令與子同學爲娶妻後登第爲給事中其家世世祀埴弟址進士歷御史終山東鹽運使以清操聞戴德孺臨海人弘治十八年進士歷工部員外郎監蕪湖稅有清名再遷臨江知府宸濠反遣使收府印德孺斬之與家人誓曰吾死守孤城脫有急若輩沉池中吾不負國也即日戒嚴旋與守仁共滅宸濠以憂去世宗以德孺馭軍最整獨增三秩爲雲南右布政使舟次徐州覆水死後贈光祿寺卿予一子官珣璉等倡義討賊月餘成大功當事者以嫉守仁故痛裁抑之或賞或否又往往借考功法逐之去守仁之再疏辭爵也爲諸人訟曰宸濠變初起勢焰熾人心疑懼退阻當時首從義師自伍文定邢珣徐璉戴德孺諸人外又有知府陳槐曾璵胡堯元等知縣劉源清馬津傳南喬李美李楫及楊材王冕顧佖劉守緒王軾等鄉官都御史王懋中編修鄒守益御史張鰲山伍希儒謝源等或摧鋒陷陣或遮邀伏擊或贊畫謀議監錄經紀所謂同功一體者也帳下之士若聽選官雷濟已故義官蕭禹致仕縣丞龍光指揮高睿千戶王佐等或詐爲兵檄以撓其進止壞其事機或僞書反間以離其心腹散其黨與今聞紀功文冊改造者多所刪削舉人冀元亨爲臣勸說寧王反爲奸人搆陷竟死獄中尤傷心慘目負之冥冥之中者夫宸濠積威凌劫雖在數千里外無不震駭失措而況江西諸郡縣切近剝床觸目皆賊兵隨處有賊黨非真有捐軀赴難之義戮力報主之忠孰肯甘虀粉之禍從赤族之誅蹈必死之地以希萬一難冀之功乎今臣獨崇封爵而此同事諸人者或賞不行而并削其績或賞未及而罰已先行或虛受陞職之名而因使退閑或冒蒙不忠之號而隨以廢斥非獨爲已斥諸權奸所誣搆挫辱而已也羣憎衆嫉惟事指摘搜羅以爲快會未見有鳴其不平伸其屈抑者臣竊痛之奏入卒寢不行

蔡天祐字成之睢州人父晟濟南知府以廉惠聞天祐登弘治十八年進士改庶吉士授吏科給事中出爲福建僉事歷山東副使分巡遼陽歲歉活饑民萬餘闢濱海圩田數萬頃民名之曰蔡公田累遷山西按察使嘉靖三年大同兵亂巡撫張文錦遇害詔曲赦亂卒改巡撫宣府都御史李鐸撫之鐸以母憂不至乃擢天祐右僉都御史巡撫大同天祐從數騎馳入城諭軍士獻首惡衆心稍定會尚書金獻民總兵官杭雄出師甘肅道大同亂卒疑見討復鼓譟天祐懼急請再赦兵部言元惡不除無以警後請特遣大臣總督宣大軍務以制其變乃命戶部侍郎胡瓚偕都督魯綱統京軍三千人以往瓚等未發而進士李枝齎餉銀至亂卒曰此承密詔盡殺大同人爲軍犒也夜中火起圍枝館出牒示之乃解尋復殺知縣王文昌圍代王府脅王奏乞赦王急擕二郡主走宣府巡按御史王官言亂卒方囂大兵壓境是趣之叛也請亟止禁軍容臣密圖乃命瓚駐兵宣府頃之天祐奏總兵官桂勇已捕五十四人請止京軍勿遣帝責以阻撓令必獲首惡郭鑑等既而瓚次陽和勇天祐令千戶苗登禽斬鑑等十一人函首送瓚請班師甫二日鑑父郭疤子復糾徐氈兒等夜殺勇家人又燬苗登家瓚言非盡殲不可帝乃切讓天祐召勇還京以故總兵朱振代之敕瓚仍駐宣府居無何天祐捕戮徐氈兒等瓚等遂班師明年正月侍郎李昆孟春總兵官馬永交章言疤子潛逃塞外必爲後患帝將遣使勘會瓚還京言逃卒無足患帝乃罷勘官勿遣疤子復潛入城焚振第明旦天祐閉城大索獲疤子及其黨三十四人悉斬以徇盡宥脅從人心乃大定事聞賚銀幣已進副都御史巡撫如故尋就進兵部右侍郎久之召還部天祐以藩祿久缺又歲當繕邊垣用便宜增淮鹽引價每引萬加銀五千被訐帝宥之至是御史李宗樞復追論前事天祐因引疾去居二年奉詔起用未至京得疾告歸卒年九十五天祐有才智兵變時左右皆賊耳目幕府動靜悉知之天祐廣招星卜藝士往來軍中因具得其情卒賴以成功在鎭七年威德大著父老爲立安輯祠胡瓚字伯珩永平人進士官終南京工部尚書張文錦安邱人弘治十二年進士授戶部主事正德初爲劉瑾所陷逮繫詔獄斥爲民瑾誅起故官再遷郎中督稅陝西條上籌邊裕民十事遷安慶知府度寧王宸濠必反與都指揮楊銳爲禦備計宸濠果反浮江下文錦等慮其攻南都令軍士登城詬之宸濠乃留攻卒不能克事具楊銳傳璽書褒美擢太僕少卿嘉靖元年拜右副都御史巡撫大同文錦性剛以拒賊得重名遂銳意振刷操切頗無序大同北四望平衍寇至無可禦文錦曰寇犯宣府不能近鎭城者以葛谷白陽諸堡爲外蔽也今城外即戰場何以示重議於城北九十里外增設五堡曰水口宣寧只河柳溝樺溝參將賈鑑督役嚴卒已怨及堡成欲徙鎭卒二千五百家戍之衆憚行請募新丁僚吏咸以爲言文錦怒曰如此則令不行矣鎭親兵先往孰敢後親兵素游惰有室聞當發大恐請子身往得分番又不聽嚴趣之鑑承風杖其隊長諸邊卒自甘州五衞殺巡撫許銘朝廷處之輕頗無忌至是卒郭鑑柳忠等乘衆憤遂倡亂殺賈鑑裂其屍走出塞屯焦山墩文錦恐與外寇連令副將時陳等招之入城即索治首亂者郭鑑等大懼復聚爲亂焚大同府門入行都司縱獄囚又焚都御史府門文錦踰垣走匿博野王府第亂卒欲燔王宮王懼出文錦郭鑑等殺之亦裂其屍遂焚鎭守總兵公署出故總兵朱振於獄脅爲帥時嘉靖三年八月也事聞帝命侍郎李昆赦亂卒昆爲文錦請卹典不報久之文錦父政訟其子守安慶功禮部爲之請終不許文錦妻李氏復上疏哀請帝怒命執齎疏者治之副都御史陳洪謨言文錦僨事朝廷戮之可也假手士卒傳之四方損國威不小復降旨詰責自是廷臣不敢言萬曆中始贈右都御史天啟初追謚忠愍

詹榮字仁甫山海衞人嘉靖五年進士授戶部主事歷郎中督餉大同值兵變殺總兵官李瑾總督劉源清率師圍城久不下榮素有智畧善應變叛卒掠城中無犯榮者外圍益急榮密約都指揮紀振游擊戴濂鎭撫王寧同盟討賊察叛卒馬昇楊麟無逆志乃陽令寧持官民狀詣源清所爲叛卒乞原而陰以榮謀告請宥昇麟死畀三千金俾募死士自効會源清已罷巡撫樊繼祖許之昇麟遂結心腹禽首惡黃鎭等九人戮之榮乃開城門延繼祖入復捕斬二十六人錄功擢光祿寺少卿再遷太常寺少卿二十二年以右僉都御史巡撫甘肅魯迷貢使留甘州者九十餘人總兵官楊信驅以禦寇死者十之一榮言彼以好來而用之鋒鏑失遠人心且示中國弱詔奪信官槥死者送之歸番人感悅踰年以大同巡撫趙錦與總兵官周尚文不相能詔榮與錦易任俺答數萬騎入掠榮與尚文破之黑山陽進右副都御史寇復大舉犯中路參將張鳳等陣歿榮與尚文及總督翁萬達嚴兵備陽和而遣騎邀擊多所殺傷寇乃引去代府奉國將軍充灼行剽榮奏奪其祿充灼等結小王子入寇謀據大同榮告尚文捕得皆伏辜榮以大同無險乃築東路邊牆百三十八里堡七墩臺百五十四又以守邊當積粟而近邊弘賜諸堡三十一所延亘五百餘里闢治之皆膏腴田可數十萬頃乃奏請召軍佃作復其租徭移大同一歲市馬費市牛賦之秋冬則聚而遏寇帝立從焉寇入犯與尚文破之彌陀山斬一部長榮先以靖亂功進兵部右侍郎又以繕邊破敵累被獎賚召還理部事進左尚書趙廷瑞罷榮署部務奏行秋防十事已而翁萬達入爲尚書遭母喪榮復當署部務辭疾乞休帝怒奪職閒住越二年卒當榮之撫大同也萬達爲總督尚文爲總兵三人皆有才畧寇數入不能得志自後代者不能任寇無歲不入闌邊人益思榮等明年俺答薄京師萬達榮皆已去論者謂二人在寇未必至此萬曆中榮孫延爲順天通判上書訟榮功贈工部尚書子卹如制劉源清字汝澄東平人正德九年進士授進賢知縣宸濠反源清積薪環室命家人曰事急火吾家一僕逸手刃以徇縣中諸惡少與賊通者

悉杖殺之宸濠妃弟婁伯歸上饒募兵源清邀戮之賊檄至立斬其使會餘干知縣馬津龍津驛丞孫天祐亦起兵拒賊賊七殿下者奪運舟於龍津天祐與戰殺數人賊黨募兵過龍津天祐追殺之焚其舟婁氏家衆西下亦爲天祐所遏禽七十餘人賊兵不敢經湖東以窺兩浙者三人力也賊平源清徵爲御史嘉靖改元津亦入爲御史津滁州人終福建副使源清尋遷大理丞謝病歸六年夏以右僉都御史巡撫宣府滴水崖賊郭春據城叛稱王源清遣卒捕之爲所覺副總兵劉淵令曰止禽元惡以旗邊城而呼其黨皆散春等自剄死總兵官郤永虐下源清劾罷之進副都御史十二年以邊警遷兵部左侍郎總制宣大山西保定諸鎭軍務大同總兵官李瑾浚天城左孤店濠四十里趣工急卒王福勝等焚殺瑾因焚巡撫潘倣署倣奏瑾激變帝命源清同總兵郤永討之源清榜令解散而榜言五堡變處之過寬五堡遺孽大懼師次陽和倣等密捕亂卒杖死十餘人繫賊首王保等七十餘人以獻請旋師源清懲昔胡瓚事不欲已以四屬御史蘇祐因妄言前總兵朱振失職首亂且多引無辜源清遣參將趙綱入城大索城中訛言城且屠亂卒遂鼓噪殺千戶張欽會僉事孫允中自源清所至諭源清意撫慰之始定振前爲亂卒所擁實不反詣源清自明不能白發憤自殺永兵至城下大掠五堡遺孽遂盡反迎戰殺遊擊曹安官軍攻據四關晝夜圍擊亂卒出前參將黃鎭等於獄奉爲帥死守倣與鎭國將軍俊㰖等登城止毋攻俊㰖出見永請緩兵皆不聽允中縋城出言將士妄殺狀源清叱曰汝爲賊游說耶欲囚之允中不敢歸源清因多設邏卒遏王府及有司軍民章疏而請益師至五萬帝命侍郎錢如京都督江桓統京軍八千以往已忽悟罷弗遣專責源清永討賊倣馳疏言將士妄殺激變速旋師亂可已源清亦詆倣媚賊張孚敬主源清侍郎顧鼎臣黃綰言用兵謬帝不能決城圍久大困毀王府及諸廨舍供爨兵部復下安撫令源清亦樹幟招降叛卒稍稍自投首惡黃鎭等亦分日出見乞通樵採路永許諾翌日採薪者出永悉執之城中人益懼亂卒復叛勾外寇爲助永遇之大敗而遁叛卒遂引寇十餘騎入城指代府曰以此爲那顏居那顏者華言大人也城中人聞之皆巷哭明日外寇攻東南二關叛卒與犄角官軍殊死戰互有殺傷寇知叛卒不足賴倒戈擊之大詬而去是時寇游騎南掠至朔應源清請募九邊兵增總制官禦之已得一意攻城帝不許源清乃百道攻穴城爲毒烟熏死者相籍復請壅水灌之帝大不懌奪其職閒住以兵部侍郎張瓚代之瓚未至郎中詹榮等已悉捕首惡黃綰勘功罪言源清永實罪魁具劾其焚賄不貲狀兵科曾忭等言宸濠亂源清有保障功當蒙八議之貸帝怒下忭等詔獄逮源清治之獄久不決綰憂去乃減死斥爲民俺答薄京師卽家起之未赴而卒隆慶初贈兵部尚書

劉天和字養和麻城人正德三年進士授南京禮部主事劉瑾黜御史十八人改他曹二十四人補之天和與焉出按陝西鎭守中官廖堂奉詔辦食御物於蘭州天和謂非所部辭不往堂奏天和拒命詔逮之部民哭送者萬人錮詔獄久不釋吏部尚書楊一清疏救法司奏當贖杖還職中旨謫金壇丞刑部主事孫繼芳抗章救不報屢遷湖州知府多惠政嘉靖初擢山西提學副使累遷南京太常少卿以右僉都御史督甘肅屯政請以肅州丁壯及山陝流民於近邊耕牧且推行於諸邊尋奏當興革者十事田利大興改撫陝西請撤鎭守中官及罷爲民患者三十餘事帝皆從之洮岷番四十二族蠢動天和誅不順命者又討平湖店大盜及漢中妖賊就進右副都御史母憂服闋以故官總理河道黃河南徙歷濟徐皆旁溢天和疏汴河自朱仙鎭至沛飛雲橋殺其下流疏山東七十二泉自鳧尼諸山達南旺河濬其下流役夫二萬不三月訖工加工部右侍郎故事河南八府歲役民治河不赴役者人出銀三兩天和因歲饑請盡蠲旁河受役者課遠河未役者半之詔可十五年改兵部左侍郎總制三邊軍務兵車皆雙輪用二十人遇險卽困又行遲不適於用天和請倣前總督秦紘隻輪車上置砲槍斧戟廂前樹後猊牌左右虎盾連二車可蔽三四十人一人輓之推且翼者各二人戰則護騎士其中敵遠則施火器稍近發弓弩又近乃出短兵敵走則騎兵追復製隨車小帳令士不露宿又毒弩矢修邊牆濠塹皆從之吉囊十萬衆屯賀蘭山後遣別部寇涼州副將王輔逐奪其纛寇莊浪總兵官姜奭屢敗之進天和右都御史寇復大集兵將入犯天和策寇瞯西有備必東密檄延綏副將白爵宵行與參將吳瑛合寇果東入黑河墩遇爵伏兵大創而去旣又入蒺藜川爵尾擊之寇多死尋入寇家澗張家塔爲爵瑛所敗犯寧夏者總兵官王效復破之帝大喜進天和左都御史吉囊犯河西天和禦却之進兵部尚書寇將入平虜城天和伏兵花馬池寇戰不勝走河上遇伏兵多死於水吉囊乘虛寇固原剽掠且饜會淫潦弓矢盡膠無鬭志而諸將多畏縮天和斬指揮二人召故總兵周尚文令立功會陝西總兵官魏時角寇至黑水苑尚文盡銳夾擊殺吉囊子小十王寇退寧夏巡撫楊守禮總兵官任傑等復邀擊敗之鐵柱泉斬獲共四百四十餘級論功加天和太子太保廕一子錦衣千戶前後賚銀幣十數還南京戶部尚書召爲兵部尚書督團營言官論天和衰老遂乞休歸家居三年卒贈少保謚莊襄天和初舉進士劉瑾欲與敘宗姓謝不往晚年內召陶仲文以刺迎稱戚屬天和返其刺曰僕矣吾中外姻連無是人仲文恚其罷官有力焉

楊守禮字秉節蒲州人正德六年進士除戶部主事嘉靖初屢遷湖廣僉事以計禽公安賊魁坐事謫敘州通判累還右副都御史巡撫四川與副將何卿平諸番亂賚銀幣初守禮貶敘州爲僉事張文奎所辱至是文奎遷四川參議恐守禮修隙先以所摭事奏詔二人俱解職歸守禮才器敏達中外以爲能居家未久工部尚書秦金等會薦起河南參政再遷右副都御史巡撫寧夏寇犯固原爲總督劉天和所敗欲自寧夏去守禮與總兵任傑等邀敗之會天和召還進守禮右都御史總督軍務代之錄前功進兵部尚書總兵官李義楊信連却吉囊三賜璽書銀幣尋上疏乞休帝惡其避難降俸二級其秋寇三萬騎抵綏德游擊張鵬却之總兵官吳英等追至塞外東路參將周文兵亦至夾擊敗之巡按御史殷學言寇入內地五百里請治諸將罪部議延綏游兵俱調宣大寇方避實擊虛而我能以寡勝衆宜錄其功乃加守禮太子少保學謫外守禮尋以憂去俺答薄都城廷臣首以守禮薦詔趣上道寇退止不行久之卒

張岳字維喬惠安人自幼好學以大儒自期登正德十一年進士授行人武宗寢疾豹房請令大臣侍從臺諫輪直起居視藥餌防意外變不報與同官諫南巡杖闕下謫南京國子學正世宗嗣位復故官遷右司副母老乞便養改南京武選員外郎歷主客郎中方議大禘禮張璁求始祖所自出者實之禮官皆唯唯岳言於尚書李時曰不如爲皇初祖位毋實以人時大喜告璁璁不謂然以初議上帝竟令題皇初祖主如岳言璁銜之出爲廣西提學僉事行部柳州軍缺餉大譁城閉五日岳令守城啓門召詰譁者予餉去尋以計禽首惡置之理入賀改提學江西不謝璁璁黜廣西選貢七人謫岳廣東鹽課提舉還廉州知府督民墾棄地教以桔槔運水廉民多盜珠池岳居四年未嘗入一珠帝使使往安南詰莫登庸殺主岳言於總督張經曰莫氏簒黎可無勘而知也使往受謾詞辱國請留使者毋前經不可知欽州林希元上書請決討莫氏岳貽書止之復條上不可討六事爲書貽執政曰據邊民報黎賙襲封無嗣以兄子譓爲子陳暠作亂賙遇害暠篡未幾國人擁立譓暠奔諒山譓立七年爲莫登庸所逼出居升華登庸立譓幼弟懬而相之卒弒懬自立國分爲三黎在南莫居中陳在西北後諒山亦爲登庸有陳遂絕而黎所居卽古日南地與古城隣限大海登庸不能踰之南故兩存近登庸又以交州付其孫福海而自營海東府地都齋居之蓋安南諸府惟海東地最大卽所謂王山郡也此賊負簒逆名常練兵備我又時揚言求入貢邊人以非故王也弗敢聞愚以爲彼內亂未嘗有所侵犯可且置之待其亂定乃貢若必用兵勝負利鈍非岳所敢知執政得書不能決已毛伯溫來視師張經一以軍事委岳又以翁萬達才進二人於伯溫岳與伯溫語數日伯溫曰交事屬君矣許登庸如岳議會岳還浙江提學副使又遷參政伯溫馳奏留之乃改廣東參政分守海北登庸降加岳俸一級賜銀幣尋以征瓊州叛黎功加俸及賜如之塞上多事言官薦岳邊才伯溫言岳可南翁萬達可北也遂擢岳右僉都御史撫治鄖陽旋移撫江西進右副都御史總督兩廣軍務兼巡撫討破廣東封川猺蘇公樂等進兵部右侍郎平廣西馬平諸縣猺賊先後俘斬四千招撫二萬餘人誅賊魁韋金田等增俸一級召爲刑部右侍郎以御史徐南金言命留任連山賊李金與賀縣賊倪仲亮等出沒衡永郴桂積三十年不能平岳大合兵討禽之莅鎭四年巨寇悉平召拜兵部左侍郎湖貴間有山曰蜡爾諸苗居之東屬鎭溪千戶所筸子坪長官司隸湖廣西屬銅仁平頭二長官司隸貴州北接四川酉陽廣袤數百里諸苗數反官兵不能制侍郎萬鏜征之四年不克乃授其魁龍許保冠帶湖苗暫息而貴苗反如故鏜班師龍許保及其黨吳黑苗復亂貴州巡撫李義壯告警乃命岳總督湖廣貴州四川軍務討之進右都御史義壯持鏜議欲撫岳劾其阻兵罷之先義壯撫貴州者僉都御史王學益與鏜附嚴嵩主撫議數從中撓岳岳持益堅許保襲執印江知縣徐文伯及石阡推官鄧本忠以去岳坐停俸乃使總兵官沈希儀參將石邦憲等分道進躬入銅仁督之先後斬賊魁五十三人獨許保黑苗跳不獲岳以捷聞言貴苗

漸平湖苗聽撫請遣土兵歸農朝議許之未幾酉陽宣慰冉元嗾許保黑苗突思州刼執知府李允簡邦憲兵邀奪允簡還允簡竟死嵩父子故憾岳欲逮治之徐階持不可乃奪右都御史以兵部侍郎督師邦憲等旋破賊岳搜山箐餘賊獻思州印及許保湖廣兵亦破禽首惡李通海等岳以黑苗未獲不敢報功已而冉元謀露岳發其奸元賄嚴世蕃責岳絕苗黨邦憲竟得黑苗以獻苗患乃息岳卒於沅州喪歸沅人迎哭者不絕已敘功復右都御史贈太子少保謚襄惠岳博覽工文章經術湛深不喜王守仁學以程朱爲宗李允簡融縣人由舉人起家以郡境多寇遣孥歸獨與孫炳文居祖孫皆被執許保挾以求厚贖允簡則傳語邦憲令亟進兵在賊中自投高崖下賊拽出棄之途思人舁還至清浪衞而卒詔贈貴州副使賜祭葬官一子

郭宗皋字君弼福山人嘉靖八年進士選庶吉士尋詔與選者皆改除得刑部主事擢御史十二年十月星隕如雨未幾哀冲太子薨大同兵亂宗皋勸帝惇崇寬厚察納忠言勿專以嚴明爲治帝大怒下詔獄杖四十釋之歷按蘇松順天行部乘馬不御肩輿會廷推保定巡撫劉夔還理院事宗皋論夔嘗薦大學士李時子詔媚無行不任風紀坐奪俸兩月尋出爲鴈門兵備副使轉陝西參政遷大理少卿二十三年十月寇入萬全右衞抵廣昌列營四十里順天巡撫朱方下獄擢宗皋右僉都御史代之寇已去宗皋言密雲最要害宜宿重兵乞敕馬蘭太平燕河三屯歲發千人以五月赴密雲有警則總兵官自將赴援居庸白楊地要兵弱遇警必待部奏不能及事請預擬借調之法令建昌三屯軍平時則協助密雲遇警則移駐居庸俱報可久之宗皋聞敵騎四十萬欲分道入奏調京營山東河南兵爲援已竟無實坐奪俸一年故事京營歲發五軍詣薊鎮防秋宗皋請罷三軍以其犒軍銀充本鎮募兵費又請發修邊餘銀增築燕河營古北口帝疑有侵冒令罷歸聽勘旣而事得白起故官巡撫大同與宣府巡撫李仁易鎮尋進兵部右侍郎總督宣大山西軍務俺答三萬騎犯萬全左衞總兵官陳鳳副總兵林椿與戰鵓兒嶺殺傷相當宗皋坐奪俸明年再犯大同總兵官張達及椿皆戰死宗皋與巡撫陳燿坐奪俸給事中唐禹追論死事狀因言全軍悉陷乃數十年未有之大衂帝乃逮宗皋及燿各杖一百燿遂死宗皋戍陝西靖虜衞隆慶改元從戍所起刑部右侍郎改兵部協理戎政旋進南京右都御史就改兵部尚書參贊機務給事中莊國禎劾宗皋衰庸宗皋亦自以年老求去詔許之萬曆中再存問歲給廩隸十六年宗皋年九十又遣行人存問是年卒贈太子太保謚康介

趙時春字景仁平涼人幼與羣兒嬉輒列旂幟部勒如兵法年十四舉於鄉踰四年爲嘉靖五年會試第一選庶吉士以張璁言改官得戶部主事尋轉兵部九年七月上疏曰陛下以災變求言已旬月大小臣工率浮詞面謾葢自靈寶知縣言河清受賞都御史汪鋐繼進甘露今副都御史徐讚訓導范仲斌進瑞麥指揮張楫進嘉禾鋐及御史楊東又進鹽華禮部尚書李時再請表賀仲斌等不足道鋐讚司風紀時典三禮乃罔上欺君壞風傷政帝責其妄言且令獻讜言善策時春惶恐引咎未對帝趣之於是時春上言當今之務最大者有四最急者有三最大者曰崇治本君之喜怒賞罰所自出勿以逆心事爲可怒則賞罰大公而天下治曰信號令無信一人之言必參諸公論毋狃一時之近必稽之永遠苟利十而害一則利不必興功百而費半則功不必舉如是而天下享安靜之福矣曰廣延訪宜倣古人輪對及我朝宣召之制使大臣臺諫侍從各得敷納殿陛間羣吏則以其職事召問之曰勵廉耻大臣宜待以禮取大節略小過臺諫言是者用之非者寬容之庶臣工自愛不敢不勵其最急者曰惜人才凡得罪諸臣其才不當棄其過或可原宜霈然發命召還故秩且因南郊禮成除謫戍之罪與之更始曰固邊圉敗軍之律宜嚴臨陣而退者裨將得以戮士卒大將得以戮裨將總制官得以戮大將則人心震悚而所向用命曰正治教請復古冠婚喪祭之禮絕醮祭禱祀之術凡佛老之徒有假引符籙依託經懺幻化黃白飛昇遐景以冒寵祿者卽賜遣斥則正道修明而民志定帝覽之益怒下詔獄掠治黜爲民久之選東宮官屬起翰林編修兼司經局校書帝有疾時春與羅洪先唐順之疏請東宮御殿受百官正旦朝賀帝大怒復黜爲民京師被寇朝議以時春知兵起兵部主事贊理京營務統民兵訓練大將軍仇鸞倡馬市時春憤曰此秦檜續耳身爲大將而效市儈可乎忤鸞爲所搆幾重得罪稍遷山東僉事進副使三十二年擢僉都御史巡撫山西時春慷慨負奇氣善騎射慨寇縱橫將帥不任戰數謂人使吾領選卒五千俺答邱福不足平也作禦寇論論戰守甚悉旣秉節鉞益思以武功自奮其年九月寇入神池利民諸堡時春率馬步兵往禦之至廣武諸將畢會諜報寇騎二千餘去兩舍時春擐甲欲馳大將李淶固止之時春大言曰賊知吾來必遁緩追卽不及遂策馬前及於大蟲嶺伏兵四起敗績倉皇投一墩守卒縋之上乃得免淶軍竟覆被論解官聽調時春喜談兵至是一戰而敗然當是時將帥率避寇不擊爲督撫者安居堅城遙領軍事無躬搏寇者時春功雖不就天下皆壯其氣時春讀書善彊記文章豪肆與唐順之王愼中齊名詩伉浪自喜類其爲人

贊曰姚鏌等封疆宣其壁畫軍務暢其機謀勳績咸有可紀伍文定從王守仁平宸濠之難厥功最懋趙時春將畧自命一出輒蹶夫危事而易言之固知兵者所弗取乎

明史卷二百一　　列傳第八十九

總裁官總理事務 經筵講官少保兼太子太保保和殿大學士兼管吏部戶部尚書事加六級臣廷玉等奉

敕修

陶琰 子滋　王縝

李充嗣　吳廷舉 弟廷弼

方良永 弟良節 子重杰　王璟

王軏　徐問

張邦奇 族父時徹　韓邦奇 弟邦靖

周金　吳嶽 譚大初

陶琰字廷信絳州人父銓進士陝西右參議琰舉成化七年鄉試第一十七年成進士授刑部主事弘治初進員外郎歷固原兵備副使練士卒廣芻粟歷九年部內晏如遷福建按察使浙江左布政使正德初以右副都御史巡撫河南遷刑部右侍郎陝西遊擊徐謙訐御史李高謙故劉瑾黨行厚賂欲中高危法琰往按直高瑾怒假他事下琰詔獄褫其職又罰米四百石輸邊瑾誅起左副都御史總督漕運兼巡撫淮揚諸府六年轉南京刑部侍郎明年賊劉七等將犯江南王浩八又入衢州進琰右都御史巡視浙江至則七等已滅浩八聽撫會寧紹瀕海地颶風大作居民漂没萬數琰出帑金振救而大築蕭山至會稽堤五萬餘丈奏設兵備道守要害防浩八黨出沒遣將擊斬其渠魁遂城開化常山遂安蘭谿境內以靖復命總督漕運七疏乞歸世宗嗣位起故官凡三督漕軍民習其政不嚴而肅琰性清儉飯惟一蔬每到官及罷去行李止三竹笥尋加戶部尚書嘉靖元年召拜工部尚書其冬改南京兵部加太子少保未浹歲屢引年乞休加太子太保乘傳歸有司歲時存問又九年卒年八十有四贈少保謚恭介子滋以進士授行人諫武宗南巡杖闕下謫國子學正嘉靖初歷兵部郎中率同官伏闕爭大禮再授杖謫戍榆林兵部尚書王時中等言琰老病呻吟冀父子一相見乞改調近衞不許十五年赦還卒

王縝字文哲東莞人父恪寶慶知府縝登弘治六年進士選庶吉士授兵科給事中劾三邊總制王越附汪直李廣不可復玷節鉞出理南畿屯田有司徵松江白紵六千疋縝言紵非正供且請停上淸宮役詔皆罷之累遷工科都給事中武宗初立內府工匠以營造加恩縝率同官言陛下初登大寶工匠末技已有以微勞進者誠不可示後世宜散遣先朝諸畫士革工匠所授官帝不能用中官張永請改築通州新城縝言泰陵工作方興不當復興無益之役帝乃止正德元年出爲山西右叅政歷福建布政使遷右副都御史巡撫蘇松諸府協平江西賊王浩八乾淸宮災疏請養宗室子宮中定根本去南京新增內官召還建言被黜諸臣不報已調鄖陽巡撫遷南京刑部右侍郎世宗卽位陳正本十事嘉靖二年就擢戶部尚書卒官

李充嗣字士修內江人給事中蕃孫也登成化二十三年進士改庶吉士弘治初授戶部主事以從父臨安爲郎中改刑部坐累謫岳州通判久之移隨州知州擢陝西僉事歷雲南按察使正德九年舉治行卓異累遷右副都御史巡撫河南歲大祲請發帑金移粟振之不足則勸貸富室時流民多聚開封煮糜哺之踰月資遣還鄉初鎮守中官廖堂黨於劉瑾假進貢名要求百端繼者以爲常充嗣言近中官進貢有古銅器窰變盆黃鷹角鷹錦雞走狗諸物皆借名科斂外又有拜見銀須知銀及侵扣驛傳快手月錢河夫歇役之屬無慮十餘事苛派動數十萬其左右用事者又私於境內抑買雜物擅權商賈貨利乞嚴行禁絕詔但禁下人科取而已十二年移撫應天諸府寧王宸濠反充嗣謂尚書喬宇曰都城守禦屬於公畿輔則充嗣任之乃自將精兵萬人

西屯采石遣使入安慶城中令指揮楊銳等堅守傳檄部內聲言京邊兵十萬旦夕至趣供餉以紿賊賊果疑懼事定兵部及巡按御史胡潔言其功時已就進戶部右侍郎乃賜敕嘉勞有建議修蘇松水利者進充嗣工部尚書兼領水利事未幾世宗嗣位遣工部郎林文霈顏如環佐之開白茅港疏吳淞江六閱月而訖工語詳河渠志嘉靖元年論平宸濠功加太子少保蘇松白糧輸內府正德時驟增內使五千人糧亦加十三萬石帝用充嗣言減從故額又請常賦外盡蠲歲辦之浮額者內府徵收監以科道官毋縱內臣苛索帝俱從之尋改南京兵部尚書七年致仕卒久之詔贈太子太保謚康和

吳廷舉字獻臣其先嘉魚人祖戍梧州遂家焉成化二十三年登進士除順德知縣上官屬修中貴人先祠廷舉不可市舶中官市葛以二葛與之曰非產也中官大怒御史汪宗器亦惡廷舉曰彼事抗上官市名耳會廷舉毀淫祠二百五十所撤其材作堤葺學宮書院宗器謂有所侵盜執下獄按之不得間慚而止爲縣十年稍遷成都同知憂歸補松江用尚書馬文升劉大夏薦擢廣東僉事從總督潘蕃討平南海清遠諸盜正德初歷副使發總鎮中官潘忠二十罪忠亦訐廷舉他事逮繫詔獄劉瑾矯詔枷之十餘日幾死戍雁門旋赦免楊一清薦其才擢江西右參政敗華林賊於連河從陳金大破姚源賊其黨走裴源復從俞諫破之賊首胡浩三既撫復叛廷舉往諭爲所執居三月盡得其要領誘使擒及得還浩三果殺其兄浩二內亂官兵乘之遂禽浩三與副使李夢陽不協奏夢陽侵官因乞休不俟命竟去坐停一歲俸起廣東右布政使復佐陳金平府江賊擢右副都御史振湖廣饑已復出湖南定諸夷疆地寧王宸濠有逆謀疏陳江西軍政六事爲豫防計世宗立召爲工部右侍郎旋改兵部上疏詆陸完王瓊梁儲及少傅蔣冕而自以爲己昔居憲職無一言乞罷黜以儆幸位時完早得罪瓊及儲已罷去廷舉借以傾冕冕遂求罷帝頗不直廷舉調南京工部而慰諭冕冕固請留之不聽嘉靖元年廷舉乞休尋以災異復自劾求罷勸帝修德應天因奏行其部興革十二事尋就改戶部遷右都御史巡撫應天諸府長洲知縣郭波以事挫織造中官張志聰志聰伺波出倒曳之車後典史蕭景騰操兵教場急率兵救百姓登屋飛瓦擊志聰志聰奏逮波景騰廷舉具白志聰貪黷狀帝乃降波五級謫景騰遠方志聰亦召還三年以大禮議未定請如洪武中修孝慈錄故事令兩京部寺臺省及天下督撫各條所見並詢家居老臣采而行之彙爲一書以詔後世時已定稱本生考廷舉窺帝意不慊故爲此奏給事中張原劉祺交劾之不報尋改南京工部尚書辭不拜稱疾乞休帝慰留已復辭且引白居易張詠詩語多詼諧中復用嗚呼字帝怒以廷舉怨望無人臣禮勒致仕廷舉面如削瓜衣敝帶穿不事藻飾言行必自信人莫能奪其在太學時兄事羅玘玘病痢僕死自煮藥飲之負以如廁一晝夜數十反玘嘗語人曰獻臣生我廷舉好薛瑄胡居仁學尊事陳獻章居湫隘亡郭外田有書萬卷及卒總督姚鏌庀其喪隆慶中追謚清惠弟廷弼舉於鄉廷舉枷吏部前廷弼臥其械下刑部主事宿進爲奏記張綵乃得釋

方良永字壽卿莆田人弘治三年進士督逋兩廣峻却饋遺爲布政使劉大夏所器還授刑部主事進員外郎擢廣東僉事瓊州賊符南蛇爲亂大夏時爲總督檄攝海南兵備會師討平之御史坐良永失利大夏已入爲本兵爲白於朝賚銀幣正德初父喪除待銓闕下外官朝見畢必謁劉瑾鴻臚導良永詣左順門叩頭畢令東向揖瑾良永竟出或勸詣瑾家良永不可及吏部除良永河南撫民僉事中旨勒致仕既去瑾怒未已欲假海南殺人事中之刑部郎中周敏力持乃不坐瑾誅起湖廣副使尋擢廣西按察使發巡按御史朱志榮罪至謫戍遷山東右布政使旋調浙江改左錢寧以鈔二萬鬻於浙良永上疏曰四方盜甫息瘡痍未瘳浙東西雨雹寧廝養賤流假義子名躋公侯之列賜予無算納賄不貲乃敢攫民財戕邦本有司奉行急於詔旨胥吏緣爲奸椎膚剝髓民不堪命鎮守太監王堂劉璟畏寧威受役使臣何敢愛一死不以聞乞陛下下寧詔獄明正典刑並治其黨以謝百姓寧懼留疏不下謀遣校尉捕假勢鬻鈔者以自飾於帝而請以鈔直還之民陰召還前所遣使寧初欲散鈔徧天下先行之浙江山東山東爲巡撫趙璜所格而良永白發其奸寧自是不敢鬻鈔矣寧方得志公卿臺諫無敢出一語良永以外僚訟言誅之聞者震悚良永念母老恐中禍三疏乞休去世宗卽位中外交薦拜右副都御史撫治鄖陽以母老再疏乞終養都御史姚鏌請破格褒寵尚書喬宇孫交言良永家無贏貲宜用侍郎潘禮御史陳茂烈故事賜廩米詔月給三石久之母卒詔賜祭葬皆異數也服除以故官巡撫應天卽家賜敕至衢州疾作連疏乞致仕未報遽歸卒卒後有南京刑部尚書之命暨訃聞賜卹如制謚簡肅良永侍父疾衣不解帶者三月母病良永年六十餘矣手進湯藥無少怠居倚廬哀毀稱純孝焉素善王守仁而論學與之異嘗語人曰近世專言心學自謂超悟獨到推其說以自附於象山而上達於孔子目賢聖教人次第爲小子無用之學程朱而下無不受擯而不知其入於妄弟良節官廣東左布政使亦有治行子重杰舉於鄉以孝聞

王爌字存納黃巖人弘治十五年進士除太常博士正德時屢遷刑科都給事中武定侯郭勛鎮兩廣行事乖謬詔自陳勛強辨爌等駁之都察院覆奏不錄爌言爌並劾都御史彭澤帝責澤置勛不問御史林有年直言下獄浙江僉事韓邦奇忤中官被逮爌皆救之帝幸大同久不反爌力請回鑾又與工科石天柱救彭澤忤王瓊中旨調兩人於外爌得惠州推官世宗立召復都給事中旋擢太僕少卿改太常嘉靖三年遷應天府尹歲大祲奏免其賦居四年遷南京刑部右侍郎以母老歸養家居十年起故官尋擢南京右都御史守備中官進表率以兩御史監禮爌曰中官安得役御史止之奉賀入朝謁內閣夏言言倨甚大臣多隅坐爌獨引坐正之言不悅爌遂謝病歸爌與御史潘壯不相能壯坐大獄詔爌提問爌力白壯罪至忤旨人以此稱爌長者卒贈工部尚書

王軏開平衞人弘治十二年進士正德初歷工部員外郎屢遷山東左布政使嘉靖初入爲順天府尹房山地震軏言召災有由語多指斥忤旨切責尋遷右副都御史巡撫四川芒部土官知府隴慰死庶子政與嫡子壽爭立朝議立壽政倚烏撒數搆兵使人誘殺壽奪其印軏請討之乃會貴州兵分道進禽政於水西招降四十九砦璽書獎勞時將營仁壽宮就拜軏工部右侍郎督采大木工罷召還改戶部覈九門苜蓿地以餘地歸之民勘御馬監草場羶地二萬餘頃募民以佃房山民以牧馬地獻中官韋恒軏羶歸之官奸人焉賢等復獻中官李秀秀爲請於帝軏抗疏劾之帝雖宥秀竟治賢等如律出覈勛戚莊田請如周制計品秩別親疏以定多寡非詔賜而隱占者俱追斷戶部尚書梁材採其言兼并者悉歸官稍進左侍郎初軏之平隴政也以隴氏無後請改設流官兵部尚書李鉞等然之遂改芒部爲鎮雄府分置四長官司授隴氏疎屬阿濟等爲長官而擢重慶通判程洸爲試知府隴氏舊部沙保等攻執洸奪其印欲復立隴氏後巡撫王廷相等破保洸得還保子普奴復連烏撒水西苗攻剽畢節諸衞帝命伍文定圖之以朝議不合召還御史戴金因言芒部改流之議諸司咸執不可軏徇洸邪說違衆獨行致疆埸不靖遂罷軏官以兵部尚書李承勛薦起故官總督倉場再遷南京戶部尚書御史龔湜劾軏老悖吏部言軏居官儉素搢紳儀表帝乃責湜妄言久之就改兵部參贊機務詔舉將材薦鄭卿沈希儀等二十一人皆擢用居四年以老乞罷疏中言享年若干帝以爲非告君體勒爲民久之卒

徐問字用中武進人弘治十五年進士授廣平推官遷刑部主事歷兵部出爲登州知府地濱海多盜問盡捕之調臨江修築壞堤七十二轉長蘆鹽運使運司故利藪自好者不樂居問曰吾欲清是官也終任不取一錢累遷廣東左布政使嘉靖十一年以治行卓異拜右副都御史巡撫貴州獨山州賊蒙鈜弒父爲亂問聞南丹泗城欲助逆檄廣西撫按伐其謀又檄鈜弟釗復父讎事平得承襲鈜援絕問督大兵分道入誅之捷聞賜金綺召爲兵部右侍郎疏陳武備八事又言兩廣雲貴半土司深山密箐猺獞羅爽所窟穴邊將喜功召釁好爲掃穴之舉王師每入巨憝潛蹤所誅戮率無辜赤子與大兵費厚餉以易無辜命非陛下好生意宜敕邊臣布威信嚴陁塞謹哨探使各安邊境以絕禍萌帝深納其言尋引疾歸二十一年召爲南京禮部侍郎久之就遷戶部尚書復引疾去卒於家問清節自勵居官四十年敝廬蕭然田不滿百畝好學不倦粹然深造爲士類所宗隆慶初謚莊裕

張邦奇字常甫鄞人年十五作易解及釋國語登弘治末年進士改庶吉士授檢討出爲湖廣提學副使下教曰學不孔顏行不曾閔雖文如雄褒吾且斥之在任三四年諸生競勸時世宗方爲興世子獻皇遣就試乃特設兩案已居北而使世子居南文成送入學世宗由此知邦奇嘉靖初提學四川以親老乞歸久之桂萼掌銓去留天下提學官起邦奇福建未幾選外僚入坊局改右庶子遷南京祭酒以身爲教學規整肅就遷吏部侍郎丁外艱歸帝嘗奉太后謁天壽諸陵語及擇相太后曰先皇嘗言提學張邦奇器識他日可爲宰相其人安在帝憬然曰尚未用也服闋卽召爲吏部右侍郎掌部事推轂善類人不可干以私銓部升除多受教政府邦

奇獨否大學士李時銜之郭勛家人犯法昇重賄請寬邦奇不從帝欲即授邦奇尚書爲兩人沮止尋改掌翰林院事充日講官加太子賓客改掌詹事府九載考績晉禮部尚書以母老欲便養乃改南京吏部復改兵部參贊機務帝猶念邦奇時與嚴嵩語及之嵩曰邦奇性至孝母老不樂北來帝信其言遂不召二十三年卒年六十一贈太子太保謚文定邦奇之學以程朱爲宗與王守仁友善而語每不合躬修力踐跬步必謹晝之所爲夕必書於册性篤孝以養親故屢起輒退其母後邦奇卒壽至百歲邦奇事寡嫂如事母所著學庸傳五經說及文集粹然一出於正族父時徹少邦奇二十歲受業於邦奇仕至南京兵部尚書有文名

韓邦奇字汝節朝邑人父紹宗福建副使邦奇登正德三年進士除吏部主事進員外郎六年冬京師地震上疏陳時政闕失忤旨不報會給事中孫禎等劾臣僚不職者並及邦奇吏部已議留帝竟以前疏故黜爲平陽通判遷浙江僉事轄杭嚴二府宸濠令內豎假飯僧聚千人於杭州天竺寺邦奇立散遣之其儀賓託進貢假道衢州邦奇詰之曰入貢當沿江下奚自假道歸語王韓僉事不可誑也時中官在浙者凡四人王堂爲鎮守晁進督織造崔瑤主市舶張玉管營造爪牙四出民不聊生邦奇疏請禁止又數裁抑堂邦奇閔中官採富陽茶魚爲民害作歌哀之堂遂奏邦奇沮格上供作歌怨謗帝怒逮至京下詔獄廷臣論救皆不聽斥爲民嘉靖初起山東參議乞休去尋用薦以故官蒞山西再乞休去起四川提學副使入爲春坊右庶子七年偕同官方鵬主應天鄉試坐試錄謬誤謫南京太僕丞復乞歸起山東副使遷大理丞進少卿以右僉都御史巡撫宣府入佐院事進右副都御史巡撫遼東時遼陽兵變侍郎黃宗明言邦奇素有威望請假以便宜速往定亂帝方事姑息不從命與山西巡撫任洛換官至山西爲政嚴肅有司供具悉不納間日出俸米易肉一斤居四年引疾歸中外交薦以故官起督河道遷刑部右侍郎改吏部拜南京右都御史進兵部尚書參贊機務致仕歸三十四年陝西地大震邦奇隕焉贈太子少保謚恭簡邦奇性嗜學自諸經子史及天文地理樂律術數兵法之書無不通究著述甚富所撰志樂尤爲世所稱弟邦靖字汝度年十四舉於鄉與邦奇同登進士授工部主事榷木浙江額不充被劾以守官廉得免進員外郎乾清宮災指斥時政甚切武宗大怒下之詔獄給事中李鐸等以爲言乃奪職爲民世宗即位起山西左參議分守大同歲饑人相食奏請發帑不許復抗疏千餘言不報乞歸不待命輒行軍民遮道泣留抵家病卒年三十六未幾邦奇亦以參議蒞大同父老因邦靖故前迎皆泣下邦奇亦泣邦奇嘗廬居病歲餘不能起邦靖藥必分嘗食飲皆手進後邦靖病亟邦奇日夜持弟泣不解衣者三月及歿衰絰蔬食終喪弗懈鄉人爲立孝弟碑

周金字子庚武進人正德三年進士授工科給事中累遷戶科都給事中疏言京糧歲入三百五萬而食者乃四百三萬當痛爲澄汰中官迎佛及監織造者濫乞引鹽暴橫道路當罷都督馬昂納有妊女弟當誅昂而還其女朝議用兵土魯番復哈密金言西邊虛憊而土魯番險遠且青海之寇窺伺西寧不宜計哈密已卒從金議嘉靖元年由太僕寺少卿遷都察院右僉都御史巡撫延綏邊人貧甚金爲招商聚粟廣屯積芻以時給其食改撫宣府進右副都御史大同叛卒殺張文錦邊鎮兵皆驕宣府總督侍郎馮清苛刻諸軍請糧不從且欲鞭之衆轟然圍清府署金方病出坐院門召諸軍官數之曰是若輩剝削之過欲痛鞭之軍士氣稍平擁而前請曰總制不恤我耳金從容諭以利害衆乃散解去得無變改撫保定巡按御史李新芳疑廣平知縣謀已欲抶之知府爲之解並欲執知府發兵二千捕之知府及佐貳皆走一城盡空金發其罪狀而都御史王廷相庇新芳與相爭帝卒下新芳刑部黜官金遷兵部右侍郎未幾進右都御史總督漕運巡撫鳳陽諸府久之擢南京刑部尚書就轉戶部二十四年致仕歸歲餘卒贈太子太保謚襄敏

吳嶽字汝喬汶上人嘉靖十一年進士授戶部主事歷郎中督餉宣府吏進羨金數千拒之出知廬州府稅課歲萬金例輸府嶽以代郵傳費西山薪故供官爨嶽弛以利民以憂去服除改保定治如廬州歷山西副使浙江參政湖廣按察使山西右布政使並以清靜得民遷右僉都御史巡撫保定六府奏裁徵發冗費十六七民力遂寬甫浹歲引疾去久之以貴州巡撫徵尋進左副都御史協理院事隆慶元年歷吏部左右侍郎京察竣給事中胡應嘉有所申救嶽詣內閣抗聲曰科臣敢留考察罷黜官有故事乎應嘉遂得譴遷南京禮部尚書就改吏部抑浮薄杜僥倖南都縉紳憚之上疏陳六事帝頗納其言尋改兵部參贊機務未上給由過家病卒詔贈太子太保謚介肅嶽清望冠一時褆躬嚴整尚書馬森言平生見廉節士二人嶽與譚大初耳嶽知廬州時王廷守蘇州以公事遇京口嶽召爲金山遊攜酒一甑肉一斤菜數束廷笑曰止是乎嶽亦笑曰足供我兩人食矣歡竟日而還去廬日假一蓋禦雨至即命還之

譚大初字宗元始興人嘉靖十七年進士授工部主事憂歸起補戶部改戶科給事中數論事歷兵科左給事中出爲江西副使清軍多所釋御史孫愼以失額爲疑大初曰失額罪小殃民罪大嚴嵩親黨奪民田治之不少貸遷廣西右參政投劾歸久之起故官河南未上擢南京右通政俄遷應天府尹將赴南都而穆宗即位乞以參政致仕不許隆慶元年召拜工部右侍郎尋遷戶部左侍郎督倉場海瑞爲僉都御史大初力薦瑞已而屢疏乞休不允拜南京戶部尚書引疾去家居田不及百畝卒年七十五謚莊懿

贊曰當正嘉之際士大夫刓方爲圓貶其素履羔羊素絲之節寖以微矣陶琰諸人清操峻特卓然可風南都列卿後先相望不其賢乎琰之督漕充嗣之守禦艮永之遏錢寧周金之弭亂卒所豎立甚偉至琰子之直節廷弼邦靖之篤行尤無忝其父兄云

明史卷二百二　　列傳第九十

總裁官總理事務經筵講官少保兼太子太保保和殿大學士兼管吏部戶部尚書事加六級張廷玉等奉

敕修

廖紀　王時中

周期雍　唐龍 子汝楫

王杲 王暐　周用 宋景 屠僑

聞淵　劉訒 胡纘宗

孫應奎 餘姚孫應奎 方鈍　聶豹

李默 萬鏜　周延 潘恩

賈應春　張永明

胡松 績溪胡松　趙炳然

廖紀字時陳東光人弘治三年進士授考功主事屢遷文選郎中正德中歷工部右侍郎提督易州山廠羨金無所私遷吏部左右侍郎世宗立拜南京吏部尚書調兵部參贊機務被論解職嘉靖三年大禮議既定吏部尚書楊旦赴召道劾張璁桂萼璁萼之黨陳洸遂劾旦而薦紀帝罷旦以紀代之紀疏辭言臣年已七十精力不如喬宇聰明不如楊旦時宇旦方爲帝所惡不許光祿署丞何淵請建世室祀興獻帝下廷議紀等執不可帝弗從紀力爭曰淵所言干君臣之分亂昭穆之倫蔑祖宗之制臣謹昧死請罷勿議不納會廷臣多諍者議竟寢已條奏三事其末言人材當惜謂正德之季宗社幾危議者但知平定逆藩之功而不知保護京師之力自陛下繼統老成接踵去新進連茹登以出位喜事爲賢以凌分犯禮爲貴伏望陛下於昔年致仕大臣念其保護之勳量行召用其他降職除名遣戍者使得以才自効帝但納其正士風重守令二事而已三邊總督楊一清召還內閣璁等欲起王瓊紀推彭澤王守仁帝不允復以鄧廷瓚王憲名上竟用憲五年正月御史張袞喻茂堅朱實昌以世廟禮成請宥議禮得罪諸臣璁萼亦以爲請章俱下吏部紀等列上四十七人卒報罷御史魏有本以劾郭勛救馬永謫官給事中沈漢等論救帝不聽紀從容爲言且薦永及楊銳帝納之有本得無謫紀在南都持議與璁合坐是劾罷璁輩欲引助己遂首六卿而紀顧數與牴牾璁輩亦不喜年老稱病乞歸許之去初獻皇實錄成加太子太保至是進少保賜敕乘傳夫廩視故事有加卒贈太保謚僖靖

王時中字道夫黃縣人弘治三年進士授鄢陵知縣嘗出郊旋風擁馬首時中曰冤氣也跡得屍眢井乃婦與所私者殺之遂伏辜召拜御史督察畿輔馬政正德初請革近畿皇莊不報吏部尚書馬文升致仕時望屬劉大夏閔珪時中詆珪和媚大夏昏耄兩人各求退焦芳遂得之衆咸咎時中出按宣大逮繫武職貪汚者百餘爲東廠太監邱聚所奏劉瑾捕時中下詔獄荷重枷於都察院門時中病甚其妻往省遇都御史劉宇哭且詬宇不得已言於瑾釋之謫戍鐵嶺衛瑾誅起四川副使遷湖廣按察使十二年以右僉都御史巡撫寧夏世宗立召爲右副都御史父喪除起故官會上章聖太后尊號時中言本生二字不當去及上册寶百官陪列不至者九人時中與焉帝責對狀已而貰之歷兵部左侍郎代李鉞爲尚書中官黃英等多所陳請時中皆執不可敘薊州平盜功濫及通州守備鄢祐爲言官李鳴鶴等所劾時中乞休且詆言者給事中劉世揚等言時中不當逞忿箝言官帝乃切責時中令歸聽勘嘉靖十年四月起復爲兵部尚書御史郭希愈請重兵部侍郎之選以邊臣有才者兩人分掌邊方內地軍務吏部議從之時中言非祖宗臨時遣將意帝遂從其議帝欲用王憲於兵部乃調時中刑部尚書坐論御史馮恩獄落職閒住始恩疏詆時中及是以寬恩得罪時稱爲長者久之遇赦復官致仕

周期雍字汝和，江西寧州人正德三年進士授南京御史劉瑾既誅爲瑾斥者悉起而給事中李光翰任惠徐蕃牧相徐暹趙士賢御史貢安甫史良佐曹閔王弘葛浩姚學禮張鳴鳳王良臣徐鈺趙佑楊璋朱廷聲劉玉部郎李夢陽王綸孫磐等以兼劾羣閹未得錄期雍偕同官王佩力請皆召用兵部尚書王敞附瑾進期雍請斥之焦芳劉宇猶在列而劉大夏韓文楊守隨林瀚張敷華未雪期雍皆極論陳金討江西賊縱苗殺掠期雍發其狀尋清軍廣東劾鎮守武定侯郭勛金與勛皆被責出爲福建僉事宸濠反簡銳卒赴討會賊平乃還嘉靖初爲浙江參議討平溫處礦盜予一子官再遷湖廣按察使九年擢右僉都御史巡撫順天薊州密雲關堡數十以避寇警移入內地關外益無備期雍悉修復之數列上便宜入爲大理卿歷刑部左右侍郎右都御史拜刑部尚書大計京官言官劾期雍納賄吏部白其誣詔爲飭言者十九年郭勛修前郤因風霾勸帝罷免大臣期雍遂去位家居十年卒

唐龍字虞佐蘭谿人受業於同縣章懋登正德三年進士除郯城知縣禦大盜劉六數敗之加俸二等父喪服除徵授御史出按雲南錢寧義父參將盧和坐罪當死寧爲奏辯下鎮撫覆勘會遣官錄囚受寧屬欲出和爲龍所持卒正其罪土官鳳朝明坐罪死革世職寧令滇人爲保舉而矯旨許之龍抗疏爭寢其事再按江西疏趣張忠許泰班師三司官從宸濠叛者猶居位龍召數之曰脅從罔治謂凡民耳若輩讀書食祿何靦顏乃爾立收其印綬擢陝西提學副使遷山西按察使召爲太僕卿嘉靖七年改右僉都御史總督漕運兼巡撫鳳陽諸府奏罷淮西官馬種牛罷壽州正陽關榷稅通泰二州虛田租及漕卒船料民甚德之召拜左副都御史歷吏部左右侍郎十一年陝西大饑吉囊擁衆臨邊延綏告警詔進龍兵部尚書總制三邊軍務兼理振濟齎帑金三十萬以行龍奏行救荒十四事時吉囊居套中西抵賀蘭山限以黃河不得渡用牛皮爲渾脫渡入山後俺荅亦自豐州入套爲患龍用總兵官王效梁震數敗敵屢被奬賚召爲刑部尚書大猾劉東山搆陷建昌侯張延齡與大獄延齡昭聖皇太后母弟帝所惡也吏坐獄不窮竟去者數十人龍獨執正東山罪大禮大獄及諸建言獲罪者廷臣屢請寛不能得會九廟成覃恩龍錄上充軍應赦者百四十人率得宥所不原惟豐熙楊愼王元正馬錄呂經馮恩劉濟邵經邦而已考尚書六年滿加太子少保以母老乞歸侍養久之用薦起南京刑部尚書就改吏部兵部尚書戴金罷召龍代之太廟成加太子太保尋代熊浹爲吏部尚書龍有才居官著勞績及爲吏部每事咨僚佐年老多疾輒爲所欺御史陳九德劾前選郎高簡罔上行私幷論龍衰暮乃下簡詔獄龍引疾未報吏科楊上林徐良輔復論簡詔杖簡六十遣戍上林良輔以不早言罷職龍黜爲民龍已有疾輿出國門卒後數年子修撰汝楫疏辯詔復官贈少保謚文襄龍故與嚴嵩善龍之罷實夏言主之而汝楫素附嵩得第一人及第官至左諭德後坐嵩黨奪官

王杲字景初汶上人正德九年進士授臨汾知縣擢御史巡視陝西茶馬帝遣中官分守蘭靖杲言窮邊饑歲不宜設官累民不報嘉靖三年帝將遣中官督織造於蘇杭杲疏諫不納久之擢太僕少卿改大理再遷左副都御史進戶部右侍郎河南大饑命杲往振杲請急發帑金詔齎臨清倉銀五萬兩以行既至復請發十五萬兩全活不可勝計事竣賜銀幣尋以右都御史總督漕運故事繕運艘軍三民七總兵官顧寰以軍民困敝請發兩淮餘鹽銀七十萬戶部尚書李如圭不可杲請改折兩年漕運十之三以所省轉輸費治運艘勿重困軍民報可踰年入爲戶部尚書后父安平侯方銳乞張家莊馬房地杲言此地二千餘頃正供所出不可許宜以大慈恩寺入官地二十頃予之帝從其議時國儲告匱諸邊請增餉無虛月四方多水旱給事中李文進請議廣儲蓄杲列九事以獻已又上制財用十事帝咸納之舊制歲漕四百萬石杲以粟有餘而用不足遇災傷率改折以便民一日帝見改折者過半大驚以詰戶部杲等引罪敕自今務遵祖制毋輕變杲掌邦計事無不辦帝深倚之後有詔買龍涎香久不進帝以此不悅給事中馬錫劾杲及巡倉御史艾朴受賄給事中厲汝進言倉場尚書王暐亦然竝下獄杲朴遣戍暐斥爲民杲竟卒於雷州戍所隆慶初給事中辛自修等訟杲冤詔復官賜祭葬贈太子太保王暐句容人由進士除吉安推官從王守仁平宸濠遷大理寺副爭大禮下獄廷杖累遷右副都御史巡撫江西歷兩京戶部侍郎出督漕運進尚書歷官著清操

周用字行之吳江人弘治十五年進士授行人正德初擢南京兵科給事中父憂服闋留補禮科已乞南改南京兵科諫迎佛烏斯藏及以中旨遷黜尚書都給事中等官且請治鎮守江西中官黎安罪出爲廣東參議預平番禺盜有功歷浙江山東副使擢福建按察使改河南右布政使代監司鞫南陽滯獄獄爲之空嘉靖八年擢右副都御史巡撫南贛召協理院事歷吏部左右侍郎以起廢不當尚書汪鋐委罪僚屬乃調用南京刑部就遷右都御史工刑二部尚書九廟災自陳致仕用端亮有節槩既罷中外皆惜之頻有推薦久之以工部尚書起督河道數月改漕運未上召拜左都御史二品九年滿加太子少保二十五年代唐龍爲吏部尚書明年卒官贈太子太保謚恭肅曾孫宗建自有傳用掌憲時愼自持而已無所獻替其後宋景屠僑繼之大畧皆廉潔與用相似景未久卒而僑居職八年屬嚴嵩柄政風紀不振議丁汝夔獄受杖不能去宋景字以賢奉新人弘治十八年進士知睢州正德五年入爲河南道御史故事知州無改御史者劉瑾創之也瑾誅景引疾去嘉靖三年以薦補浙江僉事進山西副使民饑爲盜殺守禦指揮景樹幟令被脅者赴之賊咸歸命乃禽斬其魁四遷山西左布政使累官南京吏工二部尚書改兵部參贊機務入爲左都御史卒贈太子少保吏部尚書謚莊靖屠僑字安卿吏部尚書滽再從子也正德六年進士授御史巡視居庸諸關武宗遣中官李嵩等捕虎豹僑力言不可世宗時歷左都御史卒贈少保謚簡肅

聞淵字靜中鄞人弘治十八年進士初授禮部主事已改刑部楊一清爲吏部調淵稽勳員外郎歷考功郎中改掌文選遷南京右通政嘉靖初擢應天府尹改尹順天累遷南京兵部右侍郎攝部事薦馬永等十餘人召爲刑部右侍郎遷左進南京刑部尚書就移吏部召爲刑部尚書周用卒代爲吏部尚書侍郎徐階得帝眷前尚書率推讓之淵自以前輩事取獨斷大學士夏言柄政淵老臣不能委曲徇及後議言獄淵謂言事秖任意跡涉要君請帝自裁決帝大怒切責淵嚴嵩既殺言勢益橫部權無不侵數以小故奪淵俸淵年七十矣遂乞骸骨歸家居十四年卒先累加太子太保卒贈少保謚莊簡淵居官始終一節晚扼權相功名頗損在南刑部時張璁先爲曹屬嘗題詩於壁屬淵勒石後堂淵曰此尚書堂也吾敢以相君故爲郎官勒石耶

劉訒鄢陵人父璟刑部尚書訒登正德十二年進士爲寧國推官攝蕪湖縣事武宗南巡中貴索賄不得繫訒詔獄世宗立復官尋擢御史遷南京通政參議歷南京刑部尚書召改北初帝幸承天河南巡撫胡纘宗嘗以事笞陽武知縣王聯聯尋爲巡按御史陶欽夔劾罷聯素兇狡嘗毆其父良論死久之以良請出獄復坐殺人求解不得知帝喜告訐乃摭纘宗迎駕詩謬王八駿語爲謗詛言纘宗命已刊布不從屬欽夔論黜羅織成大辟倖長至日令其子詐爲常朝官闌入闕門訟冤凡所不悅若副都御史劉隅給事中鮑道明御史胡植馮章張洽參議朱鴻漸知府項喬賈應春等百十人悉搆入之帝大怒立遣官捕纘宗等下獄命訒會法司嚴訊訒等盡得其誣罔仍坐聯死當其子詐冒朝官律斬而爲纘宗等乞宥帝既從法司奏坐聯父子辟然心嗛纘宗頗多詰讓下禮部都察院參議嚴嵩爲之解乃革纘宗職杖四十訒亦除名法司正貳停半歲俸郎官承問者下詔獄嵩以對制平獄有功令兼支大學士俸嵩辭乃允時法官率骫法徇上意稍執正譴責隨至訒於是獄能持法身雖黜而天下稱之胡纘宗陝西秦安人正德三年進士由檢討出爲嘉定判官歷山東巡撫改河南

孫應奎字文宿洛陽人正德十六年進士授章邱知縣嘉靖四年入爲兵科給事中上疏言輔臣之任必忠厚鯁亮純白堅定者乃足當之今大學士楊一清雖練達國體而雅性尚通難以獨任張璁學博性偏傷於自恃猶飭厲功名當抑其過而用之至於桂萼以梟雄桀驁之資作威福納財賄阻抑氣節私比黨與勢侵六官氣制言路天下莫不怨憤乞鑒別三臣賢否以定用舍其意特右璁而帝因其奏慰留一清戒諭璁萼既而同官王準陸粲劾璁萼罷相準粲亦下吏遠謫以應奎首抗章不罪未幾劾吏部尚書方獻夫帝頗納其言獻夫援汪鋐爲助遂詘應奎議再遷戶科左給事中行人薛侃建言忤旨下廷訊詞連張璁應奎與同官曹忭揖璁避且上疏言狀帝怒下之詔獄尋釋還職十一年大計天下庶官王準讁富民典史應奎言汪鋐爲璁萼修郤誣以不謹而黜之乞復準官責鋐爲黨比戒吏部尚書王瓊亦言準當黜乃讁應奎高平縣丞屢遷湖廣副使督采大木坐累復逮繫尋釋還歷右副都御史巡撫順天召理院事遷戶部侍郎進尚書俺答犯京師後羽書旁午徵兵餉應奎乃建議加派自北方諸府暨廣西貴州外其他量地貧富驟增銀一百十五萬有奇而蘇州一府乃八萬五千御史郭仁吳人也詣應奎請減不從仁遂劾奏應奎疏辨帝以仁不當私屬調之外既而國用猶不足應奎言今歲入二百萬而諸邊費六百餘萬一切取財法行之已盡請令諸曹所隸官吏儒士廚役校卒悉去其冗者而臣部出入贏縮之數亦綜其大綱列

籍進御使百司庶府咸知爲國惜財報可三十一年正月命應奎條上京邊備用芻糧之數應奎言自臣入都至今計正稅加賦餘鹽五百餘萬外他所搜括又四百餘萬而所出自諸邊年例二百八十萬外新增二百四十五萬有奇修邊振濟諸役又八百餘萬帝以耗費多疑有侵冒分遣科道官往諸邊覈實給事中徐公遴劾應奎粗疏自用遂改南京工部尚書以方鈍代諸邊餉銀益增鈍計無所出請令諸臣條上理財策議行二十九事益纖屑傷大體應奎就移戶部致仕歸卒應奎爲諫官屢犯權貴以風節自厲晚官計曹一切爲苟且計功名大損於前有與應奎同姓名者餘姚人字文卿由進士授行人擢禮科給事中疏劾汪鋐奸忤旨下詔獄已復杖闕下謫華亭縣丞鋐亦罷去兩孫給諫之名竝震於朝廷累官右副都御史總理河道踰年罷歸爲山東布政時有創開膠萊河議者應奎力言不可入覲與吏部尚書爭官屬賢否時稱其直方鈍巴陵人掌戶部七年廉愼無過嚴嵩中之詔改南京遂乞骸骨歸

聶豹字文蔚吉安永豐人正德十二年進士除華亭知縣濬陂塘民復業者三千餘戶嘉靖四年召拜御史巡按福建出爲蘇州知府憂歸補平陽知府山西頻中寇民無寧居豹令富民出錢罪疑者贖得萬餘金修郭家溝冷泉靈石諸關隘練鄉勇六千守之寇却廷議以豹爲知兵給事中劉繪大學士嚴嵩皆薦之擢陝西副使備兵潼關大計拾遺言官論豹在平陽乾沒大學士夏言亦惡豹逮下詔獄落職歸二十九年秋都城被寇禮部尚書徐階豹知華亭時所取士也爲豹訟寃言其才可大用立召拜右僉都御史巡撫順天未赴擢兵部右侍郎尋轉左仇鸞請調宣大兵入衞豹陳四慮謂宜固守宣大宣大安則京師安鸞怒伺豹過無所得乃已三十一年召翁萬達爲兵部尚書未至卒以豹代之奏上防秋事宜又請增築京師外城皆報可是年秋寇大入山西覆總兵官李淶軍大掠二十日而去總督蘇祐反以大捷聞爲巡按御史毛鵬所發章下兵部豹言寇雖有所掠而我師斬獲過當實上元垂祐陛下威靈所致宜擇吉祭告論功行賞帝喜進秩任子者數十人豹亦加太子少保廕錦衣世千戶京師外城成進太子少傅南北屢奏捷及類奏諸邊功豹率歸功元祐祭告行賞如初豹亦進太子太保當是時西北邊數遭寇東南倭又起羽書日數至豹本無應變才而大學士嵩與豹鄉里徐階亦入政府故豹甚爲帝所倚久之寇患日棘帝深以爲憂豹卒無所謀畫條奏皆具文帝漸知其短會侍郎趙文華陳七事致仕侍郎朱隆禧請設巡視福建大臣開海濱互市禁豹皆格不行帝大怒切責豹震懾請罪復辨增官開市之非再下詔譙讓豹愈惶懼條便宜五事以獻帝意終不懌降俸二級頃之竟以中旨罷而用楊博代之歸數年卒年七十七隆慶初贈少保謚貞襄豹初好王守仁良知之說與辨難心益服後聞守仁歿爲位哭以弟子自處及繫獄著困辨錄於王守仁說頗有異同云

李默字時言甌寧人正德十六年進士選庶吉士嘉靖初改戶部主事進兵部員外郎調吏部歷驗封郎中眞人邵元節貴幸請封誥默執不予十一年爲武會試同考官及宴兵部默據賓席欲坐尚書王憲上憲劾其不遜謫寧國同知屢遷浙江左布政使入爲太常卿掌南京國子監事博士等官得與科道選自默發之歷吏部左右侍郎代夏邦謨爲尚書自正德初焦芳張綵後吏部無侍郎拜尚書者默出帝特簡蓋異數也嚴嵩柄政擅黜陟權默每持己意嵩銜之會推遼東巡撫列布政使張臬謝存儒以上帝問嵩嵩言其不任奪默職爲民以萬鏜代默掌銓僅七月逾年鏜罷特旨復用默已命入直西內賜直廬許苑中乘馬尋進太子少保未幾復命兼翰林學士給事中梁夢龍劾默徇私帝爲責夢龍會大計羣吏默戒門下謝賓客同直大臣亦不得燕見嵩甚恨趙文華視師還默氣折之總督楊宜罷嵩文華欲用胡宗憲默推王誥代兩人恨滋甚初文華爲帝言餘倭無幾而巡按御史周如斗以敗狀聞帝疑數詰嵩文華謀所以自解稔帝喜告訐會默試選人策問言漢武唐憲以英睿興盛業晚節用匪人而敗遂奏默誹謗且言殘寇不難滅以督撫非人敗衂由默恨臣劾其同鄉張經思爲報復臣論曹邦輔即嗾給事中夏栻孫濬媒孽臣延今半載疆事日非昨推總督又不用宗憲而用誥東南塗炭何時解陛下宵旰憂何時釋帝大怒下禮部及法司議奏默偏執自用失大臣體所引漢唐事非所宜言帝責禮部尚書王用賓等黨護各奪俸三月而下默詔獄刑部尚書何鰲遂引子罵父律絞帝曰律不著臣罵君謂必無也今有之其加等斬錮於獄默竟瘐死時三十五年二月也默博雅有才辨以氣自豪同考武試得陸炳爲門生炳貴盛力推轂默由外吏驟顯有所恃不附嵩凡有銓除與爭可否氣甚壯然性褊淺用愛憎爲軒輊頗私鄉舊以恩威自歸士論亦不甚附之默既得罪繼之者吳鵬歐陽必進視嵩父子意承順惟謹吏部權盡失隆慶中復默官予祭葬萬曆中賜謚文愍萬鏜字仕鳴進賢人父福金華知府鏜登弘治十八年進士正德中由刑部主事屢遷吏部文選郎中司署火下獄贖還職歷太常大理少卿世宗嗣位以鏜嘗貽書知縣劉源清令預防宸濠賫金幣尋遷順天府尹累遷右副都御史歷兵部侍郎右都御史皆南京彗星見應詔陳八事中言人邪正相懸而形迹易混其大較有四人主所取於下者曰任怨曰任事曰恭順曰無私而邪臣之恣强戾好紛更巧逢迎肆攻訐者其迹似之人主所惡於下者曰避事曰沽名曰朋黨曰矯激而正臣之守成法恤公議體羣情規君失者其迹似之察之不精則邪正倒置而國是亂矣此不可不愼也治天下貴實不貴文今陛下議禮制度考文至明備矣而於理財用人安民講武之道或有缺焉願輟聲容之繁飾畧太平之美觀而專從事於實用斯治天下之道得矣至大禮大獄得罪諸臣幽錮已久乞量加寬錄帝大怒斥爲民令吏部錮勿用家居十年屢推薦輒報罷同年生嚴嵩柄政援引之湖廣蠟爾山蠻叛起鏜副都御史相機勦撫鏜納土指揮田應朝策誘致其酋督兵破之條上善後七事帝咸報可召鏜還未幾銅平酋龍子賢復叛御史繆文龍言鏜勦撫皆失詔下撫按官勘覆歸罪於參將李經事乃解鏜得爲兵部侍郎還南京刑禮二部尚書召掌刑部俄代李默爲吏部尚書鏜旣爲嵩所引每事委隨又頗通饋遺撫治鄖陽都御史闕鏜以通政使趙文華名上會給事中朱伯辰劾文華文華上言納言之職例不外推鏜意在出臣又嗾所親伯辰論劾欲去臣且鏜以侍郎起用乃朦朧奏二品九年滿得加太子少保又以不得一品面謾腹誹無大臣禮帝怒遂與伯辰竝黜爲民久之卒隆慶初復官贈太子太保

周延字南喬吉水人嘉靖二年進士除潛江知縣改新會擢兵科給事中時議新建伯王守仁罪將奪其爵延抗疏爲訟坐謫太倉州判官歷南京吏部郎中出爲廣東參政撫安南征黎寇皆預有功三遷廣東左布政使以右副都御史巡撫應天靖海寇林成亂進兵部右侍郎提督兩廣軍務召爲刑部左侍郎歷南京右都御史吏兵二部尚書嘉靖三十四年召爲左都御史帝用給事中徐浦議令廷臣及督撫各舉邊才於是故侍郎郭宗皐都御史曹邦輔吳嶽祭酒鄒守益修撰羅洪先御史吳悌方涯主事唐樞參政周大禮曹亨參議劉志知府黃華在舉中御史羅廷唯駁曰浦疏本言邊才而今廷臣乃以淸修苦節實學懿行舉去初議遠矣況又有夤緣進者是假明詔開倖門帝納其言責吏部鑑舉命與都察院更議延與尚書吳鵬等言所舉皆人望公無私帝終不悅切責延等而舉者悉報罷世宗時海內賢士大夫被斥者衆及是舉上稍冀復用而爲廷唯所阻自是皆不復召矣延顏面寒峭砥節奉公權臣用事政以賄成延未嘗有染然居臺端七年無諫諍名卒官贈太子太保謚簡肅延卒歐陽必進代踰月遷吏部乃以潘恩繼之恩字子仁上海人嘉靖二年進士授祁州知州調繁鈞州鈞徽王封國也宗戚豪悍恩約束之擢南京刑部員外郎遷廣西提學僉事署按察使事有大猾匿靖江王所捕之急王不得已出之憾恩誣以事按無實得免累遷山東副使御史葉經以試錄忤旨竝恩下詔獄謫廣東河源典史四遷復爲江西副使進浙江左參政按部海鹽倭猝至闔城數匝恩與參將湯克寬僉事姜廷頤力禦却之俄遷浙江左布政使以右副都御史巡撫河南偕按臣劾徽王載埨貪虐遂奪國伊王典楧驕橫恩一切裁之河南民素苦藩府恩制兩悍王名大著久之由刑部尚書改左都御史子允端爲刑部主事吏部尚書郭朴恩門生也調之禮部給事中張益劾允端奔競恩溺愛朴徇私帝置朴不問改允端南京工部令恩致仕萬曆初賜存問卒年八十七贈太子少保謚恭定

賈應春字東陽眞定人嘉靖二年進士授南陽知縣遷和州知州入爲刑部郎中歷知潞安開封二府遷陝西副使未赴河南巡按陳蕙劾其貪濫謫山東鹽運同知蕙亦坐貶久之由漢陽知府復遷陝西副使進右參政寧羌賊起會兵討平之遷按察使左右布政使皆在陝西就拜右副都御史巡撫其地三十二年進兵部右侍郎總督三邊軍務俺答諸部歲擾邊應春言諸邊間諜不通每寇入莫測其向我則無所不備兵分勢孤往往失事夫寇將內犯必聚衆治器腊肉飼馬傳箭祭旗其形先露而我民被掠者間亦臨邊傳報頗有左驗使邊臣厚以官賞令密偵候覘漫然散守者功相十百乃定賞格以請帝立從之其秋寇大入延綏殺掠五千餘人應春督諸將邀擊獲首功二百四十以捷聞而巡按御史吉澄極言敗狀帝竟錄應春功官其一子明年罷宣大總督蘇祐以應春代時秋防將屆代應春者江東未至令仍舊任套寇數萬人屯寧夏山後先遣騎五百餘

入掠總兵官姜應熊守紅井以綴敵而密遣精兵薄其營斬首百四十餘級進應春右都御史踰月寇別部入永昌西寧爲守將所破番人入鎭羌總兵官王繼祖擊敗之並賜應春銀幣久之寇五千騎犯環慶爲都督袁正所破掠莊浪守將遊斬百二十人再予應春一子官在鎭數載築邊垣萬一千八百餘丈以花馬池閒田二萬頃給軍屯墾邊人賴之徵拜南京戶部尚書論邊垣功進秩一等旋召爲刑部尚書改戶部國用不足應春以爲言因命徵不及七分者所司毋遷官漕政廢弛運艘多逋負亦以應春言重其罰歲餘致仕去卒贈太子太保

張永明字鍾誠烏程人嘉靖十四年進士除蕪湖知縣獻皇后梓宮南祔所過繁費不貲永明至江岸佛舍爲殿供器飾沼金財用大省尋擢南京刑科給事中寇入大同山西總督樊繼祖巡撫史道陳講等不能禦永明偕同官論其罪已又劾兵部尚書張瓚黷貨悞國又劾大學士嚴嵩及子世蕃貪汚狀已又劾兵部尚書戴金爲御史巡鹽時增餘鹽羨銀阻壞邊計疏雖不盡行中外憚之出爲江西參議累遷雲南副使山西左布政使以右副都御史巡撫河南伊王典楧恣橫永明發其惡後竟伏辜四十年還刑部右侍郎未上改吏部進左尋拜刑部尚書居數月改左都御史條上飭厲撫按六事御史黃廷聘按浙歸道湘潭慢知縣陳安安發其裝得所攜金銀貨幣廷聘皇恐謝乃還之永明聞劾罷廷聘浙江參政劉應箕先爲廷聘論罷見廷聘敗摭其陰事自辨永明惡之劾應箕亦斥故事京官考滿自翰林外皆報名都察院修庭謁禮後吏部郎侍權張濂廢報名陸光祖廢庭謁永明榜令遵故事列儀節奏聞詔諸司遵守郎中羅良當考滿先詣永明邸約免報名庭謁乃過院永明怒疏言此禮行百年非臣所能損益良輕薄無狀當罷又卿貳大臣考滿詣吏部與堂官相見訖郎詣四司門揖司官輒南面答揖亦非禮當改正良疏辨奪俸詔禮部會禮科議之奏言永明議是自今吏部郎其承舊制九卿翰林官揖四司當罷詔可永明素清謹掌憲在嚴嵩罷後以整飭綱維爲己任會給事中魏時亮劾永明力求去詔許馳驛歸明年卒贈太子少保謚莊僖

胡松字汝茂滁人幼嗜學嘗輯古名臣章奏慨然有用世志登嘉靖八年進士知東平州設方畧捕盜民賴以安再遷南京禮部郎中歷山西提學副使三十年秋上邊務十二事謂去秋俺答掠輿嵐卽傳箭徵兵尅期深入守臣皆稔聞之而巡撫史道總兵官王陞等備禦無素待其壓境始以求貢上聞又陰致賄遺令勿侵已分地冀嫁禍他境今山西之禍實大同貽之宜亟寘重典以厲諸鎭大同自兵變以來壯士多逃漠北爲寇用今宜招使歸有攜畜產器械來者聽其自有更給牛種費優復數年則我捐金十萬可得壯士二萬拊而用之皆勁旅也孰與棄之以資强敵哉大同最敵衝爲鎭巡者較諸邊獨難今宜不拘資格精擇其人豐給祿廩使得收召猛士畜養健丁又久其期非十年不得代彼知不可驟遷必不爲苟且旦夕計而邊圉自固又必稍寬文網非大干憲典言官毋得輕劾以壞其成功至用間之道兵家所貴今寇諜獲於山西者已數十人他鎭類是故我之虛實彼無不知今宜厚養死士潛縱遣之得間則斬其名王部長及諸用事貴人否亦可覘强弱虛實而陰爲備又寇貪而好利我誠不愛金帛東賂黃毛三衞以牽其左西收亦不剌遺種予善地以綴其右使首尾掣曳自相狼顧則我可起承其敝坐收全勝矣他所條析咸切邊計帝嘉其忠懇進秩左參政松疏上當事者已惡其侵官及遷擢益忌之不畀以兵柄令於三關聽用欲因以陷之寇大入抵太原給事中馮良知遂劾松建言冒賞無寸功紀功科道官張堯年王珩劾總兵官張達等並論松虛議無補遂斥爲民家居十餘年屢薦輒報罷至三十五年以趙文華言起陝西參政分守平涼復條嚴保甲均賦稅留常平簡伉健數事三遷江西左布政使以右副都御史巡撫其地所部多盜松奏設南昌南豐萬安三營遣將討捕以次剷平進兵部右侍郎巡撫如故以會討廣東巨寇張璉及援閩破倭功兩賜銀幣居三年召理部事進左侍郎改吏部遷南京兵部尚書參贊機務代郭朴爲吏部尚書奏言撫按舉劾每舉數十人虛譽浮詞往往失實所劾犯贓僅擬降調罷輒貪殘僅擬改敎賞罰不當人何所激勸且巡撫歲終例有冊第屬吏賢否今皆寢閣乞申飭其欺玩者帝嘉納之松潔己好修富經術鬱然有聲望晚主銓柄以振拔淹滯爲己任甫七月病卒贈太子少保謚恭肅

時又有胡松者字茂卿績溪人正德九年進士嘉靖時爲御史桂萼薦王瓊松論之忤旨謫廉州推官累官工部尚書伊王欲拓其洛陽府第計直十萬金以十二賕嚴嵩期必得松據祖制爭乃止俺答入寇仇鸞以邊衆入衞欲悉召其衆實京師移武庫仗於營便給調松言邊兵外也而內之武庫仗內也而外之非所以重肘腋杜徼愼防也執弗許尋引疾歸卒年八十三居家以孝友稱

趙炳然字子晦劒州人嘉靖十四年進士除新喻知縣徵拜御史與給事中李文進覈宣大山西兵餉劾前後督撫樊繼祖史道監司楊銳指揮馮世彪等一百七十七人侵冒罪坐謫有差條上備邊十二事歷按雲南浙江擢大理寺丞進少卿尋改右僉都御史巡撫湖廣進左副都御史協理院事浙江福建總督胡宗憲下獄詔罷總督毋設大學士徐階以浙江寇甫平請設巡撫綏輯遂進炳然兵部右侍郎兼右僉都御史往任之浙罹兵燹久又當宗憲汰侈後財匱力絀炳然廉以率下悉更諸政令不便者仍奏減軍需之半民皆尸祝之福建巡撫游震得請浙兵勦賊詔發義烏精兵一萬命副總兵戚繼光將以往仍論炳然協勦炳然言福建所以致亂者由將吏撫馭無術民變爲兵兵變爲盜耳今又驅浙兵以赴閩急竊懼浙之復爲閩也請令一意團練土著使人各爲用家自爲守急則兵緩則農然後聚散兩有所歸卽不得已而召募亦必先本土後鄰壤庶無釀禍本又條上防海八事中言蘇松浙江水師皆統於總兵駐定海陸師皆統於副總兵駐金山衞並受總督節制今督府旣革則已判爲二鎭彼此牽制不得調發請畫地分轄各兼水陸軍務俱報可其年繼光破賊瀕海餘寇流入浙江官軍迎戰於連嶼陡橋石坪斬首百餘級新倭復犯石坪將士乘勝殲之炳然以援勦功再賜金幣進右都御史兼兵部右侍郎給事中辛自修劾罷戎政都御史李鐩請擇素知兵者代之乃召炳然爲兵部尚書協理戎政踰年詔兼右都御史總督宣大山西軍務新平平遠保平三堡密邇宣府舊屬大同天成相去六十里孤懸塞外隔崇山寇騎時出沒炳然奏添設參將別爲一營報可尋以總兵官馬芳等却敵功被賚已召還部代楊博爲尚書考滿加太子少保炳然清勤練達所至有聲績隆慶初以病乞休去卒贈太子太保謚恭襄

贊曰世宗朝璁萼言嵩相繼用事六卿之長不得其職大都波流茅靡澳涊取容廖紀以下諸人其矯矯者與應奎司邦計不能節以制度顧務加賦以病民豹也碌碌彌無足觀矣

明史卷二百三　列傳第九十一

總裁官總理事務經筵講官少保兼太子太保保和殿大學士兼管吏部戶部尚書事加六級臣張廷玉等奉

敕修

鄭岳　劉玉（子慤）

汪元錫（邢寰）　寇天敘

唐冑　潘珍（族子旦　余光）

李中（李楷）　歐陽鐸

陶諧（孫大順　大臨）　潘塤（呂經）

歐陽重　朱裳

陳察　孫懋

王儀（子緘）　王學夔　曾鈞

鄭岳字汝華莆田人弘治六年進士授戶部主事改刑部主事董天錫偕錦衣千戶張福決囚福坐天錫上岳言其非體且言糾劾非鎭監職而董讓行之太常本禮部屬而崔志端專之內外效尤益無忌憚忤旨繫獄尚書周經侍郎許進等救不聽贖杖還職尋進員外郎許進督師大同貴近惡其剛方議代之罷職總兵官趙昱謀起用京軍屢出無功岳言進不可代昱不可用京軍不可出朝論韙之遷湖廣僉事歸宗藩侵地於民施州夷民相讐殺者有司以叛告岳禽治其魁餘悉縱遣荆岳饑勸富民出粟弛河泊禁屬縣輸糧遠衞率二石致一石岳以其直給衞而留粟備振民乃獲濟正德初擢廣西副使土官岑猛當徙福建據田州不肯徙岳許爲奏改近地猛乃請自效尋改廣東還江西按察使就遷左布政使宸濠奪民田億萬計民立砦自保宸濠欲兵之岳持不可會提學副使李夢陽與巡按御史江萬實相訐岳承檄按之夢陽執岳親信吏言岳子沄受賕欲因以脅岳宸濠因助夢陽奏其事因掠沄巡撫任漢顧慮不能決帝遣大理卿燕忠會給事中黎奭按問忠等奏勘岳子私有迹而夢陽挾制撫按俱宜斥岳遂奪官爲民宸濠敗中外交薦起四川布政使以憂不赴世宗初擢右副都御史巡撫江西甫兩月召爲大理卿嘉靖元年冬上言內臣有犯宜聽部院問理毋從中決不能從帝數不豫岳請遵聖祖寡欲勤治之訓宮寢有制進御以時而退朝卽御文華裁決章奏日暮還宮以養壽命之源報聞出按甘肅亂卒事總兵官李隆等皆伏罪還朝以災異陳刑獄失平八事尋遷兵部右侍郎時大禮未定岳言若以兩考爲嫌第稱孝宗廟號毋稱伯考以稍存正統大學士石珤請從之帝切責珤奪岳俸兩月轉左侍郎請罷山海關稅弗許中官崔文欲用其兄

子爲副將岳持不可寧夏總兵官仲勛行賄京師御史聶豹以風聞論岳岳自白因乞休歸十五年而卒

劉玉字咸栗萬安人祖廣衡永樂末進士正統間以刑部郎中出修浙江荒政積粟數百萬督治陂塘爲旱澇備景泰初歷左副都御史鎮守陝西請遇災傷毋俟勘報卽除其賦庶有司不得借覆核陰行科率從之還治院事福建浙江盜起命往督兵捕議創壽寧縣於官臺山以清盜窟討平處州賊已復巡撫遼東居官以廉節稱終刑部尚書父喬成化初進士累官湖廣左布政使玉登弘治九年進士授輝縣知縣發粟振饑奏蠲虛稅復業者千家擢御史初孫伯堅金琦王寧皆以傳奉得官已又以指揮胡震爲都指揮分守通州玉抗疏言傳奉不已繼之內批累聖德乞皆罷之不納武宗卽位甫四月災異迭見玉陳修省六事出按京畿中官吳忠奉命選后妃肆貪虐玉奏不問劉健謝遷罷玉馳疏言劉瑾等佞幸小臣巧戲弄投陛下一笑顧讒邪而棄輔臣此亂危所自起況今白虹貫日彗見紫微宮星搖天王之位民窮財殫所在空虛陛下不改圖天下將殆乞置瑾等於理仍留健遷輔政不報玉遂引疾歸後瑾榜玉奸黨復誣搆之罰輸粟塞下者三最後逮繫詔獄削籍放歸瑾誅起河南僉事遷福建副使皆董學政正德十五年累擢南京右僉都御史提督江防宸濠反攻安慶玉以舟師赴援事定改撫鄖陽世宗卽位召爲左僉都御史論遏亂功進右副都御史嘉靖元年改左歷刑部左右侍郎初偕九卿爭興獻帝不宜稱皇及帝欲考獻帝又偕廷臣伏闕哭爭六年秋坐李福達獄削籍卒於家玉所居僅庇風雨天文地理兵制刑律皆有論著隆慶初贈刑部尚書謚端毅子懋南京工部右侍郎歷官亦有聲

汪元錫字天啓婺源人正德六年進士授兵科給事中三遷都給事中陝西鎭守中官廖鑾族子鎧冒功爲錦衣千戶隨鑾於陝元錫爭之言鎧父鵬已亂中州勿使鎧復亂陝右乞徵還鑾寘鎧父子於理偏頭關之捷錄功太濫偕同官言太監張忠總兵官劉暉等不宜賞湖廣鎭守太監杜甫請巡歷所部帝許之元錫等據祖制力爭帝幸昌平宣府大同元錫偕同官邢寰累疏諫復言宣府守將朱振等皆扈從西巡寇乘虛入塞何以禦之已聞帝將選禁軍親征四海治部寇復極陳不可安遠侯柳文鎭湖廣奏攜參隨七十餘人元錫乞褫所奏車駕還京以應州之捷大賚文武羣臣元錫等言是役殺邊民無算六軍多傷今君臣欣喜交賀而軍民繫賊庭南向號哭臣等何忍受賜中旨以納粟都指揮馬昊守備儀眞復遣內官分守潼關山海關駕又幸大喜峯口欲招三衞花當把兒孫元錫等皆抗章諫帝欲南幸舒芬黃鞏切諫得罪給事御史遂不敢爭及帝將親征宸濠元錫復諫沮宸濠就執元錫寰偕六科馳疏請迴鑾十五年帝在南京元錫等復屢申前請且言供億繁費使牒旁午奸宄冒官校少女充離宮陛下不以宗社爲重專事逸遊豈能長保天下語甚危切中旨以內官晁進楊保分守蘭州肅州元錫等言二州逼強寇不可增官守累居民羣小不悅矯旨責之詔改團營西官廳爲威武團練營以江彬許泰等提督之別擇地爲團營教場元錫言拓地則擾居民興工則費財力以朝廷自將之軍而彬等槩加提督則僭名分不從會帝崩事已世宗卽位疏言都督郤永以附江彬下獄宜釋而用之錦衣都指揮郭鰲等十人皆彬黨宜下獄治咸報可張銳許泰繫獄帝忽宥其死元錫爭不聽屢遷至太僕卿嘉靖六年帝以李福達獄下三法司於理元錫不能平有後言聞於張璁并下獄奪職後用薦起故官歷戶部左右侍郎致仕卒邢寰黃梅人正德三年進士數言事有直聲

寇天敍字子惇榆次人由鄉舉入太學與崔銑呂柟善登正德三年進士除南京大理評事進寺副累遷應天府丞武宗駐南京從官衞士十餘萬日費金萬計近幸求索倍之尹齊宗道憂懼卒天敍攝其事日靑衣皁帽坐堂上江彬使者至好語之曰民窮官帑乏無可結歡丞專待譴耳彬使累至皆然彬亦止他權幸有求則曰俟若奏卽予禁軍攫民物天敍與兵部尚書喬宇選拳勇者與搏戲禁軍卒受傷憊且畏不敢橫其隨事禁制多類此駕駐九月南京不大困者天敍與宇力也嘉靖三年以右僉都御史巡撫宣府未行改鄖陽甫二月又改甘肅回賊犯山丹督將士禽其長脫脫木兒西域貢獅子犀牛西狗天敍請却之不聽進右副都御史巡撫陝西寇入固原擊敗之斬首百餘又討平大盜王居等累賜銀幣織造太監至有司議奏罷之天敍曰甫至遽請罷卽不罷且益張會歲侵乃請蠲租稅發粟振饑民因言織造非儉歲所宜設帝立召還歷兵部右侍郎卒家貧喪事不具天敍在太學時嘗聞父疾馳六晝夜抵家父疾亦瘳

唐冑字平侯瓊山人弘治十五年進士授戶部主事以憂歸劉瑾斥諸服除久不赴官者坐奪職瑾誅召用以母老不出嘉靖初起故官疏諫內官織造請爲宋死節臣趙與珞追謚立祠進員外郎遷廣西提學僉事令土官及猺蠻悉遣子入學擢金騰副使土酋莽信虐計會之木邦孟養搆兵冑遣使宣諭木邦遂獻地屢遷廣西左布政使官軍討古田賊久無功冑遣使撫之其魁曰是前唐使君令吾子入學者卽解甲擢右副都御史巡撫南贛移山東遷南京戶部右侍郎十五年改北部進左侍郎帝以安南久不貢將致討郭勛復贊之詔遣錦衣官問狀中外嚴兵待發冑上疏諫曰今日之事若欲其修貢而已兵不必用官亦無容遣若欲討之則有不可者七請一一陳之古帝王不以中國之治治蠻夷故安南不征著在祖訓一也太宗旣滅黎季犛求陳氏後不得始郡縣之後兵連不解仁廟每以爲恨章皇帝成先志棄而不守今日當率循二也外夷分爭中國之福安南自五代至元更曲劉紹吳丁黎李陳八姓迭興迭廢而嶺南外警遂稀今紛爭正不當問奈何殃赤子以威小醜割心腹以補四肢無益有害三也若謂中國近境宜乘亂取之臣考馬援南征深歷浪泊士卒死亡幾半所立銅柱爲漢極界乃近在今思明府耳先朝雖嘗平之然屢服屢叛中國士馬物故者以數十萬計竭二十餘年之財力僅得數十郡縣之虛名而止況又有征之不克如宋太宗神宗元憲宗世祖朝故事乎此可爲殷鑒四也外邦入貢乃彼之利一則奉正朔以威其鄰一則通貿易以足其國故今雖兵亂尚絫絫奉表牋具方物欵關求入守臣以姓名不符却之是彼欲貢不得非抗不貢也以此責之詞不順五也興師則需餉今四川有採木之役貴州有凱口之師而兩廣積儲數十萬率耗於田州岑猛之役又大工頻興所在儲軍悉輸將作興師數十萬何以給之六也然臣所憂又不止此唐之衰也自明皇南詔之役始宋之衰也自神宗伐遼之役始今北寇日強據我河套邊卒屢叛毀我藩籬北顧方殷更啓南征之議脫有不測誰任其咎七也錦衣武人闇於大體倘稍枉是非之實致彼不服反足損威卽令按問得情伐之不可不伐不可進退無據何以爲謀且令嚴兵待發之詔初下而征求騷擾之害已形是憂不在外夷而在邦域中矣請停遣勘官罷一切征調天下幸甚章下兵部請從其議得旨待勘官還更議明年四月帝決計征討侍郎潘珍兩廣總督潘旦巡按御史余光相繼諫皆不納後遣毛伯溫往卒撫降之郭勛爲祖英請配享冑疏爭帝欲祀獻皇帝明堂配上帝冑力言不可帝大怒下詔獄拷掠削籍歸遇赦復冠帶卒隆慶初贈右都御史冑耿介孝友好學多著述立朝有執持爲嶺南人士之冠

潘珍字玉卿婺源人弘治十五年進士正德中歷官山東僉事分巡兗州賊劉七等猝至有備不敢攻引去掠曲阜珍奏徙縣治而城之遷福建副使湖廣左布政使嘉靖七年以右副都御史巡撫遼東累遷兵部左侍郎時議討安南珍上疏諫曰陳暠莫登庸皆弒逆之賊黎寧與其父譓不請封入貢亦二十年揆以大義皆所當討何獨徇寧請爲左右且其地不足郡縣置叛服無與中國今北敵日蕃聯帳萬里烽警屢聞顧釋門庭防遠事瘴蠻非計之得宜遣大臣有文武才者聲言進討檄數登庸罪赦其脅從且令黎寧合勦賊父子不擒則降何必勞師帝責珍撓成命褫職歸尋以恩詔復官致仕珍廉直有行誼中外十餘薦皆報寢卒贈右都御史珍族子旦字希周弘治十八年進士知漳州郡武三遷浙江左布政使斥羨金不取嘉靖八年擢右副都御史撫治鄖陽數平巨寇累遷刑部右侍郎十五年冬以兵部左侍郎提督兩廣軍務詔起復毛伯溫討安南旦行過其里語之曰安南非門庭寇公宜以終喪辭往來之間少緩師期俟其聞命求欵因撫之可百全也旦抵廣適安南使至馳疏言莫登庸之篡黎氏猶黎氏之篡陳氏也朝廷將興問罪師登庸卽有求貢之使何嘗不畏天威乞容臣等觀變待彼國自定若登庸奉表獻琛於中國體足矣豈必窮兵萬里哉章下禮兵二部族父珍適以言得罪尚書嚴嵩張瓚絀旦議不用會伯溫入都見旦疏不悅言總督任重宜擇知兵者遂改旦南京兵部以張經代之未行引疾乞休語侵伯溫帝怒勒致仕將還吏白例支庫金爲道里費旦笑曰吾不以妄取爲例卒贈工部尚書旦上書半歲廣東巡按御史余光亦言黎氏魚肉國君在陳氏爲賊子抗拒中國在我朝爲亂魁今失國或天假手登庸以報之也自宋以來丁移於李李奪於陳陳篡於黎今黎又轉於莫欲與黎氏勢必不能臣已遣官責其修貢道里懸遠往復陳請必失事機乞令臣便宜從事帝以光疏中引五季六朝事下之兵部咎光輕率奪其俸無何光進鄉試錄禮部尚書嚴嵩摘其謬奏之被逮削籍光沅寧人

李中字子庸吉水人正德九年進士楊一淸爲吏部數名中應言官試不赴及授工部主事武宗自稱大慶法

王建寺西華門內用番僧任持廷臣莫敢言中拜官三月卽抗疏曰曩逆瑾竊權勢焰薰灼陛下旣悟誅之無赦聖武可謂卓絕矣今大權未收儲位未建義子未革紀綱日弛風俗日壞小人日進君子日退士氣日靡言路日閉名器日輕賄賂日行禮樂日廢刑罰日濫民財日殫軍政日弊瑾旣誅矣而善治一無可舉者由陛下惑異端故也夫禁掖嚴邃豈異教所得雜居今乃建寺西華門內延止番僧日與聚處異言日沃忠言日遠用舍顛倒舉錯乖方政務廢弛職此之故伏望陛下翻然悔悟毀佛寺出番僧妙選儒臣朝夕勸講攬大權以絕天下之奸建儲位以立天下之本革義子以正天下之名則所謂振紀綱勵風俗進君子退小人諸事可次第舉矣帝怒罪將不測以大臣救得免踰日中旨謫廣東通衢驛丞王守仁撫贛州檄中參其軍事預平宸濠世宗踐阼復故官未任擢廣東僉事再遷廣西提學副使以身爲教擇諸生高等聚五經書院五日一登堂講難三遷廣東右布政使忤總督及巡撫御史坐以不稱職當罷霍韜署吏部事稱中素廉節有才望當留會政府有不悅者降四川右參政十八年擢右僉都御史巡撫山東歲歉令民捕蝗者倍予穀蝗絕而饑者濟禽劇盜闞繼光隣境攘其功中不與辯進副都御史總督南京糧儲御史金燦按四川時嘗薦中中不謝燦憾之至是摭他事誣劾方議調而中卒光宗時追謚莊介中守官廉自廣西歸欲飯客貸米隣家米至又乏薪將以洛器爨會日已暮竟不及飯而別少學於同里楊珠旣而擴充之沉潛邃密學者稱谷平先生門人羅洪先王龜年周子恭皆能傳其學中族人楷又傳洪先之學楷字邦正由舉人授湯溪知縣母艱服闋補青田時倭躪東南楷積穀資守禦青田故無城倭至楷禦於沙埠倭不得渡乃以間築城倭又至登陴守日殺賊數人倭遁去改知昌樂亦以治行聞

歐陽鐸字崇道泰和人正德三年進士授行人上書極論時政不報使蜀府王厚遺之不受歷工部郎中改南兵部出爲延平知府毀淫祠數十百所以其材葺學宮司禮太監蕭敬家奴殺人置之法調福州議均徭曰郡多士大夫其士大夫又多田產民有產者無幾耳而徭則盡責之民請分民半役士大夫率不便巡按御史汪珊力持之議乃行嘉靖三年擢廣東提學副使累遷南京光祿卿歷右副都御史巡撫應天十府蘇松田不甚相懸下者畝五升上者至二十倍鐸令賦最重者減耗米派輕齎最輕者徵本色增耗米隂輕重之賦乃均諸推收田從圩不從戶詭寄無所容州縣荒田四千四百餘頃歲勒民償賦鐸以所清漏賦及他奇羨補之議徭役及裁郵置費凡數十百條民皆稱便遷南京兵部侍郎進吏部右侍郎九廟災自陳去鐸有文學內行修潔仕雖通顯家具蕭然卒贈工部尚書謚恭簡

陶諧字世和會稽人弘治八年鄉試第一明年成進士選庶吉士授工科給事中請命儒臣日講大學衍義孝宗嘉納之正德改元劉瑾等亂政諧請以瑾等誤國罪告先帝罪之勿赦瑾摘其諷字令對狀伏罪乃宥之帝命中官崔杲等往江南浙江織造杲等復乞長蘆鹽引諧再疏爭皆不聽諧當出理邊儲以工科掌印無人請俟行日遣官代署瑾遂中諧下詔獄廷杖斥爲民旋榜爲奸黨又誣以巡視十庫時鈌布不奏復械至闕下杖之謫戍肅州瑾誅釋還鄉其黨猶用事竟不獲名嘉靖元年復官未至除江西僉事轉河南管河副使命沿河植柳傍蓺葭葦有事採以爲埽總理都御史請推行之諸道歲省費鉅萬遷參政歷左右布政使皆在河南久之擢右副都御史提督南贛汀漳軍務疏言守令遷太驟宜以六年爲期言官忤旨當優容養病官才力堪任者毋終棄時南京御史馬敭等劾王瓊被逮而新例養病久者率不復收敘故諧以爲言又奏今天下差徭煩重旣有河夫機兵打手富戶力士諸役乃編審里甲復徵曠丁課及供億諸費乞皆罷免帝採納之尋遷兵部右侍郎總督兩廣軍務海寇陳邦瑞許折桂等突入波羅廟欲犯廣州爲指揮李嶅所覺邦瑞投水死折桂還所執指揮二人乞就撫諧居折桂等東莞編爲總甲使約束其黨五百人爲新民兵部以降賊羣聚恐乘隙爲變令解散其黨已陽春賊趙林花等攻城與德慶賊鳳二全相倚爲患諧討破百二十五砦帝曰諧功足錄第前縱患者誰乃僅賚銀幣瓊山沙灣洞賊黎佛二等殺典史諧復勦平爲總督三年俘斬絫萬母憂歸起兵部左侍郎九廟災自陳致仕歸卒贈兵部尚書隆慶初謚莊敏孫大順字景熙嘉靖四十五年進士歷官福建右布政使司帑失銀吏卒五十人皆坐繫大順言於左使曰盜者兩三人耳何盡繫之爲請爲公治之乃縱囚令跡盜果得眞者終右副都御史廣西巡撫弟大臨字虞臣嘉靖三十五年進士及第授編修吳時來劾嚴嵩大臨爲定疏草時來下詔獄詰所共謀大臨不顧日餉之藥物時來亦忍死無一言萬曆初累官吏部侍郎卒贈吏部尚書謚文僖大臨少應舉杭州隣婦夜奔拒之旦遂徙舍爲人寬然長者而內持貞介不以勢利易大順子允淳與父同登進士終尚寶丞

潘塤字伯和山陽人正德三年進士授工科給事中性剛決彈劾無所避論諸大寮王鼎劉機甯杲陳天祥等多見納乾清宮災塤上疏曰陛下涖阼九年治效未臻災祥迭見臣願非安宅不居非大道不由非正人不親非儒術不崇非大閱不觀兵非執法不成獄非骨肉之親不干政非汗馬之勞不濫賞臣聞陛下好戲謔矣臣以爲入而內庭琴瑟鐘鼓人倫之樂不必遊離宮以爲懽狎羣小以爲快也出而外廷華裔一統莫非臣妾不必收朝官爲私人集遠人爲勇士也聞陛下好佛矣臣以爲南郊有天地太廟有祖宗錫祉迎庥佛於何有番僧可逐而度僧可止也聞陛下好勇好貨好土木矣臣以爲誅奸遏亂大勇也不須馳馬試劍以自勞三軍六師大武也不須邊將邊軍以自擁任土作貢皇店奚爲闤闠駢闐內市安用阿房壯麗古以爲金塊珠礫也況養豹乎金碧熒煌古以爲塗膏釁血也況供佛乎是數者之好皆可已而不已者也疏入報聞十一年正月上書言陛下始者血氣未定禮度或踰今春秋已盛更絃易轍此其時也昔太甲居桐處仁遷義不失中興漢武下輪臺之詔年已七十猶爲令主況陛下過未浮於太甲悔又早於武帝何愆不可蓋何治不可建乎時欲毀西安門外民居有所興作塤與御史熊相曹雷復切諫皆不報三遷至兵科都給事中右都督毛倫以附劉瑾論死削世廕倫嘗有德於錢寧恃爲內援其子求復襲塤等力爭寧從中主之寢其奏忽中旨命塤與吏科給事中呂經各進一階外調舉朝大駭給事中邵錫御史王金等交章請留不報遂添註塤開州同知嘉靖七年累官右副都御史巡撫河南潞州巨盜陳卿據青陽山爲亂山西巡撫江潮常道先後討賊無功乃敕塤會勦塤謀於道曰賊守險難以陣合諸路夾攻出不意奪其險乃可禽也遂分五哨三路入募土人爲導首攻奪井腦賊悉衆爭險官軍奮擊大破之追奔至莎草嶺燬安陽諸巢山東副使牛鸞由潞城入破賊李莊泉其夕河南副使翟瓚擣卿巢卿敗走瓚追敗之欒莊山又敗之神河山西僉事陳大綱亦屢蹙賊先後降二千三百餘人自進兵至搜滅賊巢凡二十九日捷聞帝將大賚遣給事中夏言往覈未報河南大饑塤不以時振而河南知府范璁不待報輒開倉發粟民德而頌之塤怨璁大起流聞禁中帝切責撫按匿災狀塤惶恐引罪且歸罪於璁遂爲給事中蔡經等所劾詔罷塤永不敍用言覈上平賊功塤爲首桂萼惡之但賚銀幣年八十七卒

呂經字道夫陝西寧州人正德三年進士授禮科給事中九年乾清宮災經上疏極論義子番僧邊帥之害屢遷吏科都給事中復極論馬昂女弟入宮事又劾方面最貪暴者四人羣小咸惡遂謫蒲州同知又以事忤中官黃玉誣劾繫獄世宗卽位擢山東參政嘉靖十三年累官右副都御史巡撫遼東故事每軍一佐以餘丁三每馬一給牧地五十畝經損餘丁之二編入均徭冊盡收牧地還官又役軍築邊牆督趣過當諸軍詣經乞罷役都指揮劉尙德叱之不退經呼左右榜訴者卒遂爭毆尙德經竄花馬寺幽室中亂卒毀府門火均徭冊搜得經裂其冠裳幽之都司署帝詔經還朝都指揮袁璘將尌諸軍草價爲辦裝卒復執經裸而寘之獄虐辱之脅鎮守中官王純等奏經十一罪帝逮經亂卒復寘官校於獄久之始解經下詔獄謫戍茂州數年釋還隆慶初復官卒亂卒爲曾銑所定見銑傳

歐陽重字子重廬陵人正德三年進士殿試對策歷詆闕政授刑部主事劉瑾兄死百官往弔重不往張銳錢寧掌廠衞連搆搢紳獄重皆力與爭銳等假他事繫之獄贖杖還職仍停俸再遷郎中歷四川雲南提學副使還浙江按察使未上嘉靖六年春拜右僉都御史巡撫應天會尋甸土酋安銓鳳朝文反廷議以重諳滇事乃改雲南初武定土知府鳳詔母子坐事留雲南朝文紿其衆言詔已戮官軍將盡滅其部黨以故諸蠻悉從爲亂攻圍會城重督兵擊敗之而遣詔母子還故地其黨愕相率歸之朝文計窮絕普渡河走追兵至臧馬銓逃尋甸故巢官軍攻破其砦執銓賊盡平乃散其黨二萬人還尋甸府於鳳梧山下更設守禦千戶所重推功於前撫臣傅習並進秩任子緬甸木邦隴川孟密孟養諸酋相讐殺各訐奏於朝下重等勘覆遣參政王汝舟知府嚴時泰等遍歷諸蠻譬以禍福皆還侵地供貢如故重列善後數事悉報可賜璽書褒諭重乃卹創殘振貧乏輕徭賦規畫鹽鐵商稅屯田諸務民咸便之雲南歲貢金千兩費不貲大理太和蒼山產奇石鎮守中官遣軍匠攻鑿山崩壓死無算重皆疏罷之浮費大省當是時鎮守太監杜唐黔國公沐紹勛相比爲奸利長吏不敢問羣盜由此起重疏言盜率唐紹勛莊戶請究主者又奏紹勛任千戶何經廣誘奸人奪民產唐役占官軍

歲取財萬計因極言鎭守中官宜革帝頗納其言頻下詔飭紹勛命唐還京待勘二人懼且怒遣人結張璁謀去重會重奉命清異姓冒軍弊都司久未報給餉後期唐等遂嗾六衞軍譁於軍門巡按御史劉臬以聞劾重及唐紹勛處置失當璁從中主之解重職責臬黨庇調外任唐紹勛不問都給事中夏言等抗章曰以軍士譟罪撫按紀綱謂何況重奉詔非生事臬言唐紹勛罪與重等今處分失宜無以服天下頃年士卒驕悍相效成風類以月糧借口如甘肅大同福州保定事變屢見失今不治他日當事之臣以此爲諱專務姑息孰肯爲陛下任事哉願曲宥二臣全朝廷之體帝怒奪言等俸重罷歸在道聞御史王化劾其爲桂萼黨不勝忿抗疏陳辨請錄大禮大獄被逐諸臣而自乞褫職又言得紹勛所遣百戶丁鎭私書知行賄張璁乞其覆護璁奸佞不宜在左右璁疏辨帝以重失職怨望黜爲民重以臬被謫言等奪俸皆由己致之復疏乞重譴代言官罪帝益怒以已除名置不問重家居二十餘年言者屢薦竟不復召

朱裳字公垂沙河人年十四爲諸生讀書黌舍躬執爨提學御史顧潛俾受學於崔銑登正德九年進士擢御史巡鹽河南錢寧遣人牟鹽利裳禁不予巡按山東前御史王相忤鎭守中官黎鑑被誣下詔獄裳抗疏直相劾鑑八罪帝還自宣府裳請下罪己詔新庶政以結人心不報山東大水淹城武單二城以裳言命相地改築帝幸南都久裳極陳小人熒惑之害出爲鞏昌知府嘉靖二年舉治行卓異遷浙江副使日啜菜羹妻操井臼迎父就養同列知其貧製衣一襲爲壽父亦拒不納三遷至浙江左布政使以右副都御史總理河道數條上方畧外艱歸久不起帝南巡謁行在命以故官總理河道迎章聖太后梓宮冒暑卒隆慶中追贈戶部右侍郎謚端簡

陳察字元習常熟人弘治十五年進士授南昌推官正德初擢南京御史尋改北劉瑾旣誅武宗猶日狎羣小察偕同官請務講學節嗜欲勤視朝語甚切直以養親歸家居九年始赴補會帝將親征宸濠察請無行而亟下罪己詔忤旨奪俸一年諭羣臣更諫必置極典俄巡按雲南助巡撫何孟春討定彌勒州以功增秩世宗卽位疏言金齒騰衝地極邊徼旣統以巡撫總兵又有監司守備分轄無事鎭守中官因劾太監劉玉都督沐崧罪詔並罷還嘉靖初按四川請罷鎭守中官不聽帝親鞫楊言落其一指察大呼曰臣願以不肖軀易言命不忍言獨死帝目攝之察不爲動退具疏申理且請下王邦奇於獄直聲震朝野巡視京營與給事中王科極陳武定侯郭勛貪橫狀擢南京太僕少卿疏辭因請召前給事中劉世賢等二十餘人帝怒責以市恩要名貶遠方雜職給事中王俊民鄭一鵬論救皆奪俸察補海陽敎諭累遷山西左布政使入爲光祿卿十二年以僉都御史巡撫南贛居二年乞休因薦前都御史萬鏜大理卿董天錫等十四人可用吏部請從其言帝奪部臣俸責察徇私妄舉斥爲民察居官廉旣歸敝衣糲食而已

孫懋字德夫慈谿人正德六年進士授浦城知縣擢南京吏科給事中御史張經寧波知府翟唐忤奄人被逮懋偕同官論救織造太監史宣誣主事王鑾知縣胡守約下之詔獄懋言宣妄言御賜黃棍聽撻死官吏脅主簿孫錦死今又誣守職臣乞治宣罪還鑾守約故任未幾復偕諸給事言臣等屢建白不擇可否一槩留中萬一奸人陰結黨類公行阻遏朝有大事陛下不聞大臣不知禍可勝言皆不報已又劾罷鹽法侍郎薛章請黜太僕少卿馬陟留御史徐文華名還謝遷韓文孫交張原周廣高公韶王思等罷游畋射獵復御朝常儀還久留邊兵汰錦衣冗官諸疏皆侃侃江彬導帝巡幸懋言彬梟桀險邪挾至尊出居庸無大臣保護獨處沙漠將半載兩宮違養郊廟不親四方災異迭見盜賊蜂起留彬一日爲宗社一日憂乞立寘重典時中外章奏帝率不省視規主闕者往往得無罪一觸權倖禍立至人皆爲懋危而彬方日侍帝娛樂亦不之見也請回鑾諫南幸懋皆與宸濠反帝在南都懋從行請急定平賊功賞旣又數請還京率同官伏闕皆不省世宗卽位疏薦建言貶謫諸臣周廣范輅等二十八人皆召用劾南京祭酒陳霽太常卿張道榮皆罷未幾言謝遷韓文起用乞倣宋起文彥博故事不煩職務大禮大政時令參預必有禆新政帝雖善之不能用出爲廣東參議遷副使嘉靖四年有錦衣官校偵事廣東懋與按察使張祐疑其僞執之事聞逮下詔獄謫藤縣典史屢遷至廣西布政使十六年入爲應天府尹坐所進鄉試錄忤旨致仕卒

王儀字克敬文安人嘉靖二年進士除靈璧知縣以能調嘉定七年擢御史巡按陝西秦府豪占民產儀悉奪還民延綏大饑朝命陝西布政使胡忠爲巡撫儀論罷之己巡按河南趙府輔國將軍祐椋招亡命殺人劫斂積十餘年莫敢發儀偕巡撫吳山奏之奪爵禁錮會儀出爲蘇州知府甫三月祐椋潛入都奏儀捃摭并訐都御史毛伯温以私憾入己罪且言臣嘗建醮祈皇嗣爲知府王天民訕笑請并按問帝心知祐椋罪而悅其建醮語爲遣使覆按解儀伯温任下天民獄使者奏儀不誣第祐椋罪在赦前宜輕坐帝終憐祐椋愛已竟復其爵除儀名伯温山天民皆得罪終嘉靖世多以誹謗齋醮獲重禍由祐椋訐奏始儀去蘇州士民走闕下乞留帝不許旣而薦起知撫州蘇州士民復走闕下乞還儀至再不報歸愬於巡撫侯位位以聞帝乃許之至則歎曰蘇賦當天下什二而田額淆無可考何以定賦乃履畝丈之使縣各爲籍以八事定田賦以三條核稅課徭役雜辦維均治爲知府第一進浙江副使飭蘇松常鎭兵備時巡撫歐陽鐸均田賦儀佐之以治蘇者推行於旁郡坐與操江王學夔討賊敗績停俸戴罪未幾殪賊江中進秩一等遷山西右參政分守冀寧寇抵清源城儀洞開城門寇疑引去按行所部築城郭積糗糧榆次平定間遂皆有城二十一年擢右僉都御史巡撫宣府寇入龍門總兵官郤永等敗之儀進右副都御史尋以築邊垣賚銀幣寇自萬全右衞入游騎犯完唐奪俸二級考察拾遺貶一官已勘上失事罪貶秩如初久之除肅州兵備副使協巡撫楊博徙哈密遺種於境外稍遷右參政復拜右僉都御史巡撫甘肅未行俺答犯京師詔儀馳鎭通州仇鸞部卒掠民貲捕笞之柳市門外鸞訴於帝逮訊斥爲民卒隆慶初子緘訟冤復官賜卹緘官按察使分巡遼陽以知兵名王學夔安福人正德時以吏部主事諫南巡跪闕下受杖嘉靖初奏請裁戚畹又申救言官歷考功文選郎中廉謹爲時所稱嘗撫治鄖陽有僞稱皇子者諸司議用兵學夔曰妄豎子耳密捕致之辟累遷南京吏禮兵三部尚書隆慶萬曆間存問者再年九十四卒贈太子少保

曾鈞字廷和進賢人嘉靖十一年進士授行人擢南京禮科給事中時四方銀場得不償費且爲盜窟鈞奏罷之鈞剛廉疾俗首劾罷恭贊尚書劉龍已劾翊國公郭勛禮部尚書嚴嵩未幾劾工部侍郎蔣淦延綏巡撫趙錦最後劾罷操江都御史柴經直聲震一時出爲雲南副使兩司詣黔國公率廷謁鈞始正其禮且釐還所侵麗江民地遷四川參政黔寇亂撫定之屢遷河南左布政使三十一年以右副都御史總理河道徐邳等十七州縣連被水患帝憂之趣上方畧鈞請濬劉伶臺至赤宴廟八十里築草灣老黃河口增高家堰長堤繕新莊等舊牐閱數月工成進工部右侍郎治河四年入爲南京刑部右侍郎久之乞歸家居十餘年卒贈刑部尚書謚恭肅

贊曰鄭岳等居官歷著風操箴主闕抑近倖本末皆有可觀斤斤奉職所至以治辦聞殆列卿之良歟唐胄論安南切於事理歐陽鐸之均田賦惠愛在民令久於其任幾與周忱比矣

明史卷二百四　列傳第九十二

總裁官總理事務經筵講官少保兼太子太保保和殿大學士兼管吏部戶部尚書事加六級張廷玉等奉敕修

陳九疇　翟鵬（張漢）

孫繼魯　曾銑

丁汝夔　楊守謙

商大節　王忬

楊選

陳九疇字禹學曹州人倜儻多權畧自爲諸生卽習武事弘治十五年進士除刑部主事有重囚越獄人莫敢攖九疇挺槊逐得之遂以武健名正德初錄囚南畿忤劉瑾謫陽山知縣瑾敗復故官歷郎中遷肅州兵備副使總督彭澤之賂土魯番也遣哈密都督寫亦虎仙往九疇奮曰彭公受天子命制邊疆不能身當利害何但模棱爲乃練卒伍繕營壘常若臨大敵寫亦虎仙果通賊番酋速壇滿速兒犯嘉峪關遊擊芮寧敗死尋復遣斬巴思等以駝馬乞和而陰遺書虎仙及其姻黨阿剌思罕兒失拜烟答等俾內應九疇知賊計執阿剌思罕兒及斬巴思付獄通事毛鑑等守之鑑等故與通欲縱去衆番皆伺隙爲變九疇覺之僇鑑等賊失內應遂拔帳走兵部尚書王瓊惡澤并坐九疇失事罪逮繫法司獄以失拜烟答繫死爲罪除其名世宗卽位起故官俄進陝西按察使居數月甘肅總兵官李隆嗾部卒毆殺巡撫許銘焚其屍乃擢九疇右僉都御史巡撫甘肅按驗銘事誅隆及亂卒首事者九疇抵鎭言額軍七萬餘存者不及半且多老弱請令召募詔可嘉靖三年速壇滿速兒復以二萬餘騎圍肅州九疇自甘州晝夜馳入城射賊賊多死已又出兵擊走之其分掠甘州者亦爲總兵官姜奭所敗論功進副都御史賚金幣九疇上言番賊敢入犯者以我納其朝貢縱商販使得稔虛實也

寫亦虎仙逆謀已露，輸貨權門，轉蒙寵幸，以犯邊之寇爲來享之賓，邊臣怵利害，拱手聽命，致內屬番人勾連接引，以至於今。今卽不能如漢武興大宛之師，亦當效光武絕西域之計。先後入貢未歸者二百人，宜安置兩粵。其謀逆有迹者，加之刑僇，則賊內無所恃，必不復有侵軼。倘更包含隱忍，恐河西十五衞所永無息肩之期也。」事下總制楊一清，頗採其議。四年春，致仕歸。初，土魯番敗遁，都指揮王輔言速檀滿速兒及牙木蘭俱死於礮，九疇以聞。後二人上表求通貢，帝怪且疑，而番人先在京師者爲蜚語，言肅州之圍由九疇激之，帝益信。會百戶王邦奇訐楊廷和、彭澤，詞連九疇。吏部尚書桂萼等欲緣九疇以傾澤，因請許通貢，而追治九疇激變狀。大學士一清言事已前決，帝不聽，逮下詔獄。刑部尚書胡世寧言於朝曰：「世寧司刑而殺忠臣，寧殺世寧。」乃上疏爲訟寃，曰：「番人變詐，妄騰謗讟，欲害我謀臣耳。夫其畜謀內寇，爲日已久，一旦擁兵深入，諸番約內應，非九疇先幾奮僇，且近遣屬夷刼其營帳，遠交瓦剌擾其窟巢，使彼內顧而返，則肅州孤城豈復能保？臣以爲文臣之有勇知兵、忘身殉國者，無如九疇，宜番人深忌而欲殺也。惟聽部下卒妄報，以滿速兒等爲已死，則其罪有不免耳。」已，法司具獄，亦如世寧言。帝卒中萼等言，謫戍極邊。居十年，赦還。

翟鵬，字志南，撫寧衞人。正德三年進士。除戶部主事，歷員外郎中。出爲衞輝知府，調開封。擢陝西副使，進按察使。性剛介，歷官以清操聞。嘉靖七年擢右僉都御史，巡撫寧夏。時邊政久弛，壯卒率占工匠私役，中官家守邊者並羸老不任兵，又番休無期，甚者夫守墩，妻坐鋪。鵬至，盡清占役，使得迭更。野雞臺二十餘墩孤懸塞外，久棄不守，鵬盡復之。歲大侵，請於朝以振。坐寇入停俸，復坐劾總兵官趙瑛失事，爲所訐，奪職歸。二十年八月，俺答入山西內地，兵部請遣大臣督軍儲，因薦鵬，乃起故官，整飭畿輔、山西、河南軍務，兼督餉。鵬馳至，俺答已飽去，而吉囊軍復寇汾、石諸州。鵬往來馳驅，不能有所挫。寇退，乃召還。明年三月，宣大總督樊繼祖罷，除鵬兵部右侍郎代之。上疏言：「將吏遇被掠人牧近塞，宜多方招徠，殺降邀功者宜罪。寇入，官軍遏敵，雖無功竟賴以安者，當録。若賊衆我寡，奮身戰，雖有傷折，未至殘生民者，罪當原。於法，俘馘論功，損挫論罪，乃有摧鋒陷陣不暇斬首，而在後掩取者反積級受功，有逡巡觀望幸苟全，而力戰當先者反以損軍治罪，非戎律之平。」帝皆從其議。會有降人言寇且大入，鵬連乞兵餉，帝怒，令革職閒住，因罷總督官不設。鵬受事僅百日而去。其年七月，俺答復大入山西，縱掠太原、潞安。兵部請復設總督，乃起鵬故官，令兼督山東、河南軍務，巡撫以下並聽節制。鵬受命，寇已出塞，卽馳赴朔州，請調陝西、薊、遼客兵八支及宣大三關主兵，兼募土著，選驍銳者十萬，統以良將，列四營，分布塞上，每營當一面。寇入境，游兵挑之，誘其追，諸營夾攻；脫不可禦，急趨關南，依牆守，邀擊其困歸。帝從之。鵬乃浚壕築垣，修邊牆三百九十餘里，增新墩二百九十二，護墩堡一十四，建營舍一千五百間，得地萬四千九百餘頃，募軍千五百人，人給五十畝，省倉儲無算。疏請東自平刑，西至偏關，畫地分守。增游兵三支，分駐雁門、寧武、偏關，寇攻牆，戍兵拒，游兵出關夾攻，此守中有戰。東大同，西老營堡，因地設伏，伺寇所向。又於宣大三關間各設勁兵，而別選戰士六千，分兩營，遇警令總督武臣張鳳隨機策應，此戰中有守。帝從其議，且命自今遇敵逗遛者，都指揮以下卽斬，總兵官以下先取死罪狀奏請。先是，鵬遣千戶火力赤率兵三百哨至豐州灘，不見寇，復選精銳百，遠至豐州西北，遇牧馬者百餘人，擊斬二十三級，奪其馬還。未入塞，寇大至，官軍饑憊，盡棄所獲奔。鵬具實陳狀，帝以將士敢深入，仍行遷賞。舊例，兵皆團操鎭城，聞警出戰。自邊患熾，每夏秋間分駐邊堡，謂之暗伏。鵬請入秋悉令赴塞，畫地分守，謂之擺邊，九月中還鎭，遂著爲令。二十三年正月，帝以去歲無寇，爲將帥力，降敕獎鵬，賜以襲衣。至三月，俺答寇宣府龍門所，總兵官郤永等却之，斬五十一級，論功進兵部尚書。帝倚鵬殄寇，錫命屢加，所請多從，而責效甚急。鵬亦竭智力，然不能呼吸應變。御史曹邦輔嘗劾鵬，鵬乞罷，弗允。是年九月，薊州巡撫朱方請撤諸路防秋兵，兵部尚書毛伯温因併撤宣大三關客兵。俺答遂以十月初寇膳房堡，爲郤永所拒，乃於萬全右衞毀牆入，由順聖川至蔚州，犯浮屠峪，直抵完縣，京師戒嚴。帝大怒，屢下詔責鵬。鵬在朔州聞警，夜半至馬邑調兵食，復趣渾源，遣諸將遏敵。御史楊本深劾鵬逗遛致賊震畿輔，兵科戴夢桂繼之，遂遣官械鵬，而以兵部左侍郎張漢代。鵬至，下詔獄，坐永戍。行至河西務，爲民家所窘，告鈔關主事杖之。廠衞以聞，復逮至京，卒於獄，人皆惜之。初，鵬在衞輝，將入覲，行李蕭然，通判王江懷金遺之。鵬曰：「豈我素履未孚於人耶？」江慙而退。其介如此。隆慶初，復官。張漢，鍾祥人。代鵬時，寇已出境，乃命翁萬達總督宣大，而以漢專督畿輔、河南、山東諸軍。漢條上選將、練兵、信賞、必罰四事，請令大將得專殺偏裨，而總督亦得斬大將，人知退怯必死，自爭赴敵。帝不欲假臣下權，惡之。兵部言漢老邊事，言皆可從。帝令再議，部臣乃言漢議皆當，而專殺大將與會典未合。帝姑報可。會考察拾遺，言官劾漢剛愎，遂械繫詔獄，謫戍鎭西衞。後數年，邊警，御史陳九德薦漢，帝怒，斥九德爲民。漢居戍所二十年卒。隆慶初，贈兵部尚書。

孫繼魯，字道甫，雲南右衞人。嘉靖二年進士。授澧州知州，坐事改國子助教，歷戶部郎中，監通州倉。歷知衞輝、淮安二府。織造中官過淮，繼魯與之忤，誣逮至京。大學士夏言救免，繼魯不謝，言不悅，改補黎平。擢湖廣提學副使，進山西參政。數繩宗藩。暨遷按察使，宗藩百餘人擁馬發其褻衣，外無長物，乃載酒謝過。遷陝西右布政使。二十六年擢右副都御史，代楊守謙巡撫山西。繼魯耿介，所至以清節聞，然好剛使氣。總督都御史翁萬達議撤山西內邊兵，幷力守大同外邊，帝報可。繼魯抗章爭，言：「紫荆、居庸、山海諸關，東枕滇渤；雁門、寧武、偏頭諸關，西據黃河：天設重險，以藩衞國家，豈可聚師曠野，洞開重門以延敵？夫紫荆諸關之拱護京師，與雁門諸關之屏蔽全晉，一也。今議者不撤紫荆以幷守宣府，豈可獨撤雁門以幷守大同耶？況自偏頭、寧武、雁門東抵平刑關，爲山西長邊；自右衞雙溝墩至東陽河鎭口臺，爲大同長邊；自丫角山至雙溝百四十里，爲大同緊邊；自丫角山至老牛灣百四十里，爲山西緊邊。論長邊，則大同爲急，山西差緩；論緊邊，則均爲最急。此皆密邇河套，譬之門闑，山西守左，大同守右。山西幷力守左，尚不能支，又安能分力以守大同之右？近年寇不敢犯山西內郡者，以三關備嚴故也。使三關將士遠離堡戍，欲其不侵犯難矣。全師在外，強寇內侵，卽紫荆、倒馬諸關不將徒守哉？」萬達聞之不悅，上疏言：「增兵擺邊，始於近歲，與額設守邊者不同。繼魯乃以危言相恐，復遣臣書，言往歲建雲中議，宰執幾不免；近年撤各路兵，督撫業蒙罪。其詆排如此。今防秋已逼，乞別調繼魯，否則早罷臣，無悞邊事。」兵部是繼魯言，帝不從，下廷議。廷臣請如萬達言。帝方倚萬達，怒繼魯騰私書，引往事，議君上，而夏言亦惡繼魯，不爲地，遂逮下詔獄。疽發於項，瘐死。繼魯爲巡撫僅四月，山西人習其前政，冀有所設施，遽以非罪死，咸爲痛惜。宗藩有上書訟其寃者，卽前奪視其褻者也。穆宗卽位，贈兵部左侍郎，賜祭葬，廕一子，謚清愍。

曾銑，字子重，江都人。自爲諸生，以才自豪。嘉靖八年成進士，授長樂知縣。徵爲御史，巡按遼東。遼陽兵變，執辱都御史呂經。銑時按金、復，急檄副總兵李鑑罷經苛急事。爲亂軍乞赦，經罷趨廣寧，悍卒于蠻兒等復執辱經。其月，撫順卒亦縳指揮劉雄父子。會朝廷遣侍郎林庭棉往勘，亂卒懼。遼陽倡首者趙劓兒潛詣廣寧，與蠻兒合謀，欲俟鎭城官拜表，集衆亂，爲總兵官劉淮所覺，計不行。復結死囚，欲俟庭棉至，閉城門爲變。而銑已刺得二城及撫順爲惡者姓名，密授諸將，劓兒等數十人同日捕獲。銑上言：「往者甘肅、大同軍變，處之過輕，羣小謂辱命臣、殺主帥，罪不過此，遂相率爲亂。今首惡宜急誅。」乃召還庭棉，命銑勘實，悉斬諸首惡，懸首邊城，全遼大定。擢銑大理寺丞，遷右僉都御史，巡撫山東。俺答數入內地，銑請築臨清外城，工畢，進副都御史。居三年，改撫山西，經歲寇不犯邊。朝廷以爲功，進兵部侍郎，巡撫如故。二十五年夏，以原官總督陝西三邊軍務。寇十萬餘騎由寧塞營入，大掠延安、慶陽境。銑率兵數千駐塞門，而遣前參將李珍搗寇巢於馬梁山陰，斬首百餘級，寇聞之始遁。捷奏，賚銀幣。既而寇屢入，游擊高極死焉，副總兵蕭漢敗績。銑疏諸將罪，治如律。時套寇牧近塞，零騎往來，居民不敢樵採。銑方築塞，慮爲所擾，乃選銳卒擊之，寇稍北，間以輕騎入掠。銑復率諸軍驅之遠徙。參將李珍及韓欽功爲多，詔增銑俸一級，賜銀幣有加。銑素喜功名，又感帝知遇，益圖所報稱。念寇居河套，久爲中國患，上疏曰：「賊據河套，侵擾邊鄙將百年。孝宗欲復而不能，武宗欲征而不果，使吉囊據爲巢穴。出套則寇宣大三關以震畿輔，入套則寇延寧甘固以擾關中。深山大川，勢顧在敵而不在我。封疆之臣曾無有以收復爲陛下言者，蓋軍興重務也，小有挫失，媒孽踵至，鼎鑊刀鋸，面背森然。臣非不知兵凶戰危，而枕戈汗馬，切齒痛心有日矣。竊嘗計之，秋高馬肥，弓矢勁利，彼聚而攻，我散而守，則彼勝。冬深水枯，馬無宿槀，春寒陰雨，壞無燥土，彼勢漸弱，我乘其弊，則中國勝。臣請以銳卒六萬，益以山東鎗手二千，每當春夏交，攜五十日餉，水陸交進，直擣其巢。材官騶發，礮火雷激，則寇不能支。此一勞永逸之策，萬世社稷所賴也。」遂條八議以進。是時，銑與延寧撫臣欲西自定邊營，東至黃甫川，一千五百里築邊牆禦寇，請帑金數十萬，期三年畢功。疏並下兵部，部臣難之，請令諸鎭文武將吏協議。詔報曰：「賊據套爲中國患久矣，朕宵旰念之，邊臣無分主憂者。今銑倡恢復議甚壯其令銑與諸鎭臣悉心上方略予修邊費二十萬銑乃益銳而諸巡撫延綏張問行陝西謝蘭寧夏王邦瑞及巡按御史盛唐以爲難久不會奏銑怒疏請於帝帝爲責讓諸巡撫會問行已罷楊守謙代之意與銑同銑遂合諸臣條上方略十八事已又獻營陣八圖竝優旨下廷議廷臣見上意向銑一如銑言帝忽出手詔諭輔臣曰今逐套賊師果有名否兵食果有餘成功可必否一銑何足言如生民荼毒何初銑建議時輔臣夏言欲倚以成大功主之甚力及是大駭請帝自裁斷帝命刊手詔徧給與議諸臣時嚴嵩方與言有隙欲因以傾言乃極言套必不可復陰詆言故引罪乞罷以激帝怒旋復顯攻言謂向擬旨褒銑臣皆不預聞兵部尚書王以旂會廷臣覆奏遂盡反前說言套不可復帝乃遣官逮銑出以旂代之責科道官不言悉杖於廷停俸四月帝雖怒銑然無意殺之也咸寧侯仇鸞鎭甘肅時以阻撓爲銑所劾逮問嵩故雅親鸞知銑所善同邑蘇綱者言繼妻父綱與銑言嘗交關傳語乃代鸞獄中草疏誣銑掩敗不奏尅軍餉鉅萬遣子淳屬所親蘇綱賂當塗其言絕無左驗而帝深入其說立下淳綱詔獄給事中齊譽等見帝怒銑甚請早正刑章帝責譽黨奸避事鐫級調外任及銑至法司比擬邊帥失陷城砦者律帝必欲依正條當銑交結近侍律斬妻子流二千里卽日行刑銑既死言亦坐斬而鸞出獄銑有膽略長於用兵歲除夜猝命諸將出塞上無警諸將方置酒不欲行賂鈴卒求緩於銑妾銑斬鈴卒以徇諸將不得已丙夜被甲行果遇寇擊敗之翼日入賀畢前請故銑笑曰見烏鵲非時噪故知之耳皆大服銑廉既歿家無餘貲隆慶初給事中辛自修御史王好問訟銑志在立功身罹重辟識與不識痛悼至今詔贈兵部尚書謚襄愍萬曆中從御史周磐請建祠陝西李珍者故坐事失官銑從徙中錄用復積戰功至參將銑既被逮詔遣給事中申价等往覈因幷劾珍與指揮田世威郭震爲銑爪牙下之詔獄逮及巡撫謝蘭張問行御史盛唐副總兵李琦等皆斥罰勒淳綱贓卹陣亡軍及居民被難者銑嘗檄府衞銀三萬兩製車仗亦責償於淳且酷刑拷珍令其實尅餉行賂事幾死卒不承淳用是免珍竟論死世威震謫戍其後俺答歲入寇帝卒不悟輒曰此銑欲開邊故行報復耳

丁汝夔字大章霑化人正德十六年進士改庶吉士嘉靖初授禮部主事爭大禮被杖調吏部累官山西左布政使擢右副都御史巡撫甘肅歷撫保定應天入爲左副都御史坐事調湖廣參政復以故官撫河南歷吏部左右侍郎二十八年十月拜兵部尚書兼督團營條上邊務十事皆報可當是時俺答歲寇邊羽書疊至天子方齋居西內厭兵事而大學士嚴嵩竊權邊帥率以賄進疆事大壞其明年八月甲子俺答犯宣府諸將拒之不得入汝夔卽上言寇不得志於宣府必東趨遼薊請敕諸將嚴爲備潮河川乃陵京門戶宜調遼東一軍赴白馬關保定一軍赴古北口從之寇果引而東駐大興州去古北口百七十里大同總兵官仇鸞知之率所部馳至居庸南順天巡撫王汝孝駐薊州誤聽諜者謂寇向西北汝夔信之請令鸞還大同勿東詔俟後報及輿州報至命鸞壁居庸汝孝守薊州未幾寇循潮河川南下至古北口薄關城總兵官羅希韓盧鉞不能卻汝孝師大潰寇遂由石匣營達密雲轉掠懷柔圍順義城聞保定兵駐城內乃解而南至通州阻白河不得渡駐河東孤山分剽昌平三河犯諸帝陵殺掠不可勝紀京師戒嚴召各鎭勤王分遣文武大臣各九人守京城九門定西侯蔣傳兵部侍郎王邦瑞總督之而以錦衣都督陸炳禮部侍郎王用賓給事御史各四人巡視皇城四門詔大小文臣知兵者許汝夔委用汝夔條上八事請列正兵四營於城外四隅奇兵九營於九門外近郊正兵營各一萬奇兵營各六千急遣大臣二人經略通州涿州且釋罪廢諸將使立功贖罪帝悉從之然是時冊籍皆虛數禁軍僅四五萬老弱半之又半役內外提督大臣家不歸伍在伍者亦涕泣不敢前從武庫索甲仗主庫奄人勒常例不時發久之不能軍乃發居民及四方應武舉諸生乘城且大頒賞格仇鸞與副將徐珏游擊張騰等軍白河西楊守謙與副將朱楫等軍東直門外諸路援兵亦稍集議者率謂城內虛城外有邊兵足恃宜移京軍備內費汝夔亦以爲然遂量掣禁軍入營十王府慶壽寺前掌營務者成國公朱希忠恐以兵少獲譴乃東西抽掣爲掩飾計士疲不得息出怨言而莫曉孰爲調者則爭詈汝夔鸞兵無紀律掠民間帝方眷鸞令勿捕汝夔亦戒勿治鸞兵民益怨怒寇游騎四出去都城三十里及辛巳遂自通州渡河而西前鋒七百騎駐安定門外教場明日大營薄都城分掠西山黃村沙河大小榆河畿甸大震初寇逼通州部所遣偵卒出城不數里道遇傷者輒奔還妄言誑汝夔既而言不讎汝夔弗罪也募他卒偵之復如前以故寇衆寡遠近皆不能知宣府總兵官趙國忠參將趙臣孫時謙袁正游擊姚冕山西游擊羅恭等各以兵入援營玉河諸處詔兵部核諸鎭兵數行賞賚勤王兵先後五六萬人皆閫夔卽赴未齎糗糧制下犒師牛酒無所出越二三日援軍始得數餅餌益饑疲不任戰帝久不視朝軍事無由面白廷臣多以爲言帝不許禮部尚書徐階復固請帝乃許癸未羣臣昧爽入至日晡帝始御奉天殿不發一詞但命階奉敕諭至午門集羣臣切責之而已帝怒文武臣不任事尤怒汝夔吏部因請起楊守禮劉源清史道許論於家汝夔不自安請督諸將出城戰而以侍郎謝蘭署部事帝責其推委命居中如故寇縱橫內地八日諸軍不敢發一矢寇本無意攻城且所掠過望乃整輜重從容趨白羊口而去方事棘帝趣諸將戰甚急汝夔以咨嵩嵩曰塞上敗或可掩也失利輦下帝無不知誰執其咎寇飽自颺去耳汝夔因不敢主戰諸將亦益閉營寇以此肆掠無所忌既退汝夔蘭及戶工尚書李士翺胡松侍郎駱顒孫禬皆引罪命革士翺職停松俸俱戴罪辦事侍郎各停俸五月而下汝夔獄帝欲大行誅以懲後汝夔窘求救於嵩嵩曰我在必不令公死及見帝怒甚竟不敢言給事御史劾汝夔禦寇無策帝責其不早言奪俸有差趣具獄怒法司奏當緩杖都御史屠僑刑部侍郎彭黯大理卿沈良才各四十降俸五等刑科張侃等循故事覆奏各杖五十斥侃爲民坐汝夔守備不設卽日斬於市梟其首妻流三千里子戍鐵嶺汝夔臨刑始悔爲嵩所賣方廷訊時職方郎王尚學當從坐汝夔曰罪在尚書郎中無預得減死論戍比赴市問左右王郎中免乎尚學子化適在旁謝曰荷公恩免矣汝夔歎曰汝父勸我速戰我爲政府悞汝父免我死無恨聞者爲泣下隆慶初復官汝夔既下獄幷逮汝孝希韓鉞寇未盡去官校不敢前託言汝孝等追寇白羊口遠不可卒至比逮至論死帝怒漸解而汝孝復以首功聞命俱減死戍邊

楊守謙字允亨徐州人父志學字遜夫弘治六年進士巡撫大同寧夏邊人愛之累官刑部尚書卒謚康惠守謙登嘉靖八年進士授屯田主事改職方歷郎中練習兵計出爲陝西副使改督學政有聲就拜參政未任擢右僉都御史巡撫山西上言偏頭老營堡二所餘地千九百餘頃請興舉營田因薦副使張鎬爲提調牛種取給本土帝稱爲忠卽報可俄移撫延綏請久任鎬終其事其後二年營田大興計秋穫可當帑銀十萬邊關穀價減十五守謙薦鎬可大用且言延綏安定諸邊可如例戶部請推行之九邊帝悅命亟行之錄守謙鎬功守謙未去延綏而鎬已巡撫寧夏矣守謙至延綏言激勸軍士在重賞令斬一首者陞一級不願者予白金三十兩賞已薄又文移察勘動涉歲時以故士心不勸近宣大事棘稍加賞格請倍增其數鎭巡官驗明卽給蓋增級襲廕有官者利之窮卒覬賞而已兵部以爲然定斬首一級者與五十兩著爲令以前山西修邊功增俸一級賜金幣有加請給新設游兵月餉發倉儲貸饑卒皆報許二十九年進副都御史巡撫保定兼督紫荊諸關去鎭之日傾城號泣有追送數百里外者未幾俺答入寇守謙率師倍道入援帝聞其至甚喜令營崇文門外會副總兵朱楫參將祁顒馮登亦各以兵至人心稍安寇游騎散掠枯柳諸村去京城二十里守謙及楫等兵移營東直門外詔同仇鸞調度京城及各路援兵相機戰守寇薄都城諸將高秉元徐鏞等禦之不能卻帝拜鸞大將軍進守謙兵部右侍郎協同提督內外諸軍事鸞時自孤山還至東直門覘望斬死人首六級報功守謙孤軍薄俺答營而陣無後繼不敢戰帝聞不悅而尚書丁汝夔慮喪師戒勿輕戰諸將離城遠見守謙不戰亦堅壁輒引汝夔及守謙爲辭流聞禁中帝益怒初寇抵安定門詔守謙與楫等合擊莫敢前守謙亦委無部檄第申儆備寇遂燬城外廬舍城西北隅火光燭天內臣園宅在焉環泣帝前稱將帥爲文臣制故寇得至此帝怒曰守謙擁衆自全朕親降旨趣戰何得以部檄爲解寇退遂執守謙與汝夔廷鞫之坐失悞軍機卽日戮於市守謙臨刑時慨然曰臣以勤王反獲罪讒賊之口實蔽聖聰皇天后土知臣此心死何恨邊陲吏士知守謙死無不流涕者守謙坦易無城府馭下多恩意守官廉位至開府蕭然若寒士然性遲重客有勸之戰者應曰周亞夫何人乎客曰公悞矣今日何得比漢法守謙不納竟得罪隆慶初贈兵部尚書謚恪愍

商大節字孟堅鍾祥人嘉靖二年進士授豐城知縣始爲築城捕境內盜幾盡擢兵科給事中京察竣復命科道互相劾被謫鹽城縣丞三遷刑部郎中出爲廣東僉事擣海南叛黎巢增秩賜金幣累官山東按察使擢右僉都御史巡撫保定兼提督紫荊諸關慮俺答內侵疏請重根本護神京居四年召理院事俺答果大舉薄都城詔城中居民及四方入應武舉者悉登陴守以大節率五城御史統之發帑金五千兩命便宜募壯士屢條

上軍民急務比寇退復命兼管民兵經略京城內外訓練鼓舞軍容甚壯擢右副都御史經略如故所募民兵已四千請以三等授餉上者月二石其次遞減五斗帝亟從之仇鸞爲大將軍盡統中外兵馬惡大節獨爲一軍不受其節制欲困之乃請畫地分守以京師四郊委大節大節言臣雖經略京城實非有重兵專戰守責者也京城四郊利害鸞欲專以臣當臣節制者止巡捕軍鸞又頻調遣奸宄猝發誰爲捍禦哉所爭甚晰而帝方寵鸞不欲人撓其事責大節懷奸避難立下詔獄法司希旨當大節斬嚴嵩言大節誠有罪但法司引律非是幸赦其死戍極邊亦不聽時三十年四月也明年八月鸞死大節故部曲石鏜孫九思等數百人伏闕訟冤章再上兵部侍郎張時徹等言大節爲逆鸞制肘以抵於法乞順羣情赦之帝怒鐫時徹二秩明年竟卒於獄隆慶初復故官贈兵部尚書謚端愍

王忬字民應太倉人父倬南京兵部右侍郎以謹厚稱忬登嘉靖二十年進士授行人遷御史皇太子出閣疏以武宗居青宮爲戒又劾罷東廠太監宋興出視河東鹽政以疾歸已起按湖廣復按順天二十九年俺答大舉犯古北口忬奏言潮河川有徑道一日夜可達通州因疾馳至通爲守禦計盡徙舟楫之在東岸者夜半寇果大至不得渡遂壁於河東帝密遣中使覘軍見忬方厲士乘城還奏帝大喜副都御史王儀守通州御史姜廷頤劾其不職忬亦言儀縱士卒虐大同軍大同軍者仇鸞兵也帝立命逮儀而超擢忬右僉都御史代之寇退忬請振難民築京師外郭修通州城築張家灣大小二堡置沿河敵臺皆報可尋罷通州易州守禦大臣召忬還三十一年出撫山東甫三月以浙江倭寇亟命忬提督軍務巡視浙江及福興漳泉四府先後上方畧十二事任參將俞大猷湯克寬又奏釋參將尹鳳盧鏜繫獄賊犯溫州克寬破之其據昌國衞者爲大猷擊退而賊首汪直復糾島倭及漳泉羣盜連巨艦百餘蔽海至濱海數千里同告警上海及南匯吳淞乍浦蓁嶼諸所皆陷蘇松寧紹諸衞所州縣被焚掠者二十餘留內地三月飽而去忬乃言將士逐燬其船五十餘艘於是先所奪文武將吏俸皆得復尋以給事王國禎言改巡撫忬方視師閩中賊復大至犯浙江盧鏜等頻失利御史趙炳然劾其罪帝特宥忬忬因請築嘉善崇德桐鄉德清慈谿奉化象山城而恤被寇諸府時已遣尚書張經總督諸軍大同適中寇督撫蘇祐侯鉞俱被逮乃進忬右副都御史巡撫大同秋防事竣就加兵部右侍郎薊遼總督楊博還朝卽移忬代之尋進右都御史忬言騎兵利平地步兵利險阻今薊鎭畫地守請去他郡防秋馬兵八千易之以步歲省銀五萬六千餘兩從之打來孫十餘萬騎深入廣寧諸處總兵官殷尚質等戰歿忬停俸三月未幾打來孫復以十萬騎屯靑城分遣精騎犯一片石三道關總兵官歐陽安拒却之事聞賚銀幣把都兒等犯遷安副總兵蔣承勛戰死降忬兵部侍郎留任初帝器忬才甚眷之及所部屢失事則以爲不足辦寇諭嚴嵩與兵部計防守之宜嵩奏流河口邊牆有缺故寇乘之入宜大修邊牆且令忬選補額兵操練戰守不得專恃他鎭援兵部條六事如嵩指帝乃下詔責忬赦其罪實主兵減客兵如議於是練兵之議起時寇別部入瀋陽有鄕兵金仲良者禽其長討賴忬賚銀幣官仲良三級防秋畢復忬官尋復用瀋陽却寇功廕一子已而寇復入遼陽副總兵王重祿敗績御史周斯盛以聞帝置忬不問治他將吏如律初帝從楊博言命薊鎭入衞兵聽宣大調遣忬言古北諸口無險可守獨恃入衞卒護陵京奈何聽調發帝怒曰曩令薊鎭練兵今一卒不練遇防秋輒調他鎭兵兵部詳議以聞部臣言薊鎭額兵多缺宜察補乃遣郎中唐順之往覈還奏額兵九萬有奇今惟五萬七千又皆羸老忬與總兵官安巡撫馬珮及諸將袁正等俱宜按治乃降忬俸二級帝因問嵩邊兵入衞舊制乎嵩曰祖宗時無調邊兵入內地者正德中劉六猖獗始調許泰郤永領邊兵討賊庚戌之變仇鸞選邊兵十八支護陵京未用以守薊鎭至何棟始借二支防守忬始盡調邊兵守要害去歲又徵全遼士馬入關致寇乘虛入犯遼左一空若年復一年調發不已豈惟糜餉更有他憂帝由是惡忬甚踰月寇犯淸河總兵官楊照禦之斬首八百餘級越四日土蠻十萬騎薄界嶺口副將馬芳拒却之明日敵騎二百奔還芳及安俘斬四十級忬猶被賚三十八年二月把都兒辛愛數部屯會州挾朶顏爲鄕導將西入聲言東忬遽引兵東寇乃以其間由潘家口入渡灤河而西大掠遵化遷安薊州玉田駐內地五日京師大震御史王漸方輅遂劾忬安及巡撫王輪罪帝大怒斥安貶輪於外切責忬令停俸自効至五月輅復劾忬失策者三可罪者四遂命逮忬及中軍游擊張倫下詔獄刑部論忬戍邊帝手批曰諸將皆斬主軍令者顧得附輕典耶改論斬明年冬竟死西市忬才本通敏其驟拜都御史及屢更督撫也皆帝特簡所建請無不從爲總督數以敗聞由是漸失寵旣有言不練主兵者益大恚謂忬怠事負我嵩雅不悅忬而忬子世貞復用口語積失歡於嵩子世蕃嚴氏客又數以世貞家瑣事搆於嵩父子楊繼盛之死世貞又經紀其喪嵩父子大恨灤河變聞遂得行其計穆宗卽位世貞與弟世懋伏闕訟冤復故官予卹

楊選字以公章邱人嘉靖二十三年進士授行人擢御史遷易州兵備副使俺答圍大同右衞巡撫朱笈被逮超拜選右僉都御史代之與侍郎江東總兵官張承勛解其圍憂歸再起仍故職四十年擢總督薊遼副都御史條上封疆極弊十五事多從其請以居庸岔道却敵功進兵部右侍郎明年五月古北口守將遣哨卒出塞朶顏衞掠其四人部長通漢叩關索賞副總兵胡鎭執之幷縛其黨十餘人通漢子懼擁所執哨卒至牆下請易其父通漢者辛愛妻義父也選欲以牽制辛愛要其子入質乃遣還父自是諸子迭爲質半歲而代選馳疏以聞自詡方畧選及巡撫徐紳等俱受賞十月丁卯辛愛與把都兒等大舉自牆子嶺磨刀峪潰牆入犯京師戒嚴帝大驚論閣臣徐階曰朕東見火光此賊去京不遠其令兵部論諸軍幷力勦逐明日選以寇東遁聞爲將士祈賞帝疑以問階對曰寇營尚在平谷選等往通州矣謂追殺者妄也帝銜之寇稍東大掠三河順義圍諸將傅津等於鄭官屯遣副將胡鎭偕總兵官孫臏游擊趙溱擊之臏溱戰歿鎭力戰得脫寇留內地八日不退給事中李瑜遂劾選紳與副使盧鎰參將馮詔胡粲游擊嚴瞻等俱逮下詔獄又二日寇始北去京師解嚴初諜者言寇將窺牆子嶺部檄嚴待之而三衞爲寇導者紿選赴潘家口寇已入選紳懼得罪徑趨都城屯東直門外旋還通州及遣鎭等禦又不勝內侍家薊西者譁言通漢父子實召寇帝入其言益怒法司坐選紳詔守備不設律斬鎰等戍帝諭錦衣朱希孝坐以縱通漢勾賊罪復下選詔獄選不承止承賚通漢父子事且言事已上聞希孝錄其語上刑部如帝指論選死卽戮於市梟其首示邊妻子流二千里紳論死繫獄詔及鎰等戍邊帝雖怒選甚但欲誅其身法司乃幷坐其妻子隆慶初始釋還

贊曰世宗威柄自操用重典以繩臣下而弄權者借以行其私於是闒冗廢職之徒事敗伏辜而出力任事之臣亦中危法受戮邊臣不得自展布而武備壞矣陳九疇翟鵬孫繼魯曾銑皆可用之才或讁或死不以其罪銑復套之議甚偉然權臣當軸而敵勢方强雖頗牧烏能有爲丁汝夔之戮於法誠不爲過然戎律之弛有由來矣而汝夔獨當其咎王忬楊選於邊備甚踈宜不免云

明史卷二百五　列傳第九十三

總裁官總理事務經筵講官少保兼太子太保保和殿大學士兼管吏部戶部尚書事加六級張廷玉等奉

敕修

朱紈　張經（李天寵　周珫　楊宜　彭黯等）

胡宗憲（阮鶚　宗禮）　曹邦輔（任環　吳成器）

李遂（弟逢　進）　唐順之（子鶴徵）

朱紈字子純長洲人正德十六年進士除景州知州調開州嘉靖初遷南京刑部員外郎歷四川兵備副使與副總兵何卿共平深溝諸砦番五遷至廣東左布政使二十五年擢右副都御史巡撫南贛明年七月倭寇起改提督浙閩海防軍務巡撫浙江初明祖定制片板不許入海承平久奸民闌出入勾倭人及佛郎機諸國入互市閩人李光頭歙人許棟踞寧波之雙嶼爲之主司其質契勢家護持之漳泉爲多或與通婚姻假濟渡爲名造雙桅大船運載違禁物將吏不敢詰也或負其直棟等卽誘之攻剽負直者脅將吏捕逐之泄師期令去期他日償他日至負如初倭大怨恨益與棟等合而浙閩海防久隳戰船哨船十存一二漳泉巡檢司弓兵舊額二千五百餘僅存千人倭剽掠輒得志益無所忌來者接踵紈巡海道採僉事項高及士民言謂不革渡船則海道不可淸不嚴保甲則海防不可復上疏具列其狀於是革渡船嚴保甲搜捕奸民閩人資衣食於海驟失重利雖士大夫家亦不便也欲沮壞之紈討平覆鼎山賊明年將進攻雙嶼使副使柯喬都指揮黎秀分駐漳泉福寧遏賊奔逸使都司盧鏜將福淸兵由海門進而日本貢使周良違舊約以六百人先期至紈奉詔便宜處分度不可却乃要良自請後不爲例錄其船延良入寧波賓館奸民投書激變紈防範密計不得行夏四月鏜遇賊於九山洋俘日本國人稽天許棟亦就禽棟黨汪直等收餘衆遁鏜築塞雙嶼而還番舶後至者不

得入分泊南麂礁門青山下八諸島勢家既失利則宣言被擒者皆良民非賊黨用搖惑人心又挾制有司以脅從被擄予輕比重者引強盜拒捕律紈上疏曰今海禁分明不知何由被擄何由脅從若以入番導寇爲強盜海洋敵對爲拒捕臣之愚暗實所未解遂以便宜行戮紈執法既堅勢家皆懼貢使周良安插已定閩人林懋和爲主客司宣言宜發回其使紈以中國制馭諸番宜守大信疏爭之強且曰去外國盜易去中國盜難去中國瀕海之盜猶易去中國衣冠之盜尤難閩浙人益恨之竟勒周良還泊海嶼以俟貢期吏部用御史閩人周亮及給事中葉鏜言奏改紈巡視以殺其權紈憤又明年春上疏言臣整頓海防稍有次第亮欲侵削臣權致屬吏不肯用命既又陳明國是正憲體定紀綱扼要害除禍本重斷決六事語多憤激中朝士大夫先入浙閩人言亦有不悅紈者矣紈前討溫盤南麂諸賊連戰三月大破之還平處州礦盜其年三月佛郎機國人行劫至詔安紈擊擒其渠李光頭等九十六人復以便宜戮之具狀聞語復侵諸勢家御史陳九德遂劾紈擅殺落紈職命兵科都給事杜汝禎按問紈聞之慷慨流涕曰吾貧且病又負氣不任對簿縱天子不欲死我閩浙人必殺我吾死自決之不須人也製壙志作絕命詞仰藥死二十九年給事汝禎巡按御史陳宗夔還稱奸民鬻販拒捕無僭號流劫事坐紈擅殺詔逮紈紈已前死柯喬盧鏜等并論重辟紈清強峭直勇於任事欲爲國家杜亂源乃爲勢家構陷朝野太息自紈死罷巡視大臣不設中外搖手不敢言海禁事浙中衛所四十一戰船四百三十九尺籍盡耗紈招福清捕盜船四十餘分布海道在台州海門衛者十有四爲黃巖外障副使丁湛盡散遣之撤備弛禁未幾海寇大作毒東南者十餘年

張經字廷彝侯官人初冒蔡姓久之乃復正德十二年進士除嘉興知縣嘉靖四年名爲吏科給事中歷戶科都給事中數有論劾言官指爲張桂黨吏部言經行修不問擢太僕少卿歷右副都御史協理院事十六年進兵部右侍郎總督兩廣軍務斷藤峽賊侯公丁據弩灘爲亂經與御史鄒堯臣等定計以軍事屬副使翁萬達誘執公丁參議田汝成請乘勢進討命副總兵張經將三萬五千人爲左軍萬達監之指揮王良輔等六將分六道會南寧都指揮高乾將萬六千人爲右軍副使梁廷振監之指揮馬文傑等四將分四道會賓州抵賊巢夾擊賊奔林峒而東良輔等邀之賊中斷復西奔斬首千二百級其東者遁入羅運山萬達等移師攻之檄右軍沿江而東繞出其背賊刊巨木塞隘口布蒺藜筂簽伏機弩毒鏢懸石樹杪急則撼其樹石皆墜官軍竝以計破之右軍愆期田州土酋盧受乃縱賊去俘其衆四百五十招降者二千九百有奇土人言祖父居羅運八世矣未聞官軍涉茲土也捷聞進經左侍郎加秩一級尋與毛伯溫定計撫定安南再進右都御史平思恩九土司及瓊州黎進兵部尚書副使張瑤等討馬平猺屢敗帝罪瑤等而宥經給事中周怡劾經經乞罷不允以憂歸服闋起三邊總督給事中劉起宗言經在兩廣尅餉銀寢前命三十二年起南京戶部尚書就改兵部明年五月朝議以倭寇猖獗設總督大臣命經解部務總督江南江北浙江山東福建湖廣諸軍便宜行事經徵兩廣狼土兵聽用其年十一月用兵科言改經右都御史兼兵部右侍郎專辦討賊倭二萬餘據柘林川沙窪其黨方踵至經日選將練兵爲擣巢計以江浙山東兵屢敗欲俟狼土兵至用之明年三月田州瓦氏兵先至欲速戰經不可東蘭諸兵繼至經以瓦氏兵隸總兵官俞大猷以東蘭那地南丹兵隸遊擊鄒繼芳以歸順及思恩東莞兵隸參將湯克寬分屯金山衛閔港乍浦犄賊三面以待永順保靖兵之集會侍郎趙文華以祭海至與浙江巡按胡宗憲比屢趣經進兵經曰賊狡且衆待永保兵至夾攻庶萬全文華再三言經守便宜不聽文華密疏經糜餉殃民畏賊失機欲俟倭飽颺勦餘寇報功宜亟治以紓東南大禍帝問嚴嵩嵩對如文華指且謂蘇松人怨經帝怒卽下詔逮經三十四年五月也方文華拜疏永保兵已至其日卽有石塘灣之捷至五月朔倭突嘉興經遣參將盧鏜督保靖兵援以大猷督永順兵由泖湖趨平望以克寬引舟師由中路擊之合戰於王江涇斬賊首一千九百餘級焚溺死者甚衆自軍興來稱戰功第一給事中李用敬閻望雲等言王師大捷倭奪氣不宜易帥帝大怒曰經欺誕不忠聞文華劾方一戰用敬等黨奸杖於廷人五十斥爲民已而帝疑之以問嵩嵩言徐階李本江浙人皆言經養寇不戰文華宗憲合謀進勦經冒以爲功因極言二人忠帝深入其言經既至備言進兵始末且言任總督半載前後俘斬五千乞賜原宥帝終不納論死繫獄其年十月與巡撫李天寵俱斬天下寃之天寵孟津人由御史遷徐州兵備副使却倭通州如皋三十三年六月擢右僉都御史代王忬巡撫浙江倭掠紹興藏爲賚銀幣頃之賊犯嘉善圍嘉興劫秀水歸安副使陳宗夔戰不利百戶賴榮華中礮死嘉善知縣鄧植棄城走入城大掠賊復陷崇德攻德清殺裨將梁鄂等文華謗天寵嗜酒廢事帝遂除天寵名而擢宗憲以代未幾御史葉恩以倭躪北新關劾天寵宗憲亦言其縱寇帝怒逮下獄遂與經同日死代經者應城周珫衛水楊宜節制不行狼土兵肆焚掠東南民既苦倭復苦兵矣隆慶初復經官諡襄愍珫爲戶科給事中坐諫世宗南幸謫鎭遠典史累官右僉都御史巡撫蘇松諸府疏陳禦倭有十難有三策經既得禍卽擢珫兵部右侍郎代之無所展會宗憲已代天寵因欲奪珫位文華遂劾珫薦宗憲帝爲奪珫俸尋勒爲民珫在官僅三十有四日而楊宜代宜撫河南平劇賊師尚詔遷南京戶部右侍郎未幾代珫時倭勢猶盛宜爲總督而文華督察軍務威出宜上易置文武大吏惟其愛憎宜懲經天寵禍曲意奉之文華視之蔑如也倭據陶宅官軍久無功文華遂劾宜宜以狼兵徒剽掠不可用請募江浙義勇山東箭手益調江浙福建湖廣漕卒河南毛兵比客兵大集宜不能馭川兵與山東兵私鬭幾殺參將酉陽兵潰於高橋奪舟徑歸蘇州明年正月文華還朝請罷宜以宗憲代會御史邵惟中上失事狀遂奪宜職閒住宜在事僅踰半歲以諂事文華故得禍輕倭之躪蘇松也起嘉靖三十二年訖三十九年其間爲巡撫者十人安福彭黯遷南京工部尚書畏賊不俟代去下獄除名黃岡方任上虞陳洙皆未抵任任丁憂洙以才不足任別用而代以鄞人屠大山使提督軍務蘇松巡撫之兼督軍務自大山始閱半歲以疾免尋坐失事下詔獄爲民繼之者珫繼珫者曹邦輔以文華譖下詔獄謫戍次眉州張景賢以考察奪職次盩厔趙忻坐金山軍變下獄貶官次江陵陳錠數月罷去次翁大立當大立時倭患已息而坐惡少年鼓譟爲亂竟罷職無一不得罪去者

胡宗憲字汝貞績溪人嘉靖十七年進士歷知益都餘姚二縣擢御史巡按宣大詔徙大同左衞軍於陽和獨石卒聚而譁宗憲單騎慰諭許勿徙乃定三十三年出按浙江時歙人汪直據五島煽諸倭入寇而徐海陳東麻葉等巢柘林乍浦川沙窪日擾郡邑帝命張經爲總督李天寵撫浙江又命侍郎趙文華督察軍務文華恃嚴嵩內援恣甚經天寵不附也獨宗憲附之文華大悅因相與力排二人倭寇嘉興宗憲中以毒酒死數百人及經破王江涇宗憲與有力文華盡掩經功歸宗憲經遂得罪尋又陷天寵卽超擢宗憲右僉都御史代之時柘林諸倭移屯陶宅勢稍殺會蘇松巡撫曹邦輔殲倭滸墅文華欲攘功不得大恨遂進勦陶宅殘寇宗憲與共將銳卒四千營磚橋約邦輔夾擊倭殊死戰宗憲兵死者千餘文華令副使劉燾攻之復大敗而倭犯浙東諸州縣殺文武吏甚衆宗憲乃與文華定招撫計文華還朝盛毀總督楊宜而薦宗憲遂以爲兵部右侍郎代宜初宗憲令客蔣洲陳可願諭日本國王遇汪直養子激於五島激使見直直初誘倭入犯倭大獲利各島由此日至既而多殺傷有全島無一歸者死者家怨直直乃與激及葉碧川王清溪謝和等據五島自保島人呼爲老船主宗憲與直同鄉里欲招致之釋直母妻於金華獄資給甚厚洲等諭宗憲指直心動又知母妻無恙大喜曰俞大猷絕我歸路故至此若貸罪許市吾亦欲歸耳但日本國王已死各島不相攝須次第諭之因留洲而遣激等護可願歸宗憲厚遇激令立功激遂破倭舟山再破之列表宗憲請於朝賜激等金幣縱之歸激大喜以徐海入犯來告亡何海果引大隅薩摩二島倭分掠瓜洲上海慈谿自引萬餘人攻乍浦陳東麻葉與俱宗憲壁塘棲與巡撫阮鶚相犄角會海趨皂林鶚遣游擊宗禮擊海於崇德三里橋三戰三捷既而敗死鶚走桐鄉禮常熟人由世千戶歷署都督僉事驍健敢戰練卒三千連破倭至是敗歿贈都督同知諡忠壯賜祠皂林鶚既入桐鄉賊乘勝圍之宗憲計曰與鶚俱陷無益也遂還杭州遣指揮夏正等持激書要海降海驚曰老船主亦降乎時海病創意頗動因曰兵三路進不由我一人也正曰陳東已他有約所慮獨公耳海遂疑東而東知海營有宗憲使者大驚由是有隙正乘間說下海海遣使來謝索財物宗憲報如其請海乃歸俘二百人解桐鄉圍東留攻一日亦去復巢乍浦鶚知不能當海乃東渡錢塘禦他賊初海入犯焚其舟示士卒無還心至是宗憲使人語海曰若已內附而吳淞江方有賊何不擊之以立功且掠其舸爲緩急計海以爲然逆擊之朱涇斬三十餘級宗憲令大猷潛焚其舟海心怖以弟洪來質獻所戴飛魚冠堅甲名劍及他玩好宗憲因厚遇洪諭海縛陳東麻葉許以世爵海果縛葉以獻宗憲解其縛令以書致東圖海而陰泄其書於海海怒海妾受宗憲賂亦說海於是海復以計縛東來獻帥其衆五百人去乍浦別營梁莊官軍焚乍浦巢斬首三百餘

級焚溺死稱是海遂刻日請降先期猝至留甲士平湖城外率會長百餘胄而入文華等懼欲勿許宗憲强許之海叩首伏罪宗憲摩海頂慰諭之海自擇沈莊屯其衆沈莊者東西各一以河爲塹宗憲居海東莊以西莊處東黨令東致書其黨曰督府檄海夕禽若屬矣東黨懼乘夜將攻海海挾兩妾走間道中稍明日官軍圍之海投水死會盧鏜亦禽辛五郎至辛五郎者大隅島主弟也遂俘洪東葉五郎及海首獻京師帝大悅行告廟禮加宗憲右都御史賜金幣加等海餘黨奔舟山宗憲令俞大猷雪夜焚其柵盡死兩浙倭漸平三十六年正月阮鶚改撫福建即命宗憲兼浙江巡撫事蔣洲在倭中諭山口豐後二島主源義長源義鎮還被掠人口具方物入貢宗憲以聞詔厚賚其使遣還至十月復遣夷目善妙等隨汪直來市至岑港泊焉浙人聞直以倭船至大驚巡按御史王本固亦言不便朝臣謂宗憲且釀東南大禍直遣滶詣宗憲曰我等奉詔來將息兵安境謂宜使者遠迎宴犒交至今盛陳軍容禁舟楫往來公給我耶宗憲解諭至再直不信乃令其子以書招之直曰兒何愚也汝父在厚汝父來闔門死矣因要一貴官爲質宗憲立遣夏正偕滶往宗憲嘗預爲赦直疏引滶入臥內陰窺之滶語直疑稍解乃偕碧川清溪入謁宗憲慰藉之甚至令至杭見本固本固下直等於獄宗憲疏請曲貸直死俾戍海上繫番夷心本固爭之彊而外議疑宗憲納賊賂宗憲懼易詞以聞直論死碧川清溪戍邊滶與謝和遂支解夏正柵舟山阻岑港而守官軍四面圍之賊死鬬多陷歿者至明年春新倭復大至嚴旨責宗憲宗憲懼得罪上疏陳戰功謂賊可指日滅所司論其欺誕帝怒盡奪諸將大猷等職切讓宗憲令剋期平賊時趙文華已得罪死宗憲失內援見寇患未已思自媚於上會得白鹿於舟山獻之帝大悅行告廟禮厚賚銀幣未幾復以白鹿獻帝益大喜告謝元極寶殿及太廟百官稱賀加宗憲秩既而岑港之賊徙巢柯梅官軍屢攻不能克御史李瑚劾宗憲誘汪直啓釁本固及給事中劉堯誨亦劾其老師縱寇請追奪功賞帝命廷議之咸言宗憲功多宜勿罷帝嘉其禽直功令居職如故賊之徙柯梅也造巨艦爲遁計及艦成宗憲利其去不擊賊揚帆泊浯嶼縱掠閩海州縣閩人大譟謂宗憲嫁禍御史瑚再劾宗憲三大罪瑚與大猷皆閩人宗憲疑大猷漏言劾大猷不力擊大猷遂被逮當是時江北福建廣東皆中倭宗憲雖盡督東南數十府道遠但遥領而已不能遍經畫然小勝輒論功受賚無虛月卽敗衄不與其罪三十八年賊大掠溫台別部復寇濱海諸縣給事中羅嘉賓御史龐尚鵬奉詔勘之言宗憲養寇當置重典帝不問明年論平汪直功加太子太保宗憲多權術喜功名因文華結嚴嵩父子歲遺金帛子女珍奇淫巧無數文華死宗憲結嵩益厚威權震東南性善賓客招致東南士大夫預謀議名用是起至技術雜流豢養皆有恩能得其力然刱編提均徭之法加賦額外民爲困敝而所侵官帑斂富人財物亦不貲嘉賓尚鵬還上宗憲侵帑狀計三萬三千他冊籍沉滅宗憲自辯言臣爲國除賊用間用餌非小惠不成大謀帝以爲然更慰諭之尋上疏請得節制巡撫及操江都御史如三邊故事帝卽晉兵部尚書如其請復獻白龜二五色芝五帝爲謝元告廟如前賚宗憲加等明年江西盜起又兼制江西未至總兵官戚繼光已平賊九月奏言賊屢犯寧台溫我師前後俘斬一千四百有奇賊悉蕩平帝悅加少保兩廣平巨盜張璉亦論宗憲功時嵩已敗大學士徐階曰兩廣平賊浙何與焉僅賜銀幣未幾南京給事中陸鳳儀劾其黨嚴嵩及奸欺貪淫十大罪得旨逮問及宗憲至帝曰宗憲非嵩黨朕拔用八九年人無言者自累獻祥瑞爲羣邪所疾且初議獲直予五等封今若加罪後誰爲我任事者其釋令閒住久之以萬壽節獻秘術十四帝大悅將復用矣會御史汪汝正籍羅龍文家上宗憲手書乃被劾時自擬旨授龍文以達世蕃者遂逮下獄宗憲自敘平賊功言以獻瑞得罪言官且訐汝正受贓事帝終憐之竝下汝正獄宗憲竟瘐死汝正得釋萬曆初復官諡襄懋阮鶚者桐城人官浙江提學副使時倭薄杭州鄉民避難入城者有司拒不許入鶚手劍開門納之全活甚衆以附文華宗憲得超擢右僉都御史代宗憲巡撫浙江又以文華言特設福建巡撫卽以命鶚初在浙不主撫自桐鄉被圍懼甚寇犯福州賂以羅綺金花及庫銀數萬又遺巨艦六艘俾載以走不能措一籌而斂括民財動千萬計帷帟盤盂率以錦綺金銀爲之御史宋儀望等交章劾逮下刑部嚴嵩爲屬法司僅黜爲民所侵餉數浮於宗憲追還之官

曹邦輔字子忠定陶人嘉靖十一年進士歷知元城南和以廉幹稱擢御史巡視河東鹽政巡按陝西劾總督張珩等冒功皆謫戍出爲湖廣副使補河南柘城賊師尚詔反陷歸德檢校董綸率民兵巷戰手刃數賊與其妻賈氏俱死之又陷柘城劫舉人陳聞詩爲帥不聽斬從者脅之聞詩紿曰必欲我行毋殺人毋縱火賊許諾擁上馬不食三日至鹿邑自縊賊圍太康都指揮尚允紹與戰鄢陵敗績允紹復擊賊於霍山賊圍之兵無敢進邦輔斬最後者士卒競進賊大潰禽斬六百餘人尚詔走莘縣被禽賊起四十餘日破府一縣八殺戮十餘萬邦輔亟戰殲之詔賚銀幣擢山西右參政遷浙江按察使三十四年拜右僉都御史巡撫應天倭聚柘林其黨自紹興竄轉掠杭嚴徽寧太平遂犯南京破溧水抵宜興爲官軍所迫奔滸墅副總兵俞大猷副使任環數邀擊之而柘林餘賊已進據陶宅邦輔督副使王崇古圍之僉事董邦政把總婁宇協勦賊走太湖追及之盡殲其衆副將何卿師潰邦輔援之以火器破賊舟前後俘斬六百餘人侍郎趙文華欲攘其功邦輔捷書先奏文華大恨旣而與浙江巡按御史胡宗憲會邦輔攻陶宅賊諸營皆潰賊退邦輔進攻之復敗坐奪俸文華奏邦輔避難擊易致師後期總督楊宜亦奏邦輔故違節制給事中夏栻孫濬爭之得無罪文華還京奏餘賊且盡而巡按御史周如斗又奏失事狀帝頗疑文華文華因言賊易滅督撫非人致敗臣昔論邦輔栻濬遂媒孽臣東南塗炭何時解乃逮繫邦輔謫戍朔州隆慶元年楊博爲吏部起邦輔左副都御史協理院事進兵部右侍郎理戎政尋以左侍郎兼右僉都御史總督薊遼保定軍務言修治邊牆非上策宜急練兵兵練而後邊事可議以給事中張鹵言名爲右都御史掌院事帝以京營事重更協理爲閱視令付大臣知兵者遂以左都御史名還任之已從恭順侯吳繼爵言復改閱視爲提督未幾轉南京戶部尚書奏督倉主事張振選不奉約束吏部因言往昔執政喜人悅己屬吏特爲奧援搆陷堂上官至屈體降意倒置名分在外巡按御史亦曲庇進士推知監司賢不肖出其口吻害政無甚於此穆宗深然其言爲黜振選飭內外諸司然迄不能變邦輔累乞骸骨不聽萬曆元年給由赴闕復以病求去且言辛愛有窺覦志宜愼防之遂致仕去居三年卒贈太子少保邦輔廉峻自吳中被逮時有司上所儲俸錢揮之去歷官四十年家無餘貲撫按奏其狀詔遣右評事劉叔龍爲營墳墓任環字應乾長治人嘉靖二十三年進士歷知黃平沙河滑縣竝有能名遷蘇州同知倭患起長吏不嫺兵革環性慷慨獨以身任之三十一年閏三月禦賊寶山洋小校張治戰死環奮前搏賊相持數日賊遁去尋犯太倉環馳赴之嘗遇賊短兵接身被三創幾殆宰夫捍環出死之賊亦引去已而復至裹瘡出海擊之怒濤作操舟者失色環意氣彌厲竟敗賊俘斬百餘復連戰陰沙寶山南沙皆捷擢按察僉事整飭蘇松二府兵備倭剽掠厭悉歸惟南沙三百人舟壞不能去環與總兵官湯克寬列兵守之數月賊大至與舊倭合掠華亭上海環等被劾得宥踰年賊犯蘇州城閉鄉民繞城號環盡納之全活數萬計副將解明道擊退賊論前後功進環右參政賊掠常熟環率知縣王鈇破其巢焚舟二十七未幾賊掠陸涇壩都督周于德敗績環偕總兵官俞大猷擊敗之焚舟三十餘賊犯吳江環大猷擊敗之鶯脰湖賊奔嘉興項之三板沙賊奪民舟出海環大猷襲敗之馬蹟山其別部屯嘉定者火爇之盡死論功廕一子副千戶母憂奪哀賊屯新場環與都司李經等率永順保靖兵攻之中伏保靖土舍彭翅等皆死環停俸戴罪賊平乞終制許之踰二年卒年四十給事中徐師曾頌其功詔贈光祿卿再廕一子副千戶建祠蘇州春秋致祭環在行間與士卒同寢食所得賜予悉分給之軍事急終夜露宿或數日絕餐嘗書姓名於肢體曰戰死分也先人遺體他日或收葬將士皆感激故所向有功時休寧吳成器由小吏爲會稽典史倭三百餘刦會稽爲官軍所逐走登龕山成器邀擊盡殪之未幾又破賊曹娥江擢浙江布政司經歷遭喪總督胡宗憲奏留之擢紹興通判論功進秩二級成器與賊大小數十戰皆捷身先士卒進止有方畧所部無秋毫犯士民率於其戰處立祠祀之

李遂字邦良豐城人弱冠從歐陽德學登嘉靖五年進士授行人歷刑部郎中錦衣衛送盜十三人遂惟抵一人罪餘皆辨釋東宮建赦天下遂請列大禮大獄諸臣於赦令中尚書聶賢懼不敢乃與同官盧蕙請於都御史王廷相廷相從之事雖報罷議者嘉焉俄調禮部忤尚書夏言因事劾之下詔獄謫湖州同知三遷衢州知府擢蘇松兵備副使屢遷廣東按察使釋囚八百餘人進山東右布政使江洋多盜遂遷右僉都御史提督操江軍政明盜不敢發俺答犯京師召遂督蘇州軍餉未謝恩請關防符驗用新銜帝怒削其籍三十六年倭擾江北廷議以督漕都御史兼理巡撫不暇辦寇請特設巡撫乃命遂以故官撫鳳陽四府時淮揚三中倭歲復大水且日役民輓大木輸京師遂請餉增兵恤民節用次第畫戰守計三十八年四月倭數百艘寇海門遂語

諸將曰賊趨如皋其衆必合合則侵犯之路有三由泰州逼天長鳳泗陵寢驚矣由黃橋逼瓜儀以搖南都運道梗矣若從富安沿海東至廟灣則絕地也乃命副使劉景韶遊擊邱陞扼如皋而身馳泰州當其衝時賊勢甚盛副將鄧城禦之敗績指揮張谷死焉賊知如皋有備將犯泰州遂急檄景韶陞遏賊連戰丁堰海安通州皆捷賊沿海東掠遂喜曰賊無能爲矣令景韶陞尾之而致賊於廟灣復慮賊突淮安乃夜半馳入城賊尋至遂督參將曹克新等禦之姚家蕩通政唐順之副總兵劉顯來援賊大敗走以餘衆保廟灣景韶亦敗賊印莊追奔至新河口焚斬甚衆廟灣賊據險不出攻之月餘不克遂令景韶塞塹夷木壓壘陳火焚其舟賊乘夜雨潛遁官軍據其巢追奔至蝦子港江北倭悉平帝大喜璽書獎勵賊駐崇明三沙者將犯揚州景韶戰連勝圍之劉莊會劉顯來援遂檄諸軍盡屬顯攻破其巢追奔白駒場賊盡殄時遂已遷南京兵部侍郎論功予一子官賚銀幣御史陳志勘上遂平倭功前後二十餘戰斬獲三千八百有奇再予一子世千戶增俸二級涖南京甫數月振武營軍變振武營者尚書張鏊募健兒以禦倭素驕悍舊制南軍有妻者月糧米一石無者減其四春秋二仲月米石折銀五錢馬坤掌南戶部奏減折色之一督儲侍郎黃懋官又奏革募補者妻糧諸軍大怨代坤者蔡克廉方病諸軍以歲饑求復折色故額於懋官懋官不可給餉又踰期三十九年二月都肆日振武卒鼓譟懋官署懋官急招鏊及守備太監何綬魏國公徐鵬舉臨淮侯李庭竹及遂至諸營軍已甲而入予之銀爭攫之懋官見勢洶洶越垣投吏舍亂卒隨及鵬舉鏊慰解不聽竟褫懋官裸其屍於市綬鵬舉遣吏持黃紙許給賞萬金卒輒碎之至許犒十萬金乃稍定明日諸大臣集守備廳亂卒亦集遂大言曰黃侍郎自越墻死諸軍特不當殘辱之吾據實奏朝廷不以叛相誣也因麾衆退許復妻糧及故額人畀之一金補折價始散遂乃托病閉閣給免死券以慰安之而密諭營將掩捕首惡二十五人繫獄詔追褫懋官及克廉職罷綬庭竹鏊任鵬舉如故遂以功議擢止誅叛卒三人餘戍邊衞而三人已前死遂歎曰兵自此益驕矣未幾江東代鏊爲尚書江北池河營卒以千戶吳欽革其幫丁毆而縛之竿幫丁者操守卒給一丁資往來費也遂已名拜兵部左侍郎以言官薦擢南京參贊尚書鎮撫之營卒或妖僧繡頭復倡訛言遂捕斬繡頭申嚴什伍書其名籍年貌繫牌腰間軍乃戢既又奏調鎮武軍護陵寢一日散千人留都自是無患越四年以老致仕遂博學多智長於用兵然亦善逢迎帝將重建三殿遂奏五河縣泗水中湧大杉一此川澤效靈爲聖主鼎新助帝大喜又進白兔帝爲遣官告廟由此益眷遇卒贈太子太保謚襄敏弟逢字邦吉由進士爲吏科給事中侍郎劉源清下吏逢救之並繫得釋進戶科左給事中偕同官諫南巡下詔獄謫永福典史終德安知府遂子材自有傳

唐順之字應德武進人祖貴戶科給事中父寶永州知府順之生有異稟稍長洽貫羣籍年三十二舉嘉靖八年會試第一改庶吉士座主張璁疾翰林出諸吉士爲他曹獨欲留順之固辭乃調兵部主事引疾歸久之除吏部十二年秋詔選朝官爲翰林乃改順之編修校累朝實錄事將竣復以疾告璁持其疏不下有言順之欲遠璁者璁發怒擬旨以吏部主事罷歸永不復敘至十八年選宮僚乃起故官兼春坊右司諫與羅洪先趙時春請朝太子復削籍歸卜築陽羨山中讀書十餘年中外論薦並報寢倭躪江南北趙文華出視師疏薦順之起南京兵部主事父憂未終不果出免喪召爲職方員外郎進郎中出覈薊鎮兵籍還奏缺伍三萬有奇見兵亦不任戰因條上便宜九事總督王忬以下俱貶秩尋命往南畿浙江視師與胡宗憲協謀討賊順之以禦賊上策當截之海外縱使登陸則內地咸受禍乃躬泛海自江陰抵蛟門大洋一晝夜行六七百里從者咸驚嘔順之意氣自如倭泊崇明三沙督舟師邀之海外斬馘一百二十沉其舟十三擢太僕少卿宗憲言順之權輕乃加右通政順之聞賊犯江北急令總兵官盧鏜拒三沙自率副總兵劉顯馳援與鳳陽巡撫李遂大破之姚家蕩賊窘退巢廟灣順之薄之殺傷相當遂欲列圍困賊順之以爲非計麾兵薄其營以火礮攻之不能克三沙又屢告急順之乃復援三沙督鏜顯進擊再失利順之憤親躍馬布陣賊搆高樓望官軍見順之軍整堅壁不出顯請退師順之不可持刀直前去賊營百餘步鏜顯懼失利固要順之還時盛暑居海舟兩月遂得疾返太倉李遂改官南京即擢順之右僉都御史代遂巡撫順之疾甚以兵事棘不敢辭渡江賊已爲遂等所滅淮揚適大饑條上海防善後九事三十九年春汎期至力疾泛海度焦山至通州卒年五十四訃聞予祭葬故事四品但賜祭順之以勞得賜葬云順之於學無所不窺自天文樂律地理兵法弧矢勾股壬奇禽乙莫不究極原委盡取古今載籍剖裂補綴區分部居爲左右文武儒稗六編傳於世學者不能測其奧也爲古文洸洋紆折有大家風生平苦節自厲輟扉爲床不飾裀褥又聞良知說於王畿閉戶兀坐匝月忘寢多所自得晚由文華薦商出處於羅洪先洪先曰向已隸名仕籍此身非我有安得侔處士順之遂出然聞望頗由此損崇禎中追謚襄文子鶴徵隆慶五年進士歷官太常卿亦以博學聞

贊曰朱紈欲嚴海禁以絕盜源其論甚正顧指斥士大夫令不能堪卒爲所齕齮憤惋以死氣質之爲累悲夫當寇患孔熾撲滅惟恐不盡便宜行誅自其職爾而以爲罪則任法之過也張經功不賞而以冤戮稔倭毒而助之攻東南塗炭數十年譏賊之罪可勝誅哉宗憲以奢黷蒙垢然令徐海汪直之徒不死貽患更未可知矣曹邦輔任環戰功可紀李遂唐順之捍禦得宜而邦輔之平師尚詔李遂之靖亂卒其功尤著以其始終倭事故並列焉

明史卷二百六　　列傳第九十四

總裁官總理事務經筵講官少保兼太子太保保和殿大學士兼管吏部戶部尚書事加六級張廷玉等奉

敕修

馬　錄　顏頤壽　聶賢　湯沐　劉琦　盧瓊　沈漢　王科

程啓充　張逵

鄭一鵬　唐樞

杜　鸞　葉應驄　藍田　黃綰

解一貫　鄭洛書　張錄　陸粲　劉希簡　王準

邵經邦　劉世揚　趙漢

魏良弼　秦鰲　葉洪　張寅

馬錄字君卿信陽人正德三年進士授固安知縣居官廉明徵爲御史按江南諸府世宗即位疏言江南之民最苦糧長白糧輸內府一石率費四五石他如酒醋局供應庫以至軍器胖襖顏料之屬輸內府者費皆然戶部侍郎秦金等請從錄言命石加耗一斗毋得苛求中官黃錦誣劾高唐判官金坡詔逮之連五百餘人錄言祖宗內設法司外設撫按百餘年刑清政平先帝時劉瑾錢寧輩蠱惑聖聰動遣錦衣官校致天下洶洶陛下方勤新政不虞復有高唐之命給事中許復禮等亦以爲言獄得少解嘉靖二年大計天下庶官被黜者多訐撫按以錄言禁止五年出按山西而妖賊李福達獄起福達者崞人初坐妖賊王良李鉞黨戍山丹衞逃還更名午爲清軍御史所勾再戍山丹衞復逃居洛川以彌勒教誘愚民邵進祿等爲亂事覺進祿伏誅福達先還家得免更姓名曰張寅往來徐溝間輸粟得太原衞指揮使子大仁大義大禮皆冒京師匠籍用黃白術干武定侯郭勛勛大信幸其仇薛良訟於錄按問得實檄洛川父老雜辨之益信勛爲遺書錄祈免錄不從偕巡撫江潮具獄以聞且劾勛庇奸亂法章下都察院都御史聶賢等覆如錄奏力言勛黨逆罪詔福達父子論死妻女爲奴沒其產責勛對狀勛懼乞恩因爲福達代辨帝置不問會給事中王科鄭一鵬程輅常泰劉琦鄭自璧趙廷瑞沈漢秦祐張逵陳皐謨御史程啓充盧瓊邵豳高世魁任淳南京御史姚鳴鳳潘壯戚雄王獻評事杜鸞刑部郎中劉仕主事唐樞交章劾勛謂罪當連坐勛亦累自訴且以議禮觸衆怒爲言帝心動勛復乞張璁桂蕚爲援璁蕚素惡廷臣攻己亦欲借是舒宿憤乃謂諸臣內外交結借端陷勛將漸及諸議禮者帝深入其言而外廷不知攻勛益急帝益疑命取福達等至京下三法司訊既又命會文武大臣更訊之皆無異詞帝怒將親訊以楊一清之言而止仍下廷鞫尚書顏頤壽等不敢自堅改擬妖言律斬帝猶怒命法司俱戴罪辦事遣官往械錄潮及前問官布政使李璋按察使李珏僉事章綸都指揮馬豸等時璋珏已遷都御史璋巡撫寧夏珏巡撫甘肅皆下獄廷訊乃反前獄抵良誣告罪帝以罪不及錄怒甚命璁蕚方獻夫分署三法司事盡下尚書頤壽侍郎劉玉王啓左都御史賢副都御史劉文莊僉都御史張潤大理卿湯沐少卿徐文華顧佖寺丞汪淵獄嚴刑推問遂捜錄篋得大學士賈詠都御史張仲賢工部侍郎閔楷御史張英及寺丞淵私書詠引罪致仕去仲賢等亦下獄蕚等上言給事中琦泰郎中仕聲勢相倚挾私彈事佐錄殺人給事中科一鵬祐漢輅評事鸞御史鳴鳳壯雄扶同妄奏助成奸惡給事中逵御史世魁方幸寅就死得誣勛謀逆率同連名同聲駕禍郎中司馬相妄引事例故意增減誣上行私遷者言官締黨求勝內則奴隸公卿外則草芥司屬任情恣橫殆非一日請大奮乾斷彰國法帝納其言并下諸人獄收繫南京刑部先是廷臣會訊太僕卿汪元錫光祿少卿余才偶語曰此獄已得情何再鞫偵者告蕚以聞亦逮問蕚等遂肆搒掠錄不勝刑自誣故入人罪蕚等乃

定爰書言寅非福達錄等恨勛搆成冤獄因列諸臣罪名帝悉從其言謫戍極邊遇赦不宥者五人璋玨綸豸前山西副使遷大理少卿文華謫戍邊衞者七人琦逵泰瓊啟充仕及知州胡偉爲民者十一人賢科一鵬祜漢輅世魁淳鳴鳳相鸞革職閒住者十七人頤壽玉啟潮文莊沐佖淵元錫才楷仲賢潤英壯雄前大理丞遷僉都御史毛伯溫其他下巡按逮問革職者副使周宣等復五人良抵死衆證皆戍寅還職錄以故入人死未決當徒帝以爲輕欲坐以姦黨律斬蕚等謂張寅未死而錄代之死恐天下不服宜永戍烟瘴地令緣及子孫乃戍廣西南丹衞遇赦不宥帝意猶未慊語楊一淸等曰與其僇及後世不若誅止其身從舜典罰弗及嗣之意一淸曰祖宗制律具有成法錄罪不中死律若法外用刑吏將緣作姦人無所措手足矣帝不得已從之以蕚等平反有功勞論之文華殿賜二品服俸金帶銀幣給三代誥命遂編欽明大獄錄頒示天下時嘉靖六年九月壬午也至十六年皇子生肆赦諸謫戍者俱釋還惟錄不赦竟卒於戍所顏頤壽巴陵人居官有淸望聶賢長壽人爲御史淸廉奪官五年用薦起工部尚書改刑部尚書致仕卒謚榮襄湯沐字新之江陰人弘治九年進士除崇德知縣徵授御史正德初嘗劾中官苗逵保國公朱暉等罪出爲湖廣僉事劉瑾以沐不附己用牙儈同寅許學士張芮事波及沐謫武義知縣瑾誅復爲廣東僉事累遷右副都御史巡撫貴州請立土官世系籍絕其爭襲之弊而令其子弟入學報可嘉靖二年改撫四川入爲大理卿旣坐福達獄罷歸家居六年薦章數十上不召卒沐居官三十載屏絕餽遺以廉潔稱劉琦字廷珍洛陽人正德九年進士嘉靖初由行人授兵科給事中時給京軍冬衣布棉恒過期以琦請即命琦立給李福達逃洛川琦知之甚悉事覺琦疏陳顛末因劾郭勛黨逆又與御史張問行劾勛侵盜草場租銀旣而馬錄獄具坐琦佐使殺人下獄謫戍瀋陽閱十年赦歸卒盧瓊字獻卿浮梁人正德六年進士由固始知縣入爲御史嘉靖改元上言景皇帝有撥亂大功而實錄猶稱郕戾王敬皇帝深仁厚澤而實錄成於焦芳手是非顛倒乞詔儒臣改撰帝惟命史官正孝宗實錄之不當者然亦未有所正也出按畿輔桂蕚疾臺諫排己考察京官旣竣令科道互糾劾吏科都給事中王俊民等爭之瓊與同官劉隅等亦言交相批抵報復非盛世事帝切責俊民隅奪其俸五月瓊等皆三月而命部院考之瓊竟以劾勛謫戍邊赦還卒沈漢字宗海吳江人正德十六年進士授刑科給事中中官馬俊王堂久廢忽自南京召至漢論止之改元詔書蠲四方逋稅漢以民間已納者多飽吏橐請已徵未解者作來年正課又言近籍沒奸黨貲數千萬請悉發以補歲入不足之數皆報可嘉靖二年以災異指斥時政尚書林俊去位復抗章爭之戶部郎中牟泰坐吏盜官帑下詔獄貶官漢言吏爲奸利在泰未任前事敗泰發之泰無罪因極言刑獄宜付法司毋委鎭撫不納大獄起法司皆下吏漢言祖宗之法不可壞權倖之漸不可長大臣不可辱妖賊不可赦遂并漢收繫除其名家居二十年卒曾孫璟萬曆中爲吏部員外郎請王恭妃封號忤旨降行人司正天啟初贈少卿王科字進卿涉縣人正德十二年進士授藍田知縣城臨且無水科導西山水入城拓而廣之遂爲望邑毀境內淫祠以其材葺學宮嘉靖四年徵爲工科給事中嘗劾兵部尚書金獻民無功總兵官趙文种勛失事及陝西織造內官擾民郭勛任奸人郭彪鄭鸞剝軍害民狀又言三司首領州縣佐貳以秩卑爲上官所輕棄率貪冒不自惜宜拔擢其廉能者而諸邊財計之職不宜處下才鹽運官廉當遷叙大獄起劾勛遂下獄削籍方諸臣之被罪也舉朝皆知其冤莫敢白踰月南京御史吳彥獨抗章請寬之上怒斥於外已而御史張祿亦以爲言忤旨切讓自是無敢言者十一年桂蕚已死張璁亦免相聶賢毛伯溫始起用張潤汪元錫李玨閔楷亦相繼收錄唯臺諫曹郎竟無一人召復者隆慶初諸人皆復職贈官錄首贈太僕少卿琦瓊俱光祿少卿漢科俱太常少卿當蕚等反福達之獄舉朝不直蕚等而以寅福達姓名錯互亦或疑之至四十五年正月四川大盜蔡伯貫就禽自言學妖術於山西李同所司檄山西捕同下獄同供爲李午之孫大禮之子世習白蓮教假稱唐裔惑衆倡亂與大獄錄姓名無異同竟伏誅暨穆宗即位御史龐尚鵬言據李同之獄福達罪益彰而當時流毒縉紳至四十餘人衣冠之禍可謂慘烈郭勛世受國恩乃黨巨盜陷朝紳職樞要者承其頤指鍛鍊周內萬一陰蓄異謀人人聽命禍可勝言哉乞追奪勛等官爵優卹馬錄諸人以作忠良之氣由是福達獄始明

程啟充字以道嘉定州人正德三年進士除三原知縣入爲御史嬖倖子弟家人濫冒軍功有至都督賜蟒玉者啟充言定制軍職授官悉準首功今倖門大啟有買功冒功寄名竄名倂功之弊權要家賄軍士金帛以易所獲之級是謂買功衝鋒斬馘者甲也而乙取之甚者殺平民以爲賊是謂冒功身不出門閭而名隸行伍是謂寄名賄求掾吏洗補文冊是謂竄名至有一人之身一日之間不出京師而東西南朔四處報功者按名累級驟至高階是謂倂功此皆壞祖宗法解將士體乞嚴爲察革帝不能用十一年正旦羣臣待漏入賀日晡禮始成及散朝已昏夜衆奔趨而出顛仆相踐踏將軍趙朗者死於禁門啟充具奏其狀請帝昧爽視朝以圖明作之治都督馬昂進妊身女弟啟充等力爭旣又極陳冗官冗兵冗費之弊乞通行革罷帝皆不省騰驤四衞軍改編各衞者奉詔撤回而各衞遺籍仍支糧糜倉儲八十七萬餘石啟充力言之冒支弊絕以憂歸世宗即位起故官即爭興獻帝皇號嘉靖元年正月郊祀方畢淸寧宮小房火啟充言災及內寢良由徇情之禮有戾天常僭逼之名深乖典則輔臣執議禮臣建明不能敵經生之邪說佞倖之諛辭動假母后以箝天下之口臣謂不正大禮不黜邪說所謂修省皆具文也況邇者旨由中出而內閣不知奸黨獄成而曲爲庇護諫臣斥逐耳目有壅蔽之虞大臣疎遠股肱有痿痺之患司禮之權重於宰相樞機之地委之宦官邇臣貪濁頻有遷除邊帥僨師不得譴斥莊田之賞賚過多潛邸之乞恩未已伏望陛下仰畏天明俯察衆聽親大臣肅庶政以回災變報聞尋出按江西得宸濠通蕭敬張銳陸完等私書欲亟去孫燧云代者湯沐梁宸可其次王守仁亦可因論敬銳等罪竝言守仁黨逆宜追奪給事中汪應軫訟守仁功言逆濠私書有詔焚毀啟充輕信被黜知縣章立梅掇拾之辭復有此奏非所以勸有功主事陸澄亦爲守仁奏辨御史向信因劾應軫與澄帝曰守仁一聞宸濠變仗義興兵戡定大難特加封爵以酬大功不必更議帝從太監梁棟請遣中官督南京織造啟充偕同官及科臣張嵩等極諫不納啟充素蹇諤張璁桂蕚惡之會郭勛庇李福達獄爲啟充所劾璁蕚因指啟充挾私謫戍邊衞十六年赦還言者交薦不復用卒隆慶初贈光祿少卿

張逵字懋登餘姚人正德十六年進士改庶吉士嘉靖元年授刑科給事中疏言陛下臨御之初國是大定今舉動漸乖弊端旋復齋醮繁興爵賞無紀政事不關於宰執者非一刑罰不行於貴近者甚多臺諫會奏而斥爲瀆擾大臣執法而責以回奏至如崔元封侯蔣輪市寵陳萬言乞賜第先朝貴戚未有若是恩倖也廖鵬緩死劉暉得官李隆復遣官勘問先朝罪人未有若是淹縱也願陛下一反目前之所爲報聞給事中劉最鄧繼曾謫官逵疏救不聽尋伏闕爭大禮下獄廷杖四年十一月上疏曰近廷臣所上封事陛下批答必曰已有旨處置是已行者不可言也曰尚議處未定是未行者不可言也二者不言則是終無可言也且今日言者已非陛下初政時比矣初年事之大者旣會疏公言之又各疏獨言之一不得行則相聚環視以不得其言爲愧近者不然會疏則刪削忌諱以避禍獨疏則毛舉纖微以塞責一不蒙譴則交相慶賀以苟免爲幸消讜直之氣長循默之風甚非朝廷福也章下所司尋進右給事中王科陳察劾郭勛帝慰留之逵與同官鄭自璧趙廷瑞言勛倚奸成橫用酷濟貪籠絡貨賚漁獵營伍爲妖賊李福達請屬爲逆黨陸完雪冤溫旨論留是旌使縱也既復言福達誑惑愚民稱兵犯順勛黨叛逆罪不容誅不聽尋以言事忤旨黜爲吳江縣丞復坐福達獄逮問謫戍遼東邊衞居十年母死不得歸哀痛而卒隆慶初贈光祿少卿

鄭一鵬字九萬莆田人正德十六年進士改庶吉士嘉靖初官至戶科左給事中一鵬性伉直居諫垣中最敢言御史曹嘉論大學士楊廷和因言內閣柄太重一鵬駁之曰太宗始立內閣簡解縉等商政事至漏下數十刻始退自陛下即位大臣宣召有幾張銳魏彬之獄獻帝追崇之議未嘗召廷和等面論所擬旨內多更定未可謂專也帝用中官崔文言建醮乾淸坤寧諸宮西天西番漢經諸廠五花宮兩暖閣東次閣莫不有之一鵬言禱祀繁興必魏彬張銳餘黨先帝已誤陛下豈容再誤臣巡視光祿見一齋醮蔬食之費爲錢萬有八千陛下忍斂民怨而不忍傷佞倖之心況今天災頻降京師道殣相望邊境戍卒日夜荷戈不得飽食而爲僧道靡費至此此臣所未解報聞東廠理刑千戶陶淳曲殺人論謫戍詔覆案改擬帶俸一鵬與御史李東等執奏幷劾刑部侍郎孟鳳帝不聽給事中鄧繼曾修撰呂柟編修鄒守益以言獲罪一鵬皆疏救宮中用度日侈數倍天順時一鵬言今歲災用詘往往借支太倉而淸寧仁壽未央諸宮每有贏積率饋遺戚里曷若留供光祿彰母后德帝命乾淸坤寧二宮暫減十之一魯迷貢獅子西牛西狗西馬及珠玉諸物一鵬引漢閉玉門關謝西域故事請敕邊臣量行賞賚遣還國勿使入京彰朝廷

不實遠物之盛德不聽尋伏闕爭大禮杖於廷侍郎胡瓚都督魯綱督師討大同叛卒列上功狀請褊頒文武大臣臺諫部曹及各邊撫按鎮監賞一鵬言桂勇誅郭鑑等在瓚未至之先徐氈兒等之誅事由朱振於瓚無與瓚欲邀功冒賞懼衆口非議乃請并敘以媚之夫自大同搆難大臣臺諫誰爲陛下畫一策者孤城窮寇尚多逋逃各邊鎮撫相去數千里安在其能犄角也請治瓚等欺罔罪賞乃不行時諸臣進言多獲譴而一鵬間得俞旨益發舒言事論楊宏不宜推寧夏總兵官席書不宜許費宏留其弟春爲修撰王憲夤緣貴近鄧璋敗事甘肅不宜舉三邊總督服闋尚書羅欽順請告祭酒魯鐸被謫修撰呂柟宜召置經筵廷臣乞省親養疾不宜槩不許諸疏皆侃侃會武定侯郭勛欲得虎賁左衞以廣其第使指揮王琬等言衞湫隘不足居吏士而民郭順者願以宅易之順勛家奴也其宅更湫隘一鵬與同官張嵩劾勛以敝宅易公署驕縱罔上昔竇憲改沁水園卒以逆誅勛謀奪朝廷武衞其惡豈止憲比部臣附勢曲從宜坐罪尚書趙璜等因自劾詔還所易勛甚銜之而一鵬復以李福達獄劾勛桂萼張璁因坐以妄奏拷掠除名九廟災言官會薦遺賢及一鵬竟不復召久之卒隆慶初復官贈光祿少卿

唐樞字惟中歸安人嘉靖五年進士授刑部主事言官以李福達獄交劾郭勛然不得獄辭要領樞上疏言李福達之獄陛下駁勘再三誠古帝王欽恤盛心而諸臣負陛下欺蔽者肆其讒諂詖者溷其說畏威者變其辭訪緝者淆其眞是以陛下惑滋甚而是非卒不能明臣竊惟陛下之疑有六謂謀反罪重不宜輕加於所疑一也謂天下人貌有相似二也謂薛良言弗可聽三也謂李玨初牒明四也謂臣下立黨傾郭勛五也謂崞洛證佐皆讐人六也臣請一一辨之福達之出也始而王良李鉞從之其意何爲繼而惠慶邵進祿等師之其傳何事李鐵漢十月下旬之約其行何求我有天分數語其情何謀太上元天垂文秘書其辭何指劫庫攻城張旗拜爵雖成於進祿等其原何自鉞伏誅於前進祿敗露於後反狀甚明故陝西之人曰可殺山西之人曰可殺京畿中無一人不曰可殺惟左右之人曰不可則臣不得而知也此不必疑一也且福達之形最易辨識或取驗於頭禿或證辨於鄉音如李二李俊李三是其族識之矣發於戚廣之妻之口是其孫識之矣始認於杜文杜是其姻識之矣質證於韓良相李景全是其友識之矣一言於高尚節王宗美是鄜州主人識之矣再言於邵繼美宗自成是洛川主人識之矣三言於石文舉等是山陝道路之人皆識之矣此不必疑二也薛良怙惡誠非善人至所言張寅之即福達即李午實有明據不得以人廢言況福達蹤跡譎密黠慧過人人咸墮其術中非良狡猾亦不能發彼陰私從來發擿告訐之事原不必出之敦良朴厚之人此不當疑三也李玨因見薛良非善人又見李福達無龍虎形硃砂字又見五臺縣張子眞戶內實有張寅父子又見崞縣左廂都無李福達李午名遂苟且定案輕縱元兇殊不知五臺自嘉靖元年黃冊始收寅父子忽從何來納粟拜官其爲素封必非一日之積前此何以隱漏崞縣在城坊既有李伏答乃於左廂都追察又以李午爲眞名求其貫址何可得也則軍籍之無考何足據也況福達既有妖術則龍虎形硃砂字安知非前此假之以惑衆後此去之以避罪亦不可盡謂薛良之誣矣此不當疑四也京師自四方來者不止一福達既改名張寅又衣冠形貌似之郭勛從而信之亦理之所有其爲妖賊餘黨亦意料所不能及在勛自有可居之過在陛下既宏議貴之恩諸臣縱有傾勛之心亦安能加之罪乎此不用疑五也鞫獄者曰誣必言所誣何因曰讐必言所讐何事若曰薛良讐也則一切證佐非讐也曰韓良相戚廣讐也則高尚節屈孔石文舉非讐也曰魏泰劉永振讐也則今布按府縣官非讐也曰山陝人讐也則京師道路之人非讐也此不用疑六也望陛下六疑盡釋明正福達之罪庶羣奸屏跡宗社幸甚疏入帝大怒斥爲民其後欽明大獄錄刪樞疏不載樞少學於湛若水深造實踐又留心經世畧九邊及越蜀滇黔險阻阨塞無不親歷躡屩茹草至老不衰隆慶初復官以年老加秩致仕會高拱憾徐階謂階恤錄先朝建言諸臣乃彰先帝之過請悉停之樞竟不錄

杜鸞字羽文陝西咸寧人正德末進士授大理評事嘉靖初伏闕爭大禮杖午門外長沙盜李鑑與父華劫村聚華誅鑑得脫後復行劫捕獲之席書時撫湖廣劾知府宋卿故入鑑帝遣大臣按之言鑑盜有狀帝命逮鑑至京書上言臣以議禮忤朝臣問官故與臣左乞敕法司會官覆於是鸞會御史蘇恩再訊無異詞疏言書以惡卿故爲鑑奏辨且以議禮爲言夫大禮之議發於聖孝書偶一言當意動援此以挾陛下壓羣僚壞亂政體莫此爲甚帝重違書意竟免鑑死戍遼東已復有張寅之獄鸞與刑部郎中司馬相御史高世魁司其牘鸞上言往者李鑑之獄陛下徇席書言誤恩廢法權倖遂以鬻獄爲常請託無忌今勛謀又成矣書曰以議禮招怨勛亦曰以議禮招怨書曰欲殺鑑以仇臣勛亦曰欲殺寅以仇臣簧鼓聖聽如出一口以陛下尊親之盛典爲奸邪掩覆之深謀將使賄賂公行亂賊接踵非聖朝福也已而桂萼等力反前獄鸞坐除名初書之欲寬李鑑也給事中管律言比言事者每借議禮爲詞或乞休或引罪或爲人辨愬於議禮本不相涉而動必援引牽附何哉蓋小人欲中傷人以非此不足激陛下怒而欲自固其寵又非此不足得陛下歡也乞誡自今言事者據事直陳毋假借以累聖德帝是其言命都察院曉示百官越二日御史李儼以世廟成請恤錄議禮獲罪諸臣且請詳察是非議禮是而行事非者不以是掩非議禮非而行事是者不以非掩是使黨與全消時靡有爭則大公之治也未幾給事中陳皐謨亦言獻皇帝追崇之禮實出陛下至情書輩乃貪爲己功互相黨援恣情喜怒作福作威若李鑑父子成案昭然書曲爲申救謂衆以議禮憾臣因陷鑑死夫議禮者朝廷之公典合與不合何至深讐縱使讐書鑑非書子弟親戚交遊也何故讐之至郭勛黨庇奸人請屬事露則又代奸人妄訴亦以議禮激衆怒爲言不至於濫恩廢法不已豈不大可異哉乞亟斥書勛而寘鑑重典窮按勛請託事使人心曉然知權奸不足恃國法不可干然後逆節潛消倖門永塞帝弗聽

葉應驄字肅卿鄞人正德十二年進士授刑部主事偕同官諫南巡杖三十嘉靖初歷郎中伏闕爭大禮再下獄廷杖給事中潮陽陳洸素無賴家居與知縣宋元翰不相能令其子杜訐元翰論戍元翰摭洸罪及帷薄事刊布之名辨寃錄洸由是不齒於清議尚書喬宇出之爲湖廣僉事洸初嘗言獻帝不可稱皇而是時張璁桂萼輩以議禮驟顯洸乃上疏言璁等議是宜急去本生之稱因詆宇及文選郎夏良勝而稱引其黨前給事中于桂閻宏史道前御史曹嘉帝即還洸等職謫良勝於外洸遂劾大學士費宏尚書金獻民趙鑑侍郎吳一鵬朱希周汪偉郎中余才劉天民員外郎薛蕙給事中鄭一鵬悉邪黨而薦廖紀等十五人俄又劾吏部尚書楊旦等帝益大喜立罷旦擢紀代之璁萼輩遂引以擊異己給事中趙漢御史朱衣等交章劾洸而御史張日韜戴金藍田又特疏論之田并劾席書且封上元翰辨寃錄都御史王時中請罷洸聽勘洸奏羣奸恨臣抗議大禮將令撫按殺臣請遣一錦衣往洸意錦衣可利誘也得旨遣應驄及錦衣千戶李經應驄與焚香誓天會御史熊蘭涂相等雜治具上洸罪狀至百七十二條除赦前及曖昧者勿論當論者十三條罪惡極宜斬妻離異子柱絞洸懼亡詣闕申訴帝持應驄奏不下尚書趙鑑副都御史張潤給事中解一貫御史鄭本公等連章執奏帝不得已始命覆覈郎中黃綰力持應驄議書萼爲居間不能得要璁共奏謂洸議禮臣爲法官所中帝入其言命免罪爲民大理卿湯沐及鑑一貫更爭之不聽未幾大禮書成并原洸妻子應驄尋遷吉安知府母喪歸六年璁萼益用事而萼方掌刑部廷臣馬錄等以劾郭勛下獄洸謂乘此故案可反也上書訐應驄等萼因訟洸寃遂逮洸應驄元翰綰而令按察使張祐等還籍候命詞連四百人九卿及錦衣衞廷訊應驄對曰某所持者王章耳必欲直洸惟諸公命刑部尚書胡世寧等心知洸罪重而懲前大獄不敢執會是日黃霧四塞獄弗竟次日又大風拔木有詔修省不用刑乃當應驄按事不實律爲民元翰綰及田等貶斥有差洸授冠帶霍韜再疏爲洸訟不能得洸益憾應驄逾數年更令人奏應驄勘獄時酷殺無辜二十六人下巡按李美覆勘美言死者皆有狀非故殺刑部尚書許讚白應驄無罪帝特謫應驄戍遼東是獄也始終八載凡攻洸與治洸獄者無不得罪逮捕至百數十人天下惡萼輩奸横益羞言議禮臣矣應驄赴戍所道經蘇州知府治具候之立解維去致餽不受十六年赦歸明堂大享禮成復冠帶應驄敦行誼好著書數更患難氣不挫黃綰息人爲刑部主事諫南巡被杖歷郎中出爲紹興知府以寬大爲治被徵時士民哭震野爭致贐綰止取二錢至京下詔獄疫死隆慶初贈太常少卿藍田即墨人爭大禮被杖張璁掌都察院考察其屬落職歸

解一貫字曾唯交城人正德十六年進士除工科給事中陳講學修德親賢孝親任相遠奸用諫謹令戒欲恤民十事世宗嘉納之嘉靖元年偕御史出覈牧馬草場太監閻洪等奏遣中官一人與俱一貫言不可乃已還朝劾太監谷大用李璽奪產殃民罪帝宥之而內臣勛戚所據莊田率歸之民帝爲后父陳萬言營第極壯麗一貫力請裁節復助楊廷和爭織造皆不納歷刑科左右給事中雲南巡按郭楠以建言廣東按察使張祐副使孫懋以辱官校皆逮治御史方啟顏以杖死宦官家

人落職元城知縣張好古以拘責戚畹家族鐫級一貫皆論救忤旨停俸尋進吏科都給事中教授王价錄事錢子勛以考察罷假議禮希復用一貫等言如此將壞祖宗百年制事竟寢張璁桂萼日擊費宏不已一貫偕同官言宏立朝行事律以古大臣固不能無議但入仕至今未聞有大過至璁萼平生奸險特以議禮一事偶合聖心超擢以來憑恃寵靈淩轢朝士與宏積怨已久欲奪其位而居之陛下以累疏俱付所司而於其終乃曰爾等宜各修乃職蓋所以陰折其奸謀者至矣二三臣不體至意或專攻宏或兼攻璁萼不知能去宏不能去璁萼也君子難進易退小人則不然宏恤人言顧廉恥猶可望以君子璁萼則小人之尤何所忌憚苟其計得行則奸邪氣勢愈增善類中傷無已天下事將大有可慮者時鄭洛書張錄皆論三人事而一貫言尤切詔下之所司璁萼等銜不已竟謫開州判官以卒鄭洛書字啟範莆田人弱冠登進士授上海知縣有善政嘉靖四年召拜御史張璁桂萼以陳九川事訐費宏洛書與同官鄭氣言九川事人謂璁萼與謀固已得罪公論而宏取與之際亦未明夫朝廷有紀綱大臣重進退宏璁萼皆不可不去宏不去則有持祿保位之誚璁萼不去亦冒蹊田奪牛之嫌詔責洛書妄言帝賜尚書趙鑑席書詩翰洛書言陛下眷禮大臣此虞廷賡歌之風也願推此心以念舊如致仕大臣劉健謝遷林俊孫交等特降宸章存訪時政則聖德益宏又推此心以赦過如還謫豐熙劉濟余寬王元正等特垂仁恩量與牽復則聖度益廣報聞李福達獄起帝將親鞫之洛書曰陛下操獨斷之威使法官盡得罪雖有張釋之于定國不獲抗辨於人主之前何以使刑罰中帝怒將罪之楊一清力解而止尋出視南畿學政道聞喪歸十二年京察事竣更命科道官互糾洛書被劾落職給事中饒秀爲御史所劾無所泄憤復劾洛書及王重賢等九人貪汚闒茸重賢等皆降黜時論駭之洛書家居再踰歲卒年三十九子開往依上海上海人治田百畝贍之歲一至收其入以歸張錄字宗制城武人正德六年進士授太常博士擢御史嘉靖初伏闕爭大禮下獄廷杖出按畿輔劾宣府諸將失事皆伏辜西域魯迷貢獅子西牛方物言所貢玉石計費二萬三千餘金往來且七年邀中國重賞錄言明王不貴異物今二獅日各飼一羊是歲用七百餘羊也牛食芻菽今乃食果餌則食人之食矣願返其獻歸其人薄其賞以阻希望心帝不能用張璁擢兵部侍郎錄與諸御史爭之不聽璁與桂萼屢攻費宏錄言今水旱相仍變異迭出正臣工修省時諸人爲國股肱相傾排若此欲弭災變不亦難乎乞並黜三人以回天譴帝爲戒諭璁萼後璁以侍郎總臺事修前憾言錄不諳憲體遂罷歸家居二十年卒

陸粲字子餘長洲人少謁同里王鏊鏊異之曰此子必以文名天下嘉靖五年成進士選庶吉士七試皆第一張璁桂萼盡出庶吉士爲部曹縣令粲以才獨得工科給事中勁挺敢言疏言我朝太祖至宣宗大臣造膝陳謀不啻家人父子自英宗幼沖大臣爲權宜計常朝奏事先日擬旨其餘政事具疏封進沿襲至今今陛下鋭意圖治願每日朝罷退御便殿延見大臣侍從臺諫輪日奏對撫按藩臬廷辭入謝召訪便宜復妙選博聞有道之士更番入直講論經史如仁宗弘文閣故事則上下情通而天下事畢陳於前矣帝不能用既言資格獨重進士致貢舉無上進階州縣教職過輕王官終身禁錮皆宜變通因陳久任使慎考察汰冗官諸事而終之以復制科倣唐宋法數歲一舉以待異才高者儲之禁近其次分賓諸曹先有官者遞進庶人才畢出野無遺賢尋偕御史郗元洪清覈馬房錢穀抗疏折御馬太監閻洪宿弊爲清與同官劉希簡爭張福達獄帝怒俱下詔獄杖三十釋還職事具熊浹傳張璁桂萼並居政府專擅朝事給事中孫應奎王準發其私帝猶溫旨慰諭粲不勝憤上疏曰璁萼兇險之資乖僻之學曩自小臣贊大禮拔置近侍不三四年位至宰弼恩隆寵異振古未聞乃敢罔上逞私專權招賄擅作威福報復恩仇璁狠愎自用執拗多私萼外若寬迂中實深刻忮忍之毒一發於心如蝮蛇猛獸犯者必死臣請姑舉數端言之萼受尚書王瓊賂遺鉅萬連章力薦璁從中主之遂得起用昌化伯邵杰本邵氏養子萼納重賄竟使奴隸小人濫襲伯爵萼所厚醫官李夢鶴假託進書夤緣受職居室相鄰中開便戶往來常與萼家人吳從周等居間又引鄉人周時望爲選郎交通鬻爵時望既去胡森代之森與主事楊麟王激又輔臣鄉里親戚也銓司要地盡布私人典選僅踰年引用鄉故不可悉數如致仕尚書劉麟其中表親也侍郎嚴嵩其子之師也僉都御史李如圭由按察使一轉徑入內臺南京太僕少卿夏尚朴由知府期月遂得清卿禮部員外張敔假曆律而結知御史戴金承風搏擊甘心鷹犬皆萼姻黨相與朋比爲奸者也禮部尚書李時柔和善逢猾狡多智南京禮部尚書黃綰曲學阿世虛談眩人論德彭澤夤緣改秩躐玷清華皆陰厚於璁而陽附於萼者也璁等威權既盛黨與復多天下畏惡莫敢訟言不亟去之兇人之性不移將來必爲社稷患帝大感悟立下詔暴璁萼罪狀罷其相而以粲不早發下之吏既而詹事霍韜力詆粲謂楊一清嗾之希簡言璁萼去位由聖斷且使犬謂之嗾韜以言官比之犬侮朝廷而帝竟納韜言召璁還奪一清官下希簡詔獄釋還職謫粲貴州都鎮驛丞稍遷永新知縣前後獲盜數百人姦猾屏跡久之以念母乞歸論薦者三十餘疏皆報罷霍韜亦薦粲粲曰天下事大壞憸人手尚欲以餘波汚我耶母歿毀甚未終喪而卒劉希簡字以順漢州人進士除行人爲工科給事中甫五月兩以直言得罪聲大振久之謫縣丞終鞏昌知府王準字子推世籍秦府儀衛司準以進士授知縣爲禮科給事中巡視京營劾郭勛專恣罪明年劾璁萼引私人璁萼罷準亦下吏謫富民典史稍遷知縣都御史汪鋐希璁指以考察罷之

邵經邦字仲德仁和人正德十六年進士授工部主事榷荊州稅甫三月稅額滿遂啓關任商舟往來進員外郎嘉靖八年冬十月日有食之經邦時官刑部上疏曰茲者正陽之月有日食之異質諸小雅十月之篇變異懸符說詩者謂陰壯之甚由不用善人而其咎專歸皇父然則今之調和燮理者得無有皇父其人乎邇陛下納陸粲言命張璁桂萼致仕尋以璁議禮有功復召輔政人言籍籍陛下莫之恤也乃天變若此安可勿畏夫議禮與臨政不同議禮貴當臨政貴公正皇考之徽稱以明父子之倫禮之當也雖排衆論任獨見而不以爲偏若夫用人行政則當辨別忠邪審量才力與天下之人共用之乃爲公耳今陛下以璁議禮有功不察其人不揆其才而加之大任似私議禮之臣也私議禮之臣是不以所議者爲公禮也夫禮唯至公乃可萬世不易設近於私則固可守也亦可變也陛下果以尊親之典爲至當而欲子孫世世守之乎則莫若於諸臣之進退一付諸至公優其賚予全其終始以答其議禮之功而博求海內碩德重望之賢以弼成正大光明之業則人心定天道順俾萬年之後廟號世宗子孫百世不遷顧不偉歟如徒加以非分之任使之履盈蹈滿犯天人之怒亦非璁等福也帝大怒立下鎮撫司拷訊獄上請送法司擬罪帝曰此非常犯不必下法司遂謫戍福建鎮海衛十六年皇子生大赦惟經邦與豐熙等八人不在赦例經邦之戍所閉戶讀書與熙及同戍陳九川時相討論居鎮海三十七年卒閩人立寓賢祠祀三人隆慶初復官

劉世揚字實甫閩人正德十二年進士改庶吉士除刑科給事中世宗卽位議加興獻帝皇號世揚疏諫都察院牒司禮監攝中官吳善良帝手批原牒付刑科以善良付司禮世揚言祖宗制凡降詔旨必書於題奏疏揭或登聞鼓狀乃發六科宣於諸曹或國有大事上命先發諸曹必補牘於次日早朝進之無竟批文牘者今旨從中出褻天語更舊制不可帝不聽已列先朝直臣舒芬馬汝驥王思汪應軫張原等二十人請加恩以旌忠直諸臣各進秩一等嘗因災異世揚請倣古人几杖箴銘之義取聖賢格言書殿廡帝納之歷吏科左給事中進都給事中與同官李仁劾詹事顧鼎臣汙佞且言今日詹事卽他日輔臣帝怒詰詹事進輔臣出何典例世揚等引罪帝怒不解予杖下詔獄既乃得釋帝以久旱躬禱世揚言在獄繫囚及建言謫戍諸臣怨咨之氣上干天和請悉疏釋帝不能用張璁桂萼被劾罷帝責諫官不言世揚等乃盡劾璁萼黨尚書王瓊而下數十人章下吏部而尚書方獻夫亦璁萼黨也但去編修金璐御史邀鉞太僕丞姚奎郎中劉汝輗員外郎張敔郭憲待詔葉幼學儲良才八人而已未幾復偕同官趙漢等陳修省八事中言大學士石瑤貞介歿未易名尚書李鐩國之盜臣身後遺金得諡給事中鄭一鵬坐論楊一清再杖削職一清敗一鵬宜復官世揚發璁萼黨見憾於璁一鵬又嘗忤璁萼會璁已再相而瑤實前賜諡璁因激帝怒謂給事言皆妄乃謫世揚江西布政司照磨停漢等俸然鐩諡亦由此奪世揚屢遷河南提學僉事告歸卒趙漢字鴻逵平湖人正德六年進士授建昌推官擢南京戶科給事中改兵科嘉靖初尚書林俊以執奏獄四李鳳陽被旨詰責漢因言太監崔文亂政巧逞奸欺不特庇一李鳳陽而已工部尚書趙璜發文家人罪文輒捕其謀者痛杖幾死曰此杖寄與趙尚書其無狀至此望急譴逐毋爲新政累不聽已哭爭大禮繫詔獄廷杖歷吏科左給事中以疾去起故官遷工科都給事中疏言內閣桂萼翟鑾稱病三月未嘗以曠職懇辭張璁久專政權亦未聞引賢共濟乞諭鑾萼亟去簡用兩京大臣及家居耆舊以分璁任上摘其寫字誥之諭璁毋避趣赴閣璁因言漢忠謀宜令備列堪內閣者帝卽令漢舉所欲用漢惶恐言臣欲璁引賢無私主帝怒

責漢對不以實趣以名上漢益懼言輔臣簡命出自朝廷非小臣所敢預帝乃宥之奪俸一月尋出爲陝西右參政告歸久之以故官起山西不數月復致仕子伊廣西副使年四十卽以養父歸屢徵不起

魏良弼字師說新建人嘉靖二年進士授松陽知縣召拜刑科給事中採木侍郎黃衷事竣歸家乞致仕未許緝事者奏衷潛入京師帝怒奪衷職良弼言衷大臣入都豈能隱乞正言者欺罔罪不報張璁桂萼初罷相詔察其黨給事中劉世揚等議及良弼以吏部言得留尋命巡視京營劾罷提督五軍營保定侯梁永福太僕卿曾直罪武定侯郭勛家奴論團營兵政之弊又請發銀米振京師饑直聲大著會南京御史馬敭等以劾吏部尚書王瓊被逮良弼請釋之帝怒并下詔獄論贖還職仍奪俸一年三遷至禮科都給事中十一年八月彗星見東井芒長丈餘良弼引占書言彗星晨見東方君臣爭明彗孛出井奸臣在側大學士張孚敬專橫竊威福致奸星示異亟宜罷黜孚敬奏良弼挾私帝已疑孚敬兩疏皆報聞給事中秦鰲疏再入孚敬竟罷去踰月良弼復偕同官劾吏部尚書汪鋐帝方向鋐奪良弼俸鋐孚敬俱恨良弼明年元日副都御史王應鵬坐事下詔獄良弼言履端之始不宜以微過繫大臣帝怒再下詔獄獄卒訶曰公又來耶爲垂涕尋復職奪俸時孚敬復起柄政與鋐修前郤以考察後命科道官互糾又奏上十一人又不及良弼孚敬益怒擬旨切責令吏部再考鋐乃別糾二十六人而良弼及秦鰲葉洪皆前劾孚敬鋐者中外大駭良弼竟坐不謹削籍隆慶初詔起廢籍以年老卽家拜太常少卿致仕卒天啓初追謚忠簡葉洪字子源德州人嘉靖八年進士授戶科給事中十一年肇舉祈穀禮於圜丘帝不親祀洪疏諫帝責洪妄言尋巡視京營進工科右給事中汪鋐遷吏部尚書洪極論其奸忤旨奪俸明年考察鋐修怨遂坐洪浮躁貶寧國縣丞居二年復以大計奪其職言者屢訟冤不復用秦鰲字子元崑山人嘉靖五年進士授行人擢兵科給事中劾魏國公徐鵬舉中官賴義不法狀義罷還彗星見劾張孚敬妬賢病國擬議詔旨輒引以自歸帝遂罷孚敬已孚敬再相汪鋐承風指以考察謫鰲東陽縣丞屢遷福建右參議卒官又有張寅者太倉人嘉靖初進士歷南京御史嘗劾禮部侍郎黃綰十罪比張孚敬罷政寅言其憸邪蠹政不可悉數請追所賜封誥銀章之屬明正其辟并劾左都御史汪鋐陰賊邪媚帝怒謫高唐判官屢遷南京文選郎中會簡宮僚改春坊右司直兼翰林院檢討未幾被劾罷

贊曰書曰非佞折獄惟良折獄罔非在中又曰明啓刑書胥占咸庶中正言折獄之不可不得其中也張寅李鑑罪狀昭然中於郭勛席書之說廷臣獲罪而寅還職鑑宥死陳洸罪至百七十二條竟得免死而猶上書訟冤凡攻洸之惡與治洸之獄者逮捕至百數十人皆由議禮觸衆怒一言有以深入帝隱甚矣佞人之可畏也夫反成案似於明出死罪似於仁而不知其借端報復刑罰失中佞良之辨可弗審歟

明史卷二百七　列傳第九十五

總裁官總理事務經筵講官少保兼太子太保保和殿大學士兼管吏部戶部尚書事加六級張廷玉等奉

敕修

鄧繼曾　劉最　朱淛　馬明衡　陳逅　林應驄

楊言　劉安

薛侃　喻希禮　石金　楊名　黃直

郭弘化　劉世龍　徐申　羅虞臣

張選　黃正色　包節　弟孝

謝廷蒞　王與齡　周鈇

楊思忠　樊深　凌儒　王時舉　方新

鄧繼曾字士魯資縣人正德十二年進士授行人世宗卽位之四月以久雨疏言明詔雖頒而廢閣大半大獄已定而遲留尚多擬旨間出於中人奸諛漸倖於左右禮有所不遵孝有所偏重納諫如流施行則寡是陛下修己親賢之誠漸不如始故天降霪雨以示警戒伏願出令必信斷獄不留事惟咨於輔臣寵勿啓於近習割恩以定禮稽古以崇孝則一念轉移可以銷天災答天戒矣未幾擢兵科給事中疏陳杜漸保終四事一定君心之主宰以杜蠱惑之漸二均兩宮之孝養以杜嫌隙之漸三一政令以杜欺蔽之漸四清傳奉以杜假託之漸尋言興府從駕官不宜濫授帝納之嘉靖改元帝欲尊所生爲帝后會掖庭火廷臣多言咎在大禮繼曾亦言去年五月日精門災今月二日長安榜廊災及今郊祀日內廷小房又災天有五行火實主禮人有五事火實主言名不正則言不順言不順則禮不興今歲未期而災者三廢禮失言之效也提督三千營廣寧伯劉佶久病繼曾論罷之宣大關陝廣西數有警中原盜竊發繼曾陳戰守方畧及儲將練兵足食之計多議行三年帝漸疏大臣政率內決繼曾抗章曰比來中旨大戾王言事不考經文不會理悅邪說之諂媚則賜敕褒俞惡師保之抗言則漸將放黜臣目覩出涕口誦吞聲夫祖宗以來凡有批荅必付內閣擬進者非止慮獨見之或偏亦防矯僞者之假託也正德之世蓋極弊矣尚未有如今日之可駭可歎者左右羣小目不知書身未經事乘隙招權弄筆取寵故言出無稽一至於此陛下不與大臣共政而倚信羣小臣恐大器之不安也疏入帝震怒下詔獄掠治謫金壇縣丞給事中張逵韓楷鄭一鵬御史林有孚馬明衡季本皆論救不報累遷至徽州知府卒帝初踐阼言路大開進言者或過於切直帝亦優容之自劉最及繼曾得罪後厭薄言官廢黜相繼納諫之風微矣最字振廷崇仁人繼曾同年進士由慈利知縣入爲禮科給事中世宗議定策功大行封拜最疏止之尋請帝勤聖學於宮中日誦大學衍義勿令左右近習誘以匪僻嘉靖二年中官崔文以禱祠事誘帝最極言其非且奏文耗帑金狀而帝從文言命最自覈侵耗數最言帑銀屬內府雖計臣不得稽嬴縮文乃欲假難行事逃己罪制言官疏入忤旨出爲廣德州判官言官論救不納已而東廠太監芮景賢奏最在途仍故銜乘巨舫取夫役巡鹽御史黃國用復遣牌送之帝怒逮二人下詔獄最充軍邵武國用謫極邊雜職法司及言官救之責以黨比最居戍所久之赦還家居二十餘年卒

朱淛字必東莆田人舉鄉試第一嘉靖二年成進士明年春與同縣馬明衡並授御史甫閱月會昭聖皇太后生辰有旨免命婦朝賀淛言皇太后親挈神器以授陛下母子至情天日照鑒若傳免朝賀何以慰親心而隆孝治明衡亦言暫免朝賀在恒時則可在議禮紛更之時則不可且前者興國太后令節朝賀如儀今相去不過數旬而彼此情文互異詔旨一出臣民駭疑萬一因禮儀末節稍成嫌隙俾陛下貽議天下匪細故也時帝亟欲尊所生而羣臣必欲帝母昭聖相持未決二人疏入帝恚且怒立捕至內廷責以離間宮闈歸過於上下詔獄拷訊侍郎何孟春御史蕭一中論救皆不聽御史陳逅季本員外郎林應驄繼諫帝愈怒幷下詔獄遠謫之帝必欲殺二人變色謂閣臣蔣冕曰此曹誣朕不孝罪當死冕膝行頓首請曰陛下方興堯舜之治奈何有殺諫臣名良久色稍解欲戍之冕又固請繼以泣乃杖八十除名爲民兩人遂廢廷臣多論薦不復召淛爲人長者不欺人或爲人欺亦不校與明衡皆貧淛尤甚鄉里利病必與有司言雖忤弗顧家居三十餘年卒明衡字子萃父思聰死宸濠難自有傳明衡登正德十二年進士授太常博士甫爲御史卽與淛同得罪閩中學者率以蔡清爲宗至明衡獨受業於王守仁閩中有王氏學自明衡始陳逅字良會常熟人正德六年進士除福清知縣入爲御史以救兩人謫合浦主簿累官河南副使帝幸承天坐供具不辦下獄爲民林應驄亦莆田人明衡同年進士授戶部主事嘉靖初尚書孫交覈各官莊田帝以其數稍參差有旨詰狀應驄言部疏臣司檢視卽有誤當罪臣尚書總領部事安能偏閱今旬日間戶工二部尚書相繼令對狀非尊賢優老之意疏入奪俸以救淛等謫徐聞縣丞代其長朝覲疏陳時事多議行

楊言字惟仁鄞人正德十六年進士授行人嘉靖四年擢禮科給事中閱數日卽上言邇者仁壽宮災諭羣臣修省臣以爲責在公卿而不在陛下罪在諫官而不在聖躬朝廷設六科所以舉正欺蔽也今吏科失職致陛下賢否混淆進退失當大臣蔣冕林俊輩去矣小臣王相張漢卿輩皆得禍矣而張璁桂萼始由捷徑以竊清秩終怙威勢以賊良善戶科失職致陛下儉德不聞而張崙輩請索無厭崔和輩敢亂舊章禮科失職致陛下享祀未格於神而廟社無栟幪之庇兵科失職致陛下綱紀廢弛而錦衣多冒濫之官山海攘抽分之利匠役增收而不禁奏帶踰額而不裁刑科失職致陛下用罰不中元惡如藍華輩得寬籍沒之法諍臣如郭楠輩反施杻械之刑工科失職致陛下興作不常局官陸宣輩支俸踰於常制內監陳林輩抽解及於蕪湖凡此皆時弊之急且大而足以拂天意者願陛下勤修庶政而罷臣等以警有位庶可以格天心弭災變帝以浮謗責之奸人何淵請建世室言與廷臣爭不聽言復抗章曰祖宗身有天下大宗也君也獻皇帝舊爲藩王小宗也臣也以臣竝君亂天下大分以小宗竝大宗干天下正統獻帝雖有盛德非若周文武創王業也欲襲世室名弇矣如以獻帝爲自出之帝是前無祖宗以獻帝爲禰而宗之是後無孝武二帝陛下前既罪醫士劉惠之言今乃納淵之說前既俞禮卿席書之議今乃咈書之言臣不知其何謂也楊一清召入內閣言請留之三邊特旨拜張璁兵部侍郎言以璁貪佞險躁且新進未更國家事請罷璁幷劾吏部尚書廖紀引匪人同官解一貫等亦諫皆不納有投匿名書御道者言請卽燒之報可六年錦衣百戶王邦奇借哈密事請誅楊廷和彭澤等下部議未覆而邦奇復誣大學士費宏石珤陰庇廷和詞

連廷和子主事惇等將興大獄言抗疏曰先帝晏駕江彬手握邊軍四萬圖爲不軌廷和密謀行誅俄頃事定迎立聖主此社稷之勲也縱使有罪猶當十世宥之今旣以奸人言罷其官戍其長子矣乃又聽邦奇之誣而盡逮其鄉里親戚誣爲蜀黨何意聖明之朝忽有此事至宏珤乃天子師保之官百僚之表也邦奇心懷怨望文飾奸言詆辱大臣熒惑聖聽若窮治不已株連益多臣竊爲國家大體惜也書奏帝震怒幷收繫言親鞫於午門羣臣悉集言備極五毒折其一指卒無撓詞旣罷下五府九卿議鎮遠侯顧仕隆等覆奏邦奇言皆虛妄帝責仕隆等徇情然獄亦因是解謫言宿州判官御史程啓充請還言舊任不聽稍遷溧陽知縣歷南京吏部郎中坐事再謫知彝陵累官湖廣參議言爲吏多著聲績溧陽彝陵皆祠祀之

劉安字汝勉慈谿人嘉靖五年進士授南京工部主事改河南道御史入臺甫一月上疏曰人君貴明不貴察察非明也人君以察爲明天下始多事矣陛下臨御八年而治理未臻識者謂陛下之治功損於明察夫治可以緩圖不可以急取可以休養致不可以督責成以急切之心行督責之政於是躬親有司之事指摘臣下之失令出而復返方信而忽疑大小臣工救過不暇多有不安其位者孰能爲陛下建長久之策以圖平治哉且朝廷者四方之極也內之君臣習尚如此則外而撫按守令之官風從響應上以苛察繩下以苛察應恐民窮爲起盜之源食寡無強兵之理今明天子綜核於上百執事振刷於下叢蠹之弊十去其九所少者元氣耳伏望大包荒之量重根本之圖畧繁文而先急務簡細故而弘遠猷不以一人之毀譽爲喜怒不以一言之順逆爲行止久任老成優容言官則君臣上下一德一心人人各安其位事事各盡其才雍熙太和之治不難見矣帝閱疏大怒逮赴錦衣衛拷訊兵科給事中胡堯時救之幷逮治獄具謫堯時攸縣主簿安餘干典史築決堤數十丈人稱劉公堤再遷長沙同知擢鳳陽知府治行卓異賜正三品服以憂歸卒

薛侃字尚謙揭陽人性至孝正德十二年成進士卽以侍養歸師王守仁於贛州歸語兄助敎俊俊大喜率羣子姪宗鎧等往學焉自是王氏學盛行於嶺南世宗立侃授行人母訃聞絕五日始食粥嘉靖七年起故官聞守仁卒偕歐陽德輩爲位朝夕哭時方議文廟祀典侃請祀陸九淵陳獻章九淵得報允已進司正十年秋疏言祖宗分封子弟必留一人京師司香有事居守或代行祭饗列聖相承莫之或改至正德初逆瑾懷貳始令就封乞稽舊典擇親藩賢者居京師愼選正人輔導以待他日皇嗣之生此宗社大計帝方祈嗣諱言之震怒立下獄廷鞫究交通主使者南海彭澤爲吏部郎無行因議禮附張孚敬遂與爲腹心後京察被黜孚敬奏留之復引爲諭德至太常卿侃以疏草示澤澤與侃及少詹事夏言同年生而言是時數忤孚敬澤默計儲副事觸帝諱必興大獄誣言同謀可禍也紿侃稾示孚敬因報侃曰張公甚稱善此國家大事當從中贊之與爲期趣之上孚敬乃先錄侃稾以進謂出於言請勿先發以待疏至帝許之侃猶豫澤頻趣之乃上拷掠備至侃獨自承累日獄不具澤挑使引言侃瞋目曰疏我自具趣我上者爾也爾謂張少傅許助之言何豫給事中孫應奎曹汴揖孚敬避孚敬怒應奎等疏聞詔竝下言應奎汴詔獄命郭勛翟鑾及司禮中官會廷臣再鞫具得其實帝乃釋言等出孚敬密疏二示廷臣斥其枝罔令致仕侃爲民澤戍大同澤在朝專爲邪媚及敗天下快之侃至潞河遇聖壽節焚香叩祝甚謹或報參政項喬曰小舟中有民服而祝聖者喬曰必薛中離也跡之果然中離者侃自號也歸家益力學從游者百餘人隆慶初復官贈御史俊子宗鎧自有傳侃歸數月御史喻希禮石金皆以言皇嗣得罪希禮言陛下祈嗣禮成瑞雪遂降臣以爲招和致祥不盡於此往者大赦今歲免刑臣民盡沾澤獨議禮議獄得罪諸臣遠戍邊徼乞量移近地或特賜赦免則和氣薰蒸前星自耀帝大怒曰謂朕罪諸臣致遲嗣續耶所司參議以聞議未上金亦言陛下一日萬幾經理勞瘁何若中涵太虛物來順應凡人才之用舍政事之敷施始以九卿之詳度繼以內閣之咨謀其弗協於中者付諸臺諫之公論陛下恭默凝神挈其綱領使精神內蘊根本充固則百斯男之慶自不期而至王守仁首平逆藩繼靖巨寇乃因疑謗泯其前勞大禮大獄諸臣久膺流竄困鬱旣久物故已多望錄守仁功寬諸臣罪則太和之氣塞宇宙間矣帝不悅曰金欲朕勿御萬幾卽古奸臣導其君不親政之意其幷察奏尙書夏言等言二人無他賜帝益怒下二人詔獄而責言等陳狀伏罪乃宥之二人竟謫戍邊衞久之赦還卒隆慶初俱贈光祿少卿喻希禮麻城人石金黃梅人巡按廣西與姚鏌不協後與守仁共撫盧蘇王受還臺値張桂用事御史儲良才輩爭附之金獨侃侃不阿以是有名

楊名字實卿遂寧人童子時督學王廷相奇其語補弟子員嘉靖七年鄉試第一明年以第三人及第授編修聞大母喪請急歸還朝爲展書官十一年十月彗星見名應詔上書言帝喜怒失中用舍不當語切直帝銜之而答旨稱其納忠令無隱名乃復言吏部諸曹之首尙書百官之表而汪鋐小人之尤也武定侯郭勛奸回險譎太常卿陳道瀛金贇仁粗鄙酣淫數人者羣情皆曰不當用而陛下用之是聖心之偏於喜也諸臣建言觸忤者心實可原大學士李時以愛惜人才爲請卽荷嘉納而吏部不爲題覆臣所謂虛文塞責者豈盡無哉夫此得罪諸臣羣情以爲當宥而陛下不終宥是聖心之偏於怒也眞人邵元節猥以末術過蒙采聽嘗令設醮內府且命左右大臣奔走供事遂致不肖之徒有昏夜乞哀出其門者書之史冊後世其將謂何凡此聖心之少有所偏者故臣敢抒其狂愚疏入帝震怒卽執下詔獄拷訊鋐疏辨謂名乃楊廷和鄉人頃張孚敬去位廷和黨輒思報復故攻及臣臣爲上簡用誠欲一振擧朝廷之法而議者輒病臣操切且內閣大臣率務和同植黨固位故名敢欺肆至此帝深入其言益怒命所司窮詰主使名數瀕於死無所承言曾以疏草示同年生程文德乃幷文德下獄侍郞黃宗明侯補判官黃直救之先後皆下獄法司再擬名罪皆不當上指特詔謫名戍編伍瞿塘衞明年釋還屢薦終不復召家居二十餘年奉親孝親歿與弟台廬於墓免喪疾作卒黃直字以方金谿人受業於王守仁嘉靖二年會試主司發策極詆守仁之學直與同門歐陽德不阿主司意編修馬汝驥奇之兩人遂中式直旣成進士卽疏陳隆聖治保聖躬敦聖孝明聖鑒勤聖學務聖道六事除漳州推官以漳俗尙鬼盡廢境內淫祠易其材以葺橋梁公廨御史誣以罪送吏部降用行至中途疏請早定儲貳帝怒遣緹騎逮問無何得釋貶沔陽判官嘗署崇陽縣事有惠政外艱歸三年不御酒肉服闋赴部適名宗明下獄直抗疏言九經之首曰修身其中曰敬大臣體羣臣今楊名以直言賓詔獄非所以體羣臣黃宗明以論救與同罪非所以敬大臣二者未盡天下後世疑陛下修身之道亦有所未盡矣帝大怒幷下詔獄拷掠命發極邊編戍雷州衞赦還貧甚妻紡織以給朝夕直讀書談道自如久之卒隆慶初贈光祿少卿

郭弘化字子弼安福人嘉靖二年進士除江陵知縣徵授御史十一年冬彗星見弘化言按天文志井居東方其宿爲木今者彗出於井則土木繁興所致也臣聞四川湖廣貴州江西浙江山西及眞定諸府之採木者勞苦萬狀應天蘇松常鎭五府方有造甎之役民間耗費不貲窰戶逃亡過半而廣東以採珠之故激民爲盜至攻劫會城皆足戾天和干星變請悉停罷則彗滅而前星耀矣戶部尙書許讚等請聽弘化言帝怒曰採珠故事也朕未有嗣以是故耶責讚等附和黜弘化爲民久之言官會薦報寢卒於家穆宗立贈光祿少卿

劉世龍字元卿慈谿人正德十六年進士授太倉知州改國子助教遷南京兵部主事嘉靖十三年南京太廟災世龍應詔陳三事一杜諂諛以正風俗天下風俗之不正由於人心之壞人心之壞患得患失使然也今天下刻薄相尙變詐相高諂媚相師阿比相倚仕者日壞於上學者日壞於下彼倡此和靡然成風惟陛下赫然矯正勿以詭隨阿比者爲賢勿以正直骨鯁者爲不肖勿以私好有所賞勿以私惡有所罰虛心以防邪佞謙受以來忠讜更敕大小臣工協恭圖治無權勢相軋朋黨相傾則風俗正矣二廣容納以開言路陛下臨御之初犯顏敢諫之臣比先朝爲盛所言或傷於激切而放逐旣久悔悟日深當宥其旣往以次錄用死者則恤之仍令大小臣工直言時政以作忠義之氣三愼擧動以存大體立國者在敬大臣不遺故舊蓋任之旣重則禮之宜優今或忽然去之忽然召之甚至嬰三木被箠楚何以勵臣節哉臣愚以爲陛下歷試之餘其人果無足取則宜以禮使退如素行無缺偶以一時喜怒輒從而顚倒之陛下固付之無心而天下有以窺陛下也至如張延齡憑寵爲非法難容假側聞長老之言孝宗時待之過厚遂釀今日之禍顧區區腐鼠何足深惜獨念孝廟在天之靈太皇太后垂老之景乃至不能自庇其骨肉於情忍乎恐陛下孝養兩宮亦不能不爲一動心也頃創造神御閣啓祥宮特令大臣督理其事臣以爲南京太廟方被災工役之急當無過此今興作頻年四方凋敝正時絀擧贏之會亦宜量酌緩急而爲之以漸此皆應天以實之道也疏入帝震怒謂世龍訕上庇逆械繫至京下詔獄拷掠獄具復廷杖八十斥爲民張延齡者昭聖太后弟也帝必欲殺之故世龍重得罪後二年又以大猾劉東山訐告盡斥諸刑曹郞羅虞臣徐申等猶以延齡故也世龍家居五十年自養親一肉外蔬食終身卒之日族人爲治衣冠葬之徐申字周翰崑山人

嘉靖初由鄉舉除蘄水知縣改知上饒徵授刑部主事延齡之繫獄也申奏記尚書聶賢唐龍言太后春秋高延齡旦暮斃何以慰太后心宜援議貴議親例請於帝賢等深然之獄久不決始延齡下獄提牢主事沈椿不令入獄置別所繼者益寬假之脫梏桎通家人出入會大猾劉東山亦繫獄上告延齡有不軌謀並前主事羅虞臣笞己因訐及椿等帝震怒命執先後提牢主事三十七人付詔獄搒掠申與焉獄具當輸贖還職帝命杖之廷盡謫外任而斥虞臣爲民虞臣廣東順德人歷吏部主事好剛疾惡既歸結廬山中讀書纂述年僅三十五卒申旣謫官不赴歸與同里魏校方鳳輩優游歗咏爲樂久之卒曾孫應聘字伯衡少有才名萬曆十一年進士改庶吉士授檢討二十一年京察中蜚語當謫拂衣歸座主沈一貫當國數招之不出家居十餘年始起行人司副遷尚寶司丞再遷太僕少卿卒官

張選字舜舉黃正色字士尚皆無錫人同登嘉靖八年進士正色除仁和知縣選知蕭山縣又隣境也選治蕭山有聲十二年冬先入爲戶科給事中明年四月時享太廟遣武定侯郭勛代選上言宗廟之祭惟誠與敬孔子曰吾不與祭如不祭傳曰神不歆非類孟春廟享遣官暫攝中外臣心知非得已茲孟夏祫享倘更不親行則迹涉怠玩如或聖體初復未任趨蹌宜明詔禮官先期告廟陛下亦宜靜處齋宮以通神貺帝閱疏大怒下之禮部尚書夏言等言代祭之文載之周官語曰子之所慎齋戰疾疾當慎無異於祭選言非是但小臣無知惟陛下曲赦帝愈怒責言等黨比命執選闕下杖八十帝出御文華殿聽之每一人行杖畢輒以數報杖折者三曳出已死帝怒猶未釋是夕不入大內遶殿走製祭祀記一篇一夕鋟成明旦分賜百官而選出家人投良劑得甦帝竟削選籍選居職甫三月遽以言得罪名震海內正色是時方憂居已補香山旋改南海座主霍韜宗人橫甚正色繩以法韜顧以爲賢豪強屏跡縣中大理十七年召爲南京御史劾兵部尚書張瓚奸貪事甚有跡而中有歷官藩臬無一善狀語瓚言已未任藩臬帝以誣劾奪俸兩月明年章聖太后梓宮南葬命正色護視事竣劾中官鮑忠駙馬都尉崔元禮部尚書溫仁和所過納饋遺帝召詰忠等皆叩頭祈哀因譖正色擅於梓宮前乘馬執扇及江行涉險又不隨舟督護大不敬帝遂發怒立捕下詔獄搒掠遣戍遼東正色與選初同志相友善至是先後以直節顯正色居戍所三十年其顛躓窮困視選尤甚穆宗初起選通政參議以年老予致仕召正色爲大理丞進少卿尋遷南京太僕卿亦引年致仕選先卒正色後數年卒

包節字元達先世嘉興人其父始遷華亭節祖鼎池州知府爲治清簡早歲乞休爲鄉邑所重節生五歲而孤母躬教育之登嘉靖十一年進士授東昌推官入爲御史劾兵部尚書張瓚貪穢出按雲南時仕者以荒徼憚不欲往因設告就遠方之法節言此曹志甘投荒非年迫衰遲則家貧急祿志在爲己豈在恤民滇中長吏所以多不得人也請自今以附近選人充之而州縣佐貳始用此曹庶吏治可舉吏部請以節言概行於雲貴兩廣制可以疾歸起故官再按湖廣顯陵守備中官廖斌擅威福節欲繩之語先洩斌倂節謁陵時故獻膳羞遽使撤去詭稱節麾出之鍾祥民王憲告斌黨庇奸豪周章等節捕章斃之杖下斌益怒遂奏節不以正旦謁陵次日始謁時當進膳不旁立褻慢大不敬奏已入節始奏斌前事帝大怒以節抵罪逮詣詔獄搒掠永戍莊浪衞莊浪極邊敗屋頹垣節處之甚安獨念其母自傷不克終養日飲泣母訃至晝夜哭已又聞弟孝卒撫膺曰誰代吾奉祀者哭益悲病死遺言以哀絰殮孝字元愛後節三年成進士由中書舍人爲南京御史疏論禮部尚書溫仁和主辛丑會試有奸弊且劾庶子童承敘贊善郭希顏編修袁煒帝皆不問未幾又劾巡撫孫襘吳瀚瀚罷去孝兄弟分居南北臺並著風采又皆有至情節官北不得養母孝遂以侍養歸母亡哀毀骨立未終喪卒節亦繼殞時並稱其孝

謝廷䔲字子佩富順人嘉靖十一年進士除新喻知縣徵授吏科給事中御史胡鰲言京師優倡雜處請敕五城諸非隸敎坊兩院者斥去之都御史王廷相等議可帝惡鰲言褻謫鹽城丞奪廷相等俸廷䔲救之被詔切責雷震謹身殿疏陳修省數事語直帝摘疏中訛字停其俸十八年偕同官曾烶李逢周玧諫帝南巡忤旨已給事中戴嘉猷馳疏請回鑾而車駕已發帝大怒甫還即執嘉猷并廷䔲等下詔獄謫廷䔲雲南典史屢遷浙江僉事以侍養歸遂不出隆慶元年起故官山西俄擢河南右參議皆不拜吏部高其行請得以新秩歸老許之萬曆改元四川巡撫曾省吾奏言廷䔲隱居三十年家徒四壁樂道著書宜特加京秩風勵士林詔即加進太僕少卿又數年卒

王與齡字受甫寧鄉人嘉靖八年進士授蘇州推官入爲戶部主事調吏部進員外郎二十一年遷文選郎中澄清銓敘所推薦皆廉靜老成大學士翟鑾爲禮部主事張惟一求吏部嚴嵩爲監生錢可教求東陽知縣俱書抵與齡與齡偕員外郎吳伯亨主事李大魁周鈇白之尚書許讚具疏以聞言平時請屬甚多臣等違抗積罪如山非聖明覆庇則二權奸主於中羣鷹犬和於外臣等不爲前選郎王嘉賓之斥得爲近日御史謝瑜之罷幸矣疏入鑾言惟一賫望應遷嵩抵無致書事請逮可教訊治因言聖明日覽奏章革弊釐奸悉宸斷而讚等妄意臣輩爲之借以修怨然讚柔艮第受制所屬耳帝方信嵩又見疏中引嘉賓瑜事遂發怒切責讚除與齡名伯亨等俱調外給事中周怡論之廷杖繫獄御史徐宗魯等亦以爲言皆奪俸自是諸司以與齡爲戒無復敢與嵩抗與齡旣罷錦衣遣使偵其裝襆被外無長物稱歎而去里居角巾躬稼圃翛然自得郡人爲作平陽四賢詩美之四賢者尚書韓文陶琰張潤及與齡也越二十餘年卒周鈇字汝威楡次人嘉靖五年進士授行人擢御史巡按陝西被俘民自塞外逃歸者邊將殺以冒功鈇請下詔嚴禁有報降五人以上者賞之詔可再按山東特改右春坊清紀郎兼翰林院侍書俺答將入寇總督侍郎翟鵬以聞鈇以中樞無籌策請早爲計帝以爲浮詞亂政責降廬州府知事旋改國子監丞擢吏部文選主事坐與齡發嵩等私屬事貶河間通判已而吏部擬擢南京吏部主事嵩言鈇調官甫四月不得驟遷帝怒詰責尚書許讚等令錄左降官遷擢者姓名讚引罪并列陳叔頤等十六人以聞詔奪讚等俸鐫文選郎鄭曉三級鈇叔頤等褫職爲民廷臣論薦鈇以嵩在位不復召穆宗初贈光祿少卿

楊思忠字孝夫平定人嘉靖二十年進士歷禮科給事中二十九年孝烈皇后大祥欲預祧仁宗祔后太廟下廷議尚書徐階以爲非禮思忠力贊階議餘人莫敢言帝使人覘知狀及議上嚴旨譙責命階與思忠更定二入復據禮對帝益怒竟祧仁宗階故得帝眷獨銜思忠每當遷輒報罷逾三年正旦日食陰雲不見六科合疏賀帝摘疏中語詰爲不成文曰思忠懷欺不臣久矣杖百斥爲民餘皆奪俸隆慶元年起掌吏科三遷右僉都御史巡撫陝西五年改南京戶部右侍郎致仕卒世宗晚年進言者多得重譴二十九年俺答薄都城通政使樊深陳禦寇七事中言仇鸞養寇要功帝方眷鸞立斥爲民四十二年正月御史淩儒請重貪墨之罰革虛冒之兵搜遺佚之士因薦羅洪先陸樹聲吳嶽吳悌帝惡其市恩杖六十除名四十五年十月御史王時舉劾刑部尚書黃光昇言內官季永以訴事犯乘輿本無死比乃擬眞犯奸人王相私閹良民者三本無生法乃擬矜疑宜勒令致仕帝怒命編氓口外踰月御史方新上言黃河與北狄之患自古有之乃今豐沛間陸地爲渠而輿都有陵寢之憂鳳陽有冰雹之厄河南有饑饉之災堯之洚水不烈於此矣諸邊將惰卒驕寇至輒巽愞觀望而寧武有軍士之變南贛有土兵之叛徽州諸府有礦徒竊發之虞舜之三苗不棘於此矣夫洚水三苗不足爲累者以堯舜兢業於上而禹臯諸臣分憂於下也今司論納者日獻禎祥而疆場之臣惟冒首功隱喪敗爲國分憂者誰也斥罰之法今不得不嚴而陛下亦宜隨事自責痛加修省然後災變可息而外患可弭也疏入斥爲民深大同人儒泰州人時舉順天通州人新青陽人穆宗嗣位並復官深尋遷刑部右侍郎齊康之劾徐階也深劾康并詆高拱時登極詔書赦死罪以下四而流徙已至配者所司拘律令不遣深言殊死猶赦而此反不及非所以廣皇仁詔從其議旋進左侍郎罷歸儒旣復御史益發舒亦以康事率同列劾拱拱罷又劾去大學士郭朴頃之劾罷撫治鄖陽都御史劉秉仁又以永平失事劾總督劉燾巡撫耿隨卿總兵官李世忠罪隨卿世忠被逮燾貶官隆慶二年儒再遷右僉都御史理山西屯鹽吏部追論其知永豐時貪墨遂落職閒住時舉復官後巡按貴州聞給事中石星廷杖且帝方廣市珠寶馳疏救星極陳奢靡之害已請陳后還中宮章並報聞萬曆初都給事中雒遵御史景嵩韓必顯論譚綸被謫時舉抗章救之歷大理左少卿新終湖廣參議

贊曰賈山有言忠臣之事君也言切直則不用而身危然切直之言明主之所亟欲聞忠臣之所蒙死而竭知也鄧繼曾諸人箴主闕指時弊言切直矣而杖斥隨之伊尹曰有言逆于汝心必求諸道有旨哉有旨哉

明史卷二百八　列傳第九十六

總裁官總理事務經筵講官少保兼太子太保保和殿大學士兼管吏部尚書事加六級張廷玉等奉
敕修

張芹　汪應軫
蕭鳴鳳 高公韶　齊之鸞
袁宗儒　許相卿
顧濟 子章志　章僑
余珊 汪珊　韋商臣
黎貫 王汝梅　彭汝實
鄭自壁　戚賢
劉繪 子黃裳　錢薇
洪垣 方瓘 呂懷　周思兼
顏鯨

張芹字文林峽江人弘治十五年進士授福州推官正德中召爲南京御史寧夏既平大學士李東陽亦進官廕子芹抗疏曰東陽謹厚有餘正直不足儒雅足重節義無聞逆瑾亂政東陽爲顧命大臣既不能遏之於始及惡跡既彰又不能力與之抗脂韋順從惟其指使今叛賊底平東陽何力冒功受賞何以服人心乞立賜罷斥奪其加恩爲大臣事君不忠者戒疏出東陽涕泣不能辯帝責芹沽名令對狀芹請罪停俸三月給事中竇明言事下獄芹疏救之帝嘗馳馬傷編修王思切諫坐遠戍芹曰彼非諫官尚爾吾儕可坐視乎遂上疏曰孟子言從獸無厭謂之荒老聃曰馳騁田獵使人心發狂心狂志荒何事不忘皆甚言無益有害也今輕萬乘之尊乘危冒險萬一有不可諱皇嗣未誕如宗廟社稷何帝不省尋出爲徽州知府寧王宸濠反言者以芹家江西慮賊劫其親屬取道出徽乃改知杭州已復還徽州嘉靖初遷浙江海道副使歷右參政右布政使坐爲海道時倭人爭貢誤傷居民罷歸芹事繼母孝持身儉素臬袍糲食終其身

汪應軫字子宿浙江山陰人少有志操正德十二年成進士選庶吉士十四年詔將南巡應軫抗言自下詔以來臣民旁皇莫有固志臨清以南率棄業罷市逃竄山谷苟不即收成命恐變生不測昔谷永諫漢成帝謂陛下厭高美之尊號好匹夫之卑字數離深宮挺身晨夜與羣小相逐典門戶奉宿衛者執干戈而守空宮其言切中於今夫谷永諂諛之臣成帝庸闇之主永言而成帝容之豈以陛下聖明不能俯納直諫哉疏入留中繼復偕修撰舒芬等連章以請跪闕門受杖幾斃教習竣擬授給事中有旨補外遂出爲泗州知州土瘠民惰不知農桑應軫勸之耕買桑植之募江南女工教以蠶繅織作由是民足衣食帝方南征中使驛騷道路應軫率壯夫百餘人列水次舟至即挽之出境車駕駐南京命州進美婦善歌吹者數十人應軫言州子女荒陋無以應敕旨臣向募有桑婦請納之宮中傳受蠶事事遂寢世宗踐阼召爲戶科給事中山東礦盜起掠東昌兗州流入畿輔河南境應軫奏言弭盜與禦寇不同禦寇之法驅之境外而已若弭盜而縱使出境是嫁禍於鄰國也凡一方有警不行撲滅致延蔓他境者俱宜重論報可在科歲餘所上凡三十餘疏咸切時弊以便養乞改南遂調南京戶科張璁桂萼在南部方議追尊獻皇帝雅知應軫名欲倚以自助應軫與議不合即奏請遵禮經崇正統以安人心不報嘉靖三年春出爲江西僉事居二年具疏引疾不俟命而歸爲巡按所劾詔所司逮問應軫自陳親老鮮兄弟乞休侍養吏部爲之請乃免逮久之廷臣交薦起故官視江西學政父艱歸病卒

蕭鳴鳳字子雝浙江山陰人少從王守仁遊舉鄉試第一正德九年成進士授御史副使胡世寧下獄抗章救之同官內江高公韶劾王瓊誤邊計言松潘副將吳坤請增設總兵於成都瓊即以坤任之花當本我屬衛日憑陵由本兵非人致小醜輕中國瓊怒奏訐公韶中旨責公韶陰結外蕃交通間諜令首實鳴鳳上疏曰公韶劾瓊所論者天下之事瓊不當逞忿恣辯以箝諫官口中旨責鳴鳳黨庇而謫公韶富民典史鳴鳳又劾江彬侍寵恣肆蔓將難圖士論壯之尋巡視山海諸關武宗將出塞捕虎鳴鳳疏諫因具陳官司掊尅軍民疾苦狀不報引疾歸起督南畿學政諸生以比前御史陳選曰陳泰山蕭北斗嘉靖初遷河南副使仍督學政考察拾遺被劾吏部惜其學行調爲湖廣兵備副使明年復改督廣東學政鳴鳳三督學政廉無私然性剛很以憤撻肇慶知府鄭璋璋愬投劾去由是物論大譁八年考察南京言官交章論坐降調已與璋相訐皆下巡按御史逮治鳴鳳遂不出公韶正德中爲御史嘗劾總兵官郭勛罪朶顏花當入寇又劾總兵官遂安伯陳鏸中官王欣巡撫王倬鏸坐解職世宗立起謫籍歷右副都御史巡撫江西終戶部右侍郎

齊之鸞字瑞卿桐城人正德六年進士改庶吉士授刑科給事中十一年冬帝將置肆於京城西偏之鸞上言近聞有花酒鋪之設或云車駕將臨幸或云朝廷收其息陛下貴爲天子富有四海乃至競錐刀之利如倡優館舍乎應州奏捷帝降敕總督軍務威武大將軍總兵官朱壽勘寇有功宜特加公爵制下舉朝大駭之鸞偕諸給事中上言自古天子亦有親臨戰陣勘定禍亂者成功之後不過南面受賀勒之金石播之歌頌已耳未有加爵酬勞如今日之顛倒者不知陛下何所取義爲此不祥之舉以駭天下耳目貽百世之議笑也未幾請召還編修王思給事中張原陳鼎御史周廣高公韶李熙徐文華李穩施儒劉寓生僉事韓邦奇評事羅僑皆不聽帝將巡邊復自稱威武大將軍御史袁宗儒疏諫大學士楊廷和蔣冕毛紀以去就爭之鸞偕同官言三臣居師保之重身係安危遁者先後稱疾今六飛臨邊踰月矣宗廟社稷百官萬姓寄空城中人心危疑幾務叢積復杜門求決去萬一事起倉卒至於僨敗三臣將何辭謝天下乞陛下以社稷爲重亟返宸居與大臣共圖治理已而御史李潤等復爭之卒不省之鸞再遷兵科左給事中中官馬永成死詔授其家九十餘人官之鸞言永成貴顯用事十有餘年兄弟子姪皆高爵美官而其儕復爲陳乞將及百人永成何功恩濫如此恐天下聞而解體也帝將南巡之鸞偕同官及御史楊秉中等交章力諫章入二日未報之鸞等不知所出伏闕俟命自辰至申帝令中官傳諭乃退明日託疾免朝欲以爲之鸞等罪會諸曹郎黃鞏等聯章力諫乃止不行然鞏等下獄杖譴之鸞輩亦不敢救也宸濠反張忠許泰等南征命之鸞偕左給事中祝續從軍紀功未至賊已滅羣小忌王守仁譖毀百端之鸞力白其誣忠泰廣搜逆黨株引無辜之鸞多所開釋且請蠲田租停力役寬逋負帝頗採納初冒徐姓至是始復焉世宗踐阼首上疏言祖宗法制悉紛更於羣小補救之道在先定聖志大廣言路先朝元凶雖去根據盤互連蔓滋多猶恐巧相營結或邀定策之賞或假迎扈之勞以取憐固寵天下事豈堪若輩更壞言者久遏於權奸欲吐忠鯁瀝憤之氣必有不顧忌諱至於逆耳者在嘉納而優容之若稍或抑裁則小人又乘之以讐忠直言路一塞不可復開大爲新政累矣陛下誠舉遺年亂政盡返其初中興之烈可以立覩帝嘉納之又劾許泰及兵部尚書王憲二人竟獲譴其秋大計京官被中傷謫崇德丞屢遷寧夏僉事饑民採蓬子爲食之鸞取二封一進於帝一以貽閣臣且言時事可憂者三可惜者四語極切帝付之所司時方大修邊牆之鸞董役巡撫胡東皐稱其能舉以自代歷河南山東副使召爲順天府丞未行盜發留鎮撫尋擢河南按察使卒官

袁宗儒字醇夫雄縣人正德三年進士授御史十二年冬帝在大同以郊祀將回鑾既而復止宗儒率同官力諫明年夏孝貞純皇后將葬帝還京宗儒等復引災異力請罷皇店遣邊兵既又諫帝巡邊語極危切皆不報擢大理寺丞嘉靖三年爭大禮廷杖歷官右僉都御史巡撫貴州吏部尚書桂萼議宗儒改調遂解職歸未幾起鄖陽改山東坐屬吏振饑無術不能覺察罷免以薦起左副都御史扈蹕承天還京卒

許相卿字伯台海寧人正德十二年進士世宗立授兵科給事中宦官張銳張忠有罪論死帝復寬之給事中顧濟疏爭帝下所司議卒欲寬其死相卿言天下望陛下爲孝皇陛下奈何自處以正德帝議加興獻帝皇號相卿復爭之嘉靖二年詔廕中官張欽義子李賢爲錦衣世襲指揮相卿言于謙子冕止錦衣千戶王守仁子正憲止錦衣百戶賢中官厮養反過之忠勛大臣裔冑不若近倖奴殉國勤事之臣誰不解體部臣彭澤科臣許復禮安磐相繼言之悉拒不納毋乃重內侍而輕士大夫哉尋復言天下政權出於一則治二三則亂公卿大夫參議則治匪人僭干則亂陛下纘統之初登用老成嘉納忠讜裁抑僥倖竄殛憸邪可謂明且剛矣曾未再期偏聽私昵秕政亟行明少蔽剛少遜操權未得其術而陰伺旁竊者得居中制之如崔文以左道罔上師保臺諫言之而不聽羅洪載守職逮繫廷臣疏七十上而不行近又庇崔文奴奪法司之守斥林俊以違旨怒言官之奏擾事涉中人曲降溫旨犯法不罪請乞必從此與正德朝何異哉俊國之望也其去志決矣俊去類俊者必不留陛下將與二三近習私人共理天下乎今日天下與先朝異武宗時勢已阽危然元氣猶壯調劑適宜可以立起何也承孝宗之澤也今日病雖稍蘇而元氣已竭調劑無方將至不起何也承武宗之亂也伏願深察亂機收還政柄取文輩置之重典然後務學親賢去讒遠色延訪忠言深恤民隱務使宮府一體上下一心而後天下可爲也同官趙漢等亦皆以文爲言帝卒不聽未幾以給事中李學曾章僑主事林應驄皆言事奪俸復上疏諫指帝氣驕志怠甘蹈過愆詞甚切爲給事三年所言皆不聽遂謝病歸八年詔養病三年以上不赴都者悉落職閒住相卿遂廢夏言故與同僚相善既秉政招之謝弗應

顧濟字舟卿崑山人正德十二年進士授行人擢刑科給事中武帝自南都還臥病豹房惟江彬等侍濟言陛下孤寄於外兩宮隔絕骨肉日疎所恃以爲安者果何人哉漢高帝臥病數日樊噲排闥警以趙高之事今羣臣中豈無噲憂者願陛下愼擇廷臣更番入直起居動息咸使與聞一切淫巧戲劇傷生敗德之事悉行屏絕則保養有道聖躬自安不報再踰月而帝崩世宗即位之月濟上疏曰陛下踐阼除弊納諫臣民踴躍思見德化之成然立法非難守法爲難聽諫非難樂諫爲難今新政所釐多不便於奸豪權倖臣恐盤據既深玩縱未已非依怙宮闈必請託左右持法不固則此輩將叢聚而壞之此守法之難也唐太宗貞觀初每導羣臣使言及至晚年諫者乃多忤旨陛下首闢言路臣工靡不因事納忠高遠者似涉於迂闊切直者或過於犯顏若怒其犯顏其言必不入視爲迂濶則計必不行此樂諫之難也尋復言內臣張雄張銳等詿誤先帝業已逮治又獲寬假願斷以大義俾無所售奸帝頗嘉納既又劾司禮蕭敬黨庇銳等而三法司會訊依違無大臣節不聽帝欲加興獻帝皇號濟言不可尋請侍養歸越數年卒子章志嘉靖三十二年進士累官南京兵部侍郎奏減進奉馬快船額南都人祀之

章僑字處仁蘭谿人正德十二年進士授行人嘉靖元年擢禮科給事中疏劾中官蕭敬芮景賢等又言三代以下正學莫如朱熹近有聰明才智倡異學以號召天下好高務名者靡然宗之取陸九淵之簡便詆朱熹爲支離乞行天下痛爲禁革御史梁世驃亦言之帝爲下詔申禁尋又請依祖宗故事早朝班退許百官以次啟事經筵日講賜清問密勿大臣勤召對又簡儒臣十數人更番直便殿以備咨訪上納其言而不能用奸人何淵請立世室於太廟東北僑力言其不可未幾又言添設織造內臣貪橫殊甚行戶至廢產鬻子以償惟急停革與天下更始疏入不省又因條列營務劾定國公徐光祚陽武侯薛倫不職倫遂解任尋請斥張璁霍韜等不聽孝陵司香谷大用乞還京治疾僑言大用初連逆瑾後引寧彬樹八黨之凶釀十六年之禍至先帝不得正其終若不早遏絕恐乘間伺隙羣兇競起不至復亂天下不止章下所司吳廷舉請召家居大臣議禮僑劾其陰附邪說孟秋時享太廟帝遣京山侯崔元僑言奉命臨時倉皇就位誠敬何存帝怒奪其俸二月歷禮科左給事中出知衢州府終福建布政使

余珊字德輝桐城人正德三年進士授行人擢御史庶吉士許成名等罷教習留翰林者十七人珊以爲濫疏論之語侵內閣不納乾清宮災疏陳弊政極指義子西僧之謬巡鹽長蘆發中官奸利事爲所誣械繫詔獄謫安陸判官移知澧州世宗立擢江西僉事討平梅花峒賊遷四川副使備兵威茂嘉靖四年二月應詔陳十漸其畧曰陛下有堯舜湯武之資而無稷契伊周之佐致時事漸不克終者有十正德間逆瑾專權假子亂政不知紀綱爲何物幸陛下起而振之未幾而事樂因循政多苟簡名實乖謬宮府異同紛拏泄沓以爲在朝廷而不在朝廷以爲在宮省而不在宮省遂至天子以其心爲心百官萬民亦各以其心爲心此紀綱之頹其漸一也正德間士大夫寡廉鮮恥趨附權門幸陛下起而作之乃今則前日之去者復來來者不去自夫浮沉一世之人擢掌銓衡首取軟美脂韋重富貴薄名檢者列之有位致諛佞成風廉恥道薄甚者侯伯專糾彈罷吏議禮樂市門復開賈販仍舊此風俗之壞其漸二也正德間國柄下移王靈不振是以有安化南昌之變賴陛下起而整肅之乃塞上戍卒近益驕恣囊殺許巡撫而姑息項遂殺張巡撫而效尤囊縛賈參將以立威近又縛桂總兵而報怨致榆關妖賊效之而戕主事北邊庫吏倣之而賊縣官陛下或鄙儒姑息之談率俗吏權宜之計遂使廟堂號令出於一二戍卒之口此國勢之衰其漸三也自逆瑾以來以苞苴易將帥故邊防盡壞賴陛下起而申嚴之然積弊已久未能驟復今朶顏竊躅於遼海羌戎跳梁於西川北狄蹂躪於沙漠寇勢方張而食肉之徒不能早見預料亟求制馭之方乃假鎮靜之虛名掩無能之實跡甚且詐飾捷功濫邀賞賚虛張勞伐峻取官階而塞上多事日甚此外裔之强其漸四也自逆瑾以來盡天下之脂膏輸入權貴之室是以有劉趙藍鄢之亂賴陛下起而保護之乃近年以來黃紙蠲放白紙催徵額外之斂下及雞豚織造之需自爲商賈江淮母子相食兗豫盜賊橫行川陝湖貴疲於供餉田野嗷嗷無樂生之心此邦本之搖其漸五也正德朝衣冠蒙禍家國幾空幸陛下起而收錄之乃未幾而狂瞽之言一鳴輒斥昔猶謫遷外任今或編配遐荒昔猶禁錮終身今至箠死殿陛蓋自呂柟鄒守益等去而殿閣空顧清汪俊等去而部寺空張原胡瓚等死而言路空間有一二忠直士又爲權奸排擠而遠之俾不通致陛下耳瞶目眩忽不自知其在鮑魚之肆矣此人才之彫其漸六也正德朝奸邪迭進忠諫不聞幸陛下起而開通之顧閱時未久而此風復見降心未懲其憤逆耳或動諸顏不勦說而折人以言卽臆度而虞人以詐朝進一封暮投千里甚至三木囊頭九泉含泣此言路之塞其漸七也正德朝忠賢排斥天下幾危賴陛下起而主持之豈期一轉瞬間憸邪投隙而起飾六藝以文奸言假周官而奪漢政堅白異同模棱兩可是蓋大奸似忠大詐似信王莽匿情於下士之日安石垢面於入相之初雖有聖哲誰其辨之臣恐正不敵邪羣陰日盛此邪正之淆其漸八也正德之世大臣日疎小人日親致政事乖亂賴陛下紹統堂廉復親乃自大禮議起凡偶失聖意者譴謫之鞭笞之流竄之必一網盡焉而後已由是小人窺伺巧發奇中以投主好以弋功名陛下既用先入爲主順之無不合逆之無不怒由是大臣顧望小臣畏懼上下乖戾寖成睽孤而泰交之風息矣此君臣之睽其漸九也正德之世天鳴地震物怪人妖曾無虛歲賴陛下紹統災異始除乃頃歲以來雨雹殺禽獸雷風拔樹屋婦人產子兩頭無極畫晦如夜四方旱潦奏報不絕曾何異正德之季乎且京師陰霾之氣上薄太陽白晝冥冥罕有暉采尤爲可畏此災異之臻其漸十也此十者天子有一無以保四海陛下聖明何以致此無乃輔弼召之歟竊見今日之爲輔弼第一人者徒以奸佞倖食恬恩致上激天變下召民災中失物望臣逆知其非天下之第一流而陛下乃任信之不至於魚爛不已願亟去其人更求才兼文武如前大學士楊一清老成厚重如今大學士石瑤者並置左右庶弊政可除天下可治臣又聞獻皇帝好賢下士容物恕人天下所共知也今議禮諸臣一言未合輒以悖逆加之謫配死徙朝宁爲空此豈獻皇帝意苟非其意雖尊以天下無當也陛下何不起而用之使駿奔清廟以慰獻皇帝在天之靈哉疏反覆萬四千言最爲剴切帝付之所司其所斥輔弼第一人謂費宏也珊律己清嚴居官有威惠外艱歸士民祠之名宦後副使胡東皐謁祠獨顧珊嘆曰此吾師也服闋以故官涖廣東終四川按察使先是有御史汪珊者於嘉靖元年七月疏陳十漸畧言陛下初即位天下忻然望治邇來漸不如初初每事獨斷今戚里左右或潛移陰奪初每事咨訪大臣今禮貌雖隆而實意日疎初罷諸不經淫祠今稍稍議復初屏絕玩好今教坊諸司或以新聲巧伎進初日覽奏章今或置不省輒令左右可否初釐革冗食冗費今騰驤勇士不行覈實御馬實數不得稽察初裁革錦衣冒濫今大臣近侍以迎立授世廕舊邸旗校盡補親軍初中官有罪懲以成法今犯者多貸死舉朝爭不得初中官有過不復任用今鎮守守備營求易置倖門復啟初納諫如流今政事不便者言官論奏直日有旨訑訑拒人帝頗納其說未幾出爲河南副使歷官至南京戶部右侍郎珊字德聲貴池人正德六年進士巡撫貴州時討都勻叛苗有功

韋商臣字希尹長興人嘉靖二年進士授大理評事明年冬商臣以大禮初定廷臣下吏貶謫者無虛日乃上疏曰臣所居官以平獄爲職乃自授任以來竊見羣臣以議禮忤旨者左遷則吏部侍郎何孟春一人謫戍則學士豐熙等八人杖斃則編修王思等十七人以咈中使逮問則副使劉秉鑑布政馬卿知府羅玉查仲道等十人以失儀就繫則御史葉奇主事蔡乾等五人以京朝官爲所屬訐奏下獄則少卿樂護御史任洛等四人此皆不平之甚上干天象下駭衆心臣竊以爲皆所當宥況比者水旱疫癘星隕地震山崩泉湧風雹蝗蝻之害殆徧天下有識莫不寒心及今平反庶獄復戍者之官錄死者之後釋逮繫者之四正告訐者之罪亦弭災禳患之一道也帝責以沽名賣直謫清江丞量移德安推官遷河南僉事討平永寧巨寇以功受賞伊王虐殺其妃商臣論如律嘗治里居給事中杜桐殺人罪桐構之吏部尚書汪鋐甫遷四川參議遂以考察落職歸言官薛宗鎧戚賢戴銑輩交章救不納家居數十年卒

黎貫字一卿從化人正德十二年進士改庶吉士授御史刷卷福建劾鎮守內官尚春侵官帑狀悉追還之世宗入繼貫請復起居注之制命詞臣編類章奏備纂述從之登極詔書禁四方貢獻後鎮守中貴貢如故貫上言陛下明詔甫頒而諸內臣曲說營私希恩固寵其假朝命以徵取者謂之額而自挾以獻者謂之額外罔虐百姓致朝廷之澤壅而不流非所以昭大信彰君德也嘉靖二年帝從玉田伯蔣輪請於承天立興獻帝家廟以輪子榮奉祀貫言陛下信一諛臣之說委祀事於外戚神不歆非類獻帝必將吐之不聽尋疏言國初夏秋二稅麥四百七十一萬而今損九萬米二千四百七十三萬而今損二百五十萬以歲入則日減以歲出則日增乞敕所司通稽祖宗以來賦額及今日經費之數列籍上聞知賦入有限則費用不容不節帝嘉納焉出按江西父喪歸久之起故官會帝從張孚敬議去孔子王

號改稱先師並損籩豆佾舞之數編修徐階以諫謫御製改正祀典說頒示廷臣而孚敬復爲祀典或問以希合帝意議已定貫率同官合疏爭之帝震怒曰貫等謂朕已尊皇考爲皇帝孔子豈反不可稱王奸逆甚矣其悉下法司按治於是都御史汪鋐言比者言官論事每挾衆以凌人曰此天下公議也不知倡之者止一人請究倡議之人明正其罪帝然之已而刑部尚書許讚等上其獄當贖杖還職帝特命褫貫爲民久之卒於家方貫等上疏時禮科都給事中華陽王汝梅亦率同官抗論且曰陛下萬幾之餘留神典禮甚盛舉也但恐生事之臣望風紛起今日獻一議謂某制當革明日進一說謂某制當復國家自此多事矣況祖宗成法守之百六十年縱使少不如古循而行之亦未爲過何必紛紛事更易乎帝覽奏斥其違旨以祀典說示之汝梅字濟元由行人歷禮科都給事中八年二月以災異求言汝梅言比來章奏多逢迎請分別忠佞毋信諛言大臣奏事近多留中請悉付之公論人主之學詞命非所重今一事之行動煩宸翰亦少褻矣宜倣祖宗故事時御平臺召見宰執面決大議既省筆札之勞且絕壅蔽之害疏入忤旨及夏言請分祀天地汝梅復偕同官力爭尋出爲浙江參政卒官

彭汝實字子充嘉定州人正德十六年進士授南京吏科給事中嘉靖三年疏言九江盜起殺傷官軍操江伍文定不卽議勘應城伯孫鉞擁兵不出俱宜切責帝並從之呂柟鄒守益下獄汝實抗章救又因災異上言邇者黃風黑霧春旱冬雷地震泉竭揚沙雨土加以羣小盛長盜賊公行萬民失業木異草妖時時見告天變於上地變於下人物變於中而修省之詔無過具文廷陛之間忠邪未辨以逢迎爲合禮以守正爲沽直長鯨巨鰐決網自如腴田甲第橫賜無已陛下春秋已逾志學而經筵進講畧無問難黃閣票擬依常批答棄燕閒於女寵委腹心於貂璫二廖諸張尚然緩死李隆蘇晉竟得無他如此而望天意回人心感不可得矣大學士費宏以子坐事被論不出禮部侍郎溫仁和以慶王台浤事聽勘汝實言宜聽二臣避位以明進退之義因薦石珤羅欽順顧清蔣冕可代宏李廷相崔銑湛若水何瑭許誥可代仁和章下所司奸人王邦奇之訐楊廷和彭澤也汝實言邦奇先後兩疏始爲惶駭之語終雜鄙褻之辭中所引事多顚倒淆惑至謂費宏石珤夜入楊一淸門今不聞召問一淸一淸又久不爲白何也陛下卽位之初廷和裁省冗員數萬坐此叢怒罷去今其長子業以狂愚發遣亦可已矣而羣小蓄忿蔓連不已并其次子及壻又復下獄夫誣告之律視其所誣輕重反坐此國法也願追究主使之人與告人同罪毋令苟免貽議外蕃不聽汝實數言時政缺失又嘗力爭大禮爲璁萼等所惡以親老再疏請改近地敎職而舉貢士高任說王表自代章下吏部承璁萼指言汝實倡言鼓衆撓亂大禮且與御史方鳳程啓充朋黨通賄自知考察不容乃欲辭尊居卑不當聽其倖免遂奪職閒住與啓充及徐文華安磐皆同里時稱嘉定四諫

鄭自璧字采東祥符人隸籍京師正德十二年進士改庶吉士除工科給事中世宗踐阼中外競言時政自璧請采有關化理者類輯成書以備觀覽從之初正德中奄人多奪民業爲莊田至是因民訴遣使往勘自璧復備言其弊帝命勘者嚴治民患稍除嘉靖二年后父陳萬言辭黃華坊賜第請西安門外新宅詔予之自璧以所請宅已鬻之民不當奪與安磐力爭不聽明年爭大禮受杖三遷至兵科都給事中中官李能以修墩堡爲詞請定山海關稅額中官張忠尚書金獻民等論甘肅功廕子錦衣其下參隨皆進秩鎭守江西中官黎鑑參隨踰常額中官武忠從子英冒功擢副千戶錦衣官裁革者多賫緣復職而司禮監奏收已汰諸匠近五百人孝陵淨軍于喜擅赴京奏辨安邊伯許泰戍死其子請襲祖職中官扶安黃英先後死官其親屬自璧皆抗疏爭帝多不聽嘗偕同官劾郭勛奸貪及李福達事起復劾勛交結妖人帝以勛故降旨責自璧六年三月宣府失事復劾總兵傅鐸并及鎭守中官王玳巡撫周金副將時陳等罪鐸逮問陳褫冠帶而玳金責立功贖罪禮部侍郎桂萼請起王瓊於邊自璧率同官與御史譚纘等言瓊罪宜追治萼引奸邪請并論不納自璧最敢言所言皆權倖直聲震朝野側目者共爲蜚語聞於上吏部以資推太僕少卿不用至是科道共劾中旨降二級調外任遂謫江陰縣丞命下大臣幸其去無救者後廷臣屢論薦竟不召

戚賢字秀夫全椒人嘉靖五年進士授歸安知縣縣有蕭總管廟報賽無虛日會久旱賢禱不驗沉木偶於河居數日舟過其地木偶躍入舟舟中人皆驚賢徐笑曰是特未焚耳趣焚之潛令健隸入岸傍社誡之曰水中人出械以來已果獲數人蓋奸民募善泅者爲之也知府萬雲鵬操下急賢數忤之當上計有毀雲鵬者將被黜賢走吏部白其枉雲鵬竟得免而尚書桂萼獨心異賢喪去起知唐縣召爲吏科給事中十四年春當大計外吏大計罷者例永不用而是時言事諸臣忤柄臣意率假計典錮之賢乃先事言所黜有未當者宜聽言官論救帝稱善從其請會參議王存章商臣言事忤要人前給事中葉洪劾汪鋐被謫果在黜中賢方勘事陝西給事中薛宗鎧因據賢疏伸救吏部持不可帝遂命已之及賢還朝以鋐恣橫實張孚敬庇之乃條其罪狀曰輔臣孚敬布腹心以操吏部之權懸利害以箝言官之口卽如考察一事陛下曲聽臣言許其申雪正防大臣行私也今言官爲洪等辯救孚敬乃曲庇冢臣巧言阻遏陛下有堯舜知人之明輔臣負伯鯀方命之罪放流之典具在惟陛下以威斷之帝內嘉賢言而重違孚敬鋐意洪等竟不復再以喪去補刑科都給事中夏言柄國會當選庶吉士不能無所徇賢疏陳請屬之弊帝納其言久之劾郭勛吞噬徧天下太廟災復劾勛及尚書張瓚樊繼祖等而薦聞淵熊浹劉天和王畿程文德徐樾萬鏜呂柟魏校程啓充馬明衡魏良弼葉洪王臣可任用言滋不悅激帝怒謫山東布政司都事諸被薦者皆奪俸賢尋以父老自免歸十餘年卒賢少聞王守仁說心契之及官於浙遂執弟子禮

劉繪字子素一字少質光州人祖進太僕少卿繪長身修髯磊落負奇氣好擊劍力挽六石弓舉鄉試第一登嘉靖十四年進士授行人改戶科給事中二十年詔兩京言官會薦邊才給事中邢如默等薦毛伯溫劉天和等二十人而故御史段汝礪副都御史翟璜參議王洙與焉繪言汝礪乃大學士翟鑾姻戚璜洙則夏言諭指如默排羣議而薦之者相臣挾權以過言官言官懼勢而咈公議上下雷同非社稷福乞罷鑾言罪如默爲徇私植黨者戒帝是其言出如默於外言適罷政鑾置不問明年寇大入山西繪上疏曰俺荅方彊必爲腹心患議者謂宜守不宜戰以故邊將多自全或拾殘騎報首功督巡諸臣亦第列士馬守要害名曰淸野實則避鋒名曰守險實則自衞請專任翟鵬得便宜從事馳發宣大山西士馬合十七八萬人三路並舉有進無退寇雖多可計日平也帝壯其言令假鵬便宜得戮都指揮以下然鵬竟不能出塞頃之劾山西巡撫劉臬結納夏言且請罷吏部尚書許瓚宣府巡撫楚書臬書由是去職繪兩劾言憾之出爲重慶知府土官爭地相讐檄諭之卽定上官交薦而言再入政府屬言者論罷之家居二十年卒子黃裳兵部員外郎倭陷朝鮮命贊畫侍郎宋應昌軍務渡鴨綠江抵平壤大敗賊兵賊遁黃裳追逐又連破之錄功進郎中

錢薇字懋垣海鹽人嘉靖十一年進士受業湛若水官行人泊然自守與同年生蔣信輩朝夕問學擢禮科給事中請令將帥家丁得自耕塞下田毋徵其賦總督大臣假便宜專制閫外格不行又疏劾大學士李時禮部尚書夏言工部尚書溫仁和外戚蔣輪進右給事中郭勛請復鎭守內官擅易置宿衞將校薇憤疏其不法七事帝眷勛然素知其橫兩不問已因星變極言主德之失帝深銜之未發疏諫南巡坐奪俸內閣夏言輩所選宮僚多以徇私劾罷薇偕同官呂應祥任萬里乞如會推故事集內閣九卿公舉帝特命並斥爲民累薦皆報寢集鄉里晚進與講學足跡不及公府倭患起請於巡撫王忬集兵爲備鄉人德之卒年五十三隆慶初贈太常少卿

洪垣字峻之婺源人嘉靖十一年進士禮部侍郎湛若水講學京師垣受業其門授永康知縣徵授御史十八年世宗南巡冊立皇太子命閣臣夏言顧鼎臣選宮僚垣再疏言溫仁和張衍慶薛僑胡守中屠應埈華察胡經史際白悅皇甫涍等皆庸流不可使輔導青宮帝亦已從他諫官言廢黜者數人未幾劾文選郎中黃禎先賄選郎楊育秀得爲考功及居文選貪婪欺罔知州王顯祖等考察調簡而補大州知縣何朔年過六十而選御史皆非制今當大計京官乃以猥瑣之曹世盛爲考功郎誤國甚帝下其章都察院令會吏科參覈乃下禎詔獄及育秀顯祖等咸斥爲民因詰責吏部尚書許讚都御史王廷相而令十三道御史公舉隱年冒進若朔者御史王之臣等坐調者四人世盛亦改他部垣一疏而御史曹郎以下得罪者至二十餘人出按廣東以安南款附增俸一級未竣出爲溫州知府歲饑有閉糴者饑民殺之垣坐落職歸復與同里方瓘往從若水若水爲建二妙樓居之家食四十餘年年九十瓘絕意仕進嘗自廣東還同行友瘴死舟中例不載屍瓘秘不以告與同寢纍日至韶州始發之垣同年呂懷廣信永豐人亦若水高弟子由庶吉士授兵科給事中改春坊左司直郎歷右中允掌南京翰林院事每言王氏之良知與湛氏體認天理同旨其要在變化氣質作心統圖說以明之終南京太僕少卿

周思兼字叔夜華亭人少有文名嘉靖二十六年進士

除平度知州劾巡郊野坐藍輿中攜飯一盂令鄉民以次昇行因盡得閭閻疾苦狀悉蠲除之王府奄人縱莊奴奪民產監司杖奴斃奄迫王奏聞巡撫彭黯令思兼讞之王置酒欲有所囑竟席不敢言思兼閱獄詞曰此決杖不如法罪當杖以王故加一等奄誣告罪當戍以王故末減監司竟得復故秩旁郡饑民掠食所司持之急且爲亂上官檄思兼治之作小木牌數千散四郊令執牌就撫悉振以錢穀事遂定入覲舉治行第一當遷州人走闕下以請乃復留一年擢工部員外郎督臨清甎廠士民遮道泣送同年生貌類思兼使經平度民競走謁見非是各歎息去河將決思兼募民築隄身立赤日中隄成三日而秋漲大發民免於災進郎中出爲湖廣僉事岷府宗室五人封爵皆將軍殺人掠貲財監司避不入武岡者二十年思兼廉得奸狀縛其黨悉繫之獄五人藏利刃入思兼與揖而捫其臂曰吾爲將軍百口計將軍乃爲此曹死耶皆沮退乃列其罪奏聞悉錮之高牆還田宅子女於民遭內艱去官不復出居久之起廣西提學副使未聞命而卒

顏鯨字應雷慈谿人嘉靖三十五年進士授行人擢御史出視倉場奸人馬漢怙定國公勢貸子錢漕卒償不時則沒入其糧爲怨家所訴漢持定國書至鯨立論殺之四十一年畿輔山東西河南北大稔鯨請州縣贓罰銀毋輸京師盡易粟備振且發內府新錢爲糴本帝悉報可已上漕政便宜六事明年出按河南伊王典楧怙惡久結掖廷中官嚴嵩父子內外應援所請奏立下爪牙率礦盜鯨欲除之與參政耿隨卿計持王承奉王鑑罪鑑日告王所謀時嵩已敗鯨乃奏記徐階說諸大璫絕其援又盡捕王偵事飛騎託言防寇檄知府兵分屯要害地乃會巡撫胡堯臣劾典楧抗旨矯敕僭擬淫虐十大罪王護衛及諸亡命幾萬人不敢發帝震怒廢王爲庶人錮之高牆沒其貲削世封兩河人鼓舞相慶景王之國越界奪民產爲莊田鯨執治其爪牙魏國公侵民產假欽賜名樹碑爲界鯨仆其碑戍其人錦衣帥受諸俠少金署名校尉籍中爲民害列侯使王府道路驛騷王府內官進奉鷹龍舟所過恣橫鯨請校尉缺從兵部補冊封改文臣王府進奉遣屬吏詔冊親王及妃遣列侯餘皆如鯨議改督畿輔學政大典知縣高世儒奉詔核逃役都督朱希孝以勾軍劾之下部議鯨劾希孝亂法言世儒等按籍召行戶非勾禁軍此乃禁軍子弟家人倚城社冒禁衛名致吏不敢問富人得抗詔而貧者爲溝中瘠世儒無罪罪在錦衣帝怒責鯨詆誣勳臣貶安仁典史隆慶元年歷湖廣提學副使以試恩貢生失張居正指降山東參議改行太僕少卿都御史海瑞薦鯨異才不報鯨按河南時黜新鄭知縣其人高拱所庇也在湖廣王篆欲祀其父鄉賢執不許至是拱掌吏部篆爲考功遂以不謹落鯨職萬曆中給事中鄒元標御史饒位交章薦之報寢御史顧雲程言陛下大起遺佚獨鯨及管志道以考察格之夫相與冢宰賢則黜幽爲公典否則驅除異己而已近又登用被察吳中行艾穆魏時亮趙世卿獨靳鯨志道何也給事中姜應麟李弘道亦言之僅以湖廣副使致仕中外論薦十餘疏不果用

贊曰傳稱未信而諫則以爲謗己然志節之士惓惓忠愛何忍以不信自外其君哉張芹等懷抱悃忱激昂論事其言雖不盡用要與緘默者異矣

明史卷二百九　　列傳第九十七

總裁官總理事務經筵講官少保兼太子太保保和殿大學士兼管吏部尚書事加六級張廷玉等奉
敕修

楊最（顧存仁　高金　王納言）　馬恩（子行可　時可　宋邦輔　薛宗鎧　曾翀）
楊爵（浦鋐　周天佐）　周怡
劉魁　沈束
沈鍊　楊繼盛（何光裕　龔愷）
楊允繩（馬從謙　狄斯彬）　孫允中

楊最字殿之射洪人正德十二年進士授工部主事督逋山西憫其民貧不俟奏報輒返尚書李鐩劾之有詔復往最乃與巡按御史牛天麟極陳歲災民困狀請緩其徵從之歷郎中治水淮揚值世宗即位上言寶應氾光湖西南高東北下運舟行湖中三十餘里而東北隄岸不踰三尺雨霪風厲輒衝決阻壞運舟鹽城興化通泰良田悉遭其害宜如往年白圭修築高郵康濟湖專敕大臣加修內河培舊隄爲外障可百年無患是爲上策其次於緣河樹杙數重稍障風波而增舊隄毋使庳薄亦足支數年若但窒隙補闕苟冀無事一遇霪潦蕩爲巨浸是爲無策部議用其中策焉出爲寧波知府請罷浙東貢幣詔悉以銀充民以爲便累遷貴州按察使入爲太僕卿世宗好神仙給事中顧存仁高金王納言皆以直諫得罪會方士段朝用者以所煉白金器百餘因郭勛以進云以盛飲食物供齋醮即神仙可致也帝立召與語大悅朝用言帝深居無與外人接則黃金可成不死藥可得帝益悅諭廷臣令太子監國朕少假一二年親政如初舉朝愕不敢言最抗疏諫曰陛下春秋方壯乃聖諭及此不過得一方士欲服食求神仙耳神仙乃山棲澡鍊者所爲豈有高居黃屋紫闥袞衣玉食而能白日翀舉者臣雖至愚不敢奉詔帝大怒立下詔獄重杖之杖未畢而死最既死監國議亦罷明年勛以罪瘐死朝用詐僞覺亦伏誅隆慶元年贈最右副都御史謚忠節顧存仁字伯剛太倉人嘉靖十一年進士除餘姚知縣徵爲禮科給事中十七年冬疏陳五事首言宜廣曠蕩恩赦楊慎馬錄馮恩呂經等末云敗俗妨農莫甚釋氏葉疑秀何人而敢乞度帝方崇道家言疑秀道士也帝以爲刺己且惡其欲釋楊慎等遂責存仁妄指疑秀爲釋氏廷杖之六十編氓口外往來塞上幾三十年穆宗即位召爲南京通政參議歷太僕卿未幾致仕存仁困阨久方見用遽勇退世尤高之萬曆初卒高金石州人爲兵科給事中嘉靖九年上疏言陛下臨御之初盡斥法王國師佛子近又黜姚廣孝配享臣每歎大聖人作爲千古莫及乃有眞人邵元節者誤蒙殊恩爲聖德累夫元節一道流耳有勞優以金帛足矣乃加崇秩復賜其師李得晟贈祭廣孝不可配享於太廟則二人益不可拜寵於聖朝望削元節眞人號并奪得晟恩卹庶異端闢正道昌帝方欲受長生術大怒立下詔獄拷掠終以其言直釋之尋偕御史唐愈賢稽覈御用監財物劾奉御李興等侵蝕狀寘諸獄後累官蘇州兵備副使王納言信陽人爲戶科給事中請斥太常卿陳道瀛等坐下詔獄謫湖廣布政司照磨累官陝西僉事

馮恩字子仁松江華亭人幼孤家貧母吳氏親督教之比長知力學除夜無米且雨室盡濕恩讀書牀上自若登嘉靖五年進士除行人出勞兩廣總督王守仁遂執贄爲弟子擢南京御史故事御史有所執訊不具獄以移刑部刑部獄具不復牒報恩請尚書仍報御史諸曹郎譁謂御史屬吏我恩曰非敢然也欲知事本末得相檢覈耳尚書無以難已巡視上江指揮張紳殺人立寘之辟大計朝覲吏南臺例先糾都御史汪鋐擅權請如北臺既畢事始許論列恩與給事中林士元等疏爭之得如故帝用閣臣議分建南北郊且欲令皇后蠶北郊詔廷臣各陳所見而詔中屢斥異議者爲邪徒恩上言人臣進言甚難明詔令直諫又詆之爲邪徒安所適從哉此非陛下意必左右奸佞欲信其說者陰詆之耳今士風日下以緘默爲老成以謇諤爲矯激已難乎其忠直矣若預恐有異議而逆詆之爲邪則必雷同附和而後可也況天地合祀已百餘年豈宜輕改禮男不言內女不言外皇后深居九重豈宜遠出郊野願速罷二議毋爲好事希寵者所誤恩草疏時自意得重譴及疏奏帝不之罪恩於是益感奮十一年冬彗星見詔求直言恩以天道遠人道邇乃備指大臣邪正謂大學士李時小心謙抑解棼撥亂非其所長翟鑾附勢持祿惟事模稜戶部尚書許讚謹厚和易雖乏剸斷不經之費必無禮部尚書夏言多蓄之學不羈之才駕馭任之庶幾救時宰相兵部尚書王憲剛直不屈通達有爲刑部尚書王時中進退昧幾委靡不振工部尚書趙璜廉介自持制節謹度吏部尚書左侍郎周用才學有餘直諒不足右侍郎許誥講論便捷學術迂邪禮部左侍郎湛若水聚徒講學素行未合人心右侍郎顧鼎臣警悟疏通不局偏長器足任重兵部左侍郎錢如京安靜有操守右侍郎黃宗時雖擅文學因人成事刑部左侍郎聞淵存心正大處事精詳可寄以股肱右侍郎朱廷聲篤實不浮謙約有守工部左侍郎黎奭滑稽淺近才亦有爲右侍郎林廷棉才器可取通達不執而極論大學士張孚敬方獻夫右都御史汪鋐三人之奸謂孚敬剛惡兇險媢嫉反側近都給事中魏良弼已痛言之不容復贅獻夫外飾謹厚內實詐奸前在吏部私鄉曲報恩讐靡所不至昨歲僞以病去陛下遣使徵之禮意懇至彼方倨傲偃蹇入山讀書直俟傳旨別用然後忻然就道夫以吏部尚書別用非入閣而何此獻夫之病所以痊也今又遣兼掌吏部必將呼引朋類播弄威福不大壞國事不止若鋐則如鬼如蜮不可方物所仇惟忠良所圖惟報復今日奏降某官明日奏調某官非其所憎惡則宰相之所憎惡也臣不意陛下寄鋐以腹心而鋐逞奸務私乃至此極且都察院爲綱紀之首陛下不早易之以忠厚正直之人萬一御史銜命而出效其鍥薄以希稱職爲天下生民害可勝言哉故臣謂孚敬根本之彗也鋐腹心之彗也獻夫門庭之彗也三彗不去百官不和庶政不平雖欲弭災不可得已帝得疏大怒逮下錦衣獄究主使名恩日受搒掠瀕死者數語卒不變惟言御史宋邦輔嘗過南京談及朝政暨諸大臣得失遂并逮

邦輔下獄奪職。明年春移恩刑部獄。帝欲坐以上言大臣德政律致之死。尚書王時中等言恩疏毀譽相半，非專頌大臣，宜減戍。帝愈怒曰：「恩非專指孚敬三臣也，徒以大禮故仇君無上，死有餘罪。時中乃欲欺公鬻獄耶！」遂褫時中職，奪侍郎聞淵俸，貶郎中張國維、員外郎孫雲極邊雜職，而恩竟論死。長子行可年十三，伏闕訟冤，日夜匍匐長安街，見冠蓋者過，輒攀輿號呼乞救，終無敢言者。時鋐已遷吏部尚書，而王廷相代爲都御史，以恩所坐未當，疏請寬之，不聽。比朝審，鋐當主筆，東向坐，恩獨向闕跪。鋐令卒拽之西面，恩起立不屈。卒呵之，恩怒叱卒，卒皆靡。鋐曰：「汝屢上疏欲殺我，我今先殺汝。」恩叱曰：「聖天子在上，汝爲大臣，欲以私怨殺言官耶？且此何地，而對百寮公言之，何無忌憚也！吾死爲厲鬼擊汝。」鋐怒曰：「汝以廉直自負，而獄中多受人餽遺，何也？」恩曰：「患難相恤，古之義也。豈若汝受金錢鬻官爵耶！」因歷數其事，詆鋐不已。鋐益怒，推案起，欲毆之。恩聲亦愈厲。都御史王廷相、尚書夏言引大體爲緩解，鋐稍止，然猶署情眞。恩出長安門，士民觀者如堵，皆歎曰：「是御史非但口如鐵，其膝、其膽、其骨皆鐵也。」因稱「四鐵御史」。恩母吳氏擊登聞鼓訟冤，不省。又明年，行可上書請代父死，不許。其冬，事益迫。行可乃刺臂血書疏，自縛闕下，謂：「臣父幼而失怙，祖母吳氏守節教育，底於成立，得爲御史。舉家受祿，圖報無地，私憂過計，陷於大辟。祖母吳年已八十餘，憂傷之深，僅餘氣息。若臣父今日死，祖母吳亦必以今日死。臣父死，臣祖母復死，臣煢然一孤，必不獨生。冀陛下哀憐，置臣辟而赦臣父，苟延母子二人之命。陛下僇臣，不傷臣心；臣被僇，不傷陛下法。謹延頸以俟白刃。」通政使陳經爲入奏。帝覽之惻然，令法司再議。尚書聶賢與都御史廷相言：「前所引律，情與法不相麗，宜用奏事不實律，輸贖還職。」帝不許。乃言恩情重律輕，請戍之邊徼。制可。遂遣戍雷州，而鋐亦後兩月罷矣。越六年，遇赦還。家居，專爲德於鄉。穆宗卽位，錄先朝直言。恩年已七十餘，卽家拜大理寺丞，致仕。復從有司言，旌行可爲孝子。恩年八十一卒。行可旣脫父於死，越數年登鄉薦。久之不第，謁選得光祿署正，遷應天府通判，有善政。弟時可，隆慶五年進士，累官按察使，以文名。宋邦輔，字子相，東流人。旣罷歸，躬耕養親，妻操井臼，子樵牧。歲時與田夫會飲，醉卽作歌相和。高風動遠邇，士大夫造其門者，屛輿從而後入焉。薛宗鎧，字子修，行人司正侃從子也。嘉靖二年與從父僑同成進士，授貴溪知縣。補將樂，調建陽。求朱子後，復之以主祀事。歲饑，振倉粟，先發後聞。給由赴京，留拜禮科給事中。以逋賦還任，至則民爭輸課，更最。仍詔入垣，再遷戶科左給事中。吏部尚書汪鋐以私憾斥王臣等，宗鎧白其枉，語具戚賢傳。其後鋐愈驕。會御史曾翀、戴銑劾南京尚書劉龍、聶賢等九人，鋐覆疏，具留之。帝召大學士李時，言鋐有私，留三人而斥其六。宗鎧與同官孫應奎復言鋐肆奸植黨，擅主威福，巧庇龍等，上格明詔，下負公論，且縱二子爲奸利。鋐疏辨乞休，帝不許。而給事、御史翁溥、曹逵等更相繼劾鋐。鋐又抗辨，且極詆宗鎧等挾私。翀復言：「鋐一經論劾，輒肆中傷，諍臣杜口已三年，蔽塞言路，罪莫大，乞立正厥辟。」帝果罷鋐官，而責宗鎧言不早，又惡翀「諍臣杜口」語，執下鎭撫司鞫訊。詞連應奎、逵及御史方一桂，皆杖闕下。斥宗鎧、翀、一桂爲民，鐫應奎、溥、逵等級調外。宗鎧、翀死杖下，時十四年九月朔也。隆慶初，復宗鎧官，贈太常少卿。曾翀，字習之，霍邱人。以進士授南京刑部主事，改御史。廷杖垂斃，曰：「臣言已行，臣死何憾。」神色無變。隆慶初，贈太常少卿。

楊爵，字伯珍，富平人。年二十始讀書。家貧，燃薪代燭。耕隴上，輒挾冊以誦。兄爲吏，忤知縣繫獄，爵投牒直之，並繫。會代者至，爵上書訟冤。代者稱奇士，立釋之，資以膏火。益奮於學，立意爲奇節。從同郡韓邦奇遊，遂以學行名。登嘉靖八年進士，授行人。帝方崇飾禮文，爵因使王府還，上言：「臣奉使湖廣，睹民多菜色，挈筐操刃，割道殍食之。假令周公制作盡復於今，何補老羸饑寒之衆！」奏入，被俞旨。久之，擢御史，以母老乞歸養。母喪，廬墓，冬月笋生。推車糞田，妻饁於旁，見者不知其御史也。服闋，起故官。帝經年不視朝，歲頻旱，日夕建齋醮，修雷壇，屢興工作。方士陶仲文加宮保，而太僕卿楊最諫死，翊國公郭勛尚承寵用事。二十年元日微雪，大學士夏言、尚書嚴嵩等作頌稱賀。爵撫膺太息，中宵不能寐。踰月乃上書極諫曰：「今天下大勢，如人衰病已極，腹心百骸莫不受患。卽欲拯之，無措手地。方且奔競成俗，賕賂公行，遇災變而不憂，非祥瑞而稱賀，讒諂面諛，流爲欺罔，士風人心頹壞極矣。諍臣拂士日益遠，而快情恣意之事無敢齟齬於其間，此天下大憂也。去年自夏入秋，恒暘不雨，畿輔千里已無秋禾。旣而一冬無雪，元日微雪卽止。民失所望，憂旱之心遠近相同。此正撤樂減膳，憂懼不寧之時，而輔臣言等方以爲符瑞，而稱頌之，欺天欺人，不已甚乎！翊國公勛，中外皆知爲大奸大蠹，陛下寵之，使稔惡肆毒，羣狡趨赴，善類退處。此任用匪人，足以失人心而致危亂者一也。臣巡視南城，一月中凍餒死八十人，五城共計，未知有幾，孰非陛下赤子？欲延須臾之生而不能。而土木之功，十年未止，工部屬官增設至數十員。又遣官遠修雷壇，以一方士之故，朘民膏血而不知恤，是豈不可以已乎？況今北寇跳梁，內盜竊發，加以頻年災沴，上下交空，尚可勞民糜費，結怨天下哉？此興作未已，足以失人心而致危亂者二也。陛下卽位之初，勵精有爲，嘗以敬一箴頒示天下矣。乃數年以來，朝御希簡，經筵曠廢。大小臣庶，朝參辭謝，未得一睹聖容；敷陳復逆，未得一聆天語。恐人心日益怠偸，中外日益渙散，非隆古君臣都俞吁咈、協恭圖治之氣象也。此朝講不親，足以失人心而致危亂者三也。左道惑衆，聖王必誅。今異言異服列於朝苑，金紫赤紱賞及外方。夫保傅之職，坐而論道，今舉而畀之奇邪之徒，流品之亂莫以加矣。陛下誠與公卿賢士日論治道，則心正身修，天地鬼神莫不祐享，安用此妖誕邪妄之術，列諸淸禁，爲聖躬累耶！臣聞上之所好，下必有甚。近者妖盜繁興，誅之不息，風聲所及，人起異議，貽四方之笑，取百世之譏，非細故也。此信用方術，足以失人心而致危亂者四也。陛下臨御之初，延訪忠謀，虛懷納諫。一時臣工言過激切，獲罪多有。自此以來，臣下震於天威，懷危慮禍，未聞復有犯顏直諫以爲沃心助者。往歲太僕卿楊最言出而身殞，近日贊善羅洪先等皆以言罷斥，國體治道所損甚多。臣非爲最等惜也，古今有國家者，未有不以任諫而興，拒諫而亡。忠藎杜口，則讒諛交進，安危休戚無由得聞。此阻抑言路，足以失人心而致危亂者五也。望陛下念祖宗創業之艱難，思今日守成爲不易，覽臣所奏，賜之施行，宗社幸甚。」先是，七年三月，靈寶縣黃河淸，帝遣使祭河神。大學士楊一淸、張璁等屢疏請賀。御史鄞人周相抗疏言：「河未淸，不足虧陛下德。今好諛喜事之臣張大文飾之，佞風一開，獻媚者將接踵。願罷祭告，止稱賀，詔天下臣民毋奏祥瑞，水旱蝗蝻卽時以聞。」帝大怒，下相詔獄，拷掠之，復杖於廷，謫韶州經歷，而諸慶典亦止不行。及帝中年，益惡言者，中外相戒無敢觸忌諱。爵疏詆符瑞，且詞過切直。帝震怒，立下詔獄搒掠，血肉狼籍，關以五木，死一夕復甦。所司請送法司擬罪，帝不許，命嚴錮之。獄卒以帝意不測，屛其家人，不許納飲食。屢瀕於死，處之泰然。旣而主事周天佐、御史浦鋐以救爵先後箠死獄中，自是無敢救者。踰年，工部員外郎劉魁，再踰年，給事中周怡，皆以言事同繫，歷五年不釋。至二十四年八月，有神降於乩。帝感其言，立出三人獄。未踰月，尚書熊浹疏言乩仙之妄。帝怒曰：「我固知釋爵，諸妄言歸過者紛至矣。」復令東廠追執之。爵抵家甫十日，校尉至。與共麥飯畢，卽就道。尉曰：「盍處置家事？」爵立屛前呼婦曰：「朝廷逮我，我去矣。」竟去不顧，左右觀者爲泣下。比三人至，復同繫鎭撫獄，桎梏加嚴，飲食屢絕，適有天幸得不死。二十六年十一月，大高元殿災，帝禱於露臺。火光中若有呼三人忠臣者，遂傳詔急釋之。居家二年，一日晨起，大鳥集於舍。爵曰：「伯起之祥至矣。」果三日而卒。隆慶初，復官，贈光祿卿，任一子。萬曆中，賜謚忠介。

爵之初入獄也，帝令東廠伺爵言動，五日一奏。校尉周宣稍左右之，受譴。其再至，治廠事太監徐府奏報。帝以密諭不宜宣，亦重得罪。先後繫七年，日與怡、魁切劘講論，忘其困。所著周易辨說、中庸解，則獄中作也。浦鋐，字汝器，文登人。正德十二年進士。授洪洞知縣，有異政。嘉靖初，召爲御史。刑部尚書林俊去國，中官秦文已斥復用，鋐疏力爭之。且言武定侯郭勛奸貪，宜罷其兵權。忤旨，奪俸三月。以養母歸。母喪除，起掌河南道事。給事中饒秀考察黜訐，鋐與同官張祿、段汝礪，給事中李鳳來，考功郎余允緒讒省署得失，鋐等坐罷。家居七年，廷臣交薦，起故官，出按陝西，連上四十餘疏。總督楊守禮請破格超擢，未報。而楊爵以直諫繫詔獄，鋐馳疏申救曰：「臣惟天下治亂，在言路通塞。言路通則忠諫進而化理成，言路塞則奸諛恣而治道隳。御史爵以言事下獄，幽囚已久，懲創必深。臣行部富平，皆言爵慤誠孚鄉里，孝友式風俗，有古賢士風。且爵本以論郭勛獲罪，今勛奸大露，陛下業致之理，則爵前言未爲悖妄。望弘覆載之量，垂日月之照，賜之矜釋，使列朝端，爵必能盡忠補過，不負所學。」疏奏，帝大怒，趣緹騎逮之。秦民遠近奔送，舍車下者常萬人，皆號哭曰：「願還我使君。」鋐赴徵，業已病，旣至，下詔獄，搒掠備至。除日復杖之百，錮以鐵柙。爵迎哭之，鋐息已絕，徐張目曰：「此吾職也，子無然。」繫七日而卒。穆宗嗣位，卹典視爵等。周天佐，字子弼，晉江人。嘉靖十四年進士，授戶部主事，屢分司倉場，以淸操聞。二十年夏四月，九廟災，詔百官言時政得失。天佐上書曰：「陛下以宗廟災變，痛自修省，許諸臣直言闕失，此轉災爲祥之會也。乃今闕政不乏，而忠言未盡聞，蓋示人以言，不若示人以政。求言之詔，示人以言耳。御史楊爵獄未解，是未示人以政也。國家置言官，以言爲職。爵繫獄數月聖怒彌甚一則曰小人二則曰罪人夫以盡言直諫爲小人則爲緘默逢迎之君子不難也以秉直納忠爲罪人又孰不能爲容悅將順之功臣哉人君一喜一怒上帝臨之陛下所以怒爵果合於天心否耶爵身非木石命且不測萬一溘先朝露使諍臣飲恨直士寒心損聖德不細願旌爵忠以風天下帝覽奏大怒杖之六十下詔獄天佐體素弱不任楚獄吏絕其飲食不三日卽死年甫三十一比屍出獄曒日中雷忽震人皆失色天佐與爵無生平交入獄時爵第隔扉相問訊而已大興民有祭於柩而哭之慟者或問之民曰吾傷其忠之至而死之酷也穆宗卽位贈光祿少卿天啓初諡忠愍

周怡字順之太平縣人爲諸生時嘗曰鼎鑊不避溝壑不忘可以稱士矣不然皆僞也從學於王畿鄒守益登嘉靖十七年進士除順德推官舉卓異擢吏科給事中疏劾尚書李如圭張瓚劉天和天和致仕去如圭還籍待勘瓚留如故頃之劾湖廣巡撫陸杰工部尚書甘爲霖採木尚書樊繼祖立朝僅一歲所摧擊率當事有勢力大臣在廷多側目怡益奮不顧二十三年六月吏部尚書許讚率其屬王與齡周鈇訐大學士翟鑾嚴嵩私屬事帝方嚮嵩反責讚逐與齡等怡上疏曰人臣以盡心報國家爲忠協力濟事爲和未有公卿大臣爭於朝文武大臣爭於邊而能修內治禦外侮者也大學士鑾嵩與尚書讚互相詆訐而總兵官張鳳周尚文又與總制侍郎翟鵬督餉侍郎趙廷瑞交惡此最不祥事誤國孰甚今陛下日事禱祠而四方災祲未銷歲開輸銀之例而府庫未充累頒蠲租之令而百姓未蘇時下選將練士之命而邊境未寧內則財貨匱而百役興外則寇敵橫而九邊耗乃鑾嵩憑藉寵靈背公營私弄播威福市恩酧怨夫輔臣眞知人賢不肖宜明告吏部進之退之不宜挾勢徇私屬之進退嵩威靈氣焰凌轢百司凡有陳奏奔走其門先得意旨而後敢聞於陛下中外不畏陛下惟畏嵩久矣鑾濡忍委靡讚雖小心謹畏然不能以直氣正色銷權貴要求之心柔亦甚矣且直言敢諫之臣於權臣不利於朝廷則大利也御史謝瑜童漢臣以劾嵩故嵩皆假他事罪之諫諍之臣自此箝口雖有檮杌驩兜誰復言之帝覽疏大怒降詔責其謗訕令對狀杖之闕下錮詔獄者再隆慶元年起故官未上擢太常少卿陳新政五事語多刺中貴時近習方導上宴遊由是忤旨出爲登萊兵備僉事給事中岑用賓爲怡訟不納改南京國子監司業復召爲太常少卿未任卒天啓初追諡恭節

劉魁字煥吾泰和人正德中登鄉薦受業王守仁之門嘉靖初謁選得寶慶府通判歷鈞州知州潮州府同知所至潔己愛人扶植風教入爲工部員外郎疏陳安攘十事帝嘉納二十一年秋帝用方士陶仲文言建祐國康民雷殿於太液池西所司希帝意務宏侈程工峻急魁欲諫度必得重禍先命家人鬻棺以待遂上章曰頃泰享殿大高元殿諸工尚未告竣內帑所積幾何歲入幾何一役之費動至億萬土木衣文繡匠作班朱紫道流所居擬於宮禁國用已耗民力已竭而復爲此不經無益之事非所以示天下後世帝震怒杖於廷錮之詔獄時御史楊爵先已逮繫既而給事中周怡繼至三人屢瀕死講誦不輟繫四年得釋未幾復追逮之魁未抵家緹騎已先至繫其弟以行魁在道聞之趣就獄復與爵怡同繫時帝怒不測獄吏懼罪窘迫之愈甚至不許家人通飲食而三人處之如前無幾微尤怨又三年與爵怡同釋尋卒隆慶初贈卹如制

沈束字宗安會稽人父僖邠州知州束登嘉靖二十三年進士除徽州推官擢禮科給事中時大學士嚴嵩擅政大同總兵官周尚文卒請卹典嚴嵩格不予束言尚文爲將忠義自許曹家莊之役奇功也雖晉秩未蒙勳宜贈封爵延子孫他如董暘江瀚力抗强敵繼之以死雖已廟祀宜賜祭以彰死事忠今當事之臣任意予奪冒濫或倖蒙忠勤反捐棄何以鼓士氣激軍心疏奏嵩大恚激帝怒下吏部都察院議閻淵居僑等言束無他腸第疎狂當治帝愈怒奪淵僑俸下束詔獄已刑部坐束奏事不實輸贖還職特命杖於廷仍錮詔獄時束入諫垣未半歲也踰年俺答薄都城司業趙貞吉以請寬束得罪自是無敢言者束繫久衣食屢絕惟日讀周易爲疏解後同邑沈鍊劾嵩嵩疑與束同族爲報復令獄吏械其手足徐階勸得免迨嵩去位束在獄十六年矣妻張氏上書言臣夫家有老親年八十有九衰病侵尋朝不計夕往臣因束無子爲置妾潘氏比至京師束已繫獄潘矢志不他適乃相與寄居旅舍紡織以供夫衣食歲月積深悽楚萬狀欲歸奉舅則夫之饘粥無資欲留養夫則舅又旦暮待盡輾轉思維進退無策臣願代夫繫獄令夫得送父終年仍還赴繫實陛下莫大之德也法司亦爲請帝終不許帝深疾言官以廷杖遣戍未足遏其言乃長繫以困之而日令獄卒奏其語言食息謂之監帖或無所得雖諧語亦以聞一日鵲噪於束前束謾曰豈有喜及罪人耶卒以奏帝心動會戶部司務何以尚疏救主事海瑞帝大怒杖之錮詔獄而釋束還其家束還父已前卒束枕塊飲水佯狂自廢甫兩月世宗崩穆宗嗣位起故官不赴喪除召爲都給事中旋擢南京右通政復辭疾布衣蔬食終老於家束繫獄十八年比出潘氏猶處子也然束竟無子

沈鍊字純甫會稽人嘉靖十七年進士除溧陽知縣用伉倨忤御史調茌平父憂去補清豐入爲錦衣衛經歷鍊爲人剛直嫉惡如讐然頗疎狂每飲酒輒箕踞笑傲旁若無人錦衣帥陸炳善遇之炳與嚴嵩父子交至深以故鍊亦數從世蕃飲世蕃以酒虐客鍊心不平輒爲反之世蕃憚不敢較會俺答犯京師致書乞貢多嫚語下廷臣博議司業趙貞吉請勿許廷臣無敢是貞吉者獨鍊是之吏部尚書夏邦謨曰若何官鍊曰錦衣衛經歷沈鍊也大臣不言故小吏言之遂罷議鍊憤國無人致寇猖狂疏請以萬騎護陵寢萬騎護通州軍儲而合勤王師十餘萬人擊其惰歸可大得志帝弗省嵩貴幸用事邊臣爭致賄遺及失事懼罪益輦金賄嵩賄日以重鍊時時搤腕一日從尚寶丞張遜業飲酒半及嵩因慷慨罵詈流涕交頤遂上疏言昨歲俺答犯順陛下奮揚神武欲乘時北伐此文武羣臣所願戮力者也然制勝必先廟算廟算必先爲天下除奸邪然後外寇可平今大學士嵩貪婪之性疾入膏肓愚鄙之心頑於鐵石當主憂臣辱之時不聞延訪賢豪咨詢方畧惟與子世蕃規圖自便忠謀則多方沮之諛諂則曲意引之要賄鬻官沽恩結客朝廷賞一人曰由我賞之罰一人曰由我罰之人皆伺嚴氏之愛惡而不知朝廷之恩威尙忍言哉姑舉其罪之大者言之納將帥之賄以啟邊陲之釁一也受諸王餽遺每事陰爲之地二也攬御史之權雖州縣小吏亦皆貨取致官方大壞三也索撫按之歲例致有司遞相承奉而閭閻之財日削四也陰制諫官俾不敢直言五也妬賢嫉能一忤其意必致之死六也縱子受財斂怨天下七也運財還家月無虛日致道途驛騷八也久居政府擅寵害政九也不能協謀天討上貽君父憂十也因倂論邦謨諂諛黷貨狀請均罷斥以謝天下帝大怒搒之數十謫佃保安既至未有館舍賈人某詢知其得罪故徙家舍之里長老亦日致薪米遣子弟就學鍊語以忠義大節皆大喜塞外人素戇直又稔知嵩惡爭詈嵩以快鍊鍊亦大喜日相與詈嵩父子爲常且縛草爲人象李林甫秦檜及嵩醉則聚子弟攢射之或踔騎居庸關口南向戟手詈嵩復痛哭乃歸語稍稍聞京師嵩大恨思有以報鍊先是許論總督宣大常殺良民冒功鍊貽書誚讓後嵩黨楊順爲總督會俺答入寇破應州四十餘堡懼罪欲上首功自解縱吏士遮殺避兵人逾於論鍊遺書責之加切又作文祭死事者詞多刺順順大怒走私人白世蕃言鍊結死士擊劍習射意叵測世蕃以屬巡按御史李鳳毛鳳毛謬謝曰有之已陰散其黨矣既而代鳳毛者路楷亦嵩黨也世蕃屬與順合圖之許厚報兩人日夜謀所以中鍊者會蔚州妖人閻浩等素以白蓮教惑衆出入漠北泄邊情爲患官軍捕獲之詞所連及甚衆順喜謂楷曰是足以報嚴公子矣竄鍊名其中誣浩等師事鍊聽其指揮具獄上嵩父子大喜前總督論適長兵部竟覆如其奏斬鍊宣府市戍子襄極邊予順一子錦衣千戶楷待銓五品卿寺時三十六年九月也順曰嚴公薄我賞意豈未愜乎取鍊子袞褒杖殺之更移檄逮襄襄至掠訊方急會順楷以他事逮乃免後嵩敗世蕃坐誅臨刑時鍊所教保安子弟在太學者以一帛署鍊姓名官爵於其上持入市觀世蕃斷頭訖大呼曰沈公可瞑目矣因慟哭而去隆慶初詔褒言事者贈鍊光祿少卿任一子官襄乃上書言順楷殺人媚奸狀給事中魏時亮陳瓚亦相繼論之遂下順楷吏論死天啓初諡忠愍

楊繼盛字仲芳容城人七歲失母庶母妒使牧牛繼盛經里塾覩里中兒讀書心好之因語兄請得從塾師學兄曰若幼何學繼盛曰幼者任牧牛乃不任學耶兄言於父聽之學然牧不廢也年十三歲始得從師學家貧益自刻厲舉鄉試卒業國子監徐階亟賞之嘉靖二十六年登進士授南京吏部主事從尚書韓邦奇遊覃思律呂之學手製十二律吹之聲畢和邦奇大喜盡以所學授之繼盛名益著召改兵部員外郎俺答闌京師咸寧侯仇鸞以勤王故有寵帝命鸞爲大將軍倚以辦寇鸞中情怯畏寇甚方請開互市市馬冀與俺答媾幸無戰鬭因恩寵繼盛以爲讐恥未雪遽議和示弱大辱國乃奏言十不可五謬大畧謂互市者和親別名也俺答蹂躪我陵寢虔劉我赤子天下大讐也而先之和不可一往下詔北伐天下曉然知聖意日夜征繕助兵食忽更之曰和失信於天下不可二以堂堂中國與之互市冠履倒置不可三海內豪傑爭磨礪待試一旦委置無用異時欲號召誰復興起不可四使邊鎮將帥以和議故美衣媮食弛懈兵事不可五往時邊卒私通境外吏

率裁禁今乃導之使與通不可六盜賊伏莽徒懾國威不敢肆耳今知朝廷畏怯睥睨之漸必開不可七俺答往歲深入乘我無備故也備之一歲以互市終彼謂國有人乎不可八或俺答負約不至至矣或陰謀伏兵突入或今日市明日復寇或以下馬索上直不可九歲帛數十萬得馬數萬匹十年以後帛將不繼不可十議者曰吾外爲市以羈縻之而內修我甲兵此一謬也夫寇欲無厭其以斃終明甚苟內修武備安事羈縻曰吾陰市以益我馬此二謬也夫和則不戰馬將焉用且彼寧肯予我良馬哉曰市不已彼且入貢此三謬也夫貢之賞不貲是名美而實大損也曰俺答利我市必無失信此四謬也吾之市能盡給其衆乎能信不給者之無入掠乎曰佳兵不祥此五謬也敵加己而應之何佳也人身四肢皆癰疽毒日內攻而憚用藥石可乎夫此十不可五謬明顯易見蓋有爲陛下主其事者故公卿大夫知而莫爲一言陛下宜奮獨斷悉按諸言互市者發明詔選將練兵不出十年臣請爲陛下竿俺答之首於藁街以示天下萬世疏入帝頗心動下鸞及成國公朱希忠大學士嚴嵩徐階呂本兵部尚書趙錦侍郎聶豹張時徹議鸞攘臂詈曰豎子目不睹寇宜其易之諸大臣遂言遣官已行勢難中止帝尚猶豫鸞復進密疏乃下繼盛詔獄貶狄道典史其地雜番俗罕知詩書繼盛簡子弟秀者百餘人聘三經師教之鬻所乘馬出婦服裝市田資諸生縣有煤山爲番人所據民仰薪二百里外繼盛召番人諭之咸服曰楊公即須我曹穹帳亦舍之况煤山耶番民信愛之呼曰楊父已而俺答數敗約入寇鸞奸大露疽發背死戮其屍帝乃思繼盛言稍遷諸城知縣月餘調南京戶部主事三日遷刑部員外郎當是時嚴嵩最用事恨鸞凌己心善繼盛首攻鸞欲驟貴之復改兵部武選司而繼盛惡嵩甚於鸞且念起謫籍一歲四遷官思所以報國抵任甫一月草奏劾嵩齋三日乃上奏曰臣孤直罪臣蒙天地恩超擢不次夙夜祇懼思圖報稱蓋未有急於請誅賊臣者也方今外賊惟俺答內賊惟嚴嵩未有內賊不去而可除外賊者去年春雷久不聲占曰大臣專政冬日下有赤色占曰下有叛臣又四方地震日月交食臣以爲災皆嵩致請以嵩十大罪爲陛下陳之高皇帝罷丞相設立殿閣之臣備顧問視制草而已嵩乃儼然以丞相自居凡府部題覆先面白而後草奏百官請命奔走直房如市無丞相名而有丞相權天下知有嵩不知有陛下是壞祖宗之成法大罪一也陛下用一人嵩曰我薦也斥一人曰此非我所親故罷之陛下宥一人嵩曰我救也罰一人曰此得罪於我故報之伺陛下喜怒以恣威福羣臣感嵩甚於感陛下畏嵩甚於畏陛下是竊君上之大權大罪二也陛下有善政嵩必令世蕃告人曰主上不及此我議而成之又以所進揭帖刊刻行世名曰嘉靖疏議欲天下以陛下之善盡歸於嵩是掩君上之治功大罪三也陛下令嵩司票擬蓋其職也嵩何取而令子世蕃代擬又何取而約諸義子趙文華輩羣聚而代擬題疏方上天語已傳如沈鍊劾嵩疏陛下以命呂本本即潛送世蕃所令其擬上是嵩以臣而竊君之權世蕃復以子而盜父之柄故京師有大丞相小丞相之謠是縱姦子之僭竊大罪四也嚴效忠嚴鵠乳臭子耳未嘗一涉行伍嵩先令效忠冒兩廣功授錦衣所鎮撫矣效忠以病告鵠襲兄職又冒瓊州功擢千戶以故總督歐陽必進躐掌工部總兵陳圭洊統後府巡按黃如桂亦驟亞太僕既藉私黨以官其子孫又因子孫以拔其私黨是冒朝廷之軍功大罪五也逆鸞先已下獄論罪賄世蕃三千金薦爲大將鸞冒禽哈舟兒功世蕃亦得增秩嵩父子自誇能薦鸞矣及知陛下有疑鸞心復互相排詆以泯前迹鸞勾賊而嵩世蕃復勾鸞是引背逆之姦臣大罪六也前俺答深入擊其惰歸此一大機也兵部尚書丁汝夔問計於嵩嵩戒無戰及汝夔逮治嵩復以論救給之汝夔臨死大呼曰嵩悞我是悞國家之軍機大罪七也郎中徐學詩劾嵩革任矣復欲斥其兄中書舍人應豐給事厲汝進劾嵩謫典史矣復以考察令吏部削其籍內外之臣被中傷者何可勝計是專黜陟之大柄大罪八也凡文武遷擢不論可否但衡金之多寡而畀之將弁惟賄嵩不得不朘削士卒有司惟賄嵩不得不掊剋百姓士卒失所百姓流離毒徧海內臣恐今日之患不在境外而在域中是失天下之人心大罪九也自嵩用事風俗大變賄賂者薦及盜跖疏拙者黜逮夷齊守法度者爲迂疎巧彌縫者爲才能勵節介者爲矯激善奔走者爲練事自古風俗之壞未有甚於今日者蓋嵩好利天下皆尚貪嵩好諛天下皆尚諂源之弗潔流何以澄是敝天下之風俗大罪十也嵩有是十罪而又濟之以五奸知左右侍從之能察意旨也厚賄結納凡陛下言動舉措莫不報嵩是陛下之左右皆賊嵩之間諜也以通政司之主出納也用趙文華爲使凡有疏至先送嵩閱竟然後入御王宗茂劾嵩之章停五日乃上故嵩得展轉遮飾是陛下之喉舌乃賊嵩之鷹犬也畏厰衞之緝訪也令子世蕃結爲婚姻陛下試詰嵩諸孫之婦皆誰氏乎是陛下之爪牙皆賊嵩之瓜葛也畏科道之多言也進士非其私屬不得預中書行人選推官知縣非通賄不得預給事御史選既選之後入則杯酒結歡出則餽饋相屬所有愛憎授之論刺歷俸五六年無所建白即擢京卿諸臣忍負國家不敢忤權臣是陛下之耳目皆賊嵩之奴隸也科道雖入籠絡而部寺中或有如徐學詩之輩亦可懼也令子世蕃擇其有才望者羅置門下凡有事欲行者先令報嵩預爲布置連絡蟠紹深根固蔕各部堂司大半皆其羽翼是陛下之臣工皆賊嵩之心膂也陛下奈何愛一賊臣而忍百萬蒼生陷於塗炭哉至如大學士徐階蒙陛下特擢乃亦每事依違不敢持正不可不謂之負國也願陛下聽臣之言察嵩之奸或召問裕景二王或詢諸閣臣重則置憲輕則勒致仕內賊既去外賊自除雖俺答亦必畏陛下聖斷不戰而喪膽矣疏入帝已怒嵩見召問二王語喜謂可指此爲罪密搆於帝帝益大怒下繼盛詔獄詰何故引二王繼盛曰非二王誰不慴嵩者獄上乃杖之百令刑部定罪侍郎王學益嵩黨也受嵩屬欲坐詐傳親王令旨律絞郎中史朝賓持之嵩怒謫之外於是尚書何鰲不敢違竟如嵩指成獄然帝猶未欲殺之也繫三載有爲營救於嵩者其黨胡植鄢懋卿怵之曰公不覩養虎者耶將自貽患嵩頷之會都御史張經李天寵坐大辟嵩揣帝意必殺二人比秋審因附繼盛名並奏得報其妻張氏伏闕上書言臣夫繼盛誤聞市井之言尚狃書生之見遂發狂論聖明不即加戮俾從吏議兩經奏讞俱荷寬恩今忽闌入張經疏尾奉旨處決臣仰惟聖德昆蟲草木皆欲得所豈惜一迴宸顧下垂覆盆倘以罪重必不可赦願即斬臣妾首以代夫誅夫雖遠禦魑魅必能爲疆場效死以報君父嵩屏不奏遂以三十四年十月朔棄西市年四十臨刑賦詩曰浩氣還太虛丹心照千古生平未報恩留作忠魂補天下相與涕泣傳頌之初繼盛之將杖也或遺之蚺蛇膽却之曰椒山自有膽何蚺蛇爲椒山繼盛別號也及入獄創甚夜半而蘇碎甕盌手割腐肉肉盡筋挂膜復手截去獄卒執燈顫欲墜繼盛意氣自如朝審時觀者塞衢皆歎息有泣下者後七年嵩敗穆宗立卹直諫諸臣以繼盛爲首贈太常少卿謚忠愍予祭葬任一子官已又從御史郝杰言建祠保定名旌忠後繼盛論馬市得罪者何光裕龔愷光裕字思問梓潼人嘉靖二十年進士改庶吉士除刑科給事中偕同官楊上林齊譽請召遺佚帝可之已而報罷巡視京營劾罷尚書路迎與給事中謝登之御史曾佩建議節財冗費大省邊事迫命清理諸陵守衞軍條上祛弊七事多報可屢遷兵科都給事中都指揮呂元貪緣得錦衣總旗王松冒功襲千戶光裕皆舉奏之兵部尚書趙錦疏辯帝斥元下松都察院獄而奪錦等俸仇鸞之開馬市也命尚書史道主之徇俺答請以粟豆易牛羊光裕與御史龔愷等劾道委靡遷就馬市既開復請封號今其表意在請乞而道以爲謝恩兇表文非出賊手道不去則彼有無厭之求我無必戰之志誤國事不小時帝方嚮鸞責光裕等借道論鸞以探朝廷杖光裕愷八十餘奪俸光裕不勝杖卒隆慶初贈太常少卿愷既杖官如故尋列靖江王驕恣狀疏止大征粵寇終湖廣副使愷字文元松江華亭人嘉靖二十六年進士

楊允繩字翼少松江華亭人嘉靖二十三年進士授行人久之擢兵科給事中嚴嵩獨相有詔廷推閣員允繩偕同官王德沈束陳愼簡輔臣收錄遺佚二事未幾奉命會英國公張溶撫寧侯朱岳定西侯蔣傳等簡應襲子弟於閱武場指揮鄭璽忽傳寇至溶等皆懼走允繩獨不動因奏之褫璽職奪溶岳營務罰傳等俸由是知名又劾罷兵部尚書趙廷瑞居諫垣未幾疏屢上言提學憲臣宜簡行誼府州縣職宜量地煩簡爲三等皆報可俺答入犯朝議急兵事允繩請令五軍都督府府軍前衞及錦衣衞堂上官每遇考選軍政之歲各具疏自陳聽科道官拾遺騰驤四衞及錦衣衞指揮以下聽兵部考察詔皆從之著爲令已又陳禦邊四事報可再遷戶科左給事中謝病歸久之起故官三十四年九月上疏言倭患因推弊原謂近者督撫命令不行於有司非官不尊權不重也督撫莅任例賂權要名謝禮有所奏請佐以苞苴名候禮及俸滿營遷避難求去犯罪欲彌縫失事希芘覆輸賄載道爲數不貲督撫取諸有司有司取諸小民有司德色以事上督撫靦顏以接下上下相蒙風俗莫振不肖吏又乾沒其間指一科十孑遺待盡之民必將挺而爲盜隱憂不止海島間也其冬巡視光祿光祿丞胡膏僞增物直允繩與同事御史張巽言劾之下法司按驗膏窘言元典隆重所用品物不敢徒取充數允繩憎臣簡別太精斥言醮齋之用取具可耳何必精擇其欺謗元修如此帝遂大怒下允繩及膏詔

獄刑部尚書何鰲當允繩儀仗內訴事不實律絞帝命仍與巽言杖於廷巽言奪三官胥調外任居五年允繩竟死西市先是有馬從謙者以謗醮齋杖死穆宗卽位贈允繩光祿少卿予一子官天啓初謚忠恪胥壽以貪墨被劾誅馬從謙字益之溧陽人嘉靖十年舉順天鄉試第一越三年成進士授工部主事出治二洪有政績改官主客擢尚寶丞掌內閣制誥章聖太后崩勸帝行三年喪不報稍進光祿少卿提督中官杜泰乾沒歲鉅萬爲從謙奏發泰因誣從謙誹謗巡視給事中孫允中御史狄斯彬劾泰如從謙言帝方惡人言醮齋而從謙奏頗及之怒下從謙及泰詔獄所司言誹謗無左證帝益怒下從謙法司以允中斯彬黨庇謫邊方雜職法司擬從謙戍遠邊帝命廷杖八十戍烟瘴竟死杖下而泰以能發謗臣罪宥之時三十一年十二月也久之光祿寺災帝曰此馬從謙餘孽所致耳隆慶初卹先朝建言杖死諸臣中官追恨從謙沮之給事中王治御史龐尚鵬力爭帝以從謙所犯比子罵父終不許允中太原人後屢遷應天府丞斯彬從謙同邑人

贊曰語有之君仁則臣直當世宗之代何直臣多與重者顯戮次乃長繫最幸者得貶斥未有苟全者然主威愈震而士氣不衰批鱗碎首者接踵而不可遏觀其蒙難時處之泰然足使頑懦知所興起斯百餘年培養之效也

明史卷二百十　　列傳第九十八

總裁官總理事務經筵講官少保兼太子太保保和殿大學士兼管吏部戶部尚書事加六級張廷玉等奉

敕修

桑　喬 胡汝霖　謝　瑜 王曄 童漢臣等　伊敏生

何維柏　徐學詩 葉經 陳紹

厲汝進 查秉彝等　王宗茂

周　冕　趙　錦

吳時來　張　翀

董傳策　鄒應龍 張檟

林　潤

桑喬字子木江都人嘉靖十一年進士十四年冬由主事改御史出按山西所部頻寇躪喬奏請盡蠲徭賦厚恤死者家參將葉宗等將萬人至荆家莊陷賊伏中大潰賊遂深入天城陽和兩月間五遭寇巡撫樊繼祖總兵官曾綱以下皆爲喬劾副將李懋及宗等六人並逮治十六年夏雷震謹身殿下詔求言喬偕同官陳三事畧言營造兩宮山陵多侵冒吉囊恣橫邊備積弛而未擇官尚書嚴嵩及林庭㭿張瓚張雲皆上負國恩下乖輿望災變之來由彼所致疏奏四人皆乞罷詔庭㭿雲致仕留嵩瓚如故嵩再疏辨且詆言者給事中胡汝霖言大臣被論引罪求退而已嵩負穢行召物議逞辭奏辨陰擠言官無大臣體帝下詔戒飭如汝霖指時嵩拜尚書甫半歲方養交遊揚聲譽爲進取地舉朝猶未知其奸喬獨首發之喬尋巡按畿輔引疾都御史王廷相以規避劾之嵩因搆其罪逮下詔獄廷杖戍九江居戍所二十六年而卒隆慶初贈恤如制胡汝霖綿州人由庶吉士除戶科給事中二十年四月九廟災偕同官聶靜御史李乘雲劾文武大臣救火緩慢者二十六人嵩與焉帝怒所劾不盡下詔獄訊治俱鐫級調外汝霖得太平府經歷既謫官則請解於嵩反附以進累遷至右僉都御史巡撫甘肅及嵩敗以嵩黨奪官

謝瑜字如卿上虞人嘉靖十一年進士由南京御史改北十九年正月禮部尚書嚴嵩屢被彈劾求去帝慰留瑜言嵩矯飾浮詞欺罔君上箝制言官且援明堂大禮南巡盛事爲解而謂諸臣中無爲陛下任事者欲以激聖怒奸狀顯然帝留疏不下嵩奏辨且言瑜擊臣不已欲與朝廷爭勝帝於是切責瑜而慰諭嵩甚至居二歲竟用嵩爲相甫踰月瑜疏言武廟盤遊佚樂邊防宜壞而未甚壞今聖明在上邊防宜固而反大壞者大臣謀國不忠而陛下任用失也自張瓚爲中樞掌兵而天下無兵擇將而天下無將說者謂瓚形貌魁梧足稱福將夫誠邊塵不聳海宇晏然謂之福可也今瓚無功而恩廕屢加有罪而褫奪不及此其福乃一身之福非軍國之福也昔舜誅四凶萬世稱聖今瓚與郭勛嚴嵩胡守中聖世之四凶陛下旬月間已誅其二天下翕然稱聖何不並此二凶放之流之以全帝舜之功也大學士翟鑾起廢棄中授以巡邊之寄乃優游曼衍糜費供億以盛苞苴者爲才獻淫樂者爲敬遂使邊軍益瘠邊備更弛行邊若此將焉用之故不清政本天下必不治也不易本兵武功必不競也疏入留不下嵩復疏辯帝更慰諭瑜復被譙讓然是時帝雖嚮嵩猶未深罪言者嵩亦以初得政未敢顯擠陷故瑜得居職如故未幾假他事貶其官又三載大計嵩密諷主者黜之比疏上令如貪酷例除名瑜遂廢棄終於家始瑜之爲御史也武定侯郭勛陳時政極詆大小諸臣不足任請復遣內侍出鎭守詔從之瑜抗章奏曰勛所論諸事影響恍惚而復設鎭守則其本意所注也勛交通內侍代之營求利他日重賄其言官吏貪濁由陛下無心膂耳目之人在四方又曰文武懷奸避事許內臣劾奏則奸貪自息果若勛言則內臣用事莫如正德時其爲太平極治耶陛下革鎭守內臣誠聖明善政而勛詆以偏私在朝百官孰非天子耳目而勛詆以不足任欲陛下盡疑天下士大夫獨倚宦官爲腹心耳目臣不知勛視陛下爲何如主會給事中朱隆禧亦以爲言勛奏始寢瑜隆慶初復贈太僕少卿王曄字韜孟金壇人嘉靖十四年進士授吉安推官召拜南京吏科給事中二十年九月偕同官上言外寇陸梁本兵張瓚及總督尚書樊繼祖新遷侍郎費寀不堪重寄帝下其章於所司居兩月復劾瓚因及禮部尚書嚴嵩總督侍郎胡守中與巨奸郭勛相結納嵩所居第宅則勛私人代營之踰月御史伊敏生鄭芸陳策亦云嵩居宅乃勛私人孫澐所居澐籍沒嵩第應在籍中帝怒奪敏生等俸一級嵩不問而守中竟由曄疏獲罪明年秋嵩入內閣吏科都給事中沈良才御史喻時等交章劾嵩踰月山西巡按童漢臣章上又踰月曄與同官陳璯御史陳紹等章亦上大指皆論嵩奸貪而曄疏並及嵩子世蕃語尤剴切帝皆不省嵩憾甚未有以中也久之爲山東僉事給由入都道病後期嵩遂奪其官曄在臺嘗劾罷方面官三十九人直聲甚著比歸環堵蕭然數年卒伊敏生上元人鄭芸陳策俱莆田人敏生官至山東參政策台州知府芸終御史沈良才泰州人起家庶吉士歷官至兵部侍郎三十六年大計自陳已調南京矣嵩附批南京科道拾遺疏中落其職喻時光山人官至南京兵部侍郎童漢臣錢塘人由魏縣知縣入爲御史寇大入宣府大同總督樊繼祖等掩敗三以捷聞漢臣等劾之得罪其按山西督諸將擊却俺答之薄太原者會方劾嵩觸其怒明年漢臣與巡撫李珏聚上繼祖等失事狀章下吏部漢臣前劾嵩並劾吏部尚書許讚讚亦憾漢臣因言漢臣劾遲延宜並論嵩遂擬旨鐫珏一階留任謫漢臣湖廣布政司都事舉朝皆知爲嵩所中莫能救也久之爲泉州知府倭賊薄城有保障功終江西副使陳璯餘姚人後爲嵩斥罷

何維柏字喬仲南海人嘉靖十四年進士選庶吉士授御史雷震謹身殿維柏言四海困竭所在流移而所司議加賦民不爲盜不止因請罷沙河行宮金山功德寺工作及安南問罪之師帝頗嘉納尋引疾歸久之起巡按福建二十四年五月疏劾大學士嚴嵩奸貪罪比之李林甫盧杞且言嵩進顧可學盛端明修合方藥邪媚要寵帝震怒遣官逮治士民遮道號哭維柏意氣自如下詔獄廷杖除名家居二十餘年隆慶改元召復官擢大理少卿遷左僉都御史疏請日御便殿召執政大臣謀政事並擇大臣有才德者與講讀儒臣更番入直宮中燕居愼選謹厚內侍調護聖躬俾游處有常幸御有節非隆冬盛寒毋輟朝講報聞進左副都御史母憂歸萬曆初還朝歷吏部左右侍郎極論齋官之害御史劉臺劾大學士張居正居正乞罷維柏倡九卿留之及居正遭父喪詔吏部諭留尚書張瀚叩維柏維柏曰天經地義何可廢也瀚從之而止居正怒取旨罷瀚停維柏俸三月旋出爲南京禮部尚書考察自陳居正從中罷之卒謚端恪

徐學詩字以言上虞人嘉靖二十三年進士授刑部主事歷郎中二十九年俺答薄京師既退詔廷臣陳制敵之策諸臣多掇細事以應學詩憤然曰大奸柄國亂之本也亂本不除能攘外患哉卽上疏言大學士嵩輔政十載奸貪異甚內結權貴外比羣小文武遷除率邀厚賄致此輩掊克軍民釀成寇患國事至此猶敢謬引佳兵不祥之說以謾清問近因都城有警密輸財賄南還大車數十乘樓船十餘艘水陸載道駭人耳目又納奪職總兵官李鳳鳴二千金使鎭薊州受老廢總兵官郭琮三千金使督漕運諸如此比難可悉數舉朝莫不歎憤而無有一人敢牴牾者誠以內外盤結上下比周積久勢成而其子世蕃又兇狡成性擅執父權凡諸司奏請必先白其父子然後敢聞於陛下陛下亦安得而盡悉之乎蓋嵩權力足以假手下石機械足以先發制人勢利足以廣交自固文詞便給足以掩罪飾非而精悍警敏揣摩巧中足以趨利避害彌縫缺失私交密惠令色脂言又足以結人歡心箝人口舌故前後論嵩者嵩雖不能顯禍之於正言之時莫不假事託人陰中之於遷除考察之際如前給事中王曄陳璯御史謝瑜童漢臣輩于時亦蒙寬宥而今皆安在哉陛下誠罷嵩父子

別簡忠良代之外患自無不寧矣帝覽奏頗感動方士胸仲文密言嵩孤立盡忠學詩特爲所私修隙耳帝於是發怒下之詔獄嵩不自安求去帝優詔慰諭嵩疏謝佯爲世蕃乞回籍帝亦不許學詩竟削籍先劾嵩者葉經謝瑜陳紹與學詩皆同里時稱上虞四諫隆慶初起學詩南京通政參議未之官卒贈大理少卿初學詩族兄應豐以善書擢中書舍人供事無逸殿悉嵩所爲嵩疑學詩疏出應豐指會考察屬吏部斥之應豐詣迎和門辭特旨留用嵩恚益甚居數年以誤寫科書譖於帝竟杖殺之葉經字叔明嘉靖十一年進士除常州推官擢御史嵩爲禮部交城王府輔國將軍表柙謀襲郡王爵秦府永壽王世子惟燱與嫡孫懷墡爭襲皆重賄嵩嵩許之二十年八月經指其事劾嵩嵩懼甚力彌縫且疏辯帝乃付襲爵事於廷議而置嵩不問嵩由是憾經又二年經按山東監鄉試試錄上嵩指發策語爲誹謗激帝怒廷杖經八十斥爲民創重卒提調布政使陳儒及參政張臬副使談愷潘恩皆謫邊方典史由嵩報復也穆宗即位贈經光祿少卿任一子官陳紹終韶州知府

厲汝進字子修灤州人嘉靖十一年進士授池州推官徵拜吏科給事中湖廣巡撫陸杰以顯陵工成召爲工部侍郎汝進言杰素犯清議不宜佐司空並劾尚書甘爲霖樊繼祖不職不納三遷至戶科都給事中戶部尚書王杲下獄汝進與同官海寧查秉彝馬平徐養正巴縣劉起宗章邱劉祿合疏言兩淮副使張祿遣使入都廣通結納如太常少卿嚴世蕃府丞胡奎等皆承賂受囑有証世蕃竊弄父權嗜賄張儀詞連倉場尚書王暐嵩上疏自理且求援於中官以激帝怒帝責其代杲解釋命廷杖汝進八十餘六十並謫雲南廣西典史明年嵩復假考察奪汝進職隆慶初起故官未至京卒秉彝由黃州推官歷戶科左給事中數建白時事終順天府尹養正以庶吉士歷戶科右給事中隆慶中官至南京工部尚書起宗初除衢州推官召爲戶科給事中延綏洊饑請帑金振救終遼東苑馬寺卿祿以行人司擢戶科給事中謫後自免歸

王宗茂字時育京山人父橋廣東布政使從父格太僕卿宗茂登嘉靖二十六年進士授行人三十一年擢南京御史時先後劾嚴嵩者皆得禍沈鍊至謫佃保安中外懾其威益箝口宗茂積不平甫拜官三月上疏曰嵩本邪諂之徒寡廉鮮恥久持國柄作福作威薄海內外罔不怨恨如吏兵二部每選請屬二十人人索賄數百金任自擇善地致文武將吏盡出其門此嵩負國之罪一也任私人萬寀爲考功郎凡外官遷擢不察其行能不計其資歷唯賄是問致端方之士不得爲國家用此嵩負國之罪二也往歲遣人論劾潛輸家貲南返輦載珍寶不可數計金銀人物多高二三尺者下至溺器亦金銀爲之不知陛下宮中亦有此器否耶此嵩負國之罪三也廣布良田遍於江西數郡又於府第之後積石爲大坎實以金銀珍玩爲子孫百世計而國計民瘼一不措懷此嵩負國之罪四也畜家奴五百餘人往來京邸所至騷擾驛傳虐害居民長吏皆怨怒而不敢言此嵩負國之罪五也陛下所食大官之饌不數品而嵩則窮極珍錯殊方異產莫不畢致是九州萬國之待嵩有甚於陛下此嵩負國之罪六也往歲寇迫京畿正上下憂懼之日而嵩貪肆益甚致民俗歌謠遍於京師達於沙漠海內百姓莫不祝天以冀其早亡嵩尚恬不知止此嵩負國之罪七也募朝士爲乾兒義子至三十餘輩若尹耕梁紹儒早已敗露此輩實衣冠之盜而皆爲之爪牙助其虐燄致朝廷恩威不出於陛下此嵩負國之罪八也夫天下之所恃以爲安者財也兵也不才之文吏以賂而出其門則必剝民之財去百而求千去千而求萬民奈何不困不才之武將以賂而出其門則必尅軍之餉或缺伍而不補或踰期而不發兵奈何不疲邇者四方地震其占爲臣下專權試問今日之專權者寧有出於嵩右乎陛下之帑藏不足支諸邊一年之費而嵩所蓄積可贍儲數年與其開賣官鬻爵之令以助邊盍去此蠹國害民之賊籍其家以紓患也臣見數年以來凡論嵩者不死於廷杖則役於邊塞臣亦有身家寧不致惜而敢犯九重之怒攖權相之鋒哉誠念世受國恩不忍見祖宗天下壞於賊嵩之手也疏至通政司趙文華密以示嵩留數日始上由是嵩得預爲地遂以誣詆大臣謫平陽縣丞方宗茂上疏自謂必死及得貶恬然出都到官半歲以母憂歸嵩無以釋憾奪其父橋官橋竟憤悒卒嵩罷相之日宗茂亦卒隆慶初贈光祿少卿

周冕貴縣人嘉靖二十年進士授太常博士擢貴州道試御史重建太廟成奉安神主帝將遣官代祭御史鄢懋卿言其不可帝怒降手詔數百言諭廷臣且言更有脅君取譽者必罪不宥舉朝悚息無敢復言冕獨抗章爭之帝震怒立下冕詔獄搒掠終以其言直釋還職是時太子生十一年矣猶未出閣講學冕極言教諭不可緩請早降綸言慎選侍從帝又大怒謫雲南通海縣典史冕雖遠竄意慷慨無所屈數遷至武選郎中楊繼盛劾嚴嵩及嚴效忠冒功事語侵歐陽必進必進奏辯章下兵部冕上言臣奉詔檢得二十七年通政司狀效忠年十六因武會試未第咨兩廣軍門聽用已而必進及總兵官陳圭奏黎賊平遣效忠報捷授錦衣試所鎮撫未踰月嚴鵠言兄效忠曾斬首七級并功加賞應得署副千戶今效忠身抱痼疾鵠請代職臣心疑其僞方將覈實以聞嵩子世蕃乃自創一藁付臣屬臣依違題覆臣觀其藁率誕謾舛戾請得一一折之如效忠曾中武舉何初無本籍起送文牒今又稱民人而不言武舉如效忠果鵠之兄世蕃之子則世蕃數子俱幼未有名效忠者如效忠果斬首七級則當時狀稱年止十六豈能赴戰何軍門諸將俱未聞斬獲功獨宰相一孫乃驍勇冠三軍如曰效忠對敵歷臂受創計臨陣及差委相去未一月何以萬里軍情即能馳報如曰效忠到京以創甚疾故何以鵠代職之日止告不能受職如曰效忠鎮撫當代則奏捷功止及身例無傳襲如曰效忠功當并論例先奏請何止用通狀而逼令司官奉行臣悉心廉訪初未有名效忠者赴軍門聽用鵠亦非效忠親弟其姓名乃詭設首級亦要買而非有纖毫實蹟也必進既嵩鄉曲圭又世蕃姻親依阿朋比共爲欺罔臣如不言陛下何從知其奸且自累朝以來未聞有宰相之子孫送軍門報效者今嵩不唯咨送軍門而且詭託名姓破壞祖宗之制彼蔣應奎唐國相輩何怪其效尤耶臣職守攸關義不敢隱乞特賜究正使天下曉然知朝廷有不可幸之功不可犯之法臣雖得罪死無所恨疏奏直聲震朝廷嵩父子大懼力事彌縫帝責冕報復下詔獄拷訊斥爲民冕既得罪而尚書覆奏如世蕃指矣隆慶初錄先朝直臣起冕太僕少卿遭母憂未任卒

趙錦字元樸餘姚人嘉靖二十三年進士授江陰知縣徵授南京御史江洋有警議設總兵官於鎮江錦言小寇剽掠不足煩重兵帝乃罷之已疏言淮兖數百里民多流傭乞寬租徭簡廷臣督有司拊循報可軍興民輸粟馬得官錦衣錦極陳不可尋清軍雲南三十二年元旦日食錦以爲權奸亂政之應馳疏劾嚴嵩罪其畧曰臣伏見日食元旦變異非常又山東徐淮仍歲大水四方頻地震災不虛生昔太祖高皇帝罷丞相散其權於諸司爲後世慮至深遠矣今之內閣無宰相之名而有其實非高皇帝本意項夏言以貪暴之資恣睢其間今大學士嵩又以佞奸之雄繼之怙寵張威竊權縱欲事無鉅細罔不自專人有違忤必中以禍百司望風惕息天下事未聞朝廷先以聞政府白事之官班候於其門請求之賂輻輳於其室銓司黜陟本兵用舍莫不承意指邊臣失事率朘削軍資納賄嵩所無功可以受賞有罪可以逭誅至宗藩勳戚之襲封文武大臣之贈諡其遲速予奪一視賂之厚薄以至希寵干進之徒妄自貶損稱號不倫廉恥掃地有臣所不忍言者陛下天縱聖神乾綱獨運自以予奪由宸斷題覆在諸司閣臣擬旨取裁而已諸司奏稿並承命於嵩陛下安得知之今言誅而嵩得播惡者言剛暴而疏淺惡易見嵩柔佞而機深惡難知也嵩窺伺逢迎之巧似乎忠勤諂諛側媚之態似乎恭順引植私人布列要地伺諸臣之動靜而先發以制之故敗露者少厚賂左右親信之人凡陛下動靜意向無不先得故稱旨者多或伺聖意所注因而行之以成其私或乘事機所會從而鼓之以肆其毒使陛下思之則其端本發於朝廷使天下指之則其事不由於政府幸而洞察於聖心則諸司代嵩受其罰不幸而遂傳於後世則陛下代嵩受其謗陛下豈誠以嵩爲賢邪自嵩輔政以來惟恩怨是酬惟貨賄是斂羣臣憚陰中之禍而忠言不敢直陳四方習貪墨之風而閭閻日以愁困頃自庚戌之後外寇陸梁陛下嘗募天下之武勇以足兵竭天下之財力以給餉搜天下之遺逸以任將行不次之賞施莫測之威以風示內外矣而封疆之臣卒未有爲陛下寬宵旰憂者蓋緣權臣行私將吏風靡以掊克爲務以營競爲能致朝廷之上用者不賢賢者不用賞不當功罰不當罪陛下欲致太平則羣臣不足承德於左右欲過戎寇則將士不足禦侮於邊疆財用已竭而外患未見底寧民困已極而內變又虞將作陛下躬秉至聖憂勤萬幾三十二年於茲矣而天下之勢其危如此非嵩之奸邪何以致之臣願陛下覩上天垂象察祖宗立法之微念權柄之不可使移思紀綱之不可使亂立斥罷嵩以應天變則朝廷清明法紀振飭寇戎雖橫臣知其不足平矣當是時楊繼盛以劾嵩得重譴帝方蓄怒以待言者周冕爭冒功事亦下獄而錦疏適至帝震怒手批其上謂錦欺天謗君遣使逮治復慰諭嵩備至於是錦萬里就徵屢躓檻車瀕死者數矣既至下詔獄拷訊搒四十斥爲民父塤時爲廣西參議亦投劾罷錦家居十五年穆宗即位起故官擢太常少

卿未上進光祿卿江陰歲進子鱘萬斤奏減其半隆慶元年以右副都御史巡撫貴州破禽叛苗龍得鮓等宣慰安氏素桀驁畏錦爲効命入爲大理卿歷工部左右侍郎嘗署部事有所爭執萬曆二年遷南京右都御史改刑部尚書張居正遭喪南京大臣議疏留錦及工部尚書費三晹不可而止移禮部又移吏部俱在南京錦以居正操切頗訾議之語聞居正令給事中費尚伊劾錦講學談禪妄議朝政錦遂乞休去居正死給事御史交薦起故官十一年召拜左都御史是時方籍居正貲產錦言世宗籍嚴嵩家禍延江西諸府居正私藏未必逮嚴氏若加搜索恐貽害三楚十倍江西民且居正誠擅權非有異志其翊戴冲聖夙夜勤勞中外寧謐功亦有不容泯者今其官廕贈謚及諸子官職竝從褫革已足示懲乞特哀矜稍寬其罰不納二品六年滿加太子少保尋加兵部尚書掌院事如故錦摘陳御史封事可採者數條請旨行之四川巡按雒遵劾錦假條奏指錦爲奸臣御史周希旦給事中陳與郊不直遵交章論列遂謫遵外任帝幸山陵再奉敕居守其冬以繼父喪歸十九年召拜刑部尚書年七十六矣再辭不許次蘇州卒贈太子太保謚端肅錦始終厲清操篤信王守仁學而教人則以躬行爲本守仁從祀孔廟錦有力焉始忤嚴嵩得重禍及之官貴州道嵩里見嵩葬路旁惻然憫之屬有司護視後忤居正罷官居正被籍復爲營救人以是稱錦長者

吳時來字惟修仙居人嘉靖三十二年進士授松江推官攝府事倭犯境鄉民擕妻子趨城時來悉納之客兵獷悍好剽掠時來以恩結其長犯卽行法無譁者賊攻城驟雨城壞數丈時來以勁騎扼其衝急興版築三日城復完賊乃棄去擢刑科給事中劾罷兵部尚書許論宣大總督楊順及巡按御史路楷皆嚴嵩私人嵩疾之甚會將遣使琉球遂以命時來三十七年三月時來抗章劾嵩曰頃陛下赫然震怒逮治僨事邊臣人心莫不欣快邊臣朘軍實饋執政罪也執政受其饋朋奸罔上獨得無罪哉嵩輔政二十年文武遷除悉出其手潛令子世蕃出入禁所批答章奏世蕃因招權示威頤指公卿奴視將帥筐篚苞苴輻輳山積猶無饜足用所親萬寀爲文選郎方祥爲職方郎每行一事推一官必先稟命世蕃而後奏請陛下但知議出部臣豈知皆嵩父子私意哉他不具論如趙文華王汝孝張經蔡克廉以及楊順吳嘉會輩或祈免死或祈遷官皆剝民膏以營私利虛官帑以實權門陛下已洞見其一二言官如給事中袁洪張璒御史萬民英亦嘗屢及之顧多旁指微諷無直攻嵩父子者臣竊謂除惡務本今邊事不振由於軍困軍困由官邪官邪由執政之好貨若不去嵩父子陛下雖宵旰憂勞邊事終不可爲也時張翀董傳策與時來同日劾嵩而翀及時來皆徐階門生傳策則階邑子時來先又官松江於是嵩疑階主使密奏三人同日構陷必有人主之且時來乃憚琉球之行借端自脫帝入其言遂下三人詔獄嚴鞫主謀者三人瀕死不承第言此高廟神靈敎臣爲此言耳主獄者乃以三人相爲主使讞上詔皆戍烟瘴時來得橫州隆慶初召復故官進工科給事中條上治河事宜又薦譚綸俞大猷戚繼光宜用之薊鎭專練邊兵省諸鎭徵調帝皆從之撫治鄖陽僉都御史劉秉仁被劾且調用時來言秉仁薦太監李芳無大臣節秉仁遂坐罷帝免喪既久臨朝未嘗發言時來上保泰九劄報聞尋擢順天府丞隆慶二年拜南京右僉都御史提督操江移巡撫廣東將行薦所屬有司至五十九人給事中光懋等劾其濫舉會高拱掌吏部雅不喜時來貶雲南副使復爲拱門生給事中韓楫所劾落職閒住萬曆十二年始起湖廣副使俄擢左通政歷吏部左侍郎十五年拜左都御史誠意伯劉世延怙惡數抗朝命時來劾之下所司訊治時來初以直竄聲振朝端再遭折挫沈淪十餘年晚節不能自堅委蛇執政間連爲饒伸薛敷教王麟趾史孟麟趙南星王繼光所劾時來亦連乞休歸未出都卒贈太子太保謚忠恪尋爲禮部郎中于孔兼所論奪謚

張翀字子儀柳州人嘉靖三十二年進士授刑部主事疾嚴嵩父子亂政抗章劾之其畧曰竊見大學士嵩貴則極人臣富則甲天下子爲侍郎孫爲錦衣中書賓客滿朝班親姻盡朱紫犬馬尚知報主乃嵩則不然臣試以邊防財賦人才三大政言之國家所恃爲屏翰者邊鎭也自嵩輔政文武將吏率由賄進其始不核名實但通關節卽與除授其後不論功次但勤問遺卽被超遷託名修邊建堡覆軍者得廕子濫殺者得轉官公肆詆欺交相販鬻而祖宗二百年防邊之計盡廢壞矣戶部歲發邊餉本以贍軍自嵩輔政朝出度支之門暮入奸臣之府輸邊者四餽嵩者六臣每過長安街見嵩門下無非邊鎭使人未見其父先饋其子未見其子先饋家人家人嚴年富已踰數十萬嵩家可知私藏充溢半屬軍儲邊卒凍餒不保朝夕而祖宗二百年豢養之軍盡耗弱矣邊防旣隳邊儲旣虛使人才足供陛下用猶不足憂也自嵩輔政藐蔑名器私營囊橐世蕃以狙獪資倚父虎狼之勢招權罔利獸攫鳥鈔無恥之徒絡繹奔走靡然成風有如狂易而祖宗二百年培養之人才盡敗壞矣夫嵩險足以傾人詐足以惑世辨足以亂政才足以濟奸附己者加諸膝異己者墜之淵箝天下口使不敢言而其惡日以恣此忠義之士所以搤腕憤激懷深長之憂者也陛下誠賜斥譴以快衆憤則緣邊將士不戰而氣自倍百司庶府不令而政自新書奏逮下詔獄考訊謫戍都勻穆宗嗣位召爲吏部主事再遷大理少卿隆慶二年春以右僉都御史巡撫南贛所部萬羊山跨湖廣福建廣東境故盜藪四方商民種藍其間至是盜出刧翀遣守備董龍勦之龍聲言搜山諸藍戶大恐盜因煽之嘯聚千餘人兵部令二鎭撫臣協議撫勦之宜久乃定南雄劇盜黃朝祖流刧諸縣轉掠湖廣勢甚熾翀討禽之移撫湖廣召拜大理卿進兵部右侍郎以侍養歸萬曆初起故官督漕運召爲刑部右侍郎不拜連章乞休卒於家天啟初贈兵部尚書謚忠簡

董傳策字原漢松江華亭人嘉靖二十九年進士除刑部主事三十七年抗疏劾大學士嚴嵩畧言嵩稔惡悞國陛下豈不洞燭其奸特以輔政故尚爲優容令自省改而嵩怙不知戒負恩愈深居位一日天下受一日之害臣竊痛之夫邊疆督撫將帥欲得士卒死力必資財用今諸邊軍饟歲費百萬強半賂嵩遂令軍士饑疲寇賊深入此其壞邊防之罪一也吏兵二部持選簿就嵩塡註文選郎萬寀職方郎方祥甘聽指使不異卒隸都門諺語至以文武管家目之此其鬻官爵之罪二也侍郎劉伯躍以採木行部擅斂民財及郡縣贓罪輦輸嵩家前後不絕其他有司破冒攘斂入獻於嵩者更不可數計嵩家私藏富於公帑此其蠹國用之罪三也趙文華以罪放逐嵩沒其囊橐巨萬而令人護送南還恐喝州縣私役民夫致道路驛騷公私煩費此其黨罪人之罪四也天下藩臬諸司歲時問遺動以千計勢不得不掊克小民民財日殫嵩貲日積於是水陸舟車載還其鄉月無虛日所至要索供億勢如虎狼此其騷驛傳之罪五也嵩久握重權炙手而熱干進無恥之徒附羶逐穢屬集其門致士風日偷官箴日喪此其壞人才之罪六也嵩以蔽欺行其專權生死予奪惟意所爲而世蕃又以無賴之子竊威助惡父子肆凶中外飲憤有臣如此非國法可容臣待罪刑曹宜詰奸慝陛下誠不惜嚴氏以謝天下則臣亦何惜一死以謝權奸疏入下詔獄謫戍南寧穆宗立召復故官歷郎中隆慶五年累遷南京大理卿進工部右侍郎萬曆元年就改禮部言官劾傳策受人賄免歸繩下過急竟爲家奴所害

鄒應龍字雲卿長安人嘉靖三十五年進士授行人擢御史嚴嵩擅政久廷臣攻之者輒得禍相戒莫敢言而應龍知帝眷已潛移其子世蕃益貪縱可攻而去也乃上疏曰工部侍郎嚴世蕃憑籍父權專利無厭私擅爵賞廣致賂遺使選法敗壞市道公行羣小競趨要價轉鉅刑部主事項治元以萬三千金轉吏部舉人潘鴻業以二千二百金得知州夫司屬郡吏賂以千萬則大而公卿方岳又安知紀極平時交通贓賄爲之居間者不下百十餘人而其子錦衣嚴鵠中書嚴鴻家人嚴年幕客中書羅龍文爲甚年尤桀黠士大夫無恥者至呼爲鶴山先生遇嵩生日年輒獻萬金爲壽臧獲富侈若是主人當何如嵩父子故籍袁州乃廣置良田美宅於南京揚州無慮數十所以豪僕嚴冬主之抑勒侵奪民怨入骨外地牟利若是鄉里又何如尤可異者世蕃喪母陛下以嵩年高特留侍養令鵠扶櫬南還世蕃乃聚狎客擁豔姬恒舞酣歌人紀滅絕至鵠之無知則以祖母喪爲奇貨所至驛騷要索百故諸司承奉郡邑爲空今天下水旱頻仍南北多警而世蕃父子方日事掊克內外百司莫不竭民脂膏塞彼谿壑民安得不貧國安得不病天人災變安得不迭至也臣請斬世蕃首懸之於市以爲人臣凶橫不忠之戒苟臣一言失實甘伏顯戮嵩溺愛惡子召賂市權亦宜亟放歸田用清政本帝頗知世蕃居喪淫縱心惡之會方士藍道行以扶乩得幸帝密問輔臣賢否道行詐爲乩語具言嵩父子弄權狀帝由是疏嵩而任徐階及應龍奏入遂勒嵩致仕下世蕃等詔獄擢應龍通政司參議然帝雖罷嵩念其贊修元功意忽忽不樂手札諭階嵩已退其子已伏辜敢再言者當幷應龍斬之應龍深自危不敢履任賴階調護始視事御史張檟巡鹽河東不知帝指上疏言陛下已顯擢應龍而王宗茂趙錦輩首發大奸未召是曲突者不賞也帝大怒立逮至杖六十斥爲民久之世蕃誅應龍乃自安隆慶初以副都御史總理江西江南鹽屯遷工部右侍郎鎭守雲南黔國公沐朝弼驕恣廷議遣大臣有威望者鎭之乃改應龍兵部侍郎兼右僉都御史巡撫雲南至則發朝弼罪朝弼竟被逮萬曆改元鐵索箐賊作亂討平之已番人栂發反合土漢兵進討斬獲

各千餘人應龍有才氣初以劾嚴嵩得名驟致通顯及爲太常省牲北郊東廠太監馬保傳呼至導者引入正面爇香儼若天子應龍大駭劾保僭肆保深銜之至是京察自陳保修郤令致仕臨安土官普崇明崇新兄弟搆爭崇明引廣南儂兵爲助崇新則召交兵已交兵退儂兵尚留應龍命部將楊守廉往勦守廉掠村聚殺人儂賊乘之再敗官軍人以咎應龍應龍聞罷官不俟代徑歸代者王凝欲自以爲功力排應龍給事中裴應章遂劾應龍僨事巡按御史郭廷梧雅不善應龍劾如凝言應龍遂削籍卒於家十六年陝西巡撫王璇言應龍歿後遺田不及數畝遺址不過數楹卹典未被朝野所恨帝命復應龍官予祭葬張槚江西新城人嘉靖三十八年進士居臺中敢言穆宗初復官屢疏抗中官嘗劾大學士高拱拱復入閣掌吏部槚已遷太僕少卿坐不謹罷歸萬曆中累官工部右侍郎

林潤字若雨莆田人嘉靖三十五年進士授臨川知縣以事之南豐寇猝至爲畫計却之徵授南京御史嚴世蕃置酒召潤潤談辨風生世蕃心憚之既罷屬客謂之曰嚴侍郎謝君無刺當世事潤到官首論祭酒沈坤擅殺人置之理已劾副都御史鄢懋卿五罪嚴嵩庇之不問伊王典楧不道數遭論列不悛潤復糾之典楧累奏辨詆潤挾私部科交章論王抗朝命脅言官世蕃納其賄下詔責讓而已潤因言宗室繁衍歲祿不繼請亟議變通帝爲下所司集議會帝用鄒應龍言戍世蕃雷州其黨羅龍文潯州世蕃留家不赴龍文一詣戍所卽逃還徽州數往來江西與世蕃計事四十三年冬潤按視江防廉得其狀馳疏言臣巡視上江備訪江洋羣盜悉竄入逃軍羅龍文嚴世蕃家龍文卜築深山乘軒衣蟒有負險不臣之心而世蕃日夜與龍文誹謗時政搖惑人心近假名治第招集勇士至四千餘人道路恟懼咸謂變且不測乞早正刑章以絕禍本帝大怒卽詔潤逮捕送京師世蕃子紹庭官錦衣聞命亟報世蕃使詣戍所方二日潤已馳至世蕃猝不及赴乃械以行龍文亦從梧州捕至遂盡按二人諸不法事二人竟伏誅潤尋擢南京通政司參議歷太常寺少卿隆慶元年以右僉都御史巡撫應天諸府屬吏懾其威名咸震慄潤至則持寬平多惠政吏民皆悅服居三年卒官年甫四十潤鄉郡興化陷倭特疏請蠲復三年發帑金振卹鄉人德之喪歸遮道四十里爲位祭哭凡三日

贊曰世宗非庸懦主也嵩相二十餘年貪賚盈貫言者踵至斥逐罪死甘之若飴而不能得君心之一悟唐德宗言人謂盧杞奸邪朕殊不覺各賢其臣若蹈一轍可勝歎哉世蕃之誅發於鄒應龍成於林潤二人之忠非過於楊繼盛其言之切直非過於沈鍊徐學詩等而大憝由之授首蓋惡積滅身而鄒林之彈擊適會其時歟

明史卷二百十一　　列傳第九十九

總裁官總理事務經筵講官少保兼太子太保保和殿大學士兼管吏部戶部尚書事加六級臣張廷玉等奉敕修

馬永　梁震 祝雄
王效 劉文　周尚文 趙國忠
馬芳 子林 麐 孫炯 爌　何卿
沈希儀　石邦憲

馬永字天錫遷安人生而魁岸驍果有謀習兵法好左氏春秋嗣世職爲金吾左衞指揮使正德時從陸完擊賊有功進都指揮同知江彬練兵西內永當隸彬稱疾避之守備遵化寇入馬蘭峪參將陳乾被劾擢永代戰柏崖白羊峪皆有功十三年進都督僉事充總兵官鎭守薊州盡汰諸營老弱聽其農賈取傭直給健卒由是永所將獨雄於諸鎭武宗至喜峯口欲出塞永叩馬諫帝注視久之笑而止中路擦崖當敵衝無城堡耕牧者輒被掠永令人持一月糧營崖表版築其內城解如期立乃遷軍守之錄功進署都督同知嘉靖元年金山礦盜作亂遣指揮康雄討平之塞其礦朶顏把兒孫結諸部邀賞不得盜邊永迎擊洪山口而伏兵斷其後斬獲過當進右都督已復馘其驍將把兒孫不敢復擾邊大同兵變殺巡撫張文錦命桂勇爲總兵官往鎭而議將撫之永言逆賊干紀朝廷赦其脅從恩至渥也顧猶抗命今不剿春和北寇南牧叛卒勾連禍滋大宜亟調鄰鎭兵尅期攻城曉譬利害懸破格之賞令賊自相斬爲功元凶不難殄也乃命永督諸軍與侍郎胡瓚往會亂平乃還鎭永上書爲陸完請恤典且乞宥議禮獲罪諸臣帝大怒奪永官寄祿南京後府巡按御史邱養浩言永仁以恤軍廉以律己固邊防却强敵軍民安堵賴彼長城聞永去遮道乞留且攜子女欲遂逃移夫陸完久死炎瘴非有權勢可託永徒感國士知欲效區區之報不負知己寧負國家祈曲賜優容俾還鎭順天巡撫劉澤及給事御史交章救之俱被譴永竟廢不用永杜門讀書請約如寒士久之用薦僉書南京前府大同軍再亂廷臣交薦召至已就撫復還南京十四年遼東兵變罷總兵官劉淮以永代之太淸堡守將徐顥誘殺大寧衞九人部長把當亥怒寇邊永擊斬之其族屬把孫借朶顏兵報讐復爲永所却已復入犯中官王永戰敗永坐戴罪遼東自軍變後首惡雖誅漏網者衆悍卒無所憚結黨叫呼動懷不逞廣寧卒佟伏張鑑等乘旱饑倡衆爲亂諸營軍憚永無應者伏等登譙樓鳴鼓大譟永率家衆仰攻千戸張斌被殺永戰益力盡殲之事聞進左都督永畜士百餘人皆西北健兒驍勇敢戰遼東變初定帝問將於李時時薦永且曰其家衆足用也帝曰將須文武兼寧專恃勇乎時曰遼士新定須有威力者鎭之至是竟得其力都御史王廷相言永善用兵且廉潔宜仍用之薊鎭作京師藩屏未及調卒遼人爲罷市喪過薊州州人亦灑泣兩鎭竝立祠永爲將厚撫間諜得敵人情僞故戰輒勝雅知人所拔卒校後多至大帥尚書鄭曉稱永與梁震有古良將風

梁震新野人襲榆林衞指揮使嘉靖七年進署都指揮僉事協守寧夏興武營尋充延綏遊擊將軍廉勇好讀兵書善訓士力挽彊命中數先登擢延綏副總兵與總兵官王效却敵鎭遠關進都督僉事吉囊俺答犯延綏震敗之黃甫川尋犯響水波羅參將任傑大敗之吉囊復以十萬騎入寇震大破之乾溝獲首功百餘先後被獎賚已增俸一等乾溝凡三十里當敵衝震濬使深廣築土牆其上寇不復輕犯十四年進都督同知充陝西總兵官尋論黃甫川功進右都督明年移鎭大同大同亂兵連殺巡撫張文錦總兵官李瑾繼瑾者魯綱威不振兵益驕文武大吏不敢要束廷議以爲憂移震往震素畜健兒五百人至則下令軍中申約束鎭兵素憚震由是帖服寇入犯震破之牛心山斬級百餘寇憤駐近邊伺隙時車駕祀山陵震伏將士於諸路寇果入大破之宣寧灣又破之紅崖兒斬獲甚衆進左都督廕一子百戸震父棟前陣亡震辭廕乞父祭葬帝嘉而許之毛伯溫督師與震修鎭邊諸堡不數月工成卒贈太子太保賜其家銀幣加贈太保謚武壯震有機畧號令明審前後百十戰未嘗少挫時率健兒出塞劫敵營或議其啟釁震曰凡啟釁者謂寇不擾邊我橫挑邀功也今數深入乃不思一挫之耶震歿健兒無所歸守臣以聞編之伍邊將猶頗得其力代震者遼東祝雄起家世廕歷都督僉事自山西副總兵遷鎭大同被劾解職起鎭薊州善撫士洽軍肅寇入塞率子弟爲士卒先子少却行法不貸世宗書其名御屏爲將三十年布袍韈笠不異卒伍既歿遺貲僅供殮具薊人祠祀之

王效延綏人讀書能文辭嫻韜畧騎射絕人中武會試嘉靖中累官都指揮僉事充延綏右參將出神木塞擣寇雙乃山斬獲多尋擢延綏副總兵十一年冬進署都督僉事充總兵官代周尚文鎭寧夏吉囊犯鎭遠關效與梁震敗之柳門追北蜂窩山蹙溺之河斬首百四十有奇璽書獎賚吉囊十萬騎復窺花馬池效震拒之不得入轉犯乾溝震分兵擊遂趨固原總兵官劉文力戰寇趨青山峴大掠安定會寧效方敗別部於鼠湖追至沙湖疾移師往援破之安定再破之靈州先後斬首百五十餘級總制三邊尚書唐龍以大捷聞而巡按御史奏諸將失事罪給事中戚賢往勘奏安會二縣多殺掠文當罪然麾下卒僅八千倍道蒙險攖八九萬方張之寇殊死戰宜以功贖震乾溝效鼠湖沙湖安定靈州之戰以孤軍八百當寇萬餘功俱足錄龍亦善調度詔文奪職震效賚銀幣龍一子入監是役也功多執政尼之故賞薄御史周鈇以爲言龍效震各加一級效進都督同知尋以淸水營功進右都督寇以輕騎犯寧夏效伏兵打鐙口俟其半入橫擊敗之而防河卒復以戰艘邀斬其奔渡者捷聞進左都督寇憤設伏誘敗之貶右都督十六年移鎭宣府踰年卒謚武襄效言行謹飭用兵兼謀勇威名著西陲與馬永梁震周尚文竝爲名將劉文者陽和衞人襲指揮同知屢遷署都督僉事涼州右副總兵嘉靖八年以總兵官鎭陝西大破洮岷叛番若籠板爾諸族斬首三百六十有奇十一年寇西掠還將犯寧夏河東文擊破之積前功進都督同知後落職起鎭延綏改甘肅卒亦謚武襄

周尚文字彥章西安後衞人幼讀書粗曉大義多謀畧精騎射年十六襲指揮同知屢出塞有功進指揮使寘鐇反過黃河渡口獲叛賊丁廣等推掌衞事關內回賊四起倚南山尚文次第平之御史劉天和劾中貴廖堂繫詔獄事連尚文拷掠令引天和終不承久之始釋已守備階州討禽叛番進署都指揮僉事充甘肅遊擊將軍嘉靖元年改寧夏參將尋進都指揮同知爲涼州副總兵御史按部莊浪猝遇寇尚文亟分軍擁御史而自引麾下射之寇乃遁嘗追寇出塞寇來益衆尚文軍半

至虜下皆恐乃從容下馬解鞍背崖力戰所殺傷相當部將丁杲來援寇始退尚文被創甚乃告歸尋起故官吉囊數踏冰入尚文築牆百二十里澆以水冰滑不可上冰泮則令力士持長竿鐵鉤鉤殺渡者九年擢署都督僉事充寧夏總兵官王瓊築邊牆尚文督其役且濬渠開屯軍民利之寇掠西海過寧夏巡撫楊志學議發兵邀尚文不從劾解職久之起山西副總兵寇由偏頭關趨岢嵐尚文轉戰三百里破之與子君佐俱傷賚銀幣尋以總兵官鎮延綏寇犯紅山墩力戰敗之被賚吉囊復大掠清平堡坐奪俸尚文優將才負氣桀傲所至與文吏競文吏又往往挫折之以故彌不相得巡撫賈啟劾尚文老誖兵部請調之甘肅帝不從各奪其俸巡按張光祖言兩人必不可共處乃革尚文任亦貶啟秩吉囊大入抵固原天和時已爲總督激尚文立功奮擊之黑水苑殺其子號小十王者獲首功百三十餘乃以爲都督同知二十一年用薦爲東官廳聽征總兵官兼僉後府事嚴嵩爲禮部尚書子世蕃官後府都事驕蹇尚文面叱將劾奏之嵩謝得免調世蕃治中以避尚文銜次骨其秋以總兵官鎮大同請增餉及馬兵部言尚文陳請過當方被詔切責而尚文與巡撫趙錦不協乞休弗允日相搆御史王三聘乞移之他鎮廷議大同敵衝尚文假此避不宜墮其奸謀乃以錦爲甘肅巡撫吉囊數萬騎犯前衛尚文與戰黑山殺其子滿罕歹追至涼城斬獲多進右都督已寇由宣府逼畿甸出大同塞而北尚文邀之稍有俘獲後寇復大舉犯鵓鴿谷將南下尚文備陽和遣騎四出邀寇寇遁賜敕獎勞之總督翁萬達議築邊牆自宣府西陽和至大同關山口延袤二百餘里以屬尚文乃益築陽和以西至山西丫角山凡四百餘里敵臺千餘斥屯田四萬餘頃益軍萬三千有奇帝嘉其功進左都督加太子太保永除屯稅叛人充灼召小王子寇邊尚文偵得其使者加太保廕子錦衣世千戶終明之世總兵官加三公者尚文一人而已初俺答及吉囊諸子盛强諸邊歲受其患大同尤甚自尚文蒞鎮與總督萬達巡撫詹榮規畫戰守備邊民息肩者數年尚文益招叛人孤敵勢歸者相屬二十七年八月俺答伏兵五堡旁誘指揮顧相等出闘之彌陀山尚文急督副總兵林椿參將呂勇遊擊李梅及二子君佐君仁出塞援圍始解相及指揮周奉千戶呂愷郝經等己陣歿尚文轉戰次野口伏突起殊死戰斬其長一人相持月餘乃引去尚文設伏殺其殿卒而還尚文三子俱罪戍至是以父功得釋俺答數萬騎犯宣府萬達檄尚文大破之曹家莊錄功兼太子太傅賜賚有加其年卒年七十五尚文淸約愛士得士死力善用間知敵中曲折故戰輒有功自二十年後俺答頻擾邊宿將王效馬永梁震皆前死惟尚文存威名最盛嚴嵩父子謀傾陷功高帝方籍以抗强敵讒不得入暨卒格恤典不予給事中沈束以爲言嵩激帝怒錮束詔獄穆宗立始贈太傅諡武襄趙國忠字伯進錦州衛人嗣指揮職嘉靖八年舉武會試進都指揮僉事守備竇陽耀錦義右參將連破敵增秩賜金幣進署都督僉事爲遼東總兵官禦敵有功斬級百七十有奇進都督同知賜賚踰等敵以八百騎從鵶鶻關入都指揮康雲戰歿裨將三人亦死詔國忠戴罪立功已坐事被劾命白衣視事守備張文瀚禦敵死國忠坐解任尋起西官廳右參將授都督僉事提督東官廳俺答大舉犯宣府總兵官趙卿不任戰命國忠代之至岔道寇已爲周尚文所敗東走國忠命參將孫勇率精卒逆擊於大滹沱敗之與尚文分道擊寇盡走以功受賚復坐寇入降俸二等俺答薄京師國忠趨入衛壁沙河北已移護諸陵寇騎至天壽山見國忠陣紅門前不敢入三十一年再鎭遼東小王子打來孫以數萬騎寇錦州國忠禦却之明年入獅子口督參將李廣等逐出塞斬禽五十人寇屢入榆林堡高臺蛤利河先後掩擊獲首功百五十有奇進秩一等尋被論罷國忠善戰射穿札爲將有威嚴歷兩鎭繕亭障練士馬邊防賴之

馬芳字德馨蔚州人十歲爲北寇所掠使之牧芳私以曲木爲弓剡矢射俺答獵虎虓其前芳一發斃之乃授以良弓矢善馬侍左右芳陽爲之用而潛自間道亡歸周尚文鎭大同奇之署爲隊長數禦寇有功當得官以父貧悉受賞以養嘉靖二十九年秋寇犯懷柔順義芳馳斬其將授陽和衛總旗寇嘗入威遠伏驍騎鹽場而以二十騎挑戰芳知其詐用百騎薄伏所三分其軍銳以次擊之奮勇跳盪敵騎辟易十里斬首凡九十級已復禦之新平寇營野馬川詰日戰芳度寇且遁急乘之斬級益多衆方賀芳遽策馬曰賊至矣趣守險而身斷後頃之寇果麕至芳戰益力寇乃去亡何戰泥河復大破之累遷指揮僉事以功進都指揮僉事充宣府遊擊將軍復以功超遷都督僉事隸總督爲參將戰鎭山墩不利奪俸已襲寇有功進二秩爲右都督尋以功進左賜蟒袍偏裨加左都督自芳始也三十六年遷薊鎭副總兵分守建昌土蠻十萬騎薄界嶺口芳與總兵官歐陽安斬首數十獲驍騎猛克兎等六人寇不知芳在芳免冑示之驚曰馬太師也遂却捷聞廕世總旗未幾辛愛把都兒大入躪遵化玉田芳追戰金山寺有功而州縣破殘多總督王忬以下俱獲罪芳亦貶都督僉事尋移守宣府寇大入山西芳一日夜馳五百里及之七戰皆捷已復爲左都督就擢總兵官以功進二秩寇薄通州芳入衛令專護京師寇退再進一秩尋與故總兵劉漢出北沙灘搗寇巢已坐寇入令戴罪四十五年七月辛愛以十萬騎入西路芳迎之馬蓮堡堡圮衆請塞之不可請登臺亦不可開堡四門偃旗鼓寂若無人比暮野燒燭天囂呼達旦芳臥日中不起敵騎窺者相屬莫測所爲明日芳蹶然起乘城指示衆曰彼軍多反顧且走勒兵追擊大破之隆慶初或爲辛愛謀以五萬騎犯蔚州誘芳出而以五萬騎襲宣府城可得志芳豫伐木環城寇至不可上遂解去頃之率參將劉潭等出獨石塞外二百里襲其帳於長水海還至塞追者及鞍子山迎戰又大敗之廕子千戶芳有膽智諳敵情所至先士卒一歲數出師搗巢或躬督戰或遣裨將家蓄健兒得其死力嘗命三十人出塞四百里多所斬獲寇大震芳乃帥師至大松林頓舊興和衛登高四望耀兵而還時大同被寇視宣府尤甚總督陳其學恐擾畿輔令總兵官趙岢扼紫荆關寇乃縱掠懷仁山陰間岢坐貶三秩遂調芳與易鎭俺答轉犯威遠幾破會其學率胡鎭等救而芳軍亦至相拒十餘日乃走芳謂諸將曰大同非宣府比與我間一牆耳寇不時至非大創之不可乃將兵出右衛戰威寧海子破之其年俺答就撫塞上遂無事元年閱視侍郎吳百朋發芳行賄事勒閒住已起僉書前軍都督府順義王要賞聲言渝盟復用芳鎭宣府七年以疾乞歸又二年卒芳起行伍十餘年爲大帥戰膳房堡朔州登鷹巢鴿子堂龍門萬全右衞東嶺孤山土木乾莊岔道張家堡得勝堡大沙灘大小百十接身被數十創以少擊衆未嘗不大捷禽部長數十人斬馘無算威名震邊陲爲一時將帥冠石州城陷副將田世威參將劉寶論死芳乞寢已廕子贖二將罪爲御史所劾敕戒論後世威復爲將遇芳薄芳不與校識者多之二子棟林棟官至都督無所見林由父廕累官大同參將萬曆二十年順義王撦力克繫獻史車二部長林以制敵功進副總兵二十七年擢署都督僉事爲遼東總兵官林雅好文學能詩工書交遊多名士時譽籍甚自許亦甚高嘗陳邊務十策語多觸文吏寢不行稅使高淮橫恣林力與抗淮劾奏之坐奪職給事中侯先春論救改林戍烟瘴先春亦左遷二官久之遇赦免遼左用兵詔林以故官從征楊鎬之四路出師也令林將一軍由開原出三岔口而以遊擊竇永澄監北關軍竝進林軍至尚間崖結營浚壕嚴斥堠自衞及聞杜松軍敗方移營而

大清兵已逼乃還兵別立營浚壕三周列火器壕外更布騎兵於火器外他士卒皆下馬結方陣壕內又一軍西營飛芬山杜松軍既覆

大淸兵乘銳薄林軍見林壕內軍已與壕外合而陳縱精騎直前衝之林軍不能支遂大敗副將麻巖戰死林僅以數騎免死者彌山谷血流尙間崖下水爲之赤

大淸遂移兵擊飛芬山僉事潘宗顏等一軍亦覆北關兵聞之遂不敢進林旣喪師謫充爲事官俾守開原時蒙古宰賽煖兎許助林兵林與結約恃此不設備其年六月

大淸兵忽臨城林列衆城外分少兵登陴

大淸兵設楯梯進攻而別以精騎擊破林軍之營東門外者軍士爭門入遂乘勢奪門攻城兵亦踰城入林城外軍望見盡奔

大淸兵據城邀擊壕不得渡悉殲之林及副將于化龍參將高貞遊擊于守志守備何懋官等皆死焉尋贈都督同知進世廕二秩林雖更歷邊鎭然未經强敵無大將才當事以虛名用之故敗林五子燃熠炯爌爋燃熠戰死尙間崖炯天啓中湖廣總兵官協討貴州叛賊從王三善至大方數戰皆捷已大敗三善自殺炯潰歸得疾而卒爌幼習兵畧天啓中爲遼東遊擊督師閣部孫承宗以其父死王事奬用之命代王楹守中右所及巡撫袁崇煥更營制以故官掌前鋒左營數有功屢遷至副總兵守徐州崇禎八年正月賊陷鳳陽大掠而去爌及守備駱舉率兵入以恢復告遂留戍其地八月賊擾河南總督朱大典命移駐潁亳事定還徐州十年賊犯桐城爌赴救破之羅唱河尋以護陵功增秩一級歸德徐州間有地曰朱家廠土寇據之時出掠爌勦滅之賊犯固始大典檄爌及遊擊張士儀等分戍霍邱西南扼賊東下賊遂走六安大典又移爌等駐壽州東兼護二陵當是時長淮南北專以陵寢爲重爌馳驅數年幸無失事十二年六月擢總兵官鎭守天津久之移鎭甘肅十五年督三協副將王世寵王加春魯蔭昌等討破叛

番斬首七百餘級撫安三十八族而還其冬督師孫傳庭檄召不至疏劾之帝令察爌堪辦賊許戴罪圖功否即以賜劍從事及爌至軍傳庭貸其罪已復以逗遛淫掠被劾帝仍令戴罪自効明年秋傳庭將出關有傳賊自內鄉窺商雒者檄爌移商州扼其北犯已而傳庭師覆爌遂還鎮未幾賊陷延綏寧夏遂陷蘭州渡河抵甘州環攻之爌與巡撫林日瑞竭力固守賊乘雪夜坎而登士卒寒甚不能戰城遂陷爌日瑞及中軍哈維新姚世儒皆死焉弟爊爲沔陽州同知城陷亦死之爌父子兄弟並死國難

何卿成都衞人有志操習武事正德中嗣世職爲指揮僉事以能擢筠連守備從巡撫盛應期擊斬叛賊謝文禮文義世宗立論功進署都指揮僉事充左參將協守松潘嘉靖初芒部土舍隴政土婦支祿等叛卿討之斬首二百餘級降其衆數百人政奔烏撒卿檄土官安寧禽以獻寧佯諾而匿政不出巡撫湯沐言狀帝奪卿冠帶川貴兵合討賊始滅還冠帶如初五年春擢卿副總兵仍鎮松潘隴氏已絕改芒部爲鎮雄府設流官未幾政遺黨沙保復叛卿偕參將魏武參議姚汝臯等並進斬保等賊首七人餘盡殄錄功武最卿次之賜賚有差黑虎五砦番反圍長安諸堡烏都鵓鴿諸番亦繼叛卿皆破平之就進都督僉事威茂番十餘砦連兵劫軍饟且攻茂州及長寧諸堡要撫賞卿與副使朱紈築茂州外城以困之旋以計殲其衆戰屢捷遂攻深溝焚其碉砦諸番窘請贖罪卿責獻首惡番不應復分勦淺溝渾水二砦殲之諸番乃爭獻首惡插血斷指耳誓不復叛卿乃與刻木爲約分處其曹畫疆守松潘路復通巡撫潘鑑等上二人功詔賚銀幣進署都督同知鎮守如故久之以疾致仕二十三年塞上多警召卿以疾辭帝怒奪其都督命以都指揮使詣部聽調未幾寇逼畿輔命督盧溝橋松潘副總兵李爵爲巡撫邱養浩劾罷詔以卿代給事中許天倫言卿賄養浩劾爵自爲地帝怒褫卿及養浩官令巡按冉崇禮覈實時兵事棘翁萬達復薦卿還其都督僉事督東官廳軍馬已而崇禮具言爵貪汚卿鎮松潘十七年爲蜀保障軍民頌德且貧安所得賄帝意乃解四川白草番爲亂副總兵高岡鳳被劾兵部尚書路迎奏卿代之卿再涖松潘將士咸喜乃會巡撫張時徹討禽渠惡數人俘斬九百七十有奇克營砦四十七毀碉房四千八百獲馬牛器械儲積各萬計進署都督同知卿素有威望爲番人所憚自威茂迄松潘龍安夾道築牆數百里行旅往來無剽敓患先後涖鎮二十四年軍民戴之若慈母再以疾歸三十三年倭寇海上詔卿與沈希儀各率家衆赴蘇松軍門明年充副總兵總理浙江及蘇松海防卿蜀中名將不諳海道年已老兵與將不習竟不能有所爲爲巡按御史周如斗劾罷卒

沈希儀字唐佐貴縣人嗣世職爲奉議衞指揮使機警有膽勇智計過絕於人正德十二年調征永安以數百人擣陳村砦馬陷淖中騰而上連馘三酋破其餘衆進署都指揮僉事義寧賊寇臨桂還巢希儀追之巢有兩隘賊伏兵其一使熟猺紿官兵入希儀策其詐急從別隘直抵賊巢賊倉卒還救遂大破之荔浦賊八千渡江東掠希儀率五百人駐白面砦待其歸砦去蛟龍滑石兩灘各數里希儀以滑石灘狹難衆可薄蛟龍灘廣濟則難圖欲誘致之滑石乃樹旗百蛟龍灘守以羸卒然柴以疑之賊果趨滑石希儀預以小艦載勁卒伏葭葦中賊渡且半乘瀧急衝之兩岸軍譟而前賊衆多墜水死收所掠而還從副總兵張祐連破臨桂灌陽古田賊進署都指揮同知掌都司事嘉靖五年總督姚鏌將討田州岑猛用希儀計間猛婦翁歸順土酋岑璋使圖猛而分兵五哨進希儀將中哨當工堯工堯賊要地聚衆守之希儀夜遣軍三百人緣山上繞出其背比明合戰則所遣軍已立幟山巔賊大潰敗猛走歸順爲璋所執田州平希儀功最鏌抑之止受賚鏌議設流官希儀曰思恩以流官故亂至今未已田州復然兩賊且合從起鏌不從以希儀爲右參將分守思田希儀請還鄉治裝以參將張經代守甫一月田州復叛鏌罷歸王守仁代多用希儀計思田復定改右江柳慶參將駐柳州象州武宣融縣猺反討破之謝病歸頃之還故任柳在萬山中城外五里卽賊巢軍民至無地可田而官軍素罷不任戰又賊耳目徧官府閭閻動靜無不知希儀謂欲大破賊非狠兵不可請於制府調那地狠兵二千來戍兵稍振乃求得與猺通販易者數十人持其罪而厚撫之使詷賊賊動靜希儀亦無不知希儀每出兵雖肘腋親近不得聞至期鳴號則諸軍咸集令一人挾旗引諸軍行不測所往及駐軍設伏賊必至遇伏輒奔官軍擊之無不如志已賊寇他所官軍又先至遠村僻聚賊度官軍所不逮者往寇之官軍又未嘗不在賊驚以爲神希儀得賊巢婦女畜産果鄰巢者悉還之惟取陰助賊者諸猺盡讋伏無敢嚮賊希儀初至令熟猺得出入城中無所禁因厚賞其黠者使爲諜後漸令猺婦入見其妻賚以酒食繒帛其夫常以賊情告者則陰厚之諸猺婦利賞爭勸其夫輸賊情或自入府言之以故賊益無所匿形希儀每於風雨晦冥夜偵賊所止宿分遣人齎銃潛伏舍旁中夜銃舉賊大駭曰老沈來矣咸挈妻子匍匐上山兒啼女號或寒凍觸厓石死爭怨悔作賊非計至曉下山則寂無人聲他巢亦然衆愈益驚潛遣人入城偵之則希儀故居城中不出也賊膽落多易面爲熟猺韋扶諫者馬平猺魁也累捕不得有報扶諫逃鄰賊二層巢者希儀潛率兵勦之則又與三層賊往劫他所希儀盡俘二層巢妻子歸希儀俘賊妻子盡以畀狠兵至是獨閉之空舍飲食之使熟猺往語其夫曰得韋扶諫還矣諸猺聞悉來謁希儀令入室視之妻子固無恙乃共誘扶諫出巢縛以獻易妻子還希儀刻扶諫目支解之懸諸城門諸猺服希儀威信益不敢爲盜自是柳城四旁數百里無敢攘敓者希儀嘗上書於朝言狠兵亦猺獞耳猺獞所在爲賊而狠兵死不敢爲非非狠兵順而猺獞逆也狠兵隸土官猺獞隸流官土官令嚴足以制狠兵流官勢輕不能制猺獞若割猺獞分隸之旁近土官土官世世富貴不敢有他望以國家之力制土官以土官之力制猺獞皆爲狠兵兩廣世世無患矣時不能用至十六年而有思恩岑金之變初思恩土官岑濬既誅改設流官以其酋二人韋貴徐五爲土巡檢分掌其兵各萬餘夷民不樂漢法凡數叛鎮安有男子名金自言濬子鎮安土官乃潛召其舊部酋長出金而與之盟曰若小主也諸酋羅拜擁金歸聚兵五千將攻城復故地遠近洶洶濬誅時其酋楊留者無所歸率黨千餘人詣賓州應募爲打手希儀在賓留入言欲往見小主人希儀故患金及聞留言益大駭因好謂留曰是岑濬第九子耶我向征田州固聞之因自語岑氏其復乎欲以深動留留果喜已召留密室言予我重賂卽爲金復官且出復呼入曰韋貴徐五今分將思恩兵必讐金善防之留益大信金遂從五千人因留以見門者奔告請無納希儀罵曰金土官子非賊奈何不納引入厚結之又引以詣兵備副使隨以計漸散其五千人卒縛金留亦自恨死思恩復寧已從總督張經大破斷籐峽弩灘賊受賚歸希儀鎮柳慶久渠魁宿猾捕誅殆盡先後擣巢斬馘積五千餘級未嘗悉奏功故多不敘十九年復謝病柳人祀之山雲祠旋起四川左參將分守敘瀘及貴州迤西諸處其冬擢署都督僉事充總兵官鎮貴州復謝病歸塞上多警召天下名將至京師希儀在召中希儀鎮柳慶每戰必先登身數被創陰雨輒痛劇故數謝病至京亦以病辭帝疑其規避褫都督官令赴部候用翁萬達薦其才會江淮多盜議設督捕總兵官乃復希儀署都督僉事以往二十六年以爲廣東副總兵命自今將領至自川廣雲貴者毋推京營及西北邊著爲令從總督張岳大破賀縣賊倪仲亮等予實授仍賚銀幣瓊州五指山熟黎素畏法供猺賦知州邵濬虐取之其酋那燕遂結崖州感恩昌化諸黎爲亂總督歐陽必進議并萬州陵水黎討之分兵五道希儀適病最後至謂必進曰萬州陵水黎未有黨惡之實奈何并誅益樹敵莫若止三道必進從之希儀乃偕參將武鸞俞大猷等直入五指山下斬那燕及其黨五千四百有奇俘獲者五之一招降三千七百人捷聞進都督同知改貴州總兵官復從岳平銅仁叛苗龍許保吳黑苗又以病歸倭寇海上命督川廣兵赴勦無功爲周如斗劾罷希儀爲人坦率居恒諧笑洞見肺腑及臨敵應變出奇人莫測尤善撫士卒常染危病卒多自戕以禱於神最後一人至以箭穿其喉其得士心如此

石邦憲字希尹貴州淸平衞人嘉靖七年嗣世職爲指揮使累功進署都指揮僉事充銅仁參將苗龍許保吳黑苗叛總督張岳議征之而賊陷印江石阡邦憲坐逮問岳以銅仁賊巢穴而邦憲有謀勇乃奏留之邦憲遂與川湖兵進貴州破苗砦十有五竄山箐者搜戮殆盡上功邦憲第一未及敘而許保等突入思州執知府李允簡以去邦憲急邀奪之歸坐是停俸戴罪賊旣破思州復糾餘黨與湖廣蜡爾山苗合欲攻石阡不克還過省溪千戶安大朝等邀之斬獲大半盡奪其輜重賊不能軍邦憲乃使使購老猫老𤠣等執許保送軍門而黑苗竄如故復以計購鳥朗土官田興邦等斬黑苗賊盡平遂進署都督僉事充總兵官代沈希儀鎮貴州臺黎砦苗闞保倡亂四川容山廣西洪江諸苗應之遠近騷然撫勦莫能定邦憲與湖廣兵分道討破之傳檄十八砦許執首惡贖罪諸苗聽撫設盟受約而還播州宣慰楊烈殺長官王黼黼黨李保等治兵相攻且十年總督馮岳與邦憲討平之播州苗盧阿項爲亂邦憲以兵七千編筏渡江直抵磨子崖策賊必夜襲先設備賊至擊敗之賊求援於播州吳鯢諸將懼邦憲曰水西宣慰安萬銓播州所畏也吾調水西兵攻烏江聲楊烈縱鯢助逆罪烈奚暇救人乎已水西兵至邦憲進逼其巢乘風

縱火斬關而登賊大奔潰禽賊首父子斬獲四百七十餘人進署都督同知破地隆阡叛苗四砦又破答千諸砦禽其渠魁地隆阡遺賊龍老三龍得奎結龍停苗老夭扳羗苗石章保等縱兵掠執石耶洞土官妻冉氏以歸攻梅平砦官軍要禽老三得奎走免復與老夭等攻破平南營囮邦憲偵冉氏在老夭所陽議贖而潛擊殺老夭官軍遂入龍停砦并執扳羗砦苗龍老丙令執獻章保於是諸苗悉降白洗養鵝諸苗叛討禽其魁降百餘砦湖廣溆浦猺沈亞當等爲亂總督石勇檄邦憲討之生禽亞當斬獲二百有奇溆浦甫平銅仁都勻苗相煽叛邦憲亟馳還率守備安大朝進勦先破彪山砦賊乘勝畧定諸砦獲賊首龍老羅王三等餘黨盡平又與總督黃光昇修湖北壄臺烽堠百十所招降冷水溪諸洞苗二十八砦播州容山副長官土舍韓甸與正長官土舍張問相攻甸屢勝遂糾生苗剽湖貴境垂二十年問亦糾黨自助邦憲討之斬百餘人問潛出被獲官軍乘勝入甸巢會暮大雨迷失道守備葉勛百戶魏國相等陷伏中死焉邦憲奪圍出還軍鎭遠再征之賊沿江守邦憲佯與爭而別自上流三十里編竹以渡水陸並進大破之斬甸容山平進右都督尋與巡撫吳維嶽招降平州叛酋楊珂勦平龍里衞賊阿利等當是時水西宣慰安國亨恃衆跋扈謁上官辭色不善輒鼓衆譁譟而出邦憲召責之曰爾欲反耶吾視爾釜中魚爾爾兵孰與雲貴川湖多爾四十八酋長吾鑄四十八印畀之朝下令夕滅爾矣國亨叩頭謝爲斂戢隆慶元年勦平鎭遠苗已又破誅白泥土官楊贇及苗酋龍力水等部內帖然邦憲生長黔土熟苗情善用兵大小數十百戰無不摧破前後進秩者四賚銀幣十有三所得俸賜悉以饗士家無贏貲爲總兵官十七年威鎭蠻中與四川何卿廣西沈希儀並稱一時名將明年卒官贈左都督

贊曰嗚呼明至中葉曷嘗無邊材哉如馬永梁震周尚文沈希儀之徒出奇制勝得士卒死力雖古名將何以加焉然功高賞薄起蹶靡常此無異故其抗懷奮激無以結歡在朝柄政重人宜其齟齬不相入也馬芳三代爲將父子兄弟先後殉國偉矣哉

明史卷二百十二　列傳第一百

總裁官總理事務經筵講官少保兼太子太保保和殿大學士兼管吏部戶部尚書事加六級張廷玉等奉

敕修

俞大猷 盧鏜 湯克寬　戚繼光 弟繼美 朱先

劉顯 郭成　李錫 黃應甲 尹鳳

張元勳

俞大猷字志輔晉江人少好讀書受易於王宣林福得蔡清之傳又聞趙本學以易推衍兵家奇正虛實之權復從受其業嘗謂兵法之數起五猶一人之身有五體雖將百萬可使合爲一人也已又從李良欽學劍家貧屢空意嘗豁如父歿棄諸生嗣世職百戶舉嘉靖十四年武會試除千戶守禦金門軍民囂訟難治大猷導以禮讓訟爲衰止海寇頻發上書監司論其事監司怒曰小校安得上書杖之奪其職尚書毛伯溫征安南復上書陳方畧請從軍伯溫奇之會兵罷不果用二十一年俺答大入山西詔天下舉武勇士大猷詣巡按御史自薦御史上其名兵部會伯溫爲尚書送之宣大總督翟鵬所召見論兵事大猷屢折鵬鵬謝曰吾不當以武人待子下堂禮之驚一軍然亦不能用大猷辭歸伯溫用爲汀漳守備蒞武平作讀易軒與諸生爲文會而日教武士擊劍連破海賊康老俘斬三百餘人擢署都指揮僉事僉書廣東都司新興恩平峒賊譚元清等屢叛總督歐陽必進以屬大猷乃令良民自爲守而親率數人徧詣賊峒曉以禍福且教之擊劍賊駭服有蘇靑蛇者力格猛虎大猷紿斬之賊益驚乃詣何老猫峒令歸民侵田而招降渠魁數輩二邑以寧二十八年朱紈巡視福建薦爲備倭都指揮會安南入寇必進奏留之先是安南都統使莫福海卒子宏瀷幼其大臣阮敬謀立其壻莫敬典范子儀謀立其黨莫正中互讐殺正中敗挈百餘人來歸子儀收殘卒遁海東至是妄言宏瀷死迎正中歸立剽掠欽廉等州嶺海騷動必進檄大猷討之馳至廉州賊攻城方急大猷以舟師未集遣數騎諭降且聲言大兵至賊不測果解去無何舟師至設伏冠頭嶺賊犯欽州大猷遮奪其舟追戰數日生禽子儀弟子流斬首千二百級窮追至海東雲屯檄宏瀷殺子儀函首來獻事平嚴嵩抑其功不敘但賚銀五十兩而已是年瓊州五指山黎那燕搆感恩昌化諸黎共反必進復檄大猷討而朝議設參將於崖州卽以大猷任之乃會廣西副將沈希儀諸軍擒斬賊五千三百有奇招降者三千七百大猷言於必進曰黎亦人也率數年一反一征豈上天生人意宜建城設市用漢法雜治之必進納其言大猷乃單騎入峒與黎定要約海南遂安三十一年倭賊大擾浙東詔移大猷寧台諸郡參將會賊破寧波昌國衞大猷擊却之復攻陷紹興臨山衞轉掠至松陽知縣羅拱辰力禦賊而大猷邀諸海斬獲多竟坐失事停俸未幾逐賊海中焚其船五十餘予俸如故越二年賊據寧波普陀大猷率將士攻之半登賊突出殺武舉火斌等三百人坐戴罪辦賊俄敗賊吳淞所詔除前罪仍賚銀幣賊自健跳所入掠大猷連戰破之旋代湯克寬爲蘇松副總兵所將卒不三百人徵諸道兵未集賊犯金山大猷戰失利時倭屯松江柘林者盈二萬總督張經趣之戰大猷固不可及永順保靖兵稍至乃從經大破賊於王江涇功爲趙文華胡宗憲所攘不敘坐金山失律謫充爲事官柘林倭雖敗而新倭三十餘艘突靑村所與南沙小烏口浪港諸賊合犯蘇州陸涇壩直抵婁門敗南京都督周于德兵賊復分爲二北掠滸墅南掠橫塘延蔓常熟江陰無錫之境出入太湖大猷偕副使任環大敗賊陸涇壩焚舟三十餘又遮擊其自三丈浦出海者沉七艘賊乃退泊三板沙頂之他倭犯吳江大猷及環又邀破之鶯脰湖賊走嘉興三板沙賊掠民舟將遁大猷追擊於馬蹟山禽其魁金涇許浦白茅港賊俱出海大猷追擊於茶山焚五舟賊走保馬蹟山三板沙將士復追及壞其三舟江陰蔡港倭亦去官兵分擊於馬蹟馬圖寶山値颶風作賊舟多覆柘林倭亦爲官兵所擊沉二十餘舟餘賊退登陸已復泛舟出海大猷及僉事董邦政分擊獲九舟而賊又遭風壞三舟餘三百人登岸走據華亭陶宅鎭屢敗趙文華等大軍夜屯周浦永定寺官兵四集進圍之而柘林失風賊九舟巢於川沙窪糾合至四十餘艘勢猶未已巡撫曹邦輔劾大猷縱賊帝怒奪其世廕責取死罪招立功自贖時周浦賊圍急乘夜東北奔爲遊擊曹克新所邀斬首百三十遂與川沙窪賊合諸軍日夜擊賊焚巢出海大猷偕副使王崇古入洋追之及於老鸛觜焚巨艦八斬獲無算餘賊奔上海浦東初以倭患急特命都督劉遠爲浙江總兵官兼轄蘇松諸郡數月無所爲廷臣爭言大猷才三十五年三月遂罷遠以大猷代賊犯西庵沈莊及淸水窪大猷偕邦政擊敗之賊走陶山詔還世廕賊自黃浦遁出海大猷追敗之其年冬以與平徐海功加都督僉事海旣平浙西倭悉靖獨寧波舟山倭負險官兵環守不能克是時土兵狼兵悉已遣歸而川貴所調麻寮大剌鎭溪桑植兵六千始至大猷乘大雪四面攻之賊死戰殺土官一人諸軍益競進焚其柵賊多死其逸出者復殪賊盡平加大猷署都督同知明年胡宗憲方圖汪直用盧鏜言將與通市大猷力爭不可及直誘入下吏其黨毛海峯等遂據舟山阻岑港自守大猷環攻之時小勝然苦仰攻將士先登多死新倭又大至朝廷趣宗憲甚急宗憲諉爲大言以對廷臣競詆宗憲并劾大猷乃奪大猷及參將戚繼光職期一月內平賊大猷等懼攻益力賊益死守三十七年七月乃自岑港移柯梅造舟成泛海去大猷等橫擊之沉其一舟餘賊遂揚帆而南流劫閩廣大猷先後殺倭四五千賊幾平而官軍圍賊已一年宗憲亦利其去陰縱之不督諸將邀擊比爲御史李瑚所劾則委罪大猷縱賊以自解帝怒逮繫詔獄再奪世廕陸炳與大猷善密以己貲投嚴世蕃解其獄令立功塞上大同巡撫李文進習其才與籌軍事乃造獨輪車拒敵馬嘗以車百輛步騎三千大挫敵安銀堡文進上其制於朝遂置兵車營京營有兵車自此始也文進將襲板升謀之大猷果大獲詔還世廕寇掠廣武大猷拒却之先論平汪直功許除罪錄用及是鎭筸有警川湖總督黃光昇薦大猷卽用爲鎭筸參將廣東饒平賊張璉數攻陷城邑積年不能平四十年七月詔移大猷南贛合閩廣兵討之時宗憲兼制江西卽璉遠出檄大猷急擊大猷謂宜以潛師搗其巢攻其必救奈何以數萬衆從一夫浪走哉乃疾引萬五千人登柏嵩嶺俯瞰賊巢璉果還救大猷連破之斬首千二百餘級賊懼不出用間誘璉出戰從陣後執之并執賊魁蕭雪峯廣人攘其功大猷不與較散餘黨二萬不戮一人擢副總兵協守南贛汀漳惠潮諸郡遂乘勝征程鄉盜走梁寧禽徐東洲林朝曦者獨約黃積山大舉官軍攻斬積山朝曦遁後亦爲徐甫宰所滅大猷尋擢福建總兵官與戚繼光復興化城共破海倭詳繼光傳繼光先登受上賞大猷但賚銀幣四十二年十月徙鎭南贛明年改廣東潮州倭二萬與大盜吳平相犄角而諸峒藍松三伍端溫七葉丹樓輩日掠惠潮間閩則程紹祿亂延平梁道輝擾汀州大猷以威名懾羣盜單騎入紹祿營督使歸峒因令驅道輝歸兩人卒爲他將所滅惠州參將謝敕與伍端溫七戰失利以俞家軍至恐之端乃驅諸酋以歸無何大猷果至七被禽端自縛乞殺倭自効大猷使先驅官軍繼之圍倭鄒塘一日夜克三巢焚斬四百有奇又大破之海豐倭悉奔崎沙甲

子諸澳奪漁舟入海舟多没於風脫者二千餘人還保海豐金錫都大猷圍之兩月賊食盡欲走副將湯克寬設伏邀之手斬其梟將三人參將王詔等繼至賊遂大潰乃移師潮州以次降藍松三葉丹樓遂使招降吳平居之梅嶺平未幾復叛造戰艦數百聚衆萬餘築三城守之行劫濱海諸郡縣福建總兵官戚繼光襲平平遁保南澳四十四年秋入犯福建把總朱璣等戰没於海中大猷將水兵繼光將陸兵夾擊平南澳大破之平僅以身免奔據饒平鳳凰山繼光留南澳大猷部將湯克寬李超等躡賊後連戰不利平遂掠民舟出海閩廣巡按御史交章論之大猷坐奪職平卒爲克寬所追擊遠遁以免不敢入犯矣河源翁源賊李亞元等猖獗總督吳桂芳留大猷討之徵兵十萬分五哨進大猷使間攜賊黨而親擣其巢生禽亞元俘斬一萬四百奪還男婦八萬餘人乃還大猷職以爲廣西總兵官故事以勳臣總兩廣兵與總督同鎭梧州帝用給事中歐陽一敬議兩廣各置大帥罷勳臣乃召恭順侯吳繼爵還京以大猷代予平蠻將軍印而以劉顯鎭廣東兩廣並置帥自大猷及顯始也伍端死其黨王世橋復叛劫執同知郭文通大猷連敗之其部下執以獻進署都督同知海賊曾一本者吳平黨也既降復叛執澄海知縣敗官軍守備李茂才中礮死詔大猷暫督廣東兵協討隆慶二年一本犯廣州尋犯福建大猷合郭成李錫軍擒滅之錄功進右都督廣西古田獞黃朝猛韋銀豹等嘉靖末嘗再劫會城庫殺參將黎民表巡撫殷正茂徵兵十四萬屬大猷討之分七道進連破數十巢賊保潮水巢極巔攻十餘日未下大猷佯分兵擊馬浪賊而密令參將王世科乘雨夜登山設伏黎明礮發賊大驚諸軍攀援上賊盡死馬浪諸巢相繼下斬獲八千四百有奇禽朝猛銀豹百年積寇盡除進世廕爲指揮僉事大猷爲將廉馭下有恩數建大功威名震南服而巡按李良臣劾其奸貪兵部力持之詔還籍候調起南京右府僉書未任以都督僉事爲福建總兵官萬曆元年秋海寇突閩峽澳坐失利奪職復以署都督僉事起後府僉書領車營訓練三疏乞歸卒贈左都督謚武襄大猷負奇節以古賢豪自期其用兵先計後戰不貪近功忠誠許國老而彌篤所在有大勳武平崖州饒平皆爲祠祀譚綸嘗與書曰節制精明公不如綸信賞必罰公不如戚精悍馳騁公不如劉然此皆小知而公則堪大受戚謂戚繼光劉謂劉顯也子咨皐福建總兵官盧鏜汝寧衞人嘉靖時由世廕歷福建都指揮僉事爲都御史朱紈所任紈自殺鏜亦論死尋赦免以故官備倭福建遷都指揮擊賊嘉興敗責戴罪尋擢參將分守浙東濱海諸郡與副將大猷大破賊王江涇旋督保靖土兵及蜀將陳正元兵擊賊張莊焚其壘追擊之後港爲賊所敗賊出没台州外海都指揮王沛敗之大陳山賊登山官軍焚其舟鏜會勦禽其酋林碧川等餘倭盡滅別賊掠諸縣指揮閔溶等敗死鏜奪職戴罪旋以薦擢協守江浙副總兵賊陷仙居趨台州鏜破之彭溪乃與胡宗憲共謀滅徐海宗憲招汪直鏜亦說日本使善妙令禽直直與日本貳卒伏誅倭犯江北鏜馳援破之又敗北洋倭二十餘艘賊斂舟三沙復流劫江北巡撫李遂劾鏜縱賊鏜已擢都督僉事爲江南浙江總兵官奪職視事以通政唐順之薦復職如初尋以誅汪直功進都督同知倭復犯浙東水陸十餘戰斬首千四百有奇總督宗憲以蕩平聞鏜復增俸賚金鏜擢用由宗憲宗憲敗給事中邱橓劾鏜八罪逮治免歸鏜有將畧倭難初興諸將悉望風潰敗獨鏜與湯克寬敢戰名亞俞戚云克寬邳州衞人父慶嘉靖中江防總兵官克寬承世廕歷官都指揮僉事充浙江參將倭犯温州克寬擊敗之別賊寇嘉興屬邑克寬至海鹽被圍偕參政潘恩等拒守賊不能克乃焚掠而去無何陷乍浦城轉掠奉化寧海克寬追圍於獨山民家火焚之賊半死餘奪圍遁時濱海多被倭患而將士無紀律賊至輒奔議設大將統制江淮乃命克寬爲副總兵駐金山衞提督海防諸軍倭三百人泊崇明南沙克寬偕僉事任環攻之敗績賊移舟寶山克寬追敗之南家觜賊乃轉寇嘉定上海間被劾奪官從軍倭二千餘分掠蘇松克寬逆戰採淘港斬首八百餘級都御史王忬薦爲浙西參將遇賊嘉湖復失利詔以白衣辦賊總督張經議擣賊柘林令克寬將廣西土兵屯乍浦與副將大猷等相犄角大戰王江涇斬級二千會趙文華劾經惑克寬言縱倭飽颺遂併逮問論死久之赦免廣東用兵命赴軍前自効從大猷大破倭海豐還世廕俄以爲惠潮參將復從大猷破吳平平未幾復振克寬已擢狼山副總兵命留討賊俄敗之陽江烏豬洋平窘奔安南都御史吳桂芳檄安南協討遣克寬以舟師會夾擊平萬橋山下焚其舟禽斬四百人平遠竄乃進克寬署都督僉事爲廣東總兵官曾一本突海豐惠來間克寬倡議撫之令居潮陽下澮地未幾激民變一本亦反詔逮克寬訊治尋赦免赴薊鎭立功萬曆四年炒蠻入掠古北口克寬偕參將苑宗儒追出塞遇伏戰死

戚繼光字元敬世登州衞指揮僉事父景通歷官都指揮署大寧都司入爲神機坐營有操行繼光幼倜儻負奇氣家貧好讀書通經史大義嘉靖中嗣職用薦擢署都指揮僉事備倭山東改僉浙江都司充參將分部寧紹台三郡三十六年倭犯樂清瑞安臨海繼光援不及以道阻不罪尋會俞大猷兵圍汪直餘黨於岑港久不克坐免官戴罪辦賊已而倭遁他倭復焚掠台州給事中羅嘉賓等劾繼光無功且通番方按問旋以平汪直功復官改守台金嚴三郡繼光至浙時見衞所軍不習戰而金華義烏俗稱慓悍請召募三千人教以擊刺法長短兵迭用由是繼光一軍特精又以南方多藪澤不利馳逐乃因地形制陣法審步伐便利一切戰艦火器兵械精求而更置之戚家軍名聞天下四十年倭大掠桃渚圻頭繼光急趨寧海扼桃渚敗之龍山追至鴈門嶺賊遁去乘虛襲台州繼光手殲其魁蹙餘賊瓜陵江盡死而圻頭倭復趨台州繼光邀擊之仙居道無脫者先後九戰皆捷俘馘一千有奇焚溺死者無算總兵官盧鏜參將牛天錫又破賊寧波温州浙東平繼光進秩三等閩廣賊流入江西總督胡宗憲檄繼光援擊破之上坊巢賊奔建寧繼光還浙江明年倭大舉犯福建自温州來者合福寧連江諸倭攻陷壽寧政和寧德自廣東南澳來者合福清長樂諸倭攻陷元鍾所延及龍巖松溪大田古田莆田是時寧德已屢陷距城十里有橫嶼四面皆水路險隘賊結大營其中官軍不敢擊相守踰年其新至者營牛田而酋長營興化東南互爲聲援閩中連告急宗憲復檄繼光勦之先擊橫嶼賊人持草一束填壕進大破其巢斬首二千六百乘勝至福清擣敗牛田賊覆其巢餘賊走興化急追之夜四鼓抵賊柵連克六十營斬首千數百級平明入城興化人始知牛酒勞不絕繼光乃旋師抵福清遇倭自東營澳登陸擊斬二百人而劉顯亦屢破賊閩宿寇幾盡於是繼光至福州飲至勒石平遠臺及繼光還浙後新倭至者日益衆圍興化城匝月會顯遣卒八人齎書城中衣刺天兵二字賊殺而衣其衣紿守將得入夜斬關延賊副使翁時器參將畢高走免通判奚世亮攝府事遇害焚掠一空留兩月破平海衞據之初興化告急時帝已命俞大猷爲福建總兵官繼光副之及城陷劉顯軍少壁城下不敢擊大猷亦不欲攻需大軍合以困之四十二年四月繼光將浙兵至於是巡撫譚綸令將中軍顯左大猷右合攻賊於平海繼光先登左右軍繼之斬級二千二百還被掠者三千人綸上功繼光首顯大猷次之帝爲告謝郊廟大行敍賚繼光先以橫嶼功進署都督僉事及是進都督同知世廕千戶遂代大猷爲總兵官明年二月倭餘黨復糾新倭萬餘圍仙遊三日繼光擊敗之城下又追敗之王倉坪斬首數百級餘多墜崖谷死存者數千奔據漳浦蔡丕嶺繼光分五哨身持短兵緣崖上俘斬數百人餘賊遂掠漁舟出海去久之倭自浙犯福寧繼光督參將李超等擊敗之乘勝追永寧賊斬馘三百有奇尋與大猷擊走吳平於南澳遂擊平餘孼之未下者繼光爲將號令嚴賞罰信士無敢不用命與大猷均爲名將操行不如而果毅過之大猷老將務持重繼光則飈發電舉屢摧大寇名更出大猷上隆慶初給事中吳時來以薊門多警請召大猷繼光專訓邊卒部議獨用繼光乃召爲神機營副將會譚綸督師遼薊乃集步兵三萬徵浙兵三千請專屬繼光訓練帝可之二年五月命以都督同知總理薊州昌平保定三鎭練兵事總兵官以下悉受節制至鎭上疏言薊門之兵雖多亦少其原有七營軍不習戎事而好末技壯者役將門老弱僅充伍一也邊塞逶迤絕鮮郵置使客絡繹日事將迎參游爲驛使營壘皆傳舍二也寇至則調遣無法遠道赴期卒斃馬僵三也守塞之卒約束不明行伍不整四也臨陣馬軍不用馬而反用步五也家丁盛而軍心離六也乘障卒不擇衝緩備多力分七也七害不除邊備曷修而又有士卒不練之失六雖練無益之弊四何謂不練夫邊所藉惟兵兵所藉惟將今恩威號令不足服其心分數形名不足齊其力緩急難使一也有火器不能用二也棄土著不練三也諸鎭入衞之兵嫌非統屬漫無紀律四也班軍民兵數盈四萬人各一心五也練兵之要在先練將今注意武科多方保舉似矣但此選將之事非練將之道六也何謂雖練無益今一營之卒爲礮手者常十也不知兵法五兵迭用當長以衞短短以救長一也三軍之士各專其藝金鼓旗幟何所不蓄今皆置不用二也弓矢之力不強於寇而欲藉以制勝三也教練之法自有正門美觀則不實用實用則不美觀而今悉無其實四也臣又聞兵形象水水因地而制流兵因地而制勝薊之地有三平原廣陌內地百里以南之形也半險半易近邊之形也山谷仄隘林薄蓊翳邊外之形也寇入平原利車戰在近邊利馬戰在

邊外利步戰三者迭用乃可制勝今邊兵惟習馬耳未嫻山戰林戰谷戰之道也惟浙兵能之願更予臣浙東殺手礮手各三千再募西北壯士足馬軍五枝步軍十枝專聽臣訓練軍中所需隨宜取給臣不勝至願又言臣官爲創設諸將視爲綴疣臣安從展布章下兵部言薊鎭既有總兵又設總理事權分諸將多觀望宜召還總兵郭琥專任繼光乃命繼光爲總兵官鎭守薊州永平山海諸處而浙兵止弗調錄破吳平功進右都督寇入靑山口拒卻之自嘉靖以來邊牆雖修墩臺未建繼光巡行塞上議建敵臺畧言薊鎭邊垣延袤二千里一瑕則百堅皆瑕比來歲修歲圮徒費無益請跨牆爲臺睥睨四達臺高五丈虛中爲三層臺宿百人鎧仗糗糧具備令戍卒畫地受工先建千二百座然邊卒木彊律以軍法將不堪請募浙人爲一軍用倡勇敢督撫上其議許之浙兵三千至陳郊外天大雨自朝至日昃植立不動邊軍大駭自是始知軍令五年秋臺功成精堅雄壯二千里聲勢聯接詔予世廕賚銀幣繼光乃議立車營車一輛用四人推輓戰則結方陣而馬步軍處其中又製拒馬器體輕便利遏寇騎衝突寇至火器先發稍近則步軍持拒馬器排列而前間以長鎗筤筅寇奔則騎軍逐北又置輜重營隨其後而以南兵爲選鋒入衞兵主策應本鎭兵專戍守節制精明器械犀利薊門軍容遂爲諸邊冠當是時俺荅已通貢宣大以西烽火寂然獨小王子後土蠻徙居插漢地控弦十餘萬常爲薊門憂而朶顏董狐狸及其兄子長昂交通土蠻時叛時服萬曆元年春二寇謀入犯馳喜峯口索賞不得則肆殺掠獵傍塞以誘官軍繼光掩擊幾獲狐狸其夏復犯桃林不得志去長昂亦犯界嶺官軍斬獲多邊吏諷之降狐狸乃款關請貢廷議給以歲賞明年春長昂復窺諸口不得入則與狐狸共逼長禿令入寇繼光逐得之以歸長禿者狐狸之弟長昂叔父也於是二寇率部長親族三百人叩關請死罪狐狸服素衣叩頭乞赦長禿繼光及總督劉應節等議遣副將史宸羅端詣喜峯口受其降皆羅拜獻還所掠邊人攢刀設誓乃釋長禿許通貢如故終繼光在鎭二寇不敢犯薊門尋以守邊勞進左都督已增建敵臺分所部十二區爲三協協置副將一人分練士馬炒蠻入犯湯克寬戰死繼光被劾不罪久之炒蠻偕妻大嬖只襲掠邊卒官軍追破之土蠻犯遼東繼光急赴偕遼東軍拒退之繼光已加太子太保錄功加少保自順義受封朝廷以八事課邊臣曰積錢穀修險隘練兵馬整器械開屯田理鹽法收塞馬散叛黨三歲則遣大臣閱視而殿最之繼光用是頻廕賚南北名將馬芳俞大猷前卒獨繼光與遼東李成梁在然薊門守甚固敵無由入盡轉而之遼故成梁擅戰功自嘉靖庚戌俺荅犯京師邊防獨重薊增兵益餉騷動天下復置昌平鎭設大將與薊相脣齒猶時躙內地總督王忬楊選並坐失律誅十七年間易大將十人率以罪去繼光在鎭十六年邊備修飭薊門宴然繼之者踵其成法數十年得無事亦賴當國大臣徐階高拱張居正先後倚任之居正尤事與商確欲爲繼光難者輒徙之去諸督撫大臣如譚綸劉應節梁夢龍輩咸與善動無掣肘故繼光益發舒居正歿半歲給事中張鼎思言繼光不宜於北當國者遽改之廣東繼光悒悒不得志強一赴踰年卽謝病給事中張希皐等復劾之竟罷歸居三年御史傅光宅疏薦反奪俸繼光亦遂卒繼光更歷南北並著聲在南方戰功特盛北則專主守所著紀效新書練兵事實談兵者遵用焉弟繼美亦爲貴州總兵官有朱先者嘉興人當繼光時爲薊鎭南兵營參將遷副總兵後數爲廣東福建總兵官初起家武舉募海濱鹽徒爲一軍自胡宗憲爲御史至總督皆倚任先大小數十戰皆先登殺倭甚衆以功授都司宗憲被逮先解官護行宗憲釋還先乃歸御史按福建巡撫王詢侵軍費檄先証之先曰先王公部將也不敢誣府主御史怒坐先萬金論死繫獄閱八年始白萬曆初用薦起圍山把總歷登閫帥以年老謝事歸復起辭不赴先爲將有胆智砥節首公其處宗憲詢二事時論以爲有國士風

劉顯南昌人生而膂力絕倫稍通文義家貧落魄之叢祠欲自經神護之不死間行入蜀爲童子師已冒籍爲武生嘉靖三十四年宜賓苗亂巡撫張臯討之顯從軍陷陣手格殺五十餘人禽首惡三人諸軍繼進賊盡平顯由是知名官副千戶輸貲爲指揮僉事南京振武營初設用兵部尚書張鏊薦召令訓練擢署都指揮僉事僉書浙江都司遷參將分守蘇松倭犯江北逼泗州鏊檄顯防浦口顯測賊將遁追擊至安東方暑披單衣率四騎誘賊伏精甲岡下賊出斬一人所乘馬中矢下拔其鏃射殺追者誘至岡下大敗之去賊出所俘女子蠱將士顯悉送有司明日伺賊出潛燬其舟賊敗走舟已焚死者無算顯進秩三等尋遷副總兵協守江浙三沙倭復劫江北被圍於劉家莊顯以銳卒數千至巡撫李遂令盡護江北軍顯率所部直入諸營繼之自辰迄酉賊巢破逐北至白駒場茅花墩斬首六百有奇賊盡殄而遂謂賊由三沙來實盧鏜及顯罪顯坐停俸已應天巡撫翁大立薦顯驍勇請久任帝可之振武營兵變後諸將務姑息兵益驕給事中魏元吉薦顯署都督僉事節制其軍顯挈蜀卒五百人往一軍帖然閩賊流入江西大掠石城臨川東鄕金谿殺吏民萬計詔顯赴勦擊敗之陽湖賊乃遁四十一年五月廣東賊大起詔顯充總兵官鎭守會福建倭患棘顯赴援與參將戚繼光連破賊賊畧盡而新倭大至攻陷興化城顯以兵少逼城未敢戰被劾戴罪賊以間攻據平海衞他倭劫福淸謀與平海倭合顯及俞大猷合於遮浪盡殲之平海倭欲遁爲把總許朝光所邀敗乃盡焚其舟退還舊屯戚繼光亦至顯與大猷共助擊之遂復興化錄功進先所廕世職二秩江北倭未平廷議設總兵官於狼山統制大江南北改顯任之顯行部通州以敕書許節制知府以下而同知王汝言不爲禮劾奏鐫其秩已移鎭浙江顯有將畧居官不守法度巡按御史劾之革任候勘用巡撫劉畿薦命充爲事官鎭守如故隆慶改元以軍政拾遺被劾貶秩視事用巡撫谷中虛薦還故官移鎭貴州廣西獞賊者念父子僭稱王攻剽安順巡撫阮文中檄顯勦俘斬五百餘人四川巡撫曾省吾議征都掌蠻令顯移鎭其地復被劾罷省吾奏留之都掌蠻者居敘州戎縣介高珙筠連長寧江安納溪六縣間古瀘賊也成化初爲亂程信討平之正德中普法惡復爲亂馬昊討平之至是其酋阿大阿二方三等據九絲山剽遠近其山修廣而四隅峭仄東北則雞冠嶺都都寨凌霄峯三岡峻壁數千仞有阿苟者居凌霄峯爲賊耳目威儀出入如王者省吾議討之屬顯軍事起故將郭成安大朝爲佐調諸土兵合官軍凡十四萬人萬曆改元三月畢集敘州誘執阿苟攻拔凌霄進逼都都寨三酋遣其黨阿墨固守官軍頓匝月鑿灘以通漕擊斬阿墨拔其寨阿大自守雞冠顯令人誘以官而分五哨盡壁九絲城下乘無備夜半縋組上斬關入遲明諸將畢至阿二方三走保牡豬寨郭成破雞冠獲阿大諸軍攻牡豬禽方三阿二走追獲於貴州大盤山克寨六十餘獲賊魁三十六俘斬四千六百拓地四百餘里得諸葛銅鼓九十三銅鐵鍋各一阿大泣曰鼓聲宏者爲上可易千牛次者七八百得鼓二三便可僭號稱王鼓山顚群蠻畢集今已矣鍋狀如鼎大可函牛刻畫有文彩相傳諸葛亮以鼓鎭蠻鼓失則蠻運終矣錄功進顯都督同知已而勦餘孽復俘斬千一百有奇都掌蠻既滅顯引疾求去而以有司阻撓爲言詔聽顯節制顯益行其志擊西川番沒舌丢骨人荒諸砦斬其首惡撫餘衆而還建昌傀厦洗馬諸番咸獻首惡西陲以寧九年冬卒官子綎自有傳郭成四川敘南衞人由世職歷官蘇松參將進副總兵倭犯通州爲守將李錫所敗轉掠崇明三沙成擊沈其舟斬首百三十餘級隆慶元年冬擢署都督僉事爲廣東總兵官渡海追曾一本大獲進署都督同知叛將周雲翔等殺參將耿宗元亡入賊中屯平山大安峒將寇海豐成偕南贛軍夾擊之斬首千三百餘級獲被掠通判潘槐而下六百餘人生禽雲翔潮州諸屬邑賊巢以百數郭明據林樟胡一化據北山洋陳一義據馬湖剽劫二十載成督諸軍擊殺明等俘斬千三百有奇四川都掌蠻爲亂詔成移鎭尋被劾罷歸萬曆改元命劉顯大征詔成充爲事官爲之副先登九絲山生禽阿大初成父爲蠻殺乃以所斬首級及生禽諸蠻置父墓前剖心致祭鄕人壯之尋僉書南京後府出爲貴州總兵官鎭守銅仁成有膽智每苗出掠潛遣壯士入其砦斬馘而出嘗挺身入林箐察賊苗一日數驚曰郭將軍至矣相戒莫敢犯復被劾罷歸起四川總兵官永寧宣撫奢效忠卒其妻奢世統無子妾奢世續子崇周幼前總兵劉顯因命世續署宣撫印世統怒攻奪其落紅寨世續奔永寧成遣義兒郭天心偕指揮禹嘉績按問天心遂據世續永寧私第罄取其貲而成亦入落紅盡掠奢氏九世之積效忠弟沙卜遂拒殺裨將三人執天心等撫按交章劾成下吏遣戍雲南會有松茂之役薦從軍成乃將七千人直抵黃沙屢破賊與總兵官李應祥盡平河東西諸巢以功授參將復偕應祥大破賊乃諸賊增世職二級賦乃黨楊九乍復出爲亂成討平之火落赤擾西寧四川巡撫李尚思以地近松潘檄成軍松林游擊萬鏊軍漳臘寇不敢逼西陲獲安楊應龍叛成進討無功戴罪辦理尋卒於官

李錫歙人世新安衞千戶倭警數有功爲通州守備屢擢揚州參將江北副總兵隆慶元年冬以署都督僉事爲福建總兵官海寇曾一本橫行閩廣間俞大猷將赴廣西總督劉燾令會閩師夾擊一本至閩錫出海禦之與大猷遇賊柘林澳三戰皆捷賊遁馬耳澳復戰會廣東總兵官郭成率參將王詔等以師會次萊蕪澳分三哨進一本駕大舟力戰諸將連破之燬其舟詔生禽一

本及其妻斬首七百餘死水火者萬計時廣寇惟一本最强錫大猷成共平之而錫功最鉅其後一本餘黨梁本豪復亂爲黃應甲所禽然視錫時力較易錫論功加署都督同知倭入寇擊却之六年春以征蠻將軍代大猷鎮廣西平樂府江者桂林抵梧州驛道也南北亘五百里兩岸崇山深箐賊巢盤互自嘉靖間張岳破平後至是復猖獗嘗執知州邀重賄道路梗塞城門晝閉大猷議討之會罷官去巡撫郭應聘與錫討徵兵六萬令參將錢鳳翔王世科都指揮王承恩董龍各將一軍以副使鄭茂金柱僉事夏道南監之錫居中節制破賊巢數十斬馘五千有奇獞酋楊錢甫等悉授首錄功進世職二等柳州懷遠猺獞狑狪環居之猺尤獷悍侵據縣治久吏民率寓郡城隆慶時大征古田諸猺懼而聽命知縣馬希武之官繕城塹程役過嚴諸猺殺希武及經歷等五人復反巡撫應聘與總督殷正茂議征之萬曆元年正月錫進次長安鎮會連雨雪乃退師益徵浙東鳥銃手湖廣永順鉤刀手及狼兵十萬人令參將鳳翔世科都指揮楊照戚繼美故參將亦孔昭魯國賢六道並進監以副使沈子木錫自統水師次羅江獨當其衝時賊屯板江大洲累石樹柵潛以舟來襲錫伏舟敗之水陸並進會鳳翔等亦至賊悉舟西遁追擊連破數巢賊據楓木大山前阻隄澗鼓譟出諸軍奮擊而別以奇兵繞其後賊大奔保天鵝嶺錫以水軍截潯江督諸將攻斬渠魁二人乘勝復破數巢直抵清州界賊奔大巢亘數里崖壁峭絕爲重柵拒官軍鏢弩矢石雨下婦人裸體揚箕擲牛羊犬首爲厭勝諸軍大呼直上四面舉火賊盡殲先後破巢一百四十獻馘三千五百有奇俘獲撫降者無算永福永寧柳城并以賊告洛容獞又殺典史錫令王端討永寧柳照討柳城參將門崇文討永福亦孔昭討洛容己帥舟師屯理定江節制諸軍甫二旬四道並捷斬首四千五百有奇洛容賊首陶浪金等俱伏誅錫以功進秩二等巡按御史唐諫言錫一年內破賊二百一十四巢獲首功一萬二千餘級宜久其任帝可之尋從淩雲翼大破羅旁賊授世廕百戶六年卒官黃應甲者不知何許人隆慶中以潯梧左參將從俞大猷討平韋銀豹進秩二等萬曆五年屢遷浙江總兵官改鎮廣東龍川鮑時秀者妻杜氏有妖術乃據義都縱嶺立二十四方大總自號無敵峒王既降復反應甲討平之蜑戶蘇觀陞周才雄招亡命數千人縱掠雷廉間殺斷州千戶田治應甲率五軍並進生禽觀陞才雄斬首四百餘級其黨縛酋長陳梟以降未幾梁本豪亂本豪故曾一本黨亦蜑戶也一本誅竄海中習水戰遠通西洋且結倭兵爲助殺千戶掠通判以去十年六月總督陳瑞與應甲謀分水軍二南駐老萬山備倭東駐虎門備蜑別以兩軍備外海兩軍扼要害水軍沈蜑舟二十生禽本豪諸軍競進大破之石茅洲賊復奔潭洲沙灣聚舟二百及倭舟十相犄角諸將合追先後俘斬千六百有奇沈其舟二百餘撫降者二千五百帝爲告郊廟大行敘賚應甲等進秩有差他倭寇瓊崖應甲斬首二百餘奪其舟再賜金旋入僉左軍府罷歸卒尹鳳字德輝南京人錫總兵福建時步將也世府軍後衞指揮同知鳳早孤讀書嫻騎射嘉靖中舉武科鄉會試皆第一擢署都指揮僉事備倭福建從僉浙江都司進福建參將倭陷福清南安連艅出海鳳邀擊沈其七舟追至外洋連戰嵛嶼東洛七礁禽斬二百人擊倭梅花洋走之追至横山禽斬二百六十大小凡十數戰內地賴以稍寧改掌浙江都司謝病歸隆慶初以故官涖福建從錫平曾一本萬曆初累官署都督僉事提督京城巡捕未幾謝事歸

張元勳字世臣浙江太平人嗣世職爲海門衞新河所百戶沈毅有謀值倭警隸戚繼光麾下有功進千戶從破横嶼諸賊屢進署都指揮僉事充福建游擊將軍隆慶初破倭福安改南路參將從李錫破曾一本進副總兵五年春擢署都督僉事代郭成爲總兵官鎮守廣東惠州河源賊唐亞六廣州從化賊萬尚欽韶州英德賊張廷光劫掠郡縣莫能制明年元勳進勦斬馘六百有奇亞六等授首餘黨悉平肇慶恩平十三村賊陳金鶯等與鄰邑苔村三巢賊羅紹清林翠蘭譚權伯藤峒九逕十寨賊黃飛鶩邱勝富黃高暉諸可行黃朝富等相煽爲亂故事兩粵惟大征得敘功鵰勦不敘故諸將不樂鵰勦總督殷正茂與元勳計令鵰勦得論功諸軍爭奮正茂又密遣副將梁守愚游擊王端等屯恩平若常戍者掩不備斬翠蘭等生禽紹清權伯以獻其諸路鵰勦者效首功二千四百有奇還被掠子女千三百餘人生得金鶯惟高暉等亡去元勳逐北至藤峒又生獲勝富可行朝富等八十人部將鄧子龍等亦獲高暉飛鶩三巢十寨十三村諸賊盡平餘悉就撫惠潮地相接山險木深賊首藍一清賴元爵與其黨馬祖昌黃民太曾廷鳳黃鳴時曾萬璋李仲山卓子望葉景清曾仕龍等各據險結砦連地八百餘里黨數萬人正茂議大征會金鶯等已滅諸賊頗懼廷鳳萬璋並遣子入學祖昌景清亦佯乞降正茂知其詐徵兵四萬令參將李誠立沈思學王詔游擊王瑞等分將之元勳居中節制監司陳奎唐九德顧養謙吳一介監其軍數道並進賊敗乃憑險自守官軍遍搜深箐邃谷間而元勳偕九德追亡至南嶺一日夜馳至養謙所擊破李坑生得子望等明年破烏禽嶂仕龍阻高山元勳佯飲酒高會忽進兵擊禽之先後獲大賊首六十一人次賊首六百餘人破大小巢七百餘所禽斬一萬二千有奇帝爲宣捷告郊廟進元勳署都督同知世廕百戶元勳復討斬餘賊千三百有奇撫定降者巨寇皆靖潮州賊林道乾之黨諸良寶既撫復叛襲殺官軍掠六百人入海再犯陽江敗走乃據潮故巢居高山巔不出戰官軍營於泥中副將李誠立挑戰墜馬傷足死者二百人賊出掠而敗走巢固守元勳積草土與賊壘平用火攻之斬首千一百餘級時萬曆二年三月也捷聞進世廕一級遺孽魏朝義等四巢亦降尋與胡宗仁共平良寶黨林鳳惠潮遂無賊其冬倭陷銅鼓石雙魚城元勳大破之儒峒俘斬八百餘級進秩爲眞五年從總督淩雲翼大征羅旁賊斬首萬六千餘級進都督改廕錦衣尋以疾致仕卒於家元勳起小校大小百十戰威名震嶺南與廣西李錫並稱良將

贊曰世宗朝老成宿將以俞大猷爲稱首而數奇屢躓以內外諸臣攘敓而掩遏其功者衆也戚繼光用兵威名震寰宇然當張居正譚綸任國事則成厥後張鼎思張希皐等居言路則廢任將之道亦可知矣劉顯平蠻引疾而以有司阻撓爲辭有以夫李錫張元勳首功甚盛而不蒙殊賞武功所由不競也

明史卷二百十三　　列傳第一百一

總裁官總理事務　經筵講官少保兼太子太保保和殿大學士兼管吏部戶部尚書事加六級張廷玉等奉

敕修

徐階　弟陟　子璠等　高拱　郭朴

張居正　曾孫同敞

徐階字子升松江華亭人生甫周歲墮眢井出三日而蘇五歲從父道括蒼墮高嶺衣掛於樹不死人咸異之嘉靖二年進士第三人授翰林院編修予歸娶丁父憂服除補故官階爲人短小白皙善容止性穎敏有權略而陰重不泄讀書爲古文辭從王守仁門人遊有聲士大夫間帝用張孚敬議欲去孔子王號易像爲木主籩豆禮樂皆有所損抑下儒臣議階獨持不可孚敬召階盛氣詰之階抗辯不屈孚敬怒曰若叛我階正色曰叛生於附階未嘗附公何得言叛長揖出斥爲延平府推官連攝郡事出繫囚三百毀淫祠剏鄉社學捕劇盜百二十人遷黃州府同知擢浙江按察僉事進江西按察副使俱視學政皇太子出閣召拜司經局洗馬兼翰林院侍講丁母憂歸服除擢國子祭酒遷禮部右侍郎尋改吏部故事吏部率鐍門所接見庶官不數語階折節下之見必深坐咨邊腹要害吏治民瘼皆自喜得階意願爲用尚書熊浹唐龍周用皆重階階數署部事所引用宋景張岳王道歐陽德范鏓皆長者用卒聞淵代自處前輩取立斷階意不樂求出避之命兼翰林院學士教習庶吉士尋掌院事進禮部尚書帝察階勤又所撰青詞獨稱旨召直無逸殿與大學士張治李本俱賜飛魚服及上方珍饌上尊無虛日廷推吏部尚書不聽不欲階去左右也階遂請立皇太子不報復連請之皆不報後當冠婚復請先裕王後景王帝不懌尋以推恩加太子太保俺答犯京階請釋周尚文及戴綸歐陽安等自效報可已請帝還大內召羣臣計兵事從之中官陷寇歸以俺答求貢書進帝以示嚴嵩及階召對便殿嵩曰饑賊耳不足患階曰傅城而軍殺人若刈菅何謂饑賊帝然之問求貢書安在嵩出諸袖曰禮部事也帝復問階階曰寇深矣不許恐激之怒許則彼厚要我請遣譯者紿緩之我得益爲備援兵集寇且走帝稱善者再嵩階因請帝出視朝寇尋飽去乃下階疏弗許貢嵩怙寵弄權猜害同列既仇夏言置之死而言嘗薦階嵩以是忌之初孝烈皇后崩帝欲祔之廟念壓於先孝潔皇后又睿宗入廟非公議恐後世議祧遂欲當己世預祧仁宗以孝烈先祔廟自爲一世下禮部議階抗言女后無先入廟者請祀之奉先殿禮科都給事中楊思忠亦以爲然疏上帝大怒階皇恐謝罪不能守前議帝又使階往邯鄲落成呂仙祠階不欲行乃以議祔廟解得緩期至寇逼城帝益慊乃使尚書顧可學行而內銜階摘思忠元旦賀表誤廷杖之百斥爲民以怵階嵩因謂階可間也中傷之百方一日獨召對語及階嵩徐曰階所乏非才但多二心耳蓋以其嘗請立太子也階危甚度未可與爭乃謹事嵩而益精治齋詞迎帝意左右亦多爲地者帝怒漸解未幾加少保尋進兼文淵閣大學士參預機務密疏發咸寧侯仇鸞罪狀嵩以階與鸞嘗同

直欲因鸞以傾階及聞鸞罪發自階乃愕然止而忌階益甚帝既誅鸞益重階數與謀邊事時議減鸞所益衞卒階言不可減又京營積弱之故卒不在乏而在冗宜精汰之取其廩以資賞費又請罷提督侍郎孫襘帝始格於嵩久而皆用之一品滿三載進勳爲柱國再進兼太子太傅武英殿大學士滿六載兼食大學士俸再錄子爲中書舍人加少傅九載改兼吏部尚書賜宴禮部璽書褒諭有加帝雖重階稍示形迹嘗以五色芝授嵩使鍊藥謂階政本所關不以相及階皇恐請乃得之帝亦漸委任階亞於嵩楊繼盛論嵩罪以二王爲徵下錦衣獄嵩屬陸炳究主使者階戒炳曰即不愼一及皇子如宗社何又爲危語動嵩曰上惟二子必不忍以謝公所罪左右耳公奈何顯結宮邸怨也嵩懼乃寢倭躙東南帝數以問階階力主發兵階又念邊卒苦饑請收畿內麥數十萬石自居庸輸宣府紫荊輸大同帝悅密傳諭行之楊繼盛之劾嵩也嵩固疑階趙景王宗茂劾嵩階又議薄其罰及是給事中吳時來主事董傳策張翀劾嵩不勝皆下獄傳策階里人時來翀階門生也嵩遂疏辨顯謂階主使帝不聽有所密詢皆舍嵩而之階尋加太子太師帝所居永壽宮災徙居玉熙殿隘甚欲有所營建以問嵩嵩請還大內帝不懌問階階請以三殿所餘材責尚書雷禮營之可計月而就帝悅如階議命階子尚寶丞璠兼工部主事董其役十旬而功成帝即日徙居之命曰萬壽宮以階忠進少師兼支尚書俸予一子中書舍人子璠亦超擢太常少卿嵩乃日屈嵩子世蕃貪橫淫縱狀亦漸聞階乃令御史鄒應龍劾之帝勒嵩致仕擢應龍通政司參議階遂代嵩爲首輔已而帝念嵩供奉勞憐之又以嵩去忽忽不樂乃降諭欲退而修眞且傳嗣復責階等奈何以官與邪物謂應龍也階言退而傳嗣臣等不敢奉命應龍之轉乃二部奉旨行之帝乃已帝以嵩在直久而世蕃顧爲奸於外因命階無久直階窺帝意言苟爲奸在外猶在內固請入直帝以嵩直廬賜階階榜三語其中曰以威福還主上以政務還諸司以用舍刑賞還公論於是朝士侃侃得行其意袁煒數出直階請召與共擬旨因言事同衆則公公則百美基專則私私則百弊生帝頷之階以張孚敬及嵩導帝猜刻力反之務以寬大開帝意帝惡給事御史抨擊過當欲有所行遣階委曲調劑得輕論會問階知人之難階對曰大奸似忠大詐似信惟廣聽納則窮兇極惡人爲我擊之深情隱慝人爲我發之故聖帝明王有言必察即不實小者置之大則薄責而容之以鼓來者帝稱善言路益發舒寇由牆子嶺入直趨通州帝方祠釐兵部尚書楊博不敢奏謀之階檄宣府總兵官馬芳宣大總督江東入援芳兵先至階請亟賞之又請重東權俾統諸道兵寇從通掠香河階請亟備順義而以奇兵邀之古北口寇趨順義不得入乃走古北口其後軍遇參將郭琥伏而敗頗得其所掠人畜輜重始帝怒博不早聞與總督楊選之任寇入也欲罪之未發階言博雖以祠釐禁不敢聞而二鎭兵皆其所先檄若選則非尾寇乃送之出境耳帝竟誅選不罪博進階建極殿大學士袁煒以疾歸道卒階獨當國屢請增閣臣且乞骸骨乃命嚴訥李春芳入閣而待階益隆以一品十五載考恩禮特厚復賜玉帶繡蟒珍藥帝手書問階疾諄懇如家人階益恭謹帝或有所委通夕不假寐應制之文未嘗踰頃刻帝日益愛階階採輿論利便者白而行之嘉靖中葉南北用兵邊鎭大臣小不當帝指輒逮下獄誅竄閣臣復竊顏色爲威福階當國後緹騎省減詔獄漸虛任事者亦得以功名終於是論者翕然推階爲名相嚴訥請告歸命郭朴高拱入閣與春芳同輔政事仍決於階階數請立太子不報已而景王之藩病薨階奏奪景府所占陂田數萬頃還之民楚人大悅帝欲建雩壇及興都宮殿階力止之鄢懋卿驟增鹽課四十萬金階風御史請復故額方士胡大順等勸帝餌金丹階力陳其矯誣狀大順等尋伏法帝服餌病躁戸部主事海瑞極陳帝失帝恚甚欲即殺之階力救得繫帝病甚忽欲幸興都階力爭乃止未幾帝崩階草遺詔凡齋醮土木珠寶織作悉罷大禮大獄言事得罪諸臣悉牽復之詔下朝野號慟感激比之楊廷和所擬登極詔書爲世宗始終盛事云同列高拱郭朴以階不與共謀不樂朴曰徐公謗先帝可斬也拱初侍穆宗裕邸階引之輔政然階獨柄國拱心不平世宗不豫時給事中胡應嘉嘗劾拱拱疑階嗾之隆慶元年應嘉以救考察被黜者削籍去言者謂拱修舊郤脅階斥應嘉階復請薄應嘉罰言者又劾拱拱欲階擬杖階從容譬解拱益不悅令御史齊康劾階言其二子多干請及家人橫里中狀階疏辯乞休九卿以下交章劾拱譽階拱遂引疾歸康竟斥朴亦以言者攻之乞身去給事御史多起廢籍恃階而強言多過激帝不能堪諭階等處之同列欲擬譴階曰上欲譴我曹當力爭乃可導之譴乎請傳諭令省改帝亦勿之罪是年詔翰林撰中秋宴致語階言先帝未撤几筵不可宴樂帝爲罷宴帝命中官分督團營階力陳不可而止南京振武營兵屢譁階欲汰之慮其據孝陵不可攻也先令操江都御史唐繼祿督江防兵駐陵傍而徐下兵部分散之事遂定羣小璫毆御史於午門都御史王廷將糾之階曰不得主名劾何益且慮彼先誣我乃使人以好語誘大璫先錄其主名廷疏上乃分別逮治有差階之持正應變多此類也階所持諍多宮禁事行者十八九中官多側目會帝幸南海子階諫不從方乞休而給事中張齊以私怨劾階階因請歸帝意亦漸移許之賜馳驛以春芳請給夫廩璽書褒美行人導行如故事陛辭賜白金寶鈔彩幣襲衣舉朝皆疏留報聞而已王廷後刺得張齊納賄事劾戍之邊階既行春芳爲首輔未幾亦歸拱再出扼階不遺餘力郡邑有司希拱指爭齮齕階盡奪其田戍其二子會拱復爲居正所傾而罷事乃解萬曆元年階年八十詔遣行人存問賜璽書金幣明年卒贈太師謚文貞階立朝有相度保全善類嘉隆之政多所匡救間有委蛇亦不失大節階弟陟嘉靖二十六年進士累官南京刑部侍郎子璠以廕官太常卿琨瑛尚寶卿孫元春進士亦官太常卿元春孫本高官錦衣千戸天啟中拒魏忠賢建祠奪職崇禎改元以薦起累官左都督諸生念祖國變城破與妻張二妾陸李皆自縊

高拱字肅卿新鄭人嘉靖二十年進士選庶吉士踰年授編修穆宗居裕邸出閣講讀拱與檢討陳以勤並爲侍講世宗諱言立太子而景王未之國中外危疑拱侍裕邸九年啟王益敦孝謹敷陳剴切王甚重之手書懷賢忠貞字賜焉累遷侍講學士嚴嵩徐階遞當國以拱他日當得重薦之世宗拜太常卿掌國子監祭酒事四十一年擢禮部左侍郎尋改吏部兼學士掌詹事府事進禮部尚書召入直廬撰齋詞賜飛魚服四十五年拜文淵閣大學士與郭朴同入閣拱與朴皆階所薦也世宗居西苑閣臣直廬在苑中拱未有子移家近直廬時竊出一日帝不豫誤傳非常拱遽移具出始階甚親拱引入直拱驟貴負氣頗忤階給事中胡應嘉階鄉人也以劾拱姻親自危且瞷階方與拱郤遂劾拱不守直廬移器用於外世宗病亟勿省也拱疑應嘉受階指大憾之穆宗即位進少保兼太子太保階雖爲首輔而拱自以帝舊臣數與之抗朴復助之階漸不能堪而是時以勤與張居正皆入閣居正亦侍裕邸講階草遺詔獨與居正計拱心彌不平會議登極賞軍及請上裁去留大臣事階悉不從拱議嫌益深應嘉掌吏科佐部院考察事將竣忽有所論救帝責其牴牾下閣臣議罰朴奮然曰應嘉無人臣禮當編氓階旁睨拱拱方怒勉從之言路謂拱以私怨逐應嘉交章劾之給事中歐陽一敬劾拱尤力階於拱辯疏擬旨慰留而不甚譴言者拱益怒相與忿詆閣中御史齊康爲拱劾階康坐黜於是言路論拱者無虛日南京科道至拾遺及之拱不自安乞歸遂以少傅兼太子太傅尚書大學士養病去隆慶元年五月也拱以舊學蒙眷注性強直自遂頗快恩怨卒不安其位去既而階亦乞歸三年冬帝召拱以大學士兼掌吏部事拱乃盡反階所爲凡先朝得罪諸臣以遺詔錄用贈卹者一切報罷且上疏極論之曰明倫大典頒示已久今議事之臣假託詔旨凡議禮得罪者悉從褒顯將使獻皇在廟之靈何以爲享先帝在天之靈何以爲心而陛下歲時入廟亦何以對越二聖臣以爲未可帝深然之法司坐方士王金等子弒父律拱復上疏曰人君隕於非命不得正終其名至不美先帝臨御四十五載得歲六十有餘末年抱病經歲上賓壽考令終曾無暴遽今謂先帝爲王金所害誣以不得正終天下後世視先帝爲何如主乞下法司改議帝復然拱言命減戍拱之再出專與階修郤所論皆欲以中階重其罪賴帝仁柔弗之竟也階子弟頗橫鄉里拱以前知府蔡國熙爲監司簿錄其諸子皆編戍所以扼階者無不至逮拱去位乃得解拱練習政體負經濟才所建白皆可行其在吏部欲遍識人才授諸司以籍使署賢否誌爵里姓氏月要而歲會之倉卒舉用皆得其人又以時方憂邊事請增置兵部侍郎以儲總督之選由侍郎而總督由總督而本兵中外更番邊材自裕又以兵者專門之學非素習不可應卒儲養本兵當自兵部司屬始宜慎選司屬多得智謀才力曉暢軍旅者久而任之勿遷他曹他日邊方兵備督撫之選皆於是取之更各取邊地之人以備司屬如銓司分省故事則題覆情形可無扞格并重其賞罰以鼓勵之凡邊地有司其責頗重不宜付雜流及遷謫者皆報可著爲令拱又奏請科貢與進士並用勿循資格其在部考察多所參伍不盡憑文書爲黜陟亦不拘人數多寡黜者必告以故使衆咸服古田猺賊亂用殷正茂總督兩廣曰是雖貪可以集事貴州撫臣奏土司安國亨將叛命阮文中代爲巡撫臨行語之曰國亨必不叛若往無激變也既而如其言以廣東有司多貪黷特請旌廉能知府侯必登以厲其餘

又言馬政鹽政之官名爲卿爲使而實以閒局視之失人廢事漸不可訓惟教官驛遞諸司職卑祿薄遠道爲難宜銓注近地以恤其私詔皆從之拱所經畫皆此類也俺答孫把漢那吉來降總督王崇古受之請於朝乞授以官朝議多以爲不可拱與居正力主之遂排衆議請於上而封貢以成事具崇古傳進拱少師兼太子太師尚書大學士改建極殿拱以邊境稍寧恐將士惰玩復請敕邊臣及時閒暇嚴爲整頓仍時遣大臣閱視帝皆從之遼東奏捷進柱國中極殿大學士尋考察科道拱請與都察院同事時大學士趙貞吉掌都察院持議稍異同給事中韓楫劾貞吉有所私庇貞吉疑拱嗾之遂抗章劾拱拱亦疏辨帝不直貞吉令致仕去拱既逐貞吉專橫益著尚寶卿劉奮庸上疏陰斥之給事中曹大埜疏劾其不忠十事皆謫外任拱初持清操後其門生親串頗以賄聞致物議帝終眷拱不衰也始拱爲祭酒居正爲司業相友善拱亟稱居正才及是李春芳陳以勤皆去拱爲首輔居正肩隨之拱性直而傲同官殷士儋輩不能堪居正獨退然下之拱不之察也馮保者中人性黠次當掌司禮監拱薦陳洪及孟沖帝從之保以是怨拱而居正與保深相結六年春帝得疾大漸召拱與居正高儀受顧命而崩初帝意專屬閣臣而中官矯遺詔命與馮保共事神宗即位拱以主上幼沖懲中官專政條奏請詘司禮權還之內閣又命給事中雒遵程文合疏攻保而已從中擬旨逐之拱使人報居正居正陽諾之而私以語保保訴於太后謂拱擅權不可容太后頷之明日召羣臣入宣兩宮及帝詔拱意必逐保也急趨入比宣詔則數拱罪而逐之拱伏地不能起居正掖之出僦騾車出宣武門居正乃與儀請留拱弗許請得乘傳許之拱既去保憾未釋復搆王大臣獄欲逮及拱已而得寢居家數年卒居正請復其官與祭葬如例中旨給半葬祭文仍寓貶詞云久之廷議論拱功贈太師諡文襄廕嗣子務觀爲尚寶丞郭朴字質夫安陽人嘉靖十四年進士選庶吉士累官禮部右侍郎入直西苑歷吏部左右侍郎兼太子賓客南京禮部缺尚書帝憐朴久次特加太子少保擢任之朴辭曰幸與撰述不欲遠離闕下帝大喜命即以太子少保禮部尚書詹事府侍直如故頃之吏部尚書歐陽必進罷即以朴代之越二年以父喪去及嚴訥由吏部入閣帝謀代者時董份以工部尚書行吏部左侍郎事方受帝眷而爲人貪狡無行徐階慮其代訥急言於帝起朴故官朴固請終制不許尋以考績加太子太保四十五年兼武英殿大學士入預機務與高拱並命階早貴權重春芳訥事之謹至不敢講鈞禮而朴與拱鄉里相得事階稍倨拱尤負才自恣及世宗崩階草遺詔盡反時政之不便者拱與朴不得與聞大恚兩人遂與階有隙言路劾拱者多及朴拱謝病歸朴不自安亦求去帝固留之時朴已加至少傅太子太傅矣御史龐尚鵬淩儒等攻不止遂三疏乞歸家居二十餘年卒贈太傅諡文簡朴爲人長者兩典銓衡以廉著輔政二年無過特以拱故不容於朝時頗有惜之者

張居正字叔大江陵人少穎敏絕倫十五爲諸生巡撫顧璘奇其文曰國器也未幾居正舉於鄉璘解犀帶以贈且曰君異日當腰玉犀不足溷子嘉靖二十六年居正成進士改庶吉士日討求國家典故徐階輩皆器重之授編修請急歸亡何還職居正爲人頎面秀眉目鬚長至腹勇敢任事豪傑自許然沉深有城府莫能測也嚴嵩爲首輔忌階善階者皆避匿居正自如嵩亦器居正遷右中允領國子司業事與祭酒高拱善相期以相業尋還理坊事遷侍裕邸講讀王甚賢之邸中中官亦無不善居正者而李芳數從問書義頗及天下事尋遷右諭德兼侍讀進侍講學士領院事階代嵩首輔傾心委居正世宗崩階草遺詔引與共謀尋遷禮部右侍郎兼翰林院學士月餘與裕邸故講官陳以勤俱入閣而居正爲吏部左侍郎兼東閣大學士尋充世宗實錄總裁進禮部尚書兼武英殿大學士加少保兼太子太保去學士五品僅歲餘時徐階以宿老居首輔與李春芳皆折節禮士居正最後入獨引相體倨見九卿無所延納間出一語輒中肯人以是嚴憚之重於他相高拱以很躁被論去徐階亦去春芳爲首輔亡何趙貞吉入易視居正居正與故所善掌司禮者李芳謀召用拱俾領吏部以扼貞吉而奪春芳政拱至益與居正善春芳尋引去以勤亦自引而貞吉殷士儋皆爲所搆罷獨居正與拱在兩人益相密拱主封俺答居正亦贊之授王崇古等以方略加柱國太子太傅六年滿加太傅吏部尚書建極殿大學士以遼東戰功加太子太師和市成加少師餘如故初徐階既去令三子事居正謹而拱銜階甚嗾言路追論不已階諸子多坐罪居正從容爲拱言拱稍心動而拱客搆居正納階子三萬金拱以誚居正居正色變指天誓辭甚苦拱謝不審兩人交遂離拱又與居正所善中人馮保郄穆宗不豫居正與保密處分後事引保爲內助而拱欲去保神宗即位保以兩宮詔旨逐拱事具拱傳居正遂代拱爲首輔帝御平臺召居正奬諭之賜金幣及繡蟒斗牛服自是賜賚無虛日帝虛己委居正居正亦慨然以天下爲己任中外想望丰采居正勸帝遵守祖宗舊制不必紛更至講學親賢愛民節用皆急務帝稱善大計廷臣斥諸不職及附麗拱者復具詔召羣臣廷飭之百僚皆惕息帝當尊崇兩宮故事皇后與天子生母並稱皇太后而徽號有別保欲媚帝生母李貴妃風居正以並尊居正不敢違議尊皇后曰仁聖皇太后皇貴妃曰慈聖皇太后兩宮遂無別慈聖徙乾清宮撫視帝內任保而大柄悉以委居正居正爲政以尊主權課吏職信賞罰一號令爲主雖萬里外朝下而夕奉行黔國公沐朝弼數犯法當逮朝議難之居正擢用其子馳使縛之不敢動既至請貸其死錮之南京漕河通居正以歲賦逾春發水橫溢非決則涸乃采漕臣議督艘卒以孟冬月兌運及歲初畢發少罹水患行之久太倉粟充盈可支十年互市饒馬乃減太僕種馬而令民以價納太僕金亦積四百餘萬又爲考成法以責吏治初部院覆奏行撫按勘者嘗稽不報居正令以大小緩急爲限誤者抵罪自是一切不敢飾非政體爲肅南京小奄醉辱給事中言者請究治居正謫其尤激者趙參魯於外以悅保而徐說保裁抑其黨毋與六部事其奉使者時令緹騎陰詗之其黨以是怨居正而心不附保居正以御史在外往往凌撫臣痛欲折之一事小不合詬責隨下又敕其長加考察給事中余懋學請行寬大之政居正以爲風己削其職御史傅應禎繼言之尤切下詔獄杖戍給事中徐貞明等羣擁入獄視具橐饘亦逮謫外御史劉臺按遼東誤奏捷居正方引故事繩督之臺抗章論居正專恣不法居正怒甚帝爲下臺詔獄命杖百遠戍居正陽具疏救之僅奪其職已卒戍臺由是諸給事御史益畏居正而心不平當是時太后以帝沖年尊禮居正甚至同列呂調陽莫敢異同及吏部左侍郎張四維入恂恂若屬吏不敢以僚自處居正喜建豎能以智數馭下人多樂爲之盡俺答欵塞久不爲害獨小王子部衆十餘萬東北直遼左以不獲通互市數入寇居正用李成梁鎮遼戚繼光鎮薊門成梁力戰却敵功多至封伯而繼光守備甚設居正皆右之邊境晏然兩廣督撫殷正茂淩雲翼等亦數破賊有功浙江兵民再作亂用張佳允往撫即定故世稱居正知人然持法嚴覈驛遞省冗官清庠序多所澄汰公卿羣吏不得乘傳與商旅無別郎署以缺少需次者輒不得補大邑士子額隘艱於進取亦多怨之者時承平久羣盜蝟起至入城市劫府庫有司恒諱之居正嚴其禁匿弗舉者雖循吏必黜得盜即斬決有司莫敢飾情盜邊海錢米盈數例皆斬然往往長繫或瘐死居正獨亟斬之而追捕其家屬盜賊爲衰止而奉行不便者相率爲怨言居正不恤也慈聖太后將還慈寧宮諭居正謂我不能視皇帝朝夕恐不若前者之向學勤政有累先帝付託先生有師保之責與諸臣異其爲我朝夕納誨以輔台德用終先帝憑几之誼因賜坐蟒白金綵幣未幾丁父憂帝遣司禮中官慰問視粥藥止哭絡繹道路三宮賻贈甚厚戶部侍郎李幼孜欲媚居正倡奪情議居正惑之馮保亦固留居正諸翰林王錫爵張位趙志皋吳中行趙用賢習孔教沈懋學輩皆以爲不可弗聽吏部尚書張瀚以持慰留旨被逐去御史曾士楚給事中陳三謨等遂交章請留中行用賢及員外郎艾穆主事沈思孝進士鄒元標相繼爭之皆坐廷杖謫斥有差時彗星從東南方起長亘天人情洶洶指目居正至懸謗書通衢帝詔諭羣臣再及者誅無赦謗乃已於是使居正子編修嗣修與司禮太監魏朝馳傳往代司喪禮部主事曹誥治祭工部主事徐應聘治喪居正請無造朝以青衣素服角帶入閣治政侍經筵講讀又請辭歲俸帝許之及帝舉大婚禮居正吉服從事給事中李淶言其非禮居正怒出爲僉事時帝顧居正益重常賜居正札稱元輔張少師先生待以師禮居正乞歸葬父帝使尚寶少卿鄭欽錦衣指揮史繼書護歸期三月葬畢即上道仍命撫按諸臣先期馳賜璽書敦諭範帝賚忠良銀印以賜之如楊士奇張孚敬例得密封言事戒次輔呂調陽等有大事毋得專決馳驛之江陵聽張先生處分居正請廣內閣員詔即令居正推居正因推禮部尚書馬自強吏部右侍郎申時行入閣自強素迕居正不自意得之頗德居正而時行與四維皆自暱於居正居正乃安意去帝及兩宮賜賚慰諭有加禮遣司禮太監張宏供張餞郊外百僚班送所過地有司飭廚傳治道路遼東奏大捷帝復歸功居正使使馳諭俾定爵賞居正爲條列以聞調陽益內慚堅臥累疏乞休不出居正言母老不能冒炎暑請俟清凉上道於是內閣兩都部院寺卿給事御史俱上章請趣居正亟還朝帝遣錦衣指揮翟汝敬馳傳往迎計日以俟而令中官護太夫人以秋日由水道行居正所過守臣率長跪撫按

大吏越界迎送身爲前驅道經襄陽襄王出候要居正宴故事雖公侯謁王執臣禮居正具賓主而出過南陽唐王亦如之抵郊外詔遣司禮太監何進宴勞兩宮亦各遣大璫李琦李用宣諭賜八寶金釘川扇御膳餅果醪醴百僚復班迎入朝帝慰勞懇篤予假十日而後入閣仍賜白金彩幣寶鈔羊酒因引見兩宮及秋魏朝奉居正母行儀從煊赫觀者如堵比至帝與兩宮復賜賚加等慰諭居正母子幾用家人禮時帝漸備六宮太倉銀錢多所宣進居正乃因戶部進御覽數目陳之謂每歲入額不敵所出請帝置坐隅時省覽量入爲出罷節浮費疏上留中帝復令工部鑄錢給用居正以利不勝費止之言官請停蘇松織造不聽居正爲面請得損大半復請停修武英殿工及裁外戚遷官恩數帝多曲從之帝御文華殿居正侍講讀畢以給事中所上灾傷疏聞因請振復言上愛民如子而在外諸司營私背公剝民罔上宜痛鉗以法而皇上加意樽節於宮中一切用度服御賞賚布施裁省禁止帝首肯之有所蠲貸居正以江南貴豪怙勢及諸奸猾吏民善逋賦選大吏精悍者嚴行督責賦以時輸國藏日益充而豪猾率怨居正居正服將除帝召吏部問期日敕賜白玉帶大紅坐蟒盤蟒御平臺召對慰諭久之使中官張宏引見慈慶慈寧兩宮皆有恩賚而慈聖皇太后加賜御膳九品使宏侍宴帝初卽位馮保朝夕視起居擁護提抱有力小扞格卽以聞慈聖慈聖訓帝嚴每切責之且曰使張先生聞奈何於是帝甚憚居正及帝漸長心厭之乾淸小璫孫海客用等導上遊戲皆愛幸慈聖使保捕海用杖而逐之居正復條其黨罪惡請斥逐而令司禮及諸內侍自陳上裁去留因勸帝戒遊宴以重起居專精神以廣聖嗣節賞賚以省浮費却珍玩以端好尚親萬幾以明庶政勤講學以資治理帝迫於太后不得已皆報可而心頗嗛保居正矣帝初政居正嘗纂古治亂事百餘條繪圖以俗語解之使帝易曉至是復屬儒臣紀太祖列聖寶訓實錄分類成書凡四十日創業艱難曰勵精圖治曰勤學曰敬天曰法祖曰保民曰謹祭祀曰崇孝敬曰端好尚曰愼起居曰戒遊佚曰正宮闈曰敎儲貳曰睦宗藩曰親賢臣曰去奸邪曰納諫曰理財曰守法曰儆戒曰務實曰正紀綱曰審官曰久任曰重守令曰馭近習曰待外戚曰重農桑曰興敎化曰明賞罰曰信詔令曰謹名分曰裁貢獻曰愼賞賚曰敦節儉曰愼刑獄曰褒功德曰屏異端曰飭武備曰御戎狄其辭多警切請以經筵之暇進講又請立起居注紀帝言動與朝內外事日用翰林官四員入直應制詩文及備顧問帝皆優詔報許居正自奪情後益偏恣其所黜陟多由愛憎左右用事之人多通賄賂馮保客徐爵擢用至錦衣衛指揮同知署南鎭撫居正三子皆登上第蒼頭游七入貲爲官勳戚文武之臣多與往還通婣好七具衣冠報謁列於士大夫世以此益惡之亡何居正病帝頻頒敕諭問疾大出金帛爲醫藥資四閱月不愈百官竝齋醮爲祈禱南都秦晉楚豫諸大吏亡不建醮帝令四維等理閣中細務大事卽家令居正平章居正始自力後憊甚不能徧閱然尚不使四維等參之及病革乞歸上復優詔慰留稱太師張太岳先生居正度不起薦前禮部尚書潘晟及尚書梁夢龍侍郎余有丁許國陳經邦已復薦尚書徐學謨曾省吾張學顏侍郎王篆等可大用帝爲黏御屏晟馮保所受書者也强居正薦之時居正已昏甚不能自主矣及卒帝爲輟朝諭祭九壇視國公兼師傅者居正先以六載滿加特進中極殿大學士以九載滿加賜坐蟒衣進左柱國蔭一子尚寶丞以大婚加歲祿百石錄子錦衣千戶爲指揮僉事以十二載滿加太傅以遼東大捷進太師益歲祿二百石子由指揮僉事進同知至是贈上柱國謚文忠命四品京卿錦衣堂上官司禮太監護喪歸葬於是四維始爲政而與居正所薦引王篆曾省吾等交惡初帝所幸中官張誠見惡馮保斥於外帝使密詗保及居正至是誠復入悉以兩人交結恣橫狀聞且謂其寶藏踰天府帝心動左右亦浸言保過惡而四維門人御史李植極論徐爵與保挾詐通奸諸罪帝執保禁中逮爵詔獄謫保奉御居南京盡籍其家金銀珠寶鉅萬計帝疑居正多蓄益心艷之言官劾篆省吾并劾居正篆省吾俱得罪新進者益務攻居正詔奪上柱國太師再奪謚居正諸所引用者斥削殆盡召還中行用賢等遷官有差劉臺贈官還其產御史羊可立復追論居正罪指居正搆遼庶人憲㸅獄庶人妃因上疏辯冤且曰庶人金寶萬計悉入居正帝命司禮張誠及侍郎邱橓偕錦衣指揮給事中籍居正家誠等將至荊州守令先期錄人口錮其門子女多遯避空室中比門啓餓死者十餘輩誠等盡發其諸子兄弟藏得黃金萬兩白金十餘萬兩其長子禮部主事敬修不勝刑自誣服寄三十萬金於省吾篆及傅作舟等尋自縊死事聞時行等與六卿大臣合疏請少緩之刑部尚書潘季馴疏尤激楚詔留空宅一所田十頃贍其母而御史丁此呂復追論科場事謂高啓愚以舜禹命題爲居正策禪受尚書楊巍等與相駁此呂出外啓愚削籍後言者復攻居正不已詔盡削居正官秩奪前所賜璽書四代誥命以罪狀示天下謂當剖棺戮屍而姑免之其弟都指揮居易子編修嗣修俱發戍烟瘴地終萬曆世無敢白居正者熹宗時廷臣稍稍追述之而鄒元標爲都御史亦稱居正詔復故官予葬祭崇禎三年禮部侍郎羅喻義等訟居正冤帝令部議復二蔭及誥命十三年敬修孫同敞請復武蔭併復敬修官帝授同敞中書舍人而下部議敬修事尚書李日宣等言故輔居正受遺輔政事皇祖者十年肩勞任怨舉廢飭弛弼成萬曆初年之治其時中外乂安海內殷阜紀綱法度莫不修明功在社稷日久論定人益追思帝可其奏復敬修官同敞負志節感帝恩益自奮十五年奉敕慰問湖廣諸王因令調兵雲南未復命兩京相繼失走詣福建唐王亦念居正功復其錦衣世廕授同敞指揮僉事尋奉使湖南聞汀州破依何騰蛟於武岡永明王用廷臣薦改授同敞侍讀學士爲總兵官劉承蔭所惡言翰林吏部督學必用甲科乃改同敞尚寶卿以大學士瞿式耜薦擢兵部右侍郎兼翰林侍讀學士總督諸路軍務同敞有文武材意氣慷慨每出師輒躍馬爲諸將先或敗奔同敞危坐不去諸將復還戰或取勝軍中以是服同敞大將王永祚等久圍永州

大兵赴救胡一青率衆迎敵戰敗同敞馳至全州檄楊國棟兵策應乃解去

順治七年大兵破嚴關諸將盡棄桂林走城中虛無人獨式耜端坐府中適同敞自靈川至見式耜式耜曰我爲留守當死此子無城守責盍去諸同敞正色曰昔人恥獨爲君子公顧不許同敞共死乎式耜喜取酒與飲明燭達旦侵晨被執諭之降不從令爲僧亦不從乃幽之民舍雖異室聲息相聞兩人日賦詩倡和閱四十餘日整衣冠就刃顏色不變既死同敞屍植立首墜躍而前者三人皆辟易而居正第五子允修字建初廕尚寶丞崇禎十七年正月張獻忠掠荊州允修題詩於壁不食而死

贊曰徐階以恭勤結主知器量深沈雖任智數要爲不失其正高拱才略自許負氣凌人及爲馮保所逐柴車卽路傾軋相尋有自來已張居正通識時變勇於任事神宗初政起衰振隳不可謂非幹濟才而威柄之操幾於震主卒致禍發身後書曰臣罔以寵利居成功可弗戒哉

明史卷二百十四　列傳第一百二

總裁官總理事務經筵講官少保兼太子太保保和殿大學士兼管吏部戶部尚書事加六級臣張廷玉等奉

敕修

楊博　子俊民　馬森

劉體乾　王廷　毛愷

葛守禮　靳學顏　弟學曾

楊博字惟約蒲州人父瞻御史終四州僉事博登嘉靖八年進士除盩厔知縣調長安徵爲兵部武庫主事歷職方郎中大學士翟鑾巡九邊以博自隨所過山川形勢土俗好惡士卒多寡强弱皆疏記之至肅州屬番數百遮道邀賞鑾慮來者益衆不能給博請鑾盛儀衞集諸番轅門外數以天子宰相至不悉衆遠迎將縛以屬吏諸番羅拜請罪乃稍賚其先至者餘皆懼不復來鑾還薦博可屬大事吉囊俺答歲盜邊尚書張瓚一切倚辦博帝或中夜降手詔博隨事條答悉稱旨毛伯溫代瓚博當遷特奏留之已遷山東提學副使轉督糧參政二十五年超拜右僉都御史巡撫甘肅大興屯利請募民墾田永不征租又以暇修築肅州榆樹泉及甘州平川境外大蘆泉諸處墩臺鑿龍首諸渠初罕東屬番避土魯番亂還肅州境上時與居民牀殺監生李時暘以爲言事下守臣博爲築金塔白城七堡召其長令率屬徙居之諸番徙七百餘帳州境爲之肅淸總兵官王繼祖却寇永昌鎭羌叅將蔡勳等戰鎭番山丹三告捷斬首百四十餘級進博右副都御史以母憂歸仇鸞鎭甘肅總督曾銑劾之詔逮治博亦發其貪罔三十事鸞拜大將軍數毀之帝不聽服闋鸞已誅召拜兵部右侍郎轉左經畧薊州保定初俺答薄都城由潮河川入議者爭請爲備水湍悍不可城博緣水勢建石墩置戍守還督京城九門時因寇警歲七月分兵守陴博曰寇至須鎭靜奈何先事自擾罷其令尋遷總督薊遼保定軍務

博以薊逼京師護畿甸陵寢爲大分布諸將畫地爲防三十三年秋把都兒及打來孫十餘萬騎犯薊鎮攻牆帝憂甚數遣騎偵博博環甲宿古北口城上督總兵官周益昌等力禦帝大喜馳賜緋豸衣犒軍萬金寇攻四晝夜不得入乃并攻孤山口登牆官軍斷一人腕乃退屯虎頭山博募死士夜以火驚其營寇擾亂比明悉去進右都御史蔭子錦衣千戶明年打來孫復入益昌擊却之遂擢博兵部尚書錄防秋功加太子少保嚴嵩父子招權利諸司爲所撓博一切格不行嵩恨博會丁父憂去兵部尚書許論罷帝起博代之博未終喪疏辭而帝以大同右衞圍急改博總督宣大山西軍務博墨縗馳出關未至侍郎江東等以大軍進寇引去時右衞圍六月守將王德戰亡城中芻粟且盡士死守無二心博厚撫卹奏行善後十事以給事中張學顏言留博鎮撫奏蠲被寇租因僉其丁壯爲義勇分隸諸將博以邊人不習車戰寇入輒不支請造偏箱車百輛有警則右衞車東左衞車西使相聲援又以大同牆圮繕治爲急大則塞銀釵驛馬諸嶺以絕窺紫荆路備居庸南山以絕窺陵寢畿甸路修陽神地諸牆塹以絕入山西路乃於大同牛心山諸處築堡九墩臺九十二接左衞高山站以達鎮城濬大濠二各十八里小濠六十有四五旬訖功賜敕獎賚帝數欲召博還又虞邊以問嵩嵩雅不喜博請令江東署部事俟秋防畢徐議之遂不召秋防訖加太子太保留鎮如故哱素把伶及叛人了都記等數以輕騎寇邊博先後計禽之又數出奇兵襲寇寇稍徙帳因議築故總督翁萬達所創邊牆招還內地民爲寇掠者千六百餘人又請通宣大荒田水利薄其租報可改薊遼總督秋防竣廷議欲召博還吏部尚書吳鵬不可鄭曉署兵部爭之曰博在薊遼則薊遼安在本兵則九邊俱安乃召還加少保帝憂邊甚博每先事爲防帝眷倚若左右手嘗語閣臣自博入朕每憂邊其語博預爲謀博上言今九邊薊鎮爲重請敕邊臣逐大同寇使不得近薊宣大諸將從獨石偵情形預備黃花古北諸要害使一騎不得入關卽首功也帝是之四十二年十月寇擁衆窺薊州聲言犯遼陽總督楊選帥師東博檄止之又手書三往卒不從博拊几曰敗矣急徵兵入援寇已潰牆子嶺犯通州帝嘆曰庚戌事又見矣諸路兵先後至命宣大總督江東統文武大臣分守皇城京城鎮遠侯顧寰以京營兵分布城內外寇解而東劚順義三河飽掠去援兵不發一矢取道斃及零騎傷殘者報首功帝怏怏諭博曰賊復飽颺何以懲後遂誅選博懼及徐階力保持之帝念博前功不罪久之改吏部尚書隆慶改元請遵遺詔錄建言諸臣死者皆贈卹時方計羣吏山西人無一被黜者給事中胡應嘉劾博庇其鄉人博連疏乞休並慰留且斥言者一品滿三考進少傅兼太子太傅帝將遊南海子博率同列諫御史詹仰庇以直言罷博爭之屯鹽都御史龐尚鵬被論博議留忤旨遂謝病歸尚書劉體乾等交章乞留不聽大學士高拱掌吏部薦博堪本兵詔以吏部尚書理兵部事陳薊昌戰守方略謂議者以守牆爲怯言可聽實無少效牆外邀擊害七利三牆內格鬬利一害九夫因牆守所謂先處戰地而待敵名守實戰也臣爲總督嘗拒打來孫十萬衆以爲當守牆無疑因陳明應援申駐守處京營諭屬夷修內治諸事帝悉從之博魁梧豐碩臨事安閒有識量出入中外四十餘年始終以兵事著六年高拱罷乃改博吏部進少師兼太子太師明年秋疾作三疏乞致仕歸逾年卒贈太傅謚襄毅拱柄國時欲中徐階危禍博造拱力爲解拱亦心動事獲已其後張居正逐拱將周內其罪博毅然爭之及興王大臣獄博與都御史葛守禮詣居正力爲解居正憤曰二公謂我甘心高公耶博曰非敢然也然非公不能回天會帝命守禮偕都督朱希孝會訊博陰爲畫計使校尉怵大臣改供又令拱僕雜稠人中令大臣識別茫然莫辨事乃白人以是稱博長者子俊民字伯章嘉靖四十一年進士除戶部主事歷禮部郎中隆慶初遷河南提學副使萬曆初歷大僕少卿父博致政侍歸起故官累遷兵部左侍郎署部事時議撦力克嗣封俊民言款未可遽罷惟內修守備而外勒西部使盡還巢申定市額使無濫索而已議遂定進戶部尚書總督倉場十九年還理部事河南大饑人相食請發銀米各數十萬或議其稽緩因自劾求罷疏六上不允小人競請開礦俊民爭不得稅使乃四出天下騷然時以咎俊民在事歷三考累加太子太保卒官贈少保後叙東征轉餉功贈少傅兼太子太傅

馬森字孔養懷安人父俊晚得子家人抱之墜殞焉俊給其妻曰我誤也不之罪踰年而舉森嘉靖十四年成進士授戶部主事歷太平知府民有兄弟訟者予鏡令照曰若二人老矣忍傷天性乎皆感泣謝去再遷江西按察使有進士孌外婦而殺妻撫按欲緩其獄森卒抵之法歷左布政使就擢巡撫右副都御史入爲刑部右侍郎改戶部初森在江西薦布政使宋淳淳後撫南贛以贓敗森坐謫大理卿屢駮疑獄與刑部尚書鄭曉都御史周延稱爲三平病歸起南京工部右侍郎改戶部督倉場尋轉左以右都御史總督漕運兼巡撫鳳陽遷南京戶部尚書隆慶初改北部是時登極詔書蠲天下田租半太倉歲入少不能副經費而京通二倉積貯無幾森鉤校搜剔條行十餘事又列上錢穀出入之數勸帝節儉帝手詔責令措置森奏祖宗舊制河淮以南以四百萬供京師河淮以北以八百萬供邊一歲之入足供一歲之用後邊陲多事支費漸繁一變而有客兵之年例再變而有主兵之年例其初止三五十萬耳後漸增至二百三十餘萬屯田十虧七八鹽法十折四五民運十逋二三悉以年例補之在邊則士馬不多於昔在太倉則輸入不益於前而所費數倍重以詔書蠲除故今日告匱視往歲有加臣前所區畫算及錙銖不過紓目前急而於國之大體民之元氣未暇深慮願廣集衆思令廷臣各陳所見又奏河東四川雲南福建廣東靈州鹽課事宜詔皆如所請帝嘗命中官崔敏發戶部銀六萬市黃金森持不可且言故事御札皆由內閣下無司禮徑傳者事乃止既又命購珠寶森亦力爭不聽三年以母老乞終養賜馳驛歸後屢薦不起森爲考官時夏言壻出其門欲介之見言謝不往嚴嵩聞而悅之森亦不附爲徐階所重遂引用之里居贊巡撫龐尚鵬行一條鞭法鄉人爲立報功祠萬曆八年卒贈太子少保謚恭敏

劉體乾字子元東安人嘉靖二十三年進士授行人改兵科給事中司禮太監鮑忠卒其黨李慶爲其姪鮑恩等八人乞遷帝已許之以體乾言止錄三人轉左給事中帝以財用絀詔廷臣集議多請追宿逋增賦額體乾獨上奏曰蘇軾有言豐財之道惟在去其害財者今之害最大者有二冗吏冗費是也歷代官制漢七千五百員唐萬八千員宋極冗至三萬四千員本朝自成化五年武職已逾八萬合文職蓋十萬餘今邊功陞授勳貴傳請曹局添設大臣恩蔭加以厰衞監局勇士匠人之屬歲增月益不可悉舉多一官則多一官之費請嚴敕諸曹清革冗濫減俸將不貲又聞光祿庫金自嘉靖改元至十五年積至八十萬自二十一年以後供億日增餘藏頓盡進御果蔬初無定額止憑內監片紙如數供御乾没狼籍輒轉鬻市人其他諸曹侵盜尤多宜著爲令歲終使科道臣會計之以清冗費二冗既革國計自裕舍是而督逋增賦是揚湯止沸也於是部議請汰各監局人匠從之累官通政使遷刑部右侍郎改戶部左侍郎總督倉場隆慶初進南京戶部尚書南畿湖廣江西銀布絹米積逋二百六十餘萬鳳陽園陵九衞官軍四萬而倉粟無一月儲體乾再疏請責成有司又條上六事皆報可馬森去召改北部詔取太倉銀三十萬兩體乾言太倉銀所存三百七十萬耳而九邊年例二百七十六萬有奇在京軍糧商價百有餘萬薊州大同諸鎮例外奏乞不與焉若復取以上供經費安辦帝不聽體乾復奏今國計絀乏大小臣工所共知卽存庫之數乃近遣御史所搜括明歲則無策矣今盡以供無益費萬一變起倉卒如國計何於是給事中李已楊一魁龍光御史劉思問蘇士潤賀一桂傅孟春交章乞如體乾言閣臣李春芳等皆上疏請乃命止進十萬兩又奏太和山香稅宜如泰山例有司董之毋屬內臣忤旨奪俸半年帝嘗問九邊軍餉太倉歲發及四方解納之數體乾奏祖宗朝止遼東大同宣府延綏四鎮繼以寧夏甘肅薊州又繼以固原山西今密雲昌平永平易州俱列戍矣各鎮防守有主兵其後增召募增客兵而坐食愈衆各鎮芻餉有屯田其後加民糧加鹽課加京運而橫費滋多因列上隆慶以來歲發之數又奏國家歲入不足供所出而額外陳乞者多請以內外一切經費應存革者刊勒成書報可詔市綵二萬五千斤體乾請俟湖州貢帝不從趣之急給事中李已言三月非用綵時不宜重擾商戶體乾亦復爭乃命止進萬斤踰年詔趣進金花銀且購貓睛祖母綠諸異寶已上書力諫體乾請從已言不納內承運庫以白劄索部帑十萬體乾執奏給事中劉繼文亦言白劄非體帝報有旨竟取之體乾又乞承運庫減稅額二十萬爲中官崔敏所格不得請是時內供已多數下部取太倉銀又趣市珍珠黃綠玉諸物體乾清勁有執每疏爭積忤帝意竟奪官給事中光懋御史凌琯等交章請留不聽神宗卽位起南京兵部尚書奏言留都根本重地故額軍九萬馬五千餘匹今軍止二萬二千馬僅及半單弱足慮宜選諸衞餘丁隨伍操練發貯庫草場銀買馬又條上防守四事並從之萬曆二年致仕卒贈太子少保

王廷字子正南充人嘉靖十一年進士授戶部主事改御史疏劾吏部尚書汪鋐謫亳州判官歷蘇州知府有政聲累遷右副都御史總理河道三十九年轉南京戶部右侍郎總督糧儲南京督儲自成化後皆以都御史領之至嘉靖二十六年始命戶部侍郎兼理及振武營

軍亂言者請復舊制遂以副都御史章煥專領而改廷南京刑部未上復改戶部右侍郎兼左僉都御史總督漕運巡撫鳳陽諸府時倭亂未靖廷建議以江南屬鎮守總兵官專駐吳淞江北屬分守副總兵專駐狼山遂爲定制淮安大饑與巡按御史朱綱奏留商稅饟軍被詔切讓給事中李邦義因劾廷拘滯吏部尚書嚴訥爲廷辨始解轉左侍郎還理部事以通州禦倭功加俸二級遷南京禮部尚書召爲左都御史奏行慎選授重分巡謹刑獄端表率嚴檢束公舉劾六事隆慶元年六月京師雨潦壞廬舍命廷督御史分行振恤會朝覲天下官廷請嚴禁餽遺酌道里費以儆官邪蘇民力帝謁諸陵詔廷同英國公張溶居守中官許義挾刃脅人財爲巡城御史李學道所笞羣璫伺學道早朝邀擊之左掖門外廷上其狀論戍有差御史齊康爲高拱劾徐階廷言康懷奸黨邪不重懲無以定國是帝爲謫康論留階拱遂引疾去而給事中張齊者嘗行邊受賈人金事稍泄陰求階子璠居間璠謝不見齊恨遂摭康疏語復論階階亦引疾去廷因發齊奸利事言齊前奉命賞軍宣大納鹽商楊四和數千金爲言恤邊商革餘鹽數事爲大學士階所格四和抵齊取賄蹤跡頗露齊懼得罪乃借攻階冀自掩遂下齊詔獄刑部尚書毛愷當齊戍詔釋爲民拱起再相廷恐其修郤而愷亦階所引遂先後乞休以避之給事中周芸御史李純樸訟齊事謂廷愷阿階意羅織不辜刑部尚書劉自強覆奏齊所坐無實廷愷屈法徇私詔奪愷職廷斥爲民齊補通州判官萬曆初齊以不謹罷愷已前卒浙江巡按御史謝廷傑訟愷狷潔有古人風坐按張齊奪官今齊已黜足知愷守正詔復愷官於是巡撫四川都御史曾省吾言廷守蘇州時人比之趙清獻直節勁氣始終無改宜如毛愷例復官詔以故官致仕十六年給夫廩如制仍以高年特賜存問明年卒謚恭節毛愷字達和江山人嘉靖十四年進士授行人擢御史坐論洗馬鄒守益不當投散地爲執政所惡謫寧國推官歷刑部尚書太監李芳繫諫忤穆宗命刑部重辟愷奏芳罪狀未明非所以示天下公芳乃得貰死愷贈太子少保謚端簡

葛守禮字與立德平人嘉靖七年舉鄉試第一明年成進士授彰德推官巨盜誣富家株連以百數守禮盡出之主獄者譖之御史會藩府獄久不決屬守禮一訊卽得乃大驚服冬至趙王戒百官朝服賀守禮獨不可遷兵部主事父喪服闋補禮部寧府宗人悉鍘高牆後稍得脫因請封禮部尚書夏言議量復中尉數人未上而言入閣嚴嵩代之守禮適遷儀制郎中駁不行故事郡王絕近支得以本爵理府事不得繼封交城懷仁襄垣近支絕以繼封請守禮持之堅會以疾在告三郎人乘間行賂遂得請旗校詗其事以聞所籍記賂遺十餘萬獨無守禮名帝由是知守禮廉遷河南提學副使再遷山西按察使進陝西布政使擢右副都御史巡撫河南入爲戶部侍郎督餉宣大改吏部自左侍郎遷南京禮部尚書李本署吏部事希嚴嵩指考察廷臣署守禮下考勒致仕後帝問守禮安在左右謬以老病對帝爲歎惜久之隆慶元年起戶部尚書奏言畿輔山東流移日衆以有司變法亂常起科太重徵派不均且河南北山東西土地磽瘠正供尚不能給復重之徭役工匠及富商大賈皆以無田免役而農夫獨受其困此所謂舛也乞正田賦之規罷科差之法又國初徵糧戶部定倉庫名目及石數價值通行所司分派小民隨倉上納完欠之數瞭然可稽近乃定爲一條鞭法計畝徵銀不論倉口不問石數吏書簧緣爲奸增減灑派弊端百出至於收解乃又變爲一串鈴法謂之夥收分解收者不解解者不收收者獲積餘之貲解者任賠補之累夫錢穀必分數明而後稽覈審今混而爲一是爲那移者地也願敕所司酌復舊規詔悉舉行於是奏定國計簿式頒行天下自嘉靖三十六年以後完欠起解追徵之數及貧民不能輸納備錄簿中自府州縣達布政送戶部稽考以清隱漏那移侵欺之弊又以戶部專理財賦必周知天下倉庫盈虛然後可節縮調劑祖宗時令天下歲以文册報部乃請遣御史譚啓馬明謨張問明趙巖分行天下董其事竝承敕以行覃恩例賞邊軍或言士伍虛冒宜乘給賞汰之守禮言此朝廷曠典乃以賈怨耶議乃止大學士高拱與徐階不相能舉朝攻拱侍郎徐養正劉自强拱所厚亦詣守禮言守禮不可養正等遂論拱守禮尋乞養母歸及拱再相深德守禮起爲刑部尚書初階定方士王金等獄坐妄進藥物比子殺父律論死詔下法司會訊守禮等議金妄進藥無事實但習故陶仲文術左道惑衆應坐爲從律編戍給事中趙奮言法司爲天下平昔則一主於入而不爲先帝地今則一主於出而不恤後世議罪有首而後有從金等爲從孰爲首將以陶仲文爲首則仲文死已久爲法如此陛下何賴哉疏入報聞尋改守禮左都御史奏言畿內地勢窪下河道堙塞遇潦則千里爲壑請倣古井田之制濬治溝洫使旱潦有備章下有司又申明巡撫事宜條列官箴士節六事守禮議王金獄與拱合然不附拱後張居正欲以王大臣事搆殺拱守禮力爲解乃免階拱居正更用事交相軋守禮周旋其間正色獨立人以爲難萬曆三年以老乞休詔加太子少保馳驛歸六年卒贈太子太保謚端肅

靳學顏字子愚濟寧人嘉靖十三年舉鄉試第一明年成進士授南陽推官以廉平稱歷吉安知府治行高累遷左布政使隆慶初入爲太僕卿改光祿旋拜右副都御史巡撫山西應詔陳理財凡萬餘言言選兵鑄錢積穀最切其畧曰宋初禁軍十萬總天下諸路亦不過十萬其後慶曆治平間增至百餘萬然其時財用不詘我朝邊兵四十萬其後雖增兵益戍而主兵多缺不若宋人十倍其初也然自嘉靖中卽以詘乏告何哉宋雖增兵而天下無養兵費我朝以民養兵而新軍又一切仰太倉舊餉不減新餉日增費一也周豐鎬漢西都率有其名而無實我朝留都之設建官置衞坐食公帑費二也唐宋宗親或通名仕版或散處民間我朝分封列爵不農不仕吸民膏髓費三也有此三者儲畜安得不匱而其間尤耗天下之財者兵而已夫陷鋒摧堅旗鼓相當兵之實也今邊兵有戰時若腹兵則終世不一當敵每盜賊竊發非陰陽醫藥雜職則丞貳判簿爲之將非鄉民里保則義勇快壯爲之兵在北則借鹽丁礦徒在南則借狼土此皆腹兵不足用之驗也當限以輪番守戍之法或遠不可徵或弱不可任則聽其耕商而移其食以餉邊如免班軍而徵價省充發而輸贖亦變通一策也欲京兵强亦宜責以輪番戍守夫京師去宣府薊鎭纔數百里京營九萬卒歲以一萬戍二鎭九年而一周未爲苦也而怯者與邊兵同其勁矣又以畿輔之卒填京戍之闕其部伍號令月糧犒賞亦與京卒同而畿輔之卒皆親兵矣夫京卒戍薊鎭則延固之費可省戍宣府則宣府大同之氣自張寇畏宣大之力制其後京卒之勁當其前則仰攻深入之事鮮矣臣又覩天下之民皇皇以匱乏爲慮者非布帛五穀不足也銀不足耳夫銀寒不可衣饑不可食不過貿遷以通衣食之用獨奈何用銀而廢錢錢益廢銀益獨行獨行則藏益深而銀益貴貨益賤而折色之辦益難豪右乘其賤收之時其貴出之銀積於豪右者愈厚行於天下者愈少更踰數十年臣不知所底止矣錢者泉也不可一日無計者謂錢法之難有二利不讐本民不願行此皆非也夫朝廷以山海之產爲材以億兆之力爲工以賢士大夫爲役何本之費誠令民以銅炭贖罪而匠役則取之營軍一指麾間錢徧天下矣至不願行錢者獨奸豪爾請自今事例罰贖徵稅賜賚宗祿官俸軍餉之屬悉銀錢兼支上以是徵下以是輸何患其不行哉臣又聞中原者邊鄙之根本也百姓者中原之根本也民有終身無銀而不能終歲無衣終日無食今有司夙夜不遑者乃在銀而不在穀臣竊慮之國家建都幽燕北無郡國之衞所恃爲腹心股肱者河南山東江北及畿內八府之人心耳其人率鷙悍而輕生易動而難戢游食而寡積者也一不如意則輕去其鄉往往一夫作難千人響應前事已屢驗矣弭之之計不過曰恤農以繫其家足食以繫其身聚骨肉以繫其心今試覈官廩之所藏每府得數十萬則司計者安枕可矣得三萬焉猶足塞轉徙者之望設不滿萬豈得無寒心臣竊意不滿萬者多也臣近者疏請積穀業蒙允行第恐有司從事不力無以塞明詔敢卽臣說申言之其一曰官倉發官銀以糴也一曰社倉收民穀以充也官倉非甚豐歲不能舉社倉雖中歲皆可行唐義倉之開每歲自王公以下皆有入宋則準民間正稅之數取二十分之一以爲社誠倣而推之就土俗合人情占歲候以通其變計每歲二倉之入以驗其功著爲令而歲歲修之時其豐歉而斂散之在官倉者民有大饑則以振在民倉者雖官有大役亦不聽貸借此藏富於民卽藏富於國也今言財用者不憂穀之不足而憂銀之不足夫銀實生亂穀實弭亂銀之不足而泉貨代之五穀不足則孰可以代者哉故曰明君不寶金玉而寶五穀伏惟聖明垂意疏入下所司議卒不能盡行也尋召爲工部右侍郎改吏部進左侍郎學顏內行修潔見高拱以首輔掌銓專恣甚遂謝病歸卒弟學曾山西副使治績亦有聞

贊曰明之中葉邊防墮經費乏當時任事之臣能留意於此者鮮矣若楊博馬森劉體乾葛守禮靳學顏之屬庶幾留經濟之畧者就其設施與其所建白究而行之亦補苴一時而已況言之不盡行行之不能久乎自時厥後張居正始一整飭居正歿一切以空言從事以迄於亡蓋其壞非朝夕之積矣

明史卷二百十五　列傳第一百三

總裁官總理事務經筵講官少保兼太子太保保和殿大學士兼管吏部戶部尚書事加六級張廷玉等奉敕修

王治　歐陽一敬 胡應嘉

周弘祖 岑用賓 鄧洪震　詹仰庇

駱問禮 楊松 張應治　鄭履淳

陳吾德 李已 胡涍　汪文輝

劉奮庸 曹大埜

王治字本道忻州人嘉靖三十二年進士除行人遷吏科給事中寇屢盜邊邊臣多匿不奏小勝文臣輒冒軍功治請臨陣斬獲第錄將士功文臣及鎮帥不親搏戰者止賜賚從之再遷禮科左給事中隆慶元年偕御史王好問覈內府諸監局歲費中官崔敏請止之爲給事中張憲臣所劾得旨詔書所載者自嘉靖四十一年始聽治等詳覈不載者已之治等力爭不許事竣劾中官趙廷玉馬尹乾沒罪詔下司禮監按問尋上疏陳四事一定宗廟之禮以隆聖孝獻皇雖貴爲天子父未嘗南面臨天下雖親爲武宗叔然嘗北面事武宗今乃與祖宗諸帝並列設位於武宗右揆諸古典終爲未協臣以爲獻皇祔太廟不免遞遷若專祀世廟則億世不改乞敕廷臣博議務求至當一謹燕居之禮以澄化源人主深居禁掖左右便佞窺伺百出或以燕飲聲樂或以遊戲騎射近則損敝精神疾病所由生久則妨累政事危亂所由起比者人言籍籍謂陛下燕閒舉動有非諒闇所宜者臣竊爲陛下慮之其二請勤朝講親輔弼疏入報聞進吏科都給事中劾薊遼總督都御史劉燾南京督儲都御史曾于拱不職于拱遂罷山西及薊鎮並中寇治以罪兵部尚書郭乾侍郎遲鳳翔偕同官歐陽一敬等劾之詔罷乾貶鳳翔三秩視事部議卹光祿少卿馬從謙帝不許治疏爭帝謂從謙所犯比子罵父律終不允治又請追謚何瑭雪夏言罪且言大理卿朱廷立刑部侍郎詹瀚共鍛成夏言獄宜追奪其官咸報可明年左右有言南海子之勝者帝將往幸治率同官諫大學士徐階尚書楊博御史郝杰等並阻止皆不聽至則荒莽沮洳帝甚悔之治尋擢太僕少卿改大理進太僕卿憂歸卒

歐陽一敬字司直彭澤人嘉靖三十八年進士除蕭山知縣徵授刑科給事中劾太常少卿晉應槐爲文選郎時劣狀而南京侍郎傅頤寧夏巡撫王崇古湖廣參政孫弘軾由應槐進俱當罷吏部爲應槐等辨獨罷頤官未幾劾罷禮部尚書董份三遷兵科給事中言廣西總兵當用都督不當用勳臣因劾恭順侯吳繼爵罷之以俞大猷代寇大入陝西劾總督陳其學巡撫戴才俱奪官又以軍政劾英國公張溶山西浙江總兵官董一奎劉顯掌錦衣衞都督李隆等九人不職溶留餘俱貶黜自嚴嵩敗言官爭發憤論事一敬尤敢言隆慶元年正月吏部尚書楊博掌京察黜給事中鄭欽御史胡維新而山西人無下考者吏科給事中胡應嘉劾博挾私憤庇鄉里應嘉先嘗劾高拱拱修郤將重罪之徐階等重違拱意且以應嘉實佐察初未言今黨同官妄奏擬旨斥爲民言路大譁一敬爲應嘉訟斥博及拱詆拱奸險橫惡無異蔡京且言應嘉前疏臣與聞黜應嘉不若黜臣會給事中辛自修御史陳聯芳疏爭階乃調應嘉建寧推官一敬尋劾拱威制朝紳專柄擅國亟宜罷不聽踰月御史齊康劾階諸給事御史以康受拱指羣集闕下詈而唾之一敬首劾康康亦劾一敬時康主拱一敬主階互指爲黨言官多論康康竟坐謫已陳兵政八事部皆議行南京振武營兵由此罷湖廣巡按陳省劾太和山守備中官呂詳詔徵詳還罷守備官未幾復遣監丞劉進往代一敬言進故名俊守顯陵無狀肅皇帝下之獄充孝陵衞淨軍今不宜用從之中官呂用等典京營一敬力諫事寢黔國公沐朝弼殘恣屢抗詔旨一敬請治其罪報可俄擢太常少卿拱再起柄政一敬懼即日告歸半道以憂死時應嘉已屢遷參議憂歸聞拱再相亦驚怖而卒應嘉沭陽人由宜春知縣擢吏科給事中三遷都給事中論侍郎黃養蒙李登雲及布政使李磐侯一元不職皆罷去登雲者大學士高拱姻也應嘉策拱必害己遂并劾拱言拱輔政初即以直廬爲隘移家西安門外晝夜潛歸陛下近稍違和拱即私運直廬器物於外臣不知拱何心疏入拱大懼亟奏辯會帝崩得不竟拱以此銜應嘉穆宗嗣位應嘉請帝御文華殿與輔臣面議大政召訪諸卿顧問侍從令科臣隨事駁議帝納焉應嘉居諫職號敢言然悻悻好搏擊議者頗以傾危目之

周弘祖麻城人嘉靖三十八年進士除吉安推官徵授御史出督屯田馬政隆慶改元司禮中貴及藩邸近侍廕錦衣指揮以下至二十餘人弘祖馳疏請止賚金幣或停世襲且言高皇帝定制宦侍止給奔走掃除不關政事孝宗召對大臣宦侍必退去百餘武非惟不使之預亦且不使之聞願陛下勿與謀議假以嚬笑則彼無亂政之階而聖德嫓太祖孝宗矣臣又聞先帝初載欲廕太監張欽義子錦衣兵部尚書彭澤執奏再四今趙炳然居澤位不能效澤忠無所逃罪報聞已請汰內府監局錦衣衞光祿寺文思院冗員復嘉靖初年之舊又請倣行古社倉制詔皆從之明年春言近四方地震土裂成渠旂竿數火天鼓再鳴隕星旋風天雨黑豆此皆陰盛之徵也陛下嗣位二年未嘗接見大臣咨訪治道邊患孔棘備禦無方事涉內庭輒見撓沮如閱馬核庫詔出復停皇莊則親收子粒太和則權取香錢織造之使累遣糾劾之疏留中內臣爵賞謝辭溫旨遠出六卿上尤祖宗朝所絕無者疏入不報其冬詔市珍寶魏時亮等爭不聽弘祖復切諫尋遷福建提學副使大學士高拱掌吏部考察言官惡弘祖及岑用賓等謫弘祖安順判官用賓宜川縣丞用賓廣東順德人官南京給事中多所論劾又嘗論拱很愎以故拱憾之出爲紹興知府旣中以察典遂卒於貶所而弘祖謫未幾拱罷量移廣平推官萬曆中屢遷南京光祿卿坐朱衣謁陵免當隆慶初以地震言事者又有鄧洪震宣化人時爲兵部郎中上疏曰入夏以來淫雨彌月又京師去冬地震今春風霾大作白日無光近大同又報雨雹傷物地震有聲陛下臨御甫半年災異疊見傳聞後宮游幸無時嬪御相隨後車充斥左右近習濫賜予政令屢易前後背馳邪正混淆用舍猶豫萬一奸宄潛生寇戎軼犯其何以待之帝納其言下禮官議修省洪震尋以疾歸萬曆改元督撫交章論薦竟不起

詹仰庇字汝欽安溪人嘉靖四十四年進士由南海知縣徵授御史隆慶初穆宗詔戶部購寶珠尚書馬森執奏給事中魏時亮御史賀一桂等繼爭皆不聽仰庇疏言頃言官諫購寶珠反蒙詰讓昔仲虺戒湯不邇聲色不殖貨利召公戒武王玩人喪德玩物喪志湯武能受二臣之戒絕去玩好故聖德光千載若侈心一生不可復遏恣情縱欲財耗民窮陛下玩好之端漸啓弼違之諫惡聞羣小乘隙百方誘惑害有不勝言者况寶石珠璣多藏中貴家求之愈急邀直愈多奈何以有用財耗之無用之物今兩廣需餉疏請再三猶靳不予何輕重倒置乎不報三年正月中官製烟火延燒禁中廬舍仰庇請按治左右近習多切齒者帝頗耽聲色陳皇后微諫帝怒出之別宮外庭皆憂之莫敢言仰庇入朝遇醫禁中出詢之知后寢疾危篤即上疏言先帝慎擇賢淑作配陛下爲宗廟社稷內主陛下宜遵先帝命篤宮闈之好近聞皇后移居別宮已近一載抑鬱成疾陛下畧不省視萬一不諱如聖德何臣下莫不憂惶徒以事涉宮禁不敢頌言臣謂人臣之義知而不言當死言而觸諱亦當死臣今日固不惜死願陛下采聽臣言立復皇后中宮時加慰問臣雖死賢於生帝手批答曰后無子多病移居別宮聊自適以冀却疾爾何知內庭事顧妄言仰庇自分得重譴同列亦危之及旨下中外驚喜過望仰庇益感奮亡何巡視十庫疏言內官監歲入租稅至多而歲出不置籍按京城內外園廛場地隸本監者數十計歲課皆屬官錢而內臣假上供名恣意漁獵利填私家過歸朝宁乞備覈宜留宜革并出入多寡數以杜奸欺再照人主奢儉四方係安危陛下前取戶部銀用備緩急今如本監所稱則盡以創鼇山修宮苑製鞦韆造龍鳳艦治金櫃玉盆羣小因乾沒累聖德虧國計望陛下深省有以玩好逢迎者悉屏出罪之宦官益恨故事諸司文移往還及牧民官出教用照字言官上書無此體宦官因指再照人主語爲大不敬帝怒下詔曰仰庇小臣敢照及天子且狂肆屢不悛遂廷杖百除名并罷科道之巡視庫藏者南京給事中駱問禮御史余嘉詔等疏救且言巡視官不當罷不納仰庇爲御史僅八月數進讜言竟以獲罪神宗嗣位錄先朝直臣以仰庇在京時嘗爲商人居間不得內召除廣東參議尋乞歸家居十餘年起官江西再遷南京太僕少卿入爲左僉都御史進左副都御史仰庇初以直節負盛名至是爲保位計頗不免附麗饒伸以科場事劾大學士王錫爵左都御史吳時來仰庇即劾伸進士薛敷教劾時來及南京右都御史耿定向仰庇未及閱疏即論敷教排陷大臣敷教坐廢及吏部侍郎趙煥兵部侍郎沈子木相繼去仰庇謀代之蹤跡頗著給事中王繼光主事姜士昌員外郎趙南星南京御史王麟趾等交章論列仰庇不自安屢求去帝雖慰留而衆議籍籍不止稍遷刑部右侍郎移疾歸久之卒

駱問禮諸暨人嘉靖末進士歷南京刑科給事中隆慶三年陳皇后移別宮問禮偕同官張應治等上言皇后正位中闈即有疾豈宜移宮望亟返坤寧毋使後世謂變禮自陛下始不報給事張齊劾徐階爲廷臣所排下獄削籍問禮獨言齊贓可疑不當以糾彈大臣實其罪張居正請大閱問禮謂非要務而請帝日親萬幾詳覽奏章未幾劾誠意伯劉世延福建巡撫涂澤民不職帝並留之帝初納言官請將令諸政務悉面奏於便殿問

禮遂條上面奏事宜一言陛下躬攬萬幾宜酌用羣言不執已見使可否予奪皆合天道則有獨斷之美無自用之失二言陛下宜日居便殿使侍從官常在左右非獨聽不入宮闈則涵養薰陶自多裨益三言內閣政事根本宜參用諸司無拘翰林則講明義理通達政事皆得其人四言詔旨必由六科諸司始得奉行脫有未當許封還執奏如六科不封駁諸司失檢察者許御史糾彈五言頃詔書兩下皆許諸人直言然所採納者除言官與一二大臣外盡付所司而已宜益廣言路凡臣民章奏不惟其人惟其言令匹夫皆得自効六言陛下臨朝決事凡給事左右如傳旨接奏章之類宜用文武侍從毋使中官參與則竊竊之漸無自而生七言士習傾危稍或異同輒加排陷自今凡議國事惟論是非不徇好惡衆人言未必得一人言未必非則公論日明士氣可振八言政令之出宜在必行今所司題覆已報可者未見修舉因循玩愒習爲故常陛下當明作於上敕諸臣奮勵於下以挽頹惰之風九言面奏之儀宜畧去繁文務求實用俾諸臣入而敷奏退而治事無或兩妨斯上下之交可久十言修撰編檢諸臣宜令更番入直密邇乘輿一切言動執簡侍書其耳目所不及者諸司或以月報或以季報令得隨事纂緝以垂勸戒疏奏帝不悅宦侍復從中搆之謫楚雄知事明年吏部舉雜職官當遷者問禮及御史楊松在舉中帝曰此兩人安得遷遷俟三年後議之萬曆初屢遷湖廣副使卒楊松河南衞人歷官御史巡視皇城尚膳少監黃雄徵子錢與民鬭兵馬司捕送松所事未決而內監令校尉趣雄入直詭言有駕帖松驗問無有遂劾雄詐稱詔旨帝令黜兵馬司官而鐫松三秩謫山西布政司照磨神宗立擢廬州推官終山西副使張應治秀水人在垣中抗疏多可稱爲高拱所惡出爲九江知府終山東副使

鄭履淳字叔初刑部尚書曉子也舉嘉靖四十年進士除刑部主事遷尚寶丞隆慶三年冬疏言頃年以來萬民失業四方多故天鳴地震災害洊臻正陛下宵旰憂勤時也夫饑寒迫身易爲衣食嗷嗷赤子聖主之所以爲資不及今定周家桑土之謀切虞廷困窮之懼則上天所以警動海內者適足以資他人矣今最急莫如用賢陛下御極三禩矣曾召問一大臣面質一講官賞納一諫士以共畫思患豫防之策乎高亢睽孤乾坤否隔忠言重折檻之罰儒臣虛納牖之功宮闈違脫珥之規朝陛拂同舟之義回奏蒙譴補牘奚從內批徑出封還何自紀綱因循風俗玩愒功罪罔核文案徒繁閽寺潛爲厲階善類漸以短氣言涉宮府肆撓多端梗在私門堅持不破萬衆惶惶皆謂羣小侮常明良疎隔自開闢以來未有若是而永安者伏願奮英斷以決大計勿爲小故之所淆弘濬哲以任君子勿爲褻昵之所惑移美色奇珍之玩而保瘡痍分昭陽細務之勤而和庶政以鑾輿爲關門勁敵以錢穀爲黎庶脂膏拔用陸樹聲石星之流嘉納殷士儋翁大立諸疏經史講筵日親無倦臣民章奏與所司面相可否萬幾之裁理漸熟人才之邪正自知察變謹微回天開泰計無踰於此疏入帝大怒杖之百繫刑部獄數月刑科舒化等以爲言乃釋爲民神宗立起光祿少卿卒

陳吾德字懋修歸善人嘉靖四十四年進士授行人隆慶三年擢工科給事中兩廣多盜將吏率虛文罔上吾德列便宜八事皆允行明年正月朔日有食之已而月復食吾德言歲首日月並食天之大災陛下宜屏斥一切玩好應天以實詔遣中官督織造吾德偕同官嚴用和切諫報聞帝從中官崔敏言命市珍寶戶部尚書劉體乾戶科都給事中李已執奏不從吾德復偕已上疏曰伏睹登極詔書罷採辦蠲加派且云各監局以缺乏爲名移文苛取及所司阿附奉行者言官卽時論奏治以重典海內聞之歡若更生比者左右近習干請紛紜買玉市珠傳帖數下人情惶駭咸謂詔書不信無所適從邇時府庫久虛民生困瘁司度支者日夕憂危陛下奈何以玩好故費數十萬貲乎敏等獻諂營私罪不可宥乞亟譴斥以全詔書大信帝震怒杖已百錮刑部獄斥吾德爲民神宗嗣位起吾德兵科萬曆元年進右給事中張居正柄國諫官言事必先請吾德獨不往禮部主事宋儒與兵部主事熊敦朴不相能誣敦朴欲劾居正屬尚書譚綸劾罷之既而誣漸白吾德遂劾儒亦謫之外居正以吾德不白己嫌之未幾爭成國公朱希忠贈定襄王爵忤居正及慈寧宮後室災吾德力爭出爲饒州知府有盜建昌王印章者逋之南京見獲居正客操江都御史王篆坐吾德部下失盜謫馬邑典史御史又劾其涖饒時違制講學用庫金市學田遂除名爲民居正死薦起思州推官移寶慶同知皆以親老不赴後終湖廣僉事李已字子復磁人嘉靖四十四年進士除太常博士擢禮科給事中隆慶中頻詔戶部有所徵索尚書劉體乾輒執奏已每助之以是積失帝意及爭珍寶事遂得禍未幾刑科給事中舒化等請釋已刑部尚書葛守禮等因言朝審時重囚情可矜疑者咸得末減已及內犯張恩等十人讞未定不列朝審中苟瘐死犴狴將累深仁帝乃釋已恩等繫如故法司以恩等有內援欲借以脫已及已獨釋衆翕然稱帝仁明神宗立薦起兵科都給事中奏言陛下初基弊端盡去傳奉一事豈可尚踵故常內臣卽有勤勞當優以金帛名器所在不容濫設帝嘉納之御史胡涍建言得罪已首論救尋劾兵部尚書譚綸去取邊將不當平江伯陳王謨罪廢復貪緣出鎮湖廣已力爭得寢擢順天府丞遷大理右少卿疏請改父母誥命日已暮遍禁門守者投入帝怒謫常州同知初已與吾德並敢言已尤以直著兩遭摧抑頗事營進後爲南京考功郎中九年京察希張居正指與尚書何寬置司業張位長史趙世卿察典遂得罷歸卒胡涍字原荊無錫人嘉靖末舉進士歷知永豐安福二縣擢御史神宗卽位之六日命馮保代孟沖掌司禮監召用南京守備張宏涍請嚴馭近習毋惑諂諛虧損聖德保大怒思傾之其冬妖星見慈慶宮後延燒連房涍乞徧察掖廷中曾蒙先朝寵幸者體恤優遇其餘無論老少一槩放遣奏中有唐高不君則天爲虐語帝怒問輔臣二語所指爲誰張居正對曰涍言雖狂悖心無他帝意未釋嚴旨譙讓涍惶恐請罪斥爲民踰年巡按御史李學詩薦涍詔自後有薦者并逮治涍久之卒

汪文輝字德充婺源人嘉靖四十四年進士授工部主事隆慶四年改御史高拱以內閣掌吏部權勢烜赫其門生韓楫宋之韓程文涂夢桂等並居言路日夜走其門專務搏擊文輝亦拱門生心獨非之明年二月疏陳四事專責言官其畧曰先帝末年所任大臣本協恭濟務無少釁嫌始於一二言官見廟堂議論稍殊遂潛察低昂窺所向而攻其所忌致顚倒是非熒惑聖聽傷國家大體苟踵承前弊交煽並搆使正人不安其位恐宋元祐之禍復見於今是爲傾陷祖宗立法至精密矣而卒有不行者非法敝也不得其人耳今言官條奏率銳意更張部臣重違言官輕變祖制遷就一時苟且允覆及法立弊起又議復舊政非通變之宜民無畫一之守是爲紛更古大臣坐事退者必爲微其詞所以養廉恥存國體今或掇其已往揣彼未形逐景循聲爭相詬病若市井喧鬨然至方面重臣苟非甚奸慝亦宜棄短錄長爲人才惜今或搜抉小疵指爲大蠹極言醜詆使決引去以此求人國家安得全才而用之是爲苛刻言官能規切人主糾彈大臣至言官之短誰爲指之者今言事論人或不當部臣不爲奏覆卽憤然不平雖同列明知其非亦莫與辨以爲體貌當如是夫臣子且不肯一言受過何以責難君父哉是爲求勝此四弊者今日所當深戒然其要在大臣取鑒前失勿用希指生事之人希指生事之人進則忠直貞諒之士遠而頌成功譽盛德者日至於前大臣任已專斷卽有闕失孰從聞之蓋宰相之職不當以救時自足當以格心爲本願陛下明飭中外消朋比之私還淳厚之俗天下幸甚疏奏下所司拱惡其刺已甫三日出爲寧夏僉事修屯政覈浮糧建水牐流亡漸歸御史富平孫丕揚忤拱爲希指者所劾方行勘文輝抗言曰毛舉細故齮齕正人以快當路之私我固不肯爲諸君亦不可也於是緩其事未幾劾者先得罪去丕揚竟獲免神宗嗣位拱罷政召爲尚寶卿尋告歸久之有詔召用未赴卒

劉奮庸雒陽人嘉靖三十八年進士授兵部主事尋改禮部兼翰林待詔侍穆宗裕邸進員外郎穆宗卽位以舊恩擢尚寶卿已藩邸舊臣相繼柄用獨奮庸久不調大學士高拱亦故講官也再起任事頗專恣奮庸疾之隆慶六年三月上疏曰陛下踐阼六載朝綱若振飭而大柄漸移仕路若肅清而積習仍故百僚方引領以覩勵精之治而陛下精神志意漸不逮初臣念潛邸舊恩誼不忍默謹條五事以俟英斷一保聖躬人主一身天地人神之主必志氣清明精神完固而後可以御萬幾望凝神定志忍性抑情毋逞旦夕之娛毋徇無涯之慾則無疆之福可長保也二總大權今政府所擬議百司所承行非不奉詔旨而其間從違之故陛下曾獨斷否願陛下躬攬大權凡庶府建白閣臣擬旨特留清覽時出獨斷則臣下莫能測其機而政柄不致旁落矣三愼儉德陛下嗣位以來傳旨取銀不下數十萬求珍異之寶作鰲山之燈服御器用悉鏤金雕玉生財甚難靡敝無紀願察內帑之空虛思小民之艱苦不作無益不貴異物則國用充羨而民樂其生矣四覽章奏人臣進言豈能皆當陛下一切置不覽非惟虛忠良獻納之誠抑恐權奸蔽壅勢自此成望陛下留神章奏曲垂容納言及君德則反己自修言及朝政則更化善治聽言者旣見之行事而進言者益樂於効忠矣五用忠直邇歲進諫者或以勤政或以節用或以進賢退不肖此皆無所

利而爲之非若承望風旨肆攻擊以雪他人之憤迎合權要交薦扳以樹淫朋之黨者比也願恕狂愚之罪嘉批鱗之誠登之有位以作士氣則讜規日聞禆益非尠疏入帝但報聞不怒也而附拱者謂奮庸久不徙官怏怏風刺相與詆訾之給事中涂夢桂遂劾奮庸動搖國是會給事中曹大埜亦劾拱十罪帝斥之給事中程文因奏拱竭忠報國萬世永賴奮庸與大埜漸搆姦謀傾陷元輔罪不可勝誅章並下吏部拱方掌部事陽爲二臣祈寬帝不許竟謫大埜乾州判官奮庸興國知州夢桂文皆拱門生夢桂極詆奮庸文則盛稱頌拱又盡舉大埜奏中語代拱剖析士論非之奮庸謫官兩月會神宗卽位遂擢山西提學僉事再遷陝西提學副使以病乞歸卒大埜巴縣人其劾拱張居正實使之萬曆中累遷右副都御史巡撫江西以貪劾免

贊曰世宗之季門戶漸開居言路者各有所主故其時不患其不言患其言之冗漫無當與其心之不能無私言愈多而國是愈淆亂也汪文輝所陳四弊有旨哉論明季言路諸臣而考其得失當於是觀之

明史卷二百十六　　列傳第一百四

總裁官總理事務經筵講官少保兼太子太保保和殿大學士兼管吏部戶部尚書事加六級張廷玉等奉

敕修

吳山　陸樹聲子彥章
瞿景淳子汝稷　汝說　田一儁沈懋學從孫壽民　懋學
黃鳳翔韓世能　余繼登
馮琦從祖惟訥從父子咸　王圖劉曰寧
翁正春　劉應秋子同升
唐文獻楊道賓陶望齡　李騰芳
蔡毅中　公鼐
羅喻義　姚希孟
許士柔　顧錫疇

吳山字曰靜高安人嘉靖十四年進士及第授編修累官禮部左侍郎三十五年改吏部尋代王用賓爲禮部尚書明年加太子太保山與嚴嵩鄉里嵩子世蕃介大學士李本飲山欲與爲婚姻山不可世蕃不悅而罷帝欲用山內閣嵩密阻之府丞朱隆禧者考察罷官獻方術得加禮部侍郎及卒請卹山執不與裕景二邸並建國本未定三十九年冬帝忽諭禮部具景王之藩儀嵩知帝激於郭希顏疏欲覘人心諷山留王山曰中外望此久矣立具儀以奏王竟之藩司禮監黃錦嘗竊語止曰公他日得爲編氓幸矣王之藩非帝意也明年二月朔日當食微陰曆官言日食不見卽同不食嵩以爲天眷趣部急上賀侍郎袁煒亦爲言山仰首曰日方虧將誰欺耶仍救護如常儀帝大怒山引罪帝謂山守禮無罪而責禮科對狀給事中李東華等震懼劾山請與同罪帝乃責山賣直沽名停東華俸嵩言罪在部臣帝乃貰東華等命姑識山罪吏科梁夢龍等見帝怒山甚又惡專劾山乃并吏部尚書吳鵬劾之詔鵬致仕山冠帶閒住時皆惜山而深快鵬之去穆宗卽位召爲南京禮部尚書堅辭不赴卒贈少保諡文端

陸樹聲字與吉松江華亭人初冒林姓及貴乃復家世業農樹聲少力田暇卽讀書舉嘉靖二十年會試第一選庶吉士授編修三十一年請急歸遭父喪久之起南京司業未幾復請告去起左諭德掌南京翰林院尋召還春坊不赴久之起太常卿掌南京祭酒事嚴敕學規著條教十二以勵諸生召爲吏部右侍郎引病不拜隆慶中再起故官不就神宗嗣位卽家拜禮部尚書初樹聲屢辭朝命中外高其風節遇要職必首舉樹聲唯恐其不至張居正當國以得樹聲爲重用後進禮先謁之樹聲相對穆然意若不甚接者居正失望去一日以公事詣政府見席稍偏熟視不就坐居正趣爲正席其介介如此北部要增歲幣兵部將許之樹聲力爭歲終陳四方災異請帝循舊章省奏牘愼賞賚防壅蔽納讜言崇儉德攬魁柄別忠邪詔皆嘉納萬曆改元中官不樂樹聲屢宣詣會極門受旨且頻趣之比趨至則曹司常事耳樹聲知其意連疏乞休居正語其弟樹德曰朝廷行相平泉矣平泉者樹聲別號也樹聲聞之曰一史官去國二十年豈復希揆席耶且虛拘何益其冬請愈力乃命乘傳歸辭朝陳時政十事語多切中報聞而已居正就邸舍與別問誰可代者舉萬士和林燫比出國門士大夫傾城追送皆謝不見樹聲端介恬雅翛然物表難進易退通籍六十餘年居官未及一紀與徐階同里高拱則同年生兩人相繼柄國皆辭疾不出爲居正所推卒不附也已給廩隸如制加太子少保再遣存問弟樹德自有傳子彥章萬曆十七年進士樹聲誡毋就館選隨以行人終養詔給月俸異數也樹聲年九十七卒贈太子太保諡文定彥章有節槩官至南京刑部侍郎

瞿景淳字師道常熟人八歲能屬文久困諸生間教授里中自給嘉靖二十三年舉會試第一殿試第二授編修鄭王厚烷以言事廢徙鳳陽景淳奉敕封其子載堉爲世子攝國事世子內懼饋重幣景淳卻之時恭順侯吳繼爵爲正使己授幣慚景淳亦謝不納旣而語景淳曰上遣使密詗狀微公吾幾中法滿九載遷侍讀請急歸江南久苦倭總督胡宗憲師未捷景淳還京謁大學士嚴嵩嵩語之曰倭旦夕且平胡總督才足辦南中人短之何也景淳正色曰相公遙度之耳景淳自南來目覩倭患胡君坐擁十萬師南中人不得一安枕臥相公不欲聞誰爲言者嵩愕然謝之歷侍讀學士掌院事改太常卿領南京祭酒事就遷吏部右侍郎隆慶元年召爲禮部左侍郎用總校永樂大典勞兼翰林院學士支二品俸侍經筵修嘉靖實錄疾作累疏乞骸骨歸踰年卒贈禮部尚書諡文懿爲編修時典制誥錦衣陸炳先後四妻欲封最後者屬景淳撰詞不可介嚴嵩爲請亦不應槖金以投卒笑謝之子汝稷汝說汝稷字元立好學工屬文以蔭補官三遷刑部主事扶溝知縣扶宗人神宗令予重比汝稷曰是徼服至邑庭官自抶扶溝民耳讞上竟得釋歷黃州知府徙邵武再守辰州永順土司彭元錦助其弟保靖土司象坤與酉陽冉御龍相讐殺汝稷馳檄元錦解兵去三土司皆安尋遷長蘆鹽運使以太僕少卿致仕尋卒汝說字星卿五歲而孤搆文成輒驚薦父木主前萬曆中舉進士官至湖廣提學僉事亦以剛正聞子式耜別有傳

田一儁字德萬大田人隆慶二年會試第一選庶吉士授編修進侍講萬曆五年吳中行攻張居正奪情趙用賢等繼之居正怒不測一儁偕侍講趙志皐修撰沈懋學等疏救格不入乃會王錫爵等詣居正陳大義一儁詞尤峻居正心嗛之未幾志皐等皆逐一儁先請告歸獲免居正歿起故官屢遷禮部左侍郎掌翰林院辭疾歸未行卒一儁褆身嚴苦家無嬴貲贈禮部尚書懋學字君典宣城人父寵字畏思嘉靖中舉鄉試授行唐知縣以民不諳織紝置機杼教之調獲鹿徵授御史官至廣西叅議師貢安國歐陽德又從王畿錢德洪游知府羅汝芳創講會御史耿定向聘寵與梅守德共主其席懋學少有才名舉萬曆五年進士第一授修撰居正子嗣修其同年生也疏旣格不入乃三貽書勸嗣修諫嗣修不能用以工部尚書李幼滋與居正善復貽書爲言幼滋報曰若所言宋人腐語趙氏所以不競也張公不奔喪與揖讓征誅並得聖賢中道豎儒安足知之幼滋初講學盜虛名至是縉紳不與爲懋學遂引疾歸居數年卒福王時追諡文節從孫壽民字眉生爲諸生有聲崇禎九年行保舉法巡撫張國維以壽民應詔甫入都疏劾兵部尚書楊嗣昌奪情復攻總督熊文燦言嗣昌挈軍旅權付文燦兵十二萬餉二百八十餘萬使賊面縛輿櫬猶應宣布皇威而後待以不死今乃講盟結約若與國然天下有授柄於賊而能制賊者乎通政張紹先寢不上壽民以書責紹先乃請上裁嗣昌皇恐待罪帝以疏違式命勿進壽民遂檃括兩疏上之留中少詹事黃道周歎曰此何等事在朝者不言而草野言之吾輩媿死矣後道周及何楷等相繼抗疏要自壽民發之壽民名動天下未幾移疾去講學姑山從游者數百人福王時阮大鋮用事銜壽民劾嗣昌疏有大鋮安陳條畫鼓煽豐芑語必欲殺之壽民乃變姓名避之金華山國變乃歸不復出

黃鳳翔字鳴周晉江人隆慶二年進士及第授編修教習內書堂輯前史宦官行事可爲鑒戒者令誦習之世宗實錄成進修撰萬曆五年張居正奪情杖諸諫者鳳翔不平誦言於朝編纂章奏盡載諸諫疏及居正二子會試示意鳳翔峻卻之當主南畿試以王篆欲私其子復謝不往屢遷南京國子祭酒省母歸起補北監時方較刻十三經註疏鳳翔言頃陛下去貞觀政要進講禮經甚善陛下讀曾子論孝曰敬父母遺體則當思珍護聖躬誦學記言學然後知不足則當思緝熙聖學察月令篇以四時敷政法天行健則可見聖治之當勤勵繹世子篇陳保傅之教齒學之儀則可見皇儲之當早建豫教疏入報聞尋擢禮部右侍郎洮河告警抗疏言多事之秋陛下宜屏游宴親政事以實圖安攘爲今大計惟用人理財二端宋臣有言平居無極言敢諫之臣則臨難無敵愾致命之士鄒元標直聲勁節銓司特擬召用其他建言遷謫如潘士藻孫如法亦擬量移而疏皆中寢士氣日摧言路日塞平居祇懷祿養交臨難孰肯捐軀爲國家盡力哉昔宋藝祖欲積縑二百萬易遼人首太宗移內藏上供物爲用兵養士之資今戶部歲進二十萬初非舊額積成常供陛下富有四海奈何自營私蓄竊見都城寺觀丹碧熒煌梵刹之供奉齋醮之祈禳何一不糜內帑與其要福於冥漠之鬼神孰若廣施於孑遺之赤子帝不能用廷臣爭建儲久未得命帝諭閣臣以明春舉行大學士王家屏出語禮部鳳翔與尚書于愼行左侍郎李長春以冊立儀上帝怒俱奪俸意復變鳳翔又疏爭不報遂請告去二十年禮部左侍郎

韓世能去張一桂未任而卒復起鳳翔代之尋改吏部拜南京禮部尚書以養親歸再起故官力以親老辭久之母卒遂不出卒於家天啓初謚文簡世能字存良長洲人鳳翔同年進士由庶吉士授編修與修世宗穆宗實錄充經筵日講官歷侍讀祭酒禮部侍郎教習庶吉士館閣文字是科爲最盛世能嘗使朝鮮贈遺一無所受

余繼登字世用交河人萬曆五年進士改庶吉士授檢討與修會典成進修撰直講經筵尋進右中允充日講官時講筵久輟侍臣無所納忠繼登與同官馮琦共進通鑑講義傅以時政缺失歷少詹事兼侍讀學士充正史副總裁已擢詹事掌翰林院兩宮災偕諸講官引洪範五行傳切諫不報進禮部右侍郎二十六年以左侍郎攝部事陝西山西地震南都雷火西寧鐘自鳴紹興地湧血繼登於歲終類奏因請罷一切誅求開採之害民者時不能用雷擊太廟樹復請帝躬郊祀廟享册立元子停礦稅撤中使帝優詔報聞而已旋擢本部尚書時將討播州楊應龍繼登請罷四川礦稅以佐兵食復上言頃者星躔失度水旱爲沴太白晝見天不和也鑿山開礦裂地求砂致狄道山崩地震地不和也閭閻窮困更加誅求帑藏空虛復責珠寶奸民蟻聚中使鴟張中外壅隔上下不交人不和也戾氣凝而不散怨毒結而成形陵谷變遷高卑易位是爲陰乘陽邪干正下叛上之象臣子不能感動君父言愈數愈厭故天以非常之變警悟陛下尚可恬然不爲意乎帝不省繼登自署部事請元子册立冠婚疏累上以不得請鬱鬱成疾每言及輒流涕曰大禮不舉吾禮官死不瞑目病滿三月連章乞休不許請停俸亦不許竟卒於官贈太子少保謚文恪繼登樸直慎密寡言笑當大事言議侃侃居家廉約學士曾朝節嘗過其里蓬蒿滿徑及病革視之擁粗布衾羊毳覆足而已幼子應諸生試夫人請爲一言終不可

馮琦字用韞臨朐人幼穎敏絶人年十九舉萬曆五年進士改庶吉士授編修預修會典成進侍講充日講官歷庶子三王並封議起移書王錫爵力爭之進少詹事掌翰林院事遷禮部右侍郎改吏部涖政勤敏力抑營競尚書李戴倚重之二十七年九月太白太陰同見於午又狄道山崩平地湧大小山五琦草疏偕尚書戴上言近見太陰經天太白晝見已爲極異至山陷成谷地湧成山則自開闢以來惟唐垂拱中有之而今再見也竊惟上天無私惟民是聽欲承天意當順民心比來天下賦額視二十年以前十增其四而民戶殷足者則十減其五東征西討蕭然苦兵自礦稅使出而民間之苦更甚加以水旱蝗災流離載道畿輔近地盜賊公行此非細故也諸中使銜命而出所隨奸徒動以千百陛下欲通商而彼專困商陛下欲愛民而彼專害民蓋近日神奸有二其一工伺上意具有成奏假武弁上之其一務剝小民畫有成謀假中官行之運機如鬼蜮取財盡錙銖遠近同嗟貧富交困貧者家無儲蓄惟恃經營但奪其數錢之利已絶其一日之生至於富民更蒙毒害或陷以漏稅竊礦或誣之販鹽盜木布成詭計聲勢赫然及其得財寂然無事小民累足屏息無地得容利歸羣奸怨萃朝宁夫以刺骨之窮抱傷心之痛一呼則易動一動則難安今日猶承平民已洶洶脫有風塵之警天下誰可保信者夫哱拜誅關白死此皆募民丁以爲兵用民財以爲餉若一方窮民倡亂而四面應之於何徵兵於何取餉哉陛下試遣忠實親信之人采訪都城內外閭巷歌謠令一一聞奏則民之怨苦居然可覩天心仁愛明示咎徵誠欲陛下翻然改悟坐弭禍亂乃禮部修省之章未蒙批答而奸民搜括之奏又見允行如納何其賢妄說令徧解天下無礙官銀夫四方錢穀皆有定額無礙云者意蓋指經費羨餘近者征調頻仍正額猶逋何從得羨此令一下趣督嚴急必將分公帑以充獻經費罔措還派民間此事之必不可者也又如仇世亨奏徐鼐掘墳一事以理而論烏有一墓藏黃金巨萬者借使有之亦當下撫按覈勘先正其盜墓之罪而後沒墓中之藏未有罪狀未明而先沒入貲財者也片紙朝入嚴命夕傳縱抱深冤誰敢辨理不但破此諸族又將延禍多人但有株連立見敗滅輦轂之下尚須三覆萬里之外止據單詞遂令狡猾之流操生殺之柄此風一倡孰不效尤已同告緡之令又開告密之端臣等方欲陳訴而奸人之奏又得旨矣五日之內搜取天下公私金銀已二百萬奸內生奸例外創例臣等前猶望其日減今更患其日增不至民困財殫激大亂不止伏望陛下穆然遠覽亟與廷臣共圖修弭無令海內赤子結怨熙朝千秋青史貽議聖德不報尋轉左侍郎拜禮部尚書帝將册立東宮詔下期迫中官掌司設監者以供費不給爲詞琦曰今日禮爲重不可與爭其弟戶部主事瑗適輦餉銀四萬出都琦立追還給費事乃克濟三十年帝有疾諭停礦稅既而悔之琦與同列合疏爭且請躬郊廟祭享御殿受朝不納湖廣稅監陳奉以虐民撤還會陝西黃河竭琦言遼東高淮山東陳增廣東李鳳陝西梁永雲南楊榮肆虐不減於奉並乞徵還皆不報南京守備中官邢隆請別給關防徵稅琦不可乃以御前牙關防給之時士大夫多崇釋氏教士子作文每竊其緒言鄙棄傳註前尚書余繼登奏請約禁然習尚如故琦乃復極陳其弊帝爲下詔戒厲琦明習典故學有根柢數陳讜論中外想望丰采帝亦深眷倚內閣缺人帝已簡用朱國祚及琦而沈一貫密揭言二人年未及艾盍少需之先用老成者乃改命沈鯉朱賡琦素善病至是篤十六疏乞休不允卒於官年僅四十六遺疏請厲明作發章奏補缺官推誠接下收拾人心語極懇摯帝悼惜之贈太子少保天啓初謚文敏自琦曾祖裕以下累世皆進士裕字伯順以戍籍生於遼東師事賀欽有學行終雲南副使祖惟重行人父子履河南參政從祖惟健舉人惟訥字汝言江西左布政使加光祿卿致仕惟重惟健惟訥皆有文名惟訥最著惟健子子咸字受甫少孤事母孝母疾不解衣者踰年母歿哀毀骨立萬曆元年舉於鄉再會試不第遂不復赴講求濂洛之學嘗曰爲學須剛與恒不剛則隳不恒則退治家宗顏氏家訓鍾羽正稱子咸信道忘仕則漆雕子循經蹈古則高子羔云

王圖字則之耀州人萬曆十一年進士改庶吉士授檢討以右中允掌南京翰林院事召充東宮講官妖書事起沈一貫欲有所羅織圖其教習門生也盡言規之累遷詹事充日講官教習庶吉士進吏部右侍郎掌翰林院兄國方巡撫保定廷臣附東林及李三才者往往推轂圖兄弟會孫丕揚起掌吏部孫瑋以尚書督倉場皆陝西人諸不悅圖者目爲秦黨而是時郭正域劉曰寧及圖並有相望正域逐去曰寧卒時論益歸圖葉向高獨相久圖旦夕且入閣忌者益衆適將京察惡東林及李三才王元翰者設詞惑丕揚令發單咨是非將陰爲鉤黨計圖急言於丕揚止之羣小大恨初圖典庚戌會試分校官湯賓尹欲私韓敬與知貢舉吳道南盛氣相詬誶比出闈道南欲劾賓尹以圖沮而止王紹徽者圖同郡人賓尹門生也極譽賓尹於圖而言道南黨欲傾賓尹并及圖宜善爲計圖正色却之紹徽怫然去時賓尹已爲祭酒其先歷翰林京察當圖注考思先發傾之乃與紹徽計令御史金明時劾圖子寶坻知縣淑抃贓私鉅萬且謂圖素疾李三才圖爲求解圖怒詈之圖遂欲以拾遺去國圖兄弟抗章力辯忌者復僞爲淑抃劾國疏播之邸抄圖上疏言狀帝爲下詔購捕乃已及考察卒注賓尹不謹褫其官明時亦被黜由是其黨大譟秦聚奎朱一桂鄭繼芳徐兆魁高節王萬祚曾陳易輩連章力攻圖圖亦連章求去出郊待命溫詔屢慰留堅臥不起九閱月始予告歸國亦乞休去未幾卒四十五年京察當事者多賓尹紹徽黨以拾遺落圖職天啓三年召起故官進禮部尚書協理詹事府明年魏忠賢黨劉弘先劾圖遂削籍尋卒崇禎初贈太子太保謚文肅淑抃終戶部郎中劉曰寧字幼安南昌人萬曆十七年進士改庶吉士授編修進右中允直皇長子講幄時册立未舉外議紛紜曰寧旁慰曲喻依於仁孝光宗心識之礦使四出曰寧發憤上疏陳六疑四患極言稅監李道王朝諸不法狀疏入留中以母病歸起右諭德掌南京翰林院就遷國子祭酒奉母歸吏進贏金數千曰例也曰寧峻却之尋起少詹事母喪不赴服闋召爲禮部右侍郎協理詹事府道卒贈禮部尚書天啓初追謚文簡

翁正春字兆震侯官人萬曆中爲龍溪教諭二十年擢進士第一授修撰累遷少詹事三十八年九月拜禮部左侍郎代吳道南署部事十一月日有食之正春極言闕失不報明年秋萬壽節正春獻八箴曰清君心遵祖制振國紀信臣僚寶賢才謹財用恤民命重邊防帝不省吉王翊鑾請封支子常源爲郡王正春言翊鑾之封在宗藩要例已定之後其支庶宜止本爵乃授鎮國將軍王貴妃薨久不卜葬正春以爲言命偕中官往擇地得吉中官難以煩費正春勃然曰貴妃誕育元良他日國母也奈何以天下儉乎奏上報可代王欲廢長子鼎渭立次子鼎莎朝議持二十餘年正春集衆議上疏鼎渭卒得立琉球中山王遣使入貢正春言中山已入於倭今使臣多倭人貢物多倭器絶之便否亦宜詔福建撫臣量留土物毋俾入朝帝是之四十年進士鄒之麟分校鄉試私舉子童學賢爲御史馬孟禎等所發正春議黜學賢謫之麟而不及主考官給事中趙興邦亓詩教因劾正春徇私正春求去不許頃之言官發湯賓尹韓敬科場事正春坐敬不謹敬黨大恨詩教復劾正春正春疏辯益求去帝雖慰留然自是不安其位尋改吏部掌詹事府以侍養歸天啓元年起禮部尚書協理詹事府事抗論忤魏忠賢被旨譙責明年御史趙蔭昌希指劾之正春再疏乞歸帝以正春嘗爲皇祖講官特加

太子少保賜敕馳傳異數也時正春年逾七十母百歲率子孫奉觴上壽鄉閭豔之未幾卒崇禎初謚文簡正春風度峻整終日無狎語倦不傾倚暑不裸裎目無流視見者肅然明一代科目職官冠廷對者二人曹鼐以典史正春以教諭云

劉應秋字士和吉水人萬曆十一年進士及第授編修遷南京司業十八年冬疏論首輔申時行言陛下召對輔臣諮以邊事時行不能抒誠謀國專事蒙蔽賊大舉入犯既掠洮岷直迫臨鞏覆軍殺將頻至喪敗而時行猶曰掠番曰聲言入寇豈洮河以內盡皆番地乎輔臣者天子所與託腹心者也輔臣先蒙蔽何責庶寮故近日敵情有按臣疏而督撫不以聞者有督撫聞而樞臣不以奏者彼習見執政大臣喜聞捷而惡言敗故內外相蒙恬不爲怪欺蔽之端自輔臣始夫士風高下關乎氣運說者謂嘉靖至今士風三變一變於嚴嵩之黷賄而士化爲貪再變於張居正之專擅而士競於險至於今外逃貪黷之名而頑夫債帥多出門下陽避專擅之迹而芒刃斧斤倒持手中威福之權潛移其向愛憎之的明示之趨欲天下無靡不可得也語并侵次輔王錫爵時主事蔡時鼎南京御史張守誠亦疏論時行竝留中應秋尋召爲中允充日講官歷右庶子祭酒二十六年有撰憂危竑議者御史趙之翰以指大學士張位并及應秋所司言應秋非位黨宜留帝命調外應秋遂辭疾歸初御史黃卷索珠商徐性善賕不盡應上章籍沒之應秋署卷啓天子好利之端男子諸龍光奏訐李如松至荷枷大暑中應秋言一妄人上書何必置死地時詞臣率優游養望應秋獨好譏評時事以此取忌竟被黜歸數年卒崇禎時贈禮部侍郎謚文節子同升字晉卿師同里鄒元標崇禎十年殿試第一莊烈帝問年幾何對曰五十有一帝曰若尚如少年勉之授翰林修撰楊嗣昌奪情入閣何楷林蘭友黃道周言之俱獲罪同升抗疏言日者策試諸臣簡用嗣昌良以中外交訌冀得一效拯我蒼生聖明用心亦甚苦矣都人籍籍謂嗣昌縗絰在身且入閣非金革比臣以嗣昌必且哀痛惻怛上告君父辭免綸扉乃循例再疏遽入辦事夫人有所不忍而後能及其所忍有所不爲而後可以有爲臣以嗣昌所忍覘其所爲知嗣昌心失智短必不能爲國建功何也成天下之事在乎志勝天下之任在乎氣志敗氣餒而能任天下事必無是理伎倆已窮苟且富貴兼樞部以重綸扉之權借綸扉爲解樞部之漸和議目專票擬由己與方一藻高起潛輩扶同罔功掩敗爲勝歲糜金繒養患邊圉立心如此獨不畏堯舜在上乎曩自陛下切責議和而嗣昌不可以爲臣今一旦忽易墨縗而嗣昌不可以爲子若附和黨比緘口全軀嗣昌得罪名教臣亦得罪名教矣疏入帝大怒謫福建按察司知事移疾歸廷臣屢薦將召用而京師陷福王立召起故官不赴明年五月南都不守江西郡縣多失同升攜家將入福建止雩都與楊廷麟謀興復唐王加同升祭酒同升乃入贛州偕廷麟籌兵食取吉安臨江加詹事兼兵部左侍郎同升已羸疾日與士大夫講忠孝大節聞者咸奮以廷麟請撫南贛十二月卒於贛州

唐文獻字元徵華亭人萬曆十四年進士第一授修撰歷詹事沈一貫以妖書事傾尚書郭正域持之急文獻偕其僚楊道賓周如砥陶望齡往見一貫曰郭公將不免人謂公實有意殺之一貫踴蹐酹地若爲誓者文獻曰亦知公無意殺之也第臺省承風下石而公不早訖此獄何辭以謝天下一貫斂容謝之望齡見朱賡不爲救亦正色責以大義願棄官與正域同死獄得稍解然文獻等以是失政府意久之拜禮部右侍郎掌翰林院事初文獻出趙用賢門以名節相矜許同年生給事中李沂劾張鯨被廷杖文獻掖之出資給其湯藥荊州推官華玨忤稅監逮下詔獄文獻力周旋得無死掌翰林日當考察執政欲庇一人執不許卒官贈禮部尚書謚文恪楊道賓字惟彥晉江人萬曆十四年進士第二授編修累遷國子祭酒少詹事禮部右侍郎掌翰林院事轉左改掌部事嘗因星變請釋逮繫知縣滿朝薦等又請亟舉朝講大典皆不報南京大水疏陳時政畧言宮中夜分方寢日旰未起致萬幾怠曠請夙興夜寐以圖治功時御便殿與大臣面決大政章疏及時批答毋輒留中及從內降帝優旨報聞皇太子輟講已四年道賓極諫引唐宦官仇士良語爲戒其冬天鼓鳴道賓言天之視聽在民今民生顛躓無所赴愬天若代爲之鳴宜急罷礦使更張闕政以和民心帝不聽踰年卒官贈禮部尚書謚文恪陶望齡字周望會稽人父承學南京禮部尚書望齡少有文名舉萬曆十七年會試第一殿試一甲第三授編修歷官國子祭酒篤嗜王守仁說所宗者周汝登與弟奭齡皆以講學名卒謚文簡

李騰芳字子實湘潭人萬曆二十年進士改庶吉士好學負才名三王竝封旨下騰芳爲書詣朝房投大學士王錫爵略言公欲暫承上意巧借封王轉作冊立然恐王封既定大典愈遲他日公去而事壞罪公始謀何辭以解此不獨宗社憂亦公子孫禍也錫爵讀未竟遽索衣命坐曰諸人詈我我何以自明如子言我受教但我疏必親書謂子孫禍何也騰芳曰外廷正以公手書密揭無由知其詳公乃欲藉以自解異日能使天子出公手書示天下乎錫爵憮然淚下明日遂反竝封之詔屢遷左論德騰芳與崑山顧天埈善天埈險詖無行爲世所指名被劾去騰芳亦投劾歸時遂有顧黨李黨之目詔論朝士擅去者罪貶騰芳太常博士三十九年京察復以浮躁謫江西都司理問稍遷行人司正歷太常少卿掌司業事光宗立擢少詹事署南京翰林院旋拜禮部右侍郎教習庶吉士御史王安舜劾騰芳驟遷騰芳辭位熹宗不許竟以省母歸天啟初以故官協理詹事府尋改吏部左侍郎丁內艱加禮部尚書以歸魏忠賢惡騰芳與楊漣同鄉御史王際逵因論騰芳被察驟起丁憂進官皆非制遂削奪崇禎初再以尚書協理詹事府京師戒嚴條畫守禦多稱旨代何如寵掌部事卒官贈太子太保

蔡毅中字宏甫光山人祖鳳翹平陽同知父光臨洮同知毅中五歲通孝經父問讀書何爲對曰欲爲聖賢耳萬曆二十九年第進士改庶吉士授檢討時礦稅虐民毅中取祖訓會典諸書禁戒礦稅者集爲二卷注釋以上大學士沈鯉於毅中爲鄉先達與首輔沈一貫不相能而溫純參政河南器毅中於諸生至是爲都御史疏侵一貫一貫疑出毅中手爲鯉地銜之遂用計典鐫秩去起麻城丞旋以行人司副召擢尚寶丞移疾歸四十五年以浮躁鐫秩天啓初大起廢籍補長蘆鹽運判官屢遷國子祭酒擢禮部右侍郎仍領祭酒事楊漣劾魏忠賢得嚴旨毅中率其屬抗疏言學校者天下公議所從出也臣正與諸生講爲君難一書忽接楊漣劾忠賢疏合監師生千有餘人無不鼓掌稱慶乃皇上不下其奏於九卿而謂一切朝政皆親裁以奸璫爲忠代之受過合監師生無不捫心憖歎不已也臣惟三代以後漢隋唐宋諸君其受權璫之害與處權璫之法載在通鑑我朝列聖受權璫之害與處權璫之法載在實錄臣皆不必多言但取至近至親如武宗之處劉瑾神宗之處馮保二事願皇上遵之瑾在武宗左右言聽計從一聞諸臣劾奏夜半自起禽而殺之神宗臨御方十齡保左右扶持盡心竭力既而少作威福臺省劾奏未聞舉朝公疏神祖遂不動聲色而戍保於南京今忠賢無保之功而極瑾之惡二十四罪無一不當悉究舉朝羣臣欲於朝罷跪以候旨忠賢遂要皇上入宮不禮羣臣今又欲於視學之日羣臣及太學諸生面叩陳請矣而皇上漫不經意數日以來但有及忠賢者留中不發如此蒙蔽其中寧可測哉乞將漣疏發九卿科道從公究問即不加劉瑾之誅而以處馮保之法懲之則恩威竝著與神祖媲美矣疏入忠賢戟手大詬毅中乃再疏乞歸不許已嗾其黨劾罷之毅中有至性四歲父病籲天請代公車時聞母喪一慟嘔血數升終喪斷酒肉不入內寢方母病盛夏思冰盂水忽凍廬居有紫芝白烏千鴉集墓之異卒贈禮部尚書

公鼐字孝與蒙陰人曾祖奎躋湖廣副使父家臣翰林編修鼐舉萬曆二十九年進士改庶吉士授編修屢遷左諭德爲東宮講官進左庶子引疾歸光宗立召拜祭酒熹宗進鼐詹事乃上疏曰近聞南北臣僚論先帝升遐一事跡涉怪異語多隱藏恐因委巷之訛傳流爲湘山之碑說臣竊痛焉皇祖在昔原無立愛之心秖因大典遲回於是徼還冊立之後有三王竝封之事憂危竑議之後有國本攸關之事迨麗劉之邪謀張差之梃擊而逆亂極矣臣嘗備員宮僚目睹狂謀孔熾以歸向東宮者爲小人不向東宮者爲君子盡除朝士之清流陰翦元良之羽翼批根引蔓干紀亂常至今追想猶爲寒心夫臣子愛君存其眞不存其僞今實錄纂修在即請將光宗事蹟別爲一錄凡一月間明綸善政固大書特書其有聞見異詞及宮闈委曲之妙用亦皆直筆指陳勒成信史臣雖不肖竊敢任之疏入不許天啓元年鼐以紀元甫及半載言官獲譴者至十餘人上疏切諫并規諷輔臣忤旨譙責尋遷禮部右侍郎協理詹事府充實錄副總裁鼐好學博聞磊落有器識見魏忠賢亂政引疾歸初廷議李三才起用不決鼐颺言曰今封疆倚重者多遠道未至三才猷略素優家近輦轂可朝發夕至也侍郎鄒元標趣使盡言以言路相持而止後御史葉有聲追論鼐與三才爲姻徇私妄薦遂落職閒住未幾卒崇禎初復官賜卹謚文介

羅喻義字湘中益陽人萬曆四十一年進士改庶吉士授檢討請假歸天啓初還朝歷官論德直經筵六年擢南京國子祭酒諸生欲爲魏忠賢建祠喻義懲其倡者乃已忠賢黨輯東林籍貫湖廣二十人以喻義爲首莊烈帝嗣位召拜禮部右侍郎協理詹事府尋充日講官教習庶吉士喻義性嚴冷閉戶讀書不輕接一客後見

中外多故將吏不習兵銳意講武事推演陣圖獻之帝爲褒納以時方用兵而督撫大吏不立軍府財用無所資因言武有七德豐財居其一正餉之外宜別立軍府朝廷勿預知饗士賞功購敵皆取給於是又極陳車戰之利帝下軍府議於所司令喻義自製戰車喻義復上言按畝加派之害而以戰車營造職在有司不肯奉詔帝不悅疏遂不行明年九月進講尚書撰布昭聖武講義中及時事有左右之者不得其人語頗傷執政末陳祖宗大閱之規京營之制冀有所興革呈稿政府溫體仁不懌使正字官語喻義令改喻義造閣中隔扉詣體仁體仁怒上言故事惟經筵進規多於正講日講則正多規少今喻義以日講而用經筵之制及令刪改反遭其侮惟聖明裁察遂下吏部議喻義奏辨曰講官於正文外旁及時事亦舊制也臣展轉敷陳冀少有裨益體仁刪去臣誠恐愚忠不獲上達致忤輔臣今稿草具在望聖明省覽吏部希體仁指議革職閒住可之喻義雅負時望爲體仁所傾士論交惜瀕行乞恩請乘傳帝亦報可家居十年卒

姚希孟字孟長吳縣人生十月而孤母文氏勵志鞠之稍長與舅文震孟同學竝負時名舉萬曆四十七年進士改庶吉士座主韓爌館師劉一燝之兩人竝執政遇大事多所咨決天啓初震孟亦取上第入翰林甥舅竝持清議望益重尋請假歸四年冬還朝趙南星高攀龍等悉去位黨禍大作希孟鬱鬱不得志其明年以母喪歸甫出都給事中楊所修劾其爲繆昌期死黨遂削籍魏忠賢敗其黨倪文煥懼誅使使持厚賄求解希孟執而鳴之官崇禎元年起左贊善歷右庶子爲日講官三年秋與諭德姚明恭主順天鄉試有武生二人冒籍中式給事中王猷論之遂獲譴希孟雅爲東林所推韓爌等定逆案悉其議羣小惡希孟謀先之及華允誠劾溫體仁閔洪學兩人疑疏出希孟手體仁遂借冒籍事修隙擬旨覆試黜兩生下所司論考官罪擬停俸半年體仁意未慊令再擬希孟時已遷詹事乃貶二秩爲少詹事掌南京翰林院尋移疾歸家居二年卒

許士柔字仲嘉常熟人天啓二年進士改庶吉士授檢討崇禎時歷遷左庶子掌左春坊事先是魏忠賢既輯三朝要典以光宗實錄所載與要典左乃言葉向高等所修非實宜重修遂恣意改削牴牾要典者崇禎改元燬要典而所改光宗實錄如故六年少詹事文震孟言皇考實錄爲魏黨曲筆當改正從原錄時溫體仁當國與王應熊等陰沮之事遂寢士柔憤然曰若是則要典猶弗焚矣乃上疏曰皇考實錄總記於世系獨略皇上娠教之年聖誕之日不書也命名之典潛邸之號不書也聖母出何氏族受何封號不書也此皆原錄備載而改錄故削之者也原錄之成在皇上潛邸之日猶詳慎如彼新錄之進在皇上御極之初何以率略如此使聖朝父子母后兄弟之大倫皆闇而不明缺而莫考其於信史謂何疏上不省體仁令中書官檢穆宗總記示士柔士柔具揭爭之曰皇考實錄與列聖條例不同列聖在位久登極後事編年排纂則總記可以不書皇考在位僅一月三后誕育聖躬皆在未登極以前不書之總記將於何書也穆廟大婚之禮皇子之生在嘉靖中故總記不載至於冊立大典編年未嘗不具載也皇考一月易世熹廟之冊立當書皇上之冊封獨不當書乎體仁怒將劾之爲同列沮止士柔復上疏曰累朝實錄無不書世系之例臣所以抉摘改錄正謂與累朝成例不合也孝端皇后皇考之嫡母也原錄具書保護之功而改錄削之何也當日國本幾危坤寧調護眞孝慈之極則顧復之深恩史官不難以寸管抹摋之此尤不可解也疏上報聞體仁滋不悅會體仁嫉劉孔昭劾祭酒倪元璐因言士柔族子重熙私撰五朝注略將以連士柔士柔亟以注略進乃得解尋出爲南京國子祭酒體仁去張至發當國益謀逐士柔先是高攀龍贈官士柔草詔詞送內閣未給攀龍家故事贈官誥屬誥敕中書職掌崇禎初褒卹諸忠臣翰林能文者或爲之而中書以爲侵官崇禎三年禁誥文騈儷語至是攀龍家請給去士柔草制時數年矣主者仍以士柔前撰文進中書黃應恩告至發語違禁至發喜劾士柔降二級調用司業周鳳翔抗疏辯曰詞林故事閣臣分屬撰文或手加詳定或發竄改未有徑自糾參者也誥敕用寶歲有常期未有十年後用寶進呈吹求當制者也贈誥專屬中書崇禎三年所申飭未有追咎元年之史官詆爲越俎者也不報士柔尋補尚寶司丞遷少卿卒子琪詣闕辨誣乃復原官贈詹事兼侍讀學士

顧錫疇字九疇崑山人年十三以諸生試南京魏國公以女女之第萬曆四十七年進士改庶吉士授檢討天啓四年魏忠賢勢大熾錫疇偕給事中董承業典試福建程策大有譏刺忠賢黨遂指爲東林兩人竝降調已更削籍崇禎初召復故官歷遷國子祭酒疏請復積分法禮官格不行錫疇復申言之且請擇監生爲州縣長已請正從祀位次進士爲國子博士者得與考選帝竝允行省親歸乞在籍終養母服除起少詹事進詹事拜禮部左侍郎署部事帝嘗召對問理財用人錫疇退列陳用人五失曰銓敘無法文網太峻議論太多資格太拘鼓舞未至請先令用人之地一清其源精心鑒別隨才器使一善也赦小過而不終廢棄二善也省議論而專責成三善也拔異才而不拘常格四善也急獎勵而寬督責五善也末極陳耗財之弊仍歸本於用人帝善其奏楊嗣昌疏請撫流寇有樂天者保天下及善戰服上刑語錫疇抗言此諸侯交鄰事稱引不倫與嗣昌大忤嗣昌秉政諸詞臣多攻之嗣昌頗疑錫疇會駙馬都尉王昺有罪錫疇擬輕典嗣昌搆之遂削其籍十五年廷臣交薦召還御史曹溶給事中黃雲師復言其不當用帝不聽起爲南京禮部左侍郎福王立進本部尚書時尊福恭王爲恭皇帝將議廟祀錫疇請別立專廟俄請補建文帝廟謚景皇帝廟號及建文朝忠臣贈謚竝從之東平伯劉澤清言宋高宗卽位南京卽以靖康二年五月爲建炎元年從民望也乞以今歲五月爲弘光元年錫疇言明詔已頒不可追改乃已時定大行皇帝廟號爲思宗忻城伯趙之龍言思非美稱援証甚核錫疇亦以爲然疏請改定大學士高弘圖以前議自己出力持之遂寢溫體仁之卒也特謚文忠而文震孟羅喻義姚希孟呂維祺皆不獲謚錫疇言體仁得君行政最專且久其負先帝罪大且深乞將文忠之謚或削或改而補震孟諸臣庶天下有所勸懲報可遂謚諸人削體仁謚吏部尚書張慎言去位代者徐石麒未至命錫疇攝之時馬士英當國錫疇雅不與合給事中章正宸熊汝霖劾之遂乞祭南海去明年春御史張孫振力頌體仁功請復故謚遂勒錫疇致仕南都失守錫疇鄉邑亦破時方遭父喪間關赴閩唐王命以故官力辭不拜寓居溫州江心寺總兵賀君堯撻辱諸生錫疇將論劾君堯夜使人殺之投屍於江溫人覓之三日乃得棺殮

贊曰吳山等雍容館閣敭歷臺省固所謂詞苑之鴻儒廟堂之巋望也要其守正自立不激不爭淳靜敦雅承平士大夫之風流槩可想見矣

明史卷二百十七　列傳第一百五

總裁官總理事務經筵講官少保兼太子太保保和殿大學士兼管吏部戶部尚書事加六級臣張廷玉等奉

敕修

王家屏　陳于陛

沈鯉　于慎行

李廷機　吳道南

王家屏字忠伯大同山陰人隆慶二年進士選庶吉士授編修預修世宗實錄高拱兄捷前爲操江都御史以官帑遺趙文華家屏直書之時拱方柄國囑稍諱家屏執不可萬曆初進修撰充日講官敷奏剴摯帝嘗斂容受稱爲端士張居正寢疾詞臣率奔走禱祈獨家屏不往再遷侍講學士十二年擢禮部右侍郎改吏部甫踰月命以左侍郎兼東閣大學士入預機務去史官二年卽輔政前此未有也申時行當國許國王錫爵次之家屏居末每議事秉正持法不亢不隨越二年遭繼母憂詔賜銀幣馳傳行人護行服甫闋詔進禮部尚書遣行人召還抵京師三月未得見家屏以爲言請因聖節御殿受賀畢發留中章奏舉行冊立皇太子禮不報復偕同官疏請帝乃於萬壽節强一臨御焉俄遣中官諭家屏獎以忠愛家屏疏謝復請帝勤視朝居數日帝爲一御門延見自是益深居不出矣評事雒於仁進四箴帝將重罪之家屏言人主出入起居之節耳目心志之娛庶官不及知不敢諫者輔弼之臣得先知而預諫之故能防欲於微渺今於仁以庶僚上言而臣備位密勿反緘默苟容上虧聖明之譽下陷庶僚不測之威臣罪大矣尚可一日立於聖世哉帝不懌留中而於仁得善去十八年以久旱乞罷言邇年以來天鳴地震星隕風霾川竭河涸加以旱潦蝗螟疫癘札瘥調燮之難莫甚今日況套賊跳梁於陝右土蠻猖獗於遼西貢市屬國復鴟張虎視於宣大虛內事外內已竭而外患未休剝民供軍民已窮而軍食未裕且議論紛紜罕持大體簿書凌雜秖飾靡文綱維縱弛愒玩之習成名實混淆僥倖之風啓陛下又深居靜攝朝講希臨統計臣一歲間僅兩覲天顏而已間嘗一進瞽言竟與諸司章奏竝寢不行今驕陽爍石小民愁苦之聲殷天震地而獨未徹九閽此臣所以中夜旁皇飲食俱廢不能自已者也乞賜罷歸用避賢路不報時儲位未定廷臣交章請冊立其年十月閣臣合疏以去就爭帝不悅傳諭數百言切責廷臣沽名激擾指爲悖逆時行等相顧錯愕各具疏再爭杜門乞去獨家屏在閣復請速決大計帝乃遣內

侍傳語期以明年春夏廷臣無所奏擾即於冬間議行，否則待踰十五歲家屏以口勑難據欲帝特頒詔諭立具草進帝不用復諭二十年春舉行家屏喜即宣示外廷外廷歡然而帝意實猶豫聞家屏宣示弗善也傳諭詰責時行等合詞謝乃已明年秋工部主事張有德以冊立儀注請帝復以爲激擾命止其事國執爭去時行被人言不得已亦去錫爵先以省親歸家屏遂爲首輔以國諫疏已列名不當獨留再疏乞罷不允乃視事家屏制行端嚴推誠秉公百司事一無所撓性忠讜好直諫冊立期數更中外議論紛然家屏深憂之力請踐大信以塞口語消宮闈釁不報二十年春給事中李獻可等請豫教帝黜之家屏封還御批力諫帝益怒譴謫者相屬家屏遂引疾求罷上言漢汲黯有言天子置公卿輔弼之臣寧令從臾承意陷主於不義乎每感斯言惕然內愧頃年以來九關重閉宴安懷毒郊廟不饗堂陛不交天災物怪罔徹宸聰國計民生莫關聖慮臣備員輔弼曠職鰥官久當退避邇今數月間請朝講請廟饗請元旦受賀請大計臨朝悉寢不報臣犬馬微誠不克感回天意已可見矣至豫教皇儲自宜早計奈何厭聞直言槩加貶謫臣誠不忍明主蒙咈諫之名熙朝有橫施之罰故冒死屢陳若依違保祿澳涊苟容汲黯所謂陷主不義者臣死不敢出此願賜骸骨還田里帝得奏不下次輔趙志皐亦爲家屏具揭帝遂責家屏希名託疾家屏復奏言名非臣所敢棄顧臣所希者陛下爲堯舜之主臣爲堯舜之臣則名垂千載没有餘榮若徒犯顏觸忌抗爭償事被譴罷歸何名之有必不希名將使臣身處高官家享厚祿主愆莫正政亂莫匡可謂不希名之臣矣國家奚賴焉更使臣棄名不顧逢迎爲悅阿諛取容許敬宗李林甫之姦佞無不可爲九廟神靈必陰殛臣豈特得罪於李獻可諸臣已哉疏入帝益不悅遣內侍至邸責以徑駁御批故激主怒且託疾要君家屏言言涉至親不宜有怒事關典禮不宜有怒臣與諸臣但知爲宗社大計盡言效忠而已豈意激皇上之怒哉於是求去益力或勸少需就大事家屏曰人君惟所欲爲者由大臣持祿小臣畏罪有輕羣下心吾意大臣不愛爵祿小臣不畏刑誅事庶有濟耳遂復兩疏懇請詔馳傳歸家屏柄國止半載又强半杜門以戇直去國朝野惜焉閱八年儲位始定遣官齎敕存問賚金幣羊酒又二年卒年六十八贈少保謚文端熹宗立再贈太保任一子尚寶丞家屏家居時朝鮮用兵貽書經畧顧養謙曰昔衞爲狄滅齊桓率諸侯城楚邱春秋高其義未聞遂與狄仇連諸侯兵以伐之也今第以保會稽之恥激厲朝鮮以城楚邱之功奬率將吏無爲主而爲客則善矣養謙不能用朝鮮兵數年無功其深識有謀皆此類也

陳于陛字元忠大學士以勤子也隆慶二年進士選庶吉士授編修萬曆初預修世穆兩朝實錄充日講官累遷侍講學士擢詹事掌翰林院疏請早建東宮十九年拜禮部右侍郎領詹事府事明年改吏部進左侍郎教習庶吉士奏言元子不當封王請及時冊立豫教又請早朝勤政皆不報又明年進禮部尚書仍領詹事府事于陛少從父以勤習國家故實爲史官益究經世學以前代皆修國史疏言臣考史家之法紀表志傳謂之正史宋去我朝近制尤可考真宗祥符間王旦等撰進太祖太宗兩朝正史仁宗天聖間呂夷簡等增入真宗朝名三朝國史此則本朝君臣自修本朝正史之明證也我朝史籍止有列聖實錄正史闕焉未講伏覩朝野所撰大可備採擇者無慮數百種倘不及時網羅歲月浸邈卷帙散脫耆舊澌凋事跡罕據欲成信史將不可得惟陛下立下明詔設局編輯使一代經制典章犂然可攷鴻謨偉烈光炳天壤豈非萬世不朽盛事哉詔從之二十二年三月遂命詞臣分曹類纂以于陛及尚書沈一貫少詹事馮琦爲副總裁而閣臣總裁之其年夏首輔王錫爵謝政遂命于陛兼東閣大學士入參機務疏陳親大臣錄遺賢奬外吏核邊餉儲將才擇邊吏六事末言以肅皇帝之精明而末年貪黷成風封疆多事則倦勤故也今至尊端拱百職不修不亟圖更始後將安極帝優詔答之而不能用帝以軍政失察斥兩都言官三十餘人于陛與同官申救至再又獨疏請宥俱不納以甘肅破賊功加太子少保乾清坤寧兩宮災請面對不報乞罷亦不許其秋二品三年滿改文淵閣進太子太保時內閣四人趙志皐張位沈一貫皆于陛同年生遇事無齟齬而帝拒諫益甚上下否隔于陛憂形於色以不能補救在直廬數太息視日影二十四年冬病卒於位史亦竟罷贈少保謚文憲終明世父子爲宰輔者惟南充陳氏世以比漢韋平焉

沈鯉字仲化歸德人祖瀚建寧知府鯉嘉靖中舉鄉試師尚詔作亂陷歸德已而西去鯉策賊必再至急白守臣捕殺城中通賊者嚴爲守具賊還逼見有備去奸人倡言屠城將驅掠居民鯉請諭止之衆始定四十四年成進士改庶吉士授檢討大學士高拱其座主又鄉人也旅見外未嘗以私謁神宗在東宮鯉爲講官嘗令諸講官書扇鯉書魏卞蘭太子頌以進因命陳大義甚悉神宗咨美遂蒙眷比即位用宮寮恩進編修旋進左贊善每直講擧止端雅所陳說獨契帝心帝亟稱之連遭父母喪帝數問沈講官何在又問服闋期命先補講官俟之萬曆九年還朝屬當輟講特命展一日示優異焉明年秋擢侍講學士再遷禮部右侍郎尋改吏部進左侍郎屏絕私交好推轂賢士不使知十二年冬拜禮部尚書去六品甫二年至正卿素負物望時論不以爲驟久之會典成加太子少保鯉初官翰林中官黃錦緣同鄉以幣交拒不納教習內書堂侍講筵皆數與巨璫接未嘗與交及官愈高益無所假借雖上命及政府指不徇也十四年春貴妃鄭氏生子進封皇貴妃鯉率僚屬請冊建皇長子進封其母不許未幾復以爲言且請宥建儲貶官姜應麟等忤旨譏讓帝旣却羣臣請因詔諭少俟二三年至十六年期已屆鯉執前旨固請帝復不從鯉素鯁亮其在部持典禮多所建白念時俗侈靡稽先朝典制自喪祭冠婚宮室器服率定爲中制頒天下又以士習不端奏行學政八事又請復建文年號重定景帝實錄勿稱郕戾王大同巡撫胡來貢議移祀北岳於渾源力駁其無據太廟侑享請移親王及諸功臣於兩廡毋與帝后雜祀進世廟諸妃葬金山者配食永陵諸帝陵祀請各遣官毋兼攝諸王及妃墳祝版稱謂未協者率請裁定帝憂旱步禱郊壇議分遣大臣禱天下名山大川鯉言使臣往來驛騷恐重困民請齋三日以告文授太常屬致之罷寺觀勿禱帝多可其奏鄭貴妃父承憲爲父請恤援后父永年伯例鯉力駁之詔畀葬貲五千金鯉復言過濫順義王妻三娘子請封鯉不予妃號但稱夫人眞人張國祥言肅皇享國久長由虔奉元修所致勸帝效之鯉劾國祥誑誣導諛請正刑辟事亦寢秦王誼漶故由中尉入繼而乞封其弟郡王中貴爲請申時行助之鯉不可唐府違制請封妾子執不從帝並以特旨許之京師久旱鯉備陳恤民實政以崇儉戒奢爲本且請減織造已京師地震又請謹天戒恤民窮畿輔大侵請上下交修詞甚切帝以四方災敕廷臣修省鯉因請大損供億營建振救小民帝每嘉納初藩府有所奏請賄中貴居間禮臣不敢違輒如志至鯉一切格之中貴皆大怨數以事間於帝帝漸不能無疑累加詰責且奪其俸鯉自是有去志而時行銜鯉不附已亦忌之一日鯉請告遽擬旨放歸帝曰沈尚書好官奈何使去傳旨諭留時行益忌其私人給事中陳與郊爲人求考官不得怨鯉屬其同官陳尚象劾之與郊復危言撼鯉鯉求去益力帝有意大用鯉微言沈尚書不曉人意有老宮人從子爲內豎者走告鯉司禮張誠亦屬鯉鄉人內豎廖某密告之鯉並拒之曰禁中語非所敢聞皆恚而去鯉卒屢疏引疾歸累推內閣及吏部尚書皆不用二十二年起南京禮部尚書辭弗就二十九年趙志皐卒沈一貫獨當國廷推閣臣詔鯉以故官兼東閣大學士入參機務與朱賡並命屢辭不允明年七月始入朝時年七十有一矣一貫以士心夙附鯉深忌之貽書李三才曰歸德公來必奪吾位將何以備之歸德鯉邑名欲風鯉辭召命也三才答書言鯉忠實無他腸勸一貫同心一貫由此并憾三才鯉旣至即具陳道中所見礦稅之害他日復與賡疏論皆弗納楚假王被訐事起禮部侍郎郭正域請行勘鯉是之及妖人所撰續憂危竑議發一貫輩張皇其事令其黨錢夢皐誣奏正域鯉門生協造妖言并羅織鯉奸贓數事帝察其誣不問而一貫輩使邏卒日夜操兵圍守其邸已而事解復譖鯉詛咒鯉嘗置小屏閣中列書謹天戒恤民窮開言路發章奏用大僚補庶官起廢棄舉考選釋冤獄撤稅使十事而上書天啓聖聰撥亂反治八字每入閣輒焚香拜祝之讒者遂指爲詛咒帝取入視之曰此豈詛咒耶讒者曰彼詛咒語固不宣諸口賴帝知鯉深不之信先是閣臣奏揭不輕進進則無不答者是時中外扞格奏揭繁多寢不下鯉以失職累引疾求退奬諭有加卒不能行其所請三十二年敘皮林功加太子太保尋以秩滿加少保改文淵閣鯉初相即請除礦稅居位數年數以爲言會孝陵明樓災鯉語一貫賡各爲奏俟時上之一日大雨鯉曰可矣兩人問故鯉曰帝惡言礦稅事疏入多不視今吾輩冒雨素服詣文華奏之上訝而取閱亦一機也兩人從其言帝得疏曰必有急事啓視果心動然不爲罷明年長至一貫在告鯉賡詣賀仁德門帝賜食司禮太監陳矩侍小璫數往來竊聽且執筆以俟鯉因極陳礦稅害民狀矩亦戚然鯉復進曰礦使出破壞天下名山大川靈氣盡矣恐於聖躬不利矩嘆息還具爲帝道之帝悚然遣矩咨鯉所以補救者鯉曰此無他急停開鑿則靈氣自復帝聞爲首肯一貫慮鯉獨收其功急草疏上帝不懌復止然越月果下停礦之命鯉力也鯉遇事秉正不撓壓於一貫志不盡行而是時

一貫數被論引疾杜門鯉乃得行閣事皇孫生詔赦天下中官請徵茶蠟鳳逋鯉以戾詔旨再執奏竟報寢帝乳母翊聖夫人金氏其夫官都督同知歿請以從子繼鯉言都督非世官乃已眞人張國祥請皇孫誕生已有祝釐功乞三代誥命且世襲詹事主簿鯉力斥其謬乃賚以金幣帝惑中貴言將察核畿輔牧地論鯉揭救鯉言近年以來百利之源盡籠於朝廷常恐勢極生變況此牧地豈眞有豪右隱占新墾未科者奸民所傳未足深信遂止雲南武弁殺稅使楊榮帝怒甚將遣官逮治鯉具陳榮罪狀請誅爲首殺榮者而貸其餘乃不果逮陝西稅使梁永求領鎭守事亦以鯉言罷遼東稅使高淮假進貢名率所統練甲至國門鯉中夜密奏其不可詔責淮而止時一貫雖稱疾杜門而章奏多卽家擬旨鯉力言非故事鯉既積忤一貫一貫將去慮鯉在貽己後憂欲與俱去密傾之帝亦嫌鯉方鯁因鯉乞休遂命與一貫同致仕賡疏乞留鯉不報既抵家疏謝猶極陳怠政之弊以明作進規年八十遣官存問賚銀幣鯉奏謝復陳時政要務又五年卒年八十五贈太師謚文端

于愼行字無垢東阿人年十七舉於鄉御史欲卽鹿鳴宴冠之以未奉父命辭隆慶二年成進士改庶吉士授編修萬曆初穆宗實錄成進修撰充日講官故事率以翰林大僚直日講無及史官者愼行與張位及王家屏沈一貫陳于陛咸以史官得之異數也嘗講罷帝出御府圖畫令講官分題愼行不善書詩成屬人書之具以實對帝悅嘗大書責難陳善四字賜之詞林傳爲盛事御史劉臺以劾張居正被逮僚友悉避匿愼行獨往視之及居正奪情偕同官具疏諫呂調陽格之不得上居正聞而怒他日謂愼行曰子吾所厚亦爲此耶愼行從容對曰正以公見厚故耳居正怫然愼行尋以疾歸居正卒起故官進左諭德日講如故時居正已敗侍郎邱橓往籍其家愼行遺書言居正母老諸子覆巢之下顚沛可傷宜推明主帷蓋恩全大臣簪履之誼詞極懇摯時論韙之由侍講學士擢禮部右侍郎轉左改吏部掌詹事府尋遷禮部尙書愼行明習典制諸大禮多所裁定先是嘉靖中孝烈后升祔祧仁宗萬曆改元穆宗升祔復祧宣宗愼行謂非禮作太廟祧遷考言古七廟之制三昭三穆與太祖之廟而七劉歆王肅並以高曾祖禰及五世六世爲三昭三穆其兄弟相傳則同堂異室不可爲一世國朝成祖既爲世室與太祖俱百世不遷則仁宗以下必實歷六世而後三昭三穆始備孝宗與睿宗兄弟武宗與世宗兄弟昭穆同不當各爲一世世宗升祔距仁宗止六世不當祧仁宗穆宗升祔當祧仁宗不當祧宣宗引晉唐宋故事爲據其言辨而覈事雖不行識者服其知禮又言南昌壽春等十六王世次既遠宜別祭陵園不宜祔享太廟亦寢不行十八年正月疏請早建東宮出閣講讀及冬又請帝怒再嚴旨詰責愼行不爲懾明日復言冊立臣部職掌臣等不言罪有所歸幸速決大計放歸田里帝益不悅責以要君疑上淆亂國本及僚屬皆奪俸山東鄉試預傳典試者名已而果然言者遂劾禮官皆停俸愼行引罪乞休章累上乃許家居十餘年中外屢薦率報寢三十三年始起掌詹事府疏辭復留不下居二年廷推閣臣七人首愼行詔加太子少保兼東閣大學士入參機務再辭不允乃就道時愼行已得疾及廷謝拜起不如儀上疏請罪歸臥於家遂草遺疏請帝親大臣錄遺逸補言官數日卒年六十三贈太子太保謚文定愼行學有原委貫穿百家神宗時詞館中以愼行及臨朐馮琦文學爲一時冠

李廷機字爾張晉江人貢入太學順天鄉試第一萬曆十一年會試復第一以進士第二授編修累遷祭酒故事祭酒每視事則二生共舉一牌詣前大書整齊嚴肅四字蓋高皇帝所製以警師儒者廷機見之惕然故其立教一以嚴爲主久之遷南京吏部右侍郎署部事二十七年典京察無偏私嘗兼署戶工二部事綜理精密奏行軫恤行戶四事商困大蘇外城陵垣多所繕治費皆取公帑奇羨不以煩民召爲禮部右侍郎四辭不允越二年始受任時已進左侍郞遂代郭正域視部事會楚王華奎因正域發其餽遺書詆許正域不法數事廷機意右楚王而微爲正域解大學士沈一貫欲藉妖書傾正域廷機與御史沈裕同官涂宗濬俱署名上趣定皦生光獄株連遂絕三十三年夏雷震郊壇既率同列條上修省事宜復言今日闕失莫如礦稅宜罷撤不報其冬類上四方災異秦王誼漶由中尉進封其庶長子應授本爵貪緣欲封郡王廷機三疏力持王遣人居間廷機固拒特旨許之益府服內請封亦持不可廷機遇事有執尤廉潔帝知之然性刻深亦頗偏愎不諳大體楚宗人華越以奏訐楚王撫按官既擬奪爵錮高牆廷機援祖訓謀害親王例議寘之死言路勢張政府暨銓曹畏之不敢出諸外年例遂廢禮部主事聶雲翰論之廷機希言路意中雲翰察典給事中袁懋謙劾之廷機求退不允時內閣止朱賡一人給事中王元翰等慮廷機且入輔數陰詆之三十五年夏廷推閣臣廷機果與焉給事中曹于汴宋一韓御史陳宗契不可相持久之卒列以上帝雅重廷機命以禮部尙書兼東閣大學士入參機務廷機三辭始視事元翰及給事中胡忻攻之不已帝爲奪俸以慰廷機已而姜士昌宋燾復以論廷機被黜羣情益憤廷機力辨求罷又疏陳十宜去帝慰諭有加明年四月主事鄭振先論賡十二罪并及廷機廷機累疏乞休杜門數月不出言者疑其僞數十人交章力攻廷機求去不已帝屢詔勉留且遣鴻臚趣出堅臥不起待命踰年乃屏居荒廟廷臣猶有繁言至四十年九月疏已百二十餘上乃陛辭出都待命同官葉向高言廷機已行不可再挽乃加太子太保賜道里費乘傳以行人護歸居四年卒贈少保謚文節廷機繫閣籍六年秉政止九月無大過言路以其與申時行沈一貫輩密相授受故交章逐之輔臣以齮齕受辱屏棄積年而後去前此未有也廷機輔政時四川巡撫喬璧星銳欲討鎭雄安堯臣與貴州守臣持議不決廷機力主撤兵其後卒無事議者稱之閩人入閣自楊榮陳山後以語言難曉垂二百年無人廷機始與葉向高並命後周如磐張瑞圖林釬蔣德璟黃景昉復相繼云

吳道南字會甫崇仁人萬曆十七年進士及第授編修進左中允直講東宮太子偶旁矚道南卽輟講拱竢太子爲改容歷左諭德少詹事擢禮部右侍郎署部事歷城高苑牛產犢皆兩首兩鼻道南請盡蠲山東諸稅召還內臣又因災異言貂璫斂怨乞下詔罪己與天下更新皆不報尋請追謚建文朝忠臣京師久旱疏言天下人情鬱而不散致成旱災如東宮天下本不使講明經術練習政務久寘深闈聰明隔塞鬱一也法司懸缺半載讞鞫無人囹圄充滿有入無出愁憤之氣上薄日星鬱二也內藏山積而閭閻半菽不充曾不發帑振救坐視其死亡轉徙鬱三也纍臣滿朝薦卞孔時時稱循吏因權璫搆陷一繫數年鬱四也廢棄諸臣實堪世用一斥不復山林終老鬱五也陛下誠渙發德音除此數鬱不崇朝而雨露遍天下矣帝不省道南遇事有操執明達政體朝鮮貢使歸請市火藥執不予土魯番貢玉請勿納遼東議開科試士以巖疆當重武格不行父喪歸服闋卽家拜禮部尙書兼東閣大學士預機務與方從哲並命三辭不允久之始入朝故事廷臣受官先面謝乃涖任帝不視朝久皆先涖任道南至不獲見不敢入直仝官從哲爲言帝令先視事道南疏謝居數日言臣就列經旬僅下瑞王婚禮一疏他若儲宮出講諸王豫教簡大僚畢遺佚撤稅使補言官諸事廷臣舌敝以請者舉皆杳然豈陛下簡置臣等意帝優詔答之卒不行迨帝因梃擊之變召見羣臣慈寧宮道南始得面謝自是不獲再見織造中官劉成死遣其黨呂貴往護貴嗾奸民留己督造中旨許之命草勑道南偕從哲爭且詢疏所從進請永杜內降弗聽鄱陽故無商稅中官爲稅使置關湖口征課道南極言傍湖舟無所泊多覆沒請罷關勿征亦不納道南輔大政不爲詭隨頗有時望歲丙辰偕禮部尙書劉楚先典會試吳江舉人沈同和者副都御史季文子目不知書賄禮部吏與同里趙鳴陽聯號舍其首場七篇自坊刻外皆鳴陽筆也榜發同和第一鳴陽亦中式都下大譁道南等亟檢舉詔令覆試同和竟日搆一文下吏戍烟瘴鳴陽亦除名先是湯賓尹科場事實道南發之其黨側目御史李嵩周師旦遂連章論道南而給事中劉文炳攻尤力道南疏辨乞休頗侵文炳文炳遂極詆御史張至發助之道南不能堪言臺諫劾閣臣職也未有肆口嫚罵者臣辱國已甚請立罷黜帝雅重道南謫文炳外任奪嵩等俸御史韓浚朱堦救文炳復詆道南道南益求去杜門踰年疏二十七上帝猶勉留會繼母訃至乃賜道里費遣行人護歸天啓初以覃恩卽家進太子太保居二年卒贈少保謚文恪

贊曰傳稱道合則服從不合則去其王家屏沈鯉之謂乎廷機雖頗叢物議然清節不汙若于陛之世德愼行之博聞亦足稱羽儀廊廟之選矣

明史卷二百十八　列傳第一百六

總裁官總理事務經筵講官少保兼太子太保保和殿大學士兼管吏部戶部尙書事加六級張廷玉等奉敕修

申時行 子用懋 用嘉 孫紹芳　王錫爵 子衡 弟鼎爵
沈一貫　方從哲
沈潅 弟演

申時行字汝默長洲人嘉靖四十一年進士第一授修撰歷左庶子掌翰林院事萬曆五年由禮部右侍郎改吏部時行以文字受知張居正蘊藉不立崖異居正安之六年三月居正將歸葬父請廣閣臣遂以左侍郎兼

東閣大學士入預機務已進禮部尚書兼文淵閣累進少傅兼太子太傅吏部尚書建極殿張居正攬權久操羣下如束濕異已者率逐去之及居正卒張四維時行相繼柄政務爲寬大以次收召老成布列庶位朝論多稱之然是時內閣權積重六卿大氐徇閣臣指諸大臣由四維時行起樂其寬多與相厚善四維憂歸時行爲首輔余有丁許國王錫爵王家屏先後同居政府無嫌猜而言路爲居正所遏至是方發舒以居正素暱時行不能無諷刺時行外示博大能容人心故弗善也帝雖樂言者訐居正短而頗惡人論時事言事者間謫官衆以此望時行口語相詆譏諸大臣又皆右時行拄言者口言者益憤時行以此損物望十二年三月御史張文熙嘗言前閣臣專恣者四事請帝永禁革之時行疏爭曰文熙謂部院百執事不當置考成簿送閣察考吏兵二部除授不當一一取裁督撫巡按行事不當密揭請教閣中票擬當使同官知夫閣臣不職當罷黜若并其執掌盡削之是因噎廢食也至票擬無不與同官議者帝深以爲然絀文熙議不用御史丁此呂言侍郎高啓愚以試題勸進居正帝手疏示時行時行曰此呂以曖昧陷人大辟恐讒言接踵至非清明之朝所宜有尚書楊巍因請出此呂於外帝從巍言而給事御史王士性李植等交章劾巍阿時行意蔽塞言路帝尋亦悔之命罷啓愚留此呂時行巍求去有丁國言大臣國體所繫今以羣言留此呂恐無以安時行巍心國尤不勝憤專疏求去詆諸言路副都御史石星侍郎陸光祖亦以爲言帝乃聽巍出此呂於外慰留時行國而言路羣起攻國時行請量罰言者言者益心慽旣而李植江東之以大峪山壽宮事撼時行不勝貶去閣臣與言路日相水火矣初御史魏允貞郎中李三才以科場事論及時行子用懋貶官給事中鄒元標劾罷時行姻徐學謨時行假他疏逐之去已而占物情稍稍擢三人官三人得毋廢世以此稱時行長者時行欲收人心罷居正時所行考成法一切爲簡易亦數有獻納嘗因災異力言催科急迫徵派加增刑獄繁多用度侈靡之害又嘗請止撫按官助工贓罰銀請減織造數趣發諸司章奏緣尚寶卿徐貞明議請開畿內水田用鄧子龍劉綎平隴川薦鄭洛爲經畧趣順義王東歸寢葉夢熊奏以弭楊應龍之變然是時天下承平上下恬熙法紀漸不振時行務承帝指不能大有建立帝每遇講期多傳免時行請雖免講仍進講章自後爲故事講筵遂永罷評事雒于仁進酒色財氣四箴帝大怒召時行等條分析之將重譴時行請毋下其章而諷于仁自引去于仁賴以免然章奏留中自此始十四年正月光宗年五歲而鄭貴妃有寵生皇三子常洵頗萌奪嫡意時行率同列再請建儲不聽廷臣以貴妃故多指斥宮闈觸帝怒被嚴譴帝嘗詔求直言郎官劉復初李懋檜等顯侵貴妃時行請帝下詔令諸曹建言止及所司職掌聽其長擇而獻之不得專達帝甚悅衆多咎時行者時行連請建儲十八年帝召皇長子皇三子令時行入見毓德宮時行拜賀請亟定大計帝猶豫久之下詔曰朕不喜激聒近諸臣章奏槩留中惡其離間朕父子若明歲廷臣不復瀆擾當以後年冊立否則俟皇長子十五歲舉行時行因戒廷臣毋激擾明年八月工部主事張有德請具冊立儀注帝怒命展期一年而內閣中亦有疏入時行方在告次輔國首列時行名時行密上封事言臣方在告初不預知冊立之事聖意已定有德不諳大計惟宸斷親裁勿因小臣妨大典於是給事中羅大紘劾時行謂陽附羣臣之議以請立而陰緩其事以內交中書黃正賓復論時行排陷同官巧避首事之罪二人皆被黜責御史鄒德泳疏復上時行力求罷詔馳驛歸三年光宗始出閣講學十年始立爲皇太子四十二年時行年八十帝遣行人存問詔書到門而卒先以雲南岳鳳平加少師兼太子太師中極殿大學士詔贈太師謚文定子用懋用嘉用懋字敬中舉進士累官兵部職方郎中神宗擢太僕少卿仍視職方事再遷右僉都御史巡撫順天崇禎初歷兵部左右侍郎拜尚書致仕歸卒贈太子太保用嘉舉人歷官廣西參政孫紹芳進士戶部左侍郎

王錫爵字元馭太倉人嘉靖四十一年舉會試第一廷試第二授編修累遷至祭酒萬曆五年以詹事掌翰林院張居正奪情將廷杖吳中行趙用賢等錫爵要同館十餘人詣居正求解居正不納錫爵獨造喪次切言之居正徑入不顧中行等旣受杖錫爵持之大慟明年進禮部右侍郎居正甫歸治喪九卿急請召還錫爵獨不署名旋乞省親去居正以錫爵形己短益銜之錫爵遂不出十二年冬即家拜禮部尚書兼文淵閣大學士參機務還朝請禁諂諛抑奔競戒虛浮節侈靡闢橫議簡工作帝咸褒納初李植江東之與大臣申時行楊巍等相搆以錫爵負時望且與居正貳力推之比錫爵至與時行合反出疏力排植等植等遂悉去時行爲首輔許國次之三人皆南畿人而錫爵與時行同舉會試且同郡政府相得甚然時行柔和而錫爵性剛負氣十六年子衡舉順天試第一郎官高桂饒伸論之錫爵連章辨訐語過忿伸坐下詔獄除名桂謫邊方御史喬璧星請帝戒諭錫爵務擴其量爲休休有容之臣錫爵疏辨以是積與廷論忤時羣臣請建儲者衆帝皆不聽十八年錫爵疏請豫敎元子錄用言官姜應麟等且求有故巡撫李材不報嘗因旱災自陳乞罷帝優詔留之火落赤眞相犯西陲議者爭請用兵錫爵主款與時行合未幾偕同列爭冊立不得杜門乞歸尋以母老連乞歸省乃賜道里費遣官護行歸二年時行國及王家屏相繼去位有詔趣召錫爵二十一年正月還朝遂爲首輔先是有旨是年春舉冊立大典戒廷臣毋瀆陳廷臣鑒張有德事咸默默及是錫爵密請帝決大計帝遣內侍以手詔示錫爵欲待嫡子令元子與兩弟且並封爲王錫爵懼失上指立奉詔擬諭旨而又外慮公論因言漢明帝馬后唐明皇王后宋眞宗劉后皆養諸妃子爲子請令皇后撫育元子則元子卽嫡子而生母不必崇位號以上壓皇貴妃亦擬諭以進同列趙志皐張位咸不預聞帝竟以前諭下禮官令卽具儀於是舉朝大譁給事中史孟麟禮部尚書羅萬化等羣詣錫爵第力爭廷臣諫者章日數上錫爵偕志皐位力請追還前詔帝不從已而諫者益多而岳元聲顧允成張納陛陳泰來于孔兼李啓美曾鳳儀鍾化民項德禎等遮錫爵於朝房面爭之李騰芳亦上書錫爵錫爵請下廷議不許請面對不報乃自劾三悞乞罷斥帝亦迫公議追寢前命命少俟二三年議行錫爵旋請速決且曰曩元子初生業爲頒詔肆赦詔書稱祗承宗社明以皇太子待之矣今復何疑而弗決哉不報七月彗星見有詔修省錫爵因請延見大臣又言彗漸近紫微宜愼起居之節寬左右之刑寡嗜欲以防疾散積聚以廣恩踰月復言彗已入紫微非區區用人行政所能消弭惟建儲一事可以禳之蓋天王之象曰帝星太子之象曰前星今前星旣耀而不早定故致此災誠速行冊立天變自弭帝皆報聞仍持首春待期之說錫爵答奏復力言之又連章懇請十一月皇太后生辰帝御門受賀畢獨召錫爵煖閣勞之曰卿扶母來京誠忠孝兩全錫爵叩頭謝因力請早定國本帝曰中宮有出奈何對曰此說在十年前猶可今元子已十三尚何待況自古至今豈有子弟十三歲猶不讀書者帝頗感動錫爵因請頻召對保聖躬退復上疏力請且曰外廷以固寵陰謀歸之皇貴妃恐鄭氏舉族不得安惟陛下深省帝得疏心益動手詔諭錫爵卿每奏必及皇貴妃何也彼數勸朕朕以祖訓后妃不得與外事安敢輒從錫爵上言今與皇長子相形者惟皇貴妃子天下不疑皇貴妃而誰疑皇貴妃不引爲己責而誰責祖訓不與外事者不與外廷用人行政之事也若冊立乃陛下家事而皇三子又皇貴妃親子陛下得不與皇貴妃謀乎且皇貴妃久侍聖躬至親且賢外廷紛紛莫不歸怨臣所不忍聞臣六十老人力捍天下之口歸功皇貴妃陛下尚以爲疑然則必如羣少年盛氣以攻皇貴妃而陛下反快於心乎疏入帝頷之志皐位亦力請居數日遂有出閣之命而帝令廣市珠玉珍寶供出閣儀物計直三十餘萬戶部尚書楊俊民等以故事爭給事中王德完等又力諫帝遂手詔諭錫爵欲易期錫爵婉請乃不果易明年二月出閣禮成俱如東宮儀中外爲慰錫爵在閣時嘗請罷江南織造停江西陶器減雲南貢金出內帑振河南饑帝皆無忤眷禮逾前後諸輔臣其救李沂力爭不宜用廷杖尤爲世所稱特以阿並封指被物議旣而郎中趙南星斥侍郎趙用賢放歸論救者咸遭譴謫衆指錫爵爲之雖連章自明且申救人卒莫能諒也錫爵遂屢疏引疾乞休帝不欲其去爲出內帑錢建醮祈愈錫爵力辭疏八上乃允先累加太子太保至是命改吏部尚書進建極殿賜道里費乘傳行人護歸七年東宮建遣官賜敕存問賚銀幣羊酒三十五年廷推閣臣帝旣用于愼行葉向高李廷機還念錫爵特加少保遣官召之三辭不允時言官方厲鋒氣錫爵進密揭力詆中有上於章奏一槩留中特鄙夷之如禽鳥之音等語言官聞之大憤給事中段然首劾之其同官胡嘉棟等論不已錫爵亦自閉門養重竟辭不赴又三年卒於家年七十七贈太保謚文肅子衡字辰玉少有文名爲舉首才自稱因被論遂不復會試至二十九年錫爵罷相已久始舉會試第二人廷試亦第二授編修先父卒錫爵弟鼎爵進士累官河南提學副使

沈一貫字肩吾鄞人隆慶二年進士選庶吉士授檢討充日講官進講高宗諒陰拱手曰託孤寄命必忠貞不二心之臣乃可使百官總已以聽苟非其人不若躬親聽覽之爲孝也張居正以爲刺已頗慽一貫居正卒始還左中允歷官吏部左侍郎兼侍讀學士加太子賓客假歸二十二年起南京禮部尚書復召爲正史副總裁協理詹事府未上王錫爵趙志皐張位同居內閣復有

旨推舉閣臣吏部舉舊輔王家屏及一貫等七人名以上而帝方怒家屏譏責尚書陳有年有年引疾去一貫家居久故有清望閣臣又力薦之乃詔以尚書兼東閣大學士與陳于陛同入閣預機務命行人即家起焉會朝議許日本封貢一貫慮貢道出寧波爲鄉郡患極陳其害貢議乃止未幾錫爵去于陛位第三每獨行己意一貫柔而深中事志皐等惟謹其後于陛卒官志皐病痺久在告位以薦楊鎬及憂危竑議事得罪去一貫與位嘗私致鎬書爲贊畫主事丁應泰所劾位疏辨激上怒罷一貫惟引咎帝乃慰留之時國本未定廷臣爭十餘年不決皇長子年十八諸請冊立冠婚者益迫帝責戶部進銀二千四百萬爲冊立分封諸典禮費以困之一貫再疏爭不聽二十八年命營慈慶宮居皇長子工竣諭一貫草敕傳示禮官上冊立冠婚及諸王分封儀敕既上帝復留不下一貫疏趣則言朕因小臣謝廷讚乘機邀功故中輟俟皇長子移居後行之既而不舉行明年貴妃弟鄭國泰迫羣議請冊立冠婚竝行一貫因再草敕請下禮官具儀不報廷議有欲先冠婚後冊立者一貫不可曰不正名而苟成事是降儲君爲諸王也會帝意亦頗悟命即日舉行九月十有八日漏下二鼓詔下既而帝復悔令改期一貫封還詔書言萬死不敢奉詔帝乃止十月望冊立禮成時論頗稱之會志皐於九月卒一貫遂當國初志皐病久一貫屢請增閣臣及是乃簡用沈鯉朱賡而事皆取決於一貫壽進太子太保戶部尚書武英殿大學士自一貫入內閣朝政已大非數年之間礦稅使四出爲民害其所誣劾逮繫者悉滯獄中吏部疏請起用建言廢黜諸臣并考選科道官久抑不下中外多以望閣臣一貫等數諫不省而帝久不視朝閣臣屢請皆不報一貫初輔政面恩一見帝而已東征及楊應龍平帝再御午門樓受俘一貫請陪侍賜面對皆不許上下否隔甚一貫雖小有救正大率依違其間物望漸減迨三十年二月皇太子婚禮甫成帝忽有疾急召諸大臣至仁德門俄獨命一貫入啟祥宮後殿西煖閣皇后貴妃以疾不侍側皇太后南面立稍北帝稍東冠服席地坐亦南面太子諸王跪於前一貫叩頭起居訖帝曰先生前朕病日篤矣享國已久何憾佳兒佳婦付與先生惟輔之爲賢君礦稅事朕因殿工未竣權宜採取今可與江南織造江西陶器俱止勿行所遣內監皆令還京法司釋久繫罪囚建言得罪諸臣咸復其官給事中御史即如所請補用朕見先生止此矣言已就臥一貫哭太后太子諸王皆哭一貫復奏今尚書求去者三請定去留帝留戶部陳蕖兵部田樂而以祖陵衝決削工部楊一魁籍一貫復叩首出擬旨以進是夕閣臣九卿俱直宿朝房漏三鼓中使捧諭至具如帝語一貫者諸大臣咸喜翼日帝疾瘳悔之中使二十輩至閣中取前諭言礦稅不可罷釋囚錄直臣惟卿所裁一貫欲不予中使輒搏顙幾流血一貫惶遽繳入時吏部尚書李戴左都御史溫純期即日奉行頒示天下刑部尚書蕭大亨則謂弛獄須再請無何事變太僕卿南企仲劾戴大亨不即奉帝諭起廢釋囚帝怒并二事寢不行當帝欲追還成命司禮太監田義力爭帝怒欲手刃之義言愈力而中使已持一貫所繳前諭至後義見一貫唾曰相公稍持之礦稅撤矣何怯也自是大臣言官疏請者日相繼皆不復聽礦稅之害遂終神宗世帝自疾瘳以後政益廢弛稅監王朝梁永高淮等所至橫暴奸人乘機虐民者愈衆一貫與鯉賡共著論以風又嘗因事屢爭且揭陳用人行政諸事帝不省顧遇一貫厚嘗特賜敕獎之一貫素忌鯉鯉亦自以講筵受主眷非由一貫進不爲下二人漸不相能禮部侍郎郭正域以文章氣節著鯉甚重之都御史溫純吏部侍郎楊時喬皆以清嚴自持相標置一貫不善也會正域議奪呂本謚一貫賡與本同鄉寢其議由是益惡正域并惡鯉及純時喬等而黨論漸興浙人與公論忤由一貫始三十一年楚府鎮國將軍華越訐楚王華奎爲假王一貫納王重賄令通政司格其疏月餘先上華奎劾華越欺罔四罪疏正域楚人頗聞假王事有狀請行勘虛實以定罪案一貫持之正域以楚王餽遺書上帝不省及撫按臣會勘并廷臣集議疏入一貫力右王嗾給事中錢夢皐楊應文劾正域勒歸聽勘華越等皆得罪正域甫登舟未行而妖書事起一貫方銜正域與鯉其黨康丕揚錢夢皐等遂捕僧達觀醫生沈令譽等下獄窮治之一貫從中主其事令錦衣帥王之禎與丕揚大索鯉私第三日發卒圍正域舟執掠其婢僕乳媼皆無所得乃以皦生光具獄二事錯見正域及楚王傳中始都御史純劾御史于永清及給事中姚文蔚語稍涉一貫給事中鍾兆斗爲一貫論純御史湯兆京復劾兆斗而直純純十七疏求去一貫佯揭留純至歲乙巳大察京朝官純與時喬主其事夢皐兆斗皆在黜中一貫怒言於帝以京察疏留中久之乃盡留給事御史之被察者且許純致仕去於是主事劉元珍龐時雍南京御史朱吾弼力爭之謂二百餘年計典無特留者時南察疏亦留中後迫衆議始下一貫自是積不爲公論所與彈劾日衆因謝病不出三十四年七月給事中陳嘉訓御史孫居相復連章劾其奸貪一貫憤益求去帝爲黜嘉訓奪居相俸允一貫歸鯉亦同時罷而一貫獨得溫旨雖賡右之論者益訾其有內援焉一貫之入閣也爲錫爵志皐所薦輔政十有三年當國者四年枝拄清議好同惡異與前後諸臣同至楚宗妖書京察三事獨犯不韙論者醜之雖其黨不能解免也一貫歸言者追劾之不已其鄉人亦多受世詆諆云一貫在位累加少傅兼太子太傅吏部尚書建極殿大學士家居十年卒贈太傅謚文恭

方從哲字中涵其先德清人隸籍錦衣衞家京師從哲登萬曆十一年進士授庶吉士屢遷國子祭酒請告家居久不出時頗稱其恬雅大學士葉向高請用爲禮部右侍郎不報中旨起吏部左侍郎爲給事中李成名所劾求罷不允四十一年拜禮部尚書兼東閣大學士與吳道南竝命時道南在籍向高爲首輔政事多決於向高向高去國從哲遂獨相請召還舊輔沈鯉不允御史錢春劾其容悅從哲乞罷帝優旨慰留未幾道南至會張差梃擊事起刑部以瘋癲蔽獄王之寀鉤得其情麗保劉成等跡始露從哲偕道南斥之寀言謬妄帝納之道南爲言路所詆求去者經歲以母憂歸從哲復獨相即疏請推補閣臣自後每月必請帝以一人足辦迄不增置從哲性柔懦不能任大事時東宮久輟講瑞王婚禮逾期惠王桂王未擇配福府莊田遣中使督賦又議令鬻鹽中旨命呂貴督織造駙馬王昺以救劉光復褫冠帶山東盜起災異數見言官翟鳳翀郭尚賓以直言貶帝遣中使令工部侍郎林如楚繕修咸安宮宣府缺餉數月從哲皆上疏力言帝多不聽而從哲有內援以名爭而已實將順帝意無所匡正向高秉政時黨論鼎沸言路交通銓部指清流爲東林逐之殆盡及從哲秉政言路已無正人黨論漸息丁巳京察盡斥東林且及林居者齊楚浙三黨鼎立務搏擊清流齊人亓詩教從哲門生勢尤張從哲昵羣小而帝怠荒亦益甚畿輔山東山西河南江西及大江南北相繼告災疏皆不發舊制給事中五十餘員御史百餘員至是六科止四人而五科印無所屬十三道止五人一人領數職在外巡按率不得代六部堂上官僅四五人都御史數年空署督撫監司亦屢缺不補文武大選急選官及四方教職積數千人以吏兵二科缺掌印不畫憑久滯都下時攀執政輿哀訴詔獄囚以理刑無人不決遣家屬聚號長安門職業盡弛上下解體四十六年四月大清兵克撫順朝野震驚帝初頗憂懼章奏時下不數月泄泄如故從哲子世鴻殺人巡城御史劾之從哲乞罷不允長星見東南長二丈廣尺餘十有九日而滅是日京師地震從哲言妖象怪徵層見疊出除臣奉職無狀痛自修省外望陛下大奮乾綱與天下更始朝士雜然笑之帝亦不省御史熊化以時事多艱佐理無效劾從哲乞用災異策免從哲懇求罷堅臥四十餘日閣中虛無人帝慰留再三乃起視事明年二月楊鎬四路出師兵科給事中趙興邦用紅旗督戰師大敗禮部主事夏嘉遇謂遼事之壞由興邦及從哲庇李維翰所致兩疏劾之從哲求罷不敢入閣視事於朝房帝優旨懇留乃復故而反擢興邦爲太常少卿未幾大清兵連克開原鐵嶺廷臣於文華門拜疏立請批發又候旨思善門皆不報從哲乃叩首仁德門跪俟俞旨帝終不報俄請帝出御文華殿召見羣臣面商戰守方畧亦不報請補閣臣疏十上情極哀始命廷推及推上又不用從哲復連請乃簡用史繼偕沈㴶疏仍留中終帝世寢不下御史張新詔劾從哲諸所疏揭委罪君父誑言欺人祖宗二百年金甌壞從哲手御史蕭毅中劉蔚周方鑑楊春茂王尊德左光斗山西參政徐如翰亦交章擊之從哲連疏自明且乞罷帝皆不問自劉光復繫獄從哲論救數十疏帝特釋爲民而用人行政諸章奏終不發帝有疾數月會皇后崩從哲哭臨畢請至榻前起居召見弘德殿跪語良久因請補閣臣用大僚下臺諫命帝許之乃叩頭出帝素惡言官前此考選除授者率候命二三年及是候八年從哲請至數十疏竟不下帝自以海宇承平官不必備有意損之及遼左軍興又不欲矯前失行之如舊從哲獨秉國成卒無所匡救又用姚宗文閱遼東齮經畧熊廷弼去遼陽遂失論者謂明之亡神宗實基之而從哲其罪首也四十八年七月丙子朔帝不豫十有七日大漸外廷憂危從哲偕九卿臺諫詣思善門問安越二日召從哲及尚書周嘉謨李汝華黃嘉善黃克纘等受顧命又二日乃崩八月丙午朔光宗嗣位鄭貴妃以前福王故懼帝銜之進珠玉及侍姬八人啖帝選侍李氏最得帝寵貴妃因請立選侍爲皇后選侍亦爲貴妃求封太后帝已於乙卯得疾丁巳力疾御門命從哲封貴妃爲皇太后從哲遽以命

禮部侍郎孫如游力爭事乃止辛酉帝不視朝從哲偕廷臣詣宮門問安時都下紛言中官崔文昇進洩藥帝由此委頓而帝傳諭有頭目眩暈身體軟弱不能動履語羣情益疑駭給事中楊漣劾文昇并及從哲刑部主事孫朝肅徐儀世御史鄭宗周並上書從哲請保護聖體速建儲貳從哲候安因言進藥宜愼帝褒答之戊辰新閣臣劉一燝韓爌入直帝疾已殆辛未召從哲一燝爌英國公張惟賢吏部尚書周嘉謨戶部尚書李汝華禮部侍郎署部事孫如游刑部尚書黃克纘左都御史張問達給事中范濟世楊漣御史顧慥等至乾清宮帝御東煖閣憑几皇長子皇五子等皆侍帝命諸臣前從哲等因請愼醫藥帝曰十餘日不進矣遂諭冊封選侍爲皇貴妃甲戌復召諸臣諭冊封事從哲等請速建儲貳帝顧皇長子曰卿等其輔爲堯舜又語及壽宮從哲等以先帝山陵對帝自指曰朕壽宮也諸臣皆泣帝復問有鴻臚官進藥者安在從哲曰鴻臚寺丞李可灼自云仙方臣等未敢信帝命宣可灼至趣和藥進所謂紅丸者也帝服訖稱忠臣者再諸臣出竢宮門外頃之中使傳上體平善日晡可灼出言復進一丸從哲等問狀曰平善如前明日九月乙亥朔卯刻帝崩中外皆恨可灼甚而從哲擬遺旨賚可灼銀幣時李選侍居乾清宮羣臣入臨諸閹閉宮門不許入劉一燝楊漣力拄之得哭臨如禮擁皇長子出居慈慶宮從哲委蛇而已初鄭貴妃居乾清宮侍神宗疾光宗卽位猶未遷尚書嘉謨責貴妃從子養性乃遷慈寧宮及光宗崩而李選侍居乾清宮給事中漣及御史左光斗念選侍嘗邀封后非可令居乾清以冲主付託也於是議移宮爭數日不決從哲欲徐之至登極前一日一燝爌邀從哲立宮門請選侍乃移噦鸞宮明日庚辰熹宗卽位先是御史王安舜劾從哲輕薦狂醫又賞之以自掩從哲擬太子令旨罰可灼俸一年御史鄭宗周劾文昇罪請下法司從哲擬令司禮察處及御史郭如楚馮三元焦源溥給事中魏應嘉太常卿曹珖光祿少卿高攀龍主事呂維祺先後上疏言可灼罪不容誅從哲庇之國法安在而給事中惠世揚直糾從哲十罪三可殺言從哲獨相七年妨賢病國罪一驕蹇無禮失悞哭臨罪二梃擊青宮庇護奸黨罪三恣行胸臆破壞絲綸罪四縱子殺人蔑視憲典罪五阻抑言官蔽塞耳目罪六陷城失律寬議撫臣罪七馬上催戰覆沒全師罪八徇私罔上鼎鉉貽羞罪九代營榷稅蠹國殃民罪十貴妃求封后舉朝力爭從哲依違兩可當誅者一李選侍乃鄭氏私人抗凌聖母飲恨而沒從哲受劉遜李進忠所盜美珠欲封選侍爲貴妃又聽其久據乾清當誅者二崔文昇用洩藥傷損先帝諸臣論之從哲擬脫罪李可灼進劫藥從哲擬賞賚當誅者三疏入責世揚輕詆從哲累求去皆慰留已而張潑袁化中王允成等連劾之皆不聽其冬給事中程註復劾之從哲力求去疏六上命進中極殿大學士賚銀幣蟒衣遣行人護歸天啓二年四月禮部尚書孫愼行追論可灼進紅丸斥從哲爲弒逆詔廷臣議都御史鄒元標主愼行疏從哲疏辨自請削官階投四裔帝慰諭之給事中魏大中以九卿議久稽趣之上廷臣多主愼行罪從哲惟刑部尚書黃克纘御史王志道徐景濂給事中汪慶百右從哲而詹事公鼐持兩端時大學士爌述進藥始末爲從哲解於是吏部尚書張問達會戶部尚書汪應蛟合奏言進藥始末臣等共聞見輔臣視皇考疾急迫倉皇弒逆二字何忍言但可灼非醫官且非知脉知醫者以藥嘗試先帝龍馭卽上昇從哲與臣等九卿未能止均有罪乃反賚可灼及御史安舜有言止令養病去罰太輕何以慰皇考服中外宜如從哲請削其官階爲法任咎至可灼罪不可勝誅而文昇當皇考哀感傷寒時進大黃凉藥罪又在可灼上法皆宜顯僇以洩公憤議上可灼遣戍文昇放南京而從哲不罪無何愼行引疾去五年魏忠賢輯梃擊紅丸移宮三事爲三朝要典以傾正人遂免可灼戍命文昇督漕運其黨徐大化請起從哲從哲不出然一時請誅從哲者貶殺畧盡矣崇禎元年二月從哲卒贈太傅謚文端三月下文昇獄戍南京

沈漼字銘縝烏程人父節甫字以安嘉靖三十八年進士授禮部儀制主事歷祠祭郎中詔建祠禁內令黃冠祝釐節甫持不可尚書高拱恚甚遂移疾歸起光祿丞會拱掌吏部復移疾避之萬曆初屢遷至南京刑部右侍郎召爲工部左侍郎攝部事御史高舉言節甫素負難進之節不宜一歲三遷吏部以節甫有物望絀其議節甫連上疏請省浮費核虛冒止興作減江浙織造停江西瓷器帝爲稍減織造數中官傳奉節甫持不可且上疏言之又嘗獻治河之策語鑿鑿可用父憂歸卒贈右副都御史天啓初漼方柄用得賜謚端清漼與弟演同登萬曆二十年進士漼改庶吉士授檢討累官南京禮部侍郎掌部事西洋人利瑪竇入貢因居南京與其徒王豐肅等倡天主敎士大夫多宗之漼奏陪京都會不宜令異敎處此議者韙其言然漼素乏時譽與大學士從哲同里閈相善也神宗末從哲獨當國請補閣臣詔會推亓詩敎等緣從哲意擯何宗彥劉一燝輩獨以漼及史繼偕名上帝遂用之或曰由從哲薦也疏未發明年神宗崩光宗立乃召漼爲禮部尚書兼東閣大學士未至光宗復崩天啓元年六月漼始至故事詞臣敎習內書堂所敎內豎執弟子禮李進忠劉朝皆漼弟子李進忠者魏忠賢始名也漼旣至密結二人乃奏言遼左用兵亟臣謹於東陽義烏諸邑及揚州淮安募材官勇士二百餘請以勇士隷錦衣衞而量授材官職進忠朝方舉內操得漼奏大喜詔錦衣官訓練募士授材官王應斗等遊擊以下官有差漼又奏募兵後至者復二百餘人請發遼東四川軍前詔從之尋加太子太保進文淵閣再進少保兼太子太保戶部尚書武英殿大學士禁中內操日盛駙馬都尉王昺亦奉詔募兵願得帷幄重臣主其事廷臣皆言漼與朝陰相結於是給事中惠世揚周朝瑞等劾漼陽託募兵陰藉通內劉朝內操漼使門客誘之王昺疏疑出漼教閹人戚畹姦輔內外弄兵長安片土成戰場矣漼疏辨因請疾求罷帝慰留之世揚等遂盡發漼通內狀刑部尚書王紀再疏劾漼比之蔡京漼亦劾紀保護熊廷弼佟卜年劉一爌等詔兩解之未幾紀以卜年獄削籍議者益側目漼大學士葉向高言紀漼交攻均失大臣體今以讞獄斥紀如公論何朱國祚至以去就爭帝皆弗聽漼不自安乃力求去命乘傳歸逾年卒贈太保謚文定漼弟演由工部主事歷官南京刑部尚書

贊曰神宗之朝於時爲豫於象爲蠱時行諸人有鳴豫之凶而無幹蠱之畧外畏清議內固恩寵依阿自守掩飾取名弼諧無聞循默避事書曰股肱惰哉萬事墮哉此孔子所爲致歎於焉用彼相也

明史卷二百十九　列傳第一百七

總裁官總理事務　經筵講官少保兼太子太保保和殿大學士兼管吏部戶部尚書事加六級張廷玉等奉

敕修

張四維子泰徵甲徵　馬自強子怡慥

許國　趙志皋

張位　朱賡子敬循

張四維字子維蒲州人嘉靖三十二年進士改庶吉士授編修隆慶初進右中允直經筵尋遷左諭德四維倜儻有才智明習時事楊博王崇古久歷邊陲善談兵四維博同里而崇古姊子也以故亦習知邊務高拱深器之拱掌吏部超擢翰林學士甫兩月拜吏部右侍郎俺答封貢議起朝右持不決四維爲交關於拱款事遂成拱益才四維四維亦干進不已朝士頗有疾之者御史郜永春視鹽河東言鹽法之壞由勢要橫行大商專利指四維崇古爲勢要四維父崇古弟爲大商四維奏辨因乞去拱力護之溫詔慰留焉初趙貞吉去位拱欲援四維入閣而殷士儋貪緣得之諸人遂相搆及御史趙應龍劾士儋士儋未去言路復有劾四維者四維已進左侍郎不得已引去無何士儋亦去東宮出閣召四維充侍班官給事中曹大埜言四維賄拱得召四維馳疏辨求罷帝不許趣入朝未至而穆宗崩拱罷政張居正當國復移疾歸四維家素封歲時餽問居正不絕武清伯李偉慈聖太后父也故籍山西四維結爲援萬曆二年復召掌詹事府明年三月居正請增置閣臣引薦四維馮保亦與善遂以禮部尚書兼東閣大學士入贊機務當是時政事一決居正居正無所推讓視同列蔑如也四維由居正進謹事之不敢相可否隨其後拜賜進官而已居正卒四維始當國累加至少師吏部尚書中極殿大學士初四維曲事居正積不能堪擬旨不盡如居正意居正亦漸惡之旣得政知中外積苦居正欲大收人心會皇子生頒詔天下疏言今法紀修明海宇寧謐足稱治平而文武諸臣不達朝廷勵精本意務爲促急煩碎致徵斂無藝政令乖舛中外囂然喪其樂生之心誠宜及此大慶蕩滌煩苛弘敷惠澤俾四海烝黎咸戴帝德此固人心培國脉之要術也帝嘉納之自是朝政稍變言路亦發舒詆居正時事於是居正黨大懼王篆曾省吾輩厚結申時行以爲助而馮保欲因兩宮徽號封已爲伯惡四維持之篆省吾知之厚賄保數短四維而使所善御史曹一夔劾吏部尚書王國光媚四維拔其中表弟王謙爲吏部主事時行遂擬旨罷國光並謫謙四維以帝慰留復起視事命甫下御史張問達復劾四維四維窘求保心腹徐爵張大受賄保保意稍解時行乃諷問達於外以安四維四維以時行與謀也辛銜之已而中官張誠譖保保眷大衰四維乃授意門生李植輩發保奸狀保及篆省吾皆逐朝事一大變於是四維稍汲引海內正人爲居正所沉抑者雖未卽盡登用然力反前事時望頗屬焉雲南貢金後期帝欲罪守土官又詔取雲南舊貯礦銀二十萬皆以四維言而止尋以父喪歸服將闋卒贈太師謚文毅子泰徵甲徵皆四維柄政時舉進士泰徵累官湖廣參政甲徵工部郎

中

馬自強字體乾同州人嘉靖三十二年進士改庶吉士授檢討隆慶中歷洗馬直經筵遷國子祭酒振飭學政請寄不行遷少詹事兼侍讀學士掌翰林院神宗爲皇太子出閣充講官敷陳明切遂受眷及卽位自強已遷詹事教習庶吉士乃擢禮部右侍郎爲日講官尋以左侍郎掌詹事府直講如故丁繼母憂歸服闋詔以故官協理詹事府至則遷吏部左侍郎仍直經筵甫兩月廷推禮部尚書帝遣使詢居正尚書得兼講官否居正言事繁不得兼乃用爲尚書罷日講充經筵講官禮官所掌宗藩事最多先後條例自相牴牾黠吏得恣爲奸利自強擇其當者俾僚吏遵守諸不可用者悉屏之每藩府疏至應時裁決榜之部門明示行止吏無所牟利龍虎山正一眞人隆慶時已降爲提點奪印敕至是張國祥求復故號自強寢其奏國祥乃重賄馮保固求復自強力持不可卒以中旨許之初俺答通貢市賞有定額後邊臣徇其求額漸溢自強請申故約濫乞者勿與歲省費不貲世宗實錄成加太子少保六年三月居正將歸葬父念閣臣在鄉里者高拱與已有深隙殷士儋多與援或乘間以出惟徐階老易與擬薦之自代已遣使報階既念階前輩已還當位其下乃請增置閣臣帝卽令居正推擇遂以人望薦自強及所厚申時行詔加自強太子太保兼文淵閣大學士與時行並參機務自強初以救吳中行趙用賢忤居正自分不敢望及制下入更以是多居正時呂調陽張四維先在閣調陽衰數寢疾不出小事四維代擬旨大事則馳報居正於江陵聽其裁決自強雖持正亦不能有爲守位而已居正還朝調陽謝政自強亦得疾卒詔贈少保謚文莊遣行人護喪還子怡舉人終參議慥進士尚寶卿關中人入閣者自自強始其後薛國觀繼之終明世惟二人

許國字維楨歙縣人舉鄉試第一登嘉靖四十四年進士改庶吉士授檢討神宗爲太子出閣兼校書及卽位進右贊善充日講官歷禮部左右侍郎改吏部掌詹事府十一年四月以禮部尚書兼東閣大學士入參機務國與首輔申時行善以丁此呂事與言者相攻語侵吳中行趙用賢由是物議沸然已而御史陳性學復摭前事劾國時行右國請薄罰性學國再疏求去力攻言者帝命鴻臚宣諭始起視事南京給事中伍可受復劾國帝爲譴可受官國復三疏乞休語憤激帝不允性學旋出爲廣東僉事先是帝考卜壽宮加國太子太保改文淵閣以雲南功進太子太傅國以父母未葬乞歸襄事帝不允命其子代御史馬象乾以劾中官張鯨獲罪國懇救帝爲霽威受之十七年進士薛敷敎劾吳時來南京御史王麟趾黃仁榮疏論臺規辭皆侵國國憤連疏力詆并及主事饒伸伸方攻大學士王錫爵公議益不直國國性木強遇事輒發數與言者爲難無大臣度以故士論不附明年秋火落赤犯臨洮鞏昌西陲震動帝召對輔臣暖閣時行言款貢足恃國謂渝盟犯順桀驁已極宜一大創之不可復羈縻帝心然國言而時行爲政不能奪無何給事中任讓論國庸鄙國疏辨帝奪讓俸國時行初無嫌而時行適爲國門生萬國欽所論讓則時行門生也故爲其師報復云福建守臣報日本結琉球入寇國因言今四裔交犯而中外小臣爭務攻擊致大臣紛紛求去誰復爲國家任事者請申諭諸臣各修職業毋恣胸臆帝遂下詔嚴禁國始終忿疾言者如此廷臣爭請冊立得旨二十年春舉行十九年秋工部郎張有德以儀注請帝怒奪俸時行適在告國與王家屏慮事中變欲因而就之引前旨力請帝果不悅責大臣不當與小臣比國不自安遂求去疏五上乃賜敕馳傳歸踰一月時行亦罷而冊立竟停人謂時行以論劾去國以爭執去爲二相優劣焉國在閣九年廉愼自守故累遭攻擊不能被以汙名卒贈太保謚文穆

趙志皋字汝邁蘭谿人隆慶二年進士及第授編修萬曆初進侍讀張居正奪情將廷杖吳中行趙用賢志皋偕張位習孔敎等疏救格不上則請以中行等疏宣付史館居正恚會星變考察京朝官遂出志皋爲廣東副使居三年再以京察謫其官居正歿言者交薦起解州同知旋改南京太僕丞歷國子監司業祭酒再遷吏部右侍郎並在南京尋召爲吏部左侍郎十九年秋申時行謝政薦志皋及張位自代遂進禮部尚書兼東閣大學士入參機務明年春王家屏罷王錫爵召未至志皋暫居首輔會寧夏變起兵事多所咨決主事岳元聲疏論錫爵中言當事者變亂傾危爲主事諸壽賢給事中許弘綱所駁志皋再辨帝皆不問二十一年錫爵還朝明年五月遂歸志皋始當國遼東失事詔褫巡撫韓取善職逮副使馮時泰詔獄而總兵官楊紹勳止下御史問給事中吳文梓等論其失平志皋亦言封疆被寇武臣罪也今寬紹勳而深罪文吏武臣益恣文吏益喪氣帝不從時泰竟謫戍皇太后誕辰帝受賀畢召見輔臣暖閣志皋論宥御史彭應參言官乞減織造志皋等因合詞請尋極論章奏留中之弊請盡付諸曹議行帝惡中官張誠黨霍文炳以言官不舉發貶黜者三十餘人志皋等連疏諫皆不納累進少傅加太子太傅改建極殿時兩宮災彗星見日食九分有奇三殿又災連歲間變異迭出志皋請下罪己詔因累疏陳時政缺失而其大者定國本罷礦稅諸事凡十一條優詔報聞而已皇長子年十六時志皋嘗請舉冠婚禮帝命禮官具儀及儀上不果行二十六年三月志皋等復以爲言終不允張居正柄國權震主申時行繼之勢猶盛王錫爵性剛負氣人亦畏之志皋爲首輔年七十餘耄矣柔而懦爲朝士所輕詬誶四起其始爲首輔也值西華門災御史趙文炳論之無何南京御史柳佐給事中章守誠言吏部郎顧憲成等空司而逐志皋實激帝怒已而給事中張濤楊洵御史冀體況上進南京評事龍起雷相繼披詆而巡按御史吳崇禮劾其子兩淮運副鳳威鳳威坐停俸未幾工部郎中岳元聲極言志皋宜放給事中劉道亨詆尤力志皋憤言同一閣臣也往日勢重而權有所歸則相率附之以媒進今日勢輕而權有所分則相率擊之以博名因求退益切帝慰諭之初日本封貢議起石星力主之志皋亦冀無事相與應和及封事敗議者蜂起凡劾星者必及志皋志皋每被言輒疏辨求退帝悉勉留先嘗譴言者以謝之後言者益衆則多寢不下而留志皋益堅迨封事大壞星坐欺罔下獄論死位亦以楊鎬故褫官而志皋終不問然志皋已病不能視事乞休疏累上御史于永淸給事中桂有根復疏論之志皋身在牀蓐於罷礦建儲諸大政數力疾草疏爭帝歲時恩賜亦如故志皋疾轉篤在告四年疏八十餘上二十九年秋卒於邸舍贈太傅謚文懿

張位字明成新建人隆慶二年進士改庶吉士授編修預修世宗實錄萬曆元年位以前代皆有起居注而本朝獨無疏言臣備員纂修竊見先朝政事自非出於詔令形諸章疏悉湮沒無攷鴻猷茂烈鬱而未章徒使野史流傳用僞亂眞今史官充位無以自効宜日分數人入直凡詔旨起居朝端政務皆撮見聞書之待內閣裁定爲他年實錄之助張居正善其議奏行焉後以救吳中行趙用賢忤居正意時已遷侍講抑授南京司業未行復以京察謫徐州同知居正卒之明年用給事中馮景隆御史孫惟成薦擢南京尚寶丞俄召爲左中允管司業事進祭酒疏陳六事多議行以禮部右侍郎敎習庶吉士引疾歸詔起故官協理詹事府辭不赴久之以申時行薦拜吏部左侍郎兼東閣大學士與趙志皋並命王錫爵還朝帝適降諭三王並封以待嫡爲辭而志皋位遽請帝篤修交泰早兆高禖議者竊哂之趙南星以考察事褫官朝士詆錫爵者多及位錫爵去志皋爲首輔位與志皋相厚善志皋衰位精悍敢任政事多所裁決時黜陟權盡還吏部政府不得侵撓位深憾之事多掣其肘以故孫鑨陳有年孫丕揚蔡國珍皆不安其位而去二十四年兩宮災礦稅議起位等不能沮及奸人請稅煤炭開臨淸皇店位與沈一貫乃執奏不可不報明年春偕一貫陳經理朝鮮事宜請於開城平壤建置重鎭練兵屯田通商惠工省中國輸輓且擇人爲長帥分署朝鮮八道爲持久計事下朝鮮議其國君臣慮中國遂幷其土疏陳非便乃寢頃之日本封事壞位力薦參政楊鎬才請付以朝鮮軍務鎬遭父喪又請奪情視事且薦邢玠爲總督帝皆從之位已進禮部尚書改文淵閣以甘肅破賊敘功加太子太保復以延鎭功進少保吏部尚書改武英殿三殿災志皋適在告位偕同列請面慰不許乃請帝引咎頒赦勤朝講發章奏躬郊廟建皇儲錄廢棄容狂直宥細過補缺官減織造停礦使徹稅監釋繫囚帝優詔報之不能盡行位又言臣等請停礦稅非遽停之也蓋欲責成撫按使上不虧國下不累民耳於是給事中張正學劾位逢迎遷就宜斥帝亦不省位初官翰林聲望甚重朝士冀其大用及入政府招權示威素望漸衰給事中劉道亨劾位奸貪數十事位憤力辨遂落道亨三官呂坤張養蒙與孫丕揚交好而沈思孝徐作劉應秋劉楚先戴士衡楊廷蘭則與位善各有所左右丕揚嘗劾位指道亨爲其黨道亨恥之劾位以自解已而贊畫主事丁應泰劾楊鎬喪師言位與鎬密書往來朋黨欺罔鎬拔擢由賄位得之帝怒下廷議位惶恐奏辨帝猶慰留給事中趙完璧徐觀瀾復交章論位窘亟奏羣言交攻孤忠可憫臣心無纖毫愧惟上矜察帝怒曰鎬由卿密揭屢薦故奪哀授任今乃朋欺隱匿辱國損威猶云無愧遂奪職閒住無何有獲妖書名憂危竑議者御史趙之翰言位實主謀帝亦疑位怨望有他志詔除名爲民遇赦不宥其親故右都御史徐作侍郎劉楚先祭酒劉應秋給事中楊廷蘭主事萬建崑皆貶黜有差位有才果於自用任氣好矜其敗也廷臣莫之救既卒亦無湔雪之者天啟中復官贈太保謚文莊

朱賡字少欽浙江山陰人父公節泰州知州兄應刑部

主事廣登隆慶二年進士改庶吉士授編修萬曆六年以侍讀爲日講官宮中方興土木治苑囿廣因講宋史極言花石綱之害帝爲悚然歷禮部左右侍郎帝營壽宮於大峪山命廣往視中官示帝意欲倣永陵制廣言昭陵在望制過之非所安疏入久不下已竟如其言累官禮部尚書遭繼母喪去二十九年秋趙志皐卒沈一貫獨當國請增置閣臣帝素慮大臣植黨欲用林居及久廢者詔廣以故官兼東閣大學士參預機務遣行人召之再辭不允明年四月詣闕即捐一歲俸助殿工其秋極陳礦稅之害帝不能用既而與一貫及沈鯉共獻守成遺使榷宜三論大指爲礦稅發廣手筆也廣於己邸門獲妖書而書辭誣廣動搖國本大懼立以疏聞乞避位帝慰諭有加一貫倡羣小窮治不已廣在告再貽書一貫請速具獄無株連事乃得解三十三年大計京官帝留被察者錢夢皐輩及南京察疏上亦欲有所留廣力陳不可曰北察之留旨從中出人猶咎臣等今若出自票擬則二百餘年大典自臣壞之死不敢奉詔言官劾溫純及鯉中使傳帝意欲去純廣言大臣去國必採公論豈可於劾疏報允帝下南察疏而純竟去其冬工部請營三殿時方濬河繕城廣力請俟之異日帝皆納之不果行三十四年一貫鯉去位廣獨當國年七十有二矣朝政日弛中外解體廣疏揭月數上十不能一下御史宋燾首諷切廣給事中汪若霖繼之廣緣二人言力請帝更新庶政於增閣臣補大寮充言路三事語尤切帝優詔答之而不行廣乃素服詣文華門懇請終不得命廣以老屢引疾閣中空無人帝諭簡閣臣而廷臣慮帝出中旨如往年趙志皐張位故事廣力疾請付廷推乃用于愼行李廷機葉向高而召王錫爵於家以爲首輔給事中王元翰胡忻以廷機之用廣實主之疏詆廷機並侵廣廣疏辯帝爲切責言者既而姜士昌及燾被謫言路謂出廣意益不平禮部主事鄭振先遂劾廣十二大罪且言廣與一貫錫爵爲過去見在未來三身帝怒貶振先三秩俄以言官論救再貶二秩先考選科道吏部擬上七十八人候命踰年不下廣連疏趣之三十六年秋命始下諸人列言路方欲見風采而給事中若霖先嘗忤廣及是見黜適當廣病起入直時衆謂廣修郤攻訐四起先後疏論至五十餘人給事中喻安性者廣里人爲廣上疏言今日政權不由內閣盡移於司禮言者遂交章劾安性復侵廣是時廣已寢疾乞休疏二十餘上言者慮其復起攻不已而廣以十一月卒於官遺疏陳時政語極悲切廣先加少保兼太子太保進吏部尚書文華殿大學士及卒贈太保謚文懿御史彭端吾復疏詆廣給事中胡忻請停其贈謚帝不聽廣醇謹無大過與沈一貫同鄉相比暱給事中陳治則姚文蔚等以故蒙詬病云子敬循官禮部郎中改稽勳前此無正郎改吏部者自敬循始終右通政

贊曰四維等當軸處中頗滋物議其時言路勢張恣爲抨擊是非瞀亂賢否混淆羣相敵仇罔顧國是詬誶日積又烏足爲定論乎然謂光明磊落有大臣之節則斯人亦不能無愧辭焉

明史卷二百二十　列傳第一百八

總裁官總理事務經筵講官少保兼太子太保保和殿大學士兼管吏部尚書事加六級臣張廷玉等奉
敕修

萬士和　王之誥 劉一儒
吳百朋　劉應節 徐栻
王遴　畢鏘
舒化　李世達
曾同亨 弟乾亨　辛自修
溫純　趙世卿
李汝華

萬士和字思節宜興人父吉桐廬訓導有學術士和成嘉靖二十年進士改庶吉士授禮部主事父喪除乞便養母改南京兵部累遷江西僉事歲裁上供瓷器千計遷貴州提學副使進湖廣參政撫納叛苗二十八砦以功賚銀幣三殿工興採木使者旁午士和經畫備至民賴以安遷江西按察使之官踰期劾免起山東按察使再遷廣東左布政使政事故專決於左士和曰朝廷設二使如左右手非有軒輊乃約右使分日治事召拜應天府尹道遷右副都御史督南京糧儲奏請便民六事隆慶初進戶部右侍郎總督倉場尋改禮部進左引疾歸神宗立起南京禮部侍郎署國子監事萬曆元年禮部尚書陸樹聲去位張居正用樹聲言召士和代之條上崇儉數事又以災祲屢見奏乞杜倖門容戇直汰冗員抑干請多犯時忌俺答及所部貢馬邊臣請加官賞士和言賞賚有成額毋徇邊臣額外請從之方士倚馮保求官士和持不可成國公朱希忠歿居正許贈王士和力爭給事中余懋學言事得罪士和言直臣不當斥於是積忤居正給事中朱南雍承風劾之遂謝病去居正歿起南京禮部尚書再疏引年不赴卒年七十一贈太子少保謚文恭

王之誥字告若石首人嘉靖二十三年進士授吉水知縣遷戶部主事改兵部員外郎出爲河南僉事討師尚詔有功轉參議調大同兵備副使以擣板升功增俸一級進山西右參政擢右僉都御史巡撫遼東大興屯田每營墾田百五十頃役軍四百人列上便宜八事行之召爲兵部右侍郎尋以左侍郎總督宣大山西軍務隆慶元年就進右都御史俺答犯石州之誥令山西總兵官申維岳參將劉寶尤月黑雲龍四營兵尾之南下而檄大同總兵官孫吳山西副總兵田世威等出天門關遏其東歸巡撫王繼洛駐代州不出維岳不敢前石州遂陷殺人數萬所過無孑遺大掠十有四日而去事聞維岳世威寶論死繼洛戍邊吳落職之誥以還守南山止貶二秩明年詔之誥以左侍郎巡視薊遼保定宣大山西侍郎劉燾巡陝西延綏寧夏甘肅之誥以疾辭代以冀練已復因給事中張鹵言皆罷不遣三年起督京營進右都御史總督陝西三邊軍務以延寧將士擣巢功予一子官遷南京兵部尚書神宗嗣位召拜刑部尚書張居正專政之誥與有連每規切之萬曆三年乞假送母歸踰時不至被劾會之誥亦奏請終養遂報許後居正喪父奪情杖言者闕下歸葬還闕之誥以召還直臣收人心爲勸卒贈太子太保謚端襄時有夷陵劉一儒者字孟眞亦居正姻也嘉靖三十八年進士屢官刑部侍郎居正當國嘗貽書規之居正歿親黨皆坐斥一儒獨以高潔名尋拜南京工部尚書甫半歲移疾歸初居正女歸一儒子珠琲紈綺盈箱篋一儒悉扃之別室居正死貲產盡入官一儒乃發向所緘物還之南京御史李一陽請還一儒於朝以厲恬讓帝可其奏一儒竟不赴召卒於家天啓中追謚莊介

吳百朋字維錫義烏人嘉靖二十六年進士授永豐知縣徵拜御史歷按淮揚湖廣擢大理寺丞進右少卿四十二年夏進右僉都御史撫治鄖陽改提督軍務巡撫南贛汀漳與兩廣提督吳桂芳討平河源賊李亞元程鄉賊葉丹樓又會師破倭海豐初廣東大埔民藍松山余大眷倡亂流劫漳延興泉間官軍擊敗之奔永春與香寮盜蘇阿普范繼祖連兵犯德安爲都指揮耿宗元所敗僞請撫百朋亦陽罷兵而誘賊黨爲內應先後悉禽之惟三巢未下三巢者和平李文彪據岑岡龍南謝允樟據高沙賴清規據下歷朝廷以倭患棘不討且十年文彪死子珍及江月照繼之益猖獗四十四年秋百朋進右副都御史巡撫如故上疏曰三巢僭號稱王旋撫旋叛廣東和平龍川興寧江西龍南信豐安遠蠶食過半不亟討禍不可言三巢中惟清規跨江廣六縣最逆命用兵必自下歷始帝采部議從之百朋乃命守備蔡汝蘭討禽清規於苦竹嶂羣賊震懾隆慶初吏部以百朋積苦兵間稍遷大理卿給事中歐陽一敬等請留百朋勦賊詔進兵部右侍郎兼右僉都御史巡撫如故百朋奏春夏用兵妨耕作宜且聽撫帝從之尋擢南京兵部右侍郎乞終養不許改刑部右侍郎父喪歸起改兵部萬曆初奉命閱視宣大山西三鎭百朋以糧餉險隘兵馬器械屯田鹽法番馬逆黨八事核邊臣督撫王崇古吳兌總兵郭琥以下陞賞黜革有差又進邊圖凡關塞險隘番族部落士馬强弱亭障遠近歷歷如指掌以省母歸起南京右都御史召拜刑部尚書踰年卒

劉應節字子和濰人嘉靖二十六年進士授戶部主事歷井陘兵備副使兼轄三關三關屬井陘道自此始四十三年以山西右參政擢右僉都御史巡撫遼東母喪歸隆慶元年起撫河南俺答寇石州山西騷動詔應節赴援已寇退會順天巡撫耿隨卿坐殺平民充首功逮治改應節代之建議永平西門抵海口距天津止五百里可通漕請募民習海道者赴天津領運同運官出海達永平部議以漕卒冒險不便發山東河南粟十萬石儲天津令永平官民自運焉四年秋進右副都御史巡撫如故旋進兵部右侍郎兼右僉都御史代譚綸總督薊遼保定軍務奏罷永平密雲霸州采礦又因御史傅孟春言議諸鎭積貯當計歲豐歉常時以折色便軍可以積粟凶歲以本色濟荒可以積銀又明年建議通漕密雲上疏曰密雲環控潮白二水天設之以便漕者也向二水分流至牛欄山始合通州運艘至牛欄山以上陸運至龍慶倉輸輓甚苦今白水徙流城西去潮水不二百武近且疏渠植壩合爲一流水深漕便舊昌平運額共十八萬石有奇今止十四萬密雲僅得十萬惟賴召商一法而地瘠民貧勢難長恃聞通倉粟多紅朽若漕五萬石於密雲而以本鎭折色三萬五千兩留給京軍則通倉無腐粟京軍沾實惠密雲免僉商一舉而三善備矣報可給事中陳渠以薊鎭多虛伍請核兵省餉應節上疏曰國初設立大寧薊門猶稱內地既大寧內徙三衞反覆一切防禦之計與宣大相埒而額兵不滿三萬倉卒召外兵疲於奔命又半孱弱於是議減客兵募土著而游食之徒饑聚飽颺請清勾逃軍而所勾皆老稚又未必安於其伍本鎭西起鎭邊東抵山海因地

制兵非三十萬不可今主客兵不過十三萬而已且宣府地方六百里額兵十五萬大同地方千餘里額兵十三萬五千今薊昌地兼二鎮而兵力獨不足援彼例此何以能守以今上計發精兵二十餘萬恢復大寧控制外邊俾畿輔肩背益厚宣遼聲援相通國有重關庭無近寇此萬年之利也如其不然集兵三十萬分屯列戍使首尾相應此百年之利也又不然則選主客兵十七萬訓練有成不必仰藉隣鎮亦目前苟安之計今皆不然徵兵如奕棋請餉如乞糴操練如摶沙教戰如談虎邊長兵寡掣襟肘見今爲不得已之計姑勾新軍補主兵舊額十一萬與入衞客兵分番休息庶軍不告勞稍定邊計部議行所司淸軍而補兵之說卒不行萬曆元年進右都御史兼兵部右侍郎總督如故進南京工部尚書召爲戎政尚書改刑部錦衣馮邦寧者太監保從子道遇不引避應節叱下之保不悅會雲南參政羅汝芳奉表至京應節出郭與談禪給事中周良寅疏論之遂偕汝芳劾罷卒贈太子少保初王宗沐建議海運應節與工部侍郎徐栻請開膠萊河張居正力主之用栻兼僉都御史以往議鑿山引泉計費百萬議者爭駁之召栻還罷其役栻常熟人累官南京工部尚書

王遴字繼津霸州人嘉靖二十六年進士除紹興推官入爲兵部主事歷員外郎峭直矜節槩不妄交同官楊繼盛劾嚴嵩及其孫效忠冒功事下部覆世蕃自爲稾以屬武選郎中周冕冕發之反得罪尚書聶豹懼趣所司以世蕃稾上遴直前爭豹怒竟覆如世蕃言繼盛論死遴爲資粥饘且以女字其子應箕嵩父子大恚摭他事下之詔獄事白復官及繼盛死收葬之遷山東僉事再遷岢嵐兵備副使有威名爲巡撫所忌劾去官民相率訟冤詔許起用四十五年擢右僉都御史巡撫延綏寇大入定邊固原總兵官郭江戰歿總督陳其學陝西巡撫戴才坐免遴貶俸一秩隆慶改元寇六入塞皆失利去而御史溫如玉論遴不已解官候勘後御史楊鈐勘上其功遂以故官巡撫宣府總兵官馬芳驍勇寇不敢深入遴乃大興屯田邊儲賴之秩滿進右副都御史尋召拜兵部右侍郎省親歸起協理戎政神宗立張居正秉政遴其同年生然雅不相能會議閱邊遴請行命往陝西四鎮峻絕饋遺事竣遂移疾歸居正歿始起南京工部尚書尋改兵部參贊機務守備中官邱得用濫役營軍遴奏禁之因奏行計安留都十二事召拜戶部尚書先奉詔蠲除及織造議留共銀百七十六萬餘兩命於太倉庫補進遴言陛下歷十餘年之儲積僅三百餘萬今因一載蠲除即收補於庫計十餘年之積不足償二年取補之資矧金花額進歲當百萬自六年以後增進二十萬今合六年計之不啻百萬矣庫積非源泉歲進不已後將何繼因言京通二倉糧積八百萬石足供九年之需請量改折百五十萬石三年而止詔許一年時尚寶丞徐貞明御史徐待開京東水田遴力贊之議遂決故事戶部銀專供軍國不給他用帝大婚暫取濟邊銀九萬兩爲織造費至是復欲行之遴執爭未幾詔取金四千兩爲慈寧宮用遴又力持皆不納已陳理財七事請崇節儉重農務督逋負懲貪墨廣儲蓄飭貢市帝報曰事關朕躬者已知之餘飭所司議行時釋敎大盛遴請汰其壯者歸農聚衆修齋者坐左道罪禮部尚書沈鯉請如遴言詔已許后妃宦官多言不便事中止改兵部尚書遼東總兵官李成梁賂遺徧輦轂不敢至遴門遴在戶部頻執爭已爲中官所嫉會帝閱壽宮中官持御批索馬遴以爲題本當鈐印司禮傳奉由科發部無徑下部者援故事執奏帝不悅大學士申時行嘗以管事指揮羅秀屬遴補錦衣僉書遴格不許時行乃調旨責遴擅留御批失敬上體御史因交章劾遴遴乞休去張佳允代之給事中張養蒙言羅秀本太監滕祥奴賄入禁衞往歲營僉書尚書遴持正爲所中傷去未幾秀即躐用物議沸騰於是黜秀佳允亦罷遴雖退聲望愈重以年高存問者再三三十六年卒贈太子太保天啓中追諡恭肅

畢鏘字廷鳴石埭人嘉靖三十二年進士授刑部主事歷郎中擢浙江提學副使遷廣西右參政進按察使再遷湖廣左布政使召爲太僕卿未至改應天尹海瑞撫江南移檄京府等於屬吏鏘卻不受瑞察鏘政更與善進南京戶部右侍郎督理糧儲萬曆二年入爲刑部右侍郎改戶部總督倉場擢南京戶部尚書謝病去起南京工部尚書就改吏部徵爲戶部尚書帝以風霾諭所司陳時政鏘以九事上中言錦衣旗校至萬七千四百餘人內府諸監局匠役數亦稱是此冗食之尤宜屛除冒濫州縣丈田滋弊雲南鼓鑄不酬工直官已裁而復置田欲墾而再停請酌士俗人情毋率意更改至袍服錦綺歲有積餘何煩頻織天燈費鉅萬尤不經濫予不可不裁淫巧不可不革他所奏並多切要近倖從中撓之不盡行鏘乃引年乞罷予馳驛歸鏘遇事守正有物望年及八十賜存問加太子少保後凡存問者再其孫汝楩奉表入謝詔以爲太學生年九十三而卒贈太子太保諡恭介

舒化字汝德臨川人嘉靖三十八年進士授衡州推官改補鳳陽擢戶科給事中隆慶初三遷刑科給事中帝任宦官旨多從中下化言法者天下之公大小罪犯宜悉付法司不當則臣等論劾若竟自敕行則喜怒未必當而法司與臣等俱虛設詔是其言冬至郊天聞帝咳聲推論陰陽姤復之漸請法天養微陽詞甚切直有詔言災眚洊至由部院政事不修令廠衞密察化偕同列言廠衞徼巡輦下惟詰奸宄禁盜賊耳駕馭百官乃天子權而糾察非法則責在臺諫豈廠衞所得干今命之刺訪將必開羅織之門逞機阱之術禍貽善類使人人重足累息何以爲治且廠衞非能自廉察必屬之番校陛下不信大臣反信若屬耶御史劉思賢等亦極陳其害帝並不從已而事竟寢校尉負屍出北安門兵馬指揮孫承芳見之疑有奸繫獄鞫訊詞連內官李陽春陽春懼訴於帝言尉所負非死者出外乃死承芳妄生事刑校尉帝信之杖承芳六十斥爲民化請以陽春所奏下法司勘問不納四年熟審請釋纍臣鄭履淳李芳及朝審又請釋李已皆得宥時高拱當國路楷楊順以搆殺沈鍊論死拱欲爲楷地謂順首禍順死楷可勿坐化取獄牘示拱曰獄故無鍊名有之自楷始楷誠罪首拱又議宥方士王金等罪化言此遺詔意即欲勿罪宜何辭忤拱出爲陝西參政再疏致仕歸萬曆初累擢太僕少卿復以疾歸由南京大理卿召拜刑部左侍郎雲南緬賊平帝御午門樓受俘化讀奏詞音吐洪亮進止有儀帝目屬之會刑部缺尚書手詔用化化言陛下仁心出天性知府錢若賡知州方復乾以殘酷死戍請飭大小臣僚各遵律例毋淫刑大明律一書高皇帝揭之兩廡手加更定今未經詳斷者或命從重擬議已經定議者又詔加等處斬是謂律不足用也去冬雨雪不時災異頻見咎當在此帝優詔答之會續修會典因輯嘉靖三十四年以後事例與刑名相關者三百八十二條奏之詔頒示中外十四年應詔陳言請信詔令淸獄訟速訊讞嚴檢驗禁寬濫而以格天安民歸本聖心帝嘉納焉帝慮羣下欺罔間有訐發輒遣官逮捕牽引証佐文案累積化言主術貴執要不當侵有司徒使人歸過於上而下反得緣以飾非潞王府小校以事爲兵馬司吏目所笞帝怒逮吏目下詔獄掠死又罪其捕卒七人化爭之詔罪爲首一人餘並獲宥明年京察拾遺南京科道論及化遂三疏乞歸帝不許會當慮囚復起視事中貴傳帝意宥重辟三十餘人化爭不可詔卒從其議尋稱病篤乃聽歸卒贈太子少保諡莊僖

李世達字子成涇陽人嘉靖三十五年進士授戶部主事改吏部歷考功文選郎中與陸光祖並爲尚書所倚隆慶初丁會祖憂起右通政歷南京太僕卿萬曆二年以右僉都御史巡撫山東尋進右副都御史總理河道未上改撫浙江旋移疾歸起督漕運兼巡撫鳳陽黃河南徙淮安告警世達請修石堤捍城寶應氾光湖風濤險惡歲漂溺請開越河殺水勢俱報可遷南京兵部右侍郎召改戶部復改吏部進左侍郎擢南京吏部尚書就改兵部參贊機務俄召爲刑部尚書中官張德毆人死世達請置於理刑科唐堯欽亦言之德遂屬吏大興知縣王階坐撻樂舞生下吏帝密遣兩校尉偵之讞日爲巡風主事孫承榮所拒校尉還奏帝怒詰世達世達言偵何非大體承榮竟奪俸東廠太監張鯨有罪言官交劾帝曲貸之世達執奏帝乃屛鯨於外駙馬都尉侯拱宸僕斃平民抵法世達請並坐拱宸乃革其任命國學肄禮罪人焦文粲法不當死帝怒入之會朝審命戶部尚書宋纁主筆世達言於纁薄文粲罪忤旨詰問復據法以對帝卒不從時帝燕居多暴怒近侍屢以非罪死世達因災異上書以諷浙江饑或請令罪人出粟除罪世達言法不可廢寧赦毋贖赦則恩出於上法猶存贖則力出於下人滋玩識者韙之改左都御史兵馬指揮何价虐死三人御史劉思瑜庇之世達劾奏帝鐫思瑜秩復劾罷御史韓介等數人帝深惡言官下詔申飭責以挾私報復世達言效忠持正者語雖過激心實無他即或心未可知而言不可廢並宜容納惟緘默依阿然後加黜罰則讜言日進邪說漸消報聞二十一年與吏部尚書孫鑨同主京察斥政府私人殆盡考功郎中趙南星被劾貶官世達力爭之反除南星等名遂求去不許其秋吏部侍郎趙用賢以絕婚事被訐世達白其無罪郎中楊應宿鄭材疏詆世達遂連章乞休去歸七年卒贈太子太保諡敏肅

曾同亨字于野吉水人父存仁雲南布政使同亨舉嘉靖三十八年進士授刑部主事改禮部遷吏部文選主事故事丞簿以下官聽胥吏銓注同亨悉躬親之與陸光祖李世達齊名隆慶初爲文選郎中薦用遺佚幾盡進太常少卿請急去萬曆初起大理少卿歷順天府尹以右副都御史巡撫貴州御史劉臺得罪張居正同亨

臺姊夫也。給事中陳三謨欲並逐之，奏同亨羸不任職，詔調南京，遂移疾歸。九年京察，拾遺給事中秦燿、御史錢岱等復希居正指列同亨名，勒休致。居正卒，起南京太常卿，召爲大理卿，遷工部右侍郎，督治壽宮，節浮費三十餘萬。由左侍郎進尚書。軍器自外輸率不中程，奏請半收其直，又請減織造之半，皆報可。汝安王妃乞橋稅，同亨拒之，帝竟如妃請。內府工匠隆慶初數至萬五千八百人，尋汰二千五百人，而中官濫增不已。同亨疏請清釐，已得旨，中官復奏寢之。給事中楊其休疏爭，弗納。同亨弟乾亨請裁宂員以裕經費，京衞諸武臣謂減已月俸也，大譁，伺同亨出朝，圍而譟之。同亨再乞休，不得請。九門工成，加太子少保，力乞去。詔乘傳歸。起南京吏部尚書，辭不拜。久之，再起故官，累辭乃就職。稅使所在虐民，同亨極諫。三十三年大計京官，與考功郎徐必達持正不撓。是年北察失執政意，中旨留給事中錢夢臯等。南察及同亨自陳疏亦久不下。同亨適給由入都，遂引疾。詔加太子太保致仕。同亨初入吏部，嚴嵩其鄉人，尚書吳鵬則父同年也，同亨無私謁。嘗止宿署舍，彌月不歸。雅與羅汝芳、耿定向善。尚書楊博痛詆僞儒，同亨曰：「此中多闇修，非可槩斥。卽使陽假名義，視呈身進取恬不知恥者，孰愈哉？」卒年七十有五。贈少保，謚恭端。

弟乾亨，字于健，從羅洪先學。登萬曆五年進士，除合肥知縣，調休寧，擢御史。給事中馬景劾李成梁被謫，乾亨以尚書張學顏右成梁也，並劾之。帝怒，黜爲海州判官。稍遷大名推官，歷光祿少卿。十八年冬，敕兼監察御史，閱視大同邊務，劾罷總兵官以下十餘人。大同士兵歲餉萬二千石，兵自徵之民，不勝擾。乾亨議留兵二百餘，盡汰之。屢奏邊備事宜，輒中機要。諸武弁之詬同亨也，大學士王家屏遺諭之曰：「天下有叛軍，寧有叛臣？若曹於禁地辱大臣，罪且死。」諸人乃散去。尚書石星言貴臣被辱，大傷國體，給事中鍾羽正亦言之，不報。家屏密揭力爭，乃奪掌後府定國公徐文璧祿半歲，而治首事者以法。乾亨尋進大理丞，遷少卿。考功郎趙南星以考察事被斥，乾亨論救，侵執政，復移書辨之。廷推巡撫者三，俱不用，遂引疾歸。未幾卒。乾亨言行不苟，與其兄並以名德稱。

辛自修，字子吉，襄城人。嘉靖三十五年進士。除海寧知縣，擢吏科給事中。奏言：「吏部銓注，遴才要矣，量地尤急。通京府屬吏以大計去者十之五，豈畿輦下獨多不肖哉？地艱而事猥也。請量地劇易以除官，量事繁簡以注考。」吏部善其言，請令撫按舉劾如自修議。巡視京營，劾典營務鎭遠侯顧寰、協理僉都御史李燧，請戒寰罷燧，從之。歷遷禮科都給事中。誠意伯劉世延不法，自修極論其奸，詔革任禁錮。隆慶元年，給事中胡應嘉言事斥，自修疏救。未幾，論奪尚書顧可學、徐可成，侍郎朱隆禧、郭文英贈謚，以可成由黃冠，文英由工匠，可學、隆禧俱以方藥進也。擢太僕少卿，引疾歸。萬曆六年，起應天府丞，再遷光祿卿。以右僉都御史巡撫保定六府，奏減均徭里甲銀六萬兩，增築雄、任邱二縣堤以禦滹沱水患。每歲防秋，巡撫移駐易州，徵所部供費，防秋已罷，徵如故，自修奏已之。入歷大理卿，兵部左右侍郎，擢南京右都御史。沈汝梁者巡視下江，用餽遺爲名，盡括所部贖鍰。自修劾奏之。帝方欲懲貪吏，乃命逮治汝梁，而召自修爲左都御史。十五年大計京官，政府欲庇私人，去異己，吏部尚書楊巍承意指惟謹。自修患之，先期上奏，請勿以愛憎爲喜怒，排抑孤立之人。帝善其言，而政府不悅。有貪競者十餘輩，皆政府所厚，自修欲去之。給事中陳與郊自度不免，遂言憲臣將以一眚棄人，一舉空國。於是自修所欲斥者悉獲免。已而御史張鳴岡等拾遺，首工部尚書何起鳴。起鳴故以督工與中官張誠厚，而雅不善自修，遂訐自修挾讐，主使與郊及給事中吳之佳助之。御史高維崧、趙卿、張鳴岡、左之宜不平，劾起鳴飾非詭辨。帝先入張誠言，頗疑自修，得疏益不悅，曰：「朝廷每用一人，言官輒紛紛排擊。今起鳴去，爾等舉堪此任者。」維崧等具疏引罪，無他舉。帝怒，悉出之外。給事中張養蒙申救，亦奪俸。刑部主事王德新復疏爭，語侵嬖倖，帝下之詔獄，酷刑究主者，無所承，乃削其籍。自修不自安，亟引疾歸。自修之進也，非執政意，故不爲所容。久之，起南京刑部尚書，復以工部尚書召，未上卒。贈太子太保，謚肅敏。德新，安福人。後起官至光祿丞。

溫純，字景文，三原人。嘉靖四十四年進士。由壽光知縣徵爲戶科給事中。隆慶三年，穆宗既禫除，猶不與大臣接。純請遵祖制，延訪羣工，親決章奏。報聞。屢遷兵科都給事中。倭陷廣東廣海衞，大殺掠而去，總兵劉燾以戰却聞。純劾燾欺罔。時方召燾督京營，遂置不問。黔國公沐朝弼有罪，詔許其子襲爵。純言事未竟，不當遽襲。中官陳洪請封其父母，純執不可。言官李已、石星獲譴，疏救之。初，趙貞吉更營制，三營各統一大將，以恭順侯吳繼爵典五軍，而都督袁正、焦澤典神樞、神機。繼爵恥與同列，固辭。帝爲罷二人，盡易以勛臣。純請廣求將才，毋拘世爵，不納。已，復命文臣三人分督之，時號六提督。純以政令多門，極陳不便，遂復舊制。俺答請貢市，高拱定議許之。純以爲弛邊備，非中國利。出爲湖廣參政，引疾歸。萬曆初，用薦起河南參議。十二年以大理卿改兵部右侍郎，兼右副都御史，巡撫浙江。入爲戶部左侍郎，進右副都御史，督倉場。母憂去。起南京吏部尚書，召拜工部尚書。父老，乞養歸。終喪，召爲左都御史。礦稅使四出，有司逮繫纍纍。純極論其害，請盡釋之，不報。已，諸閹益橫，所至剽奪，汙人婦女，四方無賴奸人蠭起言利。有請開雲南塞外寶井者，或又言海外呂宋國有機易山，素産金銀，歲可得金十萬、銀三十萬，或言淮揚饒鹽利，用其策，歲可得銀五十萬。帝並欣然納之，遠近駭震。純言：「緬人方伺隙，寶井一開，兵端必起。余元俊一鹽犯，數千贓不能輸，而欲得五十萬金，將安取之？機易山在海外，必無徧地金銀，任人往取。不過假借詔旨，闌出禁物，與番人市易，利歸羣小，害貽國家。乞盡捕諸奸人付臣等行法，而亟撤稅監之害民者。」亦不報。當是時，中外爭請罷礦稅，帝悉置不省。純等憂懼不知所出，乃倡諸大臣伏闕泣請。帝震怒，問誰倡者，對曰都御史臣純。帝爲霽威，遣人慰諭曰：「疏且下。」乃退。已而卒不行。廣東李鳳、陝西梁永、雲南楊榮並以礦稅激民變，純又抗言：「稅使竊弄陛下威福以十計，參隨憑藉稅使聲勢以百計，地方奸民竄身爲參隨爪牙以萬計。宇內生靈困於水旱，困於採辦營運轉輪，既囂然喪其樂生之心，安能復勝此千萬虎狼耶？願卽日罷礦稅，逮鳳等寘於理。」亦不報。先是，御史顧龍楨巡按廣東，與布政使王泮語不合，起毆之，泮卽棄官去。純劾罷龍楨。御史于永清按陝西，貪懼純舉奏，倡同列救龍楨，顯與純異，以脅制純，又與都給事中姚文蔚比而傾純。純不勝憤，上疏盡發永清交構狀，並及文蔚，語頗侵首輔沈一貫。一貫等疏辨，帝爲下永清、文蔚二疏，而純劾疏留不下。純益憤，三疏論之，因力丐罷。乃謫永清，純遂與一貫忤。給事中陳治則、鍾兆斗皆一貫私人，先後劾純。御史湯兆京不平，疏斥其妄。純求去，章二十上，杜門者九閱月。帝雅重純，論留之。純不得已，强起視事。及妖書事起，力爲沈鯉、郭正域辨誣。楚宗人戕殺撫臣，純復言無反狀，一貫怨益深。三十二年大計京朝官，純與吏部侍郎楊時喬主之。一貫所欲庇者兆斗及錢夢臯等，皆在譴中。疏入，久之，忽降旨切責，盡留被察科道官，而察疏仍不下。純求去益力。夢臯、兆斗既得留，則連章訐純楚事，言純曲庇叛人，且誣以納賄。廷臣大駭，爭劾夢臯等。夢臯等亦再疏劾純求勝，俱留中。已，南京給事中陳嘉訓等極論二人陰有所恃，朋比作奸，當亟斥之，而聽純歸，以全大臣之體。帝竟批夢臯等前疏，予純致仕，夢臯、兆斗亦罷歸。純清白奉公，五主南北考察，澄汰悉當，肅百僚，振風紀，時稱名臣。卒，贈少保。天啓初，追謚恭毅。

趙世卿，字象賢，歷城人。隆慶五年進士。授南京兵部主事。張居正當國，政尚嚴，州縣學取士不得過十五人，布按二司以下官雖公事毋許乘驛馬，大辟之刑歲有定額，徵賦以九分爲率，有司不及格者罰，又數重譴言事者。世卿奏匡時五要：請廣取士之額，寬驛傳之禁，省大辟，緩催科。而末極論言路當開，言：「近者臺諫習爲脂韋，以希世取寵。事關軍國，卷舌無聲，徒摭不急之務，姑塞言責。延及數年，居然高躐卿貳，誇耀士林矣。然此諸人，豈盡臾訴無節，忍負陛下哉，亦有所懲而不敢耳。如往歲傅應禎、艾穆、沈思孝、鄒元標，皆以建言遠竄，至今與戍卒伍，此中才之士所以內自顧恤，寧自同於寒蟬也。宜特發德音，放還諸人，使天下曉然知聖天子無惡直言之意，則士皆慕義輸誠，效忠於陛下矣。」居正欲重罪之。吏部尚書王國光曰：「罪之適成其名，請爲公任怨。」遂出爲楚府右長史。明年京察，復坐以不謹落職歸。居正死，起戶部郎中，出爲陝西副使。累遷戶部右侍郎，督理倉場。世卿饒心計，凡所條奏，酌贏縮，軍國賴焉。戶部尚書陳蕖有疾，侍郎張養蒙避不署事，帝怒，並罷之，而進世卿爲尚書。時礦稅使四出爲害，江西稅監潘相至擅捕繫宗室纍時關稅所入歲四十餘萬，自爲稅使所奪，商賈不行，數年間減三之一，四方雜課亦如之，歲入益寡。國用不支，邊儲告匱，而內供日繁，歲增金花銀二十萬，宮帑日充羨。世卿請復金花銀百萬故額，罷續增數，不許。乞發內庫銀百萬及太僕馬價五十萬以濟邊儲，復忤旨切責。世卿又請正潘相罪，且偕九卿數陳其害，皆不納。世卿復言：「脂膏已竭，閭井蕭然，喪亂可虞，揭竿非遠。不及今罷之，恐後將無及。」帝亦不省。三十二年，蘇松稅監劉成以水災請暫停米稅。帝以歲額六萬，米稅居半，不當盡停，令以四萬爲額。世卿上言：「鄉者既免米稅，旋復再征，已失大信於天下。今成欲免稅額之半，而陛下不盡從，豈惻隱一念，貂璫尚存，而陛下反漠然不動心乎？」不報。其夏，雷火燬祖陵明樓，妖蟲蝕樹，又大雨壞神道橋梁。帝下詔咨實政。世卿上疏曰：「今日實政，孰有切於罷礦稅者？古明主不貴異物，今也聚悖入之財歛蒼生之怨節儉之謂何是爲君德計不可不罷者一多取所以招尤慢藏必將誨盜鹿臺鉅橋足致倒戈之禍是爲宗社計不可不罷者二古者國家無事則預桑土之謀有事則議金湯之策安有鑿四海之山榷三家之市操弓挾矢戕及良民毀室踰垣禍延鷄犬經十數年而不休者是爲國體計不可不罷者三貂璫漁獵翼虎炰烋毀掘冢墓則枯骨蒙殃奸虐子女而良家飲恨人與爲怨讙譟屢聞此而不已後將何極是爲民困計不可不罷者四國家財賦不在民則在官今盡括入奸人之室故督逋租而逋租絀稽關稅而關稅虧搜庫藏而庫藏絕課鹽筴而鹽筴薄徵贖鍰而贖鍰消外府一空司農若埽是爲國課計不可不罷者五天子之令信如四時三載前嘗曰朕心仁愛自有停止之時今年復一年更待何日天子有戲言王命委草莽是爲詔令計不可不罷者六陛下試思服食宮室以至營造征討上何事不取之民民何事不供之上嗟此赤子曾無負於國乃民方懽呼以供九重之欲而陛下不少遂其欲民方奔走以供九重之勞而陛下不少慰其勞民方竭蹷以赴九重之難而陛下不少恤其難返之於心必有不自安者矣陛下勿謂蠢蠢小民可駕馭自我生殺自我而不足介意也民之心卽天之心今天譴頻仍雷火妖蟲淫雨疊至變不虛生其應非遠故今日欲回天意在恤民心欲恤民心在罷礦稅無煩再計而決者帝優答之而不行至三十四年三月始詔罷礦使稅亦稍減然遼東雲南四川稅使自若吏民尤苦之雲南遂變作楊榮被戕而西北水旱時時見告世卿屢請減租發振國用益不支踰月復奏請捐內帑百萬佐軍用不從世卿遂連章求去至十五上竟不許先是福王將婚進部帑二十七萬帝猶以爲少數遣中使趣之中使出詐語且劾世卿抗命世卿以爲辱國疏聞於朝帝置不問至三十六年七公主下嫁宣索至數十萬世卿引故事力爭詔減三之一世卿復言陛下大婚止七萬長公主下嫁止十二萬乞陛下再裁損一傚長公主例帝不得已從之福王新出府第設崇文稅店爭民利世卿亦諫阻世卿素勵清操當官盡職帝雅重之吏部缺尚書嘗使兼署推舉無所私惟楚宗人與王相訐世卿力言王非僞與沈一貫議合李廷機輔政世卿力推之廷臣遂疑世卿黨比於是給事中杜士全鄧雲霄何士晉胡忻御史蘇爲霖馬孟禎等先後劾之世卿遂杜門乞去章復十餘上不報三十八年秋世卿乃拜疏出城候命明年十月乘柴車徑去廷臣以聞帝亦不罪也家居七年卒贈太子少保

李汝華字茂夫睢州人萬曆八年進士授兗州推官徵授工科給事中嘗劾戎政尚書鄭洛不職及出閱甘肅邊務洛方經畧西事主和戎汝華疏洛畏敵貽患且劾諸將吏侵軍資復請盡墾甘肅閒田還朝歷吏科都給事中多所糾擿尋遷太常少卿擢右僉都御史巡撫南贛稅使四出議括關津諸稅輸內府汝華以稅本餉軍力爭止之既而詔四方稅務盡領於有司以其半輸稅監進內府半輸戶部獨江西潘相勒有司悉由己輸汝華極論相違詔帝竟如相議且推行之四方汝華在贛十四年威惠甚著進秩兵部右侍郎召拜戶部左侍郎尚書趙世卿去位遂掌部事福王莊田四萬頃詔旨屢趣不能及額汝華數偕廷臣執爭僅減四之一及王旣之國詔許自遣使督租所在驛騷內使閻時詣汝州杖二人死汝華請遵祖制隸有司盡撤還使者不納畿輔山東大饑因汝華言出倉米平糶且發銀以振汝華復奏行救荒數事兩地賴之先是山東饑蠲歲賦七十萬是年盡蠲又百七十餘萬汝華以邊餉不繼請天下稅課未入內藏者暫留一年補其缺輔臣亦助爲言疏三上不報已進尚書四十六年鄭繼之去兼攝吏部事畿輔陝西大饑汝華請振皆不報遼東兵事興驟增餉三百萬汝華累請發內帑不得則借支南京部帑括天下庫藏餘積徵宿逋裁工食開事例而遼東巡撫周永春請益兵加賦汝華議天下田賦自貴州外畝增銀三釐五毫得餉二百萬明年復議益兵增賦如前又明年四月兵部以募兵市馬工部以制器再議增賦於是畝增二釐爲銀百二十萬先後三增賦凡五百二十萬有奇遂爲歲額當是時內帑山積廷臣請發率不應計臣無如何遂爲一切苟且之計苛歛百姓而樞臣徵兵乃遠及蠻方致奢崇明安邦彥相繼反用師連年又剳四川雲南廣西湖廣廣東所加之賦以餉之而遼餉仍不充天下已不可支矣汝華練達勤敏立朝無黨阿官戶部久於國計贏縮邊儲虛實與鹽漕屯牧諸大政皆殫心裁劑歲比不登意常主寬恤獨加賦之議不能力持馴致萬方虛耗內外交訌天啓元年得疾乞休加太子太保致仕卒諡恭敏從子夢辰自有傳

贊曰古稱文昌政本七卿之任益其重矣萬士和諸人奉職勤慮異夫依阿保位之流劉應節王遴舒化李世達尤其卓然者哉李汝華司邦計值兵興餉絀請帑不應乃不能以去就爭而權宜取濟遂與裒刻聚斂者同譏時事至此其可歎也夫

明史卷二百二十一　列傳第一百九

總裁官總理事務經筵講官少保兼太子太保保和殿大學士兼管吏部戶部尚書事加六級張廷玉等奉
敕修

袁洪愈子一鶚　譚希思	王廷瞻
郭應聘吳文華	耿定向弟定理　定力
王樵子肯堂	魏時亮陳瓚
郝杰扶克儉	趙參魯
張孟男衞承芳	李禎
丁賓	

袁洪愈字抑之吳縣人舉嘉靖二十五年鄉試第一明年成進士授中書舍人擢禮科給事中劾檢討梁紹儒阿附權要文選郎中白璧招權鬻官尚書萬鏜侍郎葛守禮不檢下詔切責鏜守禮下璧詔獄斥紹儒於外紹儒大學士嚴嵩私人也已陳邊務數事詔俱從之嵩屬吏部尚書吳鵬出爲福建僉事歷河南參議山東提學副使湖廣參政所在以清節著嵩敗召爲南京太僕少卿就遷太常隆慶五年以疾歸萬曆中起故官遷南京工部右侍郎進右都御史掌南院事就改禮部尚書南京御史譚希思疏論中官外戚且請循舊制內閣設絲綸簿宮門置鐵牌詔下南京都察院勘訊將坐以誣罔洪愈已改官代者未至乃具言希思所陳載王可大國憲家猷薛應旂憲章錄二書帝以所據非頒行制書謫希思雜職洪愈尋上疏請禁干謁又極諫屯田廢壞之害乞令商人中鹽免內地飛輓皆議行萬曆十五年就改吏部其冬引年乞休帝重其清德加太子少保致仕洪愈通籍四十餘年所居不增一椽出入徒步卒年七十四巡撫周孔教捐金葬之贈太子太保諡安節子一鶚以廕官治中饘粥不繼以死希思茶陵人歷右副都御史巡撫四川

王廷瞻字稚表黃岡人父濟參政廷瞻舉嘉靖二十八年進士授淮安推官入爲御史督畿輔屯政穆宗在裕邸欲易莊田廷瞻不可隆慶元年所部久雨請自三宮以下及裕府莊田改入乾清宮者悉蠲其租詔減十之五已言勳戚莊田太濫請於初給時裁量田數限其世次爵絕歸官制可高拱再輔政廷瞻常論拱遂引疾歸神宗立起故官歷太僕卿萬曆五年以右僉都御史巡撫四川番屢犯松潘廷瞻令副使楊一桂總兵官劉顯勦之殲其魁羣蠻納款風村白草諸番久居二十八砦率男婦八千餘人來降復命總兵顯討建昌傀厦洗馬姑宰鐵口諸叛番皆獻首惡出降增俸一級進右副都御史撫南贛入爲南京大理卿歷兩京戶部左右侍郎以右都御史出督漕運兼巡撫鳳陽諸府寶應氾光湖堤蓄水濟運平江伯陳瑄所築也下流無所洩決爲八淺匯成巨浸諸鹽場皆沒淮流復奔入勢益洶湧前巡撫李世達等議開越河避其險廷瞻承之鑿渠千七百七十六丈爲石閘三減水閘二石堤三千三十六丈子堤五千三百九十丈費公帑二十餘萬八月竣事詔旨褒嘉賜河名弘濟進廷瞻戶部尚書巡撫如故尋改南京刑部尚書未上乞歸久之卒贈太子少保兄廷陳見文苑傳

郭應聘字君賓莆田人嘉靖二十九年進士授戶部主事歷郎中出爲南寧知府遷威遠兵備副使轉廣東參政從總督吳桂芳平李元亞別擊賊首張韶南黃仕良等遷廣西按察使歷左右布政使隆慶四年大破古田賊斬獲七千有奇已從巡撫殷正茂平古田再進秩正茂遷總督遂擢應聘右副都御史代之府江猺反府江上起陽朔下達昭平亘三百餘里諸猺夾江居怙險剽劫成化正德間都御史韓雍陳金討平之至是攻圍荔浦永安劫知州楊惟執指揮胡潮事聞大學士張居正奏假便宜寓書應聘曰炎荒瘴癘區役數萬衆不宜淹留速破其巢則餘賊破膽應聘集土漢兵六萬令總兵官李錫進討未行而懷遠猺亦殺知縣馬希武反應聘與正茂議先征府江三閱月悉定乃檄錫討懷遠天大雨雪無功而還懷遠古牂牁地界湖貴靖黎諸州環郭皆猺編氓處其外嘉靖中征之不克知縣寄居府城遙示羈縻而已古田旣復猺懾兵威願服屬希武始入其地議築城董作過峻猺遂亂希武見殺及是師出無功應聘益調諸路兵鎭撫白杲黃土大梅青淇侗獞以孤賊勢而錫與諸將連破賊斬其魁懷遠乃下事皆具錫傳初議行師錫以陽朔金寶嶺賊近欲先滅之應聘曰

君第往吾自有處錫行數日應聘與按察使吳一介出不意襲殺其魁比懷遠克復陽朔亦定乃分遣諸將門崇文楊照亦孔昭等討洛容上油邊山五叛猺悉平神宗大悅進兵部右侍郎兼右副都御史巡撫如故萬曆二年召爲戶部右侍郎尋以憂歸八年起改兵部兼右僉都御史仍撫廣西時十寨初下應聘與總督劉堯誨奏設三鎭隸賓州以土巡檢守之而統於思恩參將十寨遂安進右都御史兼兵部右侍郎總督兩廣軍務前總督多受將吏金應聘悉謝絕踰年召掌南京都察院以吳文華代頃之就拜兵部尚書參贊機務久之引疾歸應聘在廣西奏復陳獻章王守仁祠劉臺謫戍潯州爲僦居供廩餼歿復賻斂歸其喪像祀之官南京與海瑞敦儉素士大夫不敢侈汰歸七月卒贈太子少保謚襄靖吳文華字子彬連江人父世澤府江兵備副使有威名文華舉嘉靖三十五年進士授南京兵部主事歷四川右參政與平土官鳳繼祖四遷河南左布政使萬曆三年以右副都御史巡撫廣西討平南鄉陸平周塘板寨猺及昭平黎福莊父子偕總督凌雲翼征河池咘咳北三猺三猺未爲逆雲翼喜事殺戮甚慘得麼襲文華亦受賞遷戶部右侍郎請終養歸起兵部右侍郎兼右僉都御史仍撫廣西遷總督兩廣軍務巡撫廣東進右都御史會巡撫吳善總兵呼良朋討平巖秀珠岑崗賊李珍江月照拒命久文華購禽月照平珍尋入爲南京工部尚書就改兵部引疾去仍起南京工部力辭虛位三年以待卒年七十八贈太子少保謚襄惠

耿定向字在倫黃安人嘉靖三十五年進士除行人擢御史嚴嵩父子竊政吏部尚書吳鵬附之定向疏鵬六罪因言鵬婿學士董份總裁會試私鵬子紹宜併斥嵩爲營護事竟寢出按甘肅舉劾無所私去任行笥一肩有以石經餽者留境上而去還督南京學政隆慶初擢大理右寺丞高拱執政定向嘗譏其褊淺無大臣度拱嗛之及拱掌吏部以考察謫定向橫州判官拱罷量移衡州推官萬曆中累官右副都御史吏部侍郎陸光祖爲御史趙之翰所劾光祖已留定向復頌光祖賢詆之翰給事中李以謙言定向擠言官定向求去帝不問歷刑部左右侍郎擢南京右都御史御史王藩臣劾應天巡撫周繼疏發踰月不以白定向定向怒守故事力爭自劾求罷且詆藩臣論劾失當因言故江西巡撫陳有年四川巡撫徐元泰皆賢爲御史方萬山王麟趾劾罷今宜召用而量罰藩臣藩臣坐停俸二月於是給事中許弘綱觀政進士薛敷教南京御史黃仁榮及麟趾連章劾定向麟趾言南臺去京師遠章疏先傳人得爲計如御史孫鳴治論魏國公徐邦瑞陳揚善論主事劉以煥皆因奏辭豫聞一則貪緣倖免一則掊摭被誣故逼來投揭有遲浹月者事理宜然非自藩臣始語竝侵大學士許國左都御史吳時來副都御史詹仰庇執政方惡言者勒敷教還籍省過麟趾仁榮亦停俸時已除定向戶部尚書督倉場定向因力辭求退章屢上乃許卒年七十三贈太子少保謚恭簡定向初立朝有時望後歷徐階張居正申時行王錫爵四輔皆能無齟齬至居正奪情寓書友人譽爲伊尹而貶言者時議訾之其學本王守仁嘗招晉江李贄于黃安後漸惡之贄亦屢短定向士大夫好禪者往往從贄遊贄小有才機辨定向不能勝也贄爲姚安知府一旦自去其髮冠服坐堂皇上官勒令解任居黃安日引士人講學雜以婦女專崇釋氏卑侮孔孟後北遊通州爲給事中張問達所劾逮死獄中定向弟定理定力定理終諸生與定向俱講學專主禪機定力隆慶中進士除工部主事萬曆中累官右僉都御史督操江疏陳礦使之患再遷南京兵部右侍郎卒贈尚書

王樵字明遠金壇人父臬兵部主事諫武宗南巡被杖終山東副使樵舉嘉靖二十六年進士授行人歷刑部員外郎著讀律私箋甚精核胡宗憲計降汪直欲赦直以示信樵言此叛民與他納降異直遂誅遷山東僉事移疾歸萬曆初張居正柄國雅知樵起補浙江僉事擢尚寶卿劉臺劾居正居正乞歸諸曹奏留之樵獨請全諫臣以安大臣畧言自古明主欲開言路言不當猶優容之大臣欲廣上德人攻己猶薦拔之如宋文彥博于唐介是也今居正留而臺得罪無乃非仁宗待唐介意乎居正大恚出爲南京鴻臚卿旋因星變自陳罷之家居十餘年起南京太僕少卿時年七十餘矣歲中再遷大理卿尋拜南京刑部右侍郎誠意伯劉世延主使殺人樵當世延革任尋就擢右都御史給事中盧大中劾其衰老帝令致仕樵恬澹誠愨溫然長者邃經學易書春秋皆有纂述卒贈太子少保謚恭簡子肯堂字宇泰舉萬曆十七年進士選庶吉士授檢討倭寇朝鮮疏陳十議願假御史銜練兵海上疏留中因引疾歸京察降調家居久之吏部侍郎楊時喬薦補南京行人司副終福建參政肯堂好讀書尤精於醫所著證治準繩該博精粹世競傳之

魏時亮字工甫南昌人嘉靖三十八年進士授中書舍人擢兵科給事中隆慶元年正月七日有詔免朝越三日復傳免時亮以新政不宜遽怠上疏切諫尋以左給事中副檢討許國使朝鮮故事王北面聽詔使者西面時亮爭之乃南面宣詔還進戶科給事中因列上遼東事宜已請愼起居罷游宴日御便殿省章奏召大臣裁決報聞與都莊地八千三百頃中官奪民田復增八百頃立三十六莊帝從撫按奏屬有司徵租還兼併者於民中官張堯爲請又許之時亮極諫不納帝臨朝拱默未嘗發一言及石州陷有詔帝詰問大臣者越二日講罷帝果問石州破狀中官王本瓢從旁詬諸臣欺蔽帝慍目懾之本猶刺刺語帝不悅而罷時亮劾本無人臣禮大不敬且數其不法數事疏雖不行士論壯之十月初詔停日講時亮率同列言天未沍寒不宜遽輟俄請以薛瑄陳獻章王守仁從祀文廟章下所司又言方春東作宜敕有司釋輕繫停訟獄詔可明年六月言今天下大患三藩祿不給也邊餉不支也公私交困也宗藩有一時之計有百世之計亟立宗學敎之禮讓祿萬石者歲捐五之一二千石者十之一千石者二十之一以贍貧宗立爲定制此一時計也各宗聚居一城貧日益甚宜令就近散處給閒田使耕以代祿奸生之孽重行黜削此百世計也邊餉莫要於屯鹽近遴大臣龐尚鵬鄒應龍淩儒經理事權雖重顧往河東者兼理四川往江北者兼理山東河南往江南者兼理浙湖雲貴重內地而輕塞下非初旨也且一人領數道曠遠難周請在內地者專責巡撫令尚鵬等三人分任塞下屯事久任責成有功待以不次則利興而邊儲自裕今天下府庫殫虛百姓困瘁而建議者欲罄天下庫藏輸內府以濟旦夕之用脫州郡有變何以待之夫守令以養民爲職要在勸農桑清徭賦重鄉約嚴保甲而簿書獄訟催科巧拙不與焉疏上多議行其冬復疏言天下可憂在民窮能爲民紓憂者知府而已宜愼重其選治行卓越即擢京卿若巡撫則人自激勸督學者天下名教所繫當擇學行兼懋者毋限以時教行望峻則召爲祭酒或入翰林以示風勵下部議卒不行三年擢太僕少卿初徐階高拱相構時亮與朝臣攻去拱已而拱復入考察言官排異己者時亮及陳瓚張檟已擢京卿皆被斥時亮坐不謹落職萬曆十二年用邱橓余懋學等薦起南京大理丞累遷右副都御史撫京營戎政陳安攘要務十四事尋請以水利義倉生養賦役清獄弭盜善俗七條課守令歲終報部院及科計吏時以修廢定殿最又請皇長子出閣講學歷刑部左右侍郎拜南京刑部尚書踰年卒官時亮初好交遊負意氣嘗劾罷左都御史張永明爲時論所非時亮亦悔之中遭挫抑潛心性理之學天啟中謚莊靖陳瓚字廷祼常熟人嘉靖三十五年進士授江西永豐知縣治最擢刑科給事中劾罷嚴嵩黨祭酒王才諭德唐汝楫遷左給事中劾文選郎南軒請錄建言廢斥者帝震怒杖六十除名隆慶元年起官吏科請卹楊最楊爵羅洪先楊繼盛而誅奸黨之殺沈鍊者帝可之楊順路楷皆逮治其冬擢太常少卿高拱惡瓚爲徐階所引瓚已移疾歸竟坐浮躁謫洛川丞不赴萬曆中累官刑部左侍郎初瓚爲拱所惡被斥及張居正柄政亦惡之不召居正死始以薦起會稽縣丞其後官侍郎稽勳郎顧憲成疏論時弊譎官瓚責大學士王錫爵曰憲成疏最公何以得譴錫爵曰彼執書生之言徇道旁之口安知吾輩苦心瓚曰恐書生之言當信道旁之口當察憲成苦心亦不可不知也錫爵默然瓚前後忤執政如此卒官贈右都御史謚莊靖檟見鄒應龍傳

郝杰字彥輔蔚州人父銘御史杰舉嘉靖三十五年進士授行人擢御史隆慶元年巡撫畿輔冬寇大入永平疏請蠲被掠地徭賦且言比年罰行於文臣而弛於武弁及於主帥而畧於偏裨請飭法以振國威俱報可已劾薊督劉燾巡撫耿隨卿觀望寇退則斷死者報首功又奪遼東將士棒槌厓戰績竝論副使沈應乾遊擊李信周晃罪帝爲黜應乾下信晃獄敕燾隨卿還籍聽勘詔遣中官李祐督蘇杭織造工部執奏不從杰言登極詔書罷織造甫一年敕使復遣非晝一之政且內臣專恣有司剝下奉之損聖德非小帝終不聽駕幸南海子命京營諸軍盡從徐階楊博等諫不聽杰復爭之卒不從刑部侍郎洪朝選以拾遺罷上疏自辨杰等劾其違制遂削職以嘗論高拱非宰輔器爲所嫉及拱再召杰遂請急去拱罷起故官旋以私議張居正逐拱非是出爲陝西副使再遷山東左布政使被劾降遼東苑馬寺卿兼海道兵備加山東按察使十七年擢右僉都御史巡撫遼東以督諸將擊敵錄一子官時李成梁爲總兵官威望甚著然上功不無抵欺寇入塞或斂兵避既退始尾襲老弱或乘虛搗零部誘殺附塞者充首功習以爲常督撫諸臣庇之杰獨不與比十九年春成梁用參將郭夢徵策使副將李寧襲板升於鎭夷堡獲老弱二

百八十餘級師旋爲別部所遮寧先走將士數千人失亡大半成梁飾功邀敍杰具奏草直言其故要總督蹇達共奏達匿其草自爲奏論功巡按御史胡克儉馳疏劾寧詞連成梁亦詆杰兵部置寧罪不議克儉大憤盡發成梁達隱蔽狀先是十八年冬海州被掠十三日副將孫守廉不戰成梁亦弗救克儉旣劾守廉申時行許國庇之止令聽勘克儉乃言臣初劾守廉時行以書沮臣及劾寧又與國諭臣寬其罪徇私背公將壞邊事並歷詆一鶚達及兵科給事中張應登朋奸欺罔達置杰會稾功罪疏不奏遂追數成梁前數年冒功狀帝謂成梁前功皆由巡按勘報克儉懸度妄議卒置成梁等不問而心以杰爲不欺旋就進右副都御史日本陷朝鮮達遣裨將祖承訓以三千人往皆沒事聞杰亦被劾帝特免之朝鮮王避難將入遼杰請擇境外善地處之且周給其從官衞士報可尋遷兵部右侍郎總督薊遼保定軍務召理戎政進右都御史日本封貢議起杰曰平秀吉罪不勝誅顧加以爵命荒外聞之謂中朝無人議不合徙南京戶部尚書移疾歸起南京工部尚書就改兵部參贊機務卒官贈太子少保胡克儉字共之光山人萬曆十四年進士由庶吉士改御史巡按山東遼東其所轄也奏禁買功竊級諸弊旣劾成梁爲要人所忌會克儉劾左都御史李世達曲庇罪囚至詆爲賊執政遂言克儉妄排執法大臣不可居言路謫蘄水丞上官以事遣歸里居三十年光宗立起光祿少卿天啟中歷刑部右侍郎五年冬逆黨李恒茂論其衰朽落職歸崇禎初復官卒贈尚書克儉本姓扶冒胡姓久之始復故

趙參魯字宗傳鄞人隆慶五年進士選庶吉士改戶科給事中萬曆二年慈聖太后立廟涿州祀碧霞元君部科臣執奏不從參魯斥其不經且言南北被寇流害生民興役濬河鬻及妻子陛下發帑治橋建廟已五萬有奇苟移振貧民植福當更大亦不聽南京中官張進醉辱給事中王頤給事中鄭岳楊節交章論未報參魯復上言進乃守備中官申信黨不併治信無以厭人心時信方結馮保朝議遂奪岳等俸謫參魯高安典史遷饒州推官擢福建提學僉事請急歸遭喪服除仍督學福建歷南京太常卿十七年以右副都御史巡撫福建申嚴海禁戮姦商通倭者遷大理卿召爲刑部左侍郎改兵部旋改吏部日本封貢議起參魯持不可總督顧養謙不憚爭於朝且言參魯熟倭情宜任章下廷臣參魯復持前說因著東封三議辨利害甚悉其後封事卒不成拜南京刑部尚書誠意伯劉世延妄指星象欲起兵勤王被劾下吏參魯當以死南京工部主事趙學仕以侵牟爲侍郎周思敬所劾擬戍學仕移罪家僮法司予輕比御史朱吾弼復劾之並及參魯言學仕乃大學士志皋族父故參魯庇之參魯乞休吏部尚書孫丕揚等言參魯履行素高不當聽其去詔留之累加太子太保致仕卒謚端簡

張孟男字元嗣中牟人嘉靖四十四年進士授廣平推官稍遷漢中同知入爲順天治中累進尚寶丞高拱以內閣兼吏部其妻孟男姑也自公事外無私語拱憾之四歲不遷及拱被逐親知皆引匿孟男獨留拱邸爲治裝送之郊張居正用事擢孟男太僕少卿孟男復不附失居正意不調久之居正敗始累遷南京工部右侍郎尋召入以本官掌通政司事萬曆十七年帝不視朝者八月孟男疏諫且言嶺南人訟故都御史李材功蔡人訟故令曹世卿枉章並留中其人繫兵馬司橐饘不繼莫必其生虧損聖德帝心動乃間一御門其冬改戶部進左侍郎尋拜南京工部尚書就改戶部時留都儲峙耗竭孟男受事粟僅支二年不再歲遂有七年之蓄水衡修倉發公羨二千金助之或謂奈何耘人田孟男曰公家事乃畫區畔耶南京御史陳所聞劾孟男貪鄙吏部尚書孫鑨言孟男忠誠謹恪臺臣所論事由郎官帝乃留之孟男求去不允再疏請乃聽歸久之召拜故官三十年春有詔罷礦稅已弗果行孟男率同列諫不報加太子少保五上章乞歸不許時礦稅患日劇孟男草遺疏數千言極陳其害言臣備員地官所征天下租稅皆鬻男市女朘骨割肉之餘也臣以催科爲職臣得其職而民病矣聚財以病民虐民以搖國有臣如此安所用之臣不勝哀鳴爲陛下杞人憂耳屬其子上之明日遂卒南京尚書趙參魯等奏其清忠贈太子太保衞承芳字君大達州人隆慶二年進士萬曆中累官溫州知府公廉善撫字進浙江副使謝病歸薦起山東參政歷南京鴻臚卿吏部推太常少卿朱敬循爲右通政以承芳貳之敬循大學士賡子也賡言承芳臣同年進士恬澹之操世罕能及臣子不當先帝許焉尋遷南京光祿卿擢右副都御史巡撫江西嚴絕餽遺屬吏爭自飭入爲南京兵部右侍郎就拜戶部尚書福王乞蘆洲自江都抵太平南北千餘里自遣內官徵課承芳抗疏爭卒不從萬曆間南京戶部尚書有清名者前有張孟男後則稱承芳尋就改吏部卒官贈太子太保謚清敏

李禎字維卿安化人隆慶五年進士除高平知縣徵授御史萬曆初傅應禎以直言下詔獄禎與同官喬巖給事中徐貞明擁入護視之坐謫長蘆鹽運司知事遷歸德推官禮部主事三遷順天府丞十八年洮河有警極言貢市非策因歷詆邊吏四失帝以納款二十年不當咎始事遂寢其議以右僉都御史巡撫湖廣言知縣梁道凝循吏反注下考宜懲挾私者以勵其餘薦舉屬吏不應專及高秩下僚如趙蛟楊果者亦當顯旌之蛟果萬曆初以吏員超擢者也詔皆報可召爲左僉都御史再遷戶部右侍郎趙用賢以絕婚事被訐戶部郎中鄭材復詆之禎駁材疏語侵其父洛材憤疏詆禎禎遂乞休不允御史宋興祖請改材他部避禎全大臣體乃出材南京禎尋調兵部進左侍郎二十四年日本封貢事僨首輔趙志皐尚書石星俱被劾廷臣議戰守章悉下兵部禎等言今所議惟戰守封三事封則李宗城雖徵楊方亨尚在若遽議罷無論中國數百人淪於異域而我兵食未集勢難遠征宜令方亨靜俟關白來迎則封不迎則止我以戰守爲實務而相機應之且朝鮮素守禮王師所屯宜嚴禁擾掠得旨如議而疏內言志皐星當去詔詰禎止令議戰守事何擅及大臣去留姑勿問志皐自是不悅禎明年星得罪命禎攝部事禎以平壤王京釜山皆朝鮮要地請修建大城與屯開鎭且列上戰守十五策俱允行後又數上方畧四川被寇禎言川陝接界而松潘向無寇患者以諸番爲屏蔽也自俺答西牧隴右騷然其後隴右備嚴寇不得逞而禍乃移之川矣今諸番彊半折入於西部臣閱地圖從北界迤西間道達蜀地多不隔三舍幸層巖疊嶂屹然天險如鎭虜堡爲漳臘門戶虹橋關爲松城咽喉關堡之外或嶺或崖皆可據守阿玉嶺則不能越咂際而窺堡守黃勝場則不敢踰塞墩而寇關他如橫山寡石崖尤爲要害皆當亟議防禦令撫鎭臣計畫以聞報可禎質直方剛署事規畫頗當有欲卽用爲尚書者志皐以故憾陰沮之而張位沈一貫雅與經畧邢玠經理楊鎬通亦不便禎所爲言禎非將材惟蕭大亨堪任帝不聽其後玠鎬益無功志皐等又請罷禎御史况上進劾禎庸鄙帝皆不聽甘肅缺巡撫禎以劉敏寬名上給事楊應文言敏寬方坐事勘不當推舉帝以詰禎禎言前奉詔敏寬須巡撫缺用臣故舉之帝怒禎不引罪調之南京後考察南京言官拾遺及禎遂命致仕久之起南京刑部尚書踰年復引疾不俟報徑歸帝怒大學士葉向高言禎實病不可深責十餘年來大臣乞休得請者百無一二李廷機趙世卿皆羈留數載疏至百餘上今尚書孫丕揚李化龍又以考察軍政疏不下相率求去若復踵禎轍實傷國體諸臣求去約有數端疾病當去被言當去不得其職當去宜曲體其情可留留之不可留則聽之帝竟奪禎職閒住未幾卒

丁賓字禮原嘉善人隆慶五年進士授句容知縣徵授御史大學士張居正賓座主也誣劉臺以賍屬賓往遼東按之賓力辭忤居正意去官萬曆十九年用薦起故官復以憂去起南京大理丞累遷南京右僉都御史兼督操江江防多懈賓率將校乘一舟往來周視增守兵戍要害部內宴然南衞世職率赴京師請襲留滯不得官賓請就南勘襲妖民劉天緖左道事覺兵部尚書孫鑛欲窮治之詔下法司訊鞫賓兼攝刑部大理事力平反論七人死餘皆獲釋召拜工部左侍郎尋擢南京工部尚書自上元至丹陽道路盡易以石行旅頌之數引年乞罷光宗立始予致仕賓官南都三十年每遇旱潦輒請振貸時出家財佐之初以御史家居及丁憂歸連三年大饑咸捐貲以振至天啟五年復捐粟三千石振貧民以貲三千金代下戶之不能輸賦者撫按錄上其先後事時已加太子少保詔進太子太保旌其門以年高三被存問崇禎六年卒年九十一謚清惠

贊曰南京卿長體貌尊而官守無責故爲養望之地資地深而譽聞重者處焉或彊直無所附麗不爲執政所喜則以此遠之袁洪愈諸人類以清彊居優閒之地不竟其用亦以自全干時冒進之徒可以風矣

明史卷二百二十二　列傳第一百十

總裁官總理事務經筵講官少保兼太子太保保和殿大學士兼管吏部戶部尚書事加六級臣張廷玉等奉

敕修

譚綸 徐甫宰 李佑　王化　王崇古 子謙 孫之楨 之寀 李棠

方逢時　吳兌 孫孟明 子邦輔 孟男

鄭洛　張學顏

張佳允　殷正茂 李遷

淩雲翼

譚綸字子理宜黃人嘉靖二十三年進士除南京禮部主事歷職方郎中遷台州知府綸沉毅知兵時東南倭

患已四年朝議練鄉兵禦賊參將戚繼光請期三年而後用之綸亦練千人立束伍法自裨將以下節節相制分數既明進止齊一未久卽成精銳倭犯柵浦綸自將擊之三戰三捷倭復由松門澶湖掠旁六縣進圍台州不克而去轉寇仙居臨海綸禽斬殆盡進海道副使益募浙東良家子教之而繼光練兵已及期綸因收之以爲用客兵罷不復調倭自象山突台州綸連破之馬崗何家硔又與繼光共破之葛埠南灣加右參政會憂去以尚書楊博薦起復將浙兵討饒平賊林朝曦朝曦者大盜張璉餘黨也璉既滅朝曦據巢不出攻程鄉知縣徐甫宰嚴兵待而遣主簿梁維棟入賊中諭散其黨朝曦窮棄巢走綸及廣東兵追禽之尋改官福建乞終制去繼光數破賊浙東畧定倭轉入福建自福寧至漳泉千里盡賊窟繼光漸擊定之師甫旋其泉復犯邵武陷興化四十二年春再起綸道擢右僉都御史巡撫福建倭屯崎頭城都指揮歐陽深搏戰中伏死倭遂據平海衞陷政和壽寧各扼海道爲歸計綸環柵斷路賊不得去移營渚林繼光至綸自將中軍總兵官劉顯俞大猷將左右軍令繼光以中軍薄賊壘左右軍繼之大破賊復一府二縣詔加右副都御史綸以延建汀邵間殘破甚請緩征蠲賦又考舊制建水砦五扼海口薦繼光爲總兵官以鎭守之倭復圍仙遊綸繼光大破賊城下已而繼光破賊王倉坪蔡丕嶺餘賊走廣東境內悉定綸上疏請復行服世宗許之四十四年冬起故官巡撫陝西未上而大足民作亂陷七城詔改綸四川至已破滅雲南叛酋鳳繼祖遁入會理綸會師討平之進兵部右侍郎兼右僉都御史總督兩廣軍務兼巡撫廣西招降岑崗賊江月照等綸練兵事朝廷倚以辦賊遇警輒調居官無淹歲迨南寇畧平而邊患方未已隆慶元年給事中吳時來請召綸繼光練兵詔徵綸還部進左侍郎兼右僉都御史總督薊遼保定軍務綸上疏曰薊昌卒不滿十萬而老弱居半分屬諸將散二千里間敵聚攻我分守衆寡強弱不侔故言者亟請練兵然四難不去兵終不可練夫敵之長技在騎非召募三萬人勤習車戰不足以制敵計三萬人月餉歲五十四萬此一難也燕趙之士銳氣盡於防邊非募吳越習戰卒萬二千人雜教之事必無成臣與繼光召之可立至議者以爲不可信任之不專此二難也軍事尚嚴而燕趙士素驕驟見軍法必大震駭且去京師近流言易生徒令忠智之士掣肘廢功更釀他患此三難也我兵素未當敵戰而勝之彼不心服能再破乃終身創而忌嫉易生欲再舉禍已先至此四難也以今之計請調薊鎭眞定大名井陘及督撫標兵三萬分爲三營令總兵參遊分將之而授繼光以總理練兵之職春秋兩防三營兵各移近邊至則遏之邊外入則決死邊內二者不效臣無所逃罪又練兵非旦夕可期今秋防已近請速調浙兵三千以濟緩急三年後邊軍旣練遣還詔悉如所請仍令綸繼光議分立三營事宜綸因言薊鎭練兵踰十年然竟不效者任之未專而行之未實也今宜責臣綸繼光令得專斷勿使巡按巡關御史參與其間自兵事起邊臣牽制議論不能有爲故綸疏言之而巡撫劉應節果異議巡按御史劉翾巡關御史孫代又劾綸自專穆宗用張居正言悉以兵事委綸而諭應節等無撓綸相度邊隘衝緩道里遠近分薊鎭爲十二路路置一小將總立三營東駐建昌備燕河以東中駐三屯備馬蘭松太西駐石匣備曹牆古石諸將以時訓練互爲犄角節制詳明是歲秋薊昌無警異時調陝西河間正定兵防秋至是悉罷綸初至按行塞上謂將佐曰秣馬厲兵角勝負呼吸者宜於南堅壁清野坐制侵軼者宜於北遂與繼光圖上方畧築敵臺三千起居庸至山海控守要害綸召入爲右都御史兼兵部左侍郎協理戎政會臺工成益募浙兵九千餘守之邊備大飭敵不敢入犯以功進兵部尚書兼右都御史協理如故其冬予告歸神宗卽位起兵部尚書萬曆初加太子少保給事中雒遵劾綸不稱職綸三疏乞罷優詔留之五年卒官贈太子太保謚襄敏綸終始兵事垂三十年積首功二萬一千五百嘗戰酣刃血漬腕累沃乃脫與繼光共事齊名稱譚戚

徐甫宰字允平浙江山陰人嘉靖中舉順天鄉試除武平知縣武平當閩粵交多盜甫宰築城立堡者三上官以程鄉盜數調之徃旣平朝曦超擢潮州兵備僉事添注勤寇任一子千戶已而程鄉賊溫鑑梁輝等合上杭賊窺江西平遠知縣王化邀擊之檀嶺賊敗奔瑞金副使李佑三戰皆捷賊由間道歸程鄉甫宰討禽之餘黨悉平賚銀幣已補潮州分巡僉事兼理兵備事東莞水兵徐永太等亂停俸討賊甫宰已疾亟乞歸未幾卒王化字汝贊廣西馬平人父尚學職方郎中化登鄉薦嘉靖四十年新置平遠縣授化知縣以擊賊檀嶺有知兵名田坑賊梁國相旣降復叛約三圖賊葛鼎槃等分寇江西福建化寄妻子會昌而身率鄉兵徃擊賊連敗乃縱反間會昌言化已殁化妻計氏慟哭自刎化怒追賊益急獲國相於石子嶺遷潮州府同知仍署縣事討被旋官爲立祠化舉卓異超擢廣東副使南贛巡撫吳百朋以貪黷劾之削籍巡按御史趙淳薦其知兵乃命以僉事飭惠潮兵備久之考察罷李佑字吉甫貴州清平衞人嘉靖二十六年進士歷官江西副使邀賊瑞金有功尋敗廣東賊吳志高江西下歷賊賴清規等皆賚銀幣進江西右參政偕總兵官俞大猷大破劇賊李亞元擢僉都御史巡撫廣東屢敗海寇林道乾山寇張韶南等隆慶中被劾罷歸

王崇古字學甫蒲州人嘉靖二十年進士除刑部主事由郎中歷知安慶汝寧二府遷常鎭兵備副使擊倭夏港追殲之靖江從巡撫曹邦輔戰滸墅已偕俞大猷追倭出海界進陝西按察使河南右布政使四十三年改右僉都御史巡撫寧夏崇古喜譚兵具知諸邊阨塞身歷行陣修戰守納降附數出兵搗巢寇屢殘他鎭寧夏獨完隆慶初加右副都御史吉囊子吉能據河套爲西陲諸部長別部賓兎駐牧大小松山南擾河湟番族環四鎭皆寇總督陳其學無威畧總兵官郭江黃演等皆敗死陝西巡撫戴才亦坐免其冬進崇古兵部右侍郎兼右僉都御史總督陝西延寧甘肅軍務崇古奏給四鎭旗牌撫臣得用軍法督戰又指畫地圖分授諸大將趙岢雷龍等數有功着力兎行牧河東龍潛出典武襲破其營斬獲多加崇古右都御史吉能犯邊爲防秋兵所遏移營白城子龍等出花馬池長城關與戰大敗之崇古在陝七年先後獲首功甚多自河套以東宣府大同邊外吉囊弟俺答昆都力駐牧地也又東薊昌以北吉囊俺答主土蠻居之皆強盛俺答又納叛人趙全等據古豐州地招亡命數萬屋居佃作號曰板升全等尊俺答爲帝爲治城郭宮殿亦自治第制度如王者署其門曰開化府又日夜教俺答爲兵東入薊昌西掠忻代遊騎薄平陽靈石至潞安以北起嘉靖辛丑擾邊者三十年邊臣坐失事得罪者甚衆患視陝西四鎭尤劇朝廷募獲全者官都指揮使賞千金卒不能得邊將士率賄寇求和或反爲用諸陷寇自拔歸者輒殺之以冒功賞敵情不可得而軍中動靜敵輒知四年正月詔崇古總督宣大山西軍務崇古禁邊卒闌出而縱其素通寇者深入爲間又檄勞番漢陷寇軍民率衆降及自拔者悉存撫之歸者接踵西番瓦剌黃毛諸種一歲中降者踰二千人其冬把漢那吉來降把漢那吉者俺答第三子鐵背台吉子也幼失父育於俺答妻一克哈屯長娶大成比妓不相得把漢自聘我兒都司女號三娘子卽俺答外孫女也俺答見其美奪之把漢恚又聞崇古方納降是年十月率妻子十餘人來歸巡撫方逢時以告崇古念因此制俺答則趙全等可除也留之大同慰藉甚至偕逢時疏聞於朝曰俺答橫行塞外幾五十年威制諸部侵擾邊圉今神厭凶德骨肉離叛千里來降宜給宅舍授官職豐餼廩服用以悅其心嚴禁出入以虞其詐若俺答臨邊索取則因與爲市責令縛送板升諸逆還被掠人口然後以禮遣歸策之上也若遂桀驁稱兵不可理諭則明示欲殺以撓其志彼望生還必懼我制其死命志奪氣沮不敢大逞然後徐行吾計策之中也若遂棄而不求則當厚加資養結以恩信其部衆繼降者處之塞下卽令把漢統領畧如漢置屬國居烏桓之制他日俺答死子辛愛必有其衆因加把漢名號令收集餘衆自爲一部辛愛必忿爭彼兩族相持則兩利俱存若互相讐殺則按兵稱助彼無暇侵陵我遂得休息又一策也若循舊例安置海濱使俺答日南望侵擾不已又或給配諸將使之隨營立功彼素驕貴不受驅策駕馭苟乖必滋怨望頓生颺去之心終貽反噬之禍均爲無策奏至朝議紛然御史饒仁侃武尚賢葉夢熊皆言敵情叵測夢熊至引宋受郭藥師張瑴事爲喩兵部尚書郭乾不能決大學士高拱張居正力主崇古議詔授把漢指揮使賜緋衣一襲而黜夢熊於外以息異議俺答方掠西番聞變急歸調辛愛兵分道入犯索把漢甚急辛愛佯發兵陰擇便利以故俺答不得志一克哈屯思其孫朝夕哭俺答患之巡撫逢時遣百戶鮑崇德入其營俺答盛氣待之曰自吾用兵而鎭將多死崇德曰鎭將孰與而孫今朝廷待而孫甚厚稱兵是速其死也俺答疑把漢已死及聞言心動使使詗之崇古令把漢緋袍金帶見使者俺答喜過望崇德因說之曰趙全等旦至把漢夕返俺答大喜屏人語曰我不爲亂亂由全等今吾孫降漢是天遣之合也天子幸封我爲王永長北方諸部孰敢爲患卽不幸死我孫當襲封彼受朝廷厚恩豈敢負耶遂遣使與崇德俱來又爲辛愛求官并請互市崇古以聞帝悉報可俺答遂縛全等十餘人以獻崇古亦遣使送把漢歸帝以叛人旣得祭告郊廟磔全等於市加崇古太子少保兵部尚書總督如故把漢旣歸俺答與其妻撫之泣遣使報謝誓不犯大同崇古令要土蠻昆都力吉能等皆入貢俺答報如約惟土蠻不至崇古念土蠻勢孤薊昌可無患命將士勿燒

荒搗巢議通貢市休息邊民朝議復譁尙書郭乾謂馬市先帝明禁不宜許給事中章端甫請勅崇古無邀近功忽遠慮崇古上疏曰先帝旣誅仇鸞制復言開市者斬邊臣何敢故違禁旨自陷重辟但敵勢旣異昔強我兵亦非昔怯不當援以爲例夫先帝禁開馬市未禁北敵之納款今敵求貢市不過如遼東開原廣寧之規商人自以有無貿易非請復開馬市也俺答父子兄弟橫行四五十年震驚宸嚴流毒畿輔莫收遏劉功者緣議論太多文網牽制使邊臣無所措手足耳昨秋俺答東行京師戒嚴至倡運甎聚灰塞門乘城之計今納款求貢又必責以久要欲保百年無事否則治首事之罪豈惟臣等不能逆料他時雖俺答亦恐能保其身不能制諸部於身後也夫拒敵甚易執先帝禁旨一言可決但敵旣不得請懷憤而去縱以把漢之故不擾宣大而土蠻三衞歲窺薊遼吉能賓兔侵擾西鄙息警無時財力殫絀雖智者無以善其後矣昔也先以剋減馬價而稱兵忠順王以元裔而封哈密小王子由大同二年三貢此皆前代封貢故事夫揆之時勢旣當俯從考之典故非今創始堂堂天朝容荒服之來王昭聖圖之廣大以示東西諸部傳天下萬世諸臣何疑憚而不爲耶因條封貢八事以上詔下廷議定國公徐文璧侍郎張四維以下二十二人以爲可許英國公張溶尙書張守直以下十七人以爲不可許尙書朱衡等五人言封貢便互市不便獨僉都御史李棠極言當許狀郭乾悉上衆議會帝御經筵閣臣面請外示羈縻內修守備乃詔封俺答順義王名所居城曰歸化昆都力辛愛等皆授官封把漢昭勇將軍指揮使如故俺答率諸部受詔甚恭使使貢馬執趙全餘黨以獻帝嘉其誠賜金幣又雜采崇古及廷臣議賜王印給食用加撫賞惟貢使不聽入京河套吉能亦如約請命以事在陝西下總督王之誥議之誥欲令吉能一二年不犯方許封貢崇古復上疏曰俺答吉能親爲叔姪首尾相應今收其叔而縱其姪錮其首而舒其臂俺答必呼吉能之衆就市河東宣大商販不能給而吉能糾俺答擾陝西四鎭之憂方大矣帝然其言亦授吉能都督同知崇古乃廣召商販聽令貿易布帛菽粟皮革遠自江淮湖廣輻輳塞下因收其稅以充犒賞其大小部長則官給金繒歲市馬各有數崇古仍歲詣弘賜堡宣諭威德諸部羅拜無敢譁者自是邊境休息東起延永西抵嘉峪七鎭數千里軍民樂業不用兵革歲省費什七詔進太子太保萬曆初召理戎政給事中劉鉉劾崇古行賄營遷詔責鉉妄言已加少保遷刑部尙書改兵部初俺答諸部嘗越甘肅掠西番旣通款其從孫切盡台吉連歲盜番不得志求俺答西援崇古每作書止之俺答亦報書謝是年俺答請與三鎭通事約誓欲西迎佛崇古上言西行非俺答意且以迎佛爲名不可沮宜飭邊鎭嚴守備而陰泄其謀於番族以示恩於是鉉及同官彭應時南京御史陳堂交章論崇古弛防徇敵崇古疏辯乞休帝優詔報之令勿以人言介意給事中尹瑾御史高維崧再劾之崇古力請致仕帝乃允歸俺答旣死辛愛撦力克相繼襲封十五年詔以崇古竭忠首事三封告成廕一子世錦衣千戶有司以禮存問又二年卒贈太保謚襄毅崇古身歷七鎭勳著邊陲封貢之初廷議紛呶有爲危言撼帝者閣臣力持之乃得成功順義歸款二十年崇古乃歿總督梅友松撫馭失宜西邊始擾而禍已紓於嘉靖時宣大則歸款迄明季不變子謙萬曆五年進士官工部主事榷稅杭州羅木營兵變脅執巡撫吳善言謙馳諭之乃解終太僕少卿孫之楨以廕累官太子太保左都督掌錦衣衞事凡十有七年之采萬曆二十六年進士官兵部右侍郎陝西三邊總督李棠長沙人由吏部郎中累遷右副都御史巡撫南贛督僉事諸察討平韶州山賊終南京吏部右侍郎仕宦三十年以介潔稱天啟初追謚恭懿

方逢時字行之嘉魚人嘉靖二十年進士授宜興知縣再徙寧津曲周擢戶部主事歷工部郎中遷寧國知府廣東江西盜起詔於興寧程鄕安遠武平間築伸威鎭擢逢時廣東兵備副使與參將俞大猷鎭之已而程鄕賊平移巡惠州隆慶初改宣府口北道加右參政旋擢右僉都御史巡撫遼東四年正月移大同俺答犯威遠堡別部千餘騎攻靖鹵伏兵卻之其冬俺答孫把漢那吉來降逢時告總督王崇古曰機不可失也遣中軍康綸率騎五百往受之與崇古定計挾把漢以索叛人趙全等遣百戶鮑崇德出雲石堡語俺答部下五奴柱曰欲還把漢則速納款若以兵來是趣之死矣五奴柱白俺答邀入營說以執趙全易把漢俺答心動遣火力赤致書逢時而全方從臾用兵俺答又惑之令其子辛愛將二萬騎入弘賜堡兄子永邵卜趨威遠堡自率衆犯平虜城逢時曰此必趙全謀也全嘗投書逢時言悔禍思漢欲復歸中國逢時以示俺答俺答大驚有執全意及戰又不利乃引退辛愛猶未知奄至大同逢時使人持把漢箭示之曰吾已與而父約以報汝辛愛執箭泣曰此吾弟鐵背台吉故物也我來求把漢把漢旣授官又有成約當更計之乃遣部下啞都善入見逢時曉以大義犒而遣之辛愛喜因使求幣逢時笑曰台吉豪傑也若納款方重加爵賞何愛此區區損盛名辛愛大慙復遣啞都善來謝曰邊人不知書嘗太師教幸甚俺答使者至故將田世威所世威亦讓之曰爾來求和兵何爲者使者還報俺答召辛愛還辛愛東行宣府總兵官趙岢遏之復由大同北去於是巡按御史姚繼可劾逢時輒通寇使屏人語導之東行嫁禍鄰鎭大學士高拱曰撫臣臨機設策何可洩也但當觀後效不宜先事輒易帝然之俺答乃遣使定約夜召全等計事卽帳中縛之送大同逢時受之崇古亦送把漢歸逢時以功進兵部右侍郎兼右僉都御史甫拜命以憂歸後崇古入理京營神宗問誰可代者大學士張居正以逢時對萬曆初起故官總督宣大山西軍務始逢時與崇古共決大計而貢市之議崇古獨成之逢時復代崇古乃申明約信兩人首尾共濟邊境遂安逢時分巡口北時親行塞外自龍門盤道墩以東至靖湖堡山梁一百餘里形勢聯絡歎曰此山天險若修鑿北可達獨石南可援南山誠陵京一藩籬也及赴陽和道居庸出關見邊務修舉欲并遂前計上疏曰獨石在宣府北三面蹵敵勢極孤懸懷永與陵寢止限一山所係尤重其地本相屬而經行之路尙在塞外以故聲援不便若設盤道之險舍迂就徑自龍門黑峪以達寧遠經行三十里南山獨石皆可朝發夕至不惟拓地百里亦可漸資屯牧於戰守皆利遂與巡撫吳兌經營修築設兵戍守累進兵部尙書兼右副都御史總督如故加太子少保五年召理戎政時議者爭言貢市利害逢時臨赴闕上疏曰陛下特恩起臣草土中代崇古任賴陛下神武八年以來九邊生齒日繁守備日固田野日闢商賈日通邊民始知有生之樂北部輸誠效貢莫敢渝約歲時請求隨宜與之得一菓餅輒稽首歡笑有掠人要賞如打喇明安兔者告俺答罰治卽俛首聽命而異議者或曰敵使充斥爲害或曰日益費耗彼欲終不可足或曰與寇益狎隱憂叵測此言心則忠矣事機或未覩也夫使者之入多者八九人少者二三人朝至夕去守貢之使賞至卽歸何有充斥財貨之費有市本有撫賞計三鎭歲費二十七萬較之鄕時戶部客餉七十餘萬太僕馬價十數萬十纔二三耳而民間耕穫之入市賈之利不與焉所省甚多何有耗費乃若所憂則有之然非隱也方庚午以前三軍暴骨萬姓流離城郭邱墟芻糧耗竭邊臣首領不保朝廷爲旰食七八年來幸無此事矣若使臣等處置乖方悋小費而虧大信使一旦肆行侵掠則前日之憂立見何隱之有哉其所不可知者俺答老矣誠恐數年之後此人旣死諸部無所統一其中狡黠互相爭構假托異辭遂行侵擾此則時變之或然而不可預料者在我處之亦惟罷貢絕市閉關固壘以待仍禁邊將毋得輕舉使曲常在彼而直常在我因機處置顧後人方畧何如耳夫封疆之事無定形亦無定機惟朝廷任用得人處置適宜何必拘拘焉貢市非而戰守是哉臣又聞之禦戎無上策征戰禍也和親辱也賂遺恥也今曰貢則非和親矣曰市則非賂遺矣旣貢且市則無征戰矣臣幸藉威靈制伏强梗得免斧鉞之誅今受命還朝不復與聞閫外之事誠恐議者謂貢市非計輒有敷陳國是搖惑內則邊臣畏縮外則部落攜貳事機乖迕後悔無及臣雖得去而犬馬之心實有不能一日忘者謹列上五事至京復奏上款貢圖尋代崇古爲尙書署吏部事加太子太保以平兩廣功進少保累疏致仕歸御書蓋忠字賜之二十四年卒逢時才畧明練處置邊事皆協機宜其功名與崇古相亞稱方王云

吳兌字君澤紹興山陰人嘉靖三十八年進士授兵部主事隆慶三年由郎中遷湖廣參議調河南遷薊州兵備副使五年秋擢右僉都御史巡撫宣府兌舉鄕試出高拱門拱之初罷相也兌獨送至潞河及拱再起兼吏部遂超擢之釋褐十三年得節鉞前此未有也時俺答初封貢而昆都力辛愛陰持兩端助其主土蠻爲患兌有智計操縱馴伏之嘗偵俺答離營獵從五騎直趨其營守者愕控弦從騎呵之曰太師來犒軍耳皆拜跪迎導且獻酪兌遍閱廬帳抵暮還市者或潛盜所鬻馬兌使人梏擊之曰後復盜卽閉關停市諸部追所奪馬并執其人以謝辛愛復擾邊俺答曰宣大我市場也戒勿動然辛愛猶桀驁俺答常以己馬代入貢旣得賞賜抵地不肯受又遣兵掠車夷車夷者不知其所出自嘉靖中徙至與史夷雜居皆宣鎭保塞屬也辛愛掠之以其長革固去其二比妓來駐龍門教場兌以史車辱齒車被掠史益孤奏築堡居之使使詰責辛愛令還革固而勒其比妓遠邊辛愛誘比妓五蘭且沁威兀慎歲盜葛峪堡器甲牛羊兌皆付三娘子罰治三娘子有盛寵於俺答辛愛嫉妬數詛詈之三娘子入貢宿兌軍中愬其

事兌賂以八寶冠百鳳雲衣紅骨朶雲裙三娘子以此爲兌盡力辛愛撦力克相繼襲王皆妻三娘子三娘子主貢市者三世昆都力嘗求封王會病死其子青把都擁兵至塞多所要挾兌諭以禍福而耀武震之青把都懼貢如初其女東桂嫁朶顏都督長昂嘗隨父入貢訴其貧兌諭其昆弟每一馬分一繒畀之後東桂報土蠻別騎掠三岔河東兌得爲備有功萬曆二年春推款貢功加兌右副都御史貢市畢加兵部右侍郎兼右僉都御史五年夏代方逢時總督宣大山西軍務俺答西掠瓦剌聲言迎佛寄帑於兌留旗箭爲信尚書王崇古奏上方畧使兌諭俺答繞賀蘭山後行勿道甘肅又陰洩其謀於瓦剌俺答兵遂挫留青海未歸而青把都復附土蠻其部下時入寇大學士張居正令兌趣俺答東還約束之青把都亦罰治其下款貢乃益堅七年秋以左侍郎召還部尋加右都御史仍佐部事九年夏復以本官總督薊遼保定軍務兼巡撫順天泰寧速把亥與青把都交通陰入市宣府而歲犯遼東以要款朝廷拒不許兌修義州城備之明年春速把亥來寇總兵官李成梁擊斬之其弟炒花姪老撒卜兒悉遁去詔進兌兵部尚書仍兼右都御史尋進太子少保召拜兵部尚書御史魏允貞劾兌歷附高拱張居正且餽馮保金千兩封識具存給事王繼光亦言兌受將吏饋遺御史林休徵助之攻帝乃允兌去後數年卒孫孟明襲錦衣千戶佐許顯純理北司天啓初獻中書汪文言頗爲之左右顯純怒誣孟明藏匿亡命下本司拷訊削籍歸崇禎初起故官累遷都督同知掌衞事孟明居官貪以附東林頗得時譽子邦輔襲職亦理北司刑崇禎末給事中姜埰行人司副熊開元以言事同日繫詔獄帝欲置之死邦輔故緩其獄帝怒稍解令嚴訊主使者邦輔乃畧訊即具獄上詔予杖百二人由是獲免

鄭洛字禹秀安肅人嘉靖三十五年進士除登州推官徵授御史劾罷嚴嵩黨鄢懋卿萬寀萬虞龍出爲四川參議遷山西參政佐總督王崇古款俺答有功萬曆二年由浙江左布政使改右僉都御史巡撫山西移大同加右副都御史入爲兵部右侍郎七年以左侍郎總督宣大山西軍務昆都力子滿五大令銀定入犯洛奏停貢市遣使責俺答罰贖駝馬牛羊乃復許款三娘子佐俺答主貢市諸部皆受其約束及辛愛襲封年老且病欲妻三娘子三娘子不從率衆西走辛愛自追之貢市久不至洛計三娘子別屬則辛愛雖王無益乃使人語之曰夫人能歸王不失恩寵否則塞上一婦人耳三娘子聽命辛愛更名乞慶哈貢市惟謹洛以功加兵部尚書兼右副都御史十四年乞慶哈死子撦力克當襲三娘子以年長自練兵萬人築城別居洛恐貢市無主復諭撦力克曰夫人三世歸順汝能與之匹則王不然封別有屬也撦力克盡逐諸妾復妻三娘子遂以明年嗣封并奏封三娘子忠順夫人洛乃上疏請定市馬數宣府不得踰三萬大同萬四千山西六千而申飭將吏嚴備以防盜竊且無輕遏其部落馳獵者帝嘉納之御史許守恩劾洛乞歸不允自太子少保累加至太子太保召爲戎政尚書十八年洮河用兵詔兼右都御史經畧陝西延寧甘肅及宣大山西邊務松套賓兔等屢越甘肅侵擾河湟諸番及俺答迎佛又建寺於青海奏賜名仰華留永邵卜別部把爾戶及丙兔火落赤守之俱牧海上他部往來者率取道甘肅甘肅鎮臣以通款弗禁也丙兔死其子眞相進據莽剌川火落赤據捏工川益併呑番族河套都督卜失兔亦遣使邀撦力克撦力克遺洛書以赴仰華爲名洛使從塞外行又諭忠順夫人曰彼中撫賞不能多且王家在東恐有內顧憂也撦力克遂行未至把爾戶部卒闌入西寧副總兵李奎方醉單騎馳之卒持鞚自白爲奎所斫遂大譟射奎死火落赤眞相進圍舊洮州副總兵李聯芳敗歿入臨洮河州渭源總兵官劉承嗣失利遊擊李芳等皆死當是時撦力克已至仰華火落赤眞相益挾爲重關中大震惟把爾戶不助逆事聞詔洛經畧七鎮以僉事萬世德兵部員外郎梁雲龍隨軍贊畫而停撦力克貢市俄罷總督梅友松命洛兼領其事洛以洮河之禍由縱敵入青海乃馳至甘肅令曰北部自青海歸巢者聽假道自巢入青海者即勒兵拒之未幾卜失兔至水泉欲趨青海總兵官張臣與相持月餘洛設伏掩擊之卜失兔僅以身免莊禿賴後至聞之亦退去明年洛與雲龍入西寧控扼青海撦力克聞之西徙二百里還洮河所掠人口與忠順夫人輸罪請歸火落赤眞相亦夜去兩川餘黨留莽剌南山洛慮諸部約結先遣使趣撦力克北歸別遣雲龍世德收番族以弱其勢而具以狀奏聞言自順義南牧借途收番子女牛羊皆有之生死唯所制洮河之役遂爲嚮導番戎之勢不分則心腹之患無已臣鼓舞勞來招回諸番八萬餘人皆陛下威德所致且具陳收番有六利是時撦力克觀望不即歸洛與相羈縻先遣總兵官尤繼先擊走莽剌餘寇督撫魏學曾葉夢熊等請決戰夢熊又騰書都下洛疏持不可夢熊乃調苗兵三千爲邏鋒詆洛爲秦檜賈似道會撦力克北歸謝罪乞復貢市洛乃進兵青海走火落赤眞相焚仰華置戍西寧歸德而還尚書石星以宣大事急請速召洛究款戰之計洛旣至與總督蕭大亨巡撫王世揚邢玠等上疏曰撦力克誘罪火落赤眞相桀驁之狀已歛且其部落數千里部長十餘輩在巢保疆者宣鎮則青把都兄弟未嘗東窺薊遼而兀慎擺腰五路之在新平馴服猶故在西行牧者不他失未嘗窺莽捏而大成比妓則又歸巢獨先今以一人之罪槩絕諸部消往日之恩開將來之隙臣未見其可今史二外叛屢犯邊疆若令順義王縛獻以著信然後酌議市賞在我固未爲失策也議遂定尋加少保仍召理戎政順義王果縛史二來獻復款如故初閱邊給事中張棟言洮河之衂殞將喪師洛爲其所輕故東西移帳自便太僕寺丞徐琰復詆洛乞處分以除僨國之罪棟再疏劾洛欺罔給事中章尚學亦請令洛回宣大至是撦力克歸棟又言火眞亂首順義亂階洛宜除兇雪恥乃虛詞誘敵而重利媚之今火眞依海爲窟出沒如故洛輒侈然敘文武勞乞敘所司毋徇洛請洛乃謝病歸尚書星言洛無重利啗敵事且有威望不宜久棄逾三年官軍與番人夾擊把爾戶於西寧大破之星復奏洛收番之功再詔起用當時以洛有物議卒不推也卒贈太保謚襄敏

張學顏字子愚肥鄉人生九月失母事繼母以孝聞親喪廬墓有白雀來巢登嘉靖三十二年進士由曲沃知縣入爲工科給事中遷山西參議以總督江東劾去官事白遷永平兵備副使再調薊州俺答封順義王察罕土門汗語其下曰俺答奴也而封王吾顧弗如挾三衞窺遼欲以求王而海建諸部日強皆建國稱汗大將王治道郎得功戰死遼人大恐隆慶五年二月遼撫李秋免大學士高拱欲用學顏或疑之拱曰張生卓犖倜儻人未之識也置諸盤錯利器當見侍郎魏學曾後至拱迎問曰遼撫誰可者學曾思良久曰張學顏可拱喜曰得之矣遂以其名上進右僉都御史巡撫遼東遼鎮邊長二千餘里城砦一百二十所三面隣敵官軍七萬二千月給米一石折銀二錢五分馬則冬春給料月折銀一錢八分即歲稔不足支數日自嘉靖戊午大饑士馬逃故者三之二前撫王之誥魏學曾相繼綏輯未復全盛之半繼以荒旱餓莩枕籍學顏首請振恤實軍伍招流移治甲仗市戰馬信賞罰黜懦將數人創平陽堡以通兩河移遊擊於正安堡以衞鎮城戰守具悉就經畫大將李成梁敢力戰深入而學顏則以收保爲完策敵至無所亡失敵退備如初公私力完漸復其舊十一月與成梁破土蠻卓山進右副都御史明年春土蠻謀入寇聞有備而止奸民闌出海上踞三十六島閱視侍郎汪道昆議緝捕學顏謂緝捕非便命李成梁按兵海上示將加誅別遣使招諭許免差役未半載招還四千四百餘口積患以消秋建州都督王杲以索降人不得入掠撫順守將賈汝翼詰責之杲益憾約諸部爲寇副總兵趙完責汝翼啟釁學顏奏曰汝翼卻杲饋遺懲其違抗實伸國威苟緣此罷斥是進退邊將皆敵主之矣臣謂宜諭王杲送還俘掠否則調兵勦殺毋事姑息以蓄禍趙完懼餽金貂學顏發之詔逮完而宣諭王杲如學顏策諸部聞大兵且出悉竄匿山谷杲懼十二月約海西王台送俘獲就款學顏因而撫之遼陽鎮東二百餘里舊有孤山堡巡按御史張鐸增置險山五堡然與遼鎮聲援不接都御史王之誥奏設險山參將轄六堡一十二城分守靉陽又以其地不毛欲移置寬佃以時絀不果萬曆初李成梁議移孤山堡於張其哈佃移險山五堡於寬佃長佃雙墩長領散等皆據膏腴扼要害而邊人苦遠役出怨言工甫興王杲復犯邊殺遊擊裴承祖巡按御史亟請罷役學顏不可曰如此則示弱也即日巡塞上撫定王兀堂諸部聽於所在貿易卒築寬佃斥地二百餘里於是撫順以北清河以南皆遵約束明年冬發兵誅王杲大破之追奔至紅力寨張居正第學顏功在總督楊兆上加兵部侍郎五年夏土蠻大集諸部犯錦州要求封王學顏奏曰敵方憑陵而與之通是畏之也制和者在彼其和必不可久且無功與有功同封犯順與效順同賞旣取輕諸部亦見笑俺答臣等謹以正言卻之會大雨敵亦引退其冬召爲戎政侍郎加右都御史未受代而土蠻約泰寧速把亥分犯遼瀋開原明年正月破敵劈山殺其長阿丑台等五人學顏遂還部踰年拜戶部尚書時張居正當國以學顏精心計深倚任之學顏撰會計錄以勾稽出納又奏列清文條例釐兩京山東陝西勳戚莊田清溢額脫漏詭借諸弊又通行天下得官民屯牧湖陂八十餘萬頃民困賠累者以其賦抵之自正嘉虛耗之後至萬曆十年間最稱富庶學顏有力焉然是時宮闈用度汰侈多所徵索學顏隨事納諫得停發太倉銀十萬兩減雲南黃金課一千兩餘多弗能執爭而金花銀歲增二十萬兩遂爲定

領人亦以是少之十一年四月改兵部尚書時方輿內操選內豎二千人雜廝養訓練發太僕寺馬三千給之學顏執不與馬又請停內操皆不聽其年秋車駕自山陵還學顏上疏曰皇上恭奉聖母扶輦前驅拜祀陵園考卜壽域六軍將士十餘萬部伍齊肅惟內操隨駕軍士進止自恣前至京水河喧爭無紀律奔逸衝突上動天顏今車駕已還猶未解散謹稽舊制營軍隨駕郊祀始受甲於內庫事畢卽還宮中惟長隨內侍許佩弓矢又律不係宿衛軍士持寸刃入宮殿門者絞入皇城門者戍邊衛祖宗防微弭亂之意甚深且遠今皇城內被甲乘馬持鋒刃科道不得糾巡臣部不得檢閱又招集廝養僕隸出入禁苑萬一驟起邪心朋謀倡亂譁於內則外臣不敢入譁於夜則外兵不及知譁於都城白晝則曰天子親兵也驅之不肯散捕之莫敢攖正德中西城練兵之事良可鑒也疏上宦豎皆切齒爲蜚語中傷神宗察知之詰責主使者學顏得免然亦不能用也考滿加太子少保雲南岳鳳平虔平進太子太保時張居正旣歿朝論大異初御史劉臺以劾居正得罪學顏復論其贓私御史馮景隆論李成梁飾功學顏亟稱成梁十大捷非妄景隆坐貶斥學顏故爲居正所厚與李成梁共事久物論皆以學顏黨於居正成梁御史孫繼先曾乾亨給事中黃道瞻交章論學顏學顏疏辯求去又請留道瞻不聽明年順天府通判周弘禴又論學顏交通太監張鯨神宗皆黜之於外學顏八疏乞休許致仕去二十六年卒於家贈少保

張佳允字肖甫銅梁人嘉靖二十九年進士知滑縣劇盜高章者詐爲緹騎直入官署刼佳允索帑金佳允色不變僞書券貸金悉署游徼名召入立禽賊由此知名擢戶部主事改職方還禮部郎中以風霾考察謫陳州同知歷遷按察使隆慶五年冬擢右僉都御史巡撫應天十府安慶兵變坐勘獄辭不合調南京鴻臚卿就遷光祿進右副都御史巡撫保定道聞喪歸萬曆七年起故官巡撫陝西未上改宣府時青把都已服其弟滿五大猶桀驁所部八賴掠塞外史車二部總兵官麻錦禽之佳允命錦縛八賴將斬而身馳赦之八賴叩頭誓不敢犯邊後與總督鄭洛計服滿五大入爲兵部右侍郎十年春浙江巡撫吳善言奉詔減月餉東西二營兵馬文英劉廷用等構黨大譟縛毆善言張居正以佳允才令兼右僉都御史代善言甫入境而杭民以行保甲故亦亂佳允問告者曰亂兵與亂民合乎曰未也佳允喜曰速驅之尚可離而二也旣至民剽益甚佳允從數卒佯問民所苦下令除之衆益張夜掠巨室火光燭天佳允召游擊徐景星諭二營兵令討亂民自贖禽百五十人斬其三之一乃佯召文英廷用予冠帶而密屬景星捕七人并文英廷用斬之二亂悉定帝優詔褒美尋以左侍郎還部錄功加右都御史未幾拜戎政尚書尋兼右副都御史總督薊遼保定軍務以李成梁擊斬逞加努功加太子少保成梁破土蠻瀋陽復進太子太保召還理部事敍勞予一品誥御史許守恩劾佳允營獲本兵御史徐元復劾之遂三疏謝病歸越二年卒贈少保天啓初謚襄憲

殷正茂字養實歙人嘉靖二十六年進士由行人選兵科給事中劾罷南京刑部侍郎沈應龍歷廣西雲南湖廣兵備副使遷江西按察使隆慶初古田獞韋銀豹黃朝猛反銀豹父朝威自弘治中敗官兵於三厄殺副總兵馬俊參議馬鉉正德中嘗陷洛容嘉靖時銀豹及朝猛劫殺參政黎民衷提督侍郎吳桂芳遣典史廖元招降之遷元主簿以守而銀豹數反覆隆慶三年冬廷議大征擢正茂右僉都御史巡撫廣西正茂與提督李遷調土漢兵十四萬令總兵俞大猷將之先奪牛河三厄險諸軍連克東山鳳凰寨蹙之潮水廖元誘獞人斬朝猛銀豹窮令其黨陰斬貌類已者以獻捷聞進兵部右侍郎巡撫如故改古田爲永寧州設副使參將鎮守未幾僉事金柱捕得銀豹正茂因自劾詔磔銀豹京師置正茂不問尋代遷提督兩廣軍務當是時羣盜惠州藍一清賴元爵潮州林道乾林鳳諸良寶瓊州李茂處處屯結廣中日告警倭又數爲害正茂議守巡官畫地分守而徙瀕海譎戍之民於雲南川湖絕倭嚮導乃令總兵官張元勳參政江一麟等先後殺倭千餘以次盡平諸盜廣西巡撫郭應聘亦奏平懷遠洛容猺語詳元勳及李錫傳正茂以功累加兵部尚書兼右副都御史倭復陷銅鼓雙魚元勳大破之儒峒犯電白正茂勦殺千餘人嶺表畧定萬曆三年召爲南京戶部尚書以凌雲翼代明年改北部疏請節用又諫止採買珠寶而張居正以正茂所餽鵞罽轉奉慈寧太后爲坐褥李幼孜與爭寵嗾言官詹沂等劾之遂屢引疾六年致仕歸久之起南京刑部尚書居正卒之明年御史張應詔言正茂以金盤二植珊瑚其中高三尺許賂居正復取金珠翡翠象牙餽馮保及居正家人游七正茂疏辨請告許之二十年卒正茂在廣時任法嚴道將以下奉行惟謹然性貪歲受屬吏金萬計初征古田大學士高拱曰吾捐百萬金予正茂縱乾沒者半然事可立辦時以拱爲善用人李遷字子安新建人嘉靖二十年進士隆慶四年官南京兵部右侍郎以左侍郎總督兩廣給事中光懋言兩廣向設提督事權畫一今兩巡撫相牽掣不便乃改遷提督兼巡撫廣東而特命正茂爲廣西巡撫後遂爲定制以平銀豹功加右都御史尋討惠潮山寇俘斬千二百餘級召爲刑部尚書引疾歸卒謚恭介遷出入中外三十年不妄取一錢年近七十母終廬墓

凌雲翼字洋山太倉州人嘉靖二十六年進士授南京工部主事隆慶中累官右僉都御史撫治鄖陽疏論衞所兵消耗之弊凡六事多議行萬曆元年進右副都御史巡撫江西三遷兵部左侍郎兼右僉都御史提督兩廣軍務代殷正茂時寇盜畧盡惟林鳳遁去鳳初屯錢澳求撫正茂不許遂自彭湖奔東番魍港爲福建總兵官胡守仁所敗是年冬犯柘林靖海碣石已復犯福建守仁追擊至淡水洋沉其舟二十賊失利復入潮州參政金淛諭降其黨馬志善李成等鳳夜遁明年秋把總王望高以呂宋番兵討平之尋進征羅旁羅旁在德慶州上下江界東西兩山間延袤七百里成化中韓雍經畧西山頗安輯惟東山猺阻深箐剽掠有司歲發卒戍守正茂方建議大征會遷去雲翼乃大集兵令兩廣總兵張元勳李錫將之四閱月克巢五百六十俘斬招降四萬二千八百餘人岑溪六十三山七山那留連城諸處隣境猺獞皆懼賊首潘積善求撫雲翼奏設官戍之論功加右都御史兼兵部侍郎賜飛魚服乃改瀧水縣爲羅定州設監司參將積患頓息六年夏與巡撫吳文華討平河池咘咳北三諸猺又捕斬廣東大廟諸山賊嶺表悉定召爲南京工部尚書就改兵部以兵部尚書兼右副都御史總督漕運巡撫淮揚河臣潘季馴召入遂兼督河道加太子少保召爲戎政尚書以病歸家居驕縱給事中御史連章劾之詔奪官後卒雲翼有幹濟才羅旁之役繼正茂成功然喜事好殺戮爲當時所議

贊曰譚綸王崇古諸人受任巖疆練達兵備可與余子俊秦紘先後比跡考其時蓋張居正當國究心於軍謀邊瑣書疏往復洞矚機要委任責成使得展布是以各盡其材事克有濟觀於此而居正之功不可泯也

明史卷二百二十三　列傳第一百十一

總裁官總理事務經筵講官少保兼太子太保保和殿大學士兼管吏部戶部尚書事加六級張廷玉等奉

敕修

盛應期字思徵吳江人弘治六年進士授都水主事出轄濟寧諸牐太監李廣家人市私鹽至濟畏應期役鹽水中去會南京進貢內官誣應期阻薦新船廣從中搆逮應期及主事范璋下詔獄璋亮衞河亦忤中貴者也獄具謫雲南驛丞稍遷祿豐知縣正德初歷雲南僉事武定知府鳳應死其妻攝府事子朝鳴爲寇應期單車入其境母子惶怖歸所侵策鳳氏終亂奏降其秩設官制之寢不行後卒叛與御史張璞副使晁必登抑鎮守太監梁裕裕劾三人俱逮下詔獄璞竟拷死會乾清宮災應期得復職四遷至陝西右布政使擢右副都御史巡撫四川討平天全六番招討使高文林會泉江僰蠻普法惡作亂富順奸民謝文禮文義附之法惡死指揮何卿等先後討誅文禮文義應期賚銀幣以憂歸嘉靖二年起故官巡撫江西宸濠亂後瘡痍未復奏免雜調緡錢數十萬請留轉輸南京米四十七萬銀二十萬以食饑民又令諸府積穀備荒至百餘萬尋進兵部右侍郎總督兩廣軍務將行籍上積穀數帝以陳洪謨代而奬賚應期後洪謨積益多亦被賚應期至廣偕撫寧侯朱麒督參將李璋等討平思恩土目劉召復賚銀幣朝議大征岑猛應期條上方畧七事言廣兵疲弱不可用麒等恚會御史許中劾應期暴虐麒等因相與爲流言御史鄭洛書復劾應期賄結權貴應期已遷工部侍郎引疾歸六年黃河水溢入漕渠沛北廟道口淤數十里糧艘爲阻侍郎章拯不能治尚書胡世寧詹事霍韜僉事江良材請於昭陽湖東別開漕渠爲經久計議未定以御史吳仲言召拯還卽家拜應期右都御史以往應期乃議於昭陽湖東北進江家口南出留城口開濬百四十餘里較疏舊河力省而利永夫六萬五千銀二十萬兩尅期六月工未成會旱災修省言者多謂開河非計帝遽令罷役應期請展一月竟其功不聽初應期請令郎中柯維熊分濬支河維熊力贊新河之議至是亦言不便應期上章自理帝怒詔與維熊俱奪職世寧言新河之議倡自臣應期尅期六月今四月功已八九緣

程工促急怨讟煩興維能反覆變詐傾大臣誤國事自古國家債大事必責首議臣請與同罷帝不許後更赦復官致仕卒應期罷後三十年朱衡循新河遺跡成之運道蒙利焉

朱衡字士南萬安人嘉靖十一年進士歷知尤溪婺源有治聲遷刑部主事歷郎中出爲福建提學副使累官山東布政使三十九年進右副都御史巡撫其地奏言比遼左告饑暫弛登萊商禁轉粟濟之猾商遂竊載他貨往來販易並開青州以西路海島亡命陰相構結禁之便從之召爲工部右侍郎四十四年進南京刑部尚書其秋河決沛縣飛雲橋東注昭陽湖運道淤塞百餘里改衡工部尚書兼右副都御史總理河漕衡馳至決口舊渠已成陸而故都御史盛應期所開新河自南陽以南東至夏村又東南至留城故址尚在其地高河決至昭陽湖止不能復東可以通運乃定議開新河築堤呂孟湖以防潰決河道都御史潘季馴以爲濬舊渠便議與衡不合衡持益堅引鮎魚薛沙諸水入新渠築馬家橋堤以遏飛雲橋決口身自督工劾罷曹濮副使柴淶重繩吏卒不用命者浮議遂起明年給事中鄭欽劾衡虐民倖功詔遣給事中何起鳴往勘工垂竣矣及秋河決馬家橋議者紛然謂功不可成起鳴初主衡議亦變其說與給事中王元春御史王襄交章請罷衡會新河已成乃止河長一百九十四里漕艘由境山入通行至南陽未幾季馴以憂去詔衡兼理其事隆慶元年加太子少保山水驟溢決新河壞漕艘數百給事中吳時來言新河受東兗以南費嶧鄒滕之水以一堤捍羣流豈能不潰宜分之以殺其勢衡乃開支河四洩其水入赤山湖明年秋召還部又明年衡上疏曰先臣宋禮濬治舊渠測量水平計濟寧平地與徐州境山巔相準北高南下懸流三十丈故魯橋閘以南稍啓立涸舟行半月始達東兗之民增閘挑淺苦力役者百六十年屬者改鑿新渠遠避黃流舍卑就高地形平衍諸閘不煩起閉舟行日可百餘里夫役漫無事事近河道都御史翁大立奏請裁革宜可聽於是汰閘官五夫役六千餘以其餘直爲修渠費四年秋河決睢寧起季馴總理明年冬閱視河道給事中雒遵劾罷季馴言廷臣可使無出衡右者六年正月詔兼左副都御史經理河道穆宗崩大學士高拱以山陵工請召衡會邳州工亦竣衡遂還朝衡先後在部禁止工作裁抑浮費所節省甚衆穆宗時內府監局加徵工料濫用不訾衡隨時執奏未幾詔南京織造太監李佑趨辦袍緞千八百餘匹衡因言官孫枝姚繼可嚴用和駱問禮先後諫再疏請從之帝切責太監崔敏傳令南京加造緞十餘萬匹衡議停新造但責歲額得減新造三之二命造鰲山燈計費三萬餘兩又命建光泰殿瑞祥閣於長信門衡皆奏止之及神宗卽位首命停織造而內臣不卽奉詔且請增織染所顏料衡奏爭皆得請皇太后傳諭發帑金修涿州碧霞元君廟衡復爭報聞衡性強直遇事不撓不爲張居正所喜萬曆二年給事中林景暘劾衡剛愎衡再疏乞休詔加太子太保馳驛歸其年夏大雨壞昭陵祾恩殿追論督工罪奪宮保卒年七十三子維京自有傳翁大立餘姚人嘉靖十七年進士累官山東左布政使三十八年以右副都御史巡撫應天蘇州諸府蘇州以倭警募壯士後兵罷無所歸羣聚剽奪大立得其主名捕甚急惡少懼夜劫縣衞獄縱囚自隨攻都御史行署大立挈妻子遁知府王道行督兵力拒之乃斬葑門奔入太湖爲盜命大立戴罪捕賊尋被劾罷久之起故官巡撫山東遭喪不赴隆慶二年命督河道朱衡旣開新河漕渠便利大立因頌新河之利有五而請濬回回墓以達鴻溝引昭陽之水沿鴻溝出留城以溉湖下腴田千頃未幾又請鑿邵家嶺令水由地浜溝出境山入漕河帝皆從之三年七月河大決沛縣漕艘阻不進帝從大立請大行振貸大立又請漕艘後至者貯粟徐州倉平價出糶詔許以三萬石賚民大立以下民昏墊閭閻愁困狀帝莫能周知乃繪圖十二以獻且言時事可憂更不止此東南財賦區而江海泛溢粒米不登京儲可慮一也邊關千里悉遭洪水墩堡傾頹何恃以守可慮二也畿輔山東河南霪雨旣久城郭不完寇盜無備可慮三也江海間颶風鼓浪舟艦戰卒悉入波流海防可慮四也淮浙鹽場鹹泥盡沒竈戶流移商賈不至國課可慮五也望陛下以五患十二圖付公卿博議速求拯濟之策帝留圖備覽下其奏於所司當是時黃河旣決淮水復張自清河縣至通濟閘抵淮安城西淤三十餘里決方信二壩出海平地水深丈餘寶應湖堤往往崩壞山東沂莒郯城水溢從沂河直河出邳州人民多溺死大立奔走經營至四年六月鴻溝境山諸工及淮流疏濬次第告成帝喜錫賚有差時大立已陞工部右侍郎旋改兵部爲左會代者陳大賓未至而山東沙薛汶泗諸水驟漲決仲家淺諸處黃河又暴至茶城復淤已而淮自泰山廟至七里溝亦淤十餘里其明年遂爲給事中宋良佐劾罷萬曆二年起南京刑部右侍郎就改吏部明年入爲刑部右侍郎再遷南京兵部尚書六年致仕歸先是隆慶末有錦衣指揮周世臣者外戚慶雲侯裔也家貧無妻獨與婢荷花兒居盜入其室殺世臣去把總張國維入捕盜惟荷花兒及僕王奎在遂謂二人姦弒其主獄成刑部郎中潘志伊疑之久不決及大立以侍郎署部事憤荷花兒弒主趣志伊速決志伊終疑之乃委郎中王三錫徐一忠同讞竟無所平反置極刑踰數年獲眞盜都人競稱荷花兒冤流聞禁中帝大怒欲重譴大立等會給事中周良寅蕭彥復劾之乃追奪大立職調一忠三錫於外志伊時已知九江府亦謫知陳州志伊吳江人進士終廣西右叅政歷官有聲

潘季馴字時良烏程人嘉靖二十九年進士授九江推官擢御史巡按廣東行均平里甲法廣人大便臨代去疏請飭後至者守其法帝從之進大理丞四十四年由左少卿進右僉都御史總理河道與朱衡共開新河加右副都御史尋以憂去隆慶四年河決邳州睢寧起故官再理河道塞決口明年工竣坐驅運船入新溜漂沒多爲勘河給事中雒遵劾罷萬曆四年夏再起官巡撫江西明年冬召爲刑部右侍郎是時河決崔鎭黃水北流淸河口淤澱全淮南徙高堰湖堤大壞淮揚高郵寶應間皆爲巨浸大學士張居正深以爲憂河漕尚書吳桂芳議復老黃河故道而總河都御史傅希摯欲塞決口束水歸漕兩人議不合會桂芳卒六年夏命季馴以右都御史兼工部左侍郎代之季馴以故道久湮雖濬復其深廣必不能如今河議築崔鎭以塞決口築遙堤以防潰決又淮淸河濁淮弱河強河水一斗沙居其六伏秋則居其八非極湍急必至停滯當藉淮之淸以刷河之濁築高堰束淮入淸口以敵河之強使二水竝流則海口自濬卽桂芳所開草灣亦可不復修治遂條上六事詔如議明年冬兩河工成又明年春加太子太保進工部尚書兼左副都御史季馴初至河上歷虞城夏邑商邱相度地勢舊黃河上流自新集經趙家圈蕭縣出徐州小浮橋極深廣自嘉靖中北徙河深旣淺遷徙不常曹單豐沛常苦昏墊上疏請復故河給事中王道成以方築崔鎭高堰役難竝舉河南撫按亦陳三難乃止遷南京兵部尚書十一年正月召改刑部季馴之再起也以張居正援居正歿家屬盡幽繫子敬修自縊死季馴言居正母踰八旬旦暮莫必其命乞降特恩宥釋又以治居正獄太急宣言居正家屬斃獄者已數十人先是御史李植江東之輩與大臣申時行楊巍相訐季馴力右時行巍痛詆言者言者交怒植遂劾季馴黨庇居正落職爲民十三年御史李棟上疏訟曰隆慶間河決崔鎭爲運道梗數年以來民居旣奠河水安流咸曰此潘尚書功也昔先臣宋禮治會通河至於今是賴陛下允督臣萬恭之請予之諡廕今季馴功不在禮下乃當身存之日使與編戶齒寧不隳諸臣任事之心失朝廷報功之典哉御史董子行亦言季馴罪輕責重詔俱奪其俸其後論薦者不已十六年給事中梅國樓復薦遂起季馴右都御史總督河道自吳桂芳後河漕皆總理至是復設專官明年黃水暴漲衝入夏鎭壞田廬居民多溺死季馴復築塞之十九年冬加太子太保工部尚書兼右都御史季馴凡四奉治河命前後二十七年習知地形險易增築設防置官建閘下及木石樁埽綜理纖悉積勞成病三疏乞休不允二十年泗州大水城中水三尺患及祖陵議者或欲開傅寧湖至六合入江或欲濬周家橋入高寶諸湖或欲開壽州瓦埠河以分淮水上流或欲弛張福堤以洩淮口季馴謂祖陵王氣不宜輕洩而巡撫周寀陳于陛巡按高舉謂周家橋在祖陵後百里可疏濬議不合都給事中楊其休請允季馴去歸三年卒年七十五

萬恭字肅卿南昌人嘉靖二十三年進士授南京文選主事歷考功郎中壽王喪過南京中貴欲令朝王妃恭厲聲曰禮不朝后況妃乎遂止就遷光祿少卿入改大理四十二年寇逼通州帝方急兵事以兵部右侍郎蔡汝楠協理戎政侍郎幹時不勝任調之南京欲代以鄭曉楊順葛縉手詔問徐階階以曉文士順縉匪人請命吏部推擇帝乃諭尚書嚴訥越格求之遂以湖廣叅政李燧代時而命恭代汝楠恭列上選兵議將練兵車火器諸事皆報可明年燧罷衆將推恭恭引疾及用趙炳然恭起視事於是給事中胡應嘉劾恭奸欺恭奏辯部議調恭詔勿問恭不自安力請劇邊自效乃命兼僉都御史巡撫山西甫至寇犯龍鬚墩恭伏兵擊却之未幾寇五萬騎至朔州川恭與戰老高墓列車爲陣發火器寇少却忽風起火反焚車寇復大至諸將殊死戰寇乃去事聞賚銀幣巡撫故無旗牌恭請得之濱河州縣患套寇東掠歲鑿冰以防恭爲築牆四十里教人以耕及用水車法民大利之浹歲以內艱歸隆慶初給事中岑用賓等拾遺及恭吏部尚書楊博議仍用之邊方暨服闋恭遂不出六年春給事中劉伯燮薦恭異才會河決

邳州運道大阻已遣尚書朱衡經理復命恭以故官總理河道恭與衡築長堤北自磨臍溝迄邳州直河南自離林迄宿遷小河口各延三百七十里費帑金三萬六十日而成高寶諸河夏秋泛溢歲議增堤而水益漲恭緣堤建平水閘二十餘以時洩蓄專令濬湖不復增堤河遂無患恭強毅敏達一時稱才臣治水三年言者劾其不職竟罷歸家居垂二十年卒孫燝自有傳

吳桂芳字子實新建人嘉靖二十三年進士授刑部主事有崔鑑者年十三忿父妾凌母手刃之桂芳爲著論擬赦尚書聞淵曰此董仲舒春秋斷獄柳子厚復讎議也鑑遂得宥及淵入吏部欲任以言職會聞繼母病遽請歸留之不可起補禮部歷遷揚州知府禦倭有功遷俸一級又建議增築外城揚有二城自桂芳始歷浙江左布政使進右僉都御史巡撫福建父喪歸起故官撫治鄖陽尋進右副都御史總理河道未任兩廣總督張臬以非軍旅才被劾罷部議罷總督改桂芳兵部右侍郎兼右僉都御史提督兩廣軍務兼理巡撫兩廣羣盜河源李亞元程鄉葉丹樓連歲爲患潮州舊倭屯據鄒塘桂芳先討倭以降賊伍端爲前驅官軍繼進一日夜克三巢焚斬四百餘人帝深嘉之令與南贛提督吳百朋乘勝滅賊而新倭寇福建者爲戚繼光所敗流入境桂芳百朋會調土漢兵乘其初至急擊之倭懼悉奔甲子崎沙奪漁舟入海暴風起皆覆溺死脫者還海豐副總兵湯克寬禽斬殆盡因建議海道副使轄東莞以西至瓊州領番夷市舶更設海防僉事巡東莞以東至惠潮專禦倭寇又進討亞元丹樓平之降賊王西橋吳平已撫復叛西橋掠東莞敗都指揮劉世恩兵執肇慶同知郭文通以求撫桂芳禽斬之進討平平初據南澳爲戚繼光俞大猷所敗奔饒平鳳凰山掠民舟出海自陽江奔安南桂芳檄安南萬寧宣撫司進勦遣克寬以舟師會之夾擊平萬橋山下乘風縱火平軍死無算禽斬三百九十餘人參將傅應嘉言平已禽後復云溺死福建巡撫汪道昆奏聞桂芳不肯曰風火交熾時何以知其必死也平黨林道乾復竄南澳時議設參將戍守桂芳言澳中地險而腴元時曾設兵戍守戍兵即據以叛此禦盜生盜也不如戍柘林便從之召爲南京兵部右侍郎尋改北部隆慶初轉左以疾乞歸言官數論薦萬曆三年冬即家起故官總督漕運兼巡撫鳳陽明年春桂芳以淮揚洪潦奔流惟雲梯關一徑入海致海湧橫沙河流汛溢而興鹽高寶諸州縣所在受災請益開草灣及老黃河故道以廣入海之路修築高郵東西二堤以蓄湖水皆下所司議行未幾草灣河工告成是年秋河決曹縣徐州桃源給事中劉鉉疏議漕河語侵桂芳桂芳疏辯曰草灣之開以高寶水患衝齧疏以拯之非能使上游亦不復漲也今山陽以南諸州縣水落佈種斗米四分則臣斯舉亦既得策矣若徐邳以上非臣所屬臣何與焉因請罷御史邵陛言諸臣以河漲歸咎草灣阻任事氣乞策勵桂芳益厎厥績而詰責河臣傅希摯曠職從之其明年希摯議塞崔鎮決口束水歸漕而桂芳欲衝刷成河以爲老黃河入海之道廷議以二人意見不合改希摯撫陝西以李世達代未幾又改世達他任命桂芳兼理河漕六年正月詔進工部尚書兼右副都御史居職如故未踰月卒尋以高郵湖堤成贈太子少保傅希摯衡水人累官右僉都御史巡撫山東隆慶末戶部以餉乏議裁山東河南民兵希摯爭之而止改總理河道以茶城淤塞開梁山以下寧洋山出右洪口萬曆五年進右副都御史巡撫陝西已遷戶部右侍郎坐隴右礦賊未靖論罷起總督漕運歷南京戶兵二部尚書召理戎政以老被劾加太子少保致仕

王宗沐字新甫臨海人嘉靖二十三年進士授刑部主事與同官李攀龍王世貞輩以詩文相友善宗沐尤習吏治歷江西提學副使修白鹿洞書院引諸生講習其中三遷山西右布政使所部歲侵宗沐因入覲上疏曰山西列郡俱荒太原尤甚三年於茲百餘里不聞雞聲父子夫婦互易一飽命曰人市宗祿八十五萬累歲缺支饑疫死者幾二百人夫山西京師右掖自故關出眞定自忻代出紫荆皆不過三日宣大之糧雖派各郡而運本色者皆在太原饑民一聚蹂踐劫奪歲供宣大兩鎮六十七萬餉誰爲之辦此可深念者一也四方奏水旱者以十分上部議常裁而爲三所免不過存留者而已今山西所謂存留者二鎮三關之輸也存留乃反急於起運是山西終不蒙分毫之寬此可深念者二也開疆萬山之中巖阻巉絕太原民不得至澤潞安望就食他所獨眞定米稍可通然背負車運率二斗而致一斗甫至壽陽則價已三倍矣是可深念者三也饑民相聚爲盜招之不可勢必撲殺小則支庫金大則請內帑與其發帑以賞殺盜之人孰若發帑使不爲盜此可深念者四也近邱富往來誘惑邊民妄傳募人耕田不取租稅愚民何知急不暇擇長邊八百餘里誰要之者彼誘而衆我逃而虛此可深念者五也因請緩征逋賦留河東新增鹽課以給宗祿尋改廣西左布政使再補山東隆慶五年給事中李貴和請開膠萊河宗沐以其功難成不足濟運遺書中朝止之拜右副都御史總督漕運兼巡撫鳳陽極陳運軍之苦請亟優恤又以河決無常運道終梗欲復海運上疏曰自會通河開濬以來海運不講已久臣近官山東嘗條斯議巡撫都御史梁夢龍毅然試之底績無壅而慮者輒苦風波夫東南之海天下衆水之委也茫渺無山趨避靡所近南水暖蛟龍窟宅故元人海運多驚以其起自太倉嘉定而北也若自淮安而東引登萊以泊天津是謂北海中多島嶼可以避風又其地高而多石蛟龍有往來而無窟宅故登舟有海市以石氣與水氣相搏映石而成石氣能達於水面以石去水近故也北海之淺是其明驗可以佐運河之窮計無便於此者因條上便宜七事明年三月遂運米十二萬石自淮入海五月抵天津叙功與夢龍俱進秩賜金幣而南京給事中張煥言比聞八舟漂沒失米三千二百石宗沐預計有此私令人羅補夫米可補人命可補乎宗沐掩飾視聽非大臣誼宗沐疏辨求勘詔行前議習海道以備緩急未幾海運至即墨颶風大作覆七舟都給事中賈三近御史鮑希顏及山東巡撫傅希摯俱言不便遂寢時萬曆元年也宗沐以徐邳俗獷悍多姦猾濱海鹽徒出沒六安霍山礦賊竊發奏設守將又召豪俠巨室三百餘人充義勇責令捕盜後多以功給冠帶遷南京刑部右侍郎召改工部尋進刑部左侍郎奉敕閱視宣大山西諸鎮邊務母喪歸九年以京察拾遺罷不叙居家十餘年卒贈刑部尚書天啓初追謚襄裕子士崧士琦士昌從子士性皆進士士崧官刑部主事士琦歷重慶知府播州宣慰使楊應龍叛承總督邢玠檄至松坎撫定之遂進兵備副使治其地尋以山東參政監軍朝鮮有功超擢河南右布政使坐應龍復叛降湖廣右參政歷山東右布政使佐余宗濬封順義王進秩賜金擢右副都御史巡撫大同被劾擬調未幾卒士昌由龍谿知縣擢兵科給事中寇犯固原甘肅方議諸將罪而延綏兩以捷聞兵部請告廟宣捷士昌奏止之改禮科礦稅興疏言近日御題黃纛遍布關津聖旨朱牌委褻蔀屋遂使三家之村雞犬悉盡五都之市絲粟皆空且稅以店名無異北齊之市肆官從內遣何啻西苑之斜封不報二十九年帝將冊立東宮而故緩其期士昌偕同官楊天民極諫謫貴州鎮遠典史屢遷大理右丞署事與張問達共定張差獄旋進右少卿擢右僉都御史巡撫福建歸卒士性字恒叔由確山知縣徵授禮科給事中首陳天下大計言朝廷要務二曰親章奏節財用官司要務三曰有司文網督學科條王官考覈兵戎要務四曰中州武備晉地要害北寇機宜遼左戰功疏凡數千言深切時弊多議行詔製鼇山燈未幾慈寧宮火士性請停前詔帝納之楊巍議黜丁此呂士性劾巍阿輔臣申時行時行納巍邪媚皆失大臣誼寢不行時行士性座主也久之疏言朝廷用人不宜專取容身緘默緩急不足恃者請召還沈思孝吳中行艾穆鄒元標黃道瞻蔡時鼎聞道立顧憲成孫如法姜應麟馬應圖王德新盧洪春彭遵古諸壽賢顧允成等忤旨不報遷吏科給事中出爲四川參議歷太僕少卿河南缺巡撫廷推首王國士性次之帝特用士性士性疏辭言資望不及國帝疑其矯且謂國實使之遂出國於外調士性南京久之就遷鴻臚卿卒

劉東星字子明沁水人隆慶二年進士改庶吉士授兵科給事中大學士高拱攝吏部以非時考察謫蒲城縣丞徙盧氏知縣累遷湖廣左布政使萬曆二十年擢右僉都御史巡撫保定時朝鮮以倭難告王師調集恐會天津而天津靜海滄州河間皆被災東星請漕米十萬石平糶民乃濟召爲左副都御史進吏部右侍郎以父老請侍養歸瀕行而父卒二十六年河決單之黃堌運道堙阻起工部左侍郎兼右僉都御史總理河漕初尚書潘季馴議開黃河上流循商虞而下歷丁家道口出徐州小浮橋即元賈魯所浚故道也朝廷以費鉅未果東星即其地開濬起曲里鋪至三仙臺抵小浮橋又濬漕渠自徐邳至宿計五閱月工竣費僅十萬詔嘉其績進工部尚書兼右副都御史明年渠邵伯界首二湖又明年奏開泇河泇界滕嶧間南通淮海引漕甚便前總督翁大立首議開濬後尚書朱衡都御史傅希摯復言之朝廷數遣官行視迄無成畫河臣舒應龍嘗鑿韓莊工亦中輟東星力任其役初議費百二十萬及工起費止七萬而渠已成十之三會有疾求去屢旨慰留卒官後李化龍循其遺跡與李三才共成之漕永便焉東星性儉約歷官三十年敝衣蔬食如一日天啓初謚莊靖

胡瓚字伯玉桐城人萬曆二十三年進士授都水主事分司南旺兼督泉閘駐濟寧泗水所注瓚修金口壩過之造舟汶上爲橋於寧陽民不病涉河決黃堌瓚憂之會劉東星來總河漕瓚與往復論難謂黃堌不杜勢且易黃而漕漕南北七百里以涓涓之泉安能運萬千

有奇之艘使及期飛渡贊東星濬賈魯河故道並治汶泗間泉數百尋源竟委著泉河史上之贊治泉一夫濬一泉各有分地省其勤惰而賞罰之冬則養其餘力不征於官以疏濬運道有功增秩一等二十七年督修琉璃河橋三年橋成省費七萬有奇累官江西左參政予告歸久之卒

徐貞明字孺東貴溪人父九思見循吏傳貞明舉隆慶五年進士知浙江山陰縣敏而有惠萬曆三年徵爲工科給事中會御史傅應禎獲罪貞明入獄調護坐貶太平府知事十三年累遷尚寶司丞初貞明爲給事中上水利軍班二議謂神京雄據上游兵食宜取之畿甸今皆仰給東南豈西北古稱富强地不足以實廩而練卒乎夫賦稅所出括民脂膏而軍船夫役之費常以數石致一石東南之力竭矣又河流多變運道多梗竊有隱憂聞陝西河南故渠廢堰在在有之山東諸泉引之率可成田而畿輔諸郡或支河所經或澗泉自出皆足以資灌溉北人未習水利惟苦水害不知水害未除正由水利未興也蓋水聚之則爲害散之則爲利今順天眞定河間諸郡桑麻之區半爲沮洳由上流十五河之水惟泄於猫兒一灣欲其不汎濫而壅塞勢不能也今誠於上流疏渠濬溝引之灌田以殺水勢下流多開支河以泄橫流其淀之最下者留以瀦水稍高者皆如南人築圩之制則水利興水患亦除矣至於永平灤州抵滄州慶雲地皆萑葦土實膏腴元虞集欲於京東濱海地築塘捍水以成稻田若倣集意招徠南人俾之耕藝北起遼海南濱靑齊皆良田也宜特簡憲臣假以事權毋阻浮議需以歲月不取近功或撫窮民而給其牛種或任富室而緩其征科或選擇健卒分建屯營或招徠南人許其占籍俟有成績次及河南山東陝西庶東南轉漕可減西北儲蓄常充國計永無絀矣其議軍班則言東南民素柔脆莫任遠戍今數千里勾軍離其骨肉而軍壯出於戶丁幫解出於里甲每軍不下百金而軍非土著志不久安輒賂衛官求歸衛官利其賂且可以冒餉也因而縱之是困東南之民而實無補於軍政也宜倣匠班例軍戶應出軍者歲徵其錢而召募土著以足之便事皆下所司兵部尚書譚綸言勾軍之制不可廢工部尚書郭朝賓則以水田勞民請俟異日事遂寢及貞明被謫至潞河終以前議可行乃著潞水客談以畢其說其畧曰西北之地旱則赤地千里潦則洪流萬頃惟雨暘時若庶樂歲無饑此可常恃哉惟水利興而後旱潦有備利一中人治生必有常稔之田以國家之全盛獨待哺於東南豈計之得哉水利興則餘糧棲畝皆倉庾之積利二東南轉輸其費數倍若西北有一石之入則東南省數石之輸久則蠲租之詔可下東南民力庶幾稍甦利三西北無溝洫故河水橫流而民居多沒修復水田則可分河流殺水患利四西北地平曠寇騎得以長驅若溝洫盡舉則田野皆金湯利五游民輕去鄉土易於爲亂水利興則業農者依田里而游民有所歸利六招南人以耕西北之田則民均而田亦均利七東南多漏役之民西北罹重徭之苦以南賦繁而役減北賦省而徭重也使田墾而民聚則賦增而北徭可減利八沿邊諸鎭有積貯轉輸不煩利九天下浮戶依富家爲佃客者何限募之爲農而簡之爲兵屯政無不舉矣利十塞上之卒土著者少屯政舉則兵自足可以省遠募之費甦班戍之勞停攝勾之苦利十一宗祿浩繁勢將難繼今自中尉以下量祿之田使自食其土爲長子孫計則宗祿可減利十二修復水利則倣古井田可限民名田而自昔養民之政漸可舉行利十三民與地均可倣古比閭族黨之制而敎化漸興風俗自美利十四也譚綸見而美之曰我歷塞上久知其必可行也已而順天巡撫張國彥副使顧養謙行之薊州永平豐潤玉田皆有效及是貞明還朝御史蘇瓚徐待力言其說可行而給事中王敬民又特疏論薦帝乃進貞明少卿賜之敕令徃會撫按諸臣勘議時瓚方奉命巡關復獻議曰治水與墾田相濟未有水不治而田可墾者畿輔爲患之水莫如盧溝滹沱二河盧溝發源於桑乾滹沱發源於太戲源遠流長又合深易濡泡沙滋諸水散入各淀而泉渠溪港悉注其中以故高橋白洋諸淀大者廣圍一二百里小亦四五十里每當夏秋淫潦膏腴變爲潟鹵菽麥化爲萑葦甚可惜也今治水之策有三濬河以決水之壅疏渠以殺淀之勢撤曲防以均民之利而已帝並下貞明貞明乃躬歷京東州縣相原隰度土宜周覽水泉分合條列事宜以上戶部尚書畢鏘等力贊之因採貞明疏議爲六事請郡縣有司以墾田勤惰爲殿最聽貞明舉劾地宜稻者以漸勸率宜黍宜粟者如故不遽責其成召募南人給衣食農具俾以一教十能墾田百畝以上卽爲世業子弟得寄籍入學其卓有明效者倣古孝弟力田科量授鄕遂都鄙之長墾荒無力者貸以穀秋成還官旱潦則免郡縣民壯役止三月使疏河芟草而墾田則募專工帝悉從之其年九月遂命貞明兼監察御史領墾田使有司撓者劾治貞明先詣永平募南人爲倡至明年二月已墾至三萬九千餘畝又遍歷諸河窮源竟委將大行疏濬而奄人勳戚之占閒田爲業者恐水田興而已失其利也爭言不便爲蜚語聞於帝帝惑之三月閣臣申時行等以風霾陳時政力言其利帝意終不釋御史王之棟畿輔人也遂言水田必不可行且陳開滹沱不便者十二帝乃召見時行等諭令停役時行等請罷開河專事墾田已工部議之棟疏亦如閣臣言帝卒罷之而欲追罪建議者用閣臣言而止貞明乃還故官尋乞假歸十八年卒貞明識敏才練慨然有經世志京東水田實百世利事初興而卽爲浮議所撓論者惜之初議時吳人伍袁萃謂貞明曰民可使由不可使知君所言得無太盡耶貞明問故袁萃曰北人懼東南漕儲派於西北煩言必起矣貞明默然已而之棟竟劾奏如袁萃言袁萃字聖起吳縣人舉萬曆五年會試又三年釋褐授貴溪知縣擢兵部主事進員外郎署職方事李成梁子如楨求爲錦衣大帥袁萃力爭寢之出爲浙江提學僉事巡撫牒數十人寄學立却還之歷廣東海北道副使中官李敬轄珠池其參隨擅殺人袁萃捕論如法請告歸所撰林居漫錄彈園雜志多貶斥當世公卿大夫而於李三才于玉立尤甚云

贊曰事功之難立也始則羣疑朋興繼而忌口交鑠此勞臣任事者所爲腐心也盛應期諸人治漕營田所規畫爲軍國久遠大計其奏效或在數十年後而當其時浮議滋起或以輟役或以罷官久之乃食其利而思其功故曰可與樂成難與慮始信夫

明史卷二百二十四　列傳第一百十二

總裁官總理事務經筵講官少保兼太子太保保和殿大學士兼管吏部戶部事加六級臣張廷玉等奉

敕修

嚴清　宋纁

陸光祖　孫鑨子如法

陳有年　孫丕揚

蔡國珍　楊時喬

嚴清字公直雲南後衞人嘉靖二十三年進士除富順知縣公廉恤民治聲大起憂歸補邯鄲入爲工部主事歷郎中董作京師外城修九陵吏無所侵牟工成加俸連丁內外艱服除補兵部擢保定知府故事歲籍民充京師庫役清罷之振荒弭盜人以比前守吳嶽歷遷易州副使陝西參政四川按察使右布政使並以清望薦章十餘上隆慶二年以右僉都御史巡撫貴州未上改四川清久宦川中僚吏憚其風采相率厲名行少墨敗者郡縣卒歲團操成都清罷之番人入貢裁爲定額痛絕强宗悍吏毀者亦衆陝西賊流入境巡按御史王廷瞻劾清縱寇大學士趙貞吉言賊起鄖陝貽害川徼卽有罪當罪守土臣不宜專責巡撫臣蜀人深知清約己愛人省事任怨今蜀地歲荒民流方倚清如父母奈何棄之任事臣欲爲國家利小民必得罪豪右論者不察動以深文求之頃海瑞既去若清復罷是任事之臣皆不免彈擊惟全軀保位爲得計矣疏奏不允命解官聽調清遂不出萬曆二年起撫山西未赴改貴州歷兩京大理卿三遷刑部尚書張居正當國尚書不附麗者獨清居正旣卒籍馮保家得廷臣餽遺籍獨無清名神宗深重焉會吏部尚書梁夢龍罷卽以清代日討故實辨官材自丞佐下皆親署無一倖進者中外師其廉儉書問幾絕甫半歲得疾歸帝數問閣臣嚴尚書病愈否十五年兵部缺尚書用楊博故事特詔起補遣使趣行而清疾益甚不能赴又三年卒贈太子太保諡恭肅清初拜尚書不能具服色束素犀帶以朝或嘲之曰公釋褐時七品玳瑁帶猶在耶清笑而已

宋纁字伯敬商邱人嘉靖三十八年進士授永平推官擢御史出視西關按應天諸府隆慶改元再按山西俺答陷石州將士捕七十七人當斬纁訊得其誣釋者殆半靜樂民李良雨化爲女纁言此陽衰陰盛之象宜進君子退小人以挽氣運帝嘉納之擢順天府丞尋以右僉都御史巡撫保定諸府核缺伍汰冗兵罷諸道援兵防禦省餉無算萬曆初與張居正不合引疾歸居正卒廷臣交薦以故官撫保定獲鹿諸縣饑先振後以聞帝以近畿宜俟命令災重及地遠者便宜振貸餘俱奏聞尋遷南京戶部右侍郎召還部進左攺督倉場請減額解贖銀民壯弓兵諸役已裁者勿徵民間工食十四年遷戶部尚書民壯工食已減半復有請盡蠲者纁因幷曆日諸費奏裁之有司徵賦懼缺額鞭撻取盈纁請有司考成視災傷爲上下山西連歲荒賴社倉獲濟纁請推行天下以紙贖爲糴本不足則勸富人或令民輸粟給冠帶又言邊儲大計最重屯田鹽筴近諸邊年例銀增至三百六十一萬視弘治初八倍宜修屯政商人墾

荒中鹽帝皆稱善聖節賞賚詔取部帑銀二十萬兩纁執奏不從潞王將之國復取銀三十萬兩市珠寶纁亦力爭乃減三之一故事金花銀歲進百萬兩帝卽位之六年增二十萬遂以爲常纁三請停加額終不許纁爲戶部五年值四方多災爲酌盈虛籌緩急奏報無需時上下賴之而都御史吳時來以吏部尚書楊巍年老求去忌纁名出己上兩疏劾纁因杜門乞休帝不許及巍去卒以纁代之巍在部不能止吏奸且遇事輒請命政府纁絕請寄奬廉抑貪罪黜吏百餘人於執政一無所關白會文選員外郎缺官纁擬起鄒元標奏不下再疏趣之大學士申時行遂擬旨切責斥元標南京頃之以序班盛名昭註官有謨時行劾奏之序班劉文潤遷詹事府錄事時行又劾文潤由輸粟進不當任清秩時殿閣中書無不以貲進者時行獨爭一錄事纁知其意五疏乞休福建僉事李琯言時行庇巡撫秦燿而纁議罷之仇主事高桂而纁議用之以故假小事齮齕使不得安其位帝不納琯言亦不允纁請無何纁卒官詔贈太子太保諡莊敬纁凝重有識議事不苟石星代爲戶部嘗語纁曰某郡有奇羨可濟國需纁曰朝廷錢穀寧蓄久不用勿使搜括無餘主上知物力充羨則侈心生矣星憮然有郎言漕糧宜改折纁曰太倉之儲寧紅腐不可匱絀一旦不繼何所措手中外陳奏帝多不省或直言指斥輒曰此沽名耳不罪于愼行稱帝寬大纁愀然曰言官極論得失要使人主動心縱罪及言官上意猶有所儆省槩置勿問則如痿痺不可療矣後果如其言

陸光祖字與繩平湖人祖淞父杲皆進士淞光祿卿杲刑部主事光祖年十七與父同舉於鄉尋登嘉靖二十六年進士除濬縣知縣兵部尚書趙錦徵畿輔民築塞垣光祖言不便錦怒劾之光祖言於巡撫請輸雇值民乃安郡王奪民產光祖裁以法遷南京禮部主事請急歸補祠祭主事歷儀制郎中嚴訥爲尚書雅重光祖議無不行及訥改吏部調光祖驗封郎中改考功王崇古張瀚方逢時王一鶚挂物議力雪之旣而改文選益務汲引人才登進者碩幾盡又破格擢廉能吏王化江東邵元善張澤李珙郭文通蔡琮陳永謝侃或由鄉舉貢士或起自書吏由是下僚競勸訥亦推心任之故光祖得行其志左侍郎朱衡銜光祖有後言御史孫丕揚遂以專擅劾光祖時已遷太常少卿坐落職閒住大學士高拱掌吏部謀傾徐階階賓客皆避匿光祖獨爲排解及拱罷楊博代爲吏部義之特起南京太僕少卿未上擢本寺卿又就進大理卿半道丁父艱萬曆五年起故官張居正以奪情杖言者光祖遺書規之及王用汲劾居正居正將中以危禍光祖時入爲大理卿力解得免居正與光祖同年相善欲援爲助光祖無詭隨及遷工部右侍郎以議漕糧改折忤居正御史張一鯤論之光祖遂引歸十一年冬薦起南京兵部右侍郎甫旬日召爲吏部悉引居正所擯老成人布九列李植江東之力求居正罪光祖言居正輔翼功不可泯與言路左植輩以丁此呂故攻尚書楊巍光祖右巍詆言者言者遂羣攻光祖乃由左侍郎出爲南京工部尚書御史周之翰劾光祖附宗人炳得淸華帝不問御史楊有仁遂劾光祖受賕請屬巍力保持之事得寢光祖竟引疾去十五年起南京刑部尚書就改吏部率同官劾東廠太監張鯨且乞宥李沂已言國本未定由鯨搆謀請除之以安宗社及帝召還鯨復率同官極諫入爲刑部尚書帝嘗書其名御屏吏部尚書宋纁卒遂用光祖代而以趙錦代光祖御史王之棟言二人不當用帝怒貶之棟雜職時部權爲內閣所奪纁力矯之遂遭挫光祖不爲懾嘗以事與大學士申時行迕時行不悅光祖卒無所徇時行謝政特旨用趙志皋張位時行所密薦也光祖言輔臣當廷推不當內降帝命不爲後例二十年大計外吏給事中李春開王遵訓何偉丁應泰御史劉汝康皆先爲外吏有物議悉論黜之又舉許孚遠顧憲成等二十二人時論翕然稱焉頃之以推用饒伸萬國欽忤旨文選郎王教以下盡逐光祖謂事由己引罪乞休爲郎官祈宥不許及會推閣臣廷臣循故事首光祖名詔報曰卿前請廷推推固宜首卿光祖知不能容日懷去志無何以王時槐蔡悉王樵沈節甫老成魁艾特推薦之給事中喬允遂劾光祖及文選郎鄒觀光光祖遂力求去許馳驛在籍五年卒贈太子太保諡莊簡光祖淸強有識練達朝章每議大政一言輒定初官禮部將擢尚寶少卿力讓時槐丕揚劾罷光祖後再居吏部推轂之甚力趙用賢沈思孝以論此呂事與光祖左後亦數推輓之御史蔡時鼎陳登雲嘗劾光祖光祖引登雲爲知己時鼎視鹺兩淮以建言罷商人訐於南刑部光祖時爲尚書雪其誣罪妄訐者人服其量

孫鑨字文中父陞字志高都御史燧季子也嘉靖十四年進士及第授編修累官禮部侍郎嚴嵩枋國陞其門生也獨無所附麗會南京禮部尚書缺衆不欲行陞獨請往卒贈太子少保諡文恪陞嘗念父死宸濠之難終身不書寧字亦不爲人作壽文居官不言人過時稱篤行君子四子鑨鋌鋐鑛鋌南京禮部右侍郎鋐太僕卿鑛自有傳鑨舉嘉靖三十五年進士授武庫主事歷武選郎中尚書楊博深器之世宗齋居二十年諫者輒獲罪鑨請朝羣臣且力詆近倖方士引趙高林靈素爲喻中貴匿不以聞鑨遂引疾歸隆慶元年起南京文選郎中萬曆初累遷光祿卿引疾歸里居十年坐臥一小樓賓客罕見其面起故官進大理卿都御史吳時來議律例多紕盭鑨力爭之帝悉從駮議歷南京吏部尚書尋改兵部參贊機務命甫下會陸光祖去廷推代者再乃召爲吏部尚書吏部自宋纁及光祖爲政權始歸部至鑨守益堅故事冢宰與閣臣遇不避道後率引避光祖爭之乃復故然陰戒騶人異道行至鑨益徑直張位等不能平因欲奪其權建議大僚缺九卿各舉一人類奏以聽上裁用杜專擅鑨言廷推大臣得共衡可否此爵人於朝與衆共之之義類奏啓倖途非制給事中史孟麟亦言之詔卒如位議自是吏部權又漸散之九卿矣二十一年大計京朝官力杜請謁文選員外郎呂允昌鑨甥也首斥之考功郎中趙南星亦自斥其姻一時公論所不予者貶黜殆盡大學士趙志皋弟預焉由是執政皆不悅王錫爵方以首輔還朝欲有所庇比至而察疏已上庇者在黜中亦不能無憾會言官以拾遺論劾稽勳員外郎虞淳熙職方郎中楊于廷主事袁黃鑨議謫黃留淳熙于廷詔黃方贊畫軍務亦留之給事中劉道隆遂言淳熙于廷不當議留乃下嚴旨責部臣專權結黨鑨言淳熙臣鄉人安貧好學于廷力任西事尚書石星極言其才今寧夏方平臣不敢以功爲罪且旣名議覆不嫌異同若知其無罪以諫官一言而去之自欺欺君臣誼不忍爲也帝以鑨不引罪奪其俸貶南星三官淳熙等俱勒罷鑨遂乞休且白南星無罪左都御史李世達以己同掌察而南星獨被譴亦爲南星淳熙等訟帝皆不聽於是僉都御史王汝訓右通政魏允貞大理少卿曾乾亨郎中于孔兼員外郎陳泰來主事顧允成張納陛賈巖助教薛敷教交章訟南星寃而泰來詞尤切其畧曰臣嘗四更京察其在丁丑張居正以奪情故用御史朱璉謀借星變計吏箝制衆口署部事方逢時考功郎中劉世亨依違其間如蔡文範習孔教輩竝掛察籍不爲衆所服辛巳居正威福已成王國光雅諾惟謹考功郎中孫惟淸與吏科秦燿謀盡錮建言諸臣吳中行等今輔臣趙志皋張位撫臣趙世卿亦掛名南北京察公論寃之丁亥御史王國力折給事中楊廷相同官馬允登之邪議而尚書楊巍素性模棱考功郎徐一檟立調停之畫涇渭失辯亦爲時議所譏獨今春之役旁咨博採覈實稱情邪諂盡屏貪墨必汰乃至鑨割渭陽之情南星忍秦晉之好公正無踰此者元輔錫爵兼程赴召人或疑其欲干計典今其親故皆不能庇欲甘心南星久矣故道隆章上而專權結黨之旨旋下夫以吏部議留一二庶僚爲結黨則兩都大僚被拾遺者二十有二人而閣臣議留者六詹事劉虞夔以錫爵門生而留獨可謂之非黨耶且部權歸閣自高拱兼攝以來已非一日尚書自張瀚嚴淸而外選郎自孫鑛陳有年而外莫不奔走承命其流及於楊巍至劉希孟謝廷寀而掃地盡矣尚書宋纁稍欲振之卒爲故輔申時行齮齕以死尚書陸光祖文選郎王教考功郎鄒觀光矢志澄淸輔臣王家屏虛懷以聽銓敘漸淸乃時行身雖還里機伏垣牆授意內璫張誠田義及言路私人教觀光遂不久斥逐今祖其故智借拾遺以激聖怒是內璫與閣臣表裏箝勒部臣而陛下未之察也疏入帝怒謫孔兼泰來等世達又抗疏論救帝怒盡斥南星淳熙于廷黃爲民鑨乃上疏言吏部雖以用人爲職然進退去留必待上旨是權固有在非臣部得專也今以留二庶僚爲專權則無往非專矣以留二司屬爲結黨則無往非黨矣如避專權結黨之嫌畏縮選愞使銓職之輕自臣始臣之大罪也臣任使不效徒潔身而去俾專權結黨之說終不明於當時後來者且以臣爲戒又大罪也固請賜骸骨仍不允鑨遂杜門稱疾疏累上帝猶溫旨慰留賜羊豕酒醬米物且敕侍郎蔡國珍暫署選事以需鑨起鑨堅臥三月疏至十上乃許乘傳歸居三年卒贈太子太保謚淸簡鑨嘗曰大臣不合惟當引去否則有職業在謹自守足矣其志節如此子如法官刑部主事以諫阻鄭貴妃進封貶潮陽典史久之移疾歸廷臣累薦悉報寢卒贈光祿少卿

陳有年字登之餘姚人父克宅字卽卿正德九年進士嘉靖中官御史哭爭大禮有大僚欲去克宅扼其項曰奈何先去爲人望其人愧而止俄繫獄廷杖獲釋先後按貴州河南多所彈劾吏部尚書廖紀姻爲所劾罷惡之出爲松潘副使累遷右副都御史巡撫貴州都勻苗王阿向作亂據凱口囤克宅與總兵官楊仁攻斬阿向論功進秩旋移撫蘇松旣行而阿向黨復叛坐罷官候勘巡撫汪珊討平賊推功克宅克宅已卒乃賜卹典有

年舉嘉靖四十一年進士授刑部主事改吏部歷驗封郎中萬曆元年成國公朱希忠卒其弟錦衣都督希孝賄中官馮保援張懋例乞贈王大學士張居正主之有年持不可草奏言令典功臣歿公贈王侯贈公子孫襲者生死止本爵懋贈王廷議不可卽希忠父輔亦言之後竟贈非制且希忠無勛伐豈當濫寵左侍郎劉光濟署部事受指居正爲删易其藁有年力爭竟以原奏上居正不懌有年卽日謝病去十二年起稽勳郎中歷考功文選謝絶請寄除目下中外皆服遷太常少卿以右僉都御史巡撫江西尚方所需陶器多奇巧難成後有詔許量減旣而如故有年引詔旨請不從內閣申時行等固爭乃免十之三南畿浙江大侵詔禁鄰境閉糴商舟皆集江西徽人尤衆而江西亦歲儉羣乞有年禁遏有年疏陳濟急六事中請稍弛前禁令江西民得自救南京御史方萬山劾有年違詔帝怒奪職歸薦起督操江累遷吏部右侍郎改兵部又改吏部尚書孫鑨左侍郎羅萬化皆鄉里有年力引避朝議不許尋由左侍郎擢南京右都御史二十一年與吏部尚書溫純共典京察所黜咸當未幾遂代純位其秋鑨謝事召拜吏部尚書止宿公署中見賓則於待漏所引用僚屬極一時選明年王錫爵將謝政廷推閣臣詔無拘資品有年適在告侍郎趙參魯盛訥文選郎顧憲成往咨之列故大學士王家屏故禮部尚書沈鯉故吏部尚書孫鑨禮部尚書沈一貫左都御史孫丕揚吏部侍郎鄧以讚少詹事馮琦七人名上蓋鑨丕揚非翰林爲不拘資琦四品爲不拘品也家屏以爭國本去位帝意雅不欲用又推及吏部尚書左都御史非故事嚴旨責讓謂不拘資品乃昔年陸光祖自爲內閣地今推鑨丕揚顯屬徇私前吏部嘗兩推閣臣可具錄姓名以上於是備列沈鯉李世達羅萬化陳于陛趙用賢朱賡于慎行石星曾同亨鄧以讚等而世達故左都御史也帝復不悅謂詔旨不許推都御史何復及世達家屏舊輔臣不當擅議起用乃命于陛一貫入閣而譴憲成及員外郎黃縉王同休主事章嘉禎黃中色爲雜職錫爵首疏救有年及參魯等疏繼之帝竝不納趙志皐張位亦佯爲言而二人者故不由廷推因謂輔臣當出特簡廷推由陸光祖交通言路爲之不可爲法帝喜降旨再譙責遂免縉等貶謫但停俸一年給事中盧明諏疏救憲成帝怒貶明諏秩斥憲成爲民有年抗疏言閣臣廷推其來舊矣曩楊巍秉銓臣署文選廷推閣臣六人今元輔錫爵卽是年所推也臣邑前有兩閣臣弘治時謝遷嘉靖時呂本竝由廷推官止四品而耿裕聞淵則以吏部尚書居首是廷推與推及吏部皆非自今創也至不拘資品自出聖諭臣敢不仰承因固乞骸骨帝得疏以其詞直溫旨慰答有年自是累疏稱疾乞罷帝猶慰留賚食物羊酒有年請益力最後以身雖退遺賢不可不錄力請帝起廢帝報聞有年遂杜門不出數月中疏十四上乃予告乘傳歸歸裝書一篋衣一笥而已二十六年正月卒年六十有八四月詔起南京右都御史而有年已前卒贈太子太保謚恭介故事吏部尚書未有以他官起者屠滽掌都察院楊博嚴清掌兵部皆用原銜領之南京兵部尚書楊成起掌南院亦領以故銜有年以右都御史起蓋帝欲用之而政府陰抑之也有年風節高天下兩世膴仕無宅居其妻孥至以油幙障漏其歸自江西故廬火乃僦一樓居妻孥而身栖僧舍其刻苦如此

孫丕揚字叔孝富平人嘉靖三十五年進士授行人擢御史歷按畿輔淮揚矯然有風裁隆慶中擢大理丞以嘗劾高拱拱門生給事中程文誣劾丕揚落職候勘拱罷事白起故官萬曆元年擢右僉都御史巡撫保定諸府以嚴爲治屬吏皆惴惴按行關隘增置敵樓三百餘所築邊牆萬餘丈錄功進右副都御史中官馮保家在畿內張居正屬爲建坊丕揚拒不應知二人必怒五年春引疾歸其冬大計京官言路希居正指劾之詔起官時調南京用御史按陝西者知保等憾不已密諷西安知府羅織其贓知府遣吏報御史吏爲虎噬及再報則居正已死事乃解起應天府尹召拜大理卿進戶部右侍郎十五年河北大饑丕揚鄉邑及隣縣蒲城同官至採石爲食丕揚傷之進石數升於帝因言今海內困加派其窮非止啖石之民也宜寬賦節用罷額外徵派及諸不急務損上益下以培蒼生大命帝感其言頗有所減罷尋由左侍郎擢南京右都御史以病歸召拜刑部尚書丕揚以獄多滯囚由公移牽制議刑部大理各置籍凡獄上刑部次日卽詳讞大理大理審允次日卽還刑部自是囚無淹繫尋奏五歲方恤刑恐冤獄無所訴請敕天下撫按方春時和令監司按行州縣大錄繫囚按察使則錄會城囚死罪矜疑及流徒以下可原者撫按以達於朝期毋過夏月輕者立遣重者仍聽部裁歲以爲常帝報從之已條上省刑省罰各三十二事帝稱善優詔褒納自是刑獄大減有內豎殺人逃匿禁中丕揚奏捕卒論戍改左都御史陳臺規三事請專掌印重巡方久巡城著爲令已又言閭閻民瘼非郡邑莫濟郡邑吏治非撫按監司莫清撫按監司風化非部院莫飭請立約束頒天下獎廉抑貪共勵官箴帝咸優詔報許二十二年拜吏部尚書丕揚挺勁不撓百僚無敢以私干者獨患中貴請謁乃創爲掣籤法大選急選悉聽其人自掣請寄無所容一時選人盛稱無私然銓政自是一大變矣二十三年大計外吏九江知府沈鐵嘗爲衡州同知發巡撫秦燿罪江西提學僉事馬猶龍嘗爲刑部主事定御史祝大舟贓賄遂爲庇者所惡考功郎蔣時馨黜之丕揚不能察及時馨爲趙文炳所劾丕揚力與辨雪謂釁由丁此呂此呂坐逮丕揚又力詆沈思孝於是思孝及員外郎岳元聲連章訐丕揚丕揚請去甚力其冬帝以軍政故貶南京言官三十餘人丕揚猶在告偕九卿力諫弗納已而帝惡大學士陳于陛論救謫諸言官邊方丕揚等復抗疏諫帝益怒盡除其名初帝雖以風望用丕揚然不甚委信有所推舉率用其次數請起廢輒報罷丕揚以志不行已懷去志及是杜門踰半歲疏十三上多不報至四月溫諭勉留乃復起視事主事趙學仕者大學士志皐族弟也坐事議調文選郎唐伯元輒注饒州通判俄學仕復以前事被訐給事中劉道亨因劾吏部附勢語侵丕揚博士周獻臣有所陳論亦頗侵之丕揚疑道亨受同官周孔教指獻臣又孔教宗人益疑之復三疏乞休最後貽書大學士張位懇其擬旨允放位如其言丕揚聞則大恚謂位逐己上疏詆位及道亨孔教獻臣思孝甚力帝得疏不直丕揚位亦疏辯求退帝復詔慰留而位同官陳于陛沈一貫亦爲位解丕揚再被責讓許馳傳去久之起南京吏部尚書辭不就及吏部尚書李戴免帝難其代以侍郎楊時喬攝之時喬數請簡用尚書帝終念丕揚廉直三十六年九月召起故官屢辭不允明年四月始入都年七十有八矣三十八年大計外吏黜陟咸當又奏舉廉吏布政使汪可受王佐張偲等二十餘人詔不次擢用先是南北言官羣擊李三才王元翰連及里居顧憲成謂之東林黨而祭酒湯賓尹諭德顧天埈各收召朋徒干預時政謂之宣黨崑黨以賓尹宣城人天埈崑山人也御史徐兆魁喬應甲劉國縉鄭繼芳劉光復房壯麗給事中王紹徽朱一桂姚宗文徐紹吉周永春輩則力排東林與賓尹天埈聲勢相倚大臣多畏避之至是繼芳巡按浙江有僞爲其書抵紹徽國縉者中云欲去福清先去富平欲去富平先去耀州兄弟又言秦脉斬斷吾輩可以得志福清謂葉向高耀州謂王國王圖富平卽丕揚也國時巡撫保定圖以吏部侍郎掌翰林院與丕揚皆秦人故曰秦脉蓋小人設爲挑激語以害繼芳輩而其書乃達之丕揚所丕揚不爲意會御史金明時居官不職慮京察見斥先上疏力攻圖并詆御史史記事徐縉芳謂爲圖心腹及國縉芳疏辯明時再劾之因及繼芳僞書事國縉疑書出縉芳及李邦華李炳恭徐良彥周起元手因目爲五鬼五人皆選授御史候命未下者也當是時諸人日事攻擊議論紛呶帝一無所問則各植黨求勝朝端鬨然及明年三月大計京官丕揚與侍郎蕭雲舉副都御史許弘綱領其事考功郎中王宗賢吏科都給事中曹于汴河南道御史湯兆京協理御史喬允升佐之故御史康丕揚徐大化故給事中鍾兆斗陳治則宋一韓姚文蔚主事鄭振先張嘉言及賓尹天埈國縉咸被察又以年例出紹徽應甲於外羣情翕服而諸不得志者深銜之當計典之初舉也兆京謂明時將出疏要挾以激丕揚丕揚果怒先期止明時過部考察特疏劾之旨下議罪而明時辨疏復犯御諱帝怒褫其職其黨大譁謂明時未嘗要挾兆京祇以劾圖一疏實之爲圖報復於是刑部主事秦聚奎力攻丕揚爲賓尹大化國縉紹徽應甲嘉言辨時部院察疏猶未下丕揚奏趣之因發聚奎前知績溪吳江時貪虐狀帝方向丕揚亦褫聚奎職由是黨人益憤謂丕揚果以僞書故斥紹徽國縉且二人與應甲嘗攻三才元翰故代爲修隙議論洶洶弘綱聞而畏之累請發察疏亦若以丕揚爲過當者黨人藉其言益思撼丕揚禮部主事丁元薦甫入朝慮察疏終寢抗章責弘綱因盡發崑宣黨搆謀狀於是一桂繼芳永春兆魁宗文爭擊元薦爲明時等訟冤賴向高調護至五月察疏乃下給事中彭惟成南京給事中高節御史王萬祚曾成易猶攻訐不已丕揚以人言紛至亦屢疏求去優詔勉留先是楊時喬掌察斥科道錢夢皐等十人特旨留任至是丕揚亦奏黜之羣情益快丕揚以白首趨朝非薦賢無以報國先後推轂林居耆碩若沈鯉呂坤郭正域邱度蔡悉顧憲成趙南星鄒元標馮從吾于玉立高攀龍劉元珍龐時雍姜士昌范淶歐陽東鳳輩帝雅意不用舊人悉寢不報丕揚又請起故御史錢一本等十三人故給事中鍾羽正等十五人亦報罷丕揚齒雖邁帝重其老成清德眷遇益隆而丕陽乞去不已疏復二十餘上既不得請則於明年二月拜疏徑歸向高聞之急言於上詔令乘傳且

敕所司存問既而丕揚疏謝因陳時政四事帝復優詔報之家居二年卒年八十三贈太保天啓初追謚恭介

蔡國珍字汝聘奉新人嘉靖三十五年進士鄉人嚴嵩當國欲羅致門下國珍不應乞就南爲刑部主事盜七十餘人久繫獄得其情減釋過半就改吏部進郎中出爲福建提學副使以侍養歸遭母喪服除遂不出家居垂二十年張居正既卒朝議大起廢籍萬曆十一年仍以故官涖福建遷湖廣右參政分守辰沅洞蠻亂將吏議勦國珍檄諭之遂定歷浙江左布政使以右僉都御史提督操江召爲左副都御史歷吏部左右侍郎與尚書孫鑨陳有年綜核銓政擢南京吏部尚書二十四年閏八月孫丕揚去國帝久不除代部事盡弛其年十二月竟廢大選閣臣及言官數爲言明年二月始命國珍爲吏部尚書三殿災率諸臣請修省旋有詔起廢國珍列三等人品正大心術光明者文選郎王敎等二十四人才有足錄過無可棄者給事中喬允等三十三人因人詿誤釁非己作者給事中耿隨龍等三十六人並請錄用竟報寢明年正月偕廷臣詣文華門請舉皇長子冊立冠婚言必得請方退帝遣中官諭曰此大典稍需時耳何相挾若是乃頓首出給事中戴士衡劾文選郎白所知贓私國珍爲辨且求罷帝不聽除所知名御史況上進因論國珍八罪帝察其誣不問國珍遂稱疾累疏乞休先是丕揚坐忤張位去官位欲援同己者爲助惡之國珍乃懷去志至是帝忽怒吏部貶黜諸郎二十二人國珍求去益力許乘傳歸初楊巍爲吏部與內閣相比得居位八年自宋纁陸光祖力與閣抗權雖歸部身不見容故自纁至國珍卒未浹歲去惟丕揚閱二年時咸議閣臣忮而惜纁等用未竟也國珍素以學行稱風力不及孫鑨陳有年而淸操似之均爲時望所屬家居十三年卒年八十四贈太子太保謚恭靖

楊時喬字宜遷上饒人嘉靖四十四年進士除工部主事榷稅杭州令商人自署所入輸之有司無所預隆慶元年冬上時政要務言幾之當愼者三曰勤朝講爲修德之幾親裁章奏爲出令之幾聽言能斷爲圖事之幾弊之最重者九曰治體怠弛曰法令數易曰賞罰無章曰用度太繁曰鬻官太濫曰莊田擾民曰習俗侈靡曰士氣卑弱曰議論虛浮勢之偏重者三宦寺難制也宗祿難繼也邊備難振也疏入帝褒納中外傳誦焉擢禮部員外郎遷南京尚寶丞萬曆初以養親去服除起南京太僕丞復遷尚寶移疾歸時喬雅無意榮進再起再告閱十七年始薦起尚寶卿四遷南京太常卿疏請議建文帝謚祠祀死節諸臣就遷通政使秩滿連章乞休不允三十一年冬召拜吏部左侍郎時李戴已致仕時喬至卽署部事絕請謁謝交遊止宿公署苞苴不及門及大計京朝官首輔沈一貫欲庇其所私憚時喬方正將令兵部尚書蕭大亨主之次輔沈鯉不可而止時喬乃與都御史溫純力鋤政府私人若給事中錢夢皐御史張似渠于永淸輩咸在察中又以年例出給事中鍾兆斗於外一貫大慍密言於帝留察疏不下夢皐亦假楚王事再攻郭正域謂主察者爲正域驅除帝意果動特留夢皐已盡留科道之被察者而嚴旨責時喬等報復時喬等惶恐奏辨請罷斥帝不問夢皐既留遂合兆斗累疏攻純并侵時喬時喬求去已而員外郎賀燦然請斥被察科道亦詆純挾權關捷顧獨稱時喬又言陛下睿斷躬操非閣臣所能竊弄意蓋爲一貫解時喬以與純共事復疏請貶黜不報及純去夢皐兆斗亦引歸帝復降旨譙讓謂祖宗朝亦常留被察科道何今日揣疑君父誣詆輔臣因責諸臣朋比令時喬策勵供職而盡斥燦然及劉元珍龐時雍輩時喬歎曰主察者逐爭察者亦竄矣尚可靦顏居此乎九疏引疾竟不得請時中外缺官多不補而羣臣省親養病給假及建言詿誤被譴者充滿林下率不獲召時喬乃備列三百餘人三疏請錄用三十四年皇長孫生有詔起廢時喬復列上遷謫鄒元標等九十六人削籍范儁等一百十八人帝卒不省明年大計外吏時喬已偕副都御史詹沂受事居數日帝忽命戶部尚書趙世卿代時喬遂中輟蓋去冬所批察疏至是誤發之也輔臣朱賡謂非體立言於帝帝亦覺其誤卽日收還時喬堅辭不肯任吏科陳治則劾其怨懟無人臣禮有旨詰責時喬乃再受事永年伯王棟卒其子明輔請襲時喬以外戚不當傳世固爭之弗聽時一貫已罷言路爭擊其黨而李廷機者一貫敎習門生也閣臣闕衆多推之惟給事中曾于汴朱一韓御史陳宗契持不可時喬卒從衆議未幾又推黃汝良全天敘爲侍郎諸攻一貫者益不悅給事中王元翰胡忻遂交劾時喬時喬疏辨力求罷當是時帝委時喬銓柄又不置右侍郎一人獨理部事銓敘平允然堂陛扞格曠官廢事日甚一日而中朝議論方囂動見掣肘時喬官位未崇又自溫純去久不置都御史益無以鎭壓百僚由是上下相凌紀綱日紊言路得收其柄時喬亦多委蛇議者諒其苦心不甚咎也秉銓凡五年最後起故尚書孫丕揚未至而時喬已卒篋餘一敝裘同列賻襚以殮詔贈吏部尚書謚端潔時喬受業永豐呂懷最不喜王守仁之學闢之甚力尤惡羅汝芳官通政時具疏斥之曰佛氏之學初不溷於儒乃汝芳假聖賢仁義心性之言倡爲見性成佛之教謂吾學直捷不假修爲於是以傳註爲支離以經書爲糟粕以躬行實踐爲迂腐以綱紀法度爲桎梏踰閑蕩檢反道亂德莫此爲甚救所司明禁用彰風教詔從其言

贊曰古者冢宰統百官均四海卽宰相之任也後代政柄始分至明中葉旁撓者衆矣嚴淸諸人淸公素履秉正無虧彼豈以進退得失動其心哉孫丕揚創掣籤法雖不能辨材任官要之無任心營私之弊苟非其人毋寧任法之爲愈乎蓋與時宜之未可援古義以相難也

明史卷二百二十五　列傳第一百十三

總裁官總理事務經筵講官少保兼太子太保保和殿大學士兼管吏部戶部尚書事加六級張廷玉等奉敕修

張瀚　王國光
梁夢龍　楊巍
李戴　趙煥
鄭繼之

張瀚字子文仁和人嘉靖十四年進士授南京工部主事歷廬州知府改大名俺答圍京師詔遣兵部郎中徵畿輔民兵入衞瀚立閱戶籍三十丁簡一人而以二十九人供其餉得八百人馳至眞定請使者閱兵使者稱其才累遷陝西左布政使擢右副都御史巡撫其地甫半歲入爲大理卿進刑部右侍郎俄改兵部總督漕運隆慶元年改督兩廣軍務時兩廣各設巡撫官事不關督府瀚請如三邊例乃悉聽節制大盜曾一本寇掠廣州詔切責瀚停總兵官俞大猷郭成俸已一本浮海犯福建官軍迎擊大破之賚銀幣已復犯廣東陷碣石衞叛將周雲翔等殺雷瓊參將耿宗元與賊合廷議鐫瀚一秩調用已而成大破賊獲雲翔詔還瀚秩卽家俟召再撫陝西遷南京右都御史就改工部尚書萬曆元年吏部尚書楊博罷召瀚代之秩滿加太子少保時廷推吏部尚書首左都御史葛守禮次工部尚書朱衡次瀚居正惡守禮戇厭衡驕故特拔瀚瀚資望淺忽見擢舉朝益趨事居正而瀚進退大臣率奉居正指卽出己意輿論多不協以是爲御史鄭準王希元所劾居正顧之厚不納也御史劉臺劾居正因論瀚撫陝很籍又唯諾居正狀比居正遭喪謀奪情瀚心非之中旨令瀚諭留居正居正又自爲牘風瀚屬吏以覆旨請瀚佯不喻謂政府奔喪宜予殊典禮部事也何關吏部居正復令客說之不爲動乃傳旨責瀚久不奉詔無人臣禮廷臣惴恐交章留居正瀚獨不與撫膺太息曰三綱淪矣居正怒嗾給事中王道成御史謝思啓摭他事劾之勒致仕歸居正歿帝頗念瀚詔有司給月廩年及八十特賜存問卒贈太子少保謚恭懿

王國光字汝觀陽城人嘉靖二十三年進士授吳江知縣鄰邑有疑獄來質訊輒得情調儀封擢兵部主事改吏部歷文選郎中屢遷戶部右侍郎總督倉場謝病去隆慶四年起刑部左侍郎拜南京刑部尚書未上改戶部再督倉場神宗卽位還理部事時簿牒繁冗自州縣達部有繕書輸解交納諸費公私苦之國光疏請裁併去繁文十三四時稱簡便戶部十三司自弘治來以公署隘惟郎中一人治事員外郎主事止除官日一赴而已郎中力不給則委之吏胥弊益滋國光盡令入署職務得修舉邊餉告匱而諸邊歲出及屯田鹽課無可稽國光請敕邊臣核實且畫經久策以聞甘肅巡撫廖逢節等各條上其數耗蠹爲損萬曆元年奏言國初天下州縣存留夏稅秋糧可一千二百萬石其時議主寬大歲用外計贏銀百萬有餘使有司歲徵無缺則州縣積貯自豐水旱盜賊不能爲災患今一遘兵荒輒留京儲發內帑由有司視存留甚緩苟事催科則謂擾民弊遂至此請行天下撫按官督所司具報出入存留逋負之數臣部得通融會計以其餘濟邊有司催徵不力者悉以新令從事制可京軍支糧通州者候伺甚艱國光請遣部郎一人司之名坐糧廳投牒驗發無過三日諸軍便之天下錢穀散隸諸司國光請歸併責成畿輔府州縣歸福建司南畿歸四川司鹽課歸山東司關稅歸貴州司淮徐臨德諸倉歸雲南司御馬象房及二十四馬房芻料歸廣西司遂爲定制三年京察拾遺國光爲南京給事御史所劾再疏乞罷帝特留之明年復固以請乃詔乘傳歸瀕行以所輯條例名萬曆會計錄上之帝

嘉其留心國計令戶部訂正及書成詔褒諭焉五年冬吏部尚書張瀚罷起國光代陳采實政別繁簡責守令恤卑官罷加納數事皆允行尋以考績加太子太保八年當考察外吏請毋限日期詔許之且命註誤者聽從公辯雪明年大計京朝官徇張居正意寘吳中行等五人於察籍國光有才智初掌邦計多所建白及是受制執政聲名損於初給事中商尚忠論國光銓選私所親而給事中張世則出爲河南僉事憾國光劾其鬻官黷貨國光再奏辯帝再慰留責世則挾私貶儀眞丞及居正卒御史楊寅秋劾國光六罪帝遂怒落職閒住已念其勞命復官致仕

梁夢龍字乾吉眞定人嘉靖三十二年進士改庶吉士授兵科給事中首劾吏部尚書李默帝方顧默厚不問出覈陝西軍儲劾故延綏巡撫王輪督糧郎中陳燦等廢斥有差歷吏科都給事中帝怒禮部尚書吳山夢龍惡獨劾山得罪清議乃并吏部尚書吳鵬劾罷之嘗上疏言相臣賢否關治道汚隆請毋拘資格敕在廷公舉名德宿望之臣以光聖治帝疑諸臣私有所推引責令陳狀夢龍惶恐謝罪乃奪俸擢順天府丞坐京察拾遺出爲河南副使河決沛縣尚書朱衡議開徐邳新河夢龍董其役三遷河南右布政使隆慶四年擢右僉都御史巡撫山東是秋河決宿遷覆漕糧八百艘朝議通海運以屬夢龍夢龍言海道南自淮安至膠州北自天津至海倉各有商艇往來其間自膠州至海倉島人及商賈亦時出入臣等因遣人自淮安轉粟二千石自膠州轉麥千五百石入海達天津以試海道無不利者由淮安至天津大要兩旬可達歲五月以前風勢柔順揚帆尤便況舟由近洋洋中島嶼聯絡遇風可依苟船非朽敝按占候以行自可無虞較元人殷明略故道安便尤甚邱濬所稱傍海通運卽此是也請以河爲正運海爲備運萬一河未易通則海運可濟而河亦得悉心疏濬以圖經久又海防綦重沿海衞所玩愒歲久不加繕飭識者有未然之憂今行海運兼治河防非徒足裨國計兼於軍事有補章下戶部部議海運久廢猝難盡復請令漕司量撥糧十二萬石自淮入海以達天津工部給銀爲海艘經費報可已而海運卒不行事具王宗沐傳明年冬遷右副都御史移撫河南神宗初張居正當國夢龍其門下士特愛之召爲戶部右侍郎尋改兵部出贊遼東有功將士五年以兵部左侍郎進右都御史總督薊遼保定軍務李成梁大破土蠻於長定堡帝爲告廟宣捷大行賞賚官夢龍一子已給事中光懋言此乃保塞內屬之部游擊陶承譽假犒賚掩襲之請坐以殺降罪兵部尚書方逢時曲爲解夢龍等亦辭免恩廕及土蠻三萬騎入東昌堡成梁擊敗之寧前復警夢龍親率勁卒三千出山海關爲成梁聲援分遣兩參將遮擊復移薊光駐一片石邀之敵引去前後奏永奠堡丁字泊馬蘭峪養善木紅土城寬奠廣寧右屯錦義大寧堡諸捷累賜敕獎勵就加兵部尚書以修築黃花鎭古北口邊牆加太子少保再廕子至錦衣世千戶召入掌部務疏陳軍政四事尋錄防邊功加太子太保十年六月居正歿吏部尚書王國光劾罷夢龍代其位踰月御史江東之劾夢龍賄徐爵賄保得吏部以孫女聘保弟爲子婦御史鄧練趙楷復劾之遂令致仕家居十九年卒天啓中趙南星訟其邊功贈少保崇禎末追諡貞敏

楊巍字伯謙海豐人嘉靖二十六年進士除武進知縣擢兵科給事中操江僉都御史史褒善已遷大理卿巍言東南倭患方劇參贊巡撫俱論罪褒善獨倖免又夤緣美遷請并吏部罰治帝怒停選司俸還褒善故官巍旣忤吏部遂出爲山西僉事已遷參議分守宣府寇入犯借副將馬芳擊斬其部長賚銀幣尋爲陽和兵備副使擢右僉都御史巡撫宣府錄擣巢功進秩二級踰年以養母歸二年召起巡撫陝西增補屯戍軍伍清還屯地之奪於藩府者隆慶初進右副都御史移撫山西所部驛遞銀歲徵五十四萬巍請減四之一修築沿邊城堡檄散大盜李九經黨復乞養母去神宗立起兵部右侍郎萬曆二年改吏部進左又以終養歸母年逾百歲卒十年起南京戶部尚書旋召爲工部尚書有詔營建行宮近功德寺巍爭之乃止明年改戶部遷吏部尚書明制六部分涖天下事內閣不得侵至嚴嵩始陰撓部權迨張居正時部權盡歸內閣逡巡請事如屬吏祖制由此變至是申時行當國巍素厲清操有時望然年耄骫骳多聽其指揮御史丁此呂論科場事時行及余有丁許國輩皆惡之巍論謫此呂爲御史江東之李植等所攻與時行俱乞罷帝從諸大臣請慰留巍等而戒諭言者巍乃起復視事當居正初敗言路張甚帝亦心疑諸大臣朋比欲言官摘發之以杜壅蔽諸大臣懼見攻政府與銓部陰相倚以制言路先是九年京察張居正令吏部盡除異己者十五年復當大計都御史辛自修欲大有所澄汰巍徇政府指持之出身進士者貶黜僅三十三人而翰林吏部給事御史無一焉賢否混淆羣情失望十七年夏帝久不視朝中外疑帝以張鯨不用故託疾巍率同列請以秋日御殿至十月巍等復請帝不悅責以沽名巍初廢歷中外甚有聲及秉銓素望大損然有清操性長厚不爲刻覈行明年以年幾八十屢疏乞歸詔乘傳給廩隸如故事歸十五年年九十二而卒贈少保

李戴字仁夫延津人隆慶二年進士除興化知縣有惠政擢戶科給事中廣東以軍興故增民間稅至萬曆初亂定戴奏正之累遷禮科都給事中出爲陝西右參政進按察使張居正尚名法四方大吏承風刻覈戴獨行之以寬由山西左布政使擢右副都御史巡撫山東歲凶累請蠲振入爲刑部侍郎累進南京戶部尚書召拜工部尚書以繼母憂去二十六年吏部尚書蔡國珍罷廷推代者七人戴居末帝特擢用之當是時趙志皐沈一貫輔政雖不敢撓部權然大僚缺人九卿及科道掌印者咸得自舉聽上裁而吏部諸曹郎亦由九卿推舉尚書不得自擇其屬在外府佐及州縣正佐官則盡用掣簽法部權日輕戴視事謹守新令幸無罪而已明年京察編修劉綱中書舍人丁元薦南京評事龍起雷嘗以言事忤當路咸置察中時議頗不直戴而是時國本未定皇長子冠婚久稽戴每倡廷臣直諫及礦稅害劇戴率九卿言陳增開礦山東知縣吳宗堯逮李道抽分湖口知府吳寶秀等又逮天下爲增道者何限有司安所措手足且今水旱頻仍田里蕭耗重以東征增兵益餉而西事又見告矣民不聊生奸宄方竊發奈何反爲發其機速其變哉不報山西稅使張忠奏調夏縣知縣韓薰簡僻戴以內官不當擅舉刺疏爭之湖廣陳奉屢奏逮有司戴等又極論且言奉及遼東高淮擅募勁卒橫民間尤不可不問帝亦弗聽已復偕同列言自去夏六月不雨至今路殣相望巡撫汪應蛟所奏饑民十八萬人加以頻值寇警屢興征討之師按丁增調履畝加租賦額視二十年前不啻倍之矣瘡痍未起而採榷之害又生不論礦稅有無概勒取之民間此何理也天下富室無幾奸人肆虐何極指其屋而恐之曰彼有礦則家立破矣彼漏稅則橐立罄矣持無可究詰之說用無所顧畏之人蚩蚩小民安得不窮且亂也湖廣激變已數告而近日武昌尤甚此輩寧不愛性命哉變亦死不變亦死與其吞聲獨死毋寧與讐家俱糜故一發不可遏耳陛下可視爲細故耶亦不報三十年二月帝有疾詔罷礦稅釋繫囚錄建言譴謫諸臣越日帝稍愈命礦稅採榷如故戴率同官力諫時釋罪起廢二事猶令閣臣議行戴卽欲疏名上請而刑部尚書蕭大亨謂釋罪必當奏聞方具疏上太僕卿南企仲以二事久稽劾戴等不能將順帝怒并停前詔戴引罪求罷帝不許自是請起廢者再率九卿乞停礦稅者四皆不省稽勳郎中趙邦清素剛介爲給事中張鳳翔所劾疑出文選郎中鄧光祚驗封郎中侯執躬意辨疏侵之御史沈正隆給事中田大益交章劾邦清邦清憤盡發光祚執躬私事光祚亦騰疏力攻部中大鬨戴無所裁抑御史左宗郢李培遂劾戴表率無狀戴引疾乞去帝諭留爲貶邦清三秩允光祚執躬歸羣囂乃息明年冬妖書事起錦衣官王之禎等與同官周嘉慶有隙言妖書嘉慶所爲下詔獄窮治嘉慶戴甥也比會鞫戴引避帝聞而惡之會王士騏通書事發下部議士騏奏辨帝謂士騏不宜辨責戴不能鈐屬官戴引罪而疏紙誤用印復被譙讓罪其司屬戴疏謝用印如故帝怒令致仕奪郎中以下俸戴秉銓六年溫然長者然聲望出陸光祖諸人下趙志皐沈一貫柄政戴不敢爲異以是久於其位而銓政益頹廢矣卒贈少保

趙煥字文光掖縣人嘉靖四十四年進士授烏城知縣入爲工部主事改御史萬曆三年中官張宏請遣其黨榷眞定材木煥及給事中侯于趙執奏不從張居正遭父喪言官交章請留煥獨不署名擢順天府丞累遷左僉都御史十四年三月風霾求言煥請恢聖度納忠言謹嚬笑信政令時召大臣商榷治理次第舉行實政弊在內府者一切報罷而飭戒督府有司務求民瘼帝嘉納焉尋遷工部右侍郎改吏部進左乞假去起南京右都御史以親老辭時煥兄遼東巡撫僉都御史燿亦乞歸養吏部言二人情同燿爲長子且任封疆久可聽其歸乃趣煥就職尋召爲刑部尚書議日本貢事力言非策男子諸龍光訐奏李如松通倭下吏并及其黨陳仲登枷赤日中滿戍瘴鄉煥以盛暑必斃而二人罪不當死兩疏力爭忤旨詰責復以議浙江巡按彭應參獄失帝意遂引疾歸再起南京右都御史就改吏部尚書皆不赴家居十六年召拜刑部尚書尋兼署兵部四十年二月孫丕揚去改署吏部時神宗怠於政事曹署多空內閣惟葉向高杜門者已三月六卿止一煥在又兼署吏部吏部無復堂上官兵部尚書李化龍卒召王象乾未至亦不除侍郎戶禮工三部各止一侍郎而已都察院自溫純罷去八年無正官故事給事中五十人御史

一百十人至是皆不過十人煥累疏乞除補帝皆不報其年八月遂用煥爲吏部尚書諸部亦除侍郎四人既而考選命下補給事中十七人御史五十人言路稱盛然是時朋黨已成中朝議論角立煥素有清望驟起田間於朝臣本無所左右顧雅不善東林諸攻東林者乘間入之所舉措往往不協清議先後爲御史李若星給事中孫振基所劾帝皆優詔慰留之已兵部主事卜履吉爲署部事都御史孫瑋所論煥以履吉罪輕擬奪俸三月給事中趙興邦劾煥狥私煥疏辨再乞罷向高言今國事艱難人才日寡在野者既賜環無期在朝者復晨星無幾乃大小臣工日尋水火甚非國家福也臣願自今已後共捐成心憂國事議論聽之言官主張聽之當事使大臣得展布而毋苦言官之掣肘言官得發舒而毋患當事之摧殘天下事尚可爲也因請諭煥起視事煥乃出明年春以年例出振基及御史王時熙魏雲中於外三人嘗力攻湯賓尹熊廷弼者又不移咨都察院於是御史湯兆京守故事爭且詆煥煥屢疏訐辯杜門不出詔慰起之兆京以爭不得投劾徑歸其同官李邦華周起元孫居相及戶部郎中賀烺交章劾煥擅權請還振基等於言路帝爲奪諸臣俸貶烺官以慰煥煥請去益力九月遂叩首闕前出城待命帝猶遣諭留給事中李成名復劾煥伐異黨同煥遂稱疾篤堅不起踰月乃許乘傳歸四十六年吏部尚書鄭繼之去國時黨人勢成清流斥逐已盡齊黨亓詩教勢尤張以煥爲鄉人老而易制力引煥代繼之年七十有七矣比至一聽詩教指揮不敢異同由是素望益損帝終以煥清操委信之及明年七月遼東告警煥率廷臣詣文華門固請帝臨朝議政抵暮始遣中官諭之退而諸軍機要務廢閣如故煥等復具疏趣之且作危語曰他日薊門蹂躪敵人叩闕陛下能高枕深宮稱疾謝却之乎帝由是嗛焉考滿當增秩寢不報煥尋卒卹典不及光宗立始賜如制熹宗初贈太子太保

鄭繼之字伯孝襄陽人嘉靖四十四年進士除餘干知縣遷戶部主事歷郎中遷寧國知府進四川副使以養親歸服除久之不出萬曆十九年用給事中陳尚象薦起官江西進右參政召爲太僕少卿累遷大理卿東征師罷吏部尚書李戴議留戍兵萬五千令朝鮮供億繼之曰既留兵自當轉餉柰何疲敝屬國議者韙之爲大理九年擢南京戶部尚書就改吏部四十一年吏部尚書趙煥罷時帝雖倦勤特謹銓部選久不除代以繼之有清望明年二月乃召之代煥繼之久處散地無黨援然是時言路持權齊楚浙三黨尤橫大僚進退惟其喜怒繼之故楚產習楚人議論且年八十餘耄而憒遂一聽黨人意指文選郎中王大智者繼之所倚信其秋以年例出御史李樂潘之祥給事中張鍵南京給事中張篤敬於外皆嘗攻湯賓尹熊廷弼者也時定制科道外遷必會都察院吏科繼之不令與聞比考選科道中書舍人張光房知縣趙運昌張廷拱曠鳴鸑濮中玉當預而持議頗右于玉立李三才遂見抑改授部曹大智同官趙國琦以爲言大智怒搆於繼之逐之去由是御史孫居相張五典周起元等援年例故事以爭且爲光房等五人稱枉吏科都給事中李瑾亦以失職抗疏劾大智御史唐世濟則右吏部詆居相等居相瑾怒交章劾世濟給事中御史復助世濟排擊居相居相再疏力攻大智大智乃引疾去繼之亦覺其非不爲辯至明年二月胡來朝爲文選出兵科都給事中張國儒御史馬孟楨徐艮彥於外復不咨都察院吏科國儒已陪推京卿法不當出外孟楨艮彥則素忤黨人故來朝抑之繼之不能禁時居相等已去國獨瑾再爭詆繼之來朝甚力來朝等不能難其黨思以衆力勝之於是諸御史羣起攻瑾瑾爭之強疏三上來朝等亦三疏詆訐詞頗窮來朝乃言年例協贊之旨實秉國者調停兩袒非可爲制乞改前令從事帝一無所處分瑾方奉使自引去其秋給事中梅之煥御史李若星張五典年例外轉所司復不預聞吏科韓光祐御史徐養量稍言之然勢孤竟不能爭也時縉雲李鋕以刑部尚書兼署都察院亦浙黨所推轂四十五年大計京官繼之與鋕司其事考功郎中趙士諤給事中徐紹吉御史韓浚佐之所去留悉出紹吉等意繼之受成而已一時與黨人異趣者貶黜殆盡大僚則中以拾遺善類爲空繼之以篤老累疏乞休帝輒慰留不允明年春稽首闕下出郊待命帝聞命乘傳歸又數年卒年九十二贈少保

贊曰張瀚王國光梁夢龍皆以才辦稱楊巍趙煥鄭繼之亦負清望及秉銓政蒙訴議焉於時政府參懷言路脅制固積重難返然以公滅私之節諸人蓋不能無愧云

明史卷二百二十六　列傳第一百一十四

總裁官總理事務經筵講官少保兼太子太保保和殿大學士兼管吏部戶部尚書事加六級張廷玉等奉

敕修

海瑞　何以尚　邱橓

呂坤　郭正域

海瑞字汝賢瓊山人舉鄉試入都即伏闕上平黎策欲開道置縣以靖鄉土識者壯之署南平教諭御史詣學宮屬吏咸伏謁瑞獨長揖曰臺謁當以屬禮此堂師長教士地不當屈遷淳安知縣布袍脫粟令老僕藝蔬自給總督胡宗憲嘗語人曰昨聞海令爲母壽市肉二斤矣宗憲子過淳安怒驛吏倒懸之瑞曰曩胡公按部令所過毋供張今其行裝盛必非胡公子發橐金數千納之庫馳告宗憲宗憲無以罪都御史鄢懋卿行部過供具甚薄抗言邑小不足容車馬懋卿恚甚然素聞瑞名爲歛威去而屬巡鹽御史袁淳論瑞及慈谿知縣霍與瑕與瑕尚書韜子亦抗直不諂懋卿者也時瑞已擢嘉興通判坐謫興國州判官久之陸光祖爲文選擢瑞戶部主事時世宗享國日久不視朝深居西苑專意齋醮督撫大吏爭上符瑞禮官輒表賀廷臣自楊最楊爵得罪後無敢言時政者四十五年二月瑞獨上疏曰臣聞君者天下臣民萬物之主也其任至重欲稱其任亦惟以責寄臣工使盡言而已臣請披瀝肝膽爲陛下陳之昔漢文帝賢主也賈誼猶痛哭流涕而言非苛責也以文帝性仁而近柔雖有及民之美將不免於怠廢此誼所大慮也陛下天資英斷過漢文遠甚然文帝能充其仁恕之性節用愛人使天下貫朽粟陳幾致刑措陛下則銳精未久妄念牽之而去反剛明之質而誤用之至謂遐舉可得一意修眞竭民脂膏濫興土木二十餘年不視朝法紀弛矣數年推廣事例名器濫矣二王不相見人以爲薄於父子以猜疑誹謗戮辱臣下人以爲薄於君臣樂西苑而不返人以爲薄於夫婦吏貪官橫民不聊生水旱無時盜賊滋熾陛下試思今日天下爲何如乎邇者嚴嵩罷相世蕃極刑一時差快人意然嵩罷之後猶嵩未相之前而已世非甚清明也不及漢文帝遠甚蓋天下之人不直陛下久矣古者人君有過賴臣工匡弼今乃修齋建醮相率進香仙桃天藥同辭表賀建宮築室則將作竭力經營購香市寶則度支差求四出陛下誤舉之而諸臣誤順之無一人肯爲陛下正言者諛之甚也然愧心餒氣退有後言欺君之罪何如夫天下者陛下之家人未有不顧其家者內外臣工皆所以奠陛下之家而磐石之者也一意修眞是陛下之心惑過於苛斷是陛下之情偏而謂陛下不顧其家人情乎諸臣徇私廢公得一官多以欺敗多以不事事敗實有不足當陛下意者其不然者君心臣心偶不相值也而遂謂陛下厭薄臣工是以拒諫執一二之不當疑千百之皆然陷陛下於過舉而恬不知怪諸臣之罪大矣記曰上人疑則百姓惑下難知則君長勞此之謂也且陛下之誤多矣其大端在於齋醮齋醮所以求長生也自古聖賢垂訓修身立命曰順受其正矣未聞有所謂長生之說堯舜禹湯文武聖之盛也未能久世下之亦未見方外士自漢唐宋至今存者陛下受術於陶仲文以師稱之仲文則既死矣彼不長生而陛下何獨求之至於仙桃天藥怪妄尤甚昔宋眞宗得天書於乾祐山孫奭曰天何言哉豈有書也桃必採而後得藥必製而後成今無故獲此二物是有足而行耶曰天賜者有手執而付之耶此左右奸人造爲妄誕以欺陛下而陛下誤信之以爲實然過矣陛下又將謂懸刑賞以督責臣下則分理有人天下無不可治而修眞爲無害已乎太甲曰有言逆于汝心必求諸道有言遜于汝志必求諸非道用人而必欲其唯言莫違此陛下之計左也即觀嚴嵩有一不順陛下者乎昔爲同心今爲戮首矣梁材守道守官陛下以爲逆者也歷任有聲官戶部者至今首稱之然諸臣寧爲嵩之順不爲材之逆得非有以窺陛下之微而潛爲趨避乎即陛下亦何利於是陛下誠知齋醮無益一旦翻然悔悟日御正朝與宰相侍從言官講求天下利害洗數十年之積誤置身於堯舜禹湯文武之間使諸臣亦得自洗數十年阿君之恥置其身於皋夔伊傅之列天下何憂不治萬事何憂不理此在陛下一振作間而已釋此不爲而切切於輕舉度世敝精勞神以求之於繫風捕影茫然不可知之域臣見勞苦終身而終於無所成也今大臣持祿而好諛小臣畏罪而結舌臣不勝憤恨是以冒死願盡區區惟陛下垂聽焉帝得疏大怒抵之地顧左右曰趣執之無使得遁宦官黃錦在側曰此人素有癡名聞其上疏時自知觸忤當死市一棺訣妻子待罪於朝僮僕亦奔散無留者是不遁也帝默然少頃復取讀之日再三爲感動太息留中者數月嘗曰此人可方比干第朕非紂耳會帝有疾煩懣不樂召閣臣徐階議內禪因曰海瑞言俱是朕今病久安能視事又曰朕不自謹惜致此疾困使朕能出御便殿豈受此人詬詈耶遂逮瑞下詔獄究主使者

尋移刑部論死獄上仍留中戶部司務何以尚者揣帝無殺瑞意疏請釋之帝怒命錦衣衞杖之百錮詔獄晝夜搒訊越二月帝崩穆宗立兩人並獲釋帝初崩外庭多未知提牢主事聞狀以瑞且見用設酒饌款之瑞自疑當赴西市恣飲噉不顧主事因附耳語宮車適晏駕先生今即出大用矣瑞曰信然乎即大慟盡嘔出所飲食隕絕於地終夜哭不絕聲旣釋復故官俄改兵部擢尚寶丞調大理隆慶元年徐階爲御史齊康所劾瑞言階事先帝無能救於神仙土木之誤畏威保位誠亦有之然自執政以來憂勤國事休休有容有足多者康乃甘心鷹犬搏噬善類其罪又浮於高拱人韙其言歷兩京左右通政三年夏以右僉都御史巡撫應天十府屬吏憚其威墨者多自免去有勢家朱丹其門聞瑞至黝之中人監織造者爲減輿從瑞銳意興革請濬吳淞白茆通流入海民賴其利素疾大戶兼并力摧豪强撫窮弱貧民田入於富室者率奪還之徐階罷相里居按問其家無少貸下令飆發凌厲所司惴惴奉行豪有力者至竄他郡以避而奸民多乘機告訐故家大姓時有被誣負屈者又裁節郵傳冗費士大夫出其境率不得供頓由是怨頗興都給事中舒化論瑞迂滯不達政體宜以南京清秩處之帝猶優詔獎瑞已而給事中戴鳳翔劾瑞庇奸民魚肉搢紳沽名亂政遂改督南京糧儲瑞撫吳甫半歲小民聞當去號泣載道家繪像祀之將履新任會高拱掌吏部素銜瑞并其職於南京戶部瑞遂謝病歸萬曆初張居正當國亦不樂瑞令巡按御史廉察之御史至山中視瑞設雞黍相對食居舍蕭然御史歎息去居正憚瑞峭直中外交薦卒不召十二年冬居正卒吏部擬用左通政帝雅重瑞名畀以前職明年正月召爲南京右僉都御史道改南京吏部右侍郎瑞年已七十二矣疏言衰老垂死願比古人尸諫之義大略謂陛下勵精圖治而治化不臻者貪吏之刑輕也諸臣莫能言其故反借待士有禮之說交口而文其非夫待士有禮而民則何辜哉因舉太祖法剝皮囊草及洪武三十年定律枉法八十貫論絞謂今當用此懲貪其他規切時政語極剴切獨勸帝虐刑時議以爲非御史梅鵾祚劾之帝雖以瑞言爲過然察其忠誠爲奪鵾祚俸帝屢欲召用瑞執政陰沮之乃以爲南京右都御史諸司素媮惰瑞以身矯之有御史偶陳戲樂欲遵太祖法予之杖百司惴恐多患苦之提學御史房寰恐見糾擿欲先發給事中鍾宇淳復慫恿寰再上疏醜詆瑞亦屢疏乞休慰留不允十五年卒官瑞無子卒時僉都御史王用汲入視葛幃敝籝有寒士所不堪者因泣下醵金爲斂小民罷市喪出江上白衣冠送者夾岸酹而哭者百里不絕贈太子太保謚忠介瑞生平爲學以剛爲主因自號剛峰天下稱剛峰先生嘗言欲天下治安必行井田不得已而限田又不得已而均稅尚可存古人遺意故自爲縣以至巡撫所至力行清丈頒一條鞭法意主於利民而行事不能無偏云始救瑞者何以尚廣西興業人起家鄉舉出獄擢光祿丞又以劾高拱坐謫拱罷起雷州推官終南京鴻臚卿

邱橓字茂實諸城人嘉靖二十九年進士由行人擢刑科給事中三十四年七月倭六七十人失道流劫自太平直逼南京兵部尚書張時徹等閉城不敢出閱二日引去給事御史劾時徹及守備諸臣罪時徹亦上其事詞多隱護橓劾其欺罔時徹及侍郎陳洙皆罷帝久不視朝嚴嵩專國柄橓言權臣不宜獨任朝綱不宜久弛嚴嵩深憾之已劾嵩黨寧夏巡撫謝淮應天府尹孟淮貪黷謝淮坐免是年嵩敗橓劾由嵩進者順天巡撫徐紳等五人帝爲黜其三遷兵科都給事中劾南京兵部尚書李遂鎮守兩廣平江伯陳王謨錦衣指揮魏大經咸以賄進大經下吏王謨革任已又劾罷浙江總兵官盧鏜寇犯通州總督楊選被逮及寇退橓偕其僚陳善後事宜指切邊弊帝以橓不早劾選杖六十斥爲民餘謫邊方雜職橓歸敝衣一篋圖書一束而已隆慶初起任禮科不至尋擢南京太常少卿進大理少卿病免神宗立言官交薦張居正惡之不召萬曆十一年秋起右通政未上擢左副都御史以一柴車就道旣入朝陳吏治積弊八事言臣去國十餘年士風漸靡吏治轉汙遠近蕭條日甚一日此非世運適然由風紀不振故也如京官考滿河南道例書稱職外吏給由撫按官概與保留以朝廷甄別之典爲人臣交市之資敢徇私而不敢盡法惡無所懲賢亦安勸此考績之積弊一也御史巡方未離國門而密屬之姓名已盈私牘甫臨所部而請事之干牘又滿行臺以豸冠持斧之威束手俯眉聽人頤指此請托之積弊二也撫按定監司考語必託之有司有司則不顧是非侈加善考監司德且畏之彼此結納上下之分蕩然其考守令也亦如是此訪察之積弊三也貪墨成風生民塗炭而所劾罷者大都單寒軟弱之流苟百足之蟲傅翼之虎即贓穢狼籍還登薦剡嚴小吏而寬大吏詳去任而略見任此舉劾之積弊四也懲貪之法在提問乃豺狼見遺狐狸是問徒有其名或陰縱之使去或累逮而不行或批駁以相延或朦朧以幸免即或終竟其事亦必博長厚之名而以盡法自嫌苞苴或累萬金而贓止坐之銖黍草菅或數十命而罰不傷其毫釐此提問之積弊五也薦舉糾劾所以勸懲有司也今薦則先進士而舉監非有憑藉者不與焉劾則先舉監而進士縱有訾議者罕及焉晉接差委專計出身之途於是同一官也不敢接席而坐比肩而行諸人自分低昂吏民觀瞻頓異助成驕縱之風大喪賢豪之氣此資格之積弊六也州縣佐貳雖卑亦臨民官也必待以禮然後可責以法今也役使譴訶無殊輿隸獨任其汙黷害民不屑禁治禮與法兩失之矣學校之職賢才所關今不問職業而一聽其所爲及至考課則曰此寒官也概與上考若輩知上官不我重也則因而自棄知上官必我憐也又從而日偷此處佐貳教職之積弊七也科場取士故有門生座主之稱若巡按舉劾其職也乃劾者不任其怨舉者獨冒爲恩尊之爲舉主而以門生自居詮衡問遺終身不廢假明揚之典開賄賂之門無惑乎清白之吏不槪見於天下也方今國與民俱貧而官獨富旣以官而得富還以富而市官此餽遺之積弊八也要此八者敗壞之源不在於外從而轉移亦不在於下也昔齊威王烹一阿大夫封一即墨大夫而齊國大治陛下誠大奮乾剛痛懲吏弊則風行草偃天下可立治矣疏奏帝稱善敕所司下撫按奉行不如詔者罪頂之言故給事中魏時亮周世選御史張檟李復聘以忤高拱見黜文選郎胡汝桂以忤尚書被傾宜賜甄錄御史于應昌搆陷劉臺與王宗載同罪宗載遣戍而應昌止罷官勞堪巡撫福建殺侍郎洪朝選御史張一鯤監應天鄉試王篆子之鼎賁緣中式錢岱監湖廣鄉試先期請居正少子還就試會居正卒不果遂私中篆子之衡曹一夔身居風憲盛稱馮保爲顧命大臣朱璉則結馮保爲父游七爲兄此數人者得罪名教而亦止罷官此綱紀所以不振人心所以不服臣初入臺誓掃除積弊今待罪三月而大吏恣肆小吏貪殘小民怨咨四方賂遺如故臣不職可見請罷斥以儆有位時已遷刑部右侍郎帝優詔報之召時亮世選檟復聘汝桂還削應昌堪一鯤一夔璉籍貶岱三秩未幾偕中官張誠往籍張居正家還轉左侍郎增俸一秩尋拜南京吏部尚書卒官贈太子太保謚簡肅橓彊直好搏擊其清節爲時所稱云

呂坤字叔簡寧陵人萬曆二年進士爲襄垣知縣有異政調大同徵授戶部主事歷郎中遷山東參政山西按察使陝西右布政使擢右僉都御史巡撫山西居三年召爲左僉都御史歷刑部左右侍郎二十五年五月疏陳天下安危其略曰竊見元旦以來天氣昏黃日光黯淡占者以爲亂徵今天下之勢亂象已形而亂勢未動天下之人亂心已萌而亂人未倡今日之政皆播亂機使之動助亂人使之倡者也臣敢以救時要務爲陛下陳之自古幸亂之民有四一曰無聊之民飽溫無由身家俱困因懷逞亂之心冀緩須臾之死二曰無行之民氣高性悍玩法輕生居常愛玉帛子女而不得及有變則淫掠是圖三曰邪說之民白蓮結社徧及四方教主傳頭所在成聚倘有招呼之首此其歸附之人四曰不軌之民乘釁蹈機妄思雄長惟冀目前有變不樂天下太平陛下約己愛人損上益下則四民皆赤子否則悉爲寇讎今天下之蒼生貧困可知矣自萬曆十年以來無歲不災催科如故臣久爲外吏見陛下赤子凍骨無兼衣饑腸不再食垣舍弗蔽苫藁未完流移日衆棄地猥多留者輸去者之糧生者承死者之役君門萬里孰能仰訴今國家之財用耗竭可知矣數年以來壽宮之費幾百萬織造之費幾百萬寧夏之變幾百萬黃河之潰幾百萬今大工採木費又各幾百萬矣土不加廣民不加多非有雨菽湧金安能爲計今國家之防禦疏略可知矣三大營之兵以衞京師也乃馬半羸敝人半老弱九邊之兵以禦外寇也皆勇於挾上怯於臨戎外衞之兵以備征調資守禦也伍缺於役占家累於需求皮骨僅存折衝奚賴設有千騎橫行兵不足用必選民丁以怨民鬭怨民誰與合戰人心者國家之命脈也今日之人心惟望陛下收之而已關隴氣寒土薄民生實艱自造花絨比戶困趣逼提花染色日夜無休千手經年不成一匹他若山西之紬蘇松之錦綺歲額旣盈加造不已至饒州磁器西域回青不急之須徒累小民敲骨陛下誠一切停罷而江南陝西之人心收矣以採木言之丈八之圍非百年之物深山窮谷蛇虎雜居毒霧常多人烟絕少寒暑饑渴瘴癘死者無論矣乃一木初卧千夫難移倘遇阻艱必成傷殞蜀民語曰入山一千出山五百哀可知也至若海木官價雖一株千兩比來都下爲費何止萬金臣見楚蜀之人談及採木莫不哽咽苟損其數增其直多其歲月減其尺寸而川貴湖廣之人心收矣以採礦言之南陽諸府比歲饑荒生氣方蘇

菜色未變自責報罷戶而半已驚逃自供應礦夫工食官兵口糧而多至累死自郜御史李盛春嚴旨切責而撫按畏罪不敢言今礦沙無利責民納銀而奸人仲春復爲擴奪侵漁之計朝廷得一金郡縣費千倍誠敕戒使者毋散砂責銀有侵奪小民若仲春者誅無赦而四方之人心收矣官店租銀收解自趙承勛造四千之說而皇店開自朝廷有內官之遣而事權重夫市井之地貧民求升合絲毫以活身家者也陛下享萬方之富何賴於彼且馮保八店爲屋幾何而歲有四千金之課課旣四千徵收何止數倍不奪市民將安取之今豪家遣僕設肆居民尚受其殃況特遣中貴賜之敕書以壓卵之威行竭澤之計民困豈顧問哉陛下撤還內臣責有司輸課而畿甸之人心收矣天下宗室皆九廟子孫王守仁王錦襲蓋世神奸籍隔數千里而冒認王弼子孫事隔三百年而妄稱受寄財產中間僞造絲綸假傳詔旨明欺聖主暗陷親王有如楚王銜恨自殺陛下何辭以謝高皇帝之靈乎此兩賊者罪應誅殛乃止令回籍臣恐萬姓驚疑誠急斬二賊以謝楚王而天下宗藩之心收矣崇信伯費甲金之貧十廂珠寶之誣皆通國所知也始誤於科道之風聞嚴追猶未爲過今眞知其枉又加禁錮實害無辜請還甲金革去之祿復五城廢衙降斥之官而勳戚之人心收矣法者所以平天下之情其輕其重太祖旣定爲律列聖又增爲例如輕重可以就喜怒之情則例不得爲一定之法臣待罪刑部三年矣每見詔獄一下持平者多拂上意從重者皆當聖心如往年陳恕王正甄常照等獄臣等欺天罔人已自廢法陛下猶以爲輕俱加大辟然則律例又安用乎誠俯從司寇之平勉就祖宗之法而囹圄之人心收矣自古聖明之君豈樂誹謗之語然而務求言賞諫者知天下存亡係言路通塞也比來驅逐旣多選補皆罷天閽邃密法座崇嚴若不廣達四聰何由明照萬里今陛下所聞皆衆人之所敢言也其不敢言者陛下不得聞矣一人孤立萬乘之上舉朝無犯顏逆耳之人快在一時憂貽他日陛下誠釋曹學程之繫還吳文梓等官凡建言得罪者悉分別召用而士大夫之心收矣朝鮮密邇東陲近吾肘腋平壤西鄰鴨綠晉州直對登萊倘倭夷取而有之籍衆爲兵就地資食進則斷我漕運退則窺我遼東不及一年京城坐困此國家大憂也乃彼請兵而二三其說許兵而延緩其期力窮勢屈不折入爲倭不止陛下誠早決大計并力東征而屬國之人心收矣四方輸解之物營辦旣苦轉運尤艱及入內庫率至朽爛萬姓脂膏化爲塵土倘歲一稽核苦窳者嚴監收之刑朽腐者重典守之罪一整頓間而一年可備三年之用歲省不下百萬而輸解之人心收矣自抄沒法重株連數多坐以轉寄則並籍家資誣以多贓則互連親識宅一封而雞豚大半餓死人一出則親戚不敢藏留加以官吏法嚴兵番搜苦少年婦女亦令解衣臣曾見之掩目酸鼻此豈盡正犯之家重罪之人哉一字相牽百口難解奸人又乘機恐嚇挾取貲財不足不止半年之內擾徧京師陛下知之否乎願愼抄沒之舉釋無辜之繫而都下之人心收矣列聖在御之時豈少宦官宮妾然死於箠楚者未之多聞也陛下數年以來疑深怒盛廣廷之中狠籍血肉宮禁之內慘戚啼號厲氣冤魂乃聚福祥之地今環門守戶之衆皆傷心側目之人外表忠勤中藏險毒旣朝暮不能自保卽九死何愛一身陛下臥榻之側同心者幾人暮夜之際防患者幾人臣竊憂之願少霽威嚴愼用鞭扑而左右之人心收矣祖宗以來有一日三朝者有一日一朝者陛下不視朝久人心懈弛已極奸邪窺伺已深守衛官軍祇應故事今乾清修造逼近御前軍夫往來誰識面貌萬一不測何以應之臣望發宮鑰於質明放軍夫於日昃自非軍國急務愼無昏夜傳宣章奏不答先朝未有至於今日強半留中設令有國家大事邀截實封揚言於外曰留中矣人知之乎願自今章疏未及批答者日於御前發一紙下會極門轉付諸司照察庶君臣雖不面談而上下猶無欺蔽臣觀陛下昔時勵精爲治今當春秋鼎盛曾無夙夜憂勤之意惟孜孜以患貧爲事不知天下之財止有此數君欲富則天下貧天下貧而君豈獨富今民生憔悴極矣乃採辦日增誅求益廣斂萬姓之怨於一言結九重之讐於四海臣竊痛之使六合一家千年如故卽宮中虛無所有誰忍使陛下獨貧今禁城之內不樂有君天下之民不樂有生怨讟愁歎難堪入聽陛下聞之必有食不能咽寢不能安者矣臣老且衰恐不得復見太平籲天叩地齋宿七日敬獻憂危之誠惟陛下密行臣言翻然若出聖心警悟者則人心自悅天意自回苟不然者陛下他日雖悔將何及耶疏入不報坤遂稱疾乞休中旨許之於是給事中戴士衡劾坤機深志險謂石星大誤東事孫鑛濫殺不辜坤顧不言曲爲附會無大臣節給事中劉道亨言往年孫丕揚劾張位位疑疏出坤手故使士衡劾坤位奏辨帝以坤旣罷悉置不問初坤按察山西時嘗撰閨範圖說內侍購入禁中鄭貴妃因加十二人且爲製序屬其伯父承恩重刊之士衡遂劾坤因承恩進書結納宮掖包藏禍心坤持疏力辨未幾有妄人爲閨範圖說跋名曰憂危竑議言坤撰閨範獨取漢明德后者后由貴人進中宮坤以媚鄭貴妃也坤疏陳天下憂危無事不言獨不及建儲意自可見其言絕狂誕將以害坤帝歸罪於士衡等其事遂寢坤剛介峭直留意正學居家之日與後進講習所著述多出新意初在朝與吏部尚書孫丕揚善後丕揚復爲吏部屢推坤左都御史未得命言臣以八十老臣保坤冀臣得親見用坤之效不效甘坐失舉之罪死且無憾已又薦天下三大賢沈鯉郭正域其一卽坤丕揚前後推薦疏至二十餘上帝終不納福王封國河南賜莊田四萬頃坤在籍上言國初分封親藩二十有四賜田無至萬頃者河南已封周趙伊徽鄭唐崇潞八王若皆取盈四萬占兩河郡縣且半幸聖明裁減復移書執政言之會廷臣亦力爭得減半卒天啟初贈刑部尚書

郭正域字美命江夏人萬曆十一年進士選庶吉士授編修與修撰唐文獻同爲皇長子講官皆三遷至庶子不離講帷每講畢諸內侍出相揖惟二人不交一言出爲南京祭酒諸生納貲許充貢正域奏罷之李成梁孫以都督就婚魏國徐弘基家騎過文廟門學錄李維極執而扶之李氏蒼頭數十人蹋邸門弘基亦至正域曰今天子尚皮弁拜先聖人臣乃走馬廟門外乎且公侯子弟入學習禮亦國子生耳學錄非扶都督也令交相謝而罷三十年徵拜詹事復爲東宮講官旋擢禮部右侍郎掌翰林院三十一年三月尚書馮琦卒正域還署部事夏廟饗會日食正域言禮當祭日食牲未殺則廢朔旦宜專救日詰朝享廟從之方澤陪祀者多託疾正域謂祀事不虔由上不躬祀所致請下詔飭厲冬至大祀上必親行帝然之而不能用初正域之入館也沈一貫爲教習師後服闋授編修不執弟子禮一貫不能無望至是一貫爲首輔沈鯉次之正域與鯉善而心薄一貫會臺官上日食占曰日從上食占爲君知佞人用之以亡其國一貫怒而詈之正域曰宰相憂盛危明顧不若瞽史邪一貫聞之怒兩淮稅監魯保請給關防兼督江南浙江織造鯉持不可一貫擬予之正域亦力爭秦王以嫡子久未生請封其庶長子爲世子屢詔趣議前尚書馮琦持不上正域亦執不許王復請封其他子爲郡王又不可一貫使大璫以上命脅之正域榜於門曰秦王以中尉進封庶子當仍中尉不得爲郡王妃年未五十庶子亦不得爲世子一貫無以難及建議欲奪黃光昇許論呂本謚一貫與朱賡皆本同鄉也曰我輩在誰敢奪者正域援筆判曰黃光昇當謚是海瑞當殺也許論當謚是沈鍊當殺也呂本當謚是鄢懋卿趙文華皆名臣不當削奪也議上舉朝韙之而卒不行正域旣積忤一貫一貫深憾之會楚王華奎與宗人華越等相訐正域復與一貫異議由此幾得危禍先是楚恭王得廢疾隆慶五年薨遺腹宮人胡氏孿生子華奎華壁或云內官郭綸以王妃兄王如言妾尤金梅子爲華奎妃族人如綍奴王玉子爲華壁儀賓汪若泉嘗訐奏之事下撫按王妃持甚堅得寢萬曆八年華奎嗣王華壁亦封宣化王宗人華越者素強禦忤王華越妻如言女也是年遣人訐華奎異姓子也不當立一貫屬通政使沈子木格其疏勿上月餘楚王劾華越疏至乃上之命下部議未幾華越入都訴通政司邀截實封及華奎行賄狀楚宗與名者凡二十九人子木懼召華越令更易月日以上旨并下部正域請敕撫按公勘從之初一貫屬正域毋言通政司匿疏事及華越疏上正域主行勘一貫言親王不當勘但當體訪正域曰事關宗室臺諫當亦言之一貫微笑曰臺諫斷不言也及帝從勘議楚王懼奉百金爲正域壽且屬毋竟楚事當酬萬金正域嚴拒之已而湖廣巡撫趙可懷巡按應朝卿勘上言詳審無左驗而王氏持之堅諸郡主縣主則云罔知眞僞乞特遣官再問詔公卿雜議於西闕門日晏乃罷議者三十七人各具一單言人人殊李廷機以左侍郎代正域署部事正域欲盡錄諸人議廷機以辭太繁先撮其要以上一貫遂嗾給事中楊應文御史康丕揚劾禮部壅閼羣議不以實聞正域疏辨且發子木匿疏一貫阻勘及楚王餽遺狀一貫益恚謂正域遣家人導華越上疏議令楚王避位聽勘私庇華越當是時正域右宗人大學士沈鯉右正域尚書趙世卿謝傑祭酒黃汝良則右楚王給事中錢夢皐遂希一貫指論正域詞連次輔鯉應文又言正域父懋嘗笞辱於楚恭王故正域因事陷之正域疏辨留中不報一貫鯉以楚事皆求去廷機復請再問帝以王嗣位二十餘年何至今始發且夫訐妻証不足憑遂罷楚事勿按正域四疏乞休去楚王旣得安遂奏劾正域大略如應文言且訐其不法數事請褫正域官詔下部院集議廷機微刺正域而謂其已去可無苛求給事中張問達則謂藩王欲進退大臣不可訓

乃不罪正域而令巡按御史勘王所訐以聞俄而妖書事起一貫以鯉與己地相逼而正域新罷因是陷之則兩人必得重禍乃爲帝言臣下有欲相傾者爲之蓋微引其端以動帝意亡何錦衣衞都督王之禎等四人以妖書有名指其同官周嘉慶爲之東廠又捕獲妖人皦生光巡城御史康丕揚爲生光訟冤言妖書楚事同一根柢請少緩其獄賊兄弟可授首闕下意指正域及其兄國子監丞正位帝怒以爲庇反賊除其名一貫力救始免丕揚乃先後捕僧人達觀醫者沈令譽等而同知胡化則告妖書出教官阮明卿手未幾廠衞又捕可疑者一人曰毛尚文數日間銀鐺旁午都城人人自危嘉慶等皆下詔獄嘉慶旋以治無驗令革任回籍令譽故嘗往來正域家達觀亦時時游貴人門嘗爲正域所搒逐尚文則正域僕也一貫丕揚等欲自數人口引正域而化所訐阮明卿則錢夢臯壻夢臯大恚上疏顯攻正域言妖書刊播不先不後適在楚王疏入之時蓋正域乃沈鯉門徒而沈令譽者正域食客胡化又其同鄉同年羣奸結爲死黨乞窮治根本定正域亂楚首惡之罪勒鯉閒住帝令正域還籍聽勘急嚴訊諸所捕者達觀拷死令譽亦幾死皆不承法司迫化引正域及歸德歸德鯉所居縣也化大呼曰明卿我仇也故訐之正域舉進士二十年不通問何由同作妖書我亦不知誰爲歸德者帝知化枉釋之都督陳汝忠掠訊尚文遂發卒圍正域舟於楊村盡捕媼婢及傭書者男女十五人與生光雜治終無所得汝忠以錦衣告身誘尚文曰能告賊即得之令引令譽且以乳媼龔氏十歲女爲徵比會訊東廠太監陳矩詰女曰汝見妖書版有幾曰盈屋矩笑曰妖書僅二三紙版顧盈屋邪詰尚文曰令譽語汝刊書何日尚文曰十一月十六日戎政尚書王世揚曰妖書以初十日獲而十六日又刊將有兩妖書邪拷生光妻妾及十歲兒以鍼刺指爪必欲引正域皆不應生光仰視夢臯丕揚大罵曰死則死耳奈何教我迎相公指妄引郭侍郎乎都御史溫純等力持之事漸解然猶不能具獄光宗在東宮數語近侍曰何爲欲殺我好講官諸人聞之皆懼詹事唐文獻偕其僚楊道賓等詣一貫爭之李廷機亦力爲之地獄益解刑部尚書蕭大亨具爰書猶欲坐正域郎中王述古抵藁於地大亨乃止遂坐生光極刑釋諸波及者而正域獲免方獄急時邏卒圍鯉舍及正域舟鈴柝達旦又聲言正域且逮迫使自裁正域曰大臣有罪當伏尸都市安能自屏野外旣而幸無事乃歸歸三年巡按御史史學遷勘上楚王所訐事無狀給事顧士琦因請召還正域不報正域博通載籍勇於任事有經濟大略自守介然故人望歸之扼於權相遂不復起家居十年卒後四年贈禮部尚書光宗遺詔加恩舊學贈太子少保謚文毅官其子中書舍人

贊曰海瑞秉剛勁之性戇直自遂蓋可希風漢汲黯宋包拯苦節自厲誠爲人所難能邱橓呂坤雖非瑞匹而指陳時政炳炳鑿鑿纚亮有足稱者郭正域持楚獄與執政異趣險難忽發僅而後免危矣哉以妖書事與坤相首尾故並著焉

明史卷二百二十七　列傳第一百十五

總裁官總理事務經筵講官少保兼太子太保保和殿大學士兼管吏部戶部尚書事加六級張廷玉等奉

敕修

龐尚鵬　宋儀望

張岳　李材

陸樹德　蕭廩

賈三近　李頤

朱鴻謨　蕭彥 弟雍 查鐸

孫維城　謝杰

郭惟賢　萬象春

鍾化民　吳達可

龐尚鵬字少南南海人嘉靖三十二年進士除江西樂平知縣擢御史偕給事中羅嘉賓出覈南京浙江軍餉請罪叅將戚繼光張四維而盡發胡宗憲失律貪淫及軍興督撫侵軍需狀還朝出按河南巡撫蔡汝楠欲會疏進白鹿尚鵬不可改按浙江民苦徭役爲舉行一條鞭法按治鄉官呂希周嚴杰茅坤潘仲驂子弟僮奴請奪希周等冠帶詔盡黜爲民尚鵬介直無所倚所至搏擊豪强吏民震慴已督畿輔學政隆慶元年請帝時御便殿延見大臣恤建言得罪者馬從謙等已又申救給事中胡應嘉論大學士郭朴無相臣體擢大理右寺丞明年春朝議與九邊屯鹽擢尚鵬右僉都御史與副都御史鄒應龍唐繼祿分理尚鵬轄兩淮長蘆山東三運司兼理畿輔河南山東江北遼東屯務抵昌平劾內侍張恩擅殺人兩淮巡鹽孫以仁贓罪皆獲譴其秋應龍等召還命尚鵬兼領九邊屯務疏列鹽政二十事鹺利大興乃自江北躬歷九邊先後列上屯政便宜江北者四薊鎭者九遼東宣大者各十一寧夏者四甘肅者七奏輒報可尚鵬權旣重自負經濟才慷慨任事諸御史督鹽政者以事權見奪欲攻去之河東巡鹽郜永春劾尚鵬行事乖違吏部尚書楊博議留之會中官惡博激帝怒譙讓罷博而落尚鵬職汰屯鹽都御史官時三年十二月也明年復坐按浙時驗進宮幣不中程斥爲民神宗立御史計坤亨等交薦保定巡撫宋纁亦白其無罪萬曆四年冬始以故官撫福建奏蠲逋餉銀推行一條鞭法劾罷總兵官胡守仁屬吏咸奉職張居正奪情重譴言者尚鵬移書救居正深銜之會拜左副都御史居正令吏科陳三謨以給由歲月有誤劾之遂罷去家居四年卒浙江福建暨其鄉廣東皆以徭輕故德尚鵬立祠祀天啓中賜謚惠敏

宋儀望字望之吉安永豐人嘉靖二十六年進士授吳縣知縣民輸白糧京師輒破家儀望令諸區各出公田計役授田贍之禁火葬創子游祠建書院惠績甚著徵授御史劾大將軍仇鸞挾寇自重疏留中已陳時務十二策巡鹽河東請開桑乾河通宣大餉道言河發源金龍池下甕城驛古定橋會衆水東流千餘里入盧溝橋其間惟大同卜村有叢石宣府黑龍灣石崖稍險然不踰五十里水淺者猶二三尺疏鑿甚易大同巡撫侯鉞嘗乘小艇赴懷來歷卜村黑龍灣安行無虞又自懷來泝流載米三十石達之古定河足利漕可徵時方行空運率三十石致一石儀望疏至下廷議兵部尚書聶豹言河成便漕兼制敵騎工部尚書歐陽必進言道遠役重遂報罷儀望尋省母歸還朝發胡宗憲阮鶚奸貪狀鶚被逮二人皆嚴嵩私人嵩由是不悅及受命督三殿門工嵩子世蕃私賈人金屬必進俾與工事儀望執不可工竣敘勞擢大理右寺丞世蕃以爲德儀望請急歸無所謝世蕃益怒會災異考察京官必進遷吏部遂坐以浮躁貶夷陵判官嵩敗擢霸州兵備僉事請城涿州除馬戶逋稅進大名兵備副使改福建與總兵官戚繼光合兵破倭因列海防善後事詔從其請隆慶二年吏部尚書楊博欲黜儀望考功郎劉一儒持之乃鐫二秩補四川僉事四遷大理少卿萬曆二年張居正當國雅知儀望才擢右僉都御史巡撫應天諸府奏減屬郡災賦海警稍定將吏諱言兵儀望與副使王叔果修戰備倭果至禦之黑水洋斬獲多進右副都御史先有詔雪建文諸臣儀望創表忠祠祀之南京宋忠臣楊邦乂儀望鄉人也葬江寧歲久漸湮儀望爲封其墓載其祠祀典故太常卿袁洪愈祭酒姜寶皆不爲居正所喜儀望薦之朝漸失居正意四年稍遷南京大理卿踰年改北被劾罷歸儀望少師聶豹私淑王守仁又從鄒守益歐陽德羅洪先遊守仁從祀儀望有力焉家居數年卒

張岳字汝宗餘姚人嘉靖三十八年進士授行人擢禮科給事中巡視內府庫藏奏行釐弊八事已又陳時政極言講學者以富貴功名鼓動士大夫談虛論寂靡然成風又今吏治方清獨兵部無振刷推用總兵黃印韓承慶等非庸卽貪曹司條例淆亂無章胥吏朋奸搏噬將校其咎必有所歸時徐階當國爲講學會而楊博在兵部意蓋指二人也博奏辨乞罷帝慰留之博自是惡岳及掌吏部岳已遷工科左給事中遂出爲雲南參議再遷河南參政萬曆初張居正雅知岳用爲太僕少卿再遷南京右僉都御史督操江甫到官會居正父喪謀奪情南京尚書潘晟及諸給事御史咸上疏請留居正岳獨馳疏請令馳驛奔喪居正大怒會大計京官給事中傅作舟等承風劾岳貶一秩調外岳遂歸久之操江僉都御史呂藿給事中吳綰知居正憾未釋摭劾岳落職閒住甫兩月居正死南京御史方萬山薦岳劾作舟作舟坐斥起岳四川參議旋擢右僉都御史巡撫南贛入爲左僉都御史獻時政四議其一言宗藩宜以世次遞殺親盡則停俾習四民之業其一言治河之策夏鎭固當開泇頭亦不可廢並報寢進左副都御史上疏訐議廷臣賢否爲給事中袁國臣等所論時已遷刑部右侍郎坐罷歸

李材字孟誠豐城人尚書遂子也舉嘉靖四十一年進士授刑部主事素從鄒守益講學自以學未成乞假歸訪唐樞王畿錢德洪與問難隆慶中還朝由兵部郎中稍遷廣東僉事羅旁賊猖獗材襲破之周高山設屯以守賊有三巢在新會境調副總兵梁守愚由恩平遊擊王瑞由德慶入身出肇慶中道夜半斬賊五百級毀廬舍千餘空其地募人田之亡何倭五千攻陷電白大掠而去材追破之石城設伏海口伺其遁而殲之奪還婦女三千餘會奸人引倭自黃山間道潰而東材聲言大軍數道至以疑賊而返故道迎擊盡殺之又追襲雷州倭至英利皆遁去降賊渠許恩於陽江錄功進副使萬曆初張居正柄國不悅材遂引疾去居正卒起官山東以才調遼東開原尋遷雲南洱海參政進按察使備兵金騰金騰地接緬甸而孟養蠻莫兩土司介其間叛服不常緬部目曰大曩長曰散奪者率數千人據其地材謂不收兩土司無以制緬遣人招兩土司來歸而間討抗命夷阿坡居頃之緬遣兵爭蠻莫材合兩土司兵敗緬衆殺大曩長逐散奪去緬帥莽應裏益兵至孟養復

擊沈其舟斬其將一人乃退有猛密者地在緬境數爲緬侵奪舉族內徙有司居之戶碗至是緬勢稍屈材資遣還故土亡何緬人驅象陣大舉復讐兩土司告急材遣遊擊劉天俸率把總寇崇德等出威緬渡金沙江與孟養兵會遮浪迎擊之賊大敗生禽緬衣賊將三人巡撫劉世曾總兵官沐昌祚以大捷聞詔令覆勘未上而材擢右僉都御史撫治鄖陽材好講學遣部卒供生徒役卒多怨又徇諸生請改參將公署爲學宮參將米萬春諷門卒梅林等大譟馳入城縱囚毁諸生廬直趨軍門挾賞銀四千洶洶不解居二日萬春脅材更軍中不便十二事令上疏歸罪副使丁惟寧知府沈鈇等材隱忍從之惟寧責數萬春萬春欲殺惟寧跳而免材遂復劾惟寧激變詔下鈇等吏貶惟寧三官材還籍候勘時十五年十一月也御史楊紹程勘萬春首亂宜罪大學士申時行庇之置不問旋調天津善地去而材又以雲南事被訐遂獲重譴初有詔勘征緬功巡按御史蘇酇言斬馘不及千破城拓地皆無驗猛密地尚爲緬據材天俸等虛張功伐副使陳嚴之與相附和宜並罪帝怒削世曾籍奪昌祚祿一年材嚴之天俸俱逮下詔獄刑部尚書李世達左都御史吳時來大理少卿李棟等當材天俸徒嚴之鐫秩帝不懌奪郎中御史寺正諸臣俸典詔獄李登雲等亦解官於是改擬遣戍特旨引紅牌說謊例坐材天俸斬嚴之除名大學士時行等數爲解給事中唐堯欽等亦言材以夷攻夷功不可泯奏報偶虛坐以死假令盡虛無實掩罪爲功何以罪之設不幸失城池全軍不返又何以罪之帝皆不聽幽繫五年論救者五十餘疏已天俸以善用火器釋令立功時行等復爲材申理皆不省亡何孟養使入貢具言緬人侵軼天朝救援破敵有狀聞典兵者在獄衆皆流涕而楚雄士民閻世祥等亦相率詣闕訟冤帝意乃稍解命再勘勘至材罪不掩功大學士王錫爵等再疏爲言帝故遲之至二十一年四月始命戍鎮海衞材所至輒聚徒講學學者稱見羅先生繫獄時就問者不絕至戍所學徒益衆許孚遠方巡撫福建日相過從材以此忘羈旅久之赦還卒年七十九

陸樹德字與成尚書樹聲弟也嘉靖末進士除嚴州推官行取當授給事御史會樹聲拜侍郎乃授刑部主事隆慶四年改禮科給事中穆宗御朝講不發一語樹德言上下交爲泰今暌隔若此何以劘君德訓萬幾不報屢遷都給事中六年四月詔輟東宮講讀樹德言自四月迄八月爲時甚遙請非盛暑仍御講筵不聽穆宗頗倦勤樹德言日月交蝕旱魃爲災當及時修省及帝不豫又請謹藥餌善保護仲夏亢陽月宜益慎起居帝不悅疏皆留中內臣請祈福戒壇已得旨樹德言戒壇度僧男女擾雜導淫傷化陛下欲保聖躬宜法大禹之惡旨酒成湯之不邇聲色何必奉佛未幾穆宗崩神宗嗣位中官馮保擠司禮孟冲而代之樹德言先帝甫崩忽傳馮保掌司禮監果先帝意何不傳示數日前乃在彌留後果陛下意則哀痛方深萬幾未御何暇念中官疏入保大恨比議祧廟樹德請毋祧宣宗仍祀睿宗世室格不行已極陳民運白糧之患請領之漕臣從之樹德居言職三年疏數十上率侃直會樹聲掌禮部乃量遷尚寶卿歷太常少卿南京太僕卿以右僉都御史巡撫山東樹德素清嚴約束僚吏屏絕聲伎山東民壯改民兵戍薊門隆慶末令歲輸銀二萬四千罷其戍役尋命增輸三萬樹德請如河南例罷之帝不從而爲免增輸之數德府白雲湖故民田爲王所奪後已還民王復結中官謀復之樹德爭不得乞休歸久之卒

蕭廩字可發萬安人祖乾元以御史劾劉瑾廷杖下獄終雲南副使廩舉嘉靖末進士授行人隆慶三年擢御史因地震請加禮中宮已出聚陝西四鎮兵食斥將吏隱占卒數萬人歸伍固原州海剌都之地密邇松山爲楚府牧地廩言楚府封武昌牧地在塞下與寇接王所收四五百金而奸宄窟穴弊甚大宜諭使獻之朝廷詔可已改巡茶馬七苑牧地養馬八千七百餘匹而占地五萬五千三百頃有奇廩但給萬二千二百餘頃歲益課二萬萬曆元年巡按浙江請祀建文朝忠臣十二人從祀王守仁於文廟尋擢太僕少卿再遷南京太僕卿九年由光祿卿改右僉都御史巡撫陝西時方覈天下隱田大吏爭希張居正指增賦廩令如額而止境內回回部常羣行拾麥穗間或草竊耀州以變告廩撫諭之戮數人變遂定令拾麥毋帶兵器儕偶不得至十人進右副都御史移撫浙江先以賞貢使歲增造綵幣二千廩請均之福建及徽寧諸府從之已請減上供織造不許遷工部右侍郎召改刑部進兵部左侍郎以官卒贈尚書廩初從歐陽德鄒守益遊制行醇謹故所至有立

賈三近字德修嶧縣人隆慶二年進士選庶吉士授吏科給事中四年六月疏言善治者守法以宜民去其太甚而已今廟堂之令不信於郡縣郡縣之令不信於小民鐲租矣而催科愈急振濟矣而追逋自如恤刑矣而寃死相望正額之輸上供之需邊疆之費雖欲損毫釐不可得形格勢制莫可如何且監司考課多取振作集事之人而輕寬平和易之士守令雖賢安養之心漸移於苛察撫字之念日奪於征輸民安得不困乞戒有司務守法而監司殿最毋但取旦夕功失惇大之體已復疏言撫按諸臣遇州縣長吏率重甲科而輕鄉舉同一寬也在進士則爲撫字在舉人則爲姑息同一嚴也在進士則爲精明在舉人則爲苛戾是以爲舉人者非華顛耆齒不就選人或裹足毁裳息心仕進夫鄉舉豈乏才良宜令勉就是途因行激勸詔皆俞允再遷左給事中勘事貴州中道罷遣遂請急歸神宗嗣位起戶科給事中萬曆元年平江伯陳王謨以太后家姻夤緣得鎮湖廣三近劾其垢穢乃不遣給事中雒遵御史景嵩韓必顯劾譚綸被譴三近率同列救之詔增供用庫黃蠟歲二萬五千三近等又諫皆不從時方行海運多覆舟以三近言罷其役肅王縉熿隆慶間用賄以輔國將軍襲封至是又請復莊田三近再疏爭遂弗予初有令征賦以八分爲率不及者議罰三近請地凋敝者減一分詔從之中官溫泰請盡輸關稅鹽課於內庫三近言課稅本饟邊今屯田半蕪關中法壞塞下所資惟此苟歸內帑必誤邊計議乃寢頃之擢太常少卿再遷南京光祿卿請假歸十二年召掌光祿其秋拜右僉都御史巡撫保定畿輔大饑振貸有方召拜大理卿未上以親老歸養起兵部右侍郎復以親老辭不許尋卒

李頤字惟貞餘干人隆慶二年進士授中書舍人博習典故負才名萬曆初擢御史同官胡涍景嵩韓必顯給事中雒遵相繼獲譴抗疏申救不聽清軍湖廣廣西請免土民遠戍祗充傍近衞所軍制可忤張居正出爲湖州知府遷蘇松兵備副使湖廣按察使鄖陽兵變知府沈鈇且得罪頤爲白其冤而密織首亂者以母喪歸起故官莅陝西進河南右布政使擢右僉都御史巡撫順天進右副都御史以定亂兵進兵部右侍郎長昂桀驁頤與總兵王保禽其心腹小郎兒等七人賊遂讋已別部伯牙入寇督將士敗之羅文峪進左侍郎久之進右都御史時礦稅使四出馬堂駐天津王忠駐昌平王虎駐保定張曄駐通州頤疏言燕京王氣所鍾去陵寢近開鑿必損靈氣又言畿輔地荒歲儉而敕使誅求不遺纖屑恐臨清激變之慘復見輦轂下已遼東稅使高淮誣劾山海同知羅大器頤復言內監外僚初無統攝且遼陽礦稅何預薊門若皆效淮所爲有司將無遺類陛下奉天之權制馭宇內今盡落宦豎手朝奏夕報如響應聲縱所劾當罪尚非所以爲名何況無辜暴加摧折皆不報頤在鎭十年威望大著中使憚頤廉正畿民少安二十九年以工部右侍郎代劉東星管理河道議上築決口下疏故道爲經久計甫兩月以勞卒贈兵部尚書頤仕宦三十餘年敝車羸馬布衣蔬食初爲御史首請祀胡居仁於文廟寢未行見居仁裔孫希祖幼且貧字以女養之於家弟謙早卒以己廕畀其子

朱鴻謨字文甫益都人隆慶五年進士授吉安推官識鄒元標於諸生厚禮之擢南京御史元標及吳中行等得罪鴻謨疏救語侵居正斥爲民鴻謨歸杜門講學不入城市居正卒起故官出按江西奏鐲水災賦請減饒州磁器不報又疏薦建言削籍者忤旨奪俸擢光祿少卿由大理少卿擢右僉都御史提督操江改撫應天蘇州十府引二祖節儉之德請裁上供織造報聞吳中徭役不均令一以田爲準不及百畝者無役縣爲立籍定等差貴游子弟恣里中無賴者與共爲非遠近訛言謂有不軌謀鴻謨盡捕之上疏告變朝議將用兵兵部主事伍袁萃亟言於尚書石星令覆勘乃解鴻謨尋入爲刑部右侍郎卒官不能斂僚屬醵金以辦贈刑部尚書謚恭介

蕭彥字思學涇縣人隆慶五年進士除杭州推官萬曆三年擢兵科給事中自塞上多警邊吏輒假招降侍賞彥言議招逆黨爲中國逋亡設耳乃欲以此招漠北敵人夫李俊滿四等休養百年稱亂一旦降人不可處內地明矣宜一切報罷從之以工科左給事中閱視陝西四鎮邊務還奏訓兵儲餉十事並允行尋進戶科都給事中初行丈量法延寧二鎮益田萬八千餘頃總督高文薦請三年征賦彥言西北墾荒永免科稅祖制也況二鎮多沙磧奈何定永額使初集流庸懷去志遂除前令詔購金珠已停市而命以其直輸內庫彥言不當虛外府以實內藏不聽尋上言察吏之道不宜視催科爲殿最昨隆慶五年詔征賦不及八分者停有司俸至萬曆四年則又以九分爲及格仍令帶征宿負二分是民歲輸十分以上也有司憚考成必重以敲扑民力不勝則流亡隨之臣以爲九分與帶征二議不宜並行所謂寬一分民受一分之賜也部議允行未幾浙江巡撫張佳允復以舊例請部又從之彥疏爭乃詔如新令詔取黃金三千二百兩彥請納戶部言減其半不從擢太常少卿以右僉都御史巡撫貴州都勻答千巖苗叛土官

蒙詔不能制，彥檄副使楊寅秋破禽之。宣慰安國亨詭言獻六木被賚，及徵木無有，爲彥所劾。國亨懼，誣商奪其木，訐彥於朝。帝怒，欲罪彥。大學士申時行等言國亨反噬輕朝廷，帝乃止。改撫雲南。時用師隴川，副將鄧子龍不善御軍，兵大譟，守備姜忻撫定之。而其兵素驕，給餉少緩，遂作亂，鼓行至永昌，趨大理，抵瀾滄，過會城。彥調土漢兵夾攻之，斬首八十，脅從皆撫散。事聞，賚銀幣。自緬甸叛，孟養、車里二宣慰久不貢，至是修貢，彥撫納之。尋以副都御史撫治鄖陽，進兵部右侍郎，總制兩廣軍務。日本躪朝鮮，會暹羅入貢，其使請勤王，尚書石星因令發兵擣日本。彥言暹羅處極西，去日本萬里，安能飛越大海，請罷其議。星執不從。旣而暹羅兵卒不出。召拜戶部右侍郎，尋卒。彥從同縣查鐸學，有志行，服官明習天下事，所在見稱。後贈右都御史，謚定肅。弟雍，廣東按察使，宦績亞於彥，而學過之，時稱二蕭。查鐸，字子警，嘉靖四十五年進士。隆慶時爲刑科左給事中，忤大學士高拱，出爲山西參議。萬曆初官廣西副使，移疾歸，緒水西書院，講王畿、錢德洪之學，後進多歸之。

孫維城，字宗甫，邱縣人。隆慶五年進士。歷知濬、太康、任邱三縣。萬曆十年擢南京御史，劾張居正不奔喪。寧國諸生吳仕期欲上書諫，未發，太平同知龍宗武告之。操江胡檟以聞於居正。會有僞爲海瑞劾居正疏者播之邸抄，宗武意仕期，遂實獄，掠七日而卒。居正死，仕期妻訟冤，維城疏言狀。檟已擢刑部侍郎，宗武湖廣參議，皆落職戍邊，天下快之。中官田玉提督太和山，請兼行分守事，帝許之。維城援祖制力陳不可。俄以救言官范儁，奪俸一年。忤座主大學士許國，出爲永平知府，遷赤城兵備副使。繕亭障二百六十所，招史、車二部千餘人。以功屢進按察使，兵備如故。部長安兔挾五千騎邀賞，維城請於督撫，革其市賞而責之，戢不敢肆。尋以右布政使移守宣府，改廣東左布政使。二十九年拜右僉都御史，巡撫延綏。河套常犯順，罷貢市十餘年。後復松山，築邊城，諸部長恐益侵軼。至是吉囊、卜莊等乞款，聞巡撫王見賓當去，請益切。在寧夏者曰著辛，亦請之巡撫楊時寧。兩鎮交奏，給事中桂有根請聽邊臣自主。維城方代見賓，時寧亦遷去，以黃嘉善代，二人並申約束。維城又條善後六事，款事復堅。初，維城在宣府，與總兵官麻承恩不相能。會承恩亦移鎮延綏。一日，維城見城外積沙及城，命餘丁除之。承恩給其衆曰：「食不宿飽，且塞沙可盡乎？」卒遂譟。維城曉之曰：「除城沙以防寇耳，非謂塞上沙也。」卒悟而散。維城因自劾，帝慰留。維城治譁者，然維城竟坐是得疾，不數月卒。將吏入視其橐，僅俸數金，賻而歸其喪。

謝杰，字漢甫，長樂人。萬曆初進士。除行人，冊封琉球，却其餽。其使入謝，仍以金餽，卒言於朝而返之。歷兩京太常少卿。南京歲祀懿文太子，以祠祭司官代。杰言祝版署御名，而遣賤者將事，於禮爲褻，請如哀冲、莊敬二太子例，遣列侯。帝是之，乃用南京五府僉書。畢遷順天府尹。以右副都御史巡撫南贛。屬吏被薦者以賄謝，杰曰：「賄而後薦，干戈之盜；薦而後賄，衣冠之盜。」人以爲名言。進南京刑部右侍郎。二十五年春，杰以帝荒於政事，疏陳十規，言：「前此兩宮色養維一，今則定省久曠，慶賀亦疏。孝安太后發引，並不親送。前此太廟時饗皆躬親，今則皆遣代。前此經筵臨御，聖學日勤，今則講官徒設，講席久虛。前此披星視朝，今則高拱深居，累年不出。前此歲旱步禱郊壇，今則圜丘大報久缺，齋居宸宮，告災亦忘修省。前此四方旱澇，多發帑金，今則採礦榷稅。前此用財有節，今則歲進月輸，而江右之磁，江南之紵，西蜀之扇，關中之絨，率取之逾額。前此樂聞讜言，今則封事甫陳，嚴綸隨降，但經廢棄，永不賜環。前此撫卹宗室，恩義有加，今則楚藩見誣，中璫旋出，以市井奸宄間骨肉懿親。前此官盛任使，下無曠鰥，今則大僚屢虛，庶官不補。是陛下孝親尊祖，好學勤政，敬天愛民，節用聽言，親親賢賢，皆不克如初矣。」不報。召爲刑部左侍郎，擢戶部尚書，督倉場。時四方遇災，率請改折。杰請歲運必三百萬以上方許議折，從之。三十二年卒官。初，杰父教諭廷袞家居老矣，族人假其名逋賦，縣令劉禹龍言於御史，逮之。杰代訊，幾斃。後撫贛，禹龍家居，未嘗修隙，時服其量。

郭惟賢，字哲卿，晉江人。萬曆二年進士。自清江知縣拜南京御史。張居正旣死，吳中行、趙用賢等猶未錄。會皇長子生，詔赦天下，惟賢因請召諸臣。馮保惡其言，謫江山丞。保敗，還故官。劾左都御史陳炌希權臣指，論罷御史趙耀、趙應元，不可總憲紀。炌罷去。又薦王錫爵、賈三近、孫鑨、何源、孫丕揚、耿定向、曾同亨、詹仰庇，皆獲召。主事董基諫內操被謫，惟賢救之，忤旨，謫南京大理評事。給事中阮子孝、御史潘惟岳等交章救，帝怒，奪俸有差。惟賢尋遷戶部主事，歷順天府丞。二十年以右僉都御史巡撫湖廣。景王封德安，土田倍諸藩。國絶，賦額猶存。及帝弟潞王之國衞輝，悉以景賦予王。王奏賦不及額，帝爲奪監司以下俸，責撫按急奏報。惟賢言：「景府賦額皆奸民投獻，妄張其數。臣爲王履畝，增賦二萬五千，非復如往者虛數，王反稱不足，何也？且潞去楚遠，莫若徵之有司，轉輸潞府。會典，皇莊及勳戚官莊遇災蠲減，視民田。今襄、漢水溢，王佃民流亡過半，請蠲如例。」又言：「長沙、寶慶、衡州三衞軍戍武岡，而永州、寧遠諸衞遠戍廣西，瘴癘死無數，請分番迭戍武岡，罷其戍廣西者。」帝悉報許。承天守備中官以徵興邸舊賦，請罪潛江知縣及諸佃民，旨下撫按勾捕。惟賢言：「臣撫楚，事無不當問。今中官問而臣等爲勾捕，臣實不能。」帝直其言而止。尋請以太和山香稅充王府逋祿，免加派小民。又請以周敦頤父輔成從祀啟聖，詔皆從焉。入爲左僉都御史，言行取不宜久停，言官不宜久繫，臺員不宜久缺。已，復言天下多故，乃自大僚至監司率有缺不補，政日廢弛，且建言獲譴者不下百餘人，劾忠者皆永棄。帝不納。尋遷左副都御史，請早建皇儲，慎簡輔弼，亟行考選，盡下推舉諸疏，俱不報。久之，以憂歸。起戶部左侍郎，未上卒。贈右都御史。天啟初，謚恭定。

萬象春，字仁甫，無錫人。萬曆五年進士。選庶吉士，授工科給事中。皇女生，詔戶部、光祿寺各進銀十萬兩，象春力諫不聽。屢遷禮科都給事中。鄭貴妃有盛寵，而帝耽於酒，象春因慈寧宮災，疏諫，報聞。時宗室繁衍，歲祿不繼，象春議變通。會河南巡撫褚鈇亦奏其事，帝即命象春遍詣河南、山西、陝西諸王府，計畫以聞。象春抵河南，方集議，而周府諸宗人疑鈇疏出宗正睦㮮意，譁毆睦㮮幾死。象春以狀聞，帝爲奪諸人歲祿。象春復以次詣秦、晉諸藩，奏上便宜十五事，多著爲令。眞人張國祥乞詔許，后父永年伯王偉乘肩輿。象春言：「勳戚不乘輿，祖制也。固安伯陳景行、武清伯李偉，太后父，衰白，封始賜肩輿。定國公徐文璧，班首重臣，嗣爵久，故亦蒙殊典。今偉非三人比，乞寢前命。」皆不許。孟秋將享廟，帝齋宿宮中，象春言當在便殿，不當於內寢。帝怒，停俸三月。已，因災異言外吏貪殘，不當遣緹騎逮問；宮禁邃密，不當宿重兵；廷臣建言貶黜，當敘還；內臣有犯，當付外廷按治。帝報聞。象春在諫垣久，前後七十餘疏，多關軍國計。請復建文年號，加景帝廟謚，尤爲時所稱。出爲山東參政。妖賊郭大通爲亂，討禽之。歷山西左布政使。二十五年以右副都御史巡撫山東。倭躪朝鮮，濱海郡邑悉戒嚴，象春拊軍民，供餽運，應機立辦。中使陳增以礦稅至，象春疏論其害。福山知縣韋國賢忤增被侵辱，象春力保持之。增遂劾國賢沮撓，象春黨庇。詔逮國賢，奪象春俸。遂引疾歸。起南京工部右侍郎，未上卒。贈右都御史。

鍾化民，字維新，仁和人。萬曆八年進士。授惠安知縣，多異政。御史安九域薦於朝，以俸未及期，移知樂平。治復最，徵授御史。與同官何卓、王愼德交章請建儲，不報。出視陝西茶馬，言：「邊塞土寒，獨畜馬爲業，今慮其闌出，爲厲禁，於是民間孳息與境內貿易俱廢，公私緩急亦無所資。請聽踰境販鬻，特不得入番中。」又釁寧夏乏餉，歲發萬金易米二萬七千石，後所司乾沒，濫征之民，請以墾田粟補之，永停徵派。俱報可。巡按山東，歲旱，請蠲振，先發後聞。坐寧夏時取官銀交際，爲尚寶丞周弘禴所劾，調行人司正。累遷儀制郎中。瀋王珵堯由支庶嗣，請封其庶子爲郡王，化民持不可。帝傳諭曰：「第予虛名，令藉是婚娶耳。」化民奏曰：「瀋王子與元子孰親？王子不即封，慮妨婚娶；元子不即立，不慮妨豫教乎？」帝怒，以化民辭直，無以難。命並封三王，化民與顧允成等面詰王錫爵於朝房。尋進光祿丞。二十二年，河南大饑，人相食，命化民兼河南道御史往振，荒政具舉，民大悅。旣竣，繪圖以進。帝嘉之，褒諭者再。擢太常少卿。二十四年以右僉都御史巡撫河南，討平南陽礦盜。夾河賊嘯聚數千人，復督兵破之。時方采礦，抗疏力諫。化民短小精悍，多智計，居官勤厲，所至有聲。徧歷八府，延父老問疾苦，勞瘁卒官。士民相率頌於朝，詔贈右副都御史，賜祠曰忠惠。

吳達可，字安節，宜興人，尚書儼從孫也。萬曆五年進士。歷知會稽、上高、豐城，並有聲。選授御史，疏請御經筵，勤學，時與大臣臺諫面議政務。報聞。大學士趙志皐久疾，乞休未得請，達可力言志皐衰庸宜罷，不納。二十八年正月，請因始和布令，舉皇長子冊立冠婚禮，簡輔臣，補臺諫，撤礦稅中使，不報。視鹽長蘆，歲侵，繪上饑民十四圖，力請振貸。稅使馬堂、張日華議加鹽稅，奸商妄稱嘉靖中大同用兵貸其貲三萬六千金，請於鹽課補給，戶部許之，達可皆抗爭，事得已。改按江西。稅使潘相毆折輔國將軍謀圯肱，並繫宗人宗達，誣以劫課，劾上饒知縣李鴻主使。帝切責謀圯等，奪鴻官。達可言：「宗人無故受刑，又重之以詰責，將使天潢人人自危。鴻無辜，不當黜。願亟正相罪，復鴻官。」同官湯兆京亦極論相罪，且言遼東高淮、陝西梁永、山東陳增、廣東李鳳、雲南楊榮皆元惡，爲民害，不可一日留。皆弗聽。鴻，吳人，大學士申時行之堦萬曆十六年舉北闈鄉試爲吏部郎中高桂所攻後七年成進士至是抗相以彊直稱相又請開廣信銅塘山採取大木鑿泰和斌姥山石膏蓬可復極諫不可閣臣亦爭之乃寢還掌河南道事佐溫純大計京官尋陳新政要機痛規首輔沈一貫疏留中擢太僕少卿再遷南京太僕卿召改光祿進通政使鎮撫史晉以罪罷妄投封章詆朝貴蓬可封其疏而劾之晉尋得罪奏請正疏式屏讒邪重駁正懲奸宄數事帝嘉納焉尋上疏乞休去卒贈右副都御史

贊曰麗尚鵬諸人歷官中外才諝幹局咸有可稱賈三近陳時政多長者之言其言資格深中積弊謝杰却屬吏饋亦無愧楊震云

明史卷二百二十八　列傳第一百十六

總裁官總理事務經筵講官少保兼太子太保保和殿大學士兼管吏部戶部尚書事加六級張廷玉等奉

敕修

魏學曾　葉夢熊　梅國楨　李化龍　江鐸

魏學曾字惟貫涇陽人嘉靖三十二年進士除戶部主事遷郎中中官爲商人請支芻糧銀鉅萬學曾持不可乃已尋擢光祿少卿進右僉都御史巡撫遼東隆慶初土蠻大入永平學曾入駐山海檄諸將王治道等追擊至義院口大捷進右副都御史學曾乃易置將吏招納降附釐屯田二千餘頃數破敵被賞賚以疾去起兵部右侍郎提督神樞營旋改吏部轉左侍郎穆宗崩大學士高拱欲去馮保屬言官論劾學曾遺書大學士張居正曰外人皆言公與保有謀遺詔亦出公手今日之事不宜復護此閹居正怒及拱被逐舉朝失色學曾獨大言曰上踐阼伊始輒逐顧命大臣且詔出何人不可不明示百官要諸大臣詣居正邸爭之諸大臣多不往居正亦辭以疾自是益忤出爲南京右都御史未上給事中宗弘暹希居正指劾之詔以故官候調學曾遂歸居正歿踰年起南京戶部右侍郎召爲右都御史督倉場尋以南京戶部尚書致仕萬曆十八年順義王撦力克西赴青海火落赤眞相犯洮河副總兵李奎李聯芳先後被殺朝命尚書鄭洛經略七鎮兼領總督洛固辭總督明年春閣臣王錫爵薦學曾起兵部尚書總督陜西延寧甘肅軍務時洛專主款學曾至與議不合陜西巡撫葉夢熊助之初順義王封夢熊以諫沮坐得罪學曾亦爲高拱言不便至是撦力克助叛學曾夢熊欲遂討之詆洛玩寇會撦力克東歸火落赤諸部亦徙去學曾奏撦力克雖歸陰留精兵二萬於嘉峪欲助火落赤眞相其說本採諸道路朝士乃爭附和之錫爵意悔具疏言狀又遺書責夢熊而兵部尚書石星以順義既東宣大事急召洛還定撫議置學曾疏不問未幾河套部長土昧明安入市畢要請增賞學曾令總兵官杜桐神木參將張剛孤山遊擊李紹祖出不意擊斬明安俘馘四百八十餘級奪馬畜器械稱是學曾以功加太子少保而明安子擺言太聲言復仇號召諸部明年哱拜反遂煽諸部爲亂拜西部人也嘉靖中得罪其部長父兄皆見殺拜跳脫來降驍勇屢立戰功前督撫王崇古石茂華先後奏加副總兵遂多畜亡命子承恩拜夢妖物入妻施胎而生狼形梟啼性狼戾拜老承恩襲父爵十九年洮河告警御史周弘禴舉承恩及指揮土文秀拜義子哱雲等巡撫黨馨檄文秀西援拜謁經略鄭洛願與子承恩從出師馨惡其自薦抑損之拜以故心怨至金城見諸鎮兵皆出其下比賊退取道塞外還寇騎遇之皆辟易遂有輕中外心馨數裁拜且按承恩罪箠之二十雲文秀亦以他故怨馨會戍卒請衣糧久弗給拜遂嗾軍鋒劉東暘許朝作亂二十年二月殺馨及副使石繼芳逼總兵官張維忠縊死雲文秀殺遊擊梁琦守備馬承光東暘稱總兵奉拜爲謀主承恩朝爲左右副總兵雲文秀爲左右參將承恩遂陷玉泉營中衞廣武河西望風靡惟文秀徇平虜參將蕭如薰堅守不下賊既取河西四十七堡且渡河復誘河套著力兔宰僧犯平虜花馬池全陜皆震動學曾檄副總兵李昫率遊擊吳顯趨靈州別遣遊擊趙武趨鳴沙州沿河扼賊南渡而自駐花馬池當賊衝昫等渡河賊將多遁去四十七堡皆復惟寧夏鎮城尚爲賊據著力兔等中外相呼應拜文秀攻趙武於玉泉雲引著力兔攻平虜如薰設伏射殺雲昫救武圍亦解四月昫引兵與故總兵牛秉忠抵鎮城下帝已擢董一奎爲總兵李蕡副之已復擢如薰代一奎而以麻貴代蕡未至昫等攻城賊於東西二門各出驍騎三千搏戰步卒列火車爲營官軍擊之奪其車百輛追奔入湖賊溺死無算副總兵王通戰尤力家丁高益等乘勝入北門後兵不繼被殺通亦負傷榆林遊擊俞尚德戰死翼日朝文秀脅慶王上東城乞暫罷兵詭言願獻首惡會官軍糧盡乃引退休近堡學曾日夜趣芻餉調延綏莊浪蘭靖榆林兵道回遠所治舟亦未具乃駐花馬池俟軍至移靈州頁之延綏遊擊姜顯謨都司蕭如蕙甘州故總兵張傑及麻貴軍皆至復抵鎮城攻之賊計延綏榆林兵出內虛勾黃台吉妻令其子捨達大從子火落赤土昧鐵雷掠舊安邊磚井堡以牽我兵承恩復以間合寇兵伏延漢渠掠糧車二百學曾自花馬池還靈州被圍救至而解貴等數攻城不能克賊殺慶王妃盡掠其宮人金帛牛秉忠戰傷右股乃復退師帝用尚書星言賜學曾尚方劍督戰會寧夏巡撫朱正色甘肅巡撫葉夢熊監軍御史梅國楨諸大將劉承嗣董一奎李如松先後至軍六月復攻城連戰不下夢熊字男兆歸善人嘉靖四十年進士由福清知縣入爲戶部主事轉餉寧夏改御史以諫受把漢那吉降貶郃陽丞累遷贛州知府平黃鄉賊遷浙江副使改永平萬曆十七年冬由山東布政使擢右僉都御史巡撫貴州尋改陜西進右副都御史以請討撦力克與經略洛議相左廷議右洛絀其議不用會撦力克東歸洛亦還宣大乃移夢熊甘肅與學曾共事夢熊有膽決敢任事會拜反上疏自請討賊帝然之以六月至靈州與學曾合國楨字克生麻城人少雄傑自喜善騎射舉萬曆十一年進士除固安知縣中官詣國楨請收責於民國楨僞令民鬻妻以償民夫婦哀慟中官爲毀券罷御史會拜反學曾師久無功時寧遠伯李成梁方被論廷議欲遣爲大將未敢決國楨獨疏保之乃遣成梁子如松爲提督將遼東宣大山西諸鎮兵以往而國楨監其軍遂與如松至寧夏初學曾欲招東暘朝令殺拜父子贖罪遣卒葉得新往四人方約同死折得新脛置之獄巡撫朱正色以賊詭請降而張傑嘗總寧夏兵故與拜善遣傑入城招之朝乃舁得新見傑得新大罵賊被殺傑亦繫不遣而學曾以賊求撫爲之請帝切責及是城中百戶姚欽武生張遐齡射書城外約內應夜半舉火外兵不至賊殺其黨五十人欽縋城出來奔當是時賊外以求撫緩兵而陰結寇爲助然糧盡勢且困七月學曾與夢熊國楨定計決黃河大壩水灌之水抵城下時套寇卜失兎莊禿賴以三萬騎犯定邊小鹽池用土昧鐵雷爲前鋒而別遣宰僧以萬騎從花馬池西沙湃口入爲拜聲援麻貴擊之右溝寇稍挫分趨下馬關及鳴沙洲學曾令遊擊龔子敬扼沙湃口而檄延綏總兵官董一元擣土昧鐵雷巢斬首百三十餘級寇大驚引去遇子敬圍之十重子敬死寇亦去賊援遂絕學曾益決大壩水八月河決隄壞復繕治之城外水深八九尺東西城崩百餘丈著力兎宰僧復入李剛堡如松貴等擊敗之追奔至賀蘭山賊益懼求款未決會學曾得罪罷朝命以夢熊代夢熊遂成功初學曾之遣人招東暘朝也留固原十餘日以俟之帝責其玩寇李昫渡河又稍遲松山河套寇先入官軍用是再失利學曾嘗上疏令監軍無與兵事帝爲飭國楨如其言國楨頗憾之及至軍劾諸將觀望而頗以玩寇爲學曾罪給事中許子偉亦劾學曾惑於招撫誤國事國楨又言僉事隨府從城上躍下賊令四人下取我軍咫尺不敢前又北寇數萬斷我糧道殺戮無算匿不以奏帝遂大怒逮學曾至京然學曾逮未踰月城壞而大軍入賊竟以破滅夢熊旣代學曾亦賜尚方劍時調度靈州獨國楨監軍寧夏賊被圍久食盡無援而城受水浸益大崩國楨挾諸將趨南關秉忠先登國楨大呼諸將畢登賊退據大城攻數日不下國楨使間紿東暘朝承恩互相殺以降貰其罪三人內猜疑東暘朝遂先誘殺承恩黨文秀承恩亦與其黨周國柱誘東暘朝殺之盡懸東暘朝文秀首城上開門降如松率兵圍拜家拜倉皇縊闔室自焚死夢熊自靈州馳至下令盡誅拜黨及降人二千慰問宗室士庶寧夏平夢熊正色國楨各上捷奏而俘承恩獻京師帝御門受賀詔磔承恩於市夢熊正色國楨各廕世官如松功第一如薰貴秉忠等加恩有差學曾初奪職爲民敘功以原官致仕學曾任事勞勩灌城招降之策本其所建及宣捷帝召見大學士趙志皋張位志皋位力爲學曾解尚書星以下多白學曾無罪國楨亦上疏言學曾應變稍緩臣請責諸將以振士氣而逮學曾之命發自臣疏竊自悔恨學曾不早雪臣將受萬世譏如松亦言學曾被逮時三軍雨泣夢熊亦推功學曾帝初不聽旣而復其官居家數年卒夢熊以功進右都御史初卜失兎爲都督其部長切盡台吉最用事切盡台吉死卜失兎不能制諸部經略鄭洛事事羈縻學曾以洮河之變惡諸部爲逆襲殺明安會拜反著力兎宰僧遂聲言與拜爲一家而卜失兎莊禿賴亦引兵助之及拜誅切盡台吉之比吉率著力兎宰僧莊禿賴等頓首花馬池塞下悔罪求款夢熊爲奏請帝以夢熊初主學曾責

其前後異議令要諸部縛叛贖罪著力兔等求款益堅夢熊乃與巡撫田樂奏上四鎮款戰機宜俟朝議中外相仗莫敢決卜失兔遂率諸部大入定邊總兵官麻貴等擊却之夢熊以功加太子少保未幾切盡台吉從子青把都兒犯甘肅總兵官楊濬副總兵何崇德禦之斬首六百餘級夢熊復加太子太保兵部尚書尋入爲南京工部尚書而以都御史李汶代自洮河變後寇頗輕中國招撫議既絕諸部數入犯四鎮遂頻歲用兵云夢熊雖功多其品望遠出學曾下卒官國禎既招降承恩以夢熊貪功殺降劾其罪夢熊奏辨言拜所畜家人皆死士緩一二日東陽朝黨復集必再亂臣寧負殺降名以絕禍本帝爲下詔和解之論功擢國禎太僕少卿踰年遷右僉都御史巡撫大同久之遷兵部右侍郎總督宣大山西軍務在鎮三年節省市賞銀十五萬兩有奇父喪歸未起而卒贈右都御史

李化龍字于田長垣人萬曆二年進士除嵩縣知縣年甫二十胥吏易之化龍陰察其奸悉召置之法縣中大治遷南京工部主事歷右通政使二十二年夏擢右僉都御史巡撫遼東初總兵官李成梁破殺泰寧速把亥其子把兔兒弟炒花據舊遼陽以北居兩河之中益結土蠻爲患其年四月把兔兒圍遼陽朶顏小歹青福餘伯言兒分犯錦義掠清細河巡撫韓取善坐免化龍受事甫兩月把兔兒與伯言兒等寇鎮武又約土蠻子卜言台周犯右屯把兔兒先至吳家墳化龍與總兵官董一元定計先擊把兔伯言兒中流矢死把兔被傷卜言台周至攻右屯不利亦解去於是把兔小歹青卜言台周益相結謀復前耻化龍與一元嚴備之一元又出塞擣巢有功而把兔傷重竟死邊塞讋服詳具一元傳化龍進兵部右侍郎明年小歹青悔禍款塞請開木市於義州且告朶顏長昂將犯邊已長昂果犯錦義副總兵李如梅擊却之歹青言既信化龍遂許其請上疏曰環遼皆敵也迤北土蠻種類多不可數近邊者直寧前則長昂直錦義則小歹青直廣寧遼瀋則把兔炒花花大直開鐵則伯言煖兔其在東邊海西則猛骨孛羅那林孛羅卜寨皆與遼地項背相望竝牆圍獵則刁斗聲相聞蓋肘腋憂也自那卜被勦數年東陲無事去年把兔伯言戰死炒花大一敗塗地今伯言子宰賽受罰入市廣寧遼瀋開鐵間警報漸希所未馴伏者惟小歹青與長昂耳小歹青素兇狡雄長諸部西助長昂東助炒花大舉動以數萬小竊則飛騎出沒錦義間自周之望柏朝翠戰歿無敢以一矢加遺凌河上下方數百里野多暴骨民無寧宇遠慮者每以河西不保爲虞今乃叩關求市臣遍詢將領及彼地居民僉言木市開有五利河西無木皆在邊外叛亂以來仰給河東以邊警又不時至故河西木貴於玉市通則材木不可勝用利一所疑於歹青者無信耳彼重市爲生路當市時必不行掠卽今年市而明年掠我已收今年不掠之利矣利二遼東馬市成祖所開無他賞本聽商民與交易木市與馬市等有利於民不費於官利三大舉之害酷而希零竊之害輕而數小歹青不掠錦義零竊少矣又西不助長昂東不助炒花則敵勢漸分卽寧前廣寧患亦漸減且大舉先報又得預爲備利四零竊既希邊人益得修備利五疏入從之化龍尋以病去木市亦停止其後總兵官馬林復議開市與巡撫李植相左論久不決小歹青遂復爲寇云二十七年三月化龍起故官總督湖廣川貴軍務兼巡撫四川討播州叛臣楊應龍應龍之先曰楊鑑明初內附授宣慰使應龍性猜狠嗜殺數從征調侍功驕蹇知川兵脆弱陰有據蜀志間出剽州縣孌小妻田雌鳳譖殺妻張氏屠其家用誅罰立威所屬五司七姓不堪其虐走貴州告變巡撫葉夢熊疏請大征詔不聽逮繫重慶獄應龍詭將兵征倭自效得脫歸復逮不出四川巡撫王繼光發兵討覆於白石應龍因招撫之應龍益結生苗奪五司七姓地幷湖貴四十八屯以畀之歲出侵掠是年二月敗官軍於飛練堡都司楊國柱指揮李廷棟等皆死已復破綦江參將房嘉寵遊擊張良賢投屍蔽江下僞軍師孫時泰請直取重慶擣成都劫蜀王爲資而應龍遷延聲言爭地界冀曲赦如曩時化龍至成都徵兵未至亦謬爲好語縻之帝聞綦江破大怒追褫前四川貴州巡撫譚希思江東之職而賜化龍劍假便宜討賊賊焚東坡爛橋梗湖貴路又焚龍泉走都司楊惟忠化龍劾諸大帥不用命者沈尚文逮治童元鎮劉綎皆革職充爲事官諸軍大集化龍先檄水西兵三萬守貴州斷招苗路乃移重慶大誓文武明年二月分八道進兵川師四路總兵官劉綎由綦江總兵官馬孔英由南川總兵官吳廣由合江副將曹希彬受廣節制由永寧黔師三路總兵官童元鎮由烏江參將朱鶴齡受元鎮節制統宣慰使安疆臣由沙溪總兵官李應祥由興隆楚師一路分兩翼總兵官陳璘由偏橋副總兵陳良玭受璘節制由龍泉每路兵三萬官兵三之土司七之貴州巡撫郭子章駐貴陽湖廣巡撫支可大移沅州化龍自將中軍策應帝以楚地遼濶又擢江鐸爲僉都御史巡撫偏沅湖廣設偏沅巡撫自鐸始也推官高折枝先以南川兵進據桑木鎭綎復自綦江入應龍以勁兵二萬屬其子朝棟曰爾破綦江馳南川盡焚積聚彼無能爲也比抗諸路兵皆大敗應龍頓足歎曰吾不用時泰計今死矣或言水西佐賊化龍詰之疆臣斬賊使二氏交遂絕烏江兵敗績逮下元鎮於理諸將益奮綎先入婁山關直抵海龍囤璘疆臣兵亦至賊勢急上囤死守遣使詐降化龍檄諸將斬使焚書以綎與應龍有舊諭無通賊綎械其人以自明八路兵皆會囤下築長圍困之更番迭攻六月綎破土月二城應龍窘與二妾俱縊明晨官軍入城七子皆被執詔磔應龍屍幷子朝棟於市自出師至滅賊凡百有十四日播自唐乾符中入楊氏二十九世八百餘年至應龍而絕以其地置遵義平越二府分屬川貴化龍初聞父喪以金革起復至是乞歸終制三十一年四月起工部右侍郎總理河道與淮揚巡撫李三才奏開泇河田直河入泇口抵夏鎭二百六十里避黃河呂梁之險再以憂去未代敍前平播功晉兵部尚書加少保廕一子世錦衣指揮使三十五年夏起戎政尚書化龍以京營根本奏陳十一濫十二苦十九宜又上屯政十二事皆置不理兵部自二十七年後左右侍郎皆空署未幾尚書蕭大亨亦致仕化龍掌部事三十七年正月京師訛言寇至民爭避匿邊民逃入都門者亦數萬九門晝閉輔臣言兵部尚書惟一人何以應猝變帝亦不報遼戰士二萬餘皆老弱而稅監高淮肆虐遼人切齒化龍請停稅課且增兵萬人又條上兵食款戰之策帝皆不報一品秩滿加柱國少傅兼太子太保卒官年七十謚襄毅贈少師加贈太師化龍具文武才播州之役以劉綎驕蹇先摧挫之而薦其才故綎爲盡力開河之功爲漕渠永利詳見河渠志江鐸字士振仁和人高祖玭景泰時爲禮科給事中劾石亨怙寵罔上有直聲官至山東參政曾祖瀾正德時南京禮部尚書卒謚文昭祖曉嘉靖中工部侍郎父析萬曆初廣西提學僉事父母疾嘗藥舐糞居喪寢苫三年經寢室必俯其首妻經夫廬亦然卒門人私謚爲孝端先生自玭至鐸五世皆進士而曉弟暉正德中爲庶吉士與舒芬等諫南巡受杖世宗時由編修出爲河南僉事鐸登第在萬曆二年授刑部主事累官山西按察使擢撫偏沅夾攻楊應龍有功與郭子章皆廕一子世錦衣指揮丁母艱去奪情命留討皮林諸洞蠻平之詳具陳璘傳以勞疾歸卒贈兵部右侍郎

贊曰孛拜一降人耳雖假以爵秩而憑藉未厚倉猝發難據鎭城聯外寇邊鄙爲之騷然武備之弛有由來矣楊應龍惡稔貫盈自速殄滅然盤踞積久地形險惡非師武臣力奏績豈易言哉李化龍之功可與韓雍項忠相埒較寧夏之役難易懸殊矣

明史卷二百二十九　列傳第一百十七

總裁官總理事務經筵講官少保兼太子太保保和殿大學士兼管吏部戶部尚書事加六級張廷玉等奉

敕修

劉臺（馮景隆 孫繼先）　傅應禎

王用汲　吳中行（子亮 元 從子宗達）

趙用賢（孫士春）　艾穆（喬璧星 葉春及）

沈思孝（丁此呂）

劉臺字子畏安福人隆慶五年進士授刑部主事萬曆初改御史巡按遼東坐誤奏捷奉旨譙責四年正月臺上疏劾輔臣張居正曰臣聞進言者皆望陛下以堯舜而不聞責輔臣以皐夔何者陛下有納諫之明而輔臣無容言之量也高皇帝鑒前代之失不設丞相事歸部院勢不相攝而職易稱文皇帝始置內閣參預機務其時官階未峻無專肆之萌二百年來卽有擅作威福者尚惴惴然避宰相之名而不敢居以祖宗之法在也乃大學士張居正偃然以相自處自高拱被逐擅威福者三四年矣諫官因事論及必曰吾守祖宗法臣請卽以祖宗法正之祖宗進退大臣以禮先帝臨崩居正託疾以逐拱既又文致之王大臣獄及正論籍籍則抵拱書令勿驚死既迫逐以示威又遺書以市德徒使朝廷無禮於舊臣祖宗之法若是乎祖宗朝非開國元勳生不公死不王成國公朱希忠生非有奇功也居正違祖訓贈以王爵給事中陳吾德一言而外遷郎中陳有年一爭而斥去臣恐公侯之家布賄厚施緣例陳乞將無底極祖宗之法若是乎祖宗朝用內閣冢宰必由廷推今居正私薦用張四維張瀚四維在翰林被論者數矣其始去也不任教習庶吉士也四維之爲人也居正知之熟矣知之而顧用之夫亦以四維善機權多憑藉自念親老旦暮不測二三年間謀起復任四維其身後託乎瀚生平無善狀巡撫陝西贓穢狼籍及驟躐銓衡唯諾

若簿吏官缺，必請命居正，所指授者非楚人親戚知識則親戚所援引也，非宦楚受恩私故則恩故之黨助也瀚惟日取四方小吏權其賄賂而其他則徒擁虛名聞居正貽南京都御史趙錦書臺諫毋議及冢宰則居正之脅制在朝言官又可知矣祖宗之法如是乎祖宗朝詔令不便部臣猶營關擬之不審今得一嚴旨居正輒曰我力調劑故止是得一溫旨居正又曰我力請而後得之由是畏居正者甚於畏陛下感居正者甚於感陛下威福自己目無朝廷祖宗之法若是乎祖宗朝一切政事臺省奏陳部院題覆撫按奉行未聞閣臣有舉劾也居正定令撫按考成章奏每具二冊一送內閣一送六科撫按延遲則部臣糾之六部隱蔽則科臣糾之六科隱蔽則內閣糾之夫部院分理國事科臣封駁奏章舉劾其職也閣臣衘列翰林止備顧問從容論思而已居正創爲是說欲脅制科臣拱手聽令祖宗之法若是乎至於按臣回道考察苟非有大敗類者常不舉行蓋不欲重挫抑之近日御史俞一貫以不聽指授調之南京由是巡方短氣莫敢展布所憚獨科臣耳居正於科臣旣啖之以遷轉之速又恐之以考成之遲誰肯舍其便利甘彼齮齕而盡死言事哉往年趙參魯以諫遷猶曰外任也余懋學以諫罷猶曰禁錮也今傅應禎則譴戍矣又以應禎故而及徐貞明喬巖李禎矣摧折言官警視正士祖宗之法如是乎至若爲固寵計則獻白蓮白燕致詔旨責讓傳笑四方矣規利田宅則誣遼王以重罪而奪其府地今武岡王又得罪矣爲子弟謀舉鄉試則許御史舒鼇以京堂布政施堯臣以巡撫矣起大第於江陵費至十萬制擬宮禁遣錦衣官校監治鄉郡之脂膏盡矣惡黃州生儒議其子弟倖售則假縣令他事窮治無遺矣編修李維楨偶談及其豪富不旋踵卽外斥矣蓋居正之貪不在文吏而在武臣不在內地而在邊鄙不然輔政未幾卽富甲全楚何由致之宮室輿馬姬妾奉御同於王者又何由致之在朝臣工莫不憤歎而無敢爲陛下明言者積威之劫也臣舉進士居正爲總裁臣任部曹居正薦改御史臣受居正恩亦厚矣而今敢訟言攻之者君臣誼重則私恩有不得而顧也願陛下察臣愚悃抑損相權毋俾僨事誤國臣死且不朽疏上居正怒甚廷辯之曰在令巡按不得報軍功去年遼東大捷臺違制妄奏法應降謫臣第請旨戒諭而臺已不勝憤後傅應禎下獄究詰黨與初不知臺與應禎同邑厚善實有所主乃妄自驚疑遂不復顧藉發憤於臣且臺爲臣所取士二百年來無門生劾師長者計惟一去謝之因辭政伏地泣不肯起帝爲降御座手掖之慰留再三居正强諾猶不出視事帝遣司禮太監孫隆齎手敕宣諭乃起遂捕臺至京師下詔獄命廷杖百遠戍居正陽具疏救乃除名爲民而居正恨不已臺按遼東時與巡撫張學顏不相得至是學顏爲戶部誣臺私贖鍰居正屬御史于應昌巡按遼東覈之而令王宗載巡撫江西廉臺里中事應昌宗載等希居正意實其事以聞遂戍臺廣西臺父震龍弟國俱坐罪臺至潯州未幾飲於戍主所歸而暴卒是日居正亦卒明年御史江東之訟臺冤劾宗載應昌詔復臺官罷宗載應昌下所司廉問南京給事中馮景隆因言遼東巡撫周詠與應昌共陷臺應昌已罷詠尚爲薊遼總督亦宜罷南京御史孫繼先亦發學顏陷臺罪帝方嚮學顏以景隆疏中并劾李成梁學顏爲成梁訟繼先又竝劾學顏成梁乃謫景隆薊州判官繼先臨清州判官置學顏不問已而江西巡撫曹大埜遼東巡撫李松勘報宗載應昌等朋比傾陷皆有狀刑部以故入論奏宗載等遣戍除名降黜有差贈臺光祿少卿廕一子天啓初追諡毅思馮景隆浙江山陰人萬曆五年進士嘗訟趙世卿冤且請召張位習孔教申救御史魏允貞至是謫官後量移南陽推官孫繼先字蔭甫孟人隆慶五年進士居正旣敗繼先請召吳中行趙用賢艾穆沈思孝鄒元標并及余懋學趙應元傅應禎朱鴻謨孟一脈王用汲又薦魏學曾宋纁張岳毛綱胡執禮王錫爵賈三近溫純曹科陳有年朱光宇趙參魯等諸人旣坐謫終南京吏部主事

傅應禎字公善安福人隆慶五年進士除零陵知縣殲洞庭劇寇論殺祁陽巨猾民賴以安調知溧水萬曆三年徵授御史張居正當國應禎其門生也有所感憤疏陳重君德蘇民困開言路三事言邇者雷震端門獸吻京師及四方地震疊告曾未聞發詔修省豈眞以天變不足畏耶眞定抽分中使本非舊典正統間嘗暫行之先帝納李芳言已詔罷遣而陛下顧欲踵行失德之事豈眞以祖宗不足法耶給事中朱東光奏陳保治初非折檻解衣者比乃竟留中不報豈眞以人言不足恤耶此三不足者王安石以之誤宋不可不深戒也陛下登極初自隆慶改元以前逋租悉賜蠲除四年以前免三徵七恩至渥也乃上軫恤已至而下延玩自如曾未有擔負相屬者何哉小民一歲之入僅足給一歲無遺力以償負也近乃定輸不及額者按撫聽糾郡縣聽調諸臣畏譴督趣倍嚴致流離接踵怨咨愁歎上徹於天是豈太平之象陛下所樂聞者哉請下明詔自非官吏乾沒竝曠然除之民困旣蘇則災沴自弭陛下登極初召用直臣石星李己臣工無不慶幸近則趙參魯糾中涓而謫爲典史余懋學陳時政而錮之終身他如胡執禮裵應章侯於趙趙煥等封事累上一切置之如初政何臣請擢參魯京職還懋學故官爲人臣進言者勸疏奏居正以疏中王安石語侵己大怒調旨切責以其詞及懋學執下詔獄窮治黨與應禎瀕死無所承乃謫戍定海給事中嚴用和御史劉天衢等疏救不聽方應禎下獄給事中徐貞明偕御史李禎喬巖入視之錦衣帥余廕以聞三人亦坐謫十一月用御史孫繼先言召復官帝將幸昌平閱壽宮而薊鎭告警應禎止帝勿行且陳邊備甚悉優詔答之俄擢南京大理寺丞將行奏薦海內知名士三十七人尋移疾歸三年而卒贈本寺右少卿應禎與同邑劉臺同舉進士爲御史同忤居正得禍鄉人竝祠祀之

王用汲字明受晉江人爲諸生時郡被倭客兵橫市中會御史按部至用汲言狀知府曰此何與諸生事用汲曰范希文秀才時以天下爲己任剝鄉井之禍乃不關諸生耶舉隆慶二年進士授淮安推官稍遷常德同知入爲戶部員外郎萬曆六年首輔張居正歸葬其親湖廣諸司畢會巡按御史趙應元獨不往居正嗛之及應元事竣得代卽以病請僉都御史王篆者居正客也素憾應元且迎合居正意屬都御史陳炌劾應元規避遂除名用汲不勝憤乃上言御史應元以不會葬得罪輔臣遂爲都御史炌所論坐託疾欺罔削籍臣竊恨之夫疾病人所時有今在廷大小諸臣曾以病請者何限御史陸萬鍾劉光國陳用賓皆以巡方事訖引疾與應元不異也炌何不竝劾之卽炌當世宗朝亦養病十餘年後夤緣攀附驟列要津以退爲進宜莫如炌己則行之而反以責人何以服天下陛下但見炌論劾應元以爲恣情趨避罪當罷斥至其意所從來陛下何由知之如之人如翰林習孔教則以鄒元標之故禮部張程則以劉臺之故刑部浮躁獨多於他部則以艾穆沈思孝而推戈考後劣轉趙志皐又以吳中行趙用賢而遷怒蓋能得輔臣之心則雖屢經論列之潘晟且得以不次蒙恩苟失輔臣之心則雖素負才名之張岳難免以不及論調臣不意陛下省災塞咎之舉僅爲宰臣酬恩報怨之私且凡附宰臣者亦各藉以酬其私可不爲太息矣哉孟子曰逢君之惡其罪大臣則謂逢相之惡其罪更大也陛下天縱聖明從諫勿咈諸臣孰知其然爭欲碎首批鱗以自見陛下欲織錦綺則撫臣按臣言之欲採珍異則部臣科臣言之欲取太倉光祿則臺臣科臣又言之陛下悉見嘉納或遂停止或不爲例至若輔臣意之所向不論是否無敢一言以正其非且有先意結其歡望風張其燄者是臣所謂逢也今大臣未有不逢相之惡者炌特其較著者爾以臣觀之天下無事不私無人不私獨陛下一人公耳陛下又不躬自聽斷而委政於衆所阿奉之大臣大臣益得成其私而無所顧忌小臣益苦行私而無所愬告是驅天下而使之奔走乎私門矣陛下何不日取庶政而勤習之內外章奏躬自省覽先以意可否焉然後宣付輔臣俾之商摧閱習旣久智慮益弘幾微隱伏之間自無逃於天鑒夫威福者陛下所當自出乾綱者陛下所當獨攬寄之於人不謂之旁落則謂之倒持政柄一移積重難返此又臣所日夜深慮不獨爲應元一事已也疏入居正大怒欲下獄廷杖會次輔呂調陽在告張四維擬削用汲籍帝從之居正以罪輕移怒四維厲色待之者累日用汲歸屛居郭外布衣講授足不踐城市居正死起補刑部未上擢廣東僉事尋召爲尚寶卿進大理少卿會法司議胡檟龍宗武殺吳仕期獄傅以謫戍用汲駁奏曰按律刑部及大小官吏不依法律聽從上司主使出入人罪者罪如之蓋謂如上文罪斬妻子爲奴財產入官之律也仕期之死檟非主使者乎宗武非聽上司主使者乎今僅謫戍不知所遵何律也上欲用用汲言閣臣申時行等謂仕期自斃宜減等獄遂定尋遷順天府尹歷南京刑部尚書致仕用汲爲人剛正遇事敢爲自尹京後累遷皆在南以彊直故也卒贈太子太保諡恭質

吳中行字子道武進人父性兄可行皆進士性尚寶丞可行檢討中行甫冠舉鄉試性誡無躁進遂不赴會試隆慶五年成進士選庶吉士授編修大學士張居正中行座主也萬曆五年居正遭父喪奪情視事御史曾士楚吏科都給事中陳三謨倡疏奏留舉朝和之中行獨憤適彗出西南長竟天詔百官修省中行乃首上疏曰居正父子異地分睽音容不接者十有九年一旦長棄數千里外陛下不使匍匐星奔憑棺一慟必欲其違心抑情銜哀茹痛於廟堂之上而責以訏謨遠猷調元熙載豈情也哉居正每自言謹守聖賢義理祖宗法度宰

我欲短喪子曰予有三年之愛於其父母乎王子請數月之喪孟子曰雖加一日愈於已聖賢之訓何如也在律雖編氓小吏匿喪有禁惟武人得墨衰從事非所以處輔弼也即云起復有故事亦未有一日不出國門而遂起視事者祖宗之制何如也事繫萬古綱常四方視聽惟今日無過舉然後後世無遺議銷變之道無踰此者疏既上以副封白居正居正愕然曰疏進耶中行曰未進不敢白也明日趙用賢疏入又明日艾穆沈思孝疏入居正怒謀於馮保欲廷杖之翰林院侍講趙志皋張位于慎行張一桂田一儁李長春修撰習孔教沈懋學俱具疏救格不入學士王錫爵乃會詞臣數十人求解於居正弗納遂杖中行等四人明日進士鄒元標疏爭亦廷杖五人者直聲震天下中行用賢並稱吳趙南京御史朱鴻謨疏救五人亦被斥中行等受杖畢校尉以布曳出長安門舁以板扉即日驅出都城中行氣息已絕中書舍人秦柱挾醫至投藥一匕乃蘇輿疾南歸刲去腐肉數十臠大者盈掌深至寸一肢遂空九年大計京官列五人察籍錮不復敘居正死士楚當按蘇松憮然曰吾何面目見吳趙二公遂引疾去三謨已擢太常少卿尋與士楚俱被劾削籍廷臣交薦中行召復故官進右中允直經筵大學士許國攻李植江東之詆中行用賢爲其黨中行奏辨因乞罷不許再遷右論德御史蔡系周劾植復侵中行中行求去章四上詔賜白金文綺馳傳歸言者屢薦執政抑不召久之起侍講學士掌南京翰林院同里僉事徐常吉訾訟中行事已解給事中王嘉謨復摭舊事劾之命家居俟召尋卒後贈禮部右侍郎子亮元從子宗達亮官御史坐累貶官終大理少卿元江西布政使宗達少傅建極殿大學士亮尚志節與顧憲成諸人善而元深疾東林所輯吾徵錄詆毀不遺力兄弟異趣如此

趙用賢字汝師常熟人父承謙廣東參議用賢舉隆慶五年進士選庶吉士萬曆初授檢討張居正父喪奪情用賢抗疏曰臣竊怪居正能以君臣之義效忠於數年不能以父子之情少盡於一日臣又竊怪居正之勳望積以數年而陛下忽敗之一旦莫若如先朝楊溥李賢故事聽其暫還守制刻期赴闕庶父子音容乖睽阻絕於十有九年者得區區稍伸其痛於臨穴憑棺之一慟也國家設臺諫以司法紀任糾繩乃今嘵嘵爲輔臣請留背公議而徇私情蔑至性而創異論臣愚竊懼士氣之日靡國是之日淆也疏入與中行同杖除名用賢體素肥肉潰落如掌其妻腊而藏之用賢有女許御史吳之彥子鎮之彥懼及深結居正得巡撫福建過里門不爲用賢禮且坐鎮於其弟下曰婢子也以激用賢用賢怒已察知其受居正黨王篆指遂反幣告絕之彥大喜居正死之明年用賢復故官進右贊善江東之李植輩爭嚮之物望皆屬焉而用賢性剛負氣傲物數訾議大臣得失申時行許國等忌之會植東之攻時行國遂力詆植東之而陰斥用賢中行謂昔之專恣在權貴今乃在下僚昔顛倒是非在小人今乃在君子意氣感激偶成一二事遂自負不世之節號召浮薄喜事之人黨同伐異罔上行私其風不可長於是用賢抗辨求去極言朋黨之說小人以之去君子空人國詞甚激憤帝不聽其去黨論之興遂自此始尋充經筵講官再遷右庶子改南京祭酒薦舉人王之士鄧元錫劉元卿清修積學又請建儲宥言官李沂罪居三年擢南京禮部右侍郎以吏部郎中趙南星薦改北部尋以本官兼教習庶吉士二十一年王錫爵復入內閣初用賢徙南中行思孝植東之已前貶或罷去故執政安之及是用賢復以爭三王並封語侵錫爵爲所銜會改吏部左侍郎與文選郎顧憲成辨論人才羣情益附錫爵不便也用賢故所絕婚吳之彥者錫爵里人時以僉事論罷使其子鎮訐用賢論財逐壻蔑法棄倫用賢疏辨乞休詔禮官平議尚書羅萬化以之彥其門生引嫌力辭錫爵乃上議曰用賢輕絕之彥緩發均失也今趙女已嫁難問初盟吳男未婚無容反坐欲折其衷宜聽用賢引疾而曲貸之彥詔從之用賢遂免歸戶部郎中楊應宿鄭材復力詆用賢請據律行法都御史李世達侍郎李楨疏直用賢斥兩人讒諂遂爲所攻高攀龍吳弘濟譚一召孫繼有安希范輩皆坐論救褫職自是朋黨論益熾中行用賢植東之創於前元標南星憲成攀龍繼之言事者益裁量執政執政日與枝拄水火薄射訖於明亡云用賢長身聳肩議論風發有經濟大略蘇松嘉湖諸府財賦敵天下半民生坐困用賢官庶子時與進士袁黃商摧數十晝夜條十四事上之時行錫爵以爲吳人不當言吳事調旨切責寢不行家居四年卒天啓初贈太子少保禮部尚書諡文毅孫士春士錦崇禎十年同舉進士士春字景之第三人及第授編修明年兵部尚書楊嗣昌奪情視事未幾入閣少詹事黃道周劾之下獄士春上疏曰嗣昌墨縗視事既已罔效陛下簡入綸扉自應力辭新命乃闖其奏牘徒計歲月久近間絕無哀痛惻怛之念何奸悖一至此也陛下破格奪情曰人才不足故耳不知人才所以不振正由愛功名薄忠孝致之且無事不講儲材有事輕言破格非用人無弊之道也臣祖用賢首論故相奪情幾斃杖下腊敗肉示子孫臣敢背家學負明主坐視綱常掃地哉帝怒謫廣東布政司照磨祖孫並以攻執政奪情斥士論重之後復故官終左中允

艾穆字和父平江人以鄉舉署阜城教諭鄰郡諸生趙南星喬璧星皆就學焉入爲國子助教張居正知穆名欲用爲誥敕房中書舍人不應萬曆初擢刑部主事進員外郎錄囚陝西時居正法嚴決囚不如額者罪穆與御史議止決二人御史懼不稱穆曰我終不以人命博官也還朝居正盛氣譙讓穆曰主上沖年小臣體好生德佐公平允之治有罪甘之揖而退及居正遭喪奪情穆私居歎息遂與主事沈思孝抗疏諫曰自居正奪情妖星突見光逼中天言官曾士楚陳三謨甘犯清議率先請留人心頓死舉國如狂今星變未銷火災繼起臣敢自愛其死不灑血一爲陛下言之陛下之留居正也動曰爲社稷故夫社稷所重莫如綱常而元輔大臣者綱常之表也綱常不顧何社稷之能安且事偶一爲之者例也而萬世不易者先王之制也今棄先王之制而從近代之例如之何其可也居正今以例留腆顏就例矣異時國家有大慶賀大祭祀爲元輔者欲避則害君臣之義欲出則傷父子之情臣不知陛下何以處居正居正又何以自處也徐庶以母故辭於昭烈曰臣方寸亂矣居正獨非人子而方寸不亂耶位極人臣反不修匹夫常節何以對天下後世臣聞古聖帝明王勸人以孝矣未聞從而奪之也爲人臣者移孝以事君矣未聞爲所奪也以禮義廉恥風天下猶恐不足顧乃奪之使天下爲人子者皆忘三年之愛於其父常紀墜矣異時即欲以法度整齊之何可得耶陛下誠眷居正當愛之以德使奔喪終制以全大節則綱常植而朝廷正朝廷正而百官萬民莫不一於正災變無不可弭矣時吳中行趙用賢請令居正奔喪畢還朝而穆思孝直請令終制故居正尤怒中行用賢杖六十穆思孝皆八十加梏拲置之詔獄越三日以門扉舁出城穆遣戍涼州創重不省人事既而復甦遂詣戍所穆居正鄉人也居正語人曰昔嚴分宜時未有同鄉攻擊者我不得比分宜矣九年大計復寘穆思孝察籍及居正死言官交薦起戶部員外郎遷四川僉事屢遷太僕少卿十九年秋擢右僉都御史巡撫四川故崇陽知縣周應中賓州知州葉春及行義過人穆舉以自代不報既之官有告播州宣慰使楊應龍叛者貴州巡撫葉夢熊請征之蜀人多言應龍强未易輕舉穆亦不欲加兵與夢熊異朝命兩撫臣會勘應龍不願赴貴州乃逮至重慶對簿論斬輸贖放之還穆病歸未幾卒後應龍復叛議者追咎穆奪其職喬璧星臨城人官右僉都御史亦巡撫四川葉春及歸善人由鄉舉授福清教諭上書陳時政纚纚三萬言終戶部郎中

沈思孝字純父嘉興人舉隆慶二年進士又三年謁選高拱署吏部欲留爲屬曹思孝辭焉乃授番禺知縣殷正茂總制兩廣欲聽民與番人互市且開海口諸山徵其稅思孝持不可萬曆初舉卓異入爲刑部主事張居正父喪奪情與艾穆合疏諫廷杖戍神電衞居正死召復官進光祿少卿政府惡李植江東之及思孝輩思孝遷太常少卿御史龔仲慶希指詆之思孝遂求去不許尋遷順天府尹坐寬縱冒籍舉人貶三秩視事思孝御三品服自若被劾調南京太僕卿仍貶三秩未幾謝病歸吏部尚書陸光祖起爲南京光祿卿尋進右僉都御史巡撫陝西寧夏哱拜叛詔思孝移駐下馬關爲總督魏學曾聲援思孝以兵少請募浙江及宣大騎卒各五千發內帑供軍并乞宥故都御史李材罪令立功詔思孝近地召募而罷材勿遣思孝與學曾議軍事不合給事中侯慶遠劾思孝舍門戶而守堂奧設邏卒以衞妻孥不任封疆事改撫河南辭不赴頃之召爲大理卿中官郝金詐傳懿旨下獄刑部薄其罪思孝駁誅之帝悅進工部左侍郎陝西織羊絨爲民患以思孝奏減十之四進右都御史協理戎政初廷推李禎爲首思孝次之帝特用思孝或疑有奧援給事中楊東明鄒廷彥相繼疏劾帝以廷彥受東明指謫東明奪廷彥俸二十三年吏部尚書孫丕揚掌外察黜參政丁此呂思孝與東之素善此呂會御史趙文炳劾文選郎蔣時馨受賄時馨疑思孝嗾之遂訐思孝先庇此呂後求吏部不得以此二事慽已遂結江東之劉應秋等令李三才屬文炳帝惡時馨罷其官思孝等疏辨且求去丕揚言時馨無罪此呂受贓有狀思孝不當庇因上此呂訪單乞歸訪單者吏部當察時咨公論以定賢否廷臣因得書所聞以投掌察者事率覈實然間有因以中所惡者帝降詔慰留丕揚逮此呂詰讓思孝御史俞价强思馮從吾給事中黃運泰祝世祿皆爲時馨訟寃語侵思孝東之給事

中楊天民馬經綸馬文卿又各疏劾思孝大抵言文炳之疏由思孝藉以搖丕揚也思孝屢乞罷因詆丕揚負國員外郎岳元聲言大臣相攻宜兩罷似並論丕揚思孝而其指特攻時馨以及丕揚疏方上文炳忽變其說謂元聲東之述思孝意迫之救此呂劾時馨非己意也帝皆置不問思孝素以直節高天下然尚氣好勝動輒多忤以此呂故頗被物議然時馨此呂皆非端人丕揚思孝亦各有所左右其明年御史林培請辨忠邪又力詆思孝東之且言丕揚杜門半載辭疏十上意必得請而後已思孝則杜門未幾近見從吾運泰等罷謂朝廷不難去言官五六人以安我此人不去爲朝端害帝顧思孝厚謫培官乾清宮災思孝請行皇長子冠禮以回天心又以日本封事大壞請亟修戰守備幷論趙志皐石星誤國其秋丕揚去位思孝亦引疾詔馳傳歸朝端議論始息久之丕揚復起爲吏部御史史記事復詆思孝與顧天埈合謀欲搆陷丕揚顧憲成高攀龍力辨其誣而思孝卒矣天啓中贈太子少保丁此呂字右武新建人萬曆五年進士由漳州推官徵授御史慈寧宮災請撤鼇山停織造燒造還建言譴謫諸臣去張居正餘黨速誅徐爵游七報聞尋劾禮部侍郎高啓愚命題示禪授意謫潞安推官語詳李植傳尋遷太僕丞歷浙江右參政考察論黜復遣官逮之大學士趙志皐等再疏乞有且言此呂有氣節未必果貪汚丕揚亦言此呂無逮問條乞免送詔獄帝皆不從逮下鎭撫讁戍邊

贊曰劉臺諸人皆以論張居正得罪罰最重者名亦最高用汲之免也幸耳平心論之居正爲相於國事不爲無功諸人論之不無過當然聞謗而不知懼忿戾怨毒務快己意斲盈好還禍釀身後傳曰惟善人能受盡言於戲難哉

明史卷二百三十　列傳第一百一十八

總裁官總理事務經筵講官少保兼太子太保保和殿大學士兼管吏部戶部尚書事加六級張廷玉等奉
敕修

蔡時鼎　萬國欽（王教）
饒伸（兄位　劉元震　元霖）　湯顯祖（李琯）
逯中立（盧明諏）　楊恂（冀體　朱爵）
姜士昌（宋燾）　馬孟禎
汪若霖

蔡時鼎字台甫漳浦人萬曆二年進士歷知桐鄉元城爲治清嚴徵授御史太和山提督中官田玉兼分守事時鼎言不可並及玉不法狀御史丁此呂以劾高啓愚被讁時鼎論救語侵楊巍申時行報聞已巡鹽兩淮悉捐其羨爲開河費置屬邑學田還朝會戚畹子弟有求舉不獲者誣順天考官張一桂私其客馮詩章維寧及編修史鈳子記純又濫取冒籍者五人帝怒命詩維寧荷枷解一桂鈳官時行等爲之解帝益怒奪鈳職下詩維寧吏法司廷鞫無驗忤旨被讓卒枷二人一月而調一桂南京時鼎以事初糾發不由外廷徑從中出極言宵人蜚語直達御前其漸不可長且盡疑大臣言官有私則是股肱耳目舉不可信所信者誰也帝怒手札諭閣臣治罪會時行及王錫爵在告許國王家屛僅擬停俸且請稍減詩維寧荷校之期以全其命帝不從責時鼎疑君訕上降極邊雜職又使人詗知發遣冒籍者多寬縱責府尹沈思孝對狀國家屛復上言人君貴明不貴察苟任一己見聞猜防苛密縱聽斷精審何補於治且使姦人乘機得中傷善類害胡可言願停察訪以崇大體宥言官以彰聖度帝不懌手詔詰讓是日帝思時行遣中使就第勞問而國等旣被責具疏謝執爭如初會帝意稍解乃報聞時鼎竟謫馬邑典史告歸居二年吏部擬序遷不許御史王世揚請如石星海瑞鄒元標例起之廢籍不報已起太平推官進南京刑部主事就改吏部十八年冬復疏劾時行略言比年天災民困紀綱紊數吏治混淆陛下深居宮闕臣民呼籲莫聞然羣工進言猶蒙寬貸乃輔臣時行則樹黨自堅忌言益甚不必明指其失卽意向稍左亦輒中傷或顯斥於當時或徐退於後日致天下諛佞成風正氣消沮方且內託之乎雅量外託之乎清明此聖賢所以重似是之防嚴亂德之戒也夫營私之念重則奉公之意必衰巧詐之機熟則忠誠之節必退自張居正物故張四維憂去時行卽爲首輔懲前專擅矯以謙退鑒昔嚴苛矯以寬平非不欲示休休之量養和平之福無如患得患失之心勝而不可則止之義微貌退讓而心貪競外包容而中忮刻私僞萌生欲蓋彌著夫居正之禍在徇私滅公然其持法任事猶足有補於國今也改革其美而紹述其私盡去其維天下之心而益巧其欺天下之術徒思邀福一身不顧國禍若而人者尚可俾相天下哉因歷數其十失勸之省改疏留中尋進南京禮部郎中卒官貧不具含殮士大夫賻而治其喪

萬國欽字二愚新建人萬曆十一年進士授婺源知縣徵拜御史言事慷慨不避權貴十八年劾吏部尚書楊巍被詰讓里居尚書董份大學士申時行王錫爵座主也屬浙江巡按御史奏請存問國欽言份諂事嚴嵩又娶尚書吳鵬己字之女居鄉無狀不宜加隆禮事遂寢初吏部員外郎趙南星戶部主事張士昌疏斥政府私人給事中李春開以出位糾南星士昌而其黨陳與郊爲助刑部主事吳正志上疏言春開與郊媚政府干清議且論御史林祖述保留大臣之非於是御史赫瀛集諸御史於朝堂議合疏糾正志以臺體爲辭國欽與周孔教獨不署名瀛大恚盛氣讓國欽國欽曰冠豸冠服豸服乃日以保留大臣傾善類爲事我不能苟同瀛氣奪疏不果上而正志竟謫宜君典史奄人袁進等毆殺平民國欽再疏劾之十八年夏火落赤諸部頻犯臨洮鞏昌七月帝召見時行等於皇極門咨以方略言邊備廢弛督撫乏調度欲大有所振飭時行以款貢足恃爲言帝曰款貢亦不足恃若專務媚敵使心驕意大豈有饜足時時行等奉諭而退未幾警報狎至乃推鄭洛爲經略尚書行邊實用以主款議也國欽抗疏劾時行曰陛下以西事孔棘特召輔臣議戰守而輔臣於召對時乃飾詞欺罔陛下怒賊侵軼則以爲攻抄熟番臨鞏果番地乎陛下責督撫失機則以爲咎在武臣封疆僨事督撫果無與乎陛下言款貢難恃則云通貢二十年活生靈百萬西寧之敗肅州之掠獨非生靈乎是陛下意在戰時行必不欲戰陛下意在絕和時行必欲與和蓋由九邊將帥歲餽金錢漫無成畫寇已殘城堡殺吏民猶謂計得三邊總督梅友松意專媚敵前奏順義謝恩西去矣何又圍我臨鞏後疏盛誇戰績矣何景古城全軍皆覆甘肅巡撫李廷儀延賊入關不聞奏報反代請贖罪計馬牛布帛不及三十金而殺掠何止萬計欲仍通市臣不知於國法何如也此三人皆時行私黨故敢朋奸誤國乃爾因列上時行納賄數事帝謂其淆亂國事誣汚大臣謫劍州判官初國欽疏上座主許國責之曰若此舉爲名節乎爲國家乎國欽曰何敢爲名節惟爲國事耳卽言未當死生利害聽之國無以難二十年吏部尚書陸光祖擬量移國欽爲建寧推官饒伸爲刑部主事帝以二人皆特貶不宜遷切責光祖而盡罷文選郎中王教員外郎葉隆光主事唐世堯陳遴瑋等大學士趙志皐疏救亦被譙責國欽後歷南京刑部郎中卒王教淄川人佐光祖澄清吏治給事中胡汝寧承權要旨劾之事旋白竟坐推國欽伸斥爲民

饒伸字抑之進賢人萬曆十一年進士授工部主事十六年庶子黃洪憲典順天試大學士王錫爵子衡爲舉首申時行壻李鴻亦預選禮部主事于孔兼疑舉人屠大壯及鴻有私尚書朱賡禮科都給事中苗朝陽欲寢其事禮部郎中高桂遂發憤謫可疑者八人並及衡請得覆試錫爵疏辨與時行並乞罷帝皆慰留之而從桂請命覆試禮部侍郎于愼行以大壯文獨劣擬乙置之都御史吳時來及朝陽不可桂直前力爭乃如愼行議列甲乙以上時行錫爵調旨盡留之且奪桂俸二月衡實有才名錫爵大憤復上疏極詆桂伸乃抗疏言張居正三子連占高科而輔臣子弟遂成故事洪憲更謂一舉不足重居然置之選首子不與試則錄其壻其他私弊不乏聞覆試之日多有不能文者時來罔分優劣蒙面與桂力爭遂朦朧擬請至錫爵訐桂一疏劍戟森然乖對君之體錫爵柄用三年放逐賢士援引憸人今又巧護己私欺罔主上勢將爲居正之續時來附權蔑紀不稱憲長請俱賜罷疏旣入錫爵時行並杜門求去而許國以典會試入場闈中遂無一人中官送章奏於時行私第時行仍封還帝驚曰閣中竟無人耶乃慰留時行等而下伸詔獄給事中胡汝寧御史林祖述等復劾伸及桂以媚執政御史毛在又侵孔兼謂桂疏其所使孔兼奏辨求罷於是詔諸司嚴約所屬毋出位沽名而削伸籍貶桂三秩調邊方孔兼得免伸旣斥朝士多咎錫爵錫爵不自安屢請敍用起伸南京工部主事改南京吏部引疾歸遂不復出熹宗卽位起南京光祿寺少卿天啓四年累官刑部左侍郎魏忠賢亂政請告歸所輯學海六百餘卷時稱其浩博兄位累官工部右侍郎母年百歲與伸先後以侍養歸先是任邱劉元震元霖兄弟俱官九列以母年近百歲先後乞養親歸與伸兄弟相類一時皆以爲榮元震字元東隆慶五年進士由庶吉士萬曆中歷官吏部侍郎天啓中贈禮部尚書諡文莊元霖萬曆八年進士歷官工部尚書福王開邸洛陽有所營建元霖執奏罷之卒贈太子太保

湯顯祖字若士臨川人少善屬文有時名張居正欲其子及第羅海內名士以張之聞顯祖及沈懋學名命諸子延致顯祖謝弗往懋學遂與居正子嗣修偕及第顯祖至萬曆十一年始成進士授南京太常博士就遷禮部主事十八年帝以星變嚴責言官欺蔽並停俸一年顯祖上言曰言官豈盡不肖蓋陛下威福之柄潛爲輔臣所竊故言官向背之情亦爲默移御史丁此呂首發科場欺蔽申時行屬楊巍劾去之御史萬國欽極論封

彊欺蔽時行諷同官許國遠謫之一言相侵無不出之於外於是無恥之徒但知自結於執政所得爵祿直以爲執政與之縱他日不保身名而今日固已富貴矣給事中楊文舉奉詔理荒政徵賄鉅萬抵杭日宴西湖鬻獄市薦以漁厚利輔臣乃及其報命擢首諫垣給事中胡汝寧攻擊饒伸不過權門鷹犬以其私人猥見任用夫陛下方責言官欺蔽而輔臣欺蔽自如失今不治臣謂陛下可惜者四朝廷以爵祿植善類今直爲私門蔓桃李是爵祿可惜也羣臣風靡罔識廉恥是人才可惜也輔臣不越例予人富貴不見爲恩是成憲可惜也陛下御天下二十年前十年之政張居正剛而多欲以羣私人囂然壞之後十年之政時行柔而多欲以羣私人靡然壞之此聖政可惜也乞立斥文舉汝寧誡諭輔臣省愆悔過帝怒謫徐聞典史稍遷遂昌知縣二十六年上計京師投劾歸又明年大計主者議黜之李維禎爲監司力爭不得竟奪官家居二十年卒顯祖意氣慷慨善李化龍李三才梅國禎後皆通顯有建豎而顯祖蹭蹬窮老三才督漕淮上遣書迎之謝不往顯祖建言之明年福建僉事李琯奉表入都列時行十罪語侵王錫爵言惟錫爵敢恣睢故時行益貪戾請並斥以謝天下帝怒削其籍甫兩月時行亦罷琯豐城人萬曆五年進士嘗官御史旣斥歸家居三十年而卒顯祖子開遠自有傳

逯中立字與權聊城人萬曆十七年進士由行人擢吏科給事中遇事敢言行人高攀龍御史吳弘濟南部郎譚一召孫繼有安希范咸以爭趙用賢之罷被斥中立抗疏曰諸臣率好修士使銓伏田野誠可惜也陛下怒言者則曰出朕獨斷輔臣王錫爵亦曰至尊親裁臣謂所斥者非正人也則斷自宸衷固陛下去邪之明卽擬自輔臣亦大臣爲國之正若所斥者果正人也出於輔臣之調旨而有心斥逐者爲妬賢卽出於至尊之親裁而不能匡救者爲竊位大臣以人事君之道當如是乎陛下欲安輔臣則罷言者不知言者罷輔臣益不自安疏入忤旨停俸一歲尋進兵科右給事中有詔修國史錫爵舉故詹事劉虞夔爲總裁虞夔錫爵門生也以拾遺劾罷諸御史言不當召而中立詆虞夔尤力並侵錫爵遂寢召命未幾文選郎顧憲成等以會推閣臣事被斥給事中盧明諏救之亦貶秩中立上言兩年以來銓臣相繼屏斥尚書孫鑨去矣陳有年杜門求罷矣文選一署空曹逐者至再三而憲成又繼之臣恐今而後非如王國光楊巍則不能一日爲冢宰非如徐一檟謝廷寀劉希孟則不能一日爲選郎臧否混淆舉錯倒置使黜陟重典寄之權門用舍斥罰視一時喜怒公議壅閼煩言滋起此人才消長之機理道廢興之漸不可不深慮也且會推閣臣非自十九年始皇祖二十八年廷推六員而張治李本二臣用卽今元輔錫爵之入閣亦會推也蓋特簡與廷推祖宗並行已久廷推必諮於僉議特簡或由於私援今輔臣趙志皋等不稽故典妄激聖怒卽揭救數語譬之强笑而神不偕來欲以動聽難矣方今疆埸交聳公私耗敝羣情思亂識者懷憂乃朝議紛紜若爾豈得不長歎息哉帝怒嚴旨責讓斥明諏爲民而貶中立陝西按察司知事引疾歸家居二十年卒熹宗時贈光祿少卿盧明諏黃巖人萬曆十四年進士

楊恂字伯純代人萬曆十一年進士授行人擢刑科給事中錦衣冗官多至二千人請大加裁汰不用累遷戶科都給事中朝鮮用兵冒破帑金不貲恂請嚴敕邊臣而劾武庫郎劉黃裳侵耗罪黃裳卒罷去尋上節財四議格不行王錫爵謝政趙志皋代爲首輔御史柳佐章守誠劾之志皋乞罷不許御史冀體極論志皋不可不去帝怒責對狀體抗辭不屈貶三秩出之外以論救者衆竟斥爲民恂復論志皋並及張位其畧曰今之議執政者僉曰擬旨失當也貪鄙無爲也是固可憂而所憂有大於是者許茂橓罷閒錦衣厚齎金玉爲奸被人緝獲使大臣清節素孚彼安敢冒昧如此乃緝獲者被責而行賄者不問欲天下澄清其可得耶可憂者一楊應龍負固不服執政貪其重餌與之交通如近日綦江捕獲奸人得所投本兵及提督巡捕私書其餘四緘及黃金五百白金千虎豹皮數十不言所投臣細詢播人始囁嚅言曰求票擬耳夫票擬輔臣事也而使小醜得以利動哉可憂者二推陞者吏部職也邇來刱專擅之說以蠱惑聖聽陛下入其言而疑之於是內託上意外誘廷推或正或陪惟意所欲茍兩者俱無當則駁令更推少不如意譴謫加焉倘謂簡在帝心非政府所預何所用者非梓里姻親則門牆密契也如是而猶曰吏部專擅乎可憂者三言官天子耳目糾繩獻納其職也邇來進朋黨之說以激聖怒陛下納其譖而惡之於是假託天威肆行胸臆非顯斥於建白之時則陰中於遷除之日倘謂斷自宸衷無可挽救何所斥者非宿昔積怨則近日深讐也如是而猶謂言官結黨乎可憂者四首輔志皋日薄西山固無足責位素負物望乃所爲若斯且其機械獨深朋邪日衆將來之禍更有難言者請罷志皐而防位嚴飭陳于陛沈一貫毋效二人所爲疏入忤旨命鐫一級出之外志皐位疏辨且乞宥恂于陛一貫亦論救乃以原品調陝西按察經歷引疾歸久之吏部尚書蔡國珍奉詔起廢及恂未召卒冀體武安人被廢累薦不起卒於家其時以論志皐獲譴者又有朱爵開州人由茌平知縣召爲吏科給事中嘗論時政闕失因疏志皐位寢閣壅蔽罪不報尋切諫三王並封且論救朱維京王如堅等復劾志皐位私同年羅萬化爲吏部坐謫山西按察知事卒於家天啓中贈太僕少卿

姜士昌字仲文丹陽人父寶字廷善嘉靖三十二年進士官編修不附嚴嵩出爲四川提學僉事再轉福建提學副使累遷南京國子監祭酒請罷納粟例復積分法又請令公侯伯子弟及舉人盡入監肄業詔皆從之累官南京禮部尚書嘗割田千畝以贍宗族士昌五歲授書至惟善爲寶以父名輟讀拱立師大奇之舉萬曆八年進士除戶部主事進員外郎請帝杜留中錄遺直舉召對崇節儉尋進郎中以省親去還朝言吏部侍郎徐顯卿構陷張位少詹事黃洪憲力擠趙用賢宜黜之以警官邪主事鄒元標參政呂坤副使李三才素著直讜宜拔擢以厲士節又請復連坐之法慎巡撫之選旌苦節之士重贓吏之罰疏入給事中李春開劾其出位遂下詔禁諸司毋越職刺舉已因風霾請早建國本貴妃父鄭承憲乞改造父塋詔與五千金士昌言太后兄陳昌言止五百金而妃家乃十之何以示天下弗納稍遷陝西提學副使江西參政三十四年大學士沈一貫沈鯉相繼去國明年秋士昌齎表入都上疏言皇上聽一貫鯉並去輿論無不快一貫而惜鯉夫一貫招權罔利大壞士風吏道恐天下林居貞士與己齟齬一切阻遏以杜將來卽得罪張居正諸臣皇上素知其忠義注意拔擢者皆擯不復用甚則借他事處之其直道左遷諸人久經遷轉在告者一貫亦擯不復用在廷守正不阿魁磊老成之彥小有同異亦巧計罷之且空部院以便於擇所欲用空言路以便於恣所欲爲空天下諸曹與部院言路等使人不疑至於己所欲用所欲爲者又無不可寘力而得志所不欲者輒流涕語人曰吾力不能得之皇上善則歸己過則歸君人人知其不忠夫鯉不肥身家不擇利便惟以衆賢劾之君較一貫忠邪遠甚一貫旣歸貨財如山金玉堆積鯉家徒壁立貧無餘貲較一貫貪廉遠甚一貫患鯉邪正相形借妖書事傾害非皇上聖明幾至大悞臣以爲輔臣若一貫險邪異常直合古今奸臣盧杞章惇而三矣然竟無一人以鯉一貫之賢奸爲皇上正言別白者臣竊痛之且一貫之用由王錫爵所推轂今一貫去以錫爵代首揆是一貫未嘗去也錫爵素有重名非一貫比然器量褊狹嫉善如讐高桂趙南星薛敷教張納陛于孔兼高攀龍孫繼有安希范譚一召顧憲成章嘉禎等一黜不復頃聞錫爵有疏請錄遺佚謂宜如其所請召還諸臣然後敦趣就道不然恐錫爵無復出理也至論劾一貫諸臣如劉元珍龐時雍陳嘉訓朱吾弼亦亟宜召復以爲盡忠發奸者之勸至於他臣以觸忤被中傷異同致罷去者請皆以次拂拭用之說者謂皇上於諸臣雖三下明詔意若向用寔未欲用者臣獨以爲不然皇上初嘗罷傳應禎余懋學鄒元標艾穆沈思孝吳中行趙用賢朱鴻謨孟一脉趙世卿郭惟賢王用汲等後又嘗謫魏允貞李三才黃道瞻譚希思周弘禴江東之李植曾乾亨馮景隆馬應圖王德新顧憲成李懋檜董基張鳴岡饒伸郭實諸壽賢顧允成彭遵古薛敷教吳正志王之棟等旋皆擢用頃年改調銓曹鄒觀光劉學曾李復陽羅朝國趙邦柱洪文衡等於南京亦俱漸還清秩而鄒元標起自戍所累蒙遷擢其後未有一言忤主而謂皇上忽復怒之而調之南而錮不復用豈不厚誣皇上也哉蓋皇上本無不用諸臣之心而輔臣實決不用諸臣之策也說者謂俗流世壞宜用潔清之臣表率之然古今廉相獨推楊綰杜黃裳以其能推賢薦士耳王安石亦有清名乃用其學術驅斥諸賢竟以禍宋爲輔臣者可不鑒於此哉其意以陰諷李廷機廷機大恚疏辨曰人才起用臣等不惟不敢干至尊之權亦何敢侵吏部職士昌見疏復貽書規之廷機益不悅然帝尚未有意罪士昌也會朱賡亦疏辨如廷機指帝乃下士昌疏命罪之吏部侍郎楊時喬副都御史詹沂請薄罰不許詔鐫三秩爲廣西僉事御史宋燾論救復詆一貫刺廷機帝益怒謫燾平定判官再謫士昌興安典史士昌好學勵名檢居恒憤時疾俗欲以身輓之故雖居散僚數有論建竟齟齬以終士昌謫之明年禮部主事鄭振先劾賡等大罪十二亦鐫三秩調邊方用宋燾泰安人萬曆二十九年進士自庶吉士授御史任氣好搏擊出按應天諸府疏斥首輔朱賡廷臣繼有請皆責備輔臣其端自燾發也及坐謫旋請假歸卒於家天啓初贈士昌太常少卿燾光祿少卿

馬孟禎字泰符桐城人萬曆二十六年進士授分宜知縣將內召以征賦不及四分爲戶部尚書趙世卿所劾詔鐫二秩甫三日而民逋悉完鄒元標萬國欽輩亟稱之續授御史文選郎王永光儀制郎張嗣誠都給事中姚文蔚陳治則以附政府擢京卿南京右都御史沈子木年幾八十未謝政孟禎並疏論之大學士李廷機被劾奏辨言入仕以來初無大謬孟禎駁之曰廷機在禮部昵邪妄司官彭遵古而聶雲翰建言忤時則抑之至死秉政未幾姜士昌宋燾鄭振先皆得罪姚文蔚等濫授京堂陳用賓等屢擬寬旨猶不謂之謬哉王錫爵辭召密疏痛詆言者孟禎及南京給事中段然並上疏極論詩陳僉商之害發工部郎陳民志范鈁贖貨罪又陳通壅蔽錄直臣決用舍恤民窮急邊餉五事請召用鄒元標趙南星王德完放廷機還田里皆不報三十九年夏怡神殿災孟禎言二十年來郊廟朝講召對面議俱廢通下情者惟章奏而疏入旨出悉由內侍其徹御覽與果出聖意否不得而知此朝政可慮也臣子分流別戶入主出奴愛憎由心雌黃信口流言蜚語騰入禁庭此士習可慮也畿輔山東山西河南比歲旱饑民間賣女鬻兒食妻啖子挺而走險急何能擇一呼四應則小盜合羣將爲豪傑之藉此民情可慮也帝亦不省吏部侍郎蕭雲舉佐京察有所庇孟禎首疏攻之論者日衆雲舉引去山海參將李獲陽忤稅監下獄死孟禎爲訟冤因請貸卞孔時王邦才滿朝薦李嗣善等之在獄者且言楚宗一獄死者已多今被錮高牆者誰非高皇帝子孫乃令至是皆弗聽四十二年冬考選科道中書舍人張先房知縣趙運昌張廷拱曠鳴鸞濮中玉以言論忤時抑不得與孟禎不平具疏論之是時三黨勢張忌孟禎讜直出爲廣東副使移疾不赴天啓初起南京光祿少卿召改太僕以憂歸魏忠賢得志爲御史王業浩所論遂削籍崇禎初復官孟禎少貧既通顯家無贏貲惟銜趙世卿抑己既入臺卽疏劾世卿人以爲隘

汪若霖字時甫光州人父治保定知府若霖舉萬曆二十年進士授行人三十三年擢戶科給事中言有司貪殘率從輕論非律邊吏竭脂膏外媚敵內媚要津而京軍十萬半虛冒非計兵部尚書蕭大亨被劾求去吏部議留若霖力詆部議雲南民變殺稅使楊榮詔從巡撫趙用賓言命四川邱承雲兼領若霖言用賓養成榮惡今不直請罷稅而倡議領於四川負國甚乞亟斥用賓追寢前命皆不報進禮科右給事中自正月至四月不雨若霖上疏曰臣稽洪範傳言之不從是謂不乂厥罰恒暘今郊廟宜親朝會宜舉東宮講習宜開此下累言之而上不從者也又有上言之而中變者稅務歸有司權璫猶侵奪起廢有明詔啓事猶沉閣是也有上屢言之而久不決下數言之而上不斷者中外大僚之推補被劾諸臣之進退是也凡此皆言不從之類積鬱成災天人恒理陛下安得漠然而已哉時南京戶工二部缺尚書禮部缺侍郎廷推故尚書徐元泰貴州巡撫郭子章故詹事范醇敬若霖言三人不足任且舉者不能無私請自今廷推勿以一人主持衆皆畫諾宜籍舉主姓名復祖宗連坐之法詔申飭如若霖言所推悉報寢兵部主事張汝霖大學士朱賡壻也典試山東所取士有篇章不具者若霖疏劾之停其俸中官楊致中枉法拷殺指揮鄭光擢若霖率同官列其十罪不報朱賡獨相朝事益弛若霖言陛下獨相一賡而又晝接無聞補牘莫應此最大患也方今紀綱壞政事壅人才耗庶職空民力窮邊方廢宦豎橫盜賊繁士大夫幾忘廉恥禮義而小民愁苦寃痛之聲徹於寓內輔臣宜慨然任天下重收拾人心以効之當宁如徒謙讓未遑或以人言輕懷去就則陛下何賴焉賡乃緣若霖指力請帝急行新政帝亦不省五月朔大雨雹若霖謂用人不廣大臣專權之象具疏切言之已而京師久雨壞田廬若霖復言大臣比周相倚小臣趨風其流益甚意復詆賡及新輔李廷機輩也三十六年巡視庫藏見老庫止銀八萬而外庫蕭然諸邊軍餉逋至百餘萬疏請集議長策亦留中先是吏部列上考選應授科道者知縣新建汪元功進賢黃汝亨南昌黃一騰與焉賡黨給事中陳治則推轂元功汝亨若霖劾二人囂競吏部因改擬部曹治則怒劾一騰交搆帝以言官紛爭留部疏廷臣屢請乃下而責若霖首倡煩言並元功汝亨一騰各貶一級出之外廷臣論救皆不省若霖遂出爲潁州判官卒

贊曰明至中葉以後建言者分曹爲朋率視閣臣爲進退依阿取寵則與之比反是則爭比者不容於清議而爭則名高故其時端揆之地遂爲抨擊之叢而國是淆矣雖然所言之是非閣臣之賢否黑白判然固非私怨惡之所得而加亦非可盡委之沽直好事謂人言之不足恤也

明史卷二百三十一　列傳第一百十九

總裁官總理事務經筵講官少保兼太子太保保和殿大學士兼管吏部戶部尚書事加六級臣張廷玉等奉

敕修

顧憲成 歐陽東鳳 吳炯
顧允成 張納陛 諸壽賢 賈巖 彭遵古 錢一本 子春
于孔兼 陳泰來 史孟麟
薛敷教
安希范 吳弘濟 孫繼有 譚一召 劉元珍 龐時雍
葉茂才

顧憲成字叔時無錫人萬曆四年舉鄉試第一八年成進士授戶部主事大學士張居正病朝士羣爲之禱憲成不可同官代之署名憲成手削去之居正卒改吏部主事請告歸三年補驗封主事十五年大計京朝官都御史辛自修掌計事工部尚書何起鳴在拾遺中自修坐是失執政意給事中陳與郊承風旨並論起鳴自修實以攻自修而庇起鳴於是二人並罷并責御史糾起鳴者四人憲成不平上疏語侵執政被旨切責謫桂陽州判官稍遷處州推官丁母憂服除補泉州推官舉公廉第一擢吏部考功主事歷員外郎會有詔三皇子並封王憲成偕同官上疏曰皇上因祖訓立嫡之條欲暫令三皇子並封王以待有嫡立嫡無嫡立長臣等伏而思之待之一言有大不可者太子天下本豫定太子所以固本是故有嫡立嫡無嫡立長就見在論是也待將來則非也我朝建儲家法東宮不待嫡元子不並封廷臣言甚詳皇上槩弗省豈皇上創見有加列聖之上乎有天下者稱天子天子之元子稱太子天子繫乎天君與天一體也太子繫乎父父子一體也主鬯承祧於是乎在不可得而爵今欲並封三王元子之封何所係乎無所係則難乎其爲名有所係則難乎其爲實皇上以爲權宜云耳夫權宜者不得已而行之也元子爲太子諸子爲藩王於理順於分稱於情安有何不得已而然乎耦尊鈞大逼所由生皇上以祖訓爲法子孫以皇上爲法皇上不難創其所無後世詎難襲其所有自是而往幸皆有嫡可也不然是無東宮也又幸而如皇上之英明可也不然凡皇子皆東宮也無乃啟萬世之大患乎皇后與皇上共承宗祧期於宗祧得人而已皇上之元子諸子卽皇后之元子諸子恭妃皇貴妃不得而私之統於尊也豈必如輔臣王錫爵之請須拜皇后爲母而後稱子哉況始者奉旨少待二三年而已俄改二十年又改於二十一年然猶可以歲月期也今日待嫡是未可以歲月期也命方布而忽更意屢遷而愈緩自並封命下叩閽上封事者不可勝數至里巷小民亦聚族而竊議是孰使之然哉人心之公也而皇上猶責輔臣以擔當錫爵夙夜趣召乃排羣議而順上旨豈所謂擔當必積誠感悟納皇上於無過之地乃眞擔當耳不然皇上且不能如天下何而况錫爵哉皇上神明天縱非溺寵狎昵之比而不諒者見影而疑形聞響而疑聲卽臣等亦有不能爲皇上解者皇上盛德大業比隆三五而乃來此意外之紛紛不亦惜乎伏乞令皇元子早正儲位皇第三子皇第五子各就王爵父父子子君君臣臣兄兄弟弟宗廟之福社稷之慶悉在是矣憲成又遺書錫爵反覆辨論其後並封議遂寢二十一年京察吏部尚書孫鑨考功郎中趙南星盡黜執政私人憲成實左右之及南星被斥憲成疏請同罷不報尋遷文選郎中所推舉率與執政牴牾先是吏部缺尚書錫爵欲用羅萬化憲成不可乃用陳有年後廷推閣臣萬化復不與錫爵等皆恚萬化乃獲推會帝報罷而止及是錫爵將謝政廷推代者憲成舉故大學士王家屏忤帝意削籍歸事具有年傳憲成既廢名益高中外推薦無慮百十疏帝悉不報至三十六年始起南京光祿少卿力辭不就四十年卒於家天啓初贈太常卿魏忠賢亂政其黨石三畏追論之遂削奪崇禎初贈吏部右侍郎謚端文憲成姿性絕人幼卽有志聖學暨削籍里居益覃精研究力闢王守仁無善無惡心之體之說邑故有東林書院宋楊時講道處也憲成與弟允成倡修之常州知府歐陽東鳳與無錫知縣林宰爲之營構落成偕同志高攀龍錢一本薛敷教史孟麟于孔兼輩講學其中學者稱涇陽先生當是時士大夫抱道忤時者率退處林野聞風響附學舍至不能容憲成嘗曰官輦轂志不在君父官封疆志不在民生居水邊林下志不在世道君子無取焉故其講習之餘往往諷議朝政裁量人物朝士慕其風者多遙相應和由是東林名大著而忌者亦多既而淮撫李三才被論憲成貽書葉向高孫丕揚爲延譽御史吳亮刻之邸抄中攻三才者大譁而其時于玉立黃正賓輩附麗其間頗有輕浮好事名徐兆魁之徒遂以東林爲口實兆魁騰疏攻憲成恣意誣詆謂滸墅有小河東林專其稅爲書院費關使至東林輒以書招之卽不赴亦必致厚餽講學所至僕從如雲縣令館穀供億非二百金不辦會時必談時政郡邑行事偶相左必令改圖及受黃正賓賄其言絕無左驗光祿丞吳

炯上言爲一一致辨，因言憲成貽書救三才誠爲出位，臣嘗咎之，憲成亦自悔。今憲成被誣，天下將以講學爲戒，絕口不談孔孟之道，國家正氣從此而損，非細事也。疏入不報。嗣後攻擊者不絕，比憲成歿，攻者猶未止。凡救三才者，爭辛亥京察者，衞國本者，發韓敬科場弊者，請行勘熊廷弼者，抗論張差梃擊者，最後爭移宮、紅丸者，忤魏忠賢者，率指目爲東林，抨擊無虛日。借魏忠賢毒燄，一網盡去之，殺戮禁錮，善類爲一空。崇禎立，始漸收用，而朋黨勢已成，小人卒大熾，禍中於國，迄明亡而後已。歐陽東鳳，字千仞，潛江人。年十四喪父，哀毀骨立。母病嘔血，跪而食之。舉於鄉，縣令憫其貧，遺以田二百畝，謝不受。萬曆十七年成進士，除興化知縣。大水壞堤，請振於上官，不應，遂自疏於朝，坐越奏停俸，然竟如所請。屢遷南京刑部郎中，擢平樂知府。撫諭生傜，皆相親如子弟，因白督學監司，擇其俊秀者入學，猺漸知禮讓。稅使橫行，東鳳力抗之。以才調常州，布帷瓦器，胥吏不能牟一錢。禽奸人劇盜且盡。憲成輩講學，爲建東林書院。居四年，謝事歸。起山西副使，擢南京太僕少卿，並辭不就，卒於家。吳炯，字晉明，松江華亭人。萬曆十七年成進士，授杭州推官，入爲兵部主事，乞假歸。恬靜端介，不驚榮利，家居十二年，始起故官。久之，進光祿丞。天啟中，累遷南京太僕卿。魏忠賢私人石三畏追論炯黨庇憲成，落職閒住。崇禎初，復官。炯家世素封，無子，置義田以贍族人，郡中貧士及諸生赴舉者多所資給。嘗輸萬金助邊，被詔旌獎。

顧允成，字季時，憲成弟。性耿介，厲名節。舉萬曆十一年會試，十四年始赴殿試。對策中有曰：「陛下以鄭妃勤於奉侍，冊爲皇貴妃，廷臣不勝私憂過計，請立東宮，進封王恭妃，非報罷則峻逐。或不幸貴妃弄威福，其戚屬左右竊而張之，內外害可勝言哉。張居正罔上行私，陛下以爲不足信，而付之二三匪人，恐居正之專尚與陛下二，此屬之專遂與陛下一。二則易間，一難圖也。」執政駭且恚，置末第。會南畿督學御史德淸人房寰連疏詆都御史海瑞，允成不勝憤，偕同年生彭遵古、諸壽賢抗疏劾之。畧言：「寰妬賢醜正，不復知人間羞恥事。臣等自幼讀書，卽知慕瑞，以爲當代偉人。寰大肆貪汙，聞瑞之風，宜愧且死，反敢造言逞誣，臣等所爲痛心。」因劾其欺罔七罪。始寰疏出，朝野多切齒，而政府庇之，但擬旨譙讓。及得允成等疏，謂寰已切讓，不當出位妄奏，奪三人冠帶，還家省愆，且令九卿約束辦事進士，毋妄言時政。南京太僕卿沈思孝上言：「二三年來，今日以建言防人，明日以越職加人罪，且移牒諸司約禁，而進士觀政者復令堂官鉗束之。夫禁其作奸犯科可也，而反禁其讜言直諫；敎其砥行立節可也，而反敎以緘默取容。此風一開，流弊何極。諫官避禍希寵不言矣，庶官又不當言；大臣持祿養交不言矣，小臣又不許言。萬一權奸擅朝，傾危宗社，陛下安從聞之？臣歷稽先朝故事，練綱、鄒智、孫磐、張璁並以書生建言，未聞以爲罪，獨奈何錮允成等耶？」疏入，忤旨被責，三人遂廢。寰復詆瑞及思孝，其言絕狂誕，自是獲罪淸議，出爲江西副使。給事中張鼎思劾其奸貪，寰亦訐鼎思請寄事。諸給事中不平，連章攻寰，寰與鼎思並謫，遂不復振。久之，南京御史陳邦科請錄用允成等，不許。巡按御史復言之，詔許以敎授用。允成歷任南康、保定，入爲國子監博士，遷禮部主事。三王並封制下，偕同官張納陛、工部主事岳元聲合疏諫曰：「冊立大典，年來無敢再瀆者，以奉二十一年舉行之明詔。茲旣居期，羣臣莫不引領。而元輔王錫爵星駕趣朝，一見禮部尚書羅萬化、儀制郎于孔兼，卽戒之弗言，慨然獨任，臣等實喜且慰。不意陛下出禁中密札，竟付錫爵私邸，而三王並封之議遂成，卽次輔趙志皐、張位亦不預聞。夫天下事非一家私議，元子封王，祖宗以來未有此禮，錫爵安得專之，而陛下安得創之？」當是時，光祿丞朱維京、給事中王如堅疏先入，帝震怒，戍極邊。維京同官涂杰、王學曾繼之，斥爲民。及是諫者益衆，帝知不可盡斥，但報遵旨行，已而竟寢。未幾，吏部尚書孫鑨等以拾遺事被責，允成謂閣臣張位實爲之，上疏力詆位，因及錫爵。納陛亦抗章極論，并侵附執政者。帝怒，謫允成光州判官，納陛鄧州判官，皆乞假歸，不復出。納陛，字以登，宜興人。年十六，從王畿講學。舉萬曆十七年進士，由刑部主事改禮部。生平尚風節，鄉邑有利害，輒爲請於有司而後已。東林書院之會，納陛與焉。又與同邑史孟麟、吳正志爲麗澤大會，東南人士爭赴之。時與允成等同以部曹爭三王並封、又爭拾遺事者，戶部主事滁人賈巖，亦貶曹州判官，投劾歸，卒。天啟中，贈允成、納陛光祿少卿，巖尙寶丞。諸壽賢，字延之，崑山人。旣釋褐，上疏願放歸田，力學十年，然後從政，章下所司，寢不奏。旣斥歸，久之，起南陽敎授，入爲國子助敎，擢禮部主事。戚里中貴干請，輒拒之。遘疾請告歸，授徒自給，久之卒。彭遵古，麻城人，終光祿少卿。

錢一本，字國瑞，武進人。萬曆十一年進士。除廬陵知縣，徵授御史。入臺，卽發原任江西巡按祝大舟貪墨狀，大舟至遣戍。已，論請從祀曹端、陳眞晟、羅倫、羅洪先於文廟。出按廣西。帝以張有德請備大禮儀物，復更冊立東宮期，而申時行柄國不能匡救。一本上論相、建儲二疏。其論相曰：「昨兪旨下輔臣，令輔臣總政。夫朝廷之政，輔臣安得總之。內閣代言擬旨，本顧問之遺，遇有章奏，閣臣宜各擬一旨。今一出時行專斷，皇上斷者十一，時行斷者十九。皇上斷謂之聖旨，時行斷亦謂之聖旨。惟嫌怨所在，則以出自聖斷爲言，罪何可勝誅。所當論者一。評事雒于仁進四箴之箴，陛下欲見之施行，輔臣力勸留中。旣有言及輔臣之章，亦盡留中不下。道吾君以遂非文過如此，復安望其盡忠補過耶。所當論者二。科場弊竇，汙人齒頰，而敢擬原無私弊之旨，以欺吾君。臣請執政子弟有中式而被人指摘者，除名改廕。又與見從仕籍者暫還里居，俟父致政，乃議進止，毋令犬馬報主之心，不勝其牛馬子孫之計。所當論者三。大臣以身殉國，安復有家。乃以遠臣爲近臣府庫，又合遠近之臣爲內閣府庫。開門受賂自執政始，而歲歲申饋遺之禁，何爲哉。所當論者四。墨敕斜封，前代所患；密啟言事，先臣弗爲。今閣臣或有救援之舉，或有密勿之謀，類具揭帖以進，雖格言正論，讜議忠謀，已類斜封密啟之爲，非有公聽並觀之正。況所言公，當與天下公言之；所言私，忠臣不私。奈何援中書之故事，啟留中之弊端，昭恩怨之所由，示威福之自已。所當論者五。我國家倣古爲治，部院卽分職之六卿，內閣卽論道之三公。未聞三公可盡攬六卿之權，歸一人掌握，而六卿又頫首屛氣，唯唯聽命於三公，必爲請敎而後行也。所當論者六。三公職在論道，師道之敎訓，今講幄經年不御，是何師也。傅傅之德義，今外帑匱乏，私藏充盈，不能一爲救正，是何傅也。保保其身體，今聖躬常年靜攝，尚以多疾爲辭，是何保也。其兼銜必曰太子之師傅保，而冊立皇元子之儀，至今又復改遲，臣不知其所兼者何職矣。所當論者七。翰林一途，謂之儲相，累資躡級，循列卿位，以覬必得。遂使國家命相之大任，僅爲閣臣援引之私物。庸者習軟熟結納之態，黠者恣憑陵侵奪之謀。外推內引，璫閣表裏。始進不正，安望其終。故自來內閣之臣，一據其位，遠者二十年，近者十年，不敗不止。嵩之鑒不遠，而居正蹈之；居正之鑒不遠，而時行又蹈之。繼其後者，庸碌罷駑，或甚於時行，禍隘靴掬，又復爲居正。若非大破常格，公天下以選舉相，道終未可言。所當論者八。先民詢芻蕘之言，明王設誹謗之木。今大臣懼人攻己，而欲鉗天下之口，不目之爲奸爲邪爲浮薄，必詈之爲譏爲謗爲小人。目前之耳目可塗，身後之是非難罔。所當論者九。君臣之分，等於天地。今上名之曰總政，已亦居之曰總政，以其身居於寵利之極，耐彈忍辱，必老死於位而後已。古所謂元老大臣，乃如是其不知進退存亡者耶。大臣旣無難進易退之節，天下安有頑廉懦立之風。舉一世之人心風俗，靡爛於乞墦登壟之坑，滔滔而莫之止。是故陛下之治，前數年不勝其操切慘刻，而勢熖爍人；後數年不勝其姑息委靡，而賢愚共貫。前之政自居正總，今之政自時行總，而皆不自朝廷總故也。所當論者十。然君道莫先論相，而取人亦在君身。願陛下勿以國本爲兒戲。昔孔子以九經告君，而先之修身勸賢。大抵讒夫女謁貨利之交，一有惑溺，則內之心志決不淸明，外之身體決不強固。矧以艷處之褒姒，而爲善譖之驪姬，狐媚旣以蠱其心，鹿臺又復移其志，陛下之方寸，臣知其不能自持者多矣。抑何以貴德尊士，而修身取人哉。」其論國本曰：「陛下所以遲遲建儲者，謂欲效皇祖世宗之爲耳。然皇祖中年嘗立莊敬爲太子，封皇考爲裕王，非終不立太子也。矧今日事體又迥然不同。皇貴妃寵過皇后，其處心積慮，無一日而不萌奪嫡之心，無一日而不思爲援立其子之計，此世宗時所無也。凡子必依於母，皇元子之母壓於皇貴妃之下，陛下曰長幼有序，皇貴妃曰貴賤有等。倘一日遂其奪嫡之心，不審陛下何以處此，此世宗時所無也。景王就封，止皇考一人在京。今則章服不別，名分不正，弟旣憑母之寵而朝夕近倖，母又覬子之立而日夜樹功，此世宗時所無也。傳聞陛下先曾失言於皇貴妃，皇貴妃執此爲信，及今不斷，蠱惑日深，剛斷日餒，事體日難，此世宗時所無也。前者有旨，不許諸司激擾，愈致遲延，非陛下預設機穽，以禦天下言者乎。使居期無一人言及，則佯爲不知，以冀其遲延；有一人言及，則禦之曰此來激擾我也，改遲一年。明年又一人言及，則又曰此又來激擾我也，又改二三年。必使天下無一人敢言而後已，庶幾依違遷就，以全其衽席昵愛之私，而曾不顧國本從此動搖，天下從此危亂。臣以爲陛下之禦人至巧，而爲謀則甚拙也。此等機智，不可以罔匹夫匹婦，顧欲以欺天下萬世耶。」疏入，留中。時廷臣相繼爭國本，惟一本言最戇直，帝銜之。無何，杖給事中孟養浩，中旨以養浩所逞之詞，根托一本，造言誣君，搖亂大典，遂斥爲民。屢薦，卒不用。一本旣罷歸，潛心六經濂洛諸書尤研精易學與顧憲成輩分主東林講席學者稱啟新先生里居二十五年預尅卒日賦詩誌之如期而逝天啟初贈太僕寺少卿子春字若木萬曆三十二年進士歷知高陽獻二縣徵授御史太僕少卿徐兆魁攻李三才因痛詆顧憲成春三疏首發其憸邪出按湖廣請予禮部侍郎郭正域及光祿少卿顧憲成卹典楚宗人以訐僞王事錮高牆者甚衆春爲訟冤尋復請釋回故宗家屬語甚切至咸寧知縣滿朝薦久繫奏請釋之因請并釋王邦才卞孔時又再疏劾守備中官杜茂且備陳採榷之害言臣不忍皇上聽小人之謀名出漢桓唐德下爲我明基禍之主帝以湖廣地爲福王莊田春三疏力爭帝降旨切責葉向高致政去方從哲爲首輔春抗疏言今天下人材則朝虛野實貨財則野虛朝實從哲不能救正而第於福王則無事不曲從臣嘗歎皇上有爲堯舜之資而輔佐無人僅得王家屏沈鯉又俱不信用其餘大抵庸惡陋劣奸回媢嫉之徒不意至從哲而風益下臣聞從哲每向人言輒云內相之意是甘爲萬安焦芳曾趙志皐沈一貫之不若也從哲疏辨乞去帝慰留而責春妄言謫奏出爲福建右參議尋丁父艱天啟初起故官召爲尚寶少卿歷遷光祿卿五年魏忠賢黨門克新劾春倚恃東林父作子述削籍歸崇禎九年召拜通政使遷戶部右侍郎歷尚書總督倉場條行釐弊十事以勞瘁予告未幾起南京戶部尚書疏請皇太子出閣從之累疏引疾不允九年條上戰守之策并論賊三可擊狀帝如議敕行十一年黃道周劉同升等諫楊嗣昌奪情被貶謫范景文等疏救春名與焉明年正月削景文籍置春不問春爲御史甚有聲及居大僚循職無咎會上疏請改折白糧忤旨罷歸是年卒

于孔兼字元時金壇人萬曆八年進士授九江推官入爲禮部主事再遷儀制郎中疏論都御史吳時來晚節不終不當謚忠恪因請謚楊爵陳瓚孟秋乃奪時來謚而謚爵忠介大學士王家屏以爭冊立求去孔兼上言陛下徇內變之情而搖主鬯之器不納輔臣之言反重諫官之罰且移怒吏部削籍三人夫萬國欽獲罪申時行饒伸獲罪王錫爵非獲罪於陛下也輔臣於數千里外能遙制朝權若此毋乃陛下以此示恩欲其復來共成他圖耶自陛下有近日之舉而善類寒心邪臣鼓掌將來逢君必巧豫教無期申生楊廣再見於今此宗廟之不利非直臣等憂也帝得疏怒甚已竟留中明年正月有詔竝封三王孔兼與員外郎陳泰來合疏爭曰立嫡之訓自古有之然歷考祖宗以來未有虛東宮之位以候嫡子者昔陛下正位東宮年甫六歲仁聖皇太后方在盛年先皇帝曾不少待陛下豈不省記乎地逼則嫌生禮殊則分定願收還新諭建儲封王一時竝舉宗社幸甚未報孔兼又言陛下堅持待嫡之說既疑羣臣謗訕又謂朝綱倒持遂欲坐諫者以無禮於君之罪夫謂元子當立不容緩者君子也此有禮於君者王如堅諸人是也謂竝封可行逢上意者小人也此無禮於君者許夢熊一人是也今欲以無禮之罪而加之有禮於其君者何以服人心昭國法臣又惟巫蠱之謗啟於堯母承乾之誅成於偏愛自古亂臣未有不窺人君之隙而逢迎以遂其奸者始錫爵之兩論竝擬其負國悞君大矣既不能轉移君心決計於初乃以杜門求去爲計夫前無失策一去可以成名失而後爭爭而不得雖去不足塞責矣人謂錫爵言無不盡特苦陛下聽斷之不行臣則云陛下悔心已萌特憂錫爵感孚之未至若姑云徐徐坐視君父之過舉錫爵縱不爲宗社計獨不爲身名計乎會廷臣多諫者其事竟寢亡何考功郎中趙南星坐京察削籍孔兼泰來各疏救帝積前恨謫孔兼安吉判官泰來饒平典史孔兼投牒歸家居二十年杜門讀書矩矱整肅鄉人稱之無間言泰來字伯符平湖人年十九舉萬曆五年進士授順天教授進國子博士見執政與言路相水火上書規之坐是五年不調南京禮部郎中馬應圖泰來同邑又同年生也十三年上疏譏切執政又力詆給事中齊世臣御史龔懋賢蔡系周孫愈賢吳定而盛稱吳中行趙用賢沈思孝李植諸人忤旨謫大同典史給事中王致祥御史柴祥等希執政意復連章劾應圖且言泰來爲黜定奏章帝以應圖既貶不問泰來引疾歸久之起禮部主事進員外郎疏請建儲不報踰年遂卒年三十六天啟中孔兼泰來俱贈光祿少卿于氏爲金壇望族孔兼祖湛戶部侍郎兄文熙大名兵備副使再從弟仕廉南京戶部侍郎有清望

史孟麟字際明宜興人萬曆十一年進士授庶吉士改吏科給事中疏劾少詹事黃洪憲典試作奸左都御史吳時來沮抑言路執政庇之格不行員外郎趙南星主事姜士昌相繼劾兩人并及副都御史詹仰庇執政滋不說吏科都給事中陳與郊素附執政屬同官李春開三疏訐南星士昌妄言帝止下春開疏而留南星士昌奏不發給事中王繼光萬自約不平復抗章論時來等詞甚峻切孟麟亦上疏力攻春開語并侵執政因求罷不許孟麟竟自引歸春開亦謝病去後以考察罷孟麟尋召爲兵科右給事中二十年大學士趙志皐張位言凡會議會推竝令廷臣類奏取自上裁用杜專權孟麟疏爭曰自臣通籍以來竊見閣臣侵部院之權言路希閣臣之指官失其守言失其責久矣陛下更置輔臣與天下更始政事歸六部公論付言官天下方欣欣望治奈何忽有此令曩太祖罷中書省分設六部恐其專也而官各有職不相侵越則又惟恐其不專蓋以一事任一官則專不爲害卽使敗事亦罪有所歸此祖宗建官之意也今令諸臣各書所見類奏以聽上裁則始以一部之事分而散之於諸司究以諸司之權合而收之於禁密事雖上裁旨由閣擬脫有私意奸其間內託上旨外誘廷言誰執其咎又脫有馮保張居正者夤緣爲奸授意外廷小人趨承扶同罔上朝廷不得察其非當官不能爭其是又誰執其咎臣竊謂政權分之六部不可以爲專惟六部不專則必有專之者是乃收攬威權之漸必不可從也忤旨不納再遷吏科都給事中三王竝封議起孟麟于孔兼等詣王錫爵邸爭之又進或問一篇別白尤力尚書孫鑨考功郎中趙南星掌癸巳京察孟麟實佐之南星以讒言斥孟麟亦引疾歸召拜太僕少卿復以疾去孟麟素砥名節復與東林講會時望益重家居十五年召起故官督四夷館會覲梃擊事疏請冊立皇太孫絶羣小覬覦之望且救御史劉光復帝怒謫兩浙鹽運判官熹宗立稍遷南京禮部主事累擢太僕卿卒

薛敷教字以身武進人祖應旂字仲常嘉靖十四年進士由慈谿知縣屢遷南京考功郎中主京察大學士嚴嵩嘗爲給事中王曄所劾囑尚寶丞諸傑貽書應旂令黜曄應旂反黜傑嵩大怒應旂又黜常州知府符驗嵩令御史桂榮劾應旂挾私黜郡守謫建昌通判歷浙江提學副使應旂雅工場屋文字與王鏊唐順之瞿景淳齊名其閱文所品題百不失一以大計罷歸顧憲成兄弟方少從之學敷教遂與善用風節相期許及舉萬曆十七年進士與高攀龍同出趙南星門益以名教自任會南京御史王藩臣疏劾巡撫周繼不具揭都察院爲其長耿定向所劾左都御史吳時來因請申飭憲規藩臣坐停俸敷教上言時來壅遏言路代人狠噬而二三輔臣曲學險詖又故繩庶寀以崇九列塞主上聰明宜嚴黨邪之禁更易兩都臺長以清風憲疏上大學士申時行等疏言故事御史建白北京卽日投揭臺長南京則以三日藩臣廢故事薄罰未爲過必如敷教言將盡抑大臣而後可耶副都御史詹仰庇劾敷教煽惑人心淆亂國是詔敷教歸省過三年以教職用大學士許國以敷教其門生而疏語侵己尤憤自請罷斥因言邇來建言成風可要名可躐秩又可掩過故人競趨之爲捷徑此風旣成莫可救止方今京師訛言東南赤旱臣未爲憂而獨憂此區區者彼止一時之災此則世道之慮也時來亦乞休力詆敷教及主事饒伸帝慰留國時來都給事中陳與郊復上疏極詆建言諸臣帝亦不問二十年夏起敷教鳳翔教授旋遷國子助教明年力爭三王竝封又上書王錫爵尋以救南星謫光州學正省母歸遂不復出敷教褆身嚴苦垢衣糲食終身未嘗受人饋家居二十年力持清議大吏有舉動多用敷教言而止後與憲成兄弟及攀龍輩講學卒贈尚寶司丞

安希范字小范無錫人萬曆十四年進士授行人遷禮部主事乞便養母改南京吏部二十一年行人高攀龍以趙用賢去國疏爭之與鄭材楊應宿相訐攀龍謫揭陽典史御史吳弘濟復爭亦被黜希范上疏曰近年以來正直之臣不安於位趙南星孟化鯉爲選郎秉公持正乃次第屏黜趙用賢節槩震天下止以吳鎭豎子一疏而歸使應宿材得窺意指交章攻擊至如孫鑨之清修公正李世達之練達剛明李禎之孤介廉方竝朝廷儀表鑨世達先後去國禎亦堅懷去志天下共惜諸臣不用而疑閣臣媢嫉不使竟其用也高攀龍一疏正直和平此陛下忠臣亦輔臣諍友至如應宿辨疏塗面喪心無復人理明旨下部科勘議未嘗不是攀龍非應宿及奉處分之詔則應宿僅從薄謫攀龍反竄炎荒輔臣誤國不忠無甚於此乃動輒自文諉之宸斷坐視君父過舉弼違補衮之謂何苟俟降斥之後陽爲申救以愚天下耳目而天下早已知其肺腑矣吳弘濟辨別君子小人較若蒼素乃與攀龍相繼得罪臣之所惜不爲二臣正恐君子皆退小人皆進誰爲受其禍者乞陛下立斥應宿材爲小人媚竈之戒復攀龍弘濟官以奬忠良并嚴諭閣臣王錫爵無挾私植黨仇視正人則相業光而聖德亦光矣時南京刑部郎中譚一召主事孫繼有方以劾錫爵被譴希范疏入帝怒斥爲民希范恬靜簡易與東林講學之會熹宗嗣位將起官先卒贈光祿少卿吳弘濟字春陽秀水人希范同年進士由蒲圻知縣擢御史連劾福建巡撫司汝濟大理卿吳定戎政侍郎

郝杰薊遼總督顧養謙不納三王並封詔下偕同官抗疏爭既而以論應宿攀龍事貶二秩調外王錫爵等疏救給事御史執政疏每上輒重其罰竟斥爲民未幾卒熹宗時贈官如希范譚一召大庾人孫繼有餘姚人一召疏曰輔臣錫爵再輔政以來斥逐言者無虛月攀龍弘濟之黜一何甚也自趙南星秉公考察錫爵含怒積憤故南星一掛彈章而斥于孔兼薛敷教張納陛等以申救而斥孟化鯉等以推張棟而斥李世達孫鑨又相繼罷去矣怒心橫生觸事輒發又安知是非公論耶繼有疏曰吳弘濟救攀龍則黜黃紀賢吳文梓救弘濟則罰鄒材傾陷善類而黜罰不加何其舛也今所指爲攀龍罪者以攀龍謂陛下不親一事批答盡出輔臣然疏內初無此語何以服攀龍心然此猶小者耳本兵經略安危所係乃以匪人石星宋應昌任之豈不悞國家大計哉與一召疏並上帝怒曰近罪攀龍出朕獨斷小臣無狀詆誣閣臣朋奸黨惡不可不罪其除一召名謫繼有極邊雜職給事中葉繼美疏救二人及希范帝益怒并除繼有名遣官逮希范一召奪繼美俸一年錫爵力救詔免逮諸人遂廢於家繼有終知府

劉元珍字伯先無錫人萬曆二十三年進士初授南京禮部主事進郎中親老歸養起南京職方釐汰老弱營軍歲省銀二萬有奇三十三年京察吏部侍郎楊時喬都御史溫純盡黜政府私人錢夢皐等大學士沈一貫密爲地詔給事御史被黜者皆留且不下察疏元珍方服闋需次抗疏言一貫自秉政以來比暱憸人叢集奸慝假至尊之權以售私竊朝廷之恩以市德罔上不忠孰大於是近見夢皐有疏每以黨加人從古小人未有不以朋黨之說先空善類者所關治亂安危之機非細故也疏奏留中一貫亟自辨乞明示獨斷之意以釋羣疑夢皐亦詆元珍爲溫純鷹犬疏皆不報未幾敕諭廷臣以留用言官之故貶元珍一秩調邊方一貫佯救給事御史侯慶遠葉永盛等亦爭之不從時員外郎賀燦然南京御史朱吾弼相繼論察典而主事龐時雍則直攻一貫欺罔者十誤國者十且曰一貫之富貴日崇陛下之社稷日壞頃南郊雷震正當一貫奏請頒行敕諭之時意者天厭其奸以警悟陛下俾早除讒慝乎帝得疏怒命并元珍燦然貶三秩調極邊頃之慶遠及御史李枏等申救帝益怒奪其俸謫元珍等極邊雜職俄御史周家棟指陳時政語過激帝遷怒元珍等皆除其名然察疏亦下諸被留者皆自免去光宗卽位起元珍光祿少卿時遼瀋既沒故贊畫主事劉國縉入南四衛以招撫軍民爲名投牒督餉侍郎令發舟南濟議者欲推爲東路巡撫元珍上疏言國縉乃李成梁義兒成梁棄封疆國縉爲營免遂基禍本楊鎬李如柏喪師國縉甫爲贊畫卽奏保二人欲坐杜松以違制創議用遼人冒官帑二十萬金募土兵三萬曾不得一卒之用被劾解官乃忽擁數萬衆欲問道登萊竄處內地萬一敵中間諜闌入其間何以備之疏下兵部巡撫議遂寢未幾元珍卒官初元珍罷歸以講學爲事表節義卹鰥寡行義重於時時雍汶上人萬曆二十年進士知丹徒縣歷戶兵二部主事既除名未及起用而卒

葉茂才字參之無錫人萬曆十七年進士除刑部主事以便養改南京工部榷稅蕪湖課登輒縱民舟去既而課羨請以餉邊卒不取一錢就改吏部進郎中三遷南京大理丞復引疾四十年起南京太僕少卿時朝士方植黨爭權祭酒湯賓尹修撰韓敬既敗其黨猶力庇之御史湯世濟者敬邑人也疏陳時政陰詆發敬奸弊者茂才馳疏駁之其黨給事中官應震輩遂連疏力爭茂才更具揭發其隱因移疾乞休世濟益恚偕同年金汝諧牟志夔攻之不已茂才再疏折之竟自引去當是時黨人悉踞言路凡他曹有言必合力逐之茂才既去黨人益專無復操異議者天啓初召爲太僕少卿改太常皆不赴四年擢南京工部右侍郎明年抵官甫三月以時政日非謝病歸友人高攀龍被逮赴水死使者將逮其子茂才力救免之未幾卒茂才恬淡寡嗜好通籍四十年家食强半始同邑顧憲成允成安希范劉元珍及攀龍並建言去國直聲震一時茂才祇以醇德稱及官太僕清流盡斥邪議益棼遂奮身與抗人由是服其勇時稱東林八君子憲成允成攀龍希范元珍武進錢一本薛敷教及茂才也

贊曰成弘以上學術醇而士習正其時講學未盛也正嘉之際王守仁聚徒於軍旅之中徐階講學於端揆之日流風所被傾動朝野於是搢紳之士遺佚之老聯講會立書院相望於遠近而名高速謗氣盛招尤物議橫生黨禍繼作乃至衆射之的咸指東林甘陵之部洛蜀之爭不烈於是矣憲成諸人清節姱修爲士林標準雖未嘗激揚標榜列君宗顧俊之目而負物望者引以爲重獵時譽者資以梯榮附麗游揚薰蕕猥雜豈講學初心實然哉語曰爲善無近名士君子亦可以知所處矣

明史卷二百三十二　列傳第一百二十

總裁官總理事務　經筵講官少保兼太子太保保和殿大學士兼管吏部戶部尚書事加六級張廷玉等奉

敕修

魏允貞弟允中 劉廷蘭　王國

余懋衡　李三才

魏允貞字懋忠南樂人萬曆五年進士授荊州推官大學士張居正歸葬羣吏趨事恐後允貞獨不赴且扶其奴治行最徵授御史吏部尚書梁夢龍罷允貞言銓衡任重往者會推之前所司率受指執政或司禮中官以故用非其人帝納其言特用嚴清中外翕服俄劾兵部尚書吳兌兌引去已陳時弊四事言自居正竊柄吏兵二部遷除必先關白故所用悉其私人陛下宜與輔臣精察二部之長而以其職事歸之使輔臣不侵部臣之權以行其私部臣亦不乘輔臣之間以自行其私則官方自肅自居正三子連登制科流弊迄今未已請自今輔臣子弟中式俟致政之後始許廷對庶倖門稍杜自居正惡聞讜言每遇科道員缺率擇才性便給工諂媚善逢迎者授之致昌言不聞佞臣得志自今考選時陛下宜嚴敕所司毋循故轍俺答自通市以來邊備懈弛三軍月餉既剋其半以充市賞復剋其半以奉要人士無宿飽何能禦寇至遼左戰功尤可駭異軍聲則日振於前生齒則日減於舊奏報失眞遷敍踰格賞罰無章何以能國哉疏入下都察院先是居正既私其子他輔臣呂調陽子興周張四維子泰徵甲徵申時行子用懋皆相繼得舉甲徵用懋將廷對而允貞疏適上四維大慍言臣待罪政府無所不當聞今因前人行私而欲臣不預聞吏兵二部事非制也因爲子白誣且乞骸骨時行亦疏辨帝並慰留而責允貞言過當戶部員外郎李三才奏允貞言是並貶秩調外允貞得許州判官給事中御史周邦傑趙卿等論救不納允貞雖謫然自是輔臣居位其子無復登第者久之累遷右通政二十一年以右僉都御史巡撫山西允貞素剛果清操絕俗以所部地瘠民貧力裁幕府歲供及州縣冗費以其銀數萬繕亭障建烽堠置器市馬易粟又奏免平陽歲額站銀八萬以所省郵傳羨補之雁門平定軍以逋屯糧竄徙允貞奏除其租招令復業苛嵐互市省撫賞銀六萬汾州有兩郡王宗人與軍民雜處知州秩卑不能制奏改爲府自款市成邊政廢允貞視要害築邊牆萬有餘丈政聲大著帝亦數嘉其能會詔中官張忠採礦山西允貞抗疏極諫不報已西河王知燧請開解州安邑絳縣礦以儀賓督之指揮王守信請開平定稷山諸礦帝並報允允貞恐民愈擾請令忠兼領亦不納三殿災詔求直言允貞言咎在輔臣歷數趙志皐張位罪且曰前二臣以二月加恩踰月兩宮災今年又加恩而三殿復災天意昭然位等力辨求罷帝慰留責允貞邊臣不當言朝事因屢推不用遂肆狂言奪俸五月頃之允貞疏舉遺賢請召還王家屏陳有年沈鯉李世達王汝訓及小臣史孟麟張棟萬國欽馬經綸顧憲成趙南星鄒元標等疏留中以久次進右副都御史二十八年春疏陳時政缺失言行取諸臣幾經論薦陛下猶不輕予一官彼魯坤馬堂高淮孫朝輩試之何事舉之何人乃令其銜命橫行生殺予奪恣出其口廷臣所陳率國家大計一皆寢閣甚者嚴譴隨之彼報稅之徒悉無賴奸人鄉黨不齒顧乃朝奏夕報如響應聲臣不解也胥徒入鄉民間猶擾況緹騎四出如虎若狼家室立破如吳寶秀華鈺諸人禍至慘矣而陛下曾不一念及錢穀出入上下相稽猶多奸弊敕使手握利權動踰數萬有司不敢問撫按不敢闚豈無吮膏血以自肥者而陛下曾不一察及金取於滇不足不止珠取於海不罄不止錦綺取於吳越不極奇巧不止乃元老聽其投閒直臣幾於永錮是陛下之愛賢士曾不如愛珠玉錦綺也疏奏亦不省先是張忠以開礦至後孫朝復至榷稅誅求百方允貞每事裁抑會忠杖死太平典史武三傑朝使者逼殺建雄縣丞李逢春允貞疏暴其罪朝怒劾允貞抗命沮撓帝留允貞疏不下而下朝疏於部院吏部尚書李戴都御史溫純等力稱允貞賢請下允貞疏平議帝並留中山西軍民數千恐允貞去相率詣闕愬寃兩京言官亦連章論救帝乃兩置不問明年忠以夏縣知縣袁應春抗禮劾貶之允貞請留應春不報允貞父已九十餘允貞歲歲乞侍養章二十上廷議以救使害民非允貞不能制固留之其年五月請益力始聽歸士民爲立祠已閱視者奏允貞守邊勞卽家進兵部右侍郎尋卒天啓初追謚介肅弟允中允孚允中爲諸生副使王世貞大器之歲鄉試世貞戒門吏曰非魏允中第一無伐鼓以傳也已而果然時無錫顧憲成漳浦劉廷蘭並爲舉首負儁才時人稱三解元尋與廷蘭舉萬曆八年進士張居正專政災異見而中外方競頌功德允中廷蘭各上書座主申時行勸之補救時行不能用允中尋授太常博士擢吏部稽勳主事調考功未幾卒允孚官刑部郎中亦有名廷蘭與兄廷蕙廷芥亦皆舉進士有名世所

稱南樂三魏漳浦三劉者也

王國字之楨耀州人萬曆五年進士選庶吉士改御史出視畿輔屯田清成國公朱允禎等所侵地九千六百餘頃張居正疾篤疏薦其座主潘晟入內閣帝從之國與同官魏允貞雷士楨及給事中王繼光孫煒牛惟炳張鼎思抗言不可寢其命已極論中官馮保罪且言居正死保令徐爵索其家名琴七夜光珠九珠簾五黃金三萬白金十萬居正子簡修躬齎至保邸而保揚言陛下取之誣汙聖德因發曾省吾王篆表裏結納狀國疏自外至與李植疏先後上帝已納植言罪保植遂受知而國亦由此顯名還朝薦王錫爵陸樹聲胡執禮耿定向海瑞胡直顏鯨魏允貞尋出督南畿學政以疾歸起掌河南道首輔申時行欲寘所不悅者十九人察典吏部尚書楊巍等依違其間國力持不可時行以御史馬允登資在國前乃起允登掌察而國佐之諸御史咸集允登書十九人姓名曰諸人可謂公論不容者矣國熟視叱曰諸人獨忤執政耳天日監臨何出此語允登意不回國怒奮前欲毆允登允登走國環柱逐之同列救解事聞兩人並調外國得四川副使移疾歸而十九人賴國以免久之起故官蒞山西改督河南學政還山東參政所在以公廉稱召爲太僕少卿復出爲山西副使歷南京通政使三十七年以兵部右侍郎兼右僉都御史巡撫保定歲凶屢上寬恤事宜大盜劉應第董世耀聚衆稱王剽刦遠近督兵討滅之進右都御史巡撫如故國剛介與弟吏部侍郎圖並負時望爲黨人所忌乞休歸卒

余懋衡字持國婺源人萬曆二十年進士除永新知縣徵授御史時以殿工礦稅四出驕橫懋衡上疏言與其騷擾里巷榷及雞豚曷若明告天下稍增田賦共襄殿工今避加賦之名而爲竭澤之計其害十倍於加賦忤旨停俸一年巡按陝西稅監梁永輦私物於畿輔役人馬甚衆懋衡奏之永大恨使其黨樂綱賄膳夫毒懋衡再中毒不死拷膳夫獲所予賄及餘蠱遂上疏極論永罪言官亦爭論永帝皆不省永慮軍民爲難召亡命擐甲自衞御史王基洪聲言永必反具陳永斬關及殺掠吏民狀巡撫顧其志頗爲永諱永乃藉口辨帝疑御史言不實而咸寧長安二知縣持永益急永黨王九功輩多私裝恐爲有司所跡託言永遺乘馬結陣馳去縣隸追及之華陰相格鬬已皆被繫懋衡遂以反逆聞永窘甚爪牙盡亡獨綱在乃教永誣劾咸寧知縣滿朝薦朝薦被逮永不久亦撤還關中始靖懋衡尋以憂歸起掌河南道事擢大理右寺丞引疾去天啓元年起歷大理左少卿進右僉都御史與尚書張世經共理京營戎政進右副都御史改兵部右侍郎俱理戎政三年八月廷推南京吏部尚書以懋衡副李三才推吏部左侍郎以曹于汴副馮從吾帝皆用副者大學士葉向高等力言不可弗聽懋衡于汴亦以資後三才等力辭新命引疾歸明年十月再授前職懋衡以璫勢方張堅臥不起既而奸黨張訥醜詆講學諸臣以懋衡從吾及孫愼行爲首遂削奪崇禎初復其官

李三才字道甫順天通州人萬曆二年進士授戶部主事歷郎中與南樂魏允貞長垣李化龍以經濟相期許及允貞言事忤執政抗疏直之坐謫東昌推官再遷南京禮部郎中會允貞化龍及鄒元標並官南曹益相與講求經世務名籍甚遷山東僉事所部多大猾積盜廣設方畧悉禽滅之遷河南參議進副使兩督山東山西學政擢南京通政參議召爲大理少卿二十七年以右僉都御史總督漕運巡撫鳳陽諸府時礦稅使四出三才所部榷稅則徐州陳增儀眞暨祿鹽課則揚州魯保蘆政則沿江邢隆棋布千里間延引奸徒僞鐫印符所至若捕叛亡公行攘敓而增尤甚數窘辱長吏獨三才以氣凌之裁抑其爪牙肆惡者且密令死囚引爲黨輒捕殺之增爲奪氣然奸民以礦稅故多起爲盜浙人趙一平用妖術倡亂事覺竄徐州易號古元妄稱宋後與其黨孟化鯨馬登儒輩聚亡命署僞官期明年二月諸方並起謀洩皆就捕一平亡之寶坻見獲三才再疏陳礦稅之害言陛下愛珠玉民亦慕溫飽陛下愛子孫民亦戀妻孥奈何陛下欲崇聚財賄而不使小民享升斗之需欲綿祚萬年而不使小民適朝夕之樂自古未有朝廷之政令天下之情形一至於斯而可幸無亂者今闕政猥多而陛下病源則在溺志貨財臣請涣發德音罷除天下礦稅欲心既去然後政事可理踰月未報三才又上言臣爲民請命月餘未得請聞近日章奏凡及礦稅悉置不省此宗社存亡所關一旦衆畔土崩小民皆爲敵國風馳塵鶩亂衆麻起陛下塊然獨處卽黃金盈箱明珠塡屋誰爲守之亦不報三十年帝有疾詔罷礦稅俄止之三才極陳國勢將危請亟下前詔不聽淸口水涸阻漕三才議濬渠建閘費二十萬請留漕粟濟之督儲侍郎趙世卿力爭三才遂引疾求去帝惡其委避許之淮揚巡按御史崔邦亮巡漕御史李思孝給事中曹于汴御史史學遷袁九皐交章乞留而學遷言陛下以陳增故欲去三才託詞解其官年來中使四出海內如沸李盛春之去以王虎魏允貞之去以孫朝前漕臣李誌之去亦以礦稅事他監司守令去者不可勝數今三才復繼之淮上軍民以三才罷欲甘心於增增避不敢出三才不當去可知疏仍不答三才遂去淮之徐州連疏請代未得命會侍郎謝杰代世卿督儲復請留乃命三才供事俟代者帝亦竟不遣代也明年九月復疏言乃者迅雷擊陵大風拔木洪水滔天天變極矣趙古元方磔於徐李大榮旋梟於亳而睢州巨盜又復見告人離極矣陛下每有徵求必曰內府匱乏夫使內府果乏是社稷之福也所謂貌瘦而天下肥也而其實不然陛下所謂匱乏者黃金未遍地珠玉未際天耳小民饔飧不飽重以征求箠楚無時桁楊滿路官惟丐罷民惟請死陛下寧不惕然警悟邪陛下毋謂臣禍亂之言爲未必然也若旣已然矣將置陛下何地哉亦不報旣而睢盜就獲三才因奏行數事部內晏然歙人程守訓以貲官中書爲陳增參隨縱橫自恣所至鼓吹盛儀衞許人告密刑拷及婦孺畏三才不敢至淮三才劾治之得贓數十萬增懼爲己累并搜獲其奇珍異寶及僭用龍文服器守訓及其黨俱下吏伏法遠近大快三十四年皇孫生詔併礦稅釋逮繫起廢滯補言官旣而不盡行三才疑首輔沈一貫尼之上疏陰詆一貫甚力繼又言恩詔已頒旋復中格道路言前日新政不過乘一時喜心故旋開旋蔽又謂一貫慮沈鯉朱賡逼己旣忌其有所執爭形己之短又恥其事不由己欲壞其成行賄左右多方蠱惑致新政阻格帝得疏震怒嚴旨切責奪俸五月其明年暨祿卒三才因請盡撤天下稅使帝不從命魯保兼之是時顧憲成里居講學東林好臧否人物三才與深相結憲成亦深信之三才嘗請補大僚選科道錄遺佚因言諸臣祇以議論意見一觸當塗遂永棄不收要之於陛下無忤今乃假天子威以錮諸臣復假忤主之名以文己過負國負君罪莫大此意爲憲成諸人發已復極陳朝政廢壞請帝奮然有爲與天下更始且力言遼左阽危必難永保狀帝皆置不省三才揮霍有大略在淮久以折稅監得民心及淮徐歲侵又請振恤蠲馬價淮人深德之屢加至戶部尚書會內閣缺人建議者謂不當專用詞臣宜與外僚參用意在三才及都御史缺需次內召由是忌者日衆謗議紛然工部郎中邵輔忠遂劾三才大奸似忠大詐似直列具貪僞險橫四大罪御史徐兆魁繼之三才四疏力辨且乞休給事中馬從龍御史董兆舒彭端吾南京給事中金士衡相繼爲三才辨大學士葉向高言三才已杜門待罪宜速定去留爲漕政計皆不報已而南京兵部郎中錢策南京給事中劉時俊御史劉國縉喬應甲給事中王紹徽徐紹吉周永春姚宗文朱一桂李瑾南京御史張邦俊王萬祚復連章劾三才而給事中胡忻曹于汴南京給事中段然御史史學遷史記事馬孟禎王基洪又交章論救朝端聚訟迄數月未已憲成乃貽書向高力稱三才廉直又貽書孫丕揚力辨之御史吳亮素善三才卽以兩書附傳邸報中由是議者益譁應甲復兩疏力訐至列其十貪五奸帝皆不省三才亦力請罷疏至十五上久不得命遂自引去帝亦不罪也三才旣家居忌者慮其復用四十二年御史劉光復劾其盜皇木營建私第至二十二萬有奇且言三才與于玉立遙執相權意所欲用銓部輒爲推舉三才疏辨請遣中官按問給事中劉文炳御史李徵儀工部郎中聶心湯大理丞王士昌助光復力攻三才徵儀心湯三才嘗舉吏也三才憤甚自請籍其家工部侍郎林如楚言宜遣使覆勘光復再疏并言其侵奪官廠爲園囿御史劉廷元遂率同列繼之而潘汝禎又特疏論劾旣而巡按御史顏思忠亦上疏如光復指三才益憤請諸臣會勘又請帝親鞫乃詔徵儀偕給事中吳亮嗣往其明年光復坐事下獄三才陽請釋之而復力爲東林辨白曰自沈一貫假撰妖書擅僇楚宗舉朝正人攻之以去繼湯賓尹韓敬科場作奸孽由自取於人何尤而今之黨人動與正人爲讐士昌光復尤爲戎首挺身主盟力爲一貫敬報怨騰說百端攻擊千狀以大臣之賢者言之則葉向高去矣王象乾孫瑋王圖許弘綱去矣曹于汴胡忻朱吾弼葉茂才南企仲朱國禎等去矣近又攻陳薦汪應蛟去矣以小臣之賢者言之梅之煥孫振基段然吳亮馬孟禎湯兆京周起元史學遷錢春等去矣李朴鮑應鰲丁元薦龐時雍吳正志劉宗周等去矣合於己則留不合則逐陛下第知諸臣之去豈知諸黨人驅之乎今奸黨讐正之言一曰東林一曰淮撫所謂東林者顧憲成讀書講學之所也從之遊者如高攀龍姜士昌錢一本劉元珍安希范岳元聲薛敷教並束身厲名行何負國家哉偶曰東林便成陷穽如鄒元標趙南星等被以此名卽力阻其進所朝上而夕下者惟史繼偕諸人耳人才邪正實國祚攸關惟陛下察焉疏入衆益恨之亮嗣等

既廷勘久之無所得第如光復言還報遂落職爲民天啓元年遼陽失御史房可壯連疏請用三才有詔廷臣集議通政參議吳殿邦力言不可用至目之爲盜臣御史劉廷宣復薦三才言國家既惜其才則用之耳又何議然廣寧已有王化貞不若用之山海帝是其言卽欲用三才而廷議相持未決詹事公鼐力言宜用刑部侍郎鄒元標僉都御史王德完並主之已德完迫衆議忽變前說及署議元標亦不敢主議竟不決事遂寢三年起南京戶部尚書未上卒後魏忠賢亂政其黨御史石三畏追劾之詔削籍奪封誥崇禎初復官三才才大而好用機權善籠絡朝士撫淮十三年結交遍天下性不能持廉以故爲衆所毀其後擊三才者若邵輔忠徐兆魁輩咸以附魏忠賢名麗逆案而推轂三才若顧憲成鄒元標趙南星劉宗周皆表表爲時名臣故世以三才爲賢

贊曰朋黨之成也始於矜名而成於惡異名盛則附之者衆附者衆則不必皆賢而胥引之樂其與己同也名高則毀之者亦衆毀者不必不賢而怒而斥之惡其與己異也同異之見岐於中而附者毀者爭勝而不已則黨日衆而爲禍熾矣魏允貞王國余懋衡皆以卓犖閎偉之概爲衆望所歸李三才英邁豪雋傾動士大夫皆負重名當世黨論之盛數人者實爲之魁則好同惡異之心勝也易曰渙其羣元吉知此者其惟聖人乎

明史卷二百三十三　列傳第一百二十一

總裁官總理事務經筵講官少保兼太子太保保和殿大學士兼管吏部戶部尚書事加六級張廷玉等奉

敕修

姜應麟 從子思睿　陳登雲

羅大紘 黃正賓　李獻可 舒弘緒 陳尚象 丁懋遜 吳之佳 葉初春 楊其休 董嗣成 賈名儒 張棟

孟養浩　朱維京

王如堅　王學曾 涂杰

張貞觀　樊玉衡 子鼎遇 維城 孫自一

謝廷讚 兄廷諒　楊天民

何選 馮生虞 任彥棻

姜應麟字泰符慈谿人父國華嘉靖中進士歷陝西參議有廉名應麟舉萬曆十一年進士改庶吉士授戶科給事中貴妃鄭氏有殊寵生子常洵詔進封爲皇貴妃而王恭妃育皇長子已五歲無所益封中外籍籍疑帝欲立愛十四年二月應麟首抗疏言禮貴別嫌事當愼始貴妃所生陛下第三子猶亞位中宮恭妃誕育元嗣翻令居下揆之倫理則不順質之人心則不安傳之天下萬世則不正非所以重儲貳定衆志也伏請俯察輿情收還成命其或情不容已請先封恭妃爲皇貴妃而後及於鄭妃則禮既不違情亦不廢然臣所議者末未及其本也陛下誠欲正名定分別嫌明微莫若俯從閣臣之請冊立元嗣爲東宮以定天下之本則臣民之望慰宗社之慶長矣疏入帝震怒抵之地徧召大璫諭曰冊封貴妃初非爲東宮起見科臣奈何訕朕手擊案者再諸璫環跪叩首怒稍解遂降旨貴妃敬奉勤勞特加殊封立儲自有長幼姜應麟疑君賣直可降極邊雜職於是得大同廣昌典史吏部員外郎沈璟刑部主事孫如法繼言之並得罪兩京申救者疏數十上皆不省自後言者蠭起咸執立儲自有長幼之旨以責信於帝帝雖厭苦之終不能奪也應麟居廣昌四年量移餘干知縣以父憂歸服闋至京會吏部數以推舉建言諸臣得重譴應麟遂不復補家居二十年光宗立起太僕少卿給事中薛鳳翔劾應麟老病失儀遂引疾去崇禎三年卒贈太常卿從子思睿字顓愚少孤事母孝舉天啓二年進士授行人崇禎三年擢御史明年春陳天下五大弊曰加派病民曰郵傳過削曰搜剔愈精頭緒愈亂曰懲毖愈甚頹廢愈多曰督責愈急蒙蔽愈深忤旨切責其冬遣宦官監視邊務抗疏切諫已劾首輔周延儒以家人周文郁爲副將弟素儒爲錦衣叔父人瑞爲中書受賕行私請罷斥已論救給事中魏呈潤御史李曰輔王績粲巡按雲南陛辭歷指諸弊政而言舉朝拯焚救溺之精神專用之摘抉細微而以察吏詰戎予奪大柄僅付二三閹寺厝火自安不知變計天下安望太平忤旨切責還朝值帝撤還二部總理諸鎭監視內臣思睿請並撤監視京營閹寧者因詆向來秉政大臣阿承將順之罪意指溫體仁也體仁二子儼伉數請囑提學僉事黎元寬會元寬以文體險怪論黜遂發其二子私書思睿劾體仁縱子作奸以元寬揭爲據體仁謂揭不出元寬手思睿等羣謀排陷元寬上疏證明思睿再劾體仁以羣謀二字成陷人之阱但知有子不知有君帝怒奪俸五月出視河東鹽政安邑有故都御史曹于汴講學書院思睿爲置田構學舍公餘親蒞講授代還乞假歸里未幾卒

陳登雲字從龍唐山人萬曆五年進士除鄢陵知縣政最徵授御史出按遼東疏陳安攘十策又請速首功之賞改巡山西還朝會廷臣方爭建儲登雲謂議不早決由貴妃家陰沮之十六年六月遂因災異抗疏劾妃父鄭承憲言承憲懷禍藏奸窺覬儲貳日與貂璫往來綢繆杯酌且廣結山人術士緇黃之流曩陛下重懲科場冒籍承憲妻每揚言事由己發用以恐喝勛貴簧鼓朝紳不但惠安遭其虐焰卽中宮與太后家亦謹避其鋒矣陛下享國久長自由敬德所致而承憲每對人言以爲不立東宮之效干撓盛典蓄隱邪謀他日何所不至苟不震奮乾剛斷以大義雖日避殿撤樂素服停刑恐天心未易格天變未可弭也疏入貴妃承憲皆怒同列亦爲登雲危帝竟留中不下久之疏論吏部尚書陸光祖又論貶四川提學副使馮時可論罷應天巡撫李淶順天巡撫王致祥又論禮部侍郎韓世能尚書羅萬化南京太僕卿徐用檢朝右皆憚之時方考選科道登雲因疏言近歲言官壬午以前怵於威則摧剛爲柔壬午以後昵於情則化直爲佞其間豈無剛直之人而弗勝齟齬多不能安其身二十年來以剛直擢京卿者百止一二耳背公植黨逐嗜乞憐如所謂七豺八狗者言路顧居其半夫臺諫爲天下持是非而使人賤辱至此安望其抗顏直繩爲國家鋤大奸殲巨蠹哉與其悞用而斥之不若愼於始進因條數事以獻出按河南歲大饑人相食副使崔應麟見民啖澤中雁矢囊示登雲登雲卽進之於朝帝立遣寺丞鍾化民齎帑金振之登雲巡方者三風裁峻厲以久次當擢京卿累寢不下遂移疾歸尋卒

羅大紘字公廓吉水人萬曆十四年進士授行人十九年八月遷禮科給事中甫拜命卽上定制書數千言已復言視朝宜勤語皆切直先有詔以二十年春冊立東宮至是工部主事張有德以預備儀物請帝怒命奪俸三月更緩冊立事尚書曾同亨請如前詔忤旨切讓大紘復以爲言詔奪俸如有德大學士許國王家屏連署閣臣名乞收新命納諸臣請帝益怒首輔申時行方在告聞帝怒乃密揭言臣雖列名公疏實不與知帝喜手詔褒答而揭與詔俱發禮科故事閣臣密揭無發科者時行慚懼亟謀之禮科都給事中胡汝寧遣使取揭時獨大紘守科使者紿取之及往索時行留不發大紘乃抗疏曰臣奉職無狀謹席藁以待獨念時行受國厚恩乃內外二心藏奸蓄禍誤國賣友罪何可勝言夫時行身雖在告凡翰林遷改之奏皆儼然首列其名何獨於建儲一事深避如此縱陛下赫然震怒加國等以不測之威時行亦當與分過況陛下未嘗怒而乃沮塞睿聰搖動國本苟自獻其乞憐之術而遏主上悔悟之萌此臣之所大恨也假令國等得請將行慶典而恩澤加焉時行亦辭之乎蓋其私心妄意陛下有所牽繫故陽附廷臣請立之議而陰緩其事以爲自交宮掖之謀使請之而得則明居羽翼之功不得則別爲集菀之計其操此術以愚一世久矣不圖今日乃發露之也疏入帝震怒命貶邊方雜職俄以六科鍾羽正等論救斥爲民羽正等奪俸中書舍人黃正賓復抗疏力詆時行帝怒下獄拷訊斥爲民時行亦不安無何竟引去大紘志行高卓鄉人以配里先達羅倫羅洪先號爲三羅天啓中贈光祿少卿正賓歙人以貲爲舍人直武英殿恥由貲入官思樹奇節至是遂見推清議後李三才顧憲成與遊益有聲士大夫間熹宗立起故官再遷尚寶少卿引病歸魏忠賢下汪文言獄詞連正賓坐贓千金遣戍大同莊烈帝嗣位復官致仕崇禎元年六月魏黨徐大化楊維垣已罷官猶潛居輦下交通奄寺正賓在都抗疏發其奸勒兩人歸田里都人快之而疏有潛通宦寺語帝令指名正賓以趙倫于化龍對帝以其妄斥回籍

李獻可字堯俞同安人萬曆十一年進士除武昌推官課最徵授戶科給事中屢遷禮科都給事中二十年正月偕六科諸臣疏請豫教言元子年十有一矣豫教之典當及首春舉行倘謂內庭足可誦讀近侍亦堪輔導則禁闥幽閒豈若外朝之淸肅內臣忠敬何如師保之尊嚴疏入帝大怒摘疏中誤書弘治年號責以違旨侮君貶一秩調外餘奪俸半歲大學士王家屏封還御批帝益不悅吏科都給事中鍾羽正言獻可之疏臣實贊成之請與同謫吏科給事中舒弘緒亦言言官可罪豫教必不可不行帝益怒出弘緒南京而羽正及獻可並以雜職徙邊方大學士趙志皐論救被旨譙讓吏科右給事中陳尚象復爭之坐斥爲民戶科左給事中孟養浩御史鄒德泳戶兵刑工四科都給事中丁懋遜張棟吳之佳楊其休禮科左給事中葉初春各上疏救帝益怒廷杖養浩百除其名德泳懋遜等六人並貶一秩出

之外獻可羽正弘緒亦除名當是時帝一怒而斥諫官十一人朝士莫不駭歎然諫者卒未已禮部員外郎董嗣成御史賈名儒特疏爭之御史陳禹謨吏科左給事中李周策亦偕其寮論諫帝怒加甚奪嗣成職名儒謫邊方德泳懋遜等咸削籍禹謨等停俸有差禮部尚書李長春等亦疏諫帝復詰讓獻可等遂廢於家久之吏部尚書蔡國珍侍郎楊時喬先後請收敘咸報寢天啓初錄先朝言事諸臣獻可已前卒詔贈光祿卿弘緒名儒皆獻可同年進士尚象懋遜之佳初春其休嗣成皆萬曆八年進士弘緒通山人由庶吉士改給事中天啓中贈光祿少卿尚象都勻人以中書舍人爲給事中嘗劾罷尚書沈鯉爲士論所非至是以直言去國人始稱焉天啓中贈官如弘緒懋遜霑化人爲餘姚知縣有治績入爲吏科給事中旣削籍里居三十年光宗立起太僕少卿累遷工部左侍郎卒贈尚書之佳長洲人初爲襄陽知縣初春吳縣人初爲順德知縣竝以治行徵至是與張棟竝斥稱吳中三諫天啓初贈之佳太僕少卿初春光祿少卿之佳孫适亦兵科給事中敢言其休靑城人由蘇州推官擢吏科給事中內官張德毆殺人帝令司禮按問蔽罪其下其休乞竝付德法司竟報許帝數不視朝十七年正月其休以萬邦入覲請臨御以風厲諸臣他論奏甚衆罷歸卒贈太常少卿嗣成烏程人祖份禮部尚書父道醇南京給事中仍世貴顯嗣成以氣節著士論多之名儒眞定人贈官如初春棟字伯任崑山人萬曆五年進士除新建知縣徵授工科給事中請盡蠲天下逋租格不行時蠲租例相沿但蠲存留不及起運棟請無拘故事從之再遷刑科左給事中吳中白糧爲累民承役輒破家棟請令出貲助漕舟附載申時行王錫爵紬其議棟遂移疾歸起兵科都給事中劾去南京戶部尚書張西銘刑部侍郎詹仰庇軍政拾遺劾恭順侯吳繼爵宣城伯衞國本忻城伯趙泰修宣府總兵官李迎恩繼爵留餘竝罷已言邊臣敘功不宜及內閣部科帝亦從焉遣視固原邊備時經略鄭洛方議和棟言撦力克負固不歸卜失兔桀黠如故火落赤眞相雄據海上不可使洛委責以去因論兵部尚書王一鶚會一鶚已卒洛亦報撦力克東歸遂寢其奏棟又言洮河失事陛下赫然震怒命洛視師豈止欲其虛詞媚敵博一順義東歸畢事耶今火眞依海爲窟出沒自如不宜敘將吏功報聞母卒棟年已六十毀瘠廬墓竟卒於墓所天啓中贈太常少卿德泳祭酒守益孫養浩羽正自有傳

孟養浩字義甫湖廣咸寧人萬曆十一年進士授行人擢戶科給事中遷左給事中帝嚴譴李獻可養浩疏諫曰人臣卽至狂悖未有敢於侮君者陛下豈眞以其侮而罪之耶獻可甫躋禮垣驟議鉅典一字之愼本屬無心乃遽蒙顯斥臣愚以爲有五不可元子天下本豫教之請實爲宗社計陛下不惟不聽且從而罰之是坐忍元子失學而微帝宗社也不可者一長幼定序明旨森嚴天下臣民旣曉然諒陛下之無他矣然豫教冊立本非兩事今日旣遲回於豫教安知來歲不游移於冊立是重啓天下之疑不可者二父子之恩根於天性豫教之請有益元子明甚而陛下罪之非所以示慈愛不可者三古者引裾折檻之事中主能容之陛下量侔天地奈何言及宗社大計反震怒而摧折之天下萬世謂陛下何如主不可者四獻可等所論非一二言官之私言實天下臣民之公言也今加罪獻可是所罪者一人而實失天下人之心不可者五祈陛下收還成命亟行豫教帝大怒言冊立已諭於明年舉行養浩疑君惑衆殊可痛惡令錦衣衞杖之百削籍爲民永不敘用中外交薦悉報寢光宗立起太常少卿半歲中遷至南京刑部右侍郎未之官卒

朱維京字大可工部尚書衡子也舉萬曆五年進士授大理評事進右寺副九年京察謫汝州同知改知崇德入爲屯田主事再遷光祿丞火落赤敗盟經略鄭洛主和督撫魏學曾葉夢熊主戰維京請召洛還專委學曾等經理及學曾以寧夏事被逮復抗疏救之二十一年三王竝封詔下維京首上疏曰往奉聖諭許二十一年冊立廷臣莫不延頸企踵今忽改而爲分封是向者大號之頒徒戲言也何以示天下聖諭謂立嗣以嫡是已但元子旣長欲少遲冊立以待中宮正嫡之生則祖宗以來實無此制考英宗之立以宣德三年憲宗之立以正統十四年孝宗之立以成化十一年少者止一二齡多亦不過五六齡耳維時中宮正位嫡嗣皆虛而祖宗曾不少待卽陛下冊立亦在先帝二年之春近事不遠何不取而證之且聖人爲政必先正名今分封之典三王竝舉冠服宮室混而無別車馬儀仗雜而無章府寮庶寀淆而無辨名旣不正弊實滋多且令中宮苟耀前星則元子退就藩服嫡庶分定何嫌何疑今預計將來坐格成命是欲愚天下而實以天下爲戲也夫人臣以道事君不可則止陛下雖有竝封之意猶不遽行必以手詔咨大學士王錫爵錫爵縱不能如李沆引燭之焚亦當爲李泌造膝披陳轉移聖心而後已如其不然王家屏之高蹤自在陛下優禮輔臣必無韓瑗來濟之辱也奈何噤無一語若胥吏之承行惟恐或後彼楊素李勣千古罪人其初心豈不知有公論惟是患得患失之心勝遂至不能自持耳帝震怒命謫戍極邊錫爵力救得爲民家居甫二年卒天啓時贈太常少卿

王如堅字介石安福人萬曆十四年進士授懷慶推官入爲刑科給事中抗疏爭三王竝封其略曰謹按十四年正月聖諭元子幼小冊立事俟二三年舉行是明言長子之爲元子也又十八年正月詔旨朕無嫡子長幼自有定序是明示倫次之不可易也已而十九年八月奉旨冊立之事改於二十一年舉行此則陛下雖怒羣臣激聒輒更定期未嘗遠寢冊立之事乃今已屆期忽傳竝封爲王以待嫡嗣臣始而疑旣而駭陛下言猶在耳豈忘之耶曩者謂二三年舉行已遲至二十年矣二十年舉行又改至二十一年矣今二十一年倏改爲竝封是陛下前此灼然之命尚不自堅今日羣臣將何所取信夫立嫡之條祖訓爲廢嫡者戒也今日有嫡可廢乎且陛下欲待正嫡意非眞待也古王者後宮無偏愛故適后多後嗣後世愛有所專則天地之交不常泰欲後嗣之繁難矣我祖宗以來中宮誕生者有幾國本早定惟元子是屬或二三齡而立或五六齡而立卽陛下春宮受冊時止六齡耳寧有待嫡之議與潞王竝封之詔哉今皇長子且十二齡矣聞皇后撫育無間已出元子早定一日卽早慰中宮一日之心后素賢明何有舍當前之冢嗣而覬幸不可知之數耶宮闈之內衽席之間左右近習之輩見形生疑未必不以他意窺陛下卽如昨歲冊立之旨方待舉行而宗室中已有竝封之疏安知非機事外洩彼得量朝廷之淺深夫別名號辨嫌疑禮之善經也元子與衆子其間冠服之制鹵簿之節恩寵之數接見之儀迥然不齊矣一日竝封而同號則有竝大之嫌逼長之患孰狐疑而來讒賊幾微之際不可不愼苟謂渙命新頒難於遽改則數年已定之明旨尚可移易今綸言初發何不可中止也帝怒甚命與朱維京皆戍極邊王錫爵疏救免戍爲民尋卒天啓中贈光祿少卿

王學曾字唯吾南海人萬曆五年進士授醴陵知縣調崇陽擢南京御史時吏民有罪輒遣官校逮捕學曾疏請止之不納十三年慈寧宮成諸督工內侍俱廕錦衣學曾論其太濫且劾工部尚書楊兆諛諂中官兆惶恐引罪已言龍江關密邇蕪湖蕪湖已徵稅龍江不宜復徵格不行光山牛產一犢若麟有司欲以聞巡撫臧惟一不可帝命禮部徵之尚書沈鯉諫惟一亦疏論不聽學曾抗言麟生牛腹次日卽斃則祥者已不祥矣不祥之物所司未嘗上聞陛下何自聞之毋亦左右小人以奇怪惑聖心也今四方災旱老稚流離啼饑號寒之聲陛下不聞北敵梟張士卒困苦呻吟嗟怨之狀陛下不聞宗室貧窮饔餐弗給愁困涕洟之態陛下不聞而獨已斃之麟聞彼爲左右者豈誠忠於陛下乎願收還成命內臣語涉邪妄者卽嚴斥之帝責其要名沽直降興國判官時御史蔡時鼎亦以言獲罪南京御史王藩臣給事中王嗣美等交章救兩人帝怒奪俸一級學曾累遷南京刑部主事召爲光祿丞與少卿涂杰合疏爭三王竝封忤旨皆削籍後數年吏部尚書蔡國珍疏請起用不納卒於家杰新建人隆慶五年進士由龍游知縣入爲御史擢官光祿熹宗時贈學曾光祿少卿杰太僕少卿

張貞觀字惟誠沛人萬曆十一年進士除益都知縣擢兵科給事中出閱山西邊務五臺奸人張守清招亡命三千餘人擅開銀礦又締姻潞城新寧二王帝納巡按御史言敕守清解散徒黨諭二王絕姻守清乞輸課於官開礦如故貞觀力爭乃已前巡撫沈子木李采菲皆貪子木夤緣爲兵部侍郎貞觀竝追劾之子木坐貶采菲奪職還進工科右給事中泗州淮水大溢幾齧祖陵貞觀往視定分黃道淮之策再遷禮科都給事中三王竝封制下貞觀率同列力爭濬王珵堯由郡王進封其諸弟止應爲將軍珵堯爲營得郡王貞觀及禮部尚書羅萬化守故事極諫不納時郊廟祭享率遣官代行貞觀力請帝親祀俄秋享復將遣官貞觀再諫不報明年正月有詔皇長子出閣講讀而兵部請護衞工部奏儀仗禮部進儀注皆留中又止令預告奉先殿朝謁兩宮他禮皆廢於是貞觀等上言禮官議御門受賀皇長子見羣臣之禮載在舊儀卽諸王加冠亦以成禮而賀賀畢謁見元子初出乃不當諸王一冠乎且謁謝止兩宮而缺然於陛下及中宮母妃之前非所以教孝賀靳於二皇子而漠然於兄弟長幼之間非所以序別疏入忤旨奪俸一年工科給事中黎道照上言元子初就外傳陛下宜示之身教乃揀辦珠玉珍寶費至三十六萬有奇又取太僕銀十萬充賞非作法於初之意且貞觀等

秉禮直諫職也不宜罰治給事中趙完璧等亦言之帝怒奪諸臣俸謫貞觀雜職大學士王錫爵等切救乃貶三秩項之都給事中許弘綱御史陳惟芝等連章申論帝竟除貞觀名言官亦停俸中外交薦卒不起天啓中卒贈太常少卿

樊玉衡字以齊黃岡人萬曆十一年進士由廣信推官徵授御史京察謫無爲判官稍遷全椒知縣二十六年四月玉衡以冊立久稽上言陛下愛貴妃當圖所以善處之今天下無不以冊立之稽歸過貴妃者而陛下又故依違以成其過陛下將何以託貴妃於天下哉由元子而觀則不慈由貴妃而觀則不智無一可者願早定大計冊立冠婚諸典次第舉行使天下以元子之安爲貴妃功豈不並受其福享令名無窮哉疏奏帝及貴妃怒甚旨一日三四擬禍且不測大學士趙志皐等力救言自帝卽位未嘗殺諫臣帝乃焚其疏忍而不發再踰月以憂危竑議連及遂永戍雷州長子鼎遇伏闕請代者再不許光宗立起南京刑部主事以老辭疏陳親賢遠奸十事優詔答之尋命以太常少卿致仕卒於家子維城舉萬曆四十七年進士除海鹽知縣遷禮部主事天啓七年坐事謫上林苑典簿莊烈帝卽位魏忠賢未誅抗疏言高皇帝定律人臣非有大功朦朧奏請封爵者所司及封受之人俱斬今魏良卿良棟鵬翼白丁乳臭兒並叨封爵皆當按律誅忠賢所積財半盜內帑籍還太府可裕九邊數歲之餉因請褒恤楊漣萬璟等一十四人召還賀逢聖文震孟孫必顯等三十二人亟正張體乾許顯純楊寰等罪其月又言崔呈秀雖死宜剖棺戮屍五虎五彪之徒乃或賜馳驛或僅令還鄉何以服人心昭國典末斥吏科陳爾翼請緝東林遺孽之非乞釋御史方震孺罪帝並採納之崇禎元年遷戶部主事進員外郎歷泉州知府福建副使八年以大計罷歸十六年黃州城南門哭五日夜衆知禍必至傾城走婦女多不及行三月二十四日張獻忠破黃岡知縣孫自一縣丞吳文燮死之賊欲屈維城抗聲大罵刃洞胸而死賊遂驅婦女墮城稍緩輒斷其腕血淋漓土石間三日而城平復殺之以實塹焉自一光山人

謝廷讚字曰可金谿人父相由鄉舉爲東安知縣初歲饑吏僞增戶口冒振繼者遂按籍征賦民困甚相爲請得減戶千三百奸人殺四人棄其屍獄三年不決相禱於神得屍所在獄遂成廷讚舉萬曆二十六年進士未授官卽極論礦稅之害旋授刑部主事先是詔二十八年春舉行冊立冠婚之禮將屆期都御史溫純禮科給事中楊天民御史馮應鳳相繼言不報廷讚上疏言閣員當補臺省當選礦稅當撤冠婚冊立當速詔令當信持疏跪文華門俟命踰時帝震怒遣中官田義詰責越數日命大學士趙志皐沈一貫擬敕諭令禮部具儀比擬論進竟不發志皐一貫趣之帝乃言因廷讚出位邀功以致少待命示諸司靜俟遂褫廷讚職爲民並奪尙書蕭大亨侍郎邵杰董裕俸一歲貶郎中徐如珂員外郎林燿主事鍾鳴陛曹文偉三秩調極邊是歲冊立之禮不行廷讚歸僑寓維揚授徒自給久之卒天啓中贈尙寶卿兄廷諒字友可萬曆二十三年進士授南京刑部主事帝命李廷機入閣又召王錫爵廷諒言廷機才弱而闇錫爵氣高而揚均不宜用又曰儲君之立爲王也自錫爵始舉人之有考察也自廷機始巡按之久任也自趙世卿始章疏之留中也自申時行始年例之不舉考察之不下也自沈一貫始此皆亂人國者也疏入留中終順慶知府

楊天民字正甫山西太平人萬曆十七年進士除朝城知縣調繁諸城有異政擢禮科給事中時方纂修國史與御史牛應元請復建文年號從之二十七年狄道山崩下成池山南湧大小山五天民言平地成山惟唐垂拱間有之而唐遂易爲周今虎狼之使吞噬無窮狗鼠之徒攘敓難厭不市而征稅無礦而輸銀甚且毀廬壞冢籍人貲産非法行刑自大吏至守令每被譴逐郡邑不肖者反助虐交歡藉潤私槖嗷嗷之衆益無所歸命懷樂禍心有土崩之勢天心仁愛亟示譴告陛下尙不覺悟翻然與天下更始哉不報文選郎中梅守峻貪黷將擢太常少卿天民劾罷之延綏總兵官趙夢麟潛師襲寇以大捷聞督撫李汶王見賓等咸進秩子廕寇乃大入殺軍民萬計汶等又妄奏捷天民再疏論之奪見賓職夢麟戍邊汶亦被譴天民尋進右給事中冊立久稽再疏請不報無何貴妃弟鄭國泰疏請皇長子先冠婚後冊立天民斥其非國泰懼委罪都指揮李承恩奪其俸順天湖廣鄉試文多用二氏語天民請罪考官楊道賓顧天埈等疏留中二十九年五月天民復偕同官上言請早定國本帝大怒謫天民及王士昌雜職餘奪俸一年以士昌亦給事禮科也時御史周盤等公疏請亦奪俸天民得貴州永從典史至九月帝迫廷議始立東宮而天民等卒不召天民幽憤卒天啓中贈光祿少卿初天民去諸城民爲立祠其後長吏不職父老率聚哭祠下

何選字靖卿宛平人萬曆十一年進士除南昌知縣徵授御史廷臣爭國本多獲譴選請鄭貴妃弟國泰令以朝野公論鄭氏禍福悉言於貴妃俾妃自請國泰猶豫選厲色責之曰若不及今爲身家計吾儕羣擊之悔無及矣國泰懼乃入告於妃且疏請早定以釋危疑帝意不懌已知出選指深銜之未幾吏部擬調驗封員外郎鄒元標於文選疏六日不下選以爲言帝憶前事謫湖廣布政司照磨稍遷南京通政司經歷刑部缺員外郎吏部擬用選帝憾未釋謂特降官不當推舉切讓尙書孫丕揚等謫文選郎中馮生虞員外郎馮養志等極邊而斥選爲民以閣臣言稍寬生虞養志等罰南京給事中任彥蘗抗章論救語侵閣臣帝復怒謫彥蘗於外生虞仍以雜職調邊方旋以言官論救並斥彥蘗爲民於是御史許聞造上言陛下頃歲以來謂公忠爲比周謂論諫爲激擾詘銓衡之所賢撓刑官之所執光祿太僕之帑括取幾空中外大小之官縣缺不補敲扑逼於宮闈桁楊接於道路論救忠良則愈甚其罪諫止貢獻則愈增其額奏牘沉閣而莫稽奄寺縱橫而無忌今欲摘陳一事則慮陛下益甚其事欲摘救一人則慮陛下益罪其人陛下執此以拒建言之臣諸臣因此而塞進言之路邇年以來諸臣謇諤之風視昔大沮矣不報生虞大足人彥蘗任城人天啓中贈選光祿少卿生虞太常少卿

贊曰野史載神宗金合之誓都人子之說雖未知信否然恭妃之位久居鄭氏下固有以滋天下之疑矣姜應麟等交章力爭不可謂無羽翼功究之鄭氏非褒驪之煽處國泰亦無驕鈞之惡戾積疑召謗被以惡聲詩曰時靡有爭王心載寧諸臣何其好爭也

明史卷二百三十四　列傳第一百二十二

總裁官總理事務經筵講官少保兼太子太保保和殿大學士兼管吏部戶部尚書事加六級張廷玉等奉

敕修

盧洪春（范儁　王就學等）　董基　李懋檜

李沂（周弘禴　潘士藻）　雒于仁

馬經綸（林熙春　林培）　劉綱

戴士衡　曹學程（子正儒　郭實）

翁憲祥　徐大相

盧洪春字思仁東陽人父仲佃廣西布政使洪春舉萬曆五年進士授旌德知縣擢禮部祠祭主事十四年十月帝久不視朝洪春上疏曰陛下自九月望後連日免朝前日又詔頭眩體虛暫罷朝講時享太廟遣官恭代且云非敢偷逸恐弗成禮臣愚捧讀驚惶欲涕夫禮莫重於祭而疾莫甚於虛陛下春秋鼎盛諸症皆非所宜有不宜有而有之上傷聖母之心下駭臣民之聽而又因以廢祖宗大典臣不知陛下何以自安也抑臣所聞更有異者先二十六日傳旨免朝卽聞人言籍籍謂陛下試馬傷額故引疾自諱果如人言則以一時馳騁之樂而昧周身之防其爲患猶淺倘如聖諭則以目前衽席之娛而忘保身之術其爲患更深若乃爲聖德之累則均焉而已且陛下毋謂身居九重外廷莫知天子起居豈有寂然無聞於人者然莫敢直言以導陛下是將順之意多而愛敬之心薄也陛下平日遇頌諛必多喜遇諫諍必多怒一涉宮闈嚴譴立至孰肯觸諱以蹈不測之禍哉羣臣如是非主上福也願陛下以宗社爲重毋務矯託以滋疑力制此心愼加防檢勿以深宮燕間有所恣縱勿以左右近習有所假借飭躬踐行明示天下以章律度則天下萬世將慕義無窮較夫挾數用術文過飾非幾以聾瞽天下之耳目者相去何如哉疏入帝震怒傳諭內閣百餘言極明謹疾遣官之故以洪春悖妄命擬旨治罪閣臣擬奪官仍論救帝不從廷杖六十斥爲民諸給事中申救忤旨切讓諸御史疏繼之帝怒奪俸有差洪春遂廢於家久之卒光宗嗣位贈太僕少卿御史范儁嘗陳時政帝方疾見儁疏中防人欲語斥之主事董基以諫內操謫官其後員外郎王就學因諫帝託疾不送梓宮尋罷去皆與洪春疏相類范儁字國士高安人萬曆五年進士爲義烏知縣徵授御史十二年正月陳時政十事語皆切至而中言人欲宜防力以靡曼麴櫱爲戒先是慈寧宮災給事中鄒元標疏陳六事忤帝意及帝遘微疾大臣方問安而儁疏適入帝恚曰嚮未罪元標致儁復爾當重懲之申時行等擬鐫秩帝猶怒將各予杖是夜大雷雨明日朝門外水三尺餘帝怒少霽時行等亦力救乃斥爲民明年給事中張維新請推用譴謫諸臣詔許量移惟儁不敍給事中孫世禎御史方萬山等言儁不宜獨遺坐奪俸自是屢薦不起里居數十年卒天啓初復官贈光祿少卿董基字巢雄掖縣人萬曆八年進士授刑部主事十二年帝集內豎三千人授以戈甲操於內廷尙書張學顏諫不納基抗疏曰內庭清嚴地無故聚三千之衆輕以凶器嘗試竊爲陛下危之陛下以爲行幸山陵有此三千人可

無恐乎不知此皆無當實用設遇健卒勁騎立見披靡車駕不可恃以輕出也夫此三千人安居美食筋力柔靡一日使執銳衣堅蒙寒犯暑臣聞頃者竟日演練中暍瀕死者數人若輩未有不怨者聚三千蓄怨之人於肘腋危無逾此者且自內操以來賞賚已二萬金長此不已安有殫竭有用之財縻之無用之地誠可惜也疏入忤旨命貶二秩調邊方九卿給事御史交章論救且請納基言不聽竟謫基萬全都司都事明年兵科給事中王致祥言祖宗法非宿衞士不得持寸兵今授羣不逞利器出入禁門禍不細大學士申時行亦語司禮監曰此事繫禁廷諸人擐甲執戈未明而入設奸人竄其中一旦緩急外廷不得聞宿衞不及備此公等剝膚患也中官悚然乘間力言帝乃留致祥疏卽日罷之會議降官皆量移基亦遷南京禮部主事終南京大理卿致祥忻州人隆慶五年進士歷官右僉都御史巡撫順天

王就學字所敬武進人萬曆十四年進士授戶部主事三王並封議起朝論大譁就學王錫爵門人也偕同年生錢允元往規之爲流涕會庶吉士李騰芳投錫爵書與就學語相類錫爵悟並封詔得寢就學改禮部進員外郎尋調吏部二十四年孝安陳太后梓宮發引帝嫡母也當送門外以有疾遣官代行吏部侍郎孫繼皐言之帝怒抵其疏於地就學抗疏曰人子於親惟送死爲大事今乃靳一攀送致聖孝不終豈獨有乖古禮卽聖心豈能自安於此而不用其情烏乎用其情於此而可忍烏乎不可忍恐難以宣諸詔諭書諸簡冊傳示天下萬世也疏奏不省踰二年詔甄別吏部諸郎斥就學爲民尋卒於家繼皐抗疏未幾給事中劉道亨劾文選員外郎蔡夢麟紊銓政并及繼皐乞罷不報及三殿災大臣自陳皆慰留獨繼皐致仕去卒贈禮部尚書繼皐字以德無錫人萬曆二年進士第一

李懋檜字克蒼安溪人萬曆八年進士除六安知州入爲刑部員外郎十四年三月帝方憂旱命所司條上便宜懋檜及部郎劉復初等爭言皇貴妃及恭妃冊封事章一日並上帝怒欲加重譴言者猶不已閣臣請帝詔諸曹建言止及所司職掌且不得專達以慰解帝意居數日帝亦霽威諸疏皆留中而懋檜疏又有保聖躬節內供御近習開言路議蠲振慎刑罰重舉刺限田制七事亦寢不行明年給事中邵庶因論誠意伯劉世延刺及建言諸臣懋檜上言庶因世延條奏波及言者欲槩絕之防人之口甚於防川庶豈不聞斯語哉今天下民窮財殫所在饑饉山陝河南婦子仳離僵仆滿道疾苦危急之狀葢有鄭俠所不能圖者陛下不得聞且見也邇者雷擊日壇星墜如斗天變示儆於上羲輦之間子弒父僕弒主人情乖離於下庶以爲海內晝無可言已乎夫在廷之臣其爲言官者十僅二三言官不必皆智不爲言官者不必皆愚無論往事卽如邇歲馮保張居正交通亂政其連章保留頌功諛德若陳三謨曾士楚者並出臺垣而請劍引裾杖謫以去者非庶僚則新進書生也果若庶言天下幸無事則可脫有不虞之變陛下何從而知庶復以堂上官禁止司屬爲得計伏覩大明律百工技藝之人若有可言之事直至御前奏聞但有阻遏者斬大明會典及皇祖臥碑亦屢言之百工技藝之人有言尚不敢阻況諸司百執事乎庶言一出志士解體善言日壅主上不得聞其過羣下無所獻其忠禍天下必自庶始陛下必欲重百官越職之禁不若嚴言官失職之罰當言不言坐以負君誤國之罪輕則記過重則褫官科道當遷一視其章奏多寡得失爲殿最則言官無不直言庶官無事可言出位之禁無庸太平之效自致矣帝責其沽名命貶一秩科道合救不允庶借同列胡時麟梅國樓郭顯忠復交章論劾乃再降一秩爲湖廣按察司經歷歷禮部主事以憂歸屢薦不起家居二十年始起故官進南京兵部郎中天啟初終太僕少卿

李沂字景魯嘉魚人萬曆十四年進士改庶吉士十六年冬授吏科給事中中官張鯨掌東廠橫肆無憚御史何出光劾鯨死罪八并及其黨錦衣都督劉守有序班邢尚智尚智論死守有除名鯨被切讓而任職如故御史馬象乾復劾鯨詆執政甚力帝下象乾詔獄大學士申時行等力救且封還御批不報許國王錫爵復各申救乃寢前命而鯨竟不罪外議謂鯨以金寶獻帝獲免沂拜官甫一月上疏曰陛下往年罪馮保近日逐宋坤鯨惡百保而萬坤奈何獨濡忍不去若謂其侍奉多年則壞法亦多年謂痛加省改猶足供事則未聞可馴虎狼使守門戶也流傳鯨廣獻金寶多方請乞陛下猶豫未忍斷決中外臣民初未肯信以爲陛下富有四海豈愛金寶威如雷霆豈徇請乞及見明旨許鯨策勵供事外議藉藉遂謂爲眞虧損聖德夫豈淺尠且鯨奸謀既遂而國家之禍將從此始臣所大懼也是日給事中唐堯欽亦具疏諫帝獨手沂疏震怒謂沂欲爲馮保張居正報讐立下詔獄嚴鞫時行等乞宥不從獄上詔廷杖六十斥爲民御批至閣時行等欲留御批中使不可持去帝特遣司禮張誠出監杖時行等上疏俱詣會極門候進止帝言沂置貪吏不言而獨謂朕貪誣君父罪不可宥竟杖之太常卿李尚智給事中薛三才等抗章論救俱不報國錫爵以言不見用引罪乞歸錫爵言廷杖非正刑祖宗雖間一行之亦未有詔獄廷杖并加於一人者故事惟盜賊大逆則有打問之旨今豈可加之言官帝優詔慰留錫爵卒不聽其言初馮保獲罪實鯨爲之故帝云然或謂鯨罪不至如保張誠掌司禮素德保授意言者發之事秘莫能明也其時周弘禴潘士藻皆以忤鯨得罪而沂禍爲烈家居十八年未召而卒光宗嗣位贈光祿少卿弘禴字元孚麻城人倜儻負奇好射獵舉萬曆二年進士授戶部主事降無爲州同知遷順天通判十三年春上疏指斥朝貴言兵部尚書張學顏被論屢矣陛下以學顏故逐一給事中三御史此人心所共憤也學顏結張鯨爲兄弟言官指論學顏而不敢及鯨畏其勢耳若李植之論馮保似乎忠讜矣實張宏門客樂新聲爲謀主其巡按順天納娼爲小妻猖狂干紀則恃宏爲內援也鯨宏既竊陛下權而植又竊司禮勢此公論所不容祖訓大小官許至御前言事今吏科都給事中齊世臣乃請禁部曹建言曩居正竊權臺省羣頌功德而首發其奸者顧在艾穆沈思孝部曹言事果何負於國哉居正惡員外郎管志道之建白也御史龔懋賢因誣以老疾惡主事趙世卿之條奏也尚書王國光遂錮以王官論者切齒爲其附權奸而棄直言長壅蔽之禍也今學顏植交附鯨宏鯨敢竊柄世臣豈不聞己不敢言奈何反欲人不言乎前此長吏垣者周邦傑秦燿當居正時燿則甘心獵犬邦傑則比迹寒蟬今燿官太常邦傑官太僕矣諫職無補坐陟京卿尚謂臺省足恃乎而乃禁諸臣言事也夫逐一人之言者其罪小禁諸臣之言者其罪大往者嚴嵩及居正猶不敢明立此禁何世臣無忌憚一至此哉乞放學顏植歸里出燿世傑於外屏張鯨使閒居而奪世臣諫職嚴敕司禮張誠等止掌內府禮儀毋干政事天下幸甚帝怒謫代州判官再遷南京兵部主事十七年帝始倦勤章奏多留中不下弘禴疏諫且請早建皇儲不報尋召爲尚寶丞明年冬命監察御史閱視寧夏邊務巡撫僉都御史梁問孟巡茶御史鍾化民取官帑銀交際弘禴疏發之詔褫問孟職調化民於外河東有秦漢二壩弘禴請以石爲之濬渠北達鴛鴦諸湖大興水利還朝以將材薦哱承恩土文秀哱雲明年承恩等反坐謫澄海典史投劾歸卒於家天啟初以嘗請建儲贈太僕少卿潘士藻字去華婺源人萬曆十一年進士授溫州推官擢御史巡視北城慈寧宮近侍侯進忠牛承忠私出禁城狎婦女邏者執之爲所毆訴於士藻私縻司禮監治之帝恚曰東廠何事乃自外庭發杖兩閹斃其一鯨方掌東廠怒會火災修省士藻言今天下之患莫大於君臣之意不通宜倣祖制及近時平臺暖閣召對故事面議所當施罷撤大工以俟豐歲蠲織造燒造以昭儉德免金花額外征以佐軍食且時召講讀諸臣問以經史對賢人君子之時多自能以敬易肆以義奪欲修省之實無過於此鯨乃激帝怒謫廣東布政司照磨科道交章論救不聽尋擢南京吏部主事再遷尚寶卿卒官

雒于仁字少涇涇陽人父遵吏科都給事中神宗初卽位馮保竊權帝御殿保輒侍側遵言保一侍從之僕乃敢立天子寶座文武羣工拜天子邪抑拜中官邪欺陛下幼冲無禮至此遵乃大學士高拱門生保疑遵受拱指遂謀逐拱遵疏留中尋劾兵部尚書譚綸因薦海瑞吏部尚書楊博稱綸才詆瑞迂滯疏遂寢頃之綸陪祀日壇咳不止御史景嵩韓必顯劾綸衰病居正素善綸而馮保欲緣是爲遵罪因傳旨詰嵩必顯欲用何人代綸令會遵推舉遵等惶懼不敢承俱貶三秩調外遵得浙江布政司照磨保敗遷光祿卿改右僉都御史巡撫四川罷歸卒于仁舉萬曆十一年進士歷知肥鄉清豐二縣有惠政十七年入爲大理寺評事疏獻四箴以諫其畧曰臣備官歲餘僅朝見陛下者三此外惟聞聖體違和一切傳免郊祀廟享遣官代行政事不親講筵久輟臣知陛下之疾所以致之者有由也臣聞嗜酒則腐腸戀色則伐性貪財則喪志尚氣則戕生陛下八珍在御觴酌是耽卜晝不足繼以長夜此其病在嗜酒也寵十俊以啟倖門溺鄭妃靡言不聽忠謀擯斥儲位久虛此其病在戀色也傳索帑金括取幣帛甚且掠問宦官有獻則已無則譴怒李沂之瘡痍未平而張鯨之貲賄復入此其病在貪財也今日搒宮女明日抶中官罪狀未明立斃杖下又宿怨藏怒於直臣如范儁姜應麟孫如法輩皆一詘不申賜環無日此其病在尚氣也四者之病膠繞身心豈藥石所可治今陛下春秋鼎盛猶經年不朝過此以往更當何如孟軻有取於法家拂士今鄒元標其人也陛下棄而置之臣有以得其故矣元標入朝必首言聖躬次及左右是以明知其賢忌而弗

用獨不思直臣不利於陛下不便於左右深有利於宗社哉陛下之溺此四者不曰操生殺之權人畏之而不敢言則曰居窾密之地人莫知而不能言不知鼓鐘於宮聲聞於外幽獨之中指視所集且保祿全軀之士可以威權懼之若懷忠守義者卽鼎鑊何避焉臣今敢以四箴獻若陛下肯用臣言卽立誅臣身臣雖死猶生也惟陛下垂察酒箴曰耽彼麴蘗昕夕不輟心志內憒威儀外缺神禹疏狄夏治興隆進藥陛下釀醑勿崇色箴曰豔彼妖姬寢興在側啟寵納侮爭妍誤國成湯不邇享有遐壽進藥陛下內嬖勿厚財箴曰競彼鏐鐐錙銖必盡公帑稱盈私家懸罄武散鹿臺八百歸心隋煬剝利天命難諶進藥陛下貨賄勿侵氣箴曰逞彼忿怒恣睢任情法尙操切政釁公乎虞舜溫恭和以致祥秦皇暴戾羣怨孔彰進藥陛下舊怨勿藏疏入帝震怒會歲暮留其疏十日所云十俊蓋十小閹也明年正旦召見閣臣申時行等於毓德宮手于仁疏授之帝自辨甚悉將置之重典時行等委曲慰解見帝意不可回乃曰此疏不可發外恐外人信以爲眞願陛下曲賜優容臣等卽傳諭寺卿令于仁去位可也帝乃頷之居數日于仁引疾遂斥爲民久之卒天啟初贈光祿少卿

馬經綸字主一順天通州人萬曆十七年進士除肥城知縣入爲御史二十三年冬兵部考選軍政帝謫中有副千戶者不宜擅署四品職責部臣徇私兵科不糾發降武選郎韓范都給事中吳文梓雜職鐫員外郎曾偉芳主事江中信程僖陳楚產給事中劉仕瞻三秩調極邊以御史區大倫俞价強思給事中張同德言事常忤旨亦鐫三秩而五城御史夏之臣朱鳳翔涂喬遷時偕行楊述中籍中官客用家不稱旨並謫邊遠典史又以客用貲財匿崇信伯費甲金家刑部拷訊無實謫郎中徐維濂於外一時嚴旨頻下且不得千戶主名舉朝震駭時東廠太監張誠失帝意誠家奴錦衣副千戶霍文炳當遷指揮僉事部臣先已奏請而帝欲尋端罪言官遂用是爲罪旋移怒兩京科道以爲緘默命掌印者盡鐫三秩於是給事中耿隨龍鄒廷彥黎道昭孫羽侯黃運泰毛一公御史李宗延顧際明袁可立綦才吳禮嘉王有功李固本南京給事中伍文煥費必興盧大中御史柳佐聶應科李文熙等十九人俱調外留者並停俸一年又令吏部列上職名再罷御史馮從吾薛繼茂王愼德姚三讓四人大學士趙志皐陳于陛沈一貫及九卿各疏爭尙書石星請罷職以寬諸臣皆不納于陛又特疏申救帝怒命降諸人雜職悉調邊方尙書孫丕揚等以詔旨轉嚴再疏乞宥帝益怒盡奪職爲民經綸憤甚抗疏曰頃嬰奉嚴旨斥逐南北言官臣幸蒙恩罰俸供職今日乃臣諫諍之日矣陛下數年以來深居靜攝君臣道否中外俱抱隱憂所恃言路諸臣明目張膽爲國家裁辨邪正指斥奸雄雖廟堂處分未必盡協輿論而縉紳公議頗足維持世風此高廟神靈實鑒佑之所資臺省耳目之用大矣陛下何爲一旦自塗其耳目邪夫以兵部考察之故而罪兵科是已乃因而蔓及於他給事又波連於諸御史去者不明署其應得之罪留者不明署其姑恕之由雖聖意淵微未易窺測而道路傳說嘖有煩言陛下年來厭苦言官動輒罪以瀆擾今忽變而以箝口罪之夫以無言罪言官言官何辭臣竊觀陛下所爲罪言官者猶淺之乎罪言官也乃言官今日之箝口不言者有五大罪焉陛下不郊天有年矣曾不能援故典排閽以諍是陷陛下之不敬天者罪一陛下不享祖有年矣曾不能開至誠牽裾以諍是陷陛下之不敬祖者罪二陛下輟朝不御停講不舉言官言之而不能卒復之是陷陛下不能如祖宗之勤政罪三陛下去邪不決任賢不篤言官言之而不能強得之是陷陛下不能如祖宗之用人罪四陛下好貨成癖御下少恩肘腋之間叢怨蓄變言官俱慮之而卒不能批鱗諫止是陷陛下甘棄初政而弗獲克終罪五言官負此大罪陛下肯奮然勵精而以五罪罪之豈不當哉奈何責之箝口不言者不於此而於彼也日者廷臣交章論救不惟不肯還職而且落職爲民夫諸臣本出草莽今還初服亦復何憾獨念朝廷之過舉不可遂大臣之忠懇不可拂陛下不聽閣疏之救改降級而爲雜職則輔臣何顏是自離其腹心也不聽部疏之救改雜職而爲編氓則九卿何顏是自戕其股肱也夫君臣一體元首雖明亦賴股肱腹心耳目之用今乃自塞其耳目自離其腹心自戕其股肱陛下將誰與共理天下事乎夫人君受命於天與人臣受命於君一也言官本無大罪一旦震怒罪以失職無一敢抗命者旣大失人心必上拂天意萬一上天震怒以陛下之不郊不禘不朝不講不惜才不賤貨咎失人君之職而赫然降非常之災不知陛下爾時能抗天命否乎臣不能抗君君不能抗天此理明甚陛下獨不思自爲社稷計乎帝大怒亦貶三秩出之外經綸旣獲譴工科都給事中海陽林熙春等上疏曰陛下怒言官緘默斥逐三十餘人臣等不勝悚懼今御史經綸慷慨陳言竊意必溫旨褒嘉顧亦從貶斥是以建言罪邪抑以不言罪邪臣等不能解也前所罪者旣以不言之故今所罪者又以敢言之故令臣等安所適從哉陛下誠以不言爲溺職則臣等不難進憂危之苦詞誠以直言爲忤旨則臣等不難效喑默之成習但恐廟堂之上率諂佞取容非君上之福也臣等富貴榮辱之念豈與人殊然寧爲此不爲彼者毋亦沐二百餘年養士之恩不負君父且不負此生耳陛下奈何深怒痛疾而折辱至是哉帝益怒謫熙春茶鹽判官加貶經綸爲典史熙春遂引疾去是日御史定興鹿久徵等亦上疏請與諸臣同罪貶澤州判官二疏列名凡數十人悉奪俸頃之南京御史東莞林培疏陳時政帝追怒經綸竟斥爲民旣歸杜門却掃凡十年卒門人私諡聞道先生培由鄉舉爲新化知縣縣僻陋廣置社學教之民有死於盜者不得禱於神隨蝴蝶所至獲盜時驚爲神徵授南京御史劾罪誠意伯劉世延寘其爪牙於法已上書言徐維濂不當謫陝西織花絨購回青擾民宜罷湖廣以魚鮓江南以織造並奪撫按官俸蘇州通判至以織造故褫官皆不可訓并論及沈思孝等帝怒謫福建鹽運知事告歸卒天啟初復經綸官贈太僕少卿培贈光祿少卿熙春亦還故職屢遷大理卿年老乞罷時李宗延柳佐輩咸官於朝頌其先朝建言事詔加戶部右侍郎致仕

劉綱卭州人祖文恂孝子父應辰舉鄉試不仕亦以孝義聞綱舉萬曆二十三年進士改庶吉士二十五年七月上疏曰去歲兩宮災詔示天下畧無禹湯罪己之誠文景蠲租之惠臣已知天心之未厭矣比大工肇興伐木榷稅採石運甓遠者萬里近者亦數百里小民竭膏血不足供費絕筋骨不足任勞鬻妻子不能償貸加以旱魃爲災野無青草人情胥怨所在如讐而天不悔禍三殿復災五行志曰君不思道厥災燒宮陛下試自省晝之爲夜之息思在道乎不在道乎凡敬天法祖親賢遠奸寡欲保身賤貨愼德俱謂之道反是非道矣陛下比年以來簡禮祀罷朝講棄股肱閟耳目斷地脈忍天象君臣有數載之隔堂陛若萬里而遙陛下深居靜攝所爲祈天永命者何狀卽外廷有不知上天寧不見邪今日之災其應以類天若曰皇之不極於誰會歸何以門爲朝儀久曠於誰禀仰何以殿爲元宰素餐有汚政地何以閣爲其所以示警戒勸更新者至深切矣尙可因循玩愒重怒上帝哉臣聞五行之性忌積喜暢積者災之伏也請言死而言積之狀皇長子冠婚冊立久未舉行是曰積典大小臣僚以職事請强半不報是曰積牘外之司府有官無人是曰積鈌罪斥諸臣槩不錄敍是曰積才閫外有揚帆之醜中原起揭竿之徒是曰積寇守邊治河諸臣虛詞罔上恬不爲怪是曰積玩諸所爲積陛下不能以明斷決元輔趙志皐不能以去就爭天應隨之毫髮不爽陛下何不召九卿臺諫面議得失見兎顧犬未爲晚也若必專任志皐處堂相安小之燕政事而羞士類大之叢民怨而益天怒天下大計奈何以此匪人當之此不可令閣白諸會閒也帝得疏恚甚將罪之以方遘殿災留中不報已而授編修居二年京察坐浮躁調外任遂歸明年卒故事翰林與政府聲氣相屬綱直攻志皐短故嗛之不置假察典中之明世以庶吉士專疏建言者前惟鄒智後則劉之綸與綱並四川人

戴士衡字章尹莆田人萬曆十七年進士除新建知縣擢吏科給事中薊州總兵官王保濫殺南兵士衡極論其罪已請亟補言官劾石星誤國大罪五山東稅使陳增請假便宜得舉刺將吏淮揚礦保亦請節制有司士衡力爭仁聖太后梓宮發引帝不親送士衡言母子至情送死大事奈何於內庭數武地靳一舉足勞今山陵竣事願陛下扶杖出迎神主庶少慰聖母之靈荅臣民之望錦衣千戶鄭一麟奏開昌平銀礦士衡以地逼天壽山抗疏爭皆不報二十五年正月極陳天下大計言方今事勢不可知者三天意也人心也氣運也大可慮者五紀綱廢弛也戎狄侵陵也根本動搖也武備疏畧也府藏殫竭也其切要而當亟正者一則君心也陛下高拱九重目不睹師保之容耳不聞丞弼之議美麗當前燕情自佚卽欲殫聰明以計安社稷其道無由誠宜時御便殿召執政大臣講求化理則心淸欲寡政事自修亦不報日本封事敗再劾星及沈惟敬楊方亨且列上防倭八事多議行俄劾南京工部尙書葉夢熊刑部侍郎呂坤薊遼總督孫鑛及通政參議李宜春時鑛已罷宜春自引歸坤亦以直諫去給事中劉道亨右坤力詆士衡謂其受大學士張位指士衡亦劾道亨與星同鄉爲星報復帝以言官互爭皆報寢尋劾罷文選郎中白所知帝惡吏部郎貶黜者二十二人因詰責吏科朋比都給事中劉爲楫楊廷蘭張正學林應元及士衡俱引罪詔貶爲楫一秩與廷蘭等並調外士衡得蘄州判官無何詔改遠方乃授陝西鹽課副提舉未赴會憂危

竑議起竟坐遣戍先是士衡再劾坤謂潛進閨範圖說結納宮闈因請舉冊立冠婚諸禮帝不悅至是有跋閨範後者名曰憂危竑議誣坤與貴妃從父鄭承恩戶部侍郎張養蒙山西巡撫魏允貞吏科給事中程紹吏部員外郎鄧光祚及道亨所知等同盟結納羽翼貴妃子承恩大懼以坤道亨所知故與士衡有隙而全椒知縣樊玉衡方上疏言國本指斥貴妃遂妄指士衡實爲之玉衡與其謀帝震怒貴妃復泣訴不已夜半傳旨逮下詔獄拷訊比明命永戍士衡廉州玉衡雷州御史趙之翰復言是書非出一人主謀者張位奉行者士衡同謀者右都御史徐作禮部侍郎劉楚先國子祭酒劉應秋故給事中楊廷蘭禮部主事萬建崑也諸臣皆位心腹爪牙宜并斥帝入其言下之部院時位已落職閒住署事侍郎裴應章副都御史郭惟賢力爲作等解不聽奪楚先作官出應秋於外廷蘭建崑謫邊方應章等復論救帝不悅斥位爲民士衡等再更赦皆不原四十五年士衡卒於戍所巡按御史田生金請脫其戍籍釋玉衡生還帝不許天啟中贈太僕少卿

曹學程字希明全州人萬曆十一年進士歷知石首海寧治行最擢御史帝命將援朝鮮已而兵部尚書石星聽沈惟敬言力請封貢乃以李宗城楊方亨爲正副使往行冊封禮未至日本而惟敬言漸不售宗城先逃歸帝復惑星言欲遣給事中一人充使因察視情實學程抗疏言遣者封事大壞而方亨之揭謂封事有緒星方亨表裏應和不足倚信爲今日計遣科臣往勘則可往封則不可石星很很自用趙志皐碌碌依違東事之潰裂元輔樞臣俱不得辭其責初朝鮮甫陷御史郭實論經畧宋應昌不足任并陳七不可帝以實沮撓謫懷仁典史後已遷刑部主事會封貢議旣罷而朝鮮復懇請之帝乃追怒前主議者以實倡首斥爲民并劾石星盡錄異議者名將大譴責志皐等力解乃已及遣使不得要領因欲別遣已而罷之卽以方亨爲正使矣而學程方督畿輔屯田不知也疏入帝大怒謂有暗囑關節逮下錦衣衞嚴訊搒掠無所得移刑部定罪尚書蕭大亨請宥帝不許命坐逆臣失節罪斬刑科給事中侯廷佩等訟其寃志皐及陳于陛沈一貫言尤切皆不納自是救者不絕多言其母年九十餘哭子待斃帝卒弗聽數遇赦亦不原其子正儒朝夕不離犴狴見父憔悴骨立嘔血仆地久之乃甦因刺血書奏乞代父死終不省三十四年九月始用朱賡言謫戍湖廣寧遠衞久之放歸卒天啟初贈太僕少卿崇禎時旌正儒爲孝子郭實字伯華高邑人萬曆十一年進士授朝邑知縣選授御史御史王麟趾劾湖廣巡撫秦燿結政府狀謫徐溝丞實復劾燿燿乃罷比去任侵贓贖銀鉅萬爲衡州同知沈鈇所發下吏戍邊故事撫按贓贖率貯州縣爲公費自燿及都御史李采菲御史沈汝梁視大舟咸以自潤敗自是率預滅其籍無可稽矣實以論朝鮮事黜久之封貢不成星下吏給事中侯廷佩請還實官不許家居十五年起南京刑部主事終大理右寺丞

翁憲祥字兆隆常熟人萬曆二十年進士爲鄞縣知縣課最入爲禮科給事中以憂去補吏科疏陳銓政五事其一論掣籤法言使盡付之無心則天官之職一吏可代苟爲不然則地本預擬何必於大廷中爲掩飾之術請亟停罷時不能從故事正郎不奉使撫按必俟代至是多反之而江西巡撫許弘綱以父憂徑歸廣西巡撫楊芳亦以憂乞免代憲祥極言非制弘綱貶官芳亦被責言者詆朱賡李廷機輒被譴憲祥疏論已劾雲南巡撫陳用賓兩廣總督戴燿並不報是時大僚多缺而侍郎楊時喬楊道賓旬日間相繼物故吏禮二部長貳遂無一人兵部止一尚書養痾不出戶刑工三部暨都察院堂上官俱以人言註籍通政大理亦無見官憲祥言九卿俱曠甚傷國體因陳補缺官起遺佚數事報聞屢遷刑科都給事中吏部尚書孫丕揚副都御史許弘綱以考察爲言路所攻求去憲祥言一時賢者直道難容相率引避國是如此可爲寒心旣而軍政拾遺疏爲錦衣都督王之楨所撓久不下罪人陳用賓等已論死疏亦留中憲祥皆抗章論駁知縣滿朝薦李嗣善同知王邦才以忤稅使繫獄力請釋之會冬至停決因復請推緩刑德意宥纍臣矜楚獄帝皆不報尋調吏科四十一年命輔臣葉向高典會試給事中曾六德以論救被察官坐貶旨皆從內出憲祥力諫中官黃勳趙祿李朝用胡濱等不法亦連疏彈劾久之擢太常少卿居數年卒

徐大相字覺斯江西安義人萬曆四十四年進士授東昌推官改武學教授稍遷國子博士四十七年九月朔百僚將早朝司禮中官盧受傳免衆趨出受從後媢侮大相憤歸草二疏一論遼左事一論受奸邪時接疏者卽受也見遼事疏曰此小臣亦敢言事及帝閱第二疏顧受曰此卽論汝罪者受錯愕叩頭流血請罪曰奴當死疏乃留中是日南京國子學錄喬拱璧亦疏劾受不報明年遷兵部主事天啟二年調吏部稽勳主事移考功明年進驗封員外郎進士薛邦瑞爲其祖蕙請謚大相與尚書張問達議如其請熹宗方惡卿典冗濫鐫大相三秩出之外問達等引罪不問大學士葉向高都御史趙南星等連疏救乃改鐫二秩大相方候命羣奄黨受者數十輩持梃譟於門比搜大相橐止俸金七十兩乃閧然散家居杜門讀書里人罕見其面崇禎元年起故官俄改考功遷驗封郎中歷考功文選奏陳遵明旨疏淹滯破請託肅官評正選規重掌篆崇禮讓勵氣節抑僥倖覈吏弊十事帝卽命飭行故尚書孫丕揚等二十六人爲魏忠賢削奪大相請復其官帝不許旋以起廢忤旨貶秩視事給事中杜三策言大相端亷起廢協輿論不當譴不聽父憂歸卒於家

贊曰神宗中年德荒政圮懷忠發憤之士宜其激昂抗詞以匡君失然納諫有方務將以誠意感許摩上君子弗爲謂其忠厚之意薄而衒沽之情勝也雒于仁馬經綸詆譏譙讓幾爲儕偶所不能堪矣聖人取諷諫意者殆不如是乎

明史卷二百三十五　列傳第一百二十三

總裁官總理事務經筵講官少保兼太子太保保和殿大學士兼管吏部戶部尚書事加六級張廷玉等奉
敕修

王汝訓　余懋學
張養蒙　孟一脈
何士晉 陸大受 李俸 張庭　王德完
蔣允儀　鄒維璉 吳羽文

王汝訓字古師聊城人隆慶五年進士除元城知縣萬曆初入爲刑部主事改兵部累遷光祿少卿吏科都給事中海寧陳與郊者大學士王錫爵門生又附申時行恣甚汝訓抗疏數其罪言與郊今日薦巡撫明日薦監司每疏一出受賄狠籍部曹吳正志一發其奸身投荒徼吏部尚書楊巍亦嘗語侍郎趙煥謂爲小人乞速罷譴且科道以言爲職乃默默者顯謗謗者紬直犯乘輿屢荷優容稍涉當塗旋遭擯斥言官不難於批鱗而難於借劍此何爲也天下惟公足以服人今言者不論是非被言者不論邪正模棱兩可曲事調停而曰務存大體是懲議論之紛紜而反致政體之決裂也乞特敕吏部自後遷轉科道毋惡異喜同毋好諛醜正是時巍以政府故方厚與郊聞汝訓言引己且刺之大恚言臣未嘗詆與郊汝訓以寺臣攻言路正決裂政體之大者乃調汝訓南京頃之御史王明復劾與郊并及巍詔奪明俸擢與郊太常少卿都人爲之語曰欲京堂須彈章與郊尋以憂去後御史張應揚追劾其交通文選郎劉希孟考選納賄竝免官未幾其子殺人論死與郊悒悒卒汝訓入爲太常少卿孟秋饗廟帝不親行汝訓極諫帝慍甚以其言直不罪也尋進太僕卿調光祿汝訓先爲少卿寺中歲費二十萬至是濫增四萬有奇汝訓據會典請盡裁內府冗食不許二十二年改左僉都御史旋進右副都御史巡撫浙江汝訓性清介方嚴疾惡巡按御史南昌彭應參亦雅以强直名相與力鋤豪右烏程故尚書董份祭酒范應期里居不法汝訓將繩之適應參行部至應期怨家千人遮道陳牒應參持之急檄烏程知縣張應望按之應期自縊死其妻吳氏詣闕愬冤帝命逮應參應望詔獄革汝訓職詰吏部都察院任用非人尚書孫丕揚都御史衷貞吉等引罪且論救帝意未釋謫救應參者給事中喬允等於外言官訟汝訓應參亦及允帝愈怒疏入輒重允譴至除名而謫應望戍烟瘴應參爲民汝訓家居十五年起南京刑部右侍郎召改工部署部事初礦稅興以助大工爲名後悉輸內帑不以供營繕而四方採木之需多至千萬費益不訾汝訓屢請發帑佐工皆不報在部歲餘力清夙弊中官請乞輒執奏不予節冗費數萬卒贈工部尚書謚恭介

余懋學字行之婺源人隆慶二年進士授撫州推官擢南京戶科給事中萬曆初張居正當國進白燕白蓮頌懋學以帝方憂旱下詔罪己與百官圖修禳而居正顧獻瑞非大臣誼抗疏論之已論南京守備太監申信不法帝爲罷信久之陳崇惇大親謇諤愼名器戒紛更防佞諛五事時居正方務綜覈而懋學疏與之忤斥爲民永不敘錄居正死起懋學故官奏奪成國公朱希忠王爵請召還光祿少卿岳相給事中魏時亮等十八人帝俱報可尋擢南京尚寶卿十三年御史李植江東之等以言事忤執政同官蔡系周孫愈賢希執政指紛然攻訐懋學上言諸臣之不能容植等一則以科場不能無私而惡植等之訐發一則以往者嘗保留居正而忌吳中行沈思孝等之召用二疑交於中故百妬發於外也夫威福自上則主勢尊植等三臣陛下所親擢者也乃舉朝臣工百計排之假令政府欲用一人諸臣敢力挫之乎臣謹以臣工之十蠹爲陛下言之今執政大臣一政之善輒矜贊導之功一事之失輒諉挽回之難是爲

誣上其蠹一進用一人執政則曰我所注意也冢宰則曰我所推轂也選郎則曰我所登用也受爵公朝拜恩私室是爲招權其蠹二陛下天縱聖明猶虛懷納諫乃二三大僚稍有規正輒奮袂而起惡聲相加是爲諱疾其蠹三中外臣工率探政府意向而不恤公論論人則毀譽視其愛憎行政則舉置徇其喜怒是爲承望其蠹四君子立身和而不同今當路意有所主則羣相附和敢於抗天子而難於違大臣是爲雷同其蠹五我國家諫無專官今他曹稍有建白不曰出位則曰沽名沮忠直之心長壅蔽之漸是爲阻抑其蠹六自張居正蒙蔽主聰道路以目今餘風未殄欺罔日滋如潘季馴之斥大快人心而猶累牘連章爲之申雪是爲欺罔其蠹七近中外臣僚或大臣交攻或言官相訐始以自用之私終之好勝之習好勝不已必致忿爭忿爭不已必致黨比唐之牛李宋之洛蜀其初豈不由一言之相失哉是爲競勝其蠹八佞諛成風日以寖甚言及大臣則等之伊傅言及邊帥則擬以方召言及中官則誇呂張復出言及外吏則頌卓魯重生非藉結歡卽因邀賂是爲佞諛其蠹九國家設官各有常職近兩京大臣務建白以爲名高侵職掌而聽民訟長告訐之風失具瞻之體是爲乖戾其蠹十也懋學夙以直節著稱其摘季馴不無過當然所言好勝之弊必成朋黨後果如其言累遷南京戶部右侍郎總理漕儲疏白程任卿江時之冤二人遂得釋二十一年以拾遺論罷卒贈工部尚書天啓初追諡恭穆

張養蒙字泰亨澤州人萬曆五年進士選庶吉士歷吏科左給事中少負才名明習天下事居言職慷慨好建白以南北多水旱條上治奸民恤流民愛富民三事帝嘉納之錦衣都指揮羅秀營僉書兵部尚書王遴格不行失歡權要而去秀竟賄緣得之養蒙疏發其狀事具遴傳御史高維崧等言事被謫養蒙偕同官論救復特疏訟之忤旨奪俸尋遷工科都給事中都御史潘季馴奏報河工養蒙上言曰二十年來河幾告患矣當其決隨議塞當其淤隨議濬事竣輒論功夫淤決則委之天災而不任其咎濬塞則歸之人事而共蒙其賞及報成未久懼有後虞急求謝事而繼者復告患矣其故皆由不久任也夫官不久任其弊有三後先異時也人己異見也功罪難執也請倣邊臣例增秩久任斯職守專而可責成功帝深然之有詔潞安進綢二千四百匹未幾復命增五千養蒙率同官力爭且曰從來傳奉織造具題者內臣擬旨者閣臣抄發者科臣今徑下部非祖制不從出爲河南右參政尋召爲太僕少卿四遷左副都御史二十四年極諫時政闕失言邇來殿廷希御上下不交或疑外臣不可盡信或疑外事未可盡從君臣相猜政事積廢致市猾得以揣意旨左右得以播威權惟利是聞禍將胡底謹以三輕二重之弊爲陛下陳之一部院之體漸輕或虛其位而不補或用其人而不任如冬官一曹亞卿專署已爲異事乃冢宰何官數月虛位法司議劉世延罪竟留中主事劉冠南疏入卽發何小臣聽而大臣不聽單疏下而公疏不下哉以至戶曹三疏諫開礦臣院九疏催行取皆置不報議大事則十疏而九不行遇廷推則十人而九不用夫大臣師表百僚奈何輕之至此一科道之職漸輕五科都給事中久虛不補御史曹學程一繫不釋考選臺諫屢請屢格乃至服闋補任亦皆廢閣是不欲言路之充也夫政無缺失何憚人言徒使唯諾風成謇諤意絕國是將何定乎一撫按之任漸輕如開礦一事撫按有言咸蒙切責於是鄭一麟以千戶而妄劾李盛春夫闒人武弁得以制巡撫之命紀綱不倒置乎一璫得志諸璫效尤撫按斂手何有於監司從此陛下之赤子將無人拊循矣一進獻之途漸重下僚捐俸儒士獻貲名爲助工實懷覬幸甚者百戶王守仁以謀復世爵妄攜楚府而使陛下恩薄於懿親主簿張以述以求復舊秩妄獻白鹿而使陛下德損於玩物部臣糾之不聽言官糾之不聽業已明示好惡大開受獻之門將見媚子宵人投袂競起今日獻靈瑞明日貢珍奇究使敗節文官債軍武帥憑藉錢神邀求故物不至如嘉靖末年之濁亂不止也一內差之勢漸重中使紛然四出乞請之章無日不上批答之旨無言不溫左右藉武弁以營差武弁藉左右以網利共搆狂言誑惑天聽陛下方厭外臣沮撓謂欲辦家事必賴家奴於是有言無不立聽豈武弁皆急君而朝紳盡誤國乎今奸宄實繁有徒採礦不已必及採珠皇店不止漸及皇莊繼而營市舶繼而復鎭守內可以謀坐營外可以謀監軍正德敝風其鑒不遠凡此三輕二重勢每相因德與財不竝立中與外不兩勝惟陛下早見而速圖之不報又明年六月兩宮三殿繼災養蒙復上疏曰近日之災前古未有自非君臣交儆痛革敝風恐虛文相謾大禍必至臣請陛下躬謁郊廟以謝嚴譴立御便殿以通物情早建國本以繫人心停銀礦皇店之役杜四海亂階減宦官宮妾之刑弭蕭牆隱禍然此皆應天實事猶非應天實心也罪己不如正己格事不如格心陛下平日成心有四一曰好逸朝享倦於躬臨章奏倦於省覽古帝王乾健不息似不如此一曰好疑疑及近侍則左右莫必其生疑及外庭則寮寀不安於位究且謀以疑敗奸以疑容古帝王至誠馭物似不如此一曰好勝奮厲威嚴以震羣工喜諂諛而惡鯁直厭封駁而樂順從古帝王予違汝弼似不如此一曰好貨以聚斂爲奉公以投獻爲盡節古帝王四海爲家似不如此願陛下戒此四者亟圖更張庶天意可回國祚可保帝亦不省尋遷戶部右侍郎時再用師朝鮮命養蒙督餉事寧予一子官三十年尚書陳蕖稱疾乞罷詔養蒙署事會養蒙亦有疾在告固辭給事中夏子陽劾其托疾遂罷歸卒於家天啓初賜諡毅敏

孟一脈字淑孔東阿人隆慶五年進士爲平遙知縣以廉能擢南京御史萬曆六年五月上言近上兩宮徽號覃恩內外獨御史傅應禎進士鄒元標部郎艾穆沈思孝投荒萬里遠絕親闈非所以廣錫類溥仁施也疏入忤張居正黜爲民居正死起故官疏陳五事言近再選宮女至九十七人急徵一時輦下甚擾一也中外章奏宜下部臣議覆閣臣擬旨脫有不當臺諫得糾駁之今乃不任臣工顓取宸斷明旨一出臣下莫敢犯顏二也士習邪正繫世道汚隆今廉恥日喪營求苟且亟宜更化救弊先實行而後才華三也東南財賦之區靡於淫巧民力竭矣非陛下有以倡之乎數年以來御用不給今日取之光祿明日取之太僕浮梁之磁南海之珠玩好之奇器用之巧日新月異遇聖節則有壽服元宵則有燈服端陽則有五毒吉服年例則有歲進龍服以至覃恩錫賚小大畢霑謁陵犒賜耗費鉅萬錙銖取之泥沙用之於是民間習爲麗侈窮耳目之好竭工藝之能不知紀極夫中人得十金卽足供終歲之用今一物而常兼中人數家之產或刻沉檀鏤犀象以珠寶金玉飾之周鼎商彝秦鉈漢鑑皆搜求於海內窮歲月之力專一器之工罄生平之資取一盼之適殊不知財賄易盡嗜欲無窮陛下誠能恭儉節約以先天下禁彼浮淫還之貞樸則財用自裕而風俗亦淳四也邊疆之臣日弛戎備上下蒙蔽莫以實聞由邊臣相繼爲本兵題覆處分盡在其口言出而中傷隨之誰肯爲無益之談自取禍敗哉漁夫舍餌以得魚未聞以餌養魚者也今以中國之文帛綺繡爲番戎常服雖曰貢市實則媚之邊臣假貢市以賂戎戎人肆剽竊而要我彼此相欺以誑君父幸其不來來則莫禦所謂以餌養魚者也請明詔樞臣洗心易慮戰守之備一一講求付之邊臣使將識敵情兵識將意庶乎臂指如意國可無虞五也疏入忤旨謫建昌推官屢遷南京右通政移疾歸四十一年起右僉都御史巡撫南贛居三年廷推左副都御史未得命給事中官應震論其縱子驕恣疏雖留中一脈竟引疾去年八十一卒一脈初以直諫著聲曉膺節鉞年力已衰不克有所表樹云

何士晉字武莪宜興人父其孝得士晉晚族子利其貲結黨致之死繼母吳氏匿士晉外家讀書稍懈母輒示以父血衣士晉感厲與人言未嘗有笑容萬曆二十六年舉進士持血衣愬之官罪人皆抵法初授寧波推官擢工科給事中首疏請通章奏緩聚斂俄言袞職有闕廷臣言雖逆耳每荷優容獨論及輔臣必欲借主威以洩憤是陛下負拒諫之名輔臣收固寵之實天下所以積憤輔臣而不能平也如孫鑛郭子章戴燿沈子木宜舍不舍公論乖違輔臣賡安得不任其咎無何劾左都督王之禎久掌錦衣爲內閣爪牙中樞心腹又劾大學士王錫爵逢君賊善召命宜停戶部尚書趙世卿誤國無大臣體已復言朝端大政宜及今早行者在放輔臣以清政地罷大臣被論者以伸公議斥王之禎以絕禍源釋卞孔時王邦才等以蘇冤獄初皇長孫生有詔起廢列上二百餘人閱三年止用顧憲成等四人士晉請大起廢籍瑞王將婚詔典禮視福王費當十九萬初帝弟潞王婚費不及其半士晉請視潞王帝將崇奉太后詔建靈應宮士晉以非禮力爭且曰聖母所注念者東宮出講諸王早婚與遺賢之登進也乃諸臣屢請不應而不時內降者非中貴之營求卽鬼神之香火何也帝皆不省未幾有張差梃擊之事王之寀鉤得差供帝遷延不決士晉三上疏趣之常是時變起非常中外咸疑謀出鄭國泰然無敢直犯其鋒者郎中陸大受稍及之國泰大懼急出揭自明人言益籍籍士晉乃抗疏曰陛下與東宮情親父子勢共安危豈有禍逼蕭牆不少動念者候命踰期旁疑轉棘竊詳大受之疏未嘗實指國泰主謀何張皇自疑乃爾因其自疑人益不能無疑然人之疑國泰不自今日始也陛下試問國泰三王之議何由起閨範之序何由進妖書之毒何由搆此基禍之疑也孟養浩等何由杖戴士衡等何由戍王德完等何由錮此挑激之疑也南宗順刑餘也而陰蓄死士千人謂何順義王外寇也而各宮門守以重兵謂何王曰乾

逆徒也而疏中先有龐保劉成名姓謂何此不軌之疑也三者積疑至今日忽有張差一事正與往者舉措相符安得令人不疑且今日之疑國泰又非張差一事已也恐騎虎難下駭鹿走險一擊不效別有陰謀陛下不急護東宮則東宮爲孤注萬一東宮失護而陛下又轉爲孤注矣國泰欲釋人疑惟明告貴妃力求陛下速執保成下吏如果國泰主謀是乾坤之大逆九廟之罪人非但貴妃不能庇卽陛下亦不能庇也借劍尚方請自臣始或別有主謀無與國泰事請令國泰自任凡皇太子皇長孫起居悉屬國泰保護稍有疎虞罪卽坐之則臣與在廷諸臣亦願陛下保全國泰身無替恩禮若國泰畏有連引預熒惑聖聰久稽廷訊或潛散黨與俾之遠逃或陰斃張差以冀滅口則罪愈不容誅矣惟聖明裁察疏入帝大怒欲罪之念事已有跡恐益致人言而吏部先以士晉爲東林黨擬出爲浙江僉事候命三年未下至是帝急簡部疏命如前擬吏部言闕官已補請改命帝不許命調前補者吏部又以士晉積資已深秩當參議帝怒切責尚書奪郎中以下俸士晉之官四年移廣西參議光宗立擢尚寶少卿遷太僕天啟二年以右僉都御史巡撫廣西安南入犯督將吏屢擊却之四年擢兵部右侍郎總督兩廣軍務兼巡撫廣東明年四月魏忠賢大熾爭挺擊者率獲罪御史田景新希旨詆叛臣安邦彥賄士晉十萬金阻援兵遂除士晉名徵賄助餉士晉憤鬱而卒有司徵贓急家人但輸數百金產已罄會莊烈帝立獲免復官賜恤陸大受字凝遠武進人萬曆三十五年進士授行人屢遷戶部郎中福王將之國詔賜莊田四萬頃大受請大減田額因劾鄭國泰驕恣亂法狀疏留中王之寀發張差事大受抗疏言青宮何地張差何人敢白晝持梃直犯儲蹕此乾坤何等時耶業承一內官何以不知其名業承一大第何以不知其所彼三老三太互相表裏而霸州武舉高順寧者今皆匿於何地奈何不嚴禁而速斷耶戶部主事蒲州張庭者大受同年生也亦上言奸人突入大內狙擊青宮陛下宜何如震怒立窮主謀乃廷臣交章一無批答何也君側藏奸上下蒙蔽皆由陛下精神偏注皇太子召見甚稀而前此冊立選婚及近時東宮出講郭妃卜葬諸事陛下皆弗勝遲回强而後可彼宦寺者安得不妄生測度陰蓄不逞以僥倖於萬一哉皆不報大受尋出爲撫州知府以淸潔著聞居二年徐紹吉韓浚以京察奪其官庭再遷郎中被齮齕引退抑鬱以死又有聞喜李倖者爲刑部郎中當諸司會鞫時張差語涉逆謀郎中胡士相等相顧不敢錄倖力爭乃得入獄詞遂爲鄭氏黨所惡及遷鳳翔知府諸黨人以言僞之竟不敢之任後復中以京察卒於家天啟初御史張愼言方震孺魏光緒楊新期交章訟三人冤乃贈庭倖光祿寺少卿大受起補韶州已都御史高攀龍請加庭倖廕諡不果大受未幾卒

王德完字子醇廣安人萬曆十四年進士選庶吉士改兵科給事中西陲失事德完言諸邊歲糜餉數百萬而士氣日衰戎備日廢者以三蠹未除二策未審也何爲三蠹一曰欺邊吏罔上也二曰徇市賞增額也三曰虛邊防鮮實也何謂二策有目前之策有經久之策謹守誓盟苟免搏噬此計在目前大修戰具令賊不敢窺邊則百年可保無事此計在經久今經畧鄭洛主款巡撫葉夢熊又言戰邊臣不協安望成功帝爲飭二臣石星爲本兵德完上十議以規時帝納之已請裁李成梁父子權劾褫黔國公沐昌祚冠服罷巡撫朱孟震賈待問郭四維少卿楊四知趙卿又發廣東總督劉繼文總兵官李棟等冒功罪半歲章數十上率軍國大計累遷戶科都給事中上籌畫邊餉議言諸邊歲例弘正間止四十三萬至嘉靖則二百七十餘萬而今則三百八十餘萬惟力行節儉足以補救蓋耗蠹之弊外易剔而內難除宜嚴劾內府諸庫汰其不急又加意屯田鹽法外開其源而內節其流庶幾國用可足時弗能用倭寇入躪朝鮮再議封貢德完言封則必貢貢則必市是沈惟敬誤經畧經畧誤總督總督誤本兵本兵誤朝廷也後封果不成德完尋以疾歸二十八年起任工科極陳四川採木榷稅及播州用兵之患又言三殿未營不宜復興元殿龍舟之役皆不報已劾湖廣稅使陳奉四大罪再疏極論謂奉必激變奉果爲楚人所攻僅以身免尋因禱雨言今出虎兕以噬羣黎縱盜賊而吞赤子幽憤沉結叩訴無從故雨澤緣天怒而屯螟螣因人妖而出願盡撤礦稅之使釋逮繫之臣省愆贖過用弭災變不報四川妖人韓應龍奏請榷鹽採木尋甸知府蔡如川趙州知州甘學書以忤稅使被逮德完皆力爭復劾山東稅使陳增畿輔稅使王虎罪不報已極陳國計匱乏言近歲寧夏用兵費百八十餘萬朝鮮之役七百八十餘萬播州之役二百餘萬今皇長子及諸王子冊封冠婚至九百三十四萬而袍服之費復二百七十餘萬冗費如此國何以支因請減織造止營建亟完殿工停買珠寶愼重採辦大發內帑語極切至帝亦不省時帝寵鄭貴妃疎皇后及皇長子皇長子生母王恭妃幾殆而皇后亦多疾左右多竊意后崩貴妃卽正中宮位其子爲太子中允黃輝皇長子講官也從內侍微探得其狀謂德完曰此國家大事旦夕不測書之史冊謂朝廷無人德完乃屬輝具草十月上疏言道路喧傳謂中宮役使僅數人伊鬱致疾阽危弗自保臣不勝驚疑宮禁嚴祕虛實未審臣卽愚昧決知其不然第臺諫之官得風聞言事果中宮不得於陛下以致疾與則子於父母之怨當號泣幾諫果陛下眷遇中宮有加無替與則子於父母之謗當昭雪辨明衡是兩端皆難緘默敢效漢朝袁盎却坐之議陳其愚誠疏入帝震怒立下詔獄拷訊尚書李戴御史周盤等連疏論救忤旨切責御史奪俸有差大學士沈一貫力疾草奏爲德完解帝亦不釋旋廷杖百除其名復傳諭廷臣諸臣爲皇長子耶抑爲德完耶如爲皇長子愼無擾瀆必欲爲德完則再遲冊立一歲廷臣乃不復言然帝自是懼外廷議論眷禮中宮始終無間矣光宗立召爲太常少卿俄擢左僉都御史天啟元年京師獲間諜詞連司禮中官盧受德完請出受南京初德完直聲震天下及居大僚持論每與鄒元標等異楊鎬李如禎喪師論死廷臣急欲誅之德完乃上疏請酌公論或遣戍立功或卽時正辟蓋設兩途以俟帝寬之且因薦順天府丞邵輔忠通政參議吳殿邦以兩人嘗力攻李三才也疏出果寬鎬等於是給事中魏大中再疏論之德完亦力辨帝爲詰責大中事乃已德完尋進戶部右侍郎給事中朱欽相倪思輝言事獲罪疏救之明年遷左亡何卒官其後輔忠殿邦以黨逆敗僉爲德完惜之

蔣允儀字聞韶宜興人萬曆四十四年進士授桐鄉知縣移嘉興天啟二年擢御史時廣寧已失熊廷弼王化貞俱論死而兵部尚書張鶴鳴如故糾之者反獲譴允儀不平疏直其同罪佚罰因言近言官稍進苦口輒見齟齬遷謫未已申之戒諭使諸臣不遵明諭而引裾折檻以甘斥逐天下事猶可爲也使諸臣果遵明諭而箝口結舌以保祿位天下事尚忍言哉頃者恒暘不雨二麥無秋皇上於宮中祈禱反得冰雹之災變不虛生各以類應夫以坤維之厚重而震撼於妖孽以鬚眉之丈夫而交關於婦寺以籍叢煬竈之奸而托之奉公潔己是皆陰脅陽之徵也報聞鶴鳴旣屢被劾因詆劾者爲羣奸朋謀而反與前尚書黃嘉善崔景榮並以邊功晉宮保允儀益憤言鶴鳴旣以斬級微功邀三次之賞卽當以失地大罪伏不赦之辜且以七百里之榆關兼旬而後至畏縮無丈夫氣偃蹇無人臣禮猶且靦顏哆口評經撫功罪若身在功罪外者陛下試問鶴鳴爲本兵功罪殺於邊臣今日經撫俱論辟鶴鳴應得何罪又問鶴鳴舊日經撫俱論辟嘉善景榮應得何罪赫然震怒論究如法庶封疆不致破壞帝不用會議紅丸事力詆方從哲請盡奪官階祿廕其黨惡之徐州舊設參將山東盜熾以允儀請改設總兵尋疏論四川監司周著林宰徐如珂等功請優敘而劾總督張我續退縮請罷斥不從踰月請杜傳宣愼爵賞免立枷除苛政且言向者丁巳之察凡抗論國本繫籍正人者莫不巧加羅織陰邪盛而陽氣傷致有今日之禍今計期已迫願當事者早伐邪謀亟培善類疏入魏忠賢劉朝輩皆不悅以丁巳主察之人不指名直奏責令置對允儀言丁巳主察者鄭繼之李誌也考功科道則趙士諤徐紹吉韓浚也當日八法之處分臺省之例轉大僚之拾遺黑白顚倒私意橫行凡抗論建藩催請之國保護先帝有功國本者靡不痛加摧抑必欲敗其名錮其身盡其倫類而後快於是方從哲獨居政府亓詩教趙興邦等分部要津凡疆圉重臣皆賄賂請托而得如李維翰楊鎬熊廷弼李如柏如楨何一不出其保舉迨封疆破壞囹圄充塞而此輩宴然無恙臣所以痛心遺事追恨前此當軸之人也中旨將重譴允儀以大學士葉向高言停俸半歲已復因災祲上言內降當停內操當罷陵工束手非所以展孝思直臣久廢非所以光聖德東南杼柚已空重以屢次之加派金吾冒濫已極加以非分之襲封聖心一轉移天下無不順應區區修禳虛文安能格上穹哉帝不能用巡按陝西條上籌邊八事太常少卿王紹徽家居與里人馮從吾不協允儀重從吾薄紹徽魏忠賢擢紹徽佐都察院用事五年允儀還朝卽出爲湖廣副使其冬又使給事中蘇兆先劾其爲門戶渠魁遂削籍崇禎元年薦起御史言奸黨王紹徽搦黜將錄獻之逆奄其後效之者有同志天監盜柄諸錄淸流遂芟刈無遺乞加削奪爲傾陷忠良之戒從之其冬掌河南道事陳計吏八則明年佐都御史曹于汴大計京官貶黜者二百餘人坐不謹者百人仕路爲淸尋擢太僕少卿四年六月以右僉都御史撫治鄖陽諸府標兵止五百餉六千不及一大郡監司且承平久人不知兵而屬城率庫薄無守具六年流賊將窺湖廣兵部令移鎭襄陽鄖

陽益虛其冬賊大至陷鄖西上津明年陷房縣保康允儀兵少不能禦上章乞援且請罪會賊入川鄖得少綏中官陳大金與左良玉來援副使徐景麟見其多攜婦女疑爲賊用礮擊之士馬多死大金怒訴諸朝命逮景麟責允儀陳狀已而并逮允儀下獄戍邊而以盧象昇代十五年御史楊爾銘給事中倪仁禎相繼論薦未及用而卒

鄒維璉字德輝江西新昌人萬曆三十五年進士授延平推官耿介有大節巡撫袁一驥以私憾摭布政竇子偁罪維璉以去就爭監司欲爲一驥建生祠維璉抗詞力阻行取授南京兵部主事進員外郎遼左用兵疏陳數事尋以憂去天啟三年起官職方進郎中刑部主事譚謙益薦妖人宋明時能役神兵復遼左地魏忠賢陰主之維璉極言其妖妄忠賢怒矯旨譙責海內方用師將帥悉賄進職方尤冗穢維璉素清嚴請寄皆絕因極論債帥之弊識切中官大臣吏部尚書趙南星知其賢調爲稽勳郎中時言路橫恣凡用吏部郎必咨其同鄉居言路者給事中傅櫆陳良訓章允儒以南星不先咨己大怒共詬誶維璉及維璉調考功櫆等益怒交章力攻又以江西有吳羽文例不當用兩人迫羽文去以窘辱維璉維璉憤拜疏求罷即日出城疏中以章惇攻蘇軾蔡京逐司馬光爲言櫆等愈怒櫆遂顯攻魏大中左光斗以及維璉自是朝端水火諸賢益不安其位矣維璉欲去不得詔留視事乃嚴覈官評無少假借楊漣劾魏忠賢被旨切責維璉抗疏曰忠賢大姦大惡罄竹難書陛下憐其小信小忠不忍割棄豈知罪惡既盈即不忍不可得漢張讓趙忠靈帝以父母稱之唐田令孜僖宗亦以阿父稱之我朝王振曹吉祥劉瑾亦嘗寵之羣臣之上有一人老死牖下獲保富貴哉今陛下以太阿授忠賢非所以爲宗社計亦非所以爲忠賢計也若夫黃扉元老九列巨卿安可自處於商輅劉健韓文下疏入責其瀆奏崔呈秀坐贓被劾維璉論戍邊諸媚璫者力別其是非請託拒不聽諸逆黨交憾及趙南星去國維璉顧與俱去忠賢即放歸無何張訥劾南星追論維璉調部非法詔削籍復搆入汪文言獄下吏戍貴州崇禎初起南京通政參議就遷太僕少卿疏陳卜相久任納言議謚籌兵五事五年二月擢右僉都御史代熊文燦巡撫福建海寇劉香亂遺遊擊鄭芝龍擊破之海外紅夷據彭湖挾互市後徙臺灣漸泊廈門維璉屢檄芝龍防遏之不聽明年夏芝龍勦賊福寧紅夷乘間襲陷廈門城大掠維璉急發兵水陸進芝龍亦馳援焚其三舟官軍傷亦衆寇乃泛舟大洋轉掠青港荆嶼石潯諸將禦之銅山連戰數日始敗去維璉在事二年勞績甚著會當國者溫體仁輩雅忌維璉而閩人官京師者騰謗於朝竟坐是罷官八年春敘却賊功詔許起用旋召拜兵部右侍郎遘疾不赴卒於家吳羽文既謝病歸至崇禎六年始復出歷考功文選郎中帝以積疑吏部有私選郎十一人譴黜大半遷者三人而已羽文痛絕諸弊數與溫體仁牴牾賊毀皇陵有詔肆赦體仁令刑部尚書馮英以逆案入詔內羽文執止之而議起錢龍錫李邦華等偵事者誣羽文納二人賕下獄羽文用高鳳翔爲大名知府鳳翔故嘗坐小罰言者復謂其徇私坐謫戍侍郎吳甡等交薦復官未赴卒羽文字長卿南昌人萬曆四十一年進士

贊曰王汝訓諸人建言挺謇諤之節洊歷卿貳不隕厥問余懋學之言十蠹有以哉鄒維璉抗魏奄拒逆黨僅坐謫戍幸矣

明史卷二百三十六　　列傳第一百二十四

總裁官總理事務經筵講官少保兼太子太保保和殿大學士兼管吏部戶部尚書加六級臣張廷玉等奉敕修

李植羊可立　江東之

湯兆京　金士衡

王元翰　孫振基子必顯

丁元薦于玉立　李朴

夏嘉遇

李植字汝培父承式自大同徙居江都官福建布政使植舉萬曆五年進士選庶吉士授御史十年冬張居正卒馮保猶用事其黨錦衣指揮同知徐爵居禁中爲閱章奏擬詔旨如故居正黨率倚爵以自結於保爵勢益張而帝雅銜居正保未有以發御史江東之首暴爵奸并言兵部尚書梁夢龍與爵交驩以得吏部宜斥帝下爵獄論死夢龍罷去植遂發保十二大罪帝震怒罪保植東之由是受知於帝明年植巡按畿輔請寬居正所定百官乘驛之禁從之帝用禮部尚書徐學謨言將卜壽宮於大峪山植扈行閱視謂其地未善欲偕東之疏爭不果明年植還朝時御史羊可立亦以追論居正受帝知三人更相結亦頗引吳中行趙用賢沈思孝爲重執政方忌中行用賢且心害植三人寵會爭御史丁此呂事及論學謨卜壽宮之非與申時行等相拄卒被斥去初兵部員外郎嵇應科山西提學副使陸檄河南參政戴光啟爲鄉會試考官私居正子嗣修懋修敬修居正敗此呂發其事又言禮部侍郎何雒文代嗣修懋修撰殿試策而侍郎高啟愚主南京試至以舜亦以命禹爲題顯爲勸進大學士申時行余有丁許國皆嗣修等座主也言考官止據文藝安知姓名不宜以此爲罪請敕吏部覈官評以定去留尚書楊巍議黜雒文改調應科檄留啟愚光啟而言此呂不顧經旨陷啟愚大逆此呂坐謫植東之及同官楊四知給事中王士性等不平交章劾巍語侵時行東之疏言時行以二子皆登科不樂此呂言科場事巍雖庇居正實媚時行時行巍並求去帝欲慰留時行召還此呂以兩解之有丁國言不諱此呂無以安時行巍心國反覆詆言者生事指中行用賢爲黨中行用賢疏辨求去語皆侵國用賢語尤峻國避位不出於是左都御史趙錦副都御史石星尚書王遴潘季馴楊兆侍郎沈鯉陸光祖舒化何起鳴褚鈇大理卿溫純及都給事中齊世臣御史劉懷恕等極論時行國巍不宜去主事張正鵠南京郎中汪應蛟御史李廷彥蔡時鼎黃師顏等又力攻請留三臣者之失中行亦疏言律禁上言大臣德政邇者襲請留居正遺風輔臣辭位羣起奏留贊德稱功聯章累牘此諂諛之極甚可恥也祖宗二百餘年以來無諫官論事爲吏部劾罷者則又壅蔽之漸不可長也帝竟留三臣責言者如錦等指其後啟愚卒爲南京給事中劉一相劾去時行亦不能救也帝追讐居正甚以大臣陰相庇獨植東之可立能發其奸欲驟貴之風示廷臣一相又劾錦衣都督劉守有匿居正家資帝乃諭內閣黜守有超擢居正所抑邱橓余懋學趙世卿及植東之凡五人時行等力爲守有解言橓等不宜驟遷帝重違大臣意議雖寢心猶欲用植等頃之植劾刑部尚書潘季馴朋黨奸逆誣上欺君季馴坐削籍帝遂手詔吏部擢植太僕少卿東之光祿少卿可立尚寶少卿並添註廷臣益忌植等十三年四月旱御史蔡系周言古者朝有權臣獄有冤囚則旱植數爲人言至尊呼我爲兒每觀沒入寶玩則喜我其無忌憚如此陛下欲雪枉而刑部尚書之枉先不得雪今日之旱實由於植又曰植迫欲得中行柄國以善其後中行迫欲得植秉銓而騁其私倘其計得行勢必盡毒善類今日旱災猶其小者其他語絕狂誕所稱尚書謂季馴也疏上未報御史龔懋賢孫愈賢繼之東之發憤上疏曰思孝中行用賢及張岳鄒元標數臣忠義天植之死不移臣實安爲之黨樂從之遊今指植與交歡爲黨則植猶未若臣之密願先罷臣官不允可立亦抗言奸黨懷馮張私惠造不根之辭以傾建言諸臣勢不盡去臣等不止乞罷職章下內閣時行等請詰可立奸黨主名帝仍欲兩爲之解寢閣臣奏而敕都察院自今諫官言事當顧國家大體毋以私滅公犯者必罪植東之求去不許給事御史齊世臣吳定等交章劾可立不當代植辨報曰朕方憂旱諸臣何紛爭乃已七月御史龔仲慶又劾植中行思孝爲邪臣帝惡其排擠出之外世臣及御史顧鈐等連章論救不聽是時竟用學謨言作壽宮於大峪山八月役既興矣大學士王錫爵植館師東之可立又嘗特薦之於朝錫爵故以面折張居正爲時所重三人念時行去錫爵必爲首輔而壽宮地有石時行以學謨故主之可用是罪也乃合疏上言地果吉則不宜有石有石則宜奏請改圖乃學謨以私意主其議時行以親故贊其成今鑿石以安壽宮者與曩所立表其地不一朦朧易徙若變棋然非大臣謀國之忠也時行奏辨言車駕初閱時植東之見臣直盧力言形龍山不如大峪今已二年忽翻此議其借事傾臣明甚帝責三人不宜以葬師術責輔臣奪俸半歲三人以明習葬法薦侍郎張岳太常何源兩人方疏辭錫爵忽奏言恥爲植三人所引義不可留因具奏不平者八事大畧言張馮之獄上志先定言者適投其會而輙自附於用賢等攀鱗折檻之黨且謂舍建言別無人品建言之中舍採摭張馮舊事別無同志以中人之資乘一言之會超越朝右日尋戈矛大臣如國巍化輩曩嘗舉爲正人一言相左日謀剚刃皆不平之大者御史韓國楨給事中陳與郊王敬民等因迭攻植等帝下敬民疏貶植戶部員外郎東之兵部員外郎可立大理評事張岳以諸臣紛爭具疏評其賢否頗爲植東之可立地請令各宣力一方以全終始於時行國錫爵巍化光祖世臣定愈賢皆襃中寓刺而力詆季馴懋賢系周仲慶惟中行用賢思孝無所譏貶帝責岳頌美大臣且支蔓不足定國是岳坐免帝猶以植言壽宮有石數十丈如屏風其下皆石恐寶座將置於石上閏月復躬往視之終謂大峪吉遂謫三人於外御史柯梴因自言習葬法力稱大峪之美獲督南畿學政而植同年生給事中盧逵亦承風請正三人罪士論唾之植東之可立自以言事見

知未及三歲而貶植得綏德知州旋引疾歸居十年起沅州知州屢官右僉都御史巡撫遼東時二十六年也植墾土積粟得田四萬畝歲穫糧萬石戶部推其法九邊以倭寇退請因師旋選主客銳卒驅除宿寇恢復舊遼陽詔下總督諸臣詳議不果行奏稅監高淮貪暴請召還不報後淮激變委阻撓罪於植植疏辨乞休帝慰留之明年錦義失事巡按御史王業弘劾植及諸將失律植以却敵聞且詆業弘業弘再疏劾植欺蔽詔解官聽勘勘已命家居聽用竟不召卒贈兵部右侍郎可立汝陽人由安邑知縣爲御史與植等並擢已由評事謫大名推官終山東僉事

江東之字長信歙人萬曆五年進士由行人擢御史首發馮保徐爵奸受知於帝僉都御史王宗載嘗承張居正指與于應昌共陷劉臺東之疏劾之故事御史上封事必以副封白長官東之持入署宗載迎謂曰江御史何言曰爲死御史鳴冤問爲誰曰劉臺也宗載失氣反走遂與應昌俱得罪東之出視畿輔屯政奏駙馬都尉侯拱宸從父豪奪民田寘於理先是皇子生免天下田租三之一獨不及皇莊及勛戚莊田東之爲言減免如制還朝擢光祿少卿改太僕坐爭壽宮事與李植羊可立皆貶東之得霍州知州以病免久之起鄧州進湖廣僉事三遷大理寺右少卿二十四年以右僉都御史巡撫貴州擊高砦叛苗斬首百餘級京察被劾免官復以遣指揮楊國柱討楊應龍敗績事黜爲民憤恨抵家卒東之官行人時刑部郎舒邦儒闔門病疫死遺孤一歲人莫敢過其門東之經紀其喪提其孤歸乳之舒氏卒有後

湯兆京字伯閎宜興人萬曆二十年進士除豐城知縣治最徵授御史連劾禮部侍郎朱國祚薊遼總督萬世德帝不問巡視西城貴妃宮閹豎塗辱禮部侍郎敖文禎兆京彈劾杖配南京時礦稅繁興奸人競言利有謂開海外機易山歲可獲金四百萬者有請徵徽寧諸府契稅粥高淳諸縣草場者帝意俱嚮之兆京偕同官金忠士史學遷溫如璋交章力諫不報出按宣府大同請罷稅使張曅礦使王虎王忠亦不納掌河南道佐孫丕揚典京察所譴黜皆當而被黜者之黨爭相攻擊兆京亦十餘疏應之其詞直卒無以奪也詳具丕揚傳中尋出按順天諸府守陵中官李浚誣軍民盜陵木逮繫無虛日兆京按宣府時奏之浚亦誣訐兆京帝遣使按驗事已白而諸被繫者猶未釋兆京悉縱遣之東廠太監盧愛縱其下橫都市兆京論如法還復掌河南道福王久不之國兆京倡給事御史伏闕固請卒不得命南京缺提學御史吏部尚書趙煥調浙江巡按呂圖南補之尋以年例出三御史於外皆不咨都察院兆京引故事爭圖南之調爲給事中周永春所劾棄官歸兆京及御史王時熙汪有功爲圖南申雪語侵永春并及煥二人連章辨兆京亦爭之強帝欲安煥爲稍奪兆京俸兆京以不得其職拜疏徑歸御史李邦華周起元孫居相遂助兆京攻煥帝亦奪其俸然煥亦引去兆京居官廉正遇事慷慨其時黨勢已成正人多見齮齕兆京力維持其間清議倚以爲重屢遭排擊卒無能一言汚之者天啟中贈太僕少卿

金士衡字秉中長洲人父應徵雲南參政以廉能稱士衡舉萬曆二十年進士授永豐知縣擢南京工科給事中疏陳礦稅之害言曩者採於山榷於市今則不山而采不市而榷矣刑餘小醜市井無藉安知遠謀假以利柄貪饕無厭楊榮啟釁於麗江高淮肆毒於遼左孫朝造忠於石嶺其尤著者也今天下水旱盜賊所在而有蕭碭豐沛間河流決隄居人爲魚鱉乃復橫征巧取以蹙之獸窮則攫鳥窮則啄禍將有不可言者甘肅地震復上疏曰往者湖廣氷雹順天晝晦豐潤地陷四川星變遼東天鼓震山東山西則牛妖人妖今甘肅天鳴地裂山崩川竭矣陛下明知亂徵而泄泄從事是以天下戲也因極言邊糈告匱宜急出內帑濟餉罷撤稅使毋事掊克引鹿臺西園爲戒帝皆不聽南京督儲尚書王基雲南巡撫陳用賓拾遺被劾給事中錢夢皐御史張以渠等考察被黜爲沈一貫所庇帝皆留之士衡疏爭侍郎周應賓黃汝良李廷機當預推內閣士衡以不協人望抗章論姜士昌宋燾言事得罪並申救之給事中王元翰言軍國機密不宜抄傳詔併禁章奏未下者由是中朝政事四方寂然不得聞士衡力陳其非便疏多不行帝召王錫爵爲首輔以被劾奏辨語過憤激士衡馳疏劾之尋擢南京通政參議時元翰及李三才先後爲言者所攻士衡並爲申雪三十九年大計京官掌南察者南京吏部侍郎史繼偕齊楚浙人之黨也與孫丕揚北察相反凡助三才元翰者悉斥之士衡亦謫兩浙鹽運副使不赴天啟初起兵部員外郎累遷太僕少卿引疾去卒於家先是楊應龍伏誅貴州宣慰使安疆臣邀據故所侵地總督王象乾不許士衡遂劾象乾起釁後象乾弟象恒巡撫蘇松以兄故頗銜士衡廉知其清介狀稱說不置云

王元翰字伯舉雲南寧州人萬曆二十九年進士選庶吉士三十四年改吏科給事中意氣陵厲以諫諍自任時廷臣習偷惰法度盡弛會推之柄散在九列科道率推京卿每署數倍舊額而建言諸臣一斥不復大臣被彈率連章詆訐元翰悉疏論其非尋進工科右給事中巡視廠庫極陳惜薪司官多之害其秋上疏極言時事敗壞請帝昧爽視朝廷見大臣言官得隨其後日陳四方利病尋復陳時事言輔臣心膂也朱賡輔政三載猶未一覲天顏可痛哭者一九卿強半虛懸甚者闔署無一人監司郡守亦曠年無官或一人綰數符事不切身政自苟且可痛哭者二兩都臺省寥寥幾人行取入都者累年不被命庶常散館亦越常期御史巡方事竣遣代無人威令不行上下胥玩可痛哭者三被廢諸臣久淪山谷近雖奉詔敘錄未見連茹彙征苟更閱數年日漸銷鑠人之云亡邦國殄瘁可痛哭者四九邊歲餉缺至八十餘萬平居凍餒脫巾可虞有事怨憤死綏無望塞北之患未可知也京師十餘萬兵歲糜餉二百餘萬大都市井負販游手而已一旦有急能驅使赴敵哉可痛哭者五天子高拱深居所恃以通下情者祇章疏耳今一切高閣慷慨建白者莫不曰吾知無濟第存此議論耳言路惟空存議論世道何如哉可痛哭者六榷稅使者滿天下致小民怨聲徹天降災召異方且指殿工以爲名借停止以愚衆是天以回祿警陛下陛下反以回祿剝萬民也衆心離叛而猶不知變可痛哭者七郊廟不親則天地祖宗不相屬朝講不御則伏機隱禍不上聞古今未有如此而天下無事者且青宮輟講亦已經年親宦官宮妾而疏正人端士獨奈何不爲宗社計也可痛哭者八帝皆不省武定賊阿克作亂元翰上言克本小醜亂易平也至雲南大害莫甚貢金榷稅二事民不堪命至殺稅使而徵榷如故貢金請減反增益之衆心憤怒使亂賊假以爲名賊首縱擒減虐政不除滇之爲滇猶未可保也俄言礦稅之設本爲大工若捐內帑數百萬金工可立竣毋徒苦四方萬姓疏皆不報尋兩疏劾貴州巡撫郭子章等凡四人言子章曲庇安疆臣堅意割地貽西南大憂且嘗著婦寺論言人主當隔絕廷臣專與宦官宮妾處乃相安無患子章罪當斬不納先是廷推閣臣元翰言李廷機非宰相器已而黃汝良推吏部侍郎全天敘推南京禮部侍郎汝良廷機邑人天敘朱賡同鄉也元翰極論會推之弊譏切政府二人遂不用至是將推兩京兵部尚書蕭大亨孫鑛爲吏部尚書元翰亦疏論二人并言職方郎申用懋爲大亨謀主太常少卿唐鶴徵爲鑛謀主亦當斥尋因災異乞亟罷賡大亨及副都御史詹沂且言近更有二大變大小臣工志期得官不顧嗤笑此一變也陛下不恤人言甚至天地譴告亦悍然弗顧此又一變也有君心之變然後臣工之變因之在今日挽天地洪水寇賊之變易挽君心與臣工之變難又言陛下三十年培養之人才半掃除於申時行王錫爵半禁錮於沈一貫朱賡因薦鄒元標顧憲成等十餘人無何又劾給事中喻安性御史管橘敗羣叢穢皆不報掌廠內官王道不法疏暴其罪亦弗聽元翰居諫垣四年力持清議摩主闕抨貴近世服其敢言然銳意搏擊毛舉鷹鷙舉朝咸畏其口吏科都給事中陳治則與元翰不相能御史鄭繼芳其門人也遂劾元翰盜庫金尅商人貲奸贓數十萬元翰憤甚辨疏詆繼芳北鄙小賊語過激於是繼芳黨劉文炳王紹徽劉國縉等十餘疏並攻之而史記事胡忻史學遷張國儒馬孟禎陳于廷吳亮金士衡高節劉蘭輩則連章論救帝悉不省元翰乃盡出其筐篋舁置國門縱吏士簡括慟哭辭朝而去吏部坐擅離職守謫刑部檢校後孫丕揚主京察斥治則國縉等亦以浮躁坐元翰再貶湖廣按察知事方繼芳之發疏也即潛遣人圍守元翰家及元翰去所劾贓無有則謂寄之記事家兩黨分爭久不息而是時劾李三才者亦指其貪諸左右元翰者又往往左三才由是臣僚益相水火而朋黨之勢成矣天啟初累遷刑部主事魏忠賢亂政其黨石三畏劾之削籍莊烈帝即位復官將召用爲尚書王永光所尼元翰乃流寓南都十年不歸卒遂葬焉

孫振基字肖岡潼關衛人萬曆二十九年進士除莘縣知縣調繁安邱三十六年四月以治行徵與李成名等十七人當授給事中先除禮部主事四十年十月命始下振基得戶科時吏部推舉大僚每患乏才振基力請起廢韓敬者歸安人也受業宣城湯賓尹賓尹分校會試敬卷爲他考官所棄賓尹搜得之强總裁侍郎蕭雲舉王圖錄爲第一榜發士論大譁知貢舉侍郎吳道南欲奏之以雲舉圖資深嫌擠排前輩隱不發及廷對賓尹爲敬夤緣得第一人後賓尹以考察褫官敬亦稱病去事三年矣會進士鄒之麟分較順天鄉試所取童學賢有私於是御史孫居相并賓尹事發之下禮官會吏部都察院議顧不及賓尹事振基乃抗疏請並議未得

命禮部侍郎翁正春等議黜學賢謫之麟亦不及賓尹等振基謂議者庇之再疏論劾帝乃下廷臣更議御史王時熙劉策馬孟禎亦疏論其事而南京給事中張篤敬證尤力方賓尹之分較也越房取中五人他考官效之競相搜取凡十七人時賓尹雖廢中朝多其黨欲藉是寬敬正春乃會九卿趙煥及都給事中翁憲祥御史余懋衡等六十三人議坐敬不謹落職閒住御史劉廷元董元儒過庭訓敬同鄉也謂敬關節果眞罪非止不謹執不署名意欲遷延爲敬地正春等不從持初議上廷元遂疏劾之公議益憤振基居相篤敬及御史魏雲中等連章論列給事中商周祚亦敬同鄉議并罪道南孟禎以道南發奸不當罪再疏糾駁帝竟如廷元等言敕部更覈廷元黨亓詩教遂劾正春首鼠兩端正春尋引去會熊廷弼之議亦起初賓尹家居嘗奪生員施天德妻爲妾不從投繯死諸生馮應祥芮永縉輩訟於官爲建祠賓尹恥之後永縉又發諸生梅振祚宣祚朋淫狀督學御史熊廷弼素交歡賓尹判牒言此施湯故智欲藉雪賓尹前恥又以所司報永縉及應祥行劣杖殺永縉巡按御史荆養喬遂劾廷弼殺人媚人疏上徑自引歸廷弼亦疏辨都御史孫瑋議鐫養喬秩令廷弼解職候勘時南北臺諫議論方囂各有所左右振基孟禎雲中策及給事中李成名麻僖陳伯友御史李邦華崔爾進李若星潘之祥翟鳳翀徐良彥等持勘議甚力而篤敬及給事中官應震姜性吳亮嗣梅之煥亓詩教趙興邦御史黃彥士南京御史周遠等駁之疏凡數十上振基及諸給事御史復極言廷弼當勘斥應震等黨庇自是黨廷弼者頗屈帝竟納瑋言令廷弼解職其黨大恨吏部尙書趙煥者惟詩教言是聽乃以年例出振基及雲中時熙於外振基得山東僉事瑋亦引去振基勁直敢言居諫垣僅半歲數有建白既去科場議猶未定策復上疏極論而賓尹黨必欲十七人並罪以寬敬孫愼行代正春復集廷臣議仍坐敬關節而爲十七人昭雪疏竟留中賓尹敬有奧援外廷又多助之故議久不決篤敬復上疏論敬陰詆諸黨人諸黨人旋出之外并逐愼行旣而居相策引去之祥外遷孟禎不平疏言廷弼聽勘一事業逐去一總憲外轉兩言官矣獨介介於之祥敬科場一案亦去兩侍郎兩言官矣復斷斷於篤敬毋乃已甚乎孟禎遂亦調外凡與敬爲難者朝無一人敬由是得寬典僅謫行人司副踰七年而事始竣云振基到官尋以憂去卒於家子必顯字克孝萬曆四十四年進士官文選員外郎爲尙書趙南星所重天啓五年冬魏忠賢羅織清流御史陳睿謨劾其世投門戶遂削籍崇禎二年起驗封郎中移考功明年移文選尙書王永光雅不喜東林給事中常自裕因劾其推舉不當數事且詆以貪汙御史吳履中又劾其紊亂選法必顯兩疏辨帝不聽謫山西按察司經歷量移南京禮部主事道出柘城歸德適流賊來犯皆爲設守完其城一時推知兵歷尙寶司丞大理左寺丞十一年冬都城被兵兵部兩侍郎皆缺尙書楊嗣昌請不拘常格博推才望者遷補遂擢必顯右侍郎甫一月無疾而卒

丁元薦字長孺長興人父應詔江西僉事元薦舉萬曆十四年進士請告歸家居八年始謁選爲中書舍人甫期月上封事萬言極陳時弊言今日事勢可寒心者三饑民思亂也武備積弛也日本封貢也可浩歎者七征斂苛急也賞罰不明也忠賢廢錮也輔臣妬嫉也議論滋多也士習敗壞也褒功恤忠未備也坐視而不可救藥者二則紀綱人心也其所言輔臣專斥首輔王錫爵元薦座主也二十七年京察元薦家居坐浮躁論調閱十有二年起廣東按察司經歷移禮部主事甫抵官値京察事竣尙書孫丕揚力清邪黨反爲其黨所攻副都御史許弘綱故共掌察見羣小橫甚畏之亦疏請竣察典語頗示異羣小藉以攻丕揚察疏猶未下人情杌隉慮事中變然無敢言者元薦乃上言弘綱持議不宜前却并盡發諸人隱狀黨人惡之交章論劾無虛日元薦復再疏辨晰竟不安其身而去其後邪黨愈熾正人屛斥殆盡至有以六經亂天下語入鄉試策問者元薦家居不勝憤復馳疏闕下極詆亂政之叛高皇邪說之叛孔子者疏雖不報黨人益惡之四十五年京察遂復以不謹削籍天啓初大起遺佚元薦格於例獨不召至四年廷臣交訟其冤起刑部檢校歷尙寶少卿明年朝事大變復削其籍元薦初學於許孚遠已從顧憲成遊慷慨負氣遇事奮前屢躓無少挫通籍四十年前後服官不滿一載同郡沈㴶召入閣邀一見謝不往嘗過高攀龍請與交歡辭曰吾老矣不能涉嫌要津遽別去當東林浙黨之分浙黨所彈射東林者李三才之次則元薦與于玉立玉立字中甫金壇人萬曆十一年進士除刑部主事進員外郎二十年七月疏陳時政闕失言陛下寵幸貴妃宴逸無度恣行威怒鞭笞羣下宮人奄豎無辜死者千人夫人懷必死之心而使處肘腋房闥間倘因利乘便甘心一逞可不寒心田義本一奸豎陛下寵信不疑邇者奏牘或下或留推舉或用或否道路籍籍咸謂義簸弄其間蓋義以陛下爲城社而外廷之憸邪又以義爲城社黨合謀連其禍難量且陛下一惑於孌倖而數年以來問安視膳郊廟朝講一切不行至邊烽四起禍亂成形猶不足以動憂危之情奪晏安之習是君身之不修未有甚於今日者矣夫宮庭震驚而陛下若罔聞何以解兩宮之憂深拱禁中開釁緣之隙致邪孽侵權而陛下未察其奸何以杜旁落之漸萬國欽輩未嘗忤主而終於禁錮何以勵骨鯁之臣上下隔越國議軍機無由參斷而陛下稱旨下令終不出闈闥之間何以盡大臣之謀忠良多擯邪佞得名何以作羣臣之氣遠近之民皆疑至尊日求般樂不顧百姓塗炭何以繫天下之心因力言李如松麻貴不可爲大將鄭洛不當再起石星不堪爲本兵疏入不報尋進郎中謝病歸久之起故官康丕揚輩欲以妖書陷郭正域玉立獨左右之會有言醫人沈令譽實爲妖書者搜其篋得玉立與吏部郎中王士騏書中及其起官事帝方下吏部按問而玉立遽疏辨帝怒褫其官玉立倜儻好事海內建言廢錮諸臣咸以東林爲歸玉立與通聲氣東林名益盛而攻東林者率謂玉立遙制朝權以是詬病東林玉立居家久之數被推薦三十七年稍起光祿丞辭不赴言者猶齮齕不已御史馬孟禎抗章直之帝皆不省又三年以光祿少卿召終不出天啓初錄先朝罪譴諸臣玉立已前卒贈尙寶卿

李朴字繼白朝邑人萬曆二十九年進士由彰德推官入爲戶部主事四十年夏朴以朝多朋黨淸流廢錮疏請破奸黨錄遺賢因爲顧憲成于玉立李三才孫丕揚辨謗而薦呂坤姜士昌鄒元標趙南星帝不聽明年再遷郎中齊楚浙三黨勢盛稍持議論者羣譟逐之主事沈正宗賀烺皆與相忤坐貶官朴性戇積憤不平其年十二月上疏曰朝廷設言官假之權勢本責以糾正諸司舉刺非法非欲其結黨逞威挾制百僚排斥端人正士也今乃深結戚畹近侍威制大僚日事請寄廣納賂遺褻衣小車遨遊市肆狎比娼優或就飲商賈之家流連山人之室身則鬼蜮反誣他人此蓋明欺至尊不覽章奏大臣柔弱無爲故猖狂恣肆至於此極臣謂此輩皆可斬也孫瑋湯兆京李邦華孫居相周起元各爭職掌則羣攻之今或去或罰惟存一居相猶謂之黨夫居相一人耳何能爲彼浙江則姚宗文劉廷元輩湖廣則官應震吳亮嗣黃彥士輩山東則亓詩教周永春輩四川則田一甲輩百人合爲一心以擠排善類而趙興邦輩附麗之陛下試思居相一人敵宗文輩百人孰爲有黨耶乃攻東林者今日指爲亂政明日目爲擅權不知東林居何官操何柄在朝列言路者反謂無權而林下投閒杜門樂道者反謂有權此不可欺三尺豎子而乃以欺陛下哉至若黃克纘贓私鉅萬已敗猶見留顧憲成清風百代已死猶被論而封疆坐死如陳用賓科場作奸如韓敬趨時鬻爵如趙煥殺人媚人如熊廷弼猶爲之營護爲之稱冤國典安在哉望俯察臣言立賜威斷先斬臣以謝諸奸然後斬諸奸以謝天下宗社幸甚疏奏臺諫皆大恨宗文等及其黨力詆并侵居相而一甲且羅織其贓私帝雅不喜言官得朴疏心善之會大學士葉向高方從哲亦謂朴言過當乃下部院議罰而朴再疏發亮嗣應震彥士一甲贓私及宗文廷元庇韓敬興邦媚趙煥狀且言詩教爲羣兇盟主實社稷巨蠹陛下尤不可不察帝爲下詔切責言官畧如朴指黨人益怒排擊無虛日侍郎李汝華亦以屬吏出位妄言劾朴部院議鐫朴三級調外任帝持不下至明年四月吏部奉詔起廢朴名預焉於是黨人益譁再起攻朴并及文選郎郭存謙存謙引罪攻者猶未已朴益憤復陳浙人空國之由追咎沈一貫詆宗文及毛一鷺甚力以兩人皆浙產也頃之又再疏劾宗文一鷺及其黨董定策等帝皆置不問其年六月始用閣臣言下部院疏謫朴州同知自後黨人益用事遂以京察落其職天啓初起用歷官參議卒贈太僕少卿魏忠賢竊柄御史安伸追論詔奪其贈崇禎初復焉

夏嘉遇字正甫松江華亭人萬曆三十八年進士授保定推官四十五年用治行徵當擢諫職先注禮部主事帝久倦勤方從哲獨柄國碌碌充位中外章奏悉留中惟言路一攻則其人自去不待詔旨臺諫之勢積重不返有齊楚浙三方鼎峙之名齊則給事中亓詩教周永春御史韓浚楚則給事中官應震吳亮嗣浙則給事中姚宗文御史劉廷元而湯賓尹輩陰爲之主其黨給事中趙興邦張延登徐紹言商周祚御史駱駸曾過庭訓房壯麗牟志夔唐世濟金汝諧彭宗孟田生金李徵儀董元儒李嵩輩與相倡和務以攻東林排異己爲事其時考選久稽屢趣不下言路無幾人盤踞益堅後進當入爲臺諫者必鉤致門下以爲羽翼當事大臣莫敢攖其鋒詩教者從哲門生而吏部尙書趙煥鄉人也煥耄昏兩人一聽詩教詩教把持朝局爲諸黨人魁武進鄒

之麟者浙人黨也先坐事謫上林典簿至是爲工部主事附詩教浚求吏部不得大恨反攻之并詆從哲詩教怒煥爲黜之麟時嘉遇及工部主事鍾惺中書舍人尹嘉賓行人魏光國皆以才名當列言職詩教輩以與之麟善抑之俾不與考選以故嘉遇不能無怨四十七年三月遼東敗書聞嘉遇遂抗疏言遼左三路喪師雖緣楊鎬失策揆厥所由則以縱貸李維翰故夫維翰喪師辱國罪不容誅乃僅令回籍聽勘誰司票擬則閣臣方從哲也誰司糾駁則兵科趙興邦也參貂白鏹賂遺繹絡國典邊防因之大壞惟陛下立斷疏入未報從哲力辨嘉遇再疏劾之并及詩教於是詩教與邦及亮嗣延登壯麗輩交章力攻詩教謂嘉遇不得考選故挾私狂逞嘉遇言詩教於從哲一心擁戴相倚爲奸凡枚卜考選諸大政百方撓阻專務壅蔽過絕主聰遂致綱紀不張戎馬馳突臣竊痛之今內治盡壞縱曰議兵食談戰守究何益於事故臣爲國擊奸冀除禍本雖死不避尙區區計升沉得喪哉時興邦以右給事中掌兵科先有旨俟遼東底寧從優敘錄至是以嘉遇連劾吏部遂立擢爲太常少卿嘉遇益憤疏言四路奏功興邦必將預其賞則今日事敗興邦安得逃其罰且不罰已矣反從而超陟之是臣彈章適爲薦剡國家有如是法紀哉疏奏諸御史復合詞攻嘉遇嘉遇復疏言古人有云見無禮於君者逐之如鷹鸇之逐鳥雀也詩教興邦謂臣不得臺諫而怒夫爵位名秩操之天子人臣何敢干必如所言是考選予奪二臣實專之此無禮於君者一事寧優敘非明旨乎乃竟蔑而棄之此無禮於君者二魏光國疏論詩教爲通政沮格夫要截實封者斬自來奸臣不敢爲而詩教爲之此無禮於君者三二奸每事請託一日以七事屬職方郎楊成喬成喬不聽遂逐之去詩教以舊憾欲去其鄉知府考功郎陳顯道不從亦逼之去夫吏兵二部天子所以馭天下也而二奸敢侵越之此無禮於君者四有臣如此臣義豈與俱生哉先是三黨諸魁交甚密後齊與浙漸相貳布衣汪文言者素遊黃正賓于玉立之門習知黨人本末後玉立遣之入都益悉諸黨人所爲策之曰浙人者主兵也齊楚則應兵成功之後主欲逐客矣然柄素在客未易逐此可構也遂多方設奇間之諸人果相疑而鄒之麟既見惡齊黨亦交鬬其間揚言齊人張鳳翔爲文選必以年例斥宗文廷元於是齊浙之黨大離及是嘉遇五疏力攻詩教輩亦窘而浙人唐世濟董元儒遂助嘉遇排擊自是亓趙之勢頓衰興邦竟不果遷自引去時論快焉光宗立嘉遇乞改南部就遷吏部員外郎天啟中趙南星秉銓召爲考功員外郎改文選署選事時左光斗魏大中以嘉遇與之麟韓敬同年相善頗疑之已見嘉遇公廉亦皆親善及陳九疇劾謝應祥語連嘉遇鐫三級調外語具南星傳未幾黨人張訥誣劾南星并及嘉遇遂除名尋鍛鍊光斗大中獄誣嘉遇嘗行賄逮訊論徒憤恨發病卒崇禎初贈太常少卿

贊曰李植江東之諸人風節自許矯首抗俗意氣橫厲抵排羣枉迹不違乎正而質之矜而不爭羣而不黨之義不能無疚心焉古之矜也廉今之矜也忿戾聖人所爲致慨於末世之益衰也

明史卷二百三十七　列傳第一百二十五

總裁官總理事務 經筵講官少保兼太子太保保和殿大學士兼管吏部戶部尚書事加六級張廷玉等奉

敕修

傅好禮　姜志禮

包見捷　田大益

馮應京何棟如 王之翰 卞孔時　吳宗堯

吳寶秀　華鈺王正志

傅好禮字伯恭固安人萬曆二年進士知涇縣治最入爲御史嘗陳時政請節游宴停內操罷外戚世封止山陵行幸又上崇實杜漸諸疏語皆剴直巡按浙江歲大侵條上荒政行部湖州用便宜發漕折銀萬兩易粟振饑民改按山東泰安州同知張壽朋當貶秩文選郎謝廷宷用爲永平推官謫州同知六品而推官七品也好禮馳疏劾其非制廷宷坐停俸壽朋改調好禮尋謝病歸召進光祿少卿改太常時稅使四出海內騷然二十六年冬奸民張禮等僞爲官吏羣小百十人分據近京要地稅民間雜物弗予捶至死好禮極論其害因言自朝鮮用兵饑民富者貧貧者死思亂已久奈何又虐征國家縱貧亦不當頭會箕斂括細民續命之脂膏況奸徒所得千萬輸朝廷者什一耳陛下何利爲之奏入四日未報復具疏請帝大怒傳旨鐫三級出之外大理卿吳定疏救帝益怒謫好禮大同廣昌典史定鐫三級調邊方言官復交章論救斥定爲民既而帝思好禮言下其疏命廠衞嚴緝逮禮等二十八人詔獄其害乃除好禮之官未幾請急歸家居十五年卒天啟中贈太常卿

姜志禮字立之丹陽人萬曆十七年進士歷建昌衢州推官入爲大理評事三十三年以囚多瘐死疏言犴狴之間一日斃十五人積日而計亦何紀極又況海內小民罹災祲而轉死溝壑及爲礦稅所羅織貂璫所攫噬含冤畢命者又復何限乞亟爲矜宥勿久淹繫且盡除礦稅毋使宵人竊弄魁柄賊虐烝黎不報歷刑部員外出爲泉州知府遷廣東副使並有聲進山東右參政分守登萊福王封國河南詔賜田二百萬畝跨山東湖廣境既之國遣中貴徐進督山東賦勢甚張志禮抗疏曰臣所轄二郡民不聊生且與倭鄰不宜有藩府莊田以擾茲土也明甚且自高皇帝迄今累十餘世封王子弟多矣有賜田二百頃延連數十郡者乎繼此而封尙有瑞惠桂三王也倘比例以請將予之乎不予之乎況國祚靈長久且未艾嗣是天家子姓各援今日故事以請臣恐方內土田不足共諸藩分裂也帝大怒貶三秩爲廣西僉事久之遷江西參議天啟三年由浙江副使入爲尙寶少卿尋進卿河南進玉璽魏忠賢欲志禮疏獻之志禮不可忠賢怒令私人劾其衰老遂乞休詔加太常少卿致仕已而削奪崇禎初復官志禮性淳樸所居多政績亦以行誼稱於鄉

包見捷雲南臨安衞人萬曆十七年進士改庶吉士授戶科給事中屢遷都給事中奸人李本立請採珠廣東帝命中官李敬偕往見捷極言其害不聽時小人蠭起言利千戶李仁請稅湖口商舟命中官李道往主簿田應璧請賣兩淮沒官餘鹽令稅使魯保兼理見捷等並力爭頃之令道保節制有司見捷又陳不便者數事皆不報益都知縣吳宗堯劾稅使陳增不法見捷因請盡罷礦稅無已先撤增還未幾天津稅使王朝死見捷請勿遣代忤旨切責以馬堂代朝見捷又劾堂保及浙江劉忠帝不納益遣高寀暨祿李鳳權稅於京口儀眞廣東並專敕行事又以奸人閻大經言命高淮徵稅遼東見捷等累請停罷至是言遼左神京肩臂視他鎭尤重奸徒敢爲禍首陛下不懲以三尺急罷開採則遼事必不可爲而國步且隨之矣遼東撫按及山海主事吳鍾英相繼爭皆不納時中外爭礦稅者無慮百十疏見捷言尤數帝心銜之居數日又率司官極論乃謫見捷貴州布政司都事餘停俸一年大學士沈一貫給事中趙完璧等先後論救完璧等亦坐停俸見捷尋引疾去三十四年起興業知縣累遷太僕少卿久之以右僉都御史巡撫江西光宗即位召拜吏部右侍郎明年卒官

田大益字博眞四川定遠人萬曆十四年進士授鍾祥知縣擢兵科給事中疏論日本封貢可虞又言東征之役在將士則當據今日之斬馘以論功在主帥則當視後日之成敗以定議時韙其言母喪除起補戶科二十八年十月疏言陛下受命日久驕泰乘之布列豺狼殄滅善類民無所措靡不蓄怨含憤覬一旦有事願陛下惕然警覺敬天地嚴祖宗毋輕臣工毋戕民命毋任閹人毋縱羣小毋務暴刻毋甘怠荒急改敗轍遵治規用保祖宗無疆之業未幾極陳礦稅六害言內臣務爲劫奪以應上求礦不必穴而稅不必商民間邱隴阡陌皆礦也官吏農工皆入稅之人也公私騷然脂膏殫竭向所謂軍國正供反致缺損卽令有司威以刀鋸祗足驅民而速之亂耳此所謂斂巧必蹶也陛下嘗以礦稅之役爲裕國愛民然內庫日進不已未嘗少佐軍國之需四海之人方反唇切齒而冀以計智甘言掩天下耳目其可得乎此所謂名僞必敗也財積而不用祟將隨之脫巾不已至於揭竿適爲奸雄睥睨之資此時雖家給人予亦且蹴之覆之而不可及矣此所謂賄聚必散也夫衆心不可傷也今天下上自簪纓下至耕夫販婦茹苦含辛搤擘側目而無所控訴者蓋已久矣一旦土崩勢成家爲讐人爲敵衆心齊倡而海內因以大潰此所謂怨極必亂也國家全盛二百三十餘年已屬陽九而東征西討以求快意上之蕩主心下之耗國脈二豎固而良醫走死氣索而大命傾此所謂禍遲必大也陛下矜奮自賢沈迷不返以豪璫奸弁爲腹心以金錢珠玉爲命脈藥石之言褎如充耳卽令逢干剖心皐夔進諫亦安能解其惑哉此所謂意迷難救也此六者今之大患臣畏死不言則負陛下陛下拒諫不納則危宗社願深察而力反之皆不報明年疏論湖廣稅監陳奉救僉事馮應京忤旨切責時武昌民以應京被逮羣聚鼓譟欲殺奉奉逃匿楚府以免大益因上言陛下驅率狼虎飛而食人使天下之人剝膚而吸髓重足而纍息以致天災地坼山崩川竭釁自上開憤由怨積奈何欲塗民耳目以自解釋謾曰權宜哉今楚人以奉故沈使者不返矣且欲甘心巡撫大臣矣中朝使臣不敢入境偵緹

急踰兩月矣四方觀聽惟在楚人臣意陛下必且曠然易慮立罷礦稅以靖四方奈何猶戀戀不能自割也夫天下至貴而金玉珠寶至賤也積金玉珠寶若泰山不可市天下尺寸地而失天下又何用金玉珠寶爲哉今四方萬姓見陛下遇楚事而無變志知禍必不解必且羣起爲變此時即盡戮諸璫以謝天下寧有濟耶帝怒留中又明年還兵科都給事中時兩京缺尚書三侍郎十科道九十四天下缺巡撫三布按監司六十六知府二十五大益力請簡補亦不聽三十一年江西稅監潘相請勘合符牒勿經郵傳巡按御史吳達可駁之不聽大益復守故事力爭竟如相請內使王朝嘗言近京采煤歲可獲銀五千乃率京營兵劫掠西山諸處煤戶洶洶朝以沮撓聞有旨逮治皆入都城訴失業狀沈一貫等急請罷朝且擬敕諭撫按未得命大益言國家大柄莫重於兵朝擅役禁軍請急誅爲無將之戒御史沈正隆給事中楊應文白瑜亦疏諫帝俱不納俄用中官陳永壽奏乃召朝還遼東稅監高淮擁精騎數百至都城大益言祖制人臣不得弄兵淮本掃除之役敢盜兵權包禍心罪當誅帝亦不問明年八月極陳君德缺失言陛下專志財利自私藏外絕不措意中外羣工因而泄泄君臣上下曾無一念及民空言相蒙人怨天怒妖祲變異罔不畢集乃至皇陵爲發祥之祖而災孝陵爲創業之祖而災長陵爲奠鼎之祖而亦災天欲蹶我國家章章明矣臣覩十餘年來亂政亟行不可枚舉而病源止在貨利一念今聖諭補缺官矣釋繫囚矣然礦稅不撤而羣小猶盜橫閭閻猶朘削則百工之展布實難而罪罟之羅織必衆缺官雖補繫囚雖釋曾何益哉陛下中歲以來所以掩聰明之質而甘蹈貪愚暴亂之行者止爲家計耳不知家之盈者國必喪如夏桀隕於瑤臺商紂焚於寶玉幽厲啓戎於榮夷桓靈絕統於私鬻德宗召難於瓊林道君兆禍於花石覆轍相仍昭然可鑒陛下邇來亂政不減六代之季一旦變生其何以託身於天下哉居月餘復以星變乞固根本設防禦罷礦稅帝皆不省又明年以久次添注太常少卿卒官大益性骨鯁守官無他營數進危言卒獲免禍蓋時帝倦勤上章者雖千萬言大率屏置勿閱故也

馮應京字可大盱眙人萬曆二十年進士爲戶部主事督薊鎮軍儲以廉幹聞尋改兵部進員外郎二十八年擢湖廣僉事分巡武昌漢陽黃州三府繩貪墨摧奸豪風采大著稅監陳奉恣橫巡撫支可大以下唯諾惟謹應京獨以法裁之奉掊克萬端至伐塚毀屋刳孕婦溺嬰兒其年十二月有諸生妻被辱訴上官市民從者萬餘哭聲動地蠭涌入奉廨諸司馳救乃免應京捕治其爪牙奉怒陽餉食而置金其中應京復暴之益慚恨明年正月置酒邀諸司以甲士千人自衞遂舉火箭焚民居民羣擁奉門奉遣人擊之多死碎其屍擲諸途可大噤不敢出聲應京獨抗疏列其九大罪奉亦誣奏應京撓命凌敕使帝怒命貶雜職調邊方給事中田大益御史李以唐等交章劾奉乞宥應京帝益怒除應京名是時襄陽通判邸宅推官何棟如棗陽縣知縣王之翰亦忤奉被劾詔宅之翰爲民棟如遣逮俄以都給事中楊應文論救遂并逮應京宅之翰三人頃之奉又誣劾武昌同知卞孔時抗拒孔時亦被逮緹騎抵武昌民知應京獲重譴相率痛哭奉乃大書應京名列其罪榜之通衢士民益憤聚數萬人圍奉廨奉窘逃匿楚王府遂執其爪牙六人投之江并傷緹騎詈可大助虐焚其府門可大不敢出奉潛遣參隨三百人引兵追逐射殺數人傷者不可勝計日已晡猶紛拏應京囚服坐檻車曉以大義乃稍稍解散奉匿楚府逾月不敢出亟請還京大學士沈一貫因極言奉罪請立代還言官亦爭以爲請帝未許俄江西稅監李道亦奏奉侵匿狀乃召還隸其事於承天守備杜茂頃之東廠奏緹騎有死者帝慍甚手詔內閣欲究主謀一貫言民心宜靜請亟遣重臣代可大拊循因以侍郎趙可懷薦帝乃褫可大官令可懷馳往未至可大已遣兵護奉行舟車相銜數里不絕可懷入境亦遣使護之奉得迤邐去應京之就逮也士民擁檻車號哭車不得行既去則家爲位祀之三郡父老相率詣闕訴冤帝不省吏科都給事中郭如星刑科給事中陳維春更連章劾奉帝怒謫兩人邊方雜職繫應京等詔獄拷訊久之不釋應京乃於獄中著書昕夕無倦三十二年九月星變修省廷臣多請釋繫囚於是應京及宅棟如獲釋之翰先瘐死而孔時繫獄如故應京志操卓犖學求有用不事空言爲淮西士人之冠出獄三年卒天啓初贈太常少卿謚恭節何棟如無錫人居官守正既爲奉所陷襄陽人赴闕訴冤不聽及出獄削籍歸家居十七年天啓初始起南京兵部主事會遼陽陷時議募兵棟如自請行遂齎帑金赴浙江得六千七百人甫至而廣寧復陷又自請出關視形勢乃進太僕少卿充軍前贊畫棟如志銳而才疎初在浙不能無浮費所募兵畏出關多逃亡及兩疏論熊廷弼王化貞功罪給事中蔡思充朱童蒙御史陳保泰遂交章劾之棟如疏辨因請非時考察京官用清朋黨朝貴大恨遂下詔獄榜掠備至五年秋坐贓戍滁陽崇禎初復官致仕卒王之翰絳州人官棗陽力阻開礦遂被逮拷死天啓初贈光祿少卿孔時既長繫廷臣救者數十上帝皆不省四十一年萬壽節葉向高復以爲言乃削籍放還熹宗立起南京刑部員外郎

吳宗堯字仁叔歙縣人萬曆二十三年進士授益都知縣性強項中官陳增以開礦至誣奏福山知縣韋國賢阻撓被逮削籍守令多屈節如屬吏宗堯獨具賓主禮增黨程守訓宗堯邑子也宗堯惡其奸不與通驛丞金子登說增開孟坵山礦宗堯叱其欺罔子登懼搆於增日徵千人鑿山多捶死又誣富民盜礦三日捕繫五百人二十六年九月宗堯盡發增不法事帝得疏意動持不下會給事中包見捷極論增罪請撤還帝責增令檢下見捷同官郝敬復請治增罪帝乃不悅責宗堯狂逞要名已而山東巡撫尹應元劾增背旨虐民二十罪帝遂發怒切責應元削宗堯籍敬復抗疏諫帝益怒奪俸一年井奪應元俸增遂劾宗堯阻撓礦務且令守訓誣訐之帝既遣逮治御史劉景辰給事中侯慶遠爭之不聽使者至民大譁欲殺增宗堯行民哭聲震地既至下詔獄拷訊繫經年禮部郎鮑應鰲等言於沈一貫曰南康守吳寶秀已得安居屬下宗堯何獨不然一貫揭入即釋爲民未幾卒天啓時贈光祿少卿賜祭錄一子

吳寶秀字汝珍平陽人萬曆十七年進士授大理評事歷寺正出爲南康知府湖口稅監李道橫甚寶秀不與通漕舟南還乘風揚帆入湖口道欲榷其貨遣卒急追之舟覆有死者道遣吏捕漕卒寶秀拒不發道怒劾寶秀及星子知縣吳一元青山巡檢程資阻撓稅務詔俱逮治給事中楊應文等請下撫按公勘大學士沈一貫吏部尚書李戴國子祭酒方從哲等交章爲言俱不報寶秀妻陳氏慟哭請偕行寶秀不可乃括餘貲及簪珥付其妾曰夫子行以爲路費夜自經死寶秀至京下詔獄大學士趙志皐上言頃臣臥病聞中外人情洶洶皆爲礦稅一事南康守吳寶秀逮繫時其妻至投繯自盡閭郡號呼幾成變亂事關民生向背宗社安危臣不敢以將去之身隱默而不言星子民陳英者方廬墓約儒士熊應鳳等走京師伏闕訟冤乞以身代於是撫按及南北諸臣論救者疏十餘上帝皆不省一日司禮田義彙諸疏進御前帝怒擲地義從容拾起復進之叩首曰閣臣跪候朝門外不奉處分不敢退帝怒稍平取閣臣疏命移獄刑部皇太后亦聞陳氏之死從容爲帝言至九月與一元等並釋爲民歸家踰年卒初南康士民建祠特祀陳氏後合寶秀祀之天啓中贈太僕少卿賜祭錄其一子

華鈺字德夫丹徒人萬曆二十三年進士授荊州推官稅監陳奉僕直馳府署中鈺笞之奉佯謝銜之刺骨奉所受敕止江稅乃故移之市又倍蓰征之稍與辨輒毆擊破面商賈怖匿負擔者不敢出其途鈺白御史嚴戢奉益恨奉欲榷沙市稅沙市人羣起逐之奉疑鈺所使已欲榷黃州團風鎭稅復爲鎭民所逐奉又疑經歷車重任教之遂上疏極論鈺重任阻撓罪并及巡按御史曹楷襄陽知府李商耕黃州知府趙文煥荊門知州高則巽等數十人帝切責楷貶商耕等三人官鈺重任皆被逮時二十七年八月也既至下鎭撫獄訊治俾引御史楷鈺堅不承繫獄中初吳宗堯吳寶秀皆不久即釋帝欲痛折辱以懼之於是鈺與馮應京王正志等先後十餘人悉長繫廷臣論救章數上皆不報獄中有鳥形類鶴而小怪鳴則逮者至一夕鳥鳴甚哀鈺起坐俟之則應京至居久之語鈺以主靜窮理之學日相與研究三十二年六月長陵災肆赦鈺與重任並釋爲民家居四年卒天啓中贈尚寶少卿賜祭錄一子王正志祥符人萬曆二十六年進士除富平知縣二十八年稅使梁永趙欽肆虐正志捕其黨李英杖殺之因極論二人不法罪欽亦以李英事訐奏帝怒命逮之給事中陳惟春言正志劾欽罪多宜提訊欽所劾正志事宜下撫按覈實免其逮繫御史李時華亦言近日所逮吳應鴻勞養魁蔡如川甘學書及正志等俱宜赦下撫按勘虛實不得以一人單詞枉害良善皆不報未幾梁永亦訐正志帝命諸抗違欺隱者悉指名劾奏重治之宦官益張長吏皆喪氣正志繫詔獄四年三十一年夏瘐死天啓時贈祭廕子皆如鈺自礦稅興中使四出跆藉有司謗書一聞駕帖立下二十四年則遼東參將梁心二十五年則山東福山知縣韋國賢二十六年則山東益都知縣吳宗堯二十七年則江西南康知府吳寶秀星子知縣吳一元山東臨清守備王煬二十八年則廣東新會在籍通判吳應鴻舉人勞養魁鍾聲朝梁斗輝雲南尋甸知府蔡如川趙州知州甘學書及正志二十九年則湖廣按察僉事馮應京襄陽通判邸宅推官何棟如棗陽知縣王之翰武昌同知卞孔時江西饒州通判陳奇可

三十年則鳳陽臨淮知縣林錝三十四年則陝西咸陽知縣宗時際三十五年則陝西咸寧知縣滿朝薦三十七年則遼東海防同知王邦才參將李獲陽皆幽繫詔獄久者至十餘年煬應鴻獲陽斃獄中其他削籍貶官有差至士民幽繫死亡者尤不可勝紀也

贊曰神宗二十四年軍府千戶仲春請開礦助大工遂命戶部錦衣官各一人同仲春開採給事中程紹言嘉靖中採礦費帑金三萬餘得礦銀二萬八千五百得不償失因罷其役給事中楊應文繼言之皆不納由是卑秩冗僚下至市井黠桀奮起言利而璫使四出毒流海內民不聊生至三十三年乃罷嗣是軍興徵發加派再三府庫未充膏脂已竭明室之亡於是決矣

明史卷二百三十八　列傳第一百二十六

總裁官總理事務經筵講官少保兼太子太保保和殿大學士兼管吏部戶部尚書事加六級臣張廷玉等奉

敕修

李成梁 子如松 如柏 如楨 如樟 如梅

麻貴 兄錦等

李成梁字汝契高祖英自朝鮮內附授世鐵嶺衞指揮僉事遂家焉成梁英毅驍健有大將才家貧不能襲職年四十猶爲諸生巡按御史器之資入京乃得襲積功爲遼東險山參將隆慶元年土蠻大入永平成梁赴援有功進副總兵仍守險山尋協守遼陽三年四月張擺失等屯塞下成梁迎擊斬之殲其卒百六十有奇餘衆遠徙遂空其地錄功進秩一等四年九月辛愛大入遼東總兵官王治道戰死擢成梁署都督僉事代之當是時俺答雖款塞而插漢部長土蠻與從父黑石炭弟委正大委正從弟煖兔拱兔子卜言台周從子黃台吉勢方強泰寧部長速把亥炒花朶顏部長董狐狸長昂佐之東則王杲王兀堂清佳砮楊吉砮之屬亦時窺塞下十年之間殷尚質楊照王治道三大將皆戰死成梁乃大修戎備甄拔將校收召四方健兒給以厚餼用爲選鋒軍聲始振明年五月敵犯盤山驛指揮蘇成勛擊走之無何土蠻大入成梁遇於卓山麾副將趙完等夾擊斷其首尾乘勝抵巢馘部長二人斬首五百八十餘級進署都督同知世廕千戶又明年十月土蠻六百騎營舊遼陽北河去邊二百餘里伏衆集大舉成梁擊走之萬曆元年又擊走之前屯已又破走之鐵嶺鎮西諸堡增秩二等朶顏兀魯思罕以四千騎毀牆入成梁禦却之建州都指揮王杲故與撫順通馬市及是誘殺備禦裴承祖成梁謀討之明年十月杲復大舉入成梁檄副將楊騰游擊王惟屏分屯要害而令參將曹簠挑戰諸軍四面起敵大奔盡聚杲寨寨地高杲深溝堅壘以自固成梁用火器攻之破數柵矢石雨下把總于志文秦得倚先登諸將繼之杲走高臺射殺志文會大風起縱火焚之先後斬馘千一百餘級毀其營壘而還進左都督世廕都指揮同知杲大創不能軍走匿阿哈納寨曹簠勒精騎往杲走南關都督王台執以獻斬之三年春土蠻犯長勇堡擊敗之其冬炒花大會黑石炭黃台吉卜言台周以兒鄧煖兔拱兔堵剌兒等二萬餘騎從平虜堡南掠副將曹簠馳擊遂轉掠瀋陽見城外列營乃據西北高墩成梁邀戰發火器敵大潰棄輜重走追至河溝乘勝渡河擊斬以千計加太子太保世廕錦衣千戶明年黑石炭大委正營大清堡邊外謀錦義成梁率選鋒馳二百里逼其營攻破之殺部長四人獲級六十有奇五月土蠻復入聯營河東而遣零騎西掠成梁掩其巢得利而還明年正月速把亥糾土蠻大入營劈山成梁馳至丁字泊敵方分騎繞牆入成梁夜出塞二百里搗破劈山營獲級四百三十馘其長五人加太保世廕本衞指揮使三月游擊陶承嚳擊敵長定堡獻馘四百七十有奇帝已告謝郊廟大行賞賚廕成梁世指揮僉事有言所殺乃土蠻部曲因盜牛羊事覺懼罪來歸承嚳掩殺之給事中光懋因請治承嚳殺降罪御史勘如懋言兵部尚書方逢時督撫梁夢龍周詠先與承嚳同敍功力爲解卒如御史奏盡奪諸臣恩命六月敵犯鎮靜堡復擊退之十二月速把亥炒花煖兔拱兔會土蠻黃台吉大小委正卜兒亥慌忽太等三萬餘騎壁遼河攻東昌堡深入至耀州成梁遣諸將分屯要害以遏之而親提銳卒出塞二百餘里直搗圜山斬首八百四十及其長九人獲馬千二百匹敵聞之皆倉皇走出塞論功封寧遠伯歲祿八百石是時土蠻數求貢市關吏不許大恨七年十月復以四萬騎自前屯錦川營深入成梁命諸將堅壁自督參將楊粟等遏其衝會戚繼光亦來援敵遂退俄又與速把亥合壁紅土城聲言入海州而分兵入錦義成梁踰塞二百餘里直抵紅土城擊敗之獲首功四百七十有奇進東都督王兀堂故通市寬奠後參將徐國輔弟國臣强抑市價兀堂乃與趙鎖羅骨數遣零騎侵邊明年三月以六百騎犯靉陽及黃岡嶺指揮王宗義戰死復以千餘騎從永奠入成梁擊走之追出塞二百里敵以騎卒拒而步卒登山鼓譟成梁大敗之斬首七百五十盡毀其營壘捷聞并錄紅土城功予成梁世襲其秋兀堂復犯寬奠副將姚大節擊破之兀堂由是不振土蠻數侵邊不得志忿甚益徵諸部兵分犯錦義及右屯大淩河以城堡堅不可克而成梁及薊鎮兵亦集乃引去無何復以二萬餘騎從大鎮堡入攻錦州參將熊朝臣固守而遣部將周之望王應榮出戰頗有斬獲矢盡皆戰死敵乃分掠小淩河松山杏山成梁馳援始出境九年正月土蠻復與黑石炭大小委正卜言台周腦毛大黃台吉以兒鄧煖兔拱兔炒戶兒聚兵塞下謀入廣寧成梁帥輕騎從大寧堡出去塞四百餘里至襖郎兔大戰自辰迄未敵不支敗走官軍將還敵來追成梁逆擊且戰且行先後斬首三百四十及其長八人錄功增歲祿百石世廕一等四月黑石炭以兒鄧小歹青卜言兔入遼陽副將曹簠追至長安堡遇伏失千總陳鵬以下三百十七人馬死者四百六十匹遂大掠人畜而去簠等下吏成梁不問十月土蠻復連速把亥等十餘萬騎攻圍廣寧不克轉掠團山堡盤山驛及十三山驛攻義州成梁禦却之十年三月速把亥率弟炒花子卜言兔入犯義州成梁禦之鎮夷堡設伏待之速把亥入參將李平胡射中其脅墜馬蒼頭李有名前斬之寇大奔追馘百餘級炒花等慟哭去速把亥爲遼左患二十年至是死帝大喜詔賜甲第京師世廕錦衣指揮使初王杲死其子阿台走依王台長子虎兒罕以王台獻其父嘗欲報之王台死虎兒罕勢衰阿台遂附北關合攻虎兒罕又數犯孤山汎河成梁出塞遇於曹子谷斬首一千有奇獲馬五百阿台復糾阿海連兵入抵瀋陽城南渾河大掠去成梁從撫順出塞百餘里火攻古勒寨射死阿台連破阿海寨擊殺之獻馘二千三百杲部遂滅錄功增歲祿百石世廕指揮僉事北關清佳砮楊吉砮素讐南關王台沒屢侵台季子猛骨孛羅且藉土蠻煖兔慌忽太兵侵邊境其年十二月巡撫李松使備禦霍九皋許之貢市清佳砮楊吉砮率二千餘騎詣鎮北關謁松九皋見其兵盛譙讓之則以三百騎入松先伏甲於旁約二人不受撫則礮舉甲起頃之二人抵關據鞍不遜松叱之九皋麾使下其徒遽拔刀擊九皋并殺侍卒十餘人於是軍中礮鳴伏盡起擊斬二人并其從騎與清佳砮子兀孫孛羅楊吉砮子哈兒哈麻盡殲焉成梁聞礮急出塞擊其留騎斬首千五百有奇餘衆刑白馬攢刀誓永受約束乃旋師錄功增歲祿二百石改前廕指揮僉事爲錦衣衞指揮使方成梁之出塞也炒花等以數萬騎入蒲河及大寧堡將士防禦六日始出塞十三年二月把兔兒欲報父速把亥之怨偕從父炒花姑壻花大糾西部以兒鄧等以數萬騎入掠瀋陽既退駐牧遼河聲犯開原鐵嶺成梁與巡撫李松潛爲浮橋濟師踰塞百五十里疾掩其帳寇已先覺整衆逆戰成梁爲疊陣親督前陣擊而松以後陣繼之斬首八百有奇捷聞增歲祿百石改廕錦衣指揮使爲都指揮使其年五月敵犯瀋陽伏精騎塞下誘官軍游擊韓元功追襲之敗死閏九月諸部長復犯蒲河殺裨將數人大剽掠而西部銀燈亦窺遼瀋成梁令部將李平胡出塞三百五十里搗破銀燈營斬首一百八級諸部長聞之始引去十四年二月土蠻部長一克灰正糾把兔兒炒花花大等三萬騎約土蠻諸子共馳遼陽挾賞成梁偵得之率副將楊燮參將李寧李興孫守廉以輕騎出鎮邊堡晝伏夜行二百餘里至可可毋林大風雷敵不覺既至風日晴朗敵大驚發矢如雨將士冒死陷陣獲首功九百斬其長二十四人其年十月敵七八萬騎犯鎮夷諸堡閱五日始去十五年春東西部連營入犯其秋八月復以七八萬騎犯鎮夷堡十月把漢大成糾土蠻十萬騎由鎮夷大清二堡入數日始出北關既被創後清佳砮子卜寨與楊吉砮子那林孛羅漸强盛數與南關虎兒罕子歹商搆兵成梁以南關勢弱謀討北關以輔翊之明年五月率師直搗其巢卜寨走與那林孛羅合憑城守城四重攻之不下用巨礮擊之碎其外郛遂拔二城斬馘五百餘級卜寨等請降設誓不復叛乃班師十七年三月敵犯義州復入太平堡把總朱永壽等一軍盡沒九月腦毛大合白洪大長昂三萬騎復犯平虜堡備禦李有年把總馮文昇皆戰死成梁選鋒沒者數百人敵大掠瀋陽蒲河榆林八日始去明年二月卜言台周黃台吉大小委正結西部叉漢塔塔兒五萬餘騎復深入遼瀋海蓋成梁遣兵出塞襲之遇伏死者千人成梁乃報首功二百八十得增祿廕土蠻族弟土墨台猪借西部青把都恰不慎及

長昂滚兎十萬騎深入海州成梁不敢擊縱掠數日而去十九年閏二月成梁乘給事侯先春閱視謀邀擣巢功使副將李寧等出鎮夷堡潛襲板升殺二百八十人師還遇敵死者數千人成梁及總督蹇達不以聞巡按御史胡克儉盡發其先後欺罔狀語多侵政府疏雖不行成梁由是不安於位及先春還朝詆尤力帝意頗動成梁再疏辭疾言者亦踵至其年十一月帝竟從御史張鶴鳴言解成梁任以寧遠伯奉朝請明年哱拜反寧夏御史梅國楨請用成梁給事中王德完持不可乃寢成梁鎮遼二十二年先後奏大捷者十帝輒祭告郊廟受廷臣賀蟒衣金繒歲賜稠疊邊帥武功之盛二百年來未有也其始銳意封拜師出必捷威振絕域已而位望益隆子弟盡列崇階僕隸無不榮顯貴極而驕奢侈無度軍貲馬價鹽課市賞歲乾沒不貲全遼商民之利盡籠入己以是灌輸權門結納朝士中外要人無不飽其重賕爲之左右每一奏捷內自閣部外自督撫而下大者進官廕子小亦增俸賚金恩施優渥震耀當世而其戰功率在塞外易爲緣飾若敵入內地則以堅壁清野爲詞擁兵觀望甚或掩敗爲功殺良民冒級閣部共爲蒙蔽督撫監司稍忤意輒排去之不得舉其法先後巡按陳登雲許守恩廉得其殺降冒功狀擬論奏之爲巡撫李松顧養謙所沮止既而物議沸騰御史朱應轂給事中任應徵僉事李琯交章抨擊事頗有跡卒賴輿援反詰責言者及申時行許國王錫爵相繼謝政成梁失內主遂以去位成梁諸戰功率藉健兒其後健兒李平胡李寧李興秦得倚孫守廉輩皆富貴擁專城暮氣難振又轉相掊克士馬蕭耗迨成梁去遼十年之間更易八帥邊備益弛二十九年八月馬林獲罪大學士沈一貫言成梁雖老尚堪將兵乃命再鎮遼東年已七十有六矣是時土蠻長昂及把兎兒已死寇鈔漸稀而開原廣寧之前復開馬木二市諸部耽市賞利爭就款以故成梁復鎮八年遼左少事以閱視叙勞加至太傅當萬曆初元時兵部侍郎汪道昆閱邊成梁獻議移建孤山堡於張其哈剌佃險山堡於寬佃沿江新安四堡於長佃長嶺諸處仍以孤山險山二參將戍之可拓地七八百里益收耕牧之利道昆上於朝報可自是生聚日繁至六萬四千餘戶及三十四年成梁以地孤懸難守與督撫蹇達趙楫建議棄之盡徙居民於內地居民戀家室則以大軍驅迫之死者狼籍成梁等反以招復逃入功增秩受賞兵科給事中宋一韓力言棄地非策巡按御史熊廷弼勘奏如一韓言一韓復連章極論帝素眷成梁悉留中不下久之卒年九十弟成材參將子如松如柏如楨如樟如梅皆總兵官如梓如梧如桂如楠亦皆至參將

如松字子茂成梁長子以父廕爲都指揮同知充寧遠伯勳衞驍果敢戰少從父諳兵機再遷署都督僉事爲神機營右副將萬曆十一年出爲山西總兵官給事中黃道瞻等數言如松父子不當並居重鎮大學士申時行請保全之乃召僉書右府尋提督京城巡捕給事中邵庶嘗劾如松及其弟副總兵如柏不法且請稍抑以全終始不納十五年復以總兵官鎮宣府巡撫許守謙閱操如松引坐與並參政王學書却之語不相下幾攘臂巡按御史王之棟因劾如松驕橫并詆學書帝爲兩奪其俸已復被論給事中葉初春請改調之乃命與山西李迎恩更鎮其後軍政拾遺給事中閱視數遺論劾帝終眷之不爲動召僉書中府二十年哱拜反寧夏御史梅國楨薦如松大將才其弟如梅如樟並年少英傑宜令討賊乃命如松爲提督陝西討逆軍務總兵官卽以國楨監之武臣有提督自如松始也已命盡統遼東宣府大同山西諸道援軍六月抵寧夏如松以權任既重不欲受總督制事輒專行兵科許弘綱等以爲非制尚書石星亦言如松敕書受督臣節度不得自專帝乃下詔申飭先是諸將董一奎麻貴等數攻城不下如松至攻益力用布囊三萬實以土踐之登爲礮石所却如樟夜攀雲梯上不克游擊龔子敬提苗兵攻南關如松乘勢將登亦不克乃決策水攻拜窘遣養子克力蓋往勾套寇如松令部將李寧追斬之已套寇以萬餘騎至張亮堡如松力戰手斬士卒畏縮者寇竟敗去水侵北關城崩如松及蕭如薰等佯擊北關誘賊而潛以銳師襲南關攀雲梯而上拜及子承恩自斬叛黨劉東暘許朝乞貸死於是如松先登如薰及麻貴劉承嗣等繼之盡滅拜族錄功進都督世廕錦衣指揮同知會朝鮮倭患棘詔如松提督薊遼保定山東諸軍剋期東征弟如柏如梅並率師援勵如松新立功氣益驕與經略宋應昌不相下故事大帥初見督師甲冑庭謁出易冠帶始加禮貌如松用監司謁督撫儀素服側坐而已十二月如松至軍沈惟敬自倭歸言倭酋行長願封請退平壤迤西以大同江爲界如松叱惟敬憸邪欲斬之參謀李應試曰藉惟敬紿倭封而陰襲之奇計也如松以爲然乃置惟敬於營誓師渡江二十一年正月四日師次肅寧館行長以爲封使將至遣牙將二十人來迎如松檄游擊李寧生縛之倭猝起格鬬僅獲三人餘走還行長大駭復遣所親信小西飛來謁如松慰遣之六日次平壤行長猶以爲封使也苻風月樓以待羣倭花衣夾道迎如松分布諸軍抵平壤城諸將逡巡未入形大露倭悉登陴拒守是夜襲如柏營擊却之明旦如松下令諸軍無割首級攻圍缺東面以倭素易朝鮮軍令副將祖承訓詭爲其裝潛伏西南令游擊吳惟忠攻迤北牡丹峯而如松親提大軍直抵城下攻其東南倭礮矢如雨軍少却如松斬先退者以狥募死士援鉤梯直上倭方輕南面朝鮮軍承訓等乃卸裝露明甲倭大驚急分兵捍拒如松已督副將楊元等軍自小西門先登如柏等亦從大西門入火器並發烟燄蔽空惟忠中礮傷胸猶奮呼督戰如松馬斃於礮易馬馳墮塹躍而上麾兵益進將士無不一當百遂克之獲首功千二百有奇倭退保風月樓夜半行長渡大同江遁還龍山寧及參將查大受率精卒三千潛伏東江間道復斬級三百六十乘勝逐北十九日如柏遂復開城所失黃海平安京畿江源四道並復酋清正據咸鏡亦遁還王京官軍既連勝有輕敵心二十七日再進師朝鮮人以賊棄王京告如松信之將輕騎趨碧蹄館距王京三十里猝遇倭圍數重如松督部下鏖戰一金甲倭搏如松急指揮李有聲殊死救被殺如柏寧等奮前夾擊如梅射金甲倭墮馬楊元兵亦至斫重圍入倭乃退官軍喪失甚多會天久雨騎入稻畦中不得逞倭背岳山面漢水聯營城中廣樹飛樓箭礮不絕官軍乃退駐開城二月既望諜報倭以二十萬衆入寇如松令元軍平壤扼大同江接餉道如柏等軍寶山諸處爲聲援大受軍臨津留寧承訓軍開城而身自東西調度聞倭將平秀嘉據龍山倉積粟數十萬密令大受率死士從間焚之倭遂乏食初官軍捷平壤鋒銳甚不復問封貢事及碧蹄敗衄如松氣大索應昌如松急欲休息而倭亦芻糧並絕且懲平壤之敗有歸志於是惟敬款議復行四月十八日倭棄王京遁如松與應昌入城遣兵渡漢江尾倭後將擊其惰歸倭步步爲營分番迭休官軍不敢擊倭乃結營釜山爲久留計時兵部尚書石星力主封貢議撤兵獨留劉綎拒守如松乃以十二月班師論功加太子太保增歲祿百石言者詆其和親辱國屢攻擊之帝不問二十五年冬遼東總兵董一元罷廷推者三中旨特用如松言路復交章力爭帝置不報如松感帝知氣益奮明年四月土蠻寇犯遼東如松率輕騎遠出擣巢中伏力戰死帝痛悼令具衣冠歸葬贈少保寧遠伯立祠諡忠烈以其弟如梅代爲總兵官授長子世忠錦衣衞指揮使掌南鎮撫司仍充寧遠伯勳衞復廕一子本衞指揮使世襲恤典優渥皆出特恩云世忠未久卒無子弟顯忠由廕歷遼東副總兵當嗣爵朝臣方惡李氏無爲言者至崇禎中如松妻武氏愬於朝章下部議竟寢後莊烈帝念成梁功顯忠子尊祖得嗣寧遠伯闖賊陷京師遇難

如柏字子貞成梁第二子由父廕爲錦衣千戶嘗與客會飲礮聲徹大內下吏免官再以廕爲指揮僉事數從父出塞有功歷密雲游擊黃花嶺參將薊鎮副總兵萬曆十六年御史任養心言李氏兵權太盛姻親厮養分操兵柄環神京數千里縱橫蟠據不可動搖如柏貪淫跋扈尤甚不早爲計恐生他變帝乃解如柏任於是成梁上書乞罷并請盡罷子弟官帝慰留不許久之起故官署宣府參將引疾歸如松之禦倭朝鮮也詔如柏署都督僉事先率師赴援既抜平壤如柏疾趨開城攻克之斬首百六十有奇師旋進都督同知爲五軍營副將尋出爲貴州總兵官二十三年改鎮寧夏著力兎犯平虜橫城如柏邀之大獲斬首二百七十有奇進右都督再以疾歸家居二十餘年會遼東總兵官張承廕戰殁文武大臣英國公張惟賢等合疏薦如柏詔以故官鎮遼東蒙古炒花入犯督諸將擊却之始成梁如松爲將厚畜健兒故所向克捷至是父兄故部曲已無復存而如柏暨諸弟放情酒色亦無復少年英銳特以李氏世將起自廢籍中顧如柏中情怯惟左次避敵而已我大清師臨河如柏故引軍防懿路及楊鎬四路出師令如柏以一軍出鴉鶻關甫抵虎欄路鎬聞杜松馬林兩軍已覆急檄如柏還大清哨兵二十人見之登山鳴螺作大軍追擊狀如柏軍大驚奔走相蹴死者千餘人御史給事中交章論劾給事中李奇珍連疏爭尤力帝終念李氏詔還候勘既入都言者不已如柏懼遂自裁

如楨成梁第三子由父廕爲指揮使屢加至右都督並在錦衣嘗掌南北鎮撫司提督西司房列環衞者四十年最後軍政拾遺部議罷職章久留不下如楨雖將家子然未歷行陣不知兵及兄如柏革任遼人謂李氏世鎮遼東邊人憚服非再用李氏不可巡撫周永春以爲言而是時如柏兄弟獨如楨在兵部尚書黃嘉善遂徇其請以如楨名上帝卽可之時萬曆四十七年四月也

如楨藉父兄勢，又自以錦衣近臣不肯居人下，未出關即遣使與總督汪可受講鈞禮，朝議譁然，嘉善亦特疏言之。如楨始怏怏去。既抵遼，經畧楊鎬使守鐵嶺。鐵嶺故李氏宗族墳墓所在，當如柏還京，其族黨部曲高貲者悉隨之而西，城中爲空。後鎬以孤城難守，令如楨還屯瀋陽，僅以參將丁碧等防守，力益弱。

大清兵臨城，如楨擁兵不救，城遂失。言官交章論列，經畧熊廷弼亦論如楨十不堪，乃罷任。天啓初，言者復力攻，下獄論死。崇禎四年，帝念成梁勛，特免死充軍。

如樟亦由父廕歷都指揮僉事。從兄如松征寧夏，先登有功，累進都督僉事，歷廣西、延綏總兵官。

如梅字子清，亦由父廕歷都指揮僉事。從兄如松征日本，却敵先登。屢遷遼東副總兵。二十四年，炒花、卜言兎將入犯，如梅謀先襲之，督部將方時新等出塞三百里，直擣其廬帳，斬首百餘級而還。明年，如梅與參政楊鎬謀復從鎮西堡出塞潛襲敵營，失利，損部將十人、士卒百六十人，如梅以血戰重創免罪。日本封事敗，其年八月進署都督僉事，充禦倭副總兵，赴朝鮮援勦。時麻貴三路進師，令如梅將左軍，與右軍共攻蔚山。如梅偕參將楊登山騎兵先進，設伏海濱，而令遊擊擺賽以輕騎誘賊，斬首四百有奇，餘賊遁歸島山。副將陳寅冒矢石奮呼上，破柵兩重，至第三柵垂拔，楊鎬爲總理，宿與如梅暱，不欲寅功出其上，遽鳴金收軍。翊日，如梅至，攻之不能拔，已而賊援至，如梅軍先奔，諸軍亦相繼潰。贊畫主事丁應泰劾鎬，幷劾如梅當斬者二、當罪者十，帝不納。旋用爲禦倭總兵官。會其兄如松戰歿，即命如梅馳代之。踰年，坐擁兵畏敵，劾罷。久之，起僉書左府。四十年，鎬巡撫遼東，力薦如梅爲帥，不得，至以死爭。給事中麻僖、御史楊州鶴力持不可，乃止。成梁諸子，如松最果敢有父風，其次稱如梅，然躁動非大將才，獨楊鎬深信。後復倚任其兄如柏，卒以致敗。

麻貴，大同右衞人。父祿，嘉靖中爲大同參將，從鎮帥劉漢襲板升，大獲。俺答圍右衞，祿與副將尚表固守，乘間擊斬其部長，寇乃引退。辛愛犯京東，祿以宣府副總兵入衞，與子遊擊錦竝有却敵功。貴由舍人從軍，積功至都指揮僉事，充宣府遊擊將軍。隆慶中，遷大同新平堡參將。寇大入，掠山陰、懷仁、應州，將吏竝獲罪，獨貴與兄副將錦拒戰有功，受賞。萬曆初，再遷大同副總兵。十年冬，以都督僉事充寧夏總兵官。無何，徙鎮大同。時諸部納款久，撦力克襲封順義王，奉中國益虔，貴頻以安邊勞蒙賜賚。十九年爲閱視少卿曾乾亨所劾，謫戍邊。明年，寧夏哱拜反，廷議貴健將知兵，且多畜家丁，乃起戍中爲副將總兵討賊，屢攻城不克。其五月，哱拜以套寇五百騎圍平虜堡，貴選精卒三百間道馳却之。俄以總督魏學曾命，撫著力兎、銀定、宰僧於横城，啖以重利，皆不應。貴乃還攻城。寧夏總兵董一奎攻其南，固原總兵李昫攻其西，故總兵劉承嗣攻其北，牛秉忠攻其東，貴以游兵主策應。哱拜自北門出戰，將往勾套部，貴逐之入城；別遣將馬孔英、麻承詔等擊套寇援兵，俘斬百二十人。拜初與套部深相結，諸部長稱之爲王，日坐著力兎帳中主籌畫，至是不敢復出。俄朝命蕭如薰代董一奎，盡將諸道援兵，以貴爲副，而李如松軍亦至，攻益急。賊奉黃金繡蟒于卜失兎等，請急狥靈州，先據下馬關，沮饟道。卜失兎與莊禿賴果合兵犯定邊，而宰僧從花馬池西沙湃入，貴迎擊，挫宰僧於石溝。會董一元擣土昧巢，諸部長俱解去。賊復乞援於著力兎，擁衆大入。如松率勁騎迎戰張亮堡，自卯迄巳，敵銳甚，會貴及李如樟等兵至，夾擊之，寇乃却，逐北至賀蘭山，獲首級百二十餘，持示賊，賊益恟懼。無何，城破，賊盡平。貴以功增秩予廕，尋擢總兵官，鎮守延綏。二十二年七月，卜失兎糾諸部深入定邊營張春井，貴乘虛擣其帳於套中，斬首二百五十有奇，還自寧塞，復邀其零騎。會寇留內地久，轉掠至下馬關，寧夏總兵蕭如薰不能禦，總督葉夢熊急檄貴赴援，督副將蕭如蘭等連戰驪馬臺、薛家窪，斬首二百三十有奇，獲畜產萬五千。帝爲告廟宣捷，進署都督同知，予世廕。明年，卜失兎復入寨，掠八日而還。順義王撦力克約之納款，不從，復擬大入。貴勒兵萬五千人，遊擊閻逢時等出紅山爲中軍，參將師以律等出高家堡、神木、孤山爲左軍，參將孫朝梁等出定邊、安邊、平山爲右軍，而自以大軍當一面，銜枚疾趨，踰塞六十里，寇莫知所防，大潰，俘斬四百有奇，獲馬駝牛羊千五百。再進秩予廕。尋以病歸。二十五年，日本封事敗，起貴備倭總兵官，赴朝鮮，已加提督，盡統南北諸軍。貴馳至王京，倭已入慶州，據閑山島，圍南原，守將楊元遁，全州守將陳愚衷亦遁，倭乘勢逼王京。貴別遣副將解生守稷山，朝鮮亦令都體察使李元翼出忠清道遮賊鋒，生頗有斬獲功，參將彭友德亦破賊青山，倭將行長退屯井邑，清正還慶州。經畧邢玠、經理楊鎬先後至，分兵三協：左李如梅，右李芳春、解生，中高策。貴與鎬督左右協兵專攻清正，策駐宜寧，東援兩協，西扼行長諸軍。至慶州，倭悉退屯蔚山，如梅誘敗之。清正退保島山，築三砦自固，遊擊茅國器率死士拔其砦，斬馘六百五十，諸軍遂進圍其城。城新築，以石堅甚，將士仰攻多死。圍十日，倭襲敗生兵。明年正月二日，行長來援，九將兵俱潰。賊張旗幟江上，鎬大懼，倉皇撤師，以捷奏。旣而敗狀聞，帝罷鎬，責貴以功贖。與劉綎、陳璘、董一元分四路，貴居東，當清正，數戰有功。會平秀吉死，官軍益力攻。十一月，清正先遁，貴遂入島山、西浦，諸路共俘斬二千二百有奇。明年三月旋師，進右都督，予世廕。三十八年，命貴鎮遼東。泰寧炒花素桀驁，九子各將兵，他部宰賽、煖兎又助之。邊將畏戰，但以增歲賞爲事，寇益無所忌。明年，臨邊要賞，將士出不意擊之，拔營遁，從額力素居焉。其地忽天鳴地震，炒花驚懼，再徙渡老河，去邊幾四百里。其第三子色特哂之，南移可可毋林，伺隙入犯。貴伏兵敗之，追北至白雲山，斬馘三百四十有奇。色特憤，謀復讐，糾宰賽、以兒鄧，皆不應，乃東糾卜言顧、伯要兒，西糾哈剌漢、乃蠻，合犯清河，皆潰。以兒鄧等懼，代炒花求款，邊境乃寧。明年，插漢虎墩兎以三萬騎入掠穆家堡，禦之敗去。其夏，貴引病乞罷，詔乘傳歸。貴果毅驍捷，善用兵，東西竝著功伐，先後承特賜者七，錫世廕者六，及歿，予祭葬，稱一時良將焉。兄錦，少從父行陣，有戰功，累官千總，協守大同右衞。千戶魏昂者坐罪亡入沙漠，引寇至城下，挾取妻子，錦伏甲禽之。俺答圍城，數突圍，城卒完。尋以殺人幷父奪官下吏。當事以塞上方用兵，而錦父子兄弟竝敢戰，曲法貸之。屢遷宣府遊擊將軍。以勤王功進秩一等，遷大同參將。隆慶初，進本鎮副總兵。從趙岢出塞敗寇兵，與弟貴竝有保境功。俺答納款，錦招塞外叛人歸者甚衆。萬曆五年，擢山西總兵官，尋改鎮宣府，卒。錦子承勛，遼東副總兵、都督僉事、南京後府僉書。從子承恩，都督同知，宣府、延綏、大同總兵官，更歷諸鎮，以勇力聞，後起援遼東，屢退避，下獄當死，詔內馬八百匹免罪，其家遂破。承詔，寧夏參將，從平哱拜有功，後爲蒼頭所弒。承訓，薊鎮副總兵。承宣，洮岷副總兵。承宗，遼東副總兵，天啓初戰死沙嶺。麻氏多將才，人以方鐵嶺李氏，曰「東李西麻」。

贊曰：自俺答款宣大，薊門設守固，而遼獨被兵。成梁遂擅戰功，至剖符受封，震耀一時，倘亦有天幸歟。麻貴宣力東西，勳閥可稱。兩家子弟多歷要鎮，是以時論以李、麻竝列。然列戟擁麾，世傳將種，而恇怯退避，隳其家聲。語曰「將門有將」，諸人得無愧乎。

明史卷二百三十九

總裁官總理事務經筵講官少保兼太子太保保和殿大學士兼管吏部戶部尚書事加六級張廷玉等奉敕修

列傳第一百二十七

張臣 子承廕 孫應昌 全昌 德昌 董一元 王保
杜桐 弟松 孫弘域 子文煥 蕭如薰
達雲 尤繼先 官秉忠
柴國柱 李懷信

張臣，榆林衞人。起行伍，爲隊長，蹻捷精悍，搏戰好陷堅。從千總劉朋守黃甫川，朋遇寇喪馬被圍，臣單騎馳救，射中其魁，奪馬載朋歸，由此知名。旋代朋職。屢戰跨馬梁、李家溝、高家堡、田家梁、西紅山，竝有功，遷宣府膳房堡守備。寇嘗大入，環攻堡，欲生得臣。臣召麾下酌水爲酒，歡呼歌飲，寇莫測所爲，不敢登。臣夜決圍出，取他道以歸。上官壯之，擢延綏入衞遊擊將軍。隆慶元年九月，土蠻大入昌黎、撫寧、樂亭、盧龍，遊騎至灤河，諸將莫敢戰。臣獨勒兵赴之。遼帥王治道曰：「敵衆我寡，往必無利。」臣不顧，率所部千人擐甲直馳，呼聲震山谷。寇以數騎嘗，奮前斬之，追至棒槌崖，斬首百十餘級，墜崖死傷者無算。事寧，薊鎮諸將悉獲罪，臣以功增秩二級。無何，寇潛入場子嶺，參將吳昂被殺，命臣代之。尋進副總兵，領總督標下事，改守薊鎮西協。萬曆初，錄秋防功，進署都督僉事。炒蠻潛入古北口，參將苑宗儒追至十八盤山戰歿，餘衆被圍，臣急偕遊擊高廷禮等馳救，寇始去。坐鐫一秩。五年春，以總兵官鎮守寧夏。順義王俺答報怨瓦剌，欲取道賀蘭，臣不可。俺答恚，語不遜。臣夜決漢、唐二渠，水道不通，復陳兵赤木口，俺答乃從山後去。三歲互市，毋敢譁者。閱邊給事中以苛禮責望，劾罷之。十一年，小阿卜戶犯黑峪關，守將陳文治以下俱逮繫，詔起臣副總兵，駐守馬蘭峪。會朶顏長昂屢擾薊鎮，總兵官楊四畏不能禦，乃調四畏保定，而徙臣代之。長昂雅憚臣，使其從母土阿妻東桂款關乞降，乃撫賞如初。猛可眞者，俺答弟老把都棄妾也，坐與小阿卜戶犯黑峪關，罷歲賞。旣納款，復猖獗，以謾詞報邊臣，而令大孌只代爲謝罪。大孌只者，順義王乞慶哈棄妾也。臣等測其詐，令將士出塞捕二十三人縶之獄，令還我被掠人。猛可眞以所愛者五人在俘中，詐獻還所掠，親叩關索故賞。臣等并召大孌只入演武場，譙責甚厲，兩婦叩頭請死，乃貸之，先後獻還八十餘人，中有被拘數十年者。臣以功紀錄優敘，尋進署都督同知，召僉書左府事。出爲陝西總兵官，鎮守固原。十八年春，移鎮甘肅。火落赤犯洮河卜失兔將往助之其母泣沮不從遂攜妻女行由永昌宋家莊穴牆入臣逆戰水泉三道溝手格殺數人奪其坐纛卜失兔及其黨炒胡兒竝中流矢走臣亦被創將士斬級以百數生獲其愛女及牛馬羊萬八百有奇卜失兔仰天大慟曰傷哉我女悔不用母言以至此也自是不敢歸巢與宰僧匿西海已屬宰僧謝罪其母及順義王亦代爲言乃還其女而使歸套臣以功進秩爲眞時諸部長桀驁甚經畧鄭洛專主款臣以爲不足恃上書陳八難五要大畧云邊薄兵寡餉絀寇驕諸部順逆難明宜復額兵嚴勾卒足糧餉分敵勢明賞罰且以創重乞歸帝不許後二年謝病去臣更歷四鎮名著塞垣爲一時良將子承廕由父廕積功至延綏副總兵勇而有謀尤精騎射數鏖戰未嘗挫衂萬曆三十七年代王威爲延綏總兵官沙計及猛克什力數犯邊是年冬復犯波羅神木承廕邀卻之追斬八十餘人沙計欲修貢守臣惡其反覆拒之益徙近邊以數千騎犯雙山堡承廕擊走之俘斬百二十有奇四十年沙計復入塞承廕邀擊之鸞水斬首百七十餘級積前功進署都督同知世廕本衞副千戶是歲遼東總兵官麻貴罷敕承廕馳代之蟒金諸部近寧前守將祖天壽間出徼破圍曹莊將士死者二百三十人被掠者六百餘人天壽以數騎免事聞論死承廕初抵任獲兔敖克等犯中後所拒斬其二長餘走出塞時虎墩兔炒花煖兔宰賽逼處遼境無歲不犯邊承廕未至時虎墩兔以三萬騎犯穆家堡參將郎名忠等過斬其四十餘騎及再犯守將梁汝貴襲破其營已而乃蠻諸部連犯中後所連山驛副總兵李繼功等力戰殪其魁徐引去自是虎墩兔所屬貴英哈等三十餘部悉奉約束遼西得少安承廕旋以病去甫歲餘起守薊鎮未至復改鎮遼東四十六年四月我
太祖高皇帝起兵拔撫順巡撫李維翰趣承廕赴援承廕急率副將頗廷相參將蒲世芳遊擊梁汝貴等諸營竝發次撫順承廕據山險分軍三立營浚濠布列火器甫交鋒
大清兵蹴之大潰承廕世芳皆戰死廷相汝貴已潰圍出見失主將亦陷陣死將士死者萬人生還者十無一二舉朝震駭既而撫安三岔兒白家衝三堡連失詔逮維翰贈承廕少保左都督立祠曰精忠世廕指揮僉事廷相以下贈廕有差承廕子應昌全昌德昌應昌嗣祖臣職當爲指揮僉事以父陣亡增三秩爲都司僉書經畧楊鎬用爲左翼遊擊四路出師使從李如柏天啓元年遷大同井坪參將調延綏二年秋河套入犯不能禦免歸督師孫承宗召置麾下命駐錦州承宗去高第盡撤松錦守具應昌亦歸崇禎二年總督楊鶴檄應昌署定邊鎮將事河套入寇擊斬百二十餘級擢昌平副總兵鶴遂薦應昌以副將鎮定邊四年春神一元陷保安應昌偕左光先破斬一元其弟一魁代領其衆圍慶陽應昌及杜文煥邀戰圍始解不沾泥圍米脂應昌偕王承恩擊走之楊鶴撫一魁處之寧塞而殺其黨茹成名賊黨張孟金黃友才懼挾一魁以叛延綏巡撫張福臻令應昌及馬科擊之斬首千七百餘級友才走一魁守不下其冬洪承疇代鶴命參政戴君恩總兵曹文詔同應昌討之數敗賊賊棄城走文詔偕應昌擊敗之駙馬溝明年春應昌禽友才混天猴陷宜君鄜州襲靖邊應昌追敗之射傷賊將白廣恩八月山西總兵官馬士麟病免擢應昌都督僉事代之言者謂寧武卒善逃宜令應昌率所部三千人以從報可王之臣陷臨縣其地倚黃雲山榆林河水出焉入於黃河城三面峭壁西阻水巡撫許鼎臣總督張宗衡督兵攻賊與土寇田福田科等相倚久不拔會王自用陷遼州逼會城鼎臣還專以恢復責應昌六年春賊約福劫官軍撫標中軍陳國威因僞稱之臣往逆斬福頭懸城下急擊賊始降應昌在關中威名甚著及是選愞逗撓務與賊相避總督宗衡五檄之不赴奏諸朝限應昌與文詔三月平賊應昌避賊不擊殺良民冒功爲巡按御史李嵩兵科祝世美所劾帝乃遣近侍爲應昌內中軍七月部卒潰鳴謙驛監視中官劉允中劾其避賊帝猶貸之令會勦畿南賊久之擊賊平山僞報首功連爲允中及巡按御史馮明玠眞定巡撫周堪賡所劾帝令圖功自贖七年春追賊靈寶稍有功已擊賊均州五嶺山敗績身中一矢退還河南其弟全昌爲宣府總兵官宣府有警令應昌援又無功命解職候勘八年洪承疇出師河南令率私家士馬以從三月抵信陽會賊大入秦承疇命應昌及鄧玘尤翟文防漢江南北玘死承疇以賊必由鳳縣棧道直入畧陽改命應昌翟文自鄖陽轉赴興安漢中以會左光先趙光遠諸軍至六月艾萬年曹文詔相繼戰歿賊盡趨西安承疇急檄應昌及光先還救八月李自成陷咸陽越二日應昌光先兵至擊斬四百四十餘級獲軍師一人及全昌兵敗陷賊其潰卒歸關中掠沿河州縣山西巡撫吳甡請令應昌收置麾下應昌已得疾不能軍無何卒全昌由廕敍歷官靈州參將崇禎四年與同官趙大允擊黠燈子於中部已連戰鄜陽韓城首功多巡撫練國事請加二將副將銜大允駐耀州富平間扼賊西路全昌駐韓城郃陽間扼賊東路五年七月代應昌爲定邊副總兵曹文詔追賊隴州平鳳界全昌及馬科率千人應之殄滅殆盡明年五月擢署都督僉事充總兵官鎮守宣府應昌方鎮山西兄弟接壤爲大帥明年七月
大清兵西征插漢旋師入其境攻圍龍門新城赤城克保安州薄鎮城全昌嬰城固守已而
大清兵西行全昌進兵應州帝以其孤軍敕吳襄尤世威赴援不應全昌至渾源以捷聞還軍葛峪羊房口裹等復不援八月
大清兵再入其境閏八月四日克萬全右衞他城堡多失守既解嚴兄應昌以罪解職命全昌并將其軍兵科常自裕言文臣張宗衡等重論而武臣輕貸非法於是全昌與文詔竝戍邊用山西巡撫吳甡請命全昌文詔爲援勦總兵官與猛如虎等大破高加計八年春會洪承疇於汝寧擊敗汝州賊俄西入關與祖大弼敗賊涇陽未幾敗賊醴泉五月與賀人龍敗老回回於秦王嶺張應龍戰死艾萬年曹文詔相繼歿官軍益衰賊盡趨西安承疇急檄全昌及曹變蛟先赴渭華格其前親督軍尾其後卻賊紅鄉溝賊乃南入商雒承疇又命全昌及趙光遠提兵三千截潼關大峪口部卒大譁闌入紫澤劫庫殺人河南巡撫元默請急援盧氏不聽光遠擅歸關中全昌遁還至潁州九月中追蝎子塊於沈邱瓦店戰敗被執賊挾之攻蘄黃全昌因代賊求撫總理盧象昇不許責全昌喪師辱國曰賊果欲降可滅其黨示信賊不聽命久之全昌脫歸謁象昇陽和象昇令募兵山陝尋薦之朝令赴軍前立功帝不許十年四月以楊嗣昌言逮付法司謫戍邊衞德昌崇禎初爲清水營守備三年夏勦王嘉胤被傷坐奪官久之起歷保定參將連破土寇仁義王十四年春總督楊文岳命從虎大威以五千人援開封不敢進其冬擢保定副總兵仍從文岳數有功十六年卒贈特進榮祿大夫左都督

董一元宣府前衞人父暘嘉靖中爲宣府遊擊將軍俺答犯滴水崖力戰死贈官錫廕春秋世祀兄一奎都督僉事歷鎮山西延綏寧夏三邊以勇敢著一元勇如兄而智畧過之嘉靖時歷薊鎮遊擊將軍土蠻黑石炭等以萬餘騎犯一片石總兵官胡鎮禦之一元功最超俸三級遷石門寨參將隆慶初破敵棒槌崖功復最再進二級遷副總兵駐防古北口移守宣府萬曆十一年以都督僉事爲昌平總兵官尋徙宣府十五年徙薊州久之劾罷鄭洛經畧洮河命一元練兵西寧火落赤入犯一元擊之西川多所斬獲尋以副總兵協守寧夏擢延綏總兵官哱拜之亂套中諸部長悉助之一元乘其西掠輕騎擣土昧巢獲首功百三十驅其畜產而還寇內顧引去進署都督同知入爲中府僉事遼東自李成梁後代以楊紹勳一歲三失事尤繼先繼之半歲病去廷議擇帥乃以命一元泰寧速把亥爲官軍所殺其犬子把兔兒常欲復讐從父炒花及姑壻花大助之勢益强西部卜言台周故插漢土蠻子也部衆十餘萬與把兔兒東西相倚數侵邊至是卜言合一克灰正腦毛大諸部聲犯廣寧而把兔兒以炒花花大煖兔伯言兒之衆營舊遼陽將入掠鎮武錦義一元與巡撫李化龍策曰卜言雖衆然去邊遠我特患把兔兒及炒花耳今其衆不過萬騎破之則西部將不戰走乃遣副將孫守廉馳右屯禦西部而親將大軍匿鎮武外爲空營待之寇騎馳入營大笑以爲怯乃深入官軍忽從中起奮呼陷陣自午至酉寇大奔逐北七十餘里至白沙堝俘斬五百四十有奇獲馬駝二千計伯言兒中矢死把兔兒亦傷餘衆終夜馳天明駐馬環哭其明日卜言台周入右屯攻五日夜守廉等固守乃引去時二十二年十月也捷聞帝大喜祭告郊廟宣捷行賞進一元左都督加太子太保廕本衞世指揮使兵部尚書石星以下亦進秩有差伯言兒最慓悍諸部倚以爲强嘗誘殺慶雲守備王鳳翔坐革歲賞至是被殲諸部爲奪氣其部下遂納款把兔兒炒花及卜言台周瓜兔兒歹青復臨邊駐牧期以明年正月畧遼瀋東西一元慮歲晏不備爲寇所乘乃先西巡以遏其鋒化龍亦留弱卒廣寧數西發以疑寇一元提健卒踏氷渡河監軍楊鎬與之俱度墨山天大雪將士氣益奮行四百里三日夜乃抵其巢斬首百二十級獲牛馬甲仗無算全師而還把兔兒以鎮武創重歎曰我竟不獲報父讐乎未幾死其衆散亂諸部悉遠遁一元以功進世廕二秩久之以病歸命王保代朝鮮再用師詔一元隸總督邢玠麾下參贊軍事尋代李如梅爲禦倭總兵官時兵分四路一元由中路禦石曼子於泗州先拔晉州下望晉乘勝濟江連毀永春昆陽二寨賊退保泗州老營攻下之遊擊盧得功陣歿前逼

新寨寨三面臨江一面通陸引海爲濠海艘泊寨下千計築金海固城爲左右翼一元分馬步夾攻步兵遊擊彭信古用大棓擊寨碎其數處衆軍進逼賊濠毀其柵忽營中礟裂煙焰漲天賊乘勢衝擊固城援賊亦至騎兵諸將先奔一元亦還晉州事聞詔斬遊擊馬呈文郝三聘落信古等職充爲事官一元亦奪宮保貶秩三等會關白死倭遁走石曼子爲陳璘所殲一元得還故秩賚銀幣久之卒一元歷鎭衝邊竝著勞績與麻貴張臣杜桐達雲爲邊將選云王保榆林衞人驍勇絕倫起行伍積功爲延綏參將萬曆十六年遷延綏定邊副總兵十九年冬擢署都督僉事充昌平總兵官尋改山西薊鎭總兵官張邦奇被劾命保與易任自嘉靖庚戌後薊鎭重於他鎭穆宗有詔獲大小部長者破格酬他鎭不得比迨俺答款塞宣大山西三鎭烽煙寂然陝西四鎭以火落赤敗盟始復用兵然寇弱易禦獨泰寧插漢諸部時時犯遼東而薊門密邇王畿與遼帥俱愼選以保有威望用之朶顏長昂當張臣鎭薊時納款居五六年復連寇石門路木馬峪花場谷遂罷其市賞偕銀燈寇山海關已又馳喜峰口要賞邦奇佯許增市誘殺其通事二十五人長昂益怒犯大青山墳之遣其黨小郎兒等潛伏喜峰口射殺偵卒會保已至遂禽之長昂每資小郎兒籌策懼而謝罪獻還被掠人畜保乃釋還小郎兒長昂補五貢邊吏始補二賞互市如初御史陳遇文援穆宗詔以請進保署都督同知副將張守愚以下皆進秩薊三協南營兵戚繼光所募也調攻朝鮮撤還道石門鼓譟挾增月餉保誘令赴演武場擊之殺數百人以反聞給事中戴士衡御史汪以時言南兵未嘗反保縱意擊殺請遣官按問巡關御史馬文卿庇保言南兵大逆有十尚書石星附會之遂以定變功進保秩爲眞廕子督撫孫鑛李頤等亦進官受賜時論尤之二十三年冬順義王撦力克弟趕兔率三軍犯白馬關及東西臺爲守備徐光啓副將李芳春戴延春所却明年秋復偕部長倒布犯黑谷頂敗而去保度其再至分營开連口及橫河兒寇果馳橫河官軍夜半疾抵石塘嶺襲其營寇大驚潰乘勢追出塞其冬復犯羅文峪敗去詔代一元鎭遼東朝鮮再用師敕保防海卒於海州贈左都督子學書宣府總兵官學詩學禮竝副總兵學書旣里居守榆林城拒李自成不屈死

杜桐字來儀崑山人從延安衞萬曆初由世廕累官清水營守備以謀勇著遷延綏入衞遊擊將軍改古北口參將用總督梁夢龍薦擢延綏副總兵十四年就拜署都督僉事充總兵官時卜失兔以都督同知爲套中主威令不行其下各雄長志常叵測朔漠素無痘症自嘉靖庚戌深入石州染此症犯者輒死打兒漢者卜失兔祖吉能部落也數將命奉貢累官指揮同知一日互市還與其儕禿退台吉等俱染痘死禿退子阿計疑邊吏酖其父思亂及卜失兔西助火落赤共擾河西諸部遂蠢動十九年冬打兒漢子土昧與他部明安互市訖復臨邊要賞聲犯內地桐與巡撫賈仁元計先出兵襲之乃令參將張剛自神木遊擊李紹祖自孤山桐率輕騎自榆林三道竝出遇寇力戰大破之斬首四百七十餘級馘明安而還延綏自吉能納款塞上息肩二十年自此兵端復開明安子擺言太日思報復寇鈔無已時矣桐先被劾罷以是役功超授右都督僉書後府二十一年以總兵官鎭保定二十四年徙延綏明年再徙鎭寧夏著力兔宰僧入犯逆戰水塘溝俘斬百二十寇益糾諸部連犯平虜興武桐督諸將馬孔英鄧鳳蕭如薰等連破之斬首二百餘級而延綏將士亦數搗巢諸部長懼乞款詞甚哀三十年二鎭撫臣孫維城黃嘉善協謀撫之乃復貢市論功文臣自內閣以下悉進官桐以先去職但賚銀幣許復用而已久之卒於家桐自偏裨至大帥積首功一千八百時服其勇弟松字來清有膽智勇健絕倫由舍人從軍累功爲寧夏守備萬曆二十二年卜失兔掠張春井大入下馬關松偕遊擊史見李經以二千餘騎邀擊馬蓮井小勝誤入伏中見戰死松經皆重傷士卒死過半麻貴援軍至松復裹創力戰寇始敗走時松已進遊擊將軍論功遷延綏參將貴大舉搗巢松以右軍出清平塞多所斬獲進副總兵尋以本官改寧夏東路松爲將廉尚氣不能容物常因小忿薙髮爲僧部議聽其歸尋起孤山副總兵三十三年擢署都督僉事代李如樟鎭延綏明年套寇犯安邊懷遠松大破之改鎭薊州三十六年夏代李成梁鎭遼東十二月敗敵連山驛賴量歹者朶顏長昂子也狡黠爲邊患與從父蟒金潛入薊鎭河流口大掠去復結黃台吉謀犯喜峰口松受總督王象乾指潛搗黃台吉帳以牽薊寇乃從寧遠中左所夜馳至哈流兔掩殺拱兔部落百四十餘級以大捷聞邀重賞副使馬拯謂拱兔內屬不當勦彼且復讐與松相訐松忿邀賞愈急詔予之拱兔果以無罪見勦怒小歹青又數激之乃以五千騎攻陷大勝堡執守將耿尚仁支解之深入小凌河肆焚掠遊擊千守志遇於山口大敗死千餘人守志亦重創松駐大凌河不敢救遼人多咎松朝議謂松前僅抵錦州邊十里未嘗出塞所殺乃保塞部落悉縛殺之非陣斬松愈忿言撫按諸臣附會馬拯害其奇功自提兵出塞將搗巢以雪前恥而所得止五級士馬多陷大凌河松益憋憤數欲自經盡焚其鎧冑器仗置一切疆事弗問兵部以聞乃勒松歸里而以王威代之松旣廢時多惜其勇然惡其僨事無推轂之者至四十三年河套寇大入令松以輕騎擣火落赤營獲首功二百有奇復敘用逾二年薊遼多事特設總兵官鎭山海關以松任之四十六年張承廕戰歿詔松馳援遼陽明年二月楊鎬議四路出師以撫順最衝令松以六萬兵當之故總兵趙夢麟保定總兵王宣爲佐期三月二日抵二道關會李如柏等竝進松勇而無謀剛愎使氣二十九日夜出撫順關日馳百餘里抵渾河半渡河流急不能盡渡松醉趣之將士多溺河中松遂以前鋒進連克二小砦松喜三月朔乘勢趨撒爾湖谷口時
大淸方築城界凡山上役夫萬五千以精騎四百護之聞松軍至精騎則盡伏谷口以待松軍過將半伏兵尾擊之追至界凡渡口與築城夫合據山旁吉林崖明日松引大軍圍崖別遣將營撒爾湖山上松軍攻崖方戰大淸益千人助之已又續遣二旗兵趨界凡以爲援而遣六旗兵攻松別將於撒爾湖山明日六旗兵大戰破撒爾湖山軍死者相枕藉所遣助吉林崖者自山馳下擊松軍二旗兵亦直前夾擊松兵大敗松與夢麟宣皆歿於陣橫屍亘山野流血成渠
大淸兵逐北二十里至勺琴山而還時車營五百尚阻渾河而松已敗項之馬林劉綎兩軍亦敗獨李如柏一軍遁還事聞朝議多咎松輕進天啓初贈少保左都督世廕千戶立祠賜祭宣亦贈官立祠世廕指揮僉事宣榆林人夢麟見父嵩傳桐子文煥字敬武由廕敘歷延綏遊擊將軍累進參將副總兵四十三年擢署都督僉事寧夏總兵官延綏被寇文煥赴救大破之明年遂代官秉忠鎭延綏屢敗寇安邊保寧長樂斬首三百有奇西路火落赤卜言太懼相率降沙計數盜邊爲文煥所敗遂納款旣而復與吉能明愛合駐高家柏林邊要封王補賞十事文煥襲其營斬首百五十火落赤諸部落攢刀立誓獻罰九九九九者部落中罰駝馬牛羊數也已沙計又伏兵沙溝誘殺都指揮王國安糾猛克什力犯雙山堡復犯波羅文煥擊破之追奔二十餘里當是時套寇號十萬然其衆分四十二枝多者二三千少不及千騎屢不得志沙計乃與吉能明愛猛克什力相繼納款延綏遂少事文煥尋以疾歸天啓元年再鎭延綏詔文煥援遼文煥乃遣兵出河套搗巢以致寇諸部大恨深入固原慶陽圍延安揚言必縛文煥掠十餘日始去命解職候勘奢崇明圍成都總督張我續請令文煥赴救至則圍已解偕諸軍復重慶崇明遁永寧文煥頓不進尋擢總理盡統川貴湖廣軍度不能制賊謝病去坐延綏失事罪戍邊七年起鎭寧夏寧錦告警詔文煥馳援俄令分鎭寧遠進右都督調守關門尋引疾去崇禎元年錄重慶功廕指揮僉事三年陝西羣盜起五鎭總兵竝以勤王行總督楊鶴請令文煥署延鎭事兼督固原軍數敗賊賊亦日益多會山西總兵王國樑擊王嘉允於河曲大敗賊入據其城部議設一大將兼統山陝軍協討乃令文煥爲提督偕曹文詔馳至河曲絕饟道以困之神一元陷寧塞文煥家破遂留文詔令文煥西還四年御史吳甡劾其殺延川難民冒功給事中張承詔復劾之下獄褫職十五年用總督楊文岳薦以故官討賊無功復謝病歸子弘域天啓初歷延綏副總兵七年夏文煥援遼卽擢總兵官代鎭寧夏積貲至右都督崇禎中提督池河浦口二營練兵遏賊南渡頗有功十三年移鎭浙江尋謝病去國變後文煥父子歸原籍崑山卒

蕭如薰字季馨延安衞人萬曆中由世廕百戶歷官寧夏參將守平虜城二十年春哱拜劉東暘據寧夏鎭城反遣其黨四出畧地拜子承恩徇玉泉營遊擊傅桓拒守爲其下所執賊已徇中衞及廣武參將熊國臣等棄城奔列城皆風靡賊黨土文秀徇平虜獨如薰堅守不下如薰妻楊氏故尚書兆女也賢而有智贊夫死守日具牛酒犒士拜養子雲最驍勇引河套著力兔急攻如薰伏兵南關佯敗誘賊入射雲死餘衆敗去又襲著力兔營獲人畜甚多著力兔憤復來攻爲麻貴所却城獲全初帝聞如薰孤城抗賊大喜厚賚銀幣擢官副總兵六月遂以都督僉事爲寧夏總兵官盡統延綏甘肅固原諸援軍其秋竟與李如松等共平賊再進署都督同知廕錦衣世指揮僉事妻楊氏亦被旌二十二年八月卜失兔西犯定邊關入固原塞副將姜直不能禦遂由沙梁憒牆入直抵下馬關縱橫內地幾一月如薰免官直下吏尋復以總兵官鎭守固原套寇入犯擊却之青海寇糾番族犯洮岷如薰及臨洮總兵孫仁禦之禽斬

三百四十有奇無叛番五千人獲駝馬甲仗無算再鎮寧夏銀定歹成數入犯輒挫衄去徙鎮薊州久之罷歸再起故官鎮延綏天啓初廷議京軍不足用召邊將分營訓練如薰典神機營陛見帝賜食加獎勞焉明年出鎮徐州俄召還京復以總兵官鎮守保定五年夏魏忠賢黨劾其與李三才聯姻遂奪職崇禎初卒賜恤如制

如薰爲將持重更歷七鎮所在見稱自隆慶後款市既成烽燧少警輦下視鎮帥爲外府山人雜流乞朝士尺牘往者無不饜所欲薊鎮戚繼光有能詩名尤好延文士傾貲結納取足軍府如薰亦能詩士趨之若鶩賓座常滿妻楊氏繼妻南氏皆貴家女至脫簪珥供客猶不給軍中患苦之如薰莫能却也一時風會所尚諸邊物力爲耗識者歎焉如薰祖漢涼州副總兵都督僉事父文奎京營副將都督同知兄如蘭陝西副總兵都督僉事前府僉書如蕙寧夏總兵官都督同知如芷提督南京教場都督僉事

達雲涼州衞人勇悍饒智畧萬曆中嗣世職指揮僉事擢守備進肅州遊擊將軍炒胡兒入犯偕參將楊濬擊敗之遷西寧參將永邵卜者順義王俺荅從子也部衆强盛先嘗授都督同知再進龍虎將軍自以貢市在宣府守臣遇己厚不可逞乃隨俺荅西迎活佛留據青海與瓦剌他卜囊歲爲西寧患嘗誘殺副將李魁邊臣不能報益有輕中國心二十三年九月九日度將士必燕飲擁勁騎直入南川屬番偵告雲設兵要害令番人繞出朶爾硤口外潛扼其背而己提精卒二千與戰方合伏忽起寇首尾不相顧番人夾擊大敗之雲手馘其帥一人斬首六百八十餘級其走峽外者又爲番人所殲獲駝馬戎器無算爲西陲戰功第一所馘把都爾哈卽前殺李魁者其地卽魁陣亡處時又皆九月也先是副將李聯芳爲寇所殺總兵尤繼先生獲其讐邊人以此二事爲快雲旣勝度寇必復至厚集以待踰月寇果連眞相火落赤諸部先圍番剌卜爾寨以誘官軍番不能支合於寇寇遂逼西川雲督諸軍營康纏溝寇悉衆圍之矢石如雨雲左右衝擊自辰至申戰數十合寇死傷無算乃以長鎗鈎杆專犯西寧軍西寧軍堅不可破寇始遁追奔數十里而還捷聞帝大喜遣官告郊廟宣捷大學士趙志皐以下悉進官雲擢都督同知廕本衞世指揮使寇歲掠諸番番不敵則折而入寇及寇敗遠徙雲急招番復業者七千餘戶永邵卜連犯明沙上谷雲竝擊走之初南川奏捷雲已進副總兵至是命以總兵官鎮守延綏未幾鎮甘肅二十六年永邵卜復犯西寧參將趙希雲等陣歿雲坐停俸甘寧間有松山賓兔阿赤兔宰僧著力兔等居之屢爲兩鎮患巡撫田樂決策恢復雲偕副將甘州馬應龍涼州姜河永昌王鐵塊等分道襲之寇遠竄盡拔其巢攘地五百里雲以功進右都督廕世指揮僉事無何青海寇糾衆分犯河西五道俱有備獻首功百七十有奇松山旣復爲築邊垣分屯置戍錄功進左都督寇戀其故巢乘官軍撤防時潛兵入犯雲據險邀擊之寇大敗斬首百六十加雲太子少保寇益糾其黨犯鎮番雲及諸將葛賴等大破之斬首三百七十餘級帝爲告廟行賞進雲世廕二秩寇復入犯雲破走之是時寇失松山走據賀蘭山後連青海諸部寇鈔不已銀定歹成尤桀驁三十三年連營犯鎮番雲遣副將柴國柱擊之寇大敗去未幾青海寇復大入將士分道遮擊生禽其長沙賴餘敗奔三十五年敍功雲增勳廕是年松山青海二寇復連兵犯涼州雲逆戰紅崖大獲斬首百三十有奇雲爲將先登陷陣所至未嘗挫衄名震西陲爲一時邊將之冠以秋防卒於軍贈太子太保子奇勛萬曆末爲昌平總兵官

尤繼先榆林衞人萬曆中積功爲大同副總兵十八年火落赤眞相犯洮河副總兵李聯芳等戰死詔進署都督僉事充總兵官代劉承嗣鎮守固原寇據莽剌捏工二川日蠶食番族且擾西寧聞官軍大集卜失兔又敗於水泉乃乘冰堅渡黃河北走留其黨可卜列宗塔兒等五百餘人牧莽剌川南山南山卽石門大山口走烏思藏門戶也屬番來告繼先乃令番以八百人前導與故總兵承嗣遊擊原進學吳顯等疾馳七百里直抵南山奮擊大破之斬首百五十有奇生獲十二人而拜巴爾的者可卜列從子前殺聯芳至是被禽師旋寇尾至撒川見有備乃夜走他寇犯鎮羌西寧石羊亦俱敗火落赤遂徙帳西海錄功進秩爲眞增世廕一秩尋以病歸起僉中軍府事二十一年冬爲遼東總兵官炒花二千騎入韓家路繼先督諸軍奮擊寇乃去再引疾歸二十四年起鎮薊州自戚繼光鎮守十年諸部雖叛服不常然邊警頗稀寇嘗一入青山口輒敗去最後長昂導班白二部長入犯道石門關山海關京東民盡逃入通州繼先出關寇已縱掠寧前去總督蹇達怒繼先不追擊而繼先方收召降丁八百人欲倚爲用達乃疏言番情難馭恐遺後憂請調繼先別鎮俾降丁隨往部議以延綏杜松與易任巡撫劉四科爭之達復疏言守邊在自强繼先獨言惟藉降丁去歲出關何竟不得降丁力羽書狎至邊隘虛實久爲所窺呼吸變生安所措手兵科宋一韓等力主達議且劾繼先他事繼先遂罷卒於家繼先耿一目習兵敢戰時稱獨目將軍

官秉忠榆林衞人萬曆中起世廕歷官固原參將擢寧夏甘肅副總兵嘗與主將達雲大破寇於紅崖銀定歹成屢被挫去移守薊鎮東協積功加署都督同知四十年五月擢總兵官代張承廕鎮延綏套寇犯保寧秉忠督參將杜文煥等敗之白土澗一日再捷俘斬二百五十馘其長十二人無何旗牌撒勒犯長樂秉忠將輕騎追襲之大獲猛克什力犯保寧秉忠又破之已而猛克挾賞不獲再寇保寧及懷遠秉忠隨所向以勁騎遮擊先後斬首二百二十有奇猛克及旗牌復以千餘騎犯波羅遙見保寧軍遂遁出塞吉能者卜失兔子爲套中之主土馬雄諸部見卜失兔襲順義王補其五年市賞遂挾求封王且還八年市賞邊臣不許則大怨會他部鐵雷以痘瘡死妄言邊吏毒殺之而沙計盜邊又被衄去吉能遂合套中諸部大舉入寇東道高家大柏油神木柏林中道波羅西道磚井寧塞諸城堡盡被蹂躪副將孫洪謨禦之大柏油中伏被圍遊擊萬化孚等不救士卒死傷過半洪謨遂降秉忠聞寇入急遣遊擊張榜潛劫其營又敗死四百餘人會故帥杜松寧夏帥杜文煥援軍至竝破敵而秉忠所部亦有斬獲寇始退然猶駐塞下時鈔掠秉忠亦屢出襲擊多獲首功竟以前負被劾去官方候代沙計謀從雙山建安入犯秉忠設伏待之遂大敗去斬其首二百有奇四十六年與劉綎柴國柱等同被召令僉書前府尋赴援遼東楊鎬之四路出師也令秉忠防守鎮城無何辭疾歸久之卒子撫民亦爲寧夏總兵官

柴國柱西寧衞人萬曆中由世廕歷西寧守備驍猛善射從參將達雲擊寇南川勇冠軍錄功進都指揮僉事寇盜邊輒爲國柱所挫屢進涼州副總兵松山旣復方建堡置堠寇數來擾國柱頻擊却之銀定歹成連兵寇鎮番國柱馳救斬首二百有奇獲馬駝甲仗無算青海寇大掠鎮羌黑古城諸堡守備楊國珍不能禦國柱急率遊擊王允中等擊走之銀定歹成復犯河西國柱邀擊獲首功百二十擢署都督僉事陝西總兵官三十六年春改鎮甘肅銀定歹成屢不得志益寇鈔永昌國柱馳與大戰敗之追至麻山湖斬首百六十有奇其部落復入寇守備鄭崇雅等戰歿國柱坐奪俸一年河套松山諸部長合兵入寇國柱檄諸將分道擊復斬首百六十屢加右都督世廕指揮僉事久之罷官四十六年夏召僉書都督府事無何代杜松鎮山海關松敗歿虎墩兔乘機犯邊國柱等力遏之尋移鎮瀋陽謝病歸天啓初追錄邊功加左都督卒賜恤如制

李懷信大同人由世廕歷都指揮僉事掌山西都司勤數被推薦萬曆中遷延綏中路參將進定邊副總兵卜失兔火落赤鐵雷擺言太等歲擾邊定邊居延綏西被患尤棘懷信勇敢有謀寇入輒敗其先後鎮帥杜松王威張承廕官秉忠又皆一時選故邊患雖劇而士氣不衰四十三年擢甘肅總兵官延人爲立生祠松山寇入掠蘆溝墩諸處懷信邀擊大敗之斬首三百有奇獲駝馬甲仗無算已復分三道犯鎮番諸堡懷信亦分遏之寇引還將士尾其後獲首功百九十有奇自後寇入多失利去威名著河西先是陝西止設四鎮自西寧多警增設臨洮總兵官遂爲五鎮然惟甘延最當敵衝故擇帥常愼而甘肅北有松山南臨青海諸部落環居其外尤難禦懷信在鎮邊人恃以無恐四十七年遼東急詔充援剿總兵官馳赴遼東時熊廷弼爲經畧令懷信偕柴國柱賀世賢以四萬人守瀋陽煖兔炒花謀入犯廷弼急移懷信戍首山寇不敢入俄泛懿有警檄懷信禦却之遼事益急諸老將多引避廷弼復負氣凌諸將懷信不能堪亦堅臥引疾去天啓二年起鎮大同明年罷已追錄邊功進左都督久之卒於家

贊曰張臣諸人勇畧自奮著效邊陲均一時良將選也董一元白沙堝墨山之捷奇偉不下王越至承廕與松以將門子捐軀報國視世所稱東李西麻者相去何等也

明史卷二百四十　　列傳第一百二十八

總裁官總理事務經筵講官少保兼太子太保保和殿大學士兼管吏部戶部尚書事加六級張廷玉等奉敕修

葉向高　劉一燝兄一焜　一煜

韓爌　朱國祚朱國禎

何宗彥　孫如游孫嘉績

葉向高字進卿福清人父朝榮養利知州向高甫妊母避倭難生道旁敗厠中數瀕死輒有神相之舉萬曆十一年進士授庶吉士進編修遷南京國子司業改左中允仍視司業事二十六年召爲左庶子充皇長子侍班

官礦稅橫行向高上疏引東漢西邸聚錢事爲鑑不報尋擢南京禮部右侍郎久之改吏部再陳礦稅之害又請罷遼東稅監高淮語皆切至妖書獄興移書沈一貫力諫一貫不悅以故滯南京九年後一貫罷沈鯉亦去朱賡獨當國帝命增閣臣三十五年五月擢向高禮部尚書兼東閣大學士與王錫爵于慎行李廷機並命十一月向高入朝慎行已先卒錫爵堅辭不出明年首輔賡亦卒次輔廷機以人言久杜門向高遂獨相當是時帝在位日久倦勤朝事多廢弛大寮或空署士大夫推擇遷轉之命往往不下上下乖隔甚廷臣部黨勢漸成而中官榷稅開礦大爲民害帝又寵鄭貴妃福王不肯之國向高用宿望居相位憂國奉公每事執爭效忠蓋帝心重向高體貌優厚然其言大抵格不用所救正十二三而已東宮輟講者五年廷臣屢請不得命三十七年二月向高擇吉以請亦不報自是歲春秋必懇請帝皆不納貴妃王氏太子生母也薨四日不發喪向高以爲言乃發喪而禮官上其儀注稽五日不行向高復爭之疏乃下福王府第成工部以之國請向高擬旨上帝不發改明春及期迫向高請先飭儀衞舟車帝不納四十一年春廷臣交章請復諭改明春已忽傳旨莊田非四萬頃不行廷臣大駭向高因進曰田四萬頃必不能足之國且無日明旨又不信於天下矣且王疏引祖制而祖制無有是事曩惟世宗時景王有之景王久不之國皇考在裕邸危疑不安此何可效也帝報曰莊田自有成例且今大分已定何猜向高因疏謝言皇考時名位雖未正然講讀不輟情意通今東宮輟講八年且不奉天顏久而福王一日兩見以故不能無疑惟堅守明春期而無以莊田藉口天下疑自釋帝報福王無一日兩見事向高有裁斷善處大事錦衣百戶王曰乾者京師奸人也與孔學趙宗舜趙聖等相訐告刑官獄未竟曰乾乃入皇城放礮上疏刑官大驚將擬曰乾死罪曰乾遂訐奏鄭妃內侍姜嚴山與學等及妖人王三詔用厭勝術詛咒皇太后皇太子死擁立福王帝震怒遶殿行半日曰此大變事宰相何無言內侍即跪上向高奏奏言此事大類往年妖書然妖書匿名難詰今兩造具在一訊即情得陛下當靜處之稍張皇則中外大擾至其詞牽引貴妃福王尤可痛恨臣與九卿所見皆同敢以聞帝讀竟太息曰吾父子兄弟全矣明日向高又言曰乾疏不宜發發則上驚聖母下驚東宮貴妃福王皆不安宜留中而別諭法司治諸奸人罪且速定明春之國期以息羣喙則天下帖然無事帝盡用其言太子福王得相安貴妃終不欲福王之國言明年冬太后七十壽王宜留慶賀帝令內閣宣諭向高留上諭弗宣請令冬預行慶壽禮如期之國帝遣中使至向高私邸必欲下前諭向高言外廷喧傳陛下欲假賀壽名留福王約千人伏闕請今果有此諭人情益疑駴將信王曰乾妖言朝端必不靜聖母聞之亦必不樂且潞王聖母愛子亦居外藩何惓惓福王爲因封還手諭帝不得已從之福王乃之國向高嘗上疏言今天下必亂必危之道蓋有數端而災傷寇盜物怪人妖不與焉廊廟空虛一也上下否隔二也士大夫好勝喜爭三也多藏厚積必有悖出之釁四也風聲氣習日趨日下莫可挽回五也非陛下奮然振作簡任老成布列朝署取積年廢弛政事一舉新之恐宗社之憂不在敵國外患而卽在廟堂之上也其言絕痛切帝知其忠愛不能行初向高入閣未幾陳用人理財策力請補缺官罷礦稅見帝不能從乃陳上下乖離之病兩疏乞罷帝不允向高自獨相卽請增閣臣帝不聽及吏部尚書孫丕揚以薦賢不用求去向高特疏請留亦不報遂引疾屢諭乃出視事已又言臣屢求去輒蒙恩諭留顧臣不在一身去留而在國家治亂今天下所在災傷死亡畿輔中州齊魯流移載道加中外空虛人才俱盡罪不在他人臣何可不去且陛下用臣則當行其言今章奏不發大僚不補起廢不行臣微誠不能上達留何益誠用臣言不徒縻臣身臣溘先朝露有餘幸矣帝不省京師大水四方多奏水旱向高又言自閣臣至九卿臺省曹署皆空南都九卿亦止存其二天下方面大吏去秋至今未嘗用一人陛下萬事不理以爲天下長如此臣恐禍端一發不可收也帝亦不省四十年春向高以歷代帝王享國四十年以上者自三代迄今止十君勸帝力行新政因復以用人行政請亦不報向高志不行無月不求去帝輒優旨勉留向高復言臣進退可置不問而百寮必不可盡空臺諫必不可盡廢諸方巡按必不可不代中外離心輦轂肘腋間怨聲憤盈禍機不測而陛下務與臣下隔絕帷幄不得關其忠六曹不得舉其職舉天下無一可信之人而自以爲神明之妙用臣恐自古聖帝明王無此法也先是向高疾閣中無人章奏就其家擬旨者一月及是向高堅臥益久卽家擬旨如前論者以爲非體向高亦自言其非堅乞去帝卒不命他相遣鴻臚官慰留至帝萬壽節始起視事其後向高主癸丑會試章奏皆送闈中尤異事云帝考選科道七十餘人命久不下向高懇請數十疏越二年乃下言官旣多攻擊紛起帝心厭之章悉留中向高請盡付所司定其去留因言大臣者小臣之綱今六卿止趙煥一人而都御史十年不補彈壓無人人心何由戢帝但責言官妄言而大僚迄不補向高請增置閣臣章至百餘上帝始用方從哲吳道南向高疏謝因引退優詔不允四十二年二月皇太后崩三月福王之國向高乞歸益數章十餘上至八月允其去向高以三載考績進太子太保文淵閣大學士敘延綏戰功加少保兼太子太保改戶部尚書武英殿一品三載滿加少傅兼太子太傅改吏部尚書建極殿至是命加少師兼太子太師賜白金百彩幣四表裏大紅坐蟒一襲遣行人護歸向高在相位務調劑羣情輯和異同然其時黨論已大起御史鄭繼芳力攻給事中王元翰左右兩人者相角向高請盡下諸疏敕部院評曲直罪其論議顚倒者一二人以警其餘帝不報諸臣旣無所見得失益樹黨相攻未幾又爭李三才之事黨勢乃成無錫顧憲成家居講學東林書院朝士爭慕與游三才被攻憲成貽書向高暨尚書孫丕揚訟其賢會辛亥京察攻三才者劉國縉以他過掛察典喬應甲亦用年例出外其黨大譁向高以大體持之察典得無撓而兩黨之爭遂不可解及後齊楚浙黨人攻東林殆盡浸尋至天啓時王紹徽等撰所爲東林點將錄令魏忠賢按氏名逐朝士以向高嘗右東林指目爲黨魁云向高歸六年光宗立特詔召還未幾熹宗立復賜敕趣之屢辭不得命天啓元年十月還朝復爲首輔言臣事皇祖八年章奏必發臣擬卽上意所欲行亦遣中使傳諭事有不可臣力爭皇祖多曲聽不欲中出一旨陛下虛懷恭己信任輔臣然間有宣傳滋疑議宜愼重綸音凡事令臣等擬上帝復旨報聞旋納向高請發帑金二百萬爲東西用兵之需熹宗初政羣賢滿朝天下欣欣望治然帝本冲年不能辨忠佞魏忠賢客氏漸竊威福構殺太監王安以次逐吏部尚書周嘉謨及言官倪思輝等大學士劉一燝亦力求去向高言客氏出復入而一燝顧命大臣不得比保姆致使人揣摩於奧窔不可知之地其漸當防忠賢見向高疏刺已恨甚旣而刑部尚書王紀削籍禮部尚書孫愼行都御史鄒元標先後被攻致仕去向高爭不得因請與元標同罷帝不聽而忠賢益恨向高向高爲人光明忠厚有德量好扶植善類再入相事冲主不能謇直如神宗時然猶數有匡救給事中章允儒請減上供袍服奄人激帝怒命廷杖向高論救者再乃奪俸一年御史帥衆指斥宮禁奄人請帝出之外以向高救免給事中傅櫆救王紀將貶謫亦以向高言僅奪俸紀旣罷去御史吳甡王祚昌薦之部議以故官召忠賢怒將重譴文選郞向高亦救免給事中陳良訓疏譏權奄忠賢摘其疏中國運將終語命下詔獄窮治主使向高以去就爭乃奪俸而止熊廷弼王化貞論死言官勸帝速決向高請俟法司覆奏帝從之有請括天下布政司府州縣庫藏盡輸京師者向高言郡邑藏已竭藩庫稍餘倘盡括之猝有如山東白蓮教之亂何以應之帝皆不納忠賢旣默恨向高而其時朝士與忠賢抗者卒倚向高忠賢乃時毛舉細故責向高以困之向高數求去四年四月給事中傅櫆劾左光斗魏大中交通汪文言招權納賄命下文言詔獄向高言文言內閣辦事實臣具題光斗等交文言事曖昧臣用文言顯然乞陛下止罪臣而稍寬其他以消搢紳之禍因力求速罷當是時忠賢欲大逞憚衆正盈朝伺隙動得櫆疏喜甚欲藉是羅織東林終憚向高舊臣并光斗等不罪止罪文言然東林禍自此起至六月楊漣上疏劾忠賢二十四大罪向高謂事且決裂深以爲非廷臣相繼抗章至數十上或勸向高下其事可決勝也向高念忠賢未易除閣臣從中挽回猶冀無大禍乃具奏稱忠賢勤勞朝廷寵待厚盛滿難居宜解事權聽歸私第保全終始忠賢不悅矯帝旨敘己功勤累百餘言向高駭曰此非奄人所能必有代爲草者探之則徐大化也忠賢雖憤猶以外廷勢盛未敢加害其黨有導以興大獄者忠賢意遂決於是工部郞中萬燝以劾忠賢廷杖向高力救不從死杖下無何御史林汝翥亦以忤奄命廷杖汝翥懼投遵化巡撫所或言汝翥向高甥也羣奄圍其邸大譟向高以時事不可爲乞歸已二十餘疏至是請益力乃命加太傅遣行人護歸所給賜視彝典有加尋聽辭太傅有司月給米五石輿夫八向高旣罷去韓爌朱國禎相繼爲首輔未久皆罷居政府者皆小人淸流無所依倚忠賢首誣殺漣光斗等次第戮辱貶削朝士之異己者善類爲一空云熹宗崩向高亦以是月卒年六十有九崇禎初贈太師諡文忠

劉一燝字季晦南昌人父曰材嘉靖中進士陝西左布政使萬曆十六年一燝與兄一焜一煜並舉於鄉越七年又與一煜並舉進士改庶吉士授檢討一焜爲考功郞掌京察大學士沈一貫欲庇其私人錢夢皋鍾兆斗

等屬一燝爲請一燝謝不可夢臯等竟以中旨留由是忤一貫意尋歷祭酒詹事掌翰林院事四十五年春京察黨人用事謀逐孫承宗繆昌期等一燝力保持得免故事掌院無滿歲不遷者一燝居四年始遷禮部右侍郎敎習庶吉士光宗卽位擢禮部尚書兼東閣大學士參預機務偕何宗彥韓爌並命時內閣止方從哲一人萬曆末年神宗欲用史繼偕沈㴶兩人方在籍帝命召之未及至帝復命宗彥一燝爌明日復命朱國祚及舊輔葉向高而宗彥國祚向高亦皆在籍惟一燝爌入直甫拜命帝已得疾一燝偕諸臣召見乾淸宮明年九月朔帝崩諸臣入臨畢一燝詰羣奄皇長子當柩前卽位今不在何也羣奄東西走不對東宮伴讀王安前曰爲李選侍所匿耳一燝大聲言誰敢匿新天子者安曰徐之公等愼勿退遂趨入白選侍選侍頷之復中悔挽皇長子裾安直前擁抱疾趨出一燝見之急趨前呼萬歲捧皇長子左手英國公張惟賢捧右手掖升輦及門宮中厲聲呼哥兒却還使使追躡者三輦一燝傍輦疾行翼升文華殿先卽東宮位羣臣叩頭呼萬歲事稍定選侍猶趨還乾淸時選侍居乾淸一燝曰乾淸不可居殿下宜暫居慈慶皇長子心憚選侍然之一燝語安曰主上冲年無母后外庭有事吾受過宮中起居公等不得辭責明日嘉謨及左光斗疏請移宮時首輔從哲徘徊其間已又欲緩移宮一燝曰本朝故事仁聖嫡母也移慈慶慈聖生母也移慈寧今何日可姑緩耶初五日偕同官請卽日降旨竝立宮門以俟選侍不得已移噦鸞宮天子復還乾淸事始大定帝旣踐阼從哲被劾在告一燝遂當國與爌相得甚歡念內廷惟王安力衞新天子乃引與共事安亦傾心嚮之所奏請無不從發內帑抑近倖搜遺逸舊德宿齒布滿九列中外欣欣望治焉明年天啟改元瀋陽失廷臣多請復用熊廷弼一燝亦言廷弼守遼一載殘疆宴然不知何故翦除及下廷議又皆畏懼不敢異同嗣後軍國大事陛下當毅然主持敕諸臣洗心滌慮悉破雷同附和共憂國奉公帝優旨褒答尋有詔盡譴前排廷弼者姚宗文等官言路多怨一燝一燝嘗言任天下事者惟六官言路張則六官無實政善治天下者俾六官任事言路得繩其愆言官陳事政府得裁其是則天下治於是一切條奏悉下部議有不經者詔格之初選侍將移宮其內豎李進忠劉朝田詔等盜內府祕藏過乾淸門仆金寶墮地帝怒悉下法司案治甚急羣奄懼搆蜚語言帝薄先朝妃嬪致選侍移宮日跣足投井以搖惑外廷御史賈繼春遂上安選侍書刑部尚書黃克纘給事中李春曄御史王業浩輩張大其辭欲脫盜奄罪帝惡繼春妄言且疑其有黨將嚴譴之一燝謂天子新卽位輒疑臣下朋黨異時奸人乘間士大夫必受其禍乃具疏開帝意爲繼春解而反覆言朋黨無實繼春得削籍去御史張愼言高弘圖疏救繼春帝欲并罪亦以一燝言而止帝憾選侍甚必欲誅盜奄王安爲司禮亦惡之諸奄百方救卒不得久而帝漸忘前事安亦爲魏忠賢排死諸奄乃厚賂忠賢爲地而上疏辨寃帝果免朝詔死下其疏法司一燝執奏詔等議誅久無可雪疏直下部前無此制帝不得已下其疏於閣一燝復言此疏外不由通政司內不由會極門側不當擬旨謹封還原疏由是忠賢輩大恨朝等亦竟免死益任用定陵工成忠賢欲以爲功一燝援故事內臣非司禮掌印及提督陵工不得濫廕止擬加恩三等諸言官論客氏被謫者一燝皆疏救又請出客氏於外及言官交章論沈㴶㴶疑一燝主之與忠賢客氏等比而齮一燝一燝持大體不徇言路意言路頗怨又密窺魏客等漸用事一燝勢孤是年四月候補御史劉重慶遂力詆一燝不可用帝怒謫重慶一燝再論救不聽而職方郎中余大成御史安伸給事中韋蕃霍維華交章劾一燝帝不問旣而維華外轉其同官孫杰疑一燝屬嘉謨爲之上疏力攻一燝一燝疏辨求罷帝已慰留給事中侯震暘御史陳九疇復劾之并刺其結納王安於是一燝四疏乞歸忠賢從中主之傳旨允其去先是從哲數稱一燝爲首輔一燝不敢當虛位俟葉向高及向高至入讓言謂一燝尼已至是知其無他力稱一燝有翼衞功不可去帝復慰留一燝堅臥不起二年正月疏十二上乃令乘傳歸旣歸兵部尚書張鶴鳴與奸細杜茂劉一巘獄欲指一巘爲一燝族株連之刑部尚書王紀不可遂被斥去而一燝得白鶴鳴一燝向所推轂者也已而忠賢大熾矯旨責一燝誤用廷弼削官追奪誥命勒令養馬崇禎改元詔復官遣官存問一燝在位累加少傅太子太傅吏部尚書中極殿大學士八年卒贈少師福王時追謚文端一焜字元丙萬曆二十年進士授行人歷考功郎中佐侍郎楊時喬典京察盡斥執政私人已改文選遷太常少卿以憂去久之由故官擢右僉都御史巡撫浙江帝遣中官曹奉建鎭海寺於普陀山一焜偕巡按李邦華爭不可不聽織造中官劉成卒一焜屢疏請勿遣代已得請會命中官呂貴護成還裝奸人遂請留貴督織造疏直達禁中一焜與邦華極論其罪帝卒命貴代之一焜復疏爭不報貴旣任條行十事多侵擾一焜疏駁且禁治其爪牙貴爲斂威一焜以暇築龕山海塘千二百丈濬復餘杭南湖民賴其利御史沈珣誣訐其贓私一焜自引去卒贈工部右侍郎一煜兵部郎中

韓爌字象雲蒲州人萬曆二十年進士選庶吉士進編修歷少詹事充東宮講官四十五年擢禮部右侍郎協理詹事府久之命敎習庶吉士泰昌元年八月光宗嗣位拜禮部尚書兼東閣大學士入參機務未幾光宗疾大漸與方從哲劉一燝同受顧命時宮府危疑爌竭誠翼衞中外倚以爲重大帥李如柏如楨兄弟有罪當逮治中旨寬之爌與一燝執奏逮如律以登極恩加太子太保戶部尚書文淵閣大學士從哲去一燝當國爌協心佐理天啟元年正月兩人以帝爲皇孫時未嘗出閣讀書請於十二日卽開經筵自後日講不輟從之遼陽失都城震驚爌一燝以人情偷玩擬御札戒厲百官共圖實效帝納之廷臣以兵餉大絀合詞請發帑爌一燝亦以爲言詔發百萬兩大婚禮成加少保吏部尚書武英殿大學士廕一子尚寶司丞未幾以貴州平苗功加少傅太子太傅建極殿大學士帝封乳母客氏爲奉聖夫人大婚成當出外仍留之宮中御史畢佐周切諫六科十三道復連署爭皆不納爌一燝引祖制爲言乃命俟梓宮發引擇日出宮二年四月禮部尚書孫愼行劾方從哲用李可灼紅丸藥罪同弑逆廷議紛然一燝已去位爌特疏白其事曰先帝以去年八月朔踐阼臣及一燝以二十四日入閣適鴻臚寺官李可灼云有仙丹欲進從哲愕然出所具問安揭有進藥十分宜愼語臣等深以爲然卽諭之去二十七日召見羣臣先帝自言不用藥已二十餘日至二十九日遇兩內臣言帝疾已大漸有鴻臚寺官李可灼來思善門進藥從哲及臣等皆言彼稱仙丹便不敢信是日仍召見諸臣問安畢先帝卽顧皇上命臣等輔佐爲堯舜又語及壽宮臣等以先帝山陵對則云是朕壽宮因問有鴻臚官進藥從哲奏云李可灼自謂仙丹臣等未敢信先帝卽命傳宣臣等出移時可灼至同入診視言病源及治法甚合先帝喜命速進臣等復出令與諸醫商確一燝語臣其鄉兩人用此損益參半諸臣相視實未敢明言宜否須臾先帝趣和藥臣等復同入可灼調以進先帝喜曰忠臣忠臣臣等出少頃中使傳聖體服藥後暖潤舒暢思進飲膳諸臣歡躍而退比申末可灼出云聖上恐藥力不繼欲再進一丸諸醫言不宜驟乃傳趣益急因再進訖臣等問再服復何狀答言平善如初此本日情事也次日臣等趨朝而先帝已於卯刻上賓矣痛哉方先帝召見羣臣時被衮憑几儼然顧命皇上焦顏侍側臣等環跪傍徨操藥而前籲天以禱臣子際此憾不身代凡今所謂宜愼宜止者豈不慮於心實未出於口抑且不以萌諸心念先帝臨御雖止旬月恩膏實被九垓爲臣子者宜何如頌揚何如紀述乃禮臣忠憤之激談與遠邇驚疑之紛議不知謂當時若何情景而進藥始末實止如此若不據實詳剖直舉非命之凶稱加諸考終之令主恐先帝在天之靈不無恫怨皇上終天之念何以爲懷乞渙發綸音布告中外俾議法者勿以小疑成大疑編摹者勿以信史爲謗史文震孟建言獲譴論救甚力三年以山東平妖賊功加少師太子太師時葉向高當國爌次之及楊漣劾魏忠賢二十四大罪忠賢頗懼求援於爌爌不應忠賢深銜之旣向高罷爌爲首輔每事持正爲善類所倚然向高有智術籠絡羣奄爌惟廉直自持勢不能敵而同官魏廣微又深結忠賢遍引邪黨其冬忠賢假會推事逐趙南星高攀龍爌急率朱國禎等上言陛下一日去兩大臣臣民失望且中旨徑宣不復到閣而攀龍一疏經臣等擬上者又復更易大駭聽聞有傷國體忠賢益不悅傳旨切責未幾又逐楊漣左光斗陳于廷朝政大變忠賢勢益張故事閣中秉筆止首輔一人廣微欲分其柄囑忠賢傳旨諭爌同寅協恭而責次輔毋伴食爌惶懼卽抗疏乞休畧言臣備位綸扉咎愆日積如詰戎宜先營衞而觀兵禁掖無能紓宵旰憂忠直尚稽召還而撈掠朝堂無能回震霆怒後先諸臣之罷斥諭旨中出之紛更不能先時深念有調劑之方又不能臨事執持爲封還之籲皆臣罪之大者皇上釋此不問責臣以協恭責同官以協贊同官奉詔以從事臣欲補過無由矣乞亟褫臣官爲佐理溺職之戒得旨卿親承顧命當竭忠盡職乃歸非於上退有後言今復悻悻求去可馳驛還籍諸輔臣請如故事加以體貌不報爌疏謝有左右前後務近端良重綸綍以重仕途肅紀綱以肅朝宁語忠賢及其黨益恨爌去朱國禎爲首輔李蕃攻去之顧秉謙代其位公卿庶僚皆忠賢私人矣五年七月逆黨李魯生劾爌削籍除名又假他事坐贓二千斃其家人於獄爌鬻田宅貸親故以償乃棲止先墓上莊烈帝登極復故官崇禎元年言者爭請召

用爲逆黨楊維垣等所扼但賜敕存問官其一子至五月始遣行人召之十二月還朝復爲首輔帝御文華後殿閱章奏召爌等諭以擬旨務消異同開誠和衷期於至當爌等頓首謝退言上所諭甚善而密勿政機諸臣參互擬議不必顯言分合至臣等晨夕入直勢不能報謝賓客商政事者宜相見於朝房而一切禁私邸交際帝即諭百寮遵行二年正月大學士劉鴻訓以張慶臻敕書事被重譴爌疏救不聽溫體仁訐錢謙益御史任贊化亦疏訐體仁帝召見廷臣體仁力詆贊化及御史毛羽健爲謙益死黨帝怒切責贊化爌請寬贊化以安體仁帝因謂進言者不憂國而植黨自名東林於朝事何補爌退具揭言人臣不可以黨事君人君亦不可以黨疑臣但當論其才品臧否職業修廢而黜陟之若戈矛妄起於朝堂畛域横分於宮府非國之福也又率同官力救贊化不納皇長子生請盡蠲天下積逋報可時大治忠賢黨爌與李標錢龍錫主之列上二百六十二人罪分六等名曰欽定逆案頒行天下言者爭擊吏部尚書王永光南京禮部主事王永吉言之尤力帝怒將罪之爌等言永吉不宥永光必不安乃止奪俸一年工部尚書張鳳翔奏廠庫積弊帝怒召對廷臣詰責巡視科道王都高賚明二人力辨帝命錦衣官執之爌標龍錫並救解而是日永光以羽健疏劾請帝究主使者爌退申救都等因言永光不宜請究言官帝不納然羽健卒獲免初熊廷弼既死傳首九邊屍不得歸葬至是其子詣闕疏請爌等因言廷弼之死由逆奄欲殺楊漣魏大中誣以行賄因盡殺漣等復懸坐廷弼贓銀十七萬刑及妻孥冤之甚者帝乃許收葬時遼事急朝議汰各鎮兵又以兵科給事中劉懋疏議裁驛卒帝以問爌爌言汰兵止當清占冒及增設冗兵爾衝地額兵不可汰也驛傳疲累當責按臣核減以甦民困其所節省仍還之民帝然之御史高捷史𡎴以罪免永光力引之都御史曹于汴持不可永光再疏爭爌言故事當聽都察院咨用帝方眷永光不從九月以將行慶典請停秋決亦不從時逆案雖定永光及袁弘勛捷𡎴輩日爲翻案計至十月

大清兵入畿甸都城戒嚴初袁崇煥入朝嘗與錢龍錫語邊事龍錫東林黨魁也永光等謀因崇煥與大獄可盡傾東林倡言

大清兵之入由崇煥殺毛文龍所致捷遂首攻龍錫逐之明年正月中書舍人加尚寶卿原抱奇故由輸貲進亦劾爌主款誤國招寇欺君郡邑殘破宗社阽危不能設一策拔一人坐視成敗以人國僥倖宜與龍錫並斥其言主款者以爌崇煥座主也帝重去爌貶抱奇秩無何左庶子丁進以遷擢愆期怨爌亦劾之而工部主事李逢申劾疏繼上爌即三疏引疾詔賜白金彩幣馳驛遣行人護歸悉如彝典進逢申並爌會試所舉士也爌先後作相老成愼重引正人抑邪黨天下稱其賢獨嘗庇王永光云十七年春李自成陷蒲州迫爌出見不從賊執其孫以脅爌止一孫乃出見賊釋其孫爌歸憤鬱而卒年八十矣

朱國祚字兆隆秀水人萬曆十一年進士第一授修撰進洗馬爲皇長子侍班官尋進諭德日本陷朝鮮石星惑沈惟敬言力主封貢國祚面詰星此我鄉曲無賴因緣爲奸利耳公獨不計辱國乎星不能用二十六年超擢禮部右侍郎湖廣稅監陳奉横甚國祚貽書巡按御史曹楷令發其狀帝怒幾逮楷奉亦因此撤去尚書余繼登卒國祚攝部事時皇長子儲位未定冠婚踰期國祚屢疏諫戚臣鄭國泰請先冠婚後册立國祚抗疏言本朝外戚不得與政事册立大典非國泰所宜言況先册立後冠婚其儀仗冠服之制祝醮敕戒之辭陛降坐立之位朝賀拜舞之節因名制分因分制禮甚嚴且辨一失其序名分大乖違累朝祖制背皇上明綸犯天下清議皆此言也又言册立之事理不可緩初謂小臣激聒故遲之後羣臣勿言則曰待嫡及中宮久無所出則曰皇長子體弱須其強今又待兩宮落成矣自三殿災朝廷大政令率御文華殿三禮之行在殿不在宮頃歲趣辦珠寶戶部所進視陛下大婚數倍之遠近疑陛下借珠寶之未備以遲典禮且詔旨採辦珠寶額二千四百萬而天下賦稅之額乃止四百萬即不充國用不給邊需猶當六年乃足必待取盈而後舉大禮幾無時矣已又言太祖成祖仁宗即位初即建儲貳宣宗英宗册爲皇太子時止二歲憲宗孝宗止六歲陛下亦以六歲未聞年十九而不册立者國祚攝尚書近二年爭國本至數十疏儲位卒定陝西狄道山崩其南湧小山五國祚請修省社稷壇枯樹生烟復陳安人心收人望通下情清濫獄四事雲南巡撫陳用賓進土物國祚劾之尋轉左侍郎改吏部御史湯兆京劾其縱酒踰檢帝不問國祚遂引疾歸光宗即位以國祚嘗侍潛邸特旨拜禮部尚書兼東閣大學士入閣參機務天啓元年六月還朝尋加太子太保進文淵閣國祚素行清愼事持大體稱長者明年會試故事總裁止用內閣一人是科用何宗彥及國祚有譏其中旨特用者國祚既竣事即求罷優詔不允都御史鄒元標侍經筵而蹶帝遣中使問狀國祚進曰元標在先朝直言受杖故步履猶艱帝爲之改容刑部尚書王紀爲魏忠賢所逐國祚合疏救復具私揭爭之紀爲禮部侍郎時嘗以事忤國祚者也三年進少保太子太保戶部尚書改武英殿十三疏乞休詔加少傅兼太子太傅乘傳歸明年卒贈太傅謚文恪從子大啓文選郎中終刑部左侍郎同時朱國禎字文寧烏程人萬曆十七年進士累官祭酒謝病歸久不出天啓元年擢禮部右侍郎未上三年正月拜禮部尚書兼東閣大學士與顧秉謙朱延禧魏廣微並命閣中已有葉向高韓爌何宗彥朱國祚史繼偕又驟增四人直房幾不容坐六月國禎還朝秉謙延禧以列名在後謙居其次改文淵閣大學士累加少保兼太子太保魏忠賢竊國柄國禎佐向高多所調護四年夏楊漣劾忠賢廷臣多勸向高出疏至有詬者向高愠甚國禎請容之及向高密奏忤忠賢決計去謂國禎曰我去蒲州更非其敵公亦當早歸蒲州謂爌也向高罷爌爲首輔爌罷國禎爲首輔廣微與忠賢表裏爲奸視國禎蔑如其冬爲逆黨李蕃所劾三疏引疾忠賢謂其黨曰此老亦邪人但不作惡可令善去乃加少傅賜銀幣廕子中書舍人遣行人送歸月廩輿夫皆如制崇禎五年卒贈太傅謚文肅

何宗彥字君美其父由金谿客隨州遂家焉宗彥舉萬曆二十三年進士累官詹事四十二年遷禮部右侍郎署部事福王之國河南請求無已宗彥上疏言可慮者有六帝不聽又屢疏請東宮講學皇孫就傅及瑞惠桂三王婚禮太子生母王貴妃薨不置守墳內官又不置墳戶贍地宗彥力爭之梃擊事起宗彥因言天下疑陛下薄太子久太子處積輕之勢致慈慶宮門止守以耄年二內侍中門則寂無一人乞亟下張差廷訊凡青宮諸典禮悉允臣部施行宗社幸甚不報尋轉左侍郎署部如故四十四年冬隆德殿災宗彥請通下情修廢政補曠官明年皇長孫年十三未就傅宗彥再疏力言自是頻歲懇請帝終不納四十六年六月京師地震上修省三事時帝不視朝已三十載朝政積弛庶官盡曠明年秋遼事益棘宗彥率僚屬上言自三路喪師開原鐵嶺相繼沒瀋陽孤危請陛下臨朝與臣等面籌兵食大計帝亦不報宗彥清修有執攝尚書事六年遇事侃侃敷奏時望甚隆其年十二月會推閣臣廷臣多首宗彥獨吏科給事中張延登不署名遂不獲與宗彥旋乞假去御史薛敷政蕭毅中左光斗李徵儀倪應春彭際遇張新詔等交章惜之而延登同官亓詩教薛鳳翔又屢疏糾駁其時齊黨勢盛非同類率排去之宗彥無所附麗故終不安其位明年神宗崩光宗立即家拜禮部尚書兼東閣大學士天啓元年夏還朝屢加少師兼太子太師吏部尚書建極殿大學士四年正月卒官贈太傅謚文毅弟宗聖由鄉舉歷官工部主事以附魏忠賢驟加本部右侍郎崇禎初削籍論配名麗逆案

孫如游字景文餘姚人都御史燧曾孫也萬曆二十三年進士累官禮部右侍郎四十七年冬左侍郎何宗彥去位署印無人大學士方從哲屢以如游請明年三月始得命部事叢積如游決遣無滯時白蓮無爲諸邪教橫行宗彥嘗疏請嚴禁如游復申其說帝從之七月帝疾大漸偕諸大臣受顧命帝崩鄭貴妃懼禍深結李選侍爲請封后選侍喜亦爲請封太后以悅之楊漣語如游曰皇長子非選侍所愛選侍后嫡矣他日將若何亟白執政用遺詔舉册立登極三日公即援詔以請如游然之八月朔光宗即位三日如游請建東宮帝納之俄遵遺旨諭閣臣封貴妃爲皇太后如游奏曰考累朝典禮以配而后者乃敵體之經以妃而后者則從子之義祖宗以來豈無抱衾之愛而終引去席之嫌此禮所不載也先帝念貴妃勞不在無名之位號陛下體先帝志亦不在非分之尊崇若義所不可則遵命非孝遵禮爲孝臣不敢曲徇自蹈不忠之罪疏入未報如游尋進本部尚書帝既命建東宮又言皇長子體質清弱稍緩册立期如游力持不可二十三日命封選侍爲皇貴妃期已定矣越三日帝又趣之如游奏曰先奉諭上孝端皇后孝靖皇太后尊謚又封郭元妃王才人爲皇后禮皆未竣貴妃之封宜在後既聖諭諄切且有保護聖儲功即如先所定期亦無不可帝許之選侍以貴妃爲未足必欲得皇后二十九日再召廷臣選侍迫皇長子言之如游曰上欲封選侍爲皇貴妃當即具儀進帝漫應曰諾選侍聞大不悅明日帝崩朝事大變如游請改册封期報可熹宗爲皇孫時未就傅即位七日如游即請開講筵亦報可十月命以東閣大學士入參機務言者詆其不由廷推交章論列如游亦屢乞去帝輒勉留天啓元年二月上疏言祖宗任用閣臣多由特簡遠者無論在世廟則有張璁桂萼方獻夫夏言徐階袁煒嚴訥李

春芳在穆廟則有陳以勤張居正趙貞吉在神廟則有許國趙志皋張位卽皇考之用朱國祚亦特簡也今陛下冲齡臣才品又非諸臣比有累至尊知人之明乞速賜骸骨還田里帝仍留之如游十四疏乞去乃加太子太保文淵閣大學士遣官護送廕子給賜悉如彝典家居四年卒贈少保謚文恭孫嘉績字碩膚崇禎十年進士授南京工部主事召改兵部

大清兵薄都城按營不動衆莫測嘉績曰此待後至者卽舉衆南下爾越三日蒙古兵數萬果從青山口入卽日南下於是尚書楊嗣昌以嘉績知兵調爲職方員外郎進郎中督師中官高起潛譖之會有發其納賄事遂下獄已黃道周亦下獄嘉績躬親飲食湯藥力調護之因從受易會諸生涂仲吉疏救道周帝益怒移獄錦衣嚴訊諸生與道周往來者多詭詞自脫獨嘉績無所隱擬雜犯死罪繼擬烟瘴充軍皆不允保定總督張福臻陛見薦嘉績才請用爲參謀不聽徐石麒爲刑部尚書具爰書奏乃釋之福王時起九江兵備僉事未赴魯王監國紹興擢右僉都御史累進東閣大學士王航海嘉績從至舟山其年遘疾卒

贊曰熹宗初葉向高以宿望召起海內正人倚以爲重卒不能有所匡救蓋政柄內移非一日之積勢固無如何也劉一燝韓爌諸人雖居端揆之地而宵小比肩權璫掣肘紛撓杌棿幾不自全朱國祚何宗彥紬於黨人孫如游又皆以中旨特用爲外廷所詬於是而知明良相遭誠千載之一遇也夫

明史卷二百四十一　列傳第一百二十九

總裁官總理事務經筵講官少保兼太子太保保和殿大學士兼管吏部戶部尚書事加六級張廷玉等奉

敕修

周嘉謨　張問達陸夢龍　傅梅

汪應蛟　王紀楊東明

孫瑋　鍾羽正

陳道亨子弘緒

周嘉謨字明卿漢川人隆慶五年進士除戶部主事歷韶州知府萬曆十年遷四川副使分巡瀘州窮治大猾楊騰霄置之死建武所兵燔總兵官沈思學廨單車諭定之尋撫白草番督兵卭州灌縣皆有方畧居五年進按察使移疾歸久之起故官榷稅中官邱乘雲播虐建繫相屬嘉謨檄所司拒絕而搒殺奸民助虐者乘雲爲戢就遷左布政使擢右副都御史巡撫雲南隴川宣撫多安民叛入緬據蠻灣嘉謨討禽之立其弟安靖而還進兵部右侍郎巡撫如故黔國公沐昌祚侵民田八千餘頃嘉謨劾治之復劾其孫啟元罪狀久之改督兩廣軍務兼巡撫廣東滿考加右都御史廣西土酋引交阯兵內犯官軍拒退之嘉謨爲增兵置戍南海三水高要四會高明諸邑大水壞圩岸留贖鍰築之遷南京戶部尚書尋召拜工部尚書孝定后喪內廷宣索不貲嘉謨言喪禮有中制不當信左右言妄耗國帑不納俄改吏部尚書四十八年七月神宗崩八月丙午朔光宗卽位鄭貴妃據乾清宮且邀封皇太后嘉謨從言官楊漣左光斗等言以大義責貴妃從子養性示以利害貴妃乃移慈寧宮封后事亦寢外廷皆言貴妃進侍姬八人致帝得疾二十六日嘉謨因召見以寡欲進規帝注視久之令皇長子諭外廷傳聞不可信諸臣乃退二十九日帝疾大漸嘉謨偕大學士方從哲劉一燝韓爌等受顧命其夕帝崩質明九月乙亥朔光宗遺詔皇長子嗣位而李選侍專制宮中勢頗張廷臣慮不測旣入臨請見皇長子呼萬歲奉至文華殿受朝送居慈慶宮嘉謨奏言殿下之身社稷是託出入不宜輕脫大小殮朝暮臨須臣等至乃發皇長子頷之諸大臣定議皇長子以九月六日卽位選侍居乾清自如且欲挾皇長子同居嘉謨亟草疏率廷臣請移宮光斗漣繼之五日選侍始移噦鸞宮時大故頻仍國勢杌隉首輔從哲首鼠兩端一燝爌又新秉政嘉謨正色立朝力持大議中外倚以爲重神宗末齊楚浙三黨爲政黜陟之權吏部不能主及嘉謨秉銓惟才是任光熹相繼踐祚嘉謨大起廢籍耆碩滿朝向稱三黨之魁及朋奸亂政者亦漸自引去中朝爲清己極陳吏治敝壞請責成撫按監司上官注考率用四六儷語多失實嘉謨請以六事定官評一曰守二曰才三曰心四曰政五曰年六曰貌各注其實毋飾虛詞帝稱善行之天啟元年御史賈繼春得罪其同官張愼言高弘圖疏救帝欲並罪之嘉謨等力爲解乃奪愼言弘圖俸而止朱欽相倪思輝被謫嘉謨亦申救給事中霍維華希魏忠賢指劾王安置之死嘉謨惡之出維華於外忠賢怒嗾給事中孫杰劾嘉謨受劉一燝屬爲安報讐且以用袁應泰佟卜年等爲嘉謨罪嘉謨求退忠賢矯旨許之大學士葉向高等請留嘉謨竣大計事不聽明年廣寧陷嘉謨憂憤馳疏劾兵部尚書張鶴鳴主戰悞國罪五年秋忠賢黨周維持復劾嘉謨曲庇王安遂削籍崇禎元年薦起南京吏部尚書加太子太保明年卒官年八十四贈少保

張問達字德允涇陽人萬曆十一年進士歷知高平濰二縣有惠政徵授刑科給事中寧夏用兵請盡蠲全陝逋賦從之父喪除起故官歷工科左給事中帝方營建兩宮中官利乾沒復興他役問達力請停止不納俄陳礦稅之害言閹尹一朝銜命輒敢糾彈郡守甚且糾撫按重臣而孫朝所攜程守訓陳保輩至箠殺命吏毀室廬掘墳墓不一按問若萬方怨恫何典試山東疏陳道中饑饉流離狀請亟罷天下礦稅皆不報已巡視廠庫故事令商人辦內府器物僉名以進謂之僉商而諸高貲者率賄近幸求免帝輒許之問達兩疏爭執又極論守訓罪並寢不行進禮科都給事中劾晉江李贄邪說惑衆逮死獄中贄事具耿定向傳三十年十月星變復請盡罷礦稅時比年日食皆在四月問達以純陽之月其變尤大先後疏請修省語極危切帝終不納尋遷太常少卿以右僉都御史巡撫湖廣所部水災數請蠲貸帝方營三殿採木楚中計費四百二十萬有奇問達多方拮据民免重困久之召拜刑部右侍郎署部事兼署都察院事四十三年五月讞問張差梃擊事問達從員外郎陸夢龍言令十三司會訊詞連鄭貴妃宮監龐保劉成中外籍籍疑貴妃弟國泰爲之問達等奏上差獄帝見保成名留疏不下尋召方從哲吳道南及問達等於慈寧宮命並磔二人甫還宮帝意復變乃先戮差令九卿三法司會訊保成於文華門保成供原姓名曰鄭進劉登雲而不承罪方鞫時東宮傳諭曰張差情實風癲誤入宮門擊傷內侍罪不赦後招保成係內官欲謀害本宮彼何益當以讐誣從輕擬罪問達等以鞫審未盡上疏曰奸人闖宮事關宗社今差已死二囚易抵飾文華門尊嚴之地臣等不敢刑訊何由得情二囚偏詞何足爲據差雖死所供詞故在其同謀馬三道等亦皆有詞在案孰得而滅之况慈寧召對面諭並決煌煌天語通國共聞若不付之外庭會官嚴鞫安肯輸情旣不輸情安從正法祖宗二百年來未有罪囚不付法司輒令擬罪者且二人係內臣法行自近陛下尤當嚴其銜轡而置之重辟奈何任彼展辨不與天下共棄之也帝以二囚涉鄭氏付外庭議益滋乃潛斃之於內言皆以創重身死而馬三道等五人命予輕比坐流配其事遂止是年解都察院事久之遷戶部尚書督倉場尋兼署刑部拜左都御史光宗疾大漸同受顧命天啟元年冬代周嘉謨爲吏部尚書連掌內外大計悉叶公論當是時萬曆中建言詿誤獲譴諸臣棄林下久死者已過半問達等定議以廷杖繫獄遣戍者爲一等贈官廕子貶竄削籍者爲一等但贈官獲恤者七十五人會孫愼行鄒元標追論紅丸力攻方從哲詔廷臣集議與議者百十餘人問達旣集衆議乃會戶部尚書汪應蛟等上疏曰按愼行奏首罪李可灼進紅丸可灼先見從哲臣等初未知及奉召進乾清宮候於丹墀從哲與臣等共言李可灼進藥俱愼重未決俄宣臣等至宮內跪御前先帝自言朕躬虛弱語及壽宮並論輔陛下爲堯舜因問可灼安在可灼趨入和藥以進少頃又進聖躬安舒就寢此進藥始末從哲及文武諸臣所共見者是時羣情倉惶悽然共切弑逆二字何可忍言在諸臣固諒從哲無是心卽愼行疏中亦已相諒若可灼輕易進藥非但從哲未能止臣與衆人亦未能止臣等均有罪焉及御史王安舜等疏論可灼從哲自應重擬乃先止罰俸繼令養疾則失之太輕今不重罪可灼何以慰先帝而服中外之心宜提付法司正以刑辟若崔文昇妄投凉藥罪亦當誅請並下法司與可灼並按從哲則應如其自請削去官階爲法任咎此亦大臣引罪之道宜然而非臣等所敢議也至選侍欲垂簾聽政羣臣初入臨闕者阻不容入羣臣排闥而進哭臨畢奉聖躬至文華殿行朝謁嵩呼禮復奉駕還慈慶宮因議新主登極選侍不當復居乾清九卿卽公疏請移言官繼之從哲始具揭奏請選侍遂卽日移宮然輿論猶憾從哲之奏不毅然爲百僚倡倘非諸臣共挾大義連章急趨則乾清何地猶然混居令得假竊魁柄將如陛下登極還宮何疏入帝謂從哲心跡自明不當輕議止逮可灼下吏文昇已安置南京弗問問達歷吏大任梃擊紅丸移宮三大案並經其手持議平允不激不隨先以秩滿加太子太保至是乞休疏十三上詔加少保乘傳歸五年魏忠賢擅國御史周維持劾問達力引王之寀植黨亂政遂削奪御史牟志夔復誣問達賍私請下吏按問命捐貲十萬助軍興頃之問達卒以巡撫張維樞言免其半問達家遂破崇禎初贈太保予一子官維持志夔咸名挂逆案

陸夢龍字君啟會稽人萬曆三十八年進士授刑部主事進員外郎張差獄起引凡向宮殿射箭放彈投磚石

等律當以斬獄具提牢主事王之宷奏差口詞甚悉乞敕會問大理丞王士昌亦上疏趣之時夢龍以典試廣東杜門主事邢臺傅梅過之曰人情庇奸而甘心儲皇吾雖恤刑山右當上疏極論君能共事乎夢龍曰張公遇我厚遽上疏若張公何當力爭之耳乃偕見問達時郎中胡士相等不欲再鞫趣問達具疏請旨以疏入必留中其事可遂寢夢龍得其情止勿復請衆曰提馬三爺李外父輩非得旨不可夢龍曰堂堂法司不能捕一編氓須天子詔耶差所供必當訊實問達以爲然明日會訊士相永嘉會禎夢龍梅之宷及鄒紹先凡七人惟之宷梅與夢龍合將訊衆咸囁嚅夢龍呼刑具三無應者擊案大呼始具差長身駢脅睨視傲語無風癲狀夢龍呼紙筆命畫所從入路梅問汝何由識路差言我薊州人非有導者安得入問導者誰曰大老公龐公小老公劉公且曰豢我三年矣予我金銀壺各一夢龍曰何爲曰打小爺於是士相立推坐起曰此不可問矣遂罷訊夢龍必欲得內豎名越數日問達再令十三司會審差供逆謀及龐保劉成名一無所隱士相主筆躊躇不敢下郎中馬德灃趣之永嘉復以爲難夢龍怫然曰陸員外不肯匿誰敢匿獄乃具給事中何士晉遂疏詆鄭國泰帝於是斃保成於內而棄差市梅慮其潛易躬請監刑當是時自夢龍之宷梅德灃外鮮不爲鄭氏地者已而之宷德灃悉被罪梅以京察罷官夢龍賴問達力獲免由郎中歷副使天啓四年貴州賊未靖總督蔡復一薦夢龍知兵改右參政監軍討賊安邦彥犯普定夢龍偕總兵黃鉞以三千人禦之曉行大霧中直前薄賊賊大敗三山苗叛思州告急夢龍夜遣中軍吳家相進搗賊巢擂苗鼓聲振山谷苗大奔潰焚其巢而還尋改湖廣監軍遷廣東按察使上官建忠賢祠列夢龍名亟遣使剗去之崇禎元年大計忠賢黨猶用事鐫二級調任三年起副使以故官分巡東兗道盜起曹濮間討斬其魁餘衆悉降遷右參政守固原夢龍慷慨好談兵以鄜清羣盜自負七年夏賊來犯擊却之閏八月賊陷隆德殺知縣費彥芳遂圍靜海州夢龍率遊擊賀奇勳都司石崇德禦之抵老虎溝賊初不滿千已而大至夢龍所將止三百餘人被圍數重賊矢石如雨突圍不得出二將抱夢龍泣夢龍揮之曰何作此婦孺態大呼奮擊手馘數人與二將俱戰死事聞贈太僕卿而傳梅崇禎中歷台州知府解職歸十五年冬捐金佐知府吉孔嘉守城城破殉難贈太常少卿

汪應蛟字潛夫婺源人萬曆二年進士授南京兵部主事歷南京禮部郎中給由入都值吏部侍郎陸光祖與御史江東之等相訐應蛟不直光祖抗疏劾之於政府多所譏切累遷山西按察使治兵易州陳礦使王虎貪恣狀不報朝鮮再用兵移應蛟天津及天津巡撫萬世德經略朝鮮即擢應蛟右僉都御史代之屢上兵食事宜扼險列屯軍聲甚振稅使王朝死帝將遣代應蛟疏請止之忤旨切責朝鮮事寧移撫保定歲旱蝗振恤甚力已極言畿民困敝請盡罷礦稅會奸人柳勝秋等妄言括畿輔稅可得銀十有三萬應蛟三疏力爭然僅得減半而已三十年春帝命停礦稅俄中止應蛟復力爭不納應蛟在天津見葛沽白塘諸田盡爲汙萊詢之土人咸言斥鹵不可耕應蛟念地無水則鹻得水則潤若營作水田當必有利乃募民墾田五千畝爲水田者十之四畝收至四五石田利大興及移保定乃上疏曰天津屯兵四千費餉六萬俱斂諸民間留兵則民告病恤民則軍不給計惟屯田可以足食今荒土連封蒿萊彌望若開渠置堰規以爲田可七千頃頃得穀三百石近鎮年例可以兼資非獨天津之餉足取給也因條畫墾田丁夫及稅額多寡以請得旨允行已請廣興水利略言臣境內諸川易水可以溉金臺滹水可以溉恒山溏水可以溉中山滏水可以溉襄國漳水來自鄴下西門豹嘗用之瀛海當諸河下流視江南澤國不異其他山下之泉地中之水所在而有咸得引以溉田請通渠築防量發軍夫一準南方水田之法行之所部六府可得田數萬頃歲益穀千萬石畿民從此饒給無旱潦之患即不幸漕河有梗亦可改折於南取糴於北工部尚書楊一魁亟稱其議帝亦報許後卒不能行召爲工部右侍郎未上予告去已進兵部左侍郎以養親不出親沒竟不召光宗立起南京戶部尚書天啓元年改北部東西方用兵驟加賦數百萬應蛟在道馳疏言漢高帝稱蕭何之功曰鎮國家撫百姓給餉餽不絕吾不如蕭何夫給餽餉而先以撫百姓故能興漢滅楚如運諸掌也今國家多難經費不支勢不得緩催科然弗愛養民力而徒竭其脂膏財殫氓窮變亂必起安得不預爲計因列上愛養十八事帝嘉納焉熊廷弼建三方布置之策需餉千二百萬應蛟力阻之廷議紅丸事請置崔文昇李可灼於法而斥方從哲爲編氓應蛟爲人亮直有守視國如家謹出納杜虛耗國計賴之帝保母客氏求墓地踰制應蛟持不予遂見忤會有言其老不任事者力乞骸骨詔加太子少保馳傳歸陛辭疏陳聖學引宋儒語以宦官宮妾爲戒久之卒於家應蛟學主誠敬其出處辭受一軌於義里居謝絕塵事常衣緼枲

王紀字惟理芮城人萬曆十七年進士授池州推官入爲祠祭主事歷儀制郎中秉禮持正時望蔚然二十九年帝將册立東宮數遷延不決紀抗疏極論其冬禮成擢光祿少卿引疾去四十一年自太常少卿擢右僉都御史巡撫保定諸府連歲水旱紀設法救荒甚備稅監張曅請征恩詔已蠲諸稅紀兩疏力爭曅竟取中旨行之紀劾曅抗違詔書沮格成命皆不報居四年部內大治遷戶部右侍郎總督漕運兼巡撫鳳陽諸府歲大凶振救如畿輔光宗立召拜戶部尚書督倉場天啓二年代黃克纘爲刑部尚書時方會議紅丸事紀偕侍郎楊東明署議言方從哲知有貴妃不知有君父李可灼進藥駕崩反慰以恩諭賚之銀幣國典安在不逮可灼無以服天下不逮崔文昇無以服可灼不削奪從哲官階祿廕無以洩天地神人之憤議出羣情甚竦主事徐大化者素無賴日走魏忠賢門搆陷善類又顯劾給事中周朝瑞惠世揚紀憤甚劾大化溺職狀因言大化誠爲朝廷擊賊則大臣中有交結權璫誅鋤正士如宋蔡京者何不登彈文而與正人日尋水火其言大臣指大學士沈㴶也大化由此罷去而㴶及忠賢深憾之御史楊維垣與大化有連且素附㴶遂助㴶詆紀言紀所劾大臣無主名請令指實紀遂直攻㴶言㴶與京生不同時而事實相類其結納魏忠賢與京之契合童貫同也乞哀董羽宸與京之懇款陳瓘同也要盟死友邵輔忠孫杰與京之固結吳居厚同也逐顧命元臣劉一燝周嘉謨與安置呂大防蘇軾同也斥逐言官江秉謙熊德陽侯震暘與貶謫安常民任伯雨同也至於賄交婦寺竊弄威權中旨頻傳而上不悟朝柄陰握而下不知此又京迷國罔上百世合符者客魏聞之怒爲㴶泣愬帝前帝謂紀煩言加譙責焉初李維翰熊廷弼王化貞下吏紀皆置之重辟而與都御史大理卿上廷弼化貞爰書微露兩人有可矜狀而言不測特恩非法官所敢輕議有千總杜茂者齎登萊巡撫陶朗先千金行募兵金盡而兵未募不敢歸返薊州僧舍爲邏者所獲詞連佟卜年卜年遼陽人舉進士歷知南皮河間遷夔州同知未行經略廷弼薦爲登萊監軍僉事邏者搒掠茂言嘗客於卜年河間署中三月與言謀叛因挾其二僕往通李永芳行邊尚書張鶴鳴以聞鶴鳴故與廷弼有隙欲藉卜年以甚其罪朝士皆知卜年冤莫敢言及鎮撫既成獄移刑部紀疑之以問諸曹郎員外郎顧大章曰茂既與二僕往來三千里乃拷訊垂斃終不知二僕姓名其誣服何疑卜年雖非間諜然實佟養眞族子流三千里可也紀議從之邏者又獲奸細劉一巘忠賢疑劉一燝昆弟欲立誅一巘與卜年因一巘以株連一燝紀皆執不可㴶遂劾紀護廷弼緩卜年等獄爲二大罪帝責紀陳狀遂斥爲民以侍郎楊東明署部事坐卜年流二千里獄三上三却給事中成明樞張鵬雲沈惟炳卜年同年生也爲發憤摭他事連劾東明卜年獲長繫瘐死而東明遂引疾去紀既斥大學士葉向高何宗彥史繼偕論救皆不聽後閹黨羅織善類紀先卒乃免崇禎元年復官贈少保廕一子謚莊毅楊東明字啓修虞城人官給事中請定國本出閣豫教早朝勤政酌宋應昌李如松功罪之平上河南饑民圖薦寺丞鍾化民往振掌吏科協孫丕揚主大計後以劾沈思孝思孝與相詆貶三官爲陝西布政司照磨里居二十六年光宗立起太常少卿天啓中累遷刑部右侍郎既歸遂卒崇禎初贈刑部尚書

孫瑋字純玉渭南人萬曆五年進士授行人擢兵科給事中劾中官魏朝及東廠辦事官鄭如金罪如金坐下詔獄二人皆馮保心腹也初張居正以刑部侍郎同安洪朝選輕遼王罪銜之後勞堪巡撫福建希居正意諷同安知縣金枝捃摭朝選事堪飛章奏之命未下捕置之獄絕其飯食三日死禁勿殮屍腐獄中堪尋召爲左副都御史未至京而居正卒朝選子都察院檢校競訴冤闕下堪復飛書抵馮保削競籍廷杖遣歸至是瑋白發其事並及堪諸貪虐狀堪免官未幾朝選妻訴冤邸撟亦爲訟競復援胡檟王宗載事請與堪俱死乃遣堪戍當是時廠衞承馮保餘威濫受民訟撫按訪察奸猾多累無辜有司斷獄往往罪外加罰帝好用立枷重三百餘斤犯者立死瑋皆極陳其害詔立枷如故餘從瑋言以母病不候命擅歸坐謫桃源主簿久之歷遷太常卿三十年以右副都御史巡撫保定朝鮮用兵置軍天津月餉六萬悉派之民間先任巡撫汪應蛟役軍大治水田以所入充餉瑋踵行之田益墾遂免加派歲比不登旱蝗大水相繼瑋多方振救帝亦時出內帑佐之所條荒政率報允畿輔礦使倍他省礦已竭而搜鑿不已至歲責民賠納瑋累疏陳其害且列天津稅使馬堂六大罪皆不省就進兵部侍郎召爲右都御史督倉場進

戶部尚書督倉場如故大僚多缺命署戎政已又兼署兵部璋言陛下以鼎鼎三印悉畀之臣豈眞國無人耶臣所知大僚則有呂坤劉元震汪應蛟庶僚則有鄒元標孟一脈趙南星姜士昌劉九經臺諫則有王德完馮從吾輩皆德立行修足備任使苟吏閱數年陛下卽欲用之不可得矣弗聽都御史自溫純去後八年不置代至四十年十二月外計期迫始命璋以兵部尚書掌左都御史事璋素負時望方欲振風紀而是時朋黨勢成言路大橫會南畿巡按御史荆養喬與提學御史熊廷弼相訐璋議廷弼解職候勘廷弼黨官應震吳亮嗣輩遂連章攻璋璋累疏乞休帝皆慰留無何吏部以年例出兩御史于外不關都察院璋以失職求去益力疏十餘上明年七月稽首文華門出郭候命至十月始予告歸天啟改元起南京吏部尚書改兵部參贊機務三年召拜刑部尚書因繫衆獄舍至不能容璋請近畿者就州縣分繫內使王文進殺人下司禮議罪其餘黨付法司璋言一獄不可分兩地請并文進下吏不聽其冬以吏部尚書再掌左都御史事累以老疾辭不允明年秋疾篤上疏曰今者天災迭見民不聊生內而城社可憂外而牖戶未固法紀凌遲人心瓦解陛下欲圖治平莫如固結人心欲固結人心莫如登用善類舊輔臣劉一燝憲臣鄒元標尚書周嘉謨王紀孫愼行盛以弘鍾羽正等侍郎曹于汴詞臣文震孟科臣侯震暘臺臣江秉謙寺臣滿朝薦部臣徐大相竝老成蹇諤踣伏草野良可歎惜倘蒙簡擢必能昭德塞違爲陛下收拾人心尤望寡欲以保聖躬勤學以進主德優容以廣言路明斷以攬大權臣遘疾危篤報主無期敢竭微忱用當屍諫遂卒贈太子太保魏忠賢用事陝西巡撫喬應甲劾璋素黨李三才趙南星不當叨冒恩恤詔追誥命奪其廕崇禎初復之後諡莊毅

鍾羽正字叔濂益都人萬曆八年進士除滑縣知縣甫弱冠多惠政徵授禮科給事中疏言朝講不宜輟張鯨不宜赦不報遷工科左給事中出視宣府邊務哈剌愼老把都諸部挾增市賞二十七萬有奇羽正建議裁之與參政王象乾譬以利害莫敢動兵部左侍郎許守謙先撫宣府以賄聞羽正劾去之又劾罷副總兵張充實等而悉置諸侵盜軍資者於理還爲吏科都給事中劾禮部侍郎韓世能薊遼總督蹇達大理少卿楊四知洪聲遠不職四知聲遠坐貶謫時當朝覲請禁餽遺言臣罪莫大于貪然使內臣貪而外臣不應外臣貪而內臣不援則尚相顧畏莫敢肆今內以外爲府藏外以內爲窟穴交通路遺比周爲奸欲仕路清世運泰不可得也帝善其言敕所司禁之且命閣部大臣公事議於朝房毋私邸接賓客吏部推孟一脈應天府丞蔡時鼎江西提學副以呂興周馬猶龍帝惡一脈時鼎嘗建言皆用副者羽正率同列上言陛下不用一脈時鼎中外謂建白之臣不惟一時見斥而且復進無階銷忠直之氣結諫諍之舌非國家福疏入忤旨奪俸有差二十年正月偕同官李獻可等請皇長子出閣豫教帝怒謫獻可官羽正以己實主議請與同謫竟斥爲民杜門讀書士大夫往來其地率辭不見林居幾三十年光宗立起太僕少卿未至進本寺卿天啟二年吏部將用爲左副都御史羽正辭曰馮公從吾僉院已久吾後入先之是長競也西臺何地可以是風有位乎乃受僉都御史而讓從吾爲副甫入署卽言方從哲進藥議諡封后移宮無謀鮮斷似佞似欺宜免其官秩使爲法受過沈潅結內援招權賄宜遄決其去羣小多不悅熊廷弼王化貞之獄衆議紛呶羽正言向者開原鐵嶺之罪不明致失遼陽遼陽之罪不明致失廣寧朝廷疆土堪幾番敗壞由是二人皆坐大辟會朱童蒙以講學擊鄒元標及從吾羽正言書院之設實爲京師首善勸不當議禁因自劾乞休頃之代從吾爲左副都御史俄改戶部右侍郎督倉場明年春拜工部尚書故事奄人冬衣隔歲一給是夏六月羣奄千餘人請預給蠭擁入署碎公座毆掾吏肆罵而去蓋忌羽正者嗾奄使發難也羽正疏聞因求罷詔司禮太監杖謫羣奄而諭羽正出視事羽正求去益堅因言今帑藏殫虛九邊壯士日夜荷戈寢甲弗獲一飽慶陵工卒負重乘高暴炎風赤日中求傭錢不得而獨內官請乞朝至夕從此輩聞之其誰不含憤臣奉職不稱義當罷黜復三疏自引歸踰年逆黨霍維華追理三案言羽正委身門戶遂削奪崇禎初復官久之卒贈太子太保

陳道亨字孟起新建人萬曆十四年進士除刑部主事歷南京吏部郎中同里鄧以讚裘貞吉亦官南都人號江右三清遭母喪家燬于火僦屋以居窮冬無幃妻御葛裳與子拾遺薪爇以禦寒或有贈遺拒弗受由湖廣參政遷山東按察使右布政使轉福建爲左所至不私一錢以右副都御史提督操江光宗立進工部右侍郎總督河道天啟二年妖賊徐鴻儒作亂道亨守濟寧扼諸要害以衞漕舟事平增俸賜銀幣尋拜南京兵部尚書參贊機務楊漣等羣擊魏忠賢被譙責道亨憤偕九卿上言高皇帝定令內臣止供埽除不得典兵預政陛下徒念忠賢微勞舉魁柄授之恣所欲爲舉朝忠諫皆不納何重視宦豎輕天下士大夫至此疏入不納道亨遂連疏求去詔許乘傳歸踰年卒道亨貞亮有守自參政至尚書不以家累自隨一蒼頭執爨而已崇禎初贈太子少保諡清襄子弘緒字士業爲晉州知州以文名

贊曰光熹之際朝廷多故又承神宗頹廢之餘政體怠弛六曹罔修厥職周嘉謨張問達諸人懇懇奉公詩所稱不懈于位者蓋庶幾焉汪應蛟持國計謹出納水田之議鑿鑿可見施行孫瑋請登用善類鍾羽正請禁餽遺韙哉救時之良規也

明史卷二百四十二　　列傳第一百三十

總裁官總理事務經筵講官少保兼太子太保保和殿大學士兼管吏部戶部尚書事加六級臣張廷玉等奉敕修

陳邦瞻字德遠高安人萬曆二十六年進士授南京大理寺評事歷南京吏部郎中出爲浙江參政進福建按察使遷右布政使改補河南分理彰德諸府開水田千頃建滏陽書院集諸生講習士民祠祀之就改左布政使以右副都御史巡撫陝西上林土官黃德勛弟德隆及子祚允叛德勛投田州土酋岑茂仁茂仁納之襲破上林殺德勛掠妻子金帛守臣問狀詭言德勛病亡乞以祚允繼邦瞻請討於朝會光宗嗣位卽擢邦瞻兵部右侍郎總督兩廣軍務兼巡撫廣東遂移師討禽之海寇林莘老嘯聚萬餘人侵掠海濱邦瞻扼之不得逞澳夷築室青州奸民與通時侵內地邦瞻燔其巢召拜工部右侍郎未上改兵部進左天啟二年五月疏陳四事中言客氏既出復入乃陛下過舉輔臣不封還內降引義固爭致罪謫言者再蹈拒諫之失其何解於人言疏入忤旨譙讓尋兼戶工二部侍郎專理軍需明年卒官詔贈尚書邦瞻好學敦風節服官三十年吏議不及

畢懋康字孟侯歙人萬曆二十六年進士以中書舍人授御史言內閣不當專用詞臣邊臣失律者宜重按部郎田大年賀盛瑞中書舍人丁元薦以忤權要廢當雪疏留中視鹽長蘆畿輔多河渠湮廢不治懋康言保定清河其源發於滿城抵清苑而南十里則湯家口爲上閘又十里則清楊爲下閘順流東下直抵天津旁近易安諸州新安雄完唐慶都諸縣竝通舟楫仰其利二閘創自永樂初日久頹圮急宜修復歲漕臨德二倉二十萬石餉保定易州紫荆諸軍足使士卒宿飽往者密雲昌平故不通漕萬曆初總督劉應節楊兆疏潮白二河陵泉諸水漕粟以餉二鎭二鎭之軍賴之此可倣而行也詔從之巡按陝西疏陳邊政十事劾罷副總兵王學書等七人請建宗學如郡縣學制報可改按山東擢順天府丞以憂去天啓四年起右僉都御史撫治鄖陽懋康雅負器局敭歷中外與族兄懋良竝有清譽稱二畢

懋良字師皐先懋康舉進士由萬載知縣擢南京吏部主事歷副使至左布政使俱在福建振饑民減加派撫降海寇以善績稱懋康爲巡撫之歲懋良亦自順天府尹擢戶部右侍郎督倉場魏忠賢以懋康爲趙南星所引欲去之御史王際逵劾其附麗邪黨遂削籍而懋良亦以不附忠賢爲御史張訥所論落職閒住兄弟相繼去國士論更以爲榮崇禎初起懋康南京通政使越二年召拜兵部右侍郎尋罷而懋良亦起兵部左侍郎會京師戒嚴尚書張鳳翔以下皆獲罪懋良得原致仕去懋康再起南京戶部右侍郎督糧儲旋引疾歸兄弟皆卒於家

蕭近高字抑之廬陵人萬曆二十三年進士授中書舍人擢禮科給事中甫拜官卽上疏言罷礦稅釋繫囚起廢棄三事明詔已頒不可中止帝怒奪俸一年頃之論江西稅使潘相擅刑宗人罪不報旣而停礦分稅之詔下相失利擅移駐景德鎭請專理窰務帝卽可之近高復力爭後江西撫按竝劾相相以爲近高主之疏詆甚力近高疏辨復劾相疏雖不行相不久自引去屢遷刑科都給事中知縣滿朝薦諸生王大義等皆忤中使繫獄三年近高請釋之不報遼東稅使高淮激民變近高

劾其罪請撤還帝不納又以淮誣奏逮同知王邦才參將李獲陽近高復論救會廷臣多劾淮者帝不得已徵還而邦才等繫如故無何極陳言路不通耳目壅蔽之患未幾又言王錫爵密揭行私宜止勿召朱賡被彈六十餘疏不當更留皆不報故事六科都給事中內外遞轉人情輕外率規避近高自請外補吏部侍郎楊時喬請亟許以成其美乃用為浙江右參政進按察使以病歸起浙江左布政使所至以清操聞泰昌元年召為太僕卿廷議紅丸之案近高言崔文昇李可灼當斬方從哲當勒還故里張差謀逆有據不可蔽以瘋癲歷工部左右侍郎天啓二年冬引疾去御史黃尊素因言近高暨侍郎余懋衡曹于汴饒伸太僕少卿劉弘謨劉宗周竝辭榮養志淸風襲人亟宜褒崇風厲有位詔許召還五年冬起南京兵部添注左侍郎力辭不允時魏忠賢勢張諸正人屛斥已盡近高不欲出遷延久之給事中薛國觀劾其玩命遂落職崇禎初乃復卒於家

白瑜字紹明永平人萬曆二十三年進士選庶吉士授兵科給事中帝旣冊立東宮上太后徽號瑜請推廣孝慈以敦儉持廉惜人才省寃獄四事進皆引祖訓及先朝事以規時政辭甚切三十年京師旱陝西河南黃河竭禮官請修省瑜言修省宜行實政今逐臣久錮纍臣久羈一蒙矜釋卽可感格天心末言礦稅之害皆不報累遷工科都給事中帝於射場營乾德臺瑜抗疏力諫又再疏請斥中官王朝陳永壽帝不能無憾會瑜論治河當專任遂責其勦拾陳言謫廣西布政使照磨以疾歸光宗立起光祿少卿三遷太常卿給事中倪思輝朱欽相御史王心一以直言被謫瑜抗疏論救天啓二年由通政使拜刑部右侍郎署部事鄭貴妃兄子養性奉詔還籍逗遛不去其家奴張應登訐其通塞外永寧伯王天瑞者顯皇后弟也以后故銜鄭氏遂偕其弟錦衣天麟交章劾養性不軌瑜以鄭氏得罪先朝而交通事實誣乃會都御史趙南星大理卿陳于廷等讞上其獄請抵奴誣告罪勒養性居遠方制可明年進左侍郎卒官贈尚書

程紹字公業德州人祖瑤江西右布政使紹舉萬曆十七年進士除汝寧推官徵授戶科給事中巡視京營副將佟養正等五人行賄求遷皆劾置於理帝遣使採礦河南紹兩疏言宜罷皆不報再遷吏科左給事中會大計京官御史許聞造訐戶部侍郎張養蒙等語侵吏部侍郎裴應章紹言聞造挾吏部以避計典且附會閣臣張位聞造乃貶邊方主事趙世德考察貶官廷議征楊應龍兵部舉世德知兵紹駁止之又劾文選郎楊守峻守峻自引去饒州通判沈榜貶官夤緣稅監潘相得留紹極言非法山西稅使張忠以夏縣知縣韓薰忤已奏調之僻地紹又爭之帝怒斥為民以沈一貫救詔鐫一秩出之外給事中李應策御史李炳等爭之帝益怒并薰斥為民而奪應策等俸紹家居二十年光宗卽位起太常少卿天啓四年歷右副都御史巡撫河南宗室居儀封者為盜窟紹列上其狀廢徙高牆臨漳民耕地漳濱得玉璽龍紐龜形方四寸厚三寸文曰受命於天旣壽永昌以獻紹聞之於朝畧言秦璽不足徵久矣今璽出適在臣疆旣不當復埋地下又不合私祕人間欲遣官恭進闕廷跡涉貢媚且至尊所寶在德不在璽故先馳奏聞候命進止昔王孫圉不寶玉珩齊威王不寶照乘前史美之陛下尊賢愛士野無留良尚有一代名賢如鄒元標馮從吾王紀周嘉謨盛以弘孫愼行鍾羽正余懋衡曹于汴等皆憂國奉公白首魁艾其他詞林臺諫一錮不起者竝皇國禎祥盛朝珍寶臣不能汲致明廷徒獻符貢瑞臣竊羞之願陛下惟賢是寶在朝之忠直勿事虛拘在野之老成亟圖登進彼區區秦璽之眞僞又安足計哉魏忠賢方斥逐者碩見之不悅後忠賢勢益張紹遂引疾歸崇禎六年薦起工部右侍郎越二年以年老四疏乞休去卒贈本部尚書

翟鳳翀字凌元益都人萬曆三十二年進士歷知吳橋任邱有治聲徵授御史疏薦鍾羽正趙南星鄒元標等因言宋季邪諂之徒終日請禁僞學信口詆諆近年號講學者不幸類此出按遼東宰賽煖兔二十四營環開原而居歲為邊患宰賽尤桀驁數敗官軍殺守將因挾邊吏增賞慶雲參將陳洪範所統止羸卒二千又恇怯不任戰鳳翀奏請益兵易置健將開原始有備又請所在建常平倉括贖鍰節公費易粟備荒帝善其議命推行於諸邊故遼陽參將吳希漢失律聽勘以內援二十年不決且謀復官鳳翀一訊成獄置之大辟邊人快之帝因梃擊之變召見廷臣於慈寧宮大學士方從哲吳道南無所言御史劉光復方發口遽得罪鳳翀上言陛下召對廷臣天威開霽千載一時輔臣宜舉朝端大政如皇太子皇長孫講學福府莊田鹺引大僚空虛考選沉閣以及中旨頻降邊警時聞水旱盜賊之相仍流移饑殍之載道一一縷奏於前乃緘默不言致光復以失儀獲罪光復一日未釋輔臣未可晏然也忤旨切責山東大饑以鳳翀疏遣御史過庭訓齎十六萬金振之中官呂貴假奸民奏留督浙江織造冉登提督九門誣奏市民毆門卒下兵馬指揮歐相之吏邢洪辱御史凌漢翀於朝給事中郭尚賓等劾之帝釋洪不問漢翀為廢將凌應登所毆洪復曲庇應登鳳翀抗疏極論貴登洪三人罪且曰大臣造膝無從小臣叩閽無路宦寺浸用政令多違實開羣小假借之端成太阿倒持之勢帝大怒謫山西按察使經歷而是時尚賓亦上疏極言比來擬旨不由內閣託以親裁言官稍涉同類輒云黨附將使大臣不肯盡言小臣不敢抗論天下事尚可為哉乞陛下明詔閣臣封還內降容納直諫以保治安忤旨謫江西布政使檢校閣臣及言官論救皆不納帝於章疏多不省故廷臣直諫者久不被譴至是二人同日謫官時稱二諫鳳翀旣謫三遷天啓初為南京光祿少卿四年以大理少卿進右僉都御史巡撫延綏魏忠賢黨御史卓邁汪若極連章論之遂削籍崇禎二年起兵部右侍郎尋出撫天津以疾歸卒贈兵部尚書尚賓字朝諤南海人鳳翀同年進士自吉安推官授刑科給事中遇事輒諫諍尤憤中官之橫嘗因事論稅使李鳳高寀潘相頻稱敢言已竟謫官光宗時乃復起累官刑部右侍郎亦以不附忠賢削籍崇禎初為兵部右侍郎卒贈尚書

洪文衡字平仲歙人萬曆十七年進士授戶部主事帝將封皇長子為王偕同官賈巖合疏爭尋改禮部與郎中何喬遠善喬遠坐註誤被謫文衡已遷考功主事竟引病歸起補南京工部歷郎中力按舊章杜中貴橫索節冗費為多官工部九年進光祿少卿改太常督四夷館中外競請起廢帝率報寢久之乃特起顧憲成憲成已辭疾忌者猶憚其進用御史徐兆魁首疏力攻之文衡慮帝惑兆魁言抗章申雪因言今兩都九列強半無人仁賢空虛識者浩歎所堪選擇而使者祇此起廢一途今憲成尚在田間已嬰羅罔俾聖心愈疑連茹無望貽禍賢者流毒國家實兆魁一疏塞之矣尋進大理少卿以憂去泰昌元年起太常卿光宗旣崩議升祔文衡請祧睿宗曰此肅宗一時崇奉之情不合古誼且睿宗嘗為武宗臣矣一旦加諸其上禮旣不合情亦未安當時臣子過於將順因循至今夫情隆於一時禮垂於萬世更定之舉正在今時疏格不行未幾卒贈工部右侍郎文衡天性孝友居喪斷酒肉不處內者三年生平不妄取一介喬遠字穉孝晉江人萬曆十四年進士除刑部主事歷禮部儀制郎中神宗欲封皇長子為王喬遠力爭不可同官陳泰來等言事被謫抗疏救之石星主封倭而朝鮮使臣金睟泣言李如松沈惟敬之誤致國人束手受刃者六萬餘人喬遠卽以聞因進累朝馭倭故事帝頗心動而星堅持已說疏竟不行坐累謫廣西布政使經歷以事歸里居二十餘年中外交薦不起光宗立召為光祿少卿移太僕王化貞駐兵廣寧主戰喬遠畫守禦策力言不宜輕舉無何廣寧竟棄天啓二年進左通政鄒元標建首善書院朱童蒙等劾之喬遠言書院上梁文實出臣手義當并罷語侵童蒙進光祿卿通政使五疏引疾以戶部右侍郎致仕崇禎二年起南京工部右侍郎給事中盧兆龍劾其衰庸自引去喬遠博覽好著書嘗輯明十三朝遺事為名山藏又纂閩書百五十卷頗行於世然援据多舛云

陳伯友字仲恬濟寧人萬曆二十九年進士授行人擢刑科給事中甫拜命卽劾罷河南巡撫李思孝俄論鄒之麟科場弊宜勘奄豎辱駙馬冉興讓宜置之法楚宗英嫌蘊鈁良吏滿朝薦王邦才等宜釋已又言陛下淸明之心不幸中年為利所惑皇皇焉若不足以致財匱民艱家成徹骨之貧人抱傷心之痛今天下所以杌隉傾危而不可救藥者此也又言李廷機去國操縱不出上裁至外而撫按內而庶僚去留無所斷決士大夫意見分岐議論各異陛下漫無批答曷若盡付外廷公議於以平曲直定國是乎帝皆不省熊廷弼為荊養喬所訐伯友與李成名等力主行勘旣又陳時政四事言擬旨必由內閣昨科臣曾六德之處分閣臣葉向高之典試悉由內降而福王之國之旨亦於他疏批行非獨褻天言抑且貽陰禍法者天下所共黜國公沐昌祚請令其孫啓元代鎭已非法矣乃撫按據法請勘而以內批免之疑中有隱情御史呂圖南改提學此爭為賢彼爭為不肖盍息兩家戈矛共圖軍國大計福王久應之國今春催請不下數百疏何以忽易期疏亦留中尋以艱去及服除廷議多排東林遂不出至四十六年以年例卽家除河南副使天啓四年屢遷太常寺卿治少卿事楊漣劾魏忠賢伯友亦偕卿胡世賞等抗疏極論明年十二月御史張樞劾其倚附東林遂削奪莊烈帝卽位詔復官未及用而卒成名字寰知太原衛人祖應時南京戶部員外郎以清白著成名舉萬曆三十二年進士授中書舍人擢吏科給事中疏陳銓政失平語侵尚書趙煥俄請釋纍臣滿朝薦言朝薦不釋則諸璫日肆國

家患無已吏部侍郎方從哲中旨起官成名抗疏劾之幷及其子恣横狀從哲求去帝不許是時黨人日攻東林成名遂移疾歸家居五年起山東副使天啓初遷湖廣參政入爲太僕少卿四年春擢右僉都御史巡撫南贛魏忠賢以成名爲趙南星所用因所屬給由犯御諱除其名爲巡撫止八月士民祠祀焉崇禎改元召拜戶部右侍郎以左侍郎專理邊餉京師戒嚴改兵部帝召對平臺區畫兵事甚悉數月而罷卒於家

董應舉字崇相閩縣人萬曆二十六年進士除廣州教授與稅監李鳳爭學傍壖地鳳舍人馳騎文廟前縶其馬用是有名遷南京國子博士再遷南京吏部主事召爲文選主事歷考功郎中告歸起南京大理丞四十六年閏四月日中黑子相鬬五月朔有黑日掩日日無光時遼東撫順已失應舉言日生黑眚乃强敵侵凌之徵亟宜勤政修備以消禍變因條上方略帝置不省天啓改元再遷太常少卿督四夷館二年春陳急務數事極言天下兵耗民離疆宇日蹙由主威不立國法不行所致帝以爲應舉知兵令專任較射演武已上言保衞神京在設險營屯遂擢應舉太僕卿兼河南道御史經理天津至山海屯務應舉以責太重陳十難十利帝悉敕所司從之乃分處遼人萬三千餘戶於順天永平河間保定詔書褒美遂用公帑六千買民田十二萬餘畝合閒田凡十八萬畝廣募耕者畀工廩田器牛種濬渠築防教之藝稻農舍倉廨場圃舟車畢具費二萬六千而所收黍麥穀五萬五千餘石廷臣多論其功就進右副都御史天津葛沽故有水陸兵二千應舉奏令屯田以所入充歲餉屯利益興五年六月朝議以屯務旣成當廣鼓鑄乃改應舉工部右侍郎專領錢務開局荊州尋議給兩淮鹽課爲鑄本命兼戶部侍郎幷理鹽政應舉至揚州疏請釐正鹽規議商人補行積引增輸銀視正引之半爲部議所格應舉方奏析而巡鹽御史陸世科惡其侵官劾之魏忠賢傳旨詰讓御史徐揚先遂希指再劾落職閒住崇禎初復官應舉好學善文其居官慷慨任事在家好興利捍患比歿海濱人祠祀之

林材字謹任閩縣人萬曆十一年進士授舒城知縣擢工科給事中吏部推鄭洛戎政尚書起張九一貴州巡撫材極言兩人不當用九一遂罷王錫爵赴召材疏論幷及趙志臯張位再請建儲豫教又爭三王竝封之謬屢遷吏科都給事中劾罷南京尚書郝杰徐元泰經略宋應昌惑沈惟敬力請封貢材乞斬應昌惟敬不報志臯位擬旨失當材抗疏駁之二十二年夏六月西華門災材偕同官上言切指時政缺失帝慍甚以方修省不罪吏部推顧養謙總理河道材論止之兵部將大敘平壤功材力詆石星罔上星乃不敢濫敘其冬復率同官言成憲不當爲祭酒馮夢禎不當爲詹事劉元震不當爲吏部侍郎帝積前怒言材屢借言事誣謗大臣今復暗傷善類乃貶三官餘停俸一歲會御史崔景榮等論救再貶程鄉典史材遂歸里不出光宗卽位始起尚寶丞再遷太僕少卿還朝未幾卽乞歸天啓中起南京通政使卒崇禎初贈右都御史

朱吾弼字諧卿高安人萬曆十七年進士授寧國推官徵授南京御史大學士趙志臯弟學仕爲南京工部主事以贓敗南京刑部因志臯故輕其罪議調饒州通判吾弼疏論竟謫戍之奏請建國本簡閣臣補言官罷礦稅不報山西巡撫魏允貞爲稅使孫朝所訐吾弼乞治朝欺罔罪廣東稅使李鳳乾沒奸人王遇桂請稅江南田契吾弼皆疏論其罪時無賴子蠭起言利廷臣輒連章力爭帝雖不盡從亦未嘗不容其切直雷震皇陵吾弼請帝廷見大臣講求祖宗典制次第舉行與天下更始尋復言陛下孝敬疏於郊廟惕厲弛於朝講土木盛宮苑榛蕪遍殿廷羣小橫中外正士困囹圄閭閻以礦稅竭郵傳以輸輓疲流亡以水旱增郡縣以徵求困草澤生心衣冠喪氣公卿不能補牘臺諫無從引裾不可不深察而改圖也末言禮部侍郎郭正域疾惡嚴居已峻不可以楚事棄先是楚假王議起首輔沈一貫陰左右王以正域請行勘嗾其黨錢夢臯輩逐之去舉朝無敢留正域及言楚事者吾弼獨抗章申理而御史林秉漢以楚宗人戕殺巡撫亦請詳勘且言王旣非假何憚於勘吾弼秉漢遂爲一貫等所惡會夢臯京察將黜遂訐秉漢爲正域鷹犬語侵沈鯉楊時喬溫純秉漢坐貶貴州按察司檢校而夢臯得留郞中劉元珍論之反獲譴吾弼復疏直元珍請黜夢臯因力詆一貫亦忤旨停俸一年遂移疾去居三年起南京光祿少卿召爲大理右丞齊楚浙三黨用事吾弼復辭疾歸熹宗立召還屢遷南京太僕卿天啓五年爲御史吳裕中劾罷秉漢字伯昭長泰人按廣東亦再疏劾李鳳旣謫尋移疾歸卒於家天啓中贈太僕少卿

張光前字爾荷澤州人萬曆三十八年進士授蒲圻知縣補安肅甫四月擢吏部驗封主事歷文選員外郎稽勳郎中乞假去天啓四年趙南星爲尚書起爲文選郎中甫視事魏忠賢欲逐南星假廷推謝應祥事矯旨切責南星時與推應祥者員外郎夏嘉遇非光前也光前抗疏爭之曰南星入品事業昭灼人耳目忽奉嚴旨責以不公忠臣竊惑之選郎諸曹領袖尚書臂指南星所甄別進退臣實佐之功罪與共乞先賜罷斥亦被旨切責未幾以推喬允升等代南星忤忠賢意削侍郎陳于廷及楊漣左光斗籍光前又抗疏曰會推尚書于廷主議臣執筆謹席稾待罪遂貶三秩調外任光前操行清嚴峻却請謁知縣石三畏贓私狼籍得輿援將授臺諫光前出之爲王官其黨咸側目明年光前兄右布政使光縉治兵遵化爲奄黨門克新所劾亦削籍兄弟竝以忤奄去見稱於世崇禎元年起光祿少卿不赴三年起太常已進大理少卿累疏乞休及家而卒

贊曰朝政弛則士大夫騰空言而少實用若陳邦瞻畢懋康翟鳳翀董應舉尚思有所建立惜不逢明作之朝故所表見止此耳蕭近高洪文衡諸人皆以清素自矢白瑜論鄭氏獄能持平固卿貳之錚錚者歟

明史卷二百四十三　列傳第一百三十一

總裁官總理事務 經筵講官少保兼太子太保保和殿大學士兼管吏部戶部尚書事加六級張廷玉等奉
敕修

趙南星　鄒元標
孫愼行盛以弘　高攀龍
馮從吾

趙南星字夢白高邑人萬曆二年進士除汝寧推官治行廉平稍遷戶部主事張居正寢疾朝士羣禱南星與顧憲成姜士昌戒弗往居正歿調吏部考功引疾歸起歷文選員外郎疏陳天下四大害言楊巍乞休左都御史吳時來謀代之忌戶部尚書宋纁聲望連疏排擠副都御史詹仰庇力謀吏兵二部侍郎大臣如此何以責小臣是謂干進之害禮部尚書沈鯉侍郎張位諭德吳中行南京太僕卿沈思孝相繼自免獨南京禮部侍郎趙用賢在詞臣黃洪憲輩每陰譏之言官唐堯欽孫愈賢蔡系周復顯爲詆誣衆正不容宵人得志是謂傾危之害州縣長吏選授太輕部寺之官計日而取郡守不問才行而撫按論人贓私有據不曰未甚則曰任淺槪止降調其意以爲惜才不知此乃惜不才也吏治日汙民生日瘁是謂州縣之害鄉官之權大於守令橫行無忌莫敢誰何如渭南知縣張棟治行無雙裁抑鄉官被讒不獲行取是謂鄉官之害四害不除天下不可得治疏出朝論韙之而中所抨擊悉時相所庇於是給事中李春開起而駁之其疏先下南星幾獲譴給事中王繼光史孟麟萬自約部曹姜士昌吳正志竝助南星詆春開且發時來仰庇洪憲譏諂狀春開氣沮然南星卒以病歸再起歷考功郎中二十一年大計京官與尚書孫鑨秉公澄汰首黜所親都給事中王三餘及鑨甥文選員外郎呂廕昌他附麗政府及大學士趙志臯弟皆不免政府大不堪給事中劉道隆因劾吏部議留拾遺庶僚非法得旨南星等專權植黨貶三官俄因李世達等疏救斥南星爲民後論救者悉被譴鑨亦去位一時善類幾空事具鑨傳南星里居名益高與鄒元標顧憲成海內擬之三君中外論薦者百十疏卒不起光宗立起太常少卿俄改右通政進太常卿至則擢工部右侍郎居數月拜左都御史慨然以整齊天下爲任天啓三年大計京官以故給事中亓詩敎趙興邦官應震吳亮嗣先朝結黨亂政議黜之吏科都給事中魏應嘉力持不可南星著四凶論卒與考功郎程正己置四人不謹他所澄汰一如爲考功時浙江巡按張素養薦部內人材及姚宗文邵輔忠劉廷元南星劾其謬素養坐奪俸先是巡方者有提薦之例南星已奏止之而陝西高弘圖山西徐揚先宣大李思啓河東劉大受復踵行如故南星竝劾奏之巡方者始知畏法尋代張問達爲吏部尚書當是時人務奔競苞苴恣行言路橫尤甚每文選郎出輒邀之半道爲人求官不得則加以惡聲或逐之去選郎卽公正無如何尚書亦太息而已南星素疾其弊銳意澄清獨行己志政府及中貴亦不得有所干請諸人憚其剛嚴不敢犯有給事爲貲郞求鹽運司卽注貲郎王府而出給事於外知縣石三畏素貪夤緣將行取南星亦置之王府時進士無爲王官者南星不恤也魏忠賢雅重之嘗於帝前稱其任事一日遣娣子傅應星介一中書贄見南星麾之去嘗竝坐弘政門選通政司參議正色語忠賢曰主上沖齡我輩內外臣子宜各努力爲善忠賢默然怒形於色大學士魏廣微南星友允貞子也素以通家子畜之廣微入內閣嘗三至南星門拒勿見又嘗嘆曰見泉無子見泉允貞別號也廣微恨刺骨與忠賢比而齮南星東林勢盛衆正盈朝南星益搜舉遺佚布之庶位高攀龍楊漣左光斗秉憲李騰芳陳于廷佐銓魏大中袁化中長科道鄭三俊李邦華孫

居相饒伸王之寀輩悉置卿貳而四司之屬鄒維璉夏嘉遇張光前程國祥劉廷諫亦皆民譽中外忻忻望治而小人側目滋欲去南星給事中傅櫆以維璉改吏部己不與聞首假汪文言發難劾南星紊舊制植私人維璉引去南星奏留之小人愈恨會漣劾忠賢疏上宮府益水火南星遂杜門乞休不許攀龍之劾崔呈秀也南星議戍之呈秀窘夜走忠賢邸叩頭乞哀言不去南星及攀龍漣等我兩人未知死所忠賢大以爲然遂與定謀會山西缺巡撫河南布政使郭尚友求之南星以太常卿謝應祥有清望首列以請既得旨而御史陳九疇受廣微指言應祥嘗知嘉善大中出其門大中以師故謀於文選郎嘉遇而用之徇私當斥大中嘉遇疏辯語侵九疇九疇再疏力詆並下部議南星攀龍極言應祥以人望推舉大中嘉遇無私九疇妄言不可聽忠賢大怒矯旨黜大中嘉遇并黜九疇而責南星等朋謀結黨南星遽引罪求去忠賢復矯旨切責放歸明日攀龍亦引去給事中沈惟炳論救亦出之外俄以會推忤忠賢意并斥于廷漣光斗化中引南星所擯徐兆魁喬應甲王紹徽等置要地小人競進天下大柄盡歸忠賢矣忠賢及其黨惡南星甚每矯敕諭必目爲元凶於是御史張訥劾南星十大罪并劾維璉國祥嘉遇及王允成得旨並削籍令再奏南星私黨訥復列上邦華及孫鼎相等十四人並貶黜自是爲南星擯棄者無不拔擢其素所推獎者率遭奇禍諸干進速化之徒一擊南星輒遂所欲而石三畏亦起爲御史疏攻南星及李三才顧憲成孫丕揚王圖等十五人死者皆削奪縉紳禍益烈尋以汪文言獄詞連及南星下撫按提問適郭尚友巡撫保定而巡按馬逢皋亦憾南星乃相與庭辱之笞其子清衡及外孫王鍾龐繫之獄坐南星贓萬五千南星家素貧親故捐助始獲竣卒戍南星代州清衡莊浪鍾龐永昌嫡母馮氏生母李氏並哀慟而卒子生七齡驚怖死南星抵戍所處之怡然莊烈帝登極有詔赦還巡撫牟志夔忠賢黨也故遲遣之竟卒於戍所崇禎初贈太子太保諡忠毅擢呈秀廣微九疇兆魁應甲紹徽訥三畏尚友志夔俱名麗逆案爲世大僇焉

鄒元標字爾瞻吉水人九歲通五經泰和胡直嘉靖中進士官至福建按察使師歐陽德羅洪先得王守仁之傳元標弱冠從直遊卽有志爲學舉萬曆五年進士觀政刑部張居正奪情元標抗疏切諫且曰陛下以居正有利社稷耶居正才雖可爲學術則偏志雖欲爲自用太甚其設施乖張者如州縣入學限以十五六人有司希指更損其數是進賢未廣也諸道決囚亦有定額所司懼罰數必取盈是斷刑太濫也大臣持祿苟容小臣畏罪緘默有今日陳言而明日獲譴者是言路未通也黃河泛濫爲災民有駕蒿爲巢啜水爲餐者而有司不以聞是民隱未周也其他用刻深之吏沮豪傑之材又不可枚數矣伏讀敕諭朕學尚未成志尚未定先生旣去前功盡隳陛下言及此宗社無疆之福也雖然弼成聖學輔翼聖志者未可謂在廷無人也且幸而居正丁艱猶可挽留脫不幸遂捐館舍陛下之學將終不成志將終不定耶臣觀居正疏言世有非常之人然後辦非常之事若以奔喪爲常事而不屑爲者不知人惟盡此五常之道然後謂之人今有人於此親生而不顧親死而不奔猶自號於世曰我非常人也世不以爲喪心則以爲禽彘可謂之非常人哉疏就懷之入朝適廷杖吳中行等元標俟杖畢取疏授中官紿曰此乞假疏也及入居正大怒亦廷杖八十謫戍都勻衞衞在萬山中夷獠與居元標處之怡然益究心理學學以大進巡按御史承居正指將害元標行次鎭遠一夕御史暴死元標謫居六年居正歿召拜吏科給事中首陳培聖德親臣工肅憲紀崇儒行飭撫臣五事尋劾罷禮部尚書徐學謨南京戶部尚書張士佩徐學謨者嘉定縣人嘉靖中爲荆州知府景恭王之藩德安欲奪荆州城北沙市地學謨力抗不予爲王所劾下撫按逮問改官荆州人德之稱沙市爲徐市居正素與厚萬曆中累遷右副都御史撫治鄖陽居正歸葬父學謨事之謹召爲刑部侍郎越二年擢禮部尚書自弘治後禮部長非翰林不授惟席書以言大禮故由他曹遷萬士和不由翰林然先歷其部侍郎學謨徑拜尚書廷臣以居正故莫敢言居正卒學謨急締姻於大學士申時行以自固及奉命擇壽宮通政參議梁子琦劾其始結居正繼附時行詔爲奪子琦俸元標復劾之遂令致仕歸慈寧宮災元標復上時政六事中言臣曩進無欲之訓陛下試自省果無欲耶寡欲耶語云欲人勿聞莫若勿爲陛下誠宜翻然自省加意培養當是時帝方壯齡留意聲色游宴謂元標刺己怒甚降旨譙責首輔時行以元標已門生而劾罷其姻學謨亦心慽遂謫南京刑部照磨就遷兵部主事召改吏部進員外郎以病免起補驗封陳吏治十事民瘼八事疏幾萬言文選缺員外郎尚書宋纁請用元標久不獲命纁連疏趣之給事中楊文煥御史何選亦以爲言帝怒詰責纁謫文煥選於外而調元標南京刑部尚書石星論救亦被譙讓元標居南京三年移疾歸久之起本部郎中不赴旋遭母憂里居講學從游者日衆名高天下中外疏薦遺佚凡數十百上莫不以元標爲首卒不用家食垂三十年光宗立召拜大理卿未至進刑部右侍郎天啓元年四月還朝首進和衷之說言今日國事皆二十年諸臣醞釀所成往者不以進賢讓能爲事日錮賢逐能而言事者又不降心平氣專務分門立戶臣謂今日急務惟朝臣和衷而已朝臣和天地之和自應向之論人論事者各懷偏見偏生迷迷生執執而爲我不復知有人禍且移於國今與諸臣約論一人當惟公惟平毋輕搖筆端論一事當懲前慮後毋輕試耳食以天下萬世之心衡天下萬世之人與事則議論公而國家自享安靜和平之福因薦涂宗濬李邦華等十八人帝優詔褒納居二日復陳拔茅闡幽理財振武數事及保泰四規且請召用葉茂才趙南星高攀龍劉宗周丁元薦而恤錄羅大紘雒于仁等十五人帝亦褒納初元標立朝以方嚴見憚晚節務爲和易或議其遜初仕時元標笑曰大臣與言官異風裁踔絕言官事也大臣非大利害卽當護持國體可如少年悻動耶時朋黨方盛元標心惡之思矯其弊故其所薦引不專一途嘗欲舉用李三才因言路不與元標卽中止王德完譏其首鼠元標亦不較南京御史王允成等以兩人不和請帝諭解元標言臣與德完初無纖芥此必有人交搆其間臣嘗語朝士曰方今上在沖歲敵在門庭祗有同心共濟倘復黨同伐異在國則不忠在家則不孝世自有無偏無黨之路柰何從室內起戈矛耶帝嗣位已久而先朝廢死諸臣猶未賜卹元標再陳闡幽之典言益懇切其年十二月改吏部左侍郎未到官拜左都御史明年典外察去留惟公御史潘汝禎過庭訓雅有物議及庭訓秩滿汝禎注考溢美元標疏論之兩人並引疾去已言丁巳京察不公專禁錮異己請收錄章家禎丁元薦史記事沈正宗等二十二人由是諸臣多獲昭雪又言明詔收召遺佚而諸老臣所處猶是三十年前應得之官宜添注三品崇秩昭陛下褒舊至意帝納其言於是南京太常太僕光祿三卿各增二員孫愼行之論紅丸也元標亦上疏曰乾坤所以不毀者惟此綱常綱常所以植立者恃此信史臣去年舟過南中南中士大夫爭言先帝猝然而崩大事未明難以傳信臣初不謂然及旣入都爲人言先帝盛德宜速登信史諸臣曰言及先帝彌留大事令人閣筆誰敢領此臣始有疑於前日之言元輔方從哲不伸討賊之義反行賞奸之典卽謂無其心何以自解於世且從哲秉政七年未聞建樹何事但聞馬上一日三趣戰喪我十萬師徒訊問誰秉國成而使先帝震驚奸人闖宮豺狼當路憸邪亂政從哲何詞以對從來懲戒亂賊全在信史失今不成安所底止時刑部尚書黃克纘希內廷意羣小和之而從哲世居京師黨附者衆崔文昇黨復彌縫於內格愼行與衆議皆不得伸未幾愼行及王紀偕逐元標疏救不聽元標自還朝以來不爲危言激論與物無猜然小人以其東林也猶忌之給事中朱童蒙郭允厚郭興治慮明年京察不利已潛謀驅逐會元標與馮從吾建首善書院集同志講學童蒙首請禁之元標疏辨求去帝已慰留允厚復疏劾語尤妄誕而魏忠賢方竊柄傳旨謂宋室之亡由於講學將加嚴譴葉向高力辨且乞同去乃得溫旨與治及允厚復交章力攻興治至比之山東妖賊元標連疏請益力詔加太子少保乘傳歸陛辭上老臣去國情深疏歷陳軍國大計而以寡欲進規人爲傳誦四年卒於家明年御史張訥請毀天下講壇力詆元標忠賢遂矯旨削奪崇禎初贈太子太保吏部尚書謚忠介童蒙等旣劾元標遂得罪清議尋以年例外遷及忠賢得志三人並召還歲餘允厚至戶部尚書太子太保童蒙至右副都御史巡撫延綏母死不持服爲忠賢建生祠興治亦加至太僕卿忠賢敗三人並麗逆案云

孫愼行字聞斯武進人幼習聞外祖唐順之緒論卽嗜學萬曆二十三年舉進士第三人授編修累官左庶子數請假里居鍵戶息交覃精理學當事請見率不納有以政事詢者不答四十一年五月由少詹事擢禮部右侍郎署部事當是時郊廟大享諸禮帝二十餘年不躬親東宮輟講至八年皇長孫九齡未就外傅瑞王二十三未婚楚宗人久錮未釋代王廢長立幼久不更正臣僚章奏一切留中福府莊田取盈四萬頃愼行並切諫已念東宮開講皇孫出閣係宗社安危疏至七八上代王廢長子鼎渭立愛子鼎莎李廷機爲侍郎時主之其後羣臣爭者百餘疏帝皆不省愼行屢疏爭乃獲更置楚宗人擊殺巡撫趙可懷爲首六人論死復錮英㷿等二十三人於高牆禁蘊鈁等二十三人於遠地愼行力白其非叛諸人由此獲釋皇太子儲位雖定福王尚留京師須莊田四萬頃乃行宵小多窺伺廷臣請之國者

愈衆帝愈遲之愼行疏十餘上不見省最後貴妃復請帝留王慶太后七旬壽節羣議益籍籍愼行乃合文武諸臣伏闕力請大學士葉向高亦爭之强帝不得已許明年季春之國羣情始安韓敬科場之議愼行擬黜敬而家居時素講學東林敬黨尤忌之會吏部缺侍郎廷議改右侍郎李鋕於左而以愼行爲右命俱未下御史過廷訓因言鋕未履任何復推愼行給事中亓詩教和之愼行隨四疏乞歸出城候命帝乃許之已而京察御史韓浚等以趣福王之國謂愼行邀功列之拾遺疏中帝察其無罪獲免熹宗立召拜禮部尚書初光宗大漸鴻臚寺丞李可灼以紅鉛丸藥進俄帝崩廷臣交章劾之大學士方從哲擬旨令引疾歸賚以金幣天啓元年四月愼行還朝上疏曰先帝驟崩雖云夙疾實緣醫人用藥不審閣臣報知李可灼紅丸乃首輔方從哲所進夫可灼官非太醫紅丸不知何藥乃敢突然以進昔許悼公飲世子藥而卒世子卽自殺春秋猶書之爲弒然則從哲宜何居速引劍自裁以謝先帝義之上也合門席稾以待司寇義之次也乃悍然不顧至舉朝共攻可灼僅令回籍調理豈不以己實薦之恐與同罪與臣以爲從哲縱無弑之心却有弑之事欲辭弑之名難免弑之實實錄中卽欲爲君父諱不敢不直書方從哲連進藥二丸須臾帝崩恐百口無能爲天下後世解也然從哲之罪實不止此先是則有皇貴妃欲爲皇后事古未有天子旣崩而立后者倘非禮官執奏言路力持幾何不遺禍宗社哉繼此則有諡皇祖爲恭皇帝事歷考晉隋周宋其末世亡國之君牽諡曰恭而以加之我皇祖豈眞不學無術實乃呪詛君國等於亡王其設心謂何從此則有選侍垂簾聽政事劉遜李進忠幺麼小豎何遂膽大揚言說者謂二豎早以金寶輸從哲家若非九卿臺諫力請移宮選侍一日得志陛下幾無駐足所聞爾時從哲濡遲不進科臣趣之則云遲數日無害任婦寺之縱橫忍君父之杌隉爲大臣者宜爾乎臣在禮言禮其罪惡逆天萬無可生之路若其他督戰愎國罔上行私縱情蔑法干犯天下之名義釀成國家之禍患者臣不能悉數也陛下宜急討此賊雪不共之仇毋詢近習近習皆從哲所攀援也毋拘忌諱忌諱卽從哲所布置也并急誅李可灼以洩神人之憤時朝野方惡從哲愼行論雖過刻然爭韙其言顧近習多爲從哲地帝乃報曰舊輔素忠愼可灼進藥本先帝意卿言雖忠憂事屬傳聞并進封移宮事當日九卿臺諫官親見者當據實會奏用釋羣疑於是從哲疏辨刑部尚書黃克纘右從哲亦曲爲辨愼行復疏折之曰由前則過信可灼有輕進藥之罪由後則曲庇可灼有不討賊之罪兩者均無辭乎弑也從哲謂移宮有揭但諸臣之請在初二從哲之請在初五爾時章疏入乾清不入慈慶者已三日國政幾於中斷非他輔臣訪知與羣臣力請其害可勝言哉伏讀聖諭輔臣義在體國爲朕分憂今似此景象何不代朕傳諭一言屛息紛擾君臣大義安在又云朕凌虐不堪晝夜涕泣六七日夫從哲爲顧命元臣使少肯義形於色何至令至尊憂危如此惟阿婦寺之意多戴聖明之意少故敢於凌皇祖悖皇考而欺陛下也末復力言克纘之謬章並下廷議旣而議上惟可灼下吏戍邊從哲置不問山東巡撫奏五月中日中月星並見愼行以爲大異疏請修省語極危切秦王誼漶由旁枝進封其四子法不當封郡王厚賄近倖遂得溫旨愼行堅不奉詔三疏力爭不得二年七月謝病去其冬廷推閣臣以愼行爲首吏部侍郎盛以弘次之魏忠賢抑不用用顧秉謙朱國禎朱延禧魏廣微朝論大駭葉向高連疏請用兩人竟不得命已忠賢大熾議修三朝要典紅丸之案以愼行爲罪魁其黨張訥遂上疏力詆有詔削奪未幾劉志選復兩疏追劾詔撫按提問遣戍寧夏未行莊烈帝嗣位以赦免崇禎元年命以故官協理詹事府力辭不就愼行操行峻潔爲一時搢紳冠朝士數推轂入閣吏部尚書王永光力排之迄不獲用八年廷推閣臣屢不稱旨最後以愼行及劉宗周林釬名上帝卽召之愼行已得疾甫入都卒贈太子太保諡文介盛以弘字子寬潼關衛人父訥字敏叔訥父德世職指揮也討洛南盜戰死訥號泣請於當事水漿不入口者數日爲發兵討斬之久之舉隆慶五年進士由庶吉士累官吏部右侍郎與尚書陳有年左侍郎趙參魯共釐銓政母憂歸以篤孝聞卒贈禮部尚書天啓初諡文定以弘萬曆二十六年進士由庶吉士累官禮部尚書天啓三年謝病歸魏忠賢亂政落其職崇禎初起故官協理詹事府卒官明世衞所世職用儒業顯者訥父子而已

高攀龍字存之無錫人少讀書輒有志程朱之學舉萬曆十七年進士授行人四川僉事張世則進所著大學初義詆程朱章句請頒天下攀龍抗疏力駁其謬其書遂不行侍郎趙用賢都御史李世達被訐去位朝論多咎大學士王錫爵攀龍上疏曰近見朝宁之上善類擯斥一空大臣則孫鑨李世達趙用賢去矣小臣則趙南星陳泰來顧允成薛敷教張納陛于孔兼賈巖斥矣邇者李禎曾乾亨復不安其位而乞去矣選郎孟化鯉又以推用言官張棟空署而逐矣夫天地生才甚難國家需才甚亟廢斥如此後將焉繼致使正人扼腕曲士彈冠世道人心何可勝慨且今陛下朝講久輟廷臣不獲望見顏色天言傳布雖曰聖裁隱伏之中莫測所以故中外羣言不曰輔臣欲除不附己則曰近侍不利用正人陛下深居九重亦曾有以諸臣賢否陳於左右而陛下於諸臣亦嘗一思其得罪之故乎果以爲皆由聖怒則諸臣自孟化鯉而外未聞忤旨何以皆罷斥卽使批鱗逆耳如董基等陛下已嘗收錄何獨於諸臣不然臣恐陛下有祛邪之果斷而左右反借以行媢嫉之私陛下有容言之盛心而臣工反遺以拒諫諍之誚傳之四海垂諸史冊爲聖德累不小輔臣王錫爵等跡其自待若愈於張居正申時行察其用心何以異於五十步笑百步卽如諸臣罷斥果以爲當然則是非邪正恒人能辨何忍坐視至尊之過舉得毋內洩其私憤而利於斥逐之盡乎末力詆鄭材楊應宿讒諂宜黜應宿亦疏訐攀龍語極妄誕疏並下部院議請薄罰兩臣稍示懲創帝不許鐫應宿二秩謫攀龍揭陽添注典史御史吳弘濟等論救并獲譴攀龍之官七月以事歸尋遭親喪遂不出家居垂三十年言者屢薦帝悉不省熹宗立起光祿丞天啓元年進少卿明年四月疏劾戚畹鄭養性言張差梃擊實養性父國泰主謀今人言籍籍咸疑養性交關奸宄別懷異謀積疑不解當思善全之術至劉保謀逆中官盧受主之劉于簡獄詞具在受本鄭氏私人而李如楨一家交關鄭氏計陷名將失地喪師于簡原供明言李永芳約如楨內應若崔文昇素爲鄭氏腹心知先帝症虛故用泄藥罪在不赦陛下僅行斥逐而文昇猶潛住都城宜勒養性還故里急正如楨文昇典刑用章國法疏入責攀龍多言然卒遣養性還籍孫愼行以紅丸事攻舊輔方從哲下廷議攀龍引春秋首惡之誅歸獄從哲給事中王志道爲從哲解攀龍遺書切責之尋改太常少卿疏陳務學之要因言從哲之罪非止紅丸其最大者在交結鄭國泰國泰父子所以謀危先帝者不一始以張差之梃繼以美姝之進終以文昇之藥而從哲實左右之力扶其爲鄭氏者力鋤其不爲鄭氏者一時人心若狂但知鄭氏不知東宮此賊臣也討賊則爲陛下之孝而說者乃曰爲先帝隱諱則爲孝此大亂之道也陛下念聖母則宣選侍之罪念皇考則隆選侍之恩仁之至義之盡也而說者乃曰爲聖母隱諱則爲孝明如聖諭曰爲假託忠如楊漣誣爲居功人臣避居功甘居罪君父有急袖手旁觀此大亂之道也惑於其說孝也不知其爲孝不孝也以爲大孝忠也不知其爲忠不忠也以爲大忠忠孝皆可變亂何事不可妄爲故從哲養性不容不討奈何猶令居輦轂下時從哲輩輿援甚固摘疏中不孝語激帝怒將加嚴譴葉向高力救乃奪祿一年旋改大理少卿鄒元標建書院攀龍與焉元標被攻攀龍請與同罷詔留之進太僕卿擢刑部右侍郎四年八月拜左都御史楊漣等羣擊魏忠賢勢已不兩立及向高去國魏廣微日導忠賢爲惡而攀龍爲趙南星門生並居要地御史崔呈秀按淮揚還攀龍發其穢狀南星議戍之呈秀窘急走忠賢所乞爲義兒遂摭謝應祥事謂攀龍黨南星嚴旨詰責攀龍遽引罪去頃之南京御史游鳳翔出爲知府訐攀龍挾私排擠詔復鳳翔故官削攀龍籍呈秀憾不已必欲殺之竄名李實劾周起元疏中遣緹騎往逮攀龍晨謁宋儒楊龜山祠以文告之歸與二門生一弟飲後園池上聞周順昌已就逮笑曰吾視死如歸今果然矣入與夫人語如平時出書二紙告二孫曰明日以付官校因遺之出扃戶移時諸子排戶入一燈熒然則已衣冠自沈於池矣發所封紙乃遺表也云臣雖削奪舊爲大臣大臣受辱則辱國謹北向叩頭從屈平之遺則復別門人華允誠書云一生學問至此亦少得力時年六十五遠近聞其死莫不傷之呈秀憾猶未釋矯詔下其子世儒吏刑部坐世儒不能防閑其父謫爲徒崇禎初贈太子少保兵部尚書諡忠憲授世儒官初海內學者率宗王守仁攀龍心非之與顧憲成同講學東林書院以靜爲主操履篤實粹然一出於正爲一時儒者之宗海內士大夫識與不識稱高顧無異詞攀龍削官之秋詔毀東林書院莊烈帝嗣位學者更修復之

馮從吾字仲好長安人萬曆十七年進士改庶吉士授御史巡視中城閹人修刺謁拒却之禮科都給事中胡汝寧傾邪狡猾累劾不去從吾發其奸遂調外時當大計從吾嚴邏偵苞苴絕跡二十年正月抗章言陛下郊廟不親朝講不御章奏留中不發試觀戊子以前四裔效順海不揚波己丑以後南倭告警北寇渝盟天變人妖疊出累告勵精之效如彼怠斁之患如此近頒敕諭謂聖體違和欲借此自掩不知鼓鐘於宮聲聞於外陛下每夕必飲每飲必醉每醉必怒左右一言稍違輒斃

杖下外庭無不知者天下後世其可欺乎願陛下勿以
天變爲不足畏勿以人言爲不足恤勿以目前晏安爲
可恃勿以將來危亂爲可忽宗社幸甚帝大怒欲廷杖
之會仁聖太后壽辰閣臣力解得免尋告歸起巡長蘆
鹽政潔己惠商奸宄斂迹既還朝適帝以軍政大黜兩
京言官從吾亦削籍猶以前疏故也從吾生而純慤長
志濂洛之學受業許孚遠罷官歸杜門謝客取先正格
言體驗身心造詣益邃家居二十五年光宗踐阼起尚
寶卿進太僕少卿莅以兄喪未赴俄改大理天啓二年
擢左僉都御史甫兩月進左副都御史廷議三案從吾
言李可灼以至尊嘗試而許其引疾當國何心至梃擊
之獄與發奸諸臣爲難者卽奸人也由是羣小惡之已
與鄒元標共建首善書院集同志講學其中給事中朱
童蒙遂疏詆之從吾言宋之不競以禁講學故非以講
學故也我二祖表章六經天子經筵皇太子出閣皆講
學也臣子以此望君而已則不爲可乎先臣守仁當兵
事倥偬不廢講學卒成大功此臣等所以不恤毀譽而
爲此也因再稱疾求罷帝溫詔慰留而給事中郭允厚
郭興治復相繼詆元標甚力從吾又上言臣壯歲登朝
卽與楊起元孟化鯉陶望齡輩立講學會自臣告歸乃
廢京師講學昔已有之何至今日遂爲詬厲因再疏引
歸四年春起南京右都御史累辭未上召拜工部尚書
會趙南星高攀龍相繼去國連疏力辭予致仕明年秋
魏忠賢黨張訥疏詆從吾削籍鄉人王紹徽素銜從吾
及爲吏部使喬應甲撫陝捃摭百方無所得乃毀書院
曳先聖像擲之城隅從吾不勝憤悒得疾卒崇禎初復
官贈太子太保謚恭定

贊曰趙南星諸人持名檢勵風節嚴氣正性侃侃立朝
天下望之如泰山喬嶽詩有之邦之司直其斯人謂歟
權枉盈廷讒譎相繼人之云亡邦國殄瘁悲夫

明史卷二百四十四　列傳第一百三十二

總裁官總理事務經筵講官少保兼太子太保保和殿大學士兼管吏部戶部尚書事加六級張廷玉等奉
敕修

楊漣　左光斗弟光先
魏大中子學洢 學濂　周朝瑞
袁化中　顧大章弟大韶
王之寀

楊漣字文孺應山人爲人磊落負奇節萬曆三十五年
成進士除常熟知縣舉廉吏第一擢戶科給事中轉兵
科右給事中四十八年神宗疾不食且半月皇太子未
得見漣偕諸給事御史走謁大學士方從哲御史左光
斗趣從哲問安從哲曰帝諱疾卽問左右不敢傳漣曰
昔文潞公問宋仁宗疾內侍不肯言潞公曰天子起居
汝曹不令宰相知將毋有他志速下中書行法公誠日
三問不必見亦不必上知第令宮中知廷臣在事自濟
公更當宿閣中曰無故事漣曰潞公不訶史志聰此何
時尚問故事邪越二日從哲始率廷臣入問及帝疾亟
太子尚躊躇宮門外漣光斗遣人語東宮伴讀王安帝
疾甚不召太子非帝意當力請入侍嘗藥視膳薄暮始
還太子深納之無何神宗崩八月丙午朔光宗嗣位越
四日不豫都人喧言鄭貴妃進美姬八人又使中官崔
文昇投以利劑帝一晝夜三四十起而是時貴妃據乾
清宮與帝所寵李選侍相結貴妃爲選侍請皇后封選
侍亦請封貴妃爲皇太后帝外家王郭二戚畹徧謁朝
士泣愬宮禁危狀謂帝疾必不起文昇藥故也非誤也
鄭李交甚固包藏禍心廷臣聞其語憂甚而帝果趣禮
部封貴妃爲皇太后漣光斗乃倡言於朝共詰責鄭養
性令貴妃移宮貴妃卽移慈寧漣遂劾崔文昇用藥無
狀請推問之且曰外廷流言謂陛下興居無節侍御蠱
惑必文昇藉口以掩其用藥之奸文昇之黨煽布以預
杜外廷之口旣損聖躬又虧聖德罪不容死至貴妃封
號尤乖典常尊以嫡母若大行皇后何尊以生母若本
生太后何請亟寢前命疏上越三日丁卯帝召見大臣
并及漣且宣錦衣官校衆謂漣疏忤旨必廷杖囑從哲
爲解從哲勸漣引罪漣抗聲曰死卽死耳漣何罪及入
帝溫言久之數目漣語外廷毋信流言遂逐文昇停封
太后命再召大臣皆及漣漣自以小臣預顧命感激誓
以死報九月乙亥朔昧爽帝崩廷臣趨入諸大臣周嘉
謨張問達李汝華等慮皇長子無嫡母生母勢孤孑甚
欲共託之李選侍漣曰天子寧可託婦人且選侍昨於
先帝召對羣臣時强上入復推之出是豈可託幼主者
請亟見儲皇卽呼萬歲擁出乾清暫居慈慶語未畢大
學士方從哲劉一燝韓爌至漣趣諸大臣共趨乾清宮
閽人持梃不容入漣大罵奴才皇帝召我等今已晏駕
若曹不聽入欲何爲閽人却乃入臨羣臣呼萬歲請於
初六日登極而奉駕至文華殿受羣臣嵩呼駕甫至中
宮內豎從寢閣出大呼拉少主何往主年少畏人有攬
衣欲奪還者漣格而訶之曰殿下羣臣之主四海九州
莫非臣子復畏何人乃擁至文華殿禮畢奉駕入慈慶
宮當是時李選侍居乾清一燝奏曰殿下暫居此俟選
侍出宮訖乃歸乾清宮羣臣遂退議登極期語紛紛未
定有請改初三者有請於卽日午時者漣曰今海宇清
晏內無嫡庶之嫌父死之謂何含斂未畢袞冕臨朝非
禮也或言登極則人心安漣曰安與不安不在登極早
暮處之得宜卽朝委裘何害議定出過文華殿太僕少
卿徐養量御史左光斗至責漣悞大事唾其面曰事脫
不濟汝死肉足食乎漣爲竦然乃與光斗從周嘉謨於
朝房言選侍無恩德必不可同居明日嘉謨光斗各上
疏請選侍移宮初四日得俞旨而選侍聽李進忠計必
欲皇長子同居惡光斗疏中武氏語議召皇長子加光
斗重譴漣遇內豎於麟趾門內豎備言狀漣正色曰殿
下在東宮爲太子今則爲皇帝選侍安得召且上已十
六歲他日卽不奈選侍何若曹置身何地怒目視之其
人退給事中惠世揚御史張潑入東宮門駭相告曰選
侍欲垂簾處光斗汝等何得晏然漣曰無之出皇極門
九卿科道議上公疏未決初五日傳聞欲緩移宮期漣
及諸大臣畢集慈慶宮門外漣語從哲趣之從哲曰遲
亦無害漣曰昨以皇長子就太子宮猶可明日爲天子
乃反居太子宮以避宮人乎卽兩宮聖母如在夫死亦
當從子選侍何人敢欺藐如此時中官往來如織或言
選侍亦顧命中人漣斥之曰諸臣受顧命於先帝先帝
自欲先顧其子何嘗先顧其嬖媵請選侍於九廟前質
之若曹豈食李家祿者能殺我則已否則今日不移死
不去一燝嘉謨助之詞色俱厲聲徹御前皇長子使使
宣諭乃退復抗疏言選侍陽託保護之名陰圖專擅之
實宮必不可不移臣言之在今日殿下行之在今日諸
大臣贊決之亦惟今日其日選侍遂移宮居仁壽殿明
日庚辰熹宗卽位自光宗崩至是凡六日漣與一燝嘉
謨定宮府危疑言官惟光斗助之餘悉聽漣指漣鬚髮
盡白帝亦數稱忠臣未幾遷兵科都給事中御史馮三
元等極詆熊廷弼漣疏論其事獨持平旋劾兵部尚書
黃嘉善八大罪嘉善罷去當選侍之移宮也漣卽言於
諸大臣曰選侍不移宮非所以尊天子旣移宮又當有
以安選侍是在諸公調護無使中官取快私讐旣而諸
奄果爲流言御史賈繼春遂上書內閣謂不當於新君
御極之初首勸主上以違忤先帝逼逐庶母表裏交搆
羅織不休俾先帝玉體未寒遂不能保一姬女蓋是時
選侍宮奴劉遜劉朝田詔等以盜寶繫獄詞連選侍父
諸奄計無所出則妄言選侍投繯皇八妹入井以熒惑
朝士繼春藉其言首發難於是光斗上疏述移宮事而
帝降諭言選侍氣毆聖母及要挾傳封皇后與卽日欲
垂簾聽政語又言今奉養李氏於噦鸞宮尊敬不敢怠
大學士從哲封還上諭帝復降諭言選侍過惡而自白
贍養優厚俾廷臣知未幾噦鸞宮災帝諭內閣言選侍
暨皇八妹無恙而是時給事中周朝瑞謂繼春生事繼
春與相詆諆乃復上書內閣有伶仃之皇八妹入井誰
憐孀寡之未亡人雉經莫訴語朝瑞與辨駁者再漣恐
繼春說遂滋亦上敬述移宮始末疏且言選侍自裁皇
八妹入井蜚語何自臣安敢無言臣寧使今日忤選侍
無寧使移宮不速不幸而成女后獨覽文書稱制垂簾
之事帝優詔褒漣志安社稷復降諭備述宮掖情事繼
春及其黨益忌漣詆漣結王安圖封拜漣不勝憤冬十
二月抗章乞去卽出城候命帝復褒其忠直而許之歸
天啓元年春繼春按江西還抵家見帝諸諭乃具疏陳
上書之實帝切責罷其官漣繼春先後去移宮論始息
天啓二年起漣禮科都給事中旋擢太常少卿明年冬
拜左僉都御史又明年春進左副都御史而是時魏忠
賢已用事羣小附之憚衆正盈朝不敢大肆漣益與趙
南星左光斗魏大中輩激揚諷議務植善類抑憸邪忠
賢及其黨銜次骨遂興汪文言獄將羅織諸人事雖獲
解然正人勢日危其年六月漣遂抗疏劾忠賢列其二
十四大罪言高皇帝定令內官不許干預外事祇供掖
廷洒埽違者法無赦聖明在御乃有肆無忌憚濁亂朝
常如東廠太監魏忠賢者敢列其罪狀爲陛下言之忠
賢本市井無賴中年淨身竄入內地初猶謬爲小忠小
信以倖恩繼乃敢爲大奸大惡以亂政祖制以擬旨專
責閣臣自忠賢擅權多出傳奉或徑自內批壞祖宗二
百餘年之政體大罪一劉一燝周嘉謨顧命大臣也忠
賢令孫杰論去急於翦己之忌不容陛下不改父之臣
大罪二先帝賓天實有隱恨孫慎行鄒元標以公義發
憤忠賢悉排去之顧於黨護選侍之沈漼曲意綢繆終
加蟒玉親亂賊而讐忠義大罪三王紀鍾羽正先年功
在國本及紀爲司寇執法如山羽正爲司空清修如鶴
忠賢搆黨斥逐必不容盛時有正色立朝之直臣大罪
四國家最重無如枚卜忠賢一手握定力阻首推之孫
愼行盛以弘更爲他辭以錮其出豈眞欲門生宰相乎
大罪五爵人於朝莫重廷推去歲南太宰北少宰皆用
陪推致一時名賢不安其位顚倒銓政掉弄機權大罪
六聖政初新正資忠直乃滿朝薦文震孟熊德陽江秉
謙徐大相毛士龍侯震暘等抗論稍忤立行貶黜屢經

恩典竟阻賜環長安謂天子之怒易解忠賢之怒難調大罪七然猶曰外廷臣子也去歲南郊之日傳聞宮中有一貴人以德性貞靜荷上寵注忠賢恐其露已驕橫託言急病置之死地是陛下不能保其貴幸矣大罪八猶曰無名封也裕妃以有娠傳封中外方爲慶幸忠賢惡其不附已矯旨勒令自盡是陛下不能保其妃嬪矣大罪九猶曰在妃嬪也中宮有慶已經成男乃忽焉告殞傳聞忠賢與奉聖夫人實有謀焉是陛下且不能保其子矣大罪十先帝青宮四十年所與護持孤危者惟王安耳即陛下倉卒受命擁衞防維安亦不可謂無勞忠賢以私忿矯旨殺於南苑是不但仇王安而實敢仇先帝之老奴况其他內臣無罪而擅殺擅逐者又不知幾千百也大罪十一今日獎賞明日祠額要挾無窮王言屢褻近又於河間毀人居屋起建牌坊鏤鳳雕龍干雲插漢又不止塋地僭擬陵寢而已大罪十二今日廕中書明日廕錦衣金吾之堂口皆乳臭誥敕之館目不識丁如魏良弼魏良材魏良卿魏希孔及其甥傅應星等濫襲恩廕褻越朝常大罪十三用立枷之法戚畹家人駢首畢命意欲誣陷國戚動搖中宮若非閣臣力持言官糾正椒房之戚又興大獄矣大罪十四良鄉生員章士魁坐爭煤窑託言開礦而致之死假令盜長陵一抔土何以處之趙高鹿可爲馬忠賢煤可爲礦大罪十五王思敬等牧地細事責在有司忠賢乃幽置檻阱恣意搒掠視士命如草菅大罪十六給事中周士樸執糾織監忠賢竟停其陞遷使吏部不得專銓除言官不敢司封駁大罪十七北鎮撫劉僑不肯殺人媚人忠賢以不善鍛鍊遂致削籍示大明之律令可以不守而忠賢之律令不敢不遵大罪十八給事中魏大中遵旨莅任忽傳旨詰責及大中回奏臺省交章又再褻王言毋論玩言官於股掌而煌煌天語朝夕紛更大罪十九東廠之設原以緝奸自忠賢受事日以快私讐行傾陷爲事縱野子傅應星陳居恭傅繼教輩投匭設阱片語稍違駕帖立下勢必興同文館獄而後已大罪二十邊警未息內外戒嚴東廠訪緝何事前奸細韓宗功潛入長安實主忠賢司房之邸事露始去假令天不悔禍宗功事成未知九廟生靈安頓何地大罪二十一祖制不蓄內兵原有深意忠賢與奸相沈㴶創立內操藪匿奸宄安知無大盜刺客爲敵國窺伺者潛入其中一旦變生肘腋可爲深慮大罪二十二忠賢進香涿州警蹕傳呼清塵墊道人以爲大駕出幸及其歸也改駕四馬羽幢青蓋夾護環遮儼然乘輿矣其間入幕効謀叩馬獻策者實繁有徒忠賢此時自視爲何如人哉大罪二十三夫寵極則驕恩多成怨聞今春忠賢走馬御前陛下射殺其馬貸以不死忠賢不自伏罪進有傲色退有怨言朝夕隄防介介不釋從來亂臣賊子只爭一念放肆遂至不可收拾奈何養虎兕於肘腋間乎此又寸臠忠賢不足盡其辜者大罪二十四凡此逆跡昭然在人耳目乃內廷畏禍而不敢言外廷結舌而莫敢奏間或奸狀敗露則又有奉聖夫人爲之彌縫甚至無恥之徒攀附枝葉依託門牆更相表裏迭爲呼應積威所劫致掖廷之中但知有忠賢不知有陛下都城之內亦但知有忠賢不知有陛下即如前日忠賢已往涿州一切政務必星夜馳請待其既旋詔旨始下天顏咫尺忽慢至此陛下之威靈尚尊於忠賢否邪陛下春秋鼎盛生殺予奪豈不可以自主何爲受制幺麼小醜令中外大小惴惴莫必其命伏乞大奮雷霆集文武勳戚敕刑部嚴訊以正國法并出奉聖夫人於外用消隱憂臣死且不朽忠賢初聞疏懼甚其黨王體乾及客氏力爲保持遂令魏廣微調旨切責漣先是漣疏就欲早朝面奏值次日免朝恐再宿機洩遂於會極門上之忠賢乃得爲計漣愈憤擬對仗復劾之忠賢詗知過帝不御朝者三日及帝出羣閹數百人衷甲夾陛立敕左班官不得奏事漣乃止自是忠賢日謀殺漣至十月吏部尚書趙南星既逐廷推代者漣注籍不與忠賢矯旨責漣大不敬無人臣禮偕吏部侍郎陳于廷僉都御史左光斗並削籍忠賢恨不已再興汪文言獄將羅織殺漣五年其黨大理丞徐大化劾漣光斗黨同伐異招權納賄命逮文言下獄鞫之許顯純嚴鞫文言使引漣納熊廷弼賄文言仰天大呼曰世豈有貪贓楊大洪哉至死不承大洪者漣別字也顯純乃自爲獄詞坐漣贓二萬遂逮漣士民數萬人擁道攀號所歷村市悉焚香建醮祈祐漣生還比下詔獄顯純酷法拷訊體無完膚其年七月遂於夜中斃之年五十四漣素貧產入官不及千金母妻止宿譙樓二子至乞食以養徵贓令急鄉人競出貲助之下至賣菜傭亦爲輸助其節義感人如此崇禎初贈太子太保兵部尚書謚忠烈官其一子

左光斗字遺直桐城人萬曆三十五年進士除中書舍人選授御史巡視中城捕治吏部豪惡吏獲假印七十餘假官一百餘人輦下震悚出理屯田言北人不知水利一年而地荒二年而民徙三年而地與民盡矣今欲使旱不爲災澇不爲害惟有興水利一法因條上三因十四議曰因天之時因地之利因人之情曰議濬川議疏渠議引流議設壩議建閘議設陂議相地議築塘議招徠議擇人議擇將議兵屯議力田設科議富民拜爵其法犁然具備詔悉允行水利大興北人始知藝稻鄒元標嘗曰三十年前都人不知稻草何物今所在皆稻種水田利也閹人劉朝稱東宮令旨索戚畹廢莊光斗不啟封還之曰尺土皆殿下有今日安敢私受閹人憤而去光宗崩李選侍據乾清宮迫皇長子封皇后光斗上言內廷有乾清宮猶外廷有皇極殿惟天子御天得居之惟皇后配天得共居之其他妃嬪雖以次進御不得恒居非但避嫌亦以別尊卑也選侍既非嫡母又非生母儼然尊居正宮而殿下乃退處慈慶不得守几筵行大禮名分謂何選侍事先皇無脫簪戒旦之德於殿下無拊摩養育之恩此其人豈可以託聖躬者且殿下春秋十六齡矣內輔以忠直老成外輔以公孤卿貳何慮乏人尚須乳哺而襁負之哉况睿哲初開正宜不見可欲何必託於婦人女子之手及今不早斷決將借撫養之名行專制之實武氏之禍再見於今將來有不忍言者時選侍欲專大權廷臣箋奏令先進乾清然後進慈慶得光斗疏大怒將加嚴譴數遣使宣召光斗光斗曰我天子法官也非天子召不赴若輩何爲者選侍益怒邀熹宗至乾清議之熹宗不肯往使使取其疏視之心以爲善趣擇日移宮光斗乃免當是時宮府危疑人情危懼光斗與楊漣協心建議排闥奴扶冲主宸極獲正兩人力爲多由是朝野並稱爲楊左未幾御史賈繼春上書內閣言帝不當薄待庶母光斗聞之即上言先帝宴駕大臣從乾清宮奉皇上出居慈慶宮臣等以爲不宜避選侍故臣於初二日具慎守典禮肅清宮禁一疏宮中震怒禍幾不測賴皇上保全發臣疏於內閣初五日閣臣具揭再催奉旨移宮至初六日皇上登極駕還乾清宮禁肅然內外寧謐夫皇上既當還宮則選侍之當移其理明白易曉惟是移宮以後自宜存大體捐小過若復株連蔓引使宮闈不安即於國體有損乞立誅盜寶宮奴劉遜等而盡寬其餘帝乃宣諭百官備述選侍凌虐聖母諸狀及召見又言朕與選侍有仇繼春用是得罪去時廷臣議改元或議削泰昌或議去萬曆萬曆四十八年即以今年爲泰昌或議以明年爲泰昌後年爲天啟光斗力排其說請從今年八月以前爲萬曆以後爲泰昌議遂定孫如游由中旨入閣抗疏請斥之出督畿輔學政力杜請寄識鑑如神天啟初廷議起用熊廷弼罪言官魏應嘉等光斗獨抗疏爭之言廷弼才優而量不宏昔以守遼則有餘今以復遼則不足已而廷弼竟敗三年秋疏請召還文震孟滿朝薦毛士龍徐大相等并乞召繼春及范濟世濟世亦論移宮事與光斗異者疏上不納其年擢大理丞進少卿明年二月拜左僉都御史是時韓爌趙南星高攀龍楊漣鄭三俊李邦華魏大中諸人咸居要地光斗與相得務爲危言覈論甄別流品正人咸賴之而忌者浸不能容光斗與給事中阮大鋮同里招之入京會吏科都給事中缺當遷者首周士樸次大鋮次大中大鋮邀中旨勒士樸不遷以爲己地趙南星惡之欲例轉大鋮大鋮疑光斗發其謀恨甚熊明遇徐良彥皆欲得僉都御史而南星引光斗爲之兩人亦恨光斗江西人又以他故銜大中遂共嗾給事中傅櫆劾光斗大中與汪文言比而爲奸光斗疏辨且詆櫆結東廠理刑傅繼教爲昆弟櫆恚再疏訐光斗光斗乞罷事得解楊漣劾魏忠賢光斗與其謀又與攀龍共發崔呈秀贓私忠賢暨其黨咸怒及忠賢逐南星攀龍大中次將及漣光斗光斗憤甚草奏劾忠賢及魏廣微三十二斬罪擬十一月二日上之先遣妻子南還忠賢詗知先二日假會推事與漣俱削籍羣小恨不已復構文言獄入光斗名遣使往逮父老子弟擁馬首號哭聲震原野緹騎亦爲雪涕至則下詔獄酷訊許顯純誣以受楊鎬熊廷弼賄漣等初不承已而恐以不承爲酷刑所斃冀下法司得少緩死爲後圖諸人俱自誣服光斗坐贓二萬忠賢乃矯旨仍令顯純五日一追比不下法司諸人始悔失計容城孫奇逢者節俠士也與定興鹿正以光斗有德於畿輔倡議醵金諸生爭應之得金數千謀代輸緩其獄而光斗與漣已同日爲獄卒所斃時五年七月二十有六日也年五十一光斗既死贓猶未竟忠賢令撫按嚴追繫其羣從十四人長兄光霽坐累死母以哭子死都御史周應秋猶以所司承追不力疏趣之由是諸人家族盡破及忠賢定三朝要典移宮一案以漣光斗爲罪魁議開棺僇屍有解之者乃免忠賢既誅贈光斗右都御史錄其一子已再贈太子少保福王時追謚忠毅弟光先由鄉舉官御史巡按浙江任滿既出境許都反東陽光先聞變疾返討平之福王既立馬士英薦阮大鋮光先爭不可後大鋮得志逮光先亂亟道阻光先間行走徽嶺緹騎索不得乃止

魏大中字孔時嘉善人自爲諸生讀書砥行從高攀龍受業家酷貧意豁如也舉於鄉家人易新衣冠怒而毀之第萬曆四十四年進士官行人數奉使秋毫無所擾天啓元年擢工科給事中楊鎬李如楨既論大辟以僉都御史王德完言大學士韓爌遂擬旨減死大中憤抗疏力爭詆德完晚節不振盡喪典型語并侵爌帝爲詰責大中而德完恚甚言曩不舉李三才爲大中所怒兩人互訐疏屢上爌亦引咎辭位御史周宗建徐揚先張捷徐景濂溫皐謨給事中朱欽相右德完交章論大中久而後定明年偕同官周朝瑞等兩疏劾大學士沈漼語侵魏進忠客氏及議紅丸事力請誅方從哲崔文昇李可灼且追論鄭國泰傾害東宮罪持議峻切大爲邪黨所仄目太常少卿王紹徽素與東林爲難營求巡撫大中惡其人特疏請斥紹徽卒自引去再遷禮科左給事中是時恤典冒濫每大臣卒其子弟賫緣要路以請無不如志大中素疾之一切裁以典制四年遷吏科都給事中大中居官不以家自隨二蒼頭給爨而已入朝則鍵其戶寂無一人有外吏以苞苴至舉發之自是無敢及大中門者吏部尚書趙南星知其賢事多咨訪朝士不能得南星意率怨大中而是時牴排東林者多屛廢方恨南星輩次骨東林中又各以地分左右大中嘗駁蘇松巡撫王象恒恤典山東人居言路者咸怒及駁浙江巡撫劉一焜江西人亦大怒給事中章允儒江西人也性尤忮嫉其同官傅櫆假汪文言發難文言者歙人初爲縣吏智巧任術負俠氣于玉立遣入京刺事輸貲爲監生用計破齊楚浙三黨察東宮伴讀王安賢而知書傾心結納與談當世流品光熹之際外廷倚劉一燝而安居中以次行諸善政文言交關力爲多魏忠賢既殺安府丞邵輔忠遂劾文言褫其監生既出都復逮下吏得末減益游公卿間輿馬嘗塡溢戶外大學士葉向高用爲內閣中書大中及韓爌趙南星楊漣左光斗與往來頗有迹會給事中阮大鋮與光斗大中有隙遂與允儒定計囑櫆劾文言并劾大中貌陋心險色取行違與光斗等交通文言肆爲奸利疏入忠賢大喜立下文言詔獄大中時方遷吏科上疏力辨詔許履任御史袁化中給事中甄淑等相繼爲大中光斗辨大學士葉向高以舉用文言亦引罪求罷獄方急御史黃尊素語鎭撫劉僑曰文言無足惜不可使搢紳禍由此起僑頷之獄辭無所連文言廷杖褫職牽及者獲免大中乃遵旨履任明日鴻臚報名而忠賢忽矯旨責大中互訐未竣不得赴新任故事鴻臚報名狀無批論旨者舉朝駭愕櫆亦言中旨不宜旁出大中乃復視事未幾楊漣疏劾忠賢大中亦率同官上言從古君側之奸非遂能禍人國也有忠臣不惜其身以告之君而其君不悟乃至於不可救今忠賢擅威福結黨與首殺王安以樹威於內繼逐劉一燝周嘉謨王紀以樹威於外近且斃三戚畹家人以樹威於三宮深結保姆客氏伺陛下起居廣布傅應星陳居恭傅繼教輩通朝中聲息人怨於下天怒於上故漣不惜粉身碎首爲陛下力陳今忠賢種種罪狀陛下悉引爲親裁代之任咎恐忠賢所以得溫旨卽出忠賢手而漣之疏陛下且未及省覽也陛下貴爲天子致三宮列嬪盡寄性命於忠賢客氏能不寒心陛下謂宮禁嚴密外廷安知枚乘有言欲人弗知莫若弗爲未有爲其事而他人不知者又謂左右屛而聖躬將孤立夫陛下一身大小臣工所擁衞何藉於忠賢若忠賢客氏一日不去恐禁廷左右悉忠賢客氏之人非陛下之人陛下眞孤立於上耳忠賢得疏大怒矯旨切讓尚未有以罪也大學士魏廣微結納忠賢表裏爲奸大中每欲糾之會孟冬時享廣微偃蹇後至大中遂抗疏劾之廣微慍益與忠賢合忠賢勢益張以廷臣交攻陽示斂戢且曲從諸所奏請而陰伺其隙迨吏部推謝應祥巡撫山西廣微遂嗾所親陳九疇劾大中出應祥門推舉不公貶三秩出之外盡逐諸正人吏部尚書趙南星等天下大權一歸於忠賢明年逆黨梁夢環復劾文言再下詔獄鎭撫許顯純自削牘以上南星漣光斗大中及李若星毛士龍袁化中繆昌期鄒維璉鄧渼盧化鰲錢士晉夏之令王之寀徐良彥熊明遇周朝瑞黃龍光顧大章李三才惠世揚施天德黃正賓輩無所不牽引而以漣光斗大中化中朝瑞大章爲受楊鎬熊廷弼賄大中坐三千矯旨俱逮下詔獄鄉人聞大中逮去號泣送者數千人比入鎭撫司顯純酷刑拷訊血肉狼籍其年七月獄卒受指與漣光斗同夕斃之故遲數日始報大中屍潰敗至不可識莊烈帝嗣位忠賢被誅廣微櫆九疇夢環並麗逆案大中贈太常卿諡忠節錄其一子長子學洢字子敬爲諸生好學工文有至性大中被逮學洢號慟欲隨行大中曰父子俱碎無爲也乃微服間行刺探起居既抵都邏卒四布變姓名匿旅舍晝伏夜出稱貸以完父贓贓未竟而大中斃學洢慟幾絕扶櫬歸晨夕號泣遂病家人以漿進輒麾去曰詔獄中誰半夜進一漿者竟號泣死崇禎初有司以狀聞詔旌爲孝子次子學濂有盛名舉崇禎十六年進士擢庶吉士明年李自成逼京師與同官吳爾壎慷慨有所論建大學士范景文以聞莊烈帝特召見兩人將任用之無何京師陷不能死受賊戶部司務職隤其家聲既而自慚賦絕命詞二章縊死去帝殉社稷時四十日矣文言之再下詔獄也顯純迫令引漣等文言備受五毒不承顯純乃手作文言供狀文言垂死張目大呼曰爾莫妄書異時吾當與面質顯純遂卽日斃之漣大中等逮至無可質者贓懸坐而已諸所誣趙南星繆昌期輩亦並令撫按追贓衣冠之禍由此徧天下始熊廷弼論死久帝以孫承宗請有詔待以不死刑部尚書喬允升等遂欲因朝審寬其罪大中力持不可及忠賢殺大中乃坐以納廷弼賄云

周朝瑞字思永臨清人萬曆三十五年進士授中書舍人光宗嗣位擢吏科給事中疏請收錄先朝遺直俄陳愼初三要曰信仁賢廣德澤遠邪佞因請留上供金花銀以佐軍興詞多斥中貴中貴皆惡之激帝怒貶秩調外時列諫垣甫四日也未出都而熹宗立詔復故官疏請容納直言又陳考選諸弊曰講將舉進君臣交儆之規帝並褒納賈繼春之請安李選侍也朝瑞力駁之與繼春往復者數四天啓元年再遷禮科左給事中時遼事方棘朝瑞請於閣臣中推通曉兵事者二人專司其事而以職方郎一人專理機宜給事中二人專主封駁帝可之雄縣知縣王納諫爲閹人所誣中旨鐫秩給事中毛士龍以糾駁閹人爲府丞邵輔忠所陷中旨除名朝瑞並抗疏論列十二月辛巳日上有一物覆壓忽大風揚沙天盡赤都人駭愕所司不以聞朝瑞請帝修省而嚴敕內外臣工毋鬭爭僨國更詰責所司不奏報之罪帝納之時帝踐祚歲餘未嘗親政權多旁落朝瑞請帝躬覽萬機帝降旨言政委閣臣祖宗舊制不可紊然其時政權故不在閣也明年二月廣寧失詔停經筵日講朝瑞等上言此果出聖意輔臣當引義爭如輔臣向中涓意則其過滋大且主上冲齡志意未定獨賴朝講不輟諸臣得一覲天顏共白指鹿之奸今常朝已漸傳免倘併講筵廢之九閽既隔無謁見時司馬門之報格不入呂大防之貶不及知國家大事去矣會禮部亦以爲言乃命日講如故已偕諸給事御史惠世揚左光斗等極論大學士沈漼結中官練兵爲肘腋之賊漼疏辨朝瑞等盡發其賄交魏進忠盧受劉朝客氏而末復侵其私人邵輔忠徐大化語過激奪疏首世揚俸大化嘗承要人指力攻熊廷弼朝瑞惡之無何王化貞棄廣寧逃大化又請立誅廷弼朝瑞以廷弼才可用請令帶罪守山海疏四上並抑不行大化遂力詆朝瑞朝瑞憤亦醜詆大化所司爲兩解之朝瑞方擢太僕少卿而大化爲魏忠賢腹心必欲殺朝瑞竄其名汪文言獄中與楊漣等五人並逮下鎭撫獄坐妄議移宮及受廷弼賄萬金五日再訊拷掠備至竟斃之獄崇禎初贈大理卿予一子官福王時諡忠毅

袁化中字民諧武定人萬曆三十五年進士歷知內黃涇陽有善政泰昌元年擢御史時熹宗冲齡踐阼上無母后宮府危疑化中上疏劾輔臣方從哲報聞天啓元年二月疏陳時事可憂者八曰宮禁漸弛曰言路漸輕曰法紀漸替曰賄賂漸章曰邊疆漸壞曰職掌漸失曰宦官漸盛曰人心漸離語皆剴切出按宣大以憂歸服除起掌河南道楊漣劾魏忠賢化中亦率同官上疏曰忠賢障日蔽月逞威作福視大臣如奴隸斥言官若孤雛殺內廷外廷如草菅朝野共危神人胥憤特陛下未之知故忠賢猶有畏心今漣已侃詞入告矣陛下念潛邸微勞或貸忠賢以不死而忠賢實自懼一死懼死之念深將挺而走險騎虎難下臣恐其橫逞之毒不在搢紳而卽在陛下陛下試思深宮之內可使多疑多懼之人日侍左右而不爲防制哉疏入忠賢大恨錦衣陳居恭者忠賢爪牙也爲漣所論及亦攻忠賢自解化中特疏劾之落其職毛文龍獻俘十二人而稚兒童女居其八化中力請釋之因言文龍敘功之濫忠賢素庇文龍益不悅崔呈秀按淮揚贓私狼籍回道考覈化中據實上之崔呈秀大恨會謝應祥廷推被訐化中與其事呈秀遂嗾忠賢貶化中秩調之外已竄入汪文言獄詞中逮下詔獄呈秀令許顯純坐以楊鎬熊廷弼賄六千酷刑拷掠於獄中斃之崇禎初贈太僕卿官其一子福王時追諡忠愍

顧大章字伯欽常熟人父雲程南京太常卿大章與弟大韶孿生子也大章舉萬曆三十五年進士授泉州推官乞改常州教授父喪除値朝中朋黨角立正士日摧大章慨然曰昔賈彪不入顧廚之目卒西行以解其難余向與東林疏可以彪自況也乃入都補國子博士與朝士通往來陰察其交關肯綮淸流賴之稍遷刑部主事以奉使歸還朝天啓已改元進員外郎尚書王紀令署山東司事司轄輦轂最難任自遼陽失五城及京營巡捕日以邏奸細爲事稍有蹤迹率論死絕無左驗者

二百餘人所司莫敢讞多從官去四未死者僅四之一大章言於紀曰以一身易五十人命且甘之矧一官乎卽日會讞繫三人餘悉移大理釋放紀大嗟服佟卜年之獄紀用大章言擬流卜年未上而紀斥侍郎楊東明署事欲寘之大辟大章力爭卒擬流忤旨詰責竟論卜年辟瘐死獄中魏忠賢欲借劉一燝株累劉一燝大章力辨其非忠賢大恨卜年一獄事具紀一燝傳中熊廷弼王化貞之下吏也法司諸屬二十八人共讞多有議寬廷弼者大章因援議能議勞例言化貞宜誅廷弼宜論戍然二人卒坐死大章亦遷兵部去無異議也會王紀劾罷徐大化又疏刺客氏其黨疑紀疏出大章手恨之大化令所親御史楊維垣訐大章妄倡八議鬻大獄大章疏辨維垣四疏力攻言納廷弼賄四萬且列其鬻獄數事反覆詆訐不休大章危甚賴座主葉向高保持之下所司驗問都御史孫瑋等白其誣帝以大章瀆辨稍奪其俸大章遂引歸五年起官歷禮部郎中陝西副使大化已起大理丞與維垣爲忠賢鷹犬因假汪文言獄連及大章逮下鎭撫拷掠坐贓四萬及楊漣等五人既死羣小聚謀謂諸人潛斃於獄無以厭人心宜付法司定罪明詔天下乃移大章刑部獄由是漣等慘死狀外人始聞比對簿大章詞氣不撓刑部尚書李養正等一如鎭撫原詞以移宮事牽合封疆坐六人大辟爰書既上忠賢大喜矯詔布告四方仍移大章鎭撫大章慨然曰吾安可再入此獄呼酒與大韶訣趣和藥飲之不死投繯而卒崇禎初贈太僕卿官其一子福王時追謚裕愍初大章等被逮祕獄中忽生黃芝光彩遠映及六人畢入適成六瓣或以爲祥大章嘆曰芝瑞物也而辱於此吾輩其有幸乎已而果然大韶字仲恭老於諸生通經史百家及內典於詩禮儀禮周官多所發明他辨駁者復數萬言嘗以爲宋元以來述者之事備學者但當誦而不述將死始繕所箋詩禮莊子曰炳燭齋隨筆云

王之寀字心一朝邑人萬曆二十九年進士除淸苑知縣遷刑部主事四十三年五月初四日酉刻有不知姓名男子持棗木梃入慈慶宮門擊傷守門內侍李鑑至前殿檐下爲內侍韓本用等所執付東華門守衛指揮朱雄等收之慈慶宮者皇太子所居宮也明日皇太子奏聞帝命法司按問巡皇城御史劉廷元鞫奏犯名張差薊州人止稱吃齋討封語無倫次按其迹若涉瘋癲稽其貌實係黠猾請下法司嚴訊時東宮雖久定帝待之薄中外疑鄭貴妃與其弟國泰謀危太子顧未得事端而方從哲輩亦頗關通戚畹以自固差被執舉朝驚駭廷元以瘋癲奏刑部山東司郎中胡士相偕員外郎趙會楨勞永嘉共訊一如廷元指言差積柴草爲人所燒氣憤發癲於四月內訴冤入京遇不知名男子二人紿令執梃作冤狀乃由東華門入直至慈慶宮門按律當斬加等立決稾定未上山東司主治京師事署印侍郎張問達以屬之而士相永嘉與廷元皆浙人士相又廷元姻也瘋癲具獄之寀心疑其非是月十一日之寀値提牢散飯獄中末至差私詰其實初言告狀復言求死罷已無用之寀令置飯差前吐實與飯否則餓死麾左右出留二吏扶問之始言小名張五兒有馬三舅李外父令隨不知姓名一老公說事成與汝地幾畝比至京入不知街道大宅子一老公飯我云汝先衝一遭遇人輒打死死了我們救汝畀我棗木棍導我由後宰門直至宮門上擊門者墮地老公多遂被執之寀備揭其語因問達以聞且言差不癲不狂有心有膽乞縛兇犯於文華殿前朝審或敕九卿科道三法司會問疏入未下大理丞王士昌行人司正陸大受戶部主事張庭給事中姚永濟等連上疏趣之而大受疏有奸戚二字帝惡之與之寀疏俱不報廷元復請速檢諸疏下法司訊斷御史過庭訓言禍生肘腋宜亟翦亦俱不報庭訓遂移文薊州蹤跡之知州戚延齡具言其致癲始末言貴妃遣璫建佛寺璫置陶造甓居民多鬻薪獲利者差賣田貿薪往市於璫土人忌之焚其薪差訟於璫爲所責不勝憤持梃欲告御狀於是原問諸臣據爲口實矣二十一日刑部會十三司司官胡士相陸夢龍鄒紹光曾曰唯趙會禎勞永嘉王之寀吳養源曾之可柯文羅光鼎曾道唯劉繼禮吳孟登岳駿聲唐嗣美馬德灃朱瑞鳳等再審差供馬三舅名三道李外父名守才不知姓名老公乃修鐵瓦殿之龐保不知街道宅子乃住朝外大宅之劉成二人令我打上宮門打得小爺喫有著有小爺者內監所稱皇太子者也又言有姊夫孔道同謀凡五人於是刑部行薊州道提馬三道等疏請法司提龐保劉成對鞫而給事中何士晉與從哲等亦俱以爲言帝乃諭究主使會法司擬罪是日刑部據薊州回文以上已復論嚴刑鞫審速正典刑時中外籍籍語多侵國泰國泰出揭自白士晉復疏攻國泰語具士晉傳先是百戶王曰乾上變言奸人孔學等爲巫蠱將不利於皇太子詞已連劉成成與保皆貴妃宮中內侍也至是復涉成帝心動諭貴妃善爲計貴妃窘乞哀皇太子自明無它帝亦數慰諭俾太子白之廷臣太子亦以事連貴妃大懼乃緣帝及貴妃意期速結二十八日帝親御慈寧宮皇太子侍御座右三皇孫鴈行立左階下召大學士方從哲吳道南暨文武諸臣入責以離間父子諭令磔張差龐保劉成無他及因執太子手曰此兒極孝我極愛惜既又手約太子體諭曰自襁褓養成丈夫使我有別意何不早更置且福王已之國去此數千里自非宣召能翼而至乎因命內侍引三皇孫至石級上令諸臣熟視曰朕諸孫俱長成更何說顧問皇太子有何語與諸臣悉言無隱皇太子具言瘋癲之人宜速決毋株連又責諸臣云我父子何等親愛而外廷議論紛如爾等爲無君之臣使我爲不孝之子帝又謂諸臣曰爾等聽皇太子語否復連聲重申之諸臣跪聽叩頭出遂命法司決差明日磔於市又明日司禮監會廷臣鞫保成於文華門時已無左證保成展轉不承會太子傳諭輕擬廷臣乃散去越十餘日刑部議流馬三道李守才孔道帝從之而斃保成於內廷其事遂止當是時帝不見羣臣二十有五年矣以之寀發保成事特一出以釋羣臣疑且調劑貴妃太子念其事似有跡故不遽罪之寀也四十五年京察給事中徐紹吉御史韓浚用拾遺劾之寀貪遂削其籍天啓初廷臣多爲之訟冤召復故官二年二月上復讐疏曰禮君父之讐不共戴天齊襄公復九世之讐春秋大之曩李選侍氣毆聖母陛下再三播告中外停其貴妃之封聖母在天之靈必有心安而目瞑者此復讐一大義也乃先帝一生遭逢多難彌留之際飮恨以崩試問李可灼之誤用藥引進者誰崔文昇之故用藥主使者誰恐方從哲之罪不在可灼文昇下此先帝大讐未復者一也張差持梃犯宮安危止在呼吸此乾坤何等時乃劉廷元曲蓋奸謀以瘋癲具獄矣胡士相等改注口語以賣薪成招矣其後復讞差供同謀舉事內外設伏多人守才三道亦供結黨連謀而士相輩悉抹去之當時有內應有外援一夫作難九廟震驚何物兇徒敢肆行不道乃爾緣外戚鄭國泰私結劉廷元劉光復姚宗文輩珠玉金錢充滿其室言官結舌莫敢誰何遂無復顧憚睥睨神器耳國泰雖死罪不容誅法當開棺戮屍夷其族豬其宮而至今猶未議及此先帝大讐未復者二也總之用藥之術卽梃擊之謀擊不中而促之藥是文昇之藥慘於張差之梃也張差之前從無張差劉成之後豈乏劉成臣見陛下之孤立於上矣又言郎中胡士相等主瘋癲者也堂官張問達調停瘋癲者也寺臣王士昌疏忠而心佞許無隻字訟多溢詞堂官張問達語轉而意圓先允瘋癲後寬奸宄勞永嘉岳駿聲等同惡相濟張差招有三十六頭兒則胡士相閣筆招有東邊一起幹事則岳駿聲言波及無辜招有紅封票高眞人則勞永嘉言不及究紅封教今高一奎見監薊州係鎭朔衛人蓋高一奎主持紅封教者也馬三道管給紅票者也龐保劉成供給紅封教多人撒棍者也諸奸增減會審公單大逆不道疏入帝不問而先主瘋癲者恨次骨未幾之寀遷尚寶少卿踰年遷太僕少卿尋轉本寺卿廷元及岳駿聲曾道唯以之寀侵己先後疏辨之寀亦連疏力折并發諸人前議差獄時分金紅廟中及居間主名甚悉事雖不行諸人益疾之四年秋拜刑部右侍郎明年二月魏忠賢勢大張其黨楊維垣首翻梃擊之案力詆之寀坐除名俄入之汪文言獄中下撫按提問岳駿聲復訐之且言其逼取鄭國泰二萬金有詔追治及修三朝要典其梃擊事以之寀爲罪首府尹劉志選復重劾之遂逮下詔獄坐贓八千之寀竟瘐死崇禎初復官賜卹自梃擊之議起而紅丸移宮二事繼之兩黨是非爭勝禍患相尋迄明亡而後已

贊曰國之將亡也先自戕其善類而水旱盜賊乘之故禍亂之端士君子恒先被其毒異哉明之所稱三案者舉朝士大夫喋喋不去口而元惡大憝因用以剪除善類卒致楊左諸人身塡牢戶與東漢季年若蹈一轍國安得不亡乎

明史卷二百四十五　列傳第一百三十三

總裁官總理事務經筵講官少保兼太子太保保和殿大學士兼管吏部戶部尚書事加六級張廷玉等奉

敕修

周起元字仲先海澄人萬曆二十八年鄉試第一明年成進士歷知浮梁南昌以廉惠稱行取入都注潮廣道御史方候命値京察御史劉國縉疑鄭繼芳假書出起

元及李邦華李㶵恭徐縉芳徐良彥手遂目爲五鬼繼芳且入之疏中起元憤上章自明居二年御史命始下會太僕少卿徐兆魁以攻東林爲御史錢春所劾起元亦疏劾之奸人劉世學者誠意伯劉藎臣從祖也疏詆顧憲成起元憤力斥其謬藎臣遂訐起元益詆憲成起元再疏極論其同官翟鳳翀余懋衡徐良彥魏雲中李邦華王時熙潘之祥亦交章論列且下令捕世學世學遂遁去吏部侍郎方從哲由中旨起官起元力言不可并刺給事中亓詩教周永春吏部侍郎李養正郭士望等吏部尚書趙煥出雲中時熙於外起元劾其背旨擅權坐停俸煥去鄭繼之代又出之祥及張鍵起元亦抗疏糾駁因言張光房等五人不當擯之部曹與黨人牴牾忌者益衆尋巡按陝西風采甚著卒以東林故出爲廣西參議分守右江道柳州大饑羣盜蠭起起元單騎招劇賊而振恤饑民甚至移四川副使未上會遼陽破廷議通州重地宜設監司乃命起元以參政涖之天啟三年入爲太僕少卿旋擢右僉都御史巡撫蘇松十府公廉愛民絲粟無所取遇大水百方拯卹民忘其困織造中官李實素貪橫妄增定額恣誅求蘇州同知楊姜署府事實惡其不屈摭他事劾之起元即爲姜辨冤且上去蠹七事語多侵實實欲姜行屬吏禮再疏誣逮之起元再疏雪姜更切直魏忠賢庇實取嚴旨責起元令速上姜貪劣狀起元益頌姜廉謹詆實誣毀因引罪乞罷忠賢大怒矯旨斥姜爲民起元復劾實貪恣不法數事而爲姜求寬實以此欽威而忠賢遂銜起元不置分守參政朱童蒙者先爲兵科都給事中以攻鄒元標講學外遷失志狂暴每行道輒鞭撲數十人血肉狼籍起元欲糾之童蒙遂稱病去起元乃列其貪虐狀以聞忠賢遂矯旨削起元籍擢童蒙京卿六年二月忠賢欲殺高攀龍周順昌繆昌期黃尊素李應昇周宗建六人取實空印疏令其黨李永貞李朝欽誣起元爲巡撫時乾沒帑金十餘萬日與攀龍輩往來講學因行居間矯旨逮起元至則順昌等已斃獄中許顯純酷搒掠竟如實疏懸贓十萬罄貲不足親故多破其家九月斃之獄中吳士民及其鄉人無不垂涕者莊烈帝嗣位贈兵部右侍郎官一子福王時追謚忠惠

繆昌期字當時江陰人爲諸生有盛名舉萬曆四十一年進士改庶吉士年五十有二矣有同年生忌之揚言爲于玉立所薦自是有東林之目張差梃擊事劉廷元倡言瘋癲劉光復和之疏詆發訐者謂不當詫之爲奇貨居之爲元功昌期憤語朝士曰奸徒狙擊青宮此何等事乃以瘋癲二字庇天下亂臣賊子以奇貨元功四字沒天下忠臣義士哉廷元輩聞其語深疾之給事中劉文炳劾大學士吳道南遂陰詆昌期時方授檢討文炳再疏顯攻昌期即移疾去既而京察廷元輩復思中之學士劉一燝力持乃免天啟元年還朝一燝以次輔當國其冬首輔葉向高至小人間一燝於向高謂欲沮其來向高不悅會給事中孫杰承魏忠賢指劾一燝及周嘉謨忠賢遽傳旨允放昌期急詣向高力言二人顧命重臣不可輕逐內傳不可奉向高怫然曰上所傳何敢不奉昌期曰公三朝老臣始至之日以去就力爭必可得也若一傳而放兩大臣異日天子手滑不復可止矣向高默然昌期因備言一燝質直無他腸向高意少解會顧大章亦爲向高言之一燝乃得善去兩人故向高門下士也昌期尋遷左贊善進諭德楊漣劾忠賢疏上昌期適過向高向高曰楊君此疏太率易其人於上前時有匡正鳥飛入宮上乘梯手攫之其人挽衣不得上有小璫賜緋者叱曰此非汝分雖賜不得衣也其強直如此是疏行安得此小心謹慎之人在上左右昌期愕然曰誰爲此言以誤公可斬也向高色變昌期徐起去語聞於漣漣怒向高亦內慙密具揭請帝允忠賢辭忠賢大慍會有言漣疏乃昌期代草者忠賢遂深怒不可解及向高去韓爌秉政忠賢逐趙南星高攀龍魏大中及漣光斗爌皆具揭懇留忠賢及其黨謂昌期實左右之而昌期於諸人去國率送之郊外執手太息由是忠賢益恨昌期知勢不可留具疏乞假遂落職閒住五年春以汪文言獄詞連及削職提問忠賢恨不置明年二月復於他疏責昌期已削籍猶冠蓋延賓令緹騎逮問踰月復入之李實疏中下詔獄昌期慷慨對簿詞氣不撓竟坐贓三千五毒備至四月晦斃於獄莊烈帝即位贈詹事兼侍讀學士錄其一子詔并予謚而是時姚希孟以詞臣持物論雅不善左光斗周宗建力尼之遂并昌期及周起元李應昇黃尊素周朝瑞袁化中顧大章皆不獲謚福王時始謚文貞

周順昌字景文吳縣人萬曆四十一年進士授福州推官捕治稅監高宷爪牙不少貸宷激民變劫辱巡撫袁一驥質其二子并質副使呂純如或議以順昌代順昌不可純如以此銜順昌擢吏部稽勳主事天啟中歷文選員外郎署選事力杜請寄抑僥倖清操皭然乞假歸順昌爲人剛方貞介疾惡如讐巡撫周起元忤魏忠賢削籍順昌爲文送之指斥無所諱魏大中被逮道吳門順昌出餞與同臥起者三日許以女聘大中孫旂尉屢趣行順昌瞋目曰若不知世間有不畏死男子耶歸語忠賢我故吏部郎周順昌也因戟手呼忠賢名罵不絕口旂尉歸以告忠賢御史倪文煥者忠賢義子也誣劾同官夏之令致之死順昌嘗語人他日倪御史當償夏御史命文煥大恚遂承忠賢指劾順昌與罪人婚且誣以贓賄忠賢即矯旨削奪先所忤副使呂純如順昌同郡人以京卿家居挾前恨數譖於織造中官李實及巡撫毛一鷺已實追論周起元遂誣順昌請囑有所乾沒與起元等並逮順昌好爲德於鄉有冤抑及郡中大利害輒爲所司陳說以故士民德順昌甚及聞逮者至衆咸憤怒號冤者塞道至開讀日不期而集者數萬人咸執香爲周吏部乞命諸生文震亨楊廷樞王節劉羽翰等前謁一鷺及巡按御史徐吉請以民情上聞旂尉厲聲罵曰東廠逮人鼠輩敢爾大呼囚安在手擲鋃鐺於地聲琅然衆益憤曰始吾以爲天子命乃東廠耶蠭擁大呼勢如山崩旂尉東西竄衆縱橫毆擊斃一人餘負重傷踰垣走一鷺吉不能語知府寇慎知縣陳文瑞素得民曲爲解諭衆始散順昌乃自詣吏又三日北行一鷺飛章告變東廠刺事者言吳人盡反謀斷水道劫漕舟忠賢大懼已而一鷺言縛得倡亂者顏佩韋馬傑沈揚楊念如周文元等亂已定忠賢乃安然自是緹騎不出國門矣順昌至京師下詔獄許顯純鍛鍊坐贓三千五日一酷掠每掠治必大罵忠賢顯純椎落其齒自起問曰復能罵魏上公否順昌噀血唾其面罵益厲遂於夜中潛斃之時六年六月十有七日也明年莊烈帝即位文煥伏誅實下吏一鷺吉坐建忠賢祠純如坐頌璫並麗逆案順昌贈太常卿官其一子給事中瞿式耜訟諸臣冤稱順昌及楊漣魏大中清忠尤著詔謚忠介長子茂蘭字子佩刺血書疏詣闕愬冤詔以所贈官推及其祖父茂蘭更上疏請給三世誥命建祠賜額帝悉報可且命先後慘死諸臣咸視此例茂蘭好學砥行不就廕敘國變後隱居不出以壽終諸生朱祖文者都督先之孫當順昌被逮間行詣都爲納饘粥湯藥及徵贓令急奔走稱貸諸公間順昌櫬歸祖文哀慟發病死佩韋等皆市人文元則順昌輿隸也論大辟臨刑五人延頸就刃語寇慎曰公好官知我等好義非亂也監司張孝流涕而斬之吳人感其義合葬之虎邱傍題曰五人之墓其地即一鷺所建忠賢普惠祠址也

周宗建字季侯吳江人尚書用曾孫也萬曆四十一年進士除武康知縣調繁仁和有異政入爲御史天啓元年爲顧存仁王世貞陶望齡顧憲成請謚追論萬曆朝小人歷數錢夢皐康丕揚亓詩教趙興邦亂政罪并詆李三才王圖時遼事方棘上疏責備輔臣無何瀋陽破宗建責當事大臣益急因請破格用人召還熊廷弼已論兵部尚書崔景榮不當信奸人劉保輔臣劉一燝不當抑言路因刺右通政林材光祿卿李本固材本固移疾去魏大中劾王德完庇楊鎬李如楨宗建爲德完力攻大中其持論數與東林左會是歲冬奉聖夫人客氏既出宮復入宗建首抗疏極諫中言天子成言有同兒戲法宮禁地僅類民家聖朝舉動有乖內外防閑盡廢此輩一叨隆恩便思踰分狎溺無紀漸成驕恣釁孽日萌後患難杜王聖朱娥陸令萱之覆轍可爲殷鑒忤旨詰責清議由此重之明年廣寧失廷臣多庇王化貞欲甚熊廷弼罪宗建不平爲剖兩人罪案頗右廷弼諸庇化貞者乃深疾宗建京師久旱五月雨雹宗建謂陰盛陽衰之徵歷陳四事一專議大學士沈㴶一請寬建言廢黜諸臣一言廷弼已有定案不當因此羅織朝士陰刺兵部尚書張鶴鳴給事中郭鞏一則專攻魏進忠畧言近日政事外廷嘖嘖咸謂奧窔之中莫可測識諭旨之下有物憑焉如魏進忠者目不識一丁而陛下假之嚬笑日與相親一切用人行政墮於其說東西易向而不知邪正顛倒而不覺況內廷之借端與外廷之投合互相扶同離間之漸將起於蠅營讒構之釁必生於長舌其爲隱禍可勝言哉進忠者魏忠賢故名也時方結客氏爲對食廷臣多陰附之其勢漸熾見宗建疏銜次骨未發也鄒元標建首善書院宗建實司其事元標罷宗建乞與俱罷不從巡視光祿與給事中羅尚忠力剔奸弊節省爲多尋請核上供器物中官怒取旨詰責宗建等再疏力持中人滋不悅給事中郭鞏者先以劾廷弼被謫廷弼敗復官遂深結進忠知進忠最惡宗建乃疏詆廷弼因詆朝廷之薦廷弼者而宗建與焉其鋒銳甚南京御史涂世業和之詆宗建誤廷弼且誤封疆宗建憤疏駁世業語侵鞏抉其結納忠賢事鞏亦憤上疏數千言詆宗建益力并及劉一燝鄒元標周嘉謨楊漣周朝瑞毛士龍方震孺江秉謙熊德陽輩數十人悉指爲廷弼逆黨宗建益憤抗疏力駁其謬且曰李維翰楊鎬袁應泰王化貞皆壞封疆之人也亓詩教力主催戰趙興邦賄賣邊臣皆誤封疆之人也其他薦維翰薦鎬

萬應泰化貞者亦誤封疆之人也輩胡不一擊之而獨苛求廷弼且詆薦廷弼者爲逆黨哉當是時忠賢勢益盛宗建慮內外合謀其禍將大三年二月遂抗疏直攻忠賢畧言臣於去歲指名劾奏進忠無一日忘臣於是乘私人郭鞏入都嗾以傾臣并傾諸異己者鞏乃刱爲新幽大幽之說把持察典編廷臣數十人姓名爲一冊思一網中之又爲匿名書羅織五十餘人投之道左給事中則劉弘化爲首次及周朝瑞熊德陽輩若而人御史則方震孺爲首次及江秉謙輩若而人而臣亦其中一人也既欲羅諸臣以快報復之私更欲獨中臣以釋進忠之恨是察典不出於朝廷乃鞏及進忠之察典也幸直道在人鞏說不行始別借廷弼欲一穽陷之鞏又因臣論及王安笑臣有何瓜葛陛下亦知安之所以死乎身首異處肉飽烏鳶骨投黃犬古今未有之慘也鞏即心暱進忠何至背公滅理且牽連劉一燝周嘉謨楊漣毛士龍輩謂盡安黨請陛下窮究安死果出何人傾害則此事即進忠一大罪案鞏之媚進忠即此可爲証據矣先朝汪直劉瑾雖皆梟獍幸言路清明臣僚隔絕故非久即敗今權璫報復反借言官以伸言官聲勢反借權璫以重數月以來熊德陽江秉謙侯震暘王紀滿朝薦斥矣鄒元標馮從吾罷矣文震孟鄭鄤逐矣近且扼孫愼行盛以弘而絕其援路摘瓜抱蔓正人重足舉朝各愛一死無敢明犯其鋒者臣若尙顧微軀不爲入告將內有進忠爲之指揮旁有客氏爲之羽翼外有劉朝輩爲典兵示威而又有鞏輩蟻附蠅集內外交通驅除善類天下事尙忍言哉疏入進忠益怒率劉朝等環泣帝前乞自髡以激帝怒乃令宗建陳交通實狀將加重譴宗建回奏益侃直進忠議廷杖之閣臣力爭乃止奪俸會給事中劉弘化御史方大任等交章助宗建攻進忠鞏鞏復力詆諸人詔下諸疏平議廷臣爲兩解之乃嚴旨切責奪鞏宗建俸三月是時劉朝典內操遂謀行邊廷臣微聞之莫敢言宗建曰鞏自謂未嘗通內今誠能出片紙遏朝吾請爲洗交結之名鞏噤不敢發宗建乃抗疏極諫歷陳三不可九害會朝與進忠有隙事亦中寢其冬出按湖廣以憂歸五年三月大學士馮銓銜御史張愼言嘗論己屬其門生曹欽程誣劾而以宗建爲首并及李應昇黃尊素忠賢遂矯詔削籍下撫按追贓明年以所司具獄緩遣緹騎逮治俄入之李實疏中下詔獄毒訊許顯純厲聲罵曰復能詈魏上公一丁不識乎竟坐納廷弼賄萬三千甃之獄宗建既死徵贓益急其所親副使蔣英代之輸亦坐削籍忠賢敗詔贈宗建太僕寺卿官其一子福王時追謚忠毅蔣英嘉善人舉進士歷知松溪漳浦宜興天啓時由南京驗封郎中出爲福建副使遂遭璫禍忠賢敗以故官分巡蘇松坐事貶秩未行而宜興民變上官以英先治宜興得民心檄之撫治宜興非英所轄辭不得則單騎往論懲豪家僮客數人令亂民自獻其首惡亂遂定宜興故多豪家修撰陳於泰編修陳於鼎兄弟尤橫遂激民變羣執兵鼓譟勢洶洶賴英事旋定而周延儒方枋國與陳氏有連銜英再貶兩秩遂歸鞏還安人以附忠賢驟遷至兵部侍郎莊烈帝定逆案削籍論配我

大淸拔遷安鞏遁去後詣闕自言拒聘上所撰却聘書兵部尙書梁廷棟論之下獄坐死巡撫楊嗣昌爲訟寃得遣戍

黃尊素字眞長餘姚人萬曆四十四年進士除寧國推官精敏彊執天啓二年擢御史謁假歸明年冬還朝疏請召還余懋衡曹於汴劉宗周周洪謨王紀鄒元標馮從吾而劾尙書趙秉忠侍郎牛應元通政丁啓睿頑鈍秉忠應元俱引去山東妖賊既平餘黨復煽巡撫王惟儉不能撫馭尊素疏論之因言巡撫本內外兼用今盡用京卿不若擬歷外服者之練習又數陳邊事力詆大將馬世龍忤樞輔孫承宗意時帝在位數年未嘗一召見大臣尊素請復便殿召對故事面決大政否則講筵之暇令大臣面商可否帝不能用四年二月大風揚沙晝晦天鼓鳴如是者十日三月朔京師地震三乾淸宮尤甚適帝體違和人情惶懼尊素力陳時政十失末言陛下厭薄言官人懷忌諱遂有剽竊皮毛莫犯中扃者今阿保重於趙嬈禁旅近於唐末蕭牆之憂慘於敵國廷無謀幄邊無折衝當國者昧安危之機誤國者護恥敗之局不於此進賢退不肖而疾剛方正直之士如仇讐陛下獨不爲社稷計乎疏入魏忠賢大怒謀廷杖之韓爌力救乃奪俸一年既而楊漣劾忠賢被旨譙讓尊素憤抗疏繼之畧言天下有政歸近倖威福旁移而世界淸明者乎天下有中外洶洶無不欲食其肉而可置之左右者乎陛下必以爲曲謹可用不知不小曲謹不大無忌必以爲惟吾駕馭不知不可駕馭則不可收拾矣陛下登極以來公卿臺諫纍纍罷歸致在位者無固志不於此稱孤立乃以去一近侍爲孤立耶今忠賢不法狀廷臣已發露無餘陛下若不早斷彼形見勢窮復何顧忌忠賢必不肯收其已縱之韁而淨滌其腸胃忠賢之私人必不肯回其已往之棹而默消其冰山始猶與士大夫爲讐繼將以至尊爲注柴栅既固毒螫誰何不惟臺諫折之不足即干戈取之亦難矣忠賢得疏愈恨萬燝既廷杖又欲杖御史林汝翥諸言官詣閣爭之小璫數百人擁入閣中攘臂肆罵諸閣臣俯首不敢語尊素厲聲曰內閣絲綸地即司禮非奉詔不敢至若輩無禮至此乃稍稍散去無何燝以創重卒尊素上言律例非叛逆十惡無死法今以披肝瀝膽之忠臣竟殞於磨牙礪齒之兇豎此輩必欣欣相告吾儕借天子威柄可鞭笞百僚後世有秉董狐筆繼朱子綱目者書曰某月某日郎中萬燝以言事廷杖死豈不上累聖德哉進廷杖之說者必曰祖制不知二正之世王振劉瑾爲之世祖神宗之朝張璁嚴嵩張居正爲之奸人欲有所逞憚忠臣義士掣其肘必借廷杖以快其私使人主蒙拒諫之名已受乘權之實而仁賢且有抱蔓之形於是乎爲所欲爲莫有顧忌而禍即移之國家燝今已矣辱士殺士漸不可開乞復故官破格賜卹俾遺孤得扶櫬還鄉燝死且不朽疏入益忤忠賢意八月河南進玉璽忠賢欲侈其事命由大明門進行受璽禮百僚表賀尊素上言昔宋哲宗得璽蔡確等競言祥瑞改年元符宋祚卒不競本朝弘治時陝西獻玉璽止令取進給賞五金此祖宗故事宜從事獲中止五年春遣視陝西茶馬甫出都逆黨曹欽程劾其專擊善類助高攀龍魏大中虐燄遂削籍尊素謇諤敢言尤有深識遠慮初入臺鄒元標實援之即進規曰都門非講學地徐文貞已叢議於前矣元標不能用楊漣將擊忠賢魏大中以告尊素曰除君側者必有內援楊公有之乎一不中吾儕無噍類矣萬燝死尊素諷漣去漣不從卒及於禍大中將劾魏廣微尊素曰廣微小人之包羞者也攻之急則挺而走險矣大中不從廣微益合於忠賢以與大難是時東林盈朝自以鄉里分朋黨江西章允儒陳良訓與大中有隙而大中欲駁尚書南師仲恤典秦人亦多不悅尊素急言於大中止之最後山西尹同皐潘雲翼欲用其座主郭尚友爲山西巡撫大中以尚友數問遺朝貴執不可尊素引杜征南數遺洛中貴要爲言大中卒不可議用謝應祥難端遂作汪文言初下獄忠賢即欲羅織諸人已知爲尊素所解恨甚其黨亦以尊素多智慮欲殺之會吳中訛言尊素欲效楊一淸誅劉瑾用李實爲張永授以秘計忠賢大懼遣刺事者至吳中凡四輩侍郎烏程沈演家居奏記忠賢曰事有迹矣於是日遣使譙訶實取其空印白疏入尊素等七人姓名遂被逮使者至蘇州適城中擊殺逮周順昌旂尉其城外人并擊逮尊素者逮者失駕帖不敢至尊素聞即囚服詣吏自投詔獄許顯純崔應元搒掠備至勒贓二千八百五日一追比已知獄卒將害己叩首謝君父賦詩一章遂死時六年閏六月朔日也年四十三崇禎初贈太僕卿任一子福王時追謚忠端

李應昇字仲達江陰人萬曆四十四年進士授南康推官出無辜十九人於死寘大猾數人重辟士民服其公廉爲之謠曰前林後李淸和無比林謂晉江林學曾卒官南京戶部侍郎以淸愼著稱者也九江南康間有柯陳二大族相傳陳友諒苗裔負固强梗嘗拒捕有司議兵之應昇單騎往諭皆叩頭聽命出所匿罪人一方以定天啓二年徵授御史謁假歸明年秋還朝時天子闇弱庶政怠弛應昇上疏曰方今遼土淪沒黔蜀用兵紅夷之燄未息西部之賞日增逃兵肆掠於畿輔窮民待盡於催科逗遛習慣大將畏敵而不敢前法紀陵夷驕兵鼓譟而弗能問在在增官日日會議覆疏衍爲故套嚴旨等若空言陛下不先振竦精神發皇志氣羣臣孰肯任怨以破情面之世界者祖宗有早午晚三朝猶時御便殿咨訪時政顧俯納臣言奮然力行天下事尙可爲也報聞頃之復陳時政畧曰今天下敝壞極矣在君臣奮興而力圖之陛下振紀綱則片紙若霆大臣捐私曲則千里運掌臺諫任糾彈則百司飲冰今動議增官爲人營窟紛紜遷徙名實乖張自登萊增巡撫而侵冒百餘萬增招練監軍而侵冒又十餘萬邊關內地將領如蟻剝軍侵饟又不知幾十萬增置總督何補塞垣增置京堂何裨政事樞貳添注矣孰慷慨以行邊司空添注矣孰拮据以儲備大將添注矣祇工媒孽而縱遁逃禮兵司屬添注二三十人矣誰儲邊才而精典禮濫開邊俸捷徑燃灰則吏治日壞白衣擐臂邪人入幕則奸弁充斥臣請斷自聖心一切報罷又言今事下部曹十九寢閣宜重申國典明正將領之罪錦衣旂尉半歸權要宜遣官巡視如京營之制衞官襲職比試不嚴宜申明舊章無使倖進將校蠶食逃軍不招私募乞兒半分其饟宜力爲創懲窮民敲扑號哭滿庭奸吏侵漁福堂安坐宜嚴其法制時不能用俄劾南京都御史王永光庇部郎范得志顚倒公論永光尋自引去四年正月疏陳外番內盜及小人三患譏切近習魏忠賢惡之已復疏陳民隱言有十害宜急除五反宜急去帝爲戒飭所

司京師一日地三震疏請保護聖躬速停內操忠賢頗東廠好用立枷有重三百斤者不數日卽死先後死者六七十人應昇極言宜罷忠賢大恨應昇知忠賢必禍國密草疏列其十六罪將上爲兄所知攘其疏毀之怏怏而止楊漣劾忠賢得嚴旨應昇憤卽抗疏繼之中言從來奄人之禍其始莫不有小忠小信以固結主心根株旣深毒手乃肆今陛下明知其罪曲賜包容彼緩則圖自全之計急則作走險之謀蕭牆之間能無隱禍故忠賢一日不去則陛下一日不安臣爲陛下計莫如聽忠賢引退以全其命爲忠賢計亦莫若早自引決以乞帷蓋之恩不然惡稔貫盈他日欲保首領不可得矣又曰君側不清安用彼相一時寵利有盡千秋青史難欺不欲爲劉健謝遷者并不能爲東陽倘畫策投歡不幾與焦芳同傳耶時魏廣微方深結忠賢爲之謀主知應昇譏己大恨萬燝之死也應昇極言廷杖不可再士氣不可折譏切忠賢輩甚至已代高攀龍草疏劾崔呈秀呈秀窘昏夜款門長跪乞哀應昇正色固拒含怒而去十月朔帝廟享頒曆廣微後至爲魏大中等所糾廣微恚辨疏詆言者應昇復抗疏論之且曰廣微父允貞爲言官得罪輔臣以去聲施至今廣微奈何比言官路馬斥爲此輩夫不與此輩爲伍者必別與一輩爲緣乞陛下戒諭廣微退讀父書保其家聲毋倚三窟與言官爲難他日庶可見乃父地下廣微益怒謀之忠賢將鐫秩首輔韓爌力救乃奪祿一年其月趙南星等悉被逐朝事大變明年三月工部主事曹欽程劾應昇護法東林遂削籍忠賢恨未已六年三月假李實劾周起元疏入應昇名遂逮下詔獄酷掠坐贓三千尋於閏六月二日斃之年甫三十四崇禎初贈太僕卿錄一子福王時追諡忠毅

萬燝字闇夫南昌人兵部侍郎恭孫也少好學砥礪名行舉萬曆四十四年進士授刑部主事嘗疏論刑獄干和天啓初元兵事棘工部需才調燝工部營繕主事督治九門垣墉市銅江南皆勤於其職遷虞衡員外郎司鼓鑄時慶陵大工未竣費不貲燝知內府廢銅山積可發以助鑄移牒內官監言之魏忠賢怒不發燝遂具疏以請忠賢益怒假中旨詰責燝旋進屯田郎中督陵務其時忠賢益肆廷臣楊漣等交擊率被嚴旨燝憤抗章極論畧言人主有政權有利權不可委臣下况刑餘寺人哉忠賢性狡而貪膽麤而大口銜天憲手握王爵所好生羽毛所惡成瘡痏膾子弟則一世再世賚厮養則千金萬金毒痡士庶斃百餘人威加搢紳空十數署一切生殺予奪之權盡爲忠賢所竊陛下猶不覺悟乎且忠賢固供事先帝者也陛下之寵忠賢亦以忠賢曾供事先帝也乃於先帝陵工畧不厝念臣嘗屢請銅斳不肯予間過香山碧雲寺見忠賢自營墳墓其規制弘敞擬於陵寢前列生祠又前建佛宇璇題耀日珠網懸星費金錢幾百萬爲己墳墓則如此爲先帝陵寢則如彼可勝誅哉今忠賢已盡竊陛下權致內廷外朝止知有忠賢不知有陛下尚可一日留左右耶疏入忠賢大怒矯旨廷杖一百斥爲民執政言官論救皆不聽當是時忠賢惡廷臣交章劾己無所發忿思借燝立威乃命羣奄至燝邸捽而毆之比至闕下氣息纔屬杖已絕而復甦羣奄更肆蹴踏越四日卽卒時四年七月七日也忠賢恨猶不置羅織其罪誣以贓賄三百燝廉吏破產乃竣崇禎初贈光祿卿官其一子福王時諡忠貞燝杖死未幾巡城御史福清林汝翥嘗笞內侍曹進傅國興忠賢矯旨杖汝翥如燝汝翥懼逃之遵化自歸於巡撫鄧渼渼以聞卒杖之汝翥起家鄕舉知沛縣徐鴻儒攻沛甚急堅守不下由此擢御史崇禎時仕至浙江副使汝翥雖受杖幸不死而是時丁乾學夏之令吳裕中劉鐸吳懷賢蘇繼歐張汶諸人皆忤忠賢致死乾學浙江山陰人寄籍京師官檢討天啓四年偕給事中郝士膏典試江西發策刺忠賢忠賢怒矯旨鐫三秩復除其名已使人詐爲校尉往逮挫辱之竟憤鬱而卒崇禎初贈侍讀學士之令光山人知攸歙二縣徵授御史嘗疏論邊事力詆毛文龍不足恃忠賢庇文龍傳旨削之令籍閹臣救免及巡皇城內使馮忠等犯法劾治之益爲忠賢所銜崔呈秀亦以事銜之遂屬御史卓邁劾之令黨比熊廷弼有詔削奪頃之御史倪文煥復劾之令計陷文龍幾僨疆事遂逮下詔獄坐贓拷死裕中江夏人爲順德知縣徵授御史大學士丁紹軾陷熊廷弼死裕中有疏詆紹軾忠賢傳旨詰裕中爲廷弼姻戚代之報讐廷杖一百創重卒崇禎初賜贈䘏鐸廬陵人由刑部郎中爲揚州知府憤忠賢亂政作詩書僧扇有陰霾國事非句偵者得之聞於忠賢倪文煥者揚州人也素銜鐸遂嗾忠賢逮治之鐸雅善忠賢子良卿事獲解許還故官良卿從容問鐸囊錦衣往逮索金幾何曰三千金耳良卿令錦衣還之其人怒日夜伺鐸隙言鐸繫獄時與囚方震孺同謀居間遂再下獄會鐸家人有夜醮者參將張體乾誣鐸呪詛忠賢刑部尚書薛貞坐以大辟忠賢誅貞體乾竝抵罪鐸贈太僕少卿懷賢休寧人由國子監生授內閣中書舍人同官傅應昇者忠賢甥也懷賢遇之無加禮應昇恨之楊漣劾忠賢疏出懷賢書其上曰宜如韓魏公治任守忠故事卽時遣戍又與工部主事吳昌期書有事極必反反正不遠語忠賢偵知之大怒曰何物小吏亦敢謗我遂矯旨下詔獄坐以結納汪文言爲左光斗魏大中鷹犬拷掠死崇禎初贈工部主事繼歐許州人歷知元氏眞定柏鄕入爲吏部稽勳主事累遷考功郎中將調文選中旨謂爲楊漣私黨削籍歸時緹騎四出同里副使孫織錦素附忠賢遣人怵繼歐曰逮者至矣繼歐自經死崇禎初贈太常寺卿汶郿鄠人尚書國彥曾孫也由廕叙爲後軍都督府經歷嘗被酒詆忠賢下獄拷掠死亦獲贈恤

贊曰自古閹宦之甘心善類者莫甚於漢唐之季然皆倉卒一時爲自救計耳魏忠賢之殺諸人也揚毒燄以快其私肆無忌憚蓋主荒政粃之餘公道淪亡人心敗壞凶氣參會羣邪翕謀故搢紳之禍烈於前古諸人之受禍也酷矣哉

明史卷二百四十六　列傳第一百三十四

總裁官總理事務經筵講官少保兼太子太保保和殿大學士兼管吏部戶部尚書事加六級張廷玉等奉

敕修

滿朝薦　江秉謙

侯震暘　倪思輝　朱欽相　王允成　李希孔　毛士龍　王心一

滿朝薦字震東麻陽人萬曆三十二年進士授咸寧知縣有廉能聲稅監梁永縱其下刼諸生橐朝薦捕治之永怒劾其擅刑稅役詔鐫一官大學士沈鯉等論救不聽會巡撫顧其志極論永貪殘狀乃復朝薦官奪俸一歲無何永遣人蠱巡按御史余懋衡事覺朝薦捕獲其人永懼率衆擐甲入縣庭吏卒早爲備無所掠而去城中數夜驚言永反或謂永宜自明永遂下教自白不反狀然蓄甲者數百而朝薦助懋衡操之急諸惡黨多亡去朝薦追之渭南頗有所格傷永懼使使繫書髮中入都訟朝薦劫上供物殺數人投屍河中帝震怒立遣使逮治時三十五年七月也旣至下詔獄搒掠遂長繫中外論救自大學士朱賡以下百十疏最後四十一年秋萬壽節將届用大學士葉向高請乃與王邦才卞孔時竝釋歸光宗立起南京刑部郎中再遷尚寶卿天啓二年遼東地盡失海內多故而廷臣方植黨逞浮議朝薦深慮之疏陳時事十可憂七可怪語極危切尋進太僕少卿復上疏曰比者風霾曀晦星月晝見太白經天四月雹六月冰山東地震畿內霪潦天地之變極矣四川則奢崇明叛貴州則安邦彥叛山東則徐鴻儒亂民人之變極矣而朝廷政令乃顚倒日甚一乞骸耳周嘉謨劉一燝顧命之元老以中讒去孫愼行守禮之宗伯以封典去王紀執法如山之司寇以平反去皆漠不顧惜獨惓惓於三十疏劾之沈漼卽去而猶加異數焉祖宗朝有是顚倒乎一建言耳倪思輝朱欽相等之削籍已重箝口之嗟周朝瑞惠世揚等之拂衣又中一網之計祖宗朝有是顚倒乎一邊筴耳西部索百萬之賞邊臣猶慮其未飽健兒乞錙銖之餉度支尚謂其過奢祖宗朝有是顚倒乎一棄城耳多年議確之犯或以庇厚而緩求旬日矜疑之輩反以媢深而苛督祖宗朝有是顚倒乎一緝奸耳正罪自有常律平反原無濫條遼陽之禍起於袁應泰之大納降人降人盡占居民婦女故遼民發憤招敵攻城事發倉卒未聞有何人獻送之說也廣寧之變起於王化貞之誤信西部取餉金以啖挿而不給卒伍以故人心離散敵兵過河又不聞西部策應遂至手足無措抱頭鼠竄亦事發倉卒未聞有何人獻送之說也深求奸細不過爲化貞卸罪地耳王紀不欲殺人媚人反致削籍祖宗朝有是顚倒乎若夫閣臣之職在主持淸議今章疏有姤才壞政者非惟不斥也輕則兩可重則竟行其言矣有殛奸報國者非惟不納也輕則見讓重則遞加黜罰矣尤有恨者沈漼賄盧受得進及受敗又交通跋扈之奄以樹威振壟僨裂之禍皆漼作俑而放流不加他若戚畹豈不當檢何至以闖寺之讒斃其三僕三宮分有常尊何至以傾國之昵僭逼母儀此皆顚倒之甚者也願成於陛下者什之一二成於當事大臣者十之八九臣誠不忍見神州陸沉祈陛下終覽臣疏與閣部大臣更紘易轍悉軌祖宗舊章臣卽從逄干於地下猶生之年旣奏魏忠賢激帝怒降旨切責褫職爲民大學士向高申救甚力帝不納已忠賢黨撰東林同志錄朝薦與焉竟不復用崇禎二年薦起故官未上卒

江秉謙字兆豫歙人萬曆三十八年進士除鄞縣知縣用廉能徵擬授御史久不得命以葬親歸光宗立命始下入臺侃侃言事天啓元年首陳君臣虛已奉公之道規切甚至戶部尚書李汝華建議興屯請專遣御史三年課績所墾足抵年例餉銀卽擢京卿秉謙力駁其謬

因言汝華尸素，宜亟罷汝華疏辨秉謙再劾之瀋陽既失朝士多思熊廷弼而給事中郭鞏獨論廷弼喪師悞國請并罪閣臣劉一燝秉謙憤力頌廷弼保守危疆功且曰今廷弼勘覆已明議者猶以一人私情没天下公論寧壞朝廷封疆不忘胸中畛域章下廷議會遼陽復失廷弼旋起經畧鞏坐妄議奪官遂與秉謙爲讐廷弼旣鎭山海議遣使宣諭朝鮮發兵牽制副使梁之垣請行廷弼喜請付二十萬金爲軍貲兵部尚書張鶴鳴不予秉謙抗疏爭鶴鳴怒力詆秉謙朋黨秉謙疏辨帝不罪鶴鳴旣抑廷弼專庇巡撫王化貞朝士多附會之帝以經撫不和詔廷臣議秉謙言陛下再起廷弼委以重寄曰疆場事不從中制乃數月以來廷弼不得措手足呼號日聞辨駁遝至執爲詞者曰經撫不和化貞主戰廷弼主守耳夫廷弼非專言守謂守定而後可戰也化貞銳意戰即戰勝可無事守乎萬一不勝又將何以守此中利害夫人知之乃一則無言不從一則無策不棄豈眞不明於戰守之說但從化貞廷弼起見耳陛下既命廷弼節制三方則三方之進戰退守當一一聽其指揮乃化貞欲進則使廷弼從之進欲退則使廷弼隨之退化貞倏進倏退則使廷弼進不知所以戰退不知所以守是化貞有節制廷弼之權而廷弼未嘗有節制三方之權也故今日之事非經撫不和乃好惡經撫者不和非戰守之議論不合乃左右經撫者之議論不合請專責廷弼實圖戰守末議首輔葉向高兩可含糊勢必兩可掣肘安能責成功語極切至後朝議方撤廷弼而化貞已棄廣寧逃秉謙益憤以職方郎耿如杞附和鶴鳴力助化貞排廷弼致封疆喪失連疏攻之并援世宗戮丁汝夔故事乞亟寘鶴鳴於法帝以鶴鳴方行邊不當輕詆奪秉謙俸半歲如杞不問秉謙復上疏言鶴鳴一入中樞初不過鹵莽而無遠識旣乃至兇狠而動殺機明知西部問諜俱虛戰守參差難合乃顧自欺以欺朝廷何處有機會而曰機會可乘何日渡河而曰渡河必勝旣欲驅經畧以出關而不肯付經畧以節制旣欲置廷弼於廣寧而未嘗移化貞於何地破壞封疆之罪可置弗問哉且化貞先棄地先逃猶曰功罪相半即此一言縱寸斬鶴鳴不足贖其欺君悞國罪乃猶敢哆口定他人罪案耶當是時大學士沈㴶潛結中官劉朝乳媼客氏募兵入禁中與內操給事中惠世揚周朝瑞等十二人再疏力攻秉謙與焉并詆朝及客氏內外脅怨遂假劾鶴鳴疏出秉謙於外無何郭鞏召還交通魏忠賢力沮秉謙是冬皇子生言官被謫者悉召還獨秉謙不與家居四年聞忠賢益亂政憂憤卒居數月忠賢黨御史卓邁追劾秉謙保護廷弼遂削籍崇禎初復官

侯震暘字得一嘉定人祖堯封監察御史忤大學士張居正外轉累官至福建右參政有廉直聲震暘舉萬曆三十八年進士授行人天啓初擢吏科給事中是時保姆奉聖夫人客氏方擅寵與魏忠賢及大學士沈㴶相表裏勢燄張甚既遣出宮熹宗思念流涕至日旰不御食遂宣諭復入震暘疏言宮闈禁地姦璫羣小睥睨其側內外鈎連借叢煬竈有不忍言者王聖寵而煽江京李閏之奸趙嬈寵而構曹節皇甫之變么麼里婦何堪數暱至尊哉不省會遼事棘經畧熊廷弼巡撫王化貞相牴牾兵部尚書張鶴鳴右化貞議者遂欲移廷弼與化貞畫地任事震暘逆知其必敗疏言事勢至此陛下宜遣問經臣果能加意訓練則進止遲速不從中制雖撤撫臣一以付之無不可者如不然則督其條晰陳奏以聽吏議撫拾殘局專任化貞此一說也不則移廷弼密雲而出本兵爲經畧鶴鳴素慷慨自命與其事敗同罪不若挺身報國此又一說也不則遂以經畧授化貞擇沈深有謀者代任巡撫以資後勁此又一說也不則直移廷弼於登萊終其三方布置之策與化貞相犄角此又一說也若復遷延猶豫必僨國事疏上方有旨集議而

大清兵已破廣寧矣化貞廷弼相率入關門猶數奉溫旨責以戴罪立功震暘大憤懣再疏言臣言不幸驗矣爲今日計論法不論情河西未壞以前舉朝所惜者什七在化貞今不能爲化貞惜也河西旣壞以後舉朝所寬者什九在廷弼今亦不能爲廷弼寬也策撫臣者謂宜責令還赴廣寧聯屬西部然而帑庫已竭其能赤手效包胥乎策經臣者謂宜仍責守關然所謂守者將如廷弼前議三十萬兵數十萬餉以圖後效乎抑止今率殘卒出關外姑示不殺乎凡此無一可者及今不定逃臣之律殘疆其奚賴焉其後治失事罪蓋畧如震暘疏云已遂劾大學士沈㴶結納奉聖夫人及諸中官爲朋黨具發其搆殺故監王安狀忠賢即日傳旨譙震暘震暘陛辭復上田賦河渠二議以逐臣不當建議再鐫二級以歸震暘在垣八月章奏凡數十上崇禎初召復故官震暘已前卒因其子主事峒曾請特贈太常少卿方震暘之論客氏也給事中祁門倪思輝臨川朱欽相疏繼之帝大恚並貶三官大學士劉一燝尚書周嘉謨等交章論救皆不納御史吳縣王心一言之尤切帝怒貶官如之心一同官龍谿馬鳴起復抗疏諫且言客氏六不可留帝議加重譴用一燝等言奪俸一年先是元年正月客氏未出宮詔給土田二十頃爲護墳香火貲又詔魏進忠侍衞有功待陵工告竣並行敘錄心一抗疏言陛下眷念二人加給土田明示優錄恐東征將士聞而解體況梓宮未殯先念保姆之香火陵工未成强入奄侍之勤勞於理爲不順於情爲失宜不報至是與思輝欽相並貶廷臣請召還者十餘疏皇子生詔思輝欽相心一鳴起並復故官欽相尋擢太僕少卿楊漣旣劾魏忠賢欽相亦抗疏極論五年以右僉都御史巡撫福建討賊楊六蔡三鍾六等有功旋以忤忠賢除名思輝崇禎時終南京督儲尚書心一終刑部侍郎鳴起終南京右都御史

王允成字述文澤州人萬曆中舉於鄉除獲鹿知縣以治行異等徵授南京御史時甲科勢重乙科多卑下之允成體貌魁梧才氣飈發欲凌甲科出其上首疏論遼左失事諸臣請正刑辟熹宗即位廷臣方爭論梃擊移宮事而帝降兩諭罪選侍因言移宮後相安狀大學士方從哲封還上諭允成陳保治十事中言張差闖宮說者謂瘋癲青宮豈發瘋之地麗保劉成豈並瘋之人言念及此可爲寒心今鄭氏四十年之恩威猶在卵翼心腹寔繁有徒陛下當思所以防之比者聖諭多從中出當則開煬竈之端不當而臣下爭執必成反汗之勢孰若事無大小盡歸內閣至元輔方從哲屢劾不去陛下於選侍移宮發一敕諭不過如常人表明心跡耳從哲輒封還夫封后之命都督之命貶謫周朝瑞之命何皆不封還司馬昭之心路人知之矣姚宗文閱視遼左與熊廷弼相失歸而鼓同列攻之允成惡其奸再疏論列天啓元年疏請卹先朝直臣列楊天民等三十六人以上帝納之俄陳任輔弼擇經畧愼中樞專大帥更戎政嚴賞罰數事末言方今最可慮者陛下孤立禁中先朝怙權恃寵諸奄與今日左右近習互相忌嫉恐乘機肆毒彼此相戕夫防護禁庭責在內閣及司禮務令潛消默化俾聖躬與皇弟並得高枕無憂斯爲根本至計時韙其言已劾刑部尚書黃克纘倡言保護選侍貽悞賈繼春又曲庇盜寶內侍至辨御史焦源溥綱常一疏刺謬特甚已極論內降及留中之害末復規切閣部大臣忤旨停俸給事中毛士龍劾府丞邵輔忠允成亦偕同官李希孔斥輔忠已極言綱紀廢弛請戒姑息破因循指斥時事甚悉當是時中貴劉朝魏進忠與乳媼客氏相倚爲奸允成抗疏歷數其罪畧言內廷顧命之璫犬食其餘不蒙帷蓋之澤外廷顧命之老中旨趣出立見田里之收以小馬爲馳騁之貲誰啓盤於遊田之漸以大臣爲釋忿之地誰啓咈其耉長之心劉朝輩初亦不預外事自沈㴶邵輔忠導之遂恣肆無忌浸假而王心一倪思輝朱欽相斥矣浸假而司空用陪推矣浸假而中旨用考官矣是易置大臣之權在二豎也近者弄權愈甚逐大臣如振落王紀滿朝薦並削職爲編氓是驅除大臣之權在二豎也科臣遷改自有定敘給假推陞往例皆然乃惡周朝瑞之正直忽有不許推用之旨是轉遷百官之權在二豎也秦藩以小宗繼大宗諸子不得封郡王祖制昭然乃部科爭之不獲相繼而去是進退諸藩之權在二豎也招權納賄作福作威二豎弄權於外客氏主謀於中王振劉瑾之禍將復見今日疏入進忠輩切齒允成復特疏論秦府濫恩之謬帝終不省三年六月允成又劾進忠進忠益恨明年趙南星爲吏部知允成賢調之於北未幾南星被逐御史張訥劾南星調允成非法遂除名後給事中陳維新復劾允成貪險詔撫按提問坐以贓私莊烈帝嗣位以允成嘗請保護皇弟識其名召復故官未幾卒當天啓初東林方盛其主張聯絡者率在言路允成居南與北相應和時貴多畏其鋒然諤諤敢言屢犯近倖其風采足重云

李希孔字子鑄三水人萬曆三十八年進士授中書舍人擢南京御史給事中姚宗文閱遼東軍排經畧熊廷弼希孔連疏劾之已又糾宗文阻抑考選以令旨二字抗言繳還遏先帝非常之德泰昌元年冬陳時政七事天啓改元與允成劾邵輔忠已請宥言官倪思輝朱欽相王心一三年上折邪議以定兩朝實錄疏言昔鄭氏謀危國本而左袒之者莫彰著於三王並封之事今秉筆者不謂非也且推其功至與陳平狄仁傑並此其說不可解也當時並封未有旨輔臣王錫爵蓋先有密疏請也迨旨下禮部而王如堅朱維京涂一臻王學曾岳元聲顧允成于孔兼等苦口力爭又共責讓錫爵於朝房於是錫爵始知大義之不可違而天下之不我予隨上疏檢舉而封事停也假令如堅等不死爭不責讓將並封之事遂以定而子以母貴之說且徐邀定策國老之勛而乃飾之曰旋命旋引咎事遂以止嗟乎此可爲錫爵諱乎哉且聞錫爵語人曰王給事中遺悔否以故事關國本諸臣稿項黃馘終錫爵世不復起不知前代之

安劉復唐者誰阸王陵使之不見天日乎曾剪除張東之桓彥範等五人而令齋志以沒乎臣所以折邪議者一也其次莫彰於張差闖宮之事而秉筆者猶謂無罪也且輕其事而列王大臣貫高事爲辭此其說又不可解也王大臣之徒手而闖至乾清宮門也馮保怨舊輔高拱置刃其袖挾使供之非實事也張差之梃誰授之而誰使之乎貫高身無完膚而詞不及張敖故漢高得釋敖不問可與張差之事造謀主使口招歷歷者比乎昔寬處之以全倫今直筆之以存實以戒後自兩不相妨而奈之何欲諱之且諱之以爲君父隱可也爲亂賊輩隱則何爲臣所以折邪議者二也至封后遺詔自古未有帝崩立后者此不過貴妃私人謀假母后之尊以弭罪狀故稱遺詔以要必行奈何猶稱先志重誣神祖而陰爲阿附傳封者開一面也臣所以折邪議者三也先帝之令德考終自不宜謂因藥致崩被不美之名而當時在內視病者烏可於積勞積虛之後投攻尅之劑羣議洶洶方蓄疑慮變之深而遽値先帝升遐又適有下藥之事安得不痛之恨之疾首頓足而深望之乃討奸者憤激而甚其詞庇奸者借題以逸其罰君父何人臣子可以僥倖而嘗試乎臣所以折邪議者四也先帝之繼神廟棄羣臣也兩月之內鼎湖再號陛下孑然一身怙恃無託宮禁深閟狐鼠實繁其於杜漸防微自不得不倍加嚴愼卽不然而以新天子儼然避正殿讓一先朝宮嬪萬世而下謂如何國體此楊漣等諸臣所以權衡輕重亟以移宮請也宮已移矣漣等之心事畢矣本未嘗居以爲功何至反以爲罪而禁錮之擯逐之是誠何心卽選侍久侍先帝生育公主諸臣未必不力請於陛下加之恩禮今陛下旣安選侍又未嘗不安有何寃抑而汲汲皇皇爲無病之沈吟臣所以折邪議者五也抑猶有未盡者神祖與先帝所以處父子骨肉之際仁義孝慈本無可以置喙卽當年母愛子抱外議諠譁然雖有城社媒孽之奸卒不以易祖訓立長之序則愈足見神祖之明聖與先帝之大孝何足諱何必諱又何可諱若謂言及鄭氏之過便傷神祖之明則我朝仁廟監國危疑何嘗爲成祖之累而當時史臣直勒之汗青竝未聞有嫌疑之避也何獨至今而立此一說巧爲奸人脫卸使昔日不能寘之罪今日不容著之書何可訓也今史局開公道明而坐視奸輩陰謀辨言亂義將令三綱紊九法滅天下止知有私交而不知有君父乞特敕纂修諸臣據事直書無疑無隱則繼述大孝過於武周而世道人心攸賴之矣詔付史館參酌然其後卒不能改也已又請出客氏於外請誅崔文昇忌者甚衆指爲東林黨未幾卒官故不與璫禍

毛士龍字伯高宜興人萬曆四十一年進士授杭州推官熹宗卽位擢刑科給事中首劾姚宗文閱視乖張楊漣去國抗疏請留天啓改元正月疏論三案力言孫愼行陸夢龍陸大受何士晉馬德灃王之寀楊漣等有功社稷而魏浚董醜正害直之罪帝是之李選侍之移宮也其內豎劉朝田詔劉進忠等五人以盜貲下刑部獄尚書黃克纘庇之數稱其冤帝不從論死是年五月王安罷魏進忠用事詔等進重賂令其下李文盛等上疏鳴冤進忠卽傳旨貸死大學士劉一燝等執奏者再旨下刑科士龍抄參者三旨幾中寢克纘乃陳其冤狀而請付之熱審進忠不從傳旨立釋士龍憤劾克纘阿旨骫法不可爲大臣且數朝等罪甚悉由是進忠及諸奄銜士龍次骨進忠廣開告密誣天津廢將陳天爵交通李承芳逮其一家五十餘人下詔獄士龍卽劾錦衣駱思恭及誣告者罪進忠慽張后抑己誣爲死囚孫二所出布散流言士龍請究治妖言奸黨井主使逆徒進忠益慽至九月士龍劾順天府丞邵輔忠奸貪希孔允成亦劾之輔忠大懼朝等因誘以超擢令攻士龍輔忠遂訐士龍官杭州時盜庫納妓進忠從中下其疏尚書周嘉謨等言兩人所訐風聞請寬貸進忠不從削士龍籍輔忠落職閒住進忠後易名忠賢顯盜國柄恨士龍未已四年冬令其私人張訥劾之再命削籍明年三月入之汪文言獄詞謂納李三才賄三千謀起南京吏部下撫按提訊追贓遣戍平陽衞已而輔忠起用驟遷兵部侍郎六年十二月御史劉徽復摭輔忠前奏劾士龍納訪犯萬金下法司逮治士龍知忠賢必殺己夜中踰牆遁其妾不知也謂有司殺之被髮號泣於道有司無如之何士龍乃潛至家載妻子浮太湖以免莊烈帝嗣位忠賢伏誅朝士爲士龍稱冤詔盡赦其罪士龍始詣闕謝恩且陳被陷之故帝憐之命復官致仕竟不召用至崇禎十四年里人周延儒再相始起漕儲副使督蘇松諸郡糧明年冬入爲太僕少卿又明年春擢左僉都御史時左都御史李邦華副都御史惠世揚皆未至士龍獨掌院事帝嘗語輔臣往例御史巡方類微服訪民間近高牙大纛氣凌巡撫且公署前後皆通竇納賄每奉使富可敵國宜重懲士龍聞劾逮福建巡按李嗣京十月謝病歸國變後卒

贊曰滿朝薦健令也出死力以抗兇鋒幽深牢而弗悔及躋言路益發憤時事庶幾疆立不反者歟江秉謙侯震暘之論經撫李希孔之論三案皆切中事理王允成直攻劉朝魏進忠而不與楊左周黃諸人同難毛士龍顧以論免蓋忠賢殺人皆成於附閹邪黨彼其甘心善類授之刃而假手焉且加功者罪直浮於忠賢已

明史卷二百四十七　　列傳第一百三十五

總裁官總理事務經筵講官少保兼太子太保保和殿大學士兼管吏部戶部尙書事加六級張廷玉等奉
敕修

劉綎 喬一琦　李應祥 童元鎭
陳璘 吳廣　鄧子龍
馬孔英

劉綎字省吾都督顯子勇敢有父風用廕爲指揮使萬曆初從顯討九絲蠻先登擒其酋阿大以功遷雲南迤東守備改南京小教場坐營十年冬緬甸犯永昌騰越巡撫劉世曾請濟師明年春擢綎遊擊將軍署騰衝守備事緬甸去雲南遠自其酋莽瑞體以兵服諸番勢遂強數擾邊境江西人岳鳳者商隴川驍桀多智爲宣撫多士寧記室士寧妻以妹鳳誘士寧往見瑞體潛與子曩烏猷殺之并殺其妻子奪金牌印符受瑞體僞命代士寧爲宣撫瑞體死子應裏嗣鳳結耿馬賊罕虔南甸土舍刀落參芒市土舍放正堂與應裏從父猛別弟阿瓦等各率象兵數十萬攻雷弄盞達干崖南甸木邦老姚思甸諸處殺掠無算窺騰越永昌大理蒙化景東鎭沅元江已陷順寧破盞達又令曩烏引緬兵突猛淋指揮吳繼勳等戰死鄧川土官知州何鈺鳳僚壻也使使招之鳳縶獻應裏當是時車里八百孟養木邦孟艮孟密蠻莫皆以兵助賊賊勢益盛黔國公沐昌祚聞警移駐洱海巡撫劉世曾亦移楚雄大徵漢土軍數萬令參政趙睿壁蒙化副使胡心得壁騰衝陸通霄壁趙州僉事楊際熙壁永昌與監軍副使傅寵江忻督參將胡大賓等分道進擊大小十餘戰積級千六百有奇猛別落參皆殪參將鄧子龍擊斬罕虔於姚關應裏趣鳳東寇姚關北據灣甸芒市會綎至軍軍大振鳳懼乃令妻子及部曲來降綎責令獻金牌印符及蠻莫孟密地乃以送鳳妻子還隴川爲名分兵趨沙木籠山據其險而已馳入隴川境鳳度四面皆兵遂詣軍門降綎復率兵進緬緬將先遁留少兵隴川綎攻之鳳子曩烏亦降綎乃攜鳳父子往攻蠻莫乘勝掩擊賊窘縛緬人及象馬來獻蠻莫平遂招撫孟養賊賊將乘象走追獲之復移師圍孟璉生禽其魁雲南平獻俘於朝帝爲告謝郊廟受百官賀大學士申時行以下悉進官廕子綎亦進副總兵予世廕乃改孟密安撫司爲宣撫增設安撫二曰蠻莫曰耿馬長官司二曰孟璉曰孟養千戶所二一居姚關一居猛淋皆名之曰鎭安命綎以副總兵署臨元參將移鎭蠻莫初鳳降本以計誘而巡撫世曾稱陣禽遂行獻俘禮敘功及閣部未幾緬人復大舉寇孟養孟密兵戰敗賊遂圍五章把總高國春率五百人援破賊數萬連擢六營爲西南戰功第一進官世廕副千戶綎亦優敘蠻莫設安撫以土官思順有功特授之綎納其重賄又縱部將謝世祿等淫虐思順大怨綎將家子父顯部曲多健兒綎擁以自雄征緬之役勒兵金沙江築將臺於王驥故址威名甚盛然性貪御下無法兵還至騰衝甲而譟焚民居綎在蠻莫聞之馳至犒以金錢始定思順恐禍及叛歸莽酋詔革綎任以遊擊候調無何羅雄變起羅雄者曲靖屬州也者氏世爲知州嘉靖時者濬嗣職殺營長而奪其妻生子繼榮濬年老無他子繼榮得襲職遂弒濬妖僧王道張道以繼榮有異相奉爲主用符術鍊丁甲煽聚徒黨獨外弟隆有義不從十三年冬繼榮分黨四剽廣西師宗陸涼諸府州咸被患巡撫劉世曾檄調漢土軍屬監司程正誼鄭璧等分禦之會綎解官至霑益世曾喜令與裨將劉紹桂萬鏊分道討綎直擣繼榮寨拔之獲其妻妾數人繼榮逸去綎連克三砦斬王道張道追亡至阿拜江隆有義部卒斬繼榮首以獻賊盡平時首功止五十餘級而撫降者萬餘人論者稱其不妄殺初綎破繼榮有論其私財物者功不錄世曾爲辨誣乃賜白金尋用爲廣西參將移四川二十年召授五軍三營參將會朝鮮用師綎請率川兵五千赴援詔以副總兵從征至則倭已棄王京遁綎趨尚州烏嶺嶺亘七十里峭壁通一線倭拒險別將查大受祖承訓等間道踰槐山出烏嶺後倭大驚遂移駐釜山浦綎及承訓等進屯大邱忠州以金羅水兵布釜山海口朝鮮畧定未幾倭遣小西飛納款遂犯咸安晉州逼全羅提督李如松急遣李平胡查大受屯南原祖承訓李寧屯咸陽綎屯陝川扼之倭果分犯諸將竝有斬獲倭乃從釜山移西生浦送王子歸朝鮮帝命撤如松

大軍還止留綎及遊擊吳惟忠合七千六百人分扼要口總督顧養謙力主盡撤綎惟忠亦先後還屬播酋楊應龍作亂擢綎四川總兵官綎戍朝鮮二年勞甚覬勘功優敘乃賄御史宋興祖興祖以聞法當褫部議綎功多請盡革雲南所加功級以副總兵鎮四川尋以應龍輸款而青海寇數擾邊特設臨洮總兵官移綎任之二十四年三月火落赤眞相昆都魯歹成他卜囊等掠番窺內地綎部將周國柱等擊之莽刺川腦斬首百三十有奇獲馬牛雜畜二萬計帝爲告郊廟宣捷綎等進秩予廕有差明年五月朝鮮再用師詔綎充禦倭總兵官提督漢土兵赴討又明年二月抵朝鮮則楊鎬李如梅已敗經畧邢玠乃分軍爲三中董一元東麻貴西則綎而陳璘專將水兵綎營水源倭亦分三路西行長據順天壕砦深固綎欲誘執之遣使請與期會使者三反綎皆單騎俟道中行長覘知之乃信期以八月朔定約至期綎部卒洩其謀行長大驚遁去綎進攻失利監軍參政王士琦怒縛其中軍綎懼力戰破之賊退不敢出諸將三道進綎挑戰破之驅賊入大城已賊問平秀吉死將遁綎夜半攻奪栗林曳橋斬獲多石曼子引舟師救陳璘邀擊之海中行長遂棄順天乘小艘遁班師進綎都督同知世廕千戶遂移師征楊應龍會四川總兵官萬鏊罷卽以綎代之時兵分八道川居其四川東又分爲二以綦江道最要令綎當之應龍熟綎才頗懼益兵守要害二十八年正月諸將克丁山銅鼓嚴村遂直擣楠木山羊簡臺三峒峒絕險賊將穆照等衆數萬連營諸將憚之綎分兵攻其三面大戰於李漢壩生禽其魁餘賊奔入峒乘勢克三關直擣峒前焚之賊多死盡克三峒禽穆照及賊魁吳尚華是日綎督戰左持金右挺劍大呼曰用命者賞不用命者齒劍鬬死者四十人遂大捷應龍乃遣子朝棟惟棟及其黨楊珠統銳卒數萬由松坎魚渡羅古池三道並進綎伏萬人羅古待松坎賊以萬人伏營外待魚渡賊而別以一軍策應賊果至伏盡起綎率部下轉戰斬首數百追奔五十里賊聚守石虎關綎亦掘塹守初綎聞征播命逗遛多設難以要朝廷言官交劾議調南京右府僉書綎至是聞之卽辭任總督李化龍以平播非綎不可固留之力薦於朝綎乃復受事踰夜郎舊城攻克賊滴淚三坡瓦窖坪石虎諸隘直抵婁山關婁山萬峯插天叢箐中一徑纔數尺賊設木關十三座排柵置深坑百險俱備綎分奇兵爲左右路間道趨關後而自督大軍仰攻奪其關追至永安莊兩路軍亦會綎老將持重慮賊衝突聯諸營一據婁山關爲老營一據白石口爲腰營一據永安莊爲前營都指揮王芬者勇而寡謀每戰輒請爲前鋒連勝有輕敵心獨營松門埡之衝距大營數里賊方有烏江之勝謀再奪婁山適穆照遣使洩芬孤軍狀賊乃襲殺芬守備陳大剛天全招討楊愈亦死失亡士卒二千人綎聞親率騎卒往救部將周以德周敦吉分兩翼夾攻賊始大奔追至養馬城而還是日應龍幾被獲乃不敢窺婁山綎懲前失剳近關堅壁且請濟師踰十餘日克後水囤營於冠子山尋會馬孔英吳廣諸軍逼海龍囤下與諸將共平賊綎功爲多初李化龍薦綎言官謂綎嘗納應龍賄宜奪官從軍部議譎爲事官戴罪辦賊綎德化龍使使齎玉帶一黃金百白金千投化龍家爲化龍父所叱投巡按御史崔景榮家亦如之化龍景榮並奏其事詔革綎任永不收錄沒其物於官已錄平播功進左都督世廕指揮使三十六年雲南阿克反起綎討賊總兵官未至賊已平寢前命四十年四川建昌猓亂命綎爲總兵官討之借參政王之機分八道督諸將攻而己居中節制克桐槽沈渣阿都厦卜越北諸砦大小五十六戰斬馘三千三百有奇諸猓巢穴一空綎爲將數被黜抑性驕恣如故嘗拳毆馬湖知府詹淑淑改調綎奪祿半年久之以軍政拾遺罷歸四十六年帝念遼警召爲左府僉書明年二月經畧楊鎬令綎及杜松李如柏馬林四路出師綎兵四萬由寬佃副使康應乾監之遊擊喬一琦別監朝鮮軍並進綎鎭蜀久好用蜀兵久待未至遂行而所分道獨險遠重岡疊嶺馬不成列次深河連克牛毛馬家二砦

大清兵五百守董鄂路聞綎軍至逆戰綎縱兵圍數重

大清兵衆寡不敵失二裨將傷五十人餘潰圍出綎已深入三百里杜松軍覆猶不知復整衆進遇

大清兵綎引軍登阿布達里岡將布陣

大清兵亦登岡出其上而別以一軍趨綎西岡上軍自高馳下奮擊綎軍綎殊死戰趨綎西者復從旁夾擊綎軍不能支

大清兵乘勢追擊遇綎後二營軍未及陳復爲

大清兵所乘大潰綎戰死養子劉招孫者最驍勇突圍手格殺數人亦死士卒脫者無幾時應乾及朝鮮軍營富察之野

大清遂移師邀之應乾兵及朝鮮兵列械將戰狂風驟起揚沙石應乾發火器反擊己營大亂

大清兵趨擊大破之掩殺幾盡應乾以數百騎免一琦亦爲

大清兵所破走入朝鮮營朝鮮都元帥姜弘立副元帥全景瑞懼率衆降一琦投崖死楊鎬聞杜松馬林師敗馳召綎及李如柏還騎未至綎已覆獨如柏全事聞帝遣中使祭陣亡將士恤綎家綎於諸將中最驍勇平緬寇平羅雄平朝鮮倭平播酋平倮大小數百戰威名震海內綎死舉朝大悚邊事日難爲矣綎所用鑌鐵刀百二十斤馬上輪轉如飛天下稱劉大刀天啓初贈少保世廕指揮僉事立祠曰表忠一琦字伯珪上海人

李應祥湖廣九谿衞人以武生從軍積功至廣西思恩參將萬曆七年巡撫張任大征十寨應祥與有功卽其地設三鎭築城列戍應祥方職營建會擢松潘副總兵當事者奏留之以新秩涖舊任從總兵王尚文大破馬平賊韋王明尋以署都督僉事入爲五軍營副將十三年改南京左府僉事出爲四川總兵官松茂諸番列砦四十八歲爲吏民患王廷瞻撫蜀時嘗遣副將吳子忠擊破丢骨人荒沒舌三砦諸酋乃降故事諸番歲有賞賚番恃强要索無已其來堡也有下馬上馬解渴過堡酒及熱衣氣力偏手錢戍軍更番亦奉以錢曰新班架梁放狗躍草掛綵廷瞻一切除之西陲稍靖僅六七年勢復猖獗是年夏楊柳番出攻普安堡犯歸水崖石門坎遂入金瓶堡殺守將巡撫雒遵屬應祥討之提卒三千入茂州克一巖番恃險剽如故無何遵罷徐元泰代檄諭之使三反番不應窺蒲江關斷歸水崖黃土坎道築牆五哨溝絕東南聲援見官軍少相顧笑曰如此磨子兵奈我何磨子者謂屢旋轉而數不增也其冬突平夷堡掠良民刳其腸繞二牛角牛奔腸寸裂明年正月遂圍蒲江關礮燬雉堞守將朱文達出斬數十人賊稍解東南路始通元泰決計大征諸路兵悉集乃命遊擊周于德將播州兵爲前鋒遊擊邊之垣將酉陽兵爲後拒故總兵郭成將敘馬兵抗其吭參將朱文達將平茶兵擊其脇而應祥居中節制參議王鳳監之應祥令軍中各樹赤白幟一良民陷賊者徒手立赤幟下熟番不附賊者徒手立白幟下卽免罪番雖多遇急不相救國師喇嘛者狡猾聯姻青海酋丙兔與灣仲占柯等刻木連大小諸姓歃血詛盟至是邀灣仲占柯先犯歸化以嘗官軍于德誘禽喇嘛灣仲守備曹希彬復擊斬占柯丢骨人荒沒舌三砦最强于德皆攻克復連破卜洞王諸砦文達成之垣亦各拔數砦與于德軍合遂攻破蜈蚣茹兒諸巢嘉靖初之垣祖輪以指揮討茹兒賊被殺漆其頭爲飲器及是六十年之垣乃得之以還葬焉賊屢北窘悉棄輜重餌官軍官軍不顧斬關入賊多死河東平尋渡河而西連破西坡西革歪地乾溝樹底諸巢有小粟谷者首亂覘大軍西不設備郭成夜襲之大獲牛尾砦尤險惡將士三路夾攻火其柵斬酋合兒結父子河西亦平諸軍得所積稞粟留十日盡焚其砦以六月班師其逃竄谷者求偏頭結賚乞降應祥令埋奴設誓然後許之埋奴者番人反接其奴獻軍前譁天而誓卽牽至要路掘坎埋之露其首凡埋二十三人偏頭結賚雅善天竺僧僧言歲在雞犬番有阨偏頭信之預匿山谷中遁賊以爲神跡而拜求之故偏頭爲之請是役也焚碉房千六百有奇生禽賊魁三十餘人俘馘以千餘計自是群番震讋不敢爲患邊人樹碑記績焉建昌越巂諸衞番倮雜居建昌逆酋曰安守曰五咱曰王大咱與越巂邛部黑骨夷並起爲亂巡撫徐元泰議討徵兵萬八千仍以文達之垣分將應祥統之副使周光鎬監其軍十一月光鎬先渡瀘黑骨與大咱已據相嶺焚三峽橋五咱等亦寇禮州德昌二所時徵兵未集光鎬先設疑以嘗相嶺賊賊果退據桐槽桐槽者大咱巢穴也已而諸道兵盡抵越巂應祥令文達攻五咱之垣攻大咱姑置黑骨夷弗問夜半走三百里抵禮州賊半渡文達擊敗之遂渡河擣其巢之垣亦屢破桐槽大咱亡入山峪中無何五咱據磨旗山挑戰官軍夾擊賊退保毛牛山山延袤六七百里連大小西番界文達兵大破之五咱西道與安守合結砦西谿會所徵鹽井刺馬兵三千至猙獰跳躍類非人形諸番所深畏應祥偵賊將刦營乃潛移己營而令刺馬兵屯其處夜分賊來襲刺馬起擊之伏屍狼籍諸將遂進攻西谿逐北至磨砦七板番連兵圍五咱而令裨將田中科營麥達逼安守會諜者報守謀襲中科應祥夜飲材官高逢勝三巨觥令率敢死士三百疾趨七十里抵麥達而伏守夜至遇伏被禽守爲群寇魁守殪西南邛筰苴蘭靡莫諸酋皆震怖商山四堡番乞降於之垣大小七板番乞降於文達各埋奴道左呼號頓首誓世世不敢叛五咱勢窮走昌州亦爲裨將王言所獲土木安四兒者居連昌城中潛剽掠於外至是知禍及率黨數百人走據盧郞溝諸軍旣滅五咱應祥遣之北示將討黑骨者四兒遂弛備將士忽還軍襲之獲四兒復討大咱初大咱敗匿所親普雄酋姑咱所大軍至姑咱懼密告裨將王之翰之翰搜

得大咱而黑夷酋阿弓等七人在大孤山亦先爲之翰所禽於是建昌越巂諸番盡平上首功二千有奇撫降者三千餘人時萬曆十五年七月也卭部屬夷賊乃者地近馬湖其酋撒假與外兄安兒木瓜夷白祿雷坡賊楊九乍等數侵掠內地巡撫曾省吾議討之會有都蠻之役不果乃建六堡益戍兵千二百人而諸蠻鴟張如故及建越興師又藏納叛人元泰乃令都指揮李獻忠等分勦賊詐降誘執獻忠等三將殺士卒數千人勢益猖獗應祥等師旋元泰益徵播州酉陽諸土兵合五萬人令應祥督文達之垣及周于德諸將三道入故總兵郭成亦從征十一月于德首敗白祿兵追至馬蝗山懸索以登賊潰乘勢攻木瓜夷射殺白祿追至利濟山雪深數尺于德先登復大敗賊燬其巢初撒假與九乍率萬人據山播州兵擊走之至是文達復破之大田壩合于德兵追逐所向皆捷遊擊萬鏊躡擊撒假於鼠囤獲其妻子郭成復至三寶山大戰生禽撒假安兒據巢守文達鏊分道入獲其母妻安興擲金於途以緩追者遂得脫已諸軍深入竟獲之他夷倮畏威降者二千餘人悉獻還土田願修職貢兵乃罷凡斬首一千六百九十餘俘獲七百三十有奇以其地置屏山縣論功應祥屢加都督同知元泰亦至兵部尚書當是時蜀中劇寇盡平應祥威名甚著御史傅霈按部詰應祥冒饟應祥賄以千金爲所奏罷職兵部舉應祥僉書南京右府給事中薛三才持不可二十八年大征播州貴州總兵官童元鎮逗遛總督李化龍劾之薦應祥代時分兵八道貴州分烏江興隆二道詔元鎮充爲事官由烏江入應祥由興隆入諸道尅二月望進兵應祥未受事副將陳寅等已連克數囤拒賊四牌高囤下別遣兵從間道直擣龍水囤他將蔡兆吉又自乾坪抵箐岡過四牌賊首謝朝俸營其地四面峭壁深箐前二關賊從高鼓譟官軍殊死戰俘朝俸妻子乘勢抵河畔會烏江敗書聞斂兵不進者旬日及應祥受任益趣諸將急渡寅等乃取他道渡河而潛爲浮橋以濟師諸軍渡賊失險乞降者相繼應祥悉受之賊所恃止黃灘一關壁立泉死守會賊徒石勝俸等率萬餘人降告曰去黃灘三十里有三關入播門戶也先襲破之則黃灘孤難守應祥然其計令偕陳寅率精卒四千夜抵關下勝俸以數十騎誘開門殲其戍卒黃灘賊懼寅督諸將渡河攻關前勝俸由塡林暗渡襲關後賊乃大敗應祥直抵海龍囤合諸道兵共滅楊應龍播既平還鎮銅仁明年改鎮四川播遺賊吳洪盧文秀等惡有司法嚴而遵義知縣蕭鳴世失衆心洪等遂稱應龍有子聚衆爲亂應祥偕副使傅光宅捕之盡獲應祥尋卒於官以平播功贈左都督世廕千戶應祥爲將謀勇兼資所至奏績平蜀三大寇功最多

童元鎮桂林右衛人萬曆中爲指揮從討平樂賊莫天龍有功屢遷遊擊將軍高江猺反從呼艮朋破平之歷永寧潯梧參將進副總兵擢署都督僉事爲廣西總兵官未幾改廣東二十三年總督陳大科以元鎮熟蠻事仍移廣西岑溪西北爲上下七山介蒼藤間有平田黎峒白板九密等三十七巢東南爲十三山有孔亮陀田桑園古欖魚修等百餘巢與廣東羅旁接山險箐深環數百里無日色賊首潘積善等據之久爲民患及羅旁平積善懼乞降爲設參將於大峒兵千餘戍之其後將領多掊克士卒又疲弱賊復生心時出剽會歲饑粵東亡命浪賊數百人潛入七山誘諸猺爲亂元鎮先以參將戍岑溪得諸猺心至是積善及其黨韋月咸願招撫自劾十三山諸猺多受約束有訛言將勦北科猺者諸猺謂紿已大恨遂與孔亮山賊攻月殺之火大峒參將署督撫陳大科戴燿屬元鎮討之時副將陳璘參將吳廣罷官里居大科起令將兵與元鎮並進賊伐大木塞道環佈箛簽元鎮佯督軍開道而潛從小徑上孔亮山賊憑高弩矢雨下諸軍用火器攻大破之俘馘千五百有奇餘招撫復業時府江韋扶仲等亦據險亂元鎮與參政陸長庚謀募猺爲間乘夜獲其妻子誘出劫伏兵禽之餘黨悉平元鎮以功增秩賜金會日本破朝鮮廷議由浙閩泛海搗其巢牽制之乃改元鎮浙江旣而事寢移鎮貴州二十八年李化龍大征楊應龍令元鎮督永順鎮雄泗城諸土軍由烏江進元鎮憚應龍久駐銅仁不進屢趣乃行時劉綎吳廣諸軍已進羣賊議分兵守其黨孫時泰曰兵分則力薄乘官軍未集先破其弱者餘自退矣應龍善之聞元鎮發烏江應龍喜曰此易與耳謀縱之渡江密以計取監軍按察使楊寅秋言烏江去播不遠宜俟諸道深入與俱進元鎮不從於是永順兵先奪烏江賊遣千餘人沿江叫罵以誘之諸軍旣濟復奪老君關前哨參將謝崇爵乘勢督泗城及水西兵再拔河渡關三月望賊以步騎數千先衝水西軍軍中驅象出戰賊多傷俄駕象者斃象反走擲火器者又誤擊己營陣亂泗城兵先走崇爵亦走爭浮橋橋斷殺溺死者數千人河渡旣敗烏江相去六十里猶未知明日參將楊顯發永順兵三百出哨道遇賊數萬咸爲水西裝永順兵不之疑賊掩殺三百人亦襲其裝直趨烏江烏江軍信爲水西永順軍不設備遂爲賊所破爭先渡江賊先斷浮橋士卒多溺死顯及二子與焉元鎮所部三萬人不存什一將校止崇爵等三人江水爲不流貴陽聞警居民盡避入城遠近震動化龍用上方劍斬崇爵益徵兵檄鎮雄土官隴澄邀賊歸路隴澄者卽安堯臣水西安疆臣弟也軍不與元鎮合獨全當事頗疑其通賊寅秋以鎮雄去播止二日令搗巢立效澄許之河渡未敗時澄已遣部將劉岳王嘉猷攻拔苦竹關及半壩嶺暨敗二將移新站賊伏兵大水田別以五千人來襲敗還嘉猷乃揚聲搗大水田而潛以一軍拔大夫關直抵馬坎斷賊歸路與疆臣合賊遂遁會都指揮徐成將兵至合泗城土官岑紹勳兵再克河渡關賊將張守欽袁五受據長箐萬丈林永順兵擊破之生禽守欽攻清潭洞復擒五受會朝議責元鎮敗狀令李應祥幷將其軍遂合水西鎮雄諸部直抵海龍囤竟滅賊兵初興元鎮坐逗遛謫爲事官及是逮至京下吏罪當死法司援前岑溪功讞戍烟瘴遇赦廣西巡撫戴燿爲請部議不許竟卒於戍所

陳璘字朝爵廣東翁源人嘉靖末爲指揮僉事從討英德賊有功進廣東守備與平大盜賴元爵及嶺東殘寇萬曆初討平高要賊鄧勝龍又平揭陽賊及山賊鍾月泉屢進署都指揮僉事僉書廣東都司官軍攻諸良寶副將李成立戰敗總督殷正茂請假璘參將自將一軍賊平授肇慶遊擊將軍從高州參將總督凌雲翼將大征羅旁先下令鵰勦璘所破凡九十巢已分十道大征璘從信宜入會諸軍覆滅之以其地置羅定州及東安西寧二縣卽遷璘副總兵署東安參將事未幾餘孽殺吏民責璘戴罪辦賊璘會他將朱文達攻破石牛青水諸巢斬捕三百六十餘人授俸如故時東安初定璘大興土木營寺廟役部卒且勒其出貲卒咸怒因事倡亂掠州縣爲巡按御史羅應鶴所劾詔奪璘官旣而獲賊乃除罪改狼山副總兵璘有謀畧善將兵然所至貪黷復被劾褫官廢久之朝士多惜其才不敢薦二十年朝鮮用兵以璘熟倭情命添註神機七營參將至則改神樞右副將無何擢署都督僉事充副總兵官協守薊鎮明年正月詔以本官統薊遼保定山東軍禦倭防海會有封貢之議暫休兵改璘協守漳潮坐賄石星爲所奏復罷歸二十五年封事敗起璘故官統廣東兵五千援朝鮮明年二月擢禦倭總兵官與麻貴劉綎並將部卒次山海關鼓譟璘被責尋令提督水軍與貴綎及董一元分道進副將陳蠶鄧子龍遊擊馬文煥季金張良相等皆屬焉兵萬三千餘人戰艦數百分布忠清全羅慶尚諸海口初賊泛海出沒官軍乏舟故得志及見璘舟師懼不敢往來海中會平秀吉死賊將遁璘急遣子龍偕朝鮮將李舜臣邀之子龍戰沒蠶金等軍至邀擊之倭無鬬志官軍焚其舟賊大敗脫登岸者又爲陸兵所殲焚溺死者萬計時綎方攻行長驅入順天大城璘以舟師夾擊復焚其舟百餘石曼子西援行長璘邀之半洋擊殺之殲其徒三百餘賊退保錦山官軍挑之不出已渡匿乙山崖深道險將士不敢進璘夜潛入圍其巖洞比明礮發倭大驚奔後山憑高以拒將士殊死攻賊遁走璘分道追擊賊無脫者論功璘爲首綎次之貴又次之進璘都督同知世廕指揮僉事師甫旋會有征播之役命璘爲湖廣總兵官由偏橋進副將陳良玭由龍泉受璘節制二十八年二月軍次白泥楊應龍子朝棟率衆二萬渡烏江迎戰璘前禦之而分兩翼躡其後賊少挫追奔至龍溪山賊合四牌賊共拒四牌在江外與江內七牌皆五司遺種九股惡苗素助賊璘廣招撫乃進軍龍溪偵知賊有伏令遊擊陳策用火器擊之賊據險矢石雨下璘先登斬小校退者以徇把總吳應龍等陷陣賊大潰退四牌保兒囤璘二禆將逼之中伏璘募死士從應龍等奮擊賊復潰奔據囤巔夜由山後遁黎明追及於袁家渡復敗之四牌之賊遂盡三月望諸軍爲浮橋渡江知賊將張佑謝朝俸石勝俸等營七牌野豬山璘卽夜發抵苦練坪前鋒與戰後軍至夾擊之賊敗逃深箐官軍遂入苦菜關會童元鎮烏江師敗璘懼請退師總督李化龍不可璘乃進營楠木橋攻湄潭賊悉聚青蛇長坎瑪瑙保子四囤地皆絕險而青蛇尤甚璘議同日攻則兵力弱止攻一囤則三囤必相助乃先攻三囤次及青蛇艮玭師亦來會令伏囤後別以一軍守板角關防賊逸璘督諸將力攻三日賊死傷無算三囤遂下青蛇四面陡絕璘圍其三面購死士從瑪瑙後附葛至山背舉礮賊惶駭諸軍進攻焚其茅屋賊退入囤內木石交下將士冒死上毀大柵二重前後擊之賊大敗斬首一千九百有奇七牌之賊亦盡乃分兵六道攻克大小三渡關乘勝抵海龍囤下諸將俱攻囤前獨水西安疆臣攻其後相持四十餘日其下受賊重賄多與通且潛以火藥遺賊故賊不備其後璘知之與監軍者謀令疆臣退一舍璘移其處置鐵牌百餘距囤丈許

賊强弩無所施又爲箛板於柵前賊每夜出劫爲釘傷不敢復出應龍勢窮相聚哭化龍初有令諸將分日攻六月六日璘與吳廣當進兵璘夜四更銜枚上賊鼾睡斬其守關者樹白幟鳴皷賊大驚潰散應龍自焚廣軍亦至賊盡平遂移師討皮林皮林在湖貴交與九股苗相接有吳國佐者洪州司特峒寨苗也桀黠無賴其從父大榮以叛誅國佐收其妾黎平府持之急遂反自稱天皇上將其黨石纂太稱太保合攻上黃堡誘敗參將黃沖霄追至永從縣殺守備張世忠炙而啖之掠屯堡七十餘焚五開南城陷永從圍中潮所時方征播州未暇討既平播偏沅巡撫江鐸命璘與艮玭合兵討之艮玭失利明年鐸移駐靖州命璘率副將李遇文等七道進璘禽苗酋銀貢等遊擊宋大斌攻破特峒焚之國佐逃天浦四十八寨復入古州毛洞追獲之石纂太逃廣西上巖山指揮徐時達誘縛之賊黨楊永祿率衆萬餘屯白沖遊擊沈弘猷等夾攻生禽永祿諸苗悉平征播時璘投賄李化龍家會劉綎使爲化龍父所麾璘使走化龍疏於朝綎獲罪璘獨免後兵部尚書田樂推璘鎮貴州給事中洪瞻祖遂劾璘營求帝以璘東西積戰功卒如樂議貴東西二路苗曰仲家苗盤踞貴龍平新間爲諸苗巨魁在水硍山介銅仁思石者曰山苗紅苗之羽翼也自平播後貴州物力大屈苗益生心剽掠無虛日三十三年冬巡撫郭子章請於朝明年四月令璘軍萬人攻水硍遊擊劉岳督宣慰安疆臣兵萬人攻西路竝克之乃令璘移新添獨攻東路復克之生獲酋十二人斬首三千餘級招降者萬三千餘人部內遂靖改鎮廣東卒官先敘平播功加左都督世廕指揮使既卒以平苗功贈太子太保再廕百戶吳廣廣東人以武生從軍累著戰功歷福建南路參將坐事罷歸會岑溪猺反總督陳大科檄廣從總兵童元鎮討之將士少却廣手斬一卒以徇遂大破之論功復故官萬曆二十五年以副總兵從劉綎禦倭朝鮮領水軍與陳璘相犄角俘斬甚衆甫班師大征播州擢廣總兵官以一軍出合江副將曹希彬以一軍出永寧受廣節制廣屯二郎壩大行招徠賊驍將郭通緒迎戰將士襲走之陶洪安村羅村三砦土官各出降他部來歸者數萬廣擇其壯者從軍通緒扼穿崖囤廣督土漢軍擊破之劉綎馬孔英已入播廣猶頓二郎總督李化龍趣之乃議分四哨進攻崖門別遣永寧女土官奢世續等督夷兵二千扼桑木埡諸要害以防饟道諸將連破數囤進營母豬塘楊應龍懼令通緒盡發關外兵拒敵廣伏礮手五百於磨搶埡外南岡下而遣裨將趙應科挑戰埡夾兩山中甚隘通緒横衆衝應科應科佯北通緒追出埡遇伏急旋馬中礮墜方躍上他馬伏兵攢刺之殪餘賊大奔官軍逐北賊盡降遂薄崖門徑小止容一騎賊衆萬餘出關拒戰希彬懸賞千金士攀崖競進追至第四關關上男婦盡哭賊黨自殺其魁羅進恩率萬餘人出降其第一關猶拒不下廣乘夜疾進奪其關關內民爭獻牛酒劉綎馬孔英已入關李應祥陳璘猶在關外廣合希彬軍連戰紅碗水土崖分水關皆捷遂進營水牛塘應龍大懼知廣軍孤深入謀欲襲之乃遣人詐降廣測其詐堅壁以待應龍擁衆三萬直衝大營諸將殊死戰會他將來援賊乃退廣遂與諸道軍逼海龍囤賊詐令婦人乞降哭囤上又詐報應龍仰藥死廣信之已知其詐急燒第二關奪三山絕賊樵汲賊益窘旋與陳璘從囤後登應龍急自焚死獲其子朝棟出應龍屍烈焰中廣中毒矢失聲絕而復甦遂以本官鎮四川踰年卒初廣之頓二郎也有言其受賄養寇者詔讁充爲事官後論功贈都督同知世廕千戶

鄧子龍豐城人貌魁梧驍捷絶倫嘉靖中江西賊起掠樟樹鎮子龍應有司募破平之累功授廣東把總萬曆初從大帥張元勳討平巨盜賴元爵已從平陳金鶯羅紹清賊魁黃高暉逸子龍入山生獲之遷銅鼓石守備尋擢署都指揮僉事掌浙江都司被論當奪職帝以子龍犯輕會麻陽苗金道侶等作亂擢參將討之大破賊解散其黨五開衞卒胡若盧等火監司行署撻逐守備及黎平守靖州銅鼓龍里諸苗咸響應爲亂子龍火其東門以致賊而潛兵入北門賊遂滅十一年閏二月緬甸犯雲南詔移子龍永昌木邦部耿馬奸人罕虔與岳鳳同爲逆說緬酋莽應裏內侵虔從掠千崖南甸已引渡查理江直犯姚關灣甸土知州景宗眞及弟宗材助之子龍急戰攀枝樹下陣斬宗眞虔生獲宗材虔子招罕招色奔三尖山令叔罕老率蒲人藥弩手五百阻要害子龍餌蒲人以金盡知賊間道乃命裨將鄧勇等提北勝蒗渠諸番兵直擣賊巢而預伏兵山後夾擊夜半上生禽招罕招色罕老及其黨百三十餘人斬首五百餘級尖山巢空乃撫流移數千人會劉綎亦俘岳鳳以獻帝悅進子龍副總兵子世廕無何緬人復寇猛密把總高國春大破之子龍以犄角功亦優敘自是蠻人先附緬者多來附永昌騰衝鳳號樂土自岳罕猖亂始議募兵所募多亡命乃立騰衝姚安兩營劉綎將騰軍子龍將姚軍不相能兩軍鬨帝以兩將皆有功置不問既而綎罷劉天俸代天俸逮遂以子龍兼統之子龍抑騰兵每工作輒虐用之而右姚兵及用師隴川子龍故爲低昂椎牛饗士姚兵倍騰兵騰兵大不堪欲散去副使姜忻令他將轄之乃定而姚兵久驕因索餉作亂由永昌大理抵會城所過剽掠諸兵夾擊之斬八十四級俘四百餘人亂始靖子龍坐褫官下吏十八年孟養賊思箇叛子龍方對簿巡撫吳定請令立功自贖帝許之命未至定已與黔國公沐昌祚遣將却之無何丁改十寨賊普應春霸生等作亂勢張甚定大徵漢土軍令子龍軍其右遊擊楊威軍其左大破之斬首一千二百級招降六千六百人帝爲告謝郊廟宣捷受賀復子龍副總兵署金山參將事先是猛廣土官思仁烝其嫂甘線姑欲妻之弗克偕其黨丙測叛歸緬數導入寇二十年攻孟養犯蠻莫土同知思紀奔等練山子龍擊敗之乃去子龍尋被劾罷歸二十六年朝鮮用師詔以故官領水軍從陳璘東征倭將渡海遁璘遣子龍偕朝鮮統制使李舜臣督水軍千人駕三巨艦爲前鋒邀之釜山南海子龍素慷慨年踰七十意氣彌厲欲得首功急攜壯士二百人躍上朝鮮舟直前奮擊賊死傷無算他舟誤擲火器入子龍舟舟中火賊乘之子龍戰死舜臣赴救亦死事聞贈都督僉事世廕一子廟祀朝鮮

馬孔英者宣府塞外降丁也積戰功爲寧夏叅將萬曆二十年哱拜反引套寇入掠孔英屢擊敗之卜失兔入下馬關從麻貴邀擊大獲進本鎮副總兵二十四年九月着力兔宰僧犯平虜横城孔英偕參將鄧鳳力戰斬首二百七十有奇賜金幣令推大將缺乃擢署都督僉事以總兵官涖舊任尋進秩爲眞二十七年着力兔宰僧復犯平虜興武孔英與杜桐等分道襲敗之再入又敗之會大征播州楊應龍詔發陝西四鎮兵令孔英將以往兵分八道孔英道南川獨險遠去應龍海龍囤六七百里未至重慶推官高折枝監紀軍事請獨當一面乃與參將周國柱先以石砫宣撫馬千乘兵破賊金筑復督酉陽宣撫冉御龍敗賊於官壩孔英至軍平茶邑梅兵亦集軍容甚壯先師期一日入眞州用土官鄭葵路麟爲鄉道別遣邊兵千扼明月關諸軍鼓行前連破四寨次赤崖抵淸水坪封寧關破賊營十數逼桑木關關內民降者日千計折枝結三大砦處之禁殺掠降者日衆賊益孤關爲賊要害山險箐深賊憑高拒乃令千乘御龍出關左右國柱搗其中賊用標槍藥矢銳甚官軍殊死戰奪其關逐北至風坎關賊復大敗連破九杵黑水諸關苦竹羊崖銅鼓諸寨國柱攻金子壩無一人疑有伏焚空砦十九嚴兵以待賊果突出擊敗之孔英乃留王之翰兵守白玉臺衞饟道平茶邑梅兵守桑木關而親帥大軍進營金子壩應龍聞桑木關破大懼遣弟世龍及楊珠以銳卒劫之翰營之翰走殺饟卒無算平茶兵來援賊始退孔英還擊世龍復却裨將劉勝奮擊賊乃奔官軍進明山口由明山進蒙子橋深箐蓊翳賊處處設伏悉剿平之應龍益懼遣其黨詐降謀爲內應折枝盡斬之伏以待珠果夜劫營伏發賊驚潰追奔至高坪已奪賊養馬城直抵海龍第二關下賊守兵益多孔英軍已深入而諸道未有至者酉陽延綏兵皆退賊躡殺官軍六十人居數日劉綎兵至乃合兵連克海崖海門諸關賊走保囤上竟覆滅初總督李化龍尅師期諸將莫利先入孔英所將邊卒及諸土兵皆獷悍監紀折枝勇而有謀故師獨先八道圍海龍諸將以囤後易攻爭走其後孔英獨壁關前錄功進都督同知世廕千戶久之以總兵官鎮貴州平金筑定番叛苗生擒首惡阿包阿牙等已而欲襲黃柏山苗苗知之先發敗官兵匿不報又誘執苗酋石阿四稱陣禽冒功爲巡撫胡桂芳所劾罷歸卒

贊曰播州之役諸將用命合八道師歷時五月僅乃克之可謂勞矣劉綎勇畧冠諸將勞最多其後死事亦最烈鄧子龍始事姚安名與綎埒垂老致命廟祀海隅昔人謂武官不惜死兩人者蓋無愧於斯言也夫

明史卷二百四十八　　列傳第一百三十六

總裁官總理事務經筵講官少保兼太子太保保和殿大學士兼管吏部戶部尚書事加六級臣張廷玉等奉

敕修

梅之煥　劉策（徐縉芳　陳一元）

李若星　耿如杞（胡士容）

顏繼祖（王應豸等）　李繼貞

方震孺　徐從治（謝璉　余大成等）

梅之煥字彬父麻城人侍郎國楨從子也年十四爲諸生御史行部閱武之煥騎馬突教場御史怒命與材官角射九發九中長揖上馬而去萬曆三十二年舉進士

改庶吉士居七年授吏科給事中東廠太監李浚誣拷商人之煥劾其罪尋上言今天下民窮餉匱寇橫兵疲言官舍國事爭時局部曹舍職掌建空言天下盡爲虛文所束縛有意振刷者不曰生事則曰苛求事未就而謗興法未伸而怨集豪傑灰心庸人養拙國事將不可爲矣請陛下嚴綜覈以責實事通言路以重紀綱別臧否以惜人才庶於國事有濟時朝臣部黨角立之煥廉柢自勝嘗言附小人者必小人附君子者未必君子蠅之附驥即千里猶蠅耳時有追論故相張居正者之煥曰使今日有綜名實振紀綱如江陵者詆之徒敢若此耶其持平不欲傳會人如此出爲廣東副使禽誅豪民沈殺烈女者民服其神海寇袁進掠潮州之煥扼海道招散其黨卒降進改視山東學政天啓元年以通政參議召遷太常少卿擢右僉都御史巡撫南贛丁內外艱家居當此之時魏客亂政應山楊漣首發忠賢之奸忠賢恚甚拷殺漣由此悍然益誅鋤善類慣㥏楚人矣謂漣彼逮時過麻城漣罪人也之煥與盤桓流涕當劇籍其實漣未嘗過麻城也無何逆黨梁克順誣以贓私詔徵贓莊烈帝卽位乃免徵起故官巡撫甘肅大破套寇斬首七百餘級生得部長三人降六百餘人明年春寇復大入患疏豆創環大黃山而病諸將請掩之之煥不可曰幸災不仁乘危不武不如舍之因以爲德焉遂不戰踰月羣寇望邊城搏顙涕泣而去冬京師戒嚴有詔入衛且行西部乘虛犯河西之煥止留遣兵伏賀蘭山後邀其歸路大兵出水泉峽口再戰再敗之斬首八百四十有奇引軍東俄悍卒王進才殺參將孫懷忠等以叛走蘭州之煥遂西定其變復整軍東明年五月抵京師已後時矣有詔之煥入朝翌日又詔之煥落職候勘溫體仁已柄政矣初體仁訐錢謙益之煥移書中朝右謙益至是體仁修隙之煥遂得罪之煥雖文士負材武善射既廢無所見所居縣阻山多盜之煥無事輒率健兒助吏捕無脫者先是甘肅兵變其潰卒畏捕誅往往亡命山谷間爲羣盜賊勢益張至是賊數萬來攻麻城望見之煥部署輒引去帝追敘甘肅前後功復之煥官廕子然終不召明年病卒

劉策字範董武定人萬曆二十九年進士由保定新城知縣入爲御史疏劾太僕少卿徐兆魁復力爭熊廷弼行勘及湯賓尹科場事賓尹雖家居遙執朝柄嗾其黨逐攻者孫振基王時熙已而給事中劉文炳劾兩淮巡鹽御史徐縉芳言策入葉向高幕干票擬策同官陳一元向高姻親顧權利時策按宣大疏言文炳爲湯賓尹死友代韓敬反噬昔年發奸如振基時熙輩今皆安在向高亦以策無私交爲辨雪文炳策屢疏相詆南京御史吳良輔言文炳一疏而彈御史縉芳一元策及李若星再疏而彈詞臣蔡毅中焦竑及監司李維楨他波及尚多人才摧殘甚易清品如策雅望如竑不免詆斥天下寧有完人策復詆文炳倚方從哲爲冰山苟一時富貴不顧清議一元論銓政嘗譏切向高時按江西見文炳疏憤甚遂揭文炳陰事且曰向高行矣今秉政者從哲文炳鄉人奴顏婢膝任奸爲之御史馬孟禎亦言敬關節實眞既斥兩侍郎兩給諫謝之矣乃伉直之劉策攻擊不休而同發奸之張篤敬復驅除將及何太甚也疏入帝皆不省策憤謝病去時攻兆魁廷弼賓尹輩者黨人率指目爲東林以年例出之外至四十六年秋在朝者已無可逐乃卽家徙策爲河南副使策辭疾不赴天啓元年春起天津兵備擢右僉都御史巡撫山西召拜兵部右侍郎協理戎政五年冬黨人劾策爲東林遺奸遂削籍崇禎二年夏起故官兼右僉都御史總理薊遼保定軍務

大清兵由大安口入內地策不能禦被劾祖大壽東潰策偕孫承宗招使還明年正月與總兵張士顯竝逮論死棄市縉芳晉江人爲御史首爲顧憲成請謚劾天津稅監馬堂九大罪有敢言名巡兩淮頗通賓客賂遺被劾坐贓天啓中遣戍一元侯官人在江西振饑有法移疾去天啓初起歷應天府丞御史余文縉劾向高及一元遂落職崇禎初復官溫體仁柄國惡其附東林而以爲己門生也引嫌不召卒於家

李若星字紫垣息縣人萬曆三十二年進士歷知棗强眞定擢御史首劾南京兵部尚書黃克纘巡視庫藏陳蠹國病商四弊請得稽十庫出納以杜侵漁不報巡按山西請撤稅使因再劾克纘爲沈一貫私人湯賓尹死友宜罷不從還朝出爲福建右參議移疾歸天啓初起官陝西召爲尚寶少卿再遷大理右少卿三年春以右僉都御史巡撫甘肅陛辭發魏忠賢客氏之奸明年遣將丁孟科官維賢擊河套松山諸部鎭番斬首二百四十餘級捷聞未敘有傳若星將起義兵清君側之惡者忠賢聞之卽令許顯純入之汪文言獄詞誣其賄趙南星得節鉞五年三月遂除若星名下河南撫按提問明年獄上杖之百戍廉州莊烈帝卽位赦還崇禎元年起工部右侍郎兼右僉都御史總理河道追論甘肅功進秩二品黃河大決渰泗州沒睢寧城若星請修祖陵移睢寧縣治他所從之都城戒嚴遣兵入衛病歸遭父憂久之召爲兵部右侍郎十一年以本官兼右僉都御史代朱燮元總督川湖雲貴軍務兼巡撫貴州討安位餘孽安隴壁及苗仲諸賊有功福王時解職以鄉邑殘破寓居貴州桂王遷武岡召爲吏部尚書未赴遭亂死於兵

耿如杞字楚材館陶人萬曆四十四年進士除戶部主事天啓初以才歷職方郎中軍書旁午日應數十事出爲陝西參議遷遵化兵備副使當是時逆奄竊柄諂子無所不至至建祠祝釐巡撫劉詔懸忠賢畫像於喜峯行署率文武將吏五拜三稽首呼九千歲如杞見其像冕旒也半揖而出忠賢令詔劾之逮下詔獄坐贓六千三百論死時又有胡士容者薊州參議也數忤其鄉官崔呈秀呈秀銜之將爲忠賢建祠士容又不奉命及士容遷江西副使道通州遂誣以多乘驛馬侵盜倉儲捕下詔獄掠治坐贓七千論死至秋將行刑而莊烈帝卽位崔魏相繼伏誅帝曰廠衞深文附會鍛鍊朕深痛焉其赦耿如杞子復原官胡士容等改擬於是如杞上疏言臣自入鎭撫司五毒竝施縛赴市曹者日有聞矣幸皇上赦臣以不死驚魂粗定乞放臣還家養疾帝不許立擢如杞右僉都御史巡撫山西插漢虎墩兔據順義王地爲邊患戰款無定策如杞言守邊爲上修塞垣繕戰壘劃山塹谷事有緒矣二年京師戒嚴如杞率總兵官張鴻功以勍卒五千人赴援先至京師軍令卒至之明日汛地既定而後乃給餉如杞兵既至兵部令守通州明日調昌平又明日調良鄉汛地累更軍三日不得餉乃譟而大掠帝聞之大怒詔逮如杞鴻功廷臣莫敢救者四年竟斬西市方如杞之爲職方郎也與主事鹿善繼黨張鶴鳴排熊廷弼而庇王化貞疆事由是大壞及是得罪士容旣釋出獄二年除陝西副使進右參政卒於官士容初令長洲捕豪惡築婁江石塘有政聲福王時贈如杞右僉都御史子章光進士尚寶卿士容字仁常廣濟人

顏繼祖漳州人萬曆四十七年進士歷工科給事中崇禎元年正月論工部冗員及三殿敘功之濫汰去加秩寄俸二百餘人又極論魏黨李魯生霍維華罪狀又有御史袁弘勳者劾大學士劉鴻訓錦衣張道濬佐之繼祖言六人朋邪亂政非重創禍無極帝皆納其言遷工科右給事中三年巡視京城十六門濠塹疏列八事劾監督主事方應明曠職帝杖斥應明外城庳薄議加高厚繼祖言時絀難舉贏而止再遷吏科都給事中疏陳時事十大弊憂歸八年起故官上言六部之政筦於尚書諸司之務握之正郎而侍郎及副郎主事止諾列畫題政事安得不廢督撫諸臣獲罪者接踵初皆由會推然會推但六科掌篆者爲主卿貳臺臣罕至且九卿臺諫止選郎傳語有唯諾無翻異何名會推帝稱善尋擢太常少卿以右僉都御史巡撫山東分兵扼境上河南賊不敢窺青濟劾故撫李懋芳侵軍餉二萬有奇被旨嘉奬十一年畿輔戒嚴命繼祖移駐德州時標下卒僅三千而奉本兵楊嗣昌令五旬三更調後令專防德州濟南由此空虛繼祖屢請敕諸將劉澤清倪寵等赴援皆逗遛不進明年正月

大清兵克濟南執德王繼祖一人不能兼顧言官交章劾繼祖繼祖答嗣昌且曰臣兵少力弱不敢居守德之功不敢不分失濟之罪請以爵祿還朝廷以骸骨還父母帝不從逮下獄棄市終崇禎世巡撫被戮者十有一人薊鎭王應豸山西耿如杞宣府李養沖登萊孫元化大同張翼明順天陳祖苞保定張其平山東顏繼祖四川邵捷春永平馬成名順天潘永圖而河南李仙風被逮自縊不與焉王應豸掖縣人爲戶部主事諂魏忠賢甫三歲驟至巡撫加右都御史崇禎二年春薊卒索餉譟而甲參政徐從治諭散其衆應豸置毒飯中欲誘而盡殺之諸軍復大亂帝命巡按方大任廉得其尅餉狀論死李養沖永年人歷兵部右侍郎巡撫宣府崇禎二年旣謝事御史吳玉劾其侵盜撫賞銀七萬及冒功匿敗諸狀論死斃於獄張翼明永城人以兵部右侍郎巡撫大同崇禎元年插漢虎墩兔入犯殺掠萬計翼明及總兵官渠家楨不能禦竝坐死陳祖苞海寧人崇禎十年以右副都御史巡撫順天明年坐失事繫獄飲鴆卒帝怒祖苞漏刑錮其子編修之遴永不敘張其平偃師人歷右僉都御史巡撫保定十一年冬坐屬邑失亡多與繼祖駢死西市馬成名溧陽人潘永圖金壇人與成名爲姻婭崇禎十四年冬成名以右僉都御史巡撫永平永圖亦起昌平兵備僉事未浹歲至巡撫畿輔被兵成名永圖竝以失機十六年斬西市餘自有傳

李繼貞字徵尹太倉州人萬曆四十一年進士除大名推官歷遷兵部職方主事天啓四年秋典試山東坐試錄刺魏忠賢降級已而削籍崇禎元年起武選員外郎進職方郎中時軍書旁午職方特增設郎中協理司事

繼貞幹用精敏，尚書熊明遇深倚信之曰副將以下若推擇我盡諾而已四年孔有德反山東明遇主撫繼貞疏陳不可且請調關外兵入剿明遇不能從後訖用其言滅賊初延綏盜起繼貞請發帑金用董摶霄人運法糴米輸軍前且令四方贖鍰及捐納事例者輸粟於邊以撫饑民又言兵法撫剿並用非撫賊也撫饑民之從賊者耳今斗米四錢已從賊者猶少未從賊而勢必從賊者無窮請如神廟特遣御史振濟故事齎三十萬石以往安輯饑民使不爲賊以孤賊勢帝感其言遣御史吳甡以十萬金往繼貞少之帝不聽後賊果日熾繼貞爲人强項在事清執請謁不得行大學士周延儒繼貞同年生屬總兵官於繼貞繼貞瞠目謝曰我不奉命必獲罪刑部獄甚寬可容繼貞也延儒銜之已加尚寶寺卿當遷帝輒令久任田貴妃父弘遇以坐門功求優敘不獲屢疏詆繼貞帝不聽中官曹化淳欲用私人爲把總繼貞不可乃囑戎政尚書陸完學言於尚書張鳳翼以命繼貞繼貞亦不可鳳翼排繼貞議而用之化淳怒與弘遇日伺其隙譏之帝坐小誤貶三秩會敘甘肅功繼貞請起用故巡撫梅之煥帝遂發怒削繼貞籍已論四川桃紅壩功復官致仕十一年用薦起歷兩京尚寶卿明年春召對陳水利屯田甚悉遷順天府丞尋超拜兵部右侍郎兼右僉都御史巡撫天津督薊遼軍餉乃大興屯田列上經地招佃用水任人薄賦五議白塘葛姑數十里間田大熟十四年冬詔發水師援遼坐戰艦不具除名明年夏召爲兵部添注右侍郎得疾卒於途是夕星隕中庭贈右都御史官一子

方震孺字孩未桐城人移家壽州萬曆四十一年進士由沙縣知縣入爲御史熹宗嗣位逆璫魏忠賢內結客氏震孺疏陳三朝艱危言宮妾近侍嚬笑易假窺瞷可慮中旨頻宣恐蹈斜封隱禍元年陳拔本塞源論曰曩者梃擊之案王之寀陸大受張庭李俸悉遭廢斥而東林如趙南星高攀龍劉宗周諸賢廢錮終身亟宜召復至楊漣之爭移宮可幸無罪不知何以有居功之說又有交通之疑將使天下後世謂堯舜在上而有交通嬌旨之閹宦疏入直聲震朝廷其春巡視南城中官張曅劉朝被訟忠賢爲請震孺不從卒上聞忠賢恚怨遼陽既破震孺一日十三疏請增巡撫通海運調邊兵易司馬日五鼓揭公卿門籌畫痛哭而自請犒師是時三岔河以西四百里人烟絕軍民盡竄文武將吏無一騎東者帝壯其言發帑金二十萬震孺犒師六月震孺出關延見將士弔死扶傷軍民大悅因上言河廣不七十步一葦可航非有驚濤怒浪之險不足恃者一兵來斬木爲排浮以土多人推之如履平地不足恃者二河去代子河不遠兵從代子徑渡守河之卒不滿二萬能望其半渡而過之乎不足恃者三沿河百六十里築城則不能列柵則無用不足恃者四黃泥窪張叉站沖淺之處可修守令地非我有不足恃者五轉眼冰合遂成平地間次置防猶得五十萬人兵從何來不足恃者六又言我以退爲守則守不足我以進爲守則守有餘專倚三岔作家萬一時事偶非榆關一綫遂足鎖薊門哉疏入帝命震孺巡按遼東監紀軍事震孺按遼居不廬食不火者七月議者欲棄三岔河退守廣寧震孺請駐兵振武軍法不嚴震孺請敕寧前監軍專斬逃軍逃將並從其言然是時經撫不和疆事益壞震孺再疏言山海無外衞宜亟駐兵中前以爲眼目不省明年正月任滿候代前屯而

大清兵已再渡三岔河先鋒孫得功不戰而呼於振武曰兵敗矣遂走巡撫王化貞在廣寧亦倉皇走列城聞之皆走惟震孺前屯無動當是時西平守將羅一貫已戰死叅將祖大壽擁殘兵駐覺華島上於是震孺召水師帥張國卿相與謀曰今東師四外搜糧聞祖將軍在島上有米豆二十餘萬兵十餘萬人民數萬戰艦器仗馬牛無數東師即搆得島兵得島兵以攻榆關豈有幸哉於是震孺國卿航海見大壽慷慨語曰將軍歸相保以富貴不歸震孺請以頸血濺將軍大壽泣震孺亦泣遂相攜以歸獲軍民輜重無算有主事徐大化者忠賢黨也劾震孺曰攘差都御史鄒元標奮筆曰方御史保全山海無過且有社稷功給事中郭興治遂借道學以逐元標元標去震孺亦即罷歸明年忠賢廣徵與大獄再募劾方御史者興治再論震孺河西贓私逮問掠治坐贓六千有奇擬絞而揚州守劉鐸呪詛之獄又起遂誣震孺與交通坐大辟繫獄有邏卒時時佐震孺飲啖問之則曰小人有妻聞公精忠手治以獻者也輒報璫曰某病革某瀕死璫以是防益疎明年莊烈帝嗣位得釋還八年春流賊犯壽州州長吏適遷秩去震孺倡士民固守賊自是不敢逼壽州巡撫史可法上其功用爲廣西參議尋擢右僉都御史巡撫廣西京師陷福王立南京即日拜疏勤王馬士英阮大鋮憚之敕還鎮震孺竟鬱鬱憂憤而卒

徐從治字仲華海鹽人母夢神人舞戈於庭寤而生從治舉萬曆三十五年進士除桐城知縣累官濟南知府以卓異遷兗東副使駐沂州天啟元年妖賊徐鴻儒反鄆城連陷鄒滕嶧縣從治捕得其黨之伏沂者殺之請就家起故總兵楊肇基主兵事而獻擣賊中堅之策遂滅鴻儒事詳趙彥傳從治警敏通變其禦賊類主勦不主撫故往往滅賊旋以右參政分守濟南錄功從治最進右布政使督漕江南妖賊再起巡撫王惟儉奏留從治仍守沂按臣主撫從治議不合遂告歸中外計議調崇禎初以故秩飭薊州兵備薊軍久缺餉圍巡撫王應豸於遵化從治單騎馳入陰部署夷丁標兵分營四門按甲不動登城而呼曰給三月糧趣歸守汛地否將擊汝衆應聲而散其應變多類此進秩左布政使再請告歸四年起飭武德兵備孔有德反山東巡撫余大成檄從治監軍明年正月馳赴萊州而登州已陷大成削籍遂擢從治右副都御史代之與登萊巡撫謝璉並命詔璉駐萊州從治駐青州調度兵食從治曰吾駐青不足鎭萊人心駐萊足係全齊命乃與璉同受事於萊有德者遼人與耿仲明李九成毛承祿輩皆毛文龍帳下卒也文龍死走入登州登萊巡撫孫元化官遼久素言遼人可用乃用承祿爲副將有德仲明爲遊擊九成爲偏裨且多收遼人爲牙兵是年大凌河新城被圍部檄元化發勁卒泛海趨耀州鹽場示牽制有德詭言風逆改從陸赴寧遠十月晦有德及九成子千總應元統千餘人以行經月抵吳橋縣人罷市衆無所得食一卒與諸生角有德抶之衆大譁九成先齎元化銀市馬塞上用盡無以償適至吳橋聞衆怨遂與應元謀劫有德相與爲亂陷陵縣臨邑商河殘齊東圍德平既而舍去陷青城新城整衆東余大成者江寧人也不知兵初爲職方嘗奏發大學士劉一燝私書齮之去後又以事忤魏忠賢削籍歸有清執名而巡撫山東則白蓮妖賊方熾又有逃兵之變皆不能討及聞有德叛即託疾數日不能出不得已遣中軍沈廷諭參將陶廷鑨往禦則皆敗而走大成恐遂定議撫而元化軍亦至元化者故所號善西洋大礮者也至是亦主撫檄賊所過郡縣無邀擊賊長驅無敢一矢加者賊佯許元化降元化師次黃山館而返賊遂抵登州元化遣將張燾率遼兵駐城外總兵張可大率南兵拒賊元化猶招降賊賊不應五年正月戰城東遼兵遽退南兵遂敗燾兵多降賊賊遣之歸士民爭請拒勿內元化不從賊遂入日夕城中火起中軍耿仲明都司陳光福等導賊入自東門城遂陷可大死之元化自刎不殊與參議宋光蘭僉事王徵及府縣官悉被執大成馳入萊州登州被圍朝廷鐫大成元化三級令辦賊及登失守革元化職而以謝璉代有德既破登州推九成爲主己次之仲明又次之用巡撫印檄州縣餉趣元化移書求撫於大成曰畀以登州一郡則解大成聞於朝帝怒命革大成職而以從治代先是賊攻破黃縣知縣吳世揚死之至是攻萊從治璉與總兵楊御蕃等分陴守御蕃肇基子肇基從治所共勦滅妖賊鄒滕者也御蕃積戰功至通州副總兵會登州陷兵部尚書熊明遇奏署總兵官盡將山東兵與保定總兵劉國柱天津總兵王洪兼程進遇賊新城洪先走御蕃拒之二日不勝突圍出遂入萊城從治璉倚以勦賊賊攻萊不下分兵陷平度知州陳所問自經賊益攻萊輦元化所製西洋大礮日穴城城多頹從治等投火灌水穴者死無算使死士時出掩擊之毀其礮臺斬獲多而明遇卒惑大成撫議也命主事張國臣爲贊畫往撫之曰安輯遼人之在山東者以國臣亦遼人也國臣先遣廢將金一鯨入賊營已而國臣亦入爲賊移書遣一鯨還報曰毋出兵壞撫局從治等知其詐叱退一鯨遣間使三上疏言賊不可撫最後言萊城被圍五十日危如纍卵日夜望援兵卒不至知必爲撫議悞矣國臣致書臣內抄詔旨並兵部諭帖乃知部臣已據國臣報達聖聽夫國臣桑梓情重忍欺聖明而陷封疆其初遣一鯨入賊營何嘗有止兵不攻之事果止兵或稍退舍臣等何故不樂撫特國臣以撫爲賊解而賊實借撫爲緩兵計一鯨受賊賄對援師則誑言賊數萬不可輕進對諸將則誑言賊用西洋礮攻城將陷矣賴我招撫賊即止攻夫一鯨三入賊營每入賊攻益急而國臣乃云賊嗔我絕城下擊致彼之攻是使賊任意攻擊我不以一矢加遺如元化斷送登城然後可成國臣之撫耶當賊過青州大成擁兵三千勦賊甚易元化遺書謂賊已就撫爾兵毋東大成遂止勿追致賊延蔓今賊視臣等猶元化乃爲賊解曰吳橋激變有因也一路封刀不殺也聞天子詔遂止攻掠也將誰欺盈庭中國臣妄報必謂一紙書賢於十萬兵援師不來職是故矣臣死當爲厲鬼以殺賊斷不敢以撫謾至尊淆國是悞封疆而戕生命也疏入未報當是時外圍日急國柱洪及山東援軍俱頓昌邑不敢進兩撫臣困圍城中於是廷議更設總督一人以兵部右侍郎劉宇烈任之調薊門四川兵統以總兵鄧玘調密雲兵統以副將牟文綬以右布政使楊

作楫監之往援萊三月宇烈作楫國柱洪玘及監視中官呂直巡按御史王道純義勇副將劉澤清新兵參將劉永昌朱廷祿監紀推官汪惟效等並集昌邑玘國柱洪澤清等至萊州馬步軍二萬五千氣甚盛而宇烈無籌畧諸帥懦怯抵沙河日十輩往議撫縱還所獲賊陳文才於是賊盡得我虛實益以撫愚我而潛兵繞其後盡焚我輜重宇烈懼遂走青州撤三將兵就食玘等夜半拔營散賊乘之大敗洪國柱走青濰玘走昌邑澤清接戰於萊城傷二指亦敗走平度惟作楫能軍三將既敗舉朝譁然而明遇見官軍不可用撫議益堅先是登州總兵可大死以副將吳安邦代之安邦尤怯鈍奉令屯寧海規取登州仲明揚言以城降安邦信之離城二十五里而軍中軍徐樹聲薄城被禽安邦走還寧海登既不能下而賊困萊久璉從治御蕃日堅守待救至四月十六日從治中礮死萊人大臨守陴者皆哭山東士官南京者合疏攻宇烈請益兵於是調昌平兵三千以總兵陳洪範統之洪範亦遼人明遇日跂望曰往哉其可撫也天津舊將孫應龍者大言於衆曰仲明兄弟與我善我能令其縛有德九成來巡撫鄭宗周予之兵二千從海道往仲明聞之偽函他死人頭給之曰此有德也應龍率舟師抵水城延之入猝縛斬之無一人脫者賊得巨艦勢益張島帥黃龍攻之不克而還遂破招遠圍萊陽知縣梁衡固守賊敗去宇烈復至昌邑洪範文綬等亦至萊州推官屈宜陽請入賊營講撫賊佯禮之宜陽使言賊已受命宇烈奏得請乃手書諭賊令解圍賊邀宇烈宇烈懼不往營將嚴正中昇龍亭及河賊擁之去而令宜陽還萊文武官出城開讀圍即解御蕃不可璉曰圍且六月旣已無可奈何宜且從之遂偕監視中官徐得時翟昇知府朱萬年出有德等叩頭扶伏涕泣交頤璉慰諭久之而還明日復令宜陽入請璉御蕃同出御蕃曰我將家子知殺賊何知撫事璉等遂出有德執之猝攻城卻令萬年呼降萬年呼曰吾死矣汝等宜固守罵不絕口而死賊送璉及二中官至登囚之正中宜陽皆死初撫議興獨從治持不可宇烈諸將信之而尚書明遇主其議從治死璉遂被禽於是舉朝恚憤逮宇烈下獄調關外勁卒勦之罷總督及登萊巡撫不設專任代從治者朱大典以行明遇坐主撫誤國罷歸遂絕撫議八月大典合兵救萊兵甫接賊輒大敗圍解有德走登州九成殺璉及二中官大典圍登九成戰死城破追勦有德仲明入海遁生禽承祿等斬應元賊盡平事詳大典傳詔贈從治兵部尚書賜祭葬廕錦衣百戶建祠曰忠烈贈璉兵部右侍郎亦賜祭葬建祠廕子以御蕃功多加署都督同知總兵鎮登萊而宇烈以次年遣戍璉字君實監利人宇烈綿竹人大學士宇亮兄也其戍也人以爲失刑大成逮下獄遣戍赦還卒於家元化字初陽嘉定人天啟間舉於鄉所善西洋礮法蓋得之徐光啟云廣寧覆沒條備京防邊二策孫承宗請於朝得贊畫經畧軍前主建礮臺教練法因請據寧遠前屯以策干王在晉在晉不能用承宗行邊還奏授兵部司務承宗代在晉遂破重關之非築臺製礮一如元化言還授元化職方主事已元化贊畫袁崇煥寧遠還朝尋罷崇禎初起武選員外郎進職方郎中崇煥已爲經畧乞元化自輔遂改元化山東右參議整飭寧前兵備三年皮島副將劉興治爲亂廷議復設登萊巡撫遂擢元化右僉都御史任之駐登州明年島衆殺興治元化奏副將黃龍代汰其兵六千人及有德反朝野由是怨元化之不能討也賊縱元化還詔逮之首輔周延儒謀脫其死不得也則援其師光啟入閣圖之卒不得同張燾棄市光蘭徵充軍

贊曰疆圉多故則思任事之臣梅之煥諸人風采機畧尚大異於巽愞恇怯之徒而牽於文法或廢或死悲夫叛將銜行縛而斬之一偏裨力耳中撓撫議委堅城畀之援師觀望不進徒擾擾焉設官命將何益之有撫議之悮國也可勝言哉

明史卷二百四十九　　列傳第一百三十七

總裁官總理事務經筵講官少保兼太子太保保和殿大學士兼管吏部戶部尚書事加六級張廷玉等奉

敕修

朱燮元　徐如珂　林兆鼎　劉可訓　胡平表　盧安世

李標　史永安　劉錫元　王三善　岳具仰等　朱家民

蔡復一　沈儆炌　胡從儀　袁善　周鴻圖　段伯炌

朱燮元字懋和浙江山陰人萬曆二十年進士除大理評事遷蘇州知府四川副使改廣東提督學校以右參政謝病歸起陝西按察使移四川右布政使天啟元年就遷左將入覲會永寧奢崇明反蜀王要燮元治軍永寧古藺州地奢氏猓玀種也洪武時歸附世爲宣撫使傳至崇周無子崇明以疏屬襲外恭內陰鷙子寅尤驍桀好亂時詔給事中明時舉御史李達徵川兵援遼崇明父子請行先遣土目樊龍樊虎以兵詣重慶巡撫徐可求汰其老弱餉復不繼龍等遂反殺可求及參政孫好古總兵官黃守魁等時舉達負傷遁時九月十有七日也賊遂據重慶播州遺孽及諸亡命奸人蠭起應之賊黨符國禎襲陷遵義列城多不守崇明僭偽號設丞相五府等官統所部及徼外雜蠻數萬分道趨成都陷新都內江盡據木椑龍泉諸隘口指揮周邦太降冉世洪雷安世瞿英戰死成都兵止二千餉又絀燮元檄徵石砫羅綱龍安松茂諸道兵入援歛二百里內粟入城偕巡按御史薛敷政右布政使周著按察使林宰等分陴守賊障革裹竹牌鉤梯附城壘土山上架蓬蓽伏弩射城中燮元用火器擊卻之又遣人決都江堰水注濠賊治橋得少息因斬城中通賊者二百人賊失內應賊四面立望樓高與城齊燮元命死士突出擊斬三賊帥燔其樓旣而援兵漸集登萊副使楊述程以募兵至湖廣遂合安綿副使劉芬謙石砫女土官秦良玉軍敗賊牛頭鎮復新都他路援兵亦連勝賊然賊亦愈增日發塚擲枯骸忽自林中大譟數千人擁物如舟高丈許長五十丈樓數重牛革蔽左右置板如平地一人披髮仗劍上載羽旗中數百人挾機弩毒矢旁翼兩雲樓曳以牛俯瞰城中城中人皆哭燮元曰此呂公車也乃用巨木爲機關轉索發礮飛千鈞石擊之又以大礮擊牛牛返走敗去有諸生陷賊中遣人言賊將羅象乾欲反正燮元令與象乾俱至呼飲戍樓中不脫其佩刀與同臥酣寢象乾誓死報復縋而出自是賊中舉動無不知乃遣部將詐降誘崇明至城下伏起崇明跳免會諸道援軍至燮元策賊且走投木牌數百錦江流而下令有司沉舟斷橋嚴兵待象乾因自內縱火崇明父子遁走瀘州象乾遂以衆來歸城圍百二日而解初朝廷聞重慶變即擢燮元僉都御史巡撫四川以楊愈懋爲總兵官而擢河南巡撫張我續總督四川貴州雲南湖廣軍未至而成都圍解官軍乘勢復州縣衛所凡四十餘惟重慶爲樊龍等所據其地三面阻江一面通陸副使徐如珂率兵繞出佛圖關後與良玉攻拔之崇明發卒數萬來援如珂迎戰檄同知越其杰躡賊後殺萬餘人監軍僉事戴君恩令守備金富廉攻斬賊將張彤樊龍亦戰死帝告廟受賀進君恩三官燮元所遣他將復建武長寧獲偽丞相何若海瀘州亦旋復先是國禎陷遵義貴州巡撫李標已遣兵復之永寧人李忠臣嘗爲松潘副使家居陷賊以書約愈懋爲內應事覺合門遇害賊即用其家僮紿愈懋襲殺之并殺順慶推官郭象儀等再陷遵義殺推官馮鳳雛當是時崇明未平而貴州安邦彥又起安氏世有水西宣慰使安位方幼邦彥以故得倡亂朝議錄燮元守城功加兵部侍郎總督四川及湖廣荆岳鄖襄陝西漢中五府軍務兼巡撫四川而以楊述中總督貴州軍務兼制雲南及湖廣辰常衡永十一府代我續共辦奢安二賊然兩督府分閫治軍川貴不相應賊益得自恣三年燮元謀直取永寧集將佐曰我久不得志於賊我以分賊以合也乃盡掣諸軍會長寧連破麻塘坎觀音庵青山崖天蓬洞諸砦與良玉兵會進攻永寧擊敗奢寅於土地坎追至老軍營凉傘鋪盡焚其營寅被二鎗遁樊虎亦中鎗死復追敗之橫山入青岡坪抵城下拔之禽叛將周邦太降賊二萬副總兵秦衍祚等亦攻克遵義崇明父子逃入紅崖大囤官軍躡而拔之連拔天台白崖楠木諸囤撫定紅潦四十八砦賊奔入舊藺州城五月爲參將羅象乾所攻克崇明父子率餘衆走水西龍場客仲壩倚其女弟奢社輝以守初賊失永寧即求救於安邦彥邦彥遣二軍窺遵義永寧燮元敗走之總兵官李維新等遂攻破客仲巢崇明父子竄深箐維新偕副使李仙品僉事劉可訓參將林兆鼎等搗龍場生禽崇明妻安氏弟崇輝寅國禎皆被創走錄功進燮元右都御史時蜀中兵十六萬土漢各半漢兵不任戰而土兵驕淫不肯盡力成都圍解不即取重慶重慶復不即搗永寧及永寧藺州並下賊失巢穴又縱使遠竄大抵土官利養寇官軍效之賊得展轉爲計崇明父子方窘甚燮元以蜀已無賊遂不窮追永寧既拔拓地千里燮元割膏腴地歸永寧衛以其餘地爲四十八屯給諸降賊有功者令歲輸賦於官曰屯將隸於敘州府增設同知一人領之且移敘州兵備道於衛城與貴州參將同駐蜀中遂靖而邦彥張甚四年春陷貴州巡撫王三善軍沒明年總理魯欽敗於織金貴州總督蔡復一軍又敗廷臣以三善等失事由川師不協助議合兩督府乃命燮元以兵部尚書兼督貴州雲南廣西諸軍移鎮遵義而以尹同皐代撫四川燮元赴重慶邦彥偵知之六年二月謀乘官軍未發分犯雲南遵義而令寅專犯永寧未行寅被殺乃已寅凶淫甚有阿引者受燮元金錢乘寅醉殺之寅旣死崇明年老

無能爲邦彥亦乞撫燮元聞於朝許之乃遣參將楊明輝徃撫燮元旋以父喪歸偏沅巡撫閔夢得來代先是貴州巡撫王瑊謂督臣移鎮貴陽有十便朝議從之夢得乃陳用兵機宜請自永寧始次普市摩泥赤水百五十里皆坦途赤水有城可屯兵進白巖層臺畢節大方僅二百餘里我旣宿重兵諸番交通之路絕然後貴陽遵義軍尅期進賊必不能支疏未報夢得召還代以尚書張鶴鳴議遂寢鶴鳴未至明輝奉制書僅招撫安位不云赦邦彥邦彥怒殺明輝撫議由此絕鶴鳴視師年餘未嘗一戰賊得養其鋭崇禎元年六月復召燮元代之兼巡撫貴州仍賜尚方劍錄前功進少保世廕錦衣指揮使時寇亂久里井蕭條貴陽民不及五百家山谷悉苗仲而將士多殺降報功苗不附燮元招流移廣開墾募勇敢用夢得前議檄雲南兵下烏撒四川兵出永寧下畢節而親率大軍駐陸廣逼大方總兵官許成名參政鄭朝棟由永寧復赤水邦彥聞之分守陸廣鴨池三岔諸要害別以一軍趨遵義自稱四裔大長老號崇明大梁王合兵十餘萬先犯赤水燮元授計成名誘賊至永寧乃遣總兵官林兆鼎從三岔入副將王國禎從陸廣入劉養鯤從遵義入合傾其巢邦彥恃勇擬先破永寧軍還拒諸將急索戰四川總兵官侯良柱副使劉可訓遇賊十萬於五峰山桃紅壩大破之賊奔據山巔諸將乘霧力攻賊復大敗又追敗之紅土川邦彥崇明皆授首時二年八月十有七日也捷聞帝大喜以成名與良柱爭功賞久不行烏撒安效良死其妻安氏招故霑益土酋安遠弟邊爲夫負固不服燮元乘兵威脅走邊遂復烏撒燮元以境內賊畧盡不欲窮兵乃檄招安位位不決燮元集將吏議曰水西地深險多箐篁蠻烟棼雨莫辨晝夜深入難出今當扼其要害四面迭攻賊乏食將自斃於是攻之百餘日斬級萬餘養鯤復遣人入大方燒其室廬位大恐三年春遣使乞降燮元與約四事一貶秩二割水外六目地歸之朝廷三獻殺王巡撫者首四開畢節等九驛位請如約率四十八目出降燮元受之貴州亦靖遂上善後疏曰水西自河以外悉入版圖沿河要害臣築城三十六所近控蠻苗遠聯滇蜀皆立郎舍繕郵亭建倉廩賊必不敢猝入爲寇鴨池安莊傍河可屯之土不下二千頃人賦土使自贍鹽酪芻茭出其中諸將士身經數百戰咸願得尺寸地長子孫請割新疆以授之使知所激勸帝報可初崇明邦彥之死實川中諸將功而黔將爭之燮元頗右黔將屢奏於朝爲四川巡按御史馬如蛟所劾燮元力求罷帝慰留之其冬討平定番鎮寧叛苗乃通威清等上六衞及平越清平偏橋鎭遠四衞道路凡一千六百餘里繕亭障置游徼貴陽東北有洪邊十二馬頭故宣慰宋嗣殷地也嗣殷以助邦彥被勦滅乃卽其地置開州又奏復故施秉縣招流民實之四年阿迷州土官普名聲作亂陷彌勒州曲江所又攻臨安及寧州遠近震動巡撫王伉總兵官沐天波不能禦伉逮戍燮元遣兵臨之遂就撫龍場壩者隣大方邦彥以假崇明崇明旣滅總兵侯良柱欲設官屯守以自廣而安位謂己故地數舉兵爭燮元不之禁會燮元劾良柱不職良柱亦訐燮元曲庇安氏納其重賄章下四川巡按御史劉宗祥宗祥亦劾燮元受賄且以龍場永寧不置邑衞爲欺罔帝以責燮元燮元乃上言禦夷之法來則安之不專在攻取也今水西已納款惟明定疆界俾自耕牧以輸國賦若設官屯兵此地四面孤懸中限河水不利應援築城守渡轉運煩費且內激藺州必死之鬭外挑水西扼吭之嫌兵端一開未易猝止非國家久遠計帝猶未許後勘其地果如所議論桃紅壩功進少師世廕錦衣指揮使一品六年滿加左柱國再議平賊功世廕錦衣指揮僉事十年安位死無嗣族屬爭立朝議又欲郡縣其地燮元力爭遂傳檄土目布上威德諸蠻爭納土獻重器燮元乃裂疆域衆建諸蠻復上疏曰水西有宣慰之土有各目之土宣慰公土宜還朝廷各目私土宜畀分守籍其戶口徵其賦稅殊俗內嚮等之編氓大方西溪谷里北那要害之地築城戍兵足銷反側夫西南之境皆荒服也楊氏反播奢氏反藺安氏反水西滇之定番小州耳爲長官司者十有七數百年來未有反者非他苗好叛逆而定番性忠順也地大者跋扈之資勢弱者保世之策今臣分水西地授之酋長及有功漢人咸俾世守虐政苛斂一切蠲除參用漢法可爲長久計因言其便有九不設郡縣置軍衞因其故俗土漢相安便一地益墾闢聚落日繁經界旣正土酋不得侵軼民地便二黔地荒确仰給外邦今自食其地省轉輸勞便三有功將士酬以金則國帑方匱酬以爵則名器將輕錫以土田於國無損便四旣世其土各圖久遠爲子孫計反側不生便五大小相維輕重相制無事易以安有事易以制便六訓農治兵耀武河上俾賊遺孼不敢窺伺便七軍民願耕者給田且耕且守衞所自實無勾軍之累便八軍耕抵餉民耕輸糧以屯課耕不拘其籍以耕聚人不世其伍便九帝咸報可無何所撫土目有叛者諸將方國安等軍敗燮元坐貶一秩已竟破滅之十一年春卒官年七十三燮元長八尺腹大十圍飲啖兼二十人鎮西南久軍貲贖鍰歲不下數十萬皆籍之於官治事明決軍書絡繹不假手幕佐行軍務持重謀定後戰尤善用間使人各當其材犯法卽親愛必誅有功厮養不遺賞也馭蠻以忠信不妄殺苗民懷之初官陝西時遇一老叟載與歸盡得其風角占候遁甲諸術將別語燮元曰幸自愛他日西南有事公當之矣內江牟康民者奇士也兵未起時語人曰蜀且有變平之者朱公乎已而果然

徐如珂字季鳴吳縣人萬曆二十三年進士除刑部主事歷郎中主事謝廷讚疏請建儲帝怒盡貶刑曹官如珂降雲南布政司照磨累遷南京禮部郎中廣東嶺南道右參議暹羅貢使饒犀角象牙如珂不受天啓元年遷川東兵備副使擊殺奢崇明黨樊龍復重慶奉檄擣藺州土城賊借水西兵十萬來援前軍少郤捍子軍覃懋勳挽白竹弩連中之賊大潰轉戰數十里斬首萬餘級遂拔藺州崇明父子竄水西去乃召如珂爲太僕少卿轉左通政魏忠賢逐楊漣如珂郊餞之忠賢銜甚遷光祿卿修公廨竣疏詞無所稱頌六年九月廷推南京工部右侍郎遂削籍歸里三月治具飲客頃之卒崇禎初以原推起用死歲餘矣尋錄破賊功賜祭葬進秩一等官一子劉可訓澧州人萬曆中舉鄉試歷官刑部員外郎天啓元年恤刑四川會奢崇明反圍成都可訓佐城守有功擢僉事監軍討賊崇明走龍場壩可訓督諸將進勦功最多總督朱燮元彙奏文武將吏功盛推可訓乃遷威茂兵備參議崇禎元年改敘瀘副使仍監諸將軍二年與總兵侯良柱破賊十萬衆於五峰山斬崇明及安邦彥御史毛羽健言可訓將孤軍出入蠻烟瘴雨者多年初無守土責因奉命錄囚而乃見危授命解圍成都奏捷永寧掃除藺穴逆寅授首五路大戰十道並攻皆抱病督軍誓死殉國畀以節鉞誰曰不宜帝頗納其言未幾畿輔被兵可訓率師入衞三年五月恢復遵化擢右僉都御史巡撫順天永平督薊鎭邊務兵部尚書梁廷棟囑私人沈敏於可訓敏遂交關爲奸利御史水佳允劾可訓落職歸後敘四川平寇功復官世廕錦衣千戶未及起用卒於家胡平表雲南臨安人萬曆中舉於鄉歷忠州判官天啓元年秋樊龍陷重慶平表縋城下詣石砫土官秦良玉乞師號泣不食飲者五晝夜良玉爲發兵巡撫朱燮元檄平表監良玉軍會擢新鄭知縣燮元奏留之改重慶推官監軍兼副總兵盡護諸軍將戰數有功擢四川監軍僉事兼理屯田遷貴州右參議崇禎元年總督張鶴鳴言平表偏州小吏慷慨赴義復新都解成都圍連戰白市驛馬廟進據兩嶺俘斬無算奪二郎關禽賊帥黑蓬頭追降樊龍遂克重慶用六千人敗奢安二酋十萬兵請以本官加督師御史銜賜之專敕必能梟逆賊首獻闕下部議格不行乃進秩右參政分守貴寧道廕子錦衣世千戶久之擢貴州布政使四年大計坐不謹落職十三年督師楊嗣昌薦之詔以武昌通判監標下軍事嗣昌卒乃罷歸盧安世貴州赤水衞人萬曆四十年舉於鄉爲富順教諭天啓初奢崇明反遣賊逼取縣印署令棄城走安世收印率壯士擊斬賊無何賊數萬猝至安世單騎闖手馘數人詣上官請兵復其城帝用大學士孫承宗言超擢僉事監軍討賊屢戰有功五年四月總督朱燮元上言自遵義五路進兵永寧破巢之後大小數百戰禽獲幾四萬人降賊將百三十四人招撫羣賊及土漢苗仲二十九萬三千二百餘人皆監司李仙品劉可訓鄭朝棟及安世等功武將則林兆鼎秦翼明羅象乾土官則陳治安冉紹文悅先民等帝納之安世進貴州右參議遷四川副使遵義監軍功復多崇禎初予世廕武職進右參政久之解官歸卒林兆鼎福建人天啓中爲四川參將積功至總兵官都督同知崇禎三年遣將討定番州苗連破十餘寨禽其魁四年遣將討湖廣苗黑酋攻拔二百餘寨加左都督召僉南京右府卒贈太子少保

李檈字長孺鄞人曾祖循義衡州知府祖生威鳳陽推官檈登萬曆二十九年進士授行人擢御史例轉廣東鹽法僉事歷山東參議陝西提學副使山東參政按察使四十七年秋擢右僉都御史巡撫貴州貴州宣慰同知安邦彥者宣慰使堯臣族子堯臣死子位幼其母奢社輝代領其事社輝永寧宣撫奢崇明女弟也邦彥遂專兵柄會朝議徵西南兵援遼邦彥素桀黠欲乘以起事詣檈請行檈諭止之邦彥歸益爲反謀檈累疏請增兵益餉中朝方急遼事置不問會檈被劾乃六疏乞休天啓元年始得請以王三善代而奢崇明已反重慶陷遵義貴陽大震檈遂留視事時城中兵不及三千倉庫空虛檈與巡按御史史永安貸雲南湖廣銀四萬有奇募兵四千儲米二萬石治戰守具而急遣總兵官張彥方都司許成名黃運清監軍副使朱芹提學僉事劉錫元等援四川屢捷遂復遵義綏陽湄潭眞安桐梓二年

二月或傳崇明陷成都邦彥遂挾安位反自稱羅甸王四十八支及他部頭目安邦俊陳其愚等蠭起相應烏撒土目安效良亦與通邦彥首襲畢節都司楊明廷固守擊斬數百人效良助邦彥陷其城明廷敗歿賊遂分兵陷安順平壩效良亦西陷霑益而邦彥自統水西軍及羅鬼苗仲數萬東渡陸廣河直趨貴陽別遣王倫等下甕安襲偏橋以斷援兵洪邊土司宋萬化糾苗仲九股陷龍里橒永安聞變亟議城守會藩臬守令咸入覲而彥方鎮銅仁運清駐遵義城中文武無幾人乃分兵爲五令錫元及參議邵應禎都司劉嘉言故副總兵劉岳分禦四門橒自當北門之衝永安居譙樓圖街市兵防內變學官及諸生亦督民兵分堞守賊至盡銳攻北城橒迎戰敗之轉攻東門爲錫元所却乃日夕分番馳突以疲官兵爲三丈樓臨城用婦人雞犬厭勝術橒永安烹雞斗米飯投飼雞犬而張虎豹皮於城樓以祓之乃得施礮石夜縋死士燒其樓賊又作竹籠萬餘土壘之高踰睥睨永安急撤大寺鐘樓建城上賊棄籠去官軍出燒之數出城邀賊糧賊怒盡發城外冢徧燒村砦又先後攻陷廣州普定威清普安安南諸衞貴陽西數千里盡爲賊據初被圍彥方運清來救敗賊於新添賊誘入龍里二將皆敗乃縱之入城曰使耗汝糧城中果大困川貴總督張我續巡撫王三善擁兵不進橒永安連疏告急詔旨督責之會彥方等出戰頻得利賊退保澤溪乃遣裨將商士傑等率九千人分控威清新添二衞且乞援兵賊謂城必拔沿山列營柵隔內外聞旬日一來攻輒敗去副總兵徐時逢參將范仲仁赴援遇賊甕城河仲仁戰不利時逢擁兵不救遂大敗諸將馬一龍白自強等殲焉援遂絕賊聞三善將進兵益日夜攻擊長梯蟻附城幾陷者數矣橒奮臂一呼士卒雖委頓皆强起斫賊賊皆顛踣死城下王三善屢被嚴旨乃率師破重圍而進十二月七日抵貴陽城下圍始解橒乃辭兵事解官去三善旣破賊我續無寸功乾沒軍資六十萬言官交劾解職候勘我續邯鄲人刑部尚書國彥子其後夤緣魏忠賢起戶部侍郎進尚書名麗逆案云方官廩之告竭也米升直二十金食糠覈草木敗革皆盡食死人肉後乃生食人至親屬相噉彥方運清部卒公屠人市肆斤易銀一兩橒盡焚書籍冠服預戒家人急則自盡皆授以刀繯城中戶十萬圍困三百日僅存者千餘人孤城卒定皆橒及永安錫元功熹宗用都御史鄒元標言進橒兵部右侍郎永安太僕少卿錫元右參政及圍解當再敘功御史蔣允儀言安位襲職時橒索其金盆致啟釁章下貴州巡按侯恂覈未報御史張應辰力頌橒功恂覈上亦白其誣帝責允儀初永安遣運清往新添平越趣援兵懼其不濟欲出城督之錫元疑永安有去志以咨橒橒止永安及錫元當絕食時議發兵護橒永安出城身留死守永安亦疑錫元而運淸因交搆其間三人遂相失永安詆錫元議留身守城欲輸城於賊橒亦與謀兩人上章辨吏部尚書趙南星左都御史孫瑋等力爲三人解而言永安功第一當不次大用橒已進官當召還錫元已進參政當更優敘詔可之然橒竟不召錫元亦無他擢二人並還里獨永安在朝連擢太常卿右僉都御史巡撫寧夏再以兵部右侍郎總督三邊橒及諸將吏功迄不敘六年秋御史田景新頌橒功不納崇禎元年給事中許譽卿再以金盆事劾橒帝召詢廷臣獨御史毛羽健爲橒解吏部尚書王永光等議如羽健言給事中余昌祚詆羽健曲庇帝下川貴總督朱燮元等再覈羽健乃上疏曰安奢世爲婚姻同謀已久奢寅寇蜀邦彥卽寇黔何用激變當貴陽告急正廣寧新破之日舉朝皇皇已置不問後知橒不死孤城尚存始命王三善往救至則圍已十月安酋初發難崇明欲取成都作家邦彥欲圖貴陽爲窟西取雲南東擾偏沅荊襄非橒扼其衝東南盡塗炭乃按臣永安不二三載躋卿貳督師三邊橒則投閒林壑又以永安謗書爲橒罪案金盆之說發自允儀當年已自承風聞何至今猶執爲實事貴州人亦爭爲橒頌冤燮元乃偕巡按御史趙洪範交章雪其枉橒事始白九年冬敘守城功進一秩賚銀幣久之卒於家錫元長洲人崇禎中任寧夏參政永安武定人共橒城守功多以在邊時建魏忠賢祠役爲御史甯光先論罷不爲人所重云

王三善字彭伯永城人萬曆二十九年進士由荊州推官入爲吏部主事齊楚浙三黨抨擊李三才三善自請單騎行勘遂爲其黨所推歷考功文選郎中進太常少卿天啟元年十月擢右僉都御史代李橒巡撫貴州時奢崇明已陷重慶明年二月安邦彥亦反圍貴陽橒及巡按御史史永安連章告急趣三善馳援三善始駐沅州調集兵食已次鎮遠再次平越去貴陽百八十里方遣知府朱家民乞兵四川兵未至不敢進疏請便宜從事給空名部牒得隨才委任帝悉報可至十二月朔知貴陽圍益困集衆計曰失城死法進援死敵等死耳盍死敵乎乃分兵爲三副使何天麟等從淸水江進爲右部僉事楊世賞等從都勻進爲左部自將二萬人與參議向日升副總兵劉超參將楊明楷劉志敏孫元謨王建中等由中路當賊鋒舟次新安抵龍頭營超前鋒遇賊衆欲退斬二人乃定賊酋阿成驍勇超率步卒張良俊直前斬其頭賊衆披靡三善等大軍亦至遂奪龍里城諸將議駐師觀變三善不可策馬先邦彥疑三善有衆數十萬乃潛遁餘賊退屯龍洞官軍遂奪七里沖進兵畢節鋪元模明楷連敗賊其渠安邦俊中礮死生獲邦彥弟阿倫遂抵貴陽城下賊解圍去橒永安請三善入城三善曰賊兵不遠我不可卽安營於南門外明日破賊澤溪賊走渡陸廣河居數日左右二部兵及湖廣廣西四川援兵先後至三善以二萬人破賊十萬有輕敵心欲因糧於敵舉超爲總兵官令渡陸廣趨大方搗安位巢以世賞監之總兵官張彥方渡鴨池搗邦彥巢以天麟監之漢土兵各三萬別將都司線補袞出黃沙渡尅期並進超等至陸廣連戰皆捷彥方部將秦民屏亦破賊五大寨諸將益輕敵邦彥先合崇明效良兵誘官軍深入三年正月超渡陸廣賊薄之獨山土官蒙詔先遁官軍大敗爭渡河超走免明楷被執諸將姚旺等二十六人殲焉賊遂攻破鴨池軍部將覃弘化先逃諸營盡潰彥方退保威清惟補袞軍獨全諸苗見王師失利復蠭起土酋何中尉進據龍里而邦彥使李阿二圍青巖斷定番餉道令宋萬化吳楚漢爲左右翼自將趨貴陽遠近大震三善急遣遊擊祁繼祖等取龍里王建中劉志敏救青巖繼祖燔上中下三牌及賊百五十砦建中亦燔賊四十八莊龍里定番路皆通三善又夜遣建中繼祖搗楚漢八姑蕩燔莊砦二百餘薄而攻之賊溺死無算萬化不知楚漢敗詐降三善佯許而令諸將捲甲趨之萬化倉皇出戰被禽邦彥爲奪氣羣苗復效順三善給黃幟令樹營中邦彥望見不敢出增兵守鴨池陸廣諸要害時崇明父子屢敗邦彥救之爲川師敗走總理魯欽等勦禽中尉彥方亦追賊鴨池而賊復乘間陷普安總督楊述中駐沅州畏賊朝命屢趣始移鎮遠議與三善左三善屢求退不許會崇明爲川師所窘逃入貴州龍場依邦彥三善議會師進討述中暨諸將多持不可三善排羣議以閏十月自將六萬人渡烏江次黑石連敗賊斬前逃將覃弘化以徇賊乃柵漆山日遣遊騎掠樵採者軍中乏食諸將請退師三善怒曰汝曹欲退不如斬吾首詣賊降諸將乃不敢言三善募壯士逼漆山緋衣裁冠肩輿張蓋自督陣語將士曰戰不捷此卽吾致身處也旁一山頗峻麾左軍據其巔賊倉皇拔柵爭山將士殊死戰賊大敗邦彥狼狽走三善渡渭河降者相繼師抵大方入居安位第位偕母奢社輝走火灼堡邦彥竄織金先所陷將楊明楷乃得還位窘遣使詣述中請降述中令縛崇明父子自贖三善責幷獻邦彥往返之間賊得用計爲備三善以賊方平議郡縣其地諸苗及土司咸惴恐益合於邦彥三善先約四川總兵官李維新滅賊以餉乏辭三善屯大方久食盡述中弗爲援不得已議退師四年正月盡焚大方廬舍而東賊躡之中軍參將王建中副總兵秦民屏戰歿官軍行且戰至內莊後軍爲賊所斷三善還救士卒多奔陳其愚者賊心腹先詐降三善信之與籌兵事故軍中虛實賊無不知至是遇賊其愚故縱轡衝三善墜馬三善知有變急解印綬付家人拔刀自刎不殊羣賊擁之去罵不屈遂遇害同知梁思泰主事田景猷等四十餘人皆死賊拘監軍副使岳具仰以要撫具仰遣人馳蠟書於外被殺三善倜儻負氣多權畧家中州好交四方奇士俠客後輒得其用救貴陽時得邸報不視曰吾方辦賊奚暇及此且朝議戰守紛紛閱之徒亂人意其堅決如此然性卞急不能持重竟敗先以解圍功加兵部右侍郎旣歿巡按御史陸獻明請優卹所司格不行崇禎改元贈兵部尚書世廕錦衣僉事立祠祭祀九年冬再敘解圍功贈太子少保大方之役御史貴陽徐卿伯上言邦彥招四方奸宄多狡計撫臣得勝驟進視蠢苗不足平不知澤溪以西渡陸廣河皆鳥道深林叢箐彼誘我深入以木石塞路斷其郵書阻餉道遮援師則彼不勞一卒不費一矢而我兵已坐困矣後悉如其言岳具仰延安人舉於鄉歷瀘州知州戶部郎中貴州亂朝議具仰知兵用爲監軍副使內莊之敗監軍四人其三得脫還惟具仰竟死田景猷貴州思南人天啟二年甫釋褐憤邦彥反疏請齎敕宣諭廷議壯之卽擢職方主事賊方圍貴陽景猷單騎往曉以禍福令釋兵歸朝邦彥不聽欲屈景猷景猷日陳寶玩以誘之不爲動賊乃留景猷遣其徒恐以危禍景猷怒拔刀擊之其人走免罵賊中二年至是遇害具仰贈光祿卿景猷太常少卿並錄其一子楊明楷者銅仁烏羅司人內莊之敗明楷爲中軍免死後從魯欽討長田賊功最終副總兵朱家民字同人曲靖人萬曆三十四年舉於鄉爲涪州知州天啟二年官貴陽知府奉三善命乞援兵於四川又借河南兵共解其圍乃撫傷殘招流移寬徭賦遠邇悅服丁父

憂奪情擢安普監軍副使加右參政崇禎時就遷按察使左布政以平寇功加俸一級久之致仕歸卒自邦彥始亂雲貴諸土酋盡反攻陷安南等上六衞雲南路斷其後路雖通羣苗猶出沒爲患家民率參將許成名等討平盤江外阿野魯頗諸砦於是相度盤江西坡板橋海子馬場諸要害築石城五宿兵衞民又於其間築六城廨舍廬井畢備羣苗惕息行旅晏然盤江居雲貴交兩山夾峙一水中絕湍激迅悍舟濟者多陷溺家民倣瀾滄橋制冶鐵爲絙三十有六長數百丈貫兩崖之石而懸之覆以板類於蜀之棧而道始通

蔡復一字敬夫同安人萬曆二十三年進士除刑部主事歷兵部郎中居郎署十七年始遷湖廣參政分守湖北進按察使右布政使以疾歸光宗立起故官遷山西左布政使天啟二年以右副都御史撫治鄖陽歲大旱布衣素冠自繫於獄遂大雨奢崇明安邦彥反貴州巡撫王三善敗歿進復一兵部右侍郎代之兵燹之餘斗米值一金復一勞徠拊循人心始定尋代楊述中總督貴州雲南湖廣軍務兼巡撫貴州賜尚方劍便宜從事復一乃召集將吏申嚴紀律遣總理魯欽等救凱里斬賊衆五百餘賊圍普定遣參將尹伸副使楊世賞救却之搗其巢斬首千二百級發兵通盤江路斬逆酋沙國珍及從賊五百欽與總兵黃鉞等復破賊於汪家沖蔣義寨斬首二千二百長驅織金織金者邦彥巢也緣道皆重關疊隘木石塞山徑將士用巨斧開之或攀籐穿竇而入賊戰敗遁深箐斬首復千級窮搜不得邦彥乃班師是役也焚賊巢數十里獲牛馬甲仗無算復一以隣境不協討致賊未滅請敕四川出兵遵義抵水西雲南出兵霑益抵烏撒犄角平賊帝悉可之因命廣西雲南四川諸郡隣貴州者聽復一節制五年正月欽等旋師渡河賊從後襲擊諸營盡潰死者數千人時復一爲總督而朱燮元亦以尚書督四川湖廣陝西諸軍以故復一節制不行於境外欽等深入四川雲南兵皆不至復一自劾因論事權不一故敗巡按御史傅宗龍亦以爲言廷議移燮元督河道令復一專督五路師御史楊維垣獨言燮元不可易帝從之解復一任聽勘而以王瑊爲右僉都御史代撫貴州復一候代仍拮据兵事與宗龍計勦破烏粟螺螄長田及兩江十五砦叛苗斬七百餘級賊黨安效良首助邦彥陷霑益雲南巡撫沈儆炌遣兵討之未定還侍郎去代者閔洪學招撫之亦未定及是見雲南出師懼約邦彥犯曲靖尋甸復一遣許成名往援賊望風遁又遣劉超等討平越苗阿秩等破百七十砦斬級二千三百有奇至十月復一卒於平越軍中訃聞帝嘉其忠勤贈兵部尚書謚清憲任一子官復一好古博學善屬文耿介負大節既歿橐無遺貲瑊既至見邦彥不易平欲解去貪緣魏黨李魯生遷南京戶部右侍郎崇禎初被劾歸流賊陷應城遇害沈儆炌字叔永歸安人父子木官南京右都御史儆炌登萬曆十七年進士歷河南左布政使入爲光祿卿四十七年以右副都御史巡撫雲南神宗末詔增歲貢黃金二千儆炌疏爭會光宗立如其請雲龍州土舍段進志掠永昌大理儆炌討禽之安邦彥反諸土目並起安效良陷霑益李賢陷平夷祿千鍾犯尋甸嵩明張世臣攻武定邦彥女弟設科掠曲靖轉寇陸涼儆炌起故參將雲南人袁善令率守備金爲貴土官沙源等馳救嵩明大破之賊轉寇尋甸復大敗去乃請復善故官與諸將分討賊數有功會儆炌遷南京兵部右侍郎而代者閔洪學至乃以兵事委之去後拜南京工部尚書爲魏忠賢黨石三畏所劾落職閒住崇禎初復官卒於家子允培禮科都給事中洪學既至亦任用袁善賊陷普安圍安南善攻破之通上六衞道王三善之歿六衞復梗善護御史傅宗龍赴黔道復通已而敗安效良於霑益又敗賊於炎方馬龍七年御史朱泰禎核上武定嵩明尋甸破賊功大小百三十三戰斬四千六百餘級請宣捷告廟從之魏忠賢等並進秩廕子善加都督同知世廕錦衣指揮僉事崇禎初卒官周鴻圖字子固即墨人起家歲貢生知宿遷縣以侯恂薦遷貴陽同知監紀軍事積軍功至知府會勻哈叛苗與邦彥相倚爲亂天啟六年春巡撫王瑊及御史傅宗龍使監胡從儀及都司張雲鵬軍分道搜山所向摧破會聞魯欽敗賊復趨龍場助邦彥已而邦彥屢敗賊返故巢鴻圖從儀等攻之破焚一百餘寨斬首千二百餘級鴻圖擢副使分巡新鎮道從儀進副總兵當是時鴻圖駐平越轄下六衞參議段伯炌駐安莊轄上六衞千餘里間奸宄屏息兩人力也鴻圖終陝西參政伯炌雲南晉寧人由鄉舉爲鎮寧知州力拒安邦彥超擢僉事分巡鎮寧邦彥寇普定偕從儀擊破之由此擢參議胡從儀山西人天啟四年以遊擊援普定功多既而破賊長田以參將討平勻哈後又與諸將平老蟲添崇禎三年討平苗賊汪狂抱角召爲保定總兵官卒於京邸贈都督僉事黔人愛之爲立貞將軍碑

贊曰奢安之亂積發於蜀蔓延於黔勞師者幾十載燮元戡之以兵威因俗制宜開屯設衞不亟亟焉郡縣其地以蹈三善之覆轍而西南由玆永寧庶幾可方趙營平之制羌韋南康之鎭蜀者歟

明史卷二百五十　　列傳第一百三十八

總裁官總理事務經筵講官少保兼太子太保保和殿大學士兼管吏部戶部尚書事加六級張廷玉等奉

敕修

孫承宗 子鈰等

孫承宗字稚繩高陽人貌奇偉鬚髯戟張與人言聲殷牆壁始爲縣學生授經邊郡往來飛狐拒馬間直走白登又從紇干清波故道南下喜從材官老兵究問險要阨塞用是曉暢邊事萬曆三十二年登進士第二人授編修進中允梃擊變起大學士吳道南以諮承宗對曰事關東宮不可不問事連貴妃不可深問龐保劉成而下不可不問也龐保劉成而上不可深問也道南如其言具揭上之事遂定出典應天鄉試發策著其語擯黨人忌將以大計出諸外學士劉一燝保持乃得免歷諭德洗馬熹宗即位以左庶子充日講官帝每聽承宗講輒曰心開故眷注特殷天啟元年進少詹事時瀋遼相繼失舉朝洶洶御史方震孺請罷兵部尚書崔景榮以承宗代廷臣亦皆以承宗知兵遂推爲兵部添設侍郎主東事帝不欲承宗離講筵疏再上不許二年擢禮部右侍郎協理詹事府未幾

大清兵逼廣寧王化貞棄城走熊廷弼與俱入關兵部尚書張鶴鳴懼罪出行邊帝亦急東事遂拜承宗兵部尚書兼東閣大學士入直辦事越數日命以閣臣掌部務承宗上疏曰邇年兵多不練餉多不覈以將用兵而以文官招練以將臨陣而以文官指發以武略備邊而日增置文官於幕以邊任經撫而日問戰守於朝此極弊也今天下當重將權擇一沉雄有氣略者授之節鉞得自辟置偏裨以下勿使文吏用小見沾沾陵其上邊疆小勝小敗皆不足問要使守關無闌入而徐爲恢復計因列上撫西部恤遼民簡京軍增永平大帥修薊鎭亭障開京東屯田數策帝褒納焉時邊警屢告閣部大臣幸旦暮無事而言路日益紛呶承宗乃請下廷弼於理與化貞並讞用正朝士黨護又請逮給事中明時舉御史李達以懲四川之招兵致寇者又請詰責遼東巡按方震孺登萊監軍梁之垣薊州兵備邵可立以警在位之骫骳者諸人以次獲譴朝右聳然而側目怨咨者亦衆矣兵部尚書王在晉代廷弼經略遼東與總督王象乾深相倚結象乾在薊門久習知西部種類情性西部亦愛戴之然實無他才惟啖以財物相羈縻冀得以老解職而已在晉謀用西部襲廣寧象乾慫之曰得廣寧不能守也獲罪滋大不如重關設險衞山海以衞京師在晉乃請於山海關外八里鋪築重關用四萬人守之其僚佐袁崇煥沈棨孫元化等力爭不能得奏記於首輔葉向高向高曰是未可臆度也承宗請身往決之帝大喜加太子太保賜蟒玉銀幣抵關詰在晉曰新城成卽移舊城四萬人以守乎在晉曰否當更設兵曰如此則八里內守兵八萬矣一片石西北不當設兵乎且築關在八里內新城背卽舊城趾舊城之品坑地雷爲敵人設抑爲新兵設乎新城可守安用舊城如不可守則四萬新兵倒戈舊城下將開關延入乎抑閉關以委敵乎曰關外有三道關可入也曰若此則敵至而兵逃如故也安用重關曰將建三寨於山以待潰卒曰兵未潰而築寨以待之是教之潰也且潰兵可入敵亦可尾之入今不爲恢復計畫關而守將盡撤藩籬日闘堂奧畿東其有寧宇乎在晉無以難承宗乃議守關外監軍閻鳴泰主覺華島袁崇煥主寧遠衞在晉持不可主守中前所舊監司邢愼言張應吾逃在關皆附和之初化貞等旣逃自寧遠以西五城七十二堡悉爲哈喇愼諸部所據聲言助守邊前哨遊擊左輔名駐中前實不出八里鋪承宗知諸部不足信而寧遠覺華之可守已決計將自在晉發之推心告語凡七晝夜終不應還朝言敵未抵鎭武而我自燒寧前此前日經撫罪也我棄寧前敵終不至而我不敢出關一步此今日將吏罪也將吏匿關內無能轉其畏敵之心以畏法化其謀利之智以謀敵此臣與經臣罪也與其以百萬金錢浪擲於無用之版築曷若築寧遠要害以守八里鋪之四萬人當寧遠衝與覺華相犄角敵窺城令島上卒旁出三岔斷浮橋繞其後而橫擊之卽無事亦且收二百里疆土總之敵人之帳幕必不可近關門杏山之難民必不可置膜外不盡破庸人之論遼事不可爲也其他制置軍事又十餘疏帝嘉納無何御講筵承宗面奏在晉不足任

乃改南京兵部尚書并斥逃臣愼言等而八里築城之議遂熄在晉旣去承宗自請督師詔給關防敕書以原官督山海關及薊遼天津登萊諸處軍務便宜行事不從中制而以鳴泰爲遼東巡撫承宗乃辟職方主事鹿善繼王則古爲贊畫請帑金八十萬以行帝特御門臨遣賜尚方劍坐蟒閣臣送之崇文門外旣至關令總兵江應詔定軍制僉事崇煥建營舍廢將李秉誠練火器贊畫善繼則古治軍儲沈棨杜應芳繕甲仗司務孫元化築礮臺中書舍人宋獻羽林經歷程崙主市馬廣寧道僉事萬有孚主採木而令遊擊祖大壽佐金冠於覺華副將陳諫助趙率教於前屯遊擊魯之甲拯難民副將李承先練騎卒參將楊應乾募遼人爲軍是時關上兵名七萬顧無紀律冒餉多承宗大閱汰逃將數百人遣還河南眞定疲兵萬餘以之甲所救難民七千發前屯爲兵應乾所募遼卒出戍寧遠咨朝鮮使助聲援槁毛文龍於東江令復四衞檄登帥沈有容進據廣鹿島欲以春防躬蒞登萊商進取而中朝意方急遼弗許也應詔被劾承宗請用馬世龍代之以尤世祿王世欽爲南北帥聽世龍節制且爲世龍請尚方劍帝皆可之世龍旣受事承宗爲築壇拜行授鉞禮率教已守前屯盡驅哈喇愼諸部撫場猶在八里鋪象乾議開水關撫之關內承宗不可乃定於高臺堡時大淸兵委廣寧去遼遺民入居之插漢部以告有孚有孚謀挾西部乘間殲之冒恢復功承宗下檄曰西部殺我人者致罰如盟言是役也全活千餘人帝好察邊情時令東廠遣人詣關門具事狀奏報名曰較事及魏忠賢竊政遣其黨劉朝胡良輔紀用等四十五人齎內庫神礮甲仗弓矢之屬數萬至關門爲軍中用又以白金十萬蟒麒麟獅子虎豹諸幣頒賚將士而賜承宗蟒服白金慰勞之實覘軍也承宗方出關巡寧遠中路聞之立疏言中使觀兵自古有戒帝溫旨報之使者至具杯茗而已鳴泰之爲巡撫也承宗薦之後知其無實軍事多不與議鳴泰怏怏求去承宗亦引疾言官共留承宗詆鳴泰巡關御史潘雲翼復論劾之帝乃罷鳴泰而以張鳳翼代鳳翼怯復主守關議承宗不悅乃復出關巡視抵寧遠集將吏議所守衆多如鳳翼指獨世龍請守中後所而崇煥善繼及副將茅元儀力請守寧遠承宗然之議乃定令大壽興工崇煥滿桂守之先是虎部竊出盜掠率教捕斬四人象乾欲斬率教謝虎部承宗不可而承宗所遣王楹戍中右護其兵出採木爲西部朗素所殺承宗怒遣世龍勦之象乾恐壞撫局令朗素縛逃人爲殺楹者以獻而增市賞千金承宗方疏爭而象乾以憂去承宗患主款者撓己權言督師總督可勿兼設請罷己不可則弗推總督幷請以遼撫移駐寧遠帝命止總督推而鳳翼謂置己死地也因大恨與其鄉人雲翼有孚等力毀世龍以撼承宗無何有孚爲薊撫岳和聲所劾益疑世龍與崇煥搆陷乃共爲浮言撓出關計給事中解學龍遂極論世龍罪承宗憤抗疏陳守禦策言拒敵門庭之中與拒諸門庭外勢旣辨我促敵二百里外敵促我二百里中勢又辨蓋廣寧我遠而敵近寧遠我近而敵遠我不進逼敵敵將進而逼我今日卽不能恢遼左而寧遠覺華終不可棄請敕廷臣雜議主客之兵可否久戍本折之餉可否久輸關外之土地人民可否捐棄屯築戰守可否興舉再察敵人情形果否坐待可以消滅臣不敢爲百年久計祇計及五年間究竟何如倘臣言不當立斥臣以定大計無紆迴不決使全軀保妻子之臣附合衆喙以殺臣一身而悞天下也復爲世龍辯而發有孚等交搆狀有孚者故侍郎世德子也爲廣寧理餉同知城陷逃歸象乾題爲廣寧道僉事專撫插漢乾沒多至是以承宗言被斥鳳翼亦以憂歸喻安性代而廷臣言總督不可裁命吳用先督薊遼代象乾承宗惡本兵趙彥多中制稱疾求罷舉彥自代以困之廷議不可而止時寧遠城工竣關外守具畢備承宗圖大舉奏言前哨已置連山大凌河速畀臣餉二十四萬則功可立奏帝命所司給之兵工二部相與謀曰餉足渠卽妄爲不如許而不與文移往復稽緩之承宗再疏促具以情告帝爲飭諸曹而師竟不果出初方震孺游士任李達明時舉之譴承宗實劾之後皆爲求宥復稱楊鎬熊廷弼王化貞之勞請免死遣戍朝端譁然給事中顧其仁許譽卿御史袁化中交章論駁帝皆置弗省會承宗敘五防效勞諸臣且引疾乞罷乃遣中官劉應坤等齎帑金十萬犒將士而賜承宗坐蟒膝襴佐以金幣當是時忠賢益盜柄以承宗功高欲親附之令應坤等申意承宗不與交一言忠賢由是大憾會忠賢逐楊漣趙南星高攀龍等承宗方西巡薊昌念抗疏帝未必親覽往在講筵每奏對輒有入乃請以賀聖壽入朝面奏機宜欲因是論其罪魏廣微聞之奔告忠賢承宗擁兵數萬將淸君側兵部侍郎李邦華爲內主公立虀粉矣忠賢悸甚繞御牀哭帝亦爲心動令內閣擬旨次輔顧秉謙奮筆曰無旨離信地非祖宗法違者不宥夜啟禁門召兵部尚書入令三道飛騎止之又矯旨諭九門守閹承宗若至齊化門反接以入承宗抵通州聞命而返忠賢遣人偵之一襆被置輿中後車鹿善繼而已意少解而其黨李蕃崔呈秀徐大化連疏詆之至比之王敦李懷光承宗乃杜門求罷五年四月給事中郭興治請令廷臣議去留論冒餉者復踵至遂下廷臣雜議吏部尚書崔景榮持之乃下詔勉留而以簡將汰兵淸餉三事責承宗奏報承宗方遣諸將分戍錦州大小凌河松杏右屯諸要害拓地復二百里罷大將世欽世祿副將李秉誠孫諫汰軍萬七千餘人省度支六十八萬而言官論世龍不已至九月遂有柳河之敗死者四百餘人語詳世龍傳於是臺省劾世龍幷及承宗章疏數十上承宗求去益力十月始得請先已屢加左柱國少師太子太師中極殿大學士遂加特進光祿大夫廕子中書舍人賜蟒服銀幣行人護歸而以兵部尚書高第代爲經略無何安性亦罷遂廢巡撫不設初第力扼承宗請撤關外以守關內承宗駁之第深憾明年寧遠被圍乃疏言關門兵止存五萬言者益以爲承宗罪承宗告戶部曰第初蒞關嘗給十一萬七千人餉今但給五萬人餉足矣第果以妄言引罪後忠賢遣其黨梁夢環巡關欲傳致承宗罪無所得而止承宗在關四年前後修復大城九堡四十五練兵十一萬立車營十二水營五火營二前鋒後勁營八造甲冑器械弓矢礮石渠答鹵楯之具合數百萬拓地四百里開屯五千頃歲入十五萬後敘寧遠功廕子錦衣世千戶莊烈帝卽位在晉入爲兵部尚書恨承宗不置極論世龍及元儀熒惑樞輔壞關事又嗾臺省交口詆承宗以沮其出二年十月

大淸兵入大安口取遵化將薄都城廷臣爭請召承宗詔以原官兼兵部尚書守通州仍入朝陛見承宗至召對平臺帝慰勞畢問方畧承宗奏臣聞袁崇煥駐薊州滿桂駐順義侯世祿駐三河此爲得策又聞尤世威回昌平世祿駐通州似未合宜帝問卿欲守三河何意對曰守三河可以沮西奔遏南下帝稱善曰若何爲朕保護京師承宗言當緩急之際守陴人苦饑寒非萬全策請整器械厚犒勞以固人心所條畫俱稱旨帝曰卿不須往通其爲朕總督京城內外守禦事務仍參帷幄趣首輔韓爌草敕下所司鑄關防承宗出漏下二十刻矣卽周閱都城五鼓而畢復出閱重城明日夜半忽傳旨守通州時烽火徧近郊承宗從二十七騎出東便門道亡其三疾馳抵通門者幾不納旣入城與保定巡撫解經傳御史方大任總兵楊國棟登陴固守而

大淸兵已薄都城乃急遣遊擊尤岱以騎卒三千赴援旋遣副將劉國柱督軍二千與岱合而發密雲兵三千營東直門保定兵五千營廣寧門以其間遣將復馬蘭三屯二城至十二月四日而有祖大壽之變大壽遼東前鋒總兵官也偕崇煥入衞見崇煥下吏懼誅遂與副將何可綱等率所部萬五千人東潰遠近大震承宗聞急遣都司賈登科齎手書慰諭大壽而令遊擊石柱國馳撫諸軍大壽見登科言麾下卒赴援連戰俱捷冀得厚賞城上人羣詈爲賊投石擊死數人所遣邏卒指爲間諜而殺之勞而見罪是以奔還當出搗朶顏然後東身歸命柱國追及諸軍其將士持弓刀相向皆垂涕言督師旣戮又將以大礮擊斃我軍故至此柱國復前追大壽去已遠乃返承宗奏言大壽危疑已甚又不肯受滿桂節制因譌言激衆東奔非部下盡欲叛也當大開生路曲收衆心遼將多馬世龍舊部曲臣謹用便宜遣世龍馳諭其將士必解甲歸大壽不足慮也帝喜從之承宗密札諭大壽急上章自列且立功贖督師罪而己當代爲剖白大壽諾之具列東奔之故悉如將士言帝優詔報之命承宗移鎭關門諸將聞承宗世龍至多自拔來歸者大壽妻左氏亦以大義責其夫大壽斂兵待命當潰兵出關關城被劫掠閉門罷市承宗至人心始定關城故十六里衞城止二里令敵在內關城無可守衞城連關可步屧而上也乃別築牆橫互於關城穴之使礮可平出城中水不足一晝夜穿鑿百井舊汰牙門將僑寓者千人窮而思亂皆廩之於官使巡行街衢守臺護倉均有所事內間不得發外來者輒爲邏騎所得由是關門守完乃遣世龍督步騎兵萬五千入援令遊擊祖可法等率騎兵四營西戍撫寧三年正月大壽入關謁承宗親軍五百人甲而候於門承宗開誠與語卽日列其所統步騎三萬於教場行誓師禮羣疑頓釋時我

大淸已拔遵化而守之是月四日拔永平八日拔遷安遂下灤州分兵攻撫寧可法等堅守不下

大淸兵遂向山海關離三十里而營副將官惟賢等力戰乃還攻撫寧及昌黎俱不下當是時京師道梗承宗大壽軍在東世龍及四方援軍在西承宗募死士沿海達京師始知關城尚無恙關西南三縣曰撫寧昌黎樂亭西北三城曰石門臺頭燕河六城東護關門西繞永

平皆近關要地承宗飭諸城嚴守而遣將戍開平復建
昌聲援始接方京師戒嚴天下勤王兵先後至者二十
萬皆壁於薊門及近畿莫利先進詔旨屢督趣諸將亦
時戰攻然莫能克復世龍請先復遵化承宗曰不然遵
在北易取而難守不如姑留之以分其勢而先圖灤今
當多爲聲勢示欲圖遵之狀以牽之諸鎭赴豐潤開平
聯關兵以圖灤得灤則以開平兵守之而騎兵決戰以
圖永得灤永則關永合而取遵易易矣議既定乃令東
西諸營並進親詣撫寧以督之五月十日大壽及張春
邱禾嘉諸軍先抵灤城下世龍及尤世祿吳自勉楊麒
王承恩繼至越二日克之而副將王維城等亦入遷安
我
大淸兵守永平者盡撤而北還承宗遂入永平十六日
諸將謝尙政等亦入遵化四城俱復帝爲告謝郊廟大
行賞賚加承宗太傅賜蟒服白金世襲錦衣衞指揮僉
事力辭太傅不受而屢疏稱疾乞休優詔不允朶顏東
不的反覆承宗令大將王威擊敗之復賚銀幣先以冊
立東宮加太保及神宗實錄成加官亦如之並辭免而
乞休不已帝命閣臣議去留不能決特遣中書齎手詔
慰問乃起視事四年正月出關東巡抵松山錦州還入
關復西巡徧閱三協十二路而返條上東西邊政八事
帝咸採納五月以考滿詔加太傅兼食尙書俸廕尙寶
司丞賚蟒服銀幣羊酒復辭太傅不受初右屯大凌河
二城承宗已設兵戍守後高第來代盡撤之二城遂被
毀至是禾嘉巡撫遼東議復取廣寧義州右屯三城承
宗言廣寧道遠當先據右屯築城大凌河以漸而進兵
部尙書梁廷棟主之遂以七月興工工甫竣我
大淸兵大至圍數周承宗聞馳赴錦州遣吳襄宋偉往
救禾嘉屢易師期偉與襄又不相能遂大敗於長山至
十月城中糧盡援絕守將祖大壽力屈出降城復被毀
廷臣追咎築城非策也交章論禾嘉及承宗承宗復連
疏引疾十一月得請賜銀幣乘傳歸言者追論其喪師
辱國奪官閒住幷奪寧遠世廕承宗復列上邊計十六
事而極言禾嘉軍謀牴牾之失帝報聞而已家居七年
中外屢請召用不報十一年我
大淸兵深入內地以十一月九日攻高陽承宗率家人
拒守
大兵將引去繞城納喊者三守者亦應之三日此城笑
也於法當破圍復合明日城陷被執望闕叩頭投繯而
死年七十有六子舉人鈐尙寶丞鑰官生鈰生員鋡鎬
從子鍊及孫之沆之滂之澋之洁之濾從孫之澈之渼
之泳之澤之渙之瀚皆戰死督師中官高起潛以聞帝
嗟悼命所司優卹當國者楊嗣昌薛國觀輩陰扼之但
復故官予祭葬而已福王時始贈太師謚文忠

贊曰承宗以宰相再視師皆粗有成效矣奄豎斗筲傒
先齮扼卒屏諸田野至闔門膏斧鑕而恤典不加國是
如此求無危安可得也夫攻不足者守有餘度彼之才
恢復固未易言令專任之猶足以愼固封守而廷論紛
呶亟行翦除蓋天眷有德氣運將更有莫之爲而爲者
夫

明史卷二百五十一　　列傳第一百三十九

總裁官總理事務經筵講官少保兼太子太保保和殿大學士兼管吏部戶部尙書事加六級張廷玉等奉
敕修

李標 李國𣚴 周道登　　劉鴻訓
錢龍錫 錢士升 士晉　　成基命
何如寵 兄如申　錢象坤　徐光啓 鄭以偉 林釬
文震孟 周炳謨　　蔣德璟 黃景昉
方岳貢 邱瑜 瑜子之陶

李標字汝立高邑人萬曆三十五年進士改庶吉士授
檢討泰昌時累遷少詹事天啓中擢拜禮部右侍郞協
理詹事府標師同邑趙南星黨人忌之列名東林同志
錄中標懼禍引疾歸莊烈帝嗣位卽家拜禮部尙書兼
東閣大學士崇禎元年三月入朝未幾李國𣚴來宗道
楊景辰相繼去標遂爲首輔帝銳意圖治恒召大臣面
決庶政宣府巡撫李養冲疏言旂尉往來如織蹤跡難
憑且虛費無所出帝以示標等曰邊情危急遣旂尉偵
探奈何以爲僞且祖宗朝設立廠衞奚爲者標對曰事
固宜愼養冲以爲不賂恐毀言日至賂之則物力難勝
耳帝默然同官劉鴻訓以增敕事爲御史吳玉所糾帝
欲寘鴻訓於法標力辯其納賄之誣溫體仁訐錢謙益
引已結浙闈事爲詞給事中章允儒廷駁之帝怒幷謙
益將重譴又欲罪給事中瞿式耜御史房可壯等標言
陛下處分謙益允儒本因體仁言體仁乃不安求罷乞
陛下念謙益事經恩詔姑令回籍於允儒仍許自新而
式耜等槩從薄罰諸臣安體仁亦安帝不從自是深疑
朝臣有黨標等遂不得行其志是冬韓爌還朝標讓爲
首輔尋與爌等定逆案三年正月爌罷標復爲首輔累
加至少保兼太子太保戶部尙書武英殿大學士先是
與標並相者六人宗道景辰以附璫斥鴻訓以增敕戍
周道登錢龍錫被攻去獨標在遂五疏乞休至三月得
請家居六年卒贈少傅謚文節李國𣚴字元治高陽人
萬曆四十一年進士由庶吉士歷官詹事天啓六年七
月超擢禮部尙書入閣釋褐十四年卽登宰輔魏忠賢
以同鄉故援之也然國𣚴每持正論劉志選劾張國紀
以撼中宮國𣚴言子不宜佐父難母而況無問之父母
乎國紀乃得免罪御史方震孺及高陽令唐紹堯繫獄
皆力爲保全崇禎初以登極恩進左柱國少師兼太子
太師吏部尙書中極殿大學士國子監生胡煥猷劾國
𣚴等褫衣冠國𣚴薦復之時人稱爲長厚元年五月得
請歸里薦韓爌孫承宗自代卒贈太保謚文敏宗道景
辰事見黃立極傳中周道登吳江人萬曆二十六年進
士由庶吉士歷遷少詹事天啓時爲禮部左侍郞頗有
所爭執以病歸五年秋廷推禮部尙書魏忠賢削其籍
崇禎初與李標等同入閣道登無學術奏對鄙淺傳以
爲笑御史田時震劉士禎王道直吳之仁任贊化給事
中閻可陛交劾之悉下廷議吏部尙書王永光等言道
登黨護樞臣王在晉及宗生朱統鈽鄉人陳于鼎館選
事俱有實跡乃罷歸閱五年而卒

劉鴻訓字默承長山人父一相由進士歷南京吏科給
事中追論故相張居正事執政忌之出爲隴右僉事終
陝西副使萬曆四十一年鴻訓登第由庶吉士授編修
神光二宗相繼崩頒詔朝鮮甫入境遼陽陷朝鮮爲造
二洋船從海道還沿途收難民船重而壞跳淺沙入小
舟飄泊三日夜僅得達登州報命遭母喪服闋進右中
允轉左諭德父喪歸天啓六年冬起少詹事忤魏忠賢
斥爲民莊烈帝卽位拜禮部尙書兼東閣大學士參預
機務遣行人召之三辭不允崇禎元年四月還朝當是
時忠賢雖敗其黨猶盛言路新進者羣起抨擊之諸執
政嘗與忠賢共事不敢顯爲別白鴻訓至毅然主持斥
楊維垣李恒茂楊所修田景新孫之獬阮大鋮徐紹吉
張訥李蕃賈繼春霍維華等人情大快而御史袁弘勛
史𡐿高捷本由維垣輩進思合謀攻去鴻訓則黨人可
安也弘勛乃言所修繼春維垣夾攻表裏之奸有功無
罪而誅鋤自三臣始又詆鴻訓使朝鮮滿載貂參而歸
錦衣僉事張道濬亦訐攻鴻訓鴻訓奏辯給事中顏繼
祖言鴻訓先朝削奪朝鮮一役舟敗僅以身免乞諭鴻
訓入直共籌安攘之策至弘勛之借題傾人道濬之出
位亂政非重創未有已也帝是之給事中鄧英乃盡發
弘勛臧私且言弘勛以千金贄維垣得御史帝怒落弘
勛職候勘已而高捷上疏言鴻訓斥擊奸之維垣所修
繼春大鋮而不納孫之獬流涕忠言謬主焚燬要典以
便私黨孫愼行進用帝責以妄言停其俸史𡐿復佐捷
攻之言路多不直兩人兩人遂罷去七月以四川賊平
加鴻訓太子太保進文淵閣帝數召見廷臣鴻訓應對
獨敏謂民困由吏失職請帝久任責成以尙書畢自嚴
善治賦王在晉善治兵請帝加倚信帝初甚向之關門
兵以缺餉鼓譟帝意責戶部而鴻訓請發帑三十萬示
不測恩由是失帝指至九月而有改敕書之事舊例督
京營者不轄巡捕軍惠安伯張慶臻總督京營敕有兼
轄捕營語提督鄭其心以侵職論之命覈中書賄改之
故下舍人田佳璧獄給事中李覺斯言藁具兵部送輔
臣裁定乃令中書繕寫寫訖復審視進呈兵部及輔臣
皆當問十月帝御便殿問閣臣皆謝不知帝怒令廷臣
劾奏尙書自嚴等亦謝不知帝益怒給事中張鼎延御
史王道直咸言慶臻行賄有跡不知誰主使御史劉玉
言主使者鴻訓也慶臻曰改敕乃中書事臣實不預知
且增轄捕卒取利幾何乃行重賄帝叱之閱兵部揭有
鴻訓批西司房語佳璧亦供受鴻訓指事遂不可解而
侍郞張鳳翔詆之尤力閣臣李標錢龍錫言鴻訓不宜
有此請更察訪帝曰事已大著何更訪爲促令擬旨標
等逡巡未上禮部尙書何如寵爲鴻訓力辯帝意卒不
可回乃擬旨鴻訓慶臻並革職候勘無何御史田時震
劾鴻訓用田仰巡撫四川納賄二千金給事中閻可陛
劾副都御史賈毓祥由賂鴻訓擢用鴻訓數被劾連章
力辯因言都中神奸狄姓者詭詐慶臻千金致臣無辜
受禍帝不聽下廷臣議罪明年正月吏部尙書王永光
等言鴻訓慶臻罪無可辭而律有議貴條請寬貸兵部
尙書王在晉職方郞中苗思順贓證未確難懸坐帝不
許鴻訓謫戍代州在晉思順並削籍慶臻以世臣停祿
三年覺斯鼎延道直玉時震以直言增秩一級鴻訓居
政府銳意任事帝有所不可退而曰主上畢竟是冲主
帝聞深銜之欲寘之死賴諸大臣力救乃得稍寬七年
五月卒戍所福王時復官

錢龍錫字稚文松江華亭人萬曆三十五年進士由庶
吉士授編修屢遷少詹事天啓四年擢禮部右侍郞協
理詹事府明年改南京吏部右侍郞忤魏忠賢削籍莊
烈帝卽位以閣臣黃立極施鳳來張瑞圖李國𣚴皆忠
賢所用不足倚詔廷臣推舉列上十人帝倣古枚卜典
貯名金甌焚香肅拜以次探之首得龍錫次李標來宗
道楊景辰輔臣以天下多故請益一二人復得周道登

劉鴻訓並拜禮部尚書兼東閣大學士明年六月龍錫入朝立極等四人俱先罷宗道景辰亦以是月去標爲首輔龍錫鴻訓協心輔理朝政稍清尋以蜀寇平加太子太保改文淵閣帝好察邊事頻遣旂尉偵探龍錫言舊制止行於都城內外若遠遣恐難委信海寇犯中左所總兵官俞咨皐棄城遁罪當誅帝欲并罪巡撫朱一馮龍錫言一馮所駐遠非棄城者比罷職已足蔽辜瑞王出封漢中請食川鹽龍錫言漢中食晉鹽而瑞藩獨用川鹽恐奸徒借名私販莫敢譏察故事纂修實錄分遣國學生採事蹟於四方龍錫言實錄所需在邸報及諸司奏牘遣使無益徒滋擾宜停罷烏撒土官安效良死其妻改適霑益土官安邊欲兼有烏撒部議將聽之龍錫言效良有子其爵立其爵以收烏撒存亡繼絕於理爲順安邊淫亂不可長也帝悉從之明年帝以漕船違禁越關欲復設漕運總兵官龍錫言久裁而復宜集廷臣議得失事竟止廷議汰冗官帝謂學官尤冗龍錫言學官舊用歲貢生近因舉人乞恩選貢纂修占缺者多歲貢積至二千六百有奇皓首以歿良可憫且祖宗設官於此稍寬者以師儒造士需老成故也帝亦納之言官鄒毓祚韓一良章允儒劉斯琜獲譴並爲申救御史高捷史堃既罷王永光力引之頗爲龍錫所扼兩人大恨逆案之定半爲龍錫主持奸黨銜之次骨及袁崇煥殺毛文龍報疏云輔臣龍錫爲此一事低徊過臣寓復上善後疏言閣臣樞臣往復商確臣以是得奉行無失時文龍擁兵自擅有跋扈聲崇煥一旦除之卽當宁不以爲罪也其冬十二月

大清兵薄都城帝怒崇煥戰不力執下獄而捷堃已爲永光引用捷遂上章指通款殺將爲龍錫罪且言祖大壽師潰而東由龍錫所挑激帝以龍錫忠愼戒無過求龍錫奏辯言崇煥陛見時臣見其貌寢退謂同官此人恐不勝任及崇煥以五年復遼自詭往詢方畧崇煥云恢復當自東江始文龍可用則用之不可用則去之易易耳迨崇煥突誅文龍疏有臣低徊一語臣念文龍功罪朝端共知因置不理奈何以崇煥誇詡之詞坐臣朋謀罪又辯挑激大壽之誣請賜罷黜帝慰諭之龍錫卽起視事捷再疏攻帝意頗動龍錫再辯引疾遂放歸時兵事旁午未暇竟崇煥獄至三年八月堃復上疏言龍錫主張崇煥斬帥致兵倡爲款議以信五年成功之說賣國欺君其罪莫逭龍錫出都以崇煥所畀重賄數萬轉寄姻家巧爲營幹致國法不伸帝怒敕刑官五日內具獄於是錦衣劉僑上崇煥獄詞帝召諸臣於平臺賓崇煥重辟責龍錫私結邊臣蒙隱不舉令廷臣議罪是日羣議於中府謂斬帥雖龍錫啟端而兩書有處置愼重語意不在擅殺文龍乃崇煥過舉至講款倡自崇煥龍錫始答以酌量繼答以天子神武不宜講款然軍國大事私自商度不抗疏發奸何所逃罪帝遂遣使逮之十二月逮至下獄復疏辯悉封上崇煥原書及所答書帝不省時羣小麗名逆案者聚謀指崇煥爲逆首龍錫等爲逆黨更立一逆案相抵謀既定欲自兵部發之尚書梁廷棟憚帝英明不敢任而止乃議龍錫大辟且用夏言故事設廠西市以待帝以龍錫無逆謀令長繫四年正月右中允黃道周疏言龍錫不宜坐死罪忤旨貶秩調外而帝意寖解矣夏五月大旱刑部尚書胡應台等乞宥龍錫給事中劉斯琜繼言之詔所司再讞乃釋獄戍定海衞在戍十二年兩遇赦不原其子請輸粟贖罪會周延儒再當國尼不行福王時復官歸里未幾卒年六十有八錢士升字抑之嘉善人萬曆四十四年殿試第一授修撰天啟初以養母乞歸久之進左中允不赴高邑趙南星同里魏大中受璫禍及江西同年生萬熿杖死追贓皆力爲營護破產助之以是爲東林所推崇禎元年起少詹事掌南京翰林院明年以詹事召會座主錢龍錫被逮送之河干卽謝病歸四年起南京禮部右侍郎署尚書事祭告鳳陽陵寢疏陳戶口流亡之狀甚悉六年九月召拜禮部尚書兼東閣大學士參預機務明年春入朝請停事例罷鼓鑄嚴贓吏之誅止遣官督催新舊餉第責成於撫按帝悉從之帝操切溫體仁以刻薄佐之上下囂然士升因撰四箴以獻大指謂寬以御衆簡以臨下虛以宅心平以出政其言深中時病帝雖優旨報聞意殊不懌也無何武生李璡請括江南富戶報名輸官行首實籍沒之法士升惡之擬旨下刑部提問帝不許同官溫體仁遂改輕擬士升曰此亂本也當以去就爭之乃疏言自陳啟新言事擢置省闥比來借端倖進者實繁有徒然未有誕肆如璡者也其曰縉紳豪右之家大者千百萬中者百十萬以萬計者不能枚舉臣不知其所指何地就江南論之富家數畝以對百計者什六七千計者什三四萬計者千百中一二耳江南如此何況他省且郡邑有富家固貧民衣食之源也地方水旱有司令出錢粟均糶濟饑一遇寇警令助城堡守禦富家未嘗無益於國周禮荒政十二保富居一今以兵荒歸罪於富家朘削議括其財而籍沒之此秦皇不行於巴清漢武不行於卜式者而欲行於聖明之世乎今秦晉楚豫已無寧宇獨江南數郡稍安此議一倡無賴亡命相率而與富家爲難不驅天下之民胥爲流寇不止或疑此輩乃流寇心腹倡橫議以搖人心豈直借端倖進已哉疏入而璡已下法司提問帝報曰卽欲沽名前疏已足致之毋庸汲汲前疏謂四箴也士升惶懼引罪乞休帝卽許之士升初入閣體仁頗援之體仁推轂謝陞唐世濟士升皆爲助文震孟被擠士升弗能救論者咎之至是乃以讜言去位弟士晉萬曆中由進士除刑部主事恤刑畿輔平反者千百人崇禎時以山東右布政擢雲南巡撫築師宗新化六城濬金針白沙等河平土官岑儂兩姓之亂頗著勞績已而經歷吳鯤化訐其營賄體仁卽擬嚴旨且屬同官林釬弗洩欲因弟以逐其兄命下而士晉已卒事乃已士升國變後七年乃卒

成基命字靖之大名人後避宣宗諱以字行萬曆三十五年進士改庶吉士歷司經局洗馬署國子監司業事天啟元年疏請幸學不先白政府執政者不悅令以原官還局遂請告歸尋起少詹事累官禮部右侍郎兼太子賓客改掌南京翰林院事六年魏忠賢以基命爲楊漣同門生落職閒住崇禎元年起吏部左侍郎明年十月京師戒嚴基命請召還舊輔孫承宗省一切浮議倣嘉靖朝故事增設樞臣帝並可之踰月拜禮部尚書兼東閣大學士入閣輔政庶吉士金聲薦僧申甫爲將帝令基命閱其所部兵極言不可用後果一戰而敗袁崇煥祖大壽入衞帝召見平臺執崇煥屬吏大壽在旁股慄基命獨叩頭請愼重者再帝曰愼重卽因循何益基命復叩頭曰敵在城下非他時比帝終不省大壽至軍卽擁衆東潰帝憂之甚基命曰令崇煥作手札招之當歸命也時兵事孔棘基命數建白皆允行及戒嚴召對文華殿帝言法紀廢弛宜力振刷基命曰治道去太甚譬理亂絲當覓其緒驟紛更益擾亂帝曰慢則糾之以猛何謂紛更其後溫體仁益導帝以操切天下遂大亂三年二月工部主事李逢申劾基命欲脫袁崇煥罪故乞愼重基命求罷帝爲貶逢申一秩韓爌李標相繼去基命遂爲首輔與周延儒何如寵錢象坤共事以恢復永平敘功並加太子太保進文淵閣至六月溫體仁吳宗達入延儒體仁最爲帝所眷比而傾基命基命遂不安其位矣方崇煥之議罪也基命病足不入直錦衣張道濬以委卸劾之工部主事陸澄源疏繼上基命奏辯日澄源謂臣當兩首廷推皆韓爌等欲藉以救崇煥當廷推時崇煥方倚任安知後日之敗預謀救之其說祖逢申道濬不逐臣不止乞放歸帝慰留之卒三疏自引去基命性寬厚每事持大體先是四城未復兵部尚書梁廷棟銜總理馬世龍將更置之以撼樞輔承宗基命力調劑世龍卒收遵永功尚書張鳳翔喬允升韓繼思相繼下吏並爲申理副都御史易應昌下詔獄以基命言改下法司御史李長春給事中杜齊芳坐私書事將置重典基命力救不聽長跪會極門言祖宗立法眞死罪猶三覆奏豈有詔獄一訊遽置極刑自辰至酉未起帝意解得遣戍逢申初劾基命後以礮炸下獄擬戍帝猶以爲輕亦以基命言得如擬爲首輔者數月帝欲委政延儒遂爲其黨所逐八年卒於家贈少保謚文穆

何如寵字康侯桐城人父思鼇知棲霞縣有德於民如寵登萬曆二十六年進士由庶吉士累遷國子監祭酒天啟時官禮部右侍郎協理詹事府五年正月廷推左侍郎魏廣微言如寵與左光斗同里友善遂奪職閒住崇禎元年起爲吏部右侍郎未至拜禮部尚書宗藩婚嫁命名例請於朝貧者爲部所稽自萬曆末至是積疏累千有白首不能完家室骨朽而尚未名者用如寵請貧宗得嫁娶者六百餘人大學士劉鴻訓以增敕事帝怒不測如寵力爲剖析得免死戍邊明年冬京師戒嚴都人桀黠者請以私財聚衆助官軍朝議壯之如寵力言其叵測不善用必啟內釁帝召問對如初帝出片紙示之則得之偵事與如寵言合由是受知十二月命與周延儒錢象坤俱以本官兼東閣大學士入閣輔政帝欲族袁崇煥以如寵申救免死者三百餘口累加少保戶部尚書武英殿大學士四年春副延儒總裁會試事竣卽乞休疏九上乃允陛辭陳惇大明作之道抵家復請時觀通鑑察古今理亂忠佞語甚切六年延儒罷政體仁當爲首輔而延儒憾體仁排己謀起如寵以抑之如寵畏體仁六疏辭體仁遂爲首輔如寵性孝友母年九十色養不衰操行恬雅與物無競難進易退世尤高之十四年卒福王時贈太保謚文端兄如申與如寵同舉進士官戶部郎中督餉遼東有清操軍士請復留二載終浙江右布政使錢象坤字弘載會稽人萬曆二十九年進士改庶吉士授檢討進諭德轉庶子泰昌改元官少詹事直講筵講畢見中官王安與執政議事卽趨出安使人延之堅不入天啟中給事中論織造語侵中貴詔予杖閣臣救不得象坤語葉向高講筵面奏之乃

免時行立枷法懲甚象坤白之帝多所寬釋再遷禮部右侍郎兼太子賓客四年七月向高辭位御史黃公輔慮象坤柄政請留向高詆象坤甚力象坤遂辭去六年廷推南京禮部尚書魏忠賢私人指爲繆昌期黨落職閒住崇禎元年召拜禮部尚書協理詹事府明年冬都城被兵條禦敵三策奉命登陴分守祁寒不懈帝覘知遂與何如寵並相明年溫體仁入象坤其門生讓而居其下累加少保進武英殿象坤在翰林與龍錫謙益士升並負物望有四錢之目及體仁相無附和跡四年御史水佳允連劾兵部尚書梁廷棟廷棟不待旨卽奏辯廷棟故出象坤門佳允疑象坤洩之語侵象坤延儒以廷棟嘗發其私人贓罪惡之幷惡象坤象坤遂五疏引疾去廷棟落職給事中吳執御傅朝佑稱象坤難進易退不當以門生累不聽家居十年無病而卒贈太保諡文貞廕一子中書舍人

徐光啓字子先上海人萬曆二十五年舉鄉試第一又七年成進士由庶吉士歷贊善從西洋人利瑪竇學天文曆算火器盡其術遂徧習兵機屯田鹽筴水利諸書楊鎬四路喪師京師大震累疏請練兵自効神宗壯之超擢少詹事兼河南道御史練兵通州列上十議時遼事方急不能如所請光啓疏爭乃稍給以民兵戎械未幾熹宗卽位光啓志不得展請裁去不聽既而以疾歸遼陽破召起之還朝力請多鑄西洋大礮以資城守帝善其言方議用而光啓與兵部尚書崔景榮議不合御史邱兆麟劾之復移疾歸天啓三年起故官旋擢禮部右侍郎五年魏忠賢黨智鋌劾之落職閒住崇禎元年召還復申練兵之說未幾以左侍郎理部事帝憂國用不足敕廷臣獻屯鹽善策光啓言屯政在乎墾荒鹽政在嚴禁私販帝褒納之擢本部尚書時帝以日食失驗欲罪臺官光啓言臺官測候本郭守敬法元時嘗當食不食守敬且爾無怪臺官之失占臣聞曆久必差宜及時修正帝從其言詔西洋人龍華民鄧玉函羅雅谷等推算曆法光啓爲監督四年春正月光啓進日躔曆指一卷測天約說二卷大測二卷日躔表二卷割圜八線表六卷黃道升度七卷黃赤距度表一卷通率表一卷是冬十月辛丑朔日食復上測候四說其辯時差里差之法最爲詳密五年五月以本官兼東閣大學士入參機務與鄭以偉並命尋加太子太保進文淵閣光啓雅負經濟才有志用世及柄用年已老值周延儒溫體仁專政不能有所建白明年十月卒贈少保鄭以偉字子器上饒人萬曆二十九年進士改庶吉士授檢討累遷少詹事泰昌元年官禮部右侍郎天啓元年光宗祔廟當祧憲宗太常少卿洪文衡以睿宗不當入廟請祧奉玉芝宮以偉不可而止論者卒是文衡尋以左侍郎協理詹事府四年以偉直講筵與璫忤上疏告歸崇禎二年召拜禮部尚書久之與光啓並相再辭不允以偉修潔自好書過目不忘文章奧博而票擬非其所長嘗曰吾富於萬卷窘於數行乃爲後進所藐章疏中有何況二字悞以爲人名也擬旨提問帝駁改始悟自是詞臣爲帝輕遂有館員須歷推知之論而閣臣不專用翰林矣以偉累乞休不允明年六月卒官贈太子太保御史言光啓以偉相繼沒蓋棺之日囊無餘貲請優卹以媿貪墨者帝納之乃諡光啓文定以偉文恪其後二年同安林釬爲大學士未半歲而卒亦有言其淸者得諡文穆釬字實甫萬曆四十四年殿試第三人授編修天啓時任國子司業監生陸萬齡請建魏忠賢祠於太學旁具簿醵金强釬爲倡釬援筆塗抹卽夕挂冠櫺星門徑歸忠賢矯旨削其籍崇禎改元起少詹事九年由禮部侍郎入閣有謹愿誠恪之稱久之帝念光啓博學强識索其家遺書子驥入謝進農政全書六十卷詔令有司刊布加贈太保錄其孫爲中書舍人

文震孟字文起吳縣人待詔徵明曾孫也祖國子博士彭父衛輝同知元發並有名行震孟弱冠以春秋舉於鄉十赴會試至天啓二年殿試第一授修撰時魏忠賢漸用事外廷應之數斥逐大臣震孟憤於是冬十月上勤政講學疏言今四方多故無歲不蹙地陷城覆軍殺將乃大小臣工卧薪嘗膽之日而因循粉飾將使祖宗天下日銷月削非陛下大破常格鼓舞豪傑心天下事未知所終也陛下昧爽臨朝寒暑靡輟政非不勤然鴻臚引奏跪拜起立如傀儡登場已耳請按祖宗制唱六部六科則六部六科以次白事糾彈敷奏陛下與輔弼大臣面裁決焉則聖智日益明習而百執事各有奮心若僅揭帖一紙長跪一諾北面一揖安取此鴛行豸繡橫玉腰金者爲經筵日講臨御有期學非不講然侍臣進讀鋪敘文辭如蒙師誦說已耳祖宗之朝君臣相對如家人父子咨訪軍國重事閭閻隱微情形畢照奸詐無所藏左右近習亦無緣蒙蔽若僅尊嚴如神上下拱手經傳典謨徒循故事安取此正笏垂紳展書簪筆者爲且陛下既與羣臣不洽朝夕侍御不越中涓之輩豈知帝王宏遠規模於是危如山海而閣臣一出莫挽偷安之習慘如黔圍而撫臣坐視不聞嚴譴之施近日舉動尤可異者鄒元標去位馮從吾杜門首揆冢宰亦相率求退空人國以營私窟幾似濁流之投罟道學以逐名賢有甚僞學之禁唐宋末季可爲前鑒疏入忠賢屏不卽奏乘帝觀劇摘疏中傀儡登場語謂比帝於偶人不殺無以示天下帝頷之一日講筵畢忠賢傳旨廷杖震孟八十首輔葉向高在告次輔韓爌力爭會庶吉士鄭鄤疏復入內批俱貶秩調外言官交章論救不納震孟亦不赴調而歸六年冬太倉進士顧同寅生員孫文豸坐以詩悼惜熊廷弼爲兵馬司緝獲御史門克新指爲妖言波及震孟與編修陳仁錫庶吉士鄭鄤並斥爲民崇禎元年以侍讀召改左中允充日講官三年春輔臣定逆案者相繼去國忠賢遺黨王永光輩日乘機報復震孟抗疏糾之帝方眷永光不報震孟尋進左諭德掌司經局直講如故五月復上疏曰羣小合謀欲借邊才翻逆案天下有無才悞事之君子必無懷忠報國之小人今有平生無恥慘殺名賢之呂純如且藉與援思辯雪永光爲六卿長假竊威福倒置用舍無事不專而濟以狠發念必欺而飾以朴以年例大典而變亂祖制以考選盛舉而擯斥淸才舉朝震恐莫敢訟言臣下雷同豈國之福帝令指實再奏震孟言殺名賢者故吏部郎周順昌年例則抑吏科都給事中陳良訓考選則擯中書舍人陳士奇潘有功是也永光窘甚密結大奄王永祚謂士奇出姚希孟門震孟希孟舅也帝心疑之永光辯疏得溫旨而責震孟任情牽詆然羣小翻案之謀亦由是中沮震孟在講筵最嚴正時大臣數逮繫震孟講魯論君使臣以禮一章反覆規諷帝卽降旨出尚書喬允升侍郎胡世賞於獄帝嘗足加於膝適講五子之歌至爲人上者奈何不敬以目視帝足帝卽袖掩之徐爲引下時稱眞講官既忤權臣欲避去出封益府便道歸遂不復出五年卽家擢右庶子久之進少詹事初天啓時詔修光宗實錄禮部侍郎周炳謨載神宗時儲位臲卼及妖書梃擊諸事直筆無所阿其後忠賢盜柄御史石三畏劾削炳謨職忠賢使其黨重修是非倒置震孟摘尤謬者數條疏請改正帝特御平臺召廷臣面議卒爲溫體仁王應熊所沮八年正月賊犯鳳陽皇陵震孟歷陳致亂之源因言當事諸臣不能憂國奉公一統之朝强分畛域加膝墜淵總由恩怨數年來振綱肅紀者何事推賢用能者何人安內攘外者何道富國强兵者何策陛下宜奮然一怒發哀痛之詔按失律之誅正誤國之罪行撫綏之實政寬閭閻之積逋先收人心以遏寇盜徐議濬財之源毋徒竭澤而漁盡斥患得患失之鄙夫廣集羣策羣力以定亂國事庶有瘳乎帝優旨報之然亦不能盡行也故事講筵不列春秋帝以有神治亂令擇人進講震孟春秋名家爲體仁所忌隱不舉次輔錢士升指及之體仁佯驚曰幾失此人遂以其名上及進講果稱帝旨六月帝將增置閣臣召廷臣數十人試以票擬震孟引疾不入體仁方在告七月帝特擢震孟禮部左侍郎兼東閣大學士入閣預政兩疏固辭不許閣臣被命卽投刺司禮大奄兼致儀狀震孟獨否掌司禮者曹化淳故屬王安從奄雅慕震孟令人輾轉道意卒不往震孟既入直體仁每擬旨必商之有所改必從喜謂人曰溫公虛懷何云奸也同官何吾騶曰此人機深詎可輕信越十餘日體仁窺其疏所擬不當輒令改不從則徑抹去震孟大愠以諸疏擲體仁前體仁亦不顧都給事中許譽卿者故劾忠賢有聲震孟及吾騶欲用爲南京太常卿體仁忌譽卿伉直諷吏部尚書謝陞劾其與福建布政使申紹芳營求美官體仁擬以貶謫度帝欲重擬必發改已而果然遂擬斥譽卿爲民紹芳提問震孟爭之不得怫然曰科道爲民是天下極榮事賴公玉成之體仁遽以聞帝果怒責吾騶震孟徇私撓亂吾騶罷震孟落職閒住方震孟之拜命也卽有旨撤鎭守中官及次輔王應熊之去忌者謂震孟爲之由是有譖其居功者帝意遂移震孟剛方貞介有古大臣風惜三月而斥未竟其用歸半歲會甥姚希孟卒哭之慟亦卒廷臣請卹不允十二年詔復故官十五年贈禮部尚書賜祭葬官一子福王時追諡文肅二子秉乘秉遭國變死於難周炳謨字仲覲無錫人父子義嘉靖中庶吉士萬曆中仕至吏部侍郎卒諡文恪炳謨萬曆三十二年進士當重修光宗實錄時炳謨已先卒崇禎初贈禮部尚書諡文簡父子皆以學行稱於世

蔣德璟字申葆晉江人父光彥江西副使德璟天啓二年進士改庶吉士授編修崇禎時由侍讀歷遷少詹事條奏救荒事宜尋擢禮部右侍郎時議限民田德璟言民田不可奪而足食莫如貴粟北平山陝江北諸處宜聽民開墾及課種桑棗修農田水利府縣官考滿以是爲殿最至常平義倉歲輸本色依令甲行之足矣十四年春楊嗣昌卒於軍命九卿議罪德璟議曰嗣昌倡聚斂之議加勦餉練餉致天下民窮財盡胥爲盜又匿失事飾首功宜按仇鸞事追正其罪不從十五年二月耕

精禮成請召還原任侍郎陳子壯祭酒倪元璐等帝皆錄用六月廷推閣臣首德璟入對言邊臣須久任薊督半載更五人事將益廢弛帝曰不稱當更對曰與其更於後曷若愼於初帝問天變何由弭對曰莫如拯百姓近加遼餉千萬練餉七百萬民何以堪祖制三協止一督一撫一總兵今增二督三撫六總兵又設副將數十人權不統一何由制勝帝頷之首輔周延儒嘗薦德璟淵博可備顧問文體華贍宜用之代言遂擢德璟及黃景昉吳甡爲禮部尚書兼東閣大學士同入直延儒甡各樹門戶德璟無所比性鯁直黃道周召用劉宗周免罪德璟之力居多開封久被圍自請馳督諸將戰優詔不允明年進御覽備邊冊凡九邊十六鎭新舊兵食之數及屯鹽民運漕糧馬價悉志焉已進諸邊撫賞冊及御覽簡明冊帝深嘉之諸邊士馬報戶部者浮兵部過半耗糧居多而屯田鹽引民運每鎭至數十百萬一聽之邊臣天津海道輸薊遼歲米豆三百萬惟倉場督臣及天津撫臣出入部中皆不稽覈德璟語部臣合部運津運各邊民運屯鹽通爲計畫餉額可足而加派之餉可裁因復條十事以責部臣然卒不能盡釐也一日召對帝語及練兵德璟曰會典高皇帝教練軍士一以弓弩刀鎗行賞罰此練軍法衞所總小旂補役以鎗勝負爲升降凡武弁比試必騎射精嫺方准襲替此練將法豈至今方設兵帝爲悚然又言祖制各邊養軍止屯鹽民運三者原無京運銀自正統時始有數萬迄萬曆末亦止三百餘萬今則遼餉練餉幷舊餉計二千餘萬而兵反少於往時耗蠹乃如此又言文皇帝設京衞七十二計軍四十萬畿內八府軍二十八萬又有中部大寧山東河南班軍十六萬春秋入京操演深得居重馭輕勢今皆虛冒且自來征討皆用衞所官軍嘉靖末始募兵遂置軍不用至加派日增軍民兩困願憲章二祖修復舊制帝是之而不果行十七年戶部主事蔣臣請行鈔法言歲造三千萬貫一貫價一兩歲可得銀三千萬兩侍郎王鼇永贊行之帝特設內寶鈔局晝夜督造募商發賣無一人應者德璟言百姓雖愚誰肯以一金買一紙帝不聽又因局官言責取桑穰二百萬斤於畿輔山東河南浙江德璟力爭帝留其揭不下後竟獲免先以軍儲不足歲僉畿輔山東河南富戶給値令買米豆輸天津多至百萬民大擾德璟因召對面陳其害帝卽令擬諭罷之二月帝以賊勢漸逼令羣臣會議以二十二日奏聞都御史李邦華密疏云輔臣知而不敢言翼日帝手其疏問何事陳演以少詹事項煜東宮南遷議對帝取視默然德璟從旁力贊帝不答給事中光時亨追論練餉之害德璟擬旨向來聚斂小人倡爲練餉致民窮禍結誤國良深帝不悅詰曰聚斂小人誰也德璟不敢斥嗣昌以故尚書李待問對帝曰朕非聚斂但欲練兵耳德璟曰陛下豈肯聚斂然旣有舊餉五百萬新餉九百餘萬復增練餉七百三十萬臣部實難辭責且所練兵馬安在薊督練四萬五千今止二萬五千保督練三萬今止二千五百保鎭練一萬今止二百若山永兵七萬八千薊密兵十萬昌平兵四萬宣大山西及陝西三邊各二十餘萬一經抽練原額兵馬俱不問幷所抽亦未練徒增餉七百餘萬爲民累耳帝曰今已幷三餉爲一何必多言德璟曰戶部雖幷爲一州縣追比仍是三餉帝震怒責以朋比德璟力辯諸輔臣爲申救尚書倪元璐以鈔餉乃戶部職自引咎帝意稍解明日德璟具疏引罪帝雖旋罷練餉而德璟竟以三月二日去位給事中汪惟效檢討傅鼎銓等交章乞留不聽德璟聞山西陷未敢行及知廷臣留己卽辭朝移寓外城賊至得亡去福王立於南京召入閣自陳三罪固辭明年唐王立於福州與何吾騶黃景昉並召又明年以足疾辭歸九月王事敗而德璟適病篤遂以是月卒

黃景昉字太穉亦晉江人天啟五年進士由庶吉士歷官庶子直日講崇禎十一年帝御經筵問用人之道景昉言近日考選不公推官成勇朱天麟廉能素著乃不得預淸華選又言刑部尚書鄭三俊四朝元老至淸無儔不當久繫獄退復上章論之三俊旋獲釋勇等亦俱改官景昉尋進少詹事嘗召對言近撤還監視中官高起潛關外輒聞警報疑此中有隱情臣家海濱見沿海將吏每遇調發卽報海警冀得復留觸類而推其情自見帝頷之十四年以詹事兼掌翰林院時庶常停選已久景昉具疏請復又請召還修撰劉同升編修趙士春皆不報十五年六月召對稱旨與蔣德璟吳甡並相明年並加太子少保改戶部尚書文淵閣南京操江故設文武二員帝欲裁去文臣專任誠意伯劉孔昭副都御史惠世揚遲久不至帝命削其籍景昉俱揭爭帝不悅遂連疏引歸唐王時召入直未幾復告歸國變後家居十數年始卒

方岳貢字四長穀城人天啟二年進士授戶部主事進郎中歷典倉庫督永平糧儲並以廉謹聞崇禎元年出爲松江知府海濱多盜捕得輒杖殺之郡東南臨大海颶潮衝擊時爲民患築石堤二十里許遂爲永利郡漕京師數十萬石而諸倉乃相距五里爲築城垣護之名曰倉城他救荒助役修學課士咸有成績舉卓異者數矣薛國觀敗其私人上海王陛彥下吏素有郤因言岳貢嘗餽國觀三千金遂被逮士民詣闕訟冤巡撫黃希亦白其誣下法司讞奏一日帝晏見輔臣問有一知府積俸十餘年屢舉卓異者誰也蔣德璟以岳貢對帝曰今安在德璟復以陛彥株連對帝頷之法司讞上言行賄無實跡宜復官帝獎其淸執報可無何給事中方士亮薦岳貢及蘇州知府陳洪謐乃擢山東副使兼右參議總理江南糧儲所督漕艘如期抵通州帝大喜吏部尚書鄭三俊舉天下廉能監司五人岳貢與焉帝趣使入對見於平臺問爲政何先對曰欲天下治平在擇守令察守令賢否在監司察監司賢否在巡方察巡方賢否在總憲總憲得人御史安敢以身試法帝善之賜食日晡乃出越六日卽超擢左副都御史嘗召對帝適以事詰吏部尚書李遇知遇知曰臣正糾駁岳貢曰何不卽題參深合帝意翼日命以本官兼東閣大學士時十六年十一月也故事閣臣無帶都御史銜者自岳貢始岳貢本吏材及爲相務勾檢簿書請覈赦前舊賦意主搜括聲名甚損十七年二月命以戶兵二部尚書兼文淵閣大學士總督漕運屯田練兵諸務駐濟寧已而不行李自成陷京師岳貢及邱瑜被執幽劉宗敏所賊索銀岳貢素廉貧無以應拷掠備至搜其邸無所有松江賈人爲代輸千金四月朔日與瑜並釋十二日賊旣殺陳演等令監守者幷殺二人監守者奉以繯二人並縊死

邱瑜宜城人天啟五年進士由庶吉士授檢討崇禎中屢遷少詹事襄陽陷瑜上卹難宗擇才吏旌死節停催征蘇鄖困禁勞役六事帝採納焉歷禮部左右侍郎因召對言督師孫傳庭出關安危所係愼勿促之輕出俾鎭定關中猶可號召諸將相機進勦帝不能從十七年正月以本官兼東閣大學士同范景文入閣都城陷受拷掠者再搜獲止二千金旣而被害瑜子之陶年少有幹畧李自成陷宜城瑜父民忠罵賊而死之陶被獲用爲兵政府從事尋以本府侍郎守襄陽襄陽尹牛佺賊相金星子其倚任不如也之陶以蠟丸書貽傳庭曰督師與之戰吾詭言左鎭兵大至搖其心彼必返顧督師擊其後吾從中起賊可滅也傳庭大喜報書如其言爲賊邏者所得傳庭恃內應連營前進之陶果舉火報左兵大至自成驗得其詐召而示以傳庭書責其負已之陶大罵曰吾恨不斬汝萬段豈從汝反耶賊怒支解之

贊曰莊烈帝在位僅十七年輔相至五十餘人其克保令名者數人而已若標等是也基命能推轂舊輔以定危難震孟以風節顯德璟諳悉舊章以陸喜之論薛瑩者觀之所謂侃然體國執正不懼斟酌時宜時獻微益者乎至於扶危定傾殆非易言也嗚呼國步方艱人材亦與俱盡其所由來者漸矣

明史卷二百五十二　　列傳第一百四十

總裁官總理事務　經筵講官少保兼太子太保保和殿大學士兼管吏部戶部尚書事加六級臣張廷玉等奉敕修

楊嗣昌　吳甡

楊嗣昌字文弱武陵人萬曆三十八年進士改除杭州府教授遷南京國子監博士累進戶部郎中天啟初引疾歸崇禎元年起河南副使加右參政移霸州四年移山海關飭兵備父鶴總督陝西被逮嗣昌三疏請代得減死五年夏擢右僉都御史巡撫永平山海諸處嗣昌父子不附奄無嫌於東林侍郎遷安郭鞏以逆案謫戍廣西其鄉人爲訟冤嗣昌以部民故聞於朝給事中姚思孝駁之自是與東林郤七年秋拜兵部右侍郎兼右僉都御史總督宣大山西軍務時中原饑羣盜蜂起嗣昌請開金銀銅錫礦以解散其黨又六疏陳邊事多所規畫帝異其才以父憂去復遭繼母喪九年秋兵部尚書張鳳翼卒帝顧廷臣無可任者卽家起嗣昌三疏辭不許明年三月抵京召對嗣昌通籍後積歲林居博涉文籍多識先朝故事工筆札有口辨帝與語大信愛之鳳翼故柔靡兵事無所區畫嗣昌銳意振刷帝益以爲能每對必移時所奏請無不聽曰恨用卿晚嗣昌乃議大舉平賊請以陝西河南湖廣江北爲四正四巡撫分勦而專防以延綏山西山東江南江西四川爲六隅六巡撫分防而協勦是謂十面之網而總督總理二臣隨賊所向專征討福建巡撫熊文燦者討海賊有功大言自詭足辦賊嗣昌聞而善之會總督洪承疇王家禎分駐陝西河南家禎故庸材不足任嗣昌乃薦文燦代之因議增兵十二萬增餉二百八十萬其措餉之策有四曰因糧曰溢地曰事例曰驛遞因糧者因舊額之糧量爲加派畝輸糧六合石折銀八錢傷地不與歲得銀百九十二萬九千有奇溢地者民間土田溢原額者核實

輸賦歲得銀四十萬六千有奇事例者富民輸貲爲監生一歲而止驛遞者前此郵驛裁省之銀以二十萬充餉議上帝乃傳諭流寇延蔓生民塗炭不集兵無以平寇不增賦無以餉兵勉從廷議暫累吾民一年除此腹心大患其改因糧爲均輸布告天下使知爲民去害之意尋議諸州縣練壯丁捍本土詔撫按飭行賊攻淅川左良玉不救城陷山西總兵王忠援河南稱疾不進兵譟而歸嗣昌請逮繫失事諸帥以肅軍令遂逮忠及故總兵張全昌良玉以六安功落職戴罪自贖嗣昌既建四正六隅之說欲專委重文燦文燦顧王撫議與前策牴牾帝譙讓文燦嗣昌亦心望既已任之則曲爲之解乃上疏曰網張十面必以河南陝西爲殺賊之地然陝有李自成惠登相等大部未能勦絕法當驅關東賊不使合而使陝撫斷商雒鄖撫斷鄖襄安撫斷英六鳳撫斷亳潁而應撫之軍出靈陝保撫之軍渡延津然後總理提邊兵監臣提禁旅豫撫提陳永福諸軍并力合勦若關中大賊逸出關東則秦督提曹變蛟等出關協擊期三月盡諸劇寇巡撫不用命立解其兵柄簡一監司代之總兵不用命立奪其帥印簡一副將代之監司副將以下悉以尚方劍從事則人人效力何賊不平乃尅今年十二月至明年二月爲滅賊之期帝可其奏是時賊大入四川朝士尤洪承疇縱賊嗣昌因言於帝曰熊文燦在事三月承疇七年不效論者繩文燦急而承疇縱寇莫爲言帝知嗣昌有意左右之變色曰督理二臣但責成及時平賊奈何以久近藉之口嗣昌乃不敢言文燦既主撫議所加餉天子遣一侍郎督之本藉以勦賊文燦悉以資撫帝既不復詰廷臣亦莫言之至明年三月嗣昌以滅賊踰期疏引罪薦人自代帝不許而命察行間功罪乃上疏曰洪承疇專辦秦賊賊往來秦蜀自如勦撫俱無功不免於罪熊文燦兼辦江北河南湖廣賊撫劉國能張獻忠戰舞陽光山勦撫俱有功應免罪諸巡撫則河南常道立湖廣余應桂有功陝西孫傳庭山西宋賢山東顏繼祖保定張其平江南張國維江西解學龍浙江喻思恂有勞鄖陽戴東旻無功過鳳陽朱大典安慶史可法宜策勵圖功總兵則河南左良玉有功陝西曹變蛟左光先無功山西虎大威山東倪寵江北牟文綬保定錢中選有勞無功河南張任學寧夏祖大弼無功過承疇宜遣逮因軍民愛戴請削宮保尚書以侍郎行事變蛟光先貶五秩與大弼期五月平賊踰期并承疇逮治大典貶三秩可法戴罪自贖議上帝悉從之嗣昌既終右文燦而文燦實不知兵既降國能獻忠謂撫必可恃嗣昌亦陰主之所請無不曲徇自是不復言十面張網之策矣是月帝御經筵畢嗣昌奏對有善戰服上刑等語帝怫然詰之曰今天下一統非戰國兵爭比小醜跳梁不能伸大司馬九伐之法奈何爲是言嗣昌慚當是時流賊既大熾朝廷又有東顧憂嗣昌復陰主互市策適太陰掩熒惑帝減膳修省嗣昌則歷引漢永平唐元和宋太平興國事蓋爲互市地云給事中何楷疏駁之給事中錢增御史林蘭友相繼論列帝不問六月改禮部尚書兼東閣大學士入參機務仍掌兵部事嗣昌既以奪情入政府又奪情起陳新甲總督於是楷蘭友及少詹事黃道周抗疏詆斥修撰劉同升編修趙士春繼之帝怒並鐫三級留翰林刑部主事張若麒上疏醜詆道周遂鐫道周六級并同升士春皆謫外已而南京御史成勇兵部尚書范景文等言之亦獲譴嗣昌自是益不理於人口我

大清兵入牆子嶺青口山薊遼保定總督吳阿衡方醉不能軍敗死京城戒嚴召盧象昇帥師入衞象昇主戰嗣昌與監督中官高起潛主款議不合交惡編修楊廷麟劾嗣昌誤國嗣昌怒改廷麟職方主事監象昇軍而戒諸將毋輕戰諸將本恇怯率藉口持重觀望所在列城多破嗣昌據軍中報請旨授方畧比下軍前則機宜已變進止乖違疆事益壞云象昇既陣亡嗣昌亦貶三秩戴罪視事十二年正月濟南告陷德王被執遊騎北抵兖州二月

大清兵北旋給事中李希沆言聖明御極以來北兵三至己巳之罪未正致有丙子丙子之罪未正致有今日語侵嗣昌御史王志舉亦劾嗣昌誤國四大罪請用丁汝夔袁崇煥故事帝怒希沆貶秩志舉奪官初帝以嗣昌才而用之非廷臣意知其必有言言者輒斥嗣昌既有罪帝又數逐言官中外益不平嗣昌亦不自安屢疏引罪乃落職冠帶視事未幾以敘功復之先是京師被兵樞臣皆坐罪二年王洽下獄死復論大辟九年張鳳翼出督師服毒死猶削籍及是亡七十餘城而帝眷嗣昌不衰嗣昌乃薦四川巡撫傅宗龍自代帝命嗣昌議文武諸臣失事罪分五等曰守邊失機曰殘破城邑曰失陷藩封曰失亡主帥曰縱敵出塞於是中官則薊鎮總監鄧希詔分監孫茂霖巡撫則順天陳祖苞保定張其平山東顏繼祖總兵則薊鎮吳國俊陳國威山東倪寵援勦祖寬李重鎮及他副將以下至州縣有司凡三十六人同日棄市而嗣昌貶削不及物議益譁當戒嚴時廷臣多請練邊兵嗣昌因定議宣府大同山西三鎮兵十七萬八千八百有奇三總兵各練萬總督練三萬以二萬駐懷來一萬駐陽和東西策應餘授鎮監巡撫以下分練延綏寧夏甘肅固原臨洮五鎮兵十五萬五千七百有奇五總兵各練萬總督練三萬以二萬駐固原一萬駐延安東西策應餘授巡撫副將以下分練遼東薊鎮兵二十四萬有奇五總兵各練萬總督練五萬外自錦州內抵居庸東西策應餘授鎮監巡撫以下分練汰通州昌平督治二侍郎設保定一總督合畿輔山東河北兵得十五萬七千有奇四總兵各練二萬總督練三萬北自昌平南抵河北聞警策應餘授巡撫以下分練又以畿輔重地議增監司四人於是大名廣平順德增一人眞定保定河間各一人薊遼總督下增監軍三人議上帝悉從之嗣昌所議兵凡七十三萬有奇然民流餉絀未嘗有實也帝又採副將楊德政議府汰通判設練備秩次守備州汰判官縣汰主簿設練總秩次把總並受轄於正官專練民兵府千州七百縣五百捍鄉土不他調嗣昌以勢有緩急請先行畿輔山東河南山西從之於是有練餉之議初嗣昌增勦餉期一年而止後餉盡而賊未平詔徵其半至是督餉侍郎張伯鯨請全徵帝慮失信嗣昌曰無傷也加賦出於土田土田盡歸有力家百畝增銀三四錢稍抑兼并耳大學士薛國觀程國祥皆贊之於是勦餉外復增練餉七百三十萬論者謂九邊自有額餉槩予新餉則舊者安歸邊兵多虛額今指爲實數餉盡虛糜而練數仍不足且兵以分防不能常聚故有抽練之議抽練而其餘遂不問且抽練仍虛文邊防愈益弱至州縣民兵益無實徒糜厚餉以嗣昌主之事鉅莫敢難也神宗末增賦五百二十萬崇禎初再增百四十萬總名遼餉至是復增勦餉練餉額溢之先後增賦千六百七十萬民不聊生益起爲盜矣五月熊文燦所撫賊張獻忠反穀城羅汝才等九營皆反八月傳宗龍抵京嗣昌解部務還內閣未幾羅猴山敗書聞帝大驚詔逮文燦特旨命嗣昌督師賜尙方劍以便宜誅賞九月朔召見平臺嗣昌曰君言不宿於家臣朝受命夕啟行軍資甲仗望敕所司遣發帝悅曰卿能如此朕復何憂翊日賜白金百大紅紵絲四表裏斗牛衣一賞功銀四萬銀牌千五百幣帛千嗣昌條七事以獻悉報可四日召見賜宴手觴三爵御製贈行詩一章嗣昌跪誦拜且泣越二日陛辭賜膳二十九日抵襄陽入文燦軍文燦就逮嗣昌猶爲疏辯云十月朔嗣昌大誓三軍督理中官劉元斌湖廣巡撫方孔炤總兵官左良玉陳洪範等畢會賊賀一龍等掠葉闔沈邱焚項城之郛寇光山副將張琮刁明忠率京軍踰山行九十里及其巢先驅射賊殪絳袍而馳者二人追奔四十里斬首千七百五十嗣昌稱詔頒賜十一月興世王王國寧以衆千人來歸受之於襄陽處其妻子樊城表良玉平賊將軍諸將積驕玩無鬭志獻忠羅汝才惠登相等八營遁鄖陽興安山間掠南漳穀城房竹山竹谿嗣昌鞭刁明忠斬監軍僉事殷大白以徇檄巡撫方孔炤遣楊世恩羅萬邦勦汝才登相全軍覆於香油坪嗣昌劾逮孔炤奏辟永州推官萬元吉爲軍前監紀從之當是時李自成潛伏陝右賀一龍左金王等四營跳梁漢東嗣昌專勦獻忠獻忠屢敗於興安求撫不許其黨托天王常國安金翅鵰劉希原來降獻忠走入川良玉追之嗣昌牒令還良玉不從二月七日與陝西副將賀人龍李國奇夾擊獻忠於瑪瑙山大破之斬馘三千六百二十墜巖谷死者無算其黨掃地王曹威等授首十反王楊友賢率衆降是月也帝念嗣昌發銀萬兩犒師賜斗牛衣良馬金鞍各二使者甫出國門而瑪瑙山之捷至大悅再發銀五萬幣帛千犒師論功加太子少保而湖廣將張應元汪之鳳敗賊水石壩獲其軍師四川將張令方國安敗之千江河李國奇賀人龍等敗之寒溪寺鹽井川陝湖廣諸將畢集復連敗之黃墪木瓜溪軍聲大振汝才登相求撫獻忠持之斂兵南漳遠安間殺安撫官姚宗中走大寧大昌犯巫山爲川中患獻忠遁興安平利山中良玉圍而不攻賊得收散亡由興安房縣走白羊山而西與汝才等合嗣昌以羣賊合其勢復張乃由襄陽赴夷陵扼其要害帝念嗣昌行間勞苦賜敕發賞功銀萬賜鞍馬二罷鄖陽撫治王鰲永詔廢將猛如虎軍前立功黃得功宋紀大破賊商城賀一龍五大部降而復叛鄭嘉棟賀人龍大破汝才登相開縣汝才偕小秦王東奔登相越開縣而西自是二賊始分當是時諸部士馬居山谷罹炎暑瘴毒物故十二三京兵之在荆門雲南兵之在簡坪湖廣兵之在馬蝗坡者久屯思歸夜亡多關河大旱人相食土寇蜂起陝西賓開遠河南李際遇爲之魁饑民從之所在告警嗣昌以聞帝發帑金五萬營醫藥責諸將進兵而陝之長武川之新寧大竹湖廣之羅田又相繼報陷嗣昌乃下招撫令爲諭帖萬紙散之賊中七月監軍孔貞會等大破汝

才、豐邑坪。其黨混世王、小秦王率其下降，賊魁整十萬及登相、王光恩亦相繼降。於是羣賊盡萃於蜀中。嗣昌遂入川，以八月泛舟上。謂川地阨塞，諸軍合而蹙之，可盡殄，而人龍以秦師自開縣譟而西歸，應元等敗績於夔之土地嶺，獻忠勢復張，汝才與之合，聞督師西，遂急趨大昌，犯觀音巖。守將邵仲光不能禦，遂突淨壁，陷大昌。嗣昌斬仲光，劾逮四川巡撫邵捷春。賊遂渡河，至通江。嗣昌至萬縣，賊攻巴州不下。嗣昌至梁山，檄諸將分擊。賊已陷劍州，趨保寧，將由間道入漢中，趙光遠、賀人龍拒之。賊乃轉掠，陷梓潼、昭化，抵綿州，將趨成都。十一月，嗣昌至重慶。賊攻羅江不克，走綿竹。嗣昌至順慶。諸將不會師，賊轉掠至漢州，去中江百里。守將方國安避之去，賊遂縱掠什邡、綿竹、安縣、德陽、金堂間，所至空城而遁，全蜀大震。賊遂由水道下簡州、資陽。嗣昌徵諸將合擊，皆退縮，屢徵良玉兵，又不至。賊遂陷榮昌、永川。十二月陷瀘州。自賊再入川，諸將無一邀擊者。嗣昌雖屢檄，令不行。其在重慶也，下令赦汝才罪，降則授官，惟獻忠不赦，禽斬者賚萬金，爵侯。翌日，自堂皇至庖湢遍題「有斬督師獻者賚白金三錢」。嗣昌駭愕，疑左右皆賊，勒三日進兵。會雨雪道斷，復戒期。三檄人龍，不奉令。初，嗣昌表良玉平賊將軍，良玉寢驕，欲貴人龍以抗之。既以瑪瑙山功不果，人龍慍，反以情告良玉，良玉亦慍，語載良玉、人龍傳。嗣昌雖有才，然好自用，躬親簿書，過於繁碎。軍行必自裁進止，千里待報，坐失機會。王鰲永嘗諫之，不納。及鰲永罷官，上書於朝曰：「嗣昌用師一年，蕩平未奏，此非謀慮之不長，正由操心之太苦也。天下事，總挈大綱則易，獨周萬目則難。況賊情瞬息更變，今舉數千里征伐機宜盡出嗣昌一人，文牒往返，動踰旬月，坐失事機，無怪乎經年之不戰也。其間能自出奇者，惟瑪瑙山一役，若必遵督輔號令，良玉當退守興安，無此捷矣。臣以爲陛下之任嗣昌，不必令其與諸將同功罪，但責其提衡諸將之功罪。嗣昌之馭諸將，不必人人授以機宜，但覈其機宜之當否，則嗣昌心有餘閒，自能決奇制勝，何至久延歲月，老師糜餉爲哉。」先是，嗣昌以諸將進止不一，納幕下評事元吉言，用猛如虎爲總統，張應元副之。比賊入瀘州，如虎及賀人龍、趙光遠軍至，賊復渡南溪，越成都，走漢州、德陽、綿州、劍州、昭化，至廣元，又走巴州、達州。諸軍疲極，惟如虎軍躡其後。十四年正月，嗣昌知賊必出川，遂統舟師下雲陽，檄諸軍陸行追賊。人龍軍既譟而西，頓兵廣元不進，所恃惟如虎。比與賊戰開縣黃陵城，大敗，將士死亡過半，如虎突圍免，馬驘、關防盡爲賊有。初，賊竄南溪，元吉欲從間道出梓潼，扼歸路以待賊。嗣昌檄諸軍躡賊疾追，不得拒賊遠，令他逸。諸將乃盡從瀘州逐後塵，賊折而東返，歸路盡空，不可復遏。嗣昌始悔不用元吉言。賊遂下夔門，抵興山，攻當陽，犯荊門。嗣昌至夷陵，檄良玉兵，使十九返，良玉撤興房兵趨漢中，若相避然。賊所至燒驛舍，殺塘卒，東西消息中斷。鄖陽撫治袁繼咸聞賊至當陽，急謀發兵。獻忠令汝才與相持，而自以輕騎一日夜馳三百里，殺督師使者於道，取軍符。以二月十一日抵襄陽近郊，用二十八騎持軍符先馳，呼城門，督師調兵，守者合符而信，入之。夜半從中起，城遂陷。獻忠縛襄王置堂下，屬之酒曰：「吾欲斷楊嗣昌頭，嗣昌在遠。今借王頭，俾嗣昌以陷藩伏法。王努力盡此酒。」遂害之。未幾，渡漢水，走河南，與賀一龍、左金王諸賊合。嗣昌初以襄陽重鎭，仞深溝，方漁而三環之，造飛梁，設橫栰，陳利兵而譏訶，非符要合者不得渡。江漢間列城數十，倚襄陽爲天險。賊乃出不意而破之。嗣昌在夷陵，驚悸，上疏請死。下至荊州之沙市，聞洛陽已於正月被陷，福王遇害，益憂懼，遂不食。以三月朔日卒，年五十四。廷臣聞襄陽之變，交章論列，而嗣昌已死矣。繼咸及河南巡按高名衡以自裁聞，其子則以病卒報，莫能明也。帝甚傷悼之，命丁啓睿代督師，傳諭廷臣：「輔臣二載辛勞，一朝畢命，然功不掩過，其議罪以聞。」定國公徐允禎等請以失陷城寨律議斬。上傳制曰：「故輔嗣昌奉命督勦，無城守專責，乃詐城夜襲之檄，嚴飭再三，地方若罔聞知，及違制陷城，專罪督輔，非通論。且臨戎二載，屢著捷功，盡瘁殞身，勤勞難泯。」乃昭雪嗣昌罪，賜祭，歸其喪於武陵。嗣昌先以勦賊功進太子少傅，既死，論臨藍平盜功，進太子太傅。廷臣猶追論不已，帝終念之。後獻忠陷武陵，心恨嗣昌，發其七世祖墓，焚嗣昌夫婦柩，斷其屍見血。其子孫獲半體，改葬焉。

吳甡，字鹿友，揚州興化人。萬曆四十一年進士。歷知邵武、晉江、濰縣。天啓二年徵授御史。初入臺，趙南星擬以年例出之，甡乃薦方震孺等，而追論崔文昇、李可灼罪，遂得留。後又諫內操宜罷，請召還鄒元標、馮從吾、文震孟、乃積與魏忠賢忤。七年二月削其籍。崇禎改元，起故官。溫體仁訐錢謙益，周延儒助之，甡恐帝即用二人言，枚卜大典當就廷推中簡用，事乃止。時大治忠賢黨，又值京察，甡言：「此輩罪惡，非考功法所能盡，宜先定其罪，毋混察典。」御史任贊化以劾體仁謫，甡論救，而力詆王永光媢璫，請罷黜，皆不納。出按河南。妖人聚徒劫村落，甡遍捕賊魁誅之。奉命振延綏饑，因諭散賊黨。帝聞，即命按陝西。劾大將杜文煥冒功，置之法。數爲民請命，奏無不允。遷大理寺丞，進左通政。七年九月超擢右僉都御史，巡撫山西。甡歷陳防禦邊寇、綠兵、恤民四難，及議兵、議將、議餉、議用人四事。每歲暮扼河防秦、豫賊，連三歲無一賊潛渡。以閒修築邊牆。八年四月上疏言：「晉民有三苦：一苦凶荒，無計餬口；一苦追呼，無力輸租；一苦殺掠，無策保全。由此悉爲盜。請蠲最殘破地十州縣租。」帝卽敕議行。戶部請稅間架，甡力爭，弗聽。其秋，我大淸平察哈爾國，旋師略朔州，直抵忻、代。守將屢敗。總督楊嗣昌遣副將自代州往偵，亦敗走。甡鐫五級，嗣昌及大同巡撫葉廷桂鐫三級，俱戴罪視事。先是，定襄縣地震者再，甡曰：「此必有東師也。」飭有司繕守具。已而果入定襄，以有備，獨不被兵。山西大盜賀宗漢、劉浩然、高加計，皆前巡撫戴君恩所撫，擁衆自恣。甡陽爲撫慰，而密令參將虎大威、劉光祚等圖之，以次皆被殲。甡行軍樹二白旗，脅從及老弱婦女跪其下，卽免死，全活甚衆。在晉四年，軍民戴若慈母。謝病歸。十一年二月，起兵部左侍郎。其冬，尙書楊嗣昌言邊關戒嚴，甡及添注侍郎惠世揚久不至，請改推。帝怒，落職閒住。十三年冬，起故官。明年命協理戎政。帝嘗問：「京營軍何以使練者盡精，汰者不譁？」甡對曰：「京營邊勇營萬二千，專練騎射，壯丁二萬，專練火器，廩給厚而技與散兵無異。宜行分練法，技精者散兵拔爲邊勇，否則邊勇降爲散兵，壯丁亦然。老弱者汰補，革弊當以漸，不可使知有汰兵意。」帝然之。又問：「別立戰營，能得堪戰者五萬否？」甡對：「京營兵合堪戰。承平日久，發兵勦賊，輒沿途僱充。將領利月餉，游民利剽敓，歸營則本軍復充伍。今練兵法要在選將，有戰將自有戰兵，五萬非難，但法忌紛更，不必別立戰營也。」帝顧兵部尙書陳新甲，令速選將，而諭甡具疏以聞。賜果餌，拜謝出。十五年六月擢禮部尙書兼東閣大學士。周延儒再相，馮銓力爲多，延儒許復其冠帶。銓果以捐資振饑，屬撫按題敘，延儒擬優旨下戶部。公議大沸，延儒患之。馮元颷爲甡謀，說延儒引甡共爲銓地，延儒默援之，甡遂得柄用。及延儒語銓事，甡唯唯，退召戶部尙書傅淑訓，告以逆案不可翻，寢其疏不覆。延儒始悟爲甡給。延儒欲起張捷爲南京右都御史，甡力尼之。甡居江北，延儒居江南，各樹黨。延儒引用錦衣都督駱養性，甡持不可。後帝論諸司弊竇，甡言錦衣尤甚，延儒亦言緹騎之害，帝竝納之。十六年三月，帝以襄陽、荊州、承天連陷，召對廷臣，隕涕謂甡曰：「卿向歷巖疆，可往督湖廣師。」甡具疏，請得精兵三萬，自金陵趨武昌，扼賊南下。帝方念湖北寬疏，不悅，留中。甡請面對，帝御昭文閣，諭以所需兵多，猝難集；南京隔遠，不必退守。甡奏：「左良玉跋扈甚，督師嗣昌九檄徵兵，一旅不發。臣不如嗣昌，而良玉踞江漢甚於曩時，臣節制不行，徒損威重。南京從襄陽順流下，窺伺甚易，宜兼顧，非退守。」大學士陳演言：「督師出，則督撫兵皆其兵。」甡言：「臣請兵，正爲督撫無兵耳。使臣束手待賊，事機一失，有不忍言者。」帝乃令兵部速議發兵。尙書張國維請以總兵唐通、馬科及京營兵共一萬畀甡，又言此兵方北征，俟敵退始可調。帝命姑俟之。甡屢請，帝曰：「徐之，敵退兵自集，卿獨往何益？」踰月，延儒出督師，朝受命，夕啓行。蔣德璟謂倪元璐曰：「上欲吳公速行，緩言相慰者，試之耳。觀首輔疾趨可見。」甡卒遲回不肯行。部所撥唐通兵，演又請留，云關門不可無備。甡不得已，以五月辭朝。先一日，出勞從騎，帝猶命中官賜銀牌給賞。越宿，忽下詔責其逗遛，命輟行入直。甡惶恐，兩疏引罪，遂許致仕。既行，演及駱養性交搆之，帝益怒。至七月，親鞫吳昌時，作色曰：「兩輔臣負朕。朕待延儒厚，乃納賄行私，罔知國法。命甡督師，百方延緩，爲委郤地。延儒被糾，甡何獨無？」旣而曰：「朕雖言，終必無糾者。錦衣衞可宜甡候旨。」甡入都，敕法司議罪。十一月遣戍金齒。南京兵部尙書史可法馳疏救，不從。明年行次南康，聞都城變。未幾，福王立於南京，赦還，復故秩。吏部尙書張愼言議召用，甡爲勛臣劉孔昭等所阻。國變後久之，卒於家。

贊曰：明季士大夫問錢穀不知，問甲兵不知，於是嗣昌得以才顯。然迄無成功者，得非功罪淆於愛憎，機宜失於遙制故耶。吳甡按山右有聲，及爲相，遂不能有爲。進不以正，其能正邦乎。抑時勢實難，非命世材，固罔知攸濟也。

明史卷二百五十三　列傳第一百四十一

總裁官總理事務經筵講官少保兼太子太保保和殿大學士兼管吏部戶部尚書事加六級張廷玉等奉

敕修

王應熊 何吾騶 張至發 孔貞運 黃士俊
薛國觀 袁愷 程國祥 蔡國用 范復粹 方逢年 張四知等
陳演 魏藻德 李建泰

王應熊字非熊巴縣人萬曆四十一年進士天啓中歷官詹事以憂歸崇禎三年召拜禮部右侍郎明年冬帝遣宦官出守邊鎭應熊上言陛下焦勞求治何一不倚信羣臣乃羣臣不肯任勞任怨致陛下萬不獲已權遣近侍監理書之靑史謂有聖明不世出之主而羣工不克仰承直當愧死且自神宗以來士習人心不知職掌何事有舉會典律例告之者反訝爲申韓刑名近日諸臣之病非臨事不擔當之故乃平時未講求之過也亦非因循於夙習之故實忽忘於舊章之過也語皆迎帝意遂蒙眷注嘗醖酒訴尚書黃汝良爲給事中馮元飇所劾汝良爲之隱乃解五年進左侍郎元飇發其貪汙狀帝不省應熊博學多才熟諳典故而性谿刻強很人多畏之周延儒溫體仁援以自助咸與親善及延儒罷體仁援益力六年冬廷推閣臣應熊望輕不與特旨擢禮部尚書兼東閣大學士與何吾騶並入參機務命下朝野胥駭給事中章正宸劾之曰應熊強愎自張縱橫爲習小才足覆短小辨足濟貪今大用必且芟除異己報復恩讐混淆毀譽況很籍封靡淪於市行願收還成命別選忠良且訛言謂左右先容由他途以進使天下薰心捷足之徒馳騁而起爲聖德累不小帝大怒下正宸詔獄削籍歸有勸應熊爲文彥博者應熊怫然佯具疏引退語多憤激屢爲給事中范淑泰御史吳履中所攻帝皆不問八年正月流賊陷鳳陽毀皇陵巡撫楊一鵬應熊座主巡按吳振纓體仁姻也二人恐帝震怒留一鵬振纓疏未上俟恢復報同奏之遂擬旨令撫按戴罪主事鄭爾說胡江交章詆應熊體仁朋比誤國帝怒謫二人而給事中何楷許譽卿范淑泰御史張纘曾吳履中張肯堂言之不已淑泰言一鵬恢復疏以正月二十一日核察失事情形疏以正月二十八日天下有未失事先恢復者哉應熊改塡月日欺誑之罪難辭且劾其他受賄事帝顧應熊厚皆不聽而鐫楷纘曾秩慰諭應熊應熊亦屢疏辯謂座主門生誼不容薄敢辭比之名票擬實臣起草敢辭悞之罪楷益憤屢疏糾之最後復疏言故事奏章非發抄外人無由聞非奉旨邸報不許抄傳臣疏六月初十日上十四日始奉明旨應熊乃於十三日奏辯旨尚未下應熊何由知臣不解者一且旨下必由六科抄發臣疏十四日下而百戶趙光修先送錦衣堂上官則疏可不由科抄矣臣不解者二應熊始懼具疏引罪帝下其家人及直日中書七人於獄獄具家人戍邊中書貶二秩應熊乃屢疏乞休去乘傳賜道里費行人護行帝亦知應熊不協人望特己所拔擢不欲以人言去也十二年遣官存問其弟應熙橫於鄉鄉人詣闕擊登聞鼓列狀至四百八十餘條贓一百七十餘萬詞連應熊詔下撫按勘究會應熊復召事得解時延儒再相患言者攻己獨念應熊剛很可藉以制之力言於帝十五年冬遣行人召應熊明年六月應熊未至延儒已罷歸給事中龔鼎孶密疏言陛下召應熊必因其秉國之日衆口交攻以爲孤立無黨孰知其同年密契肺腑深聯恃延儒在也臣去年入都聞應熊賄延儒爲再召計延儒對衆大言至尊欲起巴縣者應熊也未幾召命果下以政本重地私相援引是延儒雖去猶未去天下事何堪再悞帝得疏心動留未下已而延儒被逮不卽赴俟應熊至始尾之行一日帝顧中官日延儒何久不至對曰需王應熊先入耳帝益疑之九月應熊至宿朝房請入對不許請歸田許之乃慙沮而返十七年三月京師陷五月福王立於南京八月張獻忠陷四川乃改應熊兵部尚書兼文淵閣大學士總督川湖雲貴軍務專辦川寇時川中諸郡惟遵義未下應熊入守之縞素誓師開幕府傳檄討賊明年奏上方略請敕川陝湖貴兩總督鄖陽湖廣貴州雲南四巡撫出師合討并劾四川巡撫馬體乾縱兵淫掠革職提問命未達而南都亡體乾居職如故已而獻忠死諸將楊展等各據州縣自雄應熊不能制其部將曾英最有功復重慶屢破賊兵王祥亦出師綦江相犄角祥才武不及英而應熊委任過之又明年十月獻忠餘黨孫可望李定國等南走重慶英戰歿可望襲破遵義應熊遁入永寧山中旋卒於畢節衞一子陽禧死於兵竟無後何吾騶香山人萬曆四十七年進士由庶吉士歷官少詹事崇禎五年擢禮部右侍郎六年十一月加尚書同王應熊入閣溫體仁久柄政欲斥給事中許譽卿己擬旨文震孟爭之吾騶亦助爲言體仁訐奏帝奪震孟官兼罷吾騶詳見震孟傳居久之唐王自立於福州召爲首輔與鄭芝龍議事輒相牴牾閩疆既失踉蹌回廣州永明王以原官召之爲給事中金堡大理寺少卿趙昱等所攻引疾辭去卒於家

張至發淄川人萬曆二十九年進士歷知玉田遵化行取授禮部主事改御史時齊楚浙三黨方熾至發齊黨也上疏陳內降之弊因言陛下惡結黨而秉揆者先不能超然門戶外項讀科臣疏云日來慰諭輔臣溫旨輔臣與司禮自相參定方聽御批果若人言天下事尚可問耶語皆刺葉向高帝不報時言官爭排東林戶部郎中李朴不平抗疏爭至發遂劾朴背公死黨誑語欺君帝亦不報尋出按河南福王之藩洛陽中使相望於道至發以禮裁之無敢橫宗祿不給爲置義田以贍貧者四十三年豫省饑請留餉備振又請改折漕糧皆報聞還朝引病歸天啓元年進大理寺丞三年請終養魏忠賢黨薦之矯旨令吏部擢用至發方養親不出崇禎五年起順天府丞進光祿卿精覈積弊多所釐正遂受帝知八年春遷刑部右侍郎六月帝將增置閣臣以翰林不習世務思用他官參之召廷臣數十人各授一疏令擬旨遂擢至發禮部左侍郎兼東閣大學士與文震孟同入直自世宗朝許讚後外僚入閣自至發始時溫體仁爲首輔錢士升王應熊何吾騶次之越二年體仁輩盡去至發遂爲首輔萬曆中申時行王錫爵先後柄政大旨相紹述謂之傳衣鉢至發代體仁一切守其所爲而才智機變遜之以位次居首非帝之所注也嘗偕東宮講官擯黃道周爲給事中馮元飇所刺至發怒兩疏詆道周而極頌體仁孤執不欺復爲編修吳偉業所劾講官項煜論至發把持考選庇兒女姻任濬而抑成勇至發上章辯帝遂逐煜去內閣中書黃應恩悍戾體仁至發輩倚任之恃勢恣橫及爲正字不當復爲東宮侍書恐帝與太子開講同日也至發不諳故事令兼之應恩不能兼講官撰講義送應恩繕錄拒不納檢討楊士聰論之至發揭寢其疏士聰復上書閣中極論其事至發終庇之會復故總督楊鶴官許給誥命應恩當撰文因其子嗣昌得君力爲洗雪忤旨將加罪至發擬公揭救同官孔貞運傳冠曰曩許士柔事吾輩未嘗救獨救應恩何也至發怫然曰公等不救我自救之連上三揭帝不聽特降論削應恩籍嗣昌疏救亦不聽無何大理寺副曹荃發應恩賕請事詞連至發至發憤連疏請勘帝雖優旨褒答卒下應恩獄至發乃具疏自謂當去者三而未嘗引疾忽得旨回籍調理時人傳笑以爲遵旨患病云至發頗清彊起自外吏諸翰林多不服又始終惡異己不能虛公延攬帝亦惡其洩漏機密聽之去且不遣行人護行但令乘傳賜道里費六十金彩幣二表裏視首輔去國褻典僅得半焉既歸捐貲改建淄城賜敕優獎俄以徽號禮成遣官存問十四年夏帝思用舊臣特敕召周延儒賀逢聖及至發獨至發四疏辭明年七月病歿先屢加太子太傅禮部尚書文淵閣大學士及卒贈少保祭葬蔭子如制代至發爲首輔者孔貞運代貞運者劉宇亮貞運句容人至聖六十三代孫也萬曆四十七年以殿試第二人授編修天啓中充經筵展書官纂修兩朝實錄莊烈帝嗣位貞運進講皇明寶訓稱述祖宗勤政講學事帝嘉納之崇禎元年擢國子監祭酒尋進少詹事二年正月帝臨雍貞運進講書經唐貞觀時祭酒孔穎達講孝經有釋奠頌孔氏子孫以國師進講至貞運乃再見帝以聖裔故從優賜一品服冬十月畿輔被兵條上禦敵城守應援數策尋以艱歸六年服闋起南京禮部侍郎越二年遷吏部左侍郎九年六月與賀逢聖黃士俊並入內閣時體仁當國欲重治復社值其在告貞運從寬結之體仁怒語人曰句容亦聽人提索矣自是不敢有所建白及至發去位貞運代之乃揭救鄭三俊錢謙益俱從寬擬帝親定考選諸臣下輔臣再閱貞運及薛國觀有所更迨命下閣擬悉不從而帝以所擇十八卷下部議行適新御史郭景昌等謁貞運於朝房貞運言所下諸卷訛多難行景昌與辯退卽上疏劾之帝雖奪景昌俸貞運卒引歸十七年五月莊烈帝哀詔至貞運哭臨慟絕不能起舁歸得疾遽卒黃士俊順德人萬曆三十五年殿試第一授修撰歷官禮部尚書崇禎九年入閣累加少傅予告歸父母俱在堂錦衣侍養人以爲榮唐王以原官召未赴後相永明王耄不能決事數爲臺省論列辭歸而卒劉宇亮綿竹人萬曆四十七年進士屢遷吏部右侍郎崇禎十年八月擢禮部尚書與傅冠薛國觀同入閣宇亮短小精悍善擊劍居翰林常與家僮角逐爲樂性不嗜書館中纂修直講典試諸事皆不得與座主錢士升爲之援又力排同鄉王應熊張己聲譽竟獲大用明年六月貞運罷歸遂代爲首輔其冬都城戒嚴命閱視三大營及勇衞營軍士兩日而畢又閱視內城九門外城七門皆苟且卒事時

大清兵深入帝憂甚宇亮自請督察軍情帝喜卽革總督盧象昇任命宇亮往代宇亮請督察而帝忽改爲總督大懼與國觀及楊嗣昌謀且具疏自言乃留象昇而宇亮仍往督察各鎭勤王兵皆屬焉甫抵保定聞象昇

戰歿過安平偵者報

大清兵將至相顧無人色急趨晉州避之知州陳弘緒閉門不納士民亦歃血誓不延一兵宇亮大怒傳令箭亟納師否則軍法從事弘緒亦傳語曰督師之來以禦敵也今敵且至奈何避之芻糧不繼責有司欲入城不敢聞命宇亮乃馳疏劾之有旨逮治州民詣闕訟冤願以身代者千計弘緒得鐫級調用帝自是疑宇亮不任事徒擾民矣明年正月至天津憤諸將退避疏論之因及總兵劉光祚逗遛狀國觀方冀爲首輔與嗣昌謀傾宇亮遽擬旨軍前斬光祚比旨下光祚適有武清之捷宇亮乃繫光祚於獄而具疏乞宥繼上武清捷音國觀乃擬嚴旨責以前後矛盾下九卿科道議僉謂宇亮玩弄國憲大不敬宇亮疏辯部議落職閒住給事中陳啓新沈迅復重劾之改擬削籍帝令戴罪圖功事平再議宇亮竟以此去位而國觀代爲首輔矣已而定失事者五案宇亮終免議久之卒於家

薛國觀韓城人萬曆四十七年進士授萊州推官天啓四年擢戶部給事中數有建白魏忠賢擅權朝士爭擊東林國觀所劾御史游士任操江都御史熊明遇保定巡撫張鳳翔兵部侍郎蕭近高刑部尚書喬允升皆東林也尋遷兵科右給事中於疆事亦多所論奏忠賢遣內臣出鎮偕同官疏爭七年再遷刑科都給事中崇禎改元忠賢遺黨有欲用王化貞寬高出胡嘉棟者國觀力持不可奉命祭北鎭醫無閭還言關內外營伍虛耗將吏侵尅之弊因薦大將滿桂才帝褒以忠讜令指將吏侵尅者名列上副將王應暉等六人詔俱屬之吏陝西盜起偕鄉人仕於朝者請設防速勦幷追論故巡撫喬應甲納賄縱盜罪削應甲籍籍其贓國觀先附忠賢至是大治忠賢黨爲南京御史袁燿然所劾國觀懼且虞掛察典思所以撓之乃劾吏科都給事中沈惟炳兵科給事中許譽卿言兩人主盟東林與瞿式耜掌握枚卜文華召對陛下惡章允儒妄言嚴旨處分譽卿乃持一疏授惟炳使同官劉斯琜邀臣列名臣拒不應遂使燿然劾臣自立有品不入東林遂罹其害今朝局惟論東林異同向背借崔魏爲題報仇傾陷今又把持京察而式耜以被斥之人久居郭外遙制察典舉朝無敢言未詆燿然賄劉鴻訓得御史帝雖以撓察典責之國觀卒免察然清議不容旋以終養去三年秋用御史陳其猷薦起兵科都給事中遭母憂服闋起禮科都給事中遷太常少卿九年擢左僉都御史明年八月拜禮部左侍郎兼東閣大學士入參機務國觀爲人陰鷙谿刻不學少文溫體仁因其素仇東林密薦於帝遂超擢大用之十一年六月進禮部尚書其冬首輔劉宇亮出督師國觀與楊嗣昌比搆罷宇亮明年二月代其位敘勦寇功加太子太保戶部尚書進文淵閣敘城守功加少保吏部尚書進武英殿先爲首輔者體仁最當帝意居位久及張至發孔貞運劉宇亮繼之皆非帝意所屬故旋罷去國觀得志一踵體仁所爲導帝以深刻而才智彌不及操守亦弗如帝初頗信嚮之久而覺其奸遂及於禍始帝燕見國觀語及朝士貪婪國觀對曰使廠衛得人安敢如是東廠太監王德化在側汗流沾背於是專察其陰事國觀任中書王陛彥而惡中書周國興楊餘洪以漏詔旨招權利劾之竝下詔獄兩人老矣斃廷杖下其家人密緝國觀通賄事報東廠而國觀前匿史𡼖所寄銀周楊兩家又誘𡼖蒼頭首告由是諸事悉上聞帝意漸移史𡼖者清苑人爲御史無行善結納中官爲王永光死黨巡按淮揚括庫中贓罰銀十餘萬入己槖攝巡鹽又掩取前官張錫命貯庫銀二十餘萬及以少卿家居檢討楊士聰劾吏部尚書田唯嘉納周汝弼金八千推延綏巡撫𡼖居間幷發𡼖盜鹽課事𡼖得旨自陳遂訐士聰而鹽課則請敕淮揚監督中官楊顯名核奏俄而錫命子沆訐𡼖給事中劉焜芳復劾𡼖侵盜有據又嘗勒富人于承祖萬金事發則遣家人齎重貲謀於黠吏圖改舊籍帝乃怒褫𡼖職𡼖急擕數萬金入都主國觀邸謀既定出疏攻焜芳及其弟炳芳煒芳閣臣多徇𡼖擬嚴旨帝不聽止奪炳芳官候訊及顯名核疏上力爲𡼖解而不能諱者六萬金𡼖下獄會有兵事獄久不結瘐死都人籍籍謂𡼖所擕貲盡爲國觀有家人證之事大著國觀猶力辨𡼖贓爲黨人搆陷帝不聽

帝初憂國用不足國觀請借助言在外羣僚臣等任之在內戚畹非獨斷不可因以武清侯李國瑞爲言國瑞者孝定太后兄孫帝曾祖母家也國瑞薄庶兄國臣國臣憤詭言父貲四十萬臣當得其半今請助國爲軍貲帝初未允因國觀言欲盡借所言四十萬者不應則勒期嚴追或教國瑞匿貲勿獻拆毀居第陳什器通衢鬻之示無所有嘉定伯周奎與有連代爲請帝怒奪國瑞爵國瑞悸死有司追不已戚畹皆自危因皇五子病交通宦官宮妾倡言孝定太后已爲九蓮菩薩空中責帝薄外家諸皇子盡當殀降神於皇五子俄皇子卒帝大恐急封國瑞七歲兒存善爲侯盡還所納金銀而追恨國觀待隙而發國觀素惡行人吳昌時及考選昌時虞國觀抑己因其門人以求見國觀僞與交驩擬第一當得吏科迨命下乃得禮部主事昌時大恨以爲賣己與所善東廠理刑吳道正謀發丁憂侍郎蔡奕琛行賄國觀事帝聞之益疑十三年六月楊嗣昌出督師有所陳奏帝令擬諭國觀乃擬旨以進帝遂發怒下五府九卿科道議奏掌都督府魏國公徐允禎吏部尚書傅永淳等不測帝意議頗輕請令致仕或閒住帝度科道必言之獨給事中袁愷會議不署名且疏論永淳徇私狀而微詆國觀藐肆姤嫉帝不懌抵疏於地曰成何糾疏遂奪國觀職放之歸怒猶未已國觀出都重車纍纍偵事者復以聞而東廠所遣伺國觀邸者値陛彥至執之得其招搖通賄狀詞所連及永淳奕琛暨通政使李夢辰刑部主事朱永佑等十一人命下陛彥詔獄窮治塡之愷再疏盡發國觀納賄諸事永淳奕琛與焉國觀連疏力辨詆愷受昌時指使帝不納至十月陛彥獄未成帝以行賄有據卽命棄市而遣使逮國觀國觀遷延久不赴明年七月入都令待命外邸不以屬吏國觀自謂必不死八月初八日夕監刑者至門猶鼾睡及聞詔使皆緋衣蹶然曰吾死矣倉皇覓小帽不得取蒼頭帽覆之宣詔畢頓首不能出聲但言吳昌時殺我乃就縊明日使者還奏又明日許收斂懸梁者兩日矣輔臣戮死自世廟夏言後此再見云法司坐其贓九千沒入田六百畝故宅一區國觀險忮然罪不至死帝徒以私憤殺之贓又懸坐人頗有冤之者袁愷聊城人旣劾罪國觀後爲給事中宋之普所傾罷去福王時起故官道卒

程國祥字仲若上元人舉萬曆三十二年進士歷知確山光山二縣有清名遷南京吏部主事乞養歸服闋起禮部主事天啓四年吏部尚書趙南星知其可任調爲己屬吏歷四司發御史楊玉珂請屬玉珂被謫國祥亦引疾歸其冬魏忠賢旣逐南星御史張訥劾國祥爲南星邪黨遂除名崇禎二年起稽勳員外郎遷考功郎中主外計時稱公愼御史龔守忠詆國祥通賄國祥疏辯帝褒以清執下都察院核奏事得白守忠坐褫官尋遷大理右寺丞歷太常卿南京通政使就遷工部侍郎復調戶部九年冬召拜戶部尚書楊嗣昌議增餉國祥不敢違而是時度支益匱四方奏報災傷者相繼國祥多方區畫亦時有所蠲減最後建議借都城賃舍一季租可得五十萬帝遂行之勛戚奄豎悉隱匿不奏所得僅十三萬而怨聲載塗然帝由是眷國祥十一年六月帝將增置閣臣出御中極殿召廷臣七十餘人親試之發策言年來天災頻仍今夏旱益甚金星晝見五旬四月山西大雪朝廷腹心耳目臣務避嫌怨有司舉劾情賄關其心尅期平賊無功而勦兵難撤外敵生心邊餉日絀民貧旣甚正供猶艱有司侵削百方如火益熱若何處置得宜禁戢有法卿等悉心以對會天大雨諸臣面對後漏已深終考者止三十七人顧帝意已前定特假是爲名耳居數日改國祥禮部尚書與楊嗣昌方逢年蔡國用范復粹俱兼東閣大學士入參機務時劉宇亮爲首輔傅冠薛國觀次之又驟增國祥等五人國觀嗣昌最用事國祥委蛇其間自守而已明年四月召對無一言帝傳諭責國祥緘默大負委任國祥遂乞休去國祥始受業於焦竑歷任卿相布衣蔬食不改儒素與其子上俱撰有詩集國祥歿後家貧不能舉火上營葬畢感疾卒無嗣蔡國用金谿人萬曆三十八年進士由中書舍人擢御史天啓五年陳時政六事詆葉向高趙南星而薦亓詩教趙興邦邵輔忠姚宗文等七人魏忠賢喜矯旨褒納尋忤璫意勒令閒住崇禎元年起故官屢遷工部右侍郎督修都城需石甚急不克辦國用建議取牙石用之牙石者舊列崇文宣武兩街備駕出除道者也帝閱城嘉其功遂欲大用十一年六月廷推閣臣國用望輕不獲與特旨擢禮部尚書入閣辦事累加少保改吏部尚書武英殿十三年六月卒於官贈太保謚文恪國用居位清謹與同列張四知皆庸才碌碌無所見范復粹黃縣人萬曆四十七年進士除開封府推官崇禎元年爲御史廷議移毛文龍內地復粹言海外億萬生靈誰非赤子倘棲身無所必各據一島爲盜後患方深又言袁崇煥功在全遼而尚寶卿董懋中詆爲逆黨所庇持論狂謬懋中遂落職文龍亦不果移巡按江西請禁有司害民六事時大釐郵傳積弊減削過甚反累民復粹極陳不便丁艱歸服闋還朝出按陝西陳治標治本之策以任將設防留餉爲治標廣屯蠲賦招撫爲治本帝褒納之廷議有司督賦缺額兼罪撫按復粹力言不可由大理右寺丞進左少卿居無何超拜禮部左侍郎兼東閣大學士時同命者五人翰林惟方逢年餘皆外僚而復粹由少卿尤屬異數蓋帝欲閣臣通知六部事故每部簡一人首輔劉宇亮由吏部國祥以戶逢年以禮嗣昌以兵國用以工刑部無人復粹以大理代之累加少保進吏部尚書武英殿十三年六月國觀罷復粹爲首輔給事中黃雲師言宰相須才識度三者

復粹恚因自陳三者無一請罷溫旨慰留御史魏景琦劾復粹及張四知學淺才疎伴食中書遺議海內帝以妄詆下之吏明年加少傅兼太子太傅改建極殿賊陷洛陽復粹等引罪乞罷不允帝御乾清宮左室召對廷臣語及福王被害泣下復粹曰此乃天數帝曰雖氣數亦賴人事挽回復粹等不能對帝疾初愈大赦天下命復粹錄囚自尚書傅宗龍以下多所減免是年五月致仕國變後卒於家方逢年遂安人萬曆四十四年進士天啓四年以編修典湖廣試發策有巨璫大蠹語且云宇內豈無人焉有薄士大夫而覓臯夔稷契於黃衣閹尹之流者魏忠賢見之怒貶三秩調外御史徐復陽希指劾之削籍爲民崇禎初起原官累遷禮部侍郎十一年詔廷臣舉邊才逢年以汪喬年應未幾擢禮部尚書入閣輔政其冬刑科奏摘參未完疏逢年以犯贓私者人亡產絕親戚坐累幾同瓜蔓遂輕擬以上而帝意欲罪刑部尚書劉之鳳責逢年疎忽逢年引罪卽罷歸福王時復原官不召魯王三召之用其議定稱魯監國紹興破王航海逢年追不及與方國安等降於我

大淸已而以蠟丸書通閩事洩被誅張四知者費縣人天啓二年進士由庶吉士授檢討崇禎中歷官禮部右侍郎貌寢甚嘗患惡瘍十一年六月廷推閣臣忽及之給事中張淳劾其爲祭酒時貪汚狀四知憤帝前力辨言已孤立爲廷臣所嫉帝意頗動薛國觀因力援之明年五月與姚明恭魏照乘俱拜禮部尚書兼東閣大學士明恭蘄水人出趙興邦門公論素不予崇禎十一年由詹事遷禮部侍郎教習庶吉士給事中耿始然劾其與副都御史袁鯨比而爲奸利帝不聽明年遂柄用照乘滑人天啓時爲吏部都給事中崇禎十一年歷官兵部侍郎明年國觀引入閣三人者皆庸劣充位而已四知加太子太保進吏部尚書武英殿明恭加太子太保進戶部尚書文淵閣照乘加太子少傅進戶部尚書文淵閣帝自卽位務抑言官不欲以其言斥免大臣彈章愈多位愈固四知秉政四載爲給事中馬嘉植御史鄭崑貞曹溶等所劾帝皆不納十五年六月始致仕照乘亦四載御史楊仁願徐殿臣劉之渤相繼論劾引疾去明恭甫一載鄉人詣闕訟之請告歸後四知降於我

大淸

陳演井研人祖效萬曆間以御史監征倭軍卒於朝鮮贈光祿卿演登天啓二年進士改庶吉士授編修崇禎特歷官少詹事掌翰林院直講筵十三年正月擢禮部右侍郎協理詹事府演庸才寡學工結納初入館卽與內侍通莊烈帝簡用閣臣每親發策以所條對覘能否其年四月中官探得帝所欲問數事密授演條對獨稱旨卽拜禮部左侍郎兼東閣大學士與謝陞同入閣明年進禮部尚書改文淵閣十五年以山東平盜功加太子少保改戶部尚書武英殿被劾乞罷優旨慰留明年五月周延儒去位遂爲首輔尋以城守功加太子太保十七年正月考滿加少保改吏部尚書建極殿踰月罷政再踰月都城陷遂及於難演爲人旣庸且刻惡副都御史房可壯河南道張煊不受屬因會推閣臣讒於帝可壯等六人俱下吏王應熊召至旋放還演有力焉自延儒罷後帝最倚信演臺省附延儒者盡趨演門當是時國勢累卵中外舉知其不支演無所籌畫顧以賄聞及李自成陷陝西逼山西廷議撤寧遠吳三桂兵入守山海關策應京師帝意亦然之演持不可後帝決計行之三桂始用海船渡遼民入關往返者再而賊已陷宣大矣演懼不自安引疾求罷詔許之賜道里費五十金彩幣四表裏乘傳行演旣謝事薊遼總督王永吉上疏力詆其罪請置之典刑給事中汪惟效孫承澤亦極論之演入辭謂佐理無狀罪當死帝怒曰汝一死不足蔽辜叱之去演貲多不能遽行賊陷京師與魏藻德等俱被執繫賊將劉宗敏營中其日獻銀四萬賊喜不加刑四月八日已得釋十二日自成將東禦三桂慮諸大臣爲後患盡殺之演亦遇害

魏藻德順天通州人崇禎十三年舉進士旣殿試帝思得異才復召四十八人於文華殿問今日內外交訌何以報讐雪恥藻德卽以知恥對又自敘十一年守通州功帝善之擢置第一授修撰十五年都城戒嚴疏陳兵事明年三月召對稱旨藻德有口才帝以己所親擢且意其有抱負五月驟擢禮部右侍郎兼東閣大學士入閣輔政藻德力辭部銜乃改少詹事正統末年兵事孔棘彭時以殿試第一人踰年卽入閣然仍故官修撰未有超拜大學士者陳演見帝遇之厚曲相比附八月補行會試引爲副總裁越蔣德璟黃景昉而用之藻德居位一無建白但倡議令百官捐助而已十七年二月詔加兵部尚書兼工部尚書文淵閣大學士總督河道屯田練兵諸事駐天津而命方岳貢駐濟寧蓋欲出太子南京俾先淸道路也有言百官不可令出出卽潛遁者遂止不行及演罷藻德遂爲首輔同事者李建泰方岳貢范景文邱瑜皆新入政府莫能補救至三月都城陷景文死之藻德岳貢瑜竝被執幽劉宗敏所賊下令勒內閣十萬金京卿錦衣七萬或五三萬給事御史吏部翰林五萬至一萬有差部曹數千勛戚無定數藻德輸萬金賊以爲少酷刑五日夜腦裂而死復逮其子追徵訴言家已罄盡父在猶可丐諸門生故舊今已死復何所貸賊揮刃斬之李建泰曲沃人天啓五年進士歷官國子祭酒頗著聲望崇禎十六年五月擢吏部右侍郎十一月以本官兼東閣大學士與方岳貢竝命疏陳時政切要十事帝皆允行明年正月李自成逼山西建泰慮鄉邦被禍而家富於貲可藉以佐軍毅然有滅賊志常與同官言之會平陽陷帝臨朝歎曰朕非亡國之君事事皆亡國之象祖宗櫛風沐雨之天下一朝失之何面目見於地下朕願督師親決一戰身死沙場無所恨但死不瞑目耳語畢痛哭陳演蔣德璟諸輔臣請代俱不許建泰頓首曰臣家曲沃願出私財餉軍不煩官帑請提師以西帝大喜慰勞再三曰卿若行朕倣古推轂禮建泰退卽請復故御史衞楨固官授進士淩駉職方主事竝監軍參將郭中杰爲副總兵領中軍事薦進士石嵸聯絡延寧甘固義士討賊立功帝俱從之加建泰兵部尚書賜尚方劍便宜從事二十六日行遣將禮駙馬都尉萬煒以特牲告太廟日將午帝御正陽門樓衞士東西列自午門抵城外旌旗甲仗甚設內閣五府六部都察院掌印官及京營文武大臣侍立鴻臚贊禮御史糾儀建泰前致辭帝獎勞有加賜之宴御席居中諸臣陪侍酒七行帝手金卮親酌建泰者三卽以賜之乃出手敕曰代朕親征宴畢內臣爲披紅簪花用鼓樂導尚方劍而出建泰頓首謝且辭行帝目送之行數里所乘肩輿忽折衆以爲不祥建泰以宰輔督師兵食竝絀所攜止五百人甫出都聞曲沃已破家貲盡沒驚怛而病日行三十里士卒多道亡至定興城門閉不納留三日攻破之笞其長吏抵保定賊鋒已逼不敢前入屯城中已而城陷知府何復鄉官張羅彥等竝死之建泰自刎不殊爲賊將劉方亮所執送賊所賊旣敗

大淸召爲內院大學士未幾罷歸姜瓖反大同建泰遙應之兵敗被禽伏誅

贊曰天下治亂係於宰輔自溫體仁導帝以刻深治尚操切由是接踵一跡應熊剛很至發險枝國觀陰鷙一效體仁之所爲而國家之元氣已索然殆盡矣至於演藻德之徒機智弗如而庸庸益甚禍中於國旋及其身悲夫

明史卷二百五十四　列傳第一百四十二

總裁官總理事務經筵講官少保兼太子太保保和殿大學士兼管吏部戶部尚書事加六級臣張廷玉等奉

敕修

喬允升 易應昌等　曹于汴

孫居相 弟鼎相　曹珖

陳于廷　鄭三俊

李日宣　張瑋 金光辰

喬允升字吉甫洛陽人萬曆二十年進士除太谷知縣以治行高等徵授御史歷按宣大山西畿輔竝著風采三十九年大計京官允升協理河南道力鋤匪類而主事秦聚奎給事中朱一桂咸爲被察者訟冤察疏猶未下允升慮帝意動搖三疏別白其故且劾吏部侍郎蕭雲舉佐察行私事乃獲竣雲舉亦引去尋遷順天府丞進府尹齊楚浙三黨用事移疾歸天啓初起歷刑部左右侍郎三年進尚書魏忠賢逐吏部尚書趙南星廷推允升代忠賢以允升爲南星黨并逐主議者允升復移疾歸旣而給事中薛國觀劾允升主謀邪黨詔落職閒住崇禎初召拜故官時訟獄益繁帝一切用重典允升執法不撓多所平反先是錢謙益典試浙江有奸人金保元徐時敏僞作關節授舉子錢千秋千秋故有文獲薦覺保元時敏詐與之鬨事傳京師爲部科磨勘者所發謙益大駭詰知二奸所爲疏劾之并千秋俱下吏罪當戍二奸瘐死千秋更赦釋還事已七年矣溫體仁以枚卜不與疑謙益主之復發其事詔逮千秋再訊帝深疑廷臣結黨蓄怒以待而體仁又密伺於旁廷臣相顧惕息允升乃會都御史曹于汴大理卿康新民等讞鞫者再千秋受拷無異詞允升等具以聞帝不悅命覆勘體仁慮謙益事白己且獲譴再疏劾法官六欺且言獄詞盡出謙益手允升憤求去帝雖慰留卒如體仁言奪謙益官閒住千秋荷校死二年冬我

大淸兵薄都城獄囚劉仲金等百七十人破械出欲踰城被獲帝震怒下允升及左侍郎胡世賞提牢主事敖繼榮獄欲寘之死中書沈自植乘間摭劾允升他罪章并下按問副都御史掌院事易應昌以允升等無死罪執奏再三帝益怒并下應昌獄鐫僉都御史高弘圖大理寺卿金世俊級奪少卿周邦基以下俸令再讞弘圖等乃坐允升絞而微言其年老可念帝謂允升法當死特高年篤疾減死與繼榮俱戍邊世賞贖杖爲民尚書胡應台等上應昌罪帝以爲輕杖郎中徐元嘏於廷鐫應台秩視事應昌論死四年四月久旱求言多請緩刑

乃免應昌及工部尚書張鳳翔御史李長春給事中杜齊芳都督李如楨死遣戍邊衞允升赴戍所未幾死允升端方廉直歷中外具有聲績以詿誤獲重譴天下惜之易應昌字瑞芝臨川人萬曆四十一年進士熹宗時由御史累遷大理少卿逆黨劾爲東林削籍崇禎二年起左僉都御史進左副都御史與曹于汴持史𡎺高捷起官事爲時所重至是獲罪福王時召復故官遷工部右侍郎國變後卒帝在位十七年刑部易尚書十七人薛貞以奄黨抵死蘇茂相半歲而罷王在晉未任改兵部去允升遣戍韓繼思坐議獄除名胡應台獨得善去馮英被劾遣戍鄭三俊坐議獄逮繫劉之鳳坐議獄論絞瘐死獄中甄淑坐納賄下詔獄改繫刑部瘐死李覺斯坐議獄削籍去劉澤深卒於位鄭三俊再爲尚書改吏部范景文未任改工部徐石麟坐議獄落職閒住胡應台再召不赴繼其後者張忻賊陷京師與子庶吉士端竝降

曹于汴字自梁安邑人萬曆十九年舉鄉試第一明年成進士授淮安推官以治行高第授吏科給事中疏劾兩京兵部尚書田樂邢玠及雲南巡撫陳用賓樂玠遂引去吏部郎趙邦清被誣于汴疏雪之謁告歸僦屋以居不蔽風日起歷刑科左右給事中朝房災請急補曠官修廢政遼左有警朝議增兵于汴言國家三歲遣使者閱邊盛獎邊臣功伐蟒衣金幣之賜官秩之增未嘗或靳今廢防至此宜重加按問邊道超擢當於秩滿時閱實其績毋徒循資俸坐取建牙開府進吏科都給事中給事中胡嘉棟發中官陳永壽兄弟奸永壽反訐嘉棟于汴極論永壽罪故事章疏入會極門中官直達之御前至是必啟視然後進御于汴謂乖祖制洩事機力請禁之三十八年典外察去留悉當明年典京察屏湯賓尹劉國縉等而以年例出王紹徽喬應甲於外其黨羣起力攻于汴持之堅卒不能奪以久次擢太常少卿疏寢不下請告又不報候命歲餘移疾歸光宗立始以太常少卿召至則改大理少卿遷左僉都御史佐趙南星京察事竣進左副都御史天啓三年秋吏部缺右侍郎廷推馮從吾以于汴副中旨特用于汴于汴以從吾名位先已義不可越四辭不得遂引疾歸明年起南京右都御史辭不拜時紹徽應甲附魏忠賢得志必欲害于汴屬其黨石三畏以東林領袖劾之遂削奪崇禎元年召拜左都御史振舉憲規約敕僚吏臺中肅然明年京察力汰匪類忠賢餘黨幾盡仕路爲清溫體仁訐錢謙益下錢千秋法司訊不得實體仁以于汴謙益座主也并訐之于汴亦發體仁欺罔狀帝終信體仁謙益竟獲罪先是詔定逆案于汴與大學士韓爌李標錢龍錫刑部尚書喬允升平心參決不爲已甚小人猶惡之故御史高捷史𡎺素憸邪爲清議所擯吏部尚書王永光力薦之故事御史起官必都察院咨取于汴惡其人久弗咨永光憤再疏力爭已得請于汴猶以故事持之兩人遂投牒自乞于汴益惡之卒持不予兩人竟以部疏起官遂日夜謀傾于汴中書原抱奇者賈人子也嘗誣劾大學士爌至是再劾爌及于汴并及尚書孫居相侍郎程啓南府丞魏光緒目爲西黨請皆放黜以五人籍山西也帝絀抱奇言不聽而工部主事陸澄源復劾于汴朋奸六罪帝雖譴澄源于汴卒謝事去及辭朝以敦大進規七年卒年七十七贈太子太保于汴篤志正學操履粹白立朝正色不阿崇獎名教有古大臣風

孫居相字伯輔沁水人萬曆二十年進士除恩縣知縣徵授南京御史負氣敢言嘗疏陳時政謂今內自宰執外至郡守縣令無一人得盡其職政事日廢治道日乖天變人怨究且瓦解土崩縱珠玉金寶亘地彌天何救危亂帝不省誠意伯劉世延屢犯重辟廢爲庶人錮原籍不奉詔久居南京益不法妄言星變將勒兵赴闕居相疏發其奸并及南京勳臣子弟暴橫狀得旨下世延吏安遠東寧忻城諸侯伯子弟悉按問強暴爲戢稅使楊榮激變雲南守太和山中官黃勳嗾道士毆辱知府居相皆極論其罪時中外多缺官居相兼攝七差署諸道印事皆辦治大學士沈一貫數被人言居相力詆其奸貪植黨一貫乃去居相亦奪祿一年連遭內外艱服闋起官出巡漕運還發湯賓尹韓敬科場事廷議當覈官其黨爲營護旨下法司覆勘居相復發敬通賄狀敬遂不振故事御史年例外轉吏部都察院協議王時熙魏雲中之去都御史孫瑋不與聞居相再疏劾尚書趙煥煥引退及鄭繼之代煥復以私意出宋槃潘之祥於外居相亦據法力爭吏部侍郎方從哲由中旨起官中書張光房等五人以持議不合時貴擯不與科道選居相竝抗章論列當是時朋黨勢成言路不肖者率附吏部以驅除異己勢張甚居相挺身與抗氣不少沮於是過廷訓唐世濟李徵儀劉光復趙興邦周永春姚宗文吳亮嗣汪有功王萬祚韋羣起爲難居相連疏揭註諸人迄不能害至四十五年亦以年例出居相江西參政引疾不就天啓改元起光祿少卿改太僕擢右僉都御史巡撫陝西四年春召拜兵部右侍郎其冬魏忠賢盜柄復引疾歸無何給事中陳序謂居相出趙南星門與楊漣交好序同官虞廷陛又劾居相力薦李三才遙結史記事遂削奪崇禎元年起戶部右侍郎專督鼓鑄尋改吏部進左侍郎以戶部尚書總督倉場轉漕多僨民舟民憊甚以居相言獲蘇高平知縣喬淳貪虐爲給事中楊時化所劾坐贓二萬有奇淳家京師有奧援乞移法司覆訊且訐時化請囑致隙時化方憂居通書居相報書有國事日非邪氛益惡語爲偵事者所得聞於朝帝大怒下居相獄讁戍邊七年卒於戍所弟鼎相歷吏部郎中副都御史巡撫湖廣亦有名東林中

曹珖字用韋益都人萬曆二十九年進士授戶部主事督皇城四門倉衞軍貸羣璫子錢償以月餉軍不支餉者三年及餉期羣璫抱券至珖命減息璫大譁珖曰并私劵奏聞聽上處分耳羣璫請如命軍困稍蘇以憂去起補兵部武選主事歷職方郎中大璫私人求大帥珖不可東廠太監盧受疏申職掌珖亦請敕受約束部卒毋陷良民稍遷河東參政引疾歸久之起南京太常少卿光宗驟崩馳疏言先帝春秋鼎盛奄棄羣臣道路咸知奸黨陰謀醫藥雜進以至於此天下之弒逆有毒而非酖戕而非刃者此與先年梃擊同一奸宄乞明詔輔臣直窮奸狀以雪先帝之讐報聞天啓初敘職方時邊功加光祿卿進太常大理卿魏忠賢亂政大獄紛起珖請告歸尋爲給事中潘士聞所劾落職閒住御史盧承欽歷攻東林詆珖狎主邪盟遂削奪崇禎元年起戶部右侍郎督錢法尋遷左侍郎三年拜工部尚書珖初名珍避仁宗諱始改名五年陵工成加太子少保桂王重建府第議加江西河南山東山西田賦十二萬有奇浙江遣織造銀十餘萬巡撫陸完學請編入正額珖皆持不可中官張彝憲總理戶工兩部事議設座於部堂珖不可右侍郎高弘圖履任彝憲欲共設公座珖與弘圖約比彝憲至皆曰事竣矣撤座去彝憲怏怏及主事金鉉馮元飈交疏劾彝憲彝憲疑出珖日摺摭其隙會山永巡撫劉宇烈請料價萬五千兩鉛五萬斤工部無給銀例與鉛之半宇烈怒奏鉛皆濫惡彝憲取粗鉛進曰庫鉛盡然欲以罪珖嚴旨盡鎔庫鉛司官中毒死者三人內外官多獲罪彝憲乃糾巡視科道許國榮等十一人珖疏救忤旨詰責彝憲又指關工冒破齮齕之珖累疏乞骸骨歸五月得請屢薦不起家居十四年卒

陳于廷字孟諤宜興人萬曆二十三年進士歷知光山唐山秀水三縣徵授御史甫拜命即論救給事中汪若霖詆大學士朱賡甚力坐奪俸一年頃之劾職方郎中申用懋趙拱極黃克謙爲宰相私人不宜處要地又劾賡及王錫爵當斥已言諭德顧天埈素干清議不宜久玷詞林語皆峻切視鹺河東劾稅使張忠撓鹽政正陽門災極陳時政闕失父喪歸服除起按江西時稅務已屬有司而中官潘相欲親督湖口稅于廷劾其背旨虐民淮府庶子常洪作奸論寘之法改按山東光宗立擢太僕少卿從太常議紅丸事極言崔文昇李可灼當斬尚書王紀被斥特疏申救再進大理卿戶部右侍郎改吏部進左侍郎尚書趙南星既逐于廷署事大學士魏廣微傳忠賢意欲用其私人代南星且許擢于廷總憲于廷不可以喬允升馮從吾汪應蛟名上忠賢大怒詬所推仍南星遺黨矯旨切責并楊漣左光斗盡斥爲民文選郎張可前御史袁化中房可壯亦坐貶黜自是清流盡逐小人日用事矣崇禎初起南京右都御史與鄭三俊典京察盡去諸不肖者南御史差竣例聽北考于廷請先考於南報可召拜左都御史以巡方責重列上糾大吏薦人才修荒政覈屯鹽禁耗羨清獄囚訪奸豪弭寇盜八事請於回道日核實課功優詔褒納給事中馬思理御史高倬余文縉坐事下吏竝抗疏救之秩滿加太子少保三疏乞休不允兩浙巡鹽御史祝徽廣西巡按御史畢佐周竝擅撻指揮非故事事聞帝方念疆埸多故欲倚武臣旨下參覈于廷等言軍官起世冑率不循法度桀驁列彈章將不勝擾故小過薄責以懲凡御史在外者盡然不自二臣始帝以指揮秩崇非御史得杖令會兵部稽典制以聞典制實無杖指揮事乃引巡撫勅書提問四品武職語以對帝以比擬不倫責令再核于廷等終右御史所援引悉不當帝意疏三上三却竟削籍歸家居二年卒福王時贈少保于廷端亮有守周延儒當國于廷其里人無所附麗與溫體仁不合故卒獲重譴去

鄭三俊字用章池州建德人萬曆二十六年進士授元氏知縣累遷南京禮部郎中歸德知府福建提學副使家居七年起故官督浙江糧儲天啓初召爲光祿少卿改太常未上陳中官侵冒六事時魏忠賢客氏離間后妃希得見帝而三俊疏有篤厚三宮妖冶不列於御語忠賢遣二豎至閣中摘妖冶語令重其罪閣臣力爭而擬旨則以先朝故事爲辭三俊復疏言近日糜爛荼毒無踰中璫閹臣悉指爲故事古人言奄豎聞名非國之

福今閹名者已有人內連外結恃閹臣彈壓抑損之而閹臣輒阿諛自溺其職可爲寒心忠賢益怒以語侵內閣留中不下擢左僉都御史疏陳兵食大計規切內外諸司吏部郎中徐大相言事被謫抗疏救之四年正月遷左副都御史戶部右侍郎楊漣劾忠賢三俊亦上疏極論尋署倉場事太倉無一歲蓄三俊奏行足儲數事忠賢盡逐漣等三俊遂引疾去明年忠賢黨張訥請毀天下書院劾三俊與鄒元標馮從吾孫愼行余懋衡合汙同流褫職閒住崇禎元年起南京戶部尚書兼掌吏部事南京諸僚多忠賢遺黨是年京察三俊澄汰一空京師被兵大臣大獲譴明年春三俊以建儲入賀力言皇上憂勞少過人情鬱結未宣百職庶司救過不贍上下睽孤足爲隱慮願保聖躬以保天下收人心以收封疆帝褒納之南糧歲額八十二萬七千有奇積逋至數百萬而兵部又增兵不已三俊初至倉庫不足一月餉三俊力祛宿弊糾有司尤怠玩者數人屢與兵部爭虛冒久之士得宿飽萬曆時稅使四出蕪湖始設關歲徵稅六七萬泰昌時已停至是度支益絀科臣解學龍請增天下關稅南京宣課司亦增二萬三俊以爲病民請減其半以其半征之蕪湖坐賈戶部遂派蕪湖三萬復設關徵商三俊請罷征併於工部分司計舟輸課不稅貨物皆不從遂爲永制蕪湖淮安杭州三關皆隸南戶部所遣司官李友蘭霍化鵬任俶皆貪三俊悉劾罷之居七年就移吏部八年正月復當京察斥罷七十八人時服其公旋上議官評杜請屬愼差委三事帝皆採納流寇大擾江北南都震動三俊數陳防禦策禮部侍郎陳子壯下獄抗疏救之考績入都留爲刑部尚書加太子少保帝以陰陽愆和命司禮中官錄囚流徒以下皆減等三俊以文武諸臣詿誤久繫者衆請令出外候讞因論告訐株蔓之獘乞敕內外諸臣行側隱實政內而五城訊鞫非重辟不必參送法司外而撫按提追非眞犯不必盡解京師刑曹決斷以十日爲期帝皆從之代州知州郭正中因天變請舉寒審之典帝命考故事三俊稽歷朝寶訓得祖宗冬月錄囚數事備列上奏寢不行前尚書馮英坐事遣戍其母年九十有一三俊乞釋還侍養不許初戶部尚書侯恂坐屯豆事下獄帝欲重譴之三俊屢讞上不稱旨議者謂恂與三俊皆東林曲法縱舍工部錢局有盜穴其垣命按主者罪三俊亦擬輕典帝大怒褫其官下吏應天府丞徐石麒適在京上疏力救忤旨切責帝御經筵講官黃景昉稱三俊至清又借黃道周各疏救帝不納切責三俊欺罔以無贓私令出獄候訊宣大總督盧象昇復救之大學士孔貞運等復以爲言乃許配贖十五年正月召復故官會吏部尚書李日宣得罪即命三俊代之時值考選外吏多假繕城墾荒名減俸行取都御史劉宗周疏論之諸人乃夤緣周延儒屬兵部尚書張國維以知兵薦帝即欲召對親擢三俊言考選者部院事天子且不得專況樞部乎乞先考定乃請聖裁帝不悅召三俊責之對不屈宗周復言三俊欲俟部院考後第其優劣純疵恭請欽定若但以奏對取人安能得眞品帝不從由是倖進者衆帝下詔求賢三俊舉李邦華劉宗周自代且薦黃道周史可法馮元颺陳士奇四人姜埰熊開元言事下獄及宗周獲嚴譴三俊皆懇救先後奏罷不職司官數人銓曹悉稟稟大僚缺官三俊數引薦賢士之廢斥者多復用刑部尚書徐石麒獲罪率同官合疏乞留三俊爲人端嚴清亮正色立朝惟引吳昌時爲屬頗爲世詬病時文選缺郎中儀制郎中吳昌時欲得之首輔周延儒力薦於帝且以屬三俊他輔臣及言官亦多稱其賢三俊遂請調補帝特召問三俊復徇衆意以對帝頷之明日即命下以他部調選郎前此未有也帝惡言官不職欲多汰之嘗以語三俊三俊與昌時謀出給事四人御史六人於外給事御史大譁謂昌時紊制弄權連章力攻并詆三俊三俊懇乞休致詔許乘傳歸國變後家居十餘年乃卒

李日宣字晦伯吉水人萬曆四十一年進士授中書舍人擢御史天啓元年遼陽破請帝時召大僚面決庶政尋請宥侯震暘以開言路厚中宮以肅名分忤旨切責已又薦丁元薦鄒維璉麻僖等十餘人乞召還朱欽相劉廷宣等帝以濫薦逐臣停俸三月旋出理河東鹽政還朝以族父邦華佐兵部引嫌歸五年七月逆黨倪文煥劾邦華日宣爲東林邪黨遂削籍莊烈帝即位復故官以邦華在朝久不出崇禎三年起故官巡按河南還朝掌河南道事中官王坤訐大學士周延儒日宣率同官言內臣監兵不宜侵輔臣且插款中疑邊情多故坤責亦不可追報聞還大理丞屢進太常卿九年冬擢兵部右侍郎鎮守昌平久之進左侍郎協理戎政尋敘護陵功加兵部尚書十三年九月擢吏部尚書十五年五月會推閣臣日宣等以蔣德璟黃景昉姜曰廣王錫袞倪元璐楊汝成楊觀光李紹賢鄭三俊劉宗周吳甡惠世揚王道直名上帝令再推數人而副都御史房可壯工部右侍郎宋玫大理寺卿張三謨與焉大僚不獲推者爲流言入內且創二十四氣之說帝深惑之踰月召日宣及與推諸臣入中左門偕輔臣賜食已出御中極殿令諸臣奏對玫陳九邊形勢甚辯帝惡其干進叱之乃命德璟景昉甡入閣而以徇情濫舉責日宣等回奏奏上帝怒不解復御中左門太子及定永二王侍帝召日宣聲甚厲次召吏科都給事中章正宸河南道御史張煊及玫可壯三謨詰其妄舉日宣奏辯帝曰汝嘗言秉公執法今何事不私正宸奏日宣多游移臣等常勸之然推舉事實無所徇日宣復爲玫等三人解帝命錦衣官提下日宣等六人並褫冠帶就執時帝怒甚侍臣皆股栗失色德璟景昉甡叩頭辭新命因言臣等並在會推中若諸臣有罪臣等豈能安大學士周延儒等亦乞優容帝皆不許遂下刑部廷臣交章申救不納帝疑其未就獄責刑部臣尅期三日定讞侍郎惠世揚徐石麒擬予輕比帝大怒革世揚職鐫石麒二秩郎中以下罪有差御史王漢言枚卜一案日宣等無私陛下懷疑重其罪刑官莫知所執不聽獄上日宣正宸煊戍邊玫可壯三謨削籍久之赦還卒

張瑋字席之武進人少孤貧取糠粃自給不輕受人一飯爲同里薛敷教所知講學東林書院師孫愼行其學以愼獨研幾爲宗萬曆四十年舉應天鄉試第一越七年成進士授戶部主事調兵部職方歷郎中出爲廣東提學僉事粵俗奢麗督學至宮室供張輿馬飾牽之奉甲他省象犀文石名花珠貝磊砢璀璨瑋悉屏去弗視也大吏建魏忠賢祠乞上梁文於瑋瑋即日引去瑋廉歸而布袍草履授徒於家莊烈帝即位起江西參議歷福建山東副使大學士吳宗達謂瑋難進而易退言之吏部召爲尚寶卿進太僕少卿坐事調南京大理丞引疾去久之起應天府丞是歲四方大旱瑋以軍食可虞奏請禁江西湖廣遏糴而令應天常鎮淮揚五郡折輪漕糧銀赴彼易米則小民免催科之苦太倉無顆粒之虧他十庫所收銅錫顏料皮布非州縣土產者悉解折色且盡改民解爲官解以救民湯火所司多議行遷南京光祿卿召入爲右僉都御史遷左副都御史時劉宗周金光辰並總憲紀瑋乃上風厲臺班疏曰懲往正以監來今極貪則原任巡按蘊松御史王志舉極廉則原任南京試御史成勇勇與臣曾不相知家居聞勇被逮士民泣送者萬輩百里不休後入南都始知勇在臺不濫聽一辭不輕贖一鍰不受屬吏一蔬一果杰紳悍吏爲民害者不少假借委曲開導民以孝弟臣離南中輒扳轅願借成御史惠我南人雖前奉嚴譴宜召爲諸御史勸疏上一時稱快詔下志舉法司逮治成勇敘用瑋旋以病謝歸未幾卒福王時贈左都御史諡清惠金光辰字居垣全椒人崇禎元年進士授行人擢御史巡視西城內使周二殺人牒司禮監捕之其人方直御前叩頭乞哀帝曰此國家法朕不得私卒抵罪出按河南條奏至三百餘章彈劾不避權勢九年還朝京師戒嚴光辰分守東直門劾兵部尚書張鳳翼三不可解一大可憂帝以鳳翼方在行間寢其奏時帝久罷內遣然以邊警諸臣頗萎腇不任仍分遣中官盧維寧等總監通津臨德等處兵馬糧餉而意頗諱言之光辰疏請罷遣帝怒召對平臺風雨驟至侍臣立雨中至以袖障霤久之帝召光辰責之光辰對曰皇上以文武諸臣無實心任事委任內臣臣愚以任內臣諸臣益弛卸不任帝大怒聲色俱厲將重譴光辰而迅雷直震御座風雨聲大作光辰因言臣在河南見皇上撤內臣而喜語未終帝沉吟即云汝言毋復爾然意亦稍解人謂光辰有天幸云時張元佐以兵部右侍郎出守昌平同時內臣提督天壽山者即日往帝顧閣臣曰內臣即日往侍臣三日未出朕之用內臣過耶翼日有詔光辰鐫三級調外久之由浙江按察司照磨召爲大理寺正進太僕丞十三年五月復偕諸大臣召對平臺咨以禦邊救荒安民之策光辰班最後時已夜光辰獨對燭影中娓娓數百言帝爲聳然聽明日諭諸臣各繕疏以進尋移尚寶丞陳罷練總換授私派僉報數事報聞歷光祿少卿左通政十五年五月復偕諸臣召對德政殿備陳賊形勢帝悅擢左僉都御史無何以救劉宗周仍鐫三級調外事具宗周傳明年丁父憂福王時起故官未赴國變家居二十餘年卒

贊曰明自神宗而後士大夫峻門戶而重意氣其賢者敦厲名檢居官有所執爭即清議翕然歸之雖其材識不遠耳目所熟習不能不囿於風會抑亦一時之良也遭時孔棘至救過不暇顧安得責以挽回幹濟之業哉

總裁官總理事務經筵講官少保兼太子太保保和殿大學士兼管吏部戶部尚書事加六級臣張廷玉等奉

敕修

劉宗周祝淵王毓蓍　黃道周葉廷秀

劉宗周字起東山陰人父坡爲諸生母章氏姙五月而坡亡既生宗周家酷貧攜之育外家後以宗周大父老疾歸事之析薪汲水持藥糜然體孱甚母嘗憂念之不置遂成疾又以貧故忍而不治萬曆二十九年宗周成進士母卒於家宗周奔喪爲堊室中門外日哭泣其中服闋選行人請養大父母遭喪居七年始赴補母以節聞於朝時有崑黨宣黨與東林爲難宗周上言東林顧憲成講學處高攀龍劉永澄姜士昌劉元珍皆賢人于玉立丁元薦較然不欺其志有國士風諸臣摘流品可也爭意見不可攻東林可也黨崑宣不可黨人大譁宗周乃請告歸天啓元年起儀制主事疏言魏進忠導皇上馳射戲劇奉聖夫人出入自由一舉逐諫臣三人罰一人皆出中旨勢將指鹿爲馬生殺予奪制國家大命今東西方用兵奈何以天下委閹豎乎進忠者魏忠賢也大怒停宗周俸半年尋以國法未伸請戮崔文昇以正弒君之罪戮盧受以正交私之罪戮楊鎬李如楨李維翰鄭之范以正喪師失地之罪戮高出胡嘉棟康應乾牛維曜劉國縉傅國以正棄城逃潰之罪急起李三才爲兵部尚書錄用清議名賢丁元薦李朴等諍臣楊漣劉重慶等以作仗節徇義之氣帝切責之累遷光祿丞尚寶太僕少卿移疾歸四年起右通政至則忠賢逐東林且盡宗周復固辭忠賢責以矯情厭世削其籍崇禎元年冬召爲順天府尹辭不許明年九月入都上疏曰陛下勵精求治宵旰靡寧然程效太急不免見小利而速近功何以致唐虞之治夫今日所汲汲於近功者非兵事乎誠以屯守爲上策簡卒節餉修刑政而威信布之需以歲月未有不望風束甲者而陛下方銳意中興刻期出塞當此三空四盡之秋竭天下之力以奉饑軍而軍愈驕聚天下之軍以博一戰而戰無日此計之左也今日所規規於小利者非國計乎陛下留心民瘼惻然痌瘝而以司農告匱一時所講求者皆掊克聚斂之政正供不足繼以雜派科罰不足加以火耗水旱災傷一切不問敲扑日峻道路吞聲小民至賣妻鬻子以應有司以掊克爲循良而撫字之政絕上官以催徵爲考課而黜陟之法亡欲求國家有府庫之財不可得已功利之見動而廟堂之上日見其煩苛事事糾之不勝糾人人摘之不勝摘於是名實紊而法令滋頃者特嚴贓吏之誅自宰執以下坐重典者十餘人而貪風未盡息所以導之者未善也賈誼曰禮禁未然之先法施已然之後誠導之以禮將人人有士君子之行而無狗彘之心所謂禁之於未然也今一切詿誤及指稱賄賂者卽業經昭雪猶從吏議深文巧詆絕天下遷改之途蓋習爲頑鈍無恥矯飾外貌以欺陛下士節日隳官邪日著陛下亦安能一一察之且陛下所以勞心焦思於上者以未得賢人君子用之也而所嘉予而委任者率奔走集事之人以摘發爲精明以告訐爲正直以便給爲才諝又安所得賢者而用之得其人矣求之太備或以短而廢長責之太苛或因過而成誤且陛下所擘畫動出諸臣意表不免有自用之心臣下救過不給讒諂者因而間之猜忌之端遂從此起夫恃一人之聰明而使臣下不得盡其忠則耳目有時壅憑一人之英斷而使諸大夫國人不得衷其是則意見有時移方且爲內降爲留中何以追喜起之盛乎數十年來以門戶殺天下幾許正人猶蔓延不已陛下欲折君子以平小人之氣用小人以成君子之公前日之覆轍將復見於天下也陛下求治之心操之太急醞釀而爲功利功利不已轉爲刑名刑名不已流爲猜忌猜忌不已積爲壅蔽正人心之危所潛滋暗長而不自知者誠能建中立極默正此心使心之所發悉皆仁義之良仁以育天下義以正萬民自朝廷達於四海莫非仁義之化陛下已一旦躋於堯舜矣帝以爲迂闊然歎其忠未幾都城被兵帝不視朝章奏多留中不報傳旨辦布囊八百中官競獻馬騾又令百官進馬宗周曰是必有以遷幸動上者乃詣午門叩頭諫曰國勢強弱視人心安危乞陛下出御皇極門延見百僚明言宗廟山陵在此固守外無他計俯伏待報自晨迄暮中官傳旨乃退米價騰躍請罷九門稅修賈區以處貧民爲粥以養老疾嚴行保甲之法人心稍安時樞輔諸臣多下獄者宗周言國事至此諸臣負任使無所逃罪陛下亦宜分任咎禹湯罪己興也勃焉曩皇上以情面疑羣臣羣臣盡在疑中日積月累結爲陰痞識者憂之今日當開示誠心爲濟難之本御便殿以延見士大夫以票擬歸閣臣以庶政歸部院以獻可替否予言官不效從而更置之無坐錮以成其罪乃者朝廷縛文吏如孤雛而視武健士不啻驕子漸使恩威錯置文武皆不足信乃專任一二內臣閫以外次第委之自古未有宦官典兵不僨國者又劾馬世龍張鳳翼吳阿衡等罪忤帝意三年以疾在告進祈天永命之說言法天之大者莫過於重民命則刑罰宜當宜平陛下以重典繩下逆黨有誅封疆失事有誅一切詿誤重者杖死輕者謫去朝署中半染赭衣而最傷國體者無如詔獄副都御史易應昌以平反下吏法司必以鍛鍊爲忠直蒼鷹乳虎接踵於天下矣願體上天好生之心首除詔獄且寬應昌則祈天永命之一道也法天之大者莫過於厚民生則賦斂宜緩宜輕今者宿逋見征及來歲預征節節追呼閭閻困敝貪吏益大爲民厲貴州巡按蘇琰以行李被訐於監司巡方黷貨何問下吏吸膏吮脂之輩接迹於天下矣願體上天好生之心首除新餉并嚴飭官方則祈天永命之又一道也然大君者天之宗子輔臣者宗子之家相陛下置輔率由特簡亦願體一人好生之心毋驟除異己搆朝士以大獄結國家朋黨之禍毋寵利居成功導人主以富強釀天下土崩之勢周延儒溫體仁見疏不懌以時方禱雨而宗周稱疾指爲偃蹇激帝怒擬旨詰之且令陳足兵足餉之策宗周條畫以對延儒體仁不能難爲京尹政令一新挫豪家尤力閹人言事輒不應或相詬誶宗周治事自如武清伯蒼頭毆諸生宗周捶之枷武清門外嘗出見優人籠篋焚之通衢賜恤單丁下戶尤至居一載謝病歸都人爲罷市八年七月內閣缺人命吏部推在籍者以孫慎行林釬及宗周名上詔所司敦趣宗周固辭不許明年正月入都慎行已卒與釬入朝帝問人才兵食及流寇猖獗狀宗周言陛下求治太急用法太嚴布令太煩進退天下士太輕諸臣畏罪飾非不肯盡職業故有人而無人之用有餉而無餉之用有將不能治兵有兵不能殺賊流寇本朝廷赤子撫之有道則還爲民今急宜以收拾人心爲本收拾人心在先寬有司參罰重則吏治壞吏治壞則民生困盜賊由此日繁帝又問兵事宗周言禦外以治內爲本內治修遠人自服干羽舞而有苗格願陛下以堯舜之心行堯舜之政天下自平對畢趨出帝顧體仁迂其言命釬輔政宗周他用旋授工部左侍郎踰月上痛憤時艱疏言陛下銳意求治而二帝三王治天下之道未暇講求施爲次第猶多未得要領者首屬意於邊功而罪督遂以五年恢復之說進是爲禍胎己巳之役謀國無良朝廷始有積輕士大夫之心自此耳目參於近侍腹心寄於干城治術尚刑名政體歸叢脞天下事日壞而不可救厰衞司譏察而告訐之風熾詔獄及士紳而堂廉之等夷人人救過不給而欺罔之習轉甚事事仰成獨斷而諂諛之風日長三尺法不伸於司寇而犯者日衆詔旨雜治五刑歲躬斷獄以數千而好生之德意泯刀筆治絲綸而王言褻誅求及瑣屑而政體傷參罰在錢穀而官愈貪吏愈橫賦愈逋敲扑繁而民生瘁嚴刑重斂交困而盜賊日起總理任而臣下之功能薄監視遣而封疆之責任輕督撫無權而將日懦武弁廢法而兵日驕將懦兵驕而朝廷之威令并窮於督撫朝廷勒限平賊而行間日殺良報功生靈益塗炭一旦天牖聖衷撤總監之任重守令之選下弓旌之招收酷吏之威布維新之化方與二三臣工洗心滌慮以聯泰交而不意君臣相遇之難也得一文震孟而以單辭報罷使大臣失和衷之誼得一陳子壯而以過戇坐辜使朝宁無吁咈之風此關於國體人心非淺鮮者陛下必體上天生物之心以敬天而不徒倚風雷必念祖宗鑑古之制以率祖而不輕改作以簡要出政令以寬大養人才以忠厚培國脈發政施仁收天下泮渙之人心而且還內廷掃除之役正懦帥失律之誅慎天潢改授之途遣廷臣齎內帑巡行郡國爲招撫使赦其無罪而流亡者陳師險隘堅壁清野聽其窮而自歸誅渠之外猶可不殺一人而畢此役奚待於觀兵哉疏入帝怒甚諭閣臣擬嚴旨再四每擬上帝輒手其疏覆閱起行數周已而意解降旨詰問謂大臣論事宜體國度時不當效小臣歸過朝廷爲名高且獎其清直焉時太僕缺馬價有詔願捐者聽體仁及成國公朱純臣以下皆有捐助又議罷明年朝覲宗周以輸貲免覲爲大辱國帝雖不悅心善其忠益欲大用體仁患之募山陰人許瑚疏論之謂宗周道學有餘才諝不足帝以瑚同邑知之宜眞遂已不用其秋三疏請告去至天津聞都城被兵遂留養疾十月事稍定乃上疏曰己巳之變誤國者袁崇煥一人小人競修門戶之怨異己者槩坐以崇煥黨日造蜚語次第去之自此小人進而君子退中官用事而外廷浸疏文法日繁欺罔日甚朝廷日驟邊防日壞今日之禍實己巳以來釀成之也且以張鳳翼之溺職中樞也而俾之專征何以服王洽之死以丁魁楚等之失事於邊也而責之戴罪何以服劉策之死諸鎭勤王之師爭先入衞者幾人不聞以逗遛蒙詰責何以服耿如杞之死今且以二州八縣之生靈結一飽颺之局則廷臣之累累若若可幸無罪者又何以謝韓爌張鳳翔李邦華諸臣之或戍或去豈昔爲異己驅除今不難以同己相容隱乎臣於是而知小人之禍

人國無已時也昔唐德宗謂羣臣曰人言盧杞奸邪朕殊不覺羣臣對曰此乃杞之所以爲奸邪也臣每三覆斯言爲萬世辨奸之要故曰大奸似忠大佞似信頻年以來陛下惡私交而臣下多以告訐進陛下錄清節而臣下多以曲謹容陛下崇勵精而臣下奔走承順以爲恭陛下尚綜覈而臣下瑣屑吹求以示察凡若此者正似信似忠之類究其用心無往不出於身家利祿陛下不察而用之則聚天下之小人立於朝有所不覺矣天下卽乏才何至盡出中官下而陛下每當緩急必委以大任三協有遣通津臨德有遣又重其體統等之總督中官總督置總督何地總督無權置撫按何地是以封疆嘗試也且小人每比周小人以相引重君子獨岸然自異故自古有用小人之君子終無黨比小人之君子陛下誠欲進君子退小人決理亂消長之機猶復用中官參制之此明示以左右袒也有明治理者起而爭之陛下卽不用其言何至并逐其人而御史金光辰竟以此逐若惟恐傷中官心者尤非所以示天下也至今日刑政之最舛者成德傲吏也而以贓戍何以肅懲貪之令申紹芳十餘年監司也而以莫須有之鑽刺戍何以昭抑競之典鄭鄤之獄或以誣告坐何以示敦倫之化此數事者皆爲故輔文震孟引繩批根卽向驅除異己之故智而廷臣無敢言陛下亦無從知之也嗚呼八年之間誰秉國成而至於是臣不能爲首揆溫體仁解矣語曰誰生厲階至今爲梗體仁之謂也疏奏帝大怒體仁又上章力詆遂斥爲民十四年九月吏部缺左侍郎廷推不稱旨帝臨朝而歎謂大臣劉宗周清正敢言可用也遂以命之再辭不得乃趨朝道中進三劄一曰明聖學以端治本二曰躬聖學以建治要三曰重聖學以需治化凡數千言帝優旨報之明年八月未至擢左都御史力辭有詔敦趨踰月入見文華殿帝問都察院職掌安在對曰在正己以正百寮必存諸中者上可對君父下可質天下士大夫而後百寮則而象之大臣法小臣廉紀綱振肅職掌在是而責成巡方其首務也巡方得人則吏治清民生遂帝曰卿力行以副朕望乃列建道揆貞法守崇國體清伏奸懲官邪飭吏治六事以獻帝褒納焉俄劾御史喻上猷嚴雲京而薦袁愷成勇帝竝從之其後上猷受李自成顯職卒爲世大詬冬十月京師被兵請旌死事盧象昇而追戮誤國奸臣楊嗣昌逮跋扈悍將左良玉防關以備反攻防潞以備透渡防通津臨德以備南下帝不能盡行閏月晦日召見廷臣於中左門時姜埰熊開元以言事下詔獄宗周約九卿共救入朝聞密旨置二人死宗周愕然謂衆曰今日當空署爭必改發刑部始已及入對御史楊若橋薦西洋人湯若望善火器請召試宗周曰邊臣不講戰守屯戍之法專恃火器近來陷城破邑豈無火器而然我用之制人人得之亦可制我不見河間反爲火器所破乎國家大計以法紀爲主大帥跋扈援師逗遛奈何反姑息爲此紛紛無益之舉耶因議督撫去留則請先去督師范志完且曰十五年來陛下處分未當致有今日敗局不追禍始更絃易轍欲以一切苟且之政補目前罅漏非長治之道也帝變色曰前不可追善後安在宗周曰在陛下開誠布公公天下爲好惡合國人爲用舍進賢才開言路次第與天下更始帝曰目下烽火逼畿甸且國家敗壞已極當如何宗周曰武備必先練兵練兵必先選將選將必先擇賢督撫擇賢督撫必先吏兵二部得人宋臣曰文官不愛錢武官不惜死則天下太平斯言今日鍼砭也論者但論才望不問操守未有操守不謹而遇事敢前軍士畏威者若徒以議論捷給舉動恢張稱曰才望取爵位則有餘責事功則不足何益成敗哉帝曰濟變之日先才後守宗周曰前人敗壞皆由貪縱使然故以濟變言愈宜先守後才帝曰大將別有才局非徒操守可望成功宗周曰他不具論如范志完操守不謹大將偏裨無不由賄進所以三軍解體由此觀之操守爲主帝色解曰朕已知之敕宗周起於是宗周出奏曰陛下方下詔求賢姜埰熊開元二臣遽以言得罪國朝無言官下詔獄者有之自二臣始陛下度量卓越妄如臣宗周戇直如臣黃道周尚蒙使過之典二臣何不幸不邀法外恩帝曰道周有學有守非二臣比宗周曰二臣誠不及道周然朝廷待言官有體言可用用之不可置之卽有應得之罪亦當付法司今遽下詔獄終於國體有傷帝怒甚曰法司錦衣皆刑官何公何私且罪一二言官何遽傷國體有如貪贓壞法欺君罔上皆可不問乎宗周曰錦衣膏粱子弟何知禮義聽寺人役使卽陛下問貪贓壞法欺君罔上亦不可不付法司也帝大怒曰如此偏黨豈堪憲職有間曰開元此疏必有主使疑卽宗周金光辰爭之帝叱光辰并命議處翼日光宸貶三秩調用宗周革職刑部議罪閣臣持不發捧原旨御前懇救乃免斥爲民歸二年而京師陷宗周徒步荷戈詣杭州責巡撫黃鳴駿發喪討賊鳴駿誡以鎭靜宗周勃然曰君父變出非常公專閫外不思枕戈泣血激勵同仇顧藉口鎭靜作遜避計耶鳴駿唯唯明日復趣之鳴駿曰發喪必待哀詔宗周曰嘻此何時也安所得哀詔哉鳴駿乃發喪問師期則曰甲仗未具宗周嘆曰嗟乎是烏足與有爲哉乃與故侍郎朱大典故給事中章正宸熊汝霖召募義旅將發而福王監國於南京起宗周故官宗周以大仇未報不敢受職自稱草莽孤臣疏陳時政言今日大計舍討賊復仇無以表陛下渡江之心非毅然決策親征無以作天下忠義之氣一曰據形勝以規進取江左非偏安之業請進圖江北鳳陽號中都東扼徐淮北控豫州西顧荊襄而南去金陵不遠請以駐親征之師大小銓除暫稱行在少存臣子負罪引慝之心從此漸進秦晉燕齊必有響應而起者一曰重藩屏以資彈壓淮揚數百里設兩節鉞不能禦亂爭先南下致江北一塊土拱手授賊督漕路振飛坐守淮城久以家屬浮舟遠地是倡之逃也於是鎭臣劉澤清高傑遂有家屬寄江南之說軍法臨陣脫逃者斬臣謂一撫二鎭皆可斬也一曰愼爵賞以肅軍情請分別各帥封賞孰當孰濫輕則收侯爵重則奪伯爵夫以左帥之恢復而封高劉之敗逃亦封又誰不當封者武臣旣濫文臣隨之外臣旣濫中璫隨之恐天下聞而解體也一曰核舊官以立臣紀燕京旣破有受僞官而叛者有受僞官而逃者有在封守而逃者有奉使命而逃者法皆不赦亟宜分別定罪爲戒將來至於僞命南下徘徊順逆之間實繁有徒必且倡爲曲說以惑人心尤宜誅絕又言當賊入秦流晉漸過畿南遠近洶洶獨大江南北晏然而二三督撫不聞遣一騎以壯聲援賊遂得長驅犯闕坐視君父之危亡而不救則封疆諸臣之當誅者一凶問已確諸臣奮戈而起決一戰以贖前愆自當不俟朝食方且仰聲息於南中爭言固圉之策卸兵權於閫外首圖定策之功則封疆諸臣之當誅者又一新朝旣立之後謂宜不俟終日首遣北伐之師不然則亟馳一介間道北進檄燕中父老起塞上名王哭九廟厝梓宮訪諸王更不然則起閩帥鄭芝龍以海師下直沽九邊督鎭合謀共奮事或可爲而諸臣計不出此則舉朝謀國不忠之當誅者又一罪廢諸臣量從昭雪自應援先帝遺詔及之今乃槩用新恩誅鬬定案前後詔書鶻突勢必彪虎之類盡從平反而後已則舉朝謀國不忠之當誅者又一臣謂今日問罪當自中外諸臣不職者始詔納其言宣付史館中外爲悚動而馬士英高傑劉澤清恨甚滋欲殺宗周矣宗周連疏請告不得命遂抗疏劾士英言陛下龍飛淮甸天實予之乃有扈蹕微勞入內閣進中樞宮銜世廕晏然當之不疑者非士英乎於是李沾侈言定策挑激廷臣矣劉孔昭以功賞不均發憤冢臣朝端譁然聚訟而羣陰且翩翩起矣借知兵之名則逆黨可以然灰寬反正之路則逃臣可以汲引而閣部諸臣且次第言去矣中朝之黨論方興何暇圖河北之賊立國之本紀已疏何以言匡攘之畧高傑一逃將也而奉若驕子浸有尾大之憂淮揚失事不難譴撫臣道臣以謝之安得不長其桀驁則亦恃士英卵翼也劉黃諸將各有舊汛地而置若弈棋洶洶爲連雞之勢至分剖江北四鎭以慰之安得不啓其雄心則皆高傑一人倡之也京營自祖宗以來皆勳臣爲政樞貳佐之陛下立國伊始而有內臣盧九德之命則士英有不得辭其責者總之兵戈盜賊皆從小人氣類感召而生而小人與奄宦又往往相表裏自古未有奄宦用事而將帥能樹功於方域者惟陛下首辨陰陽消長之機出士英仍督鳳陽聯絡諸鎭決用兵之策史可法卽不還中樞亦當自淮而北歷河以南別開幕府與士英相犄角京營提督獨斷寢之書之史冊爲弘光第一美政王優詔答之而促其速入士英大怒卽日具疏辭位且揚言於朝曰劉公自稱草莽孤臣不書新命明示不臣天子也其私人朱統鑌遂劾宗周疏請移蹕鳳陽鳳陽高牆所在欲以罪宗處皇上而與史可法擁立潞王其兵已伏丹陽當急備而澤清傑日夜謀所以殺宗周者不得乃遣客十輩往刺宗周時在丹陽終日危坐未嘗有惰容客前後至者不敢加害而去而黃鳴駿入覲兵抵京口與防江兵相擊闘士英以統鑌言爲信也亦震恐於是澤清疏劾宗周陰撓恢復欲誅臣等激變士心召生靈之禍劉良佐亦具疏言宗周力持三案爲門戶主盟倡議親征圖晁錯之自爲居守司馬懿之閉城拒君疏未下澤清復草一疏署傑良佐及黃得功名上之言宗周勸上親征謀危君父欲安置陛下於烽火凶危之地蓋非宗周一人之謀姜曰廣吳甡合謀也曰廣心雄膽大翊戴非其本懷故陰結死黨翦除諸忠然後迫劫乘輿遷之別郡如甡宗周入都臣等卽渡江赴闕面訐諸奸正春秋討賊之義疏入舉朝大駭傳諭和衷集事宗周不得已以七月十八日入朝初澤清疏出遣人錄示傑傑曰我輩武人乃預朝事耶得功疏辨臣不預聞士英寢不奏可法不平遣使徧詰諸鎭成云不知遂據以入告澤清輩由是氣沮士英旣嫉宗

周益欲去之而薦阮大鋮知兵有詔冠帶陛見未幾中旨特授兵部添注右侍郎宗周曰大鋮進退係江左興亡老臣不敢不一爭之不聽則亦將歸爾疏入不聽宗周遂告歸詔許乘傳將行疏陳五事一曰修聖政毋以近娛忽遠猷國家不幸遭此大變今紛紛制作似不復有中原志者土木崇矣珍奇集矣俳優雜劇陳矣內豎充廷金吾滿座戚畹駢闐矣讒夫昌言路扼官常亂矣所謂狃近娛而忽遠圖也一曰振王綱無以主恩傷臣紀自陛下卽位中外臣工不曰從龍則曰佐命一推恩近侍則左右因而秉權再推恩大臣則閣部可以兼柄三推恩勳舊則陳乞至今未已四推恩武弁則疆場視同兒戲表裏呼應動有藐視朝廷之心彼此雄長卽爲犯上無等之習禮樂征伐漸不出自天子所謂褻主恩而傷臣紀也一曰明國是無以邪鋒危正氣朋黨之說小人以加君子釀國家空虛之禍先帝末造可鑒也今更爲一二元惡稱冤至諸君子後先死於黨死於徇國者若有餘戮揆厥所由止以一人進用動引三朝故事排抑舊人私交重君父輕身自樹黨而坐他人以黨所謂長邪鋒而危正氣也一曰端治術無以刑名先敎化先帝頗尚刑名而殺機先動於溫體仁殺運日開怨毒滿天下近如貪吏之誅不經提問遽科罪名未科罪名先追贓罰假令有禹好善之巡方借成德以媚權相又孰辨之又職方戎政之奸弊道路嘖有煩言雖衞臣有不敢問者則廠衞之設何爲徒令人主虧至德傷治體所謂急刑名而忘敎化也一曰固邦本毋以外釁釀內憂前者淮揚告變未幾而高黃二鎭治兵相攻四鎭額兵各三萬不以殺敵而自相屠毒又日煩朝廷講和何爲者夫以十二萬不殺敵之兵索十二萬不殺敵之餉必窮之術耳不稍裁抑惟加派橫征蓄一二蒼鷹乳虎之有司以天下徇之已矣所謂積外釁而釀內憂也俄詔報聞明年五月南都亡六月潞王降杭州亦失守宗周方食推案慟哭自是遂不食移居郭外有勸以文謝故事者宗周曰北都之變可以死可以無死以身在田里尚有望於中興也南都之變主上自棄其社稷尚曰可以死可以無死以俟繼起有人也今吾越又降矣老臣不死尚何待乎若曰身不在位不當與城爲存亡獨不當與土爲存亡乎此江萬里所以死也出辭祖墓舟過西洋港躍入水中水淺不得死舟人扶出之絕食二十三日始循進茗飲後勺水不下者十三日與門人問答如平時閏六月八日卒年六十有八其門人徇義者有祝淵王毓蓍淵字開美海寧人崇禎六年舉於鄉自以年少學未充棲峯巔僧舍讀書三年山僧罕見其面十五年冬會試入都適宗周廷諍姜埰熊開元削籍淵抗疏曰宗周戇直性成忠孝天授受任以來蔬食不飽終宵不寢圖報國恩今四方多難貪墨成風求一清剛臣以司風紀孰與宗周宗周以迂戇斥繼之者必澳涊宗周以偏執斥繼之者必便捷澳涊便捷之夫進必且營私納賄顛倒貞邪乞收還成命復其故官天下幸甚帝得疏不懌停淵會試下禮官議淵故不識宗周旣得命往謁宗周曰子爲此舉無所爲而爲之乎抑動於名心而爲之也淵爽然避席曰先生名滿天下誠恥不得列門牆爾願執贄爲弟子明年從宗周山陰禮官議上逮下詔獄詰主使姓名淵曰男兒死卽死爾何聽人指使爲移刑部進士共疏出淵未幾都城陷營死難太常少卿吳麟徵喪歸其柩詣南京刑部竟前獄尚書諭止之上疏請誅奸輔通政司抑不奏給事中陳子龍疏薦淵及待詔涂仲吉義士可爲臺諫仲吉者漳浦人以諸生走萬里上書明黃道周冤得罪杖譴者也不許宗周罷官家居淵數往問學嘗有過入曲室長跪流涕自撾杭州失守淵方葬母趣竣工旣葬還家設祭卽投繯而卒年三十五也踰二日宗周餓死毓蓍字元趾會稽人爲諸生跌宕不羈已受業宗周之門同門生咸非笑之杭州不守宗周絕粒未死毓蓍上書曰願先生早自裁毋爲王炎午所弔俄一友來視毓蓍曰子若何曰有陶淵明故事在毓蓍曰不然吾輩聲色中人慮久則難持也一日遍召故交歡飲伶人奏樂酒罷攜燈出門投柳橋下先宗周一月死鄉人私諡正義先生宗周始受業於許孚遠已入東林書院與高攀龍輩講習馮從吾首善書院之會宗周亦與焉越中自王守仁後一傳爲王畿再傳爲周汝登陶望齡陶奭齡皆雜於禪奭齡講學白馬山爲因果說去守仁益遠宗周憂之築證人書院集同志講肄且死語門人曰學之要誠而已主敬其功也敬則誠誠則天良知之說鮮有不流於禪者宗周在官之日少其事君不以面從爲敬入朝雖處暗室不敢南嚮或訊大獄會大議對明旨必却坐拱立移時或謝病徒步家居布袍粗飯樂道安貧聞召就道嘗不能具冠裳學者稱念臺先生子汋字伯繩

黃道周字幼平漳浦人天啟二年進士改庶吉士授編修爲經筵展書官故事必膝行前道周獨否魏忠賢目攝之未幾內艱歸崇禎二年起故官進右中允三疏救故相錢龍錫降調龍錫得減死五年正月方候補遘疾求去瀕行上疏曰臣自幼學易以天道爲準上下載籍二千四百年考其治亂百不失一陛下御極之元年正當師之上九其爻云大君有命開國承家小人勿用陛下思賢才不遽得懲小人不易絕蓋陛下有大君之實而小人懷干命之心臣入都以來所見諸大臣皆無遠猷動尋苟細治朝宁者以督責爲要談治邊疆者以姑息爲上策序仁義道德則以爲迂昧而不經奉刀筆簿書則以爲通達而知務一切磨勘則葛藤終年一意不調而株連四起陛下欲整頓紀綱斥攘外患諸臣用之以滋章法令摧折縉紳陛下欲剔弊防奸懲一警百諸臣用之以借題修隙斂怨市權且外廷諸臣敢誑陛下者必不在拘攣守文之士而在權力謬巧之人內廷諸臣敢誑陛下者必不在錐刀泉布之微而在阿柄神叢之大惟陛下超然省覽旁稽載籍自古迄今決無數米量薪可成遠大之猷吹毛數睫可奏三五之治者彼小人見事智每短於事前言每多於事後不救凌圍而謂凌城必不可築不理島民而謂島衆必不可用兵逃於久頓而謂亂生於無兵餉糜於漏巵而謂功銷於無餉亂視熒聽浸淫相欺馴至極壞不可復挽臣竊危之自二年以來以察去弊而弊愈多以威創頑而威滋殫是亦反申商以歸周孔捐苛細以崇惇大之時矣帝不懌摘葛藤株連數語令具陳道周上言曰邇年諸臣所目營心計無一實爲朝廷者其用人行事不過推求報復而已自前歲春月以後盛談邊疆實非爲陛下邊疆乃爲逆璫而翻邊疆也去歲春月以後盛言科場實非爲陛下科場乃爲仇隙而翻科場也此非所謂葛藤株連乎自古外患未弭則大臣一心以憂外患小人未退則大臣一心以憂小人今獨以遺君父而大臣自處於催科比較之末行事而事失則曰事不可爲用人而人失則曰人不足用此臣所謂舛也三十年來釀成門戶之禍今又取縉紳稍有器識者舉網投阱卽緩急安得一士之用乎凡絕餌而去者必非鰌魚戀棧而來者必非駿馬以利祿豢士則所豢者必嗜利之臣以箠楚驅人則就驅者必駑駘之骨今諸臣之才具心術陛下其知之矣知其爲小人而又以小人矯之則小人之焰益張知其爲君子而更以小人參之則君子之功不立天下總此人才不在廊廟則在林藪臣所知識者有馬如蛟毛羽健任贊化所聞習者有惠世揚李邦華在仕籍者有徐良彥曾櫻朱大典陸夢龍鄒嘉生皆卓犖駿偉使當一面必有可觀語皆刺大學士周延儒溫體仁帝益不懌斥爲民九年用薦召復故官明年閏月久旱修省道周上言近者中外齋宿爲百姓請命而五日內繫兩尚書未聞有人申一疏者安望其戢亂除凶贊平明之治乎陛下焦勞於上小民展轉於下而諸臣括囊其間稍有人心宜不至此又上疏曰陛下寬仁弘宥有身任重寄至七八載罔效擁權自若者積漸以來國無是非朝無枉直中外臣工率苟且圖事誠可痛憤然其視聽一係於上上急催科則下急賄賂上樂鍥覈則下樂巉險上喜告訐則下喜誣陷當此南北交訌奈何與市井細民申勃谿之談修睚眦之隙乎時體仁方招奸人搆東林復社之獄故道周及之旋進右諭德掌司經局疏辭因言己有三罪四恥七不如三罪四恥以自責七不如者謂品行高峻卓絕倫表不如劉宗周至性奇情無愧純孝不如倪元璐湛深大慮遠見深計不如魏呈潤犯言敢諫清裁絕俗不如詹爾選吳執御志尚高雅博學多通不如華亭布衣陳繼儒龍溪舉人張燮至圜土纍係之臣朴心純行不如李汝璨傅朝佑文章意氣坎坷磊落不如錢謙益鄭鄤方被杖母大詬帝得疏駭異責以顛倒是非道周疏辯語復營護鄤帝怒嚴旨切責道周以文章風節高天下嚴冷方剛不諧流俗公卿多畏而忌之乃藉不如鄤語爲口實其冬擇東宮講官體仁已罷張至發當國擯道周不與其同官項煜楊廷麟不平上疏推讓道周至發言鄤杖母明旨煌煌道周自謂不如安可爲元良輔導道周遂移疾乞休不許十一年二月帝御經筵刑部尚書鄭三俊方下吏講官黃景昉救之帝未許而帝適追論舊講官姚希孟嘗請漕儲全折以爲非道周聽未審謂帝將寬三俊念希孟也因言故輔臣文震孟一生寒直未蒙帷蓋恩天下士生如三俊歿如震孟希孟求其影似未可多得帝以所對失實責令回奏再奏再詰至三奏乃已凡道周所建白未嘗得一俞旨道周顧言不已六月廷推閣臣道周已充日講官遷少詹事得與名帝不用用楊嗣昌等五人道周乃草三疏一劾嗣昌一劾陳新甲一劾遼撫方一藻同日上之其劾嗣昌謂天下無無父之子亦無不臣之子衞開方不省其親管仲至比之猳狗李定不喪繼母宋世共指爲人梟今遂有不持兩服坐司馬堂如楊嗣昌者宜大督臣盧象昇以父殯在途揕心飲血請就近推補乃忽有并推在籍守制之旨夫守制者可推則聞喪者可不去聞喪者可不去則爲子者可不父爲臣

者可不子卽使人才甚乏柰何使不忠不孝者連苞引蘗種其不祥以穢天下乎嗣昌在事二年張網溢地之談款市樂天之說才智亦可睹矣更起一不祥之人與之表裏陛下孝治天下縉紳家庭小小勃谿猶以法治之而冒喪斁倫獨謂無禁臣竊以爲不可也其論新甲言其守制不終走邪徑託捷足天下卽甚無才未宜假借及此古有忠臣孝子無濟於艱難者決未有不忠不孝而可進乎功名道德之門者也臣二十躬耕手足胼胝以養二人四十餘削籍徒步荷擔二千里不解屝屨今雖踰五十非有妻子之奉婢僕之累天下卽無人臣願解清華出管鎖鑰何必使被棘負塗者祓不祥以玷王化哉其論一藻則力詆和議之非帝疑道周以不用怨望而縉紳勃谿語欲爲鄭鄤脫罪下吏部行譴嗣昌因上言鄤杖母禽獸不如今道周又不如鄤且其意徒欲庇凶徒飾前言之謬立心可知因自乞罷免帝優旨慰之七月五日召內閣及諸大臣於平臺并及道周帝與諸臣語所司事久之問道周曰凡無所爲而爲者謂之天理有所爲而爲者謂之人欲爾三疏適當廷推不用時果無所爲乎道周對曰臣三疏皆爲國家綱常自信無所爲帝曰先時何不言對曰先時猶可不言至簡用後不言更無當言之日帝曰清固美德但不可傲物遂非且惟伯夷爲聖之清若小廉曲謹是廉非清也時道周所對不合指帝屢駁道周復進曰惟孝弟之人始能經綸天下發育萬物不孝不弟者根本旣無安有枝葉嗣昌出奏曰臣不生空桑豈不知父母顧念君爲臣綱父爲子綱君臣固在父子前况古爲列國之君臣可去此適彼今則一統之君臣無所逃於天地之間且仁不遺親義不後君難以偏重臣四疏力辭意詞臣中有如劉定之羅倫者抗疏爲臣代請得遂臣志及抵都門聞道周人品學術爲人宗師乃不如鄭鄤帝曰然朕正擬問之乃問道周曰古人心無所爲今則各有所主故孟子欲正人心息邪說古之邪說別爲一教今則直附於聖賢經傳中係世道人心更大且爾言不如鄭鄤何也對曰臣章見棄通國孟子不失禮貌臣言文章不如鄤帝曰章子不得於父豈鄤杖母者比爾言不如豈非朋比道周曰衆惡必察帝曰陳新甲何以走邪徑託捷足且爾言軟美容悅叩首折枝者誰耶道周不能對但曰人心邪則行徑皆邪帝曰喪固凶禮豈遭凶者卽凶人盡不祥之人道周曰古三年喪君命不過其門自謂凶與不祥故軍禮鑿凶門而出奪情在疆外則可朝中則不可帝曰人旣可用何分內外道周曰我朝自羅倫論奪情前後五十餘人多在邊疆故嗣昌在邊疆則可在中樞則不可在中樞猶可在政府則不可止嗣昌一人猶可又呼朋引類竟成一奪情世界益不可帝又詰問久之帝曰少正卯當時亦稱聞人心逆而險行僻而堅言僞而辨順非而澤記醜而博不免聖人之誅今人多類此道周曰少正卯心術不正臣心正無一毫私帝怒有間命出候旨道周曰臣今日不盡言臣負陛下陛下今日殺臣臣負陛下帝曰爾一生學問止成佞耳叱之退道周叩首起復跪奏臣敢將忠佞二字剖析言之夫人在君父前獨立敢言爲佞豈在君父前讒諂面諛爲忠耶忠佞不別邪正淆矣何以致治帝曰固也非朕漫加爾以佞但所問在此所答在彼非佞而何再叱之退顧嗣昌曰甚矣人心偷薄也道周恣肆如此其能無正乎乃召文武諸臣咸聆戒諭而退是時帝憂兵事謂可屬大事者惟嗣昌破格用之道周守經失帝意及奏對又不遜帝怒甚欲加以重罪憚其名高未敢決會劉同升趙士春亦劾嗣昌將予重譴而部擬道周譴顧輕嗣昌懼道周輕則論己者將無已時也亟購人劾道周者有刑部主事張若麒謀改兵部遂阿嗣昌意上疏曰臣聞人主之尊尊無二上人臣無將將而必誅今黃道周及其徒黨造作語言虧損聖德舉古今未有之好語盡出道周無不可歸過於君父不須示前日召對始末背公死黨之徒鼓煽以惑四方私記以疑後世揜聖天子正人心息邪說至意大不便帝卽傳諭廷臣毋爲道周劫持相朋黨凡數百言貶道周六秩爲江西按察司照磨而若麒果得兵部久之江西巡撫解學龍薦所部官推獎道周備至故事但下所司帝亦不覆閱而大學士魏照乘惡道周甚則擬旨責學龍濫薦帝遂發怒立削二人籍逮下刑部獄責以黨邪亂政並杖八十究黨與詞連編修黃文煥吏部主事陳天定工部司務董養河中書舍人文震亨並繫獄戶部主事葉廷秀監生涂仲吉救之亦繫獄尚書李覺斯讞輕嚴旨切責再擬謫戍烟瘴帝猶以爲失出除覺斯名移獄鎭撫司掠治乃還刑部獄踰年尚書劉澤深等言二人罪至永戍止矣過此惟論死論死非封疆則貪酷未有以建言者道周無封疆貪酷之罪而有建言蒙戮之名於道周得矣非我聖主覆載之量也陛下所疑者黨耳黨者見諸行事道周抗疏祇託空言一二知交相從罷斥烏覩所謂黨而煩朝廷大法乎且陛下豈有積恨道周萬一聖意轉圜而臣已論定悔之何及仍以原擬請乃永戍廣西十五年八月道周戍已經年一日帝召五輔臣入文華後殿手一編從容問曰張溥張采何如人也皆對曰讀書好學人也帝曰張溥已死張采小臣科道官何亟稱之對曰其胸中自有書科道官以其用未竟而惜之帝曰亦不免偏時延儒自以嗣昌旣已前死矣而已方再入相欲參用公議爲道周地也卽對曰張溥黃道周皆未免偏徒以其善學故人人惜之帝默然德璟曰道周前日蒙戍上恩寬大獨其家貧子幼其實可憫帝微笑演曰其事親亦極孝甡曰道周學無不通且極淸苦帝不答但微笑而已明日傳旨復故官道周在途疏謝稱學龍廷秀賢旣還帝召見道周道周見帝而泣臣不自意今復得見陛下臣故有犬馬之疾請假許之居久之福王監國用道周吏部左侍郎道周不欲出馬士英諷之曰人望在公公不起欲從史可法擁立潞王耶乃不得已趨朝陳進取九策拜禮部尚書協理詹事府事而朝政日非大臣相繼去國識者知其將亡矣明年三月遣祭告禹陵瀕行陳進取策時不能用甫竣事南都亡見唐王聿鍵於衢州奉表勸進王以道周爲武英殿大學士道周學行高王敬禮之特甚賜宴鄭芝龍爵通侯位道周上衆議抑芝龍文武由是不和一諸生上書詆道周迂不可居相位王知出芝龍意下督學御史撻之當是時國勢衰政歸鄭氏大帥恃恩觀望不肯一出關募兵道周請自往江西圖恢復以七月啓行所至遠近響應得義旅九千餘人由廣信出衢州十二月進至婺源遇

大淸兵戰敗被執至江寧幽別室中囚服著書臨刑過東華門坐不起曰此與高皇帝陵寢近可死矣監刑者從之幕下士中書賴雍蔡紹謹兵部主事趙士超等皆死道周學貫古今所至學者雲集銅山在孤島中有石室道周自幼坐臥其中故學者稱爲石齋先生精天文曆數皇極諸書所著易象正三易洞璣及太函經學者窮年不能通其說而道周用以推驗治亂歿後家人得其小冊自謂終於丙戌年六十二始信其能知來也葉廷秀濮州人天啓五年進士歷知南樂衡水獲鹿三縣入爲順天府推官英國公張惟賢與民爭田廷秀斷歸之民惟賢屬御史袁弘勛駁勘執如初惟賢訴諸朝帝卒用廷秀奏還田於民崇禎中遷南京戶部主事遭內外艱服闋入都未補官疏陳吏治之弊言催科一事正供外有雜派新增外有暗加額辦外有貼助小民破產傾家安得不爲盜賊夫欲救州縣之弊當自監司郡守始不澄其源流安能潔乃保舉之令行已數年而稱職者希覩是連坐法不可不嚴也帝納之授戶部主事帝以傅永淳爲吏部尚書廷秀言永淳庸才不當任統均甫四月永淳果敗道周逮下獄廷秀抗疏救之帝怒杖百繫詔獄明年冬遣戍福建廷秀受業劉宗周門造詣淵邃宗周門人以廷秀爲首與道周未相識冒死論救獲重罪處之恬然及道周釋還給事中左懋第御史李悅心復相繼論薦執政亦稱其賢道周在途又爲請帝令所司核議已而執政復薦十六年冬特旨起故官會都城陷未赴福王時兵部侍郎解學龍薦道周並及廷秀命以僉都御史用及還朝馬士英惡之抑授光祿少卿南都覆唐王召拜左僉都御史進兵部右侍郎事敗爲僧以終

贊曰劉宗周黃道周所指陳深中時弊其論才守別忠佞足爲萬世龜鑑而聽者迂而遠之則救時濟變之說惑之也傳曰雖危起居竟信其志猶將不忘百姓之病也二臣有焉殺身成仁不違其素所守豈不卓哉

明史卷二百五十六　　列傳第一百四十四

總裁官總理事務經筵講官太子太保保和殿大學士兼管吏部戶部尚書事加六級臣張廷玉等奉
敕修

崔景榮　黃克纘
畢自嚴　李長庚 王志道
劉之鳳

崔景榮字自強長垣人萬曆十一年進士授平陽府推官擢御史劾東廠太監張鯨罪巡按甘肅湖廣河南最後按四川積臺賚十八年播州亂景榮監大帥劉綎吳廣軍綎馳金帛至景榮家爲其父壽景榮上疏劾之播州平或請以播北畀安氏景榮不可會總督李化龍憂去景榮爲請蠲蜀一歲租卹上東五路罷礦使化龍疏敘監軍功弗及景榮巳晉太僕少卿三年擢右僉都御史巡撫寧夏銀定素驕歲入掠景榮親督戰破之因議革導賊諸部賞諸部懼請與銀定絕銀定旣失導亦叩關求市寧夏歲市費不貲景榮議省之在任三年僅一市而已其後延鎭吉能等挾款求補市卒勿許歲省金錢十餘萬四十一年入爲兵部右侍郎總京營戎政改吏部以疾辭去踰年起宣府大同總督召還晉兵部尚書會遼瀋失熊廷弼王化貞議不協命廷臣議經

撫去留景榮數爲言官所論御史方震孺請罷景榮以孫承宗代之遂引疾歸天啓四年十一月特起爲吏部尚書當是時魏忠賢盜國柄羣小更相倚附逐尚書趙南星郎家起景榮欲倚爲助比至忠賢飾大宅以待景榮不赴錦衣帥田爾耕來謁又辭不見帝幸太學忠賢欲先一日聽祭酒講議裁諸聽講大臣賜坐賜茶禮又議減考選員額汰京堂添注官景榮皆力持不行寖忤忠賢指又移書魏廣微勸其申救楊漣左光斗廣微不得已爲具揭尋以景榮書爲徵曰景榮教我也於是御史倪文煥門克新先後劾景榮陰護東林媚奸邪而遂後福得旨削奪爲民崇禎改元復原職四年卒贈少保

黃克纘字紹夫晉江人萬曆八年進士除壽州知州入爲刑部員外郎累官山東左布政使就遷右副都御史巡撫其地請停礦稅論劾稅使陳增馬堂他惠政甚著屢以平盜功加至兵部尚書四十年詔以故官參贊南京機務爲御史李若星魏雲中所劾還家候命居三年始履任四十四年冬隆德殿災上疏陳時政語極痛切不報召理京營戎政改刑部尚書預受兩朝顧命李選侍將移宮其內侍王永福姚進忠等八人坐盜乾清宮珠寶下吏克纘擬二人辟餘俱末減帝不從命辟六人餘遣戍克纘言姜昇鄭穩山劉尚理不持一物劉遜拾地上珠還之選侍而與永福進忠同戮輕重失倫况選侍篋中物安知非先朝所賜當是時諸璫罪重謀脫無自惟請帝厚待選侍則獄情自緩於是流言四布謂帝薄待先朝妃嬪而克纘首入其言帝不悅責克纘偏聽命如前旨已楊漣陳移宮始末帝卽宣諭廷臣備述選侍凌虐聖母狀且曰大小臣工惟私李黨責備朕躬克纘皇恐上言禮父母並尊事有出於念母之誠跡或涉於彰父之過必委曲周全渾然無跡斯爲大孝若謂黨庇李氏責備聖躬臣萬死不敢出御史焦源溥力駁其持論之謬末言羣豎持貲百萬借安選侍爲名妄希脫罪克纘墮其術而不覺克纘奏辨因乞罷畧言源溥謂在神宗時爲元子者爲忠爲福藩者非忠臣敢廣之曰神宗旣保護先帝授以大位則爲神考而全其貴妃富貴其愛子者尤忠之大也又謂在先帝時爲二后者爲忠爲選侍者非忠臣亦廣之曰聖母旣正名定位則光昭刑于之令德勿虛傳宮幃之忿爭尤忠之大也若如源溥言必先帝不得正其始聖母不得正其終方可議斯獄耳疏入帝怒甚責以輕肆無忌不諳忠孝克纘皇恐引罪大學士劉一燝等亦代爲言乃已無何給事中董承業孫杰毛士龍御史潘雲翼楊新期南京御史王允成並劾克纘是非舛謬克纘不服言曩不舉李三才故爲諸人所惡源溥復劾克纘借三才以傾言官克纘奏辨再乞休帝不問天啓元年冬加太子太保尋復以兵部尚書協理戎政廷臣議紅丸克纘述進藥始末力爲方從哲辨給事中薛文周詆其滅倫常昵私交昧大義克纘憤援春秋不書隱公閔公之弒力詆文周且白選侍無毆聖母事給事中沈惟炳助文周復劾克纘先是帝宣諭百官明言選侍毆崩聖母及惟炳疏上得旨選侍向有觸忤朕一時傳諭不無過激追念皇考豈能恝然於是外議紛紜咸言前此上諭悉出王安矯託而諸請安選侍者益得藉爲詞蓋是時王安已死魏忠賢方竊柄故前後諭旨牴牾如此克纘歷官中外清彊有執持議與爭三案者異攻擊紛起自是羣小排東林創要典率推克纘爲首功時東林方盛克纘移疾詔加太子太傅乘傳歸四年十二月魏忠賢盡逐東林召克纘爲工部尚書視事數月復移疾歸三殿成加太子太師崇禎元年起南京吏部尚書有劾之者不就卒於家

畢自嚴字景曾淄川人萬曆二十年進士除松江推官年少有才幹徵授刑部主事歷工部員外郎中遷淮徐道參議內艱闋分守冀寧改河東副使引疾去起洮岷兵備參政以按察使從治榆林西路進右布政使泰昌時召爲太僕卿天啓元年四月遼陽覆廷議設天津巡撫專飭海防改自嚴右僉都御史以往置水軍繕戰艦備戎器及熊廷弼建三方布置策天津居其一增設鎮海諸營用戚繼光遺法水軍先習陸戰軍由是可用魏忠賢令錦衣千戶劉僑逮天津廢將自嚴以無駕帖疏論之報聞四方所募兵日逃亡用自嚴言攝其親屬補伍兵部主事來斯行有武畧自嚴請爲監軍山東白蓮妖賊起令斯行率五千人往功多初萬曆四十六年遼左用兵議行登萊海運明年二月特設戶部侍郎一人兼右僉都御史出督遼餉語詳李長庚傳及是長庚遷乃命自嚴代敍前平賊功進右都御史兼戶部左侍郎時議省天津巡撫令督餉侍郎兼領其事卽以委自嚴又議討朝鮮自嚴言不可遽討當俟請貢輸誠東征勍力徐許其封耳京師數地震因言內批宜愼恩澤宜節人才宜惜內操宜罷語甚切直自嚴在事數年綜核撙節公私賴之五年以右都御史掌南京都察院明年正月就改戶部尚書忠賢議鬻南太僕牧馬草場助殿工自嚴持不可遂引疾歸崇禎元年召拜戶部尚書自嚴以度支大絀請覈逋賦督屯田嚴考成汰冗卒停薊密昌永四鎮新增鹽菜銀二十二萬俱報可二年三月疏言諸邊年例自遼餉外爲銀三百二十七萬八千有奇今薊密諸鎮節省三十三萬尚應二百九十四萬八千統計京邊歲入之數田賦百六十九萬二千鹽課百一十萬三千關稅十六萬一千雜稅十萬三千事例約二十萬凡三百二十六萬五千有奇而逋負相沿所入不滿二百萬卽盡充邊餉尚無贏餘乃京支雜項八十四萬遼東提塘三十餘萬薊遼撫賞十四萬遼東舊餉改新餉二十萬出浮於入已一百十三萬六千况內供召買宣大撫賞及一切不時之需又有出常額外者乞敕下廷臣各陳所見於是廷臣爭效計畫自嚴擇其可者先列上十二事曰增鹽引議鼓鑄括雜稅覈隱田稅寺產核牙行停修倉廒止葺公署南馬協濟崇文鋪稅京運撥兌板木折價已復列上十二事曰增關稅捐公費鬻生祠酌市稅汰冗役核虛冒加抵贖班軍折銀吏胥納班河濱灘蕩京東水田殿工冠帶帝悉允行詔輯賦役全書自嚴言全書之作自行一條鞭始距今已四十五年有一事而此多彼少者其弊爲混派有司聽奸吏暗灑瓜分其弊爲花派當大爲申飭因條八式以獻帝卽命頒之天下給事中汪始亨極論盜屯損餉之弊自嚴言相沿已久難於覈實請無論軍種民種一照民田起科帝是其議先是忠賢亂政邊餉多缺自嚴給發如期又疏言最耗財者無如客餉諸鎮年例合三百二十七萬而客餉居三之一宜大裁省其次則有撫賞召買修築諸費皆不可不節帝褒納之其冬京師被兵帝憂勞國事旨中夜數發自嚴奏答無滯不敢安寢頭目臃腫事幸無乏明年夏以六罪自劾乞罷優旨慰留先以考滿加太子少保敍遵永克復功再進太子太保兵部尚書梁廷棟請增天下田賦自嚴不能止於是舊增五百二十萬之外更增百六十五萬有奇天下益耗矣已陳時務十事意主利民帝悉採納又以兵餉日增屢請清覈而兵部及督撫率爲寢閣復乞汰內地無用之兵帝卽令嚴飭然不能盡行也御史余應桂劾自嚴殿試讀卷首薦陳于泰乃輔臣周延儒姻婭自嚴引疾乞休疏四上不允時有詔縣令將行取者戶部先覈其錢穀華亭知縣鄭友元已入爲御史先任青浦逋金花銀二千九百帝以詰戶部自嚴言友元已輸十之七貯太倉帝令主庫者核實無有帝怒責自嚴自嚴飾詞辨帝益怒遂下自嚴獄遣使逮友元御史李若讜疏救不納踰月給事中吳甘來復抗疏論救帝乃釋之八年五月敍四川平賊功復官致仕又三年卒賜卹如制

李長庚字酉卿麻城人萬曆二十三年進士授戶部主事歷江西左右布政使所在勵清操入爲順天府尹改右副都御史巡撫山東盡心荒政民賴以蘇盜蔓武定諸州縣討禽其渠魁四十六年遼東用兵議行登萊海運長庚初言不便後言自登州望鐵山西北口至羊頭凹歷中島長行島抵北信口又歷兔兒島至深井達蓋州剝運一百二十里抵娘娘宮陸行至廣寧一百八十里至遼陽一百六十里每石費一金部議以爲便遂行之明年二月特設戶部侍郎一人兼右僉都御史出督遼餉駐天津卽以長庚爲之奏行造淮船通津路議牛車酌海道截幫運議錢法設按臣開事例嚴海防九事時議歲運米百八十萬石豆九十萬石草二千一百六十萬束銀三百二十四萬兩長庚請留金花行改折借稅課言臣考會計錄每歲本色折色通計千四百六十一萬有奇入內府者六百餘萬入太倉者自本色外折色四百餘萬內府六百萬自金花籽粒外皆絲綿布帛蠟茶顏料之類歲久皆朽敗若改折一年無損於上有益於下他若陝西羊絨江浙織造亦當稍停一年濟軍國急帝不悅言金花籽粒本祖宗舊制內供正額及軍官月俸所費不貲安得借留其以今年天津通州江西四川廣西上供稅銀盡充軍費於是戶科給事中官應震上言考會典於內庫則云金花銀國初解南京供武俸諸邊或有急亦取給其中正統元年始自南京改解內庫嗣後除武官俸外皆爲御用是金花銀國初常以濟邊而正統後方供御用也會典於太倉庫則云嘉靖二十二年題準諸處京運錢糧不拘金花籽粒應解內府者悉解貯太倉庫備各邊應用是世宗朝金花盡充兵餉不知陛下初年何故斂之於內也今不考各邊取給應用之例而反云正供舊額何相左若是至武官月俸歲不過十餘萬乃云所費不貲哉且原數一百萬陛下始增二十萬年深日久顚末都忘以臣計之毋論今年當借卽嗣後年年借用可也毋論未來者當濟邊卽見在內帑者盡還太倉可也若夫物料改折隆慶元年曾行之以解部濟邊六年又行於南京監局亦以濟邊此則祖宗舊制陛下獨不聞耶帝卒不聽時諸事掣始百務坌集長庚悉辦治天啓二年遷南京刑部尚書就移戶部明年召拜戶部尚書未任以憂歸崇禎元年起工部尚書復以憂去久之代閔洪學爲吏部尚書六年

正月修撰陳于泰疏陳時弊宣府監視中官王坤力詆之侵及首輔周延儒長庚率同列上言陛下博覽古今曾見有內臣參論輔臣者否自今以後廷臣拱手屏息豈盛朝所宜有臣等溺職祈立賜譴黜終不忍開內臣輕議朝政之端流禍無窮爲萬世口實帝不懌亥日召對平臺時副都御史王志道劾坤語尤切帝責令回奏奏上帝益怒及面對詰責者久之竟削其籍志道漳浦人天啓時爲給事中議三案爲高攀龍所駁謝病歸其後附魏忠賢歷擢左通政論者薄之及是以忤中官罷長庚不植黨援與溫體仁不甚合推郎中王茂學爲眞定知府帝不允復推爲順德知府帝怒責以欺蒙並追咎冠帶監生授職事責令回奏奏上斥爲民家居十年國變久之卒

劉之鳳字雝鳴中牟人萬曆四十四年進士歷南京御史天啓三年六月上疏別白孫承宗王象乾閻鳴泰本末請定去留而撤毛文龍海外軍令居關內又請亟罷內操忤魏忠賢傳旨切責復宣諭廷臣再瀆奏者罪無赦六年之鳳方視江防期滿奏報忠賢奪其職崇禎二年起故官帝召周延儒燕見宵分始出之鳳偕同官上疏曰臣等待罪陪京去延儒原籍三百里其立身居鄉不堪置齒頰今乃特蒙眷注必將曰舉朝盡欺獨延儒一人捐軀爲國使陛下眞若廷臣無可信而延儒乃得覇所忌樹所私曰爲馮銓霍維華等報怨此一召也於國事無纖毫益而於聖德有邱山之損忤旨詰責已復列上五事曰舉謀勇止援兵練土著密偵探選守令俱見採納累遷刑部侍郎遂代鄭三俊爲本部尚書之鳳以天下囚徒皆五年一審錄高牆罪獨不與上疏言之報可嘗與左侍郎王命璿召對平臺論律例及獄情帝申飭而退時有火星之變之鳳特請修刑言自今獄情大者一月奏斷小者半月贓重人犯結案在數年前者大抵本犯無髓可敲戚屬亦無脂可吸祈悉宥免全好生之仁從之然之鳳雖爲此奏其後每上獄詞帝必嚴駁之鳳懼甚諸司呈稿遲疑不敢遽發屢疏謝病帝不從會尚書范景文劾南京給事中荊可棟貪墨下部訊之鳳予輕比帝疑其受賄下之吏法司希旨坐絞給事中李清言於律未合同官葛樞復論救帝怒鐫樞級調外十三年四月之鳳獄中上書自白無贓賄情可矜原亦置不省竟瘐死計崇禎朝刑部易尚書十七人薛貞以奄黨抵死蘇茂相半歲而罷王在晉未任改兵部喬允升坐逸囚遣戍韓繼思坐議獄除名胡應台獨得善去馮英被劾遣戍鄭三俊坐議獄逮繫之鳳論絞瘐死獄中甄淑坐納賄下詔獄改繫刑部瘐死李覺斯坐議獄削籍劉澤深卒於位鄭三俊再爲尚書改吏部范景文未任改工部徐石麒坐議獄落職閒住胡應台再召不赴繼其後者張忻賊陷京師與子庶吉士端並降

贊曰崔景榮黃克纘皆不爲東林所與然特不附東林耳方東林勢盛羅天下清流士有落然自異者詬誶隨之矣攻東林者幸其近己也而援以爲重於是中立者類不免蒙小人之玷核人品者乃專以與東林厚薄爲輕重豈篤論哉畢自嚴李長庚計臣中辦治才而自嚴增賦之議識者病焉劉之鳳議獄不當罪止謫罷竟予重比刑罰不中欲求治得乎

明史卷二百五十七　　列傳第一百四十五

總裁官總理事務經筵講官少保兼太子太保保和殿大學士兼管吏部戶部尚書事加六級張廷玉等奉

敕修

張鶴鳴 弟鶴騰　董漢儒 汪泗論

趙彥　王洽 王在晉 高第

梁廷棟　熊明遇

張鳳翼　陳新甲

馮元飆 兄元颺

張鶴鳴字元平潁州人中萬曆十四年會試父病馳歸越六年始成進士除歷城知縣移南京兵部主事累官陝西右參政分巡臨鞏以才略聞再遷右僉都御史巡撫貴州自楊應龍平後銷兵太多苗仲所在爲寇鶴鳴言仲賊乃粵西猺種流入黔中自貴陽抵滇人以三萬計砦以千四百七十計分則爲民合則爲盜又有紅苗環銅仁石阡思州思南四郡數幾十萬而鎮遠清平間大江小江九股諸種皆應龍遺孽衆萬餘臣部卒止萬三千何以禦賊因列上增兵增餉九議合諸土兵勦洪邊十二馬頭大破紅苗追勦猓坪賊首老蜡鷄據峰巔仰天窩窩有九井地平衍容數千人下通三道各列三關老蜡鷄僭王號鶴鳴奪其關老蜡鷄授首撫降餘衆而還尋發兵擊平定廣威平安籠諸賊威名甚著遷兵部右侍郎總督陝西三邊軍務未上轉左侍郎佐理部事時兵事亟兵部增設二侍郎而鶴鳴與祁伯裕王在晉並臥家園不赴至天啓元年遼陽破兵事益亟右侍郎張經世督援師出關部中遂無侍郎言官請趣鶴鳴等章數十上帝乃尅期令兵部馬上督催鶴鳴等始履任至則論平苗功進本部尚書視侍郎事尚書王象乾出督薊遼軍務鶴鳴遂代其位給事中韋蕃請留象乾出鶴鳴督師忤旨謫外時熊廷弼經略遼東性剛負氣好謾罵凌轢朝士鶴鳴與相失事多齟齬獨喜巡撫王化貞化貞本庸才好大言鶴鳴主之所奏請無不從令無受廷弼節度中外皆知經撫不和必僨封疆而鶴鳴化貞愈篤卒致疆事大壞二年正月廷議經撫去留給事中惠世揚周朝瑞議以鶴鳴代廷弼其他多言經撫宜並任鶴鳴獨毅然主撤廷弼專任化貞議甫上化貞已棄廣寧遁鶴鳴內慙且懼罪乃自請行邊詔加太子太保賜蟒玉及尚方劍鶴鳴憚行逗遛十七日始抵山海關至則無所籌畫日下令捕間諜厚啖蒙古炒花宰賽諸部而已初廣寧敗書聞廷臣集議兵事鶴鳴盛氣詈廷弼自解給事中劉弘化首論之坐奪俸御史江秉謙何薦可繼劾並貶官廷臣益憤御史謝文錦給事中惠世揚周朝瑞蕭良佐侯震暘熊德陽等交章極論請用世宗戮丁汝夔神宗逮石星故事與化貞並按鶴鳴抵言廷弼僨疆事由故大學士劉一燝尚書周嘉謨黨庇不令出關所致因詆言者爲一燝鷹犬且曰祖宗故事大司馬不以封疆蒙功罪於是朝瑞等復合疏劾之御史周宗文亦列其八罪帝不問鶴鳴遷延數月謝病歸六年春魏忠賢勢大熾起鶴鳴南京工部尚書尋以安邦彥未滅鶴鳴先有平苗功改兵部尚書總督貴州四川雲南湖廣廣西軍務賜尚方劍功未就莊烈帝嗣位給事中瞿式耜胡永順萬鵬以鶴鳴由忠賢進連章擊之鶴鳴求去詔加太子太師乘傳歸崇禎八年流賊陷潁州執鶴鳴倒懸於樹罵賊死年八十五弟鶴騰字元漢舉萬曆二十三年進士歷官雲南副使行誼醇篤譽過其兄城陷被執罵不絕口而死

董漢儒開州人萬曆十七年進士授河南府推官入爲戶部主事疏陳減織造裁冒濫諸事且曰邇來九閽三殿間惟聞縱酒淫刑黷貨時事可憂不止國計日絀已也不報朝鮮再用兵以郎中出理餉務尋遷山東僉事進副使歷湖廣左右布政使所在有聲四十年就拜右副都御史巡撫其地帝賜福王莊田責湖廣四千四百餘頃漢儒以無所得田請歲輸萬金代租不聽楚宗五十餘人訐假王事獲罪四十載漢儒力言王假也請釋繫者又爲滿朝薦卞孔時等乞宥俱不報憂歸光宗立召拜工部右侍郎旋改兵部總督宣府大同山西軍務天啓改元遼陽失簡精卒二千入衛詔褒之明年秋以左侍郎協理戎政未上擢兵部尚書時遼地盡亡漢儒請逮治諸降將劉世勛等二十九人家屬立誅逃將蔡汝賢等報可毛文龍居海外屢以虛言誑中朝登萊巡撫袁可立每代爲奏請漢儒言文龍計畫疎虛聲未可長恃又請誅逃將管大藩張思任孟淑孔等語甚切帝命逮治思任等而大藩卒置不問諸鎮援遼軍多逃逸有出塞投插部者漢儒請捕獲立誅同伍相禽捕者重賞且給餉以時則逃者自少帝亦嘉納奄人王體乾宋晉魏忠賢等十二人有舊勞命所廕錦衣官皆予世襲漢儒據祖制力爭帝不從給事中程註御史汪泗論等合疏諫給事中朱大典周之綱御史宋師襄胡良機特疏繼之卒不納漢儒旋以母喪歸後忠賢大橫漢儒服闋遂不召追敘甘肅功卽家進太子太保廕子錦衣百戶卒贈少保謚肅敏汪泗論字自魯休寧人祖珀嘉靖中進士歷官福建兵備僉事分守福寧倭犯同安珀釋重囚七人爲軍鋒擊倭却之捷聞賚金幣泗論中萬曆三十八年進士授漳浦知縣調福清有惠政清屯田繕城堡徵擢御史首請杜內批以嚴履霜之漸又請召還科臣楊漣等以作士氣巡按江西敦重持大體奸宄肅然宗人祿不給疏以橋稅贖鍰存留接濟歷太僕寺少卿嘗識黃道周於諸生中人服其精鑒

趙彥膚施人萬曆十一年進士授行人屢遷山西左布政使光宗嗣位以右僉都御史巡撫山東遼陽旣失彥請增兵戍諸島特設大將登州登萊設鎮自此始天啓二年廣寧復失彥以山東南北咽喉列上八事詔多允行先是薊州人王森得妖狐異香倡白蓮教自稱聞香教主其徒有大小傳頭及會主諸號蔓延畿輔山東山西河南陝西四川森居灤州石佛莊徒黨輸金錢稱朝貢飛竹籌報機事一日數百里萬曆二十三年有司捕繫森論死用賄得釋乃入京師結外戚中官行教自如後森徒李國用別立教用符咒召鬼兩教相仇事盡露四十二年森復爲有司所攝越五歲斃於獄其子好賢及鉅野徐鴻儒武邑于弘志輩踵其教徒黨益衆至是好賢見遼東盡失四方奸民思逞與鴻儒等約是年中

秋竝起兵會謀洩鴻儒遂先期反自號中興福烈帝稱大成興勝元年用紅巾爲識五月戊申陷鄆城俄陷鄒滕嶧衆至數萬時承平久郡縣無守備山東故不置重兵彥任都司楊國棟廖棟而儆所部練民兵增諸要地守卒請留京操班軍及廣東援遼軍以備征調薦起故大同總兵官楊肇基爲山東總兵官討賊賊乘肇基未至襲兗州爲滋陽知縣楊炳所却棟等擊敗賊復鄆城其別部犯鉅野知縣趙延慶固守不下國棟兵至敗之又敗其犯兗州者遂偕棟等合攻鄒縣兵潰遊擊張榜戰死賊遂圍曲阜郯城旋敗去遂復嶧縣七月彥視師兗州甫出城遇賊萬餘彥絕入城肇基急迎戰而令國棟及棟夾擊大敗之橫河時賊精銳聚鄒滕中道彥欲攻鄒滕副使徐從治曰攻鄒滕難下不如擣其中堅兩城可圖也彥乃與肇基令遊兵綴賊鄒城而以大軍擊賊精銳於黃陰紀王城大敗賊甓而殪之嶧山遂圍鄒大小數十戰城未下令天津僉事來斯行及國棟等乘間復滕縣國棟又大破賊沙河乃築長圍以攻鄒鴻儒抗守三月食盡賊黨盡出降鴻儒單騎走被禽撫其衆四萬七千餘人彥乃紀績告廟獻俘磔鴻儒於市鴻儒躝山東二十年徒黨不下二百萬至是始伏誅于弘志亦於是年六月據武邑白家屯將取景州應鴻儒斯行方赴援山東還軍討之弘志突圍走爲諸生葉廷珍所獲凡舉事七日而滅好賢亦捕得伏誅彥已加兵部侍郎論功進尚書兼右副都御史再加太子太保廕子錦衣世僉事賚銀幣加等奏請振濟且捐鄒滕賦三年鄆城嶧滋陽曲阜一年鉅野半之皆報許三年八月召代董漢儒爲兵部尚書極陳邊將尅餉役軍虛伍占馬諸弊因條列綜核事宜帝稱善立下諸邊舉行參將王楹行邊爲哈剌愼部襲殺彥請覈實論罪幷敕諸邊撫賞毋增故額有傳我
大清兵欲入喜峰口者彥憂之畫上八事帝皆褒納楊漣劾魏忠賢二十四罪彥亦抗疏劾之自是爲忠賢所惡貴州征苗兵屢敗彥列八策以獻詔頒示軍中彥有籌略曉暢兵事然征妖賊時諸將多殺良民冒功而其子官錦衣頗招搖都市給事御史交劾之彥三疏乞罷忠賢挾前憾令乘傳歸子削籍初妖賊與遼東經略王在晉遣兵助討彥敘功不及在晉在晉憾之至是爲南京吏部數詆彥給事中袁玉佩遂劾彥冒功濫廕且言京觀不當築詔削其世廕並京觀毀之尋追敘兵部時邊功卽家進太子太傅未幾卒

王洽字和仲臨邑人萬曆三十二年進士歷知東光任邱服闋補長垣洽儀表頎偉危坐堂上吏民望之若神明其廉能爲一方最擢吏部稽勳主事歷考功文選郎中天啓初諸賢彙進洽有力焉遷太常少卿三年冬以右僉都御史巡撫浙江洽本趙南星所引及魏忠賢逐南星洽乞罷不許五年四月御史李應公希忠賢指劾洽遂奪職閒住崇禎元年召拜工部右侍郎攝部事兵部尚書王在晉罷帝召見羣臣奇洽狀貌卽擢任之上疏陳軍政十事曰嚴債帥修武備核實兵衡將材覈欺蔽懲朘削勤訓練釐積蠹舉異才弭盜賊帝竝褒納宣大總督王象乾與大同巡撫張宗衡爭插漢款戰事帝召諸大臣平臺詰問良久洽及諸執政竝主象乾策定款議詳見象乾宗衡傳尋上言祖宗養兵百萬不費朝廷一錢屯田是也今遼東永平天津登萊沿海荒地及寶坻香河豐潤玉田三河順義諸縣閒田百萬頃元虞集有京東水田之議本朝萬曆初總督張佳允巡撫張國彥行之薊鎭爲豪右所阻其後巡撫汪應蛟復行之河間今已墾者荒未墾者置不問遺天施地生之利而日講生財之術爲養軍資不大失策乎乞敕諸道監司遵先朝七分防操三分屯墾之制實心力行庶國計有裨軍食無缺帝稱善卽命行之嘗奏汰年深武弁無薦者四十八人以邊才舉監司楊嗣昌梁廷棟後皆大用二年十月我
大清兵由大安口入都城戒嚴洽急徵四方兵入衞督師袁崇煥巡撫解經傳郭之琮總兵官祖大壽趙率教滿桂侯世祿尤世威曹鳴雷等先後至不能拒
大清兵遂深入帝憂甚十一月召對廷臣侍郎周延儒言本兵備禦疎忽調度乖張檢討項煜繼之且曰世宗斬一丁汝夔將士震悚强敵宵遁帝頷之遂下洽獄以左侍郎申用懋代明年四月洽竟瘐死尋論罪復坐大辟洽淸修伉直雅負時望而應變非所長驟逢大故以時艱見絀遵化陷再日始得報帝怒其偵探不明又以廷臣玩愒擬用重典故於洽不少貸厥後都城復三被兵樞臣咸獲免人多爲洽惜之在晉字明初太倉人萬曆二十年進士授中書舍人自部曹歷監司由江西布政使擢巡撫山東右副都御史進督河道泰昌時遷添設兵部左侍郎天啓二年署部事三月遷兵部尚書兼右副都御史經略遼東薊鎭天津登萊代熊廷弼八月改南京兵部尚書尋請告歸五年起南京吏部尚書尋就改兵部崇禎元年召爲刑部尚書未幾遷兵部坐張慶臻改敕書事削籍歸卒高第字登之灤州人萬曆十七年進士歷官兵部尚書經略薊遼未數月以恇怯劾罷去崇禎二年冬
大清兵破灤州第竄免

梁廷棟鄢陵人父克從太常少卿廷棟舉萬曆四十七年進士授南京兵部主事召改禮部歷儀制郎中天啓五年遷撫治西寧參議七年調永平兵備副使督撫以下爲魏忠賢建祠廷棟獨不往乞終養歸崇禎元年起故官分巡口北道明年加右參政十一月
大清兵克遵化巡撫王元雅自縊卽擢廷棟右僉都御史代之廷棟請賜對面陳方略報可未幾督師袁崇煥下獄復擢廷棟兵部右侍郎兼故官總督薊遼保定軍務及四方援軍廷棟有才知兵奏對明爽帝心異之三年正月兵部尚書申用懋罷特召廷棟掌部事時京師雖解嚴羽書旁午廷棟剖決無滯而廷臣見其驟用心嫉之給事中陳良訓首刺廷棟同官陶崇道復言廷棟數月前一監司耳倏而爲巡撫總督本兵國士之遇宜何如報乃在通州時言遵永易復良固難破自以爲神算今何以難者易易者難且嘗請躬履行間隨敵追擊以爲此報主熱血今偃然中樞熱血何銷亡也謂制敵不專在戰似矣而伐謀用間其計安在帝不聽崇道言廷棟疏辨乞一巖疆自效優詔慰留之未幾工部主事李逢申劾廷棟虛名崇道又言廷棟輕於發言致臨洮固原入衞兵變帝皆不納五月永平四城復賞廷棟調度功加太子少保世廕錦衣僉事其秋廷棟以兵食不足將加賦因言今日閭左雖窮然不窮於遼餉也一歲中陰爲加派者不知其數如朝覲考滿行取推陞少者費五六千金合海內計之國家選一番守令天下加派數百萬巡按查盤訪緝餽遺謝薦多者至二三萬金合天下計之國家遣一番巡方天下加派百餘萬而曰民窮於遼餉何也臣考九邊額設兵餉兵不過五十萬餉不過千五百三十餘萬何憂不足故今日民窮之故惟在官貪使貪風不除卽不加派民愁苦自若使貪風一息卽再加派民懽忻亦自若疏入帝俞其言下戶部協議戶部尚書畢自嚴阿廷棟意卽言今日之策無踰加賦請畝加九釐之外再增三釐於是增賦百六十五萬有奇海內竝咨怨已陳釐弊五事曰屯田曰鹽法曰錢法曰茶馬曰積粟又極陳陝西致寇之由請重懲將吏貪汙者以紓軍民之憤塞叛亂之源帝皆褒納廷棟居中樞歲餘所陳兵事多中機宜帝甚倚任然頗挾數行私不爲朝論所重給事中葛應斗劾御史袁弘勛納參將胡宗明金請囑兵部廷棟亦劾弘勛及錦衣張道濬通賄狀兩人遂下獄兩人者吏部尚書王永光私人也廷棟謀幷去永光以己代之得釋兵事永光遂由此去御史水佳允者弘勛郡人也兩疏力攻廷棟發其所與司官手書且言其縱奸人沈敏交關薊撫劉可訓納賄營私廷棟疏辯求去帝猶慰留有安國棟者初以通判主插漢撫賞事廷棟薦其才特擢職方主事仍主撫賞頗爲奸利廷棟庇之後佳允坐他事左遷行人司副復上疏發兩人交通狀幷列其賄鬻將領數事事俱有迹廷棟危甚賴中人左右之得閒住去以熊明遇代八年冬召拜兵部右侍郎兼右都御史代楊嗣昌總督宣大山西軍務明年七月我
大清兵由間道踰天壽山克昌平逼京師山後地乃廷棟所轄也命戴罪入援兵部尚書張鳳翼懼罪自請督師兩人恇怯不敢戰近畿地多殘破言官交章論劾兩人益懼度解嚴後必罹重譴日服大黃藥求死八月十九日
大清兵出塞至九月朔鳳翼卒踰旬日廷棟亦卒已法司定罪廷棟坐大辟以既死不究云廷棟旣歿其父克從尚在後賊破鄢陵避開封及開封被淹死於水

熊明遇字良孺進賢人萬曆二十九年進士知長興縣四十三年擢兵科給事中旋掌科事上疏極陳時弊言今春以來天鼓兩震於晉地流星晝隕於淸豐地震二十八天火九石首雨菽河內女妖遼東兵端吐火卽春秋二百四十年間未有稠於今日者且山東大祲人相食黃河水稽天兼以太白經天輔星湛沒熒惑襲月金水忿行或日光無芒日月同暈爲恒風爲枯旱天譴愈深而陛下所行皆誣天拂經之事此誠禽息碎首賈生痛哭之時也敢以八憂五漸三無之說進今內庫太實外庫太虛可憂一餉臣乏餉邊臣開邊可憂二套部圖王插部覬賞可憂三黃河泛濫運河膠淤可憂四齊苦荒天楚苦索地可憂五鼎鉉不備棟梁常撓可憂六羣譁盈衢訛言載道可憂七吳民喜亂冠履倒置可憂八八憂未已五漸繼之太阿之柄漸入中涓魁壘之人漸如隕籜制科之法漸成奸藪武庫之器漸見銷亡商旅之途漸至梗塞五漸未已三無繼之匹夫可熒惑天子小校可濫邀綸綍是朝廷無紀綱滇黔之守令皆途窮揚粤之監司多規避是遠方無吏治讒搆之口甚於戈戟傾危之禍慘於蘇張是士大夫無人心天下事可不

寒心哉帝不省亓詩教等以明遇與東林通出爲福建僉事遷寧夏參議天啓元年以尚寶少卿進太僕少卿尋擢南京右僉都御史提督操江建營伏虎山選練蒼頭軍以資守禦永樂中齊王榑以罪廢其子孫居南京號齊庶人有[illegible]監者自負異表與奸人謀不軌明遇捕獲之寘其黨十餘人於法魏忠賢黨謀盡逐東林以明遇嘗救御史游士任五年三月給事中薛國觀遂劾其黨庇徇私忠賢卽矯旨革職未幾坐汪文言獄追贓千二百金謫戍貴州平溪衞莊烈帝卽位釋還崇禎元年起兵部右侍郎明年進左遷南京刑部尚書四年召拜兵部尚書疏陳四司宿弊悉見採納楊鶴被逮明遇言秦中流寇明旨許撫勦竝行臣謂渠魁乞降亦宜撫脅從負固亦宜勦今鶴以撫賊無功就逮倘諸臣因鶴故欲盡戮無辜被脅之人絕其生路宜急敕新督臣洪承疇諭賊黨殺賊自效卽神一魁劉金輩果立奇功亦一體敍錄而諸將善撫馭如吳弘器等仍與陞擢庶賊黨日孤帝亦納之五年正月山東叛將李九成等陷登州明遇過信巡撫余大成言力主撫議久愈猖獗萊城被圍幾陷乃調關外軍討定之語詳徐從治傳當是時我

大淸兵入宣府巡撫沈棨與中官王坤等遣使議和饋金帛牢醴師乃旋事聞帝惡棨專擅召對明遇等於平臺明遇曲爲棨解帝不悅逮棨下吏於是給事中孫三杰力詆明遇棨交關悞國同官陳贊化呂黃鐘御史趙繼鼎連劾之明遇再疏乞罷帝責以疎庸僨事命解任候勘尋以故官致仕久之用薦起南京兵部尚書改工部引疾歸國變後卒

張鳳翼代州人萬曆四十一年進士授戶部主事歷廣寧兵備副使憂歸天啓初起右參政飭遵化兵備三年五月遼東巡撫閻鳴泰罷擢鳳翼右僉都御史代之自王化貞棄廣寧後關外八城盡空樞輔孫承宗銳意修復而版築未興鳳翼聞命疑承宗欲還朝以遼事委之己甚懼卽疏請專守關門其座主葉向高鄉人韓爌柄政抑使弗上旣抵關以八月出閱前屯寧遠諸城上疏極頌承宗經理功且曰八城畚插非一年可就之工六載瘡痍非一時可起之疾今日議勦不能言戰不得計惟固守當以山海爲根基寧遠爲門戶廣寧爲哨探其意專主守關與承宗異議時趙率教駐前屯墾田練卒有成效及袁崇煥滿桂守寧遠關外規模略定忽有傳中左所被兵者永平吏民洶洶思竄鳳翼心動亟遣妻子西歸承宗曰我不出關人心不定遂於四年正月東行鳳翼語人曰樞輔欲以寧前荒塞居我是殺我也國家卽棄遼左猶不失全盛如大寧河套棄之何害今舉世不欲復遼彼一人獨欲復耶密令所知居言路者詆馬世龍貪淫及三大將建闔之非以撼承宗承宗不悅舉其言入告適鳳翼遭內艱遂解去承宗復上疏爲世龍等辨因詆鳳翼才鄙而怯識闇而狡工於趨利巧於避患廷議以旣去不復問六年秋起故官巡撫保定明年冬薊遼總督劉詔罷進鳳翼右都御史兼兵部右侍郎代之崇禎元年二月御史甯光先劾鳳翼前撫保定建魏忠賢生祠鳳翼引罪乞罷不許未幾謝病去諸建祠者俱入逆案鳳翼以邊臣故獲宥三年起故官代劉策總督薊遼保定軍務旣復遵永四城敍功進太子少保兵部尚書世廕錦衣僉事鳳翼以西協單弱條奏增良將宿重兵備火器預軍儲遠哨探數事從之已復謝病去久之召爲兵部尚書明年二月召對平臺與吏部尚書李長庚同奉爲國任事潔己率屬之諭尋以宣大兵寡上言國初額軍宣府十五萬一千今止六萬七千大同十三萬五千今止七萬五千乞兩鎭各增募萬人分營訓練且月餉止給五錢安能致赳桓之士乞一人食二餉帝竝從之給事中周純修御史葛徵奇等以兵事日棘劾鳳翼溺職鳳翼連疏乞休皆不許七年以恢復登州功加太子少保七月我

大淸西征插漢師旋入山西大同宣府境帝怒守臣失機下兵部論罪部議巡撫戴君恩胡沾恩焦源清革職贖杖總督張宗衡閒住帝以爲輕責鳳翼對狀於是總督巡撫及三鎭總兵睦自強曹文詔張全昌俱遣戍監視中官劉允中劉文中王坤亦充淨軍時討賊總督陳奇瑜以招撫僨事給事中顧國寶劾鳳翼舉用非人帝亦不問奇瑜旣罷卽命三邊總督洪承疇兼督河南山西湖廣軍務勦中原羣盜言官以承疇勢難兼顧請別遣一人爲總督鳳翼不能決旣而承疇竟無功及賊將南犯請以江北巡撫楊一鵬鎭鳳陽防護皇陵溫體仁不聽鳳翼亦不能再請八年正月賊果燬鳳陽皇陵言官交章劾鳳翼鳳翼亦自危引罪乞罷帝不許令戴罪視事初賊之犯江北也給事中桐城孫晉以鄉里爲憂鳳翼曰公南人何憂賊賊起西北不食稻米賊馬不飼江南草聞者笑之事益急始令朱大典鎭鳳陽尋推盧象昇爲總理與洪承疇分討南北賊而賊已蔓延不可制矣給事中劉昌劾鳳翼推總兵陳壯猷納其重賄鳳翼力辯昌貶秩調外已而鳳翼言勦賊之役原議集兵七萬二千隨賊所向以殄滅爲期督臣承疇以三萬人分布豫楚數千里力薄又久戍生疾故尤世威徐來朝俱潰以二萬人散布三秦千里內勢分又孤軍無援故艾萬年曹文詔俱敗今旣益以祖寬李重鎭倪寵牟文綬兵萬二千又募楚兵七千合九萬有奇兵力厚矣請以賊在關內者屬承疇在關外者屬象昇倘賊盡出關則承疇合勦於豫盡入關則象昇合勦於秦臣更有慮者賊號三四十萬更迭出犯勢衆而力合我零星四應勢寡而力分賊所至因糧於我人皆宿飽我所至樵蘇後爨動輒呼庚賊馬多行疾一二日而十舍可至我步多行緩三日而重繭難馳衆寡饑飽勞逸之勢相懸如此賊何日平乞嚴敕督理二臣選將統軍軍各一二萬人俾前茅後勁中權聯絡相貫然後可制賊而不爲賊制今賊大勢東行北有黃河南有長江東有漕渠彼無舟楫豈能飛越我兵從西北窮追猶易爲力此防河扼險目前要策所當申飭者也帝稱善命速行之鳳翼自請督師討賊帝優詔不允九年二月給事中陳昌文上言將在軍君命有所不受今旣假督理二臣以便宜則行軍機要不當中制若今日議不許斬級明日又議必斬級今日議徵兵援鳳明日又議撤兵防河必至無所適從願樞臣自今凡可掣督撫之肘者俱寬之文法俾得展布可也兵法守敵所不攻攻敵所不守奇正錯出滅賊何難今不惟不能滅乃今日破軍殺將明日又陷邑殘州止罪守令而不及巡撫豈法之平願樞臣自今凡可責諸撫之成者勿寬文法俾加磨礪可也帝納其言江北之賊自滁州歸德兩敗後盡趨永寧盧氏內鄉淅川大山中關中賊亦由閿鄉靈寶與之合鳳翼請敕河南鄖陽陝西三巡撫各督將吏扼防毋使軼出四川湖廣兩巡撫移師近界聽援勦而督理二臣以大軍入山蹙之且嚴遏米商通販賊可盡殄帝深然之尅期五月蕩平老師費財督撫以下罪無赦鳳翼雖建此策象昇所部多騎軍不善入山賊竟不能滅至七月我

大淸兵自天壽山後入昌平都城戒嚴給事中王家彥以陵寢震驚劾鳳翼坐視不救鳳翼懼自請督師賜尚方劍盡督諸鎭勤王兵以左侍郎王業浩署部事命中官羅維寧監督通津臨德軍務而宣大總督梁廷棟亦統兵入援三人相犄角皆退怯不敢戰於是寶坻順義文安永淸雄安肅定興諸縣及安州定州相繼失守言官劾疏五六上鳳翼憂甚己巳之變尚書王洽下獄死復坐大辟鳳翼知不免日服大黃藥病已殆猶治軍書不休至八月末都城解嚴鳳翼卽以九月朔卒已而議罪奪其官十一年七月論前勦寇功有詔敍復帝在位十七年間易中樞十四人皆不久獲罪鳳翼善溫體仁獨居位五載其督師也意圖逭責乃竟以畏法死

陳新甲長壽人萬曆時舉於鄉爲定州知州崇禎元年入爲刑部員外郎進郎中遷寧前兵備僉事寧前關外要地新甲以才能著四年大凌新城被圍援師雲集征繕悉倚賴焉及城破坐削籍巡撫方一藻惜其才請留之未報監視中官馬雲程亦以爲言乃報可新甲言臣蒙使過之恩由監視疏下此心未白淸議隨之不敢受不許尋進副使仍蒞寧遠七年九月擢右僉都御史代焦源淸巡撫宣府新甲以戎備久弛親歷塞垣經前人足跡所不到具得士馬損耗城堡傾頹弓矢甲仗朽敝狀屢疏請於朝加整飭邊防賴之楊嗣昌爲總督與新甲共事以是知其才九年五月內艱歸十一年六月宣大總督盧象昇丁外艱嗣昌方任中樞薦新甲堪代詔擢兵部右侍郎兼右僉都御史奪情任之會

大淸兵深入內地詔新甲受代卽督所部兵協禦未幾象昇戰歿孫傳庭代統其軍新甲與相倚仗終不敢戰明年春畿輔解嚴順天巡按劉呈瑞劾其前後逗撓新甲歷陳功狀且言呈瑞挾讐帝不問旣赴鎭列上編隊伍嚴哨探明訓練飭馬政練火器禁侵漁諸事報可麾下卒夜譁新甲請罪亦不問給事中戴明說嘗劾之帝以輕議重臣停其俸十三年正月召代傳宗龍爲兵部尚書自弘治初賈俊後乙榜無至尚書者兵事方亟諸大臣避中樞故新甲得爲之陛見畢陳保邦十策多迂臣所嘗言惟言天壽山後宜設總兵徐州亦宜設重鎭通兩京咽喉南護鳳陵中防漕運帝竝採用之復陳樞政四要及兵事四失帝卽命飭行十四年三月賊陷雒陽襄陽福襄二王被難鐫新甲三秩視事舊制府州縣城郭失守者長吏論死宛平知縣陳景建言村鎭焚掠三所者長吏當戍邊新甲主其議言有司能兼顧鄉城卽與優敍若四郊被寇與失機竝論帝卽從之然是時中原皆盜其法亦不能行也楊嗣昌卒於軍中新甲舉丁啓睿往代議者尤其失人然傳宗龍孫傳庭竝以微罪繫獄新甲於召對時稱其才退復上章力薦兩人獲用亦新甲力也尋論秋防功復所鐫秩時錦州被圍久聲援斷絕有卒逸出傳祖大壽語請以車營逼毋輕戰總督洪承疇集兵數萬援之亦未敢決戰帝召新甲問策新甲請與閣臣及侍郎吳甡計之因陳十可憂十可

議而遣職方郎張若麒面商於承疇若麒未返新甲請分四道夾攻承疇以兵分力弱意主持重以待帝以爲然而新甲堅執前議若麒素狂躁見諸軍稍有斬獲謂圍可立解密奏上聞新甲復貽書趣承疇承疇激新甲言又奉密敕遂不敢主前議若麒益趣諸將進兵諸將以八月次松山爲我

大清兵所破大潰士卒死亡數萬人若麒自海道遁還言官請罪之新甲力庇復令出關監軍錦州圍未解承疇又被圍於松山帝深以爲憂新甲不能救十五年二月御史甘惟爍劾新甲寡謀悞國請速令舉賢自代不納三月松山錦州相繼失若麒復自寧遠遁還言官劾若麒者悉及新甲新甲屢乞罷皆不從新甲雅有才曉邊事然不能持廉所用多債帥深結中貴爲援與司禮王德化尤昵故言路攻之不能入當是時闖賊蹂躪河南開封屢被圍他郡縣失亡相踵總督傅宗龍汪喬年出關討賊先後陷歿賊勢愈張言官劾新甲者章至數十新甲請罪章亦十餘上帝輒慰留初新甲以南北交困遣使與

大清議和私言於傅宗龍宗龍出都日以語大學士謝陞陞後見疆事大壞述宗龍之言於帝帝召新甲詰責新甲叩頭謝罪陞進曰倘肯議和和亦可恃帝默然尋諭新甲密圖之而外廷不知也已言官謁陞陞言上意主和諸君幸勿多言官駭愕交章劾陞陞遂斥去帝旣以和議委新甲手詔往返者數十皆戒以勿洩外廷漸知之故屢疏爭然不得左驗一日所遣職方郎馬紹愉以密語報新甲視之置几上其家僮悞以爲塘報也付之抄傳於是言路譁然給事中方士亮首論之帝慍甚留疏不下已降嚴旨切責新甲令自陳新甲不引罪反自詡其功帝益怒至七月給事中馬嘉植復劾之遂下獄新甲從獄中上書乞宥不許新甲知不免徧行金內外給事中廖國遴楊枝起等營救於刑部侍郎徐石麒拒不聽大學士周延儒陳演亦於帝前力救且曰國法敵兵不薄城不殺大司馬帝曰他且勿論戮辱我親藩七不甚於薄城耶遂棄新甲於市新甲爲楊嗣昌引用其才品心術相似軍書旁午裁答無滯帝初甚倚之晩特惡其洩機事且彰主過故殺之不疑厥後給事中沈迅力詆其失帝曰令爾作新甲恐更不如迅慙而退新甲初自陽和入都門黃霧四塞識者以爲不祥及是果應

馮元飈字爾弢慈谿人父若愚南京太僕少卿天啓元年元飈與兄元颺同舉於鄉明年元飈成進士歷知澄海揭陽崇禎四年徵授戶科給事中帝遣中官出鎭元飈力爭時元颺亦疏論中官兄弟俱有直聲無何上疏力詆周延儒被切責尋論山東總督劉宇烈縱寇主撫罪又言禮部侍郎王應熊無大臣體宜罷復薦詞臣姚希孟孤忠獨立不當奪講官科臣趙東曦正詞讜論不當奪言路皆不納應熊謀改吏部元飈復摭劾其貪穢數事被旨譙責遂乞假歸八年春還朝時鳳陽皇陵燬廷臣交論溫體仁王應熊朋比悞國元飈上言政本大臣居實避名受功辭罪平時養威自重遇天下有事輒曰昭代本無相名吾儕止供票擬上委之聖裁下委之六部持片語叢百欺夫中外之責孰大於票擬有漢唐宰相之名而更代天言有國初顧問之榮而兼隆位號地親勢峻言聽志行柄用專且重者莫如今日猶可謝天下責哉遷禮科右給事中再遷刑科左給事中數言部四多輕罪請帝寬宥竝採納之詔簡東宮講官左諭德黃道周爲首輔張至發所扼且疏詆之元飈言道周至淸無徒忠足以動人主惟不能得執政歡至發恚兩疏詆元飈帝皆置不問由戶科都給事中擢太常少卿改南京太僕卿就遷通政使十五年六月召拜兵部右侍郎轉左元飈多智數尚權譎與兄元颺竝好結納一時翕然稱二馮然故與馮銓通譜誼初在言路詆周延儒及爲侍郎延儒方再相元飈因與善延儒欲以振饑爲銓功復其冠帶憚衆議元飈令引吳甡入閣助之旣而甡背延儒議熊開元欲盡發延儒罪元飈沮止之開元以是獲重譴兵部尚書陳新甲棄市元飈署部事一日帝召諸大臣遊西苑賜宴明德殿因論兵事良久出御馬佳者百餘匹及內製火箭次第示元飈元飈爲辨其良楛帝曰大司馬缺久無踰卿者元飈以多病辭乃用張國維十六年五月國維下獄遂以元飈爲尚書帝倚之甚至元飈顧不能有所爲河南湖廣地盡陷關寧又日告警至八月以病劇乞休帝慰留之賜瓜果食物遣醫診視請益堅乃允其去元飈頗能料事孫傳庭治兵關中元飈謂不可輕戰廷臣多言不戰則賊益張兵久易懦元飈謂將士習懦未經行陣宜致賊而不宜致於賊乃於帝前爭之曰請先下臣獄俟一戰而勝斬臣謝之又貽書傳庭戒毋輕鬭白高兩將不可任傳庭果敗將歸薦李邦華史可法自代帝不用用兵科都給事中張縉彥都城遂不守福王時元飈卒其家請卹給事中吳适言元飈身膺特簡莫展一籌子以祭葬是使悞國之臣生死皆得志也部議卒如所請元颺字爾賡舉崇禎元年進士授都水主事帝遣中官張彝憲總理戶工二部事元颺抗疏謂內臣當別立公署不當踞二部堂二部司屬亦不得至彝憲門犯交結禁帝責以沽名彝憲亦慍元颺請告歸尋起禮部主事進員外郎中遷蘇松兵備參議溫體仁當國唐世濟爲都御史皆烏程人其鄉人盜太湖以兩家爲奧主元颺捕得其渠魁則世濟族子也置之法遷福建提學副使巡撫張國維奏留之太倉人陸文聲訐其鄉官張溥張采倡復社亂天下巡按倪元珙以屬元颺元颺盛稱溥等元珙據以入告體仁庇文聲兩人竝獲譴元颺謫山東鹽運司判官十一年濟南被兵攝濟寧兵備事十四年遷天津兵備副使十月擢右僉都御史代李繼貞巡撫天津兼督遼餉明年敘軍功廕一子錦衣衞時元颺已掌中樞帝顧其兄弟厚嘗賜宮參療元颺疾而元颺以衰老乞休詔遣李希沆代未至而京城陷元颺乃由海道脫歸是秋九月卒

贊曰明季疆埸多故則重本兵之權而居是位者乃多庸闒宂之輩若張鶴鳴之任王化貞陳新甲之舉丁啓睿皆闇於知人至松山之役其悞國可勝言哉梁廷棟謂民窮之故在官貪似矣而因以售其加派之說是所謂亡國之言也

明史卷二百五十八　列傳第一百四十六

總裁官總理事務　經筵講官少保兼太子太保保和殿大學士兼管吏部戶部尚書事加六級臣張廷玉等奉

敕修

許譽卿　華允誠

魏呈潤 胡良機 趙東曦　李日輔　毛羽健 黃宗昌 韓一良

吳執御 吳彥芳 王績燦　章正宸

黃紹杰 李世祺　傅朝佑 莊鼇獻 李汝璨

姜埰 弟垓　熊開元 方士亮

詹爾選　湯開遠

成勇　陳龍正

許譽卿字公實華亭人萬曆四十四年進士授金華推官天啓三年徵拜吏科給事中疏言錦衣世職不當濫畀保姆奄尹織造中官李實誣劾蘇州同知楊姜侵撫按職中旨謂姜賄譽卿出疏停譽卿俸半年楊漣劾魏忠賢譽卿亦抗疏極論忠賢大逆不道視漢之朋結趙嬈唐之勢傾中外宋之典兵矯詔謀間兩宮何異忠賢大怒又言內閣政本重地而票擬大權拱手授之內廷厰衞一奉打問之旨五毒備施邇復用立枷法士民槁項斃者不知凡幾又行數十年不行之廷杖流毒縉紳豈所以昭君德哉祖制宦官不典兵今禁旅日繁內操未罷聚虎狼於蕭牆之內逞金革於禁闥之中不爲早除必貽後患於是忠賢怒益甚會趙南星高攀龍被逐譽卿偕同列論救遂鐫秩歸莊烈帝即位誅崔魏將大計天下吏奄黨房壯麗安伸楊維垣之徒冀收餘燼屢詔起廢輒把持使不得進引其同類譽卿時已起兵科給事中具疏爭吏部尚書王永光素附璫爲東林尤陰鷙詔定逆案頌璫者即黨逆永光嘗頌璫治逆案陰護持之南京給事中陳堯言疏劾永光璫孽不當正銓席然帝方眷永光責堯言譽卿又抗疏爭於是都給事中薛國觀以己亦璫孽也遂訐譽卿及同官沈惟炳東林主盟結黨亂政譽卿上疏自白即日引去七年起故官歷工科都給事中明年正月流賊陷潁州譽卿請急調五千人守鳳陽疏入而鳳陽已陷皇陵毀焉譽卿痛憤直發本兵張鳳翼固位失事及大學士溫體仁王應熊玩寇速禍罪賊在秦晉時早設總督遏其渡河禍止西北一隅耳乃侍郎彭汝楠避不肯行及賊入楚豫人言交攻然後不得已而議設之侍郎汪慶百又避不行乃推極邊之陳奇瑜鞭長不及釀成今日之禍非樞臣之固位失事乎流寇發難已久樞臣因東南震鄰始有淮撫操江移鎭之疏識者已恨其晩及奉旨則曰不必移鎭臣觀各地方稍有兵力賊即不敢輕犯鳳陽何地使巡撫早移豈有今日今樞臣以曾請移鎭藉口撫臣以不必移鎭爲詞則輔臣欲諱玩寇速禍其可得哉帝以苛求責之而是時言官吳履中等復交章劾體仁應熊交相贊美其擬旨慰留曰忠悃曰藎畫曰絕私奉公曰弘濟時艱不知時事至此忠藎安在而奉公濟艱者何事也譽卿再疏論帝仍不問譽卿曰皇上臨馭有年法無假貸獨於悞國輔臣不一問今者巡撫楊一鵬巡按吳振纓且相繼就逮矣輔臣顧從容入直退食委蛇謂可超然事外乎帝終不聽譽卿在天啓時謝陞方爲文

選郎及是陞長吏部譽卿猶滯垣中以資深當擢京卿陛希體仁意出之南京大學士文震孟慍語侵陛陛亦慍適山東布政使勞永嘉賄營登萊巡撫主給事中宋之普家陛等列之舉首爲給事中張第元所發帝以詰陛言路因欲攻陛及都御史唐世濟譽卿以世濟特體仁惡尤甚當先去之御史張纘曾乃獨劾陛陛疑出譽卿及震孟意之普又搆之陛先是福建布政使申紹芳亦欲得登萊巡撫譽卿曾言之陛陛遂疏攻譽卿謂其營求北缺不欲南遷爲把持朝政地并及囑紹芳事體仁從中主之譽卿遂削籍紹芳逮問遣戍十五年御史劉逵及給事中楊枝起相繼論薦竟不果用福王立起光祿卿不赴國變薙髮爲僧久之卒

華允誠字汝立無錫人曾祖舜欽瑞州知府祖啟直四川參政允誠舉天啟二年進士從同里高攀龍講學首善書院先後旋里遂受業爲弟子傳其主靜之學四年春從攀龍入都授都水司主事攀龍去官允誠亦告歸崇禎改元起營繕主事進員外郎二年冬京師戒嚴分守德勝門四十餘日不懈帝微行察知之賜白金敘功加俸一年改職方員外郎五年六月以溫體仁閔洪學亂政疏陳三大可惜四大可憂畧言當事借皇上剛嚴而佐以舞文擊斷之術倚皇上綜核而騁其訟逋握算之能遂使和恒之世競尚刑名清明之朝寖成叢脞以聖主圖治之盛心爲諸臣鬬智之捷徑可惜一帥屬大僚驚魂於回奏認罪封駮重臣奔命於接本守科遂使直指風裁徒徵事件長吏考課惟問錢糧以多士靖共之精神爲案牘鉤較之能事可惜二廟堂不以人心爲憂政府不以人才爲重四海漸成土崩瓦解之形諸臣但有角戶分門之念意見互觭議論滋擾遂使剿撫等於築舍用舍有若舉棊以興邦啟聖之歲時爲即聾從昧之舉動可惜三人主所以總一天下者法令也喪師僨國之王化貞與楊鎬異辟潔己愛民之余大成與孫元化竝逮甚至一言一事之偶誤執訊隨之遂使刑罰不中鈇鉞無威一可憂也國家所恃以爲元氣者公論也直言敢諫之士一鳴輒斥指佞薦賢之章目爲奸黨不惟不用其言并錮其人又加之罪遂使喑默求容是非共蔽二可憂也國家所賴以防維者廉恥也近者中使一遣妄自尊大羣僚趨走惟恐後時皇上以近臣可倚而不知倖竇已開以操縱惟吾而不知屈辱士大夫已甚遂使阿諛成風羞惡盡喪三可憂也國家所藉以進賢退不肖者銓衡也我朝罷丞相以用人之權歸之吏部閣臣不得侵爲今次輔體仁與冢臣洪學同邑朋比惟異己之驅除閣臣兼操吏部之權吏部惟阿閣臣之意造門請命夜以爲常黜陟大柄祗供報復之私甚至庇同鄉則逆黨公然保舉而白簡反爲罪案排正類則講官借題逼逐而薦剡遂作爰書欺莫大於此矣擅莫專於此矣黨莫固於此矣遂使威福下移舉措倒置四可憂也疏入帝詰其別有指使允誠乃列上洪學徇私數事且曰體仁生平紾臂塗顏廉隅掃地陛下排衆議而用之以其悻直寡諧豈知包藏禍心陰肆其毒又有如洪學者爲之羽翼遍植私人戕盡善類無一人敢犯其鋒者臣復受何人指使帝以體仁純忠亮節而摘疏中握定機關語再令陳狀允誠復上言二人朋比舉朝共知溫育仁不識一丁以家貲而首拔鄧英以論沈演而謫羅喻義以左右非人一語而逐此非事之章明較著者乎帝亦悟兩人同里有私乃奪允誠俸半年而洪學亦旋罷去其冬以省親歸孝養母母年八十三而終後爲福王驗封員外郎十餘日即引疾歸允誠踐履篤實不慕榮達延儒再召遣人以京卿啗之允誠拒不應入南都士英先造請亦不報謝國變後屏居墓田不肯薙髮與從孫尚濂駢斬於南京

魏呈潤字中嚴龍溪人崇禎元年進士由庶吉士改兵科給事中三年冬疏陳兵屯之策請敕順天保定兩巡撫簡所部壯士大邑五百人小邑二三百人分營訓練而天津翟鳳翀通州范景文昌平侯恂竝建節鉞宜令練兵之外兼營屯田又陳閩海剿撫機宜六事竝議行明年夏久旱求言疏言驛站所裁纔六十萬未足充軍餉十一而郵傳益疲勢必再編里甲是猶剜肉醫瘡瘡未瘳而肉先潰關外舊兵十八萬額餉七百餘萬今兵止十萬七千合薊門援卒非溢原數加派五百九十萬外新增又百四十餘萬猶憂不足可不爲稽核乎邊報告急非臣子言功之日而小捷頻聞躐加峻秩門客廝養詭名戎籍不階而升悉糜俸料臣懼其難繼也江淮旱災五湖之間海岸爲谷舊穀不登新絲未熟上供織造宜且暫停銓法壞於事例正途日壅不可不疏通撫按諸臣捐貲助餉大抵索之民間顧奉急公之褒上蒙而下削不可不禁飭又條陳數策請大修北方水政帝皆納其言熹宗時司業朱之俊議建魏忠賢祠國學旁下教有功不在禹下語置籍責諸生捐助及帝即位委過諸生陸萬齡曹代何以自解首輔韓爌以同鄉庇之漏逆案及是之俊已還侍講呈潤發其奸請與萬齡棄西市之俊由是廢宣府監視中官王坤以冊籍委頓劾巡按御史胡良機帝奪良機官即令坤按核呈潤上言我國家設御史巡九邊秩卑而任鉅良機在先朝以糾逆璫削籍今果有罪則有回道考覈之法在而乃以付坤且邊事日壞病在十羊九牧既有將帥又有監司既有督撫有巡方又有監視一官出增一官擾中貴之威又復十倍御史偶獲戾且莫自必其命誰復以國事抗者異日九邊聲息監視善惡奚從而聞之乞召還良機毋使仰鼻息於中貴帝以呈潤黨比貶三級出之外良機者南昌人也字省之萬曆四十四年進士天啟間爲御史嘗糾魏忠賢之惡不減汪直劉瑾忠賢憾之以年例遷廣東參議良機方按貴州不候代而去遂斥爲民崇禎元年起故官按宣大二鎮年滿當代以其敏練再巡一年至是遂爲坤劾罷時又有御史李曰輔者亦以論中官獲譴廷臣交章論救不聽而御史趙東曦又疏劾坤亦獲譴云曰輔字元卿亦南昌人也與胡良機同里閈萬曆中舉於鄉爲成都推官與巡撫朱燮元討兵事偕諸將攻復重慶崇禎四年擢南京御史時中官四出張彝憲總理戶工錢糧唐文征提督京營戎政王坤監餉宣府劉文忠監餉大同劉允中監餉山西又命王應期監軍關寧張國元監軍東協王之心監軍中協鄧希詔監軍西協又命吳直監餉登島李茂奇監茶馬陝西曰輔上疏諫曰邇者一日遣內臣四尋又遣用五非兵機則要地也廷臣方交章而登島陝西又有兩闕之遺假專擅之權駭中外之聽啟水火之隙開依附之門灰任事之心藉委卸之口臣愚實爲寒心陛下踐阼初盡撤內臣中外稱聖昔何以撤今何以遣天下多故擇將爲先陛下不築黃金臺招頗牧乃汲汲內臣是遣曾何補理亂之數哉帝怒謫曰輔廣東布政司照磨東曦字馭初上海人萬曆四十七年進士崇禎五年由知縣入爲刑科給事中請興屯塞下以充軍用不報適宣塞有私和事王坤時監宣餉且請代東曦上言宣塞失事陛下赫然震怒逮巡撫沈棨罷本兵熊明遇乃監視王坤方會飲城樓商搉和議邊臣倚庇欺蔽日甚坤不得辭扶同罪反侈邊烽已熄爲己功且請代夫內臣之遣陛下一用之非不易之典今即盡撤之猶謂不早坤顧請代圖彌縫於去後願陛下正坤罪撤各使還京帝言宣鎮擅和實坤奏發何謂欺隱謫東曦外任謫福建布政司都事異時呈潤起官以光祿署丞終良機起光祿典簿終南京吏部主事東曦稍遷行人司正禮部郎中奉使還里福王時召東曦爲給事中曰輔爲御史而二人者皆已死矣

毛羽健字芝田公安人天啟二年進士崇禎元年由知縣徵授御史好言事首劾楊維垣八大罪及阮大鋮反覆變幻狀二人遂被斥王師討安邦彥久無功羽健言賊巢在大方黔其前門蜀遵永其後戶由黔進兵必渡陸廣奇險七晝夜抵大方一夫當關千人自廢王三善蔡復一所以屢敗也遵義距大方三日程而畢節止百餘里平衍從此進兵何患不克因畫上足兵措餉方畧并薦舊總督朱燮元閔夢得等帝即議行後果平賊已陳驛遞之害兵部勘合有發出無繳入士紳遞相假一紙洗補數四差役之威如虎小民之命如絲帝即飭所司嚴加釐革積困爲蘇當是之時閹黨既敗東林大盛而朝端王永光陰陽閃爍溫體仁猾賊周延儒回佞言路新進標直之徒尤競抨擊以爲名高體仁之訐錢謙益也以科場舊事延儒助之惡且目攻己者爲結黨欺君帝怒而爲之罷會推矣御史黃宗昌疏糾體仁熱中枚卜欲以結黨二字破前此公論之不予且箝後來言路之多口羽健亦憤朋黨之說曰彼附逆諸奸既不可用勢不得不用諸奸擯斥之人如以今之連袂登進者爲相黨而來抑將以昔之鱗次削奪者爲相黨而去乎陛下不識在朝諸臣與奸黨諸臣之孰正孰邪不觀天啟七年前與崇禎元年後之天下乎孰危孰安今日語太平則不足語剔弊則有餘諸臣亦何負國家哉一夫高張輒疑舉朝皆黨則株連蔓引不且一網盡哉帝責羽健疑揣而以前條陳驛遞原之太常少卿謝陞求巡撫於永光永光長吏部陞當推薊鎮畏而引病以避後推太僕則不病羽健劾陞永光朋比宜竝罪永光召對文華殿力詆羽健請究主使之者大學士韓爌曰究言官非體也帝不從已而宥之一日帝御文華殿獨召延儒語良久事秘舉朝疑駭羽健曰召見不以盈廷而以獨侍清問不以朝參而以燕閒更漏已沉閣門猶啟漢臣有言所言公公言之所言私王者不受私疏入切責羽健既積忤權要其黨思因事去之及袁崇煥下獄主事陸澄源以羽健嘗疏譽崇煥劾之落職歸卒黃宗昌字長倩即墨人天啟二年進士崇禎初爲御史請斥矯旨僞官言先帝賓天在八月二十三日三殿敘功止先一日正當帝疾大漸之時豈能安閒出詔凡加銜進秩皆魏氏官也得旨汰敘功冒濫者宗昌爭曰臣所糾乃矯旨非冒濫也冒濫猶可容矯僞不可貸遂列上黃克

纘范濟世霍維華邵輔忠呂純如等六十一人乞罷免，帝以列名多不聽尋劾罷逆黨尚書張我續侍郎呂圖南通政使岳駿聲給事中潘士聞御史王珙又劾周延儒貪穢數事帝怒停俸半年旣而劾體仁不納二年冬巡按湖廣峨王禋洪爲校尉侍聖及善化王長子企鉦等所弒參政龔承薦等不以實聞獄不決者久之宗昌至羣奸始伏辜帝責問前諸臣失出罪宗昌糾承薦等時體仁延儒皆已入閣而永光意忌以爲不先劾承薦也鐫宗昌四級宗昌遂歸十五年即墨被兵宗昌率鄉人拒守城全仲子基中流矢死其妻周氏及三妾郭氏二劉氏殉之謂之一門五烈莊烈帝初在位銳意圖治數召見羣臣論事然語不合輒訶譴而王永光長吏部尤樂沮之澄城人韓一良者元年授戶科給事中言陛下平臺召對有文官不愛錢語而今何處非用錢之地何官非愛錢之人向以錢進安得不以錢償以官言之則縣官爲行賄之首給事爲納賄之尤今言者俱咎守令不廉然守令亦安得廉俸薪幾何上司督取過客有書儀考滿朝覲之費無慮數千金此金非從天降非從地出而欲守令之廉得乎臣兩月來辭却書帕五百金臣寡交猶然餘可推矣伏乞陛下大爲懲創逮治其尤者帝大喜召見廷臣即令一良宣讀讀已以疏遍視閣臣曰一良忠鯁可僉都御史永光請令指實一良唯唯如不欲告訐人者則令密奏五日不奏而舉周應秋閻鳴泰一二舊事爲言語頗侵永光帝乃再召見一良永光及廷臣手前疏循環頌音琅然而曰此金非從天降非從地出則掩卷而歎問一良五百金誰之餽也一良卒無所指固問則對如前帝欲一良指實將有所懲創一良卒以風聞謝大不懌謂大學士劉鴻訓曰都御史可輕授耶叱一良前後矛盾褫其官

吳執御字朗公黃巖人天啓二年進士除濟南推官德州建魏忠賢祠不赴崇禎三年徵授刑科給事中明年請除掣簽法使人地相配議格不行請蠲畿輔加派示四方停免之期曉然知息肩有日不至召亂請罷捐助搜括毋爲貪墨藏奸藪帝以沽名市德責之劾吏部尚書王永光比匪用王元雅而封疆慎聽張道濬賄舉尹同皋而祖制紊國家立法懲貪而永光誨貪官邪何日正寵賂何日清帝以永光淸愼不納其言請召黃克纘劉宗周鄭鄤忤旨譙讓又言往者邊警袁崇煥王元雅擁金錢數百萬士馬數十萬狼狽失守而史應聘王象雲張星左應選以一邑抗强敵故曰籌邊不在增兵餉而在擇人請畿輔東北及秦晉沿邊州縣選授精敏甲科賜璽書畀本地租賦撫練軍民自禦寇邊關文武吏繕修戰守外責以理財如先臣王翺葉盛輩所爲客兵可撤餉省可數百萬帝時未審執御所論畿輔秦晉也而曰歲賦留本地則國用何資不聽又劾首輔周延儒攬權其姻親陳于泰及幕客李元功等交關爲奸利初執御行取入都延儒遣元功招之不赴至是竟劾延儒又陳內外陰陽之說九邊中原廟堂之上無非陰氣心膂大臣不皆君子帝以所稱陽剛君子無主名令指實執御乃以前所薦劉宗周三人及姜曰廣文震孟陳仁錫黃道周倪元璐曹于汴惠世揚羅喻義易應昌對會御史吳彥芳言執御所舉固眞君子他若侍郎李瑾李邦華畢茂康倪思輝程紹皆忠良當用通政使章光岳邪媚當斥帝怒其朋比執政復從中搆之遂削二人籍下法司訊時御史王績燦方以薦李邦華劉宗周等下獄而執御彥芳復繼之舉朝震駭言官爲申救卒坐三人贖徒三年彥芳字延祖歙縣人爲御史大凌被圍疏論孫承宗又駁逆案呂純如辨寃之謬登州用兵請設監島中官至是譴歸績燦字偉奏安福人與給事中鄧英陳奸吏私派之弊又進賜環起廢容諫三說薦張鳳翔李邦華劉宗周惠世揚遂獲罪卒福王時復官彥芳績燦兩人者皆以天啓五年舉進士彥芳授莆田知縣績燦授興化知縣又皆以治行高等擢崇禎四年御史並有聲其免官也又皆以薦才不中與吳執御同論譴云

章正宸字羽侯會稽人從學同里劉宗周有學行崇禎四年進士由庶吉士改禮科給事中勸帝法周孔黜管商崇仁義賤富强禮部侍郎王應熊者溫體仁私人也廷推閣臣望輕不得與體仁引爲助爲營入閣正宸上言應熊强愎自張何緣特簡事因多擾變以刻成綜核傷察宜存渾厚奈何使很傲之人與贊平明之治哉帝大怒下獄拷訊竟削籍歸九年冬召爲戶科給事中遷吏科都給事中周延儒再相帝尊禮之特重正宸出其門與揞拄歲旦朝會帝隆師傅禮進延儒等而揖之曰朕以天下聽先生正宸曰陛下隆禮閣臣願閣臣積誠以格君心毋緣中官毋修恩怨毋以寵利居成功毋以爵祿私親暱語皆風刺延儒延儒欲用宣府巡撫江禹緒爲宣大總督正宸持不可吏部希延儒指用之延儒欲起江陵知縣史調元正宸止之延儒以罪輔馮銓力得再召欲假守涿功復銓冠帶正宸爭之事遂寢其不肯阿徇如此未幾會推閣臣救李日宣謫戍均州語在日宣傳福王立召復正宸故官正宸痛舉朝無討賊心上疏曰比者河北山左各結營寨擒殺僞官爲朝廷效死力忠義所激四方響應宜亟檄江北四鎭分渡河淮聯絡諸路一心齊力互爲聲援兩京血脉通而後塞井陘絶孟津據武關以攻隴右陛下縞素親率六師駐蹕淮上聲靈震動人切同仇勇氣將自倍簡車徒選將帥繕城塹進寸則寸進尺則尺據險處要以規中原天下大矣渠無人應運而出哉魏國公徐弘基薦逆案張捷部議並起用鄒之麟張孫振劉光斗安遠侯柳祚昌等薦起阮大鋮正宸並疏諫不納改大理丞正宸請假歸魯王監國署舊官事敗棄家爲僧

黃紹杰萬安人天啓五年進士授中書舍人崇禎元年考選給事中需次劾罷奄黨南京御史李時馨徐復陽補授兵科五年薊遼總督曹文衡與監視中官鄧希詔相訐紹杰言文衡烈士受內臣指摘何顏立三軍上希詔內豎訐邊臣辱國大不便宜亟更文衡而罷希詔帝不聽久之文衡以閒住去紹杰遷刑科左給事中七年五月因旱求言紹杰疏論大學士溫體仁曰漢世災異策免三公宰執亦引罪以求罷今者久旱陛下修明政治納讜言可謂應天以實矣而雨澤不降何哉天有所甚怒而不解也次輔溫體仁者秉政數載上干天和無歲不旱暵無日不風霾無處不盜賊無人不愁怨秉政旣久窺瞷益工中外趨承益巧一人當用則曰體仁意未遽爾也一事當行則曰體仁聞恐不樂也覆一疏建一議又曰慮體仁有他屬不然則體仁忌諱毋攖其兇鋒也凡此召變之尤願陛下罷體仁以回天意體仁罷而甘霖不降殺臣以正欺君之罪帝方眷體仁貶紹杰一秩體仁辨且訐其別有指授紹杰言廷臣言事指及乘輿猶荷優容一字涉體仁必遭貶黜誰不自愛爲人指授耶因列其罪狀東南不肯設立總督庇兵部侍郎彭汝楠致失機宜用貪穢胡鍾麟爲職方郎而黜李繼貞囑尚書閔洪學起私人唐世濟爲南京總憲錮正人瞿式耜等庇姻婭沈棨爲宣撫私款辱國庇主考丁進從寬磨勘且曰臣所仰祝聖明洞燭體仁奸欺者其說則有兩端下惟朋黨一語可以箝言官之口挑善類之禍上惟票擬一語可以激聖明之怒蓋僨愎之愆體仁猶辨且以朋黨爲言紹杰遂言體仁受銅商王誠金體仁長子受巡撫棨及兩淮巡鹽高欽順等金皆萬計體仁用門幹王治東南之利皆其轉輸體仁私邸兩被盜失黃金寶玉無算匿不敢言帝怒調爲上林苑署丞遷行人司副八年賊犯皇陵紹杰再劾體仁憤國召寇再謫應天府檢校屢遷南京吏部郎中卒先是七年正月給事中李世祺論溫體仁及大學士吳宗達並劾兵部尚書張鳳翼溺職狀帝怒謫福建按察司檢校世祺字壽生青浦人天啓二年進士授行人崇禎三年擢刑科給事中陳大計之當定者二曰兵食之計民生之計大弊之當釐者三曰六曹之弊在吏胥邊吏之弊在欺隱貪墨之弊在奢靡夏旱禱雨未應乃進修政之說三曰恤畿甸議催科預儲備帝並納之中官出鎭世祺上言祖宗立法錢穀兵馬軍民各分事權防專擅內閣入奉天顏出司兵食內廷意旨旣得而陰伺之外廷事權又得而顯操之魏忠賢盜弄神器則賴聖天子躬翦除之而奈何復躬自蹈之不聽五年八月淫雨損山陵昌平地動世祺上言日者輔理調燮無聞精神爲固寵之用統軍衡才無術緩急無可恃之人中樞決策掩耳盜鈴主計持籌醫瘡剜肉州縣迫功令鞭策不前六曹窘簿書救過不瞻簪筆執簡之臣接跡囹圄考槃薖軸之士抗聲鴻舉一人議疑及衆人一事嘗疑及衆事黃衣之使頡頏卿貳之堂貂蟬之座雄踞節鉞之上低眉則氣折强項則釁開各邊監視之遣已將期月初雖間有摘發至竟同歸模稜效不效可槩見伏願撤回各使以明陰不干陽之分然後採公論以進退大臣酌事情以衡量小臣釋疑忌之根開功名之路庶天變可回時艱可濟帝以借端瀆奏切責之給事中陳贊化劾周延儒謂延儒嘗語人曰今上羲皇上人也此成何語臣聞之世祺帝詰世祺則言聞之贊化帝詰責者再三世祺執如初乃已至是論體仁絶世之奸大貪之尤遂貶官久之起行人司副屢遷太僕寺卿遣祭魯王事竣旋里國變杜門不出久之卒

傅朝佑字右君臨川人有孝行萬曆中舉鄉試第一師事鄒元標天啓二年成進士授中書舍人崇禎三年考選給事中永平初復列上善後七事帝採納之補授兵科明年八月疏劾首輔周延儒以機械變詐之心運刑名督責之術見佞則加之膝結袁弘勛張道濬爲腹心遇賢則墜之淵擯錢象坤劉宗周於草莽傾陷正士加之極刑曰上意不測也攘竊明旨播諸朝右曰吾意固然也皇上因旱求言則恐其揚己過故削言官以立威皇上愼密兵機則欲其箝人口故挫直臣以怵衆往時糾其罪惡者盡遭斥逐而親知鄉曲遍列要津大臣之

道固如是乎忤旨切責屢遷工科左給事中陳當務十二事一納諫二恤民三擇相四勿以內批用輔臣五勿使中官司彈劾六勿令法外加濫刑七止緹騎八停內操九抑武臣驕玩十廣起廢十一赦有司修城積粟十二講聖諭六條出封益藩事竣還里九年卽家進刑科都給事中還朝愆期爲給事中陳啓新所劾貶秩調外未行疏論溫體仁六大罪畧言陛下當邊警時特簡體仁入閣體仁乃不以道事君而務刑名窺陛下意在振作彼則借以快恩仇窺陛下治尙精明彼則託以張威福此謂得罪於天子鳳陽昌平鍾靈之地體仁曾無未雨綢繆兩地失守陵寢震驚此謂得罪於祖宗變理職在三公體仁爲相日月交蝕星辰失行風霾迭見四方告災歲比不登地震河決城陷井枯曾莫之懲則日尋恩怨圖報睚眦此謂得罪於天地强敵內逼大盜四起高麗旦暮且陷體仁冒賞冒廕中外解體因之此謂得罪於封疆體仁子見屏於復社諸生募人糾彈株連不已且七年又議裁減茂才國家三百年取士之經一旦壞於體仁之手此謂得罪於聖賢同生天地誰無本心體仁自有肺腸偏欲殘害忠良祇今文武臣僚幾數百人騈首囹圄天良盡喪此謂得罪於心性夫人主之辨姦在明而人主之去姦在斷伏願陛下大施明斷速去體仁毋以天變爲不足畏毋以人言爲不足恤毋以羣小之逢迎爲必可任毋以一己之精明爲必可恃大赦天下除苛政庶倒懸可解太平可致帝怒除名下吏按治踰月體仁亦罷中官杜勳雅重朝佑令其上疏請罪而己從中主之可復故官朝佑不應十一年冬國事益棘獲罪者益衆獄幾滿朝佑乃從獄中上書請寬恤語過激會有邊警未報也明年春責以顛倒賢奸恣意訕侮廷杖六十創重而卒當時臺省競言事言不中多獲譴章正宸莊鼇獻李汝璨之徒好直諫朝佑嘗疏稱之

鼇獻字任公晉江人崇禎六年由庶吉士改兵科給事中上太平十二策極論東廠之害忤旨貶浙江布政司照磨汝璨字用章南昌人崇禎時爲刑科給事中十年閏月因旱求言陳回天四要論財用政事之弊又言八九年來干和召災始於端揆積於四海水旱盜賊頻見疊出勢將未已何怪其然帝怒削籍歸國變衰絰北面哀號作祈死文祈死竟死汝璨朝佑既死福王時復官鼇獻事福王復官久之卒

姜埰字如農萊陽人崇禎四年進士授密雲知縣調儀眞遷禮部主事十五年擢禮科給事中山陽武舉陳啓新者崇禎九年詣闕上書言天下三大病士子作文高談孝悌仁義及服官恣行奸愚此科目之病也國初典史授都御史貢士授布政秀才授尙書嘉靖時猶三途竝用今惟一途舉貢不得至顯官一舉進士橫行放誕此資格之病也舊制給事御史敎官得爲之其後途稍隘而舉人推官知縣猶與其列今惟以進士選彼受任時先以給事御史自待監司郡守承奉不暇剝下虐民恣其所爲此行取考選之病也請停科目以絀虛文舉孝廉以崇實行罷行取考選以除積橫之習蠲災傷田賦以蘇民困專拜大將以節制有司便宜行事捧疏跪正陽門三日中官取以進帝大喜立擢吏科給事中歷兵科左給事中劉宗周詹爾選等先後論之歙人楊光先訐其出身賤役及徇私納賄狀帝悉不究然啓新在事所條奏率無關大計御史王聚奎劾其溺職帝怒謫聚奎以僉都御史李先春議聚奎罰輕竝奪其職久之御史倫之楷劾其請託受賕還鄉驕橫始詔行勘未上而啓新遭母憂埰因劾其不忠不孝大奸大詐遂削啓新籍下撫按追贓擬罪啓新竟逃去不知所之國變後爲僧以卒時帝以寇氛未息民罹鋒鏑建齋南城埰上疏諫不報已陳蕩寇二策曰明農業收勇敢帝善其言初溫體仁及薛國觀排異己及建言者周延儒再相盡反所爲廣引清流言路亦蜂起論事忌者乃造二十四氣之說以指朝士二十四人直達御前帝適下詔戒諭百官責言路尤至埰疑帝已入其說乃上言陛下視言官重故責之嚴如聖諭云代人規卸爲人出缺者臣敢謂無其事然陛下何所見而云倘如二十四氣蜚語此必大奸巨憝恐言者不利己而思以中之激至尊之怒箝言官之口人皆喑默誰與陛下言天下事者先是給事中方士亮論密雲巡撫王繼謨不勝任保定參政錢天錫因夤緣給事中楊枝起廖國遴以屬延儒及廷推遂得俞旨適帝有爲人出缺論蓋舉廷臣積習告戒之非爲天錫發也埰探之未審謂帝實指其事倉卒拜疏而帝於是時方憂勞天下默告上帝戴罪省愆所頒戒諭詞旨哀痛讀者感傷埰顧反覆詰難若深疑於帝者帝遂大怒曰埰敢詰問詔旨藐玩特甚立下詔獄考訊掌鎭撫梁清宏以獄詞上帝曰埰情罪特重且二十四氣之說類匿名文書見卽當毀何故累騰奏牘其速按實以聞時行人熊開元亦以建言下錦衣衞帝怒兩人甚密旨下衞帥駱養性令潛斃之獄養性懼以語同官同官曰不見田爾耕許顯純事乎養性乃不敢奉命私以語同鄉給事中廖國遴國遴以語同官曹良直良直卽疏劾養性歸過於君而自以爲功陛下無此旨不宜誣謗卽有之不宜洩請竝誅養性開元養性大懼帝亦不欲殺諫臣疏竟留中會鎭撫再上埰獄言掠訊者再供無異詞養性亦封還密旨乃命移刑官定罪尙書徐石麒等擬埰戍開元贖徒帝責以徇情骫法令對狀乃奪石麒及郎中劉沂春官而逮埰開元至午門竝杖一百埰已死埰弟垓口溺灌之乃復蘇仍繫刑部獄明年秋大疫命諸囚出外收保埰開元出卽謁謝賓客帝以語刑部尙書張忻忻懼復禁之獄十七年二月始釋埰戍宣州衞將赴戍所而都城陷福王立遇赦起故官丁父艱不赴國變後流寓蘇州以卒且死語其二子曰吾奉先帝命戍宣州死必葬我敬亭之麓二子如其言垓字如須崇禎十三年進士授行人埰下獄垓盡力營護後聞鄉邑破父殉難一門死者二十餘人垓請代兄繫獄釋埰歸葬不許卽日奔喪奉母南走蘇州初垓爲行人見署中題名碑崔呈秀阮大鋮與魏大中竝列立拜疏請去二人名及大鋮得志滋欲殺垓甚垓乃變姓名逃之寧波國亡乃解

熊開元字魚山嘉魚人天啓五年進士除崇明知縣調繁吳江崇禎四年徵授吏科給事中帝遣中官王應期等監視關寧軍馬開元抗疏爭不納王化貞久繫不決奸人張應時等疏頌其功請以身代死俾戴罪立功開元疏駁之言化貞家貲鉅萬每會朝審輒買燕市少年雜立道旁投熊廷弼瓦礫嗟歎化貞不休以此熒惑上聽今應時復敢爲此請宜立肆化貞市朝化貞卒正法時有令有司徵賦不及額者不得考選給事中周瑞豹考選而後完賦帝怒貶謫之命如瑞豹者悉以聞於是開元及御史鄭友元等三人竝貶二秩調外開元不赴官久之起山西按察司照磨遷光祿寺監事十三年遷行人司副左降官率驟遷開元以淹久頗觖望會光祿丞缺開元詣首輔周延儒述已困頓狀延儒適以他事輒命駕出開元大慍會帝以畿輔被兵求言官民陳事者報名會極門卽日召對開元欲論延儒次日卽請見帝召入文昭閣開元請密論軍事帝屏左右獨輔臣在開元不敢言但奏軍事而出越十餘日復請見帝御德政殿秉燭坐開元從輔臣入奏言易稱君不密則失臣臣不密則失身請輔臣暫退延儒等引退者再帝不許開元遂言陛下求治十五年天下日以亂必有其故帝曰其故安在開元言今所謀畫惟兵食寇賊不揣其本而末是圖雖終日夜不寢食求天下治無益也陛下臨御以來輔臣至數十人不過陛下曰賢左右曰賢而已未必諸大夫國人皆曰賢也天子心膂股肱而任之易如此庸人在高位相繼爲奸人禍天殃迄無衰止迨言官發其罪狀誅之斥之已敗壞不可復救矣帝與詰問久之疑開元有所爲曰爾意有人欲用乎開元辨無有且奏且頻目延儒延儒謝帝曰天下不治皆朕過於卿等何與開元言陛下令大小臣工不時面奏而輔臣在左右誰敢爲異同之論以速禍且昔日輔臣繁刑厚斂屛棄忠良賢人君子攻之今輔臣奉行德意釋纍囚蠲逋賦起廢籍賢人君子皆其所引用偶有不平私慨歎而已帝責開元有私開元辨延儒等亦前爲解開元復請徧召廷臣問以輔臣賢否輔臣心事明諸臣流品亦別陛下若不察將吏狃情面賄賂失地喪師皆得無罪誰復爲陛下捐軀報國者延儒等奏情面不盡無賄賂則無有開元復言敵兵入口四十餘日未聞逮治一督撫帝曰督撫初推人以爲賢數月後卽以爲不賢必欲去之而後快邊方與內地不同使人何以展布開元言四方督撫率自監司明日廷推今日傳單其人姓名不列至期吏部出諸袖諸臣唯唯而已既推後言官轉相採訪而其人伎倆亦自露於數月間故人得而指之非初以爲賢繼以爲不賢也帝命之退延儒等請令補牘從之當是時開元欲發延儒罪以其在側不敢言而延儒慮其補牘謀沮之大理卿孫晉兵部侍郎馮元飈責開元首輔多引賢者首輔退賢者且盡逐開元意動大理丞吳履中至亦以開元言爲驟禮部郎中吳昌時者開元知吳江時所拔士也復致書言之開元乃止述奏辭不更及延儒他事帝方信延儒

大淸兵又未退焦勞甚得奏大怒令錦衣衞逮治衞帥駱養性開元鄉人也雅怨延儒次日卽以獄上帝益怒開元讒譖輔弼必使朕孤立於上乃便彼行私必有主使者養性不加刑溺職甚其再嚴訊以聞十二月朔嚴刑詰供主謀開元堅不承而盡發延儒之隱養性具以聞帝乃廷杖開元繫獄始方士亮劾罷密雲巡撫王繼謨參政錢天錫得巡撫御史孫鳳毛發其事劾給事中楊枝起廖國遴爲天錫夤緣因言開元面奏實二人主之欲令邱瑜秉政陳演爲首輔御史李陳玉亦言之帝以開元已下吏不問而責令鳳毛陳奏鳳毛死其子訴寃謂國遴枝起酖殺之兩人及天錫竝削職下獄士亮又言恐代繼謨者未能勝繼謨繼謨得留任十六年六

月延儒罷言官多救開元者不報刑部擬贖徒不許明年正月遣戍杭州未幾京師陷福王召起吏科給事中丁母艱不赴唐王立起工科左給事中連擢太常卿左僉都御史隨征東閣大學士乞假歸汀州破棄家爲僧隱蘇州之靈巖以終士亮歙縣人崇禎四年進士歷嘉興福州推官擢兵科給事中與同官朱徽倪仁禎等謁大學士謝陞於朝房陞言人主以不用聰明爲高今上太用聰明致天下盡壞又曰款事諸君不必言皇上祈籤奉先殿意已決諸人退謂陞誹謗君父洩禁中語仁禎國遴等交章論之斥陞大不道無人臣禮士亮及他言官繼之疏數十上帝大怒削陞籍已而士亮連劾諸督撫張福臻徐世廕朱大典葉廷貴及兵部侍郎呂大器甘肅總兵馬爌事多施行又請召舊諫臣姚思孝何楷李化龍張作楫張焜芳李模詹爾選李右讜林蘭友成勇傅元初而恤已死者吳執御魏呈潤傅朝佑吳彥芳王績燦葛樞帝頗採納周延儒出督師請士亮贊畫軍務延儒獲譴士亮亦削職下獄久之釋歸福王時復官國變後卒

詹爾選字思吉撫安人崇禎四年進士授太常博士八年擢御史時詔廷臣舉守令爾選言縣令多而難擇莫若精擇郡守郡守賢縣令無不賢因請起用侍郎陳子壯推官湯開遠報聞明年疏劾陳啟新宜召九卿科道覿面敷陳罄其底蘊果有他長然後授官遽爾授官非所以重名器吏部尚書謝陞大學士溫體仁不加駁正尸素可愧帝怒未幾大學士錢士升以爭武生李璡搜括富戶忤旨引罪乞休去爾選上疏曰輔臣引咎求黜遽奉回籍之諭夫人臣所以不肯言者其源在不肯去耳輔臣肯言肯去臣實榮之獨不能不爲朝廷惜此一舉也璡以非法導主上其端一開大亂將至輔臣憂心如焚忽奉改擬之命遂爾執奏皇上方嘉許不暇顧以爲疑君要譽耶人臣無故疑其君非忠也乃謂吾君萬舉萬當者第容悅之借名必非忠人臣沽名義所不敢出也乃人主不以名譽鼓天下使其臣尸位保寵寡廉鮮恥亦必非國家利況今天下疑皇上者不少矣將驕卒惰尚方不靈億萬民命徒供武夫貪冒則或疑過於右武穿札與操觚並課非是者弗錄人見賣牛買馬紬德齊力徒使強寇混跡於道途父兄莫必其子弟則或疑緩於敷文免覲之說行上意在甦民困也而或疑朝宗之大義不敵數萬路用之金錢駁問之事煩上意在懲奸頑也而或疑明啟之刑書幾禁加等之紛亂其君子憂驅策之無當其小人懼陷累之多門明知一切苟且之政或拊心愧恨或對衆欷歔輔臣不過偶因一事代天下發憤耳而竟鬱鬱以去恐後之大臣無復有敢言者矣大臣不敢言而小臣愈難望其言矣所日與皇上言者惟苛細刻薄不識大體之徒似忠似直如狂如癡售則挺身招搖敗則潛形遁竄駭心志而揄耳目毀成法而釀隱憂天下事尚忍言哉祈皇上以遠大宅心以簡靜率憲責大臣弼違之義作言官敢諫之風寧獻可替否毋藉口聖明獨斷掩聖主之謙沖寧進禮退義毋藉口君恩未酬飾引身之濡滯臣愚不勝惓惓疏入帝震怒召見武英殿詰之曰輔臣之去前旨甚明汝安得爲此言對曰皇上大開言路輔臣乃以言去國恐後來大臣以言爲戒非皇上求言意帝曰建言乃諫官事大臣何建言對曰大臣雖在格心然非言亦無由格大臣止言其大者決無不言之理大臣不言誰當言者帝曰朕如此焦勞天下尚疑朕乎即尚方劍何嘗不賜彼不能用何言不靈對曰誠如聖諭但臣見督理有參疏未蒙皇上大處分與未賜何異帝曰刑官擬罪不合朕不當駁乎對曰刑官不職但當易其人不當侵其事帝曰汝言一切苟且之政何者爲苟且對曰加派帝曰加派因賊未平賊平何難停汝尚有言乎對曰搜括抽扣亦是帝曰此供軍國之用非輸之內帑汝更何言對曰即捐助亦是帝曰本令願捐者聽何嘗強人時帝聲色俱厲左右皆震懾而爾選詞氣不撓帝又詰發憤諸語及帖黃簡畧斥爲欺罔命錦衣提下爾選叩頭曰臣死不足惜皇上幸聽臣事尚可爲即不聽亦可留爲他日思帝愈怒罪且不測諸大臣力救乃命繫於直廬明日下都察院議罪議止停俸帝以語涉誇詡并罪視草御史張三謨令吏部同議請鐫五級以雜職用復不許乃削籍歸自後言者屢薦皆不聽十五年給事中沈迅左懋第相繼薦有詔召還未及赴而都城陷福王立首起故官未上羣小用事憚爾選鯁直令補外僚遂不出國變後又十二年而終

湯開遠字伯開主事顯祖子也早負器識經濟自許崇禎五年由舉人爲河南府推官帝惡廷臣玩愒持法過嚴開遠疏諫曰陛下臨御以來明罰敕法自小臣至大臣蒙重譴下禁獄者相繼幾於刑亂國用重典矣見廷臣薦舉不當疑爲黨徇惡廷臣執奏不移疑爲藐抗以策勵望諸臣於是戴罪者多而不開以立功之路以詳愼責諸臣於是引罪者衆而不諒其致誤之由壘吏宜逮然望稍寬出入無紕能臣至三時多害五方交警諸臣怵參罰惟急催科民窮則易爲亂陛下寬一分在臣子即寬一分在民生此可不再計決者尤望推諸臣以心待諸臣以禮諭中外法司以平允至錦衣禁獄非寇賊奸宄不宜輕入帝怒摘其疏中桁楊慘毒遍施勞臣語責令指實乃上奏曰時事孔棘諸臣有過可議亦有勞可準有罪可程亦有情可原究之議過不足懲過而後事轉因前事以灰心聲罪不足服罪而故者更藉諉者以實口綜核太過則要領失措懲創太深則本實多缺往往上以爲宜詳宜新之事而下以爲宜畧宜仍之事朝所爲縲辱擯棄不少愛之人又野所爲推重愾歎不可少之人上與下異心朝與野異議欲天下治平不可得也蘇州僉事左應選任昌黎縣令率土著保孤城事平之日擢任監司乃用小過卒以贓擬城池失守者既不少貸捍禦著績者又不獲原諸臣安所適從哉事急則鉅萬可捐事平則錙銖必較向使昌黎不守同於遵永不知費朝廷幾許金錢安所得涓滴而問之臣所惜者此其一給事中馬思理御史高倬值草場火發狂奔盡氣無救燎原此不過爲法受過耳更欲以他罪論則甚矣今歲盛夏雪雹地震京圻草場不爇自焚陛下不寬刑修省反嚴鞫而長繫之非所以召天和稱善事也臣所惜者此其一宣大巡按胡良機陛下知其諳練兩任巖疆尋因過愆褫革輿論惜之豈成命終難反汗哉臣所惜者此其一監兌主事吳澧宵旦河干經營漕事運弁稽違量行責戒乃褫革之又欲究治之夫兵譁則爲兵易將將譁則爲武抑文勇於譁而怯於鬬安用此驕兵驕將爲也臣所惜者此又其一末復爲都御史陳于廷易應昌申辨帝怒切責之河南流賊大熾開遠監左良玉軍躬擐甲胄屢致克捷帝以天下用兵意頗重武督撫失事多逮繫而大將率姑息開遠以爲偏八年十月上疏曰比年寇賊縱橫撫鎮爲要乃陛下於撫臣則懲創之於鎮臣則優遇之試觀近日諸撫臣有不褫奪不囚繫者乎諸帥臣及偏裨有一禮貌不崇陛廕不遂者乎即觀望敗衂罪狀顯著者有不寬假優容者乎夫懲創撫臣欲其惕而戒也優遇武臣欲其感而奮也然而封疆日破壞寇賊日蔓延者分別之法少也撫臣中清操如沈棨幹濟如練國事捍禦兩河身自爲將如元默拮据兵事沮賊長驅如吳甡或麗爰書或登白簡其他未可悉數而武臣桀驁恣雎無日不上條陳爭體統一旦有警輒逡巡退縮即嚴旨屢頒褎如充耳如王樸尤世勛王世恩輩其罪可勝誅哉秦撫甘學濶有法紀全疎一疏請正縱賊諸弁以法明旨顧切責之然則自今以後敗將當不問矣文臣未必無才能乃有寧甘斥黜必不肯任不敢任者以任亦罪不任亦罪不任之罪猶輕而任之罪更重也誠欲使諸臣踴躍任事在寬文法原情實分別去留毋以一眚棄賢才至韓爵之夫不使怯且欺者倖乎其間則賞罰以平文武用命矣帝以撫臣不任者無所指實責令再陳乃上言曰朝廷賞罰無章於是諸臣之不肯任不敢任者罪而肯任敢任者亦罪且其罪反重勸懲無當欲勘定大亂未之前聞從來無詘督臣以伸庸帥者至今而楊嗣昌不得闢其說從來無抑言路以伸劣弁者至今而王肇坤不得保其秩王樸恇怯暴著聽敵飽去猶得與吳甡並論播之天下不大爲口實哉若撫臣之不肯任不敢任者如陝西之胡廷晏山西之仙克謹宋統殷許鼎臣何以當日處分視後皆輕練國事元默承大壞極敝之後竭力撐持何以當日處分較前更重且近日爲辦寇而誅督臣者一逮督臣撫臣者二褫撫臣者亦二甚至巡方與撫臣並議而并逮兩按臣計典與失事牽合而并褫南樞臣若監司守令之獲重譴者不可勝紀試問前後諸帥臣有一誅且逮者乎即降而偏裨有一誅且逮者乎甚至避寇縱寇養寇助寇者皆置弗問即或處分不過降級戴罪而已然則諸將之不肯任不敢任者直謂之無罪可乎是陛下於文武二途委任同責成不同明旨所謂一體者終非一體矣不特此也按臣會遇當舊撫艱去力障寇鋒初非失事乃竟從逮配將來無肯任敢任之按臣矣道臣祝萬齡拮据兵食寢餌俱廢至疽發於背而遽行削籍將來無肯任敢任之監司矣史洪謨作令宜陽戰守素備賊渡澠池不敢薄城及知六安復有全城之績而褫奪驟加將來無肯任敢任之州縣矣賊薄永寧舊蜀撫張論與子給事鼎延傾貲募士夙夜登陴及論物故鼎延請恤并其子官奪之將來無肯任敢任之鄉官矣吏部惟雜職多弊臣鄉吳羽文竭力釐剔致刀筆賈豎閧然而起羽文畧不爲撓乃以起廢一事長繫深求將來無肯任敢任之部曹矣臣讀明旨謂諸事皆經確核以議處有銓部議罪有法司稽核糾舉有按臣也不知詔旨一下銓部即議降議革有肯執奏曰此不當處者乎一下法司即擬配擬戍有肯執奏曰此不當罪者乎至查核失事按臣不過據事上聞有原功中之罪罪中之功乞貸於朝廷者乎是非諸臣不肯

分別也知陛下一意重創言之必不聽或反以甚其罪也所以行問失事無日不議處議罪而於蕩寇安民毫無少補則今日所少者豈非大公之賞罰哉帝得奏大怒命削籍撫按解京訊治河南人聞之若失慈母左良玉偕將士七十餘人合奏乞留巡按金光辰亦備列其功狀以告帝爲動容命釋還戴罪辦賊十年正月討平舞陽大盜楊四論功當進秩總理王家禎復薦之乃擢按察僉事監安盧二郡軍其年冬太子將出閣奏言陛下言敎不如身敎請謹幽獨恤民窮優大臣容直諫寬拙吏薄貨財疏滯獄俾太子得習見習聞爲他日出治臨民之本帝深納之是時賊大擾江北開遠數有功巡撫史可法薦其治行卓異進秩副使監軍如故十三年與總兵官黃得功等大破革裏眼諸賊賊遂乞降朝議將用爲河南巡撫竟以勞瘁卒官軍民咸爲泣下贈太僕少卿

成勇字仁有安樂人天啓五年進士授饒州推官謁鄒元標於吉水師事之中使至知府以下郊迎勇不往且捕笞其從人丁內外艱歷開封歸德二府推官流賊攻歸德擊走之崇禎十年行取入京時變考選例優者得爲翰林公論首勇而吏部尚書田唯嘉抑之勇得南京吏部主事以去明年二月帝御經筵問講官保舉考選得失諭德黃景昉訟勇及朱天麟屈帝親策諸臣天麟得翰林而勇以先赴南京不與尋用御史涂必泓言授南京御史楊嗣昌奪情入閣言者咸獲譴勇憤其年九月上疏言嗣昌秉樞兩年一籌莫展邊警屢驚羣寇滿野淸議不畏名敎不畏萬世公義不畏臣竊爲靑史慮疏入帝大怒削籍提訊詰主使姓名勇獄中上書言臣十二年外吏數十日南臺無權可招無賄可納不知有黨帝怒竟戍寧波衞中外薦者十餘疏不召後以御史張瑋言執政合詞請擢用帝以勇宥罪方新不當復職命以他官用甫聞命而京師陷福王時起御史不赴披緇爲僧越十五年而終

陳龍正字惕龍嘉善人父于王福建按察使龍正遊高攀龍門崇禎七年成進士授中書舍人時政尚綜覈中外爭爲深文以避罪東廠緝事尤寃濫十一年五月熒惑守心下詔修省有哀懇上帝語龍正讀之泣上養和好生二疏畧曰回天在好生好生無過減死臯陶贊舜曰罪疑惟輕是聖人於折獄不能無失也蓋獄情至隱人命至重故不貴專信而取兼疑不務必得而甘或失臣居家所見聞四方罪犯無甚窮凶奇謀者及來京師此等乃無虛月且罪案一成立就誅磔亦宜有所懲戒何犯者若此蟁蟁臣願陛下懷帝舜之疑寧使聖主有過仁之舉臣下獲不經之愆蓋陰指東廠事也越數日果諭提督中官王之心不得輕視人命云其冬京師戒嚴詔廷臣舉堪任督撫者御史葉紹顒舉龍正久之刑部主事趙奕昌請訪求天下眞賢才帝令奕昌自舉亦以龍正對帝皆不用龍正居冷曹好言事十二年十月彗星見是歲冬至大雷電雨雹十三年二月京師大風天黃日眚浹旬不解龍正皆應詔條奏大指在聽言省刑十五年夏帝復下詔求言云拯困甦殘不知何道龍正上言拯困甦殘以生財爲本但財非折色之謂以折色爲財則取於人而易盡必知本色爲財則生於地而不窮今持籌之臣曰設處曰搜括曰加派皆損下之事聚斂之別名也民曰病國奚由足臣謂宜專意墾荒申明累朝永不起科之制招集南人巨賈盡墾荒田使畿輔河南山東菽粟日多則京倉之積邊軍之餉皆可隨宜取給或平糴或拜爵或中監國家命脈不專倚數千里外之轉運則民間加派自可盡除然是時中原多殘破有田不得耕龍正執常理而已翌日復進用人探本疏帝皆優容焉給事中黃雲師劾其學非而博言僞而辯又以進墾荒議爲陵競帝不問時議欲用龍正爲吏部御史黃澍以僞學詆之十七年正月左遷南京國子監丞甫抵家而京師陷福王立於南京用爲祠祭員外郎不就南京不守龍正已得疾遂卒

贊曰崇禎時僉壬相繼枋政天下多故事之可言者衆矣許譽卿諸人抨擊時宰有直臣之風然傅朝佑死杖卜姜埰熊開元得重譴而詹爾選抗雷霆之威顧獲放免言天子易言大臣難信哉湯開遠以疏遠外僚侃侃論事憤惋溢於辭表就其所列國勢亦重可慨矣夫

明史卷二百五十九　　列傳第一百四十七

總裁官總理事務經筵講官少保兼太子太保保和殿大學士兼管吏部戶部尚書事加六級張廷玉等奉

敕修

楊鎬 李維翰 周永春　　袁應泰 薛國用

熊廷弼 王化貞　　袁崇煥 毛文龍

趙光抃 范志完

楊鎬商邱人萬曆八年進士歷知南昌蠡二縣入爲御史坐事調大理評事再遷山東參議分守遼海道嘗偕大帥董一元雪夜度墨山襲蒙古炒花帳大獲進副使墾荒田百三十餘頃歲積粟萬八千餘石進參政二十五年春偕副將李如梅出塞失部將十人士卒百六十餘人會朝鮮再用兵命免鎬罪擢右僉都御史經畧朝鮮軍務鎬未至先奏陳十事請令朝鮮官民輸粟得增秩授官贖罪及鄉吏奴丁免役大氐皆苟且之事又以朝鮮君臣隱藏儲蓄不餉軍劾奏其罪由是朝鮮多怨當是時倭將行長淸正等已入據南原全州引兵犯全羅慶尚逼王京鋭甚賴沈惟敬就擒鄉導乃絕而朝鮮兵燹之餘千里蕭條賊掠無所得故但積粟全羅爲久留計而中國兵亦漸集九月朔鎬始抵王京會副將解生等屢挫賊朝鮮軍亦數有功倭乃退屯蔚山十二月鎬會總督邢玠提督麻貴議進兵方畧分四萬人爲三協副將高策將中軍李如梅將左李芳春解生將右合攻蔚山先以少兵嘗賊賊出戰大敗悉奔據島山結三柵城外以自固鎬官遼東時與如梅深相得及是遊擊陳寅連破賊二柵第三柵垂拔矣鎬以如梅未至不欲寅功出其上遽鳴金收軍賊乃閉城不出堅守以待援官兵四面圍之地泥淖且時際窮冬風雪裂膚士無固志賊日夜發礮用藥煮彈遇者輒死官兵攻圍十日不能下賊知官兵懈詭乞降以緩之明年正月二日行長救兵驟至鎬大懼狼狽先奔諸軍繼之賊前襲擊死者無算副將吳惟忠遊擊茅國器斷後賊乃還輜重多喪失是役也謀之經年傾海內全力合朝鮮通國之衆委棄於一旦舉朝嗟恨鎬既奔挈貴奔趨慶州懼賊乘襲盡撤兵還王京與總督玠詭以捷聞諸營上軍籍士卒死亡殆二萬鎬大怒屏不奏止稱百餘人鎬遭父喪詔奪情視事御史汪先岸嘗劾其他罪閣臣庇之擬旨褒美旨久不下贊畫主事丁應泰聞鎬敗詣鎬咨後計鎬示以張位沈一貫手書并所擬未下旨揚揚詡功伐應泰憤抗疏盡列敗狀言鎬當罪者二十八可羞者十並劾位一貫扶同作奸帝震怒欲行法首輔趙志臯營救乃罷鎬令聽勘以天津巡撫萬世德代之已東征事竣給事中楊應文敘鎬功詔許復用三十八年起撫遼東襲炒花於鎮安破之御史田生金劾其開釁時遼左多事鎬力薦李如梅請復用爲大將爲給事中麻僖御史楊州鶴所劾鎬疏辨乞休帝不問鎬竟引去四十六年四月我

大淸兵起破撫順守將王命印死之遼東巡撫李維翰趣總兵官張承允往援與副總兵頗廷相等俱戰歿遠近大震廷議鎬熟諳遼事起兵部右侍郎往經畧既至申明紀律徵四方兵圖大舉至七月

大淸兵由鴉鶻關克淸河副將鄒儲賢戰死詔賜鎬尚方劍得斬總兵以下官乃斬淸河逃將陳大道高炫徇軍中其冬四方援兵大集遂議進師時蚩尤旗長竟天彗見東方星隕地震識者以爲敗徵大學士方從哲兵部尚書黃嘉善兵科給事中趙興邦等皆以師久餉匱發紅旗日趣鎬進兵明年正月鎬乃會總督汪可受巡撫周永春巡按陳王庭等定議以二月十有一日誓師二十一日出塞兵分四道總兵官馬林出開原攻北杜松出撫順攻西李如柏從鴉鶻關出趨淸河攻南東南則以劉綎出寬奠由涼馬佃搗後而以朝鮮兵助之號大兵四十七萬期三月二日會二道關並進天大雪兵不前師期洩松欲立首功先期渡渾河進至二道關伏發軍盡覆林統開原兵從三岔口出聞松敗結營自固

大淸兵乘高奮擊林不支遂大敗遁去鎬聞急檄止如柏綎兩軍如柏遂不進綎已深入三百里至深河

大淸兵擊之而不動已乃張松旗幟被其衣甲紿綎既入營營中大亂綎力戰死惟如柏軍獲全文武將吏前後死者三百一十餘人軍士四萬五千八百餘人亡失馬駝甲仗無算敗書聞京師大震御史楊鶴疏劾之不報無何開原鐵嶺又相繼失言官交章劾鎬逮下詔獄論死崇禎二年伏法李維翰雎州人萬曆四十四年以右副都御史巡撫遼東遼三面受敵無歲不用兵自稅使高淮朘削十餘年軍民益困而先後撫臣皆庸才玩愒苟歲月天子又置萬幾不理邊臣呼籲漠然不聞致遼事大壞及張承允覆沒維翰猶獲善歸至天啓初始下吏論死周永春金鄉人官禮科都給事中齊黨方熾永春與亓詩教爲之魁尋由太常少卿擢右僉都御史代維翰爲巡撫値喪敗之後佐經畧調度軍食拮据勞瘁越二年罷歸天啓初言官追論開原失陷罪遣戍

袁應泰字大來鳳翔人萬曆二十三年進士授臨漳知縣築長堤四十餘里捍禦漳水調繁河內穿太行山引沁水成二十五堰溉田數萬頃鄰邑皆享其利河決朱旺役夫多死者應泰設席爲廬飲食作止有度民懽然趨事治行冠兩河遷工部主事歷兵部武選郎中汰遣假冒世職數百人遷淮徐兵備參議山東大饑設粥廠哺流民繕城濬濠修先聖廟饑者盡得食更搜額外稅及漕折馬價數萬金先後發振戶部劾其擅移官廪時已遷副使遂移疾歸久之起河南右參政以按察使治兵永平遼事方棘應泰練兵繕甲修亭障飭樓櫓關外所需芻茭火藥之屬呼吸立應經畧熊廷弼深賴焉泰

昌元年九月擢右僉都御史代周永春巡撫遼東踰月擢兵部右侍郎兼前職代廷弼爲經畧而以薛國用爲巡撫應泰受事卽刑白馬祀神誓以身委遼疏言臣願與遼相終始更願文武諸臣無懷二心與臣相終始有託故謝事者罪無赦熹宗優詔襃答賜尚方劍乃戮貪將何光先汰大將李光榮以下十餘人遂謀進取撫順議用兵十八萬大將十人上奏陳方畧應泰歷官精敏強毅用兵非所長規畫頗疏廷弼在邊持法嚴部伍整肅應泰以寬矯之多所更易而是時蒙古諸部大饑多入塞乞食應泰言我不急救則彼必歸敵是益之兵也乃下令招降於是歸者日衆處之遼瀋二城優其月廩與民雜居潛行淫掠居民苦之議者言收降過多或陰爲敵用或敵雜間諜其中爲內應禍且叵測應泰方自詡得計將藉以抗
大清兵會三岔兒之戰降人爲前鋒陣死者二十餘人應泰遂用以釋羣議明年天啟改元三月十有二日我
大清兵來攻瀋陽總兵官賀世賢尤世功出城力戰敗還明日降人果內應城遂破二將戰死總兵官陳策童仲揆等赴援亦戰死應泰乃撤奉集威寧諸軍幷力守遼陽引水注濠沿濠列火器兵環四面守十有九日
大清兵臨城應泰身督總兵官侯世祿李秉誠梁仲善姜弼朱萬良出城五里迎戰軍敗多死其夕應泰宿營中不入城明日
大清兵掘城西閘以洩濠水分兵塞城東水口擊敗諸將兵遂渡濠大呼而進鏖戰良久騎來者益衆諸將兵俱敗望城奔殺溺死者無算應泰乃入城與巡按御史張銓等分陴固守諸監司高出牛維曜胡嘉棟及督餉郎中傅國竝踰城遁人心離沮又明日攻城急應泰督諸軍列楯大戰又敗薄暮譙樓火
大清兵從小西門入城中大亂民家多啟扉張炬以待婦女亦盛飾迎門或言降人導之也應泰居城樓知事不濟太息謂銓曰公無守城責宜急去吾死於此遂佩劍印自縊死婦弟姚居秀從之僕唐世明憑屍大慟縱火焚樓死事聞贈兵部尚書予祭葬官其一子國用洛南人歷官山東右參政分守遼海道以右僉都御史代應泰巡撫遼東應泰死廷議將起廷弼道遠未至乃進國用兵部右侍郎代應泰爲經畧歷官醇謹久於遼日夜憂戰守備會
大清兵不至得安其位無何請告竟卒於官

熊廷弼字飛百江夏人萬曆二十五年舉鄉試第一明年成進士授保定推官擢御史三十六年巡按遼東巡撫趙楫與總兵官李成梁棄寬奠新疆八百里徙編民六萬家於內地已論功受賞給事中宋一韓論之下廷弼覆勘具得棄地驅民狀劾兩人罪及先任按臣何爾健康丕揚黨庇疏竟不下時有詔興屯廷弼言遼多曠土歲於額軍八萬中以三分屯種可得粟百三十萬石帝優詔褒美命推行於諸邊邊將好擣巢輒生釁端廷弼言防邊以守爲上繕垣建堡有十五利奏行之歲大旱廷弼行部金州禱城隍神約七日雨不雨毀其廟及至廣寧踰三日大書白牌封劍使使往斬之未至風雷大作雨如注遼人以爲神在遼數年杜餽遺核軍實按劾將吏不事姑息風紀大振督學南畿嚴明有聲以杖死諸生事與巡按御史荆養喬相訐奏養喬投劾去廷弼亦聽勘歸四十七年楊鎬旣喪師廷議以廷弼熟邊事起大理寺丞兼河南道御史宣慰遼東旋擢兵部右侍郎兼右僉都御史代鎬經畧未出京開原失廷弼上言遼左京師肩背河東遼鎭腹心開原又河東根本欲保遼東則開原必不可棄敵未破開原時北關朝鮮猶足爲腹背患今已破開原北關不敢不服遣一介使朝鮮不敢不從旣無腹背憂必合東西之勢以交攻然則遼瀋何可守也乞速遣將士備芻糧修器械毋窘臣用毋緩臣期毋中格以沮臣氣毋旁撓以掣臣肘毋獨遺臣以艱危以致悞臣悞遼兼悞國也疏入悉報允且賜尚方劍重其權甫出關鐵嶺復失瀋陽及諸城堡軍民一時盡竄遼陽洶洶廷弼兼程進遇逃者諭令歸斬逃將劉遇節王捷王文鼎以祭死節士誅貪將陳倫劾罷總兵官李如楨以李懷信代督軍士造戰車治火器濬濠繕城爲守禦計令嚴法行數月守備大固乃上方畧請集兵十八萬分布靉陽清河撫順柴河三岔兒鎭江諸要口首尾相應小警自爲堵禦大敵互爲應援更挑精悍者爲遊徼乘間掠零騎擾耕牧更番迭出使敵疲於奔命然後相機進勦疏入帝從之廷弼之初抵遼也令僉事韓原善往撫瀋陽憚不肯行繼命僉事閻鳴泰至虎皮驛慟哭而返廷弼乃躬自巡歷自虎皮驛抵瀋陽復乘雪夜赴撫順總兵賀世賢以近敵沮之廷弼曰冰雪滿地敵不料我來鼓吹入時兵燹後數百里無人跡廷弼祭諸死事者而哭之遂耀兵奉集相度形勢而還所至招流移繕守具分置士馬由是人心復固廷弼身長七尺有膽知兵善左右射自按遼卽持守邊議至是主守禦益堅然性剛負氣好謾罵不爲人下物情以故不甚附明年五月我
大清兵畧地花嶺六月畧王大人屯八月畧蒲河將士失亡七百餘人諸將世賢等亦有斬獲功而給事中姚宗文騰謗於朝廷弼遂不安其位宗文者故戶科給事中丁憂歸還朝欲補官而吏部題請諸疏率數年不下宗文患之假招徠西部名屬當事薦己疏屢上不得命宗文計窮致書廷弼令代請廷弼不從宗文由是怨後貟緣復吏科閱視遼東士馬與廷弼議多不合遼東人劉國縉先爲御史坐大計謫官遼事起廷議用遼人遂以兵部主事贊畫軍務國縉主募遼人爲兵所募萬七千餘人逃亡過半廷弼聞於朝國縉亦怨廷弼爲御史時與國縉宗文同在言路意氣相得竝以排東林攻道學爲事國縉輩以故意望廷弼廷弼不能如前益相失宗文故出國縉門下兩人益相比而傾廷弼及宗文歸疏陳遼土日蹙詆廷弼廢羣策而雄獨智且曰軍馬不訓練將領不部署人心不親附刑威有時窮工作無時止復鼓其同類攻擊欲必去之御史顧慥首劾廷弼出關踰年漫無定畫蒲河失守匿不上聞荷戈之士徒供挑濬尚方之劍逞志作威當是時光宗崩熹宗初立朝端方多事而封疆議起御史馮三元劾廷弼無謀者八欺君者三謂不罷遼必不保詔下廷議廷弼憤抗疏極辨且求罷而御史張修德復劾其破壞遼陽廷弼益憤再疏自明云遼已轉危爲安臣且之生致死遂繳還尚方劍力求罷斥給事中魏應嘉復劾之朝議允廷弼去以袁應泰代廷弼乃上疏求勘言遼師覆沒臣始驅羸卒數千踉蹌出關至杏山而鐵嶺又失廷臣咸謂遼必亡而今且地方安堵舉朝帖席此非不操練不部署者所能致也若謂擁兵十萬不能斬將禽王誠臣之罪然求此於今日亦豈易言令箭催而張帥殞命馬上催而三路喪師臣何敢復蹈前轍三元應嘉修德等復連章極論廷弼卽請三人往勘帝從之御史吳應奇給事中楊漣等力言不可乃改命兵科給事中朱童蒙往廷弼復上疏曰臣蒙恩回籍聽勘行矣但臺省責臣以破壞之遼遺他人臣不得不一一陳之於上今朝堂議論全不知兵冬春之際敵以冰雪稍緩閧然言師老財匱馬上促戰及軍敗始愀然不敢復言比臣收拾甫定而愀然者又復閧然責戰矣自有遼難以來用武將用文吏何非臺省所建白何嘗有一效疆場事當聽疆場吏自爲之何用拾帖括語徒亂人意一不從輒怫然怒哉及童蒙還奏備陳廷弼功狀末言臣入遼時士民垂泣而道謂數十萬生靈皆廷弼一人所留其罪何可輕議獨是廷弼受知最深蒲河之役敵攻瀋陽策馬趨救何其壯也及見官兵駑弱遽爾乞骸以歸將置君恩何地廷弼功在存遼微勞雖有可紀罪在負君大義實無所逃此則罪浮於功者矣帝以廷弼力保危城仍議起用天啟元年瀋陽破應泰死廷臣復思廷弼給事中郭鞏力詆之幷及閣臣劉一燝及遼陽破河西軍民盡奔自塔山至閭陽二百餘里烟火斷絕京師大震一燝曰使廷弼在遼當不至此御史江秉謙追言廷弼保守危遼功兼以排擠勞臣爲鞏罪帝乃治前劾廷弼者貶三元修德應嘉鞏三秩除宗文名御史劉廷宣救之亦被斥乃復詔起廷弼於家而擢王化貞爲巡撫化貞諸城人萬曆四十一年進士由戶部主事歷右參議分守廣寧蒙古炒花諸部長乘機窺塞下化貞撫之皆不敢動朱童蒙勘事還極言化貞得西人心勿輕調廢撫事化貞亦言遼事將壞惟發帑金百萬亟款西人則敵顧忌不敢深入會遼瀋相繼亡廷議將起廷弼御史方震孺請加化貞秩便宜從事令與薛國用同守河西乃進化貞右僉都御史巡撫廣寧廣寧城在山畏登山可俯瞰城內特三岔河爲阻而三岔之黃泥窪又水淺可涉廣寧止孱卒千化貞招集散亡復得萬餘人激厲士民聯絡西部人心稍定遼陽初失遠近震驚謂河西必不能保化貞提弱卒守孤城氣不懾時望赫然中朝亦謂其才足倚悉以河西事付之而化貞又以登萊天津兵可不設諸鎭入衞兵可止當事益信其有才所奏請輒報可時金復諸衞軍民及東山礦徒多結砦自固以待官軍其逃入朝鮮者亦不下二萬化貞請鼓舞諸人優以爵祿俾自奮於功名詔諭朝鮮襃以忠義勉之同仇帝亦從之至六月廷弼入朝首請免言官貶謫帝不可乃建三方布置策廣寧用馬步列壘河上以形勢格之綴敵全力天津登萊各置舟師乘虛入南衞動搖其人心敵必內顧而遼陽可復於是登萊議設巡撫如天津以陶朗先爲之而山海特設經畧節制三方一事權遂進廷弼兵部尚書兼右副都御史駐山海關經畧遼東軍務廷弼因請尚方劍請調兵二十餘萬以兵馬芻糗器械之屬責成戶兵工三部白監軍道臣高出胡嘉棟督餉郎中傅國無罪請復官任事議用遼人故贊畫主事劉國縉爲登萊招練副使夔州同知佟卜年爲登萊監軍僉事故臨洮推官洪敷教爲職方主事軍前贊畫用收拾遼人心竝報允七月廷弼將啟行帝特賜麒麟服一彩

幣四宴之郊外命文武大臣陪餞異數也又以京營選鋒五千護廷弼行先是袁應泰死薛國用代爲經略病不任事化貞乃部署諸將沿河設六營營置參將一人守備二人畫地分守西平鎭武柳河盤山諸要害各置戍設防議旣上廷弼不謂然疏言河窄難恃堡小難容今日但宜固守廣寧若駐兵河上兵分則力弱敵輕騎潛渡直攻一營力必不支一營潰則諸營俱潰西平諸戍亦不能守河上止宜置遊徼兵更番出入示敵不測不宜屯聚一處爲敵所乘自河抵廣寧止宜多置烽堠西平諸處止宜稍置戍兵爲傳烽哨探之用而大兵悉聚廣寧相度城外形勢犄角立營深壘高柵以俟蓋遼陽去廣寧三百六十里非敵騎一日能到有聲息我必預知斷不宜分兵防河先爲自弱之計也疏上優旨褒答會御史方震孺亦言防河六不足恃議乃寢而化貞以計不行慍甚盡委軍事於廷弼廷弼乃請申諭化貞不得藉口節制坐失事機先是四方援遼之師化貞悉改爲平遼遼人多不悅廷弼言遼人未叛乞改爲平東或征東以慰其心自是化貞與廷弼有隙而經撫不和之議起矣八月朔廷弼言三方建置須聯絡朝鮮請亟發敕使往勞彼國君臣俾盡發八道之師連營江上助我聲勢又發詔書憫恤遼人之避難彼國者招集團練別爲一軍與朝鮮軍合勢而我使臣卽權駐義州控制聯絡俾與登萊聲息相通於事有濟更宜發銀六萬兩分犒朝鮮及遼人而臣給與空名劄付百道俾承制拜除其東山礦徒能結聚千人者卽署都司五百人者署守備將一呼立應而一二萬勁兵可立致也因薦監軍副使梁之垣生長海濱習朝鮮事可充命使帝立從之且命如行人奉使故事賜一品服以寵其行之垣乃列上重事權定職掌八事帝亦報可之垣方與所司議兵餉而化貞所遣都司毛文龍已襲取鎭江奏捷舉朝大喜亟命登萊天津發水師二萬應文龍化貞督廣寧兵四萬進據河上合蒙古軍乘機進取而廷弼居中節制命旣下經撫各鎭互觀望兵不果進頃之化貞備陳東西情形言敵棄遼陽不守河東失陷將士日夜望官軍至卽執敵將以降而西部虎墩兔炒花咸願助兵敵兵守海州不過二千河上遼卒三千若潛師夜襲勢在必克敵南防者聞而北歸我據險以擊其惰可盡也兵部尚書張鶴鳴以爲然奏言時不可失御史徐卿伯復趣之請令廷弼進駐廣寧薊遼總督王象乾移鎭山海會化貞復馳奏敵因官軍收復鎭江遂驅掠四衞屯民屯民據鐵山死守傷敵三四千人敵圍之益急急宜赴救於是兵部愈促進師化貞卽以是月渡河廷弼不得已出關次右屯而馳奏海州取易守難不宜輕舉化貞卒無功而還化貞爲人騃而愎素不習兵輕視大敵好謾語文武將吏進諫悉不入與廷弼尤牴牾妄意降敵者李永芳爲內應信西部言謂虎墩兔助兵四十萬遂欲以不戰取全勝一切士馬甲仗糗糧營壘俱置不問務爲大言罔中朝尚書鶴鳴深信之所請無不允以故廷弼不得行其志廣寧有兵十四萬而廷弼關上無一卒徒擁經略虛號而已延綏入衞兵不堪用廷弼請罪其帥杜文煥鶴鳴議寬之廷弼請用卜年鶴鳴上駁議廷弼奏遣之垣鶴鳴故稽其餉兩人遂相怨事齟齬而廷弼亦褊淺剛愎有觸必發盛氣相加朝士多厭惡之毛文龍鎭江之捷化貞自謂發蹤奇功廷弼言三方兵力未集文龍發之太早致敵恨遼人屠戮四衞軍民殆盡灰東山之心寒朝鮮之膽奪河西之氣亂三方並進之謀誤屬國聯絡之算目爲奇功乃奇禍耳貽書京師力詆化貞朝士方以鎭江爲奇捷聞其言亦多不服廷弼又顯詆鶴鳴謂臣旣任經略四方援軍宜聽臣調遣乃鶴鳴徑自發戍不令臣知七月中臣咨部問調軍之數經今兩月置不答臣有經略名無其實遼左事惟樞臣與撫臣共爲之鶴鳴益恨至九月化貞猶言虎墩兔兵四十萬且至請速濟師廷弼言撫臣恃西部欲以不戰爲戰計西部與我進不同進彼入北道我入南道相距二百餘里敵分兵來應亦須我自撐拒臣未敢輕視敵人謂可不戰勝也臣初議三方布置必使兵馬器械舟車芻茭無一不備而後剋期齊舉進足戰退亦足以守今臨事中亂雖樞臣主謀於中撫臣決策於外卜一舉成功而臣猶有萬一不必然之慮也旣而西部竟不至化貞兵亦不敢進廷弼旣與化貞隙中朝右化貞者多詆廷弼給事中楊道寅謂出嘉棟不宜用御史徐景濂極譽化貞刺廷弼詆之垣逍遙故鄉不稱任使御史蘇琰則言廷弼宜駐廣寧不當遠駐山海因言登萊水師無所用廷弼怒抗疏力詆三人帝皆無所問而帝於講筵忽問卜年係叛族何擢僉事國縉數經論列何起用嘉棟立功贖罪何在天津廷弼知左右譖之抗疏辨語頗憤激是時廷弼主守謂遼人不可用西部不可恃永芳不可信廣寧多間諜可虞化貞一切反之絕口不言守謂我一渡河河東人必內應且騰書中朝言仲秋之月可高枕而聽捷音識者知其必僨事以疆場事重無敢言其短者至十月冰合廣寧人謂
大清兵必渡河紛然思竄化貞乃與震孺計分兵守鎭武西平閭陽鎭寧諸城堡而以大軍守廣寧鶴鳴亦以廣寧可慮請敕廷弼出關廷弼上言樞臣第知經略一出足鎭人心不知徒手之經略一出其動搖人心更甚且臣駐廣寧化貞駐何地鶴鳴責經撫協心同力而樞臣與經臣獨不當協心同力乎爲今日計惟樞部俯同於臣臣始得爲陛下任東方事也其言甚切至鶴鳴益不悅廷弼乃復出關至右屯議以重兵內護廣寧外扼鎭武閭陽乃令劉渠以二萬人守鎭武祁秉忠以萬人守閭陽又令羅一貫以三千人守西平復申令曰敵來越鎭武一步者文武將吏誅無赦敵至廣寧而鎭武閭陽不夾攻掠右屯餉道而三路不救援者亦如之部署甫定化貞又信諜者言遽發兵襲海州旋亦引退廷弼乃上言撫臣之進及今而五矣八九月間屢進屢止猶未有疏請也若十月二十五日之役則拜疏輒行者也臣疾趨出關而撫臣歸矣西平之會相與協心議守犄角設營而進兵之書又以晦日至矣撫臣以十一月二日赴鎭武臣卽以次日赴杜家屯比至中途而軍馬又遣還矣初五日撫臣又欲以輕兵襲牛莊奪馬圈守之爲明年進兵門戶時馬圈無一敵兵卽得牛莊我不能守敵何損我何益會將吏力持不可撫臣亦怏怏回矣兵屢進屢退敵已窺盡伎倆而臣之虛名亦以輕出而損願陛下明諭撫臣愼重舉止毋爲敵人所笑化貞見疏不悅馳奏辨且曰願請兵六萬一舉蕩平臣不敢貪天功但厚賚從征將士遼民賜復十年海內得免加派臣願足矣卽有不稱亦必殺傷相當敵不復振保不爲河西憂因請便宜行事時葉向高復當國化貞座主也頗右之廷臣惟太僕少卿何喬遠言宜專守廣寧御史夏之令言蒙古不可信款賞無益給事中趙時用言永芳必不可信與廷弼合餘多右化貞令毋受廷弼節制而給事中李精白欲授化貞尚方劍得便宜操縱孫杰劾一燝以用出嘉棟卜年爲罪而言廷弼不宜駐關內廷弼憤上言臣以東西南北所欲殺之人而適遘事機難處之會諸臣能爲封疆容則容之不能爲門戶容則去之何必內借閣部外借撫道以相困又言經撫不和恃有言官言官交攻恃有樞部樞部佐鬬恃有閣臣臣今無望矣帝以兩臣爭言遣兵部堂官及給事中各一人往諭抗違不遵者治罪命旣下廷臣言遣官不便乃下廷臣集議初廷弼之出關也化貞慮奪己兵權佯以兵事委廷弼廷弼上言臣奉命控扼山海非廣寧所得私撫臣不宜卸責於臣會震孺奏經撫不和中有化貞心慵意懶語廷弼據以刺化貞化貞益不悅及化貞請一舉蕩平廷弼乃言宜如撫臣約亟罷臣以鼓士氣當是時中外舉知經撫不和必悞疆事章日上而鶴鳴篤信化貞遂欲去廷弼二年正月員外郎徐大化希指劾廷弼大言罔世嫉能妬功不去必壞遼事疏幷下部鶴鳴乃集廷臣大議議撤廷弼者數人餘多請分任責成鶴鳴獨言化貞一去毛文龍必不用命遼人爲兵者必潰西部必解體宜賜化貞尚方劍專委以廣寧而撤廷弼他用議上帝不從責吏兵二部再奏會
大清兵逼西平遂罷議仍兼任二臣責以功罪一體無何西平圍急化貞信中軍孫得功計盡發廣寧兵畀得功及祖大壽往會秉忠進戰廷弼亦馳檄渠撤營赴援二十二日遇
大清兵平陽橋鋒始交得功及參將鮑承先等先奔鎭武閭陽兵遂大潰渠秉忠戰沒沙嶺大壽走覺華島西平守將一貫待援不至與參將黑雲鶴亦戰歿廷弼已離右屯次閭陽參議邢愼言勸急救廣寧爲僉事韓初命所沮遂退還時
大清兵頓沙嶺不進化貞素任得功爲腹心而得功潛降於
大清欲生縛化貞以爲功訛言敵已薄城城中大亂奔走參政高邦佐禁之不能止化貞方闔署理軍書不知也參將江朝棟排闥入化貞怒呵之朝棟大呼曰事急矣請公速走化貞莫知所爲朝棟掖之出上馬二僕人徒步從遂棄廣寧踉蹌走與廷弼遇大凌河化貞哭廷弼微笑曰六萬衆一舉蕩平竟何如化貞慚議守寧遠及前屯廷弼曰嘻已晚惟護潰民入關可耳乃以己所將五千人授化貞爲殿盡焚積聚二十六日偕初命護潰民入關化貞出嘉棟先後入獨邦佐自經死得功率廣寧叛將迎
大清兵入廣寧化貞逃已兩日矣
大清兵追逐化貞等二百里不得食乃還報至京師大震鶴鳴恐自請視師二月逮化貞罷廷弼聽勘四月刑部尚書王紀左都御史鄒元標大理寺卿周應秋等奏上獄詞廷弼化貞並論死後當行刑廷弼令汪文言賄內廷四萬金祈緩旣而背之魏忠賢大恨誓速斬廷弼及楊漣等下獄誣以受廷弼賄甚其罪已邏者獲市人蔣應暘謂與廷弼子出入禁獄陰謀叵測忠賢愈欲速

殺廷弼其黨門克新郭興治石三畏卓邁等遂希指趣
之會馮銓亦憾廷弼與顧秉謙等侍講筵出市刊遼東
傳譖於帝曰此廷弼所作希脫罪耳帝怒遂以五年八
月棄市傳首九邊已御史梁夢環謂廷弼侵盜軍資十
七萬御史劉徽謂廷弼家資百萬宜籍以佐軍忠賢卽
矯旨嚴追罄貲不足姻族家俱破江夏知縣王爾玉責
廷弼子貂裘珍玩不獲將撻之其長子兆珪自剄死兆
珪母稱冤爾玉去其兩婢衣撻之四十遠近莫不嗟憤
崇禎元年詔免追贓其秋工部主事徐爾一訟廷弼冤
曰廷弼以失陷封疆至傳首陳屍籍產追贓而臣考當
年第覺其罪無足據而勞有足矜也廣寧兵十三萬糧
數百萬盡屬化貞廷弼止援遼兵五千人駐右屯距廣
寧四十里耳化貞忽同三四百萬遼民一時盡潰廷弼
五千人不同潰足矣尚望其屹然堅壁哉廷弼罪安在
化貞仗西部廷弼云必不足仗化貞信李永芳內附廷
弼云必不足信無一事不力爭無一言不奇中廷弼罪
安在且屢疏爭各鎭節制不行屢疏爭原派兵馬不與
徒擁虛器抱空名廷弼罪安在唐郭子儀李光弼與九
節度師同潰自應收潰兵扼河陽橋無再往河陽坐待
思明縛去之理今計廣寧西止關上一門限不趣扼關
門何待史稱慕容垂一軍三萬獨全亦無再駐淝水與
晉人決戰之理廷弼能令五千人不散至大凌河付與
化貞事政相類寧得與化貞同日道乎所謂勞有足矜
者當三路同時陷沒開鐵北關相繼奔潰廷弼經理不
及一年俄進築奉集瀋陽俄進屯虎皮驛俄迎扼敵兵
於橫河上於遼陽城下鑿河列柵埋礮屹然樹金湯令
得竟所施何至舉榆戶關外拱手授人而今俱抹摋不
論乃其所由必死則有故矣其才旣籠蓋一時其氣又
陵厲一世揭辯紛紛致攖衆怒共起殺機是則所由必
殺其軀之道耳當廷弼被勘被逮之時天日輒爲無光
足明其冤乞賜昭雪爲勞臣勸不從明年五月大學士
韓爌等言廷弼遺骸至今不得歸葬從來國法所未有
今其子疏請歸葬臣等擬票許之蓋國典皇仁竝行不
悖理合如此若廷弼罪狀始末亦有可言皇祖朝戊申
已酉間廷弼以御史按遼東早以遼患爲慮請核地界
飭營伍聯絡南北關大聲疾呼人莫爲應十年而驗若
左券其可言者一戊午已未楊鎬三路喪師撫順清河
陷沒皇祖用楊鶴言召起廷弼代鎬一年餘修飭守具
邊患稍寧會皇祖賓天廷議以廷弼無戰功攻使去使
袁應泰代四閱月而遼亡使廷弼在未必至此其可言
者二遼陽旣失先帝思廷弼言再起之田間復任經畧
化貞主戰廷弼主守羣議皆是化貞廷弼屢言玩師必
敗奸細當防莫有聽者徘徊躑躅以五千人駐右屯化
貞兵十三萬駐廣寧廣寧潰右屯乃與俱潰其可言者
三假令廷弼於此時死守右屯捐軀殉封疆豈非節烈
奇男子不然支撐寧前錦義間扶傷救敗收拾殘黎猶
可圖桑榆之效乃倉皇風鶴偕化貞竝馬入關其意以
我固嘗言之言而不聽罪當末減此則私心短見殺身
以此殺身而無辭公論亦以此傳首邊庭頭足異處亦
足爲臨難鮮忠者之戒矣然使誅廷弼者按封疆失陷
之條偕同事諸臣一體伏法廷弼九原目瞑乃先以賄
賂拷坐楊漣魏大中等作清流陷穽旣而刊書惑衆借
題曲殺身死尚懸坐贓十七萬辱及妻孥長子兆珪迫
極自刎斯則廷弼死未心服海內忠臣義士亦多憤惋
竊歎者特以封疆二字噤不敢訟陳皇上之前臣等平
心論之自有遼事以來誆官營私者何算廷弼不取一
金錢不通一饋問焦脣敝舌爭言大計魏忠賢盜竊威
福士大夫靡然從風廷弼以長繫待決之人屈曲則生
抗違則死乃終不改其強直自遂之性致獨膺顯戮慷
慨赴市耿耿剛腸猶未盡泯今縱不敢深言而傳首已
踰三年收葬原無禁例聖明必當垂仁臣所以娓娓及
此者以茲事雖屬封疆而實陰繫朝中邪正本末皇上
天縱英哲或不以臣等爲大謬也詔許其子持首歸葬
五年化貞始伏誅

袁崇煥字元素東莞人萬曆四十七年進士授邵武知
縣爲人慷慨負膽畧好談兵遇老校退卒輒與論塞上
事曉其阨塞情形以邊才自許天啟二年正月朝覲在
都御史侯恂請破格用之遂擢兵部職方主事無何廣
寧師潰廷議扼山海關崇煥卽單騎出閱關內外部中
失袁主事訝之家人亦莫知所往已還朝具言關上形
勢曰予我軍馬錢穀我一人足守此廷臣益稱其才遂
超擢僉事監關外軍發帑金二十萬俾招募時關外地
悉爲哈剌愼諸部所據崇煥乃駐守關內未幾諸部受
款經畧王在晉令崇煥移駐中前所監參將周守廉遊
擊左輔軍經理前屯衞事尋令赴前屯安置遼人之失
業者崇煥卽夜行荊棘虎豹中以四鼓入城將士莫不
壯其膽在晉深倚重之題爲寧前兵備僉事然崇煥薄
在晉無遠畧不盡遵其令及在晉議築重城八里鋪崇
煥以爲非策爭不得奏記首輔葉向高十三山難民十
餘萬久困不能出大學士孫承宗行邊崇煥請將五千
人駐寧遠以壯十三山勢別遣驍將救之寧遠去山二
百里便則進據錦州否則退守寧遠奈何委十萬人置
度外承宗謀於總督王象乾象乾以關上軍方喪氣議
發插部護關者三千人往承宗以爲然告在晉在晉竟
不能救衆遂沒脫歸者僅六千人而已及承宗駁重城
議集將吏謀所守閻鳴泰主覺華崇煥主寧遠在晉及
張應吾邢愼言持不可承宗竟主崇煥議已承宗鎭關
門益倚崇煥崇煥內拊軍民外飭邊備勞績大著崇煥
嘗核虛伍立斬一校承宗怒曰監軍可專殺耶崇煥頓
首謝其果於用法類此三年九月承宗決守寧遠僉事
萬有孚劉詔力阻不聽命滿桂偕崇煥往初承宗令祖
大壽築寧遠城大壽度中朝不能遠守築僅十一且疎
薄不中程崇煥乃定規制高三丈二尺雉高六尺址廣
三丈上二丈四尺大壽與參將高見賀謙分督之明年
迄工遂爲關外重鎭桂良將而崇煥勤職誓與城存亡
又善撫將士樂爲盡力由是商旅輻輳流移駢集遠近
望爲樂土遭父憂奪情視事四年九月偕大將馬世龍
王世欽率水陸馬步軍萬二千東巡廣寧謁北鎭祠歷
十三山抵右屯遂由水道泛三岔河而還尋以五防敘
勞進兵備副使再進右參政崇煥之東巡也請卽復錦
州右屯諸城承宗以爲時未可乃止至五年夏承宗與
崇煥計遣將分據錦州松山杏山右屯及大小凌河繕
城郭居之自是寧遠且爲內地開疆復二百里十月承
宗罷高第來代謂關外必不可守令盡撤錦右諸城守
具移其將士於關內督屯通判金啟倧上書崇煥曰錦
右大凌三城皆前鋒要地倘收兵退旣安之民庶復播
遷已得之封疆再淪沒關內外堪幾次退守耶崇煥亦
力爭不可言兵法有進無退三城已復安可輕撤錦右
動搖則寧前震驚關門亦失保障今但擇良將守之必
無他慮第意堅且欲幷撤寧前二城崇煥曰我寧前道
也官此當死此我必不去第無以難乃撤錦州右屯大
小凌河及松山杏山塔山守具盡驅屯兵入關委棄米
粟十餘萬而死亡載途哭聲震野民怨而軍益不振崇
煥遂乞終制不許十二月進按察使視事如故我
大清知經畧易與六年正月舉大軍西渡遼河二十三
日抵寧遠崇煥聞卽偕大將桂副將左輔朱海參將大
壽守備何可剛等集將士誓死守崇煥更刺血爲書激
以忠義爲之下拜將士咸請效死乃盡焚城外民居攜
守具入城清野以待令同知程維楧詰奸通判啟倧具
守卒食辟道上行人檄前屯守將趙率教山海守將楊
麒將士逃至者悉斬人心始定明日
大軍進攻戴楯穴城矢石不能退崇煥令閩卒羅立發
西洋巨礮傷城外軍明日再攻復被却圍遂解而啟倧
亦以然礮死啟倧起小吏官經歷主賞功事勤敏有志
介承宗重之用爲通判核兵馬錢糧督城工理軍民詞
訟大得衆心死贈光祿少卿世廕錦衣試百戶初中朝
聞警兵部尚書王永光大集廷臣議戰守無善策經畧
第總兵麒竝擁兵關上不救中外謂寧遠必不守及崇
煥以書聞擧朝大喜立擢崇煥右僉都御史璽書獎勵
桂等進秩有差我
大清初解圍分兵數萬畧覺華島殺參將金冠等及軍
民數萬崇煥方完城力竭不能救也高第鎭關門大反
承宗政務折辱諸將諸將咸解體遇麒若偏裨麒至見
侮其卒至是坐失援第麒竝褫官去而以王之臣代第
趙率教代麒我
大清擧兵所向無不摧破諸將罔敢議戰守議戰守自
崇煥始三月復設遼東巡撫以崇煥爲之魏忠賢遣其
黨劉應坤紀用等出鎭崇煥抗疏諫不納敘功加兵部
右侍郎賚銀幣世廕錦衣千戶崇煥旣解圍志漸驕與
桂不協請移之他鎭乃召桂還崇煥以之臣奏留桂又
與不協中朝慮僨事命之臣專督關內以關外屬崇煥
畫關守崇煥虞廷臣忌己上言陛下以關內外分責二
臣用遼人守遼土且守且戰且築且屯屯種所入可漸
減海運大要堅壁清野以爲體乘間擊瑕以爲用戰雖
不足守則有餘守旣有餘戰無不足顧勇猛圖敵敵必
讐奮迅立功衆必忌任勞則必召怨蒙罪始可有功怨
不深則勞不著罪不大則功不成謗書盈篋毀言日至
從古已然惟聖明與廷臣始終之帝優旨褒答其冬崇
煥偕應坤用率教巡歷錦州大小凌河議大興屯田漸
復第所棄舊土忠賢與應坤等竝因是廕錦衣崇煥進
所廕爲指揮僉事崇煥遂言遼左之壞雖人心不固亦
緣失有形之險無以固人心兵不利野戰秪有憑堅城
用大礮一策今山海四城旣新當更修松山諸城班軍
四萬人缺一不可帝報從之先是八月中我
太祖高皇帝晏駕崇煥遣使弔且以覘虛實我
太宗文皇帝遣使報之崇煥欲議和以書附使者還報我
大清兵將討朝鮮欲因此阻其兵得一意南下七年正
月再遣使答之遂大興兵渡鴨綠江南討朝議以崇煥
之臣不相能召之臣還罷經畧不設以關內外盡屬崇
煥與鎭守中官應坤用竝便宜從事崇煥銳意恢復乃

乘大軍之出遣將趨錦州中左大凌三城而再使使持書議和會朝鮮及毛文龍同告急朝命崇煥發兵援崇煥以水師援文龍又遣左輔趙率教朱梅等九將將精卒九千先後逼三岔河爲牽制之勢而朝鮮已爲大清所服諸將乃還崇煥初議和中朝不知及奏報優旨許之後以爲非計頻旨戒諭崇煥欲藉是修故疆持愈力而朝鮮及文龍被兵言官因謂和議所致四月崇煥上言關外四城雖延袤二百里北負山南阻海廣四十里爾今屯兵六萬商民數十萬地隘人稠安所得食錦州中左大凌三城修築必不可已業移商民廣開屯種倘城不完而敵至勢必撤還是棄垂成功也故乘敵有事江東姑以和之說緩之敵知則三城已完戰守又在關門四百里外金湯益固矣帝優旨報聞時率教駐錦州護版築朝命尤世祿來代又以輔爲前鋒總兵官駐大凌河世祿未至輔未入大凌五月十一日大清兵直抵錦州四面合圍率教偕中官用嬰城守而遣使議和欲援師以待救使三返不決圍益急崇煥以寧遠兵不可動選精騎四千令世祿大壽將繞出大軍後決戰別遣水師東出相牽制且請發薊鎭宣大兵東護關門朝廷已命山海滿桂移前屯三屯孫祖壽移山海宣府黑雲龍移一片石薊遼總督閻鳴泰移關城又發昌平天津保定兵馳赴上關檄山西河南山東守臣整兵聽調世祿等將行大清已於二十八日分兵趨寧遠崇煥與中官應坤副使畢自肅督將士登陴守列營濠內用礮距擊而桂世祿大壽大戰城外士多死桂身被數矢大軍亦旋引去益兵攻錦州以溽暑不能克士卒多損傷六月五日亦引還因毀大小凌河二城時稱寧錦大捷桂率教功爲多忠賢因使其黨論崇煥不救錦州爲暮氣崇煥遂乞休中外方爭頌忠賢崇煥不得已亦請建祠終不爲所喜七月遂允其歸而以王之臣代爲督師兼遼東巡撫駐寧遠及敍功文武增秩賜廕者數百人忠賢子亦封伯而崇煥止增一秩尙書霍維華不平疏乞讓廕忠賢亦不許未幾熹宗崩莊烈帝卽位忠賢伏誅削諸冒功者廷臣爭請召崇煥其年十一月擢右都御史視兵部添注左侍郞事崇禎元年四月命以兵部尙書兼右副都御史督師薊遼兼督登萊天津軍務所司敦促上道七月崇煥入都先奏陳兵事帝召見平臺慰勞甚至咨以方略對曰方略已具疏中臣受陛下特眷願假以便宜計五年全遼可復帝曰復遼朕不吝封侯賞卿努力解天下倒懸卿子孫亦受其福崇煥頓首謝帝退少憩給事中許譽卿叩以五年之略崇煥言聖心焦勞聊以是相慰耳譽卿曰上英明安可漫對異日按期責效奈何崇煥憮然自失頃之帝出卽奏言東事本不易竣陛下旣委臣臣安敢辭難但五年內戶部轉軍餉工部給器械吏部用人兵部調兵選將須中外事事相應方克有濟帝爲飭四部臣如其言崇煥又言以臣之力制全遼有餘調衆口不足一出國門便成萬里忌能妒功夫豈無人卽不以權力掣臣肘亦能以意見亂臣謀帝起立傾聽諭之曰卿無疑慮朕自有主持大學士劉鴻訓等請收還之臣桂尙方劍以賜崇煥假之便宜帝悉從之賜崇煥酒饌而出崇煥以前此熊廷弼孫承宗皆爲人排構不得竟其志上言恢復之計不外臣昔年以遼人守遼土以遼土養遼人守爲正著戰爲奇著和爲旁著之說法在漸不在驟在實不在虛此臣與諸邊臣所能爲至用人之人與爲人用之人皆至尊司其鑰何以任而勿貳信而勿疑蓋馭邊臣與廷臣異軍中可驚可疑者殊多但當論成敗之大局不必摘一言一行之微瑕事任旣重爲怨實多諸有利於封疆者皆不利於此身者也況圖敵之急敵亦從而間之是以爲邊臣甚難陛下愛臣知臣臣何必過疑懼但中有所危不敢不告帝優詔答之賜蟒玉銀幣疏辭蟒玉不受是月川湖兵戍寧遠者以缺餉四月大譟餘十三營起應之縛繫巡撫畢自肅總兵官朱梅通判張世榮推官蘇涵淳於譙樓上自肅傷重兵備副使郭廣初至躬翼自肅括撫賞及朋椿二萬金以散不厭貸商民足五萬乃解自肅疏引罪走中左所自經死崇煥以八月初抵關聞變馳與廣密謀宥首惡張正朝張思順令捕十五人戮之市斬知謀中軍吳國琦責參將彭簪古黜都司左良玉等四人發正朝思順前鋒立功世榮涵淳以貪虐致變亦斥之獨都司程大樂一營不從變特爲獎勵一方乃靖關外大將四五人事多掣肘後定設二人以梅鎭寧遠大壽仍駐錦州至是梅將解任崇煥請合寧錦爲一鎭大壽仍駐錦州加中軍副將何可剛都督僉事代梅駐寧遠而移薊鎭率教於關門關內外止設二大將因極稱三人之才謂臣自期五年專藉此三人當與臣相終始屆期不效臣手戮三人而身歸死於司敗帝可之崇煥遂留鎭寧遠自肅旣死崇煥請停巡撫及登萊巡撫孫國楨免崇煥又請罷不設帝亦報可哈剌愼三十六家向受撫賞後爲插漢所迫且歲饑有叛志崇煥召至於邊親撫慰皆聽命二年閏四月叙春秋兩防功加太子太保賜蟒衣銀幣廕錦衣千戶崇煥始受事卽欲誅毛文龍文龍者仁和人以都司援朝鮮逗留遼東遼東失自海道遁回乘虛襲殺大清鎭江守將報巡撫王化貞而不及經畧熊廷弼兩人隙始開用事者方主化貞遂授文龍總兵累加至左都督掛將軍印賜尙方劍設軍鎭皮島如內地皮島亦謂之東江在登萊大海中綿亘八十里不生草木遠南岸近北岸北岸海面八十里卽抵大清界其東北海則朝鮮也島上兵本河東民自天啓元年河東失民多逃島中文龍籠絡其民爲兵分布哨船聯接登州以爲犄角計中朝是之島事由此起四年五月文龍遣將沿鴨綠江越長白山侵大清國東偏爲守將擊敗衆盡殲八月遣兵從義州城西渡江入島中屯田大清守將覺潛師襲擊斬五百餘級島中糧悉被焚五年六月遣兵襲耀州之官屯寨敗歸六年五月遣兵襲鞍山驛喪其卒千餘越數日又遣兵襲撒爾河攻城南爲大清守將所却七年正月大清兵征朝鮮并規剿文龍三月大清兵克義州分兵夜擣文龍於鐵山文龍敗遁歸島中時大清惡文龍躡後故致討朝鮮以其助文龍爲兵端顧文龍所居東江形勢雖足牽制其人本無大畧往輒敗衂而歲糜餉無算且惟務廣招商賈販易禁物名濟朝鮮實闌出塞無事則鬻參販布爲業有事亦罕得其用工科給事中潘士聞劾文龍糜餉殺降尙寶卿董茂忠請撤文龍治兵關寧兵部議不可而崇煥心弗善也嘗疏請遣部臣理餉文龍惡文臣監制抗疏駁之崇煥不悅及文龍來謁接以賓禮文龍又不讓崇煥謀益決至是遂以閱兵爲名泛海抵雙島文龍來會崇煥與相燕飮每至夜分文龍不覺也崇煥議更營制設監司文龍怫然崇煥以歸鄕動之文龍曰向有此意但惟我知東事東事畢朝鮮衰弱可襲而有也崇煥益不悅以六月五日邀文龍觀將士射先設幄山上令參將謝尙政等伏甲士幄外文龍至其部卒不得入崇煥曰予詰朝行公當海外重寄受予一拜交拜畢登山崇煥問從官姓名多毛姓文龍曰此皆予孫崇煥笑因曰爾等積勞海外月米止一斛言之痛心亦受予一拜爲國家盡力衆皆頓首謝崇煥因詰文龍違令數事文龍抗辯崇煥厲色叱之命去冠帶縶縛文龍猶倔強崇煥曰爾有十二斬罪知之乎祖制大將在外必命文臣監爾專制一方軍馬錢糧不受核一當斬人臣之罪莫大欺君爾奏報盡欺罔殺降人難民冒功二當斬人臣無將將則必誅爾奏有牧馬登州取南京如反掌語大逆不道三當斬每歲餉銀數十萬不以給兵月止散米三斗有半侵盜軍糧四當斬擅開馬市於皮島私通外番五當斬部將數千人悉冒己姓副將以下濫給札付千走卒輿夫盡金緋六當斬自寧遠還剽掠商船自爲盜賊七當斬強取民間子女不知紀極部下效尤人不安室八當斬驅難民遠竊人參不從則餓死島上白骨如莽九當斬輦金京師拜魏忠賢爲父塑冕旒像於島中十當斬鐵山之敗喪軍無算掩敗爲功十一當斬開鎭八年不能復寸土觀望養敵十二當斬數畢文龍喪魂魄不能言但叩頭乞免崇煥召諭其部將曰文龍罪狀當斬否皆惶怖唯唯中有稱文龍數年勞苦者崇煥叱之曰文龍一布衣爾官極品滿門封廕足酬勞何悖逆如是乃頓首請旨曰臣今誅文龍以肅軍諸將中有若文龍者悉誅臣不能成功皇上亦以誅文龍者誅臣遂取尙方劍斬之帳前乃出諭其將士曰誅止文龍餘無罪當是時文龍麾下健校悍卒數萬憚崇煥威無一敢動者於是命棺斂文龍明日具牲醴拜奠曰昨斬爾朝廷大法今祭爾僚友私情爲下淚乃分其卒二萬八千爲四協以文龍子承祚副將陳繼盛參將徐敷奏遊擊劉興祚主之收文龍敕印尙方劍令繼盛代掌軍士檄撫諸島盡除文龍虐政還鎭以其狀上聞末言文龍大將非臣得擅誅謹席藁待罪時崇禎二年五月也帝驟聞意殊駭念旣死且方倚崇煥乃優旨襃答俄傳諭暴文龍罪以安崇煥心其爪牙伏京師者令所司捕崇煥上言文龍一匹夫不法至此以海外易爲亂也其衆合老稚四萬七千妄稱十萬且民多兵不能二萬妄設將領千今不宜更置帥卽以繼盛攝之於計便帝報可崇煥雖誅文龍慮其部下爲變增餉銀至十八萬然島弁失主帥心漸攜益不可用其後致有叛去者崇煥言東江一鎭牽制所必資今定兩協馬軍十營步軍五歲餉銀四十二萬米十三萬六千帝頗以兵減餉增爲疑以崇煥故特如其請崇煥在遼與率教大壽可剛定兵制漸及登萊天津及定東江兵制合四鎭兵十五萬三千有奇馬八

萬一千有奇歲費度支四百八十餘萬減舊一百二十餘萬帝嘉奬之文龍既死甫踰三月我大清兵數十萬分道入龍井關大安口崇煥聞卽督大壽可剛等入衞以十一月十日抵薊州所歷撫寧永平遷安豐潤玉田諸城皆留兵守帝聞甚喜溫旨褒勉發帑金犒將士令盡統諸道援軍俄聞率敎戰歿遵化三屯營皆破巡撫王元雅總兵朱國彥自盡大清兵越薊州而西崇煥懼急引兵入護京師營廣渠門外帝立召見深加慰勞咨以戰守策賜御饌及貂裘崇煥以士馬疲敝請入休城中不許出與大軍鏖戰互有殺傷時所入隘口乃薊遼總理劉策所轄而崇煥甫聞變卽千里赴救自謂有功無罪然都人驟遭兵怨謗紛起謂崇煥縱敵擁兵朝士因前通和議誣其引敵脅和將爲城下之盟帝頗聞之不能無惑會我大清設間謂崇煥密有成約令所獲宦官知之陰縱使去其人奔告於帝帝信之不疑十二月朔再召對遂縛下詔獄大壽在旁戰栗失措出卽擁兵叛歸大壽嘗有罪孫承宗欲殺之愛其才密令崇煥救解大壽以故德崇煥懼并誅遂叛帝取崇煥獄中手書往召大壽乃歸命方崇煥在朝嘗與大學士錢龍錫語微及欲殺毛文龍狀及崇煥欲成和議龍錫嘗移書止之龍錫故主定逆案魏忠賢遺黨王永光高捷袁弘勳史𡊮輩謀興大獄爲逆黨報讐見崇煥下吏遂以擅主和議專戮大帥二事爲兩人罪捷首疏力攻𡊮弘勳繼之必欲并誅龍錫法司坐崇煥謀叛龍錫亦論死三年八月遂磔崇煥於市兄弟妻子流三千里籍其家崇煥無子家亦無餘貲天下冤之崇煥既縛大壽潰而去武經畧滿桂以趣戰急與大清兵戰竟死去縛崇煥時甫半月初崇煥妄殺文龍至是帝誤殺崇煥自崇煥死邊事益無人明亡徵決矣

趙光抃字彥清九江德化人父贊化工部郎中光抃舉天啓五年進士鄉人曹欽程父事魏忠賢驟得太僕少卿光抃語之曰富貴一時名節千古君不可不審欽程惡之卽日出贊化爲南寧知府南寧惡地贊化侘傺而死光抃奔喪歸崇禎初服闋除工部都水主事歷兵部職方郎中十年秋遣閱薊遼戎務盡得邊塞形勢戰守機宜列十二事以獻明年冬大清兵入密雲總督吳阿衡敗歿廷議增設巡撫一人駐密雲遂擢光抃右僉都御史任之至卽發監視中官鄧希詔奸謀帝召希詔還而令分守中官孫茂霖覈實茂霖爲希詔解光抃反得罪遣戍廣東十五年兵事益棘廷臣薦光抃復官光抃家素饒聞命持數萬金入都爲軍資既至召見德政殿奏對稱旨拜兵部右侍郎兼右僉都御史總督薊州永平山海通州天津諸鎭軍務而大清已克薊州分兵四出命光抃兼督諸路援軍諸援軍觀望河間迤南皆失守光抃不敢救尾而南已聞塞上警又驅而北廷臣交章劾光抃謂列城被攻不救退回高陽坐視淪覆明年復論光抃及范志完四月大清兵北旋光抃唐通白廣恩等八鎭兵邀於螺山皆敗走帝聞大怒既解嚴與志完並獲譴帝召見雷縯祚縯祚詆志完而稱光抃帝曰志完光抃逗遛河間獨罪志完渠服其心乎遂并逮光抃光抃嘗薦廣恩廣恩抗不赴召帝以是益惡光抃卒與志完同日斬西市光抃才氣豪邁而於大慮亦疎在職方深爲尚書楊嗣昌所倚曰吾不及光抃先是毛文龍據東江海疆賴之文龍死陳繼盛黃龍沈世魁代其部往往爲亂中朝又素以糜餉爲憂及世魁死島中無帥光抃從臾嗣昌撤之二十年積患一朝而除而於邊計亦左焉光抃雖文士有膽決嘗遇敵諸將欲奔光抃坐地不起久之乃引歸其起戍中也將士不相習猝遇大敵先膽落故所當輒敗然受事破軍之餘身先被創顧與志完同誅人咸以爲冤福王時太僕萬元吉奏復其官范志完虞城人崇禎四年進士授永平推官專理插漢撫賞意不欲行上疏言權輕請得特疏奏事事當事者惡之謫湖廣布政司檢校擢寧國推官歷官分巡關內僉事十四年冬超擢右僉都御史巡撫山西其座主周延儒當國遂拜志完兵部右侍郎兼右僉都御史總督薊州永平山海通州天津諸鎭軍務代楊繩武繩武者雲南彌勒人也由庶吉士改授御史十一年冬用楊嗣昌薦召見吐言如流畫地成圖帝偉之遂超擢右僉都御史巡撫順天洪承疇困松山遂擢繩武總督薊以志完代之而令繩武總督遼東寧遠諸軍出關救松錦加銜督師明年正月繩武卒官贈兵部尚書廕錦衣世襲百戶遂進志完左侍郎督師出關如繩武而以張福臻督薊鎭駐關內自王樸諸軍敗兵力益單松錦相繼失志完乃築五城寧遠城南護轉輸募土著實之又議修覺華島城爲犄角勢帝甚倚之六月易銜欽命督師總督薊遼昌通等處軍務節制登津撫鎭遼事急則移駐中後前屯關內急則星馳入援三協有警則會同薊昌二督并力策應時關內外並建二督而關外加督師銜地望尤尊又於昌平保定設二督於是千里之內有四督臣又有寧遠永平順天密雲天津保定六巡撫寧遠山海中協西協昌平通州天津保定八總兵星羅棊置無地不防而事權反不一十五年給事中方士亮劾福臻昏庸因言移督師關內則薊督可裁福臻可罷於是召還福臻令志完兼制關內移駐關門志完辭不許求去不許上疏言不能兼薊請仍設薊督踰月始以趙光抃任之而大清兵已入自牆子嶺克薊州而南下矣兵部劾志完疎防廷臣亦言志完貪懦帝以敵兵未退責令戴罪立功然志完無謀畧恇怯甚不敢一戰所在州縣覆沒惟尾而呵噪兵所到剽虜至德州僉事雷縯祚劾之自是論列者益衆帝猶責志完後效志完終不敢戰明年大清兵攻下海州贛榆沭陽豐縣已而北旋志完光抃卒觀望皆不進事定議罪召縯祚廷質問志完逗遛淫掠狀志完辨問御史吳履中對如縯祚言時座主延儒督師亦無功遂命下志完獄以十二月斬志完先是十二年封疆之案伏罪者三十有六人至是失事甚於前誅止志完光抃及巡撫馬成名潘永圖總兵薛敏忠副將柏永鎭其他悉置不問而保定巡撫楊進得善去山東巡撫王永吉反獲遷擢帝之用刑至是窮矣

贊曰三路喪師收降取敗鎬與應泰同辜然君子重繩鎬而寬論應泰豈不以士所重在節哉惜乎廷弼以蓋世之材褊性取忌功名顯於遼亦隳於遼假使廷弼效死邊城義不反顧豈不毅然節烈丈夫哉廣寧之失罪由化貞乃以門戶曲殺廷弼化貞稽誅者且數年崇煥智雖疎差有膽畧莊烈帝又以讒間誅之國步將移刑章顚覆豈非天哉

明史卷二百六十　列傳第一百四十八

總裁官總理事務經筵講官少保兼太子太保保和殿大學士兼管吏部戶部尚書事加五級張廷玉等奉
敕修

楊鶴 從弟鶚　陳奇瑜 元默
熊文燦 洪雲蒸　練國事
丁啓睿 從父魁楚　鄭崇儉 方孔炤 楊一鵬
邵捷春　余應桂
高斗樞　張任學

楊鶴字修齡武陵人萬曆三十二年進士授雒南知縣調長安四十年擢御史上疏請東宮講學且言頃者愛女被躝於宮奴館甥受撻於朝市叩閽不聞上書不達壅蔽極矣時壽寧主壻冉興讓爲掌家宮人梁盈女內官彭進朝等毆辱公主三奏不達興讓掛冠長安門去故鶴言及之尋出督兩淮鹽法巡按貴州貴州接壤烏撒去川南敘州千里節制難土官安雲龍死其族人與霑益安效良爭印構兵三十年後竟爲效良所據其父紹慶又據霑益州皆川雲貴咽喉地鶴請割烏撒隸貴州地近節制便可弭後患朝議不決未幾效良爲亂如其言貴州土官以百數水西安氏最大而土地戶口貢賦之屬無籍可稽鶴乃檄宣慰安位盡著之籍并酋領目把主名承襲源委悉列上有司自是簿牒始明奸弊易核事竣不俟命徑歸久之還朝楊鎬四路師敗鶴薦熊廷弼張鶴鳴李長庚薛國用袁應泰言遼事之失不料彼己喪師辱國誤在經畧不諳機宜馬上催戰誤在輔臣調度不聞束手無策誤在樞部至尊優柔不斷又至尊自誤當事惡其直將假他事逐之乃引疾去丁外艱天啓初起太僕少卿擢右僉都御史巡撫南贛未任丁內艱而廣寧又敗魏忠賢以鶴黨護廷弼除鶴名崇禎元年召拜左僉都御史進左副都御史鶴上言圖治之要在培元氣自大兵大役加派頻仍公私交罄小民之元氣傷自遼左黔蜀喪師失律暴骨成邱封疆之元氣傷自搢紳搆黨彼此相傾逆奄乘之誅鋤善類士大夫之元氣傷譬如重病初起百脉未調風邪易入道在培養時以爲名言先是遼左用兵逃軍憚不敢歸伍相聚剽虜至是關中頻歲祲有司不恤下白水王二者鳩衆墨其面闖入澄城殺知縣張耀采由是府谷王嘉允漢南王大梁階州周大旺羣賊蠭起三邊饑軍應之流氛之始也當是時承平久卒被兵人無固志大吏惡聞賊曰此饑氓徐自定耳明年總督武之望死久之廷臣莫肯往者羣推鶴帝召見鶴問方畧對曰清愼自持撫恤將卒而已遂拜鶴兵部右侍郎代之望總督陝西三邊軍務至則大梁大旺王二已前誅滅而繼起者益衆鶴素有清望然不知兵其冬京師戒嚴延綏寧夏甘肅固原臨洮五鎭總兵官悉以勤王行延綏兵中道逃歸甘肅兵亦譁懼誅並合於賊賊益張三年正月王左掛等攻宜川爲知縣成材所却轉攻韓城軍中無帥鶴命參政洪承疇禦之俘斬三百餘人圍解賊走淸澗鶴連疏請諸將還鎭不果起故將杜文煥任之二月延安知府張輦都司艾穆擊賊延川降其魁王子順張述聖姬三兒別賊王嘉允掠延安慶陽鶴匿不奏而給降賊王

虎小紅很一丈青掠地虎混江龍等免死牒安置延綏河曲間賊淫掠如故有司不敢問寇患成於此矣七月嘉允陷黃甫清水木瓜遂陷府谷文煥擊走之賊流入山西已撫王左掛以白汝學攻綏德州謀內應事覺巡按李應期與承疇計誅左掛等綏德五十七人皆死十二月賊神一元攻陷新安寧塞柳樹澗等堡寧塞文煥所居宗人多死明年正月賊棄寧塞陷保安一元死弟一魁圍慶陽陷合水鶴聞移駐寧州一魁求撫送還合水知縣蔣應昌別賊拓先齡金翅鵬過天星田近菴獨頭虎上天龍等亦先後降鶴設御座於城樓賊跪拜呼萬歲鶴宣聖諭令設誓或歸伍或歸農賊佯應之則立赦其罪羣盜自是視總督如兒戲矣鶴又以一魁最強致其壻帳中同臥起而一魁果至數以十罪則稽首謝即宣詔赦之畀以官處其衆四千餘人於寧塞使守備吳弘器護焉文煥聞之歎曰寧塞之役賊畏我而逃今者賊僞降楊公信之借名城爲盜資我宗人可與賊逼處此土乎遂以其族行五月鶴移駐耀州賊攻破金鎖關殺都司王廉七月別賊李老柴獨行狼攻陷中部田近菴以六百人守馬欄山應之而降渠一魁之黨茹成名者尤桀驁鶴令一魁誘殺之於耀州其黨猜懼挾一魁以叛御史謝三賓言鶴謂慶陽撫局既畢賊散遣俱盡中部之賊寧自天降疏下巡按御史吳甡覈奏甡奏鶴主撫誤國帝怒逮鶴下獄戍袁州七年秋子嗣昌擢宣大山西總督疏辭言臣父鶴以總督業譴已三年臣何心復居此職帝優詔答之而不赦鶴罪八年冬鶴卒於戍所嗣昌請恤帝復鶴官而不予恤鶴初以尤世祿寧夏大捷功進兵部尚書太子少保世廕錦衣千戶十年敘賀虎臣寧夏破賊功追加太子少傅十三年又以甘肅敘功任一子官從弟鶚崇禎四年進士官御史有才名擢順天巡撫京師陷南歸福王以爲兵部右侍郎總督川湖軍務

陳奇瑜字玉鉉保德州人萬曆四十四年進士除洛陽知縣天啓二年擢禮科給事中楊漣劾魏忠賢奇瑜亦抗疏力詆六年春由戶科左給事中出爲陝西副使遷右參政分守南陽崇禎改元加按察使職尋歷陝西左右布政使五年擢右僉都御史代張福臻巡撫延綏時大盜神一魁不沾泥等已殲而餘黨猶衆歲大凶民多從賊明年五月奇瑜上疏極言鄜延遠鎭城千餘里饑荒盜賊狀詔免延安慶陽田租奇瑜乃遣副將盧文善討斬截山虎柳盜跖金翅鵬等尋遣遊擊常懷德斬薛仁貴參政戴君恩斬一條龍金剛鑽開山鷂黑煞神人中虎五閻王馬上飛都司賀思賢斬王登槐巡檢羅聖楚斬馬紅狼滿天飛參政張伯鯨斬滿鵞禽黃參耀隔溝飛守備閻士衡斬張聰樊登科樊計榮一塊鐵青背狼穿山甲老將軍二將軍滿天星上山虎把總白士祥斬埽地虎守備郭金城斬扒地虎括天飛守備郭太斬跳山虎新來將就地滾小黃鶯房日兔遊擊羅世勛斬賈總管逼上天小紅旗他將斬草上飛一隻虎一翅飛雲裏手四天王薛紅旗獨尾狼諸渠魁畧盡奇瑜乃上疏曰流寇作難始於歲饑而成於元兇之煽誘致兩郡三路皆盜藪今未頓一兵未絕一弦禽斬頭目百七十七人及其黨千有奇頭目既除餘黨自散向之斬木揭竿者今且荷鋤負耒矣帝嘉之令錄有功將士以聞延綏羣賊多解獨鑽天哨開山斧據永寧關永寧在鎭城東前阻山下臨黃河數年不下奇瑜謂是不可以力取乃陰簡銳士陽言總制檄發兵令賀人龍將之而西身爲後勁直抵延川俄策馬東曰視吾馬首所向潛師疾走入山賊不虞大兵至驚潰焚其巢斬首千六百有奇二賊俱馘分兵擊斬金翅鵬一座城獲首五百五十延水羣盜盡平奇瑜威名著關陝於是羣盜盡萃於山西流突河北畿南冬冰堅從澠池渡蹂河南湖廣窺四川明年廷議諸鎭撫事權不一宜設大臣統之多推薦洪承疇以承疇方督三邊不可易乃擢奇瑜兵部右侍郎兼右僉都御史總督陝西山西河南湖廣四川軍務專辦流賊奇瑜檄諸將會兵陝州先是老回回過天星滿天星闖塌天混世王五大營自楚入蜀陷夔州阻險復走還楚分爲三一犯均州往河南一犯鄖陽往淅川一犯金漆坪渡河犯商南奇瑜乃馳至均州檄四巡撫會討陝西練國事駐商南遏其西北鄖陽盧象昇駐房竹遏其西河南元默駐盧氏遏其東北湖廣唐暉駐南漳遏其東南奇瑜乃偕象昇督將士由竹谿至平利之烏林關十餘戰斬賊千七百餘級越七日大破之乜家溝斬千八十餘級總兵鄧玘功爲多已設伏蚋谿連戰斬三百餘級至獅子山斬七百二十餘級別將楊化麟楊世恩周任鳳楊正芳等分道擊殺賊禽其魁闖王翻山虎等奇瑜上言楚中屢捷一時大盜幾盡其竄伏深山者臣督鄉兵爲嚮道無穴不搜楚中漸有寧宇帝嘉勞之乃督副將劉遷等搜竹谿平利賊追至五狼河禽其魁十二人遣參將賀人龍等追八晝夜至紫陽賊死者萬餘人先是賊入蜀復自蜀入秦由陽平關奔鞏昌承疇禦之秦州賊遂越兩當襲破鳳縣分爲二一向漢中取間道犯城固洋縣一由鳳縣奔寶雞汧陽於是賊在平利洵陽間者數萬自四川入西鄉者二三萬犯城固洋縣者又東下石泉漢陰會漢與窺商雒當是時奇瑜以湖廣賊盡鼓行而西謂賊不足平也乃遣遊擊唐通防漢中以護藩封遣參將賀人龍劉遷夏鎬扼畧陽沔縣防賊西遁遣副將楊正芳余世任扼褒城防賊北遁自督副將楊化麟柳國鎭等駐洋縣防賊東遁又檄練國事盧象昇元默各守要害截賊奔逸賊見官軍肆集大懼悉遁入興安之車廂峽諸渠魁李自成張獻忠等咸在焉峽四山巉立中亘四十里易入難出賊誤入其中山上居民下石擊或投以炬火山口絫石塞路絕無所得食困甚又大雨二旬弓矢盡脫馬乏芻死者過半當是時官軍蹙之可盡殲自成等見勢絀用其黨顧君恩謀以重寶賄奇瑜左右及諸將帥僞請降奇瑜無大計遽許之先後籍三萬六千餘人悉勞遣歸農每百人以安撫官一護之檄所過州縣具糗糧傳送諸將無邀撓撫事諸賊未大創降非實也既出棧道遂不受約束盡殺安撫官五十餘人攻掠諸州縣關中大震奇瑜悔失計乃委罪他人以自解賊初叛猝至鳳翔誘開城守城知其詐紿以縋城上殺其先登者三十六人餘謀而去其犯寶雞亦爲知縣李嘉彥所挫奇瑜遂劾嘉彥及鳳翔鄉官孫鵬等撓撫局撫按官亦異心帝怒切責撫按逮嘉彥鵬及士民五十餘人奇瑜又請敕陝西鄖陽湖廣河南山西五巡撫各守要害有失則治諸臣罪冀以分己過又委罪巡撫練國事國事亦被逮給事中顧國寶劾奇瑜誤封疆詔解任候勘御史傅永淳復劾奇瑜解隴州圍報首功不實詔除名錦衣官逮訊九年六月謫戍邊初奇瑜官南陽唐王殺其世子欲并廢世子子聿鍵賴奇瑜力聿鍵得爲世孫後聿鍵自立於閩召奇瑜爲東閣大學士道遠未聞命卒於家元默字中象靜海人萬曆四十七年進士除懷慶推官擢吏科給事中魏忠賢餤方熾以鄉里欲招致之默謝不可言路承忠賢意劾罷歸崇禎初復官歷遷太常卿六年春以僉都御史巡撫河南流賊由均州犯河內默率左良玉湯九州李卑鄧玘兵待境上復率九州乘雪夜薄吳城賊營大破之嵩雒以北名城數十賊避勿敢攻奇瑜既失李自成於車箱峽默自汝州移駐盧氏檄良玉九州各陳兵守要害得稍寧者數月當是時賊勢張良玉等承督師檄守備尚固默率諸將斬獲多賊多趨秦楚境已分爲三自潁州犯鳳陽皇陵中州所在告急八年夏默被逮去久之得釋歸八年卒

熊文燦貴州永寧衛人萬曆三十五年進士授貴州推官遷禮部主事歷郎中出封琉球還擢山東左參政山西按察使山東右布政使憂歸自是徙家蘄水崇禎元年起福建左布政使三月就拜右僉都御史巡撫其地海上故多劇盜袁進李忠既降楊六楊七及鄭芝龍繼起總兵官俞咨皋招六七降芝龍猖獗如故然芝龍常敗都司洪先春釋不追獲一遊擊不殺咨皋戰敗縱之走當事知其可撫遣使諭降之文燦至善遇芝龍使爲己用其黨李魁奇再降再叛去芝龍擊禽之海警漸息而鍾斌又起斌初亦就撫後復叛寇福州文燦誘斌往泉州令芝龍擊敗之既而蹙之大洋斌投海死閩中屢平巨寇皆芝龍力文燦亦敘功增秩焉五年二月擢文燦兵部右侍郎兼右僉都御史總督兩廣軍務兼巡撫廣東先是海寇鍾靈秀既降復叛爲芝龍所禽其黨潰入長汀轉掠江西屬邑文燦檄芝龍屢敗賊而福建有紅夷之患海盜劉香乘之連犯閩廣沿海邑帝以責文燦文燦不能討乃議招撫賊佯許之參政洪雲蒸長沙人初官廣西參政嘗搜淩秀餘黨斬三十餘級盡毀其巢文燦乃令雲蒸與副使康承祖參將夏之本張一傑入賊舟宣諭俱被執文燦懼罪奏諸臣信賊自陷給事中朱國棟劾之詔貶秩戴罪自效八年芝龍合廣東兵擊香於田尾遠洋香脅雲蒸止兵雲蒸大呼曰我矢死報國急擊勿失遂遇害香勢蹙自焚溺死承祖等脫還賊黨千餘人詣浙江歸款海盜盡平文燦官閩廣久積貲無算厚以珍寶結中外權要謀久鎭嶺南會帝疑劉香未死且不識文燦爲人遣中使假廣西采辦名往覘之既至文燦盛有所贈遺留飲十日中使喜語及中原寇亂文燦方中酒擊案罵曰諸臣悞國耳若文燦往詎令鼠輩至是哉中使起立曰吾非徃廣西采辦也銜上命覘公公信有當世才非公不足辦此賊文燦出不意悔失言隨言有五難四不可中使曰吾見上自請之若上無所吝即公不得辭矣文燦辭窮應曰諾中使還朝果言之帝初文燦徙蘄水與邑人姚明恭爲姻婭明恭官詹事又與楊嗣昌善嗣昌握兵柄承帝眷以帝急平賊冀得一人自助明恭因薦文燦且曰此有內援可引也嗣昌喜遂薦之十年四月拜文燦兵部尚書兼右副都御史代王家禎總理南畿河南山西陝西湖廣四川軍務文燦拜命即請左良玉所將六千人爲己軍而大

募粵人及烏蠻精火器者一二千人以自護弓刀甲冑
甚整次廬山謁所善僧空隱僧迎謂曰公誤矣文燦屏
人問故僧曰公自度所將兵足制賊死命乎曰不能曰
諸將有可屬大事當一面不煩指揮而定者乎曰未知
何如也曰二者既不能當賊上特以名使公厚責望一
不效誅矣文燦卻立良久曰撫之何如僧曰吾料公必
撫然流寇非海寇比公其愼之文燦去抵安慶帝所遣
中官劉元斌盧九德監勇衛營軍者亦至良玉宿將桀
驁不受文吏節制會其下與粵軍不和大詬文燦不得
已遣還南兵然良玉軍實不爲用嗣昌言於帝乃以邊
將馮舉苗有才兵五千人隸焉有才敗於眞陽而京營
將黃得功連破賊兵威甚振當是時嗣昌建四正六隅
之策增兵餉大半期滅賊賊頗懼及文燦至京軍屢捷
益懼文燦顧決計招降初抵安慶卽遣人招張獻忠劉
國能二人聽命乃益刊招降檄布通都又請盡遷民與
粟閉城中賊無所掠當自退帝怒譙讓文燦嗣昌亦心
非之既已任之則曲爲文燦解因其請畀以畿輔山西
兵各三千明年國能果降而獻忠襲據穀城會得功又
大破賊舞陽馬士秀杜應金夜半降信陽城下獻忠爲
左良玉所創幾被禽其下饑困多散去獻忠窮蹙亦因
陳洪範以降於是嗣昌議功罪絀洪承疇曹變蛟等而
稱文燦功焉已而京軍解遂平圖斬獲三千有奇時文
燦在裕州馬進忠羅汝才十三家賊聚南陽文燦下令
殺賊者償死賊不肯從則齎金帛酒牢犒之名曰求賊
帝詗得狀曰文燦大言無實文燦恐孫傳庭出關擊賊
文燦不救而嗣昌已入政府掌中樞矣九月文燦次襄
陽賊分踞鄖襄諸險諸將請戰文燦議分兵盧九德曰
兵分則力弱一失利全軍搖矣莫若厚集其力而合擊
之衆曰善乃以僉事張大經監大將左良玉陳洪範軍
以通判孔貞會監副將龍在田軍戰於雙溝大破之斬
首二千餘級羅汝才惠登相率九營走均州李萬慶率
三營走光固十一月京師戒嚴召洪承疇孫傳庭入衛
汝才等以爲討己也懼而叩太和山提督中官求撫於
文燦許之處汝才及一丈青小秦王一條龍四營於鄖
縣處登相及王國寧常德安楊友賢王光恩五營於均
州上言臣於李萬慶賀一龍馬光玉及順天王主勦他
皆主撫請赦汝才等罪授之官可之時京軍良玉軍皆
以入衛行馬士秀杜應金遂叛於許州初士秀等降良
玉以其衆處許之郊外許大州也良玉諸將寄孥與賄
焉良玉久征不歸士秀應金在文燦軍中僞請急假良
玉軍號入城夜半兵從府第出燒城南樓劫庫殺官吏
挈其貲投萬慶萬慶者賊魁射塌天也十二年三月良
玉還破降馬進忠使劉國能擊降萬慶士秀應金亦再
降順天王已前死其黨順義王爲其下所殺文燦遂上
言臣兵威震慴降者接踵十三家之賊惟革左及馬光
裕三部尚稽天誅可歲月平也帝優詔報之初張獻忠
之降也擁兵萬人踞穀城索十萬人餉文燦及中外要
人日與之爲請官請地請關防矣獻忠列軍狀曰請備
遣既而三檄其兵不應朝野知獻忠必叛也其後汝才
降不肯釋甲及進忠萬慶等並降文燦以爲得策謂天
下且無賊也五月獻忠遂反於穀城劫汝才於房縣於
是九營俱反初均州五營懼見討自疑相與歃血拒獻
忠無何亦叛去帝聞變大驚削文燦官戴罪視事七月
良玉擊獻忠羅猴山敗績帝大怒命嗣昌來代嗣昌已
至軍卽遣使逮文燦下獄坐大辟所親姚明恭柄國而
不能救也十三年十月文燦竟棄市
練國事字君豫永城人萬曆四十四年進士授沛縣知
縣調山陽天啓二年徵授御史廣寧失守國事請薊州
宣府大同及山東山西河南撫臣各練兵萬以壯山海
聲援又請捕誅殺大同妖人又疏論魏忠賢使羣閹辱
尚書鍾羽正索冬衣傷國體國事在諫垣匡救多給事
中趙興邦忠賢私人也以國事爲趙南星黨劾之削籍
崇禎元年復官擢太僕少卿進右僉都御史巡撫陝西
關中頻歲饑盜賊蠭起四年正月神一元陷保安國事
遣賀虎臣援延安而身率副將張全昌連破點燈子於
中部郃陽韓城又破別部於宜君雒川降其魁李應蠆
諸將張全昌趙大允王承恩杜文煥賀虎臣等分勦賊
澄城宜川耀州白水郃陽斬首千九百有奇總督楊鶴
既受羣賊降已復相繼叛田近菴李老柴陷中部國事
偕承恩攻圍五月克之而所部亦頻失事楊鶴被徵國
事亦戴罪自贖五年紅軍友李都司等將犯平涼國事
自涇趨固原檄大帥楊嘉謨殺賊塘馬斷其偵探賊乃
走慶陽西壕嘉謨曹文詔邀擊大敗之自三月至五月
大小數十戰賊迄破滅國事免戴罪當是時關中五鎮
大帥曹文詔楊嘉謨王承恩楊麟賀虎臣各督邊軍協
討總督洪承疇尤善調度賊魁多殲餘盡走山西關中
稍靖六年冬賊既從澠池渡入盧氏明年賊遂由河南
湖廣入漢南總督陳奇瑜檄國事駐商州協勦商南盧
氏賊漢南賊遂由寧羌至兩當掠鳳縣出棧道陷寶雞
關中賊復熾既而奇瑜受賊降檄諸軍勿擊賊出險遂
大掠鳳翔麟游寶雞扶風汧陽乾州涇陽醴泉奇瑜委
罪國事以自解國事上言漢南賊盡入棧道奇瑜檄止
兵臣未知所撫實數及見奇瑜疏八大王部萬三千餘
人蠍子塊部萬五百餘人張妙手部九千一百餘人八
大王又一部八千三百餘人臣不覺仰天長歎夫一月
內撫強寇四萬餘盡從棧道入內地食飲何自出安得
無剽掠且一大帥將三千人而一賊魁反擁萬餘衆安
能受紀律卽藉口回籍延安州縣驟增四萬餘人安集
何所合諸征勦兵不滿二萬而降賊踰四萬豈內地兵
力所能支宜其連陷名城而不可救也若咎臣不堵勦
則先有止兵檄矣若云賊已受撫因諛殺使人致然則
未諛殺之先何爲破麟游永壽今事已至此惟急調大
軍致討若仍以願回原籍禁兵勿勦三秦之禍安所終
極哉疏入事已不可爲遂逮下獄九年正月遣戍廣西
久之敘前功赦還復冠帶福王時召爲戶部左侍郎尋
改兵部十二月加尚書仍涖侍郎事明年二月致仕未
幾卒
丁啓睿永城人萬曆四十七年進士崇禎初歷山東右
參政坐事謫陝西副使九年寧夏兵變啓睿捕斬殺巡
撫王楫者首惡六人軍中大定再遷右布政使分守關
南從巡撫孫傳庭討賊十一年冬就拜右僉都御史代
傳庭巡撫陝西歲頻旱民益爲盜長武環白水長安臨
潼咸陽賊起如蝟毛十三年用督師楊嗣昌薦擢兵部
右侍郎兼右僉都御史代鄭崇儉總督陝西三邊軍務
討賊明年嗣昌死加啓睿兵部尚書改稱督師代嗣昌
盡督陝西湖廣河南四川山西及江南北諸軍仍兼總
督陝西三邊軍務賜劍敕印如嗣昌啓睿自謫河西副
使數遷皆在陝西然實庸才爲督撫奉督師期會謹愼
無功過及督師任重專制卽莫知爲計啓睿已受命出
潼關將由承天赴嗣昌軍於荊州湖廣巡按汪承詔言
大寇在河南荊襄幸息警無煩大軍盡匿漢津船啓睿
至五日不得渡折而向鄧州州人閉門詬過內鄉長吏
閉之羅軍行荒山間割馬驘燎以野草士啗不得飽是
時李自成已陷洛陽圍開封有衆七十萬啓睿憚不敢
援聞張獻忠在光山固始間少弱乃謀於諸將曰上命
我勦豫賊此亦豫賊也遂檄左良玉破之於麻城斬首
千二百開封日告急則曰我方有事於獻忠不赴矣聞
傳宗龍將入關督秦師啓睿曰三邊已置總督矣乞帝
更敕書乃更敕書宗龍辦自成九月宗龍敗歿於項城
啓睿不能救賊乘勝陷南陽殺唐王開汝二郡望風下
十二月自成再圍開封河南巡撫高名衡飛檄至啓睿
督兵赴之避賊入城部下大淫掠總兵陳永福射自成
中其左目明年正月賊解圍去啓睿之在許州也畏賊
逼始赴開封離城三十里而城卽破其抵開封啓門入
賊乘之幾陷四月自成合羣賊復攻開封六月帝釋侯
恂於獄命督援勦諸軍救開封未至開封圍益急帝數
詔切責啓睿啓睿不得已乃大集良玉虎大威楊德政
方國安之軍偕保定總督楊文岳以七月會於朱仙鎭
與賊壘相望賊衆百萬啓睿欲戰良玉曰賊鋒銳未可
擊也啓睿曰圍已急必擊之諸將皆懼良玉歸營卽先
走諸營俱走啓睿文岳聯騎奔汝寧賊渡河逐之追奔
四百里喪馬驘七千將士數萬啓睿敕書印劍俱失事
聞詔褫職候代九月賊決馬家口河灌開封遂陷
乃徵下吏久之釋歸自嗣昌死二年而啓睿敗啓睿敗
又二年而明亡矣福王時啓睿夤緣馬士英充爲事官
督河南勦寇諸務尋以禽斬歸德僞官拜兵部尚
書加太子太保官其一子事敗脫身旋里久之卒從父
魁楚崇禎四年春以右僉都御史巡撫保定七年擢兵
部右侍郎代傅宗龍總督薊遼保定軍務九年七月畿
輔被兵魁楚坐下吏久之放還福王時起故官總督河
南湖廣兼巡撫承天德安襄陽未赴會兩廣總督沈猶
龍入爲侍郎魁楚竟代其任尋加兵部尚書唐王自立
於福州命以故官協理戎政靖江王亨嘉反桂林下梧
州執巡撫瞿式耜魁楚檄思恩參將陳邦傳等襲走之
獲於桂林封魁楚平粵伯仍留鎭兩廣閩中事敗與式
耜擁立桂王於肇慶進東閣大學士兼理戎政
大淸兵下廣州漸迫肇慶魁楚奉王走梧州復棄之走
岑溪輜重多舳艫相屬爲大將李成棟追獲魁楚遂降
成棟與有隙籍其家數百人殺之魁楚乞一子成棟笑
曰汝身且莫保尚求活人耶并殺之
鄭崇儉字大章寧鄉人萬曆四十四年進士授河南府
推官歷濟南兵備副使崇禎初遷陝西右參政屢遷右
僉都御史巡撫寧夏數敗套寇賚銀幣世蔭錦衣副千
戶十二年正月擢兵部右侍郎代洪承疇總督陝西三
邊軍務五月張獻忠反穀城羅汝才等九營皆反與安
告警總理熊文燦請敕楚撫方孔炤防荊門當陽鄖撫
王鰲永防江陵遠安陝撫丁啓睿蜀撫邵捷春各嚴兵
於其境而崇儉主提兵合擊時固原臨洮寧夏三總兵
左光先曹變蛟馬科隨承疇入衛柴時華中道還甘肅
徵之不應崇儉乃檄副將賀人龍李國奇等軍發西安

國奇至洛陽卒大譟剽瑞王租國奇已擢陝西總兵官坐停新命崇儉亦貶一秩獻忠既叛大敗左良玉軍於房縣之羅猴山謀入陝崇儉率人龍國奇軍扼之興安賊還走興山太平處楚蜀交是時楊嗣昌已出師入文燦軍而代之矣先是尚書傅宗龍議令崇儉兼督蜀軍而嗣昌亦檄秦軍入蜀崇儉乃以十三年二月率人龍國奇會良玉大敗賊於瑪瑙山獲首功千三百三十有三降賊將二十有五人獲馬贏甲仗無算是役也崇儉身在行而嗣昌遠處襄陽及論功所賜半嗣昌但增一秩復先所降一秩而已獻忠既敗竄柯家坪蜀將張令追之被圍崇儉遣兵擊走賊人龍國奇等復追敗之寒溪寺鹽井先後斬首千五百級其黨順天王一條龍一隻龍皆降崇儉軍五日三捷威名甚振以年衰乞骸骨不許令率總兵鄭家棟還關中留人龍國奇討賊當是時獻忠竄伏興歸山中秦楚師俱集於夔諸將協心窮搜深箐千餘殘寇可盡殲崇儉既去未幾人龍軍亦自開縣譟而西歸楚師遂敗績於土地嶺蜀中由是大亂嗣昌因言崇儉撤兵太早致賊猖獗帝初以崇儉不能馭軍不悅及是命削籍以啓睿赴軍前代理而疑崇儉託疾令按臣核實明年春獻忠陷襄陽嗣昌死帝益恨崇儉不犄角平賊也逮下獄責以縱兵擅還失機軍律不俟秋後以五月棄市帝自即位以來誅總督七人崇儉及袁崇煥劉策楊一鵬熊文燦范志完趙光抃也帝憤寇日熾用法益峻功罪不假貸而疆事寖壞卒至於亡福王時給事中李清言崇儉未失一城喪一旅因他人巧卸遂服上刑羣臣微知其冤無敢訟言者臣甚痛之崇儉冤始白

方孔炤字潛夫桐城人萬曆四十四年進士天啓初爲職方員外郎忤崔呈秀削籍崇禎元年起故官憂歸定桐城民變還朝十一年以右僉都御史巡撫湖廣擊賊李萬慶馬光玉羅汝才於承天八戰八捷時文燦納獻忠降處之穀城孔炤條上八議言主撫之誤不聽而陰厲士馬備戰守已而賊果叛如孔炤言賊故畏孔炤不敢東文燦乃檄孔炤防荊門當陽熬永防江陵遠安秦蜀各嚴兵崇儉主合擊孔炤乃請專斷德黃守承天護獻陵而江漢以南責熬永會嗣昌代文燦令孔炤仍駐當陽惠王常潤言孔炤遏獻忠有來家河神通堡之捷射中賊魁馬光玉陵寢得無虞請增秩久任章下部未奏而部將楊世恩羅安邦奉調會川沅兵勦竹山寇兩將深入至香油坪而敗嗣昌既以孔炤撫議異己也又怯其言中遂因事獨劾孔炤逮下詔獄子簡討以智國變後棄家爲僧號無可者也伏闕訟父冤膝行沙墀者兩年帝爲心動下議孔炤護陵寢功多減死戍紹興久之用薦復官以右僉都御史屯田山東河北馳至濟南復命兼理軍務督大名廣平二監司禦賊命甫下而京師陷孔炤南奔馬阮亂政歸隱十餘年而終先是有以陵寢失守獲重譴者爲楊一鵬一鵬臨湘人歷官大理寺丞削籍崇禎六年以兵部左侍郎拜戶部尚書兼右僉都御史總督漕運巡撫江北四府鳳陽軍民素疾守陵太監楊澤貪虐引賊來寇八年正月賊遂攻陷鳳陽焚皇陵燒龍興寺燔公私邸舍二萬二千六百五十楹中都留守朱國相指揮使程承寧等四十有一員殺軍民數萬人先是賊漸逼江北兵部尚書張鳳翼請敕一鵬移鎭鳳陽溫體仁格其議賊驟至一鵬在淮安遠不及救帝聞變大驚素服避殿親祭告太廟遂逮一鵬及巡按御史吳振纓守陵官澤澤先自殺一鵬棄市振纓戍邊

邵捷春字肇復侯官人萬曆四十七年進士累官稽勳郎中崇禎二年出爲四川右參政分守川南撫定天全六番高楊二氏遷浙江按察使大計坐貶久之起四川副使以十年秋抵成都時秦賊已入蜀巡撫王維章總兵侯良柱恐梟北拒城中惟屯田軍及蜀府護衛軍人情恇懼捷春啓門納鄉民避賊者中尉奉鐕勾賊抵城下捷春與御史陳廷謨禽擊奉鐕而募市人起廢將固守賊去蜀王疏其功會維章罷傅宗龍代命捷春監軍借總兵羅尚文擊賊明年尚文及安綿副使吳麟徵大破賊過天星等捷春進右參政仍監軍十二年五月宗龍入掌中樞即擢捷春右僉都御史代之時張獻忠羅汝才已叛謀入秦秦兵扼之興安乃犯興山及蜀太平遂窺大寧捷春遣副將王之綸方國安分道扼之國安連破賊賊遂還入秦楚十月朔楊嗣昌誓師襄陽檄蜀軍受節度嗣昌以楚地廣衍賊難制驅使入蜀蜀險阻賊不得逞蹙之可全勝又慮蜀重兵扼險賊將還毒楚調蜀精銳萬餘爲己用蜀中卒自是益罷弱不足支矣捷春憤曰令甲失一城巡撫坐今以蜀委賊是督師殺我也爭之不能得於是汝才惠登相遂自興山遠安犯大寧大昌獻忠亦西至太平明年二月左良玉大破獻忠瑪瑙山他將張應元張令等復數敗之獻忠乃逃興歸山中久之復振由汝才入寧昌故道走而西初汝才在寧昌阻江爲諸將劉貴秦良玉秦翼明楊茂選等所拒不得渡會獻忠西遂與合貴等戰皆却賊乃渡江營萬頃山苦桃灣其別部營紅茓崖青平砦歸巫間大震嗣昌乃上夷陵而檄捷春扼夔門蜀大寧大昌界楚竹溪房縣有三十二隘口嗣昌欲厚集兵力專守夔棄寧昌敝賊官軍環攻之捷春曰棄隘口不守是延賊入戶也乃遣茂選及覃思岱等出關分守二將不相得思岱潛殺茂選捷春令兼統其衆其衆相率去賊入隘守者潰賊夜斬夔關將士大驚潰新寧大竹皆陷而汝才登相越巴霧河陷開縣爲鄭嘉棟賀人龍所破汝才乃與小秦王混世王東奔而登相獨過開縣西人龍及李國奇又西追之汝才等遁還興山屢挫會嗣昌下招降令小秦王混世王皆降惟汝才逸去嗣昌見楚地無賊以八月終率師入蜀於是羣賊盡萃蜀中當是時捷春提弱卒二萬守重慶所倚惟秦良玉張令軍無何秦師譟而西歸楚將張應元等敗績於夔州之土地嶺於是捷春以大昌上中下馬渡水淺地平難與持久乃扼水寨觀音巖爲第一隘以部將邵仲光守之而夜叉巖三黃嶺磨子巖魚河洞下涌諸處各分兵三四百人以守萬元吉以兵分力弱爲憂捷春不聽九月獻忠突敗仲光軍破上馬渡元吉急檄諸將分邀之復令張奏凱屯淨壁捷春遣二將羅洪政沈應龍爲助十月獻忠突淨壁遂陷大昌屯開縣良玉令兩軍皆覆賊行則哨探止則息馬抄糧關隘偵候不明防軍或遠離戍所賊乘隙而過無人之境嗣昌遂收斬仲光上疏劾捷春失事捷春收兵扼梁山時登相已歸正而汝才復與獻忠合以梁山河深不能渡乃自開縣西走達州捷春退保綿州扼涪江賊疾走陷劍州遂趨廣元將由間道入漢中爲秦兵所扼乃復走巴西應元諸軍邀之梓潼戰小利既而鄖蜀將曹志耀等力戰却之降將張一州張載福陷陣死涪江師遂潰賊屠綿州捷春歸成都賊逼成都十一月逮捷春使者至遂以軍事付代者廖大亨而去捷春爲人清謹治蜀有惠政士民哭送者載道舟不得行競遂散官旗蜀王爲疏救不聽敕巡按御史遣官送京師下獄論死捷春知不可脫明年八月仰藥死獄中福王時復官贈兵部右侍郎

余應桂字二磯都昌人萬曆四十七年進士歷知武康龍巖海澄三縣崇禎四年徵授御史劾戶部尚書畢自嚴朋比殿試讀卷取陳于泰第一于泰者首輔周延儒姻也劾延儒納孫元化參貂受楊鶴重賂帝方眷延儒責應桂未幾賊陷登州元化被執應桂再疏劾延儒帝怒貶三秩視事應桂引疾歸七年還朝出按湖廣居守承天捐贖鍰十餘萬募壯士繕城治器賊不敢逼獻陵帝聞而嘉之期滿命再巡一年貽贖鍰萬五千助盧象昇軍需而奏報屬城失事具以實聞帝以是知巡撫王夢尹詐而益信應桂期滿命再巡一年十年即擢應桂右僉都御史代夢尹當是時諸監司袁繼咸包鳳起高斗樞輩已削平湖南羣賊而江北賊勢日熾諸將避奏捷不能大創也帝命熊文燦爲總理文燦主撫明年降其渠劉國能張獻忠馬進忠西走潼關馬光玉賀一龍李萬慶順義王九條龍衆十餘萬萃麻城黃安應桂諭降光玉一龍未至而遣將擊順天王等於黃福店賊遂走黃安會文燦至麻城應桂請協擊不從賊復東走江北爲左良玉所遏折而走廣濟蘄水文燦檄諸道兵合擊賊於茶山賊逸於應桂所分地文燦遂劾其後期悞軍兵部尚書楊嗣昌以應桂曾劾其父鶴也奏逮之應桂乃陳撫勦始末白己無罪而詆文燦言正月初議撫劉國能其黨李萬慶等諸大賊盡走泌陽棗陽時文燦良玉竝在德安臣以爲兵勢方盛宜乘此追勦而文燦調良玉諸軍盡赴信陽勦馬進忠臣謂進忠小寇勝之不武文燦不聽自此機一失賊走西而文燦東致張獻忠攻陷穀城以要撫李萬慶五部收餘燼勢復振而豫楚之患遂自文燦之復諫貽之矣迨賊西潰之後遮飾上聞妄報斬級其自恃所長惟火礮火攻經過州縣用夫至八百死亡載道未見其一試也且文燦辦賊之策曰先撫後勦乃茶山不效麻城又不效第見招撫之旗絡繹於道一遣使招賀一龍而使者被殺一遣使招李萬慶而餽鹽椒運魚肉與通市賊反因之焚掠未見一賊歸順也天下有如是撫法乎其一切軍需悉取於所歷之有司名曰借辦致城市空虛孑遺盡絕三月至麻城民不堪淫掠欲焚其署始踉蹌而走麻城文燦壻家也戚里如是餘可知矣三月在蘄水其兵殺鄉民報捷民家環哭竟不敢治一兵蘄水文燦家園也鄉里如是餘可知矣是以捷報日張寇勢愈熾十三家之賊蹂躪南陽汝寧如履無人之境文燦駐宛汝已久調度不聞天下有如是勦法乎獻忠在穀城招納亡命買馬置器人人知其叵測文燦顧欲借之爲前茅遣官調之非惟不應復留解餉之官求總兵湖廣今已造浮橋跨漢水矣文燦前既誇張而敘功後復掩匿而不報可不謂之欺君乎以總理之大柄畀之顚躓之耄夫臣不知其可也帝不納逮至下獄初應桂貽書文燦言獻忠必反可先未發圖之其書爲獻忠邏者所得獻忠騰牒鄖陽巡

撫戴東旻言撫軍欲殺我東旻聞之文燦文燦再糾應桂應桂再疏辨帝亦不納應桂竟遣戍無何獻忠果反廷臣交章薦應桂十六年起應桂兵部右侍郎十月潼關陷帝召問大臣陳演言賊入關中必戀子女玉帛猶虎入陷穽應桂叱之曰壯士健馬咸出關西賊得之必長驅橫行大臣安得面謾演股栗失色十一月督師孫傳庭戰歿命應桂兼右僉都御史往代之應桂以無兵無餉入見帝而泣帝但遣京軍千人護行給御用銀萬兩銀花四百銀牌二百蟒幣二百雜幣倍之爲軍前賞功之用而已應桂既受命日夜悲疑將至山西則僞官充斥逡巡不得前帝責以逗遛奪職命新擢陝西巡撫李化熙代之化熙亦不能進也未幾京師陷應桂家居不出久之死於難

高斗樞字象先鄞人崇禎元年進士授刑部主事坐議巡撫耿如杞獄與同列四人下詔獄尋復官進員外郎五年遷荊州知府久之擢長沙兵備副使楚郡之在湖北者盡罹賊禍勢且及湖南臨藍湖湘間土寇蠭起長沙止老弱衛卒五百又遣二百戍攸縣城庫雉堞盡圮斗樞至建飛樓四十大修守具臨藍賊艘二百餘由衡湘抵城下相拒十餘日乃却去轉攻袁州遣都司陳上才躡其後賊亦解去尋擊殺亂賊劉高峰等撫定餘衆詔錄其功巡撫陳睿謨大征臨藍寇斗樞當南面大小十餘戰賊盡平詔賚銀幣十四年六月進按察使移守鄖陽鄖被寇且十載屬邑有六居民不四千數百里荊榛撫治王永祚以襄陽急移師鎮之斗樞至甫六日張獻忠自陝引而東斗樞與知府徐啟元遣遊擊王光恩及弟光興分扼之戰頻捷賊不敢犯光恩者均州降渠小秦王也初與張獻忠羅汝才輩爲賊獻忠汝才降而復叛均州五營懼見討自疑又以獻忠強虜爲所併光恩斂衆據要害以拒獻忠居久之乃有稍稍颺去者光恩亦去已而復降光恩善用其下下亦樂爲之用斗樞察其誠招入郡守當是時斗樞啟元善謀光恩善戰鄖城危而復全十五年冬李自成陷襄陽均州攻鄖陽四日而去明年春復來攻十餘日不克乃退屯楊溪五月斗樞召遊擊劉調元入城旬日間殺賊三千餘自成將來攻卒不克而去乃令光恩復均州調元下光化躬率將士復穀城將襲襄陽聞孫傳庭敗旋師均州復爲賊有十七年正月自成遣將路應標等以三萬人攻鄖斗樞遣人入均州燒其蓄積賊乏食而退當是時湖南北十四郡皆陷獨鄖在自十五年冬撫治王永祚被逮連命李乾德郭景昌代之路絕不能至中朝謂鄖已陷不復設撫治十六年夏斗樞上請兵疏始知鄖存衆議即任斗樞而陳演與之有隙乃擢啟元右僉都御史任之加斗樞太僕少卿路阻亦不能達是年二月朝議設漢中巡撫兼督川北軍務擢斗樞右副都御史以往朝命亦不達至三月始聞太僕之命即以軍事付啟元七月而北都變聞并聞漢中之命地已失不可往福王立移斗樞巡撫湖廣代何騰蛟復以道路不通改用王驥斗樞皆不聞也國變後數年卒啟元光恩亦皆以功名終

張任學安岳人天啟五年進士授太原知縣以才調榆次崇禎四年舉治行卓異入爲御史陳蜀中私稅催科訟獄三大苦帝爲飭行出視兩浙鹽法數條奏利弊八年流賊陷鳳陽詔逮巡按吳振纓命任學往代還朝復按河南監軍討賊時羣盜縱橫而諸將縮朒不敢擊任學慨然曰事不辭難臣職也賊勢如此我輩可雍容坐鎮耶十一年二月遂上疏極詆諸將請易武階親執干戈爲國平賊帝壯之下吏兵二部及都察院議諸臣以文吏無改武職者請仍以監軍御史兼總兵事帝不從命授署都督僉事爲河南總兵官河南舊無總兵左良玉陳永福並以客兵備援勦至是大將特設而麾下無一官兵部乃以署鎮許定國兵授之使參將羅岱爲中軍岱健將屢著戰功任學倚以自強時熊文燦專主撫劉國能張獻忠俱降羅汝才馬進忠李萬慶等躝中原如故河南人據塢壁自保者數十賊悉摧破之踞息縣光州礫人投汝水水爲赤任學不能大創也進忠勢衰佯求撫文燦及巡撫常道立許之乘間逸去事聞任學與文燦道立並鐫秩七月任學督岱等赴羅山合左良玉軍擊汝才萬慶及紫微星順義王大敗之追奔五十里斬首一千四百有奇獲黑虎狠滿天星賊奔遂平九月進忠寇開封至瓦子城岱奮擊賊盡棄輜重遁入大隗山獲其妻子其冬京師戒嚴任學入衛道謁文燦言獻忠狠子野心終爲國患我以勤王爲名出其不意可立縛也文燦不能用抵畿南有詔却還巡撫道立調良玉兵於陝州賊乘盧氏虛遁入內鄉淅川爲文燦所劾明年除道立名任學亦鐫一秩遊擊宋懷智都司孔道興再破賊陳州部將王應龍尤之龍等破賊襄城五戰皆勝副將岱與應龍懷智等復破賊葉縣十日奏八捷帝詔所司核實已又挫賊裕州而是時總兵孫應元黃得功統京軍討賊屢奏大捷凱旋錄功任學亦敘復二秩尋與左良玉陳洪範蹙李萬慶於內鄉萬慶方降獻忠已叛文燦盡調河南軍援勦獨任學留汝南川貴總督李若星論文燦主撫之謬請復任學原官攝行大將督察軍事不從七月獻忠合汝才自房縣西走岱偕良玉追之良玉令岱爲前鋒已隨其後至羅猴山軍乏食賊伏兵要害岱與副將劉元捷鼓勇直上伏四起岱馬足絓於藤抽刀斷之蹶而復進乃棄馬步鬬久之矢盡陷於賊良玉軍亦大敗事聞任學坐褫職十五年言官請起廢任學與焉未及用而卒

贊曰流賊之肆毒也禍始於楊鶴成於陳奇瑜而熾於熊文燦丁啟睿然練國事鄭崇儉先罹其罰而邵捷春俞應桂亦或死或戍疆埸則勦撫乖方廟堂則賞罰不當僨師玩寇賊勢日張謂非人謀不臧實使之然乎

明史卷二百六十一　列傳一百四十九

總裁官總理事務經筵講官少保兼太子太保保和殿大學士兼管吏部戶部尚書事加六級張廷玉等奉

敕修

盧象昇 弟象晉 從弟象同 象觀　劉之綸

邱民仰 邱禾嘉

盧象昇字建斗宜興人祖立志儀封知縣象昇白晳而臞博獨骨負殊力舉天啟二年進士授戶部主事歷員外郎稍遷大名知府崇禎二年京師戒嚴募萬人入衛明年進右參政兼副使整飭大名廣平順德三府兵備號天雄軍又明年舉治行卓異進按察使治兵如故象昇雖文士善射嫺將畧能治軍六年山西賊流入畿輔據臨城之西山象昇擊卻之與總兵梁甫參議寇從化連敗賊賊走還西山圍遊擊董維坤冷水村象昇設伏石城南大破之又破之青龍岡又破之武安連斬賊魁十一人殲其黨收還男女二萬三郡之民安堵者數歲象昇每臨陣身先士卒與賊格鬬刃及鞍勿顧失馬即步戰逐賊危崖一賊自巔射中象昇額又一矢僕夫斃馬下象昇提刀戰益疾賊駭走相戒曰盧廉使遇即死不可犯象昇以是有能兵名賊懼南渡河明年賊入楚陷鄖陽六縣命象昇以右僉都御史代蔣允儀撫治鄖陽時蜀寇返楚者駐鄖之黃龍灘象昇與總督陳奇瑜分道夾擊自烏林關乜家溝石泉壩康寧坪獅子山太平河竹木砭箐口諸處連戰皆捷斬馘五千六百有奇漢南寇幾盡因請益鄖主兵減稅賦繕城郭貸鄰郡倉穀募商採銅鑄錢鄖得完輯八年五月擢象昇右副都御史代唐暉巡撫湖廣八月命總理江北河南山東湖廣四川軍務兼湖廣巡撫總督洪承疇辦西北象昇辦東南尋解巡撫任進兵部侍郎加督山西陝西軍務賜尚方劍便宜行事汝洛告警象昇倍道馳入汝賊部衆三十餘萬連營百里勢甚盛象昇督副將李重鎮雷時聲等擊高迎祥於城西用強弩射殺賊千餘人迎祥李自成走陷光州象昇復大破之確山先是大帥曹文詔艾萬年陣亡尤世威敗衄諸將率畏賊不敢前象昇每慷慨灑泣激以忠義軍中嘗絕三日餉象昇亦水漿不入口以是得將士心戰輒有功九年正月大會諸將於鳳陽象昇乃上言曰賊橫而後調兵賊多而後增兵是爲後局兵至而後議餉兵集而後請餉是爲危形況請餉未敷兵將從賊而爲寇是八年來所請之兵皆賊黨所用之餉皆盜糧也又言總督總理宜有專兵專餉請調咸寧甘固之兵屬總督薊遼關寧之兵屬總理又言各直省撫臣俱有封疆重任毋得一有賊警即求援求調不應則吳越也分應則何以支又言臺諫諸臣不問難易不顧死生專以求全責備雖有長材從何展布臣與督臣有勦法無堵法有戰法無守法言皆切中機宜於是迎祥圍廬州不克分道陷含山和州進圍滁州象昇率總兵祖寬遊擊羅岱救滁州大戰於城東五里橋斬賊首搖天動奪其駿馬賊連營俱潰逐北五十里朱龍橋至關山積屍填溝委塹滁水爲不流賊乃北趨鳳陽圍壽州突潁霍蕭碭靈壁虹窺曹單總兵劉澤清拒河乃掠考城儀封而西其犯亳者折入歸德永寧總兵官祖大樂邀擊之賊乃北向開封陳永福敗之朱仙鎮賊遂走登封與他賊合分趨裕州南陽象昇合寬大樂岱兵大破之七頂山殲自成精騎殆盡已次南陽令大樂備汝寧寬備鄧州而躬率諸軍蹙賊遣使告湖廣巡撫王夢尹鄖陽撫治宋祖舜曰賊疲矣東西邀擊前阻漢江可一戰殲也兩人竟不能禦賊遂自光化潛渡漢入鄖象昇遣總兵秦翼明副將雷時聲由南漳穀城入山擊賊寬等騎軍不利阻隘副將王進忠譁羅岱劉肇基兵多逃追之則彎弓內嚮象昇乃調四川及筸子土兵搜捕均州賊是時楚豫賊及迎祥等俱在秦楚蜀

之交萬山中象昇自南陽趨襄陽進兵賊多兵少而河南大饑餉乏邊兵益洶洶承疇象昇議關中平曠利騎兵以寬重鎭軍入陝而襄陽均宜穀上津南漳環山皆賊七月象昇渡淅河而南九月追賊至鄖西京師戒嚴有詔入衞再賜尚方劍旣行賊遂大逞駸駸乎不可復制矣旣解嚴詔遷兵部左侍郎總督宣大山西軍務大興屯政穀熟畝一鍾積粟二十餘萬天子諭九邊皆式宣大明年春聞宣警卽夜馳至天城矢檄旁午言二百里外乞炭馬蹄躪踏四十里象昇曰此大舉也問入口乎曰未象昇曰殆欲右窺雲晉令我兵集宣則彼乘虛入耳因檄雲晉兵勿動自率師次右衞戒邊吏毋輕言戰持一月象昇曰懈矣可擊哨知三十六營離牆六十里潛召雲師西來宣師東來自督兵直子午出羊房堡計曰鏖戰乞炭聞之遂遁象昇在陽和乞炭不敢近邊五月丁外艱疏十上乞奔喪時楊嗣昌奪情任中樞亦起陳新甲制中而令象昇席喪候代進兵部尚書新甲在遠未卽至九月

大清兵入牆子嶺青口山殺總督吳阿衡毀正關至營城石匣駐於牛蘭召宣大山西三總兵楊國柱王樸虎大威入衞三賜象昇尚方劍督天下援兵象昇麻衣草屨誓師及郊馳疏報曰臣非軍旅才愚心任事誼不避難但自臣父奄逝長途慘傷潰亂五官非復昔時兼以草土之身踞三軍上豈惟觀瞻不聳尤虞金鼓不靈巳聞總監中官高起潛亦衰絰臨戎象昇謂所親曰吾三人皆不祥之身也人臣無親安有君樞輔奪情亦欲予變禮以分謗耶處心若此安可與事君他日必面責之當是時嗣昌起潛主和議象昇聞之頓足歎曰予受國恩恨不得死所有如萬分一不幸寧捐軀斷脰耳及都帝召對問方畧對曰臣主戰帝色變良久曰撫乃外廷議耳其出與嗣昌起潛議出與議不合明日帝發萬金犒軍嗣昌送之屛左右戒毋浪戰遂別去師次昌平帝復遣中官齎帑金三萬犒軍明日又賜御馬百太僕馬千銀鐵鞭五百象昇曰果然外廷議也帝意銳甚矣決策議戰然事多爲嗣昌起潛撓疏請分兵則議宣大山西三帥屬象昇關寧諸路屬起潛象昇名督天下兵實不及二萬次順義先是有瞽而賣卜者周元忠善遼人時遣之爲媾會嗣昌至軍象昇責數之曰文弱子不聞城下盟春秋恥之而日爲媾長安口舌如鋒袁崇煥之禍其能免乎嗣昌頰赤曰公直以尚方劍加我矣象昇曰旣不奔喪又不能戰齒劍者我也安能加人嗣昌辭遁象昇卽言元忠講款往來非一日事始於薊門督監受成於本兵通國聞之誰可諱也嗣昌語塞而去又數日會起潛安定門兩人各持一議新甲亦至昌平象昇分兵與之當是時象昇自將馬步軍列營都城之外衝鋒陷陣軍律甚整

大清兵南下三路出師一由淶水攻易一由新城攻雄一由定興攻安肅象昇遂由涿進據保定命諸將分道出擊大戰於慶都編修楊廷麟上疏言南仲在內李綱無功潛善秉成宗澤殞恨國有若人非封疆福嗣昌大怒改廷麟兵部主事贊畫行營奪象昇尚書侍郎視事命大學士劉宇亮輔臣督師巡撫張其平閉闉絕餉俄又以雲晉警趣出關王樸徑引兵去象昇提殘卒次宿三宮野外畿南三郡父老聞之咸叩軍門請曰天下洶洶且十年明公出萬死不顧一生之計爲天下先乃奸臣在內孤忠見嫉三軍捧出關之檄將士懷西歸之心棲遲絕野一飽無時脫巾狂噪雲師其見告矣明公誠從愚計移軍廣順召集義師三郡子弟喜公之來皆以昔非公死賊今非公死兵同心戮力一呼而裹糧從者可十萬孰與隻臂無援立而就死哉象昇泫然流涕而謂父老曰感父老義雖然自子與賊角經數十百戰未嘗衄今者分疲卒五千大敵西衝援師東隔事由中制食盡力窮旦夕死矣無徒累爾父老爲也衆號泣雷動各攜床頭斗粟餉軍或貽棗一升曰公煑爲糧十二月十一日進師至鉅鹿賈莊起潛擁關寧兵在雞澤距賈莊五十里而近象昇遣廷麟往乞援不應師至蒿水橋遇

大清兵象昇將中軍大威帥左國柱帥右遂戰夜半觱篥聲四起旦日騎數萬環之三匝象昇麾兵疾戰呼聲動天自辰迄未礮盡矢窮奮身鬭後騎皆進手擊殺數十人身中四矢三刃遂仆掌牧楊陸凱懼衆之殘其屍而伏其上背負二十四矢以死僕顧顯者殉一軍盡覆大威國柱潰圍乃得脫起潛聞敗倉皇遁不言象昇死狀嗣昌疑之有詔驗視廷麟得其屍戰場麻衣白網巾一卒遙見卽號泣曰此吾盧公也三郡之民聞之哭失聲順德知府于穎上狀嗣昌故靳之八十日而後殮明年象昇妻王請恤又明年其弟象晉象觀又請不許久之嗣昌敗廷臣多爲言者乃贈太子少師兵部尚書賜祭葬世廕錦衣千戸福王時追謚忠烈建祠奉祀象昇少有大志爲學不事章句居官勤勞倍下吏夜刻燭雞鳴盥櫛得一機要披衣起立行之暇卽角射箭鏃花五十步外發必中愛才惜下如不及三賜劍未嘗戮一偏裨高平知縣侯弘文者奇士也僑寓襄陽散家財募滇軍隨象昇討賊象昇移宣大弘文率募兵至楚巡撫王夢尹以擅驛聞象昇上疏救不得弘文卒遣戍天下由是惜弘文而多象昇象昇好畜駿馬皆有名字嘗逐賊南漳敗追兵至沙河水闊數丈一躍而過卽所號五明驥也方象昇之戰歿也嗣昌遣三邏卒察其死狀其一人俞振龍者歸言象昇實死嗣昌怒鞭之三日夜且死張目曰天道神明無枉忠臣於是天下聞之莫不欷歔益恚嗣昌矣其後南都亡象觀赴水死象晉爲僧一門先後赴難者百餘人從弟象同及其部將陳安死尤烈象觀崇禎十五年鄉薦第一成進士官中書象晉象同皆諸生象昇死時年三十九

劉之綸字元誠宜賓人家世務農之綸少從父兄力田間艾薪樵賣之市中歸而學書銘其座曰必爲聖人里中由是號之綸劉聖人天啓初舉鄉試奢崇明反以策干監司扼賊歸路監司不能用崇禎元年第進士改庶吉士與同館金聲及所客申甫三人者相與爲友造單輪火車偏廂車獸車刳木爲西洋大小礮不費司農錢明年冬京師戒嚴聲上書得召見薦之綸及甫帝立召之綸甫之綸言兵了了口辨帝大悅授甫京營副總兵賚之金十七萬召募改聲御史監其軍授之綸兵部右侍郎副尚書閔夢得協理京營戎政於是之綸賓賓以新進驟躋卿貳矣初正月元日有黑氣起東北亘西方甫見之大驚趣語之綸聲曰天變如此汝知之乎今年當喋血京城下可畏也聞者皆笑及冬十一月三日

大清兵破遵化十五日至薊上二十日薄都城自北而西都人從城上望之如雲萬許片馳風須臾已過遂克良鄉還至蘆溝夜殺甫一軍七千餘人黎明掩殺大帥滿桂孫祖壽生擒黑雲龍麻登雲以去之綸曰元日之言驗矣請行無兵則請京營兵不許則請關外川兵不許則議召募召募得萬人遂行抵通州時永平已陷天大雨雪之綸奏軍機七上不報明年正月師次薊當是時

大清兵蒙古諸部號十餘萬駐永平諸勤王軍數萬在薊之綸乃與總兵馬世龍吳自勉約由薊趨永平牽之無動而自率兵八路進攻遵化旣由石門至白草頂距遵化八里娘娘山而營世龍自勉不赴約二十二日

大清兵自永平趨三屯營驍騎三萬望見山上軍縱擊之之綸發礮礮炸軍營自亂左右請結陣徐退以爲後圖之綸叱曰毋多言吾受國恩吾死耳嚴鼓再戰流矢四集之綸解所佩印付家人持此歸報天子遂死一軍皆哭拔營野戰皆死之尸還矢飲於顱不可拔聲以齒嚙之出以授其家人初講官文震孟入都之綸聲往見之震孟敎以持重之綸旣受命視師驟貴廷臣抑之震孟使人諷之謂宜辭侍郎而易科銜以行不聽旣行通州守者不納雨雪宿古廟中御史董羽宸劾其行留之綸曰小人意忌有事則委卸無事則議論止從一侍郎起見耳乞削臣今官賜骸骨不許及戰死天子嘉其忠從優卹贈兵部尚書震孟止之曰死綏分也侍郎非不尊遂不予贈賜一祭半葬任一子之綸母老二子幼貧不能返柩請於朝給驛還久之贈尚書後十五年聲死難

邱民仰字長白渭南人萬曆中舉於鄉以教諭遷順天東安知縣釐宿弊十二事河醫歲旱蝗爲文祭禱河他徙蝗亦盡調繁保定之新城崇禎二年縣被兵晨夕登陴守四方勤王軍畢出其地民仰調度有方民不知擾擢御史號敢言時四方多盜鎭撫率怯愞不敢戰釀成大亂吳橋兵變列城多陷巡撫余大成孫元化皆主撫流賊擾山西巡撫宋統殷下令殺賊者抵死民仰先後疏論其非後皆如民仰言遭妻喪告歸出爲河間知府遷天津副使調大同監軍汝寧遷永平右參政移督寧前兵備民仰善理劇以故所移皆要地十三年三月擢右僉都御史代方一藻巡撫遼東按行關外八城駐寧遠十四年春錦州被圍塡壕毀塹聲援斷絕有傳其帥祖大壽語者逼以車營毋輕戰總督洪承疇集兵民仰轉餉未發帝憂之朝議兩端命郎中張若麒就行營計議若麒至則趣進師七月師次乳峰去錦州五六里而營旦日楊國柱之軍潰踰月王樸軍亦潰未幾馬科等五將皆潰

大清兵掘松山斷我歸路遂大敗蹂躙殺溺無算退保松山圍急外援不至芻糧竭至明年二月且半年矣城破承疇降民仰死若麒跳從海上蕩漁舟而還寧遠關門勁旅盡喪事聞帝驚悼甚設壇都城承疇十六民仰六賜祭盡哀贈民仰右副都御史官爲營葬錄其一子尋命建祠都城外與承疇竝列帝將親臨祭焉將祭聞承疇降乃止邱禾嘉貴州新添衞人舉萬曆四十一年鄉試好談兵天啓時安邦彥反捐貲製器協禽其黨何中蔚選祁門教諭以貴州巡撫蔡復一請遷翰林待詔參復一軍崇禎元年有薦其知兵者命條上方略帝稱

善卽授兵部職方主事三年正月薊遼總督梁廷棟入主中樞銜總理馬世龍違節制命禾嘉監紀其軍時永平四城失守樞輔孫承宗在關門聲息阻絕薊遼總督張鳳翼未至而順天巡撫方大任老病不能軍惟禾嘉議通關門聲援率軍入開平二月大清兵來攻禾嘉力拒守乃引去已分略古治鄉禾嘉令副將何可綱張洪謨金國奇劉光祚等迎戰抵灤州甫還而大清兵復攻牛門水門又督參將曹文詔等轉戰抵遵化而返無何四城皆復寧遠自畢自肅遇害遂廢巡撫官以經略兼之至是議復設廷棟力推禾嘉才超拜右僉都御史巡撫其地兼轄山海關諸處禾嘉初涖鎭大清兵以二萬騎圍錦州禾嘉督諸將赴救城獲全登萊巡撫孫元化議徹島上兵於關外規復廣寧及金海蓋三衞禾嘉議用島兵復廣寧義州右屯廷棟慮其難以咨承宗承宗上奏曰廣寧去海百八十里去河百六十里陸運難義州地偏去廣寧遠必先據右屯聚兵積粟乃可漸逼廣寧又言右屯城已隳修築而後可守築之敵必至必復大小凌河以接松杏錦州錦州繞海而居敵難陸運而右屯之後卽海據此則糧可給兵可聚始得爲發軔地奏入廷棟力主之於是有大凌築城之議會禾嘉訐祖大壽大壽亦發其贓私承宗不欲以武將去文臣抑使弗奏密聞於朝請改禾嘉他職四年五月命調南京太僕卿以孫穀代穀未至部檄促城甚急大壽以兵四千據其地發班軍萬四千人築之護以石砫土兵萬人禾嘉往視之條九議以上工垂成廷棟罷去廷議大凌荒遠不當城撤班軍赴薊責撫鎭矯舉令回奏禾嘉懼盡撤防兵留班軍萬人輸糧萬石濟之八月大清兵抵城下掘濠築牆四面合圍別遣一軍截錦州大道城外墩臺皆下城中兵出悉敗還禾嘉聞之馳入錦州與總兵官吳襄宋偉合兵赴救離松山三十餘里與大清兵遇大戰長山小凌河間互有傷損九月望大清兵薄錦州分五隊直抵城下襄偉出戰不勝乃入城二十四日監軍張春會襄偉兵過小凌河東五里築壘列車營爲大凌聲援大清兵扼長山不得進禾嘉遣副將張洪謨祖大壽靳國臣孟道等出戰五里莊亦不勝夜趨小凌河至長山接戰大敗春及副將洪謨楊華徵薛大湖等三十三人俱被執副將張吉甫滿庫王之敬等戰歿大壽不敢出凌城援自此絕敗書聞舉朝震駭孫穀代禾嘉未至而罷改命謝璉璉畏懼久不至後兵事亟召璉駐關外禾嘉留治中及是聞敗移駐松山圖再舉言官以推委詆之帝以禾嘉獨守松山非卸責戒飭而已大凌糧盡食人馬大清屢移書招之大壽許諾獨副將可綱不從十月二十七日大壽殺可綱與副將張存仁等三十九人投誓書約降是夕出見以妻子在錦州請設計誘降錦州守將而留諸子於大清禾嘉聞大凌城礮聲謂大壽得脫與襄及中官李明臣高起潛發兵往迎適大壽僞逃還遂俱入錦州大凌城人民商旅三萬有奇僅存三之一悉爲大清所有城亦被毀十一月六日大清復攻杏山明日攻中左所城上用礮擊乃退大壽入錦州未得間而禾嘉知其納款狀具疏聞於朝因初奏大壽突圍出前後不讐引罪請死於是言官交劾嚴旨飭禾嘉而帝於大壽欲羈縻之弗罪也新撫璉已至禾嘉猶在錦州會廷議山海別設巡撫詔罷璉令方一藻撫寧遠禾嘉仍以僉都御史巡撫山海永平尋論築城召釁罪貶二秩巡撫如故禾嘉請爲監視中官設標兵御史宋賢詆其諂附中人帝怒貶賢三秩禾嘉持論每與承宗異不爲所喜時有詆諆旣遭喪敗廷論益不容遂堅以疾請五年四月詔許還京以楊嗣昌代令其妻代陳病狀乃命歸田未出都卒明世舉於鄉而仕至巡撫者隆慶朝止海瑞萬曆朝張守中艾穆莊烈帝破格求才得十人邱民仰宋一鶴何騰蛟張亮以忠義著劉可訓以武功聞劉應遇孫元化徐起元皆以勤勞致位而陳新甲官最顯

贊曰危亂之世未嘗乏才顧往往不盡其用用矣或掣其肘而驅之必死若是者人實爲之要之亦天意也盧象昇在莊烈帝時豈非不世之才乃困抑之以至死何耶至忠義激發危不顧身若劉之綸邱民仰之徒又相與俱盡則天意可知矣

明史卷二百六十二　列傳第一百五十

總裁官總理事務經筵講官少保兼太子太保保和殿大學士兼管吏部戶部尚書事加六級臣張廷玉等奉敕修

傅宗龍　汪喬年　張國欽等

楊文岳傅汝爲等　孫傳庭

傅宗龍字仲綸昆明人萬曆三十八年進士除銅梁知縣調巴縣行取入爲戶部主事久之授御史天啟元年遼陽破帝下募兵之令宗龍請行一月餘得精卒五千明年安邦彥反圍貴陽土寇蜂起請發帑金濟滇將士開建昌通由蜀入滇之路別設偏沅巡撫罷湖廣退怯總兵薛來允帝多採納之又上疏自請討賊言爲武定尋甸患者東川土酋祿千鍾爲霑益羅平患者賊婦設科及其黨李賢輩攻圍普安爲滇黔門戶患者龍文治妻及其黨尹二困安南據關索嶺者沙國珍及羅應魁輩困烏撒者安效良臣皆悉其生平非臣敵臣願以四川巡按兼貴州監軍滅此羣醜帝大喜下所司議會宗龍以疾歸不果行四年正月貴州巡撫王三善爲降賊陳其愚所紿敗歿其夏卽家起宗龍巡按其地兼監軍初部檄滇撫閔洪學援黔以不能過盤江而止宗龍旣被命洪學令參政謝存仁參將袁善及土官普名聲沙如玉等以兵五千送之宗龍直渡盤江戰且行寇悉破乃謝遣存仁善以名聲等土兵七百人入貴陽禽斬其愚軍民大快宗龍盡知黔中要害及土酋逆順將士勇怯巡撫蔡復一倚信之請敕宗龍專理軍務設中軍旗鼓裨將以下聽賞罰可之宗龍乃條上方略又備陳黔中艱苦請大發餉金亦報可初三善令監軍道臣節制諸將文武不和進退牽制宗龍反其所爲令監軍給芻糧覈功罪不得專進止由是諸將用命連破賊汪家冲蔣義寨直抵織金五年正月總理魯欽敗績於陸廣河宗龍上言不合滇蜀則黔不能平賊不專總督任則不能合滇蜀兵請召還朱燮元以復一兼督四川開府遵義而移蜀撫駐永寧滇撫駐霑益黔撫駐陸廣沅撫駐偏橋四面並進發餉二百萬金給之更設黔蜀巡撫帝以復一新敗令解官卽以燮元代而命尹同皐撫蜀王瑊撫黔沅撫閔夢得移鎭一如宗龍議陸廣敗後諸苗復蠢動復一宗龍謀討破烏粟螺螄長田諸叛苗大破平越賊毀其砦百七十賊黨漸孤宗龍乃條上屯守策言蜀以屯爲守黔則當以守爲屯蓋安酋土地半在水外仡佬龍仲蔡苗諸雜種緩急與相助賊有外藩我無邊蔽黔兵所以分力愈詘臣謂以守爲屯者先發兵據河奪賊所恃然後撫勦諸種隨渡口大小置大小寨深溝高壘置烽墩礮臺小渡則塞以木石使一粟不入水內一賊不出水外賊無如我何又令沿河兵習水戰當賊耕耨時頻出奇兵渡河擾之賊不敢附河而居而後我可以議屯也屯之策有二一曰清衞所原田一曰割逆賊故壤而以衞所之法行之蓋黔不患無田患無人客兵聚散無常不能久駐莫若倣祖制盡舉屯田以授有功因功大小爲官高下自指揮至總小旗畀以應得田爲世業而禁其私賣買不待招徠戶口自實臣所謂以守爲屯者如此然兵當用四萬八千人餉當歲八十餘萬時當閱三年如此而後賊可盡滅也部議從之復一卒王瑊代事悉倚辦宗龍乃漸剪水外逆黨將大興屯田邦彥懼謀沮之六年三月大舉渡河入寇宗龍擊破邦彥趙官屯斬老蟲添威名大著當是時大帥新亡全黔震動燮元遠在蜀瑊擁虛位非宗龍黔幾殆詔加太僕少卿憂歸崇禎三年起故官用孫承宗薦擢右僉都御史巡撫順天未幾拜兵部右侍郎兼僉都御史總督薊遼保定軍務用小故奪官矣居久之十年十月流寇大入蜀陷蜀三十餘州縣帝拊髀而思宗龍曰使宗龍撫蜀賊安至是哉趣卽家起宗龍宗龍至蜀代王維章與總兵羅尚文禦却賊十二年五月以楊嗣昌薦召爲兵部尚書去蜀宗龍自定黔亂後凡十有四年輒起用用不久輒還去八月至京入見帝宗龍爲人伉直任氣不能從諛承意帝憤中樞失職嗣昌以權詭得主知宗龍樸忠初入見卽言民窮財盡帝頗然之顧狠狠言不已遂怫然曰卿當整理兵事爾旣退語嗣昌曰何哉宗龍善策黔而所言皐皐皆他人唾餘何也自是所奏請多中格熊文燦旣罷宗龍乃言向者賊流突東西嗣昌故建分勦之策今則流突者各止其所臣請收勢險節短之效總理止轄楚豫秦督兼轄四川鳳督兼轄安慶各率所轄撫鎭期十二月成功因薦湖廣巡撫方孔炤堪代文燦帝不用用嗣昌督師嗣昌旣督師上章請兵食不悉應劾中樞不任宗龍亦劾嗣昌徒耗敝國家不能報效以氣凌廷臣會薊遼總督洪承疇請用劉肇基爲團練總兵官中官高起潛又揭肇基恇怯宗龍不卽覆帝遂發怒責以抗旨令對狀奏上復以戲視封疆下吏法司擬戍邊不許欲寘之死在獄二年矣十四年春嗣昌死尚書陳新甲薦其才帝未有以應也良久曰樸忠吾以夙負用之宜盡死力遂釋之出獄以兵部右侍郎兼右僉都御史代丁啟睿總督陝西三邊軍務當

是之時李自成有衆五十萬自陷河洛犯開封羅汝才復自南陽趨鄧淅與合兵帝命宗龍專辦自成議盡括關中兵餉以出然屬郡旱蝗已不能應九月四日以川陝兵二萬出關次新蔡與保督楊文岳兵會賀人龍李國奇將秦兵虎大威將保兵共結浮橋東渡汝合兵趨項城五日兩軍畢渡走龍口自成汝才亦結浮橋於上流將趨汝寧覘兩督兵至盡伏精銳於林中陽驅諸賊自浮橋西渡人龍使後騎覘賊還報曰賊向汝矣結浮橋將渡矣宗龍文岳夜會諸將於龍口詰朝將戰六日兩軍並進中道一騎馳而告曰賊畢渡矣復進一騎馳而告曰賊半渡矣三分渡其二矣宗龍文岳曰驅之走三十里至於孟家莊日卓午人龍大威曰馬力乏矣詰朝而戰止兵爲營諸軍弛馬甲植戈鋅散行墟落求芻牧賊覘之塵起於林中伏甲並出搏我兵人龍有馬千騎不戰國奇以麾下兵迎擊之不勝秦兵保兵俱潰人龍大威奔沈邱國奇從之三帥師潰宗龍文岳合兵屯火燒店賊以步兵攻其營諸軍鳴大礮震死賊百餘日暮賊引去宗龍軍西北文岳軍東南晝塹而守保兵宵潰保督副將挾文岳騎而馳夜奔於項城宗龍復分秦兵立營於東南諸將分壁當賊壘九日檄人龍國奇還兵救二帥不應宗龍曰彼避死宜不來吾豈避死哉語其麾下曰宗龍老矣今日陷賊中當與諸軍決一死戰不能效他人捲甲走也召裨校李本實郎文岳壁穿塹築壘以拒賊賊亦穿壕二重以圍之十一日秦師食盡宗龍殺馬騾以享軍明日營中馬騾盡殺賊取其屍分噉之十八日營中火藥鉛子矢並盡宗龍簡士卒夷傷死喪之餘有衆六千夜半濳勒諸軍突賊營殺千餘人潰圍出諸軍星散宗龍徒步率諸軍且戰且走十九日日卓午未至項城八里賊追及之執宗龍呼於門曰秦督闓隨官丁也請啟門納秦督宗龍大呼曰我秦督也不幸墮賊手左右皆賊耳賊唾宗龍宗龍罵賊曰我大臣也殺則殺耳豈能爲賊賺城以緩死哉賊抽刀擊宗龍中其腦而仆斲其耳鼻死城下事聞帝曰若此可謂樸忠矣復官兵部尚書加太子少保諡忠壯廕子錦衣世百戶予祭葬人龍國奇兵潰歸陝賊遂屠項城分兵屠商水扶溝遂攻葉縣

汪喬年字歲星遂安人天啟二年進士授刑部主事歷郎中母憂歸崇禎二年起工部遷青州知府以治行卓異遷登萊兵備副使乞終養歸父喪除起官平陽遷陝西右參政提督學校再以卓異就遷按察使喬年清苦自勵惡衣菲食之官攜二僕不以家自隨爲青州行廊置土銼十餘訟者自炊候鞫吏無敢索一錢自負才武休沐輒馳騎習弓刀擊刺寢處風露中十四年擢右僉都御史巡撫陝西時李自成已破河南聲言入關喬年疾驅至商洛不見賊賊圍開封而三邊總督傅宗龍亦至陝議抽兵括餉則關中兵食已盡無以應宗龍喬年握手欷歔而別未幾宗龍敗歿於項城喬年流涕歎曰傅公死討賊無人矣已又聞詔擢喬年兵部右侍郎總督三邊軍務代宗龍部檄踵至趣出關是時關中精銳盡沒於項城喬年曰兵疲餉乏當方張之寇我出如以肉餧虎耳然不可不一出以持中原心乃收散亡調邊卒得馬步三萬人十五年正月率總兵賀人龍鄭嘉棟牛成虎出潼關先是臨潁爲賊守左良玉破而屠之盡獲賊所擄自成聞之怒舍開封而攻良玉良玉退保郾城賊圍之急喬年諸將議曰郾城危在旦夕吾趨郾賊方銳難與爭鋒吾聞襄城距郾四舍賊老砦咸在吾舍郾而以精銳攻其必應賊必還兵救則郾城解矣郾城解我擊其前良玉乘其背賊可大破也諸將皆曰善乃留步兵火器於洛陽簡精騎萬人兼程進次郟縣襄城人張永祺等迎喬年二月二日喬年入襄城分人龍嘉棟成虎軍三路駐城東四十里逼郾城而軍而自勒兵駐城外賊果解郾城而救襄城賊至三帥奔良玉救不至軍大潰喬年歎曰此吾死所也率步卒千餘入城守賊穴地實火藥攻城喬年亦穿阱視所鑿長矛刺之賊礮擊喬年坐纛雉堞盡碎左右環泣請避之喬年怒以足蹴其首曰汝畏死我不畏死也二十七日城陷巷戰殺三賊自剄不殊爲賊所執大罵賊割其舌磔殺之襄城人建祠而祀之時張國欽張一貫黨威李萬慶及監紀西安同知孫兆祿材官李可從襄城知縣曹思正從喬年皆死之萬慶者降將射塌天也又有馬帥某者逸其名兆祿盩厔人黨威神木人餘莫考黨威則嘗擊賊於西雒峪禽賊首賓阿婆者也自成購永祺不得屠其族劓刖諸生劉漢臣等百九十人自成數月之間再敗秦師獲馬二萬降秦兵又數萬威震河雒

初喬年之撫陝西也奉詔發自成先塚米脂令邊大受河間靜海舉人健令也詗得其族人爲縣吏者掠之言去縣二百里曰李氏村亂山中十六塚環而葬中其始祖也相傳穴仙人所定壙中鐵燈檠鐵燈不滅李氏興如其言發之螻蟻數石火光熒熒然斲棺骨青黑被體黃毛腦後穴大如錢赤蛇盤三四寸角而飛高丈許咋吞日光者六七反而伏喬年函其顱骨腊蛇以聞焚其餘雜以穢棄之自成聞之嚙齒大恨曰吾必致死於喬年既殺喬年由西華攻陳州

楊文岳字斗望南充人萬曆四十七年進士授行人天啟五年擢兵科給事中屢遷禮科都給事中崇禎二年出爲江西右參政歷湖廣廣西按察使雲南山西左右布政使以右副都御史巡撫登萊十二年擢兵部右侍郎總督保定山東河北軍務代孫傳庭十四年正月李自成陷洛陽犯開封文岳率總兵虎大威以衆二萬赴救渡河賊先遁追擊於鳴皐還駐兵開封疫作乃頓兵於汝寧出屯西平新蔡間七月自成走內鄉淅川與羅汝才合文岳趨鄧州自成還攻之文岳戰三捷斬其魁一條龍一隻龍賊遁去九月會陝西總督傅宗龍於新蔡與賊遇大潰於孟家莊再潰於火燒店部將挾文岳夜入於項城明日奔陳州宗龍遂覆沒事聞文岳革職充爲事官戴罪自贖乃收集散亡率所部就巡撫高名衡防杞賊遂破葉縣拔泌陽乘勝陷南陽殺唐王下鄧州等十四城再圍開封明年正月文岳馳救開封論功復官臨潁爲賊守左良玉破而屠之退保郾城自成圍郾城二月督師丁啟睿及文岳大威救郾城賊潰距官軍數里而營文岳啟睿相犄角持十一晝夜總督汪喬年出關賊引去再攻開封六月詔起侯恂兵部右侍郎總督保定山東河南湖北軍務代文岳命所司察文岳罪狀七月朔文岳啟睿合良玉大威及楊德政方國安四總兵之師次朱仙鎮諸軍盡潰啟睿文岳奔汝寧賊渡河追奔四百里官軍失亡數萬詔褫官候勘九月文岳在汝寧夜襲賊營有功賊既灌開封旋敗孫傳庭兵以閏十一月悉衆薄汝寧老佪佪革裏眼左金王等畢會文岳遣都司康世德以輕騎偵賊世德走還汝將其步騎五百夜縱火噪而奔十三日羣賊並至歷汝寧五里而軍監軍僉事孔貞會以川兵屯城東文岳以保兵屯城西賊兵進攻相持一晝夜川兵潰殺傷數百賊奪其馬騾悉衆攻保兵漸不支僉事王世琮知府傅汝爲通判朱國寶總將士入城副將賈悌參將馬名聖亦掖文岳貞會登城明日賊四面環攻載扉以障矢石雲梯堵牆而立城頭矢礮擂石雨集賊死傷山積而攻不休一鼓百道並登執文岳及世琮國寶悌名聖於城頭殺汝陽知縣文師頤於城上汝爲聞變赴水死賊擁文岳等見自成大罵賊怒縛之城南三里鋪以大礮擊之洞胃糜骨而死士民屠戮數萬焚公私廨舍殆盡貞會執去不知所終自成以文岳死忠備禮斂之遂拔營走確山信陽泌陽嚮襄陽虜崇王由樻崇世子諸王妃及河南懷安諸王以行汝爲字于宣江陵人崇禎七年進士世琮字仲發達州人國寶成都人師頤全州人皆舉人世琮嘗爲汝寧推官討土寇流矢貫耳不爲動時號王鐵耳者也師頤涖任甫三日

孫傳庭字百雅代州振武衛人自父以上四世舉於鄉傳庭儀表頎碩沈毅多籌略萬曆四十七年成進士授永城知縣以才調商邱天啟初擢吏部驗封主事屢遷稽勳郎中請告歸家居久不出崇禎八年秋始還驗封郎中超遷順天府丞陝西巡撫甘學濶不能討賊秦之士大夫譁於朝乃推邊才用傳庭以九年三月受代傳庭涖秦嚴徵發期會一從軍興法秦人愛之不如總督洪承疇然其才自足辦賊賊首整齊王據商雒諸將不敢攻檄副將羅尚文擊斬之當是時賊亂關中有名字者以十數高迎祥最強拓養坤黨最衆所謂闖王蝎子塊者也傳庭設方略親擊迎祥於盩厔之黑水峪禽之及其僞領哨黃龍總管劉哲獻俘闕下錄功增秩一等而賊黨自是乃共推李自成爲闖王矣明年養坤及其黨張耀文來降已而養坤叛去論其下追斬之擊賊惠登相於涇陽三原登相西走河南賊馬進忠劉國能等十七部入渭南追之出關復合河南兵夾擊之先後斬首千餘級進忠等復擾商雒藍田叛卒與之合將犯西安遣左光先曹變蛟追走之渭南降其渠一條龍招還脅從募健兒擊餘賊斬聖世王飛背一翅飛降鎮天王上山虎又殲白捍賊渠魁數人關南稍靖遣副將盛略等敗賊大天王於寶鷄賊走入山谷傳庭追之鳳翔他賊出棧道謀越關犯河南還軍擊賊走伏斜谷復大敗之降其餘衆西安四衛舊有屯軍二萬四千田二萬餘頃其後田歸豪右軍盡虛籍傳庭釐得軍萬一千有奇歲收屯課銀十四萬五千餘兩米麥萬三千五百餘石帝大喜增秩賚銀幣會楊嗣昌入爲本兵條上方略洪承疇以秦督兼勦務而用廣撫熊文燦爲總理分四正六隅馬三步七計兵十二萬加派至二百八十萬期百日平賊傳庭移書爭之曰無益且非特此也部卒屢經潰踧民力竭矣恐不堪命必欲行之賊不必盡而害中於國家累數千言嗣昌大忤部議秦撫當一正面募土著萬人給餉銀二十三萬以商雒等處爲汛守傳庭知其不可用也乃核帑藏踰贖鍰得銀四萬八千市馬募兵自辦滅賊具不用部議會諸撫報募兵及額傳庭疏

獨不至嗣昌言軍法不行於秦自請白衣領職以激帝怒傳庭奏曰使臣如他撫藉郡縣民兵上之遂謂及額則臣先所報屯兵已及額矣況更有募練馬步軍數且踰萬何嘗不遵部議至百日之期商雒之汛守臣皆不敢委然使賊入商雒而臣不能禦則治臣罪若臣扼商雒而踰期不能滅賊誤勦事者必非臣嗣昌無以難然銜之彌甚傳庭兩奉詔進秩當加部銜嗣昌抑弗奏十一年春賊破漢陰石泉則坐傳庭失援削其所加秩傳庭出扼商雒大天王等犯慶陽寶雞還軍戰合水破走之獲其二子追擊之延安過天星混天星等從綏秦趨鳳翔逼澄城傳庭分兵五道擊之楊家嶺黃龍山大破之斬首二千餘級大天王知二子不殺遂降賊引而北犯延安傳庭策鄜州西合水東三四百里荒山邃谷賊入當自斃乃率標兵中部遏其東檄變蛟慶陽拒其西伏兵三水淳化間賊饑出掠食則大張旗幟鳴鼓角以邀之一日夜馳二百五十里賊大驚西奔至職田莊遇伏而敗復走寶雞取棧道再中伏大敗折而走隴州關山道又爲伏兵所挫三敗賊死者無算過天星混天星竝降又逐賊邠寧間陷陣獲其渠河南賊馬盡忠馬光玉驅宛洛之衆其張而西傳庭擊之賊還走又設伏於潼關原變蛟逐賊入伏而闖王李自成者爲洪承疇所逐盡亡其卒以十八騎潰圍遁關中羣盜悉平是爲崇禎之十一年春也捷聞大喜先敘澄城之捷命加傳庭部銜嗣昌仍格不奏當是時總理熊文燦主撫湖廣賊張獻忠已降惟河南賊如故羅汝才馬進忠賀一龍左金王等十三部西窺潼關聯營數十里傳庭計曰天下大寇盡在此矣我出擊其西總理擊其東賊不降則滅此賊平天下無賊矣獻忠卽狙伏無能爲也乃遂引兵東大敗賊閿鄉靈寶山間貫其營而東復自東以西賊窘甚以文燦招降手諭上言旦夕且降傳庭曰爾曹日就熊公言撫而日攻堡屠寨不已是僞也降卽解甲來有說卽非眞降吾明日進兵矣明日擐甲而出得文燦檄於途中曰毋妬吾撫功又進得本兵嗣昌手書亦云傳庭怏怏撤兵還然賊迄不就撫移瞰商雒文燦悔期傳庭夾擊屬吏王文清等三戰三敗之賊奔內鄉淅川而去傳庭旣屢建大功其將校數奏旨優敘嗣昌務抑之不爲奏傳庭懇請上其籍於部嗣昌曰需之十月京師戒嚴召傳庭及承疇入衞擢兵部右侍郎兼右僉都御史代總督盧象昇督諸鎭援軍賜劍當是時傳庭提兵抵近郊與嗣昌不協又與中官高起潛忤降旨切責不得朝京師承疇至郊勞且命陛見傳庭不能無觖望無何嗣昌用承疇以爲薊督欲盡留秦兵之入援者守薊遼傳庭曰秦軍不可留也留則賊勢張無益於邊是代賊撤兵也秦軍妻子俱在秦兵日殺賊以爲利久留於邊非譁則逃不復爲吾用必爲賊用是驅民使從賊也安危之機不可不察也嗣昌不聽傳庭爭之不能得不勝鬱鬱耳遂聾傳庭初受命疏言年來疆事決裂由計畫差謬事竣當面請決大計明年帝移傳庭總督保定山東河南軍務旣解嚴疏請陛見嗣昌大驚謂傳庭將傾之斥來役賁疏還之傳庭傳庭慍引疾乞休嗣昌又劾其託疾非眞聾帝遂發怒斥爲民下巡撫楊一儁覈眞僞一儁奏言眞聾非託疾并下一儁獄傳庭長繫待決舉朝知其冤莫爲言在獄三年文燦嗣昌相繼敗而是時闖王李自成者已攻破河南矣犯開封執宗龍殺唐王兵散而賊益橫帝思傳庭言朝士薦者益衆十五年正月起傳庭兵部右侍郎親御文華殿問勦賊安民之策傳庭侃侃言帝嗟歎久之燕勞賞賚甚渥命將禁旅援開封開封圍已解賊殺陝督汪喬年帝卽命傳庭往代大集諸將於關中縛援勦總兵賀人龍坐之麾下數而斬之謂其開縣噪歸猛帥以孤軍失利而獻曹出柙也又謂其遇敵先潰新蔡襄城連喪二督也諸將莫不洒然動色者傳庭旣已誅殺人龍威讋三邊日夜治軍爲平賊計而賊遂已再圍開封詔御史蘇京監延寧甘固軍趣傳庭出關傳庭上言兵新募不堪用帝不聽傳庭不得已出師以九月抵潼關大雨連旬自成決馬家口河灌開封開封已陷傳庭趨南陽自成西行逆秦師傳庭設三覆以待賊牛成虎將前軍左勷將左鄖嘉棟將右高傑將中軍成虎陽北以誘賊賊奔入伏中成虎還兵而鬭高傑董學禮突起翼之左勷鄖嘉棟左右橫擊之賊潰東走斬首千餘追三十里及之郟縣之冢頭賊棄甲仗軍資於道秦兵趨利賊覘我軍囂反兵乘之左勷蕭慎鼎之師潰諸軍皆潰副將孫枝秀躍馬以追賊擊殺數十騎賊兵圍之馳突不得出馬蹶被執植立不撓以刃臨之瞠目不答一人曰此孫副將也遂殺之參將黑尚仁亦被執不屈而見殺覆軍數千材官小將之歿者張騃奎李棲鳳任光裕戴友仁以下七十有八人賊倍獲其所喪馬傳庭走鞏由孟入關執斬愼鼎罰勷馬以二千以勷父光先故貸勷是役也天大雨糧不至士卒採青柿以食凍且餒故大敗豫人所謂柿園之役也傳庭旣已敗歸陝西計守潼關扼京師上游且我軍新集不利速戰乃益募勇士開屯田繕器積粟三家出壯丁一火車載火礮甲仗者三萬輛戰則驅之拒馬止則環以自衞督工苛急夜以繼日秦民不能堪而關中頻歲饑駐大軍餉之士大夫厭苦傳庭所爲用法嚴不樂其在秦相與譁於朝曰秦督翫寇矣又相與危語恫脇之曰秦督不出關收者至矣明年五月命兼督河南四川軍務尋進兵部尚書改稱督師加督山西湖廣貴州及江南北軍務賜劍趣戰益急傳庭頓足歎曰奈何乎吾固知往而不返也然大丈夫豈能再對獄吏乎頃之不得已遂再議出師總兵牛成虎將前鋒高傑將中軍王定官撫民將延寧兵爲後勁白廣恩統火車營檄左良玉赴汝寧夾擊當是時自成已據有河南湖北十餘郡自號新順王設官置戍營襄陽而居之將由內淅窺商雒盡發荆襄兵會於汜水滎澤伐竹結筏人佩三葫蘆將謀渡河傳庭分兵防禦八月十日傳庭出師潼關次於閿鄉二十一日師次陝州檄河南諸軍渡河進勦九月八日師次汝州僞都尉四天王李養純降養純言賊虛實諸賊老營在唐縣僞將吏屯寶豐自成精銳盡聚於襄城遂破賊寶豐斬僞州牧陳可新等遂擣唐縣破之殺家口殆盡賊滿營哭轉戰至郟縣遂禽僞果毅將軍謝君友斫賊坐纛尾自成幾獲賊奔襄城大軍遂進逼襄城賊懼謀降自成曰無畏我殺王焚陵罪大矣姑決一死戰不勝則殺我而降未晚也而大軍時皆露宿與賊持久雨道濘糧車不能前士饑攻郟破之獲馬羸噉之立盡雨七日夜不止後軍譁於汝州賊大至流言四起不得已還軍迎糧留陳永福爲後拒前軍旣移後軍亂永福斬之不能止賊追及之南陽官軍還戰賊陣五重饑民處外次步卒次馬軍又次驍騎老營家口處內戰破其三重賊驍騎殊死鬭我師陣稍動廣恩軍將火車者呼曰師敗矣脫輓輅而奔車傾塞道馬絓於衡不得前賊之鐵騎淩而騰之步賊手白棓遮擊中者首兜鍪俱碎自成空壁躡我一日夜官兵狂奔四百里至於孟津死者四萬餘失亡兵器輜重數十萬傳庭單騎渡垣曲由閿鄉濟賊獲督師坐纛乘勝破潼關大敗官軍傳庭與監軍副使喬遷高躍馬大呼而歿於陣廣恩降賊傳庭屍竟不可得傳庭死關以內無堅城矣初傳庭之出師也自分必死顧語繼妻張夫人曰爾若何夫人曰丈夫報國耳毋憂我及西安破張率二女三妾沉於井揮其八歲兒世寧亟避賊去之兒踰牆墮民舍中一老翁收養之長子世瑞聞之重趼入秦得夫人屍井中面如生翁歸其弟世寧相扶攜還道路見者知與不知皆泣下傳庭死時年五十有一矣傳庭再出師皆以雨敗也或言傳庭未死者帝疑之故不予贈廕傳庭死而明亡矣

贊曰流賊蔓延中原所恃以禦賊者獨秦兵耳傅宗龍孫傳庭遠近相望倚以辦賊汪喬年楊文岳奮力以當賊鋒而終於潰僨此殆有天焉非其才之不任也傳庭敗死賊遂入關勢以愈熾存亡之際所係豈不重哉

明史卷二百六十三　列傳第一百五十一

總裁官總理事務經筵講官少保兼太子太保保和殿大學士兼管吏部戶部尚書事加六級臣張廷玉等奉

敕修

宋一鶴 沈壽崇　蕭漢　馮師孔 黃絅等

林日瑞 郭天吉等　蔡懋德 趙建極等

衞景瑗 朱家仕等　朱之馮 朱敏泰等

陳士奇 陳纁等　龍文光 劉佳引

劉之勃 劉鎭藩

宋一鶴宛平人爲諸生見天下大亂卽究心兵事崇禎三年舉於鄉授教諭以薦遷邱縣知縣復以薦加東昌同知仍知縣事巡按御史禹好善以一鶴知兵薦之授兵部員外郎尋擢天津兵備僉事改飭汝南兵備駐信陽時熊文燦總理南畿河南山西陝西湖廣四川軍務主撫議一鶴降其盜魁黃三耀又降其死賊順天王之黨劉喜才一鶴先後勦劇賊斬首七百有奇從副將龍在田破賊固始一鶴毒殺其賊千人左良玉降其賊李萬慶一鶴撫而定之數萬文燦屢上其功薦之進副使調鄖陽文燦誅楊嗣昌代以一鶴能薦之擢右僉都御史代方孔炤巡撫湖廣時湖廣賊爲諸將所逼多竄入四川一鶴以雲南軍移鎭當陽中官劉元斌以京軍移鎭荆門相犄角左良玉等大破賊於瑪瑙山一鶴敘功增俸遣副將王允成孫應元等大破賊汝才五大營於豐邑坪斬首三千餘級嗣昌署一鶴荆楚第一功獻忠陷襄陽與革裏眼左金王等東萃黃州汝寧間一鶴移駐蘄州焚舟過賊渡賊移而北一鶴又斷横江賊不敢渡嗣昌卒丁啓睿代啓睿破獻忠於麻城會一鶴及鳳陽總督朱大典安慶巡撫鄭二陽壓賊左金王老回回等於潛山懷寧山中一鶴又督參將王嘉謨等追破左金王爭世王治世王於燈草坪斬首千八百級十五年遣部將陳治等合江北兵破賊於桐城舒城一鶴起鄉

舉不十年秉節鉞廷臣不能無枝御史衞周允上疏醜詆一鶴一鶴屢建功然亦往往蒙時詬嗣昌父名鶴一鶴投揭自署其名曰一鳥楚人傳笑之一鶴亦連疏引疾帝疑其僞下所司嚴核先以襄陽陷奪職戴罪至是許解官候代趨救汝寧汝寧城已陷十二月襄陽德安荆州連告陷一鶴趨承天護獻陵軍柵木爲城賊積薪燒之烟暨純德山城穿一鼓而登犯獻陵毀祾殿守陵巡按御史李振聲總兵官錢中選皆降遂攻承天歲除明年正月二日有以城下賊者城陷一鶴自經故留守沈壽崇鍾祥知縣蕭漢俱死分巡副使張鳳翥走入山中先是左良玉軍擾襄樊一鶴疏糾之既良玉自襄走承天軍餞而掠乞餉於一鶴不許良玉銜之至是一鶴謀留良玉兵良玉走武昌故及於難壽崇宣城人都督有容子崇禎初武進士忤巡按被劾罷未行而賊至遂及於難贈都督僉事廕子錦衣百戶漢字雲濤南豐人崇禎十年進士秩滿將行賊薄城即辭家廟投帨於妾媵曰男忠女烈努力自盡遂出登陴拒守五晝夜元旦突圍出趨獻陵賊騎環之漢大呼鍾祥令在誰敢驚陵寢者賊挾之去不殺說降不聽明日城陷送漢吉祥寺謹視之求死不得越三日從僧榻得剃刀藏之取敝紙書楊繼盛絕命詞紙盡投筆起復拾土塊畫鍾祥縣令蕭漢願死此寺十字於壁即對壁自刎血正濺字上死矣賊嘉其義用錦衣斂而瘞之賊退其門人改斂之以時服曰嗚呼大白其無纇乎吾師肯服賊服乎恐易之詔贈漢大理寺丞振聲米脂人與自成同縣而同姓自成呼之爲兄後復殺之將發獻陵大聲起山谷若雷震虎嗥懼乃止

馬師孔字景魯原武人萬曆四十四年進士授刑部主事歷員外郎郎中恤刑陝西釋疑獄百八十人天啟初出爲眞定知府遷井陘兵備副使憂歸崇禎二年起臨鞏兵備改固原再以憂歸服闋起懷來兵備副使移密雲忤鎮守中官鄧希詔希詔摭他事劾之下吏削籍歸十五年詔舉邊才用薦起故官監通州軍勤王兵集都下剽刧公行割婦人首報功師孔大怒以其卒抵死明年舉天下賢能方面官鄭三俊薦師孔六月擢右僉都御史代蔡官治巡撫陝西調兵食趣總督孫傳庭出關當是之時賊十三家七十二營降師殆盡惟李自成張獻忠存自成尤強據襄陽以河洛荆襄四戰之地關中其故鄉士馬甲天下據之可以霸決策西向憚潼關天險將自浙川龍車寨問道入陝西傳庭聞之令師孔率四川甘肅兵駐商雒爲犄角而師孔趣戰無何我師敗績於南陽賊遂乘勝破潼關大隊長驅勢如破竹師孔整衆守西安人或咎師孔趣師致敗也賊至守將王根子開門入之十月十一日城陷師孔投井死同死者按察使黃絅長安知縣吳從義秦府長史章尚絅指揮崔爾達絅字季侯光州人天啟二年進士崇禎中以淮海兵備副使憂歸流賊陷州城絅方廬墓山中子彝如死於賊其妹亦被難服除起臨鞏兵備副使調番兵大破李自成潼關原尋以右參政分守洮岷擢陝西按察使自成勸之降叱曰潼關之役汝我戮餘也今日肯降汝耶妻王赴井絅得間亦赴井皆死贈太常卿謚忠烈尚絅會稽人聞城陷投印井中冠服趨王府端禮門雉經贈按察司副使從義山陰人兒時夢一人拊其背曰歲寒松栢其在斯乎崇禎十三年成進士之官兵荒從義練丁壯三百人殺賊賊破秦從義曰嗟乎豈非天哉吾唯昔夢是踐矣遂投井死贈按察司僉事爾達不知何許人亦投井死之自是長安多義井賊遂執秦王存樞處其宮署置百官稱王西安坐王府中日執士大夫拷掠索金錢分兵四出攻抄有小吏邱從周者長不及三尺乘醉罵自成曰若一小民無賴妄踞王府將僭僞號而所爲暴虐若此何能久賊怒斫殺之而布政使平湖陸之祺及里居吏部郎乾州宋企郊提學僉事眞寧鞏焴皆降賊得寵用先是戶部尚書倪元璐奏曰天下諸藩孰與秦晉秦晉山險用武國也請諭二王以勳賊保秦責秦王以遏賊不入責晉王王能殺賊假王以大將軍權不能殺賊悉輸王所有餉軍與其資盜賊平益封王各一子如親王亦足以明報矣二王獨不鑒十一宗之禍乎賢王忠而熟於計必知所處矣書上不報至是賊果破秦悉爲賊有焉

林日瑞字浴元詔安人萬曆四十四年進士崇禎初以江西右參政憂歸服闋起故官分守湖廣屬縣鉛山界閩妖人聚山中謀不軌圍鉛山日瑞擊敗之擣其巢屢遷陝西左右布政使十五年夏遷右僉都御史代呂大器巡撫甘肅明年十一月李自成屠慶陽其別將賀錦犯蘭州蘭州人開城迎賊賊遂渡河涼州莊浪二衞降即進逼甘州日瑞聞賊急結西羌嚴兵以待而自率副將郭天吉等扼諸河干十二月賊踏冰過直抵甘州城下日瑞入城戰且守大雪深丈許樹盡介角幹折手足皸瘃守者咸怨賊乘夜坎雪而登城陷執日瑞誘以官不從磔於市初日瑞撫甘肅廷議以其不任也遣楊汝經代之未至日瑞遂及於難天吉及總兵官馬爌撫標中軍哈維新姚世儒監紀同知藍臺里居總兵官羅俊傑趙宦並死之賊殺居民四萬七千餘人三邊旣陷列城望風降惟西寧衞固守不下賊無後顧乃長驅而東福王時贈日瑞兵部尚書臺太僕寺少卿皆賜祭葬

蔡懋德字維立崑山人少慕王守仁爲人著管見宗良知之說舉萬曆四十七年進士授杭州推官天啓問行取入都同鄉顧秉謙柄國懋德不與通秉謙怒以故不得顯擢授禮部儀制主事進祠祭員外郎尚書率諸司往謁魏忠賢祠懋德託疾不赴崇禎初出爲江西提學副使好以守仁拔本塞源論教諸生大抵釋氏之緒論遷浙江右參政分守嘉興湖州劇盜屠阿丑有衆千餘出沒太湖懋德曰此可計禽也悉召瀕湖豪家把其罪簡壯士與同發遂禽阿丑皆曰懋德知兵內艱服除起井陘兵備旱懋德禱即雨他鄉爭迎以禱又輒雨調寧遠以守松山及修臺堡功敘賚會災異求言懋德上省過治平二疏規切君相一時咸笑爲迂懋德好釋氏律身如苦行頭陀楊嗣昌謂其淸修弱質不宜處邊地改濟南道濟南新殘破大吏多缺人懋德攝兩司及三道印遷山東按察使河南右布政使田荒穀貴民若催科賊復以先服不輸相相煽誘懋德亟檄州縣停徵上疏自劾詔鐫七級視事十四年冬擢右僉都御史巡撫山西召對賜酒饌銀幣明年春抵任討平大盜王冕十月統兵入衞京師詔扼守龍泉固關二關李自成已陷河南懋德禦之河上十六年冬自成破潼關據西安盡有三秦十二月懋德師次平陽遣副將陳尚智扼守河津山西京師右背蒲州北抵保德悉鄰賊依黃河爲險然窮冬冰合賊騎得長驅懋德連章告急請禁旅及保定宣府大同兵疾赴河干合拒中朝益積憂山西言防河者甚衆然無兵可援懋德以疲卒三千當百萬狂寇時太原洶洶晉王手敎趣懋德還省十八日懋德去平陽二十日賊抵河津自船窩東渡尚智走還平陽二十二日賊攻平陽拔之尚智奔入泥源山中二十八日懋德還太原明年正月自成稱王於西安賊旣渡河轉掠河東列城皆陷於是山西巡按御史汪宗友上言曰晉河二千里平陽居其半撫臣懋德不待春融冰泮遽爾平陽返旆賊即於明日報渡矣隨行馬步千人即時倍道西向召集陳尚智叛卒移檄各路防兵援勦乃不發一兵歲終至省臣言宜提一旅星馳而前張疑聲討尚冀桑榆之收無如不聽何賊日遣僞官匝月餘郡皆失是誰之過歟有詔奪官候勘以郭景昌代之二十三日尚智叛降於賊於是懋德誓師於太原布政使趙建極監司毛文炳藺剛中畢拱辰太原知府孫康周署陽曲縣事長史范志泰等官吏軍民咸在懋德哭衆皆哭罷官命適至或請出城候代懋德不可曰吾已辦一死矣景昌即至吾亦與俱死調陽和兵三千協守東門剛中慮其內應移之南關之外遣部將張雄分守新南門召中軍副總兵應時盛入參謀議懋德等登城二月五日賊至城下遣部將牛勇朱孔訓王永魁出戰死之明日自成具鹵簿督衆攻城陽和兵叛降賊又明日晝晦懋德草遺表須臾大風起拔木揚砂調張雄守大南門雄已縋城出降語其黨曰城東南角樓火器火藥皆在我下即焚樓夜中火起風轉烈守者皆散賊登城懋德北面再拜出遺表付友人賈士璋間道達京師語人曰吾學道有年已勘了死生今日吾致命時也即自刎麾下持之時盛請下城巷戰顧懋德曰上馬懋德上馬時盛持矛突殺賊數十人至炭市口賊騎充斥時盛呼曰出西門懋德遽下馬曰我當死封疆諸君自去衆復擁懋德上馬至水西門懋德叱曰諸君欲陷我不忠耶復下馬據地坐時盛己出城殺妻子還顧不見復斫門入語懋德曰請與公俱死遂偕至三立祠懋德就縊未絕時盛釋甲加其肩乃絕時盛取弓弦自經建極危坐公堂賊擁之見自成不屈將斬之下堦呼萬歲者再曰臣失守封疆死有餘罪自成以爲呼己也曳還建極瞋目曰我呼大明皇帝寧呼賊耶立射殺之時自成執晉王據王宮云文炳被殺妻趙妾李亦投井死子兆夢甫數歲賊掠去士民以其忠臣子也贖而歸之欲降剛中不從殺之首旣墮復躍起丈餘賊皆辟易賊適得新刀拱辰覰之問何覰曰欲得此斫頭耳遂取斬之康周巷戰死志泰不食死自懋德而下太原死事凡四十有六人賊皆尸之城上自成恨懋德之不降也驗其尸以刃斷頸而去福王時以懋德不守河爲失策乃謚忠襄賜祭葬而不予贈廕餘賜恤有差問考四十六人行事多缺姓名不傳莫得而次云建極河南永寧人賊掠永寧時建極五子皆死後生三子又夭至是趙氏一門竟絕文炳字夢石鄭州人以吏科給事中出爲山西兵備副使爲給事時楊嗣昌督師議調民兵討賊文炳言民兵可守不可調不若官軍乘馬便殺賊又言當大計主計者喜奔競抑廉靜宜令官得互糾不公者帝皆納其言剛中字坦生陵縣人爲南京給事中奏保護留都六事又陳

漕事救弊之要。山東饑，疏言民死而丁存，田荒而賦在，安得不爲盜，宜清戶口幷里甲，皆切時病。遷山西副使

拱辰字星伯，掖縣人。知朝邑、鹽城二縣，數遷數貶，歷淮徐兵備僉事。督漕侍郎史可法謂其不任，移之冀寧。建極、文炳、剛中、拱辰由進士，康周字晉侯，安邱人，由鄉舉。時盛，遼陽諸生，爲懋德所知，拔隸幕下，至都督僉事。志泰，虞城人，餘莫考。太原既破，賊移檄遠近，所至郡縣望風結寨以拒官兵，而其仗義死難、陷胸斷脰而甘心者，則有若安邑知縣房之屏，宛平人，起家鄉舉，城陷，北向拜天子，入署拜其母，命妻子各自盡，遂投井，賊曳出斬之。忻州知州楊家龍，字惕若，曲陽人，爲寧鄉知縣，凡七年，流亡復其業。遷忻，賊卽至，曰：「此城必不守，我出，爾民可全也。」出城罵賊而死，州人祠祀之。代州參將閻夢夔，鹿邑人，汾州知州侯君昭，皆城亡與亡。汾陽知縣劉必達袖出罵賊文，賊誦而殺之。其義勇范奇芳刺殺一僞都尉而自剄。寧武兵備副使王孕懋，字有懷，由太原知府遷。自成既陷太原，遣使說降，孕懋斬之，與總兵官周遇吉共守，城陷，自殺，妻楊投井殉之。孕懋，霸州人，進士。遇吉自有傳。寧武失，賊破三關，犯大同。

衞景瑗，字仲玉，韓城人。天啓五年進士。授河南推官。崇禎四年徵授御史。劾首輔周延儒納賄行私數事，復劾吏部侍郎曾楚卿憸邪，帝不納。出按眞定諸府。父喪不俟命竟歸。服闋，起故官。疏救給事中傅朝佑、李汝璨，以論溫體仁下吏故，帝不懌，左遷行人司正。歷尚寶、大理丞，進少卿。十五年春，擢右僉都御史，巡撫大同。歲饑疫，疏乞振濟，蒐軍實，練火器，戢豪宗，聲績甚著。十七年正月，李自成將犯山西，宣大總督王繼謨檄大同總兵官姜瓖扼之河上。瓖潛使納款而還，景瑗不知其變也。及山西陷，景瑗邀瓖歃血守，瓖出告人曰：「衞巡撫秦人也，將應賊矣。」代王疑之，不見景瑗。永慶王射殺景瑗僕。會景瑗有足疾，不時出，兵事瓖主之。瓖兄瑄，故昌平總兵也，勸瓖降賊。瓖慮其下不從，人犒之銀，言勵守城將士。代王信之，諸郡王分門守，瓖每門遣卒二百人助守。至三月朔，賊抵城下，瓖卽射殺永慶王，開門迎賊入，紿景瑗計事。景瑗乘馬出，始知其變也，自墜馬下。賊執之見自成，自成欲官之，景瑗據地坐，大呼皇帝而哭。賊義之，曰：「忠臣也。」不殺。景瑗猝起，以頭觸階石，血淋漓。賊引出，顧見瓖，罵曰：「反賊與我盟而叛，神其赦汝耶！」賊使景瑗母勸之降，景瑗曰：「母年八十餘矣，當自爲計。兒國大臣，不可以不死。」母出，景瑗謂人曰：「我不罵賊者，以全母也。」初六日自縊於僧寺。賊歎曰：「忠臣。」移其妻子空舍，戒毋犯。殺代王傳𤇾及其宗室殆盡。分巡副使朱家仕盡驅妻妾子女入井，而己從之，死者十有六人。督儲郎中徐有聲、山陰知縣李倬亦死之。諸生李若蔡自題其壁曰：「一門完節，一家九人。」自經。家仕，河州人。福王時，贈景瑗兵部尚書，諡忠毅。賊既陷大同，以兵徇陽和，長驅向宣府。

朱之馮，字樂三，大興人。天啓五年進士。授戶部主事，榷稅河西務，課羸，貯公帑，無所私。以外艱去。崇禎二年起故官，進員外郎。坐罣誤，謫浙江布政司理問。稍遷行人司副，歷刑部郎中、浙江驛傳僉事、青州參議。盜劫沂水民，株連甚衆，之馮捕得眞盜，大獄盡解。禽治樂安土豪李中行，權貴爲請，不聽。進副使，齎表入都，寄家屬濟南。濟南破，妻馮匿姑及子於他所，而自沉於井。姑李聞之，爲絕粒而死。柩還，之馮廬墓側三年。起河東副使。河東大猾朱全宇潛通秦賊，之馮至，則執殺之，部內以寧。之馮自妻死，不再娶，亦不置妾媵，一室蕭然。十六年正月，擢右僉都御史，巡撫宣府。司餉主事張碩抱以剋餉激變，羣縛碩抱。之馮出撫諭，貸商民貲給散，而密捕誅首惡七人，劾碩抱下吏，軍情帖然。明年三月，李自成陷大同，之馮集將吏於城樓，設高皇帝位，歃血誓死守，懸賞格勵將士，而人心已散。監視中官杜勳且與總兵王承允爭先納款矣，見之馮，叩頭請以城下賊。之馮大罵曰：「勳，爾帝所倚信，特遣爾以封疆屬爾，爾至卽通賊，何面目見帝！」勳不答，笑而去。俄賊且至，勳蟒袍鳴騶，郊迎三十里之外，將士皆散。之馮登城太息，見大礮，語左右：「爲我發之。」默無應者。自起爇火，則礮孔丁塞，或從後掣其肘。之馮撫膺歎曰：「不意人心至此！」仰天大哭。賊至城下，承允開門入之。訛言賊不殺人，且免徭賦，則舉城譁然，皆喜，結綵焚香以迎。左右欲擁之馮出走，之馮叱之，乃南向叩頭，草遺表，勸帝收人心，厲士節，自縊而死。賊棄屍濠中，濠旁犬日食人屍，獨之馮無損也。同日死者，督糧通判朱敏泰，諸生姚時中，副將甯龍，及繫獄總兵官董用文、副將劉九卿，及里居知縣申以孝，其他婦女死義者又十餘人。福王時，贈之馮兵部尚書，諡忠壯。勳既降賊，從攻京師，射書於城中。城中初聞勳死宣府，帝爲予贈廕立祠，至是以爲鬼。守城監王承恩倚女牆而與語，縋勳入見帝，盛稱自成，上可自爲計。復縋之出，笑語諸守監曰：「吾輩富貴自在也。」

陳士奇，字平人，漳浦人也。好學，有文名，不知兵。舉天啓五年進士，授中書舍人。崇禎四年考選，授禮部主事。擢廣西提學僉事。父憂歸，服闋，起重慶兵備，尋改貴州，復督學政。母憂闋，起贛州兵備參議，進副使，督四川學政。廷臣交章薦士奇知兵，十五年秋，擢右僉都御史，代廖大奇巡撫四川。松潘兵變，衆數萬，士奇諭以禍福，咸就撫。搖黃賊十三家縱橫川東北十餘年，殺掠軍民無算，執少壯，文其面爲軍，至數十萬。士奇檄副使陳其赤、葛徵奇，參將趙榮貴等進討，屢告捷，而賊狡，迄不能制。士奇本文人，再督學政，好與諸生談兵，朝士以士奇知兵。及秉節鉞，反以文墨爲事，軍政廢弛。石砫女將秦良玉嘗圖全蜀形勢，請益兵分守十三隘，扼賊奔突，置不問，蜀以是擾。明年十二月，朝議以其不任，命龍文光代之。士奇方候代，而陽平將趙光遠擁兵二萬，護瑞王常浩自漢中來奔，士民避難者又數萬，至保寧，蜀人震駭。士奇馳責光遠曰：「若退守陽平關，爲吾捍衞，不惜二萬金犒軍。如頓此，需厚餉，吾頭可斷，餉不可得也。」光遠退屯陽平。王以三千騎奔重慶。明年四月，文光受代，士奇將行，京師告變，士奇自以知兵也，曰：「必報國仇。」遂留駐重慶。遣水師參將曾英擊賊於忠州，焚其舟；遣趙榮貴禦賊於梁山。獻忠由葫蘆壩左步右騎翼舟而上，二將敗奔，遂奪佛圖關，陷涪州。士奇徵石砫援兵，不至。或勸公已謝事，宜去，士奇不可。賊抵城下，擊以滾礮，賊死無數。二十日夜，黑雲四布，賊穴地轟城，城陷，王、士奇及副使陳纁、知府王行儉、知縣王錫俱被執。士奇大罵，賊縛於教場，將殺之，忽雷雨晦冥，咫尺不見。獻忠仰而詬曰：「我殺人何與天事！」用大礮向天叢擊，俄晴霽，遂肆僇。士奇罵不絕口而死，王亦遇害。賊集軍民三萬七千餘人，斫其臂，遂犯成都。纁本關南兵備副使，護瑞王入蜀，及於難。行儉字質行，宜興人，崇禎十年進士，守重慶，善撫馭，爲賊斃死。錫，新建人，崇禎十三年進士，除巴縣知縣，嘗從士奇殲土寇彭長庚之黨，又斬搖黃賊魁馬超。至是，賊衆巨板穴城，錫灌以熱油，多死。及被執，大罵，抉其齒，罵不已；捶膝使跪，益仡立。昇至教場，縛樹上射之，又臠而烙之，既死，復燬其骨。指揮顧景聞城陷，入瑞王府，以己所乘馬乘王，鞭而走，遇賊，呼曰：「賊寧殺我，無犯帝子。」賊刺殺王，景遂死之。

龍文光，馬平人。天啓二年進士。崇禎十七年以川北參政擢右僉都御史，代陳士奇巡撫四川。聞命，與總兵官劉佳引率兵三千由順慶馳赴之，部署未定，數日而城陷。賊盡驅文武將吏及軍民男婦於東門之外，將戮之，忽有龍尾下垂，賊以爲瑞，遂停刑。文光、佳引卒不屈，賊殺文光於濯錦橋，佳引自投於浣花溪。

劉之勃，字安侯，鳳翔人。崇禎七年進士。授行人，擢御史。上節財六議，言：「先朝馬萬計，草場止五六所。今馬漸少，場反增二倍，可節省者一。水衡工役費歲幾百萬，近奉明旨，朝廷不事興作，而節愼庫額數襲爲常，可節省者二。諸鎭兵馬時敗潰，而餉額不減，虛伍必多，可節省者三。光祿宴享賜賚，大抵從簡，而監局廚役多冗濫，可節省者四。三吳織造，澤潞機杼，以及香蠟藥材陶器，無歲不貢，積之內爲廢物，輸之下皆金錢，可節省者五。軍前監紀、監軍、贊畫之官，不可勝紀，平時則以一人而糜千百人之餉，臨敵又以千百人而衞一人之身，耗食兼耗兵，可節省者六。」又疏陳東廠三弊，言：「東廠司緝訪，而內五城、外巡按，以及刑部、大理，皆不能舉其職，此不便於官守。奸民千里首告，假捏姓名，一紙株連，萬金立罄，此不便於民生。子弟訐父兄，奴僕訐家主，部民訐官長，東廠皆樂聞，此不便於國體。」帝皆納其言。十五年出按四川。十六年秋，類報災異，請緩賦省刑，亦弭災一術，時不能用。明年正月，張獻忠大破川中郡邑。四月，聞都城失守，人心益恟懼。舉人楊鏘、劉道貞等謀擁蜀王至澍監國，之勃不可，躍入池中，議乃寢。八月，賊逼成都，之勃與巡撫龍文光、建昌兵備副使劉士斗等分陴拒守。總兵官劉鎭藩出戰而敗。賊穴城，實以火藥，又刳大木長數丈者合之，纆以帛，貯藥，向城樓。之勃厲衆奮擊，賊却二三里，皆喜，以爲將去也。初九日黎明，火發，北樓陷，木石飛蔽天，守陴者皆散，賊遂入城。蜀王率妃妾自沉於菊井，鎭藩突圍出，赴浣花溪死之。之勃等被執，賊以之勃同鄉，欲用之。之勃勸以不殺百姓，輔立蜀世子，不從，遂大罵，賊攢箭射殺之。時福王立於南京，擢之勃右僉都御史，巡撫四川，已不及聞矣。

贊曰：潼關既破，李自成乘勝遂有三秦，渡河而東，勢若燎原，宣大繼覆，明亡遂決。一時封疆諸臣，役先爭死，可不謂烈哉！然平陽之旆甫東，船窩之警旋告，死非難，所以處死爲難，君子不能無憾於懋德焉。已若夫一鶴之死顯陵，士奇之死夔州，劉之勃、龍文光之死成都，不亦得死所者歟。

明史卷二百六十四　列傳第一百五十二

總裁官總理事務經筵講官少保兼太子太保保和殿大學士兼管吏部戶部尚書事加六級張廷玉等奉

敕修

賀逢聖 傅冠 尹如翁　南居益 族父企仲 族弟居業

周士樸　呂維祺 弟維祜

王家禎　焦源溥 兄源清

李夢辰　宋師襄

麻僖　王道純

田時震 朱崇德 崇德子國棟

賀逢聖字克繇江夏人與熊廷弼少同里閈而不相能為諸生同受知於督學熊尚文尚文並奇二生曰熊生干將莫邪也賀生夏瑚商璉也舉於鄉家貧就應城教諭萬曆四十四年殿試第二人授翰林編修天啓間為洗馬當是時廷弼已再起經略遼東矣廣寧之敗同鄉官將揭白廷弼之冤意逢聖且沮之逢聖作色曰此乃國家大事吾安敢小嫌介介不以明卽具草上之湖廣建魏忠賢生祠忠賢聞上梁文出逢聖手大喜卽日詣逢聖逢聖曰誤借銜陋習耳忠賢咈然去翌日削逢聖籍莊烈帝卽位復官連進秩九年六月以禮部尚書兼東閣大學士入閣輔政加太子太保改文淵閣十一年致政十四年再入閣明年再致政逢聖為人廉靜束修砥行帝頗事操切逢聖終無所匡言其再與周延儒同召帝待之不如延儒及于告宴餞便殿賜金賜坐蟒感激大哭伏地不能起帝亦泫瀾動容焉是時湖廣賊大擾明年春張獻忠連陷蘄黃逼江夏有大冶人尹如翁逢聖門生走三百里持一僧帽一袈裟來貽逢聖逢聖反其衣曰子第去毋憂我如翁去五月壬戌晦賊陷武昌執逢聖逢聖叱曰我朝廷大臣若曹敢無禮賊麾使去遂投墩子湖死也賊來自夏去以秋云大吏望衍而祭有神夢於湖之人我守賀相殊苦汝受而視之有黑子在其左手其徵是覺而異之跡於湖赫然而尸出驗之果是蓋沉之百有七十日面如生以冬十一月壬子殮大吏揮淚而葬之初城之陷也逢聖載家人以其舟艤出墩子鑿其舟艤皆溺賀氏死者妻危氏子覲明子婦曾氏陳氏孫三人次子光明自他所來凡二十餘人福王時贈少傅謚文忠祭葬廕子如制如翁去歸大冶大冶城破其慷慨而死者如翁也其後有傅冠冠字元甫進賢人祖烱南京刑部尚書天啓二年冠舉進士第二授翰林編修崇禎十年秋由禮部右侍郎拜尚書兼東閣大學士性簡易有章奏發自御前冠以為揭帖援筆判其上既知悞惶恐引罪帝卽放歸唐王時命以原官督師江西嗜酒或劾之乃致仕

大清下江西冠走匿門人泰寧汪亨龍家亨龍執而獻之有司殺之汀州血漬地久而猶鮮

南居益字思受渭南人尚書企仲族子師仲從子也曾祖從吉與曾伯祖大吉皆進士兩人子姓科第相繼企仲大吉孫萬曆八年進士以祖母年高請終養祖母既歿授刑部主事客寓貲其家夫婦並歿企仲呼其子還之吏部尚書孫丕揚以為賢調為己屬歷文選郎擢太僕少卿進太僕卿三十年帝以疾詔免礦稅釋繫囚錄建言貶斥諸臣既而悔之命礦稅如故餘所司議行吏刑二部尚書李戴蕭大亨遲數日未奏企仲請亟罷二人而敕二部亟如詔奉行帝大恚傳諭亟停二事落企仲一官給事中蕭近高御史李培余懋衡亦請信明詔帝益怒並奪其俸且命益重前貶謫官鄒元標等罰欲以鉗言者諸閣臣力爭乃止而給事中張鳳翔迎帝意劾企仲他事遂削籍天啓初起太常卿累遷南京吏部尚書以老致仕師仲父軒吏部郎中嘗著通鑑綱目前編師仲至南京禮部尚書居益少厲操行舉萬曆二十九年進士授刑部主事三遷廣平知府擢山西提學副使鴈門參政歷按察使左右布政使並在山西天啓二年入為太僕卿明年擢右副都御史巡撫福建紅毛夷者海外雜種紺眼赤鬚髮所謂和蘭國也自昔不通中土由大泥咬𠺕吧二國通閩商萬曆中奸民潘秀引其人據彭湖求市巡撫徐學聚令轉販之二國二國險遠商舍而之呂宋夷人疑呂宋邀商舶攻之又寇廣東香山澳皆敗不敢歸國復入彭湖求市且築城焉巡撫商周祚拒之不能靖會居益代周祚賊方犯漳泉招日本大泥咬𠺕吧及海寇李旦等為助居益使人招旦說攜大泥咬𠺕吧賊帥高文律懼遣使求款斬之築城鎮海港逼賊風櫃賊窮蹙泛舟去遂禽文律海患乃息五年遷工部右侍郎總督河道魏忠賢銜居益敘功不及己格其賞給事中黃承昊復論居益倚傍門戶躐躋通顯遂削籍去閩人詣闕訟之不聽乃立祠以祀勒碑於彭湖及平遠臺崇禎元年起戶部右侍郎總督倉場陝西鎮缺餉至三十餘月居益請以陝賦當輸闕門者留三十萬紓其急報可畿輔戒嚴居益在通州為城守計甚備會工部尚書張鳳翔坐軍械不具下吏四司郎中瘐死者三遂詔居益代鳳翔未幾試礮而炸兵部尚書梁廷棟劾郎中王守履失職守履懼詆兵部郎中王建侯詆己廷議不如守履言遂下獄居益疏捄帝以為徇私削籍歸廷杖守履六十斥為民尋敘城守功復居益冠帶十六年李自成陷渭南責南氏餉百六十萬企仲年八十三矣遇害誘降居益及企仲子禮部主事居業皆不從明年正月賊遣兵擁之去加炮烙二人終不屈絕食七日而死

周士樸字丹其商邱人萬曆四十一年進士除曲沃知縣泰昌元年徵授禮科給事中中官王添爵選淨身男子索賄激變守陵劉尚忠鼓陵軍挾賞劉朝等假齎送軍器名出行山海外勢洶洶織造李實訐周起元羣璫索冬衣辱尚書鍾羽正士樸皆疏爭士樸性剛果不能委蛇隨俗尤好與中官相搘柱深為魏忠賢所惡會當擢京卿忠賢持不下士樸遂謝病歸崇禎元年起太常少卿歷戶部左右侍郎拜工部尚書帝命中官張彝憲監戶工二部出納士樸恥之數與齟齬彝憲訐於帝士樸疏對辭直帝無以難未幾駙馬都尉齊贊元以遂平長公主塋價士樸不引瑞安大長公主例而壽寧大長公主薨則引瑞安例上疏醜詆之遂削其籍十五年廷臣交薦不召其年八月李自成陷商邱與妻曹妾張子舉人業熙子婦沈同日縊死

呂維祺字介孺新安人祖母牛氏以守節被旌父孔學事母孝捐粟千二百石振饑兩旌孝義維祺舉萬曆四十一年進士授兗州推官擢吏部主事更歷四司光宗崩皇長子未踐阼內侍導幸小南城維祺謁見慈慶宮言梓宮在殯乘輿不得輕動乃止天啓初歷考功文選員外郎進驗封郎中告歸開封建魏忠賢生祠遺書士大夫戒勿預忠賢毀天下書院維祺立芝泉講會祀伊洛七賢崇禎元年起尚寶卿遷太常少卿督四夷館明年四月廷議軍餉維祺陳奏十五事其冬奏防微八事言陛下初勤批答今或留中留中多則疑慮起當防一初虛懷商榷及擬旨一不當改擬徑行豈無當執奏當防二初無疑厭疑厭諸臣自取今且共蔓並進當防三初日御講筵今始傳免當防四初寡嗜慾慎宴游今或偶涉當防五初慎刑獄今有下詔獄者且登聞頻擊恐長嚚訟風當防六初重廷推今間用陪非常典當防七初樂讜言今或譴訶時及當防八帝優旨報之三年擢南京戶部右侍郎總督糧儲設會計簿鈎考隱沒侵欺及積逋不輸各數十百萬大者彈奏小者捕治立法嚴督屯課倉庾漸充條上六議曰稽出入以杜侵漁增比較以完積案設本科以重題覆時會計以覈支收定差序以杜營私禁差假以修職業帝稱善卽行之六年拜南京兵部尚書參贊機務清冒伍八千餘名請申飭江防鳳陵單外為憂弗省八年正月賊犯江北遣參將薛邦臣防全椒趙世臣戍浦口世臣潰走南京震動鳳陽亦旋告陷大計拾遺言官復劾他事遂除名時維祺父孔學避賊洛陽維祺乃歸留洛立伊洛會及門二百餘人著孝經本義成上之十二年洛陽大饑維祺勸福王常洵散財餉士以振人心王不省乃盡出私廩設局振濟事聞復官然饑民多從賊者河南賊復大熾無何李自成大舉來攻維祺分守洛陽北城夜半總兵王紹禹之軍有騎而馳者周呼於城上城外亦呼而應之於是城陷賊有識維祺者曰子非振饑呂尚書乎我能活爾爾可以間去維祺弗應賊擁維祺去時福王常洵匿民舍中賊跡而執之遇維祺於道維祺反接望見王呼曰王綱常至重等死耳毋屈膝於賊王瞠不語見賊渠於周公廟按其項使跪不屈延頸就刃而死時十四年之正月某日也維祺年五十有五贈太子少保祭葬廕子如制而維祺之家在新安者十六年城陷家亦破弟維祜字泰孺由選貢生為樂平知縣者也至是解職歸亦抗節死贈按察僉事福王立南京加贈維祺太傅謚忠節

王家禎長垣人萬曆三十五年進士天啓間歷官左僉都御史巡撫甘肅松山部長銀定歹成擾西鄙二十餘年家禎至三犯三卻之先後斬首五百四十擢戶部右侍郎轉左崇禎元年攝部事邊餉不以時發秋遼東兵鼓譟巡撫畢自肅自縊死帝大怒削家禎籍已敘甘肅功復其冠帶九年七月京師被兵起兵部左侍郎尋以本官兼右僉都御史總理河南湖廣山西陝西四川江北軍務代盧象昇討賊會河南巡撫陳必謙罷卽命兼之督將士會勦賊馬進忠等於南陽復遣兵救襄陽大戰牌樓閣其冬家丁鼓譟燒開封西門家禎夜自外歸慰諭犒賞詰旦發往南陽討土寇楊四以去楊四者舞陽劇盜也初四與其黨郭三海侯馭民等降於必謙至是復叛故家禎有是遣其後南陽同知萬年策與監紀推官湯開遠諸將左良玉牟文綬等連破四四焚死其黨亦為諸將所禽誅云當是時流賊盡趨江北留都震驚言者謂家禎奉命討安慶賊未嘗一出中州帝亦以家丁之變心輕之明年四月乃以總理授熊文燦令家禎專撫河南文燦未至詔遣左良玉援安慶家禎不遣秋劉國能犯開封裨將李春貴等戰歿議罪家禎落職

閱住久之李自成陷京師遣兵據長垣設僞官家禎與其子元炌並自經死

焦源溥字涵一三原人萬曆四十一年進士歷知沙河濬二縣考最召爲御史熹宗嗣位移宮議起刑部尚書黃克纘請寬盜寶諸奄源溥折之曰光宗神宗元子也爲元子者爲忠則爲福藩者非忠孝端孝靖神宗后也爲二后者爲忠則爲鄭貴妃者非忠孝元孝和光宗后也爲二后者爲忠則爲李選侍者非忠貴妃三十年心事人誰不知張差持梃危在呼吸尚忍言哉兄當先帝御極之初忽傳皇祖封后之命請封不得冶容進矣張差之梃不中則投以女優之惑崔文昇之藥不速則促以李可灼之丸痛哉先帝欲諱言進御之事遂甘掌不白之冤今即厚待貴妃始終恩禮而鄭養性之都督不可不奪也崔文昇不可不磔也若竟置弗問不幾於忘父乎李選侍一宮人更非貴妃比如聖諭阻陛下於煖閣挾陛下以垂簾及凌虐聖母狀有臣子所不忍言者今即爲選侍乞憐第可求曲宥前辜量從優典而移宮始末不可得而抹摋也盜寶諸奄不可得而寬宥也若竟置諸奄弗問不幾於忘母乎疏上舉朝寒懼天啓二年憂歸服闋還朝出按眞定諸府例轉鳳陽兵備副使時崔文昇出鎭兩淮欲甘心源溥遂移疾歸崇禎二年起故官分巡河東道遷寧武參政有平寇功就遷山西按察使七年擢右僉都御史巡撫大同時邊事日棘兵缺伍餉又久乏歲洊饑民淘馬糞以食源溥請蠲振增餉當事不能應踰年自劾求去遂罷歸十六年冬李自成陷關中與從兄源清同被執勒令輸金源溥瞋目大罵賊抉其舌支解之源清字湛一由進士歷官宣府巡撫七年秋坐萬全左衞失守奪官謫戍久之釋還年七十至是抗節不食七日死

李夢辰字元居睢州人崇禎元年進士授庶吉士改兵科給事中時盜起陝西山東曹濮間之盜道梗三百餘里河北有猾賊夢辰歷陳其狀請敕將吏急防五年上疏言中外交訌秦晉齊魯多亂兩河居中尤要地鉛硝久市直未償漕米歲輸累無已宗祿併徵南陽加派河決歲歉郵傳催科之患百出民室如懸磬生計日不支急難誰肯用命兩河標兵磁兵新舊不滿七千一有警防禦何資今日之務急防河繕城備器練鄉兵治甲冑尤以收拾人心爲本帝命所司嚴飭六年冬鉅盜盡萃河北夢辰慮其南犯請敕河南諸道監司急防渡口而巡撫移駐衞輝與山西保定二撫臣犄角急擊帝方下兵部議賊已從澠池潛渡自是中州郡縣無日不告警矣累遷本科左給事中復言將驕軍悍鄧玘張外嘉之兵弒主而叛曹文詔艾萬年之兵望賊而奔尤世威徐來朝之兵離汛而遁今者張全昌趙光遠之兵且倒戈爲亂矣滎澤劫庫殺人偃師列營對壘且全昌等會勦豫賊隨處逗遛及中途兵變全昌竟東行光遠始西向驕抗如此安可不重治帝頗採其言進吏科都給事中都御史唐濟世薦霍維華福建巡按應喜臣薦周維京冀並翻逆案夢辰疏駁之世濟喜臣皆下吏謫戍尋擢太常少卿累遷至通政使坐代人削章奏貶秩調任未幾有持金囑中書舍人某賄大學士求爲副都御史者邏卒廉得之詞連夢辰帝令夢辰自奏事得白然夢辰竟坐是削籍十五年春賊攻開封不克遂去陷西華屠陳州逼睢州時州缺正官夢辰歸即乘城主守無何賊從他門入擁夢辰見羅汝才汝才問所欲曰我大臣但欲死爾汝才去遣其客說降且進之酒夢辰覆杯於地太息起扼吭而卒妻王氏方病聞之不食死

宋師襄耀州人萬曆四十四年進士歷官御史天啓三年五月請罷內操言自劉朝營脫死與沈漼謀爲固寵計漼以募兵爲朝外護朝以內操爲漼內援宮府內外知有朝而不知天子天牖聖聰一旦發露屏之南京然朝雖去而三千虎旅安歸世未有蓄怨藏怒之人潛布左右而不爲患者今惟有散之而已夫平日卵翼朝者黃克纘也亡何以戎政內宣抄參朝者毛士龍也未幾以搆陷削籍豈非握兵據要轉相恐喝以至是乎帝以內操祖宗故事不納又陳足財之策請減上供汰冗官覈營造省賚賞皆宦官所不便格不行奉聖夫人客氏子及中官王體乾宋晉魏進忠等十二人俱世襲錦衣進忠者魏忠賢也師襄力諫又言左都御史熊尚文工部侍郎周應秋登萊巡撫袁可立當去不去光祿卿須之彥太常卿呂純如不當來而來帝皆不聽四年巡按河南陛辭言今之言者皆曰治平要務乃終日籌邊事商國計飭吏治討民生弭盜賊而漫無實效所以然者臺諫以進言爲責條奏一入即云盡職言之行否置弗問矣六曹以題覆爲責題覆一上即云畢事事之行否置弗問矣內閣以票擬爲責票擬一定即爲明綸旨之行否置弗問矣上諉下欺釀成大患今人怨已極天怒已甚災害並至民不聊生相聚思亂十而八九臣恐今日之患不在遼左黔蜀而在數百年休養之赤子也明年復命薦部內人才首及尚書盛以弘魏忠賢責以徇私貶一秩調任師襄遂歸崇禎元年召復官擢太僕少卿累遷至太常卿致仕奸人宋夢郊假師襄手書營兵部事覺師襄被逮繫獄者二年至徐石麒爲刑部始得雪十六年冬賊陷耀州師襄死之

麻僖慶陽人父永吉由庶吉士爲御史終湖廣按察使以清操聞僖舉萬曆三十五年進士授庶吉士改兵科給事中代王長子鼎渭訐父廢長立幼僖劾代王無君鼎渭無父四十年疏陳納諫諍舉枚卜補大僚登遺佚速考選數事不報已復請重武科復比試清納級汰家丁恤班操急邊餉時亦不能用遼東巡撫楊鎬請用舊將李如梅以僖言改用張承廕承廕未至而鎮遠堡曹莊相繼失事鎬皆不以實聞僖兩疏劾之鎬旋引去已與同官孫振基等劾熊廷弼殺人媚人又言湯賓尹取韓敬闒節顯然語具振基傳尋乞假歸四十五年京察賓尹黨用事以僖倚附東林謫山西按察知事天啓二年起兵部主事歷尚寶丞少卿改太常五年六月魏忠賢黨御史陳世埈劾之遂落職崇禎初復官致仕家居十六年冬李自成陷慶陽僖死之

王道純字懷鞠蒲城人天啓五年進士授中書舍人崇禎三年擢御史疏陳破資格之說言銓除舉劾考選甲乙科太低昂宜變通則賢才日廣帝命所司即行而甲科勢重卒不能返流賊躪關中道純請急振饑民毋使從賊報可已劾罷光祿卿蘇晉參政張爾基四年劾吏部尚書王永光當去者三不可留者四不納巡按山東其時李九成孔有德叛於吳橋南下道純移書巡撫余大成令討捕大成不信再促之遂托疾請告與登萊巡撫孫元化遣使招撫道純以爲非請敕二撫速勦及賊陷登州元化被繫大成猶主招撫道純憤抗疏力爭帝即命道純監軍及徐從治代大成謝璉代元化並入萊州爲賊困在外調度止道純一人賊遣人僞乞撫道純焚書斬使馳疏言賊曰以撫愚我一撫而六城陷再撫而登州亡三撫而黃縣失今四撫而萊州被圍我軍屢挫安能復戰乞速發大軍拯此危土時周延儒熊明遇主撫議道純反被責讓明遇遣職方主事張國臣贊畫軍事國臣入賊中招諭賊佯許之攻圍如故及總督劉宇烈至進兵沙河道純與之俱宇烈中情怯頓兵不進日議撫尋棄軍奔道純復請速討不納迨巡撫謝璉被執帝震怒逮宇烈召道純還京而明遇亦罷去宇烈下吏引道純分過道純疏駁其所奏十餘事命所司并按又劾明遇國臣交通悞國十罪語侵延儒疏未下延儒洩之國臣國臣亦劾道純十罪道純遂并劾延儒帝皆不問已而賊平道純竟坐監軍溺職斥爲民十五年以廷臣薦將起用未果及李自成陷蒲城道純抗節死福王時贈卹如制

田時震富平人天啓二年進士歷知光山靈寶崇禎二年入爲御史疏劾南京戶部尚書范濟世順天巡撫單明詡御史卓邁黨逆罪而請免故御史夏之令誣坐贓並從之劾劉鴻訓納田仰金囑吏部尚書王永光用爲四川巡撫仰迄罷去時震以發鴻訓私進秩一等未幾又劾永光及溫體仁忤旨切責御史袁弘勛者永光心腹也被劾罷職永光力援之時震言弘勛因閣臣劉鴻訓賄敗輒肆瀆辯不知鴻訓之差快人意者正以能別白徐大化霍維華諸人之奸而斥去之安得借此爲翻案之端耶弘勛計行大化維華輩將乘間抵隙害不可勝言因薦故光祿少卿史記事蕭然四壁講學著書亟宜召用帝不納時震既屢忤永光遂以年例出爲江西右參議調山西就遷左參政罷歸十六年冬流賊陷富平授以僞職不屈死同邑朱崇德字淳菴侍郎國棟父也國棟中天啓二年進士歷戶科給事中吏部侍郎張捷薦逆案呂純如國棟上疏力詆已又劾兩廣總督熊文燦招撫海盜劉香奏詞掩飾欺罔五罪帝切責文燦而國棟累遷巡撫山東右僉都御史督治昌平十五年卒國棟卒之明年富平陷於賊賊驅崇德往長安中道稱病賊見其老以爲果病也聽之歸崇德曰始吾所以隱忍者爲九族計也今得死所矣乃北面再拜自縊死是時關中諸死節者甫議卹而國變至福王立始贈崇德右副都御史

贊曰流賊荼毒中原所至糜爛士大夫遘難者不死則辱然當其時徘徊隱忍蒙垢而終以自戕者亦不少矣賀逢聖諸人從容就義臨患難而不易其節一死顧不重哉逢聖與南居益周士樸公方清正呂維祺邃學純修固中朝賢士大夫宋師襄所謂上謾下欺釀成大患末季之習痛哉其言之也

明史卷二百六十五　列傳第一百五十三

總裁官總理事務經筵講官少保兼太子太保保和殿大學士兼管吏部戶部尚書事加六級臣張廷玉等奉
敕修

范景文　倪元璐
李邦華　王家彥
孟兆祥子章明　施邦曜
淩義渠

崇禎十有七年三月流賊李自成犯京師十九日丁未莊烈帝殉社稷文臣死國者東閣大學士范景文而下凡二十有一人福王立南京並予贈謚
皇清順治九年
世祖章皇帝表章前代忠臣所司以范景文倪元璐李邦華王家彥孟兆祥子章明施邦曜淩義渠吳麟徵周鳳翔馬世奇劉理順汪偉吳甘來王章陳良謨申佳允許直成德金鉉二十人名上
命所在有司各給地七十畝建祠致祭且予美謚焉

范景文字夢章吳橋人父永年南寧知府景文幼負器識登萬曆四十一年進士授東昌推官以名節自勵苞苴無敢及其門歲大饑盡心振救闔郡賴之用治行高等擢吏部稽勳主事歷文選員外郎署選事泰昌時羣賢登進景文力為多尋乞假去天啓五年二月起文選郎中魏忠賢暨魏廣微中外用事景文同鄉不一詣其門亦不附東林孤立行意而已嘗言天地人才當為天地惜之朝廷名器當為朝廷守之天下萬世是非公論當與天下萬世共之時以為名言視事未彌月謝病去崇禎初用薦召為太常少卿二年七月擢右僉都御史巡撫河南京師戒嚴率所部八千人勤王餉皆自齎抵涿州四方援兵多剽掠獨河南軍無所犯移駐都門再移昌平遠近恃以無恐明年三月擢兵部添注左侍郎練兵通州通鎮初設兵皆召募景文綜理有法軍特精嘗請有司實行一條鞭法徭役歸之官民稍助其費供應平買不立官價名帝令永著為例居二年以父喪去官七年冬起南京右都御史未幾就拜兵部尚書參贊機務屢遣兵戍池河浦口援廬州扼滁陽有警輒發節制精明嘗與南京戶部尚書錢春以軍食相訐奏坐鐫秩視事已敘援剿功復故秩十一年冬京師戒嚴遣兵入衞楊嗣昌奪情輔政廷臣力爭多被譴景文倡同列合詞論救帝不悅詰首謀則自引罪且以衆論僉同為言帝益怒削籍為民十五年秋用薦召拜刑部尚書未上改工部入對帝迎勞曰不見卿久何癯也景文謝十七年二月命以本官兼東閣大學士入參機務未幾李自成破宣府烽火偪京師有請帝南幸者命集議閣中景文曰固結人心堅守待援而已此外非臣所知及都城陷趨至宮門宮人曰駕出矣復趨朝房賊已塞道從者請易服還邸景文曰駕出安歸就道旁廟草遺疏復大書曰身為大臣不能滅賊雪恥死有餘恨遂至演象所拜辭闕墓赴雙塔寺旁古井死景文死時猶謂帝南幸也贈太傅謚文貞
本朝賜謚文忠

倪元璐字玉汝上虞人父涷歷知撫州淮安荊州瓊州四府有當官稱天啓二年元璐成進士改庶吉士授編修冊封德府移疾歸還朝出典江西鄉試暨復命則莊烈帝踐阼魏忠賢已伏誅矣楊維垣者逆奄遺孽也至是上疏竝詆東林崔魏元璐不能平崇禎元年正月上疏曰臣頃閱章奏見攻崔魏者必與東林竝稱邪黨夫以東林為邪黨將以何者名崔魏崔魏既邪黨矣擊忠賢呈秀者又邪黨乎哉東林天下才藪也而或樹高明之幟繩人過刻持論太深謂之非中行則可謂之非狂狷不可且天下議論寧假借必不可失名義士人行己寧矯激必不可忘廉隅自以假借矯激為大咎於是彪虎之徒公然背畔名義決裂廉隅頌德不已必將勸進建祠不已必且呼嵩而人猶且寬之曰無可奈何不得不然耳充此無可奈何不得不然之心又將何所不至哉乃議者以忠厚之心曲原此輩而獨持已甚之論苛責吾徒所謂舛也今大獄之後湯火僅存屢奉明綸俾之酌用而當事者猶以道學封疆持為鐵案毋亦深防其報復乎然臣以為過矣年來借東林媚崔魏者其人自敗何待東林報復若不附崔魏又能攻去之其人已喬嶽矣雖百東林烏能報復哉臣又伏讀聖旨有韓爌清忠有執朕所鑒知之論而近聞廷臣之議殊有異同可為大怪爌相業光偉他不具論即如紅丸議起舉國沸然爌獨侃侃條揭明其不然夫孫慎行君子也爌且不附況他人乎而今推轂不及點灼橫加則徒以其票擬熊廷弼一事耳廷弼固當誅爌不為無說封疆失事累累有徒乃欲獨殺一廷弼豈平論哉此爌所以閣筆也然廷弼究不死於封疆而死於局面不死於法吏而死於奸璫則又不可謂後之人能殺廷弼而爌獨不能殺之也又如詞臣文震孟正學勁骨有古大臣之品三月居官昌言獲罪人以方之羅倫舒芬而今起用之旨再下謬悠之譚不已將毋門戶二字不可重提耶用更端以相遮抑耶書院生祠相勝負者也生祠毀書院豈不當修復時柄國者悉忠賢遺黨疏入以論奏不當責之於是維垣復疏駁元璐元璐再疏曰臣前疏原為維垣發也陛下明旨曰分別門戶已非治徵曰化異為同曰天下為公而維垣則倡為孫黨趙黨熊黨鄒黨之說是陛下於方隅無不化而維垣實未化陛下於正氣無不伸而維垣不肯伸維垣怪臣盛稱東林以東林嘗推李三才而護熊廷弼也抑知東林有力擊魏忠賢之楊漣首劾崔呈秀之高攀龍乎忠賢窮凶極惡維垣猶尊稱之曰廠臣公廠臣不愛錢廠臣知為國為民而何責乎三才五彪五虎之罪刑官僅擬削奪維垣不駁正又何誅乎廷弼維垣又怪臣盛稱韓爌夫舍爌昭然忤璫之大節而加以罔利莫須有之事已為失平至廷弼行賄之說乃忠賢借以誣陷清流為楊左諸人追贓地耳天下誰不知維垣猶守是說乎維垣又怪臣盛稱文震孟夫震孟忤璫削奪其破帽策蹇傲蟒玉馳驛語何可非維垣試觀數年來破帽策蹇之輩較超階躐級之儔孰為榮辱自此義不明畏破帽策蹇者相率而頌德建祠希蟒玉馳驛者呼父呼九千歲而不怍可勝歎哉維垣又怪臣盛稱鄒元標夫謂都門聚講為非則可謂元標講學有他腸則不可當日忠賢驅逐諸人毀廢書院者正欲箝學士大夫之口恣行不義耳自元標以偽學見驅而逆璫遂以真儒自命學宮之內儼然揖先聖為平交使元標諸人在豈遂至此維垣又駁臣假借矯激之說夫當崔魏之世人皆任真率性頌德建祠使有一人假借矯激而不頌不建豈不猶賴是人哉維垣以為真小人待其貫滿可攻去之臣以為非計也必待其貫滿其敗壞天下事已不可勝言雖攻去之不已晚乎即如崔魏貫滿久矣不遇聖明誰攻去之維垣終以無可奈何為頌德建祠者解臣以為非訓也假令呈秀一人舞蹈稱臣於逆璫諸臣亦以為無可奈何而從之乎又令逆璫以兵劫諸臣使從叛逆諸臣亦靡然從之以為無可奈何而然乎維垣又言今日之忠直不當以崔魏為對案臣謂正當以崔魏為對案也夫人品試之崔魏而定矣故有東林之人為崔魏所恨其抵觸畏其才望而必欲殺之逐之者此正人也有攻東林之人雖為崔魏所借而勁節不阿或遠或逐者亦正人也以崔魏定邪正猶以明鏡別妍媸維垣不取證於此而安取證哉總之東林之取憎於逆璫獨深其得禍獨酷在今日當曲原其被抑之苦不當毛舉其尺寸之瑕乃歸逆璫以首功代逆璫而分謗斯亦不善立論者矣疏入柄國者以互相詆訾兩解之當是時元兇雖殛其徒黨猶盛無敢頌言東林者自元璐疏出清議漸明而善類亦稍登進矣

元璐尋進侍講其年四月請燬三朝要典言梃擊紅丸移宮三議鬨於清流而三朝要典一書成於逆豎其議可兼行其書必當速燬蓋當事起議興盈廷互訟主梃擊者力護東宮爭梃擊者計安神祖主紅丸者仗義之言爭紅丸者原情之論主移宮者弭變於幾先爭移宮者持平於事後數者各有其是不可偏非總在逆璫未用之先雖甚水火不害塤篪此一局也既而楊漣二十四罪之疏發魏廣微此輩門戶之說興於是逆璫殺人則借三案羣小求富貴則借三案經此二借而三案全非矣故凡推慈歸孝於先皇正其頌德稱功於義父又一局也網已密而猶疑有遺鱗勢已重而或憂其翻局崔魏諸奸始創立私編標題要典以之批根今日則梟正之黨碑以之免死他年即上公之鐵券又一局也由此而觀三案者天下之公議要典者魏氏之私書三案自三案要典自要典也今為金石不刊之論者誠未深思臣謂翻即紛囂改亦多事惟有燬之而已帝命禮部會詞臣詳議議上遂焚其板侍講孫之獬忠賢黨也聞之詣閣大哭天下笑之元璐歷遷南京司業右中允四年進右諭德充日講官進右庶子上制實八策曰間插部曰繕京邑曰優守兵曰靖降人曰益寇餉曰儲邊才曰奠輦轂曰嚴教育又上制虛八策曰端政本曰伸公議曰宣義問曰一條教曰慮久遠曰昭激勸曰勵名節曰假體貌其端政本悉規切溫體仁其伸公議則詆張捷薦呂純如謀翻逆案事捷大怒上疏力攻元璐疏辨帝俱不問八年遷國子祭酒元璐雅負時望位漸通顯帝意嚮之深為體仁所忌一日帝手書其名下閣令以履歷進體仁益恐會誠意伯劉孔昭謀掌戎政體仁餌孔昭使攻元璐言其妻陳尚存而妾王冒繼配復封敗禮亂法詔下吏部核奏其同里尚書姜逢元侍郎王業浩劉宗周及其從兄御史元珙咸言陳氏以過被出繼娶王非妾體仁意沮會部議行撫按勘奏即擬旨云登科錄二氏竝列罪跡顯然何待行勘遂落職閒住孔昭京營不可得遂以南京操江償之十五年九月詔起兵部右侍郎兼侍讀學士明年春抵都陳制敵機宜帝喜五月超拜戶部尚書兼翰林院學士仍充日講官祖制浙人不得官戶部元璐辭不許帝眷元璐甚五日三賜對因奏陛下誠用臣臣請得參兵部謀帝曰已諭樞臣

令與卿協計當是時馮元飈爲兵部與元璐同志鈎考兵食中外想望治平惟帝亦以用兩人晚而時事益不可爲左支右詘旣已無可奈何故事諸邊餉司悉中差元璐請改爲大差兼兵部銜令清核軍伍不稱職者即遣人代之先是屢遣科臣出督四方租賦元璐以爲擾民無益罷之而專責撫按戶部侍郎莊祖誨督勦寇餉憂爲盜刦遠避之長沙衡州元璐請令督撫自催毋煩朝使自軍興以來正供之外有邊餉有新餉有練餉款目多黠吏易爲奸元璐請合爲一帝皆報可時國用益詘而災傷蠲免又多元璐計無所出請開贖罪例且令到官滿歲者得輸貲給封誥帝亦從之先是有崇明人沈廷揚者獻海運策元璐奏聞命試行乃以廟灣船六艘聽運進月餘廷揚見元璐元璐驚曰我已奏聞上謂公去矣何在此廷揚曰已去復來矣運已至元璐又驚喜聞上上亦喜命酌議乃議歲糧艘漕與海各相半行焉十月命兼攝吏部事陳演忌元璐風魏藻德言於帝曰元璐書生不習錢穀元璐亦數請解職十七年二月命以原官專直日講踰月李自成陷京師元璐整衣冠拜闕大書几上曰南都尚可爲死吾分也勿以衣衾斂暴我屍聊志吾痛遂南向坐取帛自縊而死贈少保吏部尚書謚文正

本朝賜謚文正

李邦華字孟闇吉水人受業同里鄒元標與父廷諫同舉萬曆三十一年鄉試父子自相鏃礪布衣徒步赴公車明年邦華成進士授涇縣知縣有異政行取擬授御史值黨論初起朝士多詆顧憲成邦華與相拄遂指目邦華東林以是越二年而後拜命陳法祖用人十事曰內閣不當專用詞臣曰詞臣不當專守館局曰詞臣不當教習內書堂曰六科都給事中不當內外間阻曰御史陞遷不當概論考滿曰吏部乞假不當積至正郎曰關倉諸差不當專用舉貢任子曰調簡推知不當驟遷京秩曰進士改教不當概從內轉曰邊方州縣不當盡用鄉貢疏上不報四十一年福王之藩已有期忽傳旨莊田務足四萬頃廷臣相顧愕眙計田數必不足則期將復更然無敢抗言爭之者邦華首疏諫廷臣乃相繼爭期得毋易巡視銀庫上祛弊十事中貴不便格不行巡按浙江織造中官劉成死命歸其事於有司別遣中官呂貴錄成遺貲貴嗾奸民紀光詭稱機戶詣闕保留貴代成督造邦華極論二人交關作奸罪光疏不由通政不下內閣以中旨行之邦華三疏爭皆不報是時神宗好貨中官有所進奉名爲孝順疏中刺及之並劾左右大奄之黨貴者於是期滿久不得代四十四年引疾歸時羣小力排東林指鄒元標爲黨魁邦華與元標同里相師友又性好別黑白或勸其委蛇邦華曰寧爲偏枯之學問不作反覆之小人聞者益嫉之明年以年例出爲山東參議其父廷諫時爲南京刑部郎中亦罷歸邦華乃辭疾不赴天啓元年起故官飭易州兵備明年遷光祿少卿即還家省父四月擢右僉都御史代畢自嚴巡撫天津軍府新立庶務草創邦華至極力振飭津門軍遂爲諸鎮冠進兵部右侍郎復還家省父四年夏抵京奄黨大譁謂樞輔孫承宗以萬壽節入覲將清君側之惡邦華實召之乃立勒承宗還鎮邦華引疾去明年秋奄黨劾削其官崇禎元年四月起工部右侍郎總督河道尋改兵部協理戎政還朝召見旋知武會試事竣入營故事冬至郊列隊扈蹕用軍八萬五千人至是增至十萬有奇時方郊總督勳臣缺邦華兼攝其事所設雲輦龍旌寶纛金鼓旗幟甲胄劍戟煥然一新帝悅明年春幸學亦如之命加兵部尚書時戎政大壞邦華先陳更操法愼揀選改戰車精火藥專器械責典守節金錢酌兌馬練大礮九事京營故有占役虛冒之弊占役者其人爲諸將所役一小營至四五百人且有賣閒包操諸弊虛冒者無其人諸將及勛戚奄寺豪強以蒼頭冒選鋒壯丁月支厚餉邦華核還占役萬清虛冒千三大營軍十餘萬半老弱故事軍缺聽告補率由賄得邦華必親校非年壯力強者不錄自是軍鮮冒濫三營選鋒萬壯丁七千餉倍他軍而疲弱不異邦華下令每把總兵五百月自簡五人年必二十五以下力必二百五十斤以上技必兼弓矢火礮月一解送補選鋒壯丁之缺自是人人思奮三大營領六副將又分三十六營官以三百六十七人計所用掾史皆積猾邦華按罪十餘人又行一歲二考察之令自是諸奸爲戢營馬額二萬六千至是止萬五千他官公事得借騎總督協理及巡視科道例有坐班馬不肖且折粟入錢營馬大耗邦華首減己班馬三之一他官借馬非公事不得騎自是濫借爲希京營歲領太僕銀萬六千兩屯田籽粒銀千六十兩犒軍製器胥徒工食取給焉各官取之無度歲用不敷邦華建議先協理歲取千四百總督巡視遞節減自是營帑遂裕營將三百六十聽用者稱是一官缺請託紛至邦華悉杜絕行計日省成法每小營各置簿月上事狀於協理以定殿最舊制三大營外復設三備兵營營三千人餉視正軍而不習技擊益爲豪家隱冒邦華核去四千餘人又汰老弱千疏請歸併三大營不另設由是戎政大釐倉場總督南居益言京營歲支米百六十六萬四千餘石視萬曆四十六年增五萬七千餘石宜減省邦華因上議軍以十二萬爲額餉以百四十四萬石爲額歲省二十二萬有奇帝亦報可著爲令帝知邦華忠奏無不從邦華亦感帝知不顧後患諸失利者銜次骨而怨謗紛然矣其年十月畿輔被兵簡精卒三千守通州二千援薊州自督諸軍營城外軍容甚壯俄有命邦華軍撤還守陴於是偵者不敢遠出聲息遂斷則請防寇賊緝間諜散奸宄禁譌言邦華自聞警衣不解帶捐貲造礮車及諸火器又以外城單薄自請出守而諸不逞之徒乃搆蜚語入大內襄城伯李守錡督京營亦銜邦華扼己乘間詆諆邦華自危上疏陳情歸命於帝會滿桂兵拒

大清兵德勝門外城上發大礮助桂悞傷桂兵多都察院都事張道澤遂劾邦華言官交章論列遂罷邦華閒住自是代者以爲戒率因循姑息戎政不可問矣邦華前後罷免家居二十年父廷諫無恙十二年四月起南京兵部尚書定營制汰不急之將並分設之營謂守江南不若守江北防下流不若防上流乃由浦口歷滁全椒和相形勢繪圖以獻於浦口置沿江敵臺於滁設戍卒於池河建城垣於滁椒咽喉則築堡於藕塘和遭屠戮請以隸之太平又請開府采石之山置哨太平之港大壑當塗開田數萬頃資軍儲徐州南北要害水陸交會請宿重兵設總督片檄徵調奠陵京萬全之勢皆下所司未及行以父憂去十五年冬起故官掌南京都察院事俄代劉宗周爲左都御史都城被兵即日請督東南援兵入衞力疾上道明年三月抵九江左良玉潰兵數十萬聲言餉乏欲寄帑於南京艨艟蔽江東下留都士民一夕數徙文武大吏相顧愕眙邦華歎曰中原安靜土東南一角耳身爲大臣忍坐視決裂袖手局外而去乎乃停舟草檄告良玉責以大義良玉氣沮答書語頗恭邦華用便宜發九江庫銀十五萬餉之而身入其軍開誠慰勞良玉及其下皆感激誓殺賊報國一軍遂安帝聞之大喜陛見嘉勞邦華跪奏移時數詔起立溫語如家人中官屏息遠伏其後召對百官帝矚目注邦華云舊例御史出巡回道考覈邦華謂回道而後黜害政已多論罷巡按巡鹽御史各一人奉命考試御史黜冒濫者一人追黜御史無顯過而先任推官著貪聲者一人臺中始畏法十七年二月李自成陷山西邦華密疏請帝固守京師倣永樂朝故事太子監國南都居數日未得命又請定永二王分封太平寧國二府拱護兩京帝得疏意動繞殿行且讀且歎將行其言會帝召對羣臣中允李明睿疏言南遷便給事中光時亨以倡言洩密糾之帝曰國君死社稷正也朕志定矣遂罷邦華策不議未幾賊逼都城亟詣內閣言事魏藻德漫應曰姑待之邦華太息而出已率諸御史登城羣奄拒之不得上十八日外城陷走宿文信國祠明日內城亦陷乃三揖信國曰邦華死國難請從先生於九京矣爲詩曰堂堂丈夫兮聖賢爲徒忠孝大節兮誓死靡渝臨危授命兮吾無愧吾遂投繯而絕贈太保吏部尚書謚忠文

本朝賜謚忠肅

王家彥字開美莆田人天啓二年進士授開化知縣調蘭谿擢刑科給事中彈擊權貴無所避崇禎四年請釋大學士錢龍錫於獄龍錫得減死請推行按月奏報例於四方獄四得無久淹閩海盜劉香擾郡邑撫鎮追勦多失利朝議召募將大舉家彥言舊制衞所軍餉於官無別兵亦無別將統於各衞之指揮寨設號船聯絡呼應又添設遊擊等官雖支洋窮港戈船相望臣愚以今日策防海莫若復舊制勤訓練練則衞所軍皆勁卒不練雖添設召募兵猶驅市人而戰之糜餉擾民無益賊終不能盡時以爲名言奉命巡靑所條奏多議行先是隆慶間太僕種馬額存十二萬五千邊馬至二十六萬言者以民間最苦養馬所納馬又不足用議馬徵銀十兩加草料銀二兩歲可得銀百四十四萬兩中樞楊博持不可詔折其半而馬政始變萬曆九年議盡行改折南寺歲徵銀二十二萬北寺五十一萬銀入冏寺而馬政日弛家彥極陳其弊請改國初種馬及西番茶馬之制又班軍舊額十六萬後減至七萬至是止二萬有奇更有建議盡徵行糧月糧免其番上者家彥時巡京營力陳不可且請免其工役盡歸行伍帝皆褒納其言遵化鐵冶久廢奸民請開之家彥言有害無利復有請開開化雲霧山以興屯者亦以家彥言而止屢遷戶科都給事中軍興餉詘總督盧象昇有因糧加餉之議戶部尚書侯恂請於未被寇之地士大夫家賦銀兩者加二錢民間五兩以上者兩加一錢家彥言民賦五兩上者率百十家成一戶非富民不可以朘削軍食不足畿輔山東河南江北召買米豆輸天津至九十餘萬不吏胥侵耗率數十萬家彥請嚴治帝並採納焉憂歸十二年

起吏科都給事中流寇日熾綠墨吏朘民民益走爲盜盜日多民生日蹙家彥上疏曰臣見秦晉之閒饑民相煽千百爲羣其始率自一鄉一邑守令早爲之所取周官荒政十二而行之民何至接踵爲盜盜何至潰裂以極論者謂功令使然催科急者書上考督責嚴者號循良不肖而墨者以束濕濟其饕餮一二賢明吏束於文法展布莫由惟稍寬文網壹令撫綏盜之聚者可散散者可不復聚又舊制捕蝗令吏部歲九月須勘合於有司請實意舉行帝皆納之擢大理丞進本寺少卿十五年還太僕卿家彥向言馬政帝下兵部檄陜西督撫未能行至是四疏言馬耗之故請行官牧及金牌差發遺制且言課馬改折舊增至二十四萬兩已重困楊嗣昌不恤民復增三十七萬致舊額反逋不可不釐正帝手其疏語執政曰家彥奏皆善敕議行然軍興方亟不能盡舉也頃之擢戶部右侍郎都城被兵命協理戎政卽日登陴閱視內外城十六門雪夜攜一燈步巡城堞人無知者翊日校勤惰將士皆服爭自勵初分守阜成門後移安定門寢處城樓者半歲解嚴賜宴午門增秩一等十七年二月廷推戶部尚書帝曰戎政非家彥不可特留任賊逼京師襄城伯李國禎督京營又命中官王德化盡督內外軍國禎發三大營軍城外守陴益少諸軍旣出城見賊輒降降卒反攻城城上人皆其儕益無固志廷臣分門守家彥守安定門號令進止由中官沮諸臣毋得登城又縋叛監杜勳上與密約而去帝手敕兵部尚書張縉彥登城察視家彥從中官猶固拒示之手敕問勳安在曰去矣秦晉二王欲上城家彥曰二王降賊卽賊也賊安得上頓足哭偕縉彥詣宮門請見不得入黎明城陷家彥投城下不死自縊於民舍遭賊焚殘其一臂僕收其餘體焉贈太子太保兵部尚書謚忠端

本朝賜謚忠毅

孟兆祥字允吉山西澤州人也世籍交河舉於鄉九赴會試天啓二年始擢第除大理左評事崇禎初遷吏部稽勳主事歷文選員外郎門生謁選請善地兆祥正色拒之其人悚然退進稽勳郎中歷考功忤權要貶行人司副稍遷光祿丞進少卿歷左通政太僕卿旋進通政使拜刑部右侍郎賊薄都城兆祥分守正陽門襄城伯李國禎統京營軍稽月餉不予士無固志城陷兆祥曰社稷已覆吾將安之自經於門下長子章明字綱宜甫成進士兆祥揮之曰我死汝可去對曰君父大節也君亡父死我何生爲乃投繯於父之側兆祥妻呂章明妻王相向哭旣而曰彼父子死忠矣我二人獨不能死乎皆自縊兆祥贈刑部尚書謚忠貞章明河南道御史謚節愍

本朝賜兆祥謚忠靖章明貞孝

施邦曜字爾韜餘姚人萬曆四十一年進士不樂爲吏改順天武學教授歷國子博士工部營繕主事進員外郎魏忠賢興三殿工諸曹郎奔走其門邦曜不往忠賢欲困之使拆北堂期五日適大風拔屋免譙責又使作獸吻倣嘉靖閒製莫考夢神告之發地得吻嘉靖舊物也忠賢不能難遷屯田郎中稍遷漳州知府盡知屬縣奸盜主名每發輒得閩郡驚爲神盜劉香李魁奇橫海上邦曜縶香母誘之香就禽魁奇援鄭芝龍事請撫邦曜言於巡撫鄒維璉討平之遷福建副使左參政四川按察使福建左布政使並有聲或餽之朱墨竹者姊子在旁請受之曰不可我受之卽彼得以乘閒而嘗我我則示之以可欲之門矣性好山水或勸之遊峨嵋曰上官遊覽動煩屬吏支應傷小民幾許物力矣其潔己愛民如此歷兩京光祿寺卿改通政使黃道周旣謫官復逮下詔獄國子生涂仲吉上書訟之邦曜不爲封進而大署其副封曰書不必上論不可不存仲吉劾邦曜邦曜以副封上帝見其署語怒下仲吉獄而奪邦曜官踰年起南京通政使入都陛見陳學術吏治用兵財賦四事帝改容納焉出都三日命中使召還曰南京無事留此爲朕效力吏部推刑部右侍郎帝曰邦曜清執可左副都御史時崇禎十六年十二月也明年賊薄近郊邦曜語兵部尚書張縉彥檄天下兵勤王縉彥慢弗省邦曜太息而去城陷趨長安門聞帝崩慟哭曰君殉社稷矣臣子可偷生哉卽解帶自經僕救之蘇恨曰是兒誤我賊滿衢巷不得還邸舍望門求縊輒爲居民所麾乃命家人市信石雜燒酒卽途中服之血迸裂而卒邦曜少好王守仁之學以理學文章經濟三分其書而讀之慕義無窮嘗時生者里同年生也官庶吉士歿京師邦曜手治含斂以女妻其子嘗買一婢命灑掃至東隅捧箏疑視而泣怪問之曰此先人御史宅也時墮環茲地不覺悽愴耳邦曜卽分嫁女資擇士人歸之其篤於內行如此贈太子少保左都御史謚忠介

本朝賜謚忠愍

凌義渠字駿甫烏程人天啓五年進士除行人崇禎三年授禮科給事中知無不言三河知縣劉夢煒失餉銀三千責償急自縊死有司責其家義渠言以金錢殞命吏恐天下議朝廷重金意不在盜也帝特原之宜興溧陽及遂安壽昌民亂焚掠巨室義渠言魏羽林軍焚領軍張彝第高歡以爲天下事可知日者告密漸啓藩國悍宗入京越奏里閭小故叫閽聲冤僕豎侮家長下吏箝上官市儈持縉紳此春秋所謂六逆也天下所以治恃上下之分防維決裂卽九重安所藉以提挈萬靈哉義渠與溫體仁同里無所附麗給事中劉含輝劾體仁擬旨失當被貶二秩義渠言諫官不得規執政失而委中飭權於部院反得制言路大臣以攬權爲奉旨小臣以結舌爲盡職將貽國家無窮憂兵部尚書張鳳翼敘廢將陳壯猷功爲給事中劉昌所駁昌反被斥義渠言今上下盡相蒙疆場欺蔽爲甚官方盡濫徇武弁倖功爲甚中樞不職捨其大摘其細已足爲言者羞辨疏一入謫用隨之自今奸弊叢生功罪倒置言者將杜口不納三遷兵科都給事中東江自毛文龍後叛者接踵義渠言東島孤懸海外轉餉艱向仰給朝鮮今路阻絕不得食內潰可慮居無何衆果潰挾帥求撫義渠言請陽撫陰勦同惡必相戕及命新帥出海義渠言殲渠散黨宜速速則可圖功遲則更生他釁後其語皆驗義渠居諫垣九年建白多吏科給事中劉安行惡之以年例出義渠福建參政尋遷按察使轉山東右布政使所至有清操召拜南京光祿寺卿署應天尹事十六年入爲大理卿明年三月賊犯都城有旨召對趨赴長安門旦不啓扉俄傳城陷還已得帝崩問負牆哀號首觸柱血被面門生勸無死義渠厲聲曰爾當以道義相勗何姑息爲揮使去據几端坐取生平所好書籍盡焚之曰無使賊手污也旦日具緋衣拜闕作書辭父已自繫奮身絕吭而死年五十二贈刑部尚書謚忠清

本朝賜謚忠介

贊曰范景文倪元璐等皆莊烈帝腹心大臣所共圖社稷者國亡與亡正也當時覥顏屈節僥倖以偷生者多被刑掠以死身名俱裂貽詬無窮而景文等樹義烈於千秋荷褒揚於
興代名與日月爭光以彼絜此其相去得失何如也

明史卷二百六十六　列傳第一百五十四

總裁官經筵講官少保兼太子太保保和殿大學士兼管吏部戶部尚書事加六級臣張廷玉等奉
敕修

馬世奇　吳麟徵
周鳳翔　劉理順
汪偉　吳甘來
王章　陳良謨
陳純德　申佳允
成德　許直
金鉉

馬世奇字君常無錫人祖濂進士桂林知府世奇幼穎異嗜學有文名登崇禎四年進士改庶吉士授編修十一年帝遣詞臣分諭諸藩世奇使山東湖廣江西諸王府所至卻饋遺還進左諭德父憂歸久之還朝進左庶子帝數召廷臣問禦寇策世奇言闖獻二賊除獻易除闖難人心畏獻而附闖非附闖也苦兵也今欲收人心惟敕督撫鎮將嚴束伍部使兵不虐民民不苦兵則亂可弭帝善其言爲下詔申飭時寇警日亟每召對諸大臣無能畫一策世奇歸邸輒太息泣下曰事不可爲矣十七年三月城陷世奇方早食投筯起問帝安在東宮二王安在或言帝已出城或言崩或又言東宮二王被執世奇曰嗟乎吾不死安之其僕曰如太夫人何世奇曰正恐辱太夫人耳將自經二妾朱李盛飾前世奇訝曰若以我死將辭我去耶對曰聞主人盡節我二人來從死耳世奇曰有是哉二妾竝自經世奇端坐引帛自力縊乃死先是兵部主事成德將死貽書世奇以慷慨從容二義質焉世奇曰勉哉元升吾人見危授命吾不爲其難誰爲其難者與君攜手黃泉預訂斯盟無忘息壤矣世奇修頎廣顙揚眉大耳砥名行居館閣有聲好推獎後進爲人廉父死蘇州推官倪長玗以贖鍰三千助喪世奇辭曰蘇饑留此可用振座主周延儒再相世奇同郡遠嫌除服不赴都及還朝延儒已賜死親暱者率避去世奇經紀其喪其好義如此贈禮部右侍郎謚文忠

本朝賜謚文肅

吳麟徵字聖生海鹽人天啓二年進士除建昌府推官禽豪猾捕劇盜治聲日聞父憂歸補興化府廉公有威僚屬莫敢以私進崇禎五年擢吏科給事中請罷內遣言古用內臣以致亂今用內臣以求治君之於臣猶父之於子未有信僕從舍其子求家之理者又言安民之

本在守令郡守廉縣令不敢貪郡守慈縣令不敢虐郡守精明縣令不敢叢脞宜倣宣宗用況鍾故事精擇而禮遣之重以璽書假便宜久任民生疾苦吏治臧否使得自達天子時不能行麟徵在諫垣直聲甚著尋上疏乞假葬父既去貽言路公揭謂自言官積輕廟堂之上往往反其言而用之奸人窺見此旨明告君父目爲朋黨自稱孤立下背公論上竊主權諸君子宜盡化沾沾之意毋落其彀中使清流之禍再見明時居久之還朝劾吏部尚書田唯嘉贓汚唯嘉罷去再遷刑科給事中丁繼母憂服闋起吏科都給事中時貨賂公行銓曹資格盡廢麟徵上言限年平配固銓政之弊然舍此無以待中才今遷轉如流不循資格巧者速化拙者積薪開奔競之門無益軍國之計帝深然之十七年春推太常少卿未幾賊薄京師麟徵奉命守西直門門當賊衝賊詐爲勤王兵求入中官欲納之麟徵不可以土石堅塞其門募死士縋城襲擊之多所斬獲賊攻益急麟徵趨入朝欲見帝白事至午門魏藻德引麟徵手曰國家如天之福必無他虞旦夕兵餉集公何悤遽爲引之出遂還西直門明日城陷欲還邸已爲賊所據乃入道旁祠作書訣家人曰祖宗二百七十餘年宗社一旦至此雖上有亢龍之悔下有魚爛之殃而身居諫垣無所匡救法當褫服殮用角巾青衫覆以單衾以志吾哀解帶自經家人救之甦環泣請曰待祝孝廉至一訣可乎許之祝孝廉名淵嘗救劉宗周下獄與麟徵善者也明日淵至麟徵慷慨曰憶登第時夢隱士劉宗周吟文信國零丁洋詩今山河碎矣不死何爲酌酒與淵別遂自經淵爲視含殮而去贈兵部右侍郎謚忠節

本朝賜謚貞肅方賊之陷山西也薊遼總督王永吉請撤寧遠吳三桂兵守關門選士卒西行遏寇即京師警旦夕可援天子下其議麟徵深然之輔臣陳演魏藻德不可謂無故棄地二百里臣不敢任其咎引漢棄涼州爲證麟徵復爲議數百言六科不署名獨疏昌言弗省及烽烟徹大內帝始悔不用麟徵言旨下永吉永吉馳出關徙寧遠五十萬衆日行數十里十六日入關二十日抵豐潤而京師已陷矣城破入門齊啓惟西直門堅塞不能通至五月七日集民夫發掘乃開

周鳳翔字儀伯浙江山陰人崇禎元年進士改庶吉士授編修遷南京國子司業靈璧侯奴辱諸生鳳翔執付法司歷中允諭德爲東宮講官嘗召對平臺陳滅寇策言論慷慨帝爲悚聽軍需急議稅間架錢鳳翔曰事至此急宜收人心尚可括民財搖國勢耶亡何京師陷莊烈帝殉社稷有譌傳駕南幸者鳳翔不知帝所在趨入朝見魏藻德陳演侯恂宋企郊等羣入而賊李自成據御坐受朝賀鳳翔至殿前大哭急從左掖門趨出賊亦不問歸至邸作書辭二親題詩壁間自經詩曰碧血九原依聖主白頭二老哭忠魂天下悲之去帝崩纔兩日也後贈禮部右侍郎謚文節

本朝賜謚文忠

劉理順字復禮杞縣人萬曆中舉於鄉十赴會試至崇禎七年始中式及廷對帝親擢第一還宮喜曰朕今日得一耆碩矣拜修撰益勤學非其人不與交十二年春畿輔告警疏陳作士氣矜窮民簡良吏定師期信賞罰招脅從六事歷南京司業左中允右諭德入侍經筵兼東宮講官楊嗣昌奪情入閣理順昌言於朝嗣昌奪其講官開封垂陷理順建議河北設重臣練敢死士爲後圖疏格不行嗣昌薛國觀周延儒迭用事理順一無所附麗出溫體仁門言論不少徇賊犯京師急守卒缺餉陰雨饑凍理順詣朝房語諸執政急請帑衆唯唯理順太息歸捐家貲犒守城卒僚友問進止正色曰存亡視國尚須商酌耶城破妻萬妾李請先死既絕理順大書曰成仁取義孔孟所傳文信踐之吾何不然書畢投繯年六十三僕四人皆從死羣盜多中州人入唁曰此吾鄉杞縣劉狀元也居鄉厚德何遽死羅拜號泣而去後贈詹事謚文正

本朝賜謚文烈

汪偉字叔度休寧人寄籍上元崇禎元年進士十一年由慈谿知縣行取帝以國家多故朝臣詞苑起家儒緩不習吏事無以理紛禦變改舊例擇知推治行卓絕者入翰林偉擢檢討給假歸還朝充東宮講官十六年賊陷承天荆襄偉以留都根本之地上江防綢繆疏言金陵城週圍百二十里雖十萬衆不能守議者謂無守城法有防江法賊自北來淮安爲要自上游來九江爲要禦淮所以禦江守九江所以守金陵也淮有史可法屹然保障九江一郡宜設重臣鎮之自是而上之至於武昌下之至於太平采石浦口命南京兵部大臣建牙分閫以接聲援而金陵之門戶固矣南京兵部有重兵而無用操江欲用兵而無人宜使緩急相應而府尹府丞之官重其權久其任聯百萬士民心以分兵部操江之責帝嘉納之乃設九江總督又言兵額既虧宜以衞所官舍餘丁補伍操練修治兵船以資防禦額餉不足暫借鹽課漕米給之所條奏皆切時務明年三月賊兵東犯偉語閣臣事急矣亟遣大僚守畿郡都中城守文自內閣武自公侯伯以下各率子弟畫地守庶民統以紳士家自爲守而京軍分番巡徼以待勤王之師魏藻德笑曰大僚守畿輔誰肯者偉曰此何等時猶較尊卑計安危耶請以一劇郡見委藻德哂其早計未幾眞定遊擊謝加福殺巡撫徐標迎賊偉泣曰事至此乎作書寄友人曰賊據眞定奸人滿都城外郡上供絲粟不至諸臣無一可支危亡者如聖主何平時誤國之人終日言門戶而不顧朝廷今當何處仲狂喙耶賊薄都城守兵乏餉不得食偉市餅餌以饋已而城陷偉歸寓語繼室耿善撫幼子耿泣曰我獨不能從公死乎因以幼子屬其弟衣新衣上下縫引刀自剄不殊復投繯遂絕時年二十三偉欣然曰是成吾志移其屍於堂貽子觀書勉以忠孝乃自經贈少詹事謚文烈

本朝賜謚文毅

吳甘來字和受江西新昌人父之才西安府同知甘來與兄泰來同舉鄉試崇禎改元甘來成進士授中書舍人後三年泰來亦成進士授南京太常博士五年甘來擢刑科給事中七年西北大旱秦晉人相食疏請發粟以振而言山西總兵張應昌等半殺難民以冒功中州諸郡畏曹變蛟兵甚於賊陛下生之而不能武臣殺之而不顧臣實痛之又言賞罰者將將大機權也陛下加意邊陲賞無延格乃紅夷獻俘黔蜀爭功昌黎死守功猶待勘急則用其死緩則束以文法且封疆之罰武與文二內與外二士卒與將帥二受命建牙或逮或逐以封疆罪罪之而跋扈將帥罪狀已暴止於戴罪偏裨不能令士卒將帥不能令偏裨督撫不能令將帥將驕賊自來自去誰爲陛下翦凶逆者憂歸服闋起吏科進兵科右給事中乞假歸十五年起歷戶科都給事中中外多故荆襄數郡賊未至而撫道諸臣率稱護藩以去甘來曰若爾則是棄地方而逃也城社人民誰與守者乃上疏曰天子衆建親親將使屛藩帝室故曰宗子維城乃烽火纔傳一朝委去以爲民望而諸臣猶嘵嘵以擁衞自功掩其失地之罪是維城爲可留可去之人名都爲可守可棄之土撫道爲可有可無之官功罪不明賞罰不著莫此爲甚疏入帝大嘉歎一日帝詰戶部尚書倪元璐餉額甘來曰臣科與戶曹表裏餉可按籍稽臣所慮者兵聞賊而逃民見賊而喜恐非無餉之患而無民之患宜急輕賦稅收人心帝頷之甘來遘疾連請告會帝命編修陳名夏掌戶科甘來喜得代不數日賊薄都城時泰來官禮部員外郎矣甘來屬兄歸事母而自誓必死明日城陷有言駕南幸者甘來曰主上明決必不輕出乃疾走皇城不得入返檢几上疏草曰嘗賊寇縱橫徒持議論無益豪末盡取焚之毋釣後世名遂投繯死贈太常卿謚忠節

本朝賜謚莊介

王章字漢臣武進人崇禎元年進士授諸暨知縣少孤母訓之嚴及爲令祖帳歸少暮母訶跪予杖曰朝廷以百里授汝人乎章伏地不敢仰視親友爲力解乃已治諸暨有聲甫半歲以才調鄞縣諸暨民與鄞民爭挽章至相譁治鄞益有聲數注上考十一年行取入都時有考選翰林之命行取者爭奔競給事中陳啓新論之帝怒命吏部上訪冊罪廷臣濫徇者尚書姜逢元王業浩給事中傅元初御史禹好善等六人閒住給事中孫晉御史李右讜等三人降調給事中劉含輝御史劉興秀等十一人貶二秩視事吏部尚書田維嘉等乃請先推部曹凡推二十二人章與焉授工部主事章及任濬涂必泓李嗣京欲疏辨憚爲首獲罪李士淳者耄矣四人不告而首其名士淳知之懼且怒與章等大詬而帝知維嘉有私詔許與考又以爲首者必良士也擢士淳編修章等皆御史章上疏請罷內操寬江南逋賦明年出按甘肅持風紀飭邊防西部寇莊浪巡撫急徵兵章曰貧寇索食耳策馬入其帳衆羅拜乞降乃稍給之食兩河旱章檄城隍神御史受錢或戕害人神殛御史毋虐民神血食茲土不能請上帝蘇一方當奏天子易爾位檄焚雨大注邊卒貸武弁金償以賊首武弁以冒功坐是數名邊釁章著令非大舉毋得以零級冒功劾罷巡撫劉鎬貪懦又所部十道監司劾罷其四母憂歸服闋還朝巡視京營按籍額軍十一萬有奇喜曰兵至十萬猶可爲也及閱視半死者餘冒伍憊甚矢折刃鈌聞礮聲掩耳馬未馳輒墮而司農缺餉半歲不發章屢疏請帑不報踰月賊陷眞定京師大震襄城伯李國禎發營卒五萬營城外章與給事中光時亨守阜成門城內外堞凡十五萬四千有奇三堞一卒三月初登陴閱十日始一還邸櫛沐易新衣冠家人大駭章不應賊傳城下章手發二礮賊少卻頃之各門礮聲絕時亨攜章走章厲聲曰事至此猶惜死耶時亨曰死此與士卒何別入朝訪上所在不獲則死死未晚也章從之與時亨竝馬行俄賊突至呼下馬時亨倉皇下馬跪章持鞭不顧叱

曰：吾視軍御史也，誰敢犯？賊刺章股，墮。章罵曰：逆賊，勤王兵且至，我死，爾滅不旋踵矣。賊怒，攢槊刺殺章而去。抵暮，家人覓屍，猶一手據地坐，張口怒目，勃勃如叱賊狀。妻姜在籍，聞之一慟而絕。贈大理寺卿，謚忠烈。

本朝賜謚節愍。次子之栻，仕閩爲職方主事，亦死難。

陳良謨，字士亮，鄞人。崇禎四年進士。授大理推官。初名天工，莊烈帝虞事上帝，詔羣臣名天者悉改之，乃改良謨。在職六年，兩注上考。行取陛見，擢御史。十二年出按四川，朔滿當代，再留任。時流寇大入蜀，詔良謨專護蜀王，巡撫邵捷春專辦賊。良謨飭守具，堅壁淸野。賊犯成都，遣將據要害爲犄角，一再戰，賊潰奔。帝聞賊擾蜀，下詔責良謨，已聞其善守禦，乃優旨賜銀幣。及還朝，賊勢益迫，所規畫率不行，而京師陷矣。良謨嘗夢拜文文山於堂下，文山揖之上，公與予先後一揆，何下拜爲？覺而異之。及是城陷，良謨方移疾臥邸中，一慟幾絕，自是水漿不入口。或勸良謨無死，不答，謂邑子李天葆曰：吾爲國死義，不顧家，惟是母老，先君莫葬，繼孚未定，須一言耳。因賦詩付天葆。未幾，聞帝崩煤山，大慟曰：主上不冕，服臣子敢具冠帶乎？吾巾褻，安所得明巾？天葆以巾進。良謨著巾，藍便服，起入戶，妾時氏隨之，遂與妾俱自縊死。時氏，京師人，年十八。良謨踰五十無子，以禮納之，侍良謨百三日耳。良謨既卒，其族人以其兄之子久樞爲之後，未幾久樞亦卒，良謨竟無後。贈太僕卿，謚恭愍。

本朝賜謚恭潔。

陳純德，字靜生，零陵人。爲諸生，以學行稱。嘗夜泊洞庭，爲盜窘，躍出墮水，再躍入洲渚，比曉，坐蘆葦中，去泊舟數十丈。崇禎十三年成進士，年已六十矣。莊烈帝召諸進士，咨以時事，純德奏稱旨，立擢御史，巡按山西。七月，部內嚴霜，民凍餒，純德上疏請恤。因陳抽練之弊，言：兵抽則人失故居，無父母妻子之依，田園邱壠之戀，思歸則逃，逢敵則潰。抽餘者既以餉薄而安於無用，抽去者又以遠調而不樂爲用。伍虛而餉仍在，不歸主帥，則歸偏裨。樂其逃而利其餉，凡藉以營求遷秩，皆是物也。精神不以束伍而以侵餉，厚餉不以養士而以求官。伍虛則無人，安望其練？餉糜則愈缺，安望其充？此今日行間大弊也。帝不能用。還朝，督畿輔學政。將出按部，都城陷。賊下令百官以某日入見，衆擁純德入，還邸慟哭，遂自經。京山人秦嘉系買地葬之永定門外，立石表墓焉。贈太僕卿，謚恭節。

申佳允，字孔嘉，永年人。崇禎四年進士。授儀封知縣。縣故多盜，佳允嚴保甲法，盜無所容。霪雨河決，艤舟怒濤中，塞其口。捕大猾置之法。以才調杞縣。八年，賊掃地王率萬人來攻，城土垣多圮，佳允募死士擊走賊，因甓其城。唐王聿鍵勤王，將抵開封，諸大吏惴恐，集議曰：留之不聽行，守土者且得罪。佳允曰：惟周王可留之。衆稱善，用其計。治行卓異，擢吏部文選主事。上備邊五策。進考功員外郎，佐京察。大學士薛國觀傾少詹事文安之，安之，佳允座主也，事連佳允，左遷南京國子博士。久之，遷大理評事，進太僕丞，閱馬近畿。聞李自成破居庸，歎曰：京師不守矣，君父有難，焉逃死？馳入都，遍謁大臣，爲畫戰守策，皆不省。貽子涵光書曰：行己曰義，順數曰命，義不可背也，命不可違也。天下事莫不壞於貪生而畏死。死於疾，死於利，死於刑戮，於房幃，於鬪戰，均死也。死數者不死君父，蓋亦不善用死矣。今日之事，君父之事，死義也，猶命也，我則行之。京師陷，冠帶辭母，策馬至王恭廠，從者請易服以避賊，佳允曰：吾起微賤，食祿十三年，國事至此，敢愛死乎？兩僕環守不去，紿之曰：吾不死也，我將擇善地焉。下馬，旁見灌畦巨井，急躍入。僕號呼欲出之，佳允亦呼曰：告太安人，有子作忠臣，勿過傷也。遂死，年四十二。贈太僕少卿，謚節愍。

本朝賜謚端愍。

成德，字元升，霍州人，依舅氏占籍懷柔。崇禎四年進士。除滋陽知縣。性剛介，淸操絕俗，疾惡若讐。文震孟入都，德郊迎，執弟子禮，語刺溫體仁，體仁聞而恨之。兗州知府增餉額，德固爭，又嘗捕治其牙爪吏，知府怒，譏於御史禹好善。好善，體仁客也，誣德貪虐，逮入京。滋陽民詣闕訟冤，震孟在閣亦爲之稱枉。德道中具疏，極論體仁罪，而震孟已被體仁擠而去之。好善再劾德，言其疏出震孟手，帝不之究。德母張伺體仁長安街，繞輿大罵，拾瓦礫擲之。體仁恚，疏聞於朝，詔五城御史驅逐，移德鎭撫獄掠治，杖六十午門外，戍邊，坐贓六千有奇，而給體仁校尉五十人護出入。德居戍所七年，用御史詹兆恒薦，起如皋知縣，尋擢武庫主事，以母老辭，不允，乃就道。至則上言：年來中外多故，居官者爵祿逃心，廉恥道喪。陛下御極十七年，何仗節死義之寥寥也？宋臣張栻有言：仗節死義之臣，當於犯顏諫諍中求之。夫犯顏諫諍何難，在朝廷養之而已。表厥宅里，所以伸忠臣孝子於生前；殊厥井疆，所以誅亂臣賊子於未死。苟死敵者無功，則媚敵者且無罪；死賊者褒揚不亟，則從賊者恬而不知畏也。未幾，城破，不知帝所在，旁皇廳事，已趨至午門，見兵部尚書張縉彥自賊所出，德以頭觸縉彥胸，且詈之。俄聞帝崩，痛哭，持雞酒奔東華門，奠梓宮於茶棚之下，觸地流血。賊露刃脅之，不爲動。奠畢歸家，有妹年二十餘未嫁，德顧之曰：我死，汝何依？妹曰：兄死，妹請前。德稱善，哭而視其縊，入別其母，哭盡哀，出而自縊。母見子女皆死，亦投繯死。先是懷柔城破，德父文桂遇害，家屬盡沒。妻劉在京，以徵德贓急，憂悸死。至是又闔門死難，惟幼子先寄友人家，獲存。贈德光祿卿，謚忠毅。

本朝賜謚介愍。

許直，字若魯，如皋人。崇禎七年成進士，出文震孟之門，以名節自砥。除義烏知縣。母憂歸，哀毀骨立，終喪蔬食，寢柩旁。補廣東惠來縣，用淸望，徵授吏部文選主事，進考功員外郎。賊薄都城，約同官出貲餉士，爲死守計。城陷，賊令百官報名，直曰：身可殺，志不可奪。有傳帝南狩者，直將往從，見賊騎塞道，出門輒返，曰：四方兵戈，駕焉往？國亂不匡，君危無濟，我何生爲？已知帝崩，一慟幾絕。客以七十老父爲解，直曰：不死，辱及所生。賦絕命詩六章，闔戶自經。越旦視之，神氣如生。贈太僕卿，謚忠節。

本朝賜謚忠愍。直有族子德溥者，在南聞莊烈帝崩，大哭數日；揚州陷，又哭數日。每獨坐輒慟哭，食必以崇禎錢一枚置几上，祭而後食，食已復哭。又刺其兩臂曰：生爲明臣，死爲明鬼。事發，死西市。

金鉉，字伯玉，武進人，占籍順天之大興。祖汝升，南京戶部郎中。父顯名，汀州知府。鉉少有大志，以聖賢自期許。年十八，舉鄉試第一。明年，崇禎改元，成進士。不習爲吏，改揚州府教授。日訓諸生，闡濂洛正學，燕居言動俱有規格，諸生嚴憚之。歷國子博士、工部主事。帝方銳意綜核，疑廷臣朋黨營私，度支告匱，四方亟用兵，餉不敷，遣中官張彝憲總理戶工二部，建專署，檄諸曹謁見，禮視堂官。鉉恥之，再疏爭，不納，乃約兩部諸僚，私謁者衆唾其面。彝憲慍甚。鉉當榷稅杭州，辭疾請假。彝憲摭火器不中程，劾鉉落職。鉉杜門謝客，躬爨以養父母。十七年春，始起兵部主事，巡視皇城。聞大同陷，疏曰：宣、大，京師北門。大同陷則宣府危，宣府危，大事去矣。請急撤回監宣中官杜勳，專任巡撫朱之馮。勳二心僨事，之馮忠懇可屬大事。不報。未幾，勳以宣府下賊，賊殺之馮，烽火偪京師。鉉奔告母，母可且逃匿，兒受國恩，義當死。鉉母章，時年八十餘矣，呵曰：爾受國恩，我不受國恩乎？廡下井，是我死所也。鉉哭而去。城破，趨入朝，宮人紛紛出，知帝已崩，解牙牌拜授家人，即投金水河。家人爭前挽之，鉉怒，口嚙其臂，得脫，遂躍入水。水淺，濡首泥中，乃絕。母聞，即投井，妾王隨之，皆死。賊踞大內，踰月始去。金水河冠袍泛泛見水上，內官羣指之曰：此金兵部也。弟錝舁其屍，驗網巾環，得鉉首，歸，合以木身，如禮而殮。事竣，錝自經。後贈鉉太僕少卿，謚忠節。

本朝賜謚忠潔。

右范景文至鉉二十有一人，皆自引決。其他率委蛇見賊。賊以大僚多誤國，槩囚縶之；庶官則或用或否，用者下吏政府銓除，不用者諸僞將搒掠取其貲。大氐降者十七，刑者十三。福王時，以六等罪治諸從逆者，而文武臣殉難竝予贈廕祭葬，且建旌忠祠於都城焉。曰正祀文臣，祀景文以下二十人，及大同巡撫衛景瑗、宣府巡撫朱之馮、布衣湯文瓊、諸生許琰四人；曰正祀武臣，祀新樂侯劉文炳、惠安伯張慶臻、襄城伯李國楨、駙馬都尉鞏永固、左都督劉文耀、山西總兵官周遇吉、遼東總兵官吳襄七人；曰正祀內臣，祀太監王承恩一人；曰正祀婦人，祀烈婦成德母張氏、金鉉母章氏、汪偉妻耿氏、劉理順妻萬氏、妾李氏、馬世奇妾朱氏、李氏、陳良謨妾時氏、吳襄妻祖氏九人；曰附祀文臣，祀進士孟章明及郎中徐有聲、給事中顧鋐、彭琯、御史俞志虞、總督徐標、副使朱廷煥七人；曰附祀武臣，祀成國公朱純臣、鎭遠侯顧肇迹、定遠侯鄧文明、武定侯郭培民、陽武侯薛濂、永康侯徐錫登、西寧侯宋裕德、懷寧侯孫維藩、彰武伯楊崇猷、宣城伯衛時春、淸平伯吳遵周、新建伯王先通、安鄉伯張光燦、右都督方履泰、錦衣衛千戶李國祿十五人；曰附祀內臣，祀太監李鳳翔、王之心、高時明、褚憲章、方正化、張國元六人。有司春秋致祭。然顧鋐、彭琯、俞志虞輩特爲賊拷死，諸侯伯亦大半以兵死，而郎中周之茂、員外郎甯承烈、中書宋天顯、署丞于騰雲、兵馬指揮姚成、知州馬象乾皆以不屈死，顧未邀贈恤也。徐有聲，字聞復，金壇人。登鄉薦。崇禎十三年特擢戶部主事，歷員外郎、郎中，督餉大同。城陷，被執不屈死。福王時，贈太僕少卿。徐標，字準明，濟寧人。天啓五年進士。崇禎時，歷官淮徐道參議。十六年二月，超擢右僉都御史，巡撫保定。陛見，請重邊防，擇守令，用車戰禦敵，招流民墾荒。帝深嘉之。李自成陷山西，警日逼，加標兵部侍郎，總督畿南、山東、河北軍務，仍兼巡撫，移駐眞定以遏賊。無何，賊遣使諭降，標毀檄戮其使。賊別將掠畿輔，眞定知府邱茂華移妻孥出城，標執茂華下之獄。中軍謝加福伺標登城畫守禦策，鼓衆殺之，出茂華於獄。數日而賊至，以城降福王時贈標兵部尚書朱廷煥單縣人崇禎七年進士除工部主事歷知盧州大名二府即以兵備副使分巡大名十七年賊逼畿輔廷煥嚴守備賊傳檄入城怒而碎之三月四日賊來攻軍民皆走城遂陷被執不屈死福王時贈右副都御史周之茂字松如黃麻人崇禎七年進士歷官工部郎中服闋需次都下賊搜得之迫使跪不屈折其臂而死甯承烈字養純大興人舉於鄉歷魏縣教諭戸部司務進本部員外郎筦太倉銀庫城陷自經於官廨宋天顯松江華亭人由國子生官內閣中書舍人爲賊所獲自經于騰雲順天人爲光祿署丞賊至語其妻曰我朝臣汝亦命婦可污賊耶夫婦並服命服從容投繯死姚成字孝威餘姚人由禮部儒士爲北城兵馬司副指揮城陷自縊死馬象乾京師人舉於鄉官濮州知州方里居賊入率妻及子女五人並自縊至若御史馮垣登兵部員外郎鄭逢蘭行人謝于宣皆拷死郎中李逢申拷掠久之遍令縊死與鋐瑄志虞皆獲贈太僕少卿而垣登于宣至諡忠節行取知縣鄭逢吉拷死贈太僕寺丞時南北阻絕皆未能核實也湯文瓊許琰事載忠義傳

贊曰傳云君子居其位則思死其官夫忠貞之士臨危授命豈矯厲一時邀名身後哉分誼所在確然有以自持而不亂也馬世奇等皆負貞亮之操勵志植節不欺其素故能從容蹈義如出一轍可謂得其所安者矣

明史卷二百六十七　列傳第一百五十五

總裁官總理事務經筵講官少保兼太子太保保和殿大學士兼管吏部戸部尚書事加六級臣張廷玉等奉

敕修

馬從聘 耿蔭樓　張伯鯨
宋　玫 族叔應亨 陳顯際 趙士驥等　范淑泰
高名衡 王　漢　徐　汧 楊廷樞
鹿善繼 薛一鶚

馬從聘字起莘靈壽人萬曆十七年進士授靑州推官擢御史勛衛李宗城冊封平秀吉逃歸從聘言其父言恭不當復督戎政不從出理兩淮鹽課言近日泰山崩離圻者里餘由開礦斷地脈所致當速罷不報奸人田應璧請製賣沒官餘鹽助大工帝遣中官魯保督之從聘極陳欺罔狀不從還朝改按浙江又按蘇松請免增蘇松常鎭稅課亦不報以久次擢太僕少卿拜右僉都御史巡撫延綏失事奪俸旣而有擣巢功未敘引疾歸加兵部右侍郎家居凡二十餘年終熹宗世不出崇禎十一年冬

大淸破靈壽從聘年八十有二矣謂其三子曰吾得死所矣又曰吾大臣義不可生汝曹生無害也三子不從從聘縊三子皆縊贈兵部尚書諡介敏官其一子耿蔭樓從聘同邑人也字旋極天啓中任臨淄知縣久旱囚服暴烈日中哭於壇雨立澍擢壽光禱雨如臨淄崇禎中入爲兵部主事調吏部歷員外郎乞假歸城破偕子參並死之贈光祿少卿

張伯鯨字繩海江都人萬曆四十四年進士歷知會稽歸安鄞三縣天啓中大計調補盧氏崇禎二年稍遷戸部主事出督延寧二鎭軍儲自黃甫川西抵寧夏千二百里不產五穀芻粟貴內地賀蘭山沿黃河漢唐二渠東抵花馬池素沃野亦荒蕪甚伯鯨疏陳其狀爲通商惠工轉菽麥又倣邊商中鹽意立官市法以招之軍民稱便大盜起延綏擢伯鯨兵備僉事轄榆林中路擊破賀思賢斬一座城金翅鵬敗套寇於長樂堡巡撫陳奇瑜上其功詔進三階爲右參政仍視兵備事七年春奇瑜遷總督遂擢伯鯨右僉都御史代之督總兵王承恩等分道擊破插漢部長及套寇於雙山魚河二堡斬首三百明年以拾遺論罷尋論延綏功詔起用廕子錦衣千戸十年秋楊嗣昌議大舉討賊遣戸部一侍郎駐池州專理兵食帝命傳淑訓明年淑訓憂去卽家起伯鯨代之如淑訓官又明年熊文燦撫事敗嗣昌自出督師移伯鯨襄陽文燦之被逮也言餉不至者六十餘萬伯鯨坐貶秩十五年召爲兵部左侍郎明年尚書馮元颺在告伯鯨攝部事召對萬歲山疾作中官扶出遂乞休又明年京城陷微服遁還福王立於南京伯鯨家居不出久之揚州被圍與當事分城守城破自經死

宋玫字文玉萊陽人父繼登萬曆三十二年進士歷官陝西右參議天啓五年大計謫官玫卽以是年偕族叔應亨同舉進士玫授虞城知縣應亨得淸豐崇禎元年玫兄琮亦舉進士知祥符而玫以才調繁杞縣三人壤地相接並有治聲應亨遷禮部主事玫亦擢吏科給事中嘗疏論用人謂陛下求治之心愈急則浮薄喜事之人皆飾詭而釣奇陛下破格之意愈殷則巧言孔壬之徒皆乘機而闘捷臬蹕其言時應亨已改吏部累遷稽勳郎中落職歸玫方除母喪起故官歷刑科都給事中請熱審槩行於天下又言獄囚稽滯瘐死與刑死幾相半宜有矜釋帝採納之遷太常少卿歷大理卿工部右侍郎玫父繼登已久廢至是爲浙江右參政大學士周延儒客盛順者爲浙江巡撫熊奮渭營內召果擢南京戸部侍郎繼登父子信之十五年夏廷推閣臣順爲玫營推甚力會詔令再推玫與焉帝已中流言疑諸臣有私比入對玫冀得帝意侃侃敷奏帝發怒叱退之與吏部尚書李日宣等並下獄日宣等遣戍玫除名順乃鸞竄閏十一月臨淸破應亨與知縣陳顯際謀城守應亨以城北庫薄出千金建甕城浹旬而畢玫及邑人趙士驥亦出貲治守具無何

大淸兵薄城城上火礮矢石並發圍乃解明年二月復至城遂破玫應亨顯際士驥並死之顯際眞定人士驥官中書舍人並起家進士玫應亨有文名沈迅亦萊陽人也崇禎四年舉進士歷知新城蠡二縣與膠州張若騏同年友善十一年行取入都帝以吏部考選行私親策諸臣迅若麒並得刑部主事兩人大恚恨結楊嗣昌得改兵部其年冬畿輔被兵迅請於廣平河間定州蠡縣各設兵備一人又請以天下僧人配尼姑編入里甲三丁抽一可得兵數十萬他條奏甚多章下兵部嗣昌盛稱迅言可用乃命爲兵科給事中迅欲自結於帝數言事皆中旨當是時軍輿方棘廷臣言兵者卽以爲知兵大者推督撫小者兵備一當事任罪累立至於是上下諱言兵章奏無敢及者迅極言其弊乞敕廷臣五日內陳方畧帝卽從其言迅考選時爲掌河南道御史王萬象所抑因事劾罷萬象勢益張與若騏盡把持山東事會順天府丞戴澳誣劾平遠知縣王凝命嘉興推官文德翼貪迅上疏頌二人廉能澳下吏削籍迅累遷禮科都給事中陳新甲主款迅面斥其非廷辨良久又言楊嗣昌死有餘戮借久案以邀功陳新甲負罪不追移邊勞而錄廕非論功議罪法帝是其言迅本由嗣昌進隨衆詆毀時論訾薄之尋以保舉高斗光爲鳳陽總督不當謫國子博士乞假歸及新甲誅命追論兵科不糾發罪吏部上迅名帝曰迅御前駁議朕猶識之可復故官未赴而京師陷迅家居與弟迓設砦自衞迓短小精悍馬上舞百斤鐵椎兄弟率里中壯士捕勦土寇畧盡

大淸兵至破砦迅闔門死之若騏劾黃道周以媚嗣昌歷職方郎中新甲遣赴寧錦督戰覆洪承疇等十餘萬軍獨渡海逃還論死繫獄李自成陷都城出降

范淑泰字通也滋陽人崇禎元年進士授行人五年冬擢工科給事中上疏陳刑獄繁多乞敕刑官疏理帝褒納之流賊犯河南追論先任巡撫樊尚璟罪劾總兵鄧玘淫掠狀時中官張彝憲言天下逋賦至一千七百餘萬請遣科道官督徵帝大怒責撫按回奏淑泰言民貧盜起逋賦難以督追不從給事中莊鼇獻章正宸建言下吏抗疏救之吏部張捷薦逆黨呂純如淑泰極論其謬幷論大學士王應熊朋比行私劾捷狥應熊意用其私人王維章撫蜀言維章官西寧坐加徵激變落職閒住捷朦朧啓事明肆奸欺帝責捷自陳捷詆淑泰黨同伐異帝不問時皇陵被毀巡撫楊一鵬得罪應熊以座主故力庇之淑泰發其停匿章奏狀帝亦不究淑泰乃摭應熊納賄數事上之應熊捐貲助陵工淑泰又劾其召寇庇奸帝責以挾私求勝終不納十一年冬上疏言今以措餉故至搜括借助卽行之而得再有兵事能復行乎治不規其可久徒倉皇於補救之術非所以爲忠也陛下方以淸節風天下而乃條敘百官金錢於多寡之間是教之貪也至借貸之說尤不可行京師根本重地邇者物力困竭富商大賈大半旋歸內不安何以攘外乞立寢其說又言强兵莫如行法今之兵索餉則强赴敵則弱殺良冒功則强除暴救民則弱請明示法令諸將能用命殺賊者立擢爲大將否則死無赦毋以降級戴罪徒爲不切身之痛癢帝是其言十五年遷吏科典浙江鄉試事竣還家十二月

大淸兵圍兗州淑泰竭力固守城破死之詔贈太僕少卿官一子

高名衡字仲平沂州人崇禎四年進士除如臯知縣以才調興化徵授御史十二年出按河南明年期滿留再巡一年十四年正月李自成陷洛陽乘勝遂圍開封巡撫李仙風時在河北名衡集衆守周王恭枵發庫金百萬兩募死士殺賊忝米屑麥執爨以餉軍凡七晝夜仙風馳還開封副將陳永福背城而戰斬首二千游擊高謙夾擊斬首七百賊解去仙風旣還與名衡互訐奏帝以陷藩罪詔逮仙風以襄陽兵備副使張克儉代克儉已前死難卽擢名衡右僉都御史代之以永福充總兵官都督僉事鎭守河南當是時賊連陷南陽鄧汝十餘州縣唐徽二王遇害名衡不能救開封周邸圖書文物之盛甲他藩士大夫亟富蓄積充牣自成攻之不能

克然欲得而甘心焉十二月杪賊再圍開封承福射自成中其左目礮殪上天龍等自成大怒急攻之開封故宋汴都金帝南遷所重築也厚數丈內堅緻而疏外賊用火藥放迸火發即外擊甎甋飛鳴賊騎皆糜爛自成大驚會楊文岳援兵亦至乃解圍去西華酈襄雎陳大康商邱寧陵考城俱陷四月復至開封圍而不攻欲坐困之六月帝詔釋故尚書侯恂於獄命督保定山東河北湖北諸軍務並轄平賊等鎮援剿官兵拔知縣蘇京王漢王燮爲御史詔蘇京監延寧甘固軍趣孫傳庭出關王漢監平賊鎮標楚蜀軍同侯恂等急擊王燮監陽懷東晉軍刻期渡河總兵許定國以晉軍次沁水一夕潰去寧武兵亦潰於懷慶詔逮定國七月河上之兵潰督師丁啓睿保督楊文岳合左良玉虎大威楊德政方國安諸軍次於朱仙鎮良玉走還襄陽諸軍皆潰啓睿文岳奔汝寧詔山東總兵官劉澤清援開封城中食盡名衡承福偕監司梁炳蘇壯吳士講同知蘇茂灼通判彭士奇推官黃澍等守益堅澤清以兵來援諸軍並集河北朱家寨不敢進澤清曰朱家寨去開封八里我以兵五千南渡依河而營引水環之以次結八營直達大堤築甬道輸河北之粟以餉城中賊兵已老可一戰走也諸軍皆曰善乃以兵三千人先渡立營賊攻之戰三晝夜諸軍無繼者甬道不就澤清拔營歸日夜望傳庭出關不至賊圍開封者三士馬損傷多積憤誓必拔之圍半年師老糧匱欲決黃河灌之以城中子女貨寶猶豫不決聞秦師已東恐諸鎮兵夾擊欲變計會有獻計於巡按御史嚴雲京者請決河以灌賊雲京語名衡澍名衡澍以爲然周王恭枵募民築羊馬墻堅厚如高岸賊營直傅大堤河決賊可盡城中無虞我方鑿朱家寨口賊知移營高阜艨艟巨筏以待而驅掠民夫數萬反決馬家口以灌城九月癸未望夜半二口並決天大雨連旬黃流驟漲聲聞百里丁夫荷鍤者隨堤漂沒十數萬賊亦沉萬人河入自北門貫東南門以出流入於渦水名衡承福乘小舟至城頭周王率其宮眷及寧鄉諸郡王避水棲城樓坐雨絕食者七日王燮以舟迎王王從城上泛舟出名衡等皆出茂灼士奇久餓不能起竝溺死賊浮艦入城遺民俱盡拔營而西城初圍時百萬戶後饑疫死者十二三汴梁佳麗甲中州羣盜心豔之至是盡沒於水帝聞痛悼猶念諸臣拒守勞命敍功加名衡兵部右侍郎名衡辭以疾即擢王漢右僉都御史代名衡巡撫河南名衡歸未幾

大清兵破沂州名衡夫婦殉難王漢字子房掖縣人崇禎十年進士除高平知縣調河內禽巨寇天壇山劉二又乘雪夜破妖僧智善夜半渡河破賊楊六郎李自成圍開封漢然火金龍口柳林爲疑兵遣死士入賊中聲言諸鎮兵來援各數十萬至矣賊聞則驚走漢爲人負氣愛士人有一長嗟歎之不容口僚屬紳士陳民疾苦或言己過則瞿然下拜用兵士卒同甘苦人樂爲之死好用間賊中虛實莫不知攻天壇山賊山陡絕登者螘以布漢持刀直上人服其勇時賊氛日熾帝每臨朝而歎漢前後破賊功降旨優敍十五年春以滅俸行取入都與蘇京王燮同召對稱旨命三臣皆以試御史監軍漢監平賊鎮標楚蜀軍與督臣侯恂南援汴時兵部奏援剿兵十萬十之四以屬京燮屬漢以其六漢所監凡五萬九千然大半已潰散兵部空名使之漢乃請自立標營兵千人騎二百報可乃簡保營兵百餘人募鄆鄆鉅鹿壯士三百人又取故治河內所練義兵及修武濟源素從征勦者五百人及親故子弟合千人八月朔夜半襲賊范家灘斬一紅甲賊目檄諸將合勦自走襄陽督左良玉兵救汴至潼關有詔漢巡按河南時賊灌開封漢聞趣諸將自柳園夜半渡河伏兵西岸檄卜從善等夾攻之斬首九十餘級遂入汴大張旗鼓爲疑兵追賊至朱仙鎮連戰皆捷巡撫高名衡謝病即擢漢右僉都御史代之漢乃廣間諜收土豪議屯田謀所以圖賊無何劉超反永城超永城人跛而狡爲貴州總兵坐罪免上疏言兵計陳新甲用爲河南總兵以私怨殺其鄉官御史魏景琦一家三十餘人懼罪遂據城反漢上疏請討語洩超得爲備明年正月漢入永城聲言招撫爲賊所殺參將陳治邦遊擊連光耀父子皆戰死遊擊馬魁負漢屍以出面如生詔贈兵部尚書廕錦衣世百戶建祠致祭既而超伏誅傳首九邊

徐汧字九一長洲人生未期而孤稍長砥行有時名與同里楊廷樞相友善廷樞復社諸生所稱維斗先生者也天啓五年魏大中被逮過蘇州汧貸金賫其行周順昌被逮緹騎橫索錢汧與廷樞斂財經理之當是時汧廷樞名聞天下崇禎元年汧成進士改庶吉士授檢討三年廷樞舉應天鄉試第一中允黃道周以救錢龍錫貶官倪元璐道周同年生請以己代謫帝不允汧上疏頌道周元璐賢且自請罷黜帝詰責汧汧曰推賢讓能藎臣所務難進易退儒者之風間者陛下委任之意希注外廷防察之權輒逮閹寺默窺聖意疑貳漸萌萬一士風日賤宸嚮日移明盛之時爲憂方大帝不聽汧尋乞假歸還朝遷右庶子充日講官十四年奉使益王府便道還家當是時復社諸生氣甚盛汧與廷樞顧杲華允誠等往復尤契居久之京師陷福王召汧爲少詹事汧以國破君亡臣子不當叨位且痛宗社之喪亡由朋黨相傾移書當事勸以力破異同之見既就職陳時政七事惓惓以化恩讐去偏黨爲言而安遠侯柳祚昌疏攻汧謂朝服謁潞王於京口自恃東林巨魁與復社楊廷樞顧杲諸奸狼狽相倚陛下定鼎金陵彼爲討金陵檄所云中原逐鹿南國指馬是何語乞置汧於理除廷樞杲名其餘徒黨容臣次第糾彈時國事方棘事亦竟寢汧移疾歸明年南京失守蘇常相繼下汧慨然太息作書戒二子投虎邱新塘橋下死郡人赴哭者數千人時又有一人儒冠藍衫而來躍虎邱劍池中土人憐而葬之卒不知何人也於是廷樞聞變走避之鄧尉山中久之四方弄兵者羣起廷樞負重名咸指目廷樞當事者執廷樞好言慰之廷樞嫚罵不已殺之蘆墟泗洲寺首已墮聲從項中出益厲門人迮紹原購其屍葬焉汧子枋字昭法舉十五年鄉試枋依隱有高行云

鹿善繼字伯順定興人祖久徵萬曆中進士授息縣知縣時詔天下度田各署上中下壤息獨以下田報曰度田以紓民乃病民乎調襄垣擢御史以言事謫澤州判官遷榮澤知縣未任而卒父正苦節自礪縣令某欲見之方糞田投鍤而往急人之難傾其家不惜遠近稱鹿太公善繼端方謹愨由萬曆四十一年進士授戶部主事內艱除起故官遼左餉中絕廷臣數請發帑不報會廣東進金花銀善繼稽舊制金花貯庫備各邊應用乃奏記尚書李汝華曰與其請不發之帑何如留未進之金汝華然之帝怒奪善繼俸一年趣補進善繼持不可以死爭乃奪汝華俸二月降善繼一級調外汝華懼卒補銀進泰昌改元復原官典新餉連疏請帑百萬不報天啓元年遼陽陷以才改兵部職方主事大學士孫承宗理兵部事推心任之及閱視關門以善繼從出督師復表爲贊畫布衣羸馬出入亭障間延見將卒相勞苦拓地四百里收復城堡數十承宗倚之若左右手在關四年累進員外郎郎中承宗謝事善繼亦告歸先是楊左之獄起魏大中子學洢左光斗弟光明先後投鹿太公家太公客之與所善義士容城舉人孫奇逢謀持書走關門告其難於承宗承宗善繼謀借巡視薊門請入覲奄黨大譁謂閣部將提兵淸君側嚴旨阻之獄益急五日一追贓搒掠甚酷太公急募得數百金輸之而兩人者則皆已斃矣至是善繼歸而周順昌之獄又起順昌善繼同年生善繼又爲募得數百金金入而順昌又斃奄黨居近善繼家難家子弟僕從相望於道太公曰吾不懼也崇禎元年逆璫旣誅善繼起尚寶卿遷太常少卿管光祿丞事再請歸九年七月

大清兵攻定興善繼家在江村白太公請入扞城太公許之與里居知州薛一鶚等共守守六日而城破善繼死家人奔告太公太公曰嗟乎吾兒素以身許國今果死吾復何憾事聞贈善繼大理卿諡忠節敕有司建祠子化麟舉天啓元年鄉試第一伏闕訟父忠踰年亦卒

薛一鶚字百當由貢生爲黃州通判荆王姬誣他姬酖世子一鶚白其誣奄人傳太妃命欲竟其獄卒直之遷蘭州知州州北有田沒於番吏派其賦於他戶後田復歸爲衞卒所據而民出賦三十年一鶚核除其害至是佐善繼城守遂同死

贊曰士大夫致政里居無封疆民社之責可遜迹自全非以必死爲勇也然而忼慨捐軀冒白刃而不悔湛宗覆族君子哀之豈非名義所在有重於生者乎氣節凜然要於自遂其志其英風義烈固不可泯沒於宇宙間矣

明史卷二百六十八

總裁官總理事務經筵講官少保兼太子太保保和殿大學士兼管吏部戶部尚書事加六級臣張廷玉等奉敕修

列傳第一百五十六

曹文詔 弟文耀　周遇吉

黃得功

曹文詔大同人勇毅有智畧從軍遼左歷事熊廷弼孫承宗積功至遊擊崇禎二年冬從袁崇煥入衞京師明年二月總理馬世龍畀所賜尚方劍令率參將王承允張叔嘉都司左良玉等伏玉田枯樹洪橋鏖戰有功遷參將自大塹山轉戰遵化又從世龍等克大安城及

鮎魚諸關，以興復四城功加都督僉事。七月陝西賊熾擢延綏東路副總兵賊渠王嘉允久據河曲四年四月文詔克其城嘉允脫走轉掠至陽城南山文詔追及之其下斬以降以功擢臨洮總兵官點燈子自陝入山西文詔追之及於稷山論降七百人點燈子遁尋被獲伏誅李老柴獨行狼陷中部巡撫練國事延綏總兵王承恩圍之五月慶陽賊郝臨菴劉道江援之會文詔西旋與榆林參政張福臻合勦馘老柴及其黨一條龍餘黨奔鹿雲谷副將張弘業遊擊李明輔戰死文詔乃與遊擊左光先崔宗允李國奇分勦綏德宜君清澗米脂賊戰懷寧川黑泉峪封家溝綿湖峪皆大捷掃地王授首紅軍友李都司杜三楊老柴者神一魁餘黨也屯鎭原將犯平涼國事檄甘肅總兵楊嘉謨副將王性善扼之賊走慶陽文詔從鄜州間道與嘉謨性善合五年三月大戰西濠斬千級生禽杜三楊老柴餘黨糾他賊掠武安監陷華亭攻莊浪文詔嘉謨至賊屯張麻村官軍掩擊賊走高山遊擊曹變蛟馮舉劉成功平安等譟而上賊潰走變蛟者文詔從子也會性善及甘肅副將李鴻嗣參將莫與京等至共擊斬五百二十餘級追敗之咸寧關又敗之關上嶺追至隴安嘉謨變蛟夾擊復敗之賊餘衆數千欲走漢南爲遊擊趙光遠所遏乃由長寧驛走張家川其逸出清水者副將蔣一陽遇之敗都司李宮用被執文詔乃縱反間紿其黨殺紅軍友遂蹙敗之水落城追至靜寧州賊奔據唐毛山變蛟先登殄其衆可天飛郝臨庵劉道江爲王承恩所敗退保鐵角城獨行狼李都司走與合可天飛劉道江遂圍合水文詔往救賊匿精銳以千騎逆戰誘抵南原伏大起城上人言曹將軍已歿文詔持矛左右突匹馬縈萬衆中諸軍望見夾擊賊大敗僵屍蔽野餘走銅川橋文詔率變蛟舉嘉謨及參將方茂功等追及之大戰陷陣賊復大敗尋與寧夏總兵賀虎臣固原總兵楊麒破賊甘泉之虎兕凹麒復追賊安巳河崇信窰白茅山皆大獲總督洪承疇斬可天飛李都司於平涼降其將白廣恩餘賊分竄文詔追擊之隴州平鳳間十月三戰三敗之遂蹙賊耀州錐子山其黨殺獨行狼郝臨庵以降承疇戮四百人餘散遺關中巨寇畧平巡撫御史范復粹彙奏首功凡三萬六千六百有奇文詔功第一嘉謨次之承恩麒又次之文詔在陝西大小數十戰功最多承疇不爲敘巡按御史吳甡推奬甚至復粹疏復上兵部抑其功卒不敘當是時賊見陝兵盛多流入山西其魁紫金梁混世王姬關鎖八大王曹操闖塌天興加哈利七大部多者萬人少亦半之蹂躪汾州太原平陽御史張宸極言賊自秦中來秦將曹文詔威名宿著士民爲之謠曰軍中有一曹西賊聞之心膽搖且嘗立功晉中而秦賊滅且盡宜敕令入晉協勦於是命陝西山西諸將並受文詔節制六年正月抵霍州敗賊汾河孟縣追及於壽陽巡撫許鼎臣遣謀士張宰先大軍嘗賊賊驚潰六月文詔追擊之斬混世王於碧霞村餘黨爲猛如虎逐走遇文詔兵方山復敗五臺盂定襄壽陽賊盡平鼎臣命文詔軍平定備太原東張應昌軍汾州備太原西文詔連敗賊太谷范村榆社太原賊幾盡帝以文詔功多敕所過地多積糗糧以犒並敕文詔速平賊山西監視中官劉中允言文詔勦賊徐溝盂定襄所司不給米反以礮石傷士卒帝卽下御史按問三月賊從河內上太行文詔大敗之澤州賊走潞安文詔至陽城遇賊不擊自沁水潛師還擊之芹地劉村寨斬首千餘四月賊屯潤城其他部陷平順殺知縣徐明揚文詔至賊走乃夜半襲潤城斬賊千五百紫金梁老回回自榆社走武鄉過天星走高澤山文詔皆擊敗他賊圍涉縣聞文詔破賊黎城解去五月帝遣中官孫茂霖爲文詔內中軍賊犯沁水文詔大敗之禽其魁大虎又敗之遼城毛嶺山西賊既屢敗乃避文詔鋒多流入河北帝乃命文詔移師往討而賊已敗鄧玘兵於林縣文詔率五營軍夜襲破之七月大敗懷慶賊柴陵村馘其魁滾地龍又追斬老回回於濟源文詔在洪洞時與里居御史劉令譽忤及是令譽按河南而四川石砫土官馬鳳儀軍敗沒於侯家庄賴文詔馳退賊甫解甲與令譽相見語復相失文詔拂衣起面叱之令譽怒遂以鳳儀之敗爲文詔罪部議文詔怙勝而驕乃調之大同七年七月大清兵西征插漢還師入大同境攻拔得勝堡參將李全自經遂攻圍懷仁縣及井坪堡應州文詔偕總督張宗衡先駐懷仁固守八月圍解卽移駐鎭城挑戰敗還已而靈邱及他屯堡多失陷大清兵亦旋十一月論罪文詔宗衡及巡撫胡沾恩並充軍邊衞令甫下山西巡撫吳甡薦文詔知兵善戰請用之晉中乃命爲援勦總兵官立功自贖當是時河南禍尤劇帝已允兵部議敕文詔馳勦河南賊甡復抗疏力爭請令先平晉賊後入豫帝不許而文詔以甡有恩竟取道太原爲甡所留會賊高加計已殲而鳳陽告陷遂整兵南以八年三月會總督洪承疇於信陽承疇大喜卽令擊賊隨州文詔追斬賊三百八十有奇四月承疇次汝州以賊盡入關中議還顧根本分命諸將扼要害檄文詔入關文詔乃馳至靈寶謁承疇承疇以賊在商雒聞官兵至必先走漢中而大軍由潼關入反在其後乃令文詔由閿鄉取山路至雒南商州直擣賊巢復從山陽鎭安洵陽馳入漢中遏其奔軼曰此行也道路回遠將軍甚勞苦吾集關中兵以待將軍拊其背而遣之文詔躍馬去五月五日抵商州賊去城三十里營火滿山文詔夜半率從子參將變蛟守備鼎蛟都司白廣恩等敗賊深林中追至金嶺川賊據險以千騎逆戰變蛟大呼陷陣諸軍並進賊敗走變蛟勇冠三軍賊中聞大小曹將軍名皆怖慴已而闖王八大王諸賊犯鳳翔趨汧陽隴州文詔自漢中馳赴賊盡向靜寧泰安淸水秦州間衆且二十萬承疇以文詔所部合張全昌張外嘉軍止六千衆寡不敵告急於朝未得命六月官軍遇賊亂馬川前鋒中軍劉弘烈被執俄副將艾萬年柳國鎭復戰死文詔聞之瞋目大罵亟詣承疇請行承疇喜曰非將軍不能滅此賊顧吾兵已分無可策應者將軍行吾將由涇陽趨淳化爲後勁文詔乃以三千人自寧州進遇賊眞寧之湫頭鎭變蛟先登斬首五百追三十里文詔率步兵繼之賊伏數萬騎合圍矢蝟集賊不知爲文詔也有小卒縛急大呼曰將軍救我賊中叛卒識之甚賊曰此曹總兵也賊喜圍益急文詔左右跳蕩手擊殺數十人轉鬬數里力不支拔刀自刎死遊擊平安以下死者二十餘人承疇聞拊膺大哭帝亦痛悼贈太子太保左都督賜祭葬世廕指揮僉事有司建祠春秋致祭文詔忠勇冠時稱明季良將第一其死也賊中爲相慶弟文耀從兄征討數有功河曲之戰斬獲多後擊賊忻州戰死城下詔予贈卹從子變蛟自有傳

周遇吉錦州衞人少有勇力好射生後入行伍戰輒先登積功至京營遊擊京營將多勛戚中官子弟見遇吉質魯意輕之遇吉曰公等皆紈袴子豈足當大敵何不於無事時練膽勇爲異日用而徒糜廩祿爲同輩咸目笑之崇禎九年都城被兵從尚書張鳳翼數血戰有功連進二秩爲前鋒營副將明年冬從孫應元等討賊河南戰光山固始皆大捷十一年班師進秩受賚明年秋復出討賊破胡可受於淅川降其全部楊嗣昌出師襄陽遇吉從中官劉元斌往會會張獻忠將至房縣嗣昌策其必窺渡鄖灘遣遇吉扼守槐樹關張一龍屯光化賊遂不敢犯十二月獻忠敗於興安將走竹山竹溪遇吉復以嗣昌令至化石街草店扼其要害賊自是盡入蜀遇吉乃從元斌駐荆門專護獻陵明年與孫應元等大破羅汝才於豐邑坪又明年與黃得功追破賊鳳陽已而旋師敗他賊李青山於壽張追至東平殲滅幾盡青山遂降屢加太子少保左都督十五年冬山西總兵官許定國有罪論死以遇吉代之至則汰老弱繕甲仗練勇敢一軍特精明年十二月李自成陷全陝將犯山西遇吉以沿河千餘里賊處處可渡分兵扼其上流以下流蒲坂屬之巡撫蔡懋德而請濟師於朝朝廷遣副將熊通以二千人來赴十七年正月遇吉令通防河會平陽守將陳尚智已遣使迎賊通還鎭說降遇吉叱之曰吾受國厚恩寧從爾叛逆且爾統兵二千不能殺賊反作說客邪立斬之傳首京師至二月七日太原陷懋德死之賊遂陷忻州圍代州遇吉先在代遏其北犯乃憑城固守而潛出兵奮擊連數日殺賊無算會食盡援絕退保寧武賊亦踵至大呼五日不降者屠其城遇吉四面發大礮殺賊萬人火藥且盡外圍轉急或請甘言紿之遇吉怒曰若輩何怯邪今能勝一軍皆忠義卽不支縛我予賊於是設伏城內出弱卒誘賊入城亟下閘殺數千人賊用礮攻城圮復完者再傷其四驍將自成懼欲退其將曰我衆百倍於彼但用十攻一番進蔑不勝矣自成從之前隊死後復繼官軍力盡城遂陷遇吉巷戰馬蹶徒步跳盪手格殺數十人身被矢如蝟竟爲賊執大罵不屈賊懸之高竿叢射殺之復臠其肉城中士民感遇吉忠義巷戰殺賊不可勝計其舍中兒先從遇吉出鬬死亡畧盡夫人劉氏素勇健率婦女數十人據山巓公廨登屋而射每一矢斃一賊賊不敢逼縱火焚之闔家盡死自成集衆計曰寧武雖破吾將士死傷多自此達京師歷大同陽和宣府居庸皆有重兵倘盡如寧武吾部下寧有孑遺哉不如還秦休息圖後舉刻期將遁而大同總兵姜瓖降表至自成大喜方宴其使者宣府總兵王承廕表亦至自成益喜遂決策長驅歷大同宣府抵居庸太監杜之秩總兵唐通復開門延之京師遂不守矣賊每語人曰他鎭復有一周總兵吾安得至此福王時贈太保謚忠武列祀旌忠祠

黃得功號虎山開原衞人其先自合肥徙早孤與母徐居少負奇氣膽畧過人年十二母釀酒熟竊飲至盡母責之笑曰償易耳時遼事急得功持刀雜行伍中出斬首二級中賞率得白金五十兩歸奉母曰兒以償酒也由是隸經畧爲親軍累功至遊擊崇禎九年遷副總兵

分管京衞營十一年以禁軍從總督熊文燦擊賊於舞陽壘光固間最八月又從擊賊馬光玉於淅川之吳村王家寨大破之詔加太子太師署總兵銜十三年從太監盧九德破賊於板石畈賊革裏眼等五營降十四年以總兵與王憲分護鳳陽泗州陵得功駐定遠張獻忠攻桐城挾營將廖應登至城下誘降得功與劉良佐合兵擊之於鮑家嶺賊敗遁追至潛山禽斬賊將闖世王馬武三鷂子王興國三鷂子獻忠養子最號驍勇者也得功箭傷面愈自奮與賊轉戰十餘日所殺傷獨多明年移鎭廬州十七年封靖南伯福王立江南進封侯旋命與劉良佐劉澤清高傑爲四鎭初督輔史可法慮傑跋扈難制故置得功儀眞陰相牽制適登萊總兵黃蜚將之任蜚與得功同姓稱兄弟移書請兵備非常得功率騎三百由揚州往高郵迎之傑副將胡茂楨馳報傑傑素忌得功又疑圖己乃伏精卒道中邀擊之得功行至土橋方作食伏起出不意上馬舉鐵鞭飛矢雨集馬踣騰他騎馳有驍騎舞槊直前得功大呼反鬭挾其槊而挾之人馬皆糜復殺數十人跳入頹垣中哮聲如雷追者不敢進遂疾馳至大軍得免方鬭時傑潛師擣儀眞得功兵頗傷而所俱行三百騎皆殁遂訴於朝願與傑決一死戰可法命監軍萬元吉和解之不可會得功有母喪可法來弔語之曰土橋之役無智愚皆知傑不義今將軍以國故捐盛怒而歸曲於高是將軍收大名於天下也得功色稍和終以所殺亡多爲恨可法令傑償其馬復出千金爲母賵得功不得已聽之明年傑欲趨河南規取中原詔得功與劉良佐守邳徐傑死得功還儀眞傑家并將士妻子尚留揚州得功謀襲之朝廷急遣盧九德諭止得功遂移鎭廬州四月左良玉東下以淸君側爲名至九江病死軍中立其子夢庚命得功趨上江禦之駐師荻港得功破夢庚於銅陵解其圍命移家鎭太平一意辦賊論功加左柱國時
大淸兵已渡江知福王奔分兵襲太平得功方收兵屯蕪湖福王潛入其營得功驚泣曰陛下死守京城臣等猶可盡力奈何聽奸人言倉卒至此且臣方對敵安能扈駕王曰非卿無可仗者得功泣曰願效死得功戰荻港時傷臂幾墮衣葛衣以帛絡臂佩刀坐小舟督麾下八總兵結束前迎敵而劉良佐已先歸命大呼岸上招降得功怒叱曰汝乃降乎忽飛矢至中其喉偏左得功知不可爲擲刀拾所拔箭刺吭死其妻聞之亦自經總兵翁之琪投江死中軍田雄遂挾福王降得功粗猛不識文義江南初立王詔書指撝多出羣小得功得詔紙或對使罵裂之然忠義出天性聞以國事相規誡者輒屈已改不旋踵北來太子之獄得功抗疏爭曰東宮未必假冒先帝子卽上子未有了無證明混然雷同者臣恐在廷諸臣諂徇者多抗顏者少卽明白識認亦不敢抗詞取禍矣時太子眞僞莫敢決而得功忠憤不阿如此得功每戰飲酒數斗酒酣氣益厲喜持鐵鞭戰鞭漬血沾手腕以水濡之久乃得脫軍中呼爲黃闖子始爲偏裨隨大帥立功名未嘗一當大敵及專鎭封侯不及一年餘而南北轉徙主逃將潰無所一用其力束手就殪與國俱亡而已其軍行紀律嚴下無敢犯所至人感其德盧州桐城定遠皆爲立生祠葬儀眞方山母墓側

贊曰曹文詔等秉驍猛之資所向摧敗皆所稱萬人敵也大命旣傾良將顚蹶三人者忠勇最著死事亦最烈故別著於篇

明史卷二百六十九　列傳第一百五十七

總裁官總理事務經筵講官少保兼太子太保保和殿大學士兼管吏部戶部尚書事加六級臣張廷玉等奉
敕修

艾萬年　李卑
湯九州 楊正芳 楊世恩　陳于王 程龍等
侯良柱 子天錫　張令 汪之鳳
猛如虎 劉光祚等　虎大威
孫應元　姜名武 王來聘 鄧祖禹等
尤世威 王世欽等　侯世祿 子拱極
劉國能 李萬慶

艾萬年米脂人由武學生從軍積功至神木參將崇禎四年從曹文詔復河曲點燈子入山西萬年從文詔連敗之桑落鎭花地窊霧露山都司王世虎守備姚進忠戰死賊退屯石樓之康家山西距河三十里綏德知州周士奇守備孫守法伏兵舍峪渡河襲殺之五年從參政樊一蘅討平不沾泥山西告警隸文詔東討與李卑一月奏五捷又與賀人龍敗八大王掃地王兵明年賊將東遁連破之延家山亢義村賈寨村擢副總兵初山西旣中賊其土寇亦乘間起三關王剛孝義通天柱臨縣王之臣皆殘破城邑後見賊衰相繼歸順然陰結黨不散巡撫戴君恩新視事謀誅之七年正月迎春召王剛宴殺之并殺通天柱於他所而萬年亦捕殺王豹五與其黨領兵王生禽翻山動姬關鎖掌世王獻俘京師晉中巨盜畧靖豹五卽之臣也有議君恩殺降者給事中張第元力言諸賊蹂躪之慘請錄萬年功萬年適遘疾告歸尋加署都督僉事八年二月上疏言臣仗劍從戎七載復府谷解孤山圍救淸水黃甫木瓜十一營堡轉戰高山設伏河曲有馬鎭虎頭巖石臺山西川之捷戰平陽汾州太原復臨縣及虒亭驛大小數十戰精力盡耗與臣共事者李卑溘先朝露臣病勢奄奄猶力戰冀北又撫勦王剛豹五領兵王通天柱解散賊一萬三千有奇蒙恩許臣養病而督臣洪承疇檄又至臣不敢不力疾上道但念滅賊之法不外勦撫今勦撫俱未合機宜臣不得不極言夫勦賊不患賊多患賊走蓋疊嶂重巒皆其淵藪兵未至而賊先逃所以難滅其故則兵寡也當事非不知兵寡因糗糧不足爲苟且計日引月長以至於今雖多措餉多設兵而已不可救矣宜合計賊衆多寡用兵若干餉若干度其足用然後審察地利用正用奇用伏用間或擊首尾或衝左右有不卽時殄滅者臣不信也次則行堅壁淸野之法困賊於死地然後可言撫蓋羣賊攜妻挈子無城柵無輜重暮楚朝秦傳食中土以剽掠爲生誠令附近村屯移入城郭儲精兵火器以待之賊衣食易盡生理一絕鳥驚鼠竄然後選精銳據要害以擊之或體陛下好生之心誅厥渠魁宥其脅從不傷仁不損威乃撫勦良策帝深嘉之下所司議行然卒不能用其策也尋授孤山副總兵戍平涼當是時總督洪承疇追六月滅賊之期急進戰諸將見賊衆兵寡咸自揣不敵而勢不可止萬年及副將劉成功柳國鎭遊擊王錫命合兵三千以六月十四日至寧州之襄樂遇賊大戰斬首數百伏兵驟起圍之數重萬年國鎭力戰不支皆戰歿成功錫命負重傷歸士卒死者千餘人事聞贈恤如制

李卑字侍平榆林人由千總擢守備天啓初總督王象乾設薊鎭車營五以卑爲都司僉書統西協後車營遷山海關遊擊坐事罷歸崇禎二年陝西巡撫劉廣生議討延慶回賊三道進兵命卑與遊擊伍維藩等由西路入卑簡精騎二百追擊兩晝夜行四百里抵保安寧塞連破之共獲首功一千有奇旋起延安參將時羣盜蠭起延安尤甚卑連敗之富家灣松樹屯四年神一元陷保安卑與寧夏總兵賀虎臣守延安賊不敢犯尋擢孤山副總兵譚雄陷安塞據其城卑與王承恩擊降雄戮之斬首五百三十餘級五年春混天猴陷宜君鄜州其夏攻合水卑及參將馬科追至甘泉山七月破之延水關斬首六百二十餘級其地東限黃河賊溺死者無算科部卒斬混天猴以獻初卑及遊擊吳國俊等斬賊魁三人於甘泉橋子溝尋勦賊固原斬其魁薛仁貴等三人時陝西賊多流入山西詔卑及賀人龍各率部卒千隸總督張宗衡麾下會王自用陷遼州聞官兵至棄城走六年春諸軍入城多殺良民冒功卑獨嚴戢其下無所擾已敗賊陽城之郎家山又與艾萬年連敗之南獨泉土河村復敗之苽堰村賊入濟源山中巡撫許鼎臣檄卑萬年合勦卑破之天井關七月臨洮總兵曹文詔改大同命卑代署其事協討河北賊加都督僉事數有功其冬賊盡走河南命卑援勦七年春敗賊內鄉馳至光化與楚兵敗賊蓮花坪白溝坪實授臨洮總兵官討賊湖廣賊多聚鄖襄總理盧象昇方倚卑辦賊六月卒於官卑善持紀律所至軍民安堵爲人有器度當倉猝鎭靜如常贈右都督賜祭葬

湯九州石埭人崇禎時爲昌平副總兵六年夏流賊大擾河北畿南命九州協勦與左良玉等屢破賊兵賊悉渡河而南其冬大敗過天星於吳城鎭斬首四百二十級追賊闖天王等五華集又敗之斬首六百四十餘級七年擊賊嵩縣之潭頭斬首三百二十級賊駐商雒謀再入山西左良玉迎擊於商南九州遣部將趙柱周爾敬逆之雒南賊至商州返已復侵閿鄉九州病遣部將淩元機胡良翰等搜山悉敗歿九州尋赴援山西未幾以河南勦賊功加署都督僉事八年春被劾褫官從軍自效洪承疇入關以吳村瓦屋爲商南賊走內鄉淅川要地令九州偕良玉扼之尋移駐洛陽九年二月賊走登封石陽關與伊嵩賊合九州期良玉夾擊良玉半道歸九州以孤軍千二百人由嵩縣深入賊屢敗窮追四十餘里憤入深崖遇賊數萬據險攻圍九州勢不敢夜移營爲賊所乘遂戰歿從孫文瓊伏闕三上書請恤不報文瓊後亦殉難時有楊正芳者天啓間以小校從軍屢勦貴州賊積功至副總兵敘桃紅壩功加署都督同知崇禎三年擊破定番叛苗七年賊陷當陽正芳以鎭筸兵敗賊班鳩灘復其城湖廣巡撫唐暉以獻陵惠藩爲重令正芳及總兵許成名專護荊州承天正芳連奏金沙鋪蓮花坪白溝坪官田石門山之捷陳奇瑜出師鄖陽正芳偕成名鄧玘從竹山竹溪白河分道進皆大

獲至十月正芳督篝兵千餘援雒南戰敗及部將張上選皆死焉一軍盡歿贈太子少師左都督世廕指揮同知再廕一子守備賜祭葬有司建祠又有楊世恩者崇禎時歷官湖廣副總兵七年春敗賊竹溪大雨山水驟發賊多漂溺死餘潰走世恩疾擊斬鎮山虎等四十餘人已追賊石河口連戰康家坪蚋溪功最八年冬敗賊孝感九年春祖寬大破賊滁州世恩從盧象昇馳至復大破之十年春與秦翼明破劉國能於細石嶺獲其魁新來虎賊陷隨州責戴罪自贖十二年冬督師楊嗣昌令守宜城會賊羅汝才惠登相分屯興山遠安夷陵告急嗣昌檄世恩及荊門守將羅安邦赴救至洋坪猴兒洞道險甚嗣昌再檄召還而安邦由祚峪世恩由重陽坪已兩道深入期至馬良坪合兵汝才登相圍之香油坪嗣昌連發數道兵往援皆以道遠不能進世恩等被困久突圍走黃連坪絕地無水士饑渴甚賊至兩軍盡覆世恩安邦竝死

陳于王字丹衷吳縣人世爲蘇州衞千戶既襲職兩舉武鄉試授奇兵營守備以捕獲海盜功遷都司僉書守崇明蛇山盜王一爵等亂海濱于王率戰艦數十擊之羊山持刀躍入其舟生禽一爵殲其黨殆盡上官交薦遂知名天啓初經畧熊廷弼用爲標下參將代者至欲于王酒暴卒其子訴于王毒殺之逮繫久不釋崇禎二年京師有警巡撫曹文衡貰其罪署前鋒遊擊將兵勤王既至兵事已解遂南還久之巡撫張國維用爲中軍守備九年賊入江北圍廬州陷和州國維遣于王守六合守備蔣若來守江浦賊方圍江浦若來急入與知縣李維樾固守賊登城若來拒却之縋下角賊矢著其頰左臂傷裹血還戰賊乃退六合無城若來與于王犄角捍賊二邑賴以全賊犯宿松于王弟國計偕指揮包文達等以二千人往救文達敗歿于王驟馬入拔其弟而出十年正月賊分犯江浦六合及安慶國維遣部將張載賡等援安慶而以新募兵二千令副將程龍及于王若來分戍二邑已而賊不至國維議赴安慶城太湖乃提龍等三將兵西上三月賊犯太湖副將潘可大將安慶兵九百龍等三將將吳中兵三千六百禦之酆家店賊先犯可大營龍等至夾擊之賊多死夜復至中伏亦敗去監軍史可法欲退扼要害諸將不從掘塹守二十四日羅汝才劉國能等七營數萬衆齊至圍數重諸將突擊頗有殺傷可法偕副將許自强馳救扼於賊嗚大礮遙爲聲援諸將亦呼譟突圍會天雨甲重不得出明日日中賊四面入將士短兵接戰可大戰死龍引火自焚死于王手執大刀左右殺賊傷重力竭北面叩頭自刎死閱十日面色如生若來服闔人衣以免同死者武舉詹兆鵬首觸石死陸王猷殺賊過當賊臠分其肉死莫是驊詹世龍及千戶王定遠皆力戰死百戶王弘猷爲賊所執鋸齒斷足罵不絕聲死士卒脫者僅千餘人事聞贈于王昭勇將軍指揮使世廕副千戶餘贈廕有差

侯良柱字朝石永寧衞人天啓初累官四川副總兵討奢崇明父子復遵義城又與參議趙邦清招降奢寅黨安鑾六年五月代李維新爲四川總兵官鎮永寧時崇明敗奔水西與安邦彥合貴州兵數討不克崇禎二年總督朱燮元遣貴州總兵許成名復赤水衞崇明邦彥以十餘萬衆來爭成名還永寧賊追之銳甚良柱偕監軍副使劉可訓出戰小却成名等來援賊乃據五峯山桃紅壩越數日良柱乘賊不備與副將鄧玘等侵早霧迫之賊大潰成名聞山上呼譟聲亦出賊奔鵝項嶺徑長而隘人馬不能容良柱玘軍至賊復大敗死者數萬人崇明邦彥與邦彥黨僞都督莫德竝授首俘其黨楊作等數千人積年巨寇平時稱西南奇捷四川巡撫張論上其功不及黔將成名等怒言邦彥德乃己部將趙國璽所斬且崇明猶未死燮元信之奏於朝兵部不能決賞久不行御史孫徵蘭言訊俘囚阿癡楊作等咸云邦彥即時授首灼然非黔兵力帝即命獻俘告廟傳首九邊川中撫按及御史毛羽健皆訟良柱可訓功詆燮元燮元疏辯且求去賞遂格不行良柱怨燮元不爲用至與相訐奏解職候勘久之御史劉宗祥列上功狀七年八月始錄前功進良柱左都督世廕錦衣指揮僉事成名等亦優叙未幾復爲四川總兵官八年夏總督洪承疇大舉討賊令良柱扼賊入川路戰鳳縣三江口斬首三百七十有奇明年冬賊犯漢中瑞王遣使乞師良柱督兵援與他將同却賊十年四月川中地震者七地鳴者一占主兵賊果入犯陷南江通江帝切責良柱及巡撫王維章時良柱駐廣元盡召諸地兵九千有奇分防扼險止餘二千人賊知其勢弱五月復寇川北維章告急於朝會賊轉掠他所良柱乃撤還守隘兵專守廣元維章以爲非計上章言之十月李自成過天星混天星等陷寧羌分三道入寇良柱急拒戰於綿州衆寡不敵陣亡賊直逼成都維章方守保寧反在外連失三十餘州縣帝大怒命逮二人下詔獄猶未知良柱死獄成維章遣戍追奪良柱官十三年良柱子指揮天錫伏闕言臣與賊不共戴天願捐貲繕甲選募勁旅及臣父舊將自當一隊與賊血戰下雪父恥上報國恩帝深嘉之命授遊擊赴嗣昌軍立功已嗣昌言天錫所將親丁二百六十人及召募精卒五六百人皆剽悍敢戰帝益嘉之再贈一秩

張令永寧宣撫司人天啓元年奢崇明反令爲僞總兵從攻成都令雖爲賊用非其志崇明敗歸永寧令結宋武等乘間禽其僞丞相何若海率衆以降崇明怒殺令一家夷其先墓巡撫朱燮元言令等爲國忘家請優擢示勸命與武竝授參將後屢從大軍征討頻有功加副總兵仍視參將事後實授建武遊擊崇禎中屢遷副總兵鎮川北七年流賊入犯總兵張爾奇以令爲先鋒副將陳一龍武聲華爲左右翼拒之員山令追至龍潭一龍等不至面中三矢斬賊百餘級而還賊犯畧陽令又擊敗之扼保寧漢中諸要害秦賊不敢犯十年冬李自成等陷四川三十餘州縣總兵侯良柱陣亡令獲免楊嗣昌之督師也張獻忠等悉奔興安爲令所扼不得入漢中乃轉寇夔州十三年二月大敗瑪瑙山走岔溪千江河令復與副將方國安大破之令時年七十餘馬上用五石弩中必洞胸軍中號神弩將獻忠轉入柯家坪其地亂峯錯峙箐深道險令率衆追及之分其下爲五鼓勇爭利賊衆官軍寡國安爲後拒他道遁去令獨深入被圍居絕阪中屢射賊營應弦斃者甚衆水遠士渴賴天雨以濟圍終不解襄陽監軍僉事張克儉言於總督鄭崇儉曰張令健將奈何棄之急令參將張應元汪之鳳從八台山進總兵賀人龍從滿月嶆進三月八日應元等先至令方與賊鬬呼聲動山谷應元等應之內外夾擊賊乃敗去令與賊萬餘相持十三日所殺傷過當其卒僅五千耳時巡撫邵捷春駐重慶遣守黃泥窪倚令及秦良玉爲左右手後捷春移大昌以令守竹箘坪防賊逸九月獻忠兵大至令力戰中矢死軍遂敗之鳳既解柯家坪圍後與應元同守夔州之土地嶺部卒多新募獻忠盡銳來攻之鳳應元力戰賊分兵從後山下突入其營應元突圍出之鳳走他道免山行道渴飲斗水臥血凝臆而死踰月令亦戰死軍中失二將爲奪氣

猛如虎本塞外降人家榆林積功至遊擊崇禎五年擊邢紅狼於高平解其圍明年敗賊壽陽黑山覆姬關鎖軍已從曹文詔追賊西偃碧霞村斬混世王與顛希牧逐賊壽陽東又與陳國威馬杰破來遠寨從文詔大破賊范村國威以步卒三百夜劫賊紅山嶺如虎杰及虎大威和應詔擊殺九條龍尋以巡撫許鼎臣命由文水入山勦賊又與大威應詔杰由阜落山勦東犯之賊竝有功賊流入畿南山西警漸息如虎仍隸鼎臣七年勦賊沁源馘五條龍如虎驍果善戰與虎大威齊名戴君恩吳甡相繼爲巡撫竝委任之以功進參將其年冬賊在河南欲乘冰北渡如虎大威扼之河濱八年二月與大威國威斬劇賊高加計山西賊盡平用甡薦加副總兵其冬以防河功加署都督僉事連歲防河及援勦河南賊勞績甚著十一年冬京師有警如虎督兵勤王明年四月擢薊鎮中協總兵官十三年坐事落職發邊方立功督師楊嗣昌請於朝令從入蜀十一月監軍萬元吉大饗將士於保寧以諸軍進止不一擢如虎爲正總統張應元副之率軍趨綿州分遣諸將屯要害而元吉自間道走射洪扼蓬溪以待賊賊方屯安岳偵官軍且至宵遁抵內江如虎簡驍騎追之元吉應元營安岳城下以扼其歸路十二月張獻忠陷瀘州其地三面阻江惟立石站可北走元吉以賊居絕地將遣大兵南擣其老巢而伏兵旁塞玉蟾寺蹙賊北竄永川逆而擊之可盡殄永川知縣已先遁城中止丞簿一二人如虎覓嚮導不可得夜宿西關空舍及抵立石賊已先渡南溪返走關中將賀人龍軍隔水不擊賊遂越成都走漢川德陽渡綿河入巴州明年正月嗣昌親統舟師下雲陽檄諸將陸追賊諸軍乃盡躡賊後賊折而東返歸路悉空不可復遏如虎所將止六百騎餘皆左良玉部兵驕悍不可制所過肆焚掠惟參將劉士杰勇敢思立功諸軍從良玉多優閒不戰改隸如虎馳逐山谷風雪中咸怨望謠曰想殺我左鎮跑殺我猛鎮時賀人龍兵已大譟西歸所恃止如虎元吉深憂之賊自巴州至開縣官軍追之遇諸黃陵城日晡雨作諸將疲乏請詰朝戰士杰奮曰四旬逐賊今始及之舍弗擊我不能也執戈先如虎激諸軍繼之士杰所當輒摧陷獻忠登高望官軍見無後繼密抽壯騎潛行箐谷中乘高大呼馳下良玉兵先潰士杰及游擊郭開如虎子先捷竝戰死如虎率親兵力戰部將挾上馬潰圍出旗纛軍符盡失乃收殘卒從嗣昌下荊州及嗣昌死率所部扼德安黃州會疽發背不能戰退屯承天尋移駐南陽十一月李自成覆傳宗龍兵乘勢來攻如虎與劉光祚憑城固守用計殺賊精卒數千已而城破如虎持短兵巷戰大呼衝擊血

盈袍袖過唐府門北面叩頭謝上恩自稱力竭爲賊掑死光祚及分守參議艾毓初南陽知縣姚運熙並死之唐王亦遇害光祚字鴻基榆林衞人初爲諸生棄去承祖廕歷官延綏游擊崇禎三年奉詔勤王與何可綱等戰灤州有功遷汾州參將五年與遊擊王尚義敗賊張有義於臨縣賊還兵犯之軍盡覆光祚僅以身免被徵未行偕諸將復臨縣詔除其罪六年賊犯石樓光祚分三道擊大敗之斬隔溝飛撲天虎等六人獲首功三百七十又數敗賊於臨縣永寧撲天飛等詐降光祚設伏斬之已擊敗賊魏家灣黑茶山七年勦敗王剛餘黨斬四百餘級加署都督僉事爲山西副總兵敗賊崞縣復其城八年賊渠賀宗漢號活地草者見其黨劉浩然高加計破滅僞乞降光祚伏兵斬之晉中羣盜皆盡乃移光祚於宣府久之命率兵援勦河南十一年連敗賊白果園襄城已擢保定總兵官仍協討河南賊其冬畿輔有警馳還鎭大清兵薄保定以光祚堅守不攻而去光祚尋從總督孫傳庭南下明年二月大清兵還至渾河值木漲輜重難渡諸將王樸曹變蛟等相顧不敢擊光祚恇怯尤甚視師大學士劉宇亮劾之詔卽軍前正法光祚適報武清捷宇亮乃繫之武清獄而拜疏請寬帝怒罷宇亮論光祚死十四年大學士范復粹錄囚力言光祚才武命充爲事官戴罪辦賊光祚皋廢將尤翟文等帝亦從之當是時賊已陷河南襄陽中原郡縣大抵殘破光祚士馬無幾督師丁啓睿尤怯光祚雖少有克捷而賊勢轉盛及傳宗龍敗歿於項城南陽震恐光祚適經其地唐王邀與共守城陷遂死

虎大威榆林人本塞外降卒勇敢嫻將畧從軍有功累官山西參將崇禎三年冬從總兵尤世祿擊王嘉允於河曲力戰被傷五年從總督張宗衡勦賊臨川潞安陽城沁水連勝之明年從巡撫許鼎臣擊賊介休殲其魁九條龍時賊去山西遁據輝林武陟山中約二萬餘鼎臣令曹文詔自黎城入大威猛如虎諸將自阜落山入賊屢敗尋移大威守平陽七年巡撫吳甡至察諸將中惟大威如虎沈毅可屬兵事委任之其冬與如虎扼賊渡河高加計據岢嵐四出剽掠明年三月二將追至忻代山中加計馬上舞三十觔長梃突陣大威射殺之追斬其衆五百人餘黨悉平甡薦二人忠勇進大威副總兵其冬以扼賊功加署都督僉事九年八月畿輔被兵率師入援明年春命援勦陝西賊遂代王忠爲山西總兵官上疏言諸將討賊零級不可取生口不可貪封域不可限帝採納之十一年詔兵部甄別諸大將大威以稱職增秩其年冬京師戒嚴命總督盧象昇統大威及宣府總兵楊國柱大同總兵王樸入衞尋從象昇轉戰至鉅鹿賈莊被圍數匝象昇死焉大威等潰圍出督師劉宇亮總督孫傳庭皆言大威國柱敢勇身入重圍視他將異乞令立功自贖大威亦上章請罪帝不從卒解其任尋令從軍辦賊十四年正月李自成圍開封總督楊文岳遣大威及副將張德昌先率五千人渡河會賊已解圍去乃會河南巡撫李仙風於偃師以兵少未敢擊賊待文岳軍至與賊戰鳴皐大破之又與監軍道任棟挫賊平峪七月自成及張獻忠羅汝才攻鄧州大威從文岳擊破之斬首千餘級陝西總督傳宗龍出關討賊文岳大威會之九月次新蔡抵孟家莊將戰秦帥賀人龍軍先潰大威軍亦潰遂奔沈邱賊連陷河南鄧許再圍開封大威從文岳援之賊引去明年二月師次郾城督師丁啓睿總兵左良玉方與賊鏖戰文岳督大威及馮大棟張鵬翼等合擊賊大敗相持十一晝夜俘斬數千賊遂東陷陳州歸德已復圍開封七月朔啓睿文岳大威及良玉楊德政方國安之師畢會啓睿欲急擊良玉不從先走大威諸軍亦走帝大怒立誅德政黜譴啓睿諸人大威時奔汝寧出攻賊寨中礮死乃免其罪大威爲偏裨最有聲及爲大帥值賊勢益張所將止數千人不能大有所挫然身經數十戰卒死王事論者賢之

孫應元不知何許人歷官京營參將督勇衞營勇衞營卽騰驤武驤四衞也其先隸御馬監專牧馬莊烈帝銳意修武備簡應元及黃得功周遇吉等訓練遂成勁旅崇禎九年秋從張鳳翼軍畿輔有功進副總兵再以功增秩一等明年河南賊熾應元得功慷慨請行帝壯之發卒萬人監以中官劉元斌盧九德戒毋擾民諸將奉命軍行肅然十二月大破賊鄭州再破之密縣先後斬首千七百明年正月大破之舞陽光山固始四日三捷斬首二千九百有奇賊乃謀犯江北元斌九德南趨潁州護鳳陵密遣應元得功督騎兵扼賊前自南而北破之方家集賊遂由固始走商城錄功加都督僉事已復破之新野又大破之遂平熊文燦方主撫不戰而賊憚應元等多降降者亦不遽叛文燦以此擅撫賊功已而京師有警召應元等還賊遂無所忌帝初聞禁軍屢破賊大喜累加應元都督同知賜銀幣蟒服至是論功遂進左都督加銜總兵官世廕錦衣副千戶十二年五月張獻忠羅汝才復叛仍命元斌九德監應元得功軍南征應元等馳至南陽會馬光玉屯淅川之吳村僞乞撫規渡漢江應獻忠淅川知縣郭守邦詭降其黨許可變胡可受可變卽賊改世王可受則安世王也可變夜至處之東關可受爲光玉所持約未定應元得功趨內鄉掩其背令副將周遇吉等分道別擊之文燦所遣陳洪範亦至八月至小黃河口參將馬文豸等力戰可受敗呼曰始與許王約降者我也令歸命遇吉馳馬受之應元得功遂進兵王家寨賊分屯南北兩山用木石塞道應元率文豸戰其南得功率副將林報國戰其北河南兵又扼華陽關賊遂大敗光玉遁免元斌至軍檄除可變可受罪授以官報先後首功三千人及楊嗣昌督師襄陽令元斌應元戍荊門護獻陵十三年七月與副將王允成王之綸監軍僉事孔貞會等大破羅汝才於豐邑坪斬首二千三百生禽五百有奇混世王小秦王皆降時稱荊楚第一功十五年春擊賊羅山力戰孤軍無援遂陣歿贈卹如制應元善戰在行間多與黃得功偕應元死得功勳益顯故其名尤震於世

姜名武字我揚保德州人舉天啓二年武會試授大同威遠守備崇禎初遷大水峪遊擊築杏山城有功遷宣府西城參將擊斬大盜王科移守宣府右衞擢通州副總兵護諸陵有功以故官典保定總督楊文岳中軍兼忠勇營團練事十五年李自成圍開封急名武從文岳往援時諸軍壁朱仙鎭者十餘萬左良玉最强一夕其軍大譟突諸營諸營驚潰其軍遂乘亂掠諸營馬驘以去於是諸營悉奔獨名武一軍堅壁不動侵晨賊大至督麾下血戰殺數百人力竭被執大罵爲賊磔死贈特進榮祿大夫右都督廕外衞世襲總旗其子授王來聘甄奇傑例乃議贈特進光祿大夫左都督世襲錦衣百戶疏上踰月而都城陷不果行來聘京師人崇禎四年中武會試時帝銳意重武舉子運百斤大刀者止來聘及徐彥琦二人而彥琦不與選帝下考官及監試御史獄悉貶兵部郎二十二人遣詞臣倪元璐等覆閱取百人視文榜例分三甲傳臚錫宴以前三十卷進呈欽定一甲三人來聘居首卽授副總兵武榜有狀元自來聘始也來聘旣拜命泫然流涕曰上重武若此欲吾儕效命疆場爾不捐軀殺賊何以報上恩明年孔有德據登州叛官軍攻之久不下又明年二月以火藥轟城城壞將士踴入輒爲賊擊退來聘復先登中傷而死天子惜之贈廕有加奇傑亦官副總兵隸楊文岳麾下從擊賊河南戰死先是又有鄧祖禹者靳水人舉萬曆四十七年武會試授瀋陽守備嘗出戰中矢死夜半復甦創甚告歸崇禎初起宣府遊擊入衞京師副將申甫軍歿祖禹力戰蘆溝橋擢涿州參將疏請召對不許入朝上書聲甚厲爲御史所糾下獄然帝頗採其言久之赦出爲辰沅參將禽苗酋飛天王張五保斬首千五百級夷其巢擢副總兵轄德安黃州攻賊土壁山盡掩所獲爲己有當事將劾之請勦寇自贖乃令援應城將七百人入城賊大至圍數重祖禹突圍保西城外賊復圍之軍敗被執賊說降怒罵不屈賊言之再三復罵曰若此須換却心肝賊笑曰換不難遂剖心刳肝而死

尤世威榆林衞人與兄世功弟世祿並勇敢知名天啓中世威積官建昌營參將調守牆子路七年遷山海中部副總兵寧遠告警從大帥滿桂赴援力戰城東有功增秩受賜崇禎二年擢總兵官鎭守居庸昌平其冬京師戒嚴命提兵五千防順義俄命還鎭防護諸陵四年代宋偉爲山海總兵官積貲至左都督七年命偕寧遠總兵官吳襄馳援宣府坐擁兵不進褫職論戍未行會流賊躪河南詔世威充爲事官與副將張外嘉統關門鐵騎五千往勦明年正月賊陷鳳陽世威以二千五百騎赴之抵亳州會總督洪承疇出關討賊次信陽命世威趨汝州甫二日承疇亦至時賊見河南兵盛悉奔入關中承疇將入關征討乃大會諸將令分防汝雒諸要害以世威部下皆勁旅令與參將徐來朝分駐永寧盧氏山中以扼雒南蘭草川朱陽關之險戒之曰靈陝賊所出入汝勿懈及承疇旣入關賊避之而南復由藍田走盧氏扼於世威仍入商雒山中來朝所部三千人不肯入山大譟賊至來朝逃一軍盡歿世威軍暴露久大疫與賊戰失利世威及遊擊劉肇基羅岱俱負重傷軍大潰賊遂越盧氏走永寧事聞命解任候勘十年宣大總督盧象昇言世威善撫士卒曉軍機徒以數千客旅久戍荒山疾作失利今當用兵時棄之可惜乃命赴象昇軍自效及象昇戰歿自免歸十五年以廷臣薦命與弟世祿赴京候調召對中左門復告歸明年十月李自成陷西安傳檄榆林招降總兵官王定懼率所部精兵棄城走時巡撫張鳳翼未至城中士馬單弱人心洶洶布政使都任亟集副將惠顯參將劉廷傑等與里居將帥世威及王世欽王世國侯世祿侯拱極王學書故延綏總兵李昌齡議城守衆推世威爲主帥無何賊十萬

衆陷延安下綏德復遣使說降延傑大呼曰長安雖破三邊如故賊皆中州子弟殺其父兄而驅之戰必非所願榆林天下勁兵一戰奪其氣然後約寧夏固原爲三師迭進賊可平也衆然其言乃歃血誓師簡卒乘繕甲仗各出私財佐軍守具未備賊已抵城下延傑募死士乞師套部師將至賊分兵却之攻城甚力官軍力戰殺賊無算賊益衆來攻起飛樓逼城中矢石交至世威等戰益厲守七晝夜賊乃穴城置大礮轟之城遂破世威等猶督衆巷戰婦人豎子亦發屋瓦擊賊賊屍相枕藉既而力不支任死之侯世祿父子及學書俱不屈死賊怒延傑勾套部磔之至死罵不絕口世威世欽世國昌齡並被執縛至西安自成坐秦王府欲降之四人不屈膝自成曰諸公皆名將助我平天下取封侯可乎衆罵曰汝驛卒敢大言侮我自成笑前解其縛世欽唾曰驛卒毋近前汙將軍衣自成怒皆殺之時顯亦被執大罵賊賊惜其勇繫至神木服毒死王世欽大將威子歷山海左部總兵官謝病去崇禎八年洪承疇起之家擊李自成有功即謝歸十六年召對中左門未及用而歸遂死於賊世國威弟保定總兵官繼子由柳溝總兵官罷歸甫數日竟拒賊以死世威弟世祿爲寧夏總兵官累著戰功至是與世威同死世威從弟翟文爲靖邊營副將嘗從洪承疇敗闖賊於鳳翔之官亭斬首七百餘級至是率敢死士出南門奮擊殺傷甚衆中矢死又有尤岱者由步卒起家至山海鐵騎營參將數有功忤上官棄職歸守水西門城陷自殺延傑既死其父副使夔鼎聞之不哭曰吾有子矣其弟廷夔收兄屍亦自投闕死昌齡字玉川鎮番衞人爲延綏總兵官數有功以剛直罷徙居榆林賊至或勸之去昌齡曰賊至而遁非勇也見難而避非義也起偕世威等同守城卒同死

侯世祿榆林人由世職累官涼州副總兵遼事亟詔擢總兵官提兵赴援世祿勇敢精悍爲經畧熊廷弼所知及袁應泰代廷弼亦倚任之天啓元年應泰議復撫順清河以世祿及姜弼梁仲善各將兵一萬駐清河未行遼陽破仲善陣亡世祿弼俱負重傷潰圍出世祿以傷重命立功自效尋用爲固原總兵官六年以軍政拾遺罷明年寧錦告警命率家丁赴關聽調旋命出守前屯甫至令以故官鎮山海崇禎元年移鎮宣府明年冬京師戒嚴率師入衞兵再潰世祿被創部卒剽民間奔還鎮事聞當重坐以勤王先至減死戍邊九年八月京師被兵率子弟從軍敘功免戍還籍廷臣多推薦卒不復用十六年李自成圍榆林世祿與子拱極固守新添門城陷父子被執俱不屈死拱極歷官參將常從總兵尤世祿破賊河曲有功九年冬任山海總兵官尋謝病歸後以廷臣薦應詔入都與王洪王世欽尤世威召對中左門未用遣歸卒與父同死

劉國能延安人始與李自成張獻忠輩同爲盜自號闖塌天崇禎三年大亂陝西已渡河而東寇山西轉掠畿南河北六年冬入河南遂由內鄉淅川犯湖廣鄖襄破數縣明年正月入四川陷夔州折而東入鄖陽境爲總督陳奇瑜所蹙走漢南同困車箱峽已得出復大亂陝西再入河南躪江北官軍逼之與整齊王屯商雒山間九年復偕闖王蝎子塊等由鄖襄趨興安漢中總督洪承疇奔命不暇尋南走荊襄與總兵秦翼明數戰其冬與蝎子塊等十七營窺潼關巡撫孫傳庭扼之引而南明年聞馬光玉等將犯蘄黃率衆會之直趨江北官軍數道邀擊乃不敢東還走黃陂入木蘭山轉寇河南敗參將李春貴兵將迫開封詔諸將發兵援乃南走黃麻當是時總理熊文燦新至賊憚之見其下招降令頗有欲歸正者國能先與張獻忠有隙慮爲所并後又與左良玉戰敗乃以十一年正月四日率先就撫於隨州頓首文燦前曰愚民陷不義且十載賴公湔洗更生願悉衆入軍籍身隸麾下盡死力文燦大喜慰撫之署爲守備令隸良玉軍國能受約束無異志已而張獻忠羅汝才亦降皆據邑自固獨國能從軍征勦數有功明年二月從良玉勤王有詔還討賊獎勵之命兵部授官錄其部下將士曰獻忠能立功視此遂授國能副總兵四月良玉會師南陽擊李萬慶國能分擊賊潰奔遂招萬慶降其秋獻忠汝才並反文燦遣國能率萬慶兵會討遂並守鄖陽既而李自成擾河南復移守葉縣初國能爲盜時與自成汝才輩結爲兄弟及國能歸正自成輩深恨之十四年九月圍其城四面力攻國能不能支城遂陷被執賊猶好謂之曰若我故人也何不降國能瞋目罵曰我初與若同爲賊今則王臣也何故降賊遂殺之事聞贈左都督特進榮祿大夫建祠李萬慶延安人崇禎初與張獻忠羅汝才等並反賊中所稱射塌天者是也起陝西蔓山西畿南河北渡河殘河南出沒湖廣四川還趨鄖陽入興安困於車箱峽出險益大肆八年春賊七十二營會滎陽議分兵隨所向令萬慶及許可變助馬進忠橫天王西當陝兵已而諸路之賊盡萃於陝總督洪承疇彌歲不能定益恣出沒於河南湖廣凡十五家迨十一年春國能獻忠降萬慶等大諜而去改稱十三家勢頗衰而文燦擁兵德安不敢擊萬慶等復大振李自成向關中萬慶及馬光玉馬進忠羅汝才惠登相賀一龍藺養成順天王順義王九家最著八月進忠光玉大挫於潼關九月鄖襄賊又大敗於雙溝汝才率九營走均州萬慶率三營走光固十一月汝才亦降自成又大敗關內勢益衰惟萬慶光玉一龍順天王最勁而萬慶得馬士秀杜應金所劫左良玉賄富且強營麻城徙信陽十二年正月戰敗徙應山德安會光玉進忠等皆大敗進忠懼而降而順天王已死一龍養成伏深山登相遠掠秦蜀萬慶勢益孤文燦檄良玉擊之唐縣姚梁分三營肆賊遂入三山禪將王修政趨利戰死文燦收二營卒令良玉蹙之內鄉萬慶等在赤眉城四平岡依山結壘請降良玉慮其詐謀之文燦益調諸將陳永福羅岱金聲桓之兵會於賈宋大勦萬慶及光玉可變副將國能亦至由張家林七里河分擊賊大奔良玉遣國能以二十騎往偵且諭萬慶降萬慶馳見輸情國能遂執許州叛黨于汝虎以降處內鄉城下者四千人士秀應金見進忠萬慶降而懼復來歸有劉喜才者夜取順義王首以獻餘黨推可變爲主與胡可受皆降自是羣盜大衰至五月獻忠復叛汝才率其黨九營應之復大熾而萬慶進忠以徒衆既散無二心萬慶願從征自效比國能給餉遂授爲副總兵與國能守鄖陽獻忠等方大亂蜀中鄖境得無事十四年獻忠突陷襄陽鄖守如故明年正月總督汪喬年討賊以萬慶從至襄城軍潰入城賊攻圍之固守五日城陷喬年死萬慶亦不屈死事聞贈都督同知榮祿大夫立祠襄城

贊曰明至末季流寇蔓延國勢坐困雖有奮威禦敵之臣而兵孱餉絀徒使賊乘其敝潰陷相屬無救亂亡如艾萬年等之捐軀盡節其可悲者矣此非其勇不具畧不嫺也兵力耗頓加以統馭失宜應援不及求無敗衂得乎

明史卷二百七十　列傳第一百五十八

總裁官總理事務經筵講官少保兼太子太保保和殿大學士兼管吏部戶部尚書事加六級臣張廷玉等奉

敕修

馬世龍 楊肇基　賀虎臣 子讚 誠

沈有容　張可大 弟可仕

魯欽 子宗文　秦良玉

龍在田

馬世龍字蒼元寧夏人由世職舉武會試歷宣府遊擊天啓二年擢永平副總兵署兵部孫承宗奇其才薦授署都督僉事充三屯營總兵官承宗出鎮薦爲山海總兵俾領中部調總兵王世欽尤世祿分領南北二部明年正月賜尚方劍實授府銜承宗爲築壇拜大將代行授鉞禮軍馬錢穀盡屬之尋定分地世龍居中駐衞城世欽南海世祿北山並受世龍節制兵各萬五千人世龍感承宗知己頗盡力與承宗定計出守關外諸城四年偕巡撫喻安性及袁崇煥東巡廣寧又與崇煥世欽航海抵蓋套相度形勢而還敘勞加右都督當是時承宗統士馬十餘萬用將校數百人歲費軍儲數百萬諸有求於承宗者率因世龍不得則大恚而世龍貌偉中實怯忌承宗者多擊世龍以撼之承宗抗辯於朝曰人謂其貪淫朘削臣敢以百口保其必無帝以承宗故不問五年九月世龍誤信降人劉伯漒言遣前鋒副將魯之甲參將李承先率師襲取耀州敗沒言官交章劾奏嚴旨切責令戴罪圖功時魏忠賢方以清君側疑承宗其黨攻世龍者并及承宗承宗不安其位去以兵部尚書高第來代職方主事徐日久者先佐第撓遼事及從第贊畫力攻世龍世龍陰結忠賢反削日久籍其冬世龍亦謝病去崇禎元年王在晉爲尚書世龍上疏極論其罪有詔逮世龍久不至在晉罷始詣獄二年冬都城戒嚴刑部尚書喬允升薦世龍才詔圖功自贖會祖大壽師潰京師大震承宗再起督師以便宜遣世龍馳諭大壽聽命及滿桂戰死遂令世龍代爲總理賜尚方劍盡統諸鎮援師三年三月進左都督時遵化永平遷安灤州四城失守已三月承宗大壽隔關門與世龍諸軍聲息斷絕帝急詔四方兵勤王昌平尤世威薊鎮楊肇基保定曹鳴雷山海宋偉山西王國樑固原楊麒延綏吳自勉臨洮王承恩寧夏尤世祿甘肅楊嘉謨所將皆諸邊銳卒內地則山東河南南都湖廣浙江江西福建四川諸軍亦先後至并壁薊門觀望不進給事中張第元上言世龍在關數載績效無聞非若衞霍之儔功名

足以服人也諸帥宿將非世龍偏裨欲驅策節制誰能甘之師老財匱銳氣日消延及夏秋將有不可言者帝以世龍方規進取不納其言時大壽於五月十日薄灤州明日世龍等以師會又明日復其城十三日遊擊靳國臣復遷安明日副將何可綱復永平又二日別將復遵化閱五月四城始復論功大壽最世祿次之世龍加太子少保廕本衞世千戶八月復謝病歸六年五月插漢虎墩兔合套寇犯寧夏總兵賀虎臣戰歿詔起世龍代之世龍生長寧夏習其形勢大修戰備明年正月二部入犯遣參將卜應第大破之斬首二百有奇踰月套寇犯賀蘭山世龍遣降丁潛入其營馘其長撒兒甲斬級如前未幾插部大舉入寇世龍遣副將婁光先等分五道伏要害而己中道待之夾擊斬首八百有奇巡撫王振奇亦斬三百餘級寇復犯河西玉泉宮世龍復邀斬五百餘其年七月犯棗園堡世龍又大敗之俘斬一千有奇世龍半歲中屢奏大捷威名震西塞無何卒於官年四十餘後論功贈太子太傅世錦衣僉事賜恤如制

楊肇基沂州衞人起家世職積官至大同總兵天啓二年妖賊徐鴻儒反山東連陷鄆鉅野鄒滕嶧衆至數萬巡撫趙彥任都司楊國棟廖棟檄所部練民兵增諸要地守卒時肇基方家居彥因即家薦起之爲山東總兵官討賊未至棟及國棟等攻鄒兵潰遊擊張榜戰死彥方視師兗州遇賊肇基至急迎戰而令國棟及棟夾擊大敗之橫河時賊精銳聚鄒滕中道肇基令遊兵綴賊鄒城而以大軍擊賊黃陰紀王城大敗賊蹙而殪之嶧山遂圍鄒國棟等亦先後收復鄆鉅野嶧滕諸縣又大破之於沙河乃築長圍攻鄒閱三月賊食盡其黨出降遂禽鴻儒獻俘磔於市賊平肇基由署都督僉事進右都督廕本衞世千戶尋代沈有容鎮登萊改延綏以擊套寇功進左都督廕錦衣千戶屢加太子太保崇禎元年移薊鎮西協二年冬大清兵克三屯營肇基乘間收復困守數月卒全孤城廕錦衣世千戶已錄恢復四城功加太子太師改廕錦衣僉事明年卒官子御蕃見徐從治傳

賀虎臣保定人天啓初歷天津海防遊擊登萊參將移兗州六年遷延綏副總兵河套寇大舉入犯從帥楊肇基協擊大破之加署都督僉事崇禎二年捕誅階州叛卒周大旺等擢總兵官鎮守寧夏關中賊大起王嘉允陷清水營殺遊擊李顯宗遂陷府谷其黨李老柴應之糾聚三千餘人攻合水總督楊鶴檄虎臣往討擊之盤谷俘馘六百有奇已擊斬慶陽賊渠劉六四年神一元陷保安延安告急延綏撫鎮皆東援陝西巡撫練國事檄虎臣及副將李卑援勦虎臣等遂進圍保安賊引河套數千騎挫虎臣軍會張應昌擊敗之賊衆棄城去虎臣等前後獲首功一千九百明年可天飛郝臨菴劉道江李都司再圍合水虎臣偕臨洮曹文詔甘肅楊嘉謨固原楊麒合擊大破賊甘泉之虎兒凹斬首七百有奇賊大困六年五月插漢虎墩兔合套寇五萬騎自清水橫城分道入守備姚之夔等不能禦沙井驛副將史開先臨河堡參將張問政岳家樓守備趙訪皆潰逃寇遂進薄靈州虎臣急領千騎入守旋盡勒城中兵出擊夾大沙井寇從漢伯堡突至虎臣軍未及布陳且衆寡不敵遂戰死子讚挾五十騎突重圍出事聞贈虎臣都督僉事賜祭葬世廕指揮僉事尋錄先後勦寇功再贈都督同知世廕錦衣副千戶讚勇敢有父風既承廕尋舉武進士積官至京營副將崇禎十七年三月李自成薄京師京軍六大營分列城外皆不敢戰或棄甲降讚獨率部卒迎擊中矢死弟誠身長七尺美鬚髯爲諸生以忠義自許兄誠襲副千戶早卒無子誠當襲以讓其弟詮及賊陷保定家人勸易衣遁叱曰吾忠臣子偷生而逃何以見先將軍地下遂偕妻女投井死

沈有容字士弘宣城人僉事寵之孫也幼走馬擊劍好兵略舉萬曆七年武鄉試薊遼總督梁夢龍見而異之用爲昌平千總復受知總督張佳允調薊鎮東路轄南兵後營十二年秋朶顏長昂以三千騎犯劉家口有容夜半率健卒二十九人迎擊身中二矢斬首六級寇退乃還由是知名遼東巡撫顧養謙召隸麾下俾練火器十四年從李成梁出塞抵可可毋林斬馘多明年再出亦有功成梁攻北關有容陷陣馬再易再斃卒拔其城錄功世廕千戶遷都司僉書守浮屠谷從宋應昌援朝鮮乞歸日本封事壞福建巡撫金學曾欲用奇搗其穴起有容守浯嶼銅山二十九年倭掠諸寨有容擊敗之踰月與銅山把總張萬紀敗倭彭山洋倭據東番有容守石湖謀盡殲之以二十一舟出海遇風存十四舟過彭湖與倭遇格殺數人縱火沈其六舟斬首十五級奪還男婦三百七十餘人倭遂去東番海上息肩者十年捷聞文武將吏悉敘功有容賚白金而已三十二年七月西洋紅毛番長韋麻郎駕三大艘至彭湖求互市稅使高寀召之也有容白當事自請往諭見麻郎指陳利害麻郎悟呼寀使者索還所賂寀金揚帆去改僉書浙江都司由浙江遊擊調天津遷溫處參將罷歸四十四年倭犯福建巡撫黃承元請特設水師起有容統之禽倭東沙尋招降巨寇袁進李忠散遣其衆泰昌元年遼事棘始設山東副總兵駐登州以命有容天啓改元遼瀋相繼覆熊廷弼建三方布置之議以陶朗先巡撫登萊而擢有容都督僉事充總兵官登萊遂爲重鎮八月毛文龍有鎮江之捷詔有容統水師萬偕天津水師直抵鎮江策應有容歎曰率一旅之師當方張之敵吾知其不克濟也無何鎮江果失水師遂不進明年廣寧覆遼民走避諸島日望登師救援朗先下令敢渡一人者斬有容爭之立命數十艘往獲濟者數萬人時金復蓋三衞俱空無人有欲據守金州者有容言金州孤懸海外登州皮島俱遠隔大洋聲援不及不可守迨文龍取金州未幾復失四年有容以年老乞骸骨歸卒贈都督同知賜祭葬

張可大字觀甫應天人世襲南京羽林左衞千戶舉萬曆二十九年武會試授建昌守備遷浙江都司僉書分守瓜洲儀眞江洋大盜斂迹稅監魯保死淮撫李三才令可大錄其貲保家餽重賄却不受葉向高赴召過儀見而異之曰此不特良將且良吏也遷劉河遊擊改廣東高肇參將調浙江舟山奉命征黎與總兵王鳴鶴用黑番爲導搗其巢黎乃滅舟山宋昌國城也居海中有七十二嶴爲浙東要害可大條上八議皆碩畫倭犯五罩湖白沙港茶山潭頭連敗之加副總兵城久圮可大與副使蔡獻臣築之兩月工竣城內外田數千畝海潮害稼可大築碶蓄淡水遂爲膏腴民稱曰張公碶天啓元年以都指揮使掌南京錦衣衞六年擢都督僉事僉書南京右府崇禎元年出爲登萊總兵官會議裁登萊撫鎮乃命以總兵官視登州副總兵事而巡撫遂罷不設可大盡心海防親歷巡視圖沿海地形兵力强弱爲海防圖說上之二年冬白蓮賊餘黨圍萊陽可大擊破之焚其六砦斬僞國公二人圍遂解京師戒兵可大入衞守西直廣寧諸門明年以勤王功陞都督同知劉與治反東江遂奉詔還鎮已而四城並復朝議復設登萊巡撫以孫元化爲之元化率關外八千人至强半皆遼人可大慮有變屢言於元化不聽四年七月錄前守城功進右都督十月僉書南京左府兼督池河浦口二軍登人泣留之未行而孔有德反吳橋東陷六城可大急往勦元化檄止之不聽次萊州遇元化復爲所阻乃還鎮歲將晏有德暮薄城可大請擊之元化持撫議不許可大陳利害甚切元化期明歲元日發兵合擊至期元化兵不發明日合兵戰城東可大兵屢勝元化部卒皆遼人親黨多無鬭志其將張燾先走可大兵亦敗中軍管維城遊擊陳良謨守備盛洛姚士良皆戰死燾兵半降有德遣歸爲內應元化開門納之可大諫不聽夜半賊至城遂陷可大時守水城撫膺大慟解所佩印付旗鼓間道走濟南上之還家辭母令弟可度子鹿徵奉母航海趨天津而以佩劍付部將盡斬諸婢妾遂投繯死事聞贈特進榮祿大夫太子少傅謚莊節賜祭葬予世廕建祠曰旌忠可大好學能詩敦節行有儒將風爲南京錦衣時歐陽暉由刑部主事謫本衞知事嘗賦詩有陰霾國事非句楊州知府劉鐸書之扇贈一僧惡鐸者譖之魏忠賢暉鐸俱被逮可大約束旗尉捐奉助之卜室處其妻子其尚義類如此弟可仕字文峙以字行隱居博學嘗輯明布衣詩一百卷

魯欽長清人萬曆中歷山西副總兵天啓元年遷神機營左副將尋擢署都督僉事充保定總兵官奢崇明安邦彥並反貴州總兵張彥方在圍中而總理杜文煥稱病明年十月用欽代文煥命總川貴湖廣漢土軍刻期解圍未至圍已解欽馳赴貴陽三年正月巡撫王三善大敗於陸廣羣苗宋萬化何中尉等蠭起欽佐三善防勦率諸將禽中尉萬化遂進營紅崖紅崖者崇明敗走處也三善謀大舉深入欽及總兵官馬炯張彥方諸道監司尹伸岳具仰向日升楊世賞各以兵從五戰斬首萬八千直抵大方四年正月三善敗歿於內莊欽等以殘卒還命戴罪辦賊都勻凱里土司者運道咽喉也邦彥結諸蠻困其城長官楊世蔚不能守總督蔡復一遣欽及總兵官劉超救之拔賊巖頭寨遂移師克平茶已而邦彥盡驅羅鬼結四十營於斑鳩灣後寨亘二十餘里分犯普定復一令欽與總兵官黃鉞分道禦之欽率部將張雲鵬劉志敏鄧玘等大敗賊汪家冲鉞及參政陸夢龍副使楊世賞亦大敗賊蔣義寨合追至河斬首千五百餘級搜山復斬六百餘級尹伸守普定亦敗賊兵與大軍會共剪水外逆苗邦彥勢窘渡河西奔欽鉞督諸將窮追夢龍等分駐三岔河岸爲後勁前鋒雲鵬玘等深入織金先後斬首千餘級復一上其功言欽廉勇雖名總理權力不當一偏裨舊撫臣三善及諸監軍人人爲大帥內莊失律欽不當獨任大帥罪臣至黔以諸道監軍兵盡屬欽每戰身先士卒欽敗可原勝足錄當免其戴罪仍以功論從之明年正月欽等渡河還中

伏敗死者數千人充爲事官立功自贖自平越至興隆清平二衞苗二百餘寨盤踞其間以長田之天保阿秧爲魁邦彥初反授二酋都督使通下六衞聲息是年春寇石阡餘慶監軍按察使來斯行陷阿秧使圖天保阿秧反以情告斯行乃誘斬阿秧議討天保會以疾去復一令貴陽同知周鴻圖代爲監軍阿秧弟阿買與天保請兵邦彥復兄讐復一以兵事屬鴻圖及欽而遣參將胡從儀楊明楷等佐之欽等三道進大戰米墩山生禽天保及阿買先後斬賊魁五十四人獲首功二千三百五十破焚百七十四寨盛夏興師將士冒暑雨衝嵐瘴劇寇盡除土人謂二百年所未有復一旣奏功未報而卒監軍御史傅宗龍復以爲言乃命欽總理如故鴻圖授平越知府六年三月邦彥復大舉入寇欽禦之河上連戰數日殺傷相當夜半賊直逼欽壘將士逃竄欽遂自刎諸營盡潰賊勢復張欽勇敢善戰爲西南大將之冠莊烈帝嗣位贈少保左都督世廕指揮僉事賜祭葬建祠曰旌忠子宗文承廕崇禎中以薊鎭副總兵爲總督吳阿衡中軍十一年冬牆子嶺失事與阿衡並力戰死

秦良玉忠州人嫁石砫宣撫使馬千乘萬曆二十七年千乘以三千人從征播州良玉別統精卒五百裹糧自隨與副將周國柱扼賊鄧坎明年正月二日賊乘官軍宴夜襲良玉夫婦首擊敗之追入賊境連破金筑等七寨已偕酉陽諸軍直取桑木關大敗賊衆爲南川路戰功第一賊平良玉不言功其後千乘爲部民所訟瘐死雲陽獄良玉代領其職良玉爲人饒膽智善騎射兼通詞翰儀度嫺雅而馭下嚴峻每行軍發令戎伍肅然所部號白桿兵爲遠近所憚泰昌時徵其兵援遼良玉遣兄邦屏弟民屏先以數千人往朝命賜良玉三品服授邦屏都司僉書民屏守備天啓元年邦屏渡渾河戰死民屏突圍出良玉自統精卒三千赴之所過秋毫無犯詔加二品服卽予封誥子祥麟授指揮使良玉陳邦屏死狀請優恤因言臣自征播以來所建之功不滿讒妬口貝錦高張忠誠孰表帝優詔報之兵部尚書張鶴鳴言渾河血戰首功數千實石砫酉陽二土司功邦屏旣殁良玉卽遣使入都製冬衣一千五百分給殘卒而身督精兵三千抵榆關上急公家難下復私門仇氣甚壯宜錄邦屏子進民屏官乃贈邦屏都督僉事錫世廕與陳策等合祠民屏進都司僉書部議再徵兵二千良玉與民屏馳還抵家甫一日而奢崇明黨樊龍反重慶齎金帛結援良玉斬其使卽發兵率民屏及邦屏子翼明拱明溯流西上度渝城奄至重慶南坪關扼賊歸路伏兵襲兩河焚其舟分兵守忠州馳檄夔州令急防瞿塘上下賊出戰卽敗歸良玉上其狀擢民屏參將翼明拱明守備已而奢崇明圍成都急巡撫朱燮元檄良玉討時諸土司皆貪賊路逗遛不進獨良玉鼓行而西收新都長驅抵成都賊遂解圍去良玉乃還軍攻二郎關民屏先登已克佛圖關復重慶良玉初舉兵卽以疏聞命封夫人錫誥命至是復授都督僉事充總兵官命祥麟爲宣慰使民屏進副總兵翼明拱明進參將良玉益感奮先後攻克紅崖墩觀音寺青山墩諸大巢蜀賊底定復以援貴州功數賚金幣三年六月良玉上言臣率翼明拱明提兵裹糧累奏紅崖墩諸捷乃行間諸將未覩賊面攘臂誇張及乎對壘聞風先遁敗於賊者唯恐人之勝怯於賊者唯恐人之強如總兵李維新渡河一戰敗衂歸營反閉門拒臣不容一見以六尺軀鬚眉男子忌一巾幗婦人靜夜思之亦當愧死帝優詔報之命文武大吏皆以禮待不得疑忌是年民屏從巡撫王三善抵陸廣兵敗先遁其冬從戰大方屢捷明年正月退師賊來襲戰死二子佐明祚明得脫皆重傷良玉請卹贈都督同知立祠賜祭官二子而是時翼明拱明皆進官至副總兵崇禎三年永平四城失守良玉與翼明奉詔勤王出家財濟餉莊烈帝優詔襃美召見平臺賜良玉綵幣羊酒賦四詩旌其功會四城復乃命良玉歸而翼明駐近畿明年築大凌河城翼明以萬人護築城成命撤兵還鎭七年流賊陷河南加翼明總兵官督軍赴討明年鄧玘死以所部皆蜀人命翼明將之連破賊於青崖河吳家堰袁家坪扼賊走鄖西路翼明性恇怯部將連敗不以實聞革都督銜貶二秩辦賊已從盧象昇逐賊穀城賊走均州翼明敗之青石鋪賊入山自保翼明攻破之連破賊界山三道河花園溝禽黑煞神飛山虎賊出沒鄖襄間撫治鄖陽苗胙土遣使招降翼明贊其事爲賊所紿卒不降翼明胙土皆被劾已而賊犯襄陽翼明連戰得利屯兵廟灘以扼漢江之淺而羅汝才劉國能自深水以渡遂大擾蘄黃間帝以鄖襄屬邑盡殘罷胙土切責翼明尋亦被劾解官而良玉自京師還不復援剿專辦蜀賊七年二月賊陷夔州圍太平良玉至乃走十三年扼羅汝才於巫山汝才犯夔州良玉師至乃去已邀之馬家寨斬首六百追敗之留馬埡斬其魁東山虎復合他將大敗之譚家坪北平又破之仙寺嶺良玉奪汝才大纛禽其渠副塌天賊勢漸衰當是時督師楊嗣昌盡驅賊入川川撫邵捷春提弱卒二萬守重慶所倚惟良玉及張令二軍綿州知州陸遜之罷官歸捷春使按營壘見良玉軍整心異之良玉爲置酒語遜之曰邵公不知兵吾一婦人受國恩誼應死獨恨與邵公同死耳遜之問故良玉曰邵公移我自近去所駐重慶僅三四十里而遣張令守黃泥窪殊失地利賊據歸巫萬山巔俯瞰吾營鐵騎建瓴下張令必破令破及我我敗尚能救重慶急乎且督師以蜀爲壑無愚智知之邵公不以此時爭山奪險令賊無敢卽我而坐以設防此敗道也遜之深然之已而捷春移營大昌監軍萬元吉亦進屯巫山與相應援其年十月張獻忠連破官軍於觀音巖三黃嶺遂從上馬渡過軍良玉偕張令急扼之竹菌坪挫其鋒會令爲賊所殪良玉趨救不克轉鬬復敗所部三萬人畧盡乃單騎見捷春請曰事急矣盡發吾溪峒卒可得二萬我自廩其半半餼之官猶足辦賊捷春見嗣昌與己左而倉無見糧謝其計不用良玉乃歎息歸時搖黃十三家賊橫蜀中有秦纘勳者良玉族人也爲賊耳目被禽殺獄卒遁去良玉捕執以獻無脫者張獻忠盡陷楚地將復入蜀良玉圖全蜀形勢上之巡撫陳士奇請益兵守十三隘士奇不能用復上之巡按劉之勃之勃許之而無兵可發十七年春獻忠遂長驅犯夔州良玉馳援衆寡不敵潰及全蜀盡陷良玉慷慨語其衆曰吾兄弟二人皆死王事吾以一孱婦蒙國恩二十年今不幸至此其敢以餘年事逆賊哉悉召所部約曰有從賊者族無赦乃分兵守四境賊遍招土司獨無敢至石砫者後獻忠死良玉竟以壽終翼明旣罷崇禎十六年冬起四川總兵官道梗命不達而拱明值普名聲之亂與賊鬬死贈卹如制

龍在田石屏州土官舍人也天啓二年雲南賊安效良張世臣等爲亂在田與阿迷普名聲武定吾必奎等征討數有功得爲土守備新平賊剽石屏安效良攻霑益在田俱破走之巡撫閔洪學上其功擢坐營都司崇禎二年與必奎收復烏撒八年流賊犯鳳陽詔徵雲南土兵在田率所部應詔擊賊湖廣河南頻有功擢副總兵總理盧象昇檄討襄陽賊至則象昇已奉詔勤王命屬熊文燦十年三月擊禽大盜郭三海十一年九月大破賀一龍李萬慶於雙溝進都督同知明年三月大破賊固始斬首三千五百有奇張獻忠之叛也文燦命在田駐穀城遏賊東突諸將多忌在田讒言日興及文燦被逮在田亦罷歸還至貴州擊平叛賊安隴璧十五年夏中原盜益熾在田上疏曰臣以石屏世弁因流氛震陵奮激國難捐貲募精卒九千五百戰象四戰馬二千入楚豫破賊賊不敢窺江北陵寢滇兵有力焉五載捷二十有八忌口中阻逼臣病歸自臣罷歸藩辱名城屢陷臣妄謂討寇必須南兵蓋諸將所統多烏合遇寇卽逃乏餉卽譟滇兵萬里長驅家人父子同志非若他軍易潰也且一歲中秋冬氣凉賊得馳騁春夏卽入山避暑養銳而出故其氣益盛夫平原戰旣不勝山蹊又莫敢攖師老財殫蕩平何日滇兵輕走遠跳善搜山臣願整萬衆力掃秦楚豫皖諸寇不滅不止望速給行糧沿途接濟臣誓捐軀報國言而不效甘伏斧鑕帝壯之下兵部議寢不行踰二載乙酉八月吾必奎叛黔國公沐天波檄在田及寧州土知州祿永命協討擊禽之未幾沙定洲作亂據雲南府在田不敢擊明年定洲攻在田不下移攻寧州壽陷嶍峨在田走大理又明年孫可望等至貴州在田說令攻定洲定洲迄破滅在田歸卒於家

贊曰馬世龍等値邊陲多事奮其勇畧著績戎行或捐軀力戰身膏原野可謂無忝爪牙之任矣夫摧鋒陷敵宿將猶難而秦良玉一土舍婦人提兵裹糧崎嶇轉鬬其急公赴義有足多者彼仗鉞臨戎縮朒觀望者視此能無媿乎

明史卷二百七十一　列傳第一百五十九

總裁官總理事務經筵講官少保兼太子太保保和殿大學士兼管吏部戶部尚書事加六級張廷玉等奉
敕修

賀世賢 尤世功　童仲揆 陳策 周敦吉 張神武等
羅一貫 劉渠 祁秉忠　滿桂 孫祖壽
趙率教 朱國彥　官惟賢 張奇化
何可綱　黃龍 李惟鸞
金日觀 楚繼功等

賀世賢榆林衞人少爲廝養後從軍積功至瀋陽遊擊遷義州參將萬曆四十六年七月清河被圍副將鄒儲

賢固守城破率親丁鏖戰城南與參將張旆俱死部將二十人兵民萬餘殲焉世賢駐靉陽聞變疾馳出塞得首功百五十有四級進副總兵明年楊鎬四路出師世賢副李如柏出清河劉綎深入中伏勸如柏往救不從綎遂覆歿尋擢都督僉事充總兵官駐虎皮驛鐵嶺被圍世賢馳援城已破邀獲首功百餘級泰昌元年九月連戰灰山撫安堡獲首功二百有奇當是時四方宿將鱗集遼左率縮朒不敢戰獨世賢數角鬬有功同列多忌之移鎭瀋陽經略袁應泰下納降令廣寧總兵李光榮疑世賢所納多以狀聞巡撫薛國用亦奏三可慮兵部尚書崔景榮請拒勿納而置已納於他所然世賢所納卒不可散同列遂謗其有異志天啓元年三月我大清先以數十騎來偵世功兵躡之殺四人世賢勇而輕嗜酒旦日飲酒率親丁千出城逆擊期盡敵而反大清兵佯敗世賢乘銳進倏精騎四合世賢戰且却抵西門身被十四矢城中鬨世賢敗各鳥獸竄而降丁復叛斷城外弔橋或勸世賢走遼陽曰吾爲大將不能存城何面目見袁經畧乎揮鐵鞭馳突圍中擊殺數人中矢墜馬而死世功引兵援亦戰死世功亦榆林人萬曆中舉武鄕試歷瀋陽遊擊張承廕之敗也世功脫歸坐褫職經畧楊鎬言其身負重傷才堪策勵乃補武精營遊擊鎬四路出師世功隸李如柏麾下得全尋以副總兵守瀋陽熊廷弼代鎬愛其才與副將朱萬良並倚任廷弼罷袁應泰代議三路出師用爲總兵官未行而瀋陽被兵死於戰贈少保左都督增世廕三級再廕指揮僉事世襲賜祭葬建祠曰愍忠世賢旣歿或疑其叛降恤典故不及四川副使車樸爲訟寃格衆議不果

童仲揆南京人舉武會試歷都指揮掌四川都司萬曆末擢副總兵督川兵援遼與同官陳策並充援勦總兵官熹宗初立經畧袁應泰招蒙古諸部處之遼瀋二城仲揆力諫不聽明年天啓改元應泰欲城清河撫順議三路出師用大將十人各將兵萬餘仲揆策當其二未行而大清兵已逼瀋陽兩人馳救次渾河遊擊周敦吉曰事急矣請直抵瀋陽與城中兵夾擊可以成功已聞瀋陽陷諸將皆憤曰我輩不能救瀋在此三年何爲敦吉固請與石砫都司秦邦屏先渡河營橋北仲揆策及副將戚金參將張名世統浙兵三千營橋南邦屏結陣未就大清兵來攻却復前者三諸軍遂敗敦吉邦屏及參將吳文傑守備雷安民等皆死他將走入浙兵營被圍數匝副將朱萬良姜弼不救及圍急始前一戰卽敗走大清兵盡銳攻浙營營中用火器多殺傷火藥盡短兵接遂大潰策先戰死仲揆將奔金止之乃還兵鬬力盡矢竭揮刀殺十七人大清兵萬矢齊發仲揆與金名世及都司袁見龍鄧起龍等並死焉萬良旣逭經畧將斬之乞勦罪自效及遼陽被攻果陷陣死自遼左用兵將士率望風奔潰獨此以萬餘人當數萬衆雖力絀而覆時咸壯之事聞贈策少保左都督增世廕三級再廕本衞指揮僉事世襲賜祭葬建祠曰愍忠仲揆贈都督同知增世廕三級祠祀金起龍贈都督僉事增世廕三級附祀名世先有罪繫獄尚書薛三才薦其善火器命從征立功文傑亦先褫職及死並得復官贈三級增世廕二級見龍等皆予贈廕他副將至把總戰死者百二十餘人贈廕有差敦吉先爲四川永寧參將永寧宣撫奢效忠卒子崇明幼其妻奢世統與妾奢世續爭印相攻者十餘年後崇明襲職世續猶匿印不予都司張神武與敦吉謀盡掠其積聚子女禽世續以歸其部目閻宗傳怒以求主母爲名大掠永寧赤水普市麾泥數百里成邱墟事聞敦吉神武並論死遼東告警命敦吉從軍自效及是鏖戰死贈卹如制神武新建人萬曆中舉武會試第一授四川都司僉書旣論死遼左兵興用經畧袁應泰薦詔論從征立功神武率親丁二百四十餘疾馳至廣寧會遼陽已失巡撫薛國用固留之不可曰奉命守遼陽非守廣寧也曰遼陽歿矣若何之曰將以殲敵曰二百人能殲敵乎曰不能則死之前至遼河遇逃卒十餘萬神武以忠義激其帥欲與還戰帥不從乃獨率所部渡河抵首山去遼陽十七里而軍將士不食已一日遇大清兵疾呼奮擊孤軍無援盡歿於陣監軍御史方震孺給神武像率將士羅拜爲文祭之詔贈都督僉事世廕千戶立祠祀之又有楊宗業梁仲善者皆援遼總兵官宗業歷鎭浙江山西楊鎬四路敗後命提兵赴援至是父子並戰死仲善亦戰死遼陽城下宗業贈都督同知世廕千戶仲善贈都督僉事增世廕三級並從祠附祀

羅一貫甘州衞人以參將守西平堡遼陽陷西平地最衝一貫悉力捍禦巡撫王化貞言於朝加副總兵時化貞駐廣寧經畧熊廷弼駐右屯總兵劉渠以二萬人守鎭武祁秉忠以萬人守閭陽而一貫帥三千人守西平已定議各繕隍壁壘急則互相援違者必誅明年正月大清兵西渡河經撫戒勿輕戰兵漸近參將黑雲鶴出擊一貫止之不從明日雲鶴戰敗奔還城追兵殲焉一貫憑城固拒用礮擊傷者無算大清樹旗招降且遣使來說一貫不從又明日騎益衆環城力攻一貫流矢中目不能戰火藥矢石盡乃北面再拜曰臣力竭矣遂自剄都司陳尚仁王崇信亦死之化貞知城未下信遊擊孫得功語盡發廣寧兵以得功及中軍遊擊祖大壽爲前鋒令會秉忠赴援廷弼亦遣使督渠進戰遇大清兵於平陽得功懷異志欲引去乃分兵爲左右翼稍却推渠秉忠前渠等力戰頗有殺傷得功及副將鮑承先走後軍見之亦奔遂大潰渠戰死秉忠被二刀三矢家衆扶上馬奪圍出創重卒於途副將劉徵擊殺十餘人乃死大壽走覺華島得功遂降越二日廣寧卽破事聞贈一貫都督同知世廕副千戶渠秉忠少保左都督增世廕三級再廕指揮僉事皆賜祭葬建祠並祀一貫子俊傑承廕崇禎中仕至宣府總兵官免歸李自成犯甘州城陷死之渠京城巡捕營副將也以御史楊鶴薦擢總兵官援勦遼東遼陽被圍廣寧總兵李光榮不能救反斷河橋截軍民歸路總督文球劾罷之卽以渠代西平告急帥鎭武兵往援遂戰歿秉忠陝西人萬曆四十四年爲永昌參將銀定歹青以二千餘騎入塞秉忠提兵三百拒之轉戰兩晝夜援軍至始遁秉忠追還所掠人畜邊人頌之擢涼州副總兵經畧袁應泰薦其智勇令率私卒守蒲河至則遼陽已破命爲援勦總兵官駐防閭陽援西平竟死自遼左軍興總兵官陣亡者凡十有四人撫順則張承廕四路出師則杜松劉綎王宣趙夢麟開原則馬林瀋陽則賀世賢尤世功渾河則童仲揆陳策遼陽則楊宗業梁仲善是役渠與秉忠繼之朝端卹典俱極優崇而僨軍之將若李如柏麻承恩輩竟有未膺顯戮者

滿桂蒙古人幼入中國家宣府稍長便騎射每從征多斬馘軍令獲敵首一予一官否則賚白金五十桂屢得金不受職年及壯始爲總旗又十餘年爲百戶後屢遷潮河川守備楊鎬四路師敗薦小將知兵者數人首及桂移守黃土嶺爲總督王象乾所知進石塘路遊擊喜峯口參將天啓二年大學士孫承宗行邊桂入謁壯其貌與談兵事大奇之及出鎭山海卽擢副總兵領中軍事承宗幕下文武輻輳獨用桂桂椎魯甚然忠勇絕倫不好聲色與士卒同甘苦明年承宗議出關修復寧遠問誰可守者馬世龍薦孫諫及李承先承宗皆不許袁崇煥茅元儀進曰滿桂可但爲公中軍不敢請耳承宗曰旣可安問中軍呼桂語之慨然請行世龍猶疑其不可承宗不聽卽日置酒親爲之餞桂至寧遠與崇煥協心城築屹然成重鎭語具崇煥傳中時蒙古部落駐牧寧遠東鄙遼民來歸者悉遭劫掠承宗患之四年二月遣桂及總兵尤世祿襲之大凌河諸部號泣西竄東鄙以寧拱兔炒花宰賽諸部陽受款而陰懷反側桂善操縱諸部咸服歲省撫賞銀不貲初城中郭外一望邱墟至是軍民五萬餘家屯種遠至五十里承宗上其功詔擢都督僉事加銜總兵承宗乃令典後部與前部趙率教相犄角督餉郎中楊呈秀侵尅軍糧副將徐璉激之變圍崇煥署憚桂家卒勇猛不敢犯結隊東走桂與崇煥追斬首惡撫餘衆而還六年正月我大清以數萬騎來攻遠邇大震桂與崇煥死守始攻西南城隅發西洋紅夷礮傷攻者甚衆明日轉攻南城用火器拒却之圍解帝大喜擢都督同知實授總兵官再論功加右都督廕副千戶世襲桂疏謝並自敍前後功優詔褒答再進左都督桂初與率教深相得是役也怒其不親救相責望帝聞之下敕戒勉而崇煥復與桂不和言其意氣驕矜謾罵僚屬恐壞封疆大計乞移之別鎭以關外事權歸率教舉朝皆知桂可用慮同城或僨事遂召還督師王之臣力言桂不可去而召命已下又請用之關門崇煥皆不納閏六月乃命以故秩僉書中軍府事未幾崇煥亦自悔請仍用之臣言帝可之命桂掛印移鎭關門兼統關外四路及燕河建昌諸軍賜尚方劍以重事權七年五月大清兵圍錦州分兵畧寧遠桂遣兵救被圍笊籬山桂與總兵尤世祿赴之大戰相當遂入寧遠城與崇煥爲守禦計俄大清兵進薄城下桂率副將尤世威等出城迎頗有殺傷桂亦身被重創捷聞加太子太師世廕錦衣僉事及崇煥休去之臣再督師盛推桂才請仍鎭寧遠會蒙古炒花諸部離散桂與之臣多收賓之麾下莊烈帝已嗣位詔之臣毋蹈袁應泰王化貞故轍並責桂阿之臣意桂遂請病乞休不允崇禎元年七月言官交劾之臣因及桂之臣罷桂亦召還府適大同總兵渠家楨失事命桂代之大同久恃款弛備插部西侵順義王遂入境大

掠家楨及巡撫張翼明論死插部遂挾賞不去桂至偏關八路七十二城堡邊備大修軍民恃以無恐明年冬十月

大清兵入近畿十一月詔諭勤王桂率五千騎入衞次順義與宣府總兵侯世祿俱戰敗遂趨都城帝遣官慰勞犒萬金令與世祿俱屯德勝門無何合戰世祿兵潰桂獨前鬭城上發大礮佐之悞傷桂軍桂亦負傷令入休甕城旋與袁崇煥祖大壽並召見桂解衣示創帝深嘉歎十二月朔復召見下崇煥獄賜桂酒饌令總理關寧將卒營安定門外桂驍勇敢戰所部降丁閒擾民桂不能問副將申甫所統多市人桂軍夌之夜發矢驚其營有死者御史金聲以聞帝亦不問及大壽軍東潰乃拜桂武經略盡統入衞諸軍賜尚方劍趣出師桂曰敵勁援寡未可輕戰中使趣之急不得已督黑雲龍麻登雲孫祖壽諸大將以十五日移營永定門外二里許列柵以待

大清兵自良鄉回明日昧爽以精騎四面蹙之諸將不能支大敗桂及祖壽戰死雲龍登雲被執帝聞震悼遣禮部侍郎徐光啓致祭贈少師世廕錦衣僉事襲陞三級賜祭葬有司建祠孫祖壽字必之昌平人萬曆中舉武鄉試授固關把總天啓二年歷官署都督僉事爲薊鎭總兵官孫承宗行邊議於薊鎭三協十二路分設三大將以祖壽領西協轄石匣古北曹家牆子四路駐遵化而江應詔領東協駐關門轄山海關一片石燕河建昌四路馬世龍領中協駐三屯營轄馬蘭松棚喜峰太平四路經略王在晉總督王象乾僉謂永平設鎭本以衞山海今移之三屯則去山海四百里於應援爲疎遵化去三屯止六十里今並列兩鎭於建牙爲贅請令世龍仍鎭永平以東協四路分隸世龍應詔而以中西二協專隸之祖壽仍鎭三屯章下兵部署事侍郎張經世議如其言承宗堅執如初乃命祖壽移鎭遵化七年錦州告警祖壽赴援不敢戰被劾罷歸及是都城被兵散家財招回部曲從滿桂赴鬭竟死贈卹如制祖壽初守固關遘危疾妻張氏割臂以療絕飲食者七日祖壽生而張氏旋死遂終身不近婦人爲大帥部將以五百金遺其子於家却不受他日來省賜之卮酒曰却金一事善體吾心否則法不汝宥也其秉義執節如此

趙率教陝西人萬曆中歷官延綏參將屢著戰功已劾罷遼事急詔廢將蓄家丁者赴軍前立功率教受知於經畧袁應泰擢副總兵典中軍事天啓元年遼陽破率教潛逃罪當死倖免明年王化貞棄廣寧關外諸城盡空率教請於經畧王在晉願收復前屯衞城率家丁三十八人以往蒙古據其地不敢進抵中前所而止其年遊擊魯之甲以樞輔孫承宗令救難民六千口至前屯盡驅蒙古於郊外率教乃得入編次難民爲兵繕雉堞謹斥堠軍府由是粗立既而承宗令裨將陳練以川湖土兵來助前屯守始固而率教所招流亡至五六萬擇其壯者從軍悉加訓練餘給牛種大興屯田身自督課至手足胼胝承宗出關閱視大喜以巳所乘輿贈之蒙古虎墩兔素爲總督王象乾所撫其部下抽扣兒者善爲盜率教捕斬四人招撫僉事萬有孚與率教有隙遂以故敗款事訴之象乾象乾告兵部尚書董漢儒將斬之賴承宗貽書漢儒得不死時承宗分關內外爲五部以馬世龍王世欽尤世祿領中左右部而令率教與副將孫諫領前後部部各萬五千人率教仍駐前屯四年九月承宗暴其功於朝擢署都督僉事加衞總兵五年冬承宗去高第來代諸將多所更置率教善事第第亦委信之六年二月蒙古以寧遠被圍乘間入犯平川三山堡率教禦之斬首百餘級奪馬二百匹追至高臺堡乃還捷聞帝大喜立擢都督同知實授總兵官代楊麒鎭山海關尋論功再進右都督世廕本衞副千戶時滿桂守寧遠亦有盛名與率教深相得及寧遠被圍率教遣一都司四守備東援桂惡其稽緩拒不納以袁崇煥言乃令入既解圍率教欲分功桂不許且責其不親援兩人遂有隙中朝聞之下敕戒諭而桂又與崇煥不和乃召還桂令率教盡統關內外兵移鎭寧遠七年正月

大清兵南征朝鮮率教督兵抵三岔河爲牽制卒無功三月崇煥議修築錦州大凌河中左所三城漸圖恢復率教移鎭錦州護工再加左都督五月

大清兵圍錦州率教與中官紀用副將左輔朱梅等嬰城固守發大礮頗多擊傷相持二十四日圍始解時桂亦著功寧遠因稱寧錦大捷魏忠賢等蒙重賞率教加太子少傅廕錦衣千戶世襲崇禎元年八月移鎭永平兼轄薊鎭八路踰月掛平遼將軍印再移至關門明年

大清兵由大安口南下率教馳援三晝夜抵三屯營總兵朱國彥不令入遂策馬而西十一月四日戰於遵化中流矢陣亡一軍盡歿帝聞痛悼賜卹典立祠奉祀率教爲將廉勇待士有恩勤身奉公勞而不懈與滿桂並稱良將二人既歿益無能辦東事者國彥以崇禎二年四月爲薊鎭中協總兵官駐三屯營十一月六日

大清兵臨城副將朱來同等挈家潛遁國彥憤榜諸人姓名於通衢以所積俸銀五百餘衣服器具盡給部卒具冠帶西向稽首偕妻張氏投繯死

官惟賢萬曆末爲甘肅斐家營守備天啓二年以都司僉書署鎭番參將事歷宣府遊擊延綏西路參將仍移鎭番五年春河套松山諸部入犯惟賢偕參將丁孟科大敗之斬首二百四十餘級明年春班記剌麻台吉復糾松山銀定歹成及矮木素三兒台吉以三千騎來犯惟賢再敗之獲首功二百有奇三兒台吉被創死進惟賢副總兵其冬銀定等以三兒之死挾憤圖報益糾河套土巴台吉等分道入掠惟賢及鎭將徐永壽等亦分道拒之共獲首功百有六十七年春銀定賓兔矮木素班記剌麻合土賣火力赤等由黑水河入惟賢及西路副將陳洪範大破之斬首百八十餘級當是時西部頻寇邊惟賢屢挫其鋒其秋王之臣督師遼東乞惟賢赴關門明年崇禎改元惟賢至用爲山海北路副總兵二年冬京師有警惟賢入衞總理馬世龍令急援寶坻灤縣明年正月九日

大清兵自撫寧向山海翼日至鳳凰店離關三十里列三營惟賢與參將陳維翰等設兩營以待合戰互有殺傷已

大清兵返撫寧世龍令惟賢率維翰及遊擊張奇化李居正王世選王成等往襲遵化至城西波羅灣城中兵出擊前鋒殊死戰

大清兵收入城後隊乘勢進攻城上矢石如雨尋復遣兵出戰惟賢陷陣中箭死士卒殺傷者三百餘人奇化亦戰歿

何可綱遼東人天啓中以守備典袁崇煥寧遠道中軍廉勇善撫士卒六年寧遠被圍佐崇煥捍禦有功進都司僉書明年再被兵復堅守遷參將署寧遠副將事崇禎元年巡撫畢自肅令典中軍及崇煥再出鎭復以副將領中軍事靖十三營之變崇煥欲更置大將上言臣昔爲巡撫定議關外止設一總兵其時魏忠賢竊柄崔呈秀欲用其私黨增設三四人以致權勢相衡臂指不運乃止留寧遠及前鋒二人而臂指之不運猶故也臣以爲寧遠一路斷宜併歸前鋒總兵駐關內者掛平遼將軍印轄山石二路而以前屯隸之駐關外者掛征遼前鋒將軍印轄寧遠一衞而以錦州隸之薊遼總兵趙率教久習遼事宜與山海麻登雲相易掛平遼將軍印關外總兵舊有朱梅祖大壽梅已解任宜併歸大壽駐錦州而以臣中軍何可綱專防寧遠可綱仁而有勇廉而能勤事至善謀其才不在臣下臣向所建豎實可綱力請加都督僉事仍典臣中軍則一鎭之費雖裁一鎭之用仍在臣妄謂五年奏凱者仗此三人之力用而不效請治臣罪帝悉從之可綱佐崇煥更定軍制歲省餉百二十萬有奇以春秋二防功進職右都督二年冬京師被兵與大壽從崇煥入衞數有功崇煥下吏乃隨大壽東潰復與歸朝明年正月永平灤州失守可綱戰古治鄉及雙望頗有斬獲四月樞輔孫承宗令可綱督諸將營雙望諸山以綴永平之師令大壽諸軍直趨灤州灤州既復

大清兵棄永平去可綱遂入其城論功加太子太保左都督已而錦州被圍可綱督諸將赴救立功鄒馬山復進秩四年築城大凌河命可綱偕大壽護版築八月甫竣工

大清以十萬衆來攻可綱等堅守不下久之糧盡援絕大壽及諸將皆欲降獨可綱不從令二人掖出城外殺之可綱顏色不變亦不發一言含笑而死

黃龍遼東人初以小校從復錦州積功至參將崇禎三年從大軍復灤州功第一遷副總兵尋論功進秩三等爲都督僉事世廕副千戶登萊巡撫孫元化以劉興治亂東江請龍往鎭兵部尚書梁廷棟亦薦龍爲總兵官與元化恢復四衞從之先是毛文龍死袁崇煥分其兵二萬八千爲四協命副將陳繼盛參將劉興治毛承祚徐敷奏主之後改爲兩協繼盛領東協興治攝西協語詳崇煥傳興治兇狡好亂與繼盛不相能其兄參將興祚陣亡繼盛誤聽諜報謂未死興治憤擇日爲興祚治喪諸將咸弔繼盛至伏兵執之並執理餉經歷楊應鶴等十一人袖出一書宣於衆詭言此繼盛誣興祚詐死及以謀叛誣陷己者遂殺繼盛及應鶴等又僞爲島中商民奏一通請優卹興祚而令興治鎭東江舉朝大駭以海外未遑詰也興治與諸弟兄放舟長山島大肆殺掠島去登州四十里時登萊總兵官張可大赴援永平帝用廷棟言趣可大還登州授副將周文郁大將印令撫定興治會永平已復興治稍戢返東江龍莅皮島受事興治猶桀驁如故四年三月復作亂杖其弟興基殺參將沈世魁家衆世魁率其黨夜襲殺興治亂乃定遊擊耿仲明之黨李梅者通洋事覺龍繫之獄仲明弟都司仲裕在龍軍謀作亂十月率部卒假索餉名圍龍署擁至演武場折股去耳鼻將殺之諸將爲救免未幾龍

捕斬仲裕疏請正仲明罪會元化劾龍尅餉致兵譁帝
命充爲事官而戮仲明主使狀仲明遂偕孔有德反以
五年正月陷登州招島中諸將旅順副將陳有時廣鹿
島副將毛承祿皆往從之龍急遣尚可喜金聲桓等撫
定諸島而躬巡其地慰商民誅叛黨縱火焚其舟賊黨
高成友者據旅順斷關寧天津援師龍令遊擊李維鸞
偕可喜等擊走之卽移駐其地援始通其冬有德等欲
棄登州走入海龍遣副將龔正祥率舟師四千邀之廟
島颶風破舟正祥陷賊中後居登州謀爲內應事露被
殺初龍駐旅順大治兵賊拘龍母妻及子以脅之龍不
顧六年二月有德仲明屢爲巡撫朱大典所敗航海遁
去龍度有德等必遁遁必經旅順邀擊之有德幾獲而
逸斬賊魁李九成子應元生禽毛承祿蘇有功陳光福
及其黨高志祥等十六人獲首級一千有奇奪還婦女
無算獻俘於朝帝大喜磔承祿等傳首九邊復龍官承
祿文龍族家子也有德等大憤欲報龍會賊舟泊鴨綠
江龍盡發水師勦之七月有德等偵知旅順空虛遂引
大清兵來襲龍數戰皆敗火藥矢石俱盡語部將譚應
華曰敵衆我寡今夕城必破若速持吾印送登州不能
赴卽投諸海可也應華出龍率惟鸞等力戰圍急知不
能脫自剄死惟鸞及諸將項祚臨樊化龍張大祿尚可
義俱死之事聞贈龍左都督賜祭葬予世廕建祠曰顯
忠惟鸞等附祀以副總兵沈世魁代龍爲總兵官世魁
本市儈其女有殊色爲毛文龍小妻世魁倚勢橫行島
中至是爲大帥七年二月廣鹿島副將尚可喜降於我
大清島中勢益孤十年朝鮮告急世魁移師皮島爲聲
援有德等來襲世魁戰敗率舟師走石城副將金日觀
陣歿登萊總兵陳洪範來援不戰而走世魁亦陣亡士
卒死傷者萬餘從子副將志科集潰卒至長城島欲得
世魁敕印監軍副使黃孫茂不予志科怒殺之竝殺理
餉通判邵啓副將白登庸遂率所部降
大清諸島雖有殘卒不能成軍朝廷亦不置大帥以登
萊總兵遙領之而已明年夏楊嗣昌決策盡徙其兵民
寧錦而諸島一空

金日觀不知何許人天啓五年以將才授守備劾力關
門擢鎭標中軍遊擊加參將行薊鎭東路遊擊事專領
南兵崇禎初加副總兵守馬蘭峪三年正月
大清兵破京東列城兵部侍郎劉之綸遣部將吳應龍
等結營毛山規取羅文谷關師敗日觀遣二將馳援亦
敗歿
大清兵乘勝據府君玉皇二山進攻馬蘭城甚急日觀
堅守親然大礮礮炸焚頭目手足意氣不衰乞援於總
理馬世龍令參將王世選等赴救兵乃退尋復以二千
餘騎來攻日觀偕世選等死守不下朝廷獎其功驟加
都督同知四月與副將謝尚政曹文詔等攻復大安城
遂偕諸軍復遵化錄功進左都督時總兵鄧玘轄馬蘭
松棚二路日觀應受節制以玘銜都督同知不屑爲之
下總督曹文衡劾日觀器小易盈恃功驕縱帝特戒飭
而已久之移萊州副總兵十年春
大清兵攻朝鮮命從登萊總兵陳洪範往救駐師皮島
大清遣孔有德耿仲明尚可喜等先攻鐵山四月分兵
攻皮島水陸夾攻副將白登庸先遁洪範亦避走石城
登庸尋帥所部降日觀偕諸將楚繼功等相持七晝夜
力不支陣歿島城隨破贈特進光祿大夫太子太師世
廕錦衣副千戶建祠繼功等贈卹有差

贊曰古人有言彼且爲我死故我得與之俱生故死封
疆之臣君子重之觀遼左諸帥委身許國見危不避可
謂得死所者與於時優卹之典非不甚渥然而無救於
危亡者廟算不定僨事者不誅文墨議論之徒從而撓
之徒激勸忠義無益也

明史卷二百七十二　列傳第一百六十

總裁官總理事務經筵講官少保兼太子太保保和殿大學士兼管吏部戶部尚書事加六級張廷玉等奉
敕修

金國鳳 楊振 楊國柱　曹變蛟 朱文德 李輔明
劉肇基 乙邦才 馬應魁　莊子固

金國鳳宣府人崇禎中以副總兵守松山十二年二月
大清以重兵來攻環城發礮臺堞俱摧城中人負扉以
行國鳳間出兵突擊輒敗還乃以木石甃補城壞處
大清兵屢登屢卻遂分兵攻塔山連山令銳卒分道穴
城國鳳多方拒守終不下閱四旬圍解帝大喜立擢署
都督僉事爲寧遠團練總兵官再論功署都督同知廕
錦衣衞千戶是年十月
大清兵復攻寧遠國鳳憤將士恇怯率親丁數十人出
據北山岡鏖戰移時矢盡力竭與二子俱死帝聞痛悼
贈特進榮祿大夫左都督賜祭葬有司建祠增世職三
級總督洪承疇上言國鳳素懷忠勇前守松山兵不滿
三千乃能力抗强敵卒保孤城非其才力優也以事權
專號令一而人心肅也迨擢任大將兵近萬人反致隕
命非其才力短也由營伍紛紜號令難施而人心不一
也乞自今設連營節制之法凡遇警守城及統兵出戰
惟總兵官令是聽庶軍心齊肅戰守有資所係於封疆
甚大帝卽允行之及國鳳父子柩歸帝念其忠命所過
有司給以舟車且加二祭其妻張氏援劉綎側乞加宮
保部議格不行而請於世職增級外再廕本衞試百戶
世襲以勸忠臣帝可之當松山被圍巡撫方一藻議遣
兵救援諸將莫敢應獨副將楊振請行至呂洪山遇伏
一軍盡覆振被執令往松山說降未至里許踞地南向
坐語從官李祿曰爲我告城中人堅守援軍卽日至矣
祿詣城下致振語城中守益堅振祿皆被殺事聞命優
恤振義州衞人世爲本衞指揮使天啓二年河東失守
歸路梗其母自縊振隨父及弟夜行晝伏渡鴨綠江入
皮島毛文龍知其父子才竝署軍職文龍死振歸袁崇
煥爲寧遠千總崇禎二年從入衞救開平有功進都司
僉書鄖馬山之戰以遊擊進參將久之擢副總兵監視
中官高起潛招致之不往中以他事落職用一藻薦復
官及是死難振從父國柱崇禎九年爲宣府總兵官十
一年冬入衞畿輔從總督盧象昇戰賈莊象昇敗歿國
柱當坐罪大學士劉宇亮侍郎孫傳庭皆言其身入重
圍非臨敵退卻者比乃充爲事官戴罪圖功十四年祖
大壽被困錦州總督洪承疇率八大將往救國柱先至
松山陷伏中
大清兵四面呼降國柱太息語其下曰此吾兒子昔年
殉難處也吾獨爲降將軍乎突圍中矢墮馬卒事聞贈
卹如制國柱二子俱殀妻何氏以所遺甲冑弓矢及戰
馬五十三匹獻諸朝帝深嘉歎命授一品夫人有司月
給米石饟之終身

曹變蛟文詔從子也幼從文詔積軍功至遊擊崇禎四
年從復河曲明年連破賊紅軍友等於張麻村隴安水
落城唐毛山又破劉道江等於銅川橋勇冠諸軍以御
史吳甡薦進參將文詔移山西變蛟從戰輒勝及文詔
改鎭大同山西巡撫許鼎臣言晉賊紫金梁雖死老回
回過天星大天王蝎子塊闖塌天諸渠未滅變蛟驍勇
絕人麾下健兒千百才乃文詔亞乞留之晉中從之七
年羣賊入湖廣命變蛟南征文詔困於大同又命北援
七月還
大清兵廣武有戰功其冬文詔失事論戍變蛟亦以疾
歸明年文詔起討陝西賊變蛟以故官從大捷金嶺川
壘眞寧之湫頭鎭皆爲軍鋒文詔旣戰歿變蛟收潰卒
復成一軍總督洪承疇薦爲副總兵置麾下與高傑破
賊關山鎭逐北三十餘里又與副將尤翟文遊擊孫守
法追闖王高迎祥與戰鳳翔官亭斬首七百餘級又與
總兵左光先敗迎祥乾州迎祥中箭走斬首三百五十
餘級已而迎祥自華陰南原絕大嶺夜出朱陽關光先
戰不利賴變蛟陷陣乃獲全九年破闖將澄城偕光先
等追至靖虜衞轉戰安定會寧抵靜寧固寧賊屢挫其
秋追混天星等敗之蒲城賊西走平涼鞏昌復擊破之
十年二月巡撫孫傳庭部卒許忠叛勾賊混十萬謀犯
西安變蛟方西追過天星聞亂急還賊遂遁傳庭已誅
迎祥其黨闖將混天星過天星踞洮岷階文深谷間承
疇遣變蛟光先及祖大弼孫顯祖合擊四月望入山遇
賊郭家壩大雨諸將力戰賊死傷無算食盡引還九月
階州陷與光先竝停俸俄擢都督僉事爲臨洮總兵官
當是時承疇傳庭共矢滅賊傳庭戰於東承疇戰於西
東賊幾盡賊在西者復由階成出西和禮縣光先顯祖
皆無功獨變蛟降小紅狼餘賊竄走徽州兩當成鳳間
不敢大逞十月賊瞷蜀中虛陷寧羌州分三道連陷三
十餘州縣承疇率變蛟等由沔縣歷寧羌過七盤朝天
二關山高道狹士馬饑疲歲暮抵廣元賊已走還秦變
蛟等回軍邀擊斬首五百餘級時兵部尚書楊嗣昌刱
四正六隅之說限三月平賊十一年四月以滅賊踰期
普議降罰變蛟光先竝鐫五官戴罪辦賊賊之再入秦
也其渠魁號六隊者與大天王混天王爭管王四部連
營東犯混天星過天星二部仍伏階文獨闖將李自成
以三月自洮州出番地承疇令變蛟偕賀人龍追之連
戰斬首六千七百有奇番地乏食賊多死亡變蛟轉戰
千里身不解甲者二十七晝夜餘賊潰入塞大弼駐洮
州扼戰不力乃走入岷州及西和禮縣山中變蛟還勦
賊伏匿不敢出惟六隊勢猶張六月光先自固原進兵
賊已奔隴州清水光先追至秦州六隊及爭管王復走
成縣階州爲變蛟所扼其別部號三隊及仁義王混天
王降於光先而自成六隊及其黨祁總管避秦兵復謀
犯蜀副將馬科賀人龍拒之將還走階文及西鄉僤變
蛟乃走漢中又爲光先所扼六隊祁總管皆降惟自成
東遁承疇令變蛟窮追而設三覆於潼關之南原變蛟
追及大呼斫賊伏盡起賊屍相枕藉村民用大棒擊逃
者自成妻女俱失從七騎遁去餘皆降是時曹兵最强
各鎭依之以爲固錄關中平賊功進變蛟左都督十一
月京師戒嚴召承疇入衞變蛟及光先從之明年二月
抵近畿帝遣使迎勞將士各有賜未幾戰渾河無功再
戰太平砦北小有斬獲及解嚴留屯遵化麾下皆秦卒

恩歸多逃亡者追斬之乃定時張獻忠羅汝才既降復叛陝西再用兵總督鄭崇儉乞令變蛟兵西還帝不許尋用爲東協總兵官十三年五月錦州告急從總督承疇出關駐寧遠七月與援剿總兵左光先山海總兵馬科寧遠總兵吳三桂遼東總兵劉肇基遇大清兵於黃土臺及松山杏山互有殺傷大清兵退屯義州承疇議遣變蛟光先科之兵入關養銳留三桂肇基於松杏間佯示進兵狀又請解肇基任代以王廷臣遣光先西歸代以白廣恩部議咸從之而請調旁近邊軍合關內外見卒十五萬人備戰守用承疇言師行糧從必芻糧足支一歲然後可議益兵帝然之敕所司速措給徵宣府總兵楊國柱大同總兵王樸密雲總兵唐通各揀精兵赴援以十四年三月偕變蛟科廣恩先後出關合三桂廷臣凡八大將兵十三萬馬四萬竝駐寧遠承疇主持重而朝議以兵多餉艱職方郎張若麒趣戰承疇念祖大壽被圍久乃議急救錦州七月二十八日諸軍次松山營西北岡數戰圍不解八月國柱戰歿以山西總兵李輔明代之承疇命變蛟營松山之北乳峰山之西兩山間列七營環以長壕俄聞我太宗文皇帝親臨督陣諸將大懼及出戰連敗餉道又絕樸先夜遁通科三桂廣恩輔明相繼走自杏山迤南沿海東至塔山爲大清兵邀擊溺海死者無算變蛟廷臣聞敗馳至松山與承疇固守三桂樸奔據杏山越數日欲走還寧遠至高橋遇伏大敗僅以身免先後喪士卒凡五萬三千七百餘人自是錦州圍益急而松山亦被圍應援俱絕矣九月承疇變蛟等盡出城中馬步兵欲突圍出敗還守半年至明年二月副將夏成德爲內應松山遂破承疇變蛟廷臣及巡撫邱民仰故總兵祖大樂兵備道張斗姚恭王之楨副將江翥饒勳朱文德參將以下百餘人皆被執見殺獨承疇與大樂獲免文德義州衞人後家錦州崇禎時積功至松山副將忤監視中官高起潛爲所中斥罷十一年起故官及城被圍領前鋒拒守甚力城破竟死三月大壽遂以錦州降杏山塔山連失京師大震詔賜諸臣祭葬有司建祠變蛟妻高氏以贈廕請乃贈榮祿大夫太子少保世廕錦衣指揮僉事法司會鞫王樸罪御史郝晉言六鎮罪同皆宜死三桂實遼左主將不戰而逃奈何反加提督兵部尚書陳新甲覆議請獨斬樸勒科軍令狀再失機卽斬決三桂失地應斬念守寧遠功與輔明廣恩通皆貶秩充爲事官輔明遼東人累官副總兵崇禎八年從祖寬擊賊連蹙之嵩縣汝州確山明年追破賊於滁州敘功加都督僉事十二年擢山西總兵官被劾罷明年從承疇出關使代國柱竟敗十六年爲援剿總兵是冬大清兵薄寧遠輔明馳援軍敗猶力戰歿於陣事聞贈特進榮祿大夫左都督世廕錦衣副千戶賜祭葬列壇前屯祀之樸榆林衞人父威官左都督九佩將印爲提鎮者五十年兄世欽里居殉難見尤世威傳中樸由父廕屢遷京營副將崇禎六年賊躪畿南命樸與倪寵爲總兵官將京軍六千監以中官楊應朝盧九德屢有斬獲功進右都督明年代曹文詔鎮大同進左都督九年秋都城被兵詔樸入衞賚蟒衣彩幣竟無功十一年加太子太保是冬從總督盧象昇入衞方戰欒城束鹿間或言大同有警卽引兵歸及是救錦州以首逃下詔獄十五年五月伏誅科起偏裨至大帥戰功亞變蛟與三桂同守寧遠有功十六年春督兵入衞賜宴武英殿命從大學士吳甡南征不果行明年三月從李建泰西征李自成兵至科遂降封懷仁伯廣恩初從混天猴爲盜既降屢立戰功松山敗還代馬科鎮山海關是年十一月京師戒嚴廣恩入衞賚銀幣羊酒俄戰龍王口稍有斬獲以捷聞帝始惡廣恩觀望降旨譙責而冀其後效特命敘功明年四月合八鎮兵戰螺山悉潰敗總督趙光抃請帝召之入用爲武經畧廣恩以帝頻戮大將已又多過懼不敢至假索餉名頓眞定大學士吳甡將南征密請帝嚴旨逮治而己力救率之勦寇廣恩感甚無何帝遣中官齎二萬金犒其軍且諭以溫旨廣恩遂驕不爲甡用大掠臨洺關徑歸陝西帝不得已命隸督師孫傳庭辦賊十月郟縣師覆加廣恩盪寇將軍俾緣道收潰卒以保潼關未幾潼關亦破廣恩西奔固原賊將追躡及之卽開門降自成大喜握手共飲封桃源伯通口辯無勇畧既敗歸仍鎮密雲其年冬奉詔入衞命守禦三河平谷大清兵下山東通尾之而南抵青州迄不敢一戰明年復尾而北戰螺山敗績已命從甡南征甡未行而斥乃令通轄薊鎮西協五月汰密雲總兵官命兼轄中協四路尋用孔希貴於西協而命通專轄中協十月關外有警命率師赴援以銀牌二百爲賞功用事定復移鎮西協帝顧通厚有蟒衣玉帶之賜召見稱卿而不名錫之宴獎勞備至明年賊逼宣府命移守居庸封定西伯無何賊犯關卽偕中官杜之秩迎降京師遂陷光先梟將也與賊角陝西功最多自遼左遣還廢不用後聞廣恩從賊亦詣賊降又有陳永福者守開封射李自成中目及自成陷山西令廣恩諭之降永福懼誅意猶豫自成折箭以示信乃降封爲文水伯後自成敗還山西永福爲守太原殺晉府宗室殆盡

劉肇基字鼎維遼東人嗣世職指揮僉事遷都司僉書隸山海總兵官尤世威麾下崇禎七年從世威援宣府又從勦中原賊進遊擊戍維南蘭草川明年遇賊戰敗傷臂未幾世威罷肇基及遊擊羅岱分將其兵與祖寬大破賊汝州斬首千六百有奇後從寬數有功而其部下皆邊軍久戍思歸與寬軍譟而走總理盧象昇乃遣之入秦其秋畿輔有警始還山海竟坐前罪解職令從征自效俄以固守永平功復職屢遷遼東副總兵十二年冬薊遼總督洪承疇請用爲署總兵官分練寧遠諸營卒兵部尚書傅宗龍稍持之帝怒下宗龍獄擢肇基都督僉事任之明年三月錦州有警承疇命吳三桂偕肇基赴松山爲聲援三桂困松杏間肇基救出之喪士卒千人七月與曹變蛟等戰黃土臺及松山杏山九月復戰杏山肇基軍稍却承疇甄別諸將解肇基職代以王廷臣十七年春加都督同知提督南京大教場及福王立史可法督師淮揚肇基請從征自效屢加左都督太子太保可法議分布諸將奏薦李成棟賀大成王之綱李本身胡茂禎爲總兵官成棟鎮徐州大成揚州之綱開封本身茂禎隸高傑麾下爲前鋒而令肇基駐高家集李棲鳳駐睢寧以防河棲鳳本甘肅總兵以地失留淮揚間也閣標前鋒則用張天祿駐瓜洲十一月肇基棲鳳以可法命謀取宿遷初八日渡河復其城越數日大清兵圍邳州軍城北肇基軍城南相持半月大清兵引去順治二年三月大清兵抵揚州可法邀諸將赴援獨肇基自白洋河趨赴過高郵不見妻子既入城請乘大清兵未集背城一戰可法持重肇基乃分守北門發礮傷圍者已而城破率所部四百人巷戰格殺數百人後騎來益衆力不支一軍皆沒副將乙邦才馬應魁莊子固等皆同死乙邦才青州人崇禎中以隊長擊賊於河南江北間大將黃得功與賊戰霍山單騎逐賊陷淖中賊圍而射之馬斃得功徒步鬭天將暮僅餘二矢邦才大呼衝賊走得功乃得出邦才授以己馬分矢與之且走且射殪追騎十餘人始得及其軍得功自是知邦才時有張衡者亦以驍敢名賊圍六安急總督馬士英救之甫至斥其左右副將而號於軍中曰孰爲乙邦才張衡者兩人入謁卽牒補副將以其兵授之曰爲我入六安取知州狀來報兩人出卽簡精騎二百夜衝賊陣而入遶城大呼曰大軍至矣固守勿懈城中人喜守益堅兩人促知州署狀復奪圍出不損一騎時潁壽六安霍山諸州縣數被寇邦才大小十餘戰咸有功及可法鎮揚州攜之行至是戰敗自刎死馬應魁字守卿貴池人初爲小將率家丁五十人巡村落間猝遇賊衆懼欲奔應魁大聲曰勿怖死死命也連發二矢殪二賊賊卽退可法因拔爲副總兵俾領旗鼓每戰披白甲大書盡忠報國四字於背至是巷戰死莊子固字憲伯遼東人年十三殺人亡命後從軍有功積官至參將嘗從山西總兵許定國救開封軍半道譟歸定國獲罪子固輯餘衆得免議後可法出鎮用爲副總兵俾興屯於徐州歸德間子固募壯士七百人以赤心報國爲號聞揚州被圍率衆馳救三日而至城將破欲擁可法出城遇大清兵格鬭死他若副將樓挺江雲龍李豫參將陶國祚許謹馮國用陳光玉李隆徐純仁遊擊李大忠孫開忠都司姚懷龍解學曾等十餘人皆以巷戰死

贊曰金國鳳之善守曹變蛟之力戰均無媿良將材然而運移事易難於建功而易於挫敗遂至謀勇兼絀以身殉之蓋天命有歸莫之爲而爲者矣

明史卷二百七十三　列傳第一百六十一

總裁官總理事務經筵講官少保兼太子太保保和殿大學士兼管吏部戶部尚書事加六級張廷玉等奉

敕修

左良玉 鄧玘 賀人龍　高傑 劉澤清

祖寬

左良玉字崑山臨清人官遼東車右營都司崇禎元年寧遠兵變巡撫畢自肅自經死良玉坐削職回衞已復官總理馬世龍令從遊擊曹文詔援玉田豐潤連戰洪橋大塹山直抵遵化論恢復四城功與文詔等俱進秩隸昌平督治侍郎侯恂麾下大凌河圍急詔昌平軍赴

援總兵尤世威護陵不得行薦良玉可代率兵往已恟薦爲副將戰香山杏山下錄功第一良玉少孤育於叔父其貴也不知其母姓長身頳面驍勇善左右射目不知書多智謀撫士卒得其歡心以故戰輒有功時陝西賊入河南圖懷慶廷議令良玉將昌平兵往勦大指專辦河南會賊寇修武清化者竄入平陽因檄良玉入山西禦之頗有斬獲河南巡撫樊尚璟以良玉駐澤州扼豫晉咽喉可四面爲援兵詔從之時曹文詔將陝西兵帝令良玉受尚璟節制與文詔同心討賊有急則秦兵東豫兵西良玉兵從中橫擊六年正月賊犯隰州陷陽城良玉敗之於涉縣之西陂二月良玉兵與賊戰武安大敗尚璟罷以太常少卿元默代之三月賊再入河內良玉自輝縣逐之賊奔修武殺遊擊越效忠追參將陶希謙希謙墜馬死良玉擊之萬善驛至柳善口大敗之禽賊首數人賊遂西奔河南額兵僅七千數被賊折亡殆盡良玉將昌平兵二千餘數戰雖有功勢孤甚總兵鄧玘方立功萊州乃命將川兵益以石砫土司馬鳳儀兵馳赴良玉與共角賊已而鳳儀以孤軍戰沒於侯家莊當是時賊勢已大熾縱橫三晉畿輔河北間諸將曹文詔李卑艾萬年湯九州鄧玘良玉等先後與賊戰勝負略相當良玉玘辦河南屢破之於官村於沁河於清化於萬善良玉又扼之武安八德斬獲尤多會帝命倪寵王樸爲總兵將京營兵六千赴河南以中官楊應朝盧九德監其軍而別遣中官監良玉等軍職方郎中李繼貞曰良玉李卑身經百戰位反在寵樸下恐聞而解體乃令良玉卑署都督僉事爲援勦總兵官與寵樸體相敵京營兵至共擊賊數有功良玉敗賊濟源河內又敗之永寧青山嶺銀洞溝又自葉縣追至小武當山皆斬賊魁甚衆然諸將以中官監軍意弗善也其冬賊西奔者復折而東良玉九州扼其前京營兵尾其後賊大困官軍連破之柳泉猛虎村賊張妙手賀雙全等三十六家詭詞乞撫於分巡布政司常道立因監軍應朝以請諸將俟朝命不出戰會天寒河冰合賊遂從澠池徑渡巡撫默率良玉九州卑玘兵待之境上賊乃竄盧氏山中由此自鄖襄入川中折而掠秦隴復出沒川中湖北以犯河南中原益大殘破而三晉畿輔獨不受賊禍者十年賊既渡河去良玉與諸將分地守陳奇瑜盧象昇方角賊秦楚七年春夏間中州幸無事既而奇瑜失李自成於車箱廷議合晉豫楚蜀兵四面勦之賊乃分軍三一向慶陽一趨鄖陽而一出關趨河南趨河南者又分爲三郡邑所在告急良玉扼新安澠池他將陳治邦駐汝州陳永福扼南陽皆坐甲自保而已不能大創賊也賊每營數萬兵番進皆因糧宿飽我兵寡備多饋餉不繼賊介馬馳一日夜數百里我步兵多騎少行數十里輒疲乏以故多畏賊而良玉在懷慶時與督撫議不合因是生心緩追養寇多收降者以自重督撫檄調不時應命稍稍露跋扈端矣十二月遇賊於磁山大戰數十追奔百餘里八年正月河南賊破潁州毀鳳陽皇陵其陷鹿邑柘城寧陵通許者良玉在許州不能救四月督師洪承疇在汝州令諸將分地遮賊尤世威守雒南陳永福控盧氏永寧鄧玘尤翟文張應昌許成名遏湖廣以吳村瓦屋乃內鄉淅川要地令良玉與湯九州以五千人扼之未幾鄧玘以兵譁死而曹文詔討陝賊敗沒於眞寧賊益張遂超盧氏奔永寧巡撫默被逮未去檄良玉自內鄉與陳治邦馬良文等援盧氏八月敗賊於鄢陵九月躡賊於郟之神垕山賊連營數十里番休更戰以疲我兵良玉收其軍而止賊再攻密良玉自郟援之乃去十月良玉抵靈寶合遼東總兵祖寬兵剪賊於澗口焦村焦村朱陽關地也十一月李自成出朱陽關張獻忠久據靈寶闖王高迎祥亦與合良玉寬禦之靈寶不能支陝州陷賊東下攻洛陽良玉寬從巡撫陳必謙救洛陽賊乃去迎祥自成走偃師鞏獻忠走嵩汝良玉出雒追迎祥自成寬分擊獻忠救汝會總理盧象昇至自湖廣與寬大敗賊汝西令裨將破賊於宜陽黃澗口九年二月賊敗於登封郜城鎮走石陽關與伊嵩之賊合故總兵九州由嵩縣深入與良玉夾勦良玉中道遁歸九州乘勝窮追四十里無援敗歿良玉反以捷聞五月象昇遣祖寬李重鎮隨陝西總督洪承疇西行良玉軍最強又率中州人故獨久留之而以其驕亢難用用孔道興代其偏將趙柱駐靈寶防雒西良玉與羅岱駐宜永防雒東七月良玉兵抵開封由登封之唐莊深入擊賊自辰至申賊不支西走陳永福方敗賊於唐河賊至田家營良玉渡河擊之斬獲頗衆九月巡撫楊繩武劾良玉避賊責令戴罪自贖十年正月賊老回回合曹操闖塌天諸部沿流東下安慶告警詔良玉從中州救之良玉道勦殺南陽土寇楊四侯馭民郭三海急抵六安與賊遇部將岱道興乘勝連戰大破賊賊走霍潛山會馬爌劉良佐亦屢敗賊於桐城廬州六安賊在滁和者亦西遁江北警少息應天巡撫張國維三檄良玉入山搜勦不應放兵掠婦女屯舒城月餘河南監軍太監力促之始北去賊已飽掠入山矣已淅川陷良玉擁兵不救以六安破賊功詔落職戴罪尋復之賊東下襲六合攻天長分掠瓜洲儀眞破盱眙良玉堅不肯救令中州士大夫合疏留己帝知出良玉意不能奪也十月總理熊文燦至安慶部檄以良玉軍隸焉良玉輕文燦不爲用十一年正月良玉與總兵陳洪範大破賊於鄖西張獻忠假官旗號襲南陽屯於南關良玉適至疑而急召之獻忠逸去追及發兩矢中其肩復揮刀擊之面流血其部下救以免遂逃之穀城未幾請降良玉知其僞力請擊之文燦不許九月文燦勦鄖襄諸賊良玉與洪範及副將龍在田擊破之雙溝營斬首二千餘級十二月河南巡撫常道立調良玉於陝州賊乘盧氏虛遁入內淅是月許州兵變良玉家在許殲焉十二年二月良玉率降將劉國能入援京師詔還討河南賊兵過灞頭吳橋大掠太監盧九德疏聞詔令戴罪已而破賊馬進忠於鎮平關進忠降又與國能再破賊李萬慶於張家林七里河萬慶亦降七月獻忠叛去良玉與羅岱追之使岱爲前鋒己隨其後逾房縣八十里至羅猴山軍乏食伏起岱馬掛於藤抽刀斷之蹶而復進棄馬登山賊圍急矢盡被獲良玉大敗奔還軍符印信盡失棄軍資千萬餘士卒死者萬人事聞以輕進貶三秩十三年春督師楊嗣昌薦良玉雖敗有大將才兵亦可用遂拜平賊將軍當是時賊分爲三西則張獻忠踞楚蜀郊東則革裏眼左金王等四營豕突隨應麻黃南則曹操過天星等十營伏漳房興遠間閏正月良玉合諸軍擊賊於枸坪關獻忠敗走良玉乃請從漢陽西鄉入蜀追之嗣昌謀以陝西總督鄭崇儉率賀人龍李國安從西鄉入蜀而令良玉駐兵興平別遣偏將追勦良玉不從嗣昌檄良玉曰賊勢似不能入川仍當走死秦界耳將軍從漢陽西鄉入川萬一賊從舊路疾趨平利仍入竹房將何以禦不則走寧昌入歸巫與曹操合我以大將尾追促賊反楚非算也良玉報曰蜀地肥衍賊渡險任其奔軼後難制且賊入川則有糧可因回鄖則無地可掠其不復竄楚境明矣夫兵合則彊分則弱今已分三千人入蜀卽駐興平兵力已薄賊來能過之耶今當出其不意疾攻之一大創自然瓦解縱折回房竹間人跡斷絕彼從何得食兒鄖兵扼之於前秦撫在紫興扼之於右勢必不得逞若寧昌歸巫險且遠曹操獻忠不相下倘窮而歸曹必內相吞其亡立見良玉已於二月朔涉蜀界之漁溪渡矣嗣昌度力不能制而其計良是遂從之時獻忠營太平縣大竹河良玉駐漁溪渡未幾總督崇儉引其兵來會賊移軍九滾坪見瑪瑙山峻險將據之良玉始抵山下賊已踞山顚乘高鼓譟良玉下馬周覽者久之曰吾知所以破賊矣分所進道爲三己當其二秦兵當其一令曰聞鼓聲而上兩軍夾擊賊陣堅不可動鏖戰久之賊大潰墜崖澗者無算追奔四十里良玉兵斬掃地王曹威白馬鄧天王等渠魁十六人獻忠妻妾亦被禽遁入興山歸州之山中尋自鹽井竄興歸界上是役也良玉功第一事聞加太子少保四月良玉進屯興安平利諸山連營百里諸軍憚山險圍而不攻久之獻忠自興房走白羊山而西與羅汝才合七月良玉乘勝擊過天星降之過天星者名惠登相既降遂始終爲良玉部將初良玉受平賊將軍印寖驕不肯受督師約束而賀人龍屢破賊有功嗣昌私許以人龍代良玉及良玉奏瑪瑙山捷嗣昌語人龍須後命人龍大恨具以前語告良玉良玉亦內恨當獻忠之敗走也追且及遣其黨馬元利操重寶啗良玉曰獻忠在故公見重公所部多殺掠而閣部猜且專無獻忠卽公滅不久矣良玉心動縱之去監軍萬元吉知良玉跋扈不可使勸嗣昌令前軍躡賊後軍繼之而身從間道出梓潼扼歸以俟濟師嗣昌不用賊既入蜀之巴州人龍兵譟而西歸召良玉兵合擊九檄皆不至十四年正月諸軍追賊開縣之黃陵城參將劉士杰深入所當披靡獻忠登高望見無秦人旗幟而良玉兵前部無鬬志獨士杰孤軍殪密選壯士潛行箐谷中乘高大呼馳下良玉兵先潰總兵猛如虎潰圍出嗣昌方悔不用元吉言而獻忠已席卷出川西絕新開驛置楚蜀消息中斷遂以計紿入襄陽城襄王被執嗣昌不食卒賊瀕死復縱迄以亡國者以良玉素驕蹇不用命故也二月詔良玉削職戴罪平賊自贖五月獻忠陷南陽卽攻泌陽破之良玉至南陽賊遁去良玉不戰士泌人脫於賊者遇官軍無噍類既而獻忠陷鄖西掠地至信陽屢勝而驕良玉乃從南陽進兵復大破之降其衆數萬獻忠中股負重傷夜遁而是時李自成方殘襄城圍良玉於偃城幾陷會陝西總督汪喬年出關自成乃輟圍與喬年戰襄陽城外喬年軍盡覆良玉不能救帝既斬賀人龍以肅軍政專倚良玉辦賊十五年三月自成復圍開封乃釋故尚書初薦良玉者侯恂於獄起爲督師發帑金十五萬犒良玉營將士激勸之良玉及虎大威楊德政會師朱仙鎭賊營西官軍營北良

玉見賊勢盛一夕拔營遁衆軍望見皆潰自成戒士卒待良玉兵過從後擊之官軍幸追者緩疾馳八十里賊已於其前穿塹深廣各二尋環繞百里自成親率衆遮於後良玉兵大亂下馬渡溝僵仆溪谷中趾其顛而過賊從而蹂之軍大敗棄馬騾萬匹器械無算良玉走襄陽帝聞良玉敗詔恂拒河圖賊而令良玉以兵來會良玉畏自成遷延不至九月開封以河決而亡帝怒恂罷其官不能罪良玉也開封既亡自成無所得遂引兵西謀拔襄陽爲根本時良玉壁樊城大造戰艦驅襄陽一郡人以實軍諸降賊附之有衆二十萬然親軍愛將大半死而降人不奉約束良玉亦漸衰多病不復能與自成角矣自成乘勝攻良玉良玉退兵南岸結木寨相持以萬人泝淺洲賊兵十萬爭渡不能遏良玉乃宵遁引其舟師左步右騎而下至武昌從楚王乞二十萬人餉曰我爲王保境王不應良玉縱兵大掠火光照江中宗室士民奔竄山谷多爲土寇所害驛傳道王揚基奪門出良玉兵掠其貲并及其子女自十二月二十四日抵武昌至十六年正月中兵始去居人登蛇山以望叫呼更生曰左兵過矣良玉既東自成遂陷承天傍掠諸州縣當是時降兵叛卒率假左軍號恣剽掠蘄州守將王允成爲亂首破建德劫池陽去蕪湖四十里泊舟三山獲港漕艘鹽舶盡奪以載兵聲言諸將寄帑南京請以親信三千人與俱南京諸文武官及操江都御史至陳師江上爲守禦士民一夕數徙商旅不行都御史李邦華被召道湖口草檄告良玉以危詞動之而令安慶巡撫發九江庫銀十五萬兩補六月糧軍心乃定邦華入見帝論良玉潰兵之罪請歸罪於王允成帝乃令良玉誅允成而獎其能定變良玉卒留允成於軍中不誅也良玉留安慶久之徙溯九江上聞獻忠破湖廣沉楚王於江坐視不救八月乃入武昌立軍府招徠下流粗定分命副將吳學禮援袁州江西巡撫郭都賢惡其淫掠檄歸之而自募土人爲戍守會賊陷長沙吉州復陷袁州岳州良玉遣馬進忠援袁州馬士秀援岳州士秀率水師敗賊岳州城下二城遂並復時帝命兵部侍郎呂大器代侯恂爲總督恂解任中道逮下獄良玉知其爲已故心觖觖與大器齟齬賊連陷建昌諸府大器無兵不能救良玉亦不援進忠與賊戰嘉魚再失利良玉軍遂不振會獻忠從荆河入蜀良玉遣兵追之距荆州七十里荆襄諸賊因自成入關盡懈良玉偵知乃遣副將盧光祖上隨棗承德而惠登相自均房劉洪起自南陽犄賊後收其空虛地以自爲功十七年正月詔封良玉爲寧南伯畀其子夢庚平賊將軍印功成世守武昌命給事中左懋第便道督戰良玉乃條日月進兵狀以聞疏入未奉旨聞京師被陷諸將洶洶以江南自立君請引兵東下良玉慟哭誓不許副將士秀奮曰有不奉公令復言東下者吾擊之以巨艦置礮斷江衆乃定福王立晉良玉爲侯廕一子錦衣衞正千戶且並封黃得功高傑劉澤清劉良佐爲諸鎮俱廕子世襲而以上流之事專委良玉尋加太子太傅時李自成敗於關門良玉得以其間稍復楚西境之荆州德安承天而湖廣巡撫何騰蛟及總督袁繼咸居江西皆與良玉善南都倚爲屏蔽良玉兵八十萬號百萬前五營爲親軍後五營爲降軍每春秋肄兵武昌諸山一山幟一色山谷爲滿軍法用兩人夾馬馳曰過對馬足動地殷如雷聲聞數里諸鎮兵惟高傑最強不及良玉遠甚然良玉自朱仙鎮之敗精鋭略盡其後歸者多烏合軍容雖壯法令不復相懾良玉家殲於許州其在武昌諸營優娼歌舞達旦良玉塊然獨處無姬侍嘗夜宴僚佐召營妓十餘人行酒履舄交錯少焉左顧而欬以次引出賓客肅然左右莫敢仰視其統馭有體爲下所服多此類而是時良玉已老且病無中原意矣良玉之起由侯恂恂故東林也馬士英阮大鋮用事慮東林倚良玉爲難謾語修好而陰忌之築板磯城爲西防良玉歎曰今西何所防殆防我耳會朝事日非監軍御史黃澍挾良玉勢面觸馬阮既返遣緹騎逮澍良玉留澍不遣澍與諸將日以清君側爲請良玉躊躇弗應亡何有北來太子事澍借此激衆以報己怨召三十六營大將與之盟良玉反意乃決傳檄討馬士英自漢口達蘄州列舟二百餘里良玉疾已劇至九江邀總督袁繼咸入舟中袖中出密諭云自皇太子劫諸將盟繼咸正辭拒之部將郝效忠陰入城縱火殘其城而去良玉望城中火光曰予負袁公嘔血數升是夜死時

順治二年四月也諸將秘不發喪共推其子夢庚爲留後七日軍東下朝命黃得功渡江防勦初夢庚自立佯語繼咸至池州侯旨抵池繼咸密以疏聞道梗不得達惠登相者初爲賊既降爲良玉副將諸軍自彭澤下連陷建德東流殘安慶城獨池州不破貽書登相曰留此以待後軍登相大詬曰若此則我反不如前爲流賊時矣如先帥末命何檄其軍返夢庚見黑旗船西上索輕舸追及之登相與相見大慟以夢庚不足事引兵絕江而去諸將乃議旋師時

大清兵已下泗州逼儀眞矣夢庚遂偕澍以衆降於九江鄧玘四川人天啟初從軍積功得守備安邦彥反玘追賊織金勇冠諸將已敗績河濱營欽敗叛賊犯威清玘夜斫營走賊進都司僉書討敗苗酋李阿二自貴州用兵裨將楊明楷劉志敏張雲鵬並驍勇不得爲大將惟玘以功名聞崇禎初屢遷四川副總兵與侯良柱共斬安邦彥京師有警率六千人勤王共復遵永四城加署都督僉事世廕千戶尋擢總兵官鎮守遵化戰喜峯口及洪山並有功進秩爲眞五年春叛將亂登萊王洪等無功玘自請行命爲援勦總兵官與洪及劉國柱禦賊沙河戰相當已而遁走賊乘之大敗尋與諸將金國奇等復登萊二城錄功進署都督同知玘戍遵化久思歸及登萊事竣復以爲言會賊入河北言者請令玘勦玘怏怏而行給事中范淑泰劾玘虐民帝不問旋遣近侍監其軍玘至濟源射殺王自用於善陽卽賊紫金梁也頃之走賊礁川拒却之彭城鎮與左良玉擊賊清池柳莊賊走林縣玘部將楊遇春邀賊中伏死賊用其旗幟誘殺他將自是輕玘俄與良玉逐賊沙河賊圍湯陰玘被困上樵窩良玉救乃免已共破賊官村沁河清池萬善移師畿南敗賊白草關賊犯平山敗之紅子店馬種川賊遁青石嶺敗之紅澗村醉漢口賊犯臨城敗之魚桂嶺當是時賊蔓河朔及畿南天子特遣倪寵王樸將京軍而保定梁甫河南左良玉湯九州合玘軍足殄賊羣帥勢相軋彼此觀望託山深道岐以自解莫利先入賊遂由澠池南渡而諸帥各有近侍爲中軍事易掩飾所報功多不以實也十一月賊南遁玘追敗之澠池扣子山至宜陽盧氏而還是月以玘爲保定總兵官代梁甫七年正月以賊盡入鄖襄命玘援勦解南漳圍尋敗賊胡地沖斬闖天王九條龍草上飛抓山虎雙翼虎勦房縣竹山南漳賊戰獅子崖石漳山斬一隻虎滿天飛已擊賊洵陽也家溝連戰皆捷獲首功一千有奇八月敘五峯山破賊功進右都督玘不善馭軍軍心亦不附譟於鄖西玘渡河以避之總督陳奇瑜犒慰乃定奇瑜集諸將討竹山竹溪諸賊玘頗有功十一月賊大入河南命玘援勦八年春賊陷新蔡知縣王信罵賊死玘追敗賊羅山是時賊陷鳳陽命玘自黃州速援安慶及桐城被圍玘竟不至御史錢守廉劾玘勦賊羅山殺良冒功命總督洪承疇核之四月承疇至汝州令玘戍樊城防漢江是月部將王允成以尅餉鼓譟殺其二僕玘懼登樓越牆墮地死玘由小校大小數百戰所向克捷以久戍觖望恣其下淫掠大學士王應熊以鄉里庇之玘益無所憚其死也人以爲逸罰云賀人龍米脂人初以守備隸延綏巡撫洪承疇麾下崇禎四年承疇受賊降命人龍勞以酒伏兵擊斬三百二十人其冬張福臻代承疇遣人龍勦賊党雄斬獲二百有奇明年夏從福臻禽賊孫守法其秋以所部援勦山西六年春與總兵尤世祿復遼州已敗賊垣曲絳縣進都司僉書又連破賊水頭鎮花池塞湯湖村會山西賊幾盡乃還陝西從巡撫陳奇瑜討平延川賊俘斬一千有奇奇瑜擢總督以人龍自隨七年四月擊賊隰州禽剋天虎進參將奇瑜追賊鄖襄與漢人龍並有功賊軼車箱峽陷隴州西去奇瑜遣人龍救之甫入隴州李自成復至環攻以人龍同里閈遣其將高傑移書令反人龍不報固守兩月左光先救至圍始解十二月敗賊中莊明年正月鳳陽陷總督洪承疇遣人龍馳救敗賊睢州進副總兵承疇以陝西急率人龍入關商洛賊馬光玉等薄西安距大軍五十里承疇命人龍入子午谷邀賊之南別將劉成功王永祥邀賊之北張全昌從咸陽繞興平東賊以此不敢南遁盡走武功扶風又渡渭走郿縣承疇追至王渠鎮賊方掠南山人龍成功等與戰追奔三十里至大泥峪賊棄馬登山走七月高迎祥張獻忠掠秦安清水人龍偕全昌破之張家川已而失利都司田應龍等死八月高傑降承疇令人龍及遊擊孫守法挾之趨富平乘夜擊敗賊人龍尋移守延綏九年七月從巡撫孫傳庭大破賊盩厔禽迎祥九月惠登相等屯寶雞承疇遣人龍等往擊戰於賈家村追奔爲賊所截川將曾榮耀等來援敗去人龍坐褫官立功十年小紅狼圍漢中瑞王告急承疇率人龍兵由兩當趨救賊解去詔復人龍官徽秦逸賊東趨平鳳人龍躡至柳林不利賊窺西安人龍禦之斬獲多其冬自成登相入四川承疇率人龍等往援歲暮至廣元賊已逼成都自成別由松潘還陝右十一年承疇督人龍等自階文窮追自成走入西羌界人龍與曹變蛟等大戰二十七日自成引殘卒入塞竄山中謀入四川爲人龍及馬科所追突漢中扼於左光先其黨祁總管降自成幾滅詳變蛟傳其冬京師戒嚴擢人龍總兵官帥師入衞人龍所部多降賊至山西而譟尋撫定抵京與變蛟等奏捷於太平明年事定還陝西其秋張獻忠羅汝才叛謀入陝人龍及副將李國奇等扼之興安乃入川東楊嗣昌檄陝西總督鄭崇儉

率人龍國奇軍會勦十二月人龍擊賊大敗之十三年二月與左良玉大破賊瑪瑙山人龍得一千三百餘級降賊將二十五人六月汝才登相犯開縣總兵鄭嘉棟擊之仙寺嶺人龍擊之馬弱溪共斬首一千二百汝才登相東西走追之不能及時賊盡集於川監軍萬元吉令川將守巴巫諸隘人龍國奇及楚將張應元汪雲龍張奏凱專主追擊及應元軍入夔營土地嶺人龍逗留不至諸軍遂大敗人龍竟還陝已而獻忠汝才陷劍州趨廣元將從間道入漢中人龍拒之陽平百丈二關賊乃退十二月嗣昌至重慶三檄人龍會師不至初嗣昌惡左良玉許人龍代爲平賊將軍及戰瑪瑙山良玉功第一嗣昌語人龍姑待之人龍大觖望效良玉所爲不奉約束嗣昌亦不能制賊陷瀘州而北人龍屯小市廂隔一水不擊賊遂越成都走漢州德陽人龍軍大譟而歸十四年三月嗣昌卒丁啓睿代令人龍國奇出當陽擊敗自成於靈寶山中人龍子大明戰歿九月總督傅宗龍統人龍國奇軍出關次新蔡遇賊孟家莊將戰人龍先走國奇戰不勝亦走宗龍遂歿十五年正月總督汪喬年出關擊賊人龍及鄭嘉棟牛成虎從至襄城遇賊復不戰走喬年亦歿帝大怒欲誅之慮其爲變姑奪職戴罪視事及孫傳庭督師陝西帝授以意人龍駐咸陽虞禍曉夜爲備傳庭以人龍家米脂其宗族多在賊中未可輕發在道佯上疏曰人龍臣舊將願貰其罪俾從臣自效帝亦佯許之人龍稍自安傳庭至陝密與巡撫張爾忠謀以五月朔召人龍計事數其罪斬之其部將周國卿將精卒二百人與同黨魏大亨賀國賢高進庫等將逃還涇陽取其孥與賊爲亂爾忠遣參將孫守法先入涇陽質其妻子國卿窮謀斬大亨等以降爾忠密聞之大亨遂斬國卿函送其首他部將高傑高汝利賀勇董學禮等十四人俱仍故官一軍乃定

高傑米脂人與李自成同邑同起爲盜崇禎七年閏八月總督陳奇瑜遣參將賀人龍救隴州被圍大困自成令傑遺書約人龍反不報使者歸先見傑後見自成比圍城兩月不拔自成心疑傑遣別部將往代傑歸守營自成妻邢氏趫武多智掌軍資每日支糧仗傑過氏營分合符驗氏偉傑貌與之通恐自成覺謀歸降次年八月遂竊邢氏來歸洪承疇以付人龍使其遊擊孫守法挾以破賊取立效爲信自是傑常隸人龍麾下十三年張獻忠敗於瑪瑙山竄興歸界上傑隨人龍及副將李國奇大敗之鹽井十五年人龍以罪誅命傑爲實授遊擊十月陝西總督孫傳庭至南陽自成與羅汝才西行逆之傳庭以傑與魯某爲先鋒遇於塚頭大戰敗賊追奔六十里汝才見自成敗來救遶出官軍後後軍左勷望見賊怖而先奔衆軍皆奔遂大潰傑所亡失獨少十六年進副總兵與總兵白廣恩爲軍鋒兩人皆降將也廣恩鷙驁素不奉約束而傑尤凶暴朝廷以傑爲自成所切齒故命隸傳庭辦賊九月從傳庭克寶豐復郟縣時官軍乘勝深入乏食降將李際遇通賊自成帥精騎大至傳庭問計於諸將傑請戰廣恩不可傳庭以廣恩爲怯廣恩不懌引所部遁去官軍接戰陷伏中傑登嶺上望之曰不可支矣亦麾衆退軍遂大奔死者數萬廣恩走汝州不救傑乃隨傳庭走河北已而自山西渡河轉入潼關廣恩已先至十一月自成攻關廣恩力戰而傑怨廣恩以寶豐之敗不救已亦擁衆不肯救廣恩戰敗關遂破傳庭被殺自成破西安據之傑北走延安賊將李過追傑傑東走宜川河冰適合遂渡入蒲津以守賊至冰解不得渡乃免廣恩既敗走固原爲賊將追及遂以城降十七年進傑總兵帝令總督李化熙率傑兵馳救山西而蒲州平陽已陷久傑退至澤州沿途大掠賊遂薄太原京師陷傑南走福王封傑興平伯列於四鎮領揚州駐城外傑固欲入城揚州民畏傑不納傑攻城急日掠廂村婦女民益惡之知府馬鳴騄推官湯來賀堅守月餘傑知不可攻意稍怠閣部史可法議以瓜州予傑乃止九月命傑移駐徐州以左中允衛允文兼兵科給事中監其軍西討徐州土賊程繼孔被禽至京師乘李自成亂逃歸十二月傑禽斬之加太子少傅廕一子世襲錦衣僉事初傑伏兵要擊黃得功於土橋得功幾不免兩鎮遂相仇怨事見得功傳傑爭揚州時可法頗爲所窘至是傑感可法忠與謀恢復議調得功與劉澤清二鎮赴邳宿防河傑自提兵直趨歸開且瞰宛洛荊襄以爲根本遂具疏上之語激切且云得功與臣猶介介前事臣知報君雪恥而已安能與同列較短長哉然得功終不欲爲傑後勁而澤清尤狡橫難任可法不得已調劉良佐赴徐與傑爲聲援

順治二年正月傑抵歸德總兵許定國方駐睢州有言其送子渡河者傑招定國來會不應復邀巡撫越其杰巡按陳潛夫同往睢州定國始郊逆其杰諷傑勿入城傑心輕定國不聽遂入城十一日定國置酒享傑傑飲酣爲定國刻行期且徵及送子事定國益疑無離睢意傑固促之行定國怒夜伏兵傳礮大呼其杰等急遁走傑醉臥帳中未起衆擁至定國所殺之先是傑以定國將去睢盡發兵戍開封所留親卒數十人而已定國僞恭順多選妓侍傑而以二妓偶一卒寢卒盡醉及聞礮欲起爲二妓所掣不得脫皆死明日傑部下至攻城老弱無孑遺定國走降

大清軍傑爲人淫毒揚民聞其死皆相賀然是行也進取意甚銳故時有惜之者始朝廷許諸鎮與聞國是故傑屢條奏救降賊者及請釋武愫於獄不允復疏薦吳甡鄭三俊金光辰姜埰熊開元金聲沈正宗等大抵其時武臣風尚多類此傑死贈太子太保以其子元爵襲興平伯劉澤清曹縣人以將材授遼東寧前衞守備遷山東都司僉書加參將崇禎三年

大清兵攻鐵廠欲據以絶豐潤糧道援守三屯總兵楊肇基遣澤清來援未至鐵廠一十五里遇

大兵力戰自辰至午不決得濟師轉戰至遵化夾擊遂得入城敘功加二級至副總兵五年以侵剋軍糧被劾詔立功衞要地六年遷總兵其冬加左都督恢復登州有功八年詔統山東兵防漕九年京師戒嚴統兵入衞令駐新城爲南北控扼復命留守通州加左都督太子太師十三年五月山東大饑民相聚爲寇曹濮尤甚帝命澤清會總兵楊御蕃兵勦捕之八月降右都督鎮守山東防海澤清以生長山東久鎮東省非宜請辭任帝令整旅渡河合諸鎮星馳援勦十六年二月賊圍開封久澤清赴援以朱家寨去汴八里提五千人南渡倚河爲寨疏水環之欲以次結八寨達大堤築甬道饋饟城中壁壘未成賊來爭相持三日互有殺傷澤清即命拔營去惶擾奔迸士爭舟多溺死者澤清爲人性恇怯懷私觀望嘗妄報大捷邀賞賜又詭稱墮馬被傷詔賚藥資四十兩命赴保定勦賊不從日大掠臨清率兵南下所至焚劫一空寇氛日急給事中韓如愈馬嘉植皆謀奉使南歸如愈常劾澤清過東昌澤清遣人殺之於道無敢上聞者京師陷澤清走南都福王以爲諸鎮之一封東平伯駐廬州時武臣各占分地賦入不以上供恣其所用置封疆兵事一切不問與廷臣互分黨援干預朝政排擠異己奏牘紛如紀綱盡裂而澤清所言尤狂悖王初立即援靖康故事請以今歲五月改元又請宥故輔周延儒助餉贓銀都御史劉宗周劾諸將跋扈狀澤清遂兩疏劾宗周且曰上若誅宗周臣即卸職朝廷不得已溫詔解之又請禁巡按不得拏訪追贓請法司嚴緝故總督侯恂及其子方域朝廷皆曲意從之

順治二年四月揚州告急命澤清等往援而澤清已潛謀輸款矣

大清惡其反覆磔誅之澤清頗涉文藝好吟咏嘗召客飲酒唱和幕中蓄兩猿以名呼之即至一日宴其故人子酌酒金甌中甌可容三升許呼猿捧酒跪送客猿狰獰甚客戰掉逡巡不敢取澤清笑曰君怖耶命取囚撲死堦下刳其腦及心肝置甌中和酒付猿捧之前飲釂顏色自若其兇忍多此類

祖寬遼東人少有勇力給侍祖大壽家從軍有功累官寧遠參將部卒多塞外降人所向克捷崇禎五年七月叛將李九成等圍萊州急詔發關外兵討之寬與靳國臣祖大弼張韜率兵抵昌邑巡撫朱大典獲賊書約寬等爲內應以示寬等皆誓滅賊以自明乃用寬國臣爲前鋒寬至沙河與賊遇衆寡不敵稍却會國臣至拔刀大呼直前寬大弼韜咸殊死戰大敗賊兵逐北抵城下立解萊州圍是月晦進兵黃縣賊傾巢出戰寬等復大敗之遂與劉澤清等築長圍以困登州明年二月賊始平語詳大典傳寬以解圍功進都督僉事再敘功世廕外衞副千戶進副總兵八年秋命爲援勦總兵官督關外兵三千討流賊十月至河南巡撫陳必謙監紀推官湯開遠令與左良玉抵靈寶至則挫張獻忠於焦村無何高迎祥李自成至與獻忠合攻閿鄉寬赴救賊解而趨靈寶斷良玉寬軍不相應遂東陷陝州攻洛陽良玉寬至迎祥自成獻忠皆走良玉追迎祥而寬分擊獻忠夜督副將祖克勇等趨葛家莊黎明遇賊大破之賊奔嵩縣九皐山寬伏二軍於山溝誘之賊趨下伏發斬馘九百有奇尋與副將劉肇基羅岱遇賊汝州圪料鎮復大敗賊伏屍二十餘里斬馘千六百有奇獻忠憤合迎祥自成兵與寬戰龍門白沙截官軍爲二寬自斷後士卒殊死鬬自晨至夜分復大捷斬馘一千有奇迎祥自成乃走窺光州寬督副將李輔明躡其後賊走攻確山寬等馳救大破之斬馘五百八十有奇自成等遂東走廬州攻圍七晝夜明年正月寬等至賊奔全椒遂圍滁州南京太僕卿李覺斯知州劉大鞏力禦之而寬等軍至奮擊大呼諸軍無不一當百自晨至晡賊大敗從城東五里追至關山之朱龍橋橫屍枕籍水爲不流二月又從總理盧象昇破賊七頂山殲自成精卒殆盡象昇移軍南陽命寬備鄧州會賊渡漢江入鄖襄餘衆三萬匿內鄉淅川山中象昇命寬與祖大樂等入山搜討邊軍强憨性異他卒不可以法繩往時官軍多鬬中人與

賊鄉里臨陣相勞苦拋生口棄輜重卽縱之去謂之打活仗邊軍不通言語逢賊卽殺故多勝然所過焚廬舍淫婦女恃功不戢又利野戰憚搜山且見賊遠竄非旬朔可定自以爲客將無持久心寬卒方過河譟而逸象昇激勸再三始聽命至黨子口仍按甲不行而總兵李重鎭素恇怯冀卸責衆益思歸象昇乃力陳入山搜勦之難請令寬重鎭赴關中討賊會總督洪承疇亦請之寬等遂移軍陝西隸承疇麾下八月京師被兵召入衞錄滁州功進右都督賚銀幣事定命赴寧遠協守十一年冬詔寬率師援畿輔及山東告急寬逗遛明年正月濟南失守褫職被逮坐失陷藩封竟棄市寬敢戰有功稱驍將性剛使氣不爲文吏所喜卒致大辟莫爲論救

贊曰左良玉以驍勇之材頻殲劇寇遂擁强兵驕亢自恣緩則養寇以貽憂急則棄甲以致潰當時以不用命罪諸將者屢矣而良玉偃蹇僨事未正刑章姑息釀患是以卒至稱兵犯闕而不顧也高傑祖寬皆剛悍難馴恃功不戢而傑尤爲兇驁然傑被戕於銳意進取之時寬受誅於力戰赴援之後死非其罪不能無遺憾焉

明史卷二百七十四　列傳第一百六十二

總裁官總理事務經筵講官少保兼太子太保保和殿大學士兼管吏部戶部尚書事加六級張廷玉等奉

敕修

史可法 任民育 何剛等

高弘圖

姜曰廣 周鑣 雷縯祚

史可法字憲之大興籍祥符人世錦衣百戶祖應元舉於鄉官黃平知州有惠政語其子從質曰我家必昌從質妻尹氏有身夢文天祥入其舍生可法以孝聞舉崇禎元年進士授西安府推官稍遷戶部主事歷員外郎郎中八年遷右參議分守池州太平其秋總理侍郎盧象昇大舉討賊改可法副使分巡安慶池州監江北諸軍黃梅賊掠宿松潛山太湖將犯安慶可法追擊之潛山天堂寨明年祖寬破賊滁州賊走河南十二月賊馬守應合羅汝才李萬慶自鄖陽東下可法馳駐太湖扼其衝十年正月賊從間道突安慶石碑尋移桐城參將潘可大擊走賊賊復爲廬鳳軍所扼回桐城掠四境知縣陳爾銘嬰城守可法與可大剿捕賊走廬江犯潛山可法與左良玉敗之楓香驛賊乃竄潛山太湖山中三月可大及副將程龍敗歿於宿松賊分其黨搖天動別爲一營而合八營二十餘萬衆分屯桐城之練潭石井陶冲總兵官牟文綬劉良佐擊敗之掛車河當是時陝寇聚漳寧分犯岷洮秦楚應皖羣盜遍野總理盧象昇既改督宣大代以王家禎祖寬關外兵亦北歸未幾上復以熊文燦代家禎專撫賊賊益狂逞盤牙江北南都震驚七月擢可法右僉都御史巡撫安慶廬州太平池州四府及河南之光州光山固始羅田湖廣之蘄州廣濟黃梅江西之德化湖口諸縣提督軍務設額兵萬人賊已東陷和州含山定遠六合犯天長盱眙趨河南可法奏免被災田租冬部將汪雲鳳敗賊潛山京軍復連破老回回舒城廬江賊遁入山時監軍僉事湯開遠善擊賊可法東西馳禦賊稍稍避其鋒十一年夏以平賊踰期戴罪立功可法短小精悍面黑目爍爍有光廉信與下均勞苦軍行士不飽不先食未授衣不先禦以故得士死力連敗賊英山六合順天王乞降十二年夏丁外艱去服闋起戶部右侍郎兼右僉都御史代朱大典總督漕運巡撫鳳陽淮安揚州劾罷督糧道三人增設漕儲道一人大濬南河漕政大釐拜南京兵部尚書參贊機務因武備久弛奏行更新八事十七年四月朔聞賊犯闕誓師勤王渡江抵浦口聞北都既陷縞衣發喪會南都議立君張慎言呂大器姜曰廣等曰福王由崧神宗孫也倫序當立而有七不可貪淫酗酒不孝虐下不讀書干預有司也潞王常淓神宗姪也賢明當立移牒可法可法亦以爲然鳳陽總督馬士英潛與阮大鋮計議主立福王咨可法可法以七不可告之而士英已與黃得功劉良佐劉澤清高傑發兵送福王至儀眞於是可法等迎王五月朔王謁孝陵奉先殿出居內守備府羣臣入朝王色赧欲避可法曰王毋避宜正受既朝議戰守可法曰王宜素服郊次發師北征示天下以必報讐之義王唯唯明日再朝出議監國事張慎言曰國虛無人可遂卽大位可法曰太子存亡未卜倘南來若何誠意伯劉孔昭曰今日既定誰敢復更可法曰徐之乃退又明日王監國廷推閣臣衆舉可法高弘圖姜曰廣孔昭攘臂欲並列衆以本朝無勳臣入閣例遏之孔昭勃然曰卽我不可馬士英何不可乃并推士英又議起廢推鄭三俊劉宗周徐石麒孔昭舉大鋮可法曰先帝欽定逆案毋復言越二日拜可法禮部尚書兼東閣大學士與士英弘圖並命可法仍掌兵部事士英仍督師鳳陽乃定京營制如北都故事侍衞及錦衣衞諸軍悉入伍操練錦衣東西兩司房及南北兩鎭撫司官不備設以杜告密安人心當是時士英旦夕冀入相及命下大怒以可法七不可書奏之王而擁兵入覲拜表卽行可法遂請督師出鎭淮揚十五日王卽位明日可法陛辭加太子太保改兵部尚書武英殿大學士士英卽以是日入直議分江北爲四鎭東平伯劉澤清轄淮海駐淮北經理山東一路總兵官高傑轄徐泗駐泗水經理開歸一路總兵官劉良佐轄鳳壽駐臨淮經理陳杞一路靖南伯黃得功轄滁和駐廬州經理光固一路可法啟行卽遣使訪大行帝后梓宮及太子二王所在奉命祭告泗鳳二陵可法去士英孔昭輩益無所憚孔昭以慎言舉吳甡譁殿上拔刀逐慎言可法馳疏解孔昭卒扼甡不用可法祭二陵畢上疏曰陛下踐阼初祗謁孝陵哭泣盡哀道路感動若躬謁二陵親見鳳泗蒿萊滿目雞犬無聲當益悲憤願慎終如始處深宮廣廈則思東北諸陵魂魄之未安享玉食大庖則思東北諸陵麥飯之無展膺圖受籙則念先帝之集木馭朽何以忽遘危亡早朝晏罷則念先帝之克儉克勤何以卒膺大業戰兢惕厲無時怠荒二祖列宗將默佑中興若晏處東南不思遠略賢奸無辨威斷不靈老成投簪豪傑裹足祖宗怨恫天命潛移東南一隅未可保也王嘉答之得功澤清傑爭欲駐揚州傑先至大殺掠屍橫野城中恟懼登陴守傑攻之浹月澤清亦大掠淮上臨淮不納良佐軍亦被攻朝命可法往解得功良佐澤清皆聽命乃詣傑傑素憚可法可法來傑夜掘坎十百埋暴骸旦日朝可法帳中辭色俱變汗浹背可法坦懷待之接偏裨以溫語傑大喜過望然傑亦自是易可法用己甲士防衞文檄必取視而後行可法夷然爲具疏屯其衆於瓜洲傑又大喜傑去揚州以安可法乃開府揚州六月大清兵擊敗賊李自成自成棄京師西走青州諸郡縣爭殺僞官據城自保可法請頒監國登極二詔慰山東河北軍民心開禮賢館招四方才智以監紀推官應廷吉領其事八月出巡淮安閱澤清士馬返揚州請餉爲進取資士英靳不發可法疏趣之因言邇者人才日耗仕途日淆由名心勝而實意不修議論多而成功少今事勢更非昔比必專主討賊復讐舍籌兵籌餉無議論舍治兵治餉無人才有摭拾浮談巧營華要者罰無赦王優詔答之初可法虞傑跋扈駐得功儀眞防之九月朔得功傑搆兵曲在傑賴可法調劑事得解北都降賊諸臣南還可法言諸臣原籍北土者宜令赴吏兵二部錄用否則恐絶其南歸之心又言北都之變凡屬臣子皆有罪在北者應從死豈在南者非人臣卽臣可法謬典南樞臣士英叨任鳳督未能悉東南甲疾趨北援鎭臣澤清傑以兵力不支折而南走是首應重論者臣等罪也乃因聖明繼統鈇鉞未加恩榮疊被而獨於在北諸臣毛舉而纍繩之豈散秩閒曹責反重於南樞鳳督哉宜摘罪狀顯著者重懲示儆若僞命未污身被刑辱可置勿問其逃避北方徘徊而後至者許戴罪討賊赴臣軍前酌用廷議並從之傑居揚州桀驁甚可法開誠布公導以君臣大義傑大感悟奉約束十月傑帥師北征可法赴清江浦遣官屯田開封爲經略中原計諸鎭分汛地自王家營而北至宿遷最衝要可法自任之築壘緣河南岸十一月四日舟次鶴鎭諜報我大清兵入宿遷可法進至白洋河令總兵官劉肇基往援大清兵還攻邳州肇基復援之相持半月而解時自成既走陝西猶未滅可法請頒討賊詔書言自三月以來大讐在目一矢未加昔晉之東也其君臣日圖中原而僅保江左宋之南也其君臣盡力楚蜀而僅保臨安蓋偏安者恢復之退步未有志在偏安而遽能自立者也大變之初黔黎洒泣紳士悲哀猶有朝氣今則兵驕餉絀文恬武嬉頓成暮氣矣河上之防百未經理人心不肅威令不行復讐之師不聞及關陝討賊之詔不聞達燕齊君父之讐置諸膜外夫我卽卑宮菲食嘗膽臥薪聚才智精神枕戈待旦合方州物力破釜沉舟尚虞無救以臣觀廟堂謀畫百執事經營殊未盡然夫將所以能克敵者氣也君所以能禦將者志也廟堂志不奮則行間氣不鼓夏少康不忘出竇之辱漢光武不忘爇薪之時臣願陛下爲少康光武不願左右在位僅以晉元宋高之說進也先皇帝死於賊恭皇帝亦死於賊此千古未有之痛也在北諸臣死節者無多在南諸臣討賊者復少此千古未有之恥也庶民之家父兄被殺尚思穴胸斷脰得而甘心況在朝廷顧可漠置臣願陛下速發討賊之詔責臣與諸鎭悉簡精銳直指秦關懸上爵以待有功假便宜而責成效絲綸之布痛切淋漓庶海內忠臣義士聞而感憤也國家遘此大變陛下嗣登大寶與先朝不同諸臣但有罪之當誅曾無功之足錄今恩外加恩未已武臣腰玉名器濫觴自後宜慎重務以爵祿待有功庶猛將武夫有所激厲兵行最苦無糧搜括既不可行勸輸亦難爲繼請將不急之工程可已之繁費朝夕之燕衎左右之進獻一切報罷卽事關典禮亦宜槩從節省蓋賊一日未滅卽有深宮曲房錦衣玉

食豈能安享必刻刻在復讐雪恥振舉朝之精神萃萬方之物力盡幷於選將練兵一事庶人心可鼓天意可回可法每繕疏循環諷誦聲淚俱下聞者無不感泣比大清兵已下邳宿可法飛章報士英謂人曰渠欲敘防河將士功耳慢弗省而諸鎮逡巡無進師意且數相攻明年是爲大清順治之二年正月餉缺諸軍皆饑頃之河上告警詔良佐得功率師扼潁壽傑進兵歸徐傑至睢州爲許定國所殺部下兵大亂屠睢旁近二百里殆盡變聞可法流涕頓足歎曰中原不可爲矣遂如徐州以總兵李本身爲提督統傑兵本身者傑甥也以胡茂順爲督師中軍李成棟爲徐州總兵諸將各分地又立傑子元爵爲世子請恤於朝軍乃定傑軍既還於是大梁以南皆不守士英忌可法威名加故中允衞允文兵部右侍郎總督興平軍以奪可法權允文傑同鄉也陷賊南還傑請爲己監軍傑死允文承士英旨疏詆可法士英喜故有是命駐揚州二月可法還揚州未至得功來襲興平軍城中大懼可法遣官講解乃引去時大兵已取山東河南北逼淮南四月朔可法移軍駐泗州護祖陵將行左良玉稱兵犯闕召可法入援渡江抵燕子磯得功已敗良玉軍可法乃趨天長檄諸將救盱眙俄報盱眙已降大清泗州援將侯方巖全軍沒可法一日夜奔還揚州訛傳定國兵將至殲高氏部曲城中人悉斬關出舟楫一空可法檄各鎮兵無一至者二十日大清兵大至屯班竹園明日總兵李棲鳳監軍副使高岐鳳拔營出降城中勢益單諸文武分陴拒守舊城西門險要可法自守之作書寄母妻且曰死葬我高皇帝陵側越二日大清兵薄城下礮擊城西北隅城遂破可法自刎不殊一參將擁可法出小東門遂被執可法大呼曰我史督師也遂殺之揚州知府任民育同知曲從直王纘爵江都知縣周志畏羅伏龍兩淮鹽運使楊振熙監餉知縣吳道正江都縣丞王志端賞功副將汪思誠幕客盧渭等皆死可法初以定策功加少保兼太子太保以太后至加少傅兼太子太傅敘江北戰功加少師兼太子太師禽劇盜程繼孔功加太傅皆力辭不允後以宮殿成加太師力辭乃允可法爲督師行不張蓋食不重味夏不箑冬不裘寢不解衣年四十餘無子其妻欲置妾太息曰王事方殷敢爲兒女計乎歲除遣文牒至夜半倦索酒庖人報殽肉已分給將士無可佐者乃取鹽豉下之可法素善飲數斗不亂在軍中絕飲是夕進數十觥思先帝泫然淚下凭几卧比明將士集轅門外門不啟左右遙語其故知府民育曰相公此夕卧不易得也命鼓人仍擊四鼓戒左右毋驚相公須臾可法寤聞鼓聲大怒曰誰犯吾令將士述民育意乃獲免嘗孑處鈴閣或舟中有言宜警備者曰命在天可法死見其遺骸天暑衆屍蒸變不可辨識踰年家人舉袍笏招魂葬於揚州郭外之梅花嶺其後四方弄兵者多假其名號以行故時謂可法不死云可法無子遺命以副將史德威爲之後有弟可程崇禎十六年進士擢庶吉士京師陷降賊賊敗南歸可法請置之理王以可法故令養母可程遂居南京後流寓宜興閱四十年而卒任民育字時澤濟寧人天啟中鄉舉善騎射眞定巡撫徐標請於朝用爲贊畫理屯事眞定失南還福王時授亳州知州以才擢揚州知府可法倚之城破緋衣端坐堂上遂見殺闔家男婦盡赴井死從直遼東人與其子死東門纘爵鄞人工部尚書佐孫志畏亦鄞人進士年少好氣數遭傑將士窘辱求解職會伏龍至可法命代之伏龍新喻人故梓潼知縣受代甫三日振熙臨海人道正餘姚人志端孝豐人思誠字純一貴池人渭字渭生長洲諸生可法出鎮淮揚渭等伏闕上書言秦檜在內李綱居外宋終北轅不納居禮賢館久可法才渭渭方歲貢當得官不受職而擬授崑山歸昭等二十餘人爲通判推官知縣甫二旬城陷渭監守鈔關投於河昭死西門從死者十七人時同守城死者又有遵義知府何剛庶吉士吳爾壎而揚州諸生殉義者有高孝纘王士琇王纘王績王續等又有武生戴之藩醫者陳天拔畫士陸愉義兵張有德市民馮應昌舟子徐某並自盡他婦女死節者不可勝紀何剛字愨人上海人崇禎三年舉於鄉見海內大亂慨然有濟世之志交天下豪俊與東陽許都善語之曰子所居天下精兵處盍練一旅以待用都諾而去十七年正月入都上書言國家設制科立資格以約束天下豪傑此所以弭亂非所以戡亂也今日救生民匡君國莫急於治兵陛下誠簡强壯英敏之士命知兵大臣教習之講韜鈐練筋骨拓膽智時召而試之學成優其秩寄以兵柄必能建奇功臣讀戚繼光書繼光數言義烏東陽兵可用誠得召募數千加之訓練準繼光遺法分布河南郡縣大寇可平因薦都及錢塘進士姚奇允桐城諸生周岐陝西諸生劉湘客絳州舉人韓霖帝壯其言卽擢剛職方主事募兵金華而都作亂已前死霖亦爲賊用剛不知故並薦之剛出都都城陷馳還南京先是賊逼京師剛友陳子龍夏允彝將聯海舟達天津備緩急募卒二千人至是令剛統之子龍入爲兵科言防江莫如水師更乞廣行召募委剛訓練從之剛乃上疏言臣請陛下三年之內宮室不必修百官禮樂不必備惟日求天下才智者決策廉者理財勇者禦敵爵賞無出此三者則國富兵强大敵可服若以驕悍之將馭無制之兵空言恢復是卻行而求前也優游歲月潤色偏安錮豪傑於草間迫梟雄爲盜賊是株守以待盡也惟廟堂不以浮文取士而以實績課人則眞才皆爲國用而議論亦省矣分遣使者羅草澤英豪得才多者受上賞則梟傑皆畢命封疆而盜魁亦少矣東南人滿徙之江北或賜爵或贖罪則豪右皆盡力南畝而軍餉亦充矣時不能用尋進本司員外郎以其兵隸史可法可法大喜得剛剛亦自喜遇可法知己士英惡之出剛遵義知府可法垂涕曰子去吾誰仗剛亦泣願死生無相背踰月揚州被圍佐可法拒守城破投井死吳爾壎崇德人崇禎十六年進士授庶吉士賊敗南還謁可法請從軍贖罪可法遂留參軍事其父之屏方督學福建爾壎斷一指畀故人祝淵曰君歸語我父母悉出私財畀我餉軍我他日不歸以指葬可也從高傑北征至睢州傑被難爾壎流寓祥符遇一婦人自言福王妃爾壎因守臣附疏以進詔斥其妄言逮之可法爲救免後守揚州新城投井死

高弘圖字研文膠州人萬曆三十八年進士授中書舍人擢御史柧稜自持不依麗人天啟初陳時政八患請用鄒元標趙南星巡按陝西題薦屬吏趙南星糾之弘圖不能無望代還移疾去魏忠賢亟攻東林其黨以弘圖嘗與南星有隙召起弘圖故官入都則楊漣左光斗魏大中等已下詔獄鍛鍊嚴酷弘圖果疏論南星然言國是已明雷霆不宜頻擊詔獄諸臣生殺宜聽司敗法則頗謂忠賢過當者疏中又引漢元帝乘船事忠賢方導帝遊幸不悅矯旨切責之後諫帝毋出蹕東郊又極論前陝西巡撫喬應甲罪又嘗語刺崔呈秀呈秀應甲皆忠賢黨由是忠賢大怒擬順天巡按不用弘圖乞歸遂令閒住莊烈帝卽位起故官劾罪田詔劉志選梁夢環擢太僕少卿復移疾去三年春召拜左僉都御史進左副都御史五年遷工部右侍郎方入署總理戶工二部中官張彝憲來會弘圖恥之不與共坐七疏乞休帝怒遂削籍歸家居十年不起十六年召拜南京兵部右侍郎就遷戶部尚書明年三月京師陷福王立改弘圖禮部尚書兼東閣大學士疏陳新政八事一宣義問請聲逆賊之罪鼓發忠義一勤聖學請不俟釋服日御講筵一設記注請召詞臣入侍日記言動一睦親藩請如先朝踐極故事遣官齎璽書慰問一議廟祀請權附列聖神主於奉先殿仍於孝陵側望祀列聖山陵一嚴章奏請禁奸宄小人借端妄言脫罪僥倖一收人心請蠲江北河南山東田租毋使賊徒藉口一擇詔使請遣官招諭朝鮮示牽制之勢並褒納焉當是時朝廷大議多出弘圖手馬士英疏薦阮大鋮弘圖不可士英曰我自任之乃命大鋮假冠帶陛見大鋮入見歷陳冤狀以弘圖不附東林引爲證弘圖則力言逆案不可翻大鋮士英並怒一日閣中語及故庶吉士張溥士英曰我故人也死酹而哭之姜曰廣笑曰公哭東林者亦東林耶士英曰我非畔東林者東林拒我耳弘圖因縱臾之士英意解而劉宗周劾疏自外至大鋮宣言曰廣實使之於是士英怒不可止而薦張捷謝陛之疏出朝端益水火矣內札用戶部侍郎張有譽爲尚書弘圖封還具奏力諫卒以廷推簡用中宮議設東廠弘圖爭不得遂乞休不許加太子少師改戶部尚書文淵閣尋以太后至進太子太保其年十月弘圖四疏乞休乃許之弘圖既謝政無家可歸流寓會稽國破逃野寺中絕粒而卒

姜曰廣字居之新建人萬曆末舉進士授庶吉士進編修天啟六年奉使朝鮮不攜中國一物往不取朝鮮一錢歸朝鮮人爲立懷潔之碑明年夏魏忠賢黨以曰廣東林削其籍崇禎初起右中允九年積官至吏部右侍郎坐事左遷南京太常卿遂引疾去十五年起詹事掌南京翰林院莊烈帝嘗言曰廣在講筵言詞激切朕知其人每優容之北都變聞諸大臣議所立曰廣呂大器用周鑣雷縯祚言主立潞王而諸帥奉福藩至江上於是文武官並集內官宅韓贊周令各署名籍曰廣曰無怱遽請祭告奉先殿而後行明日至奉先殿諸勳臣語侵史可法曰廣呵之於是羣小咸目攝曰廣廷推閣臣以曰廣異議不用用史可法高弘圖馬士英及再推詞臣以王鐸陳子壯黃道周名上而首曰廣乃改曰廣禮部尚書兼東閣大學士與鐸並命鐸未至可法督師揚州曰廣與弘圖協心輔政而士英挾擁戴功內結勳臣朱國弼劉孔昭趙之龍外連諸鎮劉澤清劉良佐等謀擅朝權深忌曰廣未幾士英特薦起阮大鋮曰廣力爭

不得遂乞休言前見文武交競旣慭無術調和近睹逆案忽翻又愧不能寢弭遂棄先帝十七年之定力反陛下數日前之明詔臣請以前事言之臣觀先帝之善政雖多而以堅持逆案爲尤美先帝之害政間有而以頻出口宣爲亂階用閣臣內傳矣用部臣勳臣內傳矣用大將用言官內傳矣而所得閣臣則淫貪巧猾之周延儒也逢君朘民奸險刻毒之溫體仁楊嗣昌也偷生從賊之魏藻德也所得部臣則陰邪貪狡之王永光陳新甲所得勳臣則力阻南遷盡撤守禦狂𤞍之李國禎所得大將則紈袴支離之王樸倪寵所得言官則貪橫無賴之史𡐓陳啟新也凡此皆力排衆議偭自中旨後效可睹今又不然不必僉同但求面對立談取官陰奪會推之柄陽避中旨之名決廉恥之大防長便佞之惡習此豈可訓哉臣待罪綸扉苟好盡言終蹈不測之禍聊取充位又來鮮恥之譏願乞骸骨還鄉里得旨慰留士英大鋮等滋不悅國弼孔昭遂以誹謗先帝誣蠛忠臣李國禎爲言交章攻之劉澤清故附東林擁立議起亦主潞王至是入朝則力詆東林以自解免且曰中興所恃在政府今用輔臣宜令大帥僉議曰廣愕然越數日澤清疏劾呂大器雷縯祚而薦張捷鄒之麟張孫振劉光斗等已又請免故輔周延儒贓曰廣曰是欲漸干朝政也乃下部議竟不許曰廣嘗與士英交詆王前宗室朱統𨰻者素無行士英嗾以官使擊曰廣澤清又假諸鎮疏攻劉宗周及曰廣以三案舊事及迎立異議爲言請執下法司正謀危君父之罪頃之統𨰻復劾曰廣五大罪請并劉士楨王重楊廷麟劉宗周陳必謙周鑣雷縯祚置之理必謙鑣以是逮曰廣旣連遭誣衊屢疏乞休其年九月始得請入辭諸大臣在列曰廣曰微臣觸忤權奸自分萬死上恩寬大猶許歸田臣歸後願陛下以國事爲重士英熟視曰廣詈曰我權奸汝且老而賊也旣出復於朝堂相詬詈而罷曰廣骨鯁扼於憸邪不竟其用遂歸其後左良玉部將金聲桓者已降於我

大淸旣而反江西迎曰廣以貲號召聲桓敗曰廣投偰家池死

周鑣字仲馭金壇人父泰峙雲南布政使鑣舉鄉試第一崇禎元年成進士授南京戶部主事榷稅蕪湖憂歸服闋授南京禮部主事極論內臣言官二事言張彝憲用而高弘圖金鉉罷王坤用而魏呈潤趙東曦斥鄧希詔用而曹文衡罷閻王弘祖李曰輔熊開元罷罪每讀邸報半屬內侍溫綸自今鍛鍊臣子委褻天言祇徇中貴之心臣不知何所極也言官言出禍隨黃道周諸臣薦賢不效而惠世揚劉宗周勿獲進華允誠諸臣驅奸無濟而陳于廷姚希孟鄭三俊皆蒙譴每奉嚴論率皆直臣封章自今播棄忠良獎成宵小祇快奸人之計臣益不知何所極矣帝怒斥爲民鑣由是名聞天下初鑣世父尚書應秋叔父御史維持以附魏忠賢竝麗逆案鑣恥之通籍後卽交東林矯矯樹名節及被放與宣城沈壽民讀書茅山廷臣多論薦之十五年起禮部主事進郎中爲吏部尚書鄭三俊所倚然爲人好名頗飾僞給事中韓如愈疏論之罷歸福王立於南京馬士英旣逐呂大器以鑣及雷縯祚嘗主立潞王議令朱統𨰻劾曰廣因言鑣縯祚等皆曰廣私黨請悉置於理遂令逮治而士英劾鑣從弟鍾從逆并及鑣鍾亦逮治阮大鋮居金陵時諸生顧杲等出留都防亂公揭討之主之者鑣也大鋮以故恨鑣鑣急屬御史陳丹衷求解於士英爲緝事者所獲丹衷出爲長沙知州於是察處御史羅萬爵希大鋮指上疏痛詆鑣而光祿卿祁逢吉鑣同邑人見人輒詈鑣遂得爲戶部侍郎亡何左良玉稱兵檄討士英罪言引用大鋮搆陷鑣縯祚鍛鍊周內士英大鋮益怒大鋮謂鑣實召良玉兵王乃賜鑣縯祚自盡鍾棄市

雷縯祚太湖人崇禎三年舉於鄉十三年夏帝思破格用人而考選止及進士特命舉人貢生就試教職者悉用爲部寺司屬推官知縣凡二百六十三人號爲庚辰特用而縯祚得刑部主事明年三月劾楊嗣昌六大罪可斬鳳陽總督朱大典安慶巡撫鄭二陽河南巡撫高名衡山東巡撫王公弼宜急易帝不悅十五年擢武德道兵備僉事山東被兵縯祚守德州有詔獎勵乃疏劾督師范志完縱兵淫掠折除軍餉搆結大黨帝心善其言以淫掠事責兵部而令縯祚再陳志完者首輔周延儒門生也縯祚意有所忌久不奏明年五月延儒下廷議縯祚乃奏言志完兩載僉事驟陟督師非有大黨何以至是大僚則尚書范景文等詞林則論德方拱乾等言路則給事中朱徽沈允培袁彭年等皆其黨也方德州被攻不克去掠臨淸又五日志完始至聞後部破景州則大懼欲避入德州城漏三下邀臣議臣不聽志完乃偕流寓詞臣拱乾見臣南城古廟臣告以督師非入城官薊州失事由降丁內潰志完不懌而去若夫座主當朝罔利曲庇隻手有燎原之勢片語操生死之權稱功頌德徧於班聯臣不忍見陛下以周召待大臣而大臣以嚴嵩薛國觀自待也臣外藩小吏乙榜孤蹤不言不敢盡言不敢感陛下虛懷俯納故不避首輔延儒與舉國媚附時局畧進一言至中樞主計請餉必餽常例天下共知他乾沒更無算疏入帝益心動命議舊計臣李待問傳淑訓樞臣張國維及戶科荆永祚兵科沈迅張嘉言罪而召縯祚陛見越數日抵京又數日入對召志完拱乾質前疏中語拱乾爲志完辨帝頷之問縯祚稱功頌德者誰對曰延儒招權納賄如起廢淸獄蠲租皆自居爲功考選臺諫盡收門下凡求總兵巡撫者必先賄幕客董廷獻帝怒逮廷獻誅志完而令縯祚還任縯祚尋以憂去福王時統𨰻劾曰廣因及之遂逮治明年四月與鑣同賜自盡故事小臣無賜自盡者因良玉兵東下故大鋮輩急殺之

贊曰史可法憫國步多艱忠義奮發提兵江滸以當南北之衝四鎭棊布聯絡聲援力圖興復然而天方降割權臣掣肘於內悍將跋扈於外遂致兵頓餉竭疆圉日蹙孤城不保志決身殲亦可悲矣高弘圖姜曰廣皆蘊忠謀協心戮力而扼於權奸不安其位蓋明祚傾移固非區區一二人之所能挽也

明史卷二百七十五　列傳第一百六十三

總裁官總理事務 經筵講官少保兼太子太保保和殿大學士兼管吏部戶部尚書事加六級張廷玉等奉

敕修

張慎言 子履旋　徐石麒

解學龍　高倬 黃端伯等

左懋第　祁彪佳

張慎言字金銘陽城人祖昇河南參政慎言舉萬曆三十八年進士除壽張知縣有能聲調繁曹縣出庫銀糴粟備振連值荒歲民賴以濟泰昌時擢御史踰月熹宗卽位時方會議三案慎言言皇祖召諭百工不究張差黨與所以全父子之情然必摘發奸謀所以明君臣之義至先皇踐阼蠱惑之計方行藥餌之奸旋發崔文昇投京劑於積憊之餘李可灼進紅丸於大漸之際法當騈首恩反賜金誰秉國成一至此極若夫鼎湖再泣宗廟之鼎𣆀爲重則先帝之簪履爲輕雖神廟鄭妃且先徙以爲望選侍不卽移宮計將安待無何賈繼春以請安選侍被譴慎言抗疏救之帝怒奪俸二年天啟初出督畿輔屯田言天津靜海興濟間沃野萬頃可墾爲田近同知盧觀象墾田三千餘畝其溝洫廬舍之制種植疏濬之方犂然具備可倣而行因列上官種佃種民種軍種屯種五法又言廣寧失守遼人轉徙入關者不下百萬宜招集津門以無家之衆墾不耕之田便詔從之嘗疏薦趙南星劾馮銓銓大恨五年三月慎言假歸銓屬曹欽程論劾誣盜曹縣庫銀三千遂下撫按徵贓編戍肅州莊烈帝卽位赦免崇禎元年起故官會當京察請先治媚璫者附逆之罪其他始付考功報可旋擢太僕少卿歷太常卿刑部右侍郎讞耿如杞獄不稱旨并尚書韓繼思下吏尋落職歸久之召爲工部右侍郎國用不支廷議開採鼓鑄屯田鹽法諸事慎言屢疏陳奏悉根本計大學士楊嗣昌議改府州縣佐爲練備練總慎言以更制事大歷陳八議其後卒不能行由左侍郎遷南京戶部尚書七疏引疾不允就改吏部尚書掌右都御史事十七年三月京師陷五月福王卽位南京命慎言理部事上中興十議曰節鎭曰親藩曰開屯曰叛逆曰僞命曰褒卹曰功賞曰起廢曰懲貪曰漕稅皆嘉納時大起廢籍慎言薦吳甡鄭三俊命甡陛見三俊不許大學士高弘圖所擬也勳臣劉孔昭趙之龍等一日朝罷羣詬於廷指慎言及甡爲奸邪叱咤徹殿陛給事中羅萬象言慎言平生具在甡素有淸望安得指爲奸邪孔昭等伏地痛哭謂慎言舉用文臣不及武臣嘗爭不已又疏劾慎言極詆三俊且謂慎言當迎立時阻難懷二心乞寢甡陛見命且議慎言欺蔽罪慎言疏辨因乞休萬象又言首膺封爵者四鎭也新改京營又加二鎭銜何嘗不用武年來封疆之法先帝多寬武臣武臣報先帝者安在祖制以票擬歸閣臣參駁歸言官不聞委勳臣以糾劾也使勳臣得兼糾劾文臣可勝逐哉史可法奏慎言疏薦無不當諸臣痛哭喧呼滅絕法紀恐驕弁悍卒益輕朝廷御史王孫蕃言用人吏部職掌奈何廷辱冢宰弘圖等亦以不能戢和文武各疏乞休不允甡旣不出慎言乞休得請加太子太保廕一子山西盡陷於賊慎言無家可歸流寓蕪湖宣城間國亡後疽發於背戒勿藥卒年六十九慎言少喪二親鞠於祖母及爲御史訃聞引義乞歸執喪三年以報子履旋舉崇禎十五年鄉試賊陷陽城投崖死事聞贈御史

徐石麒字寶摩嘉興人天啟二年進士授工部營繕主事筦節慎庫魏忠賢兼領惜薪司所需悉從庫發石麒輒持故事格之其黨譟於庭不爲動御史黃尊素坐忤忠賢下詔獄石麒爲盡力忠賢怒執新城侯王昇子下獄令誣賄石麒捕繫其家人勒完贓而削其籍崇禎三年起南京禮部主事就遷考功郎中八年佐尚書鄭三

俊京察澄汰至公歷尚寶卿應天府丞十一年春入賀三俊時爲刑部尚書議侯恂獄不中得罪石麒疏救釋之石麒官南京十餘年至是始入爲左通政累遷光祿卿通政使十五年擢刑部右侍郎讞吏部尚書李日宣等獄帝曰枚卜大典日宣稱詡徇私石麒予輕比貶二秩先是會推閣臣日宣一再推因及副都御史房可壯工部右侍郎宋玫大理寺卿張三謨石麒與焉召對便殿石麒獨不赴及是帝怒戍日宣及吏科都給事中章正宸河南道御史張煊奪可壯玫三謨及讞獄左侍郎惠世揚官石麒代世揚掌部事旋進左當是時帝以威刑馭下法官引律大抵深文附會予重比石麒奉命清獄推明律意校正今斷獄之不合於律者十餘章先以白同官以次審理十三司囚多寬減然廉公一時大法赫然無敢倖免者兵部尚書陳新甲下獄朝士多營救石麒持之曰人臣無境外交未有身在朝廷不告君父而專擅便宜者新甲私款辱國當失陷城寨律斬帝曰未中可覆擬乃論新甲陷邊城四陷腹城七十二陷親藩七從來未有之奇禍當臨敵缺乏不依期進兵策應因而失誤軍機者斬奏上新甲棄市新甲黨皆大恨石麒尋擢本部尚書中官王裕民坐劉元斌黨元斌縱軍淫掠伏誅裕民以欺隱不舉下獄帝欲殺之初令三法司同鞫後專付刑部石麒議戍烟瘴奏成署院寺名以進帝怒其失出召詰都御史劉宗周對曰此獄非臣讞徐曰臣雖不與聞然閱讞詞已曲盡情事刑官所執者法耳法如是止石麒非私裕民也帝曰此奴欺罔實甚卿等焉知令石麒改讞詞棄之市無何宗周以救姜埰熊開元獲嚴譴僉都御史金光辰救之奪職石麒再疏留不納埰開元既下詔獄移刑部定罪石麒據原詞擬開元贖徒埰謫戍不復鞫訊帝責對狀石麒援故事對帝大怒除司官三人名石麒落職閒住福王監國召拜右都御史未任改吏部尚書奏陳省庶官慎破格行久任重名器嚴起廢明保舉交堂廉七事時方考選與都御史劉宗周矢公甄別以年例出御史黃耳鼎給事中陸朗於外朗賄奄人得留用石麒發其罪朗恚詆石麒甲石麒疏辯求去益力馬士英擬嚴旨福王不許命馳驛歸石麒剛方清介扼於權奸悒悒不得志士英挾定策功將圖封石麒議格之中官田成輩納賄請囑石麒悉拒不應由是中外皆怨搆之去去後以登極恩加太子太保明年南都亡石麒時居郡城外城將破石麒曰吾大臣也城亡與亡復入居城中以閏月二十六日朝服自縊死年六十有八

解學龍字石帆揚州興化人萬曆四十一年進士歷金華東昌二府推官天啟二年擢刑科給事中遼東難民多渡海聚登州招練副使劉國縉請帑金十萬振之多所乾沒學龍三疏發其弊國縉遂獲譴王紀忤魏忠賢削籍學龍言紀亮節弘猷召寘廊廟必能表正百寮裁決大務失忠賢意不報已劾川貴舊總督張我續貪淫漏網新總督楊述中縮朒卸責帝不罪學龍通曉政務上言遼左額兵舊九萬四千有奇歲餉四十餘萬今關上兵止十餘萬月餉乃二十二萬遼兵盡潰關門宜募新兵薊鎮舊有額兵乃亦給厚糈召募舊兵以其餉厚悉竄入新營而舊額又如故漏巵可勝言國初文職五千四百有奇武職二萬八千有奇神祖時文增至一萬六千餘武增至八萬二千餘矣今不知又增幾倍誠度冗者汰之歲可得餉數十萬裁冗吏核曠卒俾衞所應襲子弟襲職而不給俸又可得數十萬京邊米一石民輸則非一石也以民之費與國之收衷之國之一民之三關餉一斛銀四錢以易錢則好米值錢百惡米止三四十錢又其下腐臭不可食以國之費與兵之食衷之兵之一國之三總計之民費其六而兵食其一況小民作奸欺漕卒漕卒欺官司官司欺天子展轉相欺米已化爲糠粃沙土兼濕熱蒸變食不可咽是又化有用之六爲無用之一矣臣以爲莫如修屯政屯政修則地闢而民有樂土粟積而人有固志昔吳璘守天水縱橫鑿渠綿亘不絕名曰地網敵騎不能逞今倣其制溝涂之界各樹土所宜木小可獲薪果之饒大可得抗扼之利敵雖強何施乎帝亟下所司而議竟中格稍進右給事中五年九月御史智鋌劾學龍及編修侯恪爲東林鷹犬遂削籍崇禎元年起歷戶科都給事中以民貧盜起請大清吏治尋劾薊撫王應豸尅餉激變又上足餉十六事帝皆採納遷太常少卿太僕卿五年改右僉都御史巡撫江西疏言臣所部州縣七十八而坐逋賦降罰者至九十人由數歲之逋責於一歲數人之逋責於一人故終無及額之日也請別新舊酌多寡立帶徵之法可之四方盜賊蠭起江西獨無重兵學龍以爲言詔增置千人討平都昌萍鄉諸盜合閩兵擊破封山妖賊張普薇等賊遂殄滅十二年冬擢南京兵部右侍郎明年春將解任遵例薦舉屬吏并及遷謫官黃道周帝怒徵下獄責其黨庇行私廷杖八十削其籍移入詔獄竟坐遣戍十五年秋道周召還半道請釋學龍不聽十七年五月福王立於南京召拜兵部左侍郎十月擢刑部尚書時方治從賊之獄倣唐制六等定罪學龍議定以十二月上之其一等應磔者吏部員外郎宋企郊舉人牛金星平陽知府張嶙然太僕少卿曹欽程御史李振聲喻上猷山西提學參議黎志陞陝西左布政使陸之祺兵科給事中高翔漢潼關道僉事楊王休翰林院檢討劉世芳十一人也二等應斬秋決者刑科給事中光時亨河南提學僉事鞏焴庶吉士周鍾兵部主事方允昌四人也三等應絞擬贖者翰林修撰兼戶兵二科都給事中陳名夏戶科給事中楊枝起廖國遴襄陽知府王承曾天津兵備副使原毓宗庶吉士何孕光少詹事項煜七人也四等應戍擬贖者禮部主事王孫蕙翰林院檢討梁兆陽大理寺正錢位坤總督侍郎侯恂山西副使王秉鑑御史陳羽白裴希度張懋爵禮部郎中劉大鞏吏部員外郎郭萬象給事中申芝芳金汝礪舉人吳達修撰楊廷鑑及黃繼祖十五人也五等應徒擬贖者通政司參議宋學顯諭德方拱乾工部主事繆沅給事中呂兆龍傅振鐸進士吳剛思檢討方以智傅鼎銓庶吉士張家玉及沈元龍十人也六等應杖擬贖者工部員外郎潘同春禮部員外郎吳泰來主事張琦行人王于曜行取知縣周壽明進士徐家麟及向列星李檷八人也其留北俟後定奪者少詹事何瑞徵楊觀光太僕少卿張若麒副使方大猷戶部侍郎黨崇雅吏部侍郎熊文舉太僕卿葉初春給事中龔鼎孳戴明說孫承澤劉昌御史涂必泓張鳴駿司業薛所蘊通政參議趙京仕編修高爾儼戶部郎中衞周祚及黃紀孫襄十九人也其另存再議者給事中翁元益郭充庶吉士魯㮚吳爾壎史可程王自超白孕謙梁清標楊棲鶚張元琳呂崇烈李化麟朱積趙頫劉廷琮吏部郎中侯佐員外郎左懋泰禮部郎中吳之琦兵部員外郎鄒明魁行人許作梅進士胡顯太常博士龔懋熙及王之牧王皐梅鶚姬琨朱國壽吳嵩孕二十八人也其已奉旨錄用者兵部尚書張縉彥給事中時敏諭德衞孕文韓四維御史蘇京行取知縣黃國琦施鳳儀兵部郎中張正聲內閣中書舍人顧大成及姜荃林等十人也得旨周鍾等不當緩決陳名夏等未蔽厥辜侯恂宋學顯吳剛思方以智潘同春等擬罪未合新榜進士盡污僞命不當復玷班聯令再議惟方拱乾結納馬阮特旨免其罪明年正月學龍奉詔擬周鍾光時亨等各加一等潘同春諸臣皆候補小臣受僞無據仍執前律當是時馬阮必欲殺周鍾學龍欲緩其死謀之次輔王鐸乘士英注籍上之且請停刑鐸卽擬俞旨褒以詳慎平允士英聞之大怒然事已無及大鋮暨其黨張捷楊維垣聲言欲劾學龍學龍引疾命未下保國公朱國弼御史張孫振等詆其曲庇行私遂削籍大鋮旣殺鍾時亨卽傳旨二等罪斬者謫充雲南金齒軍三等罪絞者充廣西邊衞軍四等以下俱爲民永不敘用然學龍所定案亦多漏網而所擬一等諸犯皆隨賊西行實未嘗正刑辟也黃繼祖沈元龍向列星李檷黃紀孫襄王之牧王皐梅鶚姬琨朱國壽吳嵩孕姜荃林皆未詳其官學龍歸南都旋失久之卒於家

高倬字枝樓忠州人天啟五年進士除德清知縣調金華崇禎四年徵授御史薊遼總督曹文衡與總監鄧希詔相訐奏詔殫力幹濟以副委任倬乃上疏言文衡骫髒成性必不能仰鼻息於中官希詔睚眦未忘何能化戈矛爲同氣封疆事重宜撤希詔安文衡心若文衡不足用宜更置勿使中官參之諸邊鎮臣如希詔不少使人效希詔督撫之展布益難卽諸邊督撫如文衡亦不少使人效文衡將邊事之廢壞愈甚疏入貶一秩視事巡視草場坐失火下吏廷臣申救不納踰年熟審給事中吳甘來以爲言始釋歸起上林署丞稍遷大理右寺副十一年五月火星逆行詔修省倬以近者刑獄滋繁法官務停閣請敕諸司尅期奏報大者旬小者五日其奉旨覆讞者或五日三日務俾積案盡疏囹圄衰減帝爲採納屢遷南京太僕卿太僕故駐滁州滁爲南都西北門戶請募州人爲兵保障鄉土從之十六年二月擢右僉都御史提督操江其秋操江改任武臣劉孔昭召倬別用未赴而京師陷福王立南京拜倬工部右侍郎御用監內官請給工料銀置龍鳳几榻諸器物及宮殿陳設金玉諸寶計貲數十萬倬請裁省光祿寺辦御用器至萬五千七百有奇倬又以爲言皆不納明年二月由左侍郎拜刑部尚書國破倬投繯死是時大臣殉難者倬與張捷楊維垣庶僚則有黃端伯劉成治吳嘉允龔廷祥端伯字元公建昌新城人崇禎元年進士歷寧波杭州二府推官行取赴都母憂歸服闋入都疏陳益王居建昌不法狀王亦劾端伯離間親藩及出妻酗酒諸事有詔候勘避居廬山福王立大學士姜曰廣薦起之明年三月授儀制主事五月南都破百官皆迎降端伯不出捕繫之閱四月諭之降不從卒就戮成治字廣

如漢陽人崇禎七年進士福王時歷官戶部郎中國破忻城伯趙之龍將出降入戶部封府庫成治憤手搏之之龍跳而免成治自經嘉允字繩如松江華亭人由鄉舉歷官戶部主事奉使出都聞變還謁方孝孺祠投繯死廷祥字伯興無錫人馬世奇門人也崇禎十六年進士爲中書舍人城破衣冠步至武定橋投水死時又有欽天監博士陳于階國子生吳可箕武舉黃金璽布衣陳士達並死焉

左懋第字蘿石萊陽人崇禎四年進士授韓城知縣有異政遭父喪三年不入內寢事母盡孝十二年擢戶科給事中疏陳四弊謂民困兵弱臣工委頓國計虛耗也又陳貴粟之策令天下贖罪者盡輸粟塞筴復開中之舊令輸粟邊塞充軍食彗星見詔停刑懋第請馬上速傳又請嚴禁將士剽掠有司脧削請散米錢振輦下饑民收養嬰孩明年正月勸餉罷徵亦請馬上速行恐遠方吏不知先已徵民不沾實惠帝並採納三月大風霾帝布袍齋居禱之不止懋第言去秋星變朝停刑而夕即減今者不然豈陛下有其文未修其實乎臣敢以實進練餉之加原非得已乃明旨減兵以省餉天下共知之而餉猶未省何也請自今因兵徵餉預使天下知應加之數官吏無所逞其奸以信陛下之明詔而刑獄則以睿慮之疑信定諸囚之死生諸疑於心與疑信半者悉從輕典豈停刑可止彗解網不可以返風乎且陛下屢沛大恩四方死者猶枕藉盜賊未見衰止何也由蠲停者止一二存留之賦有司迫考成催徵未敢緩是以莫救於凶荒請於極荒州縣下詔速停有司息訟專以救荒爲務帝曰然於是上災七十五州縣新舊練三餉並停中災六十八州縣止徵練餉下災二十八州縣秋成督徵十四年督催漕運道中馳疏言臣自靜海抵臨淸見人民饑死者三疫死者三爲盜者四米石銀二十四兩人死取以食惟聖明垂念又言臣自魚臺至南陽流寇殺戮村市爲墟其他饑疫死者屍積水涯河爲不流振救安可不速已又陳安民息盜之策請核荒田察逋戶予以有生之樂鼓其耕種之心又言臣有事河干一載每進父老問疾苦皆言練餉之害三年來農怨於野商嘆於途如此重派所練何兵兵在何所勦賊禦邊效安在奈何使衆心瓦解一至此極乎又言臣去冬抵宿遷見督漕臣史可法言山東米石二十兩而河南乃至百五十兩漕儲多逋朝議不收折色需本色今淮鳳間麥大熟如收兩地折色易麥轉輸豈不大利昔劉晏有轉易之法今歲河北大稔山東東兗二郡亦有收誠出內帑二三十萬分發所司及時收糴於國計便帝卽命議行屢遷刑科左給事中十六年秋出察江防明年五月福王立進兵科都給事中旋擢右僉都御史巡撫應天徽州諸府時大清兵連破李自成朝議遣使通好而難其人懋第母陳歿於燕懋第欲因是返匱葬請行乃拜懋第兵部右侍郎兼右僉都御史與左都督陳弘範太僕少卿馬紹愉偕而令懋第經理河北聯絡關東諸軍馬紹愉者故兵部郎官也嘗爲陳新甲通款事至義州而還新甲旣誅紹愉以督戰致衂爲懋第劾罷及是紹愉已起官郎中乃進爲少卿副懋第懋第言臣此行致祭先帝后梓宮訪東宮二王蹤跡臣旣充使臣勢不能兼理封疆且紹愉臣所劾罷不當復與臣共事必用臣經理則乞命弘範同紹愉出使而假臣一旅偕山東撫臣收拾山東以待不敢復言北行如用臣與弘範北行則去臣經理但銜命而往而罷紹愉勿遣閣部議止紹愉改命原任薊督王永吉王令仍遵前諭懋第瀕行言臣此行生死未卜請以辭闕之身效一言願陛下以先帝仇恥爲心瞻高皇之弓劍則思成祖列聖之陵寢何存撫江上之殘黎則念河北山東之赤子誰卹更望時時整頓士馬必能渡河而戰始能扼河而守必能扼河而守始能畫江而安衆韙其言王令齎白金十萬兩幣帛數萬匹以兵三千人護行八月舟渡淮十月朔次張家灣本朝傳令止許百人從行懋第衰絰入都門至則館之鴻臚寺請祭告諸陵及改葬先帝不可則陳太牢於旅所哭而奠之卽以是月二十有八日遣還出都弘範乃請身赴江南招諸將劉澤清等降附而留懋第等勿遣於是自滄州追還懋第改館太醫院順治二年六月聞南京失守慟哭其從弟懋泰先爲吏部員外郎降賊後歸本朝授官矣來謁懋第懋第曰此非吾弟也叱出之至閏月十二日與從行兵部司務陳用極游擊王一斌都司張良佐劉統王廷佐俱以不降誅而紹愉獲免

祁彪佳字弘吉浙江山陰人祖父世淸白吏彪佳生而英特丰姿絕人弱冠第天啓二年進士授興化府推官始至吏民易其年少及治事剖決精明皆大畏服外艱歸崇禎四年起御史疏陳賞罰之要言黜功因一級疑稽三年之敘且恩及督撫總帥帷幄大臣而陷敵衝鋒之士不預何以勵行間山東之變六城連陷未嘗議及一官欺蒙之習不可不破帝卽命議行又言九列之長詰責時聞四朝遺老或蒙重譴諸臣怵嚴威競迎合以保名位臣所慮於大臣者此也方伯或一二考臺員或十餘載竟不得遷除監司守令多貶秩停俸臣子精神才具無餘地展布曷由急功赴名之心不勝其掩罪匿瑕臣所慮於小臣者此也國家聞鞞鼓思將帥苟得其人推轂築壇禮亦宜之若必依序循資冒濫之實雖可淸獎拔之術或未盡臣所慮於武臣者此也撫按則使中官監視會同隙開水火其患顯潛通交結其患深臣所慮於內臣者此也忤旨譙責尋上合籌天下全局疏以策關寧制登海爲二大要分析中州秦晉之流賊江右楚粵之山賊浙閩東粵之海賊滇黔楚蜀之土賊爲四大勢極控制駕馭之宜而歸其要於戢行伍以節餉實衞所以銷兵復陳民間十四大苦曰里甲曰虛糧曰行戶曰搜贓曰欽提曰隔提曰訐訟曰窩訪曰私稅曰私鑄曰解運曰馬戶曰鹽丁曰難民帝善其言下之所司出按蘇松諸府廉積猾四人杖殺之宜興民發首輔周延儒祖墓又焚翰林陳于鼎于泰廬亦發其祖墓彪佳捕治如法而於延儒無所徇延儒憾之回道考覈降俸尋以侍養歸家居九年母服終召掌河南道事十六年佐大計問遺莫敢及門刷卷南畿乞休不允便道還家北都變聞謁福王於南京王監國或請登極彪佳請發喪服滿議其儀從之高傑兵擾揚州民奔避江南奸民乘機剽敓命彪佳往宣諭斬倡亂者數人一方遂安遷大理寺丞旋擢右僉都御史巡撫江南蘇州諸生檄討其鄉官從賊者奸民和之少詹事項煜及大理寺正錢位坤通政司參議宋學顯禮部員外郎湯有慶之家皆被焚劫常熟又焚給事中時敏家燬其三代四棺彪佳請議從逆諸臣罪而治焚掠之徒以加等從之詔設厰衛緝事官彪佳上言洪武初官民有犯或收繫錦衣衞高皇帝見非法凌虐焚其刑具送囚刑部是祖制原無詔獄也後乃以羅織爲事雖曰朝廷爪牙實爲權奸鷹狗舉朝盡知其枉而法司無敢雪慘酷等來周平反無徐杜此詔獄之弊也洪武十五年改儀鑾司爲錦衣衞嵩掌直駕侍衞等事未嘗令緝事也永樂間設立東厰始開告密門兒人投爲厮役赤手鉅萬飛誣及於善良招承出於私拷怨憤滿乎京畿欲絕苞苴而苞苴彌盛欲淸奸宄而奸宄益多此緝事之弊也古者刑不上大夫逆瑾用事始去衣受杖本無可殺之罪乃蒙必死之刑朝廷受愎諫之名天下反歸忠直之譽此廷杖之弊也疏奏乃命五城御史體訪而緝事官不設督輔部將劉肇基陳可立張應夢于永綬駐京口浙江入衞都司黃之奎亦部水陸兵三四千戍其地之奎御軍嚴四將兵恣橫刃傷民浙兵縛而投之江遂有隙已而守備李大開統浙兵斫鎭兵馬鎭兵與相擊射殺大開亂兵大焚掠死者四百人彪佳至永綬等遁去彪佳劾治四將罪賙卹被難家民大悅高傑駐瓜洲跋扈甚彪佳尅期往會至期風大作傑意彪佳必無來彪佳攜數卒衝風渡傑大駭異盡撤兵衞會彪佳於大觀樓彪佳披肝膈勉以忠義共獎王室傑感歎曰傑閱人多矣如公傑甘爲死公一日在吳傑一日遵公約矣共飯而別羣小疾彪佳競詆諆以沮登極立潞王爲言彪佳竟移疾去明年五月南都失守六月杭州繼失彪佳卽絕粒至閏月四日給家人先寢端坐池中而死年四十有四唐王贈少保兵部尚書謚忠敏

贊曰張愼言徐石麒等皆北都舊臣剛方練達所建白悉有裨時政令其受事熙朝從容展布庶幾乎列卿之良也而遭時不造內外交訌動輒齟齬雖老成何能設施斡濟哉左懋第仗節全貞蹈死不悔於奉使之義亦無愧焉

明史卷二百七十六　列傳第一百六十四

總裁官總理事務經筵講官少保兼太子太保保和殿大學士兼管吏部戶部尚書事加六級張廷玉等奉

敕修

朱大典字延之金華人家世貧賤大典始讀書爲人豪邁登萬曆四十四年進士除章邱知縣天啓二年擢兵科給事中中官王體乾魏忠賢等十二人及乳媼客氏假保護功廕錦衣世襲大典抗疏力諫五年出爲福建副使進右參政以憂歸崇禎三年起故官蒞山東尋調天津五年四月李九成孔有德圍萊州山東巡撫徐從治中礮死擢大典右僉都御史代之詔駐青州調度兵食七月登萊巡撫謝璉復陷於賊總督劉宇烈被逮乃罷總督及登萊巡撫不設專任大典督主客兵數萬及關外勁旅四千八百餘人合勦之以總兵金國奇將率副將靳國臣劉邦域參將祖大弼祖寬張韜遊擊柏永

福及故總兵吳襄襄子三桂等以中官高起潛監護軍餉抵德州賊復犯平度副將牟文綬何維忠等救之殺賊魁陳有時維忠亦被殺八月巡按監軍御史謝三賓至昌邑請斬王洪劉國柱詔逮治之兵部尚書熊明遇亦坐主撫誤國罷去三賓復抗疏請絕口勿言撫事國奇等至昌邑分三路國奇等關外兵爲前鋒鄧玘步兵繼之從中路灰埠進昌平總兵陳洪範副將劉澤清方登化從南路平度進參將王之富王文緯等從北路海廟進檄遊擊徐元亨等率萊陽師來會以牟文綬守新河諸軍皆攜三日糧盡抵新河東岸亂流以濟祖寬至沙河有德迎戰寬先進國臣繼之賊大敗諸軍乘勝追至城下賊夜半東遁圍始解守者疑賊誘礮拒之起潛遣中使入諭闔城相慶明日南路兵始至國奇等遂擊賊黃縣斬首萬三千俘八百逃散及墜海死者數萬賊竄歸登州國臣等築長圍守之城三面距山一面距海牆三十里而遙東西俱抵海分番戍賊不能出發大礮官軍多死傷李九成出戰相當十一月九成搏戰降者洩其謀官軍合擊之馘於陣賊乃曉夜哭賊渠魁五九成有德有時耿仲明毛承祿也及是殺其二帝嘉解圍功進大典右副都御史將吏陞賞有差是月國奇卒以襄代攻圍既久賊糧絕恃水城可走不降及王之富祖寬奪其水門外護牆賊大懼六年二月中旬有德先遁載子女財帛出海仲明以水城委副將王秉忠已亦以單舸遁官軍遂入大城攻水城未下遊擊劉良佐獻轟城策匿人承福寺中穴城置火藥發之城崩官軍入賊退保蓬萊閣大典招降始釋甲俘千餘人獲秉忠及僞將七十五人自縊及投海死者不可勝計賊盡平有德等走旅順島帥黃龍邀擊生禽其黨毛承祿陳光福蘇有功斬李應元惟有德仲明逸去乃獻承祿等於朝磔之先一日有功脫械走帝震怒斬監守官刑部郎多獲罪未幾被執伏誅敍功進大典兵部右侍郎世廕錦衣百戶巡撫如故八年二月流賊陷鳳陽毀皇陵總督楊一鵬被逮詔大典總督漕運兼巡撫廬鳳淮揚四郡移鎭鳳陽時江北州縣多陷明年正月賊圍滁州連營百餘里總兵祖寬大破之大典會總理盧象昇追襲復破之急還兵遏賊衆於鳳陽賊始退十一年賊復入江北謀竄茶山大典與安慶巡撫史可法提兵遏之賊乃西遁大典先坐失州縣貶秩視事是年四月以平賊踰期再貶三秩尋敍援勦及轉漕功盡復其秩十三年河南賊大入湖廣大典遣將救援屢有功進左侍郎明年六月命大典總督江北及河南湖廣軍務仍鎭鳳陽專辦流賊而以可法代督漕運賊帥袁時中衆數萬橫潁亳間大典率總兵劉良佐等擊破之敍賚有差大典有保障功然不能持廉屢爲給事中方士亮御史鄭崑貞等所劾詔削籍候勘事未竟而東陽許都事發許都者諸生負氣憤縣令苛斂作亂圍金華大典子萬化募健兒禦之賊平而所募者不散大典聞急馳歸知縣徐調元閱都兵籍有萬化名遂言大典縱子交賊巡按御史左光先聞於朝得旨逮治籍其家充餉且令督賦給事中韓如愈趣之已而京師陷福王立有白其誣者而大典亦自結於馬士英阮大鋮乃召爲兵部左侍郎踰月進尚書總督上江軍務左良玉與兵命監黃得功軍禦之福王奔太平大典與大鋮入見舟中誓力戰得功死王被禽兩人遂走杭州會潞王亦降大典乃還鄕郡據城固守唐王聞就加東閣大學士督師浙東踰年城破闔門死之其時浙東西郡縣前後失守死事者杭州則有同知王道焜錢塘知縣顧咸建臨安知縣唐自綵紹興則有兵部主事高岱葉汝藎衢州則有巡按王景亮知府伍經正推官鄧巖忠江山知縣方召若夫諸生及布衣殉義者會稽潘集周卜年山陰朱瑋諸暨傅日炯鄞縣趙景麟浦江張君正瑞安鄒欽堯永嘉鄒之琦其尤著云王道焜字昭平錢塘人以天啓元年舉於鄕崇禎時爲南平知縣遷南雄同知會光澤寇發其父老言非道焜不能平撫按爲請詔改邵武同知知光澤縣事撫勦兼施境內底定莊烈帝破格求賢盡徵天下賢能吏撫按以道焜名聞方待命而都城陷微服南還及杭州失守遂投繯死顧咸建字漢石崑山人大學士鼎臣曾孫也崇禎十六年進士授錢塘知縣甫之官聞京師陷人情恟恟咸建戢奸宄嚴警備巡按御史彭遇颽以貪殘激變賴咸建調護事寧而民免株連及南都失守鎭江守將鄭彩等率衆還閩緣道劫掠咸建出私財迎犒乃斂威去亡何馬士英擁兵至頃之大將方國安兵亦至咸建謀於上官先期遣使行賂兵乃不入城四鄕多被淫掠城中得無擾時監司及郡縣長吏悉逋竄咸建散遣妻子獨守官不去潞王既降咸建不至尋被執死之唐自綵達州人爲臨安知縣杭州失守自綵與從子階豫逃山中有言其受魯王敕陰部署爲變遂被捕獲自綵麾階豫走不從竟同死高岱字魯瞻會稽人崇禎中以武學生舉順天鄕試魯王授爲職方主事及紹興失守即絕粒祈死子朗知父意不可回先躍入海中死岱聞之曰兒果能先我乎自是不復言數日亦卒葉汝藎字衡生岱同邑人由舉人爲兵部主事聞變與妻王氏出居桐塢墓所並赴水死王景亮字武侯吳江人崇禎末登進士仕福王爲中書舍人唐王立擢御史巡撫金衢二府兼視學政伍經正安福人由貢生爲西安知縣唐王超擢知府事鄧巖忠江陵人由鄕舉爲推官衢州破經正赴井死景亮巖忠皆自縊死魯王所遣鎭將張鵬翼亦死之方召宣城人署江山縣事金華被屠集父老告之曰兵且至吾義不當去然不可以一人故致闔城被殃遂封其印冠帶向北拜赴井死士民爲收葬立祠祀焉

張國維字玉笥東陽人天啓二年進士授番禺知縣崇禎元年擢刑科給事中劾罷副都御史楊所修御史田景新皆魏忠賢黨也已陳時政五事言陛下求治太銳綜核太嚴拙者跼蹐以避咎巧者委蛇以取容誰能展布四體爲國家營職業者故治象精明而腹心手足之誼實薄此英察宜斂也祖宗朝閣臣有封還詔旨者有疏揭屢上而爭一事者今一奉詰責則俛首不遑一承改擬則順旨恐後倘處置失宜亦必不敢執奏此將順宜戒也召對本以通下情未有因而獲罪者今則惟傳天語莫睹拜颺臣同官熊奮渭還朝十日旁措一詞遂蒙譴謫不可稍加薄罰示優容之度乎此上下宜洽也其二條請平刑罰溥膏澤帝不能盡用進禮科都給事中京師地震規弊政甚切遷太常少卿七年擢右僉都御史巡撫應天安慶等十府其冬流賊犯桐城官軍覆沒國維方壯年一夕鬚髮頓白明年正月率副將許自强赴援遊擊潘可大知縣陳爾銘等守桐不下賊乃攻潛山知縣趙士彥重傷卒攻太湖知縣金應元訓導扈永寧被殺國維至解桐圍遣守備朱士允趨潛山把總張其威趨太湖士允戰死自强遇賊宿松殺傷相當安慶山民桀石以投賊賊多死乃越英山霍山而遁九月賊復由宿松入潛山太湖他賊掃地王亦陷宿松等三縣國維乃募士著二千人戍之而以兵事屬監軍史可法明年正月賊圍江浦遣守備蔣若來陳于王戰却之十二月賊分兵犯懷寧可法及左良玉馬爌遏之復犯江浦副將程龍及若來于王等拒守諸城並全又圍望江遣兵援之亦解去十年三月國維率龍等赴安慶禦賊酆家店龍軍數千悉沒賊東陷和州含山定遠攻陷六合知縣鄭同元潰走賊遂攻天長國維見賊勢日熾請於朝割安慶池州太平別設巡撫以可法任之安慶不隸江南巡撫自此始也議者欲并割江浦六合俾國維專護江南不許國維爲人寬厚得士大夫心屬郡災傷輒爲請命築太湖繁昌二城建蘇州九里石塘及平望內外塘長洲至和等塘修松江捍海堤濬鎭江及江陰漕渠並有成績遷工部右侍郎兼右僉都御史總理河道歲大旱漕流涸國維濬諸水以通漕山東饑振活窮民無算十四年夏山東盜起改兵部右侍郎兼督淮徐臨通四鎭兵護漕運大盜李青山衆數萬據梁山濼遣其黨分據韓莊等八閘運道爲梗周延儒赴召北上青山謁之言率衆護漕非亂也延儒許言於朝授以職而青山竟截漕舟大焚掠迫臨清國維合所部兵擊降之獻俘於朝磔諸市兵部尚書陳新甲下獄帝召國維代之乃定戰守賞罰格列上嚴世職酌推陞愼咨題等七事帝皆報可會開封陷河北震動條防河數策帝亦納之十六年四月我大淸兵入畿輔國維檄趙光抃拒螺山八總兵之師皆潰言者詆國維乃解職尋下獄帝念其治河功得釋召對中左門復故官兼右僉都御史馳赴江南浙江督練兵輸餉諸務出都十日而都城陷福王召令協理戎政尋敍山東討賊功加太子太保廕錦衣僉事吏部尚書徐石麒去位衆議歸國維馬士英不用用張捷國維乃乞省親歸南都覆踰月潞王監國於杭州不數日出降閏六月國維朝魯王於台州請王監國即日移駐紹興進國維少傅兼太子太傅兵部尚書武英殿大學士督師江上總兵官方國安亦自金華至馬士英素善國安匿其軍中請入朝國維劾其十大罪乃不敢入連復富陽於潛樹木城緣江要害聯合國安及王之仁鄭遵謙熊汝霖孫嘉績錢肅樂諸營爲持久計

順治三年五月國安等諸軍乏餉潰王走台州航海國維亦還守東陽六月知勢不可支作絕命詞三章赴水死年五十有二

張肯堂字載寧松江華亭人天啓五年進士授濬縣知縣崇禎七年擢御史明年春賊陷鳳陽條上滅賊五事俄以皇陵震驚疏責輔臣不宜作秦越之視帝不問出按福建數以平寇功受賚還朝言監司營競紛紜意所欲就則保留久任意所欲避則易地借才今歲燕秦明歲閩粵道路往返動經數千程限稽遲多踰數月加一番更移輒加一番擾害帝是其言十二年十月楊嗣昌出督師肯堂奏言從古戡亂之法初起則解散勢成則剪除未有專任撫者今輔臣膺新命而出賊必仍用故

扙佯搖尾乞憐而失事諸臣冀掩從前敗局必多方熒惑仍進撫議請特申一令專務剿除有進招撫說者立置重典帝以偏執聽見責之十四年四月言流寇隳城破邑往來縱橫如入無人之境此督師嗣昌受事前所未有目前大計在先釋嗣昌之權疏入而嗣昌已死十二月復言今討賊不可謂無人巡撫之外更有撫治總督之上又有督師位號雖殊事權無別今楚自報捷豫自報敗甚至南陽失守禍中親藩督師職掌安在試問今爲督師者將居中而運以發蹤指示爲功乎抑分賊而辦以焦頭爛額爲事乎今爲秦保二督者將兼顧提封相爲犄角之勢乎抑遇賊追剿專提出境之師乎今爲撫者將一稟督師之令進退惟其指揮乎抑兼視賊勢之急戰守可以擇利乎凡此肯綮一切置不問中樞冥冥而決諸臣瞶瞶而任至失地喪師中樞糾督撫以自解督撫又互相委以謝愆而疆事不可問矣帝納其言下所司詳議十五年請召還建言謫諸臣乃復給事中陰潤李淸劉昌御史周一敬官肯堂遷大理丞旋擢右僉都御史巡撫福建總兵鄭鴻逵擁唐王聿鍵入閩與其兄南安伯芝龍及肯堂勸進遂加太子少保吏部尚書曾櫻至言官請令櫻掌吏部乃令肯堂掌都察院肯堂請出募舟師由海道抵江南倡義旅而王由仙霞趨浙東與相聲援乃加少保給敕印便宜從事芝龍懷異心陰沮之不成行

順治三年王敗死肯堂飄泊海外六年至舟山魯王用爲東閣大學士八年
大淸兵乘天霧集螺頭門定西侯張名振奉王航海去屬肯堂城守城中兵六千居民萬餘堅守十餘日城破肯堂衣蟒玉南向坐令四妾一子婦一女孫先死乃從容賦詩自經時同死者兵部尚書李向中禮部尚書吳鍾巒吏部侍郎朱永佑安洋將軍劉世勛左都督張名揚又有通政使會稽鄭遵儉兵科給事中鄞縣董志寧兵部郎中江陰朱養時戶部主事福建林瑛蘇州江用楫禮部主事會稽董元兵部主事福建朱萬年長洲顧珍臨山衞李開國工部主事長洲顧中堯中書舍人蘇州蘇兆人工部所正鄞縣戴仲明定西侯參謀順天顧民楫諸生福建林世英錦衣指揮王朝相內官監太監劉朝凡二十一人李向中鍾祥人崇禎十三年進士授長興知縣調秀水福王時歷車駕郎中蘇松兵備副使唐王以爲尚寶卿閩事敗避海濱魯王監國召爲右僉都御史從航海進兵部尚書從至舟山及是破大帥召向中不赴發兵捕之以衰絰見大帥呵之曰聘汝不至捕卽至何也向中從容曰前則辭官今就戮耳吳鍾巒字巒稚武進人崇禎七年進士授長興知縣以旱潦徵練餉不中額謫紹興照磨踰年移桂林推官聞京師變流涕曰馬君常必能死節已而世奇果死福王立遷禮部主事抵南雄聞南都失轉赴福建痛陳國計魯王起兵以鍾巒爲禮部尚書往來普陀山中
大淸兵至寧波鍾巒慷慨謂人曰昔仲達死璫禍吾以諸生不得死君常死賊難吾以遠臣不得從死今其時矣乃急渡海入昌國衞之孔廟積薪左廡下抱孔子木主自焚死仲達者江陰李應昇鍾巒弟子忤魏忠賢死黨禍者也朱永佑字爰啓崇禎七年進士授刑部主事改吏部罷歸事唐王後至舟山城破被執願爲僧不許乃就戮名揚名振弟城破母范以下自焚者數十人朝相聞城失守護王妃陳氏貴嬪張氏義陽王妃杜氏入井用巨石覆之自刎其旁開國母瑛明楫妻皆自盡

曾櫻字仲含峽江人萬曆四十四年進士授工部主事歷郎中天啓二年稍遷常州知府諸御史巡鹽倉江漕及提學屯田者皆操舉劾權文牒日至櫻牒南京都察院曰他方守令奔命一巡按獨南畿奔命數巡按請一切戒飭罷鈞訪取贖諸陋習都御史熊明遇爲申約束焉櫻持身廉爲政愷悌公平不畏强禦屯田御史索屬吏應劾者姓名櫻不應御史危言恐之答曰僚屬已盡無可糾止知府無狀因自署下考杜門待罪撫按亟慰留乃起視事織造中官李實迫知府行屬禮櫻不從實移檄以爾汝侮之櫻亦報以爾汝卒不屈無錫高攀龍江陰繆昌期李應昇被逮櫻助昌期應昇貲而經紀攀龍死後事爲文祭之出其子及僮僕於獄宜興毛士龍坐忤魏忠賢遣戍櫻諷士龍逃去上官捕其家人賴櫻以免武進孫愼行忤忠賢當戍櫻緩其行忠賢敗事遂解崇禎元年以右參政分守漳南九蓮山賊犯上杭櫻募壯士擊退之夜搗其巢殲馘殆盡士民爲櫻建祠母憂歸服闋起故官分守興泉二郡進按察使分巡福寧先是紅夷寇興泉櫻請巡撫鄒維璉用副總兵鄭芝龍爲軍鋒果奏捷及劉香寇廣東總督熊文燦欲得芝龍爲援維璉等以香與芝龍有舊疑不遣櫻以百口保芝龍遂討滅香芝龍感櫻甚十年冬帝信東廠言以櫻行賄謀擢官命械赴京御史葉初春嘗爲櫻屬吏知其廉於他疏微白之有詔詰問因具言櫻賢然不知賄所從至詔至閩巡撫沈猶龍巡按張肯堂閱邸檄有奸人黃四臣名芝龍前白曰四臣我所遣我感櫻恩恐遷去令從都下訊之四臣乃妄言致有此事猶龍肯堂以入告力白櫻寃芝龍亦具疏請罪士民以櫻貧爲醵金辦裝耆老數千人隨至闕下擊登聞鼓訟寃帝命毋入獄俟命京邸削芝龍都督銜而令櫻以故官巡視海道尋以衡永多寇改櫻湖廣按察使分守湖南給以敕故事守道無敕帝特賜之時賊已殘十餘州縣而永州知府推官咸不任職櫻薦蘇州同知晏日曙歸德推官萬元吉才兩人方坐事罷官以櫻言並起用櫻乃調芝龍勦賊賊多降一方遂安遷山東右布政使分守東萊十四年春擢右副都御史代徐人龍巡撫其地明年遷南京工部右侍郎乞假歸山東初被兵巡撫王永吉所部濟兗東三府州縣盡失匿不以聞兵退以恢復報而櫻所部青登萊三府失州縣無幾盡以實奏及論罪永吉反擢總督而櫻奪官逮下刑部獄不十日而京師陷賊釋諸囚櫻乃遁還其後唐王稱號於福州芝龍薦櫻起工部尚書兼東閣大學士無何令掌吏部尋進太子太保吏部尚書文淵閣王駐延平令櫻留守福州
大淸兵破福州櫻挈家避海外中左衞越五年其地被兵遂自縊死

朱繼祚莆田人萬曆四十七年進士改庶吉士授編修天啓中與修三朝要典尋罷去崇禎初復官累遷禮部右侍郎充實錄總裁給事中葛樞言繼祚嘗纂修要典得罪淸議不可總裁國史不聽繼祚旋謝病去起南京禮部尚書又以人言罷去福王時起故官未赴南都失唐王召爲東閣大學士從至汀州王被禽繼祚奔還其鄉魯王監國繼祚舉兵應王攻取興化城既而
大淸兵至城復破繼祚及參政湯芬給事中林嵋知縣都廷諫並死之芬字方侯嘉善人崇禎十六年進士福王時爲史可法監紀推官唐王以爲御史尋以監司分守興泉道城破緋衣坐堂上被殺嵋字小眉繼祚同邑人由進士爲吳江知縣蘇州失歸仕唐王至是自縊死廷諫杭州人莆田知縣王自監國二年正月至長垣迨次年正月連克建寧邵武興化三府福寧一州漳浦海澄連江長樂等二十七縣軍聲頗振及是得者復失海澄失知縣洪有文死之永福失邑人給事中鄢正畿御史林逢經俱投水死長樂失邑人御史王恩及服毒死妻李氏同死建寧失守將王祈巷戰不勝自焚死

余煌字武貞會稽人天啓五年進士第一授翰林修撰與修三朝要典崇禎時以內艱歸服闋起左中允歷左諭德右庶子充經筵講官給事中韓源劾禮部侍郎吳士元御史華琪芳及煌皆與修要典宜斥帝置不問煌疏辯帝復溫旨慰諭之戶部尚書程國祥請借京城房租煌爭不可乞假歸遂丁外艱服除久不起魯王監國紹興起禮部右侍郎再起戶部尚書皆不就明年以武將橫甚拜煌兵部尚書始受命時諸臣競營高爵請乞無厭煌上言今國勢愈危朝政愈紛尺土未復戰守無資諸臣請祭則當思先帝烝嘗未備請葬則當思先帝山陵未營請封則當思先帝宗廟未享請廕則當思先帝子孫未保請謚則當思先帝光烈未昭時以爲名言
大淸兵過江王航海遁六月二日煌赴水舟人拯起之居二日復投深處乃死陳函輝字木叔臨海人崇禎七年進士授靖江知縣爲御史左光先劾罷北都陷誓衆倡義會福王立不許草澤勤王乃已尋起職方主事監軍江北事敗歸魯王擢爲禮部右侍郎從王航海已而相失哭入雲峰山作絕命詞十章投水死

王瑞枏字聖木永嘉人天啓五年進士授蘇州推官兼理兌運軍民交兌恒相軋啓釁瑞枏調劑得宜歲省浮費三萬金上官爲勒石著令貴人弟奸法執問如律其人中之當道將議調遂歸崇禎七年起河間推官遷工部主事調兵部轉職方員外郎擢湖廣兵備僉事駐襄陽十一年春張獻忠據穀城乞撫總理熊文燦許之瑞枏以爲非計謀於巡按林銘球總兵官左良玉將俟其至執之文燦固執以爲不可瑞枏言賊以計愚我我不可爲所愚今良玉及諸將賈一選周仕鳳之兵俱在近境誠合而擊之何患不捷文燦怒責以撓撫局瑞枏曰賊未創而遽撫彼將無所懼惟示以必勦之勢乃心折不敢貳非相撓實相成也文燦不從瑞枏乃列上從征歸農解散三策文燦亦不用瑞枏自爲檄諭獻忠獻忠恃文燦庇已不聽明年獻忠叛瑞枏先已丁憂歸獻忠留書於壁言己之叛總理使然具列上官姓名及取賄月日而題其末曰不納我金者王兵備一人耳由是瑞枏名大著服闋未及用而都城陷福王時召爲太僕少卿極陳有司虐民之狀旋告歸唐王召赴福建仍故官未幾復歸及閩地盡失溫州亦不守避之山中有欲薦令出者乃拜辭家廟從容入室自經死

路振飛字見白曲周人天啓五年進士除涇陽知縣大吏諂魏忠賢將建祠涇陽振飛執不從邑人張問達忤奄坐追贓十萬振飛故遷延奄敗事解流賊入境擊却之崇禎四年徵授御史疏劾周延儒卑汚奸險黨邪醜

正祈立斥以清揆路被旨切責未幾陳時事十大弊曰務苛細而忘政體喪廉恥而壞官方民愈窮而賦愈亟有事急而無事緩知顯患而忘隱憂求治事而鮮治人責外重而責內輕嚴於小而寬於大臣日偷而主日疑有詔旨而無奉行疏入詔付所司山東兵叛劾巡撫余大成孫元化且論延儒曲庇罪帝不問已劾吏部尚書閔洪學結權勢樹私人秉銓以來吏治日壞洪學自引去廷推南京吏部尚書謝陞爲左都御史振飛歷詆其醜狀陞遂不果用六年巡按福建海賊劉香數勾紅夷入犯振飛懸千金勵將士遣遊擊鄭芝龍等大破之詔賜銀幣俸滿以京卿錄用初振飛論海賊情形詆巡撫鄒維璉不能辦語侵之維璉罷去命甫下數奏捷振飛乃力暴其功維璉復召用八年夏帝將簡輔臣振飛言枚卜盛典使貪緣者竊附則不光如向者周延儒溫體仁等公論俱棄宅揆以後民窮盜興辱己者必不能正天下時延儒已斥而體仁方居首揆銜之已而振飛按蘇松請除輸布收銀白糧收兌之四大患民困以蘇會常熟錢謙益瞿式耜爲奸民張漢儒所訐體仁坐振飛失糾擬旨令陳狀振飛白謙益無罪語刺體仁體仁恚激帝怒謫河南按察司檢校入爲上林丞屢遷光祿少卿十六年秋擢右僉都御史總督漕運巡撫淮揚明年正月流賊陷山西振飛遣將金聲桓等十七人分道防河由徐泗宿遷至安東沭陽且團練鄉兵犒以牛酒得兩淮間勁卒數萬福周潞崇四王避賊同日抵淮大將劉澤清高傑等亦棄汛地南下振飛悉延接之四月初聞北都陷福王立於南京河南副使呂弼周爲賊節度使來代振飛進士武愫爲賊防禦使招撫徐沛而賊將董學禮據宿遷振飛擊禽弼周愫走學禮竿弼周法場命軍士人射三矢乃解磔之縛愫徇諸市鞭八十檻車獻諸朝伏誅五月馬士英欲用所親田仰乃罷振飛振飛亦遭母喪家無可歸流寓蘇州尋錄功即家加右副都御史振飛初督漕謁鳳陽皇陵望氣者言高牆有天子氣唐王聿鍵方以罪錮守陵中官虐之振飛上疏乞槩寬罪宗竟得請

順治二年大兵破南京聿鍵自立於福州拜爲左都御史募能致振飛者官五品賜二千金振飛乃赴召道拜太子太保吏部尚書兼文淵閣大學士至則大喜與宴抵夜分撤燭送歸解玉帶賜之官一子職方員外郎又錄守淮功廕錦衣世千戶王每責廷臣怠玩振飛因進曰上謂臣僚不改因循必致敗亡臣謂上不改操切亦未必能中興也上有愛民之心而未見愛民之政有聽言之明而未收聽言之效喜怒輕發號令屢更見羣臣庸下而過於督責因博覽書史而務求明備凡上所長皆臣所甚憂也其言曲中王短云三年

大清兵進仙霞關聿鍵走汀州振飛追赴不能及汀州破走居海島明年赴永明王召卒於途

何楷字元子漳州鎮海衛人天啓五年進士值魏忠賢亂政不謁選而歸崇禎時授戶部主事進員外郎改刑科給事中流賊陷鳳陽燬皇陵楷劾巡撫楊一鵬巡按吳振纓罪而刺輔臣溫體仁王應熊言振纓體仁私人一鵬應熊座主也逆賊犯皇陵神人共憤陛下輟講避殿感動臣民二輔臣獨漫視之欲令一鵬振纓戴罪自贖情面重祖宗陵寢爲輕朋比深天下譏刺不恤忤旨鐫一秩視事又言應熊體仁奏辯明自引門生姻婭刑官瞻徇實由於此乞宣諭輔臣毋分別恩仇以國事爲戲應熊復奏辯楷言臣疏未奉旨應熊先一日摭引臣疏詞必有漏禁中語者帝意動令應熊自陳應熊竟由是去吏部尚書謝陞言登萊要地巡撫陳應元引疾宜允其去及推勞永嘉代應元則言登萊巡撫本贅員楷亦疏駁之楷又請給贈都御史高攀龍官誥賜左光斗諸臣謚召還惠世揚疏多見聽屢遷工科都給事中十一年五月帝以火星逆行減膳修省兵部尚書楊嗣昌方主款議歷引前史以進楷與南京御史林蘭友先後言其非楷言嗣昌引建武款塞事欲借以申市賞之說引元和田興事欲借以申招撫之說引太平興國連年兵敗事欲借以申不可用兵之說徒巧附會耳至永平二年馬皇后事更不知指斥安在帝方護嗣昌不聽踰月嗣昌奪情入閣楷又劾之忤旨貶二秩爲南京國子監丞母憂歸服闋廷臣交薦召入京都城已陷福王擢楷戶部右侍郎督理錢法命兼工部右侍郎連疏請告不許

順治二年南都破楷走杭州從唐王入閩擢戶部尚書鄭芝龍鴻逵兄弟橫甚郊天時稱疾不出楷言芝龍無人臣禮王獎其風節命掌都察院事鴻逵扇殿上楷呵止之兩人益怒楷知不爲所容連請告去途遇賊截其一耳乃芝龍所使部將楊耿也漳州破楷遂抑鬱而卒楷博綜羣書寒暑勿輟尤邃於經學林蘭友字翰荃仙游人崇禎四年進士授臨桂知縣擢南京御史疏劾大學士張至發薛國觀吏部尚書田惟嘉等因論嗣昌忠孝兩虧貶浙江按察司照磨與楷及黃道周劉同升趙士春稱長安五諫遷光祿署丞京師陷薙髮自匿爲賊所執拷掠備至賊敗南還唐王用爲太僕少卿遷僉都御史事敗挈家遁海隅十餘年卒

熊汝霖字雨殷餘姚人崇禎四年進士授同安知縣擢戶科給事中疏陳用將之失言自偏裨至副將歷任有功方可授節鉞今足未履行陣幕府已上首功胥吏提虎旅紈袴子握兵符何由奮敵愾若大將之選宜召副將有功者時賜面對擇才者用之廷臣推擇有誤宜用文吏保舉連坐法帝納其言已言楊嗣昌未罪盧象昇未褒殊挫忠義氣至爲嗣昌畫策練餉驅中原萬姓爲盜者原任給事中沈迅也爲嗣昌運籌以三千人駐襄陽城破輒走者監紀主事俞爵也爲嗣昌援引遭襄藩之陷重賂陳新甲嫁禍鄖撫袁繼咸者今解任候代之宋一鶴也皆僨國之臣宜罪不報京師戒嚴汝霖分守東直門嘗召對言將不任戰敵南北往返謹隨其後如厮隸之於貴官負弩前驅望塵靡及何名爲將何名爲督師帝深然之已言有司察處者不得濫舉邊才監司察處者不得遽躐巡撫庶封疆重任不爲匪人借途又言自戒嚴以來臣疏凡二十上援勦機宜百不行一而所揣敵情不幸言中矣比者外縣難民紛紛入都皆云避兵不云避敵霸州之破敵猶不多殺掠官軍繼至始無孑遺朝廷歲費數百萬金錢以養兵豈欲毒我赤子帝惡其中有飲泣地下語謫爲福建按察司照磨福王立召還上疏言臣自丹陽來知浙兵爲邊兵所擊火民居十餘里邊帥有言四鎮以殺掠獲封爵我何憚不爲臣意四鎮必毅然北征一雪此恥今戀戀淮揚何也況一鎮之餉多至六十萬勢必不能供即倣古藩鎮法亦當在大河以北開屯設府曾奧窔之內而遽以藩籬視之頃之言臣竊觀目前大勢無論恢復未能即偏安尚未可必宜日討究兵餉戰守乃專在恩怨異同勳臣方鎮舌鋒筆鍔是逞近且以匿名帖逐舊臣以疏遠宗人劾宰輔中外紛紛謂將復廠衛夫廠衛樹威牟利小民雞犬無寧日先帝止此一節未免府怨前事不遠後事之師且先帝篤念宗藩而聞寇先逃誰死社稷先帝隆重武臣而叛降跋扈肩背相踵先帝委任勳臣而京營銳卒徒爲寇籍先帝倚任內臣而開門延敵衆口諠傳先帝不次擢用文臣而邊才督撫誰爲捍禦超遷宰執羅拜賊庭知前日之所以失即知今日之所以得及今不爲將待何時疏奏停俸尋補吏科右給事中初馬士英薦阮大鋮汝霖爭不可及大鋮起佐兵部汝霖又言大鋮以知兵用當置有用地不宜處中朝不聽踰月以奉使陛辭言朝端議論日新宮府揣摩日熟自少宰樞貳悉廢廷推四品監司竟晉詹尹蹊徑疊出謠詠繁興一人未用便目滿朝爲黨人一官外遷輒訾當事爲可殺置國恤於罔聞逞私圖而得志黃白充庭青紫塞路六朝佳麗復見今時獨不思他日稅駕何地耶不報未幾南京破士英竄杭州汝霖責其棄主士英無以應杭州亦破與孫嘉績同起兵魯王監國擢右僉都御史督師防江戰屢敗入海寧募兵萬人進兵部右侍郎唐王立閩中遣劉中藻頒詔汝霖出檄嚴拒之

順治三年進兵部尚書從魯王泛海明年以本官兼東閣大學士又明年春鄭彩憾汝霖遣兵潛害之并其幼子投海中

錢肅樂字希聲鄞縣人臨江知府若賡孫寧國知府敬忠兄子也崇禎十年成進士授太倉知州豪家奴與黠吏爲奸而兇徒結黨殺人焚其屍肅樂痛懲皆斂手又以朱白榜列善惡人名械白榜者階下予大杖久之杖者日少嘗攝崑山崇明事兩縣民皆立碑頌德遷刑部員外郎尋丁內外艱

順治二年大兵取杭州屬郡多迎降閏六月寧波鄉官議納款肅樂建議起兵諸生華夏董志寧等遮拜肅樂倡首士民集者數萬人肅樂乃建牙行事郡中監司守令皆逃惟一同知治府事肅樂索取倉庫籍繕完守具與總兵王之仁締盟共守聞魯王在台州遣舉人張煌言奉表請監國會紹興餘姚亦舉兵王乃赴紹興行監國事召肅樂爲右僉都御史畫錢塘而守尋進右副都御史當是時之仁及大將方國安竝加封爵其兵食用寧波紹興台州三郡田賦不能繼恒缺食已加兵部右侍郎明年五月軍食盡悉散去魯王航海肅樂亦之舟山唐王召之甫入境王已沒遂隱海壇山採山薯爲食明年魯王次長垣召爲兵部尚書薦用劉沂春吳鍾巒等明年拜肅樂東閣大學士唐王雖歿而其將徐登華爲守富寧魯王遣大學士劉中藻攻之登華欲降疑未決曰海上豈有天子舟中豈有國公肅樂致書將軍獨不聞南宋之末二帝竝在舟中乎登華遂降鄭彩專柄連殺熊汝霖鄭遵謙肅樂憂憤卒於舟故相葉向高曾孫進晟葬之福清黃蘗山劉中藻福安人由進士官行人賊陷京師薙髮被搒掠賊敗南還事唐王既事魯王攻降福寧守之移駐福安

大清兵破城冠帶坐堂上爲文自祭吞金屑死鄭遵謙

會稽人爲諸生潞王以杭州降大清遵謙倡衆起兵事魯王崎嶇浙閩間從王航海與汝霖竝爲彩害

沈宸荃慈谿人崇禎十三年進士授行人奉使旋里福王立復命擢御史疏陳五事皆切時病已論羣臣醜正黨邪請王臥薪嘗膽爲雪恥報讎之計尋薦詞臣黃道周劉同升葛世俊徐汧吳偉業等又言經畧山東河南者王永吉張縉彥也永吉失機先帝拔爲總督擁兵近甸不救國危縉彥官部曹先帝驟擢典中樞乃率先從賊即加二人極刑不爲過陛下屈法用之而永吉覬望逗遛縉彥狼狽南竄死何以對先帝生何以對陛下昌平巡撫何謙失陷諸陵罪亦當按都城既陷守土臣宜皆厲兵秣馬以報國讎乃賊塵未揚輒先去以爲民望如河道總督黃希憲山東巡撫邱祖德尚可容偃臥家園乎疏入謙祖德等皆命逮治永吉縉彥不罪時朝政大亂宸荃獨持正要人多疾之明年以年例出爲蘇松兵備僉事未赴南都破宸荃舉兵邑中魯王監國擢右僉都御史已而事敗宸荃棄家從王海外王次長垣連擢至大學士從王於舟山又從泛海抵廈門金門後幾舟南日山遭風沒於海其邑子沈履祥嘗爲知縣監國時以御史督餉台州城破避山中被獲死之

贊曰自甲申以後明祚既終不踰年而南都亦覆勢固無可爲矣朱大典張國維等抱區區之義徒假名號於海濱以支旦夕而上替下陵事無統紀欲以收偏安之效何可得乎

明史卷二百七十七　列傳第一百六十五

總裁官總理事務經筵講官少保兼太子太保保和殿大學士兼管吏部戶部尚書事加六級張廷玉等奉敕修

袁繼咸 張亮　金聲 江天一
邱祖德 溫璜 尹民興等 吳應箕　沈猶龍 李待問 章簡
陳子龍 夏允彝 徐孚遠　侯峒曾 閻應元等 朱集璜等
楊文驄 孫臨等　陳潛夫 陸培
沈廷揚　林汝翥 林垐
鄭爲虹 黃大鵬 胡上琛 王士和 熊緯

袁繼咸字季通宜春人天啓五年進士授行人崇禎三年冬擢御史監臨會試坐縱懷挾舉子謫南京行人司副遷主客員外郎七年春擢山西提學僉事未行總理戶工二部中官張彝憲有朝覲官齎冊之奏繼咸疏論之謂此令行上自藩臬下至守令莫不次第參謁屏息低眉跪拜於中官之座率天下爲無恥事大不便彝憲大恚與繼咸互訐奏帝不聽乃孑身赴任久之巡撫吳甡薦其廉能而巡按御史張孫振以請屬不應疏誣繼咸贓私事帝怒逮繼咸責甡回奏甡賢繼咸斥孫振諸生隨至都伏闕訴冤繼咸亦列上孫振請屬狀及其贓賄數事詔逮孫振坐謫戍繼咸得復官十年除湖廣參議分守武昌以兵擣江賊巢興國大冶山中禽賊首呂瘦子降其黨千餘人詔兼僉事分巡武昌黃州擊退賊老回回革裏眼等七大部黃陂黃安築黃岡城六千餘丈十二年移淮陽忤中官楊顯名奏鐫二秩調用督師楊嗣昌以其知兵引參軍事明年四月擢右僉都御史撫治鄖陽未一年襄陽陷被逮戍貴州十五年廷臣交薦起故官總理河北屯政未赴賊逼江西廷議設重臣總督江西湖廣應天安慶軍務駐九江擢繼咸兵部右侍郎兼右僉都御史以行賊已陷武昌左良玉擁兵東下繼咸遇良玉於蕪湖激以忠義良玉即還恢復武昌廷議呂大器來代繼咸仍督屯政大器良玉不協長沙袁州俱陷仍推繼咸代之甫抵鎮而京師陷福王立南都頒詔武昌良玉不拜詔繼咸致書言倫序正良玉乃拜受詔繼咸入朝高傑新封興平伯繼咸曰封爵以勸有功無功而封有功者不勸跋扈而封跋扈愈多王曰事已行奈何繼咸曰馬士英引傑渡江宜令往輔王曰彼不欲往輔臣史可法願往繼咸曰陛下嗣位固以恩澤收人心尤宜以紀綱肅衆志乞振精神申法紀冬春間淮上未必無事臣雖駑願奉六龍爲澶淵之舉王有難色因詣榻前密奏曰左良玉雖無異圖然所部多降將非孝子順孫陛下初登大寶人心危疑意外不可不慮臣當星馳回鎮許之因赴閣責可法不當封傑士英嗛之俄陳致治守邦大計引宋高宗用黃潛善汪伯彥事語復侵士英會湖廣巡按御史黃澍劾奏士英十大罪士英擬旨逮治澍與良玉謀陰諷將士大譁欲下南京索餉保救澍繼咸爲留江漕十萬石餉十三萬金給之且代澍申理以良玉依仗澍爲言士英不得已免逮澍繼咸既與士英隙所奏悉停寢明年正月繼咸言元朔者人臣拜手稱觴之日陛下嘗膽臥薪之時念大恥未雪宜以周宣之未央問夜爲可法以晚近長夜之飮角觝之戲爲可戒省土木之功節浮淫之費戒諭臣工後私鬬而急公讎臣每歎三十年來徒以三案葛藤血戰不已若要典一書已經先帝焚毀何必復理其說書苟未進宜寢之即已進宜毀之至王者代興從古亦多異同平勃迎立漢文不聞窮治朱虛之過房杜決策秦邸不聞力究魏徵之非固其君豁達大度亦其大臣公忠善謀翊贊其美請再下寬大之詔解圍扉疑入之囚斷草野株連之案王降旨俞其言羣小皆不喜繼咸汰其軍餉六萬軍中有怨言繼咸疏爭不得又以江上兵寡鄭鴻逵戰艦不還議更造檄九江僉事葉士彥於江流截買材木士彥家蕪湖與諸商匿封還其檄繼咸以令不行疏劾士彥士彥同年御史黃耳鼎亦劾繼咸言繼咸有心腹將校勸左良玉立他宗良玉不從云良玉嘗不拜監國詔聞之益疑懼上疏明與繼咸無隙耳鼎受指使而言要典宜再焚江東人乃由是交口言繼咸良玉倡和脅制朝廷矣會都下又有僞太子之事良玉爭不得遂與士英輩有隙繼咸疏言太子眞僞非臣所能懸揣眞則望行良玉言僞則不妨從容審處多召東宮舊臣辨識以解中外之疑疏未達良玉已反初繼咸聞李自成兵敗南下命部將郝效忠陳麟鄧林奇守九江自統副將汪碩畫李士元等援袁州防賊由岳州長沙入江西境既已登舟聞良玉反復還九江良玉舟在北岸貽書繼咸願握手一别爲皇太子死九江士民泣請繼咸往紓一方難繼咸會良玉於舟中良玉語及太子下獄事大哭次日舟移南岸良玉袖出皇太子密諭劫諸將盟繼咸正色曰密諭何從來先帝舊德不可忘今上新恩亦不可負密諭何從來良玉色變良久乃曰吾約不破城改檄爲疏駐軍候旨繼咸歸集諸將於城樓而灑泣曰兵諫非正晉陽之甲春秋惡之可同亂乎遂約與俱拒守而效忠及部將張世勳等則已出與良玉合兵入城殺掠繼咸聞之欲自盡黃澍入署拜泣曰寧南無異圖公以死激成之大事去矣副將李士春亦密白繼咸隱忍至前途王文成之事可圖也繼咸以爲然遂出責良玉良玉已疾篤夜望見城中火起大哭曰予負臨侯臨侯繼咸別號也嘔血數升遂死其子夢庚秘不發喪諸將推爲帥移舟東中朝皆疑繼咸良玉同反而南都時已破諸鎮多納款繼咸勸夢庚旋師不聽遣人語林奇碩畫士元毋爲不忠事林奇碩畫士元避皖湖中遣人陰逆繼咸繼咸已爲效忠紿赴其軍將及湖口而夢庚效忠降於我大清遂執繼咸北去館內院至明年三月終不屈乃殺之有張亮者四川人舉於鄉崇禎時歷榆林兵備參議用薦改安廬兵備監禁軍討賊頻有功十七年擢右僉都御史巡撫其地福王既立亮聞李自成兵敗西奔奏言賊勢可乘請解職覘賊所向督兵進討從之尋召入京議事復遣還任明年四月左夢庚陷安慶亮被執夢庚北行挾亮與俱乘間赴河死

金聲字正希休寧人好學工舉子業名傾一時崇禎元年成進士授庶吉士明年十一月大清兵逼都城聲慷慨乞面陳急務帝即召對平臺退具疏言臣書生素矢忠義遭遇聖明日夜爲陛下憂念天下事今兵逼京畿不得不急爲君父用夫通州昌平都城左右翼宜戍以重兵而天津漕艘所聚尤宜亟防今天下草澤之雄欲效用國家者不少在破格用之耳臣所知申甫有將才臣願仗聖天子威靈與練敢戰士爲國家捍强敵惟陛下立賜裁許申甫者僧也好談兵方私製戰車火器帝納聲言取其車入覽授都司僉書即日召見奏對稱旨超擢副總兵敕募新軍便宜從事改聲御史參其軍甫倉猝募數千人皆市井游手所需軍裝戎器又不時給而是時大清兵在郊圻久勢當速戰急出營柳林總理滿桂節制諸軍甫不肯爲下桂卒掠民間甫軍捕之桂輒索去聲以兩軍不和聞帝即命聲調護亡何桂歿甫連敗於柳林大井乃結車營盧溝橋大清兵逸出其後御車者惶懼不能轉殲戮殆盡甫亦陣亡聲痛傷之言甫受事日淺直前衝鋒遺骸矢刃殆偏非喋血力戰不至此帝亦傷之命予恤典聲恥無功請率參將董大勝兵七百人甫遺將古壁兵百人及豪傑義從數百人練成一旅爲劉之綸奇兵收桑榆之效不許俄以清核軍需告竣奏繳關防請按律定罪再疏請罷斥皆不許東江自毛文龍被殺兵力弱勢孤聲因東宮冊立自請頒詔朝鮮俾聯絡東江張海外形勢帝雖嘉其意亦不果用尋上疏言陛下曉夜焦勞日親天下之事實未嘗日習天下之人必使天下才不才及才長短一一程量不爽方可斟酌位置在者陛下數召對羣臣問無所得鮮當聖心遂厭薄之臣愚妄謂陛下泰交尚未殷顧問尚未數不得謂召對無益也願自今間日御文華令京卿翰林臺諫及中行評博等官輪番入直博咨廣詢而內外有職業者亦得不時進見政事得失軍民利病廟堂舉錯邊塞情形皆與臣工考究於燕

開之間歲月既久品量畢呈諸臣才不才及才長短豈得逃聖鑒帝未及報聲再疏懇言之終不用遂屢疏乞歸後大學士徐光啓薦聲同修曆書辭不就以御史召亦不赴八年春起山東僉事復兩疏力辭鄉郡多盜聲團練義勇爲捍禦十六年鳳陽總督馬士英遣使者李章玉徵貴州兵討賊迂道掠江西爲樂平吏民所拒擊比抵徽州境吏民以爲賊率衆破走之章玉譁激變謂聲及徽州推官吳翔鳳主使士英以聞聲兩疏陳辨帝察其無罪不問其年冬廷臣交薦即命召用促入都陛見未赴而京師陷福王立於南京超擢聲左僉都御史聲堅不起大清兵破南京列郡望風迎降聲糾集士民保績溪黃山分兵扼六嶺寧國邱祖德徽州溫璜貴池吳應箕等多應之乃遣使通表唐王授聲右都御史兼兵部右侍郎總督諸道軍拔旌德寧國諸縣九月下旬徽故御史黃澍降於大清王師間道襲破之聲被執至江寧語門人江天一曰子有老母不可死對曰天一同公起兵可不同公殉義乎遂偕死唐王贈聲禮部尚書謚文毅天一歙諸生

邱祖德字念修成都人崇禎十年進士授寧國推官以才調濟南用薦超擢僉事分巡東昌山東土寇猖獗帝因給事中張元始言令祖德及東兗道李恪專任招撫寇多解散十五年調官沂州其冬用兵部尚書張國維薦擢右僉都御史巡撫保定十六年坐祭典解職候勘事白以故官代王永吉撫山東京師覆賊遣使招降祖德斬之謀發兵拒守會中軍梅應元叛率部卒索印祖德乃南奔福王時御史沈宸荃劾祖德及河南總督黃希憲輕棄封疆詔削籍提訊久之獲釋而成都亦陷無家可歸流寓寧國金聲起兵績溪祖德與寧國舉人錢文龍諸生麻三衡沈壽蕘等各舉兵應之時郡城已失祖德駐華陽三衡駐稽亭他蠭起者又十餘部約共攻郡城不克壽蕘陣歿祖德退還山中大清兵攻拔其寨被獲磔死其子亦死越四日三衡軍敗亦死壽蕘都督有容子三衡布政使溶孫也三衡兵與俱起號七家軍皆諸生也三衡既敗太平等亦死溫璜初名以介字于石烏程人大學士體仁再從弟也母陸守節被旌璜久爲諸生有學行崇禎十六年秋舉進士授徽州推官甫莅任聞京師陷亟練民兵爲保障計明年南京亦覆知府秦祖襄及諸僚屬皆遁璜乃盡攝其印召士民慰諭之金聲舉兵績溪璜與犄角且轉餉給其軍而徙家屬於村民舍未幾聲敗璜嚴兵自守郡中故御史黃澍以城獻璜趨歸村舍刃其妻茅氏及長女遂自剄死吳應箕字次尾貴池人善今古文意氣橫厲一世阮大鋮以附璫削籍僑居南京聯絡南北附璫失職諸人劫持當道應箕與無錫顧杲桐城左國材蕪湖沈士柱餘姚黃宗羲長洲楊廷樞等爲留都防亂公揭討之列名者百四十餘人皆復社諸生也後大鋮得志謀殺周鑣應箕獨入獄護視大鋮聞急遣騎捕之應箕夜亡去南都不守起兵應金聲敗走山中被獲慷慨就死其同時舉兵者有尹民興吳漢超麗昌允謝球司石磐王湛魯之璵民興字宣子崇禎初舉進士歷知寧國涇二縣除奸釐蠹有神明之稱行取入都爲陳啓新所訐謫福建按察司檢校十五年春疏陳時務十四事帝喜召爲職方主事數召對言多當帝意即擢本司郎中周延儒出督師命從軍贊畫延儒被譴下民興吏除名久之始釋福王立起故官尋謝病歸流寓涇縣南京失與諸生趙初浣等據城拒守大清兵攻破城初浣死之民興走免唐王以爲御史事敗歸卒於家漢超宣城諸生崇禎十七年聞都城變謀募兵赴難會福王立乃已明年南都覆棄家走涇縣從尹民興起兵兵敗匿華陽山中先是邱祖德麻三衡諸軍潰保華陽有徐淮者部署之漢超與合連取句容溧水高淳溧陽涇太平諸縣明年正月襲寧國夜緣南城登兵潰城中按首事者漢超已出城念母在且恐累族人入見曰首事者我也剖其腹膽長三寸妻戚自擲樓下死昌允西充人崇禎十年進士授青陽知縣南京覆走匿九華山謀舉兵事洩被執夜死旅店中球溧陽諸生僉事鼎新子也毀家募兵兵散被執而死石磐鹽城諸生與都司酆某同舉兵兵敗被執酆言此儒生吾劫之爲書記耳石磐曰吾首事奈何諉之繫獄六十餘日與酆偕死湛太倉諸生城已下與兄淳復集里人數百圍城城中兵出擊淳赴水死湛被斫死之璵歷官副總兵駐福山蘇州既降諸生陸世鑰聚衆焚城樓之璵率千人入城與大清兵戰潰走之璵戰死其時以諸生死者有六合馬純仁邳州王台輔南京既下六合即歸附純仁題銘橋柱抱石投水死台輔當崇禎末閒宦官復出鎮將草疏極諫甫入都都城陷乃還福王時東平伯劉澤清御史王燮張樂大宴於雎寧台輔衰絰直入責之曰國破君亡此公等臥薪嘗膽食不下咽時顧置酒大會耶左右欲鞭之燮曰狂生也命引去及南京覆台輔視其廩曰此吾所樹盡此死明年粟盡北面再拜自縊死

沈猶龍字雲升松江華亭人萬曆四十四年進士除鄞縣知縣天啓初徵授御史出爲河南副使崇禎元年召復故官進太僕少卿拜右僉都御史巡撫福建江西妖賊張普薇等作亂猶龍遣遊擊黃斌卿協剿大破之增秩賜金以憂歸服闋起兵部右侍郎兼右僉都御史總督兩廣軍務兼廣東巡撫十七年冬福王召理部事不就乞葬親歸明年南京失守列城望風下閏六月吳淞總兵官吳志葵自海入江結水寨於泖湖會總兵官黃蜚擁千艘自無錫至與合猶龍乃偕里人李待問章簡等募壯士數千人守城與二將相犄角而參將侯承祖守金山八月大清兵至二將敗於春申浦城遂被圍未幾破猶龍出走中矢死待問守東門簡守南門城破俱被殺華亭教諭眭明永題詩明倫堂投繯死諸生戴泓赴池死嘉定舉人傅凝之參志葵軍事兵敗赴水死大清兵遂攻金山承祖與子世祿猶固守城既破巷戰踰時世祿中四十矢被獲死之承祖亦被獲說之降不從遂被殺志葵蜚既敗執至江陰城下令說城中人降志葵說之蜚不語城迄不下後皆被殺待問字存我崇禎末進士授中書舍人工文章兼精書法簡字坤能舉於鄉官羅源知縣

陳子龍字臥子松江華亭人生有異才工舉子業兼治詩賦古文取法魏晉駢體尤精妙崇禎十年進士選紹興推官東陽諸生許都者副使達道孫也家富任俠好施陰以兵法部勒賓客子弟思得一當子龍嘗薦諸上官不用東陽令以私憾之適義烏奸人假中貴名招兵事發都葬母山中會者萬人或告監司王雄曰都反矣雄遽遣使收捕都遂反旬日間聚衆數萬連陷東陽義烏浦江遂逼郡城既而引去巡撫董象恆坐事逮代者未至巡按御史左光先以撫標兵命子龍爲監軍討之稍有俘獲而遊擊蔣若來破其犯郡之兵都乃率餘卒三千保南砦雄欲撫賊語子龍曰賊聚糧據險官軍不能仰攻非曠日不克我兵萬人止五日糧奈何子龍曰都舊識也請往察之乃單騎入都營責數其罪諭令歸降待以不死遂挾都見雄復挾都走山中散遣其衆而以二百人降光先與東陽令善竟斬都等六十餘人於江滸子龍爭不能得以定亂功擢兵科給事中命甫下而京師陷乃事福王於南京其年六月言防江之策莫過水師海舟議不可緩請專委兵部主事何剛訓練從之太僕少卿馬紹愉奉使陛見語及陳新甲主款事王曰如此新甲當恤廷臣無應者獨少詹事陳盟曰可因命予恤且追罪嘗劾新甲者廷臣懲劉孔昭殿上相爭事不敢言子龍與同官李清交章力諫事獲已未幾列上防守要策請召還故尚書鄭三俊都御史易應昌房可壯孫晉並可之又言中使四出搜巷凡有女之家黃紙貼額持之而去閭井騷然明旨未經有司中使私自搜採甚非法紀乃命禁訛傳誑惑者子龍又言中興之主莫不身先士卒故能光復舊物今入國門再旬矣人情泄沓無異昇平清歌漏舟之中痛飲焚屋之內臣不知其所終其始皆起於姑息一二武臣以至凡百政令皆因循遵養臣甚爲之寒心也亦不聽明年二月乞終養去子龍與同邑夏允彝皆負重名允彝死子龍念祖母年九十不忍割遁爲僧尋以受魯王部院職銜結太湖兵欲舉事事露被獲乘間投水死夏允彝字彝仲弱冠舉於鄉好古博學工屬文是時東林講席盛蘇州高才生張溥楊廷樞等慕之結文會名復社允彝與同邑陳子龍徐孚遠王光承等亦結幾社相應和崇禎十年與子龍同成進士授長樂知縣善決疑獄他郡邑不能決者上官多下長樂居五年邑大治吏部尚書鄭三俊舉天下廉能知縣七人以允彝爲首帝召見大臣方岳貢等力稱其賢將特擢會丁母憂未及用北都變聞允彝走謁尚書史可法與謀興復聞福王立乃還其年五月擢吏部考功司主事疏請終制不赴御史徐復陽希要人旨劾允彝及其同官文德翼居喪授職爲非制以兩人皆東林也兩人實未嘗赴官無可罪吏部尚書張捷遽議貶秩調用未幾南都失徬徨山澤間欲有所爲聞友人侯峒曾黃淳耀徐汧等皆死乃以八月中賦絕命詞自投深淵以死允彝死後二年子完淳兄之旭竝以陳子龍獄詞連及亦死而同社徐孚遠舉於鄉因松江破遁入海死於島中

侯峒曾字豫瞻嘉定縣人給事中震暘子也天啓五年成進士授南京武選司主事丁父憂崇禎七年入都兵部尚書張鳳翼薦爲職方郎中峒曾力辭乃改南京文選司主事由稽勳郎中遷江西提學參議給事中耿始然督賦至他監司以屬禮見峒曾獨與抗禮益王勢方熾歲試黜兩宗生王怒使人詬讓峒曾不爲動遷廣東

副使不赴起浙江右參政分守嘉湖漕卒擊傷秀水知
縣李向中峒曾請於撫按捕戮首惡部內肅然吏部尚
書鄭三俊舉天下賢能監司五人峒曾與焉召爲順天
府丞未赴而京師陷福王時用爲左通政辭不就及南
京覆州縣多起兵自保嘉定士民推峒曾爲倡偕里人
黃淳耀張錫眉董用圓馬元調唐全昌夏雲蛟等誓死
固守
大清兵來攻峒曾乞師於吳淞總兵官吳志葵志葵遣
遊擊蔡祥以七百人來赴一戰失利東甲遁外援遂絕
城中矢石俱盡七月三日大雨城隅崩架巨木支之明
日雨益甚城大崩
大清兵入峒曾拜家廟挈二子元演元潔竝沈於池錫
眉用圓元調全昌雲蛟皆死之錫眉用圓皆舉人用圓
官秀水教諭元調全昌雲蛟竝諸生其時聚衆城守而
死者有江陰閻應元崑山朱集璜之屬應元字麗亨順
天通州人崇禎中爲江陰典史十七年海賊顧三麻入
黃田港應元往禦手射殺三人賊退以功遷英德主簿
道阻不赴寓居江陰明年五月南京亡列城皆下閏六
月朔諸生許用倡言守城遠近應者數萬人典史陳明
遇主兵用徽人邵康公爲將而前都司周瑞龍泊江口
相犄角戰失利
大清兵逼城下徽人程璧盡散家貲充餉而身乞師於
吳淞總兵官吳志葵志葵至璧遂不返康公戰不勝瑞
龍水軍亦敗去明遇乃請應元入城屬以兵事
大清兵力攻城應元守甚固東平伯劉良佐用牛皮帳
攻城東北城中用礮石力擊良佐乃移營十方庵令僧
陳利害良佐旋策馬至應元誓以大義屹不動及松江
破
大清兵來益衆四圍發大礮城中死傷無算猶固守八
月二十一日
大清兵從祥符寺後城入衆猶巷戰男婦投池井皆滿
明遇用皆舉家自焚應元赴水被曳出死之訓導馮厚
敦冠帶縊於明倫堂娣及妻王結袵投井死里居中書
舍人戚勳令妻及子女子婦先縊乃舉火自焚從死者
二十人舉人夏維新諸生王華呂九韶自刎死貢生黃
毓祺者好學有盛名精釋氏學與門人徐趨舉兵行塘
以應城內兵及城陷兩人逸去明年冬趨偵江陰無備
率壯士十四人襲之不克皆死毓祺既逸去避江北其
子大湛大洪被收兄弟方爭死而毓祺以敕印事發逮
繫江寧獄將刑其門人告之期命取襲衣自斂趺坐而

逝朱集璜字以發崑山貢生學行爲鄉里所推教授弟
子數百人南京既亡崑山議拒守而縣丞閻茂才已遣
使迎降縣人共執殺茂才以六月望推舊將王佐才爲
帥集璜及周室瑜陶琰陳大任等共舉兵參將陳宏勛
前知縣楊永言率壯士百人爲助佐才亦邑人嘗官狼
山副總兵年老矣
大清兵至宏勛率舟師迎戰敗還遊擊孫志尹戰歿城
陷永言遁去佐才縱民出走而已冠帶坐帥府被殺集
璜投東禪寺後河死門人孫道民張謙同日死室瑜琰
大任亦死之室瑜子朝鑛大任子思翰皆同死室瑜舉
於鄉官儀封知縣琰大任皆諸生時以守禦死者蘇逵
道莊萬程陸世鏜陸雲將歸之甲周復培陸彥冲代父
死者沈徵憲朱國軾救母死者徐洺自盡者徐溵王在
中吳行貞
楊文驄字龍友貴陽人浙江參政師孔子萬曆末舉於
鄉崇禎時官江寧知縣御史詹兆恒劾其貪污奪官候
訊事未竟福王立於南京文驄戚馬士英當國起兵部
主事歷員外郎郎中皆監軍京口以金山踞大江中控
制南北請築城以資守禦從之文驄善書有文藻好交
遊干士英者多緣以進其爲人豪俠自喜頗推獎名士
士亦以此附之明年遷兵備副使分巡常鎮二府監大
將鄭鴻逵鄭彩軍及
大清兵臨江文驄駐金山扼大江而守五月朔擢右僉
都御史巡撫其地兼督沿海諸軍文驄乃還駐京口合
鴻逵等兵南岸與
大清兵隔江相持
大清兵編大筏置燈火夜放之中流南岸軍發礮石以
爲克敵也日奏捷初九日
大清兵乘霧潛濟迫岸諸軍始知倉皇列陣甘露寺鐵
騎衝之悉潰文驄走蘇州十三日
大清兵破南京百官盡降命鴻臚丞黃家鼒往蘇州安
撫文驄襲殺之遂走處州時唐王已自立於福州矣初
唐王在鎮江時與文驄交好至是文驄遣使奉表稱賀
鴻逵又數薦乃拜兵部右侍郎兼右僉都御史提督軍
務令圖南京加其子鼎卿左都督太子太保鼎卿士英
甥也士英遣迎福王遇王於淮安王貧窶甚鼎卿賙給
之王與定布衣交以故寵鼎卿甚及鼎卿上謁王以故
人子遇之獎其父子擬以漢朝大小耿然其父子以士
英故多爲人詆諆明年衢州告急誠意侯劉孔昭亦駐
處州王令文驄與共援衢七月

大清兵至文驄不能禦退至浦城爲追騎所獲與監紀
孫臨俱不降被戮臨字武公桐城人兵部侍郎晉之弟
文驄招入幕奏爲職方主事竟與同死其時起兵旁掠
郡縣者有吳易字日生吳江人生有膂力跅弛不羈崇
禎末成進士福王時謁史可法於揚州可法異其才題
授職方主事爲己監軍明年奉檄徵餉江南未還而揚
州失已而吳江亦失易走太湖與同邑舉人孫兆奎諸
生沈自駉自炳武進吳福之等謀舉兵旬日得千餘人
屯於長白蕩出沒旁近諸縣道路爲梗唐王聞之授兵
部右侍郎兼右僉都御史總督江南諸軍文驄奏易斬
獲多進爲兵部尚書魯王亦授易兵部侍郎封長興伯
八月
大清兵至易遂敗走父承緒妻沈及女皆投水死自駉
自炳福之亦死焉兆奎被獲一軍盡殲明年易鄉人周
瑞復聚衆長白蕩迎易入其營八月事洩被獲死之福
之鍾繇子也兆奎兵敗時慮易妻女被辱視其死而後
行故被獲械至江寧死之
陳潛夫字元倩錢塘人家貧落魄好大言以駴俗崇禎
九年舉於鄉益廣交遊爲豪舉好臧否人里中人惡之
友人陸培兄弟爲文逐潛夫潛夫乃避居華亭十六年
冬授開封推官大河南五郡盡爲賊據開封被河灌城
虛無人長吏皆寄居封邱有勸潛夫弗往者不聽馳之
封邱會叛將陳永福率賊兵出山西其子德爲巡撫秦
所式部將縛巡按御史蘇京去潛夫募民兵千請於所
式及總兵卜從善許定國令共勦皆不肯行潛夫乃以
十七年正月奉周王渡河居杞縣檄召旁近長吏設高
皇帝位歃血誓固守賊所設僞巡撫梁啟隆居開封他
僞官散布郡邑問甚衆而開封東西諸土寨剽掠公行
相攻殺無已潛夫轉側杞陳留間朝夕不自保聞西平
寨副將劉洪起勇而好義屢殺賊有功躬往說之五月
五日方誓師而都城失守報至乃慟哭令其下縞素洪
起兵萬號五萬潛夫兵三千俘杞僞官啓隆聞風遁去
遂渡河而北大破賊將陳德於柳園時李自成已敗走
山西而南陽賊乘間犯西平洪起引還潛夫亦隨而南
福王立南京潛夫傳露布至朝中大喜即擢監軍御史
巡按河南潛夫乃入朝言中興在進取王業不偏安山
東河南地尺寸不可棄豪傑結寨自固者引領待官軍
誠分命藩鎮以一軍出穎壽一軍出淮徐則衆心競奮
爭爲我用更須爵賞鼓舞計遠近畫城堡俾自守而我
督撫將帥屯銳師要害以策應之寬則耕屯爲食急則

披甲乘墉一方有警前後救援長河不足守也汴梁一
路臣聯絡素定旬日可集十餘萬人誠稍給糗糧容臣
自將臣當荷戈先驅諸藩鎮爲後勁河南五郡可盡復
五郡既復畫河爲固南連荊楚西控秦關北臨趙衞上
之則恢復可望下之則江淮永安此今日至計也兩淮
之上何事多兵督撫紛紜竝爲虛設若不思外拒專事
退守舉土地甲兵之衆致之他人臣恐江淮亦未可保
也當是時開封汝寧間列寨百數洪起最大南陽列寨
數十蕭應訓最大洛陽列寨亦數十李際遇最大諸帥
中獨洪起欲效忠潛夫請予挂印爲將軍馬士英不聽
而用其姻婭越其杰巡撫河南潛夫自九月入覲便道
省親甫五日即馳赴河上所建白皆不用諸鎮兵無至
者其杰老憊不知兵兵部尚書張縉彥總督河南山東
軍務止提空名不能馭諸將其冬應訓復南陽及泌陽
舞陽桐柏遣子三傑獻捷潛夫授告身飲之酒鼓吹旌
旗前導出三傑喜過望往謁其杰其杰故爲尊嚴厲辭
詰責詆爲賊三傑泣而出萌異心潛夫過諸寨皆鐃吹
送迎其杰間過之諸寨皆閉門不出其杰恚譖潛夫於
士英士英怒冬盡召潛夫還以淩駉代潛夫亦遭外艱
歸明年三月給事中林有本疏劾御史彭遇颽竝及潛
夫士英以遇颽己私人置不問獨令議潛夫罪先是有
童氏者自言福王繼妃廣昌伯劉良佐具禮送之潛夫
至壽州見車馬騶從傳呼皇后來亦稱臣朝謁及童氏
入都王以爲假冒下之獄遂責潛夫私謁妖婦逮下獄
治之未幾南都不守潛夫得脫歸聞魯王監國紹興渡
江往謁命復故官加太僕少卿監軍乃自募三百人列
營江上尋進大理寺少卿兼御史如故
順治三年五月晦江上師盡潰潛夫走至山陰化龍橋
偕妻妾二孟氏同赴水死年三十七始爲文逐潛夫者
陸培字鯤庭舉進士爲行人奉使事竣歸省南京既覆
聞潞王又降以繩授二僕從容就縊而死年二十九培
少負俊才有文名行誼修謹客華亭嘗却奔女於室云
沈廷揚字季明崇明人好談經濟崇禎中由國子生爲
內閣中書舍人十二年冬帝以山東多警運道時梗議
復海運廷揚生海濱習水道上疏極言其便且輯海運
書五卷以呈帝喜即命造海舟試之廷揚乘二舟由淮
安出海抵天津僅半月帝大喜即加戶部郎中往登州
與巡撫徐人龍計海運事初寧遠軍餉率用天津船自
登州候東南風轉粟至天津又候西南風轉至寧遠廷
揚請從登州直達寧遠帝用其議省費多十五年命再

赴淮安督海運事竣加光祿少卿仍領其事及京師陷福王命廷揚以海舟防江尋命兼理餉務餽江北諸軍南京失守走還鄉里後航海至舟山依黃斌卿唐王在福建授兵部右侍郎總督水師魯王授官亦如之魯王航海之明年廷揚督舟師北上抵福山次鹿苑夜分颶風大作舟膠於沙爲

大清兵所執諭之降不從乃就戮

林汝翥字大葳福清人舉於鄉授沛縣知縣天啓二年戰却徐鴻儒兵緝妖人王普光黨有功特擢御史四年六月巡視京城民曹大妻與人奴角口服毒死火者曹進傳國興率衆大掠奴主家用大錐錐其主刑官不敢問汝翥捕得進進懼劾請受杖遂杖之五十國興邀於道罵不已汝翥收繫之亦請受杖復杖之魏忠賢大怒立傳旨廷杖汝翥先數日羣奄毆殺萬璟汝翥大懼逸至遵化巡撫鄧渼爲代題都御史孫瑋御史潘雲翼等交章論救不聽卒杖之削籍歸崇禎初起官右參議分守溫處道不赴久之起瓊州道坐奸民煽亂貶秩歸福王時起雲南僉事已而解職魯王次長垣召爲兵部右侍郎與員外郎林垐攻福寧戰敗被執諭降不從繫之吞金屑而死垐字子野汝翥同邑人崇禎十六年進士授海寧知縣邑有妖人以劍術惑衆聚千人垐捕殺之南都覆杭州亦不守卒乘機乞餉環署大譟垐罪爲首者而如其請以城孤不能存引去唐王以爲御史改文選員外郎募兵福寧聞王被殺大慟走匿山中及魯王航海至長垣福清鄉兵請垐爲主與汝翥共攻城歿於陣

鄭爲虹字天玉江都人崇禎十六年進士除浦城知縣唐王道浦城知其廉及自立召爲御史部民相率乞留有十不可去之疏乃令以御史巡視仙霞關駐浦城尋令巡撫上遊四府兼領關務鄭芝龍步將奪民舟爲虹叱責之芝龍訴於王王爲論解然是時芝龍已懷異志盡撤守關將仙霞嶺二百里間無一人

順治三年八月

大清兵長驅直入爲虹亟還浦城縱士民出走自守空城無何被執與給事中黃大鵬並死之年二十有五大鵬字文若建陽人崇禎十三年進士爲義烏知縣有能聲唐王召爲兵科給事中從至建寧令與爲虹共守仙霞嶺竟同死時王在延平聞仙霞關失守倉猝走汀州守延平者爲王士和從走汀州者有胡上琛熊緯皆以死事著士和字萬育金谿人崇禎中舉於鄉南京既覆江西亦被兵士和避入閩授吏部司務疏陳時政闕失凡數千言唐王刊賜文武諸臣且召士和入對嘉奬備至擢兵部主事未一月擢延平知府八月王走汀州留兵部侍郎曹履泰偕士和居守俄警報疊至士和召父老曰吾雖一月郡守當與城存亡若等可速出毋使數萬生靈盡膏斧鑕衆泣士和亦泣退入內署謂友人曰吾一介書生數月而忝二千石安敢偷生其友勸止之正色曰君子愛人以德姑息何爲從容正衣冠閉戶投繯死上琛字席公世襲福州右衞指揮使好讀書能詩既襲職復舉武鄉試唐王時官錦衣衞指揮遷署都督僉事充御營總兵官從至汀州王被執上琛奔還福州謂家人曰吾世臣不可苟活爲我採毒草來妾劉年二十願同死上琛喜曰汝幼婦亦能死耶遂整冠帶與妾共飲藥酒而卒緯字文江南昌人崇禎十六年進士授行人兩京既覆每飲酒輒涕泗交横下友人語之曰昔狠瞫有言吾未獲死所子既有志曷求所乎乃赴延平謁唐王擢給事中尋扈行至汀州遘變從官皆散緯仍奔赴遇

大清兵死之

贊曰廢興之故豈非天道哉金聲等以烏合之師張皇奮呼欲挽明祚於已廢之後心離勢渙敗不旋踵何尺寸之能補然卒能致命遂志視死如歸事雖無成亦存其志而已矣

明史卷二百七十八　列傳第一百六十六

總裁官總理事務經筵講官少保兼太子太保保和殿大學士兼管吏部戶部尚書事加六級臣張廷玉等奉

敕修

楊廷麟 彭期生等　萬元吉 楊文薦 梁于涘

郭維經 姚奇允　詹兆恒 胡夢泰 周定仍等

陳泰來 曹志明　王養正 夏萬亨等

曾亨應 弟和應 子筠　揭重熙 傅鼎銓

陳子壯 麥而炫 霍子衡 朱實蓮　張家玉 陳象明等

陳邦彥　蘇觀生

楊廷麟字伯祥清江人崇禎四年進士改庶吉士授編修勤學嗜古有聲館閣間與黃道周善十年冬皇太子將出閣充講官兼直經筵廷麟具疏讓道周不許明年二月帝御經筵問保舉考選何者爲得人廷麟言保舉當嚴舉主如唐世濟王維章乃溫體仁王應熊所薦今二臣皆敗而舉主不問是連坐之法先不行於大臣欲收保舉效得乎帝爲動色其冬京師戒嚴廷麟上疏劾兵部尚書楊嗣昌言陛下有撻伐之志大臣無禦侮之才謀之不臧以國爲戲嗣昌及薊遼總督吳阿衡內外扶同朋謀誤國與高起潛方一藻倡和款議武備頓忘以至於此今可憂在外者三在內者五督臣盧象昇以禍國責樞臣言之痛心夫南仲在內李綱無功潛善秉成宗澤殞命乞陛下赫然一怒明正向者主和之罪俾將士畏法無有二心召見大小諸臣咨以方略諭象昇集諸路援師乘機赴敵不從中制此今日急務也時嗣昌意主和議冀紓外患而廷麟痛詆之嗣昌大恚詭薦廷麟知兵帝改廷麟兵部職方主事贊畫象昇軍象昇喜卽令廷麟往眞定轉餉濟師無何象昇戰死賈莊嗣昌意廷麟亦死及聞其奉使在外則爲不懌者久之初張若麒沈迅官刑曹謀改兵部御史涂必泓沮之必泓廷麟同里也兩人疑疏出廷麟指因與嗣昌比而搆廷麟會廷麟報軍中曲折嗣昌擬旨責以欺罔事平貶廷麟秩調之外黃道周獄起詞連廷麟當逮未至而道周已釋言者多薦廷麟十六年秋復授職方主事未赴都城失守廷麟慟哭募兵勤王福王立用御史祁彪佳薦召爲左庶子辭不就宗室朱統鏆誣劾廷麟召健兒有不軌謀以姜曰廣爲內應王不問而廷麟所募兵亦散

順治二年南都破江西諸郡惟贛州存唐王手書加廷麟吏部右侍郎劉同升國子祭酒同升自雩都至贛與廷麟謀大舉乃偕巡撫李永茂集紳士於明倫堂勸輸兵餉九月

大兵屯泰和副將徐必達戰敗廷麟同升乘虛復吉安臨江加兵部尚書兼東閣大學士賜劍便宜從事十月

大兵攻吉安必達戰敗赴水死會廣東援兵至

大兵退屯峽江已而萬元吉至贛十二月同升卒三年正月廷麟赴贛招峒蠻張安等四營降之號龍武新軍廷麟聞王將由汀赴贛將往迎王而以元吉代守吉安無何吉安復失元吉退保贛州四月

大兵逼城下廷麟遣使調廣西狼兵而身往雩都趣新軍張安來救五月望安戰梅林再敗退保雩都廷麟乃散其兵以六月入贛與元吉憑城守未幾援兵至圍暫解已復合八月水師戰敗援師悉潰及汀州告變贛圍已半年守陴者皆懈十月四日

大兵登城廷麟督戰久之力不支走西城投水死同守者郭維經彭期生輩皆死期生字觀我海鹽人御史宗孟子登萬曆四十四年進士崇禎初爲濟南知府坐失囚謫布政司照磨量移應天推官轉南京兵部主事進郎中十六年張獻忠亂江西遷湖西兵備僉事駐吉安吉安不守走贛州偕廷麟招降張安等加太常寺卿仍視兵備事城破冠帶自縊死一時同殉者職方主事周瑚磔死通判王明汲編修兼兵科給事中萬發祥吏部主事龔棻戶部主事林琦兵部主事王其宖黎遂球柳昂霄曾嗣宗錢謙亨中書舍人袁從鶚劉孟鍧劉應試推官署府事吳國球監紀通判郭寧登臨江推官胡縝贛縣知縣林逢春皆被戮鄉官盧觀象盡驅男婦大小入水乃自沉死舉人劉日佺偕母妻弟婦子姪同日死參將陳烈數力戰衆以其弟已降疑之烈益奮勇疾鬬及見執不屈顧謂贛人曰而後乃今知我無二心也遂就戮

萬元吉字吉人南昌人天啓五年進士授潮州推官補歸德捕大盜李守志散其黨崇禎四年大計謫官十一年秋用曾櫻薦命以永州檢校署推官事居二年督師楊嗣昌薦其才改大理右評事軍前監紀嗣昌倚若左右手諸將亦悅服馳驅兵間未嘗一夕安枕嗣昌卒元吉丁內艱歸十六年起南京職方主事進郎中福王立仍故官四鎭不和元吉請奉詔宣諭又請發萬金犒高傑於揚州諭以大義令保江淮乃渡江詣諸將營傑與黃得功劉澤清方爭揚州元吉與得功書令共奬王室得功報書如元吉指乃錄其稾示澤清傑嫌漸解廷議以元吉能輯諸鎭擢太僕少卿監視江北軍務元吉身在外不忘朝廷數有條奏請修建文實錄復其尊稱幷還懿文追尊故號祀之寢園以建文配而速褒靖難死事諸臣及近日北都四方殉難者以作忠義之氣從之又言先帝天資英武銳意明作而禍亂益滋寬嚴之用偶偏任議之途太畸也先帝初懲逆璫用事委任臣工力行寬大諸臣狃之爭意見之異同畧綢繆之桑土敵入郊圻束手無策先帝震怒宵小乘間中以用嚴於是廷杖告密加派抽練使在朝者不暇救過在野者無復聊生廟堂號振作而敵强如故寇禍彌張十餘年來小人用嚴之效如是先帝亦悔更從寬大悉反前規天下以爲太平可致諸臣復競賄賂肆欺蒙每趨愈下再攖

先帝之怒誅殺方興宗社縱殘益諸臣之孽每乘於先帝之寬而先帝之嚴亦每激於諸臣之玩臣所謂寬嚴之用偶偏者此也國步艱難於今已極乃議者求勝於理卽不審勢之重輕好伸其言多不顧事之損益殿上之彼己日爭闖外之從違遙制一人任事衆口議之如孫傳庭守關中識者俱謂不宜輕出而已有以逗撓議之者矣賊既渡河臣語史可法姜曰廣急撤關寧吳三桂兵隨樞輔迎擊先帝召對時羣臣亦曾及此而已有以棄地議之者矣及賊勢燎原廷臣或勸南幸或勸皇儲監國南都皆權宜善計而已有以邪妄議之者矣由事後而觀咸追恨議者之誤國倘事幸不敗必共服議者之守經大抵天下事無全害亦無全利當局者非樸誠通達誰敢違衆獨行旁持者競意氣筆鋒必欲強人從我臣所謂任議之途太畸者此也乞究前事之失爲後事之師以寬爲體以嚴爲用蓋崇簡易推眞誠之謂寬而濫賞縱罪者非寬辨邪正綜名實之謂嚴而鉤距索隱者非嚴寬嚴得濟任議乃合仍請於任事之人嚴覈始進寬期後效無令行間再踵藏垢邊才久借然灰收之以嚴然後可任之以寬也詔褒納之明年五月南京覆走福建歸唐王六月我大清兵已取南昌袁州臨江吉安踰月又取建昌惟贛州孤懸上游兵力單寡會益府永寧王慈炎招降峒賊張安所號龍武新軍者也遣復撫州南贛巡撫李永茂乃命副將徐必達扼泰和拒大兵未幾戰敗至萬安遇永茂永茂遂奔贛八月叛將白之裔入萬安江西巡撫曠昭被執知縣梁于涘死之于涘江都人崇禎十六年進士時唐王詔適至贛永茂乃與楊廷麟劉同升同舉兵未幾王召永茂爲兵部右侍郎以張朝綖代甫任事擢元吉兵部右侍郎兼右副都御史總督江西湖廣諸軍召朝綖還以同升代元吉至贛同升已卒遂以元吉兼巡撫順治三年三月廷麟將朝王元吉代守吉安初崇禎末命中書舍人張同敞調雲南兵至是抵江西兩京已相繼失因退還吉安廷麟留與共守用客禮待之其將趙印選胡一青頻立功而元吉約束甚嚴諸將漸不悅時有廣東兵亦以赴援至而新軍張安者汀贛間峒賊四營之一驍勇善戰既降有復撫州功且招他營盡降元吉以新軍足恃也蔑視雲南廣東軍二軍皆解體然安卒故爲賊居贛淫掠遺援湖西所過殘破及是大兵逼吉安諸軍皆內擄新軍又在湖西城中軍不戰潰城遂破元吉退屯皂口檄諭贛州極言雲南兵棄城罪其衆遂西去四月大兵逼皂口元吉不能禦入贛城大兵乘勝抵城下給事中楊文薦奉命湖南過贛入城共守禦城中賴之文薦元吉門生也元吉素有才泣事精敏及失吉安士不用命昏然坐城上對將吏不交一言隔河大營遍山麓指爲空營兵民從大營中至言敵勢盛輒叱爲間諜斬之江西巡撫劉遠生令張琮者將兵趨湖東及贛圍急遠生自出城召琮於雩都贛人曰撫軍遁矣怒焚其舟拘遠生妻子俄遠生率琮兵至贛人乃大悔琮軍渡河抵梅林中伏大敗還至河爭舟多死於水遠生憤甚五月朔渡河再戰身先士卒遇大兵被獲復逃歸而新軍先往湖西者聞吉安復失仍還雩都廷麟躬往邀之與大兵戰梅林再敗乃散遣其軍而身入城與元吉同守自遠生敗援軍皆不敢前六月望副將吳之蕃以廣東兵五千至圍漸解未幾復合城中守如初王聞贛圍久奬勞之賜名忠誠府加元吉兵部尚書文薦右僉都御史使尚書郭維經來援維經與御史姚奇允沿途募兵得八千人元吉部將汪起龍率師數千雲南援將趙印選胡一青率師三千大學士蘇觀生遣兵如之兩廣總督丁魁楚亦遣兵四千廷麟又收集散亡得數千先後至贛營於城外諸將欲戰元吉待水師至並擊而中書舍人來從諤募砂兵三千吏部主事龔棻兵部主事黎遂球募水師四千皆屯南安不敢下主事王其宖謂元吉曰水師帥羅明受海盜也桀驁難制棻遂球若慈母之奉驕子且今水涸巨舟難進豈能如約不聽及八月大兵聞水師將至卽夜截諸江焚巨舟八十死者無算明受遁還舟中火藥戎器盡失於是兩廣雲南軍不戰而潰他營亦稍稍散去城中僅起龍維經部卒四千餘人城外僅水師後營二千餘人參將謝志良擁衆萬餘雩都不進廷麟調廣西狼兵八千人踰嶺亦不卽赴會聞汀州破人情益震懼十月初大兵用嚮導夜登城鄉勇猶巷戰黎明兵大至城遂破元吉死之先是元吉禁婦女出城其家人潛載其妾縋城去元吉遣飛騎追還捶其家人故城中無敢出者及城破部將擁元吉出城元吉歎曰爲我謝贛人使闔城塗炭者我也我何可獨存遂赴水死年四十有四楊文薦字幼宇京山人由進士爲兵科給事中城破時病困不能起執送南昌絕粒而卒

郭維經字六修江西龍泉人天啟五年進士授行人崇禎三年遷南京御史疏陳時弊中有所舉刺帝責令指實乃極稱順天府尹劉宗周之賢力詆吏部尚書王永光谿刻及用人顚倒罪帝置不問六年秋溫體仁代周延儒輔政維經言執政不患無才患有才而用之排正人不用之籌國事國事日非則委曰我不知坐視盜賊日猖邊警日急止與二三小臣爭口舌角是非平章之地幾成聚訟可謂有才耶帝切責之憂去久之起故官北都變聞南都諸臣有議立潞王者維經力主福王王立進應天府丞仍兼御史巡視中城俄上言聖明御極將二旬一切雪恥除兇收拾人心之事絲毫未舉今僞官縱橫於鳳泗悍卒搶攘於瓜儀焚戮剽掠之慘漸逼江南而廊廟之上不聞動色相戒惟以慢不切要之務盈庭而議乞令內外文武諸臣洗滌肺腸盡去刻薄偏私及恩怨報復故習一以辦賊復仇爲事報聞尋遷大理少卿左僉都御史命專督五城御史察非常清輦轂明年二月隆平侯張拱日保國公朱國弼相繼以他事劾罷維經維經回籍唐王召爲吏部右侍郎順治三年五月大兵圍贛州王乃命維經爲吏兵二部尚書兼右副都御史總理湖廣江西廣東浙江福建軍務督師往援維經與御史姚奇允募兵八千人入贛州與楊廷麟萬元吉協守及城破維經入嵯峨寺自焚死奇允亦死之奇允字有僕錢塘人由進士授南海知縣地富饒多盜賊奇允絕苞苴力以弭盜爲事政聲大起入爲兵部主事改監察御史巡按廣東未任與維經赴援遂同死

詹兆恒字月如廣信永豐人父士龍順天府尹兆恒舉崇禎四年進士由甌寧知縣徵授南京御史疏陳盜鑄之弊帝下所司察核十四年夏言燕齊二千里間寇盜縱橫行旅阻絕四方餉金滯中途者至數百萬請急發京軍勦滅又言楚豫之疆盡靑燐白骨新徵舊逋斷無從出請多方蠲貸帝並采納明年賊陷含山犯無爲劾總督高斗光又明年秋賊陷廬州臨江欲渡陳內外合防策再劾斗光請以史可法代斗光遂獲譴時江北民避亂盡走南京兆恒慮賊諜闌入處之城外爲嚴保伍察非常奸宄無所匿福王立擢兆恒大理寺丞馬士英薦阮大鋮令冠帶陛見兆恒言先皇手定逆案芟刈羣兇第一美政今者大仇未報乃忽召大鋮還之冠帶豈不上傷先皇靈下短忠義氣哉疏奏命取逆案進覽兆恒卽上進而士英亦以是日進三朝要典大鋮竟起用其秋奉命祭告尋進本寺少卿使事竣卽旋里唐王立拜兆恒兵部左侍郎佐黃道周協守廣信廣信破奔懷玉山聚衆數千人自保尋進攻衢州之開化縣兵敗歿於陣胡夢泰字友蠡廣信鉛山人崇禎十年進士除奉化知縣邑人戴澳官順天府丞怙勢不輸賦夢泰捕治其子其子走京師愬澳令劾去夢泰澳念州民不當劾長吏而刼於其子姑出一疏言天下不治由守令貪污以陰詆夢泰及得旨令指實其子卽欲訐夢泰而澳念夢泰無可劾乃以嘉興推官文德翼平遙知縣王凝命實之給事中沈迅爲兩人訴枉發澳隱情澳下詔獄除名夢泰聲益起十六年夏吏部會廷臣舉天下賢能有司十人夢泰與焉行取入都帝以畿輔州縣殘破欲得廉能者治之諸行取者悉出補夢泰得唐縣京師陷南歸唐王時授兵科給事中奉使旋里順治三年大兵逼城下夢泰傾家募士與巡撫周定仍等守城閱數月城破夫婦俱縊死定仍南昌人崇禎十六年進士與萬文英胡奇偉胡甲桂舉兵保廣信唐王卽以爲右僉都御史巡撫其地城破死之文英亦南昌人初爲鳳陽推官以子元亨代死得脫歸福王時起禮部主事丁艱不赴唐王授爲兵部員外郎監黃道周諸軍協守廣信諸軍敗於鉛山文英舉家赴水死奇偉進賢人歷官兵部主事唐王授爲湖東副使守廣信兵敗死之甲桂字秋卿崑山人崇禎十二年以鄉試副榜貢入國學授南昌通判遷永州同知以道梗改廣信至則南昌袁州吉安俱失廣信止疲卒千人士民多竄徙會黃道周以募兵至相與議城守已而道周敗歿勢益孤甲桂效死不去城破被執諭降不從幽別室自經死有畢貞士者貴溪人舉於鄉同守廣信城破赴水家人救之行至五里橋望拜祖塋觸橋柱死

陳泰來字剛長江西新昌人崇禎四年進士由宣城知縣入爲戶科給事中十五年冬都城戒嚴泰來陳戰守數策總督趙光抃言泰來與同官荊祚永素晰邊情行間奏報宜敕二臣參預報可泰來又自請假兵一萬肅清輦轂帝壯之卽改授兵科出視諸軍戰守方畧召對中左門至軍中奏界嶺失事狀劾副將柏永鎭論死以功遷吏科右給事中乞假歸福王時起刑科左給事中不赴唐王擢爲太僕寺少卿與萬元吉同守贛州再擢右僉都御史提督江西義軍李自成敗走武昌其部下散掠新昌境泰來大破之初益王起兵建昌泰來欲從

之同邑按察使漆嘉祉舉人戴國士持不可已而新昌破國士出降泰來惡之會上高舉人曹志明等兵起泰來與相結十二月攻取上高新昌寧州殺國士妻子遂取萬載已而
大兵逼新昌守將出降泰來走界埠志明等從上高移軍會之進攻撫州兵敗皆死

王養正字聖功泗州人崇禎元年進士授海鹽知縣遭父喪服除起官秀水中大計補河南按察司照磨累遷南康知府計殲巨寇鄧毛溪熊高一方賴之福王時進副使分巡建昌南都既覆
大兵下江西巡撫曠昭棄南昌遁走瑞州列城望風潰養正乃與布政夏萬亨知府王域推官劉允浩南昌推官史夏隆起兵拒守閱三日有客兵內應城卽破養正等被執械至南昌與萬亨等同死其妻張氏聞之絕粒九日而死萬亨字元禮崑山人起家舉人南昌失守避建昌與養正同死妻顧子婦陸及一孫一孫女先赴井死僕婢死者復十餘人域字元壽松江華亭人舉於鄉授宿州學正流賊至佐有司捍禦有功屢遷工部主事榷稅蕪湖都城陷諸榷稅者多以自入域歎曰君父遭非常禍臣子反因以爲利邪悉歸之南京戶部尋由郎中遷建昌知府城破械至南昌與允浩夏隆同日死允浩掖縣人夏隆宜興人皆崇禎十六年進士時同死者六人其一人失其姓名建昌人哀其忠裒而瘞之表曰六君子之墓初建昌南城諸生有鄧思銘者聞北都陷集其儕數十人爲庠兵期朔望習射學技擊爲國報仇請於有司有司笑曰庠可兵邪衆志遂懈思銘鬱鬱不得志明年城破死之建昌既破新城知縣譚夢開迎降民潛導守關兵殺之夢開等與民互相殘彌月不靖唐王以邵武貢生李翔爲新城知縣翔至禽殺餘黨衆遂散然民習於亂佃人以田主徵租斛大聚數千人譟縣庭翔潛遣義兵三百詭稱鄭彩軍殺亂民明日復斬百餘級亂乃靖彩兵數萬駐新城畏
大兵遁入關獨監軍張家玉新城人徐伯昌與翔共守及
大兵逼家玉亦戰敗入關翔率民兵千餘出城拒擊
大兵從間道入城民兵皆散翔與伯昌皆死之伯昌字子期唐王時由舉人授兵部主事改御史者也時江西郡邑吏城守者又有李時興高飛聲時興福清人舉於鄉歷官袁州同知攝府事會城已降時興力城守無何守將蔣繆兵潰湖廣援將黃朝宣五營亦譟歸時興度不能守自縊於萍鄉官舍一僕亦同死飛聲字克正長樂人崇禎中由鄉舉授玉山知縣遷同知乞養去唐王時黃道周出督師邀與偕令攝撫州事
大兵至遣家人懷印走謁王而身守城死焉

曾亨應字子嘉臨川人父棟廣東布政使亨應舉崇禎七年進士歷官吏部文選主事十五年秋有詔起廢亨應以毛士龍李右讜喬可聘等十人上御史張懋爵劾其納賄行私亨應疏辨懋爵三疏力攻遂被謫去福王立之明年江西列城皆不守亨應命弟和應奉父入閩而己與艾南英揭重熙謀城守會永寧王慈炎招連子峒土兵數萬復建昌入撫州寓書亨應亨應募兵數百與相犄角一日方置酒宴客
大兵至亨應避石室其從弟指示之遂被執并執其長子筠亨應顧筠曰勉之一日千秋毋自負筠曰諾先受刑死釋亨應縛諭之降不荅被戮和應聞兄死曰烈哉兄爲忠臣兄子爲孝子復何憾既奉父入閩又走避之肇慶乃拜辭其父投井死先是棟弟栻爲蒲圻知縣栻兄益爲貴州僉事並死難人稱曾氏五節云始亨應爲懋爵所訐朝士頗疑之後亨應死節而懋爵竟降李自成爲直指使

揭重熙字祝萬臨川人崇禎十年以五經登進士授福寧知州福王時擢吏部考功主事外艱歸撫州破與同里曾亨應先後舉兵唐王命以故官聯絡建昌兵戰敗被劾用大學士曾櫻薦以考功員外郎兼兵科給事中從大學士傅冠辦湖東兵事瀘溪告警冠不能救重熙劾解冠任兵事遂皆委重熙江西巡撫劉廣允戰敗被執復用櫻薦擢右僉都御史代廣允攻撫州不克而退俄聞汀州失解兵入山永明王拜重熙兵部尚書兼右副都御史總督江西兵召募萬餘人薄邵武敗還金聲桓左良玉將也已降於
大清復乘間爲亂據南昌
大兵攻討之聲桓死諸軍盡散獨張自盛衆數萬走閩重熙入其軍約廣信曹大鎬並進自盛掠邵武戰敗被執重熙走依大鎬百丈磜適大鎬還軍鉛山惟空營在衆就營炊食
大兵偵得之率衆至射重熙中項執至建寧下之獄重熙日呼高皇帝祈死不得至冬十一月昂首受刃顏色不改傅鼎銓字維新重熙同邑人崇禎十三年進士除翰林檢討李自成陷京師鼎銓出謁賊敗南還唐王時曾櫻薦鼎銓命予知府銜赴贛州軍自效尋復其故官贛州破退隱山中已聞金聲桓叛鼎銓舉兵以應永明王命爲兵部右侍郎兼翰林院侍讀學士聲桓滅鼎銓往來自盛大鎬軍
順治八年至廣信張村爲守將所執繫南昌獄諭之降不從令作書招重熙亦不從八月朔乃從容就刑鼎銓自降流賊爲鄉人非笑嘗欲求一死所至是得死鄉人更賢鼎銓已重熙大鎬相繼敗都昌督師余應桂亦以是歲亡江右兵遂盡

陳子壯字集生南海人萬曆四十七年以進士第三人授翰林編修天啓四年典浙江鄉試發策刺閹豎魏忠賢怒假他事削子壯及其父給事中熙昌籍崇禎初起子壯故官累遷禮部右侍郎流賊犯皇陵帝素服召對廷臣子壯言今日所急在收人心宜下罪己詔激發忠義帝納之乃會諸臣列上蠲租清獄使過宥罪等十二事帝以海內多故思廣羅賢才下詔授祖訓郡王子孫文武堪任用者得考驗授職子壯慮爲民患立陳五不可會唐王上疏歷引前代故事詆子壯遂除子壯名下之獄坐贖徒歸久之廷臣交薦起故官協理詹事府未上京師陷福王立起禮部尚書至蕪湖南京亦失守乃歸唐王立福建召相子壯以前議宗室事有宿憾辭不行
順治三年汀州遘變丁魁楚等擁立桂王子永明王由榔於肇慶蘇觀生又議立唐王弟聿鐭子壯沮不得退居邑之九江村永明王授子壯東閣大學士兼兵部尚書督廣東福建江西湖廣軍務會
大兵入廣州聿鐭被執死子壯止不行明年春張家玉陳邦彥及新會王興潮陽賴其肖先後起兵子壯亦以八月起兵九江村兵多蜑戶番鬼善戰乃與陳邦彥約共攻廣州結故指揮使楊可觀等爲內應事洩可觀等死子壯駐五羊驛爲
大兵擊敗走還九江村長子上庸陣歿會故御史麥而炫破高明迎子壯以故主事朱實蓮攝縣事實蓮子壯邑子也九月
大兵克高明實蓮戰死子壯而炫俱執至廣州不降被戮子壯母自縊永明王贈子壯番禺侯謚文忠廕子上圖錦衣衛指揮使而炫字章闇高明人由進士歷上海安肅知縣唐王時擢御史實蓮字子潔由舉人歷官刑部主事初聿鐭之自立於廣州也召南海霍子衡爲太僕卿子衡字覺商舉萬曆中鄉試歷袁州知府及官太僕時而廣州不守子衡乃召妾莫氏及三子應蘭應荃應芷語之曰禮臨難毋苟免若輩知之乎三子皆應曰惟大人命子衡援筆大書忠孝節烈之家六字懸中堂易朝服北向拜又易緋袍謁家廟先赴井死妾從之應蘭偕妻梁氏及一女繼之應荃應芷偕其妻徐氏區氏又繼之惟三孫得存有小婢見之亦投井死

張家玉字元子東莞人崇禎十六年進士改庶吉士李自成陷京師被執上書自成請旌己門爲翰林院庶吉士張先生之廬而褒恤范景文周鳳翔等隆禮劉宗周黃道周尊養史可程魏學濂自稱殷人從周願學孔子稱自成大順皇帝自成怒召之入長揖不跪縛午門外三日復脅之降怵以極刑卒不動自成曰當磔汝父母乃跪時其父母在嶺南家玉遽自屈人咸笑之賊敗南歸阮大鋮等攻家玉薦宗周道周於賊令收人望集羣黨家玉遂被逮明年南都失守脫歸從唐王入福建擢翰林侍講監鄭彩軍出杉關謀復江西解撫州之圍
順治三年風聞
大兵至彩卽奔入關家玉走新城
大兵來攻出戰中矢墮馬折臂走入關令以右僉都御史巡撫廣信廣信已失請募兵惠潮說降山賊數萬將赴贛州急會
大兵克汀州乃歸東莞四年家玉與舉人韓如璜結鄉兵攻東莞城知縣鄭霖降乃籍前尚書李覺斯等貲以犒士甫三日
大兵至家玉敗走奉表永明王進兵部尚書無何
大兵來擊如璜戰死家玉走西鄉祖母陳母黎妹石寶俱赴水死妻彭被執不屈死鄉人殲焉西鄉大豪陳文豹奉家玉取新安襲東莞戰赤岡未幾
大兵大至攻數日家玉敗走鐵岡文豹等皆死覺斯怨家玉甚發其先壟毀及家廟盡滅家玉族村市爲墟家玉過故里號哭而去道得衆數千取龍門博羅連平長寧遂攻惠州克歸善還屯博羅
大兵來攻家玉走龍門復募兵萬餘人家玉好擊劍任俠多與草澤豪士游故所至歸附乃分其衆爲龍虎犀象四營攻據增城十月
大兵步騎萬餘來擊家玉三分其兵犄角相救倚深谿高崖自固大戰十日力竭而敗被圍數重諸將請潰圍出家玉歎曰矢盡礮裂欲戰無具將傷卒斃欲戰無人烏用徘徊不決以頸血濺敵人手哉因徧拜諸將自投野塘中以死年三十有三明年永明王贈家玉少保武英殿大學士吏部尚書增城侯謚文烈其父兆龍猶在

以子爵封之陳象明字麗南家玉同邑人崇禎元年進士授戶部主事榷稅淮安以淸操聞屢遷饒州知府忤巡按御史被劾謫兩淮鹽運副使累遷湖南道副使唐王時總督何騰蛟令徵餉廣西會永明王立廣東地盡失象明徵調土兵與陳邦傳連營東至梧州榕樹潭遇大兵戰敗死之廣東之失也龍門破里人廖翰標以二幼子託從父從容自縊死番禺破里人梁萬爵曰此志士盡節之秋也赴水死翰標天啓中舉人官江西新城知縣廉惠民爲建祠萬爵字天若唐王時舉人

陳邦彥字令斌順德人爲諸生意氣豪邁福王時詣闕上政要三十二事格不用唐王聿鍵讀而偉之旣自立卽其家授監紀推官未任擧於鄕以蘇觀生薦改職方主事監廣西狼兵援贛州至嶺聞汀州變勸觀生東保潮惠不聽會丁魁楚等已立永明王監國於肇慶觀生遣邦彥入賀王因贛州破懼逼已西走梧州邦彥甫入謁而觀生別立唐王聿𨮁於廣州邦彥不知也夜二鼓王遣中使十餘輩召入舟中王太后垂簾坐王西向坐魁楚侍語以廣州事邦彥請急還肇慶正大位以繫人心命南雄勍卒取韶制粵東十郡之七而委其三於唐王代我受敵從而乘其敝王大悅立擢兵科給事中齎敕還諭觀生抵廣州聞使臣彭燿被殺乃遣從人授觀生敕而自以書曉利害觀生猶豫累日欲議和會聞永明王兵大敗不果邦彥遂變姓名入高明山中

順治三年冬十二月

大兵破廣州觀生死列城悉下邦彥乃謀起兵初贛州萬元吉遣族人萬年募兵於廣得余龍等千餘人未行而贛州失龍等無所歸聚甘竹灘爲盜他潰卒多附至二萬餘人總督朱治憪招降之旣而譟歸四年春

大兵定廣州克肇慶梧州敗走治憪殺魁楚前驅抵平樂永明王方自梧道平樂走桂林勢危甚邦彥乃說龍乘間圖廣州而已發高明兵由海道入珠江與龍會且遺張家玉書曰桂林累卵但得牽制毋西潯平間可完葺是我致力於此而收功於彼也家玉以爲然然龍卒故無紀律

大兵自桂林還救揚言取甘竹灘龍等顧其家輒退邦彥亦却歸旣乃遣門人馬應芳會龍軍取順德無何

大兵至龍戰敗應芳被執赴水死四月龍再戰黃連江亦敗歿

大兵攻家玉於新安邦彥乃棄高明收餘衆徇下江門據之初廣州之圍

大兵知謀出邦彥求其家獲妾何氏及二子厚遇之爲書招邦彥邦彥判書尾曰妾辱之子殺之身爲忠臣義不顧妻子七月與陳子壯密約復攻廣州子壯先至謀洩將引退邦彥軍亦至謀伏兵禺珠洲側伺

大兵還救會城而縱火以焚舟子壯如其計果焚舟數十

大兵引而西邦彥尾之會日暮子壯不能辨旗幟疑皆敵舟也陣動

大兵順風追擊遂大潰子壯奔高明邦彥奔三水八月清遠指揮白常燦以城迎邦彥乃入清遠與諸生朱學熙嬰城固守邦彥自起兵日一食夜則坐而假寐與其下同勞苦故軍最强嘗分兵救諸營之敗者至是精銳盡喪外無援軍越數日城破常燦死邦彥率數十人巷戰肩受三刃不死走朱氏園見學熙縊拜哭之旋被執饋之食不食繫獄五日被戮邦彥死子壯被執踰月家玉亦自沉永明王贈邦彥兵部尚書謚忠愍廕子錦衣指揮

蘇觀生字宇霖東莞人年三十始爲諸生崇禎中由保擧授無極知縣總督范志完薦其才進永平同知監紀軍事尋遷戶部員外郎十七年京師陷脫還南京進郎中催餉蘇州明年五月南京破走杭州會唐王聿鍵至觀生謁王王與語大悅聯舟入福建與鄭芝龍鴻逵兄弟擁立王擢爲翰林學士旋進禮部右侍郎兼學士設儲賢館分十二科招四方士令觀生領之觀生矢淸操稍有文學而時望不屬王以故人恩眷出廷臣右乃超拜東閣大學士參機務觀生數贊王出師見鄭氏不足有爲事權悉爲所撓請王赴贛州經畧江西湖廣王乃議觀生先行明年觀生赴贛州大徵甲兵餉不繼竟不能出師時

順治三年三月

大兵破吉安總督萬元吉乞援觀生遣二百人往元吉令恊守綿津灘遇

大兵潰走元吉乃退回贛州

大兵遂圍城觀生走南康贛人數告急不敢援六月

大兵退屯水西觀生發三千人助贛守久之他將戰敗九月

大兵再攻贛州三千人皆引去時觀生移駐南安聞中急不能救聿鍵死於汀州贛州亦破觀生退入廣州監紀主事陳邦彥勸觀生疾趨惠潮扼漳泉兩粵可自保觀生不從會丁魁楚等議立永明王觀生欲與共事魁楚素輕觀生拒不與議呂大器亦叱辱之適唐王弟聿𨮁與大學士何吾騶自閩至南海關捷先番禺梁朝鍾首倡兄終弟及議觀生遂與吾騶及布政使顧元鏡侍郞王應華曾道唯等以十一月二日擁立王就都司署爲行宮卽日封觀生建明伯掌兵部事進吾騶等秩擢捷先吏部尚書旋與元鏡應華道唯竝拜東閣大學士分掌諸部時倉卒擧事治宮室服御鹵簿通國奔走夜中如晝不旬日除官數千冠服皆假之優伶云永明王監國肇慶遣給事中彭燿主事陳嘉謨齎敕往諭燿順德人過家拜先廟託子於友人至廣州以諸王禮見備陳天潢倫序及監國先後語甚切至因歷詆觀生諸人觀生怒執殺之嘉謨亦不屈死乃治兵日相攻以番禺人陳際泰督師與永明王總督林佳鼎戰於三水兵敗復招海盜數萬人遣大將林察將十二月二日戰海口斬佳鼎觀生意得務粉飾爲太平事而委任捷先及朝鍾捷先由進士歷官監司小有才便筆札朝鍾擧於鄕善談論浹旬三遷至祭酒有楊明競者潮州人好爲大言詭稱精兵滿惠潮間可十萬卽特授惠潮巡撫朝鍾語人內有捷先外有明競强敵不足平矣觀生亦器此三人事必咨之又有梁鋈者妄人也觀生才之用爲吏科都給事中與明競大納賄賂日薦用數十人觀生本乏猷畧兼總內外任益昏瞀招海盜資捍禦其衆白日殺人縣帥腸於貴官之門以示威城內外大擾時

大兵已下惠潮長吏皆降附卽用其印移牒廣州報無警觀生信之是月十五日聿𨮁視學百僚咸集或報

大兵已逼觀生叱之曰潮州昨尙有報安得遽至此妄言惑衆斬之如是者三

大兵已自東門入觀生始召兵搏戰兵精者皆西出倉卒不能集觀生走鋈所問計曰死爾復何言觀生入東房鋈入西房各拒戶自縊觀生慮其詐稍留聽之鋈故扼其吭氣湧有聲且推几仆地久之寂然觀生信爲死遂自經明日鋈獻其屍出降朝鍾聞變赴池爲鄰人救出自經死聿𨮁方事閱射急易服踰垣匿王應華家俄縋城走爲追騎所獲饋之食不受曰我若飮汝一勺水何以見先人地下投繯而絕吾騶應華等悉降

贊曰自南都失守列郡風靡而贛以彈丸獨憑孤城誓死拒命豈其兵力果足恃哉激於義而衆心固也迨汀贛繼失危近目睫而肇慶廣州日治兵相攻自取兩敗益天速其禍如發蒙振槁無煩驅除矣

明史卷二百七十九　列傳第一百六十七

總裁官總理事務經筵講官少保兼太子太保保和殿大學士兼管吏部戶部尚書事加六級張廷玉等奉

敕修

呂大器　文安之

樊一蘅　范文光　詹天顏　吳炳　侯偉時

王錫袞　堵允錫

嚴起恒　朱天麟　張孝起

楊畏知　吳貞毓　高勣等

呂大器字儼若遂寧人崇禎元年進士授行人擢吏部稽勳主事更歷四司乞假歸以邑城庳惡倡議修築工甫竣賊至佐有司拒守城獲全詔增秩一等出爲關南道參議遷固原副使巡撫丁啓睿檄大器討長武賊用穴地火攻法滅之十四年擢右僉都御史巡撫甘肅劾總兵官柴時華不法解其職立遣副將王世寵代之時華乞兵西部及土魯番爲變大器令世寵討敗時華及西部時華自焚死塞外爾迭尼黃台吉等擁衆乞賞謀犯肅州守臣拒走之大器假賞犒名毒飮馬泉殺其衆無算又遣總兵官馬爌督副將世寵等討羣番爲亂者斬首七百餘級撫三十八族而還又擊敗其餘黨西陲畧定十五年六月擢兵部添註右侍郎大器負才性剛躁善避事見天下多故懼當軍旅任力辭且投揭吏科言己好酒色財必不可用帝趣令入京詭稱疾不至嚴旨切責亦不至命所司察奏明年三月始至命以本官兼右僉都御史總督保定山東河北軍務時畿輔未解嚴大器及諸將和應薦張汝行馳扼順義牛欄山總督趙光抃集諸鎭師大戰螺山應薦陣亡他將亦多敗大器所部無失事增俸一等五月以保定息警罷總督官特設江西湖廣應天安慶總督駐九江大器任之湖北地已失武昌亦陷左良玉駐九江稱疾不進以侯恂故疑大器圖己語具良玉傳中大器詣榻前與慰勞疑稍釋而張獻忠大躪湖南分兵陷袁州吉安大器急遣部將及良玉軍連破之樟樹鎭峽江永新二郡皆復已而建昌撫州陷良玉大器不和兵私鬭焚南昌關廂廷議因改大器南京兵部右侍郎以袁繼咸代十七年四月京師報陷南京大臣議立君大器主錢謙益雷縯祚言立潞王議未定而馬士英及劉澤淸諸將擁福王至福王立遷大器吏部左侍郎大器以異議絀自危乃上疏劾士英言其擁兵入朝覦留政地翻先皇手定逆案欲躋阮大鋮中樞其子以銅臭爲都督女弟夫未履行陣授總戎婣婭越其杰田仰楊文驄先朝罪人盡登膴仕

亂名器夫吳甡鄭三俊臣不謂無一事失而端方諒直
終爲海內正人之歸士英大鋮臣不謂無一技長而奸
回邪慝終爲宗社無窮之禍疏入以和衷體國答之未
幾澤清入朝劾大器縝祚懷異圖大器遂乞休去以手
書監國告廟文送內閣明無他士英憾未已令太常少
卿李沾劾之遂削大器籍復命法司逮治之以蜀地盡
失無可蹤跡而止大器既去沾得超擢左都御史謙益
亦以附士英大鋮得爲禮部尚書獨縝祚論死明年唐
王召爲兵部尚書兼東閣大學士道梗久之至汀州失
奔廣東與丁魁楚等擁永明王監國令以原官兼掌兵
部事久之進少傅盡督西南諸軍代王應熊賜劍便宜
從事至涪州與將軍李占春深相結他將楊展于大海
胡雲鳳袁韜武大定譚弘譚詣譚文以下皆受大器約
束宗室朱容藩自稱天下兵馬副元帥據夔州大器檄
占春大海雲鳳討殺容藩大器至思南得疾次都勻而
卒王謚爲文肅
文安之夷陵人天啟二年進士改庶吉士授檢討除南
京司業崇禎中就遷祭酒爲薛國觀所搆削籍歸久之
言官交薦未及召而京師陷福王時起爲詹事唐王復
召拜禮部尚書安之方轉側兵戈間皆不赴永明王以
瞿式耜薦與王錫袞竝拜東閣大學士亦不赴
順治七年六月安之謁王梧州安之敦雅操素淡宦情
遭國變絕意用世至是見國勢愈危慨然思起扶之乃
就職時嚴起恒爲首輔王化澄朱天麟次之起恒讓安
之而自處其下孫可望再遣使乞封秦王安之持不予
其後桂林破王奔南寧
大兵日迫雲南又爲可望據不可往安之念川中諸鎮
兵尚强欲結之共奬王室乃自請督師加諸鎮封爵王
從之加安之太子太保兼吏兵二部尚書總督川湖諸
處軍務賜劍便宜從事進諸將王光興郝永忠劉體仁
袁宗第李來亨王友進塔天寶馬雲翔郝珍李復榮譚
弘譚詣譚文党守素等公侯爵卽令安之齎敕印行可
望聞而惡之又素銜前阻封議遣兵伺於都勻邀止安
之追奪光興等敕印留數月乃令入湖廣安之遠客他
鄉無所歸復赴貴州將謁王於安龍可望坐以罪戍之
畢節衞先是可望欲設六部翰林等官慮人議其僭乃
以范鑛馬兆義任僎萬年策爲吏戶禮兵尚書竝加行
營之號後又以程源代年策而僎最寵與方于宣屢勸
進可望令待王入黔議之王久駐安龍可望遂自設內
閣六部等官以安之爲東閣大學士安之不爲用久之

走川東依劉體仁以居李赤心高必正等久竄廣西賓
橫南寧間赤心死養子來亨代領其衆推必正爲主必
正又死其衆食盡且畏
大兵逼率衆走川東分據川湖間耕田自給川中舊將
王光興譚弘等附之衆猶數十萬
順治十六年正月王奔永昌安之率體仁宗第來亨等
十六營由水道襲重慶會譚弘譚詣殺譚文諸將不服
安之欲討弘詣弘詣懼率所部降於
大兵諸鎮遂散時王已入緬甸地盡失安之不久鬱鬱
而卒
樊一蘅字君帶宜賓人父垣常德知府一蘅舉萬曆四
十七年進士知安義襄陽纍官吏部郎中請告歸崇禎
三年秋遷榆林兵備參議流賊多榆林人又久荒饑民
益相挺爲盜一蘅撫創殘修戎備討斬申在庭馬丙貴
平不沾泥纍被薦遷監軍副使再遷右參政分巡關南
總兵曹文詔敗殁羣賊迫西安總督洪承疇令一蘅監
左光先張應昌軍連破賊擊走混天星賊逼漢中瑞王
告急一蘅偕副將羅尚文往救會承疇大軍至賊乃走
進按察使偕副將馬科賀人龍屢挫祁總管於漢中降
之十二年擢右僉都御史代鄭崇儉巡撫寧夏被劾罷
歸十六年冬用薦起兵部右侍郎總督川陝軍務道阻
命不達
順治元年福王立於南京復申前命時張獻忠已據全
蜀惟遵義未陷一蘅與王應熊避其地旣拜命檄諸郡
舊將會師大舉會巡撫馬乾復重慶松潘副將朱化龍
同知詹天顏擊斬賊將王運行復龍安茂州一蘅乃起
舊將甘良臣爲總統副以侯天錫屠龍合參將楊展游
擊馬應試余朝宗所攜潰卒得三萬人明年三月攻敘
州應試朝宗先登展等繼至斬馘數千級僞都督張化
龍走遂復其城一蘅乃犒師江上初乾復重慶賊將劉
廷舉走求救於獻忠獻忠命養子劉文秀攻重慶水陸
竝進副將曹英與參政劉麟長自遵義至與部將于大
海李占春張天相等夾擊破賊兵數萬英威名大振諸
別將皆屬兵二十餘萬奉一蘅節制楊展旣復敘州賊
將馮雙禮來寇每戰輒敗孫可望以大衆援之隔江持
一月糧盡一蘅退屯古藺州展退屯江津賊退截朱化
龍及僉事蔡肱明於羊子嶺化龍率番騎數百衝賊兵
賊驚潰死者滿山谷化龍以軍孤還守舊地他將復連
敗賊於摩泥滴水一蘅乃命展應試取嘉定邛眉故總
兵官賈連登及其中軍楊維棟取資簡天錫高明佐取

瀘州占春大海守忠涪其他據城邑奉征調者洪雅則
曹勛及監軍副使范文光松茂則監軍僉事詹天顏夔
萬則譚弘譚詣一蘅乃移駐納溪居中調度與督師應
熊會瀘州檄諸路刻期竝進獻忠頗懼盡屠境內民沈
金銀江中大焚宮室火連月不滅將棄成都走川北明
年春展盡取上川南地屯嘉定與勛等相聲援而應熊
及王祥在遵義乾英在重慶皆宿重兵賊勢日蹙惟保
寧順慶爲賊將劉進忠所守進忠又數敗獻忠怒遣孫
可望劉文秀王尚禮狄三品王復臣等攻川南郡縣應
熊一蘅急令展天錫龍應試及顧存志莫宗文張登貴
連營犍爲敘州以禦之賊連戰不利英祥乘間趨成都
獻忠立召可望等還又聞
大清兵入蜀境劉進忠降大懼七月棄成都走順慶尋
入西充之鳳凰山至十二月
大清兵奄至射殺獻忠賊降及敗死者二三十萬可望
等率殘卒南奔驟至重慶英出不意戰敗死於江賊遂
陷綦江應熊避之畢節衞踰月賊陷遵義入貴州
大清兵追至重慶巡撫乾敗死遂入遵義以餉乏旋師
王祥等復取保寧二郡一蘅再駐江上爲收復全蜀計
乃列上善後事宜及諸將功狀於永明王拜一蘅戶兵
二部尚書加太子太傅祥展天錫等進爵有差時應熊
已卒而宗室朱容藩故偏沅巡撫李乾德竝以總制至
楊喬然江爾文以巡撫至各自署置官多於民諸將袁
韜據重慶于大海據雲陽李占春據涪州譚詣據巫山
譚文據萬縣譚弘據天字城侯天錫據永寧馬應試據
蘆衞王祥據遵義楊展據嘉定朱化龍曹勛仍據故地
搖黃諸家據夔州夾江兩岸而李自成餘孽李赤心等
十三家亦在建始縣一蘅令不行保敘州一郡而已
順治五年容藩自稱楚世子建行臺夔州稱制封拜時
喬然已進總督而范文光詹天顏巡撫川南北呂大器
以大學士來督師皆惡容藩謀誅之六年春容藩遂爲
占春所敗走死雲陽初展與祥有隙遣子璟新攻之璟
新先襲殺應試與祥戰敗歸乾德利展富說韜大定殺
展分其貲一蘅詰乾德諸鎮亦皆憤有離心秋九月孫
可望遣白文選攻殺祥降其衆二十餘萬盡得遵義重
慶一蘅益孤七年秋可望又使劉文秀大敗武大定兵
長驅至嘉定大定韜皆降乾德投水死文秀兵復東譚
弘譚詣譚文盡降占春大海降於
大清明年正月文秀還雲南留文選守嘉定劉鎮國守
雅州三月

大清兵南征文選鎮國挾曹勛走文光天顏化龍相繼
死一蘅時已謝事避山中至九月亦遘疾死文武將吏
盡亡范文光內江人天啟初舉於鄉崇禎中歷官工部
主事南京戶部員外郎告歸十七年張獻忠亂蜀文光
偕邛州舉人劉道貞蘆山舉人程翔鳳雅州諸生傅元
修洪其仁等舉義兵奉鎮國將軍朱平槻爲蜀王推黎
州參將曹勛爲副總兵統諸將而文光以副使爲監軍
道貞等授官有差勛敗賊雅州龍鸛山追至城下反爲
所敗退守小關山十一月文光督參將黎神武攻雅州
不克明年九月神武合雅州土漢兵再擊賊將艾能奇
於雅州敗績僞監司郝孟旋守緜州文光翔鳳遣間使
招之孟旋襲殺守雅州賊以城來歸文光等入居之獻
忠死文光保境如故永明王命爲右僉都御史巡撫川
南而以安緜道詹天顏巡撫川北總督李乾德殺楊展
文光惡之遂入山不視事
大清兵克嘉定文光賦詩一章仰藥死天顏兵敗被執
亦死之天顏龍巖人起家選貢生
吳炳宜興人萬曆末進士授蒲圻知縣崇禎中歷官江
西提學副使江西地盡失流寓廣東永明王擢爲兵部
右侍郎從至桂林令以本官兼東閣大學士仍掌部事
又從至武岡
大兵至王倉猝奔靖州令炳扈王太子走城步吏部主
事侯偉時從之旣至城已爲
大兵所據遂被執送衡州炳不食自盡於湘山寺偉時
亦死之偉時公安人崇禎中進士歷官吏部考功主事
罷官至是補官數月卽遘難
王錫袞祿豐人天啟二年進士改庶吉士授檢討崇禎
中累官少詹事十三年擢禮部右侍郎明年秋尚書林
欲楫出視孝陵錫袞以左侍郎掌部事帝禁內臣干預
外政敕禮官稽先朝典制以聞錫袞等備列諸監局職
掌而不及東廠提督內臣王德化言東廠之設始永樂
十八年國朝典彙可據禮官覆議不及請解臣職停廠
不設錫袞等言典彙雖載此條但係下文箋註臣等以
正史無文故不敢妄引帝不聽錫袞復抗疏請罷廠亦
不允二月帝再耕耤田錫袞因言頻歲旱蝗三餉疊派
請量除加徵嚴核蠹餉俾農夫樂生又以時方急才請
召還故侍郎陳子壯顧錫疇故祭酒倪元璐文安之且
乞免黃道周永戍給事中沈允培請增天下解額錫袞
因言南畿浙江人文更盛宜倍增又言舉人不第有三
十年不謁選者宜定制數科不售卽令服官從之欲楫

還朝錫衮調吏部尚書李日宣下獄遂掌部事帝性純孝嘗以秋夜感念聖母孝純太后遂欲終身蔬食錫衮疏諫帝嘉其寓愛於規進秩一等尋解部務直講筵十六年憂歸唐王立拜禮部尚書兼東閣大學士永明王立申前命皆不至土酋沙定洲作亂執至會城詭草錫衮疏上永明王言定洲忠勇請代黔國公鎮雲南疏既行以稿示之錫衮大恨懇上帝祈死居數日竟卒

堵允錫字仲緘無錫人崇禎十年進士歷官長沙知府山賊掠安化寧鄉官軍數敗允錫督鄉兵破滅之又殺醴陵賊魁遂以知兵名十六年八月賊陷長沙允錫朝覲還賊已退明年六月福王命爲湖廣參政分守武昌黃州漢陽左良玉稱兵總督何騰蛟奔長沙令攝湖北巡撫事駐常德唐王立拜右副都御史實授巡撫李自成死衆擁其兄子錦爲主奉自成妻高氏及高氏弟一功驟至澧州擁衆三十萬言乞降遠近大震允錫議撫之騰蛟亦馳檄至乃躬入其營開誠慰諭稱詔賜高氏命服錦一功蟒玉金銀器犒其軍皆踴躍拜謝乃卽軍中宴之導以忠孝大義數千言明日高氏出拜謂錦曰堵公天人也汝不可負別部田見秀劉汝魁等亦來歸唐王大喜加允錫兵部右侍郎兼右僉都御史總制其軍手書獎勞授錦御營前部左軍一功右軍竝掛龍虎將軍印封列侯賜錦名赤心一功名必正他部賞賚有差號其營曰忠貞封高氏貞義夫人賜珠冠綵幣命有司建坊題曰淑贊中興允錫遂與赤心等深相結倚以自强然赤心書疏猶稱自成先帝稱高氏太后云已而袁宗第劉體仁諸營先歸騰蛟者亦引與赤心合衆益盛允錫以芻糧難繼令散處江北就食明年正月騰蛟大舉期諸軍盡會岳州獨赤心先至餘逗遛卒不進永明王立進允錫兵部尚書總制如故

順治四年永明王令赤心等攻荆州月餘大清兵援荆州赤心等大敗步走入蜀數日不得食乃散入施州衞聲言就食湖南時王在武岡劉承允懼爲赤心所并計非允錫不能禦乃加允錫東閣大學士封光化伯賜劍便宜從事允錫疏請得給空敕鑄印頒賜秦中舉兵者時頗議其專承允欲殺騰蛟允錫劾其罪八月大兵破武岡及寶慶常德辰沅允錫走永順土司尋赴貴陽抵遵義乞師於皮熊王祥又入施州請忠貞營軍會楚宗人朱容藩僞稱監國天下兵馬副元帥擅居夔州御史錢邦芑傳檄討之五年正月允錫見容藩責以大義曉譬利害散其黨未幾金聲桓李成棟叛我大清以江西廣東附永明王於是馬進忠王進才曹志建李赤心高必正等乘間取常德桃源澧州臨武藍山道州靖州荆門宜城諸州縣進忠赤心必正皆封公允錫與進忠有隙令赤心必正爭進忠所取常德進忠盡焚廬舍而去赤心等棄空城引而東所至守將皆燒營棄城走湖南已復州縣爲一空允錫乃率赤心等入湘潭與騰蛟會騰蛟令允錫向江西而自率進忠等向長沙六年正月兵方逼長沙騰蛟在湘潭被執諸軍遂散赤心等走廣西緣道掠衡永郴桂允錫與胡一青守衡州戰敗走桂陽初赤心等入廣西龍虎關守將曹志建惡其淫掠竝惡允錫允錫不知也或說志建允錫將召忠貞營圖志建志建夜發兵圍允錫殺從卒千餘允錫及子逃入富川猺峒志建索之急猺潛送允錫於監軍僉事何圖復間關達梧州會王遣大臣嚴起恒劉湘客安輯忠貞營至梧而赤心等已走賓橫二州乃載允錫謁王於肇慶志建遷怒圖復誘殺之闔門俱盡允錫至肇慶時馬吉翔及李元允袁彭年等皆專柄各樹黨允錫乃結歡於吉翔激赤心等東來與元允爲難移書瞿式耜欲間元允託言王有密敕令已與式耜圖元允王頗不悅元允黨丁時魁金堡又論其喪師失地乃令總統兵馬移駐梧州允錫以赤心等不足恃欲遙結孫可望爲强援矯王命封爲平遼王允錫尋至潯州自恨發病十一月卒王贈允錫潯國公謚文忠

嚴起恒浙江山陰人崇禎四年進士歷廣州知府遷衡永兵備副使十六年張獻忠蹂湖南吏民悉逃竄起恒獨堅守永州賊亦不至唐王時擢戶部右侍郎總督湖南錢法永明王立令兼督湖南軍餉

順治四年王駐武岡拜起恒禮部尚書兼東閣大學士仍領錢法王走靖州起恒從不及避難萬村已知王在柳州間道往從之從返桂林復從至柳州南寧李成棟叛大清以廣東附於王起恒從王至肇慶與王化澄朱天麟同入直無何化澄天麟相繼罷黃士俊繼何吾騶爲首輔起恒次之時朝政決於成棟子元允都御史袁彭年少詹事劉湘客給事中丁時魁金堡蒙正發五人附之攬權植黨人目爲五虎起恒居其間不能有所匡正然起恒潔廉遇事持平與文安侯馬吉翔司禮中官龐天壽共患難久無所忤而五虎憾起恒競詆爲邪黨王在梧州尚書吳貞毓等十四人合疏攻五虎下湘客等獄欲寘之死起恒顧跪王舟力救貞毓等竝惡之乃請召還化澄而合攻起恒給事中雷德復劾其二十餘罪比之嚴嵩王不悅奪德復官起恒力求罷王輓留之不得放舟竟去會鄖國公高必正入覲王貞毓欲藉其力以傾起恒言朝事壞於五虎主之者起恒也公入見請除君側奸數言决矣必正許之有爲起恒解者謂必正曰五虎攻嚴公嚴公反力救五虎此長者奈何以爲奸必正見王乃力言起恒虛公可任請手敕邀與俱還文安之入朝起恒讓爲首輔桂林破從王奔南寧先是孫可望據雲南遣使乞封王天麟議許之起恒持不可後胡執恭矯詔封爲秦王可望知其僞遣使求眞封起恒又持不可可望大怒至是可望知王播遷遣其將賀九儀張勝等率勁卒五千迎王至南寧直上起恒舟怒目攘臂問王封是秦非秦起恒曰君遠迎主上功甚偉朝廷自有隆恩若專問此事是挾封非迎主上也九儀怒格殺之投屍於江遂殺給事中劉堯珍吳霖張載述追殺兵部尚書楊鼎和於崑崙關皆以阻封議故時順治八年二月也起恒既死屍流十餘里泊沙渚間虎負之登崖葬於山麓

朱天麟字游初崑山人崇禎元年進士授饒州推官有惠政考選入都貧不能行賂擬授部曹帝御經筵講官竝爲稱屈及臨軒親試乃改翰林編修十七年正月奉命祭淮王抵山東而京師陷及南都破走福州唐王擢少詹事署國子監事天麟見鄭芝龍跋扈乞假至廣東聞汀州變又走廣西入安平土州

順治四年永明王居武岡以禮部侍郎召天麟疏請王自將倡率諸鎮毋坐失事機辭不至明年王在南寧擢禮部尚書尋拜東閣大學士天麟請親率土兵畧江右不聽乃趨謁王會李成棟反大清從王至潯州而潯帥陳邦傳請世居廣西如黔國公故事天麟執不允邦傳怒以慶國公印尚方劍擲天麟舟中要必得仍執不允已而成棟奉王駐肇慶天麟謂機可乘復勸王亟頒親征詔規取中原王優詔答之當是時朝臣各樹黨從成棟至者曹曅耿獻忠洪天擢潘曾緯毛毓祥李綺自誇反正功氣凌朝士從廣西扈行至者天麟及嚴起恒王化澄晏清吳貞毓吳其雷洪士彭雷德復尹三聘許兆進張孝起自恃舊臣詆曹耿等嘗事異姓久之復分吳楚兩黨主吳者天麟孝起貞毓李用楫堵允錫王化澄萬翺程源郭之奇皆內結馬吉翔外結陳邦傳主楚者袁彭年丁時魁蒙正發劉湘客金堡皆外結瞿式耜內結李元允元允者惠國公成棟子爲錦衣指揮使進封南陽伯握大權彭年等倚爲心腹勢張甚彭年嘗論事王前語不遜王責以君臣之義彭年勃然曰儻向者惠國以五千鐵騎鼓行而西君臣義安在王變色大惡之彭年等謀攻去吉翔邦傳權可獨擅也而堡居言路有鋒氣乃疏陳八事劾慶國公邦傳十可斬文安侯吉翔司禮中官龐天壽大學士起恒化澄與焉起恒化澄乞去天麟奏留之堡與給事中時魁等復相繼劾起恒吉翔天壽無已太后召天麟面諭武岡危難賴吉翔左右令擬諭嚴責堡等天麟爲兩解卒未嘗罪言者而彭年輩怒不止王知羣臣水火甚令盟於太廟然黨益固不能解明年春邦傳訐堡官臨清嘗降流賊受其職且請堡爲已監軍天麟因擬諭譏堡堡大憤時魁乃鼓言官十六人詣閣詆天麟至登殿陛大譁棄官擲印而出王方坐後殿與侍臣論事大驚兩手交戰茶傾於衣急取還天麟所擬而罷天麟遂辭位王慰留再三不可陛辭叩頭泣王亦泣曰卿去余益孤矣初時魁等謂所擬出起恒意欲入署毆之是日起恒不入而天麟獨自承遂移怒天麟逐之去天麟移居慶遠化澄貪鄙無物望亦爲時魁等所攻碎冠服辭去王乃召何吾騶黃士俊入輔未幾吾騶亦爲堡等排去獨士俊起恒在乃復召天麟天麟不至堡等既連逐三相益橫每闖入閤中授閣臣以意指王不得已建文華殿於正殿旁令閣臣侍坐擬旨以避之堡又連劾堵允錫及侍郎萬翺程源郭之奇尚書吳貞毓貞毓等欲排去之畏元允爲援不敢發七年春王赴梧州元允留肇慶陳邦傳適遣兵入衞貞毓之奇翺源乃合諸給事御史劾彭年湘客時魁堡正發把持朝政罔上行私罪王謂彭年反正有功免議下堡等獄堡又以語觸忌與時魁竝謫戍湘客正發贖配追贓王乃再召天麟天麟疏言年來百爾構爭盡壞實事昔宋高宗航海猶有退步今則何地可退當奮然自將文武諸臣盡擐甲胄臣亦抽峒丁擇土豪募水手經畧嶺北湖南爲六軍倡若徒責票擬以爲主持政本今政本安在乎時大兵益逼孫可望請王赴雲南初起恒持可望封天麟及化澄獨謂宜許及可望使至天麟力請從之諸臣以起恒被殺故皆不可天麟乃奉命經畧左右兩江土司以爲勤王之助兵未集大兵逼南寧王倉皇出走天麟扶病從之明年四月抵廣南王已先駐安龍天麟病劇不能入覲卒於西坂村

張孝起，吳江人舉於鄉授廉州推官大兵至遁海濱舉兵謀恢復戰敗被獲妻妾俱投海死孝起羈軍中會李成棟叛大清孝起乃脫去永明王以爲吏科給事中清眞介直不與流俗伍王至梧州劉湘客丁時魁金堡蒙正發以失李元允援竝辭職王報許以孝起代時魁掌吏科印俄與廷臣共排去湘客等遂爲其黨所疾高必正湘客鄉人也尤疾之怒罵於朝王爲解乃已久之擢孝起右僉都御史巡撫高雷廉瓊四府城破走避龍門島島破被執不食七日死

楊畏知寶雞人崇禎中歷官雲南副使分巡金滄乙酉秋武定土官吾必奎反連陷祿豐廣通諸縣及楚雄府畏知督兵復楚雄駐其地必奎伏誅而阿迷土官沙定洲繼亂據雲南黔國公沐天波走楚雄巡撫吳兆元不能制許爲奏請鎭雲南定洲遂西追天波畏知說天波走永昌而己以楚雄當定洲定洲至畏知復紿之曰若所急者黔國爾今已西待爾定永昌還朝命當已下予出城以禮見今順逆未分不能爲不義屈也定洲恐失天波與盟而去分兵陷大理蒙化畏知乘間淸野繕堞徼隣境援兵姚安景東俱響應定洲聞不敢至永昌還攻楚雄不能下畏知伺賊懈輒出擊殺傷多乃引去還攻石屏寧州嶍峨皆陷之復西攻楚雄迄不能下明年孫可望等入雲南定洲還救大敗遁歸阿迷可望等遂據會城初唐王聞畏知抗賊進授右僉都御史巡撫雲南以巡撫吳兆元爲總督及可望等至以畏知同鄉甚重之尋與劉文秀西略畏知拒戰敗投水不死踞而罵可望下馬慰之曰聞公名久吾爲討賊來公能共事相與匡扶明室非有他也畏知瞪目視之曰給我爾可望曰不信當折矢誓畏知曰果爾當從我三事一不得仍用僞西年號二不得殺人三不得焚廬舍淫婦女可望皆許諾乃與至楚雄略定大理諸郡使文秀至永昌迎天波歸迤西八府免屠戮畏知力也時永明王已稱號於肇慶而詔令不至前御史臨安任僎議尊可望爲國主以干支紀年鑄興朝通寶錢畏知憤甚有所忤輒抵掌詆罵可望數欲殺之李定國劉文秀爲保護得免可望與劉李同輩一旦自尊兩人不爲下聞肇慶有君李錦李成棟等竝加封爵念得朝命加王封庶可相制乃議遣使奉表畏知亦素以尊主爲言歲己丑遣畏知及永昌故兵部郎中龔彝赴肇慶進可望表請王封爲金堡等所持畏知乃曰可望欲權出劉李上爾今晉之上公而卑劉李侯爵可也乃議封可望景國公賜名朝宗定國文秀皆列侯遣大理卿趙昱爲使加畏知兵部尚書彝兵部侍郞同行時堵允錫會賜空敕得便宜行事昱乃就與謀矯命改封可望平遼王易敕書以往武康伯胡執恭者慶國公陳邦傳中軍也守泗城州與雲南接欲自結可望言於邦傳先矯命封可望秦王曰藉其力可制李赤心也邦傳乃鑄金章曰秦王之寶塡所給空敕令執恭齎行可望大喜郊迎亡何畏知等至可望駭不受曰我已封秦王矣畏知曰此僞也執恭亦曰彼亦僞也所封實景國公敕印故在可望怒辭敕使下畏知及執恭獄而遣使至梧州問故廷臣始知矯詔事文安侯馬吉翔請封可望澂江王使者言非秦不敢復命大學士嚴起恒持不可兵部侍郞楊鼎和助之且請却所獻白金玉帶會鄖國公高必正等入朝召使者言本朝無異姓封王例我破京師逼死先帝滔天大罪蒙恩宥赦亦止公爵爾張氏竊據一隅罪固減等封上公足矣安敢冀王爵自今當與我同心報國洗去賊名毋欺朝廷孱弱我兩家士馬足相當也又致書可望詞義嚴正使者唯唯退議遂寢必正者李自成妻弟同陷京師者也可望不得封益怒其年九月親率兵至貴州十一月大兵破廣州桂林王走南寧事急遣編修劉茝封可望冀王可望仍不受畏知曰秦冀等爾假何如眞可望不聽定國等勸可望遣畏知終其事可望許之明年二月先遣部將賀九儀張勝張明志赴南寧索沮秦封者起恒鼎和及給事中劉堯珍吳霖張載述殺之乃眞封可望秦王而畏知旋至痛哭自劾語多侵可望遂留爲東閣大學士與吳貞毓同輔政可望聞之怒使人召至貴陽面責數之畏知大憤除頭上冠擊可望遂被殺楚雄人以畏知守城功爲立祠以祀

吳貞毓字元聲宜興人崇禎十六年進士事唐王爲吏部文選主事事敗擁立永明王進郎中王駐全州加太常少卿仍掌選事已擢吏部右侍郞從至肇慶拜戶部尚書廣東西會城先後失王徙潯州再徙南寧貞毓竝從貞毓與嚴起恒共阻孫可望秦王封可望殺起恒貞毓以奉使獲免及還進東閣大學士代起恒可望自雲南遷貴陽議移王自近挾以作威其將掌塘報者曹延生甚貞毓言不可移黔時順治八年大兵南征勢日迫王召諸臣議有請走海濱就李元允者有議入安南避難者有議泛海抵閩依鄭成功者惟馬吉翔龐天壽結可望堅主赴黔貞毓因前阻封議且入延生言不敢決元允疏請出海王不欲就可望而以海濱遠再下廷議終不決亡何開國公趙印選衞國公胡一青殿後軍戰敗奔還請王速行急由水道走土司抵瀨湍二將報大兵益近相距止百里上下失色皆散去巳次羅江土司追騎相距止一舍會日晡引去乃稍安次龍英抵廣南歲己暮可望遣兵以明年二月迎王入安隆所改爲安龍府奉王居之宮室庳陋服御粗惡守護將悖逆無人臣禮王不堪其憂吉翔掌戎政天壽督勇衞營諂事可望謀禪代惡貞毓不附己令其黨冷孟銋吳象元方祚亨交章彈擊且語孟銋等曰秦王宰天下我具敵以內外事盡付戎政勇衞二司大權歸我公等爲羽翼貞毓何能爲吉翔遂遣門生郭璘說主事胡士瑞擁戴秦王士瑞怒厲聲叱退之他日吉翔遣璘求郞中古其品畫堯舜禪受圖以獻可望其品拒不從吉翔譖於可望杖殺其品而可望果以朝事盡委吉翔天壽於是士瑞與給事中徐極員外郞林青陽蔡縯主事張鐫連章發其奸謀王大怒兩人求救於太后乃免前御史任僎中書方于宣勸可望設內閣九卿科道官改印文爲八疊盡易其舊立太廟定朝儀擬改國號曰後明日夕謀篡位王聞憂懼密謂中官張福祿全爲國曰聞晉王李定國已定廣西軍聲大振欲密下一敕令統兵入衞若等能密圖乎二人言徐極林青陽張鐫蔡縯胡士瑞曾疏劾吉翔天壽宜可與謀王卽令告之五人許諾引以告貞毓貞毓曰主上憂危正我輩報國之秋諸君中誰能充此使者青陽請行乃令佯乞假歸葬而使員外郞蔣乾昌撰予定國敕主事朱東旦書之福祿等持入用寶青陽於歲盡間道馳至定國所定國接敕感泣許以迎王明年夏青陽久未還王將擇使往促貞毓以翰林孔目周官對都督鄭允元曰吉翔晨夕在側假他事出之外庶有濟王乃令吉翔奉使祭先王及王太后陵於梧州南寧而遣周官詣定國吉翔在道微知青陽密敕事遣人至定國營偵之主事劉議新者道遇吉翔意其必預謀也告以兩使齎敕狀吉翔驚駭啟報可望可望大怒竝疑吉翔預謀遣其將鄭國赴南寧逮之會鐫士瑞及李元開以王親試極縯東旦及御史林鍾以久次皆予美官天壽及吉翔弟都督雄飛忌甚與其黨郭璘方謀陷之而鍾縯極鐫士瑞亦知事洩倉皇劾吉翔天壽表裏爲奸王見事急卽下廷臣議罪天壽懼與雄飛馳貴陽告可望初青陽還至南寧爲守將常榮所留密遣親信劉吉告之王王喜改青陽給事中諭貞毓再撰敕鑄屛翰親臣金印令吉還付青陽至廉州周官與青陽遇偕至高州賜定國定國拜受命而是時鄭國已械吉翔至安龍與諸臣面質貞毓謝不知國怒因挾貞毓直入王所居文華殿迫脅王索主謀者王懼不敢正言謂必外人假敕寶爲之國遂努目出與天壽至朝房械貞毓竝允元鍾縯乾昌元開極鐫士瑞東旦及太僕少卿趙賡禹御史周允吉朱議㶇員外郞任斗墟主事易士佳繫私室又入宮禽福祿爲國而出其黨冷孟銋蒲纓宋德亮朱企鋘等迫王速具主名王悲憤而退翊日國等嚴刑拷掠獨貞毓以大臣免衆不勝楚大呼二祖列宗且大罵時日已暮風雷忽震烈縯厲聲曰今日縯等直承此獄稍見臣子報國苦衷由是衆皆自承國又問曰主上知否縯大聲曰未經奏明乃復收繫以欺君悞國盜寶矯詔爲罪報可望可望請王親裁王不勝憤下廷議吏部侍郞張佐辰及纓德亮孟銋企鋘蔣御曦等謂國曰此輩盡當處死儻留一人將爲後患於是御曦執筆佐辰擬旨以鐫福祿爲國爲首罪凌遲餘爲從罪斬王以貞毓大臣言於可望罪絞吉翔以福祿等內侍謂王后知情將廢之令主事蕭尹歷陳古廢后事后泣訴於王乃已諸人就刑神色不變各賦詩大罵而死其家人合瘞於安龍北關之馬場已而青陽逮至亦被殺獨官走免時順治十一年三月也居二載定國竟奉前敕護王入雲南乃贈貞毓少師太子太師吏部尚書中極殿大學士賜祭諡文忠廕子錦衣世千戶餘贈恤有差已建廟於馬場勒碑大書十八先生成仁處以旌其忠定國旣奉王居滇卽捕吉翔及其家人令步將靳統武收繫將殺之吉翔日媚統武定國客諂統武吉翔復媚之因相與譽吉翔於定國而微爲辨冤定國召吉翔吉翔入謁卽叩頭言王再造功千古無兩吉翔幸望見顏色死且不朽他是非何足辨也定國乃大喜吉翔因日諂定國客令說定國薦己入內閣遂與定國客蟠結盡握中外權天壽亦復用事後從王入緬甸天壽先死吉翔爲緬人所殺高勳字無功紹興人事永明王歷官光祿少卿馬吉翔龐天壽搆殺吳貞毓等李定國奉王至雲南捕吉翔將殺之已爲其所誤遂免死且薦入閣遂得盡握中外權而天壽亦用事定國與劉文秀時詣二人家定國時封晉王文秀蜀王也勳與御史鄔昌期患之合疏言

二人功高望重不當往來權佞之門恐滋奸弊復蹈秦王故轍疏上二王遂不入朝吉翔激王怒命各杖一百五十除名定國客金維新走告定國曰勳等誠有罪但不可有殺諫官名定國卽偕文秀入救乃復官及定國敗孫可望兵自以爲無他患武備盡弛勳與郞官金簡進諫曰今內難雖除外憂方大伺我者頓刃待兩虎之斃而我酣歌漏舟之中熟寢爇薪之上能旦夕安耶二王老於兵事胡泄泄如此定國恕之王前頗激王擬杖二臣以解之朝士多爭不可移時未能決而三路敗書至定國始逡巡引謝二臣獲免簡字萬藏勳鄉人後王入緬甸二人扈行竝死之有李如月者東莞人官御史王駐安龍時孫可望獲叛將陳邦傳父子去其皮傳屍至安龍如月劾可望不請旨擅殺勳鎭罪同莽操而請加邦傳惡謚以懲不忠王知可望必怒留其疏召如月入諭以謚本褒忠無惡謚理小臣妄言亂制杖四十除名意將解可望而可望大怒遣人至王所執如月至朝門外抑使跪如月向闕叩頭大呼太祖高皇帝極口大罵其人遂剝其皮斷手足及首實草皮內紉之懸於通衢又有任國璽者官行人順治十五年永明王將出奔國璽獨請死守章下廷議李定國等言行人議是但前途尚寬暫移蹕捲土重來再圖恢復未晩也乃扈王入緬甸緬俗以中秋日大會羣蠻令黔國公沐天波偕諸酋椎髻跣足以臣禮見天波不得已從之歸泣告衆曰我所以屈辱者懼驚憂主上耳否則彼將無狀我罪益大國璽與禮部侍郞楊在抗疏劾之時龐天壽已死李國泰代掌司禮監印吉翔復與表裏爲奸國璽集宋末大臣賢奸事爲一書進之王吉翔深恨之王覽止一日國泰卽竊去國璽尋進御史疏論時事三不可解中言禍急然眉當思出險吉翔不悅卽令國璽獻出險策國璽忿然曰時事至此猶抑言官使不言耶時緬甸弟弑兄自立欲盡殺文武諸臣遣人來言曰蠻俗貴詛盟請與天朝諸公飲咒水吉翔國泰邀諸臣盡往至則以兵圍之令諸臣以次出外出輒殺之凡殺四十二人國璽及在天波吉翔國泰華亭侯王維恭綏寧伯蒲纓都督馬雄飛吏部侍郞鄧士廉等皆預焉惟都督同知鄧凱以傷足不行獲免時順治十八年七月也自是由榔左右無人至十二月緬人遂送之出境事具國史初由榔之走緬甸也昆明諸生薛大觀歎息曰不能背城戰君臣同死社稷顧欲走蠻邦以苟活不重可羞耶顧子之翰曰吾不惜七尺軀爲天下明大義汝其勉之之翰曰大人死忠兒當死孝大觀曰汝有母在時其母適在旁顧之翰妻曰彼父子能死忠孝吾兩人獨不能死節義耶其侍女方抱幼子問曰主人皆死何以處我大觀曰爾能死甚善於是五人偕赴城北黑龍潭死次日諸屍相牽浮水上幼子在侍女懷中兩手堅抱如故大觀次女已適人避兵山中相去數十里亦同日赴火死有那嵩者沅江土官也世爲知府嵩嗣職循法無過王走緬甸過沅江嵩與子燾迎謁供奉甚謹設宴皆金銀器宴畢悉以獻曰此行上供者少聊以佐缺乏耳後李定國號召諸土司兵嵩卽起兵應之已而城破登樓自焚闔家皆死其士民亦多巷戰死

贊曰明自神宗而後寖微寖滅不可復振揆厥所由國是紛呶朝端水火寧坐視社稷之淪胥而不能破除門戶之角立故至桂林播越旦夕不支而吳楚之樹黨相傾猶仍南都翻案之故態也顚覆之端有自來矣於當時任事諸臣何責哉

明史卷二百八十　列傳第一百六十八

總裁官總理事務經筵講官少保兼太子太保保和殿大學士兼管吏部戶部尙書事加六級張廷玉等奉敕修

何騰蛟章曠　傅作霖　瞿式耜汪皞等

何騰蛟字雲從貴州黎平衞人天啓元年舉於鄉崇禎中授南陽知縣地四達賊出没其間數被挫去已從巡撫陳必謙破賊安皐山斬首四百餘級又討平土寇益知名遷兵部主事進員外郞出爲懷來兵備僉事調口北道才諝精敏所在見稱遭母憂巡撫劉永祚薦其賢乞奪情任事騰蛟不可固辭歸服除起淮徐兵備僉事討平土寇部內宴然十六年冬拜右僉都御史代王聚奎巡撫湖廣時湖北地盡失止存武昌屯左良玉大軍軍橫甚騰蛟與良玉交歡得相安明年春遣將惠登相毛憲文復德安隨州五月福王立詔至良玉駐漢陽其部下有異議不欲開讀騰蛟曰社稷安危繫此一舉倘不奉詔吾以死殉之抵良玉所而良玉已聽正紀盧鼎言開讀如禮正紀者良玉所置官名也八月福王命加騰蛟兵部右侍郞兼撫湖南代李乾德尋以故官總督湖廣四川雲南貴州廣西軍務召總督楊鶚還明年三月南京有北來太子事中外以爲眞朝臣皆曰僞騰蛟力言不可殺與當國者大忤無何良玉舉兵反邀騰蛟偕行不可則盡殺城中人以劫之士民爭匿其署中騰蛟坐大門縱之入良玉破垣舉火避難者悉焚死騰蛟急解印付家人令速走將自剄爲良玉部將擁去良玉欲與同舟不從乃置之別舟以副將四人守之舟次漢陽門乘間躍入江水四人懼誅亦赴水騰蛟漂十餘里漁舟救之起則漢前將軍關壯繆侯廟前也家人懷印者亦至相視大驚覓漁舟忽不見遠近謂騰蛟忠誠得神佑益歸心焉騰蛟乃從寧州轉瀏陽抵長沙集諸屬吏堵允錫傅上瑞嚴起恒章曠周大啓吳晉錫等痛哭盟誓分士馬舟艦糗糧各任其一令允錫攝湖北巡撫上瑞攝湖南巡撫曠爲總督監軍大啓提督學政起恒故衡永道卽督二郡軍食晉錫以長沙推官攝郴桂道事卽遣曠調副將黃朝宣張先璧劉承允兵朝宣自燕子窩先璧自溆浦承允自武岡先後至兵勢稍振而是時良玉已死順治二年五月大兵下南都唐王聿鍵自立於福州王居南陽時素知騰蛟賢委任益至李自成斃於九宮山其將劉體仁郝搖旂等以衆無主議歸騰蛟率四五萬人驟入湘陰距長沙百餘里城中人不知其來歸也懼甚朝宣卽引兵還燕子窩上瑞請騰蛟出避騰蛟曰死於左死於賊一也何避焉長沙知府周二南請往偵之以千人護行賊謂其迎敵也射殺之從行者盡死城中益懼士女悉竄騰蛟與曠謀遣部將萬大鵬等二人往撫賊見止二騎迎入演武場飲之酒二人不交一言與痛飲飲畢賊問來意答言督師以湘陰褊小不足容大軍請卽移長沙因致騰蛟手書召之曰公等歸朝誓永保富貴搖旂等大喜與大鵬至長沙騰蛟開誠撫慰宴飲盡歡犒從官牛酒命先璧以卒三萬馳射旌旗蔽天搖旂等大悅招其黨袁宗第藺養成王進才牛有勇皆來歸驟增兵十餘萬聲威大震未幾自成將李錦高必正擁衆數十萬逼常德騰蛟令允錫撫降之置之荆州錦自成從子後賜名赤心必正則自成妻高氏弟也高氏語錦曰汝願爲無賴賊抑願爲大將邪錦曰何謂也曰爲賊無論旣以身許國當愛民受主將節制有死無二吾所願也錦曰諾騰蛟慮錦跋扈他日過其營請見高氏再拜執禮恭高氏悅戒其子毋忘何公錦自是無異志自成亂天下二十年陷帝都覆廟社其衆數十萬悉歸騰蛟而騰蛟上疏但言元兇已除稍洩神人憤宜告謝郊廟卒不言己功唐王大喜立拜東閣大學士兼兵部尚書封定興伯仍督師而疑自成死未實騰蛟言自成定死身首已糜爛不敢居功因固辭封爵不允令規取江西及南都當是時降卒旣衆騰蛟欲以舊軍參之乃題授朝宣先璧爲總兵官與承允赤心郝永忠宗第進才及董英馬進忠馬士秀曹志建王允成盧鼎竝開鎭湖南北時所謂十三鎭者也永忠卽搖旂英騰蛟中軍志建則故巡按劉熙祚中軍餘皆良玉舊將也騰蛟銳意東下拜表出師明年正月與監軍御史李膺品先赴湘陰期大會岳州先璧逗遛諸營亦觀望獨赤心自湖北至爲大兵所敗而還諸鎭兵遂罷騰蛟威望由此損時諸將皆驕且貪殘朝宣尤甚劫人而剝其皮永忠效之殺民無虛日騰蛟不能制故總督楊鶚者尅餉失軍心至是復賄緣爲偏沅總督騰蛟以爲言乃召鶚還王數議出關爲鄭氏所阻騰蛟屢請幸贛協力取江西王遣使徵兵騰蛟發永忠精騎五千往永忠不肯前五月始抵郴州會大兵破汀州聿鍵被執死贛州亦失騰蛟聞王死大慟厲兵保境如平時已聞永明王立乃稍自安王尋以騰蛟爲武英殿大學士加太子太保王進才故守益陽聞大兵漸逼還長沙四年春進才揚言乏餉大掠幷及湘陰適大兵至長沙進才走湖北騰蛟不能守單騎走衡州長沙湘陰竝失盧鼎時守衡州而先璧兵突至大掠鼎不能抗走永州先璧遂挾騰蛟走祁陽又間道走辰州騰蛟脫還走永州甫至鼎部將復大掠鼎走道州騰蛟與侍郞嚴起恒走白牙市大兵遂下衡永初騰蛟建十三鎭以衞長沙至是皆自爲盜賊大兵入衡州守將黃朝宣降數其罪支解之遠近大快大淸以一知府守永州副將周金湯瞷城虛夜鼓譟而登知府出走金湯遂入永六月騰蛟在白牙王密遣中使告以劉承允罪令入武岡除之騰蛟乃走謁王王及太后皆召見承允由小校以騰蛟薦至大將已漸倨騰蛟在長沙徵其兵承允大怒言先調朝宣先璧軍皆章曠親行今乃折箠使我遂馳至黎平執騰蛟子索餉數萬子走訴騰蛟騰蛟遣曠行承允乃以衆至騰蛟爲請於王得封定蠻伯且與爲姻承允益驕至是爵安國公勛上柱國賜尚方劍益坐大忌騰蛟出己上欲奪其權請用爲戶部尚書專領餉務王不許王召騰蛟圖承允

騰蛟無兵命以雲南援將趙印選胡一青兵隸之及辭朝賜銀幣命廷臣郊餞承允伏千騎襲騰蛟印選卒力戰盡殲之騰蛟乃還駐白牙八月

大兵破武岡承允降王走靖州又走柳州時常德寶慶已失永亦再失王將返桂林而城中止焦璉軍騰蛟率印選一青入爲助而南安侯郝永忠忽擁衆萬餘至與璉兵欲鬭會宜章伯盧鼎兵亦至騰蛟爲調劑桂林以安乃遣璉永忠鼎印選一青分扼興安靈川永寧義寧諸州縣十一月

大兵逼全州騰蛟督五將合禦五年正月王居桂林加騰蛟太師進爵爲侯予孫世襲二月

大兵破全州至興安永忠兵大潰奔桂林逼王西縱兵大掠騰蛟自永福至

大兵知桂林有變直抵北門騰蛟督璉一青等分三門拒守

大兵乃還全州會金聲桓李成棟叛

大清以兵附

大兵在湖南者姑退騰蛟遂取全州復遣保昌侯曹志建宜章侯盧鼎新興侯焦璉新寧侯趙印選攻永州圍城三月大小三十六戰十一月朔克之未幾監軍御史余鯤起職方主事李甲春取寶慶諸將亦取衡州馬進忠取常德所失地多復騰蛟議進兵長沙會督師堵允錫惡進忠招忠貞營李赤心軍自夔州至令進忠讓常德與之進忠大怒盡驅居民出城焚廬舍走武岡寶慶守將王進才亦棄城走他守將皆潰赤心等所至皆空城旋棄走東趨長沙騰蛟時駐衡州大駭六年正月檄進忠由益陽出長沙期諸將畢會而親詣忠貞營邀赤心入衡部下卒六千人懼忠貞營掩襲不護行止攜吏卒三十人往將至聞其軍已東卽尾之至湘潭湘潭空城也赤心不守而去騰蛟乃入居之

大兵知騰蛟入空城遣將徐勇引軍入勇騰蛟舊部將也率其卒羅拜勸騰蛟降騰蛟大叱勇遂擁之去絕食七日乃殺之永明王聞之哀悼賜祭者九贈中湘王謚文烈官其子文瑞僉都御史章曠字于野松江華亭人崇禎十年進士授沔陽知州十六年三月賊將郝搖旂陷其城同知馬飈死之曠走免謁總督袁繼咸於九江署爲監紀從諸將方國安毛憲文馬進忠王允成等復漢陽武昌巡按御史黃澍令署漢陽推官兼攝府事承德巡撫王揚基令署分巡道事明年四月憲文偕惠登相復德安揚基檄曠往守城空無人衞官十數人齎印送賊將白旺曠收斬之日夕爲警備居三月代者李藻至巡撫何騰蛟檄曠署荆西道事曠去藻失將士心城復陷給事中熊汝霖御史游有倫劾曠沔陽失城罪候訊黃州用騰蛟薦令戴罪立功福王立南京左良玉將犯闕騰蛟至長沙以曠爲監軍副將黃朝宣者故巡撫宋一鶴部將駐燕子窩騰蛟令曠召之來副將張先璧屯精騎三千於溆浦復屬曠召之留爲親軍而以朝宣戍茶陵又令曠調劉承允兵於武岡會李自成死其下劉體仁郝搖旂袁宗第藺養成王進才牛有勇六大部各擁數萬兵至騰蛟與曠計盡撫其衆軍容大壯左良玉死其將馬進忠王允成無所歸突至岳州偏沅巡撫傅上瑞大懼曠曰此無主之兵可撫也入其營與進忠握手指白水爲誓進忠等皆從之進忠卽賊中渠魁混十萬也時南京已破

大兵逼湖南諸將皆畏怯曠獨悉力禦唐王擢爲右僉都御史提督軍務恢勦湖北曠有智略行軍不避鋒鏑身扼湘陰平江之衝湖南恃以無恐嘗戰岳州以後軍不繼而還已又大戰大荆驛永明王加兵部右侍郎長沙守將王進才與狼兵將覃遇春鬭大掠而去騰蛟奔衡州曠亦走寶慶長沙遂失騰蛟駐祁陽曠來會騰蛟以兵事屬曠而謁王武岡曠移駐永州見諸大將擁兵聞警輒走抑鬱而卒傅作霖武陵人由鄉舉仕唐王大學士蘇觀生奏爲職方主事監紀其軍觀生歿倚何騰蛟長沙改監軍御史永明王在全州超拜兵部左侍郎掌部事尋進尚書從至武岡時劉承允擅政作霖與相善故驟遷及

大兵逼武岡承允議迎降作霖勃然責之承允遣使納款

大兵入城作霖冠帶坐堂上承允力勸之降不從遂被殺妾鄭有殊色被執驅之過橋躍入水中死有蕭曠者武昌諸生爲承允坐營參將騰蛟題爲總兵官管黎平參將事及承允降令降將陳友龍招曠曠不從已而城破死之傅上瑞初爲武昌推官賊圍城遁走久之騰蛟薦爲長沙僉事又令攝偏沅巡撫事勸騰蛟設十三鎮卒爲湖南大害唐王時用騰蛟薦擢右僉都御史實授偏沅巡撫性反覆棄騰蛟如遺武岡破

大兵逼沅州上瑞出降踰年與劉承允竝誅死

瞿式耜字起田常熟人禮部侍郎景淳孫湖廣參議汝說子也舉萬曆四十四年進士授吉安永豐知縣有惠政天啟元年調江陵永豐民乞留命再任以憂歸崇禎元年擢戶科給事中疏言李國楷宜留內閣王永光宜典銓曹于汴宜秉憲鄭三俊畢懋良宜總版曹李邦華宜主戎政帝多采其言俄陳朝政不平爲王之寀請恤孫愼行訟寃速楊鎬王化貞之誅白楊漣左光斗結毒之謗追論故相魏廣微顧秉謙馮銓黃立極之罪因言奪情建祠之朱童蒙不可寬積愆久廢之湯賓尹不可用帝亦納之又極論來宗道楊景辰附逆不可居政府二人旋罷去御史袁弘勛劾大學士劉鴻訓逆黨徐大化實主之川貴總督張鶴鳴先已被廢其復用由魏忠賢式耜竝疏論已頌楊漣魏大中周順昌爲淸中之淸忠中之忠三人遂賜謚未幾陳時務七事言起廢不可不覈陞遷不可不漸會推不可不愼謚典宜嚴刑章宜飭論人宜審附璫者宜區分又極論館選奔競之弊請臨軒親試末言古有左右史記天子言動今召對時勤宜令史官入侍紀錄昭示朝野事多議行時將定逆案請盡發紅本定其情罪輕重又言宣府巡撫徐良彥不附逆奄爲崔呈秀誣劾遣戍亟當登用良彥遂獲起式耜矯矯立名所建白多當帝意然搏擊權豪大臣多畏其口十月詔會推閣臣禮部侍郎錢謙益以同官周延儒方言事蒙眷慮竝推則己絀謀沮之式耜謙益門人也言於當事者擯延儒弗推而列謙益第二溫體仁遂發難延儒助之謙益奪官閒住式耜坐貶謫式耜嘗頌貴寧參政胡平表殺賊功請優擢其後平表爲貴州布政使坐不謹罷式耜再貶二秩遂廢於家久之常熟奸民張漢儒希體仁指訐謙益式耜貪肆不法體仁主之下法司逮治巡撫張國維巡按路振飛交章白其寃不聽比兩人就獄則體仁已去位獄稍解謙益坐削籍式耜贖徒言官疏薦不納十七年福王立於南京八月起式耜應天府丞已擢右僉都御史代方震孺巡撫廣西明年夏甫抵梧州聞南京破靖江王亨嘉謀僭號召式耜拒不往而檄思恩參將陳邦傳助防止狼兵勿應亨嘉調亨嘉至梧劫式耜幽之桂林遣人取其敕印初式耜議立桂端王子安仁王及唐王監國式耜以爲倫序不當立不奉表勸進至是爲亨嘉所幽乃遣使賀王因乞援王喜而亨嘉爲丁魁楚所攻勢窘乃釋式耜式耜與中軍官焦璉召邦傳共執亨嘉亂遂定唐王擢式耜兵部右侍郎協理戎政以晏日曙來代式耜不入朝退居廣東

順治三年九月

大兵破汀州式耜與魁楚等議立永明王由榔乃迎王梧州以十月十日監國肇慶進式耜吏部右侍郎東閣大學士兼掌吏部事未幾贛州敗報至司禮王坤迫王赴梧州式耜力爭不得十一月朔蘇觀生立唐王聿𨮁於廣州式耜乃與魁楚等定議迎王還肇慶遣總督林佳鼎禦觀生兵敗歿式耜視師峽口十二月望

大兵破廣州王坤趣王西走式耜趨赴王王已越梧而西四年正月

大兵破肇慶逼梧州巡撫曹曄迎降王欲走依何騰蛟於湖廣丁魁楚呂大器王化澄皆棄王去止式耜及吳炳吳貞毓等從乃由平樂抵桂林二月

大兵襲平樂分兵趨桂林王將走全州式耜極陳桂林形勢請留不許自請留守許之進文淵閣大學士兼兵部尚書賜劍便宜從事平樂潯州相繼破桂林危甚總督侍郎朱盛濃走靈川巡按御史辜延泰走融縣布政使朱盛調副使楊垂雲桂林知府王惠卿以下皆遁惟式耜與通判鄭國藩縣丞李世榮及都司林應昌李當瑞沈煌在焉王令兵部右侍郎丁元曄代盛濃御史魯可藻代延泰未赴而

大兵已於三月薄桂林以騎數十突入文昌門登城樓瞰式耜公署式耜急令援將焦璉拒戰初永明王爲賊執璉率衆攀城上破械出之王病不能行璉負王以行王以此德璉用破靖江王功命爲參將及是戰守三月璉功最多元曄可藻亦盡力式耜身立矢石中與士卒同甘苦積雨城壞吏士無人色式耜督城守自如敵人無叛志援兵索餉而譁式耜括庫不足妻邵捐簪珥佐之旣而璉兵主客不和譟而去城幾破者數矣會陳邦彥等攻廣州

大兵引而東桂林獲全璉亦復陽朔及平樂陳邦傳亦由潯復梧州王聞捷封式耜臨桂伯璉新興伯元曄等進秩有差式耜初請王返全州不聽已請還桂林王已許之會武岡破王由靖州走柳州式耜復請還桂林十一月

大兵自湖南逼全州式耜偕騰蛟拒却已梧州復破王方在象州欲走南寧以大臣力爭乃以十二月還桂林五年二月南安侯郝永忠駐桂林惡城外團練兵盡破水東十八村殺戮無算與式耜搆難式耜力調劑永忠乃駐興安

大兵前驅至靈川永忠戰敗奔入桂林請王卽夕西走式耜力爭不聽左右皆請速駕式耜又爭王曰卿不過欲予死社稷爾式耜爲泣下沾衣王甫行永忠卽大掠

捶殺太常卿黃太元式耜家亦被掠家人矯騰蛟令箭乃出城日中趙印選諸營自靈川至亦大掠城內外如洗永忠走柳州印選等走永寧明日式耜息城中餘燼安撫遠近焦璉及諸鎭周金湯兆佐胡一青等各率所部至騰蛟軍亦至三月

大兵知桂林有變來襲抵北門騰蛟督諸將拒戰城獲全時王駐南寧式耜遣使慰三宮起居王始知式耜無恙爲泣下閏三月廣東李成棟江西金聲桓皆叛

大清據地歸式耜請王還桂林王從成棟請將赴廣州式耜慮成棟挾王自專如劉承允事力爭之乃駐肇慶十一月永州寶慶衡州竝復式耜以機會可乘請王還桂林圖出楚之計不納慶國公陳邦傳守潯州自稱世守廣西欲如黔國公例式耜特疏劾之會中外多爭者邦傳乃止廣西巡撫魯可藻自署銜巡撫兩廣式耜亦疏駁之式耜身在外政有闕必疏諫嘗曰臣與主上患難相隨休戚與共不同他臣一切大政自得與聞王爲褒納而是時成棟子元允專朝政知敬式耜袁彭年丁時魁金堡等遂爭相倚附六年正月時魁等逐朱天麟不欲何吾騶爲首輔召式耜入直以文淵印畀之式耜終不入也未幾騰蛟聲桓成棟相繼敗歿國勢大危朝士方植黨相角式耜不能禁七年正月南雄破王懼走梧州諸大臣訐時魁等下獄式耜七疏論救胡執恭之擅封孫可望也式耜疏請斬之皆不納九月全州破開國公趙印選居桂林衞國公胡一青守榕江與寧遠伯王永祚皆懼不出兵

大兵遂入嚴關十月一青永祚入桂林分餉榕江無戍兵

大兵益深入十一月五日式耜檄印選出不肯行再趣之則盡室逃一青及武陵侯楊國棟綏寧伯蒲纓寧武伯馬養麟亦逃去永祚迎降城中無一兵式耜端坐府中家人亦散部將戚良勛請式耜上馬速走式耜堅不聽叱退之俄總督張同敞至誓偕死乃相對飲酒一老兵侍召中軍徐高付以敕印屬馳送王是夕兩人秉燭危坐黎明數騎至式耜曰吾兩人待死久矣遂與偕行至則踞坐於地諭之降不聽幽於民舍兩人日賦詩倡和得百餘首至閏十一月十有七日將就刑天大雷電空中震擊者三遠近稱異遂與同敞俱死同敞大學士居正曾孫事見居正傳時桂林殉難者光祿少卿汪皥投水死其破平樂也守將鎭西將軍朱旻如自剄有周震者官中書舍人居全州慷慨尚氣節武岡失全州危震邀文武將吏盟於神誓死拒守條城守事宜上之留守瞿式耜式耜卽題爲御史監全州軍無何郝永忠盧鼎自全州撤兵還桂林守全諸將議舉城降震力爭不可衆怒殺之全州遂失

贊曰何騰蛟瞿式耜崎嶇危難之中介然以艱貞自守雖其設施經畫未能一覩厥效要亦時勢使然其於鞠躬盡瘁之操無少虧損固未可以是爲訾議也夫節義必窮而後見如二人之竭力致死靡有二心所謂百折不回者矣明代二百七十餘年養士之報其在斯乎其在斯乎

明史卷二百八十一　列傳第一百六十九

總裁官總理事務經筵講官少保兼太子太保保和殿大學士兼管吏部戶部尚書事加六級張廷玉等奉

敕修

循吏

明太祖懲元季吏治縱弛民生凋敝重繩貪吏置之嚴典府州縣吏來朝陛辭諭曰天下新定百姓財力俱困如鳥初飛木初植勿拔其羽勿撼其根然惟廉者能約己而愛人貪者必朘人以肥己爾等戒之洪武五年下詔有司考課首學校農桑諸實政日照知縣馬亮善督運無課農興士效立命黜之一時守令畏法潔己愛民以當上指吏治煥然丕變矣下逮仁宣撫循休息民人安樂吏治澄清者百餘年英武之際內外多故而民心無土崩瓦解之虞者亦由吏鮮貪殘故禍亂易弭也嘉隆以後資格既重甲科縣令多以廉卓被徵梯取臺省而龔黃之治或未之覩焉神宗末年徵發頻仍礦稅四出海內騷然煩費郡縣不克修舉厥職而廟堂考課一切以虛文從事不復加意循良之選吏治旣以日偸民生由之益蹙仁宣之盛邈乎不可復追而太祖之法蔑如矣重內輕外實政不修謂非在上者不加之意使然乎漢史丞相黃霸唐史節度使韋丹皆入循吏傳中今自守令超擢至公卿有勳德者事皆別見故採其終於庶僚政績可紀者作循吏傳

陳灌字子將盧陵人也元末世將亂環所居築場種樹人莫能測後十年盜蠡起灌率武勇結屯林中盜不敢入一鄉賴以全太祖平武昌灌詣軍門謁見與語奇之擢湖廣行省員外郎累遷大都督府經歷從大將軍徐達北征尋命築城泰州工竣除寧國知府時天下初定民棄詩書久灌建學舍延師選俊秀子弟受業訪問疾苦禁豪右兼并創戶帖以便稽民帝取爲式頒行天下伐石築堤作水門蓄洩護瀕江田百姓咸賴有坐盜麥舟者論死數十人灌覆按曰舟自漂至而愚民聞取之非謀劫也坐其首一人餘悉減死灌丰裁嚴正而爲治寬恤類此洪武四年召入京病卒

方克勤字去矜寧海人元末台州盜起吳江同知金剛奴奉行省命募水兵禦之克勤獻策弗納逃之山中洪武二年辟縣訓導母老辭歸四年徵至京師吏部試第二特授濟寧知府時始詔民墾荒閱三歲乃稅吏徵率不俟期民謂詔旨不信輒棄去田復荒克勤與民約稅如期區田爲九等以差等徵發吏不得爲奸野以日闢又立社學數百區葺孔子廟堂教化興起盛夏守將督民夫築城克勤曰民方耕耘不暇奈何重困之奢鍤請之中書省得罷役先是久旱遂大澍濟寧人歌之曰孰罷我役使君之力孰活我黍使君之雨使君勿去我民父母視事三年戶口增數倍一郡饒足克勤爲治以德化爲本不喜近名嘗曰近名必立威立威必殃民吾不忍也自奉簡素一布袍十年不易日不再肉食太祖用法嚴士大夫多被謫過濟寧者克勤輒周恤之永嘉侯朱亮祖嘗率舟師赴北平水涸役夫五千濬河克勤不能止泣禱於天忽大雨水深數尺舟遂達民以爲神八年入朝太祖嘉其績賜宴遣還郡尋爲屬吏程貢所誣謫役江浦復以空印事連逮死子孝聞孝孺孝聞十三喪母蔬食終制孝孺自有傳

吳履字德基蘭谿人少受業於聞人夢吉通春秋諸史李文忠鎭浙東聘爲郡學正久之舉於朝授南康丞南康俗悍謂丞儒也易之居數月摘發奸伏如老獄吏則皆大驚相率斂跡履乃改崇寬大與民休息知縣周以中巡視田野爲部民所詈捕之不獲怒盡縶其鄉鄰履曰閱獄問故立釋之乃白以中以中益怒曰丞慢我履曰犯公者一人耳其鄰何罪今縶者衆而捕未已急且有變奈何以中意乃解邑有淫祠每祀輒有蛇出戶民指爲神履縛巫責之沉神像於江淫祠遂絕爲丞六年百姓愛之遷安化知縣大姓易氏保險自守江陰侯吳良將擊之召履計事履曰易氏逃死耳非反也招之當來不來誅未晚良從之易氏果至良欲籍農故爲兵者民大恐履曰世清矣民安於農請籍其願爲兵者不願可勿強遷濰州知州山東兵常以牛羊代秋稅履與民計曰牛羊有死瘠患不若輸粟便他日上官令民送牛羊之陝西他縣民多破家濰民獨完會改州爲縣召履還濰民皆涕泣奔送履遂乞骸骨歸是時河內丞廖欽竝以廉能稱居八年調吳江後坐事謫戍久之以老病放歸道河內河內民競持羊酒爲壽且遺之縑須臾裒數百匹欽固辭不得一夕遯去他若興化丞周舟以績最特擢吏部主事民爭乞留乃遣還之歸安丞高彬曹縣主簿劉郁衡山主簿紀惟正霑化典史杜濩皆坐事以部民乞宥復其官而惟正立擢陝西參議其後州縣佐貳知名者在仁宣時則易州判官張有聞壽州判官許敏許州判官王通靈壁丞田誠安平丞耿福緣嘉定丞戴肅大名丞賀禎昌邑主簿劉整襄垣主簿喬育貴池典史黃金蘭深澤典史高聞英景時則養利判官汪浩泰州判官王思旻上海丞張禎吳江丞王懋本歷城丞熊觀黔陽主簿古初雲南南安州琅井巡檢李保或超遷或還任皆因部民請云

高斗南字拱極陝西徽州人貌魁梧語音若鐘洪武中由薦舉授四川定遠知縣才識精敏多善政二十九年與知府永州余彥誠知縣齊東鄭敏儀眞康彥民岳池王佐安肅范志遠當塗孟廉及丞懷寧蘇億休寧甘鏞當塗趙森竝坐事先後被徵其耆民奔走闕下具列善政以聞太祖嘉之賜襲衣寶鈔遣還幷賜耆民道路費諸人旣還任政績益著尋舉天下廉吏數人斗南與焉列其名於彰善榜聖政記以示勸九載績最擢雲南新興知州新興人愛之不異定遠居數年以衰老乞歸薦子吏科給事中恂自代成祖許之年七十而卒恂字士信博學能詩文官新興從大軍征交阯有協贊功師旋卒於官彥誠德興人初知安陸州以征稅愆期當就逮其父老伏闕乞留太祖賜宴嘉賞遣還父老亦預宴久

之擢知永州府終河東鹽運使敏常坐事被逮部民數千人守闕下求宥帝宴勞復其官賜鈔百錠衣三襲居數年考滿入朝部民復走京師乞再任帝從其請及是再獲宥彥民泰和人洪武二十七年進士先知青田調儀眞後歷巴陵天台並著名績永樂初罷歸洪熙元年御史巡按至天台縣民二百餘人言彥民廉公有爲乞還之天台慰民望御史以聞宣宗歎曰彥民去天台二十餘年民猶思之其有善政可知乃用爲江寧縣丞億廉森三人旣釋還明年復以事當逮縣民又走闕下頌其廉勤帝亦釋之時太祖操重典繩羣下守令坐小過輒逮繫聞其賢旋遣還且加賞賚有因以超擢者二十九年知縣靈璧周榮宜春沈昌昌樂于子仁丞新化葉宗並坐事逮訊部民爲叩闕太祖喜立擢四人爲知府榮河南昌南安子仁登州宗黃州由是長吏競勸一時多循良之績焉榮字國華遂萊人初爲靈璧丞坐累逮下刑部耆老羣赴輦下稱其賢帝賜鈔八十錠綺羅衣各一襲禮部宴榮及耆老而還之無何擢榮靈璧知縣及知河南亦有聲後建言稱旨擢河南左布政使

史誠祖解州人洪武末詣闕陳鹽法利弊太祖納之授汶上知縣爲治廉平寬簡永樂七年成祖北巡遣御史考覈郡縣長吏賢否還言誠祖治第一賜璽書勞之曰共圖治理往往下詢民間皆言苦吏苛急能副朕心者守令承流宣化所以安利元元朕統御天下夙夜求賢均徭政清訟簡民心悅戴境內稱安方古良吏亦復何讓特擢爾濟寧知州仍視汶上縣事其益共乃職愼終如始以永嘉譽欽哉并賜內醞一尊織金紗衣一襲鈔千貫御史又言貪吏虐民無若易州同知張騰遂徵下獄誠祖旣得旌益勤於治土田增闢戶口繁滋益編戶十四里成祖過汶上欲徙其民數百家於膠州誠祖奏免之屢當遷輒爲民奏留閱二十九年竟卒於任士民哀號留葬城南歲時奉祀是時縣令多久任蠡縣吳祥永樂時知嵩縣至宣德中閱三十二年卒於任臨汾李信永樂時由國子生授遵化知縣至宣德中閱二十七年始擢無爲知州以年老不欲赴遂乞歸涓縣房嵒宣德間爲鄒縣知縣至正統中閱二十餘年卒於任吏民皆愛戴之而吉水知縣武進錢本忠有廉名詿誤罷官父老奔走號泣乞留郡人胡廣力保之得還任民聞本忠復來空閭井迎拜永樂中卒官民哀慕留葬吉水爭負土營墳其得民如誠祖云

謝子襄名袞以字行新淦人建文中由薦舉授青田知縣永樂七年與錢塘知縣黃信中開化知縣夏升並九載課最當遷其部民相率詣於上官乞再任上官以聞帝嘉之即擢子襄處州知府信中杭州升衢州俾得治其故縣子襄治處州聲績益著郡有虎患歲旱蝗禱於神大雨二日蝗盡死虎亦遁去有盜竊官鈔子襄檄城隍神盜方閱鈔密室忽疾風捲墮市中盜即伏罪民驚牛於市將屠之牛逸至子襄前俛首若有訴乃捐俸贖還其主叛卒吳米據山谷爲亂朝廷發兵討之一郡洶洶子襄力止軍城中毋出而自以計掩捕之獲其魁餘悉解散爲人廉謹歷官三十年不以家累自隨二十二年卒信中餘干人先知樂清縣奸人紿寡婦至京誣告鄉人謀叛而已逸去有司繫其婦以聞詔行所司會鞫信中廉得其情力詆爲誣獲全者甚衆盜殺一家三人獄久不決信中禱於神得眞盜遠近稱之升鹽城人

貝秉彝名恒以字行上虞人永樂二年進士授鄱陽知縣以憂去補東阿善決獄能以禮義導民歲大侵上平糴備荒議帝從之班下郡縣如東阿式邑西南有巨浸積潦爲田害秉彝相視高下鑿渠引入大清河涸之得沃壤數百頃民食其利尤善綜畫凡廢鐵敗皮朽索故紙悉藏之暇令工匠煑膠鑄杵擣紙絞索貯於庫會成祖北巡敕有司建席殿秉彝出所貯濟用工遂速竣帝將召之東阿耆老百餘人詣闕自言願留貝令帝許之九載考滿入都詔進一階仍還東阿嘗坐累罰役京師民競代其役三罰三代乃復官秉彝爲吏明察而仁恕素善飲已仕遂已之宣德元年卒官時龍溪知縣南昌劉孟雍鄒縣知縣龍溪朱珤建安知縣崑山張準婺源知縣建安吳春歙縣知縣江西樂平石啟宗皆有惠利民卒懷思不忘云

萬觀字經訓南昌人弱冠成永樂十九年進士帝少之令歸肄學尋召爲御史改嚴州知府府東境七里瀧有漁舟數百艇時剽行旅觀編十舟爲一甲令晝地巡警不匝月盜屏跡乃勵學校勸農桑奏減織造以銀代絲稅民皆便之九年考績治行爲海內第一旣以憂去將除服嚴州民豫上章願復得觀爲守金衢民亦上章乞之朝廷異焉補平陽府政績益茂有芝生堯祠棟上士民皆言使君德化所致觀曰太守知奉職而已芝非吾事也考滿擢山東布政使卒於官

葉宗人字宗行松江華亭人永樂中尚書夏原吉治水東南宗人以諸生上疏請濬范家港引浦水入海禁瀕海民毋作壩以遏其流帝令赴原吉所自效工竣原吉薦之授錢塘知縣縣爲浙江省會徭重豪有力往往搆黠吏得財役貧民宗人令民自占甲乙書於冊以次簽役役乃均嘗視事有蛇升階若有所訴宗人曰爾有冤乎吾爲爾理蛇即出遣隸尾之入餅肆爐下發之得僵屍蓋肆主殺而瘞之也又嘗行江中有死人挂舟舵推問則里無賴子所沉者遂俱伏法邑民以爲神按察使周新廉介吏也尤重宗人一日伺宗人出潛入其室見廚中惟銀魚腊一裹新歎息攜少許去明日召宗人共食飲至醉用儀仗導之歸時呼爲錢塘一葉清十五年督工匠往營北京卒於塗新哭之累日

王源字啟澤龍巖人永樂二年擢進士授庶吉士改深澤知縣修學舍築長隄勸民及時嫁娶革其爭財之俗數上書論事被詔徵入都又論時政得失忤旨下吏會赦復官奏免逋負歲饑輒發粟振救坐是被逮民爭先輸納得贖還召爲春坊司直郎侍諸王講讀遷衞府紀善移松江同知奏捐積逋數十萬石以母老乞歸養服闋除刑部郎中英宗踐阼擇廷臣十一人爲知府賜宴及敕乘傳行源得潮州府城東有廣濟橋歲久半圮壞源斂民萬金重築之以其餘建亭設先聖四配十哲像刻藍田呂氏鄉約擇民爲約正約副約士講肄其中而時偕寮寀董率焉西湖山上有大石爲怪源命鑿之果獲石骷髏怪遂息乃琢爲碑大書潮州知府王源除怪石會杖一民死民子訴諸朝并以築橋建亭爲源罪逮至京罪當贖徒潮人相率叩閽乃復其官久之乞休潮人奏留不獲祠祀之

翟溥福字本德東莞人永樂二年進士除青陽知縣九華虎爲患溥福檄山神虎即殄久之移新淦遷刑部主事進員外郎爲尚書魏源所器正統元年七月詔舉廷臣堪爲郡守者源以溥福應乃擢南康知府先是歲歉民擅發富家粟及收取漂流官木者前守悉坐以盜當死者百餘人溥福閱實杖而遣之地濱鄱陽湖舟遇風濤無所泊爲築石堤百餘丈往來者便之廬山白鹿書院廢溥福倡衆興復延師訓其子弟朔望躬詣講授考績赴部以年老乞歸侍郎趙新嘗撫江西大聲曰翟君此邦第一賢守也胡可聽其去懇請累日乃許之辭郡之日父老爭贐金帛悉不受衆挽舟涕泣因建祠湖堤祀之又配享白鹿書院之三賢祠三賢者唐李渤宋周敦頤朱熹也

李信圭字君信泰和人洪熙時舉賢良授清河知縣縣瘠而衝官艘日相銜役夫動以千計前令請得沭陽五百人爲助然去家遠艱於衣食信圭請免其助役代輸清河浮征三之二兩邑便之俗好發冢縱火信圭設教戒十三條令里民書於牌月朔望儆戒之且令書其民勤惰善惡以聞俗爲之變宣德三年上疏言本邑地廣人稀地當衝要使節絡繹日發民挽舟丁壯旣盡役及老稚妨廢農桑前年兵部有令公事亟者舟予五人緩者則否今此令不行役夫無限有一舟至四五十人者凶威所加誰敢詰問或遲快風步追不及則官舫人役沒其所齎衣糧俾受寒餒乞申明前令哀此憚人從之八年春又言自江淮達京師沿河郡縣悉令軍民挽舟若無衞軍則民夫盡出有司州縣歲發二三千人晝夜以俟而上官又不分別雜泛差役一體派及致土田荒蕪民無蓄積稍遇歉歲輒老稚相攜緣道乞食實可憫傷請自儀眞抵通州盡免其雜徭俾得盡力農田兼供夫役帝亦從之自是他郡亦蒙其澤正統元年用侍郎章敞薦擢知蘄州清河民詣闕乞留命以知州理縣事民有湖田數百頃爲淮安衞卒所奪民代輸租者六十年信圭奏之詔還民饑民攘食人一牛御史論死八人信圭奏之免六人天久雨淮水大溢沒廬舍畜產甚衆信圭奏請振貸并停歲辦物件及軍匠厨役濬河人夫報可南北往來道死不葬者信圭爲三大冢瘞之十一年冬尚書金濂薦擢處州知府其在清河已二十二年矣處州方苦旱信圭至輒雨未幾卒於官清河民爲立祠祀之自明興至洪宣正統間民淳俗富吏易爲治而其時長吏亦多勵長者行以循良見稱其秩滿奏留者不可勝紀略舉數人列於篇孫浩永樂中知鄱陽遭喪去官洪熙元年陝西按察使頌浩前政請令補威寧宣宗嘉歎即命起復久之超擢辰州知府薛愼知長清以親喪去洪熙元年長清民知愼服闋相率詣京師乞再任吏部尚書蹇義以聞言長清別除知縣已久即如民言又當更易帝曰國家置守令但欲其得民心苟民心不得雖屢易何害遂還之吳原知吳橋洪熙中九載考績赴部縣民詣闕乞留帝從之陳哲知博野以舊官還職解去宣德元年部民懇訴於巡按御史乞還哲御史以聞報可暢宣知泰安以母憂去民頌於副使鄺埜以聞仁宗命服闋還任宣德改元宣服闋吏部以請帝曰民欲之監司言之固當從況有先帝之命乎遂如其請劉伯吉知碭山以親喪去服除碭山民守闕下求再任吏部言新令已在碭山二年矣帝曰新者勝舊則民不

復思今久而又思其賢於新者可知矣遂易之孔公朝永樂時知寧陽坐與同僚飲酒忿爭並遣戍部民屢叩闕乞還皆不許宣德二年詔求賢有以公朝薦者寧陽人聞之又相率叩闕乞公朝帝顧尚書蹇義曰公朝去寧陽已二十餘載民奏乞不已此非良吏耶可卽與之郭完知會寧爲奸人所訐被逮里老伏闕訟冤乞還帝亦許之徐士宗知貴溪宣德六年三考俱最民詣闕乞留詔增二秩還任郭南知常熟正統十二年以老致仕父老乞還任英宗許之張璟知平山秩滿士民乞留英宗命進秩復任景泰初母憂去復從士民請奪情視事徐榮知藁城親喪去官服闋部民乞罷新令而還榮英宗如其請景泰初秩滿復徇民請留之何澄知安福被劾民詣闕乞留英宗命還任乃桀寅陂浚渠道復密湖之舊大興水利秩滿當遷侍講劉球爲民代請帝復留之田玉知桐鄉丁艱去英宗以部民及巡撫周忱請還其任其他若內邱馬旭桐廬楊信北流李禧洋縣王黼保安張庸獲鹿吳韞扶風宋端皆當宣宗之世以九載奏最爲民乞留卽加秩留任者也時帝方重循良而吏部尚書蹇義尤愼擇守令考察明恕治及英宗吏治淳厚部民奏留率報可然其間亦有作奸者永寧稅課大使劉迪封羊置酒遨耆老請留宣宗怒下之吏漢中同知王聚亦張宴求屬吏保奏爲知府事聞宣宗并屬吏罪之自後部民奏留率下所司覈實云

張宗璉字重器吉水人永樂二年進士改庶吉士授刑部主事錄囚廣東仁宗卽位擢左中允會詔朝臣舉所知禮部郞中況鍾以宗璉名上帝問少傅楊士奇曰人皆舉外吏鍾舉京官何也對曰宗璉賢臣與侍讀學士王直將舉之不意爲鍾所先耳帝喜曰鍾能知宗璉亦賢矣由是知鍾而擢宗璉南京大理丞宣德元年詔遣吏部侍郞黃宗載等十五人出釐各省軍籍宗璉往福建明年坐奏事忤旨謫常州同知朝遣御史李立理江南軍籍檄宗璉自隨立受黠軍詞多逮平民實伍宗璉數爭之立怒宗璉輒臥地乞杖曰請代百姓死免株累甚衆初宗璉使廣東務廉恕至是見立暴橫心積不平疽發背卒常州民白衣送喪者千餘人爲建祠君山宗璉蒞郡不攜妻子病亟召醫室無燈燭童子從外索取油一盂入宗璉立却之其清峻如此

李驥字尚德郯城人舉洪武二十六年鄉試入國學居三年授戶科給事中時關市譏商旅發及囊篋驥奏止之尋坐事免建文時薦起新鄉知縣招流亡給以農具復業者數千人內艱去官民相率奏留者數四不許永樂初服闋改知東安事有病民輒奏於朝罷免之有嫠婦子嚚死訴於驥驥禱城隍神深自咎責明旦狼死於其所侍郞李昶等交薦擢刑部郞中奏陳十餘事多見採納坐累謫役保安洪熙時有詔求賢薦爲御史陳經國利民十事仁宗嘉納宣德五年巡視倉場軍高祥盜倉粟驥執而鞫之祥父妾言祥與張貴等同盜驥受貴等賄故獨罪祥刑部侍郞施禮遂論驥死驥上章自辨帝曰御史旣禽盜安肯納賄命偕都察院再訊驥果枉帝乃切責禮而復驥官其年十一月擇廷臣二十五人爲郡守奉敕以行驥授河南知府肇慶則給事中王瑩瓊州則戶部郞中徐鑑汀州則禮部員外郞許敬軒寧波則刑部主事鄭恪撫州則大理寺正王昇後皆以政績著河南境多盜驥爲設火甲一戶被盜一甲償之犯者大署其門曰盜賊之家又爲勸教文振木鐸以徇之自是人咸改行道不拾遺郡有伊王府王數請囑不從中官及校卒虐民又爲驥所抑恨甚及冬至令驥以四更往陪位行禮及驥如期往誣驥後期執而桎梏之次日乃釋驥奏聞帝怒貽書讓王府中承奉長史典儀悉逮置於理驥持身端恪晏居雖几席必正蒞郡六年卒年七十士民赴弔咸哭失聲王瑩鄞人起家舉人居肇慶九年進秩二等後徙知西安徐鑑宜興人在瓊四年卒郡人祀之九賢祠許敬軒天台人起家國子生守汀時糾參政陳羽貪暴宣宗爲逮治羽卒官士民爭賻之魏恪閩縣人起家進士守寧波以艱去會海寇入犯民數千詣闕乞留詔奪情復任嘗劾中使呂可烈無狀帝爲誅可烈久之擢浙江參政王昇龍溪人起家進士在郡九載以部民乞留增秩還任以疾歸

李湘字永懷泰和人永樂中由國子生理刑都察院以才擢東平知州常祿外一無所取訓誡吏民若家人然城東有大村壩源出岱嶽雨潦輒爲民患奏發丁夫隄之州及所轄五邑地多荒蕪力督民墾闢公私皆實會舊官還任將解去民羣乞於朝帝從其請成祖晚年數北征令山東長吏督民轉餉道遠多死亡惟東平人無失所奸人誣湘苛歛民財訐於布政司縣民千三百人走訴巡按御史暨布按二司力白其冤耆老七十人復奔伏闕下發奸人誣陷狀及布政司繫湘入都又有耆老九十人隨湘訟冤通政司以聞下刑曹閱實乃復湘官而抵奸人於法蒞州十餘年至正統初詔大臣舉郡守尚書胡濙以湘應遂擢懷慶知府東平民扶攜老幼泣送數十里懷慶有軍衞素挾勢厲民湘隨時裁制皆不敢犯居三年卒

趙豫字定素安肅人燕王起兵下保定豫以諸生督賦守城永樂五年授泌陽主簿未上擢兵部主事進員外郞內艱起復洪熙時進郞中宣德五年五月簡廷臣九人爲知府豫得松江奉敕往時衞軍恣橫豫執其尤者杖而配之邊衆遂帖然一意拊循與民休息擇良家子謹厚者爲吏訓以禮法均徭節費減吏員十之五巡撫周忱有所建置必與豫議及淸軍御史李立至專務益軍勾及姻戚同姓稍辨則酷刑榜掠人情大擾訴枉者至一千一百餘人鹽司勾竈丁亦累及他戶大爲民害豫皆上章極論之咸獲蘇息有詔減蘇松官田重租豫所轄華亭上海二縣減去十之二三正統中九載考績民五千餘人列狀乞留巡按御史以聞命增二秩還任及十年春大計羣吏始舉卓異之典豫與寧國知府袁旭皆預焉賜宴及襲衣遣還在職十五年淸靜如一日去郡老稚攀轅留一履以識遺愛後配享周忱祠方豫始至患民俗多訟訟者至輒好言諭之曰明日來衆皆笑之有松江太守明日來之謠及訟者踰宿忿漸平或被勸阻多止不訟始與豫同守郡者蘇州況鍾常州莫愚吉水陳本深溫州何文淵杭州馬儀西安羅以禮建昌陳鼎並皦皦著名績豫尤以愷悌稱是時列郡長吏以惠政著聞者湖州知府祥符趙登秩滿當遷民詣闕乞留增秩再任自宣德至正統先後在官十七年登同里岳璿繼之亦有善政民稱爲趙岳淮安知府南昌彭遠被誣當罷民擁中官舟乞爲奏請宣帝命復留之正統六年超擢廣東布政司荊州知府大庾劉永遭父喪軍民萬八千餘人乞留英宗命奪情視事鞏昌知府鄞縣戴浩擅發邊儲三百七十石振饑被劾請罪景帝原之徽州知府孫遇秩滿當遷民詣闕乞留英宗令進秩視事先後在官十八年遷至河南布政使惟袁旭在寧國爲督學御史程富所誣劾逮死獄中而寧國人惜之立祠祀焉

曾泉泰和人永樂十八年進士選庶吉士改御史宣德初都御史邵玘甄別屬寮泉謫汜水典史卒正統四年河南參政孫原貞上言泉操行廉潔服官勤敏不以降黜故有偷惰心躬督民闢荒土收穀麥伐材木備營繕通商賈完逋責官有儲積民無科擾造舟楫置棺櫬瘞民器用百姓婚喪不給者咸資於泉死之日老幼巷哭臣行部汜水泉沒已三年矣民懷其惠言輒流涕雖古循吏何以加茲若使海內得泉等數十人分治郡邑可使朝廷恩澤滂流物咸得所雖在異代猶宜下詔褒美而獎錄未及官階未復使泉終蒙貶謫之名不獲顯於當世良可矜恤請追復泉爵褒旣往以風方來帝從之

范衷字恭肅豐城人永樂十九年進士除壽昌知縣闢荒田二千六百畝興水利三百四十有六區正統五年三考報最當遷邑人頌德乞留御史以聞朝廷許之尋以外艱去服闋起知汝州吏部尚書王直察舉天下廉吏數人衷爲第一性至孝廬父墓瓜生連枝有白兔三馴擾墓側鄉人莫不高其行

周濟字大亨洛陽人永樂中以舉人入太學歷事都察院都御史劉觀薦爲御史固辭宣德時授江西都司斷事艱歸補湖廣正統初擢御史大同鎭守中官以驕橫聞敕濟往廉之濟變服負薪入其宅盡得不法狀還報帝大嘉之已巡按四川威州土官董敏王允相讐殺詔濟督官兵進討濟曰朝廷綏安遠人宜先撫而後征馳檄諭之遂解十一年出爲安慶知府歲比不登民間鬻子女充衣食方舟而去者相接濟借漕糧以振而禁鬻子女者且上疏請免租詔許之全活甚衆又爲定婚喪制禁侈費愆嫁葬期者有罰風俗一變饑民聚掠富家粟富家以盜劫告濟下令曰民饑故如此然得穀當報太守數太守當代爾償掠者遂解散濟卒官民皆罷市巷哭云

范希正字以貞吳縣人宣德三年舉賢良方正授曹縣知縣有奸吏受賕希正按其罪械送京師吏反誣希正他事坐逮曹民八百餘人詣京白通政司言希正廉能橫爲奸吏誣枉侍郞許廓以公事過曹曹父老二百餘人遮道稽顙泣言朝廷奪我賢令事並聞帝乃釋希正使還縣正統十年山東饑惟曹以希正先積粟得無患大理寺丞張驥振山東聞之因請升曹縣爲州而以希正爲知州從之時州民負官馬不能償多逃竄希正節公費代償九十餘匹逃者皆復業吉水人誣曹富民殺其兄連坐甚衆希正密移吉水按其人姓名皆妄事得白治曹二十三年歷知州再考乃致仕當是時潞州知州咸寧燕雲徐州知州楊祕全州知州錢塘周健霸州知州張需定州知州王約皆大著聲績祕健進秩視事約賜詔旌異需忤太監王振戍邊人尤惜之而得民最久者無若希正與寧州知州劉綱綱字之紀禹州人建文二年進士由府谷知縣遷是職蒞州三十四年仁宗嘗賜酒饌人以爲榮正統中請老去民送之涕泣載道

及卒寧民祀之狄仁傑祠中其孫即大學士宇也

段堅字可大蘭州人早歲受書即有志聖賢舉於鄉入國子監景泰元年上書請悉徵還四方監軍罷天下佛老宮疏奏不行五年成進士授福山知縣刊布小學俾士民講誦俗素陋至是一變村落皆有絃誦聲成化初賜敕旌異超擢萊州知府期年化大行以憂去服除改知南陽召州縣學官具告以古人爲學之指使轉相勸誘創志學書院聚秀民講說五經要義及濂洛諸儒遺書建節義祠祀古今烈女訟獄徭賦務底於平居數年大治引疾去士民號泣送者踰境不絕及聞其卒立祠春秋祀之堅之學私淑河東薛瑄務致知而踐其實不以譭聞取譽故能以儒術飾吏治子炅進士翰林檢討諂附焦芳劉瑾敗落職隤其家聲焉

陳鋼字堅遠應天人舉成化元年鄉試授黔陽知縣楚俗居喪好擊鼓歌舞鋼教以歌古哀詞民俗漸變縣城當沅湘合流數決壞廬舍鋼募人採石甃隄千餘丈水不爲害南山厓官道數里徑窄甚行者多墮厓死鋼積薪燒山沃以醯拓徑丈許行者便之鋼病民爭籲神願減己算益鋼壽遷長沙通判監修吉王府第工成王賜之金帛不受請王故殿材修岳麓書院王許之弘治元年丁母憂歸卒黔陽長沙竝祠祀之子沂官侍講見文苑傳

丁積字彥誠寧都人成化十四年進士授新會知縣至即師事邑人陳獻章爲政以風化爲本而主於愛民中貴梁芳邑人也其弟長橫於鄉責民逋過倍復訴於積積追券焚之且收捕繫獄由是權豪屏跡申洪武禮制參以朱子家禮擇耆老誨導百姓良家子墮業聚廡下使日誦小學書親爲解說風俗大變民出錢輸官供役名均平錢其後吏貪復令甲首出錢供用曰當月錢貧者至鬻子女積一切杜絕俗信巫鬼爲痛毀淫祠旣而歲大旱築壇圭峯頂昕夕伏壇下者八日雨大澍而積遂得疾以卒士民聚哭於途有一嫗夜哭極哀或問之曰來歲當甲首丁公死吾無以聊生矣

田鐸字振之陽城人成化十四年進士授戶部主事遷員外郎郎中弘治二年奉詔振四川坐誤遺敕中語謫蓬州知州州東南有江洲八十二頃爲豪右所據鐸悉以還民建大小二十四橋又鑿三溪山以便行者御史行部至蓬寂無訟者訝之已乃知州無冤民也太息而去薦於朝擢廣東僉事遷四川參議不赴以老疾告歸正德時劉瑾矯詔言鐸理廣東鹽法簿牒未明逮赴廣未就道而瑾誅或勸鐸毋行鐸不聽行次九江卒年八十二矣

唐侃字廷直丹徒人正德八年舉於鄉授永豐知縣之官不攜妻子獨與一二童僕飯蔬豆羹以居久之吏民信服永豐俗刁訟尚鬼尤好俳優侃禁止之進武定知州會清軍籍應發遣者至萬二千人侃曰武定戶口三萬是空半州也力爭之又有議徙州境徒駭河者侃復言不宜朘民財塡溝壑事竝得寢章聖皇太后葬承天諸內奄迫脅所過州縣吏索金錢宣言供張不辦者死州縣吏多逃侃置空棺旁舍中奄迫之急則紿至棺所指而告之曰吾辦一死金錢不可得也諸奄皆愕眙去稍遷刑部主事卒初侃少時從丁璣學鄰女夜奔之拒勿納其父坐繫侃請代不得藉草寢地逾歲父獲宥乃止其操行貞潔蓋性成也

湯紹恩安岳人父佐弘治初進士仕至參政紹恩以嘉靖五年擢第十四年由戶部郎中遷德安知府尋移紹興爲人寬厚長者性儉素內服疏布外以父所遺故袍襲之始至新學宮廣設社學歲大旱徒步禱烈日中雨即降緩刑罰恤貧弱旌節孝民情大和山陰會稽蕭山三邑之水匯三江口入海潮汐日至擁沙積如邱陵遇霪潦則水阻沙不能驟洩良田盡成巨浸當事者不得已決塘以瀉之塘決則憂旱歲苦修築紹恩遍行水道至三江口見兩山對峙喜曰此下必有石根余其於此建閘乎募善水者探之果有石脈橫亘兩山間遂興工先投以鐵石繼以籠盛甃屑沉之工未半潮衝蕩不能就怨讟煩興紹恩不爲動禱於海神潮不至者累日工遂竣修五十餘尋爲閘二十有八以應列宿於內爲備閘三曰經漊曰撞塘曰平水以防大閘之潰閘外築石隄四百餘丈扼潮始不爲閘患刻水則石閘俾後人相水勢以時啟閉自是三邑方數百里間無水患矣士民德之立廟閘左歲時奉祀不絕屢遷山東右布政使致仕歸年九十七而卒初紹恩之生也有峨嵋僧過其門曰他日地有稱紹者將承是兒恩乎因名紹恩字汝承其後果驗

徐九思貴溪人嘉靖中授句容知縣始視事恂恂若不能俄有吏袖空牒竊印者九思摘其奸論如法郡吏爲叩頭請不許於是人人惴恐爲治於單赤務加恩而御豪猾特嚴訟者扑不過十諸所催科預爲之期逾期令里老逮之而已隸莫敢至鄉落縣東西通衢七十里塵土積三尺雨雪泥沒股九思節公費甃以石行旅便之朝廷數遣中貴醮神三茅山縣民苦供應九思搜故牒有鹽引金久貯於府者請以給賞民無所擾歲侵穀湧貴巡撫發倉穀數百石使平價糶而償直於官九思曰彼糴者皆豪也貧民雖平價不能糴乃以時價糶其半還直於官而以餘穀煑粥食餓者穀多則使稱力分負以去其山谷遠者則就旁富人穀而官爲償之全活甚衆嘗曰即天子布大惠安能人人蠲租賜復第在吾曹酌緩急而已久之與應天府尹不合爲巡撫所劾吏部尚書熊浹知其賢特留之積九載遷工部主事歷郎中治張秋河道漕河與鹽河近而不相接漕水溢則泛濫爲田患九思議築減水橋於沙灣俾二水相通漕水溢則有所洩以入海而不侵田少則有所限而不至於涸工成遂爲永利時工部尚書趙文華視師東南道河上九思不出迎遣一吏齎牒往謁文華嫚罵而去會遷高州知府文華歸修舊怨與吏部尚書吳鵬合謀搆之遂坐九思老致仕句容民爲建祠茅山九思家居二十二年年八十五抱疾抗手曰茅山迎我遂卒子貞明自有傳

龐嵩字振卿南海人嘉靖十三年舉於鄉講業羅浮山從遊者雲集二十三年歷應天通判進治中先後凡八年府缺尹屢攝其事始至值歲饑上官命督振公粟竭貸之巨室富家全活者六萬七千餘人乃蠲積逋緩征徭勤勞徠復業者又十萬餘人留都民苦役重力爲調劑凡優免戶及寄居客戶詭稱官戶寄莊戶女戶神帛堂匠戶俾悉出以供役民困大蘇江寧縣葛仙永豐二鄉頻遭水患居民止存七戶嵩爲治隄築防得田三千六百畝立惠民莊四召貧民佃之流移盡復屢剖冤獄戚畹王湧舉人趙君寵占良人妻殺人嵩置之法早遊王守仁門淹通五經集諸生新泉書院相與講習歲時單騎行縣以壺漿自隨京府佐貳鮮有舉其職者至嵩以善政特聞府官在六年京察例而復與外察嵩謂非體疏請止之遂爲永制遷南京刑部員外郎進郎中撰原刑司刑祥刑明刑四篇曰刑曹志時議稱之遷雲南曲靖知府亦有政聲中察典以老罷而年僅五十復從湛若水游久之卒應天曲靖皆祠之名宦葛仙鄉專祠祀之

張淳字希古桐城人隆慶二年進士授永康知縣吏民素多奸黠連告罷七令淳至日夜閱案牘訟者數千人剖決如流吏民大駭服訟浸減凡赴控者淳即示審期兩造如期至片晷分析無留滯鄉民裹飯一包即可畢訟因呼爲張一包謂其敏斷如包拯也巨盜盧十八剽庫金十餘年不獲御史以屬淳淳刻期三月必得盜而請御史月下數十檄及檄累下淳陽笑曰盜遁久矣安從捕寢不行吏某婦與十八通吏頗爲耳目聞淳言以告十八十八意自安淳乃令他役詐告吏負金繫吏獄密召吏責以通盜死罪復敎之請以婦代繫而己出營貲以償十八聞亟往視婦因醉而禽之及報御史僅兩月耳民有睚眦嫌輒以人命訟淳驗無實即坐之自是無誣訟者永人貧生女多不舉淳勸誡備至貧無力者捐俸量給全活無數歲旱劫掠公行下令劫奪者死有奪五斗米者淳佯取死囚杖殺之而榜其罪曰是劫米者衆皆懾服久之以治行第一赴召去永甫就車顧其下曰某盜已來去此數里可爲我縛來如言跡之盜正濯足於河縶至盜服辜永人駭其事謂有神告淳曰此盜捕之急則遁今聞吾去乃歸耳以理卜何神之有擢禮部主事歷郎中謝病去起建寧知府進浙江副使時浙江有召募兵撫按議散之兵皆洶洶淳曰是憍悍者留則有用汰則叵測不若汰其老弱而留其壯勇則留者不思亂汰者不能亂矣從之事遂定官終陝西布政

陳幼學字志行無錫人萬曆十七年進士授確山知縣政務惠民積粟萬二千石以備荒墾萊田八百餘頃給貧民牛五百餘頭覈黃河退地百三十餘頃以賦民里婦不能紡者授紡車八百餘輛置屋千二百餘間分處貧民建公廨八十間以居六曹吏俾食宿其中節公費六百餘兩代正賦之無徵者栽桑榆諸樹三萬八千餘株開河渠百九十八道布政使劉渾成弟燦成助妾殺妻治如律行太僕卿陳耀文家人犯法立捕治之汝寧知府邱度慮幼學得禍言於撫按調繁中牟秋成時飛蝗蔽天幼學捕蝗得千三百餘石乃不爲災縣故土城卑且圮給饑民粟俾修築工成民不知役縣南荒地多茂草根深難墾令民投牒者必入草十斤未幾草盡得沃田數百頃悉以畀民有大澤積水占膏腴地二十餘里幼學疏爲河者五十七爲渠者百三十九俱引入小清河民大獲利大莊諸里多水爲築隄十三道障之給貧民牛種貧婦紡具倍於確山越五年政績茂著以不通權貴當考察拾遺掌道御史擬斥之其子爭曰兒自中州來咸言中牟治行無雙今予殿何也乃已稍遷刑部主事中官採御園果者怒殺園夫毋棄其屍河中幼學具奏逮置之法嘉興人袁黃妄批削四書書經集註名曰刪正刊行於時幼學駁正其書抗疏論列疏雖留

中鑊板盡毀以員外郎恤刑畿輔出矜疑三百餘人進郎中遷湖州知府甫至即捕殺豪惡奴有施敏者士族子楊陛者人奴也橫郡中幼學執敏置諸獄敏賂貴人囑巡撫徵取親鞫幼學執不予立杖殺之敏獄辭連故尚書潘季馴子廷圭幼學言之御史疏劾之下獄他奸豪復論殺數十輩獨楊陛畏禍歛跡置之已念已去陛必復逞遂捕置之死一郡大治霪雨連月禾盡死幼學大舉荒政活饑民三十四萬有奇御史將薦之徵其治行推官閻世科列上三十六事御史以聞詔加按察副使仍視郡事久之以副使督九江兵備幼學年已七十其母尚在遂以終養歸母卒不復出天啟三年起南京光祿少卿改太常少卿俱不赴明年卒年八十四矣中年湖州並祠祀之

明史卷二百八十二

總裁官總理事務經筵講官少保兼太子太保保和殿大學士兼管吏部戶部尚書事加六級張廷玉等奉敕修

列傳第一百七十

儒林

粵自司馬遷班固創述儒林著漢興諸儒修明經藝之由朝廷廣厲學官之路與一代政治相表裏後史沿其體製士之抱遺經以相授受者雖無他事業率類次爲篇宋史判道學儒林爲二以明伊雒淵源上承洙泗儒宗統緒莫正於是所關於世道人心者甚鉅是以載籍雖繁莫可廢也明太祖起布衣定天下當干戈搶攘之時所至徵召耆儒講論道德修明治術興起教化煥乎成一代之宏規雖天亶英姿而諸儒之功不爲無助也制科取士一以經義爲先網羅碩學嗣世承平文教特盛大臣以文學登用者林立朝右而英宗之世河東薛瑄以醇儒預機政雖弗究於用其清修篤學海內宗焉吳與弼以名儒被薦天子修幣聘之殊禮前席延見想望風采而譽隆於實詬誶叢滋自是積重甲科儒風少替白沙而後曠典缺如原夫明初諸儒皆朱子門人之支流餘裔師承有自矩矱秩然曹端胡居仁篤踐履謹繩墨守儒先之正傳無敢改錯學術之分則自陳獻章王守仁始宗獻章者曰江門之學孤行獨詣其傳不遠宗守仁者曰姚江之學別立宗旨顯與朱子背馳門徒徧天下流傳逾百年其教大行其弊滋甚嘉隆而後篤信程朱不遷異說者無復幾人矣要之有明諸儒衍伊雒之緒言探性命之奧旨錙銖或爽遂啟歧趨襲謬承譌指歸彌遠至專門經訓授受源流則二百七十餘年間未聞以此名家者經學非漢唐之精專性理襲宋元之糟粕論者謂科舉盛而儒術微殆其然乎今差別其人準前史例作儒林傳有事功可見列於正傳者茲不復及其先聖先賢後裔明代亟爲表章衍聖列爵上公與國終始其他簪纓逢掖奕葉承恩亦儒林盛事也考其原始別自爲篇附諸末簡以備一代之故云

范祖幹 葉儀等　謝應芳
汪克寬　梁寅
趙汸　陳謨
薛瑄 閻禹錫 周蕙等　胡居仁 余祐
蔡清 陳琛 林希元等　羅欽順
曹端　吳與弼 胡九韶等
陳眞晟　呂柟 呂潛等
邵寶 王問　楊廉
劉觀 孫鼎 李中　馬理
魏校 王應電 王敬臣　周瑛
潘府　崔銑
何瑭　唐伯元
黃淳耀 弟淵耀

范祖幹字景先金華人從同邑許謙遊得其指要其學以誠意爲主而嚴以愼獨持守之功太祖下婺州與葉儀並召祖幹持大學以進太祖問治道何先對曰不出是書太祖令剖陳其義祖幹謂帝王之道自修身齊家以至治國平天下必上下四旁均齊方正使萬物各得其所而後可以言治太祖曰聖人之道所以爲萬世法吾自起兵以來號令賞罰一有不平何以服衆夫武定禍亂文致太平悉是道也深加禮貌命二人爲諮議祖幹以親老辭歸李文忠守處州特加敬禮恒稱之爲師祖幹事親孝父母皆八十餘而終家貧不能葬鄉里共爲營辦悲哀三年如一日有司以聞命表其所居曰純孝坊學者稱爲純孝先生葉儀字景翰金華人受業於許謙謙誨之曰學者必以五性人倫爲本以開明心術變化氣質爲先儀朝夕惕厲研究奧旨已而授徒講學士爭趨之其語學者曰聖賢言行盡於六經四書其微詞奧義則近代先儒之說備矣由其言以求其心涵泳從容久自得之不可先立己意而妄有是非也太祖克婺州召見授爲諮議以老病辭已而知府王宗顯聘儀及宋濂爲五經師非久亦辭歸隱居養親所著有南陽雜藁吳沉稱其理明識精一介不苟安貧樂道守死不變門人何壽朋字德齡亦金華人窮經守志不妄干人洪武初舉孝廉以二親俱老辭父歿舍所居宅易地以葬學者因其自號稱曰歸全先生同邑汪與立字師道祖幹門人其德行與壽朋齊名而文學爲優隱居教授以高壽終

謝應芳字子蘭武進人也自幼篤志好學潛心性理以道義名節自勵元至正初隱白鶴溪上構小室顏曰龜巢因以爲號郡辟教鄉校子弟先質後文諸生皆循循雅飭疾異端惑世嘗輯聖賢格言古今明鑒爲辨惑編有舉爲三衢書院山長者不就及天下兵起避地吳中吳人爭延致爲弟子師久之江南底定始來歸年逾七十矣徙居芳茂山一室蕭然晏如也有司徵修郡志強起赴之年益高學行益劭達官縉紳過郡者必訪於其廬應芳布衣韋帶與之抗禮議論必關世教切民隱而導善之志不衰詩文雅麗蘊藉而所自得者理學爲深卒年九十七

汪克寬字德一祁門人祖華受業雙峯饒魯得勉齋黃氏之傳克寬十歲時父授以雙峯問答之書輒有悟乃取四書自定句讀晝夜誦習專勤異凡兒後從父之浮梁問業於吳仲迂志益篤元泰定中舉應鄉試中選會試以答策伉直見黜慨然棄科舉業盡力於經學春秋則以胡安國爲主而博考衆說會萃成書名之曰春秋經傳附錄纂疏易則有程朱傳義音考詩有集傳音義會通禮有禮經補逸綱目有凡例考異四方學士執經門下者甚衆至正間蘄黃兵至室廬貲財盡遭焚掠簞瓢屢空怡然自得洪武初聘至京師同修元史書成將授官固辭老疾賜銀幣給驛還五年冬卒年六十有九

梁寅字孟敬新喻人世業農家貧自力於學淹貫五經百氏累舉不第遂棄去辟集慶路儒學訓導居二歲以親老辭歸明年天下兵起遂隱居教授太祖定四方徵天下名儒修述禮樂寅就徵年六十餘矣時以禮律制度分爲三局寅在禮局中討論精審諸儒皆推服書成賜金幣將授官以老病辭還結廬石門山四方士多從學稱爲梁五經又稱石門先生鄰邑子初入官詣寅請教寅曰清愼勤居官三字符也其人問天德王道之要寅微笑曰言忠信行篤敬天德也不傷財不害民王道也其人退曰梁子所言平平耳後以不檢敗語人曰吾不敢再見石門先生寅卒年八十二

趙汸字子常休寧人生而姿稟卓絕初就外傅讀朱子四書多所疑難乃盡取朱子書讀之聞九江黃澤有學行往從之游澤之學以精思自悟爲主其教人引而不發汸一再登門乃得六經疑義千餘條以歸已復往留二歲得口授六十四卦大義與學春秋之要後復從臨川虞集游獲聞吳澄之學乃築東山精舍讀書著述其中雞初鳴輒起澄心默坐由是造詣精深諸經無不通貫而尤邃於春秋初以聞於黃澤者爲春秋師說三卷復廣之爲春秋集傳十五卷因禮記經解有屬辭比事春秋教之語乃復著春秋屬辭八篇又以爲學春秋者必考左傳事實爲先杜預陳傅良有得於此而各有所蔽乃復著左氏補注十卷當是時天下兵起汸轉側干戈間顚沛流離而進修之功不懈太祖既定天下詔修元史徵汸預其事書成辭歸未幾卒年五十有一學者稱東山先生

陳謨字一德泰和人幼能詩文遂於經學旁及子史百家涉流探源辨析純駁犂然要於至當隱居不求仕而究心經世之務嘗謂學必敦本莫加於性莫重於倫莫先於變化氣質若禮樂刑政錢穀甲兵度數之詳亦不可不講習一時經生學子多從之游事親孝友於其弟鄉人有爲不善者不敢使聞洪武初徵詣京師賜坐議學學士宋濂待制王禕請留爲國學師謨引疾辭歸屢應聘爲江浙考試官著書教授以終

薛瑄字德溫河津人父貞洪武初領鄉薦爲元氏教諭母齊夢一紫衣人謁見已而生瑄性穎敏甫就塾授之詩書輒成誦日記千百言及貞改任滎陽瑄侍行時年十二以所作詩賦呈監司監司奇之既而聞高密魏希文海寧范汝舟深於理學貞乃並禮爲瑄師由是盡焚所作詩賦究心洛閩淵源至忘寢食後貞復改官鄢陵瑄補鄢陵學生遂舉河南鄉試第一時永樂十有八年也明年成進士以省親歸居父喪悉遵古禮宣德中服除擢授御史三楊當國欲見之謝不往出監湖廣銀場日探性理諸書學益進以繼母憂歸正統初還朝尚書郭璡舉爲山東提學僉事首揭白鹿洞學規開示學者延見諸生親爲講授才者樂其寬而不才者憚其嚴皆呼爲薛夫子王振語三楊吾鄉誰可爲京卿者以瑄對召爲大理左少卿三楊以用瑄出振意欲瑄一往見李

賢語之瑄正色曰拜爵公朝謝恩私室吾不爲也其後議事東閣公卿見振多趨拜瑄獨屹立振趨揖之瑄亦無加禮自是銜瑄指揮某死妾有色振從子山欲納之指揮妻不肯妾遂訐妻毒殺夫下都察院訊已誣服瑄及同官辨其冤三却之都御史王文承振旨誣瑄及左右少卿賀祖嗣顧惟敬等故出人罪振復諷言官劾瑄等受賄並下獄論瑄死祖嗣等末減有差繫獄待決瑄讀易自如子三人願一子代死二子充軍不允及當行刑振蒼頭忽泣於爨下問故泣益悲曰聞今日薛夫子將刑也振大感動會刑科三覆奏兵部侍郎王偉亦申捄乃免景帝嗣位用給事中程信薦起大理寺丞也先入犯分守北門有功尋出督貴州軍餉事竣卽乞休學士江淵奏留之景泰二年推南京大理寺卿富豪殺人獄久不決瑄執寘之法召改北寺蘇州大饑貧民掠富豪粟火其居蹈海避罪王文以閣臣出視坐以叛當死者二百餘人瑄力辨其誣文恚曰此老倔强猶昔然卒得減死屢疏告老不許英宗復辟拜禮部右侍郎兼翰林院學士入閣預機務王文于謙下獄下羣臣議石亨等將置之極刑瑄力言於帝後二日文謙死獲減一等帝數見瑄所陳皆關君德事已見石亨曹吉祥亂政疏乞骸骨帝心重瑄微嫌其老乃許之歸瑄學一本程朱其修己教人以復性爲主充養邃密言動咸可法嘗曰自考亭以還斯道已大明無煩著作直須躬行耳有讀書錄二十卷平易簡切皆自言其所得學者宗之天順八年六月卒年七十有二贈禮部尚書謚文清弘治中給事中張九功請從祀文廟詔祀於鄉已給事中楊廉請頒讀書錄於國學俾六館誦習且請祠名詔名正學隆慶六年允廷臣請從祀先聖廟庭其弟子閻禹錫字子與洛陽人父端舉河南鄉試第一爲教諭卒禹錫方九歲哭父幾滅性長博涉羣書領正統九年鄉薦除昌黎訓導以母喪歸廬墓三年詔以孝行旌其閭聞河津薛瑄講濂洛之學遂罷公車往受業久之將歸瑄送至里門告之曰爲學之要居敬窮理而已禹錫歸得其大指益務力行天順初大學士李賢薦爲國子學正請嚴監規以塞奔競復武學以講備禦帝皆從之尋陞監丞忤貴幸左遷徽州府經歷諸生伏闕乞留不允再遷至南京國子監丞掌京衞武學四爲同考官超拜監察御史督畿內學取周子太極圖通書爲士子講解一時多士皆知嚮學成化十二年卒年五十一周蕙字廷芳泰州人爲臨洮衞卒戍蘭州年二十聽人講大學首章惕然感動遂讀書州人段堅薛瑄門人也時方講學於里蕙往聽之與辨析堅大服誨以聖學蕙乃研究五經又從學安邑李昶昶亦瑄門人也由舉人官清水教諭學使者歎其賢薦昶代己命未下而卒蕙從之久學益邃恭順侯吳瑾鎭陝西欲聘爲子師固辭不赴或問之蕙曰吾軍士也召役則可若以爲師師豈可召哉瑾躬送二子於其家蕙始納贄焉後還居秦州之小泉幅巾深衣動必由禮州人多化之稱爲小泉先生以父久遊江南不返渡揚子江求父舟覆溺死蕙門人著者薛敬之李錦王爵夏尚樸敬之字顯思渭南人五歲好讀書不逐羣兒戲長從蕙游雞鳴候門啟輒灑掃設座跪而請敎嘗語人曰周先生躬行孝弟學近伊洛吾以爲師陝州陳雲逵忠信狷介事必持敬吾以爲友憲宗初以歲貢生入國學與同舍陳獻章並有盛名會父母相繼歿號哭徒行大雪中遂成足疾母嗜韭終身不食韭成化末選應州知州課績爲天下第一弘治九年遷金華同知居二年致仕卒年七十四所著有道學基統洙泗言學錄爾雅便音思菴埜錄諸書思菴者敬之自號也其門人呂柟最著自有傳錦字名中咸寧人舉天順六年鄉試入國學爲祭酒邢讓所知讓坐事下吏錦率衆抗章白其非辜幼喪父事母色養執喪盡禮不作浮屠法巡撫余子俊欲延爲子師錦以齊衰不入公門固辭所居僅蔽風雨布衣糲食義不妄取成化中選松江同知卒官爵字錫之泰州人弘治初由國學生授保安州判官有平允聲其敎門人也務以誠敬爲本

胡居仁字叔心餘干人聞吳與弼講學崇仁往從之游絕意仕進其學以主忠信爲先以求放心爲要操而勿失莫大乎敬因以敬名其齋端莊凝重對妻子如嚴賓手置一冊詳書得失用自程考鶉衣簞食晏如也築室山中四方來學者甚衆皆告之曰學以爲己勿求人知語治世則曰惟王道能使萬物各得其所所著有居業錄蓋取修辭立誠之義每言與吾道相似莫如禪學後之學者誤認存心多流於禪或欲屏絕思慮以求靜不知聖賢惟戒愼恐懼自無邪思不求靜未嘗不靜也故卑者溺於功利高者騖於空虛其患有二一在所見不眞一在功夫間斷嘗作進學箴曰誠敬既立本心自存力行既久全體皆仁舉而措之家齊國治聖人能事畢矣居仁性行淳篤居喪骨立非杖不能起三年不入寢門與人語終日不及利祿與羅倫張元禎友善數會於弋陽龜峯嘗言陳獻章學近禪悟莊昶詩止豪曠此風旣成爲害不細又病儒者撰述繁蕪謂朱子註參同契陰符經皆不作可也督學李齡鍾成相繼聘主白鹿書院過饒城淮王請講易傳待以賓師之禮是時吳與弼以學名於世受知朝廷然學者或有間言居仁闇修自守布衣終其身人以爲薛瑄之後粹然一出於正居仁一人而已卒年五十一萬曆十三年從祀孔廟復追謚文敬其弟子余祐最著祐字子積鄱陽人年十九師事居仁居仁以女妻之弘治十二年舉進士爲南京刑部員外郎以事忤劉瑾落職瑾誅起爲福州知府鎭守太監市物不予直民羣訴於祐祐涕泣慰遣之云將列狀上聞鎭守懼稍戢然恚甚遣人入京告其黨曰不去余祐鎭守不得自遂也然祐素廉摭拾竟無所得未幾遷山東副使父憂服闋補徐州兵備副使中官王敬運進御物入都多挾商船與知州樊準指揮王良詬良發其違禁物敬懼詣祐求解祐不聽敬誣奏準等毆己遂并逮祐謫爲南寧府同知稍遷韶州知府投劾去嘉靖初歷雲南布政使以太僕寺卿召未行改吏部右侍郎祐已先卒祐之學墨守師說在獄中作性書三卷其言程朱敎人專以誠敬入學者誠能去其不誠不敬者不患不至古人時王守仁作朱子晚年定論謂其學終歸於存養祐謂朱子論心學凡三變存齋記所言乃少時所見及見延平而悟其失後聞五峯之學於南軒而其言又一變最後改定已發未發之論然後體用不偏動靜交致其力此其終身定見也安得執少年未定之見而反謂之晚年哉其辨出守仁之徒不能難也

蔡清字介夫晉江人少走侯官從林玭學易盡得其肯綮舉成化十三年鄉試第一二十年成進士卽乞假歸講學已謁選得禮部祠祭主事王恕長吏部重清調爲稽勳主事恒訪以時事清乃上二札一請振紀綱一薦劉大夏等三十餘人恕皆納用尋以母憂歸服闋復除祠祭員外郎乞便養改南京文選郎中一日心動急乞假養父歸甫兩月而父卒自是家居授徒不出正德改元卽家起江西提學副使寧王宸濠驕恣遇朔望諸司先朝王次日謁文廟清不可先廟而後王王生辰令諸司以朝服賀清曰非禮也去蔽膝而入王積不悅會王求復護衞清有後言王欲誣以詆毀詔旨清遂乞休王佯輓留且許以女妻其子竟力辭去劉瑾知天下議己用蔡京召楊時故事起清南京國子祭酒命甫下而清已卒時正德三年也年五十六清之學初主靜後主虛故以虛名齋平生飭躬砥行貧而樂施爲族黨依賴以善易名嘉靖八年其子推官存遠以所著易經四書蒙引進於朝詔爲刊布萬曆中追謚文莊贈禮部右侍郎其門人陳琛王宣易時中林同趙逯蔡烈並有名而陳琛最著琛字思獻晉江人杜門獨學清見其文異之曰吾得友此人足矣琛因介友人見清清曰吾所發憤沉潛辛苦而僅得者以語人常不解子已盡得之今且盡以付子矣清歿十年琛舉進士授刑部主事改南京戶部就擢考功主事乞終養歸嘉靖七年有薦其恬退者詔徵之琛辭居一年卽家起貴州僉事旋改江西皆督學校並辭不赴家居卻掃一室偃臥其中長吏莫得見其面同郡林希元字懋貞與琛同年進士歷官雲南僉事坐考察不謹罷歸所著存疑等書與琛所著易經通典四書淺說並爲舉業所宗王宣晉江人弘治中舉於鄉一赴會試不第以親老須養不再赴嘗曰學者混朱陸爲一便非眞知爲人廓落豪邁俯視一世易時中字嘉會亦晉江人舉於鄉授東流敎諭遷夏津知縣有惠政稍遷順天府推官以治胡守中獄失要人意將中以他事遂以終養歸道出夏津老稚爭獻果脯將別有哭失聲者母年九十一而終時中七十矣毀不勝喪而卒趙逯字子重東平人弘治中舉鄉試受易於清蔡氏易止行於閩南及是北行齊魯矣居母喪毀瘠後會試不第遂抗志不出生平好濂洛諸子之學於明獨好薛氏讀書錄蔡烈字文繼龍溪人父昊瓊州知府烈弱冠爲諸生受知於清及莆田陳茂烈隱居鶴鳴山之白雲洞不復應試嘉靖十二年詔舉遺佚知府陸金以烈應以母老辭巡按李元陽檄郡邑建書院亦固辭忽山鳴三日烈遂卒主簿詹道嘗請論心烈曰宜論事孔門求仁未嘗出事外也堯舜之道孝弟而已夫子之道忠恕而已學士豐熙戍鎭海見烈歎曰先生不言躬行熙已心醉矣

羅欽順字允升泰和人弘治六年進士及第授編修遷南京國子監司業與祭酒章懋以實行敎士未幾奉親歸因乞終養劉瑾怒奪職爲民瑾誅復官遷南京太常少卿再遷南京吏部右侍郎入爲吏部左侍郎世宗卽位命攝尚書事上疏言久任超遷法當疏通不報大禮議起欽順請愼大禮以全聖孝不報遷南京吏部尚書省親乞歸改禮部尚書會居憂未及拜再起禮部尚書辭又改吏部尚書下詔敦促再辭許致仕有司給祿米時張璁桂萼以議禮驟貴秉政樹黨屏逐正人欽順恥與同列故屢詔不起里居二十餘年足不入城市潛心

格物致知之學王守仁以心學立敎才知之士翕然師之欽順致書守仁畧曰聖門設敎文行兼資博學於文厥有明訓如謂學不資於外求但當反觀內省則正心誠意四字亦何所不盡必於入門之際加以格物工夫哉守仁得書亦以書報大畧謂理無內外性無內外故學無內外講習討論未嘗非內也反觀內省未嘗遺外也反復二千餘言欽順再以書辨曰執事云格物者格其心之物也格其意之物也格其知之物也正心者正其物之心也誠意者誠其物之意也致知者致其物之知也自有大學以來未有此論夫謂格其心之物格其意之物格其知之物凡爲物也三謂正其物之心誠其物之意致其物之知其爲物也一而已矣就三而論以程子格物之訓推之猶可通也以執事格物之訓推之不可通也就一物而論則所謂物果何物耶如必以爲意之用雖極安排之巧終無可通之日也又執事論學書有云吾心之良知卽所謂天理致吾心良知之天理於事物則事事物物皆得其理矣致吾心之良知者致知也事事物物各得其理者格物也審如所言則大學當云格物在致知不當云致知在格物與物格而后知至矣書未及達守仁已歿欽順爲學專力於窮理存心知性初由釋氏入既悟其非乃力排之謂釋氏之明心見性與吾儒之盡心知性相似而實不同釋氏之學大抵有見於心無見於性今人明心之說混於禪學而不知有千里毫釐之謬道之不明將由於此欽順有憂焉爲著困知記自號整菴年八十三卒贈太子太保謚文莊

曹端字正夫澠池人永樂六年舉人五歲見河圖洛書卽畫地以質之父及長專心性理其學務躬行實踐而以靜存爲要讀宋儒太極圖通書西銘歎曰道在是矣篤志研究坐下著足處兩甎皆穿事父母至孝父初好釋氏端爲夜行燭一書進之謂佛氏以空爲性非天命之性老氏以虛爲道非率性之道父欣然從之繼遭二親喪五味不入口既葬廬墓六年端初讀謝應芳辨惑編篤好之一切浮屠巫覡風水時日之說屏不用上書邑宰毀淫祠百餘爲設里社里穀壇使民祈報年荒勸振存活甚衆爲霍州學正修明聖學諸生服從其敎郡人皆化之恥爭訟知府郭晟問爲政端曰其公廉乎公則民不敢謾廉則吏不敢欺晟拜受遺艱歸澠池霍諸生多就墓次受學服闋改蒲州學正霍蒲兩邑各上章爭之霍奏先得請先後在霍十六載宣德九年卒官年五十九諸生服心喪三年霍人罷市巷哭童子皆流涕貧不能歸葬遂留葬霍二子瑜琛亦廬端墓相繼死葬墓側後改葬澠池端嘗言學欲至乎聖人之道須從太極上立根脚又曰爲人須從志士勇士不忘上參取又曰孔顏之樂仁也孔子安仁而樂在其中顏淵不違仁而不改其樂程子令人自得之又曰天下無性外之物而性無不在焉性卽理也理之別名曰太極曰至誠曰至善曰大德曰大中名不同而道則一初伊洛諸儒自明道伊川後劉絢李籲輩身及二程之門至河南許衡洛陽姚樞講道蘇門北方之學者翕然宗之洎明興三十餘載而端起崤澠閒倡明絕學論者推爲明初理學之冠所著有孝經述解四書詳說周易乾坤二卦解義太極圖說通書西銘釋文性理文集儒學宗統譜存疑錄諸書霍州李德與端同時亦講學於其鄉及見端退語諸生曰學不厭敎不倦曹子之盛德也至其知古今達事變未學鮮或及之古云得經師易得人師難諸生得人師矣遂避席去端亦高其行誼命諸生延致之講明正學初端作川月交映圖擬太極學者稱月川先生及歿私謚靜修正德中尚書彭澤河南巡撫李楨請從祀孔子廟庭不果

吳與弼字子傳崇仁人父溥建文時爲國子司業永樂中爲翰林修撰與弼年十九見伊洛淵源圖慨然嚮慕遂罷舉子業盡讀四子五經洛閩諸錄不下樓者數年中歲家益貧躬親耕稼非其義一介不取四方來學者約己分少飲食敎誨不倦正統十一年山西僉事何自學薦於朝請授以文學高職後御史涂謙撫州知府王宇復薦之俱不出嘗歎曰宦官釋氏不除而欲天下治平難矣景泰七年御史陳述又請禮聘與弼俾侍經筵或用之成均敎育胄子詔江西巡撫韓雍備禮敦遣竟不至天順元年石亨欲引賢者爲己重謀於大學士李賢屬草疏薦之帝乃命賢草敕加束帛遣行人曹隆賜璽書齎禮幣徵與弼赴闕比至帝問賢曰與弼宜何官對曰宜以宮僚侍太子講學遂授左春坊左諭德與弼疏辭賢請賜召問且與館次供具於是召見文華殿顧語曰聞處士義高特行徵聘奚辭職爲對曰臣草茅賤士本無高行陛下垂聽虛聲又不幸有狗馬疾束帛造門臣慙被異數匍匐京師今年且六十八矣實不能官也帝曰宮僚優閒不必辭賜文綺酒牢遣中使送館次顧謂賢曰此老非迂闊者務令就職時帝眷遇良厚而與弼辭益力又疏稱學術荒陋苟冒昧祿必且曠官詔不許乃請以白衣就邸舍假讀秘閣書帝曰欲觀秘書勉受職耳命賢爲諭意與弼留京師二月以疾篤請賢請曲從放還始終恩禮以光曠舉帝然之賜敕慰勞賚銀幣復遣行人送還命有司月給米二石與弼歸上表謝陳崇聖志廣聖學等十事成化五年卒年七十九與弼始至京賢推之上座以賓師禮事之編修尹直至令坐於側直大慍出卽謗與弼及與弼歸知府張璝謁見不得大恚募人代其弟投牒訟與弼立遣吏攝之大加侮慢始遣還與弼諒非弟意友愛如初編修張元禎不知其始末遺書誚讓有上告素王正名討罪豈容先生久竊虛名語直復筆其事於瑣綴錄又言與弼跋亨族譜自稱門下士士大夫用此訾與弼後顧允成論之曰此好事者爲之也與弼門人後皆從祀而與弼竟不果所著日錄悉自言生平所得其門人最著者曰胡居仁陳獻章婁諒次曰胡九韶謝復鄭伉胡九韶字鳳儀少從與弼學諸生來學者與弼令先見九韶及與弼歿門人多轉師之家貧課子力耕僅給衣食成化中卒謝復字一陽祁門人聞與弼倡道棄科舉業從之游身體力行務求自得居家孝友喪祭冠婚悉遵古禮或問學曰知行並進否則落記誦詁訓矣晚卜室西山之麓學者稱西山先生弘治末年卒年六十五鄭伉字孔明常山人爲諸生試有司不偶卽棄去師與弼辭歸日究諸儒論議一切折衷於朱子事親孝設義學立社倉以惠族黨所著易義發明讀史管見觀物餘論蛙鳴集多燼於火

陳眞晟字晦德漳州鎭海衞人初治舉赴鄉試聞有司防察過嚴無待士禮恥之棄去由是篤志聖賢之學讀大學或問見朱子重言主敬知敬爲大學始基又得程子主一之說專心克治歎曰大學誠意爲鐵門關主一二字乃其玉鑰匙也天順二年詣闕上程朱正學纂要其書首取程氏學制次采朱子論說次作二圖一著聖人心與天地同運一著學者之心法天之運終言立明師輔皇儲隆敎本數事以畢圖說之意書奏下禮部議侍郎鄒幹寢其事眞晟歸聞臨川吳與弼方講學欲就問之過南昌張元禎止之宿與語大推服曰斯道自程朱以來惟先生得其眞如康齋者不可見亦不必見也遂歸閩潛思靜坐自號漳南布衣卒於成化十年年六十四眞晟學無師承獨得於遺經之中自以僻處海濱出而訪求當世學者雖未與與弼相證要其學頗似近之

呂柟字仲木高陵人別號涇野學者稱涇野先生正德三年登進士第一授修撰劉瑾以柟同鄉欲致之謝不往又因西夏事疏請帝入宮親政事潛消禍本瑾惡其直欲殺之引疾去瑾誅以薦復官乾淸宮災應詔陳六事其言除義子遣番僧取回鎭守太監尤人所不敢言是年秋以父病歸都御史盛應期御史朱節熊相曹珪累疏薦適世宗嗣位首召柟上疏勸勤學以爲新政之助畧曰克己愼獨上對天心親賢遠讒下通民志庶太平之業可致大禮議興與張桂忤以十三事自陳中以大禮未定諂言日進引爲己罪上怒下詔獄謫解州判官攝行州事恤煢獨減丁役勸農桑興水利築隄護鹽池行呂氏鄉約及文公家禮求子夏後建司馬溫公祠四方學者日至御史爲闢解梁書院以居之三年御史盧煥等累薦陞南京宗人府經歷歷官尚寶司卿吳楚閩越士從者百餘人晉南京太僕寺少卿太廟災乞罷黜不允選國子監祭酒晉南京禮部右侍郎署吏部事帝將躬祀顯陵累疏勸止不報值天變遂乞致仕歸年六十四卒高陵人爲罷市者三日解梁及四方學者聞之皆設位持心喪訃聞上輟朝一日賜祭葬柟受業渭南薛敬之接河東薛瑄之傳學以窮理實踐爲主官南都與湛若水鄒守益共主講席仕三十餘年家無長物終身未嘗有惰容時天下言學者不歸王守仁則歸湛若水獨守程朱不變者惟柟與羅欽順云所著有四書因問易說翼書說要詩說序春秋說志禮問內外篇史約小學釋寒暑經圖解史館獻納宋四子抄釋南省奏槀涇野詩文集萬曆崇禎閒李禎趙錦周子義王士性蔣德璟先後請從祀孔廟下部議未及行柟弟子涇陽呂潛字時見舉於鄉官工部司務張節字介夫咸寧李挺字正五皆有學行潛里人郭郛字維藩由舉人官馬湖知府藍田王之士字欲立由舉人以趙用賢薦授國子博士兩人不及柟門亦秦士之篤學者也

邵寶字國賢無錫人年十九學於江浦莊昶成化二十年舉進士授許州知州月朔會諸生於學宮講明義利公私之辨正潁考叔祠墓改魏文帝廟以祀漢愍帝不稱獻而稱愍從昭烈所謚也巫言龍骨出地中爲禍福寶取骨毀於庭杖巫而遣之躬課農桑倣朱子社倉立積散法行計口澆田法以備凶荒弘治七年入爲戶部員外郎歷郎中遷江西提學副使釋菜周元公祠修白鹿書院學舍處學者其敎以致知力行爲本江西俗好陰陽家言有數十年不葬父母者寶下令士不葬親者

不得與試於是相率舉葬以千計寧王宸濠索詩文峻卻之後宸濠敗有司校勘獨無寶跡遷浙江按察使再遷右布政使與鎮守太監勘處州銀礦寶曰費多獲少勞民傷財慮生他變卒奏寢其事進湖廣布政使正德四年擢右副都御史總督漕運劉瑾擅政寶至京絕不與通瑾怒漕帥平江伯陳熊欲使寶劾之遣校尉數輩要寶左順門危言恐之曰行逮汝張綵曹元自內出語寶曰君第劾平江無後患矣寶曰平江功臣後督漕未久無大過不知所劾二人默然出越三日給事中劾熊併及寶勒致仕去瑾誅起巡撫貴州尋遷戶部右侍郎進左侍郎命兼左僉都御史處置糧運及會勘通州城濠歸奏稱旨尋疏請終養歸御史唐鳳儀葉忠請用之留都便養乃拜南京禮部尚書再疏辭免世宗卽位起前官復以母老懇辭許之命有司以禮存問久之卒贈太子太保謚文莊寶三歲而孤事母過氏至孝甫十歲母疾爲文告天願減己算延母年及終養歸得疾左手不仁猶朝夕侍親側不懈學以洛閩爲的嘗曰吾願爲眞士大夫不願爲假道學舉南畿受知於李東陽爲詩文典重和雅以東陽爲宗至於原本經術粹然一出於正則其所自得也博綜羣籍有得則書之簡取程子今日格一物明日格一物之義名之曰日格子所著學史簡端二錄巡撫吳廷舉上於朝外定性書說漕政舉要諸集若干卷學者稱二泉先生其門人同邑王問字子裕以學行稱嘉靖十七年成進士授戶部主事監徐州倉減羨耗十二三以父老乞便養改南京職方遷車駕郎中廣東僉事行未半道乞養歸父卒遂不復仕築室湖上讀書三十年不履城市數被薦不起工詩文書畫清修雅尚士大夫皆慕之卒年八十門人私謚曰文靜先生子鑑字汝明嘉靖末年進士累官吏部稽勳郎中念父老謝病歸奉養不離側父歿久之進尚寶卿改南京鴻臚卿引年乞休進太僕卿致仕鑑亦善書有言勝其父者遂終身不復作

楊廉字方震豐城人父崇永州知府受業吳與弼門人胡九韶廉承家學早以文行稱舉成化末年進士改庶吉士弘治三年授南京戶科給事中明年京師地震劾用事大臣五年以災異上六事一經筵停罷時宜日令講官更直待問二召用言事遷謫官不當限臺諫及登極以後三治兩浙三吳水患停額外織造四召林下恬退諸臣五刪法司條例六災異策免大臣未言遇大政宜召大臣面議給事御史隨入駁正帝頗納之吏部尚書王恕被譏廉請斥讒邪無爲所惑母喪服闋起任刑科請祀薛瑄取讀書錄貯國學明年三月有詔以下旬御經筵廉言故事經筵一月三舉苟以月終起以月初罷則進講有幾且經筵啓而後日講繼之今遲一日之經筵卽輟一旬之日講也報聞以父老欲便養復改南京兵科中貴李廣死得廷臣通賄籍言官劾賄者帝欲究而中止廉率同官力爭竟不納已請申明祀典謂宋儒周程張朱從祀之位宜居漢唐諸儒上闕里廟當更立木主大成本樂名不合謚法皆不果行遷南京光祿少卿正德初就改太僕歷順天府尹時京軍數出車費動數千金廉請大興宛平所餘銀供之奏免夏稅萬五千石處州縣巧取民財置歲辦簿吏無能爲奸乾清宮災極陳時政缺失疏留中明年擢南京禮部右侍郎上疏諫南巡不報帝駐南京命百官戎服朝見廉不可乞用常儀更請謁見太廟俱報許世宗卽位就遷尚書廉與羅欽順善爲居敬窮理之學文必根六經自禮樂錢穀至星歷算數具識其本末學者稱月湖先生嘗以帝王之道莫切於大學自爲給事郎上言進講宜先大學衍義至是首進大學衍義節畧帝優詔答之疏論大禮引程頤朱熹言爲證且言今異議者率祖歐陽修然修於考之一字雖欲加之於濮王未忍絕之於仁宗今乃欲絕之於孝廟此又修所不忍言者報聞八疏乞休至嘉靖二年賜敕馳驛給夫廩如制家居二年卒年七十四贈太子少保謚文恪

劉觀字崇觀吉水人正統四年成進士方年少忽引疾告歸尋丁內艱服除終不出杜門讀書求聖賢之學四方來問道者坐席嘗不給縣令劉成爲築書院於虎邱山名曰養中平居飯脫粟服澣衣翛然自得每日端坐一室無懈容或勸之仕不應又作勤儉恭恕四箴以教其家取呂氏鄉約表著之以教其鄉冠婚喪祭悉如朱子家族有孤嫠不能自存者周之或請著述曰朱子及吳文正之言尊信之足矣復何言吳與弼其鄰郡人也極推重之觀前有孫鼎廬陵人永樂中爲松江府教授以孝弟立教後督學南畿人稱爲貞孝先生又有李中吉水人官副都御史號谷平先生在觀後是爲吉水三先生

馬理字伯循三原人同里尚書王恕家居講學著書理從之遊得其指授楊一清督學政見理與呂柟康海文大奇之曰康生之文章馬生呂生之經學皆天下士也登鄉薦入國學與柟及林慮馬卿榆次寇天敘安陽崔銑張士隆同縣秦偉日切劘於學名震都下高麗使者慕之錄其文以去連遭艱不預試安南使者至問主事黃清曰關中馬理先生安在何不仕也其爲外裔所重如此正德九年舉進士一清爲吏部尚書卽擢理稽勳主事調文選請告歸起考功主事偕郎中張衍瑞等諫南巡詔跪闕門予杖奪俸未幾復告歸教授生徒從游者衆嘉靖初起稽勳員外郎與郎中余寬等伏闕爭大禮下詔獄再予杖奪俸屢遷考功郎中故戶部郎中莊繹者正德時首導劉瑾覈天下庫藏瑾敗落職至是奏辨求復當路者屬理理力持不可寢其事五年大計外吏大學士賈詠吏部尚書廖紀以私憾欲去廣東副使魏校河南副使蕭鳴鳳陝西副使唐龍理力爭曰三人督學政名著天下必欲去三人請先去理乃止明年大計京官黜張璁桂萼黨吏部郎中彭澤璁萼竟取旨留之理擢南京通政參議請急去居三年起光祿卿未幾告歸閱十年復起南京光祿卿尋引年致仕三十四年陝西地震理與妻皆死理學行純篤居喪取古禮及司馬光書儀朱熹家禮折衷用之與呂柟並爲關中學者所宗穆宗立贈右副都御史天啓初追謚忠憲

魏校字子才崑山人其先本李姓居蘇州葑門之莊渠因自號莊渠弘治十八年成進士歷南京刑部郎中守備太監劉瑯藉劉瑾勢張甚或自判狀送法司莫敢抗者校直行己意無所徇改兵部郎中移疾歸嘉靖初起爲廣東提學副使丁憂服闋補江西兵備副使累遷國子祭酒太常卿尋致仕校私淑胡居仁主敬之學而貫通諸儒之說擇執尤精嘗與余祐論性畧曰天地者陰陽五行之本體也故理無不具人物之性皆出於天地然而人得其全物得其偏又曰古聖賢論性有二其一性與情對言此是性之本義直指此理而言其一性與習對言但取生字爲義非性之所以得名蓋曰天所生爲性人所爲曰習耳先儒因性相近一語遂謂性兼氣質而言不知人性上下不可添一物纔著氣質便不得謂之性矣荀子論性惡楊子論性善惡混韓子論性有三品衆言淆亂必折之聖若謂夫子性相近一言正論性之所以得名則前後說皆不謬於聖人而孟子道性善反爲一偏之論矣孟子見之分明故言之直捷但未言性爲何物故荀楊韓諸儒得以其說亂之伊川一言以斷之曰性卽理也則諸說皆不攻自破矣所著有大學指歸六書精蘊卒謚恭簡唐順之王應電王敬臣皆其弟子也順之自有傳王應電字昭明崑山人受業於校篤好周禮謂周禮自宋以後胡宏季本各著書指摘其瑕釁至數十萬言而余壽翁吳澄則以爲冬官未嘗亡雜見於五官中而更次之近世何喬新陳鳳梧舒芬亦各以己意更定然此皆諸儒之周禮也覃研十數載先求聖人之心溯斯禮之源次考天象之文原設官之意推五官離合之故見綱維統體之極因顯以探微因細而繹大成周禮傳詁數十卷以爲百世繼周而治必出於此嘉靖中家燬於兵僦流寓江西泰和以其書就正羅洪先洪先大服翰林陳昌積以師禮事之胡松撫江西刊行於世應電又研精字學據說文所載譌謬甚者爲之訂正名曰經傳正譌又著同文備考書法指要六義音切貫珠圖六義相關圖卒於泰和昌積爲經紀其喪歸之崑山時有李如玉者同安儒生亦精於周禮爲會要十五卷嘉靖八年詣闕上之得旨嘉獎賜冠帶

王敬臣字以道長洲人江西參議庭子也十九爲諸生受業於校性至孝父疽發背親自吮舐老得聵疾則臥於榻下夜不解衣微聞謦欬聲卽躍起問安事繼母如事父妻失母歡不入室者十三載初受校默成之旨嘗言議論不如著述著述不如躬行故居常杜口不談自見耿定向語以聖賢無獨成之學由是多所誘掖弟子從游者至四百餘人其學以愼獨爲先而指親長之際衽席之間爲愼獨之本尤以標立門戶爲戒鄉人尊爲少湖先生萬曆中以廷臣薦徵授國子博士辭不行詔以所授官致仕二十一年巡按御史甘士价復薦吏部以敬臣年高請有司時加優禮詔可年八十五而終

周瑛字梁石莆田人成化五年進士知廣德州以善政聞賜敕旌異遷南京禮部郎中出爲撫州知府調知鎭遠秩滿省親歸弘治初吏部尚書王恕起瑛四川參政久之進右布政使咸有善績尤厲清節給事御史交章薦大臣亦多知瑛而瑛以母喪歸服除遂引年乞致仕孝宗嘉之詔進一階正德中卒年八十七瑛始與陳獻章友獻章之學主於靜瑛不然之謂學當以居敬爲主敬則心存然後可以窮理自六經之奧以及天地萬物之廣皆不可不窮積累旣多則能通貫而於道之一本亦自得之矣所謂求諸萬殊而後一本可得也學者稱翠渠先生子大謨登進士未仕卒

潘府字孔修上虞人成化末進士値憲宗崩孝宗踐阼甫二十日禮官請衰服御西角門視事明日釋衰易素翼善冠麻衣腰絰帝不許命俟二十七日後行之至百日帝以大行未葬麻衣衰絰如故府因上疏請行三年

喪畧言子爲父臣爲君皆斬衰三年仁之至義之盡也漢文帝遺詔短喪止欲便天下臣民景帝遂自行之使千古綱常一墜不振晉武帝欲行而不能魏孝文行之而不盡宋孝宗銳志復古易月之外猶執通喪然不能推之於下未足爲聖王達孝也先帝奄棄四海臣庶銜哀陛下惻怛由衷麻衣視朝百日未改望排羣議斷自聖心執喪三年一如三代舊制詔禮官參考載籍使喪不廢禮朝不廢政勒爲彝典傳之子孫豈不偉哉疏入衰絰待罪詔輔臣會禮官詳議竝持成制寢不行謁選得長樂知縣教民行朱子家禮躬行郊野勞問疾苦田夫野老咸謂府親已就求筆札府輒欣然與之遷南京兵部主事陳軍民利病七事父喪除補刑部值旱蝗星變北寇深入孔廟災疏請內修外攘以謹天戒又上救時十要以便養乞南改南京兵部遷武選員外郎尚書馬文升知其賢超拜廣東提學副使雲南晝晦七日楚婦人鬚長三寸上弭災三術以母老乞休不待命輒歸已而吏部尚書楊一清及巡按御史吳華屢薦其學行終不起嘉靖改元言官交薦起太僕少卿改太常致仕旣歸屏居南山布衣蔬食惟以發明經傳爲事時王守仁講學其鄉相去不百里頗有異同嘗曰居官之本有三薄奉養廉之本也遠聲色勤之本也去讒私明之本也又曰薦賢當惟恐後論功當惟恐先年七十三卒故事四品止予祭世宗重府孝行特詔予葬

崔銑字子鍾安陽人父陞官參政銑舉弘治十八年進士選庶吉士授編修預修孝宗實錄與同官見太監劉瑾獨長揖不拜由是忤瑾書成出爲南京吏部主事瑾敗召復故官充經筵講官進侍讀引疾歸作後渠書屋讀書講學其中世宗卽位擢南京國子監祭酒嘉靖三年集議大禮久不決大學士蔣冕尚書汪俊俱以執議去位其他擯斥杖戍者相望而張璁桂萼等驟貴顯用事銑上疏求去且劾璁萼等曰臣究觀議者其文則歐陽修之唾餘其情則承望意嚮求勝無已悍者危法以激怒柔者甘言以動聽非有元功碩德而遽以官賞之得毋使僥倖之徒踵接至與臣聞天子得四海歡心以事其親未聞僅得一二人之心者也賞之適自章其私罷而已夫守道爲忠忠則逆旨希旨爲邪邪則畔道今忠者日疏而邪者日富一邪亂邦況可使富哉帝覽之不悅令銑致仕閒十五年用薦起少詹事兼侍讀學士擢南京禮部右侍郎未幾疾作復致仕卒贈禮部尚書謚文敏銑少輕俊好飲酒盡數斗不亂中歲自厲於學言動皆有則嘗曰學在治心功在愼動又曰孟子所謂良知良能者心之用也愛親敬長性之本也若去良能而獨挈良知是霸儒也又嘗作政議十篇其序曰三代而上井田封建其民固故道易行三代而下阡陌郡縣其民散故道難成況沿而下趨至今日乎然人心弗異係乎主之者而已凡篇中所論說悉倣此意世多有其書故不載

何瑭字粹夫武陟人年七歲見家有佛像抗言請去之十九讀許衡薛瑄遺書輒欣然忘寢食弘治十五年成進士選庶吉士閣試克己復禮爲仁論有曰仁者人也禮則人之元氣而已則見侵於風寒暑濕者也人能無爲邪氣所勝則元氣復元氣復而其人成矣宿學咸推服焉劉瑾竊政一日贈翰林川扇有入而拜見者瑭時官修撰獨長揖瑾怒不以贈受贈者復拜謝瑭正色曰何僕僕也瑾大怒詰其姓名瑭直應曰修撰何瑭知必不爲瑾所容乃累疏致仕後瑾誅復官以經筵觸忌諱謫開州同知修黃陵岡隄成擢東昌府同知乞歸嘉靖初起山西提學副使以父憂不赴服闋起提學浙江敦本尚實士氣丕變未幾晉南京太常少卿與湛若水等修明古太學之法學者翕然宗之歷工戶禮三部侍郎晉南京右都御史未幾致仕是時王守仁以道學名於時瑭獨默如嘗言陸九淵楊簡之學流入禪宗充塞仁義後學未得游夏十一而議論卽過顏曾此吾道大害也里居十餘年教子姓以孝弟忠信一介必嚴兩執親喪皆哀毀後謚文定所著陰陽律呂儒學管見柏齋集十二卷皆行於世

唐伯元字仁卿澄海人萬曆二年進士歷知萬年泰和二縣竝有惠政民生祠之遷南京戶部主事進郎中伯元受業永豐呂懷踐履篤實而深疾王守仁新說及守仁從祀文廟上疏爭之因請黜陸九淵而躋有若及周程張朱五子於十哲之列祀羅欽順章懋呂柟魏校呂懷蔡清羅洪先王艮於鄉疏方下部旋爲南京給事中鍾宇淳所駁伯元謫海州判官屢遷尚寶司丞吏部尚書楊巍雅不喜守仁學心善伯元前疏用爲吏部員外郎歷考功文選郎中佐尚書孫丕揚澄清吏治苞苴不及其門秩滿推太常少卿未得命時吏部推補諸疏皆留中伯元言賢愚同滯朝野咨嗟由臣擬議不當所致乞賜罷斥帝不懌特允其去而諸疏仍留不下居二年甄別吏部諸郎帝識伯元名命改南京他部而伯元已前卒伯元清苦淡薄人所不堪甘之自如爲嶺海士大夫儀表

黃淳耀字蘊生嘉定人爲諸生時深疾科舉文浮靡淫麗乃原本六經一出以典雅名士爭務聲利獨澹漠自甘不事徵逐崇禎十六年成進士歸益研經籍縕袍糲食蕭然一室京師陷福王立南都諸進士悉授官淳耀獨不赴選及南都亡嘉定亦破慨然太息偕弟淵耀入僧舍將自盡僧曰公未服官可無死淳耀曰城亡與亡豈以出處貳心乃索筆書曰弘光元年七月二十四日進士黃淳耀自裁於城西僧舍嗚呼進不能宣力王朝退不能潔身自隱讀書寡益學道無成耿耿不寐此心而已遂與淵耀相對縊死年四十有一淳耀弱冠卽著自監錄知過錄有志聖賢之學後爲日曆晝之所爲夜必書之凡語言得失念慮純雜無不備識用自省改晚而充養和粹造詣益深所作詩古文悉軌先正卓然名家有陶菴集十五卷其門人私謚之曰貞文淵耀字偉恭諸生好學敦行如其兄

明史卷二百八十三　列傳第一百七十一

總裁官總理事務經筵講官少保兼太子太保保和殿大學士兼管吏部戶部尚書事加六級張廷玉等奉敕修

儒林二

陳獻章字公甫新會人舉正統十二年鄉試再上禮部不第從吳與弼講學居半載歸讀書窮日夜不輟築陽春臺靜坐其中數年無戶外跡久之復游太學祭酒邢讓試和楊時此日不再得詩一篇驚曰龜山不如也颺言於朝以爲眞儒復出由是名震京師給事中賀欽聽其議論卽日抗疏解官執弟子禮事獻章獻章旣歸四方來學者日進廣東布政使彭韶總督朱英交薦召至京令就試吏部屢辭疾不赴疏乞終養授翰林院檢討以歸至南安知府張弼疑其拜官與與弼不同對曰吳先生以布衣爲石亨所薦故不受職而求觀祕書冀在開悟主上耳時宰不悟先令受職然後觀書殊戾先生意遂決去獻章聽選國子生何敢僞辭釣虛譽自是屢薦卒不起獻章之學以靜爲主其教學者但令端坐澄心於靜中養出端倪或勸之著述不答嘗自言曰吾年二十七始從吳聘君學於古聖賢之書無所不講然未知入處比歸白沙專求用力之方亦卒未有得於是舍繁求約靜坐久之然後見吾心之體隱然呈露日用應酬隨吾所欲如馬之御勒也其學灑然獨得論者謂有鳶飛魚躍之樂而蘭谿姜麟至以爲活孟子云獻章儀幹修偉右頰有七黑子母年二十四守節獻章事之至孝母有念輒心動卽歸弘治十三年卒年七十三萬曆初從祀孔廟追謚文恭門人李承箕字世卿嘉魚人成化二十二年舉鄉試往師獻章獻章日與登涉山水投壺賦詩縱論古今事獨無一語及道久之承箕有所悟辭歸隱居黃公山不復仕與兄進士承芳皆好學稱嘉魚二李卒年五十四張詡字廷實南海人亦師事獻章成化二十年舉進士授戶部主事尋丁憂累薦不起正德中召爲南京通政司參議一謁孝陵卽告歸獻章謂其學以自然爲宗以忘己爲大以無欲爲至卒年六十

婁諒字克貞上饒人少有志絕學聞吳與弼在臨川往從之一日與弼治地召諒往視云學者須親細務諒素豪邁由此折節雖掃除之事必身親之景泰四年舉於鄉天順末選爲成都訓導尋告歸閉門著書成日錄四十卷三禮訂訛四十卷謂周禮皆天子之禮爲國禮儀禮皆公卿大夫士庶人之禮爲家禮以禮記爲二經之傳分附各篇如冠禮附冠義之類不可附各篇者各附一經之後不可附一經者總附二經之後其爲諸儒附會者以程子論黜之著春秋本意十二篇不採三傳事實言是非必待三傳而後明是春秋爲棄書矣其學以收放心爲居敬之門以何思何慮勿忘勿助爲居敬要旨然其時胡居仁頗譏其近陸子後羅欽順亦謂其似禪學云子忱字誠善傳父學女爲寧王宸濠妃有賢聲嘗勸王毋反王不聽卒反諒子姓皆捕繫遺文遂散軼矣門人夏尚樸字敦夫廣信永豐人正德初會試赴京見劉瑾亂政慨然歎曰時事如此尚可干進乎不試而歸六年成進士授南京禮部主事歲饑條上救荒數事

再遷惠州知府投劾歸嘉靖初起山東提學副使擢南京太僕少卿與魏校湛若水輩日相講習言官劾大學士桂蕚語連尚樸吏部尚書方獻夫白其無私尋引疾歸早年師諒傳主敬之學常言纔提起便是天理纔放下便是人欲魏校亟稱之所著有中庸語東巖文集王守仁少時亦嘗受業於諒

賀欽字克恭義州衞人少好學讀近思錄有悟成化二年以進士授戶科給事中已而師事獻章旣歸肖其像事之弘治改元用閣臣薦起爲陝西參議檄未至而母死乃上疏懇辭且陳四事一謂今日要務莫先經筵當博訪眞儒以資啓沃二薦檢討陳獻章學術醇正稱爲大賢宜以非常之禮起之或俾參大政或任經筵以養君德三內官職掌載在祖訓不過備灑掃司啓閉而已近如王振曹吉祥汪直等或參預機宜干政令招權納寵邀功啓釁或引左道進淫巧以蕩上心誤國殃民莫此爲甚宜愼飭將來內不使干預政事外不使鎮守地方掌握兵權四興禮樂以化天下陛下紹基之初舉行朱子喪葬之禮而頹敗之俗因仍不改乞申明正禮革去敎坊俗樂以廣治化疏凡數萬言奏入報聞正德四年劉瑾括遼東田東人震恐而義州守又貪橫民變聚衆劫掠顧相戒曰毋驚賀黃門欽聞之急諭禍福以身任之亂遂定欽學不務博涉專讀四書六經小學期於反身實踐謂爲學不必求之高遠在主敬以收放心而已卒年七十四子士諮鄉貢士嘗陳十二事論王政不報終身不仕

陳茂烈字時周莆田人年十八作省克錄謂顏之克己曾之日省學之法也弘治八年舉進士奉使廣東受業陳獻章之門獻章語以主靜之學退而與張詡論難作靜思錄尋授吉安府推官考績過淮寒無絮衣凍幾殆入爲監察御史袍服朴陋乘一疲馬人望而敬之以母老終養供母之外不辦一帷治畦汲水身自操作太守聞其勞進二卒助之三日遣之還吏部以其貧祿以晉江敎諭不受又奏給月米上書言臣素貧食本儉薄故臣母自安於臣之家而臣亦得以自道其貧非有及人之廉盡己之孝也古人行傭負米皆以爲親臣之貧尚未至是而臣母鞠臣艱苦今年八十有六來日無多臣欲自盡心力尚恐不及上煩官帑心竊未安奏上不允母卒茂烈亦卒茂烈爲諸生時韓文問莆田人物於林俊曰從吾謂彭時也又問曰時周且曰與時周語沉痾頓去其爲所重如此

湛若水字元明增城人弘治五年舉於鄉從陳獻章游不樂仕進母命之出乃入南京國子監十八年會試學士張元禎楊廷和爲考官撫其卷曰非白沙之徒不能爲此置第二賜進士選庶吉士授翰林院編修時王守仁在吏部講學若水與相應和尋丁母憂廬墓三年築西樵講舍士子來學者先令習禮然後聽講嘉靖初入朝上經筵講學疏謂聖學以求仁爲要已復上疏言陛下初政漸不克終左右近侍爭以聲色異教蠱惑上心大臣林俊孫交等不得守法多自引去可爲寒心亟請親賢遠奸窮理講學以隆太平之業又疏言日講不宜停止報聞明年進侍讀復疏言一二年間天變地震山崩川湧人饑相食殆無虛月夫聖人不以屯否之時而後親賢之訓明醫不以深錮之疾而廢元氣之劑宜博求修明先王之道者日侍文華以裨聖學已遷南京國子監祭酒作心性圖說以敎士拜禮部侍郎倣大學衍義補作格物通上於朝歷南京吏禮兵三部尚書南京俗尚侈靡爲定喪葬之制頒行之老請致仕年九十五卒若水生平所至必建書院以祀獻章年九十猶爲南京之游過江西安福鄒守益守仁弟子也戒其同志曰甘泉先生來吾輩當憲老而不乞言愼毋輕有所論辨若水初與守仁同講學後各立宗旨守仁以致良知爲宗若水以隨處體驗天理爲宗守仁言若水之學爲求之於外若水亦謂守仁格物之說不可信者四又曰陽明與吾言心不同陽明所謂心指方寸而言吾之所謂心者體萬物而不遺者也故以吾之說爲外一時學者遂分王湛之學湛氏門人最著者永豐李懷德安何遷婺源洪垣歸安唐樞懷之言變化氣質遷之言知止樞之言求眞心大約出入王湛兩家之間而別爲一義垣則主於調停兩家而互救其失皆不盡守師說也懷字汝德南京太僕少卿遷字益之南京刑部侍郎垣字峻之溫州府知府樞刑部主事疏論李福達事罷歸自有傳蔣信字卿實常德人年十四居喪毀瘠與同郡冀元亨善王守仁謫龍場過其地偕元亨事焉嘉靖初貢入京師復師湛若水若水爲南祭酒門下士多分敎至十一年舉進士累官四川水利僉事却播州土官賄賓妖道士於法遷貴州提學副使建書院二廪羣髦士其中龍場故有守仁祠爲置祠田坐擅離職守除名信初從守仁游時未以良知敎後從若水游最久學得之湛氏爲多信踐履篤實不事虛談湖南學者宗其敎稱之曰正學先生卒年七十九時宜興周衝字道通亦游王湛之門由舉人授高安訓導至唐府紀善嘗曰湛之體認天理卽王之致良知也與信集師說爲新泉問辨錄兩家門人各相非笑衝爲疏通其旨焉

鄒守益字謙之安福人父賢字恢才弘治九年進士授南京大理評事數有條奏歷官福建僉事禽殺武平賊渠黃友勝居家以孝友稱守益舉正德六年會試第一出王守仁門以廷對第三人授翰林院編修踰年告歸謁守仁講學於贛州宸濠反與守仁軍事世宗卽位始赴官嘉靖三年二月帝欲去興獻帝本生之稱守益疏諫忤旨被責踰月復上疏曰陛下欲隆本生之恩屢下羣臣會議羣臣據禮正言致蒙詰讓道路相傳有孝長子之稱昔曾元以父寢疾憚於易簀蓋愛之至也而曾子責之曰姑息曾公受天子禮樂以祀周公蓋尊之至也而孔子傷之曰周公其衰矣臣願陛下勿以姑息事獻帝而使後世有其衰之歎且羣臣援經證古欲陛下專意正統此皆爲陛下忠謀乃不察而督過之謂忤且慢臣歷觀前史如冷褒段猶之徒當時所謂忠愛後世所斥以爲邪媚也師丹司馬光之徒當時所謂欺慢後世所仰以爲正直也後之視今猶今之視古望陛下不吝改過察羣臣之忠愛信而用之復召其去國者無使姦人動搖國是離間宮闈昔先帝南巡羣臣交章諫阻先帝赫然震怒豈不謂欺慢可罪哉陛下在藩邸聞之必以是爲盡忠於先帝今入繼大統獨不容羣臣盡忠於陛下乎帝大怒下詔獄拷掠謫廣德州判官廢淫祠建復初書院與學者講授其間稍遷南京禮部郎中州人立生祠以祀聞守仁卒爲位哭服心喪日與呂柟湛若水錢德洪王畿薛侃輩論學考滿入都卽引疾歸久之以薦起南京吏部郎中召爲司經局洗馬守益以太子幼未能出閣乃與霍韜上聖功圖自神堯茅茨土階至帝西苑耕稼蠶桑凡爲圖十三帝以爲謗訕幾得罪賴韜受帝知事乃解明年遷太常少卿兼侍讀學士出掌南京翰林院夏言欲遠之也御史毛愷請留侍東宮被謫尋改南京祭酒九廟災守益陳上下交修之道言殷中宗高宗反妖爲祥享國長久帝大怒落職歸守益天姿純粹守仁嘗曰有若無實若虛犯而不校謙之近之矣里居日事講學四方從游者踵至學者稱東廓先生居家二十餘年卒隆慶初贈南京禮部右侍郎謚文莊先是守仁主山東試堂邑穆孔暉第一後官侍講學士卒贈禮部右侍郎謚文簡孔暉端雅好學初不肯宗守仁說久乃篤信之自名王氏學浸淫入於釋氏而守益於戒懼愼獨蓋兢兢焉子善嘉靖三十五年進士以刑部員外郎恤刑湖廣矜釋甚衆擢山東提學僉事時與諸生講學萬曆初累官廣東右布政使謝病歸久之以薦卽家授太常卿致仕子德涵德溥德涵字汝海隆慶五年進士歷刑部員外郎張居正方禁講學德涵守之自若御史傅應禎劉臺相繼論居正皆德涵里人疑爲黨出爲河南僉事御史承風指劾之貶秩歸善服習父訓踐履無怠稱其家學而德涵從耿定理游定理不答發憤湛思自覺有得由是專以悟爲宗於祖父所傳始一變矣德溥由萬曆十一年進士歷司經局洗馬善從子德泳萬曆十四年進士官御史給事中李獻可請預敎太子斥爲民德泳偕同官救之亦削籍家居三十年言者交薦光宗立起尚寶少卿歷太常卿魏忠賢用事乞休歸所司將爲忠賢建祠德泳塗毀其募籍乃止

錢德洪名寬字德洪後以字行改字洪甫餘姚人王守仁自尚書歸里德洪偕數十人共學焉四方士踵至德洪與王畿先爲疏通其大旨而後卒業於守仁嘉靖五年舉會試徑歸七年冬偕畿赴廷試聞守仁訃乃奔喪至貴溪議喪服德洪曰某有親在麻衣布経弗敢有加焉畿曰我無親遂服斬衰喪歸德洪與畿築室于場以終心喪十一年始成進士累官刑部郎中郭勛下詔獄移部定罪德洪據獄詞論死廷臣欲坐以不軌言德洪不習刑名而帝雅不欲勛死因言官疏下德洪詔獄所司上其罪已出獄矣帝曰始朕命刑官毋梏勛德洪故違之與勛不領敕何異再下獄御史楊爵都督趙卿亦在繫德洪與講易不輟久之斥爲民德洪旣廢遂周遊四方講良知學時士大夫率務講學爲名高而德洪畿以守仁高第弟子尤爲人所宗德洪徹悟不如畿畿持循亦不如德洪然畿竟入於禪而德洪猶不失儒者矩矱云穆宗立復官進階朝列大夫致仕神宗嗣位復進一階卒年七十九學者稱緒山先生初守仁倡道其鄉鄰境從游者甚衆德洪畿爲之首其最初受業者則有餘姚徐愛山陰葉宗兗朱節及應良盧可久應典董澐之屬愛字曰仁守仁女弟夫也正德三年進士官至南京工部郎中良知之說學者初多未信愛爲疏通辨析暢其指要守仁言徐生之溫恭葉生之沉潛朱生之明敏皆我所不逮愛卒年三十一守仁哭之慟一日講畢歎曰安得起曰仁九泉聞斯言乎率門人之其墓所酹酒告之葉宗兗字希淵正德十二年進士官至四川提學僉事朱節字守中正德八年進士爲御史巡按山東

大盜起顏神鎮蔓州縣十數驅馳戎馬間以勞卒贈光祿少卿應良字原忠仙居人正德六年進士官編修守仁在吏部良學焉親老歸養講學山中者將十年嘉靖初還任伏闕爭大禮廷杖張璁黜翰林爲外官良得山西副使謝病歸卒盧可久字一松程粹字養之皆永康諸生與同邑應典皆師守仁粹子正誼歷順天府尹應典字天彝進士官兵部主事居家養母不希榮利通籍三十年在官止一考可久傳東陽杜惟熙惟熙傳同邑陳時芳陳正道惟熙以克已爲要嘗曰學者一息不昧則萬古皆通一刻少寬卽終朝欠缺卒年八十餘時芳博覽多聞而歸於實踐歲貢不仕正道爲建安訓導年八十餘猶徒步赴五峯講會其門人呂一龍永康人言動不苟學者咸宗之董澐字子壽海寧人年六十八矣游會稽肩瓢笠詩卷謁守仁卒請爲弟子子穀官知縣亦受業守仁

王畿字汝中山陰人弱冠舉於鄉跌宕自喜後受業王守仁聞其言無底滯守仁大喜嘉靖五年舉進士與錢德洪竝不就廷對歸守仁征思田留畿德洪主書院已奔守仁喪經紀葬事持心喪三年久之與德洪同第進士授南京兵部主事進郎中給事中戚賢等薦畿夏言斥畿僞學奪賢職畿乃謝病歸畿嘗云學當致知見性而已應事有小過不足累故在官弗免干請以不謹斥畿旣廢益務講學足跡遍東南吳楚閩越皆有講舍年八十餘不肯已善談說能動人所至聽者雲集每講雜以禪機亦不自諱也學者稱龍谿先生其後士之浮誕不逞者率自名龍谿弟子而泰州王艮亦受業守仁門徒之盛與畿相埒學者稱心齋先生陽明學派以龍谿心齋爲得其宗艮字汝止初名銀王守仁爲更名七歲受書鄉塾貧不能竟學父竈丁冬晨犯寒役於官艮哭曰爲人子令父至此得爲人乎出代父役入定省惟謹艮讀書止孝經論語大學信口談說中理解有客聞艮言詫曰何類王中丞語艮乃謁守仁江西與守仁辨久之大服拜爲弟子明日告之悔復就賓位自如已心折卒稱弟子從守仁歸里歎曰吾師倡明絕學何風之不廣也還家製小車北上所過招要人士告以守仁之道人聚觀者千百抵京師同門生駭異匿其車趣使返守仁聞之不悅艮往謁拒不見長跪謝過乃已王氏弟子遍天下率都爵位有氣勢艮以布衣抗其間聲名反出諸弟子上然艮本狂士往往駕師說上之持論益高遠出入於二氏艮傳林春徐樾樾傳顏鈞鈞傳羅汝芳梁汝元汝芳傳楊起元周汝登蔡悉樾字子直貴溪人舉進士歷官雲南左布政使沅江土酋那鑑反詐降樾信之抵其城下死焉詔贈光祿寺卿予祭葬任一子官春字子仁泰州人聞良知之學日以朱墨筆識臧否自考動有繩檢尺寸不踰嘉靖十一年會試第一除戶部主事調吏部縉紳士講學京師者數十人聰明解悟善談說者推王畿志行敦實推春及羅洪先進文選郎中卒官年四十四發其篋僅白金四兩寮友棺斂歸其喪汝芳字維德南城人嘉靖三十二年進士除太湖知縣召諸生論學公事多決於講座遷刑部主事歷寧國知府民兄弟爭產汝芳對之泣民亦泣訟乃已刱開元會罪囚亦令聽講入覲勸徐階聚四方計吏講學階遂大會於靈濟宮聽者數千人父艱服闋起補東昌移雲南屯田副使進參政分守永昌坐事爲言官論罷初汝芳從永新顏鈞講學後鈞繫南京獄當死汝芳供養獄中鬻產救之得減戍汝芳旣罷官鈞亦赦歸汝芳事之飲食必躬進人以爲難鈞詭怪猖狂其學歸釋氏故汝芳之學亦近釋楊起元周汝登皆萬曆五年進士起元歸善人選庶吉士適汝芳以參政入賀遂學焉張居正方惡講學汝芳被劾罷而起元自如累官吏部左侍郎拾遺被劾帝不問未幾卒天啟初追謚文懿汝登嵊人初爲南京工部主事榷稅不如額謫兩淮鹽運判官累官南京尚寶卿起元淸修姱節然其學不諱禪汝登更欲合儒釋而會通之輯聖學宗傳盡採先儒語類禪者以入蓋萬曆世士大夫講學者多類此蔡悉字士備合肥人嘉靖三十八年進士授常德推官築郭外六隄以免水患擢南京吏部主事累官南京尚寶卿移署國子監嘗請立東宮又極論礦稅之害有學行恬宦情仕五十年家食强半淸操亮節淮西人宗之

歐陽德字崇一泰和人甫冠舉鄉試之贛州從王守仁學不應會試者再嘉靖二年策問陰詆守仁德與魏良弼等直發師訓無所阿竟登第除知六安州建龍津書院聚生徒論學入爲刑部員外郎六年詔簡朝士有學行者爲翰林乃改德編修遷南京國子司業作講亭進諸生與四方學者論道其中尋改南京尚寶卿召爲太僕少卿以便養復改南京鴻臚卿父憂服闋留養其母與鄒守益聶豹羅洪先日講學以薦起故官累遷吏部左侍郎兼學士掌詹事府母憂歸服未闋卽用爲禮部尚書喪畢之官命直無逸殿時儲位久虛帝惑陶仲文二龍不相見之說諱言建儲德懇請會有詔二王出邸同日婚德以裕王儲貳不當出外疏言曩太祖以父婚子諸王皆處禁中宣宗孝宗以兄婚弟始出外府今事與太祖同請從初制帝不許德又言會典醮詞主器則曰承宗分藩則曰承家今裕王當何從帝不悅曰旣云王禮自有典制如若言何不竟行冊立耶德卽具冊立儀上帝滋不悅然終諒其誠婚亦竟不同日裕王母康妃杜氏薨德請用成化朝紀淑妃故事不從德遇事侃侃裁制諸宗藩尤有執或當利害衆相顧色戰德意氣自如當是時德與徐階聶豹程文德竝以宿學都顯位於是集四方名士於靈濟宮與論良知之學赴者五千人都城講學之會於斯爲盛德器宇溫粹學務實踐不尚空虛晚見知於帝將柄用而德遽卒贈太子少保謚文莊族人瑜字汝重亦學於守仁守仁敎之曰常欲然無自是而已瑜終身踐之舉於鄉不就會試曰老親在三公不與易也母死廬墓側虎環廬嗥不爲動歷官四川參議所至有廉惠聲年近九十而卒

羅洪先字達夫吉水人父循進士歷兵部武選郎中會考選武職有指揮二十餘人素出劉瑾門循罷其管事瑾怒罵尚書王敞敞懼歸部趣易奏循故遲之數日瑾敗敞乃謝循循歷知鎭江淮安二府徐州兵備副使咸有聲洪先幼慕羅倫爲人年十五讀王守仁傳習錄好之欲往受業循不可而止乃師事同邑李中傳其學嘉靖八年舉進士第一授修撰卽請告歸外舅太僕卿曾直喜曰幸吾壻成大名洪先曰儒者事業有大於此者此三年一人安足喜也洪先事親孝父每肅客洪先冠帶行酒拂席授几甚恭居二年詔劾請告踰期者乃赴官尋遭父喪苫塊蔬食不入室者三年繼遭母憂亦如之十八年簡宮僚召拜春坊左贊善明年冬與司諫唐順之校書趙時春疏請來歲朝正後皇太子出御文華殿受羣臣朝賀時帝數稱疾不視朝諱言儲貳臨朝事見洪先等疏大怒曰是料朕必不起也降手詔百餘言切責之遂除三人名洪先歸益尋求守仁學甘淡泊鍊寒暑躍馬挽强考圖觀史自天文地志禮樂典章河渠邊塞戰陣攻守下逮陰陽算數靡不精究至人才吏事國計民情悉加意諮訪曰苟當其任皆吾事也邑田賦多宿弊請所司均之所司卽以屬洪先精心體察弊頓除歲饑移書郡邑得粟數十石率友人躬振給流寇入吉安主者失措爲畫策戰守寇引去素與順之友善順之應召欲挽之出嚴嵩以同鄉故擬假邊才起用皆力辭洪先雖宗良知學然未嘗及守仁門恆舉易大傳寂然不動周子無欲故靜之旨以告學人又曰儒者學在經世而以無欲爲本惟無欲然後出而經世識精而力鉅時王畿謂良知自然不假纖毫力洪先非之曰世豈有現成良知者耶雖與畿交好而持論始終不合山中有石洞舊爲虎穴葺茅居之命曰石蓮謝客默坐一榻三年不出戶初告歸過儀眞同年生主事項喬爲分司有富人坐死行萬金求爲地洪先拒不聽喬微諷之厲聲曰君不聞志士不忘在溝壑耶江漲壞其室巡撫馬森欲爲營之固辭不可隆慶初卒贈光祿少卿謚文莊

程文德字舜敷永康人初受業章懋後從王守仁遊登洪先榜進士第二授翰林編修坐同年生楊名劾汪鋐事下詔獄謫信宜典史鋐罷量移安福知縣遷兵部員外郎父憂廬墓側終喪不入內起兵部郎中擢廣東提學副使未赴改南京國子祭酒母憂服闋起禮部右侍郎俺答犯京師分守宣武門盡納鄉民避寇者調吏部爲左已改掌詹事府三十三年供事西苑所撰靑詞頗有所規諷帝銜之會推南京吏部尚書帝疑文德欲遠已命調南京工部右侍郎文德疏辭勸帝享安靜和平之福帝以爲謗訕除其名旣歸聚徒講學卒貧不能殮萬曆間追贈禮部尚書謚文恭

吳悌字思誠金谿人嘉靖十一年進士除樂安知縣調繁宣城徵授御史十六年應天府進試錄考官評語失書名諸生答策多譏時政帝怒逮考官論德江汝璧洗馬歐陽衢詔獄貶官府尹孫懋等下南京法司尋得還職而停舉子會試悌爲舉子求寬坐下詔獄出視兩淮鹽政海溢沒通泰民廬悌先發漕振之而後奏聞尋引疾歸還朝按河南伊王典楧驕橫憚悌遺書稱爲友悌報曰殿下天子親藩非悌所敢友悌天子憲臣非殿下所得友王愈憚之夏言嚴嵩當國與悌鄉里嘗謁言衆見言新服宮袍競前譽之悌卻立不進言問故徐曰俟談少間當以政請言爲改容及嵩擅政悌惡之引疾家居垂二十年嵩敗起故官一歲中累遷至南京大理卿時吳嶽胡松毛愷竝以耆俊爲卿貳與悌稱南都四君子隆慶元年就遷刑部侍郎明年卒悌爲王守仁學然淸修果介反躬自得爲多萬曆中子仁度請卹吏部尚書孫丕揚曰悌理學名臣不宜循常格遂用黃孔昭例贈禮部尚書謚文莊鄉人建祠與陸九淵吳澄吳與弼陳九川竝祀曰五賢祠學者稱疏山先生仁度字繼疎萬曆十七年進士授中書舍人三王竝封議起抗疏爭之久之擢吏部主事歷考功郎中稽勳郞中趙邦淸被

劾疑同官鄧光祚等噤言路憤激力辨章下考功仁度欲稍寬邦清罰給事中梁有年遂劾仁度黨比時光祚引疾去而仁度代為文選御史康丕揚復劾仁度傾光祚而代之詔改調之南京自邦清被論後言路訐不已都御史溫純恚甚請定國是以剖眾疑而深為仁度惜仁度尋補南京刑部郎中擢太僕少卿進右僉都御史巡撫山西砥廉隅務慈愛與魏允貞齊名居四年以疾歸熹宗初起大理卿進兵部右侍郎復稱疾去再起工部左侍郎天啟五年魏忠賢以仁度與趙南星楊漣等善勒令致仕尋卒仁度名父子克自振勵鄒元標亟稱之

何廷仁初名秦以字行改字性之黃弘綱字正之皆雩都人廷仁和厚與人接誠意盎溢而弘綱難近未嘗假色笑於人然兩人志行相準廷仁初慕陳獻章後聞王守仁之學於弘綱守仁征桶岡詣軍門謁遂師事焉嘉靖元年舉於鄉復從守仁浙東廷仁立論尚平實守仁歿後有為過高之論者輒曰此非吾師言也除新會知縣釋菜獻章祠而後視事政尚簡易士民愛之遷南京工部主事分司儀真榷蕪湖稅不私一錢滿考即致仕弘綱由鄉舉官刑部主事守仁之門從遊者恒數百浙東江西尤眾善推演師說者稱弘綱廷仁及錢德洪王畿時人語曰江有何黃浙有錢王然守仁之學傳山陰泰州者流弊靡所底極惟江西多實踐安福則劉邦采新建則魏良政兄弟其最著云邦采字君亮族子曉受業守仁歸語邦采遂與從兄文敏及弟姪九人謁守仁於里第師事焉父憂蔬水廬墓免喪不復應舉提學副使趙淵檄赴試御史儲良才許以常服入闈不解衣檢察乃就試得中式久之除壽寧教諭擢嘉興府同知棄官歸邦采識高明用力果銳守仁倡良知為學的久益敝有以揣摩為妙悟縱恣為自然者邦采每極言排斥焉文敏字直充父喪除絕意科舉嘗曰學者當循本心之明時見己過刮磨砥礪以融氣稟絕外誘徵諸倫理事物之實無一不慊於心而後為聖門正學非困勉不可得入也高談虛悟炫末離本非德之賊乎曉字伯光舉於鄉後為新寧知縣有善政良政字師伊守仁撫江西與兄良弼弟良器良貴咸學焉提學副使邵銳巡按御史唐龍持論與守仁異戒諸生勿往謁良政兄弟獨不顧深為守仁所許良政功尤專孝友敦朴燕居無惰容嘗曰不尤人何人不可處不累事何事不可為舉鄉試第一而卒良弼嘗言吾夢見師伊輒汗浹背其為兄憚如此良器字師顏性超穎絕人雖宗良知踐履務平實良弼自有傳良貴官右副都御史

王時槐字子植安福人嘉靖二十六年進士授南京兵部主事歷禮部郎中福建僉事累官太僕少卿降光祿少卿隆慶末出為陝西參政張居正柄國以京察罷歸萬曆中南贛巡撫張岳疏薦之吏部言六年京察祖制也若執政有所驅除非時一舉謂之閏察時槐在閏察中羣情不服請召時槐且永停閏察報可久之陞光祿掌銓起貴州參政擢南京鴻臚卿進太常皆不赴時槐師同縣劉文敏及仕偏質四方學者自謂終無所得年五十罷官反身實證始悟造化生生之幾不隨念慮起滅學者欲識真幾當從慎獨入其論性曰孟子性善之說決不可易使性中本無仁義則惻隱羞惡更何從生且人應事接物如是則安不如是則不安非善而何又曰居敬窮理二者不可廢一要之居敬二字盡之自其居敬之精明了悟而言謂之窮理即考索討論亦居敬中之一事敬無所不該敬外更無餘事也年八十四卒廬陵陳嘉謨字世顯與時槐同年進士為給事中不附嚴嵩出之外歷湖廣參政乞休歸專用力於學凡及其門者告之曰有塘南在可往師之塘南時槐別號也年八十三卒

許孚遠字孟中德清人受學同郡唐樞嘉靖四十一年成進士授南京工部主事就改吏部已調北部尚書楊博惡孚遠講學會大計京朝官黜浙人幾半博鄉山西無一焉孚遠有後言博不悅孚遠遂移疾去隆慶初高拱薦起考功主事出為廣東僉事招大盜李茂許俊美禽倭黨七十餘輩以降錄功賚銀幣旋移福建神宗立拱罷政張居正議逐拱黨復大計京官王篆為考功誣孚遠黨拱謫兩淮鹽運司判官歷兵部郎中出知建昌府暇輒集諸生講學引貢士鄧元錫劉元卿為友尋以給事中鄒元標薦擢陝西提學副使敬禮貢士王之士移書當路并元卿元錫薦之後三人並得徵由孚遠倡也遷應天府丞坐為李材訟冤貶二秩由廣東僉事再遷右通政二十年擢右僉都御史巡撫福建倭陷朝鮮議封貢孚遠請敕諭日本禽斬平秀吉不從呂宋國酋子訟商人襲殺其父孚遠以聞詔戮罪人厚犒其使福州饑民掠官府孚遠禽倡首者亂稍定而給事中耿隨龍御史甘士价等劾孚遠宜斥帝不問所部多僧田孚遠入其六於官又募民墾海壇地八萬三千有奇築城建營舍聚兵以守因請推行於南日彭湖及浙中陳錢金塘玉環南麂諸島皆報可居三年入為南京大理卿就遷兵部右侍郎改左調北部甫半道被論乞休疏屢上乃許又數年卒於家贈南京工部尚書後謚恭簡孚遠篤信良知而惡夫援良知以入佛者知建昌與郡人羅汝芳講學不合及官南京與汝芳門人禮部侍郎楊起元尚寶司卿周汝登並主講席汝登以無善無惡為宗孚遠作九諦以難之言文成宗旨原與聖門不異以性無不善故知無不良良知即是未發之中立論至為明析無善無惡心之體一語蓋指其未發時廓然寂然者而言之止形容得一靜字合下三語始為無病今以心意知物俱無善惡可言者非文成之正傳也彼此論益齟齬而孚遠撫福建與巡按御史陳子貞不相得子貞督學南畿遂密諷同列拾遺劾之從孚遠遊者馮從吾劉宗周丁元薦皆為名儒

尤時熙字季美洛陽人生而警敏不羣弱冠舉嘉靖元年鄉試時王守仁傳習錄始出士大夫多力排之時熙一見歎曰道不在是乎向吾役志詞章末矣已而以疾稍從事養生家授元氏教諭父喪除改官章邱一以致良知為教兩邑士亦知新建學入為國子博士徐階為祭酒命六館士咸取法焉居常以不獲師事守仁為恨聞郎中劉魁得守仁之傳遂師事之魁以直言錮詔獄則書所疑時從獄中質問尋以戶部主事榷稅滸墅課足而止不私一錢念母老乞終養歸遂不出日以修己淑人為事足未嘗涉公府齋中設守仁位晨興必焚香肅拜來學者亦令展謁晚年病學者憑虛見而忽躬行甚且越繩墨自恣故其論議切於日用不為空虛隱怪之談卒於萬曆八年年七十有八學者稱西川先生其門人孟化鯉最著自有傳張後覺字志仁茌平人父文祥由鄉舉官廣昌知縣後覺生有異質事親孝居喪哀毀三年不御內早歲聞良知之說於縣教諭顏鑰遂精思力踐偕同志講習已而貴谿徐樾以王守仁再傳弟子來為參政後覺率同志往師之學益有聞久之以歲貢生授華陰訓導會地大震人多傾壓死上官令署縣事救災扶傷人胥悅服及致仕歸士民泣送載道東昌知府羅汝芳提學副使鄒善皆宗守仁學與後覺同志善為建願學書院俾六郡士師事焉汝芳亦建見泰書院時相討論猶以取友未廣北走京師南游江左務以親賢講學為事門弟子日益進凡吏於其土及道經茌平者莫不造廬問業巡撫李世達兩詣山居病不能為禮乃促席劇談飽蔬食而去平生不作詩不談禪不事著述行孚遠近學者稱之為弘山先生年七十六以萬曆六年卒其門人孟秋趙維新最著秋自有傳維新亦茌平人年二十聞後覺講良知之學遂師事之次其問答語為弘山教言性純孝居喪五味不入口柴毀骨立杖而後起鄉人欲舉其孝行力辭之喪偶五十年不再娶嘗築垣得金一篋工人持之去維新不問家貧或併日而食超然自得亦以歲貢生為長山訓導年九十二無疾而終

鄧以讚字汝德新建人張元忭字子藎紹興山陰人二人皆生有異質又好讀書以讚幼見父與人論學輒牽衣尾之聞出語類夙儒父閔其勤學嘗扃之斗室元忭素羸弱母戒毋過勞乃藏燈幕中俟母寢始誦十餘歲時以氣節自負聞楊繼盛死為文遙誄之慷慨泣下父天復官雲南副使擊武定賊鳳繼祖有功已賊還襲武定官軍敗績巡撫呂光洵討滅之至隆慶初議者追理前失元狀逮天復赴雲南對簿元忭適下第還萬里護行髮盡白已復馳詣闕下白冤當事憐之天復得削籍歸隆慶五年以讚舉會試第一廷試第三授編修而元忭以廷試第一授修撰萬曆初座主張居正枋國政以讚時有匡諫居正弗善也移疾歸久之補原官旋引退詔起中允至中途復以念母返再起南京祭酒就擢禮部右侍郎復就轉吏部再疏請建儲且力斥三王並封之非中言中宮鍾愛元子其願早正春宮覩臣民尤切陛下以厚中宮而緩冊立殆未諒中宮心况信者國之大寶建儲一事屢示更移將使詔令不信於天下非所以重宗廟安社稷也會廷臣多諫者事竟寢尋召為吏部右侍郎力辭不拜以讚登第二十餘年在官僅滿一考居母憂不勝喪而卒贈禮部尚書謚文潔元忭嘗抗疏救御史胡涍又請進講列女傳於兩宮修二南之化皆不省萬曆十年奉使楚府還過家省母既行心動輒馳歸僅五日母卒元忭奉二親疾湯藥非口嘗弗進居喪毀瘠遵用古禮鄉人多化之服闋起故官進左諭德直經筵先是元忭以帝登極恩請復父官詔許給冠帶至是復申前請格不從元忭泣曰吾無以下見父母矣遂悒悒得疾卒天啟初追謚文恭以讚元忭自未第時讚品端志潔而元忭矩矱儼然無流入禪寂之弊元忭子汝霖江西參議汝懋御史

孟化鯉字叔龍河南新安人孟秋字子成茌平人化鯉年十六慨然以聖賢自期而秋兒時受詩至桑中諸篇

輒棄去不竟讀化鯉舉萬曆八年進士授戶部主事時相欲招致之辭不往榷稅河西務與諸生講學河西人尸祝之南畿山東大饑奉命往振全活多改吏部歷文選郎中佐尚書孫鑨黜陟名籍甚時內閣權重每銓除必先白化鯉獨否中官請託復不應以故多不悅都給事中張棟先以建言削籍化鯉奏起之忤旨奪堂官俸譴化鯉及員外郎項復弘主事姜仲軾雜職閣臣疏救命以原品調外頃之言官復交章救帝益怒奪言官俸斥化鯉等爲民既歸築書院川上與學者講習不輟四方從游者恒數百人久之卒秋舉隆慶五年進士爲昌黎知縣有善政遷大理評事去之日老稚載道泣留以職方員外郎督視山海關關政久弛奸人出入自擅秋禁之嚴中流言萬曆九年京察坐貶歸塗與妻孥共駕一牛車道旁觀者咸歎息許孚遠嘗過張秋造其廬見茆屋數椽書史狼籍其中歎曰孟我疆風味大江以南未有也我疆者秋別號也後起官刑部主事歷尚寶丞少卿卒秋既歿廷臣爲請謚者章數十上天啟初賜謚淸憲化鯉自貢入太學卽與秋道義相勗後爲吏部郎而秋官尚寶比舍居食飲起居無弗共者時人稱二孟化鯉之學得之洛陽尤時熙而秋受業於邑人張後覺時熙師曰劉魁後覺則顏鑰徐樾弟子也

來知德字矣鮮梁山人幼有至行有司舉爲孝童嘉靖三十一年舉於鄉二親相繼歿廬墓六年不飲酒茹葷服除傷不及祿養終身麻衣蔬食誓不見有司其學以致知爲本盡倫爲要所著有省覺錄省事錄理學辨疑心學晦明解諸書而周易集註一篇用功尤篤自言學莫邃於易初結廬釜山學之六年無所得後遠客求溪山中覃思者數年始悟易象又數年始悟文王序卦孔子雜卦之意又數年始悟卦變之非蓋二十九年而後書成萬曆三十年總督王象乾巡撫郭子章合詞論薦特授翰林待詔知德力辭詔以所授官致仕有司月給米三石終其身

鄧元錫字汝極南城人十五喪父水漿不入口十七行社倉法惠其鄉人已爲諸生遊邑人羅汝芳門又走吉安學於諸先達嘉靖三十四年舉於鄉復從鄒守益劉邦采劉陽諸宿儒論學後不復會試杜門著述踰三十年五經皆有成書閎深博奧學者稱潛谷先生休寧范淶知南城時重元錫後爲南昌知府萬曆十六年入覲薦元錫及劉元卿章潢於朝南京祭酒趙用賢亦請徵聘如吳與弼陳獻章故事得旨有司起送部試元錫固辭明年御史王道顯復以元錫元卿並薦且請倣祖宗徵辟故事無拘部試詔令有司問病痊可起送赴部竟不行二十一年巡按御史秦大夔復並薦二人詔以翰林待詔徵之有司敦遣上道甫離家而卒鄉人私謚文統先生元錫之學淵源王守仁不盡宗其說時心學盛行謂學惟無覺一覺卽無餘蘊九容九思四教六藝皆桎梏也元錫力排之故生平博極羣書而要歸於六經所著五經繹函史上下編皇明書並行於世元卿字調父安福人舉隆慶四年鄉試明年會試對策極陳時弊主者不敢錄張居正聞而大怒下所司申飭且令人密詗之其人反以情告乃獲免旣歸師同邑劉陽王守仁弟子也萬曆二年會試不第遂絕意科名務以求道爲事旣累被薦乃召爲國子博士擢禮部主事疏請早朝勤政又請從祀鄒守益王艮於文廟釐正外蕃朝貢舊儀尋引疾歸肆力撰述有山居草還山續草諸儒學案賢弈編思問編禮律類要大學新編諸書潢字本淸南昌人居父喪哀毀血溢搆此洗堂聯同志講學輯羣書百二十七卷曰圖書編又著周易象義詩經原體書經原始春秋竊義禮記劄言論語約言諸書從游者甚衆數被薦從吏部侍郞楊時喬請遙授順天訓導如陳獻章來知德故事有司月給米三石贈其家卒於萬曆三十六年年八十二其鄉人稱潢自少迄老口無非禮之言身無非禮之行交無非禮之友目無非禮之書乃私謚文德先生自吳與弼後元錫元卿潢並蒙薦辟號江右四君子

明史卷二百八十四　列傳第一百七十二

總裁官總理事務經筵講官少保兼太子太保保和殿大學士兼管吏部戶部尚書事加七級張廷玉等奉

敕修

儒林三

孔希學 孔彥繩 顏希惠 曾質粹
孔聞禮 孟希文 仲于陛
周冕 程接道 程克仁
張文運 邵繼祖 朱梴
朱墅

孔希學字士行先聖五十六代孫也世居曲阜祖思晦字明道仕元爲教諭有學行仁宗時以思晦襲封衍聖公卒謚文肅子克堅襲克堅字璟夫至正六年中書言衍聖公階止嘉議大夫與爵不稱乃進通奉大夫予銀印十五年有薦其明習禮樂者徵爲同知太常禮儀院事以子希學襲封克堅累遷國子祭酒二十二年克堅謝病還闕里後起集賢學士山東廉訪使皆不赴洪武元年三月徐達下濟寧克堅稱疾遣希學來見達送之京師希學奏父病不能行太祖敕諭克堅末言稱疾則不可會克堅亦來朝遇使者淮安惶恐兼程進見於謹身殿問以年對曰臣年五十有三曰爾年未邁而病嬰之今不煩爾以官爾家先聖後子孫不可不學爾子溫厚俾進學克堅頓首謝卽日賜宅一區馬一匹米二十石明日復召見命以訓厲族人因顧侍臣曰先聖後特優禮之養以祿而不任以事也十一月命希學襲封衍聖公置官屬曰掌書曰典籍曰司樂曰知印曰奏差曰書寫各一人立孔顏孟三氏敎授司敎授學錄學司各一人立尼山洙泗二書院各設山長一人復孔氏子孫及顏孟大宗子孫徭役又命其族人希大爲曲阜世襲知縣而進衍聖公秩二品階資善大夫賜之誥曰古之聖人自羲農至於文武法天治民明並日月德化之盛莫有加焉然皆隨時制宜世有因革至於孔子雖不得其位會前聖之道而通之以垂敎萬世爲帝者師其孫子思又能傳述而名言之以極其盛有國家者求其統緒尊其爵號蓋所以崇德報功也歷代以來膺襲封者或不能繩其祖武朕甚閔焉當臨馭之初訪世襲者得五十六代孫孔希學大宗是紹爰行典禮以致褒崇爾其領袖世儒益展聖道之用於當世以副朕之至望豈不偉歟希大階承事郎賜之敕三年春克堅以疾告歸道中使慰問疾篤詔給驛還家賜白金文綺舟次邳州卒六年八月希學服闋入朝命所司致廩餼從人皆有賜復勞以敕賜襲衣冠帶九月辭歸命翰林官餞於光祿寺賚白金文綺明年二月希學言先聖廟堂廊廡圮壞祭器樂器法服不備乞命有司修治先世田兵後多蕪而徵賦如故乞減免並從之自是每歲入朝班亞丞相皆加宴賚希學好讀書善隸法文詞爾雅每賓客讌集談笑揮灑爛然成章承大亂之後廟貌服物畢力修舉盡還舊觀十四年卒命守臣致祭子訥字言伯十七年正月襲封命禮官以敎坊樂導送至國學學官率諸生二千餘人迎於成賢街自後每歲入覲給符乘傳帝旣革丞相官遂令班文臣首訥性恭謹處宗黨有恩建文二年卒子公鑑襲公鑑字昭文有孝行嗣爵二年卒成祖卽位遣使致祭子彥縉字朝紳永樂八年襲甫十歲命肄業國學久之遣歸十五年修闕里文廟成御製碑文勒石仁宗踐阼彥縉來朝仁宗語侍臣曰外蕃貢使皆有公館衍聖公假館民間非崇儒重道意遂賜宅東安門外宣德四年彥縉將遣使福建市書㕘禮部部臣以聞命市與之已奏闕里雅樂及樂舞生冠服敝壞詔所司修治景泰元年帝幸學彥縉率三氏子孫觀禮賜坐彝倫堂聽講幸學必先期召衍聖公自此始彥縉幼孤能自立然與族人不睦景泰六年族祖克昫等與彥縉相訐帝置不問彥縉子承慶先卒孫弘緒字以敬甫八歲而彥縉卒妾江訴弘緒幼弱爲族人所侵詔遣禮部郎爲治喪而命其族父公恂理家事驛召弘緒至京襲封賜玉帶金印簡敎授一人課其學英宗復辟入賀朝見便殿握其手置膝上語良久弘緒纔十歲進止有儀帝甚悅每歲入賀聖壽帝聞其賜第湫隘以大第易之凡南城賞花西苑較射皆與焉公恂字宗文景泰五年舉會試聞母疾不赴廷對帝問禮部得其故遣使召之日且午不及備試卷命翰林院給筆札登第卽丁母憂歸天順初授禮科給事中大學士李賢言公恂至聖後賛善司馬恂宋大賢溫國公光後宜輔導太子帝喜同日超拜少詹事侍東宮講讀入語孝肅皇后曰吾今日得聖賢子孫爲汝子傅孝肅皇后者憲宗生母方以皇貴妃有寵於是具冠服拜謝宮中傳爲盛事云成化初以言事謫漢陽知府未至丁父憂服闋還故秩莅南京詹事府久之卒弘緒少貴又恃婦翁大學士李賢多過舉成化五年被劾按治奪爵爲庶人令其弟弘泰襲弘泰歿爵仍歸弘緒子弘泰字以和旣嗣爵弘治十一年山東按臣言弘緒遷善改行命復冠帶明年六月聖殿災弘泰方在朝弘緒率子弟奔救素服哭廟蔬食百日弘泰還亦齋哭如居喪弘泰生七月而孤奉母孝與弘緒友愛無間言十六年卒弘緒子聞韶襲聞韶字知德明年新廟建規制踰舊遣大學士李東陽祭告御製碑文勒石正德三年以尼山洙泗二書院及鄒縣子思子廟各有祀事奏請弟聞禮主之帝授聞禮五經博士主子思子祀事世以衍聖公弟爲之兩書院各設學錄一人薦族之賢者充焉六年山東盜起聞韶與巡撫趙璜請城闕里遷曲阜縣治以衞廟不果行嘉靖二十五年聞韶卒子貞幹襲貞幹字用濟三十五年入朝卒子尙賢襲尙賢字象之巡撫丁以忠言尙賢沖年宜如弘泰例國學肄業從之萬曆九年庶母郭氏訐尙賢帝爲革供奉女樂二十六戶令三歲一朝十七年尙賢仍

請比歲入賀許之尙賢博識天啓元年卒子蔭椿先卒無嗣從弟子蔭植襲蔭植字對寰祖貞寧衍聖公貞幹弟也仕爲五經博士父尙坦國學生追封衍聖公蔭植先爲博士尙賢旣喪子遂育爲嗣天啓四年以覃恩加太子太保崇禎元年加太子太傅

孔彥繩字朝武衢州西安人先聖五十九代孫也宋建炎中衍聖公端友扈蹕南渡因家衢州高宗命以州學爲家廟賜田五頃以奉祭祀五傳至洙元至元間命歸曲阜襲封洙讓爵曲阜之弟治弘治十八年衢州知府沈杰奏言衢州聖廟自孔洙讓爵之後衣冠禮儀猥同氓庶今訪得洙之六世孫彥繩請授以官俾主祀事又言其先世祭田洪武初輕則起科後改徵重稅請仍改輕以供祀費帝可之正德元年授彥繩翰林院五經博士子孫世襲幷減其祭田之稅彥繩卒子承美字永實十四年襲卒子弘章字以達嘉靖二十六年襲卒子闓音字知政萬曆五年襲卒子貞運字用行四十三年襲時以在曲阜者爲孔氏北宗在西安者爲南宗云

顏希惠復聖五十九代孫也洪武初以顏子五十七代孫池爲宣德府學教授十五年改三氏學教授以奉祀事池字德裕子拳字克膺拳子希仁字士元景泰三年詔以顏孟子孫長而賢者各一人至京官之其年希仁爲巡按御史顧曜所劾詔黜希仁召希惠以爲翰林院五經博士未幾以希惠非嫡子仍以希仁長子議爲之議字定伯成化元年賜第京師入覲馳驛以爲常議卒子鉉字宗器十八年襲卒子重德字尙本正德二年襲卒子從祖字守嗣襲卒無子嘉靖四十一年以從祖從父重禮之長子肇先爲嗣肇先字啓源卒子嗣愼字用修襲卒長子尹宗先卒次子尹祚字永錫萬曆年襲尹祚爲人博學好義尹宗之子伯貞旣長遂以其職讓之伯貞字叔節二十七年襲卒子幼弟伯廉字叔清三十四年襲卒子紹緒崇禎十四年襲

曾質粹字好古吉安永豐人宗聖五十九代孫也其先都鄉侯據避新莽之亂徙家豫章子孫散居撫吉諸郡間成化初山東守臣上言嘉祥縣南武山西南元寨山之東麓有漁者陷入穴中得懸棺碣曰曾參之墓詔加修築正德間山東僉事錢鉉訪得曾子之後一人于嘉祥山中未幾而沒嘉靖十二年以學士顧鼎臣言詔求嫡嗣於是江西撫按以質粹名聞命回嘉祥以衣巾奉祀十八年授翰林院五經博士子孫世襲三十九年卒子昊未襲卒昊子繼祖字繩之少病目江西族人袞謀奪其職爲給事中劉不息御史劉光國所糾於是罷袞官而繼祖仍主祀事卒子承業字洪福萬曆五年襲卒子弘毅字泰東崇禎元年襲卒子聞達字象輿十四年襲

孔聞禮字知節衍聖公聞韶弟也正德元年詔授翰林院五經博士以奉述聖祀事自後世以衍聖公弟爲之聞禮卒嘉靖二十五年貞寧字用致襲卒萬曆二十二年蔭桂襲卒天啓二年蔭隆襲卒八年尙達襲卒崇禎十年蔭相襲卒十四年蔭錫襲卒十六年蔭鈺襲

孟希文字士煥亞聖五十六代孫也洪武元年詔以孟子五十四代孫思諒奉祀世復其家思諒字友道子克仁字信夫克仁子希文景泰三年授希文翰林院五經博士子孫世襲卒子元字長伯弘治二年襲卒子公榮幼嘉靖二年以元弟亨之子公肇襲公肇字先文少好學事繼母孔氏以孝聞卒十二年仍以公榮襲公榮字彙文卒子彥璞字朝璽隆慶元年襲卒子承光萬曆二十九年襲卒子弘譽天啓三年襲卒子聞玉崇禎二年襲

仲于陛先賢仲子六十二代孫也萬曆十五年詔以仲子五十九代孫呂爲奉祀呂子銓銓子則顯則顯子于陛崇禎十六年以衍聖公孔蔭植言詔授于陛翰林院五經博士子孫世襲賜泗水縣濟寧州田六十餘頃廟戶三十一以奉其祭祀焉

周冕先賢元公周子十二代孫也其先道州人熙寧中周子葬母江州子孫因家廬山蓮花峯下景泰七年授冕翰林院五經博士子孫世襲還鄉以奉周子祀事卒子繡麟襲卒子道襲卒子聯芳襲卒子濟襲卒從弟汝忠襲卒子蓮應襲

程接道先賢正公程子後也宋淳熙間純公程子五世孫有居江寧者嘗主金陵書院祀事卒以名幼學者承之明初失傳崇禎三年河南巡按李日宣請以正公之後爲之嗣詔許之遂以接道爲翰林院五經博士子孫世襲十四年土賊于大忠作亂接道力拒死之

程克仁先賢正公程子十七代孫也世居嵩縣之六渾景泰六年授翰林院五經博士子孫世襲以奉程子祀事卒子繼祖襲卒仲子世有襲卒子心傳襲心傳莊重寡言爲鄉黨所稱卒弟宗益襲卒從子佳引襲卒從弟佳祚襲崇禎十四年爲土賊于大忠所殺

張文運郿人先賢明公張子十四代孫也天啓二年授翰林院五經博士子孫世襲以奉張子祀事崇禎三年卒子承引以父憂未襲六年卒子元祥本朝康熙元年襲

邵繼祖洛陽人先賢康節公邵子二十七代孫也崇禎三年河南巡按吳甡請以繼祖爲翰林院五經博士子孫世襲以奉邵子祀事詔從之卒子養醇襲

朱梴字孟齡先賢文公朱子九世孫也世居福建建安縣之紫霞洲景泰六年授翰林院五經博士子孫世襲以奉朱子祀事梴爲人淳謹言動有則卒子燉字孔暉襲燉以事入都中途遇盜未幾有遺金道上者燉守之以還其人人稱其廉介卒子墅字元厚襲卒子鎏襲卒子法字兆祖襲法爲人孝友卒子楗字士啓襲卒子瑩字惟玉襲卒子之儁字喬之襲

朱墅先賢文公朱子十一世孫也正德間給事中戴銑汪元錫御史王完等相繼言朱子繼孔子者也孔子之後有曲阜西安朱子之後亦有建安婺源今建安恩典已隆在婺源者請依闕里之例錄其子孫一人量授以官俾掌祠事詔許之嘉靖二年授墅翰林院五經博士三十八年以本學訓導席端言令其世襲墅卒子鎬襲卒子德洪襲卒子邦相襲卒子煜襲卒子坤襲

明史卷二百八十五　列傳第一百七十三

總裁官總理事務經筵講官少保兼太子太保保和殿大學士兼管吏部戶部尚書事加六級張廷玉等奉敕修

文苑

明初文學之士承元季虞柳黃吳之後師友講貫學有本原宋濂王禕方孝孺以文雄高楊張徐劉基袁凱以詩著其他勝代遺逸風流標映不可指數蓋蔚然稱盛已永宣以還作者遞興皆沖融演迤不事鉤棘而氣體漸弱弘正之間李東陽出入宋元溯流唐代擅聲館閣而李夢陽何景明倡言復古文自西京詩自中唐而下一切吐棄操觚談藝之士翕然宗之明之詩文於斯一變迨嘉靖時王愼中唐順之輩文宗歐曾詩倣初唐李攀龍王世貞輩文主秦漢詩規盛唐王李之持論大率與夢陽景明相倡和也歸有光頗後出以司馬歐陽自命力排李何王李而徐渭湯顯祖袁宏道鍾惺之屬亦各爭鳴一時於是宗李何王李者稍衰至啓禎時錢謙益艾南英準北宋之矩矱張溥陳子龍擷東漢之芳華又一變矣有明一代文士卓卓表見者其源流大抵如此今博考諸家之集參以衆論錄其著者作文苑傳

楊維楨（陸居仁　錢惟善）　胡翰
蘇伯衡　王冕（郭奎　劉炳）
戴良（王逢　丁鶴年）　危素
張以寧（石光霽　秦裕伯）　趙壎（宋僖等）
徐一夔　趙撝謙（樂良等）
陶宗儀（顧德輝等）　袁凱
高啓（楊基等）　王行（唐肅　宋克等）
孫蕡（王佐等）　王蒙（郭傳）

楊維楨字廉夫山陰人母李夢月中金錢墜懷而生維楨少時日記書數千言父宏築樓鐵崖山中繞樓植梅百株聚書數萬卷去其梯俾誦讀樓上者五年因自號鐵崖元泰定四年成進士署天台尹改錢清場鹽司令狷直忤物十年不調會修遼金宋三史成維楨著正統辯千餘言總裁官歐陽元功讀且嘆曰百年後公論定於此矣將薦之而不果轉建德路總管府推官擢江西儒學提舉未上會兵亂避地富春山徙錢塘張士誠累招之不赴遣其弟士信咨訪之因摭五論具書復士誠反覆告以順逆成敗之說士誠不能用也又忤達識丞相徙居松江之上海內薦紳大夫與東南才俊之士造門納屨無虛日酒酣以往筆墨橫飛或戴華陽巾披羽衣坐船屋上吹鐵笛作梅花弄或呼侍兒歌白雪之辭自倚鳳琶和之賓客皆蹁躚起舞以爲神仙中人洪武二年太祖召諸儒纂禮樂書以維楨前朝老文學遣翰林詹同奉幣詣門維楨謝曰豈有老婦將就木而再理嫁者邪明年復遣有司敦促賦老客婦謠一章進御曰皇帝竭吾之能不強吾所不能則可否則有蹈海死耳帝許之賜安車詣闕廷留百有一十日所纂敍例畧定即乞骸骨帝成其志仍給安車還山史館冑監之士祖帳西門外宋濂贈之詩曰不受君王五色詔白衣宣至白衣還蓋高之也抵家卒年七十五維楨詩名擅一時號鐵崖體與永嘉李孝光茅山張羽錫山倪瓚崑山顧瑛爲詩文友碧桃叟釋臻知歸叟釋現淸容叟釋信爲方外友張雨稱其古樂府出入少陵二李間有曠世金石聲宋濂稱其論撰如覩商敦周彝雲雷成文而寒芒橫逸詩震蕩陵厲鬼設神施尤號名家云維楨徙松江時與華亭陸居仁及僑居錢惟善相倡和惟善字思復錢塘人至正元年省試羅剎江賦時鎖院三千人獨惟善據枚乘七發辨錢塘江爲曲江由是得名號曲江居士官副提舉張士誠據吳遂不仕居仁字宅之中泰定三年鄉試隱居教授自號雲松野衲兩人旣歿與維楨同葬干山人目爲三高士墓

胡翰字仲申金華人幼聰穎異常兒七歲時道拾遺金坐守待其人還之長從蘭谿吳師道浦江吳萊學古文復登同邑許謙之門同郡黃溍柳貫以文章名天下見翰文稱之不容口游元都公卿交譽之與武威余闕宣城貢師泰尤善或勸之仕不應既歸遭天下大亂避地南華山著書自適文章與宋濂王禕相上下太祖下金華召見命與許元等會食中書省後侍臣復有薦翰者召至金陵時方籍金華民爲兵翰從容進曰金華人多業儒鮮習兵籍之徒糜餉耳太祖即罷之授衢州教授洪武初聘修元史書成受賚歸愛北山泉石卜築其下徜徉十數年而終年七十有五所著有春秋集義文曰胡仲子集詩曰長山先生集

蘇伯衡字平仲金華人宋門下侍郎轍之裔也父友龍受業許謙之門官蕭山令行省都事明師下浙東坐長子仕閩謫徙滁州李善長奏官之力辭歸伯衡警敏絕倫博洽群籍爲古文有聲元末貢於鄉太祖置禮賢館伯衡與焉歲丙午用爲國子學錄遷學正被薦召見擢翰林編修力辭乞省覲歸洪武十年學士宋濂致仕太祖問誰可代者濂對曰伯衡臣鄉人學博行修文詞蔚贍有法太祖即徵之入見復以疾辭賜衣鈔而還二十一年聘主會試事竣復辭還尋爲處州教授坐表箋誤下吏死二子恬怡救父并被刑

王冕字元章諸暨人幼貧父使牧牛竊入學舍聽諸生誦書暮乃返亡其牛父怒撻之已而復然母曰兒癡如此曷不聽其所爲冕因去依僧寺夜坐佛膝上映長明燈讀書會稽韓性聞而異之錄爲弟子遂稱通儒性卒門人事冕如事性屢應舉不中棄去北游燕都客祕書卿泰不花家擬以館職薦力辭不就既歸每大言天下將亂攜妻孥隱九里山樹梅千株桃杏半之自號梅花屋主善畫梅求者踵至以幅長短爲得米之差嘗倣周官著書一卷日持此遇明主伊呂事業不難致也太祖下婺州物色得之置幕府授諮議參軍一夕病卒同時郭奎鎦炳皆早參戎幕以詩名奎字子章巢縣人從余闕學治經闕亟稱之太祖爲吳國公來歸從事幕府朱文正開大都督府於南昌命奎參其軍事文正得罪奎坐誅炳字彥昺鄱陽人至正中從軍於浙太祖起淮南獻書言事用爲中書典籤洪武初從事大都督府出爲知縣閱兩考以病告歸久之卒

戴良字叔能浦江人通經史百家暨醫卜釋老之說學古文於黃溍柳貫吳萊貫卒經紀其家太祖初定金華命與胡翰等十二人會食省中日二人更番講經史陳治道明年用良爲學正與宋濂葉儀輩訓諸生太祖既旋師良忽棄官逸去辛丑元順帝用薦者言授良江北行省儒學提舉良見時事不可爲避地吳中依張士誠久之見士誠將敗挈家泛海抵登萊欲間行歸擴廓軍道梗寓昌樂數年洪武六年始南還變姓名隱四明山太祖物色得之十五年召至京師試以文命居會同館日給大官膳欲官之以老疾固辭忤旨明年四月暴卒蓋自裁也元亡後惟良與王逢不忘故主每形於歌詩故卒不獲其死云良世居金華九靈山下自號九靈山人逢字原吉江陰人至正中作河清頌臺臣薦之稱疾辭張士誠據吳其弟士德用逢策北降於元以拒明太祖滅士誠欲辟用之堅臥不起隱上海之烏涇歌咏自適洪武十五年以文學徵有司敦迫上道時子掖爲通事司令以父年高叩頭泣請乃命吏部符止之又六年卒年七十有梧溪詩集七卷逢自稱席帽山人時又有丁鶴年者回回人曾祖阿老丁與弟烏馬兒皆巨商元世祖征西域軍乏饟老丁杖策軍門盡以貲獻論功賜田宅京師奉朝請烏馬兒累官甘肅行省左丞父職馬祿丁以世廕爲武昌縣達魯花赤有惠政解官留葬其地至正壬辰武昌被兵鶴年年十八奉母走鎮江母歿鹽酪不入口者五年避地四明方國珍據浙東最忌色目人鶴年轉徙逃匿爲童子師或寄僧舍賣漿自給及海內大定牒請還武昌而生母已道阻前死瘞東村廢宅中鶴年慟哭行求母告以夢乃齧血沁骨斂而葬焉烏斯道爲作丁孝子傳鶴年自以家世仕元不忘故國順帝北遁後飲泣賦詩情詞悽惻晚學浮屠法廬居父墓以永樂中卒鶴年好學洽聞精詩律楚昭莊二王咸禮敬之正統中憲王刻其遺文行世

危素字太樸金谿人唐撫州刺史全諷之後少通五經遊吳澄范梈門至正元年用大臣薦授經筵檢討修宋遼金三史及注爾雅成賜金及宮人不受由國子助教遷翰林編修纂后妃等傳事逸無據素買餳餅饋宦寺叩之得實乃筆諸書卒爲全史遷太常博士兵部員外郎監察御史工部侍郎轉大司農丞禮部尚書時亂將亟素每抗論得失十八年參中書省事請專任平章定住總西方兵毋迎帝師悞軍事用普顏不花爲參政經略江南立兵農宣撫使司以安畿內任賢守令以撫流竄之民且曰今日之事宜臥薪嘗膽力圖中興尋進御史臺治書侍御史二十年拜參知政事俄除翰林學士承旨出爲嶺北行省左丞言事不報棄官居房山素爲人侃直數有建白敢任事上都宮殿火敕重建大安睿思二閣素諫止之請親祀南郊築北郊以斥合祭之失因進講陳民間疾苦詔爲發錢粟振河南永平民淮南兵亂素往廉問假便宜發楮幣振維揚京口饑居房山者四年明師將抵燕淮王帖木兒不花監國起爲承旨如故素甫至而師入乃趨所居報恩寺入井寺僧大梓力挽起之曰國史非公莫知公死是死國史也素遂止兵迫史庫往告鎮撫吳勉輩出之元實錄得無失洪武二年授翰林侍講學士數訪以元興亡之故且詔撰皇陵碑文皆稱旨頃之坐失朝被劾罷居一歲復故官兼弘文館學士賜小車免朝謁嘗偕諸學士賜宴屢遣內官勸之酒御製詩一章以示恩寵命各以詩進素詩最後成帝獨覽而善之曰素老成有先憂之意時素已七十餘矣御史王著等論素亡國之臣不宜列侍從詔謫居和州守余闕廟歲餘卒先是至元間西僧嗣古妙高欲毀宋會稽諸陵夏人楊輦真珈爲江南總攝悉掘徽宗以下諸陵攫取金寶裒帝后遺骨瘞於杭之故宮築浮屠其上名曰鎮南以示厭勝又截理宗顱骨爲飲器真珈敗其資皆籍於官顱骨亦入宣政院以賜所謂帝師者素在翰林時宴見備言始末帝歎息良久命北平守將購得顱骨於西僧汝納所諭有司厝於高坐寺西北其明年紹興以永穆陵圖來獻遂敕葬故陵實自素發之云

張以寧字志道古田人父一清元福建江西行省參知政事以寧年八歲或訟其伯父於縣繫獄以寧詣縣伸理尹異之命賦琴堂詩立就伯父得釋以寧用是知名泰定中以春秋舉進士由黃巖判官進六合尹坐事免官滯留江淮者十年順帝徵爲國子助教累至翰林侍讀學士知制誥在朝宿儒虞集歐陽元揭傒斯黃溍之屬相繼物故以寧有俊才博學強記擅名於時人呼小張學士明師取元都與危素等皆赴京奏對稱旨復授侍講學士特被寵遇帝嘗登鍾山以寧與朱升秦裕伯等扈從擁翠亭給筆札賦詩洪武二年秋奉使安南封其主陳日煃爲國王御製詩一章遣之甫抵境而日煃卒國人乞以印詔授其世子以寧不聽留居洱江上諭世子告哀於朝且請襲爵既得命俟後使者林唐臣至然後入境將事事竣教世子服三年喪令其國人效中國行頓首稽首禮天子聞而嘉之賜璽書比諸陸賈馬援再賜御製詩八章及還道卒詔有司歸其柩所在致祭以寧爲人潔清不營財產奉使往還襆被外無他物本以春秋致高第故所學尤專春秋多所自得譔胡傳辨疑最辨博惟春王正月考未就寓安南踰半歲始卒業元故官來京者素及以寧名尤重素長於史以寧長於經素宋元史稾俱失傳而以寧春秋學遂行門人石光霽字仲濂泰州人讀書五行俱下洪武十三年以明經舉授國子學正進博士作春秋鈎元能傳以寧之學裕伯字景容大名人仕元累官至福建行省郎中遭世亂棄官客揚州久之復避地上海居母喪盡禮張士誠據姑蘇遣人招之拒不納吳元年太祖命中書省檄起之裕伯對使者曰食元祿二十餘年而背之不忠也母喪未終忘哀而出不孝也乃上中書省固辭洪武元年復徵稱病不出帝乃手書諭之曰海濱民好鬭裕伯智謀之士而居此地堅守不起恐有後悔裕伯拜書涕泗橫流不得已偕使者入朝授侍讀學士固辭不允與張以寧等扈從登鍾山擁翠亭給筆札賦詩甚見寵待二年改待制旋爲治書侍御史三年始詔設科取士以裕伯與御史中丞劉基爲京畿主考官裕伯博辨善論說占奏悉當帝意帝數稱之出知隴州卒於官

趙壎字伯友新喻人好學工屬文元至正中舉於鄉爲上猶教諭洪武二年太祖詔修元史命左丞相李善長爲監修官前起居注宋濂漳州府通判王禕爲總裁官徵山林遺逸之士汪克寬胡翰宋僖陶凱陳基曾魯高啟趙汸張文海徐尊生黃篪傅恕王錡傅著謝徽爲纂修官而壎與焉以是年二月開局天界寺取元經世大典諸書用資參考至八月成諸儒並賜賚遣歸而順帝一朝史猶未備乃命儒士歐陽佑等往北平采遺事明年二月還朝重開史局仍以宋濂王禕爲總裁徵四方文學士朱右貝瓊朱廉王彝張孟兼高遜志李懋李汶張宣張簡杜寅殷弼俞寅及壎爲纂修官先後纂修三十人兩局並與者壎一人而已閱六月書成諸儒多授官惟壎及朱右朱濂不受歸尋召修日曆授翰林編修高麗遣使朝貢賜宴樂作使者以國喪辭壎進曰小國之喪不廢大國之禮太祖甚悅命與宋濂同職史館濂兄事之嘗奉詔撰甘露頌太祖稱善出爲靖江王府長史卒始與壎同纂修者汪克寬陶凱曾魯高啟趙汸貝瓊高遜志並有傳今自宋僖以下可考者附著於篇宋僖字無逸餘姚人元繁昌教諭遭亂歸史事竣命典福建鄉試陳基字敬初臨海人少與兄聚受業於義烏黃溍從溍游京師授經筵檢討嘗爲人草諫章力陳順帝

並后之失順帝欲罪之引避歸里已奉母入吳參太尉張士誠軍事士誠稱王基獨諫止欲殺之不果吳平召修元史賜金而還洪武三年冬卒初士誠與太祖相持基在其幕府書檄多指斥及吳亡吳臣多見誅基獨免世所傳夷白集其指斥之文猶備列云張文海鄞人與同里傅恕並入史館徐尊生字大年淳安人元史成受賜歸復同修日曆後以宋濂薦授翰林應奉文字草制悉稱旨尋以老疾辭還傅恕字如心鄞人學通經史與同郡烏斯道鄭眞皆有文名洪武二年詣闕陳治道十二策曰正朝廷重守令馭外蕃增祿秩均民田更法役黜異端易服制典學校愼選舉罷榷鹽停榷茶太祖嘉納之遂命修元史事竣授博野知縣後坐累死斯道字繼善慈谿人與兄本良俱有學行洪武中斯道被薦授石龍知縣調永新坐事謫役定遠放還卒斯道工古文兼精書法子緝亦善詩文洪武四年舉鄉試第一授臨淮教諭入見賜之宴賦詩稱旨除廣信教授自號榮陽外史傅著字則明長洲人史成歸爲常熟教諭魏觀行鄉飲酒禮長洲教諭周敏侍其父南老著侍其父玉皆降而北面立觀禮者以爲盛事焉歷官知府卒謝徽字元懿長洲人史成授翰林國史院編修尋擢吏部郎中力辭不拜歸復起國子助教卒徽博學工詩文與同邑高啟齊名弟恭字元功亦能詩朱右字伯賢臨海人史成辭歸已徵修日曆寶訓授翰林編修遷晉府右長史九年卒官朱廉字伯清義烏人幼力學從黃溍學古文知府王宗顯辟敎郡學李文忠鎭嚴州延爲釣臺書院山長洪武初元史成不受官歸尋徵修日曆除翰林編修八年扈駕中都進詩十章太祖稱善爲和六章賜之已而授楚王經遷楚府右長史久之辭疾歸廉好程朱之學嘗取朱子語類摘其精義名曰理學纂言王彝字常宗其先蜀人父爲崑山教授遂卜居嘉定少孤貧讀書天台山中師事王貞文得蘭谿金履祥之傳學有端緒嘗著論力詆楊維楨目爲文妖元史成賜銀幣還又以薦入翰林母老乞歸坐知府魏觀事與高啟俱被殺張孟兼浦江人名丁以字行史成授國子學錄歷禮部主事太常司丞劉基嘗爲太祖言今天下文章宋濂第一其次卽臣基又次卽孟兼太祖頷之孟兼性傲嘗坐累謫輸作已復官太祖顧孟兼謂濂曰卿門人耶濂對非門人乃邑子也其爲文有才臣劉基嘗稱之太祖熟視孟兼曰生骨相薄仕宦徐徐乃可耳未幾用爲山西僉事廉勁疾惡糾擿奸猾令相牽引每事輒株連數十人吏民聞張僉事行部凜然墮膽聲聞於朝擢山東副使布政使吳印者僧也太祖驟貴之寵眷甚孟兼易之印謁孟兼由中門入孟兼杖守門卒已又以他事與相牴太祖先入印言逮笞孟兼孟兼憤捕爲印書奏者欲論以罪印復上書言狀太祖大怒曰豎儒與我抗邪械至闕下命棄市李汶字宗茂當塗人博學多才史成除巴東知縣移南和晚年歸里以經學訓後進張宣字藻重江陰人洪武初以考禮徵尋預修元史太祖親書其名召對殿廷卽日授翰林編修呼爲小秀才奉詔歸娶年已三十矣六年坐事謫徙濠梁道卒張簡字仲簡吳縣人初師張雨爲道士隱居鴻山元季兵亂以母老歸養遂返儒服洪武三年薦修元史當元季浙東西士大夫以文墨相尙每歲必聯詩社聘一二文章鉅公主之四方名士畢至讌賞窮日夜詩勝者輒有厚贈臨川饒介爲元淮南行省參政豪於詩自號醉樵嘗大集諸名士賦醉樵歌簡詩第一贈黃金一餅高啟次之得白金三斤楊基又次之猶贈一鎰杜寅字彥正吳縣人史成官岐寧衞知事洪武八年番賊旣降復叛寅與經歷熊鼎俱被害

徐一夔字大章天台人工文與義烏王禕善洪武二年八月詔纂修禮書一夔及儒士梁寅劉于曾魯周子諒胡行簡劉宗弼董彝蔡深滕公琰並與焉明年書成將續修元史禕方爲總裁官以一夔薦一夔遺書曰邇者縣令傳命言朝廷以續修元史見徵且云執事謂僕善敘事薦之當路私心竊怪執事何惓惓於不材多病之人也僕素謂執事知我今自審終不能副執事之望何也近世論史者莫過於日曆日曆者史之根柢也自唐長壽中史官姚璹奏請撰時政記元和中韋執誼又奏撰日曆日曆以事繫日以日繫月以月繫時以時繫年猶有春秋遺意至於起居注之說亦專以甲子起例蓋紀事之法無踰此也往宋極重史事日曆之修諸司必關白如詔誥則三省必書兵機邊務則樞司必報百官之進退刑賞之予奪臺諫之論列給舍之繳駁經筵之論答臣僚之轉對侍從之直前啟事中外之囊封匭奏下至錢穀甲兵獄訟造作凡有關政體者無不隨日以錄猶患其出於吏牘或有訛失故歐陽修奏請宰相監修者於歲終檢點修撰官日所錄事有失職者罰之如此則日曆不至訛失他時會要之修取於此實錄之修取於此百年之後紀志列傳取於此此宋氏之史所以爲精確也元朝則不然不置日曆不置起居注獨中書置時政科遣一文學掾掌之以事付史館及一帝崩則國史院據所付修實錄而已其於史事固甚疏畧幸而天曆間虞集倣六典法纂經世大典一代典章文物粗備是以前局之史旣有十三朝實錄又有此書可以參稽而一時纂修諸公如胡仲申陶中立趙伯友趙子常徐大年輩皆有史才史學廑而成書至若順帝三十六年之事旣無實錄可據又無參稽之書惟憑采訪以足成之竊恐事未必覈也言未必馴也首尾未必穿貫也而向之數公或受官或還山復各散去乃欲以不材多病如僕者承之於後僕雖欲仰副執事之望曷以哉謹奉狀左右乞賜矜察一夔遂不至未幾用薦署杭州敎授召修大明日曆書成將授翰林院官以足疾辭賜文綺遣還

趙撝謙名古則更名謙餘姚人幼孤貧寄食山寺與朱右謝肅徐一夔輩定文字交天台鄭四表善易則從之受易定海樂良鄞鄭眞明春秋山陰趙俶長於說詩迮雨善樂府廣陵張昱工歌詩無爲吳志淳華亭朱芾工草書篆隸撝謙悉與爲友博究六經百氏之學尤精六書作六書本義復作聲音文字通時目爲考古先生洪武十二年命詞臣修正韻撝謙年二十有八應聘入京師授中都國子監典簿久之以薦召爲瓊山縣學教諭二十八年卒於番禺其後門人柴欽字廣敬以庶吉士與修永樂大典進言其師所撰聲音文字通當采錄遂奉命馳傳卽其家取之樂良字季本迮雨字士霖趙俶字本初洪武中官國子監博士以年老乞歸加翰林待制張昱字光弼廬陵人仕元爲江浙行省左右司員外郎行樞密院判官留居西湖壽安坊貧無以葺廬酒間爲瞿佑誦所作詩笑曰我死埋骨湖上題曰詩人張員外墓足矣太祖徵至京憫其老曰可閒矣厚賜遣還乃自號可閒老人年八十三卒吳志淳字主一元末知靖安都昌二縣奏除待制翰林爲權倖所阻避兵於鄞朱芾字孟辨洪武初官編修改中書舍人

陶宗儀字九成黃巖人父煜元福建江西行樞密院都事宗儀少試有司一不中卽棄去務古學無所不窺出游浙東西師事張翥李孝光杜本爲詩文咸有程度尤刻志字學習舅氏趙雍篆法浙帥泰不華南臺御史丑驢舉爲行人又辟爲教官皆不就張士誠據吳署爲軍諮亦不赴洪武四年詔徵天下儒士六年命有司舉人才皆及宗儀引疾不赴晚歲有司聘爲教官非其志也二十九年率諸生赴禮部試讀大誥賜鈔歸久之卒所著有輟耕錄三十卷又葺說郛書史會要四書備遺並傳於世顧德輝字仲瑛崑山人家世素封輕財結客豪宕自喜年三十始折節讀書購古書名畫彝鼎祕玩築別業於茜涇西曰玉山佳處晨夕與客置酒賦詩其中四方文學士河東張翥會稽楊維楨天台柯九思永嘉李孝光方外士張雨于彥成琦元璞輩咸主其家園池亭榭之盛圖史之富暨餼館聲伎並冠絕一時而德輝才情妙麗與諸名士亦畧相當嘗舉茂才授會稽敎諭辟行省屬官皆不就張士誠據吳欲彊以官去隱於嘉興之合溪尋以子元臣爲元水軍副都萬戶封德輝武畧將軍飛騎尉錢塘縣男母喪歸綽溪士誠再辟之遂斷髮廬墓自號金粟道人及吳平父子並徙濠梁洪武二年卒士誠之據吳也頗收召知名士東南士避兵於吳者依焉孫作字大雅江陰人爲文醇正典雅動有據依嘗著書十二篇號東家子宋濂爲作東家子傳元季挈家避兵於吳盡棄他物獨載書兩簏士誠廩祿之旋以母病謝去客松江衆爲買田築室居焉洪武六年聘修大明日曆授翰林編修乞改太平府敎授召爲國子助教尋分教中都踰年還國學擢授司業歸卒於家元末文人最盛其以詞學知名者又有張憲周砥高明藍仁之屬張憲字思廉山陰人學詩於楊維楨最爲所許負才不羈嘗走京師恣言天下事衆駭其狂還入富春山混緇流以自放一日升高呼所親語曰禍至矣亟去三日而寇至死者五百家後仕張士誠爲樞密院都事吳平變姓名寄食杭州報國寺以歿周砥字履道吳人僑無錫博學工文詞與宜興馬治善遭亂客治家治爲具舟車盡窮陽羨山溪之勝其鄉多富人與治善者咸置酒招砥砥心厭之一日貽書別治夜半遁去游會稽歿於兵治字孝常亦能詩洪武時爲內邱知縣終建昌知府高明字則誠永嘉人至正五年進士授處州錄事辟行省掾方國珍叛省臣以明諳海濱事擇以自從與論事不合及國珍就撫欲留置幕下卽日解官旅寓鄞之櫟社太祖聞其名召之以老疾辭還卒於家藍仁字靜之弟智字明之崇安人元時清江杜本隱武夷崇尙古學仁兄弟俱往師之授以四明任士林詩法遂謝科舉一意爲詩後辟武夷書院山長遷邵武尉不赴內附後例徙濠梁數月放歸卒智洪武十年被薦起家廣西僉事著廉聲

袁凱字景文松江華亭人元末爲府吏博學有才辨議論飆發往往屈座人洪武三年薦授御史武臣恃功驕

恣得罪者漸衆凱上言諸將習兵事恐未悉君臣禮請於都督府延通經學古之士令諸武臣赴都堂聽講庶得保族全身之道帝敕臺省延名士直午門爲諸將說書後帝慮囚畢命凱送皇太子覆訊多所矜減凱還報帝問朕與太子孰是凱頓首言陛下法之正東宮心之慈帝以凱老猾持兩端惡之凱懼佯狂免告歸久之以壽終凱工詩有盛名性詼諧自號海叟背戴烏巾倒騎黑牛游行九峰間好事者至繪爲圖初在楊維楨座客出所賦白燕詩凱微笑別作一篇以獻維楨大驚賞徧示座客人遂呼袁白燕云

高啓字季迪長洲人博學工詩張士誠據吳啓依外家居吳淞江之青邱洪武初被薦偕同縣謝徽召修元史授翰林院國史編修官復命教授諸王三年秋帝御闕樓啓徽俱入對擢啓戶部右侍郎徽吏部郎中啓自陳年少不敢當重任徽亦固辭乃見許已並賜白金放還啓嘗賦詩有所諷刺帝嗛之未發也及歸居青邱授書自給知府魏觀爲移其家郡中旦夕延見甚歡觀以改修府治獲譴帝見啓所作上梁文因發怒腰斬於市年三十有九明初吳下多詩人啓與楊基張羽徐賁稱四傑以配唐王楊盧駱云基字孟載其先蜀嘉州人祖宦吳中生基遂家焉九歲背誦六經及長著書十萬餘言名曰論鑒遭亂隱吳之赤山張士誠辟爲丞相府記室未幾辭去客饒介所明師下平江基以饒氏客安置臨濠旋徙河南洪武二年放歸尋起爲滎陽知縣謫居鍾離被薦爲江西行省幕官以省臣得罪落職六年起官奉使湖廣召還授兵部員外郎遷山西副使進按察使被讒奪官謫輸作竟卒於工所初會稽楊維楨客吳中以詩自豪基於座上賦鐵笛歌維楨驚喜與俱東語從游者曰吾在吳又得一鐵矣若曹就之學優於老鐵學也張羽字來儀後以字行本潯陽人從父宦江浙兵阻不獲歸與友徐賁約卜居吳興領鄉薦爲安定書院山長再徙於吳洪武四年徵至京師應對不稱旨放還再徵授太常司丞太祖重其文十六年自述滁陽王事命羽撰廟碑尋坐事竄嶺南未半道召還羽自知不免投龍江以死羽文章精潔有法尤長於詩作畫師小米徐賁字幼文其先蜀人徙常州再徙平江工詩善畫山水張士誠辟爲屬已謝去吳平謫徙臨濠洪武七年被薦至京九年春奉使晉冀有所廉訪暨還檢其橐惟紀行詩數首太祖悅授給事中改御史巡按廣東又改刑部主事還廣西參議以政績卓異擢河南左布政使大軍征洮岷道其境坐犒勞不時下獄瘐死

王行字止仲吳縣人幼隨父依賣藥徐翁家徐媼好聽稗官小說行日記數本爲媼誦之媼喜言於翁授以論語明日悉成誦翁大異之俾盡讀家所有書遂淹貫經史百家言未弱冠謝去授徒齊門名士咸與交富人沈萬三延之家塾每文成酬白金鎰許行輒麾去曰使富而可守則然臍之慘不及矣洪武初有司延爲學校師已謝去隱於石湖其二子役於京行往視之京國公藍玉館於家數薦之太祖得召見後玉誅行父子亦坐死始吳中用兵所在多列礮石自固行私語所知曰兵法柔能制剛若植大竹於地繫布其端礮石至布隨之低昂則人不能害而礮石無所用矣後常遇春取平江果如其法行亦自負知兵以及於禍云初高啓家北郭與行比鄰徐賁高遜志唐肅宋克余堯臣張羽呂敏陳則皆卜居相近號北郭十友又稱十才子啓賁遜志羽自有傳唐肅字處敬越州山陰人通經史兼習陰陽醫卜書數少與上虞謝肅齊名稱會稽二肅至正壬寅舉鄉試張士誠時爲杭州黃岡書院山長遷嘉興路儒學正士誠敗例赴京尋以父喪還洪武三年用薦召修禮樂書擢應奉翰林文字其秋科舉行爲分考官免歸六年謫佃濠梁卒子之淳字愚士宋濂亟稱之建文二年用方孝孺薦擢翰林侍讀與孝孺共領修書事卒於官謝肅官至福建僉事坐事死宋克字仲溫長洲人偉軀幹博涉書史少任俠好學劍走馬家素饒結客飲博迨壯謝酒徒學兵法周流無所遇益以氣自豪張士誠欲羅致之不就性抗直與人議論期必勝援古切今人莫能難也杜門染翰日費十紙遂以善書名天下時有宋廣字昌裔亦善草書稱二宋洪武初克任鳳翔同知卒堯臣字唐卿永嘉人入吳爲士誠客城破例徙濠梁洪武二年放還授新鄭丞呂敏字志學無錫人元時爲道士洪武初官無錫教諭十三年舉人才不知其官所終陳則字文度崑山人洪武六年舉秀才授應天府治中俄擢戶部侍郎以閱實戶口出爲大同府同知進知府

孫蕡字仲衍廣東順德人性警敏書無所不窺詩文援筆立就詞采爛然負節槩不妄交游何眞據嶺南開府辟士與王佐趙介李德黃哲並受禮遇稱五先生廖永忠南征蕡爲眞草降表永忠辟典教事洪武三年始行科舉蕡與其選授工部織染局使遷虹縣主簿兵燹後蕡勞徠安輯民多復業居一年召爲翰林典籍與修洪武正韻九年遣監祀四川居久之出爲平原主簿坐累逮繫俾築京師望都門城垣蕡謳唫爲粤聲主者以奏召見命誦所歌詩語皆忠愛乃釋之十五年起爲蘇州經歷復坐累戍遼東已大治藍玉黨蕡嘗爲玉題畫遂論死臨刑作詩長謳而逝時門生黎貞亦戍遼東蕡屍乃得收斂貞字彥晦新會人工詩文嘗爲本邑訓導以事被誣戍遼陽十八年從游者甚衆放還卒蕡所著有通鑑前編綱目孝經集善理學訓蒙及西菴集和陶集多佚不傳番禺趙純稱其究極天人性命之理爲一時儒宗云王佐字彥舉先河東人元末侍父官南雄經亂不能歸遂占籍南海與蕡結詩社搆辭敏捷佐不如蕡句意沉著蕡亦不如佐何眞使佐掌書記參謀議眞歸朝佐亦還里洪武六年被薦徵爲給事中太祖賜宋濂黃馬復爲歌命侍臣屬和佐立成性不樂樞要將告歸時告者多獲重譴或尼之曰君少忍獨不虞性命邪佐乃遲徊二年卒乞骸歸趙介字伯貞番禺人博通六籍及釋老書氣豪邁無仕進意行以囊自隨遇景賦詩投其中日往來西樵泉石間有司累薦皆辭免洪武二十二年坐累逮赴京卒於南昌舟次四子潔絢繹純皆善詩文工篆隸絢隱居不出有父風純仕御史李德字仲修番禺人洪武三年以明經薦授洛陽典史歷南陽西安二府幕官並能其職以年衰乞改漢陽教諭秩滿調義寧義寧在粵西荒陋甚德爲振舉文教漸興解官歸卒德初好爲詩晚究洛閩之學謂誠意爲古聖喆心要故嶺南人稱理學必曰李仲修云黃哲亦番禺人歷仕州郡以治行稱

王蒙字叔明湖州人趙孟頫之甥也敏於文不尚榘度工畫山水兼善人物少時賦宮詞仁和俞友仁見之曰此唐人佳句也遂以妹妻焉元末官理問遇亂隱居黃鶴山自稱黃鶴山樵洪武初知泰安州事蒙嘗謁胡惟庸於私第與會稽郭傳僧知聰觀畫惟庸伏法蒙坐事被逮瘐死獄中郭傳一名正傳字文遠洪武七年帝御武樓賜學士宋濂坐謂曰天下既定朕方垂意宿學之士卿知其人乎對曰會稽有郭傳者學有淵源其文雄贍新麗其議論根據六經異才也既而濂持其文以進帝召見於謹身殿授翰林應奉直起居注遷兵部主事再遷考功監丞進監令出署湖廣布政司參政

明史卷二百八十六 列傳第一百七十四

總裁官總理事務經筵講官少保兼太子太保保和殿大學士兼管吏部戶部尚書事加六級臣張廷玉等奉

敕修

文苑二

林鴻字子羽福清人洪武初以人才薦授將樂縣訓導歷禮部精膳司員外郎性脫落不善仕年未四十自免歸閩中善詩者稱十才子鴻爲之冠十才子者閩鄭定侯官王褒唐泰長樂高棅王恭陳亮永福王偁及鴻弟子周元黃元時人目爲二元者也鴻論詩大指謂漢魏骨氣雖雄而菁華不足晉祖元虛宋尚條暢齊梁以下但務春華少秋實惟唐作者可謂大成然貞觀尚習故陋神龍漸變常調開元天寶間聲律大備學者當以是爲楷式閩人言詩者率本於鴻晉府引禮舍人浦源字長源無錫人也慕鴻名踰嶺訪之造其門二元請誦所作曰吾家詩也鴻延之入社鄭定字孟宣嘗爲陳友定記室友定敗浮海亡交廣間久之還居長樂洪武中徵授延平府訓導歷國子助教王褒字中美鴻之兄子壻也爲長沙學官遷永豐知縣永樂中召入預修大典擢漢府紀善唐泰字亨仲洪武二十七年進士歷陝西副使高棅字彥恢更名廷禮別號漫士永樂初以布衣召入翰林爲待詔遷典籍性善飲工書畫尤專於詩其所選唐詩品彙唐詩正聲終明之世館閣宗之王恭字安中隱居七巖山自稱皆山樵者永樂初以儒士薦起待詔翰林年六十餘與修大典書成授翰林院典籍陳亮字景明自以故元儒生明興累詔不出作陳摶傳以見志結草屋滄洲中與三山耆彥爲九老會終其身不仕王偁字孟敭父翰仕元抗節死偁方九歲父友吳海撫教之洪武中領鄉薦入國學陳情養母母歿廬墓六年永樂初用薦授翰林檢討與修大典學博才雄最爲解縉所重自負無輩行獨推讓同官王洪王洪者字希範

錢塘人八歲能文十八成進士授吏科給事中改翰林檢討偕偁等與修大典歷修撰侍講帝頒佛曲於塞外命洪爲文逡巡不應詔爲同列所排不復進用卒官而偁後坐累謫交阯復以縉事連及繫死獄中黃元字元之將樂人閩鴻棄官歸遂攜妻子居閩縣以歲貢官泉州訓導周元字微之閩縣人永樂中以文學徵授禮部員外郎嘗挾書千卷止高棅家讀十年辭去盡棄其書曰在吾腹笥矣同時趙迪林敏陳仲宏鄭關林伯璟張友謙亦以能詩名皆鴻之弟子

王紱字孟端無錫人博學工歌詩能書寫山木竹石妙絕一時洪武中坐累戍朔州永樂初用薦以善書供事文淵閣久之除中書舍人紱未仕時與吳人韓奕爲友隱居九龍山遂自號九龍山人於書法動以古人自期畫不苟作游覽之頃酒酣握筆長廊素壁淋漓霑灑有投金幣購片楮者輒拂袖起或閉門不納雖豪貴人勿顧也有諫之者紱曰丈夫宜審所處輕者如此重者將何以哉在京師月下聞吹簫聲乘興寫石竹圖明旦訪其人贈之則估客也客以紅氍毹饋請再寫一枝爲配紱索前畫裂之還其餽一日退朝黔國公沐晟從後呼其字紱不應同列語之曰此黔國公也紱曰我非不聞之是必與我索畫耳晟走及之果以畫請紱頷之而已踰數年晟復以書來紱始爲作畫既而曰我畫直遺黔公不可黔公客平仲微者我友也以友故與之俟黔公與求則可耳其高介絕俗如此崑山夏㫤者亦善畫竹石亞於紱畫竹一枝直白金一錠然人多以餽遺得之㫤字仲昭永樂十三年進士改庶吉士歷官太常寺卿㫤與上元張益同中進士同以文名同善畫竹其後㫤見益石渠閣賦自謂不如遂不復作賦益見㫤所畫竹石亦遂不復畫竹益死土木之難仲微名顯錢塘人嘗知滕縣事謫戍雲南其爲詩頗豪放自喜雲南詩人稱平居陳郭顯其一也

沈度字民則弟粲字民望松江華亭人兄弟皆善書度以婉麗勝粲以遒逸勝度博涉經史爲文章絕去浮靡洪武中舉文學弗就坐累謫雲南岷王具禮幣聘之數進諫未幾辭去都督瞿能與偕入京師成祖初即位詔簡能書者入翰林給廩祿度與吳縣滕用亨長樂陳登同與選是時解縉胡廣梁潛王璉皆工書度最爲帝所賞名出朝士右日侍便殿凡金版玉冊用之朝廷藏秘府頒屬國必命之書遂由翰林典籍擢檢討歷修撰遷侍講學士粲自翰林待詔遷中書舍人擢侍讀進階大理少卿兄弟竝賜織金衣鏤姓名於象簡泥之以金贈父母如其官馳傳歸告於墓崑山夏昺者字孟暘與其弟㫤以善書畫同官中書舍人時號大小中書而度粲號大小學士度性敦實謙以下人嚴取與有訓導介其友求書請識姓字於上度沈思曰得非曩訐奏有司者耶遽却之其友固請終不肯書姓名其在內廷備顧問必以正對粲篤於事兄已有賜輒歸其兄滕用亨初名權字用衡精篆隸書被薦時年七十矣召見大書麟鳳龜龍四字以進又獻貞符詩三篇授翰林待詔與修永樂大典用亨善鑒古嘗侍帝觀畫卷未竟衆目爲趙伯駒用亨曰此王詵筆也至卷尾果然陳登字思孝初仕羅田縣丞改蘭谿再改浮梁選入翰林仍給縣丞祿歷十年始授中書舍人登於六書本原博考詳究用力甚勤自周秦以來殘碑斷碣必窮搜摩搨審度而辨定之得其傳者太常卿南城程南雲也

聶大年字壽卿臨川人父同文洪武中官翰林侍書中書舍人燕王入京師迎謁道賜死死後五月而大年生母胡撫之比長博學善詩古文葉盛稱其詩謂三十年來絕唱也書得歐陽率更法宣德末薦授仁和訓導母卒歸葬哀感行路里人列其母子賢行上之有司詔旌其門服闋分教常州遷仁和教諭景泰六年薦入翰林未幾得疾卒始尚書王直以詩寄錢塘戴文進索畫自序昔與文進交嘗戲作詩一聯至是十年始成之大年題其後曰公愛文進之畫十年不忘使以是心待天下賢者天下寧復有遺賢哉直聞其言不怒亦不薦及大年疾篤作詩貽直有鏡中白髮孰憐我湖上青山欲待誰句直曰此欲吾志其墓耳遂爲之志

劉溥字原博長洲人祖彥父士賓皆以醫得官溥八歲賦溝水詩時目爲聖童長侍祖父遊兩京研究經史兼通天文曆數宣德時以文學徵有言溥善醫者授惠民局副使調太醫院吏目恥以醫自名日吟咏爲事其詩初學西崑後更奇縱與湯允勣蘇平蘇正沈愚王淮晏鐸鄒亮蔣忠王貞慶號景泰十才子溥爲主盟允勣東甌王和曾孫自有傳蘇平字秉衡弟正字秉貞海寧人兄弟竝以布衣終沈愚字通理崑山人業醫終其身王淮字柏源慈谿人晏鐸字振之富順人由庶吉士授御史歷按兩畿山東所至有聲坐言事謫上高典史鄰境寇發官兵不能討鐸捕滅之歸所掠於民鄒亮字克明長洲人用況鍾薦擢吏部司務遷御史蔣忠字主忠儀眞人徙居句容王貞慶字善甫駙馬都尉寧子也折節好士有詩名時稱金粟公子

張弼字汝弼松江華亭人成化二年進士授兵部主事進員外郎遷南安知府地當兩廣衝奸人聚山谷爲惡悉捕滅之毀淫祠百數十區建爲社學謝病歸士民爲立祠弼自幼穎拔善詩文工草書怪偉跌宕震撼一世自號東海張東海之名流播外裔爲詩信手縱筆多不屬稿即有所屬以書故輒爲人持去與李東陽謝鐸善嘗自言吾平生書不如詩詩不如文東陽戲之曰英雄欺人每如此不足信也鐸稱其好學不倦詩文成一家言子弘至自有傳

張泰字亨父太倉人陸釴字鼎儀崑山人陸容字文量亦太倉人三人少齊名號婁東三鳳泰舉天順八年進士選庶吉士授檢討遷修撰爲人恬淡自守詩名亞李東陽弘治間藝苑皆稱李懷麓張滄洲東陽有懷麓堂集泰有滄洲集也釴與泰同年進士殿試第二授編修歷修撰諭德孝宗立以東宮講讀勞進太常少卿兼侍讀得疾歸泰釴皆早卒容成化中進士授南京主事進兵部職方郎中西番進獅子奏請大臣往迎容諫止之遷浙江參政罷歸

程敏政字克勤休寧人南京兵部尚書信子也十歲侍父官四川巡撫羅綺以神童薦英宗召試悅之詔讀書翰林院給廩饌學士李賢彭時咸愛重之賢以女妻焉成化二年進士及第授編修歷左諭德直講東宮翰林中學問該博稱敏政文章古雅稱李東陽性行眞純稱陳音各爲一時冠孝宗嗣位以宮僚恩擢少詹事兼侍講學士直經筵敏政名臣子才高負文學常俯視儕偶頗爲人所疾弘治元年冬御史王嵩等以雨災劾敏政因勒致仕五年起官尋改太常卿兼侍讀學士掌院事進禮部右侍郎專典內閣誥敕十二年與李東陽主會試舉人徐經唐寅預作文與試題合給事中華昶劾敏政鬻題時榜未發詔敏政毋閱卷其所錄者令東陽會同考官覆校二人卷皆不在所取中東陽以聞言者猶不已敏政昶經寅俱下獄坐經嘗贄見敏政寅嘗從敏政乞文黜爲吏敏政勒致仕而昶以言事不實調南太僕主簿敏政出獄憤恚發癰卒後贈禮部尚書或言敏政之獄傅瀚欲奪其位令昶奏之事祕莫能明也

羅玘字景鳴南城人博學好古文務爲奇奧年四十困諸生輸粟入國學邱濬爲祭酒議南人不得留北監玘固請不已濬罵之曰若識幾字嶇彊乃爾玘仰對曰惟中祕書未讀耳濬姑留之他日試以文乃大驚異成化末領京闈鄉試第一明年舉進士選庶吉士授編修益肆力古文每有作或據高樹或閉坐一室瞑目隱度形容灰槁自此文益奇玘亦厚自負尤尚節義臺諫救劉遜盡下獄玘言當優容以全國體中官李廣死遺一籍具識大臣賄交者帝怒命言官指名劾奏玘上言曰大臣表正百僚今若此固宜寘重典然天下及四裔皆仰望之一旦指名暴其惡啓遠人慢朝廷心言官未見籍記憑臆而論安辨玉石一經攻擿且玷終身臣請降敕密諭使引疾退或斥以他事庶不爲朝廷羞而仕路亦清李夢陽下獄玘言壽寧侯託肺腑當有以保全之夢陽不保爲侯累帝深納焉秩滿進侍讀正德初遷南京太常少卿劉瑾亂政李東陽依違其間玘東陽所舉士也貽書責以大義且請削門生之籍尋進本寺卿擢南京吏部右侍郎遇事嚴謹僚屬畏憚畿輔盜縱橫而皇儲未建玘疏論激切且侵執政者七年冬考績赴都遂引疾致仕歸寧王宸濠慕其名遣使餽玘避之深山及叛玘已病馳書守臣約討賊事未舉而卒嘉靖初賜謚文肅學者稱圭峰先生

儲巏字靜夫泰州人九歲能屬文母疾刲股療之卒不起家貧力營墓域旦哭冢夜讀書不輟成化十九年鄉試明年會試皆第一授南京考功主事孝宗嗣位疏薦前直諫貶謫者主事張吉王純中書舍人丁璣進士李文祥吉等皆錄用久之進郎中吏部尚書耿裕知其賢調北部考注臧否一出至公嘗覈實一官裕欲改其評巏正色曰公所執何異王介甫羣僚咸在側裕大慚徐曰郎中言是然非我莫能容也擢太僕少卿請命史官記注言動如古左右史時不能用進本寺卿武宗立塞上有警條禦邊五事又陳馬政病民者四事多議行正德二年改左僉都御史總督南京糧儲召爲戶部右侍郎尋轉左督倉場所至宿弊盡釐劉瑾用事數陵侮大臣獨敬巏稱爲先生巏憤其所爲五年春引疾求去詔許乘傳有司俟疾痊以聞其秋瑾敗以故官召辭不赴後起南京戶部左侍郎就改吏部卒官巏體貌淸羸若不勝衣淳行清修介然自守工詩文好推引知名士辟遠非類不惡而嚴進士顧璘嘗謁尚書邵寶寶語曰子立身當以柴墟爲法柴墟者巏別號也嘉靖初賜謚文懿

李夢陽字獻吉慶陽人父正官周王府教授徙居開封母夢日墮懷而生故名夢陽弘治六年舉陝西鄉試第一明年成進士授戶部主事遷郎中榷關格勢要搆下

獄得釋十八年應詔上書陳二病三害六漸凡五千餘言極論得失末言壽寧侯張鶴齡招納無賴罔利賊民勢如翼虎鶴齡奏辨摘疏中陛下厚張氏語誣夢陽訕母后爲張氏罪當斬時皇后有寵后母金夫人泣愬帝帝不得已繫夢陽錦衣獄尋宥出奪俸金夫人愬不已帝弗聽召鶴齡閒處切責之鶴齡免冠叩頭乃已左右知帝護夢陽請毋重罪而予杖以洩金夫人憤帝又弗許謂尚書劉大夏曰若輩欲以杖斃夢陽耳吾寧殺直臣快左右心乎他日夢陽途遇壽寧侯詈之擊以馬箠墮二齒壽寧侯不敢校也孝宗崩武宗立劉瑾等八虎用事尚書韓文與其僚語及而泣夢陽進曰公大臣何泣也文曰奈何曰比言官劾羣奄閣臣持其章甚力公誠率諸大臣伏闕爭閣臣必應之去若輩易耳文曰善屬夢陽屬草會語洩文等皆逐去瑾深憾之矯旨謫山西布政司經歷勒致仕既而瑾復摭他事下夢陽獄將殺之康海爲說瑾乃免瑾誅起故官遷江西提學副使令甲副使屬總督夢陽與相抗總督陳金惡之監司五日會揖巡按御史夢陽又不往揖且敕諸生毋謁上官即謁長揖毋跪御史江萬實亦惡夢陽淮王府校與諸生爭夢陽笞校王怒奏之下御史按治夢陽恐萬實右王訐萬實詔下總督金行勘金檄布政使鄭岳勘之夢陽僞撰萬實劾金疏以激怒金并搆岳子沄通賄事寧王宸濠者浮慕夢陽嘗請撰陽春書院記又惡岳乃助夢陽劾岳萬實復奏夢陽短及僞爲奏章事參政吳廷舉亦與夢陽有隙上疏論其侵官不俟命徑去詔遣大理卿燕忠往鞫召夢陽羈廣信獄諸生萬餘爲訟冤不聽劾夢陽陵轢同列挾制上官遂以冠帶閒住去亦褫岳職謫戍沄奪廷舉俸夢陽既家居益跅弛負氣治園池招賓客日縱俠少射獵繁臺晉邱間自號空同子名震海內宸濠反誅御史周宣劾夢陽黨逆被逮大學士楊廷和尚書林俊力救之坐前作書院記削籍頃之卒子枝進士夢陽才思雄鷙卓然以復古自命弘治時宰相李東陽主文柄天下翕然宗之夢陽獨譏其萎弱倡言文必秦漢詩必盛唐非是者弗道與何景明徐禎卿邊貢朱應登顧璘陳沂鄭善夫康海王九思等號十才子又與景明禎卿貢海九思王廷相號七才子皆卑視一世而夢陽尤甚吳人黃省曾越人周祚千里致書願爲弟子迨嘉靖朝李攀龍王世貞出復奉以爲宗天下推李何王李爲四大家無不爭效其體華州王維楨以爲七言律自杜甫以後善用頓挫倒插之法惟夢陽一人而後有議夢陽詩文者則謂其模擬剽竊得史遷少陵之似而失其眞云康海字德涵武功人弘治十五年殿試第一授修撰與夢陽輩相倡和嘗議諸先達忌者頗衆正德初劉瑾亂政以海同鄉慕其才欲招致之海不肯往會夢陽下獄書片紙招海曰對山救我對山者海別號也海乃謁瑾瑾大喜爲倒屣迎海因設詭辭說之瑾意解明日釋夢陽踰年瑾敗海坐黨落職王九思字敬夫鄠人弘治九年進士由庶吉士授檢討尋調吏部至郎中亦以瑾黨謫壽州同知復被論勒致仕海九思同里同官同以瑾黨廢每相聚沜東鄠杜間挾聲伎酣飲製樂造歌曲自比俳優以寄其怫鬱九思嘗費重貲購樂工學琵琶海搊彈尤善後人傳相倣效大雅之道微矣王維楨字允寧嘉靖十四年進士擢庶吉士累官南京國子祭酒家居地大震壓死維楨頎而皙自負經世才職文墨不得少效於世使酒謾罵人多畏而遠之於文好司馬遷於詩好杜甫而其意以夢陽兼此二人終身所服膺效法者夢陽也

何景明字仲默信陽人八歲能詩古文弘治十一年舉於鄉年方十五宗藩貴人爭遣人負視所至聚觀若堵十五年第進士授中書舍人與李夢陽輩倡詩古文夢陽最雄駿景明稍後出相與頡頏正德改元劉瑾竊柄上書吏部尚書許進勸其秉政毋撓語極激烈已遂謝病歸踰年瑾盡免諸在告者官景明坐罷瑾誅用李東陽薦起故秩直內閣制敕房李夢陽下獄衆莫敢爲直景明上書吏部尚書楊一清救之九年乾清宮災疏言義子不當畜邊軍不當留番僧不當寵宦官不當任留中久之進吏部員外郎直制敕如故錢寧欲交驩以古畫索題景明曰此名筆毋汚人手留經年終擲還之尋擢陝西提學副使廖鵬弟太監鑾鎮關中橫甚諸參隨遇三司不下馬景明執撻之其敎諸生專以經術世務遴秀者於正學書院親爲說經不用諸家訓詁士始知有經學嘉靖初引疾歸未幾卒年三十有九景明志操耿介尚節義鄙榮利與夢陽並有國士風兩人爲詩文初相得甚歡名成之後互相詆諆夢陽主摹倣景明則主剏造各樹堅壘不相下兩人交游亦遂分左右袒說者謂景明之才本遜夢陽而其詩秀逸穩稱視夢陽反爲過之然天下語詩文必並稱何李又與邊貢徐禎卿並稱四傑其持論謂詩溺於陶謝力振之古詩之法亡於謝文靡於隋韓力振之古文之法亡於韓錢謙益撰列朝詩力詆之

徐禎卿字昌穀吳縣人資穎特家不蓄一書而無所不通自爲諸生已工詩歌與里人唐寅善寅言之沈周楊循吉由是知名舉弘治十八年進士孝宗遣中使問禎卿與華亭陸深名深遂得館選而禎卿以貌寢不與授大理左寺副坐失囚貶國子博士禎卿少與祝允明唐寅文徵明齊名號吳中四才子其爲詩喜白居易劉禹錫既登第與李夢陽何景明游悔其少作改而趨漢魏盛唐然故習猶在夢陽譏其守而未化卒年三十有三禎卿體癯神清詩鎔鍊精警爲吳中詩人之冠年雖不永名滿士林子伯虬舉人亦能詩楊循吉字君謙吳縣人成化二十年進士授禮部主事善病好讀書每得意手足踔掉不能自禁用是得顚主事名一歲中數移病不出弘治初奏乞改敎不許遂請致仕歸年纔三十有一結廬支硎山下課讀經史旁通內典稗官父母歿傾貲治葬寢苫墓側性狷隘好持人短長又好以學問窮人至頰赤不顧淸寧宮災詔求直言馳疏請復建文帝尊號格不行武宗駐蹕南都召賦打虎曲稱旨易武人裝日侍御前爲樂府小令帝以優俳畜之不授官循吉以爲恥閱九月辭歸既復召至京會帝崩乃還嘉靖中獻九廟頌及華陽求嗣齋儀報聞而已晚歲落寞益堅癖自好尚書顧璘道吳以幣贄促膝論文歡甚俄郡守邀璘璘將赴之循吉忽色變驅之出擲還其幣明日璘往謝閉門不納卒年八十九其詩文自定爲松籌堂集他所作又十餘種幾及千卷祝允明字希哲長洲人祖顥正統四年進士內侍傳旨試能文者四人顥與焉入掖門知欲令敎小內豎也不試而出由給事中歷山西參政並有聲允明以弘治五年舉於鄉久之不第授廣東興寧知縣捕戮盜魁三十餘邑以無警稍遷應天通判謝病歸嘉靖五年卒允明生而枝指故自號枝山又號枝指生五歲作徑尺字九歲能詩稍長博覽羣集文章有奇氣當筵疾書思若湧泉尤工書法名動海內好酒色六博善新聲求文及書者踵至多賄妓掩得之惡禮法士亦不問生產有所入輒召客豪飲費盡乃已或分與持去不留一錢晚益困每出追呼索逋者相隨於後允明益自喜所著有詩文集六十卷他雜著百餘卷子續正德中進士仕至廣西左布政使唐寅字伯虎一字子畏性穎利與里狂生張靈縱酒不事諸生業祝允明規之乃閉戶浹歲舉弘治十一年鄉試第一座主梁儲奇其文還朝示學士程敏政敏政亦奇之未幾敏政總裁會試江陰富人徐經賄其家僮得試題事露言者劾敏政語連寅下詔獄謫爲吏寅恥不就歸家益放浪寧王宸濠厚幣聘之寅察其有異志佯狂使酒露其醜穢宸濠不能堪放還築室桃花塢與客日般飲其中年五十四而卒寅詩文初尚才情晚年頹然自放謂後人知我不在此論者傷之吳中自枝山輩以放誕不羈爲世所指目而文才輕豔傾動流輩傳說者增益而附麗之往往出名敎外時常熟有桑悅者字民懌尤怪妄亦以才名吳中書過目輒焚棄曰已在吾腹中矣敢爲大言以孟子自況或問翰林文章曰虛無人舉天下惟悅其次祝允明又次羅玘爲諸生上謁監司曰江南才子監司大駭延之較書預刊落以試悅文義不屬者索筆補之年十九舉成化元年鄉試試春官答策語不雅馴被斥三試得副榜年二十餘耳年籍誤二爲六遂除泰和訓導學士邱濬重其文屬學使者善遇之使者至問悅不迎豈有恙乎長吏皆銜之曰無恙自負才名不肯謁耳使者遣吏召不至益兩使促之悅怒曰始吾謂天下未有無耳者乃今有之與若期三日後來瀆則不來矣使者恚欲收悅緣濬故不果三日來見長揖使者使者怒悅脫帽竟去使者下階謝乃已遷長沙通判調柳州會外艱歸遂不出居家益狂誕鄉人莫不重其文而駭其行初悅在京師見高麗使臣市本朝兩都賦無有以爲恥遂賦之居長沙著庸言自以爲窮究天人之際所著書頗行於世

邊貢字廷實歷城人祖寧應天治中父節代州知州貢年二十舉於鄉第弘治九年進士除太常博士擢兵科給事中孝宗崩劾中官張瑜太醫劉文泰高廷和用藥之謬又劾中官苗逵保國公朱暉都御史史琳用兵之失改太常丞遷衛輝知府改荊州並能其官歷陝西河南提學副使以母憂家居嘉靖改元用薦起南京太常少卿三遷太常卿督四夷館擢刑部右侍郎拜戶部尚書並在南京貢早負才名美風姿所交悉海內名士久官留都優閒無事游覽江山揮毫浮白夜以繼日都御史劾其縱酒廢職遂罷歸

顧璘字華玉上元人弘治九年進士授廣平知縣擢南京吏部主事晉郎中正德四年出爲開封知府數與鎮守太監廖堂王宏忤逮下錦衣獄謫全州知州秩滿遷台州知府歷浙江左布政使山西湖廣巡撫右副都御史所至有聲遷吏部右侍郎改工部董顯陵工畢還南京刑部尚書罷歸年七十餘卒璘少負才名與何李相上下虛己好士如恐不及在浙慕孫太初一元不可得

見道衣幅巾放舟湖上月下見小舟泊斷橋一僧一鶴一童子煮茗笑曰此必太初也移舟就之遂往還無間撫湖廣時愛王廷陳才欲見之廷陳不可偵廷陳狎游疾掩之廷陳避不得遂定交既歸搆息園大治幸舍居客客常滿從弟璞字英玉以河南副使歸居園側一小樓教授自給璘時時與客豪飲伎樂雜作呼璞璞終不赴其孤介如此初璘與同里陳沂王韋號金陵三俊其後寶應朱應登繼起稱四大家璘詩矩矱唐人以風調勝韋婉麗多致頗失纖弱沂與韋同調應登才思泉湧落筆千言然璘應登羽翼李夢陽而韋沂則頗持異論三人者仕宦皆不及璘陳沂字魯南正德中進士由庶吉士歷編修侍講出爲江西參議量移山東參政以不附張孚敬桂萼改行太僕卿致仕王韋字欽佩父徽成化時給事中直諫有聲韋舉弘治中進士由庶吉士歷官太僕少卿子逢元亦能詩朱應登字升之弘治中進士歷雲南提學副使遷參政恃才傲物中飛語罷歸子曰藩嘉靖間進士終九江知府能文章世其家南都自洪永初風雅未暢徐霖陳鐸金琮謝璿輩談藝正德時稍稍振起自璘主詞壇士大夫希風附塵厥道大彰許穀陳鳳璿子少南金大車大輿金鑾盛時泰陳芹之屬竝從之游穀等皆里人鑾僑居客也儀眞蔣山卿江都趙鶴亦與璘遙相應和洎及末造風流未歇云

鄭善夫字繼之閩縣人弘治十八年進士遭內外艱正德六年始爲戶部主事榷稅滸墅以清操聞時劉瑾雖誅嬖倖用事善夫憤之乃告歸築草堂金鼇峰下爲遲清亭讀書其中曰俟天下之清也寡交游日晏未炊欣然自得起禮部主事進員外郎武宗將南巡偕同列切諫杖於廷罰跪五日善夫更爲疏草置懷中屬其僕曰死卽上之幸不死歎曰時事若此尚可靦顏就列哉乞歸未得明年力請乃得歸嘉靖改元用薦起南京刑部郎中未上改吏部行抵建寧便道游武夷九曲風雪絕糧得病卒年三十有九善夫敦行誼婚嫁七弟妹貲悉推予之葬母黨二十二人所交盡名士與孫一元殷雲霄方豪尤友善作詩力摹少陵雲霄字近夫壽張人善夫同年進士作蓄艾堂聚書數千卷以作者自命正德中官南京給事中武宗納有娠女子馬姬宮中雲霄偕同官疏諫引李園呂不韋事爲諷不報卒官年三十有七鄉人穆孔暉畏雲霄峭直日殷子恥不善不啻負穢然方豪字思道開化人正德三年進士除崑山知縣遷刑部主事諫武宗南巡跪闕下五日復受杖歷官湖廣副使罷歸一元見隱逸傳閩中詩文自林鴻高棅後閱百餘年善夫繼之迨萬曆中年曹學佺徐𤊹輩繼起謝肇淛鄧原岳和之風雅復振焉學佺詳見後傳𤊹字興公閩縣人兄熥萬曆間舉人𤊹以布衣終博聞多識善草隸書積書鼇峰書舍至數萬卷肇淛字在杭萬曆三十年進士官工部郎中視河張秋作北河紀略具載河流原委及歷代治河利病終廣西右布政使原岳字汝高亦閩縣人與肇淛同年進士終湖廣副使

陸深字子淵上海人弘治十八年進士二甲第一選庶吉士授編修劉瑾嫉翰林官亢己悉改外深得南京主事瑾誅復職歷國子司業祭酒充經筵講官奏講官撰進講章閣臣不宜改竄忤輔臣講延平同知晉山西提學副使改浙江累官四川左布政使松茂諸番亂深主調兵食有功賜金幣嘉靖十六年召爲太常卿兼侍讀學士世宗南巡深掌行在翰林院印御筆刪侍讀二字進詹事府詹事致仕卒謚文裕深少與徐禎卿相切磨爲文章有名工書倣李邕趙孟頫賞鑒博雅爲詞臣冠然頗倨傲人以此少之同邑有王圻者字元翰嘉靖四十四年進士除清江知縣調萬安擢御史忤時相出爲福建按察僉事謫邛州判官兩知進賢曹縣遷開州知州歷官陝西布政參議乞養歸築室淞江之濱種梅萬樹目曰梅花源以著書爲事年踰耄耋猶篝燈帳中丙夜不輟所撰續文獻通考諸書行世初圻以奏議爲趙貞吉所推張居正與貞吉交惡諷圻攻之不應高拱爲圻座主時方修隙徐階又以圻爲私其鄉人不助已不能無恚遂擯抑之

王廷陳字穉欽黃岡人父濟吏部郎中廷陳穎慧絕人幼好弄父抶之輒大呼曰大人奈何虐天下名士正德十二年成進士選庶吉士益恃才放恣故事兩學士爲館師體嚴重廷陳伺其退食獨上樹杪大聲叫呼兩學士無如之何佯弗聞也武宗下詔南巡與同館舒芬等七人將疏諫館師石珤力止之廷陳賦烏母謠大書於壁以刺珤及執政皆不悅已而疏上帝怒罰跪五日杖於廷時已改吏科給事中乃出爲裕州知州廷陳不習爲吏又失職怨望簿牒堆案漫不省視夏日裸跣坐堂皇見飛鳥集庭樹輒止訟者取彈彈之上官行部不出迎已而布政使陳鳳梧及巡按御史喻茂堅先後至廷陳以鳳梧座主特出迓鳳梧好謂曰子候我固善御史卽來候之當倍謹廷陳許諾及茂堅至銜其素驕蹇有意裁抑之以小過榜州吏廷陳爲跪請茂堅故益甚廷陳大罵曰陳公誤我直上堂搏茂堅悉呼吏卒出鎖其門禁絕供億且將具奏茂堅大窘鳳梧爲解乃夜馳去尋上疏劾之適裕人被案者逸出奏廷陳不法事收捕繫獄削籍歸世宗踐阼前直諫被謫者悉復官獨廷陳以罣吏議不與屛居二十餘年嗜酒縱倡樂益自放廢士大夫造謁多蓬髮赤足不具賓主禮時衣紅紫窄袖衫騎牛跨馬嘯歌田野間嘉靖十八年詔修承天大志巡撫顧璘以廷陳及顏木王格薦書成不稱旨賜銀幣而已廷陳才高詩文重當世一時才士鮮能過之木應山人官亳州知州格京山人官河南僉事

李濂字川父祥符人舉正德八年鄉試第一明年成進士授沔陽知州稍遷寧波同知擢山西僉事嘉靖五年以大計免歸年纔三十有八濂少負俊才時從俠少年聯騎出城搏獸射雉酒酣悲歌慨然慕信陵君侯生之爲人一日作理情賦友人左國璣持以示李夢陽夢陽大嗟賞訪之吹臺濂自此聲馳河雒間既罷歸益肆力於學遂以古文名於時初受知夢陽後不屑附和里居四十餘年著述甚富

明史卷二百八十七　列傳第一百七十五

總裁官總理事務經筵講官太子太保保和殿大學士兼管吏部戶部尚書事加七級臣張廷玉等奉
敕修

文苑三

文徵明長洲人初名璧以字行更字徵仲別號衡山父林溫州知府叔父森右僉都御史林卒吏民醵千金爲賻徵明年十六悉却之吏民修故却金亭以配前守何文淵而記其事徵明幼不慧稍長穎異挺發學文於吳寬學書於李應禎學畫於沈周皆父友也又與祝允明唐寅徐禎卿輩相切劘名日益著其爲人和而介巡撫俞諫欲遺之金指所衣藍衫謂曰敝至此邪徵明佯不喻曰遭雨敝耳諫竟不敢言遺金事寧王宸濠慕其名貽書幣聘之辭病不赴正德末巡撫李充嗣薦之會徵明亦以歲貢生詣吏部試奏授翰林院待詔世宗立預修武宗實錄侍經筵歲時頒賜與諸詞臣齒而是時專尚科目徵明意不自得連歲乞歸先是林知溫州識張璁諸生中璁既得勢諷徵明附之辭不就楊一清召入輔政徵明見獨後一清亟謂曰子不知乃翁與我友邪徵明正色曰先君棄不肖三十餘年苟以一字及者弗敢忘實不知相公與先君友也一清有慚色尋與璁謀欲徙徵明官徵明乞歸益力乃獲致仕四方乞詩文書畫者接踵於道而富貴人不易得片楮尤不肯與王府及中人曰此法所禁也周徽諸王以寶玩爲贈不啓封而還之外國使者道吳門望里肅拜以不獲見爲恨文筆徧天下門下士贋作者頗多徵明亦不禁嘉靖三十八年卒年九十矣長子彭字壽承國子博士次子嘉字休承和州學正並能詩工書畫篆刻世其家彭孫震孟自有傳吳中自吳寬王鏊以文章領袖館閣一時名士沈周祝允明輩與並馳騁文風極盛徵明及蔡羽黃省曾袁褒皇甫沖兄弟稍後出而徵明主風雅數十年與之遊者王寵陸師道陳道復王穀祥彭年周天球錢穀之屬亦皆以詞翰名於世蔡羽字九逵由國子生授南京翰林院孔目自號林屋山人有林屋南館二集自負甚高文法先秦兩漢或謂其詩似李賀羽曰吾詩求出魏晉上今乃爲李賀邪其不肯屈抑如此黃省曾字勉之舉鄉試從王守仁湛若水游又學詩於李夢陽所著有五嶽山人集子姬水字淳父有文名學書於祝允明袁褒字永之七歲能詩舉嘉靖五年進士改庶吉士張璁惡之出爲刑部主事累遷廣西提學僉事兩廣自韓雍後監司謁督府率庭跪褒獨長揖無何謝病歸子尊尼字魯望亦官山東提學副使有文名王寵字履吉別號雅宜少學於蔡羽居林屋者三年既而讀書石湖由諸生貢入國子僅四十而卒行楷得晉法書無所不觀陸師道字子傳由進士授工部主事改禮部以養母請告歸歸而游徵明門稱弟子家居十四年乃復起累官尙寶少卿善詩文工小楷古篆繪事人謂徵明四絕不減趙孟頫而師道並傳之其風尙亦畧相似平居不妄交游長吏罕識其面女字卿子適趙宧光夫婦皆有聞於時陳道復名淳以字行祖璚副都御史淳受業徵明以文行著善書畫自號白陽山人王穀祥字祿之由進士改庶吉士歷官吏部員外郎忤尙書汪鋐左遷眞定通判以歸與師道俱有清望彭年字孔嘉其人亦長者周天球字公瑕錢穀字叔寶天球以書穀以畫皆繼徵

明表表吳中者也其後華亭何良俊亦以歲貢生入國學當路知其名用蔡羽例特授南京翰林院孔目良俊字元朗少篤學二十年不下樓與弟良傅並負俊才良傅舉進士官南京禮部郎中而良俊猶滯場屋與上海張之象同里徐獻忠董宜陽友善並有聲及官南京趙貞吉王維楨相繼掌院事與相得甚歡良俊居久之慨然歎曰吾有清森閣在海上藏書四萬卷名畫百籤古法帖彝鼎數十種棄此不居而僕僕牛馬走乎遂移疾歸海上中倭復居金陵者數年更買宅居吳閶年七十始返故里徐獻忠字伯臣嘉靖中舉於鄉官奉化知縣著書數百卷卒年七十七王世貞私謚曰貞憲董宜陽字子元張之象字月鹿祖萱湖廣參議父鳴謙順天通判之象由諸生入國學授浙江按察司知事以吏隱自命歸益務撰著晚居秀林山罕入城市卒年八十一

黃佐字才伯香山人祖瑜長樂知縣以學行聞正德中佐舉鄉試第一世宗嗣位始成進士選庶吉士嘉靖初授編修陳初政要務又請修舉新政疏皆留中尋省親歸便道謁王守仁與論知行合一之旨數相辨難守仁亦稱其直諒還朝會出諸翰林爲外僚除江西僉事旋改督廣西學校聞母病引疾乞休不俟報竟去下巡撫林富逮問富言佐誠有罪第爲親受過於情可原乃令致仕家居九年簡宮僚命以編修兼司諫尋進侍讀掌南京翰林院召爲右諭德擢南京國子祭酒母憂除服起少詹事謁大學士夏言與論河套事不合會吏部缺左侍郎所司推禮部右侍郎崔桐及佐給事中徐霈御史艾朴言桐與左侍郎許成名競進至相詬詈而佐及同官王用賓亦爭覬望惟恐或先之宜皆止勿用言從中主之遂皆賜罷佐學以程朱爲宗惟理氣之說獨持一論平生譔述至二百六十餘卷所著樂典自謂洩造化之秘年七十七卒穆宗詔贈禮部右侍郎謚文裕佐弟子多以行業自飭而梁有譽歐大任黎民表詩名最著云歐大任字楨伯順德人由歲貢生歷官南京工部郎中年八十而終黎民表字惟敬從化人御史貫子也舉鄉試久不第授翰林孔目遷吏部司務執政知其能文用爲制敕房中書供事內閣加官至參議

柯維騏字奇純莆田人高祖潛翰林學士父英徽州知府維騏舉嘉靖二年進士授南京戶部主事未赴輒引疾歸張孚敬用事刱新制京朝官病滿三年者槩罷免維騏亦在罷中自是謝賓客專心讀書久之門人日進先後四百餘人維騏引掖靡倦慨近世學者樂徑易而憚積累竊二氏之說以文其固陋也作左右二銘訓學者務實以辨心術端趨向爲實志以存敬畏密操履爲實功而其極則以宰理人物成能天地爲實用作講義二卷宋史與遼金二史舊分三書維騏乃合之爲一以遼金附之而列二王於本紀褒貶去取義例嚴整閱二十年而始成名之曰宋史新編又著史記考要續莆陽文獻志及所作詩文集並行於世維騏登第五十載未嘗一日服官中更倭亂故廬焚燬家困甚終不妄取世味無所嗜惟嗜讀書撫按監司時有論薦不復起隆慶初廷臣復薦所司以維騏年高但授承德郎致仕卒年七十有八孫茂竹海陽知縣茂竹子昶副都御史巡撫山西

王慎中字道思晉江人四歲能誦詩十八舉嘉靖五年進士授戶部主事尋改禮部祠祭司時四方名士唐順之陳束李開先趙時春任瀚熊過屠應埈華察陸銓江以達曾汴輩咸在部曹慎中與之講習學大進十二年詔簡部郎爲翰林衆首擬慎中大學士張孚敬欲一見辭不赴乃稍移吏部爲考功員外郎進驗封郎中忌者讒之孚敬因覆議眞人張衍慶請封疏謫常州通判稍遷戶部主事禮部員外郎並在南京久之擢山東提學僉事改江西參議進河南參政侍郎王杲奉命振荒以其事委慎中還朝薦慎中可重用會二十年大計吏部註慎中不及而大學士夏言先嘗爲禮部尚書慎中其屬吏也與相忤遂內批不謹落其職慎中爲文初主秦漢謂東京下無可取已悟歐曾作文之法乃盡焚舊作一意師倣尤得力於曾鞏順之初不服久亦變而從之壯年廢棄益肆力古文演迤詳贍卓然成家與順之齊名天下稱之曰王唐又曰晉江毘陵家居問業者踵至年五十一而終李攀龍王世貞後起力排之卒不能掩攀龍慎中提學山東時所賞拔者也慎中初號遵巖居士後號南江屠應埈字文升平湖人刑部尚書勳子也舉嘉靖五年進士由郎中改翰林官至右諭德華察字子潛無錫人應埈同年進士累官侍講學士掌南京翰林院陸銓字選之鄞人嘉靖二年進士與弟編修釴爭大禮並繫詔獄被杖後官廣西布政使釴終山東提學副使兄弟皆能文江以達字子順貴溪人嘉靖五年進士累官福建提學僉事

高叔嗣字子業祥符人年十六作申情賦幾萬言見者驚異十八舉於鄉第嘉靖二年進士授工部主事改吏部歷稽勳郎中出爲山西左參政斷疑獄十二事人稱爲神還湖廣按察使卒官年三十有七叔嗣少受知邑人李夢陽及官吏部與三原馬理武城王道同署以文藝相磨切其爲詩清新婉約雖爲夢陽所知不宗其說陳束序其蘇門集謂有應物之沖澹兼曲江之沈雄體王孟之清適具高岑之悲壯王世貞則曰子業詩如高山鼓琴沈思忽往木葉盡脫石氣自青又如衞洗馬言愁憔悴婉篤令人心折而蔡汝楠至推爲本朝第一云兄仲嗣官知府亦有才名汝楠字子木兒時隨父南京聽祭酒湛若水講學輒有解悟年十八成嘉靖十一年進士授行人從王慎中唐順之及叔嗣輩學爲詩尋進刑部員外郎徙南京刑部善皇甫涍兄弟尚書顧璘引爲忘年友廷議改歸德州爲府擢汝楠知其府事以母憂歸聚諸生石鼓書院與說經治民有惠政既去士民祠祀之歷官江西左右布政使擢右副都御史巡撫河南召爲兵部右侍郎從諸大僚祝釐西宮世宗望見其貌寢改南京工部右侍郎未幾卒汝楠始好爲詩有重名中年好經學及官江西與鄒守益羅洪先游學益進然詩由此不工云

陳束字約之鄞人生而聰慧絕倫好讀古書會稽侍郎董玘官翰林時聞束才召視之束垂髫而前試詞賦立就遂字以女攜至京文譽益起嘉靖八年廷對世宗親擢羅洪先程文德楊名爲一甲而置唐順之及束任瀚於二甲皆手批其卷無何考庶吉士得胡經等二十人以束及順之瀚曾奉御批列經等首座主張璁霍韜以前此館選悉改他曹引嫌亦議改乃寢前命束授禮部主事時有嘉靖八才子之稱謂束及王慎中唐順之趙時春熊過任瀚李開先呂高也四郊改建都御史汪鋐請徙近郊居民墳墓束疏諫不報遷員外郎改編修束出璁韜門不肯親附歲時上壽望門投刺輒馳馬過之爲所惡出爲湖廣僉事分巡辰沅治有聲稍遷福建參議改河南提學副使束故有嘔血疾會科試期迫試八郡之士三月而畢疾增劇竟不起年纔三十有三妻董亦能詩束卒未幾亦卒束竟無後當嘉靖初稱詩者多宗何李束與順之輩厭而矯之束早世且槀多散逸今所傳后岡集僅十之一二云任瀚字少海南充人嘉靖八年進士改庶吉士未上授吏部主事屢遷考功郎中十八年簡宮僚改左春坊左司直兼翰林院檢討明年拜疏引疾出郭戒行疏再上不報復自引還給事中周來劾瀚擧動任情蔑視官守帝令自陳瀚語侵掌詹事霍韜帝怒勒爲民久之遇赦復官致仕終世宗朝中外屢薦不復用神宗嗣位四川巡撫劉思潔曾省吾先後疏薦優旨報聞而已瀚少懷用世志百家二氏之書罔不蒐討被廢益反求六經闡明聖學晚又潛心於易深有所得文亦高簡卒年九十三熊過字叔仁富順人瀚同年進士累官祠祭郎中坐事貶秩復除名爲民李開先字伯華章邱人束同年進士官至太常少卿性好蓄書李氏藏書之名聞天下呂高字山甫丹徒人亦束同年進士歷官山東提學副使鄉試錄文舊多出學使者手巡按御史葉經乞順之文高心憾寓書京師友人言經紕繆嚴嵩惡經遂置之死及後大計諸御史謂經禍由高乃斥歸於八子中名最下

田汝成字叔禾錢塘人嘉靖五年進士授南京刑部主事尋召改禮部十年十二月上言陛下以青宮久虛祈天建醮復普放生之仁凡羈蹄鎩羽禁在上林者咸獲縱釋顧使囹圄之徒久纏檄纆衣冠之侶流竄窮荒父子長離魂魄永喪此獨非陛下之赤子乎望大廣皇仁悉加寬宥忤旨切責停俸二月屢遷祠祭郎中廣東僉事謫知滁州復擢貴州僉事改廣西右參議分守右江龍州土酋趙楷憑祥州土酋李寰皆弒主自立與副使翁萬達密討誅之努灘賊侯公丁爲亂斷藤峽羣賊與相應汝成復偕萬達設策誘禽公丁而進兵討峽賊大破之又與萬達建善後七事一方遂靖有銀幣之賜遷福建提學副使歲當大比預定諸生甲乙比榜發一如所定汝成博學工古文尤善敘述歷官西南諳曉先朝遺事撰炎徼紀聞歸田後盤桓湖山窮浙西諸名勝撰西湖游覽志並見稱於時他所論著甚多時推其博洽子藝蘅字子蓺十歲從父過釆石賦詩有警句性放誕不羈嗜酒任俠以歲貢生爲徽州訓導罷歸作詩有才調爲人所稱

皇甫涍字子安長洲人父錄弘治九年進士任重慶知府生四子沖涍汸濂沖汸同登嘉靖七年鄉薦明年汸第進士又三年涍第進士又十三年濂亦第進士而沖尚爲舉子兄弟並好學工詩稱皇甫四傑沖字子浚善騎射好談兵遇南北內訌譔幾策兵統枕戈雜言三書凡數十萬言涍初授工部主事改禮部歷儀制員外郎主客郎中在儀制時夏言爲尚書連疏請建儲皆涍起草故言深知涍才比簡宮僚遂用爲春坊司直兼翰林檢討言者論涍改官有私謫廣平通判量移南京刑部主事進員外郎遷浙江僉事大計京官以南曹事論罷邑邑發病卒涍沈靜寡與自負高俊稍不當意終日相

對無一言居官砥廉隅然頗操切多忤物故數被譏謗云汸字子循七歲能詩官工部主事名動公卿沾沾自喜用是貶秩爲黃州推官屢遷南京稽勳郎中再貶開州同知量移處州府同知擢雲南僉事以計典論黜汸和易近聲色好狎游於兄弟中最老壽年八十乃卒濂字子約初授工部主事母喪除起故官典惜薪廠賈人僞增數罔利濂按其罪賈人女爲尚書文明妾明召濂切責之濂抗言曰公掌邦政縱奸人干紀又欲奪郎官法守邪明爲斂容謝大計謫河南布政司理問終興化同知濂兄弟與黃魯曾省曾爲中表兄弟文藻亦相似其後里人張鳳翼燕翼獻翼並負才名吳人語曰前有四皇後有三張鳳翼燕翼終舉人而獻翼爲太學生名日益高年老矣狂甚爲讐家所殺

茅坤字順甫歸安人嘉靖十七年進士歷知青陽丹徒二縣母憂服闋遷禮部主事移吏部稽勳司坐累謫廣平通判屢遷廣西兵備僉事轄府江道坤雅好談兵猺賊據鬼子諸砦殺陽朔令朝議大征總督應檟以問坤坤曰大征非兵十萬不可餉稱之今猝不能集而賊巳據險爲備計莫若鵰勦倏入殲其魁他部必讐謀自全此便計也檟善之悉以兵事委坤連破十七砦晉秩二等民立祠祀之遷大名兵備副使總督楊博歎爲奇才特薦於朝爲忌者所中追論其先任貪污狀落職歸時倭事方急胡宗憲延之幕中與籌兵事奏請爲福建副使吏部持之乃已家人橫於里爲巡按龐尚鵬所劾遂褫冠帶坤既廢用心計治生家大起年九十卒於萬曆二十九年坤善古文最心折唐順之順之喜唐宋諸大家文所著文編唐宋人自韓柳歐三蘇曾王八家外無所取故坤選八大家文鈔其書盛行海內鄉里小生無不知茅鹿門者鹿門坤別號也少子維字孝若能詩與同郡臧懋循吳稼竳吳夢暘並稱四子嘗詣闕上書希得召見陳當世大事不報

謝榛字茂秦臨清人眇一目年十六作樂府商調少年爭歌之已折節讀書刻意爲歌詩西游彰德爲趙康王所賓禮入京師脫盧柟於獄李攀龍王世貞輩結詩社榛爲長攀龍次之及攀龍名大熾榛與論生平頗相鐫責攀龍遂貽書絕交世貞輩右攀龍力相排擠削其名於七子之列然榛游道日廣秦晉諸王爭延致大河南北皆稱謝榛先生趙康王卒榛乃歸萬曆元年冬復游彰德王曾孫穆王亦賓禮之酒闌樂止命所愛賈姬獨奏琵琶則榛所製竹枝詞也榛方傾聽王命姬出拜光華射人藉地而坐竟十章榛曰此山人里言耳請更製以備房中之奏詰朝上新詞十四闋姬悉按而譜之明年元旦便殿奏伎酒止送客即盛禮而歸姬於榛榛游燕趙間至大名客請賦壽詩百章成八十餘首投筆而逝當七子結社之始尚論有唐諸家各有所重榛曰取李杜十四家最勝者熟讀之以會神氣歌詠之以求聲調玩味之以裒精華得此三要則浩乎渾淪不必塑謫仙而畫少陵也諸人心師其言厥後雖合力擯榛其稱詩指要實自榛發也盧柟字少楩濬縣人家素封輸貲爲國學生博聞强記落筆數千言爲人跅弛好使酒罵座常爲具召邑令日晏不至柟大怒徹席滅炬而臥令至柟已大醉不具賓主禮會柟役夫被搒他日牆壓死令即捕柟論死繫獄破其家里中兒爲獄卒恨柟笞之數百謀以土囊壓殺之爲他卒救解柟居獄中益讀所攜書作幽鞫放招二賦詞旨沈鬱謝榛入京師見諸貴人泣訴其冤狀曰生有一盧柟不能救乃從千古哀沅而弔湘乎平湖陸光祖選得濬令因榛言平反其獄柟出走謁榛榛方客趙康王所王立召見柟禮爲上賓諸宗人以王故爭客柟柟酒酣罵座如故及光祖爲南京禮部郎柟往訪之徧游吳會無所遇還益落魄嗜酒病三日卒柟騷賦最爲王世貞所稱詩亦豪放如其爲人

李攀龍字于鱗歷城人九歲而孤家貧自奮於學稍長爲諸生與友人許邦才殷士儋學爲詩歌已益厭訓詁學日讀古書里人共目爲狂生舉嘉靖二十三年進士授刑部主事歷員外郎郎中稍遷順德知府有善政上官交薦擢陝西提學副使鄉人殷學爲巡撫檄令屬文攀龍怫然曰文可檄致邪拒不應會其地數震攀龍心悸念母思歸遂謝病故事外官謝病不再起吏部重其才用何景明例特予告歸予告者例得再起攀龍既歸搆白雪樓名曰益高賓客造門率謝不見大吏至亦然以是得簡傲聲獨故交殷許輩過從靡間時徐中行亦家居坐客恒滿二人聞之交相得也歸田將十年隆慶改元薦起浙江副使改參政擢河南按察使攀龍至是摧亢爲和賓客亦稍稍進無何奔母喪歸哀毀得疾疾少間一日心痛卒攀龍之始官刑曹也與濮州李先芳臨清謝榛孝豐吳維岳輩倡詩社王世貞初釋褐先芳引入社遂與攀龍定交明年先芳出爲外吏又二年宗臣梁有譽入是爲五子未幾徐中行吳國倫亦至乃改稱七子諸人多少年才高氣銳互相標榜視當世無人七才子之名播天下擯先芳維岳不與已而榛亦被擯攀龍遂爲之魁其持論謂文自西京詩自天寶而下俱無足觀於本朝獨推李夢陽諸子翕然和之非是則詆爲宋學攀龍才思勁鷙名最高獨心重世貞天下亦並稱王李又與李夢陽何景明並稱何李王李其爲詩務以聲調勝所擬樂府或更古數字爲已作文則聱牙戟口讀者至不能終篇好之者推爲一代宗匠亦多受世抉摘云自號滄溟梁有譽宗臣徐中行吳國倫皆嘉靖二十九年進士有譽除刑部主事居三年以念母告歸杜門讀書大吏至辟不見卒年三十六宗臣字子相揚州興化人由刑部主事調考功謝病歸築室百花洲上讀書其中起故官移文選進稽勳員外郎嚴嵩惡之出爲福建參議倭薄城臣守西門納鄉人避難者萬人或言賊且迫曰我在不憂賊也與主者共擊退之尋遷提學副使卒官士民皆哭徐中行字子輿長興人美姿容善飲酒由刑部主事歷員外郎郎中稍遷汀州知府廣東賊蕭五來犯禦之有功策其且走俾武平令徐甫宰邀擊之讓功甫宰甫宰得優擢尋以父憂歸補汝寧坐大計貶長蘆鹽運判官遷湖廣僉事掩捕湖盜柯彩鳳得其積貯活饑民萬餘累官江西左布政使萬曆六年卒官中行性好客無賢愚貴賤應之不倦故其死也人多哀之吳國倫字明卿興國人由中書舍人擢兵科給事中楊繼盛死倡衆賻送忤嚴嵩假他事謫江西按察司知事量移南康推官調歸德居二歲棄去嵩敗起建寧同知累遷河南左參政大計罷歸國倫才氣橫放好客輕財歸田後聲名籍甚求名之士不東走太倉則西走興國萬曆時世貞既沒國倫猶無恙在七子中最爲老壽

王世貞字元美太倉人右都御史忬子也生有異稟書過目終身不忘年十九舉嘉靖二十六年進士授刑部主事世貞好爲詩古文官京師入王宗沐李先芳吳維岳等詩社又與李攀龍宗臣梁有譽徐中行吳國倫輩相倡和紹述何李名日益盛屢遷員外郎郎中奸人閻姓者犯法匿錦衣都督陸炳家世貞搜得之炳介嚴嵩以請不許楊繼盛下吏時進湯藥其妻訟夫冤爲代草既死復棺殮之嵩大恨吏部兩擬提學皆不用用爲青州兵備副使父忬以灤河失事嵩搆之論死繫獄世貞解官奔赴與弟世懋日蒲伏嵩門涕泣求貸嵩陰持忬獄而時爲謾語以寬之兩人又日囚服跽道旁遮諸貴人輿搏顙乞救諸貴人畏嵩不敢言忬竟死西市兄弟哀號欲絕持喪歸蔬食三年不入內寢既除服猶却冠帶苴履葛巾不赴宴會隆慶元年八月兄弟伏闕訟父冤言爲嵩所害大學士徐階左右之復忬官世貞意不欲出會詔求直言疏陳法祖宗正殿名廣恩義寬禁例修典章推德意昭爵賞練兵實八事以應詔無何吏部用言官薦令以副使涖大名遷浙江右參政山西按察使母憂歸服除補湖廣旋改廣西右布政使入爲太僕卿萬曆二年九月以右副都御史撫治鄖陽數條奏屯田戍守兵食事宜咸切大計有奸僧僞稱樂平王次子奉高皇帝御容金牒行游天下世貞曰宗藩不得出城而譸張如此必僞也捕訊之服辜張居正枋國以世貞同年生有意引之世貞不甚親附所部荊州地震引京房占謂臣道太盛坤維不寧用以諷居正居正婦弟辱江陵令世貞論奏不少貸居正積不能堪會還南京大理卿爲給事中楊節所劾即取旨罷之後起應天府尹復被劾罷居正歿起南京刑部右侍郎辭疾不赴久之所善王錫爵秉政起南京兵部右侍郎先是世貞爲副都御史及大理卿應天尹與侍郎品皆正三世貞通理前俸得考滿廕子比擢南京刑部尚書御史黃世榮言世貞先被劾不當計俸據故事力爭世貞乃三疏移疾歸二十一年卒於家世貞始與李攀龍狎主文盟攀龍殁獨操柄二十年才最高地望最顯聲華意氣籠蓋海內一時士大夫及山人詞客衲子羽流莫不奔走門下片言褒賞聲價驟起其持論文必西漢詩必盛唐大曆以後書勿讀而藻飾太甚晚年攻者漸起世貞顧漸造平淡病亟時劉鳳往視見其手蘇子瞻集諷翫不置也世貞自號鳳洲又號弇州山人其所與遊者大氐見其集中各爲標目曰前五子者攀龍中行有譽國倫臣也後五子則南昌余曰德蒲圻魏裳歙汪道昆銅梁張佳允新蔡張九一也廣五子則崑山俞允文濬盧柟濮州李先芳孝豐吳維岳順德歐大任也續五子則陽曲王道行東明石星從化黎民表南昌朱多煃常熟趙用賢也末五子則京山李維楨鄞屠隆南樂魏允中蘭谿胡應麟而用賢復與焉其所去取頗以好惡爲高下余曰德字德甫張佳允字肖甫張九一字助甫世貞詩所謂吾黨有三甫也魏裳字順甫與曰德俱嘉靖二十九年進士曰德終福建副使裳終濟南知府九一嘉靖三十二年進士終巡撫寧夏僉都御史佳允自有傳汪道昆字伯玉世貞同年進士大學士張居正亦其同年生也父七十壽道昆文當其意居正亟稱之世貞筆之藝苑巵言曰文繁而有法者于鱗簡而有法者伯玉道昆由

是名大起晚年官兵部左侍郎世貞亦嘗貳兵部天下稱兩司馬世貞頗不樂嘗自悔獎道昆爲違心之論云

胡應麟幼能詩萬曆四年舉於鄉久不第築室山中構書四萬餘卷手自編次多所撰著攜詩謁世貞世貞喜而激賞之歸益自負所著詩藪二十卷大抵奉世貞巵言爲律令而敷衍其說謂詩家之有世貞集大成之尼父也其貢諛如此世貞弟世懋字敬美嘉靖三十八年成進士即遭父憂父雪始選南京禮部主事歷陜西福建提學副使再遷太常少卿先世貞三年卒好學善詩文名亞其兄世貞力推引之以爲勝己攀龍道昆輩因稱爲少美世貞子士騏字冏伯舉鄉試第一登萬曆十七年進士終吏部員外郎亦能文

歸有光字熙甫崑山人九歲能屬文弱冠盡通五經三史諸書師事同邑魏校嘉靖十九年舉鄉試八上春官不第徙居嘉定安亭江上讀書談道學徒常數百人稱爲震川先生四十四年始成進士授長興知縣用古教化爲治每聽訟引婦女兒童案前刺刺作吳語斷訖遣去不具獄大吏令不便輒寢閣不行有所擊斷直行己意大吏多惡之調順德通判專轄馬政明世進士爲令無遷倅者名爲遷實重抑之也隆慶四年大學士高拱趙貞吉雅知有光引爲南京太僕丞留掌內閣制敕房修世宗實錄卒官有光爲古文原本經術好太史公書得其神理時王世貞主盟文壇有光力相觝排目爲妄庸巨子世貞大憾其後亦心折有光爲之讚曰千載有公繼韓歐陽余豈異趨久而自傷其推重如此有光少子子慕字季思舉萬曆十九年鄉試再被放即屏居江村與無錫高攀龍最善其歿也巡按御史祁彪佳請於朝贈翰林待詔有光制舉義湛深經術卓然成大家後德清胡友信與齊名世並稱歸胡友信字成之隆慶二年進士授順德知縣歲賦率奸胥攬輸稍以所入啗長吏謂之月錢友信與民約歲爲三限多寡皆自輸不取贏閭里無妄費而公賦以充海寇竊發官軍往討民間驛騷部內烏洲大洲賊所巢穴諸惡少爲賊耳目友信悉勾得之捕誅其魁餘黨解散鄉立四應社一鄉有警三鄉鼓而援之不援者罪同賊賊不敢發歲大凶民饑死無敢爲惡者初友信慮民輕法涖以嚴後令行禁止更爲寬大或旬日不笞一人其治縣如家弊修墮舉學校城池咸爲更新督課邑子弟教化興起卒官士民立祠奉祀友信博通經史學有根柢明代舉子業最擅名者前則王鏊唐順之後則震川思泉思泉友信別號也

明史卷二百八十八　　列傳第一百七十六

總裁官總理事務經筵講官少保兼太子太保保和殿大學士兼管吏部戶部尚書加七級臣張廷玉等奉

敕修

文苑四

李維楨 郝敬　　徐渭 屠隆

王穉登 俞允文 王叔承　　瞿九思

唐時升 婁堅 程嘉燧 李流芳　　焦竑 黃輝 陳仁錫

董其昌 莫如忠 邢侗 米萬鍾　　袁宏道 鍾惺 譚元春

王惟儉 李日華　　曹學佺 曾異撰

王志堅　　艾南英 章世純 羅萬藻

陳際泰　　張溥 張采

李維楨字本寧京山人父裕福建布政使維楨舉隆慶二年進士由庶吉士授編修萬曆時穆宗實錄成進修撰出爲陜西右參議遷提學副使浮湛外僚幾三十年天啓初以布政使家居年七十餘矣會朝議登用耆舊召爲南京太僕卿旋改太常未赴聞諫官有言辭不就時方修神宗實錄給事中薛大中特疏薦之未及用四年四月太常卿董其昌復薦之乃召爲禮部右侍郎甫三月進尚書並在南京維楨緣史事起用乃館中諸臣憚其以前輩壓己不令入館但超遷其官維楨亦以年衰明年正月力乞骸骨去又明年卒於家年八十崇禎時贈太子太保維楨弱冠登朝博聞強記與同館許國齊名館中爲之語曰記不得問老許做不得問小李維楨爲人樂易闓達賓客雜進其文章弘肆有才氣海內請求者無虛日能屈曲以副其所望碑版之文照耀四裔門下士招富人大賈受取金錢代爲請乞亦應之無倦負重名垂四十年然文多率意應酬品格不能高也

邑人郝敬字仲輿父承健舉於鄉官肅寧知縣敬幼稱神童性跅弛嘗殺人繫獄維楨其父執也援出之館於家始折節讀書舉萬曆十七年進士歷知縉雲永嘉二縣竝有能聲徵授禮科給事中乞假歸養久之補戶科數有所論奏山東稅監陳增貪橫爲益都知縣吳宗堯所奏帝不罪敬上言開採不罷則陛下明旨不過爲愚弄臣民之虛文乞先停止然後以宗堯所奏下撫按勘覈正增不法之罪不聽頃之山東巡撫尹應元亦極論增罪帝怒切責應元斥宗堯爲民敬再上言陛下處陳增一事甚失衆心帝怒奪俸一年帝遣中官高寀榷稅京口暨祿榷稅儀真敬復力諫宗堯之劾增也增怒甚誣訐其贓私詞連青州一府官僚旁引商民吳時奉等請皆籍沒帝輒可之敬復力詆增乞速褫其奏亦不納坐事謫知江陰縣貪污不檢物論皆不予遂投劾歸杜門著書崇禎十二年卒

徐渭字文長山陰人十餘歲倣楊雄解嘲作釋毀長師同里季本爲諸生有盛名總督胡宗憲招致幕府與歙余寅鄞沈明臣同筦書記宗憲得白鹿將獻諸朝令渭草表并他客草寄所善學士擇其尤上之學士以渭表進世宗大悅益寵異宗憲宗憲以是益重渭宗憲嘗宴將吏於爛柯山酒酣樂作明臣作鐃歌十章中有云狹巷短兵相接處殺人如草不聞聲宗憲起捋其鬚曰何物沈生雄快乃爾即命刻於石寵禮與渭埒督府勢嚴重將吏莫敢仰視渭角巾布衣長揖縱談幕中有急需夜深開戟門以待渭或醉不至宗憲顧善之寅明臣亦頗負崖岸以侃直見禮渭知兵好奇計宗憲擒徐海誘王直皆預其謀藉宗憲勢頗橫及宗憲下獄渭懼禍遂發狂引巨錐剚耳深數寸又以椎碎腎囊皆不死已又擊殺繼妻論死繫獄里人張元忭力救得免乃游金陵抵宣遼縱觀諸邊阨塞善李成梁諸子入京師主元忭元忭導以禮法渭不能從久之怒而去後元忭卒白衣往弔撫棺慟哭不告姓名去渭天才超軼詩文絕出倫輩善草書工寫花草竹石嘗自言吾書第一詩次之文次之畫又次之當嘉靖時王李倡七子社謝榛以布衣被擯渭憤其以軒冕壓韋布誓不入二人黨後二十年公安袁宏道游越中得渭殘帙以示祭酒陶望齡相與激賞刻其集行世寅字仲房明臣字嘉則皆有詩名屠隆者字長卿明臣同邑人也生有異才嘗學詩於明臣落筆數千言立就族人大山里人張時徵方爲貴官共相延譽名大噪舉萬曆五年進士除潁上知縣調繁青浦時招名士飲酒賦詩游九峯三泖以仙令自許然於吏事不廢士民皆愛戴之遷禮部主事西寧侯宋世恩兄事隆宴游甚歡刑部主事俞顯卿者險人也嘗爲隆所詆心恨之訐隆與世恩淫縱詞連禮部尚書陳經邦隆等上疏自理并列顯卿挾仇誣陷狀所司乃兩黜之而停世恩俸半歲隆歸道青浦父老爲斂田千畝請徙居隆不許歡飲三日謝去歸益縱情詩酒好賓客賣文爲活詩文率不經意一揮數紙嘗戲命兩人對案拈二題各賦百韻咄嗟之間二章並就又與人對弈口誦詩文命人書之書不逮誦也子婦沈氏修撰懋學女與隆女瑤瑟並能詩隆有所作兩人輒和之兩家兄弟合刻其詩曰留香草

王穉登字伯穀長洲人四歲能屬對六歲善擘窠大字十歲能詩長益駿發有盛名嘉靖末遊京師客大學士袁煒家煒試諸吉士紫牡丹詩不稱意命穉登爲之有警句煒召數諸吉士曰君輩職文章能得王秀才一句耶將薦之朝不果隆慶初復遊京師徐階當國頗修憾於煒或勸穉登弗名袁公客不從刻燕市客越二集備書其事吳中自文徵明後風雅無定屬穉登嘗及徵明門遂接其風主詞翰之席者三十餘年嘉隆萬曆間布衣山人以詩名者十數俞允文王叔承沈明臣輩尤爲世所稱然聲華烜赫穉登爲最申時行以元老里居特相推重王世貞與同郡友善顧不甚推之及世貞歿其仲子士騏坐事繫獄穉登爲傾身救援人以是重其風義萬曆中詔修國史大學士趙志皐輩薦穉登及其同邑魏學禮江都陸弼黃岡王一鳴有詔徵用未上而史局罷卒年七十餘子留字亦房亦以詩名俞允文字仲蔚崑山人其父舉進士官大理評事允文年十五爲馬鞍山賦援据該博年未四十謝去諸生專力於詩文書法與王世貞善而不喜李攀龍詩其持論不苟同如此王叔承字承父吳江人少孤治經生業以好古謝去貧贅婦家爲婦翁所逐不予一錢乃攜婦歸奉母貧益甚入都客大學士李春芳所性嗜酒春芳有所譔述覓之往往臥酒樓欠伸弗肯應久之乃謝歸太倉王錫爵其布衣交也再召會有三王並封之議叔承遺書數千言謂當引大義以去就力爭不當依違兩端負主恩辜物望錫爵得書歎服其詩極爲世貞兄弟所許卒於萬曆中

瞿九思字睿夫黃梅人父晟嘉靖三十二年進士歷官廣平知府鑿長渠三百里引水爲四閘得田數十萬畝卒於官九思十歲從父宦吉安事羅洪先十五作定志論後從同郡耿定向游學益進舉萬曆元年鄉試居二年縣令張維翰違制苛派民聚毆之維翰坐九思倡亂巡按御史向程劾維翰激變吏部尚書張瀚言御史議非是九思遂長流塞下子甲年十三爲書數千言歷抵公卿訟父冤甲弟罕亦伏闕上書求宥屠隆作訟瞿生書遍告中外馮夢禎亦白於楚中當事而張居正故才九思乃獲釋歸三十七年以撫按疏薦授翰林待詔力辭不受詔有司歲給米六十石終其身乃撰樂章及萬曆武功錄遣罕詣闕上之卒年七十一九思學極奧博其文章不雅馴然一時嗜古篤志之士亦鮮其儔甲字釋之年十九舉於鄉早卒罕字曰有七歲能文白父冤時往返徒步不避寒餒天下稱雙孝崇禎時辟舉知州

唐時升字叔達，嘉定人。父欽訓與歸有光善，故時升早登有光之門。年未三十，謝舉子業，專意古學。王世貞官南都，延之邸舍，與辨晰疑義。時升自以出歸氏門，不肯復稱王氏弟子。及王錫爵枋國，其子衡邀時升入都。値塞上用兵，逆斷其情形虛實，將帥勝負，無一爽者。家貧，好施予，灌園藝蔬，蕭然自得。詩援筆成，不加點竄。文得有光之傳。與里人婁堅、程嘉燧並稱曰練川三老。卒於崇禎九年，年八十有六。婁堅字子柔。幼好學，其師友皆出有光門。堅學有師承，經明行修，鄉里推爲大師。貢於國學，不仕而歸。工書法，詩亦淸新。四明謝三賓知縣事，合時升、堅、嘉燧及李流芳詩刻之，曰嘉定四先生集。流芳字長蘅，萬曆三十四年舉於鄉。工詩善書，尤精繪事。天啓初，會試北上，抵近郊，聞警，賦詩而返，遂絕意進取。程嘉燧字孟陽，休寧人，僑居嘉定。工詩善畫。與通州顧養謙善。友人勸詣之，乃渡江寓古寺，與酒人歡飲三日夜，賦詠古五章，不見養謙而返。崇禎中，常熟錢謙益以侍郎罷歸，築耦耕堂，邀嘉燧讀書其中。閱十年返休寧，遂卒，年七十有九。謙益最重其詩，稱曰松圓詩老。

焦竑字弱侯，江寧人。爲諸生，有盛名。從督學御史耿定向學，復質疑於羅汝芳。舉嘉靖四十三年鄉試，下第還。定向遴十四郡名士讀書崇正書院，以竑爲之長。及定向里居，復往從之。萬曆十七年，始以殿試第一人官翰林修撰，益討習國朝典章。二十二年，大學士陳于陛建議修國史，欲竑專領其事，竑遜謝，乃先撰經籍志，其他率無所撰，館亦竟罷。翰林敎小內侍書者，衆視爲具文，竑獨曰：「此曹他日在帝左右，安得忽之。」取古奄人善惡，時與論說。皇長子出閣，竑爲講官。故事，講官進講罕有問者。竑講畢，徐曰：「博學審問，功用維均，敷陳或未盡，惟殿下賜明問。」皇長子稱善，然無所質難也。一日，竑復進曰：「殿下言不易發，得毋諱其誤耶？解則有誤，問復何誤。古人不恥下問，願以爲法。」皇長子復稱善，亦竟無所問。竑乃與同列謀，先啓其端。適講舜典，竑舉「稽於衆，舍己從人」爲問。皇長子曰：「稽者，考也。考集衆思，然後舍己之短，從人之長。」又一日，舉「上帝降衷，若有恒性」。皇長子曰：「此無他，卽天命之謂性也。」時方十三齡，答問無滯，竑亦竭誠啓迪。嘗講次，羣鳥飛鳴，皇長子仰視，竑輟講肅立，皇長子斂容聽，乃復講如初。竑嘗採古儲君事可爲法戒者爲養正圖說，擬進之，同官郭正域輩惡其不相聞，目爲賈譽，竑遂止。竑旣負重名，性復疎直，時事有不可，輒形之言論，政府亦惡之，張位尤甚。二十五年主順天鄉試，舉子曹蕃等九人文多險誕語，竑被劾，謫福寧州同知。歲餘大計，復鐫秩，竑遂不出。竑博極羣書，自經史至稗官雜說，無不淹貫。善爲古文，典正馴雅，卓然名家。集名澹園，竑所自號也。講學以汝芳爲宗，而善定向兄弟及李贄，時頗以禪學譏之。萬曆四十八年卒，年八十。熹宗時，以先朝講讀恩，復官，贈諭德，賜祭廕子。福王時，追謚文端。子潤生，見忠義傳。黃輝字平倩，一字昭素，南充人。竑同年進士。幼穎異。父子元，官湖廣御史，屬訊疑獄，輝檢律如老吏。御史聞而異之，命負以至，授錢穀集，一覽輒記。稍長，博極羣書。年十五，舉鄉試第一。久之，成進士，改庶吉士。館課文字多沿襲熟爛，目爲翰林體。及李攀龍、王世貞之學行，則又改而從之。輝刻意學古，一以韓、歐爲師，館閣文稍變。時同館中詩文推陶望齡，書畫推董其昌，輝詩及書與齊名。至徵事，輝十得八九，竑以閎雅名，亦自遜不如也。由編修遷右中允，充皇長子講官。時帝寵鄭貴妃，疎皇后、長子，長子生母王恭妃幾殆。輝從內豎微知其狀，謂同里給事中王德完曰：「此國家大事，旦夕不測，書之史冊，謂朝廷無人，吾輩爲萬世僇矣。」德完奮然，屬輝具草上之，下獄廷杖瀕死。輝周旋槖饘，不避險阻。人或危之，輝曰：「吾陷人於禍，可坐視乎？」輝雅好禪學，多方外交，爲言者所論。時已爲庶子，掌司經局，遂請告歸。已，起故官，擢少詹事兼侍讀學士，卒官。

陳仁錫字明卿，長洲人。父允堅，進士，歷知諸暨、崇德二縣。仁錫年十九，舉萬曆二十五年鄉試。聞武進錢一本善易，往師之，得其指要。久不第，益究心經史之學，多所論著。天啓二年，以殿試第三人授翰林編修。時第一爲文震孟，亦老成宿學，海內咸慶得人。明年，丁內艱，廬墓次。服闋，起故官，尋直經筵，典誥敕。魏忠賢冒邊功，矯旨錫上公爵，給世券。仁錫當視草，持不可。其黨以威劫之，毅然曰：「世自有視草者，何必我。」忠賢聞之怒，不數日，里人孫文豸以誦步天歌見捕，坐妖言，鍛鍊成獄，詞連仁錫及震孟，罪將不測。有密救者，得削籍歸。崇禎改元，召復故官，旋進右中允，署國子司業事。再直經筵，以預修神、光二朝實錄，進右諭德。乞假歸，越三年，卽家起南京國子祭酒，甫拜命，得疾卒。福王時，贈詹事，謚文莊。仁錫講求經濟，有志天下事。性好學，喜著書，一時館閣中博洽者鮮其儔云。

董其昌字元宰，松江華亭人。舉萬曆十七年進士，改庶吉士。禮部侍郎田一儁以教習卒官，其昌請假，走數千里，護其喪歸葬。還授編修。皇長子出閣，充講官，因事啓沃，皇長子每目屬之。坐失執政意，出爲湖廣副使，移疾歸。起故官，督湖廣學政，不徇請囑，爲勢家所怨，嗾生儒數百人鼓譟，毀其公署。其昌卽拜疏求去，帝不許，而令所司按治，其昌卒謝事歸。起山東副使、登萊兵備、河南參政，並不赴。光宗立，問：「舊講官董先生安在？」乃召爲太常少卿，掌國子司業事。天啓二年，擢本寺卿，兼侍讀學士。時修神宗實錄，命往南方採輯先朝章疏及遺事，其昌廣搜博徵，錄成三百本。又採留中之疏切於國本、藩封、人才、風俗、河渠、食貨、吏治、邊防者，別爲四十卷，倣史贊之例，每篇繫以筆斷。書成表進，有詔褒美，宣付史館。明年秋，擢禮部右侍郎，協理詹事府事，尋轉左侍郎。五年正月，拜南京禮部尚書。時政在奄豎，黨禍酷烈，其昌深自引遠，踰年請告歸。崇禎四年，起故官，掌詹事府事。居三年，屢疏乞休，詔加太子太保致仕。又二年卒，年八十有三。贈太子太傅。福王時，謚文敏。其昌天才俊逸，少負重名。初，華亭自沈度、沈粲以後，南安知府張弼、詹事陸深、布政莫如忠及子是龍皆以善書稱。其昌後出，超越諸家，始以宋米芾爲宗。後自成一家，名聞外國。其書集宋、元諸家之長，行以己意，瀟灑生動，非人力所及也。四方金石之刻，得其制作手書，以爲二絕。造請無虛日，尺素短札，流布人間，爭購寶之。精於品題，收藏家得片語隻字以爲重。性和易，通禪理，蕭閒吐納，終日無俗語。人儗之米芾、趙孟頫云。同時以善書名者，臨邑邢侗、順天米萬鍾、晉江張瑞圖，時人謂邢、張、米、董，又曰南董北米。然三人者，不逮其昌遠甚。莫如忠字子良，嘉靖十七年進士。累官浙江布政使。潔修自好。夏言死，經紀其喪。善草書，詩文有體要。是龍字雲卿，後以字行，更字廷韓。十歲能文，長善書，皇甫汸、王世貞輩亟稱之。以貢生終。邢侗字子愿，萬曆二年進士。終陝西行太僕卿。家資鉅萬，築來禽館於古犂邱，減產奉客，遂致中落。妹慈靜，善倣兄書。米萬鍾字友石，萬曆二十三年進士。歷官江西按察使。天啓五年，魏忠賢黨倪文煥劾之，遂削籍。崇禎初，起太僕少卿，卒官。張瑞圖者，官至大學士，逆案中人也。

袁宏道字中郎，公安人。與兄宗道、弟中道並有才名，時稱三袁。宗道字伯修。萬曆十四年會試第一。授庶吉士，進編修，卒官右庶子。泰昌時，追錄光宗講官，贈禮部右侍郎。宏道年十六爲諸生，卽結社城南，爲之長。閒爲詩歌古文，有聲里中。舉萬曆二十年進士。歸家，下帷讀書，詩文主妙悟。選吳縣知縣，聽斷敏決，公庭鮮事。與士大夫談說詩文，以風雅自命。已而解官去。起授順天教授，歷國子助教、禮部主事，謝病歸。久之，起故官。尋以清望擢吏部驗封主事，改文選。尋移考功員外郎。立歲終考察羣吏法，言：「外官三歲一察，京官六歲，武官五歲，此曹安得獨免。」疏上，報可，遂爲定制。遷稽勳郎中，後謝病歸，數月卒。中道字小修。十餘歲，作黃山、雪二賦，五千餘言。長益豪邁，從兩兄宦游京師，多交四方名士，足跡半天下。萬曆三十一年始舉於鄉，又十四年乃成進士。由徽州教授歷國子博士、南京禮部主事。天啓四年，進南京吏部郎中，卒於官。先是，王、李之學盛行，袁氏兄弟獨心非之。宗道在館中，與同館黃輝力排其說。於唐好白樂天，於宋好蘇軾，名其齋曰白蘇。至宏道，益矯以清新輕俊，學者多舍王、李而從之，目爲公安體。然戲謔嘲笑，間雜俚語，空疎者便之。其後王、李風漸息，而鍾、譚之說大熾。鍾、譚者，鍾惺、譚元春也。惺字伯敬，竟陵人。萬曆三十八年進士。授行人，稍遷工部主事，尋改南京禮部，進郎中。擢福建提學僉事，以父憂歸，卒於家。惺貌寢，羸不勝衣，爲人嚴冷，不喜接俗客，由此得謝人事。官南都，僦秦淮水閣讀史，恒至丙夜，有所見，卽筆之，名曰史懷。晚逃於禪以卒。自宏道矯王、李詩之弊，倡以清眞，惺復矯其弊，變而爲幽深孤峭。與同里譚元春評選唐人之詩爲唐詩歸，又評選隋以前詩爲古詩歸。鍾、譚之名滿天下，謂之竟陵體。然兩人學不甚富，其識解多僻，大爲通人所譏。元春字友夏，名輩後於惺，以詩歸故，與齊名。至天啓七年，始舉鄉試第一，惺已前卒矣。

王惟儉字損仲，祥符人。萬曆二十三年進士。授濰縣知縣，遷兵部職方主事。三十年春，遼東總兵官馬林以忤稅使高淮被逮，兵部尚書田樂等救之，帝怒，責職方不推代者，空司而逐，惟儉亦削籍歸。家居二十年。光宗立，起光祿丞，三遷大理少卿。天啓三年八月，擢右僉都御史，巡撫山東。値徐鴻儒之亂，民多逃亡，遼人避難來者亦多失所，惟儉加意綏輯。五年三月，擢南京兵部右侍郎，未赴，入爲工部右侍郎。魏忠賢黨御史田景新劾之，落職閒住。惟儉資敏嗜學。初被廢，肆力經史百家。苦宋史繁蕪，手刪定，自爲一書。好書畫古玩。萬曆、天啓間，世所稱博物君子，惟儉與董其昌並，而嘉興李日華亞之。日華字君實，嘉興人。萬曆二十年進士。官至太僕少卿。恬澹和易，與物無忤。惟儉則口多微詞，好抨擊道學，人不能堪。嘗與時輩讌集，徵漢書一事，具悉本末，指其腹笑曰：「名下寧有虛士乎！」其自喜如此。

曹學佺字能始侯官人弱冠舉萬曆二十三年進士授戶部主事中察典調南京添注大理左寺正居冗散七年肆力於學累遷南京戶部郎中四川右參政按察使蜀府燬於火估修費七十萬金學佺以宗藩條例却之又中察典議調天啓二年起廣西右參議初梃擊獄興劉廷元輩主瘋顛學佺著野史紀畧直書事本末至六年秋學佺遷陝西副使未行而廷元附魏忠賢大幸乃劾學佺私撰野史淆亂國章遂削籍燬所鏤板巡按御史王政新以嘗薦學佺亦勒閒住廣西大吏揣學佺必得重禍羈留以待已知忠賢無意殺之乃得釋還崇禎初起廣西副使力辭不就家居二十年著書所居石倉園中爲石倉十二代詩選盛行於世嘗謂二氏有藏吾儒何獨無欲修儒藏與鼎立采擷四庫書因類分輯十有餘年功未及竣兩京繼覆唐王立於閩中起授太常卿尋遷禮部右侍郎兼侍講學士進尚書加太子太保及事敗走入山中投繯而死年七十有四詩文甚富總名石倉集萬曆中閩中文風頗盛自學佺倡之晚年更以殉節著云其同邑後起者曾異撰字弗人晉江人家侯官父爲諸生早卒母張氏以遺腹生家窶甚紡績給晨夕異撰起孤童事母至孝歲饑採薯葉雜糠籺食之母妻嘗負畚鍤乾草給爨然性介甚長吏知其貧欲爲地不屑也吳興潘曾紘督學政上其母節行獲旌於朝及曾紘巡撫南贛得王惟儉所撰宋史招異撰及新建徐世溥更定未成而罷異撰久爲諸生究心經世學所爲詩有奇氣崇禎十二年舉鄉試年四十有九矣再赴會試還遂卒

王志堅字弱生崑山人父臨亭進士杭州知府志堅舉萬曆三十八年進士授南京兵部主事遷員外郎郎中假日要同舍郎爲讀史社撰讀史商語遷貴州提學僉事不赴乞侍養歸天啓二年起督浙江驛傳奔母喪歸崇禎四年復以僉事督湖廣學政禮部推爲學政第一六年卒於官志堅少與李流芳同學爲詩文法唐宋名家通籍後卜居吳門古南園杜門却埽肆志讀書先經後史先史後子集其讀經先箋疏而後辨論讀史先證據而後發明讀子則謂唐宋而後無子當取說家之有裨經史者補之讀集則定秦漢以後古文爲五編考覈唐宋碑志援史傳据雜說以參覈其事之同異文之純駁其於內典亦深辨性相之宗作詩甚富自選止七十餘首弟志長字平仲舉於鄉亦深於經學

艾南英字千子東鄉人七歲作竹林七賢論長爲諸生好學無所不窺萬曆末場屋文腐爛南英深疾之與同郡章世純羅萬藻陳際泰以興起斯文爲任乃刻四人所作行之世世人翕然歸之稱爲章羅陳艾天啓四年南英始舉於鄉座主檢討丁乾學給事中郝土膏發策詆魏忠賢南英對策亦有譏刺語忠賢怒削考官籍南英亦停三科莊烈帝卽位詔許會試久之卒不第而文日有名負氣陵物人多憚其口始王李之學大行天下談古文者悉宗之後鍾譚出而一變至是錢謙益負重名於詞林痛相糾駁南英和之排詆王李不遺餘力兩京繼覆江西郡縣盡失南英乃入閩唐王召見陳十可憂疏授兵部主事尋改御史明年八月卒於延平章世純字大力臨川人博聞强記舉天啓元年鄉試崇禎中累官柳州知府年已七十矣聞京師變悲憤遘疾卒羅萬藻字文止世純同縣人天啓七年舉於鄉崇禎中行保舉法祭酒倪元璐以萬藻應詔辭不就福王時爲上杭知縣唐王立於閩擢禮部主事南英卒哭而殯之居數月亦卒陳際泰字大士亦臨川人父流寓汀州武平生於其地家貧不能從師又無書時取旁舍兒書屏人竊誦從外兄所獲書經四角已漫滅且無句讀自以意識別之遂通其義十歲於外家藥籠中見詩經取而疾走父見之怒督往田則攜至田所踞高阜而哦遂畢身不忘久之返臨川與南英輩以時文名天下其爲文敏甚一日可二三十首先後所作至萬首經生舉業之富無若際泰者崇禎三年舉於鄉又四年成進士年六十有八矣又三年除行人居四年護故相蔡國用喪南行卒於道

張溥字天如太倉人伯父輔之南京工部尚書溥幼嗜學所讀書必手鈔鈔已朗誦一過卽焚之又鈔如是者六七始已右手握管處指掌成繭冬日手皸日沃湯數次後名讀書之齋曰七錄以此也與同里張采共學齊名號婁東二張崇禎元年以選貢生入都采方成進士兩人名徹都下已而采官臨川溥歸集郡中名士相與復古學名其文社曰復社四年成進士改庶吉士以葬親乞假歸讀書若經生無間寒暑四方噉名者爭走其門盡名爲復社溥亦傾身結納交游日廣聲氣通朝右所品題甲乙頗能爲榮辱諸奔走附麗者輒自矜曰吾以嗣東林也執政大僚由此惡之里人陸文聲者輸貲爲監生求入社不許采又嘗以事抶之文聲詣闕言風俗之弊皆原於士子溥采爲主盟倡復社亂天下溫體仁方枋國事下所司遷延久之提學御史倪元珙兵備參議馮元颺太倉知州周仲連言復社無可罪三人皆貶斥嚴旨窮究不已閩人周之夔者嘗爲蘇州推官坐事罷去疑溥爲之恨甚聞文聲訐溥遂伏闕言溥等把持計典已罷職實其所爲因及復社恣橫狀章下巡撫張國維等言之夔去官無預溥事亦被旨譙讓至十四年溥已卒而事猶未竟刑部侍郎蔡奕琛坐黨薛國觀繫獄未知溥卒也訐溥遙握朝柄已罪由溥因言采結黨亂政詔責溥采回奏采上言復社非臣事然臣與溥生平相淬礪死避網羅負義圖全誼不出此念溥日夜解經論文矢心報稱曾未一日服官懷忠入地卽今嚴綸之下并不得泣血自明良足哀悼當是時體仁已前罷繼者張至發薛國觀皆不喜東林故所司不敢復奏及是至發國觀亦相繼罷而周延儒當國溥座主也其獲再相溥有力焉故采疏上事卽得解明年御史劉熙祚給事中姜埰交章言溥砥行博聞所纂述經史有功聖學宜取備乙夜觀帝御經筵問及二人延儒對曰讀書好秀才帝曰溥已卒采小臣言官何爲薦之延儒曰二人好讀書能文章言官爲舉子時讀其文又以其用未竟故惜之耳帝曰亦未免偏延儒言誠如聖諭溥與黃道周皆偏因善讀書以故惜之者衆帝頷之遂有詔徵溥遺書而道周亦復官有司先後錄上三千餘卷帝悉留覽溥詩文敏捷四方徵索者不起草對客揮毫俄頃立就以故名高一時卒時年止四十采字受先與溥善溥性寬泛交博愛采特嚴毅喜甄別可否人有過嘗面叱之知臨川擢强扶弱聲大起移疾歸士民泣送載道知州劉士斗錢肅樂嚴重之以奸蠹詢采片紙報咸置之法福王時起禮部主事進員外郎乞假去南都失守奸人素銜采者羣擊之死復用大錐亂刺之已而甦避之鄱邑又三年卒

明史卷二百八十九　列傳第一百七十七

總裁官總理事務經筵講官少保兼太子太保保和殿大學士兼管吏部戶部尚書事加六級張廷玉等奉

敕修

忠義

從古忠臣義士爲國捐生節炳一時名垂百世歷代以來備極表章尚已明太祖倂業江左首褒余闕福壽以作忠義之氣至從龍將士或功未就而身亡若豫章康郎山兩廟及雞籠山功臣廟所祀諸人爵贈公侯血食俎豆侑享太廟恤錄子孫所以褒厲精忠激揚義烈意至遠也建文之變羣臣不憚膏鼎鑊赤姻族以抗成祖之威稜雖表忠一錄出自傳疑亦足以知人心天性之不泯矣仁宣以降重熙累洽垂二百餘載中間如交阯之征土木之變宸濠之叛以暨神熹兩朝邊陲多故湛身殉難者未易更僕數而司勳褒䘏之典悉從優厚或所司失奏後人得自陳請故節烈之續咸得顯暴於時迨莊烈之朝運丁陽九時則內外諸臣或隕首封疆或致命闕下蹈死如歸者尤衆今就有明一代死義死事之臣博采旁蒐彙次如左同死者各因事附見其事實繁多及國家興亡所繫或連屬他傳本末始著與夫直諫死忠疏草傳誦人口槩具前帙至若抒忠勝國抗命興朝稽諸前史例得竝書我

太祖

太宗忠厚開基扶植名教獎張銓之守義釋張春而加禮

洪量同天地大義懸日月

國史所載煥若丹青諸臣之遂志成仁斯爲無忝故備列焉

花雲懷遠人貌偉而黑驍勇絕倫至正十三年癸巳杖劍謁太祖於臨濠奇其才俾將兵略地所至輒克破懷遠禽其帥攻全椒拔之襲繆家寨羣寇散走太祖將取滁州率數騎前行雲從猝遇賊數千雲舉鈹翼太祖拔劍躍馬衝陣而進賊驚曰此黑將軍勇甚不可當其鋒兵至遂克滁州甲午從取和州獲卒三百以功授管勾乙未太祖渡江雲先濟旣克太平以忠勇宿衞左右從下集慶獲卒三千擢總管徇鎭江丹陽丹徒金壇皆克之過馬駄沙劇盜數百遮道索戰雲且行且鬬三日夜皆禽殺之授前部先鋒從拔常州守牛塘營太祖立行樞密院於太平擢雲院判丁酉克常熟獲卒萬餘命趣寧國兵陷山澤中八日羣盜相結梗道雲操矛鼓譟出入斬首千百計身不中一矢還駐太平庚子閏五月陳

友諒以舟師來寇雲與元帥朱文遜知府許瑗院判王鼎結陣迎戰文遜戰死賊攻三日不得入以巨舟乘漲緣舟尾攀堞而上城陷賊縛雲雲奮身大呼縛盡裂起奪守者刀殺五六人罵曰賊非吾主敵盍趣降賊怒碎其首縛諸檣叢射之罵賊不少變至死聲猶壯年三十有九瑗鼎亦抗罵死太祖卽吳王位追封雲東邱郡侯瑗高陽郡侯鼎太原郡侯立忠臣祠竝祀之方戰急雲妻郜祭家廟挈三歲兒泣語家人曰城破吾夫必死吾義不獨存然不可使花氏無後若等善撫之雲被執郜赴水死侍兒孫瘞畢抱兒行被掠至九江孫夜投漁家脫簪珥屬養之及漢兵敗孫復竊兒走渡江遇僨軍奪舟棄江中浮斷木入葦洲採蓮實哺兒七日不死夜半有老父雷老挈之行踰年達太祖所孫抱兒拜泣太祖亦泣寘兒膝上曰將種也賜雷老衣忽不見賜兒名煒累官水軍衞指揮僉事其五世孫爲遼復州衞指揮請於世宗贈郜貞烈夫人孫安人立祠致祭文遜者太祖養子也嘗與元帥秦友諒攻克無爲州瑗字栗夫樂平人元末兩舉鄉第一太祖駐婺州瑗謁曰足下欲定天下非延攬英雄難以成功太祖喜寘幕中參軍事已命守太平鼎儀徵人初爲趙忠養子忠爲總管克太平授行樞密院判鎭池州趙普勝來寇忠陣歿鼎嗣職復故姓駐太平至是三人皆死之時有劉齊者以江西行省參政守吉安守將李明道開門納友諒兵殺參政曾萬中陳海執齊及知府宋叔華脅之降皆不屈又破臨安執同知趙天麟亦不屈竝送友諒所友諒方攻洪都殺三人徇城下及陷無爲州執知州董曾曾抗罵不屈沈之江

王愷字用和當塗人通經史爲元府吏太祖拔太平召爲掾從下京口撫定新附民及建中書省用爲都事杭州苗軍數萬降待命嚴州境愷馳諭之偕其帥至太祖克衢州命總制軍民事愷增城浚濠置遊擊軍籍丁壯得萬餘人常遇春屯兵金華部將擾民愷械而撻諸市遇春讓愷愷曰民者國之本撻一部將而民安將軍所樂聞也乃謝愷時饑疫相仍愷出倉粟修惠濟局全活無算學校毀與孔子家廟之在衢者竝新之設博士弟子員士翕然悅服開化馬宣江山楊明竝爲亂先後討禽之遷左司郎中佐胡大海治省事苗軍作亂害大海其帥多德愷欲擁之而西愷正色曰吾守土義當死寧從賊邪遂竝其子行殺之年四十六愷善謀斷嘗白事未聽卻立戶外抵暮不去太祖出怪問之愷諫如初卒從其議後贈奉直大夫飛騎尉追封當塗縣男

孫炎字伯融句容人面鐵色跛一足談辨風生雅負經濟與丁復夏煜遊有詩名太祖下集慶召見請招賢豪成大業時方建行中書省用爲首掾從征浙東授池州同知進華陽知府擢行省都事克處州授總制太祖命招劉基章溢葉琛等基不出炎使再往基遺以寶劍炎作詩以爲劍當獻天子斬不順命者人臣不敢私封還之遺基書數千言基始就見送之建康時城外皆賊城守無一兵苗軍作亂殺院判耿再成執炎及知府王道同元帥朱文剛幽空室脅降不屈賊帥賀仁德燖雁斗酒啖炎炎且飲且罵賊怒拔刀叱解衣炎曰此紫綺裘主上所賜吾當服以死遂與道同文剛皆見害時年四十追贈丹陽縣男建像再成祠道同由中書省宣使知處州贈太原郡侯文剛太祖養子小字柴舍變起欲與再成聚兵殺賊不及遂被難贈鎭國將軍附祭功臣廟牟魯烏程人爲莒州同知洪武三年秋青州民孫古朴爲亂襲州城執魯欲降之魯曰國家混一海宇民皆樂業若等悔過自新可轉禍爲福不然官軍旦夕至無遺種矣我守土臣義唯一死賊不敢害擁至城南魯大罵遂殺之賊破詔恤其家又有白謙裴源朱顯忠王君諒王名善黃里顧師勝陳敬吳得井孚之屬謙婺源知州信州盜蕭明來寇謙力不能禦懷印出北門赴水死源肇慶府經歷以公事赴新興遇山賊陳勇卿被執勒令跪源大罵曰我命官乃跪賊邪遂被殺洪武三年贈官二等顯忠如臯人爲張士誠將來降以指揮僉事從鄧愈下河州抵土番從傅友德克文州遂留守之洪武四年蜀將丁世珍召番數萬來攻食盡無援或勸走避顯忠叱不聽攻益急裹創力戰城破爲亂兵所殺均諒時爲千戶被執不屈磔死事聞贈恤有差名善義烏人高州通判有海寇何均善曾被戮洪武五年其黨羅子仁率衆潛入城執名善不屈死里雲內州同知洪武五年秋蒙古兵突入城里率兵巷戰死之師勝興化人莪眉知縣洪武十三年率民兵討賊彭普貴戰死詔褒恤敬增城人洪武十四年舉賢良爲曲靖府經歷署劍川州事鄰寇來攻敬禦之官兵寡欲退敬瞋目大呼力戰死命恤其家得全椒人龍里守禦所千戶洪武三十年古州上婆洞蠻作亂得與鎭守將井孚守城賊燒門急攻二人開門奮擊得中毒弩死孚戰死贈得指揮僉事孚正千戶子孫世襲

王綱字性常餘姚人有文武才善劉基常語曰老夫樂山林異時得志勿以世緣累我洪武四年以基薦徵至京師年七十齒髮神色如少壯太祖異之策以治道擢兵部郎潮民弗靖除廣東參議督兵餉嘆曰吾命盡此矣以書訣家人攜子彥達行單舸往諭潮民叩首服罪還抵增城遇海寇曹眞截舟羅拜願得爲帥綱諭以禍福不從則奮罵賊舁之去爲壇坐綱日拜請綱罵不絕聲遂遇害彥達年十六罵賊求死欲竝殺之其酋曰父忠子孝殺之不祥與之食不顧令綴羊革裹父屍而出御史郭純以聞詔立廟死所彥達以廕得官痛父終身不仕

王禕字子充義烏人幼敏慧及長身長嶽立屹有偉度師柳貫黃溍遂以文章名世覩元政衰敝爲書七八千言上時宰危素張起巖竝薦不報隱靑岩山著書名日盛太祖取婺州召見用爲中書省掾史征江西禕獻頌太祖喜曰江南有二儒卿與宋濂耳學問之博卿不如濂才思之雄濂不如卿太祖創禮賢館李文忠薦禕及許元王天錫召寘館中旋授江南儒學提舉司校理累遷侍禮郎掌起居注同知南康府事多惠政賜金帶寵之太祖將卽位召還議禮坐事忤旨出爲漳州府通判洪武元年八月上疏言祈天永命之要在忠厚以存心寬大以爲政法天道順人心雷霆霜雪可暫不可常浙西旣平科斂當減太祖嘉納之然不能盡從也明年修元史命禕與濂爲總裁禕史事擅長裁煩剔穢力任筆削書成擢翰林待制同知制誥兼國史院編修官奉詔預教大本堂經明理達善開導召對殿廷必賜坐從容宴語未久奉使吐蕃未至召還五年正月議招諭雲南命禕齎詔往至則諭梁王亟宜奉版圖歸職方不然天討旦夕至王不聽館別室他日又諭曰朝廷以雲南百萬生靈不欲殲於鋒刃若恃險遠抗明命龍驤鷁艫會戰昆明悔無及矣梁王駭服卽爲改館會元遺脫脫徵餉脅王以危言必欲殺禕王不得已出禕見之脫脫欲屈禕禕叱曰天旣訖汝元命我朝實代之汝爝火餘燼敢與日月爭明邪且我與汝皆使也豈爲汝屈或勸脫脫曰王公素負重名不可害脫脫攘臂曰今雖孔聖義不得存禕顧王曰汝殺我天兵繼至汝禍不旋踵矣遂遇害時十二月二十四日也梁王遣使致祭具衣冠斂之建文中禕子紳訟禕事詔贈翰林學士謚文節正統中改謚忠文成化中命建祠祀之紳字仲縉禕死時年十三鞠於兄綬事母兄盡孝友長博學受業宋濂濂器之曰吾友不亡矣蜀獻王聘紳待以客禮紳啓王往雲南求父遺骸不獲卽死所致祭述滇南慟哭記以歸建文帝時用薦召爲國子博士預修太祖實錄獻大明鐃歌鼓吹曲十二章與方孝孺友善卒官子稌字叔豐師方孝孺孝孺被難與其友鄭珣輩潛收遺骸禍幾不測自是絕意仕進初紳痛父亡食不兼味稌守之不變居喪不飲酒不食肉者三年門人私謚曰孝莊先生子汝字允達成化十四年進士授中書舍人謝病歸讀書齊山下弘治初言者交薦與檢討陳獻章同召未抵京卒禕死雲南之三年死事者又有吳雲雲宜興人元翰林待制仕太祖爲湖廣行省參政洪武八年九月太祖議再遣使招諭梁王召雲至語之曰今天下一家獨雲南未奉正朔殺我使臣卿能爲我作陸賈乎雲頓首請行時梁王遣鐵知院輩二十餘人使漠北爲大將軍所獲送京師太祖釋之令與雲偕行旣入境鐵知院等謀曰吾輩奉使被執罪且死乃誘雲令詐爲元使改制書共紿梁王雲誓死不從鐵知院等遂殺雲梁王聞其事收雲骨送蜀給孤寺殯之雲子黻上雲事於朝詔馳傳返葬以黻爲國子生弘治四年五月贈雲刑部尚書謚忠節與禕竝祠改祠額曰二忠

熊鼎字伯頴臨川人元末舉於鄉長龍溪書院江西寇亂鼎結鄉兵自守陳友諒屢脅之不應鄧愈鎭江西數延見奇其才薦之太祖欲官之以親老辭乃留愈幕府贊軍事母喪除召至京師授德淸縣丞松江民錢鶴皐反鄰郡大驚鼎鎭之以靜吳元年召議禮儀除中書考功博士遷起居注承詔搜括故事可懲戒者書新宮壁間舍人耿忠使廣信還奏郡縣官違法狀帝遣御史廉之而時已頒赦書丞相李善長再諫不納鼎偕給事中尹正進曰朝廷布大信於四方復以細故煩御史失信且褻威帝默然久之乃不遣御史洪武改元新設浙江按察司以鼎爲僉事分部台溫台溫自方氏竊據僞官悍將二百人暴橫甚鼎盡遷之江淮間民始安平陽知州梅鎰坐贓辨不已民數百咸訴知州無罪鼎將聽之吏白鼎釋知州如故出何鼎歎曰法以誅罪吾敢畏譴誅無罪人乎釋鎰以情聞報如其奏寧海民陳德仲支解黎異異妻屢訴不得直鼎一日覽牒有靑蛙立案上鼎曰蛙非黎異乎果異止勿動蛙果勿動乃逮德仲鞫實立正其罪是秋山東初定設按察司復以鼎爲僉事鼎至奏罷不職有司數十輩列部肅淸鼎欲稽官吏利弊乃令郡縣各置二曆日書所治訟獄錢粟事一留郡縣一上憲府遞更易按曆鉤考之莫敢隱者尋進副使

從晉王府右傅坐累左遷復授王府參軍召爲刑部主事八年西部朶兒只班率部落內附改鼎岐寧衛經歷旣至知寇僞降密疏論之帝遣使慰勞賜裘帽復遣中使趙成召鼎鼎旣行寇果叛脅鼎北還鼎責以大義罵之遂與成及知事杜寅俱被殺帝聞悼惜命葬之黃羊川立祠以所食俸給其家

易紹宗攸人洪武時從軍有功授象山縣錢倉所千戶建文三年倭登岸剽掠紹宗大書於壁曰設將禦敵設軍衞民縱敵不忠棄民不仁不忠不仁何以爲臣爲臣不職何以爲人書畢命妻李具牲酒生奠之訣而出密令遊兵間道焚賊舟賊驚救紹宗格戰追至海岸陷淖中手刃數十賊遂被害其妻攜孤奏於朝賜葬祭勒碑旌之

琴彭交阯人永樂中以乂安知府署茶籠州事有善政宣德元年黎利反率衆圍其城彭拒守七月糧盡卒疲諸將無援者巡按御史飛章請救宣宗馳敕責榮昌伯陳智等曰茶籠守彭被困孤城矢死無貳若等不援將何以逃責急發兵解圍無干國憲敕未至而城陷彭死之詔贈交阯左布政使送一子京師官之時交阯人陳汝石朱多蒲陶季容陳汀亦皆以忠節著汝石初爲陳氏小校大軍南征率先歸附積功至都指揮僉事永樂十七年四忙土官車綿子等叛汝石從方政討之深入賊陣中流矢墜馬與千戶朱多蒲皆死多蒲亦交阯人事聞遣行人賜祭賻其家官爲置塚

皇甫斌壽州人先爲興州右屯衞指揮同知以才調遼海衞忠勇有智略遇警輒身先士卒宣德五年十月勒兵禦寇至密城東峪自旦及晡力戰矢盡援絕子弼以身衞父俱戰死千戶吳貴百戶吳襄毛觀竝驍勇出必衝鋒至是皆死斌等雖死殺傷過當寇亦引退事聞詔有司褒卹

張瑛字彥華浙江建德人永樂中舉於鄉歷刑部員外郎正統時擢建寧知府鄧茂七作亂賊二千餘迫城結砦四出剽掠瑛率建安典史鄭烈會都指揮徐信軍分三路襲之斬首五百餘遂拔其砦進右參議仍知府事烈亦遷主簿茂七旣誅其黨林拾得等轉掠城下瑛與從父敬禦之賊敗乘勝逐北陷伏中敬死瑛被執大罵不屈死詔贈福建按察使賜祭官其子弘治中建寧知府劉璵請於朝立祠致祭時泉州守熊尚初亦以拒賊被執死尚初南昌人初爲吏以才擢都察院都事進經歷正統中用都御史陳鎰薦擢泉州知府盜起上官檄尚初監軍不旬日降賊數百已而賊逼城下守將不敢禦尚初憤提民兵數百與晉江主簿史孟常陰陽訓術楊仕弘分統之拒於古陵坡兵敗皆遇害郡人哀之爲配享忠臣廟

王禎字維禎吉水人祖省死建文難自有傳成化初禎由國子生授夔州通判二年荆襄石和尚流劫至巫山督盜同知王某者怯不救禎面數之卽代勒所部民兵晝夜行至則城已陷賊方聚山中禎擊殺其魁餘盡遁乃行縣撫傷殘招潰散久乃得還甫三日賊復劫大昌禎趣同知行不應指揮曹能柴成與同知比激禎曰公爲國出力肯復行乎禎卽請往兩人僞許相左右禎上馬挾二人與俱夾水陣旣渡兩人見賊卽走禎被圍半日誤入淖中賊執欲降之禎大罵賊怒斷其喉及右臂而死從行者奉節典史及部卒六百餘人皆死自死所至府三百餘里所乘馬奔歸血淋漓毛盡赤衆始知禎敗往覓屍面如生子廣鬻馬爲歸貲王同知得馬不償直櫬旣行馬夜半哀鳴同知起視之馬驟前齧項擣其胸翼日嘔血死人稱爲義馬事聞贈禎僉事錄一子

萬琛字廷獻宣城人慷慨負氣節舉於鄉弘治中知瑞金縣十八年正月劇盜大至縣人洶洶逃竄有勸琛急去者琛斥之率民兵數十人迎敵殺賊二十餘人相持至明日力屈被執罵不絕口賊攢刺之乃死贈光祿少卿賜祭葬子廕時有王祐者爲廣昌知縣賊至民盡逃援兵又不至祐拔刀自刲其腹曰有城不能守何生爲左右奔奪其刀後援兵集賊稍退越七日復突至祐倉皇赴敵死之

周憲安陸人弘治六年進士除刑部主事進員外郎十七年坐事下詔獄謫兗州通判正德初復故官歷江西副使華林馬腦賊方熾總督陳金檄憲剿之平馬腦砦及仙女雞公嶺諸寨先後斬獲千餘人華林賊窘遣諜者詭言饑困狀憲信之移檄會師夾擊他將多觀望憲攻北門三戰賊稍卻與子幹先登逼之賊下木石如雨軍潰憲中槍幹前救力戰墮崖死憲創重被執罵不絕口賊支解之事聞贈按察使予祭葬謚節愍廕一子旌幹門曰孝烈嘉靖二年江西巡撫盛應期請與黃宏馬思聰竝旌詔附祀忠烈祠後從給事中李鐸言命有司歲給其家米二石帛二匹

楊忠寧夏人世官中衞指揮以功進都指揮僉事廉介有謀勇正德五年安化王寘鐇反其黨丁廣將殺巡撫安惟學忠在側罵曰賊狗敢犯上邪廣怒殺之迄死罵益厲忠同官李睿聞變馳至寘鐇所門閉不得入大罵爲賊所殺百戶張欽不從逆走至雷福堡亦被殺皆贈官予廕表忠睿曰忠烈之門欽曰忠節之門

吳景南陵人弘治九年進士正德中歷官四川僉事守江津重慶人曹弼亡命播州糾衆寇川南謀與大盜藍廷瑞合六年正月逼江津御史俞緇遁去屬景及都指揮龐鳳禦之鳳邀景俱走景不可率典史張俊迎擊手殺三賊矢被面急收兵入保城已陷大呼曰寧殺我毋殺士民賊强之跪不屈遂被殺俊亦死巡撫林俊上其事詔贈景副使賜祭葬立祠江津予世廕是月僉事王源行部川北會藍廷瑞鄢本恕等掠通巴至營山源率典史鄧俊禦之皆被殺贈源副使廕其子源五臺人弘治十二年進士明年正月賊麻六兒將逼川東副使馮傑追擊於蒼溪俘斬頗衆日晡移營鐵山關賊乘夜衝突傑死之贈按察使賜祭葬謚恪愍世廕百戶是時略陽知縣孫璽劍州判官羅明梁山主簿特植亦皆死於賊璽字廷信代州人舉於鄉知扶風縣都御史藍章以略陽漢中要地舊無城檄璽往城之工未畢賊至縣令嚴順欲去璽拔刀斫坐几曰欲去者視此乃率寮屬堅守數日城陷璽被執大罵不屈賊礮殺之順逃去誣璽俱逃溺於江以他人屍斂璽子啓視非是訟於朝勘得死節狀贈光祿少卿賜祭予廕抵順罪明以吏起家鄢本恕逼其城與子介拒守城陷父子皆罵賊死植字艮材通許人由國子生授官時攝縣事賊方四等略地植拒却之斬獲數十級踰月復至相拒數日城陷說之降不屈脅取其印不予大罵被殺妻賈聞變卽自縊女九歲赴火死明植皆贈恤如制而表植妻女爲貞烈其時士民冒死殺賊者有趙趣徐敬之雷應通袁璋之屬趣梁山諸生賊攻城同友人黃甲李鳳何璟蕭銳徐宣楊茂寬趙采誓死拒守城陷皆死都御史林俊嘉其義立祠祀之敬之亦梁山人衆推爲部長以拒賊陷陣死應通嘉州人賊衝百丈關父子七人倡義死戰被執俱慷慨就殺璋江南人素以勇俠聞巡撫林俊委勦賊所在有功後爲所執其子襲挺身救之連殺七賊亦被執俱死襲死三日兩目猶瞠視其父林俊表其門曰父子忠節總制彭澤爲勒石城隍廟祀於忠孝祠

霍恩字天錫易州人弘治十五年進士正德中歷知上蔡縣六年賊四起中原郡邑多殘破畿內則棗强知縣段豸大城知縣張汝舟河南則恩及典史梁逵西平知縣王佐主簿李銓葉縣知縣唐天恩永城知縣王鼎裕州同知郁采都指揮詹濟鄉官任賢固始丞曾基夏邑丞安宣息縣主簿邢祥睢寧主簿金聲邱紳西華教諭孔環山東則萊蕪知縣熊驂萊州衞指揮僉事蔡顯南畿則靈璧主簿蔣賢皆抗節死而恩佐采環死尤烈恩與梁逵共守當賊至時語妻劉曰脫有急汝若何劉願同死乃築臺廨後約曰見我下城卽賊入矣及城陷恩拔刀下城劉臺上見之卽縊未絕以簪刺心死恩被執賊脅之跪罵曰吾此膝肯爲賊屈乎賊日殺人以懾之罵益厲賊以刀抉其口支解之逵自經死豸字世高澤州人起家進士正德中授兵科都給事中謫棗强令賊至連戰却之及城陷中四矢一鎗瞋目大呼殺賊而死賊屠其城汝舟官大城時與主簿李銓迎戰皆被殺佐字汝弼潞州舉人授西平令手殺賊數十人矢斃其渠帥賊忿急攻三日佐力屈被執罵不絕口賊懸諸竿殺而支解之天恩知葉縣賊至與父政等七人俱死鼎知永城城陷繫印於肘端坐待賊不屈死采字亮之浙江山陰人進士由主事謫遷裕州同知與濟賢共堅守斬獲多城陷被執采罵不輟賊碎其輔頰而死濟亦不屈死賢嘗爲御史方里居招邑子三千人拒守罵賊死一家死者十三人基爲固始丞被執使馭馬不從被害宣初授夏邑丞賊楊虎逼其境或勸毋往宣兼程進抵任七日賊大至拒守有功城陷死之祥已致仕城陷罵賊死聲紳與義士朱用之迎戰死環南宮人由歲貢生授來安知縣爲劉瑾黨所陷左遷西華教諭被執賊曰呼我王卽釋汝厲聲曰我恨不得碎汝萬段肯媚汝求活耶遂被殺驂爲賊所執與主簿韓塘俱不屈死顯與三子淇英順俱禦盜力戰死諸人死節事聞皆贈官賜祭予廕立祠如制恩妻劉贈宜人建忠節坊旌之天恩鼎基宣祥諸人里貫無考時有鄭寶爲鬱林州同知署北流縣事妖賊李通寶犯北流寶與子宗珪出戰皆死王振者爲福建黃崎鎮巡檢海寇大至率三子臣朝實迎戰竟日伏兵起振被殺屍僵立三子救之臣重傷朝實皆死亦予恤有差

孫燧字德成餘姚人弘治六年進士歷刑部主事再遷郎中正德中歷河南右布政使寧王宸濠有逆謀結中官幸臣日夜詗中朝事幸有變又劫持羣吏厚餌之使爲己用惡巡撫王哲不附己毒之得疾踰年死董傑代哲僅八月亦死自是官其地者惴惴以得去爲幸代傑者任漢俞諫皆歲餘罷歸燧以才節著治聲廷臣推之代十年十月擢右副都御史巡撫江西燧聞命歎曰是

當死生以之矣遣妻子還鄉獨攜二僮以行時宸濠逆狀已大露南昌人洶洶謂宸濠旦暮得天子燧左右悉宸濠耳目燧防察密左右不得窺獨時時爲宸濠陳說大義卒不悛陰察副使許逵忠勇可屬大事與之謀先是副使胡世寧暴宸濠逆謀中官幸臣爲之地世寧得罪去燧念訟言於朝無益乃托禦他寇預爲備先城進賢次城南康瑞州患建昌縣多盜割其地別置安義縣以漸弭之而請復饒撫二州兵備不得復則請敕湖東分巡兼理之九江當湖衝最要害請重兵備道權兼攝南康寧州武寧瑞昌及湖廣興國通城以便控制廣信橫峰青山諸窯地險人悍則請設通判駐弋陽兼督旁五縣兵又恐宸濠劫兵器假討賊盡出之他所宸濠瞯燧圖己使人賂朝中幸臣去燧而遺燧棗梨薑芥以示意燧笑却之逵勸燧先發後聞燧曰柰何予賊以名且需之十三年江西大水宸濠素所蓄賊凌十一吳十三閔念四等出沒鄱陽河燧與逵謀捕之三賊遁沙井燧自江外掩捕夜大風雨不克濟三賊走匿宸濠祖墓間於是密疏白其狀且言宸濠必反章七上輒爲宸濠遮護不得達宸濠恚甚因宴毒燧不死燧乞致仕又不許憂懼甚明年宸濠脅鎮巡官奏其孝行燧與巡按御史林潮冀藉是少緩其謀乃共奏於朝朝議方降旨責燧等會御史蕭淮盡發宸濠不軌狀詔重臣宣諭宸濠聞遂決計反六月乙亥宸濠生日宴鎮巡三司明日燧及諸大吏入謝宸濠伏兵左右大言曰孝宗爲李廣所悞抱民間子我祖宗不血食者十四年今太后有詔令我起兵討賊亦知之乎衆相顧愕眙燧直前曰安得此言請出詔示我宸濠曰毋多言我往南京汝當扈駕燧大怒曰汝速死耳天無二日吾豈從汝爲逆哉宸濠怒叱燧燧益怒急起不得出宸濠入內殿易戎服出麾兵縛燧逵奮曰汝曹安得辱天子大臣因以身翼蔽燧賊并縛逵二人且縛且罵不絕口賊擊燧折左臂與逵同曳出逵謂燧曰我勸公先發者知有今日故也燧逵同遇害惠民門外巡按御史王金布政使梁宸以下咸稽首呼萬歲宸濠遂發兵僞署三賊爲將軍首遣婁伯徇進賢爲知縣劉源清所斬招窯賊賊畏守吏不敢發大索兵器於城中不得賊多持白挺伍文定起義兵設兩人木主於文天祥祠率吏民哭之南贛巡撫王守仁與共平賊諸逋賊走安義皆見獲無脫者人於是益思燧功燧生有異質兩目爍爍夜有光死之日天忽陰慘烈風驟起凡數日城中民大恐走收兩人屍屍未變黑雲蔽之蠅蚋無近者明年守臣上其事於朝未報世宗卽位贈禮部尚書謚忠烈與逵並祀南昌賜祠名旌忠各廕一子燧子堪聞父訃率兩弟墀陞赴之會宸濠已擒扶柩歸兄弟廬墓蔬食三年有芝一莖九葩者數本產墓上服除以父死難更墨衰三年世稱三孝子堪字志健爲諸生能文善騎射旣廕錦衣中武會試第一擢署指揮同知善用强弩教弩卒數千人以備邊歷都督僉事事母楊至孝母年九十餘歿京師堪年亦七十護喪歸在道以毀卒巡按御史趙炳然上堪孝行得旌堪子鈺亦舉武會試官都督同知鈺子如津都督僉事墀字仲泉以選貢生歷官尚寶卿陞官尚書墀孫如游大學士如游孫嘉績僉事陞子鑨鑛皆尚書鋌侍郎錝太僕卿鑨子如法主事如洵參政並以文章行誼世其家陞鑨鑛如游如法嘉績事皆別見

許逵字汝登固始人正德三年進士長身巨口猿臂燕頷沈靜有謀略授樂陵知縣六年春流賊劉七等屠城邑殺長吏諸州縣率閉城守或棄城遁或遺之芻粟弓馬乞賊毋攻逵之官慨然爲戰守計縣初無城督民版築不踰月城成令民屋外築牆牆高過簷啓圭竇才容人家選一壯者執刃伺竇內餘皆入隊伍日視旗爲號違者軍法從事又募死士伏巷中洞開城門賊果至旗舉伏發竇中人皆出賊大驚竄斬獲無遺後數犯數却之遂相戒不敢近事聞進秩二等時知縣能抗賊者益都則牛鸞郯城則唐龍汶上則左經濬則陳滯然所當賊少而逵屢禦大賊有功遂與鸞俱超擢兵備僉事逵駐武定州州城圮濠平不能限牛馬逵築城鑿池設樓櫓置巡卒明年五月賊楊寡婦以千騎犯灘縣指揮喬剛禦之賊少却逵追敗之高苑令指揮張勛邀之滄州先後俘斬二百七十餘人未幾賊別部掠德平逵盡殲之威名大著十二年遷江西副使時宸濠黨暴橫逵以法痛繩之嘗言於孫燧曰寧王敢爲暴者恃權臣也權臣左右之者貪重賄也重賄由於盜藪今惟翦盜則賄息賄息則黨孤燧深然之每事輒與密議及宸濠縛燧逵爭之宸濠素忌逵問許副使何言逵曰副使惟赤心耳宸濠怒曰我不能殺汝耶逵罵曰汝能殺我天子能殺汝汝反賊萬段磔汝汝悔何及宸濠大怒并縛之曳出斫其頸屹不動賊衆共推抑令跪卒不能遂死年三十六初逵以文天祥集貽其友給事中張漢卿而無書漢卿語人曰寧邸必反汝登其爲文山乎逵父家居聞江西有變殺都御史及副使卽爲位易服哭人怪問故父曰副使必吾兒也世宗卽位贈左副都御史謚忠節廕一子又錄山東平賊功復廕一子嘉靖元年詔逵死事尤烈改贈禮部尚書進廕指揮僉事長子瑒好學有器識旣葬父日夜號泣六年而後就廕人或趣之瑒曰吾父死瑒乃因得官痛哭不能仰視瑒子郊事親孝隆慶中舉於鄉數試禮部不第有試官與瑒婚姻慕郊才欲收羅之郊曰若此何以見先忠節地下許氏子孫不如孫氏貴顯亦能傳其家

黃宏字德裕鄞人弘治十五年進士知萬安縣民好訟訟輒禱於神宏毀其祠曰令在何禱也訟者至輒片言折之累遷江西左參議按湖西嶺北二道王守仁討橫水桶岡賊宏主餉有功賊閔念四旣降復恃宸濠勢剽九江上下宏發兵捕之走匿宸濠祖墓中盡得其輜重以歸宸濠逆節益露士大夫以爲憂宏正色曰國家不幸有此我輩守土死而已有持大義不從宸濠黨者宏每陰左右之宸濠反宏被執憤怒以手梏向柱擊項是夕卒賊義而棺斂之子紹文奔赴求得其棺以僞命治斂非父志亟易之扶歸時主事馬思聰亦抗節死思聰字懋聞莆田人弘治末舉進士爲象山知縣復二十六渠漑田萬頃累遷南京戶部主事督糧江西駐安仁値宸濠反被執繫獄不屈絕食六日死世宗立贈宏太常少卿思聰光祿少卿並配享旌忠祠時有謂宏思聰死節非眞者給事中毛玉勘江西逆黨復請表章宏思聰及承奉周儀而宏子紹武訴於朝巡按御史穆相列上二人死節狀甚悉遂無異議

宋以方字義卿靖州人弘治十八年進士歷戶部郎中正德十年遷瑞州知府時華林大盜甫平瘡痍未復以方悉心撫字吏民愛之宸濠逆謀萌而瑞故無城郭以方築城繕守具募兵三千日夕訓練宸濠深忌之有徵索又不應遂迫鎮守劾繫南昌獄明日宸濠反出以方脅之降不可械舟中至安慶兵敗問地何名舟子云黃石磯江西人音則王失機也宸濠以爲不祥斬以方祭江後賊平其子崇學求遺骸不得斂衣冠歸葬嘉靖六年巡撫陳洪謨上其事詔贈光祿卿廕一子立祠瑞州方宸濠之謀爲變也西江士民受害者不可勝紀初遣閹校四出籍民田廬收縛豪强不附者有萬木鄭山俱新建人集鄉人結砦自固賊黨謝重一馳入村二人執之積葦張睢陽廟前縛人馬生焚之濠黨不敢犯二人飲江上爲盜淩十一所逼趣見宸濠詻而椎之皆罵賊死趙楠南昌諸生兄模嘗捐粟佐振宸濠捕模索金楠代往脅之不屈被掠死同邑辜增見迫抗節不從一家百口皆死諸生劉世倫儒士陳經官義士李廣源皆被掠不屈死葉景恩者以俠聞族居吳城宸濠將作難捕景恩脅降之不從死獄中宸濠兵過吳城景恩弟景允以三百人邀擊賊賊分兵焚劫景允家其族景集景修等四十九人皆死又有閻順者爲寧府典寶副宸濠將反順與典膳正陳宣內使劉良微言不可爲典寶正涂欽所譖三人懼誅潛詣京師上變羣小庇宸濠下之獄搒掠備至宸濠聞三人赴都慮事泄誣奏其罪且嗾羣小必殺之會已遣戍孝陵乃免世宗立復官

明史卷二百九十　列傳第一百七十八

總裁官總理事務經筵講官少保兼太子太保保和殿大學士兼管吏部戶部尚書事加六級張廷玉等奉

敕修

忠義二

王冕 龔諒　陳聞詩 董倫
王鈇 錢洋　錢錞 唐一岑
朱裒 齊恩　孫鏜
杜槐　黃釧 陳見等
王德 叔沛　汪一中 王應鵬 唐鼎
蘇夢暘 韋宗孝 龍旌　張振德 章文炳等
董盡倫 李忠臣 高光等　龔萬祿 李世勛 翟英等
管良相 李應期等
徐朝綱 楊以成 鄭鼎 孫克恕
姬文允 孟承光　朱萬年 秦三輔等
張瑤 王輿夔等　何天衢 楊于陛

王冕字服周洛陽人正德十二年進士除萬安知縣宸濠反長吏多奔竄冕募勇壯士得死士數千人從王守仁攻復南昌宸濠解安慶圍還救至鄱陽湖兩軍相拒濠盡出金帛犒士殊死戰官軍不利冕密白守仁以小艇實葦於中擬建昌人語就賊艦乘風舉火濠兵大驚遂潰敗焚溺死者無算濠易舟挾宮人遁冕部卒棹漁舟追執之宸濠平守仁封新建伯而冕未及敘坐他事落職旣而錄前功擢兵部主事巡視山海關嘉靖三年十二月遼東妖賊陸雄李眞等作亂突入關侍吏欲扶冕趨避冕不可曰吾有親在急趨母所執兵以衞賊至母被傷冕奮前救之被執脅以刃大罵遂見害詔贈光祿少卿有司祠祀世宗嗣位之歲寧津盜起轉掠至德平知縣龔諒率吏民禦之力屈被殺贈濟南通判恤其家

陳聞詩字廷訓柘城人嘉靖中舉於鄉以親老絕意仕

進親歿居喪哀毀三十二年秋賊師尚詔陷歸德聞聞詩名欲劫爲帥已陷柘城擁之至誘說百端不屈引其家數人斬之曰不從滅而族聞詩紿曰必欲吾行毋殺人毋縱火賊許諾擁以行聞詩遂不食至鹿邑自經死董倫歸德檢校也尚詔入歸德知府及守衞官皆遁倫率民兵巷戰被執垂死猶手刃數賊妻賈及童僕皆從死詔贈聞詩鳳陽同知倫歸德同知並立祠死所

王鈇字德威順天人嘉靖二十九年進士授常熟知縣濱海多大猾匿亡命作奸鈇悉貰其罪倭患起鈇語諸猾曰何以報我咸請效死於是立耆長部署子弟得數百人合防卒訓練縣故無城鈇率士卒城之倭來薄數禦却之已自三丈浦分掠常熟江陰參政任環令鈇與指揮孔燾分統官民兵三千破其寨斬首百五十有奇焚二十七艘餘倭皆遁復掠旁縣將由尚湖還海鈇憤曰賊尚敢涉吾地邪必擊殺之會邑人錢泮字鳴聲者以江西參政里居忿倭爇其父柩力從臾贊鈇乃用小艇數十躡倭倭夾擊之隘中獨耆長數人從皆力鬭死鈇陷淖瞋目大呼腹中刃死泮被數鎗殺三賊而死時三十四年五月也詔贈泮光祿卿鈇太僕少卿並廕錦衣世百戶遣官諭祭立祠死所歲時奉祀

錢錞字鳴叔鄞人嘉靖二十九年進士授江陰知縣初至官倭已熾三十三年入犯鄉民奔入城者萬計兵備道王從古不納錞曰民死不救守空城奚爲遂開門縱之入而身自搏戰於斜橋三戰却之明年六月倭據蔡涇閘分衆犯塘頭錞提狼兵戰九里山薄暮雷雨大作伏四起狼兵悉奔錞戰死時唐一岑知崇明縣建新城成議徙居爲千戶高才翟欽所沮倭突入一岑戰且詈遂爲亂軍所殺詔贈錞一岑光祿少卿錞世廕錦衣百戶一岑廕國子生並建祠祀

朱裒字崇晉鄖西人嘉靖中舉於鄉署鞏縣教諭事遷武功知縣抑豪強祛積弊關中呼爲鐵漢遷揚州同知吏無敢索民一錢三十四年倭入犯擊敗之沙河殲其酋還所掠牲畜甚衆未幾復大至薄城東門督兵奮擊兵潰死焉贈左參政錄一子明年倭犯無爲州同知齊恩率舟師敗倭於圌山北等港斬首百餘級子嵩年十八最驍勇擊倭至安港伏發被圍恩家二十餘人俱力戰死惟嵩等三人獲全贈恩光祿丞錄一子厚恤其家建祠祀之

孫鏜莒州人商販吳越倭擾松江謁郡守自請輸貲佐軍守薦之參政翁大立試以雙刀若飛錄爲士兵擊走倭出參政任環圍中遣人還莒括家貲悉召里兒爲爪牙吳中倚鏜若長城倭舟渡泖滸鏜突出酣戰竟日援兵不至還至石湖橋半渡伏大起鏜墮水中刃死贈光祿丞錄一子亦建祠祀

杜槐字茂卿慈谿人倜儻任俠倭寇至縣僉其父文明爲部長令團結鄉勇槐傷父老以身任之數敗倭副使劉起宗委槐守餘姚慈谿定海遇倭定海之白沙一日戰十三合斬三十餘人馘一酋身被數鎗墮馬死文明擊倭鳴鶴場斬酋一人倭驚遁稱爲杜將軍無何追至奉化楓樹嶺戰歿文明贈府經歷槐贈光祿丞建祠並祀廕槐子國子生

黃釧字珍夫安溪人由舉人歷官溫州同知嘉靖三十四年倭入犯釧擊走之知倭必復來日夜爲備又三年倭果大至釧出城逆擊分軍爲三釧將中軍其二軍帥皆紈袴子約左右應援及與倭遇倭遣衆分掩二軍而以銳卒當中軍釧發勁弩巨礮戰良久倭方不支二軍帥望敵而潰倭合兵擊釧釧腹背受敵遂被執脅之降不屈責以金贖釧笑且罵曰爾不知黃大夫不愛錢邪倭怒裸而寸斬之子購屍不獲具衣冠葬事聞贈浙江參議官一子有司建祠是年倭陷福清舉人陳見率衆禦之與訓導鄔中涵被執大罵而死倭乘勝犯惠安知縣番禺林咸拒守五晝夜倭引去已復至咸擊之鴨山窮追逐北陷伏死贈泉州同知賜祠任一子其陷興化延平同知奚世亮署府事守踰月城陷力戰死贈右參議廕子賜葬世亮字明仲黃岡人先是三十一年台州知事溧水武暐追倭釣魚嶺力戰死上官不以聞其子尚實訴於朝乃贈太僕丞而廕尚實爲國子生

王德字汝修永嘉人嘉靖十七年進士歷戶科給事中定國公徐延德丐無極諸縣閒田爲業且言私置莊田不宜以災傷免賦德抗疏劾之俺荅圍都城屢陳軍國便宜悉報可時城門盡閉避難者不得入號呼徹西內德以爲言民始獲入寇退命募兵山東所得悉驍勇爲諸道最還朝會李默長吏部怒德投刺倨出爲嶺南兵備僉事與巡撫爭事投劾徑歸默復起吏部用前憾落職閒住德鄉居以倭亂奉母居城中傾貲募健兒爲保障計三十七年夏倭自梅頭至大掠德偕族父沛督義兵擊之宵遁俄一舟突來犯沛及族弟崇堯崇修殲焉亡何倭復至大掠德憤怒勒所部追襲至龍灣軍敗手射殺數人罵賊死然倭自是不敢越德鄉侵郡城矣事聞贈太僕少卿世廕錦衣百戶立祠曰愍忠沛贈太僕丞立祠予廕

汪一中字正叔歙人嘉靖二十三年進士由開封推官歷江西副使四十年鄰境賊入寇薄泰和一中方讌投箸起曰賊鼓行而西奄我不備不早計且無噍類豈飲酒時乎當路遂以討賊屬之先是泰和巡檢劉芳力戰死賊怒磔其尸一中至率諸將吏祭曰爾職抱關猶死疆事吾待罪方面不滅賊何以生爲遂誓師列陣鼓之俘五人斬首以徇旦日陣如前會賊至左右軍皆潰賊悉赴中軍中軍亦潰一中躍馬當賊鋒射殺二人手刃一人而左脇中鎗二臂中刃三與指揮王應鵬千戶唐鼎皆死妻程投於井家人出之喪至不食五日死一中贈光祿卿給祭葬謚忠愍妻程並贈䘏如制

蘇夢暘萬曆間爲雲南祿豐知縣三十五年十二月武定賊鳳騰霄反圍雲南府城轉寇祿豐夢暘率民兵出城力戰賊退去明年元旦方朝服祝釐賊出不意襲陷其城執之去不屈死贈光祿少卿有司建祠錄一子當祿豐之未陷也賊先犯嵩明州吏目韋宗孝出禦而敗合門死之贈本州同知廕子入國學有龍旌者趙州人由歲貢生爲嵩明州學正賊薄城被執罵賊死贈國子博士

張振德字季修崑山人祖情從祖意皆進士情福建副使意山東副使振德由選貢生授四川興文知縣縣故九絲蠻地萬曆初始建土牆數尺戶不滿千永寧宣撫奢崇明有異志潛結奸人掠賣子女振德捕奸人論配之招還被掠者三百餘人崇明賄以二千金振德怒却之裂其牘天啟元年方赴成都與鄉闈事而崇明部將樊龍殺巡撫徐可求副使駱日升李繼周等重慶知府章文炳巴縣知縣段高選皆抗節死賊遂據重慶時振德兼署長寧去賊稍遠從者欲走長寧振德曰守興文正也疾趨入城長寧主簿徐大禮與振德善以騎來迎振德却之督鄉兵與戰不敵退集居民城守會大風雨賊毀土城入振德命妻錢及二女持一劍坐後堂曰若輩死此吾死前堂乃取二印繫肘後北向拜曰臣奉職無狀不能殺賊惟一死明志妻女先伏劍死乃命家人舉火火熾自剄一門死者十二人賊至火所見振德面如生左手繫印右手握刀忿怒如赴敵狀皆駭愕羅拜而去事聞賜祭葬贈光祿卿謚烈愍敕有司建祠世廕錦衣千戶振德既死興文教諭劉希文代署縣事甫半載賊復薄城誓死不去妻白亦慷慨願同死城破夫婦罵賊並死大禮守長寧城亦陷大禮曰吾不可負張公一家四人仰藥死贈重慶同知世廕百戶文炳長泰人萬曆四十一年進士歷戶部郎中遷知府治行廉潔吏民愛之賊既殺巡撫可求等文炳罵賊亦被殺後知其賢爲覓屍殯而歸之喪出江上夾岸皆大哭贈太僕少卿再贈太常卿世廕外衞副千戶高選雲南劍川縣人萬曆四十七年進士適在演武場聞變立遣吏歸印於署厲聲叱賊賊魁戒其下勿殺而高選罵不絕聲遂遇害父汝元母劉側室徐及一子一女聞變皆自盡僕冒死覓主屍亦被害初贈尚寶卿世廕百戶崇禎元年子喧援振德例叩閽請優恤贈光祿卿世廕錦衣千戶建祠奉祀汝元等亦獲旌十五年復以謚請賜謚恭節時先後殉難者灌縣知縣左重率壯士追賊成都力戰馬蹶罵賊死南溪知縣王碩輔城陷自盡賊支解之桐梓知縣洪維翰城陷奪印不屈死典史黃啟鳴亦死綦縣訓導趙愷率衆擊賊被刺死遵義推官馮鳳雛挺身禦賊被創死遵義司獄蘇樸威遠經歷袁一修義不汙賊墜城死大足主簿張志譽典史宋應皐集兵奮戰力屈死所司上其狀贈重碩輔維翰尚寶卿世廕千戶啟鳴重慶通判愷重慶同知俱世廕試百戶崇禎十二年重子廷皐援高選例乞恩命如其請崇明父子據永寧貴陽同知嘉興王昌允分理永寧衞事死難贈僉事賜祭崇禎初其子監生世駿言賊踞永寧臣父刺血草三揭檄印上官以次年五月再拜自縊賊恨之焚其屍二孫一孫女及僕婢十三人同日被害乞如張振德例優加䘏典報可

董盡倫字明吾合州人萬曆中舉於鄉除清水知縣調安定咸有惠政秩滿安定人詣闕奏留詔加鞏昌同知仍視縣事久之以同知理甘州軍餉解職歸天啟初奢崇明反率衆薄城盡倫偕知州翁登彥固守賊遣使說降盡倫大怒手刃賊使抉其睛啖之屢挫賊鋒城獲全復率衆援銅梁有功尋被檄擣重慶孤軍深入伏四起遂戰死贈光祿少卿世廕百戶建祠奉祀尋改廕指揮僉事崇禎初論全城功改廕錦衣千戶其時里居士大夫死節者有李忠臣永寧人官松潘參政家居陷賊募死士密約總兵官楊愈懋令以大兵薄城已爲內應事洩合門遇害高光瀘州人嘗爲應天通判城陷薙髮爲僧與子在崑慕壯士殺賊百餘賊怒追至大葉壩光罵賊不屈與家衆十二人同死胡縝永寧舉人預策崇明必反上書當事不納賊起被執嚴刑錮獄中弟緯傾家救免乃糾義徒潛結賊將張令等執其僞相部勒行陣

自當一面數斬馘賊甚畏之既而爲火藥焚死聶繩昌富順舉人毀家募義勇禦賊戰死吳長齡瀘州監生率衆恢復瀘州尋中伏父子俱戰死胡一夔興文人仕龍陽縣丞被執不屈死皆未予恤

龔萬祿貴州人目不知書有膽志膂力過人從劉綎征楊應龍先登海龍囤署守備戍建武所奢崇明反衆推萬祿遊擊將軍主兵事指揮李世勛名位先萬祿亦受節制戮力固守崇明謀犯成都憚萬祿牽其後遣部將張令說降令與萬祿結紿崇明以降崇明果遣他將來戍萬祿脅降之誘殺無算復微服走敘州說副使徐如珂曰賊精騎萃成都留故巢者悉老弱誠假萬祿萬人搗其巢彼必還救成都圍立解矣如珂奇其計而不能用未幾賊悉衆攻建武萬祿邀擊十里外兵少敗還城遂陷世勛具衣冠再拜率家屬自焚死萬祿手刃兩妾兩孫自刎不殊乃握稍馳出大呼我龔萬祿也孰能追我者賊相視不敢逼走至敘州乞師巡撫朱燮元遂以兵復建武會官軍敗於江門賊四面來攻萬祿力戰三日手刃數十人與子崇學並死詔贈都督僉事立祠賜祭世廕百戶時成都衞指揮翟英抗賊龍泉驛成都後衞指揮韓應泰赴援成都遇賊草堂寺小河所鎮撫郁聯若禦賊城西茂州百戶張羽救援郫縣皆力戰死

管良相者烏撒衞指揮也爲人慷慨負奇節天啓初樊龍等反於四川巡撫李橒名至麾下與籌軍事良相策橒曰烏撒孤城密邇水西且與安效良相讐水西有變禍必首及良相無子願以死報國乞建長策保此一方安邦彥必反佐橒爲固守計尋以祖母疾乞假歸泣語逾月邦彥果反圍其城良相固守不下久之外援不至城陷自縊死同官李應期朱運泰蔣邦俊亦遇害時普定衞王明重威清衞邱述堯平壩衞金紹勛壩陽把總簡登龍里故守備劉臯臯子景並死難而訓導劉三畏賊至不避兀坐齋中見殺人稱龍里三劉

徐朝綱雲南晉寧人萬曆二十八年舉於鄉天啓元年授安順推官至卽署府事明年安邦彥反來攻城朝綱督兵民共守土官溫如璋等開門迎賊朝綱奮怒督戰賊執之逼降不屈索其印罵曰死賊奴吾頭可斷印不可得賊怒刀斧交下而死其妻聞之登樓自縊長子婦急舉火焚舍挈十歲女躍烈燄中死孫應魁年十六持孑遺闔出城覓其祖遇賊被殺婢僕從死者十一人五年正月恤殉難諸臣贈朝綱光祿少卿廕子入國學子天胤甫第進士卽奔喪歸服闋授戶部主事疏言臣家一門臣死忠妻死節婦死姑孫死祖婢僕死主此從來未有之節烈乞如張振德例再加優恤臣母臣嫂一體旌表帝深嘉之再贈光祿卿改廕錦衣世千戶賜祭葬立祠建坊諸從死者皆附祀同時殉難者楊以成雲南路南人萬曆中由貢生授貴陽通判理畢節衞事秩滿進同知仍治畢節邦彥圍貴陽以成具蠟書乞援於雲南巡撫沈儆炌書發而賊已至戰却之賊來益衆以成遣吏懷印間道趨省身督吏民拒守會援兵至賊方夜逃而衞吏阮世爵爲內應城遂陷以成倉皇投繯賊繫之去乃爲書述賊中情形寘竹筒中遣弟以恭赴雲南告變至散納溪賊搜得其書并以成殺之家屬死者十三人贈按察僉事賜葬鄭鼎字爾調龍溪人由鄉舉爲廣順知州策安邦彥必反上書當事言狀州故無城督民樹柵實以土無何邦彥果反來攻城鼎誓死固守或言賊勢盛宜走定番鼎曰吾守土吏也義當與城存亡及賊入與土官金燦端坐堂上並爲賊所殺婢僕從死者六人吏目胡士統被執亦不屈死巡撫李橒上於朝贈僉事賜祭崇禎元年以成子舉人與南鼎子舉人崑禎皆援朝綱例請加卹並贈光祿卿世廕錦衣千戶子祭葬有司建祠立坊以恭亦附祀崑禎後舉進士歷御史尙寶卿時有孫克恕者字推之馬平人舉於鄉歷官貴州副使分巡思石道禦賊戰死有虎守其骸不去蠻人嗟異事聞贈太僕卿賜祭葬

姬文允字士昌華州人舉於鄉天啓二年授滕縣知縣視事甫三日白蓮賊徐鴻儒薄城民什九從亂文允徒步呌號驅吏卒登陴不滿三百望賊飄走存者纔數十問何故從賊曰禍由董二董二者故延綏巡撫董國光子也居鄉貪暴民不聊生故從賊文允憑城諭曰良民以董二故挺而從賊吾將執二寘諸法爲若雪憤可乎文允身長赤面鬚髯戟張賊望見駭爲神人皆讙呼羅拜俄而發箭西隅斃二賊視之延綏沙柳箭也賊謂文允給之大憤肉薄登城衆悉潰文允緋衣坐堂皇嚼齒罵賊賊前搏裂冠裳械繫之罵不屈三日潛解印畀小吏魏顯照及家僮李守務北向拜闕遂自經賊搒掠顯照索印顯照潛授其父而與守務罵賊並死之事聞贈太僕少卿立祠致祀錄一子優恤顯照守務家董二踰城遁去時賊陷鄒縣博士孟承光被執詬詈不屈死贈尙寶少卿世廕錦衣千戶承光字永觀亞聖裔世廕五經博士也

朱萬年黎平人萬曆中舉於鄉歷萊州知府有惠政崇禎五年叛將李九成等陷登州率衆來犯萬年率吏民固守時山東巡撫徐從治登萊巡撫謝璉並在城中被圍堅守數月從治中礮死賊詭乞降璉率萬年往受爲所執萬年曰爾執我無益盍以精騎從我呼守者出降賊以精騎五百擁萬年至城下萬年大呼曰我被禽誓必死賊精銳盡在此急發礮擊之毋以我爲念守將楊御蕃不忍萬年復頓足大呼賊怒殺之城上人見萬年已死遂發礮賊死過半事聞贈太常卿賜祭葬有司建祠官一子初賊掠新城知縣秦三輔訓導王協中禦之並死其陷黃縣知縣吳世揚罵賊死縣丞張國輔參將張奇功守備熊奮渭皆力戰死陷平度知州陳所聞自縊死三輔世揚贈光祿少卿所聞贈太僕少卿並賜祭葬建祠廕子協中國輔奇功亦贈恤有差三輔三原人世揚洛陽人所聞畿輔人並起家乙榜

張瑤蓬萊人天啓五年進士授開封府推官絕請寄抑豪强吏民畏如神崇禎四年行取入都吏科宋鳴梧力援宋玫爲給事而抑瑤授府同知瑤怒疏摘玫行賄狀吏部尙書閔洪學劾瑤饋遺奔競鳴梧復極論之謫河州判官未赴明年正月李九成等逼登州瑤率家衆登陴拒守城陷瑤猶揮石奮擊賊擁執之大罵不屈被殺妻女四人並投井死贈光祿少卿先是賊陷新城舉人王與夔張儼然死之其陷他縣者貢生張聯台蔣時行亦死之皆格於例不獲旌禮部侍郎陳子壯上言舉貢死難無恤典舊制也然名旣登於天府恩獨後於流官九泉之下能無怨恫比者武舉李調禦賊捐軀已蒙贈恤武途如此文儒安得獨遺乞量贈一官永爲定制可之乃贈與夔儼然宛平知縣聯台時行順天府教授其後地方死難若舉人李讓吳之秀貢生張慶雲貢生張茂貞張茂恂皆贈官如前制

何天衢字升宇阿迷州人有勇畧土酋普名聲招爲頭目使駐三鄉崇禎三年名聲反謀出三路兵至昆明會戰令天衢自維摩羅平入以礮手三百人助之天衢慨然曰此大丈夫報國秋也吾豈爲逆賊用哉坑殺礮手數十人率衆歸附署維摩州同知李嗣泌開城納之名聲已陷彌勒聞大懼急撤兩路兵歸巡撫王伉上其事授爲守備後數與嗣泌進勦有功及名聲死妻萬氏代領其衆屢攻天衢天衢屢挫之錄功進參將十三年擢副總兵萬氏贅沙定洲爲壻益以南安兵且厚賂黔國公用事者令毀天衢天衢請兵徧皆不應賊悉力攻之食盡舉家自焚死初名聲之亂有楊于陛者劍州人舉於鄉歷官武定府同知巡撫伉令監紀軍事兵敗被執死之贈太僕少卿建祠曰精忠

明史卷二百九十一　列傳第二百九十一

總裁官總理事務　經筵講官少保兼太子太保保和殿大學士兼管吏部戶部尙書事加六級張廷玉等奉

敕修

忠義三

潘宗顏字士瓚保安衞人善詩賦曉天文兵法舉萬曆四十一年進士歷戶部郞中數上書當路言遼事當路不能用以宗顏知兵命督餉遼東旋擢開原兵備僉事四十六年馬林將出師宗顏上書經畧楊鎬曰林庸懦不堪當一面乞易他將以林爲後繼不然必敗鎬不從宗顏監林軍出三岔口營稗子峪夜聞杜松敗林軍遂譁及旦

大清兵大至林恐甚一戰而敗策馬先奔宗顏殿後奮呼衝擊膽氣彌厲自辰至午力不支與遊擊竇永澄守備江萬春贊理通判董爾礪等皆死焉事聞賜祭葬贈光祿卿再贈大理卿廕錦衣世百戶謚節愍立祠奉祀永澄等亦賜恤如制

張銓字宇衡沁水人萬曆三十二年進士授保定推官擢御史巡視陝西茶馬以憂歸起按江西時遼東總兵官張承廕敗歿而經畧楊鎬方議四道出師銓馳奏言敵山川險易我未能悉知懸軍深入保無抄絕且突騎

野戰敵所長我所短以短擊長以勞赴逸以客當主非計也昔臚朐河之戰五將不還奈何輕出塞爲今計不必徵兵四方但當就近調募屯集要害以固吾圉厚撫北關以樹其敵多行間諜以攜其黨然後伺隙而動若加賦選丁騷擾天下恐識者之憂不在遼東因請發帑金補大僚宥直言開儲講先爲自治之本又言李如柏杜松劉綎以宿將並起宜責鎬約束以一事權唐九節度相州之潰可爲明鑑又言廷議將恤承蔭夫承蔭不知敵誘輕進取敗是謂無謀猝與敵遇行列錯亂是謂無法率萬餘之衆不能死戰是謂無勇臣以爲不宜恤又論鎬非大帥才而力薦熊廷弼四十八年夏復上疏言自軍興以來所司創議加賦畝增銀三釐未幾至七釐又未幾至九釐辟之一身遼東肩背也天下腹心也肩背有患猶藉腹心之血脈滋灌若腹心先潰危亡可立待竭天下以救遼遼未必安而天下已危今宜聯人心以固根本豈可朘削無已驅之使亂且陛下內廷積金如山以有用之物置無用之地與瓦礫糞土何異乃發帑之請叫閽不應加派之議朝奏夕可臣殊不得其解銓疏皆關軍國安危而帝與當軸卒不省綎松敗時謂銓有先見云熹宗卽位出按遼東經略袁應泰下納降令銓力爭不聽曰禍始此矣天啟元年三月瀋陽破銓請令遼東巡撫薛國用帥河西兵駐海州薊遼總督文球帥山海兵駐廣寧以壯聲援疏甫上遼陽被圍軍大潰銓與應泰分城守應泰令銓退保河西以圖再舉不從守三日城破被執不屈欲殺之引頸待刃乃送歸署銓衣冠向闕拜又遙拜父母遂自經事聞贈大理卿再贈兵部尚書諡忠烈官其子道濬錦衣指揮僉事銓父五典歷官南京大理卿時侍養家居詔以銓所贈官加之及卒贈太子太保初五典度海內將亂築所居竇莊爲堡堅甚崇禎四年流賊至五典已歿獨銓妻霍氏在衆請避之曰避賊而出家不保出而遇賊身更不保等死耳盍死於家乃率僮僕堅守賊環攻四晝夜不克而去副使王肇生名其堡曰夫人城鄉人避賊者多賴以免道濬既官錦衣以忠臣子見重屢加都指揮僉事僉書衞所顧與閹黨楊維垣等相善而受王永光指攻錢龍錫成基命等爲公論所不予尋以納賄事敗戍鴈門流賊起山西巡撫宋統殷檄道濬軍前贊畫道濬家多壯丁能禦賊崇禎五年四月賊犯沁水寧武守備猛忠戰死道濬遣遊擊張續驄援賊乃退八月紫金梁老回回八金剛等以三萬衆圍竇莊謀執道濬以脅巡撫道濬屢敗賊賊乃欲因道濬求撫紫金梁請見免冑前曰我王自用也誤從王佳允至此又一人跽致辭曰我宜川廩生韓廷憲爲佳允所獲請誓死奉約束道濬勞遣之而陰使使咍廷憲圖賊賊至舊縣守約不動廷憲日甚紫金梁就款未決官軍襲之賊怒尤廷憲遂敗約南突濟源陷溫陽九月廷憲知紫金梁疑已思殺之以歸約道濬伏兵沁河以待道濬遣所部劉偉佐之是夕賊攻諸生蓋汝璋樓掘地深丈餘樓不毀賊怒誓必拔鷄鳴不得間廷憲知事且洩偕偉倉卒奔賊追之及河伏起殺追者滾山虎等六人皆賊腹心也賊臨沁河索廷憲竇莊東面河道濬潛渡上流繞賊後大噪賊駭遁去未幾官軍扼賊陵川師潰道濬據九仙臺以免十二月廷憲知紫金梁亂世王有隙縱諜遺書間之亂世王果疑遣其弟混世王就道濬乞降時統殷以失賊罷許鼎臣來代主進討道濬權詞難之曰斬紫金梁以來乃得請混世王怏怏去賊衆遂分部掠諸郡縣明年三月官軍躡賊自陽城而北道濬設伏三纏凹禽賊渠滿天星等巡撫鼎臣奏道濬功第一八月賊陷沁水沁水當賊衝去來無時道濬倡鄉人築堡五十四以守賊五犯皆却去至是乃陷道濬率家衆三百人馳赴擊賊賊退徙十五里道濬收散亡捕賊衆傾家困以餉副使王肇生列狀上道濬功道濬故得罪清議冀用軍功自湔祓而言者劾其離伍冒功巡按御史馮明玠覆劾謂沁城既失不可言功乃更戍海寧衞

何廷魁字汝謙山西威遠衞人萬曆二十九年進士授涇縣知縣調寧晉遷刑部主事歷歸德衞輝河南知府西寧副使坐考功法復爲黎平知府會遼事棘遷副使分巡遼陽袁應泰納降廷魁爭不聽及瀋陽破同事者遣孥歸廷魁曰吾不敢爲民望

大清兵渡濠廷魁請乘半濟急擊之俄薄城圍未合又請盡銳出禦應泰並不從遼陽破廷魁懷印率其妾高氏金氏投井死婢僕從死者六人都司徐國全聞之亦自經公署事聞贈光祿卿再贈大理卿賜祭葬諡忠愍世廕錦衣百戶國全贈恤如制

高邦佐字以道襄陵人萬曆二十三年進士授壽光知縣教民墾荒招集流亡三千家歷戶部主事員外郎遷永平知府濬灤河築長堤裁抑稅使高淮不敢大橫遷天津兵備副使平巨盜董時耀轉神木參政屢破套寇沙計以嫡母憂歸補薊州道坐調兵忤主者意被劾歸天啟元年遼陽破起參政分守廣寧以母年八十餘涕泣不忍去母責以大義乃行熊廷弼王化貞搆隙邦佐知遼事必敗累乞歸方報允而化貞棄廣寧逃衆謂邦佐旣請告可入關邦佐叱曰吾一日未去則一日封疆臣也將安之夜作書訣母策騎趨右屯謁廷弼言城中雖亂敵尚未知亟提兵入城斬一二人人心自定公郎不行請授邦佐兵赴難廷弼不納偕化貞並走邦佐仰天長嘆泣語從者曰經撫俱逃事去矣松山吾守地當死此汝歸報太夫人遂西向拜闕復拜母解印綬自經官舍僕高永曰主死安可無從者亦自經於側事聞賜祭葬贈光祿卿再贈太僕卿諡忠節世廕錦衣百戶邦佐與張銓何廷魁皆山西人詔建祠宣武門外顏曰三忠同時顧頤以右參政分守遼海道廣寧之變力屈自經贈太僕少卿世廕本衞副千戶

崔儒秀字儆初陝州人萬曆二十六年進士歷戶部郎中遷開原兵備僉事時開原已失儒秀募壯士攜家辭墓行經略袁應泰以兵馬甲仗不足恃爲憂儒秀曰恃人有必死之心耳應泰深然之遼陽被圍分守東城矢集如雨不少却會兵潰儒秀痛哭戎服北向拜自經事聞賜恤視何廷魁賜祠曰愍忠以陳輔堯段展配祀輔堯揚州人萬曆中舉於鄉歷永平同知轉餉出關與自在知州段展駐瀋陽天啟元年日暈異常展牒應泰言天象示警宜豫防踰月瀋陽破展死之輔堯方奉命印烙左右以無守土責勸之去輔堯曰孰非封疆臣何去爲望闕拜拔刀自剄與展並贈按察僉事輔堯官膠州時有傀山藺者受而懸之公帑中展涇陽舉人

鄭國昌邠州人萬曆三十五年進士歷山西參政崇禎元年以按察使治兵永平遷山西右布政使上官奏留之三年正月

大清兵自京師東行先使人伏文廟承塵上主者不覺也初四日黎明登城有守將左右之國昌覺其異捶之至死須臾北樓火發城遂破國昌自縊城上中軍守備程應琦從之應琦妻奔告國昌妻與之偕死知府張鳳奇推官盧成功盧龍教諭趙允殖副總兵焦延慶東勝衞指揮張國翰及里居中書舍人廖汝欽武舉唐之俊諸生韓洞原周祚新馮維京胡起鳴胡光奎田種玉等十數人皆死國昌鳳奇一門盡死事聞贈國昌太常卿鳳奇光祿卿並賜祭葬廕一子成功等贈恤有差鳳奇陽曲人起家鄉舉

黨還醇字子貞三原人天啟五年進士授休寧知縣有善政以父憂歸崇禎二年服闋起官良鄉十二月

大清兵薄城督吏民乘城拒守或言縣小無兵盍避去還醇毅然曰吾守土吏也去將安之救兵不至力屈城破與教諭安上達訓導李廷表典史史之棟驛丞楊其禮並死焉事定父老覓還醇屍得之草間赤身面縛體被數鎗羣哭而殮之上達貴州安順人萬曆末年舉於鄉謁選得教諭至是闔門死難事聞贈還醇光祿丞予祭葬有司建祠官其一子之棟等亦贈卹給驛歸其喪已而吏科上言還醇城亡與亡之死靡貳猶曰有守土責也上達之棟等微員末秩亦能致命遂志有死無隕宜破格褒崇以爲世勸朝廷必不惜今日之虛名作將來之忠義乃僅贈國學教職良鄉主簿於聖主優卹之典謂何帝感其言下部更議乃贈上達廷表五經博士與之棟等及千戶蕭如龍何秉忠百戶李廕並配祀還醇祠武舉陳鑫測諸生梅友松等十五人烈婦朱氏等十七人並建坊旌表順天府尹劉宗周以上達得死難之正請贈翰苑宮坊不報是時列城以死事聞者更有香河知縣任光裕灤州知州楊爣光裕贈卹如還醇爣贈光祿少卿並任一子

李獻明字思皇壽光人崇禎元年進士授保定推官明年十一月

大清兵臨遵化巡撫王元雅與推官何天球遵化知縣徐澤及先任知縣武起潛等憑城拒守時獻明以察核官庫駐城中或謂此邑非君所轄去無罪獻明正色曰莫非王土安敢見危避難請守東門城破死之元雅太原人爲巡撫數月卽遇變自縊死天球以永平推官理遵化軍餉澤字兌若襄陽人獻明同年進士涖任七日與天球起潛並殉難起潛字用潛進賢人天啟五年進士初爲武清知縣有諸生爲人所訐納金酒甕以獻起潛召學官及諸生貧者數人置甕庭中謂之曰美酒不可獨享與諸生共之酒盡金見其人惶恐請罪卽以金分畀貧者沿縣一年有聲調繁遵化坐事被劾解官候代遂及於難巡撫方大任論畿輔諸臣功罪因言元雅有失城罪而一死節槩凜然足以蓋愆樞輔孫承宗請卹殉難諸臣亦首元雅帝賜獻明天球光祿少卿澤光祿丞俱廕一子元雅以大吏失城贈卹不及

張春字泰宇同州人萬曆二十八年舉於鄉歷刑部主事勵操行善談兵天啟二年遼東西盡失廷議急邊才擢山東僉事永平燕建二路兵備道時大軍屯山海關永平爲孔道士馬絡繹關外難民雲集春運籌有方事就理而民不病累轉副使參政仍故官七年哈剌慎部

長汪燒餅者擁衆窺桃林口春督守將禽三人燒餅叩
關願受罰春等責數之誓不敢叛崇禎元年改關內道
兵部尚書王在晉惑浮言劾春嗜殺一日梟斬十二人
春具揭辯關內民亦爲訟寃在晉復劾其通奄尅餉遂
削籍下法司治督師袁崇煥言春廉惠不聽御史李炳
言春疾惡過甚爲人中傷夫殺之濫否一勘即明乞免
提問不從明年法司言春被劾無實乃釋之三年正月
永平失守起春永平兵備參議春言永平統五縣一州
今郡城及灤州遷安並失昌黎樂亭撫寧又關內道所
轄臣寄跡無所當駐何城臣以兵備名官而實無一兵
操空拳入虎穴安能濟事乞於赴援大將中敕一人與
臣同事臣亦招舊日義勇率之自效臣身已許此城不
敢少規避但必求實濟封疆此臣區區之忠所以報聖
明而盡臣職也因言兵事不可預洩乞賜陛見面陳方
畧帝許之既入對帝數稱善進春參政已而偕諸將收
復永平諸城論功加太僕少卿仍涖兵備事俟巡撫缺
推用時乙榜起家者多授節鉞而春獨需後命以無援
於朝也永平當兵燹之餘閭閻困敝春盡心撫卹人益
懷之四年八月
大清兵圍大凌河新城命春監總兵吳襄宋偉軍馳救
九月二十四日渡小凌河越三日次長山距城十五里
大清兵以二萬騎來逆戰兩軍交鋒火器競發聲震天
地春營被衝諸軍遂敗襄先敗春復收潰衆立營時風
起黑雲見春命縱火風順火甚熾天忽雨反風士卒焚
死甚衆少頃雨霽兩軍復鏖戰偉力不支亦走春及參
將張洪謨楊華徵游擊薛大湖等三十三人俱被執部
卒死者無算諸人見我
太宗文皇帝皆行臣禮春獨植立不跪至晚遣使賜以珍
饌春曰忠臣不事二君禮也我若貪生亦安用我遂不
食越三日復以酒饌賜之春仍不食守者懇勸感
太宗文皇帝恩始一食令薙髮不從居古廟服故衣冠迄
不失臣節而死初襄等敗書聞以春守志不屈遥遷右
副都御史恤其家春妻翟聞之慟哭六日不食自縊死
當春未死時我
大清有議和意春爲言之於朝朝中譁然詆春誠意伯
劉孔昭遂劾春降敵不忠乞削其所授憲職朝議雖不
從而有司繫其二子死於獄
閻生斗字文瀾汾西人由歲貢生歷保安知州
大清兵入保安生斗集吏民固守城破被執死之判官
李師聖吏目王本立訓導張文魁亦同死時崇禎七年
七月也八月入靈邱知縣蔣秉采募兵堅守力屈衆潰
投繯死合門殉之守備于世奇把總陳彥武馬如豸典
史張標教諭路登甫並闔死事聞贈生斗太僕少卿餘
贈恤如制秉采字衷白全州舉人
王肇坤字資蘭谿人崇禎四年進士除刑部主事改
御史初流賊破鳳陽疏言兵驕將悍之弊請假督撫重
權大將犯軍令者便宜行戮得旨申飭而已出巡山海
居庸二關九年七月
大清兵入喜峰口肇坤激衆往禦不敵退保昌平被圍
與守陵太監王希忠總兵官巢丕昌戶部主事王一桂
趙悅攝知州事保定通判王禹佐分門守有降丁二千
爲內應城遂破肇坤被四矢兩刃而死丕昌出降一桂
悅禹佐希忠及判官胡惟忠吏目郭永學正解懷亮訓
導常時光守備咸貞吉皆死之禹佐子亦從父死一桂
黃岡舉人督餉昌平以南城最衝身往扼之俄西城失
守被執死妻妾子女暨家衆二十七人悉赴井死悅以
公事赴昌平遂遇難未幾
大清兵攻順義知縣上官藎字忠赤曲沃人起家鄉舉
廉執有聲在官三年薦章十餘上與遊擊治國器都指
揮蘇時雨等拒守城破藎自經國器時雨及訓導陳所
蘊皆死尋破寶坻知縣趙國鼎主簿樊樞典史張六師
訓導趙士秀皆死國鼎山西樂平人鄉試第一崇禎七
年進士破定興教諭灤州熊嘉志殉節死破安肅知縣
臨清鄭延任與妻同殉教諭靈壽耿三轔亦死之事聞
贈肇坤大理卿予祭葬官一子一桂悅並贈太僕少卿
廕子祭葬餘贈卹如制
孫士美青浦人由鄉舉授舒城教諭崇禎八年春賊來
犯縣令以公事出士美代守七十餘日城以全明年擢
知深州十一年冬
大清兵至力守三日城破自刎於角樓父訥亦自縊一
家死者十三人贈太僕少卿訥亦被旌是時畿輔諸郡
悉被兵長吏多望風遁失城四十有八任邱白慧元慶
都黃承宗靈壽馮登鰲文安王錀蠡縣王禾新河崔賢
鹽山陳誌固城王九鼎皆以殉難聞他若青縣張文煥
興濟錢珍慶雲陳緘城破被殺教官死難者則有劉廷
訓張純儒唐一中鄉官則喬若雯李禎宁最著而槀城
者吳橋知縣李棊隆等十人皆坐死白慧元青澗人崇
禎七年進士居官善祛蠹吏民畏之九年以守城功命
減俸行取會與大閹有隙摭其罪於帝逮治之未行
大兵已抵城下乃與代者李廉仲共守無何廉仲縋城
遁慧元躬擐甲冑防禦甚力及城破一門俱死贈僉事
鄉官李禎宁萬曆三十八年進士歷山西按察使罷歸
佐慧元拒守城破率家衆格鬭身中數槊而死一門從
死者數人承宗未詳何許人馮登鰲廣施舉人其從父
大緯爲蠡縣訓導亦死王錀武功舉人王采澤州人進
士崔賢弋州舉人誌九鼎亦未詳何許人誌自經死九
鼎戰死城上各贈卹有差劉廷訓順天通州人歲貢生
爲吳橋訓導崇禎十一年
大清兵入畿內知縣李棊隆欲遁廷訓止之與共守外
圍將合棊隆縋城走廷訓急趨城上語守者曰守死逃
亦死盍死於守爲忠義鬼乎衆泣諾乃堅拒三晝夜廷
訓中流矢束胸力戰又中六矢乃死踰月其子啓棺更
殮面如生張純儒新安人爲臨城訓導率諸生共城守
城破死之唐一中全州人爲鉅鹿教諭抗節死
喬若雯臨城人萬曆四十七年進士授中書舍人遷禮
部主事崇禎元年春廷臣爭擊魏忠賢黨若雯亦兩疏
劾兵部侍郎秦士文御史張訥智鋌備列其傾邪狀尋
言故輔魏廣微罪惡滔天致先帝冒桓靈之名罪不下
忠賢其徒陳九疇張訥智鋌爲之鷹犬專噬善類罪不
下彪虎乞死者削其官階生者投之荒裔帝責其詆毀
先帝而九疇等下所司行遣若雯尋改吏部遷員外郎
出爲兗州知府剔除積弊豪猾斂手以疾歸士民遮道
泣送及城陷若雯端坐按劍以待遂被殺時鄉官李崇
德董祚魏克家並以城亡殉難崇德青縣人祚隆平人
克家高陽人皆舉人崇德歷戶部員外郎祚未仕克家
爲鄒平知縣有善政若雯贈太常少卿餘贈卹有差
張秉文字含之桐城人祖淳官叅政事具循吏傳秉文
舉萬曆三十八年進士歷福建右參政與平海寇李魁
奇崇禎中歷廣東按察使右布政使調山東爲左十一
年冬
大清兵自畿輔南下本兵楊嗣昌檄山東巡撫顏繼祖
移師德州於是濟南空虛止鄉兵五百萊州援兵七百
勢弱不足守巡按御史宋學朱方行部章邱聞警馳還
與秉文及副使周之訓翁鴻業參議鄧謙鹽運使唐世
熊等議守城連章告急於朝嗣昌無以應督師中官高
起潛擁重兵臨清不救大將祖寬倪寵等亦觀望
大清兵徇下州縣十有六遂臨濟南秉文等分門死守
晝夜不解甲援兵竟無至者明年正月二日城潰秉文
擐甲巷戰已被箭力不能支死之妻方妾陳並投大明
湖死學朱之訓謙世熊及濟南知府苟好善同知陳虞
孕通判熊烈獻歷城知縣韓承宣皆死焉德王由樞被
執秉文贈太常寺卿之訓謙光祿卿承宣光祿少卿皆
建特祠餘贈卹如制學朱死不得屍疑未實獨格不予
贈王時贈大理卿鴻業及推官陸燦不知所終贈卹亦
不及學朱字用晦長洲人崇禎四年進士爲御史嘗抗
疏劾楊嗣昌田維嘉時論壯之之訓黃岡人進士累官
浙江按察使坐事貶官被薦未擢而遘難望闕再拜與
妻劉偕死闔門殉之謙孝感人進士戰於城上與季父
有正偕死母莫氏匿民間不食死族戚傔從死者四十
餘人世熊灌陽舉人分守西門被殺好善醴泉人進士
虞孕未詳烈獻黃陂貢生城破與二子俱死承宣大學
士爌孫進士與妻妾同死有劉大年者江西廣昌人官
兵部主事奉使南京還朝道歷城城破抗節死贈光祿
少卿時
大清兵所破州縣守令失城者皆論死而臨邑宋希堯
博平張列宿茌平黃建極武城李承芳邱縣高重光皆
以死節蒙贈卹重光字秀恒保定人由貢生爲柏鄉訓
導率蒼頭擊盜以全城遂擢爲令及
大軍至吏民欲負之逃重光不可抱印赴井死其縉紳
殉難者恩縣李應薦天啓時官御史以附魏忠賢麗名
逆案至是捐貲募士佐有司力守城城破身被數刃而
死歷城劉化光與子漢儀先後舉於鄉父子俱守城力
戰死贈恤有差
顏孕紹字賡明曲阜人復聖六十五代孫也崇禎四年
進士歷知鳳陽江都邯鄲遷真定同知守城勦寇有功
十五年擢河間知府比歲大饑死亡載道寇盜充斥拊
循甚至閏十一月
大清兵至與參議趙珽同知姚汝明知縣陳三接等堅
守援兵雲集率逗遛孕紹知城必破豫集一家老稚於
室中積薪繞之而身往城上策戰守城破趨歸官舍舉
火焚室衣冠北向再拜躍入火中同死珽字秉珪慈谿
人崇禎元年進士知南安侯官二縣屢遷河間兵備僉
事一門十四人悉被難汝明夏縣人天啓初舉於鄉性
孝友崇禎間歲大祲傾廩振濟立義塚瘞暴骨授蠡縣
知縣聞鄉邑又饑貽書其子令振救如初後官河間與
妾任同死三接文水人舉崇禎六年鄉試知河間縣歲
旱饑人相食三接至雨即降有疑獄數年不決至即決
之妻武氏賢三接見封疆多故遣之歸答曰夫死忠妻
死節分也三接巷戰死武從之珽贈太僕卿孕紹光祿
卿汝明三接並僉事有周而淳者掖縣人由進士拜兵

科給事中與同官六人分督畿輔諸郡城守事而淳甫至河間城卽被圍遂與諸臣同死贈太常少卿先是大兵入霸州兵備副使趙煇偕知州丁師義里居參政李時芃等督士民固拒援軍不至城遂破煇整冠帶自盡子琬同死師義時芃皆死之煇字黃如河津人崇禎七年進士贈光祿卿師義字象先楚雄人選貢生贈參議時芃進士累官參政贈太常卿

吉孔嘉洋縣人幼時愬父冤於巡按御史獲釋以孝稱舉崇禎三年鄉試授寧津知縣蠲繁苛除寇賊闔邑頌德累遷順德知府十五年冬

大清兵臨城與鄉官知府傅梅中書舍人孟魯鉢張鳳鳴募兵悉力拒守力屈城破孔嘉與妻張長子惠迪次子婦王俱死贈太僕少卿妻子皆獲旌梅邢臺人萬曆十九年舉於鄉除知登封有善政遷刑部主事治張差梃擊案事別見死贈太常少卿魯鉢工部主事時以守城殉難者有王端冕字服先江陵舉人知趙州以廉惠得民城破被執死之敎諭陳廣心元城人起家乙榜城將破衣冠危坐諸子環泣請避厲聲曰吾平生所學何事豈爲兒女戀戀耶遂被殺訓導王一統成安人居家多義行死節明倫堂唐鉉字節玉睢州人崇禎七年進士歷定州知州死之高維岱昌邑人舉於鄉知永清縣視事甫旬餘卽遇變一門死之典史李時正教諭邸養性鄉官劉維蕙同死清豐破教諭曹一貞訓導董調元皆死鄉官吏部郎中李其紀黃州推官侶鶴舉富陽知縣杜斗愚亦死之而南樂監生鄭獻書河間襄陽知縣賈太初永年山東副使中爲憲皆抗節死鉉贈右參議維岱僉事餘贈恤有差

邢國璽長葛人崇禎七年進士授濰縣知縣改建石城盡心民事時帝以修城郭練民兵儲糗糧備戎器四事課天下有司率視爲具文惟國璽奉行如詔上官交薦遷戶部主事運道梗於盜有議開膠萊河者國璽力陳其便擢登萊兵備僉事經度河道十五年畿輔戒嚴部檄徵山東兵入衞國璽監督至龍岡猝遇

大清兵部卒驚懼欲竄國璽叱止之身先搏戰矢刃交加墮馬死撫按不奏帝降旨嚴責乃具聞贈恤如制時大兵下山東直抵海州贛榆沭陽豐沛列城將吏或遁或降其身死封疆者有馬守禮張日新張子卿朱迴添任萬民等守禮猗氏人舉於鄉縣令有疑獄語訴者得馬孝廉一刺獄卽解其人懷金以告拒不聽選平定州學正諸生兄弟爭產相訐愧以金守禮嚴却之勸以友悌感悟去歷遷知萊蕪縣城破與二子攄奇拱奇並自殺日新浙江建德人由歲貢爲訓導遷齊東敎諭見海內寇起與諸生講藝習射招土寇安守夏降之及齊東被圍與守夏登陴守力屈及子光裔死之妻方氏自刎守夏亦從死子卿知信陽城陷殉難迴添者瀋陽宗室也居潞安由宗學貢生爲鄒平知縣城失全節以死萬民陽曲諸生見鄉郡被寇草救時八議守城十二策獻之當事果得其用以保舉授武城知縣在職三年有能聲竟殉城死又文昌時全州舉人知臨淄縣以廉愼得民及

大清兵東下城受圍與訓導申周輔共守城破舉家自焚周輔亦殉難同時壽光知縣李耿大興人崇禎中進士自縊城上吳艮能遼東蓋州人舉於鄉知滕縣城將破盡殺家屬拜母出力戰死吳汝宗寧洋人知東阿城失守死之周啟元黃岡舉人知高苑縣城破朱衣坐堂上死之劉光先未詳里居知豐縣

大兵二千騎營西城外不攻夜一人自營逸出語城上人曰得梯卽攻不信又有逸者曰梯成立攻矣婦人亦自營出曰盡甲矣昧爽突攻西南陬方力禦已登西北陬光先殉焉劉士璟亦不知何許人知沭陽有強幹聲竭力捍城城破死之贈山東僉事

張振秀臨清人萬曆三十八年進士知肥鄉永平遷兵部主事泰昌元年改吏部更歷四司至文選員外郎乞假歸崇禎改元起驗封郎中歷考功文選擢太常少卿坐事落職歸崇禎十五年

大清兵圍河間遠近震恐臨清總兵官劉源清偕榷關主事陳興言同知路如瀛判官徐應芳吏目陳翔龍在籍兵部侍郎張宗衡員外郎邢泰吉臨汾知縣尹任及振秀等合力備禦未幾城被圍力拒數日援不至城破並死之興言南靖人如瀛陵川人應芳臨川人翔龍蕭山人泰吉任皆進士宗衡自有傳源清澤清弟贈太子少保其時城破殉難者壽張王大年曹州楚煙滕縣劉弘緒數人大年舉進士歷御史加太僕少卿以附魏忠賢名挂逆案至是盡節死煙舉進士歷戶部主事解職歸及城失守力抗子鳳苞以身翼之皆被殺妻趙觸柱死弘緒歷車駕郎中遇變死

鄧藩錫字晉伯金壇人崇禎七年進士歷南京兵部主事十五年遷兗州知府甫抵任已聞

大清兵入塞亟繕守具未幾四萬騎薄城下藩錫走告魯王曰郡有吏國有王猶同舟也列城失守皆由貴家惜金錢而令寡人餓夫列陴捍禦夫城郭者我之命也財賄者人之命也我不能畀彼以命而望彼畀我以命乎王誠散積儲以鼓士氣城猶可存不然大事一去悔無及矣王不能從藩錫與監軍參議王維新同知譚絲曾文蔚通判閻鼎推官李昌期滋陽知縣郝芳聲副將丁文明長史俞起蛟及里居給事中范淑泰等分門死守至十二月八日力不支城破維新猶力戰被二十一創乃死藩錫受縛不降被殺其妾攜穉子投井死魯王以派亦被殺昌期永年人芳聲忻州人並起家進士昌期嘗監軍破土寇萬衆推其才芳聲治縣有聲至是皆死起蛟錢塘人由貢生歷官魯府左長史相憲王及惠王立欲易世子起蛟力諫乃已世子嗣位値歲凶勸王振貸自出粟二千石佐之大盜李青山率衆來犯偕淑泰出擊大破其衆及王被難起蛟率親屬二十三人殉之文明亦戰死事聞贈維新光祿卿藩錫太僕少卿昌期僉事餘贈恤有差有樊吉人者元城人由進士知滋陽累擢山東兵備僉事未行遇變自刎死淑泰自有傳

張焜芳會稽人崇禎元年進士歷南京戶科給事中十一年春疏薦黃道周惠世揚陳子壯金光辰而爲舊撫文震孟請卹帝以沽名市恩切責之又糾太僕少卿史𡑍爲𡑍所訐遂罷職事具薛國觀傳十六年正月焜芳北上抵臨清遇

大清兵與諸生馬之騆之駉俱被執死之其妻妾聞之赴井死時又有天津參將賀秉鉞者泰寧左衛人崇禎四年第武科一甲第三亦以扶父柩至臨清巷戰終日矢盡被執死

明史卷二百九十二　列傳第一百八十

總裁官總理事務經筵講官少保兼太子太保保和殿大學士兼管吏部戶部尚書事加六級張廷玉等奉

敕修

忠義四

張允登 郭景嵩 郭應響　張光奎 楊于楷等

李中正 馬足輕等　方國儒 王紹正 常存畏 劉定國

何承光 高日臨等　龐瑜 董三謨等

尹夢鼇 趙士寬等　盧謙 張有俊等

龔元祥 子炳衡 姚允恭　王信

史記言 李君賜等　梁志仁 單思仁等

王國訓 胡爾純等　黎弘業 馬如蛟等

張紹登 張國勛等　王燾 魏時光

蔣佳徵 吳暢春等　徐尚卿 王時化等

阮之鈿　郝景春 子鳴鑾等

張克儉 鄭日廣等　徐世淳 子肇梁 余塙等

張允登漢州人萬曆三十八年進士歷知咸寧咸陽有善政其成進士出湯賓尹之門賓尹弗善也而東林以賓尹故惡之舉卓異得刑部主事累遷河西兵備副使鄜延歲飢亟遭盜允登拊循備至士民德之崇禎四年閏十一月督餉至甘泉降卒潛與流賊通殺知縣郭永固劫餉允登力禦不敵死鄜人素服迎其喪哭聲震十里罷市三日當是時流賊日熾總督洪承疇往來奔擊日不暇給逾月陷宜君又陷葭州僉事郭景嵩死之明年二月陷鄜州兵備副使郭應響死之應響福清人萬曆丙午舉鄉試第一寧塞餘賊來犯應響禦之斬賊常山虎等十五人至是混天猴率衆夜突至應響登北關集士卒拒守手殺三賊力不支遂死事聞贈光祿寺少卿謚忠烈予祭葬廕一子入監讀書

張光奎澤州人仕至山東右參政崇禎五年流賊躝山西監司王肇生以便宜署歙人吳開先爲將使擊賊戰澤州城西賊敗去從沁水轉掠陽城開先恃勇渡沁戰北留墩下擊斬數百人礮盡無援一軍盡沒賊乃再犯澤州光奎方里居與兄守備光璽千總劉自安等率衆固守八日援兵不至城陷並死之澤大州也遠近爲震動事聞贈光祿卿光璽等贈恤有差是歲紫金梁等寇遼州里居行人楊于楷與主事張友程佐知州信陽李呈章拒守力屈城陷于楷被執罵賊死呈章友程及舉人趙一亨侯標並死之明年六月賊陷和順里居昌平副使樂濟衆被傷不屈投井死贈于楷光祿少卿濟衆太僕少卿有徐明揚者浮梁人由選貢生爲平順知縣六年四月賊來犯設策守禦城破不屈死

李中正盧氏人萬曆末舉會試以天啓二年赴廷對授承天府推官遷兵部主事崇禎初謝病歸六年羣盜大亂河北其冬乘冰渡河遂由澠池犯盧氏中州承平久不設備驟聞賊至吏民惶駭知縣金會嘉棄城遁十二月賊入城中正勒家衆及里中壯士奮擊衆寡不敵力戰死賊縱掠城中執舉人靳謙書使跪不屈大罵而死賊以是冬始入河南自是屢陷名城殺將吏無算鄉官舉貢多被難其宜陽馬足輕靈寶許煇新安劉君培馬山李登英偃師裴君合陝州張我正張我德孟澤孫挺

生嵩縣傳世濟李佩玉上蔡劉時寵輩則先後以布衣抗節顯足輕性孝友弟惑婦言迫分產乃取田磽薄者自予萬曆末歲大凶出粟六百石以振焚券千餘崇禎六年冬流賊渡河而南挈家避之石龍崖三女皆殊色慮賊汚悉投崖死足輕被執厲聲大罵賊怒并三子殺之家衆皆遇害惟存次子駿一人後登鄉薦煇爲縣陰陽官爲賊所掠大罵見殺君培有義行攜子及從孫避難道遇賊欲殺其從孫君培曰我尚有男此子乃遺孤幸舍之而殺我賊如其言二子獲免山性剛直土寇于大中陷新安獲山使負米叱曰我天朝百姓肯爲賊負米邪大罵而死登英亦以罵賊死君合幼孤母苦節孝養惟謹賊至聚衆保沙岸寨攻圍十晝夜不克說之降大罵不從寨破被磔我正素豪俠集衆保鄉里一方賴之十四年勒衆禦賊賊三人俄賊大至衆悉奔奮臂獨戰賊愛其勇欲生致之詬罵自刎死我德知賊至恐妻子受辱驅一家二十七人登樓自焚挺生精星術預卜十五年有寇禍編茅河渚以居賊蹤跡得之語其妻梁氏曰此匹夫徇義之秋也夫婦對泣詬賊而死世濟與兄世舟並爲土寇于大中所執將殺之兄弟相抱泣賊議釋其一世濟卽奪賊刀自殺世舟獲免佩玉者御史興元孫也崇禎末中州盡殘佩玉結遺民捍鄉井與鄰寨相犄角往往尾賊後奪其輜重賊憚之不敢出其境後大舉圍別寨佩玉往救力戰而死里人聚哭之時寵有孝行賊陷城其父宗祀以年老不能行命之速避遂自殺時寵慟哭刺殺一子三女夫婦並自剄其妹適歸寧亦從死一家死者八人

方國儒字道醇歙縣人四歲失父奉母以孝聞天啟元年舉於鄉崇禎間授保康知縣流賊大入湖廣將吏率望風先奔保康小邑素無兵七年正月賊至國儒急率鄉兵出禦力不支城遂陷亡何賊退國儒還入城踰月復至督吏民固拒賊至益衆復陷國儒官服坐堂上被執大罵身中七刃死賊陷竹溪訓導王紹正死之穀城舉人常存畏會試赴京道遇賊欲劫爲首領罵不絕口死他賊犯興山知縣劉定國堅守城將陷遣吏懷印送上官罵賊死

何承光貴州鎭遠人萬曆四十年舉於鄉崇禎中歷夔州同知七年二月賊由荊州入夔門犯夔州副使周士登在涪州城中倉猝無備通判推官知縣悉遁承光攝府事率吏民固守力竭城陷承光整冠帶危坐賊入殺之投屍於江事聞贈承光夔州知府自賊起陝西轉寇山西畿輔河南北及湖廣四川陷州縣以數十計未有破大郡者至是天下爲震動其他部自漢中犯大寧知縣高日臨見勢弱不能守齧指書牒乞援上官率衆禦之北門兵敗被執大罵不屈賊碎其體焚之訓導高錫及妻女巡檢陳國俊及妻皆遇害日臨字儼若鄱陽恩貢生賊陷夔州他賊卽以次日陷巫山通江巡檢郭纘化陣沒通江指揮王永年力戰死至四月守備郭震辰指揮田實擊賊百丈關兵敗被執罵賊死

麗瑜字堅白公安人家貧躬耕自給夏轉水灌田執書從牛後朗誦不輟由歲貢生授京山訓導崇禎七年擢陝西崇信知縣縣無城兵荒貧民止百餘戶瑜知賊必至言於監司陸夢龍以無兵辭瑜集士民築土垣以守流涕誓死職閏八月天大雨土垣盡圮賊掩至瑜急解印遣家人齎送上官端坐堂上以待賊至捽令跪瑜罵曰賊奴敢辱官長拔刀脅之罵益厲賊掠城中無所有執至野外剖心裂屍而去贈固原知州時賊盡趨秦中長吏多殉城者山陽陷知縣董三謨黎平舉人也及父嗣成弟三元俱死之妻李氏亦攜子女偕死贈光祿丞立祠與嗣成三元並祀妻女建坊旌表吉永祚輝縣人爲鳳縣主簿謝事將歸會賊至知縣棄城遁永祚倡義拒守城陷北面再拜曰臣雖小吏嘗食祿於朝不敢以謝事逃責大罵死之子士樞士模皆死敎諭李之蔚鄉官魏炳亦不屈死永祚贈漢中衞經歷餘贈恤有差妻琇知涇州閏八月城陷死贈太僕少卿蒲來舉知甘泉賊來犯守備孫守法等擁兵不救城破來舉手刃一賊傷六賊而後死贈光祿少卿呂鳴世福建人由恩貢生爲麟游知縣兵燹後拊居民有恩城陷賊不忍加害自絕食六日卒有宋緒湯者耀州諸生被獲大罵死

尹夢鼇雲南太和人萬曆時舉於鄉崇禎中知潁州八年正月方謁上官於鳳陽聞流賊大至立馳還賊已抵城下乃偕通判趙士寬率民固守城北有高樓瞷城中諸生劉廷傳請先據之夢鼇以爲然而廷傳所統皆市人不可用賊遂據樓以攻且鑿城頹數丈城上人皆走止之不可夢鼇持大刀獨當城壞處殺賊十餘人身被數刃賊衆畢登遂投城下烏龍潭死弟姪七人皆死之廷傳者故布政使九光從子任俠好義亦罵賊死九光子廷石分守西城中賊刃未絕口授友人方略令繕牘上當事旋卒士寬字汝良掖縣人由門蔭爲鳳陽通判駐潁州以正旦詣郡城聞警一日夜馳三百里返州城陷率家衆巷戰力竭亦投烏龍潭死妻李攜三女登樓自焚僕王丹亦罵賊死鄉官尚書張鶴鳴弟副使鶴騰子大同中書舍人田之穎知縣劉道遠光祿署正李生白訓導丁嘉遇舉人郭三杰諸生韓光祖等皆死之光祖進士獻策父也被執賊捽使跪叱曰吾生平讀書止知忠義遂大罵賊殺之碎其屍妻武偕一妹一女並獻策妻李赴井死妾李方有娠賊剖腹刳胎死次子定策孫日曦罵賊死獨獻策獲存時被難者共一百三人城中婦人死節者三十七人烈女八人潁州忠烈稱獨盛云潁州衞隸河南流賊至指揮李從師王廷俊千戶孫升田三震百戶羅元慶田得民王之麟俱乘城戰死賊旣陷潁州屠其民其別部卽以是月由壽州犯鳳陽鳳陽故無城中都留守朱國相率指揮袁瑞徵呂承廕郭希聖張鵬翼周時望李郁岳光祚千戶陳弘祖陳其忠金龍化等以兵三千逆賊上窰山多斬獲俄賊數萬至矢集如蝟遂敗國相自刎死餘皆陣沒賊遂犯皇陵大肆焚掠知府顏容暄囚服匿於獄釋囚獲之容暄大罵賊杖殺之血浸石堦宛如其像滌之不滅士民乃取石立塚建祠奉祀推官萬文英臥病賊索之子元亨年十六泣語父曰兒不得復事親矣出門呼曰若索官何爲我卽官也賊縶之顧見其師萬師尹亦被縶紿賊曰若欲得者官爾何縶此賤隸賊遂釋之元亨乃極口大罵賊怒斷脛死文英獲免容暄漳浦人文英南昌人皆進士一時同死者千戶陳永齡百戶盛可學等四十一人諸生六十六人舉人蔣思宸聞變投繯死後給事中林正亨錄上其狀贈夢鼇光祿少卿士寬光祿丞餘贈卹有差

盧謙字吉甫廬江人萬曆三十三年進士授永豐知縣擢御史出爲江西右參政引疾歸崇禎八年二月流賊犯廬江士民具財帛求免賊僞許之俄襲陷其城謙服命服危坐中門賊至欲屈之罵曰吾朝廷憲臣肯爲賊屈邪鼠輩滅亡在卽安敢無禮賊怒殺之投屍於池池水盡赤舉人張受畢尹周亦不屈被殺是年正月賊陷霍邱縣丞張有俊敎諭倪可大訓導何炳鄉官田旣庭戴廷對舉人王毓貞死焉賊陷巢縣知縣嚴覺被執不屈一門皆死二月犯太湖知縣金應元據城東大濠以守奸人導賊渡濠執應元斫之未殊自經死訓導扈永寧亦死之謙贈光祿卿餘贈卹如制覺歸安人應元浙江山陰人皆舉人

龔元祥字子禎長洲人舉於鄉崇禎四年爲霍山敎諭厲廉隅以名教自任與訓導姚允恭友善八年賊陷鳳陽元祥偕縣令守禦賊掩至令逸去元祥督士民固守或勸之避元祥曰食祿而避難不忠臨危而棄城不義吾平日講說者謂何倘不測死爾及賊陷城元祥整衣冠危坐賊至侃侃諭以大義賊欲屈之厲聲曰死卽死賊輩何敢辱我賊怒執之去罵不絕口遂遇害子炳衡號呼罵賊賊又殺之閱五日允恭斂其屍卽自縊適令至解免越日賊復入允恭卒死之事聞贈元祥國子助教建祠曰忠孝以其子配允恭亦被旌

王信陝西寧州人父歿廬墓三年母歿信年已六十足不踰閾者三年崇禎初由歲貢生除靈壁訓導遷眞陽知縣八年二月出撫土寇會流賊猝至被執使諭降羅山眞陽信大罵不從斷頭剖腹而死閱四日其子來覓猶舒指握子手贈光祿丞建祠奉祀

史記言字司直當塗人崇禎中舉人由長沙知縣遷知陝州陝當賊衝記言出私財募士聘少室僧訓練之八年冬十一月流賊犯陝記言禦之斬數十級生禽二十餘人老𤞤𤞤憤率數萬人攻城不克乘雪夜來襲而所練士方調他郡城遂陷記言縱火自焚兩僧掖之出曰死此何以自明乃越女牆下賊追獲之令降叱曰有死知州無降知州也遂被殺指揮李君賜殺數賊而死訓導王誠心里居教諭張敏行姚艮弼指揮楊道泰阮我疆鎭撫陳三元亦不屈死是月賊陷盧氏知縣白楹自剄十年九月陷澠池知縣李邁林死之記言贈光祿少卿餘贈卹有差

梁志仁南京人保定侯銘之裔也萬曆末年舉於鄉崇禎六年授衡陽知縣調羅田賊大擾湖廣志仁日夕儆備羅汝才謂左右曰羅田城小易克然梁君長者吾不忍加兵俟其去當取之會邑豪江猶龍與賊通志仁捕下獄猶龍知必死潛導汝才別校來攻八年二月猝攻城志仁急偕典史單思仁教諭吳鳳來訓導盧大受督民守禦城陷志仁持長矛巷戰殺六賊力屈被縶抑使跪罵曰我天子命官肯屈膝賊輩邪賊怒碎其支體焚之妻唐被逼大罵奪賊刀不得口齧賊手遂遇害思仁等亦不屈死汝才在英山聞之馳至羅田斬其別校曰奈何擅害長者以錦繡斂其夫婦屍鳳來福建舉人大受寶慶貢生詔贈志仁蘄州知州思仁羅田主簿鳳來國子助教大受學錄廕子祭葬有差

王國訓字振之解州人天啟二年進士歷知金鄉壽張滋陽武清坐大計久之補調扶風國訓性剛嚴恥干進故官久不遷崇禎八年秋賊來犯偕主簿夏建忠典史

陳紹南教諭張弘綱訓導陳繻嬰城固守閱兩月外援不至城陷罵賊死建忠等亦不屈死贈國訓光祿少卿建忠等皆贈卹當是時大帥曹文詔艾萬年等並戰歿賊勢益張關中諸州縣悉殘破八月賊陷永壽殺知縣薄匡宇尋陷咸陽殺知縣趙躋昌其時長吏以死聞者隴州知州胡爾純自經死延長知縣萬代芳與教諭譚恩驛丞羅文魁協力守城城陷皆死之代芳妻劉妾梁從死爾純山東人贈光祿少卿代芳贈光祿丞妻妾建坊旌表恩等亦賜祭有孫仲嗣者膚施人由貢生爲階州學正當事知其才委以城守賊大至盡瘁死守城破與妻子十餘人並死之贈國子博士又有楊呈秀華陰人由進士歷官順慶知府大計罷歸賊攻城佐有司禦賊以死贈恤如制

黎弘業字孟擴順德人由舉人知和州崇禎八年流賊犯和州禦却之十二月復至與鄉官馬如蛟募死士登陴固守城將陷弘業繫印於肘跪告其母曰兒不肖貪微官以累母柰何母李泣諭曰汝勿以我爲意事至此有死而已遂自縊妻楊妾李及女四人繼之弘業北面慟哭再拜自刎未殊濡頸血大書曰爲臣盡忠爲子盡孝何惜一死賊入傷數刃而死贈太僕少卿任一子判官錢大用偕妻妾子婦俱死吏目景一高被創死學正康正諫祁門人舉人偕妻汪子婦章赴水死贈國子監丞訓導趙世選不屈死贈國子學錄馬如蛟字騰仲州人天啟二年進士授浙江山陰知縣有清操崇禎元年徵授御史劾罷魏忠賢黨徐紹吉張訥出按四川蜀中奸民悉以他人田產投勢家如蛟列上十事永革其弊還朝監武會試武舉董姓者以技勇聞於帝及入試文不中程被黜帝怒黜考官如蛟亦落職八年論平邦彥功復故官以父憂未赴流賊至如蛟傾貲募士佐弘業固守麾壯士出擊兩戰皆捷賊將奔會風雪大作不辨人色守者皆潰賊遂入城如蛟急下令能擊賊者予百金須臾得百餘人巷戰賊多傷力屈遂戰死兄壏運司判官如蚪諸生如虹及家屬十四人皆死事聞贈太僕少卿官一子

張紹登字振夫南城人崇禎中舉人知應城縣九年賊來犯偕訓導張國勛鄉官饒可久悉力禦之國勛曰賊不一創城不易守率壯士出擊力戰一日夜斬獲甚衆賊去邑侍郎王瑊之子權結怨於族黨怨家潛導賊復來攻國勛佐紹登力守而乞援於上官副將鄧祖禹來救守西南國勛守東北紹登往來策應會賊射書索權權懼斬北關以出賊乘間登南城紹登還署端坐堂上賊至奮拳擊之羣賊大至乃被殺賊渠歎其忠以冠帶覆屍埋堂側國勛黃陂歲貢生賊旣入朝服北面拜走捧先聖神主拱立以待賊遂焚文廟投國勛於烈燄中祖禹亦不屈死可久幼孤事母孝舉於鄉知大興縣崇禎初疏請更三朝要典時奄官擅權謫光祿典簿遷應天府推官刑部主事歷知府丁艱歸賊入語妻程曰臣死忠婦死節分也于是妻女相對自經可久被執賊彊之拜曰頭可斷膝不可屈也遂遇害瑊爲賊支解事聞贈紹登尚寶少卿國勛國子學正

王燾字濬仲崑山人少孤貧九歲爲人後族人有謀其產者燾舉以讓之迎養嗣祖母及母惟謹萬曆末舉於鄉由教諭歷隨州知州州經羣盜焚掠戶不滿千燾訓民兵繕守具土寇李艮喬爲亂殲滅之十年正月大賊奄至燾且守且戰擊斬三百餘人賊攻益力相持二十餘日天大風雪守者多散燾知必敗入署整冠帶自經賊焚其署火獨不及燾死所屍直立不仆賊望見駭走已覓州印得之燾所立尺土下事聞贈太常少卿福王時賜謚烈愍建雙忠祠與同邑蔡懋德並祀有魏時光者南昌人善舞雙刀崇禎九年夏爲廣濟典史邑遭殘破長吏設排兵三百人委之教練其冬賊據蘄州河口憚時光不敢渡時光益募死士夜襲其營手殺數賊賊不敢逼俄賊大至部卒皆散時光單騎據高坡又殺數人賊環繞之鞘斷被執不屈死其兄陳於上官卻不奏兄憤發病死友人收殮之哭盡哀曰弟爲國死兄爲弟死吾獨不能表暴之乎具牘力陳乃奏聞贈廣濟主簿予恤典

將佳徵灌陽人天啟四年舉於鄉崇禎中知盱眙縣有聲縣故無城佳徵知賊必至訓民爲兵十年秋賊果來犯設伏要害親率兵往誘賊殲甚衆賊怒環攻之力戰死母聞之亦投繯死兵部議贈奉訓大夫尚寶少卿未幾巡按御史言佳徵子忠母義宜賜謚廕以植倫常乃建表忠祠并母奉祀同時江北死難者有吳暢春崇禎八年爲潛山天堂寨巡檢練鄉兵防賊明年冬賊至夜設燎大驚去之踰年賊再至暢春死守力屈仰天歎曰吾得死所矣手刃數賊被執不屈死贈迪功郎安慶府經歷廕子所鎮撫又有王寅錢塘人膂力絕人舉武鄉試以父征播功爲千戶崇禎中擢撫標守備見步卒脃弱詫曰曩戚將軍練浙兵聞天下今若爾邪督教之卒始可用十年遷龍江都司調赴泗州護祖陵賊來犯寅曰賊衆我寡及其未集可破也擐甲疾趨至盱眙斬其先鋒一人戰自午迄申賊來益衆與守備陳正亨陷陣死贈鎮國將軍都指揮僉事正亨贈昭勇將軍指揮使並官一子

徐尚卿南平人舉於鄉知劍州崇禎十年十月李自成惠登相等以數十萬衆入四川大將侯良柱敗歿於廣元遂攻陷昭化知縣王時化死之尚卿知賊必至集士民泣曰城必不能守若輩速去吾死此衆泣請偕去尚卿不可閱二日城陷投繯死吏目李英俊從之賊遂長驅陷江油彰明安縣羅江德陽漢州吏民皆先遁尋掠郫縣主簿張應奇死之陷金堂典史潘孟科死之是月也賊陷州縣三十六以死事聞者四人事定贈尚卿右參議時化光祿丞應奇按察司知事孟科將仕郎並賜卹典時化湖廣人舉鄉試第一

阮之鈿字實甫桐城諸生崇禎中下詔保舉人才同郡諭德劉若宰以之鈿應授穀城知縣十一年正月之鈿未至張獻忠襲陷其城據以求撫總理熊文燦許之處其衆數萬於四郊居民洶洶欲竄之鈿至盡心調劑民稍安乃上疏言獻忠虎踞邑城其謀叵測所要求之地實兵餉取道咽喉秦蜀交會脈絡今皆爲所據奸民甘心效用善良悉爲迫脅臣守土牧民之官至無土可守無民可牧庫藏殫虛民產被奪無賦可徵名雖縣令實贅員爾乃廟堂之上專主撫議臣愚妄謂撫勦二策可合言未可分言致損國威而挫士氣將不能用賊衆漸出野外行劫之鈿執之以告其營將稍寘之法及再告皆不應曰官司不給餉耳得餉自止由是村民徙亡殆盡遂掠及闤闠稍拒輒挺刃相向日有死者一城大囂監軍僉事張大經奉文燦令來鎮撫亦不能禁明年獻忠反形漸露之鈿往說之曰將軍始所爲甚悖今幸得爲王臣當從軍立功垂名竹帛且不見劉將軍國能乎天子手詔進官厚賚金帛此赤誠效也將軍若疑天朝有異論之鈿請以百口保何嫌何疑而復懷他志獻忠素銜之鈿遂惡言極罵之之鈿憂憤成病題數語於壁自誓以死遂不視事至五月獻忠果反劫庫縱囚毀其城之鈿仰藥未絕獻忠遣使索印堅不予賊遂殺之旋縱火焚公署骸骨爲燼而大經爲賊劫去不能死迨瑪瑙山戰敗偕賊將曹威等出降士論醜之之鈿後贈尚寶少卿

郝景春字和滿江都人舉於鄉署鹽城教諭坐事罷歸起陝西苑馬寺萬安監錄事量移黃州照磨攝黃安縣事甫三日羣賊奄至堅守八日夜始解去崇禎十一年擢知房縣羅汝才率九營之衆請降於熊文燦文燦受之汝才猶豫景春單騎入其營偕汝才及其黨白貴黑雲祥歃血盟汝才詣軍門降分諸營於竹谿保康上津而自與貴雲祥居房縣之野當是時鄖陽諸屬邑城郭爲墟獨房賴景春拊循粗可守及大衆雜處居民日惴惴景春乃與主簿朱邦聞守備楊道選修守具輯諸營明年五月張獻忠反穀城約汝才同反景春子鳴鑾諸生也力敵萬夫謂父曰吾城當賊衝而羸卒止二百城何以守乃擐甲詣汝才曰若不念香火盟乎愼毋從亂汝才佯諾鳴鑾覺其僞歸與道選授兵登陴而獻忠所遣前鋒已至擊斬其將上天龍遣使縋城乞援於文燦凡十四往不報已而賊大至獻忠兵張白幟汝才兵張赤幟俄二幟相雜環城力攻貴雲祥策馬呼曰以城讓我保無他也獻忠又以張大經檄諭降景春大罵碎之鳴鑾且守且戰閱五日賊多死乃負板穴城城將崩鳴鑾爇油灌之又擊傷獻忠左足殺其所愛善馬乃用間入賊壘陰識獻忠所臥帳將襲禽之指揮張三錫啓北門揖汝才入道選巷戰死大經使汝才說景春降怒不答問庫藏儲蓄安在叱曰庫藏若有物城豈爲汝陷賊怒殺一典史一守備恐之卒不屈與鳴鑾俱被殺僕陳宜亦死之邦聞及其家人並不屈死事聞贈景春尚寶少卿建祠奉祀道選等亦贈卹已帝召見輔臣賀逢聖備述其死事狀改贈太僕少卿三錫後爲官軍所獲磔死

張克儉字禹型屯留人崇禎四年進士授輝縣知縣六年春賊犯武安守備曹鳴鶚戰死遂犯輝縣克儉乘城固守賊不能下屯百泉書院三日而去遷兵部主事被薦召對稱旨十二年擢湖廣僉事監鄖襄諸軍楊嗣昌鎭襄陽深倚仗之張獻忠羅汝才之敗也小秦王渾世王過天星等皆降嗣昌處之房竹山中命克儉安輯而諸賊得免死牌莫肯散自擇便地連營數百里時河南北大饑流民就食襄漢者日數萬降卒多闌入流民中克儉深憂之上書嗣昌曰襄陽自古要區本朝莞鑰獻陵寢昔尤重近兩河饑民雲集新舊降丁逼處其間一夫叫呼卽足致亂況秦兵以長武之變西歸鄖房軍府粗立降營棊置奚啻放虎自衞紫漢西輿初無重門之備何恃不恐嗣昌不以爲意報曰昔高仁厚六日降賊百萬迄禽阡能監軍何怯耶及嗣昌入蜀委克儉以留務錄破賊功加右參議監軍如故未幾以本官移守下

川南道鄖陽巡撫袁繼咸奏留之十四年二月擢右僉都御史巡撫河南未聞命獻忠令人假督府軍符詐入襄陽城克儉不能辨夜分賊從中起焚襄王府克儉倉皇奔救爲賊所執大罵死推官鄺曰廣攝縣事李大覺游擊黎民安死焉曰廣番禺人崇禎十年進士居官有守奉檄覈軍儲於荆州甫還任而難作中刃死妻子女俱遇害大覺字覺之金谿人由鄉舉知穀城兼署襄陽縣聞變繫印於肘縊死堂上民安大覺同縣人城中火起率所部千餘人搏戰矢盡被縛抗罵死獨知府夏邑王承曾遁免初獻忠敗於瑪瑙山其妻敖氏高氏被獲他將搜山又獲其軍師潘獨鰲皆繫襄陽獄承曾年少輕佻每夕托問賊中情形與獻忠二妻笑語獄吏又多納賊金禁防盡弛獨鰲等脫桎梏恣飲嗣昌移牒戒之承曾笑曰是豈能飛至耶及是獨鰲果從獄中起承曾率衆奪門走事聞命逮治時河南亦大亂久逮不至未知所終

徐世淳字中明秀水人父必達字德夫萬曆二十年進士知溧水縣築石臼湖隄奏除齊泰姻戚子孫軍籍二十六家累遷吏部考功郎中與吏科給事中儲純臣同領察事純臣受贓吏賕當大計日必達進狀請黜純臣面揖之退一座大驚遷光祿丞陳白糧利弊十一事悉允行進少卿巡漕御史孫居相以船壞不治請僱民船濟運必達爭止之天啓初以右僉都御史督操江軍白蓮賊將窺徐州必達募銳卒會山東兵擊破之遷兵部右侍郎以拾遺罷歸卒世淳崇禎中舉人十三年冬歷隨州知州州嘗被賊居民蕭然世淳知賊必復至集士民誓以死守會歲大荒士多就食粥廠嘆曰可使士以餒失禮乎分粟振之潰兵過隨索餉世淳授兵登陴而單騎入見軍帥曰軍食不供有司罪也殺我足矣請械我以見督師帥氣奪斂衆去明年三月張獻忠自襄陽來犯世淳寢食南城譙樓曉夜固守告急於巡撫宋一鶴一鶴遣兵來援爲監司守承天者邀去守月餘援絶力窮賊急攻南城而潛兵墮北城以入世淳命子肇梁甕印廨後勒馬巷戰矢貫頤耳鼻横斷墜馬亂刃斫死肇梁奔赴且哭且罵賊將殺之呼州人告以甕印處乃死世淳妾趙王及臧獲十八人皆死後贈大僕少卿建祠以肇梁祔隨自十年正月陷及是再陷至七月復陷判官余墒死焉三陷之後城中幾無孑遺

明史卷二百九十三　列傳第一百八十一

總裁官總理事務經筵講官少保兼太子太保保和殿大學士兼管吏部戶部尚書事加六級臣張廷玉等奉

敕修

忠義五

武大烈徐日泰等　錢祚徵
盛以恒高孝誌等　顏日愉艾毓初等
潘弘劉振世等　陳豫抱許宣等
劉振之杜邦舉費曾謀等　李乘雲余爵等
關永傑侯君擢等　張維世姚若時等
王世琇顏則孔等　許永禧高斗垣等
李貞佐周卜曆等　魯世任張信等
劉禋陳顯元等　何燮左相申等
趙興基鄭元綬等

武大烈臨潼人舉天啓七年鄉試崇禎中授永寧知縣奸人倚萬安郡王恣不法大烈痛懲之十三年十二月李自成自南陽陷宜陽知縣唐啓泰被害遂攻永寧大烈與鄉官四川巡撫張論協力捍禦論歿子吏部郎中鼎延及從父治中讃繼之有獄囚勾賊入都司馬有義棄城走大烈鼎延等固守三日賊夜半登城執大烈自成以同鄉欲活之大烈不屈索印又不予乃燔灼以死鼎延匿眢井免讃及子國學生祚延死之主簿魏國輔教諭任維清守備王正已百戶孫世英竝不屈死萬安王采𨮑亦被害賊移攻偃師一日而陷知縣徐日泰大罵不屈爲賊臠割死啓泰掖縣人日泰金谿人竝起家鄉舉明年正月賊陷寶豐知縣朱由椷死之陷密縣知縣朱敏汀及里居太僕卿魏持衡舉人馬體健死之由椷益府鎭國將軍常湔子敏汀亦宗室竝由貢生敏汀妾張一女一孫及臧獲數人俱死與由椷竝贈僉事是月陷洛陽鄉官來秉衡劉芳奕常克念郭顯星韓金聲王明楊萃荀良翰等抗節死秉衡天啓四年舉於鄉未仕城陷爲賊將劉宗敏所執令易服欲官之不可罵南郊民舍顧見其友謂之曰賊勸我以官我義不受辱恨母老子幼死不瞑目爾賊聞燒鐵索加其脛終不從遂被殺并其母劉妾吳及幼子俱殺之芳奕慷慨負智畧與秉衡同舉於鄉爲昌樂知縣解官歸歲大歉人相食傾橐濟之賊漸逼集義士爲干城社佐有司保障及城陷縊死西城戍樓克念舉進士爲平陽推官有聲顯星舉於鄉爲翰林待詔金聲明皆進士金聲官邯鄲知縣明官行人萃良翰皆舉人萃官辰州知府良翰未仕

錢祚徵字錫吉掖縣人崇禎中由鄉舉歷官汝州知州汝爲流賊往來孔道土寇又竊據山中祚徵欲先除土寇募壯士千人訓練而遣人爲好言招撫夜半取間道直擣其巢寇大敗乃令民千家立一大寨有急鳴鉦相救寇勢衰息其魁遂降十四年正月李自成驟來犯祚徵乘城守身中流矢守益力月餘大風霾礟炸樓焚城遂陷罵賊而死汝人立廟祀之

盛以恒潼關衞人崇禎十三年舉人知商城縣視事月餘流賊突至卻之明年張獻忠陷襄陽鄰境大恐以恒已遷開封同知將行士民懇留之乃登陴與鄉官楊所修洪允衡馬剛中段增輝共城守二月中賊奄至適雨雪守者凍餒不能戰以恒督家衆射賊十七人墜馬賊怒併力攻矢中以恒右額猶裹創拒敵賊登北城家衆巷戰死且盡乃被執罵賊不屈爲賊支解孫覺及典史呂維顯教諭曹維正皆死所修故魏忠賢黨也歷左副都御史入逆案贖徒爲民至是罵賊死允衡萬曆中進士歷官陽和兵備副使分守北門力戰死剛中字九如崇禎七年進士除大同知縣行取授檢討乞假歸賊入大罵被磔死增輝字含素爲諸生以學行稱朝廷下保舉令被薦不樂爲吏擬除教授未謁選歸遇變罵賊死賊既陷南城即疾驅犯信陽城陷知州高孝誌訓導李逢旭程所聞里居靜海知縣張映宿死之其陷光山典史魏光遠亦死之所司請贈卹未報十五年七月帝下詔曰比州縣有司不設守備賊至即陷與衝鋒陷陣持久力詘者殊科若概援天啓間例優予贈廕何由旌勸勞臣自今五品以下止贈監司四品及方面始贈京卿著爲令乃贈以恒副使孝誌參議維顯等贈卹有差天啓中州縣長吏殉難者率贈京卿廕錦衣世職賜祭葬有司建祠崇禎初改廕國子生俾之出仕而京卿之贈如故至是始改贈外僚云

顏日愉字華陽上虞人萬曆中舉於鄉崇禎初除知葉縣有惠政爲上官所惡劾罷部民爭詣闕訟冤乃獲叙用後爲靜寧知州羅賊亂馳請固鎭五道兵合勦而先率敢死士數人招諭之賊弛備遂遣精卒擣其營賊倉皇潰斬數百級黎明五道兵繼至復大破之遷開封同知流賊勢方熾上官以南陽要衝舉日愉爲知府大治守具人心稍固十四年五月賊猝至百餘人冒雨登城日愉擊殺之幾盡餘賊引去城獲全日愉手中一矢頭項被二刃死城上事聞贈太僕卿賊既不得志去遂縱掠旁近州縣其冬再圍南陽攻陷之參議艾毓初死焉毓初字孩如米脂人戶部侍郎希淳曾孫也崇禎四年進士授內鄉知縣生長邊陲習戰事六年冬流寇來犯甕大礮名滚地龍者於城外城中燃線發之賊死無算遂解去內鄉與鄰邑淅川多深山邃谷爲盜窟民居懍懍毓初至爲設守備民得少安明年冬唐王聿鍵上言祖制親王所封地有司早晚必謁見今艾毓初等皆不謁帝怒悉逮下法司而敕禮部申典制已而王被逮毓初獲補官屢遷至右參議分守南陽與日愉却賊有功自成用宋獻策計欲取南陽以圖關中復率大衆來寇毓初偕總兵官猛如虎等堅守賊攻入南門會總督楊文岳援軍至賊引退文岳去賊復攻之食盡援絶毓初題詩城樓遂自縊南陽知縣姚運熙主簿門迎恩訓導楊氣開亦死之明年十月自成再陷南陽知府邱懋素罵賊不屈闔門被害是月賊過扶溝衆議城守舉人劉恩澤初嘗以策干當事多見用縣令駿不解事恩澤痛哭曰吾不幸從木偶人死自題樓壁曰千古綱常事男兒肯讓人明日城陷擲樓下以死

潘弘字若稚淮安山陽人起家貢生崇禎十三年爲舞陽知縣時流賊披猖土寇亦鬨發弘數討敗之明年十一月李自成羅汝才既陷南陽縱兵覆所屬州縣將攻舞陽弘論士民共拒諸生慮賊屠城請委曲紓禍弘叱之去賊薄城發礮擊之多斃有小校善射屢却賊諸生潛遣人約降賊復至弘作告先聖文自誓必死諸生潛開門縛弘以獻賊索印弘不予脅降怒罵不屈乃支解之子澄瀾痛憤大哭投井死時鄧州鎭平內鄉泌陽新野相繼陷鄧州知州劉振世吏目李國璽千戶余承廕李錫諸生丁一統張五美王鍾王子章海寬傅彥皆抗節死鎭平知縣成縣鍾其碩被執罵賊死內鄉知縣南昌龔新新野知縣四川韓醇竝不屈死泌陽凡再陷是年五月張獻忠破信陽獲左良玉旗幟假之以登城知縣雲南南寧王士昌懷印端坐被縛謾罵死臨昌姚昌祚代之甫數月復陷昌祚手斬數賊力屈死典史雷晉暹率捕卒戰死又有武職王衍范錢繼功海成俱死難而鄧州於十年春爲張獻忠所破知州孫澤盛同知薛應齡皆戰死至是亦再陷云

陳豫抱舞陽人母段早寡撫豫抱及其弟豫養豫懷皆爲諸生力田好學善承母志崇禎十四年流賊陷舞陽母先赴井三子從之豫抱妻黃攜其子黙通豫養妻馬攜子黙恒黙言俱從之三世九人一時盡節時郡邑諸生死者甚衆錄其著者內鄉許宣及二弟宋宮慷慨好義賊陷鄧州宣兄弟結里中壯士直入其城禽僞官堅

守許家寨賊怒攻破之寀從母常先投井死宣宮皆詈賊被殺宮妻鍾寀妻陳竝自經其妹亦罵賊被殺時稱許氏七烈賊之攻偃師也張鏓粹率二子佐有司固守城陷大罵俱被殺妻藺與三女二孫悉赴井死賊殺武同芳母同芳噴血大罵支解而死劉芳名劉芳世藺之粹喬于昆藺完馩王光顯喬國屏王邦紀藺相喬張一鷺張一鵬牛一元皆抗節死芳名完馩妻皆張氏與邦紀妻高竝從死一鷺一鵬父亦罵賊死唐縣許曰琮早喪父母殁廬墓三年城破遁居南山賊徵之不出脅以死鑴其背曰誓不從賊遂嘔血而死

劉振之字而强慈谿人性剛方教學行鄉人嚴重之崇禎初舉於鄉以教諭遷鄢陵知縣十四年十二月李自成陷許州知州王應翼被害都司張守正鄉官魏完貞諸生李文鵬王應鵬皆死自許以南無堅城有奸人素通賊倡言城小宜速降振之怒叱退之典史杜邦舉曰城存與存亡與亡人臣大義公言是振之乃與集吏民共守賊大至城陷振之秉笏坐堂上賊索印不與縛置雪中三日夜罵不絕口亂刃交下乃死初振之書一小簡藏篋中每歲元旦取視輒加紙封其上及死家人發篋乃不貪財不好色不畏死三語也其立志如此贈光祿寺丞邦舉富平人許被屠鄢陵人恟懼守者或遁走邦舉捕得斬以徇及城陷自成欲降之邦舉罵曰朝廷臣子豈爲賊用賊抉其舌含血噴之遂遇害開封屬邑多陷殉難者有費曾謀魏令望柴薦禋楊一鶚劉孔暉王化行姚文衡之屬曾謀鉛山人少師宏裔也由鄉舉知通許甫四旬賊猝至曾謀召父老曰我死若輩以城降可免屠戮北向再拜抱印投井死令望字于野武鄉人舉進士授商邱知縣調太康寇至固守不下賊怒攻破之屠其城令望闔門自焚薦禋江山舉人知洧川城陷大罵死一鶚河津人舉崇禎九年鄉試爲尉氏知縣甫數月攻聲四起城破罵賊死孔暉邵陽人舉天啓元年鄉試知新鄭固守不能支遂死之士民祀之子產祠化行知商水城陷被殺代者文衡莅任數月賊復至攜印赴井死其小吏則臨潁千總賈應序長葛典史杜復春鄉居則長葛舉人孟良屏諸生張範孔等汜水舉人張治載馬德茂皆死之

李乘雲高陽人舉於鄉崇禎初知浮山縣流賊數萬來寇乘雲手發一矢斃其魁衆遂遁屢遷山西僉事十四年秋以才調河南大梁道駐禹州十二月李自成連陷鄢陵陳留諸縣遂寇禹州乘雲誓死固守賊多斃於礮餓以十萬衆攀堞登執乘雲使跪乘雲怒叱賊賊捽而杖之大罵不絕聲縛諸樹攢射之罵不已斷其舌亂刃交下而死贈光祿卿州先有徽王府嘉靖時王載堉有罪爵絕而延津等五郡王皆被難明年賊犯開封監軍主事余爵監軍僉事任棟先後戰死棟永壽人由貢生爲萊州通判崇禎四年李九成等叛棟佐知府朱萬年共守萬年與巡撫謝璉爲賊所誘執棟與同知寇化掖縣知縣洪恩炤助大帥楊御蕃力拒圍解論功進秩屢遷保定監軍僉事十四年從總督楊文岳南征鳴皐鎮之捷與有功尋與總兵虎大威破賊平峪再破之鄧州明年正月從解開封圍尋戰郾城大捷從援開封會左良玉大潰於朱仙鎮賊來追棟力戰歿於陣余爵禹州人崇禎元年進士歷知撫寧章邱遷職方主事罷歸楊嗣昌出督師請爵以故官參謀軍事嗣昌入蜀命與張克儉同守襄陽城陷爵脫走從督師丁啓睿於河南破賊鄧州十五年開封圍急監左良玉軍往援戰敗被執罵賊死姪敦華亦遇害棟贈太僕卿爵太僕少卿

關永傑字人孟鞏昌衞人世官百戶永傑好讀書每遇忠義事輒書之壁狀貌奇偉類世人所繪壯繆侯像崇禎四年會試入都與儕輩遊壯繆祠有道士前曰昨夢神告吾後人當有登第者後且繼我忠義可語之永傑愕然頗自喜已果登第授開封推官强植不阿民畏愛之憂歸起官紹興遷兵部主事督師楊嗣昌薦其才請用之軍前乃擢睢陳兵備僉事駐陳州陳故賊衝歲被蹂躪永傑日夜爲儆備十五年二月李自成數十萬衆來攻永傑與知州侯君擢鄉官崔泌之舉人王受爵等率士民分堞守賊遣使說降斬其頭懸之城上賊怒攻破之永傑格殺數賊身中亂刃而死君擢字際明成安人起家舉人城圍時身先士卒運木石擊賊城濠皆滿後被縛罵不絕口死泌之鹿邑人進士知雄縣調清苑多所建竪舊令黃宗昌爲御史劾周延儒延儒屬保定知府摭宗昌罪知府以屬泌之泌之曰殺人媚人可乎知府愧且怒會泌之遷戶部主事知府謂其侵隱錢糧三萬不聽行御史行部至泌之直前與知府角御史以聞下獄遣戍久之釋還至是遭變用鐵杖斃賊數人自剄死守備張鷹揚力戰被禽不屈受爵亦擊殺數賊大罵竝死之贈永傑光祿卿君擢右參議泌之復故官受爵宛平知縣有龔作梅者年十七父母俱亡殯於舍賊火民居作梅跪柩前焚死

張維世太康人萬曆四十四年進士歷平陽知府捕治絳州奸猾數十人遷副使累官右僉都御史代陳新甲巡撫宣府視事甫旬日坐失防削籍遣戍已而釋還崇禎十五年二月李自成陷睢州犯太康維世佐知縣魏令望竭力拒守城陷抗節死時中州縉紳先後死難者甚衆十三年登封土寇李際遇因歲饑倡亂旬日間衆數萬前鳳陽通判姚若時居曾莊被執誘之降大罵死族諸生不顯亦死之若時子諸生城思報父讎數請兵討賊賊執之於路亦抗罵死陝州趙良棟仕蓬萊教諭罷歸寓澠池寇陷澠池父子挺身罵賊死子婦與孫亦赴井以殉陝州之陷平定知州梁可棟大罵而死淮安同知萬大成投井死商水陷臨汾知縣張質抗賊死西平陷懷仁知縣楊士英死之子婦王亦死睢州陷太平知府杜時髦不屈死時髦字觀生崇禎七年進士息縣陷賊召前項城教諭王多福欲官之堅拒不赴賊逼之投繯死其役以國變死者有洛陽阮泰知廣靈解職歸聞京師陷不食死妻朱氏從之睢州楊汝經崇禎十年進士授戶部主事擢井陘兵備僉事十七年甘肅陷巡撫林日瑞殉難超拜汝經右僉都御史代之行次林縣聞京師陷將赴南京至東明率壯士百餘騎還討林縣僞官遇賊戰敗被執僞官釋其縛屢說之降不從斃之獄

王世琇字昆良清苑人崇禎十年進士授歸德推官遷工部主事十五年二月李自成陷陳州乘勝犯歸德世琇將行僚屬邀共守慨然曰久官其地臨難而去之非誼也遂與同知顏則孔經歷徐一源商邱知縣梁以樟教諭夏世英里居尚書周士樸等誓衆堅守賊攻圍七日總督侯恂家商邱其子方夏率家衆斬關出傷守者衆遂亂賊乘之入世琇則孔竝遇害則孔女聞之即自縊一源分守北城殺賊多城陷巷戰罵賊死以樟中賊刃久而復甦妻張及子女僕從皆死以樟竟獲免世英持刀罵賊死於明倫堂妻石亦自刎同死者尚書士樸工部郎中沈試主事朱國慶中書侯忻廣西知府沈仔威縣知縣張儒及舉人徐作霖吳伯允周士美等六人官生沈佖侯晙等三人貢生侯恒沈誠周士貴等八人國學生侯悰沈僩等四人諸生吳伯裔張渭劉伯愚等一百十餘人試商邱人大學士鯉之孫作霖伯允伯裔渭伯愚皆郡中名士則孔忻州人一源海鹽人世英祥符人士樸自有傳賊既破歸德尋陷鹿邑知縣紀懋勛死之陷虞城署縣事主簿孔亮死之

許永禧曲沃人由鄉舉爲上蔡知縣多惠政性耿介嚬笑無所假崇禎十五年春李自成遣數騎抵城下脅降永禧即督吏民城守賊大呼曰今日不降明日屠衆懼永禧嘆曰賊勢披猖彈丸邑豈能守吾一死盡職而已衆皆泣明日賊果大至守者驚潰永禧具袍笏北面再拜據案秉燭端坐賊入遂自剄時西平遂平先後皆陷西平知縣高斗垣繁峙人崇禎十二年由貢生授官爲人孤鯁以清愼得名城陷被執不屈死遂平知縣劉英貴州貢生誓衆死守城陷罵賊死上蔡旣陷有官篆者以汝寧通判往攝縣事城中民舍盡燬篆廣招流亡衆觀望不敢入會左良玉駐城南兵士恣淫掠衆始入城依篆村民遭難來愬篆即入良玉營責以大義奪還之悍卒挾弓刃相向篆坦腹當之不敢害民獲完家室者甚衆是年冬汝寧陷賊黨賀一龍掠地上蔡譌傳土寇剽掠篆出禦之陷陣死篆膠州人起家任子

李貞佐字無欲安邑人少受業同里曹于汴之門以學行著後舉於鄉崇禎十四年除知郟縣初李自成焚掠至郟土寇導之害前令邵可灼貞佐至則練鄉兵括土寇財充餉時出郊勞耕者月課士邑有姊妹二人抗賊死拜其冢祀以少牢民王錫允有孝行造廬禮之士民大悅明年二月自成復來寇貞佐集衆死守汝州吏目顧王家仁和人撫賊有功當遷汝人乞留以助之城陷貞佐走拜其母曰兒不忠不孝陷母至此有勸微服遁者不可賊執之去大罵見賊殺人輒厲聲曰驅百姓固守者我也妄殺何爲賊割其舌支解而死母喬亦死友人王昱相隨不去賊義之昱收葬貞佐於南郊歲寒食鄉人傾邑祭奠廣其冢至二畝餘贈河南僉事王家亦大聲叱賊賊亂刃斫死子國誘賊發金墟墓間用巨石擊殺之賊遂盡殺郟人郟有陳心學者授知縣不謁選而歸其友周卜曆舉鄉試知內黃以父喪歸里自成陷郟執兩人欲官之心學不從被殺自成謂卜曆曰爲我執知縣來可代汝死曰戕人以利己仁者不爲賊怒并殺之汝所轄四邑竝陷寶豐知縣張人龍遵化人城陷不屈死妻年少悍奴四人欲亂之妻飲以酒俾極歡潛遣婢告丞尉捕殺奴乃扶櫬旋里魯山知縣楊呈芳山海衞人有惠政練總詹思鸞與進士宗麟祥等謀不軌呈芳捕斬之城陷死伊陽知縣孔貞璞曲阜人賊薄城以守禦堅解圍去他日有事汝陽道遇賊被執亦不屈死寶豐之陷也舉人李得笥短衣雜衆中爲所執賊謀主牛金星者故舉人也勸賊重用舉人賊所至獲舉人即授以官得笥終不自言賊莫知其爲舉人也役使之

不肯伺賊寐將刺之賊覺被殺或告賊曰此舉人也賊懼棄其屍而去時中州舉人盡節者南陽張鳳翮王明物洛陽張民表永城夏云醇商城余容善光州王者瑄光山胡植嵩縣王翼明並罵賊死

魯世任字媿尹垣曲人性端方事親孝從安邑曹于汴學又交絳州辛全學日有聞天啓末舉於鄉崇禎十年知鄭州建天中書院集士子講肄其中遠近從學者千人十三年秋給事中范士髦薦世任及臨城諸生喬己百內邱太原通判喬中和於朝稱爲德行醇儒堪繼薛瑄陳獻章之後乞召試平臺置左右備顧問不報十五年流賊來犯世任勒民兵禦之河干戰敗自剄死士民祀之書院中其年正月賊陷襄城知縣曹思正被殺訓導張信罵賊不屈死典史趙鳳豸拒賊死復陷西華知縣劉伯驂懷印投井死明年氾水陷知縣周騰蛟亦死焉伯驂河間人由歲貢生得官賊信急遣妻奉母歸及城被困有勸出降者立斬之登陴死守賊驅其下爲十覆迭攻之城遂陷抗節死騰蛟香河舉人邑兵荒撫字有術以其間釐定徭役民甚便之城孤懸河畔縣人吳邦清等於城南立七砦相犄角摩天砦最險土寇李際遇伺騰蛟往河北急據之遂攻縣城騰蛟間力請於上官救兵至始解去騰蛟念故城難守遷縣治於摩天砦以扼賊衝未幾賊大至持十餘日勢且不支砦臨河可渡以免騰蛟曰吾何忍舍衆獨生遂自投於河賊退人從河濱獲其屍印懸肘間河南凡八郡三在河北自六年蹂躪後賊未再犯其南五郡十一州七十三縣靡不殘破有再破三破者城郭邱墟人民百不存一朝廷亦不復設官間有設者不敢至其地遙寄治他所其遺黎僅存者率結山寨自保多者數千人少者數百最大者洛陽則際遇汝寧則沈萬登南陽則劉洪起兄弟各擁衆數萬而諸小寨悉歸之或附賊或受朝命陰陽觀望獨洪起嘗官副總兵頗恭順其後諸人自相吞併中原禍亂於是爲極至十六年四月帝特下詔蠲五郡賦三年諭諸人赦其罪斬僞官者受職捕賊徒者賚金復城獻俘者不次擢用然事已不可爲矣

劉禋字誠吾中部人祖仕刑部郎中以諍大禮廷杖後與定李福達獄下吏遣戍穆宗朝起太僕少卿不就父爾完歷知商邱名山有學行禋性孝母歿于名山四千里扶櫬過劍閣雲棧以肩任之父少寐愛聽史記禋每夕朗誦俟父熟寢乃已崇禎四年賊陷中部禋負父走免十四年由鄉舉授登封知縣土寇爲亂禋練壯士且守且戰寇不敢近十五年李自成陷其城禋被縛自成以同郡故欲降之禋叱曰豈有奕世清白吏肯降賊耶自成義之遣賊將反覆說禋執彌厲乃見殺贈僉事陳顯元者由副榜授新安知縣惡衣糲食徒步咨疾苦以城堞傾頹寇至不能守率士民入保關門寨賊檄降立碎其檄及來犯死守月餘力竭而陷見賊怒罵賊大殺寨中人顯元叱曰守寨者我也百姓何辜寧殺我賊怒遂支解而死當是時河南被賊尤酷故死事者尤多其傳錄未詳者開封之陷則同知蘇茂均通判彭士奇大使徐陞閻生白皆死之士奇高要人由鄉舉河南之陷則先後知府亢孟檜王蔭長通判白守文訓導張道脉靈寶知縣朱挺或被執不屈或陷城自盡孟檜臨汾人蔭長吳橋人並由鄉舉南陽之陷則葉縣知縣張我翼被害新野先後知縣陳公邵茂表皆死之汝寧之陷武臣則遊擊朱崇祖千戶劉懋勳楊紹祖袁永基同子世蔭百戶葉榮蔭張承德李衍壽閻忠國皆力戰死崇祖妻孫永基母王亦死之歲貢生林景暘國學生趙得庚楊道臨等諸生趙重明費明棟楊應禎李士諤等皆死之巡按御史蘇京奉詔錄上凡二百四十九人後因國變諸籍散佚蓋武職及州縣末秩舉貢諸生所遺者幾什之五六

何燮宇中理晉江人舉於鄉崇禎中知亳州州自八年後寇賊交橫益以饑饉民死徙過半燮盡心拊循營戰守具甚備未幾山東河南土寇迭至燮戰廬家廟生禽賊魁二人刳其腸示衆撫降者數千人十五年二月李自成陷河南居民望風逃竄城空不能守賊至執燮欲降之罵不屈斷足剖胸而死懸首市上三日耳鼻猶動賊遂縱兵四出霍邱靈璧盱眙皆陷霍邱八年春嘗陷至是再陷知縣左相申率兵巷戰力屈死之巡檢吳姓者鬬死靈璧知縣唐良銳全州舉人城陷抗罵死盱眙先被陷賊至士民悉走獨主簿胡淵不去縣故無城淵持戟至龜山寺力鬬殪數人賊駭欲遁會馬蹶被執奮罵而死淵永年人起家貢生

趙興基雲南太和人崇禎初以鄉舉通判廬州賀一龍左金王等五部據英霍二山暑入秋出以爲常督師楊嗣昌遣監軍僉事楊卓然招之受侮而返十四年六月襲陷英山知縣高在崙抗賊死十二月陷潛山知縣李孕嘉典史沈所安素苛急奸民導賊執之並不屈死所安子亦死焉十五年張獻忠爲左良玉所敗走與諸部合遂以三月攻舒城踰月城陷改爲得勝州據之遣其黨分掠旁邑游騎日抵廬州城下興基與知府鄭履祥經歷鄭元綬合肥知縣潘登貴指揮同知趙之璞里居參政程楷分門守監司蔡如蘅貪戾民不附賊諜滿城中不能知五月提學御史徐之垣以試士至獻忠遣其徒僞爲諸生襲儒冠以入夜半舉礮城中大擾之垣如蘅及履祥登貴並縋城走興基時守水西門聞變挺刃下戍樓與鬬斬數人被剏死元綬楷共守南薰門元綬力鬬死楷不屈死之璞守東門巷戰死賊乘勢連陷含山巢縣廬江及無爲六安又陷太湖知縣楊春芳典史陳知訓教諭沈鴻起訓導婁懋履並死焉廬州城池高深八年春賊百方力攻知府吳大樸堅守不下後屢犯終不得志至是以計得之履祥登貴懼罪委之興基總督史可法察其冤以聞乃治守令罪而贈興基河南僉事楷光祿卿元綬亦贈卹方賊攻舒城縣令適以憂去里居編修胡守恒與遊擊孔廷訓督民兵共守會遊擊縱所部淫掠士民遂叛降賊城將陷悍卒殺守恒事聞贈少詹事謚文節

明史卷二百九十四

列傳第一百八十二

總裁官總理事務經筵講官少保兼太子太保保和殿大學士兼管吏部戶部尚書事加六級臣張廷玉等奉

敕修

忠義六

夏統春（薛聞禮等）　陳美（郭裕等）
諶吉臣（張國勳等）　盧學古（朱士完等）
陳萬策（李開先）　許文岐（李新等）
郭以重（岳璧　郭金城）　崔文榮（朱士鼎）
徐學顏（李毓英等）　馮雲路（熊霈　明睿　易道暹　傅可知）
蔡道憲（周二南等）　張鵬翼（歐陽顯宇等）
劉熙祚　王孫蘭
程良籌（程道壽）　黃世清
楊瑄（朱一統等）　唐時明（薛應玢　唐夢鯤）
段復興（靳聖居等）　簡仁瑞（何相劉等）
司五教（張鳳翮）　都任（王家錄等）
祝萬齡（王徵等）　陳瓚（周鳳岐）
王徵俊（宋之儁等）　丁泰運（尚大倫等）

夏統春字元夫桐城人爲諸生慷慨有才志用保舉授黃陂丞嘗攝縣事著廉能聲十五年賊犯黃陂統春已遷麻陽知縣未赴乃督衆拒守凡十五晝夜賊忽解去統春度賊必再至而衆已疲甚休於家閱五日賊果突至城遂陷統春巷戰力竭被執欲屈之統春指賊魁大罵賊怒斷其右手復以左手指賊罵賊又斷之罵不已乃割其舌目怒視眥欲裂賊又剜其目猶以頭觸賊遂支解之有薛聞禮者武進人由府吏官黃陂典史歲歉民逋漕粟聞禮奉使過漢口貸於所知得千金以代民逋十六年張獻忠陷黃陂愛聞禮才挾與俱去暮卽亡歸會賊所設僞官爲士民殺死聞禮曰禍大矣令士民遠避而己獨留以當之俄賊至將屠城聞禮挺身曰殺僞官者我也賊欲活之詈不止乃見殺當是時賊延蔓中原覆名城不可勝數其以小吏死難有何宗孔賈儒秀張達郝瑞曰諸人宗孔紫陽典史十一年五月流賊再陷其城死之儒秀商南典史城陷抗節死達與山典史十四年二月張獻忠自蜀來攻都司徐日耀戰歿達被縛罵賊不屈死瑞曰陝西人爲固始巡檢羅山爲賊陷上官令瑞曰攝縣事單騎攜二童以往至則止僧寺將招流移爲守禦計未踰月賊遣僞官至土寇萬朝勲與之合誘執瑞曰說之降不從拘於家一日朝勲置酒宴羣賊醉臥瑞曰潛入其室殺之將奔鳳陽雨阻復見縶賊愛其勇欲留之叱曰我雖小吏亦朝廷臣子肯爲賊用耶遂被害二僕亦死有朱耀者固始人與父允義兄炳思成並以勇力聞八年賊來犯耀父子力戰却之明年賊復至耀出戰手馘數十人追之陷伏中大罵死允義曰我必報子讐炳謂思成曰我二人必報弟讐三人率衆奮擊賊解去城獲全

陳美字在中新建人崇禎時由鄉舉知宜城縣兵燹之餘民生凋瘵及張獻忠據穀城人情益懼美安輯備至襄陽陷賊兵來犯美偕守備劉相國迎擊賊中伏敗去巡按御史上其功獲敘錄撫治都御史王永祚以六等課所部有司美居上上薦於朝未及擢用十五年冬李自成長驅犯襄陽左良玉先奔永祚及知府以下俱遁賊入城鄉官羅平知州蔡思繩福州通判宋大勛殉節賊分兵寇宜城棗陽穀城光化均州美守宜城固拒八晝夜城陷抗罵不已爲賊磔死訓導陽城田世福亦死之棗陽知縣郭裕清江舉人甫視事張獻忠至左良玉屯近邑裕單騎邀與共禦賊卻去至是賊將劉福來攻裕發礮石擊傷多賊憤攻益力城陷身被數槊大罵賊支解之闔門遇害光化知縣萬敬宗南昌人貢生到官以死自誓賊薄城遂自盡賊義之引去城獲全鄉官韓應龍舉人歷長蘆鹽運使不受僞職自縊死穀城知縣

周建中亦殉節均州知州胡承熙被執不屈與其子爾英俱死承熙有能聲永祚課屬吏亦列上上遷刑部員外郎未行遇難賊犯鄖陽同知劉璇死之保康陷知縣萬惟壇與妻李氏俱死之璇永年人惟壇曹縣人俱貢生

諶吉臣字仲貞南昌人父應華萬曆時以參將援朝鮮戰歿吉臣由舉人爲雲夢知縣崇禎十五年十二月李自成陷襄陽其黨賀一龍陷德安吉臣急遣孥歸身誓死勿去明年正月雲夢陷被執不食累日賊臨以兵吉臣乞速死賊壯之授以官不屈驅上馬曰我失守封疆當死此更安往乃見殺福王時贈太僕寺丞賊分兵犯旁邑應城陷訓導張國勳死之國勳黃陂人城將陷詣文廟抱先師木主大哭爲賊所執大罵不屈支解死妻子十餘人皆殉節袁敬觀者雲夢諸生也賊據城敬觀立寨自守賊執去出題試之敬觀曰汝既知文亦知亂臣賊子人人得而誅之耶賊怒殺之安陸城陷知縣分水濮有容一門十九人皆死鄉民結寨自保賊將白旺連破數十寨諸生廖應元守益堅奸人執送旺旺問汝欲何爲厲聲曰欲殺賊耳賊怒射殺之應山舉人劉申錫養死士百人城陷謀恢復兵敗爲旺所殺百人皆戰死沔陽陷同知馬飈死之

盧學古夏縣人舉人歷承天府同知攝荆門州事崇禎十五年十二月李自成寇荆門學古誓死守學正黃州張郊芳訓導黃岡程之奇亦盟諸生於大成殿佐城守賊環攻四日無援城陷學古罵賊不絕口剖腹而死郊芳之奇亦不屈死有朱士完者潛江舉人鄉試揭榜夕夢黑幟墮其墓門粉書亂世忠臣四字至是賊破承天長驅陷潛江士完被執械送襄陽道由泗港齧指血書己盡節處遂自經賊所過焚燬士完所題壁獨存彭大翮者竟陵之青山人賊逼承天大翮出所著平賊權畧上之當事不能用遂自集一旅保鄉曲邀斬賊過當賊怒雨夜襲之大翮太息曰吾子孫陣亡已盡吾何用生爲赴水死賊既陷荆門遂向荆州巡撫陳睿謨急渡江入城奉端王常潤南奔監司以下皆奔士民遂開門迎賊訓導撖君錫正衣冠端坐明倫堂賊至欲屈之詬罵而死君錫字賓王絳縣人賊大索縉紳故相張居正子尚寶丞允修不食死戶部員外郎李友蘭不屈死諸生王維藩率妻朱及二女避難爲賊所掠維藩令妻女赴井死遂見殺諸生王圖南被執抗罵死夷陵李雲由鄉舉知潁川州州人祠祀之謝事歸流賊熾大書名義至重鬼神難欺二語於牖以自警及城陷不屈執至江陵絕食死呂調元者歸州千戶也城陷士民悉歸附調元獨率部卒格鬬陷重圍中招之降大罵死亂刀下

陳萬策江陵人天啓中與同邑李開先先後舉於鄉並有時名崇禎十六年正月李自成據襄陽設僞官其吏政府侍郎石首喻上猷先爲御史降賊薦兩人賢可用自成遣使具書幣徵之萬策隱龍灣市賊使至歎曰我爲名誤旣不能奮身滅賊尚可惜頂踵耶夜自經賊使至開先家開先瞋目大罵頭觸牆死福王時俱命優卹

許文岐字我西仁和人祖子良巡撫貴州右僉都御史父聯樞廣西左參政文岐崇禎七年進士歷南京職方郎中賊大擾江北佐尚書范景文治戎備景文甚倚之遷黃州知府射殺賊前鋒一隻虎奪大纛而還獄有重囚七人縱歸省覲期就獄皆如約至乃請於上官貸之十三年遷下江防道副使駐蘄州賊魁賀一龍藺養成等萃蘄黃間文岐設備嚴賊黨張雄飛將南渡命遊擊楊富焚其舟賊乃卻巡撫宋一鶴上其功副將張一龍善馭兵文岐重之嘗共宿帳中軍中夜呼譟文岐曰此奸人乘夜思逞耳堅臥不出質明叛兵百餘人奪門遁一龍追獲盡斬之一軍肅然楊富旣久鎭斬一鶴復遣參將毛顯文至不相得兵民洶洶文岐會二將以杯酒釋之始無患十五年左良玉潰兵南下大掠文岐立馬江口迎之兵莫敢犯時警報日急人無固志會擢督糧參政當行文岐歎曰吾爲天子守孤城三載矣分當死封疆雖危急奈何棄之遣妻奉母歸檄富顯文出屯近郊爲固守計無何荆王府將校郝承忠潛通張獻忠明年大舉兵來攻文岐發礮斃賊甚衆夜將半雪盈尺賊破西門入文岐巷戰雪愈甚礮不得發遂被執獻忠聞其名不殺繫之後營時舉人奚鼎鉉等數十人同繫文岐密謂曰觀賊老營多烏合凡此數萬卒皆被掠良民若告以大義同心協力賊可殲也於是陰相結期四月起事以柳圈爲信謀洩獻忠索之果得柳圈縛文岐斬之將死語人曰吾所以不死者志滅賊耳今事不成天也含笑而死時文岐陷賊中已七十餘日矣事聞贈太僕卿賊旣陷蘄州遂屠其民鄉官陝西僉事李新舉家被執賊欲屈之新叱曰我昔官秦中爾輩方爲厮養今日肯屈膝厮養耶賊怒新抱父屍就刃其時屬吏死節者惟麻城教諭定遠蕭頌聖蘄水訓導施州童天申

郭以重黃州人世爲衞指揮崇禎十六年城陷自他所來赴難其妻欲止之叱曰朝家畀我十三葉金紫不能易一死哉吾將先殺汝妻乃不敢言旣至遇賊欲脅之去堅不從露刃懾之乃好謂賊曰從汝非難但抱小兒者吾妻也汝爲我殺之吾無累矣賊如其言以重卽奪賊刀擊斬一賊羣賊擁至遂赴水死先是蘄州破指揮岳璧自屋墮地不死賊執至城上欲降之厲聲曰我世臣也城亡與亡豈降賊賊刃之仆地氣將絕瞋目曰我死爲鬼當滅汝時大雪血流丈餘目眦不合同時郭金城爲羅田守將賊逼城率所部五百人戰斬級百餘追之英山賊大集困三日突圍不得出被執脅降不從見殺

崔文榮海寧衞人世指揮僉事舉武會試授南安守備崇禎中臨藍盜起逼桂陽桂王告急文榮督所部會勦卻賊四萬人以功擢武昌參將十六年四月張獻忠犯漢陽文榮渡江襲斬六百級已而城陷武昌震懼巡撫宋一鶴旣死承天新任巡撫王聚奎未至武昌素不宿重兵城空虛或議撤江上兵以守文榮曰守城不如守江團風煤炭鴨蛋諸洲淺不及馬腹縱之飛渡而坐守孤城非策也當事不從賊果從團風渡江陷武昌縣縣無人賊出營樊口文榮軍洪山寺扼之旣斂兵入城以他將代守賊全軍由鴨蛋洲畢渡抵洪山守將亦退入城文榮以武勝門當賊衝借故相賀逢聖協守賊攻之不能下監軍參政王揚基時已擢右僉都御史巡撫承天德安二郡未聞命尚駐武昌見勢急與推官傅上瑞詭言有事漢陽開門道去人情益洶洶先是楚王出貲募兵應募者率蘄黃潰卒及賊間諜至是開文昌保安二門納賊文榮方出鬬還鬬城扉不及躍馬大呼殺三人賊攢槊刺之洞胸死有朱士鼎者起家武進士爲巡江都司城陷被執賊喜其勇敢欲大用之戟手大罵賊斷其右手乃以左手染血灑賊賊又斷之不死賊退令人縛筆於臂能作楷字招集舊卒訓練如常

徐學顏字君復永康人母疾禱於天請以身代夜夢神人授藥旦識其形色廣覓之得荆瀝疾遂愈父爲中城兵馬指揮忤權要人下吏學顏三疏訟冤所司格不上徧叩諸公卿莫爲雪將置重辟學顏號泣爭於刑部不能得至齧臂血濺於庭乃獲釋歸推所居大宅讓其弟尚義疎財族黨德之崇禎三年建東宮詔舉孝友廉潔博物洽聞可勵俗維風者有司以學顏應寢不行十二年以恩貢生授楚府左長史引義匡輔王甚敬之十五年冬諸司長官及武昌知府江夏知縣並以朝覲行學顏攝江夏事繕修守具楚府新募兵卽令學顏將之明年五月晦新軍內叛城陷學顏格鬬斷左臂大罵不屈爲賊支解一家二十餘人殉之通判固安李毓英亦舉家自縊武昌知縣鄒逢吉被害同死者武昌衞經歷汪文熙巡檢戴良瑄及僧官一人俱罵賊不屈腰斬賊旣陷武昌分兵陷屬邑於是嘉魚知縣霍山王良鑑蒲圻知縣臨川曾栻俱抗節死事聞學顏贈僉事毓英等贈卹有差

馮雲路字漸卿黃岡人好學勵行年三十卽棄諸生從賀逢聖講學遂寓居武昌著書數百卷崇禎三年巡按御史林鳴球薦其賢并上所著書不用及賊將渡江雲路貽書逢聖曰在內以寧湖爲止水在外以漢江爲汨羅寧湖者雲路談經處也城旣陷乘桴入寧湖賊遣使來聘遙應曰我平生只讀忠孝書未嘗讀降賊書也遂投湖死從游諸生汪延陛亦死焉其同邑熊霈字渭公亦移居武昌喜邵子皇極書頗言未來事十六年元旦盡以所撰性理格言圖書懸象大易參諸書付其季弟曰善藏之城破前一日貽書雲路言明日當見我某樹下及期行樹傍賊追至躍入荷池以死有諸生明睿者江夏人城破賊獨不入其門睿慨然曰安有父母之邦覆而偷生苟活者語家人速從我入井否則速去於是妻及二子二女幷諸婢以次投井睿笑曰吾今曠然無累矣從容榜諸門赴井死時人號爲明井先是賊陷黃岡諸生易道暹者字曦侯好學尚氣節居深山中積書滿家賊氛漸逼道暹惜所積書又以己所著書多不忍棄逡巡未行及賊至子爲瑚急奉母走青峰巖道暹攜幼子爲璉擔書以行遇賊紿曰余書賈也賊笑曰汝易曦侯何紿我道暹曰若旣知我當聽我一言愼毋殺人焚廬舍賊曰若身不保尚爲他人言耶道暹厲色叱賊賊怒殺之爲璉請代賊幷殺之未幾爲瑚亦被殺時黃陂諸生傅可知亦以叱賊死可知幼喪父臥柩下三年六十喪母啜粥三年黃陂陷被執可知年已踰八十賊憫其老不殺俾養馬叱曰我爲士數十年肯役於賊耶延頸就刃賊殺之

蔡道憲字元白晉江人崇禎十年進士爲長沙推官地多盜察豪民通盜者把其罪而任之盜方劫富家分財牧者已至召富家還所失物皆愕不知所自惡少年閉戶謀爲盜啟戶捕卒已坐其門驚逸去吉王府宗人恣爲奸道憲先治而後啟王王召責之抗聲曰今四海鼎沸寇盜日滋王不愛民一旦挺而走險能獨與此曹保富貴乎王悟謝遣之十六年五月張獻忠陷武昌長沙

大震承天巡撫王揚基率所部千人自岳州奔長沙道憲請還駐岳州曰岳與長沙脣齒也幷力守岳則長沙可保而衡永亦無虞揚基曰岳非我屬也道憲曰棄北守南猶不失爲楚地若南北俱棄所屬地安在揚基語塞乃赴岳州及賊入蒲圻卽遁去湖廣巡撫王聚奎遠駐袁州憚賊不敢進道憲亦請移岳聚奎不得已至岳數日卽徙長沙道憲曰賊去岳遠可繕城以守彼犯岳猶憚長沙援若棄岳長沙安能獨全聚奎不從賊果以八月陷岳州直犯長沙先是巡按御史劉熙祚令道憲募兵得壯丁五千訓練之皆可用至是親將之與總兵官尹先民等扼羅塘河聚奎聞賊逼大懼撤兵還城道憲曰去長沙六十里有險可柵以守毋使賊踰此又不從時知府堵允錫入覲未返通判周二南攝攸縣事城中文武無幾賊薄城士民盡竄聚奎詭出戰遽率所部遁道憲獨拒守賊遶城呼曰軍中久知蔡推官名速降毋自苦道憲命守卒射之斃越三日先民出戰敗還賊奪門入先民降道憲被執賊啗以官嚼齒大罵釋其縛延之上坐罵如故賊曰汝不降將盡殺百姓道憲大哭曰願速殺我毋害我民賊知終不可奪磔之其心血直濺賊面健卒林國俊等九人隨不去賊亦令說道憲降國俊曰吾主畏死去矣不至今日賊曰爾主不降爾輩亦不得活國俊曰我輩畏死亦去矣不至今日賊幷殺之四卒奮然曰願瘞主屍而死賊許之乃解衣裹道憲骸瘞之南郊醴陵坡遂自刎道憲死時年二十九贈太僕少卿謚忠烈二南字汝爲雲南人由選貢爲長沙通判盡職業與道憲深相得攝岳州知府士民固留乃以新秩還長沙後亦死邑中舉人馮一第走湘鄉將乞師他所賊縶其母與兄招之一第歸就縛賊將斬之一老僧伏地哭請免賊乃去其兩手置營中一夕死母兄獲免賊陷東安舉人唐德明仰藥死犯耒陽諸生謝如珂拒戰死

張鵬翼西充人崇禎中由選貢生授衡陽知縣十六年八月張獻忠逼衡州巡撫王聚奎李乾德及監司以下皆遁士民盡奔竄鵬翼獨守空城賊至卽陷脅使降戟髯詬詈賊縛而投諸江妻子赴水死賊之趨岳州也巴陵教諭桂陽歐陽顯宇時攝縣事死焉其趨臨湘也知縣蕭田林不息抗罵不屈斷其兩手殺之湘陰陷知縣大埔楊開率家屬十七人投水死其丞頻萬耀攝醴陵縣事城破亦死之長沙府照磨莫可及宜興人攝寧鄉縣事殉城死二子若鼎若鉉號慟奔赴遇害衡州旣陷屬縣衡山亦失守知縣富順董我前教諭分宜彭允中皆盡節府教授永明蔣道亨攝武陵縣事抱印罵賊見殺其他文武將吏非降則逃長沙史可鏡官給事中丁艱歸降賊賊用爲湖廣巡撫及賊棄湖廣入四川李乾德復還長沙執可鏡加榜掠械送南都伏法乾德者亦鵬翼同邑人崇禎四年進士十六年歷右僉都御史撫治鄖陽未赴改湖南時武昌已陷乾德守岳州獻忠攻急乾德棄城走長沙岳州遂陷轉徙衡永賊至輒先避長沙衡永皆隨陷獻忠入四川乾德還長沙以失地謫赴督師王應熊軍前自効永明王立擢兵部侍郎巡撫川南乾德入蜀其鄉邑已陷父亦被難乃說諸將袁韜攻佛圖關復重慶韜及武大定久駐重慶食盡乾德說嘉定守將楊展與大定結爲兄弟資之食已而惡展搆韜殺之據嘉定蜀人咸不直乾德會劉文秀自雲南至僉韜陷嘉定乾德乃驅家人及其弟御史升德俱赴水死

劉熙祚字仲緝武進人父純仁泉州推官熙祚舉天啓四年鄉試崇禎中爲興寧知縣奸民嘆斷腸草脅人財物熙祚令贖罪者必以草以是致死者勿問草以漸少弊亦止課最徵授御史十五年冬巡按湖南李自成陷荆襄諸郡張獻忠又破蘄黃臨江欲渡熙祚以明年二月抵岳州檄諸將分防江滸偏沅鄖陽二撫聯絡形勢會賊馬守應據澧州窺常德土寇甘明揚等助之熙祚馳至常德擊斬明揚五月還長沙及武昌岳州相繼陷急令總兵尹先民副將何一德督萬人守羅塘河扼要害而巡撫王聚奎乃撤守長沙賊遂長驅至聚奎率潰將孔全彬黃朝宣張先壁等走湘潭長沙不能守惠王避地至長沙與吉王謀出奔熙祚奉以奔衡州衡州桂王封地也聚奎兵至大焚劫王及吉惠二王皆登舟避亂熙祚單騎赴永州爲城守計未幾聚奎復走祁陽衡州遂陷永士民聞之空城逃二王至永州聚奎繼至越日全彬等亦至劫庫金去熙祚乃遣部將護二王走廣西而已返永州拒守賊騎追執之獻忠踞桂王宮叱令跪不屈賊羣毆之自毀城曳至端禮門膚盡裂使降將尹先民說之終不變見殺事聞贈太常少卿謚忠毅弟永祚字叔遠由選貢生屢遷興化同知禽賊曾旺後以副使知興化府事

大清兵入城仰藥死弟綿祚字季延崇禎四年進士爲吉安永豐知縣鄰境九蓮山界閩粤賊窟其中綿祚請會剿賊怒率衆攻綿祚出擊三戰三捷賊益大至綿祚伏兵黃牛峒大破之積勞得疾請告歸卒兄弟三人竝死王事王聚奎既失永州後伺賊退潛還武昌爲代者何騰蛟所劾夤緣免

王孫蘭字畹仲無錫人崇禎四年進士累遷成都知府蜀宗人虐民民相聚將焚內江王第孫蘭撫諭之乃解父憂服闋起官紹興修荒政還廣東副使分巡南雄韶州二府連州猺賊爲亂馳勦三戰皆捷十六年張獻忠大亂湖南湖南之郴州宜章與韶接壤孫蘭乞援督府不應最後以七百人至一宿復調去及賊陷衡州肆屠戮韶所轄樂昌乳源仁化逋竄一空連州守將先據城叛韶士民聞之空城逃而賊所設僞官傳檄將至孫蘭仰天歎曰失封疆當死賊陷城又當死吾盍先死乎遂自縊旣死賊竟不至朝廷憫其忠予贈卹

程良籌字持卿孝感人工部尚書註子也天啓五年進士時註爲太常少卿不附魏忠賢御史王士英劾其爲趙南星李三才私黨忠賢遂矯旨幷良籌除名永不敍錄未出仕而除名前此未有也崇禎元年起官歷文選員外郎掌選事麻城李長庚爲尚書以同鄉故甚倚之正郎久缺不推補同列多忌嘲謔亦少之長庚用推舉失當削籍良籌亦下吏遣戍久乃釋歸十六年李自成犯承天孝感亦陷良籌以白雲山險峻與同邑參政夏時亨築壘聚守賊使說降良籌毀其書賊怒設長圍攻之相持四十餘日解去時漢陽武昌亦爲張獻忠所陷四面皆賊獨白雲孤處其間賊頗患之已武昌爲官軍所復良籌號召遠近諸寨犄角進兵其冬遂復孝感雲夢十二月進薄德安兵敗退保白蓮寨寨中人素通賊爲內應良籌遂被執說降不屈羈之密室明年正月左良玉遣將攻德安賊懼擁良籌令止外兵不從賊棄城去逼良籌偕行又不從遂被殺贈太常少卿程道壽者良籌里人也嘗爲來安知縣賊陷孝感置掌旅守之道壽結里中壯士擊殺掌旅賊復至杖之繫獄令爲書招良籌道壽曰我不能助白雲滅汝肯助汝耶遂見殺

黃世清字澄海滕縣人父中色吏部員外郎世清登崇禎七年進士除戶部主事權滸墅關有清操歷員外郎屢遷右參議分守商雒駐商州城屢遭兵四野蕭然民皆入保城中而客兵所過淫掠民苦兵甚於賊世清下令兵不得闌入城未幾闖中兵經其地有二卒撾門榜以徇督撫發兵誡毋犯黃參議令李自成躪荆襄遠近震動世清一子方幼屬友人養之誓身殉十六年十月自成敗孫傳庭軍長驅入關遣右營十萬人從南陽犯商州世清憑城守有奸民投賊至城下說降世清佯與語發礮斃之懸其首城上曰懷二心者視此士民皆効死礮矢盡繼以石石盡婦人掘街砌繼之城陷世清坐堂上麾其僕朱化鳳去化鳳願同死賊牽世清下化鳳叱曰奴才不得無禮賊批其頰化鳳聲色愈厲執至賊帥袁宗第營世清植立賊欲屈之化鳳曰吾主堂堂憲司肯拜賊耶賊先殺之授世清以防禦札罵不受與一家十三人皆遇害贈光祿卿

楊暄高平人崇禎十三年進士授渭南知縣歲大凶畢力拯救民稍獲安十六年冬李自成入潼關兵備僉事楊王休降教授許嗣復分守上南門城破持梃鬭詈賊死妻女被掠皆自殺賊遂抵渭南暄已擢兵部主事未行與訓導蔡其城同守會舉人王命誥開門迎賊暄被縛索印不與詬罵死其城亦死之賊遂陷西安咸陽知縣趙蹐昌被害屬邑華州降蒲城知縣朱一統獨謀拒守曰吾家七世衣冠安可臣賊或言他州縣甲榜者皆已納款一統曰此事寧論資格耶以體肥令家人擠井口以待會衙兵叛奪印趣迎降一統瞋目叱曰吾一日未死印不可得日暮左右盡散從容赴井死縣丞沁源姚啟崇亦死焉一統平定人起家乙榜有朱廻滺者濬府宗室也由宗貢生爲白水知縣明習吏事下不敢欺賊潛入城猶手弓射賊與學官魏歲史劉進竝被難

唐時明字爾極固始人舉於鄉崇禎中爲長垣教諭子路墓祀田爲豪家奪時明復其故由國子學正屢遷鳳翔知府十六年十月聞李自成入潼關亟治戰守備俄潰兵大掠西人無固志及自成據西安分兵來寇典史董尚質開門迎賊時明被執僞相牛金星曰吾主求賢若渴君至西京不失擢用時明叱曰我天朝命吏肯臣賊耶金星令尚質說降厲聲責之賊令縛赴西安時明託妻子於友人至興平乘間自縊鳳翔旣陷屬城叛降隴州同知薛應玢武進人時攝州事勒兵守城城陷詈賊死寶鷄知縣唐夢鯤番禺舉人歷知仙居天台富川分水四縣在富川有撫猺功坐累謫池州經歷攝貴池縣事左良玉擁兵下鄉民奔入城守者拒夢鯤令悉納之及改寶鷄賊已過潼關星馳抵任賊逼縣知不可守自經死

段復興字仲方陽穀人崇禎七年進士歷右參議分守慶陽十六年十月李自成據西安傳檄諭降復興裂其檄集衆守踰月賊薄城圍數匝發礮石殺賊滿濠久之勢不支拜辭其母聚妻妾子女於樓實薪其上復乘城督戰城陷遂歸火其樓母亦赴火死乃持鐵鞭走北門

擊殺數賊遂自刎士民葬之西河坪立祠祀之同時死難者慶陽推官斬聖居安化知縣袁繼登聖居字淑孔長垣人崇禎元年進士歷知濟源萊陽二縣屢謫復起泣慶陽時已授刑部主事未行遇賊佐復與死守城破被執罵不絕口死繼登南畿人起家選貢泣任未浹歲卽遘變見賊求速死賊殺之其陷寧州也知州董琬死之宗室朱新鏷者以貢生授中部知縣自成使人持檄招降新鏷碎之歎曰城小無兵空令士民受禍計惟自靖耳令妻妾子女盡縊乃投繯死

簡仁瑞字季麟榮縣人由舉人歷官西安同知遷平涼知府十六年冬賊入關諸王及監司以下官謀遁走仁瑞謁韓王曰長安有重兵訛言不足信殿下輕棄三百年宗社欲何之縱賊壓境延寧甘涼諸軍足相援必不能支同死社稷亦不辱二祖列宗王不從是夕其護衞卒譟挾王及諸郡王宗室斬關出奔脅仁瑞行仁瑞曰吾平涼守也吾去誰與守衆遂去仁瑞乃撤四關居民入城以土石塞門爲死守計未幾賊檄至乃召所活死囚數輩謂之曰吾昔嘗生汝汝亦有以報我乎皆對曰唯命卽托以幼子令衞出明日賊抵城下士民數人草降書乞僉名署印仁瑞怒叱責之正衣冠自經堂上平涼旣陷屬城悉降華亭教諭鄒姓者援曾子居武城義欲避去訓導何相劉止之曰吾輩委質爲臣安可以賓師自待乃率諸生共守及城陷與教諭皆殉難

司五教字敬先內黃人篤學有志行崇禎時以歲貢爲內邱訓導十一年邑被兵佐長吏拒守有功遷城固知縣剿山寇滅之十六年冬賊據關中郡縣風靡五教激士民固守有諸生謀內應捕斬之竿其首城上無何僞帥田見秀擁兵至五教且戰且守賊悉兵攻四日而城陷旣見執厲聲罵賊賊去其冠帶輒自取冠之罵益厲乃被磔鄉官張鳳翮字健冲天啓五年進士崇禎中官御史極論四川巡撫王維章貪劣而請召還給事中章正宸不納出按雲南還朝言陛下議均輸再征一年民力已竭討賊諸臣泄泄沓沓徒糜數百萬金錢帝納其言敕兵部飛騎勒熊文燦進兵而張獻忠已叛矣十五年遷浙江右參政未任而罷賊陷城脅之仕不屈死

都任字弘若祥符人萬曆四十一年進士授南京兵部主事進郎中屢遷四川右參政天啓五年大計左遷江西僉事復屢遷陝西左布政使崇禎五年又謫山東右參政再遷山西按察使任性剛嚴多忤物數謫從終不變月朔同僚朝晉王任掾會典爭不赴巡按御史張孫振誣劾提學僉事袁繼咸任數慰問繼咸矚其行孫振怒復中以大計貶秩歸後復起歷右布政使兼副使飭榆林兵備十六年九月巡撫崔源之罷去代者張鳳翼未至總兵官王定從孫傳庭出關大敗奔還遠近震恐李自成遂據西安遣其將李過以精卒數萬徇三邊延安綏德相繼陷定懼詭言討河套寇率所部遁去榆林益空虛任急集軍民慷慨流涕諭以大義與督餉員外郎王家錄副將惠顯等議城守城中多廢將任以尤世威知兵推爲主帥率諸將王世欽等數十人誓死守賊遣使招降任斬以徇賊大衆麕至十一月望城被圍至二十七日城陷任猶巷戰力不支被執欲降之大罵不屈遂見殺世威等皆死詳見世威傳中家錄黃岡人舉於鄉時已擢關南兵備僉事未行與任協守圍急男子皆乘城家錄令婦人運水灌城冰厚數寸賊不能攻及城陷家錄自剄死一時同死者里居戶部主事張雲鶚知州彭卿柳芳湖廣監紀趙彬皆不屈死指揮崔重觀自焚死傳佑與妻杜氏自縊死中軍劉光祐罵賊死材官李耀善射矢盡自刎死同營李光裕趣家人死亦自刎死張天敘焚其積貯自縊死指揮黃廷政與弟千戶廷用百戶廷弼奮力殺賊同死千戶賀世魁偕妻柳氏自縊死參將馬鳴節聚妻子室中自焚死里居戰死則山海副總兵楊明定邊副總兵張發孤山副總兵王永祚西安參將李應孝在官死事則遊擊傳德潘國臣李國奇晏維新陳二典劉芳馨文侯國都司郭遇吉中軍楊正韡柳永年馬應舉旗鼓文經國守備尤勉惠漸賀大雷楊以偉指揮李文焜文燦而副將常懷李登龍遊擊孫貴尤養鯤守備白愼衡李宗敘亦以守鄉土遭難諸生則陳義目沈濬沈演白拱極白含章罵賊死張連元連捷李可柱胡一奎李蔭祥自經死一城之中婦女死義者數千人井中屍滿賊遂屠其城榆林爲天下雄鎭兵最精將材最多然其地最瘠餉又最乏士常不宿飽乃慕義殉忠志不少挫無一屈身賊庭其忠烈又爲天下最事聞天子嗟悼將大行褒恤國亡不果

祝萬齡咸寧人父世喬有至行以父遠遊不歸年十五卽獨身訪求瀕死歷數千里卒得之後由選貢通判南康以淸愼著萬齡師鄉人馮從吾舉萬曆四十四年進士累官保定知府天啓六年魏忠賢盡毀天下書院萬齡憤逆黨李魯生遂劾萬齡倡訛言謂天變地震物怪人妖悉由毀書院所致非聖誣天實甚萬齡遂落職崇禎初用薦起黃州知府集諸生定惠書院迪以正學居三年遷河南副使監軍磁州輝縣之北與山西陵川之南有村曰水峪回賊竊據數十年大爲民患萬齡與山西監司王肇生合兵擊六戰焚其巢三百餘賊遂平錄功加右參政流賊自山西入河北掠新鄉萬齡邀擊之賊走陵川已復大至坐失事削籍歸湯開遠訟其冤不納久之廷臣交薦未及用而西安陷萬齡深衣大帶趣至關中書院哭拜先聖投繯死僉事涇陽王徵太常寺卿耀州宋師襄懷慶通判咸寧寶光儀儀封知縣長安徐方敬芮城知縣咸寧徐芳聲舉人宗室朱誼罘及席增光皆里居城破並抗節死

陳瓆漳浦人天啓五年進士授慈谿知縣崇禎十年爲袁州推官拒楚賊有功屢遷右參議分守湖南討平八排賊十六年張獻忠陷長沙圍參政周鳳岐於澧州瓆督兵往救軍敗被執欲降之不屈斷手剖肝而死鳳岐永康人萬曆末年進士歷工部郎中掌節愼庫忤奄人落職歸崇禎初起故官進四川副使苗人爭界爲立碑畫疆以定之改右參政分守澧州賊來犯援軍敗沒城遂陷賊帥親解其縛說以降怒罵而死

王徵俊字夢卜陽城人天啓五年進士授韓城知縣崇禎初流賊來犯禦却之坐大計謫歸德照磨巡按御史李日宣薦於朝給事中呂黃鐘請用天下必不可少之人亦及徵俊乃量移滕縣知縣累官右參政分守寧前以憂歸十七年二月賊陷陽城被執不屈繫之獄士民爭頌其德賊乃釋之抵家北面再拜投繯卒其時士大夫居家盡節者靈石宋之儁翼城史可觀陽曲朱愼鏤之儁舉進士歷官登萊監軍副使忤巡按謝三賓互訐於朝落職歸三賓亦貶秩及遇變之儁受刑死妻喬詈賊撞階死女斂屍畢拔簪刺喉死可觀太常少卿學遷子官中書舍人加鴻臚少卿城陷自縊死愼鏤晉府宗室攝靈邱郡王府事賊陷太原冠帶祀家廟驅家人入廟中焚之己亦投火死

丁泰運字孟尚澤州人崇禎十三年進士除武陟知縣調河內著廉直聲十七年二月賊將劉方亮自蒲坂渡河巡按御史蘇京托言塞太行道先遁去與陝西巡撫李化熙仝抵寧郭驛俄兵變化熙被傷走兵執京披以婦人服令插花行稍違輒抶之以爲笑樂叛將陳永福引賊至京卽迎降賊遂逼懷慶監司以下皆竄泰運獨守南城力不支被執賊擁見方亮使跪不屈燒鐵鎖炙之亦不從乃遇害賊旣陷懷慶尋陷彰德安陽人尚大倫字崇雅由進士歷官刑部郎中有國學生白夢謙以救黃道周繫獄大倫議寬之忤尚書意遂罷歸城陷抗節死參將榆林王榮及其子師易皆死之又有王檊徵由鄉舉歷官蒲州知州忤豪宗謝事歸爲賊所執傳詣李自成道憤恨不食死

明史卷二百九十五　　列傳第一百八十三

總裁官總理事務經筵講官少保兼太子太保保和殿大學士兼管吏部戶部尚書事加六級張廷玉等奉

敕修

忠義七

何　復 邵宗元等　張羅俊 弟羅彥等
金毓峒 韓東明等　湯文瓊 范箴聽等
許　琰 曹肅等　王喬棟
張繼孟 陳其赤等　劉士斗 沈雲祚等
王勵精 劉三策等　尹　伸 莊祖誥等
高其勳 王士傑等　張　耀 吳子騏 曾異撰等
米壽圖　耿廷籙 馬乾
席上珍 孔師程等　徐道興 羅國瓛等
劉廷標 王運開 王運閎

何復字見元平度人邵宗元字景康碭山人復崇禎七年進士知高縣有却賊功忤上官被劾謫戍後廷臣多論薦起英山知縣累遷工部主事進員外郎十七年二月擢保定知府宗元由恩貢生歷保定同知有治行李自成陷山西遣僞副將軍劉方亮由固關東犯畿輔震動及眞定游擊謝嘉福殺巡撫徐標反遣使迎賊人情益洶洶宗元時攝府事亟集通判王宗周推官許曰可清苑知縣朱永康後衞指揮劉忠嗣及鄉官張羅彥尹洗等議城守復聞兼程馳入城宗元授以印復曰公部署已定印仍佩之我相與僇力可也乃謁文廟與諸生講見危致命章詞氣激烈講畢登城分守都城陷之次日賊使投書誘降宗元手裂之明日賊大至絡繹三百里有數十騎服婦人衣言所過百餘城皆開門遠迎不降卽屠且京師已破汝爲誰守城上人聞之髮豎眥裂賊環攻累日宗元等守甚堅賊稍稍引却督師大學士李建泰率殘卒數百輩餉銀十餘輛叩城求入宗元等不許建泰舉敕印示之宗元等曰荷天子厚恩御門賜

劍酌酒餞別今不仗鉞西征乃叩關避賊耶建泰怒厲聲叱呼且舉尚方劍脅之或請啟門宗元曰脫賊詐爲之若何衆以御史金毓峒嘗監建泰軍識建泰推出視之信乃納之建泰入賊攻益厲建泰倡言曰勢不支矣姑與議降書牒迫宗元用印宗元抵印厲聲曰我爲朝廷守土義不降欲降者任爲之大哭引刀將自刎左右急止之皆雨泣羅彥前曰邪說勿聽速擊賊復自起爇西洋巨礮火發被燎幾死賊攻無遺力雉堞盡傾俄賊火箭中城西北樓復遂焚死南郭門又焚守者多散南城守將王登洲縋城出降賊蜂擁而上建泰中軍副將郭中杰等爲內應城遂陷宗元及中官方正化不屈死建泰率曰可永康出降忠嗣分守東城城將陷召女弟適楊千戶者歸與妻毛子婦王同處一室俱以弓弦縊殺之復登城拒守城破被執怒詈奪賊刀殺二賊賊臠至剜目劓鼻支解死一時武臣死事者守備則張大同與子之坦力戰死指揮則文運昌劉洪恩戴世爵劉元靖呂九章呂一照李一廣中軍則楊儒秀鎮撫則管民治千戶則楊仁政李尚忠紀動趙世貴劉本源侯繼先張守道百戶則劉朝卿劉悅田守正王好善強忠武王爾祉把總則郝國忠申錫皆殉城死有呂應蛟者保定右衛人歷官密雲副總兵謝事歸賊至總監正化知其能延與共守晝夜戮力城破短兵鬬殺十餘賊而死

張羅俊字元美清苑人父純臣由武進士歷官署參將神機營左副將生六子羅俊羅彥羅士羅善羅喆羅輔羅俊娶瞽女終身不置妾羅彥字仲美舉崇禎二年進士累遷吏部文選郎中楊嗣昌數借封疆事引用匪人羅彥多駮正帝疑吏部行私廠卒常充庭曹郎多罹譴者羅彥獨無所染秩滿遷光祿少卿被誣落職歸羅俊以十六年秋舉進士羅輔亦以是年舉武進士而羅彥少從父塞上習兵事初官行人奉使旋里鄉郡三被兵佐當事守禦三著功給事中時敏奉使過其地夜半欲入城羅彥不許敏劾其擅司鎖鑰羅彥疏辯帝不問十七年二月賊逼京師衆議守禦羅彥兄弟與同知邵宗元等歃血盟誓死守總兵官馬岱謁羅彥曰賊分兩道一出固關一趨河間吾當出屯蠡縣扼其衝先殺妻子而後往其城守悉屬公羅彥曰諾詰旦岱果殺妻孥十一人率師去羅彥等糾鄉兵二千分陴守羅俊守東城羅彥西北羅輔爲游兵公廩不足出私財佐之賊遣騎呼降羅俊顧其下曰欲降者取我首去後衛指揮劉忠嗣挺劍曰有不從張氏兄弟死守者齒此劍怒目髮上指聞者咸憤厲守益堅賊爲引却已聞京師變衆皆哭北向拜又羅拜相盟誓而賊攻益急城中多異議羅彥謂宗元曰小民無知非鼓以大義氣不壯乃下令人綴崇禎錢一枚於項以示戴主意賊謂羅彥主謀呼其名大詬且射書說降羅彥不顧賊死傷多攻愈力李建泰親軍爲內應城遂陷羅俊猶持刀砍賊刀脫兩手抱賊齧其耳血淋漓口吻間賊至益衆大呼我進士張羅俊也遂遇害羅彥見賊入急還家大書官階姓名於壁投繯死子晉與羅俊子仲並赴井死羅善字舜卿爲諸生佐兩兄守城城將陷兩兄戒勿死羅善曰有死節之臣不可無死節之士妻高攜三女投井死羅善亦投他井死羅輔多力善射晝夜乘城射必殺賊城破與羅俊奪圍走羅俊不可羅輔連射殺數人矢盡持短兵殺數人乃死張氏兄弟六人羅士早卒其妻高守節十七年至是自經死惟羅喆從水門走免其妻王亦縊死羅俊伯母李罵賊死羅彥妻趙二妾宋錢及晉妻師當圍急時並坐井傍以待賊入皆先羅彥投井死獨趙不沈家人出之羅輔妻白在母家聞變欲死侍者止之紿以汲井推幼女先入已從之羅俊再從子震妻徐巽妻劉亦投井死一門死者凡二十三人

金毓峒字稺鶴保定衛人父銓戶部員外郎毓峒舉崇禎七年進士授中書舍人十四年面陳漕務稱旨授御史疏論兵部尚書陳新甲庸才悞國戶部尚書李待問積病妨賢又請渙發德音自十五年始蠲除繁苛與海內更新因言復社一案其人盡縫掖不可以一夫私怨開禍端帝多採納明年出按陝西孫傳庭治兵關中吏民苦征繕日夜望出關天子亦屢詔督趣毓峒獨謂將驕卒悍未可輕戰抗疏爭帝不納師果敗十六年冬期滿得代甫出境而賊入關復還至朝邑聚上將吏功罪而後行明年三月召對命監李建泰軍馳赴山西抵保定賊騎已逼遂偕邵宗元等共守毓峒分守西城散家貲千餘金犒士其妻王亦出簪珥佐之京師變聞賊射書說降衆頗懈毓峒厲聲曰正當爲君父復讎敢異議者斬懸銀牌令擊賊者自取衆爭奮斃賊多城陷一賊挽毓峒往謁其帥且罵且行遇井推賊仆地自墮井死妻聞卽自經其從子振孫有勇力以武舉佐守城賊至衆皆散獨立城上大呼曰我金振孫前日殺數賊魁者我也羣賊支解之振孫兄肖孫子婦陳與侍兒桂春亦投井死肖孫匿毓峒二子爲賊搒掠無完膚終不言二孤獲免同時守城殉難者邠州知州韓東明武進士陳國政赴井死平涼通判張維綱舉人張爾翬孫從範不屈死舉人高經負母避難遇賊求釋母母獲釋而經被執乘間赴水死貢生郭鳴世寢疾聞城陷整衣端坐賊至持棒奮擊而死諸生王之珽先城陷一日置酒會家人飲達旦城破偕妻齊及三子二女入井死諸生韓楓何一中杜日芳王法等二十九人布衣劉宗向田仰名劉自重等二十人或自經或溺或受刃皆不屈死婦人盡節者一百十五人他若都給事中尹洗舉人劉會昌貢生王聯芳以城陷次日爲賊收獲亦不屈死賊揭其首於竿書曰據城抗節惡官逆子見者飲泣

湯文瓊字兆鰲石埭人授徒京師見國事日非數獻策闕下不報京師陷慨然語其友曰吾雖布衣獨非大明臣子耶安忍見賊弒君篡國乃書其衣衿曰位非文丞相之位心存文丞相之心投繯而卒福王時給事中熊汝霖上疏曰北都之變臣傳詢南來者確知魏藻德爲報名入朝之首梁兆陽楊觀光何瑞徵爲從逆獻謀之首其他皆稽首賊庭乞憐恐後而文瓊以閭閻匹夫乃能抗志捐生爭光日月賊聞其衣帶中語以責陳演卽斬演於市文瓊布衣死節賊猶重之不亟表章何以慰忠魂勵臣節乃贈中書舍人祀旌忠祠時都城以布衣盡節者又有范箴聽楊鉉李夢禧張世禧輩福王建國喪亂益甚且見聞不詳未盡表章箴聽端方有義行高攀龍講學都下受業其門魏國公徐允禎延爲館賓數進規諫允禎或倨見他客箴聽至輒斂容賊入置一棺偃臥其上絕食七日死鉉善寫真京師陷攜二子赴井死夢禧負志節與妻杜二子二女一婢俱縊死世禧儒士也亦與二子懋賞懋官俱縊死又有周姓者悲憤槌胸嘔血數升而死而柏鄉人郝奇遇居京師聞變謂妻曰我欲死難汝能之乎妻曰能遂先死奇遇瘞畢服藥死

許琰字玉仲吳縣人幼有至性嘗刲臂療父疾爲諸生磊落不羈聞京師陷帝殉社稷大慟誓欲舉義兵討賊走告里薦紳皆不應端午日過友人出酒飲之琰擲杯大詬曰今何日我輩讀聖賢書尚縱酒如平日耶拂衣徑去已聚哭明倫堂琰衰杖擗踊號泣盡哀御史謁文廟猶吉服琰率諸生責以大義御史惶悚謝罪去及南都頒監國詔而哀詔猶未頒琰益憤慟趨古廟自經爲人所解乃步至胥門投於河潞王舟至拯之出詢其故嗟嘆良久識琰者掖以歸家人旦夕守不得死遂絕粒尋聞哀詔至卽庭中稽首號慟并不復言以六月三日卒鄉人私諡曰潛忠先生南中贈五經博士祀旌忠祠

是時諸生殉義者京師則曹肅蘭衞卿周讜李汝翼大同則李若葵金壇則王明灝丹陽則王介休雞澤則殷淵肥鄉則宋湯齊郭珩王拱辰肅曾祖子登仕爲甘肅巡撫賊入肅與祖母姜母張嫂李及弟持敏妹持順弟婦鄧並自縊衞卿止一幼女託其友亦自縊讜被執罵賊不屈死汝翼布政使本緯子亦罵賊被磔死若葵與親屬九人皆自縊題曰一門完節明灝聞變日夕慟哭家人解慰之託故走二十里外投水死介休不食七日死淵字仲弘父大白官監軍副使爲楊嗣昌所殺淵負奇氣從父兵間善技擊嘗欲報父讎及賊破雞澤謀起兵恢復俄聞京師陷卽同諸生黃祐等悲號發喪約山中壯士誅賊所置官僞令秦植踉蹌走乃入城行哭臨禮義聲大震爲奸人所乘被殺遠近悼之湯齊珩拱辰亦起兵討賊爲賊將張汝行所害

王喬棟雄縣人舉進士授朝邑知縣縣人王之寀爲魏忠賢黨所惡坐以贓下喬棟嚴徵喬棟不忍封印於庫而去巡撫怒將劾之士民擁署號呼乃止崇禎初起順天教授累遷湖廣參政楚中大亂諸道監司多不至喬棟兼綰數篆乙酉夏李自成據武昌喬棟時駐興國州城爲賊陷自經城樓上

張繼孟字伯功扶風人萬曆末年進士知濰縣天啟三年擢南京御史未出都奏籌邊六事末言已被抑南臺由錢神世界公道無權宜嚴禁餽遺帝令實指繼孟以風聞對詔詰責之左都御史趙南星言今天下進士重而舉貢輕京官重而外官輕在北之科道重而南都輕乞因繼孟言思偏重之弊敕下吏部極力挽回於用人不爲無補於是忌者咸指目繼孟爲東林尋以不建魏忠賢祠斥爲邪黨削奪歸崇禎二年起故官上言近見冢臣王永光人言踵至一疏語語謬戾其曰惠世揚等借題當議夫云借者無其事而借名也世揚與楊漣左光斗同事同心但未同死耳今楊左業有定議世揚方昭揭於天下後世柰何以借名之謬一又曰高捷史𡎺發奸已驗特用宜先夫捷𡎺之糾劉鴻訓也爲楊維垣等報讎耳鴻訓輔政止此一事快人意其後獲罪以納賄非以捷𡎺劾也今指護奸者爲發奸謬二又曰諸臣所擁戴者錢謙益李騰芳孫愼行夫謙益本末陛下近亦洞然至騰芳愼行天下共推服會推之時永光身主其議乃指公論爲擁戴謬三又曰欲諸臣疎一面網息天下朋黨之局信斯言也則部議漏張文熙等數十人

是爲疎網而陛下嚴核議罪反開朋黨之局乎謬四且永光先爲御史李應昇所糾今又爲御史馬孟正徐尚勳等所論而推轂永光者先爲崔呈秀徐大化今則崔維華楊維垣張文熙其賢不肖可知矣後又劾南京兵部尚書胡應台貪汚帝並不納永光深疾之出爲廣西知府土酋普名聲久亂未靖繼孟設計酖之一方遂安稍遷浙江鹽運使忤視鹽內官崔璘左遷保寧知府尋進副使分巡川西十七年八月張獻忠寇成都與陳其赤張孔教鄭安民方堯相等佐巡撫龍文光協守城陷被執獻忠僭帝號欲用諸人備百官繼孟等不爲屈乃被殺妻賈從之其赤字石文崇仁人崇禎元年進士歷兵備副使轄成都城陷投百花潭死家人同死者四十餘人孔教字魯生會稽人舉於鄉歷四川僉事不屈死子以衡奉母孔南竄匿不使知踰年母詰以衡書室見副使周夢尹請孔教卹典疏隕絕罵以衡曰父死二載我尚偷生使我無顏見汝父地下遂取刀斷喉死安民浙江貢生歷蜀府左長史賊圍成都分守南城城陷不屈死堯相字紹虞黃岡人官成都同知監紀軍事兵食不足泣請於蜀王王不允自投於池以救免次日城陷被殺於萬里橋下總兵劉佳蔭亦盡節

劉士斗字瞻甫南海人崇禎四年進士知太倉州有政聲忤上官中計典謫江西按察司知事擢成都推官十六年御史劉之勃薦爲建昌兵備僉事明年八月賊將入境之勃促之行士斗曰安危生死與公共復何往城陷被執見之勃與張獻忠語大呼曰此賊也公不可少屈獻忠怒命捽以上士斗又返顧之勃語如前遂闔門被殺同時沈雲祚字子凌太倉人崇禎十三年進士知華陽縣有奸民爲猺黃賊耳目設策捕戮之賊破夔門成都大震雲祚走謁蜀王陳守禦策不聽聞內江王至淥賢往說之曰成都危在旦夕而王府貨財山積不及今募士殺賊疆埸淪喪誰爲王守至淥言於王不聽賊迫成都王始出財佐軍已無及城陷獻忠欲用之幽之大慈寺而遣其黨饋食以刃脅降不屈遂遇害

王勵精蒲城人崇禎中由選貢生授廣西府通判仁恕善折獄歲凶毀銀帶易粟減價糶富人聞之爭出粟價遂平遷崇慶知州多善政十七年張獻忠陷成都州人驚竄勵精朝服北面拜又西向拜父母從容操筆書文信國成仁取義四語於壁登樓縛利刃柱間而置火藥樓下危坐以俟俄聞賊騎渡江即命舉火火發觸刃貫胸而死賊歎其忠斂葬之其墨迹久逾新滌之不滅後二十餘年州人建祠奉祀祀甫畢壁即頹遠近歎異先是十三年賊犯仁壽知縣鄱陽劉三策拒守城陷不屈死贈尚寶司丞及是再陷知縣顧繩貽遇害賊陷郫縣主簿山陰趙嘉煒守都江堰賊誘降不從投江死陷緜竹典史卜大經與其僕俱縊死鄉官戶部郎中刁化神亦死之他若榮縣知縣漢陽秦民湯蒲田知縣江夏朱蘊羅與文知縣漢川艾吾鼎南部知縣鄭夢眉中江教諭攝劍州事單之賓皆殉難夢眉夫婦並縊蘊羅吾鼎闔家被難宗室朱奉鉀由進士歷御史劾督師丁啓睿諸疏爲時所稱時里居并及於難

尹伸字子求宜賓人萬曆二十六年進士授承天推官屢遷南京兵部郎中西安知府陝西提學副使蘇松兵備參政公廉强直不事婞阿三任皆投劾去天啓時起故官分守貴州威清道貴陽圍解巡撫王三善將深入伸頗贊之監軍西征三善敗歿伸突圍歸坐奪官戴罪辦賊四年賊圍普安伸赴援賊解去遂移駐其地賊復來攻率參將范邦雄破走之逐北至三岔河總督蔡復一上其功免戴罪貶一秩視事崇禎五年歷河南右布政使以失禦流賊罷歸伸所至與長吏迕然待人有始終篤分義工詩善書日課楷書五百字寒暑不輟張獻忠陷敘州匿山中搜得之罵不肯行賊重其名不殺至井研罵益厲遂攢殺之福王時起太常卿伸已先死蜀中士大夫在籍死難者成都則雲南按察使莊祖誥廣元則戶科給事中吳宇英資縣則工部主事蔡如蕙郫縣則舉人江騰龍而安岳進士王起峩渠縣禮部員外郎李含乙皆舉義兵討賊不克死

高其勳字懋功初襲千戶後舉武鄉試爲黔國公標下中軍吾必奎反擢參將守禦武定及沙定洲再反分兵來攻固守月餘城陷衣冠望北拜服毒死時有陳正者世爲大理衛指揮未嗣職沙賊陷城督衆巷戰手馘數賊而死王承憲者襲祖職爲楚雄衛指揮擢遊擊爲副使楊畏知前鋒定洲來攻凡守禦備悉畏知深倚之賊去復至承憲偕土官那篇等出城衝擊賊皆披靡俄爲流矢所中死弟承瑱力戰死一軍盡歿賊進圍大理時太和縣丞王士傑佐上官畢力捍禦城陷死城上同死者大理府教授段見錦經歷楊明盛及子一甲司獄魏崇治而故永昌府同知蕭時顯解任以道阻寓居大理亦自經士人同死者舉人則高拱極投池死楊士俊同母妻妹自焚死諸生則尹夢旗夢符馮大成倡義助守罵賊死楊憲偕妻女子婦姪女孫女弟婦一門自焚死楊憲既死復甦妻竟死人稱太和節義爲獨盛云單國祚者會稽人爲通海典史城陷握印坐堂上罵賊被殺印猶在握縣人葬之諸葛山下

張耀字融我三原人萬曆中舉於鄉知聞喜縣慈惠撫民民爲立祠崇禎中歷官貴州布政使張獻忠死其部將孫可望李定國等率衆奔貴州耀急言於巡撫請發兵民守禦巡撫以衆寡不敵難之俄賊衆奄至耀率家衆乘城拒擊城陷被執賊帥與耀皆秦人說之曰公若降當用爲相耀怒詈不屈賊執其妾滕怵之曰降則免一家死耀詈益甚賊殺之并其家屬十三人時鄉官吳子騏劉琯楊元瀛等率鄉兵敗賊賊來益衆戰敗被執俱不屈死子騏字九逵貴陽人萬曆中舉於鄉知與寧縣天啓時安邦彥圍貴陽子騏以母在城內倉皇棄官歸崇禎十年鑾賊阿烏謎叛陷大方城逐守將總督朱燮元屬子騏詣六廣走書召諸目曉以利害果乞降燮元上其功優旨獎賞琯戶部主事元瀛府同知並起家鄉舉同時譚先哲平壩衛人子騏同年生也官戶部郎中賊陷其城與里人石聲和皆闔家殉難聲和天啓中舉於鄉官寧前兵備參議有顧人龍者定番州人嘗出仕解職家居流賊來犯率士民拒守殺賊甚衆城破大罵而死可望寇安平僉事臨川曾益集衆拒守城陷死之曾異撰榮昌人舉於鄉知永寧州可望既陷貴州將長驅入雲南異撰與其客江津進士程玉成貢生龔茂勳謀曰州據盤江天險控扼滇黔棄之不守事不可爲矣遂集衆登陴守城陷自焚死

米壽圖宛平人崇禎中由舉人知新鄉縣土寇來犯督吏民破走之斬首千二百餘級以治行徵授南京御史十五年四月極論監軍張若騏罪言若騏本不諳軍旅諂附楊嗣昌遂由刑曹調職方督臣洪承疇孤軍遠出若騏任意指揮覗封疆如兒戲虛報大捷躐光祿卿冒功罔上恃鄉人謝陞爲內援陞奸險小人非與若騏駢斬何以慰九廟之靈會廷臣多糾若騏遂論死陞亦除名初嗣昌倡練兵之議擾民特甚壽圖疏陳十害又言往時督撫多用京卿今封疆不靖遇卿貳則爭先推督撫則引避宜嚴加甄別內外兼補因劾偏沅巡撫陳睿謨廣西巡撫林贄貪黷帝納其言十七年五月福王立馬士英薦用阮大鋮壽圖論劾七月出按四川時川地已爲張獻忠所據命吏部簡堪任監司守令者從壽圖西行至則與督師王應熊總督樊一蘅等聯絡諸將號召遠近漸復川南郡縣唐王立擢右僉都御史巡撫貴州大清順治四年獻忠遺黨孫可望等陷貴陽壽圖出奔沅州十一年沅州亦陷壽圖死之

耿廷籙臨安河西人天啓四年舉於鄉崇禎中知耀州有能聲十五年夏疏陳時政言將多不若將艮兵多不若兵練餉多不若餉核又言諸臣恩怨當忘廉恥當勵小怨必報何不大用於斷頭飲血之元兇私恩必酬何不廣用於鵠面鳩形之赤子優旨褒納擢山西僉事改監宣府軍十七年京師陷走南都十一月以張獻忠亂四川命加太僕少卿赴雲南監沙定洲軍由建昌入川討賊明年三月四川巡撫馬乾罷即拜廷籙右僉都御史代之未赴而定洲作亂蜀地亦盡失遂止不行後李定國掠臨安過河西廷籙聞之赴水死妻楊被執亦不屈死馬乾者昆明人舉崇禎六年鄉試爲四川廣安知州夔州告警巡撫邵捷春檄乾攝府事張獻忠攻圍二十餘日固守不下督師楊嗣昌兵至圍始解擢川東兵備僉事成都陷巡撫龍文光死蜀人共推乾攝巡撫事賊陷重慶留其將劉廷舉戍守乾擊走之復其城督師王應熊劾乾淫掠奪職提訊會蜀地大亂詔命不至乾行事如故乃傳檄遠近協力討賊廷舉既敗去賊遣劉文秀等以數萬衆來攻乾固守會英等援兵至賊敗還及獻忠死其黨孫可望等南奔大清兵追至重慶乾戰敗而死

席上珍姚安人崇禎中舉於鄉磊落尚節義聞孫可望李定國等入雲南與姚州知州何思大姚舉人金世鼎據姚安城拒守可望遣張虎攻陷之世鼎自殺上珍思被執至昆明可望呵之上珍厲聲曰我大明忠臣肯爲若屈耶可望怒命引出斬之大罵不絕遂磔於市思亦不屈死有孔師程者昆明人以從軍得官至是糾合晉寧呈貢諸州縣起兵拒賊定國率衆奄至師程遁晉寧知州石阡冷陽春呈貢知縣嘉興夏祖訓並死之晉寧舉人段伯美諸生余繼善耿希哲助陽春城守亦殉難賊陷富民貢生李開芳妻及二子俱赴井死開芳走至松花壩自經其友王朝賀掩埋訖亦自經在籍知縣陳昌裔不受僞職爲賊杖死楚雄舉人杜天禎初佐楊畏知拒沙賊頗有功後畏知督兵擊可望敗績天禎聞之即自盡臨安之陷進士廖履亨赴水死

徐道興雎州人崇禎末官雲南都司經歷署師宗州事廉潔愛民孫可望等入雲南破曲靖巡按羅國瓛方按部其地與知府焦潤生被執可望欲降之國瓛不屈擕

至民明自焚死潤生亦不屈死道與見賊逼集士民諭之曰力薄兵寡不能抗賊吾死分也若等可速去民請偕行道與厲聲曰封疆之臣死封疆吾將安之衆雨泣辭去舍中止一僕出俸金二錠授之曰一以賜汝一買棺斂我僕大哭請從死道與曰爾死誰收吾骨僕叩頭號泣乃去及賊入署令出迎其將道與大罵擲酒杯擊之罵不絕口遂被殺國瓛嘉定州人崇禎十六年進士潤生修撰竑子同時張朝綱廣通人由貢生授渾源州同知解職歸可望等兵至與其妻馮並縊死子諸生耀葬親訖亦縊死

劉廷標字霞起上杭人王運開字子朗夾江人廷標由貢生歷永昌府通判運開舉於鄉授永昌推官沙定洲之亂黔國公沐天波走永昌及孫可望等入雲南馳檄諭天波降時運開攝監司事廷標攝府事方發兵守瀾滄而天波將遣子納款諭兩人以印往兩人堅不予各遣家人走騰越永昌士民聞賊所至屠戮號泣請運開納款紓禍運開不可慰遣之又詣廷標廷標亦不可衆大哭廷標取毒酒將飲乃散去兩人相謂曰衆情如此吾輩惟一死自靖耳是夕運開先自經廷標聞之曰我老當先死王乃先我遂沐浴賦詩三章亦自經兩家子弟自騰越來奔喪厝畢復返可望等重兩人死節求其後或以運開弟運閎對卽聘之行至潞江謂其僕曰吾兄弟可異趣耶吾死若收吾骨與兄合葬遂躍入江死

明史卷二百九十六　列傳第一百八十四

總裁官總理事務經筵講官少保兼太子太保保和殿大學士兼管吏部戶部尚書事加六級臣張廷玉等奉

敕修

孝義

孝弟之行雖曰天性豈不賴有教化哉自聖賢之道明誼辟英君莫不汲汲以厚人倫敦行義爲正風俗之首務旌勸之典賁於閭閻下逮委巷布衣之屺匹夫匹婦兒童稚弱之微賤行修於閨闥之中而名顯於朝廷之上觀其至性所激感天地動神明水不能濡火不能爇猛獸不能害山川不能阻名留天壤行卓古今足以扶樹道教敦厲末俗綱常由之不泯氣化賴以維持是以君子尚之王政先焉至或刑政失平復讐洩忿或遭時不造荒盜流離誓九死以不回冒白刃而弗顧時則有司之辜民牧之咎爲民上者當爲之惻然動念故史氏志忠孝義烈之行如恐弗及非徒以發側陋之幽光亦以覘世變昭法戒焉明太祖詔舉孝弟力田之士又令府州縣正官以禮遣孝廉士至京師百官聞父母喪不待報得去官割股臥冰傷生有禁其後遇國家覃恩海內輒以詔書從事有司上禮部請旌者歲不乏人多者十數激勸之道綦云備矣實錄所載莫可殫述今採其尤者輯爲傳餘援唐書例臚其姓氏如左其事親盡孝或萬里尋親或三年廬墓或聞喪殞命或負骨還鄉者洪武時則有麗水祝昆上元徐眞童李某女龍江衞丁歪頭懷寧曹鏞鏞妻王氏徐州王僧兒廣德姚觀壽廣武衞陳禮闕桃源張注江浦張二女勝奴上海沈德溧陽史以仁丹徒唐川邳州李英北平東安王重遵化張拾保定顧仲禮樂亭杜仁義妻韓氏昌平劉驢兒保定新城王興祁陽郝安童山東寧海姜瑜汶上侯昱孟縣李德鞏縣給事中魏敏登封王中舞陽周炳臨桂李文選而鈞州張宗魯以贅子有孝行十七年被旌永樂間則有大興王萬僧奴東光回滿住金吾右衞何黑厮金吾後衞包三武功中衞蔣小保周阿狗錦州衞趙興祖旗手衞周來保大寧前衞滑中保安衞徐宗賢羽林前衞孫志漢府左護衞千戶許信男斌江寧浦阿住沈得安嚴分保上元馮添孫鄒佛定上海沈氏妙蘭儀眞韓福綠江陰衞徐佛保府軍衞浦艮兒府軍後衞王保兒潘丑兒水軍右衞黃阿回廣武衞百戶劉玉蘇州衞張阿童廣洋衞鄭小奴大河衞朱阿金興武衞張彥昇龍江提舉司匠張貴胡佛保聶廣永新左興兒濟陽張思名泰安張翼肥城趙讓安邑張普圓永寧王仕能陽武劉大靈賓賀貳鈞州袁節膚施陳七兒鳳翔梁準洪熙間則有江陰趙鉉宣德間則有慶都邊靖南樂康祥楊鐸內黃崔克昇江寧張繼宗定遠王綱舒城錢敏徐州衞張文友歸德衞任貴浮梁洪信文堂邑趙巖汶上馬威翼城劉原眞太康順孫陳智鈞州楊羆延安衞指揮王永安岳李遇中正統間則有大興劉懷義元城谷眞邢臺劉鏞獻縣崔鑑通州左衞總旗孫雄昌黎侯顯新樂孫禮定興魏整交河田畯柏鄉張本歸德楊敬井陘畢鸞永年楊忠永清右衞穆弘武驤左衞成貴江寧顧暘舒城吏部主事胡紀御史王紹廬江張政武進胡長寧徐州金高玉豫桐城檀郁歸德衞呂仲和麻城趙說聊城裴俊陵縣虎賁左衞經歷張讓費縣葛子成樂安孫整冠縣陳勉臨清賈貴郯城郭秉東平張琛德州張泰平陰王福綠猗氏王約高平王起孝太僕丞王璲介休楊智興縣郭安朔州衞吳順杞縣高朗太康軒茂艮鄭州邢恭祥符李斌鳳翔石玫膚施劉友得張信邠州郭元延安衞薛廣南州吳仕坤景泰間則有成安張憲威縣傅海邳州岑義鳳陽李忠徐州朱環宿州郭興李寬泗州衞蔡興龍泉顧佛僧龍游常州通判徐珙武昌衞吳綬靖州衞方觀鄆城李逵朝城王禮聊城朱舉洛陽昌黎訓導閻禹錫天順間則有宛平龔然勝遷安蔣盛永清賈懋任邱黃文唐縣寇林大寧指揮張英平山衞房鎮忠義衞總旗鍾通潼關衞楊順通順素蒙城汪泉六合胡琛合肥高興張俊和州獲嘉知縣薛艮上元龍景華杭州姚文姚得平湖夔州知府沈琮金華宗祉德州尹綸東昌許通臨汾續鳳絳州陳壐鄠陵解禮順孫張縉上蔡朱儉同州侯智醴泉張璉西安前衞張軫延安衞指揮柏英太和楊寧金齒衞徐訥成化間則有神機營指揮方榮太醫院生安陽郭本順天舉人萬盛順天東安昌樂訓導周尚文武清柳芳玉田李茂無極李皚開州任勉陳璋僉事侯英及弟侃副使甘澤贊皇劉哲平山光祿署丞李傑莘縣李志及子忱邢臺井澍豐潤馬敬柏鄉高明定州竇文眞王達平鄉張翺史諫史誼永平秦艮朱輝武平衞成綱楊昇隆慶左衞衞瑾宣府左衞何文玘潼關衞千戶藍瑄遼東定遼左衞劉定東寧衞庠班劉鼎江寧福建參議盧雍徐州吳友直路車張棟山陽楊旻順孫王鉉滁州黃正長洲朱灝無錫秦永孚仲孚合肥沈謹六安黃用賢沭陽支儉休寧吳仲成懷寧吳本清沛縣蔡清歸德衞沈忠杭州右衞金洪黃巖項茂富陽何訥浙江西安錦衣百戶鄭得麗水葉伯廣海寧董謙浙江建德蔡廷琛奉化陸洪餘干桃源訓導張憲永豐呂盛晉江史惠平溪汪浩江夏傅實周璽監利劉祥湘陰邵敏東昌張銳莘縣孔昭趙全恩縣王弘汶上張鄜堂邑王權陽穀錢道單縣徐洲聊城王安孫艮歷城湖廣布政使王允曹州黃表張倫臨清劉端壽陽吳宗潞州張倫大同楊茂楊瑞焦鑑渾源慶都縣丞王誠高平李振民平陽衞指揮僉事楊輔安東中屯衞王經許州何清汜水張俊信陽王綱袁洪汲縣張琛封邱陳瑛光州太平通判劉進羅山王賓衞輝徐寧郟縣劉濟西平尹冕新鄉王興確山劉政長葛蒙陰訓導羅貴陽武舉人蕭盛弘農衞習潤涇陽趙謐騶森趙檖同州張鼎洋縣武全甘州左衞毛綱華陰周祿保安李端合州陳伯剛臨桂劉本姚州土官高紫潼暘弘治間則有大興錢福宛平序班夏琮青縣張俸南和張彪曲周趙象賢長垣王羆開州甘潤馬宗範薊州孟振遷安韓廷玉元氏王懋深州王寧天津衞鄭海武平衞王矩廣寧右衞李周霍邱徐汝楫海州定邊衞經歷徐謐邳州丁友懷遠徐本忠劉澄宣城吳宗周潁上王翊鳳陽衞張全鳳陽張欽王澄嘉定縣沈輔沈理崑山徐協祥豐縣周潭徐州權宇楊輔績溪許欽英山段弘仁六安張時厚蕭縣唐鸞南傑錢塘朱昌仁和陳璋璋妻錢氏餘姚黃濟之桐廬王瑁江西樂安謝紳南昌左衞黃璉安福劉珍豐城余壽湖廣寧鄉同知劉端湘陰甘準祁陽張機閩縣高惟一龍溪王彝濟南序班谷珍莘縣白溥鄒平辛恕堂邑李尚質益都冀琮文登致仕縣丞劉鑑臨清王祐寧海州卜懷陵川徐河徐瑛平遙趙澄澤州宋甫裴春舉人李用興縣白好古解州李錦陽曲薛敬榆次趙復性屯留衞李清儀封謝欽祥符陳鎧周府儀賓史經西平張文佐河南唐縣李擴登封王祺嵩縣杜端裕州劉宗周閿鄉薛璋洛陽護衞軍餘章瀚鈞州陳希全新鄭張遂郟縣黃錦咸寧舉人楊時敷涇陽熊玻張憲隴西李琦甘州後衞徐行博羅何宇新雲南芮城李錦及子澤澤子柄太和楊謫仙靖安陳伯瑄及子恩正德間則有高邑湘潭驛丞董玹藁城劉強定州趙鵬吳橋段興直隸新城李瑟沙河王得時青陽李希仁永康歸德訓導應剛進賢趙氏郡珍宜春易直善化陳大用湘陰蘇純侯官黃文會邵武謝思長山許嗣聰聊城梁瑾曲阜孔承夏日照張旻臨汾李大經及子承芳新鄭王科蒲城雷瑜嵩明陳大韶嘉靖以後國史不詳載姓名所可考者嘉靖間則有直隸趙進黃流張節冀州王國臣六安順孫李九疇望江順孫龍湧太湖呂腆沛縣楊冕積上王敷政華亭徐億浙江龔曇王晃孫堪樓堦邱敘吳燧江西余冠雄曾柏福建吳毓嘉孫炳邱子能莆田舉人方重杰山東宮守禮王選河南馮金玉劉一魁信陽趙謨孝婦韓氏安氏杞縣邊雲趬陝西黃驥張琛李實環縣趙璋新會容璘四川李應麒嘉定州舉人王表祿豐唐文炳文蔚蒙化舉人范運吉黃巖又有旌表天下孝子鮑燦陸爻徐億等俱軼其鄉里隆慶間則有大興李彪靜海周一念周斐遷安楊騰松江舉人馮行可新鄉張登元興業何世錦崇善何珵

萬曆間則有直隸韓錫深州林基井陘張民望清豐侯
燦河間吳應奎平山舉人邢雲衢邳州張續直隸華亭
楊應祈高承順太湖顧槐盱眙蔣臚六安何金遂安毛
存元江西余鑰徐信都昌曹珊萬安劉靜新建樊徵舒
泰會昌歐于復鄱陽李岐奉新周勃南昌曹必和湖廣
賈應進光化蔡玉蔡佩黃岡唐治浦城徐彪泉州訓導
王熺及熺子文昇晉江韋起宗山東馬致遠冠縣申一
琴一攀岳陽王應科河南侯鶴齡歸德賈洙密縣陳邦
寵舞陽楊愈光汜水王謙淅川劉待徵陝西劉燧涇陽
韓汝復寧州周大賢成都後衞楊茂勳井研曾海大姚
金鯉蒙化范潤四川孝女解氏又有馬錫張浩杜惠孝
女楊氏等不詳邑里天啓間則有安州郤桂東强先自
正晉州張蘭高邑孫喬上海張秉介高淳葛至學旌德
江景宗山陽張致中歙縣吳榮讓孝童女胡之憲玉娥
慈谿馮象臨吉水郭元達宜春鍾名揚峽江黃國賓臨
川傅合萬載彭夢瑞南康楊可幸萬安羅應賚江西樂
安曹希和安福孝婦王三重妻謝氏孝感施文星福建
李躍龍甌寧陳榮晉江邱應賓浦城吳昂禹城給事中
楊士衡泰安范希賢曹縣王治寧曲阜孔弘傳德州紀
紹堯聞喜張學孔陳州郭一肖虞城呂桂芳淅川何大
縉華州孫繩祖梁山李資孝又有王錫光不詳邑里崇
禎間則有應天王之卿故城李華先仁和沈尚志江西
王之範福建吳宗烜山東朱文龍忻州趙裕心稷山舉
人史宗禹淳化高起鳳雲南趙文宿又有王宅中任萬
庫武世捷孔維章浦某褚咸孫艮輔等不詳邑里皆以
孝行旌其門其同居敦睦者則有洪武時龍游夏文昭
四世同居成化間霸州秦貴建德何永敬蒲圻李玘句
容戴睿饒陽耿寬俱七世同居石首王宗義五世同爨
宿遷張賓八世同爨安東蘇勒潞城韓錦李昇永州唐
汝賢豐城劉志清俱六世同居弘治間密雲李琚合肥
鄭元陵川徐梁安東朱勇五世同居慶都黃鍾定邊衞
韓鵬俱六世同居孝感程昂七世同居泰州王玉八世
同爨正德間山陽丁震五世同居嘉靖間石偉十一世
同居遂安毛彥恭六世同居萬曆間蕭梅七世同居滁
州盧守一長治仇大六世同居先後得節烈貞女二十
三人太平楊乙六累世同居天啓間南城吳煥八世同
居皆旌曰義門其輸財助官振濟者則有正統間千戶
胡文郁訓術李昺訓科劉文勝吉安胡有初謝子寬浮
梁范孔孫榆次于敏邳州鞏得海岑仲驛高典葉旺高
宗泰沐陽葛禎清河王仲英山陽鮑越懷遠廖冠平張
簡石州張雷淮安梁辟李成俞勝徐成潞州李廷玉羅
山王必通溧陽陸旺餘干舒彥祥溫州李倫鄒有真四
安何仕能王清景泰間江陰陳安常天順間潮陽郭吾
太原栗仲仁代州李斌弘治中歸善吳宗益宗義及宗
義子璋隆慶間永寧王潔胥瓚萬曆間少卿吳炯浙江
董欽等臨清張氏江西胡士琇丁果妻世潔黎金球山
西孫光勳高自修亳州李文明順義楊惟孝天啓間南
城吳煥崇禎間席本楨等皆旌爲義門或賜璽書褒勞

孝義一

鄭濂 王澄　徐允讓 石永壽
錢瑛 曾鼎　姚玭
邱鐸 李茂　崔敏 劉鎬 顧琇
周琬 虞宗濟等　伍洪 劉文煥
朱煦 危貞昉　劉謹
李德成　沈德四
謝定住 包實夫 蘇奎章　權謹
趙紳 向化 陸尚質　麴祥

鄭濂字仲德浦江人其家累世同居幾三百年七世祖
綺載宋史孝義傳六傳至文嗣旌爲義門載元史孝友
傳弟文融字太和部使者余闕表爲東浙第一家鄭氏
家法代以一人主家政文融卒嗣子欽繼之嘗刺血療
本生父疾欽卒弟鉅繼鉅卒弟銘當主家政以兄子渭
宗子也相讓久之始受事銘受業於吳萊銘卒弟鉉繼
父喪慟哭三日髮鬚盡白元末兵起大將數入其境相
戒無犯義門樞密判官阿魯灰軍奪民財鉉以利害折
之引去明兵臨婺州鉉挈家避右丞李文忠爲扃鑰其
家而遣兵護之歸至正中卒渭繼渭卒弟濂繼濂受知
於太祖昆弟由是顯濂以賦長詣京師太祖問治家長
久之道對曰謹守祖訓不聽婦言帝稱善賜之果濂拜
賜懷歸剖分家人帝聞嘉歎欲官之以老辭時富室多
以罪傾宗而鄭氏數千指獨完會胡惟庸以罪誅有訴
鄭氏交通者吏捕之兄弟六人爭欲行濂弟湜竟往時
濂在京師迎謂曰吾居長當任罪湜曰兄年老吾自往
辨二人爭入獄太祖召見曰有人如此肯從人爲逆耶
宥之立擢湜爲左參議命舉所知湜舉同郡王應等五
人皆授參議湜字仲持居官有政聲南靖民爲亂詿誤
者數百家湜言於諸將盡釋免居一歲入覲卒於京十
九年濂坐事當逮從弟洧曰吾家稱義門先世有兄代
弟死者吾可不代兄死乎詣吏自誣服斬於市洧字仲
宗受業於宋濂有學行鄉人哀之私謚貞義處士濂卒
弟漢繼二十六年東宮缺官命廷臣舉孝弟敦行者衆
以鄭氏對太祖曰其里王氏亦倣鄭氏家法乃徵兩家
子弟年三十上者悉赴京擢濂弟濟與王懃爲春坊左
右庶子後又徵濂弟沂自白衣擢禮部尚書年餘致仕
永樂元年入朝留爲故官未幾復謝去濂從子幹官御
史棠官檢討他得官者復數人鄭氏愈顯濟棠皆學於
宋濂有文行初漢嘗仕元爲浙江行省宣使主家政數
年建文帝表其門漢朝謝御書孝義家三字賜之燕兵
既入有告建文帝匿其家者遣人索之漢家廳事中列
十大櫃五貯經史五貯兵器備不虞使者至所發皆經
史寘其半不啓乃免於禍人以爲至行所感云成化十
年有司奏鄭永朝世敦行義復旌以孝義之門自文融
至漢皆以篤行著文融著家範三卷凡五十八則子欽
增七十則從子鉉又增九十二則至濂弟濤與從弟泳
澳湜白于兄濂源共相損益定爲一百六十八則刊行
焉王澄字德輝亦浦江人歲儉出粟貸人不取其息有
鬻產者必增直以足之慕義門鄭氏風將終集子孫誨
之曰汝曹能合食同居如鄭氏吾死目瞑矣子孫咸拜
受敎澄生三子子覺子麟子偉克承父志子覺生應卽
爲鄭湜所舉擢參議者子偉生懃卽與鄭濟竝擢庶子
者義門王氏之名遂埒鄭氏又有王燾者蘄水人七世
同居一家二百餘口人無間言洪武九年十一月詔旌
爲孝義之門

徐允讓浙江山陰人元末賊起奉父安走避山谷間遇
賊欲斫安頸允讓大呼曰寧殺我勿殺我父賊遂舍安
殺允讓將辱其妻潘潘紿曰吾夫已死從汝必矣若能
焚吾夫則無憾也賊許之潘聚薪焚夫投烈焰中死賊
驚歎去安獲全洪武十六年夫婦竝旌同時石永壽者
新昌人負老父避賊賊執其父將殺之號泣請代賊殺
永壽而去

錢瑛字可大吉水人生八月而孤年十三能應秋試及
長值元季亂奉祖本和及母避難歷五六年遇賊縛本
和瑛奔救并縛之本和哀告貰其孫瑛泣請代不已賊
憐而兩釋之時瑛母亦被執瑛妻張從伏莽中窺見卽
趨出謂賊曰姑老矣請縛我賊從之既就縛擲袖中鞵
與姑訣曰婦無用此矣且行且睨姑稍遠卽罵賊不肯
行賊持之急罵益厲賊怒攢刃刺殺之事定有司知瑛
賢凡三薦竝以親老辭子遂志成進士官山東僉事同
時曾鼎字元友泰和人祖懷可父思立竝有學行元末
鼎奉母避賊母被執鼎跪而泣請代賊怒將殺母鼎號
呼以身翼蔽傷頂肩及足控母不舍賊魁繼至憫之攜
其母子入營療治獲愈行省聞其賢辟爲濂溪書院山
長洪武三年知縣郝思讓辟教諭學鼎好學能詩兼工
八分及邵子數學

姚玭松江人元至正中苗帥楊完者兵入境玭奉母避
於野阻河不可渡母泣曰兵至吾誓不受辱遂沉於水
玭急投水救之負母而出已數遇盜中矢玭佯死伏屍
間以免乃奉母過湖淮後母疾思食魚暮夜無從得家
養一烏忽飛去攫魚以歸洪武初行省聞其賢辟之以
親老不就

邱鐸字文振祥符人元末父爲湖廣儒學提舉值兵亂
鐸奉父母播遷賣藥供甘旨母卒哀慟幾絕葬鳴鳳山
結廬墓側朝夕上食如生時當寒夜月黑悲風蕭瑟鐸
輒繞墓號曰兒在斯兒在斯山深多虎聞鐸哭聲避去
時稱眞孝子鐸初避寇慶元從祖父母居故鄉者八人
貧不能自存鐸悉迎養之有姑年十八夫亡守節鐸養
之終身後有李茂者澄城諸生也母患惡瘡茂日吮膿
血夜則叩天祈代及卒結廬墓旁朝夕悲泣天大雨懼
衝其墓伏墓而哭雨止乃已父卒廬墓如之成化二年
旌二子表森森爲國子生茂卒兄弟同廬於墓弘治五
年旌表子俊亦國子生表卒俊方弱冠廬墓終喪母卒
亦如初正德四年旌

崔敏字好學襄陵人生四十日其父仕元爲緜竹尹父
子隔絕者三十年敏依母兄以居元季寇亂母及兄俱
相失亂定入陝尋母不得由陝入川抵緜竹求父塚無
知者復還陝訪諸親故始知父殯所在乃啓攢負骸歸
時稱崔孝子同時劉鎬江西龍泉人父允中洪武五年
舉人官憑祥巡檢卒於任鎬以道遠家貧不能返柩居
常悲泣父友憐之言於廣西監司聘爲臨桂訓導尋假
公事赴憑祥莫知葬處鎬晝夜環哭一蒼頭故從其父
已轉入交阯忽暮至若有憑之者因得塚所在刺血驗
之良是乃負歸葬有顧琇者字季粟吳縣人洪武初父
充軍鳳翔母隨行留琇守坵墓越六年母歿琇奔赴負
母骨行數千里寢則懸之屋梁涉則戴之於頂父釋歸
卒水漿不入口五日不勝喪而死

周琬江寧人洪武時父爲滁州牧坐罪論死琬年十六
叩閽請代帝疑受人教命斬之琬顏色不變帝異之命
宥父死謫戍邊琬復請曰戍與斬均死爾父死子安用
生爲願就死以贖父戍帝復怒命縛赴市曹琬色甚喜
帝察其誠卽赦之親題御屏曰孝子周琬尋授兵科給

事中同時子代父死者更有虞宗濟胡剛陳圭宗濟字思訓常熟人父兄竝有罪吏將逮治宗濟謂兄曰事涉徭役國法嚴往必死父老矣兄冢嗣且未有後我幸產兒可代死乃挺身詣吏白父兄無所預吏疑而訊之悉自引伏洪武四年竟斬於市年二十二剛浙江新昌人洪武初父謫役泗上以逃亡當死敕駙馬都尉梅殷監刑剛時方走省立河上俟渡聞之卽解衣泅水而往哀號泣代殷憫之奏聞詔宥其父并宥同罪者八十二人圭黃巖人父爲讐人所訐當死圭詣闕上章曰臣爲子不能諫父致陷不義罪當死乞原父使自新帝大喜曰不謂今日有此孝子宜赦其父俾四方朝覲官至播告之以風勵天下刑部尚書開濟奏曰罪有常刑不宜屈法開僥倖路乃聽圭代而戍其父雲南十七年左都御史詹徽奏言太平府民有毆孕婦至死者罪當絞其子請代章下大理卿鄒俊議曰子代父死情固可嘉然死婦繫二人之命冤曷由申犯人當二死之條律何可貸與其存犯法之父孰若全無罪之兒詔從其議

伍洪字伯宏安福人洪武四年進士授績溪主簿擢上元知縣丁外艱服除以母老不復仕推資產與諸弟而已獨隱居養母有異母弟得罪逃使者捕弗獲執其母洪哭訴求代母曰汝往必死莫若吾自當之洪曰安有子在而累母者遂行竟死於市時有劉文煥者廣濟人與兄文輝運糧愆期當死兄以長坐文煥詣吏請代叩頭流血所司上其狀命宥之則兄已死矣太祖特書義民二字獎之時京師有兄坐法兩弟各自縛請代太祖遣使問故同詞對曰臣少失父非兄無以至今日兒當死弟安敢愛其生帝陽許之而戒行刑者曰有難色者殺之否則奏聞兩人皆引頸就刃帝大嗟異欲并其兄貰之左都御史詹徽持不可卒殺其兄

朱煦仙居人父季用爲福州知府洪武十八年詔盡逮天下積歲官吏爲民害者赴京師築城季用居官僅五月亦被逮病不能堪謂煦曰吾辦一死耳汝第收吾骨歸葬煦惶懼不敢頃刻離時訴枉令嚴訴而戍極邊者三人抵極刑者四人矣煦奮曰訴不訴等死耳萬一父緣訴獲免卽戮死無恨卽具狀叩闕太祖憫其意赦季用復其官有危貞昉者字孟陽臨海諸生父孝先洪武四年進士官陵川縣丞坐法輸作江浦貞昉詣闕上疏曰臣父絓吏議輸作筋力向衰不任勞苦而大母年踰九十恐染霜露之疾貽臣父終天之恨臣犬馬齒方壯願代父作勞俾父獲歸養死且不朽詔從之貞昉力作不勝勞閱七月病卒

劉謹浙江山陰人洪武中父坐法戍雲南謹方六歲問家人雲南何在家人以西南指之輒朝夕向之拜年十四矍然曰雲南雖萬里天下豈有無父之子哉奮身而往閱六月抵其地遇父於逆旅相持號慟俄父患瘋痺謹告官乞以身代法令戍邊者必年十六以上嫡長男始許代時謹未成丁伯兄先死乃歸家攜兄子往兄子亦弱未能自立復歸悉鬻其產畀兄子始獲奉其父還孝養終身

李德成淶水人幼喪父元末年十二隨母避寇至河濱寇騎迫母投河死德成長娶婦王氏摶土爲父母像與妻朝夕事之方嚴冬大雪氷堅至河底德成夢母曰我處氷下寒不得出覺而大慟旦與妻徒跣行三百里抵河濱臥氷七日氷果融數十丈恍惚若見其母而他處堅凍如故久之乃歸洪武十九年舉孝廉屢擢尚寶丞二十七年旌爲孝子建文中燕兵逼濟南德成往諭令還兵燕兵不退德成歸以辱命下吏已而釋之永樂初復官屢遷陝西布政使

沈德四直隸華亭人祖母疾刲股療之愈已而祖父疾又刲肝作湯進之亦愈洪武二十六年被旌尋授太常贊禮郎上元姚金玉昌平王德兒亦以刲肝愈母疾與德四同旌至二十七年九月山東守臣言日照民江伯兒母疾割脇肉以療不愈禱岱嶽神母疾瘳願殺子以祀已果瘳竟殺其三歲兒帝大怒曰父子天倫至重禮父服長子三年今小民無知滅倫害理亟宜治罪遂逮伯兒杖之百遣戍海南因命議旌表例禮臣議曰人子事親居則致其敬養則致其樂有疾則醫藥籲禱迫切之情人子所得爲也至臥氷割股上古未聞倘父母止有一子或割肝而喪生或臥氷而致死使父母無依宗祀永絕反爲不孝之大皆由愚昧之徒尚詭異駭愚俗希旌表規避里傜割股不已至於割肝割肝不已至於殺子違道傷生莫此爲甚自今父母有疾療治罔功不得已而臥氷割股亦聽其所爲不在旌表例制曰可永樂間江陰衞卒徐佛保等復以割股被旌而掖縣張信金吾右衞總旗張法保援李德成故事俱擢尚寶丞迨英景以還卽割股者亦格於例不以聞而所旌大率皆廬墓者矣

謝定住大同廣昌人年十二家失牛母抱幼子追逐定住隨母後虎躍出噬其母定住奮前擊之虎逸去取弟抱之扶母行虎復追齧母頸定住再擊之虎復去行數武虎還齧母足定住復取石擊虎乃舍去母子三人竝全永樂十二年帝召見嘉獎賜米十石鈔二百錠旌其門先是洪武中有包實夫者進賢人授徒數十里外途遇虎銜衣入林中釋而蹲實夫拜請曰吾被食命也如父母失養何虎卽舍去後人名其地爲拜虎岡其後嘉靖中筠連諸生蘇奎章從父入山猝遇虎奎章倉皇泣告願舍父食已虎曳尾徐去後爲岷府教授

權謹字仲常徐州人十歲喪父卽哀毀奉母至孝永樂四年薦授樂安知縣遷光祿署丞以省侍歸母年九十終廬墓三年致泉湧兔馴之異有司以聞仁宗命馳驛赴闕出其事狀令侍臣朗誦大廷以示百僚卽拜文華殿大學士謹辭帝曰朕擢卿以風天下爲子者他非卿責也尋扈從皇太子監國南京宣宗嗣位以疾乞歸改通政司右參議賜白金文綺致仕子倫舉永樂中鄉試養親二十年親終不仕倫子宇父母卒皆廬墓成化十二年亦獲旌

趙紳字以行諸暨人父秩永樂中爲高郵州學正考滿赴京至武城縣墮水紳奮身下救河流湍悍俱不能出明日屍浮水上紳兩手抱父臂不釋宣德五年旌其門有向化者靜海衞人父上爲衞指揮墮海死化號泣求屍不得亦投於海忽父屍浮出衣服盡脫天方晴霽雷雨驟作既息化首頂父衣浮至一處衆異而收葬之陸尚質者山陰人父渡江遇風飄舟將入海尚質自崖見之卽躍入濤中欲挽舟近岸父舟獲濟而尚質竟溺死里人呼其處爲陸郎渡

魏祥字景德永平人永樂中父亮爲金山衞百戶祥年十四被倭掠國王知爲中國人召侍左右改名元貴遂仕其國有妻子然心未嘗一日忘中國也屢諷王入貢宣德中與使臣偕來上疏言臣夙遭俘掠抱釁痛心流離困頓艱苦萬狀今獲生還中國夫豈由人伏乞賜歸侍養不勝至願天子方懷柔遠人不從其請但許給驛暫歸仍還本國祥抵家獨其母在不能識曰果吾兒則耳陰有赤痣驗之信抱持痛哭未幾別去至日本啓以帝意國王允之仍令入貢祥乃復申前請詔許襲職歸養母子相失二十年又有華夷之限竟得遂其初志聞者異之

明史卷二百九十七　列傳第一百八十五

總裁官總理事務經筵講官少保兼太子太保保和殿大學士兼管吏部戶部尚書事加六級臣張廷玉等奉

敕修

孝義二

王俊 劉準 楊敬　石鼐 任鏜
史五常　周敖
鄭韺 榮瑄 葉文榮　傅檝
楊成章　謝用
何競　王原
黃璽　歸鉞 族子繡
何麟　孫清 宋顯章 李豫
劉憲 羅璋等　容師偃 劉靜 溫鉞
俞孜 張震 孫文　崔鑑
唐儼　邱緒
張鈞 張承相等　王在復 王錙等
夏子孝　阿寄
趙重華 謝廣　王世名
李文詠 王應元等　孔金 子良
楊通照 弟通杰 浦邵等　張清雅 白精忠等

王俊城武人父爲順天府知事母卒於官舍俊扶櫬還葬刈草萊爲茇舍寢處塋側野火延爇將及俊叩首慟哭火及塋樹而止正統三年被旌劉準者唐山諸生父喪廬墓冬月野火將及塚樹準悲號告天火遂息正統六年旌表楊敬者歸德人父歿於陣爲木主招魂以葬每讀書至戰陣之事輒隕涕不止母歿柩在堂鄰家失火烈焰甚迫敬撫柩哀號風止火滅正統十三年旌表石鼐渾源諸生父歿廬墓墓初成天大雨山水驟漲鼐仰天號哭水將及墓忽分兩道去墓獲全弘治五年旌表任鏜夏邑人嫡母卒廬於墓黃河衝溢將齧塋域鏜伏地號哭河卽南徙嘉靖二十五年旌表

史五常內黃人父萱官廣東僉事卒葬南海和光寺側五常方七歲母攜以歸比長奉母至孝常恨父不得歸葬母語之曰爾父杉木櫬內置大錢十爾謹志之母歿廬墓致毀既終喪往迎父櫬時相去已五十年寺沒於水久矣五常泣禱有老人以杖指示寺址發地果得父櫬內置錢如母言乃扶歸與母合葬復廬墓側正統六年旌表

周敖河州衞軍家子也正統末聞英宗北狩大哭不食七日而死其子諸生路方讀書別墅聞父死慟哭奔歸以頭觸庭槐亦死鄉人異之聞於州知州躬臨其喪賻

麥四十斛白金一斤路妻方氏厲志守節撫子堂成立後爲知縣

鄭韺石康人父賜舉人兄護進士天順中母爲猺賊所掠韺年十六挺身入賊壘紿之曰吾欲丐吾母豈惜金第金皆母所瘞願代母歸取之賊遂拘韺而釋母然其家實無金也韺遂被殺廉州知府張岳建祠祀之榮瑄瓊州人三歲而孤與兄琇竝以孝聞天順四年土賊據瓊城瑄兄弟扶母走避遇賊琇謂瑄曰我以死衞母汝急去瑄從之琇與母遂陷賊中官軍至琇被執主將將殺琇瑄趨至叩頭流血泣請曰兄以母故陷賊母老家貧恃兄爲命願殺瑄存兄養母主將不察竟殺瑄後有

葉文榮海寧人弟殺人論死母日悲泣不食文榮謂母曰兒年已長有子請代弟死遂詣官服殺人罪弟得釋而文榮坐死

傅檝字定濟泉州南安人祖凱父浚竝進士爲部郎檝年十六舉鄉試二十成進士弘治中授行人出行襄府半道聞母病請入京省視再往竣事禮部尚書劉春曰無害於若而可教孝奏許之浚後遷山東鹽運司同知娶繼妻私其二奴浚聞將治之遂暴卒檝心疑未發奴遽亡去久之偵一奴逃德化縣傭巨姓家檝微行往伺奴出袖鐵椎擊殺之而其一不可跡矣檝不欲見繼母葬父畢號慟曰父讐尚在何以爲人乃裂衣冠屏妻子出宿郊墟間蓬首垢面饑寒風雨不知就避親戚故人卒目之爲狂檝終不自明也子壽卒不哭或詰之則垂涕曰我不能爲子敢爲父乎繼母卒乃歸蓋自廢自罰者三十五年又十五年而卒

楊成章道州人父泰爲浙江長亭巡檢妻何氏無出納丁氏女爲妾生成章甫四歲泰卒何將扶櫬歸丁氏父子之子而奪其母母乃剪銀錢與何別約各藏其半俟成章長授之越六年何臨歿授成章半錢告之故成章嗚咽受命既冠娶婦月餘卽執半錢之浙中尋母母先已適東陽郭氏生子曰珉而成章不知也徧訪之無所遇而還弘治十一年東陽典史李紹裔以事宿珉家珉母知爲道州人遣珉問成章存否知成章已爲諸生乃令珉執半錢覓其兄會有會稽人官訓導者嘗設教東陽爲珉師與成章述珉母憶子狀成章亦往尋母遇珉於江西舟次兄弟悲且喜各出半錢合之益信遂俱至東陽母子始相聚自是成章三往迎母不遂棄月廩赴東陽侍養及母卒廬墓三載始返至嘉靖十年成章以歲貢入都珉亦以事至乃述成章尋親事上之吏部請進一官部臣言成章孝行兩地已勘實登之朝覲憲綱珉言非謬昔朱壽昌棄官尋母宋神宗詔令就官今所司知而不能薦臣等又拘例而不請旌眞有愧於古詎請量授成章國子學錄賜珉花紅羊酒制曰可

謝用字希中祁門人父永貞生母馬氏方娠永貞客外嫡母汪氏妒而嫁之遂生用永貞還大恨抱用歸寄乳隣嫗汪氏收而自鞠之踰年亦生子均愛無厚薄用既冠始知所生密訪之則又改適不知其所矣用遍覓幾一載一夕宿休寧農家有寡嫗出問曰若爲誰用告以姓名及尋母之故曰若母爲誰曰馬氏曰若非永貞之子乎曰然嫗遂抱用曰我卽汝母也於是母子相持而哭時弘治十五年四月也用歸告父并其同母弟迎歸居別室孝養二母曲盡其誠後汪感悔令迎馬同居訖無間言永貞卒用居喪以孝聞隣人失火延數十家將至用舍風反火息用時爲諸生督學御史廉其孝列之德行優等月廩之

何競字邦植蕭山人父舜賓爲御史謫戍廣西慶遠衞遇赦還好持吏短長有鄒魯者當塗人亦以御史謫官稍遷蕭山知縣貪暴狡悍舜賓求魯陰事訐之兩人互相猜縣中湘湖爲富人私據舜賓發其事於官奏覈之富人因奏舜賓以戍卒潛逃擅自冠帶章竝下所司覈治魯隱其文牒詭言舜賓遇赦無驗宜行原衞查核上官不可駁之會舜賓門人訓導童顯章爲魯所陷論死下府覆驗道經舜賓家入與謀魯聞之大詬曰舜賓乃敢竄重囚發卒圍其門輒捕舜賓徑解慶遠又令爪牙吏屏其衣服至餘干宿昌國寺夜以濕衣閉其口壓殺之魯復捕舜賓妻子競與母逃常熟匿父友王鼎家已而魯遷山西僉事將行競乃潛歸與族人謀召親黨數十人飲之酒爲舜賓稱寃中坐競出叩首哭以請皆踴躍願效命乃各持器伏道旁伺魯過競袖鐵鎚奮擊騶從駭散仆其輿裸之杖齊下矐兩目鬚髮盡拔競拔佩刀砍其左股必欲殺之爲衆所止乃與魯連鎖赴按察司而預令族父澤走闕下訴寃僉事蕭翀故黨魯嚴刑訊競競大言曰必欲殺我我非畏死者顧人孰無父母且我已訟於朝非公輩所得擅殺噬臂肉擲案上含血噀翀面一堂皆驚會競疏已上遣刑部郎中李時給事中李舉會巡按御史鄧璋雜治諸人持兩端擬魯故屏人衣食至死競部民毆本屬知縣篤疾律俱絞餘所逮數百人擬罪有差競母朱氏復撾登聞鼓訴寃魯亦使人馳訴乃命大理寺正曹廉會巡按御史陳銓覆治廉曰爾等何毆縣官競曰競知父讐不知縣官但恨未殺之耳廉以致死無據遣縣令揭棺驗之驗者報傷而解役任寬慷慨首實且出舜賓臨命所付血書於是衆皆辭伏改擬魯斬競徒三年法司議競遣戍且曰魯已成篤疾競爲父報讐律意有在均俟上裁帝從其議戍競福寧衞時弘治十四年二月也後武宗登極肆赦魯免死競赦歸又九年卒競自父歿至死凡十六年服衰終其身

王原文安人正德中父珣以家貧役重逃去原稍長問父所在母告以故原大悲慟乃設肆於邑治之衢治酒食舍諸行旅遇遠方客至則告以父姓名年貌冀得父蹤跡久之無所得既娶婦月餘跪告母曰兒將尋父母泣曰汝父去二十餘載存亡不可知且若父吡耳流落何所誰知名者無爲父子相繼作羈鬼使我無依原痛哭曰幸有婦陪母母無以兒爲念兒不得父不歸也號泣辭母去遍歷山東南北去來者數年一日渡海至田橫島假寐神祠中夢至一寺當午炊莎和肉羹食之一老父至驚覺原告之夢請占之老父曰若何爲者曰尋父老父曰午者正南位也莎根附子肉和之附子膾也求諸南方父子其會乎原喜謝去而南踰洺漳至輝縣帶山有寺曰夢覺原心動天雨雪寒甚臥寺門外及曙一僧啓門出駭曰汝何人曰文安人尋父而來曰識之乎曰不識也引入禪堂憐而予之粥珣方執爨竈下僧素知爲文安人謂之曰若同里有少年來尋父者若倘識其人珣出見原皆不相識問其父姓名則王珣也珣亦呼原乳名相抱持慟哭寺僧莫不感動珣曰歸告汝母我無顏復歸故鄉矣原曰父不歸兒有死耳牽衣哭不止寺僧力勸之父子相持歸夫妻子母復聚後原子孫多仕宦者

黃璽字廷璽餘姚人兄伯震商十年不歸璽出求之經行萬里不得蹤跡最後至衡州禱南岳廟夢神人授以纓絹盜賊際狼狽江漢行二句一書生告之曰此杜甫春陵行詩也春陵今道州曷往尋之璽從其言既至無所遇一日入厠置傘道旁伯震適過之曰此吾鄉之傘也循其柄而觀見有餘姚黃廷璽記六字方疑駭璽出問訊則其兄也遂奉以歸

歸鉞字汝威嘉定縣人早喪母父娶繼妻有子鉞遂失愛父偶撻鉞繼母輒索大杖與之曰毋傷乃翁力也家貧食不足每炊將熟卽譏譏數鉞過父怒而逐之其母子得飽食鉞飢困匍匐道中比歸父母相與言曰有子不居家在外作賊耳輒復杖之屢瀕於死及父卒母益擯不納因販鹽市中時私其弟問母飲食致甘鮮焉正德三年大饑母不能自活鉞涕泣奉迎母內自慚不欲往然以無所資迄從之鉞得食先母弟而已有饑色弟尋卒鉞養母終其身嘉靖中卒族子繡亦販鹽與二弟紋緯友愛緯數犯法繡輒罄貲護之終無慍色繡妻朱製衣必三襲曰二叔無室豈可使郎君獨煖耶里人稱爲歸氏二孝子

何麟沁水人爲布政司吏武宗微行由大同抵太原城門閉不得入怒而還京遣中官逮守臣不啓門者巡撫以下皆大懼麟曰朝廷未知主名請厚賄中官麟與俱往卽聖怒不測麟一身獨當之及抵京上疏曰陛下巡幸晉陽司城門者實臣麟一人他官無預也臣不能啓門迎駕罪當萬死但陛下輕宗廟社稷而事巡游且易服微行無淸道警蹕之詔白龍魚服臣下何由辨焉昔漢光武夜獵至上東門守臣郅惲拒弗納光武以惲能守法而賞之今小臣欲守郅惲之節而陛下乃有不敬之誅臣恐天下後世以爲臣之不幸不若郅惲陛下寬仁之量亦遠遜光武也疏入帝怒稍解廷杖六十釋還餘不問巡撫以下郊迎禮敬之

孫清睢陽諸生也幼孤事母孝母歿未葬流賊入其境居民盡逃清獨守柩不去賊兩經其門皆不入里人多賴以全正德九年四月河南巡按御史江良貴奏聞并言清同邑徐儀女雪梅嚴清女銳兒皆不受賊汚憤罵見殺沭陽諸生沈麟以知府劉祥縣丞程儉爲賊所執挺身詣賊開陳利害願以身代賊義之二人獲釋凡此義烈有關風化宜如制旌表章下禮官先是八年二月山東巡按御史張璿奏賊所過州縣有子救父婦衞夫罹賊兵刃者凡百十九人皆宜旌表時傅珪代費宏爲禮部言所奏人多費廣宜準山西近例於所在旌善亭側建二石碑分書男婦姓名邑里及其孝義貞烈大畧以示旌揚有司量給殯殮費厭後地方有奏悉以此令從事帝可之至是良貴奏下劉春代珪爲禮部竟不請旌但用珪前議并給銀建坊之令亦不復行而旌善之意微矣當是時濮州諸生宋顯章浙川諸生李豫皆以孝行著聞流賊過其門不敢犯里人亦多賴以全而顯章之死也其妻辛氏自縊以殉知州李緝爲建孝節坊並祠祀嘉靖七年豫獨被旌

劉憲靈石諸生也父先亡母年七十餘兩目俱瞽憲奉事惟謹正德六年流賊入城憲負母避之城外賊追至

欲殺母憲哀告曰寧殺我毋害我母賊乃釋之行至嶺後憲竟爲他賊所殺賊縱火焚民居獨憲宅隨爇隨滅同時羅璋遂寧諸生大盜亂蜀中母爲賊所獲璋手挺長鎗連斃三賊賊舍母去後賊追至璋力捍賊久之力疲竟被執賊憤甚剜心剖肝裂其屍竝正德中旌表有李壯丁者安定縣人嘉靖中北寇入犯從父母奔避山谷遇賊縛母去壯丁取石奮擊母得脫前行復遇五賊一賊縛其母母大呼曰兒速去毋顧我壯丁憤手提鐵器擊仆賊母得逃而壯丁竟爲賊所殺正德中賊掠鉅鹿執趙智趙慧之母將殺之智追至跪告曰母年老願殺我慧亦至泣曰兄年長願留養母而殺我智方與爭死而母復請曰吾老當死乞留二子羣賊笑曰皆好人也竝釋之

容師偃香山人父患癱疾扶持不離側正德十二年寇掠其鄉師偃負父而逃追者急父麾使避泣曰父子相爲命去將安之俄被執賊灼其父師偃號泣請代賊從之父得釋而師偃焚死後有劉靜者萬安諸生嘉靖間流賊陷其縣負母出奔遇賊將殺母靜以身翼蔽求代死賊怒攢刃殺之猶抱母不解屍閱七日不變萬曆元年旌表又有溫鉞者大同人父景清有膽力嘉靖三年鎭兵叛殺巡撫張文錦其後巡撫蔡天祐令景清密捕首惡戮數人其黨恨之十三年復叛殺總兵李瑾因遍索昔年爲軍府効命者景清深匿不出遂執鉞及其母王氏以去令言景清所在鉞曰爾欲殺我父而使我言其處是我殺父也如讐不可解則殺我舒憤足矣賊不聽逼母使言母大罵不輟賊怒支解以怵鉞鉞大哭且罵并被殺事平母子竝獲旌

俞孜字景修浙江山陰人爲諸生敦行誼嘉靖初父華充里役解流人徐鐸至口外鐸毒殺華亡走孜扶櫬歸誓必報讐蹤跡數十郡不可得後聞已還鄉匿其甥楊氏家乃結力士十數人佯爲賣魚往來偵伺且謁知府南大吉乞助大吉義之遣數健卒與俱夜半驟率卒入楊氏家呼鐸出見縛送於官寘諸法孜自是不復應舉養繼母以終有張震者餘姚農家子也生周歲父爲人所陷將死囑震指語曰某吾讐也汝勿忘震長而指瘡不愈母告以故震誓必報其友謂曰汝力弱吾爲汝殺之未幾讐乘馬出友以田器擊之即死震喜走告父墓已而事發有司傷其志減死論戍遇赦歸孫文亦餘姚人也幼時父爲族人時行箠死長欲報之而力不敵乃僞與和好共武斷鄉曲時行坦然不復疑一日值時行於田間即以田器擊殺之坐戍未幾遇赦獲釋

崔鑑京師人父嘗酒狎娼召與居娼恃寵時時陵鑑母父又被酒數侵辱之一日娼惡言詈母母復之娼遂擊敗母面母不勝憤入室伏牀而泣將自盡鑑時年十三自學舍歸問之母告以故鑑曰母無死即走至學舍挾刃還娼適埽地且埽且詈鑑拔刃刺其左脇立斃乃匿刃牖下亡走數里忽自念曰父不知我殺娼必累我母急趨歸父果訴於官將縶其母矣鑑至告捕者曰此我所爲非母也衆見其幼不信鑑曰汝等不信請問凶器安在自出刃示之衆乃釋母縶鑑寘獄事聞下刑部讞尚書聞淵等議鑑志在救母且年少可矜難拘常律帝亦貸其罪

唐儼全州諸生也父蔭郴州知州歸老得危疾儼年十二潛割臂肉進之疾良已及父歿哀毀如成人其後游學於外嫡母寢疾儼妻鄧氏年十八奮曰吾婦人安知湯藥昔夫子以臂肉療吾舅吾獨不能療吾姑哉於是割脇肉以進姑疾亦愈儼聞母疾馳歸則無恙久矣拜其妻曰此吾分也當急召我何自苦如此妻曰子事父婦事姑一也方危急時召子何及且事必待子安用婦爲儼益歎異嫡母歿二十年而生母歿儼廬墓三年嘉靖四年貢至京有司奏旌其門

邱緒字繼先鄞縣諸生也生母黃爲嫡余所逐適江東包氏未幾轉適他所遂不復相聞緒年十五父歿事余至孝余疾謹奉湯藥不解衣帶者數月余重感其孝病革與訣曰我即死汝無忘若母時母被逐已二十年矣一夕夢人告曰若母在台州金鰲寺前覺而識之次日與一人憩於途詰之則包氏故養馬廝也叩以母所向曰有周平者曾悉其事今已戍京衞矣緒姊壻謁選在京遺書屬訪平久之未得一日有避雨於邸門者其聲類鄞人叩之即周平也言黃已適台州李副使子緒得報即之台而李已歿其嗣子漫不知前事緒彷徨掩泣於道有傷之者導謁老媒妁王四曰已再適仙居吳義官吳仙居巨族也緒至歷矚數十家無所遇已而抵一儒生吳秉朗家語之故生感其意留止焉有叔母聞所留者異鄉人也恚而咻之生告以緒意叔母者黃故主母也頗憶前事然不詳所往呼舊蒼頭問之云金鰲寺前去歲經之棺已殯寺旁矣緒以其言與夢合信之行且泣牛觸之墜於溝則輿夫馬長之門也駭而出問所從來緒以情告長曰吾前輿一婦至縉雲蒼嶺下殆是也輿緒至其處緒徧物色無所遇偎偎行委巷中一嫗立門外探之知爲鄞人告以所從來嫗亦轉詢邱氏耗則緒母也抱持而哭閭里皆感動寺旁棺者蓋其姒氏云所適陳翁貧而無子且多負緒還取金償之并迎翁以歸備極孝養嘉靖十四年知縣趙民順入覲疏聞於朝獲旌表

張鈞石州人父赦國子生以二親早亡矢志不仕隱居城北村鈞正德末舉於鄉以親老亦不仕讀書養親遠近皆稱其孝嘉靖二十年俺答犯石州鈞慮父遭難自城中馳一騎號泣赴救寇射中其肩裹瘡疾馳至則父已被殺鈞隕絕盡餂父血水漿不入口三日不勝悲痛而卒越二年有司上其狀獲旌是時殺掠甚慘石州爲親死者十一人而張承相于博張永安尤著承相少孤及長爲諸生養母二十餘年以孝聞寇至負母出逃爲所得叩頭號泣乞免其母寇怒并殺之抱母首死博二歲而孤奉母盡孝寇抵城下博方讀書城中母居村舍亟下城號泣求母母已被執遇諸途博取石奮擊寇寇就剖其心母得逸去年止十有八永安石州吏也父爲寇所逐永安持梃追擊之傷二賊趣父逸去而身自後衞之被數十創死與鈞同被旌有溫繼宗者沁州諸生父卒不能葬日守柩哀泣嘉靖二十一年寇入犯或勸出城避難以父殯不肯去寇至與叔父淵等力禦擊傷一賊中矢死柩旁淵等皆死亦與鈞同被旌

王在復太倉人年二十一從父讀書城外倭寇入犯父子亟奔入城父體肥不能速行中道遇賊遂相失在復走二里許展轉尋父聞父被執急趨賊所叩頭求免賊不聽拔刃擬其父在復以身蔽之痛哭哀求賊怒并殺之兩首墜地而手猶抱父不釋時嘉靖三十三年五月也當是時倭亂東南孝子以衞父母見殺者甚衆其得旌於朝者在復及黃巖王鍻慈谿向叙無錫蔡元銳丹徒殷士望鍻隨父顯避賊顯被執將殺之鍻亟趨前請代賊遂殺鍻而釋顯叙爲慈谿諸生倭入寇以縣無城掖母出避遇賊踣叙而斫其母叙急起抱母頸大呼曰寧殺我毋殺我母賊如其言母獲全俱嘉靖三十五年旌表元銳無錫人與弟元鐸竝孝友倭犯無錫入元銳家兄弟急扶父升屋避匿而元銳爲賊執令言父所在堅不從遂見殺元鐸不知兄死明日持重貲往贖并見殺嘉靖三十八年旌表士望丹徒人事親孝倭犯京口父被掠士望請代死賊笑而試之火炙刀刺受之怡然賊兩釋之嘉靖四十三年旌表其他未及旌表者又有陳經孚龔可正伍民憲經孚平陽人倭至負母出逃遇賊索母珥環欲殺之經孚以身翼蔽賊怒揮刃截耳及肩而死手猶抱母頸不解可正嘉定諸生負祖母避賊天雨泥濘猝遇賊賊惡見婦人欲殺其祖母叱可正去可正跪泣請代賊不從可正以身覆祖母賊竝殺之民憲晉江人扶父避難遇賊長跪哀告曰勿驚我父他物任取之賊不聽竟殺其父民憲憤挺身殺二賊傷數賊賊至益多斷民憲右手臥草中猶一手執戈呼其父三日而絕

夏子孝字以忠桐城人六歲失母哀哭如成人九歲父得危疾禱天地刲股六寸許調羹以進父食之頓愈翌日子孝痛創父詰其故始知之里老以聞於官知府胡麟先夢王祥來謁詰旦而縣牒至詫曰孺子其祥後身耶召見易其舊名恩曰子孝督學御史胡植即令入學爲諸生月稟之麟復屬貢士趙簡授之經嘉靖末父卒廬墓獨居荒山身無完衣形容槁瘁後歷事王畿羅汝芳史桂芳耿定向獲聞聖賢之學定向爲督學御史將疏聞於朝固辭曰不肖不忍以亡親賈名乃止將死命其子曰葬我父墓側

阿寄者淳安徐氏僕也徐氏昆弟析產而居伯得一馬仲得一牛季寡婦得阿寄時年五十餘矣寡婦泣曰馬則乘牛則耕老僕何益寄歎曰主謂我不若牛馬耶乃畫策營生示可用狀寡婦盡脫簪珥得白金十二兩畀寄寄入山販漆期年而三倍其息謂寡婦曰主無憂富可致矣歷二十年積貲巨萬爲寡婦嫁三女婚二子齎聘皆千金又延師教二子輸粟爲太學生自是寡婦財雄一邑及寄病且死謂寡婦曰老奴牛馬之報盡矣出枕中二籍則家鉅細悉均分之曰以此遺兩郎君可世守也既歿或疑其有私竊啓其篋無一金蓄所遺一嫗一兒僅敝縕掩體而已

趙重華雲南太和人七歲時父廷瑞遊江湖間久不返重華長謁郡守請路引榜其背曰萬里尋親別書父年貌邑里數千紙所歷都會州縣徧張之西禱武當山經太子巖巖陰有字曰嘉靖四十四年十二月十二日趙廷瑞朝山至此重華讀之慟曰吾父果過此今吾之來月日正同可卜相逢矣遂書其後曰萬曆六年十二月十二日趙廷瑞之子重華尋父至此久之竟無所遇過丹陽盜攫其資所遺獨路引且行且乞遇一老僧呼問其故笑曰汝父客無錫南禪寺中語訖忽不見重華急趨至寺果其父出路引示之相與慟哭留數日乃還雲南是時有謝廣者祁門人父求仙不返廣娶婦七日即

別母求父遇於開封逆旅中父乘間復脫去廣跋涉四
方者垂二十年終不得父聞者哀之
王世名字時望武義人父良與族子俊同居爭屋爲俊
毆死世名年十七恐殘父屍不忍就理乃佯聽其輸田
議和凡田所入輒易價封識俊有所餽亦佯受之而潛
繪父像懸密室繪己像於旁帶刀侍朝夕泣拜且購一
刃銘報讐二字母妻不知也服闋爲諸生及生子數月
謂母妻曰吾已有後可以死矣一日俊自外醉歸世名
挺刃迎擊之立斃出號於衆入白母卽取前封識者詣
吏請死時萬曆九年二月去父死六年矣知縣陳某曰
此孝子也不可置獄別館之而上其事於府府檄金華
知縣汪大受來訊世名請死大受曰檢屍有傷爾可無
死曰吾惟不忍殘父屍以至今日不然何待六年乞放
歸辭母乃就死許之歸母迎而泣世名曰身者父之遺
也以父之遺爲父死雖離母得從父矣何憾頃之大受
至縣人奔走直世名者以千計大受乃令人舁致父棺
將開視之世名大慟以頭觸堦石血流殷地大受及旁
觀者咸爲隕涕乃令舁柩去將白上官免檢屍以全孝
子世名曰此非法也非法無君何以生爲遂不食而死
妻俞氏撫孤三載自縊以殉旌其門曰孝烈
李文詠崑山諸生父大經沂水知縣萬曆二十七年父
寢室被火文詠突入將父抱出而榱棟盡覆父子俱焚
死火息入視屍猶覆其父父存全體文詠但餘一股王
應元武隆人力農養父父醉臥家失火應元自外趨烈
焰中竟不能出抱父死唐治黃岡人父柩在堂鄰居火
治盡出貲財募人舁柩人各自顧無應者或挽之出泣
曰父柩在此我死不出火息後堂巋然獨存柩亦無恙
而治竟熏灼伏柩死萬曆中旌表許恩蘄水人夜半鄰
家失火恩驚出徧尋母不得復突入遂與母俱焚馮象
臨慈谿諸生家被火徧覓父母烟焰彌空迷失庭戶象
臨大呼初得母卽從火中負出再入負父并挾一弟以
出半體已焦爛聞妹尚留臥內母號呼將自入亟止之
觸烈焰攜妹出竟灼爛而死事聞賜旌後有龔作梅者
陳州人年十七父母俱亡殯於舍闖賊火民居作梅跪
柩前焚死
孔金山陽人父早亡母謝氏遺腹三月而生金母爲大
賈杜言逼娶投河死金長屢訟於官不勝言行賄欲斃
金金乃乞食走闕下擊登聞鼓訴冤不得達還墓所晝
夜號泣里人劉淸等陳其事於府知府張守約異之召
闔族媒氏質實坐言大辟未幾守約卒言夤緣免金復

號訴不已被箠無完膚已而撫按理舊牘仍坐言大辟
迄死獄中金子良亦有孝行父病刲股爲羹以進旋愈
比卒廬墓哀毀萬曆四十三年父子並得旌
楊通照通杰銅仁人母周氏有疾兄弟爭拜禱求以身
代闋三年不入內室萬曆三十六年羣苗流劫至其家
母被執去二人追鬬數十里被傷不顧至鬼空溪見賊
縶母大罵聲震山谷橫擊萬衆中爲賊所磔死通照年
二十五通杰年二十二泰昌元年巡撫李㯳巡按史永
安上其事旌曰雙孝之門時無錫民浦邵賊縛其父虞
將殺之邵以首迎刃而死父得免寧化民林上元賊掠
其繼母李氏出城上元從城上持鎗一躍而下直奔賊
壘刺死二人賊避其鋒立出李氏因引去城賴以全皆
萬曆四十三年旌崇禎七年流賊陷竹溪執知縣余霄
將殺之子諸生伯麟請代乃免
張淸雅潛山人家貧力學養親崇禎十年張獻忠來犯
淸雅以父年老臥病守之不去無何父卒歛甫畢賊入
其家疑棺內藏金銀欲剖視之淸雅據棺哀泣賊斷其
手仆地幼子超藝年十六號哭求代賊復砍之父子俱
死而棺得不剖僕雲滿具兩棺歛之亦不食死時有白
精忠者潁州人五歲而孤母袁氏撫之家貧母食糠覈
而以精者哺兒精忠知之每餐必先啖其惡者天啓中
舉於鄉崇禎八年流賊陷潁州家人勸逃匿精忠以母
年老不忍獨去遂遇害州有檀之槐者護母柩不去與
賊格鬬殺數人被磔死又有李心唯素敦孝行賊至泣
守母喪賊掠其室將縛之不出被殺子果見父死厲聲
罵賊賊又殺之有余承德者無爲人崇禎十五年流賊
突至掖其祖母劉氏母魏氏及妻楊氏妹玉女出避祖
母母行遲爲盜所獲欲刃之承德號呼救護泣遇害楊
氏見之急投河死賊將犯玉女玉女大罵堅不從寸磔
而死

明史卷二百九十八　列傳第一百八十六

總裁官總理事務經筵講官少保兼太子太保保和殿大學士兼管吏部戶部尚書事加六級張廷玉等奉
敕修

隱逸

韓愈言蹇之六二曰王臣蹇蹇而蠱之上九曰高尙其
事由所居之時不一而所蹈之德不同夫聖賢以用世
爲心而逸民以肥遯爲節豈性分實然亦各行其志而
已明太祖興禮儒士聘文學搜求巖穴側席幽人後置
不爲君用之罰然韜迹自遠者亦不乏人迨中葉承平
聲敎淪浹巍科顯爵頓天網以羅英俊民之秀者無不

覲國光而賓王廷矣其抱瓌材蘊積學槁形泉石絕意
當世者靡得而稱焉由是觀之世道升降之端係所遭
逢豈非其時爲之哉凡徵聘所及文學行誼可稱者已
散見諸傳茲取貞節超邁者數人作隱逸傳

張介福　倪瓚
徐舫　楊恒　陳洄
楊引　吳海
劉閔　楊黼
孫一元　沈周
陳繼儒

張介福字子祺自懷慶徙吳中少受學於許衡二親早
終遂無仕進意家貧冬不能具夾襦或遺以紵絮不受
織介必以禮張士誠入吳有卒犯其家危坐不爲起刃
斫面仆地醒復取冠戴之坐自若卒怪以爲異物走去
介福恐發其先墓往廬焉士誠聞而欲致之不可使其
弟往問答曰無樂亂無貪天禍無忘國家饋之力辭已
病革謂其友曰吾志希古人未能也惟無汚於時庶幾
哉遂卒
倪瓚字元鎭無錫人也家雄於貲工詩善書畫四方名
士日至其門所居有閣曰淸閟幽迥絕塵藏書數千卷
皆手自勘定古鼎法書名琴奇畫陳列左右四時卉木
縈繞其外高木修篁蔚然深秀故自號雲林居士時與
客觴咏其中爲人有潔癖盥濯不離手俗客造廬比去
必洗滌其處求縑素者踵至瓚亦時應之至正初海內
無事忽散其貲給親故人咸怪之未幾兵興富家悉被
禍而瓚扁舟箬笠往來震澤三泖間獨不罹患張士誠
累欲鈎致之逃漁舟以免其弟士信以幣乞畫瓚又斥
去士信恚他日從賓客遊湖上聞異香出葭葦間疑爲
瓚也物色漁舟中果得之抶幾斃終無一言及吳平瓚
年老矣黃冠野服混迹編氓洪武七年卒年七十四
徐舫字方舟桐廬人幼輕俠好擊劍走馬蹴踘既而悔
之習科舉業已復棄去學爲歌詩睦故多詩人唐有方
干徐凝李頻施肩吾宋有高師魯滕元秀號睦州詩派
舫悉取步驟之既乃遊四方交其名士詩益工行省參
政蘇天爵將薦之舫笑曰吾詩人耳可羈以章紱哉竟
避去築室江皐日苦吟於雲烟出没間翛然若與世隔
因自號滄江散人宋濂劉基葉琛章溢之赴召也舟溯
桐江忽有人黃冠鹿裘立江上招基而笑且語侵之基
望見急延入舟中琛溢競讙譟各取冠服服之欲載上
黟川其人不可乃止濂初未相識以問基曰此徐方舟

也濂因起共歡笑酌酒而別舫詩有瑤林滄江二集年
六十八丙午春卒於家
楊恒字本初諸暨人外族方氏建義塾館四方遊學士
恒幼往受諸經輒領其旨要文峻潔有聲郡邑間浦江
鄭氏延爲師閱十年退居白鹿山戴欆冠披羊裘帶經
耕烟雨間嘯歌自樂因自號白鹿生太祖旣下浙東命
樂鳳知州事鳳請爲州學師恒固讓不起鳳乃命州中
子弟卽家問道政有缺失輒貽書咨訪後唐鐸知紹興
欲辟起之復固辭宋濂之爲學士也擬薦爲國子師聞
不受州郡辟命乃已恒性醇篤與人語出肺肝相示事
稍乖名義輒峻言指斥家無儋石而臨財甚介鄉人奉
爲楷法焉時有陳洄者義烏人幼治經長通百家言初
欲以功名顯旣而隱居戴靑霞冠披白鹿裘不復與塵
事接所居近大溪多修竹自號竹溪逸民常乘小艇吹
短簫吹已叩舷而歌悠然自適宋濂俱爲之傳
楊引吉水人好學能詩文爲宋濂陶安所稱駙馬都尉
陸賢從受學入朝舉止端雅太祖喜問誰敎者賢以引
對立召見賜食他日賢以褻服見引太息曰是其心易
我不可久居此矣復以纂修徵亦不就其敎學者先操
履而後文藝嘗揭論語鄉黨篇示人曰吾敎自有養生
衛安事偃仰吐納爲乃節飲食時動息迄老視聽不衰
旣歿安福劉球稱其學探道原文範後世去就出處卓
然有陶潛徐穉之風
吳海字朝宗閩縣人元季以學行稱值四方盜起絕意
仕進洪武初守臣欲薦諸朝力辭免旣而徵詣史局復
力辭嘗言楊墨釋老聖道之賊管商申韓治道之賊稗
官野乘正史之賊支詞豔說文章之賊上之人宜敎通
經大臣會諸儒定其品目頒之天下民間非此不得輒
藏坊市不得輒粥如是數年學者生長不涉異聞其於
養德育才豈曰小補因著書一編曰書禍以發明之與
永福王翰善翰嘗仕元海數勸之死翰果自裁海敎養
其子偁卒底成立平居虛懷樂善有規過者欣然立改
因顏其齋曰聞過爲文嚴整典雅一歸諸理後學咸宗
仰之有聞過齋集行世
劉閔字子賢莆田人生而純慤早孤絕意科舉求古聖
賢禔躬訓家之法率而行之祖母及父喪未舉斷酒肉
遠室家訓鄰邑朔望歸則號哭殯所如是三年婦失愛
於母出之獨居奉養疾不解衣母或恚怒則整衣竟夕
跪榻前祭享奠獻一循古禮鄉人莫不欽重副使羅璟
立社學搆養親堂延閔爲師提學僉事周孟中捐俸助

養知府王弼每祭廟社必延致齋居曰此人在座私意自消置田二十餘畝贍之竝受不辭及母歿即送田還官廬墓三年弟婦求分產閔閉戶自撾婦感悟乃已弘治中僉都御史林俊上言伏見皇太子年踰幼學習處宮中罕接外傅豫教之道似爲未備今講讀侍從諸臣固已簡用然百司衆職山林隱逸不謂無人以臣所知則禮部侍郎謝鐸太僕少卿儲瓘光祿少卿楊廉可備講員其資序未合德行可取者二人則致仕副使曹時中布衣劉閔是也閔臣縣人恭慎醇粹孝行高古日無二粥身無完衣處之晏如監司劉大夏徐貫等恒敬禮之臣謂可禮致時中爲宮僚閔以布衣入侍必能涵育熏陶裨益睿質時不能用其後巡按御史宗彝饒瑭欲援詔例舉閔經明行修閔力辭知府陳效請遂其志榮以學職正德元年遙授儒學訓導

楊黼雲南太和人也好學讀五經皆百遍工篆籀好釋典或勸其應舉笑曰不理性命理外物耶庭前有大桂樹縛板樹上題曰桂樓偃仰其中歌詩自得躬耕數畝供甘膬但求親悅不顧餘也注孝經數萬言證羣書根性命字皆小篆所用硯乾將下樓取水硯池忽滿自是爲常時人咸異之父母歿爲傭營葬畢入雞足棲羅漢壁石窟山十餘年壽至八十子孫迎歸一日沐浴令子孫拜曰明日吾行矣果卒

孫一元字太初不知何許人問其邑里曰我秦人也嘗棲太白之巔故號太白山人或曰安化王宗人王坐不軌誅故變姓名避難也一元姿性絕人善爲詩風儀秀朗蹤跡奇譎烏巾白帢攜鐵笛鶴瓢遍遊中原東踰齊魯南涉江淮歷荊抵吳越所至賦詩談神仙論當世事往往傾其座人鉛山費宏罷相訪之杭州南屏山值其晝寢就臥內與語送之及門了不酬答宏出語人曰吾一生未嘗見此人時劉麟以知府罷歸龍霓以僉事謝政竝客湖州與郡人故御史陸崑善而長興吳琉隱居好客三人者竝主於其家琉因招一元入社稱苕溪五隱一元買田溪上將老焉舉人施侃雅善一元妻以妹張氏生一女而卒年止三十七琉等葬之道場山

沈周字啓南長洲人祖澄永樂間舉人材不就所居曰西莊日置酒款賓人擬之顧仲瑛伯父貞吉父恒吉竝抗隱搆有竹居兄弟讀書其中工詩善畫臧獲亦解文墨邑人陳孟賢者陳五經繼之子也周少從之遊得其指授年十一遊南都作百韻詩上巡撫侍郎崔恭面試鳳凰臺賦援筆立就恭大嗟異及長書無所不覽文摹左氏詩擬白居易蘇軾陸游字仿黃庭堅竝爲世所愛重尤工於畫評者謂爲明世第一郡守欲薦周賢良周筮易得遯之九五遂決意隱遁所居有水竹亭館之勝圖書鼎彝充牣錯列四方名士過從無虛日風流文彩照映一時奉親至孝父歿或勸之仕對曰若不知母氏以我爲命耶奈何離膝下居恒厭入城市於郭外置行窩有事一造之晚年匿跡惟恐不深先後巡撫王恕彭禮咸禮敬之欲留幕下竝以母老辭有郡守徵畫工繪屋壁里人疾周者入其姓名遂被攝或勸周謁貴遊以免周曰往役義也謁貴遊不更辱乎卒供役而還已而守入覲銓曹問曰沈先生無恙乎守不知所對漫應曰無恙見內閣李東陽曰沈先生有牘乎守益愕復漫應曰有而未至守出倉皇謁侍郎吳寬問沈先生何人寬備言其狀詢左右乃畫壁生也比還謁周舍再拜引咎索飯飯之而去周以母故終身不遠遊母年九十九而終周亦八十矣又三年以正德四年卒

陳繼儒字仲醇松江華亭人幼穎異能文章同郡徐階特器重之長爲諸生與董其昌齊名太倉王錫爵招與子衡讀書支硎山王世貞亦雅重繼儒三吳名下士爭欲得爲師友繼儒通明高邁年甫二十九取儒衣冠焚棄之隱居崑山之陽搆廟祀二陸草堂數椽焚香晏坐意豁如也時錫山顧憲成講學東林招之謝弗往親亡葬神山麓遂築室東佘山杜門著述有終焉之志工詩善文短翰小詞皆極風致兼能繪事又博文強識經史諸子術伎稗官與二氏家言靡不較覈或刺取瑣言僻事詮次成書遠近競相購寫徵請詩文者無虛日性喜獎掖士類屨常滿戶外片言酬應莫不當意去暇則與黃冠老衲窮峯泖之勝吟嘯忘返足跡罕入城市其昌爲築來仲樓招之至黃道周疏稱志尚高雅博學多通不如繼儒其推重如此侍郎沈演及御史給事中諸朝貴先後論薦謂繼儒道高齒茂宜如聘吳與弼故事屢奉詔徵用皆以疾辭卒年八十二自爲遺令纖悉畢具

明史卷二百九十九　列傳第一百八十七

總裁官總理事務經筵講官少保兼太子太保保和殿大學士兼管吏部戶部尚書事加六級張廷玉等奉
敕修

方伎

左氏載醫和緩梓愼禆竈史蘇之屬甚詳且核下逮巫祝亦往往張其事以神之論者謂之浮夸似矣而史記傳扁鵲倉公日者龜策至黃石赤松倉海君之流近於神仙荒忽亦備錄不遺范蔚宗乃以方術名傳夫藝人術士匪能登乎道德之途然前民利用亦先聖之緒餘其精者至通神明參造化詎曰小道可觀已乎明初周顛張三丰之屬蹤蹟秘幻莫可測識而震動天子要非妄誕取寵者所可幾張中袁珙占驗奇中夫事有非常理所能拘者淺見尠聞不足道也醫與天文皆世業專官亦本周官遺意攻其術者要必博極於古人之書而會通其理沈思獨詣參以考驗不爲私智自用乃足以名當世而爲後學宗今錄其最異者作方伎傳眞人張氏道家者流而世蒙恩澤其事蹟關當代典故撮其大畧附於篇

滑壽字伯仁先世襄城人徙儀眞後又徙餘姚幼警敏好學能詩京口王居中名醫也壽從之學授素問難經既卒業請於師曰素問詳矣多錯簡愚將分藏象經度等爲十類類抄而讀之難經又本素問靈樞其間榮衛藏府與夫經絡腧穴辨之博矣而缺誤亦多愚將本其義旨注而讀之可乎居中躍然稱善自是壽學日進壽又參會張仲景劉守眞李明之三家而會通之所治疾無不中既學鍼法於東平高洞陽嘗言人身六脈雖皆有係屬惟督任二經則苞乎腹背有專穴諸經滿而溢者此則受之宜與十二經竝論乃取內經骨空諸論及靈樞篇所述經脈著十四經發揮三卷通考隧穴六百四十有七他如讀傷寒論抄診家樞要痔瘻篇及採諸書本草爲醫韻皆有功於世晚自號攖寧生江浙間無不知攖寧生者年七十餘容色如童孺行步蹻捷飲酒無算天台朱右摭其治疾神效者數十事爲作傳故其著述益有稱於世

葛乾孫字可久長洲人父應雷以醫名時北方劉守眞張潔古之學未行於南有李姓者中州名醫官吳下與應雷談論大駭歎因授以張劉書自是江南有二家學乾孫體貌魁碩好擊刺戰陣法後折節讀書兼通陰陽律曆星命之術屢試不偶乃傳父業然不肯爲人治疾或施之輒著奇效名與金華朱丹溪埒富家女病四支痿痹目瞪不能食衆醫治罔效乾孫命悉去房中香奩流蘇之屬掘地坎置女其中久之女手足動能出聲投藥一丸明日女自坎中出矣蓋此女嗜香脾爲香氣所蝕故得是症其療病奇中如此

呂復字元膺鄞人少孤貧從師受經後以母病求醫遇名醫衢人鄭禮之遂謹事之因得其古先禁方及色脈藥論諸書試輒有驗乃盡購古今醫書曉夜研究自是出而行世取效若神其於內經素問靈樞本草難經傷寒論脈經脈訣病原論太始天元玉冊元誥六微旨五常政元珠密語中藏經聖濟經等書皆有辨論前代名醫如扁鵲倉公華佗張仲景至張子和李東垣諸家皆有評騭所著有內經或問靈樞經脈箋五色診奇眩切脈樞要運氣圖說養生雜言諸書甚衆浦江戴良採其治效最著者數十事爲醫案歷舉仙居臨海教諭台州教授皆不就

倪維德字仲賢吳縣人祖父皆以醫顯維德幼嗜學已乃業醫以內經爲宗病大觀以來醫者率用裴宗元陳師文和劑局方故方新病多不合乃求金人劉完素張從正李杲三家書讀之出而治疾無不立效周萬戶子八歲昏眊不識饑飽寒暑以土炭自塞其口診之曰此慢脾風也脾藏智脾慢則智短以疏風助脾劑投之即愈顧顯卿右耳下生瘿大與首同痛不可忍診之曰此手足少陽經受邪也飲之藥踰月愈劉子正妻病氣厥或哭或笑人以爲祟診之曰兩手脈俱沉胃脘必有所積積則痛問之果然以生熟水導之吐痰涎數升愈盛架閣妻左右肩臂奇癢延及頭面不可禁灼之以艾則暫止診之曰左脈沉右脈浮且盛此滋味過盛所致也投以劑旋愈林仲實以勞得熱疾熱隨日出入爲進退暄盛則增劇夜涼及雨則否如是者二年診之曰此七情內傷陽氣不升陰火漸熾故溫則進涼則退投以東

垣內傷之劑亦立愈他所療治多類此常言劉張二氏多主攻李氏惟調護中氣主補蓋隨時推移不得不然故其主方不執一說常患眼科雜出方論無全書著元機啟微又校訂東垣試效方竝刊行於世洪武十年卒年七十五

周漢卿松陽人醫兼內外科鍼尤神鄉人蔣仲良左目爲馬所蹋睛突出如桃他醫謂係絡已損不可治漢卿封以神膏越三日復故華州陳明遠瞽十年漢卿視之曰可鍼也爲翻睛刮翳歘然辨五色武城人病胃痛奮擲乞死漢卿納藥於鼻俄噴赤蟲寸許口眼悉具痛旋止馬氏婦有娠十四月不產尫且黑漢卿曰此中蠱非娠也下之有物如金魚病良已永康人腹疾痀僂行漢卿解衣視之氣衝起腹間者二其大如臂刺其一砉然鳴又刺其一亦如之加以按摩疾遂愈長山徐嫗癇疾手足顫掉裸而走或歌或笑漢卿刺其十指端出血而痊錢塘王氏女生瘰癧環頭及腋凡十九竅竅破白瀋出將死矣漢卿爲剔竅母深二寸其餘烙以火數日結痂愈山陰楊翁項有疣如瓜大醉仆階下潰血不能止疣潰者必死漢卿以藥糝其穴血即止義烏陳氏子腹有塊捫之如罌漢卿曰此腸癰也用大鍼灼而刺之入三寸許膿隨鍼迸出有聲愈諸暨黃生背曲須杖行他醫皆以風治之漢卿曰血澁也刺兩足崑崙穴頃之投杖去其捷效如此

王履字安道崑山人學醫於金華朱彥修盡得其術嘗謂張仲景傷寒論爲諸家祖後人不能出其範圍且素問云傷寒爲病熱言常不言變至仲景始分寒熱然義猶未盡乃備常與變作傷寒立法考又謂陽明篇無目痛少陰篇言胸背滿不言痛太陰篇無嗌乾厥陰篇無囊縮必有脫簡乃取三百九十七法去其重複者二百三十八條復增益之仍爲三百九十七法極論內外傷經旨異同併中風中暑辨名曰泝洄集凡二十一篇又著百病鉤元二十卷醫韻統一百卷醫家宗之履工詩文兼善繪事嘗遊華山絕頂作圖四十幅記四篇詩一百五十首爲時所稱自滑壽以下五人皆生於元至明初始卒

周顛建昌人無名字年十四得狂疾走南昌市中乞食語言無恒皆呼之曰顛及長有異狀數謁長官曰告太平時天下寧謐人莫測也後南昌爲陳友諒所據顛避去太祖克南昌顛謁道左洎還金陵顛亦隨至一日駕出顛來謁問何爲曰告太平自是屢以告太祖厭之命覆以巨缸積薪煅之薪盡啟視則無恙頂上出微汗而已太祖異之命寄食蔣山僧寺已而僧來訴顛與沙彌爭飯怒而不食且半月太祖往視顛顛無饑色乃賜盛饌食已閉空室中絕其粒一月比往視如故諸將士爭進酒饌茹而吐之太祖與共食則不吐太祖將征友諒問曰此行可乎對曰可曰彼已稱帝克之不亦難乎顛仰首眎天正容曰天上無他座太祖攜之行舟次安慶無風遣使問之曰行則有風遂命牽舟進須臾風大作直抵小孤太祖慮其妄言惑軍心使人守之至馬當見江豚戲水歎曰水怪見損人多守者以告太祖惡之投諸江師次湖口顛復來且乞食太祖與之食食已即整衣作遠行狀遂辭去友諒既平太祖遣使往廬山求之不得疑其仙去洪武中帝親撰周顛仙傳紀其事

張中字景華臨川人少應進士舉不第遂放情山水遇異人授數學談禍福多奇中太祖下南昌以鄧愈薦召至賜坐問曰予下豫章兵不血刃此邦之人其少息乎對曰未也旦夕此地當流血廬舍煨且盡鐵柱觀亦僅存一殿耳未幾指揮康泰反如其言尋又言國中大臣有變宜豫防至秋平章邵榮參政趙繼祖伏甲北門爲亂事覺伏誅陳友諒圍南昌三月太祖伐之召問之曰五十日當大勝亥子之日獲其渠帥帝命從行舟次孤山無風不能進乃以洞元法祭之風大作遂達鄱陽大戰湖中常遇春孤舟深入敵舟圍之數重衆憂之曰無憂亥時當自出已而果然連戰大勝友諒中流矢死降其衆五萬自啟行至受降適五十日始南昌被圍帝問何日當解曰七月丙戌報至乃乙酉蓋術官算曆是月差一日實在丙戌也其占驗奇中多若此爲人狷介寡合與之言稍涉倫理輒亂以他語類佯狂玩世者嘗好戴鐵冠人稱爲鐵冠子云

張三丰遼東懿州人名全一一名君寶三丰其號也以其不飾邊幅又號張邋遢頎而偉龜形鶴背大耳圓目鬚髯如戟寒暑惟一衲一簑所啖升斗輒盡或數日一食或數月不食書經目不忘游處無恒或云能一日千里善嬉諧旁若無人嘗游武當諸巖壑語人曰此山異日必大興時五龍南巖紫霄俱燬於兵三丰與其徒去荆榛辟瓦礫創草廬居之已而舍去太祖故聞其名洪武二十四年遣使覓之不得後居寶雞之金臺觀一日自言當死留頌而逝縣人共棺殮之及葬聞棺內有聲啟視則復活乃遊四川見蜀獻王復入武當歷襄漢蹤跡益奇幻永樂中成祖遣給事中胡濙偕內侍朱祥齎璽書香幣往訪遍歷荒徼積數年不遇乃命工部侍郎郭璡隆平侯張信等督丁夫三十餘萬人大營武當宮觀費以百萬計既成賜名太和太岳山設官鑄印以守竟符三丰言或言三丰金時人元初與劉秉忠同師後學道於鹿邑之太清宮然皆不可考天順三年英宗賜誥贈爲通微顯化眞人終莫測其存亡也

袁珙字廷玉鄞人高祖鏞宋季舉進士元兵至不屈舉家十七人皆死父士元翰林檢閱官珙生有異稟好學能詩嘗遊海外洛伽山遇異僧別古崖授以相人術先仰視皎日目盡眩布赤黑豆暗室中辨之又懸五色縷窗外映月別其色皆無訛然後相人其法以夜中燃兩炬視人形狀氣色而參以所生年月百無一謬珙在元時已有名所相士大夫數十百其於死生禍福遲速大小并刻時日無不奇中南臺大夫普化帖木兒由閩海道見珙珙曰公神氣嚴肅舉動風生大貴驗也但印堂司空有赤氣到官一百十四日當奪印然守正秉忠名垂後世願自勉普署臺事於越果爲張士誠逼取印綬抗節死見江西憲副程徐曰君帝座上黃紫再見千日內有二美除但冷笑無情非忠節相也徐於一年後拜兵部侍郎擢尚書又二年降於明爲吏部侍郎嘗相陶凱曰君五岳朝揖而氣色未開五星分明而光澤未見宜藏器待時不十年以文進爲異代臣官二品其在荆揚間乎凱後爲禮部尚書湖廣行省參政其精類如此洪武中遇姚廣孝於嵩山寺謂之曰公劉秉忠之儔也幸自愛後廣孝薦於燕王召至北平王雜衛士類已者九人操弓矢飲肆中珙一見即前跪曰殿下何輕身至此九人者笑其謬珙言益切王乃起去召珙宮中諦視曰龍行虎步日角插天太平天子也年四十鬚過臍即登大寶矣已見藩邸諸校卒皆許以公侯將帥王慮語洩遣之還及即位召拜太常寺丞賜冠服鞍馬文綺寶鈔及居第帝將建東宮而意有所屬故久不決珙相仁宗曰天子也相宣宗曰萬歲天子儲位乃定珙相人即知其心術善惡人不畏義而畏禍患往往因其不善導之於善從而改行者甚多爲人孝友端厚待族黨有恩所居鄞城西邊舍種柳自號柳莊居士有柳莊集永樂八年卒年七十有六賜祭葬贈太常少卿子忠徹字靜思幼傳父術從父謁燕王王宴北平諸文武使忠徹相之謂都督宋忠面方耳大身短氣浮布政使張昺面方五小行步如蛇都指揮謝貴擁腫蚤肥而氣短都督耿瓛顴骨插鬢色如飛火僉都御史景淸身短聲雄於法皆當刑死王大喜起兵意益決及爲帝即召授鴻臚寺序班賜賚甚厚遷尚寶寺丞已改中書舍人扈駕北巡駕旋仁宗監國爲讒言所中帝怒榜午門凡東宮所處分事悉不行太子憂懼成疾帝命蹇義金忠偕忠徹視之還奏東宮面色靑藍驚憂象也收午門榜可愈帝從之太子疾果已帝嘗屏左右密問武臣朱福朱能張輔李遠柳升陳懋薛祿文臣姚廣孝夏元吉蹇義及金忠呂震方賓吳中李慶等禍福後皆驗九載秩滿復爲尚寶司丞進少卿禮部郎周訥自福建還言閩人祀南唐徐知諤知誨其神最靈帝命往迎其像及廟祝以來遂建靈濟宮於都城祀之帝每遘疾輒遣使問神廟祝詭爲仙方以進藥性多熱服之輒痰壅氣逆多暴怒至失音中外不敢諫忠徹一日入侍進諫曰此痰火虛逆之症實靈濟宮符藥所致帝怒曰仙藥不服服凡藥耶忠徹叩首哭內侍二人亦哭帝益怒命曳二內侍杖之且曰忠徹哭我我遂死耶忠徹惶懼趨伏階下良久始解帝識忠徹於藩邸故待之異於外臣忠徹亦以帝遇已厚敢進讜言嘗諫外國取寶之非武臣宜許行服衍聖公誥宜改賜玉軸聞者韙之宣德初覩帝容色曰七日內宗室當有謀叛者漢王果反嘗坐事下吏罰贖正統中復坐事下吏休致二十餘年卒年八十有三忠徹相術不殊其父世所傳軼事甚多不具載其相王文謂面無人色法曰瀝血頭相于謙謂目常上視法曰望刀眼後果如其言然性陰險不如其父與羣臣有隙即緣相法於上前齮齕之頗好讀書所著有人相大成及鳳池唫藳符臺外集載元順帝爲瀛國公子云

戴思恭字原禮浦江人以字行受學於義烏朱震亨震亨師金華許謙得朱子之傳又學醫於宋內侍錢塘羅知悌知悌得之荆山浮屠浮屠則河間劉守眞門人也震亨醫學大行時稱爲丹溪先生愛思恭才敏盡以醫術授之洪武中徵爲御醫所療治立效太祖愛重之燕王患瘕太祖遣思恭往治見他醫所用藥良是念何以不效乃問王何嗜曰嗜生芹思恭曰得之矣投一劑夜暴下皆細蝗也晉王疾思恭療之愈已復發即卒太祖怒逮治王府諸醫思恭從容進曰臣前奉命視王疾啟王曰今即愈但毒在膏肓恐復作不可療也今果然矣諸醫由是免死思恭時已老風雨輒免朝太祖不豫少間出御右順門治諸醫侍疾無狀者獨慰思恭曰汝仁義人也毋恐已而太祖崩太孫嗣位罪諸醫獨擢思恭太醫院使永樂初以年老乞歸三年夏復徵入免其拜

特召乃進見其年冬復乞骸骨遣官護送賚金幣踰月而卒年八十有二遣行人致祭所著有證治要訣證治類元類證用藥諸書皆櫽括丹溪之旨又訂正丹溪金匱鉤元三卷附以己意人謂無愧其師云

盛寅字啓東吳江人受業於郡人王賓初賓與金華戴原禮游冀得其醫術原禮笑曰吾固無所吝君獨不能少屈乎賓謝曰吾老矣不能復居弟子列他日伺原禮出竊發其書以去遂得其傳將死無子以授寅寅既得原禮之學復討究內經以下諸方書醫大有名永樂初爲醫學正科坐累輸作天壽山列侯監工者見而奇之令主書算先是有中使督花鳥於江南主寅舍病脹寅愈之適遇諸途驚曰盛先生固無恙耶予所事太監正苦脹盍與我視之旣視投以藥立愈會成祖較射西苑太監往侍成祖遙望見愕然曰謂汝死矣安得生太監具以告因盛稱寅卽召入便殿令診脈寅奏上脈有風濕病帝大然之進藥果效遂授御醫一日雪霽召見帝語白溝河戰勝狀氣色甚厲寅曰是殆有天命耳帝不懌起而視雪寅復吟唐人詩長安有貧者宜瑞不宜多句聞者咋舌他日與同官對奕御藥房帝猝至兩人斂枰伏地謝死罪帝命終之且坐以觀寅三勝帝喜命賦詩立就帝益喜賜象牙棋枰并詞一闋帝晚年猶欲出塞寅以帝春秋高勸毋行不納果有榆木川之變仁宗在東宮時妃張氏經期不至者十月衆醫以娠身賀寅獨謂不然出言病狀妃遙聞之曰醫言甚當有此人何不令早視我及疏方乃破血劑東宮怒不用數日病益甚命寅再視疏方如前妃令進藥而東宮慮墮胎械寅以待已而血大下病旋愈當寅之被繫也闔門惶怖曰是殆磔死旣三日紅仗前導還邸舍賞賜甚厚寅與袁忠徹素爲東宮所惡旣愈妃疾而怒猶未解懼甚忠徹曉相術知仁宗壽不永密告寅寅猶畏禍及仁宗嗣位求出爲南京太醫院宣宗立召還正統六年卒兩京太醫院皆祀寅寅弟宏亦精藥論子孫傳其業初寅晨直御醫房忽昏眩欲死募人療寅莫能應一草澤醫人應之一服而愈帝問狀其人曰寅空心入藥房猝中藥毒能和解諸藥者甘草也帝問寅果空腹入乃厚賜草澤醫人

皇甫仲和睢州人精天文推步學永樂中成祖北征仲和與袁忠徹扈從師至漠北不見寇將引還命仲和占之言今日未申間寇當從東南來王師始却終必勝忠徹對如之比日中不至復問二人對如初帝命械二人不驗將誅死頃之中官奔告曰寇大至矣時初得安南神礮寇一騎直前卽以礮擊之一騎復前再擊之寇不動帝登高望之曰東南不少却乎亟麾大將譚廣等進擊諸將奮斫馬足寇少退俄疾風揚沙兩軍不相見寇始引去帝欲卽夜班師二人曰明日寇必降請待之至期果降帝始神其術授仲和欽天監正英宗將北征仲和時已老學士曹鼐問曰駕可止乎曰王兩尚書已率百官諫矣曰不能也紫微垣諸星已動矣曰然則柰何曰盍先治內曰命親王監國矣曰不如立儲君曰皇子幼未易立也曰恐終不免立及車駕北狩景帝遂卽位寇之薄都城也城中人皆哭仲和曰勿憂雲向南大將氣至寇退矣明日楊洪等入援寇果退一日出朝有衞士請占仲和辭衞士怒仲和笑曰汝室中妻妾正相鬭可速返返則方鬭不解或問何由知曰彼問時適見兩鵲鬭屋上是以知之其占事率類此

仝寅字景明安邑人年十二歲而瞽乃從師學京房術占禍福多奇中父清游大同攜之行塞上石亨爲參將頗信之每事咨焉英宗北狩遣使問還期筮得乾之初曰大吉四爲初之應初潛四躍明年歲在午其干庚午躍候也庚更新也龍歲一躍秋潛秋躍明年仲秋駕必復但絲勿用應在淵還而復必失位然象龍也數九也四近五躍近飛龍在丑丑曰赤奮若復在午午色赤午奮於丑若順也天順之也其於丁象大明也位於南方火也寅其生午其王壬其合也至歲丁丑月寅日午合於壬帝其復辟乎已而悉驗石亨入督京營挾自隨及也先逼都城城中人恟懼或請筮之寅曰彼驕我盛戰必勝寇果敗去明年也先請遣使迎上皇廷臣疑其詐寅言於亨曰彼順天仗義我中國反失奉迎禮寧不貽笑外蕃亨乃與于謙決計上皇果還景泰三年指揮盧忠告變事連南宮帝殺中官阮浪猶窮治不已外議洶洶忠一日屏人請筮寅叱之曰是兆大凶死不足贖忠懼而佯狂事得不竟已而忠果伏誅英宗復辟將官寅寅固辭命賜金錢金卮諸物其父官指揮僉事將赴徐州英宗慮寅偕行乃授錦衣百戶留京師寅見石亨勢盛每因筮戒之亨不能用卒及於禍寅以筮游公卿貴人間莫不信重之然無一語及私年幾九十乃卒

吳傑武進人弘治中以善醫徵至京師試禮部高等故事高等入御藥房次入太醫院下者遣還傑言於尚書曰諸醫被徵待次都下十餘載一旦遣還誠流落可憫傑願辭御藥房與諸人同入院尚書義而許之正德中武宗得疾傑一藥而愈卽擢御醫一日帝射獵還憊甚感血疾服傑藥愈進一官自是每愈帝一疾輒進一官積至太醫院使前後賜彪虎衣繡春刀及銀幣甚厚帝每行幸必以傑扈行帝欲南巡傑諫曰聖躬未安不宜遠涉帝怒叱左右掖出及駕還漁於清江浦溺而得疾至臨清急遣使召傑比至疾已深遂扈歸通州時江彬握兵居左右慮帝晏駕已得禍力請幸宣府傑憂之語近侍曰疾亟矣僅可還大內倘至宣府有不諱吾輩寧有死所乎近侍懼百方勸帝始還京師甫還而帝崩彬伏誅中外晏然傑有力焉未幾致仕子希周進士戶科給事中希曾舉人又有許紳者京師人嘉靖初供事御藥房受知於世宗累遷太醫院使歷加工部尚書領院事二十年宮婢楊金英等謀逆以帛縊帝氣已絕紳急調峻藥下之辰時下藥未時忽作聲去紫血數升遂能言又數劑而愈帝德紳加太子太保禮部尚書賜賚甚厚未幾紳得疾曰吾不起矣曩者宮變吾自分不效必殺身因此驚悸非藥石所能療也已而果卒賜謚恭僖官其一子卹典有加明世醫者官最顯止紳一人其士大夫以醫名者有王綸王肯堂綸字汝言慈谿人舉進士正德中以右副都御史巡撫湖廣精於醫所在治疾無不立效有本草集要名醫雜著行於世肯堂所著證治準繩爲醫家所宗行履詳父樵傳

淩雲字漢章歸安人爲諸生棄去北遊泰山古廟前遇病人氣垂絕雲嗟歎久之一道人忽曰汝欲生之乎曰然道人鍼其左股立蘇曰此人毒氣內侵非死也毒散自生耳因授雲鍼術治疾無不效里人病嗽絕食五日衆投以補劑益甚雲曰此寒濕積也穴在頂鍼之必暈絕逾時始蘇命四人分牽其髮使勿傾側乃鍼果暈絕家人皆哭雲言笑自如頃之氣漸蘇復加補始出鍼嘔積痰斗許病卽除有男子病後舌吐雲兄亦知醫謂雲曰此病後近女色太蚤也舌者心之苗腎水竭不能制心火病在陰虛其穴在左股太陽是當以陽攻陰雲曰然如其穴針之舌吐如故雲曰此知瀉而不知補也補數劑舌漸復故淮陽王病風三載請於朝召四方名醫治不效雲投以鍼不三日行步如故金華富家婦少寡得狂疾至裸形野立雲視曰是謂喪心吾鍼其心心正必知恥蔽之帳中慰以好言釋其愧可不發乃令二人堅持用凉水噴面鍼之果愈吳江婦臨產胎不下者三日呼號求死雲鍼刺其心鍼出兒應手下主人喜問故曰此抱心生也手鍼痛則舒取兒掌視之有鍼痕孝宗聞雲名召至京命太醫官出銅人蔽以衣而試之所刺無不中乃授御醫年七十七卒於家子孫傳其術海內稱鍼法者曰歸安淩氏有李玉者官六安衞千戶善鍼灸或病頭痛不可忍雖震雷不聞玉診之曰此蟲啖腦也合殺蟲諸藥爲末吹鼻中蟲悉從眼耳口鼻出卽愈有跛人扶雙杖至玉鍼之立去其杖兩京號神鍼李玉兼善方劑或病痿玉察諸醫之方與治法合而不效疑之忽悟曰藥有新陳則效有遲速此病在表而深非小劑能愈乃熬藥二鍋傾缸內稍冷令病者坐其中以藥澆之踰時汗大出立愈

李時珍字東璧蘄州人好讀醫書醫家本草自神農所傳止三百六十五種梁陶弘景所增亦如之唐蘇恭增一百一十四種宋劉翰又增一百二十種至掌禹錫唐愼微輩先後增補合一千五百五十八種時稱大備然品類旣煩名稱多雜或一物而析爲二三或二物而混爲一品時珍病之乃窮搜博採芟煩補闕歷三十年閱書八百餘家稾三易而成書曰本草綱目增藥三百七十四種釐爲一十六部合成五十二卷首標正名爲綱餘各附釋爲目次以集解詳其出產形色又次以氣味主治附方書成將上之朝時珍遽卒未幾神宗詔修國史購四方書籍其子建元以父遺表及是書來獻天子嘉之命刊行天下自是士大夫家有其書時珍官楚王府奉祠正子建中四川蓬溪知縣又吳縣張頤祁門汪機杞縣李可大常熟繆希雍皆精通醫術治病多奇中而希雍常謂本草出於神農朱氏譬之五經其後又復增補別錄譬之註疏惜硃墨錯互乃沈研剖析以本經爲經別錄爲緯著本草單方一書行於世

周述學字繼志山陰人讀書好深湛之思尤邃於曆學撰中經用中國之算測西域之占又推究五緯細行爲星道五圖於是七曜皆有道可求與武進唐順之論曆取歷代史志之議正其訛舛刪其繁蕪又撰大統萬年二曆通議以補歷代之所未及自曆以外圖書皇極律呂山經水志分野輿地算法太乙壬遁演禽風角鳥占兵符陣法卦影祿命建除葬術五運六氣海道鍼經莫不各有成書凡一千餘卷統名曰神道大編嘉靖中錦衣陸炳訪士於經歷沈鍊鍊舉述學炳禮聘至京服其英偉薦之兵部尚書趙錦錦就訪邊事述學曰今歲主有邊兵應在乾艮艮爲遼東乾則宣大二鎭京師可無虞也已而果然錦將薦諸朝會仇鸞聞其名欲致之述學識其必敗乃還里總督胡宗憲征倭招至幕中亦不

能薦以布衣終

張正常字仲紀漢張道陵四十二世孫也世居貴溪龍虎山元時賜號天師太祖克南昌正常遣使上謁已而兩入朝洪武元年入賀卽位太祖曰天有師乎乃改授正一嗣教眞人賜銀印秩視二品設寮佐曰贊教曰掌書定爲制長子宇初嗣建文時坐不法奪印誥成祖卽位復之宇初嘗受道法於長春眞人劉淵然後與淵然不協相訐訴永樂八年卒弟宇淸嗣宣德初淵然進號大眞人宇淸入朝懇禮部尚書胡濙爲之請亦加號崇謙守靜再傳至曾孫元吉年幼敕其祖母護持而贈其父留綱爲眞人封母高氏爲元君景泰五年入朝乞給道童四百二十人度牒濙復爲請許之尋欲得大眞人號濙爲請又許之天順七年再乞給道童三百五十人度牒禮部尚書姚夔持不可詔許度百五十人憲宗立元吉復乞加母封改太元君爲太夫人以吏部言不許乃止初元吉已賜號沖虛守素昭祇崇法安恬樂靜元同大眞人母慈惠靜淑太元君至是加元吉號體元悟法淵默靜虛闡道弘法妙應大眞人母慈和端惠貞淑太眞君然元吉素兇頑至僭用乘輿器服擅易制書奪良家子女逼取人財物家置獄前後殺四十餘人有一家三人者事聞憲宗怒械元吉至京會百官廷訊論死於是刑部尚書陸瑜等請停襲去眞人號不許命仍舊制擇其族人授之有妄稱天師印行符籙者罪不貸時成化五年四月也元吉坐繫二年竟以貲緣免死杖百發肅州軍尋釋爲庶人族人元慶嗣弘治中卒子彥頨嗣嘉靖二年進號大眞人彥頨知天子好神仙遣其徒十餘人乘傳詣雲南四川採取遺經古器進上方且以蟒衣玉帶遺鎭守中貴爲雲南巡撫歐陽重所劾不問十六年禱雪內庭有驗賜金冠玉帶蟒衣銀幣易金印敕稱卿不名彥頨入朝所經郵傳供應或後期常山知縣吳襄等至下按臣治傳子永緖嘉靖末卒無子吏部主事郭諫臣乘穆宗初政上章請奪其世封下江西守臣議巡撫任士憑等力言宜革乃去眞人號改授上淸觀提點秩五品給銅印以其宗人國祥爲之萬曆五年馮保用事復國祥故封仍予金印國祥傳至應京崇禎十四年帝以天下多故召應京有所祈禱既至命賜宴禮臣言天順中制眞人不與宴但賜筵席今應京奉有優旨請倣宴法王佛子例宴於靈濟宮以內官主席從之明年三月應京請加三官神封號中外一體尊奉禮官力駁其謬事得寢張氏自正常以來無他神異專恃符籙祈雨驅鬼間有小驗顧代相傳襲閱世既久卒莫廢去云

劉淵然者贛縣人幼爲祥符宮道士頗能呼召風雷洪武二十六年太祖聞其名召至賜號高道館朝天宮永樂中從至北京仁宗立賜號長春眞人給二品印誥與正一眞人等宣德初進大眞人七年乞歸朝天宮御製山水圖歌賜之卒年八十二閱七日入殮端坐如生淵然有道術爲人淸靜自守故爲累朝所禮其徒有邵以正者雲南人早得法於淵然淵然請老薦之召爲道籙司左元義正統中遷左正一領京師道教事景泰時賜號悟元養素凝神沖默闡微振法通妙眞人天順三年將行慶成宴故事眞人列二品班末至是帝曰殿上宴文武官眞人安得與其送筵席與之遂爲制又有沈道寧者亦有道術仁宗初命爲混元純一沖虛湛寂淸靜無爲承宣布澤助國佐民廣大至道高士階正二品賜以法服時有浮屠智光者亦賜號圓融妙慧淨覺弘濟輔國光範衍教灌頂廣善大國師賜以金印智光武定人洪武時奉命兩使烏斯藏諸國永樂時又使烏斯藏迎尚師哈立麻遂通番國諸經多所譯解歷事六朝寵錫冠羣僧與淵然輩淡泊自甘不失戒行迨成化正德嘉靖朝邪妄雜進恩寵濫加所由與先朝異矣

明史卷三百　　列傳第一百八十八

總裁官總理事務經筵講官少保兼太子太保保和殿大學士兼管吏部戶部尚書事加六級張廷玉等奉

敕修

外戚

明太祖立國家法嚴史臣稱后妃居宮中不預一髮之政外戚循理謹度無敢恃寵以病民漢唐以來所不及而高文二后賢明抑遠外氏太祖訪得高后親族將授以官后謝曰國家爵祿宜與賢士大夫共之不當私妾家且援前世外戚驕佚致禍爲辭帝善后言賜金帛而已定國之封文皇后謂非已志臨終猶勸帝毋驕畜外家詒謀既遠宗社奠安而椒房貴戚亦藉以保福慶逮子孫所全不已多乎惟英宗時會昌侯孫繼宗以奪門功參議國是自茲以下其賢者類多謹身奉法謙謙有儒者風而一二怙恩負乘之徒所好不過田宅狗馬音樂所狎不過俳優伎妾非有軍國之權賓客朋黨之勢而在廷諸臣好爲危言激論汰如壽寧兄弟庸駑如鄭國泰已逐影尋聲抨擊不遺餘力故有明一代外戚最爲孱弱然而惠安新樂舉宗殉國嗚呼卓矣成祖后家詳中山王傳餘採其行事可紀者作外戚傳

陳公　馬公
呂本　馬全
張騏 子景 昇等　胡榮
孫忠 子繼宗　吳安
錢貴　汪泉
杭昱　周能 子壽 彧
王鎭 子源等　萬貴
邵喜　張巒
夏儒　陳萬言
方銳　陳景行
李偉　王偉
鄭成憲　王昇
劉文炳 弟文耀等　張國紀
周奎

陳公逸其名淳皇后父也洪武二年追封揚王媼爲王夫人立祠太廟東明年有言王墓在盱眙者中都守臣按之信帝乃命中書省卽墓次立廟設祠祭署奉祀一人守墓戶二百一十家世世復帝自製揚王行實諭翰林學士宋濂文其碑畧曰王姓陳氏世維揚人不知其諱當宋季名隸尺籍伍符中從大將張世傑扈從祥興至元己卯春世傑與元兵戰師大潰士卒多溺死王幸脫死達岸與一二同行者累石支破釜煮遺糧以療饑已而絕糧同行者聞山有死馬將共烹食之王疲極晝睡夢一白衣人來曰汝愼勿食馬肉今夜有舟來共載也王未之深信俄又夢如初至夜將半夢中髣髴聞櫓聲有衣紫衣者以杖觸王脅曰舟至矣王驚寤身已在舟上見舊所事統領官時統領已降於元將元將令來附者輒擲棄水中統領憐王藏之艎板下日取乾餱從板隙投之王掬以食復與王約以足撼板王卽張口從板隙受漿居數日事洩徬徨不自安颶風吹舟盤旋如轉輪久不能進元將大恐統領知王善巫術遂白而出之王仰天叩齒若指麾鬼神狀風濤頓息元將喜因飮食之至通州送之登岸王歸維揚不樂爲軍伍避去盱眙津里鎭以巫術行王無子生二女長適季氏次卽皇太后晚以季氏長子爲後年九十九薨遂葬焉今墓是已臣濂聞君子之制行能感於人固難而能通於神明爲尤難今當患難危急之時神假夢寐挾以升舟非精誠上通於天何以致神人之佑至於斯也舉此推之則積德之深厚斷可信矣是宜慶鍾聖女誕育皇上以啓億萬年無疆之基於乎盛哉臣濂既序其事復再拜稽首而獻銘曰皇帝建國克展孝思疏封母族自親而推錫爵維揚地邇帝畿立廟崇祀元冕袞衣痛念宅兆卜之何墟閭師來告今在盱眙皇情悅豫繼以涕洟卽詔禮官汝往葺治毋俾蕘豎跳踉以嬉惟我揚王昔隸戎麾狎風蕩海糧絕阻饑天有顯相夢來紫衣挾以登舟神力所持易死爲生壽躋期頤積累深長未究厥施乃毓聖女茂衍皇支蘿圖肇開鴻祚峩巍日照月臨風行霆馳自流徂源功亦有歸無德弗酬典禮可稽聿昭化原扶植政基以廣孝治以惇民彝津里之鎭王靈所依於昭萬年視此銘詩

馬公逸其名高皇后父也宿州人元末殺人亡命定遠與郭子興善以季女屬子興後歸太祖卽高皇后也公及妻鄭媼皆前卒洪武二年追封徐王媼爲王夫人建祠太廟東皇后親奉安神主祝文稱孝女皇后馬氏謹奉皇帝命致祭四年命禮部尚書陶凱卽宿州塋次立廟帝自爲文以祭文曰朕惟古者創業之君必得賢后以爲內助共定大業及天下已安必追崇外家以報其德惟外舅外姑實生賢女正位中宮朕既追封外舅爲徐王外姑爲王夫人以王無繼嗣立廟京師歲時致祭然稽之古典於禮未安又念人生其土魂魄必遊故鄉故卽塋所立廟俾有司春秋奉祀玆擇吉辰遣禮官奉安神主於新廟靈其昭格尚鑒在玆二十五年設祠祭署奉祀祀丞各一人王無後以外親武忠武聚爲之置灑掃戶九十三家永樂七年北巡親謁祠下守塚武戡爲建陽衞鎭撫犯法責而宥之十五年帝復親祭以戡爲徐州衞指揮僉事

呂本壽州人懿文太子次妃父也仕元爲元帥府都事後歸太祖授中書省令史洪武五年歷官吏部尚書六年改太常司卿明年四月御史臺言本奉職不謹郊壇牲角非繭栗功臣廟壞不修詔免官罰役功臣廟已釋爲北平按察司僉事帝召本及同時被命楊基答祿與權論之曰風憲之設在肅紀綱淸吏治非專理刑名爾等往修厥職務明大體毋倣俗吏拘繩墨善雖小爲之不已將成全德過雖小積之不已將爲大慝不見千雲之臺由寸土之積燎原之火由一爝之微可不愼哉本等頓首受命尋復累遷太常司卿逾二年卒無子賜葬鍾山之陰

馬全洪武中爲光祿少卿其女乃惠帝后也燕兵陷都城全不知所終

張騏永城人洪武二十年以女爲燕世子妃授兵馬副指揮世子爲太子進京衞指揮使尋卒仁宗卽位追封

彭城伯謚恭靖後進侯二子杲昇並昭皇后兄也杲從成祖起兵取大寧戰鄭村壩俱有功授義勇中衞指揮同知已援薊州敗遼東軍還佐世子守北平永樂初累官錦衣衞指揮使杲嘗有過成祖戒之曰戚畹最當守法否則罪倍常人汝今富貴能不忘貧賤驕逸何自生若奢傲放縱陵虐下人必不爾恕愼之杲頓首謝仁宗立擢中軍都督府左都督俄封彭城伯子孫世襲洪熙改元命掌五軍右哨軍馬英宗嗣位年幼太皇太后召杲兄弟誡諭之凡朝政弗令預杲兄弟素恭謹因訓飭益自斂正統三年卒長子輔病廢子瑾嗣以伯爵封輔命未下而輔卒初杲私蓄奄人瑾匿不舉事發下獄已獲釋瑾從弟玘天順中官錦衣衞副千戶飲千戶呂宏家醉抽刀刺宏死法當斬有司援議親末減詔不從迄如律成化十六年瑾卒子信嗣其後裔嗣封見世表昇字叔暉成祖起兵以舍人守北平有功授千戶歷官府軍衞指揮僉事永樂十二年從北征仁宗卽位拜後府都督同知宣德初進左都督掌左府事四年二月敕諭昇曰卿舅氏至親日理劇務或以吏欺譏連不問則廢法問則傷恩其罷府事朝謝望官祿如舊稱朕優禮保全之意九年北征命掌都督府事留守京師英宗立太皇太后令勿預政大學士楊士奇稱昇賢宜加委任終不許正統五年兄杲已前卒太后念外氏惟昇一人封惠安伯子世襲明年卒子軏早亡孫琮嗣琮卒弟瑛嗣瑛卒無子庶兄瓚嗣瓚卒子偉嗣弘治十二年充陝西總兵官鎭守固原明年五月孝宗御平臺出兵部推舉京營大將疏歷詢大學士劉健等僉稱偉才命提督神機營御書敕以賜正德元年令參英國公張懋保國公朱暉提督團營三年加太子太保六年二月充總兵官偕都御史馬中錫督京兵討流賊劉六等朝議以偉擁兵自衞責其玩寇殃民召還御史吳堂復劾其罪兵部請逮偉及中錫下獄論死遇赦獲釋停祿閒住十年請給祿詔給其半十五年復督神機營嘉靖初兼提督團營二年敘奉迎防守功加太子太傅十四年卒贈太傅謚康靖子鑭嗣二十年言官劾勛戚權豪家置店房科私稅諸罪鑭亦預輸贖還爵二十七年掌後府事居三年卒子元善嗣隆慶四年僉書後府事萬曆三十七年卒子慶臻嗣四十八年掌左府事崇禎元年七月命提督京營慶臻私請內閣於敕內增入兼管捕營捕營提督鄭其心訐慶臻侵職帝怒詰改敕故大學士劉鴻訓至遣戍慶臻以世臣停祿三年後復起掌都督府十七年賊陷都城慶臻召親黨盡散貲財闔家自燔死南渡時贈太師惠安侯謚忠武合祀旌忠祠初世宗嘉靖八年革外戚世爵惟彭城惠安獲存慶臻卒殉國難

胡榮濟寧人洪武中長女入宮爲女官授錦衣衞百戶永樂十五年將冊其第三女爲皇太孫妃擢光祿寺卿子安爲府軍前衞指揮僉事專侍太孫不涖事後太孫踐阼妃爲皇后安亦屢進官宣德三年后廢胡氏遂不振

孫忠字主敬鄒平人初名愚宣宗改曰忠初以永城主簿督夫營天壽山陵有勞遷鴻臚寺序班選其女入皇太孫宮宣宗卽位冊貴妃授忠中軍都督僉事三年皇后胡氏廢貴妃爲皇后封忠會昌伯嘗謁告歸里御製詩賜之命中官輔行比還帝后臨幸慰勞妻董夫人數召入宮賜賚弗絕正統中皇后爲皇太后忠生日太后使使賜其家時王振專權祭酒李時勉荷校國學門忠附奏曰臣荷恩厚願赦李祭酒使爲臣客坐無祭酒臣不歡太后立言之帝時勉獲釋忠家奴貸子錢於濱州民規利數倍有司望風奉行民不堪訴諸朝言官交章劾之命執家奴戍邊忠不問景泰三年卒年八十五贈會昌侯謚康靖英宗復辟加贈太傅安國公改謚恭憲成化十五年再贈太師左柱國子五人繼宗顯宗紹宗續宗純宗純宗官錦衣衞指揮僉事早卒繼宗字光輔章皇后兄也宣德初授府軍前衞指揮使改錦衣衞景泰初進都指揮僉事尋襲父爵天順改元以奪門功進侯加號奉天翊衞推誠宣力武臣特進光祿大夫柱國身免二死子免一死世襲侯爵諸弟官都指揮僉事者俱改錦衣衞復自言臣與弟顯宗率子壻家奴四十三人預奪門功乞加恩命由是顯宗進都指揮同知子璉授錦衣衞指揮使壻指揮使武忠進都指揮僉事蒼頭輩授官者十七人五月命督五軍營戎務兼掌後軍都督府事左右又有爲紹宗求官者帝召李賢謂曰孫氏一門長封侯次皆顯秩子孫二十餘人悉得官足矣今又請以爲慰太后心不知初官其子弟時請於太后數請始允且不懌者累日曰何功於國濫授此秩物盛必衰一旦有罪吾不能庇矣太后意固如此賢稽首頌太后盛德因從容言祖宗以來外戚不典軍政帝曰初內侍言京營軍非皇舅無可屬太后實悔至今賢曰侯幸淳謹但後此不得爲故事耳帝曰然已錦衣逯杲奏英國公張懋太平侯張瑾及繼宗紹宗並侵官地立私莊命各首實懋等具服乃宥之典莊者悉逮問還其地於官石亨之獲罪也繼宗爲顯宗武忠及子孫家人軍伴辭職帝止革家人軍伴之授職者七人餘不問五年曹欽平進太保尋以疾奏解兵柄辭太保不允憲宗嗣位命繼宗提督十二團營兼督五軍營知經筵事監修英宗實錄朝有大議必繼宗爲首再敘奪門功惟繼宗侯如故乞休優詔不許三年八月實錄成加太傅十年兵科給事中章鎰疏言繼宗久司兵柄尸位固寵亟宜罷退以全終始於是繼宗上疏懇辭帝優詔許解營務仍涖後府事知經筵預議大政復辭帝不許免其奏事承旨自景泰前戚臣無典兵者帝見石亨張軏輩以營軍奪門故使外戚親臣參之非故事也又五年卒年八十五贈郯國公謚榮襄再傳至曾孫杲詳世表中

吳安丹徒人父彥名有女入侍宣宗於東宮生景帝宣德三年冊爲賢妃彥名已卒授安錦衣衞百戶景帝嗣位尊妃爲皇太后安進本衞指揮使屢遷前府左都督弟信亦屢擢都督僉事景泰七年封安安平伯信早亡官其弟敬爲南京前軍左都督英宗復辟太后復稱賢妃降安爲府軍前衞指揮僉事敬及其羣從南京錦衣衞指揮僉事智府軍前衞指揮同知喜山指揮僉事林廣錦衣衞千戶誠俱革職原籍閒住尋命安爲錦衣衞指揮使子孫世襲

錢貴海州人英宗睿皇后父也祖整從成祖起兵爲燕山護衞副千戶父通嗣職官至金吾右衞指揮使貴嗣祖職數從成祖宣宗北征屢遷都指揮僉事正統七年后將正位中宮擢貴中府都督同知英宗數欲封之后輒遜謝故后家獨不獲封貴卒長子欽爲錦衣衞指揮使與弟鍾俱歿於土木欽無子以鍾遺腹子雄爲後年幼以父錦衣故秩予優給天順改元累擢都督同知成化時后崩憲宗優生母外家周氏而薄錢氏故后家又不獲封雄卒子承宗亦屢官錦衣衞都指揮使弘治二年承宗祖母王氏援憲宗外家王氏例請封乃封承宗安昌伯世襲先是勛臣莊田租稅皆有司代收至是王氏乞自收始命願自收者聽而禁管莊者橫肆嘉靖四年承宗卒謚榮僖子維垳嗣尋卒承宗母請以庶長子維垣嗣詔授錦衣衞指揮使已又請嗣伯爵世宗以外戚世封非祖制下廷臣議八年十月上議曰祖宗之制非軍功不封洪熙時都督張杲封彭城伯弟昇亦封惠安伯外戚之封自此始循習至今有一門數貴者歲縻厚祿踰分非法臣等謹議魏定二公雖係戚里實佐命元勛彭城惠安二伯卽以恩澤封而軍功參半其餘外戚恩封毋得請襲有出特恩一時寵錫者量授指揮千百戶之職終其身制曰可命魏定彭城惠安襲封如故餘止終本身著爲令維垣遂不得襲以錦衣終

汪泉世爲金吾左衞指揮使家京師正統十年其子瑛有女將冊爲郕王妃授瑛爲中城兵馬司指揮食祿不視事妃正位中宮進泉都指揮同知府軍衞帶俸瑛錦衣衞指揮使尋並擢左都督瑛弟亦授錦衣千戶有差英宗復位泉仍居金吾舊職瑛錦衣舊職其四弟皆奪官還故里尋命瑛錦衣指揮僉事子孫世襲

杭昱女爲景帝妃生子見濟景泰三年帝欲廢英宗子而立己子乃廢皇后汪氏冊妃爲后昱累官錦衣衞指揮使兄聚授錦衣千戶聚尋卒賜賻及祭葬七年后崩官其弟敏錦衣百戶英宗復辟盡奪景帝所授外親官尤惡杭氏昱已前卒敏削職還里

周能字廷舉昌平人女爲英宗妃生憲宗是爲孝肅皇太后英宗復位授能錦衣衞千戶賜賚甚渥能卒長子壽嗣職憲宗踐阼擢左府都督同知成化三年封慶雲伯贈能慶雲侯壽以太后弟頗恣橫時方禁勛戚請乞莊田壽獨冒禁乞通州田六十二頃不得已與之嘗奉使道呂梁洪多挾商艘主事謝敬不可壽與閧且劾之敬坐落職十七年進侯子弟同日授錦衣官者七人能追贈太傅寧國公謚榮靖孝宗立壽加太保時壽所賜莊田甚多其在寶坻者已五百頃又欲得其餘七百餘頃詭言以私財相易部劾其貪求無厭執不許孝宗竟許之又與建昌侯張延齡爭田兩家奴相毆交章上聞又數撓鹽法侵公家利有司厭苦之十六年加太傅弟長寧伯彧亦加太保兄弟並爲侯伯位三公前此未有也武宗立汰傳奉官壽子姪八人在汰中壽上章乞留從之正德四年卒贈宣國公謚恭和子瑛嗣封殖過於父嘉靖中於河西務設肆邀商貨虐市民虧國課爲巡按御史所劾停祿三月而瑛怙惡如故又爲主事翁萬達所劾詔革其廛肆下家人於法司時已革外戚世爵瑛卒遂不得嗣彧太后仲弟也成化時累官左府都督同知二十一年封長寧伯世襲弘治中外戚經營私利彧與壽寧侯張鶴齡至聚衆相鬭都下震駭九年九月尚書屠滽偕九卿上言憲宗皇帝詔勛戚之家不得占據關津陂澤設肆開廛侵奪民利違者許所在官司執治以聞皇上踐極亦惟先帝之法是訓是遵而勛戚諸臣不能恪守先詔縱家人列肆通衢邀截商貨都城內外所在有之觀永樂間榜例王公僕從二十人一品不

過十二人今勛戚多者以百數大乖舊制其間多市井無賴冒名罔利利歸羣小怨叢一身非計之得邇者長寧伯周彧壽寧侯張鶴齡兩家以瑣事忿爭喧傳都邑失戚里之觀聯損朝廷之威重伏望綸音戒諭俾各修舊好凡有店肆悉皆停止更敕都察院揭榜禁戒擾商賈奪民利者聽巡城巡按御史及所在有司執治仍考永樂間榜例裁定勳戚家人不得濫收科道亦以爲言帝嘉納之十八年進太保彧求爲侯吏部言封爵出自朝廷無請乞者乃止武宗立悉擢彧子瑭等六人爲錦衣官彧尋卒傳子瑭孫大經及曾孫世臣降授錦衣衞指揮同知先是孝肅有弟吉祥兒時出游去爲僧家人莫知所在孝肅亦若忘之一夕夢伽藍神來言后弟今在某所英宗亦同時夢旦遣小黃門以夢中言物色得之報國寺伽藍殿中召入見后且喜且泣欲爵之不可厚賜遣還憲宗立爲建大慈仁寺賜莊田數百頃其後周氏衰落而慈仁寺莊田久猶存

王鎮字克安上元人憲宗純皇后父也成化初授金吾左衞指揮使未幾后將正位中宮拜中軍都督同知四年進右都督鎮爲人厚重清謹雖榮寵不改其素有長者稱十年六月卒弘治五年追封阜國公謚康穆子三人源清濬源字宗本后弟也父卒授錦衣衞都指揮使外戚例有賜田源家奴怙勢多侵靜海縣民業十六年給事中王垣等言永樂宣德間許畿輔八郡民盡力墾荒永免其稅所以培國本重王畿也外戚王源賜田初止二十七頃乃令其家奴別立四至占奪民產至二千二百餘頃及貧民赴告御史劉喬徇情曲奏致源無忌憚家奴益橫令戶部郎中張禎叔等再按得實乞自原額外悉還民幷治喬罪帝不悅切責之後詔禁外戚侵民產源悉歸所占於民人多其能改過十八年擢中軍都督同知二十年封瑞安伯弘治六年進侯十六年加太保武宗登極進太傅增祿至七百石嘉靖三年卒贈太師謚榮靖清成化十八年授錦衣衞千戶累官中軍都督同知弘治十年封崇善伯武宗嗣位加太保嘉靖十三年卒濬成化十八年授錦衣衞百戶兄清每遷職輒以濬代歷官中軍左都督正德二年封安仁伯踰月卒贈侯濬兄弟三人並貴顯皆謙慎守禮在戚里中以賢稱源子橋濬子桓皆嗣伯嘉靖中幷清子極皆以例降革

萬貴憲宗萬貴妃父也歷官錦衣衞指揮使貴頗謹飭每受賜輒憂形於色曰吾起掾史編尺伍蒙天子恩備戚屬子姓皆得官禍過災生未知所終矣時貴妃方擅寵貴子喜爲指揮使與弟通達等並驕橫貴每見諸子屑越賜物輒戒曰官所賜皆著籍他日復宣索汝曹將重得罪諸子笑以爲迂成化十年卒賻贈祭葬有加十四年進喜都指揮同知通指揮使達指揮僉事通少貧賤業賈既驟貴益貪黷無厭造奇巧邀利中官韋興梁芳等復爲左右每進一物輒出內庫償輦金錢絡繹不絕通妻王出入宮掖大學士萬安附通爲同宗婢僕朝夕至王所謁起居妖人李孜省輩皆緣喜進朝野苦之通死帝眷萬氏不已遷喜都督同知達指揮同知通庶子方二歲養子方四歲俱授官憲宗崩言官劾其罪狀孝宗乃奪喜等官而盡追封誥及內帑賜物如貴言

邵喜昌化人世宗大母邵太后弟也世宗立封喜昌化伯明年卒子蕙嗣嘉靖六年卒無子族人爭嗣初太后入宮時父林早歿太后弟四人宗安宣喜宗宣無後及蕙卒帝令蕙弟萱嗣蕙姪錦衣指揮輔千戶茂言萱非嫡派不當襲蕙母爭之議久不決大學士張璁等言邵氏子孫已絕今其爭者皆旁枝不宜嗣時帝必欲爲喜立後乃以喜兄安之孫杰爲昌化伯明年明倫大典成命武定侯郭勛頒賜戚畹弗及杰杰自請之帝詰勛勛怒錄邵氏爭襲章奏訐杰實他姓請覆勘帝不聽會給事中陸粲論大學士桂萼受杰賂使奴隸冒封爵帝怒下粲獄而盡革外戚封杰亦奪襲

張巒敬皇后父也弘治四年封壽寧伯立皇太子進爲侯卒贈昌國公子鶴齡嗣侯十六年其弟延齡亦由建昌伯進爵侯巒起諸生雖貴盛能敬禮士大夫鶴齡兄弟並驕肆縱家奴奪民田廬篡獄囚數犯法帝遣侍郎屠勳太監蕭敬按得實坐奴如律敬復命皇后怒帝亦佯怒已而召敬曰汝言是也賜之金給事中吳世忠主事李夢陽皆以劾延齡幾得罪他日帝遊南宮鶴齡兄弟入侍酒半皇后皇太子及鶴齡母金夫人起更衣因出遊覽帝獨召鶴齡語左右莫得聞遙見鶴齡免冠首觸地自是稍斂迹正德中鶴齡進太傅世宗入繼鶴齡以定策功進封昌國公時敬皇后已改稱皇伯母昭聖皇太后矣帝以太后抑其母蔣太后故銜張氏嘉靖十二年延齡有罪下獄坐死幷革鶴齡爵謫南京錦衣衞指揮同知太后爲請不得初正德時日者曹祖告其子鼎爲延齡奴與延齡謀不軌武宗下之獄將集羣臣廷鞫之祖仰藥死時頗以祖暴死疑延齡而獄無左證遂解指揮司聰者爲延齡行錢負其五百金索之急遂與天文生董昺子至謀訐祖前所首事脅延齡賄延齡執聰幽殺之令聰子昇焚其屍而折所負券昇噤不敢言常憤詈至至慮事發乃摭聰前奏上之下刑部逮延齡及諸奴雜治延齡嘗買沒官第宅造園池僭侈踰制又以私憾殺婢及僧事幷發覺刑部治延齡謀不軌無驗而違制殺人皆實遂論死繫獄四年獄囚劉東山發延齡手書訕上東山得免戍又陰搆奸人劉琦誣延齡盜宮禁內帑所告連數十百人明年奸人班期于雲鶴又告延齡兄弟挾左道祝詛辭及太后鶴齡自南京赴逮瘐死期雲鶴亦坐誣讁戍又明年東山以射父亡命爲御史陳讓所捕獲復誣告延齡幷搆讓及遂安伯陳鏸等數十人冀以悅上意而脫己罪奏入下錦衣衞窮治讓獄中上疏言東山扇結奸黨圖危宮禁陛下有帝堯既睦之德而東山敢爲陛下言漢武巫蠱之禍陛下有帝舜底豫之孝而東山敢導陛下以暴秦遷母之謀離間骨肉背逆不道義不可赦疏奏帝頗悟指揮王佐典其獄鉤得東山情奏之乃械死東山赦讓鏸等而延齡長繫如故太后崩之五年延齡斬西市

夏儒毅皇后父也正德二年以后父封慶陽伯爲人長厚父瑄疾三年不去左右既貴服食如布衣時見者不知爲外戚也十年以壽終子臣嗣伯嘉靖八年罷襲

陳萬言肅皇后父也大名人起家諸生嘉靖元年授鴻臚卿改都督同知賜第黃華坊明年詔復營第於西安門外費帑金數十萬工部尚書趙璜以西安門近大內治第毋過高帝怒逮營繕郎翟璘下獄言官余瓚等諫不省尋封萬言泰和伯子紹祖授尚寶司丞又明年萬言乞武淸東安地各千頃爲莊田詔戶部勘閒地給之給事中張漢卿言萬言拔跡儒素聯婚天室當躬自檢飭爲戚里倡而僭冒陳乞違越法度去歲深冬沍雪急起大第徒役疲勞怨咨載道方今災沴相繼江淮餓死之人掘穴掩埋動以萬計萬言曾不動念益請莊田小民一廛一畝終歲力作猶不足於食若又割而畀之貴戚欲無流亡不可得也伏望割恩以義杜漸以法一切裁抑令保延爵祿帝竟以八百頃給之巡撫劉麟御史任洛復言不宜奪民地弗聽七年皇后崩萬言亦絀十四年卒子不得嗣封

方銳世宗孝烈皇后父也應天人后初爲九嬪銳授錦衣正千戶嘉靖十三年張后廢后由妃冊爲皇后遷銳都指揮使扈蹕南巡道拜左都督既封安平伯尋進封侯卒子承裕嗣隆慶元年用主事郭諫臣言罷襲

陳景行穆宗繼后陳皇后父也先世建昌人高祖政以軍功世襲百戶調通州右衞遂家焉景行故將門獨嗜學弱冠試諸生高等穆宗居裕邸選其女爲妃授景行錦衣千戶隆慶元年封固安伯景行素恭敬每遇遣祀冊封諸典禮必齋戒將事家居誡諸子以退讓萬曆中卒太后帝及中宮潞王公主賻贈優厚人皆榮之子昌言嘉言善言名言皆官錦衣昌言先景行卒其子承恩引李文全例請襲祖封帝曰承恩孫文全子也不可比以都督同知授之

李偉字世奇漷縣人神宗生母李太后父也兒時嬉里中有羽士過之驚語人曰此兒骨相當位極人臣嘉靖中偉夢空中五色彩輦旌幢鼓吹導之下寢所已而生太后避警攜家入京師居久之太后入裕邸生神宗隆慶改元立皇太子授偉都督同知神宗立封武淸伯再進武淸侯太后能約束其家偉嘗有過太后召入宮切責之不以父故骫祖宗法以是偉益小心畏愼有賢聲萬曆十一年卒贈安國公謚莊簡子文全嗣侯卒子銘誠嗣天啟末銘誠頌魏忠賢功德建祠名鴻勛莊烈帝定逆案銘誠幸獲免久之大學士薛國觀請勒勛戚助軍餉時銘誠已卒子國瑞當嗣爵其庶兄國臣與爭產言父遺貲四十萬願輸以佐軍興帝初不允至是詔借餉如國臣言國瑞不能應帝怒奪國瑞爵遂悸死有司復繫其家人國瑞女字嘉定伯周奎孫奎請於莊烈后后曰但迎女秋毫無所取可也諸戚畹人人自危會皇五子疾亟李太后憑而言帝懼悉還李氏產復武淸爵而皇五子竟殤或云中人搆乳媼敎皇五子言之也未幾國觀遂以事誅

王偉神宗顯皇后父也萬曆五年授都督尋封永年伯帝欲加恩偉子棟及其弟俊閣臣請俱授錦衣正千戶帝曰正德時皇親夏助等俱授錦衣指揮使世襲今何薄也大學士張居正等言正德時例世宗悉已釐革請授棟錦衣衞指揮僉事俊千戶如前議帝意未慊居正固奏乃止偉卒傳子棟及曾孫明輔襲伯如制

鄭成憲神宗鄭貴妃父也貴妃有寵鄭氏父子宗族並驕恣帝悉不問成憲累官至都督同知卒子國泰請襲帝命授都指揮使給事中張希皐言指揮使下都督一等不宜授任子妃家蒙恩如是何以優后家不報是時廷臣疑貴妃謀奪嫡羣以爲言國泰不自安上疏請立太子其從子承恩亦言儲位不宜久虛大學士沈一貫左右於帝弗聽詔奪國泰俸而斥承恩爲民然言者終

不息萬曆二十六年承恩復上疏劾給事中戴士衡知縣樊玉衡妄造憂危竑議離間骨肉汚衊皇貴妃帝怒憂危竑議者不知誰所作中言侍郎呂坤搆通宮掖將與國泰等擁戴福王而士衡前嘗論坤與承恩相結玉衡方抗言貴妃沮立太子疏並留中故承恩指兩人帝怒士衡玉衡皆永戍廷臣益忿鄭氏久之皇太子立四十三年男子張差持梃入東宮被禽言者皆言國泰謀刺皇太子主事王之寀鞫差差指貴妃宮監主事陸大受給事中何士晉遂直攻國泰帝以貴妃故不欲竟事詳之寀等傳國泰官左都督病死子養性襲職天啟初光祿少卿高攀龍御史陳必謙追論其罪且言養性結白蓮賊將爲亂詔勒養性出京師隨便居住魏忠賢用事宥還

王昇熹宗生母孝和太后弟也父鉞天啟元年封昇新城伯尋以皇子生進侯卒子國興嗣崇禎十七年京師陷被殺

劉文炳字淇筠宛平人祖應元娶徐氏生女入宮卽莊烈帝生母孝純皇太后也應元早卒帝卽位封太后弟效祖新樂伯卽文炳父也崇禎八年卒文炳嗣是年文炳大母徐年七十賜寶鈔白金文綺帝謂內侍曰太夫人年老猶聰明善飯使太后在不知若何稱壽也因愴然泣下九年進文炳爲新樂侯其祖父世贈爵如之十三年宮中奉太后像或曰未肖帝不懌遣司禮監太監王裕民同武英殿中書至文炳第敕徐口授繪像以進左右咸驚曰肖帝大喜命卜日具鹵簿帝俯伏歸極門迎入安奉奉慈殿朝夕上食如生因追贈應元瀛國公封徐氏瀛國太夫人文炳晉少傅叔繼祖弟文耀文照俱晉爵有差文炳母杜氏賢每謂文炳等曰吾家無功德直以太后故受此大恩當盡忠報天子帝遣文炳祀鳳陽祖陵密諭有大事上聞文炳歸奏史可法張國維忠正有方畧宜久任必能滅賊後兩人果殉國難文炳謹厚不妄交獨與宛平大學生申湛然布衣黃尼麓及駙馬都尉鞏永固善時天下多故流賊勢益張文炳與尼麓等講明忠義爲守禦計及李自成據三秦破榆林將犯京師文炳知勢不支慷慨泣下謂永固曰國事至此我與公受國恩當以死報十七年正月帝召文炳永固等問國事二人請早建藩封遣永定二王之國帝是之以內帑乏不果行三月初一日賊警益急命文武勛戚分守京城繼祖守皇城東安門文耀守永定門永固守崇文門文炳以繼祖文耀皆守城故未有職事十六日賊攻西直門勢益急尼麓踉蹌至謂文炳曰城將陷君宜自爲計文炳母杜氏聞之卽命侍婢簡笥繇於樓上作七八繯命家僮積薪樓下隨遣老僕鄭平迎李氏吳氏二女歸曰吾母女同死此又念瀛國太夫人年篤老不可俱燼因與文炳計匿之申湛然家十八日帝遣內使密召文炳永固文炳歸白母曰有詔召兒兒不能事母母拊文炳背曰太夫人既得所我與若妻妹死耳復何憾文炳偕永固謁帝時外城已陷帝曰二卿所糾家丁能巷戰否文炳以衆寡不敵對帝愕然永固奏曰臣等已積薪第中當闔門焚死以報皇上帝曰朕志決矣朕不能守社稷朕能死社稷兩人皆涕泣誓效死出馳至崇文門須臾賊大至永固射賊文炳助之殺數十人各馳歸第十九日文照方侍母飯家人急入曰城陷矣文照盌脫地直視母母遂起登樓文照及二女從之文炳妻王氏亦登樓懸孝純皇太后像母率衆哭拜各縊死文照入繯墮拊母背連呼曰兒不能死矣從母命留侍太夫人遂逃去家人共焚樓文炳歸火烈不得入入後園適湛然尼麓至曰鞏都尉已焚府第自刎矣文炳曰諾將投井忽止曰戎服也不可見皇帝湛然脫己幘冠之遂投井死繼祖歸亦投井死繼祖妻左氏見大宅火亟登樓自焚妾董氏李氏亦焚死初文耀見外城破突出至渾河聞內城破復入見第焚大哭曰文耀未死以君與母在今至此何生爲遂覓文炳死所大書版井旁曰左都督劉文耀同兄文炳畢命報國處亦投井死闔門死者四十二人是時惠安伯張慶臻集妻子同焚死新城侯王國興亦焚死宣城伯衞時春懷鐵劵闔門赴井死與永固射賊楊光陛者駙馬都尉子也被甲馳突左右射與永固相失矢盡投觀象臺下井中死而湛然以匿瀛國爲賊所拷掠終不言體糜爛以死福王時謚文炳忠壯文耀忠果

張國紀祥符人熹宗張皇后父也天啟初封太康伯魏忠賢與客氏忌皇后因謀陷國紀使其黨劉志選梁夢環先後劾國紀謀占宮婢韋氏矯中宮旨鬻獄忠賢將從中究其事以撼后大學士李國𣚴曰君后猶父母也安有勸父搆母者國紀始放歸故郡忠賢猶欲搆之莊烈帝立乃得免崇禎末以輸餉進爵爲侯旋死於賊

周奎蘇州人莊烈帝周皇后父也崇禎三年封嘉定伯賜第於蘇州之葑門帝嘗諭奎及田貴妃父弘遇袁貴妃父祐宜恪遵法度爲諸戚臣先祐頗謹愼惟弘遇驕縱奎居外戚中碌碌而已李自成逼京師帝遣內侍徐高密諭奎倡勛戚輸餉奎堅謝無有高憤泣曰后父如此國事去矣奎不得已奏捐萬金且乞皇后爲助及自成陷京師掠其家得金數萬計人以是笑奎之愚云

明史卷三百一　　列傳第一百八十九

總裁官總理事務經筵講官少保兼太子太保保和殿大學士兼管吏部戶部尚書事加六級臣張廷玉等奉

敕修

列女

婦人之行不出於閨門故詩載關雎葛覃桃夭芣苢皆處常履順貞靜和平而內行之修王化之行具可考見其變者行露栢舟一二見而已劉向傳列女取行事可爲鑒戒不存一操范氏宗之亦采才行高秀者非獨貴節烈也魏隋而降史家乃多取患難顛沛殺身殉義之事蓋輓近之情忽庸行而尚奇激國制所褒志乘所錄與夫里巷所稱道流俗所震駭胥以至奇至苦爲難能而文人墨客往往借俶儻非常之行以發其偉麗激越跌宕可喜之思故其傳尤遠而其事尤著然至性所存倫常所係正氣之不至於淪澌而斯人之所以異於禽獸載筆者宜莫之敢忽也明興著爲規條巡方督學歲上其事大者賜祠祀次亦樹坊表烏頭綽楔照耀井閭乃至僻壤下戶之女亦能以貞白自砥其著於實錄及郡邑志者不下萬餘人雖間有以文藝顯要之節烈爲多嗚呼何其盛也豈非聲教所被廉恥之分明故名節重而蹈義勇歟今掇其尤者或以年次或以類從具著於篇視前史殆將倍之然而姓名湮滅者尚不可勝計存其什一亦足以示勸云

月娥西域人元武昌尹職馬祿丁女也少聰慧聽諸兄誦說經史輒通大義長適蕪湖葛通甫事上撫下一秉禮法長姒盧率諸婦女悉受其教太祖渡江之六年僞漢兵自上游而下盧曰太平有城郭且嚴兵守可恃使月娥挾諸婦女往避之未幾寇至城陷月娥歎曰吾生詩禮家可失節於賊邪抱幼女赴水死諸婦女相從投水者九人方盛暑屍七日不浮顏色如生鄉人爲巨穴合葬之故居之南題曰十女墓娥弟丁鶴年幼通經史皆娥口授也後通甫與盧皆死於寇

劉孝婦新樂韓太初妻太初元時爲知印洪武初例徙和州挈家行劉事姑謹姑道病刺血和藥以進抵和州夫卒劉種蔬給姑食越二年姑患風疾不能起晝夜奉湯藥驅蚊蠅不離側姑體腐蛆生席間爲齧蛆蛆不復生及姑疾篤封肉食之少甦踰月而卒殯之舍側欲還葬舅塚力不能舉喪哀號五載太祖聞之遣中使賜衣一襲鈔二十錠命有司還其喪旌門閭復徭役同時甄氏欒城李大妻事姑孝姑壽九十一卒甄廬墓三年旦暮悲號亦被旌

孝女諸娥山陰人父士吉洪武初爲糧長有黠而逋賦者誣士吉於官論死二子炳煥亦罹罪娥方八歲晝夜號哭與舅陶山長走京師訴冤時有令冤者非臥釘板勿與勘問娥輾轉其上幾斃事乃聞勘之僅戍一兄而止娥重傷卒里人哀之肖像配曹娥廟

唐方妻浙新昌丁氏女名錦孥洪武中方爲山東僉事

坐法死妻子當沒爲官婢有司按籍取之監護者見丁色美借梳掠髮丁以梳擲地其人取掠之持還丁丁罵不受謂家人曰此輩無禮必辱我非死無以全節肩輿過陰澤崖峭水深躍出赴水衣厚不能沈從容以手斂裙隨流而沒年二十八時稱其處爲夫人潭鄭堪妻石氏堪浦江鄭泳孫也洪武初李文忠薦諸朝屢遷藏庫提點坐法死石當遣配泣曰我義門婦也可辱身以辱門乎不食死

楊氏慈谿人字同邑鄭子琜洪武中子琜父仲巖戍雲南明制子成丁者隨遣子琜亦在戍中楊年甫十六聞子琜母老弟幼請於父母適鄭養姑以待子琜之返子琜竟卒戍所楊與姑撫諸叔成立以夫從子孔武爲嗣苦節五十餘年其後鄭煥妻張氏嫁未旬日泰然妻嚴氏生子一藺方孩抱栻妻王氏事夫癇病狂不省人事服勤八年弗怠三人皆楊氏夫族先後早寡皆以節聞萬曆中知府鄒希賢題曰鄭氏節門以比浦江鄭氏義門云

貞女韓氏保寧人元末明玉珍據蜀貞女慮見掠僞爲男子服混迹民間既而被驅入伍轉戰七年人莫知其處女也後從玉珍破雲南還遇其叔父贖歸成都始改裝而行同時從軍者莫不驚異洪武四年嫁爲尹氏婦成都人以韓貞女稱其後有黃善聰者南京人年十三失母父販香廬鳳間令善聰爲男子裝從遊數年父死善聰習其業變姓名曰張勝有李英者亦販香與爲伴侶者踰年不知其爲女也後偕返南京省其姊姊初不之識詰知其故怒詈曰男女亂羣辱我甚矣拒不納善聰以死自誓乃呼鄰嫗察之果處子也相持痛哭立爲改裝明日英來知爲女怏怏如失歸告母求婚善聰不從曰若歸英如瓜李何鄰里交勸執益堅有司聞之助以聘判爲夫婦

姚孝女餘姚人適吳氏母出汲虎銜之去女追掣虎尾虎欲前女掣益力尾遂脫虎負痛躍去負母還藥之獲愈奉其母二十年後成化間武康有蔡孝女隨母入山採藥虎攫其母女折樹枝格鬭三百餘步虎舍其母傷女血歕丈許竹葉爲赤女亦獲全後招遠有孝女不知其姓父採石南山爲蟒所吞女哭之願見父屍同死俄頃大雷電擊蟒墮女前腹裂見父屍女負土掩埋觸石而死

盧佳娘福清李廣妻婚甫十月廣暴卒盧慟絕復甦見廣口鼻出惡血悉餂食之旣殮哭輒僵仆積五六日家人防懈潛入寢室自經後其縣有游政妻倪氏殉夫亦然又有施氏滁州彭禾妻正德元年禾得疾不起握手訣曰疾憊甚知必死汝無子擇壻而嫁毋守死徒自苦也施泣曰君尚不知妾乎願先君死禾固止之因取禾所嘔血盡吞之以見志及禾歿即自經

吳氏潞州稟生盧清妻舅姑歿於臨洺寄瘞旅次清授徒自給後失稟充椽於汴憤恥發狂死吳聞訃痛絕哭曰吾舅姑委骨於北良人死忍令終不返乎乃寄幼孤於姊兄鬻次女爲資獨抵臨洺覓舅姑瘞處不得號泣中野忽一丈夫至則清所授徒也爲指示收二骸以歸復冒暑之汴負夫骨還三喪畢舉忍餓無他志學正劉崧言於知州馬暾贖其女厚恤之年七十五乃卒後有畢氏河間鄧節妻年饑攜家景州就食舅姑相繼亡節亦尋歿俱槀葬景州氏年三十三無子女獨歸里中忍饑凍晝夜紡織積數年市地城北八里莊獨之景州負舅姑及夫骨還葬

石孝女新昌人襁褓時父潛坐事籍沒繫京獄母吳以漏籍獲免依兄弟爲生一日父脫歸匿吳家吳兄弟懼連坐殺置大窖中母不敢言及女長問母曰我無父族何也母告之故女大悲憤永樂初年十六舅氏主婚配族子女白母曰殺我父者吳也柰何爲父讐婦母曰事非我主柰何女頷而不答嫁之日方禮賓女自經室中母仰天哭曰吾女之死不欲爲讐人婦也號慟數日亦死有司聞之治殺潛者罪

湯慧信上海人通孝經列女傳嫁華亭鄧林林卒婦年二十五一女七歲鄧族利其居迫使歸家婦曰我鄧家婦何歸乎族知不可奪貿其居於巨室婦泣曰我收夫骨於茲土與同存亡柰何棄之欲自盡巨室義而去之婦尋自計曰族利我財耳乃出家資盡畀族人躬績紝以給歲大水居荒野沮洳中其女適人者操舟來迎不許請暫憩舟中亦不許曰我守此六十年因巨浸以從汝父所甘心焉復何往母女方相牽未捨水至湯竟溺死

義婢妙聰保安右衛指揮張孟喆家婢也永樂中調兵操宣府孟喆在行北寇入掠妻李謂夫妹曰我命婦與若皆官門女義不可辱相挈投井中妙聰亦隨入見二人俱未死以李有娠恐水冷有所害遂負之於背賊退孟喆弟仲喆求三人井中以索引嫂妹出而婢則死矣

徐孝女嘉善徐遠女也年六歲母患臁瘡女問母何以得愈母謾曰兒吮之乃愈女遂請吮母難之女悲啼不已母不得已聽之吮數日果愈

高氏女武邑人適諸生陳和和早卒高獨持門戶奉翁姑甚孝及宣德時翁姑並歿氏以禮殯葬時年五十矣泣謂子剛曰我父洪武間舉家客河南虞城父死旅葬城北母以棗木小車輀識之比還家母亦死弟懦不能自振吾三十年不敢言者以汝王母在堂當朝夕侍養也今大事已畢欲舁吾父遺骸歸合葬剛唯唯隨母至虞城抵葬所冢纍纍不能辨氏以髮繫馬鞍逆行自朝及夕至一小冢鞍重不能前即開其冢所識車輀宛然遠近觀者咸驚異助之歸啟母窆同葬

孫義婦慈谿人歸定海黃誼昭生子溍未幾夫卒孫育之成立求兄女爲配甫三年生二子溍亦卒時田賦皆令民自輸孫姑婦相率攜幼子輸賦南京訴尚書蹇義言縣苦潮患十年九荒乞築海塘障之義見其孤苦詰曰何爲不嫁對曰餓死事極小失節事極大義嗟歎久之次日即爲奏請遣官偕有司相度成之起自龍山迄於觀海永免潮患慈谿人廟祀之塘上

梁氏大城尹之路妻嫁歲餘夫乏食出遊山海關賣孰食爲生又娶馬氏生子二十餘年不通問氏事翁姑艱苦無怨言夫客死氏徒步行乞迎夫喪往返二千里迄扶柩攜後妻二子以歸里人歎異

余佈妻馬氏吳縣人歸五年夫死無子家酷貧姑欲奪其志有田二畝半得粟不以與婦馬不爲動姑潛納他人聘一夕鼓吹臨門趣治妝馬入臥室自經死几上食器糠籺尚存

義姑萬氏名義顓字祖心鄞人寧波衛指揮僉事鍾女也幼貞靜善讀書兩兄文武皆襲世職戰死旁無期功之親繼母曹氏兩嫂陳氏吳氏皆盛年嫠居吳遺腹僅六月姑旦暮拜天哭告曰萬氏絕矣願天賜一男續忠臣後我矢不嫁共撫之已果生男名之曰全姑喜曰萬氏有後矣乃與諸嫠共守名閥來聘皆謝絕之訓全讀書迄底成立全嗣職傳子禧孫椿皆奉姑訓惟謹姑年七十餘卒姑之祖斌及父兄並死王事母及二嫂守貞數十年姑更以義著鄉人重之稱爲四忠三節一義之門後有陳義姑者沙縣陳穗女年十八父母相繼卒遺二男長七歲次五歲親族利其有日耽耽於旁姑矢志撫弟居常置帚數十族兄弟暮夜叩門姑燃帚照之亟啟戶具酒食款叩者告曰吾輩夜行滅火就求燭耳自此窺伺者絕意及二弟畢婚年四十五乃嫁終無子二弟迎歸母事之

郭氏大田人鄧茂七之亂鄉人結寨東巖寨破郭褓幼兒走且有身爲賊所驅郭奮罵投百尺巖下與兒俱碎亂石間胎及腸胃迸出狼藉巖下賊據高瞰之皆歎曰眞烈婦也瘞之去同時有幼溪女失其姓名茂七破沙縣匿草間爲二賊所獲遇溪橋貞女曰扶我過當從一人而終二賊爭趨挽至橋半女視溪流湍急挽二賊投水中俱溺死

程氏揚州胡尙絅妻尙絅嬰危疾婦封腕肉啖之不能咽而卒婦號慟不食二日懷孕四月矣或曰得男可延夫嗣徒死何爲答曰吾亦知之倘生女徒苟活數月耳因復食彌月果生男明年殤即前語翁姑曰媳不能常侍奉有娣姒在無悲也復絕食越二日其姑撫之曰爾父母家二百里內若不俟面訣乎婦曰可急迎之日飲米瀋一匙以待逾十有二日父母遺幼弟至婦曰是可白吾志自是滴水不入口徐簡匳中簪珥令辦後事以其餘散家人并鄰嫗嘗通問者復自卜曰十八九日皆艮吾當逝向曾封肉救夫夫不可救以灰和之置牀頭附吾左腕以示全歸遂卒

王妙鳳吳縣人適吳奎姑有淫行正統中奎商於外姑與所私飲并欲汚之命妙鳳取酒挈瓶不進頻促之不得已而入姑所私戲紾其臂妙鳳憤拔刀斫臂不殊再斫乃絕父母欲訟之官妙鳳曰死則死耳豈有婦訟姑理邪逾旬卒唐貴梅者貴池人適同里朱姓姑與富商私見貴梅悅之以金帛賄其姑誨婦淫者百端勿聽加箠楚勿聽繼以炮烙終不聽乃以不孝訟於官通判某受商賂拷之幾死者數矣商冀其改節復令姑保出之親黨勸婦首實婦曰若爾妾之名幸全如播姑之惡何夜易服自經後園梅樹下及旦姑起且將撻之至園中乃知其死尸懸樹三日顏如生其後嘉靖二十三年有嘉定張氏者嫁汪客之子其姑多與人私諸惡少中有胡巖者最桀黠羣黨皆聽其指使於是與姑謀遣其子入縣爲卒而巖等日夕縱飲一日呼婦共坐不應巖從後攫其梳婦折梳擲地頃之巖徑入犯婦婦大呼殺人以杵擊巖巖怒走出婦自投於地哭終夜不絕氣息僅屬詰旦巖與姑恐事洩縶諸牀足守之明日召諸惡少酣飲二鼓共縛婦槌斧交下婦痛苦宛轉曰何不以利刃刺我一人乃前刺其頸一人刺其脅又椓其陰舉尸欲焚之尸重不可舉乃火其室鄰里救火者蹋門入見嚇然死人驚聞於官官逮小女奴及諸惡少鞫之具得其實皆以次受刑婦死時年十九邑故有烈婦祠婦死

前三日祠旁人聞空中鼓樂聲火炎炎從祠柱中出人以爲貞婦死事之徵云

楊泰奴仁和楊得安女許嫁未行天順四年母疫病不愈泰奴三割胷肉食母不效一日薄暮剖胷取肝一片昏仆良久及甦以衣裹創手和粥以進母遂愈母宿有膝攣疾亦愈後有張氏儀真周祥妻姑病醫百方不效一方士至其門曰人肝可療張割左脇下得膜如絮以手探之沒腕取肝二寸許無少痛作羹以進姑病遂瘳

陳氏祥符人字楊瑄未嫁而瑄卒女請死父母不許欲往哭又不許私剪髮屬媒氏置瑄懷汴俗聘女以金書生年月日畀男家號定婚帖瑄母乃以帖裹其髮置瑄懷以葬女遂素服以居亡何父母謀改聘女縊死後五十三年至正德中瑄姪永康改葬瑄求陳骨合焉二骨朽矣髮及定婚帖鮮完如故葬三年岐穀了瓜產墓上

張氏秀水人年十四受同邑諸生劉伯春聘伯春負才名必欲舉於鄉而後娶未幾卒女號泣絕髮自爲詩祭之持服三年不踰閫不茹葷服闋卽絕飲食父母強諭之終不食旬日而卒年二十舅姑迎柩合葬焉又有江夏歐陽金貞者父梧授孝經列女傳稍長字羅欽仰從梧之官柘城梧艱歸舟次儀真欽仰墜水死金貞年甫十四驚哭欲赴水從之父母持不許又欲自縊父母曰汝未嫁何得爾對曰女自分無活理卽如父母言願終身稱未亡人大聲哀號不止及殮剪髮繫夫右臂以殉抵家告父母曰有婦以事姑也姑既失子可并令無婦乎願歸羅以畢所事父母從之後父知廣元縣姑病卒女乃歸寧有諷他適者曰事姑畢矣更何待女曰我昔殮羅郎時有一束髮纏其手誰能掘塚開棺取髮還我則易志矣遂止生平獨臥一樓年六十餘卒

莊氏海康吳金童妻成化初廣西流寇掠鄉邑莊隨夫避新會傭劉銘家銘見莊美欲犯之屢誘不從乃令黨梁狗同金童入海捕魚沒水死越三日不還莊求之海濱屍浮岸側手足被縛腫腐莫可辨莊以衣識之歸攜女赴水抱夫屍而沒翼日三屍隨流遶銘門去而復還土人感異殯祭之然莫知銘殺也後梁狗漏言有司並捕考處以極刑唐氏汝陽陳旺妻隨其夫以歌舞逐食四方正德三年秋旺攜妻及女環兒姪成兒至江夏九峰山有史聰者亦以傀儡爲業見婦女皆豔麗而旺且老因紿旺至青山夜殺之明日聰獨返攜其婦女幼姪入武昌山吳王祠持利刃脅唐曰汝殺吾夫吾不能殺汝以復讐忍從汝亂邪遂遇害賊裹以蓆置荆棘中明日徙囊衣圍賊又迫環兒臨以刃環兒哭且詈聲振林木賊亦殺之瘞糞壤中而去其年冬至賊被酒成兒潛出告官禽於葛店市伏誅

王氏慈谿人聘於陳而夫佳病其父母娶婦以慰之及門卽入侍湯藥未幾佳卒王年甫十七矢志不嫁姑張氏曰未成禮而守無名女曰入陳氏門經事君子何謂無名姑乃使其二女從容諷之婦不答截髮毀容姑終欲強之窘辱萬狀二小姑陵之若婢稍不順卽爪其面姑聞復加箠楚女口不出怨言曰不逼嫁爲婢亦甘也夜寢處小姑牀下受濕得偏疾私自幸曰我知免矣鞠從子梅爲嗣教之成化初領鄉薦卒昌其家後有易氏分宜人嫁安福王世昌時世昌已遘疾奄奄十餘月易事之衣不解帶世昌死除喪猶縞素姑憐之謂汝猶處子可終累乎跪泣曰是何言哉父母許我王氏卽終身王氏婦矣自是獨處一樓不窺外戶四十餘年方世昌疾所吐痰血輒手一布囊盛之卒後用所盛囊爲枕枕之終身

鍾氏桐城陶鏞妻鏞以罪被戍卒於外鍾年二十五子繼甫在抱負鏞骨四千餘里歸葬乃斷髮杜門年八十二以節終繼亦早卒妻方氏年二十七子亮甫二歲其兄憐之微叩其意方以死誓景泰中亮舉鄉試業於太學卒妻王氏年二十八妾吳氏二十二皆無子扶櫬歸葬貧不能支所親勸之嫁兩人哭曰而不知我之爲節婦婦乎乃共以紡績自給越二十六年縣令陳勉以聞詔旌三代人稱之曰四節里

宣氏嘉定張樹田妻夫素狂悖與宣不睦夫病宣晨夕奉事及死誓身殉時樹田友人沈思道亦死其婦孫與宣以死相要各分尺帛孫自經或勸宣曰彼與夫相得故以死報汝何爲效之宣歎曰子知盡婦道而已安論夫之賢不賢卒縊死

徐氏慈谿人定海金傑妻也成化中傑兄以罪逮入京傑往請代瀕行徐已有身傑謂曰予去生死不可知若生男善撫之金氏鬼庶得食也已而悔曰我幾悞汝吾去無還理卽死善事後人徐泣曰君以義往上必義君君兄弟當同歸無過苦也卽如君言妾有死耳敢忘付託乎已果生男無何兄得還傑竟瘐死徐撫孤慟曰我本欲從汝父地下柰金氏何強營葬事服闋父母勸他適截髮斷指自誓食澹茹苦六十餘年視子孫再世成立乃卒

義妾張氏南京人松江楊玉山商南京娶爲妾逾月以婦妒遣之歸張屏居自守楊亦數往來所贈千計後二十餘年楊坐役累磬其產怏怏失明張聞之直造楊廬拜主母捧楊袂大慟乃悉出向所贈金珠具裝嫁其二女并爲二子娶婦留侍湯藥踰年楊死守其柩不去旣免喪父母強之歸不從矢志以殁終身不見一人

龔烈婦江陰人年十七嫁劉玉家貧力作養姑姑亡相夫營葬夫又亡無以爲斂里有羨婦色者欲助以棺龔覺其意辭之旣又強之龔恐無以自脫乃以所生六歲男三歲女寄食母家是夜積麥稾屋中舉火自焚抱夫屍死又江氏棠城王可道妻夫貧負販餬口死不能斂比鄰諸生李雲蟾合錢斂之卜日以葬及期率衆至其家闃然無聲廚下燈微明趨視之飲食畢具蓋以待舁棺者婦已縊死竈旁矣衆驚歎復合錢并葬之

會稽范氏二女幼好讀書並通列女傳長適江一月寡次將歸傅而夫亡二女同守節築高垣圍田十畝穿井其中爲屋三楹以居當種穫父啟圭竇率傭以入餘日則塞其竇共汲井灌田如是者三十年自爲塋於屋後成化中卒竟合葬焉族人卽其田立祠以祀又有丁美音溆浦丁正明女幼受夏學程聘年十八將嫁學程死美音誓不再嫁父母曰未嫁守節非禮也何自苦如此美音齧指滴血籲天自矢當道交旌之賚以銀幣約百金乃搆室獨居鬻田自贍事舅姑養父母鄉人名其田爲貞女田

成氏無錫人定陶教諭繒女登封訓導尤輔妻也輔游學靖江成從焉江水夜溢家人倉卒升屋成整衣欲上問爾等衣邪衆謝不暇成曰安有男女裸而可俱生邪我獨留死耳衆號哭請不應厥明水退坐死榻上後崇禎中興安大水漂沒廬舍有結筏自救者鄰里多附之二女子附一朽木倏沈倏浮引筏救之年皆十六七問其姓氏不答二女見筏上男子有裸者歎曰吾姊妹倚木不死冀有善地可存也今若此何用生爲攜手躍入波中死

章銀兒蘭谿人幼喪父獨與母居邑多火災室盡燬結茅以棲母方疾鄰居又火銀兒出視衆呼令疾避銀兒曰母疾不能動何可獨避亟返入廬欲扶母出烈焰忽覆其廬衆莫能救火光中遙見銀兒抱其母宛轉同焚死時弘治元年三月也義妹茅氏慈谿人年十四父母亡獨與兄嫂居其兄病痿臥值倭入縣嫂出奔呼與偕行女曰我室女將安之且俱去誰扶吾兄者賊至縱火女力扶其兄避於空室竟被燔灼並死

招囊猛雲南孟璉長官司土官舍人刁派羅妻也年二十五夫死守節二十八年弘治六年九月雲南都指揮使奏其事帝曰朕以天下爲家方思勵名教以變夷俗其有趨於禮義者烏可不亟加獎勵招囊猛貞節可嘉其卽令有司顯其門閭使遠夷益知向化無俟覈報

張維妻淩氏慈谿人弘治中維舉於鄉卒婦年二十五子四歲亦卒其兄諷之改圖婦痛哭齧脣噀血灑地終身不歸寧舅姑慰之曰不幸絕嗣日計無賴吾二人景逼矣爾年尚遠何以爲活婦曰恥辱事重餓死甘之乃出簪珥爲舅納妾果得子喜曰張氏不絕亡夫墓門且有寒食矣後舅病瘋姑雙目瞽婦紡績供養二十年不衰後有杜氏貴池曹桂妻年二十四夫亡遺腹生女悲苦無計日諷姑爲舅納妾果生一子產後妾死杜以己女託於族母而自乳其叔逾年翁喪勸者曰汝辛苦撫孤寧能以叔後汝乎杜曰叔後吾翁異日生二子卽以一子後我夫吾志畢矣後卒如其言

義婦楊氏王世昌妻臨漳人弘治中世昌兄坐事論死世昌念兄爲嫡子請代其刑時楊未笄謀於父母宗族曰彼代兄死爲義士我顧不能爲義婦邪願訴於上代夫死遂入京陳情敕法司議夫妻並得釋

史氏杞縣人字孔弘業未嫁而夫卒欲往殉之母不許女七日不食母持茗逼之飲雙蛾適墮杯中死女指示曰物意尙孚我心母獨不諒人邪母知不可奪翌日製素衣縞裳送之孔氏及暮辭舅姑整衣自經死白氣縷縷騰屋上達旦始消又有林端娘者甌寧人字陳廷策聞廷策訃寄聲曰勿殮吾將就死父曰而雖許字未納幣也對曰旣許矣何幣之問父謹防之曰女奚所不可死顧死夫家耳父曰壻家貧無以周身曰身非所卹又曰壻家貧孰爲標名曰名非所求遂往哭奠畢自尅死期理帛自經三拱而絕陳故家青陽山下山下人言婦將盡時山鳴三晝夜

汪烈婦晉江諸生楊希閔妻也年二十三夫死無子欲自經家人防之謹不得閒氏聞茉莉有毒能殺人多方求之家人不知也日供數百朵踰月家人爲亡者齋祭婦自撰祭文辭甚悲夜五鼓防者稍懈取所積花煎飲之天明死

賈妙善京師崇文坊人年十五爲工部主事餘姚姜榮妾正德中榮以瑞州通判攝府事華林賊起寇瑞榮出走賊入城執其妻及婢數人問榮所在時妙善居別室急取府印開後牕投荷池衣鮮衣前日太守統援兵數

千出東門捕爾等旦夕授首安得執吾婢賊意其夫人也解前所執數人獨與妙善出城適所驅隸中有盛豹者父子被掠其子叩頭乞縱父賊許之妙善曰是有力當以舁我何得遽縱賊從之行數里妙善視前後無賊低語豹曰我所以留汝者以太守不知印處欲藉汝告之今當令汝歸幸語太守自此前行遇井卽畢命矣呼賊曰是人不善舁可仍縱之易善舁者賊又從之行至花塢遇井妙善曰吾渴不可忍可汲水置井傍吾將飲賊如其言妙善至井傍跳身以入賊驚救不得而去豹入城告榮取印引至花塢覓井果得妙善屍越七年郡縣上其事詔建特祠賜額貞烈

石門丐婦湖州人莫詳其姓氏正德中湖大飢婦隨其夫及姑走崇德石門市乞食三人偶相失婦有色市人爭挑之與之食不顧誘之財亦不顧寓東高橋上不復乞食者二日伺夫與姑皆不至聚觀者益衆婦乃從橋上躍入水中死

賈氏慶雲諸生陳俞妻正德六年兵變值舅病卒家人挽之避痛哭曰舅尚未斂婦何惜一死身服斬衰不解兵至縱火迫之出罵不絕口刃及身無完膚與舅屍同燼年二十五

鄞縣諸生李珂妻胡氏年十八歸珂閱七年珂死遺男女各一胡誓不踰閾鄰火作珂兄珮往救之曰阿姆來吾乃出珮使妻陳往婦以七歲男自屬付之屬曰幸念吾夫善視之陳曰嬸將何如紿之曰取少首飾卽出陳去胡卽曩衣箱塞戶抱三歲女端坐火中死

陳宗球妻史氏南安人夫死將殉有期矣尚爲姑釀酒姑曰婦已決死生存豈多日何辛苦爲曰政爲日短故釀而奉姑將死告舅曰婦有喪幸毋髹棺遂縊

葉氏定海人許聘慈谿翁姓而父母俱歿遂育於翁年十四翁貧產日落且失其姑舅待之如奴勞勤萬狀畧無怨色舅以子幼欲鬻之羅姓者葉恚曰我非貨也何輾轉貿易爲日哽咽垂涕既知不可免僞爲喜色舅遂寬之夜月上紿諸姒曰月色甚佳盍少徜徉乎趨門外良久諸姒並勸曰夜既半矣盍就寢遂入及晨覓之則氏已浮屍於河矣起之色如生

胡貴貞樂平人生時父母欲不舉其鄰曾嫗救之歸與子天福同乳欲俟其長而配焉天福年十八父母繼亡家甚落貴貞父將奪以姻富家女曰我鞠於曾婦於曾分姑媳恩母子可以飢寒棄之邪乃依從姑以居葺舍單淺外人未嘗識其面其兄乘天福未婚曳以歸出視

求聘者金寶笄飾女知不免潛入房縊死

孫氏吳縣衛廷珪妻隨夫商販寓濤陽小江口寧王陷九江廷珪適他往所親急邀孫共逃孫謂兩女金蓮玉蓮曰我輩異鄉人汝父不在逃將安之今賊已劫鄰家矣柰何女曰生死不相離要當爲父全此身耳於是母子共一長繩自束赴河死

江氏餘干夏璞妻正德間賊至抱方晬弟走不得脫賊將縛之曰誠願與將軍俱顧吾父年老惟一弟幸得全之賊以爲信縱令置所抱兒出遂大聲罵賊投橋下死

後隆慶中有高明嚴氏賊掠其境隨兄出避遇賊刃及其兄女跪泣曰父早喪嬸母堅守恃此一兄殺之則祀殄矣請以身代賊憫然爲納刃既而欲污之則曰請釋吾兄卽配汝及兄去執不從竟剖腹而死

明史卷三百二　列傳第一百九十

總裁官總理事務經筵講官少保兼太子太保保和殿大學士兼管吏部戶部尚書事加六級張廷玉等奉

敕修

列女二

歐陽氏 徐氏 馮氏　　方氏 葉氏
潘氏　　楊氏
張烈婦 蔡氏 鄭氏　　王烈婦 許烈婦
吳氏　　沈氏六節婦
黃氏 張氏　　張氏 葉氏 范氏
劉氏二女　　孫烈女 蔡烈女
陳諫妻李氏　　胡氏
戴氏 胡氏　　許元忱妻胡氏
邵陽李氏　　吳節婦 楊氏
徐亞長　　蔣烈婦
楊玉英 張蟬雲　　倪氏
彭氏 劉氏　　劉氏二孝女
黃氏　　邵氏婢
楊貞婦 倪氏　　楊氏
丁氏　　尤氏
李氏　　孫氏
方孝女 解孝女　　李氏
項貞女　　壽昌李氏
玉亭縣君　　馬氏
王氏　　劉氏 楊氏
譚氏 張氏　　李烈婦 黃烈婦
須烈婦　　陳節婦 馬氏
謝烈婦　　張氏 王氏 戚家婦
金氏 楊氏　　王氏
李孝婦 洪氏 倪氏　　劉氏

歐陽氏九江人彭澤王佳傅妻也事姑至孝夫亡氏年方十八撫遺腹子紡績爲生父母迫之嫁乃鍼刺其額爲誓死守節字墨涅之深入膚裏里人稱爲黑頭節婦

又徐氏烏程人年十六嫁潘順未期而夫病篤顧徐曰母老汝年少柰何徐泣下卽引刀斷左小指以死誓夫死布衣長齋年七十八卒遺命取斷指入棺中家人出其指所染爪紅色尚存馮氏宣城劉慶妻年十九夫亡誓守節其娣姒諷之曰守未易言非齩斷鐵釘者不能馮卽投袂起拔壁上釘齧之剨然有齒痕復抉臂肉釘著壁上曰脫有異志此卽狗彘肉不若已而遺腹生子曰大賢長娶李氏大賢又夭姑婦相守至老卒取視壁釘肉尚韌不腐齒痕如新

方氏金華軍士袁堅妻堅嗜酒敗家卒殯城北濠上方貧無所依乃卽殯處置棺寢處其中饑則出飲於濠久之不復出則死矣郡守劉蒞爲封土祭之又葉氏蘭谿人適神武中衛舍人許仲仲家素饒於財以不檢蕩且盡攜妻投所親卒於通州氏守屍晝夜跪哭或遺之食或餽金或勸以改嫁俱却不應水漿不入口者十四日竟死尸傍年二十餘州人爲買棺合葬

潘氏海寧人年十六歸許釗生子淮甫期年釗卒旣殮潘自經死已兩日矣有老嫗過之曰是可活也投之藥更甦釗族兄欲不利於孤嗾潘改適潘毀容自矢族兄者夜率勢家僕數十人誣以債椎門入潘負子冒風雨踰垣逸前距大河追者迫潘號慟投於河適有木浮至憑以渡達母家遂止不歸淮年十九始歸淮補諸生娶婦生五子潘年五十宗人聚而祝族兄者亦至潘曰氏所以得有今日賴伯氏玉成目淮酌酒飲伯卒爵北向拜曰未亡人三十年來瀕死者數矣而顧強生獨以淮故耳今幸成立且多子復何憾語畢入室頃之宴徹諸宗人同進入謝則縊死室中矣

楊氏桐城吳仲淇妻仲淇卒家貧舅欲更嫁之楊曰卽饑死必與舅姑俱舅不能奪數年家益貧舅謀於其父母將以償債楊仰天呼曰以吾戶累舅姑不孝無所助於貧不仁失節則不義吾有死而已因咽髮而死

張烈婦蕪湖諸生繆釜妻年十八歸釜越四年釜病屬張善自託張泣曰夫以吾有二心乎有子則守志奉主妻道也無子則潔身殉夫婦節也乃沐浴更衣闔戶自縊閱日而釜乃卒又蔡烈婦松陽葉三妻三負薪爲業蔡小心敬事三久病織紝供藥餌病篤執婦手訣曰及我生而嫁無受三年苦婦梳洗更衣袖刀前曰我先嫁矣刎頸死三驚歎尋死又鄭氏安陸趙鉦妻性剛烈閨房中言動不涉非禮某寡婦更適人饋以茶餅鄭怒命傾之夫戲曰若勿罵幸夫不死耳鄭正色曰君勿憂我豈爲此者後鉦疾將死迴視鄭瞪目不瞑鄭曰君得毋疑我乎卽自縊於牀楣鉦少甦回盼出淚而絕

王烈婦上元人夫嗜酒廢業僦居破屋一間以竹蓬隔內外婦日塞戶坐門扉績麻自給夫與博徒李游李悅婦姿謀亂之夫被酒以狂言餂婦婦奔母家避之夫逼之歸夜持酒脯與李俱至引婦坐婦駭走且罵夫以威挾之婦堅拒大被搒笞婦度不免夜攜幼女坐河干慟哭投河死是夜大風雨屍不漂沒及曙女尚熟睡草間又許烈婦松江人許初女夫飲博不治生諸博徒聚謀曰若婦少艾曷不共我輩懽曰可得錢治酒夫卽以意喻婦婦叱之屢加箠撻不從一日諸惡少以酒肴進婦走避鄰嫗家泣顧懷中女曰而父不才吾安能覥顏自存俟汝之成也少間聞戶聲嫗覘之則拔刀刎頸仆地矣父挈醫來視取熱雞皮封之復抓去明旦氣絕年二十五

吳氏永豐人名姑姑年十八適甯集略未一年夫卒六日不食所親百方解譬始食粥朝暮一溢米服除母憐其少欲令改適往視之同寢食三年竟不敢出一語歸謂諸婦曰此女鐵石心不可動也

慈谿沈氏六節婦章氏祚妻周氏希魯妻馮氏信魁妻柴氏惟瑞妻孟氏弘量妻孫氏琳妻所居名沈思橋近海族衆二千人多驍黠善鬬嘉靖中倭賊入犯屢殲其魁奪還虜掠賊深讐之一日賊大至沈氏豪誓於衆曰無出婦女無輦貨財共以死守違者誅章亦集族中婦女誓曰男子死鬬婦人死義無爲賊辱衆竦息聽命賊圍合羣婦聚一樓以待旣而賊入章先出投於河周與馮從之柴方爲夫礪刃卽以刃斫賊旋自刃孟與孫爲賊所得奪賊刃自刺死時宗婦死者三十餘人而此六

人尤烈

黃氏沙縣王珣妻嘉靖中倭亂流刼其鄉鄉之比鄰皆操舟爲業賊至衆婦登舟匿艙中黃乃坐其外衆婦呼之曰不虞賊見乎黃曰篷窻安坐恐賊至不得脫我居外便投水耳賊至黃躍入水中死時同縣羅舉妻張氏從夫避亂巖穴間賊至張與妾及妾子俱爲所獲賊見張美欲犯之不從至中途張解髮自縊賊斷之張又解行纏賊又覺之徒跣驅至營賊魁欲留之張厲聲曰速賜一死賊曰不畏死吾殺汝妾張引頸曰請代妾留撫孩嬰賊曰吾殺孩嬰張引頸曰請代孩嬰存夫嗣賊令牽出殺之張先行了無懼色賊方猶豫張罵不絕口遂遇害投屍於河數日屍浮如生

張氏政和游銓妻倭寇將至婦數語其女曰婦道惟節是尚值變之窮有溺與刃耳汝謹識之銓聞以爲不祥婦曰使婦與女能如此祥孰大焉未幾賊陷政和張度不脫速呼女曰省前誨乎女頷之卽赴井張含笑隨之竝死又葉氏松溪江華妻陳氏葉弟惠勝妻偕里人避倭長潭值歲除里嫗覓刀爲幼男薙髮弗得葉出諸懷中衆問故曰以備急耳及倭圍長潭執二婦共繫一繩葉謂陳曰我二人被縶縱生還亦被惡名死爲愈陳唯唯葉探刀於懷則已失各抱幼女跳潭中死同時林壽妻范氏亦與衆婦匿山塢倭搜得衆婦偕至水南范獨輿抗或謂姑順之家且來贖荅曰身可贖辱可贖哉我則寧死賊聞言殺其幼女恐之不爲動曰併及汝矣厲聲曰固我願也賊殺之

劉氏二女興化人嘉靖四十一年與里中婦同爲倭所掠縶路傍神祠中倭飲酣遍視縶中先取其姊姊厲聲曰我名家女也肯汚賊乎倭笑慰之曰若從我當詢父母歸汝女曰父母未可知此時尚論歸耶倭尚撫背作款曲狀女怒大罵時黃昏倭方縱火女卽赴火死已復侵其妹妹又大罵倭露刃脅之不爲動曰欲殺卽殺倭欲强犯之女紿曰吾固願從俟姊骨燼乃可否則不忍也倭喜負薪益火火熾女又赴火死時同死者四十七人二女爲最

孫烈女五河人性貞靜不苟嬉笑母朱卒繼母李攜前夫子鄭州兒來州兒悖母欲私女嘗以手挑之忿批其頰一日女方治麪州兒從後摟之女揪髮覓刃州兒齧其臂得脫女奔訴於姊觸地慟哭曰母不幸父又他出賊子敢辱我必刃之而後死姊曲撫慰乃以臂痕示李使戒戢之州兒不悛紿李曰兒採薪臂力不勝置遺束於路李往取之歸則戶扃甚嚴從母舒氏亦趨至曰初聞如小犢悲鳴繼又響震如雷必有異幷力啟之州兒死閾下項幾斷女亦倚壁死蓋州兒紿母出調女女陽諾而使之閉門旣躡其後殺之也又蔡烈女上元人少孤與祖母居一日祖母出有逐僕爲傭者來乞食挑之不從挾以刃女徒手搏之受傷十餘處罵不絕宛轉死竈下賊遁去官行驗忽來首伏官怪問故賊曰女拘我至此遂抵罪

陳諫妻李氏番禺人諫嘉靖十一年進士爲太平推官兩月卒其弟扶櫬歸李曰吾少嫠也豈可與叔萬里同歸哉遂不食死

胡氏會稽人字同里沈袠將嫁而袠遘父鍊難二兄袞褒杖死塞上袠與兄襄竝逮繫宣府獄總督楊順逢嚴嵩意必欲置二子死搒掠數百令夜分具二子病狀會順爲給事中吳時來所劾就檻車去襄等乃得釋自是病嘔血扶父喪歸比服闋始婚胡年已二十七踰六月袠卒胡哀哭不絕聲盡出奩具治喪事有他諷者斷髮剺面絕之終日一室中卽同產非時不見晚染疾家人將迎醫告其父曰寡婦之手豈可令他人視不藥而卒年五十一以襄子嗣

戴氏莆田人名清歸蔡本澄年甫十四居二年本澄以世籍戍遼東買妾代婦行戴父與約曰遼左天末五年不歸吾女當改嫁矣至期父語清如約泣不從獨居十有五年本澄歸生一子未晬父子相繼亡清哀毀幾絕父潛受吳氏聘清聞之曰人呼女蔡本澄婦耳何又云吳耶卽往父家使絕婚吳訟之官令守節表曰寡婦清之門時莆又有歐茂仁妻胡氏守節嚴苦內外重之郡有獄久不斷人曰太守可問胡寡婦守乃過婦問之一言而決

胡氏鄞許元忱妻元忱爲徐祝師養子習巫祝事胡鄙之勸夫改業且勸歸許宗未果而元忱疫死氏殯之許氏廬苫臥柩傍夜擁一刀卧里某求氏爲偶氏毀面截鬢髮斷左手三指流血淋漓某驚遁族婦尊行抱持之大慟因立應後者令子之氏服喪三年不浣不櫛畢葬乃爲子娶婦夫有弟少流移於外復爲返之許氏賴以復起

李氏郃陽安尚起妻尚起商河南病亡氏聞訃盡變產完夫債且置棺以待夫櫬歸踰告族黨曰煩舉二棺入地閉戶將自縊鄰婦欲生之排闥曰爾尚有所逋何遽死氏啟門應曰然吾貲已盡柰何請復待一日乃紉履一雙往畀之曰得此足償矣歸家遂縊死

吳節婦無爲周凝貞妻凝貞卒婦年二十四毀容誓死不更適傭女工以奉孀姑姑老臥病齒毀弗能食婦絕其兒乳以乳姑冬月臥擁姑背以煖之宛轉牀席者三年姑卒哀毀骨立年七十五終又楊氏清苑劉壽昌妻年十九夫卒誓死殉念姑病無依乃不死母家來迎以姑老不忍去側竟不歸寧閱三十年姑卒葬畢哀號夫墓曰妾今得相從地下矣遂絕粒家人問遺言曰姑服在身殮以布素遂瞑

徐亞長東莞徐添男女添男爲徐姓僕生亞長四歲而死母以亞長還其主主去而別適比長貞靜寡言笑居羣婢中凜然有難犯之色家童進旺欲私之不可亞長奉主命薙草豆田中進旺跡而迫之力拒獲免因哭曰聞郎君讀書有寡婦手爲人所引斧斷其手況我尚女也何以生爲遂投江死

蔣烈婦丹陽姜士進妻幼頴悟喜讀書弟文止方就外傅夜歸輒以餅餌啖之令誦日所授書悉能記憶久之遂能文歸士進數年士進病瘵死婦屑金和酒飲之幷飲鹽鹵其父數偵知奔救免不食者十二日父啟其齒飲之藥復不死禮部尚書賓士進從父也知婦嗜讀書多置古圖史於其寢所令續劉向列女傳婦許諾家人備之益謹一日婦命於繐帳前掘坎埋大缸貯水笑謂家人吾將種白蓮於此此花出泥淖無所染令亡者知予心耳於是日纂輯不懈書將成防者稍不戒則濡首缸中死矣爲文脫稿卽毀所存烈女傳及哭夫文四篇夢夫賦一篇皆文止竊而得之者御史聞於朝榜其門曰文章貞節初其兄見女能文以李易安朱淑眞比之輒嚬蹙曰易安更嫁而淑眞不慊其夫雖能文大節虧矣其幼時志操已如此

楊玉英建寧人涉獵書史善吟咏年十八許字官時中時中有非意之獄父母改受他聘玉英聞之囑其婢曰吾篋有佩囊布韈諸物異日以遺官官人婢弗悟諾之於是竊入寢室自經死目不瞑時中聞訃具禮往祭以手掩之遂瞑婢出所遺物付父母啟之得詩云崑山一片玉旣售與卞和和足苦被刖玉堅不可磨若再付他人其如平生何又張蟬雲蒲城人許字俞檜萬曆中檜被誣繫獄女聞可賄脫謀諸母欲貨妝奩助之母不可曰汝未嫁何爲若此女方食卽以盌擲地恚不語入暮自縊死

陳襄妻倪氏襄爲鄞諸生早卒婦年三十無子家貧力女紅養姑有慕其姿者遣媒白姑婦煎沸湯自潰其面左目爆出又以烟煤塗傷處遂成獰惡狀媒過之驚走不敢復以聘告歷二十年姑壽七十餘卒婦哀慟不食死

彭氏安邱人幼字王枚臯未嫁枚臯卒誓不再適濰縣丁道平密囑其父欲娶之彭察知六日不食道平悔而止心敬女節烈後聞其疾革不起贈以棺彭語父曰可束葦埋我亟還丁氏棺地下欲見王枚臯也遂死又劉氏潁州劉梅女許聘李之本之本歿女泣血不食語父曰兒爲李郎服三年需弟稍長然後殉寄語翁且勿爲郎置槨遂盡去鉛華教弟讀書親正句讀越一年梅潛許田家女聞中夜開篋取李幣挑燈製衣衣之縊死知府謝詔臨其喪鄰里弔者如市田家亦具奠賻舉酒方酹柩前承灌瓦盆劃然而碎起高丈餘遶檐如蝶墜觀者震色

劉氏二孝女汝陽人父玉生七女家貧力田嘗至隴上歎曰生女不生男使我扶犂不輟其第四第六女聞之惻然誓不嫁著短衣代父耕作及父母相繼卒無力營葬二女卽屋爲邱不離親側隆慶四年督學副使楊俊民知府史桂芳詣其舍請見二女年皆逾六十矣

黃氏江寧陳伯妻年十八歸伯父死母欲改節氏苦諫不從一日母來省女閉門不與相見母懟去後伯疾篤黃誓不獨生一日姑扶伯起坐黃熟視曰嗟乎病至此吾無望矣走竈下碎食器刺喉不殊以廚刀自刎死年二十一

邵氏丹陽大俠邵方家婢也方子儀令婢視之故相徐階高拱竝家居方以策干階階不用卽走謁拱爲營復相名傾中外萬曆初拱罷張居正屬巡撫張佳允捕殺方幷逮儀儀甫三歲捕者以日暮未發閉方所居宅守之方女夫武進沈應奎義烈士負氣有力時爲諸生念儀死邵氏絕將往救之而府推官與應奎善固邀飲夜分乃罷武進距方居五十里應奎踰城出夜半抵方家踰牆入婢方坐燈下抱儀泣曰安得沈郎來屬以此子應奎倉卒前婢立以儀授之頓首曰邵氏之祀在君矣此子生婢死無憾應奎匿儀去晨謁推官旦日捕者失儀繫婢毒掠終無言或言於守曰必應奎匿之奎所善推官在坐大笑曰寃哉應奎夜飲於余晨又謁余也會有爲方解者事乃寢婢撫其子以老

楊貞婦潼關衛人字郭恒萬曆初客遊湖南久不歸父議納他聘女不可斷髮自守家有巖壁穴牆居之垂橐

以通飲食如是者二十六年恆歸乃成禮又有倪氏歸安人許聘陳敏敏從征傳爲已死踰五十載始歸倪守志不嫁至是成婚年六十一矣

楊氏寧國饒鼎妻鼎以單衣溺死湖中楊招魂葬之課二子成立冬不衣袷萬曆初年八十竟單衣入宅旁池中端坐死

丁氏五河王序禮妻序禮弟序爵客外爲賊所殺其妻郭氏懷孕未卽殉及生子越月投繯死時丁氏適生女泣謂序禮曰叔不幸客死嬸復殉棄孤不養責在君與妾也妾初舉女後尙有期孤亡則斬叔之嗣且負嬸矣遂棄女乳姪未幾序禮亦死竟無子女氏年方少撫姪長絕無怨悔

九氏崑山貢生鏞女嫁諸生趙一鳳早死將殉之顧二子方襁褓爲彊食二子復殤慟曰可以從夫矣痛夫未葬卽營窀穸惡少年豔其色訾其目曰彼盼美而流烏能久也婦聞之夜取石灰手挼目血出立枯寘棺自隨夫葬畢卽自縊或解之乃觸石裂顙趨臥棺中死

李氏王寵麟繼妻寵麟仕知府卒氏年二十餘哭泣不食經四十日疾革知族人利其資必以惡語傾前妻子預戒家人置已棺中勿封殮衆果蝟集譟孤殺母氏從棺中言已知汝輩計必出此也衆大慙而去然後瞑

孫氏颺寧人幼解經史字吳廷桂廷桂死孫欲奔喪家人止不得父爲命輿曰奔喪而輿可乎入夜徒步往挾納采雙金雀以見舅姑拜畢奠柩側遂不離次期必死吳家故貧所治棺取具而已好事者助以美櫝孫視之曰木以美逾吾夫非禮矣卻之以櫓櫝來乃許居期縊死書衣帶中云男毋附尸女毋啟衣

方孝女莆田人父瀾官儀制郎中卒京師女年十四無他兄弟與叔父扶櫬歸渡揚子江中流舟覆櫬浮女時居別舟皇遽呼救風濤洶怒人莫敢前女仰天大哭遂赴水死經三日屍浮傍父櫬同泊南岸又有解孝女寧陵人年十四同母浣衣母誤溺水女四顧無人號泣投水俄兄紹武至泅而得之母女皆死女手挽母甚堅兄救母久之復甦女手仍不解兄哭撫之曰母已生妹可慰矣乃解

李氏東鄉何璇妻璇客死李有殊色父迫之嫁遂以簪入耳中手自拳之至沒復拔出血濺如注姑覺呼家人救則已死矣

項貞女秀水人國子生道亨女字吳江周應祁精女工解琴瑟通列女傳事祖母及母極孝年十九聞周病瘵卽持齋燃香燈禮佛默有所祝侍女輩竊聽微聞以身代語一日謂乳媼曰未嫁而夫亡當柰何曰未成婦改字無害女正容曰昔賢以一劍許人猶不忍負况身乎及訃聞父母秘其事然傳吳江人來女已喻祖母屬其母入視女留母坐色甚溫母釋然去夜伺諸婢熟睡獨起以素絲約髮衣內外悉易以縞而紉其下裳檢衣物當勞諸婢者名標之列諸牀上大書於几曰上告父母兒不得奉一日驩今爲周郎死矣遂自縊兩家父母從其志竟合葬焉

李氏壽昌人年十三受翁應兆聘應兆暴卒女盡取備嫁衣飾焚之以身赴火爲父母救止乃赴翁家哀告舅姑乞立嗣復乞一小樓設夫位坐臥於旁奠食相對非姑不接面舅亡家落忍饑紡績以養姑未幾姑亦亡鄰火大起夜半達旦延百餘家鄰婦趨上樓勸之避婦曰此正我授命時也抱夫木主待焚須臾四面皆燼小樓獨存

玉亭縣君伊府宗室典柄女年二十四適楊仞不兩月仞卒號慟不食或勸以舅姑年老且有遺孕乃忍死襄事及生男家日落萬曆二十一年河南大饑宗祿久缺紡績三日不得一飧母子相持慟哭夜分夢神語曰汝節行上聞於天當有以相助晨與母子述所夢皆符頗怪之其子曰取屋後土作坯易粟其日掘土得錢數百自是每掘輒得錢一日舍傍地陷得石炭一窖取以供爨延兩月餘官俸亦至人以爲苦節所感

馬節婦年十六歸平湖諸生劉濂十七而寡翁家甚貧利其再適必欲奪其志不與飲食百計挫之志益厲嘗閉門自經或救之則繫絕而墜於地死矣急解之漸蘇翁又陰納沈氏聘其姑誘與俱出令女奴抱持納沈舟婦投河不得疾呼天救我須臾風雨晝晦疾雷擊舟欲覆者數四沈懼乃旋舟還之事聞於縣縣令婦別居時父兄盡歿無可歸假寓一學舍官贍之以老

王氏東莞葉其瑞妻其瑞貧操舟往來鄰境一月一歸婦紡績易食萬曆二十四年嶺南大饑民多鬻妻子其瑞將鬻婦博羅民家劵成載其人俱來入門見氏羸甚問之不饘粥數日矣其瑞泣語之故且示之金婦笑而許之及舟發竇潭躍入潭中死兩岸觀者如堵皆謂水迅屍流無所底其瑞至從上流哭數聲屍忽湧出去所投處已逆流數十步矣

劉氏博平吳進學妻楊氏進性妻進學疫死既葬劉夜匍匐縊於墓所未幾進性亦疫死楊一慟幾絕姑議嫁之楊曰我何以不如姒遂縊死

譚氏南海方存業妻生子三月夫亡悲號欲殉母及姑交止之且諷改適氏垂涕曰吾久不樂生特念姑與兒耳哽咽流涕不止二人不敢復言及子七歲遣就塾師先令拜姑微示付託意竊自喜曰吾今可以遂志矣一日媒氏至復勸改適氏愈憤中夜縊死又張氏臨淸林與岐妻夫亡欲自縊舅姑慰之曰爾死如遺孤何氏以衣物倩乳媼育其子三月知子安乳媼遂不食死

李烈婦餘姚吳江妻年二十夫與舅俱卒家酷貧婦紡績養姑已恆凍餒有黃某者謀娶之賄夫族某使餌其姑未卽從某乃陰與黃及父家約詭稱其母暴病肩輿來迎婦倉卒升輿既及門非父家也姑亦尋至布几席速使成禮婦佯曰所以不欲嫁者爲姑老無依耳姑既許復何言然妾自夫歿未嘗解帶今願一洗沐又問聘財幾何姑以數對曰亟懷之去姑在我卽從人殊赧顏也衆喜促姑行爲具湯湯至久不出闞戶視之則縊死矣其後崇禎十五年餘姚又有黃烈婦者金一龍妻夫早歿黃截指自誓立從子爲嗣與姑相依熊氏子欲娶之母黨利其財給令還家間道送於熊黃知勢不可挽願搜括所有以償聘金不聽相持至夜深引刀自刎未殊其姑聞之急趨視黃曰婦所以未卽死者欲姑一面耳今復何求遂刎喉以絕郡邑聞之斃熊氏子獄中

須烈婦吳縣人夫李死市兒悅其色爭欲娶之婦泣曰吾方送一夫旋迎一夫且利吾夫之死而妻我不猶殺我夫耶市兒乃糾黨聚謀將掠之婦驚奔母母懼不敢留返於姑姑懼如母投姊姊益不敢留婦泣而歸鄰人勸之曰若卽死誰旌若節者何自苦若此婦度終不免自經死

陳節婦安陸人適李姓早寡孑然一身歸父家守志坐臥小樓足不下樓者三十年臨終謂其婢曰吾死愼勿以男子舁我家人忽其言令男子登樓轝之氣絕踰時矣起坐曰我何言而令若輩至此家人驚怖而下目乃瞑馬氏山陰劉晉嘯妻萬曆中晉嘯客死馬年二十許家無立錐伯氏有樓遂與母寄居其上以十指給養不下梯者數十年常用瓦盆貯新土以足附之鄰婦問故曰吾以服土氣耳年六十五卒

謝烈婦名玉華番禺曹世興妻世興爲馮氏塾師甫成婚卽負笈往亡何病歸不能起婦誓不改適曹族之老嘉之議分祭田以贍或謂婦年方盛當俟襄事畢令歸寧婦佯諾及期駕輿欲行別諸姒多作訣語徐入室閉戶以刀自斷其頸家人亟穴板入血流滿衣尚未絕見諸人入亟以左手從斷處探喉出之右手引刀一割乃瞑

張氏桐城李棟妻棟死無子張自經於牀母救之奮身起引斧斫左臂者三家人奪斧抑而坐之蓐間張瞶悶不語家人稍退張遽捧身出戶投於水水方冰以首觸穴入遂死邑又有烈婦王氏高文學妻文學死父道美來弔謂王曰無過哀事有三等在汝自爲之王輟泣問之父曰其一從夫地下爲烈次則冰霜以事翁姑爲節三則恆人事也王卽鍵戶絕粒不食越七日而死又有戚家婦者寶應人甫合巹而夫暴歿婦哭之哀投門外汪中死後人名其死所爲戚家汪云

金氏通渭劉大俊妻年十九夫病風痺金扶浴溫泉暴風雨山水陡發夫不能動令金急走金號泣堅持不肯舍竝溺死屍流數十里而出手猶挽夫不釋云又應山諸生王芳妻楊氏芳醉墜塘中氏赴水救之夫入水益深氏追深處偕死

王氏山陰沈伯夔妻議婚數年伯夔病厲手攣髮禿父母有他意女問沈郎病始何日父曰初許時固佳兒今乃病女曰既許而病命也違命不祥竟歸之伯夔病且憊王奉事無少怠居八年卒嗣其從子更出簪珥佐舅買妾更得子踰年舅姑相繼亡王獨撫二幼孤鬻手食之竝成立

李孝婦臨武人名中姑適江西桂廷鳳姑鄧患瘵疾將不起婦涕泣憂悼聞有言乳肉可療者心識之一日煮藥爇香禱竈神自割一乳昏仆於地氣已絕廷鳳呼藥不至出視見血流滿地大驚呼救傾駭城市邑長佐皆詣其廬命亟治俄有僧踵門曰以室中蘄艾傅之卽愈如其言果甦比求僧不復見矣乃取乳和藥奉姑姑竟獲全又洪氏懷寧章崇雅妻崇雅早卒洪守志十年姑許疾不能起洪刲乳肉爲羹而飲之獲愈餘肉投池中不令人知數日後羣鴨自水中銜出鳴噪迴翔小童獲以告姑姑起視之乳血猶淋漓也其夫兄崇古亦早亡姒朱氏誓死靡他妯娌相守五十年云倪氏興化陸鰲妻性純孝舅早世憫姑老朝夕侍寢處與夫睽異者十五年姑鼻患疽垂斃躬爲吮治不愈乃夜焚香告天割左臂肉以進姑啖之愈遠近稱孝婦

劉氏張能信妻太僕卿憲寵女工部尚書九德婦也性至孝姑病十年侍湯藥不離側及病劇舉刀刲臂侍婢驚持之舅聞囑醫言病不宜近腥膻力止之踰日竟刲

肉煮糜以進則姑已不能食乃大悔恨曰醫紿我使姑未鑒我心復刲肉寸許慟哭奠簀前將闔棺取所奠置棺中曰婦不獲復事我姑以此肉伴姑側猶身事姑也鄉人莫不稱其孝

明史卷三百三　列傳第一百九十一

總裁官總理事務經筵講官少保兼太子太保保和殿大學士兼管吏部戶部尚書事加六級臣張廷玉等奉

敕修

列女三

徐貞女宣城人少字施之濟年十五里豪湯一泰艷之倚從子祭酒賓尹强委禽焉女父子仁不受夜趣施舁女歸一泰恚甚脅有司攝施婦欲庭奪以歸先使人捽之濟父子及媒妁數人毆之府門有司莫能制徐氏被攝候理次城東旅舍思不免夜伺人靜投池中死衣上下縫紉不見寸體觀者皆泣下共舁古廟盛夏鬱蒸蠅不敢近郡守張德明臨視立祠城東祀之

劉氏京師人有松江人戍邊者詐稱無妻娶劉既而遇赦歸紿劉曰吾暫歸省久之不復至劉抵松訪之夫拒不納劉哭曰良人棄我我將安歸乃翦髮爲尼行乞市上人多憐而周之劉置一棺夜臥棺中數十年鄰火起劉入棺呼曰乞與闔棺以畢吾事遂焚死

余氏黃岡宋棠妾棠妻劉舉子女各一人余無所出及棠卒劉他適妾辛勤育之日事紡績非丙夜不休壹政嚴肅親屬莫敢窺其門踰二十年忽謂子女曰吾命將盡不能終視若輩惟望若輩爲上流人爾越數日無疾而逝

虞鳳娘義烏人其姊嫁徐明輝而卒明輝聞鳳娘賢懇其父欲聘爲繼室女知泣謂父母曰兄弟未嘗同妻即姊妹可知父執不聽女絕口不言自經死

林貞女侯官人父舜道官參政女幼許長樂副都御史陳省子長源既納幣長源卒女蓬首削脂澤稱疾臥牀哭無聲而神傷或謂未成婦何自苦答曰予名氏歲月飾而櫝之以歸陳忍自昧哉固請於父欲赴陳喪父爲達其意陳父答曰以凶歸所不忍以好歸疇與主之姑俟喪除女大悲咤曰是欲緩之覬奪吾志也遂不食積七日嘔血死

王貞女崑山人太僕卿宇之孫諸生述之女字侍郎顧章志孫同吉未幾同吉卒女即去飾白衣至父母前不言亦不泣若促駕行者父母有難色使媼告其舅姑舅姑掃庭內待之女既至拜柩而不哭斂容見舅姑有終焉之意姑含淚曰兒不幸早亡柰何累新婦女聞姑稱新婦泪簌簌下遂留執婦道不去早晚跪奠柩前視姑眠食外輒自屏一室雖至戚遣女奴候視皆謝絕曰吾義不見門以外人後姑病女服勤晝夜不懈及病劇女入候牀前出視藥竈往來再三若有所爲臺婢窺之而莫得其迹姑既進藥則睡覺而病立間呼女曰向飲我者何藥乃速愈如是欲執其手勞之女縮手有難進之狀姑怪起視已斷一指煮藥中矣姑歎曰吾以天奪吾子常憂老無所倚今婦不惜支體以療吾疾豈不勝有子耶流涕久之人皆稱貞孝女云

倪美玉年十八歸董緒緒居喪過毀得疾謂妻曰吾無兄弟又無子吾死父母祀絕矣當以吾屋爲小宗祠置祀田數畝小宗人遞主之春秋享祀吾父母獲與焉吾無憾矣汝必以此意告我叔父而行之緒卒倪立從子爲後治喪畢攜其女及田二十畝囑其姒曰以此累姆及夫叔父自外郡至泣拜致夫命叔父如其言事竣婦出拜謝即入室臥不食居數日沐浴整衣曰亡夫召我矣舉手別父母親屬而逝年二十二

劉烈女錢塘人少字吳嘉諫鄰富兒張阿官屢窺之一夕緣梯入女呼父母共執之將訟官張之從子倡言劉女誨淫縛人取財人多信之女呼告父曰賊汚我名不可活矣我當訴帝求直耳即自縊盛暑待驗暴日下無屍氣嘉諫初惑人言不哭徐察之知其誣也伏屍大慟女目忽開流血淚數行若對泣者張延訟師丁二執前說女傳魂於二曰若以筆汚我我先殺汝二立死時江濤震吼岸土裂崩數十丈人以爲女寃所致有司遂杖殺阿官及從子

上海某氏既嫁夫患瘋癩舅姑謀奪以妻少子婦覺密告其夫夫泣遣之歸寧婦潛製殮具夫既死舅姑不以告不闔棺露置水濱以俗忌惡疾也婦聞盂飯瀹雞偕幼妹至棺所抱屍浴之斂以衣衾闔棺設祭祭畢與妹訣以巾幕面投水死

谷氏餘姚史茂妻父以茂有文學贅之於家數日鄰人宋思微責於父見氏美遂指逋錢爲聘物訟之官知縣馬從龍察其誣杖遣之及谷下階茂將扶以行谷故未嘗出閨閤見隸人林立而夫以身近己慚發頳推茂遠之從龍望見以谷意不屬茂也立改判歸思思即率衆擁輿中而去谷母隨之至思舍谷呼號求速死斷髮屬母遺茂思族婦十餘人環相勸慰不可解乘間縊死從龍聞之大驚捕思思亡去茂感妻義終身不娶

白氏清澗惠道昌妻年十八夫亡懷娠六月欲以死殉衆論之曰胡不少待舉子以延夫嗣氏泣曰非不念良人無後但心痛不能須臾緩耳七日不食而死

高烈婦博平諸生賈垓妻垓卒氏自計曰死節易守節難況當兵亂之際吾寧爲其易者執姑手泣曰婦不能奉事舅姑反遺孤孫爲累然婦殉夫爲得正勿過痛也遂縊

于氏潁州鄧任妻任病家貧藥餌不給氏簪嫁笥救之閱六月病革氏聘簪二綰一於夫髮自綰其一撫任頸哽咽曰妾必不負君納指任口中令齧爲信任歿三日縊死州又有臺氏諸生張雲鵬妻夫病氏單衣蔬食禱天願代刲臂爲糜以進夫病危許以身殉訂期三日夫付紅帨爲訣氏號泣受之越三日結所授帨就縊侍婢救不死恨曰何物奴敗我事令我負三日約自是水漿不入口舉聲一號熱血迸流至七日頓足曰遲矣郎得毋疑我母偶出櫛沐扃戶縊死

胡氏諸城人遂平知縣麗明孫女也年十七歸諸生李敬中生一女而夫卒初哭踊甚哀比三日不哭盥櫛拜舅姑堂下家人怪之從容答曰婦不幸失所天無子將從死者地下不得復事舅姑幸强飯自愛他日叔有子爲亡人立嗣歲時奠麥飯足矣姑及其母泣止之不可乃焚香告柩前顧家人曰洗含汝等親之不可近男子遂入戶自經母與姑槌門痛哭疾呼終不顧而死

王氏淄川成象妻夫死痛哭三日唇焦齒黑父不忍予之水謝勿飲又三日氣息漸微强起語父曰翁姑未葬夫亦露殯柰何父許任其事氏就枕叩頭而瞑年十七

劉孝女京師人父蘭卒矢志不嫁以養其母崇禎元年年四十六矣母病歿女遂絕粒殉之

崔氏香河王錫田妻崇禎二年城破氏與衆訣曰我義不受辱涕泣乳其女將自縊家人力持不得遂兵及門衆俱奔氏倉皇縊於戶後恐賊見其貌或解之也

高陵李氏鎮撫劉光燦妻夫歿勵志苦守崇禎四年賊陷高陵年七十九其家掖之走曰未亡人棄先夫室何往語未已賊露刃入即取刀自刺流血淋漓賊壯其烈與飲食怒不受以盌擊賊罵曰吾忍死四十九年今啜賊食耶遂遇害

烈婦柴氏夏縣孫貞妻崇禎四年夫婦避賊山中賊搜山見氏悅之執其手氏以口齧肉棄之曰賊汚吾手繼

扳其肱又以口齧肉棄之曰賊汚吾肱賊捨之去氏罵不絕聲還殺之

周氏新城王永命妻登州都督遇吉兒女也幼通孝經崇禎五年叛將耿仲明李九成等據登州反縱兵淫掠一小校將辱之氏紿之去即投繯死明日賊至怒其誑已支解之事平永命偵賊所在擊斬之以其首祭墓時蓬萊浦延禧妻王氏年二十守節撫孤九成叛城陷叔允章至其家問所向答曰兒豈向患難中求活時有麻索在牀頭叔以手振之曰欲決計於此乎氏首肯從容就縊

荆媧陝西淳化人姓高氏兄起鳳邑諸生崇禎五年流賊掠繼母秦氏及荆媧去起鳳馳赴賊營請贖賊索二馬起鳳傾貲得一馬予之賊止還其母起鳳與妹訣曰我去汝即死賊令勸妹從已且欲留爲書記起鳳大罵不從被殺百計脅荆媧大罵求死賊悅其色割髮裂衣以恐之媧益罵不已賊乃殺之年甫十六巡按吳甡上其事兄妹皆旌

陳冄餘妻宋氏冄餘爲鄖陽諸生崇禎六年賊至被掠并執其女迫令入空室前有古槐母女抱樹立罵曰吾母子死白日下豈受汚暗室中大罵不行賊斷其手益大罵俱被害

黃日芳妾李氏陳氏日芳知霍邱縣崇禎八年齎計簿入郡流賊突至圍城二人相謂曰主君未還城必不守我兩人獨有一死耳密縫內外衣甚固城陷南望再拜攜赴藏天凋死越三日日芳至號哭凋側兩屍應聲浮出顏色如生手尚相援

蘄水李氏諸生何之旦妻流賊至蘄執而逼之去不從則衆挾之李罵益厲齧賊求死賊怒刺之創徧體未嘗有懼色賊斷其頸死從婢阿來抱李幼女守哭賊奪女將殺之不與伏地以身庇之刺數十創婢女俱死

萬氏和州儒士姚守中妻泉州知府慶女孫也生六子皆有室崇禎八年流賊陷其城慟哭婦姑前命諸婦曰我等女子也誓必死節諸子環泣急麾之曰汝輩男子當圖存宗祀何泣焉長子承舜泣曰兒讀書惟識忠孝字耳願爲厲鬼殺賊何忍母獨死遂負母投於塘諸婦女孫相隨死者十數人僅存子希舜求其屍共聚塘坳無一相離者流賊陷和州王氏一時五烈婦王用賓妻尹氏用賢妻杜氏用聘妻魯氏用極妻戴氏又王氏艮器女劉臺妻也五人同匿城西別墅誓偕死及賊登陴呼聲震地五人相持泣曰亟死亟死毋汚賊刃結繯繯斷適用賢所佩劍挂壁上杜趨拔之爭磨以刭次第死州又有女失其姓與諸婦共匿明倫堂後其四人已爲賊執用帛牽之獨此女不肯就執多方迫之不得四婦勸之泣曰我處女也可同男子去耶以頭搶地賊搴其足而曳之女大罵賊怒一手搴足以刀從下劈之體裂爲四

陳氏涇陽王生妻有子方晬生疾將死以遺孩屬陳陳曰吾當生死以之流賊至陳抱子避樓上賊燒樓陳從樓簷跳下不死賊視其色麗挾之馬上陳躍身墜地者再最後以索縛之行數里陳力斷所繫索并鞍墜焉賊知不可奪乃殺之賊退家人收其屍子呱呱懷中兩手猶堅抱如故

雞澤二李氏一同邑田蘊璽妻遇亂蘊璽兄弟被殺李抱女同姒王抱男而逃王足創難行令李速去李曰良人兄弟俱死當存此子以留田氏後遂棄己女抱其子赴城得無恙一嫁曲周郭某遭亂舉家走匿翁姑旋被殺李攜幼男及夫弟方七歲者共逃力罷不能俱全或教之舍叔而抱男李曰翁姑死矣叔豈再得乎子雖難捨然吾夫在外或未死尚可期也竟棄男負叔而走

宋德成妻姜氏臨淸人德成知贊皇縣寇入署姜投井賊出之逼令食罵曰待官兵勦汝醢爲脯吾當食之以饜自劓一目示賊曰吾廢人也速殺爲幸賊怒殺之

六安女失其姓崇禎中流賊入境見其美將犯之以帕蒙其頭輒壞之曰毋汚我髮被以錦衣又擲之曰毋汚吾身强擁諸馬上復投地大罵請死賊怒刃之旣而歎曰眞烈女

石氏女失其邑里隨父守仁寓五河崇禎十年流賊突至執欲汚之女抱槐樹厲聲罵賊使數人牽之不解斷其兩手罵如初又斷其足愈罵不絕痛仆地佯死賊就褫其衣女以口齧賊指斷其三含血升許噴賊乃瞋賊擁薪焚之厥後所焚地血痕耿耿遇雨則燥暘則濕村人駭異掘去之色亦入土三尺許又當塗舉人吳昌祚妻謝氏爲亂卒所掠謝以手抱樹大罵不止卒怒斷其附樹之指復拾斷指擲卒面卒磔殺之

周彥敬妻莊氏彥敬棲霞知縣氏讀書知大義亂起鄉人悉竄山穴中莊以男女無別有難色彥敬强之曰不入且見殺莊曰無禮不如死君疑我難死乎即引刀自裁彥敬感其義終身不復娶

梁疑禧妻焉氏疑禧隨州諸生崇禎十年聞賊警夫婦買舟避難行至西河賊追急登岸奔魏家砦夫婦要同死氏訣疑禧曰同死固甘但君尙無子老母在堂幸速逃明早可於此地尋我疑禧遂逃次早果得屍於分手處

唐烈妻陳氏烈孝感諸生崇禎十年從夫避難山砦賊突至夫與子俱奔散陳獨行山谷間砦人曰非唐氏嫗乎事迫矣可急入保陳問夫與子至未曰未也陳泣曰我煢煢一婦人靡因而至諸君雖憐而生我我何面目安茲土耶夫存亡未知依人以生不貞棄夫之難不義失貞與義何以爲人吾其行也卒不入已賊至逼去不從大罵死又劉氏懷寧人應天府丞顏素之孫婦也崇禎末亂兵焚掠江市其舅與夫先在南京劉子身出避倉皇無所之見男婦雜走登舟慨然曰吾儕婦人保姆不在義不出帷敢亂群乎遂投江死

唐氏廣濟潘龍躍妻崇禎十三年避賊靈果山賊至加刃龍躍頸索錢唐跪泣乞以身代夫不許女巽跪泣乞以身代父不許唐知夫不免投於塘女從之賊愴然釋其夫又顏氏長樂諸生黃應運妻城陷兵至其家欲殺應運生母詹氏顏泣訴願身代及顏方受刃妾曾又奔號曰此我主母無所出願殺我以全其命卒感其義兩釋之

潁州盧氏王瀚妻家貧舂織終歲崇禎十四年大饑夫患疫氏語夫曰君死我當從及夫死時溽暑氏求親戚斂錢以葬曰我當死但酷熱無衣棺恐更爲親戚累遲之秋爽耳聞者咍之及秋盡糶其新穀置粗布衣餘買酒蔬祀夫墓歸至家市棃數十進姑并貽妯娌語人曰我可死矣夜半自縊

于氏汝州張鐸妻崇禎十四年賊破城氏謂兩婢曰吾輩今日必死曷若先出擊賊殺賊而斃不失爲義烈鬼於是執梃而前賊先入者三出不意悉爲所踣羣賊怒攢刺之皆死蕭氏萬安賴南叔妻夫早喪無子遺一女寇大起築室與女共居盜突至率女持利刃遮門詈曰昔寧化曾氏婦立砦殺賊汝謂我刃不利邪犯我必殺汝賊怒縱火焚之二人咸燼又楊氏安定舉人張國紘妾崇禎十六年賊賀錦攻城急國紘與守者議丁壯登陴女子運石楊先倡城中女子從之須臾四城皆徧及城陷楊死譙樓旁事定家人獲其屍兩手猶抱石不脫

仲氏女湖州人隨父賈漢陽崇禎中漢陽陷從羣婦將出城賊守門者止之有頃賊大肆淫掠見女美執之女剺面披髮大罵賊具馬命二賊挾之上連墜傷額終不肯往賊露刃迫之曰身往何如頭往笑曰頭往善遂被害

鄭抱義妻何氏抱義臨武諸生崇禎末氏爲賊所執乃垢面蓬髮紿以病疫賊懼釋之及賊退家人咸喜何泣曰平昔謁拜伯叔猶赧顏汗發今匿身不固以面目對賊牽臂引裾雖免汚辱何以爲人竟忿恚不食死

湯祖契妻趙氏祖契睢州諸生氏知書有志節崇禎十五年賊陷太康將抵睢氏語家人曰州爲兵衝未易保也脫變起有死耳及城破屬祖契負其母以逃而已闔戶自經家人解之投井復爲家人所阻怒曰賊至不死非節也死不以時非義也賊至環刃相向牽之出厲聲訶賊遂遇害

蕭來鳳妻倪氏來鳳商城貢生慷慨有大節賊逼受戕不屈死倪自經從之又有宋愈亨深澤舉人寇至投井死妻王氏曰夫既如此吾敢相負媳韓生男甫六日願從死相對縊

邵氏鄒縣張一桂妻同妾李氏遇賊欲迫李行邵罵曰亡夫以妾託我豈令受賊辱賊怒殺之李知不免紿曰我有簪珥埋後園井旁賊隨李發之至則曰主母爲我死我豈獨生即投井賊下井扶之李披髮破面罵不已扭其衣欲令併死井底叫聲若雷賊知不可強乃刃之

宗允芳妻江氏魯山人子麟祥進士流賊之亂江與麟祥妻袁氏率孫女孫婦九人登樓俱懸於梁視其已死乃引刀自刭

曹復彬妻楊氏復彬江都諸生城破復彬仆地楊匿破屋中長女倩文年十四趣母決計次女蒨紅年十二請更衣死楊止之復彬執不可乃爲三繯次第而縊

梁以樟妻張氏大興人以樟知商邱縣崇禎十五年流賊圍商邱急積薪樓下集婢女其上俱令就縊謂子燮曰汝父城守命不可知宗祀惟汝是賴屬乳媪匿民家自縊死家人舉火諸屍俱燼

鄭完我母石氏甘州衛人完我南陽府同知既之官妻王氏奉石家居崇禎十六年賊圍甘州石預戒家人積薪室中及城陷攜王及一孫女縱火自焚寇退出屍灰燼間姑媳牽挽不釋手女距三尺許覆以甕啓視色如生

郭氏長治宋體道妻崇禎十五年任國琦作亂同居諸婦皆羅跪呼郭不出獨匿垝垣賊怒詰其不跪瞪目厲聲曰我跪亦死不跪亦死已安排不活矣賊加數刃迄死罵不絕口

姚氏桐城人湘潭知縣之騏女諸生吳道震妻年十九

夫亡以子德堅在襁褓忍死撫之越二十六年至崇禎末流賊掠桐城兄孫林奉母避潛山氏偕行賊奄至孫林格鬭死德堅負氏逃氏曰事急矣汝書生焉能負我遠行倘賊追及即俱死汝不能全母顧反絕父祀乎叱之去德堅泣弗忍氏推之墜層厓下須臾賊至叱曰出金可免氏曰我流離遠道安得有金賊令解衣驗之罵曰何物賊奴敢作此語賊怒刃交下死

朱氏無爲人徐畢璋妻年十七歸璋璋有妹名京年十五未字崇禎十五年流賊破城朱方懷孕奔井邊謂京曰吾妊在懷井口狹可推而納之京曰唯納畢即哭呼曰父母安在乎吾伴嫂死矣一躍而入

李氏定州人廣平教授元薦女歸同里郝生崇禎十六年州被兵生將奉親避山中留李與二子居其母家生控馬將發李哭拜馬前指庭中井訣曰若有變即潔身此中以衣袂爲識旁有白線一行者即我也比城破藏二子他所入井死兵退生出其屍顏色如生

胡敬妻姚氏敬孝感貢生流賊陷孝感姚乘舟避難南湖欷歔不已鄰舟婦解之曰賊入黃從未殺人何畏也姚曰我非畏殺畏其不殺耳聞賊將入湖歎曰賊至而死辱矣遂攜二女僮投水死

熊氏武昌李藎臣妻大名知縣正南女藎臣父周華官贛州知府藎臣從父之任留婦於家崇禎十六年武昌陷婦匿林藪中爲賊所得奪刀自刎賊去鄰嫗救活之明年李自成率殘卒南奔婦隻身竄山谷有胡姓者欲爲子娶之婦曰吾頸可斷汝不聞前事乎已藎臣自江西歸遇賊被殺婦慟三日自縊死

邱氏孝感劉應景妻崇禎末爲賊所執逼從不可賊曰刃汝邱曰得死爲幸賊注油滿甕漬其衣語同類曰此婦倔彊將爇之邱哂曰若謂死溺死焚死刃有間乎官兵旦夕至若求如我得哉賊怒束於木焚之火熾罵不絕口同邑乾氏年十七歸高文煥文煥卒無子拔刀自裁母及姑救之越三日復甦自是斷葷日不再食崇禎十六年聞賊陷德安將及孝感從子高騫將扶避山砦氏曰吾老矣豈復出門求活行吾四十年前之志可也投後園池中死邑又有黃氏張挺然妻崇禎末賊帥白旺陷德安授挺然僞掌旅黃泣止之不聽賊令挺然取婦爲質黃攜十歲兒匿青山砦挺然誘以利劫以兵且使親戚招之皆不應已而破砦焚已居以窮黃黃匿愈深竟不可得挺然寄兒金簪兒以綰髮黃怒拔棄之曰何爲以賊物汚首久之賊敗挺然走死襄陽黃耕織以撫其子鄉人義之

蘄水洗馬畈某氏爲賊所執不從賊刃其腹一手抱嬰兒一手捧腹使氣不即盡以待夫夫至付兒放手而斃

向氏黃陂人年十八歸王旦士未久賊陷黃陂被執賊持刀迫之氏罵不絕口賊指衆曰若非汝父母即舅姑兄弟必盡殺而後及汝氏曰我義不辱與家人何與奪刃自刎賊怒立磔之

劉長庚妾雷氏長庚爲同州諸生賊陷潼關將及州長庚拜家廟召妻及二子曰汝年長且有子當逃召雷及所生女曰汝年少當從吾死雷曰妾志也長庚攜酒登樓謂妾曰汝平日不飲今當共醉妾欣然引滿長庚且飲且歌夜半徧題四壁拔刀示妾曰可以行乎對曰請先之奪刀自刎長庚乃解所繫絛縊於梁女方七歲橫刀於壁以頸就之而死

邵氏商州人布政使可立女侍郎雒南薛國用子匡倫妻也流賊將至避之母家商州陷賊驅使執爨罵曰吾大家女嫁大臣子肯爲狗賊作飯耶賊怒斫其足罵益厲斷舌寸磔之

鬭陳諫妻呂氏陳諫雲夢諸生族有安氏者殉其夫鬭坤呂每談及輒感慨欷歔曰婦人義當如是崇禎末寇陷鄰郡呂謂夫曰賊焰方張不如早爲之所取魚網結其體甚固俄寇至俾縫衣呂投剪破賊面罵曰賊敢辱我鍼黹乎手可斷衣不可縫賊怒磔之投於水

邵氏曲周李純盛妻寇至姑姊妹俱避地洞中邵爲寇所得問洞所在紿之行寇喜隨之徑往井傍投井死洞中五十餘人俱獲免

王氏宛平劉應龍妻年十六嫁應龍家貧以女紅養舅姑應龍父子相繼亡王事姑撫子閱二十年賊陷都城泣拜其姑曰留長孫奉事祖母婦死已決遂攜幼子投井死

吳之瑞妻張氏之瑞宿松諸生福王時城陷軍士欲汚之張恐禍及夫與子紿曰此吾家塾師攜其子在此吾醜之若遣去則惟命夫與二子去已遠張乃厲聲唾罵撞石死

韓鼎允妻劉氏鼎允爲懷寧諸生福王時城潰舅姑雙櫬殯於堂劉守不去賊欲剖棺劉抱棺號哭賊釋之一女年十三賊欲縱火而數盼其女劉紿之曰苟不驚先柩女非所惜也賊喜投炬攜女去劉送女目門外池示之女即投池死賊怒刃劉劉罵不絕口死

江都程氏六烈程煜節者江都諸生也其祖姑有適林者其姑有適李者其叔母曰劉氏鄒氏胡氏而煜節之妹曰程娥未字城被圍與劉約俱死各以大帶置袖中城破女理髮更衣再拜別其母遂縊死劉有女甫一歲啼甚憐劉乳之復以糕餌一器置女側乃死鄒與胡亦同死適林者投井死適李者遭掠紿卒至井旁大罵投井死時稱一門六烈

張氏江都史著馨妻年二十六夫亡及城陷撫其子泣曰嚮也撫孤爲難今也全節爲大兒其善圖吾不能顧矣遂赴水死又蘭氏孫道升繼妻其前妻女曰四蘭所生女曰七皆嫁古氏次曰存孫女曰巽皆未嫁其弟道乾道新並先卒道乾妻王氏子天麟妻丁氏道新妻古氏其從弟子啓先妻董氏江都之圍諸婦女各手一刃一繩自隨城破巽先縊死蘭時五十四引繩自縊死王氏丁氏投舍後汪中死古氏亦五十四守節三十年頭盡白投井死有女嫁於吳生女曰睿方八歲適在外家從死於井董氏以帶繫門樞縊死存病足力疾投井死董氏之娣有祖母曰陳氏方寄居與董氏同處亦自縊死四與七同縊於牀死同時有張廷鉉者妻薛氏城破自縊死廷鉉之妹曰五遇卒鞭撻使從已大呼曰殺即殺何鞭爲遂殺死

張秉純妻劉氏秉純和州諸生家故貧氏操井臼處之怡然國亡秉純絕粒死氏一勺水不入口閱十有六日肌骨銷鑠命子扶至柩前祭拜痛哭而絕

陶氏當塗孫士毅妻守節十年南都覆爲卒所掠縛其手介刃於兩指之間曰從我則完否則裂陶曰義不以身辱速盡爲惠兵不忍殺稍劊其指血流竟手曰從乎曰不從卒怒裂其手而下且剜其胸寸磔死陶母奔護亦被殺

田氏儀真李鐵匠妻姿甚美高傑步卒掠江上執犯之田以死拒挾馬上至城南小橋馬不能渡田紿卒牽衣行覩中流急湍曳二卒赴水並溺死

王氏和州諸生張侶顏妻南都不守劉良佐部卒肆掠氏同母匿朝陽洞卒攻洞急氏以子付母曰賊勢洶洶我少婦即苟免何面目回夫家此張氏一綫善撫之言訖挺身跳洞外洞高數十仞亂石巉巖若鋒刃碎身死焉

方氏桐城錢秉鐙妻避寇寓南都歲祲饘粥不給以女紅易米食其夫已與婢僕雜食糠粃客過潔茗治饌取諸簪珥與秉鐙遊者未嘗知其貧也秉鐙與阮大鋮同里有隙避吳中方挈子女追尋得之已而吳中亦亂方知不免乃密紉上下服抱女赴水死

陸氏嘉定黃應爵妻少喪夫家貧紡績自給踰三十年甫歿嘉定城破子道弘妻亡其姓持二女倉卒欲赴井長女曰若使母先投必戀念吾二女不如先之乃挽妹亟入道弘妻繼之並溺死

于氏丹陽荊淼妻淼父大澈爲亂兵所殺于聞變知不免謂淼曰請先殺妾淼不忍怒曰君不自殺欲留爲亂兵汚耶淼慟哭從之

項淑美淳安人適方希文希文好蓄書杭州不守大帥方國安潰兵掠江滸數百里無寧宇希文避山間載書以往會幼子病疹希文出延醫淑美與一嫗一婢處是夕亂兵突至縱火肆掠婢挽淑美衣欲與俱出正色叱曰出則死於兵不出死於火等死耳死火不辱時嫗已先去見火熾復入呼曰火至柰何弗出淑美不應急取書堆左右高與身等坐其中須臾火迫書盡焚遂死賊退希文歸則餘燼旋而成堆若護其骨者一慟灰即散乃收骨瘞先兆先是有慈谿王氏歸同里方姓甫逾月火起延及其屋夫適他出氏堅坐小樓不下遂被焚骸骨俱燼惟心獨存夫歸捧之長號未頃即化

甬上四烈婦錢塘張氏鄞縣舉人楊文瓚妻國變後文瓚與兄文琦友華夏屠獻宸俱坐死張紉箴聯其首棺殮畢即盛服題絕命詩徧拜族戚吞腦子不死以佩帶自縊而卒文琦妻沈氏亦自縊夏繼妻陸氏結帨於梁引頸就縊身肥重帨絕墮地時炎暑流汗沾衣乃坐而搖扇謂其人曰余且一涼既復取帨結之而盡有司聞楊華三婦之縊遣丐婦四人至獻宸家防其妻朱氏甚嚴朱不得間陽爲歡笑以接之且時時詢三婦之徒自苦也數日防者稍懈因謂之曰我將一浴汝儕可暫屏丐婦聽之闔戶自盡時稱甬上四烈婦

夏氏黔國公沐天波侍女也沙定州之亂天波出走母陳妻焦亦避外舍懼賊迫焦謂姑曰吾輩皆命婦可陷賊手乎舉火自焚死夏歸其母家獲免後天波自永昌還夏復歸府則已薙爲尼矣天波感其義俾佐內政及天波從亡緬甸夏遂自經時城中大亂死者載道屍爲烏犬所食血肉狼籍夏屍棄十餘日獨無犯者

總裁官總理事務　經筵講官少保兼太子太保保和殿大學士兼管吏部戶部尚書事加六級張廷玉等奉

敕修

宦官

明太祖既定江左鑒前代之失置宦者不及百人迨末年頒祖訓乃定爲十有二監及各司局稍稱備員矣然定制不得兼外臣文武銜不得御外臣冠服官無過四品月米一石衣食於內庭嘗鐫鐵牌置宮門曰內臣不得干預政事預者斬敕諸司不得與文移往來有老閹供事久一日從容語及政事帝大怒即日斥還鄉嘗用杜安道爲御用監安道外臣也以鑷工侍帝數十年帷幄計議皆與知性縝密不泄過諸大臣前一揖不啓口而退太祖愛之然亡他寵異後遷出爲光祿寺卿有趙成者洪武八年以內侍使河州市馬其後以市馬出者又有司禮監慶童等然皆不敢有所干竊建文帝嗣位御內臣益嚴詔出外稍不法許有司械聞及燕師逼江北內臣多逃入其軍漏朝廷虛實文皇以爲忠於己而狗兒輩復以軍功得幸即位後遂多所委任永樂元年內官監李興奉敕往勞暹羅國王三年遣太監鄭和帥舟師下西洋八年都督譚青營有內官王安等又命馬靖鎮甘肅馬騏鎮交阯十八年置東廠令刺事蓋明世宦官出使專征監軍分鎮刺臣民隱事諸大權皆自永樂間始初太祖制內臣不許讀書識字後宣宗設內書堂選小內侍令大學士陳山教習之遂爲定制用是多通文墨曉古今逞其智巧逢君作奸數傳之後勢成積重始於王振卒於魏忠賢考其禍敗其去漢唐何遠哉雖間有賢者如懷恩李芳陳矩輩然利一而害百也今摭其有關成敗者作宦官傳

鄭和（侯顯）　金英（興安　范弘等）

王振　曹吉祥（劉永誠）

懷恩（覃吉）　汪直

梁芳（錢能等）　何鼎（鄧原等）

李廣　蔣琮

劉瑾　張永

谷大用（魏彬等）

鄭和雲南人世所謂三保太監者也初事燕王於藩邸從起兵有功累擢太監成祖疑惠帝亡海外欲蹤跡之且欲耀兵異域示中國富強永樂三年六月命和及其儕王景弘等通使西洋將士卒二萬七千八百餘人多齎金幣造大舶修四十四丈廣十八丈者六十二自蘇州劉家河泛海至福建復自福建五虎門揚帆首達占城以次徧歷諸番國宣天子詔因給賜其君長不服則以武懾之五年九月和等還諸國使者隨和朝見和獻所俘舊港酋長帝大悅爵賞有差舊港者故三佛齊國也其酋陳祖義剽掠商旅和使使招諭祖義詐降而潛謀邀劫和大敗其衆擒祖義獻俘戮於都市六年九月再往錫蘭山國王亞烈苦奈兒誘和至國中索金幣發兵劫和舟和覘賊大衆既出國內虛率所統二千餘人出不意攻破其城生擒亞烈苦奈兒及其妻子官屬劫和舟者聞之還自救官軍復大破之九年六月獻俘於朝帝赦不誅釋歸國是時交阯已破滅郡縣其地諸邦益震讋來者日多十年十一月復命和等往使至蘇門答剌其前僞王子蘇幹剌者方謀弑主自立怒和賜不及己率兵邀擊官軍和力戰追擒之喃渤利並俘其妻子以十三年七月還朝帝大喜賚諸將士有差十四年冬滿剌加古里等十九國咸遣使朝貢辭還復命和等偕往賜其君長十七年七月還十九年春復往明年八月還二十二年正月舊港酋長施濟孫請襲宣慰使職和齎敕印往賜之比還而成祖已晏駕洪熙元年二月仁宗命和以下番諸軍守備南京南京設守備自和始也宣德五年六月帝以踐阼歲久而諸番國遠者猶未朝貢於是和景弘復奉命歷忽魯謨斯等十七國而還

和經事三朝先後七奉使所歷占城爪哇眞臘舊港暹羅古里滿剌加渤泥蘇門答剌阿魯柯枝大葛蘭小葛蘭西洋瑣里瑣里加異勒阿撥把丹南巫里甘把里錫蘭山喃渤利彭亨急蘭丹忽魯謨斯比剌溜山孫剌木骨都束麻林剌撒祖法兒沙里灣泥竹步榜葛剌天方黎伐那孤兒凡三十餘國所取無名寶物不可勝計而中國耗廢亦不貲自宣德以還遠方時有至者要不如永樂時而和亦老且死自和後凡將命海表者莫不盛稱和以夸外番故俗傳三保太監下西洋爲明初盛事云當成祖時銳意通四夷奉使多用中貴西洋則和景弘西域則李達迤北則海童而西番則率使侯顯侯顯者司禮少監帝聞烏思藏僧尚師哈立麻有道術善幻化欲致一見因通迤西諸番乃命顯齎書幣往迓選壯士健馬護行元年四月奉使陸行數萬里至四年十二月始與其僧偕來詔駙馬都尉沐昕迎之帝延見奉天殿寵賚優渥儀仗鞍馬什器多以金銀爲之道路烜赫五年二月建普度大齋於靈谷寺爲高帝高后薦福或言卿雲天花甘露甘雨青鳥青獅白象白鶴及舍利祥光連日畢見又聞梵唄天樂自空而下帝益大喜廷臣表賀學士胡廣等咸獻聖孝瑞應歌詩乃封哈立麻萬行具足十方最勝圓覺妙智慧善普應祐國演教如來大寶法王西天大善自在佛領天下釋教給印誥制如諸王其徒三人亦封灌頂大國師再宴奉天殿顯以奉使勞擢太監十一年春復奉命賜西番尼八剌地湧塔二國尼八剌王沙的新葛遣使隨顯入朝表貢方物詔封國王賜誥印十三年七月帝欲通榜葛剌諸國復命顯率舟師以行其國即東印度之地去中國絕遠其王賽佛丁遣使貢麒麟及諸方物帝大悅錫予有加榜葛剌之西有國曰沼納樸兒者地居五印度中古佛國也侵榜葛剌賽佛丁告於朝十八年九月命顯往宣諭賜金幣遂罷兵宣德二年二月復使顯賜諸番徧歷烏斯藏必力工瓦靈藏思達藏諸國而還途遇寇劫督將士力戰多所斬獲還朝錄功陞賞者四百六十餘人顯有才辨強力敢任五使絕域勞績與鄭和亞

金英者宣宗朝司禮太監也親信用事宣德七年賜英及范弘免死詔辭極褒美英宗立與興安並貴幸及王振擅權英不敢與抗正統十四年夏旱命英理刑部都察院獄囚築壇大理寺英張黃蓋中坐尚書以下左右列坐自是六年一審錄制皆如此其秋英宗北狩中外大震郕王使英安等召廷臣問計侍讀徐珵倡議南遷安叱之令扶珵出大言曰敢言遷者斬遂入告太后勸郕王任于謙治戰守或曰叱珵者英也也先入寇至德勝門景帝敕安與李永昌同于謙石亨總理軍務永昌亦司禮近侍也景泰元年十一月英犯贓罪下獄論死帝令禁錮之終景帝世廢不用獨任安也先遣使議和請迎上皇廷議報使帝不懌令安出呼羣臣曰公等欲報使孰可者孰爲文天祥富弼詞色俱厲尚書王直面折之安語塞及遣都給事中李實往敕書不及迎上皇實驚走白內閣遇安安復詬曰若奉黃紙詔行耳他何預及易儲人遂疑安預謀矣安有廉操且知于謙賢力護之或言帝任謙太過安曰爲國分憂如于公者寧有二人英宗復辟盡磔景帝所用太監王誠舒良張永王勤等謂其與王竑搆邪議易太子且與于謙王文謀立外藩於是給事御史皆言安與誠良等爲黨宜同罪帝宥之但奪職是時中官坐誅者甚衆安僅獲免云安佞佛臨歿遺命舂骨爲灰以供浮屠范弘交阯人初名安永樂中英國公張輔以交童之美秀者還選爲奄弘及王瑾阮安阮浪等與焉占對嫻雅成祖愛之教令讀書涉經史善筆札侍仁宗東宮宣德初爲更名累遷司禮太監偕英受免死詔又偕英及御用太監王瑾同賜銀記正統時英宗眷弘嘗目之曰蓬萊吉士十四年從征歿於土木喪歸葬香山永安寺弘建也而王瑾至景泰時始卒瑾初名陳蕪宣宗爲皇太孫時朝夕給事及即位賜姓名從征漢王高煦還參預四方兵事賞賚累巨萬數賜銀記曰忠肝義膽曰金貂貴客曰忠誠自勵曰心跡雙清又賜以兩宮人官其養子王椿其受寵眷英弘莫逮也阮安有巧思奉成祖命營北京城池宮殿及百司府廨目量意營悉中規制工部奉行而已正統時重建三殿治楊村河並有功景泰中治張秋河道卒囊無十金阮浪至景帝時爲御用監少監英宗居南宮浪入侍賜鍍金繡袋及鍍金刀浪以贈門下皇城使王瑤錦衣衛指揮盧忠者險人也見瑤袋刀異常製醉瑤而竊之以告尚衣監高平平令校尉李善上變言浪傳上皇命以袋刀結瑤謀復位景帝下浪瑤詔獄忠證之浪瑤皆磔死詞終不及上皇英宗復辟磔忠及平而贈浪太監

王振蔚州人少選入內書堂侍英宗東宮爲局郎初太祖禁中官預政自永樂後漸加委寄然犯法輒置極典宣宗時袁琦令阮巨隊等出外採辦事覺琦磔死巨隊等皆斬又裴可烈等不法立誅之諸中官以是不敢肆及英宗立年少振狡黠得帝懽遂越金英等數人掌司禮監導帝用重典御下防大臣欺蔽於是大臣下獄者不絕而振得因以市權然是時太皇太后賢方委政內閣閣臣楊士奇楊榮楊溥皆累朝元老振心憚之未敢逞至正統七年太皇太后崩榮已先卒士奇以子稷論死不出溥老病新閣臣馬愉曹鼐勢輕振遂跋扈不可制作大第皇城東建智化寺窮極土木興麓川之師西南騷動侍講劉球因雷震上言陳得失語刺振振下球獄使指揮馬順支解之大理少卿薛瑄祭酒李時勉素不禮振振摭他事陷瑄幾死時勉至荷校國子監門御史李鐸遇振不跪謫戍鐵嶺衛駙馬都尉石璟詈其家奄振惡賤己同類下璟獄怒霸州知州張需禁飭牧馬校卒逮之並坐需舉主王鐸又械戶部尚書劉中敷侍郎吳璽陳瑺於長安門所忤恨輒加罪謫內侍張環顧忠錦衣衛卒王永心不平以匿名書暴振罪狀事發磔於市不覆奏帝方傾心嚮振嘗以先生呼之賜振敕極褒美振權日益積重公侯勛戚呼曰翁父畏禍者爭附振免死賕賂輳集工部郎中王祐以善諂擢本部侍郎

兵部尚書徐晞等多至屈膝其從子山林至廕都督指揮私黨馬順郭敬陳官唐童等並肆行無忌久之搆釁瓦剌振遂敗瓦剌者元裔也十四年其太師也先貢馬振減其直使者恚而去秋七月也先大舉入寇振挾帝親征廷臣交諫弗聽至宣府大風雨復有諫者振益虓怒成國公朱勇等白事咸膝行進尚書鄺埜王佐忤振意罰跪草中其黨欽天監正彭德清以天象諫振終弗從八月己酉帝駐大同振益欲北鎮守太監郭敬以敵勢告振始懼班師至雙寨雨甚振初議道紫荆關由蔚州邀帝幸其第既恐蹂鄉稼復改道宣府軍士紆迴奔走壬戌始次土木瓦剌兵追至師大潰帝蒙塵振乃爲亂兵所殺敗報聞百官慟哭都御史陳鎰等廷奏振罪給事中王竑等立擊殺馬順及毛王二中官郕王命籍王山於市並振黨誅之振族無少長皆斬振擅權七年籍其家得金銀六十餘庫玉盤百珊瑚高六七尺者二十餘株他珍玩無算先是郭敬鎮大同歲造箭鏃數十甕以振命遺瓦剌瓦剌輒報以良馬及帝親征西寧侯宋瑛駙馬都尉井源爲前鋒遇敵陽和敬又撓使敗至是逃歸亦坐誅英宗復辟顧念振不置用太監劉恒言賜振祭招魂以葬祀之智化寺賜祠曰精忠而振門下曹吉祥復以奪門功有寵顓政

曹吉祥灤州人素依王振正統初征麓川爲監軍征兀良哈與成國公朱勇太監劉永誠分道又與寧陽侯陳懋等征鄧茂七於福建吉祥每出輒選達官跳盪卒隸帳下師還畜於家故家多藏甲景泰中分掌京營後與石亨結帥兵迎英宗復位遷司禮太監總督三大營嗣子欽從子鉉鐸鏞等皆官都督欽進封昭武伯門下厮養冒官者多至千百人朝士亦有依附希進者權勢與石亨埒時並稱曹石二人惡言官有言共譖於帝命吏部尚書王翺察核年三十五以上者留不及者調用於是給事中何玘等十三人改州判官御史吳禎等二十三人改知縣會有風雷雨雹之變帝乃悟悉還其職未幾二人爭寵有隙御史楊瑄張鵬劾之吉祥乃復與亨合乘間愬帝帝爲下瑄等詔獄而逮治閣臣徐有貞李賢等事具賢傳承天門災帝命閣臣岳正草罪己詔詔語激切吉祥亨復愬正謗訕帝又謫正欽益張朝野仄目久之帝覺其奸意稍稍疑及李賢力言奪門非是始大悟疏吉祥無何石亨敗吉祥不自安漸蓄異謀日犒諸達官金錢穀帛恣所取諸達官恐吉祥敗而己隨黜退也皆願盡力效死欽問客馮益曰自古有宦官子弟爲天子者乎益曰君家魏武其人也欽大喜天順五年七月欽私掠家人曹福來爲言官所劾帝令錦衣指揮逯杲按之降敕徧諭群臣欽驚曰前降敕遂捕石將軍今復爾殆矣謀遂決是時甘涼告警帝命懷寧侯孫鏜西征未發吉祥使其黨掌欽天監太常少卿湯序擇是月庚子昧爽欽擁兵入而己以禁軍應之謀定欽召諸達官夜飲是夜鏜及恭順侯吳瑾俱宿朝房達官馬亮恐事敗逸出走告瑾瑾趣鏜由長安右門隙投疏入帝急縶吉祥於內而敕皇城及京城九門閉弗啓欽知亮逸中夜馳往逯杲家殺杲斫傷李賢於東朝房以杲頭示賢曰杲激我也又殺都御史寇深於西朝房攻東西長安門不得入縱火守衞者拆河壖甎石塞諸門賊往來叫呼門外鏜遣二子急召西征軍擊欽於東長安門欽走攻東安門道殺瑾復縱火門燬門內聚薪益之火熾賊不得入天漸曙欽黨稍稍散去鏜勒兵逐欽斬鉉鐳鏜子軏斫欽中膊欽走奔安定諸門門盡閉奔歸家拒戰會大雨如注鏜督諸軍大呼入欽投井死遂殺鐸盡屠其家越三日磔吉祥於市湯序馮益及吉祥姻黨皆伏誅馬亮以告反者授都督英宗始任王振繼任吉祥凡兩致禍亂其他宦者若跛兒干亦失哈喜寧韋力轉牛玉之屬率兇狡土木之敗跛兒干喜寧皆降敵跛兒干助敵反攻射內使黎定既又爲敵使至京有所需索景帝執而誅之喜寧數爲也先畫策索賞賜導入邊寇掠上皇患之言於也先使寧還京索禮物而命校尉袁彬以密書報邊臣至獨石叅將楊俊禽寧送京師景泰元年三月磔於市亦失哈鎮遼東敵犯廣寧亦失哈禁官軍勿出擊百戶施帶兒降敵爲脫脫不花通於亦失哈正統十四年冬帶兒逃歸巡按御史劉孜並劾亦失哈及他不法事景帝命誅帶兒而置亦失哈不問韋力轉者性淫毒鎮守大同多過惡銜軍妻不與宿杖死其軍又與養子妻淫戲射殺養子天順元年工部侍郎霍瑄發力轉僭用金器若王者及强娶所部女爲妾諸不法事帝怒執之下錦衣衞獄既而宥之牛玉事詳吳廢后傳其與吉祥分道征兀良哈者劉永誠永樂時嘗爲偏將累從北征宣德正統中再擊兀良哈後監鎮甘凉戰沙漠有功景泰末掌團營英宗復辟勒兵從官其嗣子聚成化中永誠始卒

懷恩高密人兵部侍郎戴綸族弟也宣宗殺綸並籍恩父太僕卿希文家恩方幼被宮爲小黃門賜名懷恩憲宗朝掌司禮監時汪直理西廠梁芳韋興等用事恩班在前性忠鯁無所撓諸奄咸敬憚之員外郎林俊論芳及僧繼曉下獄帝欲誅之恩固爭帝怒投以硯曰若助俊訕我恩免冠伏地號哭帝叱之出恩遣人告鎭撫司曰汝曹諂芳傾俊俊死汝曹何以生徑歸稱疾不起帝怒解遣醫視恩卒釋俊會星變罷諸傳奉官御馬監王敏請留馬房傳奉者帝許之敏謁恩恩大罵曰星變專爲我曹壞國政故今甫欲正之又爲汝壞天雷擊汝矣敏慚恨遂死進寶石者章瑾求爲錦衣衞鎭撫恩不可曰鎭撫掌詔獄柰何以賄進當是時尚書王恕以直諫名恩每嘆曰天下忠義斯人而已憲宗末惑萬貴妃言欲易太子恩固爭帝不懌斥居鳳陽孝宗立召歸仍掌司禮監力勸帝逐萬安用王恕一時正人彙進恩之力也卒賜祠額曰顯忠同時有覃吉者不知所由進以老奄侍太子太子年九歲吉口授四書章句及古今政典憲宗賜太子莊田吉勸毋受曰天下皆太子有也太子偶從內侍讀佛經吉入太子驚曰老伴來矣亟手孝經吉跪曰太子誦佛書乎曰無有孝經耳吉頓首曰甚善佛書誕不可信也弘治之世政治醇美君德清明端本正始吉有力焉

汪直者大藤峽猺種也初給事萬貴妃於昭德宮遷御馬監太監成化十二年黑眚見宮中妖人李子龍以符術結太監韋舍私入大內事發伏誅帝心惡之銳欲知外事直爲人便黠帝因令易服將校尉一二人密出伺察人莫知也獨都御史王越與結歡明年設西廠以直領之列官校刺事南京鎭監覃力朋進貢還以百艘載私鹽騷擾州縣武城縣典史詰之力朋擊典史折其齒射殺一人直廉得以聞逮治論斬力朋後得倖免而帝以此謂直能擿姦益幸直直乃任錦衣百戶韋瑛爲心腹屢興大獄建寧衞指揮楊曄故少師榮曾孫也與父泰爲仇家所告逃入京匿姊夫董璵所璵爲請瑛瑛陽諾而馳報直直即捕曄璵考訊三琶之琶者錦衣酷刑也骨節皆寸解絕而復甦曄不勝苦妄言寄金於其叔父兵部主事士偉所直不復奏請捕士偉下獄并掠其妻孥獄具曄死獄中泰論斬士偉等皆謫官郎中武清樂章行人張廷綱參政劉福等皆無故被收案自諸王府邊鎭及南北河道所在校尉羅列民間鬭詈雞狗瑣事輒寘重法人情大擾直每出隨從甚衆公卿皆避道兵部尚書項忠不避迫辱之權談出東廠上五月大學士商輅與萬安劉珝劉吉奏其狀帝震怒命司禮太監懷恩覃吉黃高至閣下厲色傳旨言疏出誰意輅曰數直罪甚悉因言臣等同心一意爲國除害無有先後珝慷慨泣下恩遂據實以奏頃之傳旨慰勞翼日尚書忠及諸大臣疏亦入帝不得已罷西廠使懷恩數直罪而宥之令歸御馬監調韋瑛邊衞散諸旗校還錦衣中外大悅然帝眷直不衰直因言閣疏出司禮監黃賜陳祖生意爲楊曄報復帝即斥賜祖生於南京御史戴縉者佞人也九年秩滿不得遷窺帝旨盛稱直功詔復開西廠以千戶吳綬爲鎭撫直燄愈熾未幾令東廠官校誣奏項忠且諷言官郭鏜馮貫等論忠違法事帝命三法司錦衣衞會問衆知出直意無敢違竟勒忠爲民而左都御史方賓亦失直旨褫職大學士輅亦罷去一時九卿劾罷者尚書董芳薛遠及侍郎滕昭程萬里等數十人以所善王越爲兵部尚書兼左都御史陳鉞爲右副都御史巡撫遼東十五年秋詔直巡邊率飛騎日馳數百里御史主事等官迎拜馬首箠撻守令各邊都御史畏直服櫜鞬迎謁供張百里外至遼東陳鉞郊迎蒲伏廚傳尤盛左右皆有賄直大悅惟河南巡撫秦紘與直抗禮而密奏直巡邊擾民帝弗省兵部侍郎馬文升方撫諭遼東直至不爲禮又輕鉞被陷坐戍由是直威勢傾天下直年少喜兵陳鉞諷直征伏當加立邊功自固直聽之用撫寧侯朱永總兵而自監其軍師還永封保國公鉞晉右都御史直加祿米又用王越言詐稱亦思馬因犯邊詔永同越西討直爲監軍越封威寧伯直再加祿米已伏當加寇遼東亦思馬因寇大同殺掠甚衆遼東巡按强珍發鉞奸狀直右鉞讁珍於是惡直者指王越陳鉞爲二鉞小中官阿丑工俳優一日於帝前爲醉者謾罵狀人言駕至謾如故言汪太監至則避走曰今人但知汪太監也又爲直狀操兩鉞趨帝前旁人問之曰吾將兵仗此兩鉞耳問何鉞曰王越陳鉞也帝听然而笑稍稍悟然廷臣猶未敢攻直也會東廠尚銘獲賊得厚賞直忌且怒銘不告銘懼乃廉得其所洩禁中祕語奏之盡發王越交通不法事帝始疎直十七年秋命直偕越往宣府禦敵敵退直請班師不許徙鎭大同而盡召將吏還獨留直越直既久鎭不得還寵日衰給事御史交章奏其苛擾請仍罷西廠閣臣萬安亦力言之而大同巡撫郭鏜復言直與總兵許寧不和恐憤邊事帝乃調直南京御馬監罷西廠不復設中外欣然尋又以言官言降直奉御而褫逐其黨王越戴縉吳綬等陳鉞已致仕不問韋瑛後坐他事誅人皆快之然直竟良死縉由御史不數年至南京工部尚書越鉞顚以材

進縉無他能工側媚而已西廠廢尙銘遂專東廠事聞京師有富室輒以事羅織得重賄乃已賣官鬻爵無所不至帝尋覺之謫充南京淨軍籍其家輦送內府數日不盡而陳準代爲東廠準素善懷恩旣代銘誡諸校尉曰有大逆告我非是若勿預也都人安之

梁芳者憲宗朝內侍也貪黷諛佞與韋興比而諂萬貴妃日進美珠珍寶悅妃意其黨錢能韋眷王敬等爭假採辦名出監大鎭帝以妃故不問也妖人李孜省僧繼曉皆由芳進共爲姦利取中旨授官累數千人名傳奉官有白衣躐至太常卿者陝西巡撫鄭時論芳被黜陝民哭送之帝聞頗悔斥傳奉官十人繫六人獄詔自後傳旨授官者俱覆奏然不罪芳也刑部員外郎林俊以劾芳及繼曉下獄久之帝視內帑見累朝金七窖俱盡謂芳及韋興曰糜費帑藏實由汝二人興不敢對芳曰建顯靈宮及諸祠廟爲陛下祈萬年福耳帝不懌曰吾不汝瑕後之人將與汝計矣芳大懼遂說貴妃勸帝廢太子而立興王會泰山累震占者言應在東朝帝懼乃止孝宗立謫芳居南京尋下獄興亦斥退正德初羣奄復薦興司香太和山兼分守湖廣行都司地方尚書劉大夏給事中周璽御史曹來旬諫不聽興遂復用而芳卒廢以死錢能芳黨也憲宗時鄭忠鎭貴州韋朗鎭遼東能鎭雲南竝恣縱而能尤橫貴州巡撫陳宣劾忠因請盡撤諸鎭監帝不允而雲南巡按御史郭陽顧上疏譽能請留之雲南舊制安南貢道出廣西後請改由雲南弗許也能詐言安南捕盜兵入境請遣指揮使郭景往諭其王詔從之能遂令景以玉帶綵繒犬馬遺王給其貢使改道雲南邊吏格之不得入乃去復遣景與指揮盧安等索寶貨於干崖孟密諸土司至逼淫曩罕弄女孫許爲奏授宣撫踰三年事發詔巡撫都御史王恕廉之捕景景赴井死再遣刑部郎中鍾蕃往按事皆實帝宥能而致其黨九人於法指揮姜和李祥不就逮能復上疏爲二人求宥帝曲從之巡按御史甄希賢復劾能杖守礦千戶一人死亦不罪召歸安置南京復貪縱得南京守備時恕爲南京參贊尚書能心憚恕不敢肆久之卒韋眷王敬亦芳黨眷爲廣東市舶太監縱賈人通諸番聚珍寶甚富請以廣南均徭戶六十隸市舶布政使彭韶爭之詔給其半眷又誣奏布政使陳選被逮道卒自是人莫敢逆眷者弘治初眷因結蔡用妄舉李文貴冒紀太后族降左少監撤回京事詳紀太后傳王敬好左道信妖人王臣使南方挾臣同行僞爲詔括書畫古玩聚白金十萬餘兩至蘇州召諸生使錄妖書且辱之諸生大譁巡撫王恕以聞東廠尙銘亦發其事詔斬臣而黜敬充孝陵衞淨軍

何鼎餘杭人一名文鼎性忠直弘治初爲長隨上疏請革傳奉官爲儕輩所忌壽寧侯張鶴齡兄弟出入宮禁嘗侍內庭宴帝如廁鶴齡倚酒戴帝冠鼎心怒他日鶴齡復窺御帷鼎持大瓜欲擊之奏言二張大不敬無人臣禮皇后激帝怒下鼎錦衣獄問主使鼎曰有問爲誰曰孔子孟子也給事中龐泮御史吳山及尙書周經主事李昆進士吳宗周先後論救帝以后故俱不納后竟使太監李廣杖殺鼎帝追思之賜祭勒其文於碑是時中官多守法奉詔出鎭者福建鄧原浙江麥秀河南藍忠宣府劉淸皆廉潔愛民兵部上其事賜敕旌勵又有司禮太監蕭敬者歷事英宗憲宗諳習典故善鼓琴帝嘗語劉大夏曰蕭敬朕所顧問然未嘗假以權也獨李廣蔣琮得帝寵任後二人俱敗而敬至世宗朝年九十餘始卒

李廣孝宗時太監也以符籙禱祀蠱帝因爲奸弊矯旨授傳奉官如成化間故事四方爭納賄賂又擅奪畿內民田專鹽利鉅萬起大第引玉泉山水前後遶之給事葉紳御史張縉等交章論劾帝不問十一年廣勸帝建毓秀亭於萬歲山亭成幼公主殤未幾淸寧宮災日者言廣建亭犯歲忌太皇太后恚曰今日李廣明日李廣果然禍及矣廣懼自殺帝疑廣有異書使使卽其家索之得賂籍以進多文武大臣名餽黃白米各千百石帝驚曰廣食幾何乃受米如許左右曰隱語耳黃者金白者銀也帝怒下法司究治諸交結廣者走壽寧侯張鶴齡求解乃寢勿治廣初死時司設監太監爲請祠額葬祭及是以大學士劉健等言罷給祠額猶賜祭

蔣琮大興人孝宗時守備南京沿江蘆場舊隸三廠成化初江浦縣田多沉於江而瀕江生沙洲六民請耕之以補沉江田額洲與蘆場近又瓦屑壩廢地及石城門外湖地故不隸三廠太監黃賜爲守備時受奸民獻俱指爲蘆場盡收其利民已失業而歲額租課仍責償之民孝宗立縣民相率愬於朝下南京御史姜綰等覆按弘治二年綰等劾琮與民爭利且用揭帖抗詔旨琮條辨綰疏而泛及御史劉愷方岳等及南京諸司違法事給事中韓重因星變請斥琮及太監郭鏞等以弭天怒未報而太監陳祖生復奏戶部主事盧錦給事中方向私種南京後湖田事後湖者洪武時置黃冊庫其中令主事給事中各一人守之百司不得至歲久湖塞錦向於湖灘稍種蔬伐葦給公用故爲祖生所奏事下南京法司適郭鏞奉使兩廣道南京往觀焉御史孫紘等因劾鏞擅遊禁地鏞怒歸愬於帝言府尹楊守隨勘錦向失出御史不劾奏獨繩內臣帝乃遣太監何穆大理寺少卿楊謐再勘後湖田并覆綰琮訐奏事明年奏上褫錦職謫守隨向以下官有差又勘琮不當受獻地私囑勘官所訐事皆誣綰等劾琮亦多不實竝宜逮治詔逮綰等御史伊宏給事中陳璚等皆言不宜以一內臣而置御史十人於獄不聽綰等鐫級調外而宥琮不問時劉吉竊柄素惡南京御史劾已故興此獄尚書王恕李敏給事中趙竑御史張賓先後言琮綰同罪異罰失平亦不納琮由是益無忌久之廣洋衞指揮石文通奏琮僭侈殺人掘聚寶山傷皇陵氣及毆殺商人諸罪琮竟免死充孝陵淨軍

劉瑾興平人本談氏子依中官劉姓者以進冒其姓孝宗時坐法當死得免已得侍武宗東宮武宗卽位掌鐘鼓司與馬永成高鳳羅祥魏彬邱聚谷大用張永竝以舊恩得幸人號八虎而瑾尤狡狠嘗慕王振之爲人日進鷹犬歌舞角觝之戲導帝微行帝大歡樂之漸信用瑾進內官監總督團營孝宗遺詔罷中官監鎗及各城門監局瑾皆格不行而勸帝令內臣鎭守者各貢萬金又奏置皇莊漸增至三百餘所畿內大擾外廷知八人誘帝游宴大學士劉健謝遷李東陽驟諫不聽尚書張昇給事中陶諧胡煜楊一瑛張襘御史王渙趙佑南京給事御史李光翰陸崑等交章論諫亦不聽五官監候楊源以星變陳言帝意頗動健遷等復連疏請誅瑾戶部尚書韓文率諸大臣繼之帝不得已使司禮太監陳寬李榮王岳至閣議遣瑾等居南京三反健等執不可尚書許進曰過激將有變健不從王岳者素謇直與太監范亨徐智心嫉八人具以健等語告帝且言閣臣議是健等方約文及諸九卿詰朝伏闕面爭而吏部尚書焦芳馳白瑾瑾大懼夜率永成等伏帝前環泣帝心動瑾因曰害奴等者王岳岳結閣臣欲制上出入故先去所忌耳且鷹犬何損萬幾若司禮監得人左班官安敢如是帝大怒立命瑾掌司禮監永成掌東廠大用掌西廠而夜收岳及亨智充南京淨軍旦日諸臣入朝將伏闕知事已變於是健遷東陽皆求去帝獨留東陽而令焦芳入閣追殺岳亨於途箠智折臂時正德元年十月也瑾旣得志遂以事革韓文職而杖責請留健遷者給事中呂翀劉蒞及南京給事中戴銑等六人御史薄彥徽等十五人守備南京武淸伯趙承慶府尹陸珩尚書林瀚皆以傳翀蒞疏得罪珩瀚勒致仕削承慶半祿南京副都御史陳壽御史陳琳王良臣主事王守仁復以救銑等謫杖有差瑾勢日益張毛舉官僚細過散布校尉遠近偵伺使人救過不贍因顓擅威福悉遣黨奄分鎭各邊敘大同功遷擢官校至一千五百六十餘人又傳旨授錦衣官數百員通鑑纂要成瑾誣諸翰林纂修官謄寫不謹皆被譴而命文華殿書辦官張駿等改謄超拜官秩駿由光祿卿擢禮部尚書他授京卿者數人裝潢匠役悉授官創用枷法給事中吉時御史王時中郎中劉繹張瑋尚寶卿顧璿副使姚祥參議吳廷舉等竝摭小過枷瀕死始釋而戍之其餘枷死者無數錦衣獄徽纆相屬惡錦衣僉事牟斌善視獄囚杖而錮之府丞周璽五官監候楊源杖至死源初以星變陳言罪瑾者也瑾每奏事必偵帝爲戲弄時帝厭之亟麾去曰吾用若何事乃溷我自此遂專決不復白二年三月瑾召羣臣跪金水橋南宣示奸黨大臣則大學士劉健謝遷尚書則韓文楊守隨張敷華林瀚部曹則郎中李夢陽主事王守仁王綸孫磐黃昭詞臣則檢討劉瑞言路則給事中湯禮敬陳霆徐昂陶諧劉蒞艾洪呂翀任惠李光翰戴銑徐蕃牧相徐暹張良弼葛嵩趙士賢御史陳琳貢安甫史良佐曹閔王弘任諾李熙王蕃葛浩陸崑張鳴鳳蕭乾元姚學禮黃昭道蔣欽薄彥徽潘鏜王良臣趙佑何天衢徐珏楊璋熊卓朱廷聲劉玉等皆海內號忠直者也又令六科寅入酉出使不得息以困苦之令文臣毋輒予封誥痛繩文吏寧王宸濠圖不軌賂瑾求復護衞瑾予之濠反謀遂成瑾不學每批答章奏皆持歸私第與妹壻禮部司務孫聰華亭大猾張文冕相參決辭率鄙冗焦芳爲潤色之東陽頫首而已當是時瑾權擅天下威福任情有罪人溺水死乃坐御史匡翼之罪嘗求學士吳儼賄不得又聽都御史劉宇譖怒御史楊南金乃以大計外吏奏中落二人職授播州土司楊斌爲四川按察使令奴壻閻瀠督山東學政公侯勳戚以下莫敢鈞禮每私謁相率跪拜章奏先具紅揭投瑾號紅本然後上通政司號白本皆稱劉太監而不名都察院奏讞誤名瑾瑾怒詈之都御史屠滽率屬跪謝乃已遣使察覈邊倉都御史周南張鼐馬中錫湯全劉憲布政以下官孫祿冒政方矩華福金獻民劉遜郭緒張翼郎中劉繹王藎等竝以赦前罪下獄追補邊粟憲

至瘐死。又察鹽課，杖巡鹽御史王潤，逮前運使甯舉、楊奇等。察內甲字庫，謫尚書王佐以下百七十三人。復創罰米法，嘗忤瑾者皆擿發輸邊。故尚書雍泰、馬文升、劉大夏、韓文、許進，都御史楊一清、李進、王忠，侍郎張縉，給事中趙士賢、任良弼，御史張津、陳順、喬恕、聶賢、曹來旬等數十人，悉破家，死者繫其妻孥。其年夏，御道有匿名書詆瑾所行事，瑾矯旨召百官跪奉天門下。瑾立門左詰責，日暮收五品以下官盡下獄。明日，大學士李東陽申救，瑾亦微聞此書乃內臣所爲，始釋諸臣。而主事何釴、順天推官周臣、進士陸伸已暍死。是日酷暑，太監李榮以冰瓜啗羣臣，瑾惡之。太監黃偉憤甚，謂諸臣曰：「書所言皆爲國爲民事，挺身自承，雖死不失爲好男子，奈何枉累他人。」瑾怒，即日勒榮閒住，而逐偉南京。時東廠、西廠緝事人四出，道路惶懼。瑾復立內行廠，尤酷烈，中人以微法，無得全者。又悉逐京師客傭，令寡婦盡嫁，喪不葬者焚之，輦下洶洶幾致亂。都給事中許天錫欲劾瑾，懼弗克，懷疏自縊。瑾故急賄，凡入覲、出使官皆有厚獻。給事中周鑰勘事歸，以無金自殺。其黨張綵曰：「今天下所餽遺公者，非必皆私財，往往貸京師，而歸則以庫金償。公奈何斂怨貽患。」瑾然之。會御史歐陽雲等十餘人以故事入賂，瑾皆舉發致罪，乃遣給事御史十四人分道盤察，有司爭厚斂以補帑。所遣人率阿瑾意，專務搏擊，劾尚書顧佐、侶鍾、韓文以下數十人。浙江鹽運使楊奇逋課死，至鬻其女孫。而給事中安奎、潘希曾，御史趙時中、阮吉、張彧、劉子厲以無重劾下獄，奎、彧枷且死，李東陽疏救，始釋爲民。希曾等亦皆杖斥。忤意者謫斥有差。又矯旨籍故都御史錢鉞、禮部侍郎黃景、尚書秦紘家。凡瑾所逮捕，一家犯，鄰里皆坐，或瞰河居者以河外居民坐之。屢起大獄，冤號遍道路。孝宗實錄成，翰林預纂修者當遷秩，瑾惡翰林官素不下己，調侍講吳一鵬等十六人南京六部。是時內閣焦芳、劉宇，吏部尚書張綵，兵部尚書曹元，錦衣衛指揮楊玉、石文義，皆爲瑾腹心。變更舊制，令天下巡撫入京受敕，輸瑾賂。延綏巡撫劉宇不至，逮下獄。宣府巡撫陸完後至，幾得罪，既賂，乃令試職視事。都指揮以下求遷者，瑾第書片紙曰「某授某官」，兵部即奉行，不敢復奏。邊將失律，賂入即不問，有反陞擢者。又遣其黨丈邊塞屯地，誅求苛刻。邊軍不堪，焚公廨，守臣諭之始定。給事中高淓丈滄州所，劾治六十一人，至劾其父高銓以媚瑾。又以謝遷故，令餘姚人毋授京官。以占城國使人亞劉謀逆獄，裁江西鄉試額五十名，仍禁授京秩，如餘姚，以焦芳惡華故也。瑾又自增陝西鄉試額至百名，亦爲芳增河南額至九十名，以優其鄉士。其年，帝大赦，瑾峻刑自如。刑部尚書劉璟無所彈劾，瑾詬之，璟懼，劾其屬王尚賓等三人，乃喜。給事中郗夔核榆林功，懼失瑾意，自縊死。給事中屈銓、祭酒王雲鳳請編瑾行事著爲律令。五年四月，安化王寘鐇反，檄數瑾罪。瑾始懼，匿其檄，而起都御史楊一清、太監張永爲總督討之。初，與瑾同爲八虎者，當瑾專政時，有所請多不應，永成、大用等皆怨瑾。又欲逐永，永以譎免。及永出師還，欲因誅瑾，一清爲畫策，永意遂決。瑾好招致術士，有俞日明者，妄言瑾從孫二漢當大貴。兵仗局太監孫和數遺以甲仗，兩廣鎮監潘午、蔡昭又爲造弓弩，瑾皆藏於家。永捷疏至，將以八月十五日獻俘，瑾使緩其期。永慮有變，遂先期入獻俘。畢，帝置酒勞永，瑾等皆侍。及夜，瑾退，永出寘鐇檄，因奏瑾不法十七事。帝已被酒，俛首曰：「瑾負我。」永曰：「此不可緩。」永成等亦助之。遂執瑾，繫於菜廠，分遣官校封其內外私第。次日晏朝後，帝出永奏示內閣，降瑾奉御，謫居鳳陽。帝親籍其家，得僞璽一、穿宮牌五百及衣甲、弓弩、袞衣、玉帶諸違禁物。又所常持扇，內藏利匕首二，始大怒曰：「奴果反。」趣付獄。獄具，詔磔於市，梟其首，榜獄詞處決圖示天下。族人、逆黨皆伏誅。張綵獄斃，磔其屍。閣臣焦芳、劉宇、曹元而下，尚書畢亨、朱恩等共六十餘人，皆降謫。已，廷臣奏瑾所變法，吏部二十四事，戶部三十餘事，兵部十八事，工部十三事，詔悉釐正如舊制。

張永，保定新城人。正德初，總神機營，與瑾爲黨。已而惡其所爲，瑾亦覺其不附己也，言於帝，將黜之南京。永知之，直趨帝前，訴瑾陷己。帝召瑾與質，方爭辯，永輒奮拳毆瑾。帝令谷大用等置酒爲解。由是二人益不合。及寘鐇反，命永及右都御史楊一清往討，帝戎服送之東華門，賜關防、金瓜、鋼斧以行，寵遇甚盛，瑾亦忌之。而帝方嚮永，不能間也。師出，寘鐇已禽，永遂率五百騎撫定餘黨。還次靈州，與一清言，欲奏瑾不法事。一清曰：「彼在上左右，公言能必入乎？不如以計誅之。」因爲永畫策，永大喜。語詳一清傳。是時瑾兄都督同知景祥死，京師籍籍謂瑾將以八月十五日俟百官送葬，因作亂。適永捷疏至，將以是日獻俘，瑾使緩其期，欲俟事成並禽永。或以告永，永先期入獻俘，是夜遂奏誅瑾。於是英國公張懋、兵部尚書王敞等奏永輯寧中外，兩建奇勳，遂封永兄富爲泰安伯，弟容爲安定伯。涿州男子王豸嘗刺龍形及人王字於足，永以爲妖人，禽之。兵部尚書何鑑乞加永封，下廷臣議。永欲身自封侯，引劉永誠、鄭和故事風廷臣，內閣以非制格之。永意沮，乃辭免恩澤。吏部尚書楊一清言宜聽永讓，以成其賢。事竟已。久之，坐庫官盜庫銀事，閒住。九年，北邊有警，命永督宣府、大同、延綏軍禦之，寇退乃還。寧王宸濠反，帝南征，永率邊兵二千先行。時王守仁已禽宸濠，檻車北上，永以帝意遮守仁，欲縱宸濠於鄱陽湖，俟帝至與戰。守仁不可，至杭州詣永，永拒不見。守仁叱門者，徑入，大呼曰：「我王守仁也，來與公議國家事，何拒我！」永爲氣懾。守仁因言江西荼毒已極，王師至，亂將不測。永大悟，乃曰：「羣小在側，永來欲保護聖躬耳，非欲攘功也。」因指江上檻車曰：「此宜歸我。」守仁曰：「我何用此。」即付永，而與永偕還江西。時太監張忠等已從大江至南昌，方窮治逆黨，見永至，大沮。永留數旬，促忠同歸，江西賴以安。忠等屢讒守仁，亦賴永營解獲免。武宗崩，永督九門防變。世宗立，御史蕭淮奏谷大用、邱聚輩蠱惑先帝，黨惡爲奸，並及永，詔永閒住。已而淮復劾永在江西不法事，再降永奉御，司香孝陵。然永在江西，實非有不法也。嘉靖八年，大學士楊一清等言永功大不可泯，乃起永掌御用監，提督團營。未幾卒。

谷大用者，瑾掌司禮監時，提督西廠，分遣官校遠出偵事。江西南康民吳登顯等五月五日爲競渡，誣以擅造龍舟，籍其家。天下皆重足屏息。建鷹房草場於安州，奪民田無數。瑾誅，大用辭西廠。未幾帝復欲用之，大學士李東陽力諫乃止。六年，劉六、劉七反，命大用總督軍務，偕伏羌伯毛銳、兵部侍郎陸完討之。大用駐臨清，召邊將許泰、郤永、江彬、劉暉等入內地。聽調遣，久之無功。會賊過鎮江狼山，遇颶風，舟覆，陸完兵至，殲之。遂封大用弟大亮爲永清伯，而先是，平寘鐇時，其兄大寬已封高平伯矣。義子冒陞賞者不可勝紀。世宗立，以迎立功賜金幣。給事中閻閎極論之，尋降奉御，居南京。已，召守康陵。嘉靖十年，籍其家。魏彬，當瑾時總三千營。瑾誅，代掌司禮監。其年敘寧夏功，封弟英鎮安伯，馬永成兄山亦封平涼伯。世宗立，彬不自安，爲英辭伯爵，詔改都督同知，世襲錦衣指揮使。給事中楊秉義、徐景嵩、吳巖皆言彬附和逆瑾，結姻江彬，宜置極典。帝宥不問。已而御史復論之，始令閒住。張忠，霸州人。正德時，御馬太監，與司禮張雄、東廠張銳並侍豹房用事，時號三張。性皆兇悖。忠利大盜張茂財，結爲弟，引入豹房，侍帝蹴鞠。而雄至怨其父不愛己，致自宮，拒不見，同儕勸之，乃垂簾杖其父。然後相抱泣，其無人理如此。銳以捕妖言功，加祿至一百二十石。每緝事，先令邏卒誘人爲奸，乃捕之，得賄則釋，往往以危法中人。三人並交通宸濠，受臧賢、錢寧等賄，以助成其叛。寧王反，忠勸帝親征，其遮王守仁捷，欲縱宸濠鄱陽，待帝自戰，皆忠之謀也。是時又有吳經者，尤親暱。帝南征，經先至揚州，嘗夜半燃炬通衢，遍入寡婦處女家，掠以出，號哭震遠近，許以金贖，貧者多自經。先是又有劉允者，以正德十年奉敕往迎烏斯藏僧，所齎金寶以百餘萬計，廷臣交章諫，不聽。允至成都，治裝歲餘，費又數十萬，公私匱竭。既至，爲番人所襲，允走免，將士死者數百人，盡亡其所齎。及歸，武帝已崩，世宗用御史王鈞等言，張忠、吳經發孝陵衛充軍，張雄、張銳下都察院鞫治，允亦得罪。世宗習見正德時宦侍之禍，即位後，御近侍甚嚴，有罪撻之至死，或陳尸示戒。張佐、鮑忠、麥福、黃錦輩，雖由興邸舊人掌司禮監督東廠，然皆謹飭不敢大肆。帝又盡撤天下鎮守內臣及典京營倉場者，終四十餘年不復設，故內臣之勢，惟嘉靖朝少殺云。

明史卷三百五　列傳第一百九十三

總裁官總理事務經筵講官少保兼太子太保保和殿大學士兼管吏部戶部尚書事加六級臣張廷玉等奉

敕修

宦官二

李芳　馮保
張鯨　陳增　陳奉　高淮
梁永　楊榮　陳矩
王安　魏忠賢
王體乾（李永貞等）　崔文昇
張彝憲　高起潛
王承恩　方正化

李芳，穆宗朝內官監太監也。帝初立，芳以能持正見信任。初，世宗時，匠役徐杲以營造躐官工部尚書，修盧溝橋，所侵盜萬計。其屬冒太僕少卿、苑馬卿以下職銜者以百數。隆慶元年二月，芳劾之。時杲已削官，乃下獄，遣戍，盡汰其所冒冗員。又奏革上林苑監增設皁隸，減光祿歲增米鹽及工部物料，以是大爲同類所嫉，而是時司禮諸閹滕祥、孟沖、陳洪方有寵，爭飾奇技淫巧以悅帝意，作鰲山燈，導帝爲長夜飲。芳切諫，帝不悅，祥等復媒孽之，帝遂怒，勒芳閒住。二年十一月，復杖芳八十，下刑部監禁待決尚書毛愷等言芳罪狀未明臣等莫知所坐帝曰芳事朕無禮其錮之芳錮祥等益橫前司禮太監黃錦已革廕祥輒復予之工部尚書雷禮劾祥傳造採辦器物及修補壇廟樂器多自加徵糜費巨萬工廠存留大木斬截任意臣禮力不能爭乞早賜罷帝不罪祥而令禮致仕沖傳旨下海戶王印於鎮撫司論戍法司不預聞納肅藩輔國將軍縉𡊮賄越制得嗣封肅王洪尤貪肆內閣大臣亦有因之以進者三人所糜國帑無算帝享太廟三人皆冠進賢冠服祭服以從爵賞辭謝與六卿埒廷臣論劾者太常少卿周怡以外補去給事中石星李已陳吾德御史詹仰庇尚寶丞鄭履淳皆廷杖削籍三人各廕錦衣官至二十人而芳獨久繫獄四年四月刑科都給事中舒化等以熱審届期請宥芳乃得釋充南京淨軍

馮保深州人嘉靖中爲司禮秉筆太監隆慶元年提督東廠兼掌御馬監事時司禮掌印缺保以次當得之適不悅於穆宗大學士高拱薦御用監陳洪代保由是疾拱及洪罷拱復薦用孟沖沖故掌尚膳監者例不當掌司禮保疾拱彌甚乃與張居正深相結謀去之會居正亦欲去拱專柄兩人交益固穆宗得疾保密屬居正豫草遺詔爲拱所見面責居正曰我當國柰何獨與中人具遺詔居正面赤謝過拱益惡保思逐之穆宗甫崩保言於后妃斥孟沖而奪其位又矯遺詔令與閣臣同受顧命及帝登極保升立寶座旁不下舉朝大駭保既掌司禮又督東廠兼總內外勢益張拱諷六科給事中程文十三道御史劉良弼等交章數其奸而給事中雒遵陸樹德又特疏論列拱意疏下卽擬旨逐保而保匿其疏亟與居正定謀遂逐拱去初穆宗崩拱於閣中大慟曰十歲太子如何治天下保譖於后妃曰拱斥太子爲十歲孩子如何作人主后妃大驚太子聞之亦色變迨拱去保憾猶未釋萬曆元年正月有王大臣者僞爲內侍服入乾清宮被獲下東廠保欲緣此族拱與居正謀令家人辛儒飲食之納刃其袖中俾言拱怨望遣刺帝大臣許之踰曰錦衣都督朱希孝等會鞫大臣疾呼曰許我富貴乃掠治我耶且我何處識高閣老希孝懼不敢鞫而罷會廷臣楊博葛守禮等保持之居正亦迫衆議微諷保保意稍解乃以生漆酒瘖大臣移送法司坐斬拱獲免由是舉朝皆惡保而不肖者多因之以進慈聖太后遇帝嚴保倚太后勢數挾持帝帝甚畏之時與小內豎戲見保入輒正襟危坐曰大伴來矣所昵孫海客用爲乾清宮管事牌子屢誘帝夜游別宮小衣窄袖走馬持刀又數進奇巧之物帝深寵幸保白太后召帝切責帝長跪受教惶懼甚保屬居正草帝罪已手詔令頒示閣臣詞過挹損帝年已十八覽之內慚然迫於太后不得不下居正乃上疏切諫又緣保意劾去司禮秉筆孫德秀溫太及掌兵仗局周海而令諸內侍俱自陳由是保所不悅者斥退殆盡時八年十一月也保善琴能書帝屢賜牙章曰光明正大曰爾惟鹽梅曰汝作舟楫曰魚水相逢曰風雲際會所以待之甚隆後保益橫肆卽帝有所賞罰非出保口無敢行者帝積不能堪而保內倚太后外倚居正帝不能去也然保亦時引大體內閣產白蓮翰林院有雙白燕居正以進保使使謂居正曰主上沖年不可以異物啓玩好又能約束其子弟不敢肆惡都人亦以是稱之居正固有才其所以得委任專國柄者由保爲之左右也然保性貪其私人錦衣指揮徐爵內官張大受爲保居正交關語言且數用計使兩人相疑旋復相好兩人皆在爵術中事與籌畫因恃勢招權利大臣亦多與通爵夜至禁門守衞者不敢詰其橫如此居正之奪情及杖吳中行等保有力焉已而居正死其黨益結保自固居正以遺疏薦其座主潘晟入閣保卽遣官召之御史雷士楨王國給事中王繼光相繼言其不可用晟中途疏辭內閣張四維度申時行不肯爲晟下擬旨允之帝卽報可保時病起詬曰我小恙遽無我耶皇太子生保欲封伯爵四維以無故事難之擬廕弟姪一人都督僉事保怒曰爾由誰得今日而負我御史郭惟賢請召用吳中行等保責其黨護謫之吏部尚書王國光罷保輒用其鄉人梁夢龍代爵大受等竊權如故然是時太后久歸政保失所倚帝又積怒保東宮舊閹張鯨張誠乘間陳其過惡請令閒住帝猶畏之曰若大伴上殿來朕柰何鯨曰既有旨安敢復入乃從之會御史李植江東之彈章入遂謫保奉御南京安置久之乃死其弟佑從子邦寧並官都督削職下獄瘐死大受及其黨周海何忠等八人貶小火者司香孝陵爵與大受子烟瘴永戍盡籍其家保金銀百餘萬珠寶瑰異稱是保之發南京也太后問故帝曰老奴爲張居正所惑無他過行且召還時潞王將婚所需珠寶未備太后問以爲言帝曰年來無恥臣僚盡貨以獻張馮二家其價驟貴太后曰已籍矣必可得帝曰奴黠猾先竊而逃未能盡得也而其時錦衣都督劉守有與僚屬張昭龐清馮昕等皆以籍罪人家多所隱沒得罪

張鯨新城人太監張宏名下也內豎初入宮必投一大璫爲主謂之名下馮保用事鯨害其寵爲帝畫策害保宏謂鯨曰馮公前輩且有骨力不宜去之鯨不聽旣譖逐保宏遂代保掌司禮監而鯨掌東廠宏無過惡以賢稱萬曆十二年卒張誠代掌司禮監十八年鯨罷東廠誠兼掌之二十四年春以誠聯姻武清侯擅作威福降奉御司香孝陵籍其家弟姪皆削職治罪鯨性剛果帝倚任之其在東廠兼掌內府供用庫印頗爲時相所憚而其用事司房邢尚智招權受賕萬曆十六年冬御史何出光劾鯨及其黨鴻臚序班尚智與錦衣都督劉守有相倚爲奸專擅威福罪當死者八帝命鯨策勵供事而削尚智守有職餘黨法司提問給事中陳尚象吳文梓楊文煥御史方萬策崔景榮復相繼論列報聞法司奏鯨等贓罪尚智論死鯨被切責給事中張應登再疏論之御史馬象乾并劾大學士申時行阿縱帝皆不聽命下象乾詔獄以時行及同官許國王錫爵等申救象乾疏乃留中給事中李沂至謂帝納鯨金寶故寬鯨罪帝大怒言沂等爲張居正馮保報復杖六十削其官鯨亦私家閒住已而南京兵部尚書吳文華率南九卿請罪鯨而宥言者帝亦不聽尋復召鯨入給事中陳與郊御史賈希夷南京吏部尚書陸光祖給事中徐常吉御史王以通等言益力俱不報最後大理評事雒于仁上酒色財氣四箴指鯨以賄復進帝怒甚召申時行等於毓德宮命治于仁罪而召鯨令時行等傳諭責訓之鯨寵遂衰尚智後減死充軍

陳增神宗朝礦稅太監也萬曆十二年房山縣民史錦奏請開礦下撫按查勘不果行十六年中使祠五臺山還言紫荊關外廣昌靈邱有礦砂可作銀冶帝聞之喜以大學士申時行等言而止十八年易州民周言張世才復言阜平房山各產礦砂請遣官開礦時行等仍執不可至二十年寧夏用兵費帑金二百餘萬其冬朝鮮用兵首尾八年費帑金七百餘萬二十七年播州用兵又費帑金二三百萬三大征踵接國用大匱而二十四年乾清坤寧兩宮災二十五年皇極建極中極三殿災營建乏資計臣束手礦稅由此大興矣其遣官自二十四年始其後言礦者爭走闕下帝卽命中官與其人偕往天下在在有之眞保薊永則王亮昌黎遷安則田進昌平橫嶺淶水珠寶窩山則王忠眞定復益以王虎并採山西平定稷山浙江則曹金後代以劉忠陝西則趙欽山西則張忠河南則魯坤廣東則李鳳李敬雲南則楊榮遼東則高淮江西則潘相福建則高寀湖廣則陳奉而增奉敕開採山東通都大邑皆有稅監兩淮則有鹽監廣東則有珠監或專遣或兼攝大璫小監縱橫繹騷吸髓飲血以供進奉大率入公帑者不及什一而天下蕭然生靈塗炭矣其最橫者增及陳奉高淮二十四年增始至山東卽劾福山知縣韋國賢帝爲逮問削職益都知縣吳宗堯抗增被陷幾死詔獄巡撫尹應元奏增二十大罪亦罰俸已復命增兼徵山東店稅與臨清稅監馬堂相爭帝爲和解使堂稅臨清增稅東昌增益肆無忌其黨內閣中書程守訓中軍官仝治等自江南北至浙江大作奸弊稱奉密旨搜金寶募人告密誣大商巨室藏違禁物所破滅什伯家殺人莫敢問御史劉曰梧具以狀聞鹽務少監魯保亦奏守訓等阻塞鹽課帝俱弗省久之鳳陽巡撫李三才劾守訓奸贓增懼因搜得守訓違禁珍寶及賕銀四十餘萬聞於朝命械入京鞫治乃論死而增肆惡山東者十年至三十三年始死陳奉御馬監奉御也萬曆二十七年二月命徵荊州店稅兼採興國州礦洞丹砂及錢廠鼓鑄事奉兼領數使恣行威虐每託巡歷鞭笞官吏剽劫行旅商民恨刺骨伺奉自武昌抵荊州聚數千人譟於塗競擲瓦石擊之奉走免遂誣襄陽知府李商畊黃州知府趙文煒荊州推官華鈺荊門知州高則巽黃州經歷車任重等煽亂帝爲逮鈺任重而謫商畊等官興國州奸人漆有光訐居民徐鼎等掘唐相李林甫妻楊氏墓得黃金巨萬騰驤衞百戶仇世亨奏之帝命奉括進內庫奉因毒拷責償且悉發境內諸墓巡按御史王立賢言所掘墓乃元呂文德妻非林甫妻奸人訐奏語多不讐請罷不治而停他處開掘不報二十八年十二月武昌民變南京吏部主事吳中明奏言奉嚇詐官民僭稱千歲其黨至直入民家奸淫婦女或掠入稅監署中王生之女沈生之妻皆被逼辱以致士民公憤萬餘人甘與奉同死撫按三司護之數日僅而得全而巡撫支可大曲爲蒙蔽天下禍亂將何所底大學士沈一貫亦言陳奉入楚始而武昌一變繼之漢口黃州襄陽武昌寶慶德安湘潭等處變經十起幾成大亂立乞撤回以收楚民之心帝皆置不問奉復使人開穀城礦不獲脅其庫金爲縣民所逐武昌兵備僉事馮應京劾奉十大罪奉隨誣奏降應京雜職奉又開棗陽礦知縣王之翰以顯陵近執不可奉劾之翰及襄陽通判邸宅推官何棟如緹騎逮訊并追逮應京應京素有惠政民號哭送之奉又榜列應

京罪狀於衢民切齒恨復相聚圍奉署誓必殺奉奉逃匿楚王府衆乃投奉黨耿文登等十六人於江以巡撫可大護奉焚其轅門事聞一貫及給事中姚文蔚等請撤奉不報而御馬監監丞李道方督理湖口船稅亦奏奉水沮商舟陸截販賈徵三解一病國剝民帝始召奉歸而用一貫請革可大職奉在湖廣二年幓毒備至及去金寶財物鉅萬計可大懼爲民所掠多與徒衞導之出疆楚民無不毒恨者奉至京師給事中陳維春郭如星復極言其罪帝不懌降二人雜職三十二年始釋應京歸之翰卒痍死當奉劾商畊等時臨淸民亦譟而逐馬堂馬堂者天津稅監也兼轄臨淸始至諸亡命從者數百人白晝手鋃鐺奪人產抗者輒以違禁罪之僮告主者畀以十之三中人之家破者大半遠近爲罷市州民萬餘縱火焚堂署斃其黨三十七人皆黥臂諸偷也事聞詔捕首惡株連甚衆有王朝佐者素仗義慨然出曰首難者我也臨刑神色不變知府李士登恤其母妻臨淸民立祠以祀後十餘年堂擅往揚州巡鹽御史徐縉芳劾其九罪不問高淮尚膳監監丞也神宗寵愛諸稅監自大學士趙志皐沈一貫而下廷臣諫者不下百餘疏悉寢不報而諸稅監有所糾劾朝上夕下輒加重譴以故諸稅監益驕而淮及梁永尤甚淮與陳奉同時採礦徵稅遼東委官廖國泰虐民激變淮誣繫諸生數十人巡按楊宏科救之不報參隨楊永恩婪賄事發奉旨會勘卒不問淮又惡遼東總兵馬林不爲己下劾罷之給事中侯先春疏救遂戍林而謫先春雜職巡按何爾健與淮互訐奏淮遣人邀於路責其奏事人錮之獄匿疏不以聞又請復遼東馬市巡撫趙楫力爭始得寢三十一年夏淮率家丁三百餘張飛虎幟金鼓震天聲言欲入大內謁帝潛住廣渠門外給事中田大益孫善繼姚文蔚等言淮擅括士民取金至數十萬招納諸亡命降人意欲何爲吏部尚書李戴刑部尚書蕭大亨皆劾淮擅離信地挾兵潛住京師乃數百年未有之事御史袁九皐劉四科孔貞一給事中梁有年等各疏劾淮不報巡撫楫劾淮罪惡萬端且無故打死指揮張汝立亦不報淮因上疏自稱鎭守協同關務兵部奏其妄帝心護淮謬曰朕固命之矣淮自是益募死士時時出塞射獵發黃票龍旗走朝鮮索冠珠貂馬數與邊將爭功山海關內外咸被其毒又扣除軍士月糧三十六年四月前屯衞軍甲而譟誓食淮肉六月錦州松山軍復變淮懼內奔誣同知王邦才參將李孟陽逐殺欽使劫奪御用錢糧二人皆逮問邊民益譁薊遼總督蹇達再疏暴淮罪乃召歸而以通灣稅監張曄兼領其事孟陽竟死獄中邦才至四十一年乃釋

梁永御馬監監丞也萬曆二十七年二月命往陝西徵收名馬貨物稅監故不典兵永獨畜馬五百匹招致亡命用千戶樂綱出入邊塞富平知縣王正志發其奸并劾礦監趙欽詔逮正志瘐死詔獄中渭南知縣徐斗牛廉吏也永責賂箠斃縣吏卒斗牛憤恨自縊死巡撫賈待問奏之帝顧使永會勘永反劾西安同知宋賢并劾待問有私請皆勘帝從之而宥待問永又請兼鎭守職銜又請率兵巡花馬池慶陽諸鹽池徵其課緣是帥諸亡命具旌蓋鼓吹巡行陝地盡發歷代陵寢搜摸金玉旁行劫掠所至邑令皆逃杖死縣丞鄭思顏指揮劉應聘諸生李洪遠等縱樂綱等肆爲淫掠私宮良家子數十人稅額外增耗數倍藍田等七關歲得十萬復用奸人胡奉言索咸陽冰片五十斤羊毛一萬斤麝香二十斤知縣宋時際怒勿予咸寧人道行遇盜跡之稅使役也知縣滿朝薦捕得之永誣時際朝薦劫稅銀帝命逮時際而以朝薦到官未久鐫秩一級陝西巡撫顧其志盡發其奸且言秦民萬衆共圖殺永大學士沈鯉朱賡請械永歸以安衆心帝悉置不報而釋時際勿逮復朝薦官會御史余懋衡方按陝西永懼使綱酖懋衡幾死訟於朝言官攻永者數十疏永部下諸亡命乃稍稍散其渠魁王九功石君章等齎重寶輜軿盈路詐爲上供物持劍戟弓弩結陣以行而永所遣入解馬匹者已乘郵傳先發九功等急馳欲追及與同出關朝薦疑其盜見九功等後至無驗遣兵與格鬭追至渭南殺數人盡奪其裝御史懋衡以捕盜殺傷聞永大窘聽樂綱謀使人繫疏髮中馳奏九功等各貢名馬金珠睛綠諸寶物而咸寧知縣朝薦承余御史指伏兵渭南遮劫之斃君章等誣以盜帝怒曰御史酖無恙而朝薦代爲報復且劫貢物敕逮朝薦而令撫按護永等還京三十四年事也是年楊榮爲雲南人所殺初榮妄奏阿瓦猛密諸番願內屬其地有寶井可歲益數十萬願賜敕領其事帝許之旣而榮所進不得什一乃誣知府熊鐸侵匿下法司又請詔麗江土知府木增獻地聽開採巡按御史宋興祖言太祖令木氏世守玆土限石門以絕西域守鐵橋以斷土蕃柰何自撤藩蔽生遠人心不報榮由是愈怙寵誣劾尋甸知府蔡如川趙州知州甘學書皆下詔獄已又誣劾雲南知府周鐸下法司提問百姓恨榮入骨相率燔稅廠殺委官張安民榮弗悛恣行威虐杖斃數千人至是怒指揮使樊高明後期榜掠絕觔枷以示衆又以求馬不獲繫指揮使賀瑞鳳且言將盡捕六衞官於是指揮賀世勳韓光大等率寃民萬人焚榮第殺之投火中并殺其黨二百餘人事聞帝爲不食者數日欲逮問守土官大學士沈鯉揭爭且密屬太監陳矩剖示帝乃止誅世勳等而用巡撫陳用賓議令四川稅使邱乘雲兼攝雲南事當是時帝所遣中官無不播虐逞兇者湖口稅監李道劾降九江府經歷樊圃充又劾逮南康知府吳寶秀星子知縣吳一元降臨江知府顧起淹山西稅監孫朝劾降夏縣知縣韓薰給事中程紹以救薰鐫一級給事中李應策等復救之遂削紹薰職巡撫魏允貞以阻撓罷去廣東稅監李鳳劾逮鄉官通判吳應鴻等鳳與珠池監李敬相仇巡按李時華恃敬援劾鳳給事中宋一韓言鳳乾沒五千餘萬他珍寶稱是吏部尚書李戴等言鳳釀禍致潮陽鼓譟粵中人爭欲殺之帝不問而敬惡亦不減於鳳採珠七八年歲得珠近萬兩其後珠池盜起敬乃請罷採山西礦監張忠劾降夏縣知縣袁應春又劾逮西城兵馬戴文龍江西礦監潘相激浮梁景德鎭民變焚燒廠房饒州通判陳奇可諭散之相反劾逮奇可相檄上饒縣勘礦洞知縣李鴻戒邑人敢以食物市者死相竟日饑渴憊而歸乃螫鴻罷其官橫嶺礦監王虎以廣昌民變劾降易州知州孫大祚蘇杭織造太監兼管稅務孫隆激民變遍焚諸札委稅官家隆急走杭州以免福建稅監高寀薦布政使陳性學立擢巡撫居閩十餘年廣肆毒害四十二年四月萬衆洶洶欲殺寀寀率甲士二百餘人入巡撫袁一驥署露刃劫之令諭衆退復挾副使李思誠僉事呂純如等至私署要盟始釋一驥復拘同知陳豸於署者久之事聞帝召寀還命出豸而一驥由此罷他若山東張曄河南魯坤四川邱乘雲輩皆爲民害迨帝崩始下遺詔罷礦稅撤諸中使還京

陳矩安肅人萬曆中爲司禮秉筆太監二十六年提督東廠爲人平恕識大體嘗奉詔收書籍中有侍郎呂坤所著閨範圖說帝以賜鄭貴妃妃自爲序鋟諸木時國本未定或作閨範圖說跋名曰憂危竑議大指言貴妃欲奪儲位坤陰助之并及張養蒙魏允貞等九人語極妄誕踰三年皇太子立至三十一年十一月甲子昧爽自朝房至勳戚大臣門各有匿名書一帙名曰續憂危竑議言貴妃與大學士朱賡戎政尚書王世揚三邊總督李汶保定巡撫孫瑋少卿張養志錦衣都督王之楨千戶王名世王承恩等相結謀易太子其言益妄誕不經矩獲之以聞大學士賡奏亦入帝大怒敕矩及錦衣衞大索必得造妖書者時大獄猝發緝校交錯都下以風影捕繫所株連甚衆之禎欲陷錦衣指揮周嘉慶首輔沈一貫欲陷次輔沈鯉侍郎郭正域俱使人屬矩矩正色拒之已而百戶蔣臣捕皦生光至生光者京師無賴人也嘗僞作富商包繼志詩有鄭主乘黃屋之句以脅國泰及繼志金故人疑而捕之酷訊不承妻妾子弟皆掠治無完膚矩心念生光即冤然前罪已當死且獄無主名上必怒甚恐輾轉攀累無已禮部侍郎李廷機亦以生光前詩與妖書詞合乃具獄生光坐凌遲死鯉正域嘉慶及株連者皆賴矩得全三十三年掌司禮監督廠如故帝欲杖建言參政姜士昌以矩諫而止雲南民殺稅監楊榮帝欲盡捕亂者亦以矩言獲免明年奉詔慮囚御史曹學程以阻封日本酋關白事繫獄且十年法司請於矩求出矩謝不敢已而密白之竟得釋餘亦多所平反又明年卒賜祠額曰淸忠自馮保張誠張鯨相繼獲罪其黨有所懲不敢大肆帝亦惡其黨盛有缺多不補迨晚年用事者寥寥東廠獄中至生靑草帝常膳舊以司禮輪供後司禮無人乾淸宮管事牌子常雲獨辦以故偵卒稀簡中外相安惟四方採榷者帝實縱之故貪殘肆虐民心憤怨尋致禍亂云

王安雄縣人初隸馮保名下萬曆二十二年陳矩薦於帝命爲皇長子伴讀時鄭貴妃謀立己子數使人摭皇長子過安善調護貴妃無所得梃擊事起貴妃心懼安爲太子屬草下令旨釋羣臣疑以安貴妃帝大悅光宗卽位擢司禮秉筆太監遇之甚厚安用其客中書舍人汪文言勸帝行諸善政發帑金濟邊起用直臣鄒元標王德完等中外翕然稱賢大學士劉一燝給事中楊漣御史左光斗等皆重之初西宮李選侍怙寵陵熹宗生母王才人安內忿不平及光宗崩選侍與心腹閹李進忠等謀挾皇長子自重安發其謀於漣漣偕一燝等入臨安紿選侍抱皇長子出擇吉卽位選侍移別宮去事詳一燝等傳熹宗心德安言無不納安爲人剛直而疎又善病不能數見帝魏忠賢始進自結於安名下魏朝朝日夕譽忠賢安信之及安怒朝與忠賢爭客氏也勒朝退而忠賢客氏日得志忌安甚天啓元年五月帝命安掌司禮監安以故事辭客氏勸帝從其請與忠賢謀殺之忠賢猶豫未忍客氏曰爾我孰若西李而欲遺

患耶忠賢意乃決嗾給事中霍維華論安降充南海子淨軍而以劉朝爲南海子提督使殺安劉朝者李選侍私閹故以移宮盜庫下獄宥出者旣至絕安食安取籬落中蘆菔啗之三日猶不死乃撲殺之安死三年忠賢遂誣東林諸人與安交通興大獄淸流之禍烈矣莊烈帝立賜祠額曰昭忠

魏忠賢肅寧人少無賴與羣惡少博不勝爲所苦恚而自宮變姓名曰李進忠其後乃復姓賜名忠賢云忠賢自萬曆中選入宮隸太監孫暹夤緣入甲字庫又求爲皇長孫母王才人典膳諂事魏朝朝數稱忠賢於安安亦善遇之長孫乳媼曰客氏素私侍朝所謂對食者也及忠賢入又通焉客氏遂薄朝而愛忠賢兩人深相結光宗崩長孫嗣立是爲熹宗忠賢客氏並有寵未踰月封客氏奉聖夫人廕其子侯國興弟客光先及忠賢兄釗俱錦衣千戶忠賢尋自惜薪司遷司禮秉筆太監兼提督寶和三店忠賢不識字例不當入司禮以客氏故得之天啓元年詔賜客氏香火田敘忠賢治皇祖陵功御史王心一諫不聽及帝大婚御史畢佐周劉蘭請遣客氏出外大學士劉一燝亦言之帝戀戀不忍舍曰皇后幼賴媼保護俟皇祖大葬議之忠賢顓客氏逐魏朝又忌王安持正謀殺之盡斥安名下諸閹客氏淫而狠忠賢不知書頗强記猜忍陰毒好諛帝深信任此兩人兩人勢益張用司禮監王體乾及李永貞石元雅涂文輔等爲羽翼宮中人莫敢忤旣而客氏出復召入御史周宗建侍郎陳邦瞻御史馬鳴起給事中侯震暘先後力諍俱被詰責給事中倪思輝朱欽相王心一復言之並謫外尚未指及忠賢也忠賢乃勸帝選武閹鍊火器爲內操密結大學士沈漼爲援又日引帝爲倡優聲伎狗馬射獵刑部主事劉宗周首劾之帝大怒賴大學士葉向高救免初神宗在位久怠於政事章奏多不省廷臣漸立門戶以危言激論相尚國本之爭指斥宮禁宰輔大臣爲言者所彈擊輒引疾避去吏部郎顧憲成講學東林書院海內士大夫多附之東林之名自是始旣而梃擊紅丸移宮三案起盈廷如聚訟與東林忤者衆目之爲邪黨天啓初廢斥殆盡識者已憂其過激變生及忠賢勢成其黨果謀倚之以傾東林而徐大化霍維華孫杰首附忠賢劉一燝及尚書周嘉謨並爲杰劾去然是時葉向高韓爌方輔政鄒元標趙南星王紀高攀龍等皆居大僚左光斗魏大中黃尊素等在言路皆力持淸議忠賢未克逞二年敘慶陵功廕忠賢弟姪錦衣衞指揮僉事給事中惠世揚尚書王紀論沈漼交通客魏俱被譴去會初夏雨雹周宗建言雹不以時忠賢讒慝所致修撰文震孟太僕少卿滿朝薦相繼言之亦俱黜三年春引其私人魏廣微爲大學士令御史郭鞏訐宗建一燝元標及楊漣周朝瑞等保舉熊廷弼黨邪誤國宗建駁鞏受忠賢指揮御史方大任助宗建攻鞏及忠賢皆不勝其秋詔忠賢及客氏子國興所廕錦衣官並世襲兵部尚書董漢儒給事中程註御史汪泗論交諫不從忠賢益無忌增置內操萬人衷甲出入恣爲威虐矯詔賜光宗選侍趙氏死裕妃張氏有娠客氏譖殺之又革成妃李氏封皇后張氏娠客氏以計墮其胎帝由此乏嗣他所害宮嬪馮貴人等太監王國臣劉克敬馬鑑等甚衆禁掖事祕莫詳也是冬兼掌東廠事四年給事中傅櫆結忠賢甥傅應星爲兄弟誣奏中書汪文言並及左光斗魏大中下文言鎭撫獄將大行羅織掌鎭撫劉僑受葉向高教止坐文言忠賢大怒削僑籍而以私人許顯純代是時御史李應昇以內操諫給事中霍守典以忠賢乞祠額諫御史劉廷佐以忠賢濫廕諫給事中沈惟炳以立枷諫忠賢皆矯旨詰責於是副都御史楊漣憤甚劾忠賢二十四大罪疏上忠賢懼求解於韓爌爌不應遂趨帝前泣訴且辭東廠而客氏從旁爲剖析體乾等翼之帝懵然不辨也遂溫諭留忠賢而於次日下漣疏嚴旨切責漣旣絀魏大中及給事中陳良訓許譽卿撫寧侯朱國弼南京兵部尚書陳道亨侍郎岳元聲等七十餘人交章論忠賢不法向高及禮部尚書翁正春請遣忠賢歸私第以塞謗不許當是時忠賢憤甚欲盡殺異己者顧秉謙因陰籍其所忌姓名授忠賢使以次斥逐王體乾復昌言用廷杖威劫廷臣未幾工部郎中萬燝上疏刺忠賢立杖死又以御史林汝翥事辱向高向高遂致仕去汝翥亦予杖廷臣俱大讋一時罷斥者吏部尚書趙南星左都御史高攀龍吏部侍郎陳于廷及楊漣左光斗魏大中等先後數十人已又逐韓爌及兵部侍郎李邦華正人去國紛紛若振槁乃矯中旨召用例轉科道以朱童蒙郭允厚爲太僕少卿呂鵬雲孫杰爲大理丞復霍維華郭興治爲給事中徐景濂賈繼春楊維垣爲御史而起徐兆魁王紹徽喬應甲徐紹吉阮大鋮陳爾翌張養素李應薦李嵩楊春懋等爲之爪牙未幾復用擬戍崔呈秀爲御史呈秀乃造天鑒同志諸錄王紹徽亦造點將錄皆以鄒元標顧憲成葉向高劉一燝等爲魁盡羅入不附忠賢者號曰東林黨人獻於忠賢忠賢喜於是羣小益求媚忠賢擴臂攻東林矣初朝臣爭三案及辛亥癸亥兩京察與熊廷弼獄事忠賢本無預其黨欲藉忠賢力傾諸正人遂相率歸忠賢稱義兒且云東林將害翁以故忠賢欲甘心焉御史張訥倪文煥給事中李魯生工部主事曹欽程等競搏擊善類爲報復而御史梁夢環復興汪文言獄下鎭撫司拷死許顯純具爰書詞連趙南星楊漣等二十餘人削籍遣戍有差逮漣及左光斗魏大中周朝瑞袁化中顧大章等六人至牽入熊廷弼案中掠治死於獄又殺廷弼而杖其姻御史吳裕中至死又削逐尚書李宗延張問達侍郎公鼐等五十餘人朝署一空而特召亓詩教劉述祖等爲御史私人悉不次超擢於是忠賢之黨徧要津矣當是時東廠番役橫行所緝訪無論虛實輒糜爛戚臣李承恩者寧安大長公主子也家藏公主賜器忠賢誣以盜乘輿服御物論死中書吳懷賢讀楊漣疏擊節稱歎奴告之斃懷賢籍其家武弁蔣應陽爲廷弼訟冤立誅死民間偶語或觸忠賢輒被擒僇甚至剝皮封舌所殺不可勝數道路以目其年敘門功加恩三等廕都督同知又廕其族叔魏志德都督僉事擢傅應星爲左都督且旌其母而以魏良卿僉書錦衣衞掌南鎭撫司事六年二月鹵簿大駕成廕都督僉事復使其黨李永貞僞爲浙江太監李實奏逮治前應天巡撫周起元及江浙里居諸臣高攀龍周宗建繆昌期周順昌黃尊素李應昇等攀龍赴水死順昌等六人死獄中蘇州民見順昌逮不平毆殺二校尉巡撫毛一鷺爲捕顏佩韋等五人悉誅死刑部尚書徐兆魁治獄視忠賢所怒卽坐大辟又從霍維華言命顧秉謙等修三朝要典極意詆諸黨人惡御史徐復陽請毀講學書院以絕黨根御史盧承欽又請立東林黨碑海內皆屛息喪氣霍維華遂教忠賢冒邊功矣遼陽男子武長春遊妓家有妄言東廠禽之許顯純掠治故張其辭云長春敵間不獲且爲亂賴廠臣忠智立奇勳詔封忠賢姪良卿爲肅寧伯賜宅第莊田頒鐵券吏部尚書王紹徽請崇其先世詔贈忠賢四代如本爵忠賢又矯詔遣其黨太監劉應坤陶文紀用鎭山海關收攬兵柄再敘功廕都督同知世襲錦衣衞指揮使各一人浙江巡撫潘汝楨奏請爲忠賢建祠倉場總督薛貞言草場火以忠賢救得無害於是頌功德者相繼諸祠皆自此始矣編修吳孔嘉與宗人吳養春有讐誘養春僕告其主隱占黃山養春父子瘐死忠賢遣主事呂下問評事許志吉先後往徽州籍其家株蔓殘酷知府石萬程不忍削髮去徽州幾亂其黨都督張體乾誣揚州知府劉鐸代李承恩謀釋獄結道士方景陽詛忠賢鐸竟斬又以睚眦怨誣新城侯子錦衣王國興論斬並黜主事徐石麒御史門克新誣吳人顧同寅孫文豸誄熊廷弼坐妖言律斬又逮侍郎王之寀斃於獄凡忠賢所宿恨若韓爌張問達何士晉程註等雖已去必削籍重或充軍死必追贓破其家或忠賢偶忘之其黨必追論前事激忠賢怒當此之時內外大權一歸忠賢內豎自王體乾等外又有李朝欽王朝輔孫進王國泰梁棟等三十餘人爲左右擁護外廷文臣則崔呈秀田吉吳淳夫李龍倪文煥主謀議號五虎武臣則田爾耕許顯純孫雲鶴楊寰崔應元主殺僇號五彪又吏部尚書周應秋太僕少卿曹欽程等號十狗又有十孩兒四十孫之號而爲呈秀輩門下者又不可數計自內閣六部至四方總督巡撫徧置死黨心忌張皇后其年秋誣后父張國紀縱奴不法矯中宮旨冀搖后帝爲致奴法而誚讓國紀忠賢未慊復使順天府丞劉志選御史梁夢環交發國紀罪狀並言后非國紀女會王體乾危言沮之乃止其冬三殿成李永貞周應秋奏忠賢功遂進上公加恩三等魏良卿時已晉肅寧侯矣亦晉寧國公食祿如魏國公例再加恩廕錦衣指揮使一人同知一人工部尚書薛鳳翔奏給賜第已而太監陶文奏築喜峰隘口成督師王之臣奏築山海城刑部尚書薛貞奏大盜王之錦獄南京修孝陵工竣甘鎭奏捷蕃育署丞張永祚獲盜並言忠賢區畫方略忠賢又自奏三年緝捕功詔書褒獎半歲中所廕錦衣指揮使四人同知三人僉事一人授其姪希孟世襲錦衣同知甥傅之琮馮繼先並都督僉事而擢崔呈秀弟凝秀爲薊鎭副總兵名器僭濫於是爲極其同類盡鎭薊遼山西宣大諸阸要地總兵梁柱朝楊國棟等歲時賂名馬珍玩勿絕七年春復以崔文昇總漕運李明道總河道胡良輔鎭天津文昇故侍光宗藥爲東林所攻者也海內爭望風獻諂諸督撫大吏閻鳴泰劉詔李精白姚宗文等爭頌德立祠洶洶若不及下及武夫賈豎諸無賴子亦各建祠窮極工巧攘奪民田廬斬伐墓木莫敢控愬而監生陸萬齡至請以忠賢配孔子以忠賢父配啓聖公初潘汝禎首上疏御史劉之待會藁遲一日卽削籍而薊州道胡士容以不具建祠文遵化道耿如杞入祠不拜皆下獄論死故天下風靡章奏無巨細輒頌忠賢宗室若楚王華煃中書朱愼鋻勳

戚若豐城侯李永祚廷臣若尚書邵輔忠李養德曹思誠總督張我續及孫國楨張翌明郭允厚楊維和李時馨汪若極何廷樞楊維新陳維新陳爾翼郭如闇郭希禹徐溶輩佞詞累牘不顧羞恥忠賢亦時加恩澤以報之所有疏咸稱廠臣不名大學士黃立極施鳳來張瑞圖票旨亦必曰朕與廠臣無敢名忠賢者山東產麒麟巡撫李精白圖象以聞立極等票旨云廠臣修德故仁獸至其誣罔若此前後賜奬敕無算誥命皆擬九錫文是年自春及秋忠賢冒款汪燒餅禽阿班歹羅銕等功積蔭錦衣指揮使至十有七人其族孫希孔希孟希堯希舜鵬程姻戚董芳名王選楊六奇楊祚昌皆至左右都督及都督同知僉事等官又加客氏弟光先亦都督魏撫民又從錦衣改尚寶卿而忠賢志願猶未極會袁崇煥奏寧遠捷忠賢乃令周應秋奏封其從孫鵬翼爲安平伯再敘三大工功封從子良棟爲東安侯加良卿太師鵬翼少師良棟太子太保因徧賚諸廷臣用呈秀爲兵部尚書兼左都御史獨紬崇煥功不錄時鵬翼良棟皆在襁褓中未能行步也良卿至代天子饗南北郊祭太廟於是天下皆疑忠賢竊神器矣帝性機巧好親斧鋸髹漆之事積歲不倦每引繩削墨時忠賢輩輒奏事帝厭之謬曰朕已悉矣汝輩好爲之忠賢以是恣威福惟己意歲數出輒坐文軒羽幢青蓋四馬若飛鐃鼓鳴鏑之聲轟隱黃埃中錦衣玉帶鞾袴握刀者夾左右馳廚傳優伶百戲輿隸相隨屬以萬數百司章奏置急足馳白乃下所過士大夫遮道拜伏至呼九千歲忠賢顧盼未嘗及也客氏居宮中脅持皇后殘虐宮嬪偶出歸私第騶從赫奕照衢路望若鹵簿忠賢故騃無他長其黨日夜教之客氏爲內主羣凶煽虐以是毒痡海內

七年秋八月熹宗崩信王立王素稔忠賢惡深自儆備其黨自危楊所修楊維垣先攻崔呈秀以嘗帝主事陸澄原錢元慤員外郎史躬盛遂交章論忠賢帝猶未發於是嘉興貢生錢嘉徵劾忠賢十大罪一並帝二蔑后三弄兵四無二祖列宗五尅削藩封六無聖七濫爵八掩邊功九朘民十通關節疏上帝召忠賢使內侍讀之忠賢大懼急以重寶啗信邸太監徐應元求解應元故忠賢博徒也帝知之斥應元十一月遂安置忠賢於鳳陽尋命逮治忠賢行至阜城聞之與李朝欽偕縊死詔磔其屍懸首河間笞殺客氏於浣衣局魏良卿侯國興客光先等並棄市籍其家客氏之籍也於其家得宮女八人蓋將效呂不韋所爲人尤疾之崇禎二年命大學士韓爌等定逆案始盡逐忠賢黨東林諸人復進用諸麗逆案者日夜圖報復其後溫體仁薛國觀輩相繼柄政潛傾正人爲翻逆案地帝亦厭廷臣黨比復委用中璫而逆案中阮大鋮等卒肆毒江左至於滅亡

王體乾李永貞涂文輔皆忠賢黨體乾昌平人柔佞深險熹宗初爲尚膳太監遷司禮秉筆王安之辭司禮掌印也體乾急謀於客魏奪之而置安於死用是一意附忠賢爲之盡力故事司禮掌印者位東廠上體乾避忠賢獨處其下故忠賢一無所忌楊漣劾忠賢疏上帝命體乾誦之置疏中切要語不讀漣遂得譴萬燝之死出體乾意忠賢不識字體乾與永貞等爲之謀主遇票紅文書及改票動請御筆體乾獨奏忠賢默然也及忠賢昌陵工殿工邊功等賞體乾永貞輩亦各廕錦衣官數人嘗疑選人錢受益黃願素爲錢謙益黃尊素兄弟欲並禁錮其阿媚忠賢如此及莊烈帝定逆案革體乾職籍其家永貞通州人萬曆中爲內侍犯法被繫者十八年光宗立得釋忠賢用事引其黨諸棟史賓等爲秉筆永貞入棟幕與忠賢掌班劉榮爲死友棟死奮緣得通於忠賢由文書房陞秉筆太監匝月五遷與體乾文輔及石元雅共爲忠賢心腹凡章奏入永貞等先鈔識款要白忠賢議行崔呈秀所獻諸錄永貞等各置小冊袖中遇有處分則爭出冊告曰此某錄中人也故無得免者永貞性貪督三殿工治信王邸所侵沒無算莊烈帝立永貞陽引退行十五萬金於體乾及司禮王永祚王本政求援三人惡其反覆首於帝永貞懼遂亡去既而被獲謫鳳陽尋以僞草李實奏逮至伏誅文輔初爲客氏子侯國興授讀諂附忠賢由司禮秉筆歷掌御馬監總督太倉節愼二庫奪寧安大長公主第爲廨署曰戶工總部騶從常數百人部郎以下皆庭參勢燄出羣閹上莊烈帝立復附徐應元謫南京時有劉若愚者故隸陳矩名下善書好學有文天啓初李永貞取入內直房主筆札永貞多密謀若愚心識之不敢與外廷通忠賢敗若愚爲楊維垣所劾充孝陵淨軍已御史劉重慶以李實誣高攀龍等七人事劾實實疏辨言係空印紙乃忠賢逼取之令永貞填書者帝驗疏墨在朱上遂誅永貞坐若愚大辟久之得釋若愚當忠賢時祿賜未嘗一及既幽囚痛己之冤而恨體乾文輔輩之得漏網也作酌中志以自明凡四卷見者憐之

崔文昇者鄭貴妃宮中內侍也光宗立陞司禮秉筆掌御藥房時貴妃進帝美女四人帝幸焉既而有疾文昇用大黃藥益劇不視朝外廷洶洶皆言文昇受貴妃指有異謀給事中楊漣言陛下哀毀之餘萬幾勞瘁文昇誤用伐藥又搆造流言謂侍御蠱惑損陛下令名陛下柰何置賊臣於肘腋間哉然搆造之說漣疑文昇誤用藥故爲此以圖卸罪其實出於文昇果否未知也未幾光宗服鴻臚丞李可灼紅丸遂崩言者交攻可灼及閣臣方從哲惟御史鄭宗周等直指文昇給事中魏大中言文昇之惡不下張差御史吳甡亦謂其罪浮可灼下廷議可灼論戍文昇謫南京及忠賢用事召文昇總督漕運兼管河道莊烈帝即位召回御史吳煥復劾之疏甫上文昇即結同黨伏宮門號哭聲徹御座帝大怒並其黨皆杖一百充孝陵淨軍

張彝憲莊烈帝朝司禮太監也帝初即位鑒魏忠賢禍敗盡撤諸方鎭守中官委任大臣既而廷臣競門戶兵敗餉絀不能贊一策乃思復用近侍崇禎四年九月遣王應朝等監視關寧又遣王坤宣府劉文忠大同劉允中山西監視軍馬而以彝憲有心計令鉤校戶工二部出入如涂文輔故事爲之建署名曰戶工總理其權視外總督內團營提督焉給事中宋可久馮元飈等十餘人論諫不納吏部尚書閔洪學率朝臣具公疏爭帝曰苟羣臣殫心爲國朕何事乎內臣衆莫敢對南京侍郎呂維祺疏責輔臣不能匡救禮部侍郎李孫宸亦以召對力諫俱不聽彝憲遂按行兩部踞尚書上命郎中以下謁見工部侍郎高弘圖不爲下抗疏乞歸削籍去彝憲益驕縱故勒邊鎭軍器不發管盔甲主事孫肇興恐稽滯軍事因劾其悞國帝命回奏罪至遣戍主事金鉉周鑣皆以諫斥去工部尚書周士樸以不赴彝憲期被詰問罷去是時中璫勢復大振王坤至宣府甫踰月即劾巡按御史胡良機帝落良機職命坤按治給事中魏呈潤爭之亦謫外坤性狂躁敢言朝中大吏有欲倚之相傾擠者於是坤抗疏劾修撰陳于泰謂其盜竊科名語侵周延儒給事中傅朝佑言坤妄干彈劾之權且其文詞練達機鋒挑激必有陰邪險人主之其意指溫體仁帝置不問左副都御史王志道言近者內臣舉動幾於手握皇綱而輔臣終不敢一問至於身被彈擊猶忍辱不言何以副明主之知皆備責延儒欲以動帝帝怒削其籍時帝方一意用內臣故言者多得罪至八年八月始下詔曰往以廷臣不職故委寄內侍今兵制麤立軍餉稍清盡撤監視總理又明年命彝憲守備南京尋死然帝卒用高起潛輩典兵監鎭馴至開關延賊遂底滅亡

高起潛在內侍中以知兵稱帝委任之五年命偕其儕呂直督諸將征孔有德於登州明年凱旋時流賊大熾命太監陳大金閻思印謝文舉孫茂霖等爲內中軍分入大帥曹文詔左良玉張應昌諸營名曰監軍在邊鎭者悉名監視而起潛得監視寧錦諸軍已而諸監多侵剋軍資臨敵輒擁精兵先遁諸將亦恥爲之下緣是皆無功八年盡撤諸鎭內臣惟起潛監視如故九年七月復遣太監李輔國許進忠等分守紫荆倒馬諸關孫惟武劉元斌防馬水河時兵部尚書張鳳翼出督援軍宣大總督梁廷棟亦引兵南特命起潛爲總監給金三萬賞功牌千以司禮大璫張雲漢韓贊周副之然起潛實未嘗決一戰惟割死人首冒功而已明年起潛行部視師令監司以下悉用軍禮永平道劉景耀關內道楊於國疏爭被黜既而與兵部尚書楊嗣昌比致宣大總督盧象昇孤軍戰歿又匿不言狀人多疾之十七年李自成將犯闕帝復命起潛監寧前諸軍而以杜勳鎭宣府勳至鎭即降賊事聞廷臣請急撤城守太監忽傳旨云杜勳罵賊殉難予廕祠蓋爲內臣蒙蔽也未幾勳從賊至自成設黃幄坐廣寧門外秦晉二王左右席地坐勳侍其下呼城上請入見守城諸璫縋之上同入大內盛稱賊勢勸帝自爲計左右請留之勳曰不返則二王危乃縱之出復縋下語守城諸璫曰吾曹富貴固在也俄而城陷諸璫皆降及賊敗將遁乃下令盡逐內豎無貴賤老弱皆號哭徒跣破面流血走出京城門賊遂捆載其金帛珠寶西去初內臣奉命守城已有異志令士卒皆持白楊杖朱其外貫鐵環於端使有聲格擊則折至是賊即以其杖驅焉廣寧門之啓或曰太監曹化淳獻之或曰化淳實守東直門而化淳入
國朝上疏奏辨甚力時倉卒莫能明也起潛赴寧前中道棄關走福王召爲京營提督後亦降於我
大淸

王承恩太監曹化淳名下也累官司禮秉筆太監崇禎十七年三月李自成犯闕帝命承恩提督京營是時事勢已去城陴守卒寥寥賊架飛梯攻西直平則德勝三門承恩見賊坎牆急發礮擊之連斃數人而諸璫泄泄自如帝召承恩令亟整內官備親征夜分內城陷天將曙帝崩於壽皇亭承恩即自縊其下福王時諡忠愍
本朝賜地六十畝建祠立碑旌其忠附葬故主陵側

方正化山東人崇禎時爲司禮太監十五年冬畿輔被

兵命總監保定軍務有全城功已而撤還十七年二月復命出鎮正化頓首辭帝不許又頓首曰奴此行萬無能爲不過一死報主恩爾帝亦垂涕遣之既至與同知邵宗元等登陴共守有請事者但曰我方寸已亂諸公好爲之及城陷擊殺數十人賊問若爲誰厲聲曰我總監方公也賊攢刀斫殺之其從奄皆死時內臣殉難者更有故司禮掌印太監高時明司禮秉筆太監李鳳翔提督諸監局太監褚憲章張國元四人督東廠太監王之心家最富既降賊勒其貲拷死南渡時建旌忠祠祀諸死難者以王承恩爲正祀內臣正化等附祀而之心亦濫與焉

明史卷三百六　列傳第一百九十四

總裁官總理事務經筵講官少保兼太子太保保和殿大學士兼管吏部戶部尚書事加六級張廷玉等奉
敕修

閹黨

明代閹宦之禍酷矣然非諸黨人附麗之羽翼之張其勢而助之攻虐燄不若是其烈也中葉以前士大夫知重名節雖以王振汪直之橫黨與未盛至劉瑾竊權焦芳以閣臣首與之比於是列卿爭先獻媚而司禮之權居內閣上迨神宗末年訛言朋興羣相敵讎門戶之爭固結而不可解凶豎乘其沸潰盜弄太阿黠桀渠憸竄身婦寺淫刑痛毒快其惡正醜直之私衣冠塡於狴犴善類殞於刀鋸迄乎惡貫滿盈亟伸憲典刑書所麗迹穢簡編而遺孽餘燼終以覆國莊烈帝之定逆案也以其事付大學士韓爌等因慨然太息曰忠賢不過一人耳外廷諸臣附之遂至於此其罪何可勝誅痛乎哉患得患失之鄙夫其流毒誠無所窮極也今錄自焦芳張綵以下迄天啟朝爲閹黨列傳用垂鑒誡其以功名表見或晚節自蓋如王驥王越楊維垣張捷之徒則仍別見焉

焦芳 劉宇 曹元　張綵 韓福等
顧秉謙 魏廣微等　崔呈秀 吳淳夫等
劉志選 梁夢環等　曹欽程 石三畏等
王紹徽 周應秋　霍維華 徐大化等
閻鳴泰　賈繼春
田爾耕 許顯純

焦芳泌陽人天順八年進士大學士李賢以同鄉故引爲庶吉士授編修進侍講滿九年考當遷學士或語大學士萬安不學如芳亦學士乎芳聞大恚曰是必彭華間我也我不學士且刺華長安道中華懼言于安乃進芳侍講學士先是詔纂文華大訓進講東宮其書皆華等所爲芳恥不與每進講故摘其疵揚言衆中翰林尚文采獨芳麤陋無學識性陰很動輒議訕人咸畏避之尹旻之罷也芳與其子龍相比謫桂陽州同知芳知出華安二人指銜次骨弘治初移霍州知州擢四川提學副使調湖廣未幾遷南京右通政以憂歸服闋授太常少卿兼侍講學士尋擢禮部右侍郎怨劉健尼己日於衆中嫚罵健判牒不可意卽引筆抹去不關白尚書俄改吏部轉左侍郎馬文升爲尚書芳輒加姍侮陰結言官使抨擊素所不快及在己上者又上言禦邊四事以希進用爲謝遷所抑尤憾遷每言及餘姚江西人以遷及華故肆口詬詈芳既積忤廷臣復銳進乃深結閹宦以自固日夜謀逐健遷代其位正德初戶部尚書韓文言會計不足廷議謂理財無奇術唯勸上節儉芳知左右有竊聽者大言曰庶民家尚須用度況縣官耶諺云無錢揀故紙今天下逋租匿稅何限不是檢索而但云損上何也武宗聞之大喜會文升去遂擢爲吏部尚書韓文將率九卿劾劉瑾疏當首吏部以告芳芳陰洩其謀於瑾瑾遂逐文及健遷輩而芳以本官兼文淵閣大學士入閣輔政累加少師華蓋殿大學士居內閣數年瑾濁亂海內變置成法荼毒縉紳皆芳導之每過瑾言必稱千歲自稱曰門下裁閱章奏一阿瑾意四方賂瑾者先賂芳子黃中亦傲很不學廷試必欲得第一李東陽王鏊爲置二甲首芳不悅言於瑾徑授翰林檢討俄進編修芳以黃中故時時詈東陽瑾聞之曰黃中昨在我家試石榴詩甚拙顧恨李耶瑾怒翰林官傲己欲盡出之外爲張綵勸沮及修孝宗實錄成瑾又持前議綵復力沮而芳父子與檢討段炅輩教瑾以擴充政事爲名乃盡出編修顧清等二十餘人於部曹有司應詔舉懷材抱德之士以餘姚人周禮徐子元許龍上虞人徐文彪四人名上瑾以禮等皆遷鄉人而詔草出健因下四人詔獄欲併逮健遷東陽力解之芳厲聲曰縱貰其罪不當除名耶乃黜健遷爲民而榜逐餘姚人之爲京官者滿剌加使臣亞劉本江西萬安人名蕭明舉以罪叛入其國與其國人端亞智等來朝既又謀入浡泥國索寶且殺亞智等事聞方下所司勘奏芳卽署其尾曰江西土俗故多玩法如彭華尹直徐瓊李孜省黃景等多被物議宜裁減解額五十名通籍者勿選京職著爲令且言王安石禍宋吳澄仕元宜榜其罪使他日毋得濫用江西人楊廷和解之日以一盜故禍連一方至裁解額矣宋元人物亦欲併案耶乃止芳深惡南人每退一南人輒喜雖論古人亦必詆南而譽北嘗作南人不可爲相圖進瑾其總裁孝宗實錄若何喬新彭韶謝遷皆肆誣詆自喜曰今朝廷之上誰如我直者始張綵爲郎時芳力薦以悅瑾覬其爲奸利比綵爲尚書芳父子薦人無虛日綵時有同異遂有隙而段炅見瑾暱綵芳勢稍衰轉附綵盡發芳陰事於瑾瑾大怒數於衆中斥芳父子芳不得已乃乞歸黃中句閹膝以侍讀隨父還瑾敗給事御史交劾削其官黜黃中爲民久之芳使黃中齎金寶遺權貴上章求湔雪復官爲吏科所駁於是吏部覆奏請械繫黃中法司以彰天討黃中狼狽遁走芳居第宏麗治作勞數郡大盜趙鐩入泌陽火之發窖多得其藏金乃盡掘其先人冢墓雜燒以牛馬骨求芳父子不得取芳衣冠被庭樹拔劍斫其首使羣盜糜之曰吾爲天子誅此賊鐩後臨刑歎曰吾不能手刃焦芳父子以謝天下死有餘恨瑾從子二漢當死亦曰吾死固當第吾家所爲皆焦芳與張綵耳今綵與我處極刑而芳獨晏然豈非冤哉芳父子竟良死劉宇字至大鈞州人成化八年進士由知縣入爲御史坐事謫累遷山東按察使弘治中以大學士劉健薦擢右僉都御史巡撫大同召爲左副都御史正德改元吏部尚書馬文升薦之進右都御史總督宣府大同山西軍務宇初撫大同私市善馬賂權要兵部尚書劉大夏因孝宗召見語及之帝密遣錦衣百戶邵琪往察宇厚賂琪爲之抵諱後大夏再召對帝曰健薦宇才堪大用以朕觀之此小人豈可用哉由是知內閣亦未可盡信也宇聞以大夏不爲己地深憾之劉瑾用事宇介焦芳以結瑾二年正月入爲左都御史瑾好摧折臺諫宇緣其意請敕箝制御史有小過輒加笞辱瑾以爲賢瑾初通賄望不過數百金宇首以萬金贄瑾大喜曰劉先生何厚我尋轉兵部尚書加太子太傅子仁應殿試求一甲不得厚賄瑾內批授庶吉士踰年遷編修時許進爲吏部尚書宇讒於瑾遂代其位而曹元代宇爲兵部宇在兵部時賄賂狼籍及爲吏部權歸選郎張綵而文吏賄遺又不若武弁嘗悒悒歎曰兵部自佳何必吏部也後瑾欲用綵代宇乃令宇以原官兼文淵閣大學士宇宴瑾閣中極驩大喜過望明日將入閣辦事瑾曰爾眞欲相耶此地豈可再入宇不得已乃乞省墓去踰年瑾誅科道交章劾奏削官致仕子仁黜爲民曹元字以貞大寧前衞人柔佞滑稽不修士行舉成化十一年進士授工部主事正德二年累遷右副都御史巡撫甘肅分守中官張昭奉命捕虎豹元以軍士出境搜捕恐啟邊釁上疏請止不從改撫陝西踰年召爲兵部右侍郎轉左尋代宇爲尚書兼督團營加太子少保將校遷除皆惟瑾命元所入亦不貲五年拜吏部尚書兼文淵閣大學士元與劉瑾有連自瑾侍東宮卽與相結及瑾得志遂夤緣躐至卿相然瑣瑣無能在閣中飲酒諧謔而已瑾敗元卽日上疏請罪詞極哀詔許致仕言官交劾黜爲民元無子病中自作墓志歎曰我死誰銘我者當劉瑾時廷臣黨附者甚衆瑾誅言官交劾內閣則焦芳劉宇曹元尚書則吏部張綵戶部劉璣兵部王敞刑部劉璟工部畢亨南京戶部張澯禮部朱恩刑部劉纓工部李善侍郎則吏部柴昇李瀚前戶部韓福禮部李遜學兵部陸完陳震刑部張子麟工部崔巖夏昂胡諒南京禮部常麟工部張志淳都察院則副都御史楊綸僉都御史蕭選巡撫則順天劉聰應天魏訥宣府楊武保定徐以貞大同張綸淮揚屈直兩廣林廷選操江王彥奇前總督文貴馬炳然大理寺則卿張綸少卿董恬丞蔡中孚張檜通政司則通政吳釴王雲鳳參議張龍太常則少卿楊廷儀劉介尚寶卿則吳世忠丞屈銓府尹則陳良器府丞則石祿翰林則侍讀焦黃中修撰康海編修劉仁檢討段炅吏部郎則王九思王納誨給事中則李憲段豸御史則薛鳳鳴朱袞秦昂宇文鍾崔哲李紀周琳其他郎署監司又十餘人於是綵論死福謫戍元恩震聰訥武恬介黃中海仁憲鳳鳴鍾除名亨昂聞佳善巖諒志淳綸直彥奇良器哲致仕選以貞綸中孚龍祿銓炅豸袞紀琳九思納誨謫外朝署爲清

張綵安定人弘治三年進士授吏部主事歷文選司郎中綵議論便利善伺權貴指矯飾微聲譽尚書馬文升等皆愛之給事中劉蒞嘗劾其顚倒選法數事文升悉爲辯析且譽其聰明剛正爲上下所推服詔令辦事

如故綵即五疏移疾去文升固留不得時論稱之越數日給事中李貫薦綵有將畧楊一清總制三邊亦薦綵自代而焦芳以綵與劉瑾同鄉力薦於瑾瑾欲致之因著令病過期不赴者斥爲民綵乃就道既見瑾高冠鮮衣貌白皙修偉鬚眉蔚然詞辯泉湧瑾大敬愛執手移時曰子神人也我何以得遇子時文選郎劉永已遷通政次當驗封郎石確疏既入瑾令尚書許進追原疏以綵易之綵自是一意事瑾瑾惡進不附已綵因媒孽去進以劉宇代之宇雖爲尚書銓政率由綵多不關白宇即白宇宇必溫言降接綵抱案立語宇俯僂不敢當居文選半載擢左僉都御史與戶部右侍郎韓鼎同廷謝鼎老拜起不如儀爲谷大用張永輩所竊笑瑾方慚而綵丰采英毅大用等皆稱羨瑾乃喜越二日罷鼎而綵踰年超拜吏部右侍郎鼎合水人弘治時爲給事中負直聲後遷右通政治水安平有勞績以通政使家居至是爲瑾所引復挫歸遂失其素望瑾欲大貴綵乃命劉宇入內閣以綵代之一歲中自郎署長六卿僚友守官如故咸惴惴白事尚書前綵厲色無所假借尋加太子少保每瑾出休沐公卿往候自辰至晡未得見綵故徐徐來直入瑾小閣歡飲而出始揖衆人衆以是益畏綵見綵如瑾禮綵與朝臣言呼瑾爲老者凡所言瑾無不從因不時考察內外官糾摘嚴急間一用薄罰而諸司臺諫謫辱日甚變亂舊格賄賂肆行海內金帛奇貨相望塗巷間性尤漁色撫州知府劉介其鄉人也娶妾美綵特擢介太常少卿盛服往賀曰子何以報我介皇恐謝曰一身外皆公物綵曰命之矣即使人直入內牽其妾輿載而去又聞平陽知府張恕妾美索之不肯令御史張綸按致其罪擬戍恕獻妾始得論減綵既銜瑾恩見瑾擅權久貪冒無厭天下怨之因乘間說曰公亦知賄入所自乎非盜官帑即剝小民彼借公名自厚入公者未十一而怨悉歸公何以謝天下瑾大然之會御史胡節巡按山東還厚遺瑾瑾發之捕節下獄少監李宣侍郎張鸞指揮同知趙良按事福建還餽瑾白金二萬瑾疏納金於官而按三人罪其他因賄得禍者甚衆苛歛之害爲少衰中外或稱綵能導瑾爲善矣及瑾伏誅綵以交結近侍論死遇赦當免改擬同瑾謀反瘐死獄中仍剉屍於市籍其家妻子流海南韓福者西安前衛人也成化十七年進士爲御史按宣府大同數條奏軍民利病邊人悅之弘治中遷大名知府奸盜屏跡道不拾遺政績爲畿輔冠以卓異擧遷浙江左參政病免武宗立言官交薦召爲大理右少卿正德二年以右僉都御史督薊松糧儲未幾召入爲右副都御史坐累下詔獄獄上劉瑾以同鄉故立命出之召與語大悅即用爲戶部左侍郎福故強幹吏所在著能聲至是受挫爲瑾所拔擢遂精心事瑾爲効力瑾亦時召與謀委寄亞於綵會湖廣以缺餉告命兼僉都御史往理之瑾喜操切福希指益務爲嚴苛湖廣民租自弘治改元後逋六百餘萬石皆遇災蠲免福欲追徵之劾所司催科不力自巡撫鄭時以下凡千二百人奏至擧朝駭愕戶部尚書劉璣等議如福言瑾忽怒福取詔旨報曰湖廣軍民困敝朕甚憫之福任意苛歛甚不稱朕意令自劾吏部擧堪代者以聞福引罪求罷乃召還四年復命覈遼東屯田福性故刻深所攜同知劉玉等又奉行過當軍士不能堪焚掠將吏及諸大姓家守臣發帑撫慰之亂始定給事中徐仁等極論之瑾迫公議勒福致仕明年瑾敗籍其貲則福在湖廣時所餽白金數十萬兩封識宛然遂遣戍固原李憲岐山人爲吏科給事中諂事瑾每率衆請事於瑾盛氣獨前自號六科都給事中時袖白金示同列曰此劉公所遺也瑾敗虞禍及亦劾瑾六事瑾在獄笑曰李憲亦劾我乎卒坐除名張龍順天人官行人邪媚無賴與壽寧侯通譜系因得交諸中人貴戚恃勢奪人田宅正德三年夤緣爲兵科給事中出覈遼東軍餉得腐豆四石請逮問監守諸臣罰郎中徐璉以下米三百石有差瑾以爲能擢通政參議瑾敗謫知灤州後又結朱寧爲父起嘉興同知遷登州知府言官彈射無虛月與山西左布政使倪天民右布政使陳逵右參議孫清並貪殘天下目爲四害龍朝覲入都中旨擢右通政爲寧通中外賄所乾沒不貲後以私取賄爲寧所覺斥逐之嘉靖初下獄論死

顧秉謙崑山人萬曆二十三年進士改庶吉士累官禮部右侍郎教習庶吉士天啓元年晉禮部尚書掌詹事府事二年魏忠賢用事言官周宗建等首劾之忠賢於是謀結外廷諸臣秉謙及魏廣微率先諂附霍維華孫杰之徒從而和之明年春秉謙廣微遂與朱國禎朱延禧俱入參機務廣微南樂人侍郎允貞子也萬曆三十二年進士由庶吉士歷南京禮部侍郎忠賢用事以同鄉同姓潛結之遂召拜禮部尚書至是與秉謙俱以原官兼東閣大學士七月秉謙晉太子太保改文淵閣十一月晉少保太子太傅五年正月晉少傅太子太師吏部尚書改建極殿九月晉少師秉謙爲人庸劣無恥而廣微陰狡趙南星與其父允貞友善嘗歎曰見泉無子見泉允貞別號也廣微聞之恨刺骨既柄政三及南星門閽人辭不見廣微怫然曰他人可拒相公尊不可拒也益恨南星楊漣之劾忠賢二十四罪也忠賢懼屬廣微爲調旨一如忠賢意而秉謙以漣疏有門生宰相語怒甚會孟冬饗廟且須朔廣微偃蹇後至給事中魏大中御史李應昇連劾之廣微益憤遂決意傾善類與秉謙謀盡逐諸正人點縉紳便覽一冊若葉向高韓爌何如寵成基命繆昌期姚希孟陳子壯侯恪趙南星高攀龍喬允升李邦華鄭三俊楊漣左光斗魏大中黃尊素周宗建李應昇等百餘人目爲邪黨而以黃克纘王永光徐大化賈繼春霍維華等六十餘人爲正人由奄人王朝用進之俾據是爲黜陟忠賢得內閣爲羽翼勢益張秉謙廣微亦曲奉忠賢若奴役然葉向高韓爌相繼罷何宗彥卒秉謙遂爲首輔自四年十二月至六年九月凡傾害忠直皆秉謙票擬三朝要典之作秉謙爲總裁復擬御製序冠其首欲用是鉗天下口朝廷有一擧動輒擬旨歸美忠賢褒贊不已廣微以札通忠賢簽其函曰內閣家報時稱曰外魏公先是內閣調旨惟出首輔一人餘但參議論而已廣微欲擅柄謀之忠賢令衆輔分任政權始分後遂沿爲故事楊漣等六人之逮也廣微實與其謀秉謙調嚴旨五日一追比尚書崔景榮懼其立死杖下亟請廣微諫止廣微不自安疏言漣等在今日誠爲有罪之人在前日實爲卿寺之佐縱使贓私果眞亦當轉付法司據律論罪豈可逐日嚴刑令鎭撫追贓乎身非木石重刑之下就死直須臾耳以理刑之職使之追贓官守安在勿論傷好生之仁抑且違祖宗之制將朝政日亂與古之帝王大不相侔矣疏入大忤忠賢意廣微懼急出景榮手書自明而忠賢怒已不可解乃具疏乞休不許居兩月矯詔切責廷臣中言朕方率循舊章而曰朝政日亂朕方祖述堯舜而曰大不相侔蓋即指廣微疏語廣微益懼丐秉謙爲解忠賢意少釋然廣微卒不自安復三疏乞休六年九月許之去廣微先已加少保太子太傅改吏部尚書建極殿大學士至是復加少傅太子太師廕子中書舍人賜白金百坐蟒一綵幣四表裏乘傳行人護歸典禮優渥猶用前好故也居二年卒於家贈太傅恤典如制秉謙票擬事事狗忠賢指初矯旨罪主考丁乾學又調旨殺漣光斗等惟周順昌李應昇等下詔獄秉謙請付法司毋令死非其罪內臣出鎭秉謙撰上諭已復與丁紹軾請罷一事微有執爭馮銓既入閣同黨中日夜交軋羣小亦各有所左右秉謙不自安屢疏乞休後廣微一年致仕去崇禎元年爲言官祖重曄徐尚勳汪應元所糾命削籍已坐交結近侍入逆案中論徒三年贖爲民二年崑山民積怨秉謙聚衆焚掠其家秉謙年八十倉皇竄漁舟得免乃獻窖藏銀四萬於朝寄居他縣以死廣微亦追論削奪列逆案遣戍中自秉謙廣微當國政歸忠賢其後入閣者黃立極施鳳來張瑞圖之屬皆依媚取容名麗逆案黃立極字中五元城人萬曆三十二年進士累官少詹事禮部侍郎天啓五年八月忠賢以同鄉故擢禮部尚書兼東閣大學士與丁紹軾周如磐馮銓並參機務時魏廣微顧秉謙皆以附忠賢居政府未幾廣微去如磐卒明年夏紹軾亦卒銓罷其秋施鳳來張瑞圖李國樸入已而秉謙乞歸立極遂爲首輔施鳳來平湖人張瑞圖晉江人皆萬曆三十五年進士鳳來殿試第二瑞圖第三同授編修同積官少詹事兼禮部侍郎同以禮部尚書入閣鳳來素無節槩以和柔媚於世瑞圖會試策言古之用人者初不設君子小人之名分別起於仲尼其悖妄如此忠賢生祠碑文多其手書莊烈帝即位山陰監生胡煥猷劾立極鳳來瑞圖國樸等身居揆席漫無主持甚至顧命之重臣斃於詔獄五等之爵尚公之尊加於閹寺而生祠碑頌靡所不至律以逢奸之罪夫復何辭帝爲除煥猷名下吏立極等內不自安各上疏求罷帝猶優詔報之十一月立極乞休去來宗道楊景辰並入閣鳳來爲首輔御史羅元賓復疏糾鳳來瑞圖俱告歸宗道蕭山人立極同年進士累官太子太保禮部尚書以本官兼內閣大學士預機務宗道官禮部時爲崔呈秀父請卹典中有在天之靈語編修倪元璐屢疏爭時事宗道笑曰渠何事多言詞林故事止香茗耳時謂宗道清客宰相云景辰瑞圖同縣人萬曆四十一年進士積官吏部右侍郎與宗道同入閣官翰林時爲要典副總裁一狥奸黨指又三疏頌忠賢及朝局已變乃請燬要典給事御史交劾之與宗道同日罷其後定逆案瑞圖宗道初不與莊烈帝詰之韓爌等對無實狀帝曰瑞圖爲忠賢書碑宗道稱呈秀父在天之靈非實狀耶乃以瑞圖宗道與顧秉謙馮銓等坐贖徒爲民而立極鳳來景辰落職閒住

崔呈秀薊州人萬曆四十一年進士授行人天啓初擢御史巡按淮揚卑汚狡獪不修士行見東林勢方盛將出都力薦李三才求入其黨東林拒不納在淮揚贓私

狠籍霍邱知縣鄭延祚貪將劾之以千金賄免延祚知其易與再行千金卽薦之其行事多類此四年九月還朝高攀龍爲都御史盡發其貪汚狀吏部尚書趙南星議戍之詔革職候勘呈秀大窘夜走魏忠賢所叩頭乞哀言攀龍南星皆東林挾私排陷復叩頭涕泣乞爲養子當是時忠賢爲廷臣交攻憤甚方思得外廷爲助涿州人馮銓少年官侍從家居與熊廷弼有隙遺書魏良卿勸興大獄忠賢冀假事端傾陷諸害己者得呈秀恨相見晚遂用爲腹心日與計畫明年正月給事中李恒茂爲呈秀訟冤中旨卽言呈秀被誣復其官呈秀乃首疏薦張鶴鳴申用懋王永光商周祚許弘綱等而再疏請令京官自陳由是清流多屏斥尋督三殿工忠賢以閱工故日至外朝呈秀必屏人密語以間進同志諸錄皆東林黨人又進天鑒錄皆不附東林者令忠賢憑以黜陟善類爲一空暮夜乞憐者莫不緣呈秀以進蠅集蟻附其門如市累擢工部右侍郎並兼御史督工如故御史田景新言侍郎兼御史非便請改僉都御史從之忠賢嘗修鄉縣肅寧城呈秀首上疏稱美六年二月復疏頌忠賢督工功請賜敕獎諭末言臣非行媚中官者目前千譏萬罵臣固甘之疏出朝野轟笑閣臣顧秉謙輩撰敕八百餘言褒忠賢極口揚詡前代九錫文不能過也自是中外章疏無不頌忠賢功德者矣時方剏三朝要典呈秀疏陳要典之源追論並封妖書之藩三事凡擁衞光宗者悉加醜詆忠賢悅宣付史館其年七月進本部尚書十月皇極殿成加太子太保兼左都御史仍督大工母死不奔喪奪情視事呈秀負忠賢寵嗜利彌甚朝士多拜爲門下士以通於忠賢其不附己及勢位相軋者輒使其黨排去之時有五虎之目以呈秀爲魁諸所傾陷不可悉數雖其黨亦深畏之子鐸不能文屬考官孫之獬獲鄉薦用其弟凝秀爲浙江總兵官女夫張元芳爲吏部主事妾弟優人蕭惟中爲密雲參將所司皆不敢違明年八月冒寧錦功加太子太傅俄敘三殿功加少傅世廕錦衣指揮僉事其月遷兵部尚書仍兼左都御史並綰兩篆握兵權憲紀出入烜赫勢傾朝野無何熹宗崩廷臣入臨內使十餘人傳呼崔尚書甚急廷臣相顧愕眙呈秀入見忠賢密謀久之語祕不得聞或言忠賢欲篡位呈秀以時未可止之也莊烈帝卽位其黨知忠賢必敗內相攜副都御史楊所修首請允呈秀守制御史楊維垣賈繼春相繼力攻呈秀乞罷帝猶慰留章三上溫旨令乘傳歸已而言者劾呈秀及工部尚書吳淳夫兵部尚書田吉太常卿倪文煥副都御史李夔龍號稱五虎宜肆市朝詔逮治籍其貲時忠賢已死呈秀知不免列姬妾羅諸奇異珍寶呼酒痛飲盡一巵卽擲壞之飲已自縊詔戮其屍子鐸除名弟凝秀遣戍後定逆案以呈秀爲首淳夫晉江人萬曆三十八年進士歷官陝西僉事以京察罷五年賄緣起兵部郎中與文煥吉夔龍並由呈秀進爲忠賢義子大學士馮銓釋褐十三年登宰輔爲忠賢所暱呈秀妬之淳夫卽爲攻銓六年冬擢太僕少卿視職方事旋擢太僕卿歷工部添注右侍郎冒寧錦及三殿功累進工部尚書加太子太傅歲中六遷至極品倪文煥江都人由進士授行人擢御史巡視南城山東多大猾事發則走匿京師參政王維章數牒文煥文煥納其賄反劾罷維章嘗謀撻皇城守卒爲中官所糾大懼走謁呈秀求救遂引入忠賢幕爲鷹犬首劾兵部侍郎李邦華御史李日宣吏部員外郎周順昌林梓橋再劾戶部侍郎孫居相御史夏之令及故吏部尚書崔景榮吏部尚書李宗延等數十人輕者削奪重者拷死呈秀首頌忠賢文煥卽繼之出按畿輔爲忠賢建三祠河南道缺掌印官呈秀爲懸缺待文煥至越十餘人任之冒寧錦殿功加太僕卿掌道如故尋改太常卿忠賢敗文煥懼乞終養歸田吉者故城人萬曆三十八年廷對懷挾罰三科以縣佐錄用已補試由知縣歷兵部郎中六年冬遷淮揚參議取中旨擢太常少卿視職方事明年擢太常卿未匝歲連擢至兵部尚書加太子太保諸逆黨超擢未有如吉者李夔龍福建南安人由進士歷吏部主事被劾罷去天啟五年賄緣復官進郎中專承呈秀指引用邪人以媚忠賢擢太常少卿仍署選事尋遷左僉都御史三殿成進左副都御史莊烈帝嗣位淳夫文煥吉夔龍並以上林典簿樊維城戶部員外郎王守履言逮治論死方忠賢敗時莊烈帝納廷臣言將定從逆案大學士韓爌李標錢龍錫不欲廣搜樹怨僅以四五十人上帝少之令再議又以數十人上帝不懌令以贊導擁戴頌美諂附爲目且曰內侍同惡者亦當入爌等以不知內侍對帝曰豈皆不知特畏任怨耳閱日召入便殿案有布囊盛章疏甚夥指之曰此皆奸黨頌疏可案名悉入爌等知帝意不可回乃曰臣等職在調旨三尺法非所習帝召吏部尚書王永光問之永光以不習刑名對乃詔刑部尚書喬允升左都御史曹于汴同事於是案名羅列無脫遺者崇禎二年三月上之帝爲詔書頒示天下首逆凌遲者二人魏忠賢客氏首逆同謀決不待時者六人呈秀及魏良卿客氏子都督侯國興太監李永貞李朝欽劉若愚交結近侍秋後處決者十九人劉志選梁夢環倪文煥田吉劉詔薛貞吳淳夫李夔龍曹欽程大理寺正許志吉順天府通判孫如冽國子監生陸萬齡豐城侯李承祚都督田爾耕許顯純崔應元楊寰孫雲鶴張體乾結交近侍次等充軍者十一人魏廣微周應秋閻鳴泰霍維華徐大化潘汝禎李魯生楊維垣張訥都督郭欽孝陵衞指揮李之才交結近侍又次等論徒三年輸贖爲民者大學士顧秉謙馮銓張瑞圖來宗道尚書王紹徽郭允厚張我續曹爾禎孟紹虞馮嘉會李春曅邵輔忠呂純如徐兆魁薛鳳翔孫杰楊夢袞李養德劉廷元曹思誠南京尚書范濟世張樸總督尚書黃運泰郭尚友李從心巡撫尚書李精白等一百二十九人交結近侍減等革職閒住者黃立極等四十四人忠賢親屬及內官黨附者又五十餘人案既定其黨日謀更翻王永光溫體仁陰主之帝持之堅不能動其後張捷薦呂純如被劾去唐世濟薦霍維華福建巡按應喜臣薦部內閒住通政使周維京罪至謫戍其黨乃不敢言福王時阮大鋮冒定策功起用其案始翻於是太僕少卿楊維垣徐景濂給事中虞廷陛郭如闇御史周昌晉陳以瑞徐復陽編修吳孔嘉參政虞大復輩相繼而起國亡乃止

劉志選慈谿人萬曆中與葉向高同舉進士授刑部主事偕同官劉復初李懋檜爭鄭貴妃王恭妃冊封事後懋檜因給事中邵庶請禁諸曹言事抗疏力爭貶二秩志選言陛下謫懋檜使人箝口結舌蒙蔽耳目非國家福也帝怒謫福寧州判官稍遷合肥知縣以大計罷歸家居三十年光宗熹宗相繼立諸建言得罪者盡起志選獨以計典不獲與會向高赴召道杭州志選與遊宴彌月還朝用爲南京工部主事進郎中時已七十餘嗜進彌銳上疏追論紅丸極詆孫慎行不道魏忠賢喜天啟五年九月召爲尚寶少卿在道復力攻慎行遂并及向高忠賢益喜出兩疏宣史館明年擢順天府丞冬十月遂上疏劾張國紀國紀者后父也忠賢忌后賢明欲傾之會有張匿名榜於厚載門者列忠賢反狀幷其黨七十餘人忠賢疑出國紀及被逐諸人手邵輔忠孫杰謀因此興大獄盡殺東林諸人而借國紀以搖中宮事成則立魏良卿女爲后草一疏募人上之諸人慮禍不敢承志選惑家人言謂已老必先忠賢死竟上之極論國紀罪而末言毋令人訾及丹山之穴藍田之種蓋前有死囚孫二言張后已所生非國紀女也疏上事叵測帝伉儷情篤但令國紀自新而已后爲故司禮劉克敬所選忠賢遷怒克敬謫發鳳陽縊殺之未幾志選疏頌要典言命德討罪無微不彰卽堯舜之放四凶舉元愷何以加焉洵游夏無能贊一詞者因力詆王之寀孫慎行楊漣左光斗而極譽劉廷元岳駿聲黃克纘徐景濂范濟世賈繼春幷及傅櫆陳九疇且言慷慨憂時力障狂瀾於既倒者魏廣微也當還之揆席以繼五臣之盛事赤忠報國弼成巨典於不日者厥臣也當增入簡端以揚一德之休風又言之寀宜正典刑愼行宜加譴戍忠賢大悅於是駿聲等超擢之寀被逮愼行遣戍悉如志選言七年擢右僉都御史提督操江其年熹宗崩忠賢敗言官交劾詔削籍後定逆案律無傾搖國母文坐子罵母律與梁夢環幷論死志選先自經夢環廣東順德人舉進士歷官御史父事忠賢與汪文言獄殺楊漣等出巡山海關會寧遠敘功崔呈秀不獲與夢環力敘其賢勞遂進侍郎劾熊廷弼乾沒軍貲十七萬廷弼已死家益破志選之劾國紀也忠賢意未逞夢環偵知之七年二月馳疏極論國紀罪且故詰丹山藍田二語冀傾后顧事重忠賢亦不能驟行而國紀竟勒還籍夢環建祠祀忠賢三疏頌功德寧錦之役復稱忠賢德被四方勳高百代於是有安平之封夢環擢太僕卿又劉詔者杞縣人萬曆四十七年進士授盧龍知縣天啟二年超擢山東僉事七年代閻鳴泰總督薊遼保定軍務尋進兵部尚書加太子太保詔嗜利無恥父事忠賢釋褐九年驟至極品建四祠祀忠賢忠賢敗僅罷官聽勘御史高弘圖言傾危社稷搖動宮闈如詔及劉志選梁夢環三賊者罪實浮於五虎五彪而天討未加且詔建祠薊州迎忠賢像五拜三稽首呼九千歲及聞先帝彌留詔卽整兵三千易置將領用崔呈秀所親蕭惟中主郵騎直接都門此其意何爲由是三人皆被逮論死邵輔忠定海人萬曆二十三年進士爲工部郎中首劾李三才貪險假橫四大罪尋謝病去久之起故官天啟五年附忠賢驟遷至兵部尚書視侍郎事諸奸黨攻擊正人多其所主使七年三月護桂王之藩衡州加太子太保還朝時事已變移疾歸尋麗逆案贖徒爲民孫杰錢塘人萬曆四十一年進士官刑科右給事中以附忠賢劾劉一燝周嘉謨爲清議所棄出爲江西參議引疾歸忠賢召爲大理丞累擢工部右侍郎大學士馮銓由李魯

生李蕃擁戴爲首輔素與崔呈秀暱而杰與霍維華以呈秀最得忠賢權欲令入閣謀之吳淳夫等先擊去銓又恐王紹徽爲吏部不肯推呈秀令袁鯨疏攻紹徽而龔萃肅上閣臣內外兼用疏以堅之自是魯生蕃與杰等分途其黨日相軋矣杰官亦至尚書加少保忠賢誅杰被劾罷名麗逆案贖徒三年輔忠杰本謀搖中宮而事發於志選夢環故得輕論云

曹欽程江西德化人舉進士授吳江知縣贓汚狼籍以淫刑博强項聲巡撫周起元劾之貶秩改順天教授調國子助教諂附汪文言得爲工部主事及文言敗欽程力擠之由座主馮銓父事魏忠賢爲十狗之一銓欲害御史張慎言周宗建令李魯生草疏屬欽程上之因及李應昇黃尊素而薦魯生及傅櫆陳九疇張訥李蕃李恒茂梁夢環輩十餘人慎言等四人並削籍欽程於羣小中尤無恥日夜走忠賢門卑諂無所不至同類頗羞稱之欽程顧驕衆人以忠賢親己給事中吳國華劾之忠賢怒除國華名欽程益得志給事中楊所修緣忠賢指力薦其賢遂由員外郎擢太僕少卿後忠賢亦厭之六年正月爲給事中潘士聞所劾忠賢責以敗羣削其籍瀕行猶頓首忠賢前曰君臣之義已絕父子之恩難忘絮泣而去忠賢誅入逆案首等論死繫獄久之家人不復饋食欽程掠他囚餘食日醉飽李自成陷京師欽程首破獄出降自成敗隨之西走不知所終福王時定從賊案欽程復列首等當忠賢盛時其黨爭搏擊清流獻諂希寵最著者石三畏張訥盧承欽門克新劉徽智鋌三畏交河人知文登曹二縣大著貪聲以御史陳九疇薦得行取趙南星秉銓出爲王府長史故事外吏行取無爲王官者三畏以是大恨及忠賢得志三畏諂附之遂授御史首劾都給事中劉弘化護熊廷弼太僕卿吳炯黨顧憲成兩人獲嚴譴追論京察三變力詆李三才王圖孫丕揚曹于汴湯兆京王宗賢顧憲成胡忻王元翰王淑抃趙南星張問達王允成涂一榛王象春等十五人而薦喬應甲徐兆魁等十三人於是三才等生者除名死者追奪已極論三案請以其疏付史館而劾禮部侍郎周炳謨南京尚書沈儆炌大理丞張廷拱三人亦獲譴三畏爲忠賢十孩兒之一又倚呈秀爲薦主鍛成楊左之獄咆哮特甚一日赴戚畹宴魏良卿在焉三畏醉誤令優人演劉瑾酗酒一劇忠賢聞大怒削籍歸忠賢殛借忤璫名起故官爲南京御史朱純所劾罷去訥閩中人由行人擢御史承忠賢指首劾趙南星十大罪井及御史王允成吏部郎鄒維璉程國祥夏嘉遇忠賢大喜立除南星等名且令再奏乃羅織兵部侍郎李邦華湖廣巡撫孫鼎相舊給事中毛士龍魏大中光祿少卿史記事等十七人誣以賄南星得官諸人並獲罪尋請毀東林關中江右徽州諸書院痛詆鄒元標馮從吾余懋衡孫慎行井及侍郎鄭三俊畢懋良等亦坐削奪復劾罷江西巡撫韓光祜訥爲忠賢鷹犬前後搏擊用力多忠賢深德之用其兄太僕少卿樸至南京戶部尚書加太子太保樸官宣大總督爲忠賢建四祠兄弟並入逆案承欽餘姚人由中書舍人擢御史首劾罷戶部侍郎孫居相等因言東林自顧憲成李三才趙南星而外如王圖高攀龍等謂之副帥曹于汴湯兆京史記事魏大中袁化中謂之先鋒丁元薦沈正宗李朴賀烺謂之敢死軍人孫丕揚鄒元標謂之土木魔神請以黨人姓名罪狀榜示海內忠賢大喜敕所司刊籍凡黨人已罪未罪者悉編名其中承欽官至太僕少卿卒克新汝陽人由青州推官擢御史劾右庶子葉燦光祿卿錢春按察使張光縉倚傍門戶且請速誅熊廷弼忠賢大喜立傳旨行刑以閣臣固爭乃令俟秋後而除燦等名御史吳裕中廷弼姻也憤曰廷弼已死人何必疏促與克新絕逆黨由此銜之廷弼之禍大學士丁紹軾有力焉馮銓因使人嗾裕中劾紹軾而先報忠賢曰裕中必爲廷弼報讐裕中疏上遂命於午門杖之百舁至家死魏廣微將謝政克新言廣微砥柱狂瀾厥功甚偉宜錫之溫綸優以禮數以是稍失忠賢意太倉人孫文豸與同里武進士顧同寅嘗客廷弼所廷弼死文豸爲詩誄之同寅題尺牘亦有追惜語爲邏卒所獲克新遽以誹謗聞兩人遂棄市逮及同郡編修陳仁錫故修撰文震孟並削籍克新尋巡按山東崇禎初引疾去徽清苑人由臨淮知縣擢御史陳朝輔劾馮銓徽出疏糾之且曰臣與銓同鄉痛惡羣小之悞銓不忍銓坐失燕趙本色聞者笑之出督遼餉乾沒不貲初梁夢環巡關誣熊廷弼侵盜軍貲十七萬徽言廷弼原領帑金三十萬茫無所歸其家貲不下百萬而僅以十七萬還公家何以申國法因誣給事中劉弘化毛士龍御史樊尚燝房可壯贓賄事忠賢喜削弘化等籍敕所司徵廷弼贓尋加徽太僕少卿先後頌忠賢至十一疏忠賢敗被劾回籍鋌元氏人舉鄉試受業趙南星門授知縣由魏廣微通於忠賢得擢御史遂疏詆南星爲元惡先後劾罷禮部侍郎徐光啟等鋌以乙榜起家欲得忠賢歡搏擊彌銳忠賢大喜加太僕少卿以憂歸崇禎初禮部主事喬若雯劾鋌及陳九疇張訥爲魏廣微爪牙詔奪職後與三畏訥承欽克新徽並入逆案訥遣戍三畏等論徒當忠賢橫時宵小希進干寵皆陷善類以自媒始所擊皆東林也其後凡所欲去者悉誣以東林而逐之自四年十月迄熹宗崩斃詔獄者十餘人下獄謫戍者數十人削奪者三百餘人他革職貶黜者不可勝計

王紹徽咸寧人尚書用賓從孫也舉萬曆二十六年進士授鄒平知縣擢戶科給事中居官强執頗以清操聞湯賓尹號召黨與圖柄用吏部尚書孫丕揚以紹徽其門生用年例出爲山東參議紹徽辭疾不就泰昌時起通政參議遷太僕少卿被劾引疾尋以拾遺罷天啟四年冬魏忠賢既逐去左光斗即召紹徽代爲左僉都御史明年六月進左副都御史尋進戶部侍郎督倉場甫視事改左都御史十二月拜吏部尚書忠賢爲從子良卿求世封紹徽即爲奏請良卿封伯請推崇其三世紹徽亦議如其言至忠賢遣內臣出鎮紹徽乃偕同官陳四不可王恭廠朝天宮並災紹徽言誅罰過多忤忠賢意得譙讓已復上言四方多事九邊缺饟免催科乞定分數寬年限以緩急之宜付撫按正殿既成兩殿宜緩請敕工部裁省織造瓷器諸冗費用佐大工奸黨創除已盡恐藏禍蓄怨反受中傷逮繫重刑加於封疆顯過三案巨奸則人心悅服餘宜少寬貸復忤忠賢意初紹徽在萬曆朝素以排擊東林爲其黨所推故忠賢首用居要地紹徽倣民間水滸傳編東林一百八人爲點將錄獻之令按名黜汰以是益爲忠賢所喜既而奸黨轉盛後進者求速化妬諸人妨己擬次第逐之孫杰乃謀使崔呈秀入閣先擊去紹徽令御史袁鯨張文熙詆紹徽朋比鯨再疏列其鬻官穢狀遂落紹徽職而以周應秋代逆案既定紹徽削籍論徒應秋金壇人萬曆中進士歷官工部侍郎生平無持操天啟三年避東林謝病去明年冬魏忠賢起爲南京刑部左侍郎五年召拜刑部添註尚書時忠賢廣樹私人悉餌以顯爵故兩京大僚多添註尋改左都御史家善烹飪每魏良卿過進豚蹄留飲良卿大歡時號煨蹄總憲明年七月代紹徽爲吏部尚書與文選郎李夔龍鬻官分賄清流未盡逐者應秋毛舉細故削奪無虛日忠賢門下有十狗應秋其首也冐三殿功屢加太子太師初楊漣等拷死應秋夜半叩戶語其館客曰天眼開楊漣左光斗死矣莊烈帝嗣位被劾歸已入逆案遣戍死弟維持天啟中爲御史請刊黨籍盡燬天下書院俄劾兵部尚書趙彥等並削籍以兄應秋在位引嫌歸崇禎初起按浙江被劾罷兄弟並麗逆案

霍維華東光人萬曆四十一年進士除金壇知縣徵授兵科給事中天啟元年六月中官王安當掌司禮監印辭疾居外邸冀得溫旨即視事安與魏忠賢有隙奄人陸藎臣者維華內弟也偵知之以告維華故與忠賢同郡交好遂乘機劾安忠賢輒矯旨殺之劉一燝周嘉謨咸惡維華用年例出爲陝西僉事其同官孫杰言維華三月兵垣無過失一燝嘉謨仰王安鼻息故擯於外忠賢大喜立逐兩人而維華亦以外艱歸四年冬朝事大變南京御史呂鵬雲以外轉請告忠賢傳旨令與被察徐大化年例外轉孫杰俱擢京卿維華及王志道郭興治徐景濂賈繼春楊維垣並復故官維華得刑科諸爲趙南星斥者競起用事維華益銳意攻東林劾罷御史劉璞南京御史涂世業黃公輔萬言揚追論三案痛詆劉一燝韓爌孫慎行張問達周嘉謨王之寀楊漣左光斗而譽范濟世王志道汪慶百劉廷元徐景濂郭如楚張捷唐嗣美岳駿聲曾道唯請改光宗實錄宣其疏史館忠賢立傳旨削一燝等五人籍逮之寀免李可灼戍擢濟世巡撫志道等京卿嗣美以下悉起用實錄更撰而以閣臣言免一燝等罪尋言總督張我續宜罪尚書趙彥宜去御史方震孺不宜逮韓敬宜復官湯賓尹宜雪忤忠賢意傳旨譙責之五年冬擢太僕少卿明年擢本寺卿尋擢兵部右侍郎署部事每陳奏必頌忠賢七年延綏奏捷進右都御史蔭子錦衣千戶寧錦敘功進兵部尚書視侍郎事蔭子如之俄敘三殿功加太子太保維華性憸邪與崔呈秀爲忠賢謀主所親爲近侍宮禁事皆預知因進仙方靈露飲帝初甚甘之已漸厭及得疾體腫忠賢頗以咎維華維華甚懼而慮有後患欲先自貳於忠賢乃力辭寧錦恩命讓功袁崇煥乞以已廕授之忠賢覺其意降旨頗厲無何熹宗崩忠賢敗維華與楊維垣等彌縫百方其年十月以兵部尚書協理戎政崇禎改元附璫者多罷去維華自如遼東督師王之臣免代者袁崇煥未至維華謀行邊自固帝已可之給事中顏繼祖極論其罪言維華狡人也璫熾則借璫璫敗則攻璫擊楊左者維華也楊左逮而陽爲救者亦維華也以一給事中三年躐至尚書無敘不及有賚必加即維華亦難以自解乃寢前命項之言者踵至維華乃引退逆案既定維華戍徐州氣勢猶盛七年駱馬湖

淤維華言於治河尚書劉榮嗣請自宿遷抵徐州穿渠二百餘里引黃河水通漕冀敘功復職榮嗣然其計費金錢五十餘萬工不成下獄論死維華意乃沮九年邊事急都御史唐世濟薦維華邊才至下獄遣戍維華遂憂憤死福王時楊維垣翻逆案爲維華等訟冤章下吏部尚書張捷重述三朝舊事力稱維華等忠追賜卹典贈廕祭葬謚全者維華及劉廷元呂純如楊所修徐紹吉徐景濂六人贈廕祭葬不予謚者徐大化范濟世二人贈官祭葬者徐揚先劉廷宣岳駿聲三人復官不賜卹者王紹徽徐兆魁喬應甲三人他若王德完黃克纘王永光章光岳徐鼎臣徐卿伯陸澄源名不麗逆案而爲清議所抑者亦賜卹有差徐大化會稽人家京師由庶吉士改御史以京察貶官再起再貶至工部主事孫丕揚典京察坐不謹落職故事大計斥退官無復起者萬曆末羣邪用事文選郎陸卿榮破例起之天啟初屢遷刑部員外郎結魏忠賢劉朝爲之謀主給事中周朝瑞劾其奸貪御史張新詔抉其閨房之隱大化頗愧沮已承要人指力詆熊廷弼及廷弼入關又請速誅與朝瑞相訐尚書王紀劾罷之尋復罷察典削職四年冬中旨起大理丞益與魏廣微比助忠賢爲虐疏薦邵輔忠姚宗文陸卿榮郭鞏等十三人即召用俄遷少卿左僉都御史楊漣等之下獄也大化獻策於忠賢曰彼但坐移宮罪則無贓可指若坐納楊鎬熊廷弼賄則封疆事重殺之有名忠賢大悅從之由是諸人皆不免尋進左副都御史歷工部左右侍郎皇極殿成加尚書貪恣無忌忠賢亦厭之七年四月那移金錢事發遂勒閒住後入逆案戍死李蕃日照人與李魯生皆萬曆四十一年進士蕃由盧江知縣入爲御史魯生亦方居垣中皆爲魏忠賢心腹孫承宗請入朝蕃以王敦李懷光爲比承宗遂還鎮朱國禎當國不爲忠賢所喜蕃希指劾去之同官排擊忠良多其代草始與魯生諂事魏廣微廣微敗改事馮銓銓寵衰又改事崔呈秀時號兩人爲四姓奴出督畿輔學政建祠天津河間眞定呼忠賢九千歲加太僕卿視御史事忠賢敗被劾罷魯生霑化人知邢臺邯鄲儀封祥符四縣擢兵科給事中由座主廣微通於忠賢卑汚奸險常參密謀周起元劾朱童蒙魯生希忠賢指攻罷起元時中旨頻出朝端以爲憂魯生獨上言執中者帝用中者王旨不從中出而誰出舉朝大駭內閣缺人詔舉老成幹濟者馮銓貧淺年未及四十魯生蕃欲令入閣魯生遂上言成即爲老而非必老乎年幹乃稱濟而即有濟於國銓果柄用時有十孩兒之號魯生其一也嘗薦阮大鋮陳爾翼張素養李嵩張捷輩十一人悉其私黨疏詆家居大學士韓爌削其籍主事呂下問治徽州吳養春獄株累者數百家知府石萬程不能堪棄官去魯生反劾罷萬程遷左給事中典試湖廣發策詆楊漣因歷詆屈原宋玉等冒寧錦功進太僕少卿莊烈帝即位魯生知禍及疏請免漣等追贓給事中汪始亨顧繼祖御史張三謨交章發其奸始罷去御史汪應元再劾之乃削籍又有李恒茂者邢臺人爲禮科給事中薦呈秀復官與深相得劾罷侍郎扶克儉太僕少卿孫之益太常少卿莊欽鄰皆不附忠賢者也恒茂魯生蕃日走吏兵二部交通請託時人爲之語曰官要起問三李後忽與呈秀交惡削籍歸忠賢敗起故官爲御史鄒毓祚劾罷逆案既定魯生遣戍蕃恒茂贖徒爲民

閻鳴泰清苑人萬曆中進士除戶部主事屢遷遼東參政拾遺被劾罷歸久之起僉事分巡遼海開原既失經略熊廷弼遣撫瀋陽半道慟哭而返尋託疾謝歸天啟二年起故官監軍山海關旋進副使受知孫承宗屢疏推薦而鳴泰實無才略工諂佞以虛詞罔上而已其年八月廷推鳴泰遼東經略會承宗自請督師乃擢右僉都御史巡撫遼東自王化貞棄地後巡撫罷不設至是承宗以重臣當關事權獨操鳴泰不能有所爲明年五月復移疾去家居三年魏忠賢竊柄鳴泰潛結之用御史智鋌薦召爲兵部右侍郎六年正月寧遠告警畿輔震驚內閣顧秉謙等以順天巡撫吳中偉非禦侮才薦鳴泰代之未幾代王之臣總督薊遼保定軍務寧遠敘功進本部尚書以繕修山海關城進太子太傅尋召還協理戎政敘錦州功加少保三殿成加少師兼太子太師熹宗崩代崔呈秀爲兵部尚書鳴泰由忠賢再起專事諂諛每陳邊事必頌功德於薊遼建生祠多至七所其頌忠賢有民心依歸即天心向順語聞者咋舌崇禎初爲言者劾罷後麗逆案遣戍死生祠之建始於潘汝禎汝禎巡撫浙江徇機戶請建祠西湖六年六月疏聞於朝詔賜名普德自是諸方效尤幾遍天下其年十月孝陵衞指揮李之才建之南京七年正月宣大總督張樸宣府巡撫秦士文宣大巡按張素養建之宣府大同應天巡撫毛一鷺巡按王珙建之虎邱二月鳴泰與順天巡撫劉詔巡按倪文煥建之景忠山宣大總督樸大同巡撫王點巡按養素又建之大同三月鳴泰與詔文煥巡按御史梁夢環建之西協密雲丫髻山又建之昌平通州太僕寺卿何宗聖建之房山四月鳴泰與巡撫袁崇煥又建之寧前宣大總督樸山西巡撫曹爾禎巡按劉弘光又建之五臺山庶吉士李若琳建之蕃育署工部郎中曾國禎建之盧溝橋五月通政司經歷孫如冽順天府尹李春茂建之宣武門外巡撫朱童蒙建之延綏巡視五城御史黃憲卿王大年汪若極張樞智鋌等建之順天戶部主事張化愚建之崇文門武清侯李誠銘建之藥王廟保定侯梁世勳建之五軍營大教場登萊巡撫李嵩山東巡撫李精白建之蓬萊閣寧海院督餉尚書黃運泰保定巡撫張鳳翼提督學政李蕃順天巡按文煥建之河間天津河南巡撫郭增光巡按鮑奇謨建之開封上林監丞張永祚建之良牧嘉蔬林衡三署博平侯郭振明等建之都督府錦衣衞六月總漕尚書郭尚友建之淮安是月順天巡按盧承欽山東巡按黃憲卿順天巡按卓邁七月長蘆巡鹽龔萃肅淮揚巡鹽許其孝應天巡按宋禎漢陝西巡按莊謙各建之所部八月總河李從心總漕尚友山東巡撫精白巡按黃憲卿巡漕何可及建之濟寧湖廣巡撫姚宗文鄖陽撫治梁應澤湖廣巡按溫臯謨建之武昌承天均州三邊總督史永安陝西巡撫胡廷晏巡按謙袁鯨建之固原太白山楚王華奎建之高觀山山西巡撫牟志夔巡按李燦然劉弘光建之河東每一祠之費多者數十萬少者數萬剝民財侵公帑伐樹木無算開封之建祠也至毀民舍二千餘間創宮殿九楹儀如帝者參政周鏘祥符知縣季寓庸恣爲之巡撫增光俛首而已鏘與魏良卿善祠成熹宗已崩猶抵書良卿爲忠賢設滲金像而都城數十里間祠宇相望有建之內城東街者工部郎中葉憲祖竊歎曰此天子幸辟雍道也土偶能起立乎忠賢聞即削其籍上林一苑至建四祠童蒙建祠延綏用琉璃瓦詔建祠薊州金像用冕旒凡疏詞揄揚一如頌聖稱以堯天帝德至聖至神而閣臣輒以駢語褒荅中外若響應運泰迎忠賢像五拜三稽首率文武將吏列班階下拜稽首如初已詣像前祝稱某事賴九千歲扶植稽首謝某月荷九千歲拔擢又稽首謝還就班復稽首如初禮運泰請以遊擊一人守祠後建祠者必守其孝等方建祠揚州將上梁而熹宗哀詔至既哭臨釋縗易吉相率往拜監生陸萬齡至謂孔子作春秋忠賢作要典孔子誅少正卯忠賢誅東林宜建祠國學西與先聖並尊司業朱之俊輒爲舉行會熹宗崩乃止而華奎誠銘輩以藩王之尊戚畹之貴亦獻諂希恩祝釐恐後最後巡撫楊邦憲建祠南昌毀周程三賢祠益其地鬻澹臺滅明祠更其像碎之比疏至熹宗已崩莊烈帝且閱且笑忠賢覺其意具疏僞辭帝輒報允無何忠賢誅諸祠悉廢凡建祠者槪入逆案云

賈繼春新鄉人萬曆三十八年進士歷知臨汾任邱二縣入爲御史李選侍移噦鸞宮一時頗逼迫然故無恙也繼春聽流言上書內閣方從哲等畧言新君御極首導以違忤先皇逼逐庶母通國痛心昔孝宗不問昭德先皇優遇鄭妃何不輔上取法且先皇彌留面以選侍諭諸臣而玉體未寒愛妾莫保忝爲臣子夫獨何心給事中周朝瑞駁之繼春再揭謂選侍雉經皇八妹入井至稱選侍爲未亡人楊漣乃上移宮始末疏謂宸宮未定先帝之社稷爲重則平日之寵愛爲輕及宸居已安既盡臣子防危之忠即當體聖主如天之度臣所以請移宮者如此而蜚語謂選侍踉蹌徒跣屢欲自裁皇妹失所投井恐釀今日之疑端流爲他年之實事帝於是宣敕數百言極言選侍無狀嚴責廷臣黨庇時繼春出按江西便道旋里馳疏自明上書之故中有威福大權莫聽中涓旁落語王安激帝怒嚴旨切責令陳狀於是御史張愼言高弘圖連章爲求寬帝益怒下廷臣雜議尚書周嘉謨等言臣等意陛下篤念聖母不能忘選侍及誦敕諭知聖心自體恤而繼春誤聽風聞愼言等又連疏瀆奏然意本無他罪當宥未報御史王大年張捷周宗建劉廷宣給事中王志道倪思輝等交章論救給事御史復合詞爲請諸閣臣又於講筵救之乃停愼言弘圖大年俸宥志道等既而繼春回奏詞甚哀且隱雉經入井二語帝嚴旨窮詰令再陳嘉謨等復力救帝不許繼春益窘惶恐引罪言得之風聞乃除名永錮時天啟元年四月也其後言者屢請召還帝皆不納四年冬魏忠賢既逐楊漣等即以中旨召復官至則重述移宮事極言漣與左光斗目無先皇罪不容死且漣因傳櫬發汪文言事知禍及故上劾內疏先發制人天地祖宗所必殛而止坐納賄結黨則漣等當死之罪未大暴天下宜速定爰書布中外昭史冊使後世知朝廷之罪漣等以不道無人臣禮也疏娓娓數百言且請用楊所修言亟修三朝要典忠賢大喜莊烈帝即位繼春方督學南畿知忠賢必敗馳疏劾崔呈秀及尚書田吉順天巡撫單明詡副都御史李夔龍羣小始自貳旋由太常少卿進左僉都御史與霍維華輩力抵正人崇禎改元五

月給事中劉斯球極言其反覆善幻乃自引歸已楊漣子之易疏許之詔削籍初繼春以移宮事詆漣結王安圖封拜後見公議直漣畏漣讎用倪首乞和聲言疏非己意還朝則極詆漣及忠賢殛又極譽高弘圖之救漣且薦韓爌倪元璐以求容於淸議帝定逆案繼春不列名帝問故閣臣言繼春雖反覆持論亦可取帝曰惟反覆故爲眞小人遂引交結近侍律坐徒三年自恨死

田爾耕任邱人兵部尚書樂孫也用祖廕積官至左都督天啓四年十月代駱思恭掌錦衣衞事狡黠陰賊與魏良卿爲莫逆交魏忠賢斥逐東林數興大獄爾耕廣布偵卒羅織平人鍛鍊嚴酷入獄者卒不得出宵人希進者多緣以達於忠賢良卿復左右之言無不納朝士輻輳其門魏廣微亦與締姻時有大兒田爾耕之謠又與許顯純崔應元楊寰孫雲鶴有五虎之號累加至少師兼太子太師廕錦衣世職者數人歲時賞賚不可勝紀顯純等加官亦如之忠賢敗言者交劾下吏論死崇禎元年六月與顯純竝伏誅顯純定興人駙馬都尉從誠孫也舉武會試擢錦衣衞都指揮僉事天啓四年劉僑掌鎭撫司治汪文言獄失忠賢指得罪以顯純代之顯純略曉文墨性殘酷大獄頻興毒刑鍛鍊楊漣左光斗周順昌黃尊素王之寀夏之令等十餘人皆死其手諸人供狀皆顯純自爲之每讞鞫忠賢必遣人坐其後謂之聽記其人偶不至卽袖手不敢問應元大興人市井無賴充校尉冒緝捕功積官至錦衣指揮雲鶴霸州人爲東廠理刑官寰吳縣人隸籍錦衣爲東司理刑凡顯純殺人事皆應元等共爲之而寰爲田爾耕心腹及顯純論死法司止當應元雲鶴寰戍後定逆案三人竝論死寰先死戍所

明史卷三百七　　列傳第一百九十五

總裁官總理事務經筵講官少保兼太子太保保和殿大學士兼管吏部戶部尚書事加六級張廷玉等奉

敕修

佞倖

漢史所載佞倖如籍孺閎孺鄧通韓嫣李延年董賢張放之屬皆以宦寺弄臣貽譏千古未聞以武夫健兒貪人酷吏方技雜流任親暱承寵渥於不衰者也明興創設錦衣衞典親軍暱居肘腋成祖卽位知人不附己欲以威讋天下特任紀綱爲錦衣寄耳目綱刺廷臣陰事以希上指帝以爲忠被殘殺者不可勝數英宗時門達逯杲之徒竝見親信至其後廠衞遂相表裏淸流之禍酷焉憲宗之世李孜省僧繼曉以祈禱被寵任萬安尹直彭華等至因之以得高位武宗日事般遊不恤國事一時宵人竝起錢寧以錦衣幸臧賢以伶人幸江彬許泰以邊將幸馬昂以女弟幸禍流中外宗社幾墟世宗入繼大統宜矯前軌乃任陸炳於從龍郭勛於議禮而一時方士如陶仲文邵元節藍道行之輩紛然竝進玉杯牛帛詐妄滋興凡此諸人口銜天憲威福在手天下士大夫靡然從風雖以成祖世宗之英武聰察而變倖釀亂幾與昏庸失道之主同其蒙蔽彼第以親己爲可信而孰知其害之至於此也至顧可學盛端明朱隆禧之屬皆起家甲科致位通顯乃以秘術干榮爲世戮笑此亦佞倖之尤者附之篇末用以示戒云

紀綱　門達逯杲
李孜省　繼曉
江彬許泰　錢寧
陸炳　邵元節
陶仲文　顧可學盛端明等

紀綱臨邑人爲諸生燕王起兵過其縣綱叩馬請自效王與語說之綱善騎射便辟詭黠善鈞人意響王大愛幸授忠義衞千戶旣卽帝位擢錦衣衞指揮使令典親軍司詔獄都御史陳瑛滅建文朝忠臣數十族親屬被戮者數萬人綱覘帝旨廣布校尉日摘臣民陰事帝悉下綱治深文誣詆帝以爲忠親之若肺腑擢都指揮僉事仍掌錦衣綱用指揮莊敬袁江千戶王謙李春等爲羽翼誣逮浙江按察使周新致之死帝所怒內侍及武臣下綱論死輒將至家洗沐好飲食之陽爲言見上必請赦若罪誘取金帛且盡忽刑於市數使家人僞爲詔下諸方鹽場勒鹽四百餘萬還復稱詔奪官船二千牛車四百輛載入私第弗予直搆陷大賈數十百家罄其貲乃已詐取交阯使珍奇奪吏民田宅籍故晉王吳王乾沒金寶無算得王冠服服之高坐置酒命優童奏樂奉觴呼萬歲器物僭乘輿欲買一女道士爲妾都督薛祿先得之遇祿大內撾其首腦裂幾死恚都指揮啞失帖木不避道誣以冒賞事捶殺之腐良家子數百人充左右詔選妃嬪試可令暫出待年綱私納其尤者吳中故大豪沈萬三洪武時籍沒所漏貲尙富其子文度蒲伏見綱進黃金及龍角龍文被奇寶異錦願得爲門下歲時供奉綱乃令文度求索吳中好女文度因挾綱勢什五而中分之綱又多蓄亡命造刀甲弓弩萬計端午帝射柳綱屬鎭撫龐瑛曰我故射不中若折柳鼓譟以覘衆意瑛如其言無敢糾者綱喜曰是無能難我矣遂謀不軌十四年七月內侍讋綱者發其罪命給事御史廷劾下都察院按治具有狀卽日磔綱於市家屬無少長皆戍邊列罪狀頒示天下其黨敬江謙春瑛等誅譴有差

門達豐潤人襲父職爲錦衣衞百戶性機警沉鷙正統末進千戶理鎭撫司刑久之遷指揮僉事坐累解職景泰七年復故官佐理衞事兼鎭撫理刑天順改元與奪門功進指揮同知旋進指揮使專任理刑千戶謝通者浙江人也佐達理司事用法仁恕達倚信之重獄多平反有罪者以下禁獄爲幸朝士翕然稱達賢然是時英宗慮廷臣黨比欲知外事倚錦衣官校爲耳目由是逯杲得大幸達反爲之用逯杲者安平人也以錦衣衞校尉爲達及指揮劉敬腹心從奪門帝大治奸黨杲縛錦衣百戶楊瑛指爲張永親屬又執千戶劉勤於朝奏其訕上兩人竝坐誅用楊善薦授本衞百戶以捕妖賊功進副千戶又用曹吉祥薦擢指揮僉事帝以杲強鷙委任之杲乃摭羣臣細故以稱帝旨英國公張懋太平侯張瑾外戚會昌侯孫繼宗兄弟竝侵官田杲劾奏還其田於官懋等皆服罪乃已石亨恃寵不法帝漸惡之杲卽伺其陰事亨從子彪有罪下獄命杲赴大同械其黨都指揮朱諒等七十六人杲因發彪弟慶他罪連及者皆坐杲進指揮同知明年復奏亨怨望懷不軌亨下獄死有詔盡革奪門功達杲言臣等俱特恩非以亨故帝優詔留任以杲發亨奸益加倚重杲益發舒勢出達上白遣校尉偵事四方文武大吏富家高門多進伎樂貨賄以祈免親藩郡王亦然無賄者輒執送達鍛鍊成獄天下朝覲官大半被譴逮一人數大家立破四方奸民詐稱校尉乘傳縱橫無所忌彰城伯張瑾以葬妻稱疾不朝而與諸公侯飲私第杲劾奏幾得重罪杲所遣校尉誣寧府弋陽王奠壏母子亂帝遣官往勘事已白寧王奠培等亦言無左驗帝怒責杲杲執如初帝竟賜奠壏母子死方舁尸出大雷雨平地水數尺人咸以爲冤指揮使李斌嘗搆殺弘農衞千戶陳安爲安家所訴下巡按御史邢宥覆讞石亨囑宥薄斌罪至是校尉言斌素藏妖書謂其弟健當有大位欲陰結外番爲石亨報讎杲以聞下錦衣獄達坐斌謀反帝兩命廷臣會訊畏杲不敢平反斌兄弟寘極刑坐死者二十八人杲本由石亨曹吉祥進訐亨致死復奏吉祥及其從子欽陰事吉祥欽大恨五年七月欽反入杲第斬之取其首以去事平贈杲指揮使給其子指揮僉事俸時達已掌衞事仍兼理刑杲被殺達以守衞功進都指揮僉事初杲給事達左右及得志恣甚達怒力逐之杲旋復官欲傾達達惴惴不敢縱杲死達勢遂張欲踵杲所爲益布旗校於四方告訐者日盛中外重足立帝益以爲能外戚都指揮孫紹宗及軍士六十七人冒討曹欽功達發其事紹宗被責讓餘悉下獄盜竊戶部山西司庫金巡城御史徐茂劾郎中趙昌主事王珪徐源疏縱達治其事皆下獄謫官達以囚多獄舍少不能容請城西武邑庫隙地增置之報可御史樊英主事鄭瑛犯贓罪給事中趙忠等報不以實達劾其徇私亦下獄謫官給事中程萬里等五人直登聞鼓有軍士妻訴冤會齋戒不爲奏達劾諸人蒙蔽詔下達治已劾南京戶部侍郎馬諒左都御史石璞掌前府忻城伯趙榮都督同知范雄張斌老聵皆罷去裕州民奏知州秦永昌衣黃衣閱兵帝怒命達遣官覈籍其貲戮永昌榜示天下幷逮布政使侯臣按察使吳中以下及先後巡按御史吳琬等四人下獄臣等停俸琬等謫縣丞御史李蕃按宣府或告蕃擅撻軍職用軍容迎送御史楊璡按遼東韓琪按山西校尉言其妄作威福皆下達治蕃琪竝荷校死陝西督儲參政婁良湖廣參議李孟芳陝西按察使錢博福建僉事包瑛陝西僉事李觀四川巡按田斌雲南巡按張祚淸軍御史程萬鍾及刑部郎中馮維孫瓊員外郎貝鈿給事中黃甄皆爲校尉所發下獄瑛守官無玷不勝憤自縊死其他多遣戍湖廣諸生馬雲罪黜詐稱錦衣鎭撫奉命葬親布政使孫毓等八人咸賻祭事覺法司請逮問卒不罪雲達初欲行督責之術其同列呂貴曰武臣不易犯曹欽可鑒也獨文吏易裁耳達以爲然故文吏禍尤酷都指揮袁彬恃帝舊恩不爲達下達深銜之廉知彬妾父千戶王欽誆人財奏請下彬獄論贖徒還職有趙安者初爲錦衣力士役於彬後謫戍鐵嶺衞赦還改府軍前衞有罪下詔獄達坐安改補府軍由彬請託故乃復捕彬榜掠誣彬受石亨曹欽賄用官木爲私第索內官督工者磁瓦奪人子女爲妾諸罪名軍匠楊塤不平擊登聞鼓爲彬訟冤語侵達詔幷下達治當是時達害大學士李賢寵又數規已嘗譖於帝言賢受陸瑜金酬以尚書帝疑之不下詔者半載至是拷掠塤教以引賢塤卽謬曰此李學士導我也達大喜立奏聞請法司會鞫塤午門外帝遣中官裴當監視達欲執賢幷訊

當日大臣不可辱乃止及訊墳曰吾小人何由見李學士此門錦衣教我達色沮不能言彬亦歷數達納賄狀法司畏達不敢聞坐彬絞輸贖墳斬帝命彬贖畢調南京錦衣而禁錮墳明年帝疾篤達知東宮局丞王綸必柄用預爲結納無何憲宗嗣位綸敗達坐調貴州都勻衞帶俸差操甫行言官交章論其罪命逮治論斬繫獄沒其貲鉅萬指揮張山同謀殺人罪如之子序班升從子千戶清壻指揮楊觀及其黨都指揮牛循等九人謫戍降調有差後當審錄命貸達發廣西南丹衞充軍死

李孜省南昌人以布政司吏待選京職贓事發匿不歸時憲宗好方術孜省乃學五雷法厚結中官梁芳錢義以符籙進成化十五年特旨授太常丞御史楊守隨給事中李俊等劾孜省贓吏不宜典祭祀乃改上林苑監丞日寵幸賜金冠法劍及印章二許密封奏請益獻淫邪方術與芳等表裏爲奸漸干預政事十七年擢右通政寄俸本司仍掌監事同官王㬅輕之不加禮孜省譖㬅左遷太僕少卿故事寄俸官不得預郊壇分獻帝特以命孜省廷臣懲㬅事無敢執奏者初帝踐位甫踰月卽命中官傳旨用工人爲文思院副使自後相繼不絕一傳旨姓名至百十人時謂之傳奉官文武僧道濫恩澤者數千鄧常恩趙玉芝淩中顧玒及奸僧繼曉輩皆尊顯與孜省相倚爲奸然權寵皆出孜省下居二年進左通政給事中王瑞御史張稷等交劾之乃貶二秩爲本司左參議他貶黜者又十二人蓋特借以塞中外之望孜省寵固未嘗替也頃之復遷左通政二十一年正月星變求言九卿大臣給事御史皆極論傳奉官之弊首及孜省常恩等帝頗感悟貶孜省上林監丞令吏部錄冗濫者名凡五百餘人帝爲留六十七人餘皆斥罷中外大說孜省緣是恨廷臣甚搆逐主事張吉員外郎彭綱而益以左道持帝意其年十月再復左通政益作威福搆罪禮部尚書尹旻及其子侍講龍又假扶鸞術言江西人赤心報國於是致仕副都御史劉敷禮部郎中黃景南京兵部侍郎尹直工部尚書李裕禮部侍郎謝一夔皆因之以進間採時望若學士楊守陳倪岳少詹事劉健都御史余子俊李敏諸名臣悉密封推薦搢紳進退多出其口執政大臣萬安劉吉彭華從而附麗之通政邊鏞爲僉都御史李和爲南京戶部侍郎皆其力也所排擠江西巡撫閔珪洗馬羅璟兵部尚書馬文升順天府丞楊守隨皆被譴朝野側目吏部奏通政使缺卽以命孜省而右通政陳政以下五人遞進一官時張文質方以尚書掌司事通政故未嘗缺使也已復擢禮部右侍郎掌通政如故常恩臨江人因中官陳喜進玉芝番禺人因中官高諒進並以曉方術累擢太常卿王芝丁母憂特賜祭葬大治塋域制度踰等玒中不知何許人玒以扶鸞術累官太常少卿喪母賜祭且給贈誥故事四品未三載無給誥賜祭者憲宗特予之吏部尚書尹旻因請幷贈其父未幾進本寺卿其二子經綸亦官太常少卿中以善書供事文華殿不數年爲太常卿踰月以諫官言降寺丞孜省以星變貶常恩亦貶本寺丞而玉芝玒中並如故孜省復通政常恩亦復太常卿有李文昌者試術不效杖五十斥還岳州通判沈政以繪事貪緣至太常少卿請斂天下貨財充內府帝怒下獄杖謫廣西慶遠通判人頗以爲快然羣奸中外蟠結士大夫附者日益多進士郭宗由刑部主事以篆刻爲中人所引擢尚寶少卿日與市井工技伍趨走闕廷兵科左給事中張善吉謫官因秘術干中官高英得召見因自陳乞復給事中士論以爲羞大學士萬安亦獻房中術以固寵而諸雜流加侍郎通政太常太僕尚寶者不可悉數憲宗崩孝宗嗣位始用科道言盡汰傳奉官謫孜省常恩玉芝之玒中經戍邊衞又以中官蔣宗言逮孜省常恩玉芝等下詔獄坐交結近侍律斬妻子流二千里詔免死仍戍邊孜省不勝搒掠瘐死

繼曉江夏僧也憲宗時以秘術因梁芳進授僧錄司左覺義進右善世命爲通元翊教廣善國師日誘帝爲佛事建大永昌寺於西市逼徙民居數百家費國帑數十萬員外郎淩俊請斬芳繼曉以謝天下幾得重譴繼曉虞禍及乞歸養母幷乞空名度牒五百道帝悉從之帝初卽位卽以道士孫道玉爲眞人其後西番僧劄巴堅參封萬行莊嚴功德最勝智慧圓明能仁感應顯國光教弘妙大悟法王西天至善金剛普濟大智慧佛其徒劄實巴鎖南堅參端竹也失皆爲國師錫誥命服食器用僭擬王者出入乘椶輿衞卒執金吾仗前導錦衣玉食幾千人取荒塚頂骨爲數珠髑髏爲法盌給事中魏元等切諫不納尋進劄實巴爲法王班卓兒藏卜爲國師又封領占竹爲萬行清修眞如自在廣善普慧弘度妙應掌教翊國正覺大濟法王西天圓智大慈悲佛又封西天佛子劄失藏卜劄失堅參乳奴班丹鎖南堅參法領占五人爲法王其他授西天佛子大國師國師禪師者不可勝計羽流加號眞人高士者亦盈都下大國師以上金印眞人玉冠玉帶玉珪銀章繼曉尤奸黠竊權所奏請立從成化二十一年星變言官極論其罪始勒爲民而諸番僧如故孝宗初詔禮官議汰禮官言諸寺法王至禪師四百三十七人剌麻諸僧七百八十九人華人爲禪師及善世覺義諸僧官一百二十人道士自眞人高士及正一演法諸道官一百二十三人請俱貶黜詔法王佛子遞降國師禪師都綱餘悉落職爲僧遣還本土追奪誥敕印章儀仗諸法物眞人降左正一高士降左演法亦追奪印章及諸玉器僧錄司止留善世等九員道錄司留正一等八員餘皆廢黜而繼曉以科臣林廷玉言逮治棄市

江彬宣府人初爲蔚州衞指揮僉事正德六年畿內賊起京軍不能制調邊兵彬以大同遊擊隸總兵官張俊赴調過薊州殺一家二十餘人誣爲賊得賞後與賊戰淮上被三矢其一著面鏃出於耳拔之更戰武宗聞而壯之七年賊漸平遣邊兵還鎭大同宣府軍過京師犒之遂幷宣府守將許泰皆留不遣彬因錢寧得召見帝見其矢痕呼曰彬健能爾耶彬狡黠强很貌魁碩有力善騎射談兵帝前帝大說擢都指揮僉事出入豹房同臥起嘗與帝奕不遜千戶周騏叱之彬陷騏搒死左右皆畏彬彬導帝微行數至教坊司進鋪花氊幄百六十二間制與離宮等帝出行幸皆御之寧見彬驟進意不平一日帝捕虎召寧寧縮不前虎迫帝彬趨撲乃解帝戲曰吾自足辦安用爾然心德彬而嗛寧寧他日短彬帝不應彬知寧不相容顧左右皆寧黨欲籍邊兵自固因盛稱邊軍驍悍勝京軍請互調操練言官交諫大學士李東陽疏稱十不便皆不聽於是調遼東宣府大同延綏四鎭軍入京師號外四家縱橫都市每團練大內間以角觝戲帝戎服臨之與彬聯騎出鎧甲相錯幾不可辨八年命許泰領敢勇營彬領神威營改太平倉爲鎭國府處邊兵建西官廳於奮武營賜彬國姓越二年遷都督僉事彬薦萬全都指揮李琮陝西都指揮神周勇畧並召侍豹房同賜姓爲義兒毀積慶鳴玉二坊民居造皇店酒肆建義子府四鎭軍彬兼統之帝自領羣閹善射者爲一營號中軍晨夕馳逐甲光照宮苑呼譟聲達九門帝時臨閱名過錦諸營悉衣黃罩甲泰琮周等冠遮陽帽帽植天鵝翎貴者三翎次二翎兵部尚書王瓊得賜一翎自喜甚彬旣心忌寧欲導帝巡幸遠寧因數言宣府樂工多美婦人且可觀邊釁瞬息馳千里何鬱鬱居大內爲廷臣所制帝然之十二年八月急裝微服出幸昌平至居庸關爲御史張欽所遮乃還數日復夜出先令太監谷大用代欽止廷臣追諫者因度居庸幸宣府彬爲建鎭國府第悉輦豹房珍玩女御實其中彬從帝數夜入人家索婦女帝大樂之忘歸稱曰家裏未幾幸陽和適北五萬騎入寇諸將王勛等力戰至應州寇引去斬首十六級官軍死數百人以捷聞京師帝自稱威武大將軍朱壽又自稱鎭國公所駐蹕稱軍門中外事無大小白彬乃奏或壅格至二三歲廷臣前後切諫悉置不省十三年正月還京數念宣府彬復導帝往因幸大同聞太皇太后崩乃還京發喪將葬如昌平祭告諸陵遂幸黃花密雲彬等掠良家女數十車日載以隨有死者永平知府毛思義忤彬下獄謫官典膳李恭疏請回鑾指斥彬罪未及上彬逮恭死詔獄帝駐大喜峯口欲令朶顏三衞花當把兒孫等納質宴勞御史劉士元陳四不可不報帝旣還下詔稱總督軍務威武大將軍總兵官朱壽統率六軍而命彬爲威武副將軍錄應州功封彬平虜伯子三人錦衣衞指揮泰安邊伯琮周俱都督陞賞內外官九千五百五十餘人賞賜億萬計彬又導帝由大同渡黃河次榆林至綏德幸總兵官戴欽第納其女還由西安歷偏頭關抵太原大徵女樂納晉府樂工楊騰妻劉氏以歸彬與諸近幸皆母事之稱曰劉娘娘初延綏總兵官馬昂罷免有女弟善歌能騎射解外國語嫁指揮畢春有娠矣昂因彬奪歸進於帝召入豹房大寵傳陞昂右都督弟炅㬌並賜蟒衣大璫皆呼爲舅賜第太平倉給事御史諫不應嘗幸昂第召其妾昂不聽帝怒而起昂復結太監張忠進其妾杜氏遂傳陞炅都指揮㬌儀眞守備昂喜過望又進美女四人謝恩及是納欽女皆彬所導也十四年正月自太原還至宣府命彬提督十二團營帝東西遊幸歷數千里乘馬腰弓矢涉險阻冒風雪從者多道病帝無倦容及還京復欲南幸刑部主事汪金疏陳九不可且極言酣酒當戒帝不省廷臣百餘人伏闕諫彬故激帝怒悉下獄多杖死者彬亦意沮議得寢會寧王宸濠反彬復贊帝親征下令諫者處極刑命彬提督贊畫機密軍務並督東廠錦衣官校辦事是時張銳治東廠錢寧治錦衣彬兼兩人之任權勢莫與比遂扈帝以行尋止寧令董皇店役不得從八月發京師彬在途矯旨輒縛長吏通判胡琮懼自縊死十二月至揚州卽民居爲都督府遍刷處女寡婦導帝漁獵以劉姬諫稍止至南京又欲導帝幸蘇州下浙江抵湖湘諸臣極諫會其黨亦勸沮乃止當是時彬率邊兵數萬跋扈甚成國公朱

輔爲長跪魏國公徐鵬舉及公卿大臣皆側足事之惟參贊尚書喬宇應天府丞寇天敘挺身與抗彬氣稍折十五年六月幸牛首山諸軍夜驚言彬欲爲逆久之乃定時宸濠已就禽繫江上舟中民間數訛傳將爲變帝心疑欲歸閏八月發南京至清江浦漁積水池帝舟覆被溺遂得疾十月帝至通州彬尚欲勸帝幸宣府矯旨召勳戚大臣議宸濠獄又上言賴鎮國公朱壽指授方畧禽宸濠逆黨申宗遠等十五人乞明正其罪乃下詔褒賜鎮國公歲加彬祿米百石廕一子錦衣千戶會帝體憊甚左右力請乃還京彬猶矯旨改團練營爲威武團練營自提督軍馬令泰周琮等提督教場操練及帝崩大學士楊廷和用遺命分遣邊兵罷威武團練營彬內疑稱疾不出陰布腹心衷甲觀變令泰詣內閣探意廷和以溫語慰之彬稍安乃出成服廷和密與司禮中官魏彬計因中官溫祥入白太后請除彬會坤寧宮安獸吻即命彬與工部尚書李鐩入祭彬禮服入家人不得從事竟將出中官張永留彬鐩飯太后遽下詔收彬彬覺亟走西安門門閉尋走北安門門者曰有旨留提督彬曰今日安所得旨排門者門者執之拔其鬚且盡收者至縛之有頃周琮並縛至罵彬曰奴早聽我豈爲人禽世宗即位磔彬於市周琮與彬子勳杰鰲熙俱斬繪處決圖榜示天下幼子然及妻女俱發功臣家爲奴時京師久旱遂大雨籍彬家得黃金七十櫃白金二千二百櫃他珍瑤不可數計許泰江都人都督寧子襲職爲羽林前衛指揮使中武會舉第一擢署都指揮同知尋充副總兵協守宣府正德六年與郤永江彬俱調勦流賊敗賊霸州追敗之東光半壁店未幾復敗賊棗強劉六寇曹州泰與馮楨郤永擊却之乘勝禽斬千八百人賊犯蠡縣臨城泰等不敢擊被劾停俸既而賊奔衛輝泰爲所敗調赴萊陽逗遛不進詔革署都督僉事新衛仍以都指揮同知辦賊賊平進署都督同知留京師與彬日侍左右賜國姓歷遷左都督冒應州功封安邊伯宸濠反帝以泰爲威武副將軍偕中官張忠率禁軍先往宸濠已爲王守仁所禽泰欲攘其功疾馳至南昌濠之亂嫉守仁功排擠之百方執伍文定窘辱備至居窮搜逆黨士民被誣陷者不可勝計誅求刑戮甚於宸久之始旋師世宗即位廷臣交劾文定亦備以虐民奸功狀上聞下獄論死賚緣貴近減死從邊馬昂亦罷旲等戍邊

錢寧不知所出或云鎮安人幼鬻太監錢能家爲奴能變之冒錢姓能死推恩家人得爲錦衣百戶正德初曲事劉瑾得幸於帝性猾狡善射拓左右弓帝喜賜國姓爲義子傳陞錦衣千戶瑾敗以計免歷指揮使掌南鎮撫司累遷左都督掌錦衣衛事典詔獄言無不聽其名刺自稱皇庶子引樂工臧賢回回人于永及諸番僧以祕戲進請於禁內建豹房新寺恣聲伎爲樂復誘帝微行帝在豹房常醉枕寧臥百官候朝至晡莫得帝起居密伺寧寧來則知駕將出矣太監張銳領東廠緝事橫甚而寧典詔獄勢最熾中外稱曰廠衛司務林華評事沈光大皆以杖繫校尉爲寧所奏逮下錦衣獄黜光大貶華一級錦衣千戶王注與寧暱撻人至死員外郎劉秉鑑持其獄急寧匿注於家而屬東廠發刑部他事尚書張子麟亟造謝寧立釋注乃已廠衛校卒至部院白事稱尚書于麟輩曰老爹長太僕少卿趙經初以工部郎督乾清宮工乾沒帑金數十萬經死寧佯遣校尉治喪迫經妻子扶櫬出姬妾帑藏悉據有之中官廖堂鎮河南其弟錦衣指揮鵬肆惡爲巡撫鄧庠所劾詔降級安置鵬懼使其嬖妾私事寧得留任寧子永安六歲爲都督養子錢傑錢靖等俱冒國姓授錦衣衛官念富貴已極帝無子思結强藩自全爲寧王宸濠營復護衛又遣人往宸濠所有異謀又令宸濠數進金銀玩好於帝謀召其世子司香太廟爲入嗣地又以玉帶綵紵附其典寶萬銳歸詐稱上賜凡宸濠所遣私人行賄京師皆主伶人臧賢家由寧以達帝左右宸濠反帝心疑寧寧懼白帝收宸濠所遣盧孔章而歸罪賢謫戍邊使校尉殺之途以滅口又致孔章瘐死冀得自全然卒中江彬計使董皇店役彬在道盡白其通逆狀帝曰黠奴我固疑之乃羈之臨清馳收其妻子家屬帝還京裸縛寧籍其家得玉帶二千五百束黃金十餘萬兩白金三千箱胡椒數千石世宗即位磔寧於市養子傑等十一人皆斬子永安幼免死妻妾發功臣家爲奴

陸炳其先平湖人祖墀以軍籍隸錦衣衛爲總旗父松襲職從興獻王之國安陸選爲儀衛司典仗世宗入承大統松以從龍恩遷錦衣副千戶累官後府都督僉事協理錦衣事世宗始生松妻爲乳媼炳幼從母入宮中稍長日侍左右炳武健沉鷙長身火色行步類鶴舉嘉靖八年武會試授錦衣副千戶松卒襲指揮僉事尋進署指揮使掌南鎮撫事十八年從帝南幸次衛輝夜四更行宮火從官倉猝不知帝所在炳排闥負帝出帝自是愛幸炳屢擢都指揮同知掌錦衣事帝初嗣位掌錦衣者朱宸未久罷代者駱安繼而王佐陳寅皆以與邸舊人掌錦衣衛佐嘗保持張鶴齡兄弟獄有賢聲寅亦謹厚不爲惡及炳代寅權勢遠出諸人上未幾擢署都督僉事又以緝捕功擢都督同知炳驟貴同列多父行炳陽敬事之徐以計去其易已者又能得閣臣夏言嚴嵩歡以故日益重嘗捶殺兵馬指揮爲御史所糾詔不問言故暱炳一日御史劾炳諸不法事言即擬旨逮治炳窘行三千金求解不得長跪泣謝罪乃已炳自是嫉言次骨及嵩與言搆炳助嵩發言與邊將關節書言罪死嵩德炳恣其所爲引與籌畫通賕賂後仇鸞得寵陵嵩出其上獨憚炳炳曲奉之不敢與鈞禮而私出金錢結其所親愛得鸞陰私及鸞病亟炳盡發其不軌狀帝大驚立收鸞敕印鸞憂懼死至剖棺戮屍炳先進左都督錄禽哈舟兒功加太子太保以發鸞密謀加少保兼太子太傅歲給伯祿三十三年命入直西苑與嚴嵩朱希忠等侍修元三十五年三月賜進士恩榮宴故事錦衣列於西帝以炳故特命上坐班二品之末明年疏劾司禮中官李彬侵盜工所物料營墳墓僭擬山陵與其黨杜泰三人論斬籍其貲銀四十餘萬金珠珍寶無算尋加炳太保兼少傅掌錦衣如故三公無兼三孤者僅於炳見之炳任豪惡吏爲爪牙悉知民間銖兩奸富人有小過輒收捕沒其家積貲數百萬營別宅十餘所莊園遍四方勢傾天下時嚴嵩父子盡攬六曹事炳無所不關說文武大吏爭走其門歲入不貲結權要周旋善類亦無所吝帝數起大獄炳多所保全折節士大夫未嘗搆陷一人以故朝士多稱之者三十九年卒官贈忠誠伯謚武惠祭葬有加官其子繹爲本衛指揮僉事隆慶初用御史言追論炳罪削秩籍其產奪繹及弟太常少卿煒官坐贓數十萬繫繹等追償久之貲盡萬曆三年繹上章乞免張居正等言炳救駕有功且律非謀反叛逆奸黨無籍沒者況籍沒追贓二罪幷坐非律意帝憫之遂獲免

邵元節貴溪人龍虎山上清宮道士也師事范文泰李伯芳黃太初咸盡其術寧王宸濠召之辭不往世宗嗣位惑內侍崔文等言好鬼神事日事齋醮諫官屢以爲言不納嘉靖三年徵元節入京見於便殿大加寵信俾居顯靈宮專司禱祀雨雪愆期禱有驗封爲清微妙濟守靜修眞凝元衍範志默秉誠致一眞人統轄朝天顯靈靈濟三宮總領道教錫金玉銀象牙印各一六年乞還山詔許馳傳未幾趣朝有事南郊命分獻風雲雷雨壇預宴奉天殿班二品贈其父太常丞母安人幷贈文泰眞人賜元節紫衣玉帶給事中高金論之帝下金詔獄敕建眞人府於城西以其孫啓南爲太常丞曾孫時雍爲太常博士歲給元節祿百石以校尉四十人供灑掃賜莊田三十頃蠲其租又遣中使建道院於貴溪賜名仙源宮既成乞假還山中途上奏言爲大學士李時弟員外郎所侮時上章引罪敕下獄獲譴比還朝舟至潞河命中官迎入賜蟒服及闡教輔國玉印先是以皇嗣未建數命元節建醮以夏言爲監禮使文武大臣日再上香越三年皇子疊生帝大喜數加恩元節拜禮部尚書賜一品服孫啓南徒陳善道等咸進秩贈伯芳太初爲眞人帝幸承天元節病不能從無何死帝爲出涕贈少師賜祭十壇遣中官錦衣護喪還有司營葬用伯爵禮禮官擬謚榮靖不稱旨再擬文康帝兼用之曰文康榮靖啓南官至太常少卿善道亦封清微闡教崇眞衛道高士隆慶初削元節秩謚

陶仲文初名典眞黃岡人嘗受符水訣於羅田萬玉山與邵元節善嘉靖中由黃梅縣吏爲遼東庫大使秩滿需次京師寓元節邸舍元節年老宮中黑眚見治不效因薦仲文於帝以符水噀劍絕宮中妖莊敬太子患痘禱之而瘥帝深寵異十八年南巡元節病以仲文代次衛輝有旋風遶駕帝問此何祥也對曰主火是夕行宮果火宮人死者甚衆帝益異之授神霄保國宣教高士尋封神霄保國弘烈宣教振法通眞忠孝秉一眞人明年八月欲令太子監國專事靜攝太僕卿楊最疏諫杖死廷臣震懾大臣爭諂媚取容神仙禱祀日亟以仲文子世同爲太常丞子壻吳濬從孫良輔爲太常博士帝有疾既而瘳喜仲文祈禱功特授少保禮部尚書久之加少傅仍兼少保仲文起莞庫不二歲登三孤恩寵出元節上乃請建雷壇於鄉縣祝聖壽以其徒臧宗仁爲左至靈馳驛往督黃州同知郭顯文監之工稍稽謫顯文典史遣工部郎何成代督趨甚急公私騷然御史楊爵郎中劉魁言及之給事中周怡陳時事有日事禱祠語帝大怒悉下詔獄拷掠長繫吏部尚書熊浹諫乩仙即命削籍自是中外爭獻符瑞焚修齋醮之事無敢指及之者矣帝自二十年遭宮婢變移居西內日求長生郊廟不親朝講盡廢君臣不相接獨仲文得時見見輒賜坐稱之爲師而不名心知臣下必議已每下詔旨多憤疾之辭廷臣莫知所指小人顧可學盛端明朱隆禧輩皆緣以進其後夏言以不冠香葉冠積他釁至死而

嚴嵩以虔奉焚修蒙異眷者二十年大同獲諜者王三帝歸功上元加仲文少師仍兼少傅少保一人兼領三孤終明世惟仲文而已久之授特進光祿大夫柱國兼支大學士俸廕子世恩爲尚寶丞復以聖誕加恩給伯爵俸授其徒郭弘經王永寧爲高士時都御史胡纘宗下獄株連數十人二十九年春京師災異頻見帝以咨仲文對言慮有冤獄得雨方解俄法司上纘宗等爰書帝悉從輕典果得雨乃以平獄功封仲文恭誠伯歲祿千二百石弘經永寧封眞人仇鸞之追戮也下詔稱仲文功增祿百石廕子世昌國子生三十二年仲文言齊河縣道士張演昇建大淸橋濬河得龍骨一重千斤又突出石沙一脉長數丈類有神相帝卽發帑銀助之時建元嶽湖廣太和山旣成遣英國公張溶往行安神禮仲文偕顧可學建醮祈福明年聖誕加恩廕子錦衣百戶帝益求長生日夜禱祠簡文武大臣及詞臣入直西苑供奉青詞四方奸人段朝用龔可佩藍道行王金胡大順藍田玉之屬咸以燒煉符咒熒惑天子然不久皆敗獨仲文恩寵日隆久而不替士大夫或緣以進又創二龍不相見之說靑宮虛位者二十年三十五年上皇考道號爲三天金闕無上玉堂都仙法主玄元道德哲慧聖尊開眞仁化大帝皇妣號爲三天金闕無上玉堂總仙法主元元道德哲慧聖母天后掌仙妙化元君帝自號靈霄上淸統雷元陽妙一飛元眞君後加號九天弘教普濟生靈掌陰陽功過大道思仁紫極仙翁一陽眞人元虛圓應開化伏魔忠孝帝君再號太上大羅天仙紫極長生聖智昭靈統元證應玉虛總掌五雷大眞人元都境萬壽帝君明年仲文有疾乞還山獻上歷年所賜蟒玉金寶法冠及白金萬兩旣歸帝念之不置遣錦衣官存問命有司以時加禮改其子尚寶少卿世恩爲太常丞兼道錄司右演法供事眞人府仲文得寵二十年位極人臣然小心愼密不敢恣肆三十九年卒年八十餘帝聞痛悼葬祭視邵元節特諡榮康惠肅世恩後至太常卿隆慶元年坐與王金僞製藥物下獄論死仲文秩諡亦追削段朝用合肥人以燒煉干郭勛言所化銀皆仙物用爲飮食器當不死勛進之帝帝大悅仲文亦薦之獻萬金助雷壇工費帝嘉其忠授紫府宣忠高士朝用請歲進數萬金以資國用帝益喜已而術不驗其徒王子巖攻發其詐帝執子巖朝用付鎭撫拷訊朝用所獻銀故出勛貲事旣敗帝亦寖疏勛明年勛亦下獄朝用乃脅勛賄摭死其家人復上疏瀆奏帝怒遂論死龔可佩嘉定人出家崑山爲道士通曉道家神名由仲文進諸大臣撰靑詞者時從可佩問道家故事俱愛之得爲太常博士帝命入西宮敎宮人習法事累遷太常少卿爲中官所惡誣其嗜酒使偵之報可佩醉員外郎邵畯所執下詔獄幷逮畯俱杖六十可佩杖死屍暴潞河爲羣犬所食畯亦奪官畯與可佩故無交無敢白其枉者藍道行以扶鸞術得幸有所問輒密封遣中官詣壇焚之所答多不如旨帝咎中官穢褻中官懼交通道行啓視而後焚答始稱旨帝大喜問今天下何以不治道行故惡嚴嵩假乩仙言嵩奸罪帝問果爾上仙何不殛之答曰留待皇帝自殛帝心動會御史鄒應龍劾嵩疏上帝卽放嵩還已嵩詗知道行所爲厚賂帝左右發其怙寵招權諸不法事下詔獄坐斬死獄中胡大順者仲文同縣人也緣仲文進供事靈濟宮仲文死大順以奸欺事發斥囘籍後覬復用僞撰萬壽金書一帙詭稱呂祖所作且言呂祖授三元大丹可却疾不老遣其子元玉從妖人何廷玉齎入京因左演法藍田玉左正一羅萬象以通內官趙楹獻之帝田玉者鐵柱觀道士嚴嵩罷歸至南昌値聖誕田玉爲帝建醮會御史姜儆訪秘法至嵩索田玉諸符籙進獻田玉亦自以召鶴術託儆附奏得召爲演法與萬象竝以扶鸞術供奉西內因交歡楹時帝方幸此三人故大順書由三人進帝覽書問旣云乩書扶乩者何不來田玉遂詐爲聖諭徵之至則屢上書求見帝語徐階曰自藍道行下獄遂百孽擾宮今大順來可復用乎對曰扶乩之術惟中外交通間有驗者否則茫然不知今宮孽已久似非道行所致且用此輩孽未必消小人無賴宜治以法帝悟報曰田玉無狀去冬代廷玉進水銀藥遂詐傳密旨徵取大順不治無以儆將來階對水銀不可服食詐傳詔旨罪尤重倘置不問羣小互相朋結恐釀大患乃命執大順田玉萬象等下錦衣獄不知其奸由楹也錦衣上獄詞帝有意寬之以問階階力言不可不重治乃下諸人法司令重擬楹伺間具密奏爲諸人申理帝大怒付司禮拷訊具得其交通狀遂與大順田玉萬象廷玉元玉竝論死楹瘐死帝以逆因當顯戮怒所司不如法詔停刑部司官俸嘉靖四十四年也世宗朝奏章有前朝後朝之說前朝所奏者諸司章奏也他方士雜流有所陳請則從後朝入前朝官不與聞故無人摘發賴帝晚年漸悟其妄而政府力爲執奏諸奸獲正法云王金者鄠縣人也爲國子生殺人當死知縣陰應麟雅好黃白術聞金有秘方爲之解得末減金遂逃京師匿通政使趙文華所以仙酒獻文華獻之帝及文華視師江南金落魄無所遇一日帝於秘殿扶乩言服芝可延年使使採芝天下四方來獻者皆積苑中中使竊出市人復進之以邀賞金厚結中使得芝萬本聚爲一山號萬歲芝山又僞爲五色龜欲因禮部以獻尚書吳山不爲進山罷金自進之帝大喜遣官告太廟禮官袁煒率廷臣表賀而授金太醫院御醫先是總督胡宗憲獻白鹿者再帝喜告謝元極寶殿及太廟進宗憲秩百官表賀已宗憲獻靈芝五白龜二帝益喜賜金幣鶴衣告廟表賀如初不數日龜死帝曰天降靈物朕固疑處塵寰不久也淮王獻白雁二帝曰天降祥羽其告廟嚴嵩孫鴻獻玉兔一靈芝六十四藍道行獻瑞龜俱遣中官獻太廟廷臣表賀未幾兔生二子禮官請謝元告廟是月兔又生二子帝以爲延生之祥特建謝典告廟已又生數子皆稱賀其他西苑嘉禾顯陵甘露無不告廟稱賀者當是時陶仲文已死嚴嵩亦罷政藍道行又以詐僞誅宮中數見妖孽帝春秋高意邑邑不樂中官因詐飾以娛之四十三年五月帝夜坐庭中獲一桃御幄後左右言自空中下帝大喜曰天賜也修迎恩醮五日明日復降一桃其夜白兔生二子帝益喜謝元告廟未幾壽鹿亦生二子廷臣表賀帝以奇祥三錫天眷非常手詔褒答時遣官求方士於四方至者日衆豐城人熊顯進仙書六十六冊方士趙添壽進秘法三十二種醫士申世文亦進三種帝知其多妄無殊錫金思所以動帝乃與世文及陶世恩陶倣劉文彬高守中僞造諸品仙方養老新書七元天禽護國兵策與所製金石藥竝進其方詭秘不可辨性燥非服食所宜帝御之稍稍火發不能愈世恩竟得遷太常卿倣太醫院使文彬太常博士未幾帝大漸遺詔歸罪金等命悉正典刑五人竝論死繫獄隆慶四年十月高拱柄國盡反徐階之政乃宥金等死編口外爲民

顧可學無錫人舉進士歷官浙江參議言官劾其在部時盜官帑斥歸家居二十餘年瞯世宗好長生而同年生嚴嵩方柄國乃厚賄嵩自言能煉童男女溲爲秋石服之延年嵩爲言於帝遣使齎金幣就其家賜之可學詣闕謝遂命爲右通政嘉靖二十四年超拜工部尚書尋改禮部再加至太子太保時盛端明亦以方術承帝眷可學獨揚揚自喜請屬公事人咸畏而惡之帝惑乩仙言手詔問禮部古用芝入藥今產何所尚書吳山博引本草黃帝內經漢舊儀王充論衡瑞命記言歷代皆以芝爲瑞然服食之法未有傳所產地亦未敢預擬乃詔有司採之五嶽及太和龍虎三茅齊雲鶴鳴諸山無何宛平民獻芝五本帝悅賚銀幣自是來獻者接踵時又採銀礦龍涎香中使四出論者咸咎可學可學尋以年老乞休卒賜祭葬諡榮僖端明饒平人舉進士歷官右副都御史督南京糧儲劾罷家居十年自言通曉藥石服之可長生由陶仲文以進嚴嵩亦左右之遂召爲禮部右侍郎尋拜工部尚書改禮部加太子少保皆與可學竝命二人但食祿不治事供奉藥物而已端明頗負才名晚由他途進士論恥之端明內不自安引去卒於家賜祭葬諡榮簡隆慶初二人皆褫官奪諡朱隆禧者崑山人由進士歷順天府丞坐大計黜二十七年陶仲文赴太和山隆禧邀至其家以所傳長生秘術及所製香衲祈代進仲文還朝奏之帝悅卽其家賜白金飛魚服隆禧入朝謝恩帝以大計罷閒官例不復起加太常卿致仕居二年加禮部右侍郎會有邊警仲文乘閒薦隆禧知兵帝曰祖宗法不可廢卒不用旣卒其妻請卹典所司執不予帝特諭予之隆慶初褫官帝晚年求方術益急仲文可學輩皆前死四十一年冬命御史姜儆王大任分行天下訪求方士及符籙秘書儆江南山東浙江江西福建廣東廣西大任畿輔河南湖廣四川山西陝西雲南貴州至四十三年十月還朝上所得法秘數千冊方士唐秩劉文彬等數人儆大任擢侍講學士秩等賜第京師儆不自安尋引退大任入翰林不爲同官所齒隆慶元年正月言官劾兩人所進劉文彬等已正刑章宜幷罪遂奪職

明史卷三百八 列傳第一百九十六

總裁官經筵日講官少保兼太子太保保和殿大學士兼管吏部戶部尚書事加六級張廷玉等奉

敕修

奸臣

宋史論君子小人取象於陰陽其說當矣然小人世所恒有不容概被以奸名必其竊弄威柄構結禍亂動搖宗祏屠害忠良心跡俱惡終身陰賊者始加以惡名而不敢辭有明一代巨奸大惡多出於寺人內豎求之外廷諸臣蓋亦鮮矣當太祖開國之初胡惟庸兇狡自肆竟坐叛逆誅死陳瑛在成祖時以刻酷濟其奸私逢君

長君荼毒善類此其所值皆英武明斷之君而包藏禍心久之方敗令遇庸主其爲惡可勝言哉厥後權歸內豎懷奸固寵之徒依附結納禍流搢紳惟世宗朝閣臣斂迹而嚴嵩父子濟惡貪讒無厭莊烈帝手除逆黨而周延儒溫體仁懷私植黨憤國覆邦南都末造本無足言馬士英庸瑣鄙夫饕殘恣惡之數人者內無閹尹可依而外與羣邪相比罔恤國事職爲亂階究其心迹殆將與杞檜同科吁可畏哉作奸臣傳

胡惟庸 陳寧 陳瑛 馬麟等
嚴嵩 趙文華等 周延儒
溫體仁 馬士英 阮大鋮

胡惟庸定遠人歸太祖於和州授元帥府奏差尋轉宣使除寧國主簿進知縣遷吉安通判擢湖廣僉事吳元年召爲太常少卿進本寺卿洪武三年拜中書省參知政事已代汪廣洋爲左丞六年正月右丞相廣洋左遷廣東行省參政帝難其人久不置相惟庸獨專省事七月拜右丞相久之進左丞相復以廣洋爲右丞相自楊憲誅帝以惟庸爲才寵任之惟庸亦自勵嘗以曲謹當上意寵遇日盛獨相數歲生殺黜陟或不奏徑行內外諸司上封事必先取閱害己者輒匿不以聞四方躁進之徒及功臣武夫失職者爭走其門饋遺金帛名馬玩好不可勝數大將軍徐達深疾其奸從容言於帝惟庸遂誘達閽者福壽以圖達爲福壽所發御史中丞劉基亦嘗言其短久之基病帝遣惟庸挾醫視遂以毒中之基死益無所忌與太師李善長相結以兄女妻其從子佑學士吳伯宗劾惟庸幾得危禍自是勢益熾其定遠舊宅井中忽生石筍出水數尺諛者爭引符瑞又言其祖父三世冢上皆夜有火光燭天惟庸益喜自負有異謀矣吉安侯陸仲亨自陝西歸擅乘傳帝怒責之曰中原兵燹之餘民始復業籍戶買馬艱苦殊甚使皆效爾所爲民雖盡鬻子女不能給也責捕盜於代縣平涼侯費聚奉命撫蘇州軍民日嗜酒色帝怒責往西北招降蒙古無功又切責之二人大懼惟庸陰以權利脅誘二人二人素戇勇見惟庸用事密相往來嘗過惟庸家飲酒酣惟庸屏左右言吾等所爲多不法一旦事覺如何二人益惶懼惟庸乃告以己意令在外收集軍馬又嘗與陳寧坐省中閱天下軍馬籍令都督毛驤取衞士劉遇賢及亡命魏文進等爲心膂曰吾有所用爾也太僕寺丞李存義者善長之弟惟庸壻李佑父也惟庸令陰說善長善長已老不能強拒初不許已而依違其間惟庸益以爲事可就乃遣明州衞指揮林賢下海招倭與期會又遣元故臣封績致書稱臣于元嗣君請兵爲外應事皆未發會惟庸子馳馬於市墜死車下惟庸殺輓車者帝怒命償其死惟庸請以金帛給其家不許惟庸懼乃與御史大夫陳寧中丞涂節等謀起事陰告四方及武臣從己者十二年九月占城來貢惟庸等不以聞中官出見之入奏帝怒敕責省臣惟庸及廣洋頓首謝罪而微委其咎於禮部部臣又委之中書帝益怒盡囚諸臣窮詰主者未幾賜廣洋死廣洋妾陳氏從死帝詢之乃入官陳知縣女也大怒曰沒官婦女止給功臣家文臣何以得給乃敕法司取勘于是惟庸及六部堂屬咸當坐罪明年正月涂節遂上變告惟庸御史中丞商暠時謫爲中書省吏亦以惟庸陰事告帝大怒下廷臣更訊詞連寧節廷臣言節本預謀見事不成始上變告不可不誅乃誅惟庸寧并及節惟庸既死其反狀猶未盡露至十八年李存義爲人首告免死安置崇明十九年十月林賢獄成惟庸通倭事始著二十一年藍玉征沙漠獲封績善長不以奏至二十三年五月事發捕績下吏訊得其狀逆謀益大著會善長家奴盧仲謙首善長與惟庸往來狀而陸仲亨家奴封帖木亦首仲亨及唐勝宗費聚趙雄三侯與惟庸共謀不軌帝發怒肅清逆黨詞所連及坐誅者三萬餘人乃爲昭示奸黨錄布告天下株連蔓引迄數年未靖云

陳寧茶陵人元末爲鎮江小吏從軍至集慶館於軍帥家代軍帥上書言事太祖覽之稱善召試檄文詞意雄偉乃用爲行省掾吏時方四征羽書旁午寧酬答整暇事無留滯太祖益才之淮安納款奉命徵其兵抵高郵爲吳人所獲寧抗論不屈釋還擢廣德知府會大旱乞免民租不許寧自詣太祖奏曰民饑如此猶徵租不已是爲張士誠敺民也太祖壯而聽之辛丑除樞密院都事癸卯遷提刑按察司僉事明年改浙東按察使有小隸訟其隱過寧已擢中書參議太祖親鞫之寧首服繫應天獄一歲吳元年冬盡將決太祖惜其才命諸將數其罪而宥之用爲太倉市舶提舉洪武元年召拜司農卿遷兵部尚書明年出爲松江知府用嚴爲治積歲蠹弊多所釐革尋改山西行省參政召拜參知政事知吏戶禮三部事寧初名亮至是賜名寧三年坐事出知蘇州尋改浙江行省參政未行用胡惟庸薦召爲御史中丞太祖嘗御東閣免冠而櫛寧與侍御史商暠入奏事太祖見之遂移入便殿遣人止寧毋入櫛已整冠出閤始命入見六年命兼領國子監事俄拜右御史大夫八月遣釋奠先師丞相胡惟庸參政馮冕誠意伯劉基不陪祀而受胙太祖以寧不舉奏亦停俸半月自是不預祭者不頒胙久之進左御史大夫寧有才氣而性特嚴刻其在蘇州徵賦苛急嘗燒鐵烙人肌膚吏民苦之號爲陳烙鐵及居憲臺益務威嚴太祖嘗責之寧不能改其子孟麟亦數諫寧怒捶之數百竟死太祖深惡其不情曰寧於其子如此奚有於君父耶寧聞之懼遂與惟庸通謀十三年正月惟庸事發寧亦伏誅

陳瑛滁人洪武中以人才貢入太學擢御史出爲山東按察使建文元年調北平僉事湯宗告瑛受燕王金錢通密謀逮謫廣西燕王稱帝召爲都察院左副都御史署院事瑛天性殘忍受帝寵任益務深刻專以搏擊爲能甫蒞事卽言陛下應天順人萬姓率服而廷臣有不順命效死建文者如侍郎黃觀少卿廖昇修撰王叔英紀善周是修按察使王良知縣顏伯瑋等其心與叛逆無異請追戮之帝曰朕誅奸臣不過齊黃數輩後二十九人中如張紞王鈍鄭賜黃福尹昌隆皆宥而用之況汝所言有不與此數者勿問後瑛閱方孝孺等獄詞遂簿觀叔英等家給配其妻女疏族外親莫不連染胡閏之獄所籍數百家號冤聲徹天兩列御史皆掩泣瑛亦色慘謂人曰不以叛逆處此輩則吾等爲無名於是諸忠臣無遺種矣永樂元年擢左都御史益以計發爲能八月劾歷城侯盛庸怨誹當誅庸自殺二年劾曹國公李景隆謀不軌又劾景隆弟增枝知景隆不臣不諫多置莊產蓄佃僕意叵測俱收繫又劾長興侯耿炳文僭炳文自殺劾駙馬都尉梅殷邪謀殷遇害三年行部尚書雒僉言事忤帝意瑛劾僉貪暴僉坐誅死又劾駙馬都尉胡觀強取民間女子娶娼爲妾預景隆逆謀以親見宥不改帝命勿治罷觀朝請已又劾其怨望逮下獄八年劾隆平侯張信占練湖及江陰官田命三法司雜治之瑛爲都御史數年所論劾勳戚大臣十餘人皆陰希帝指其他所劾順昌伯王佐都督陳俊指揮王恕都督曹遠指揮房昭僉都御史俞士吉大理少卿袁復御史車舒都督王瑞指揮林泉牛諒通政司參議賀銀等先後又數十人俱得罪帝以爲能發奸寵任之然亦知其殘刻所奏讞不盡從中書舍人芮善弟夫婦爲盜所殺心疑其所親訟於官刑部驗非盜縱之善白帝刑部故出盜帝命御史鞫治果非盜瑛因劾善妄奏當下獄帝曰兄弟同氣得賊惟恐逸之善何罪其勿問車里宣慰使刀暹答侵威遠州地執其知州刀算黨以歸帝遣使諭之刀暹答懼歸地及所執知州遣弟刀臘等貢方物謝罪瑛請先下刀臘法司且逮治刀暹答帝曰蠻獠之性稍不相得則相讐改則已今服罪而復治之何以處不服者遂赦弗問知嘉興縣李鑑廷見謝罪帝問故瑛言鑑籍奸黨姚瑄瑄弟亨當連坐而鑑釋亨不籍宜罪鑑言都察院文止籍瑄未有亨名帝曰院文無名而不籍不失爲愼重鑑得免戶部人材高文雅言時政因及建文事辭意率直帝命議行之瑛劾文雅狂妄請寘之法帝曰草野之人何知忌諱其言有可采奈何以直而廢之瑛刻薄非助朕爲善者以文雅付吏部量材授官海運糧漂沒瑛請治官軍罪責之償帝曰海濤險惡官軍免溺死幸矣悉釋不問瑛之奸險附會一意苛刻皆此類也帝北巡皇太子監國瑛言兵部主事李貞受皁隸葉轉等四人金請下貞獄無何貞妻擊登聞鼓訴冤皇太子命六部大臣廷鞫之自辰至午貞等不至惟葉轉至訊之云貞不承不勝拷掠死三皁隸皆笞死三日矣貞實未嘗受金先是袁綱覃珩兩御史俱至兵部索皁隸貞猝無以應兩御史銜之與此獄於是刑科給事中耿通等言瑛及綱珩朋奸蒙蔽擅殺無辜請罪瑛皇太子曰瑛大臣蓋爲下所欺不能覺察耳置勿問械繫綱珩以其罪狀奏行在又有學官坐事謫充太學膳夫者皇太子令法司與改役瑛格不行中允劉子春等復劾瑛方命自恣皇太子謂瑛曰卿用心刻薄不明政體殊非大臣之道時太子深惡瑛以帝方寵任無如何久之帝亦寖疏瑛九年春瑛得罪下獄死天下快之帝以篡得天下御下多用重典瑛首承風旨傾誣排陷者無算一時臣工多效其所爲如紀綱馬麟丁珏秦政學趙緯李芳皆以傾險聞綱在佞倖傳麟鞏人洪武末爲工科給事中建文時坐罪謫雲南爲吏成祖卽位悉復建文朝所罷官麟得召還尋進兵科都給事中麟無他建白專以訐發爲能帝久亦厭之諭麟等曰奏牘一字之誤皆喋喋煩碎甚矣僞謬卽改正不必以聞麟等言奏內有不稱臣者不可宥帝曰彼亦偶脫漏耳言官當陳軍國大務細故可畧也久之擢右通政帝一日顧侍臣曰四方頻奏水旱朕甚不寧麟遽進曰水旱天數堯湯不免一二郡有之未害帝曰洪範恒雨恒暘皆本人事可委天數哉爾此言不學故也麟慚而退麟居言路糾彈諸司無虛日嘗署兵部事甫一日輒有過爲人所奏自是稍戢居通政八年卒於官珏山陽人永樂四年

里社賽神誣以聚衆謀不軌坐死者數十人法司因稱珽忠特擢刑科給事中伺察百僚小過輒上聞居官十年貪黷不顧廉恥母喪未期起復視事輒隨衆大祀齋宮復與慶成宴爲御史俞信等所劾論大不敬當死帝曰朕素疑其奸邪若悉行所言廷臣豈有一人免耶遂謫戍邊政學慈谿人永樂二年進士歷行在禮部郎中務援人過失肆爲奸貪十六年春有罪伏誅緯初爲大興教諭燕兵起與城守有勞擢禮科給事中坐罪謫思南宣慰司教授永樂七年復原官務掊摭朝士過久之遷浙江副使後入朝仁宗見其名曰此人尚在耶是無異蛇蝎遂謫嘉興典史芳潁上人永樂十三年進士歷刑科給事中宣宗數御便殿與大臣議事芳言洪武中大臣面議時政必給事中二人與俱請復其舊帝是之芳輒自矜百司所爲少不如意卽詣帝前奏之人比之紀綱久之帝亦惡其奸黠爲海鹽丞棄官歸

嚴嵩字惟中分宜人長身戍削疏眉目大音聲舉弘治十八年進士改庶吉士授編修移疾歸讀書鈐山十年爲詩古文辭頗著清譽還朝久之進侍講署南京翰林院事召爲國子祭酒嘉靖七年歷禮部右侍郎奉世宗命祭告顯陵還言臣恭上寶冊及奉安神床皆應時雨霽又石產棗陽羣鸛集繞碑入漢江河流驟漲請命輔臣撰文刻石以紀天眷帝大悅從之遷吏部左侍郎進南京禮部尚書改吏部居南京五年以賀萬壽節至京師會廷議更修宋史輔臣請留嵩以禮部尚書兼翰林學士董其事及夏言入內閣命嵩還掌部事帝將祀獻皇帝明堂以配上帝已又欲稱宗入太廟嵩與羣臣議沮之帝不悅著明堂或問示廷臣嵩惶恐盡改前說條畫禮儀甚備禮成賜金幣自是益務爲佞悅帝上皇天上帝尊號寶冊尋加上高皇帝尊謚聖號以配嵩乃奏慶雲見請受羣臣朝賀又爲慶雲賦大禮告成頌奏之帝悅命付史館尋加太子太保從幸承天賞賜與輔臣埒嵩歸日驕諸宗藩請卹乞封挾取賄賂子世蕃又數關說諸曹南北給事御史交章論貪污大臣皆首嵩嵩每被論亟歸誠於帝事輒已帝或以事諮嵩所條對平無奇帝必故稱賞欲以諷止言者嵩科第先夏言而位下之始倚言事之謹嘗置酒邀言躬詣其第言辭不見嵩布席展所具啟跽讀言謂嵩實下己不疑也帝以奉道嘗御香葉冠因刻沈水香冠五賜言等言不奉詔帝怒甚嵩因召對冠之籠以輕紗帝見益內親嵩嵩遂傾言斥之言去醮祀青詞非嵩無當帝意者二十一年八月拜武英殿大學士入直文淵閣仍掌禮部事時嵩年六十餘矣精爽溢發不異少壯朝夕直西苑板房未嘗一歸洗沐帝益謂嵩勤久之請解部事遂專直西苑帝嘗賜嵩銀記文曰忠勤敏達尋加太子太傅翟鑾資序在嵩上帝待之不如嵩嵩諷言官論之鑾得罪去吏部尚書許讚禮部尚書張璧同入閣皆不預聞票擬事政事一歸嵩讚嘗歎曰何奪我吏部使我旁睨人嵩欲示厚同列且塞言者意因以顯夏言短乃請凡有宜召乞與成國公朱希忠京山侯崔元及讚璧偕入如祖宗朝蹇夏三楊故事帝不聽然心益喜嵩累進吏部尚書謹身殿大學士少傅兼太子太師久之帝微覺嵩橫時讚老病罷璧死乃復用夏言帝爲加嵩少師以慰之言至復盛氣陵嵩頗斥逐其黨嵩不能救子世蕃方官尚寶少卿橫行公卿間言欲發其罪嵩父子大懼長跪榻下泣謝乃已知陸炳與言惡遂與比而傾言世蕃遷太常少卿嵩猶畏言疏遣歸省墓嵩壽加特進再加華蓋殿大學士窺言失帝眷用河套事搆言及曾銑俱棄市已而南京吏部尚書張治國子祭酒李本以疎遠擢入閣益不敢預可否嵩旣傾殺言益僞恭謹言嘗加上柱國帝亦欲加嵩嵩乃辭曰尊無二上上非人臣所宜稱國初雖設此官左相國達功臣第一亦止爲左柱國乞陛下免臣此官著爲令典以昭臣節帝大喜允其辭而以世蕃爲太常卿嵩無他才畧惟一意媚上竊權罔利帝英察自信果刑戮頗護己短嵩以故得因事激帝怒戕害人以成其私張經李天寵王忬之死嵩皆有力焉前後劾嵩世蕃者謝瑜葉經童漢臣趙錦王宗茂何維柏王曅陳塏厲汝進沈鍊徐學詩楊繼盛周鈇吳時來張翀董傳策皆被譴經鍊用他過置之死繼盛附張經疏尾殺之他所不悅假遷除考察以斥者甚衆皆未嘗有跡也俺答薄都城慢書求貢帝召嵩與李本及禮部尚書徐階入對西苑嵩無所規畫委之禮部帝悉用階言稍輕嵩嵩復以間激帝怒杖司業趙貞吉而謫之兵部尚書丁汝夔受嵩指不敢趣諸將戰寇退帝欲殺汝夔嵩懼其引己謂汝夔曰我在毋慮也汝夔臨死始知爲嵩紿大將軍仇鸞始爲曾銑所劾倚嵩傾銑遂約爲父子已而鸞挾寇得帝重嵩猶兒子蓄之寖相惡嵩密疏毀鸞帝不聽而頗納鸞所陳嵩父子過少疎之嵩當入直不召者數矣嵩見徐階李本入西內卽與俱入至西華門門者以非詔旨格之嵩還第父子對泣時陸炳掌錦衣與鸞爭寵嵩乃結炳共圖鸞會鸞病死炳訐鸞陰事帝追戮之於是益信任嵩遣所乘龍舟過海子召嵩載直西內如故世蕃尋遷工部左侍郎倭寇江南用趙文華督察軍情大納賄賂以遺嵩致寇亂益甚及胡宗憲誘降汪直徐海文華乃言臣與宗憲策臣師嵩所授也遂命嵩兼支尚書俸無謝自是襃賜皆不謝帝嘗以嵩直廬隘撤小殿材爲營室植花木其中朝夕賜御膳法酒嵩年八十聽以肩輿入禁苑帝自十八年葬章聖太后後卽不視朝自二十年宮婢之變卽移居西苑萬壽宮不入大內大臣希得謁見惟嵩獨承顧問御札一日或數下雖同列不獲聞以故嵩得逞志然帝雖甚親禮嵩亦不盡信其言間一取獨斷或故示異同欲以殺離其勢嵩父子獨得帝窾要欲有所救解嵩必順帝意痛詆之而婉曲解釋以中帝所不忍卽欲排陷者必先稱其媺而以微言中之或觸帝所恥與諱以是移帝喜怒往往不失士大夫輻輳附嵩時稱文選郞中萬寀職方郞中方祥等爲嵩文武管家尚書吳鵬歐陽必進高燿許論輩皆惴惴事嵩嵩握權久遍引私人居要地帝亦寖厭之而漸親徐階會階所厚吳時來張翀董傳策各疏論嵩嵩因密請究主使者下詔獄窮治無所引帝乃不問而慰留嵩然心不能無動階因得間傾嵩吏部尚書鈌嵩力援歐陽必進爲之甫三月卽斥去趙文華忤旨獲譴嵩亦不能救有詔二王就婚邸第嵩力請留內帝不悅嵩亦不能力持嵩雖警敏能先意揣帝指然帝所下手詔語多不可曉惟世蕃一覽了然答語無不中及嵩妻歐陽氏死世蕃當護喪歸嵩請留侍京邸帝許之然自是不得入直所代嵩票擬而日縱淫樂於家嵩受詔多不能答遣使持問世蕃值其方耽女樂不以時答中使相繼促嵩嵩不得已自爲之往往失旨所進青詞又多假手他人不能工以此積失帝歡會萬壽宮火嵩請蹔徙南城離宮南城英宗爲太上皇時所居也帝不悅而徐階營萬壽宮甚稱旨帝益親階顧問多不及嵩卽及嵩祠祀而已嵩懼置酒要階使家人羅拜舉觴屬曰嵩旦夕且死此曹惟公乳哺之階謝不敢未幾帝入方士藍道行言有意去嵩御史鄒應龍避雨內侍家知其事抗疏極論嵩父子不法曰臣言不實乞斬臣首以謝嵩世蕃帝降旨慰嵩而以嵩溺愛世蕃負眷倚令致仕馳驛歸有司歲給米百石下世蕃於理嵩爲世蕃請罪且求解帝不聽法司奏論世蕃及其子錦衣鵠鴻客羅龍文戍邊遠詔從之特宥鴻爲民使侍嵩而錮其奴嚴年於獄擢應龍通政司參議時四十一年五月也龍文官中書交關爲奸利而年最黠惡士大夫競稱萼山先生者也嵩既去帝追念其贊元功意忽忽不樂諭階欲遂傳位退居西內專祈長生階極陳不可帝曰卿等不欲必皆奉君命同輔元修乃可嚴嵩既退其子世蕃已伏法敢更言者並應龍俱斬嵩知帝念已乃賂帝左右發道行陰事繫刑部俾引階道行不承坐論死得釋嵩初歸至南昌值萬壽節使道士藍田玉建醮鐵柱宮田玉善召鶴嵩因取其符籙并已祈鶴文上之帝優詔襃答嵩因言臣年八十有四惟一子世蕃及孫鵠皆遠戍乞移便地就養終臣餘年不許其明年南京御史林潤奏江洋巨盜多入逃軍羅龍文嚴世蕃家龍文居深山乘軒衣蟒有負險不臣之志世蕃得罪後與龍文日誹謗時政其治第役衆四千道路皆言兩人通倭變且不測詔下潤逮捕下法司論斬皆伏誅黜嵩及諸孫皆爲民嵩竊政二十年溺信惡子流毒天下人咸指目爲奸臣其坐世蕃大逆則徐階意也又二年嵩老病寄食墓舍以死

世蕃短項肥體眇一目由父任入仕以築京師外城勞由太常卿進工部左侍郎仍掌尚寶司事剽悍陰賊席父寵招權利無厭然頗通國典曉暢時務嘗謂天下才惟己與陸炳楊博爲三炳死益自負嵩耄昏且旦夕直西內諸司白事輒曰以質東樓東樓世蕃別號也朝事一委世蕃九卿以下浹日不得見或停至暮而遣之士大夫側目屏息不肖者奔走其門筐篚相望於道世蕃熟諳中外官饒瘠險易責賄多寡毫髮不能匿其治第京師連三四坊堰水爲塘數十畝羅珍禽奇樹其中日擁賓客縱倡樂雖大僚或父執虐之酒不困不已居母喪亦然好古尊彝奇器書畫趙文華鄢懋卿胡宗憲之屬所到輒輦致之或索之富人必得然後已被應龍劾戍雷州未至而返益大治園亭其監工奴見袁州推官郭諫臣不爲起御史林潤嘗劾懋卿懼相報因與諫臣謀發其罪且及冤殺楊繼盛沈鍊狀世蕃喜謂其黨曰無恐獄且解法司黃光昇等以讞詞白徐階階曰諸公欲生之乎僉曰必欲死之曰若是適所以生之也夫楊沈之獄嵩皆巧取上旨今顯及之是彰上過也必如是諸君且不測嚴公子騎款段出都門矣爲手削其草獨按龍文與汪直姻舊爲交通賄世蕃乞官世蕃用彭孔言以南昌倉地有王氣取以治第制擬王者又結宗人典楧陰伺非常多聚亡命龍文又招直餘黨五百人謀爲世蕃外投日本先所發遣世蕃班頭牛信亦自山海衞棄伍北走誘致外兵共相響應卽日

令光昇等疾書奏之世蕃聞詫曰死矣遂斬於市籍其家黃金可三萬餘兩白金二百萬餘兩他珍寶服玩所直又數百萬趙文華慈谿人嘉靖八年進士授刑部主事以考察謫東平州同知久之累官至通政使性傾狡未第時在國學嚴嵩爲祭酒才之後仕於朝而嵩日貴幸遂相與結爲父子嵩念己過惡多得私人在通政劾疏至可預爲計故以文華任之文華欲自結於帝進百花仙酒詭曰臣師嵩服之而壽帝飲甘之手敕問嵩嵩驚曰文華安得爲此乃宛轉奏曰臣生平不近藥餌犬馬之壽誠不知何以然嵩恨文華不先白己召至直所詈責之文華跪泣久不敢起徐階李本見之爲解乃令去嵩休沐歸九卿進謁嵩猶怒文華令從吏扶出之文華大窘厚賂嵩妻嵩妻教文華伺嵩歸匿於別室酒酣嵩妻爲之解文華卽出拜嵩乃待之如初以建議築京師外城加工部右侍郎東南倭患棘文華獻七事首以祭海神爲言請遣官望祭於江陰常熟次令有司掩骼輕徭次增募水軍次蘇松常鎭民田一夫過百畝者重科其賦且預徵官田稅三年次募富人輸財力自效事寧論功次遣重臣督師次招通番舊黨並海鹽徒易以忠義之名令偵伺賊情因以爲間兵部尚書聶豹議行其五事惟增田賦遣重臣二事不行帝怒奪豹官而用嵩言卽遣文華祭告海神因察賊情當是時總督尚書張經方徵四方及狼土兵議大舉自以位文華上心輕之文華不悅狼兵稍有斬獲功文華厚犒之使進勦至漕涇戰敗亡頭目十四人文華恚數趣經進兵經慮文華輕淺洩師期不以告文華益怒劾經養寇失機疏方上經大捷王江涇文華攘其功謂己與巡按胡宗憲督師所致經竟論死又劾浙江巡撫李天寵罪薦宗憲代天寵亦論死帝益以文華爲賢命鑄督察軍務關防卽軍中賜之文華自此出總督上益恣行無忌欲分蘇松巡撫曹邦輔滸墅關破賊功不得則以陶宅之敗重劾邦輔陶宅之戰實文華宗憲兵先潰也兵科給事中夏栻得其情劾文華欺誕吏科給事中孫濬亦白邦輔寃狀帝終信文華言邦輔坐遣戍文華既殺經天寵復先後論罷總督周珫楊宜至是又傾邦輔勢益張文武將吏爭輸貨其門顚倒功罪牽制兵機紀律大乖將吏人人解體徵兵半天下賊寇愈熾文華又陳防守事宜請籍閑田百萬畝給兵爲屯守計而令里居搢紳分督郡邑兵事爲兵部所駮而寢官軍既屢敗文華知賊未易平欲委責去會川兵破賊周浦俞大猷破賊海洋文華遂言水陸成功江南清晏請還朝帝悅許之比還敗報踵至帝疑其妄數詰嵩嵩曲爲解帝意終不釋會吏部尚書李默發策試選人中言漢武征四夷而海內虛耗唐憲復淮蔡而晚業不終文華劾其謗訕默坐死帝以是謂文華忠進工部尚書且加太子太保是時嵩年老慮一旦死有後患因薦文華文學宜供奉青詞直內閣帝不許而東南警遝至部議再遣大臣督師已命兵部侍郎沈良材矣嵩令文華自請行爲帝言江南人矯首望文華帝以爲然命兼右副都御史總督江南浙江諸軍事時宗憲先以文華薦代楊宜爲總督及文華再出宗憲欲藉文華以通於嵩諂奉無不至文華素不知兵亦倚宗憲兩人交甚歡已而宗憲平徐海俘陳東文華以大捷聞歸功上元帝大喜祭告郊廟社稷加文華少保廕子錦衣千戶召還朝文華乃推功元輔嵩辭陛廕帝優詔不允文華既寵貴志日驕事中貴及世蕃漸不如初諸人憾之帝嘗遣使賜文華值其醉拜跪不如禮帝聞惡其不敬又嘗進方士藥帝服之盡使小璫再索之不應西苑造新閣不以時告成帝一日登高見西長安街有高甍問誰宅左右曰趙尚書新宅也旁一人曰工部大木半爲文華作宅何暇營新閣帝益慍會三殿災帝欲建正陽門樓責成甚亟文華猝不能辦帝積怒且聞其連歲視師黷貨要功狀思逐之乃諭嵩曰門樓庀材遲文華似不如昔嵩猶未知帝意力爲掩覆且言文華觸熱南征因致疾宜增侍郎一人專督大工帝從之文華因上章稱疾請賜假靜攝旬月帝手批曰大工方興司空是職文華既有疾可回籍休養制下舉朝相賀帝雖逐文華猶以爲未盡其罪而言官無攻者帝怒無所洩會其子錦衣千戶懌以齋祀停封章日請假送父帝大怒黜文華爲民戍其子邊衞以禮科失糾劾令對狀於是都給事中謝江以下六人並廷杖削籍文華故病蠱及遭譴臥舟中意邑邑不自聊一夕手捫其腹腹裂臟腑出遂死後給事中羅嘉賓等核軍餉文華所侵盜以十萬四千計有詔徵諸其家至萬曆十一年徵猶未及半有司援恩詔祈免神宗不許戍其子愼思於烟瘴地鄢懋卿豐城人由行人擢御史屢遷大理少卿三十五年轉左僉都御史尋進左副都御史懋卿以才自負見嚴嵩柄政深附之爲嵩父子所暱會戶部以兩浙兩淮長蘆河東鹽政不舉請遣大臣一人總理嵩遂用懋卿舊制大臣理鹽政無總四運司者至是懋卿盡握天下利柄倚嚴氏父子所至市權納賄監司郡邑吏膝行蒲伏懋卿性奢侈至以文錦被廁牀白金飾溺器歲時饋遺嚴氏及諸權貴不可勝紀其按部常與妻偕行製五綵輿令十二女子舁之道路傾駭淳安知縣海瑞慈谿知縣霍與瑕以抗忤罷去御史林潤嘗劾懋卿要索屬吏餽遺鉅萬濫受民訟勒富人賄置酒高會日費千金虐殺不辜怨咨載路苛斂淮商幾至激變五大罪帝置不問四十年召爲刑部右侍郎兩淮餘鹽歲徵銀六十萬兩及懋卿增至一百萬懋卿去巡鹽御史徐爌極言其害乃復六十萬之舊嵩敗御史鄭洛劾懋卿及大理卿萬寀朋奸黷貨兩人皆落職既而寀匿嚴氏銀八萬兩懋卿紿得其二萬事皆露兩人先後戍邊時坐嚴氏黨被論者前兵部右侍郎柏鄉魏謙吉工部左侍郎南昌劉伯躍南京刑部右侍郎德安何遷右副都御史信陽董威僉都御史萬安張雨應天府尹祥符孟淮南京光祿卿南昌胡植南京光祿少卿武進白啓常右諭德蘭谿唐汝楫南京太常卿掌國子監事新城王材太僕丞新喻張春及嵩壻廣西副使袁應樞等數十人黜謫有差植與嵩鄉里嘗勸嵩殺楊繼盛啓常官禮部郎匿喪遷光祿與材汝楫俱爲世蕃狎客啓常至以粉墨塗面供歡笑而材汝楫俱出入嵩臥內關通請屬尤爲人所惡云

周延儒字玉繩宜興人萬曆四十一年會試殿試皆第一授修撰年甫二十餘美麗自喜與同年生馮銓友善天啓中遷右中允掌司經局事尋以少詹事掌南京翰林院事莊烈帝卽位召爲禮部右侍郎延儒性警敏善伺意指崇禎元年冬錦州兵譁督師袁崇煥請給餉帝御文華殿召問諸大臣皆請發內帑延儒揣帝意獨進曰關門昔防敵今且防兵寧遠譁餉之錦州譁復餉之各邊且效尤帝曰卿謂何如延儒曰事迫不得不發但當求經久之策帝頷之降旨責羣臣居數日復召問延儒曰餉莫如粟山海粟不缺缺銀耳何故譁譁必有隱情安知非驕弁構煽以脅崇煥邪帝方疑邊將要挾聞延儒言大說由此屬意延儒十一月大學士劉鴻訓罷命會推延臣以延儒望輕置之列成基命錢謙益鄭以偉李騰芳孫愼行何如寵薛三省盛以弘羅喻義王永光曹于汴十一人名上帝以延儒不預大疑及溫體仁許謙益延儒助之帝遂發怒黜謙益盡罷會推者不用二年三月召對延儒於文華殿漏下數十刻乃出語秘不得聞御史黃宗昌劾其生平穢行御史李長春論獨對之非延儒乞罷不允南京給事中錢允鯨言延儒與馮銓密契延儒柄政必爲逆黨翻局延儒疏辨帝優詔褒答其年十二月京師有警特旨拜延儒禮部尚書兼東閣大學士參機務明年二月加太子太保改文淵閣六月體仁亦入九月成基命致仕延儒遂爲首輔尋加少保改武英殿體仁旣竝相務爲柔佞帝意漸嚮之而體仁陽曲謹媚延儒陰欲奪其位延儒不知也體仁與吏部尚書王永光謀起逆案王之臣呂純如等或謂延儒曰彼將翻逆案而外歸咎於公延儒愕然會帝以之臣問延儒曰用之臣亦可雪崔呈秀矣帝悟而止體仁益欲傾延儒四年春延儒姻婭陳于泰廷對第一及所用大同巡撫張廷拱登萊巡撫孫元化皆有私時論籍籍其子弟家人暴邑中邑中民爇其廬發其先壟爲言官所糾兄素儒冒錦衣籍授千戶又用家人周文郁爲副總兵益爲言者所詆五年正月叛將李九成等陷登州囚元化侍郎劉宇烈視師無功言路咸指延儒庇宇烈於是給事中孫三傑馮元飈御史余應桂衞景瑗尹明翼路振飛吳執御王道純王象雲等屢劾延儒應桂並謂延儒納巨盜神一魁賄而監視中官鄧希詔與總督曹文衡相訐奏語侵延儒給事中李春旺亦論延儒當去延儒數上疏辯帝雖慰留心不能無動已而延儒令于泰陳時政四事宣府太監王坤承體仁指直劾延儒庇于泰給事中傅朝佑言中官不當劾首揆輕朝廷疑有邪人交搆副都御史王志道亦言之帝怒削志道籍延儒不能救體仁復嗾給事中陳贊化劾延儒昵武弁李元功等招搖罔利陛下特恩停刑元功以爲延儒功索獄囚賕謝而延儒至目陛下爲羲皇上人語誖逆帝怒下元功詔獄且窮詰贊化語所自得贊化言得之上林典簿姚孫渠給事中李世祺而副使張鳳翼亦具述延儒語帝益怒錦衣衞帥王世盛拷掠元功無所承獄上鐫世盛五級令窮治其事延儒覬體仁爲援體仁卒不應且陰黜與延儒善者延儒大困六年六月引疾乞歸賜白金綵緞遣行人護行體仁遂爲首輔矣始延儒里居頗從東林游善姚希孟羅喻義旣陷錢謙益遂仇東林及主會試所取士張溥馬世奇等又皆東林也至是歸失勢心內慚而體仁益橫越五年始去去而張至發薛國觀相繼當國與楊嗣昌等竝以媢嫉稱一時正人鄭三俊劉宗周黃道周等皆得罪溥等憂之說延儒曰公若再相易前轍可重得賢聲延儒以爲然溥友吳昌時爲交關近侍馮銓復助爲謀會帝亦頗思延儒而國觀適敗十四年二月詔起延儒九月至京復爲首

輔壽加少師兼太子太師進吏部尚書中極殿大學士。延儒被召溥等以數事要之延儒慨然曰吾當銳意行之以謝諸公既入朝悉反體仁輩弊政首請釋漕糧白糧欠戶蠲民間積逋凡兵燹歲荒地減見年兩稅蘇松常嘉湖諸府大水許以明年夏麥代漕糧宥戍罪以下皆得還家復詿誤舉人廣取士額及召還言事遷謫諸臣李清等帝皆忻然從之延儒又言老成名德不可輕棄於是鄭三俊長吏部劉宗周掌都察院范景文長工部倪元璐佐兵部皆起自廢籍其他李邦華張國維徐石麒張瑋金光辰等布滿九列釋在獄傅宗龍等贈已故文震孟姚希孟等官中外翕然稱賢嘗燕侍帝語及黃道周時道周方謫戍辰州延儒曰道周氣質少偏然學與守皆可用蔣德璟請移道周戍近地延儒曰上欲用即用之耳何必移戍帝即日復道周官其因事開釋如此帝尊禮延儒特重嘗於歲首日東向揖之曰朕以天下聽先生因徧及諸閣臣然延儒實庸駑無材畧且性貪當邊境喪師李自成殘掠河南張獻忠破楚蜀天下大亂延儒一無所謀畫用侯恂范志完督師皆僨事延儒無憂色而門下客盛順董廷獻因緣爲奸利又信用文選郎吳昌時及給事中曹良直廖國遴楊枝起曾應遴輩昌時嘉興人有幹材頗爲東林效奔走然爲人墨而傲通廠衞把持朝官同朝咸嫉之行人司副熊開元廷劾延儒納賄狀觸帝怒與給事中姜埰俱廷杖下詔獄左都御史宗周僉都御史光辰以救開元埰罷尚書石麒又以救宗周等罷延儒皆弗救朝議皆以咎延儒會昌時以年例出言路十人於外言路大譁掌科給事中吳麟徵掌道御史祁彪佳劾昌時挾勢弄權延儒頗不自安初延儒奏罷廠衞緝事都人大悅朝士不肖者因通路遺而廠衞以失權胥怨延儒又傲同官陳演演銜刺骨掌錦衣者駱養性延儒所薦也養性狡狠背延儒與中官結刺延儒陰事十六年四月大清兵畧山東還至近畿帝憂甚大學士吳甡方奉命辦流寇延儒不得已自請視師帝大喜降手敕奬以召虎裴度賜章服白金文綺上駟給金帛賞軍延儒駐通州不敢戰惟與幕下客飲酒娛樂而日騰章奏捷帝輒賜璽書褒勵偵大清兵去乃言敵退請下兵部議將吏功罪既歸朝繳敕諭帝即令藏貯以識勳勞論功加太師廕子中書舍人賜銀幣蟒服延儒辭太師許之居數日養性及中官盡發所刺軍中事帝乃大怒諭府部諸臣責延儒蒙蔽推諉事多不忍言令從公察議陳演等公揭救之延儒席藁待罪自請戍邊帝猶降溫旨言卿報國盡忱終始勿替許馳驛歸賜路費百金以彰保全優禮之意及廷臣議上帝復諭延儒功多罪寡令免議延儒遂歸既去給事中郝絅疏請除奸以指延儒帝不聽山東僉事雷縯祚糾范志完亦及延儒已而御史蔣拱宸劾吳昌時贓私巨萬大抵牽連延儒而中言昌時通中官李端王裕民洩漏機密重賄入手輒預揣溫旨告人給事中曹良直亦劾延儒十大罪帝怒甚御中左門親鞫昌時折其脛無所承怒不解拱宸面訐其通內帝察之有迹乃下獄論死始有意誅延儒初薛國觀賜死謂昌時致之其門人魏藻德新入閣有寵恨昌時甚因與陳演共排延儒養性復騰蜚語帝遂命盡削延儒職遣緹騎逮入京師時舊輔王應熊被召延儒知帝怒甚宿留道中俟應熊先入冀爲請帝知之應熊既抵京命之歸延儒至安置正陽門外古廟上疏乞哀不許法司以戍請同官申救皆不許冬十二月昌時棄市命勒延儒自盡籍其家

溫體仁字長卿烏程人萬曆二十六年進士改庶吉士授編修累官禮部侍郎崇禎初遷尚書協理詹事府事爲人外曲謹而中猛鷙機深刺骨崇禎元年冬詔會推閣臣體仁望輕不與也侍郎周延儒方以召對稱旨亦弗及體仁揣帝意必疑遂上疏訐謙益關節受賄神奸結黨不當與閣臣選先是天啟二年謙益主試浙江所取士錢千秋者首場文用俚俗詩一句分置七義結尾蓋奸人給爲之爲給事中顧其仁所摘謙益亦自發其事法司戍千秋及奸人奪謙益俸案久定矣至是體仁復理其事帝心動次日召對閣部科道諸臣於文華殿命體仁謙益皆至謙益不虞體仁之劾己也辭頗屈而體仁盛氣訕謙益言如湧泉因進曰臣職非言官不可言會推不與宜避嫌不言但枚卜大典宗社安危所係謙益結黨受賄舉朝無一人敢言者臣不忍見皇上孤立於上是以不得不言帝久疑廷臣植黨聞體仁言輒稱善而執政皆言謙益無罪吏科都給事中章允儒爭尤力且言體仁熱中觖望如謙益當糾何俟今日體仁曰前此謙益皆閧曹今者糾之正爲朝廷慎用人耳如允儒言乃眞黨也帝怒命禮部進千秋卷閱竟責謙益謙益引罪歎曰微體仁朕幾悞遂叱允儒下詔獄并切責諸大臣時大臣無助體仁者獨延儒奏曰會推名雖公主持者止一二人餘皆不敢言即言徒取禍耳且千秋事有成案不必復問諸臣帝乃即日罷謙益官命議罪允儒及給事中瞿式耜御史房可壯等皆坐謙益黨降謫有差亡何御史毛九華劾體仁居家時以抑買商人木爲商人所訴賂崔呈秀以免又因杭州建逆祠作詩頌魏忠賢帝下浙江巡撫覈實明年春御史任贊化亦劾體仁娶娼受金奪人產諸不法事帝怒其語褻貶一秩調外體仁乞罷因言比爲謙益故排擊臣者百出而無一人左袒臣臣孤立可見帝再召內閣九卿質之體仁與九華贊化詰辯良久言二人皆謙益死黨帝心以爲然獨召大學士韓爌等於內殿諭諸臣不憂國惟挾私相攻當重繩以法體仁復力求去以要帝帝優詔慰答焉已給事中祖重曅南京給事中錢允鯨南京御史沈希韶相繼論體仁熱中會推劫言者以黨帝皆不聽法司上千秋獄言謙益自發在前不宜坐詔令再勘體仁復疏言獄詞皆出謙益手於是刑部尚書喬允升左都御史曹于汴大理寺卿康新民太僕寺卿蔣允儀府丞魏光緒給事中陶崇道御史吳甡樊尚璟劉廷佐各疏言臣等雜治千秋觀聽者數千人非一手一口所能掩體仁顧欺罔求勝體仁見于汴等詞直乃不復深論千秋事惟詆于汴等黨護而已謙益坐杖論贖而九華所論體仁媚璫詩亦卒無左驗當是時體仁以私憾撐拒諸大臣展轉不肯詘帝謂體仁孤立益嚮之未幾延儒入閣其明年六月遂命體仁以禮部尚書兼東閣大學士體仁既藉延儒力得輔政勢益張踰年吏部尚書王永光去用其鄉人閔洪學代之凡異己者率以部議論罷而體仁陰護其事又用御史史𡎺高捷及侍郎唐世濟副都御史張捷等爲腹心忌延儒居已上并思傾之初帝殺袁崇煥事牽錢龍錫論死體仁與延儒承光主之將興大獄梁廷棟不敢任而止事詳龍錫傳比龍錫減死出獄延儒言帝盛怒解救殊難體仁則佯曰帝固不甚怒也善龍錫者因薄延儒其後太監王坤給事中陳贊化先後劾延儒體仁默爲助延儒遂免歸始與延儒同入閣者何如寵錢象坤踰歲致政去無何如寵亦去延儒既罷廷臣惡體仁當國勸帝復召如寵如寵屢辭給事中黃紹傑言君子小人不竝立如寵瞻顧不前則體仁宜思自處帝爲謫紹傑於外如寵卒辭不入體仁遂爲首輔體仁荷帝殊寵益恣橫而中阻深所欲推薦陰令人發端已承其後欲排陷故爲寬假中上所忌激使自怒帝往往爲之移初未嘗有迹姚希孟爲講官以才望遷詹事體仁惡其偪乃以冒籍武生事奪希孟一官使掌南院去禮部侍郎羅喻義故嘗與基命謙益同推閣臣有物望會進講章中有左右未得人語體仁欲去之喻義執不可體仁因自劾日講進規例從簡喻義駁改不從由臣不能表率帝命吏部議洪學等因謂聖聰天亶何俟喻義多言喻義遂罷歸時魏忠賢遺黨日望體仁翻逆案攻東林會吏部尚書左都御史缺體仁陰使侍郎張捷舉逆案呂純如以嘗帝言者大譁帝亦甚惡之捷氣沮體仁不敢言乃薦謝陞唐世濟爲之世濟尋以薦逆案霍維華得罪去維華之薦亦體仁主之也體仁自是不敢訟言用逆黨而愈側目諸不附己者文震孟以講春秋稱旨命入閣體仁不能沮薦其黨張至發以間之而日伺震孟短遂用給事中許譽卿事逐之去先是秦楚盜起議設五省總督兵部侍郎彭汝楠汪慶百當行憚不敢往體仁庇二人罷其議賊犯鳳陽南京兵部尚書呂維祺等議令淮撫操江移鎮體仁又卻不用既而賊大至焚皇陵譽卿言體仁納賄庇私貽憂要地以皇陵爲孤注使原廟震驚誤國孰大焉體仁素忌譽卿見疏益憾會謝陞以營求北缺劾譽卿體仁擬旨降調而故重其詞帝果命削籍震孟力爭之大學士何吾騶助爲言體仁訐奏震孟語謂言官罷斥爲至榮蓋以朝廷賞罰爲不足懲勸悖理蔑法帝遂逐震孟并罷吾騶震孟既去體仁憾未釋庶吉士鄭鄤與震孟同建言相友善也其從母舅大學士吳宗達已謝政歸體仁劾鄤假乩仙判詞逼父振先杖母言出宗達帝震怒下鄤獄其後體仁已去而帝怒鄤甚不俟左證磔死滋陽知縣成德震孟門人以彊直忤巡按御史禹好善被誣劾震孟爲不平體仁劾德杖戍之體仁輔政數年念朝士多與爲怨不敢恣肆用廉謹自結於上苞苴不入門然當是時流寇躪畿輔擾中原邊警雜沓民生日困未嘗建一策惟日與善類爲仇誠意伯劉孔昭劾倪元璐給事中陳啟新劾黃景昉皆奉體仁指禮部侍郎陳子壯嘗面責體仁尋以議宗藩事忤帝指竟下獄削籍其所引與同列者皆庸材苟以充位且藉形已長固上寵帝每訪兵餉事輒遜謝曰臣夙以文章待罪禁林上不知其駑下擢至此位盜賊日益衆誠萬死不足塞責顧臣愚無知但票擬勿欺耳兵食之事惟聖明裁決有詆其窺帝意旨者體仁言臣票擬多未中窾要每經御筆批改頌服將順不暇詎能窺上旨帝以爲樸忠愈親信之自體仁輔政後同官非病免物故即以他事去獨體仁居位八年官至少師兼太子太師進吏

部尚書中極殿大學士階左柱國兼支尚書俸恩禮優渥無與比而體仁專務刻核迎合帝意帝以皇陵之變從子壯言下詔寬恤在獄諸臣吏部以百餘人名上體仁靳之言於帝僅釋十餘人秋決論囚帝再三諮問體仁畧無平反陝西華亭知縣徐兆麟涖任甫七日以城陷論死帝頗疑之體仁不爲救竟棄市帝憂兵餉急體仁惟倡衆捐俸助馬修城而已所上密揭帝率報可體仁自念排擠者衆恐怨歸己倡言密勿之地不宜宣洩凡閣揭皆不發并不存錄閣中冀以滅迹以故所中傷人廷臣不能盡知當國既久劾者章不勝計而劉宗周劾其十二罪六奸皆有指實宗藩如唐王聿鍵勳臣如撫寧侯朱國弼布衣如何儒顯楊光先等亦皆論之光先至輿櫬待命帝皆不省愈以爲孤立每斥責言者以慰之至有杖死者庶吉士張溥知縣張采等倡爲復社與東林相應和體仁因推官周之夔及奸人陸文聲訐奏將與大獄嚴旨察治以提學御史倪元珙海道副使馮元颺不承風指皆降謫之最後復有張漢儒訐錢謙益瞿式耜居鄉不法事體仁故讐謙益擬旨逮二人下詔獄嚴訊謙益等危甚求解於司禮太監曹化淳漢儒偵知之告體仁體仁密奏帝請并坐化淳罪帝以示化淳化淳懼自請案治乃盡得漢儒等奸狀及體仁密謀獄上帝始悟體仁有黨會國弼再劾體仁帝命漢儒等立枷死體仁乃佯引疾意帝必慰留及得旨竟放歸體仁方食失七箸時十年六月也踰年卒帝猶惜之贈太傅謚文忠崇禎末福王立於南京以尚書顧錫疇議削其贈謚天下快焉尋用給事中戴英言復如初體仁雖前死其所推薦張至發薛國觀之徒皆效法體仁蔽賢植黨國事日壞以至於亡

馬士英貴陽人萬曆四十四年與懷寧阮大鋮同中會試又三年士英成進士授南京戶部主事天啓時遷郎中歷知嚴州河南大同三府崇禎三年遷山西陽和道副使五年擢右僉都御史巡撫宣府到官甫一月檄取公帑數千金餽遺朝貴爲鎭守太監王坤所發坐遣戍尋流寓南京時大鋮名掛逆案失職久廢以避流賊至與士英相結甚歡大鋮機敏猾賊有才藻天啓初由行人擢給事中以憂歸同邑左光斗爲御史有聲大鋮倚爲重四年春吏科都給事中缺大鋮次當遷光斗招之而趙南星高攀龍楊漣等以察典近大鋮輕躁不可任欲用魏大中大鋮至使補工科大鋮心恨陰結中璫寢推大中疏吏部不得已更上大鋮名卽得請大鋮自是附魏忠賢與霍維華楊維垣倪文煥爲死友造百官圖因文煥達諸忠賢然畏東林攻己未一月遽請急歸而大中掌吏科大鋮憤甚私謂所親曰我猶善歸未知左氏何如耳已而楊左諸人獄死大鋮對客詡詡自矜尋召爲太常少卿至都事忠賢極謹而陰慮其不足恃每進謁輒厚賄忠賢閽人還其刺居數月復乞歸忠賢既誅大鋮函兩疏馳示維垣其一專劾崔魏其一以七年合算爲言謂天啓四年以後亂政者忠賢而翼以呈秀四年以前亂政者王安而翼以東林傳語維垣若時局大變上劾崔魏疏脫未定則上合算疏會維垣方並指東林崔魏爲邪黨與編修倪元璐相詆得大鋮疏大喜爲投合算疏以自助崇禎元年起光祿卿御史毛羽健劾其黨邪罷去明年定逆案論贖徒爲民終莊烈帝世廢斥十七年鬱鬱不得志流寇偪皖大鋮避居南京頗招納遊俠爲談兵說劍覬以邊才召無錫顧杲吳縣楊廷樞蕪湖沈士柱餘姚黃宗羲鄞縣萬泰等皆復社中名士方聚講南京惡大鋮甚作留都防亂揭逐之大鋮懼乃閉門謝客獨與士英深相結周延儒內召大鋮輦金錢要之維揚求湔濯延儒曰吾此行謬爲東林所推子名在逆案可乎大鋮沉吟久之曰瑤草何如瑤草士英別字也延儒許之十五年六月鳳陽總督高斗光以失五城逮治禮部侍郞王錫袞薦士英才延儒從中主之遂起兵部右侍郞兼右僉都御史總督盧鳳等處軍務永城人劉超者天啓中以征安邦彥功積官至四川遵義總兵官坐罪免數營復官不得李自成圍開封超請募土寇協擊乃用爲保定總兵官令率兵赴救超憚不敢行宿留家中以私怨殺御史魏景琦等三家遂據城反巡撫王漢討之被殺帝乃命士英偕太監盧九德河南總兵官陳永福進討明年四月圍其城連戰賊屢挫築長圍困之超官貴州時與士英相識緣舊好乞降士英佯許之超出見不肯去佩刀士英笑曰若旣歸朝安用此手解其刀已潛去其親信遂就縛獻俘於朝磔死時流寇充斥士英捍禦數有功十七年三月京師陷帝崩南京諸大臣聞變倉卒議立君而福王由崧潞王常淓俱避賊至淮安倫序當屬福王諸大臣慮福王立或追怨妖書及挺擊移宮等案潞王立則無後患且可邀功陰主之者廢籍禮部侍郞錢謙益力持其議者兵部侍郞呂大器而右都御史張愼言詹事姜曰廣皆然之前山東按察使僉事雷縯祚禮部員外郞周鑣往來遊說時士英督師廬鳳獨以爲不可密與操江誠意伯劉孔昭總兵高傑劉澤清黃得功劉良佐等結而公致書於參贊機務兵部尚書史可法言倫序親賢無如福王可法意未決及廷臣集議吏科給事中李沾探士英指面折大器士英亦自廬鳳擁兵迎福王至江上諸大臣乃不敢言王之立士英力也當王監國時廷推閣臣劉孔昭攘臂欲得之可法折以勳臣無入閣例孔昭乃訟言我不可士英何不可於是進士英東閣大學士兼兵部尚書都察院右副都御史與可法及戶部尚書高弘圖並命士英仍督師鳳陽士英大慍令高杰劉澤清等疏趣可法督師淮揚而士英留輔政仍掌兵部權震中外尋論定策功加太子太師廕錦衣衛指揮僉事九月敘江北歷年戰功加少傅兼太子太師建極殿大學士廕子如前十二月進少師明年進太保當是時中原郡縣盡失高傑死睢州諸鎭權侔無統左良玉擁兵上流跋扈有異志而士英爲人貪鄙無遠畧復引用大鋮日事報復招權罔利以迄於亡初可法弘圖及姜曰廣張愼言等皆宿德在位將以次引海內人望而士英必欲起大鋮有詔廣搜人材獨言逆案不可輕議士英令孔昭及侯湯國祚伯趙之龍等攻愼言去之而薦大鋮知兵初大鋮在南京與守備太監韓贊周暱京師陷中貴人悉南奔大鋮因贊周遍結之爲羣奄言東林當日所以危貴妃福王者俾備言於王以潛傾可法等羣奄更極口稱大鋮才士英亦言大鋮從山中致書與定策謀爲白其附璫贊導無實跡遂命大鋮冠帶陛見大鋮乃上守江策陳三要兩合十四隙疏并自白孤忠被陷痛詆孫愼行魏大中左光斗且指大中爲大逆於是大學士姜曰廣侍郞呂大器懷遠侯常延齡等並言大鋮逆案巨魁不可召士英爲大鋮奏辨力攻曰廣大器益募宗室統鐼建安王統鏷輩連疏交攻而以大學士高弘圖爲御史時嘗詆東林必當右己乃言弘圖素知臣者弘圖則言先帝欽定逆案一書不可擅改士英與爭弘圖因乞罷士英意稍折遲迴月餘用安遠侯柳祚昌薦中旨起大鋮兵部添註右侍郞左都御史劉宗周言殺大中者魏璫大鋮其主使也卽才果足用臣慮黨邪害正之才終病世道大鋮進退實係江左興亡乞寢成命有旨切責未幾大鋮兼右僉都御史巡閱江防尋轉左侍郞明年二月進本部尚書兼右副都御史仍閱江防呂大器姜曰廣劉宗周高弘圖徐石麒皆與士英齟齬先後罷歸士英獨握大柄內倚中官田成輩外結勳臣劉孔昭朱國弼柳祚昌鎭將劉澤清劉良佐等而一聽大鋮計盡起逆案中楊維垣虞廷陛郭如闇周昌晉虞大復徐復陽陳以瑞吳孔嘉其死者悉予贈卹而與張捷唐世濟等比若張孫振袁弘勳劉光斗皆得罪先朝復寘言路爲爪牙朝政濁亂賄賂公行四方警報狎至士英身掌中樞一無籌畫日以鋤正人引兇黨爲務初舉朝以逆案攻大鋮大鋮憾甚及見北都從逆諸臣有附會清流者因倡言曰彼攻逆案吾作順案與之對以李自成僞國號曰順也士英因疏糾從逆光時亨等時亨名附東林故重劾之大鋮又誣逮顧杲及左光斗弟光先下獄劾周鑣雷縯祚殺之時有狂僧大悲出語不類爲總督京營戎政趙之龍所捕大鋮欲假以誅東林及素所不合者因造十八羅漢五十三參之目書史可法高弘圖姜曰廣等姓名內大悲袖中海內人望無不備列錢謙益先已上疏頌士英且爲大鋮訟冤修好矣大鋮憾不釋亦列焉將窮治其事獄詞詭祕朝士皆自危而士英不欲與大獄乃當大悲妖言律斬而止張縉彥以本兵首從賊賊敗縉彥竄歸河南自言集義勇收復列城卽授原官總督河北山西河南軍務便宜行事其他大僚降賊者賄入輒復其官諸白丁隸役輸重賂立躋大帥都人爲語曰職方賤如狗都督滿街走其刑賞倒亂如此

大清兵抵宿遷邳州未幾引還史可法以聞士英大笑不止坐客楊士聰問故士英曰君以爲誠有是事耶乃史公妙用也歲將暮防河將吏應敘功耗費軍貲應稽算此特爲序功稽算地耳侍講衞允文兼給事中監高傑軍傑死允文窺士英指論可法督師爲贅士英卽擢允文兵部右侍郞總督傑營將士以分其權可法益不得展布先是左良玉接監國詔書不肯拜袁繼咸强之乃開讀如禮而屬承天守備何志孔巡按御史黃澍入賀陰伺朝廷動靜澍挾良玉勢當陛見面數士英奸貪不法且言嘗受張獻忠僞兵部尚書周文江重賄爲題授參將罪當斬志孔亦論士英罔上行私諸罪司禮太監韓贊周叱志孔退士英跪乞處分澍舉笏直擊其背曰願與奸臣同死士英大號呼王搖首不言者久之贊周卽執志孔候命王因澍言頗動夜諭贊周欲令士英避位士英佯引疾而賂福邸舊奄田成等向王泣曰上非馬公不得立逐馬公天下將議上背恩矣且馬公去誰念上者王默然卽慰留士英士英亦畏良玉請釋志孔而命澍速還湖廣故都督掌錦衣衛劉僑者嘗遣戍由周文江賄張獻忠受僞命爲錦衣指揮使及良玉

復斬黃僑削髮逃去澍持之急而士英納僑賄令許澍遂復僑官削澍職尋以楚府中尉言逮澍艮玉令部將羣譁欲下南京索餉因保救澍袁繼咸爲上疏代澍申理士英不得已乃免逮澍遂匿艮玉軍中艮玉與士英由此有隙及僞太子獄起艮玉遂假爲兵端太子之來也識者指其僞而都下士民譁然是之時又有童氏者自稱王妃亦下獄督撫鎭將交章爭太子及童妃事王亟出獄詞徧示中外衆論益籍籍謂士英等朋奸導王滅絕倫理澍在艮玉軍中日夜言太子冤狀請引兵除君側惡艮玉亦上疏請全太子斥士英等爲奸臣又以士英裁其餉大憾移檄遠近聲士英罪復上疏言自先帝之變士英利災擅權事事爲難逆案先帝手定士英首翻之要典先帝手焚士英復修之越其杰貪婪遣戍濫授節鉞張孫振贓汚絞犯驟畀京卿他如袁弘勳楊文驄劉泌王燧黃鼎等或行同狗彘或罪等叛逆皆用之當路已爲首輔用腹心阮大鋮爲添註尚書又募死士伏皇城詭名禁軍動曰廢立由我陛下卽位之初恭儉明仁士英百計誑惑進優童艷女傷損盛德復引用大鋮睚眦殺人如雷縯祚周鑣等煅煉周內株連蔓引尤其甚者借三案爲題凡生平不快意之人一網打盡令天下士民重足解體目今皇太子至授受分明大鋮一手握定抹殺識認之方拱乾而信朋謀之劉正宗忍以十七年嗣君付諸幽囚凡有血氣皆欲寸磔士英大鋮等以謝先帝乞立肆市朝傳首抒憤疏上遂引兵而東士英懼乃遣阮大鋮朱大典黃得功劉孔昭等禦艮玉而撤江北劉良佐等兵從之西時

大清兵日南下大理少卿姚思孝御史喬可聘成友謙請無撤江北兵亟守淮揚士英厲聲叱曰若輩東林猶藉口防江欲縱左逆入犯耶北兵至猶可議款左逆至則若輩高官我君臣獨死耳力排思孝等議淮揚備禦益弱會艮玉死其子夢庚連陷郡縣率兵至采石得功等與相持大鋮孔昭方虛張捷音以邀爵賞而

大清兵已破揚州逼京城五月三日王出走太平奔得功軍孔昭斬關遁明日士英奉王母妃以黔兵四百人爲衞走浙江經廣德州知州趙景和疑其詐閉門拒守士英攻破執景和殺之大掠而去走杭州守臣以總兵府爲母妃行宮不數日大鋮大典方國安俱倉皇至則得功已兵敗死王被禽次日請潞王監國不受未幾

大兵至王率衆降尋同母妃北去此卽大器等之所議欲立者也杭州既降士英欲謁監國魯王魯王諸臣力拒之大鋮投朱大典於金華亦爲士民所逐大典乃送之嚴州總兵方國安軍士英國安同鄉也先在其軍中大鋮掀髯指掌日談兵國安甚喜而士英以南渡之壞半由大鋮而已居惡名頗以爲恨已我兵擊敗士英國安無何士英國安率衆渡錢塘窺杭州

大兵擊敗之溺江死者無算士英擁殘兵欲入閩唐王以罪大不許明年

大兵勦湖賊士英與長興伯吳日生俱禽獲詔俱斬之事具

國史大鋮偕謝三賓宋之晉蘇壯等赴江干乞降從

大兵攻仙霞關僵仆石上死而野乘載士英遁至台州山寺爲僧爲我兵搜獲大鋮國安先後降尋唐王走順昌我

大兵至搜龍扛得士英大鋮國安父子請王出關爲內應疏遂駢斬士英國安於延平城下大鋮方遊山自觸石死仍戮屍云

明史卷三百九　　列傳第一百九十七

總裁官總理事務經筵講官少保兼太子太保保和殿大學士兼管吏部尚書事加六級張廷玉等奉

敕修

流賊

盜賊之禍歷代恒有至明末李自成張獻忠極矣史册所載未有若斯之酷者也永樂中唐賽兒倡亂山東厥後乘瑕弄兵頻見竊發然皆旋就撲滅惟武宗之世流寇蔓延幾危宗社而卒以掃除莊烈帝勵精有爲視武宗何啻霄壤而顧失天下何也明興百年朝廷之綱紀既肅天下之風俗未澆孝宗選舉賢能布列中外與斯民休養生息者十餘年仁澤深而人心固元氣盛而國脉安雖以武之童昏亟行稗政中官倖夫濁亂左右而本根尚未盡撥宰輔亦多老成迨盜賊四起王瓊獨典中樞陸完彭澤分任閫帥委寄既專旁撓絶少以故危而不亡莊烈帝承神熹之後神宗怠荒棄政熹宗暱近閹人元氣盡澌國脉垂絶向使熹宗御宇復延數載則天下之亡不再傳矣莊烈之繼統也臣僚之黨局已成草野之物力已耗國家之法令已壞邊疆之搶攘已甚莊烈雖銳意更始治核名實而人才之賢否議論之是非政事之得失軍機之成敗未能灼見於中不搖於外也且性多疑而任察好剛而尚氣任察則苛刻寡恩尚氣則急遽失措當夫羣盜滿山四方鼎沸而委政柄者非庸卽佞勦撫兩端茫無成算內外大臣救過不給人懷規利自全之心言語戇直切中事弊者率皆摧折以去其所任爲閫帥者事權中制功過莫償敗一方卽戮一將橥一城卽殺一吏賞罰太明而至於不能罰制馭過嚴而至於不能制加以天災流行饑饉洊臻政繁賦重外訌內叛譬一人之身元氣羸然疽毒並發厥症固已甚危而醫則良否錯進劑則寒熱互投病入膏肓而無可救不亡何待哉是故明之亡亡於流賊而其致亡之本不在於流賊也嗚呼莊烈非亡國之君而當亡國之運又乏救亡之術徒見其焦勞瞀亂孑立於上十有七年而帷幄不聞良平之謀行間未覩李郭之將卒致宗社顛覆徒以身殉悲夫自唐賽兒以下本末易竟事具勦賊諸臣傳中獨志其亡天下者立李自成張獻忠傳

李自成　張獻忠

李自成米脂人世居懷遠堡李繼遷寨父守忠無子禱於華山夢神告曰以破軍星爲若子已生自成幼牧羊於邑大姓艾氏及長充銀川驛卒善騎射鬬很無賴數犯法知縣晏子賓捕之將置諸死脫去爲屠天啟末魏忠賢黨喬應甲爲陝西巡撫朱童蒙爲延綏巡撫貪黷不詰盜盜由是始崇禎元年陝西大饑延綏缺餉固原兵劫州庫白水賊王二府谷賊王嘉允宜州賊王左掛飛山虎大紅狼等一時並起有安塞馬賊高迎祥者自成舅也與饑民王大梁聚衆應之迎祥自稱闖王大梁自稱大梁王二年春詔以楊鶴爲三邊總督捕之參政劉應遇擊斬王二王大梁參議洪承疇擊破王左掛賊稍稍懼會京師戒嚴山西巡撫耿如杞勤王兵譁而西延綏總兵吳自勉甘肅巡撫梅之煥勤王兵亦潰與羣盜合延綏巡撫張夢鯨恚死承疇代之召故總兵杜文煥督延綏固原兵便宜勦賊三年王左掛王子順苗美等戰屢敗乞降而王嘉允掠延安慶陽間楊鶴撫之不聽從神木渡河犯山西是時秦地所徵曰新餉曰均輸曰間架其目日增吏因緣爲姦民大困以給事中劉懋議裁驛站山陝游民仰驛糈者無所得食俱從賊賊轉盛兵部郎中李繼貞奏曰延民饑將盡爲盜請以帑金十萬振之帝不聽而嘉允已襲破黃甫川清水木瓜三堡陷府谷河曲又有神一元不沾泥可天飛郝臨菴紅軍友點燈子李老柴混天猴獨行狼諸賊所在蜂起或掠秦或東入晉屠陷城堡官兵東西奔擊賊或降或死旋滅旋熾延安賊張獻忠亦聚衆據十八寨稱八大王四年孤山副將曹文詔破賊河曲王嘉允遁去已復自岳陽突犯澤潞爲左右所殺其黨共推王自用號紫金梁者爲魁自用結羣賊老回回曹操八金剛掃地王射塌天闖正虎滿天星破甲錐邢紅狼上天龍蝎子塊過天星混世王等及迎祥獻忠共三十六營衆二十餘萬聚山西自成乃與兄子過往從迎祥與獻忠等合號闖將未有名楊鶴撫賊不效被逮洪承疇代鶴張福臻代承疇督諸將曹文詔楊嘉謨勦賊所向克捷陝地略定而山西賊大盛剽掠寧鄉石樓稷山聞喜河津間五年賊分道四出連陷大寧隰州澤州壽陽諸州縣全晉震動乃罷巡撫宋統殷以許鼎臣代之與宣大總督張宗衡分督諸將宗衡督虎大威賀人龍左良玉等兵八千人駐平陽責以平陽澤潞四十一州縣鼎臣督張應昌頗希牧艾萬年兵七千人駐汾州責以汾太沁遼三十八州縣賊亦轉入磨盤山分衆爲三闖正虎據交城文水窺太原邢紅狼上天龍據吳城窺汾州自用獻忠突沁州武鄉陷遼州六年春官兵共進力擊自用懼乞降於故錦衣僉事張道濬約未定陽和兵襲之賊怒敗約去會總兵官曹文詔率陝西兵至偕諸將猛如虎虎大威頗希牧艾萬年張應昌等合勦屢戰皆大克前後殺混世王滿天星姬關鎖翻山動掌世王顯道神等破自用獻忠老回回蝎子塊掃地王諸賊其後自用又爲川將鄧玘射殺之山西三大盜俱敗初賊之破澤州也分其衆南踰太行掠濟源清化修武圍懷慶官軍擊之賊遁走別賊復闌入西山大掠順德眞定間大名道盧象昇力戰却賊賊自邢臺摩天嶺西下抵武安敗總兵左良玉河北三府焚劫殆徧潞王上疏告急兼請衞鳳泗陵寢詔特遣總兵倪寵王樸率京營兵六千人與諸將並進賊聞之欲從河內走太行文詔邀擊之不敢進賊之敗於山西者亦奔河北合營迎祥自成獻忠曹操老回回等俱至京兵蹙其後左良玉湯九州等扼其前連戰於青店石岡石坡牛尾柳泉猛虎村屢敗之賊欲遁阻於河大困賊素畏文詔道濬先坐事遣戍文詔轉戰秦晉河北遇賊輒大克御史復劾其驕倨調大同總兵去賊遂詭辭乞降監軍太監楊進朝信之爲入奏會天寒河冰合賊突從毛家寨策馬徑渡河南諸軍無扼河者賊遂連陷澠池伊陽盧氏三縣河南巡撫元默率諸將盛兵待之賊竄入盧氏山中由間道直走內鄉

掠鄖陽又分掠南陽汝寧入襄陽當陽偪湖廣巡撫唐暉斂兵守境犯歸巴夷陵等處破夔州攻廣元逼四川所在告急七年春特設山陜河南湖廣四川總督專辦賊以延綏巡撫陳奇瑜爲之以盧象昇撫治鄖陽爲奇瑜破賊延水關有威名而象昇歷戰陣知兵也於是奇瑜自均州入與象昇並進師次烏林關斬賊數千級賊走漢南奇瑜以湖廣不足憂引兵西擊始賊自澠池渡河高迎祥最強自成屬焉及入河南自成與兄子過結李牟俞彬白廣恩李雙喜顧君恩高傑等自爲一軍過傑善戰君恩善謀及奇瑜兵至獻忠等奔商雒自成等陷於興安之車箱峽會大雨兩月馬乏芻多死弓矢皆脫自成用君恩計賄奇瑜左右詐降奇瑜意輕賊許之檄諸將按兵毋殺所過州縣爲具糗傳送賊甫渡棧卽大譟盡屠所過七州縣而畧陽賊數萬亦來會賊勢愈張奇瑜坐削籍而自成名始著矣已洪承疇代奇瑜李喬巡撫陜西吳甡巡撫山西大學士溫體仁謂甡曰流賊癬疥疾勿憂也未幾西寧兵變承疇甫受命而東聞變遽返迎祥自成遂入鞏昌平涼臨洮鳳翔諸府數十州縣敗賀人龍張天禮軍殺固原道陸夢龍圍隴州四十餘日承疇檄總兵左光先與人龍合擊大破之會朝廷亦命豫楚晉蜀兵四道入陜迎祥自成遂竄入終南山已而東出陷陳州靈寶汜水滎陽聞左良玉將至移壁梅山溱水間部賊拔下蔡燒汝寧郛乃命承疇出關追賊與山東巡撫朱大典并力擊賊偵知之八年正月大會於滎陽老回回曹操革裏眼左金王改世王射塌天橫天王混十萬過天星九條龍順天王及迎祥獻忠共十三家七十二營議拒敵未決自成進曰一夫猶奮況十萬衆乎官兵無能爲也宜分兵定所向利鈍聽之天皆曰善乃議革裏眼左金王當川湖兵橫天王混十萬當陜兵曹操過天星扼河上迎祥獻忠及自成等畧東方老回回九條龍往來策應陜兵銳益以射塌天改世王所破城邑子女玉帛惟均衆如自成言先是南京兵部尚書呂維祺懼賊南犯請加防鳳陽陵寢不報及迎祥獻忠東下江北兵單固始霍邱俱失守賊燔壽州陷潁州知州尹夢鼇州判趙士寬戰死殺故尚書張鶴鳴乘勝陷鳳陽焚皇陵留守署正朱國相等皆戰死事聞帝素服哭遣官告廟逮漕運都御史楊一鵬棄市以朱大典代之大徵兵討賊賊乃大書幟曰古元眞龍皇帝合樂大飲自成從獻忠求皇陵監小閹善鼓吹者獻忠不與自成怒偕迎祥西趨歸德與曹操過天星合復入陜西獻忠獨東下廬州承疇方馳至汝州命諸將左良玉湯九州尤世威徐來朝陳永福鄧玘張應昌分扼湖廣河南鄖陽諸關盜名曹文詔爲中軍文詔未至玘以兵亂死迎祥自成從終南山出大掠富平寧州老回回獻忠曹操蠍子塊過天星諸賊聞承疇出關先後皆走陜西焚掠西安平涼鳳翔諸郡承疇亟還救分遣諸將擊老回回等令副總兵劉成功艾萬年擊迎祥自成於寧州萬年中伏戰死文詔怒復擊之亦中伏戰死羣賊乘勝掠地火照西安城中承疇力禦之涇陽三原間決死戰賊不得過獻忠老回回等由他道轉突朱陽關守關將徐來臣軍潰死尤世威中箭遁於是羣賊皆出關分十三營東犯而迎祥自成獨留陜西時盧象昇已改湖廣巡撫總理直隸河南山東四川湖廣諸軍務詔承疇督關中象昇督關外賊亦分兵迎祥畧武功扶風以西自成畧富平固州以東承疇遣將追自成小捷至醴泉賊將高傑通於自成妻邢氏懼誅挾之來降承疇身追自成大戰渭南臨潼自成大敗東走迎祥亦屢敗東踰華陰南原絕嶺偕自成出朱陽關與獻忠合冬十一月羣賊薄閿鄉左良玉祖寬禦之不克遂陷陜州進攻雒陽河南巡撫陳必謙督良玉寬援雒陽獻忠走嵩汝迎祥自成走偃師鞏縣畧魯山葉縣陷光州象昇擊敗之確山九年春迎祥自成攻廬州不拔陷含山和州殺知州黎弘業及在籍御史馬如蛟等又攻滁州知州劉大鞏太僕卿李覺斯堅守不下象昇親督祖寬羅岱楊世恩等來援戰於朱龍橋賊大敗屍咽水不流北攻壽州故御史方震孺堅守折而西入歸德邊將祖大樂破之走密登封故總兵湯九州戰死分道犯南陽裕州必謙援南陽象昇援裕令大樂等擊賊殺迎祥自成精銳幾盡賊復分兵再入陜迎祥由鄖襄趨興安漢中自成由南山踰商雒走延綏犯鞏昌北境諸將左光先曹變蛟破之自成走環縣未幾官軍敗於羅家山盡亡士馬器仗總兵官俞翀霄被執自成勢復振進圍綏德欲東渡河山西兵遏之復西掠米脂呼知縣邊大綬曰此吾故鄉也勿虐我父老遺之金令修文廟將襲榆林河水驟長賊淹死甚衆乃改道從韓城而西時象昇及大樂寬等皆入援京師孫傳庭新除陜西巡撫銳意滅賊秋七月禽迎祥於盩厔獻俘闕下磔死於是賊黨乃共推自成爲闖王矣是月犯階徽未幾出汧隴犯鳳翔渡渭河十年犯涇陽三原蠍子塊過天星俱來會傳庭督變蛟連戰七日皆克蠍子塊降自成與過天星奔秦州入蜀陷寧羌破七盤關陷廣元總兵官侯良柱戰死遂連陷昭化劍州梓潼江油黎雅青州等州縣劍州知州徐尚卿吏目李英俊昭化知縣王時化郫縣主簿張應奇金堂典史潘夢科皆死進攻成都七日不克巡撫王維章坐避賊徵十一年春官軍敗賊梓潼自成奔白水食盡承疇傳庭合擊於梓潼原大破之自成盡亡其卒獨與劉宗敏田見秀等十八騎潰圍竄伏商洛山中其年獻忠降自成勢益衰承疇改薊遼總督傳庭改保定總督傳庭以疾辭逮下獄二人去自成稍得安總理熊文燦方主撫議者或報自成死益寬之十二年夏獻忠反穀城自成大喜出收衆衆復大集陜西總督鄭崇儉發兵圍之令曰圍師必缺自成乃由缺走突武關往依獻忠獻忠欲圖之覺遁去楊嗣昌督師夷陵檄令降自成出謾語官軍圍自成於巴西魚復諸山中自成大困欲自經養子雙喜勸而止賊將多出降劉宗敏者藍田鍛工也最驍勇亦欲降自成與步入叢祠顧而歎曰人言我當爲天子盍卜之不吉斷我頭以降宗敏諾三卜三吉宗敏還殺其兩妻謂自成曰吾死從君矣軍中壯士聞之亦多殺妻子願從者自成乃盡焚輜重輕騎由鄖均走河南河南大旱斛穀萬錢饑民從自成者數萬遂自南陽出攻宜陽殺知縣唐啓泰攻永寧殺知縣武大烈戕萬安王采𨨏攻偃師知縣徐日泰罵賊死時十三年十二月也自成爲人高顴深頞鴟目曷鼻聲如豺性猜忍日殺人斮足剖心爲戲所過民皆保塢堡不下杞縣舉人李信者逆案中尚書李精白子也嘗出粟振饑民民德之曰李公子活我會繩伎紅娘子反擄信强委身焉信逃歸官以爲賊囚獄中紅娘子來救饑民應之共出信盧氏舉人牛金星磨勘被斥私入自成軍爲主謀潛歸事洩坐斬已得末減二人皆往投自成自成大喜改信名曰巖金星又薦卜者宋獻策長三尺餘上讖記云十八子主神器自成大悅巖因說曰取天下以人心爲本請勿殺人收天下心自成從之屠戮爲減又散所掠財物振饑民民受餉者不辨巖自成也雜呼曰李公子活我巖復造謠詞曰迎闖王不納糧使兒童歌以相煽從自成者日衆十四年正月攻河南有營卒勾賊城遂陷福王常洵遇害自成兵汋王血雜鹿醢嘗之名福祿酒王世子由崧裸而逃自成發王邸金振饑民遂移攻開封時張獻忠亦陷襄陽戕襄王翊銘王開封者周王恭枵聞賊至急發庫金募死士與巡撫都御史高名衡等固守自成攻七晝夜解去屠密縣賊魁羅汝才土寇袁時中皆歸自成時中衆二十萬號小袁營汝才卽曹操與獻忠同降復叛去者也自成初爲迎祥裨將至是勢大盛帝以故尚書傅宗龍爲陜西總督使專辦自成別敕保定總督楊文岳會師宗龍馳入關與巡撫汪喬年調兵兵已發盡乃檄河南大將李國奇賀人龍兵隸部下亟出關文岳率虎大威軍俱至新蔡與自成遇人龍卒先奔國奇大威繼之宗龍文岳以親軍築壘自固夜文岳兵潰奔陳州宗龍與賊持數日食盡突圍走被執死自成陷葉縣殺副將劉國能遂圍左良玉於郾城喬年代宗龍總督出關次襄城自成盡銳攻之喬年與副將李萬慶皆死自成劓刵諸生百九十人遂乘勝陷南陽鄧州十四城再圍開封巡撫名衡總兵陳永福力拒之射中自成目嗀殪上天龍等自成益怒自成每攻城不用古梯衝法專取甎瓴得一甎卽歸營臥後者必斬取甎已卽穿穴穴成初僅容一人漸至百十次第傳土以出過三五步留一土柱繫以巨絙穿畢萬人曳絙一呼而柱折城崩矣名衡於城上鑿橫道聽其下有聲用毒穢灌之多死賊乃卽城壞處用火攻法實藥甕中火然藥發當者輒糜碎名曰放迸十五年二月城半圮賊用放迸法攻之鐵騎數千馳譟伺城穨卽擁入城城故宋汴都金人所重築也厚數丈土堅火外擊賊騎多殲自成駭而去南陷西華尋屠陳州副使關永傑知州侯君耀皆罵賊死歸德睢州寧陵大康數十郡縣悉殘燬商邱知縣梁以樟創死復甦全家殲焉已復攻開封築長圍爲持久計詔起孫傳庭爲總督釋故尚書侯恂命督師召左良玉援開封良玉至朱仙鎭大敗奔襄陽諸軍皆屯河北不敢進開封食盡山東總兵劉澤清亦奉詔至傳庭知開封急大會諸將西安亟出關來救未至名衡等議決朱家寨口河灌賊賊亦決馬家口河欲灌城秋九月癸未天大雨二口並決聲如雷潰北門入穿東南門出注渦水城中百萬戶皆沒得脫者惟周王妃世子及撫按以下不及二萬人賊亦漂沒萬餘乃拔營西南去先是有馬守應稱老回回賀一龍稱革裏眼賀錦稱左金王劉希堯稱爭世王藺養成稱亂世王者皆附自成時號革左五營自成乃西迎傳庭兵遇於南陽傳庭軍潰走豫人所謂柿園之敗也是時
大清兵南侵京師方告急朝廷不暇復討賊自成乃收羣賊連營五百餘里再屠南陽進攻汝寧總兵虎大威中礮死楊文岳被殺自成乃脅崇王由櫍使從軍遂由確山信陽泌陽向襄陽左良玉望風南走自成入襄陽

分徇屬城及德安諸州縣皆下再破夷陵荊門州自成自攻荊州湘陰王儼鉀遇害燒獻陵木城穿燬宮殿十六年春陷承天將發獻陵有聲震山谷懼而止旁掠潛山京山雲夢黃陂孝感等州縣皆下先驅偪漢陽良玉走九江攻鄖陽撫治都御史徐起元及王光恩力守不下光恩賊反正者也自成自號奉天倡義大元帥號羅汝才代天撫民威德大將軍分其衆曰標營領兵百隊曰先後左右營各領兵三十餘隊標營白幟黑纛自成獨白鬃大纛銀浮屠左營幟白右緋前黑後黃纛隨其色五營以序直晝夜次第休息巡徼嚴密逃者謂之落草牒之收男子十五以上四十以下者爲兵精兵一人主芻掌械執爨者十人軍令不得藏白金過城邑不得室處妻子外不得攜他婦人寢興悉用單布幕緜甲厚百層矢礮不能入一兵倅馬三四匹冬則以茵褥籍其蹏剖人腹爲馬槽以飼馬馬見人輒鋸牙思噬若虎豹軍止卽出較騎射曰站隊夜四鼓蓐食以聽令所過崇岡峻坂騰馬直上水惟憚黃河若淮泗涇渭則萬衆翹足馬背或抱鬣緣尾呼風而渡馬蹏所壅閼水爲不流臨陣列馬三萬名三堵牆前者返顧後者殺之戰久不勝馬兵佯敗誘官兵步卒長鎗三萬擊刺如飛馬兵回擊無不大勝攻城迎降者不殺守一日殺十之三二日殺十之七三日屠之凡殺人束屍爲燎謂之打亮城將陷步兵萬人環堞下馬兵巡徼無一人得免獻忠雖至殘忍不逮也諸營較所獲馬騾者上賞弓矢鉛銃者次之幣帛又次之珠玉爲下自成不好酒色脫粟粗糲與其下共甘苦汝才妻妾數十被服紈綺帳下女樂數部厚自奉養自成嘗嗤鄙之汝才衆數十萬用山西舉人吉珪爲謀主自成善攻汝才善戰兩人相須若左右手自成下宛葉克梁宋兵強士附有專制心顧獨忌汝才乃召汝才所善賀一龍宴縛之晨以二十騎斬汝才於帳中悉兼其衆自成在中州所略城輒焚燬之及渡漢江謀以荊襄爲根本改襄陽曰襄京修襄王宮殿居之改禹州曰均平府承天府曰揚武州他府縣多所更易牛金星教以設官爵名號大行署置自成無子兄子過及妻弟高一功迭居左右親信用事田見秀劉宗敏爲權將軍李巖賀錦劉希堯等爲制將軍張鼐党守素等爲威武將軍谷可成任維榮等爲果毅將軍凡五營二十二將又置上相左輔右弼六政府侍郎郎中從事等官要地設防禦使府曰尹州曰牧縣曰令封崇王由樻襄陽伯邵陵王在城棗陽伯保寧王紹圯宣城伯肅寧王術授順義伯以張國紳爲上相牛金星爲左輔來儀爲右弼國紳安定人嘗官參政既降獻文翔鳳妻鄧氏以媚自成自成惡其傷同類殺之而歸鄧氏於其家六政府侍郎則石首喻上猷江陵蕭應坤招遠楊永裕米脂李振聲江陵鄧巖忠西安姚錫允尋以宣城邱之陶代振聲爲兵政府侍郎其餘受僞職者甚衆不具載使高一功馮雄守襄陽任繼光守荊州藺養成牛萬才守夷陵王文曜守澧州白旺守安陸蕭雲林守荊門謝應龍守漢川周鳳梧守禹州於是河南湖廣江北諸賊莫不聽命自成既殺汝才一龍又襲殺養成奪守應兵擊殺袁時中於杞縣獻忠方據武昌自成遣使賀且脅之曰老𤞑𤞑已降曹操輩誅死行及汝矣獻忠大懼南入長沙當是時十三家七十二營諸大賊降死殆盡惟自成獻忠存而自成獨勁遂自稱曰新順王集牛金星等議兵所向金星請先取河北直走京師楊永裕請下金陵斷燕都糧道從事顧君恩曰金陵居下流事雖濟失之緩直走京師不勝退安所歸失之急關中大王桑梓邦也百二山河得天下三分之二宜先取之建立基業然後旁略三邊資其兵力攻取山西後向京師庶幾進戰退守萬全無失自成從之傳庭之敗於柿園而歸陜也大治兵制火車二萬輛募壯士使白廣恩高傑將欲俟賊饑而擊之朝議日督戰不得已出關以牛成虎盧光祖爲前鋒由靈寶入洛高傑爲中軍檄廣恩從新安來會河南將陳永福守新灘四川將秦翼明出商洛爲犄角前鋒敗賊澠池至寶豐再拔其城次郟自成率萬騎還戰復大敗幾被禽會天大雨道濘糧車不進自成遣輕騎出汝州要截糧道傳庭乃分軍三令廣恩從大道令高傑親隨從間道迎糧令永福守營傳庭既行永福兵亦爭發不可禁遂爲賊所躡至南陽傳庭還戰賊陣五重官軍克其三已而稍却火車奔騎兵亦大奔賊縱鐵騎踐之傳庭大敗自成空壁追一日夜踰四百里官軍死者四萬餘人失兵器輜重數十萬傳庭奔河北轉趨潼關氣敗沮不復振冬十月自成陷潼關傳庭死遂連破華陰渭南華商臨潼進攻西安守將王根子開東門納賊自成執秦王存樞以爲權將軍永壽王誼㳘爲制將軍巡撫馮師孔以下死者十餘人布政使陸之祺等俱降自成大掠三日下令禁止改西安曰長安稱西京賜顧君恩女樂一部賞入關筴也大發民修長安城開馳道自成每三日親赴教場校射百姓望見黃龍纛咸伏地呼萬歲諸將白廣恩高汝利左光先梁甫先後皆降陳永福以先射中自成目保山巔不敢下自成折箭爲誓招之亦降惟高傑以竊自成妻走延安爲李過所追折而東渡宜川絕蒲津以守自成兵所至風靡乃詣米脂祭墓向爲官軍所發焚棄遺骴築土封之求其宗人賵金封爵以去改延安府曰天保府米脂曰天保縣清澗曰天波府鳳翔不下屠之始自成入陝西自謂故鄉毋有侵暴未一月抄掠如故又以士大夫必不附己悉索諸薦紳搒掠徵其金死者瘞一穴榆林故死守李過等不能克自成大發兵攻陷之副使都任總兵王世國尤世威等俱不屈死乘勝取寧夏屠慶陽執韓王稟埩移攻蘭州甘肅巡撫林日瑞等亦死進陷西寧於是肅州山丹永昌鎮番莊浪皆降陝西地悉歸自成又遣賊渡河陷平陽殺宗室三百餘人高傑奔澤州詔以余應桂總督三邊收邊兵勦賊然全陝已沒應桂不能進十七年正月庚寅朔自成稱王於西安僭國號曰大順改元永昌改名自晟追尊其曾祖以下加謚號以李繼遷爲太祖設天佑殿大學士以牛金星爲之增置六政府尚書設弘文館文諭院諫議直指使從政統會尚契司驗馬寺知政使書寫房等官以乾州宋企郊爲吏政尚書平湖陸之祺爲戶政尚書眞寧鞏焴爲禮政尚書歸安張嶙然爲兵政尚書復五等爵大封功臣侯劉宗敏以下九人伯劉體純以下七十二人子三十人男五十五人定軍制有一馬儳行列者斬之馬騰入田苗者斬之籍步兵四十萬馬兵六十萬兵政侍郎楊王休爲都肄出橫門至渭橋金鼓動地令弘文館學士李化鱗等草檄馳諭遠近指斥乘輿是日大風霾黃霧四塞事聞帝大驚召廷臣議大學士李建泰請督師帝許之時山西自平陽陷河津稷山滎河皆陷他府縣多望風送款二月自成渡河破汾州徇河曲靜樂攻太原執晉王求桂巡撫蔡懋德死之北徇忻代寧武總兵周遇吉戰死自成先遣游兵入故關掠大名眞定而北身率衆賊並邊東犯陷大同巡撫衛景瑗總兵朱三樂死自成殺代王傳𤏡代藩宗室殆盡犯宣府總兵姜瓖迎降巡撫朱之馮死遂犯陽和由柳溝逼居庸總兵官唐通太監杜之秩迎降三月十三日焚昌平總兵官李守鑅死始賊欲偵京師虛實往往陰遣人輦重貨賈販都市又令充部院諸掾吏探刺機密朝廷有謀議數千里立馳報及抵昌平兵部發騎探賊賊輒勾之降無一還者賊游騎至平則門京師猶不知也十七日帝召問羣臣莫對有泣者俄頃賊環攻九門門外先設三大營悉降賊京師久乏餉乘陴者少益以內侍內侍專守城事百司不敢問十八日賊攻益急自成駐彰義門外遣降賊太監杜勳縋入見帝求禪位帝怒叱之下詔親征日暝太監曹化淳啓彰義門賊盡入帝出宮登煤山望烽火徹天歎息曰苦我民耳徘徊久之歸乾清宮令送太子及永王定王於戚臣周奎田弘遇第劒擊長公主趣皇后自盡十九日丁未天未明皇城不守鳴鐘集百官無至者乃復登煤山書衣襟爲遺詔以帛自縊於山亭帝遂崩太監王承恩縊於側自成氊笠縹衣乘烏駁馬入承天門僞丞相牛金星尙書宋企郊喻上猷侍郎黎志陞張嶙然等騎而從登皇極殿據御座下令大索帝后期百官三日朝見文臣自范景文勳戚自劉文炳以下殉節者四十餘人宮女魏氏投河從者二百餘人象房象皆哀吼流淚太子投周奎家不得入二王亦不能匿先後擁至皆不屈自成羈之宮中長公主絕而復甦舁至令賊劉宗敏療治已乃知帝后崩自成命以宮扉載出盛柳棺置東華門外百姓過者皆掩泣越三日己酉昧爽成國公朱純臣大學士魏藻德率文武百官入賀皆素服坐殿前自成不出羣賊爭戲侮爲椎背脫帽或舉足加頸相笑樂百官懾伏不敢動太監王德化叱諸臣曰國亡君喪若曹不思殯先帝乃在此耶因哭內侍數十人皆哭藻德等亦哭顧君恩以告自成改殯帝后用袞冕褘翟加葦廠云大學士陳演勸進不許封太子爲宋王放刑部錦衣衞繫囚自成自居西安建置官吏至是益盡改官制六部曰六政府司官曰從事六科曰諫議十三道曰直指使翰林院曰弘文館太僕寺曰驗馬寺巡撫曰節度使兵備曰防禦使知府州縣曰尹曰牧曰令召見朝官自成南嚮坐金星宗敏企郊等左右雜坐以次呼名分三等授職自四品以下少詹事梁紹陽楊觀光等無不污僞命三品以上獨用故侍郎侯恂其餘勳戚文武諸臣奎純臣演藻德等共八百餘人送宗敏等營中拷掠責賕賂至灼肉折脛備諸慘毒藻德遇馬世奇家人泣曰吾不能爲若主今求死不得賊又編排甲令五家養一賊大縱淫掠民不勝毒縊死相望徵諸勳戚大臣金金足輒殺之焚太廟神主遷太祖主於帝王廟時賊黨已陷保定李建泰降畿內府縣悉附山東河南徧設官吏所至無違者及淮巡撫路振飛發兵拒之乃去自成謂眞得天命金星率賊衆三表勸進乃從之令撰登極儀諏吉日及自成升御座忽見白衣人長數丈手劒怒視座下龍爪鬣俱動自成恐亟下鑄金

壐及永昌錢皆不就聞山海關總兵吳三桂兵起乃謀歸陝西初三桂奉詔入援至山海關京師陷猶豫不進自成刼其父襄作書招之三桂欲降至灤州聞愛姬陳沅被劉宗敏掠去憤甚疾歸山海襲破賊將自成怒親部賊十餘萬執吳襄於軍東攻山海關以別將從一片石越關外三桂懼乞降於我大清四月二十二日自成兵二十萬陣於關內自北山亘海我兵對賊置陣三桂居右翼末悉銳卒搏戰殺賊數千人賊亦力鬭圍開復合戰良久我兵從三桂陣右突出衝賊中堅萬馬奔躍飛矢雨墮天大風沙石飛走擊賊如雹自成方挾太子登高岡觀戰知爲我兵急策馬下岡走我兵追奔四十里賊衆大潰自相踐踏死者無算僵屍徧野溝水盡赤自成奔永平我兵逐之三桂先驅至永平自成殺吳襄奔還京師時牛金星居守諸降人往謁執門生禮甚恭金星曰詘言方起諸君宜簡出由是降者始懼多竄伏矣自成至悉鎔所拷索金及宮中帑藏器皿鑄爲餅每餅千金約數萬餅騾車載歸西安二十九日丙戌僭帝號於武英殿追尊七代皆爲帝后立妻高氏爲皇后自成被冠冕列仗受朝金星代行郊天禮是夕焚宮殿及九門城樓詰旦挾太子二王西走而使僞將軍左光先谷可成殿五月二日我大清兵入京師下令安輯百姓爲帝后發喪議謚號遣將偕三桂追自成時福王已監國南京大學士史可法督師討賊自成至定州我兵追之與戰斬谷可成左光先傷足賊負而逃自成西走眞定益發衆來攻我兵復擊之自成中流矢創甚西踰故關入山西會我兵東返自成乃鳩合潰散走平陽李巖者故勸自成以不殺收人心者也及陷京師保護懿安皇后令自盡又獨於士大夫無所拷掠金星等大忌之定州之敗河南州縣多反正自成召諸將議巖請率兵往金星陰告自成曰巖雄武有大略非能久下人者河南巖故鄉假以大兵必不可制十八子之讖得非巖乎因譖其欲反自成令金星與巖飲殺之賊衆俱解體自成歸西安復遣賊陷漢中降總兵趙光遠進略保寧時獻忠以兵拒之乃還八月建祖禰廟成將往祀忽寒慄不能就禮自成始以巖言謬爲仁義及巖死又屢敗復强很自用僞尚書張第元耿始然皆以小忤死制銅鏌官吏坐賕即鏌斬民盜一雞者死西人大懼

順治二年二月我兵攻潼關僞伯馬世耀以六十萬衆迎戰敗死潼關破自成遂棄西安由龍駒寨走武岡入襄陽復走武昌我兵兩道追躡連蹙之鄧州承天德安武昌窮追至賊老營大破之者八當是時左良玉東下武昌虛無人自成屯五十餘日賊衆尚五十餘萬改江夏曰瑞符縣尋爲我兵所迫部衆多降或逃散自成走延寧蒲圻至通城竄於九宮山秋九月自成留李過守寨自率二十騎畧食山中爲村民所困不能脫遂縊死或曰村民方築堡見賊少爭前擊之人馬俱陷泥淖中自成腦中鉏死剝其衣得龍衣金印眇一目村民乃大驚謂爲自成也時我兵遣識自成者驗其尸朽莫辨獲自成兩從父僞趙侯僞襄南侯及自成妻妾二人金印一又獲僞汝侯劉宗敏僞總兵左光先僞軍師宋獻策於是斬自成從父及宗敏於軍牛金星宋企郊等皆遁亡自成兄子過改名錦偕諸賊帥奉高氏降於總督何騰蛟時唐王立於閩賜錦名赤心封高氏忠義夫人號其軍曰忠貞營隸騰蛟麾下永明王時赤心封興國侯尋死

張獻忠者延安衞柳樹澗人也與李自成同歲生長隸延綏鎮爲軍犯法當斬主將陳洪範奇其狀貌爲請於總兵官王威釋之乃逃去崇禎三年陝西賊大起王嘉允據府谷陷河曲獻忠以米脂十八寨應之自號八大王明年嘉允死其黨王自用復聚衆三十六營獻忠及高迎祥羅汝才馬守應等皆爲之渠其冬洪承疇爲總督獻忠及汝才皆就撫已而叛入山西偕羣賊焚掠尋擾河北又偕渡河自是陝西河南湖廣四川江北數千里地皆被蹂躪當此之時賊渠率衆無專主遇官軍入自爲鬭勝則爭進敗則竄山谷不相顧官軍遇賊追殺亦不知所逐何賊也賊或分或合東西奔突勢日强盛八年十三家會滎陽議敵官軍守應欲北渡獻忠嗤之守應怒李自成爲解乃定議獻忠始與高迎祥並起作賊自成乃迎祥偏裨不敢與獻忠並及是遂相頡頏與俱東掠連破河南江北諸縣焚皇陵已而迎祥自成西去獻忠獨東圍廬州舒城俱不下攻桐城陷廬江屠巢無爲潛山太湖宿松諸城應天巡撫張國維禦之獻忠從英霍遁道麻城合守應等入關會迎祥於鳳翔已復出商洛屯靈寶以待迎祥迎祥至則合兵復東總兵官左良玉祖寬擊之獻忠與迎祥分道走寬追獻忠戰於嵩縣及九皐山三戰皆克俘斬甚衆獻忠恚再合迎祥衆還戰復大敗迎祥尋與自成入陝西而守應汝才諸賊各盤踞鄖陽商洛山中不能救獻忠亦遁山中明年秋總督盧象昇去苗胙土巡撫湖廣不習兵於是獻忠自均州守應自新野蝎子塊自唐縣並犯襄陽衆二十餘萬總兵秦翼明兵寡不能禦湖廣震動獻忠糾汝才守應及闖塌天諸賊順流東下與江北賊賀一龍賀錦等合烽火達淮揚南京兵部尚書范景文操江都御史黃道直總兵官楊御蕃分汎固守安池道副使史可法親率兵當賊衝賊從間道犯安慶連營百里巡撫國維告警詔左良玉馬爌劉良佐合兵援之遂大破賊賊走潛山之天王古寨國維檄良玉搜山良玉不應尋北去賊乃復出太湖連斬黃敗官軍於鄷家店殺參將程龍陳于王等四十餘人會總兵官牟文綬借良佐來援復破賊賊皆遁獻忠入湖廣是時河南湖廣賊十五家惟獻忠最狡黠驍勍次則汝才獻忠嘗僞爲官兵欲紿宛城良玉適至獻忠倉皇走前鋒羅岱射之中額良玉馬追及刃拂獻忠面馬馳以免會熊文燦爲總理刊檄撫賊闖塌天者本名劉國能與獻忠有郤詣文燦降獻忠創甚不能戰大恐十一年春偵知陳洪範隸文燦麾下爲總兵大喜因遣間齎重幣獻洪範曰獻忠蒙公大恩得不死公豈忘之邪願率所部降以自效洪範亦喜爲告文燦受其降巡按御史林銘球分巡道王瑞柟與良玉謀俟獻忠至執之文燦不可獻忠遂據穀城請十萬人餉文燦不敢決時羣賊皆聚南陽屠掠旁州縣文燦赴裕州益大發檄撫賊汝才以戰敗乞降於太和山監軍太監李繼改明年射塌天混十萬過天星關索王光恩等十三家渠帥先後俱降陝西總督洪承疇巡撫孫傳庭復大破李自成自成竄崤函山中朝廷皆謂賊撲剪殆盡獻忠在穀城訓卒治甲仗言者頗疑其欲反帝方信兵部尚書楊嗣昌言謂文燦能辦賊不復憂也夏五月獻忠叛殺知縣阮之鈿隳穀城陷房縣合汝才兵殺知縣郝景春十三家降賊一時並叛惟王光恩不從獻忠去房縣左良玉追擊之羅岱爲前鋒至羅猴山岱中伏死良玉大敗嗣昌已拜大學士乃自請督師帝大悅十月朔嗣昌至襄陽集諸將議進兵時羣賊大掠賀一龍賀錦犯隨應麻黃與官軍相持汝才及過天星竄伏漳房興遠獻忠踞湖廣四川界將西犯嗣昌視東畧稍緩乃宿輜重襄陽濬濠築城甚固令良玉專力勦獻忠十三年閏正月良玉擊賊枸坪關獻忠遁追至瑪瑙山賊據山拒敵良玉先登賀人龍李國奇夾擊大敗之斬首千三百餘級禽獻忠妻妾湖廣將張應元汪之鳳追敗之水右壩川將張令方國安又邀擊於岔溪獻忠奔柯家坪張令逐北深入被圍應元之鳳援之復破賊獻忠率千餘騎竄興歸山中勢大蹙初良玉之進兵也與嗣昌議不合獻忠遣間說良玉良玉乃圍而弗攻獻忠因得與山民市鹽芻米酪收潰散掩旗息鼓益西走白羊山時汝才及過天星從寧昌窺大昌巫山欲渡江爲官兵所扼獻忠至遂與之合獻忠雖累敗氣益盛立馬江峽有不前赴者輒戮之賊爭死鬭官軍退走賊畢渡屯萬頃山歸巫大震已而汝才過天星犯開縣不利汝才東走過天星復軼開縣而西諸將往復追逐獻忠乃悉衆攻楚兵於土地嶺副將潘之鳳戰死遂陷大昌進屯開縣張令戰死石砫女土司秦良玉亦敗汝才復自東至與獻忠轉趨達州川撫邵捷春退扼涪江賊北陷劒州將入漢中總兵官趙光遠賀人龍守陽平百丈險賊不得過乃復走巴西涪江師潰捷春論死獻忠屠緜州越成都陷瀘州北渡陷永州走漢川德陽入巴州又自巴走達州復至開縣先是嗣昌聞賊入川進駐重慶監軍萬元吉曰賊或東突不可無備宜分中軍間道出梓潼扼歸路嗣昌不聽檄合諸將盡赴瀘州追賊十四年正月總兵猛如虎參將劉士傑追之開縣之黃陵城賊還戰官軍大敗士傑及遊擊郭開等皆死獻忠果東出令汝才拒鄖撫袁繼咸兵自率輕騎一日夜馳三百里殺督師使者於道取軍符紿陷襄陽城獻忠縛襄王翊銘置堂下屬之酒曰我欲借王頭使楊嗣昌以陷藩誅王其努力盡此酒遂殺之并殺鄖襄道張克儉推官鄺日廣復得其所失妻妾又去陷樊城當陽郟合汝才入光州殘商城羅山息縣信陽固始分軍犯茶山應城陷隨州僞張良玉幟入泌陽再攻應山不克去攻鄖陽守將王光恩力戰始解又拔鄖西羣盜附者萬計遂東畧地獻忠自瑪瑙山之敗心畏良玉及屢勝有驕色秋八月良玉追擊之信陽大破之降賊衆數萬獻忠傷股乘夜東奔良玉急追之會大雨江溢道絕官軍不能進獻忠走免已復出商城將向英山又爲副將王允成所破衆道散且盡從騎止數十時汝才已先與自成合獻忠遂投自成自成以部曲遇之不從自成欲殺之汝才諫曰留之使擾漢南分官軍兵力乃陰與獻忠五百騎使遁去道糾土賊一斗穀瓦罐子等衆復盛然猶佯推自成先是賊營革左二賀陷含巢潛諸縣欲西合獻忠以湖廣官兵沮不得達及汴圍急督師丁啟睿及左良玉皆往援汴獻忠乘間陷亳州入英霍山中與革左二賀相見皆大喜明年合攻陷舒城六安掠民益軍陷廬州知府鄭履祥死陷無爲廬江習水師於巢湖太監

盧九德以總兵官黃得功劉良佐之兵戰於夾山敗績江南大震鳳陽總督高斗光安慶巡撫鄭二陽逮治詔起馬士英代斗光是秋得功良佐大破賊於潛山獻忠腹心婦豎盡走蘄水革左二賀北投自成巳獻忠復襲陷太湖會良玉避自成東下盡撤湖廣兵自從獻忠聞之又襲陷黃梅十六年春連陷廣濟蘄州蘄水入黃州黃民盡逃乃驅婦女剷城尋殺之以塡塹麻城人湯志者大姓奴也殺諸生六十人以城降賊獻忠改麻城爲州又西陷漢陽全軍從鴨蛋洲渡陷武昌執楚王華奎籠而沈諸江盡殺楚宗室錄男子二十以下十五以上爲兵餘皆殺之由鸚鵡洲至道士洑浮胔蔽江踰月人脂厚累寸魚鼈不可食獻忠遂僭號改武昌曰天授府江夏曰上江縣據楚王第鑄西王之寶僞設尚書都督巡撫等官開科取士以興國州柯陳兩姓土官悍勇招降之題詩黃鶴樓下令發楚邸金振饑民蘄黃等二十一州縣悉附時李自成在襄陽聞之忌且怒貽書譙責左良玉兵復西上僞官吏多被禽殺獻忠懼乃悉衆趨岳州長沙於是監軍道王瓆沔陽知州章曠武昌生員程天一白雲寨長易道三皆起兵討賊蘄黃漢陽三府皆反正獻忠遂陷咸寧蒲圻偪岳州沅撫李乾德總兵孔希貴等據陳陵磯拒戰三戰三克殲其前部獻忠怒百道並進乾德等不支皆走岳州陷獻忠欲渡洞庭湖卜於神不吉投玟而詬將渡風大作獻忠怒連巨舟千艘載婦女焚之水光夜如晝騎而逼長沙巡按劉熙祚奉吉王惠王走衡州總兵尹先民降長沙陷尋破衡州吉王惠王桂王俱走永州乃拆桂府材載至長沙造僞殿而自追三王於永熙祚命中軍護三王入廣西身入永死守城陷見殺又陷寶慶常德發故督師楊嗣昌祖墓斬其屍見血攻道州守備沈至緒戰歿其女再戰奪父屍還城獲全遂東犯江西陷吉安袁州建昌撫州永新安福萬載南豐諸府縣廣東大震南部屬城官民盡逃賊有獻計取吳越者獻忠憚良玉在不聽決策入川中十七年春陷夔州至萬縣水漲留屯三月巳破涪州敗守道劉麟長總兵曹英兵進陷佛圖關破重慶瑞王常浩遇害是日天無雲而雷賊有震者獻忠怒發巨礮與天角遂進陷成都蜀王至澍率妃夫人以下投於井巡撫陳士奇被殺是時我大清兵巳定京師李自成遁歸西安南京諸臣尊立福王命故大學士王應熊督川湖軍事兵力弱不能討賊獻忠遂僭號大西國王改元大順冬十一月庚寅即僞位以蜀王府爲宮名成都曰西京用汪兆麟爲左丞相嚴錫命爲右丞相設六部五軍都督府等官王國麟江鼎鎭龔完敬等爲尚書養子孫可望艾能奇劉文秀李定國等皆爲將軍賜姓張氏分徇諸府州縣悉陷之保寧順慶先巳降自成置官吏獻忠悉逐去自成發兵攻不克遂據有全蜀惟遵義一郡及黎州土司馬金堅不下獻忠黃面長身虎頷人號黃虎性狡譎嗜殺一日不殺人輒悒悒不樂詭開科取士集於青羊宮盡殺之筆墨成丘塚坑成都民於中園殺各衞籍軍九十八萬又遣四將軍分屠各府縣名草殺僞官朝會拜伏呼獒數十下殿獒所齅者引出斬之名天殺又創生剝皮法皮未去而先絕者刑者抵死將卒以殺人多少敍功次共殺男女六萬萬有奇賊將有不忍至縊死者僞都督張君用王明等數十人皆坐殺人少剝皮死并屠其家脅川中士大夫使受僞職敍州布政使尹伸廣元給事中吳宇英不屈死諸受職者後尋亦皆見殺其慘虐無人理不可勝紀又用法移錦江涸而闕之深數丈埋金寶億萬計然後決堤放流名水藏曰無爲後人有也當是時曾英李占春于大海王祥楊展曹勛等義兵並起故獻忠誅殺益毒川中民盡乃謀窺西安

順治三年獻忠盡焚成都宮殿盧舍夷其城率衆出川北又欲盡殺川兵僞將劉進忠故統川兵聞之率一軍逃會我大清兵至漢中進忠來奔乞爲鄉導至鹽亭界大霧獻忠曉行猝遇我兵於鳳凰坡中矢墜馬蒲伏積薪下於是我兵禽獻忠出斬之川中自遭獻忠亂列城內雜樹成拱狗食人肉若猛獸虎豹齧人死輒棄去不盡食也民逃深山中草衣木食久徧體皆生毛獻忠旣誅賊黨可望能奇文秀定國等潰入川南殺曾英李乾德等後皆降於永明王

明史卷三百十　列傳第一百九十八

總裁官總理事務　經筵講官太保兼太子太保保和殿大學士兼管吏部戶部尚書事加六級臣張廷玉等奉

敕修

土司

西南諸蠻有虞氏之苗商之鬼方西漢之夜郎靡莫邛作僰爨之屬皆是也自巴夔以東及湖湘嶺嶠盤踞數千里種類殊別歷代以來自相君長原其爲王朝役使自周武王時孟津大會而庸蜀羌髳微盧彭濮諸蠻皆與焉及楚莊蹻王滇而秦開五尺道置吏沿及漢武置都尉縣屬仍令自保此即土官土吏之所始歟迨有明踵元故事大爲恢拓分別司郡州縣額以賦役聽我驅調而法始備矣然其道在於羈縻彼大姓相擅世積威約而必假我爵祿寵之名號乃易爲統攝故奔走惟命然調遣日繁急而生變恃功怙過侵擾益深故歷朝徵發利害各半其要在於撫綏得人恩威兼濟則得其死力而不足爲患實錄載成化十八年馬平主簿孔性善言溪峒蠻獠雖常梗化亂豈無因昔陳景文爲令猺獞皆應差徭厥後撫字乖方始仍反側誠使守令得人示以恩信諭以禍福亦當革心帝嘉納之惜未能實究其用此可爲治蠻之寶鑑矣嘗考洪武初西南夷來歸者即用原官授之其土官銜號曰宣慰司曰宣撫司曰招討司曰安撫司曰長官司以勞績之多寡分尊卑之等差而府州縣之名亦往往有之襲替必奉朝命雖在萬里外皆赴闕受職天順末許土官繳呈勘奏則威柄漸弛成化中令納粟備振則規取日陋孝宗雖發憤釐革而因循未改嘉靖九年始復舊制以府州縣等官隸驗封宣慰招討等官隸武選隸驗封者布政司領之隸武選者都指揮領之於是文武相維比於中土矣其間叛服不常誅賞互見茲據其事蹟尤著者列於篇

湖廣土司

湖南古巫郡黔中地也其施州衞與永保諸土司境介於岳辰常德之西與川東巴夔相接壤南通黔陽谿峒深阻易於寇盜元末滋甚陳友諒據湖湘間畋以利啗其兵爲用諸苗亦爲盡力有乞兵旁寨爲之驅使者友諒以此益肆及太祖殲友諒於鄱陽進克武昌湖南諸郡望風歸附元時所置宣慰安撫長官司之屬皆先後迎降太祖以原官授之巳而梗化洪武三年慈利安撫使覃垕連構諸蠻入寇征南將軍周德興平之五年復命鄧愈爲征南將軍率師平散毛等三十六洞而副將軍吳良復平五開古州諸蠻凡二百二十三洞籍其民一萬五千收集潰散士卒四千五百餘人平其地未幾五開五谿諸蠻亂討平之十八年五開蠻吳面兒反勢獗甚命楚王楨將征南將軍湯和擊斬九谿諸處蠻獠俘獲四萬餘人諸苗始懼而靖沅道澧之間十年內亦尋起尋滅雖開國之初師武臣力實太祖控制之道恩威備焉永樂初苗告繼絕襲冠帶益就銜勒垂百年而五開銅鼓間又紛紛多警時英宗北狩中原所在侵擾苗勢殊熾景泰初總兵官宮聚奏蠻賊西至貴州龍里東至湖廣沅州北至武岡南至播州之境不下二十萬圍困焚掠諸郡邑臣所領官軍不及二萬前後奔赴不能解平越之圍乞急調京邊軍及征麓川卒十萬前來以資調遣久而師徵不至更易他帥浸淫六七載至天順元年總督石璞調總兵官方瑛始剋期征勦破天堂小坪墨溪二百二十七寨禽僞王侯伯等百餘人斬賊首千四百餘級奪回軍人男婦千三百餘口於是苗患漸平蓋萌發於貴州而蔓衍於湖南皆生苗爲梗諸土司初無動搖而永保諸宣慰世席富強每遇征伐輒願荷戈前驅國家亦賴以撻伐故永保兵號爲虓雄嘉隆以還徵符四出而湖南土司均備臂指矣

施州

施南宣撫司　散毛宣撫司　忠建宣撫司　容美宣撫司

永順軍民宣慰使司　保靖州軍民宣慰使司

施州隋爲清江郡改施州明初仍之洪武十四年改置施州衞軍民指揮使司屬湖廣都司領軍民千戶所一曰大田領宣撫司三曰施南曰散毛曰忠建領安撫司八曰東鄉五路曰忠路曰忠孝曰金峒曰龍潭曰大旺曰忠峒曰高羅領長官司七曰搖把峒曰上愛茶峒曰下愛茶峒曰劍南曰木冊曰鎭南曰唐崖領蠻夷長官司五曰鎭遠曰隆奉曰西泙曰東流曰臘壁峒又有容美宣撫司者亦在境內領長官司四曰椒山瑪瑙曰五峰石寶曰石梁下峒曰水盡源通塔平初太祖即吳王位甲辰六月湖廣安定宣撫使向思明遣長官硬徹律等以元所授宣撫敕印來上請改授乃命仍置安定等處宣撫司二以思明及其弟思勝爲之又置懷德軍民宣撫司一以向大旺爲之統軍元帥二以南木潘仲玉爲之抽攔不用黃石三洞各置長官一以沒葉大蟲硬徹律爲之簳坪洞設元帥府一以向顯祖爲之梅梓麻寮二洞各置長官一以向思明唐漢明爲之皆新降者丙午二月容美洞宣撫使田光寶遣弟光受等以元所授宣撫敕印來上命光寶爲四川行省參政行容美洞等處軍民宣撫司事仍置安撫元帥治之並立太平臺宜麻寮等十寨長官司洪武四年宣寧侯曹良臣帥兵取桑植容美洞元施南道宣慰使覃大勝弟大旺副宣慰覃大興光寶子答谷等皆來朝納元所授金虎符命以施州宣慰司爲從三品東鄉諸長官司爲正六品以流官參用五年忠建元帥墨池遣其子驢吾率所部溪洞元帥阿巨等來歸附納元所授金虎符并銀印銅章誥敕置忠建長官司及沿邊溪洞長官司以墨池等爲長官二月容美宣撫田光寶復遣子答谷來朝征南將軍鄧愈平散毛柿谿赤谿安福等三十九峒散毛宣慰司都元帥覃野旺上僞夏所授印十四年江夏侯周德

興移師討水盡源通墖平散毛諸峒置施州衛軍民指揮使司十五年置施南宣撫司隸施州衛十七年散毛沿邊安撫司安撫覃野旺之子起剌來朝命爲本司僉事景川侯曹震言散毛等洞蠻時寇掠爲民患已令施州衛及施南宣撫覃大勝招之如負固請發兵討二十二年命忠建宣撫田思進之子忠孝代父職時思進年八十餘乞致仕故有是命明年涼國公藍玉克散毛洞禽剌惹長官覃大旺等萬餘人置大田軍民千戶所隸施州衛以藍玉奏散毛鎮南大旺施南等洞蠻叛服不常黔江施州衛兵相去遠難應援今散毛地與大水田連宜置千戶所守禦乃改散毛爲大田命千戶石山等領土兵一千五百人置所鎮之時忠建施南叛蠻結寨於龍孔玉遣指揮徐玉將兵攻之禽宣撫覃大勝餘蠻退走玉復分兵搜之殺獲男女一千八百餘人械大勝及其黨八百二十人送京師磔大勝於市餘戍開元給衣糧遣之永樂二年復設散毛施南二長官司先是洪武初諸土司長官來降者皆予原官蠻苗吳面兒之難諸土司地多荒廢長官亦罷承襲至是故土官之子覃友諒等以招復蠻民請仍設治所以其戶少降爲長官司隸大田軍民千戶所以友諒爲散毛長官覃添富爲施南長官四年改施南散毛仍爲宣撫司以友諒添富來朝故也以田應虎爲龍潭安撫時應虎來朝言其祖父自宋元來俱爲安撫自蠻亂併其地入散毛隔遠難治乞仍舊從之時高羅安撫田大民言招復蠻民四百餘戶乞還原職治所木冊長官田谷佐唐崖長官覃忠孝並言父祖世爲安撫洪武時大軍平蜀民驚潰治所廢今谷佐等招集三百餘戶請襲許之五年鎮南長官覃興等來朝稱係世職洪武中廢今招徠蠻民三百戶乞仍舊旣五峰石寶長官張再武亦以襲職請從之同時設東鄉五路安撫以覃忠爲之隸施南設石梁下峒椒山瑪瑙水盡源通墖平三長官司以向潮文劉再貴唐思文爲之隸容美旣復設忠路忠孝金峒三安撫司隸施州衛以覃英田大英覃添貴爲之皆因洪武間蠻亂民散廢其治今忠等以故官子姪來朝奏請復設並從之各賜印章冠帶宣德二年設劍南長官司隸忠路安撫搖把峒上愛下愛二茶峒三長官司及鎮邊隆奉二蠻夷官司皆隸東鄉五路安撫東流臘壁峒二蠻夷官司隸散毛宣撫石關峒長官司西泙蠻夷官司隸金峒安撫皆以其酋長爲之先是忠路安撫司等各奏前元故土官子孫牟酋蠻等各擁蠻民久據谿洞今就招撫請設官司授以職事兵部以聞帝以馭蠻當順其情所授諸司宜有等殺兵部議以四百戶以上者設長官司四百戶以下者設蠻夷官司元土官子孫量授以職從所招官司管屬皆從之命三年一朝貢如故事九年木冊長官田谷佐奏高羅安撫常倚勢淩轢侵奪其土地人民已蒙朝廷分理然彼宿怨未平恐復加害乞徑隸施州衛從之正統三年命散毛宣撫覃友諒子瑄試職初友諒以罪械赴京中路逃匿後爲官軍所獲斃獄至是本司以其子爲蠻民信服乞襲職帝以友諒罪重宜革第以蠻故詘法信恩命瑄試職圖後效景泰二年禮部奏散毛宣撫司副使黃縉瑄謀殺親兄律應斬其妻譚氏遣子忠等貢馬贖罪然瑄罪重法不可宥宜給鈔以酬馬直從之天順元年容美宣撫田潮美老疾請子保富代職從之五年禮部奏施州木冊長官司土舍譚文壽兇暴并造不法誹謗之言罪當刑今其母向氏進馬以贖恐不可從帝命給鈔百錠以慰其母其子仍禁錮之成化二年搖把洞長官向麥答踵奏鄰近洗羅峒長窺知本洞土兵調征兩廣村寨空虛煽誘土蠻攻劫乞調官軍勦治五年禮部奏容美宣撫司田保富等遣人進貢方物不及數恐使者侵盜宜停其賞仍移知所司施州等衛八安撫司各奏成化五年朝覲進馬已付邊衛騎操而諸衛收馬文移不至恐有虛詐宜勘實給賞皆從之弘治二年木冊長官田賢及容美致仕田保富各進馬爲土人譚敬保等贖罪刑部言蠻民納馬贖罪輕者可原重者難宥宜下按臣察覈八年容美宣撫貢馬及香禮部以香不及數馬多道斃又無文驗命予半賞九年金峒安撫覃彥龍奏境內產杉木嘗鬻金三千貯庫今彥龍年老子惟一人恐身后土人爭奪乞解部工部議非貢典却之正德四年容美宣撫并椒山瑪瑙長官司所遣通事劉思朝等赴京進貢沿途驛傳多需索爲偵事所發自魯橋以北計千餘金部臣以聞帝以遠蠻宥之散毛宣撫并五峰石寶水盡源通墖平長官司入貢後期部議半賞從之九年命大田千戶所千戶冉霦子舜卿爲指揮僉事以自陳討川寇功也十一年容美宣撫田秀愛其幼子將逐其兄白俚俾而以幼子襲白俚俾恨之賊殺其父及其弟事聞下鎮巡官驗治磔死土官唐勝富張世英等爲白俚俾奏辨罪亦當坐詔以蠻獠異類難盡繩以法免其並坐戒飭之十五年容美宣撫司同知田世瑛奏獲鎮南軍民府古印爲始祖田始進開熙二年頒給乞改陞宣撫司爲軍民府禮部議以開設宣撫頒印已久不當更古印宜繳從之嘉靖七年容美宣撫司龍潭安撫司每朝貢率領千人所過擾害鳳陽巡撫唐龍以聞禮部按舊制進貢不過百人赴京不過二十人命所司申飭忠孝安撫司把事田春者數十人稱入貢僞造關文騷擾驛傳應天巡撫以聞兵部議土司違例入貢且所過橫索恐有他虞宜嚴禁諭二十六年臘壁峒等長官司入貢禮部驗印文詐僞詔革其賞并下按臣勘問三十三年詔湖廣川貴總督并節制容美十四司初容美土官田世爵與土官向元楫累世相仇元楫幼世爵佯爲講好以女嫁之謀奪其產因誣元楫以奸有司恐激變令自捕元楫下獄論死世爵遂發兵盡俘向氏并籍其土皆沒入之久之撫按知其謀責與元楫對狀世爵不出陰與羅峒土舍黃中等謀叛於是湖廣巡按御史周如斗請移荆南道分巡施州衞以便控制調廣西清浪等戍軍以實行伍疏下督臣馮岳等議岳等言施州地勢孤懸不可久居戍軍亦非一時可集當移荆瞿守備於施州九永守備於九谿上荆南道備巡歷至世爵驕橫有司不能攝治獨久縶元楫何爲宜假督臣以節制容美之權問世爵抗違之罪如不悛卽繩以法從之時龍潭安撫黃俊素貪暴據支羅洞寨以睚眥殺人繫獄會白草番反俊子中請立功爲父贖罪已又自求爲副指揮賄當事者許之俊出益驕乃與中及羣盜李仲實等恣行於四川之雲陽奉節間副使熊逵等計禽俊與仲實俊死於獄中自縛出降執餘黨譚景雷等自贖帝命追戮俊梟示仲實等論斬中謫戍而賞有功者三十五年命容美宣撫田九霄襲職賜紅紵衣一襲以浙江黃宗山擊倭之功也隆慶元年吏科給事朱繪等言湖廣施州衞忠路安撫覃大寧一日奏五上語多不實請究治都察院議金峒安撫土舍覃壁爭印相殺及磁峒不當轄四川俱下撫按官勘報四年覃壁作亂傷官軍撫按請治失事諸臣罪兵部言本衞孤懸境外事起倉猝宜從寬貰以責後功帝然之命所司相機勦撫五年巡撫劉慤以覃壁平條議五事一請以川東所轄巫山建始黔江萬縣改屬上荆道一以荆州去施州衞遠不便巡歷夷陵西有傅友德所闢取蜀故道名百里荒者抵衞僅五百餘里請以巴東之石砫司巡檢施州衞之州門驛三會驛竝移近地俾閭井聯絡而於百里荒及東卜壠仍創建哨堡令千戶一員督班軍百人戍守一施州衞延袤頗廣物產最饒衞官朘削致民逃夷地爲亂宜裁通判設同知撫治民蠻均平徭賦勿額外橫索一金峒世官不宜遽絕貸覃勝罪降安撫爲峒長聽支羅所百戶提調一施州所轄十四司應襲官舍必先白道院始許理事其擅立名號者請嚴治并令兵巡道每歲經歷施州豫行調集各官舍獎諭令赴學觀化俱從之萬曆十一年湖廣撫按奏施州衞施南等宣撫司各官仍聽鎮算參將節制載入敕書以一事權從之崇禎十二年容美宣撫田元疏言六月間穀賊復叛撫治兩臣調用土兵臣卽捐行糧戰馬立遣土兵七千令副長官陳一聖等將之前行悍軍鄧維昌等憚於征調遂與譚正賓結七十二村鳩銀萬七千兩賂巴東知縣蔡文陞以逼民從軍之文上報阻忠義而啟邊釁帝命撫按核其事時中原寇盜充斥時事日非卽土司徵調不至亦不能問矣

永順漢武陵隋辰州唐溪州地也宋初爲永順州嘉祐中溪州刺史彭仕羲叛臨以大兵仕羲降熙寧中築下溪州城賜名會溪元時彭萬潛自改爲永順等處軍民安撫司洪武五年永順宣慰使順德汪倫堂厓安撫使月直遣人上其所受僞夏印詔賜文綺襲衣遂置永順等處軍民宣慰使司隸湖廣都指揮使司領州三曰南渭曰施溶曰上谿長官司六曰臘惹洞曰麥著黃洞曰驢遲洞曰施溶溪曰白崖洞曰田家洞九年永順宣慰彭添保遣其弟義保等貢馬及方物賜衣幣有差自是每三年一入貢永樂十六年宣慰彭源之子仲率土官部長六百六十七人貢馬宣德元年禮部以永順宣慰彭仲子英朝正後期請罪之帝以遠人不無風濤疾病之阻仍賜予如例總兵官蕭綬奏酉陽宋農里石提洞軍民被臘惹洞長謀古賞等連年攻劫又及後溪招之不從乞調兵勦之謀古賞等懼願罰人馬贖罪乃罷兵正統元年命彭仲子世雄襲職天順二年論世雄調土兵會勦貴州東苗成化三年兵部尚書程信請調永順兵征都掌蠻十三年以征苗功命宣慰彭顯英進散官一階仍賜敕獎勞十五年免永順賦弘治七年貴州奏平苗功以宣慰彭世騏等與有勞世騏乞陞職兵部言非例請進世騏階昭勇將軍仍賜敕褒獎從之八年世騏進馬謝恩十四年世騏以北邊有警請帥土兵一萬赴延綏助討賊兵部議不可賜敕獎諭并賜奏事人路費鈔千貫免其明年朝覲以方聽調征賊婦米魯故也正德元年以世騏從征有功賜紅織金麒麟服世騏進馬謝恩二年進馬賀立中宮命給賞如例五年永順與保靖爭地相攻累年不決訴於朝命各罰米三百石六

年四川賊藍廷瑞鄢本恕等及其黨二十八人倡亂兩川烏合十餘萬人僭王號置四十八營攻城殺吏流毒黔楚總制尚書洪鍾等討之不克已而爲官軍所遏乏食乃佯聽撫劫掠自如廷瑞以女結婚於永順土舍彭世麟冀緩兵世麟僞許之因與約期廷瑞本恕及王金珠等二十八人皆來會世麟伏兵禽之餘賊潰渡河官兵追圍之禽斬及溺死者七百餘人總制巡撫以捷聞獎賚有差論者以是役世麟爲首功云七年賊劉三等自遂平趨東皐宣慰彭明輔及都指揮曹鵬等以土軍追擊之賊倉卒渡河溺死者二千人斬首八十餘級巡撫李士實以聞命永順宣慰格外加賞仍給明輔誥命十年致仕宣慰彭世麒獻大木三十次者二百親督運至京子明輔所進如之賜敕褒諭賞進奏人鈔千貫十三年世麒獻大楠木四百七十子明輔亦進大木備營建詔世麒陞都指揮使賞蟒衣三襲仍致仕明輔授正三品散官賞飛魚服三襲賜敕獎勵仍令鎮巡官宴勞之時政出權倖恩澤皆由於干請於是郴州民頌世麒征賊時號令嚴明其土官彭芳等亦頌世麒功乞蟒衣玉帶兵部格不可乃已世麒辭賞請立坊賜名曰表勞會有保靖兩宣慰爭兩江口之議詞連明輔主者議逮治明輔乃令蠻民奏其從征功悉辭香鑪山應得陞賞以贖逮治之辱部議悉已之嘉靖六年論禽岑猛功免應襲宣慰彭宗漢赴京而加宗漢父明輔祖世麒銀幣二十一年巡撫陸傑言酉陽與永順以採木仇殺保靖又煽惑其間大爲地方患乃命川湖撫臣撫戢勿釀兵端是年免永順秋糧三十三年冬調永順土兵協勦倭賊於蘇松明年永順宣慰彭翼南統兵三千致仕宣慰彭明輔統兵二千俱會於松江時保靖兵敗賊於石塘灣永順兵邀擊賊奔王江涇大潰保靖兵最永順次之帝降敕獎勵各賜銀幣翼南賜三品服先是永順兵勦新場倭倭故不出保靖兵爲所誘遽先入永順土官田菑田豐等亦爭入爲賊所圍皆死之議者皆言督撫經畧失宜致永順兵再戰再北及王江涇之戰保靖犄之永順角之斬獲一千九百餘級倭爲奪氣蓋東南戰功第一云時邀功者方行賞翼南遂授昭毅將軍已陞右參政管宣慰事與明輔俱受銀幣之賜時保永二宣慰破倭後兵驕所過皆劫掠緣江上下苦之御史請究治部議以土兵新有功遽加罰失遠人心宜諭責之幷令浙直練鄉勇嗣後不得輕調土兵四十二年以獻大木功再論賞加明輔都指揮使賜蟒衣其子掌宣慰司事右參政彭翼南爲右布政使賜飛魚服仍賜敕獎勵四十四年永順復獻大木詔加明輔翼南二品服萬曆二十五年東事棘調永順兵萬人赴援宣慰彭元錦請自備衣糧聽調旣而支吾有要挾之迹命罷之三十八年賜元錦都指揮銜給蟒衣一襲妻汪氏封夫人四十七年永順貢馬後期減賞兵部言前調宣慰元錦兵三千人援遼已半載到關者僅七百餘人命究主兵者四十八年進元錦都督僉事先是元錦以調兵三千爲不足立功願以萬兵往朝廷嘉其忠加恩優渥旣而檄調八千僅以三千塞責又上疏稱病爲巡撫所劾得旨切責元錦不得已行兵抵通州北聞三路敗衂遂大潰於是巡撫徐兆魁言調永順兵八千費踰十萬今奔潰虛縻無益罷之

保靖唐溪州地宋置保靜州元爲保靖州安撫司明太祖之初起也安撫使彭世雄率其屬歸附命仍爲保靖安撫使洪武元年保靖安撫使彭萬里遣子德勝奉表貢馬及方物詔陞安撫司爲保靖宣慰司以萬里爲之隸湖廣都指揮使司自是朝貢如制永樂元年以保靖族屬大蟲可宜等互仇殺遣御史劉從政齎敕撫諭之三年辰州衛指揮龔能等招諭筸子坪等三十五寨生苗廖彪等各遣子入貢因設筸子坪長官司以彪爲之隸保靖九年宣慰彭勇烈遣人來貢十二年筸子坪賊吳者泥自稱苗王與蠻民苗金龍等爲亂總兵梁福平之未幾者泥子吳擔竹復誘苗吳亞麻糾貴州答意諸蠻叛都督蕭授斬平之二十一年宣慰彭藥哈俾遣人貢馬宣德元年宣慰彭大蟲可宜遣子順來貢四年兵部奏保靖舊有二宣慰一爲人所殺一以殺人當死其同知以下官皆缺請改流官治之帝以蠻性難馴流官不諳土俗令都督蕭授擇衆所推服者以聞正統十四年保靖宣慰與族人彭南木答等相訐奏旣而講和願輸米贖誣奏罪從之景泰七年命調保靖土兵協勦銅鼓五開黎平諸蠻先頒賞犒之天順二年敕宣慰彭捨怕俾帥選兵進討三年保靖奏夏災成化二年以保靖宣慰彭顯宗征蠻有功命給誥命三年復調保靖兵征都掌蠻五年免保靖宣慰諸土司成化二年稅糧八百五十三石以屢調征廣西及荆襄貴州有功也七年顯宗老不任事命其子仕瓏代十三年以平苗功顯宗仕瓏皆進一階十五年以災免保靖租賦仕瓏奏兩江口長官彭勝祖遺例進貢下部臣議宜逮問命鎮巡官諭之弘治十二年永順宣慰司奏仕瓏擅率兵攻長官彭世英仇殺多年搆禍不已乞發兵征勦部覆以屢行按問不報宜諭鎮巡官速勘奏聞從之十四年以保靖宣慰等方聽調免明年朝覲時有征貴州賊婦米魯之役故也初保靖安撫彭萬里以洪武六年歸附卽其地設保靖宣慰司授萬里宣慰使領白崖大別大江小江等二十八村寨萬里卒子勇烈嗣勇烈卒子藥哈俾嗣年幼萬里弟麥谷踵之子大蟲可宜諷土人奏已爲副宣慰同理司事因殺藥俾而據其十四寨事覺逮問死獄中革副宣慰而所據寨如故其後勇烈之弟勇傑嗣傳子南木杵孫顯宗曾孫仕瓏與大蟲可宜之子忠忠子武武子勝祖及其子世英代爲仇敵而武以正統中隨征有功授兩江口長官勝祖成化中亦以功授前職竝隨司理事無印署弘治初勝祖以年老世英無官恐仕瓏奪其地援例求世襲奏行覈實仕瓏輒沮之以是仇恨益甚兩家所轄土人亦各分黨仇殺永順宣慰使彭世麒取勝祖女復左右之以是互相攻擊奏訴無寧歲弘治十年巡撫沈暉奏言令世英入粟嗣父職將以平之而仕瓏奏訐不止是時敕調世英從征貴州而兵部移文有兩江口長官司字仕瓏疑世英得設官署將不聽約束復奏言之於是巡撫閻仲宇巡按王約等請以前後章奏下兵部都察院議令世英歸所據小江七寨於仕瓏止領大江七寨聽仕瓏約束其原居兩江口係襟喉要地請調清水溪堡官兵守之而徙世英於沱埠以絕爭端以後土官應襲子弟悉令入學漸染風化以格頑冥如不入學者不准承襲世麒黨於世英法當治但從征湖廣頗効忠勤已有旨許以功贖仕瓏世英竝逮問勝祖照常例發遣奏上從之弘治十六年六月事也正德十四年保靖兩江口土舍彭惠旣以祖大蟲可宜與彭藥哈俾世仇至是與宣慰彭九霄復搆怨永順宣慰彭明輔與之連姻助以兵力遂與九霄往復仇殺數年不息死者五百餘人前後訐奏累八十餘章守巡官繫惠於獄明輔率衆劫之去尋復捕繫事聞詔都御史吳廷舉勘處廷舉乃令鎮巡議以爲惠罪當誅但土蠻難盡以法繩宜徙惠置辰常城中令九霄出價以易兩江口故地仍用文官左遷者二人爲首領官以勸相之俟數年後革心向化請敕獎諭仍擢用爲首領下兵部議以惠徙內地恐貽後患令廷舉再議於是廷舉等復請以大江之右五寨歸保靖大江之左二寨屬辰州設大剌巡檢司流官一人主之惠免遷徙仍居沱埠以土舍名目協理巡檢事部覆如廷舉言嘉靖六年以禽岑猛功進九霄湖廣參政賜銀幣長子虎臣戰歿贈指揮僉事次子良臣襲職時免赴京二十六年免保靖秋糧三十三年詔調宣慰彭藎臣帥所部三千人赴蘇松征倭明年遇倭於石塘灣大戰敗之賊北走平望諸軍尾之於王江涇大破之錄功以保靖爲首敕賜藎臣銀幣幷三品服令統兵益擊賊先是都司李經率保靖兵追倭至新場倭二千人伏不出保靖土舍彭翅引軍探之中伏與所部皆死贈翅一官幷賜棺殮具及是以王江涇捷進藎臣爲昭毅將軍旣又調保靖土兵六千赴總督軍前從胡宗憲請也時已敘趙文華宗憲功復加藎臣右參政管宣慰司事仍賞銀幣萬曆四十七年調保靖兵五千命宣慰彭象乾親統援遼四十八年加象乾指揮使象乾至涿州病中夜兵逃散者三千餘人部臣以聞帝嚴旨責統兵者幷敕監軍道沿途招撫明年象乾病不能行遣其子姪率親兵出關戰於渾河全軍皆歿天啟二年進象乾都督僉事贈彭象周彭緄彭天祐各都司僉書以渾河之役一門殉戰義烈爲諸土司冠云

明史卷三百十一　列傳第一百九十九

總裁官總理事務經筵講官少保兼太子太保保和殿大學士兼管吏部戶部尚書加六級張廷玉等奉

敕修

四川土司

四川土司諸境多有去蜀遠去滇黔近者如烏蒙東川近於滇烏撒鎮雄播州近於黔明太祖略定邊方首平蜀夏置四川布政司使招諭諸蠻次第歸附故烏蒙烏撒東川芒部舊屬雲南者皆隸於四川不過歲輸貢賦示以羈縻然夷性獷悍嗜利好殺爭相競尚焚燒劫掠習以爲恒去省窵遠莫能控制附近邊民咸被其毒皆由規模草刱未嘗設立文武爲之鈐轄聽其自相雄長雖受天朝爵號實自王其地以故終明之世常煩撻伐唯建昌松茂等處設立衛所播州改遵義平越二府以後稍安戢云

四川土司一

烏蒙烏撒東川鎮雄四軍民府

馬湖　建昌衛（寧番衛　越巂衛　鹽井衛　會川衛）

茂州衛　松潘衛

天全六番招討司　黎州安撫司

烏蒙烏撒東川芒部古爲竇地的巴東川大雄諸甸皆

唐烏蒙裔也宋有封烏蒙王者元初置烏蒙路遂以東川芒部皆隸於烏蒙烏撒等處宣慰司烏撒富盛甲諸部元時嘗置軍民總管府而於東川置萬戶府地勢並在蜀之東南與滇黔壤土相接皆據險阻深與中土聲教隔離明太祖既平蜀規取雲南大師皆集於辰沅欲幷剪諸蠻以通蜀道洪武十四年遣內臣齎敕諭烏蒙烏撒諸部長曰西南諸部自古及今莫不朝貢中國朕受天命爲天下主十有五年而烏蒙烏撒東川芒部建昌諸部長猶桀驁不朝朕已遣征南將軍潁川侯左副將軍永昌侯右副將軍西平侯率師往征猶恐諸部長未喻朕意故復遣內臣往諭如悔罪向義當卽躬親來朝或遣人入貢亟攄誠款朕當罷兵以安黎庶爾其省之時征南將軍傅友德已分遣都督胡海洋等帥師五萬由永寧趨烏撒復自率師由曲靖循格孤山而南以通永寧之兵擣烏撒時元右丞實卜聞海洋兵至乃聚兵赤水河以拒之及聞大軍繼進皆遁友德令諸軍築城版牐方具蠻寇大集友德屯兵山岡持重以待旣知士勇可用乃縱兵接戰有芒部土酋率衆來援實卜兵與合鋒甚銳大軍鼓譟而前其酋長多中槊墜馬死大軍益奮蠻衆力不支大潰斬首三千獲馬六百實卜率衆遁遂城烏撒克七星關以通畢節又克可渡河於是東川烏蒙芒部諸蠻震讋皆望風降附十五年置東川烏撒烏蒙芒部諸衛指揮使司詔諭諸部人民以雲南已降附宜益効順中國以享昇平復諭諸部長曰今置郵傳通雲南宜率土人隨其疆界遠邇開築道路各廣十丈準古法以六十里爲一驛符至奉行又敕征南將軍友德等曰烏蒙烏撒東川芒部諸酋長雖已降恐大軍一還仍復嘯聚符到日悉送其酋長入朝又諭以貴州已設都指揮使然地勢偏東今宜於實卜所居之地立司以便控制卿其審之已烏撒諸蠻復叛帝諭友德曰烏撒諸蠻伺官軍散處卽有此變朕前已慮之今果然然雲南之地如曲靖普安烏撒建昌勢在必守其東川芒部烏蒙未可遽守也且留屯大軍蕩埽諸蠻戮其渠長方可分兵守禦耳乃命安陸侯吳復爲總兵平涼侯費聚副之征烏撒烏蒙諸叛蠻幷諭勿與蠻戰於關索嶺上當分兵掩襲直擣其巢使彼各奔救其家之不暇必不敢出以抗大師俟三將軍至破禽之是月副將軍西平侯沐英自大理還軍會友德擊烏撒大敗其衆斬首三萬餘級獲馬牛羊萬計餘衆悉遁復追擊破之帝諭友德等師捷後必戮其渠魁使之畏懼搜其餘黨絕其根株使彼智窮力屈誠心款附方可留兵鎮守又諭宜乘兵勢修治道途令土酋諭其民各輸糧一石以給軍爲持久計十六年以雲南所屬烏撒烏蒙芒部三府隸四川布政使司烏蒙烏撒東川芒部諸部長百二十人來朝貢方物詔各授以官賜朝服冠帶錦綺鈔錠有差其烏撒女酋卜實加賜珠翠芒部知府發紹烏蒙知府阿普病卒詔賜綺衣幷棺殮之具遣官致祭歸其柩於家十七年割雲南東川府隸四川布政使司幷烏撒烏蒙芒部皆改爲軍民府而定其賦稅烏撒歲輸二萬石氊衫一千五百領烏蒙東川芒部皆歲輸八千石氊衫八百領又定茶鹽布疋易馬之數烏撒歲易馬六千五百匹烏蒙東川芒部皆四千匹凡馬一匹給布三十疋或茶一百斤鹽如之實卜復貢馬賜綺鈔十八年烏蒙知府亦德言蠻地刀耕火種比年霜旱疾疫民飢窘歲輸之糧無從徵納詔悉免之二十年徵烏撒知府阿能赴京二十一年命西平侯沐英南征英言東川强盛據烏山路作亂罪狀已著必先加兵但其地重關複嶺上下三百餘里人迹阻絕須以大兵臨之帝命潁國公傅友德仍爲征南將軍英與陳桓爲左右副將軍率諸軍進討敕友德等曰東川芒部諸夷種類皆出於玀玀厥後子姓蕃衍各立疆場乃異其名曰東川烏撒烏蒙芒部祿肇水西無事則互起爭端有事則相爲救援若唐時閤羅鳳亡居大理唐兵追捕道經芒部諸境羣蠻聚衆據險設伏唐將不備遂墮其計喪師二十萬皆將帥無謀故也今須預加防閑嚴爲之備烏撒軍民府葉原常獻馬三百匹米四百石於征南將軍以資軍用且願收集土兵從征英等以聞從之復命景川侯曹震靖寧侯葉昇等分討東川平之捕獲叛蠻五千五百三十八人二十三年烏撒土知府阿能烏蒙芒部土官各遣子弟入監讀書二十七年烏撒知府卜穆奏霑益州屢侵其地命沐春諭之二十八年戶部言烏撒烏蒙芒部東川歲賦氊衫不如數詔已免徵今有司仍追之宜申明從之二十九年烏蒙軍民府知府實哲貢馬及氊衫自是諸土知府三年一入貢以爲常或有恩賜則進馬及方物謝恩宣德七年兵部侍郎王驥言烏蒙烏撒土官祿昭尼祿等爭地仇殺宜遣官按問八年遣行人章聰侯璉齎敕往諭仍敕巡按與三司官往平之設烏蒙儒學教授訓導各一員以通判黃甫越言元時本府向有學校今文廟雖存師儒未建乞除教官選俊秀子弟入學讀書以廣文治從之正統七年裁烏撒軍民府通判推官知事檢校各一員十一年裁烏蒙東川知事檢校各一員幷革烏撒烏蒙遞運所景泰元年敕諭烏撒烏蒙諸府土官普茂等以貴州諸苗叛亂恐滋蔓鄰近宜戒嚴防守毋聽賊衆誘惑倘來逼犯便當勦殺時烏撒進萬壽表踰期部議宜究詔以遠人宥之嗣後朝貢過期及表箋不至者朝廷率以土官多從寬貸應賞者給其半天順元年鎮守四川中官陳淸等奏芒部所轄白江蠻賊千餘作亂攻圍筠連縣治敕御史項忠會鎮巡官捕之成化十二年烏撒知府隴舊等奏同知刪正撫字有方蠻民信服今九年秩滿乞再任三年以慰羣望從之弘治十四年烏撒所轄可渡河巡檢司言自閏二月二十七日大雷雨不止至二十九日水漲山崩地裂山鳴如牛吼地陷湧出淸泉數十派衝壞廬舍橋梁及壓死人口牲畜無算又本府阿都地方八月亦暴風雨田土渰沒二百餘處死者三百餘人正德十五年討斬芒部賊阿又磉等初芒部土舍隴壽與庶弟隴政及兄妻支祿爭襲仇殺所部賊阿又磉等乘機倡亂流劫事聞命鎮守中官會撫按官捕治至是貴州參政傅習都指揮許詔督永寧宣撫司女土官奢爵等討禽阿又磉等四十三人斬一百十九級事乃定嘉靖元年命芒部護印土舍隴壽襲知府免赴京故事土官九品以上皆保送至京乃襲時壽政等爭襲不敢離任朝廷以嫡故立壽恐壽赴京而政等乘隙爲亂故有是命然政與支祿倚烏撒土舍安寧等兵力仇殺如故壩底參將何卿請於巡撫許廷光發土兵二萬五千人命貴州參將楊仁等將之受何卿節制相機進勦政祿佯聽撫乞緩師而令賊黨阿黑等掠周泥站七星關復遣阿核等糾集苗剽掠畢節諸處殺傷官軍燬官民房屋甚衆兵部言賊勢猖獗宜速征於是何卿等進勦斬首二百餘級俘二十餘人降其衆數百政敗奔烏撒卿檄烏撒土舍安寧土婦奢勿禽之安寧佯許諾僅以阿核等屍獻竟不出政兵久不解都御史湯沐以聞詔切責諸將及守巡官罪而革何卿冠帶令勦賊自贖四年政誘殺壽奪其印巡撫王軏巡按劉黻各上其事黻言從蠻情立支祿便軏以隴政支祿怙終稔惡戕朝廷命吏罪不可赦乃命鎮巡官諭安寧縛政祿及諸助惡者時政已爲官軍禽於水西追獲芒部印信前後斬首六百七十四級生禽一百六十七人招撫白烏石等四十九寨以捷聞貴州巡按劉廷簠言烏撒所獻阿核等屍及水西所縛隴政眞僞未可信恐首惡尚在不無後慮請覈實五年兵部奏芒部隴氏釁起蕭牆騷動兩省王師大舉始克蕩平今其本屬親支已盡無人承襲請改爲鎮雄府設流官知府統之分屬夷良毋響落角利之地爲懷德歸化威信安靜四長官司使隴氏疏屬阿濟白壽祖保阿萬四人統之如程番府例令三年一入朝貢馬十二匹而以通判程洸爲試知府六年芒部賊沙保等謀復隴氏擁隴壽子勝糾衆攻陷鎮雄城執程洸奪其印殺傷數百人洸奔畢節事聞兵科給事中鄭自壁等言鎮雄初設流官蠻情未服而有司失先事之防不亟收遺裔隴勝而令沙保得擁孺子致煽禍一方宜速遣總兵何卿併力勦寇於是兵部覆言隴勝非眞隴壽子故議設流官有司撫循失策遂生叛亂沙保罪不容誅當勅何卿方守松潘勢難相援宜亟趣都御史王廷相之任幷敕總兵牛桓調兵速進時沙保出鎮雄府印乞降然尚持兩端欲立土官如故四川撫按以保狡悍不可馴檄瀘州守備丁勇擊之又遣使勞賜芒部撫夷郤貝佐使計禽沙保保怒復叛七年川貴諸軍會勦敗沙保等禽斬三百餘級招撫蠻玀男婦以千計捷聞設鎮雄流官如舊而芒部烏撒毋響苗蠻隴革等復起攻劫畢節屯堡殺掠士民紛紛見告兵部尚書李承勛以伍文定專主用兵爲失計疏及之而御史楊彝復言芒部改土易流非長策又時值荒饉小民救死不贍何能趣戰時帝亦軫念災傷令罷芒部兵俟有秋再議征討於是四川巡撫唐鳳儀言烏蒙烏撒東川諸土官故與芒部爲脣齒自芒部改流諸部內懷不安以是反者數起今懷德長官阿濟等雖自詭禽賊其心固望隴勝得一職以存隴後臣請如宣德中復安南故事俯順輿情則不假兵而禍源自塞川貴巡按戴金陳講等奏如鳳儀言金又以首惡如毋響祖保等宜勦誅以折其驕氣始下撫處之令許生獻沙保等待阿濟以不死然後復隴勝故職或降爲知州其長官或因或革或分隸庶操縱得宜恩威竝著章下部覆乃革鎮雄流官知府而以隴勝爲通判署鎮雄府事令三年後果能率職奉貢准復知府舊銜時嘉靖九年四月也三十九年命勘東川阿堂之亂初東川土知府祿慶死子位幼妻安氏攝府事有營長阿得革頗擅權謀奪其官因先求烝安氏不得乃縱火焚府治走武定州爲土官所殺得革子堂奔水西賄結烏撒土官安泰入東川因安氏奪其印貴州宣慰安萬銓故與祿氏姻連乃起兵攻阿堂所居寨破之堂妻阿聚攜幼子奔霑益州土官安九鼎萬銓脅九

鼎取阿聚及幼子殺之，堂以是怨九鼎，時相攻擊。堂兵侵羅雄州境，九鼎及祿位與羅雄土官者濬等各上書訟堂罪。詔下雲貴四川撫按官會勘。堂聽勘於車洪江，具服罪，願獻所劫府印，并霑益、羅雄人口牲畜及侵地，乞貸死。時位及弟僎已前歿，官府因訊祿氏所當襲者，堂以己幼子詭名祿哲以報，據府印如故，復與九鼎治兵相攻。九鼎訴之雲南巡撫游居敬，謂堂怙亂，請致討，且自詭當率所部爲前鋒，必禽堂以獻。居敬信之，遂上疏言堂稔惡不悛，請專意進勦，爲地方除害。帝允部議，行川貴撫按會勘具奏。居敬遽調土漢兵五萬餘進勦。雲南承平久，一旦兵動，費用不貲，賦斂百出，諸軍衞及有司土官舍等乘之爲姦利，遠近騷動。巡按王大任言：「逆堂奪印謀官，法所必誅，第彼猶借朝廷之印以約土蠻，冒祿氏之宗以圖世職，而四川之差稅辦納以時，雲貴之鄰壤未見侵越，此其非叛明矣。其與九鼎治兵相攻，彼此俱屬有罪。居敬乃信一偏之詭辭，違會勘之明旨，輕動大衆，恐生意外患。且外議籍籍，謂居敬入九鼎重賄，欲爲雪怨，及受各土官賂，攘盜帑積，皆有實跡，請亟罷居敬，暫停征勦爲便。」乃命逮居敬。時堂聞大兵至，東川逃深箐，諸將分兵於新舊諸城窮搜不獲，地方民夷大遭屠掠。四十年，營長者阿易謀於堂之心腹毋勒阿濟等，掩殺堂於戛來矣石之地，其子阿哲就禽。哲時年八歲，事雖定而府印不知所在，於是安萬銓取東川府經歷印畀祿位妻寧著署之，以照磨印畀羅雄土官者濬，而以寧著女妻者濬子，仍留水西兵三千於東川爲寧著防衞。水西與東川鄰，萬銓本水西土官，故議者謂其有陰據東川之志。巡按王大任以誅阿堂聞，因言東川地方殘傷，該府三印悉爲土官部置，請通敕川貴總督及鎭巡官按究各土官私擅標署之罪，并訪祿氏支派之宜立與所以處阿哲者，部覆報可。四十一年，鑄給四川東川府印。初，阿堂既誅，索府印不獲，人疑爲安萬銓所匿，及是屢勘，印實亡失，而祿位近派悉絕，惟同六世祖有幼男阿采，撫按官雷賀、陳瓚請以采襲祿氏職，姑予同知銜，令寧著署掌，後果能撫輯其衆，仍進襲知府。其新印請更名以防奸僞。有旨不必更，餘如議。先是烏撒與永寧、烏蒙、霑益、水西諸土官境土相連，世戚親厚，既而以各私所親，彼此搆禍，奏訐紛紜，詳四川永寧土司傳中。當事者頗厭苦之。萬曆六年，乃令照蠻俗罰牛例，處分務悔禍息爭，以保境安民，然終不能靖也。三十八年，詔東川土司竝聽雲南節制，時巡按鄧渼疏稱：「蜀之東川偪處武定、尋甸諸郡，只隔一嶺，出沒無時，朝發夕至。其酋長祿壽、祿哲兄弟安忍無親，日尋干戈。其部落以劫殺爲生，不事耕作。蜀轄遼遠，法紀易疏，滇以非我屬，號令不行，以是驕蹇成習，目無漢法。今惟改敕滇撫兼制東川。」因條三利以進。詔從之。先是，四川烏撒軍民府、雲南霑益州雖滇蜀異轄，宗派一源。明初，大軍南下，女土官實卜與夫弟阿哥二人率衆歸順，授實卜以烏撒土知府，授阿哥以霑益土知州，其後彼絕此繼，通爲一家。萬曆元年，霑益女土官安素儀無嗣，奏以土知府祿墨次子繼本州，卽安紹慶也。已，祿墨及長子安雲龍與兩孫俱歿，安紹慶奏以次子安効良歸宗襲土知府。安雲龍之妻隴氏卽鎭雄女土官者氏之女也，以雲龍雖故，尚有遺孤，且挾外家兵力與紹慶爲敵。紹慶則以隴氏所出明係假子，亦倚霑益兵力與隴氏爲難。彼此仇殺，流毒一方，士民連名上奏，事行兩省會勘，歷十有四年不結。是年，安雲翔奏稱隴氏有子官保，今已長成，効良倚父兵强，圖竊據，殺戮無辜，因極言効良不可立者數事。三十九年，廷臣議行川貴大吏勘報，貴州撫臣以土官爭職在雲南，而爲害在黔蜀，必得三省會勘，始可定獄。帝命速勘。乃命隴鶴書承襲鎭雄土知府。鶴書原名阿卜，自其始祖隴飛沙獻土歸順，授爲世職知府，五傳而爲庶魯卜，別居於果利地，又四傳而爲庶祿姑，別居夷良七欠頭地，又五傳而隴氏之正支斬矣。水西安堯臣贅於祿，欲奄有之，衆論不平，始有驅安立隴之奏。奉旨察立隴後，女官者氏以阿固應。阿固者，魯卜之六世孫，而易名隴正名者也，於是主立阿固而先立其父阿章。章尋病死，阿固不爲夷衆所服，往復察勘，者氏及四十八目十五火頭等共推阿卜。阿卜者，祿姑之五世孫，咸以爲長且賢，而者氏且以印獻，遂定立阿卜，而以阿固充管事，從巡撫喬應星之議也。四十一年，烏撒土舍安効良初與安雲翔爭立，朝廷以嫡派立効良。雲翔數爲亂謀，逐効良，焚劫烏撒。四川撫按上其事，以効良爲雲龍親姪，雲翔乃其堂弟，親疎判然。効良自當立，雲翔擾害地方，欺罔朝廷，罪原難赦，但爲奸人指使，情可原，姑准復冠帶。從之。四十三年，雲南巡按吳應琦言：「東川土官祿壽、祿哲爭襲以來，各縱部衆越境劫掠，擁衆千餘，剽掠兩府夾甸之間，村屯竝掃，荼毒未有如此之甚者。或撫或勦，毋令養禍日滋。」下所司勘奏。貴州巡按御史楊鶴言：「烏撒土官自安雲龍物故，安咀與安効良爭官奪印，仇殺者二十年，夷民無統，盜寇蜂起，堡屯焚燬，行賈梗絕者亦二十年。是爭官奪印者蜀之土官，而蹂躪糜爛者黔之赤子。誠改隸於黔，則彈壓既便，干戈可戢。」又言：「烏撒者，滇蜀之咽喉要地，臣由普安入滇，七日始達烏撒，見効良之父安紹慶據霑益，當曲靖之門戶，効良據烏撒，又扼滇蜀之咽喉，父子各據一方，且壤地相接，無他郡縣上司以隔絕鈐制之，將來尾大不掉，實可寒心。蓋黔有可制之勢而無其權，蜀有遙制之名而無其實，誠以爲隸黔中便。」帝命所司速議。泰昌元年，雲南撫按沈敬炌等言：「蜀之東川業奉朝命兼制，然事權全不相關，祿千鍾、祿阿伽縱賊披猖，爲患不已。是東川雖隸蜀，而相去甚遠，雖不隸滇，而禍實震鄰，宜特敕蜀撫按，凡遇襲替務合兩省會勘，蜀察其世次，滇亦按無侵犯，方許起送，亦羈縻綏靜之要術也。」詔下所司。時諸土司皆桀驁難制，烏撒、東川、烏蒙、鎭雄諸府地界，復相錯於川、滇、黔、楚之間，統轄既分，事權不一，往往軼出爲諸邊害，故封疆大吏紛紛陳情，冀安邊隅，而中樞之臣動諉勘報，彌年經月，卒無成畫，以致疆事日壞。播州初平，永寧又叛，水西煽起，東川、烏蒙、鎭雄皆觀望騎牆，心懷疑二。於是安効良以烏撒首附逆，於邦彥并力攻陸廣，復合霑益賊圍羅平，陷霑益，爲雲南巡撫閔洪學所敗。洪學以兵力不繼，好語招之，令禽賊自贖。効良亦佯爲恭順，又見黔師出陸廣，滇師出霑益，水烏之勢已成，騎虎，遂合永寧、水西諸部三十六營直抵霑益，對壘城下五日。副總兵袁善、宣撫使沙源等督將士力戰，出奇兵破之，効良敗死。妻安氏無子，妾設白生其爵、其祿，二婦素不相能。安氏居鹽倉，設白母子居抱渡。安氏遂代効良爲土官，然亦未絕其爵，其爵亦以安氏爲安位姐，不敢抗。崇禎元年，四川巡撫差官李友芝齎冠帶獎賞其爵母子，令管烏撒，安氏惡分，始絕其爵。其爵夜襲安氏鹽倉，不克，與設白、其祿逃東川界，爲東川所拒，而抱渡又失。李友芝爲請於制府，發滇兵三千援其爵，滇撫不應。安氏懼，謀迎霑益土官安邊爲婚，授之烏撒以拒其爵。安邊亦欲偶安氏以拒其祿，以催糧爲名，至建昌，安氏遂迎邊至鹽倉成婚。一時皇皇，謂水西必糾霑烏入犯。雲南巡撫謝存仁以聞。存仁因移鎭曲靖以觀變，安邊、安氏請復烏撒衞以自贖。二年，總督朱燮元調集漢土兵，列營霑益，趣滇撫會兵進烏撒境，安邊、安氏逃避偏橋。大兵入鹽倉，拔難民一千餘人。師還，安邊、安氏復還鹽倉，遣人至軍前請俟烏城克復，東身歸命，意實緩師，乃復發兵，遂安邊、安氏以鹽倉授其爵。兵至望城坡，遇賊哨騎百餘，麾兵奮擊，賊盡奔箐中，遂復烏撒城。安邊駐三十里外，擁兵求見，諭令束身歸誠，邊夜遁，遂棄鹽倉入九龍囤。烏撒陷賊八年，至是始復。乃召其爵來鹽倉，令約束九頭目以守，且令圖獻安邊、安氏。其爵以鹽倉殘燬，乞移烏撒城，從之。時其爵署烏撒知府，其祿署霑益知州，雖儒稚，頗忠順，其母亦頗有主持，能得衆。安邊屢乞降於總督朱燮元，且藉水西安位代申，以邊實紹慶嫡孫，宜襲知州，請罪其爵、其祿。燮元曲爲調護，欲予以職銜，分烏撒安置之。雲南撫按堅執不可，以安邊令其黨勒兵於野馬川，復以千金誘其爵頭目，曰爲井吞霑烏計，萬一其爵被襲，則烏撒失而前功盡棄，烏撒失，霑益危，而全滇動搖，非但震鄰，實乃切膚，竟不行。安邊乃乞師於安位，納之霑益，而逐其祿。時安氏在也，既而安氏死，安位與之貳，其祿乃假手羅彩令者布發難，邊遄死不移日，其祿率兵至，詭言爲其叔報仇，士民歸者如流，於是其祿復有霑益，而廟堂之上方急流寇，不復能問云。

馬湖，漢牂牁郡內地也，有龍馬湖，因名焉。唐爲羈縻州，四總名馬湖部。洪武四年冬，馬湖路總管安濟遣其子仁來歸附，詔改馬湖路爲馬湖府，領長官司四，曰泥溪，曰平夷，曰蠻夷，曰沐川，以安濟爲知府，世襲。六年，安濟以病告，乞以子安仁代職，詔從之，自是三年一入貢。七年，馬湖知府珉德遣其弟阿穆上表貢馬，廷臣言：「洪武四年大兵下蜀，珉德叔安濟遣子入朝，朝廷授以世襲知府，恩至渥矣。今珉德既襲其職，不自來朝，而遣其弟，非奉上之道。」帝却其所貢。十二年，珉德貢香楠木，詔賜衣鈔。十六年，珉德來朝，獻馬十八匹，賜衣一襲，米二十石，鈔三十錠。永樂十二年，泥溪、平夷、蠻夷、沐川四長官司遣人貢方物，賜鈔幣。宣德八年，平夷長官司奏，比者火延公廨，凡朝廷頒降榜文、倉庫稅糧錢帛及案牘皆救免，乞宥罪，并獻馬二匹。帝曰：「遠蠻能恭謹畏法如此，置不問。」正統二年，泥溪土官醫學正科田璣盜官藏絲鈔，援永宣時例，邊夷有犯，聽以馬贖，許之。三年，免馬湖府舉人王有學充吏。先是有學會試過期不至，例充吏，有學原籍長官司因遣通事貢馬乞宥罪，仍肄習太學，許之。弘治八年，土知府安鼇有罪伏誅。鼇性殘忍，虐民，計口賦錢，歲入銀萬計。土民有婦女多淫之，用妖僧百足魘魅殺人，又令人殺平夷長官王大慶。大慶聞而逃，乃殺其弟爲橫。二十年，巡按御史張鸞請治之，得實，伏誅，遂改馬湖府爲流官知府。

建昌衞本邛都地漢武帝置越巂郡隋唐皆爲巂州至德初沒於土番貞元中收復懿宗時爲蒙詔所據改建昌府以烏白二蠻實之元至元間置建昌路又立羅羅斯宣慰司以統之洪武五年羅羅斯宣慰安定來朝而建昌尚未歸附十四年遣內臣齎敕諭之乃降十五年置建昌衞指揮使司元平章月魯帖木兒等自雲南建昌來貢馬一百八十匹并上元所授符印詔賜月魯帖木兒綺衣金帶鞾襪家人綿布一百六十疋鈔二千四百四十錠以月魯帖木兒爲建昌衞指揮使月給三品俸贍其家十六年建昌土官安配及土酋阿派先後來朝貢馬及方物皆賜織金文綺衣帽鞾襪十八年月魯帖木兒舉家來朝請遣子入學厚賜遣之二十一年建昌府故土官安思正妻師克等來朝貢馬九十九匹詔授師克知府賜冠帶襲衣文綺鈔錠因命師克討東川芒部及赤水河叛蠻二十三年安配遣子僧保等四十二人入監讀書二十五年致仕指揮安配貢馬詔賜配及其把事五十三人幣紗有差已而月魯帖木兒反合德昌會川迷易柏興邛部并西番土軍萬餘人殺官軍男婦二百餘口掠屯牛燒營屋劫軍糧率衆攻城指揮使安的以所部兵出戰敗之斬八十餘級禽其黨十餘人賊退屯阿宜河轉攻蘇州指揮僉事魯毅率精騎出西門擊之賊衆大集毅且戰且卻復入城拒守賊圍城毅乘間遣壯士王旱突入賊營斫賊賊驚遁於是置建昌蘇州二軍民指揮使司及會州軍民千戶所調京衞及陝西兵萬五千餘人往戍之仍諭將士互相應援設伏出奇并諭禽賊首獻者賞千金復諭總兵官涼國公藍玉以月魯帖木兒詭詐不可信其降致緩師養禍四川都指揮使瞿能率各衞兵至雙狼寨禽僞千戶段太平等賊衆大潰月魯帖木兒敗遁能督兵追捕攻托落寨拔之轉戰而前進至打沖河三里所與月魯帖木兒遇大戰又敗之俘其衆五百餘人溺死者千餘獲牛馬無算官軍入德昌能遂調指揮同知徐凱分兵入普濟州搜捕復駕橋於打沖河遣指揮李華引兵追托落寨餘孽進至水西斬月魯帖木兒把事七人其截路寨土蠻長沙納的皆中矢死能還攻天星卧漂諸寨皆克之先後俘殺千八百餘人月魯帖木兒遁入柏興州帝遣諭藍玉曰月魯帖木兒信其逆黨達達楊把事等或遣之先降或親來覘我不可不密爲防其柏興州賈哈喇境內麼些等部更須留意賈哈喇者麼些洞土酋也初王師克建昌授以指揮之職自是從月魯帖木兒叛玉率兵至柏興州遣百戶毛海以計誘致月魯帖木兒并其子胖伯遂降其衆送月魯帖木兒京師伏誅玉因奏四川地曠山險控扼西番松茂碉黎當土番出入之地馬湖建昌嘉定俱爲要道皆宜增屯衞報可命玉班師二十七年麼些洞蠻寇打沖河西守堡都督徐凱擊敗之二十九年威龍土知州普習叛普習月魯帖木兒妻兄也官軍捕之普習中流矢死三十一年徐凱等平卜木瓦寨執賈哈喇送京師誅之寨地峻險三面陡絕下臨大江江流悍急不可行舟惟一道僅可通人行官軍至輒自上投石不得進凱乃斷其汲道困之寇窮促凱督將士抵其寨力攻破之遂就禽因改建昌路爲建昌衞置軍民指揮使司安氏世襲指揮使不給印置其居於城東郭外里許所屬有四十八馬站大頭土番僰人子白夷麼些狢獹猓玀韃靼回紇諸種散居山谷間北至大渡南及金沙江東抵烏蒙西訖鹽井延袤千餘里以昌州普濟威龍三州長官隸之有把事四人世轄其衆皆節制於四川行都指揮使司西南土官安氏殆爲稱首配六世孫安忠無後妻鳳氏管指揮使事鳳氏死族人安登繼襲復無子妻瞿氏管事以族人世隆嗣世隆復無子繼妻祿氏管事祿氏死以族姪安崇業嗣崇業與祿氏不相能因養那固爲假子其奴祿祈從臾構難歲仇殺鎭巡官讞之殺那固而戍祿祈事遂平安氏所轄四驛曰祿馬阿用白水瀘沽各百里有差其涼山拖郎桐槽熱水諸番則以強弱爲向背所領昌州等三長官司皆在衞東西南三百里內洪武十八年土官盧尼姑吉撒加白氏等歸附皆令世襲爲知州月魯帖木兒之亂諸州皆廢革永樂元年復置悉改爲長官司仍隸建昌其千戶所之隸於衞者有三曰禮州曰打沖河曰德昌禮州漢蘇示縣打沖河唐沙野城德昌元定昌路也　寧番衞元時立於邛都之野曰蘇州洪武間土官怕兀它從月魯帖木兒爲亂廢州置衞環而居者皆西番種故曰寧番有冕山鎭西禮州中三千戶所　越巂衞漢邛都及闌二縣地有奴諸城即蜀漢時諸葛亮征蠻所築以憩軍者也元置邛部安撫招討司已改邛部州洪武中嶺眞伯以招討使來歸因改爲邛部軍民州洪武十五年置越巂軍民指揮使司於邛部州命指揮僉事李質領謫戍軍士守之二十六年置越巂衞永樂元年改邛部爲長官司隸越巂衞萬曆中土官嶺柏死孽子應昇負印去柏妾沙氏爭之不得土目阿堆等擁沙氏焚利濟站盧舍擁兵臨城總兵劉顯率兵往撫之沙氏悔禍殺阿堆等自贖顯遂以印授之後沙氏淫於族人阿祭印復爲昇所奪祭死其子嶺鳳起嗾他番剌殺應昇鎭守官因平蠻之師誘鳳起繫之收其印而誅從鳳起爲亂者百餘人印無所歸緘於庫部衆無統肆行爲盜普雄部衆姑咱等乘勢蜂起郵傳不通遠近震恐十五年鎭巡官會師討之斬馘千數鳳起病死其衆爭歸附因置平夷歸化二堡以居之有鎭西千戶所

鹽井衞古定笮縣也元初爲落蘭部至元中於黑白鹽井置閏鹽縣於縣置柏興府洪武中改爲柏興千戶所旋改鹽井衞又於二井置鹽課司永樂五年設馬剌長官司其村落多白夷居之長官世阿氏洪武時歸附授世職地接雲南北勝州稱庶富人亦擾馴打沖河守禦中左千戶所其土千戶剌兀於洪武二十五年征賈哈喇效順來歸其子剌馬非復貢馬赴京授本所副千戶永樂十一年陞正以別於四所地與麗江永寧二府隣麗江土官木氏侵削其地幾半　會川衞越巂之會無縣也唐上元中移邛都縣於會川鎭以川原竝會故名宋屬大理爲會川府元置會川路治武安州隸羅羅斯宣慰司洪武十七年會川土同知馬誠來朝復立會川府領武安永昌麻龍等州二十六年革會川府初月魯帖木兒反土知府王春陷會川燬民居府治至是遂墮其城尋改爲會川衞軍民指揮使司領迷易千戶所土官賢姓其先雲南景東僰種也從其屬來田種洪武十六年歸附以隨征東川芒部勞授世襲副千戶居所治城外所轄僰蠻僅八百戶

茂州古冉駹國地漢武帝置汶山郡宣帝爲北部都尉隋爲蜀州尋改會州唐貞觀改茂州宋元仍舊治汶山縣洪武六年茂州權知州楊者七及隴木頭靜州岳希蓬諸土官來朝貢十一年置茂州衞指揮使司時四川都司遣兵修灌縣橋梁至陶關汶川土酋孟道貴疑之集部落阻陶關道都司遣指揮胡淵童勝等統兵分二道擊之一由石泉一由灌口由灌口者進攻陶關蠻衆伏兩山間投石崖下兵不能進適汶川土官來降得其間道乃選勇士捲旗甲乘夜潛出兩山後遲明從山頂張旗幟發火礮蠻驚潰師進雁門關道險蠻復據之乃駐平野得小舟渡至龍止鐵冶寨擊破之其由石泉者次泥池蠻悉衆拒千戶薛文突陣射卻之士卒奮擊大敗其衆兩軍遂會於茂州楊者七迎降以者七仍領其州乃詔立茂州衞留指揮楚華將兵三千守之十五年者七陰結生番約日伏兵陷城有小校密告於官遂發兵捕斬者七生番不之覺如期入寇官軍掩擊敗之於是盡徙羌民於城外正德二年太監羅籥奏茂州所轄卜南村曲山等寨乞爲白人願納糧差其俗以白爲善以黑爲惡禮部覆番人向化宜令入貢給賞從之十四年巡撫馬昊調松潘兵攻小東路番寨而茂州核桃溝上下關番蠻懼遂糾白石羅打鼓諸寨生番攻圍城堡游擊張傑敗績十五年巡撫盛應期奏綽頭番犯松州總兵張傑克之復犯雄溪屯指揮杜欽敗之烟崇等寨皆降萬曆十九年威茂諸番作亂攻破新橋乘勢圍普安等堡四川巡撫李尚忠檄諸路兵追剿過河普安諸堡得以保全茂州地方數千里自唐武德改郡會川領羈縻州九前後皆蠻族向無城郭宋熙寧中范百常知茂州民請築城而蠻人來爭百常與之拒且戰且築城乃得立自宋迄元皆爲羌人所據不置州縣者幾二百年洪武十一年平蜀置疊溪右千戶所隸茂州衞而置威茂道開府茂州分游擊以駐疊溪規防始立然東路生羌白草最強又與松潘黃毛韃相通出沒爲寇相沿不絕云其通西域要路爲桃坪即古桃關也有繩橋渡江守桃坪者爲隴木司茂州長官司三曰隴木曰靜州曰疊溪隴木長官司其長官即隴木里人也洪武時歸附授承直郎世襲長官歲貢馬二匹所屬玉亭神溪十二寨俱爲編氓有保長統之靜州長官司其地即唐之悉唐縣其長官亦靜州里人也襲官貢馬與隴木同正德間與岳希蓬節孝爲亂攻茂城斷水道七日節孝弟車勺潛引水以濟我軍事平使車勺襲職轄法虎核桃溝八寨俱編戶爲氓亦有保長統之疊溪千戶所永樂四年置領長官司二曰疊溪在治北一里曰鬱即在治西十五里疊溪郁氏洪武十五年歸附給印世襲凡三年貢馬四匹長官所轄河東熟番八寨皆大姓及馬路小關七族其土舍轄河西小姓六寨地土廣遠饒畜產稞麥路積人皆梟黠名雖熟番與生番等鬱即長官蠍保萬曆十八年與黑水松坪稱兵攻新橋明年伏誅漢關墩附近諸小姓舊屬鬱即至是改屬疊溪初都督方政平曆日諸寨設長寧安撫司隸松潘至正統元年總兵蔣貴言其遺闕亦改隸於疊溪守禦千戶

松潘古氐羌地西漢置護羌校尉於此唐初置松州都督廣德初陷於吐蕃宋時吐蕃將潘羅支領之名潘州元置吐蕃宣慰司洪武十二年命平羌將軍御史大夫丁玉定其地敕之曰松潘僻在萬山接西戎之境朕豈欲窮兵遠討但羌戎屢寇邊征之不獲已也今捷至知

松州己克徐將資糧於容州進取潘州若盡三州之地則疊州不須窮兵自當來服須擇士勇者守納都疊溪路其驛道無阻遏者不可守也來降諸戎長必遣入朝朕親撫諭之遂併潘州於松州置松州衞指揮使司丁玉遣寧州衞指揮高顯城其地十三年帝以松州衞遠在山谷屯種不給餽餉爲難命罷之未幾指揮耿忠經畧其地奏言松州爲番蜀要害地不可罷命復置十四年置松潘等處安撫司以龍州知州薛文勝爲安撫使秩從五品又置十三族長官司秩正七品曰勒都曰阿昔洞曰北定曰牟力結曰蛒匝曰祈命曰山洞曰麥匝曰者多曰占藏先結曰包藏先結曰班班曰白馬路其後復隸松潘者長官司四曰阿思曰思囊兒曰阿用曰潘幹寨安撫司四曰八郎曰阿角寨曰麻兒匝曰芒兒者後又以思曩日安撫司附焉諸長官司每三年入貢賞賜如例十五年占藏先結等土酋來朝貢馬一百三匹詔賜綺鈔有差十六年耿忠言臣所轄松潘等處安撫司屬各長官司宜以其戶口之數量其民力歲令納馬置驛而籍其民充驛夫供徭役從之既而松潘羌民作亂官兵討平之甃松州及疊溪城十七年松潘八稜族老虎等寨蠻亂官兵擊破之獲馬一百二十犏牛三百犛牛五百九十景川侯曹震請擇良馬貢京師餘給軍其犏牛犛牛非中國所畜令易糧餉犒軍從之十八年松州羌反成都衞指揮成信等率兵攻其牟力等寨破之兵還又遇賊三千人於道復擊敗之追至乞剌河乃還二十年改松州衞爲松潘等處軍民指揮使司改松潘安撫司爲龍州二十一年朶貢生番則路南向等引草地生番千餘人寇潘州阿昔洞長官司殺傷人口指揮周助率馬步軍同松潘衞軍討之番寇率衆迎戰千戶劉德破之斬首三十四級獲馬三十餘匹賊潰渡河四十餘里復收敗卒屯聚指揮周能追擊之斬首一百三十餘級獲馬六十餘匹溺死甚衆羣番遠遁二十六年西番思曩日等族來歸進馬百三十匹命給金銅信符幷賜文綺襲衣宣德二年麻兒匝順化喇嘛著八讓卜來歸置麻兒匝安撫司以喇嘛著八讓卜爲安撫麻兒匝在阿樂地去松潘七百餘里初著八讓卜時侵掠邊民及遮八郎安撫司朝貢路松潘衞指揮吳瑋遣人招之因遣其姪完卜來貢獻言其地廣民衆過於八郎請置宣撫司以轄之帝命置安撫遣敕諭之四川巡按等奏松潘衞所轄阿用等寨蠻寇擁衆萬餘傷敗官軍請討之帝意邊將必有激之者既四川都司奏至言並非番寇實由千戶錢宏因調發松潘官軍往征交阯衆憚行宏詭言番寇至當追捕冀免調又領軍突入麥匝諸族逼取牛馬致番人忿怨復以大軍將致討懾之番衆驚潰約黑水生番爲亂帝命逮宏等而責諸司怠玩邊務亟捕諸傷官軍者遣都指揮僉事蔣貴往同松潘衞指揮吳瑋招撫番寇令調附近諸衞軍二萬人以行時賊圍松潘疊溪茂州斷索橋官軍與戰皆敗出掠緜竹諸縣官署民居皆被焚燬鎮撫侯璉死之蜀王遣護衞官校七千人來援命都督陳懷與指揮蔣貴等合師亟討之而梟宏於松潘以徇并竄諸將之貪淫玩寇者三年陳懷等率諸軍屢敗賊於圪答壩葉棠關奪永鎮等橋復疊溪撫定祁命等十族又招降渴卓等二十餘寨松潘平八年八部安撫司及思囊兒十四族朝貢之使陛辭令齎敕還諭其土官俾約束所轄蠻民安分循理毋作過以取罪戾九年敕指揮僉事方政蔣貴等撫剿松潘政等至榜諭禍福威茂諸衞俱聽命惟松潘疊溪所轄任昌巴猪黑虎等寨梗化政令指揮趙得宮聚等以次進兵平龍溪等三十七寨班師還命蔣貴佩征蠻將軍印鎮守松潘十年貴奏比因番人不靖松潘疊溪諸處倉糧支銷殆盡别無儲積帝命戶部於四川歲運之數量益二分給之正統三年巖州長官司讓達作亂侵雜道諸邊雜道長官安白訴於朝帝命四川三司往諭之皆歸服四年松潘指揮趙得奏祁命族番寇商巴作亂官軍捕獲之其弟小商巴復聚浦江新塘等關據險刦掠乞發大軍剿除帝命李安充總兵官王翺參贊軍務調成都左衞官軍及松潘土兵合二萬人征之已翺知商巴爲都指揮趙諒所陷乃按誅諒而釋商巴等事遂已九年松潘指揮僉事王杲奏比者黑虎等寨番蠻攻圍椒園松溪等關堡殺傷官民欲行禽剿恐各寨驚疑應諭能禽賊者重賞之報可十五年黑虎寨賊首多兒太伏誅初多兒太掠茂州境爲官軍所獲誡而釋之未幾復糾諸寨入掠帝命序班祁全往諭諸寨禽多兒太至京梟其首十一年以寇深爲僉都御史提督松潘兵備時松潘皆已向化惟歪地骨鹿族二十寨不服命督高廣王杲等剿之設思曩日安撫司以阿思觀爲之使隸松潘衞先是阿思觀父端葛洪武中歸順給金牌撫番至阿思觀又能招撫故有是命景泰三年鎮守松潘刑部左侍郎羅綺等奏雪兒卜寨賊首卓時芳等烟崇寨賊首阿兒結等累年糾合於安化關劫掠臣會師抵其巢穴斬首不計其數生禽卓時芳阿兒結等梟斬於市七年提督松潘羅綺復奏松潘土番王永習性兇獷嘗殺其土官高茂林男婦五百餘口及故土官董敏子伯浩等二十餘人今又糾合番蠻攻刼地方臣與指揮周貴等統領官軍直抵桑坪已將永等誅滅邊境肅清降敕褒賞天順五年番衆入龍安石泉等處擾糧道六年敕松潘總兵許貴曰叙州蠻賊出沒爲患比松潘尤甚其馳往會剿貴聞命會兵叙州追討昔乖件莫洞都夜三寨分兵兩哨克硬寨四十餘斬首一千一百餘級成化二年鎮守太監閻禮奏松茂疊溪所轄白草壩等寨番羌聚衆五百人越龍州境剽掠白草番者唐吐蕃贊普遺種上下凡十八寨部曲素强恃其險阻往往剽奪爲患四年禮復奏白草諸番擁衆寇安縣石泉諸處因各軍俱調征山都掌蠻致指揮王璟備禦不謹命副總兵盧能剿之能遣指揮閻斌巡邊至廟子溝番賊三百突至殺傷相當斌以失機逮治九年巡撫夏塤奏黑虎寨賊首夜合等刼攻關堡左參將宰用兵備副使沈琮督兵馳詣松溪堡敗之斬獲夜合等三十六級松潘指揮僉事堯彧奏臣與兵備沈琮分剿白馬路水土茹兒等番寨大克之弘治二年松潘番寇殺傷平夷堡官軍命逮指揮以下各官治之三年免思曩日安撫等十六族明年朝覲以守臣言其地方災傷也七年松潘空心寨番賊犯邊都指揮僉事李鎬敗之十三年番賊入犯松潘壩州坡抵關勢益獗命逮指揮湯綱等而敕巡撫張瓚調漢土官兵五萬由東南二路分剿破白羊嶺鵝飲溪等三十一寨斬四百餘級商巴等二十六族皆納款十四年復攻黃頭靑水諸寨前後殺獲男婦七百餘人赭其碉房九百墜崖死者不可勝計諸番稍靖正德元年巡撫劉洪奏祈命族八長官司所攝番衆多至三十寨少亦二十餘寨環布松潘兩河其土官已故子孫自應承襲今宜察勘有原降印信者方許襲報可十六年松潘衞熟番八大藏等作亂同知杜欽平之嘉靖五年命都督僉事何卿鎮守松潘時黑虎五寨及烏都鵓鴿諸番叛卿次第平之降者日至卿有威望在鎮十七年松潘以寧二十三年以北警召卿入衞繼之者李爵高岡鳳未幾皆爲巡撫劾罷二十六年復命卿往鎮時白草番亂卿會巡撫張時徹討禽渠惡數人俘斬九百七十餘級克營寨四十七毁碉房四千八百獲馬牛器械儲積無算終嘉靖世松潘鎮號得人邊境安堵焉初龍州薛文勝於洪武六年來降命仍知龍州既置松潘安撫司命文勝爲安撫使既置松州衞仍以松潘爲龍州宣德九年陞龍州爲宣撫司以土知州薛忠義爲宣撫使龍州者漢陰平道也宋景定間臨邛進士薛嚴來守是州捍衞有功得世襲自文勝歸附其部長李仁廣王祥皆輸糧餉有功亦得世襲及宣德中以征松潘功陞州爲宣撫使仁廣爲副使祥爲僉事各統兵五百世守白馬白草木瓜番地至嘉靖四十四年宣撫薛兆乾與副使李蕃相仇訐兆乾率衆圍執蕃父子毆殺之撫按檄兵備僉事趙教勘其事兆乾懼與母陳氏及諸左右糾白草番衆數千人分據各關隘拒命絶松潘餉道脅僉事王華不從屠其家居民被焚掠者無算是年春與官軍戰不利求救於上下十八族番蠻皆不應兆乾率其家屬奔至石壩官軍追及之就禽四十五年兆乾伏誅籍其家母及其黨二十二人皆以同謀論斬餘黨悉平遂改龍州宣撫司爲龍安府設立流官如馬湖而割保寧之江油成都之石泉二縣分隸之萬曆八年雪山國師喇嘛等四十八寨勾北邊部落爲寇圍漳臘守備張良賢破之犯鎮虜百戶杜世仁力戰城得全世仁死焉又犯制臺良賢復擊之追至思答弄連戰大破之火落赤之姪小王子死焉十九年巡按李化龍言松潘爲四川屏蔽疊茂爲松潘咽喉番戎作梗松潘力不能支宜移四川總兵於松潘以備防禦是時疊茂諸番衆糾結爲亂鎮巡官率兵剿之俘馘八百餘級番寇亦斬其部長黑卜白什等獻功贖罪而松坪諸惡屯據大雪山頂諸將卒搜討亦有斬獲以捷聞遂設平武縣於龍安府松潘以孤城介絶域寄一綫餽運路於龍州制守爲難洪武時欲棄者數以形勝扼險不可罷乃內修屯務外輯羌戎因俗拊循擇人爲理番衆相安者垂四十餘年及宣德初調兵啓釁致動干戈自是置鎮建牙宿重兵以資彈壓亦時服時叛自漳臘以北卽爲大荒斯籌邊者之所亟圖也

天全古氐羌地五代孟蜀時置碉門黎雅長河西魚通寧遠六軍安撫司宋因之隸雅州元置六安撫司屬土番等處宣慰司後改六番招討又分置天全招討司明初幷爲天全六番招討司隸四川都司洪武六年天全六番招討使高英遣子敬嚴等來朝貢方物帝賜以文綺襲衣以英爲正招討楊藏卜爲副招討秩從五品每三歲入貢賜予甚厚二十一年楊藏卜來朝言茶戶向與西番貿易歲收其課近在官收買額遂虧乞從民便許之先是高敬嚴襲招討使偕楊藏卜奏請簡土民爲兵以守邊境詔許之敬嚴等遂招選土民教以戰陣得

馬步卒千餘人至是藏卜來朝奏其事詔更天全六番
招討司爲武職令戍守邊界控制西番三十一年帝諭
左都督徐增壽曰曩因碉門拒長河西口道路險隘以
致往來跋涉艱難市馬數少今聞有路自碉門出枯木
任傷徑抵長河西口通雜道長官司道路平坦往來徑
直可卽檄所司開拓以便往來永樂二年高敬讓來朝
并賀立皇太子且遣其子虎入國子學賜虎衣衾等物
十年敬讓遣子虎貢馬初虎入國學讀書以丁母憂去
至是服闋還監皇太子命禮部賜予如例宣德五年六
番招討司奏舊額歲辦烏茶五萬斤二年一次運付碉
門茶馬司易馬今戶部令再辦芽茶二千二百斤山深
地瘠艱於采辦乞減其數帝令免烏茶只辦芽茶十年
命高鳳署天全六番招討司事先是敬讓以罪下獄死
至是其子鳳乞襲父職帝念其祖有撫綏功命暫理招
討事正統四年命鳳襲正德十五年招討高文林父子
稱兵亂副招討楊世仁亦助惡命四川撫按官討之初
文林等與蘆山縣民爭田搆釁知縣處置失宜致叛亂
踰年討斬文林禽其子繼恩擇其宗人承襲初天全招
討司治碉門城元之碉門安撫司也在雅州境明初宣
慰余思聰王德貴歸附始降司爲州設雅州千戶所而
設碉門百戶近天全六番之界又置茶課司以平互市
蓋其地爲南詔咽喉三十六番朝貢出入之路三十六
番者皆西南諸部落洪武初先後至京授職賜印立都
指揮使二曰烏斯藏曰朵甘爲宣慰司者三曰朵甘曰
董卜韓胡曰長河西魚通寧遠爲招討司者六爲萬戶
府者四爲千戶所者十七是爲三十六種或三年或五
年一朝貢其道皆由雅州入詳西番傳
黎州漢沈黎郡地史記稱越巂以東北君長以十數莋
都最大自唐蒙通夜郎邛莋之君請爲內臣因置莋都
縣復曰旄牛縣元鼎中以爲沈黎郡唐割雅巂二州置
黎州天寶初改爲洪源郡尋改漢源宋屬成都路元屬
土番等處宣慰司洪武八年省漢源縣置黎州長官司
以芍德爲長官德雲南人馬姓祖仕元世襲邛部州六
番招討使明氏據蜀德兄安復爲黎州招討使明氏亡
蠻民潰散德奉母還居邛部至是四川布政司招之德
遂來朝貢馬請置長官司詔以德爲黎州長官賜印及
衣服綺帛十一年陞爲黎州安撫司卽以德爲使十四
年德遣使貢馬詔賜德鈔五十四錠文綺七疋自是三
年一入貢弘治十四年命黎州安撫隸四川都司萬曆
十九年安撫馬祥無後妻瞿氏掌司事取瞿姓子撫之
將有他志祥姪土舍居松坪者遂興兵攻城奪印番衆
乘機剽掠時參將吳文傑方有征東之役移師剿平之
二十四年降黎州安撫司爲千戶所立所治於司南三
十里大田山壩分上七枝編戶屬大渡河千戶所下七
枝仍屬松坪馬氏約束松坪在司之東南自炒米城直
接峨嵋高山峻坂三百餘里皆安撫族人居之黎雅諸
蠻宋時屢爲邊患明興以諸蠻皆天全六番諸部散居
於二州之境遂於黎州設安撫於天全六番設招討以
示羈縻而雅州所屬與招討所轄之蠻民境土相連時
有爭訟徼外大小木瓜種分三枝膩乃卜最强世居西
河初屬馬湖土官安氏鈐轄自馬湖改流諸瓜叛入邛
部歸嶺氏其地自西河至凉山雪山諸處周圍蟠據嘉
靖末諸瓜畜牧蕃盛時窺邊邛部長官嶺柏不能制嘉
峨犍爲諸邊皆爲侵擾鎭巡官督邛部兵捕之瓜兵益
熾乃議大征分建昌越巂馬湖三路兵進討瓜部始惶
駭請降願歲貢馬方物乃定其地四千八百四十餘畝
徵糧四百四十餘石輸峨眉縣明初與安撫司同置者
有大渡河守禦千戶所唐時河平廣可通漕戍將一不
守則黎雅邛嘉成都皆動搖宋建隆三年王全斌平蜀
以圖來上議者欲因兵威復越巂藝祖以玉斧畫圖曰
外此吾不有也自是之後河中流忽陷下五六十丈水
至此洶湧如空中落船筏不通名爲噎卩殆天設險以
限內外云

明史卷三百十二　　列傳第二百

總裁官總理事務經筵講官少保兼太子太保保和殿大學士兼管吏部戶部尚書事加六級張廷玉等奉
敕修

四川土司二

播州宣慰司　　永寧宣撫司
酉陽宣撫司　　石砫宣撫司

遵義府卽播州秦爲夜郎且蘭地漢屬牂牁唐貞觀中
改播州乾符初南詔陷播太原楊端應募復其城爲播
人所懷服歷五代子孫世有其地宋大觀中楊文貴納
土置遵義軍元世祖授楊邦憲宣慰使賜其子漢英名
賽因不花封播國公洪武四年平蜀遣使諭之五年播
州宣慰使楊鏗同知羅琛總管何嬰蠻夷總管鄭瑚等
相率來歸貢方物納元所授金牌銀印銅章詔賜鏗衣
幣仍置播州宣慰使司鏗琛皆仍舊職領安撫司二曰
草塘曰黃平長官司六曰眞州曰播州曰餘慶曰白泥
曰容山曰重安以嬰等爲長官七年中書省奏播州土
地旣入版圖當收其貢賦歲納糧二千五百石爲軍儲
帝以其率先來歸田稅隨所入不必以額已復置播州
黃平宣撫司播州江渡蠻黃安作亂貴州衛指揮張岱
討平之八年鏗遣其弟錡來貢賜衣幣自是每三歲一
入貢十四年遣使齎敕諭鏗比聞爾聽浮言生疑貳今
大軍南征多用戰騎宜率兵二萬馬三千爲先鋒庶表
爾誠十五年城播州沙溪以官兵一千人土兵二千人
戍之改播州宣慰司隸貴州改黃平衛爲千戶所十七
年鏗子震卒於京命有司歸其喪二十年徵鏗入朝貢
馬十四帝諭以守土保身之道賜鈔五百錠二十一年
播州宣慰使司幷所屬宣撫司官各遣其子來朝請入
太學帝敕國子監官善訓導之永樂四年免播州荒田
租設重安長官司隸播州宣慰司以張佛保爲長官以
佛保嘗招輯重安蠻民嚮化故也七年宣慰使楊昇招
諭草塘黃平重安所轄當科葛雍等十二寨蠻人來歸
宣德三年昇賀萬壽節後期禮部議予半賞帝以道遠
勿奪其賜七年草塘所屬穀儆等四十一寨蠻作亂總
兵陳懷勦撫之旋定正統十四年宣慰使楊綱老疾以
其子輝代景泰三年輝奏湖貴所轄臻剖五坌等苗賊
糾合草塘江渡諸苗黃龍韋保等殺掠人民屢撫復叛
乞調兵征勦以靖民患帝命總督王來總兵梁珤等會
同四川巡撫勦之七年調輝兵征銅鼓五開叛苗賜敕
頒賞成化十年以播州賊齋果等屢歲爲患敕責川貴
鎭巡官正統末苗蠻聚衆寇邊土官同知羅宏奏輝有
疾乞以其子愛代帝命愛襲職仍敕愛卽率兵從總兵
官勦賊先是輝奏所屬夭壩干地五十三寨及重安所
轄灣溪等寨屢被苗蠻占據乞令湖貴會兵征之命如
輝言部議以愛年幼請仍起輝暫理軍事又以輝難獨
任宜敕都御史張瓚親至播州督理勵輝等振揚威武
以備征調其機宜悉聽瓚裁處十二年瓚督諸軍及輝
攻敗灣溪夭壩干地諸苗凡破山寨十六斬首四百九
十六級撫男婦九千八百餘戶事下兵部以苗就撫者
多宜量爲處分瓚議設安寧宣撫司幷懷遠宣化二長
官司建靖南龍場二堡命輝董其役輝調兵民五千餘
立治所委所屬黃平諸長官分甃城垣將竣輝因奏各
寨苗蠻近頗知懼但大軍還後難保無虞播州向設操
守土兵一千五百人今撥守懷遠靖南天漂龍場各二
百人宣化百人安寧六百人其家屬宜徙之同居爲固
守計其工之未畢者宜命臣子愛董之而聽臣致仕如
故詔從之時灣溪旣立安寧宣撫爛土諸蠻惡其逼遂
引齋果等攻陷天漂靖南城堡圍安寧愛新襲力弗能
支求援於川貴二鎭兵部奏起輝再統兵剿之又敕川
貴兵爲助十五年貴州巡撫陳儼奏苗賊齋果轉橫乞
調川湖等官軍五萬五千剋期會貴州聽儼節制兵部
言賊作於四川而貴州守臣自欲節制諸軍恐有邀功
之人主之且興師五萬以半年計須軍儲十三萬五千
石山路險峻輸運之夫須二十七萬衆況天將暑瘴癘
可虞帝然其奏二十二年愛兄宣撫楊友訐奏愛帝命
刑部侍郎何喬新往勘二十三年喬新奏輝在日溺其
庶子友欲令承襲長官張淵阿順之安撫宋韜謂楊氏
家法立嫡以嫡愛宜立輝不得已立愛又欲割地以授
友謀於淵因以夭壩干乃本州懷遠故地爲生苗所據
請兵取之容山長官韓瑄以土民安輯日久不宜征淵
與輝計執瑄杖殺之前巡撫張瓚受輝賂以其地設安
寧宣撫司冒以友任宣撫輝立券以所有金玉服用莊
田召諸子均分之輝沒淵乃與友潛謀刺愛淵弟深亦
與謀不果友遂奏愛居處器用僭擬朝廷又通唐府密
書往來私習兵法天文謀不軌事皆誣帝命斬淵深以
愛信讒薄兄友因公擅殺且謀嫡盜官錢皆有罪愛贖
復任友還保寧羈管仍敕喬新從宜處治弘治元年增
設重安守禦千戶所命播州歲調土兵一千助戍守七
年以平苗功賜敕勞愛十四年調播州兵五千征貴州
賊婦米魯等正德二年陞播州宣慰使楊斌爲四川按
察使仍理宣慰事舊制土官有功賜衣帶或旌賞部衆
無列銜方面者斌狡橫不受兩司節制諷安撫羅忠等
上其平普安等戰功重賂劉瑾得之踰年巡按御史俞
緇言不宜授乃裁之仍原職初友旣編置保寧愛益恣
厚斂以賄中貴征取友向所居凱里地者獨苛同知楊
才居安寧乘之朘剝尤甚諸苗憤怨凱里民爲友奏復
官弗得乃潛入保寧以友還糾衆作亂攻播州焚愛居
第及公私廨宇略盡遂殺才多所殘戮愛屢奏於朝帝
命鎭巡官調兵征之會友死遂緩師已而鎭巡官言友
子弘能悔過自新且善撫馭蠻衆願聽其約束其前爲
友所焚殺者俱已隨土俗折償且還所侵奪於官乞授

弘冠帶爲土舍協同播州經歷司撫輯諸蠻其家衆置保寧者仍歸之隸播州管轄并諭斌與弘協和不得再造釁端報可未幾播州安撫宋淮奏貴州凱口爛土苗婚於凱離草塘諸寨陰相搆結誘山苗爲亂乞賜斌敕令每年巡視邊境會湖廣鎭巡官撫處部議土官向無頒敕出巡者諭斌宜撫綏土衆輯睦親族以副朝廷優待之意因授致仕宣慰愛爲昭毅將軍給誥命賜麒麟服時斌又爲其父請進階及服色禮科駁之以服色等威所繫不可假兵部以愛舊有勦賊功皆許之斌復爲其子相請入學并得賜冠帶十二年播州安撫羅忠宋淮等奏斌有父喪欲援文臣例守制但邊防爲重乞仍令掌印理事初楊宏既歸凱里與重安土舍馮綸等有怨宏卒綸等誘苗蠻攻之更相仇殺侵軼貴州境巡撫鄒文盛言狀且請移文四川會官撫處踰歲不報文盛乃遣參議蔡潮入播州督致仕楊斌撫平之因言宜復安寧宣撫俾宏子弟襲之斌未衰宜仍起任事以制諸蠻寨潮有撫蠻勞宜量擢兵部議安寧已革不可復斌子既代亦不可起土官應襲與否屬四川非黔所得專盛所請難行而功不可誣十六年賜斌蟒衣玉帶嘉靖元年賜播州儒學四書集註從宣慰楊相奏也宏既死其弟張求襲職不得時盜邊劫白泥司印信復與相搆兵守臣乞改凱里屬貴州以張爲土知州解釋之兵部議張習父兄之惡幸免於辜敢肆然執印信以要挾當命川貴守臣按其前後爭産殺人諸罪寘於理若張悔過輸情還所獲印尙可量授一官聽調殺賊以自効倘或怙終必誅以爲玩法戒既遂許張襲宣撫而改安寧爲凱里隸貴州初楊相之祖父皆以嫡庶相爭梯禍數世至是相復寵庶子煦嫡子烈母張悍甚與烈盜兵逐相相走客死水西烈求父屍宣慰安萬銓因要挾水烟天旺故地而後予屍烈陽許之及相喪還烈靳地不予遂與水西搆難又殺其長官王黻時嘉靖二十三年也烈既代襲遂與黻黨李保治兵相攻垂十年總督馮岳調總兵石邦憲討平之眞州苗盧阿項者亦久稱亂邦憲以兵七千擊敗之有言賊求援於播者邦憲曰吾方調水西兵聲揚烈助逆罪烈暇救人乎已禽阿項父子斬獲四百餘人初嘉靖初議分凱里屬貴州既又以播地多在貴州境并改屬思石兵備及眞州盜平地方安靖播人以爲非便川貴守臣異議不決命總督會勘總督奏仍以播歸四川而貴州思石兵備仍兼制播酉平邑諸土司事報可隆慶五年烈死子應龍請襲命予職萬曆元年給應龍宣慰使敕書八年賜故宣慰楊烈祭葬從應龍請也十四年應龍獻大木七十材美賜飛魚服又復引其祖斌賜蟒例部議以斌有軍功且出特恩未可爲比帝命以都指揮使銜授應龍十八年貴州巡撫葉夢熊疏論應龍兇惡諸事巡按陳效歷數應龍二十四大罪時方防禦松潘調播州土兵協守四川巡按李化龍疏請暫免勘問俾應龍戴罪圖功由是川貴撫按疏辨在蜀者謂應龍無可勘之罪在黔者謂蜀有私暱應龍之心於是給事中張希皐等以事屬重大兩省利害豈漫不相關者乞從公會勘無執成心十九年夢熊主議播州所轄五司改土爲流悉屬重慶與化龍意復相左化龍遂引嫌求斥蓋應龍本雄猜阻兵嗜殺所轄五司七姓悉叛離嬖妾田居妻張氏并及其母妻叔張時照與所部何恩宋世臣等上變告應龍反夢熊請發兵勦之蜀中士大夫悉謂蜀三面鄰播屬裔以什伯數皆其彈壓且兵驍勇數征調有功剪除未爲長策以故蜀撫按並主撫朝議命勘應龍願赴蜀不赴黔二十年應龍詣重慶對簿坐法當斬請以二萬金贖御史張鶴鳴方駁問會倭大入朝鮮徵天下兵應龍因奏辨且願將五千兵征倭自贖詔釋之兵已啟行尋報罷巡撫王繼光至嚴提勘結應龍抗不出張時照等復詣奏闕下繼光用兵之議遂決二十一年繼光至重慶與總兵劉承嗣等分兵三道進婁山關屯白石口應龍佯約降而統苗兵據關衝擊承嗣兵敗殺傷大半會繼光論罷卽撤兵委棄輜重略盡黔師協勦亦無功時四川新撫譚希忠與貴州鎭撫再議勦御史薛繼茂主撫應龍上書自白遣其黨攜金入京行間執原奏何恩詣綦江縣二十二年以兵部侍郎邢玠總督貴州二十三年玠至蜀察永寧酉陽皆應龍姻媾而黃平白泥久爲仇讐宜剪其枝黨乃檄應龍謂當待以不死會水西宣慰安疆臣請父國亨卹典兵部尚書石星手札示疆臣趣應龍就吏得貰疆臣奉札至播招應龍時七姓恐應龍出得除罪而四方亡命竄匿其間又幸龍反因以爲利驛傳文移輒從中阻玠檄重慶知府王士琦詣綦江趣應龍安穩聽勘應龍使弟兆龍至安穩治郵舍儲糒叩頭郊迎致餼牽如禮言應龍縛渠魁待罪松坎所不敢至安穩者恐墮安穩仇民不測禍也幸請至松坎受事士琦曰松坎亦曩奏勘地卽單騎往應龍果面縛道旁泣請死罪願執罪人獻罰金得自比安國亨國亨者曩亦被訐懼罪不出界故應龍引之士琦爲請于玠許之應龍乃縛獻黃元等十二人案驗抵應龍斬論贖輸四萬金助採木仍革職以子朝棟代次子可棟羈府追贖黃元等斬重慶市總督以聞時倭氛未靖兵部欲緩應龍事東方朝廷亦以應龍向有積勞可其奏於松坎設同知治焉以士琦爲川東兵備副使彈治之應龍獲寬益怙終不悛尋可棟死於重慶益痛恨促喪歸不得復檄完贖大言曰吾子活銀卽至矣擁兵驅千餘僧招魂去分遣土目置關據險厚撫諸苗名其健者爲硬手州人稍殷厚者沒入其貲以養苗苗人咸願爲出死力二十四年應龍殘餘慶掠大阡都壩焚劫草塘餘慶二司及興隆都勻各衞又遣其黨圍黃平戮重安長官家勢復大熾二十五年流劫江津及南川臨合江索其仇袁子升絕城下磔之時兵備王士琦調征倭應龍益統苗兵大掠貴州洪頭高坪新村諸屯已又侵湖廣四十八屯阻塞驛站詗原奏仇民宋世臣羅承恩等挐家匿偏橋衞襲破之大索城中戮其父母淫其妻女備極慘酷二十七年貴州巡撫江東之令都司楊國柱部卒三千勦應龍奪三百落賊佯北誘師殲焉國柱等盡死東之罷以郭子章代而起李化龍節制川湖貴州諸軍事調東征諸將劉綎麻貴陳璘董一元南征時應龍乘大兵未集勒兵犯綦江城中新募兵不滿三千賊兵八萬奄至游擊張良賢巷戰死綦江陷應龍盡殺城中人投屍蔽江水爲赤益結九股生苗及黑脚苗等爲助屯官壩聲窺蜀已遂焚東坡爛橋楚黔路梗二十八年應龍五道並出破龍泉司時總督李化龍已移駐重慶徵兵大集遂以二月十二日誓師分八路進每路約三萬人官兵三之土司七之旗皷甲仗森列苗大驚總兵劉綎破其前鋒楊朝棟僅以身免賊膽落遂連克桑木烏江渡三關奪天都三百落諸囤賊連敗乃乘隙突犯烏江詐稱水西隴澄會哨誘永順兵斷橋淹死將卒無算尋綎破九盤入婁山關關爲賊前門萬峰插天中通一線綎從間道攀藤毀柵入陷焉四月朔師屯白石應龍率諸苗決死戰綎親勒騎衝中堅分兩翼夾擊敗之追奔至養馬城連破龍爪海雲險囤壓海龍囤賊所倚天險謂飛鳥騰猿不能逾者時偏沅師已破青蛇囤安疆臣亦奪落濛關至大水田焚桃溪莊賊見勢急父子相抱哭上囤死守每路投降文綏師總兵吳廣入崖門關營水牛塘與賊力戰三日却之賊詭令婦人於囤上拜表痛哭云田氏且降復詐爲應龍仰藥死報廣廣輕信按兵已覘賊詐益厲兵攻燒二關奪賊樵汲路八路師大集海龍囤遂築長圍更番迭攻賊知必死會化龍聞父喪詔以縗墨視師化龍念賊前囤險不能越令馬孔英率勍兵併力攻其後天苦雨將士馳泥淖中苦戰六月四日天忽霽綎先士卒克土城應龍益迫散金募死士拒戰無應者起提刀巡壘見四面火光燭天大兵已登囤破土城入應龍倉皇同愛妾二閫室縊且自焚吳廣獲其子朝棟急覓應龍屍出焰中賊平計出師至滅賊百十有四日八路共斬級二萬餘生獲朝棟等百餘人化龍露布以聞獻俘闕下剉應龍屍磔朝棟兆龍等於市播州自唐入楊氏傳二十九世八百餘年至應龍而亡三十一年播州餘逆吳洪盧文秀等叛總兵李應祥等討平之分播地爲二屬蜀者曰遵義府屬黔者爲平越府

永寧唐蘭州地宋爲瀘州江安合江二縣境元置永寧路領筠連州及騰川縣後改爲永寧宣撫司洪武四年平蜀永寧內附置永寧衞六年筠連州滕大寨蠻編張等叛詐稱雲南兵據湖南長寧諸州縣命成都衞指揮袁洪討之洪引兵至敘州慶符縣攻破清平關禽僞千戶李文質等編張遁走復以兵犯江安諸縣洪追及之又敗其衆焚其九寨獲編張子僞鎭撫張壽編張遁匿溪洞餘黨散入雲南帝聞之敕諭洪曰南蠻叛服不常不足罪既獲其俘宜編爲軍且駐境上必以兵震之使讋天威無遺後患未幾張復聚衆據滕大寨洪移兵討敗之追至小芒部張遁去遂取得花寨禽阿普等自是張不敢復出其寨悉平遂降筠連州爲縣屬敘州以九姓長官司隸永寧安撫司七年陞永寧等處軍民安撫司爲宣撫使司秩正三品八年以祿照爲宣撫使十七年永寧宣撫使祿照貢馬詔賜鈔幣冠服定三年一貢如例十八年祿照遣弟阿居來朝言比年賦馬皆已輸惟糧不能如數緣大軍南征蠻民驚竄耕種失時加以兵後疾疫死亡者多故輸納不及命蠲之二十三年永寧宣撫言所轄地水道有一百九十灘其江門大灘有十二處皆石塞其流詔景川侯曹震往疏鑿之二十四年震至瀘州按視有枝河通永寧乃鑿石削崖以通漕運二十六年以祿照子阿聶襲職先是祿照坐事逮至京得直還卒於途其子阿聶與弟智皆在太學遂以庶母奢尾署司事至是奢尾入朝請以阿聶襲從之永樂四年免永寧荒田租宣德八年故宣撫阿聶妻奢蘇朝貢九年宣撫奢蘇奏生儒皆土獠朝廷所授官言語不通難以訓誨永寧監生李源資厚學通乞如雲南鶴慶府例授爲儒學訓導詔從之景泰二年減永寧宣撫司

稅課局鈔以苗賊竊發客商路阻從布政司請也成化元年山都掌大壩等寨蠻賊分劫江安等縣兵部以聞二年國子學錄黃明善奏四川山都掌蠻屢歲出沒殺掠良民景泰元年招之復叛天順六年撫之又反近總兵李安令永寧宣撫奢貴赴大壩招撫亦未效恐開釁無已宜及大兵之集早爲定計毋釀邊患三年明善復言宋時多剛縣蠻爲寇用白艻子兵破之白艻子者卽今之民壯多剛縣者卽今之都掌多剛寨也前代用鄉兵有明效宜急募民壯以助官軍都掌水稻十月熟宜督兵先時取其田禾則三月之內蠻必餒矣軍宜分三路南從金鵞池攻大壩中從戎縣攻箐前北從高縣攻都掌小寨破大寨自拔又大壩南百餘里爲芒部西南二百里爲烏蒙令二府土官截其險要更用火器自下而上順風延爇寨必可攻且征調土兵須處置得宜招募民壯須賞罰必信詔總兵官參用之時總督尚書程信亦奏都掌地勢險要必得土兵嚮道請敕東川芒部烏蒙烏撒諸府兵並速調湖廣永順保靖兵以備征遣又請南京戰馬一千應用皆報可四年信奏永寧宣撫奢貴開通運道擒獲賊首宜降璽書獎賚從之十六年白玀玀羿子與都掌大壩蠻相攻禮部侍郎周洪謨言臣敘人也知敘蠻情戎珙筠高諸縣在前代皆土官國朝始代以流言語性情不相習用激變洪永宣正四朝四命將徂征隨服隨叛景泰初益滋蔓至今爲梗臣向嘗言仍立土官治之爲久遠計而都御史汪浩儌幸邊功誣殺所保土官及寨主二百餘人諸蠻怨入骨髓轉肆劫掠及尚書程信統大兵僅能克之臣以謂及今順蠻人之情擇其衆所推服者許爲大寨主俾世襲庶可相安又言白玀玀者相傳爲廣西流蠻有衆數千無統屬景泰中糾戎珙苗攻破長寧九縣今又侵擾都掌其所居崖險箐深旣難剪滅亦宜立長官司治之地近芒部宜卽隸之羿子者永寧宣撫所轄而永寧乃雲貴要衝南跨赤水畢節六七百里以一柔婦人制數萬强梁之衆故每肆劫掠臣以爲宜撫土獠仍令宣撫奢貴治之其南境寨蠻近赤水畢節要路者宜立二長官司仍隸永寧宣撫夫土官有職無俸無損國儲有益邊備從之二十五年永寧宣撫司女土官奢祿獻大木給誥如例萬曆元年四川巡撫曾省吾奏都蠻叛逆發兵征討土官奢効忠首在調但與貴州土官安國亨有讐請並令總兵官劉顯節制使不得藉口復讐妄有騷動從之初烏撒與永寧烏蒙水西霑益諸土官境相連復以世戚親厚旣而安國亨殺安信信兄智結永寧宣撫奢効忠報讐彼此相攻而安國亨部下吏目與智有親恐爲國亨所殺因投安路墨墨詐稱爲土知府安承祖赴京代奏已而國亨亦令其子安民陳訴與奢効忠俱奉命聽勘於川貴巡撫議照蠻俗罰牛贖罪報可効忠死妻世統無子妾世續有幼子崇周世統以嫡欲奪印相讐殺方奏報問總兵郭成參將馬呈文利其所有遽發兵千餘深入落紅奢氏九世所積搜掠一空世續亦發兵尾其後効忠弟沙卜出拒戰且邀水西兵報讐成兵敗績乃檄取沙卜於世統統不應復殺把總三人聚苗兵萬餘欲攻永寧洩怨巡按劾成等邀利起釁宜逮而議子二土婦冠帶仍分地各管所屬其宣撫司印俟奢崇周成立赴襲理事報可十四年奢崇周代職未幾死奢崇明者効忠親弟盡忠子也幼孤依世統撫養一十三年至是送之永寧世續遣之擅馬許出印給之事已定而諸奸閻宗傳等自以昔從世續逐世統殺沙卜懼崇明立必復前恨遂附水西立阿利以自固安疆臣陰陽其間蠻兵四出焚劫屯堡官兵不能禁總督以聞朝議命奢崇明暫管宣撫事冀崇明躡夙恨以收人心而閻宗傳等攻掠永寧普摩尼如故崇明承襲幾一載世續印竟不與且以印私安疆臣妻弟阿利巡撫遣都司張神武執世續索印世續言印在鎭雄隴澄處隴澄者水西安堯臣也隴氏垂絕堯臣入贅遂冒隴姓稱隴澄敘平播州敘州功澄與焉中朝不知其爲堯臣也堯臣外怙播功內仗水西有據鎭雄制永寧心蜀撫按以堯臣非隴氏種無授鎭雄意堯臣以是懷兩端陰助世續意世續得授阿利則已據鎭雄益堅又朝廷厭兵宗傳阿利等方驛騷已可臥取隴氏也而閻宗傳等每焚掠必稱鎭雄兵以怖諸部川南道梅國樓所俘蠻丑者言鎭雄遣將魯大功督兵五營屯大壩水西兵已渡馬鈴堡約攻永寧普市遂潰宗傳等以空城棄去奢崇明又言堯臣所遣目把彭月政魯仲賢六大營助逆不退聲言將抵敘南攻永寧瀘州於是總兵侯國弼等皆歸惡於堯臣都司張神武等所俘噉者朗者皆鎭雄土目堯臣亦不能解黔中撫按以西南多事兵食俱詘無意取鎭雄堯臣因以普市摩尼諸焚掠皆歸之蜀將議者遂以貪功起釁爲蜀將罪四川巡撫喬璧星言堯臣狡謀欲篡鎭雄垂涎藺地有年矣宗傳之背逆恃鎭雄猶鎭雄之恃水西也水西疆臣不助兵臣已得其狀宜乘逆孽未成令貴州撫按調兵與臣會勦倘堯臣稔惡如故臣卽移師擊之毋使弗摧之虺復爲蛇弗窒之罅復爲河也疏上廷議無敢決用師者久之阿利死印亦出蜀中欲逐堯臣之論卒不可解時播州清疆之議方沸騰黔蜀各紛紛至是永寧議兵又如聚訟矣時朝廷已一意休兵三十五年命釋奢世續赦閻宗傳等罪訪求隴氏子孫爲鎭雄後並令安疆臣約束堯臣歸本土司聽遙授職銜不許冒襲隴職於是宗傳降堯臣請避去黔督遂請撤師舊制永寧衞隸黔土司隸蜀自永藺交攻軍民激變奢崇明雖立而行勘未報摩尼普市千戶張大策等復請將永寧宣撫改土爲流兵部言無故改流置崇明何地命速完前勘諸案於是蜀撫擬張大策以失守城池罪應斬黔撫擬張仲武以擅兵劫掠罪亦應斬策黔人武蜀人也由是兩情皆不平諸臣自相構訟復紛結不解會奢崇明子寅與水西已故土官妻奢社輝爭地安兵馬十倍奢而奢之兵精兩相持蜀黔撫按不能制以狀聞四十八年黔撫張鶴鳴以赤水衞白撒所屯地爲永寧占據宜清還皆待勘未決天啓元年崇明請調馬步兵二萬援遼從之崇明與子寅久蓄異志借調兵援遼遣其壻樊龍部黨張彤等領兵至重慶久駐不發巡撫徐可求移鎭重慶趣永寧兵樊龍等以增行糧爲名乘機反殺巡撫道府總兵等官二十餘員遂據重慶分兵攻合江納溪破瀘州陷遵義興文知縣張振德死之興文故九絲蠻地也進圍成都僞號大梁布政使朱燮元周著按察使林宰分門固守石砫土司女官秦良玉遣弟明屛姪翼明等發兵四千倍道兼行潛渡重慶營南坪關良玉自統精兵六千沿江上趨成都諸援兵亦漸集時寅攻城急陰納劉勳等爲內應事覺伏誅復造雲梯及旱船晝夜薄城城中亦以礮石擊毁之相持百日會賊將羅乾象遣人輸款願殺賊自効是夜乾象縱火焚營賊兵亂崇明父子倉皇奔錢帛穀米委棄山積窮民賴以得活乾象因率其黨胡汝高等來降時燮元已授巡撫率川卒追崇明江安新都遵義諸郡邑皆復時二年三月也樊龍收餘衆數萬據重慶險塞燮元督良玉等奪二郞關總兵杜文煥破佛圖關諸將迫重慶而軍奢寅遣賊黨周鼎等分道來救鼎敗走爲合江民所縛官軍與平茶酉陽石砫三土司合圍重慶城中乏食燮元遂以計擒樊龍殺之張彤亦爲亂兵所殺生擒龍子友邦及其黨張國用石永高等三十餘人遂復重慶時安邦彥反於貴州崇明遙倚爲聲援三年川師復遵義進攻永寧遇奢寅於土地坎率兵搏戰大兵奮擊敗之寅被創遁樊虎亦戰死進克其城降賊二萬復進拔紅崖天台諸囤寨降者日至崇明勢益蹙求救於水西邦彥遣十六營過河援之羅乾象急破藺州焚九鳳樓覆其巢崇明踉蹌走投水西邦彥與合兵分犯遵義永寧川師敗之於芝蔴塘賊遁入青山諸將逼渭河鏖入龍場陣獲崇明妻安氏及奢崇輝等斬獲萬計藺州平總督朱燮元請以赤水河爲界河東龍場屬黔河西赤水永寧屬蜀永寧設道府與遵義建武聲勢聯絡未幾貴州巡撫王三善爲邦彥所襲死崇明勢復張將以踰春大舉寇永寧會奢寅爲其下所殺而燮元亦以父喪去崇明邦彥得稽誅崇明稱大梁王邦彥號四裔大長老諸稱元帥者不可勝計合兵十餘萬規先犯赤水崇禎初起燮元總督貴湖雲川廣諸軍務大會師燮元定計誘賊深入向永寧邀之於五峯山桃紅壩令總兵侯良柱大敗之崇明邦彥皆授首是役也掃蕩蜀黔數十年巨憝前後皆燮元功云

酉陽漢武陵郡酉陽縣地宋爲酉陽州元屬紹慶府洪武五年酉陽軍民宣慰司冉如彪遣弟如喜來朝貢置酉陽州以如彪爲知州八年改爲宣撫司仍以冉如彪爲使置平茶邑梅麻兔石耶四洞長官司以楊底綱楊金奉冉德原楊隆爲之每三年一入貢石耶不能親至京命附於酉陽二十七年平茶洞署長官楊再勝謀殺兄子正賢及洞長楊通保等正賢覺之逃至京師訴其事且言再勝與景川侯謀反帝命逮再勝鞫之再勝辭服當族誅正賢亦應緣坐帝誅再勝釋正賢使襲長官酉陽宣撫冉與邦以襲職來朝命改隸渝州永樂三年指揮丁能杜福撫諭亞堅等十一寨生苗一百三十六戶各遣子入朝命隸酉陽宣撫司四年免酉陽荒田租五年與邦遣部長龔俊等貢方物並謝立儒學恩景泰七年調宣撫僉事冉廷璋兵征五開銅鼓叛苗賜敕諭賞賚天順十三年命進宣撫冉雲散官一階以助討叛苗及禽石全州之功也弘治七年宣撫冉舜臣以征貴州叛苗功乞陞職兵部以非例請進舜臣階明威將軍賜敕褒之十二年舜臣奏宋農寨蠻賊糾脅諸寨洞蠻殺掠焚劫乞勦捕保靖永順二宣慰亦奏邑梅副長官楊勝剛父子謀據酉陽結俊倍洞長楊廣震等號召宋農後溪諸蠻聚兵殺掠請並討兵部議酉陽溪洞連絡易煽動宜卽撲滅請行鎭巡官酌機宜十四年調酉陽兵五千協勦貴州賊婦米魯正德三年酉陽宣撫司護印舍人冉廷璽及邑梅長官司奏湖廣鎭溪所洞苗

聚衆攻劫請兵勦捕八年宣撫冉元獻大木二十乞免男維翰襲職赴京從之二十年元再獻大木二十詔量加服色酬賞萬曆十七年宣撫冉維屏獻大木二十價逾三千工部議應加從三品服以爲土官輸誠之勸從之四十六年調酉陽兵四千命宣撫冉躍龍將之援遼四十七年躍龍遣子天允及文光等領兵赴遼陽駐虎皮黃山等處三載解奉集之圍再援瀋陽以渾河失利冉見龍戰没死者千餘人撤守遼陽又以降敵縱火冉文煥等戰没死者七百餘人兵部尚書張鶴鳴言躍龍遣子弟萬里勤王見龍既殺身殉國躍龍又自捐金二千兩運軍器至山海關振困招魂忠義可嘉臣在貴州時躍龍亦自捐餉征紅苗屢建奇功今又著節於邊宜加優恤以風諸邊天啓元年授躍龍宣慰使並妻舒氏皆給誥命仍恤陣亡千七百餘家二年奢崇明叛躍龍率援師合圍重慶及崇明誅其土舍冉紹文與有功四年躍龍以東西赴調效命爲弟見龍及諸陣亡者請賚卹命下所司崇禎九年宣慰使冉天麟疏言庶孽天允假旨謀奪臣爵土不遂擅兵戕殺下撫按察勘時蜀方憂盜大吏自顧不暇土官事多寢閣云

石砫以石潼關砫蒲關而名後周置施州唐改青江郡宋末置石砫安撫司元改石砫軍民府尋仍爲安撫司洪武七年石砫安撫使馬克用遣其子付德與同知陳世顯入朝貢方物八年改石砫安撫司爲宣撫司隸重慶府十六年石砫溪蠻寇施州黔江守禦官軍擊破之十八年石砫宣撫同知陳世顯遣子興潮等奉表貢方物賀明年正旦二十四年賜石砫宣撫同知陳興潮及其子文義白金百兩以從征散毛洞有功故也宣德五年命宣撫馬應仁子鎭爲宣撫初應仁有罪應死貸謫戍至是帝念其祖克用嘗効力先朝命求其子孫之良者用之故有是命成化十八年四川巡撫孫仁奏三月內盜三百人入石砫殺宣撫馬澄及隸卒二十餘人焚掠而去以石砫地鄰酆都互爭銀場相訐有司不爲區治致相讐殺命責有司捕賊仁奏石砫歲辦鉛課五千一百三十斤正統後停之鄰境軍民假以徵課乘機竊取釀成禍階請除其課閉其洞仍移忠州臨江巡檢於酆都南賓里之姜池以便防守從之是年命馬徽爲宣撫萬曆二十二年石砫女土官覃氏行宣撫事土吏馬邦聘謀奪其印與其黨馬斗斛斗霖等集衆數千圍覃氏縱火焚公私廬舍八十餘所殺掠一空覃氏上書言臣自從征疊茂擊賊大雪山斬首捕寇皆著有成勞屢膺上官獎賞今邦聘無故虔劉孤寡臣豈不能出一旅與之角勝負誠以非朝命不敢也今叛人斯在請比先年楚金洞舍覃碧謀篡事願與邦聘同就吏二十三年命四川撫按勘其獄事未決會楊應龍反播州覃與應龍爲姻而斗斛亦結應龍兩家觀望獄遂解覃氏有智計性淫故與應龍通長子千乘失愛驪次子千駟謂應龍可恃因聘其女爲千駟妻千駟入播同應龍反千乘襲馬氏爵應調與酉陽冉御龍同征應龍應龍敗千駟伏誅而千乘爲宣撫如故千乘卒妻秦良玉以功封夫人自有傳

明史卷三百十三　　列傳第二百一

總裁官經理事務　經筵講官少保兼太子太保保和殿大學士兼管吏部戶部尚書事加六級張廷玉等奉

敕修

雲南土司

明洪武十四年大軍至滇梁王走死遂置雲南府自是諸郡以次來歸垂及累世規制咸定統而稽之大理臨安以下元江永昌以上皆府治也孟艮孟定等處則爲司新化北勝等處則爲州或設流官或仍土職今以諸府州槩列之土司者從其始也蓋滇省所屬多蠻夷雜處卽正印爲流官亦必以土司佐之而土司名目淆雜難以縷析故條之府州以括其所轄而於土司事迹止撫其大綱有關乎治亂興亡者載之俾控馭者識所鑒焉

雲南土司一

雲南　大理

臨安　楚雄

澂江　景東

廣南　廣西

鎭沅　永寧

順寧　蒙化

孟艮　孟定　耿馬安撫司附

曲靖

雲南滇國也漢武帝時始置益州郡蜀漢置雲南郡隋置昆州唐仍之後爲南詔蒙氏所據改鄯闡府歷鄭趙楊三氏至大理段氏以高智昇領鄯闡牧遂世其地元初置鄯闡萬戶府既改置中慶路封子忽哥爲雲南王鎭之仍錄段氏子孫守其土忽哥死其子嗣封爲梁王洪武六年遣翰林待制王禕等齎詔諭梁王久留不遣卒遇害八年復遣湖廣行省參政吳雲往中途爲梁使所害十四年征南將軍傅友德藍玉沐英率師至雲南城梁王赴滇池死定其地改中慶路爲雲南府置都指揮使司命都督僉事馮誠署司事二月詔諭雲南諸郡蠻十五年友德等分兵攻諸蠻寨之未服者土官楊苴乘隙作亂集蠻衆二十餘萬攻雲南城時城中食少士卒多病寇至都督謝熊馮誠等攖城固守賊不能攻遂遠營爲久困計時沐英方駐師烏撒聞之將驍騎還救至曲靖遣卒潛入報城中爲賊所得紿之曰總兵官領三十萬衆至矣賊衆驚愕拔營宵遁走安寧羅次邵甸富民普寧大理江川等處復據險樹柵謀再寇英分調將士勦降之斬首六萬餘級生禽四千餘人諸部悉定二十六年英卒命其子春襲封西平侯仍鎭雲南自英平雲南在鎭十年恩威著於蠻徼每下片楮諸番部具威儀出郭叩迎盥而後啓曰此令旨也沐氏亦皆能以功名世其家每大征伐輒以征南將軍印授之沐氏未嘗不在行間數傳而西平裔孫當襲侯守臣爭之謂滇人知有黔國公不知西平侯也孝宗以爲然許之自是遂以公爵佩印爲故事諸土司之進止予奪皆咨稟及承平久文綱周密凡事必與太監撫按三司會議後行動多掣肘土官子孫承襲有積至二三十年不得職者土官復慢令玩法無所忌憚待其罪大惡極然後興兵征勦致軍民日困地方日壞大學士楊一清等因武定安銓之亂痛切陳之黔國公沐紹勳亦以爲言雖得旨允行亦不能更革馴至神宗之世朝廷惰媮封疆敗壞日甚一日緬莽之叛皆土官之失職者導之雖稍奏虜功而滇南喪敗卒由土官沙定洲之禍沙定洲者王弄山長官司沙源之子也源驍勇有將材萬曆中數從征調有功巡撫委以王弄副長官事繼以征建水功以安南長官司廢地畀之後征東川水西馬龍山等處全雲南會城稱首功累加至宣撫使時號沙兵定洲其仲子也崇禎中元謀土知州吾必奎叛總兵官沐天波勦之調定洲從征定洲不欲行出怨言會奸徒饒希之余錫朋者適天波金無以償錫朋常出入土司家誇黔府富盛定洲心動陰結都司阮韻嘉諸人爲內應既定洲入城辭行天波以家諱日不視事定洲譟而入焚劫其府天波聞變由小竇遁時寧州土司祿永命在城方巷戰拒賊從官周鼎止天波留討賊天波疑鼎爲定洲誘已殺之其母妻皆走城北自焚死定洲遽黔府盤踞會城劫巡撫吳兆元使題請代天波鎭滇傳檄州縣全滇震動祿永命與石屏州龍在田俱引所部去天波走楚雄金滄副使楊畏知奉調駐城中謂天波曰公何不走永昌使楚得爲備而公在彼犄角首尾牽制之上策也天波從之定洲至楚雄城閉不得入乃去遣其黨王朔李日芳等攻陷大理蒙化畏知乘間檄城外居民盡入城築陴濬隍調土漢兵守之定洲聞祿永命等各歸守不敢至永昌恐畏知截其歸路急還兵攻楚雄畏知坐城樓賊發巨礮擊之煙焰籠城樓衆謂畏知已死而畏知端坐自如賊相驚謂神畏知伺賊間輒出奇兵殺賊甚衆賊引去攻石屏不下還攻寧州祿永命戰死賊計迤東稍稍定乃復攻楚雄分兵爲七十二營環城掘濠爲久困計會張獻忠死其部將孫可望率餘衆由遵義入黔稱黔國焦夫人弟來復仇民久困沙兵喜其來迎之定洲解楚雄圍迎戰於草泥關大敗遁阿迷可望破曲靖及交水俱屠之遂由陸涼宜良入雲南城分遣李定國徇迤東諸府而可望自率兵西出畏知禦於啓明橋兵敗被執可望聞其名不殺語之曰吾與爾共討賊何如畏知要以三事不用獻忠僞號不殺百姓不擄婦女吾從爾可望皆許之卽折箭相誓乃以書諭天波如畏知言天波亦來歸而李定國之徇臨安者定洲部目李阿楚拒戰甚力定國穴地置礮礮發城陷遂入驅城中官民於城外白場殺之凡七萬八千餘人斬獲不與焉當時皆意定國破臨安必襲阿迷取定洲乃僅掠臨安子女而回所過無不屠滅迤西以畏知在軍得保全始定洲歸屯兵洱革龍且借安南援自固會可望與定國不協聲其罪杖之百責以取定洲自贖定國既至定洲土目楊嘉方迎定洲就其營宴定國偵知之率兵圍營相拒數日乃出降遂械定洲及妻萬氏數百人回雲南剝其皮市中可望遂據滇而天波卒走死於緬甸

大理唐葉榆縣境也麟德初置姚州都督府開元末蒙詔皮羅閣建都於此爲南詔治太和城至閣羅鳳號大蒙國異牟尋改大禮國其後鄭買賜趙善政楊干貞互簒奪至五代晉時段思平得之更號大理國元憲宗取雲南至大理段智興降附乃設都元帥封智興爲摩訶羅嵯管領八方又以劉時中爲宣撫使同智興安輯其民段氏有大理傳十世至寶閭太祖開基江南遣其叔段眞由會川奉表歸款洪武十四年征南將軍傅友德克雲南授段明爲宣慰使明遣都使張元亨貽征南將軍書曰大理乃唐交綏之外國鄯闡實宋斧畫之餘邦難列營屯徒勞兵甲請依唐宋故事寬我蒙段奉正朔佩華篆比年一小貢三年一大貢友德怒辱其使明再貽書曰漢武習戰僅置益州元祖親征祗緣鄯闡乞賜

班師友德答書曰大明龍飛淮甸混一區宇陋漢唐之小智卑宋元之淺圖大兵所至神龍助陣天地應符汝段氏接武蒙氏運已絕於元代寬延至今我師已殲梁王報汝世仇不降何待十五年征南左將軍藍玉右將軍沐英率師攻大理大理城倚點蒼山西臨洱河爲固聞王師至聚衆扼下關下關者南詔皮羅閣所築龍尾關也號極險玉等至品甸遣定遠侯王弼以兵由洱水東趨上關爲犄角勢自率衆抵下關造攻具遣都督胡海洋由石門間道夜渡河繞出點蒼山後攀木援崖而上立旗幟昧爽軍抵下關者望見皆踴躍讙譟蠻衆驚亂英身先士卒策馬渡河水沒馬腹將士隨之遂斬關入蠻兵潰拔其城酋長段世就禽世與明皆段寶子也至京師帝傳諭曰爾父寶曾有降表朕不忍廢賜長子名歸仁授永昌衞鎮撫次子名歸義授雁門鎮撫大理悉定因改大理路爲大理府置衞設指揮使司十六年品甸土酋杜惠來朝命爲千夫長命六安侯王志安慶侯仇成鳳翔侯張龍督兵往雲南品甸繕城池立屯堡置郵傳安輯人民十七年以土官阿這爲鄧川知州阿散爲太和府正千夫長李朱爲副千夫長楊奴爲雲南縣丞十九年置雲南洱海衞指揮使司以賴鎮爲指揮僉事洱海本品甸也兵燹後人民流亡室廬無復存者鎮至復城池建譙樓治廬舍市里修屯堡隄防斥堠又闢白鹽井民始安輯二十年詔景川侯曹震及四川都司選精兵二萬五千人給軍器農具卽雲南品甸屯種以俟征討永樂以後雲南諸土官州縣率按期入貢進馬及方物朝廷賜予如制嘉靖元年改十二關長官司於一泡江之西從巡撫何孟春奏也

臨安古句町國漢置縣唐爲羈縻牂州地天寶末南詔蒙氏於此置通海郡元時內附置阿僰部萬戶府至元中改臨安路屬臨安廣西元江等處宣慰司洪武十四年征南將軍下雲南遣宣德侯金朝興分道取臨安元右丞兀卜台元帥完者都及土官楊政降改路爲府廢宣慰司置臨安衞指揮使司十七年以土官和寧爲阿迷知州弄甥爲寧州知州陸羡爲蒙自知縣普少爲納婁茶甸副長官俱來朝貢因給誥敕冠帶以命之十八年臨安府千戶納速丁等來朝人賜米十石永樂九年溪處甸長官司副長官自恩來朝貢馬及金銀器賜賚如例自恩因言本司歲納海肥七萬九千八百索非土所產乞准鈔銀爲便戶部以洪武中定額難准折輸帝曰取有於無適以厲民況彼遠夷尤當寬恤其除之宣德五年中官雲仙還自雲南奏設東山口巡檢司以故土官後普覺爲巡檢八年虧容甸長官司奏河底自洪武中官置渡船路通車里八百近年軍民有逃逸出境詐稱使者迫令乘載往往被害又沿河時有劫盜出沒乞置巡檢司以故把事袁凱之子瑀爲巡檢從之嘉靖元年復設寧州流官知州掌州事土知州祿氏專職巡捕寧州舊設流官正德初土官祿俸陰賄劉瑾罷之遂交通彌勒州十八寨強賊爲亂爲官軍捕誅其子祿世爵復以罪論死撫按請仍設流官從之初臨安阿迷州土官普杜洪武中爲土知州後設流錄其後覺爲東山巡檢既而以他事廢正德二年以廣西維摩王弄山與阿迷接壤盜出沒仍令普覺後納繼前職普維藩者與寧州祿氏搆兵師殲焉維藩子名聲幼育於官既長有司俾繼父職名聲收拾舊部勇於攻戰從討奢安有功仍授土知州漸驕恣崇禎五年御史趙洪範按部名聲不出迎已出戈甲旗幟列數里洪範大怒謀之巡撫王伉請討得旨官軍進圍州城名聲恐使人約降而陰以重賄求援於元謀土官吾必奎時官軍已調必奎隨征必奎與名聲戰兵始合佯敗走官軍望見遂大潰布政使周士昌戰死朝廷以起釁罪伉逮治而名聲就撫然驕恣益甚當事者頗以爲患已而廣西知府張繼孟道出阿迷以計毒殺之必奎聞名聲死遂反連陷武定祿豐楚雄諸城寧州土官祿永命石屛州土目龍在田俱與必奎名聲從征著名至是黔國公沐天波檄之統兵合勦禽必奎名聲妻萬氏本江西寄籍女淫而狡名聲死後改嫁王弄山副長官沙源之子定洲名聲有子曰服遠與萬氏分寨居定洲誘殺服遠併其地天波檄定洲取必奎定洲不欲行遂反詳前傳臨安領州四縣四其長官司有九曰納樓茶甸曰教化三部曰溪處甸曰左能寨曰王弄山曰虧容甸曰思陀甸曰落恐甸曰安南其地皆在郡東南西平侯征安南取道於此蓮花灘之外卽交荒外而臨安無南面之虞者以諸甸爲之備也但地多瘴流官不欲入諸長官亦不請代襲自相冠帶日尋干戈納樓部內有礦場三曰中場鶯黃摩訶封閉已久亡命多竊取之其安南長官司本阿僰蠻所居舊名褒古後名捨資元爲捨資千戶所以地近交阯改安南屬臨安路正德八年蒙自土舍祿祥爭襲父職鴆殺其嫡兄祿仁安南長官司土舍那代助之以兵遂稱亂守臣討平之事聞命革蒙自土官改長官司爲新安守禦千戶所調臨安衞中所官軍戍之

楚雄昔爲威楚元憲宗置威楚萬戶府至元後置威楚開南路宣撫司洪武十五年南雄侯趙庸取其地十七年以土官高政爲楚雄府同知阿魯爲定邊縣丞永樂元年楚雄府言所屬蠻民不知禮義惟僰種賦性溫良有讀書識字者府州已嘗設學教養其縣學未設縣所轄六里僰人過半請立學置官訓誨從之宣德五年命故土知府高政女襲同知政初爲同知永樂中來朝時仁宗監國嘉其勤誠陞知府子孫仍襲同知政卒無子妻襲又卒其女奏乞襲知府帝曰皇考有成命令襲同知八年陞南安州琅井土巡檢李保爲州判官以鄉老言本州俱羅舞和泥烏蠻雜類稟性頑獷以無土官管束多致流移差役賦稅俱難理辦衆嘗推保署州事撫綏得宜民皆向服流移復歸乞授本州土官吏部言南安舊無土官難從其請帝以爲治在順民情從之九年黔國公沐晟等奏楚雄所屬黑石江及泥坎村銀場軍民盜礦千百爲羣執兵攘奪楚雄縣賊首者些糾合武定賊者惟等劫掠軍民殺巡檢張禎又定邊縣阿苴里諸處强賊聚衆抄掠景東等衞大理蒙化楚雄姚州皆有盜出沒帝敕責晟等期以三年討靖諸爲亂者嘉靖四十三年楚雄叛蠻阿方等兵起先攻易門所流劫嶍峨昆陽新化各州縣僭稱王約土官王一心王行道爲援一心後悔詣軍門請討賊自劾巡撫呂光洵許之招降數百人官軍分道進禽獲賊黨乘勝攻大小木址二寨克之斬阿方首餘賊悉平

澂江唐爲南寧昆二州地天寶末沒於蠻號羅伽甸宋時大理段氏號羅伽部元置羅伽萬戶府至元中改澂江路洪武十五年雲南平澂江歸附改澂江府地居滇省之中山川明秀蠶衣耕食民安於業近郡之玀玀性雖頑狠然恭敬上官官至爭迎到家刲羊擊豕罄所有以供之婦女皆出羅拜故於諸府獨號安靜云

景東古柘南也漢尚未有其地唐南詔蒙氏始置銀生府後爲金齒白蠻所據元中統三年討平之以所部隸威楚萬戶至元中置開南州洪武十五年平雲南景東先歸附土官俄陶獻馬百六十匹銀三千一百兩馴象二詔置景東府以俄陶知府事賜以文綺襲衣十八年百夷思倫發叛率衆十餘萬攻景東之北吉寨俄陶率衆禦之爲所敗率其民千餘家避於大理府之白崖川事聞帝嘉其忠遣通政司經歷楊大用齎白金文綺賜之二十三年沐英討平思倫發復景東地因奏景東百夷要衝宜置衞以錦衣衞僉事胡常守之俄陶仍舊職二十四年帝以景東爲雲南要害且多腴田調白崖川軍士屯守二十六年命洱海衞指揮同知賴鎮守景東從沐春請也宣德五年置孟緬長官司時景東奏所轄孟緬孟梳地方遐遠屢被外寇侵擾乞升孟梳於孟緬設長官司授把事姜嵩爲長官以隸景東歲增貢銀五十兩六年大侯土知州刀奉漢侵據孟緬地敕黔國公沐晟遣官撫諭正統中思任發叛官軍征麓川知府陶瓚從征有功進階大中大夫弘治十五年正月景東衞雲霧黑暗晝夜不別者凡七日巡撫陳金以聞命廷臣議考察以謝天變南京刑部都察院承旨考黜文武官千二百員嘉靖中者東甸稱亂劫景東府印去土舍陶金追斬其頭目奪印歸景東部皆僰種性淳樸習弩射以象戰歷討鐵索米魯那鑑安銓鳳繼祖諸役皆調其兵及戰象天啓六年貴州水西安邦彥反率衆二十萬入滇境至馬龍後山去會城十五里總兵官調景東土舍陶明卿率兵伏路左賊分道幷至官兵禦之賊拒戰勢甚銳明卿乃以象陣從左翼衝出橫擊賊潰追奔十餘里巡撫上功推明卿第一景東每調兵二千必自効千餘餉士之費未嘗仰給公家土司中最稱恭順其府治東有邦泰山頗險峻土官陶姓所世居也

廣南宋時名特磨道土酋儂姓智高之裔也元至元間立廣南西道宣撫司初領路城等五州後惟領安寧富二州洪武十七年歸附改廣南府以土官儂郞金爲同知十八年郞金來朝賜錦綺鈔錠二十八年都指揮同知王俊奉命率雲南後衞官軍至廣南築城建衞郞金父貞佑不自安結衆據山寨拒守俊遣人招之不服時伏草莽中劫掠覘官軍進退俊乃遣指揮歐慶等分兵攻各寨自將取貞佑又以兵扼間道絕其救援諸寨悉破衆潰貞佑窮促就禽械送京師降郞金爲府通判永樂六年富州土知州沈紘經入貢值仁孝皇后喪紘經奉香幣致祭宣德元年土官儂郞舉來朝貢馬正統六年廣南賊阿羅阿思等劫掠命總兵官沐昂等招撫之時富州土官沈政與郞舉互訐糾衆侵地帝命昂等勘處七年昂奏二人叛逆無實迹因有隙相妄奏兵部請治政等罪帝以蠻人宥之政舉相讐殺已十餘年時方征麓川憚兵威不敢動未幾郞舉以從征功陞同知死無嗣四門舍目共推儂文舉署事屢立戰功萬曆七年實授同知子應祖從征三鄉親獲賊首詔賞銀百兩播州之役徵其兵三千討壽甸叛目皆有功賜四品服儂氏自文舉藉四門舍目推擁之力得授職後儂氏襲替

必因之土官之政出於四門租稅僅取十之一道險多
瘴知府不至其地印以臨安指揮一人署之指揮出印
封一室入取必有瘟癘死亡萬曆末知府廖鉉者避瘴
臨安以印付同知儂仕英子添壽添壽死家奴竊印并
經歷司印以逃既而歸印於其族叔儂仕祥時仕英親
弟仕獬例得襲索仕祥印仕祥不與遂獻地與泗城土
官岑接與連婚搆兵滅仕獬家及仕祥死子琳以府印
送接而經歷司印又爲琳弟瓊所有巡撫王懋中調兵
往問瓊懼還印於通判周憲接亦出府印獻於官時兵
方調至境遽遣歸廷議治鉉擅離與守巡失撫之罪瓊
接已輸服勿問詔可未幾儂紹湯兄弟爭襲各糾交阯
兵象焚掠一空

廣西隋屬牂州後爲東爨烏蠻等部所居唐隸黔州都
督府後師宗彌勒二部寖盛蒙段皆莫能制元憲宗時
始內屬至元十二年籍二部爲軍置廣西路洪武十四
年歸附以土官普德署府事二十年普德及彌勒知州
赤善師宗知州阿的各遣人貢馬詔賜文綺鈔錠二十
四年布政使張紞奏維摩雲龍永寧浪渠越順等州縣
蠻民頑惡不遵政教宜置兵戍守以控制之是後朝貢
賜予如制正統六年總兵官沐昂奏師宗州及廣南府
賊阿羅阿思糾合爲亂命昂等招諭未幾平成化中土
知府昂貴有罪革其職安置彌勒州乃置流官始築土
城嘉靖元年設雲南彌勒州十八寨守禦千戶所其部
衆好擄掠無紀律至水西烏撒用兵始征調之崇禎間
巡按御史傅宗龍由滇入黔招普兵以行時滇中最勍
稱沙普兵亦曰昂兵

鎮沅古濮洛雜蠻所居元史謂是和泥昔樸二蠻也唐
南詔蒙氏銀生府地其後金齒僰蠻據之元時爲威遠
蠻棚府屬元江路總管洪武十五年總管刀平與兄那
直歸附授千夫長建文四年置鎮沅州以刀平爲知州
永樂三年刀平率其子來朝貢方物賜鈔文綺從征八
百又從攻石崖者達寨外部整線來降入貢方物陞爲
府以刀平爲知府置經歷知事各一員貢賜皆如例成
化十七年以地方未平免鎮沅諸土官朝覲正統元年
復免嘉靖中征安銓調鎮沅兵千人命刀寧息領之復
調其子刀仁亦率兵千人征那鑑克魚復寨初鎮沅印
爲那氏所奪至是得印以獻命給之領長官司一曰祿
谷寨永樂十年置

永寧昔樓頭賧地接吐蕃又名答藍唐屬南詔後爲麼
些蠻所據元憲宗時內附至元間置答藍管民官尋改
永寧州隸北勝府洪武平雲南時屬鶴慶府二十九年
改屬瀾滄衛十二月土賊卜百如加劫殺軍民前軍都
督僉事何福遣指揮李榮等討之其子阿沙遁入革失
瓦都寨官軍齎三日糧深入追之會天大雨衆饑疲引
還永樂四年設四長官司隸永寧土官以土酋張首等
爲長官各給印章賜冠帶綵幣尋陞永寧爲府隸布政
司陞土知州各吉八合知府遣之齎敕往大西番撫諭
蠻衆宣德四年永寧蠻寨矢不剌非糾四川鹽井衛土
官馬剌非殺各吉八合官軍撫定之命卜撒襲知府復
爲矢不剌非所殺已命卜撒之弟南八襲馬剌非又據
永寧節卜上下三村逐南八大掠夜白尖住促卜瓦諸
寨事聞帝命都督同知沐昂勒兵諭以禍福并移檄四
川行都司下鹽井衛諭馬剌非還所據村寨正統二年
馬剌非爲南八所攻拔烏節等寨南八亦言馬剌非殺
害詔鎮巡官驗問令各歸侵地乃寢永寧界東至四川
鹽井衛十五里西至麗江寶山州南至浪渠州北至西
番領長官司四曰剌次和曰魯瓦之曰革甸曰香羅

順寧府本蒲蠻地名慶甸宋以前不通中國雖蒙氏段
氏不能制元泰定間始內附天曆初置順寧府并慶甸
縣後省入府洪武十五年順寧歸附以土酋阿悅貢署
府事十七年命阿日貢爲順寧知府二十三年土酋猛
邱土知府子邱等不輸徵賦自相仇殺大理衛指揮鄭
祥征蒙化賊移師至甸頭破其寨猛邱請降輸賦乃還
猛邱死把事阿羅等復起兵相攻擊二十九年西平侯
沐春遣鄭祥與指揮李榮等分道進討禽阿羅等誅之
後貢賜如制順寧與大侯接境宣德中大侯土舍奉赦
奉學兄弟不相能奉學倚妻父土知府猛廷瑞與兄赦
日搆兵巡撫陳用賓檄參將李先著副使邵以仁勘處
以仁襲執廷瑞因請改順寧爲流官先著被檄極言不
可討被謗語逮下獄瘐死然廷瑞實無反謀以參將吳
顯忠覬其富誣以助惡索金不應遂讒於巡按張應揚
轉告巡撫陳用賓廷瑞大恐不得已斬奉學以獻顯忠
益誣其陰事傅以反狀撫按會奏得旨大剿廷瑞出獻
印獻子以候命不從顯忠帥兵入其寨盡取猛氏十八
代蓄貲數百萬誘廷瑞至會城執之獻捷於朝於是所
部十三寨盡憤始聚兵反官兵悉剿除之并殺其子以
仁超擢右都御史廕子未幾坐大辟繫獄應揚亦病卒
人以爲天道云順寧附境有猛猛猛撒猛緬所謂三緬
也猛猛最强部落萬人時與二猛爲難其地田少箐多
射獵爲業猛緬地雖廣而人柔弱部長賜冠帶最忠順
猛撒微弱後折入於耿馬云

蒙化唐屬姚州都督府蒙氏時細奴邏築城居之號蒙
舍詔段氏改開南縣元爲州屬大理洪武十七年以土
酋左禾爲蒙化州判官施生爲正千夫長二十三年西
平侯沐英以蒙化所屬蠻火頭字青等梗化不服請置
衛命指揮僉事李聚守蒙化賊高天惠作亂大理衛指
揮使鄭祥捕斬之傳首雲南永樂九年土知州左禾正
千夫長阿束來朝貢馬賜予如例既左伽從征麓川戰
於大侯功第一進秩臨安知府掌州事正統中陞州爲
府以左伽爲知府世襲所部江內諸蠻性柔頗馴擾江
外數枝以勇悍稱每應征調多野戰無行伍成化十七
年巡撫奏地方未寧免蒙化土官明年朝貢正統元年
詔復免萬曆四十八年雲龍土知州段龍死子嘉龍立
養子進忠殺嘉龍爭襲流劫殺掠官軍進討進忠從間
道欲趨大理官軍禽誅之改設流官授段氏世吏目一
人

孟艮蠻名孟揹自古不通中國永樂三年來歸設孟艮
府隸雲南都司以土酋刀哀爲知府給印誥冠帶時刀
哀遣人來朝請設治所歲辦差發黃金六十兩六年土
知府刀交遣弟刀哈哄貢象及金銀器禮部言刀交嘗
搆兵攻劫鄰境詐譎不誠宜却其貢帝曰蠻夷能悔過
來朝往事不足責命賜鈔及絨錦綺帛是後貢賜皆如
例宣德六年命內官楊琳齎綵幣往賜孟艮知府刀光
正統間孟艮地多爲木邦所并景泰中入貢知府名慶
馬辣不知於刀氏何屬也孟艮在姚關東南二千里外
沃野千里最殷富地多虎農者於樹杪結草樓以護稼
雲南知府趙混一嘗入其境待之禮慢後無復至者

孟定蠻名景麻至元中立孟定路軍民總管府領二甸
隸大理金齒等處宣慰司洪武三十五年土酋刀名扛
來朝貢方物賜綺帛鈔幣設孟定府以刀渾立爲知府
永樂二年孟定土官刀景發遣人貢馬賜鈔羅綺遣使
往賜印誥冠帶襲衣復頒信符金字紅牌四年帝以孟
定道里險遠每歲朝貢不便令自今三年一貢如慶賀
謝恩不拘例初孟璉與孟定皆麓川地其土目皆故等
夷惡相屬後改孟璉隸雲南多以互侵土地仇殺宣德
六年土知府罕顏法以爲言敕黔國公沐晟遣官撫諭
俾各歸侵掠正統中麓川叛孟定知府刀祿孟遁走木
邦土官罕葛從征有功總督王驥奏令食孟定之土嘉
靖間木邦罕烈據地奪印令土舍罕慶守之名爲耿馬
地之所入悉歸木邦萬曆十二年官兵取隴川平孟定
故地以罕葛之後爲知府十五年頒孟定府印崇禎末
孟定叛降於緬甸其地自姚關南八日程西接隴川東
連孟璉南木邦北鎮康土瘠人稀有馬援城在焉領安
撫司一曰耿馬萬曆十二年置以們罕爲安撫使與孟
定隔喳哩江孟定居南耿馬居北罕死弟們罕金護印
屢奉朝貢時木邦思禮作亂侵灣甸鎮康倚罕金爲聲
援天啟二年緬人攻猛乃孟艮罕金欲救之緬移兵攻
金金厚賂之乃解後與木邦罕正搆難不絕云

曲靖隋恭協二州地唐置南寧州改恭州爲曲州分協
州置靖州至元初置磨彌部萬戶後改爲曲靖路宣慰
司洪武十四年征南將軍下雲南元曲靖宣慰司征行
元帥張麟行省平章劉輝等來降十五年改曲靖千戶
所爲曲靖軍民指揮使司置曲靖軍民府十六年霑益
州土官安索叔安磁等貢馬及儸玀刀甲氈衫虎皮詔
賜磁冠帶綺羅衣各一襲并文綺鈔錠羅雄州土酋納
居來朝賜鈔幣十七年亦佐縣土酋安伯作亂西平侯
沐英發兵討降之二十年越州土酋阿資與羅雄州營
長發束等叛阿資者土官龍海子也越州蠻呼爲苦麻
部元末龍海居之所屬俱儸玀斯種王師征南時英駐
兵其地之湯池山龍海降遂遣子入朝詔以龍海爲知
州尋爲亂英禽之徙遼東至蓋州病死阿資繼其職益
桀驁至是叛帝命英會征南將軍傅友德進討道過平
夷以其山險惡宜駐兵屯守遂遷其山民往居卑午村
留神策衛千戶劉成等將千人置堡其地後以爲平夷
千戶所阿資等率衆寇普安燒府治大肆剽掠友德率
兵擊之斬其營長二十二年友德等進攻土官普旦來
降阿資退屯普安倚崖壁爲寨友德以精兵薄之蠻衆
皆緣壁攀崖墜死者不可勝數生禽一千三百餘人獲
馬畜甚衆阿資遁還越州復追擊敗之斬其黨五十餘
人阿資窮蹙請降初阿資之遁也揚言曰國家有萬軍
之勇我地有萬山之險豈能盡滅我輩英乃請置越州
龍馬二衛扼其險要復分兵追捕至是遂降英等以陸
涼西南要地請設衛屯守命洱海衛指揮僉事滕聚於
古魯昌築城置陸涼衛指揮使司英又言曲靖指揮千
戶哈剌不花乃故元守禦陸涼千戶今陸涼置衛宜調
於本衛鎮守庶絕後患詔從之帝以平夷尤當要衝四
面皆諸蠻部落乃遣開國公常昇往辰陽集民間丁壯
五千人統以右軍都督僉事王成即平夷千戶所改置
衛二十三年置越州衛二十四年徙越州衛於陸涼州
以英言雲南諸蠻皆降惟阿資恃險屢叛宜徙衛軍守

禦已阿資復叛命都督僉事何福爲平羌將軍率師進討屢敗賊衆會連月淫雨水溢阿資援絕與其衆降福擇曠地列柵以置其衆西南有木容箐賊常出沒處復調普安衞官軍置寧越堡鎭之然阿資終不悛二十七年阿資復反西平侯沐春及福率兵營於越州城北遣壯士伏於岐路而以兵挑戰蠻兵悉衆出伏起大敗之阿資脫身遁初曲靖土軍千戶阿保張琳所守地與越州接壤部衆多相與貿易春使人結阿保等覘阿資所在及其經行地星列守堡絕其糧道賊益困二十八年福潛引兵屯赤窩鋪遣百戶張忠等擣賊巢禽阿資斬之俘其黨越州乃平自是以後諸土官按期朝貢西南晏然正統二年曲靖軍民知府晏毅言四事一土官承襲或子孫或兄弟或妻繼夫或妾繼嫡皆無豫定次序致臨襲爭奪仇殺連年乞敕該部移文所司豫爲定序造冊土官有故如序襲職一請卹陣亡子孫一請雲南官俸悉如四川之例一均戶口田地事下所司議行毅復請設霑益州松韶巡檢從之嘉靖中羅雄知州者濬殺營長奪其妻生子繼榮稍長即持刀逐濬欲置之死以其母故不忍及濬請老以繼榮代襲繼榮遂逐濬濬訴之鎭巡官命迎濬歸繼榮陽事之實加禁錮萬曆九年調羅雄兵征緬繼榮將行恐留濬爲難遂弒濬時霑益土知州安世鼎死妻安索儀署州事亦提兵赴調繼榮與之合營通焉且倚霑益兵力爲助師過越州留土官資氏家淫樂不進知州越應奎白於兵備將禽之繼榮走遂聚衆反攻破陸涼鴨子塘陸陂諸寨築石城於赤龍山據龍潭爲險廣六十里名己所居曰龍樓鳳閣環以羣寨實諸軍士妻女其中十三年巡撫劉世曾乃檄諸道進兵適劉綎破緬解官回世曾以兵屬綎綎遂馳赴普鮓營直擣赤龍寨斬賊渠帥繼榮遁去綎復連破三寨降其衆一萬七千人追奔至阿拜江斬繼榮賊平世曾請築城改設流官乃以何倓爲知州者繼仁爲巡檢未幾蠻寇必大反殺繼仁執倓參將蔡兆吉等討定之乃改羅雄州曰羅平設千戶所曰定雄時霑益安素儀無子以烏撒土官子安紹慶爲嗣慶死孫安遠襲土婦設科作亂逐安遠糾衆焚掠霑益諸堡站陷平夷衞天啓三年官兵禽設科誅之五年安邊據霑益從水西叛事詳烏撒傳中初越州阿資罪誅永樂間以其子祿寧爲土縣丞與亦佐沙氏分土而居其地南北一百二十里士馬精强征調銀至三千八百兩曲靖境內有交水去平夷衞二舍與黔接壤滇師出上六衞必由之道天啓初水西用兵撫臣議曲靖鎖鑰全滇交水當黔滇之衝乃阨塞要地平夷右所宜移置交水去險築城俾與平夷衞相望互爲聲援便報可

明史卷三百十四　列傳第二百二

總裁官總理事務經筵講官少保兼太子太保保和殿大學士兼管吏部戶部尚書事加六級張廷玉等奉敕修

雲南土司二

姚安　鶴慶

武定　尋甸

麗江　元江

永昌　新化

威遠　北勝

灣甸　鎭康

大侯　瀾滄衞

麓川

姚安本漢弄棟蜻蛉二縣地唐置姚州都督府以民多姚姓也天寶間南詔蒙氏改爲弄棟府宋時段氏改姚州元立統矢千戶所天曆間陞姚安路洪武十五年定雲南改爲府十六年姚安土官自久作亂官兵往討師次九十九莊自久遁去明年復寇品甸西平侯沐英奏以土官高保爲姚安府同知高惠爲姚安州同知保惠從英擊自久平之二十年命普定侯陳桓靖寧侯葉昇往雲南總制諸軍於定邊姚安等處立營屯種二十六年保以襲職遣其弟貢馬謝恩宣德九年姚安土知府高賢遣使貢馬弘治中土官高棟與普安叛賊戰死於板橋驛嘉靖三十年土官高鵠當元江之變布政司徐樾遇害奮身赴救死之萬曆中同知高金以征緬功賜四品服所屬大姚縣有鐵索箐者本倮種依山險以剽掠爲業旁郡皆受其害弘治間稍有歸命者分隸於姚安姚州嘉靖中乃專屬姚安其渠羅思者有幻術造僞印稱亂萬曆元年巡撫鄒應龍與總兵官沐昌祚討平之諸郡乃安

鶴慶唐時名鶴川南詔置謀統郡元初置鶴州至元中陞鶴慶府尋改爲路洪武中大軍平雲南分兵拔三營萬戶砦獲僞參政寶山帖木兒等六十七人置鶴慶府以土官高隆署府事十七年以董賜爲知府高仲爲同知賜子節爲安寧知州楊奴爲劍川知州賜率其屬來朝貢馬及方物詔賜冠帶并織金文綺布帛鈔錠十八年以賜爲雲南前衞世襲指揮僉事賜安寧州人世爲酋長大軍入滇率衆來降復從軍討賊有功故與子節竝有世襲知府知州之命及賜來朝以父子俱受顯榮無以仰報子幼沖不達政治乞還父子所授官而自爲安寧知州帝曰爾能綏靖邊鄙授爾官以酬爾勳今辭尊居卑奈何命潁國公傅友德及諸大臣議之皆以賜既有功不可聽其辭而節之官則可免乃改賜明威將軍雲南前衞世襲指揮僉事諭曰雲南前衞密邇安寧特命爾是職爾其綏輯遠人以安邊鄙其母再辭二十年劍川土官楊奴叛大理衞指揮鄭祥討之斬八十餘人楊奴遁未幾還劍川復聚蠻爲亂祥復以兵擊斬之二十四年置鶴慶衞三十年改鶴慶府爲軍民府永樂十五年順州知州王義言霑被聖化三十餘年聲教所屆言語漸通子弟亦有俊秀請建學教育從之正統二年副使徐訓奏鶴慶土知府高倫與弟純屢逞兇惡屠戮士庶與母楊氏并叔宣互相賊害敕黔國公沐昂諭使輸款如恃强不服即調軍禽捕五年復敕昂等曰比聞土知府高倫妻劉氏同倫弟高昌等糾集儸儸麼些人衆肆行兇暴事發不從逮訊敕至即委官至彼勘實量調官軍禽捕首惡并逮千戶王蕙及高宣等至京質問八年鶴慶民楊仕潔妻阿夜珠告倫謀殺其子復命法司移文勘驗已而大理衞千戶奏報倫擅率軍馬欲謀害親母又稱其母告倫不孝及私歛民財多造兵器殺戮軍民支解梟令等罪遂敕黔國公沐晟等勘覆及奏至言倫所犯皆實罪應死倫復屢訴因與叔宣爭襲又與千戶王蕙爭娶妾以致挾仇誣陷所勘殺死皆病死及强盜拒捕之人倫母楊亦訴倫無不孝實由宣等陷害復敕晟及御史嚴恭確訪既而奏當倫等皆伏誅高氏族人無可繼者帝命於流官中擇人以綏遠蠻乃擢瀘州知府林遒節爲知府鶴慶之改流官自此始

武定南詔三十七部之一宋淳熙間大理段氏以阿歷爲羅武部長三傳至矣格當元世祖時爲北部土官總管至元七年改武定路置南甸縣洪武十四年雲南下武定女土官商勝首先歸附十五年改爲武定軍民府以勝署府事十六年勝遣人來朝貢馬詔賜勝誥命朝服及錦幣鈔錠十七年以和曲土官豆派爲知州二十一年發內帑令於武定德昌會川諸處市馬三千匹宣德元年元謀縣故土知縣吾忠子政來朝正德二年四月武定雨雹溪水漲決堤壞田隕霜露殺麥七月廢武定所屬之南甸縣改隸和曲州石舊縣改隸祿勸州三年土知府鳳英以從征功進秩右參政仍知府事請賜金帶部議不可帝以英有軍功給之明年英貢馬謝恩賜如例嘉靖七年土舍鳳朝文作亂殺同知以下官吏刦州印舉兵與尋甸賊安銓合犯雲南府撫臣以聞時安銓未平朝文復起滇中大擾詔以右都御史伍文定爲兵部尚書提督雲貴川湖軍務調四鎭土漢官軍討賊五月黔國公沐紹勛疏言臣奉命會同巡撫等調發官軍分道勦撫諸賊抗逆執留所遣官軍二人所調集各土舍又重自疑畏臣謹以便宜榜示先給冠帶待後奏請承襲衆始感奮於二月進兵擊斬强賊十餘人賊奔回武定乞敕部授臣方略俾獲便宜行事并宥各土舍往罪凡有功者俱許承襲作其敵愾之氣帝納之賜敕獎勵賊既敗歸其黨稍散初朝文紿其衆謂武定知府鳳詔母子已戮朝廷且盡勦武定蠻衆至是鳳詔同其母率衆自會城往蠻民相顧錯愕咸投鳳詔降朝文計無所出絕普渡而走官兵追及復敗之朝文率家奴數人取道霑益州奔至東川之湯郎箐爲追兵所及磔死銓衆猶盛道據尋甸故巢列寨數十官兵分哨夾攻之諸寨先後破乃併力攻拔其必古老巢銓奔東川入芒部爲土舍祿慶所執賊平是役也生禽渠賊千餘人斬首二千九百餘級俘獲男婦千二百餘撫散蠻黨二萬有奇奪器械牛馬無算捷聞銓朝文皆梟示籍其產家屬戍邊十六年命土知府瞿氏掌印初府印自洪武以來俱掌於土官正德間有司議以畀流官同知土知府職專巡捕徵糧而已及鳳詔死瞿氏以母襲子官所轄四十七馬頭阿台等數請以印屬瞿氏吏部覆言係舊例宜如其請從之四十二年瞿氏老舉鳳詔妻索林自代比索林襲遂失事姑禮瞿氏大恚乃收異姓兒繼祖入鳳氏宗挾其甥壻貴州水西土舍安國亨四川建昌土官鳳氏兵力欲廢索林以繼祖嗣不克乃具疏自稱爲索林囚禁令繼祖詣闕告之繼祖歸詐稱受朝命襲職驅目兵逼奪府印索林抱印奔會城撫按官諭解之索林歸武定視事如故而復聽繼祖留瞿氏所於是婦姑嫌隙益甚索林謀誅繼祖事洩繼祖遂大發兵圍府行劫和曲祿勸等州縣殺傷調至土官王心一等兵索

林復抱印走雲南巡撫曹忭下令收印逮其左右鄭竑繫獄令瞿氏暫理府事貸繼祖責其自新四十四年添設府通判一員四十五年築武定新城成巡撫呂光洵遣鄭竑回府復業鄭竑者前爲索林謀殺繼祖者也繼祖執而殺之糾衆攻新城臨安通判胡文顯督百戶李熬土舍王德隆往援至雞溪子隘遇伏熬及德隆俱死僉事張澤督尋甸兵二千餘馳救亦敗澤及千戶劉裕被執鎮巡官促諸道兵並進逼繼祖東山寨圍之繼祖懼攜澤及索林走照姑已復殺澤官軍追之急由直勒渡過江趨四川依東川婦家阿科等巡按劉思問以狀聞敕雲南四川會兵討賊初繼祖之走東川也土官鳳氏與之通已而見滇蜀官軍與土舍祿紹先等兵皆會乃背繼祖發卒七千人來援繼祖益窮賊帥者色赴紹先營降斬繼祖以獻姚縣土官高繼先復禽其餘黨姚安府同知高欽及弟鈞謀主趙士傑等皆伏誅守臣議改設流官猶不欲絕鳳氏授索林支屬鳳曆子思堯經歷給莊百餘鳳曆以不得知府怨望陰結四川七州及水西宣慰安國亨謀作亂流官知府劉宗寅遣諭之不聽遂聚衆稱思堯知府夜襲府城城中嚴備不能入退屯魯墟宗寅夜出兵砍其營賊潰追至馬刺山禽鳳曆伏誅萬曆三十五年繼祖姪阿克久徙金沙江外賊黨鄭舉等誘阿克作亂陰結江外會川諸蠻直陷武定大肆刦掠連破元謀羅次諸城索府印會流官知府攜印會城不能得賊以無印難號召劫推官請冠帶印信鎮撫以兵未集懼差人以府印授之賊退入武定立阿克爲知府鎮撫調集土兵分五路進勦克復武定元謀羅次祿豐嵩明等州縣禽阿克及其黨至京師磔於市武定平遂悉置流官

尋甸古滇國地僰剌蠻居之號仲劄溢源部後爲烏蠻裔斯丁所奪號斯丁部蒙氏爲尋甸至段氏改仁德部元初置仁德萬戶後改府洪武十五年定雲南仁德土官阿孔等貢馬及方物改爲尋甸軍民府十六年土官安陽來朝貢馬及虎皮氈衫等物詔賜衣服錦綺鈔錠十七年以尋甸土官沙琛爲知府二十三年置木密關守禦千戶所於尋甸之甸頭易龍驛又置屯田所於甸頭里果馬里聯絡耕種以爲邊備是後土官皆按期入貢成化十二年兵部奏土官舍人安宣聚衆殺掠命鎮守官相機撫捕十四年土知府安晟死兄弟爭襲遂改置流官嘉靖六年安銓作亂乃土舍之失職者也侵掠嵩明木密楊林等處巡撫傳習檄守巡官討之大敗賊遂陷尋甸嵩明殺指揮王昇唐功等知府馬性魯棄城走時武定鳳朝文叛銓與之合久之伏誅事詳前傳

麗江南詔蒙氏置麗水節度宋時麼些蠻蒙醋據之元初置茶罕章宣慰司至元中改置麗江路軍民總管府後改宣撫司洪武十五年置麗江府十六年蠻長木德來朝貢馬以木德爲知府羅克爲蘭州知州十八年巨津土酋阿奴聰叛劫石門關千戶浦泉戰死吉安侯陸仲亨率指揮李榮鄭祥討之賊戰敗遁入山谷捕獲誅之時木德從征又從西平侯沐英征景東定邊皆有功子世襲二十四年木德死子初當襲初守巨津州石門關與西番接境既襲職英請以初弟虧爲千夫長代守石門從之二十六年十月西平侯沐春奏麗江土民每歲輸白金七百六十兩皆麼些洞所產民以馬易金不諳眞僞請令以馬代輸從之三十年改爲麗江軍民府從春請也永樂十六年檢校麗文郁言本府及寶山巨津通安蘭州四川歸化日久請建學校從之宣德五年麗江府奏浪滄江寨蠻者保等聚衆劫掠黔國公沐晟委官撫諭不服部議再行招撫已蘭州土官羅牙等奏者保拒命請發兵討之帝命黔國公及雲南三司相機行勿緣細故激變蠻民正統五年賜知府木森誥命加授大中大夫資治少尹以征麓川功也成化十一年知府木嶔奏鶴慶千夫長趙賢屢糾羣賊越境殺掠乞調旁衞官軍禽勦命移知守臣計畫嘉靖三十九年知府木高進助殿工銀二千八百兩詔加文職三品服色給誥命四十年又進木植銀二千八百兩詔進一級授亞中大夫給誥命萬曆三十一年巡按御史宋興祖奏稅使內監楊榮欲責麗江土官退地聽採竊以麗江自太祖令木氏世官守石門以絕西域守鐵橋以斷吐蕃滇南藉爲屛藩今使退地聽採必失遠蠻之心卽令聽諭已使國家歲歲有吐蕃之防倘或不聽豈獨有傷國體疏上事得寢三十八年知府木增以征蠻軍興助餉銀二萬餘兩乞比北勝土舍高光裕例加級部覆賜三品服色巡按御史劾其違越請奪新恩從之四十七年增復輸銀一萬助遼餉泰昌元年錄增功賞白金表裏其子懿及舍目各賞銀幣有差天啟二年增以病告加授左參政致仕五年特給增誥命以旌其忠雲南諸土官知詩書好禮守義以麗江木氏爲首云

元江古西南夷極邊境曰惠籠甸又名因遠部南詔蒙氏以屬銀生節度徙白蠻蘇張周段等十姓戍之又開威遠等處置威遠睒後和泥侵據其地宋時儂智高之黨竄居於此和泥又開羅槃甸居之後爲麼些徒蠻阿僰諸部所據元時內附至元中置元江萬戶府後於威遠更置元江路領羅槃馬籠等十二部屬臨安廣西元江等處宣慰司洪武十五年改元江府十七年土官那直來朝貢象以那直爲元江知府賜襲衣冠帶十八年置因遠羅必甸長官司隸之以土酋白文玉爲副長官二十年遣經歷楊大用往元江等府練兵時百夷屢爲邊患帝欲發兵平之故也二十六年置元江府儒學二十七年知府那榮及白文玉等來朝貢永樂三年榮復入朝貢帝厚加賜予遂改爲元江軍民府給之印信榮請躬率兵及餽運往攻八百帝嘉勞之元江府又奏石屛州洛夾橋每歲江水衝壞止令本府修理民不堪乞命石屛州協治從之九年那榮率頭目人等來朝貢馬及金銀器賜予如例十二年故土知府那直子那邦入貢方物宣德五年黔國公沐晟奏元江土知府那忠被賊刀正刀龍等焚其廨宇及經歷印信今獲刀龍刀洽赴京乞如永樂故事發遼東安置以警邊夷從之命禮部鑄印給之正統元年因遠羅必甸長官司遣人來朝貢馬正德二年以那端襲土知府嘉靖二十五年土舍那鑑殺其姪土知府那憲奪其印并收因遠驛印記巡撫應大猷以聞命鎭巡官發兵勦之二十九年那鑑懼密約交蠻武文淵謀亂撫按官胡奎林應箕總兵官沐朝弼以聞請以副使李維參政胡堯時督兵勦之制可那鑑益縱兵攻掠村寨沐朝弼與巡撫石簡調武定北勝亦佐等土漢兵分五哨調兵既集朝弼與簡駐臨安分部進兵破木龍寨降甘莊賊勢漸蹙那鑑遣經歷張維及生儒數人詣南美監督王養浩所乞降時左布政徐樾以督餉至南美樾迂闊聞維言謂鑑誠計窮乃約翼日令鑑面縛出城來降左右咸謂夷詐不可信樾不聽如期親率百人往城下受降鑑縱象馬夷兵突出衝之樾及左右皆死巡按趙炳然以聞并參朝弼簡及養浩等失事罪帝降敕切責褫簡職養浩等各住俸剋期捕賊贖罪朝弼與簡乃督集五哨兵環元江而壁令南美哨督兵渡江攻城選路通哨甘莊哨各精卒二千佐之那鑑知二哨精卒悉歸南美潛遣兵象乘虛衝路通哨官兵不意賊至倉猝燒營走監督郝維嶽奔入甘莊哨甘莊亦大潰督哨李維亦遁惟餘南美逼城而軍武定女土官瞿氏寧州土舍祿紹先廣南儂兵頭目陸友仁咸恨那鑑戕主奪嫡誓死不退督哨王養浩因激獎之翼日鼓譟攻城賊大敗閉門不出官兵圍之鑑乞降官兵懲徐樾之敗不應城中析屋而爨斗米銀三四錢時瘴毒起大兵乃復撤期秋末征之朝弼以事聞帝定二哨失事諸臣罪行撫臣厚賞瞿氏祿紹先陸友仁等敕朝弼會同新撫臣鮑象賢鳩兵討賊三十二年象賢至鎭調集土漢兵七萬人廣集糧運剋期分哨進勦元江爲必取計那鑑懼伏藥死象賢檄百戶汪輔入城撫諭其衆禽其賊首及戕土官那憲之阿捉殺布政徐樾之光龍光色等皆斬首以獻鑑子恕輸所占那旂封鑾等村寨并出所掠鎭沅府印納象十二隻輸屢歲逋賦象賢命官民推那氏當立者衆舉前土官那端從孫從仁象賢疏言其狀請廢恕貸其死命從仁暫統其衆加汪輔以千戶職從之萬曆十三年以元江土舍那恕招降車里功許襲祖職賞銀幣領長官司一曰因遠羅必甸

永昌古哀牢國漢武帝時置不韋縣東漢置瀾滄郡尋改永昌郡唐屬姚州後爲南詔蒙氏所據歷段氏高氏皆爲永昌府元初於永昌立三千戶所隸大理萬戶所至元間置永昌州尋爲府隸大理路置金齒等處宣撫司洪武十五年定雲南立金齒衞以元雲南右丞觀音保爲金齒指揮使賜姓名李觀十六年永昌州土官申保來朝詔賜錦二匹織金文綺二匹衣一襲及鈒花銀帶韡襪十七年以申保爲永昌府同知四月金齒土官段惠遣把事及其子弟來貢賜綺帛鈔有差置司甸長官司以土酋阿千爲副長官賜冠帶十八年置金齒衞指揮使司二十年遣使諭金齒衞指揮儲傑嚴武李觀曰金齒遠在邊徼土民不遵禮法爾指揮李觀處事寬厚名播蠻中爲諸蠻所愛然其下多恃功放恣有乖軍律故特命傑武輔之觀之寬可以綏遠傑武之嚴可以馭下敕至其整練諸軍以觀外變二十三年罷永昌府改金齒衞爲軍民指揮使司時西平侯沐英言永昌居民鮮少宜以府衞合爲軍民使司從之置鳳谿長官司以永昌府通判阿鳳爲長官二十四年置永平衞永樂元年賜金齒土官百戶汪用鈔一百錠綵幣四表裏以西平侯沐晟遣用招安罕的法故賞之洪熙元年金齒軍民指揮使司及騰衝守禦千戶所等土官貢馬賜鈔幣宣德五年設金齒軍民指揮司騰衝州置土知州一員時騰衝守禦所土官副千戶張銘言其地遠在極邊麓川宣慰思任發不時侵擾乞設州治帝從之卽以銘爲騰衝知州八年置騰衝州庫扛關庫刀關庫勒關古湧二關先是騰衝州奏本州路通麓川緬甸諸處人

民逃徙者多有慢差發貢獻舊四百夫長隸騰衝千戶所其庫扛關等五處皆軍民兼守今四百夫已隸本州止州民守之乞於五處置巡檢司以土軍尹黑張保李輔郭節等爲巡檢正統二年以非額革之嘉靖元年復設永昌軍民府領州一縣二其長官司二曰施甸曰鳳谿

新化本馬龍他郎二甸阿僰諸部蠻據之元憲宗時內附立爲二千戶所隸寧州萬戶府至元間以馬龍等甸管民官併於他郎甸置司隸元江路洪武初改名馬龍他郎甸長官司直隸雲南布政司後陞爲新化州十七年以普賜爲馬龍他郎甸副長官宣德八年故長官普賜弟土舍普寧等來朝貢馬賜鈔幣八月黔國公沐晟奏摩沙勒寨萬夫長刀甕及弟刀眷糾蠻兵侵占馬龍他郎甸長官司衙門殺掠人民請遣都督同知沐昂討之帝命遣人撫諭但得刀甕母擾平民正統二年晟等奏甕不服招撫請調附近官土兵令都督昂勦捕帝以蠻衆仇殺乃其本性可仍撫諭之事遂不竟其地有馬龍諸山居摩沙勒江右兩岸束隘如峽地勢極險故改州以鎮之

威遠唐南詔銀生府地舊爲濮落雜蠻所居大理時爲百夷所據元至元中置威遠州洪武十五年平雲南後改威遠蠻棚府爲威遠州三十五年以土官刀算黨爲威遠知州永樂二年算黨爲車里所擄奪其地命西平侯諭之乃還算黨并侵地三年算黨進象馬方物謝頒降敕諭金字紅牌賜之金帶織金文綺襲衣及銀鈔錦幣二十二年土官刀慶罕等來朝貢馬及方物賜慶罕鈔八十錠紵絲羅紗及頭目以下皆有加宣德三年刀慶罕遣頭目招剛刀著中等來貢賜予如例就令齎敕及織金紵絲紗羅賜之仍給信符勘合底簿八年威遠州奏其地與車里接境累被各土官劫掠播孟賓當要衝乞置巡檢司以把事劉禧爲巡檢從之正統二年土知州刀蓋罕遣人貢馬及銀器賜綵幣等物并以新信符給之正統六年給威遠土知州刀蓋金牌命合兵勦麓川叛寇以捷聞敕曰叛寇思任發侵爾境土脅爾從逆爾母招曩猛能秉大義効忠朝廷悉出金貲分賚頭目爾母子躬擐甲冑賈勇殺賊斬其頭目派罕追逐餘賊過江溺死數千斬首數百得其戰艦戰象仍留兵守賊所據江口地忠義卓然深足嘉尚今特陞爾正五品授奉政大夫修正庶尹封爾母爲太宜人俱錫誥命銀帶及綵幣表裏酬爾母子勛勞陶孟刀孟經等亦賜賚有差爾宜益勉忠義以副朕懷時西南諸部多相仇殺所給金牌信符燒燬不存景泰六年刀蓋罕隴乃吾等來朝貢因命其管屬本州人民復給與金牌信符織金文綺賜敕諭遣之成化元年威遠州土舍刀朔罕遣頭目刀昔思貢象馬并金銀器賜予如例其俗勇健男女走險如飛境內有河汲水練炭上卽成鹽無秤斗以簍計多寡量之

北勝唐貞元中南詔異牟尋始開其地名北方睒從瀰河白蠻及羅落麼些諸蠻以實其地號成偈睒又改名善巨郡宋時大理段氏改爲成紀鎮元初內附至元中置施州尋改北勝州後爲府隸麗江路軍民宣撫司洪武十五年改爲州隸鶴慶府後屬瀾滄衛永樂五年土官百夫長楊克卽牙舊來貢馬賜鈔幣宣德四年土判官高琳子瑛來貢方物請襲父職十年土知府高瑛來朝貢賜鈔幣正統七年以北勝州直隸雲南布政司設流官吏目一員以州蠻苦於瀾滄衛官軍侵漁也萬曆四十八年北勝州土同知高世懋死異母弟世昌襲其族姪蘭妄稱世昌奸生訟之官不聽世昌懼逼走麗江避之尋還至瀾滄宿客舍蘭圍而縱火殺其家七十餘人發其祖父墓自稱欽授把總大掠麗江知府木增請討之謂法紀弁髦尾大不掉不治將有隱憂上官嘉其義調增率其部進勦獲蘭梟之

灣甸蠻名細睒元中統初內附屬鎮康路洪武十七年置灣甸縣永樂元年三月設灣甸長官司以西平侯沐晟奏地近麓川地廣人稠故也尋仍改爲灣甸州以土官刀景發爲知州給印章金牌并置流官吏目一員四年帝以灣甸道里險遠每歲朝貢令自今三年一貢著爲令如慶賀謝恩之類不拘此例六年刀景發遣人來朝貢馬及方物賜鈔幣七年刀景發子景懸等來朝貢馬賜予如例宣德八年以土官刀景項弟景辦法繼兄職州有流官吏目一員州鄰木邦順寧日以侵削成化五年灣甸州土官舍人景拙法遣使刀胡猛等來朝貢象馬并金銀器賜宴并衣服綵幣有差萬曆十一年土官景宗眞率弟宗材導木邦叛賊罕虔入寇姚關宗眞死於陣禽宗材斬之景眞子幼貸死降爲州判官後從討猛廷瑞有功復舊職灣甸地多瘴有黑泉漲時飛鳥過之輒墮

鎮康蠻名石睒本黑僰所居元中統初內附至元十三年立鎮康路軍民總管府領三甸洪武十五年改爲鎮康府十七年改爲州永樂二年遣官頒信符及金字紅牌於鎮康州七年以灣甸同知曩光爲知州初鎮康地隸灣甸曩光請增設署所故有是命九年以中官徐亮使西南蠻曩光阻道詔責之至是遣人來朝謝罪十四年鎮康州長官司遣人貢馬賜鈔幣二十一年知府刀孟廣來朝貢馬宣德三年賜鎮康州土目刀門淵等鈔幣有差成化五年知州刀門戛遣使貢馬及金銀器賜予如例及妻鎮康後亦爲木邦順寧所侵削隆慶間知州悶坎者罕虔妻以女因附虔歸緬坎敗死其弟悶恩歸義恩死子悶枳襲木邦思禮誘之歸緬不從天啟二年木邦兵據喳哩江枳奔姚關守備遣官撫之乃退

大侯蠻名孟祐百夷所居元中統初內附屬麓川路洪武二十四年置大侯長官司永樂二年頒給信符金字紅牌三年大侯長官司長官刀奉偶遣子刀奉董貢馬及銀器賜鈔幣六年長官刀奉偶遣弟不納狂來貢賜予如例宣德四年陞大侯長官司爲大侯州以土官刀奉罕爲知州時刀奉罕奏大侯蠻民復業者多歲納差發銀二百五十兩灣甸鎮康二長官民少歲納差發銀各百兩永樂中俱陞爲州乞援二州例帝諭吏部曰大侯民多復業亦其長官善撫綏也宜增秩旌之故有是命八年大侯州入貢遣內官雲仙往撫之并賜錦綺有差正統三年土官刀奉漢子刀奉送來貢命齎敕并織金文綺絨錦諸物賜刀奉漢并及其妻初奉漢令把事傳永瑤來朝貢馬奏欲與木邦宣慰罕門法共起土兵十萬協同征勦麓川乞賜金牌信符以安民心特賜之復降敕嘉獎七年敕刀奉漢子刀奉送襲大侯知州賜冠帶印章綵段表裏以奉送能率土兵助討麓川也十一年大侯知州奉外法等貢銀器象馬賜綵幣衣服有差十二年敕賜大侯州奉敬法刀奉送等并其妻綵幣命來使齎與之萬曆中土目奉學殺於順寧知府猛廷瑞後巡撫陳用賓誣奏廷瑞與學反狀廷瑞斬奉學首以獻學兄赦守大侯如故子奉先與其族舍猛麻奉恭爭殺抗命次年討平之改爲雲州設流官

瀾滄元爲北勝州地洪武中屬鶴慶府二十八年置瀾滄衛二十九年於州南築城置今衛司領北勝浪渠永寧三州永樂四年以永寧州陞爲府正統七年以北勝州直隸布政司今衛只領州一弘治十一年福建布政李韶以前任雲南參議知土俗事宜上疏言四事一謂瀾滄衛與北勝州同一城地域廣遠與四川建昌西番野番相通迺年西番土舍章輗等倚恃山險招服野番千餘家爲莊戶遂致各番生拗動輒殺人州官無兵不能禁止衛官大廢軍政恬不加意又姚安府大羅衛賓川州地方有賊穴六七軍民受害請添設兵備副使於瀾滄衛城以姚安大羅賓川鶴麗大理洱海景東諸府州衛所皆令屬之於野番則用撫流民法於賊巢則用立保甲法朝夕經理則內外寇患皆可弭矣因從其議設兵備副使一員於瀾滄城

麓川平緬元時皆屬緬甸緬甸古朱波地也宋寧宗時緬甸波斯等國進白象緬甸之名自此始緬在雲南之西南最窮遠與八百國占城接境有城郭室屋人皆樓居地產象馬元時最強盛元嘗遣使招之始入貢洪武六年遣使田儼程斗南張禕錢允恭齎詔往諭至安南留二年以道阻不通有詔召之惟儼還餘皆道卒十五年大兵下雲南進取大理下金齒平緬與金齒壤地相接土蠻思倫發聞之懼遂降因置平緬宣慰使司以倫發爲宣慰使十七年八月倫發遣刀令孟獻方物并上元所授宣慰使司印詔改平緬宣慰使爲平緬軍民宣慰使司竝賜倫發朝服冠帶及織金文綺鈔定尋改平緬軍民宣慰使司爲麓川平緬宣慰使司麓川與平緬連境元時分置兩路以統其所部至是以倫發遣使貢命兼統麓川之地十八年倫發反率衆寇景東都督馮誠率兵擊之值天大霧猝遇寇失利千戶王昇戰死二十年敕諭西平侯沐英等曰近御史李原德歸自平緬知蠻情詭譎必爲邊患符到可卽於金齒楚雄品甸及瀾滄江中道葺壘深池以固營柵多置火銃爲守備寇來勿輕與戰又以往歲人至百夷多貪其財貨不顧事理貽笑諸蠻繼今不許一人往平緬卽文移亦愼答之毋忽明年倫發誘羣蠻入寇馬龍他郎甸之摩沙勒寨英遣都督甯正擊破之斬首千五百餘級倫發悉舉其衆號三十萬象百餘寇定邊欲報摩沙勒之役新附諸蠻皆爲盡力英選師三萬亟趨至賊列象陣搏戰英列弩注射突陣大呼象多傷其蠻亦多中矢斃蠻氣稍縮次日英率將士益置火鎗神機箭更番射象奔賊大敗擣其寨斬首三萬餘級降卒萬餘人象死者半生獲三十有七倫發遁以捷聞帝遣使諭英移師逼景東屯田固壘以待大軍集勿輕受其降二十二年倫發遣把事招綱等來言往者逆謀皆由把事刀廝郎刀廝養所爲乞貸死願輸貢賦雲南守臣以聞乃遣通政司經歷楊大用齎敕往諭思倫發修臣禮悉償前日兵費庶免問罪之師倫發聽命遂以象馬白金方物入貢謝罪大用并令獻叛首刀廝郎等一百三十七人平緬遂平自是

三年每來朝貢二十七年倫發來朝貢馬象方物已遣京衞千戶郭均英往賜思倫發公服幞頭金帶象笏二十八年緬國王使來言百夷屢以兵侵奪其境明年緬使復來訴帝遣行人李思聰等使緬國及百夷思倫發聞詔俯伏謝罪願罷兵適其部長刀榦孟叛思聰以朝廷威德諭其部衆叛者稍退思倫發欲倚使者服其下强留之以象馬金寶爲賂思聰諭却之歸述其山川人物風俗道路之詳爲百夷傳紀以進帝褒之初平緬俗不好佛有僧至自雲南善爲因果報應之說倫發信之又有金齒戍卒逃入其境能爲火銃火砲之具倫發喜其技能俾繫金帶與僧位諸部長上刀榦孟等不服遂與其屬叛攻騰衝倫發率其家走雲南西平侯沐春遣送至京師帝憫之命春爲征南將軍何福徐凱爲副將軍率雲南四川諸衞兵往討刀榦孟并遣倫發歸駐潞江上招諭其部衆賜倫發黃金百兩白金百五十兩鈔五百錠又敕春曰思倫發窮而歸我當以兵送還若至雲南先遣人往諭榦孟毋怙終不臣必歸而主倘不從則聲罪討之時榦孟既逐倫發亦懼朝廷加兵乃遣人詣西平侯請入貢春以聞三十一年奏榦孟欲假朝廷威以拒忽都其言入貢未可信帝遣人諭春曰遠蠻詭詐誠有之姑從所請審度其宜毋失事機春以兵送倫發於金齒使人諭刀榦孟榦孟不從遣左軍都督何福瞿能等將兵五千討之踰高良公山直擣南甸大破之殺刀名孟斬獲甚衆回兵擊景罕寨寨憑高據險堅守不下官軍糧械俱盡賊勢益張福使告急於春春率五百騎往救乘夜至潞江詰旦渡率騎馳躙揚塵蔽天賊不意大軍至驚懼遂破之乘勝擊崆峒寨賊夜潰榦孟遣人乞降事聞朝廷以其狡詐命春俟變討之春尋病卒榦孟竟不降又命都督何福往討未幾禽榦孟歸倫發始還平緬踰年卒永樂元年思倫發子散朋來朝貢馬賜絨錦織金文綺紗羅幷傔從鈔有差二年遣內官張勤等頒賜麓川麓川平緬木邦孟養俱遣人來貢各賜之鈔幣時麓川平緬宣慰使思行發所遣頭目刀門賴訴孟養木邦數侵其地禮部請以孟養木邦朝貢使付法司正其罪帝謂蠻衆攻奪常事執一二人罪之不足以革其俗且曲直未明遽罪其使失遠人心命西平侯諭之遣員外郎左緝使八百國幷使賜麓川平緬宣慰冠帶襲衣五年麓川平緬所隷孟外頭目刀發孟來朝貢象及金器散朋亦貢馬各賜鈔幣六年思行發貢馬方物謝賜金牌信符黔國公沐晟言麓川平緬所隷孟外陶孟土官刀發孟之地爲頭目刀薛孟侵據請命思行發諭刀薛孟歸侵地從之七年行發來貢遣中官雲仙等齎敕賜金織文綺紗羅至麓川行發失郊迎禮仙責之行發惶懼九年遣刀門柰來貢謝罪帝貸之仍命宴勞其使并遣賜行發文錦金織紵絲紗羅十一年行發請以其弟思任發代職從之任發遣頭目刀弄發貢象六馬百匹及金銀器皿等物謝恩二十年任發遣使奉表來貢幷謝侵南甸州罪遣中官雲仙齎賜幷敕戒之洪熙元年遣內官段忠徐亮以卽位詔諭麓川宣德元年遣使諭西南夷賜麓川錦綺有差以其勤修職貢也時麓川木邦爭界各訴於朝就令使者諭解之俾安分毋侵越黔國公沐晟奏麓川所屬思陀甸火頭曲比爲亂請發兵討帝命姑撫之置麓川平緬宣慰司所轄大店地驛丞一員以土人刀捧怯爲之從宣慰刀暗發奏也三年雲南三司奏麓川宣慰使思任發奪南甸州地請發兵問罪帝命晟同三司巡撫詳計以聞敕任發保境安民不得侵鄰疆陷惡逆以滋罪咎晟以任發侵奪南甸騰衝之罪不可宥請發官軍五萬及諸土兵討之帝以交阯四川方用兵民勞未息宜再行招諭不得已其調雲南土官軍及木邦宣慰諸蠻兵勦之八年遣內官雲仙齎敕至麓川賜思任發幣物諭其勿與木邦爭地抗殺正統元年免麓川平緬軍民宣慰司所欠差發銀二千五百兩以任發奏其地爲木邦所侵百姓希少無從辦納部執不可帝特蠲之初洪武間克平雲南惟百夷部長思倫發未服後爲頭目刀榦孟所逐赴京陳訴命爲宣慰回居麓川分其地設孟養木邦孟定三府隷雲南設潞江干崖大侯灣甸四長官司隷金齒永樂元年陞孟養木邦爲宣慰司孟養宣慰刀木旦與鄰境仇殺而死緬甸乘機幷其地未幾緬甸宣慰新斯加又爲木邦宣慰所殺時倫發已死子行發襲亦死次子任發襲爲麓川宣慰狡獪愈於父兄差發金銀不以時納朝廷稍優容之會緬甸之危任發侵有其地遂欲盡復其故地稱兵擾邊侵孟定府及灣甸等州殺掠人民而南甸知州刀貢罕亦奏麓川奪其所轄羅卜思莊等二百七十八村於是晟奏思任發連年累侵孟定南甸干崖騰衝潞江金齒等處自立頭目刀珍罕土官早亨等相助爲暴叛形已著近又侵及金齒勢甚猖獗已遣諸衞馬步官軍至金齒守禦乞調大兵進討朝命選將廷臣舉右都督方政都督僉事張榮往雲南協同鎭守右都督晟率兵討之任發方修貢冀緩師而晟遽信其降無渡江意任發乃遣衆萬餘奪潞江沿江造船三百艘欲取雲龍又殺死甸順江東等處軍餘殆盡帝以賊勢日甚責晟等玩寇養患政亦至軍欲出戰晟不可政造舟欲濟師晟又不許政不勝憤乃獨率麾下與賊將緬簡戰破賊舊大寨賊奔景罕指揮唐淸復擊破之又追之高黎共山下共斬三千餘級乘勝深入逼任發上江上江賊重地也政遠攻疲甚求援於晟晟怒其違節制渡江不遣久之以少兵往至夾象石又不進政追至空泥知晟不救賊出象陣衝擊軍殲政死焉晟聞敗乃請益軍帝遣使者責狀仍調湖廣官軍三萬一千五百人貴州一萬人四川八千五百人令吳亮馬翔統之至雲南聽晟節制仍敕晟豫籌糧糈而晟懼罪暴卒時任發兵愈橫犯景東剽孟定殺大侯知州刀奉漢等千餘人破孟賴諸寨孟璉長官司諸處皆降之任發仍遣人以象馬金銀來修貢復致番書於雲南總兵官謂始因潞江安撫司線舊法相邀報仇其後線舊法乃誣已爲入寇致大軍壓境惶恐無地今欲遣使謝罪乞爲導奏帝降敕許赦其罪時刑部侍郎何文淵疏請罷麓川師命下廷臣議於是行在兵部尚書王驥及英國公張輔等皆以爲麓川負恩怙惡在所必誅須更選將練兵以昭天討如思任發早自悔禍縛詣軍門生全之恩取自上裁帝然之已而侍講劉球復以息兵請如文淵議部覆以麓川之征已有成命報聞六年以定西伯蔣貴爲平蠻將軍都督李安劉聚副之以兵部尚書王驥總督雲南軍務大會諸道兵十五萬討之時任發遣賊將刀令道等十二人率衆三萬餘象八十隻抵大侯州欲奪景東威遠而驥將抵金齒任發遣人乞降驥受之密令諸將分道入右參將冉保從東路攻細甸灣甸水寨入鎭康趨孟定驥與貴由中路至上江會騰衝左參將宮聚自下江據夾象石至期合攻之賊拒守嚴銃弩飛石交下如雨次日乘風焚其柵火竟夜不息官軍力戰拔上江寨斬刀放戛父子禽刀孟項前後斬馘五萬餘以捷聞七年驥率兵渡下江通高黎貢山道至騰衝留都督李安領兵提備驥由南甸至羅卜思莊前軍抵於木籠時任發率衆二萬餘據高山立硬寨連環七營首尾相應驥遣宮聚劉聚分左右翼緣嶺上驥將中軍橫擊之賊遁軍進馬鞍山擣賊寨寨兩面拒江壁立周迴三十里皆立柵開塹軍不可進而賊從間道潛師出馬鞍山後驥戒中軍毋動命指揮方瑛率精騎六千突入賊寨斬首數百級復誘敗其象陣而從東路者合木邦人馬招降孟通諸寨元江同知杜凱等亦率車里及大侯蠻兵五萬招降孟璉長官司幷攻破烏木弄戛邦等寨斬首二千三百餘級齊集麓川守西峨渡就通木邦信息百道環攻復縱火焚其營賊死不可勝算任發父子三人幷挈其妻孥數人從間道渡江奔孟養搜獲原給虎符金牌信符宣慰司印及所掠騰衝千戶等印三十二麓川平捷聞命還師時任發敗走孟蒙復爲木邦宣慰所擊追過金沙江走孟廣緬甸宣慰卜剌當亦起兵攻之帝命木邦緬甸能効命禽任發獻者卽以麓川地與之未幾任發爲緬人禽緬人挾之求地其子思機發窮困乞來朝謝罪先遣其弟招賽入貢帝命遣還雲南安置機發窺大兵歸圖恢復據麓川出兵侵擾於是復命王驥蔣貴等統大軍再征麓川驥率師至金齒機發遣頭目刀籠肘偕其子詣軍門求降驥遣人至緬甸索任發緬佯諾不遣驥至騰衝與蔣貴沐昂分五營進緬人亦聚衆待驥欲乘大師攻之兒其衆盛未易拔又恐多一麓川敵乃宣言犒師而命貴潛焚其舟數百艘進師薄之緬甸堅執前詔必予地乃出任發復詭以機發致仇爲解驥乃趨者藍擣機發巢破之機發脫走俘其妻子部衆立隴川宣慰司而歸時思機發竊據孟養負固不服自如也十一年緬甸始以任發及其妻孥三十二人獻至雲南任發於道中不食垂死千戶王政斬之函首京師其子機發屢乞降遣頭目刀孟永等修朝貢獻金銀言蒙朝廷調兵征討無地逃死乞貸餘生詞甚哀帝命受其貢因敕總兵官沐斌及參贊軍務侍郎楊寧等以朝廷旣貸思機發以不死經畫善後長策以聞幷賜敕諭思機發十二年總兵官黔國公沐斌奏臣遣千戶明庸齎敕招諭思機發以所遣弟招賽未歸疑懼不敢出近緬甸以機發掠其牛馬金銀欲進兵攻取臣等議遣人分諭木邦緬甸諸宣慰司令集蠻兵剋期過江分道討機發臣等率官軍萬人駐騰衝以助其勢賊四面受敵必成禽矣從之已命授機發弟招賽爲頭目給冠帶月糧房屋隸錦衣衞其從人俱令於馴象所供役先是招賽安置雲南其黨有欲稱亂者乃命招賽來京且冀以招徠機發也帝旣命雲南出兵勦機發及沐斌等至騰衝督諸軍追捕機發終不出潛匿孟養遣其徒來貢許以恩貸復不至斌以春瘴作江漲不可渡糧亦乏引兵還帝以斌師出無功復命兵部尚書靖遠伯王驥總督軍務都督同知宮聚佩平蠻將軍印率南京雲南湖廣四川貴州官軍土軍十三萬人往討之至

是驥凡三征麓川矣帝密諭驥曰萬一思機發遠遁則先禽刀變蠻平其巢穴或遁入緬地緬人黨蔽亦相機禽之庶蠻衆知懼大軍不爲徒出又敕諭弒軍事悉與驥會議而行又敕諭木邦緬甸南甸千崖隴川等宣慰司罕蓋發等各整兵備船積糧以俟調度十四年驥率諸將自騰衝會師由千崖造舟至南牙山舍舟陸行抵沙壩復造舟至金沙江機發於西岸埋柵拒守大軍順流下至管屯適木邦緬甸南宣慰兵十餘萬亦列於沿江兩岸緬甸備舟二百餘爲浮梁濟師併力攻破其柵寨得積穀四十萬餘石軍飽銳氣增倍賊傾衆至鬼哭山築大寨於兩峰上築二寨爲兩翼又築七小寨綿亘百餘里官軍分道竝進皆攻拔之斬獲無算而思機發思卜發復奔遁時王師踰孟養至孟那孟養在金沙江西去麓川千餘里諸部皆震讐曰自古漢人無渡金沙江者今王師至此眞天威也驥還兵其部衆復擁任發少子祿據孟養地爲亂驥等慮師老度賊不可滅乃與思祿約許土目得部勒諸蠻居孟養如故立石金沙江爲界誓曰石爛江枯爾乃得渡思祿亦懼聽命乃班師捷聞帝爲告廟云景泰元年雲南總兵官沐璘奏緬甸宣慰已禽獲思機發又將思卜發放歸孟養恐緬人復挾爲奇貨不若緩之聽其自獻便從之五年緬人索舊地左參將胡誌等諭以銀戛等處地方與之乃送思機發及其妻孥六人至金沙江村誌等檻送京師南寧伯毛福壽以聞乃誅思機發於京師七年任發子思卜發奏臣父兄犯法時臣幼無知今不敢如父兄所爲甚畏朝廷法謹備差發銀五百兩象三馬六及方物等遣使人入貢惟天皇帝主哀憐因賜敕戒諭并賚思卜發與妻錦幣及其使鈔幣有差成化元年總兵官沐瓚等以思任發之孫思命發至京師乃逆賊遺孽不可留請發沿海登州衞安置月給米二石從之麓川亡先是麓川之初平也分其地立隴川宣撫使司因以恭項爲宣撫使恭項者故麓川部長首先歸順効力有功因命於麓川故地開設宣撫已頭目曩漢等復來歸願捕賊自効帝命還守本土有功卽加敘諸凡來歸者視此例遂以刀歪孟爲本司同知刀落曩爲副使隴帚爲僉事俱賜冠帶從宣撫恭項請也恭項子恭立來貢給賜如例并授恭立爲長史未幾隴川宣撫失印請再給帝責恭項以不能宣揚國威反失印罪應不宥姑從寬須給時板蹇擄者藍寨侵擾隴川百夫長刀門線刀木立進兵圍之斬板蹇等二十三人命賜有功者皆爲冠帶把事并賚織金文綺正統十一年木邦宣慰罕蓋發來求麓川故地有司以已設隴川宣撫司建官分管以孟止地予之報可十二年敕諭恭項言比者總兵奏爾與百夫長刀木立相仇殺人民懷怨欲謀害爾父子今遷爾於雲南俾不失所且遣官護爾家屬完聚其體憫恤無懷疑懼既而總兵官言隴川致亂皆由恭項暴殺無辜刻虐蠻人同知刀歪孟爲蠻衆信服乞安置項於別衞以刀歪孟代帝以恭項來歸屈法宥之命於曲靖安置并遣敕往諭景泰七年隴川宣撫多外悶遣人貢象馬及金銀器皿方物賜綵幣襲衣如例仍命賚敕賜之以多外悶初修朝貢故也成化十九年以隴川宣撫司多歪孟子亨法代職初隴川與木邦相鄰爭地仇殺搆兵不息嘉靖中土舍多鯨刃兄自襲下鎭巡官按問伏辜還職兄子多參詔貫其罪并戒木邦罕孟毋得復黨鯨爭職萬曆初緬甸莽瑞體叛來招隴川宣撫多士寧士寧不從其記室岳鳳者江西撫州人黠而多智商於隴川士寧信任之妻以妹鳳曲媚士寧陰奪其權與三宣六慰各土舍罕拔等歃血盟誘士寧往擺古歸附緬酋陰使其子曩烏鴆士寧并殺其妻女奪印投緬受緬僞命代士寧爲宣撫及瑞體死子應裏嗣鳳父子臣服之誘敗官軍獻士寧母胡氏及親族六百餘人於應裏盡殺之多氏之宗幾盡初鳳之附於緬也爲瑞體招諸部拒中國傷官軍逆勢寖成緬深倚之久之以緬不足恃而鄧川土知州何鈺鳳友壻也初使人招鳳鳳執使獻緬及是鈺復開示百方與之盟誓時官軍亦大集諸將劉綎鄧子龍各率勁師至環壁四面鳳懼乃合妻子及部曲來降綎責令獻金牌符印及蠻莫猛密地乃以送鳳妻子還隴川爲名分兵趨沙木籠山先據其險而自領大兵馳入隴川鳳度無可脫遂詣軍門降綎復率兵進緬緬將先遁留少兵隴川綎攻之鳳子曩烏亦降綎乃攜鳳父子往攻蠻莫蠻莫賊知鳳降馳報應裏發兵圖隴川綎乘機掩殺賊窘乞降縛緬人及象馬來獻遂招撫孟養賊賊將乘象走追獲之復移師圍孟璉生禽其魁隴川平獻俘於朝帝爲告謝郊廟時萬曆十二年九月也踰年復鑄隴川宣撫司及孟定府印陞孟密安撫爲宣撫司添設安撫司二曰蠻莫曰耿馬長官司二曰孟璉曰孟養千戶所二一居姚關一居孟淋砦皆名之曰鎭安竝鑄印記建大將行署於蠻莫從雲南巡撫劉世曾之議也於是多士寧之子思順襲隴川宣撫使二十九年莽應裏分道入犯一入遮放芒市一入臘撒蠻顙一入杉木籠竝出隴川多思順不敵奔猛卯緬初以猛卯同知多俺爲嚮導寇東路至是大軍遣木邦罕欽禽多俺殺之未幾思順死蠻莫思正乘喪襲隴川據其妻罕氏三十五年思順子安民以守將索賂叛入緬已而緬聽撫遣安民歸安民久據蠻灣桀驁甚署永騰參將周會遣二指揮襲之敗績王師亟討其族人挾其弟多安靖誅之以獻時安靖尚幼勢孤詔俟其長給之印安民弟安邦治亦附緬後寄居蠻莫其地有馬安摩黎羅木等山極險峻麓川之所恃爲巢穴者也

明史卷三百十五　　列傳第二百三

總裁官總理事務經筵講官少保兼太子太保保和殿大學士兼管吏部戶部尚書事加六級張廷玉等奉
敕修

雲南土司三

緬甸二宣慰司　干崖宣撫
潞江　南甸二宣撫司
芒市　者樂甸
茶山　孟璉卽猛臉
里麻　鈕兀
東倘　瓦甸
促瓦　散金
木邦孟密安撫司附　孟養
車里　老撾
八百二宣慰司

緬甸古朱波地宋寧宗時緬甸波斯等國進白象緬甸通中國自此始地在雲南西南最窮遠有城郭廬舍多樓居元至元中屢討之乃入貢明太祖卽位遣使齎詔諭之至南安畱二年以道阻不能達而返使者多道卒洪武二十六年八百國使人入貢言緬近其地以遠不能自達帝乃令西平侯沐春遣使至八百國王所諭意於是緬始遣其臣板南速剌至進方物勞賜之二十七年置緬中宣慰使司以土酋卜剌浪爲使二十八年卜剌浪遣使貢方物訴百夷思倫發侵奪境土二十九年復來訴帝遣行人李思聰錢古訓諭緬及百夷各罷兵守土倫發聽命會有百夷部長刀幹孟之亂逐倫發以故事得已永樂元年緬酋那羅塔遣使入貢因言緬雖遐裔願臣屬中國而道經木邦孟養多阻遏乞命以職賜冠服印章庶免欺陵詔設緬甸宣慰使司以那羅塔爲宣慰使遣內臣張勤往賜冠帶印章於是緬有二宣慰使皆入貢不絕五年那羅塔遣使貢方物謝罪先是孟養宣慰使刀木旦與戛里相攻那羅塔乘釁襲之殺刀木旦及其長子遂據其地事聞詔行人張洪等齎敕諭責那羅塔懼歸其境土而遣人詣闕謝罪帝諭禮部曰蠻既服辜其釋不問仍給以信符令三年一朝貢初卜剌浪分其地使長子那羅塔管大甸次子馬者速管小甸卜剌浪死那羅塔盡收其弟土地人民已而其弟復入小甸遣人來朝且訴其情敕諭那羅塔兄弟和好如初毋干天討六年那羅塔復遣人入貢謝罪并謝賜金牌信符勞賜遣之七年復遣中官雲仙等齎敕賜緬酋金織文綺十二年緬人來言爲木邦侵掠帝以那羅塔素强橫遣人諭之使修好鄰封各守疆界洪熙元年遣內官段忠徐亮以卽位詔諭緬甸宣德元年遣使往諭雲南土官賜緬甸錦綺二年以莽得剌爲宣慰使初緬甸宣慰使新加斯與木邦仇殺而死子弟潰散緬共推莽得剌權襲許之自是來貢者只署緬甸而甸中之稱不復見八年莽得剌遣人來貢復遣雲仙齎敕賜之并諭其勿侵木邦地正統六年給緬甸信符金牌時麓川思任發叛將討之命緬甸調兵待七年任發兵敗過金沙江走孟廣緬人攻之帝諭能禽獻賊首者予以麓川地八年總督尚書王驥奏緬甸酋馬哈省以速剌等已禽獲思任發不解至唯以麓川地爲言朝命遂有并征緬甸之命是時大師已集騰衝緬使致書期以今冬送思任發至貢章交付驥與剋期遣指揮李儀等率精騎通南牙山路抵貢章受獻而緬人送思任發者竟不至九年驥駐師江上緬人亦嚴兵爲備遣人往來江中覘官軍虛實驥以麓川未平緬難不可復作乃令總兵官蔣貴等潛焚其舟數百緬人潰驥亦班師於是總兵官沐昂奏緬恃險黨賊應加兵但滇中方連年征討財力困弊旱潦相仍糧餉不給未可輕舉臣已遣人諭緬禍福俾獻賊首緬宜聽從十二年木邦宣慰罕蓋法緬甸故宣慰子馬哈省以速剌遣使偕千戶王政等獻思任發首及諸俘馘至京并貢方物帝命馬哈省以速剌竝爲宣慰使賜敕獎勞給冠帶印信未幾以速剌奏求孟養戛里地且請大軍亟滅思任發之子思機發兄弟而已出兵爲助帝諭以機發可不戰禽宜卽滅賊以求分地弗爲他人得也景泰二年賜緬甸陰文金牌信符時以速剌久獲思機發不獻又放思卜發歸孟養朝廷知其要挾故緩之五年緬人來索地參將胡誌以銀戛等地與之乃送機發及其妻孥帝以思卜發既遠遁不必窮追仍加賞錦幣降敕褒獎成化七年鎭守太監錢

能言緬甸宣慰稱貢章孟養舊爲所轄欲復得之帝命往勘貢章係木邦隴川分治孟養係思洪發所掌非緬境乃令雲南守臣傳飭諸部而緬甸以所求地乃前朝所許貢章乃朝貢必由之途乞與之又乞以金齒軍餘李讓爲冠帶把事以備任使兵部尚書余子俊等以思洪發不聞有過豈可奪其地李讓中國人而與爲把事亦非體宜勿許帝命兵部諭其使孟養貢章是爾朝貢所由當飭邊臣往諭思洪發以通道往來不得阻遏餘勿多望弘治元年緬甸來貢且言安南侵其邊境二年遣編修劉戩諭安南罷兵然緬地鄰孟養而孟養以緬先執思任發故怨緬嘉靖初孟養酋思陸子思倫糾木邦及孟密擊破緬殺宣慰莽紀歲并其妻子分據其地緬訴於朝不報六年始命永昌知府嚴時泰衛指揮王訓往勘思倫夜縱兵鼓譟焚驛舍殺齎金牌千戶曹義時泰倉皇遁乃別立土舍莽卜信守之而去值安鳳之亂不暇究其事莽紀歲有子瑞體少奔匿洞吾母家其酋養爲己子既長有其地洞吾之南有古喇濱海與佛郎機鄰古喇酋兄弟爭立瑞體和解之因德瑞體爭割地爲獻受其約束號瑞體爲噠喇瑞體乃舉衆絕古喇糧道殺其兄弟盡奪其地諸蠻皆畏服之時滅緬者木邦孟養而與緬相抗者孟密也孟密土舍兄弟爭立訴於瑞體瑞體乃納其弟爲壻改名思忠遣歸孟密奪其兄印因假道攻孟養及迤西諸蠻以復前仇又使其黨卓吉侵孟養境後卓吉爲思箇壻猛乃頭目別混所殺瑞體怒自將攻別混父子禽之遂招誘隴川千崖南甸諸土官欲入寇旣覘知有備又慮他蠻襲其後乃遁歸於是鎭巡官沐朝弼等上其事兵部覆荒服之外治以不治噠喇已畏威遠遁傳諭諸蠻不許交通結納詔可時嘉靖三十九年也木邦土舍罕拔求襲不得怒投于緬潞江宣撫線貴聞之亦入緬瑞體自以起孤微有兵衆威加諸部中國復禁絕之遂謀內侵乃命線貴趣召隴川土官多士寧士寧言中國廣大誡勿妄動瑞體稍稍寢未幾士寧爲其下岳鳳所殺千崖宣撫刀怕舉亦死罕拔乃請瑞體入千崖千崖舉則隴川可坐定也瑞體子應裏桀黠多智言於瑞體曰隴川千崖雖無主遠難猝取孟養思箇近在肘腋又吾世仇萬一乘虛順流下禍不測瑞體深然之因借木邦兵一萬取千崖而自率兵侵孟養旣至屢爲思箇所敗思箇亦退保孟倫相持久之而隴川書記岳鳳欺其主幼私齎重賂投緬結爲父子蠻莫土目思哲亦迎附瑞體調緬兵萬餘出入於迤西界上以牽制思箇復徵木邦罕拔兵會岳鳳於隴川襲孟密萬曆元年緬兵至隴川入之岳鳳遂盡殺士寧妻子族屬受緬僞命據隴川爲宣撫乃與罕拔思哲盟必下孟密奉瑞體以拒中國僞爲錦囊象函貝葉緬文稱西南金樓白象主莽噠喇弄王書報天皇帝書中嫚辭無狀罕拔又爲緬招千崖土舍刀怕文許代其兄職怕文拒之與戰適應裏率衆二十萬分戍隴千間以其兵驟臨之怕文潰奔永昌遂取千崖印付罕拔妹以女官攝宣撫召盞達副使刀思管雷弄經歷廖元相佐之同守千崖以防中國於是木邦蠻莫隴川千崖諸蠻悉附緬獨孟養未下金騰副使許天琦遣指揮侯度持檄撫諭孟養思箇受檄益拒緬緬大發兵攻之思箇告急會天琦卒署事羅汝芳犒思箇使令先歸待援遂調兵至騰越箇聞援兵至喜令土目馬祿喇送等領兵萬餘絕緬糧道且導大兵伏戛撒誘緬兵深入箇率蠻卒衝其前而約援兵自隴川尾擊之緬兵旣敗糧又絕屠象馬以食瑞體窘甚會有陳於巡撫王凝言生事不便者凝馳使止援軍汝芳聞檄退思箇待援不至岳鳳偵知之集隴川兵二千兼程進導瑞體由間道遁去思箇追擊之緬兵大敗當是時幾獲瑞體六年廷議遣使至孟養俾思箇還所俘緬兵象幷賚以金帛好言慰諭之瑞體不謝七年永昌千戶辛鳳奉使買象於孟密思忠執鳳送緬緬遣回是年緬復攻孟養報戛撒之怨思箇以無援敗將走騰越中途爲其下所執送瑞體殺之盡幷孟養地八年巡撫饒仁侃遣人招緬緬不應十年岳鳳導緬兵襲破千崖奪罕氏印俘之俄瑞體死子應裏嗣岳鳳嗾應裏殺罕拔盡俘其衆又說應裏起兵象數十萬分道內侵十一年焚掠施甸寇順寧鳳子曩烏領衆六萬突至孟淋寨指揮吳繼勳千戶祁維垣戰死又破盞達副使刀思定求救不得城破妻子族屬皆盡且窺騰衝永昌大理蒙化景東鎭沅諸郡巡撫劉世曾請以南京坐營中軍劉綎爲騰越遊擊移武靖參將鄧子龍爲永昌參將各提兵五千赴剿幷調諸土軍應援緬亦合兵犯姚關綎與子龍大破之於攀枝花地乘勝追擊自十年十月至十一年四月斬首萬餘復率兵出隴川孟密直抵阿瓦緬將猛勺諳綎降勺瑞體弟也緬將之守隴川孟養蠻莫者皆遁去岳鳳及其子皆伏誅官軍定隴川遂歸應裏乃以其子思斗守阿瓦復攻孟養蠻莫聲言復仇副使李材備兵騰衝遣兵援之戰於遮浪大破其象陣生禽五千餘人先是蠻莫酋思化投緬材遣人招之思化降十九年應裏復率緬兵圍蠻莫思化告急會天暑軍行不前裨將萬國春夜馳至多設火炬爲疑兵緬人懼而退追敗其衆二十二年巡撫陳用賓設八關於騰衝留兵戍守募人至暹羅約夾攻緬緬初以猛卯酋多俺爲嚮導寇東路至是遣木邦罕欽禽多俺殺之遂築堡於猛卯大興屯田是年緬帥思仁寇蠻莫敗之斬其渠丙測二十三年應裏屬孟璉孟艮二土司求朝貢鎭巡以聞朝議令原差官黎景桂齎銀幣賜之至境不受詔以景桂首事貪功納侮下於理三十一年阿瓦雍罕木邦罕拔子罕榼俱入貢緬勢頓衰暹羅得楞復連歲攻緬殺緬長子莽機撾古喇殘破自此不敢內犯然近緬諸部附之如初崇禎末蠻莫思緜爲緬守曩木河及黔國公沐天波等隨永明王走蠻莫思緜使告緬緬遣人迎之傳語述萬曆時事幷出神宗璽書索今篆合之以爲僞天波出己印與先所頒文檄相比無差始信蓋自天啓後緬絕貢職無可考驗云

千崖舊名干賴睒僰人居之東北接南甸西接隴川有平川衆岡境內甚熱四時皆蠶以其絲織五色土錦充貢元中統初內附至元中置鎭西路軍民總管府領三甸洪武十五年改鎭西府永樂元年設千崖長官司二年頒給信符金字紅牌幷賜冠服三年千崖長官曩獻遣頭目奉表貢馬及犀象金銀器謝恩賜鈔幣五年設古刺驛隸千崖曩歡復遣子刀思曩朝貢賜賚如例自是三年一朝貢不絕宣德六年改隸雲南都司時長官刀弄孟奏其地近雲南都司而歲納差發銀於金齒衞路遠乞改隸而輸銀於布政司從之正統三年命仍隸金齒軍民指揮使司六年陞千崖副長官刀怕便爲長官司賜綵幣以歸附後屢立功從總兵官沐昂請也九年陞千崖爲宣撫司以刀怕便爲宣撫副使劉英爲同知從總督王驥請也弘治三年千崖土舍刀怕愈欺其姪刀怕落幼劫印奪職蠻衆不服遂起兵相攻四年按察司副使林俊同參將沐詳移文往諭始釋兵歸印事聞帝以鎭巡官不以時奏報責之嘉靖三十九年緬酋莽瑞體叛招千崖諸土官入寇萬曆初宣撫刀怕舉死妻罕氏木邦宣慰罕拔妹也拔旣叛附緬召怕舉弟怕文襲職以臣緬且許以妹怕文不受與戰緬兵十萬驟臨怕文潰奔永昌罕拔遂取千崖印付罕氏十年隴川岳鳳破千崖奪罕氏印十一年遊擊劉綎破隴川鳳降追印竟不得而千崖部衆自相承代亦莫得而考云

潞江地在永昌騰越之間南負高崙山北臨潞江爲官道咽喉地多瘴癘蠻名怒江甸至元間隸柔遠路永樂元年內附設潞江長官司其地舊屬麓川平緬西平侯奏其地廣人稠宜設長官司治之二年頒給信符金字紅牌九年潞江長官司曩壁遣子維羅法貢馬方物賜鈔幣尋陞爲安撫司曩壁來朝貢象馬金銀器謝恩宣德元年曩壁遣人貢馬請改隸雲南布政司從之遣中官雲仙齎敕及綺幣賜曩壁三年黔國公沐晟奏潞江千夫長刀不浪班叛歸麓川劫潞江逐曩壁入金齒據潞江驛逐驛丞周禮立寨固守斷絕道路請發兵討帝敕晟與三司計議五年晟奏刀不浪班懼罪還所據地歸舊部輸役如故乞宥之報可是年置雲南廣邑州時雲仙還言金齒廣邑寨本永昌副千戶阿干所居千嘗奉命招生蒲五千戶向化今千孫阿都魯同蒲酋莽塞等詣京貢方物乞於廣邑置州使阿都魯掌州事以熟蒲井所招生蒲屬之帝從之遂以阿都魯爲廣邑州知州莽塞爲同知鑄印給之八年改金齒永昌千戶所爲潞江州隸雲南布政司以千夫長刀珍罕爲知州刀不浪班爲同知置吏目及淸水關巡檢各一員正統三年從黔國公沐晟奏改潞江安撫司仍隸金齒悉還舊制五年安撫使線舊法以麓川思任發叛來告諭整兵以俟未幾麓川賊遣部衆奪據潞江殺傷官軍潞江遂削弱正德十六年安撫司土官安捧奪其從弟掩莊田三十八所掩訟於官不報捧遂集蠻兵圍掩寨縱火屠掠掩母子妻妾及蠻民男婦死者八十餘人據有其地官軍誘執之捧死於獄帝命戮屍棄市其子詔及黨與皆斬天啓間有線世祿者繼襲安撫

南甸宣撫司舊名南宋在騰越南半箇山下其山巔北多霜雪南則炎瘴如烝元置南甸路軍民總管府領三甸洪武十五年改南甸府永樂十一年改爲州隸布政司宣德三年南甸爲麓川侵奪有司請討不許降敕誡諭麓川俾還侵地五年南甸州奏先被麓川宣慰司奪其境土賴朝廷威力復之若不置官司以正疆界恐侵奪未厭乞置四巡檢司鎭之帝命吏部除官八年又奏與麓川接境舊十二百夫長在騰衝千戶所時賴邦哈等處軍民兼守後麓川侵據不守者十餘年今蒙敕諭還竊恐再侵百姓逃移乞於賴邦哈九浪莽孟洞三處各置巡檢以土軍楊義等三人爲之命下三司勘覆授之正統二年土知州刀貢罕奏麓川思任發奪其所轄羅卜思莊二百七十八村乞遣使齎金牌信符諭之退還帝敕沐晟處置奏聞麓川之役自是起九年陞州爲

宣撫司以知州刀落硬爲宣撫使通判劉思勉爲土同知六年頒給金牌信符勘合加敕諭之十年免所欠差發銀兩令安業後仍前科辦天順二年復置南甸驛丞一人以土人爲之時宣撫刀落蓋奏南寧伯毛勝遣騰衝千戶藺愈占其招八地逼民逃竄敕雲南三司官同巡按御史詣其地體勘以所占田寨退還治勝愈罪南甸所轄羅卜思莊與小隴川皆百夫長之分地知事謝氏居曩宋悶氏居盞西屬部直抵金沙江地最廣司東十五里曰蠻干宣撫世居之南百里有關立木爲柵周一里曰南牙甚高山勢延袤一百餘里官道經之上有石梯蠻人據以爲險

芒市舊曰怒謀又曰大枯睒小枯睒在永昌西南四百里即唐史所謂茫施蠻也元中統初內附至元十三年立茫施路軍民總管府領二甸洪武十五年置茫施府正統七年總兵官沐晟奏芒市陶孟刀放革遣人來訴與叛寇思任發有讐今任發已遁去思機發兄弟三人來居麓川者藍地方願禽以獻兵部言放革先與任發同惡今勢窮乃言結讐譎詐難信宜敕諭放革如能去逆效順當密調土兵助勦機發從之八年機發令其黨涓孟車等來攻芒市爲官軍所敗放革來降靖遠伯王驥請設芒市長官司以陶孟刀放革爲長官隸金齒衛成化八年木邦曩罕弄亂掠隴川救芒市等長官司整兵備調萬曆初長官放福與隴川岳鳳聯姻導緬寇松坡營事覺伏誅立舍目放緯領司事轄於隴川芒市川原廣邈田土富饒而人稍肥弱云

者樂甸本龍馬他郎甸猛摩地名者島洪武末內附隸雲南布政司永樂元年設者樂甸長官司改隸雲南都司以沐晟言其地廣人稠也十八年長官刀談來朝貢馬自是皆以刀氏世領司事其地山險多瘴介於鎮沅元江景東間日事攻戰鎧械犀利兵寡而勍諸部畏憚之

茶山長官司永樂二年頒給信符金字紅牌八年長官早張遣人貢馬宣德五年置滇灘巡檢司以長官司奏滇灘當茶山瓦高之衝蠻寇出沒民不能安通事段勝頗曉道理能安人心乞置司以勝爲巡檢從之

孟璉長官司永樂四年四月設時孟璉頭目刀派送遣子壞罕來言孟璉舊屬麓川平緬宣慰司後隸孟定府而孟定知府刀名扛亦故平緬頭目素與等夷乞改隸遂設長官司隸雲南都司命刀派送爲長官賜冠帶印章正統四年思任發反以兵破孟璉遂降於麓川爲木邦宣慰罕蓋法擊敗七年總督王驥征麓川招降孟璉亦保等寨敕賜孟璉故長官司刀派罕子派樂等綵幣以麓川平故也嘉靖中孟璉與孟養孟密諸部仇殺數十年司廢至萬曆十三年隴川平復設稱猛臉云

里麻長官司永樂六年設隸雲南都司以刀思放爲長官時思放爲里麻招剛招剛者故西南蠻官名思放籍其地來朝請授職事遂有是命仍賜印章冠帶八年遣頭目貢馬

鈕兀長官司宣德八年置鈕兀五隆諸寨在和泥之地其酋任者陀比等朝貢至京奏地遠蠻多請授職以總其衆兵部請設長官司從之遂以任者爲長官陀比爲副

東倘長官司宣德八年置隸緬甸宣慰司時緬甸宣慰昔得謀殺當薚頭目新把的而奪其地新把的遣子莽只貢象馬方物乞置司庶免侵殺從之置東倘長官司命新把的爲長官

瓦甸長官司初隸金齒永樂九年改隸雲南都司土官刀怕賴言金齒遠都司近故改隸焉宣德八年置曲石高松坡馬緬三巡檢司初長官司言其地山高林茂寇盜出沒人民不安乞置巡檢司以授通事楊資楊中范與三人從之命資於曲石中於高松坡興於馬緬正統五年長官早貴爲思任發所獲殺其守者十七人挈家來歸帝嘉其忠順命所司褒賞以早貴爲安撫賜綵幣誥命

促瓦散金二長官司皆永樂五年設隸雲南都司其地舊屬麓川平緬土蠻註甸八等來朝請別設長官司從之命註甸八等爲長官各給印章

木邦一名孟邦元至元二十六年立木邦路軍民總管府領三甸洪武十五年平雲南改木邦府建文末土知府罕的法遣人貢馬及金銀器賜鈔幣永樂元年遣內官楊瑄齎敕諭木邦諸土官明年遣人來貢時麓川訴木邦侵地命西平侯諭之因改木邦爲軍民宣慰使司以知府罕的法爲使賜誥印時官軍征八百罕的法發兵助戰攻江下等十餘寨斬首五百餘級詔遣鎮撫張伯恭經歷唐復往賜白金錦幣及其部領有差明年遣使貢象馬方物謝恩頒賜如例復加賜其母及妻錦綺罕的法卒其子罕賓發來朝請襲命賜冠服七年遣使謝恩又遣人奏緬甸宣慰使那羅塔數誘賓發叛賓發不敢從逆若天兵下臨誓當效命帝嘉其忠遣中官徐亮齎敕勞之賜白金三千兩錦綺三百表裏祖母母妻織金文綺紗羅各五十疋自是每三年遣使貢象馬十一年賓發遣使獻緬甸俘時木邦攻破緬甸城寨二十餘多所殺獲獻於京師宣德三年遣中官徐亮齎敕及文綺賜襲職宣慰罕門法并及祖母母妻八年木邦與麓川緬甸各爭地訴於朝帝命沐晟并三司巡按公勘正統三年征麓川敕諭木邦以兵會勦五年總兵官沐昂遣人間道達木邦得報知宣慰祖母美罕板其孫宣慰罕蓋法與麓川戰於孟定孟璉地殺部長二十人斬首三萬餘級獲馬象器械甚衆帝嘉其功加授罕蓋法懷遠將軍封美罕板太淑人賚以金帶綵幣七年總督王驥奏罕蓋法遣兵攻拔麓川板罕貢章等寨追至孟蒙獲其孥七人象十二麓川酋思任發父子遁孟廣帝命指揮陳儀往勞之且曰木邦能自効生縶賊首獻其酬以麓川土地人民八年免木邦歲辦金萬四千兩木邦遣人謝恩并獻所獲思任發家屬復賜敕及綵幣獎勞十一年緬甸獻任發首木邦亦遣使與同獻且修貢職因求麓川地兵部以麓川已設隴川宣撫司請以孟止地給之并遣官諭祭其母以表忠勤免木邦歲辦銀八錠三年從之景泰元年罕蓋法奏乞隴川界者闌景線地未報蓋法子罕落法輒發兵據之隴川宣撫刀歪孟訴於總兵官沐璘璘遣使諭歸之而與以底麻之地四年罕落法襲父職族人搆難落法避於孟更遣人赴總兵官求救璘以聞詔左參將胡誌調兵撫諭之與其族人部衆設盟而還然落法猶避居孟都不敢歸孟都蠻者地近隴川歲調蠻兵二百更番護之天順元年鎮守中官羅珪奏罕落法與所部交攻遣人求援臣等議委南寧伯毛勝都督胡誌量調官軍相機勦捕帝以非犯邊疆不許二年落法奏爲思坑曩罕弄等所攻乞兵勦除命總兵官區處六年總兵官沐瓚奏罕落法屢侵隴川地欲以撥守貴州兵八千調回防禦詔留其半成化十年木邦所轄孟密蠻婦曩罕弄等侵掠隴川黔國公沐琮以聞曩罕弄者故木邦宣慰罕揲法之女嫁其孟密部長思外法地有寶井罕揲法卒孫落法嗣曩罕弄以尊屬不樂受節制嗾族人與爭景泰中叛木邦逐宣慰據公署殺掠鄰境隴川孟養兵力日盛自稱天娘子其子思柄自稱宣慰黔國公琮奏委三司官往撫曩罕弄驕蹇不服且欲外結交阯兵逼脅木邦八百諸部琮等復以聞兵部尚書張鵬主用兵詔廷臣集議皆以孟密與木邦仇殺並未侵犯邊境止宜撫諭因命副都御史程宗馳傳與譯者序班蘇銓往時成化十八年也踰年孟密思柄遣人入貢宴賜如土官例已孟密奏爲木邦所擾乞別設安撫司張鵬以太監覃平御史程宗撫馭已有成緒遂命宗巡撫雲南敕平偕詣金齒勦諭之其孟密地或仍隸木邦或別設安撫區處具奏初曩罕弄竊據孟密貳於木邦畏鄰境不平遣人從間道抵雲南至京獻寶石黃金乞開設治所直隸布政司閣臣萬安欲許之劉珝劉吉皆以孟養原木邦屬夷今曩罕弄叛而請命於朝若許之則土官誰不解體蘇銓私以告於宗宗復奏曩罕弄與木邦仇殺已久勢難再合已喻諸蠻示以朝廷德意宥其罪開設衙門令還其所侵地皆踴躍奉命木邦亦已允服乞遂行之部覆從之二十年遂設孟密安撫司以思柄爲使時孟密據寶井之利資爲結納而木邦爲孟密所侵兵力積弱不能報雖屢奏訴竟不得直云弘治二年雲南守臣奏孟密曩罕弄先後占奪木邦地二十七處又誘其頭目放卓孟等叛其勢必盡吞後已乞敕八百宣慰司俾與木邦和好互相救援亦敕木邦宣慰收復人心親愛骨肉勿使孟密得乘間誘叛自致孤弱如孟密聽諭方許曩罕弄孫承襲報可并敕雲南守臣親詣金齒曉諭復降敕詰責前鎮巡官所以受賂召侮啓釁者三年追論致仕南京工部尚書程宗罪先是宗以右副都御史奉命率蘇銓往撫諭而銓受思柄金紿宗奏爲設孟密安撫司銓復教思柄僞歸木邦地而占據如故思柄益橫至是木邦宣慰罕穵法發其事時宗已致仕巡按請追罪之獄具帝以事在赦前不問六年雲南守臣奏孟密侵奪木邦兵連禍結垂四十餘年屢撫屢叛勢愈猖肆請調兵往討兵部議以孟密安撫初隸布政司今改隸木邦以致爭殺仍如初隸可息兵從之初孟密之復叛木邦也因木邦宣慰罕穵法親迎婦於孟乃寨孟密土舍思揲乘虛襲之據木邦誘降其頭目高答落等聚兵阻路罕穵法不得歸依孟乃寨者三年於是巡撫張誥等會奏議遣文武大員詣孟密撫諭思揲猶不服誥乃遣官督率隴川南甸干崖三宣撫司積糧開道示以必征之勢又令漢土官舍耀兵以威之高答落等懼謀歸罕穵法思揲欲殺之罕穵法乞救於鄰部調土兵合隴川等三宣撫兵至蠻遮共圍之思揲懼乃罷兵誥等奏其事且乞賞有功者兵部議罕穵法雖還木邦思揲猶未悔罪必令歃血同盟歸地獻叛永息爭端乃可論功行賞報聞九年罕穵法及思揲各遣使來貢報賜如例初思揲圍蠻遮木邦宣慰妻求救於孟養思陸孟密素畏思陸之

兵聞其將至遂解去木邦與思陸謀共取孟密於是蠻中之患又在孟養矣自萬安程宗勘處失宜諸酋長紛紜進退中國用兵且數十年嘉靖初思陸子思倫與木邦宣慰罕烈同擊殺緬酋莽紀歲而分其地後莽瑞體强將修怨於木邦隆慶二年木邦土舍罕拔告襲有司索賂不爲請拔怒與弟罕章集兵梗往來道商旅不前而己食鹽亦乏絕乞於緬緬以五千籮餽之自是反德緬攜金寶象馬往謝之瑞體亦厚報之歡甚約爲父子瑞體死子應裏用岳鳳言誘拔殺之時萬曆十一年也拔子進忠守木邦應裏遣弟應龍襲之其孽子罕鳳與耿馬舍人罕虔欲禽進忠獻應龍進忠攜妻子內奔虔等追至姚關焚順寧而去十二年官軍破緬於姚關立其子欽欽死其叔罕襤約暹羅攻緬緬恨之三十四年緬以三十萬衆圍其城請救於內地不至城陷罕襤被擄緬僞立孟密思禮領其衆事聞黜總兵官陳賓木邦遂亡孟密自思柄授安撫繼之者曰思揲曰思眞眞年至百十歲嘉靖中土舍兄弟爭襲走訴於緬緬人爲立其弟改名思忠忠遂以其地附緬萬曆十二年忠齎僞印來歸命授爲宣撫已而復投緬乃以其母罕烘代掌司印緬攻孟密罕烘率子思禮從子思仁奔孟廣而孟密遂失十八年緬復攻孟廣罕洪思禮奔隴川思仁奔工回而孟廣又失先是思仁從罕烘奔孟廣時有甘線姑者思忠妻也思忠既投緬思仁通於線姑遂欲妻之而罕烘不許至是罕烘攜線姑走隴川思仁奔雅蓋率兵象犯隴川欲擄線姑去會隴川有備弗克思仁亦走歸緬緬僞署思仁於孟密食其地初孟密寶井朝廷每以中官出鎭司採辦武宗朝錢能最橫至嘉靖隆慶時猶然萬曆二十年巡撫陳用賓言緬酋擁衆直犯蠻莫其執詞以奉開採使命令殺蠻莫思正以開道路全滇之禍皆自開採啓之時稅使楊榮縱其下以開採爲名恣暴橫蠻人苦之且欲令麗江退地聽採緬酋因得執詞深入巡按宋興祖極言其害請追還榮等帝皆不納凡採辦必先輸官然後與商賈貿易每往五六百人其屬有地羊寨在孟密東往來道所必經人工幻術採辦人有强索其飲食者多腹痛死已所乘馬亦斃剖之則馬腹皆木石也思眞嘗勸之殺數千人不得絕至是復議勦以兵少中止

孟養蠻名迤水有香柏城元至元中於孟養置雲遠路軍民總管府洪武十五年改爲雲遠府其地故屬平緬宣慰司平緬思倫發爲其下所逐走京師帝命西平侯沐春以兵納之還故地成祖卽位改雲南府爲孟養府以土官刀木旦爲知府永樂元年刀木旦遣人貢方物及金銀器賜賚遣歸二年改陞軍民宣慰使司以刀木旦爲使賜誥印四年孟養與戛里相仇殺緬甸宣慰那羅塔乘釁刦之殺刀木旦及子思欒發而據其地事聞詔行人張洪等齎敕諭責緬那羅塔懼仍歸其境土會木邦宣慰使罕賓法以那羅塔侵據孟養請自率兵討遂破緬甸城寨二十餘獲其象馬獻京師十四年復設孟養宣慰司命刀木旦次子刀得孟爲使以木旦姪玉賓爲同知自木旦被害司遂廢孟養之人從玉賓散居千崖金沙江諸處者三千餘人朝廷嘗命玉賓署宣慰使以撫之故仍命爲本司同知令其率衆復業十五年刀得孟遣使貢馬及方物宣德五年刀玉賓奏伯父刀木旦被殺蒙朝廷遣官訪玉賓授同知又阻於緬難寄居金齒者二十餘年今孟養地又爲麓川宣慰思任發所據乞遣兵送歸本土帝命黔國公沐晟遣還之然其地仍爲任發所有時爲孟養宣慰者名刀孟賓亦寄居雲南及任發敗奔緬甸子機發潛匿孟養求撫十三年敕孟養頭目伴送思機發來朝許以陞賞機發疑畏竟不至帝以孟養宣慰頭目刀變蠻等匿機發敕數其罪曰孟養乃朝廷開設爾刀變蠻等敢違朝命一可伐思機發係賊子故縱不捕二可伐爾孟養被思任發奪地逐爾宣慰見在雲南優養爾等與仇爲黨三可伐雲南總兵官世世管屬爾地奉命捕取賊子爾等不從調度四可伐爾等不過以爲山川險阻官軍未易遽到又以爲氣候瘴癘官軍不可久居勢强則拒敵力弱則奔遁殊不知昔馬援遠標銅柱險阻無傷諸葛亮五月渡瀘炎蒸無害皆能破滅蠻衆開拓境土況今大軍有必勝之機麓川之師可爲前鑒爾等速宜悔過自圖令思機發親自前來仍與一官一地令享生全如不肯出爾等卽禽爲上策迹思機發所在報與官軍捕取爲中策若代彼支吾令其逃匿則幷爾等勦滅悔無及矣時已三征麓川內旨必欲生禽機發已密諭總督王驥又敕諭以雲南安置孟養舊宣慰刀孟賓爲嚮導及兵出窮征機發卒遁去不可得於是乃以孟養地給緬甸宣慰馬哈省管治命捕思機發時正統十四年也景泰二年機發之子思卜發遣使來貢求管孟養舊地廷臣議孟養地已與緬甸豈可移易時朝命雖不許然卜發已潛據之卽緬甸不能奪也卜發死子思洪發嗣自天順成化每朝貢輒署孟養地名儼然自有其地矣成化中孟養金沙江思陸發遣人貢象馬宴賜皆如例思陸發者思任發之遺孽也太監錢能鎭雲南思陸發數以珍寶遺能因得入貢稱孟養金沙江思陸發常規立功以襲祖職適孟密安撫土舍思揲侵據木邦地爭殺累年守臣議征之思陸發乃請自效時蠻衆相傳孟密畏思陸兵參政毛科請於總兵鎭巡官許之思陸兵未至思揲解去巡撫張誥議調思陸兵令戮力捕思揲乃遣使促之發兵思陸遣大陶孟倫索領蠻兵象馬過江倫索旣過江指鷹謂使者曰我曹猶此鷹奪得土地卽管食之耳科聞之憂甚時思揲令陶孟思英以兵守蠻莫孟養兵至思英堅守不出已而請和孟養兵聞官軍聽思英約降頗有怨言官軍糧絕遽引退倫索亦恐思英絕其歸路取道千崖而還科念倫索前語急戒令孟養還兵守疆界孟養不聽初靖遠伯王驥與之約誓非總兵官符檄不得渡江自是遂犯約數與兵過江與孟密戰弘治十二年雲南巡按謝朝宣奏孟養思陸本麓川叛種竄居金沙江外成化中嘗據緬甸之聽盞弘治七年徵調其兵渡江遂復據騰衝之蠻莫又糾木邦兵攻燒孟密安撫司殺掠蠻民二千餘人劫象馬金寶有幷吞孟密覬覦故土之志迤西人恭們騰衝人段和爲之謀主屢撫不聽雲南會城去孟養遠聲勢難接曩於金騰添設鎭守太監爲撫蠻安民之計而近時太監吉慶貪暴無狀雖嘗陽却思陸之贄然蠻知其貪又烏知不因其却而更進之臣聞蠻莫等處乃水陸會通之地蠻方器用咸自此出江西雲南大理逋逃之民多赴之雲南差官每多齎違禁物往彼餽送漏我虛實爲彼腹心鎭夷關一巡檢耳安能禁制臣計孟養甲兵不能當中原一大縣以雲南之勢臨之易於壓卵柰何一調卽來屢撫不退皆鎭巡失之於初逋逃奸人謀之於中撫蠻中官壞之於後伏望垂念邊民困苦將雲南鎭守太監止存一員別用指揮一員守備鎭夷關驅思陸退歸江外而移騰衝司於蠻莫幷木邦孟密不得窺伺乃爲萬全之策設思陸頑不聽撫諭便當決策用兵使無噍類以爲土官不法之戒先是吉慶已爲思陸請朝貢至是因朝宣疏幷下鎭巡官議勦撫之宜數年不決十六年巡撫陳金乃遣金騰參將盧和撫諭思陸和至騰衝思陸遣陶孟投書致方物和諭以禍福令挈兵過江歸所占蠻莫等地且調隴川千崖南甸三宣撫司蠻兵及戰象隨官軍分道至金沙江思陸乃遣大陶孟倫索怕卓等率所部來見和等再申諭之思陸聽命退還前所據蠻莫等地十三處撤囘象馬蠻兵渡金沙江而歸又遣陶孟招剛等貢象六銀六百兩幷金銀器納款鎭巡官以聞幷奏言蠻莫等地原隸木邦成化間始爲孟密所有近又爲思陸所據連年搆禍今始平定既不可復與木邦孟密又不可割畀隴川千崖南甸三宣撫宜暫於騰衝歲檄官軍四百分番守之思陸前有助平思揲功今悔禍納款請賜以名目冠帶仍降敕獎諭部議以蠻莫等處本木邦分地在大義宜歸之木邦其名目冠帶責使已言思陸不願受不宜輕畀請賜敕厚勞遣歸之報可時思陸覬得宣慰司印部執不予於是仍數出兵與木邦孟密仇殺無寧歲嘉靖七年總兵官沐紹勛巡撫歐陽重遣參政王汝舟等徧歷諸蠻諭以禍福孟養思倫等各願貢象牙土錦金銀器退地贖罪乃以蠻莫等十三處地方寬廣諸蠻歷年所爭屬之騰衝司檄軍輪守則烟瘴可虞屬之木邦則地勢遼遠蠻心不順莫若仍屬孟密管領歲徵差發銀一千兩而割孟乃等七處仍歸木邦罕烈則分願均而忿爭息矣報可萬曆五年雲南巡按陳文燧言孟養思箇與緬世仇今更歸順於緬因引弘治朝先臣劉健嘗議孟養事狀謂思陸有宜撫可制卽無官其僭自若也不如因而官之以抗緬報可十一年緬爲遊擊劉綎所敗孟養思威亦殺緬使降於綎十三年隴川平乃於孟養立長官司未幾長官思眞復爲緬所擄部長思遠奉思眞妻來歸給以冠帶令歸守思遠乘亂自立爲宣慰貢象進方物然遠暴虐諸部恨之引緬兵至聲言還思眞思遠奔盞西有思轟者內附與蠻莫酋思正共據險抗緬三十年緬攻思正轟率兵倍道馳救至則正已被殺三十二年緬攻入迤西轟走死緬以頭目思華守其地華死妻怕氏代理緬人更番戍守連年徵發從行甚苦曰孟養不亡蠻何得至此轟之後曰放思祖有衆千餘不敢歸寄食於千崖云舊制宣慰遣人俱稱頭目唯木邦及緬甸又有陶孟及招剛等稱孟養又有招八稱皆見於奏章因其俗不改

車里卽古產里爲倭沙貂猠諸蠻雜居之地古不通中國元世祖命將兀良吉鰐伐交阯經所部降之置撒里路軍民總管府領六甸後又置耿凍路耿當孟弄二州洪武十五年蠻長刀坎來降改置車里軍民府以坎爲知府坎遣姪豐祿貢方物詔賜刀坎及使人衣服綺幣甚厚以初奉貢來朝故也十七年復遣其子刀思拂來貢賜坎冠帶鈔幣改置軍民宣慰使司以坎爲使二十四年子刀暹答嗣遣人貢象及方物二十八年以賜誥

命謝恩子賜皆如例永樂元年刀暹答令其下剽掠威遠知州刀算黨及民人以歸西平侯沐晟請發兵討帝命晟移文諭之如不悛卽以兵繼又以車里已納威遠印是悔過之心已萌不必加兵晟使至暹答果懼還刀算黨及威遠之地遣人貢馬謝罪帝以其能改過宥之自是頻入貢朝廷遣内官往車里者道經八百大甸爲宣慰刀招散所阻三年刀暹答遣使請舉兵攻八百帝嘉其忠八百伏罪赦車里班師復加獎勞四年遣子刀典入國學實陰自納質帝知其隱賜衣幣慰諭遣還以道里遼遠命三年一貢著爲令十一年暹答卒長子刀更孟自立驕狠失民心未幾亦卒更孟長子霸羨年幼衆推刀賽署司事刀賽者更孟弟刀怕漢也怕漢死妻以前夫子刀弄冒爲暹答孫請襲十五年命刀弄襲宣慰使以更孟從弟刀雙孟爲本司同知十九年雙孟言刀弄屢以兵侵刼蠻民乞別設治所以撫其衆詔分其地置靖安宣慰使司陞雙孟爲宣慰使命禮部鑄印給之宣德三年雲南布政司奏刀弄雙孟相仇殺弄棄地投老撾請差官招撫帝命黔國公計議六年黔國公奏謂奉命招撫刀弄其母具言布政司差官劉亨徵差發金亨已取去本司復來徵蠻民因而激變逐弄弄逃入老撾尋還境内以死未嘗棄地外投亦未嘗與雙孟仇殺帝命法司執劉亨等罪之七年車里土舍刀霸羨請襲許之遣行人陸垍齎敕賜冠帶襲衣九年靖安宣慰刀霸供言靖安原車里地今析爲二致有爭端乞仍併爲一歲貢如例帝從其請革靖安宣慰仍歸車里命刀霸供刀霸羨共爲宣慰使俾上所授靖安宣慰司印正統五年命貢使齎敕及綺帛歸賜刀霸羨及妻嘉其勤修職貢也六年麓川宣慰思倫發叛詔給車里信符金牌命合兵勦賊景泰三年以刀霸羨奉調有功免其積欠差發金天順元年總兵官沐璘奏刀霸羨自殺弟板雅忠等已推兄三寶歷代承職今板雅忠又作亂糾合八百相仇殺帝命璘亟爲撫諭并勘奏應襲者二年帝以三寶歷代者雖刀更孟之子乃庶孽奪嫡謀害刀霸羨致板雅忠借兵攻殺不當襲但蠻民推立姑從衆願命襲宣慰使成化十六年交阯黎灝叛頒僞敕於車里車里諸土官互相保障勿懷二心二十年復敕車里等部愼固封疆防交人入寇不得輕與文移啓釁納侮嘉靖十一年緬酋莽應裏據擺古蠶食諸蠻車里宣慰刀糯猛折而入緬有大小車里之稱以大車里應緬而以小車里應中國萬曆十三年命元江土舍那恕往招糯猛復歸獻馴象金屏象齒諸物謝罪詔受之聽復職天啓七年巡撫閔洪學奏緬人侵孟艮孟艮就車里求救宣慰刀韞猛遣兵象萬餘赴之緬人以是恨車里興兵報復韞猛年已衰重賂求和緬聞韞猛子召河璇有女名召烏岡色美責獻烏岡河璇别以女給之緬知其詐大憤攻車里愈急韞猛父子不能支遁至思毛地緬追執之以去中朝不及問車里遂亡

老撾俗呼爲撾家古不通中國成祖卽位老撾土官刀線歹貢方物始置老撾軍民宣慰使司永樂二年以刀線歹爲宣慰使給之印五年遣人來貢既而帝以刀線歹潛通安南季犛遣使詰責諭其悔過六年刀線歹遣人貢象馬方物七年復進金銀器犀象方物謝罪自是連年入貢皆賚予如例帝遣中官楊琳往賜文綺十年來貢命禮部加賜焉宣德六年遣使齎敕獎諭宣慰刀線達九年老撾貢使還恐道中爲他部所阻給信符敕孟民車里諸部遣人護之景泰元年請賜土官衣服故事無加賜衣服者命加賜錦幣并及其妻成化元年頒金牌信符於老撾七年鑄給老撾軍民宣慰使司印以皆爲賊焚燬也十六年貢使至會安南攻老撾鎮守内官錢能以聞因敕其使兼程回并量給道里費明年安南黎灝率兵九萬開山爲三道進兵破哀牢入老撾境殺宣慰刀板雅及其子二人其季子怕雅賽走八百宣慰刀攬那遣兵送至景坎黔國公沐琮以聞命怕雅賽襲父職免其貢物一年賜冠帶綵幣以示優恤旣怕雅賽欲報安南之仇覬中國發兵爲助帝以老撾交阯皆服屬中國久恤災解難中國體也令琮愼遣人諭之弘治十一年宣慰舍人招攬章應襲職遣人來貢因請賜冠帶及金牌信符賚賞如制其金牌信符俟鎭巡官勘奏至日給之十一月招攬章遣使入貢吏部言招攬章係舍人未授職僭稱宣慰使雲南三司官冒奏違錯宜治罪宥之嘉靖九年招攬章言交阯應襲長子光紹爲叔所逐出亡老撾欲調象馬送回守臣言據招攬章之言懼納亡之罪且假我爲制服之資留之啓釁遣之招兵宜聽光紹自歸并責其私納罪報可二十四年雲南巡撫汪文盛言老撾土舍怕雅聞征討安南首先思奮且地廣兵多可獨當一面八百車里與老撾相近孟艮在老撾上流皆多兵象可備征討請免其察勘就令承襲以備征調從之四十四年土舍怕雅蘭章遣人進舞牌牙象二母象三犀角十雲南守臣以聞禮部以非貢期且無漢緬公文第來路險遠跋涉踰年宜受其所貢給賞遣之毋令赴京報可時緬勢方張剪除諸部老撾亦折而入緬符印俱失萬曆二十六年緬敗老撾來歸奉職貢請頒印命復鑄老撾軍民宣慰使司印給之四十年貢方物言印信燬於火請復給撫鎭官以聞明年再頒老撾印時宣慰猶貢象及銀器緬席賜予如例自是不復至云其俗與木邦同部長不知姓有三等一曰招木弄一曰招木牛一曰招木化而爲宣慰者招木弄也代存一子絕不嗣其地東至水尾南至交阯西至八百北至車里西北六十八程至雲南布政司

八百世傳部長有妻八百各領一寨因名八百媳婦元初征之道路不通而還後遣使招附元統初置八百等處宣慰司洪武二十一年八百媳婦國遣人入貢遂設宣慰司二十四年八百土官刀板冕遣使貢象及方物先是西平侯沐英遣雲南左衞百戶楊完者往八百招撫至是來貢帝諭兵部尚書茹瑺曰聞八百與百夷搆兵仇殺無寧日朕念八百宣慰遠在萬里外能修職奉貢深見至誠今與百夷搆兵當有以處之可諭意八百令練兵固守俟王師進討自是及永樂初頻遣使入貢賜予如例永樂二年設軍民宣慰使司二以土官刀招你爲八百者乃宣慰使其弟刀招散爲八百大甸宣慰使遣員外郎左洋往賜印誥冠帶襲衣刀招散遣人貢馬及方物謝恩命五年一朝貢是歲遣内官楊瑄齎敕諭孟定孟養等部道經八百大甸爲土官刀招散所阻弗克進三年遣使諭刀招散曰朕特頒金字紅牌敕諭與諸邊爲信以禁戢邊吏生事擾害用福爾衆諸宣慰皆敬恭聽命無所違禮惟爾年幼無知惑於小人孟乃朋孟允公等啓釁生禍使臣至境拒却不納廷臣咸請興師問罪朕念八百之人豈皆爲惡兵戈所至必及無辜有所不忍茲特遣司賓田茂推官林楨齎敕往諭爾能悔過自新卽將奸邪之人禽送至京庶境土可保其或昏迷不悛發兵討罪孥戮不貸并敕西平侯沐晟嚴兵以待以馬軍六百步軍一千四百護内官楊安郁斌前往又慮老撾乘車里空虛或發兵掩襲或與八百爲援可遣其部長率兵一萬五千往備三年刀招你等遣使奉金縷表文貢金結絲帽及方物帝命受之仍加賜子西平侯沐晟奏奉命率師及車里諸宣慰兵至八百境内破其猛利石厓及者答二寨又至整線寨木邦兵破其江下等十餘寨八百恐遣人詣軍門伏罪乃以所陳詞奏聞因遣使敕諭車里木邦等曰曩者八百不恭朝命爾等請舉兵誅討嘉爾忠誠已從所請今得西平侯奏言八百已伏罪納款夫有罪能悔宜赦宥之敕至其悉止兵勿進遂敕晟班師四年降敕誡諭刀招散刀招散遣人貢方物謝罪帝以不誠却之五年貢使復來謝罪命禮部受之洪熙元年遣内官洪仔生齎敕諭刀招散宣德七年遣人來貢因奏波勒土酋常糾土雅之兵入境殺掠乞發兵討之帝以八百大甸去雲南五千餘里波勒土雅皆未嘗歸化勢中國爲遠蠻役非計止降敕撫諭而已正統五年八百貢使奏遞年進貢方物土民不識禮法不通漢語乞依永樂間例仍令通事齎捧金牌信符催督進貢驛路令軍卒護送庶無疎失從之十年給八百大甸宣慰司金牌信符各一以前所給牌符爲暹羅國寇兵焚燬也成化十七年安南黎灝已破老撾頒僞敕於車里期會兵攻八百其兵暴死者數千傳言爲雷所震八百因遣兵扼其歸路襲殺萬餘交人敗還土官刀攬那以報黔國公沐琮奏攬那能保障生民擊敗交賊救護老撾交人嘗以僞敕脅誘八百八百毀敕以象蹴之請頒賞以旌忠義帝命雲南布政司給銀百兩綵幣四表裏以獎之二十年刀攬那遣人入貢雲南守臣言交兵雖退宜令八百諸部飭兵爲備弘治二年刀攬那孫刀整賴貢方物求襲祖職兵部言八百遠離雲南瘴毒之地宜免勘予襲從之仍給冠帶其地東至車里南至波勒西至大古喇與緬鄰北至孟艮自姚關東南行五十程始至平川數千里有南格剌山下有河南屬八百北屬車里好佛惡殺寺塔以萬計有見侵乃舉兵得仇卽已俗名慈悲國嘉靖間爲緬所并其酋避居景線名小八百自是朝貢遂不至緬酋應裏以弟應龍居景邁城倚爲右臂焉萬曆十五年八百大甸上書請恢復不報初四譯館通事惟譯外國而緬甸八百如之蓋二司於六慰中加重焉

明史卷三百十六　列傳第二百四

總裁官總理事務　經筵講官少保兼太子太保保和殿大學士兼管吏部戶部尚書事加六級張廷玉等奉

敕修

貴州土司

貴州古羅施鬼國漢西南夷牂牁武陵諸傍郡地元置八番順元諸軍民宣慰使司以羈縻之明太祖旣克陳友諒兵威遠振思南宣慰思州宣撫率先歸附卽令以故官世守之時至正二十五年也及洪武五年貴州宣慰靄翠與宋蒙古歹及普定府女總管適爾等先後來歸皆予以原官世襲帝方北伐中原未遑經理南荒又

田仁智等歲修職貢最恭順乃以衞指揮僉事顧成築城以守賦稅聽自輸納未置郡縣永樂十一年思南思州相仇殺始命成以兵五萬執之送京師乃分其地爲八府四州設貴州布政使司而以長官司七十五分隸焉屬戶部置貴州都指揮使領十八衞而以長官司七隸焉屬兵部府以下參用土官其土官之朝貢符信屬禮部承襲屬吏部領土兵者屬兵部其後府幷爲六州幷爲四長官司或分或合釐革不一其地西接滇蜀東連荆粤太祖於平滇詔書言靄翠輩不盡服之雖有雲南不能守也則志已在黔至成祖遂成之然貴州地皆崇山深箐鳥道蠶叢諸蠻種類嗜淫好殺畔服不常靄翠歸附之初請討其隴居部落帝曰中國之兵豈外夷報怨之具及仁智入朝帝諭之曰天下守土之臣皆朝廷命吏人民皆朝廷赤子汝歸善撫之使各安其生則汝可長享富貴夫禮莫大於敬上德莫盛於愛下能敬能愛人臣之道也二十一年部臣以貴州逋賦請帝曰蠻方僻遠來納租賦是能遵聲教矣逋負之故必由水旱之災宜行蠲免自今定其數以爲常從寬減焉二十九年清水江之亂既平守臣以賊首匿宣慰家宜並罪帝曰蠻人鴟張鼠伏自其常態勿復問明初御蠻之道其後世之龜鑑也夫

貴陽　思南思州附

鎮遠　銅仁

黎平　安順

都勻　平越

石阡　新添金筑安撫司附

貴陽府舊爲程番長官司洪武初置貴州宣慰司隸四川永樂十一年改隸貴州成化十二年置程番府隆慶三年移程番府爲貴陽府與宣慰司同城府轄城北司轄城南萬曆時改爲貴陽軍民府領安撫司一曰金筑領長官司十八曰貴竹曰麻嚮曰木瓜曰大華曰程番曰韋番曰方番曰洪番曰臥龍番曰金石番曰小龍番曰羅番曰大龍番曰小程番曰上馬橋曰盧番曰盧山曰平伐其貴州宣慰司所領長官司九曰水東曰中曹曰青山曰劄佐曰龍里曰白納曰底寨曰乖西曰養龍坑自蜀漢時濟火從諸葛亮南征有功封羅甸國王後五十六代爲宋普貴傳至元阿畫世有土於水西宣慰司靄翠其裔也後爲安氏洪武初同宣慰宋蒙古歹來歸賜名欽俱令領原職世襲及設布政使司而宣慰司如故安氏領水西宋氏領水東八番降者皆令世其職六年詔靄翠位各宣慰之上靄翠每年貢方物與馬帝賜錦綺鈔幣有加十四年宋欽死妻劉淑貞隨其子誠入朝賜米三十石鈔三百錠衣三襲時靄翠亦死妻奢香代襲都督馬曄欲盡滅諸羅代以流官故以事撻香激爲兵端諸羅果怒欲反劉淑貞聞止之爲走愬京師帝既召問命淑貞歸招香賜以綺鈔十七年奢香率所屬來朝幷訴曄激變狀且願効力開西鄙世世保境帝悅賜香錦綺珠翠如意冠金環襲衣而召曄還罪之香遂開偏橋水東以達烏蒙烏撒及容山草塘諸境立龍場九驛二十年香進馬二十三匹每歲定輸賦三萬石子安的襲貢馬謝恩帝曰安的居水西最爲誠恪命禮部厚賞其使二十五年的來朝賜三品服幷襲衣金帶白金三百兩鈔五十錠香復遣其子婦奢助及其部長來貢馬六十六匹詔賜香銀四百兩錦綺鈔幣有差自是每歲貢獻不絕報施之隆亦非他土司所敢望也二十九年香死朝廷遣使祭之的貢馬謝恩正統七年水西宣慰隴富自陳祖父以來累朝皆賜金帶臣蒙恩受職乞如例從之是時宋誠之子斌年老以子昂代昂死然代十四年賜敕隴富母子嘉其調兵保境之功隴富頗驕天順三年東苗之亂富不時出兵聞朝廷有意督之乃進馬謝罪賜敕警之富死妊觀襲觀老子貴榮襲巡撫陳儀以西堡獅子孔之平由觀與子貴榮統部衆二萬攻白石崖四旬而克家自餽餉口不言功特給觀正三品昭勇將軍誥初安氏世居水西管苗民四十八族宋氏世居貴州城側管水東貴竹等十長官司皆設治所於城內銜列左右而安氏掌印非有公事不得擅還水西至是總兵官爲之請許其以時巡歷所部趣辦貢賦聽暫還水西以印授宣慰宋然代理貴榮老請以子佐襲命賜貴榮父子錦紵先是宋然貪淫所管陳湖等十二馬頭科害苗民致激變而貴榮欲幷然地誘其衆作亂於是阿朵等聚衆二萬餘署立名號攻陷寨堡襲據然所居大羊腸然僅以身免貴榮遽以狀上冀令己按治之會阿朵黨洩其情官軍進討貴榮懼乃自率所部爲助及賊平貴榮已死坐追奪然坐斬然奏世受爵土負國厚恩但變起於榮而身陷重辟乞分釋因從末減依土俗納粟贖罪都御史請以貴筑平伐七長官司地設立府縣皆以流官撫理巡撫覆奏以蠻民不願遂寢宋氏亦遂衰子孫守世官衣租食稅聽徵調而已時安萬鍾應襲驕縱不法漢民張純土目烏掛等導之游獵酒酣輒射人爲戲又嘗撻其左右爲所殺無子其從弟萬鎰宜襲鎰以賊未獲辭烏掛等遂以疎族幼子普者言萬鍾弟曰萬鈞告襲承勘官入其賄遂暫委鍾妻奢播攝事萬鎰悔不立而恨烏掛之主其謀也遂以兵襲烏掛烏掛亦發兵相仇殺皆以萬鍾之死爲辭巡按御史上其狀以萬鎰宜襲但與烏掛相誣訐宜各宥輸贖而梟殺鍾者幷戍純等受其賄者亦罰治詔如之未幾鎰死子阿寫幼命以萬銓借襲萬銓有助平阿向功提督尚書伍文定爲之請萬銓亦自陳其功乞加參政銜賜蟒衣帝命賜以應得之服後阿寫長襲職改名仁未幾死子國亨襲淫虐乃以事殺萬銓之子信信兄智與其母別居於安順州聞之因告國亨反巡撫王諍遽請發兵誅國亨智遂爲總兵安大朝畫策且約輸兵糧數萬及師至陸廣河智糧不至諍乃令人諭國亨而止大朝毋進兵已渡河爲國亨所敗國亨懼大誅遣使哀辭乞降朝廷未之許巡撫阮文中至檄捕諸反者密使語國亨亟出諸奸徒割地以處安智母子還所費兵糧朝廷當待汝以不死於是國亨悉聽命帝果赦不誅而命國亨子民襲國亨事起於隆慶四年至萬曆五年乃已國亨既革任日遣人至京納賂爲起復地十三年播州宣慰楊應龍以獻大木得賜飛魚服國亨亦請以大木進乞還給冠帶誥封如播例既而木竟不至乃諉罪於木商上怒命奪所賚國亨請補貢以明不欺上仍如所請萬曆二十六年國亨子疆臣襲職會播州楊應龍反疆臣亦以戕殺安定事爲有司所案科臣有言其逆節漸萌者詔不問許殺賊圖功疆臣奏稱播警方殷臣心未白上優詔報之巡撫郭子章許疆臣以應龍平後還播所侵水西烏江地六百里以酬功於是疆臣兵從沙溪入有蜚語水西佐賊者總督李化龍檄詰之疆臣遂執賊二十餘人率所部奪落濛關至大水田焚桃溪莊應龍伏誅初應龍之祖以內難走水西客死宣慰萬銓挾之索水烟天旺地聽還葬其地遂爲水西所據及播州平分其地爲遵義平越二府分隸蜀黔以渭河中心爲界總督王象乾代化龍命疆臣歸所侵播州地子章奏言侵地始於萬銓而非疆臣安氏迫取於楊相喪亂之時非擅取於應龍蕩平之日且臣曾許其裂土今反奪其故地臣無面目以謝疆臣願罷去象乾疏言疆臣征播巖應龍子惟棟不實首功可知至佯敗棄陣送藥往來欺君助逆迹已昭然令還侵地不咎既往已屬國家寬大若因其挾而予之彼不爲恩我且示弱疆臣既無功不與之地正所以全撫臣之信宜留撫臣罷臣以爲重臣無能與蕞爾苗嚀沓者之戒於是清疆之議累年不決兵部責令兩省巡按御史勘報而南北言官交章詆象乾貪功起釁科臣呂邦耀復劾子章納賄縱奸子章求去益力象乾執疆臣所遣入京行賄之人與金以聞於朝然議者多右疆臣尚書蕭大亨遂主巡按李時華疏謂征播之役水西不惟假道且又助兵剗失之土司得之土司播固輸糧水亦納賦不宜以土地之故傷字小之仁地宜歸疆臣於是疆臣增官進秩其母得賜祭水西尾大之患亦於是乎不可制矣三十六年疆臣死弟堯臣襲四十一年烏撒土舍謀逐安効良堯臣以追印爲名領兵數萬長驅入滇直薄霑益州所過焚掠備極慘毒朝廷方以越境擅兵欲加堯臣罪而堯臣死于位幼命其妻奢社輝攝事社輝永寧宣撫奢崇明女弟崇明子寅獷悍與社輝爭地相仇恨而安邦彥者位之叔父也素懷異志陰與崇明合及崇明反調兵水西邦彥遂挾位叛以應之位幼弱不能制邦彥更招故宣慰土舍宋萬化爲助率兵趨畢節陷之分兵破安順平壩霑益而萬化亦率苗仲九股陷龍里遂圍貴陽自稱羅甸王時天啓元年二月也巡撫李雲方受代聞變與巡按御史史永安悉力拒守賊攻不能克則沿巖制柵斷城中出入鎮將張彥芳將兵二萬赴援隔龍里不得進貴州總兵楊愈懋推官郭象儀與賊戰於江門而死外援既絕攻益急城中糧盡人相食而拒守不遺餘力中朝方急遼不之省已以王三善爲巡撫倉卒調兵食大會將士分兵三道進三日抵龍頭營屢敗賊兵遂奪龍里邦彥聞新撫自將大兵數十萬懼甚遂退屯龍洞前鋒楊明楷率烏羅兵擊死安邦俊遂乘勝抵貴陽城下先以五騎傳呼曰新撫至矣舉城懽呼更生貴陽被圍十餘月城中軍民男婦四十萬至是餓死幾盡僅餘二百人詳李澐及三善傳中貴陽圍既解邦彥遠遁陸廣河外三善遣使諭社輝母子縛邦彥以降大軍至者日益衆三善欲因糧於敵又諸軍視賊過易楊明楷營於三十里外邦彥復糾諸苗來攻師敗明楷爲所執邦彥勢復張合衆欲再圍貴陽三善遣兵三路禦之破生苗寨二百餘擒萬化等焚其積聚數萬龍里定番四路竝通諸苗畔者相繼降邦彥氣奪不敢出於鴨池陸廣諸要地掘塹屯兵爲自守計時奢崇明爲蜀兵所敗計窮投水西與邦彥合三年三善督兵攻大方賊巢擒土司何中尉等進營紅崖連破天台水腳等七囤奪其天險別將亦破賊於羊耳追至鴨池河奪其戰

象遂深入至紅鳥岡諸苗奔潰三善率兵直入大方奢社輝安位焚其巢竄火灼堡邦彥奔織金位遂遣人赴鎭遠乞降於總督楊述中許之令禽崇明父子自贖一意主撫而三善責幷獻邦彥當幷用勦議不合往返間已逾數月邦彥得益兵爲備三善糧不繼焚大方還貴州道遇賊三善爲所害邦彥率數萬衆來追總理魯欽力禦之大戰數日大軍無糧乘夜皆潰欽自刎賊燒刼諸堡苗兵復助逆貴陽三十里外樵蘇不行城中復大震初大方東倚播北倚藺相爲犄角後播藺旣平賊惟恃烏撒爲援而畢節爲四夷交通處當三善由貴陽陸廣深入大方百七十里皆玀鬼巢窟以失地利而陷天啓間朱燮元爲蜀督建議滇兵出霑益遏安効良應援分兵於天生橋尋甸等處以絕其走蜀兵臨畢節扼其交通之路而別出龍場巖後以奪其險黔兵由普定渡思臘河徑趨邦彥巢由陸廣鴨池擣其虛粵西兵出泗城分道策應然後大軍由遵義鼓行而前尋以憂去未及用總督閔夢得繼之亦以貴州抵大方路險賊惟恃畢節一路外通我兵宜從永寧始自永寧而普市而霑泥而赤水百五十里皆坦途赤水有城郭可憑而守宜結營進逼四十里爲白巖六十里爲層臺又六十里爲畢節畢節至大方不及六十里賊必併力來禦須重兵扼之斷其四走之路然後遵義貴陽剋期而進亦不果用及是黔事棘詔起燮元總督貴雲川廣於是燮元再涖黔時崇禎元年也奢崇明自號大梁王安邦彥自號四裔大長老其部衆悉號元帥悉力趨永寧先犯赤水燮元授意守將佯北誘深入度賊已抵永寧分遣別將林兆鼎從三岔入王國禎從陸廣入劉養鯤從遵義入邦彥分兵四應力不支羅乾象復以奇兵繞其背急擊之賊大驚潰崇明邦彥皆授首邦彥亂七年而誅燮元乃移檄安位赦其罪許歸附位豎子不能決其下謀合潰兵來拒燮元扼其要害四面迭攻斬首萬餘級復得嚮導輒發窖粟就食賊益饑復遣人至大方燒其室廬位大恐遂率四十八目出降燮元奏請許之報可而前助邦彥故宣慰宋萬化之子嗣殷亦至是始勦滅乃以宋氏洪邊十二馬頭地置開州建城設官燮元復遣兵平擺金五洞諸叛苗水西勢益孤十年安位死無嗣族屬爭立朝議欲乘其敝郡縣之燮元奏未可驟乃傳檄土目諭以威德諸苗爭納土獻印貴陽甫定而明亦旋亡矣

思南卽唐思州宋宣和中番部田祐恭內附世有其地元改宣慰司明洪武初析爲二宣慰屬湖廣永樂十一年置思南府領長官司四曰水德江曰蠻夷曰沿河祐溪曰朗溪思州領長官司四曰都坪峨異溪曰都素曰施溪曰黃道溪初太祖起兵平僞漢畧地湖南思南宣慰使田仁智遣都事楊琛來歸附并納元所授宣慰誥帝以率先來歸俾仍爲思南道宣慰使以三品銀印給之并授琛爲宣撫使思州宣撫使田仁厚亦遣都事林憲萬戶張思溫來獻鎭遠古州軍民二府婺川功水常寧等十縣龍泉瑞溪沿河等三十四州於是命改思州宣撫爲思南鎭西等處宣慰使司以仁厚爲使俱歲朝貢不絕二年仁厚死子弘正襲帝以思南土官世居荒服未嘗詣闕詔令率其部長入朝九年仁智入覲加賜織金文綺并諭以敬上愛下保守爵祿之道仁智辭歸至九江龍城驛病卒有司以聞遣官致祭并敕送柩歸思南時思州田弘正與其弟弘道等來朝帝命禮部皆優賜十一年仁智子大雅襲奉表謝恩命思南收集各洞弩手二千人備征調十四年大雅入朝十八年思州諸洞蠻作亂命信國公湯和等討之時寇出沒不常聞師至輒竄山谷間退則復出剽掠和等師抵其地恐蠻人驚潰乃令軍士於諸洞分屯立柵與蠻人雜耕使不復疑久之以計禽其魁餘黨悉定留兵鎭之二十年移思南宣慰於鎭遠大雅來謝恩思州宣慰弘正死子琛襲三十年大雅母楊氏來朝永樂八年大雅死子宗鼎襲初宗鼎兇暴與其副使黃禧搆怨奏訐累年朝廷以田氏世守其土又先歸誠曲與保全改禧爲辰州知府未幾思州宣慰田琛與宗鼎爭沙坑地有怨禧遂與琛結圖宗鼎搆兵琛自稱天主禧爲大將率兵攻思南宗鼎挈家走琛殺其弟發其墳墓幷戮其母屍宗鼎訴於朝屢敕琛禧赴闕自辨皆拒命不至潛使奸人入教坊司伺隙爲變事覺遣行人蔣廷瓚召之命鎭遠侯顧成以兵壓其境執琛禧械送京師皆引服琛妻冉氏尤强悍遣人招誘臺羅等寨苗普亮爲亂冀朝廷遣琛還招撫以免死帝聞而錮之以宗鼎窮蹙來歸得末減令復職還思南而宗鼎必得報怨以絕禍根帝以宗鼎幸免禍不自懲乃更逞忿亦留之宗鼎出誹言因發祖母陰事謂與禧奸實造禍本祖母亦發宗鼎縊殺親母瀆亂人倫事帝命刑部正其罪諭戶部尚書夏原吉曰琛宗鼎分治思州思南皆爲民害琛不道已正其辜宗鼎滅倫罪不可宥其思州思南三十九長官地可更郡縣設貴州布政使司總轄之命顧成勦臺羅諸寨成斬苗賊普亮思州乃平十二年遂分其地爲八府四州貴州爲內地自是始兩宣慰廢田氏遂亡正統初蠻夷長官司奏土官衙門婚姻皆從土俗乞頒恩命帝以土司循襲舊俗因親結婚者旣累經赦宥不論繼今悉依朝廷禮法違者罪之景泰間思南府奏府四面皆山關隘五處無城可守乞發附近土軍修築命巡撫王來經畫之

鎭遠故爲豎眼大田溪洞元初置鎭遠沿邊溪洞招討使後改爲鎭遠府洪武五年改爲州隸湖廣永樂十一年仍改府屬貴州領長官司二曰偏橋曰邛水十五洞領縣二曰鎭遠卽金容金達楊溪公俄二長官司地曰施秉卽施秉長官司地也洪武二十年土官趙士能來朝貢馬三十年鎭遠鬼長籌等處苗民作亂指揮萬繼百戶吳彬戰死都指揮許能率兵會偏橋衞軍擊敗之衆散走永樂初鎭遠長官何惠言每歲修治清浪焦溪鎭遠三橋工費浩大所部臨溪部民皆猙獠猫犵力不勝役乞令軍民參助從之宣德初鎭遠邛水奧洞蠻苗章奴刼掠清浪道中爲思州都坪峩異溪長官司所獲其父苗銀總刼取之聚兵欲攻思州因令赤溪洞長官楊通諒往撫銀總伏兵殺諒又掠埂洞命總兵官蕭授調辰沅諸衞兵萬四千人勦之會於清浪衞指揮張名討銀總克奧洞盡殺其黨銀總遁正統三年革鎭遠州以鎭遠施秉二長官司隸鎭遠府十二年巡按御史虞禎奏貴州蠻賊出沒撫之不從捕之不得若非設策難以控制臣觀清水江等處峭壁層崖僅通一徑出入彼得恃險爲惡若將江外山口盡行閉塞江內山口幷津渡俱設關堡屯兵守禦又擇寨長有才幹者爲辦事官庶毋疎虞從之十四年命振偏橋衞以被苗寇殺掠不能自存有司以請從之天順七年鎭守湖廣太監郭閔奏貴州洪江賊苗蟲蝦等糾合二千餘人僞稱王侯攻刼鎭遠蚩寨撫諭不服請合兵進討命總兵官李震李安等分道入賊退守平坤寨官兵追至清水江獲蟲蝦幷斬賊首飛天侯苗老底額頭等六百四十餘人幷復黎平之赤溪湳洞賊平弘治十年改鎭遠金容金達長官司爲鎭遠州設流官時土官何倫父子罪死土人思得流官守臣以聞報可萬曆末邛水長官司楊光春貪暴土目彭必信濟之箕斂苗不堪將上訴改設流官光春與必信遂謀反言官兵欲勦諸苗當斂金贖得金五百餘都御史何起鳴詷知之捕光春下獄瘐死於是每四戶擇壯兵一人立四哨不爲兵者佐糗糧魚鹽簡土吏何文奎等掌之必信復醵諸苗金訴於朝言巳也梁止諸寨爲亂指揮使陶劾忠不問反索土官楊光春金而殺之改舊例用新法不便書上意自得歸謁知府王一麟一麟縛之下獄檄諸苗言若等十五洞所苦者以兵餉月米三斗過甚耳然歲給白蟲餔米每洞月八斗他於平溪驛剩餘徵銀兩皆可足餉我爲若通之毋爲必信所誑苗皆悅服乃坐必信罪時有土舍楊載清者應襲推官嘗中貴州鄉試命於本衞加俸級優異之天啓五年巡撫傅宗龍奏苗寇披猖地方受害乞敕偏沅撫臣移鎭偏橋勿復回沅凡思石偏鎭等處俾練兵萬餘人平時以之勦苗大征卽統爲督臣後勁庶苗患寧而西賊之氣亦漸奪矣報可

銅仁元爲銅人大小江等處軍民長官司洪武初改爲銅仁長官司永樂十一年置銅仁府萬曆二十六年始改銅仁長官司爲縣治領長官司五曰省溪曰提溪曰大萬山曰烏羅曰平頭著可烏羅者本永樂時分置貴州八府之一也所屬有朗溪長官司答意長官司治古長官司而平頭著可長官司亦隸焉宣德五年烏羅知府嚴律已言所屬治古答意二長官石各野等聚衆出沒銅仁平頭甕橋諸處誘脅蠻賊石雞娘幷草子坪長官吳畢郎等共爲亂招撫不從緣其地與鎭溪酉陽諸蠻接境恐相煽爲亂請調官土軍分據要地絕其糧道且捕且撫事平之後宜置衞所巡司以守之事聞命總兵官蕭授及鎭巡諸司議於是授築二十四堡環其地守之兵力分卒難扞禦賊四出刼掠清浪衞鎭撫葉受勢益獗七年巡按御史以聞且言生苗之地不過三百餘里乞別遣良將督諸軍殄滅授言殘苗吳不爾等遁入筸子坪結生苗龍不登等攻刼湖廣五寨及白崖諸寨爲患滋甚宜令川湖貴州接境諸官軍土兵分路併力攻勦庶除邊患從之旣降敕諭授言暴師久恐蹉跌爲蠻羞或撫或勦朕觀成功不從中制八年授奏言臣受命統率諸軍進攻賊巢破新郎等寨前後生禽賊首吳不跳等二百一十二人斬吳不爾王老虎龍安軸等五百九十餘級皆梟以徇餘黨悉平還所掠軍民男婦九十八口悉給所親獲賊婦女幼弱一千六百餘口以給從征將士幷械吳不跳等獻京師帝顧謂侍臣曰蠻苗好亂自取滅亡然於朕心不能無惻然也授威服南荒前後凡二十餘年正統三年革烏羅府所屬治古答意二長官司亂後殘民無幾亦幷革之以烏羅平頭著可隸銅仁以朗溪隸思南從巡按御史請也景泰七年平頭著可長官司奏其地多爲蠻賊侵害乞立土城

固守從之成化十一年總兵官李震奏烏羅苗人石全州妄稱元末明氏子孫僭稱明王糾衆於執銀等處作亂鄰洞多應之因調官軍往勦石全州已就禽而諸苗攻劫未已命鎭巡官設策撫捕未幾平嘉靖二十二年平頭苗賊龍桑科作亂流劫湖廣桂陽間甚獗帝以諸苗再叛責激亂者而起都御史萬鏜往討之明年鏜奏叛苗以次殄滅惟龍母叟雖降然其罪大宜置重典命安置遼東未幾龍子賢復叛二十六年湖貴巡按御史奏官軍討賊不力降旨切責三十九年總兵官石邦憲勦之禽首惡龍老羅等遂平

黎平元潭溪地也洪武初仍各長官司永樂十一年改置黎平新化二府宣德十年幷新化入黎平領長官司十三曰潭溪曰八舟曰洪舟泊里曰曹滴洞曰古州曰西山陽洞曰湖耳曰亮寨曰歐陽曰新化曰中林驗洞曰赤溪湳洞曰龍里初洪武三年辰州衞指揮劉宣武率兵招降湖耳潭溪新化萬平江歐陽諸洞於是諸洞長官皆來朝納元所授印敕帝命皆仍其原官以轄洞民隸辰州衞既改龍里長官司爲龍里衞又增立五開衞以鎭之隸思州二十九年清水江蠻金牌黃作亂都司發兵捕之金牌黃遁去捕獲其黨五百餘人械至京以其脅從宥死戍遠衞既有言金牌黃匿宣慰家者詔勿問三十年古州洞蠻林寬者自號小師聚衆作亂攻龍里千戶吳得鎭撫井孚力戰死之寬遂犯新化突至平茶千戶紀達率壯士擊之達突陣殺數人以鎗橫挑一人擲之流矢中臂達拔矢復戰賊驚曰是平茶紀蒙邪遁去蠻稱官爲蒙云已復熾命湖廣都指揮使齊讓爲平羌將軍統兵五萬征之既以讓逗遛命楊文代之又命楚王楨湘王柏各率護衞兵進討城銅鼓衞未幾讓禽寬等械入京誅之三十一年復平其餘黨幷俘獲三千岡等處洞蠻二千九百人以歸遂班師永樂五年寨長韋萬木來朝自陳所統四十七寨乞設官因設西山陽洞長官司以萬木爲屯長宣德六年改永從蠻夷長官司爲永從縣置流官以土官李瑛絕故也又割思州新溪等十一寨隸黎平赤溪湳洞長官司正統四年計砂苗賊苗金蟲等糾合洪江生苗僞立統千侯統萬侯名號劫掠四出命都督蕭授調兵勦之賊首苗總牌等爲都督吳亮所戮洪江生苗遂詣軍門降授諭遣之命千戶尹勝誘執苗金蟲斬以徇景泰五年巡撫王永壽以苗賊蒙能攻圍龍里新化銅鼓諸城乞調兵勦之時賊欲取龍里爲巢穴攻破亮寨銅鼓羅團堡諸城都指揮汪迪爲賊所殺朝議以南和伯方瑛爲平蠻將軍統湖廣諸軍討之蒙能糾賊衆三萬出攻平溪衞瑛遣指揮鄭泰等以火鎗攻斃賊三千人能亦死而能黨李珍等尚煽惑苗衆官軍計禽之克復銅鼓藕洞連破鬼板等一百六十餘寨覃洞上隆諸苗悉降天順元年鎭守太監阮讓言東苗爲貴州諸苗之首負固據險僭號稱王逼脅他種東苗平則諸苗服臣會同方瑛計議幷請師期於是頒諭四川湖廣諸宣慰宣撫會師討賊三年督理軍務都御史白圭以谷種山箐乃東苗羽翼宜先勦因同瑛進青崖令總兵李貴進牛皮箐參將劉玉進谷種參將李震進鬼山所向皆捷克水車壩等一百四十七寨諸將復合兵青崖攻石門山克擺傷等三十九寨仍分兵四路進攻董農竹蓋甲底等四百三十七寨賊首干把猪退守六美山合兵大進斬五千餘級生禽干把猪送京師伏誅先是麻城人李添保以逋賦逃入苗中詭稱唐後聚衆萬餘僭稱王建元武烈署故賊首蒙能子聰爲總兵官遣之銀印敕書縱兵剽掠震動遠近至是爲李震所敗餘賊大潰添保僅以身免潛入鬼池及絞洞諸寨復煽諸苗劫攻中林龍里亦爲震禽伏誅萬曆二十八年皮林逆苗吳國佐石纂太等作亂國佐本洪州司特洞寨苗頗知書嘗入永從學爲生員素桀黠皮林諸苗推服之因娶叛人吳大榮妾爲黎平府所持遂反自稱天皇上將陽聽撫而陰與播賊通纂太亦自稱太保殺百戶黃鐘等百餘人與國佐合兵圍上黃堡參將黃冲霄討之敗績殺守備張世忠焚五開破永從縣圍中潮所總兵陳良玭陳璘合湖貴兵進討亦失利國佐益橫二十九年命巡撫江鐸會兵分七路進勦苗據險不出陳璘潛師奪隘縱火焚其巢國佐逃禽之纂太亦爲他將誘縛皆伏誅

安順普里部蠻所居元世祖置普定府成宗時改普定路又爲普安路並屬雲南洪武初爲普定府十六年改爲安順州隸四川正統三年改屬貴州萬曆中改安順軍民府以普安等州屬焉普安故軍民府也初隸雲南尋廢爲衞永樂間改爲州始隸貴州領長官司二曰寧谷曰西堡洪武五年普定府女總管適爾及其弟阿甕來朝遂命適爾爲知府許世襲六年設普定府流官二員十四年城普定十五年普定軍民知府者額來朝賜米及衣鈔命諭其部衆有子弟皆令入國學十六年者額遣弟阿昌及八十一砦長阿窩等來朝二十年詔徵普定安順等州六長官赴京命以銀二十萬備羅遣普定侯陳桓等率諸軍駐普安屯田明年越州叛苗阿資率衆寇普安燒府治大肆剽掠征南將軍傅友德擊走之旦詣軍門降遂改軍民府爲指揮使司二十三年西平侯沐英奏普安百夫長密卽叛殺屯田官軍及驛丞試百戶調指揮張泰討之於盤江木窄關官軍失利更調指揮蔣文統烏撒畢節永寧三衞軍勦之乃遁二十六年普定西堡長官司阿德及諸寨長作亂命貴州都指揮顧成討平之二十八年成討平西堡土官阿傍三十一年西堡滄浪寨長必莫者聚衆亂阿革傍等亦糾三千餘人助惡成皆擊斬之其地悉平永樂元年故普安安撫者昌之子慈長言建文時父任是職宜襲吏部罷之本境地濶民稠輸糧三千餘石乞仍前職報劾命仍予安撫十三年改普安安撫司爲普安州十四年慈長謀占營長地且强娶民人妻爲妾殺其夫閹其子事聞命布政司孟驥按狀慈長糾兵萬餘圍驥驥以計禽之逮至京死於獄天順四年西堡蠻賊聚衆焚劫鎭守貴州內官鄭忠右副總兵李貴請調川雲都司官兵二萬幷貴州宣慰安隴富兵二萬進勦至阿果禽賊首楚得隆等斬首二百餘級餘賊奔白石崖復斬級七百餘焚其巢而還十年安順土知州張承祖與所屬寧谷寨長官顧鐘爭地仇殺下巡撫究治命各貢馬贖罪成化十四年貴州總兵吳經奏西堡獅子孔洞等苗作亂先調雲南軍八千助防守聞雲南有警乞改調沅州清浪諸軍應援十五年經奏已禽斬賊首阿屯堅婁等以捷聞弘治十一年普安州土判官隆暢妻米魯反米魯者霑益州土知州安民女也適暢被出居其父家暢老前妻子禮襲父子不相能米魯與營長阿保通因令阿保諷禮迎已禮與阿保同烝之暢聞怒立殺禮燬阿保寨阿保挾魯與其子阿鮓等攻暢暢走雲南時東寧伯焦俊爲總兵官與巡撫錢鉞和解之魯於道中毒暢死遂與保據寨反暢妾曰適烏生二子別居南安米魯欲並殺之築寨圍其城又別築三寨於普安而令阿鮓等防守名所居寨曰承天自號無敵天王出入建黃纛官兵不能制鎭巡以聞發十衞及諸土兵萬三千人分道進責安民殺賊自贖民乃攻斬阿保父子於查剌寨米魯亡走焦俊等責安民獻魯民陰資魯兵五百襲殺適烏及其二子據別寨殺掠又自請襲爲女土官鎭巡官皆受魯賂請宥魯嚴旨切責必得魯乃已貴州副使劉福陰索賂於魯故緩師賊益熾官兵敗於阿馬坡都指揮吳遠被擄普安幾陷帝命南京兵部尚書王軾巡撫陳金都指揮李政進勦破二十餘寨魯竄馬尾籠官兵圍之就禽伏誅安民自辨得赦正德元年暢族婦適擦襲土判官赴京朝貢帝嘉之或曰適擦亦暢妾云西堡阿得獅子孔阿江二種皆猙獠也初據滄浪六寨不供常賦土官溫愷懼罪自縊其子廷玉請免賦不允往徵爲其寨長乜呂等所殺六年廷玉弟廷瑞訴於守臣會乜呂死指揮楊仁撫其衆巡撫蕭翀請令其輸賦免用兵從之

都勻元曰都雲洪武十九年置都勻安撫司二十九年改爲軍民指揮使司屬四川永樂十一年改隸貴州弘治七年置府領州二曰麻哈曰獨山卽合江洲陳蒙爛土長官司地領縣一曰清平卽清平長官司地也領長官司八屬府者曰都勻曰平浪曰邦水曰平州六洞屬獨山者曰九名九姓曰豐寧屬麻哈者曰樂平曰平定洪武二十二年都督何福奏討都勻叛苗斬四千七百餘級禽獲六千三百九十餘人收降寨洞一百五十二處二十三年城都勻衞命指揮同知董庸守之二十五年九名九姓蠻亂命何福平之二十八年豐寧三藍等寨亂命顧成平之二十九年平浪蠻殺土官王應名都指揮程暹平之應名妻吳攜九歲子阿童來訴詔予襲永樂四年鎭遠侯顧成招諭合江州十五寨來歸宣德元年平浪賊紀那阿魯等占副長官地殺掠葉果諸寨招諭不聽詔蕭授平之七年陳蒙爛土副長官張勉奏所司去衞遠地連古州生苗與廣西猺洞近化從寨長韋翁同等煽亂乞立堡幷請調泗城州土兵一千鎭守從之九年翁同糾下高大刀蠻合廣西賊韋萬良等恣殺掠指揮陳原討禽萬良等三人翁同遂聽撫而落昌蔡郞等四十寨仍聚衆拒敵總兵蕭授遣指揮顧勇進討平之成化十四年陳蒙爛土長官司張鏞奏夭壩干賊首齋果侵掠請於所侵大陳大步等寨設一司隸安寧宣撫而豐寧長官司楊泰亦奏峰峒陸光翁等聚爛土爲亂先是宣慰楊輝平夭壩干後卽灣溪立安寧宣撫司爛土諸苗惡其逼己至是果等旣攻陷夭漂遂圍豐寧時輝已致仕子愛承襲力弗支求援於川貴二鎭各奏聞命仍起輝會兵討之十六年鏞復奏齋果糾合九姓豐寧幷荔波賊萬人攻剽愈亟帝責諸守臣玩寇於是巡撫謝杲言自天順四年以來諸苗功劫舟溪等處不靖至今乃命鎭守太監張成總兵吳經相機勦撫二十年爛土苗賊龍洛道僭號稱王聲言犯都勻清平諸衞豐寧長官司楊泰與土目楊和有隙誘廣西泗城州

農民九千於銕坑等一百餘寨殺掠於是苗患愈盛弘治二年苗賊七千人攻圍楊安堡都指揮劉英統兵覘之爲所困命鎮巡官往援乃得出五年命鎮遠侯顧溥率官兵八萬人巡撫鄧廷讚提督軍務太監江德監諸軍往征之七年諸軍分道進剿令熟苗詐降於賊誘令入寇伏兵禽之直擣其巢凡破一百十餘寨以捷聞於是開置都勻府及獨山麻哈二州正德三年都勻長官司吳欽與其族吳敏爭襲仇殺鎮巡以聞言欽之祖賴洪武間立功爲長官陣亡子琮幼弟貴署之及琮長仍襲傳至欽三世敏不得以貴故妄爭詔可之嘉靖十五年平浪叛苗王聰攻奪凱口囤執參將李佑等初王阿向先世爲土官爲王仲武先人所奪至阿向與仲武爭印煽亂總兵楊仁巡撫陳克宅平之斬阿向等盡逐其黨以地屬都勻府改名滅苗鎮仲武因諸苗失業陰爲招復旋科索之諸苗不勝怨遂推阿向餘孽王聰王佑爲主巡按楊春芳遣李佑等撫諭之賊質佑等乞還土田官印乃釋佑春芳以聞詔巡撫調官軍三萬人集囤下囤故絕險其要害處置弩樓壘石爲防攻之三月不克復調宣慰安萬銓兵合剿萬銓力戰破賊聰等皆伏誅前後斬首二百六十餘級降苗寨一百五十餘男婦二萬餘口捷聞敘功賞賚有差又有黑苗曰天漂者在湖貴川廣界與者亞鼎足居萬曆六年天漂請內附都御史遣指揮郭懷恩及長官金篆往問狀而阻於者亞乃遠從丹彰間道通天漂會苗坪黨銀等亦以格於者亞不得通都御史王緝遣使責者亞部長阿斗斗願歸附平定緝謂斗故養善牌部何故欲屬平定必有他謀下吏按驗果得實蓋欲往平定借諸蒙兵襲養善皆內地奸人夭金貴等導之遂治金貴罪以者亞仍屬養善路遂通於是苗坪天漂皆請奉貢賦比編氓名其地曰歸化隸都勻府凡使命往來自生齒以上悉跪拜迎送夾騶從行前吹蘆笙唱蠻歌呼導而馳事聞帝嘉之七年者亞阿斗以反誅乃罷樂平吏目增設麻哈州州判一員令居樂平司以養鶏者亞羊腸諸苗屬之初者亞阿斗反答干寨阿其應之斗誅阿其屢犯順十四年土舍吳楠王國聘慮阿其叵測禍及己請以答干雞賈甲多諸寨屬蒙詔立宣威營歲輸賦獨阿其不服引者亞殘苗圖宣威營大譟曰此我地誰令爾營此蒙詔常徵秋稅阿其度使至以血釁門令勿通居常張織鼓角繪龍鳳器遂與雞賈甲多仰枯諸苗擊牛酒爲誓劫歸化官兵不敢近獨山土吏蒙天眷願以兵進剿乃使人佯言漢已黜蒙詔令以宣威營地還阿其旦暮撤兵去矣阿其乃親馳樂邦牛場詗視言人人同遂弛備天眷驟入斬阿其雞賈甲多皆降其屬蒙詔者自答干雞賈甲多外有塘蛙當井斗坡等十七寨小橋熟苗龍木恰視寨事年老子俸襲須糧者遂不及恰恰輒奪俸之有以爲養俸訴於官逮問恰非罪之也恰輒鎖漢使已而逐之曰速去此我家事再來我當以烏雞諸寨踐漢邊矣官以計禽之死獄中無何龍化龍羊山苗引川苗作亂曰漢無故殺苗苗請報之官軍戰不利既而都司蔡兆吉招諭令降待以不死於是諸苗皆散俸視事如故四十三年平州長官楊進雄兇惡土人苦之雄無子以兄繼祿子珂爲後既生子治安而疎珂珂怨雄雄乃奪珂財産幷其父逐之珂頗得民心遂爲亂據唐宿囤攻雄雄敗走屠其家各上疏訐奏詔推問都御史趙釴以雄不法逮之獄檄獨山土酋蒙繼武諭珂歸命許改土爲流以安之治安訐不便乃陰許以六洞賂繼武借兵繼武乃發兵攻珂復平州珂走廣西之泗城繼武遂屯耕六洞地六洞民不服復助珂與繼武相攻珂復據平州巡撫吳岳招降其父繼祿六洞乃安

平越古黎峨里元爲平月長官司洪武十四年置衞十七年改爲軍民指揮使司屬四川萬曆中始置府屬貴州領州一曰黃平卽黃平安撫司地領縣四曰平越曰湄潭曰甕安卽甕水草塘二長官司地曰餘慶卽白泥餘慶二長官司地領長官司一曰揚義初洪武八年貴州江力江松刺回四十餘寨苗把具播共楄等連結苗獠二千作亂平越安撫司乞兵援命指揮同知胡汝討之九年黃平蠻獠都麻堰亂宣撫司捕之不克千戶所以兵討之亦敗乃命重慶諸衞合擊大破之平其地十九年平越衞麻哈苗楊孟等作亂命傅友德平之時麻哈長官宋成陣歿命其子襲二十二年察隴牛場乾溪苗亂傅友德平之二十三年命延安侯唐勝宗往黃平平越鎭遠貴州諸處訓練軍士提督屯田相機勦寇正統末鎭遠蠻苗金臺僞稱順天王與播州苗相煽亂遂圍平越新添等衞半年城中糧盡官兵逃者九千餘人貴州東路閉塞王驥征麓川班師過其地不之顧景泰元年命保定伯梁珤佩平蠻將軍印督師進剿大破之平八十餘寨禽賊首王阿同等平越諸衞圍乃解二年都御史王來奏貴州苗韋同烈聚衆於興隆之載洞復攻平越清平等衞梁珤自沅州發兵由東路都督方瑛由西路合兵興隆擊破之同烈退保香鑪山瑛由龍場都督陳友由萬潮山都督毛福壽由重安江攻破黎樹翁滿等三百餘寨斬三千餘級招撫袞水等二百餘寨合兵香鑪山下衆縛同烈降械至京五年副總兵李貴奏黎從等寨賊首阿挐王阿傍苗金虎等僞號苗王與銅鼓諸賊相應乞加兵七年巡撫蔣琳奏勦苗賊於平越斬四百餘級其阿傍等據車椀寨仍爲亂於清平平越地方殺指揮王杞據香鑪山掠偏橋正德十一年命巡撫秦金勦之初黔楚之交羣苗嘯聚連寨相望而香鑪山周廻四十里高數百尋四面陡絕其上平衍向爲叛苗巢穴阿傍等據之糾諸寨苗作亂巡撫鄒文盛總兵官李昂等分漢土兵爲五克其前柵密遣人援崖先登殺賊守路者衆蟻附而上焚賊巢禽阿傍餘賊猶堅守不下參將洛忠等詭言招撫自山後擊之殲焉遂移師龍頭黎藺等寨悉破之賊遂平天啓四年凱里土司楊世慰叛合安邦彥兵與平茶羣苗來修怨復窺香鑪山搖動四衞梗塞糧運總督楊述中檄總兵魯欽馳至清平相機進勦調副使顏欲章等爲後援欽督將領攻破巖頭分遣朗溪司田景祥截平茶賊援用藥弩及礮殺傷賊衆賊乘夜遠遁自是不敢再窺鑪山四衞得安

石阡本思州地永樂十一年置府隸貴州領長官司四曰石阡曰苗民曰葛彰葛商曰龍泉坪宣德六年葛彰葛商長官安民奏前以官鈔糴糧儲備令蠻民守視溪洞險僻無所支用恐歲久腐爛賠納實難請以充有司祭祀過使廩給之用從之萬曆中改龍泉坪爲縣

新添衞故麥新地也宋時克麥新地乃改爲新添元置新添葛蠻安撫司洪武四年置長官司二十三年改爲衞二十九年置新添衞軍民指揮使司領長官司五曰新添曰小平伐曰把平寨曰丹平曰丹行洪武五年春新添安撫宋亦憐眞子仁來朝其秋平伐蘆山山木等砦長來降七年平伐谷霞谷浪等苗攻劫的敖諸寨指揮僉事張岱討之岱攻谷峽剌向關破之追至的敖大破之禽的令的若而還蠻大警永樂二年置丹行丹平二長官宣德元年新添土舍宋志道糾洞蠻肆掠蕭授討禽之九年丹行土舍羅朝煽誘寨長卜長逃民羅阿記等侵占卧龍番長官龍保地又攻孫平寨焚劫時苗民素憚指揮李政尚書王驥因奏遣政往撫諭景泰二年苗賊有在新添行劫聚於西盧者官軍破之以聞成化九年以旱災免新添衞糧萬曆三十四年貴州巡撫郭子章討平貴州苗斬獲苗長吳老喬阿倫阿皆等十二人招降男婦甚衆先是東西二路苗名曰仲家者盤踞貴龍平新之間爲諸苗渠帥其在水硍山介於銅仁思石者曰山苗紅苗之羽翼也竊黔自平播後財力殫竭有輕漢心經年剽掠無虛日子章奏討之命相機進兵子章乃命總兵陳璘參政洪澄源率官軍五千益以土兵五千攻水硍山監軍布政趙健率宣慰土兵萬人使遊擊劉岳等督之及兩路會師皆九十餘日而克二寇既平專命總兵陳璘率漢土兵五千移營新添進攻東路苗不一月復克其六籌諸苗盡平

金筑安撫司洪武四年故元安撫密定來朝貢馬詔賜文綺三匹置金筑長官司秩正六品隸四川行省以密定爲長官世襲十四年敕勞密定曰西南諸部雖歸附然暫入貢而已爾密定首獻馬五百匹以助征討其誠可嘉故遣特使往諭俟班師之日重勞爾功陞金筑長官司爲安撫司仍以密定爲安撫使予世襲十六年密定遣使貢方物十八年密定遣弟保珠來貢二十九年以金筑安撫司隸貴州軍民指揮使司永樂初年金筑安撫得垛來朝賜絨錦文綺洪熙宣德改元皆貢馬十年直隸貴州布政司正統五年安撫金鏞貢馬成化弘治隆慶時歷朝貢萬曆四十年吏部覆巡撫胡桂芳奏金筑安撫土舍金大章乞改土爲流設官建治欽定州名鑄給印信改州判爲流官授大章土知州予四品服色不許管事子孫承襲隸州於貴陽府遂改金筑安撫司爲廣順州

明史卷三百一十七　列傳第二百五

總裁官總理事務經筵講官少保兼太子太保保和殿大學士兼管吏部戶部尚書事加六級張廷玉等奉敕修

廣西土司

廣西猺獞居多盤萬嶺之中當三江之險六十三山倚爲巢穴三十六源踞其腹心其散布於桂林柳州慶遠平樂諸郡縣者所在蔓衍而田州泗城之屬尤稱強悍種類滋繁莫可枚舉蠻勢之衆與滇爲埒今就其尤著者列於篇觀其叛服不常沿革殊致可以覘中國之德威知夷情之順逆爲籌邊者之一助云

廣西土司一

桂林 柳州
慶遠 平樂
梧州 潯州
南寧

桂林自秦置郡，漢始安，唐桂州天寶改建陵，宋靜江府元靜江路明初改桂林府爲廣西布政使司治所屬內地不當列於土司然廣西惟桂林與平樂潯州梧州未設土官而無地無猺獞桂林之古田平樂之府江潯州之藤峽梧州之岑溪皆煩大征而後克卒不能草薙而獸獮之設防置戍世世爲患是亦不得而畧焉洪武七年永道桂陽諸州蠻竊發命金吾右衛指揮同知陸齡率兵討平之二十二年富川縣逃吏首賜糾合苗賊盤大孝等爲亂殺知縣徐元善等往來劫掠廣西都指揮韓觀遣千戶廖春等討之禽殺大孝等二百餘人觀因言靈亭鄉乃猺蠻出入地雖征勦有年未盡殄滅宜以桂林等衛羸餘軍士置千戶所鎭之詔從其請二十七年全州灌陽等縣平川諸源猺民聚衆爲亂命湖廣廣西二都司發兵討之禽殺千四百餘人諸猺奔竄遁去置灌陽守禦千戶所初灌陽縣隸湖廣因廣西平川等三十六源猺賊作亂攻擊縣治詔寶慶衛指揮孫宗總兵討平之縣丞李原慶因奏灌陽去湖廣遠隸廣西近遂以灌陽隸桂林府千戶所命廣西都指揮同知陶瑾領兵築城守之永樂二年總兵韓觀奏潯桂柳三郡蠻寇黃田等累行劫掠殺擄人畜已調都指揮朱輝追勦斬獲頗多尋蒙遣官齎敕撫安其黃田等猺皆已向化悉歸所擄人畜帝命觀復業者善撫恤之宣德六年都督山雲奏廣西左右兩江設土官衙門大小四十九處蠻性無常讐殺不絕朝廷每命臣同巡按御史三司官理斷緣諸處皆瘴鄉兼有蠱毒三年之間遣官往彼死者凡十七人事竟不完今同衆議凡土官衙門軍務重事徑詣其處其餘爭論詞訟就所近衛理之報可景泰五年廣西古丁等洞賊首藍伽章萬山等糾合蠻類劫掠南寧上林武緣諸處鎭守副總兵陳旺以聞詔令總督馬昂等勦捕之初桂林古田獞種甚繁最强者曰韋曰閉曰白而皆幷於韋賊首韋朝威據古田縣官竄會城遣典史入縣撫諭烹食之弘治間大征殺副總兵馬俊參議馬鉉正德初再征殺通判知縣指揮等官嘉靖初又征之殺指揮舒松等時韋銀豹與其從父朝猛攻陷洛容縣據古田分其地爲上下六里銀豹出掠挾下六里人行而上六里不與焉四十五年提督吳桂芳因其閒遣典史廖元入上六里撫諭之諸獞復業者二千人銀豹勢孤請降久之復猖獗嘗挾其五子據鳳皇連水二寨襲殺昭平知縣魏文端更自永福入桂林劫布政司庫殺署事參政黎民衷縋城而去官軍追不及久之臨桂永福各縣兵羣起捕賊始得賊黨扶嫩土婆顯等三十餘人於各山寨中時首惡未獲隆慶三年朝議以廣西專設巡撫推江西按察使殷正茂爲僉都御史以往正茂至奏請勦賊合土漢兵十萬集衆議時八寨助逆衆議先勦敕書亦有先平八寨徐圖古田之語正茂獨不謂然先給榜諭八寨八寨聽命然後分兵七哨以總兵俞大猷統之使副總兵門崇文參將王世科黃應甲都司董龍曾國賢遊擊丁山等各領一哨復分土兵爲二隊更番淸道必先淸數里而後行及至其巢合營攻之斬七千四百六十餘級生禽朝猛梟於軍俘獲男女千餘口銀豹窮蹙擇肖己者斬首獻捷聞旣而生縛銀豹幷其子扶枝膠送京師斬之古田平乃幷八寨與龍哈咘咳爲十寨立長官司以黃昌等爲長官及土舍聽守禦調度更陞古田縣爲永寧州已而永寧獞韋狠要與其黨黃銀成有隙相仇殺常安巡檢欲窮治之狠要遂與右江荔浦山灣諸獞稱亂命指揮徐民瞻將兵捕之民瞻伏兵執狠要諸猺大訌總制殷正茂巡撫郭應聘乃檄徵田州向武都康諸土兵屬參將王瑞進勦斬廖金鑑廖金盞韋銀花韋狠化等萬曆六年總制凌雲翼巡撫吳文華大征河池咘咳諸猺斬首四萬八百餘級嶺表悉平

柳州置自唐貞觀中明初移治于馬平所屬州二縣十內屬千餘年惟上林縣尚爲土官而賓象融羅諸猺蠻蟠結爲寇城外五里卽賊巢軍民至無地可田後屢加征勦置土巡檢於各峒隘稍稱寧焉洪武二年中書省臣言廣西諸峒雖平宜遷其人入內地可無邊患帝曰溪洞蠻獠雜處其人不知禮義順之則服逆之則變未可輕動惟以兵分守要害以鎭服之俾日漸敎化數年後可爲良民何必遷也永樂七年柳州道村寨蠻韋布黨等作亂都指揮周誼率兵討禽之命斬布黨梟其首於寨廣西洞蠻韋父融州羅城洞蠻潘父蕊各聚衆爲亂柳州等衛官軍捕斬之九年賓州遷江縣象州武仙縣古逢等洞蠻獠作亂詔發柳州南寧桂林等衛兵討之十四年融州猺民作亂官軍討平之十七年象州土吏覃仁用言其父景安故元時常任本州巡檢有兵獞二百人今皆爲民請收集爲軍帝不許十九年融縣蠻賊五百餘人羣聚剽掠廣西參政耿文彬率民兵會桂林衛指揮平之柳州等府上林等縣獞民梁公竦等六千戶男女三萬三千餘口及羅城縣土酋韋公成乾等三百餘戶復業初韋公等倡亂獞民多亡入山谷與之相結事聞遣御史王煜等招撫復業至是俱至仍隸籍爲民宣德初蠻寇覃公旺作亂據思恩縣大小富龍三十餘峒固守險阻以拒官軍總兵官顧興祖等督兵分道攻之斬公旺幷其黨千五十餘人捷至帝曰蠻民亦朕赤子殺至千數豈無脅從非辜者以後宜開示恩信撫慰而降之如賈琮成交州可也元年柳州獞首韋敬曉等歸附二年廣西三司奏柳慶等府賊首韋萬黃韋朝傳等聚衆劫殺爲民害敕興祖進兵勦平之懷遠爲柳州屬邑在右江上游旁近靖綏黎平諸猺竊據久隆慶時大征古田懷遠知縣馬希武欲乘間築城召諸猺役之許犒不與諸猺遂合繩坡頭板江諸峒殺官吏反總制殷正茂請於朝遣總兵官李錫參將王世科統兵進討官兵至板江猺賊皆據險死守正茂知諸猺獨畏永順鉤刀手及狼兵乃檄三道兵數萬人擊太平河裏諸村大破之連拔數寨斬賊首榮才富吳金田等前後捕斬凡三千餘俘獲男婦及牛馬無算事聞議設兵防改萬石宜良丹陽爲土巡司屯土兵五百人且耕且守萬曆元年洛容知縣邵廷臣以養歸主簿謝漳行縣事會上元夜單騎巡檄山中獞蠻韋朝義率上油古底諸獞夜半出掠逐漳追至城殺漳奪縣印去是夜指揮朱昌允土巡檢韋顯忠共提兵決戰斬首三十一級兵校文斌獲朝義奪還縣印守巡官以聞乃命總兵李錫參將王瑞康仁等勦之破上油古底諸寨斬覃金狠等二千八百三十餘級俘二百二十餘人牛馬器械稱是後殘獞黃朝貴復合融縣猺號萬人聲言欲入富福鎭王世科復引兵擊之斬五十餘人始洛容在萬山中城小無雉堞縣官皆寓府城知縣余涵請遷城於白龍巖不果至是謝漳遂及於難又韋王朋者馬平獞也初平馬平時因建營堡使土舍韋志隆提兵屯其地王朋覦堡兵如仇常率東歐大產諸蠻要挾營堡兵備周浩使千總往撫遂殺千總劫村落總兵王尙父勦平之

慶遠秦象郡漢交阯日南二郡界後淪於蠻唐始置粤州天寶初改龍水郡屬嶺南道乾符中更宜州宋陞慶遠軍節度咸淳初改慶遠府元爲慶元路洪武元年仍改慶遠府時征南將軍楊文旣平廣西二年行省臣言慶遠府地接八番溪洞所轄南丹宜山等處宋元皆用其土酋安撫使統之天兵下廣西安撫使莫天護首來款附宜如宋元制錄用以統其民則蠻情易服守兵可減帝從之詔改慶遠府爲慶遠南丹軍民安撫司置安撫使同知副使經歷知事各一員以天護爲同知王毅爲副使三年行省臣言慶遠故府也今爲安撫司其地皆深山曠野其民皆安撫莫天護之族天護素庸弱宗族强者動肆跋扈至殺河池縣丞蓋讓與諸蠻相煽爲亂此豈可姑息以貽禍將來乞罷安撫司仍設府置衛以守其地報可乃命莫天護赴京七年賜廣西土官莫金文綺六匹置南丹州隸慶遠府以莫金爲知州八年那地縣土官羅貌來朝以貌知縣事二十八年都指揮韓觀率兵捕獲宜山等縣蠻寇二千八百餘人斬僞大王韋召僞萬戶趙成秀韋公旺等傳首京師時嶺南盛暑官軍多病瘴帝命觀班師南丹土官莫金叛帝命征南將軍楊文龍州平後移師討南丹奉議等處龍州趙宗壽來朝謝罪貢方物大軍進征奉議調參將劉眞分道攻南丹破之執莫金併俘其衆後遣寶慶衛指揮孫宗等分兵擊巴蘭等寨蠻獠懼焚寨遁去官兵追捕斬之蠻地悉定詔置南丹奉議慶遠三衛以官軍守之二十九年廣西布政司言新設南丹等三衛及富川千戶所歲用軍餉二十餘萬石有司所徵不足以給帝命俱置屯田給耕種尋遣中使至桂林等府市牛給南丹奉議諸衛軍士都指揮姜旺童勝率兵抵思恩縣鎭寧等村洞殺獲叛蠻三千餘人降一千一百餘戶得故宋銅印一來上永樂二年慶遠府言忻城宜山二縣洞蠻陳公宣等出沒爲寇請勦捕帝命都指揮朱輝親往撫諭公宣等相率歸附凡千三十五戶荔波縣民覃眞保上言縣自洪武至今人民安業惟八十二洞猺民未隸編籍今聞朝廷加恩撫綏咸願爲民無由自達乞遣使招撫乃命右軍都督府移文都督韓觀遣人撫諭其願爲民者量給賜賚復其徭役三年宣德五年總兵官山雲討慶遠蠻寇斬首七千四百平之九年雲奏思恩縣蠻賊覃公砦等累年作亂今委都指揮彭義等率兵勦捕斬賊首梁公成潘通天等梟之仍督官軍搜捕餘黨帝賜敕慰勞又奏慶遠鬱林等州縣蠻寇出沒必宜勦除而兵力不足帝命廣東都司調附近衛所精銳士卒千五百人委都指揮一員赴廣西聽雲調用十年南丹土官莫禎來朝貢馬賜綵幣正統四年莫禎奏本府所轄東蘭等三州土官所治歷年以來地方寧靖宜山等六

縣流官所治溪峒諸蠻不時出沒原其所自皆因流官能撫字附近良民而溪峒諸蠻恃險爲惡者不能鈐制其出沒每調軍勦捕各縣居民與諸蠻結納者又先漏洩軍情致賊潛遁及聞招撫詐爲向順仍肆劫掠是以兵連禍結無寧歲臣竊不忍良民受害願授臣本州土官知府流官總理府事而臣專備蠻賊務擒捕殄絕積年爲害者其餘則編伍造冊使聽調用據巖險者拘集平地使無所恃擇有名望者立爲頭目加意撫恤督勵生理各村寨皆置社學使漸風化三五十里設一堡使土兵守備凡有寇亂卽率衆勦殺如賊不除地方不靖乞究臣誑罔之罪帝覽其奏卽敕總兵官柳溥曰以蠻攻蠻古有成說今莫禎所奏意甚可嘉彼果能効力省我邊費朝廷豈惜一官爾其酌之弘治九年總督鄧廷瓚言廣西猺獞數多土民數少兼各衞軍士十亡八九凡有征調全倚土兵乞令東蘭土知州韋祖鋐子一人領土兵數千於古田蘭麻等處撥田耕守候平古田改設長官司以授之廷議以古田密邇省治其間土地多良民世業若以祖鋐子爲土官恐數年之後良民田稅皆非我有欲設長官司祇宜於土民中選補廷瓚又言慶遠府天河縣舊十八里後漸爲獞賊所據止餘殘民八里請分設一長官司治之部議增設永安長官司授土人韋萬妙等爲正副長官并流官吏目一員是年裁忻城縣流官留土官知縣掌縣事亦從廷瓚奏也十二年韋祖鋐率兵五千助思恩岑濬攻田州殺掠男女八百餘人驅之溺水死者無算副總兵歐磐詣田州兵乃解嘉靖二十七年那地州土官羅廷鳳聽調有勞命襲替免赴京四十二年錄平猺功授東蘭州那地州土官職慶遠領州四河池弘治中以縣陞州改流官其東蘭那地南丹皆土官縣五忻城土官又長官司二曰永安永順　東蘭州在府城西南四百二十里宋時有韋君朝者居文蘭峒爲蠻長傳子宴閙崇寧五年內附因置蘭州以宴閙知州事俾世其官元改爲東蘭州韋氏世襲如故洪武十二年土官韋富撓遣家人韋錢保詣闕上元所授印貢方物錢保匿富撓名以己名上因以錢保知東蘭州既而錢保徵歛暴急民不堪命擁富撓作亂廣西都司討平之執錢保正其罪仍以其地歸韋氏

那地州在府城西南二百四十里宋熙寧初土人羅世念來降授世職崇寧五年諸蠻納土遂置地那二州以羅氏世知地州大觀中析地州置孚州元仍爲地那二州洪武元年土官羅黃貌歸附詔并那入地爲那地州孚印授黃貌世襲土知州以流官吏目佐之　南丹州宋開寶初土官莫洪㬅內附元豐三年置南丹州管轄諸蠻歷世承襲元至正末莫國麒納土命爲慶遠南丹谿洞安撫使明洪武初安撫使莫天護歸附七年置州授莫金知州世襲佐以流官吏目金以叛誅廢州置衞後因其地多瘴遷之賓州旣而蠻民作亂復置土官知州以金子莫祿爲之　忻城宋慶曆間置縣隸宜州元以土官莫保爲八仙屯千戶洪武初設流官知縣罷管兵官籍其屯兵爲民莫氏遂徙居忻城界宣正後猺獞狂悖知縣蘇寬不任職猺老韋公泰等舉莫保之孫誠敬爲土官寬爲請於上官具奏得世襲知縣由是邑有二令權不相統流官握空印僦居府城而已弘治間總督鄧廷瓚奏革流官土人韋保爲內官陰主之始獨任土官　永順司永安司舊爲宜山縣正統六年因蠻民弗靖有司莫能控禦耆民黃祖記與思恩土官岑瑛交結欲割地歸之思恩因謀於知縣朱斌備時瑛方雄兩江大將多右之斌備亦欲藉以自固遂爲具奏以地改屬思恩土民不服韋萬秀以復地爲名因而倡亂成化二十二年覃召管等復亂屢征不靖弘治元年委官撫之衆願取前地別立長官司都御史鄧廷瓚爲奏置永順永安二司各設長官一副長官一以鄧文茂等四人爲之皆宜山洛口洛東諸里人也自是宜山東南棄一百八十四村地宜山西南棄一百二十四村地議者以忻城自唐宋內屬已二百餘年一旦舉而棄之於蠻爲失策云

平樂初爲縣元大德中改平樂府明因之洪武二十一年廣西都指揮使言平樂府富川縣靈亭山破紙山等洞猺二千餘人占耕內地嘯聚劫奪居民被擾恭城賀縣及湖廣道州永明等縣之民亦被害比調衞兵收捕卽逃匿巖谷兵退復肆跳梁臣等欲於秋成時統所部會永道諸軍列屯賊境扼其要路收其所種穀粟彼無糧食勢必自窮乘機禽戮可絕後患從之二十九年遷富川縣於富川千戶所時富川千戶所新立於矮石城典史言縣治無城恐蠻寇竊發無以守禦宜遷城內爲便從之弘治九年總督鄧廷瓚言平樂府之昭仁堡介在梧州平樂間猺獞率出爲患乞令上林土知縣黃瓊歸德土知州黃通各選子弟一人領土兵各千人往駐其地仍築城垣設長官司署領撥平樂縣仙回峒閒田與之耕種其冠帶千夫長龍彪改授昭平巡檢造哨船三十使往來府江巡哨流官停選廷議以昭平堡係內地若增土官恐貽後患況府江一帶近已設按察司副使一員整飭兵備土官不必差遣止令每歲各出土兵一千聽調詔從其議府江有兩岸三洞諸獞皆屬荔浦延袤千餘里中間巢峒盤絡爲猺獞窟穴江上諸賊倚爲黨援日與府江酋長楊公滿等掠荔浦平樂及峰門南源執永安知州楊惟執殺指揮胡翰千戶周濂土舍岑文及兵民無算而遷江之北三來賓之北五皆右江獞亦時與東歐西里及三都五都諸賊相倚附馬多人勁俗號爲馴馬賊常陳兵走嶺東掠三水淸遠諸縣還入南寧平南武宣來賓藤貴劫府庫已而劫來賓所千戶黃元皋殺土吏黃勝及其子四人兵七十餘人又殺明經諸生王朝經周松李茂姜集等白晝劫殺道絕行人隆慶六年巡撫郭應聘總督殷正茂請討詔總兵官李錫督軍進勦幷調東蘭龍英泗城南丹歸順諸土兵而以土吏韋文明等統之攻古西巖口筍山古造及兩峰黃洞等寨斬獲賊渠餘黨竄入仙回古帶諸山搜捕殆盡乃移檄北三北五趣其歸降峒老韋法眞同被擄來賓遷江民黨演等詣軍前乞降許之乃定善後六策以聞初荔浦之峰門南源修仁之麗壁永安之古眉諸巡司爲諸獞所奪至是議改土巡檢推擇有才武者給冠帶管事三載稱職始世襲萬曆六年北山蠻譚公柄挾毒弩肆傷行旅每一出十百爲羣自殺黃勝後復聚黨以三千人出合鳳山黿鼈塘與河塘韋宋武傍江結寨時義寧永寧永福諸獞羣起相殺掠道路不通會㖊咳寨藍公潺執土吏黃如金奪其司巡撫吳文華檄守巡道吳善陳俊徵永順白山兵及狼兵勦之平橫山㖊咳諸巢諸猺請還侵地及所擄生口願輸賦爲良民遂班師右江十寨隆慶中總督殷正茂擊破古田卽以檄趣八寨歸降得貸死於是寨老樊公懸韋公良等踵軍門上謁自言十寨共一百二十八村環村而居者二千一百二十餘家皆請受賦右江兵備鄭一龍參將王世科謂十寨旣請爲氓當以十家爲率賦米一石村立一甲長寨立一峒老爲徵賦計而以思古周安落紅古卯龍哈立一州屬向武土官黃九疇羅墨古鉢古憑都北㖊咳立一州屬那地土官黃暘皆爲土知州已移思恩守備於周安堡而布政使以爲不便總制乃議立八寨爲長官司以兵八千人屬黃暘爲長官黃昌韋富皆給冠帶爲土舍亦各引兵二百守焉久之十寨復聚黨作亂據民田產白晝入都市剽掠甚至攻城劫庫戕官民總制劉堯誨巡撫張任急統兵進勦斬首一萬六千九百有奇獲器仗三千二百牛馬二百三十九帝乃陞賞諸土吏功復分八寨爲三鎭各建一城而以東蘭州韋應鯤韋顯能及田州黃馮克爲土巡檢留兵一千人戍之於三里增建二堡自楊渡水爲界墾田屯種給南丹衞通道慶遠賓州使思恩三里聯絡不絕於是右江十寨復安輯輸賦三十二年桂林平樂猺獞據險肆亂殺知縣張士毅焚劫無虛月總督應檟檄總兵官顧寰督兵進勦禽斬四百八十四俘獲男女三百四十牛馬器械甚衆守臣以捷聞並上僉事茅坤參將王寵都指揮鍾坤秀參政張謙百戶吳通等功狀各陞廕有差平樂界桂梧西北近楚淸湘九嶷鬱相繆結東南入梧溪洞林箐多爲猺人盤據自數經大征後刊山通道展爲周行而又增置樓船繕修校壘居民行旅皆怙席猺獞亦駸駸馴習於文治云

梧州漢之蒼梧郡也元至元中改置梧州路洪武元年征南將軍廖永忠參將朱亮祖等旣平廣東引兵至梧州境元達魯花赤拜住率官吏父老迎降亮祖駐兵藤州於是潯貴等州縣以次降附二年併南流縣於鬱林州普寧縣於容州幷藤州皆隸梧州府四年置梧州守禦千戶所二十三年置容縣守禦千戶所廣西全省惟蒼梧一道無土司猺患亦稀萬曆初岑溪有潘積善者僭號平天王與六十三山六山七山諸猺獞據山爲寇居民請勦會大兵征羅旁不暇及總制淩雲翼檄以禍福積善願歸降輸賦乃貸其死且以其子入學議者謂七山爲蒼藤信地六山爲容縣北流中衞北科爲六十三山咽喉懷集爲賀縣諸村出入之所因立五大營營六百人合得三千人設參將及屯堡三十治焉而懷集猺賊在正德中已雄據十五寨環二百餘里爲州縣患官軍屢討之歸降然盤互如故往往相結諸峒蠻劫掠殺百戶朱裳及把總羅定朝村民畏之東西走匿都御史吳善檄總兵咸繼光徵兵於羅定泗城都康諸土司分五道命參將戴應麟等擊金雞松柏諸寨斬渠魁撫四百餘人時鬱林猺亦桀驁數糾諸生猺破諸村寨入寇興業縣兵巡道副使王原相告於總制調兵擊破之諸猺悉平

潯州江曰潯江東城門曰潯陽郡名取焉洪武八年潯州大藤峽猺賊竊發柳州衞官軍禽捕之二十年知府沈信言府境接連柳象梧藤等州山谿險峻猺賊出沒不常近者廣西布政司參議楊敬恭爲大亨老鼠羅碌山生猺所殺官軍討之賊登巖攀樹捷如猿狖追襲不

及若久駐兵則瘴癘時發兵多疾疫又難進取兵退復出爲患臣以爲桂平平南二縣舊附猺民皆便習弓弩慣歷險阻若選其少壯千餘人免其差徭給以軍器衣裝俾各團村寨置烽火與官兵相爲聲援協同捕逐可以殲之帝以蠻夷梗化夙昔固然但當謹其防禦使不爲患如爲寇不已則發兵討之何必團寨永樂三年總兵韓觀奏桂平縣蠻民爲亂請發兵勦捕帝命姑撫之勿用兵宣德四年總兵山雲討潯柳二州寇並誅從寇二千四百八十人梟首境上七年雲奏斬獲桂平等縣蠻寇覃公專等首級數帝顧左右曰蠻寇害我良民譬之蟊賊害稼不可不去然殺之過多亦所不忍雖彼自取滅亡朕自以天地之心爲心也九年雲奏潯州等處蠻寇劫掠良民指揮田眞率兵於大藤峽等處前後斬首九十六級歸所掠男婦二百三人正統元年兵部尚書王驥奏桂平大藤峽等處蠻寇攻劫鄉村因調廣東官軍二千人今已踰年軍器衣裝損壞宜如貴州諸軍例予踐更從之二年山雲奏潯州府平南等縣耆民言大藤峽等山猺寇不時出沒劫掠居民阻絕行旅近山荒田爲賊占耕而左右兩江人多食少其狼兵素勇爲賊所憚若選委頭目屯種近山荒田斷賊出沒之路不過數年賊徒坐困地方寧靖矣臣已會同巡按諸司計議量撥田州等府族目土兵分界耕守即委土官都指揮黃竑領之遇賊出沒協同勦殺從之七年猺賊藍受貳等恃所居大藤峽山險糾集大信等山山老山丁數百人遞年殺掠千戶滿智等誘殺十人帝命梟之家口給賜有功之家十一年大藤峽蠻賊流劫鄉村侵犯諸縣巡按萬節以聞景泰七年大藤峽賊糾合荔浦等處賊劫掠縣治殺擄居民命總兵柳溥等勦之天順五年鎮守廣東中官阮隨奏大藤峽猺賊出沒兩廣爲惡累年邇來愈甚雖常會兵勦捕緣地里遼遠且兩廣軍馬不相統屬未易成功宜大舉擣其巢穴庶絕民患乃命都督僉事顏彪佩征蠻將軍印調南京江西及直隸九江等衛官軍一萬隸之六年彪奏臣率軍進勦大藤攻破七百二十一寨斬首三千二百七十一級復所掠男婦五百餘口帝敕獎之七年大藤峽賊夜入梧州城時總兵官泰寧侯陳涇駐兵城中會太監朱祥巡按吳璘副使周璹僉事董應軫參議陸禎都指揮杜衡土官都指揮岑瑛等議調兵夜半賊駕梯上城涇等不覺遂入府治劫庫放囚殺死軍民無算大掠城中執副使周璹爲質殺訓導任璩涇等倉卒無計惟擁兵自衛隨軍器械并備賞銀物皆爲賊有布政使宋欽時致仕家居挺身出以大義諭賊爲所害黎明賊聲言官軍若動則殺周副使涇等乃遣人與賊講解餔時縱之出城賊既出乃縱璹還時官軍數千賊僅七百而已都指揮邢斌奏至帝曰梧州蕞爾小城總兵鎮巡三司俱擁重兵駐城中乃爲小賊所蔑視況遇大敵乎爾兵部其即議處行八年國子監生封登奏潯州夾江諸山峆岈巖業峽中有大藤如斗延亘兩崖勢如徒杠蠻衆蟻渡號大藤峽最險惡地亦最高登藤峽巔數百里皆歷歷目前軍旅之聚散往來可顧盼盡諸蠻倚爲奥區桂平大宣鄉崇姜里爲前庭象州東鄉武宣北鄉爲後戶藤縣五屯障其左貴縣龍山據其右若兩臂然峽北巖峒以百計仙人關九層崖極險峻峽以南有牛腸大峠諸村皆緣江立寨藤峽府江之間爲力山力山之險倍於藤峽又南則爲府江其中多冥巖奥谷絕壁層崖十步九折失足隕身中產猺人藍胡侯槃四姓爲渠魁力山又有獞人善傅毒藥弩矢中人無不立斃四姓猺亦憚之自景泰以來嘯聚至萬人縻城殺吏而修仁荔浦平樂力山諸猺應之其勢益張渠長侯大狗嘗懸千金購莫能得鬱林博白新會信宜興安馬平來賓亦煽動所至丘墟爲民害乞選良將多調官軍狼兵急滅賊報聞成化元年編修邱濬條上兩廣用兵機宜兵部尚書王竑奏言峽賊稱亂日久皆由守臣以招撫爲功致釀大患非大創不止因薦浙江參政韓雍有文武才命以雍爲僉都御史都督同知趙輔爲征蠻將軍和勇爲遊擊將軍率師討之時大藤峽賊三千餘陷南平縣殺典史周誠擄其妻子并劫縣印又入藤縣城掠官庫劫縣印鎮守總兵歐信以聞於是總兵官趙輔率軍至奏言大藤蠻賊以修仁荔浦爲羽翼今大軍壓境宜先勦之乃合諸軍十六萬人分五道進先破修仁窮追至力山生擒千二百餘人斬首七千三百餘級二年趙輔韓雍等奏元年十一月師次潯州謀深入以覆其巢遂調總兵官歐信等分兵五哨取道山北以進臣及指揮白全分兵八哨直抵潯州以擣山南復令參將孫震分兵二哨從水路入別遣指揮潘鐸等以兵分守諸山隘口剋期十二月朔日水陸並進腹背交攻賊知師至先移妻子錢米入桂州橫石塘等處藏匿乃於山南各寨立柵自固用木石鏢鎗藥弩憑險拒守官軍用團牌扒山虎等器魚貫而進士殊死戰一日之間攻破山南石門林峒沙田古營諸巢縱火焚其積聚賊皆奔潰復督兵追躡劃山開路直抵橫石塘及九層樓等山賊已據險立柵數重復用木石鎗弩拒守臣等多設疑兵誘賊拋擲木石幾盡別遣壯士於賊所不備處高山絕頂舉礮爲號諸軍緣木攀蘿蟻附而上四面夾攻連日鏖戰賊不能支破賊寨三百二十四所斬首三千二百七級生擒七百八十二人獲賊婦女二千七百一十八人戰溺死者不可勝計已將大藤峽改爲斷藤峽刻石紀之以昭天討捷聞帝降敕褒諭仍敕輔計議長策永絕後患未幾雍奏斷藤峽殘賊侯鄭昂等七百餘人夜入潯州府城焚軍營城樓奪百戶所印三顆殺掠男婦數十人旋爲參將孫震指揮張英率軍擊斬賊魁餘黨仍奔入巢既雍又奏諸猺之性憚見官吏攝以流官終難靖亂請改設武宣縣東鄉等巡檢司以土人李昇等爲副巡檢設武靖州於峽內以上隆州知州岑鐸知州事土人覃仲英世襲土官吏目然府江東西兩岸大小桐江洛口與斷藤峽朦朧三黃等處村巢接壤路道崎嶇聚衆劫掠終不能除正德十一年總督陳金復督調兩廣官軍土兵分爲六大哨按察使宗璽布政使吳廷舉副總兵房閏鎮守太監傅倫參將牛桓都指揮魯宗貫王瑛將之水陸並進斬七千五百六十餘級金謂諸蠻利魚鹽耳乃與約商船入峽者計船大小給之魚鹽蠻就水濱受去如權稅然不得爲梗蠻初獲利聽約道頗通金以此法可久易峽名永通諸蠻緣此無忌大肆掠奪稍不愜即殺之因循猖獗江路爲斷時總督王守仁定田州還兩江父老遮道言峽賊阻害狀守仁上疏請討報可守仁率湖南兵至南寧約日會兵寇聞湖兵且至皆逃匿守仁故爲散遣諸兵狀寇弛不爲備乃令官軍突進連破油榨石壁大皮等寨賊奔斷藤峽復追擊破之賊奔渡橫石江溺死六百餘人俘斬甚衆賊潰散遂移兵仙臺花相白竹古陶羅鳳諸處賊不支奔入永安力山官軍次第破之禽斬三千餘俘獲無算八寨平兩江悉定守仁遂以土官岑猛子邦佐爲武靖知州使靖遺孽邦佐不能輯衆且貪得賊賄峽北賊復猖有侯勝海者爲首指揮潘翰臣誘殺之勝海弟公丁聚衆譟城下僉事鄔閱參議孫繼祖言於都御史潘旦請討之參將沈希儀以爲宜需春江漲順流下乃可破賊不聽閱與繼祖以千人往擊賊道斬一尪寇還漫言賊退請置堡堡成閱令土目黃貴韋香以三百人往戍初貴香利勝海田盧故說翰臣殺海至是往戍遂奪勝海田盧於是諸猺俱恚邦佐又陰黨之公丁遂嘯聚二千餘人乘夜陷堡城殺戍兵二百人貴香走免巡按以聞乃罷閱與繼祖旦亦代去命侍郎蔡經督兵討之會朝議欲征安南事遂已公丁等益橫時出殺掠久之經乃會安遠侯柳珣決計發兵以兵事屬副使翁萬達萬達廉得百戶許雄通賊狀詰之雄懼請自効萬達佯庇公丁捕繫訐訟公丁者數人公丁果遣人自列萬達佯許之又令雄假稱貸爲賄公丁喜益信雄會萬達巡他郡以事屬參議田汝成汝成召雄申飭之雄紿公丁詣汝成自列言寇堡事由他猺汝成亦慰遣之乃密授意城中居民被賊害者家出毆公丁一市皆讙遊檄并逮公丁入繫獄遺雄諭其黨曰寇堡事公丁委罪諸猺果否諸猺遂言事自公丁聽論坐不敢黨乃檻致公丁於軍門磔之汝成因言於經謂首惡既誅宜乘勢進兵討賊乃以副總兵張經都指揮高乾分將左右二軍萬達及副使梁廷振監之副使蕭晩紀功參政林士元及汝成督餉嘉靖十八年二月兩軍齊發左軍三萬五千人分六道攻紫荊石門梅嶺木昂藤沖大坑等巢右軍萬六千人分四道攻碧灘羅淥上中下洞等巢南北夾擊賊大窘遂擁衆奔林峒而東王良輔邀擊之中斷復西奔諸軍合擊大破之斬首千二百級追至羅運山又斬百餘級平南縣有小田羅應古陶古思諸猺亦據險勿靖萬達等移兵勦之招降賊黨二百餘人江南胡姓諸猺歸順者亦千餘人藤峽復平隆慶三年右江諸猺獞復亂巡撫郭應聘請給餉勦除給事中梁問孟以賊黨衆不可盡滅宜令守臣熟計兵部言府江自正德十二年都御史陳金征討之後且六十年而右江三北五等巢素未懲創生齒日繁遂肆猖獗頃者大征古田各巢咸畏威歛戢獨府江右江恃險爲亂若復縱之非惟無以固八寨懷遠之招亦恐以啟古田攜貳之漸勦之便但兵在萬全宜即以科臣所慮備行提督殷正茂及巡撫郭應聘等便宜行之應聘遂檄總兵官李錫等將兵往討以捷聞

南寧唐之邕州也元邕州路泰定中改南寧路洪武二年命潭州衛指揮同知邱廣爲總兵官寶慶衛指揮僉事胡海廣西衛指揮僉事左君弼副之率兵討左江上思州蠻賊黃龍冠等龍冠一名英傑時聚衆萬餘寇鬱林州知州趙鑑同知王彬集民丁拒守賊圍半月不下海北等衛官軍來援賊夜遁追至上思州境破之賊走還仍結聚不解事聞故命廣等討之廣等兵至上思州賊拒戰擊敗之禽從賊黃權等英傑走十萬山官軍追及斬之上思州平三年置南寧柳州二衛時廣西省臣

言廣西地接雲南交阯所治皆溪洞苗蠻性狠戾多畔
府衞兵遠在靖江數百里外卒有警難相援乞立衞置
兵以鎭又言廣海俗素獷戾動相讐殺蓋緣郡縣無兵
以馭之近盜寇鬱林同知集民兵拒守潯州經歷徐成
祖亦以民兵千餘敗賊是土兵未始不可用乞令邊境
郡縣輯民丁之壯者置衣甲器械籍之有司有事則捕
賊無事則務農詔從之遂置衞益兵守禦賞王彬徐成
祖等有功者五年宣化盜起劫掠南寧府詔發廣西官
軍討平之初南寧衞指揮僉事左君弼籍民之無籍者
爲軍又縱所部入山伐木民多擾遂相搆爲盜至是討
平命大都督府按君弼罪南寧故稱邕管牂牁峙其西
北交阯踞其西南三十六洞錯壤而居延袤幾千里橫
山永平尤要害歷唐及宋建牙置帥與桂州等又郡地
夷曠可宿數萬師成化時征田州及經略安南舉弭節
茲土後因猺蠻不靖往往仗狠兵急則藉爲前驅緩則
撤爲守禦諸猺乃稍稍驕恣不可盡繩以法議邕事者
謂宜開重鎭以復邕州督府之舊云南寧領州四曰新
寧曰橫州爲流官曰上思州曰下雷州爲土官縣三曰
宣化曰隆化曰永淳　歸德州宋熙寧中置元屬田州
路洪武二年土官黃隍城歸附授知州以流官吏目佐
之　果化州宋始置元屬田州路洪武二年土官趙榮
歸附授世襲知州以流官吏目佐之洪熙元年果化州
土官趙英遣族人趙誠等貢馬及方物弘治間州與歸
德皆爲田州所侵削因改隸於南寧　上思州唐始置
元屬思明路洪武初土官黃中榮內附授知州子孫畔
服不常弘治十八年改流官屬南寧府正德六年土目
黃鏐聚衆攻城都御史林廷選捕之下獄已越獄復叛
官軍禦之詐降攻破州城復捕獲之伏誅嘉靖元年都
御史張嶺言上思州本土官後改流遂致土人稱亂宜
仍其舊擇土吏之良者任之議以爲然仍以土官襲
下雷州宋置明初印失廢爲峒在湖潤寨屬鎭安府峒
長許永通奉調有功給冠帶傳世烈國仁繼襲峒事嘉
靖十四年獲舊印國仁及子宗蔭屢立戰功四十三年
改屬南寧府萬曆十八年以地逼交南奏陞爲州頒印
授宗蔭子應珪爲土判官流官吏目佐之

明史卷三百一十八　　列傳第二百六

總裁官總理事務經筵講官少保兼太子太保保和殿大學士兼管吏部戶部尚書事加五級張廷玉等奉
敕修

廣西土司二

太平　思明
思恩　鎭安
田州　恩城
上隆　都康

太平漢屬交阯號麗江唐爲羈縻州隸邕州都督府宋
平嶺南於左右二江溪峒立五寨其一曰太平與古萬
遷隆永平橫山四寨各領州縣峒屬邕州建武軍節度
元仍爲五寨後廢乃置太平路於麗江洪武元年征南
將軍廖永忠下廣西左江太平土官黃英衍等遣使齎
印詣平章楊璟降璟還自廣海帝問黃岑二氏所轄情
形璟言蠻獠頑獷散則爲民聚則爲盜難以文治當臨
之以兵彼始畏服帝曰蠻猺性習雖殊然其好生惡死
之心未嘗不同若撫之以安待之以誠諭之以理彼
豈有不從化者哉遣中書照磨蘭以權齎詔往諭左右
兩江溪峒官民曰朕惟武功以定天下文德以化遠人
此古先哲王威德並施遐邇咸服者也睠茲兩江地邊
南徼風俗質樸自唐宋以來黃岑二氏代居其間世亂
則保境土世治則修職貢良由其審時知幾故能若此
頃者朕命將南征八閩克靖兩廣平定爾等不煩師旅
奉印來歸嚮慕之誠良足嘉尚今特遣使往諭爾其克
愼乃心益懋厥職宣布朕意以安居民以權至廣西衞
鎭撫彭宗萬戶劉維善以兵護送將抵兩江適來賓洞
蠻寇掠楊家寨居民以權謂彭宗等曰奉詔遠來欲以
安民今見賊不擊何以庇民乃督宗等擊之賊敗走遂
安輯其地兩江之民由是慴服二年黃英衍遣使奉表
貢馬乃改爲太平府以英衍爲知府世襲宣德元年崇
善縣土知縣趙暹謀廣地界遂招納亡叛攻左州執故
土官奪其印殺其母大肆擄掠占據村洞四十餘所造
火器建旗幟僭稱王署僞官流劫州縣事聞帝命總兵
官顧興祖會廣西三司勦捕興祖等招之不服遣千戶
胡廣率兵進暹抵寨拒守廣進圍之給出所奪各州印
撫諭脅從官民使復職業暹計窮從間道遁伏兵邀擊
及其黨皆就禽時左州土官黃榮亦奏蠻人李圓英劫
掠居民僞稱官爵乞發兵勦捕帝謂兵部曰蠻民愚獷
或挾私讐忿爭妝殺來告者必欲深致其罪未可遽信
其令鎭遠侯并廣西三司勘實先遣人招撫如叛逆果

彰發兵未晚也二年斬南寧百戶許善初善知趙暹謀
逆與之交通及總兵官遣善追暹又受暹馬十匹銀百
兩故延緩之冀幸免事覺下御史鞫問得實斬之餘黨
皆伏誅太平領州縣以十數明初皆以世職授土官而
設流官佐之　太平州舊名鄧陽爲西原農峒地唐爲
波州宋隸太平寨元隸太平路洪武元年土官李以忠
歸附授世襲知州設流官吏目佐之　鎭遠州舊名古
隴宋置隸邕州元隸太平路洪武初土官趙勝昌歸附
授世襲知州設流官吏目佐之　茗盈州宋置隸邕州
元隸太平路洪武初土官李鐵釘歸附授世襲知州設
流官吏目佐之　安平州舊名安山亦西原農峒地唐
置波州宋析爲安平州元隸太平路洪武初土官李郭
佑歸附授世襲知州設流官吏目佐之　思同州舊名
永寧爲西原地唐置隸邕州宋隸太平寨洪武元年土
官黃克嗣歸附授世襲知州設流官吏目佐之屬太平
府萬曆二十八年省入永康州　養利州元屬太平路
洪武初土官趙日泰歸附授知州以次傳襲宣德間稍
侵其鄰境肆殺掠萬曆三年討平之改流官　萬承州
舊名萬陽唐置萬承萬形二州宋省萬形隸太平寨元
隸太平路洪武初土官許郭安歸附授世襲知州設流
官吏目佐之永樂間郭安從征交阯死於軍子永誠襲
　全茗州舊名連岡爲西原地宋置隸邕州元隸太平
路洪武初土官李添慶歸附授世襲知州設流官吏目
佐之　結安州舊名營周亦西原農峒地宋置結安峒
隸太平寨元改州屬太平路洪武元年土官張仕榮歸
附授世襲知州設流官吏目佐之　龍英州舊名英山
宋爲峒元改州屬太平路洪武元年土官李世賢歸附
授世襲知州制上懷地益其境設流官吏目佐之　結
倫州舊名邦兔亦西原農峒地宋置安峒隸太平寨元
改州屬太平路洪武二年峒長馮萬傑歸附授世襲知
州設流官吏目佐之　都結州元屬太平路土官農姓
洪武初內附授世襲知州設流官吏目佐之　上下凍
州舊名凍江宋置凍州元分上下凍二州尋合爲一屬
龍州萬戶府洪武元年土官趙貼從歸附授世襲知州
設流官吏目佐之屬太平府貼從死子福瑀襲永樂四
年從征交阯死於軍　思城州亦西原農峒地唐置州
宋分爲上下思城二州隸太平寨元至正間并爲一屬
太平路洪武元年土官趙雄傑歸附授世襲知州設流
官吏目佐之　永康州宋置縣隸遷隆寨元隸太平路
土官楊姓成化八年其裔孫楊雄傑糾合峒賊二千餘

人入宣化縣劫掠且僞署官職總兵官趙輔捕誅之因
改流官萬曆二十八年升爲州　左州舊名左陽唐置
隸邕州宋隸古萬寨元屬太平路洪武初土官黃勝爵
歸附授世襲知州再傳子孫爭襲相仇殺成化十三年
改流官　羅陽縣舊名福利陀陵縣舊名駱陀皆宋置
元隸太平洪武初土官黃宣黃富歸附並授世襲知縣
設流官典史佐之

思明唐置州隸邕州宋隸太平寨元改思明路洪武初
改爲府二年土官黃忽都遣使貢馬及方物詔以忽都
爲思明府知府世襲十五年忽都復遣其弟祿政奉表
來貢詔賜鈔錠二十三年忽都子黃廣平遣思州知州
黃志銘率屬部偕十五州土官李圓泰等來朝明年廣
平以服闋遣知州黃忠奉表貢馬及方物詔廣平襲職
賜冠帶襲衣及文綺十四匹鈔百錠二十五年憑祥洞巡
檢高祥奏思明州知州門三貴謀殺思明府知府黃廣
平廣平覺而殺之乃以病死聞於朝所言不實詔逮廣
平鞫之既至帝謂刑部曰蠻寇相殺性習固然獨廣平
不以實言故繩以法今姑宥之使其改過命給道里費
遣還是後朝貢如例二十九年土官黃廣成遣使入貢
因奏言本府自故元改思明路軍民總管所轄左江一
路州縣峒寨東至上思州南至銅柱元兵征交阯去銅
柱百里設永平寨軍民萬戶府置兵戍守命交人供其
軍餉元季擾亂交人以兵攻破永平寨遂越銅柱二百
餘里侵奪思明屬地邱溫如嶅慶遠淵脫等五縣逼民
附之以是五縣歲賦皆土官代輸前者本府失理於朝
遂致交人侵迫益甚及告禮部任尚書立站於洞登洞
登實思明地而交阯乃稱屬銅柱界臣嘗具奏蒙朝廷
遣刑部尚書楊靖覈其事建武志尚可考乞敕安南俾
還舊封庶疆域復正歲賦不虛帝令戶部錄所奏遣行
人陳誠呂讓往諭安南三十年誠讓至安南諭其王陳
日焜令還思明地議論往復久而不決以譯者言不達
意復爲書曉之安南終辯論不已出黃金二錠白金四
錠及沉檀等香以賂誠却之安南復咨戶部無還地意
廷臣議其抗命當誅帝曰蠻人怙頑不悛終必取禍姑
待之永樂二年憑祥巡檢李昇言其地瀕安南百姓樂
業生齒日繁請改爲縣以便撫輯從之以昇爲知縣設
流官典史一員三年昇以新設縣治來朝貢馬及方物
謝恩廣成奏安南侵奪其祿州西平州永平寨地請遣
使諭還從之九年免思明秋糧以廣成言去秋雨水傷
稼也宣德元年思明賀天壽節奉表踰期禮部請罪之

帝以遠蠻既至毋問土官知府黃㺯奏憑祥歲凶民饑命發龍州官倉糧振之正統七年㺯遣使入貢九年貢解毒藥味賜鈔錦景泰三年㺯致仕以子鈞襲㺯庶兄都指揮竑欲殺鈞代以己子竑守備潯州託言徵兵思明府令其子糾衆結營於府三十里外馳至府襲殺㺯一家支解㺯及鈞瘞甕後圃仍歸原寨明日乃入城詐發哀遣人報竑捕賊以掩其迹方殺㺯時㺯僕福童得免走憲司訴其事且以徵兵檄爲證郡人亦言殺㺯一家者竑父子也副總兵武毅以聞將逮治之竑自度禍及乃謀迎合朝廷意遣千戶袁洪奏永固國本事請易儲奏入帝曰此天下國家重事多官其會議以聞竑爲此舉衆皆驚愕謂必有受其賂而教之者或疑侍郎江淵云事成竑得釋罪且進秩英宗復辟竑聞自殺帝命發棺戮其屍其子震亦爲都督韓雍捕誅成化十八年土知府黃道奏所轄思明州土官孫黃義爲族人黃紹所殺乞發兵捕勦帝命兩廣守臣區處以聞弘治十年況村賊黃紹侵占思明上石下石三州復謀殺知府黃道父子道妻趙氏累訴於朝且謂屢經委官勘問俱被賂免乞發兵誅之十一年紹集衆數千人焚劫鄉村據三州屢撫不下總鎭請發兵捕勦嘉靖四十一年以勦平猺獞功命土官知州男黃承祖暫襲本職隆慶四年忠州土官黃賢相等據南寧府屬四都地作亂永康典史李材計誘其黨縛賢相以降萬曆十六年思明州土官黃拱聖謀奪襲殺其母兄拱極等五人而思明知府黃承祖乘亂掠村寨爲之援按臣請以拱聖及諸凶正法思明州改屬流府革承祖冠帶立功自贖而追其所掠更令族人黃恩護拱極妻許氏撫遺孤世延待其長官之三十三年總督戴燿奏思明叛目已禽土官黃應雷縱僕起釁棄印而逃斷難復官黃應宿爭地殺戮六哨成仇且係義子不應襲職黃應聘係承祖幼子人心推戴似應承襲知府以存黃氏宗祀但年甫七歲暫令流官同知署府事待至十五歲交印接管應雷既廢不宜同城應降爲土舍其後永襲土舍給田養贍制其出入應宿仍管故業俱屬思明府節制於府治設教授一員量給廩生六名其寄附太平府者悉歸本學嗣後續增其祭祀廩餼之用則地方可安文教可興詔悉從之崇禎十一年總督張鏡心疏報土官殺職官思明州黃日章黃德志等鼓衆叛逆帝令速禽首惡以靖地方論者以黃竑神奸身逭大戮世濟其兇傳及四世猶併思明州而有之王綱隳矣然骨肉相屠至是四見蓋天道云

思明州東抵思明府西抵交阯界南抵西平州北抵龍英州土官黃姓與思明府同族洪武初黃君壽歸附授世襲知州屬思明府後爲黃竑所并萬曆十六年黃拱聖之亂改屬太平　上石西州宋屬承平寨元屬思明路明初屬思明府至萬曆三十八年改屬太平府州吏土官趙氏何氏黃氏凡三姓皆絕始改流官　下石西州宋分石西州置元屬思明路洪武二年土官閉賢歸附授世襲知州設流官吏目佐之　忠州宋置隸邕州元屬思明路洪武初土官黃威慶率子中謹歸附授威慶江州知州中謹忠州知州皆世襲設流官同知吏目佐之其隣地有四峒者界於南寧思明忠江之間思明忠州屢肆侵奪副使翁萬達議改峒名四都隸之南寧地方稍定隆慶三年冬思明府土官黃承祖奏取四都地忠州土官黃賢相爭之遂擅立總管諸名目分兵數千戍守因縱令剽掠爲禍甚烈僉事譚惟鼎調永康典史李材以計禽賢相斃之於獄議改流官不果遂改隸州於南寧仍以州印予賢相子有瀚俾襲職　憑祥宋爲憑祥洞屬永平寨元屬思明路洪武十八年土蠻李昇歸附置憑祥鎭授昇巡檢屬思明府永樂二年置縣以昇爲知縣成化八年升爲州以昇孫廣寧爲知州直隸布政司廣寧有十子廣寧死諸子爭立不決凡三四年乃以孫珠襲知州職嘉靖十年珠死族弟珍珏爭立珍挈印走況村珏攝州事十四年州目李清趙珙等謀納珍許思明府黃朝以州屬之朝遂以兵納珍於憑祥珏奔馨柳既珍悔屬思明與朝隙朝乃以外婦所生子時芳詭云廣寧孫以兵千人納之時珍淫縱爲部民所怨於是廣寧季子寰以尊屬謀廢立十七年寰遂殺珍而附於安南莫登庸藉爲嚮導總督蔡經屬副使翁萬達禽之論死於是珏與時芳復爭立時芳倚思明勢州民皆右之萬達黜珏而論時芳死更立李佛嗣珍爲知州憑祥遂定

思恩漢屬交阯唐爲思恩州屬邕乃澄州止戈縣地宋開寶間廢澄州以止戈賀水無虞三縣省入上林治平間以上林之止戈入武緣隸邕元屬田州路歷代羈縻而已明洪武二十二年田州府知府岑堅遣其子思恩州知州永昌貢方物二十八年歸德州土官黃碧言思恩州知州岑永昌既匿五縣民不供賦稅仍用故元印章帝以不奉朝命命左都督楊文相機討之既以荒遠不問永樂初改屬布政司時居民僅八百戶永昌死子瑛襲宣德二年瑛遣弟璥貢馬正統三年進瑛職爲知府仍掌州事瑛有謀畧善治兵從征蠻寇屢有功故有是命因與知府岑紹交惡各具奏下總兵官及三司議於是安遠侯柳溥等請陞思恩爲府俾瑛紹各守疆土以杜侵爭從之六年瑛受屬挾詐事覺帝以土蠻宥不問令法司移文戒之瑛以府治僻隘橋利堡正當猺寇出沒之所且有城垣公廨乞徙置許之以思恩府爲思恩軍民府十二年設儒學置教授一員訓導四員俱從瑛請也景泰四年總兵官陳旺奏思恩土兵調赴桂林哨守者離本府遼遠不便耕種稅糧宜暫免從之六月以瑛親率本部狼兵韋陳威等赴城操練協助軍威敕授奉議大夫賜綵緞韋陳威等俱給冠帶五年從瑛請建廟學造祭祀樂器又以瑛征勦猺寇功免土軍今年應輸田糧之半進瑛從二品散官瑛屢領兵隨征以子鐼代爲知府鐼招集無賴肆爲不法瑛舉發其事請於總兵回府治之鐼聞其父將至自縊死事聞嘉其能割愛劾忠降敕慰諭又以柳溥奏免思恩調用土軍千五百人秋糧二千三百餘石天順元年戶部奏思恩存留廣西操練軍一千五百人有誤種田納糧乞分爲三班留五百人操練免其糧七百七十餘石放回千人耕種徵其糧千五百四十餘石俟寧靖日放回全徵從之三年鎭守中官朱祥奏請量遷瑛都司軍職帝以瑛歷練老成累有軍功改授都指揮同知仍聽總兵官鎭守調用以其子鏜爲知府成化元年遣兵科給事中王秉彝齎敕獎諭瑛父子并賜銀幣二年命給瑛父母妻誥命從總兵趙輔請也十四年瑛卒瑛自襲父職頻年領兵於外多所斬獲歷陞知府參政都指揮使年且八十尚在軍中既卒鏜以誥請帝念其勞特賜之十六年田州府土目黃明作亂知府岑溥避入思恩鏜會鎭守等官討平之巡撫朱英請獎鏜功鏜死子濬襲弘治十二年田州土官岑溥爲子猇所殺猇亦死次子猛幼頭目黃驥李蠻搆難督府命濬調衆護猛驥厚賂濬并獻其女且約分地與濬濬以兵屬驥送猛至田州不得入猛遂久留濬所及總鎭諸官攝濬乃出猛襲知府濬從索故分地不得怒約泗城東蘭二州攻刼田州殺掠萬計城郭爲墟濬兵二萬據舊田州刼龍州印納故知府趙源妻岑氏及總兵官詣田州勘治黃驥懼匿濬所先是濬築石城於丹良莊屯兵千餘人截江道以括商利官命毀之不聽會官軍自田州還乘便毀其城濬兵來拒殺官軍二十餘人官軍敗之俘其目兵九人總鎭及巡按等官請治濬罪而參政武清納濬賂曲護之濬從弟業少從中官京師仕爲大理寺副三司總鎭請敕業往諭兵部以濬稔惡非業所能諭責宜敕鎭巡召濬至軍門諭以朝廷威德罪其首惡反侵地納所刼印并官私財物乃可赦總督鄧廷瓚奏濬屢撫不服請調官軍土兵分哨逐捕按問如集兵拒敵相機勦殺并將田州土官岑猛一并區處以靖邊疆十六年總督潘蕃奏濬僭叛當用兵誅勦令濬從弟岑業以山東布政司參議在內閣制敕房辦事禁密之地恐有泄漏吏部擬改調而業亦奏乞養去十七年濬掠上林武緣等縣死者不可勝計又攻破田州猛僅以身免掠其家屬五十人總鎭以聞兵部請調三廣兵勦之十八年總督潘蕃太監韋經總兵毛銳調集兩廣湖廣官軍土兵十萬八千餘人分六哨副總兵毛倫右參政王璘由慶遠右參將王震左參將王臣及湖廣都指揮官纓由柳州左參將楊玉僉事丁隆由武緣都指揮金堂副使姜綰由上林都指揮何清參議詹璽由丹良都指揮李銘泗城州土舍岑接由工堯各取道共抵巢寨賊分兵阻險拒敵官軍奮勇直前援崖而進濬勢蹙遁入舊城諸軍圍攻之濬死城中人獻其首思恩遂平前後斬捕四千七百九十級俘男女八百人得思恩府印二向武州印一自進兵及班師僅踰月捷聞帝以蕃等有功璽書勞之兵部議濬既伏誅不宜再錄其後改設流官擇其可者以雲南知府張鳳陞廣西右參政掌思恩府事賜敕正德七年增設鳳化縣治時初設流官諸蠻未服相繼作亂嘉靖四年都御史盛應期遣官軍平之六年土目王受與田州盧蘇謀煽亂勢復熾新建伯王守仁受命至一意招撫而檄受等破八寨賊因列思恩地爲九土巡檢司管以頭目授王受白山司巡檢得比於世官又以思恩舊治瘴霧昏塞宜更之爽塏於是擇地荒田建新郡割武緣止戈二里益之又議割上林三里而移鳳化縣治於其處蓋寓犬牙相錯之意巡撫林富謂遷郡及割止戈里應如守仁議至以三里當設衞而并鳳化縣裁之遂令府治益孤其後九司頭目日恣所轄蠻民不堪知府陳瓚曲加綏戢目把劉觀盧回以復土爲名鼓衆作亂副使翁萬達因有事安南計禽盧回殺之招回從亂者三十餘人最後東蘭岑瑄詐稱岑濬子起雲謀復土官爲九司頭目所縛萬曆七年督撫吳文華謂九司日以驕黠編氓甚少緩急難恃奏割南寧武緣縣屬思恩自是思恩稱巨鎭云思恩府土巡檢九司皆嘉靖七年設曰興隆曰那馬曰白山曰定羅曰舊城曰下旺曰安定曰都

陽日古零

鎮安宋時於鎮安峒建右江軍民宣撫司元改鎮安路明洪武元年鎮安歸附以舊治僻遠移建廢東州改爲府授土官岑添保知府朝貢如例二十七年添保上言往者征南將軍傅友德令郡民歲輸米三千石運雲南普安衞鎮安僻處溪洞南接交阯孤立一方且無所屬州縣人民鮮少舟車不通陸行二十五日始到普安道遠而險一夫負米三斗給食餘所存無幾往往以耕牛及他物至其地易米輸納而普安荒遠米不易得民甚病之又歲輸本衞米四百石尤極艱難舊以白金一兩折納一石今願依前例以蘇民困從之永樂中向武知州黃世鐵侵奪鎮安高寨等地朝廷遣兵討平之以其地屬鎮安成化八年知府岑永壽姪宗紹糾集土兵攻破府治殺傷嫡母流劫鄉村有司撫諭不服都指揮岑瑛禽斬之嘉靖十四年田州盧蘇作亂糾歸順州土官岑瓛攻毀鎮安府目兵遇害者以萬計按臣會守約以聞帝命新建伯王守仁治之時蘇倡亂田州無主鎮安府土官男岑眞寶以兵納岑邦佐於田州歸順州岑瓛蘇壻也及向武州黃仲金皆與眞寶隙乘眞寶入田州蘇遣瓛及仲金襲破鎮安眞寶鬭亂走還蘇會目兵追圍之武陵寨瓛等遂發眞寶父母墓焚其骸分兵占據諸洞寨眞寶訴之軍門督諭瓛等不退久之乃解官軍歸眞寶於是瓛與眞寶互相訐巡按御史言土蠻自相讐非有所侵犯從未減於是蘇瓛仲金各降罰有差眞寶亦革冠帶許立功自贖二十二年以猺獞作亂防禦需人免眞寶諸土官來朝鎮安所屬有上映洞湖潤寨巡檢皆土人世官

田州古百粤地漢屬交阯郡唐隸邕州都督府宋始置田州屬邕州橫山寨元改置田州路軍民總管府明興改田州府省來安府入焉後改田州領縣一曰上林洪武元年大兵下廣西右江田州府土官岑伯顏遣使齎印詣平章楊璟降二年伯顏遣使奉表貢馬及方物詔以伯顏爲田州知府世襲自是朝貢如制六年田州溪峒蠻賊竊發伯顏討平之伯顏請振安州順龍州侯州陽縣羅博州龍威寨人民詔有司各給牛米仍蠲其稅二年十六年伯顏死子堅襲十七年都指揮使耿良奏田州知府岑堅泗州知州岑善忠率其土兵討捕猺寇多樹功績臣欲令選取壯丁各五千人立二衞以善忠之子振堅之子永通爲千戶統衆守禦且耕且戰此古人以蠻攻蠻之術也詔行其言二十年堅遣子思恩知州永昌朝貢如例給賜永樂元年堅死子永通襲永通上隆州知州也州以瓊代而已襲父職正統八年賜知府岑紹誥命并封贈其父母妻天順元年田州頭目呂趙僞稱敵國大將軍張旗幟鳴鉦鼓率衆劫掠南丹州又據向武州武進伯朱瑛以聞兵部請命瑛及土官岑瑛勦捕三年巡撫葉盛奏田州叛目呂趙勢愈猖殺知府岑鑑占據地方僞稱太平王圖謀岑氏宗族冒襲知府職事帝命總兵速討四年巡按御史吳禎奏奉敕勦捕反賊呂趙選調官軍土兵攻破功饒婁鳳二關直擣府城呂趙攜妻子挾知州岑鐸等宵遁官軍追至雲南富州奪回鐸等及其子若壻斬首四十九級賊衆悉降趙以數騎走鎮安府追及之斬趙及其子四人從賊十八人獲其妻孥及僞太平王木印無敵將軍銅印并鳳旗盔甲等物復委知府岑鏞仍掌府事撫安人民田州平帝遣使齎敕獎諭禎等并敕鏞謹守法度保全宗族成化元年遣兵科給事中王秉彝齎敕諭鏞并賜銀幣以兵部言其所部土官狠兵屢調勦有勞且有事於大藤峽也二年總兵官趙輔奏鏞從征有功請給誥命旌其父母并妻從之五年復以輔言予鏞官誥十六年田州頭目黃明聚衆爲亂知府岑溥走避思恩總督朱英調參將馬義率軍捕明明敗走爲恩城知州岑欽所執并族屬誅之已溥復與欽交惡欽攻奪田州逐溥殺五十餘家時泗城州岑應方恃兵强復黨欽殺擄人民二萬六千餘與欽分割田州而據其地弘治三年總制遣官護溥之子猇入田爲欽所遏居溽州按察使陶魯率官軍抵南寧欽拒敵敗走而應復援之入城陳兵以備巡撫秦紘請合貴州湖廣及兩廣兵勦之欽勢蹙乞兵於應遂匿應所總鎮官因檄應捕欽欽從應飲殺應父子於坐收其兵以拒官軍已而應弟岑接佯以兵送欽至田州界亦殺其父子以報事聞廷議仍命溥還田州九年總督鄧廷瓚言溥前以罪革職比隨征有功乞復其冠帶領土兵赴梧州聽調從之十二年溥爲子猇所弒猇亦自殺次子猛方四歲溥母岑氏及頭目黃驥護之赴制府告襲歸至南寧頭目李蠻來迎驥慮蠻奪己權殺其使蠻率兵至舊田州驥懼誣蠻將爲變乞以兵納乃調思恩岑濬率兵衞猛濬受驥賂納其女挾猛約分其六甲地比至田州蠻拒不納驥復以猛奔思恩幽之事覺廷瓚檄副總兵歐磐等攝濬久乃出猛置於會城得奏命猛襲知府驥濬怒其事之不由己出也要泗城岑接東蘭韋祖鋐各起兵攻蠻接兵二萬先入田州殺掠男女八百餘人驅之溺水死者無算括府庫放兵大掠城郭爲墟濬兵二萬攻舊田州據之殺掠男女五千三百餘人蠻逃去副總兵歐磐參政武清等詣田州府勘治遣兵送猛還府驥懼罪匿濬家有司請治濬罪初蠻之迎猛也無他念及猛在外蠻守土以待其歸驥爭權首亂濬接祖鋐黨惡以致茲變清受濬賂曲右之且誣蠻占據府治阻兵弄權事竟不直於是廷瓚言思恩岑濬罪惡正在逐捕而田州岑猛亦宜乘此區畫降府爲州毋基異日尾大之患從之十八年廷議以思田既平宜設流官岑猛世濟兇惡致陷府治宜降授千戶而遴選才望者假以方面職銜守田州仍賜敕以重其權帝然之於是以平樂知府謝湖爲右參政掌府事時岑猛已降福建平海衞千戶遷延不行及湖至復陳兵自衞令祖母岑氏奏乞於廣西極邊率部下立功以便祭養詔總鎮官詳議以聞總督陳金奏猛據舊巢要求府佐不赴平海衞參政謝湖不即赴任爲猛所拒納餽遺而徇其要求宜逮問時猛遣人重賂劉瑾得旨留猛而褫湖并及前撫潘蕃劉大夏猛竟得以同知攝府事猛撫輯遺民兵復振稍復侵旁郡自廣嘗言督撫有調發願立功冀復舊職會江西盜起都御史陳金檄猛從征猛所至剽掠然以賊平故論功遷指揮同知非猛初意頗怨望正德十五年猛奏田州土兵每征調輒許戶留一二丁耕種以供常稅其久勞於外者乞量振給免其輸稅從之嘉靖二年猛率兵攻泗城拔六寨遂克州治岑接告急於軍門言猛無故興兵攻寨猛言接非岑氏後據其祖業欲得所侵地時方有上思州之役徵兵皆不至總督張嵿以狀聞四年提督盛應期巡按謝汝儀議大征猛條征調事宜詔報可而應期以他事去詔以都御史姚鏌代命懸金購猛然鏌知猛無反心猛方奏辯鏌亦欲緩師而巡按謝汝儀與鏌郤乃誣鏌之子涞納猛萬金廉得涞書獻之鏌惶恐乃再疏請征於是部趣鏌剋期進鏌偕總兵官朱麒發兵八萬以都指揮沈希儀張經等統之分道並入猛聞大兵至令其下毋交兵裂帛書冤狀陳軍門乞憐察鏌不聽督兵益急沈希儀斬猛長子邦彥於工堯隘猛懼謀出奔而歸順州知州岑璋猛婦翁也其女失愛璋欲藉此報猛乃甘言誘猛走歸順鴆殺之斬首以獻六年鏌以田州平告捷京師乃請改田州爲流官并陳善後七事詔俱從之鏌留參議汪必東僉事申惠參將張經以兵萬人鎮其地知府王熊兆署府事會必東惠皆移疾他駐惟經熊兆在府兵勢分防守稍懈於是逆黨盧蘇王受等乃僞爲印誑言猛在且借交阯兵二十萬以圖興復蠻民信之聚衆薄府城經出擊兵少不敵欲引還而城中陰爲內應呼譟四出官軍腹背受攻力戰不支突圍渡江走賊逼其後爭舟溺死者甚衆賊沿江置閘索伏藥弩夾岸並起官軍且戰且行抵向武失士卒三四百人賊遂入據府城燒倉粟以萬計御史石金上其事頗委罪前撫盛應期生事召鏌而給事中鄭自璧因請仍檄湖廣永順保靖兵併力勦賊帝以四方兵數萬方歸休豈可復調命再計機宜以聞時盧蘇等雖據府叛佯聽撫遣人迎署府事王熊兆而其黨王受等糾衆萬餘攻據思恩城執知府吳期英守備指揮門祖蔭等已而釋期英等亦投牒上官願聽招撫都御史姚鏌以兵未集姑受之以緩其謀遣諜者檄東蘭歸順鎮安泗城向武諸土官各勒兵自効且責失事守巡參將等官立功自贖復疏調湖廣永保土兵江西汀贛畬兵俱會於南寧併力進勦帝以蠻亂日久鎮巡官受命大征未及殄絕輒奏捷散兵使餘孽復滋罪不容逭姑赦前過益圖新功乃起原任兵部尚書新建伯王守仁總督軍務同鏌討之時受既入思恩封府庫以賊兵守之而自攻武緣守巡官鄒輗等率兵至思恩思恩千夫長韋貴徐伍等遣壯士由間道入城爲內應夜引官兵奪門殺賊二十餘人收府印及庫物護送期英於賓州因招撫城中未下者時受攻武緣甚急參將張經堅壁拒守鎮守頭目許用與戰斬其渠帥一人賊見援兵大集乃遁去鏌以聞帝以田州思恩賊鋒雖挫首惡未禽仍令守仁亟督兵勦撫守仁威名素重及督軍務調兵數萬人至諸蠻心懾守仁至南寧道中見受等勢盛度亦未可卒滅上疏極陳用兵利害兵部議以守仁所見未確復陳五事令守仁詳計其宜於是守仁又疏云臣奉命於去年十二月至廣西平南縣與巡按御史石金及藩臬諸將領等會議思田禍結兩省已踰二年今日必欲窮兵盡勦則有十患若罷兵行撫則有十善臣與諸臣攄心極論今日之局撫之爲是臣抵南寧遂下令盡撤調集防守之兵數日內解歸者數萬惟湖兵數千道阻遠不易卽歸仍使分留南寧解甲休養待間而動而盧蘇王受先遣其頭目黃富等訴告願得歸境投生乞宥一死臣等諭以朝廷威德令齎飛牌歸巢曉諭期以速降無死蘇受等得牌皆羅拜踴躍歡聲雷動尋率衆至南寧城下分屯四營蘇受等四首自縛與頭目數百人赴軍門請命臣等

復諭之曰朝廷既赦爾罪爾等擁衆負固騷動一方若不示罰何以雪憤於是下蘇受於軍門各杖一百乃解其縛又諭之曰今日宥爾死者朝廷好生之德必杖爾者人臣執法之義衆皆叩首悅服願殺賊立功臣隨至其營撫定其衆七萬餘人復委布政使林富等安插於二月二十六日悉命歸業是皆皇上至孝達順之德神武不殺之威未期月而蠻民率服不折一矢不傷一人而全活數萬生靈卽古舞干之化奚以加焉疏聞帝嘉之遣行人齎敕獎賚於是守仁復疏言思田久搆禍荼毒兩省已踰二年兵力盡於哨守民脂竭於轉輸官吏疲於奔走地方臲卼如破壞之舟漂泊風浪覆溺在目不待智者而知之矣必欲窮兵雪憤以殲一隅無論不克縱使克之患且不測況田州外捍交阯內屏各郡深山絕谷猺獠盤據使盡誅其人異日雖欲改土爲流誰爲編戶非惟自撤其藩籬而拓土開疆以資鄰敵非計之得也今岑氏世効邊功猛獨詿誤觸法雖未伏誅聞已病死臣謂治田州非岑氏不可請降田州府爲田州而官其子以存岑氏之後查猛有二子長邦佐自幼出繼爲武靖州知州武靖當猺賊之衝邦佐才足制馭宜仍舊職而今所建州請以猛幼子邦相授吏目署州事俟後遞陞爲知州以承岑氏之祀設土巡檢諸司卽以盧蘇王受等九人爲之以殺其勢添設田寧府統以流官知府以總其權從之惟以守仁所奏岑猛子與撫按所報異令再覆於是守仁言臣初議立岑氏後該府土目及耆老俱言岑猛本有四子長邦佐妻張氏出次邦彥妾林氏出次邦輔外婢所生次邦相妾韋氏出猛嬖溺林氏而張失愛故邦佐自幼出繼武靖邦彥既死邦佐得武靖民心更代亦難其人欲立邦輔土目謂外婢所生名實不正惟邦相係猛正派質貌厚重堪繼岑氏故當時直謂猛子存者二人亦所以正名愼始杜後日之爭也疏上如議行八年守仁於思田既議設流官又議移南丹衞於八寨改思恩府城於荒田改設鳳化縣治於三里添設流官縣於思龍增築五鎭城堡於五屯及侍郞林富繼之又言田州界居南寧泗城交通雲貴交阯爲備非一不宜改設流官南丹衞設在賓州旣不足以遙制八寨遷八寨又不得以還護賓州爲今日計獨上林之三里守仁所議設縣者可遷南丹衞於此夫設縣則割賓州之地以益思恩是顧彼而失此也遷衞則扼八寨之吭以還護賓州是一舉而兩得也然不宜屬田州而仍屬南寧爲便其議與守仁頗有異同詔從富言初邦相兄邦彥有子芝依大母林氏瓦氏居官給養田其後邦相惡蘇專擅密與頭目盧玉等謀誅蘇及芝蘇知之會邦相又侵削二氏原食莊田二氏遂與蘇合謀以芝奔梧州赴軍門告襲蘇又爲芝疏請尋令人刺邦相邦相覺殺行刺者而蘇遂伏兵殺盧玉等以兵圍邦相宅誘邦相出乘夜與瓦氏縊殺之巡按御史曾守約以聞帝命守仁亟爲勘處蘇之殺邦相也歸順鎭安泗城向武諸土官搴起搆難互相訐奏當事者謂以岑芝承襲未定田州無主致令隣封覬覦當給劄付令芝管事蘇又請早給芝冠帶以撫田州而自悔罪願裹糧立功及追補累年所逋糧賦巡按御史諸演疏聞部議以土蠻自相讐殺當從末減皆令立功方准贖罪復官三十二年芝死子大壽方四歲土人莫葦目岑姓及土官岑施相煽搆亂提督郞櫝奏令思恩守備張啟元暫駐田州鎭之報可三十四年田州土官婦瓦氏以狼兵應調至蘇州勦倭隸於總兵俞大猷麾下以殺賊多詔賞瓦氏及其孫男岑大壽大祿銀幣餘令軍門獎賞四十二年以平廣西猺獞功准岑大祿實受知州職泰昌元年總督許弘綱奏田州土官岑懋仁肆惡起釁窺占上林納叛人黃得隆等糾衆破城擅殺土官黃德勳擄其妻女印信乞正其罪詔令岑懋仁速獻印執送諸犯聽按臣分別正法違則進勦天啟二年巡撫何士晉請免懋仁逮問各率土兵援勦有功優敍從之田州世岑氏改流者再而終不果盧蘇再叛弒主終逸於罰論者以爲失刑云上林在田州東宋置隸橫山寨元屬田州路洪武二年土官黃嵩歸附授世襲知縣流官典史佐之

恩城州唐置宋元仍舊明初因之隸廣西布政司朝貢如例成化十九年知州岑欽田州土官岑溥叔也相讐殺溥敗欽入田州焚府治大肆殺掠溥愬於制府下三司官鞫理弘治三年欽復入田州與泗城土官岑應分據其地巡撫秦竑請調兵勦之兵部言兵不可輕動惟令守臣諭令應縛欽自贖五年欽走岑應所借兵總鎭檄應捕之欽遂殺應父子已而應弟接佯以兵送欽亦殺欽父子有司以恩城宜裁革從之州遂廢

上隆州宋置隸橫山寨元屬田州路明因之後改隸布政司洪武十九年上隆知州岑永通遣從子岑安來貢賜綺帛鈔錠洪熙元年土官知州岑瓊母陳氏來朝貢馬賜鈔幣宣德四年以陳氏爲知州時瓊已卒無子土人訴於朝願得陳氏襲職故有是命

都康州宋置隸橫山寨元屬田州路洪武間爲蠻獠所據三十二年復置隸布政司土官馮姓其界東南抵龍英西至鎭安北至向武

明史卷三百一十九　列傳第二百七

總裁官總理事務經筵講官少保兼太子太保保和殿大學士兼管吏部戶部尚書事加六級張廷玉等奉

敕修

廣西土司三

泗城　利州

龍州　歸順

向武　奉議

江州　思陵（廣東瓊州府附）

泗城州宋置隸橫山寨元屬田州路其界東抵東蘭西抵上林長官司南抵田州北抵永寧州洪武五年征南副將軍周德興克泗城州土官岑善忠歸附授世襲知州十三年善忠子振作亂寇利州廣西都司討平之十四年善忠來貢方物二十六年振遣人貢馬及方物詔賜以鈔錠宣德元年女土官盧氏遣族人岑臺貢馬及銀器等物賜賚有差八年致仕女土官盧氏奏襲職土官岑豹率土兵千五百餘人謀害己又棄毀故土官岑瑄塑像所爲不孝難俾襲職豹叔利州知州顏亦奏豹興兵謀殺盧氏州民被害都督山雲奏豹實故土官瑄姪人所信服應襲職盧氏瑄妻豹伯母初借襲今致仕宜量撥田土以贍終身仍請敕豹無肆侵擾兵部請從雲奏帝命行人章聰侯璡齎敕諭雲會三司巡按究豹與盧氏是非從公判決正統元年豹遣人入貢二年豹攻利州掠其叔顏妻子財物朝廷官至撫諭負固不服增兵拒守雲以聞乞發兵勦之帝敕雲曰蠻夷梗化罪固難容然興師動衆事亦不易其更遣人諭之五年顏奏豹侵占及掠擄罪頭目黃祖亦奏豹殺其弟籍其家瑄女亦奏豹占奪田地人民囚其母盧氏帝復遣行人朱昇黃恕齎敕諭之并敕廣西貴州總兵官親詣其地令速還所侵掠如不服相機擒捕正德六年總兵官柳溥奏行人恕昇同廣西三司委官諭豹退還原占利州地豹時面從及回占如故今顏欲以利州利甲等莊易泗城古那等甲開設利州衙門宜從其請發附近官軍送顏赴彼撫治蠻民倘豹仍拒逆則率兵勦捕從之八年豹遣人奉貢賜綵幣十年豹復奏顏占據其地帝令速予議處不可因循貽邊方害成化元年豹聚衆四萬攻劫上林長官司殺土官岑志威據其境土兵部言豹強獷如此宜調兵擒捕明正典刑從之未幾豹死弘治三年土官知州岑應復據上林長官司及貴州鎭寧等處一十八城時恩城土官岑欽攻奪田州府逐知府岑溥應與欽黨既復相讐兩家父子交相讐殺事聞兵部奏欽連年搆禍而應黨之復據上林長官司流毒不少今天厭禍假手相殘實地方之幸應所占鄰壤及土官印信數多亦宜勘斷以除禍本并令應弟接退還侵地及印信乃許承襲泗城地廣兵多宜選頭目量授職銜分轄以殺其勢詔下總鎭官區處接遣人朝正賜綵緞鈔錠十年總督鄧廷瓚奏接往年隨征都勻府江等處有功乞畧其祖父罪令承襲世職以圖報効廷臣議劾印侵地雖係接祖父罪然再四撫諭接不肯歸之於官遽使襲職則志益驕非馭土官法十二年田州土目黃驥作亂要接爲聲援殺掠男婦劫燒倉庫民廬又劫府學及橫山驛印記遂據興仁十四年貴州賊婦米魯作亂提督王軾請調接領土兵二萬營於砦布河因敕接自備兩月餉剋期赴調十八年泗城土官族人岑九仙奏自始祖岑彭以來世襲土官至豹子應罹欽之禍子孫滅亡殆盡其弟接衆推護印累著勞勩乞令襲職俾掌轄蠻衆兵部尚書劉大夏等議豹乃叛臣餘孽子應復自取滅亡今接者人皆傳稱爲梁接非應親枝又不知岑九仙是何逋逃冒爲奏擾臣大夏先在兩廣見岑氏譜岑之始祖木納罕於元至正年間與田州知府之祖伯顏一時受官今九仙妄援漢岑彭世次塵瀆聖聽請治其罪其岑接應襲與否前已令鎭巡官勘奏岑九仙雖蠻人難以深究亦當摘發以破其奸從之正德十二年泗城及程縣各遣官族來貢後期賞減半泗城貢厚仍全給之嘉靖二年田州岑猛率兵攻泗城拔六寨進薄州城克之接告急軍門言猛無故攻寨猛言接非岑氏後據其祖業欲得所侵地詔下勘處十六年田州盧蘇作亂泗城土舍岑施以兵納岑邦佐兵敗弗克納二十七年詔土舍施襲替免赴京以嘗聽調有勞也隆慶二年泗城蠻黃豹黃豸等據貴州程番府麻嚮大華等司時出擄掠官軍勦之豹等遁去萬曆二年泗城土

官岑承勲等貢馬及香鑪等物四十一年土官岑雲漢貢方物初雲漢乃紹勳嫡嗣紹勳寵庶孽雷漢頭目黃瑪等從中煽禍以至焚劫稱兵雲漢給毋出印扶弟以奔撫按以聞廷議請釋紹勳罪以存大倫杖雷漢黃瑪等以息囂孽雲漢從寬削銜戴罪管事詔可天啟二年巡撫何士晉請復雲漢知州職量加都司職銜令率土兵援黔從之泗城延袤頗廣兵力亦勁與慶遠諸州互相雄長其流惡自豹而應而接且三世領縣一曰程縣長官司二曰安隆曰上林　程縣在泗城州之東北舊號程丑莊明初歸附隸泗城州洪武二十一年改爲縣編戶一里後改屬慶遠府尋復隸泗城州設流官知縣正統間爲岑豹所逼棄官逃去典史攝印旋亦罹害豹遂奪其印據縣治事聞屢遣官諭之歷岑應岑接凡七十餘年不服嘉靖二年接爲諸土官攻殺督府遣官按問得縣印貯於官後僅存荒土泗城南丹那地俱欲得之時治兵相攻云　安隆長官司東抵泗城西抵雲南南抵上林長官司北抵貴州宣慰司元泗城州地也洪武元年泗城州土官岑善忠以次子子得領安隆峒三十年子得來朝貢馬設治所永樂元年設安隆長官司以子得爲長官撫其衆十二年貢馬賜鈔幣子世襲　上林長官司東北俱抵泗城界西抵安隆長官司南抵雲南宋元號上林峒屬泗城州明興因焉永樂初置長官司以泗城州土官岑善忠三子子成爲長官撫其民永樂四年子成遣子保貢方物賜鈔幣自是貢賜不絕成化元年泗城岑豹攻劫上林殺長官志威滅其族劫印占其境土兵部移文議豹罪仍以地與印給上林弘治二年上林長官司遣頭目入貢禮部以過期至給半賞既而泗城岑應復奪據上林長官司然正嘉隆萬間朝貢猶時至

利州漢屬交阯號阪麗莊宋建利州隸橫山寨元因爲土官亦岑姓洪武初歸附授知州以流官吏目佐之直隸布政司宣德二年利州知州岑顏遣頭目羅嚮貢馬正統元年泗城岑豹侵據利州地并掠顏妻子財物總兵官山雲以聞帝敕鎭巡官撫諭之四年顏遣族人岑忻貢銀器方物五年顏奏本州地二十五甲被豹與兵攻占母單被囚妻財被掠累奏敕撫諭猖獗不服帝遣行人黃恕朱昇敕諭豹事具前傳七年豹復與顏相仇殺帝敕總兵官吳亮宣布恩威令各罷兵而豹終殺顏及其子得奪州印去遂以流官判州事數十年間屢經諸司勘奏移檄督追歷岑應岑接二世如故嘉靖二年歸併泗城

龍州古百粵地漢屬交阯宋置龍州隸太平寨元大德中陞州爲萬戶府洪武二年龍州土官趙帖堅遣使奉表貢方物詔以帖堅爲龍州知州世襲八年改隸廣西布政司時帖堅言地臨交阯所守關隘二十七處有警須申報太平達總司比報下已涉旬月恐誤事機乞依奉議泗城二州隸廣西便從之十六年帖堅以孝慈皇后喪上慰表貢馬及方物賜綺帛鈔錠有差二十一年帖堅病無子以其從子宗壽代署州事帖堅卒宗壽襲鄭國公常茂以罪謫居壽州帖堅妻黃氏有二女一爲太平州土官李圓泰妻茂納其一爲妾時宗壽雖襲職帖堅妻猶持土官印與茂圓泰專擅州事數陵逼宗壽會茂以病卒其閽者趙觀海等亦肆侮宗壽宗壽乃與把事等以計取土官印上奏言茂已死并械觀海等至京於是帖堅妻惶懼使人告宗壽擄掠又與圓泰謀劫茂妾并其奴婢往太平州又盡掠趙氏祖父官誥諸物又欲併取龍州之地乃自至京告宗壽實從子不應襲宗壽亦上章言狀帝乃詔宗壽勿問下吏議帖堅妻與圓泰罪既而以遠蠻俱釋之久之復有人告茂匿龍州未死前宗壽所言皆妄遂詔右軍都督府榜諭宗壽及龍州官民言昔鄭國公常茂有罪上以開平王之功不忍遽置於法安置龍州土官趙帖堅故其妻與茂結爲婚姻誘合諸蠻肆爲不道帖堅姪宗壽襲職與黃氏互相告訐言茂已死上以功臣子猶加憐憫釋二人告訐罪今有人言茂實未死宗壽等知狀已遣散騎舍人諭宗壽捕茂延玩使者久不復命其意莫測特命榜諭爾宗壽等知之如茂果存則送至京師以贖罪如茂果死宗壽亦宜親率大小頭目至京具陳其由廣西布政司言宗壽屢詔赴京拒命不出又言南丹奉議等蠻梗化帝復命致仕兵部尚書唐鐸往諭宗壽訖不從命詔發湖廣江西所屬衞所馬步官軍六萬餘各齎三月糧期以秋初俱赴廣西命都督楊文佩征南將軍印爲總兵官都指揮韓觀爲左將軍都督僉事朱晟爲右將軍劉眞爲參將率京衞馬步軍三萬人至廣西會討龍州及奉議南丹向武等州叛蠻師行帝撰文遣使祭嶽鎭海瀆復遣禮部尚書任亨泰監察御史嚴震直使安南諭以討龍州趙宗壽之故令陳日焜愼守邊境毋助逆勿納叛遺人諭文調南寧衞兵千人江陰侯吳高領之柳州衞兵千人安陸侯吳傑領之皆令其建功自贖又詔文等如兵至龍州宗壽親來見具陳茂已死之由則宥其罪若詐遣人來則進兵討之既鐸還京言宗壽伏罪來朝乞罷兵勿征詔文移兵於奉議仍命鐸至軍參軍事宗壽偕耆民農里等六十九人來朝謝罪貢方物宗壽死子景升襲景升死無嗣以叔仁政襲仁政再傳爲趙源源死無子思恩土官岑濬率兵攻田州回劫龍州奪其印納故知府源妻岑氏詔下鎭巡官勦賊而議立爲源後者以源庶兄浦有二子相居長當立相弟楷不能無望則謀於岑氏以僕韋隊子璋詭云遺腹岑氏特兄子猛方兵雄楷遂奏言璋實源子當立爲相所篡事下督府勘未決璋賂鎭守太監傅倫舍人詭稱有詔檄猛調二萬兵納璋入龍州左江大震相挈印奔況村都御史楊旦討璋猛殺之相乃歸相二子長燧次寶相枝拇寶亦枝拇相絕愛之曰肖我當立猛乃以寶去髡爲奴嘉靖元年相死州人立燧楷弒之州人立其族弟煖時王守仁提督兩廣幕客岑伯高用事楷賂伯高言煖非趙氏裔當立者楷也遣上思州知州黃熊兆戮之熊兆黨伯高言楷當立以州印畀楷楷遂殺煖龍州大亂州目黃安等潛往田州購寶寶時爲奴楊布家十三年矣安等行百金購得之言之督府都御史林富謂楷勢已張毋持之急乃令楷攝職俟寶長讓之楷復時時謀殺寶富諭楷令以印還寶寶謝以五千金益以腴田三十一村楷計寶弱易與不如邀厚利而徐圖之遂聽命楷復求韋璋之子應育之令往來寶所寶妻黃氏思明府土官黃朝女也貳於寶而與應通應乃厚結州目又數遣人與向武州締好乞兵爲衞寶日荒悍刑殺男子王艮爲閽楷知艮恨寶激使內應艮許之楷以千人夜至寶寢門呼艮艮開門納楷兵執寶寢所斬之以他盜聞應以兵千人據州并結朝自援都御史蔡經屬副使翁萬達謀之萬達謂楷狙詐未可速圖韋應巽愞寡慮可旦夕禽斷其中堅然後可次第獲督撫善之萬達行部至太平使人以他事召朝諭之計論應當死言楷才勇正須藉爲龍州當一面耳時諸言楷事者故不爲理州人大譁萬達愈厚楷楷信之遂統精兵千人詣萬達言狀并以三十一村地獻萬達召楷及州目鄧瑀等入見伏壯士劫之曰汝罪大宜自爲計誠死尚可爲爾子留一官楷自分無生理乃手書諭其黨曰業已如此亂無益也可善輔我子以存趙萬達即杖楷斃之以楷書諭其州人時楷子匡時生四年矣立之一州悉定乃以十三村還龍州十八村隸崇善縣於是龍州趙氏仍得襲

歸順州舊爲峒隸鎭安府永樂間鎭安知府岑志綱分其第二子岑永綱領峒事傳子瑛屢率兵報効弘治九年總督鄧廷瓚言鎭安府之歸順峒舊爲州治洪武初裁革今其峒主岑瑛每効勞於官乞設州治授以土官知州凡出兵令備土兵五千仍歲領土兵二千赴梧州聽調詔從之增設流官吏目一員瑛死子璋襲復從璋奏以本州改隸布政司璋多智畧田州岑猛以不法獲譴都御史姚鏌將舉兵討之璋猛婦翁也鏌慮璋黨猛召都指揮沈希儀謀希儀雅知璋女失寵恨猛又知部下千戶趙臣雅善璋希儀因使趙臣語璋圖猛璋受命時猛子邦彥守工堯隘璋詐遣兵千人助邦彥言天兵至以姻黨故且與爾同禍今發精兵來幸努力堅守邦彥欣納之璋遣人報希儀曰謹以千人內應矣時田州兵殊死拒戰諸將莫利當隘者希儀獨引兵當之約戰三合歸順兵大呼曰敗矣田州兵驚潰希儀麾兵乘之斬首數千級邦彥死焉猛聞敗欲自經而璋先已築別館使人請猛時猛倉皇不知所出遂挈印從璋使走歸順璋詭爲猛草奏促猛出印實封之璋旣知猛印所在乃鴆殺猛斬其首并府印函之間道馳軍門爲讒言所阻竟不論功璋死次子瓛襲嘉靖四年提督盛應期以瓛先助猛逆攻泗城許自新出兵討賊自贖從之十四年田州盧蘇叛糾瓛攻鎭安府瓛破鎭安并發岑眞寶父母墳墓事聞革冠帶許立功贖瓛後從征交阯卒於軍子代襲萬曆間以貢馬違限給半賞

向武州宋置隸橫山寨元隸田州路其界東北抵田州西抵鎭安南抵鎭遠洪武二年七月土官黃士鐵遣使貢馬及方物詔以世鐵爲向武州知州許世襲二十一年廣西布政司言向武州叛蠻梗化時都督楊文佩征南將軍印討龍州奉議等處復奉命移師向武文調右副將軍韓觀分兵進討都康向武富勞諸州縣斬世鐵以兵部尚書唐鐸言置向武州守禦千戶所永樂二年土官知州黃或遣頭目羅以得貢馬賜鈔幣宣德四年故土官知州黃謙昌子宗蔭貢馬賜鈔嘉靖四年田州岑猛叛向武土官以兵助猛提督盛應期議大征檄向武出兵討賊以功贖罪十六年田州盧蘇叛鎭安土官岑眞寶以兵納岑邦佐蘇求助於向武時土官黃仲金慫眞寶遂與合兵破鎭安事聞革仲金冠帶二十七年以仲金聽調有勞詔許承襲原職免赴京四十二年又以勦平猺寇功加仲金四品服向武領縣一曰富勞元置洪武間爲蠻獠所據建文時復置仍隸向武州永樂

初省武林入焉土官亦黃氏世襲

奉議州宋置初屬靜江軍後屬廣西經畧安撫司元屬廣西兩江道宣慰司洪武初土官黃志威舊爲田州府總管來歸附二年詔授其子世鐵爲向武州知州世襲三年志威入朝貢六年招撫奉議等州百十七處人民皆款服帝嘉志威功命以安州侯州陽縣屬之七年以志威爲奉議州知州兼守禦直隸廣西行省二十六年奉議州知州黃嗣隆遣人貢馬及方物賜以鈔錠二十八年廣西布政司言奉議南丹等處蠻人梗化時都督楊文討龍州伏罪帝命移兵奉議勦賊遣使諭文等近聞奉議兩江溪峒等處林木陰翳蛇虺遺毒草莽中雨過流毒溪澗飲之令人死師入其地行營駐劄勿飲山溪水泉恐餘毒傷人宜鑿井以飲爾等其慎察之文發廣西都司及護衞官軍二萬人調田州泗城等土兵三萬八千九百人從征師至奉議州蠻寇聞官軍至悉竄入山林據險自固文督諸將分兵捕之復調參將劉真等領兵分道攻南丹叛寇初文等駐師奉議州之東南分兵追捕賊黨且遣人招降其脅從者賊皆焚廬舍走山谷憑險阻立柵自固文督將士屢攻破之賊衆潰散左副將軍韓觀等遂分兵追討都康向武富勞上林諸州縣破其吏吾蓮花大藤峽等寨斬向武土官黃世鐵并其黨萬八千三百餘人招降蠻民復業者六百四十八戶徙置象州武山縣蠻寇遂平時兵部尚書致仕唐鐸參議軍事以朝廷嘗命征勦畢日置衞守之乃會諸將相度形勢置奉議等衞并向武河池懷集武仙賀縣等處守禦千戶所設官軍鎭守詔從其言宣德二年署州事土官黃宗允遣頭目貢馬正統五年宗允科斂劫殺甚且欲戕其母母避之殺母侍者以洩怒爲母所告僉事鄧義奏其事敕總兵官柳溥及三司按驗以聞嘉靖四年田州岑猛叛奉議土官嘗助猛攻泗城州至是提督盛應期言許其自新令出兵討賊以功贖罪後土官知州死皆以土判官掌州事論者以奉議彈丸地三面交迫田州獨南界鎭安其勢甚蹙明初置衞銓官如宋元故事蓋欲中斷田鎭以伐其謀云

江州界東抵忠州西抵龍州南抵思明北抵太平府其州宋置隷古萬寨元屬思明路明初土官黃威慶歸附授世襲知州設流官吏目以佐之直隷布政司嘉靖四十二年以平猺獞功准江州土官子黃恩暫署本職領縣一曰羅白洪武初土官梁敬賓歸附授世襲知縣敬賓死子復昌襲永樂間從征交阯被陷子福里襲

思陵州宋置屬永平寨元屬思明路洪武初省入思明府二十一年復置思陵州二十七年土官韋延壽貢馬及方物宣德四年護印土官韋昌來朝貢馬賜鈔幣正統間貢賜如制其界東至忠州西北至思明南至交阯

瓊州居環海中漢武帝平南粵始置珠崖儋耳二郡歷晉隋唐宋叛服不一事具前史元改置瓊州路屬海北海南道宣慰司天曆初改乾寧軍民安撫司洪武元年征南將軍廖永忠平廣東改乾寧安撫司爲瓊州府以崖州吉陽軍儋州萬安軍俱爲州南建州爲安定縣隷焉六年儋州宜倫縣民陳昆六等作亂攻陷州城廣東指揮使司奏言近儋州山賊亂已調兵勦其儋萬二州山深地曠宜設兵衞鎭之詔置儋萬二州守禦千戶所七年儋州黎人符均勝等作亂海南衞指揮張仁率兵討平之又海南羅屯等洞黎人作亂千戶周旺等討平之澄邁縣賊王官舍亂典史彭禎領民兵捕斬之十五年萬崖二州民陳鼎叔等作亂陷陵水縣爲海南衞官軍擊敗追至藤橋斬鼎叔等三百餘人餘黨悉平十七年儋州宜倫縣黎民唐那虎等亂海南衞指揮張信發兵討之那虎及其黨鄭銀等敗遁信追禽之送京師知州魏世吉受賄縱銀去帝謂兵部曰知州不能捕賊及官軍捕至而反縱之乎命遣力士即其州杖世吉責捕所縱者永樂三年廣東都司言瓊州所屬七縣八洞生黎八千五百人崖州抱有等十八村一千餘戶俱已向化惟羅活諸洞生黎尚未歸附帝命遣通判劉銘齎敕撫諭之御史汪俊民言瓊州周圍皆海中有大小五指黎母等山皆生熟黎人所居比歲軍民有逃入黎洞者甚且引誘生黎侵擾居民朝廷屢使招諭黎性頑狠未見信從又山水峻惡風氣亦異罹其瘴毒鮮能全活近訪宜倫縣熟黎峒首王賢祐嘗奉命招諭黎民歸化者多請仍詔賢祐量授以官俾招諭未服戒約諸峒無納逋逃其熟黎則令隨產納稅悉免差徭其生黎歸化者免稅三年峒首則量所招民數多寡授以職如此庶幾黎人順服從之遣知縣潘隆本齎敕撫諭四年瓊州屬縣生黎峒首羅顯許志廣陳忠等三十三人來朝初以生黎多未向化遣銘招撫至是向化者萬餘戶顯等從銘來朝且乞以銘撫其衆帝遂授銘瓊州知府專職撫黎仍授顯等知縣縣丞巡檢等官賜冠帶鈔幣遣還自是諸黎感悅相繼來歸瓊山臨高諸縣生黎峒首王罰鍾異王琳等來朝命爲主簿巡檢六年銘復率土黎峒首王賢祐王惠王存禮等來朝貢馬命賢祐爲儋州同知惠存禮爲萬寧縣主簿八年文昌縣斬腳寨黎首周振生等來歸賜以鈔幣俾仍往招諸峒九年臨高縣典史王寄扶奉命招至生黎二千餘戶而以峒首王乃等來朝命寄扶爲縣主簿并賜王乃等鈔十一年瓊山縣東洋都民周孔洙招諭包黎等村黎人王觀巧等二百三十戶願附籍爲民從之臨高民黃茂奉命招撫深峒那呆等二十四峒生黎率黎首王聚符喜等來朝貢馬黎民來歸者戶四百有奇通計前後所撫諸黎共千六百七十處戶三萬有奇蓋皆本廟算云十四年王賢祐率生黎峒首王撒黎佛金等來朝貢帝嘉納之命禮部曰黎人遠處海南慕義來歸若朝貢頻繁非存撫意自今生黎土官峒首俱三年一貢著爲令十六年感恩土知縣樓吉祿率峒首貢馬十九年寧遠土縣丞邢京率峒首羅淋朝貢時崖州民以私忿相戰鬬衞將利漁所欲發兵勦之瓊州知州王伯貞執不可曰彼自相仇殺耳非有寇城邑殺良民之惡不足煩官軍衞將不從伯貞乃遣寧遠縣丞黃童按視果仇殺逮治數人黎人遂安宣德元年樂會土主簿王存禮等遣黎首黎寧及萬州黎民張初等來貢帝謂尚書胡濙曰黎人居海島不識禮儀叛服不常昔專設官撫綏令來朝當加賚之九月澄邁縣黎王觀珠瓊山縣黎王觀政等聚衆殺瓊山土知縣許志廣流劫鄉村殺掠人畜命廣東三司勘實討之二年指揮王瑀等追捕黎賊兵至金雞嶺賊率衆拒敵敗之生禽賊首王觀政及從賊二百六十二人斬首二百六十七級餘衆潰奔走入山招撫復業黎八百一十二戶以捷聞械送觀政等至京帝謂尚書蹇義曰蠻性雖難馴然至爲變必有激宜嚴戒撫黎諸官寬以馭之若生事激變國有常刑正統九年崖州守禦千戶陳政聞黎賊出沒借副千戶洪瑜領軍搜捕賊乃圍熟黎村黎首出見政等輒殺之又令軍旗孫得等十五人焚其廬舍殺其妻孥數人擄其財物各黎激變政及官軍百人皆爲所殺巡按御史趙忠以聞坐瑜激變律斬景泰三年敕萬州判官王琥曰以爾祖父能招撫黎人特授土官爾能繼承父志亦既有年茲特降敕付爾撫諭該管村峒黎人各安生業不得倣傚別峒生黎所爲其官軍亦不得擅入村峒擾害激變天順五年敕兩廣巡撫葉盛以海南賊五百餘占據城池可馳至瓊相機撫捕勿使滋蔓弘治二年崖州故土官陳迪孫冠帶舍人陳崇祐朝貢以其能撫黎人之逋逃復業者厚賜之十五年黎賊符南蛇反鎭兵討之不下戶部主事馮顒奏府治在大海南有五指山峒黎人雜居外有三州十縣一衞十一所永樂間置土官州縣以統之黎民安堵如故成化間黎人作亂三度征討將領貪功殺戮無辜迨弘治間知府張桓余濬貪殘苛斂大失黎心釀成今日南蛇之禍臣本土人頗知事勢乞仍考原設應襲土官子舍使各集土兵可得數萬聽鎭巡官節制有能禽首惡符南蛇者復其祖職以蠻攻蠻不數月可奏績矣詔從之嘉靖十九年總督蔡經以崖萬二州黎岐叛亂攻逼城邑請設參將一員駐劄瓊州分守二十八年崖州賊首那燕等聚衆四千人爲亂詔發兩廣官軍九千勦之給事鄭廷鵠言瓊州諸黎盤居山峒而州縣反環其外其地彼高而我下其土彼膏腴而我鹹鹵其勢彼聚而我散故自開郡來千六百餘年無歲不遭黎害然無如今日甚矣今日黎患非九千兵可辦必添調狼土官兵兼召募打手集數萬衆一鼓而四面攻之然後可克嘗考勦除黎患其大舉有二元至元辛卯會空其穴勒石五指山其時雖建屯田府立定安會同二縣惜其經畧未盡故所得旋失嘉靖庚子又嘗大渡師徒攻毀巢岡無處不至於是議者謂德霞地勢平衍擬建城立邑招新民耕守業已舉行中道而廢旋爲賊資以至復有今日謹條三事一崖黎三面郡縣惟東南連郎溫腳二峒岐賊實當萬州陵水之衝崖賊被攻必借二峒東江以分我兵勢計須先分奇兵攻二峒而以大兵徑擣崖賊彼此自救不暇莫能相顧則殲滅可期傳聞賊首那燕已入凡陽搆集岐賊此必多方誤我且訛言搖惑以堅諸部助逆之心宜開示慰安以解狐疑之黨一隋唐郡縣輿圖可考今多陷入黎中蕩平後悉宜恢復并以德霞千家羅活等膏腴之地盡還州縣設立屯田且耕且守仍由羅活磨斬開路以達安定由德霞沿溪水以達昌化道路四達井邑相望非徒懾奸銷萌而王路益開拓矣一軍威既振宜建參將府於德霞各州縣許以便宜行事以鎭安人心其新附之民中有異志者或遷之海北地方屯田或編入附近衞所戎籍如漢徙潛山蠻故事又擇仁明慈惠之長久任而安輯之則瓊人受萬世利矣疏下兵部議詔悉允行二十九年總兵官陳圭總督歐陽必進等督兵進勦斬賊五千三百八十級俘一千四十九人奪牛羊器械倍之招撫三百七十六人捷聞帝嘉其功賜圭必進祿米廕襲有差萬曆十四年長田峒黎出掠兵備道遣兵執戮之草子坡諸黎召衆來報復戰於長沙營斬黎首百餘級於是黃村田

尾諸峒黎皆出降瓊州黎人居五指山中者爲生黎不
與州人交其外爲熟黎雜耕州地原姓黎後多姓王及
符熟黎之產半爲湖廣福建奸民亡命及南恩藤梧高
化之征夫利其土占居之各稱酋首成化間副使涂棐
設計犂掃漸就編差弘治間符南蛇之亂連郡震驚其
小醜侵突無時而息云

明史卷三百二十 列傳第二百八

總裁官總理事務經筵講官少保兼太子太保保和殿大學士兼管吏部戶部尚書事加六級張廷玉等奉
敕修

外國一

朝鮮

朝鮮箕子所封國也漢以前曰朝鮮始爲燕人衞滿所
據漢武帝平之置眞番臨屯樂浪玄菟四郡漢末有扶
餘人高氏據其地改國號曰高麗又曰高句麗居平壤
卽樂浪也已爲唐所破東徙後唐時王建代高氏兼併
新羅百濟地徙居松岳曰東京而以平壤爲西京其國
北鄰契丹西則女直南曰日本元至元中西京內屬置
東寧路總管府盡慈嶺爲界明興王高麗者王顓太祖
卽位之元年遣使賜璽書二年送還其國流人顓表賀
貢方物且請封帝遣符璽郎偰斯齎詔及金印誥文封
顓爲高麗國王賜曆及錦綺其秋顓遣總部尚書成惟
得千牛衞大將軍金甲雨上表謝并賀天壽節因請祭
服制度帝命工部製賜之惟得等辭歸帝從容問王居
國何爲城郭修乎兵甲利乎宮室壯乎頓首言東海波
臣惟知崇信釋氏他未遑也遂以書諭之曰古者王公
設險未嘗去兵民以食爲天而國必有出政令之所今
有人民而無城郭人將何依武備不修則威弛地不耕
則民艱於食且有居室無聽事無以示尊嚴此數者朕
甚不取夫國之大事在祀與戎苟闕斯二者而徒事佛
求福梁武之事可爲明鑑王國北接契丹女直而南接
倭備禦之道王其念之因賜之六經四書通鑑自是貢
獻數至元旦及聖節皆遣使朝賀歲以爲常三年正月
命使往祀其國之山川是歲頒科舉詔於高麗顓表謝
貢方物并納元所授金印中書省言高麗貢使多齎私
物入貨宜征稅又多攜中國物出境禁之便俱不許五
年表請遣子弟入太學帝曰入學固美事但涉海遠不
欲者勿強貢使洪師範鄭夢周等一百五十餘人來京
失風溺死者三十九人師範與焉帝憫之遣元樞密使
延安答里往諭入貢毋數而顓復遣其門下贊成事姜
仁裕來貢馬其賀正旦使金湑等已先至帝悉遣還謂
中書省臣曰高麗貢獻繁數旣困敝其民而涉海復虞
覆溺宜遵古諸侯之禮三年一聘貢物惟所產毋過侈
其明諭朕意六年顓遣甲兩等貢馬五十匹道亡其二
甲兩以聞及進以私馬足之帝惡其不誠卻之七年遣
監門護軍周誼鄭庇等來貢表請每歲一貢貢道從陸
由定遼毋涉海其貢物稱送太府監中書省言元時有
太府監本朝未嘗有言涉不誠帝命卻其貢是歲顓爲
權相李仁人所弒顓無子以寵臣辛肫之子禑爲子於
是仁人立禑八年禑遣判宗簿事崔原來告哀且言前
有貢使金義殺朝使蔡斌今嗣王禑已誅義籍其家帝
疑其詐拘原而遣使往祭弔十年使來請故王顓謚號
帝曰顓被殺已久今始請謚將假吾朝命鎭撫其民且
掩其弒逆之跡不可許前所留使者其遣之於是釋原
歸其夏復遣周誼貢馬及方物卻不受冬又遣使賀明
年正旦帝曰高麗王顓被弒奸臣竊命春秋之義亂臣
必誅夫又何言第前後使者皆稱嗣王所遣中書宜遣
人往問嗣王如何政令安在若政令如前嗣王不爲羈
囚則當依前王言歲貢馬千匹明年貢金百斤銀萬兩
良馬百細布萬仍悉送還所拘遼東民方見王位眞而
政令行朕無惑已否則弒君之賊必討無赦十一年四
月禑復命誼來貢十二年敕遼東守將潘敬葉旺等謹
飭邊備其冬禑遣李茂芳等來貢以不如約卻之十三
年遼東送高麗使誼至京師帝敕敬等曰高麗弒君又
殺朝使前堅請入貢又不如期今遣誼來以虛文飾詐
他日必爲邊患自今來者其絕勿通因留誼於京師十
六年來貢卻之命禮部責其朝貢過期陪臣侮慢之罪
誠欲聽約者當以前五歲違約不貢之物并至十七年
六月禑遣司僕正崔涓禮儀判書金進宜貢馬二千匹
且言金非地所產願以馬代輸餘皆如約遼東守將唐
勝宗爲之請帝許之然請顓謚號襲王爵未允也十八
年正月貢使至帝諭禮臣曰高麗屢請約束朕數不允
而其請不已故索歲貢以試其誠僞非以此爲富也今
旣聽命宜損其貢數令三年一朝貢馬五十匹至二十
一年正旦乃貢七月禑上表請襲爵并請故王謚命封
禑爲高麗國王賜故王顓謚恭愍十九年二月遣使貢
布萬匹馬千匹九月表賀貢方物其後貢獻輒踰常額
且未嘗至三年也冬詔遣指揮僉事高家奴以綺布市
馬於高麗二十年三月高家奴還陳高麗表辭馬直帝
敕如數償之先是元末遼瀋兵起民避亂轉徙高麗至
是因市馬帝令就索之遂以遼瀋流民三百餘口來歸
十二月命戶部咨高麗王鐵嶺北東西之地舊屬開元
者遼東統之鐵嶺之南舊屬高麗者本國統之各正疆
境毋侵越二十一年四月禑表言鐵嶺之地實其世守
乞仍舊便帝曰高麗舊以鴨綠江爲界今飾辭鐵嶺詐
僞昭然其以朕言諭之俾安分毋生釁端八月高麗千
戶陳景來降言是年四月禑欲寇遼東使都軍相崔瑩
李成桂繕兵西京成桂使陳景屯艾州以糧不繼退師
王怒殺成桂之子成桂還兵攻破王城囚王及瑩景懼
及故降帝敕遼東嚴守備仍遣人偵之十月禑請遜位
於其子昌帝曰前聞其王被囚此必成桂之謀姑俟之
以觀變二十二年權國事昌奏乞入朝帝不許是歲成
桂廢昌而立定昌國院君瑤二十三年正月遣使來告
二十四年三月詔市馬高麗八月權國事瑤進所市馬
千五百匹帝曰三韓君臣悖亂二紀於茲今王瑤嗣立
乃王氏苗裔宜遣使勞之十二月瑤遣其子奭朝賀明
年正旦奭未歸而成桂自立遂有其國瑤出居原州王
氏自五代傳國數百年至是絕二十五年九月高麗知
密直司事趙胖等持國都評議司奏言本國自恭愍王
薨無嗣權臣李仁人以辛肫子禑主國事昏暴好殺至
欲興師犯邊大將李成桂以爲不可而回軍禑負罪惶
懼遜位於子昌國人弗順啓請恭愍王妃安氏擇宗親
瑤權國事已及四年昏戾信讒戕害勳舊子奭癡騃不
慧國人謂瑤不足主社稷今以安氏命退瑤於私第王
氏子姓無可當輿望者中外人心咸繫成桂臣等與國
人耆老共推主國事惟聖主俞允帝以高麗僻處東隅
非中國所治令禮部移諭果能順天道合人心不啓邊
釁使命往來實爾國之福我又何誅冬成桂聞皇太子
薨遣使表慰并請更國號帝命仍古號曰朝鮮二十六
年二月遣使進馬九千八百餘匹命運紵絲綿布一萬
九千七百餘匹酬之六月表謝貢馬及方物并上前恭
愍王金印請更己名曰旦從之是月遼東都指揮使司
奏朝鮮國招引女直五百餘人潛渡鴨綠江欲入寇乃
遣使敕諭示以禍福旦得敕惶懼陳謝上貢并械送遁
逃軍民三百八十餘人至遼東二十七年旦遣子入貢
二十八年遣使柳珣賀明年正旦帝以表文語慢詰責
之珣言表文乃門下評理鄭道傳所撰遂命逮道傳釋
珣歸二十九年送撰表人鄭總等三人至云表實總等
所撰道傳病不能行帝以總等亂邦搆釁留不遣三十
年冬復以表涉譏訕拘其使建文初旦表陳年老以子
芳遠襲位許之成祖立遣官頒卽位詔永樂元年正月
芳遠遣使朝貢四月復遣陪臣李貴齡入貢奏芳遠父
有疾需龍腦沉香蘇合香油諸物齎布求市帝命太醫
院賜之還其布芳遠表謝因請冕服書籍帝嘉其能慕
中國禮賜金印誥命冕服九章圭玉珮玉妃珠翠七翟
冠霞帔金墜及經籍綵幣表裏自後貢獻歲輒四五至
焉二年十二月詔立芳遠子禔爲世子從其請也五年
十二月貢馬三千匹至遼東命戶部運絹布萬五千匹
償之六年世子禔來朝賜織金文綺及歸帝親製詩賜
之時朝鮮納女後宮立爲妃嬪者四人其秋遣陪臣鄭
擢來告其父旦之喪命官弔祭賜謚康獻十六年奏世
子禔不肖第三子祹孝弟力學國人所屬請立爲嗣詔
聽王所擇因上表謝并陳己年老請以祹理國事命光
祿少卿韓確鴻臚丞劉泉封祹爲朝鮮國王時帝已遷
北都朝鮮益近而事大之禮益恭朝廷亦待以加禮他
國不敢望也二十年芳遠卒賜謚恭定二十一年七月
祹請立嫡子珦爲世子從之先是敕祹貢馬萬匹至是
如數至賜白金綺絹宣德二年三月遣中官賜白金紵
紗別敕進馬五千匹資邊用九月如數至四年賜祹書
珍禽異獸非朕所貴其勿獻後又敕祹金玉之器非爾
國所產宜止之土物效誠而已八年祹奏遣子弟詣太
學或遼東學帝不許賜五經四書性理通鑑綱目諸書
正統元年三月放朝鮮婦女金黑等五十三人還其國
金黑等自宣德初至京師至是遣中官送回三年八月
賜祹遠游冠絳紗袍玉佩赤舄先是建州長童倉避居
朝鮮界已復還建州朝鮮言昔以窮歸臣臣遇之善今
貿恩還建州李滿住所慮其同謀擾邊建州長言所部
爲朝鮮追殺阻留一百七十餘家五年詔祹還之七年
五月諭祹曰鴨綠江一帶東寧等衞密邇王境中多細
人逃至王國或被國人誘脅去者無問漢人女直至卽
解京初瓦剌密令女直諸部誘朝鮮使背中國祹拒之
白其事於朝帝嘉其忠敕獎之并賜綵幣九年春倭寇
犯邊祹命將禽獲五十餘人械送京師十年又獲餘黨
來獻帝連敕獎諭賜賚加等十三年冬命使調發朝鮮
及野人女直兵會遼東征北寇時英宗北狩郕王卽位
遣官頒詔於其國景泰元年貢馬五百匹奏稱奉敕辦
馬二三萬匹比因鄰寇搆釁馬畜踣斃一時未能詔曰

寇今少息馬已至者償其直未至者止勿貢是年夏祹卒賜弔祭謚莊憲封子珦爲國王會遼東奏報開原瀋陽有寇入境掠人畜係建州海西野人女直頭目李滿住等爲嚮導因諭珦相爲犄角截殺之其秋續貢馬千五百餘匹賜冕服并償其直冬又賜珦及妃權氏誥命封其子弘暐爲世子二年冬以建州頭目潛與朝鮮通戒珦絕其使三年秋珦卒來告哀遣中官往弔祭賜謚恭順命子弘暐嗣立弘暐立三年以年幼且嬰夙疾請以叔瑈權國事七年上表遜位乃封瑈爲國王瑈請立子暲爲世子從之天順三年邊將奏有建州三衞都督私與朝鮮結恐爲中國患因敕瑈毋作不靖貽後悔瑈疏辨復諭曰宣德正統年間以王國與彼互相侵掠敕解怨息兵初不令交通給賞授官也彼既受朝廷官職王又加之是與朝廷抗也王素秉禮義何爾文過飾非後宜絕私交以全令譽四年復諭瑈曰王奏毛憐衞都督郎卜兒哈通謀煽亂已置之法夫法止可行於國中豈得加於鄰境郎卜兒哈有罪宜奏朝廷區處今輒行殺害何怪其子阿比車之思復讐也聞阿比車之母尚在宜急送遼東都司令阿比車領回以解讐怨五年建州衞野人至義州殺掠瑈奏乞朝命還所掠兵部議朝鮮先嘗誘殺郎卜兒哈繼又誘致都指揮兀克縱兵掠其家屬今野人實係復讐宜諭朝鮮寇盜之來皆自取惟守分安法庶弭邊釁從之成化元年冬陪臣李門炯來朝卒於道命給棺賜祭并賜綵幣慰其家時朝鮮頻貢異物三年春敕諭瑈修常貢勿事珍奇是時朝廷用兵征建州敕瑈助兵進勦瑈遣中樞府知事康純統衆萬餘渡鴨綠潑豬二江攻破九獮府諸寨斬獲多四年正月遣官來獻俘詔從厚賚敕獎諭之是年瑈卒賜謚惠莊遣太監鄭同崔安封世子晄爲王給妃韓氏誥命既行巡按遼東御史侯英奏曰遼東連年被寇瘡痍未起今復禾稼不登軍民乏食太監鄭同等隨從人員所過騷擾臣考先年曾於翰林院中選有學行文望者出使今同安俱朝鮮人墳墓宗族皆在見其國王不免屈節殊褻中國體乞寢成命或翰林或給事中及行人內推選一員往使爲便帝曰英所言良是自後賞賚遣內臣其冊封正副使選廷臣有學行者六年晄病篤以所生子幼命其兄故世子暲之子娎權國事遣陪臣以聞及卒賜謚襄悼命娎嗣位娎妻韓氏封王妃十年追贈娎父世子暲爲國王謚懷簡母韓氏爲王妃從所請也十一年四月娎奏建州野人糾聚毛憐等衞侵擾邊境不已乞朝命戒飭十二年十月娎爲繼妻尹氏請封賜誥命冠服時禁外國互市兵器娎奏小邦北連野人南鄰倭島五兵之用不可缺一而弓材所需牛角仰於上國高皇帝時嘗賜火藥火礮今望特許收買弓角不與外番同禁兵部議歲市弓角五十後以不足於用請無限額詔許倍市十五年十月命娎出兵夾擊建州女直娎遂遣右贊成魚有沼率兵至滿浦江以氷泮後期復遣左議政尹弼商節度使金嶠等渡江進勦十六年春遣陪臣來獻捷帝命內官齎敕獎其能繼先烈賜金幣領兵官賞賚如例後使還遣其臣許熙伴送熙歸至開州建州騎二千邀之掠其從卒三十餘人馬二百二十餘匹他所亡物稱是奏聞英國公張懋吏部尚書尹旻等以遼東連年用兵未可輕動宜以此意諭娎敕遼東守臣整飭邊備更令譯者窮究所掠期在必得仍賜熙白金綵幣慰安之十七年娎奏繼妃尹氏失德廢置乞更封副室尹氏從之十九年四月封娎長子㦕爲世子弘治七年十二月娎卒賜謚康靖明年四月封㦕爲國王妻慎氏爲王妃十二年㦕奏本國人屢有違禁匿海島誘引軍民漸至滋蔓乞許本國自行搜刷其係上國地方請敕官追捕時遼東守臣亦奏如㦕言報可十五年冬封㦕長子顈爲世子正德二年㦕以世子顈夭亡哀慟成疾奏請以國事付其弟懌其國人復奏請封懌禮部議命懌權理國事俟㦕卒乃封既陪臣盧公弼等以朝貢至京復請封懌廷議不允十二月㦕母妃奏懌長且賢堪付重寄於是禮部奏㦕以痼疾辭位懌以親弟承托授受既明友愛不失通國臣民舉無異詞宜順其請上乃允懌嗣位遣中官敕封并賜其妃尹氏誥命初成桂之自立也與宰相李仁人本異族永樂間降祭海嶽祝文稱成桂爲仁人子而祖訓亦載仁人子成桂更名旦後成桂子芳遠奏辨太宗許令改正至是修大明會典仍列祖訓於朝鮮國貢使市以歸懌上疏備陳世系辨先世無弒逆事乞改正禮部議會典詳載本朝制度事涉外國疑似之際在所畧况成桂得國出皇祖命其不繫仁人後太宗詔可徵宜從其請詔曰可十五年冬命內官封懌子峼爲世子賜懌金帛珠玉令括取異物及童男女以進十六年世宗即位禮官言天子初踐祚宜正中國之體絕外裔狎侮之端請諭懌非朝廷意召內臣還毋有所索取帝從之嘉靖二年八月以俘獲倭夷來獻并送還中國被掠八人賜白金錦紵八年八月陪臣柳溥上言國祖李旦係本國全州人二十八世祖瀚仕新羅爲司空新羅亡六世孫兢休入高麗十三世孫安社仕元爲南京千戶所達魯花赤元季兵興安曾孫子春與男成桂避地東還至正辛丑當恭愍王之十年有紅巾賊入境成桂擊賊有功授武班職事時尚未知名恭愍無嗣陰蓄寵臣辛肫之子禑爲子晚爲嬖臣洪倫內監崔萬生所弒權臣李仁人誅倫萬生而立禑擢成桂爲門下侍中禑遣成桂侵遼東成桂不從返兵禑懼遜位於子昌昌以僞姓見黜復立王氏裔定昌君瑤竄仁人於外瑤復不道國人戴成桂請於高皇帝立爲王更名旦贍瑤別邸終其身實未嘗爲弒前永樂正德間屢經奏請俱蒙俞允而迄未改正今遇重修會典乞賜昭雪詔送史館編纂十八年二月睿宗祔太廟配享明堂禮成懌表賀帝特御奉天門引見賜宴禮部二十三年冬懌卒二十四年正月來訃賜謚恭僖詔立其子峼峼未踰年卒賜謚榮靖九月峼弟權國事峘遣使謝祭謚并請襲封詔許之二十五年峘遣使送下海番人六百餘至邊賜金幣二十六年正月峘咨稱福建人從無泛海至本國者因往日本市易爲風所漂前後共獲千人以上皆挾軍器貨物致中國火礮亦爲倭有恐起兵端詔頃年沿海奸民犯禁福建尤甚往往爲外國所獲有傷國體海道官員令巡按御史察叅仍賜王銀幣以旌其忠三十一年冬以洪武永樂間所賜樂器敝壞奏求律管更乞遣樂官赴京校習許之三十五年五月有倭船四自浙直敗還漂入朝鮮境峘遣兵擊殲之得中國被俘及助逆者三十餘人來獻因賀冬至節帝賜璽書褒諭三十八年十一月奏今年五月有倭寇駕船二十五隻來抵海岸臣命將李鐸等勦殺殆盡獲中國民陳春等三百餘人內招通倭嚮導陳得等十六人俱獻闕下復降敕獎勵厚賚銀幣并賜鐸等有差四十二年九月峘復上書辨先世非李仁人後今修會典雖蒙釐正乞著始祖旦父子春之名帝令附錄會典隆慶元年六月遣官頒即位詔時帝將幸太學來使乞留觀禮許之是年冬峘卒賜謚恭憲命其姪昖襲封萬曆元年正月上穆宗尊謚兩宮徽號禮成昖表賀獻方物馬匹時昖屢請賜皇明會典爲其先康獻王旦雪冤十六年正月會典成適貢使愈泓在京請給前書以終前命許之十七年十一月陪臣奇苓等入賀冬至奏稱本年六月大琉球國船遭風至海岸所有男婦合解京給文放歸從之十九年十一月奏倭酋關白平秀吉聲言明年三月來犯詔兵部申飭海防平秀吉者薩摩州人初隨倭關白信長會信長爲其下所弒秀吉遂統信長兵自號關白刼降六十餘州朝鮮與日本對馬島相望時有倭夷往來互市二十年夏五月秀吉遂分渠帥行長清正等率舟師逼釜山鎮潛渡臨津時朝鮮承平久兵不習戰昖又湎酒弛備猝島夷作難望風皆潰昖棄王城令次子琿攝國事奔平壤已復走義州願內屬七月兵部議令駐劄險要以待天兵號召通國勤王以圖恢復而是時倭已入王京毀墳墓刼王子陪臣剽府庫八道幾盡沒旦暮且渡鴨綠江請援之使絡繹於道廷議以朝鮮爲國藩籬在所必爭遣行人薛潘諭昖以興復大義揚言大兵十萬且至而倭業抵平壤朝鮮君臣益急出避愛州遊擊史儒等率師至平壤戰死副總兵祖承訓統兵渡鴨綠江援之僅以身免中朝震動以宋應昌爲經略八月倭入豐德等郡兵部尚書石星計無所出議遣人偵探之於是嘉興人沈惟敬應募惟敬者市中無賴也是時秀吉次對馬島分其將行長等守要害爲聲援惟敬至平壤執禮甚卑行長紿曰天朝幸按兵不動我不久當還以大同江爲界平壤以西盡屬朝鮮耳惟敬以聞廷議倭詐未可信乃趣應昌等進兵而星頗惑於惟敬乃題署遊擊赴軍前且請金行間十二月以李如松爲東征提督明年正月如松督諸將進戰大捷於平壤行長渡大同江遁還龍山所失黃海平安京畿江源四道並復清正亦遁還王京如松既勝輕騎趨碧蹄館敗退駐開城事具如松傳初如松誓師欲斬惟敬以參軍李應試言而止至是敗氣縮而應昌急圖成功倭亦乏食有歸志因而封貢之議起應昌得倭報惟敬書乃令遊擊周弘謨同惟敬往諭倭獻王京返王子如約縱歸倭果於四月棄王城遁時漢江以南千有餘里朝鮮故土復定兵部言宜令王還國居守我各鎮兵久疲海外以次撤歸爲便詔可應昌疏稱釜山雖瀕海南猶朝鮮境有如倭覘我罷兵突入再犯朝鮮不支前功盡棄今撥兵協守爲第一策即議撤宜少需俟倭盡歸量留防戍部議留江浙兵五千分屯要害仍諭昖蒐練軍實毋恃外援已而沈惟敬歸自釜山同倭使來請款而倭隨犯咸安晉州逼全羅聲復漢江以南以王京漢江爲界如松計全羅饒沃南原府尤其咽喉乃命諸將分守要害已倭果分犯我師並有斬獲兵科給事中張輔之遼東都御史趙燿皆言款貢不可輕受七月倭從釜山移西生浦送回王子陪臣時師久暴露聞撤勢難久羈應昌請留劉綎川兵吳惟忠駱尚志等南

兵合薊遼兵共萬六千聽綎分布慶尚之大邱月餉五萬兩資之戶兵二部先是發帑給軍費已累百萬廷臣言盧內寶外非長策請以所留川兵命綎訓練兵餉令本國自辦於是詔撤惟忠等兵止留綎兵防守諭朝鮮世子臨海君琿居全慶以顧養謙爲經畧九月昖以三都旣復疆域再造上表謝恩然時倭猶據釜山也星益一意主款九月兵部主事曾偉芳言關白大衆已還行長留待知我兵未撤不敢以一矢加遺欲歸報關白捲土重來則風不利正苦冬寒故款亦去不款亦去沈惟敬前於倭營講媾咸安晉州隨陷而欲恃款冀來年不攻則速之款者正速之來耳故款亦來不款亦來宜令朝鮮自爲守弔死問孤練兵積粟以圖自強帝以爲然因敕諭昖者甚至二十二年正月昖遣金睟等進方物謝恩禮部郎中何喬遠奏睟涕泣言倭寇猖獗朝鮮束手受刃者六萬餘人倭語悖慢無禮沈惟敬與倭交通不云和親輒曰乞降臣謹將萬曆十九年中國被掠人許儀所寄內地書倭夷答劉綎書及歷年入寇處置之宜乞特敕急止封貢詔兵部議時廷臣交章皆以罷封貢議戰守爲言八月養謙奏講貢之說貢道宜從寧波關白宜封爲日本王諭行長部倭盡歸與封貢如約九月昖請許保國帝乃切責羣臣阻撓追褫御史郭實等詔小西飛入朝集多官面議要以三事一勒倭盡歸巢一既封不與貢一誓無犯朝鮮倭俱聽從以聞帝復諭於左闕語加周複十二月封議定命臨淮侯李宗城充正使以都指揮楊方亨副之同沈惟敬往日本王給金印行長授都督僉事二十三年九月昖奏立次子琿爲嗣先是昖庶長子臨海君琿陷賊中驚憂成疾次子光海君琿收集流散頗著功績奏請立之禮部尚書范謙言繼統大義長幼定分不宜僭差遂不許至是復奏引永樂間恭定王例以請禮臣執奏不從二十四年五月昖復疏請立琿禮部仍執不可詔如議時國儲未建中外恫疑故尚書范謙於朝鮮易封事三疏力持云九月封使至日本先是沈惟敬抵釜山私奉秀吉蟒玉翼善冠地圖武經良馬而李宗城以貪淫爲倭守臣所逐棄璽書夜遁事聞逮問乃以方亨充正使加惟敬神機營銜副之及是奉冊至關白怒朝鮮王子不來謝止遣二使奉白土綢爲賀拒其使不見語惟敬曰若不思二子三大臣三都八道悉還天朝約付還今以卑官微物來賀辱小邦邪辱天朝邪且留石曼子兵於彼候天朝處分然後撤還翌日奉貢遣使賚表文二道隨冊使渡海至朝鮮廷議遣使於朝鮮取表文進驗其一謝恩其一乞天子處分朝鮮初方亨詭報去年從釜山渡海倭於大阪受封即回和泉州然倭方責備朝鮮仍留兵釜山如故謝表後時不發方亨徒手歸至是惟敬始投表文案驗潦草前折用豐臣圖書不奉正朔無人臣禮而寬奠副總兵馬棟報清正擁二百艘屯機張營方亨始直吐本末委罪惟敬并呈石星前後手書帝大怒命逮石星沈惟敬案問以兵部尚書邢玠總督薊遼改麻貴爲備倭大將軍經理朝鮮僉都御史楊鎬駐天津申警備楊汝南丁應泰贊畫軍前五月玠至遼行長建樓清正布種島倭窖水索朝鮮地圖玠遂決意用兵麻貴望鴨綠江東發所統兵僅萬七千人請濟師玠以朝鮮兵惟嫺水戰乃疏請募兵川浙并調薊遼宣大山陝兵及福建吳淞水師劉綎督川漢兵聽勦貴密報候宣大兵至乘倭未備掩釜山則行長禽清正走玠以爲奇計乃檄楊元屯南原吳惟忠屯忠州六月倭數千艘泊釜山戮朝鮮郡守安弘國漸逼梁山熊川惟敬率營兵二百出入釜山玠陽爲慰藉檄楊元襲執之縛至貴營惟敬執而嚮導始絕七月倭奪梁山三浪遂入慶州侵閑山統制元均兵潰遂失閑山閑山島在朝鮮西海口右障南原爲全羅外藩一失守則沿海無備天津登萊皆可揚帆而至而我水兵三千甫抵旅順閑山破經畧檄守王京西之漢江大同江扼倭西下兼防運道八月清正圍南原乘夜猝攻守將楊元遁時全州有陳愚衷去南原僅百里南原告急愚衷不敢救聞已破棄城走麻貴遣遊擊牛伯英赴援與愚衷合兵屯公州倭遂犯全慶逼王京王京爲朝鮮八道之中東阻鳥嶺忠州西則南原全州道相通自二城失東西皆倭我兵單弱因退守王京依險漢江麻貴請於玠欲棄王京退守鴨綠江海防使蕭應宮以爲不可自平壤兼程趨王京止之麻貴發兵守稷山朝鮮亦調都體察使李元翼由鳥嶺出忠清道遮賊鋒玠旣身赴王京人心始定玠召參軍李應試問計應試請問廟廷主畫云何玠曰陽戰陰和陽勦陰撫政府八字密畫無泄也應試曰然則易耳倭叛以處分絕望其不敢殺楊元猶望處分也直使人諭之曰沈惟敬不死則退矣因請使李大諫於行長馮仲纓於清正玠從之九月倭至漢江楊鎬遣張貞明持惟敬手書往責其動兵有乖靜候處分之實行長正成亦尤清正輕舉乃退屯井邑麻貴遂報青山稷山大捷蕭應宮揭言倭以惟敬手書而退青山稷山并未接戰何得言功玠鎬怒遂劾應宮恇怯不親解惟敬並逮十一月玠徵兵大集帝發帑金犒軍賜玠尚方劍而以御史陳效監其軍玠大會諸將分三協鎬同貴率左右協自忠州鳥嶺向東安趨慶州專攻清正使李大諫通行長約勿往援復遣中協屯宜城東援慶州西扼全羅以餘兵會朝鮮合營詐攻順天等處以牽制行長東援十二月會慶州麻貴遣黃應暘賄清正約和而率大兵奄至其營時倭屯尉山城依山險中一江通釜寨其陸路由彥陽通釜山貴欲專攻尉山恐釜倭由彥陽來援乃多張疑兵又遣將遏其水路遂進逼倭壘遊擊擺寨以輕騎誘倭入伏斬級四百餘獲其勇將乘勝拔兩柵倭焚死者無算遂奔島山連築三寨翌日遊擊茅國器統浙兵先登連破之斬獲甚多倭堅壁不出島山視尉山高石城堅甚我師仰攻多損傷諸將乃議曰倭艱水道餉難繼第坐困之清正可不戰縛也鎬等以爲然分兵圍十日夜倭饑甚僞約降緩攻俄行長援兵大至將繞出軍後鎬不及下令策馬西奔諸軍皆潰遂撤兵還王京士卒物故者二萬上聞之震怒乃罷鎬聽勘以天津巡撫萬世德代事詳鎬傳二十六年正月邢玠以前役乏水兵無功乃益募江南水兵議海運爲持久計二月都督陳璘以廣兵劉綎以川兵鄧子龍以浙直兵先後至玠分兵三協爲水陸四路路置大將中路如梅東路貴西路綎水路璘各守汛地相機行勦時倭亦分三窟東路則清正據尉山西路則行長據粟林曳橋建砦數重中路則石曼子據泗州而行長水師番休濟餉往來如駛我師約日並進尋報遼陽警李如松敗沒詔如梅還赴之中路以董一元代當應泰之劾鎬也昖請回乾斷崇勵鎮撫以畢征討上不許又應曾以築城之議爲鎬罪案謂堅城得志啟朝鮮異日之患於是昖奏辨帝曰連年用兵發餉以爾國素効忠順故也毋以人言自疑九月將士分道進兵劉綎進逼行長營約行長爲好會翌日攻城斬首九十二陳璘舟師協堵擊毀倭船百餘行長潛出千餘騎扼之綎不利退璘亦棄舟走麻貴至尉山頗有斬獲倭僞退誘之貴入空壘伏兵起遂敗董一元進取晉州乘勝渡江連燬二寨倭退保泗州老營鏖戰下之前逼新寨寨三面臨江一面通陸引海爲濠海艘泊寨下千計築金海固城爲左右翼十月董一元遣將四面攻城用火器擊碎寨門兵競前拔柵忽營中火藥崩烟燄漲天倭乘勢衝擊固城倭亦至兵遂大潰奔還晉州帝聞命斬二遊擊以徇一元等各帶罪立功是月福建都御史金學曾報七月九日平秀吉死各倭俱有歸志十一月清正發舟先走麻貴遂入島山酉浦劉綎攻奪曳橋石曼子引舟師救行長陳璘邀擊敗之諸倭揚帆盡歸自倭亂朝鮮七載喪師數十萬糜餉數百萬中朝與屬國迄無勝算至關白死而禍始息二十七年四月以平倭詔告天下又敕諭昖曰倭奴平秀吉肆爲不道蹂躪爾邦朕念王世篤忠貞深用憫惻七年之中日以此賊爲事始行薄伐繼示包容終加嚴討蓋不殺乃天之心而用兵非予得已安疆靖亂宜取蕩平神惡凶盈陰殲魁首大師乘之追奔逐北鯨鯢盡戮海隅載清捷書來聞憂勞始釋惟王雖還舊物實同新造振凋起敝爲力倍艱倭雖遁歸族類尚在茲命邢玠振旅歸京量留萬世德等分布戍守王宜臥薪嘗膽無忘前恥惟忠惟孝纘紹前休五月玠條陳東征善後事宜十事一留戍兵馬步水陸共計三萬四千有奇馬三千匹一定月餉每年計銀九十一萬八千有奇一定本色合用米豆分派遼東天津山東等處每年十三萬石一留中都海防道一裁餉司一重將領一添巡捕一分汎地一議操練一責成本國廷臣議數年疲耗今始息肩自宜內固根本不當更爲繁費況彼國兵荒之後不獨苦倭之擾兼苦我兵故今日善後事宜仍當商之彼國先量彼餉之贏絀始可酌我兵之去留至於增買馬匹添補標兵創立巡捕以至管餉府佐悉宜停止帝命督撫會同國王酌奏八月昖獻方物助大工褒賞如例十月請留水兵八千以資戍守其撤回官兵駐劄遼陽備警二十八年四月請將義州等倉遺下米豆運回遼陽戶部議輸運維艱莫若徑與彼國振其彫敝以昭皇仁詔曰可二十九年二月兵部覆奏經督條陳七事一練兵士麗人驁悍耐寒苦而長彩大袖訓練無方宜以束伍之法敎之一守衝要朝鮮三面距海釜山與對馬相望巨濟次之宜各守以重兵并尉山開山等處皆宜戍守一修險隘王京北倚叢山南環滄海忠州左右鳥竹二嶺羊腸繞曲有一夫當關之險今營壘遺址尚存亟宜修葺一建城池朝鮮八道十九無城平壤西北鴨浿二江俱南通海倘倭別遣一旅占據平壤則王京聲援斷絕皆應修築屯聚一造器械倭便戰陸不便海以船制重大不利攻擊今准福唬造百十艘爲奇兵并添造神機百子大箭一訪異材朝鮮貴世官賤世役一切禁錮往往走倭走敵爲本國患宜破格搜採一修內治國家東南臨海以登旅爲門戶鎮江爲咽喉應援之兵不宜盡撤

我自固亦所以固朝鮮也詔朝鮮刻勵以行九月奏所頒誥命冕服遭變淪失祈補給從之時倭國內亂對馬島主平義智悉遣降人還朝鮮遺書乞和且揚言秀吉將家康將輸糧數十萬石爲軍興資以脅朝鮮朝鮮與對馬島一水相望島地不產五穀資米於朝鮮兵興後絕開市因百計脅款秀吉死我軍盡撤朝鮮畏倭滋甚欲與倭通款又懼開罪中國十二月昖以島倭求款來請命兵部以事難遙度令總督世德酌議詔可三十年十一月昖言倭使頻來要挾和款兵端漸露乞選將率兵督同本國訓練修防帝曰曾留將士教習成法具在無容再遣因命其使臣齎敕誠勵三十三年九月昖復請封琿爲世子禮部仍執立長之議三十五年四月昖以家康求和來告兵部議聽王自計而已由是和款不絕後三年始畫開市之事三十六年昖卒光海君琿自稱署國事遣陪臣來訃且請謚帝惡其擅不允令該國臣民公議以聞時我
大清兵征服各部漸近朝鮮兵部議令該王大修武備整飭邊防幷請敕遼左督撫鎮臣遣官宣達毋相侵犯之意從之十月封琿爲國王從其臣民請也三十七年二月謚昖曰昭敬遣官賜琿及妃柳氏誥命初朝鮮失守賴中國力得復倭棄釜山遁然陰謀啟疆爲患不已於是海上流言倭圖釜山朝鮮與之通四十一年九月總兵官楊宗業以聞琿疏辨詔慰解之四十二年四月奏請追封生母金氏禮部按會典嫡母受封而生母先亡者得追贈乃命封爲國王次妃四十三年十一月表賀冬至因奏買回吾學編弇山堂別集等書載本國事與會典乖錯乞改正禮部言野史不足憑今所請恥與逆黨同議宜憫其誠宜付史館報可初琿爲生母已得封至是復祈給冠服禮臣以金氏側室禮有隆殺執不可四十五年正月琿請至再帝以琿屢次懇陳勉從之四十七年楊鎬督馬林杜松劉綎等出師爲我
大清兵所敗朝鮮助戰兵將或降或戰死琿告急詔加優恤十一月兵部覆朝鮮入貢之道宜添兵防守詔鎮江等處設兵將令經畧熊廷弼調委四十八年正月琿奏敵兵八月中攻破北關金台吉自焚白羊出降鐵嶺之役蒙古宰賽亦爲所滅聞其國謀議以朝鮮北關宰賽皆助兵南朝今北關宰賽皆滅不可使朝鮮獨存又聞設兵牛毛寨萬遮嶺欲畧寬奠鎮江等處寬奠鎮江與昌城義州諸堡隔水相望孤危非常敵若從靉陽境上鴉鶻關取路遠出鳳凰城裏一日長驅寬鎮昌城俱莫自保內而遼左八站外而東江一城彼此隔斷聲援阻絕可爲寒心望速調大兵共爲犄角以固邊防時遼鎮塘報稱朝鮮與
大清講和朝議遂謂琿陽衡陰順宜遣官宣諭或命將監護其說紛挐琿疏辨二百年忠誠事大死生一節詞極剴摯禮兵二部請降敕令曉諭以安其心帝是其議然敕令陪臣往不遣官也天啟元年八月改朝鮮貢道自海至登州直達京師時毛文龍以總兵鎮皮島招集逃民爲兵而仰給於朝鮮十一月琿奏力難餽餉乞循萬曆東征例發運山東粟從之三年四月國人廢琿而立其姪綾陽君倧以昭敬王妃之命權國事令議政府移文督撫轉奏文龍爲之揭報登州巡撫袁可立上言琿果不道宜聽太妃具奏以待中國更立疏留中八月王妃金氏疏請封倧禮部尚書林堯俞言朝鮮廢立之事內外諸臣抒忠發憤有謂宜聲罪致討者有謂勿遽討且受方貢覈顛末者或謂當責以大義察輿情之向背者或謂當令倧討敵自洗者衆論咸有可采其謂琿實悖德倧討叛臣以赤心奉朝廷者惟文龍一人耳皇上奉天討逆扶植綱常此正法也毋亦念彼素稱恭順迥異諸裔則更遣貞士信臣會同文龍公集臣民再四詢訪勘辨既明再請聖斷報可十二月禮部復上言臣前同兵部移咨登撫幷劄毛帥遣官往勘今據申送彼國公結十二道自宗室至八道臣民共稱倧爲恭順且彼之陪臣相率哀籲謂當此危急之秋必須君國之主乞先頒敕諭令倧統理國事仍令發兵索賦同文龍設伏出奇俟漸有次第始遣重臣往正封典庶幾字小之中不失固圉之道從之四年四月封倧爲國王五年十二月文龍報朝鮮逆黨李适韓明璉等起兵昌城直趨王京被臣禽獲餘孽韓潤鄭梅等竄入建州有左議府尹義立約爲內應期今冬大舉犯朝鮮臣已咨國王防守暫移鐵山之衆就雲從島柴薪登萊巡撫武之望奏毛帥自五月以來營室於須彌所謂雲從島是也今十月又徙兵民商賈以實之而鐵山之地空矣故朝鮮各道疑其有逼處之嫌甚至布兵以防禦之今鎮臣所稱李适等之叛尹義立之內應臣等微聞之而未敢遽信爲信之則益重鮮人之疑不信則恐貽後來之患兵部言牽制敵國者朝鮮也聯屬朝鮮者毛鎮也駕馭毛鎮者登撫也今撫臣與鎮臣不和以至鎮臣與屬國不和大不利帝乃飭勉鎮撫同心而韓潤尹義立等令朝鮮自處倧又請撤遼民安插中土兵部言遼人去留文龍是視文龍一日不去則遼人一日不離鮮人驅之入島可也驅之離島不可也宜令鎮臣將遼民盡刷過島登撫刻期運糧朝鮮量行救振以資屯牧帝是之六年十月倧上疏曰皇朝之於小邦覆幬之恩視同服內頃遭昏亂潛通敵國皇天震怒降黜厥命臣自權署之初不敢遑寧即命陪臣張晚爲帥李适副之付以國中精銳進屯寧邊一聽毛鎮節制以候協勦之期而适重兵在握潛蓄覬覦遂與龜城府使明璉舉兵內叛直犯京城晚收餘兵躡其後與京輔官兵表裏夾攻賊皆授首而西邊軍實及列鎮儲偫罄於是役矣毛鎮當全遼淪沒之後孤軍東渡寄寓海上招集遼民前後數十萬亦小邦所仰藉也顧以封疆多故土瘠民貧內供本國之軍需外濟鎮兵之待哺生穀有限支給實難遼民迫於饑餒散布村落强者攫奪弱者丐乞小邦兵民被擾不堪拋棄鄉邑轉徙內地遼民逐食亦隨而入自昌義以南安肅以北客居六七主居三四向者將此情形具奏見兵部題覆處分已定何敢再干至韓潤及弟澤係逆賊明璉子姪亡命潛逃因而勾引來寇賊既叛國而去制命已不在臣尹義立曾任判書本非議政頃年差爲毛鎮接伴官不稱任使褫職歸家竝無怨叛之事毛鎮據王仲保等所訴都無實事意必有讒邪之臣欺妄督撫以售其交搆之計者毛帥久鎮海外臣與周旋已近十稔雖餼牽將竭彼此俱困而情誼之殷實無少損且其須彌之遷直爲保護累重將以就便芻薪一進一退兵家常事訛言噂沓本不介意竊見部撫移咨曰虞其逼處曰驅其民驅其帥甚至有布兵以防屬國攜貳之語似海外情事未盡諒悉臣之請刷遼民因力不足濟初非慮及逼處也臣方與毛鎮同心一力建功報主豈敢有一毫猜防意乎帝報曰王和協東鎮愛戴中朝忠貞之忱溢乎言表鎮軍久懸鮮遼雜處久客累主生寡食多微王言朕有不坐照萬里之外者然毛帥在中朝爲牽制之師在王國則脣齒之形也海上芻餉已令該部區畫刻期運濟逃難邊民亦令毛帥悉心計處俾無重爲王累傳訛之言未足介懷幷力一心王其勉之七年三月兵部上文龍揭言麗官麗人招敵攻鐵山傷我兵千人殺麗兵六萬焚糧百餘萬敵遂移兵攻麗矣帝敕文龍速相機應援登撫李嵩奏朝鮮叛臣韓潤等引敵入安州節度使南以興自焚死中國援兵都司王三桂等俱陣亡既復奏義州及郭山凌漢山城俱破平壤黃州不戰自潰敵兵直抵中和遊騎出入黃鳳之間又分向雲從攻掠毛帥國王及士民遷於江華以避難時
大清兵所至輒下朝鮮列城望風奔潰乃遣使諭倧倧輸款遂班師九月倧奏被兵情形時熹宗崩莊烈帝嗣位優詔勵勉焉崇禎二年改每歲兩貢爲一貢先是遼路阻絕貢使取道登萊已十餘年矣自袁崇煥督師題改覺華迂途旨險其國屢請復故至是遣戶曹判書鄭斗源從登海來移書登撫孫元化屬其陳請元化委官伴送仍疏聞帝以水路既有成命改途嫌於自便不許是年六月督師袁崇煥殺平遼將軍左都督毛文龍於雙島六年六月倧遣書總兵黃龍言文龍舊將孔有德耿仲明率士卒二萬投順
大清向朝鮮徵糧本國以有德等曩在皮島爲本國患故未之應龍以聞十年正月
太宗文皇帝親征朝鮮責其渝盟助明之罪列城悉潰朝鮮告急命總兵陳洪範調各鎮舟師赴援三月洪範奏官兵出海越數日山東巡撫顏繼祖奏屬國失守江華已破世子被禽國王出降今大治舟艦來攻皮島鐵山其鋒甚銳宜急敕沈世魁陳洪範二鎮臣以堅守皮島爲第一義帝以繼祖不能協圖匡救切責之亡何皮島竝爲
大清兵所破朝鮮遂絕不數載而明亦亡矣朝鮮在明雖稱屬國而無異域內故朝貢絡繹錫賚便蕃殆不勝書止著其有關治亂者於篇至國之風土物產則具載前史茲不復錄

明史卷三百二十一　列傳第二百九

總裁官總理事務經筵講官少保兼太子太保保和殿大學士兼管吏部戶部尚書事加二級臣張廷玉等奉

敕修

外國二

安南

安南古交阯地唐以前皆隸中國五代時始爲土人曲承美竊據宋初封丁部領爲交阯郡王三傳爲大臣黎桓所篡黎氏亦三傳爲大臣李公蘊所篡李氏八傳無子傳其壻陳日炬元時屢破其國洪武元年王日熞聞廖永忠定兩廣將遣使納款以梁王在雲南未果十二

月，太祖命漢陽知府易濟招諭之。日煃遣少中大夫同時敏、正大夫段悌、黎安世等奉表來朝，貢方物。明年六月達京師。帝喜，賜宴，命侍讀學士張以寧、典簿牛諒往封爲安南國王，賜駝紐塗金銀印。詔曰：「咨爾安南國王陳日煃，惟乃祖父，守境南陲，稱藩中國，克恭臣職，以永世封。朕荷天地之靈，肅清華夏，馳書往報。卿卽奉表稱臣，專使來賀，法前人之訓，安遐壤之民。眷茲勤誠，深可嘉尚。是用遣使齎印，仍封爾爲安南國王。於戲！視廣同仁，思效哲王之盛典；爵超五等，俾承奕葉之遺芳。益茂令猷，永爲藩輔，欽哉。」賜日煃大統曆、織金文綺紗羅四十匹，同時敏以下皆有賜。以寧等至，日煃先卒，姪日熞嗣位，遣其臣阮汝亮來迎，請誥印，以寧等不予。日熞乃復遣杜舜欽等請命於朝，以寧駐安南俟命。時安南、占城搆兵，帝命翰林編修羅復仁、兵部主事張福諭令罷兵，兩國皆奉詔。明年，舜欽等至告哀，帝素服御西華門引見，遂命編修王廉往祭，賻白金五十兩、帛五十匹。別遣吏部主事林唐臣封日熞爲王，賜金印及織金文綺紗羅四十匹。廉既行，帝以漢馬援立銅柱鎭南蠻，厥功甚偉，命廉就祀之。尋頒科舉詔於其國，且以更定嶽瀆神號及廓清沙漠，兩遣官詔告之。日熞遣上大夫阮兼、中大夫莫季龍、下大夫黎元普等謝恩，貢方物。兼卒於道，詔賜其王及使臣，而送兼柩歸國。頃之，復仁等還，言卻其贐不受，帝嘉之，加賜季龍等。四年春，遣使貢象，賀平沙漠，復遣使隨以寧等來朝。其冬，日熞爲伯父叔明逼死。叔明懼罪，貢象及方物。踰年至京，禮官見署表非日熞名，詰得其實，詔卻之。叔明復朝貢謝罪，且請封。其使者抵言日熞實病死，叔明遜避於外，爲國人所推。帝命國人爲日熞服，而叔明姑以前王印視事。七年，叔明遣使謝恩，自稱年老，乞命弟端攝政，從之。端遣使謝恩，請貢期，詔三年一貢，新王世見。尋復遣使貢，帝令所司諭卻，且定使者毋過三四人，貢物無厚。十年，端侵占城，敗沒，弟煒代立，遣使告哀，命中官陳能往祭。時安南怙强，欲滅占城，反致喪敗。帝遣官諭前王叔明毋搆釁貽禍，以叔明實主國事也。叔明貢方物謝罪。廣西思明土官訴安南犯境，安南亦訴思明擾邊，帝移檄數其奸誑罪，敕守臣勿納其使。煒懼，遣使謝罪，頻年貢奄豎、金銀、紫金盤、黃金酒尊、象馬之屬。帝命助教楊盤往使，令饋雲南軍餉，煒卽輸五千石於臨安。二十一年，帝復命禮部郎中邢文偉齎敕及幣往賜，煒遣使謝，復進象。帝以其頻煩，且貢物侈，命仍三歲一貢，毋進犀象。時國相黎季犛竊柄，廢其主煒，尋弒之，立叔明子日焜主國事，仍假煒名入貢。朝廷不知而納之，越數年始覺，命廣西守臣絕其使。季犛懼，二十七年遣使由廣東入貢，帝怒，遣官詰責，卻其貢。季犛益懼，明年復詭詞入貢。帝雖惡其弒逆，不欲勞師遠征，乃納之。大軍方討龍州趙宗壽，命禮部尚書任亨泰、御史嚴震直諭日焜毋自疑，季犛聞言稍自安。帝又遣刑部尚書楊靖諭令輸米八萬石，餉龍州軍。季犛輸一萬石，餽金千兩、銀二萬兩，言龍州陸道險，請運至憑祥洞。靖不可，令輸二萬石於沲海江。江距龍州止半日。靖因言日焜年幼，國事皆決季犛父子，乃敢觀望如此。時帝以宗壽納款，移兵征向武諸蠻，遂諭靖令輸二萬石給軍，而免其所餽金銀。明年，季犛告前王叔明之訃。帝以叔明本篡弒，弔祭則獎亂，止不行，移檄使知之。思明土官黃廣成言：「自元設思明總管府，所轄左江州縣，東上思州，南銅柱爲界。元征交阯，去銅柱百里立永平寨萬戶府，遣兵戍守，令交人給其軍。元季喪亂，交人攻破永平，越銅柱二百餘里，侵奪思明所屬丘溫、如嶅、慶遠、淵脫等五縣地。近又告任尚書置驛思明洞登地。臣嘗具奏，蒙遣楊尚書勘實，乞敕安南以五縣地還臣，仍畫銅柱爲界。」帝命行人陳誠、呂讓往諭，季犛執不從。誠自爲書諭日焜，季犛貽書爭，且爲日焜書移戶部。誠等復命，帝知其終不肯還，乃曰：「蠻夷相爭，自古有之。彼恃頑，必召禍，姑俟之。」建文元年，季犛弒日焜，立其子顒，又弒顒，立其弟𡨹，方在襁褓中，復弒之。大殺陳氏宗族而自立，更姓名爲胡一元，名其子蒼曰胡奃，謂出帝舜裔胡公後，僭國號大虞，年號元聖，尋自稱太上皇，傳位奃，朝廷不知也。成祖旣承大統，遣官以卽位詔告其國。永樂元年，奃自署權理安南國事，遣使奉表朝貢，言：「高皇帝時，安南王日煃率先輸誠，不幸早亡，後嗣絕。臣陳氏甥，爲衆所推，權理國事，於今四年。望天恩賜封爵，臣有死無二。」事下禮部，部臣疑之，請遣官廉訪。乃命行人楊渤等齎敕諭其陪臣父老，凡陳氏繼嗣之有無，胡奃推戴之誠僞，具以實聞。賚奃使者遣還。復命行人呂讓、丘智賜絨錦、文綺、紗羅。旣而奃使隨渤等還，進陪臣父老所上表，如奃所以誑帝者，乞卽賜奃封爵。帝乃命禮部郎中夏止善封爲安南國王。奃遣使謝恩，然帝其國中自若也。思明所轄祿州、西平州、永平寨爲所侵奪，帝諭令還，不聽。占城訴安南侵掠，詔令修好，奃陽言奉命，侵掠如故，且授印章，逼爲屬，又邀奪天朝賜物。帝惡之，方遣官切責，而故陪臣裴伯耆詣闕告難，言：「臣祖父皆執政大夫，死國事。臣母，陳氏近族。故臣幼侍國王，官五品，後隸武節侯陳渴眞爲裨將。洪武末，代渴眞禦寇東海，而賊臣黎季犛父子弒主簒位，屠戮忠良，滅族者以百十數，臣兄弟妻孥亦遭害。遣人捕臣，欲加誅醢。臣棄軍遁逃，伏處山谷，思詣闕庭，披瀝肝膽，展轉數年，始賂天日。竊惟季犛乃故經略使黎國髦之子，世事陳氏，叨竊寵榮，及其子蒼亦蒙貴任。一旦簒奪，更姓易名，僭號改元，不恭朝命，忠臣良士，疾首痛心。願興弔伐之師，隆繼絕之義，蕩除奸凶，復立陳氏後，臣死且不朽。敢效申包胥之忠，哀鳴闕下，惟皇帝垂察。」帝得奏感動，命所司周以衣食。會老撾送陳天平至，言：「臣天平，前王日烜孫，奣子，日煃弟也。黎賊盡滅陳族，臣越在外州獲免。臣僚佐激於忠義，推臣爲主，以討賊。方議招軍，賊兵見迫，倉皇出走，竄伏巖谷，萬死一生，得達老撾。恭聞皇帝陛下入正大統，臣有所依歸，匍匐萬里，哀愬明庭。陳氏後裔止臣一人，臣與此賊不共戴天。伏祈聖慈垂憐，迅發六師，用章天討。」帝益感動，命所司館之。奃方遣使賀正旦，帝出天平示之，皆錯愕下拜，有泣者。伯耆責使者以大義，惶恐不能答。帝諭侍臣：「奃父子悖逆，鬼神所不容，而國中臣民共爲欺蔽，一國皆罪人也，朕烏能容。」三年命御史李琦、行人王樞齎敕責奃，令具簒弒之實以聞。雲南寧遠州復訴奃侵奪七寨，掠其壻女。奃遣其臣阮景眞從琦等入朝謝罪，抵言未嘗僭號改元，請迎天平歸，奉爲主，且退還祿州、寧遠地。帝不虞其詐，許之。命行人聶聰齎敕往諭，言果迎還天平，事以君禮，當建爾上公，封以大郡。奃復遣景眞從聰等還報，迎天平。聰力言奃誠可信，帝乃令天平還國，敕廣西左右副將軍黃中、呂毅將兵五千送之。四年，天平陛辭，帝厚加賚，敕封奃順化郡公，盡食所屬州縣。三月，中等護天平入雞陵關，將至芹站，奃伏兵邀殺天平，中等敗還。帝大怒，召成國公朱能等謀，決意討之。七月，命能佩征夷將軍印，充總兵官，西平侯沐晟佩征夷副將軍印，爲左副將軍，新城侯張輔爲右副將軍，豐城侯李彬、雲陽伯陳旭爲左右參將，督師南征。能至龍州病卒，輔代將其軍。入安南坡壘關，傳檄數一元父子二十大罪，諭國人以輔立陳氏子孫意。師次芹站，遂造浮橋於昌江以濟。前鋒抵富良江北嘉林縣，而輔由芹站西取他道至江北府新福縣。諜晟、彬軍亦自雲南至白鶴，乃遣驃騎將軍朱榮往會之。時輔等分道進兵，所至皆克。賊乃緣江樹柵，增築土城於多邦隘，城柵連九百餘里，大發江北民二百餘萬守之。諸江海口皆下木樁，所居東都嚴守備，水陸兵號七百萬，欲持久以老官軍。輔等乃移營三帶州箇招市江口，造戰艦。帝慮賊緩師以待瘴癘，敕輔等必以明年春滅賊。十二月，晟次洮江北岸，與多邦城對壘。輔遣旭攻洮州，造浮橋濟師，遂俱抵城下，攻拔之。賊所恃惟此城，旣破，膽裂。大軍循富良江南下，遂擣東都。賊棄城走，大軍入據之，薄西都。賊大燒宮室，駕舟入海。郡縣相繼納款，抗拒者輒擊破之。士民上書陳黎氏罪惡，日以百數。五年正月，大破季犛於木丸江，宣詔訪求陳氏子孫。於是耆老千一百二十餘人詣軍門，言陳氏爲黎賊殺盡，無可繼者。安南本中國地，乞仍入職方，同內郡。輔等以聞。尋大破賊於富良江，季犛父子以數舟遁去。諸軍水陸並追，次茶籠縣，知季犛走乂安，遂循舉厥江追至日南州奇羅海口，命柳升出海追之。賊數敗，不能軍。五月，獲季犛及僞太子於高望山，安南盡平。羣臣請如耆老言，設郡縣。六月朔，詔告天下，改安南爲交阯，設三司。以都督僉事呂毅掌都司事，黃中副之；前工部侍郎張顯宗、福建布政司左參政王平爲左右布政使；前河南按察使阮友彰爲按察使；裴伯耆授右參議。又命尚書黃福兼掌布、按二司事。設交州、北江、諒江、三江、建平、新安、建昌、奉化、清化、鎭蠻、諒山、新平、演州、乂安、順化十五府，分轄三十六州，一百八十一縣。又設太原、宣化、嘉興、歸化、廣威五州，直隸布政司，分轄二十九縣。其他要害，咸設衛所控制之。乃敕有司：陳氏諸王被弒者，咸予贈謚，建祠治塚，各置灑埽二十戶；宗族被害者，贈官；軍民死亡暴露者，瘞埋之；居官者仍其舊，與新除者參治；黎氏苛政，一切蠲除；遭刑者悉放免；禮待高年碩德；鰥寡孤獨無告者，設養濟院；懷才抱德之彥，敦遣赴京。又詔訪求山林隱逸、明經博學、賢良方正、孝弟力田、聰明正直、廉能幹濟、練達吏事、精通書算、明習兵法及容貌魁岸、便利膂力、勇敢、陰陽術數、醫藥方脉諸人，悉以禮敦致，送京錄用。於是張輔等先後奏舉九千餘人。九月，季犛、蒼父子俘至闕下，與僞將相胡杜等悉屬吏。赦蒼弟衞國大王澄、子芮，所司給衣食。六年六月，輔等振旅還京，上交阯地圖，東西一千七百六十里，南北二千八百里；安撫人民三百一十二萬有奇，獲蠻人二百八萬七千五百有奇，象馬牛二十三萬五千九百有奇，米粟一千三百六十萬石，船八千六百七十餘艘，軍器二百五十三萬九千八百。於是大行封賞，輔進英國公，晟黔國公，餘敍賚有差。時中朝所置吏務以寬厚輯新造而蠻人自以非類數相驚恐陳氏故官簡定者先降將遣詣京師偕其黨陳希葛逃去與化州僞官鄧悉阮帥等謀亂定乃僭大號紀元興慶國曰大越出沒乂安化州山中伺大軍還卽出攻盤灘鹹子關扼三江府往來孔道寇交州近境慈廉威蠻上洪天堂應平石室諸州縣皆嚮應守將屢出討皆無功事聞命沐晟爲征夷將軍統雲南貴州四川軍四萬人由雲南征討而遣使齎敕招降者予世官賊不應晟與戰生厥江大敗呂毅及參贊尚書劉儁死之七年敗書聞益發南畿浙江江西福建湖廣廣東廣西軍四萬七千人從英國公輔征之輔以賊負江海不利陸師乃駐北江仙游大造戰艦而撫諸遭寇逋播者遂連破慈廉廣威諸營柵偵其黨鄧景異扼南策州盧渡江太平橋乃進軍鹹子關僞金吾將軍阮世每衆二萬對岸立寨柵列船六百餘艘樹椿東南以扞蔽時八月西北風急輔督陳旭朱廣俞讓方政等舟齊進礮矢颷發斬首三千級生禽僞監門將軍潘低等二百餘人獲船四百餘艘遂進擊景異景異先走乃定交州北江諒江新安建昌鎭蠻諸府追破景異太平海口獲其黨范必栗時阮帥等推簡定爲太上皇別立陳季擴爲帝紀元重光乃遣使自稱前安南王孫求封爵輔叱斬之由黃江阿江大安海口至福成江轉入神投海口盡去賊所樹椿柵十餘日抵清化水陸畢會定已奔演州季擴走乂安帥景異等亦散亡於是駐軍捕餘黨定走美良縣吉利柵輔等窮追及之定阮晏等俱就禽先是賊黨阮師檜僭王與僞金吾上將軍杜元措等據東潮州安老縣之宜陽社衆二萬餘人八年正月輔進擊之斬首四千五百餘級禽其黨范支陳原卿阮人柱等二千餘人悉斬之築京觀輔將班師言季擴及黨阮帥胡具鄧景異等尚在演州乂安逼清化而鄧鎔塞神投福成江口據清化要路出沒乂安諸處若諸軍盡還恐沐晟兵少不敵請留都督江浩都指揮俞讓花英師祐等軍佐晟守禦從之五月晟追季擴至虞江賊棄柵遁追至古靈縣及會潮靈長海口斬首三千餘級獲僞將軍黎弄季擴大窘奉表乞降帝心知其詐姑許之詔授交阯布政使阮帥胡具鄧景異鄧鎔竝都指揮陳原樽右參政潘季祐按察副使詔旣下念賊無悛心九年復命輔督軍二萬四千合晟軍討之賊據月常江樹椿四十餘丈兩崖置柵二三里列船三百餘艘設伏山右秋輔晟等水陸竝進阮帥胡具鄧景異鄧鎔等來拒輔令朱廣等連艦拔椿以進自率方政等以步隊翊其伏兵水陸夾攻賊大敗帥等皆散走生禽僞將軍鄧宗稷黎德彝阮忠阮軒等獲船百二十艘輔乃督水軍翊季擴聞石室福安諸州縣僞龍虎將軍黎蕊等斷銳江浮橋阻生厥江交州後衞道路遂往征之蕊及范慷來拒蕊中矢死斬僞將軍阮陁獲僞將軍楊汝梅防禦使馮翕斬首千五百級追殺餘賊殆盡慷及杜箇旦鄧明阮思瑊等亦就禽十年輔督方政等擊賊舟於神投海大敗之禽僞將軍陳磊鄧汝戲等阮帥等遠遁追之不及輔軍至乂安上黃僞少保潘季祐等請降率僞官十七人上謁輔承制授季祐按察副使署乂安府事於是僞將軍觀察安撫招討諸使陳敏阮士勤陳全勗陳全敏等相繼降明年輔及晟合軍至順州阮帥等設伏愛子江而據昆傳山險列象陣迎敵諸軍大破之生禽僞將軍潘徑阮徐等五十六人追至愛母江賊潰散鄧鎔弟僞侯鐵及將軍潘魯潘勤等盡降明年春進軍政和賊帥胡同降言僞大將軍景異率黨黎蟾等七百人逃暹蠻昆蒲柵遂進羅江舍騎步行比至賊已遁追至叱蒲捺柵又遁昏夜行二十餘里聞更鼓聲輔率政等銜枚疾趨黎明抵叱蒲幹柵江北賊猶寨南岸官軍渡江圍之矢中景異脇禽之鎔及弟鋭亡走追禽之盡獲其衆別將朱廣追僞大將軍阮帥於暹蠻大搜暹人關諸山獲帥及季擴等家屬帥逃南靈州依土官阮茶彙指揮薛聚追獲帥斬茶彙初鄧鎔之就執也季擴逃乂安竹排山輔遣都指揮師祐襲之走老撾祐踵其後老撾懼官軍躪其地請自縛以獻輔檄索之令祐深入克三關抵金陵箇賊黨盡奔遂獲季擴及其弟僞相國驩國王季揩他賊盡平明年二月輔晟等班師入京四月復命輔佩征夷將軍印出鎭十四年召還明年命豐城侯李彬代鎭交人故好亂中官馬騏以採辦至大索境內珍寶人情騷動桀黠者鼓煽之大軍甫還卽竝起爲亂陸那阮貞順州黎核潘強與土官同知陳可論判官阮昭千戶陳恂南靈州判官阮擬左平知縣范伯高縣丞武萬百戶陳已律等一時竝反彬皆遣將討滅之而反者猶不止俄樂巡檢黎利四忙故知縣車綿之子三乂安知府潘僚南靈州千戶陳順慶乂安衞百戶陳直誠亦乘機作亂其他奸宄范軟起浮樂武貢黃汝典起偈江儂文歷起卭溫陳木果起武定阮特起快州吳巨來起善誓鄭公證黎姪起同利陶強起善才丁宗老起大灣范玉起安老皆自署官爵殺將吏焚廬舍有楊公阮多者皆自稱王署其黨韋五譚興邦阮嘉爲太師平章與羣寇相倚而潘僚范玉尤猖獗僚者故乂安知府季祐子也嗣父職不堪馬騏虐遂反土官指揮路文律千戶陳苔等從之玉爲塗山寺僧自言天降印劍遂僭稱羅平王紀元永寧與范善吳中黎行陶承等爲亂署爲相國司空大將軍攻掠城邑彬東西征勦日不暇給中朝以賊久未平十八年命榮昌伯陳智爲左參將助之又降敕責彬曰叛寇潘僚黎利車三儂文歷等迄今未獲兵何時得息民何時得安宜廣爲方略速奏蕩平彬皇恐督諸將追勦明年秋賊悉破滅惟黎利不能得利初仕陳季擴爲金吾將軍後歸正用爲清化府俄樂縣巡檢邑邑不得志及大軍還遂反僭稱平定王以弟石爲相國與其黨段莽范柳范晏等放兵肆掠官軍討之生禽晏等利遁去久之出據可藍堡行劫諸將方政師祐勦獲其僞將軍阮箇立等利逃匿老撾及政等還利潛出殺玉局巡檢已復出掠磊江每追擊輒遁去及羣盜盡滅利益深匿彬奏言利竄老撾老撾請官軍毋入當盡發所部兵捕利今久不遣情叵測帝疑老撾匿賊令彬送其使臣至京詰問老撾乃逐利二十年春彬卒詔智代彬二十一年智追利於寧化州車來縣敗之利復遠竄明年秋智奏利初逃老撾後被逐歸瑰縣官軍進擊其頭目范仰等已率男婦千六百人降利雖求撫顧以所部來歸而止俄樂不出造軍器未已必當進兵奏至會仁宗以踐阼大赦天下因敕智善撫之而利已寇茶籠州敗方政軍殺指揮伍雲利未叛時與鎭守中官山壽善至是壽還朝力言利與己相信今往諭之必來歸帝曰此賊狡詐若爲所紿則其勢益熾不易制也壽叩頭言如臣往諭而利不來臣當萬死帝頷之遣壽齎敕授利清化知府慰諭甚至敕甫降利已寇清化殺都指揮陳忠利得敕無降意卽借撫愚守臣佯言俟秋涼赴官而寇掠不已時洪熙改元鑄將軍印分頒邊將智得征夷副將軍印又命安平伯李安往佐之智素無將略憚賊因借撫以愚中朝且與方政迕遂頓兵不進賊益無所忌再圍茶籠智等坐視不救閱七月城中糧盡巡按御史以聞奏至而仁宗崩宣宗初卽位敕責智及三司官智等不爲意茶籠遂陷知州琴彭死之尚書掌布按二司陳洽言利雖乞降內攜貳旣陷茶籠復結玉麻土官老撾酋長與之同惡始言俟秋涼今秋已過復言與參政梁汝笏有怨乞改授茶籠州而遣逆黨潘僚路文律等往嘉興廣威諸州招集徒衆勢日滋蔓乞命總兵者速行勦滅奏上爲降敕切責期來春平賊智始懼與政薄可留關敗還至茶籠又敗政勇而寡謀智儒而多忌素不相能而山壽專招撫擁兵乂安不救是以屢敗宣德元年春事聞復降敕切責時渠魁未平而小寇蠭起美留潘可利助逆宣化周莊太原黃菴等結雲南寧遠州紅衣賊大掠帝敕沐晟勦寧遠又發西南諸衞軍萬五千弩手三千赴交阯且敕老撾不得容叛人四月命成山侯王通爲征夷將軍都督馬瑛爲參將往討黎利削陳智方政職充爲事官通未至賊犯清化政不出戰都指揮王演擊敗之詔大赦交阯罪人黎利潘僚降亦授職停採辦金銀香貨冀以弭賊而賊無悛心政督諸軍進討李安及都指揮于瓚謝鳳薛聚朱廣等先奔政由此敗俱謫爲事官立功贖罪未幾智遣都指揮袁亮擊賊黎善於廣威州欲渡河土官何加伉言有伏亮不從遣指揮陶森錢輔等渡河中伏竝死亮亦被執善遂分兵三道犯交州其攻下關者爲都督陳濬所敗攻邊江小門者爲李安所敗善夜走通聞之亦分兵三道出擊馬瑛敗賊清威至石室與通會俱至應平寧橋士卒行泥濘中遇伏兵大敗尚書陳洽死焉通亦中脇還利在清化聞之鼓行至清潭攻北江進圍東關通素無戰功以父眞死事封朝廷不知其庸劣誤用之一戰而敗心膽皆喪舉動乖張不奉朝命擅割清化以南地予賊盡撤官吏軍民還東關惟清化知州羅通不從利移兵攻之不下賊分兵萬人圍隘留關百戶萬琮奮擊乃退帝聞通敗大駭命安遠侯柳升爲總兵官保定伯梁銘副之督師赴討又命沐晟爲征南將軍與安伯徐亨新寧伯譚忠爲左右副將軍從雲南進兵兩軍共七萬餘人復敕通固守侯升二年春利犯交州通與戰斬僞太監黎祕及太尉司徒司空等官獲首級萬計利破膽奔遁諸將請乘勢追之通逗留三日賊知其怯復立寨濬濠四出剽掠三月復發三萬三千人從柳升沐晟征討賊分兵圍卭溫都指揮孫聚力拒之先是賊以昌江爲大軍往來要道發衆八萬餘人來攻都指揮李任等力拒殺賊甚衆閱九月諸將觀望不救賊懼升大軍至攻益力夏四月城陷任死之時賊圍交州久通閉城不敢出賊益易之致書請和通欲許之集衆議按察使楊時習曰奉命討賊與之和而擅退師何以逃罪通怒厲聲叱之衆不敢言遂以利書聞升奉命久俟諸軍集九月始抵隘留關利旣與通有成言乃詭稱陳氏有後率大小頭目具書詣升軍乞罷兵立

陳氏裔升不啓封遣使奏聞無何升進薄倒馬坡陷歿後軍相繼盡歿通聞懼甚大集軍民官吏出下哨河立壇與利盟誓約退師遂遣官偕賊使奉表及方物進獻沐晟軍至水尾造船將進聞通已議和亦引退賊乘之大敗鴻臚寺進賊與升書略言高皇帝龍飛安南首朝貢特蒙褒賞錫以玉章後黎賊篡弒太宗皇帝興師討滅求陳氏子孫陳族避禍方遠竄故無從訪求今有遺嗣暠潛身老撾二十年本國人民不忘先王遺澤已訪得之倘蒙轉達黼宸循太宗皇帝繼絕明詔還其爵土匪獨陳氏一宗實蠻邦億萬生民之幸帝得書頷之明日暠表亦至稱臣暠先王暊三世嫡孫其詞與利書略同帝心知其詐欲藉此息兵遂納其言初帝嗣位與楊士奇楊榮語交阯事即欲棄之至是以表示廷臣諭以罷兵息民意士奇榮力贊之惟蹇義夏原吉不可然帝意已決廷臣不敢爭十一月朔命禮部左侍郎李琦工部右侍郎羅汝敬爲正使右通政黃驥鴻臚卿徐永達爲副使齎詔撫諭安南人民盡赦其罪與之更新令具陳氏後人之實以聞因敕利以興滅繼絕之意并諭通及三司官盡撤軍民北還詔未至通已棄交阯由陸路還廣西中官山壽馬騏及三司守令由水路還欽州凡得還者止八萬六千人爲賊所殺及拘留者不可勝計天下舉疾通棄地殃民而帝不怒也三年夏通等至京文武諸臣合奏其罪廷鞫具服乃與陳智馬瑛方政山壽馬騏及布政使弋謙俱論死下獄籍其家帝終不誅長繫待決而已騏恣虐激變罪尤重而謙實無罪皆同論時議非之廷臣復劾沐晟徐亨譚忠逗留及喪師辱國罪帝不問琦等還朝利遣使奉表謝恩詭言暠於正月物故陳氏子孫絕國人推利守其國謹俟朝命帝亦知其詐不欲遽封復遣汝敬永達諭利及其下令訪陳氏并盡還官吏人民及其眷屬明年春汝敬等還利復言陳氏無遺種請別命因貢方物及代身金人又言臣九歲女遭亂離散後知馬騏攜歸充宮婢臣不勝兒女私冒昧以請帝心知陳氏即有後利必不言然以封利無名復命琦汝敬敕諭再訪且以利女病死告之五年春琦等還利遣使貢金銀器方物復飾詞具奏并具頭目耆老奏請令利攝國政使臣歸帝復以訪陳氏裔還中國遺民二事諭之詞不甚堅明年夏利遣使謝罪以二事飾詞對復進頭目耆老奏仍爲利乞封帝乃許之命禮部右侍郎章敞右通政徐琦齎敕印命利權署安南國事利遣使齎表及金銀器方物隨敞等入貢七年二月達京師比還利及使臣皆有賜明年八月來貢命兵部侍郎徐琦等與其使偕行諭以順天保民之道是年利卒利雖受敕命其居國稱帝紀元順天建東西二都分十三道曰山南京北山西海陽安邦諒山太原明光諒化清華乂安順化廣南各設承政司憲察司總兵使司擬中國三司東都在交州府西都在清華府置百官設學校以經義詩賦二科取士彬彬有華風焉僭位六年私謚太祖子麟繼麟一名龍自是其君長皆有二名以一名奏天朝貢獻不絕如常制麟遣使告訃命侍郎章敞行人侯璡敕麟權署國事明年遣使入貢謝恩正統元年四月以宣宗賓天遣使進香又以英宗登極及尊上太皇太后皇太后位號並遣使表賀貢方物閏六月復貢帝以陳氏宗支既絕欲使麟正位下廷議咸以爲宜乃命兵部右侍郎李郁左通政李亨齎敕印封麟爲安南國王明年遣使入貢謝恩時安南思郎州土官攻掠廣西安平思陵二州據二峒二十一村帝命給事中湯鼐行人高寅敕麟還侵地麟奉命遣使謝罪而訴安平思陵土官侵掠思郎帝令守臣嚴飭七年安南貢使還令齎皮弁冠服金織襲衣賜其王是歲麟卒私謚太宗改元二紹平六年大寶三年子濬繼一名基隆遣使告訃命光祿少卿宋傑兵科都給事中薛謙持節冊封爲國王濬遣將侵占城奪新州港擄其王摩訶賁該以歸帝爲立新王摩訶貴來敕安南使諭濬歸其故王濬不奉詔侵掠人口至三萬三千餘占城入訴景泰元年賜敕戒濬迄不奉詔四年遣使賀冊立皇太子天順元年遣使入貢乞賜衮冕如朝鮮例不從其使者乞以土物易書籍藥材從之二年遣使賀英宗復辟三年十月其庶兄諒山王琮弒之而自立濬改元二大和十一年延寧六年私謚仁宗琮一名宜民篡位九月改元天與爲國人所誅貶厲德侯以濬弟灝繼灝一名思誠初琮弒濬以游湖溺死奏天朝不知將遣官弔祭琮恐天使至覺其情言禮不弔溺不敢煩天使帝即已之使者言濬無子請封琮命通政參議尹旻禮科給事中王豫往封未入境聞琮已誅灝嗣位即却還灝遣使朝貢請封禮官疑其詐請命廣西守臣覈實奏請從之使臣言禮生有封死有祭今濬死既白請賜祭乃命行人往祭六年二月命侍讀學士錢溥給事中王豫封灝爲國王憲宗踐阼命尚書卿淩信行人邵震賜王及妃綵幣灝遣使來貢因請冕服不從但賜皮弁冠服及紗帽犀帶成化元年八月以英宗賓天遣使進香命赴裕陵行禮灝雄桀自負國富兵強輒坐大四年侵據廣西憑祥帝聞命守臣謹備之七年破占城執其王盤羅茶全逾三年又破之執其王盤羅茶悅遂改其國爲交南州設兵戍守安南貢道故由廣西時雲南鎮守中官錢能貪恣遣指揮郭景齎敕取其貨灝素欲窺雲南遂以解送廣西龍州罪人爲詞隨景假道雲南入京索夫六百餘且發兵繼其後雲南大擾兵部言雲南非貢道龍州罪人宜解廣西不必赴京乃令守臣檄諭且嚴邊備灝既得憑祥滅占城遂侵廣東瓊雷盜珠池廣西之龍州右平雲南之臨安廣南鎮安亦數告警詔守臣詰之輒詭詞對廟堂務姑息雖屢降敕諭無厲詞灝益玩侮無畏已言占城王盤羅茶全侵化州道爲其弟盤羅茶悅所弒因自立及將受封又爲子茶質苔所弒其國自亂非臣灝罪中朝知其詐不能詰但勸令還其土宇灝奏言占城非沃壤家鮮積貯野絕桑麻山無金寶之收海乏魚鹽之利止產象牙犀角烏木沉香得其地不可居得其民不可使得其貨不足富此臣不侵奪占城故也明詔令臣復其土宇乞遣朝使申畫郊圻俾兩國邊陲休息臣不勝至願時占城久爲所據而其詞誕如此先是安南入貢多攜私物道憑祥龍州乏人轉運輒興讎釁曾遣使賀冊立皇太子有詔禁飭之十五年冬灝遣兵八百餘人越雲南蒙自界聲言捕盜擅結營築室以居守臣力止之始退灝既破占城志意益廣親督兵九萬開山爲三道攻破哀牢侵老撾復大破之殺宣慰刀板雅蘭掌父子三人其季子怕雅賽走八百以免灝復積糧練兵頒僞敕於車里徵其兵合攻八百將士暴死者數千咸言爲雷霆所擊八百乃遏其歸路襲殺萬餘人灝始引還帝下廷議請令廣西布政司檄灝斂兵雲南兩廣守臣戒邊備而已既而灝言未侵老撾且不知八百疆宇何在語甚誑誕帝復慰諭之迄不奉命十七年秋滿剌加亦以被侵告帝敕使諭令睦鄰保國未幾使臣入貢請如暹羅爪哇例賜冠帶許之不爲例孝宗踐阼命侍讀劉戩詔諭其國其使臣來貢以大喪免引奏弘治三年時占城王古來以天朝力得還國復愬安南見侵兵部尚書馬文升召安南使臣曰歸諭爾主各保疆土享太平不然朝廷一旦赫然震怒天兵壓境如永樂朝事爾主得無悔乎安南自是有所畏十年灝卒私謚聖宗其改元二光順十年洪德二十八年子暉繼一名鏳遣使告訃命行人徐鈺往祭尋賜暉皮弁服金犀帶其使臣言國主受王封賜服與臣下無別乞改賜禮官言安南名爲王實中國臣也嗣王新立必賜皮弁冠服使不失主宰一國之尊又賜一品常服俾不忘臣事中國之義今所請紊亂祖制不可許然此非使臣罪乃通事者導之妄奏宜懲帝特宥之十七年暉卒私謚憲宗其改元曰景統子㵮繼一名敬甫七月而卒私謚肅宗弟誼繼一名璿武宗踐阼命修撰倫文敘給事中張弘至詔諭其國誼亦遣使告訃命官致祭如常儀正德元年冊爲王誼寵任母黨阮种阮伯勝兄弟恣行威虐屠戮宗親酖殺祖母种等怙寵竊權四年逼誼自殺擁立其弟伯勝貶誼爲厲愍王國人黎廣等討誅之立灝孫晭改謚誼威穆帝誼在位四年改元端慶晭一名瀠七年受封多行不義十一年社堂燒香官陳暠與二子昺昇作亂殺晭而自立詭言前王陳氏後仍稱大虞皇帝改元應天貶晭爲靈隱王晭臣都力士莫登庸初附暠後與黎氏大臣阮弘裕等起兵討之暠敗走獲昺及其黨陳璲等暠與昇奔諒山道據長寧太原清節三府自保登庸等乃共立晭兄灝之子譓改謚晭襄翼帝晭在位七年改元洪順譓將請封因國亂不果以登庸有功封武川伯總水陸諸軍既握兵柄潛蓄異志黎氏臣鄭綏以譓徒擁虛位別立其族子酉榜發兵攻都城譓出走登庸擊破綏兵捕酉榜殺之益恃功專恣遂逼妻譓母迎譓歸自爲太傅仁國公十六年率兵攻陳暠暠敗走死嘉靖元年登庸自稱安興王謀弒譓譓母以告乃與其臣杜溫潤間行以免居於清華登庸立其庶弟懬遷居海東長慶府世宗踐阼命編修孫承恩給事中俞敦詔諭其國至龍州聞其國大亂道不通乃却還四年夏譓遣使間道通貢并請封爲登庸所阻明年春登庸賂欽州判官唐清爲懬求封總督張嵿逮清死於獄六年登庸令其黨范嘉謨僞爲懬禪詔篡其位改元明德立子方瀛爲皇太子旋酖殺懬謚爲恭皇帝踰年遣使來貢至諒山城被攻而還九年登庸禪位於方瀛自稱太上皇移居都齋海陽爲方瀛外援作大誥五十九條頒之國中方瀛改元大正其年九月黎譓卒於清華國亡十五年冬皇子生當頒詔安南禮官夏言言安南不貢已二十年兩廣守臣謂黎譓黎懬均非黎晭應立之嫡莫登庸陳暠俱彼國篡逆之臣宜遣官按問求罪人主名且前使既以道阻不通今宜暫停使命帝以安南叛逆昭然宜急遣官往勘命言會兵部議征討言及本兵張瓚等力言逆臣篡主奪國朝貢不修決宜致討乞先遣錦衣官二人往覈其實敕兩廣雲南守臣整

兵積餉以俟師期制可乃命千戶陶鳳儀鄭璽等分往廣西雲南詰罪人主名敕四川貴州湖廣福建江西守臣預備兵食俟征調戶部侍郎唐冑上疏力陳用兵七不可語詳其傳中末言安南雖亂猶頻奉表箋具方物款關求入守臣以其姓名不符拒之是彼欲貢不得非負固不貢也章下兵部亦以爲然命俟勘官還更議十六年安南黎寧遣國人鄭惟僚等赴京備陳登庸篡弒狀言寧卽譓子譓卒國人立寧爲世孫權主國事屢馳書邊臣告難俱爲登庸邀殺乞興師問罪亟除國賊時嚴嵩掌禮部謂其言未可盡信請羈之待勘官回奏從之尋召鳳儀等還命禮兵二部會廷臣議列登庸十大罪請大振宸斷剋期徂征乃起右都御史毛伯溫於家參贊軍務命戶部侍郎胡璉高公韶先馳雲貴兩廣調度軍食以都督僉事江桓牛桓爲左右副總兵督軍征討其大將需後命兵部復奉詔條用兵機宜十二事獨侍郎潘珍持不可抗疏切諫帝怒褫其職兩廣總督潘旦亦馳疏請停前命言朝廷方興問罪之師登庸卽有求貢之使宜因而許之戒嚴觀變以待彼國之自定嚴嵩張瓚窺帝旨力言不可宥且言黎寧在清都圖恢復而旦謂彼國俱定上表求貢決不可許旦疏遂寢五月伯溫至京奏上方略六事以旦不可共事請易之優旨褒答及兵部議上帝意忽中變謂黎寧誠僞未審令三方守臣從宜撫勦參贊督餉大臣俱暫停旦調用以張經代之時御史徐九皐給事中謝廷茝以修省陳言亦請罷征南之師八月雲南巡撫汪文盛以獲登庸間諜及所撰僞大誥上聞帝震怒命守臣仍遵前詔征討時文盛招納黎氏舊臣武文淵得其進兵地圖謂登庸必可破遂上之朝廣東按臣余光言莫之篡黎猶黎之篡陳不足深較但當罪其不庭責以稱臣修貢不必遠征疲敝中國臣已遣使宣諭彼如來歸宜因以撫納帝以光輕率奪祿一年文盛卽傳檄安南登庸能束身歸命籍上輿圖待以不死於是登庸父子遣使奉表乞降且投牒文盛及黔國公沐朝輔具述黎氏衰亂陳暠叛逆己與方瀛有功爲國人歸附所有土地已載一統志中乞貰其罪修貢如制朝輔等以十七年三月奏聞而黎寧承前詔懼天朝竟納其降備以本國篡弒始末及軍馬之數水陸進兵道里來上俱下兵部集廷臣議僉言莫氏罪不可赦亟宜進師請以原推咸寧侯仇鸞總督軍務伯溫仍爲參贊從之張經上言安南進兵之道有六兵當用三十萬一歲之餉當用百六十萬造舟市馬制器犒軍諸費又須七十餘萬况我調大衆涉炎海與彼勞逸殊勢不可不審處也疏方上欽州知州林希元又力陳登庸可取狀兵部不能決復請廷議及議上帝不悅曰朕聞卿士大夫私議咸謂不當興師爾等職司邦政漫無主持悉委之會議旣不協心謀國其已之鸞伯溫別用十八年册立皇太子當頒詔安南特起黃綰爲禮部尚書學士張治副之往使其國命甫下方瀛遣使上表降竝籍其土地戶口聽天朝處分凡爲府五十有三州四十有九縣一百七十有六帝納之下禮兵二部協議至七月綰猶未行以忤旨落職遂停使命初征討之議發自夏言帝旣責綰因發怒曰安南事本一人倡衆皆隨之乃訕上聽言計共作慢詞此國應棄應討宜有定議兵部卽集議以聞於是瓚及廷臣惶懼請如前詔仍遣鸞伯溫南征如登庸父子束手歸命無異心則待以不死從之登庸聞大喜十九年伯溫等抵廣西傳檄諭以納款宥罪意時方瀛已卒登庸卽遣使請降十一月率從子文明及部目四十二人入鎭南關囚首徒跣匍匐叩頭壇上進降表伯溫稱詔赦之復詣軍門匍匐再拜上土地軍民籍請奉正朔永爲藩臣伯溫等宣示威德令歸國俟命疏聞帝大喜命削安南國爲安南都統使司授登庸都統使秩從二品銀印舊所僭擬制度悉除去改其十三道爲十三宣撫司各設宣撫同知副使僉事聽都統黜陟廣西歲給大統曆仍三歲一貢以爲常更令覈黎寧眞僞果黎氏後割所據四府奉其祀事否則已之制下登庸悚惕受命二十二年登庸卒方瀛子福海嗣遣宣撫同知阮典敬等來朝二十五年福海卒子宏瀷嗣初登庸以石室人阮敬爲義子封西寧侯敬有女嫁方瀛次子敬典因與方瀛妻武氏通得專兵柄宏瀷立方五歲敬益專恣用事登庸次子正中及文明避之都齋其同輩阮如桂范子儀等亦避居田里敬舉兵逼都齋正中如桂子儀等禦之不勝正中文明率家屬奔欽州子儀收殘卒遁海東詭稱宏瀷歿以迎立正中爲詞犯欽州爲參將俞大猷所敗誅死宏瀷初立時遣使黎光賁來貢至南寧守臣以聞禮官以其國內亂名分未定止來使勿進而令守臣覈所當立者至三十年事白命授宏瀷都統使赴關領牒會部目黎伯驪與黎寧臣鄭檢合兵來攻宏瀷奔海陽不克赴光賁等留南寧且十五年其偕來使人物故大半宏瀷祈守臣代請詔許入京其都統告身仍俟宏瀷赴關則給四十三年宏瀷卒子茂洽嗣萬曆元年授都統使三年遣使謝恩賀卽位進方物又補累年所缺之貢時莫氏漸衰黎氏復興互相搆兵其國益多故始黎寧之據清華也仍僭帝號以嘉靖九年改元元和居四年爲登庸所攻竄占城界國人立其弟憲改元光照十五年廉知寧所在迎歸清華後遷於漆馬江寧卒其臣鄭檢立寧子寵寵卒無子國人共立黎暉四世孫維邦維邦卒檢子松立其子維潭世居清華自爲一國萬曆十九年維潭漸强舉兵攻茂洽茂洽敗奔喜林縣明年冬松誘土人內應襲殺茂洽奪其都統使印親黨多遇害有莫敦讓者奔防城告難總督陳蕖以聞松復禽敦讓勢益張茂洽子敬恭與宗人履遜等奔廣西思陵州莫履機奔欽州獨莫敬邦有衆十餘萬起京北道擊走黎黨范拔萃范百祿諸軍敦讓得復歸衆乃推敬邦署都統諸流寓思陵欽州者悉還黎兵攻南策州敬邦被殺莫氏勢益衰敬恭敬用屯諒山高平敬璋屯東海新安懼黎兵追索竄至龍州憑祥界令土官列狀告當事維潭亦叩關求通貢識以國王金印二十一年廣西巡撫陳大科等上言蠻邦易姓如奕棋不當以彼之叛服爲順逆止當以彼之叛我服我爲順逆今維潭雖圖恢復而茂洽固天朝外臣也安得不請命而擅然戮之竊謂黎氏擅興之罪不可不問莫氏子遺之緒亦不可不存倘如先朝故事聽黎氏納款而仍存莫氏比諸漆馬江亦不翦其祀於計爲便廷議如其言明年大科方遣官往察敬用卽遣使叩軍門告難且乞兵明年秋維潭亦遣使謝罪求款時大科已爲兩廣總督與廣西巡撫戴燿竝以屬左江副使楊寅秋寅秋竊計曰不拒黎亦不棄莫吾策定矣兩遣官往問以敬恭等願居高平來告而維潭求款之使亦數至寅秋乃與之期具報督撫會敬璋率衆赴永安爲黎氏兵擊敗海東新安地盡失於是款議益決時維潭圖恢復名不欲以登庸自處無束身入關意寅秋復遣官諭之其使者來報如約至期忽言於關吏曰士卒饑病款儀未備且莫氏吾讎也棲之高平未敢聞命遂中宵遁去大科等疏聞謂其臣鄭松專權所致維潭復遣使叩關自白已非遁大科等再遣官諭之維潭聽命二十五年遣使請期寅秋示以四月屆期維潭至關外譯者詰以六事首擅殺茂洽曰復讎急不遑請命次維潭宗派曰世孫也祖暉天朝曾錫命次鄭松曰此黎氏世臣非亂黎氏也然則何宵遁曰以儀物之不戒非遁也何以用王章曰權倣爲之立銷矣惟割高平居莫氏猶相持不絕復諭之曰均貢臣也黎昔可棲漆馬江莫獨不可棲高平乎乃聽命授以款關儀節俾習之維潭率其下入關謁御幄一如登庸舊儀退謁寅秋請用賓主禮不從四拜成禮而退安南復定詔授維潭都統使頒曆奉貢一如莫氏故事先是黎利及登庸進代身金人皆囚首面縛維潭以恢復名正獨立而肅容當事嫌其倨令改製乃爲俯伏狀鐫其背曰安南黎氏世孫臣黎維潭不得蒲伏天門恭進代身金人悔罪乞恩自是安南復爲黎氏有而莫氏但保高平一郡二十七年維潭卒子維新嗣鄭松專其柄會叛酋潘彥搆亂維新與松移保淸化三十四年遣使入貢命授都統使時莫氏宗黨多竄處海隅往往僭稱公侯伯名號侵軼邊境維新亦不能制守臣檄問數發兵夾勦雖應時破滅而邊方頗受其害維新卒子維祺嗣天啓四年發兵擊莫敬寬克之殺其長子掠其妻妾及少子以歸敬寬與次子逃入山中復回高平勢益弱然迄明之世二姓分據終不能歸一云安南都會在交州卽唐都護治所其疆域東距海西接老撾南渡海卽占城北連廣西之思明南寧雲南之臨安元江土膏腴氣候熱穀歲二稔人性獷悍驩演二州多文學交愛二州多倜儻士較他方爲異

明史卷三百二十二　列傳第二百一十

總裁官總理事務　經筵講官少保兼太子太保保和殿大學士兼管吏部戶部尚書事加六級張廷玉等奉
敕修

外國三

日本

日本古倭奴國唐咸亨初改日本以近東海日出而名也地環海惟東北限大山有五畿七道三島共一百十五州統五百八十七郡其小國數十皆服屬焉國小者百里大不過五百里戶小者千多不過一二萬國主世以王爲姓羣臣亦世官宋以前皆通中國朝貢不絕事具前史惟元世祖數遣使趙良弼招之不至乃命忻都范文虎等帥舟師十萬征之至五龍山遭暴風軍盡沒後屢招不至終元世未相通也明興高皇帝卽位方國珍張士誠相繼誅服諸豪亡命往往糾島人入寇山東濱海州縣洪武二年三月帝遣行人楊載詔諭其國且詰以入寇之故謂宜朝則來廷不則修兵自固倘必爲寇盜卽命將徂征耳王其圖之日本王良懷不奉命復寇山東轉掠溫台明州旁海民遂寇福建沿海郡三年三月又遣萊州府同知趙秩責讓之泛海至析木崖入其境守關者拒弗納秩以書抵良懷良懷延秩入諭以

中國威德而詔書有責其不臣語良懷曰吾國雖處扶桑東未嘗不慕中國惟蒙古與我等夷乃欲臣妾我我先王不服乃使其臣趙姓者訹我以好語語未既水軍十萬列海岸矣以天之靈雷霆波濤一時軍盡覆今新天子帝中夏天使亦趙姓豈蒙古裔耶亦將訹我以好語而襲我也曰左右將兵之秩不爲動徐曰我大明天子神聖文武非蒙古比我亦非蒙古使者後能兵兵我良懷氣沮下堂延秩禮遇甚優遣其僧祖來奉表稱臣貢馬及方物且送還明台二郡被掠人口七十餘以四年十月至京太祖嘉之宴賚其使者念其俗佞佛可以西方教誘之也乃命僧祖闡克勤等八人送使者還國賜良懷大統曆及文綺紗羅是年掠溫州五年寇海鹽澉浦又寇福建海上諸郡六年以於顯爲總兵官出海巡倭倭寇萊登祖闡等旣至爲其國演教其國人頗敬信而王則傲慢無禮拘之二年以七年五月還京倭寇膠州時良懷年少有持明者與之爭立國內亂是年七月其大臣遣僧宣聞溪等齎書上中書省貢馬及方物而無表帝命却之仍賜其使者遣還未幾其別島守臣氏久遣僧奉表來貢帝以無國王之命且不奉正朔亦却之而賜其使者命禮臣移牒責以越分私貢之非又以頻入寇掠命中書移牒責之乃以九年四月遣僧圭廷用等來貢且謝罪帝惡其表詞不誠降詔戒諭宴賚使者如制十二年來貢十三年復貢無表但持其征夷將軍源義滿奉丞相書書辭又倨乃却其貢遣使齎詔譙讓十四年復來貢帝再却之命禮官移書責其王幷責其征夷將軍示以欲征之意良懷上言臣聞三皇立極五帝禪宗惟中華之有主豈夷狄而無君乾坤浩蕩非一主之獨權宇宙寬洪作諸邦以分守蓋天下者乃天下之天下非一人之天下也臣居遠弱之倭褊小之國城池不滿六十封疆不足三千尚存知足之心陛下作中華之主爲萬乘之君城池數千餘封疆百萬里猶有不足之心常起滅絕之意夫天發殺機移星換宿地發殺機龍蛇走陸人發殺機天地反覆昔堯舜有德四海來賓湯武施仁八方奉貢臣聞天朝有興戰之策小邦亦有禦敵之圖論文有孔孟道德之文章論武有孫吳韜畧之兵法又聞陛下選股肱之將起精銳之師來侵臣境水澤之地山海之洲自有其備豈肯跪途而奉之乎順之未必其生逆之未必其死相逢賀蘭山前聊以博戲臣何懼哉倘君勝臣負且滿上國之意設臣勝君負反作小邦之羞自古講和爲上罷戰爲强免生靈之塗炭拯黎庶之艱辛特遣使臣敬叩丹陛惟上國圖之帝得表慍甚終鑑蒙古之轍不加兵也十六年倭寇金鄉平陽十九年遣使來貢却之明年命江夏侯周德興往福建濱海四郡相視形勢衞所城不當要害者移置之民戶三丁取一以充戍卒乃築城一十六增巡檢司四十五得卒萬五千餘人又命信國公湯和行視浙東西諸郡整飭海防乃築城五十九民戶四丁以上者以一爲戍卒得五萬八千七百餘人分戍諸衞海防大飭閏六月命福建備海舟百艘廣東倍之以九月會浙江捕倭旣而不行先是胡惟庸謀逆欲藉日本爲助乃厚結寧波衞指揮林賢佯奏賢罪謫居日本令交通其君臣尋奏復賢職遣使召之密致書其王借兵助己賢還其王遣僧如瑤率兵卒四百餘人詐稱入貢且獻巨燭藏火藥刀劍其中旣至而惟庸已敗計不行帝亦未知其狡謀也越數年其事始露乃族賢而怒日本特甚決意絕之專以防海爲務然其時王子滕祐壽者來入國學帝猶善待之二十四年五月特授觀察使留之京師後著祖訓列不征之國十五日本與焉自是朝貢不至而海上之警亦漸息成祖卽位遣使以登極詔諭其國永樂元年又遣左通政趙居任行人張洪偕僧道成往將行而其貢使已達寧波禮官李至剛奏故事番使入中國不得私攜兵器鬻民宜敕所司覈其舶諸犯禁者悉籍送京師帝曰外夷修貢履險蹈危來遠所費實多有所齎以助資斧亦人情豈可槩拘以禁令至其兵器亦准時直市之毋阻向化十月使者至上王源道義表及貢物帝厚禮之遣官偕其使還賚道義冠服龜鈕金章及錦綺紗羅明年十一月來賀冊立皇太子時對馬臺岐諸島賊掠濱海居民因諭其王捕之王發兵盡殲其衆縶其魁二十人以三年十一月獻於朝且修貢帝益嘉之遣鴻臚寺少卿潘賜偕中官王進賜其王九章冕服及錢鈔錦綺加等而還其所獻之人令其國自治之使者至寧波盡置其人於甑烝殺之明年正月又遣侍郎俞士吉齎璽書褒嘉賜賚優渥封其國之山爲壽安鎭國之山御製碑文立其上六月使來謝賜冕服五年六年頻入貢且獻所獲海寇使還請賜仁孝皇后所製勸善內訓二書卽命各給百本十一月再貢十二月其國世子源義持遣使來告父喪命中官周全往祭賜謚恭獻且致賻又遣官齎敕封義持爲日本國王時海上復以倭警告再遣官諭義持勦捕八年四月義持遣使謝恩尋獻所獲海寇帝嘉之明年二月復遣王進齎敕褒賚收市物貨其君臣謀阻進不使歸進潛登舶從他道遁還自是久不貢是年倭寇盤石十五年倭寇松門金鄉平陽有捕倭寇數十人至京者廷臣請正法帝曰威之以刑不若懷之以德宜還之乃命刑部員外郎呂淵等齎敕責讓令悔罪自新中華人被掠者亦令送還明年四月其王遣使隨淵等來貢謂海寇旁午故貢使不能上達其無賴鼠竊者實非臣所知願貸罪容其朝貢帝以其詞順許之禮使者如故然海寇猶不絕十七年倭船入王家山島都督劉榮率精兵疾馳入望海堝賊數千人分乘二十舟直抵馬雄島進圍望海堝榮發伏出戰奇兵斷其歸路賊奔櫻桃園榮合兵攻之斬首七百四十二生禽八百五十七召榮至京封廣寧伯自是倭不敢窺遼東二十年倭寇象山宣德七年正月帝念四方蕃國皆來朝獨日本久不貢命中官柴山往琉球令其王轉諭日本賜之敕明年夏王源義教遣使來帝報之賚白金綵幣秋復至十年十月以英宗嗣位遣使來貢正統元年二月使者還賚王及妃銀幣四月工部言宣德間日本諸國皆給信符勘合今改元伊始例當更給從之四年五月倭船四十艘連破台州桃渚寧波大嵩二千戶所又陷昌國衞大肆殺掠八年五月寇海寧先是洪熙時黃巖民周來保龍巖民鍾普福困於徭役叛入倭倭每來寇爲之鄉導至是導倭犯樂淸先登岸偵伺俄倭去二人留村中丐食被獲置極刑梟其首於海上倭性黠時載方物戎器出沒海濱得間則張其戎器而肆侵掠不得則陳其方物而稱朝貢東南海濱患之景泰四年入貢至臨淸掠居民貨有指揮往詰毆幾死所司請執治帝恐失遠人心不許先是永樂初詔日本十年一貢人止二百船止二艘不得攜軍器違者以寇論乃賜以二舟爲入貢用後悉不如制宣德初申定要約人毋過三百舟毋過三艘而倭人貪利貢物外所攜私物增十倍例當給直禮官言宣德間所貢硫黃蘇木刀扇漆器之屬估時直給錢鈔或折支布帛爲數無多然已大獲利今若仍舊制當給錢二十一萬七千銀價如之宜大減其直給銀三萬四千七百有奇從之使臣不悅請如舊制詔增錢萬猶以爲少求增賜物詔增布帛千五百終怏怏去天順初其王源義政以前使臣獲罪天朝蒙恩宥欲遣使謝罪而不敢自達移書朝鮮王令轉請朝鮮以聞廷議敕朝鮮覈實令擇老成識大體者充使不得仍前肆擾旣而貢使亦不至成化四年夏乃遣使貢馬謝恩禮之如制其通事三人自言本寧波村民幼爲賊掠市與日本今請便道省祭許之戒其勿同使臣至家引中國人下海十一月使臣淸啓復來貢傷人於市有司請治其罪詔付淸啓奏言犯法者當用本國之刑容還國如法論治且自服不能鈐束之罪帝俱赦之自是使者益無忌十三年九月來貢求佛祖統紀諸書詔以法苑珠林賜之使者述其王意請於常例外增賜命賜錢五萬貫二十年十一月復貢弘治九年三月王源義高遣使來還至濟寧其下復持刀殺人所司請罪之詔自今止許五十人入都餘留舟次嚴防禁焉十八年冬來貢時武宗已卽位命如故事鑄金牌勘合給之正德四年冬來貢禮官言明年正月大祀慶成宴朝鮮陪臣在殿東第七班日本向無例請殿西第七班從之禮官又言日本貢物向用舟三今止一所賜銀幣宜如其舟之數且無表文賜敕與否請上裁命所司移文答之五年春其王源義澄遣使臣宋素卿來貢時劉瑾竊柄納其黃金千兩賜飛魚服前所未有也素卿鄞縣朱氏子名縞幼習歌唱倭使見悅之而縞叔澄負其直因以縞償至是充正使至蘇州澄與相見後事覺法當死劉瑾庇之謂澄已自首幷獲免七年義澄使復來貢浙江守臣言今畿輔山東盜充斥恐使臣遇之爲所掠請以貢物貯浙江官庫收其表文送京師禮官會兵部議請令南京守備官卽所在宴賚遣歸附進方物皆予全直毋阻遠人向化心從之嘉靖二年五月其貢使宗設抵寧波未幾素卿偕瑞佐復至互爭眞僞素卿賄市舶太監賴恩宴時坐素卿於宗設上船後至又先爲驗發宗設怒與之鬭殺瑞佐焚其舟追素卿至紹興城下素卿竄匿他所免凶黨還寧波所過焚掠執指揮袁璡奪船出海都指揮劉錦追至海上戰沒巡按御史歐珠以聞且言據素卿狀西海路多羅氏義興者向屬日本統轄無入貢例因貢道必經西海正德朝勘合爲所奪我不得已以弘治朝勘合由南海路起程比至寧波因詰其僞致啓釁章下禮部部議素卿言未可信不宜聽入朝但釁起宗設素卿之黨被殺者多其前雖有投番罪已經先朝宥赦毋容問惟宣諭素卿還國移咨其王令察勘合有無行究治帝已報可御史熊蘭給事張翀交章言素卿罪重不可貸請幷治賴恩及海道副使張芹分守參政朱鳴陽分巡副使許完都指揮張浩閉關絕貢振中國之威寢狡寇之計事方議行會宗設黨中林望古多羅逸出之舟爲暴風飄至朝鮮朝鮮人擊斬三十級生禽二賊以獻給事中夏言

因請逮赴浙江會所司與素卿雜治因遣給事中劉穆御史王道往至四年獄成素卿及中林望古多羅並論死繫獄久之皆瘐死時有琉球使臣鄭繩歸國命傳諭日本以禽獻宗設還袁璡及海濱被掠之人否則閉關絕貢徐議征討九年琉球使臣蔡瀚者道經日本其王源義晴附表言向因本國多事干戈梗道正德勘合不達東都以故素卿捧弘治勘合行乞貸遣望幷賜新勘合金印修貢如常禮官驗其文無印篆言倭譎詐難信宜敕琉球王傳諭仍遵前命十八年七月義晴貢使至寧波守臣以聞時不通貢者已十七年敕巡按御史督同三司官覈果誠心效順如制遣送否則却回且嚴居民交通之禁明年二月貢使碩鼎等至京申前請乞賜嘉靖新勘合還素卿及原留貢物部議勘合不可遽給務繳舊易新貢期限十年人不過百舟不過三餘不可許詔如議二十三年七月復來貢未及期且無表文部臣謂不當納却之其人利互市留海濱不去巡按御史高節請治沿海文武將吏罪嚴禁奸豪交通得旨允行而內地諸奸利其交易多爲之囊槖終不能盡絕二十六年六月巡按御史楊九澤言浙江寧紹台溫皆濱海界連福建福興漳泉諸郡有倭患雖設衛所城池及巡海副使備倭都指揮但海寇出沒無常兩地官弁不能通攝制禦爲難請如往例特遣巡視重臣盡統海濱諸郡庶事權歸一威令易行廷議稱善乃命副都御史朱紈巡撫浙江兼制福興漳泉建寧五府軍事未幾其王義晴遣使周良等先期來貢用舟四人六百泊於海外以待明年貢期守臣沮之則以風爲解十一月事聞帝以先期非制且人船越額敕守臣勒回十二月倭賊犯寧台二郡大肆殺掠二郡將吏並獲罪明年六月周良復求貢紈以聞禮部言日本貢期及舟與人數雖違制第表辭恭順去貢期亦不遠若槩加拒絕則航海之勞可憫若稍務含容則宗設素卿之事可鑑宜敕紈循十八年例起送五十人餘留嘉賓館量加犒賞諭令歸國若互市防守事宜在紈善處之報可紈力言五十人過少乃令百人赴都部議但賞百人餘罷勿賞良訴貢舟高大勢須五百人中國商船入海往往藏匿島中爲寇故增一舟防寇非敢違制部議量增其賞且謂百人之制彼國勢難遵行宜相其貢舟大小以施禁令從之日本故有孝武兩朝勘合幾二百道使臣前此入貢請易新者而令繳其舊至是良持弘治勘合十五道言其餘爲素卿子所竊捕之不獲正德勘合留十五道爲信而以四十道來還部議令異時悉繳舊乃許易新亦報可

當是時日本王雖入貢其各島諸倭歲常侵掠濱海奸民又往往勾之紈乃嚴爲申禁獲交通者不俟命輒以便宜斬之由是浙閩大姓素爲倭內主者失利而怨紈又數騰疏於朝顯言大姓通倭狀以故閩浙人皆惡之而閩尤甚巡按御史周亮閩產也上疏詆紈請改巡撫爲巡視以殺其權其黨在朝者左右之竟如其請又奪紈官羅織其擅殺罪紈自殺自是不置巡撫者四年海禁復弛亂益滋甚祖制浙江設市舶提舉司以中官主之駐寧波海船至則平其直制馭之權在上及世宗盡撤天下鎮守中官幷撤市舶而濱海奸人遂操其利初市猶商主之及嚴通番之禁遂移之貴官家負其直者愈甚索之急則以危言嚇之或又以好言給之謂我終不負若直倭喪其貲不得返已大恨而大奸若汪直徐海陳東麻葉輩素窟其中以內地不得逞悉逸海島爲主謀倭聽指揮誘之入寇海中巨盜遂襲倭服飾旂號並分艘掠內地無不大利故倭患日劇於是廷議復設巡撫三十一年七月以僉都御史王忬任之而勢已不可撲滅明初沿海要地建衛所設戰船董以都司巡視副使等官控制周密迨承平久船敝伍虛及遇警乃募漁船以資哨守兵非素練船非專業見寇船至輒望風逃匿而上又無統率御之以故賊帆所指無不殘破三十二年三月汪直勾諸倭大舉入寇連艦數百蔽海而至浙東西江南北濱海數千里同時告警破昌國衛四月犯太倉破上海縣掠江陰攻乍浦八月劫金山衛犯崇明及常熟嘉定三十三年正月自太倉掠蘇州攻松江復趨江北薄通泰四月陷嘉善破崇明復薄蘇州入崇德縣六月由吳江掠嘉興還屯柘林縱橫來往若入無人之境忬亦不能有所爲未幾忬改撫大同以李天寵代又命兵部尚書張經總督軍務乃大徵兵四方協力進勦是時倭以川沙窪柘林爲巢抄掠四出明年正月賊奪舟犯乍浦海寧陷崇德轉掠塘棲新市橫塘雙林等處攻德清縣五月復合新倭突犯嘉興至王江涇乃爲經擊斬千九百餘級餘奔柘林其他倭復掠蘇州境延及江陰無錫出入太湖大抵眞倭十之三從倭者十之七倭戰則驅其所掠之人爲軍鋒法嚴人皆致死而官軍素愞怯所至潰奔帝乃遣工部侍郎趙文華督察軍情文華顛倒功罪諸軍益解體經天寵並被逮代以周珫胡宗憲踰月珫罷代以楊宜時賊勢蔓延江浙無不蹂躪新倭來益衆益肆毒每自焚其舟登岸劫掠自杭州北新關西剽淳安突徽州歙縣至績谿旌德過涇縣趨南陵遂達蕪湖燒南岸奔太平府犯江寧鎮徑侵南京倭紅衣黃蓋率衆犯大安德門及夾岡乃趨秣陵關而去由溧水流劫溧陽宜興聞官兵自太湖出遂越武進抵無錫駐惠山一晝夜奔百八十餘里抵滸墅爲官軍所圍追及於楊林橋殲之是役也賊不過六七十人而經行數千里殺戮戰傷者幾四千人歷八十餘日始滅此三十四年九月事也應天巡撫曹邦輔以捷聞文華忌其功以倭之巢於陶宅也乃大集浙直兵與宗憲親將之又約邦輔合勦分道並進營於松江之甎橋倭悉銳來衝遂大敗文華氣奪賊益熾十月倭自樂清登岸流劫黃巖仙居奉化餘姚上虞被殺擄者無算至嵊縣乃殲之亦不滿二百人顧深入三府歷五十日始平其先一枝自山東日照流劫東安衛至淮安贛榆沭陽桃源至清河阻雨爲徐邳官兵所殲亦不過數十人流害千里殺戮千餘其悍如此而文華自甎橋之敗見倭寇勢甚其自柘林移於周浦與泊於川沙舊巢及嘉定高橋者自如他侵犯者無虛日文華乃以寇息請還朝明年二月罷宜代以宗憲以阮鶚巡撫浙江於是宗憲乃請遣使諭日本國王禁戢島寇招還通番奸商許立功免罪既得旨遂遣寧波諸生蔣洲陳可願往及是可願還言至其國五島遇汪直毛海峰謂日本內亂王與其相俱死諸島不相統攝須徧諭乃可杜其入犯又言有薩摩洲者雖已揚帆入寇非其本心乞通貢互市願殺賊自効乃留洲傳諭各島而送可願還宗憲以聞兵部言直等本編民既稱効順即當釋兵乃絕不言及第求開市通貢隱若屬國然其奸叵測宜令督臣振揚國威嚴加備禦移檄直等俾勦除舟山諸賊巢以自明果海疆廓清自有恩賚從之時兩浙皆被倭而慈谿焚殺獨慘餘姚次之浙西柘林乍浦烏鎭皂林間皆爲賊巢前後至者二萬餘人命宗憲亟圖方略七月宗憲言賊首毛海峯自陳可願還一敗倭寇於舟山再敗之瀝表又遣其黨招諭各島相率効順乞加重賞部令宗憲以便宜行當是時徐海陳東麻葉方連兵攻圍桐鄉宗憲設計間之海遂禽東葉以降盡殲其餘衆於乍浦未幾復蹴海於梁莊海亦授首餘黨盡滅江南浙西諸寇略平而江北倭則犯丹陽及掠瓜洲燒漕艘者明春復犯如皋海門攻通州掠揚州高郵入寶應遂侵淮安府集於廟灣逾年乃克其浙東之倭則盤踞於舟山亦先後爲官軍所襲先是蔣洲宣諭諸島至豐後被留令僧人往山口等島傳諭禁戢於是山口都督源義長具咨送還被掠人口而咨乃用國王印豐後太守源義鎭遣僧德陽等具方物奉表謝罪請頒勘合修貢送洲還前楊宜所遣鄭舜功出海哨探者行至豐後島島主亦遣僧清授附舟來謝罪言前後侵犯皆中國奸商潛引諸島夷衆義鎭等實不知於是宗憲疏陳其事言洲奉使二年止歷豐後山口二島或有貢物而無印信勘合或有印信而無國王名稱皆違朝典然彼旣以貢來又送還被掠人口實有畏罪乞恩意宜禮遣其使令傳諭義鎭義長轉諭日本王禽獻倡亂諸渠及中國奸宄方許通貢詔可汪直之踞海島也與其黨王滶葉宗滿謝和王清溪等各挾倭寇爲雄朝廷至懸伯爵萬金之賞以購之迄不能致及是內地官軍頗有備倭雖橫亦多被勦戮有全島無一人歸者往往怨直直漸不自安宗憲與直同郡館直母與其妻孥於杭州遣蔣洲齎其家書招之直知家屬固無恙頗心動義鎭等以中國許互市亦喜乃裝巨舟遣其屬善妙等四十餘人隨直等來貢市於三十六年十月初抵舟山之岑港將吏以爲入寇也陳兵備直乃遣王滶入見宗憲謂我以好來何故陳兵待我滶卽毛海峯直養子也宗憲慰勞甚至指心誓無他俄善妙等見副將盧鏜於舟山鏜令禽直以獻語洩直益疑宗憲開諭百方直終不信曰果爾可遣滶出吾當入見宗憲立遣之直又邀一貴官爲質卽命指揮夏正往直以爲信遂與宗滿清溪偕來宗憲大喜禮接之甚厚令謁巡按御史王本固於杭州本固以屬吏滶等聞大恨支解夏正焚舟登山據岑港堅守逾年新倭大至屢寇浙東三郡其在岑港者徐移之柯梅造新舟出海宗憲不之追十一月賊揚帆南去泊泉州之浯嶼掠同安惠安南安諸縣攻福寧州破福安寧德明年四月遂圍福州經月不解福清永福諸城皆被攻燬蔓延於興化奔突於漳州其患盡移於福建而潮廣間亦紛紛以倭警聞矣至四十年浙東江北諸寇以次平宗憲尋坐罪被逮明年十一月陷興化府大殺掠移據平海衛不去初倭之犯浙江也破州縣衛所城以百數然未有破府城者至是遠近震動亟徵俞大猷戚繼光劉顯諸將合擊破之其侵犯他州縣者亦爲諸將所破福建亦平其後廣東巨寇曾一本黃朝太等無不引倭爲助隆慶時破碣石甲子諸衛所已犯化州石城縣陷錦囊所神電衛吳川陽江茂名海豐新寧惠來諸縣悉遭焚掠轉入雷廉瓊三郡境亦被其患萬曆二年犯浙東

寧紹台溫四郡又陷廣東銅鼓衞雙魚所三年犯電白四年犯定海八年犯浙江韭山及福建澎湖東湧十年犯溫州又犯廣東十六年犯浙江然時疆吏懲嘉靖之禍海防頗飭賊來輒失利其犯廣東者爲蜑賊梁本豪勾引勢尤猖獗總督陳瑞集衆軍擊之斬首千六百餘級沈其船百餘艘本豪亦授首帝爲告謝郊廟宣捷受賀云日本故有王其下稱關白者最尊時以山城州渠信長爲之偶出獵遇一人臥樹下驚起衝突執而詰之自言爲平秀吉薩摩洲人之奴雄健蹻捷有口辯信長悅之令牧馬名曰木下人後漸用事爲信長畫策奪幷二十餘州遂爲攝津鎮守大將有參謀阿奇支者得罪信長命秀吉統兵討之俄信長爲其下明智所殺秀吉方攻滅阿奇支聞變與部將行長等乘勝還兵誅之威名益振尋廢信長三子僭稱關白盡有其衆時爲萬曆十四年於是益治兵征服六十六州又以威脅琉球呂宋暹羅佛郎機諸國皆使奉貢乃改國王所居山城爲大閣廣築城郭建宮殿其樓閣有至九重者實婦女珍寶其中其用法嚴軍行有進無退違者雖子壻必誅以故所向無敵乃改元文祿幷欲侵中國滅朝鮮而有之召問故時汪直遺黨知唐人畏倭如虎氣益驕益大治兵甲繕舟艦與其下謀入中國北京者用朝鮮人爲導入浙閩沿海郡縣者用唐人爲導慮琉球洩其情使毋入貢同安人陳甲者商於琉球懼爲中國害與琉球長史鄭迥謀因進貢請封之使具以其情來告甲又旋故鄉陳其事於巡撫趙參魯參魯以聞下兵部部移咨朝鮮王王但深辨嚮導之誣亦不知其謀己也初秀吉廣徵諸鎮兵儲三歲糧欲自將以犯中國會其子死旁無兄弟前奪豐後島主妻爲妾慮其爲後患而諸鎮怨秀吉暴虐咸曰此舉非襲大唐乃襲我耳各懷異志由是秀吉不敢親行二十年四月遣其將清正行長義智僧元蘇宗逸等將舟師數百艘由對馬島渡海陷朝鮮之金山乘勝長驅以五月渡津掠開城分陷豐德諸郡朝鮮望風潰清正等遂偪王京朝鮮王李昖棄城奔平壤又奔義州遣使絡繹告急倭遂入王京執其王妃王子追奔至平壤放兵淫掠七月命副總兵祖承訓赴援與倭戰於平壤城外大敗承訓僅以身免八月中朝乃以兵部侍郎宋應昌爲經略都督李如松爲提督統兵討之當是時寧夏未平朝鮮事起兵部尚書石星計無所出募能說倭者偵之於是嘉興人沈惟敬應募星卽假游擊將軍銜送之如松麾下明年如松師大捷於平壤朝鮮所失四道並復如松乘勝趨碧蹄館敗而退師於是封貢之議起中朝彌縫惟敬以成款局事詳朝鮮傳久之秀吉死諸倭揚帆盡歸朝鮮患亦平然自關白侵東國前後七載喪師數十萬糜餉數百萬中朝與朝鮮迄無勝算至關白死兵禍始休諸倭亦皆退守島巢東南稍有安枕之日矣秀吉凡再傳而亡終明之世通倭之禁甚嚴閭巷小民至指倭相詈罵甚以噤其小兒女云

明史卷三百二十三　列傳第二百一十一

總裁官總理事務經筵講官少保兼太子太保保和殿大學士兼管吏部戶部尚書事加六級臣張廷玉等奉

敕修

外國四

琉球　呂宋
合貓里　美洛居
沙瑤吶嗶嘽　雞籠
婆羅　麻葉甕
古麻剌朗　馮嘉施蘭
文郎馬神

琉球居東南大海中自古不通中國元世祖遣官招諭之不能達洪武初其國有三王曰中山曰山南曰山北皆以尚爲姓而中山最強五年正月命行人楊載以卽位建元詔告其國其中山王察度遣弟泰期等隨載入朝貢方物帝喜賜大統曆及文綺紗羅有差七年冬泰期復來貢幷上皇太子箋命刑部侍郎李浩齎賜文綺陶鐵器且以陶器七萬鐵器千就其國市馬九年夏泰期隨浩入貢得馬四十匹浩言其國不貴紈綺惟貴磁器鐵釜自是賞賚多用諸物明年遣使賀正旦貢馬十六匹硫黃千斤又明年復貢山南王承察度亦遣使朝貢禮賜如中山十五年春中山來貢遣內官送其使還國明年與山南王並來貢詔賜二王鍍金銀印時二王與山北王爭雄互相攻伐命內史監丞梁民賜之敕令罷兵息民三王並奉命山北王怕尼芝卽遣使偕二王使朝貢十八年又貢賜山北王鍍金銀印如二王而賜二王海舟各一自是三王屢遣使奉貢中山王尤數二十三年中山來貢其通事私攜乳香十斤胡椒三百斤入都爲門者所獲當入官詔還之仍賜以鈔二十五年夏中山貢使以其王從子及寨官子偕來請肄業國學從之賜衣巾靴襪幷夏衣一襲其冬山南王亦遣從子及寨官子入國學賜賚如之自是歲賜冬夏衣以爲常明年中山兩入貢又遣寨官子肄業國學是時國法嚴中山生與山南生有非議詔書者帝聞置之死而待其國如故山北王怕尼芝已卒其嗣王攀安知二十九年春遣使來貢令山南生肄國學者歸省其冬復來中山亦遣寨官子二人及女官生姑魯妹二人先後來肄業其感慕華風如此中山又遣使請賜冠帶命禮部繪圖令自製其王固以請乃賜之幷賜其臣下冠服又嘉其修職勤賜閩中舟工三十六戶以便貢使往來及惠帝嗣位遣官以登極詔諭其國三王亦奉貢不絕成祖承大統詔諭如前永樂元年春三王並來貢山北王請賜冠帶詔給賜如中山命行人邊信劉亢齎敕使三國賜以絨錦文綺紗羅明年二月中山王世子武寧遣使告父喪命禮部遣官諭祭賻以布帛遂命武寧襲位四月山南王從弟汪應祖亦遣使告承察度之喪謂前王無子傳位應祖乞加朝命且賜冠帶帝並從之遂遣官冊封時山南使臣私齎白金詣處州市磁器事發當論罪帝曰遠方之人知求利而已安知禁令悉貰之三年山南遣寨官子入國學明年中山亦遣寨官子六人入國學幷獻奄豎數人帝曰彼亦人子無罪刑之何忍命禮部還之部臣言還之慮阻歸化之心請但賜敕止其再進帝曰諭以空言不若示以實事今不遣還彼欲獻媚必將繼進天地以生物爲心帝王乃可絕人類乎竟還之五年四月中山王世子思紹遣使告父喪諭祭賜賻冊封如前儀八年山南遣官生三人入國學賜巾服靴條衾裯帷帳已復頻有所賜一日帝與羣臣語及之禮部尚書呂震曰昔唐太宗興庠序新羅百濟並遣子來學爾時僅給廩餼未若今日賜予之周也帝曰蠻夷子弟慕義而來必衣食常充然後嚮學此我太祖美意朕安得違之明年中山遣國相子及寨官子入國學因言右長史王茂輔翼有年請擢爲國相左長史朱復本江西饒州人輔臣祖察度四十餘年不懈今年踰八十請令致仕還鄉從之乃命復茂並爲國相復兼左長史致仕茂兼右長史任其國事十一年中山遣寨官子十三人入國學時山南王應祖爲其兄達勃期所弒諸寨官討誅之推應祖子他魯每爲主以十三年三月請封命行人陳季若等封爲山南王賜誥命冠服及寶鈔萬五千錠琉球之分三王也惟山北最弱故其朝貢亦最稀自永樂三年入貢後至是年四月始入貢其後竟爲二王所併而中山益強以其國富一歲常再貢三貢天朝雖厭其繁不能卻也其冬貢使還至福建擅奪海船殺官軍且毆傷中官掠其衣物事聞戮其爲首者餘六十七人付其主自治明年遣使謝罪帝待之如初其修貢益謹二十二年春中山王世子尚巴志來告父喪諭祭賜賻如常儀仁宗嗣位命行人方彝詔告其國洪熙元年命中官齎敕封巴志爲中山王宣德元年其王以冠服未給遣使來請命製皮弁服賜之三年八月帝以中山王朝貢彌謹遣官齎敕往勞賜羅錦諸物山南自四年兩貢終帝世不復至亦爲中山所併矣自是惟中山一國朝貢不絕正統元年其使者言初入閩時止具貢物報聞下人所齎海肥螺殼失於開報悉爲官司所沒入致來往乏資乞賜垂憫命給直如例明年貢使至浙江典市舶者復請籍其所齎帝曰番人以貿易爲利此二物取之何用其悉還之著爲令使者奏本國陪臣冠服皆國初所賜歲久敝壞乞再給又言小邦遵奉正朔海道險遠受曆之使或半歲一歲始返常懼後時帝曰冠服令本邦自製大統曆福建布政司給予之七年正月中山世子尚忠來告父喪命給事中余忭行人劉遜封忠爲中山王敕使之用給事中自茲始也忭等還受其黃金沉香倭扇之贈爲偵事者所覺並下吏杖而釋之十二年二月世子尚思達來告父喪命給事中陳傅行人萬祥往封景泰二年思達卒無子其叔父金福攝國事遣使告喪命給事中喬毅行人董守宏封金福爲王五年二月金福弟泰久奏長兄金福殂次兄布里與兄子志魯爭立兩傷俱殞所賜印亦毀壞國中臣民推臣權攝國事乞再賜印鎮撫遠藩從之明年四月命給事中嚴誠行人劉儉封泰久爲王天順六年三月世子尚德來告父喪命給事中潘榮行人蔡哲封爲王成化五年其貢使蔡璟言祖父本福建南安人爲琉球通事傳至璟擢長史乞如制賜誥贈封其父母章下禮官以無例而止明年福建按察司言貢使程鵬至福州與指揮劉玉私通貨賄並宜究治命治玉而宥鵬七年三月世子尚圓來告父喪命給事中邱弘行人韓文封爲王弘至山東病卒命給事中官榮代之十年貢使至福建殺懷安民夫婦二人焚屋劫財捕之不獲明年復貢禮官因請定令二年一貢毋過百人不得附攜私物騷擾道途帝從之賜敕戒王其使者請如祖制比年一貢不許又明年貢使至會冊立東宮請如朝鮮安南賜詔齎回禮官議琉球與日本占城並居海外例不頒詔乃降敕以文錦綵幣賜其王及妃十三年使臣來復請比年

一貢不許明年四月王卒世子尚眞來告喪乞嗣爵復請比年一貢禮官言其國連章奏請不過欲圖市易近年所遣之使多係閩中逋逃罪人殺人縱火奸狡百端專貿中國之貨以擅外蕃之利所請不可許乃命給事中董旻行人張祥往封而不從其請十六年使來復引祖訓條章請比年一貢帝賜敕戒約之十八年使者至復以爲言賜敕如初使者攜陪臣子五人來受學命隸南京國子監二十二年貢使來其王移咨禮部請遣五人歸省從之弘治元年七月其貢使自浙江來禮官言貢道向由福建今既非正道又非貢期宜却之詔可其使臣復以國王移禮部文來上言舊歲知東宮冊妃故遣使來賀非敢違制禮官乃請納之而稍減傔從賜賚以示裁抑之意三年使者至言近歲貢使止許二十五人入都物多人少慮致疏虞詔許增五人其傔從在閩者幷增給二十人廩食爲一百七十人時貢使所攜土物與閩人互市者爲奸商抑勒有司又從而侵削之使者訴於朝有詔禁止十七年遣使補貢謂小邦貢物常市之滿剌加因遭風致失期命宴賚如制正德二年使者來請比年一貢禮官言不可許是時劉瑾亂政特許之五年遣官生蔡進等五人入南京國學嘉靖二年從禮官議敕琉球二年一貢如舊制不得過百五十人五年尚眞卒其世子尚淸以六年來貢因報訃使者還至海溺死九年遣他使來貢幷請封命福建守臣勘報十一年世子以國中臣民狀來上乃命給事中陳侃行人高澄持節往封及還却其贈十四年貢使至仍以所贈黃金四十兩進於朝乃敕侃等受之二十九年來貢攜陪臣子五人入國學三十六年貢使來告王尚淸之喪先是倭寇自浙江敗還抵琉球境世子尚元遣兵邀擊大殲之獲中國被掠者六人至是送還帝嘉其忠順賜賚有加卽命給事中郭汝霖行人李際春封尚元爲王至福建阻風未行三十九年其貢使亦至福建稱受世子命以海中風濤叵測倭寇又出沒無時恐天使有他虞請如正德中封占城故事遣人代進表文方物而身偕本國長史齎回封冊不煩天使遠臨巡按御史樊獻科以聞禮官言遣使冊封祖制也今使者欲遙受冊命是委君貺於草莽不可一使者本奉表朝貢乃求遣官代進是棄世子專遣之命不可二昔正德中占城王爲安南所侵竄居他所故使者齎回敕命出一時權宜今援失國之事以擬其君不可三梯航通道柔服之常彼所藉口者倭寇之警風濤之險爾不知琛寶之輸納使臣之往來果何由而得無患乎不可四曩占城雖領封其王猶懇請遣使今使者非世子面命又無印信文移若輕信其言倘世子以遣使爲至榮遙拜爲非禮不肯受封復上書請使將誰執其咎不可五乞命福建守臣仍以前詔從事至未受封而先謝恩亦非故事宜止聽其入貢其謝恩表文俟世子受封後遣使上進庶中國之大體以全帝如其言四十一年夏遣使入貢謝恩明年及四十四年並入貢隆慶中凡三貢皆送還中國飄流人口天子嘉其忠誠賜敕獎勵加賚銀幣萬曆元年冬其國世子尚永遣使告父喪請襲爵章下禮部行福建守臣覈奏明年遣使賀登極三年入貢四年春再貢七月命戶科給事中蕭崇業行人謝杰齎敕及皮弁冠服玉珪封尚永爲中山王明年冬崇業等未至世子復遣使入貢其後修貢如常儀八年冬遣陪臣子三人入南京國學十九年遣使來貢而尚永隨卒禮官以日本方侵噬鄰境琉球不可無王乞令世子速請襲封用資鎭壓從之二十三年世子尚寧遣人請襲福建巡撫許孚遠以倭氛未息據先臣鄭曉領封之議請遣官一員齎敕至福建聽其陪臣面領歸國或遣習海武臣一人偕陪臣同往禮官范謙議如其言且請待世子表至乃許二十八年世子以表至其陪臣請如祖制遣官禮官余繼登言累朝冊封琉球伐木造舟動經數歲使者蹈風濤之險小國苦供億之煩宜一如前議從事帝可之命今後冊封止遣廉勇武臣一人偕請封陪臣前往其祭前王封新王禮儀一如舊章仍命俟彼國大臣結狀至乃行明年秋貢使以狀至仍請遣文臣乃命給事中洪瞻祖行人王士禎往且命待海寇息警乃渡海行事已而瞻祖以憂去改命給事中夏子陽以三十一年二月抵福建按臣方元彥復以海上多事警報頻仍會巡撫徐學聚疏請仍遣武臣子陽士禎則以屬國言不可爽使臣義當有終乞堅成命慰遠人章俱未報禮部侍郎李廷機言宜行領封初旨幷武臣不必遣於是御史錢桓給事中蕭近高交章爭其不可謂此事當在欽命未定之前不當在冊使旣遣之後宜敕所司速成海艘勿悞今歲渡海之期俟竣事復命然後定爲畫一之規先之以文告令其領封海上永爲遵守帝納之三十三年七月乃命子陽等速渡海竣事當是時日本方强有吞滅之意琉球外禦强鄰內修貢不絕四十年日本果以勁兵三千入其國擄其王遷其宗器大掠而去浙江總兵官楊宗業以聞乞嚴飭海上兵備從之已而其王釋歸復遣使修貢然其國殘破已甚禮官乃定十年一貢之例明年修貢如故又明年再貢福建守臣遵朝命却還之其使者怏怏而去四十四年日本有取雞籠山之謀其地名臺灣密邇福建尚寧遣使以聞詔海上警備天啓三年尚寧已卒其世子尚豐遣使請貢請封禮官言舊制琉球二年一貢後爲倭寇所破改期十年今其國休養未久暫擬五年一貢俟新王冊封更議從之五年遣使入貢請封六年再貢是時中國多事而科臣應使者亦憚行故封典久稽崇禎二年貢使又至請封命遣官如故事禮官何如寵復以履險糜費請令陪臣領封帝不從乃命戶科給事中杜三策行人楊掄往成禮而還四年秋遣使賀東宮冊立自是迄崇禎末並修貢如儀後兩京繼沒唐王立於福建猶遣使奉貢其虔事天朝爲外藩最云

呂宋居南海中去漳州甚近洪武五年正月遣使偕瑣里諸國來貢永樂三年十月遣官齎詔撫諭其國八年與馮嘉施蘭入貢自後久不至萬曆四年官軍追海寇林道乾至其國國人助討有功復朝貢時佛郎機强與呂宋互市久之見其國弱可取乃奉厚賄遺王乞地如牛皮大建屋以居王不虞其詐而許之其人乃裂牛皮聯屬至數千丈圍呂宋地乞如約王大駭然業已許諾無可奈何遂聽之而稍徵其稅如國法其人旣得地卽營室築城列火器設守禦具爲窺伺計已竟乘其無備襲殺其王逐其人民而據其國名仍呂宋實佛郎機也先是閩人以其地近且饒富商販者至數萬人往往久居不返至長子孫佛郎機旣奪其國其王遣一酋來鎭慮華人爲變多逐之歸留者悉被其侵辱二十一年八月酋郎雷敝裏系勝侵美洛居役華人二百五十助戰有潘和五者爲其哨官蠻人日酣臥而令華人操舟稍怠輒鞭韃有至死者和五曰叛死箠死等死耳否亦且戰死曷若刺殺此酋以救死勝則揚帆歸不勝而見縛死未晚也衆然之乃夜刺殺其酋持酋首大呼諸蠻驚起不知所爲悉被刃或落水死和五等盡收其金寶甲仗駕舟以歸失路之安南爲其國人所掠惟郭惟太等三十二人附他舟獲返時酋子郎雷猫吝駐朔霧聞之率衆馳至遣僧陳父冤乞還其戰艦金寶戮仇人以償父命巡撫許孚遠聞於朝檄兩廣督撫以禮遣僧置惟太於理和五竟留安南不敢返初酋之被戮也其部下居呂宋者盡逐華人於城外毀其廬及猫吝歸令城外築室以居會有傳日本來寇者猫吝懼交通爲患復議驅逐而孚遠適遣人招還蠻乃給行糧遣之然華商嗜利趨死不顧久之復成聚其時礦稅使者四出奸宄蠭起言利有閻應龍張嶷者言呂宋機易山素產金銀採之歲可得金十萬兩銀三十萬兩以三十年七月詣闕奏聞帝卽納之命下舉朝駭異都御史溫純疏言近中外諸臣爭言礦稅之害天聽彌高今雲南李鳳至汙辱婦女六十六人私運財賄至三十巨舟三百大扛勢必見戮於積怒之衆何如及今撤之猶不失威福操縱之柄緬酋以寶井故提兵十萬將犯內地西南之蠻岌岌可憂而閩中奸徒又以機易山事見告此其妄言眞如戲劇不意皇上之聰明而悞聽之臣等驚魂搖曳寢食不寧異時變興禍起費國家之財不知幾百萬倘或翦滅不早其患又不止費財矣臣聞海澄市舶高寀已歲徵三萬金決不遺餘力而讓利卽機易越在海外亦決無徧地金銀任人採取之理安所得金十萬銀三十萬以實其言不過假借朝命闌出禁物勾引諸番以逞不軌之謀豈止煩擾公私貽害海澄一邑而已哉昔年倭患正緣奸民下海私通大姓設計勒價致倭賊憤恨稱兵犯順今以朝命行之害當彌大及乎兵連禍結諸奸且效汪直曾一本輩故智負海稱王擁兵列寨近可以規重利遠不失爲尉佗於諸亡命之計得矣如國家大患何乞急寘於理用消禍本言官金忠士曹於汴朱吾弼等亦連章力爭皆不聽事下福建守臣持不欲行而迫於朝命乃遣海澄丞王時和百戶干一成偕嶷往勘呂宋人聞之大駭華人流寓者謂之曰天朝無他意特是奸徒橫生事端今遣使者按驗俾奸徒自窮便於還報耳其酋意稍解命諸僧散花道旁若敬朝使而盛陳兵衞迓之時和等入酋爲置宴問曰天朝欲遣人開山山各有主安得開譬中華有山可容我國開耶且言樹生金豆是何樹所生時和不能對數視嶷嶷曰此地皆金何必問豆所自上下皆大笑留嶷欲殺之諸華人共解乃獲釋歸時和還任卽病悸死守臣以聞請治嶷妄言罪事已止矣而呂宋人終自疑謂天朝將襲取其國諸流寓者爲內應潛謀殺之明年聲言發兵侵旁國厚價市鐵器華人貪利盡鬻之於是家無寸鐵酋乃下令錄華人姓名分三百人爲一院入卽殲之事稍露華人羣走菜園酋發兵攻衆無兵仗死無算奔大崙山蠻人復來攻衆殊死鬭蠻兵少挫酋旋悔遣使議和衆疑其僞撲殺之酋大怒斂衆入城設伏城旁衆飢甚悉下山攻城伏發衆大敗先後死者二萬五千人酋尋出令諸

所掠華人貲悉封識貯庫移書閩中守臣言華人將謀亂不得已先之請令死者家屬往取其孥與帑巡撫徐學聚等亟告變於朝帝驚悼下法司議奸徒罪三十二年十二月議上帝曰嶷等欺誑朝廷生釁海外致二萬商民盡膏鋒刃損威辱國死有餘辜即梟首傳示海上呂宋酋擅殺商民撫按官議罪以聞學聚等乃移檄呂宋數以擅殺罪令送死者妻子歸竟不能討也其後華人復稍稍往而蠻人利中國互市亦不拒久之復成聚時佛郎機已併滿剌加益以呂宋勢愈強橫行海外遂據廣東香山澳築城以居與民互市而患復中於粵矣

合貓里海中小國也土瘠多山山外大海饒魚蟲人知耕稼永樂三年九月遣使附爪哇使臣朝貢其國又名貓里務近呂宋商舶往來漸成富壤華人入其國不敢欺陵市法最平故華人爲之語曰若要富須往貓里務有網巾礁老者最兇悍海上行劫舟若飄風遇之無免者然特惡商舶不至其地偶有至者待之甚善貓里務後遭寇掠人多死傷地亦貧困商人慮爲礁老所劫鮮有赴者

美洛居俗訛爲米六合居東海中頗稱饒富酋出威儀甚備所部合掌伏道旁男子削髮女椎結地有香山雨後香墮沿流滿地居民拾取不竭其酋委積充棟以待商舶之售東洋不產丁香獨此地有之可以辟邪故華人多市易萬曆時佛郎機來攻其酋戰敗請降乃宥令復位歲以丁香充貢不設戍兵而去已紅毛番橫海上知佛郎機兵已退乘虛直抵城下執其酋語之曰若善事我我爲若主殊勝佛郎機也酋不得已聽命復位如故佛郎機酋聞之大怒率兵來攻道爲華人所殺語具呂宋傳時紅毛番雖據美洛居率一二歲率衆返國既返復來佛郎機酋子既襲位欲竟父志大舉兵來襲值紅毛番已去遂破美洛居殺其酋立己所親信主之無何紅毛番至又破其城逐佛郎機所立酋而立美洛居故王之子自是歲搆兵人不堪命華人流寓者遊說兩國令各罷兵分國中萬老高山爲界山以北屬紅毛番南屬佛郎機始稍休息而美洛居竟爲兩國所分

沙瑤與吶嗶嘽連壤吶嗶嘽在海畔沙瑤稍紆入山隈皆與呂宋近男女蓄髮椎結男子用履婦女跣足以板爲城豎木覆茅爲室崇釋教多建禮拜寺男女之禁甚嚴夫行在前其婦與人嘲笑夫即刃其婦所嘲笑之人不敢逃任其刺割盜不問大小輒論死孕婦將產以水灌之且以水滌其子置水中生而與水習矣物產甚薄華人商其地所攜僅磁器鍋釜之類重者至布而止後佛郎機據呂宋多侵奪鄰境惟二國號令不能及

雞籠山在彭湖嶼東北故名北港又名東番去泉州甚邇地多深山大澤聚落星散無君長有十五社社多者千人少或五六百人無徭賦以子女多者爲雄聽其號令雖居海中酷畏海不善操舟老死不與鄰國往來永樂時鄭和徧歷東西洋靡不獻琛恐後獨東番遠避不至和惡之家貽一銅鈴俾挂諸項蓋擬之狗國也其後人反寶之富者至掇數枚曰此祖宗所遺俗尚勇暇即習走日可數百里不讓奔馬足皮厚數分履荆棘如平地男女椎結裸逐無所避女或結草裙蔽體遇長老則背身而立俟過乃行男子穿耳女子年十五斷唇旁齒以爲飾手足皆刺文衆社畢賀費不貲貧者不任受賀則不敢刺四序以草青爲歲首土宜五穀而不善水田穀種落地則止殺謂行好事助天公乞飯食既收穫即標竹竿於道謂之插青此時逢外人便殺矣村落相仇刻期而後戰勇者數人前跳被殺則立散其勝者衆賀之曰壯士能殺人也其負者家衆亦賀之曰壯士不畏死也次日即和好如初地多竹大至數拱長十丈以竹搆屋覆之以茅廣且長聚族而居無曆日文字有大事集衆議之善用鏢鎗竹柄鐵鏃銛甚試鹿鹿斃試虎虎亦斃性既畏海捕魚則於溪澗冬月聚衆捕鹿鏢發輒中積如邱山獨不食雞雉但取其毛以爲飾中多大溪流入海水澹故其外名淡水洋嘉靖末倭寇擾閩大將戚繼光敗之倭遁居於此其黨林道乾從之已道乾懼爲倭所併又懼官軍追擊揚帆直抵浡泥攘其邊地以居號道乾港而雞籠遭倭焚掠國遂殘破初悉居海濱既遭倭難稍稍避居山後忽中國漁舟從魍港飄至遂往來通販以爲常至萬曆末紅毛番泊舟於此因事耕鑿設闤闠稱臺灣焉崇禎八年給事中何楷陳靖海之策言自袁進李忠楊祿楊策鄭芝龍李魁奇鍾斌劉香相繼爲亂海上歲無寧息今欲靖寇氛非墟其窟不可其窟維何臺灣是也臺灣在彭湖島外距漳泉止兩日夜程地廣而腴初貧民時至其地規魚鹽之利後見兵威不及往往聚而爲盜近則紅毛築城其中與奸民互市屹然一大部落墟之之計非可干戈從事必嚴通海之禁俾紅毛無從謀利奸民無從得食出兵四犯我師乘其虛而擊之可大得志紅毛舍此而去然後海氛可靖也時不能用其地北自雞籠南至浪嶠可一千餘里東自多羅滿西至王城可九百餘里水道順風自雞籠淡水至福州港口五更可達自臺灣港至彭湖嶼四更可達自彭湖至金門七更可達東北至日本七十更可達南至呂宋六十更可達蓋海道不可以里計舟人分一晝夜爲十更故以更計道里云

婆羅又名文萊東洋盡處西洋所自起也唐時有婆羅國高宗時常入貢永樂三年十月遣使者齎璽書綵幣撫諭其王四年十二月其國東西二王並遣使奉表朝貢明年又貢其地負山面海崇釋教惡殺喜施禁食豕肉犯者罪死王薙髮裹金繡巾佩雙劍出入徒步從者二百餘人有禮拜寺每祭用犧厥貢玳瑁瑪瑙硨磲珠白焦布花焦布降眞香黃蠟黑小廝萬曆時爲王者閩人也或言鄭和使婆羅有閩人從之因留居其地其後人竟據其國而王之邸旁有中國碑王有金印一篆文上作獸形言永樂朝所賜民間嫁娶必請此印印背上以爲榮後佛郎機橫舉兵來擊王率國人走入山谷中放藥水流出毒殺其人無算王得返國佛郎機遂犯呂宋

麻葉甕在西南海中永樂三年十月遣使齎璽書賜物招諭其國迄不朝貢自占城靈山放舟順風十晝夜至交欄山其西南即麻葉甕山峻地平田膏腴收穫倍他國煮海爲鹽釀蔗爲酒男女椎結衣長衫圍之以布俗尚節義婦喪夫剺面剃髮絕粒七日與屍同寢多死七日不死則親戚勸以飲食終身不再嫁或於焚屍日亦赴火自焚產玳瑁木綿黃蠟檳榔花布之屬交欄山甚高廣饒竹木元史弼高興伐爪哇遭風至此山下舟多壞乃登山伐木重造遂破爪哇其病卒百餘留養不歸後益蕃衍故其地多華人又有葛卜及速兒米囊二國亦永樂三年遣使持璽書賜物招諭竟不至

古麻剌朗東南海中小國也永樂十五年九月遣中官張謙齎敕撫諭其王幹剌義亦奔敦賜之絨錦紵絲紗羅十八年八月王率妻子陪臣隨謙來朝貢方物禮之如蘇祿國王王言臣愚無知雖爲國人所推然未受朝命幸賜封誥仍其國號從之乃賜以印誥冠帶儀仗鞍馬及文綺金織襲衣妃以下並有賜明年正月辭還復賜金銀錢文綺紗羅綵帛金織襲衣麒麟衣妃以下賜有差王還至福建遘疾卒遣禮部主事楊善論祭諡曰康靖有司治墳葬以王禮命其子剌苾嗣爲王率衆歸賜鈔幣

馮嘉施蘭亦東洋中小國永樂四年八月其酋嘉馬銀等來朝貢方物賜鈔幣有差六年四月其酋玳瑁里欲二人各率其屬朝貢賜二人鈔各百錠文綺六表裏其從者亦有賜八年復來貢

文郎馬神以木爲城其半倚山酋蓄繡女數百人出乘象則繡女執衣履刀劍及檳榔盤以從或泛舟則酋趺坐牀上繡女列坐其下與相向或用以刺舟威儀甚都民多縛木水上築室以居如三佛齊男女用五色布纏頭腹背多袒或著小袖衣蒙頭而入下體圍以幔初用蕉葉爲食器後與華人市漸用磁器尤好磁甕畫龍其外死則貯甕中以葬其俗惡淫奸者論死華人與女通輒削其髮以女配之永不聽歸女苦髮短問華人何以致長給之曰我用華水沐之故長耳其女信之競市船中水以沐華人故靳之以爲笑端女或悅華人持香蕉甘蔗茉莉相贈遺多與之調笑然憚其法嚴無敢私通者其深山中有村名烏籠里憚其人盡生尾見人輒掩面走避然地饒沙金商人持貨往市者擊小銅鼓爲號置貨地上即引退丈許其人乃前視當意者置金於旁主者遙語欲售則持貨去否則懷金以歸不交言也所產有犀牛孔雀鸚鵡沙金鶴頂降香蠟藤席藉藤蓽撥血竭肉荳蔻獐皮諸物鄰境有買哇柔者性兇很每夜半盜斬人頭以去裝之以金故商人畏之夜必嚴更以待始文郎馬神酋有賢德待商人以恩信子三十一人恐擾商舶不令外出其妻乃買哇柔酋長之妹生子襲父位聽其母族之言務爲欺詐多負商人價直自是赴者亦稀

明史卷三百二十四　　列傳第二百一十二

總裁官總理事務經筵講官少保兼太子太保保和殿大學士兼管吏部戶部尚書事加六級張廷玉等奉

敕修

外國五

占城 賓童龍　眞臘　暹羅　爪哇 闍婆 蘇吉丹 碟里 日羅夏治　三佛齊

占城居南海中自瓊州航海順風一晝夜可至自福州西南行十晝夜可至即周越裳地秦爲林邑漢爲象林縣後漢末區連據其地始稱林邑王自晉至隋仍之唐

時或稱占不勞或稱占婆其王所居曰占城至德後改國號曰環迄周宋遂以占城爲號朝貢不替元世祖惡其阻命大舉兵擊破之亦不能定洪武二年太祖遣官以卽位詔諭其國其王阿荅阿者先已遣使奉表來朝貢象虎方物帝喜卽遣官齎璽書大統曆文綺紗羅偕其使者往賜其王復遣使來貢自後或比歲貢或間歲或一歲再貢未幾命中書省管勾甘桓會同館副使路景賢齎詔封阿荅阿者爲占城國王賜綵幣四十大統曆三千三年遣使往祀其山川尋頒科舉詔於其國初安南與占城搆兵天子遣使諭解而安南復相侵四年其王奉金葉表來朝長尺餘廣五寸刻本國字館人譯之其意曰大明皇帝登大寶位撫有四海如天地覆載日月照臨阿荅阿者譬一草木爾欽蒙遣使以金印封爲國王感戴忻悅倍萬恒情惟是安南用兵侵擾疆域殺掠吏民伏願皇帝垂慈賜以兵器及樂器樂人俾安南知我占城乃聲教所被輸貢之地庶不敢欺陵帝命禮部諭之曰占城安南並事朝廷同奉正朔乃擅自搆兵毒害生靈旣失事君之禮又乖交鄰之道已咨安南國王令卽日罷兵本國亦宜講信修睦各保疆土所請兵器於王何吝但兩國互搆而賜占城是助爾相攻甚非撫安之義樂器樂人語音殊異難以遣發爾國有曉華言者其選擇以來當令肄習因命福建省臣勿徵其稅示懷柔之意六年貢使言海寇張汝厚林福等自稱元帥剽劫海上國主擊破之賊魁溺死獲其舟二十艘蘇木七萬斤謹奉獻帝嘉之命給賜加等冬遣使獻安南之捷帝謂省臣曰去冬安南言占城犯境今年占城謂安南擾邊未審曲直可遣人往諭各罷兵息民毋相侵擾十年與安南王陳煓大戰煓敗死十二年貢使至都中書不以時奏帝切責丞相胡惟庸汪廣洋二人遂獲罪遣官賜王大統曆及衣幣令與安南修好罷兵十三年遣使賀萬壽節帝聞其與安南水戰不利賜敕諭曰曩者安南兵出敗於占城占城乘勝入安南安南之辱已甚王能保境息民則福可長享如必驅兵苦戰勝負不可知而鷸蚌相持漁人得利他日悔之不亦晚乎十六年貢象牙二百枝及方物遣官賜以勘合文冊及織金文綺三十二磁器萬九千十九年遣子寶部領詩那日忽來朝賀萬壽節獻象五十四皇太子亦有獻帝嘉其誠賜賚優渥命中官送還明年復貢象五十一及伽南犀角諸物帝加宴賚還至廣東復命中官宴餞給道里費眞臘貢象占城王奪其四之一其他失德事甚多帝聞之怒二十一年夏命行人董紹敕責之紹未至而其貢使抵京尋復遣使謝罪乃命宴賜如制時阿荅阿者失道大臣閣勝懷不軌謀二十三年弒王自立明年遣太師奉表來貢帝惡其悖逆却之三十年後復連入貢成祖卽位詔諭其國永樂元年其王占巴的賴奉金葉表朝貢且告安南侵掠請降敕戒諭帝可之遣行人蔣賓興王樞使其國賜以絨錦織金文綺紗羅明年以安南王胡查奏詔戢兵遣官諭占城王而王遣使奏安南不遵詔旨以舟師來侵朝貢人回賜物悉遭奪掠又畀臣冠服印章俾爲臣屬且已據臣沙離牙諸地更侵掠未已臣恐不能自存乞隸版圖遣官往治帝怒敕責胡查而賜占城王鈔幣四年貢白象方物復告安南之難帝大發兵往討敕占城嚴兵境上遏其越逸獲者卽送京師五年攻取安南所侵地獲賊黨胡烈潘麻休等獻俘闕下貢方物謝恩帝嘉其助兵討逆遣中官王貴通齎敕及銀幣賜之六年鄭和使其國王遣其孫舍楊該貢象及方物謝恩十年其貢使乞冠帶予之復命鄭和使其國十三年王師方征陳季擴命占城助兵尚書陳洽言其王陰懷二心愆期不進反以金帛戰象資季擴季擴以黎蒼女遺之復約季擴舅陳翁挺侵升華府所轄四州十一縣地厥罪維均宜遣兵致討帝以交阯初平不欲勞師但賜敕切責俾還侵地王卽遣使謝罪十六年遣其孫舍那挫來朝命中官林貴行人倪俊送歸有賜宣德元年行人黃原昌往頒正朔繩其王不恪卻所酬金幣以歸擢戶部員外郎正統元年瓊州知府程瑩言占城比年一貢勞費實多乞如暹羅諸國例三年一貢帝是之敕其使如瑩言賜王及妃綵幣然番人利中國市易雖有此令迄不遵六年王占巴的賴卒其孫摩訶賁該以遺命遣王孫述提昆來朝貢且乞嗣位乃遣給事中管睡行人吳惠齎詔封爲王新王及妃並有賜七年春述提昆卒於途帝憫之遣官賜祭八年遣從子且揚樂催貢舞牌旗黑象十一年敕諭摩訶賁該曰邇者安南王黎濬遣使奏王欺其孤幼曩已侵升華思義四州今又屢攻化州掠其人畜財物二國俱受朝命各有分疆豈可興兵搆怨乖睦鄰保境之義王宜祇循禮分嚴飭邊臣毋恣肆侵軼貽禍生靈并諭安南嚴行備禦毋挾私報復先是定三年一貢之例其國不遵及詰其使者則云先王已逝前敕無存故不知此令是歲貢使復至再敕王遵制賜王及妃綵幣冬復遣使來貢十二年王與安南戰大敗被執故王占巴的賴姪摩訶貴來遣使奏先王抱疾曾以臣爲世子欲令嗣位臣時年幼遜位於舅氏摩訶賁該後屢興兵伐安南致敵兵入舊州古壘等處殺掠人畜殆盡王亦被禽國人以臣先王之姪且有遺命請臣代位辭之再三不得已始於府前治事臣不敢自專伏候朝命乃遣給事中陳誼行人薛幹封爲王諭以保國交鄰并諭國中臣民共相輔翼十三年敕安南送摩訶賁該還國不奉命景泰三年遣使來貢且告王訃命給事中潘本愚行人邊永封其弟摩訶貴由爲王天順元年入貢賜其正副使鈒花金帶二年王摩訶槃羅悅新立遣使奉表朝貢四年復貢自正使以下賜紗帽及金銀角帶有差使者訴安南見侵因敕諭安南王九月使來告王喪命給事中黃汝霖行人劉恕封王弟槃羅茶全爲王八年入貢憲宗嗣位應頒賜蕃國錦幣禮官請付使臣齎回從之使者復訴安南見侵求索白象乞如永樂時遣官安撫建立界牌石以杜侵陵兵部以兩國方爭不便遣使乞令使臣歸諭國王務循禮法固封疆捍外侮毋輕搆禍從之成化五年入貢時安南索占城犀象寶貨令以事天朝之禮事之占城不從大舉往伐七年破其國執王槃羅茶全及家屬五十餘人劫印符大肆焚掠遂據其地王弟槃羅茶悅逃山中遣使告難兵部言安南吞幷與國若不爲處分非惟失占城歸附之心抑恐啟安南跋扈之志宜遣官齎敕宣諭還其國王及眷屬帝慮安南逆命令俟貢使至日賜敕責之八年以槃羅茶悅請封命給事中陳峻行人李珊持節往峻等至新州港守者拒之知其國已爲安南所據改爲交南州乃不敢入十年冬還朝安南既破占城復遣兵執槃羅茶悅立前王孫齋亞麻弗菴爲王以國南邊地予之十四年遣使朝貢請封命給事中馮義行人張瑾往封之義等多攜私物既至廣東聞齋亞麻弗菴已死其弟古來遣使乞封義等慮空還失利亟至占城占城人言王孫請封之後卽爲古來所殺安南以僞敕立其國人提婆苔爲王義等不俟奏報輒以印幣授提婆苔封之得所賂黃金百餘兩又往滿剌加國盡貨其私物以歸義至海洋病死瑾具其事幷上僞敕於朝十七年古來遣使朝貢言安南破臣國時故王弟槃羅茶悅逃居佛靈山比天使齎封詔至已爲賊人執去臣與兄齋亞麻弗菴潛竄山谷後賊人畏懼天威遣人訪覓臣兄還以故地然自邦都郎至占臘止五處臣兄權國未幾遽爾隕歿臣當嗣立不敢自專仰望天恩賜之冊印臣國所有土地本二十七處四府一州二十二縣東至海南至占臘西至黎人山北至阿本喇補凡三千五百餘里乞特諭交人盡還本國章下廷議英國公張懋等請特遣近臣有威望者二人往使時安南貢使方歸卽賜敕詰責黎灝令速還地毋抗朝命禮官乃劾瑾擅封執下詔獄具得其情論死時古來所遣使臣在館召問之云古來實王弟其王病死非弒提婆苔不知何人乃命使臣暫歸廣東俟提婆苔使至審誠僞處之使臣候命經年提婆苔使者不至乃令還國二十年敕古來撫諭提婆苔使納原降國王印宥其受僞封之罪仍爲頭目提婆苔不受命乃遣給事中李孟暘行人葉應冊封古來爲國王孟暘等言占城險遠安南搆兵未已提婆苔又竊據其地稍或不愼反損國威宜令來使傳諭古來詣廣東受封并敕安南悔禍從之古來乃自老撾挈家赴崖州孟暘竣封事而返古來又欲躬詣闕廷奏安南之罪二十三年總督宋旻以聞廷議遣大臣一人往勞檄安南存亡繼絕迎古來返占城帝報可命南京右都御史屠滽往至廣東卽傳檄安南宣示禍福募健卒二千人駕海舟二十艘護古來還國安南以滽大臣奉特遣不敢抗古來乃得入明年弘治改元遣使入貢三年遣弟卜古良赴廣東言安南仍肆侵陵乞如永樂時遣將督兵守護總督秦紘等以聞兵部言安南占城皆祖訓所載不征之國永樂間命將出師乃正黎賊弒逆之罪非以隣境交惡之故今黎灝修貢惟謹古來膚受之愬容有過情不可信其單詞勞師不征之國宜令守臣回咨言近交人殺害王子古蘇麻王卽率衆敗之仇恥已雪王宜自強修政撫卹國人保固疆圉仍與安南敦睦修好其餘嫌細故悉宜捐除倘不能自強專籍朝廷發兵渡海代王守國古無是理帝如其言三年遣使謝恩其國自殘破後民物蕭條貢使漸稀十二年遣使奏本國新州港之地仍爲安南侵奪患方未息臣年已老請及臣未死命長子沙古卜洛襲封庶他日可保國土廷議安南爲占城患已非一日朝廷嘗因占城之愬累降璽書曲垂誨諭安南前後奏報皆言祇承朝命土地人民悉已退還然安南辨釋之語方至而占城控訴之詞又聞恐眞有不獲已之情宜仍令守臣切諭安南毋貪人土地自貽禍殃否則議遣偏師往問其罪至占城王長子無父在襲封之理請令先立爲世子攝國事俟他日當襲位時如例請封帝報允尋遣王孫沙不登古魯來貢十八年古來卒子沙古卜洛遣使來貢不告父喪但乞命大臣往其國

仍以新州港諸地封之別有占奪方輿之奏徵及父卒事給事中任艮弼等言占城前因國土削弱假貢乞封仰仗天威讋伏隣國其實國王之立不立不係朝廷之封不封也今稱古來已歿虛實難知萬一我使至彼古來尚存將遂封其子乎抑義不可而已乎迫脅之間事極難處如往時科臣林霄之使滿剌加不肯北面屈膝幽餓而死迄不能問其罪君命國威不可不慎大都海外諸蕃無事則廢朝貢而自立有事則假朝貢而請封今者貢使之來豈急於求封不過欲復安南之侵地還粵東之逃人耳夫安南侵地璽書屢諭歸還占據如故今若再諭彼將玩視之天威褻矣倘我使往封占城羈留不遣求爲處分朝廷將何以應又或拘我使者令索逃人是以天朝之貴臣質於海外之蠻邦宜如往年古來就封廣東事令其領敕歸國於計爲便禮部亦以古來存亡未明請令廣東守臣移文占城勘報從之既而封事久不行五年沙古卜洛遣叔父沙係把麻入貢因請封命給事中李貫行人劉廷瑞往貫抵廣東憚行請如往年古來故事令其使臣領封廷議遣官已二年今若中止非興滅繼絕義倘其使不願領封或領歸而受非其人重起事端益傷國體宜令貫等亟往貫終憚行以乏通事火長爲詞廷議令廣東守臣采訪其人如終不得則如舊例行貫復設詞言臣奉命五載似憚風波之險殊不知占城自古來被逐後竄居赤坎邦都郎國非舊疆勢不可往況古來乃前王齋亞麻弗菴之頭目殺王而奪其位王有三子其一尚存義又不可律以春秋之法雖不與問罪之師亦必絕朝貢之使柰何又爲采訪之議徒延歲月於事無益廣東巡按丁楷亦附會具奏廷議從之十年令其使臣齎敕往自是遂爲故事其國貢使亦不常至嘉靖二十二年遣王叔沙不登古魯來貢訴數爲安南侵擾道阻難歸乞遣官護送還國報可其國無霜雪四時皆似夏草木常青民以漁爲業無二麥力穡者少故收穫薄國人皆食檳榔終日不離口不解朔望但以月生爲初月晦爲盡不置閏分晝夜爲十更非日中不起非夜分不臥見月則飲酒歌舞爲樂無紙筆用羊皮槌薄熏黑削細竹蘸白灰爲字狀若蚯蚓有城郭甲兵人性狠而狡貿易多不平戶皆北向民居悉覆茅檐高不得過三尺部領分差等門高卑亦有限飲食穢汚魚非腐爛不食釀不生蛆不爲美人體黑男蓬頭女椎結俱跣足王瑣里人崇釋教歲時采生人膽入酒中與家人同飲且以浴身曰通身是膽其國人采以獻王又以洗象目每伺人於道出不意急殺之取膽以去若其人驚覺則膽已先裂不足用矣置衆膽於器華人膽輒居上故尤貴之五六月間商人出必戒備王在位三十年則避位入深山以兄弟子姪代而已持齋受戒告於天曰我爲君無道願狠虎食我或病死居一年無恙則復位如初國中呼爲昔嚟馬哈剌乃至尊至聖之稱也國不甚富惟犀象最多烏木降香樵以爲薪棋楠香獨產其地一山酋長遣人守之民不得采犯者至斷手有鰐魚潭獄疑不決者令兩造騎牛過其旁曲者魚輒躍而食之直者卽數往返不食也有尸頭蠻者一名屍致魚本婦人惟無瞳神爲異夜中與人同寢忽飛頭食人穢物來卽復活若人知而封其頸或移之他所其婦卽死國設厲禁有而不告者罪及一家

賓童龍國與占城接壤或言如來入舍衞國乞食卽其地氣候草木人物風土大類占城惟遭喪能持服葬以僻地設齋禮佛婚姻偶合酋出入乘象或馬從者百餘人前後讚唱民編茅覆屋貨用金銀花布有崑崙山節然大海中與占城及東西竺鼎峙相望其山方廣而高其海卽曰崑崙洋諸往西洋者必待順風七晝夜始得過故舟人爲之諺曰上怕七州下怕崑崙針迷舵失人船莫存此山無異產人皆穴居巢處食果實魚蝦無室廬井竈

眞臘在占城南順風三晝夜可至隋唐及宋皆朝貢宋慶元中滅占城而并其地因改國名曰占臘元時仍稱眞臘洪武三年遣使臣郭徵等齎詔撫諭其國四年其國巴山王忽爾那遣使進表貢方物賀明年正旦詔賜大統曆及綵幣使者亦給賜有差六年進貢十二年王參答甘武者持達志遣使來貢宴賚如前十三年復貢十六年遣使齎勘合文冊賜其王凡國中使至勘合不符者卽屬矯僞許縶縛以聞復遣使賜織金文綺三十二磁器萬九千其王遣使來貢十九年遣行人劉敏唐敬偕中官齎磁器往賜明年敬等還王遣使貢象五十九香六萬斤尋遣使賜其王鍍金銀印王及妃皆有賜其王參烈寶毗邪甘菩者遣使貢象及方物明年復貢象二十八象奴三十四人番奴四十五人謝賜印之恩二十二年三貢明年復貢永樂元年遣行人蔣賓興王樞以卽位詔諭其國明年王參烈婆毗牙遣使來朝貢方物初中官使眞臘有部卒三人潛遁索之不得王以其國三人代之至是引見帝曰華人自逃於彼何預而責償且語言不通風土不習吾焉用之命賜衣服及道里費遣還三年遣使來貢告故王之喪命鴻臚序班王孜致祭給事中畢進中官王琮齎詔封其嗣子參烈昭平牙爲王進等還嗣王遣使偕來謝恩六年十二年再入貢使者以其國數被占城侵擾久留不去帝遣中官送之還幷敕占城王罷兵修好十五年十七年並入貢宣德景泰中亦遣使入貢自後不常至其國城隍周七十餘里幅員廣數千里國中有金塔金橋殿宇三十餘所王歲時一會羅列玉猿孔雀白象犀牛於前名曰百塔洲盛食以金盤金椀故有富貴眞臘之諺民俗富饒天時常熱不識霜雪禾一歲數稔男女椎結穿短衫圍稍布刑有劓刖刺配盜則去手足番人殺唐人罪死唐人殺番人則罰金無金則鬻身贖罪唐人者諸番呼華人之稱也凡海外諸國盡然婚嫁兩家俱八日不出門晝燃燈人死置於野任烏鳶食俄頃食盡者謂爲福報居喪但髡其髮女子則額上剪髮如錢大曰用此報親文字以麂鹿雜皮染黑用粉爲小條畫於上永不脫落以十月爲歲首閏悉用九月夜分四更亦有曉天文者能算日月薄蝕其地謂儒爲班詰僧爲苧姑道爲八思班詰不知讀何書由此入仕者爲華貫先時項掛一白線以自別旣貴曳白如故俗尚釋教僧皆食魚肉或以供佛惟不飮酒其國自稱甘孛智後訛爲甘破蔗萬曆後又改爲東埔寨

暹羅在占城西南順風十晝夜可至卽隋唐赤土國後分爲羅斛暹二國暹土瘠不宜稼羅斛地平衍種多獲暹仰給焉元時暹常入貢其後羅斛强併有暹地遂稱暹羅斛國洪武三年命使臣呂宗俊等齎詔諭其國四年其王參烈昭毗牙遣使奉表與宗俊等偕來貢馴象六足龜及方物詔賜其王錦綺及使者幣帛有差已復遣使賀明年正旦詔賜大統曆及綵幣五年貢黑熊白猿及方物明年復來貢其王之姊參烈思寧別遣使進金葉表貢方物於中宮却之已而其姊復遣使來貢帝仍却之而宴賚其使時其王懦而不武國人推其伯父參烈寶毗邪嗯哩哆囉祿主國事遣使來告貢方物宴賚如制已而新王遣使來貢謝恩其使者亦有獻帝不納已遣使賀明年正旦貢方物且獻本國地圖七年使臣沙里拔來貢言去年舟次烏猪洋遭風壞舟飄至海南賴官司救護尚存飄餘兜羅綿降香蘇木諸物進獻廣東省臣以聞帝怪其無表旣言舟覆而方物乃有存者疑其爲番商命却之諭中書及禮部臣曰古諸侯於天子比年一小聘三年一大聘九州之外則每世一朝所貢方物表誠敬而已惟高麗頗知禮樂故令三年一貢他遠國如占城安南西洋瑣里爪哇浡泥三佛齊暹羅斛眞臘諸國入貢旣頻勞費太甚今不必復爾其移牒諸國俾知之然而來者不止其世子蘇門邦王昭祿羣膺亦遣使上箋於皇太子貢方物命引其使朝東宮宴賚遣之八年再入貢其舊明臺王世子昭孛羅局亦遣使奉表朝貢宴賚如王使十年昭祿羣膺承其父命來朝帝喜命禮部員外郎王恒等齎詔及印賜之文曰暹羅國王之印幷賜世子衣幣及道里費自是其國遵朝命始稱暹羅比年一貢或一年兩貢至正統後或數年一貢云十六年賜勘合文冊及文綺磁器與眞臘等二十年貢胡椒一萬斤蘇木一萬斤帝遣官厚報之時溫州民有市其沉香諸物者所司坐以通番當棄市帝曰溫州乃暹羅必經之地因其往來而市之非通番也乃獲宥二十一年貢象三十番奴六十二十二年世子昭祿羣膺遣使來貢二十三年貢蘇木胡椒降香十七萬斤二十八年昭祿羣膺遣使朝貢且告父喪命中官趙達等往祭敕世子嗣王位賜賚有加諭曰朕自卽位以來命使出疆周於四維足履其境者三十六聲同於耳者三十一風殊俗異大國十有八小國百四十九較之於今暹羅最近邇者使至知爾先王已逝王紹先王之緖有道於邦家臣民懽懌茲特遣人錫命王其罔失法度罔淫於樂以光前烈欽哉成祖卽位詔諭其國永樂元年賜其王昭祿羣膺哆囉諦剌駝紐鍍金銀印其王卽遣使謝恩六月以上高皇帝尊謚遣官頒詔有賜八月復命給事中王哲行人成務賜其王錦綺九月命中官李興等齎敕勞賜其王其文武諸臣並有賜二年有番船飄至福建海岸詰之乃暹羅與琉球通好者所司籍其貨以聞帝曰二國修好乃甚美事不幸遭風正宜憐惜豈可因以爲利所司其治舟給粟俟風便遣赴琉球是月其王以帝降璽書勞賜遣使來謝貢方物賜賚有加幷賜列女傳百冊使者請頒量衡爲國永式從之先是占城貢使返風飄其舟至彭亨暹羅索取其使羈留不遣蘇門答剌及滿剌加又訴暹羅恃強發兵奪天朝所賜印誥帝降敕責之曰占城蘇門答剌滿剌加與爾俱受朝命安得逞威拘其貢使奪其誥印天有顯道福善禍淫安南黎賊可爲鑒戒其卽返占城使者還蘇門答剌滿剌加印誥自今奉法循理保境睦隣庶永享太平之福時暹羅所遣貢使失風飄至安南盡爲黎賊所殺止餘孛黑一人後官軍征安南獲之以歸帝憫

之六年八月命中官張原送還國賜王幣帛令厚恤被殺者之家九月中官鄭和使其國其王遣使貢方物謝前罪七年使來祭仁孝皇后命中官告之几筵時奸民何八觀等逃入暹羅帝命使者還告其主毋納逋逃其王即奉命遣使貢馬及方物并送八觀等還命張原齎敕幣奬之十年命中官洪保等往賜幣十四年王子三賴波羅摩剌劄的賴遣使告父之喪命中官郭文往祭別遣官齎詔封其子爲王賜以素錦素羅隨遣使謝恩十七年命中官楊敏等護歸以暹羅侵滿剌加遣使責令輯睦王復遣使謝罪宣德八年王悉里麻哈賴遣使朝貢初其國陪臣柰三鐸等貢舟次占城新州港盡爲其國人所掠正統元年柰三鐸潛附小舟來京訴占城劫掠狀帝命召占城使者與相質使者無以對乃敕占城王令盡還所掠人物已占城移咨禮部言本國前歲遣使往須文達那亦爲暹羅賊人掠去必暹羅先還所掠本國不敢不還三年暹羅貢使又至賜敕曉以此意令亟還占城人物十一年王思利波羅麻那惹智剌遣使入貢景泰四年命給事中劉洙行人劉泰祭其故王波羅摩剌劄的賴封其嗣子把羅蘭米孫剌爲王天順元年賜其貢使鈒花金帶六年王孛剌藍羅者直波智遣使朝貢成化九年貢使言天順元年所頒勘合爲蟲所蝕乞改給從之十七年貢使還至中途竊買子女且多載私鹽命遣官戒諭諸番先是汀州人謝文彬以販鹽下海飄入其國仕至坤岳猶天朝學士也後充使來朝貿易禁物事覺下吏十八年遣使朝貢且告父喪命給事中林霄行人姚隆往封其子國隆勃剌略坤息剌尤地爲王弘治十年入貢時四夷館無暹羅譯字官閣臣徐溥等請移牒廣東訪取能通彼國言語文字者赴京備用從之正德四年暹羅船有飄至廣東者市舶中官熊宣與守臣議稅其物供軍需事聞詔斥宣妄攬事柄撤還南京十年進金葉表朝貢館中無識其字者閣臣梁儲等請選留其使一二人入館肄習報可嘉靖元年暹羅占城貨船至廣東市舶中官牛榮縱家人私市論死如律三十二年遣使貢白象及方物象死於途使者以珠寶飾其牙盛以金盤并尾來獻帝嘉其意厚遣之隆慶中其隣國東蠻牛求婚不得慙怒大發兵攻破其國王自經擄其世子及天朝所賜印以歸次子嗣位奉表請印予之自是爲東蠻牛所制嗣王勵志復仇萬曆間敵兵復至王整兵奮擊大破之殺其子餘衆宵遁暹羅由是雄海上移兵攻破眞臘降其王從此歲歲用兵遂覇諸國六年遣使入貢二十年日本破朝鮮暹羅請潛師直擣日本牽其後中樞石星議從之兩廣督臣蕭彥持不可乃已其後奉貢不替崇禎十六年猶入貢

其國周千里風俗勁悍習於水戰大將用聖鐵裹身刀矢不能入聖鐵者人腦骨也王瑣里人官分十等自王至庶民有事皆決於其婦其婦人志量實出男子上婦私華人則夫置酒同飲恬不爲怪曰我婦美而爲華人所悅也崇信釋教男女多爲僧尼亦居菴寺持齋受戒衣服頗類中國富貴者尤敬佛百金之產即以其半施之氣候不正或寒或熱地卑濕人皆樓居男女椎結以白布裹首富貴者死用水銀灌其口而葬之貧者則移置海濱即有羣鴉飛啄俄頃而盡家人拾其骨號泣而棄之於海謂之鳥葬亦延僧設齋禮佛交易用海䝲是年不用䝲則國必大疫其貢物有象象牙犀角孔雀尾翠羽龜筒六足龜寶石珊瑚片腦米腦糠腦腦油腦柴薔薇水硫石丁皮阿魏紫梗藤竭藤黃硫黃沒藥烏爹泥安息香羅斛香速香檀香黃熟香降眞香乳香樹香木香丁香烏香胡椒蘇木肉荳蔻白荳蔻蓽茇烏木大楓子及撒哈剌西洋諸布其國有三寶廟祀中官鄭和

爪哇在占城西南元世祖時遣使臣孟琪往爇其面世祖大舉兵伐之破其國而還洪武二年太祖遣使以即位詔諭其國其使臣先奉貢於元還至福建而元亡因入居京師太祖復遣使送之還且賜以大統曆三年以平定沙漠頒詔曰自古爲天下主者視天地所覆載日月所照臨若遠若近生人之類莫不欲其安土而樂生然必中國安而後四方萬國順附邇元君妥懽帖木兒荒淫昏弱志不在民天下英雄分裂疆宇朕憫生民之塗炭興舉義兵攘除亂畧天下軍民共尊朕居帝位國號大明建元洪武前年克取元都四方底定占城安南高麗諸國俱來朝貢今年遣將北征始知元君已歿獲其孫買的里八剌封爲崇禮侯朕倣前代帝王治理天下惟欲中外人民各安其所又慮諸蕃僻在遠方未悉朕意故遣使者往諭咸使聞知九月其王昔里八達剌蒲遣使奉金葉表來朝貢方物宴賚如禮五年又遣使隨朝使常克敬來貢上元所授宣敕三道八年又貢十年王八達那巴那務遣使朝貢其國又有東西二王東蕃王勿院勞網結西蕃王勿勞波務各遣使朝貢天子以其禮意不誠詔留其使已而釋還之十二年王八達那巴那務遣使朝貢明年又貢時遣使賜三佛齊王印綬爪哇誘而殺之天子怒留其使月餘將加罪已遣還賜敕責之十四年遣使貢黑奴三百人及他方物明年又貢黑奴男女百人大珠八顆胡椒七萬五千斤二十六年再貢明年又貢成祖即位詔諭其國永樂元年又遣副使聞良輔行人甯善賜其王絨錦織金文綺紗羅使者既行其西王都馬板遣使入賀復命中官馬彬等賜以鍍金銀印西王遣使謝賜印貢方物而東王孛令達哈亦遣使朝貢請印命遣官賜之自後二王並貢三年遣中官鄭和使其國明年西王與東王搆兵東王戰敗國被滅適朝使經東王地部卒入市西王國人殺之凡百七十人西王懼遣使謝罪帝賜敕切責之命輸黃金六萬兩以贖六年再遣鄭和使其國西王獻黃金萬兩禮官以輸數不足請下其使於獄帝曰朕於遠人欲其畏罪而已寧利其金耶悉捐之自後比年一貢或間歲一貢或一歲數貢中官吳賓鄭和先後使其國時舊港地有爲爪哇侵據者滿剌加國王矯朝命索之帝乃賜敕曰前中官吳慶還言王恭待敕使有加無替比聞滿剌加國索舊港之地王甚疑懼朕推誠待人若果許之必有敕諭王何疑焉小人浮詞愼勿輕聽十三年其王改名揚惟西沙遣使謝恩貢方物時朝使所攜卒有遭風飄至班卒兒國者爪哇人珍班聞之用金贖還歸之王所十六年王遣使朝貢因送還諸卒帝嘉之賜敕奬王并優賜珍班自是朝貢使臣大率每歲一至正統元年使臣馬用良言先任八諦來朝蒙恩賜銀帶今爲亞烈秩四品乞賜金帶從之閏六月遣古里蘇門答剌錫蘭山柯枝天方加異勒阿丹忽魯謨斯祖法兒甘巴里眞臘使臣偕爪哇使臣郭信等同往賜爪哇敕曰王自我先朝修職勿怠朕今嗣服復遣使來朝意誠具悉宣德時有古里等十一國來貢今因王使者歸令諸使同往王其加意撫卹分遣還國副朕懷遠之忱五年使臣回遭風溺死五十六人存者八十三人仍返廣東命所司廩給俟便舟附歸八年廣東參政張琰言爪哇朝貢頻數供億費煩敝中國以事遠人非計帝納之其使還賜敕曰海外諸邦並三年一貢王亦宜體恤軍民一遵此制十一年復三貢後乃漸稀景泰三年王巴剌武遣使朝貢天順四年王都馬班遣使入貢使者還至安慶酗酒與入貢番僧鬭僧死者六人禮官請治伴送行人罪使者敕國王自治從之成化元年入貢弘治十二年貢使遭風舟壞止通事一舟達廣東禮官請敕所司量予賜賚遣還其貢物仍進京師制可自是貢使鮮有至者

其國近占城二十晝夜可至元師西征以至元二十九年十二月發泉州明年正月即抵其國相去止月餘宣德七年入貢表書一千三百七十六年蓋漢宣帝元康元年乃其建國之始也地廣人稠性兇悍男子無少長貴賤皆佩刀稍忤輒相賊故其甲兵爲諸蕃之最字類瑣里無紙筆刻於茭葦葉氣候常似夏稻歲二稔無几榻匕箸人有三種華人流寓者服食鮮華他國賈人居久者亦尚雅潔其本國人最汚穢好啖蛇蟻虫蚓與犬同寢食狀黝黑猱頭赤腳崇信鬼道殺人者避之三日即免罪父母死舁至野縱犬食之不盡則大戚燔其餘妻妾多燔以殉其國一名莆家龍又曰下港曰順塔萬曆時紅毛番築土庫於大澗東佛郎機築於大澗西歲歲互市中國商旅亦往來不絕其國有新村最號饒富中華及諸番商舶輻輳其地寶貨塡溢其村主即廣東人永樂九年自遣使表貢方物

闍婆古曰闍婆達宋元嘉時始朝中國唐曰訶陵又曰社婆其王居闍婆城宋曰闍婆皆入貢洪武十一年其王摩那駝喃遣使奉表貢方物其後不復至或曰爪哇即闍婆然元史爪哇傳不言且曰其風俗物產無所考太祖時兩國並時入貢其王之名不同或本爲二國其後爲爪哇所滅然不可考

蘇吉丹爪哇屬國後訛爲思吉港國在山中止數聚落酋居吉力石其水淺舟不可泊商船但往饒洞其地平衍國人皆就此貿易其與國有思魯瓦及猪蠻猪蠻多盜華人鮮至

碟里近爪哇永樂三年遣使附其使臣來貢其地尚釋教俗淳少訟物產甚薄

日羅夏治近爪哇永樂三年遣使附其使臣入貢國小知種藝無盜賊亦尚釋教所產止蘇木胡椒

三佛齊古名干陀利劉宋孝武帝時常遣使奉貢梁武帝時數至宋名三佛齊修貢不絕洪武三年太祖遣行人趙述詔諭其國明年其王馬哈剌札八剌卜遣使奉金葉表隨入貢黑熊火雞孔雀五色鸚鵡諸香苾布兜羅被諸物詔賜大統曆及錦綺有差戶部言其貨船至泉州宜徵稅命勿徵六年王怛麻沙那阿者遣使朝貢又一表賀明年正旦時其國有三王七年王麻那哈寶林邦遣使來貢八年正月復貢九月王僧伽烈宇蘭遣使隨招諭拂菻國朝使入貢九年怛麻沙那阿者卒子麻那者巫里嗣明年遣使貢犀牛黑熊火雞白猴紅綠鸚鵡龜筒及丁香米腦諸物使者言嗣子不敢擅立請命於朝天子嘉其義命使臣齎印敕封爲三佛齊國王

時瓜哇强已威服三佛齊而役屬之聞天朝封爲國王與己埒則大怒遣人誘朝使邀殺之天子亦不能問罪其國益衰貢使遂絕三十年禮官以諸蕃久缺貢奏聞帝曰洪武初諸蕃貢使不絕邇者安南占城眞臘暹羅瓜哇大琉球三佛齊浡泥彭亨百花蘇門答剌西洋等三十國以胡惟庸作亂三佛齊乃生間諜紿我使臣至彼瓜哇王聞知遣人戒飭禮送還朝由是商旅阻遏諸國之意不通惟安南占城眞臘暹羅大琉球朝貢如故大琉球且遣子弟入學凡諸番國使臣來者皆以禮待之我視諸國不薄未知諸國心若何今欲遣使瓜哇恐三佛齊中途沮之聞三佛齊本瓜哇屬國可述朕意移咨暹羅俾轉達瓜哇於是部臣移牒曰自有天地以來卽有君臣上下之分中國四裔之防我朝混一之初海外諸蕃莫不來享豈意胡惟庸謀亂三佛齊遂生異心紿我信使肆行巧詐我聖天子一以仁義待諸蕃何諸蕃敢背大恩失君臣之禮倘天子震怒遣一偏將將十萬之師恭行天罰易如覆手爾諸蕃何不思之甚我聖天子嘗曰安南占城眞臘暹羅大琉球皆修臣職惟三佛齊梗我聲教彼以蕞爾之國敢倔强不服自取滅亡爾暹羅恪守臣節天朝眷禮有加可轉達瓜哇令以大義告諭三佛齊誠能省愆從善則禮待如初時瓜哇已破三佛齊據其國改其名曰舊港三佛齊遂亡國中大亂瓜哇亦不能盡有其地華人流寓者往往起而據之有梁道明者廣州南海縣人久居其國閩粵軍民泛海從之者數千家推道明爲首雄視一方會指揮孫鉉使海外遇其子挾與俱來永樂三年成祖以行人譚勝受與道明同邑命偕千戶楊信等齎敕招之道明及其黨鄭伯可隨入朝貢方物受賜而還四年舊港頭目陳祖義遣子士良道明遣從子觀政並來朝祖義亦廣東人雖朝貢而爲盜海上貢使往來者苦之五年鄭和自西洋還遣人招諭之祖義詐降潛謀邀劫有施進卿者告於和祖義來襲被禽獻於朝伏誅時進卿適遣壻邱彥誠朝貢命設舊港宣慰司以進卿爲使錫誥印及冠帶自是屢入貢然進卿雖受朝命猶服屬瓜哇其地狹小非故時三佛齊比也二十二年進卿子濟孫告父訃乞嗣職許之洪熙元年遣使入貢訴舊印爲火燬帝命重給其後朝貢漸稀嘉靖末廣東大盜張璉作亂官軍已報克獲萬曆五年商人詣舊港者見璉列肆爲蕃舶長漳泉人多附之猶中國市舶官云其地爲諸蕃要會在瓜哇之西順風八晝夜可至轄十五洲土沃宜稼語云一年種穀三年生金言收穫盛而貿金多也俗富好淫習於水戰隣國畏之地多水惟部領陸居庶民皆水居編筏築室繫之於樁水漲則筏浮無沉溺患欲徙則拔樁去之不費財力下稱其上曰詹卑猶國君也後大酋所居卽號詹卑國改故都爲舊港初本富饒自瓜哇破滅後漸致蕭索商舶鮮至其他風俗物產具詳宋史

明史卷三百二十五　列傳第二百一十三

總裁官總理事務經筵講官少保兼太子太保保和殿大學士兼管吏部戶部尚書事加六級張廷玉等奉

敕修

外國六

浡泥　滿剌加
蘇門答剌　須文達那
蘇祿　西洋瑣里
瑣里　覽邦
淡巴　百花
彭亨（一作湓亨又作彭坑）　那孤兒
黎伐　南渤利
阿魯　柔佛
丁機宜　巴喇西
佛郎機　和蘭

浡泥宋太宗時始通中國洪武三年八月命御史張敬之福建行省都事沈秩往使自泉州航海閱半年抵闍婆又踰月至其國王馬合謨沙傲慢不爲禮秩責之始下座拜受詔時其國爲蘇祿所侵頗衰耗王辭以貧請三年後入貢秩曉以大義王旣許諾其國素屬闍婆闍婆人閒之王意中沮秩折之曰闍婆久稱臣奉貢爾畏闍婆反不畏天朝邪乃遣使奉表箋貢鶴頂生玳瑁孔雀梅花大片龍腦米龍腦西洋布降眞諸香八月從敬之等入朝表用金箋用銀字近回鶻皆鏤之以進帝喜宴賚甚厚八年命其國山川附祀福建山川之次永樂三年冬其王麻那惹加那遣使入貢乃遣官封爲國王賜印誥敕符勘合錦綺綵幣王大悅率妃及弟妹子女陪臣泛海來朝次福建守臣以聞遣中官往宴賚所過州縣皆宴六年八月入都朝見帝獎勞之王跪致詞曰陛下膺天寶命統一萬方臣遠在海島荷蒙天恩賜以封爵自是國中雨暘時順歲屢豐登民無災厲山川之閒珍奇華靡草木鳥獸亦悉蕃育國中耆老咸謂此聖天子覆冒所致臣願睹天日之表少輸悃誠不憚險遠躬率家屬陪臣詣闕獻謝帝慰勞再三命王妃所進中宮箋及方物陳之文華殿王詣殿進獻畢自王及妃以下悉賜冠帶襲衣帝乃饗王於奉天門妃以下饗於他所禮訖送歸會同館禮官請王見親王儀帝令準公侯禮尋賜王儀仗交椅銀器傘扇銷金鞍馬金織文綺紗羅綾絹衣十襲餘賜賚有差十月王卒於館帝哀悼輟朝三日遣官致祭賻以繒帛東宮親王皆遣祭有司具棺槨明器葬之安德門外石子岡樹碑神道又建祠墓側有司春秋祀以少牢謚曰恭順賜敕慰其子遐旺命襲封國王遐旺與其叔父上言臣國歲供瓜哇片腦四十斤乞敕瓜哇罷歲供歲進天朝臣今歸國乞命護送就留鎮一年慰國人之望幷乞定朝貢期及傔從人數帝悉從之命三年一貢傔從惟王所遣遂敕瓜哇國免其歲供王辭歸賜玉帶一金百兩銀三千兩及錢鈔錦綺紗羅衾褥帳幔器物餘皆有賜以中官張謙行人周航護行初故王言臣蒙恩賜爵臣境土悉屬職方乞封國之後山爲一方鎮新王復以爲言乃封爲長寧鎮國之山御製碑文令謙等勒碑其上其文曰上天佑啓我國家萬世無疆之基誕命我太祖高皇帝全撫天下休養生息以治以教仁聲義問薄極照臨四方萬國奔走臣服充湊於廷神化感動之機其妙如此朕嗣守鴻圖率由典式嚴恭祗畏協和所統無間內外均視一體遐邇綏寧亦克承予意乃者浡泥國王誠敬之至知所尊崇慕尚聲教益謹益虔率其眷屬陪臣不遠數萬里浮海來朝達其志通其欲稽顙陳辭曰遠方臣妾丕冒天子之恩以養以息旣庶且安思見日月之光故不憚險遠輒敢造廷又曰覆我者天載我者地使我有土地人民之奉田疇邑井之聚宮室之居妻妾之樂和味宜服利用備器以資其生强罔敢侵衆罔敢暴實惟天子之賜是天子功德所加與天地竝然天仰則見地蹐則履惟天子遠而難見誠有所不通是以遠方臣妾不敢自外踰歷山海躬詣闕廷以伸其悃朕曰惟天惟皇考付予以天下子養庶民天與皇考視民同仁予其承天與皇考之德惟恐弗堪弗若汝言乃又拜手稽首曰自天子建元之載臣國時和歲豐山川之藏珍寶流溢草木之無葩蘤者皆華而實異禽和鳴走獸蹌舞國之黃叟咸曰中國聖人德化漸暨斯多嘉應臣土雖遠實天子之氓故奮然而來覲也朕觀其言文貌恭動不踰則悅喜禮教脫畧夷習非超然卓異者不能稽之載籍自古遐遠之國奉若天道仰服聲教身致帝廷者有之至於舉妻子兄弟親戚陪臣頓首稱臣妾於階陛之下者惟浡泥國王一人西南諸蕃國長未有如王賢者王之至誠貫於金石達於神明而令名傳於悠久可謂有光顯矣茲特錫封王國中之山爲長寧鎮國之山賜文刻石以著王休於昭萬年其永無斁系之詩曰炎海之墟浡泥所處煦仁漸義有順無迕慺慺賢王惟化之慕導以象胥遹來奔赴同其婦子兄弟陪臣稽顙闕下有言以陳謂君猶天遺以休樂一視同仁匪偏厚薄顧茲鮮德弗稱所云浪舶風檣實勞懇勤稽古遠臣順來怒趄以躬或難矧曰家室王心亶誠金石其堅西南蕃長疇與王賢矗矗高山以鎮王國鑱文於石懋昭王德王德克昭王國攸寧於萬斯年仰我大明八年九月遣使從謙等入貢謝恩明年復命謙賜其王錦綺紗羅綵絹凡百二十匹其下皆有賜十年九月遐旺偕其母來朝命禮官宴之會同館光祿寺旦暮給酒饌明日帝饗之奉天門王母亦有宴越二日再宴賜王冠帶襲衣王母王叔父以下分賜有差明年二月辭歸賜金百銀五百鈔三千錠錢千五百緡錦四綺帛紗羅八十金織文繡文綺衣各一衾褥幃幔器物咸具自十三年至洪熙元年四入貢後貢使漸稀嘉靖九年給事中王希文言暹羅占城琉球瓜哇浡泥五國來貢竝道東莞後因私攜賈客多絕其貢正德間佛郎機闌入流毒槩行屏絕曾未幾年遽爾議復損威已甚章下都察院請悉遵舊制毋許混冒萬曆中其王卒無嗣族人爭立國中殺戮幾盡乃立其女爲王漳州人張姓者初爲其國那督華言尊官也因亂出奔女主立迎還之其女出入王宮得心疾妄言父有反謀女主懼遣人按問其家那督自殺國人爲訟冤女主悔絞殺其女授其子官後雖不復朝貢而商人往來不絕國統十四洲在舊港之西自占城四十日可至初屬瓜哇後屬暹羅改名大泥華人多流寓其地嘉靖末閩粵海寇遺孽逋逃至此積二千餘人萬曆時紅毛番强商其境築土庫以居其入彭湖互市者所攜乃大泥國文也諸風俗物產具詳宋史

滿剌加在占城南順風八日至龍牙門又西行二日卽至或云卽古頓遜唐哥羅富沙永樂元年十月遣中官尹慶使其地賜以織金文綺銷金帳幔諸物其地無王亦不稱國服屬暹羅歲輸金四十兩爲賦慶至宣示威德及招徠之意其酋拜里迷蘇剌大喜遣使隨慶入朝

貢方物三年九月至京師帝嘉之封爲滿剌加國王賜誥印綵幣襲衣黃蓋復命慶往其使者言王慕義願同中國列郡歲效職貢請封其山爲一國之鎭帝從之製碑文勒山上末綴以詩曰西南巨海中國通輸天灌地億載同洗日浴月光景融雨崖露石草木濃金花寶鈿生青紅有國於此民俗雍王好善義思朝宗願比內郡依華風出入導從張蓋重儀文裼襲禮虔恭大書貞石表爾忠爾國西山永鎭封山居海伯翕扈從皇考陟降在彼穹後天監視久彌隆爾衆子孫萬福崇慶等再至其王益喜禮待有加五年九月遣使入貢明年鄭和使其國旋入貢九年其王率妻子陪臣五百四十餘人來朝抵近郊命中官海壽禮部郎中黃裳等宴勞有司供張會同館入朝奉天殿帝親宴之妃以下宴他所光祿日致牲牢上尊賜王金繡龍衣二襲麒麟衣一襲金銀器帷幔衾裯悉具妃以下皆有賜將歸賜王玉帶儀仗鞍馬賜妃冠服瀕行賜宴奉天門再賜玉帶儀仗鞍馬黃金百白金五百鈔四十萬貫錢二千六百貫錦綺紗羅三百匹帛千匹渾金文綺二金織通袖膝襴二妃及子姪陪臣以下宴賜有差禮官餞於龍江驛復賜宴龍潭驛十年夏其姪入謝及辭歸命中官甘泉偕往旋又入貢十二年王子母幹撒于的兒沙來朝告其父訃卽命襲封賜金幣嗣後或連歲或間歲入貢以爲常十七年王率妻子陪臣來朝謝恩及辭歸訴暹羅見侵狀帝爲賜敕諭暹羅暹羅乃奉詔二十二年西里麻哈剌以父沒嗣位率妻子陪臣來朝宣德六年遣使者來言暹羅謀侵本國王欲入朝懼爲所阻欲奏聞無能書者令臣三人附蘇門答剌貢舟入訴帝命附鄭和舟歸國因令和齎敕諭暹羅責以輯睦鄰封毋違朝命初三人至無貢物禮官言例不當賞帝曰遠人越數萬里來愬不平豈可無賜遂賜襲衣綵幣如貢使例八年王率妻子陪臣來朝抵南京天已寒命俟春和北上別遣人齎敕勞賜王及妃洎入朝宴賚如禮及還有司爲治舟王復遣其弟貢駝馬方物時英宗已嗣位而王猶在廣東賜敕獎王命守臣送還國因遣古里眞臘等十一國使臣附載偕還正統十年其使者請賜王息力八密息瓦兒丟八沙護國敕書及蟒服傘蓋以鎭服國人又言王欲親詣闕下從人多乞賜一巨舟以便遠涉帝悉從之景泰六年速魯檀無答佛哪沙貢馬及方物請封爲王詔給事中王暉往已復入貢言所賜冠帶燬於火命製皮弁服紅羅常服及犀帶紗帽予之天順三年王子蘇丹芒速沙遣使入貢命給事中陳嘉猷等往封之越二年禮官言嘉猷等浮海二日至烏猪洋遇颶風舟壞飄六日至清瀾守禦所獲救敕書無失諸賜物悉沾水乞重給令使臣復往從之成化十年給事中陳峻冊封占城王遇安南兵據占城不得入以所齎物至滿剌加諭其王入貢其使者至帝喜賜敕嘉獎十七年九月貢使言成化五年貢使還飄抵安南境多被殺餘黥爲奴幼者加宮刑今已據占城地又欲吞本國本國以皆爲王臣未敢與戰適安南貢使亦至滿剌加使臣請與廷辯兵部言事屬既往不足深較帝乃因安南使還敕責其王幷諭滿剌加安南復侵陵卽整兵待戰尋遣給事中林榮行人黃乾亨冊封王子馬哈木沙爲王二人溺死贈官賜祭予廕恤其家餘敕有司海濱招魂祭亦恤其家復遣給事中張晟行人左輔往晟卒於廣東命守臣擇一官爲輔副以終封事正德三年使臣端亞智等入貢其通事亞劉本江西萬安人蕭明舉負罪逃入其國賂大通事王永序班張字謀往浡泥索寶而禮部吏侯永等亦受賂僞爲符印擾郵傳還至廣東明舉與端亞智輩爭言遂與同事彭萬春等劫殺之盡取其財物事覺逮入京明舉凌遲萬春等斬王永減死罰米三百石與張字侯永竝戍邊尚書白鉞以下皆議罰劉瑾因此罪江西人減其解額五十名仕者不得任京職後佛郎機強舉兵侵奪其地王蘇端媽末出奔遣使告難時世宗嗣位敕責佛郎機令還其故土諭暹羅諸國王以救災恤鄰之義迄無應者滿剌加竟爲所滅時佛郎機亦遣使朝貢請封抵廣東守臣以其國素不列王會羈其使以聞詔予方物之直遣歸後改名麻六甲云滿剌加所貢物有瑪瑙珍珠玳瑁珊瑚樹鶴頂金母鶴頂瑣服白苾布西洋布撒哈剌犀角象牙黑熊黑猿白麂火雞鸚鵡片腦薔薇露蘇合油梔子花烏爹泥沉香速香金銀香阿魏之屬有山出泉流爲溪土人淘沙取錫煎成塊曰斗錫田瘠少收民皆淘沙捕魚爲業氣候朝熱暮寒男女椎髻身體黝黑間有白者唐人種也俗淳厚市道頗平自爲佛郎機所破其風頓殊商舶稀至多直詣蘇門答剌然必取道其國率被邀劫海路幾斷其自販於中國者則直達廣東香山澳接跡不絕云

蘇門答剌在滿剌加之西順風九晝夜可至或言卽漢條枝唐波斯大食二國地西洋要會也成祖初遣使以卽位詔諭其國永樂二年遣副使聞良輔行人寗善賜其酋織金文綺絨錦紗羅招徠之中官尹慶使爪哇便道復使其國三年鄭和下西洋復有賜和未至其酋宰奴里阿必丁已遣使隨慶入朝貢方物詔封爲蘇門答剌國王賜印誥綵幣襲衣遂比年入貢終成祖世不絕鄭和凡三使其國先是其王之父與鄰國花面王戰中矢死王子年幼王妻號於衆曰孰能爲我報讐者我以爲夫與共國事有漁翁聞之率國人往擊馘其王而還王妻遂與之合稱爲老王既而王子年長潛與部領謀殺老王而襲其位老王弟蘇幹剌逃山中連年率衆侵擾十三年和復至其國蘇幹剌以頒賜不及己怒統數萬人邀擊和勒部卒及國人禦之大破賊衆追至南渤利國俘以歸其王遣使入謝宣德元年遣使入賀五年帝以外蕃貢使多不至遣和及王景弘遍歷諸國頒詔曰朕恭膺天命祇承太祖高皇帝太宗文皇帝仁宗昭皇帝大統君臨萬邦體祖宗之至仁普輯寧於庶類已大赦天下紀元宣德爾諸蕃國遠在海外未有聞知茲遣太監鄭和王景弘等齎詔往諭其各敬天道撫人民共享太平之福凡歷二十餘國蘇門答剌與焉明年遣使入貢者再八年貢麒麟九年王弟哈利之漢來朝卒於京帝憫之贈鴻臚少卿賜誥有司治喪葬置守冢戶時景弘再使其國王遣弟哈尼者罕隨入朝明年至言王老不能治事請傳位於子乃封其子阿卜賽亦的爲國王自是貢使漸稀成化二十二年其使者至廣東有司驗無印信勘合乃藏其表於庫却還其使別遣番人輸貢物京師稍有給賜自後貢使不至迨萬曆間國兩易姓其時爲王者人奴也奴之主爲國大臣握兵柄奴桀黠主使牧象象肥俾監魚稅日以大魚奉其主主大喜俾給事左右一日隨主入朝見王尊嚴若神主鞠躬惟謹出謂主曰主何恭之甚主曰彼王也焉敢抗曰主第不欲王爾欲之主卽王矣主詫叱退之他日又進曰王左右侍衞少主擁重兵出鎭必入辭請以奴從主言有機事乞屏左右王必不疑奴乘間刺殺之奉主爲王猶反掌耳主從之奴果殺王大呼曰王不道吾殺之吾主卽王矣敢異議者齒此刃衆懾服不敢動其主遂篡位任奴爲心腹委以兵柄未幾奴復殺主而代之乃大爲防衞拓其宮建六門不得闌入雖勳貴不得帶刀上殿出乘象象駕亭而帷其外如是者百餘俾人莫測王所在其國俗頗淳出言柔媚惟王好殺歲殺十餘人取其血浴身謂可除疾貢物有寶石瑪瑙水晶石青回回青善馬犀牛龍涎香沉香速香木香丁香降眞香刀弓錫鎖服胡椒蘇木硫黃之屬貨舶至貿易稱平地本瘠無麥有禾禾一歲二稔四方商賈輻輳華人往者以地遠價高獲利倍他國其氣候朝如夏暮如秋夏有瘴氣婦人裸體惟腰圍一布其他風俗類滿剌加篡弒後易國名曰啞齊

須文達那洪武十六年國王殊旦麻勒兀達盼遣使俺八兒來朝貢馬二匹幼苾布十五匹隔著布入的力布各二匹花滿直地二番緜紬直地二兜羅緜二斤撒剌八二箇幼賴革著一箇撒哈剌一箇及薔薇水沉香降香速香諸物命賜王大統曆綺羅寶鈔使臣襲衣或言須文達那卽蘇門答剌洪武時所更然其貢物與王之名皆不同無可考

蘇祿地近浡泥闍婆洪武初發兵侵浡泥大獲以闍婆援兵至乃還永樂十五年其國東王巴都葛叭哈剌西王麻哈剌叱葛剌麻丁峒王妻叭都葛巴剌卜竝率其家屬頭目凡三百四十餘人浮海朝貢進金鏤表文獻珍珠寶石玳瑁諸物禮之若滿剌加尋竝封爲國王賜印誥襲衣冠帶及鞍馬儀仗器物其從者亦賜冠帶有差居二十七日三王辭歸各賜玉帶一黃金百白金二千羅錦文綺二百帛三百鈔萬錠錢二千緡金繡蟒龍麒麟衣各一東王次德州卒於館帝遣官賜祭命有司營葬勒碑墓道諡曰恭定留妻妾傔從十人守墓俟畢三年喪遣歸乃遣使齎敕諭其長子都馬含曰爾父知尊中國躬率家屬陪臣遠涉海道萬里來朝朕眷其誠悃已錫王封優加賜賚遣官護歸舟次德州遭疾殞歿朕聞之深爲哀悼已葬祭如禮爾以嫡長爲國人所屬宜卽繼承用綏藩服今特封爾爲蘇祿國東王爾尚益篤忠貞敬承天道以副眷懷以繼爾父之志欽哉十八年西王遣使入貢十九年東王母遣王叔叭都加蘇里來朝貢大珠一其重七兩有奇二十一年東王妃還國厚賜遣之明年入貢自後不復至萬曆時佛郎機屢攻之城據山險迄不能下其國於古無所考地瘠寡粟麥民率食魚蝦煮海爲鹽釀蔗爲酒織竹爲布氣候常熱有珠池夜望之光浮水面土人以珠與華人市易大者利數十倍商舶將返輒留數人爲質冀其再來其旁近國名高藥出玳瑁

西洋瑣里洪武二年命使臣劉叔勉以卽位詔諭其國三年平定沙漠復遣使臣頒詔其王別里提遣使奉金葉表從叔勉獻方物賜文綺紗羅諸物甚厚幷賜大統曆成祖頒卽位詔於海外諸國西洋亦與焉永樂元年命副使聞良輔行人寗善使其國賜絨錦文綺紗羅已

復命中官馬彬往使賜如前其王即遣使來貢附載胡椒與民市有司請徵稅命勿徵二十一年偕古里阿丹等十五國來貢

瑣里近西洋瑣里而差小洪武三年命使臣塔海帖木兒齎詔撫諭其國五年王卜納的遣使奉表朝貢并獻其國土地山川圖帝顧中書省臣曰西洋諸國素稱遠蕃涉海而來難計歲月其朝貢無論疏數厚往薄來可也乃賜大統曆及金織文綺紗羅各四匹使者亦賜幣帛有差

覽邦在西南海中洪武九年王昔里馬哈剌札的剌札遣使奉表來貢詔賜其王織金文綺紗羅使者宴賜如制永樂宣德中嘗附鄰國朝貢其地多沙磧麻麥之外無他種商賈鮮至山坦迤無峯巒水亦淺濁俗好佛勤齋祀厥貢孔雀馬檀香降香胡椒蘇木交易用錢

淡巴亦西南海中國洪武十年其王佛喝思羅遣使上表貢方物賜賚有差其國石城瓦屋王乘輿官跨馬有中國威儀土衍水清草木暢茂畜產甚夥男女勤於耕織市有貿易野無寇盜稱樂土焉厥貢苾布兜羅緜被沈香速香檀香胡椒

百花居西南海中洪武十一年其王剌丁剌者望沙遣使奉金葉表貢白鹿紅猴龜筒玳瑁孔雀鸚鵡哇哇倒掛鳥及胡椒香蠟諸物詔賜王及使者綺幣襲衣有差國中氣候恒燠無霜雪多奇花異卉故名百花民富饒尚釋教

彭亨在暹羅之西洪武十一年其王麻哈剌惹答饒遣使齎金葉表貢番奴六人及方物宴賚如禮永樂九年王巴剌密瑣剌達羅息泥遣使入貢十年鄭和使其國十二年復入貢十四年與古里爪哇諸國偕貢復令鄭和報之其國土田沃氣候常溫米粟饒足煮海爲鹽釀椰漿爲酒上下親狎無寇賊然惑於鬼神刻香木爲像殺人祭賽以禳災祈福所貢有象牙片腦乳香速香檀香胡椒蘇木之屬至萬曆時有柔佛國副王子娶彭亨王女將婚副王送子至彭亨彭亨王置酒親戚畢會婆羅國王子爲彭亨王妹壻舉觴獻副王而手指有巨珠甚美副王欲之許以重賄王子靳不予副王怒即歸國發兵來攻彭亨人出不意不戰自潰王與婆羅王子奔金山浡泥國王王妃兄也聞之率衆來援副王乃大肆焚掠而去當是時國中鬼哭三日人民半死浡泥王迎其妹歸彭亨王隨之而命其長子攝國已王復位次子素凶悍遂毒殺其父弒其兄自立

那孤兒在蘇門答剌之西壤相接地狹止千餘家男子皆以墨刺面爲花獸之狀故又名花面國猱頭裸體男女止單布圍腰然俗淳田足稻禾强不侵弱富不驕貧悉自耕而食無寇盜永樂中鄭和使其國其酋長常入貢方物

黎伐在那孤兒之西南大山北大海西接南渤利居民三千家推一人爲主隸蘇門答剌聲音風俗多與之同永樂中嘗隨其使臣入貢

南渤利在蘇門答剌之西順風三日夜可至王及居民皆回回人僅千餘家俗朴實地少穀人多食魚蝦西北海中有山甚高大曰帽山其西復大海名那没黎洋西來洋船俱望此山爲準近山淺水內生珊瑚樹高者三尺許永樂十年其王馬哈麻沙遣使附蘇門答剌使入貢賜其使襲衣賜王印誥錦綺羅紗綵幣遣鄭和撫諭其國終成祖時比年入貢其王子沙者罕亦遣使入貢宣德五年鄭和遍賜諸國南渤利亦與焉

阿魯一名啞魯近滿剌加順風三日夜可達風俗氣候大類蘇門答剌田瘠少收盛藝芭蕉椰子爲食男女皆裸體以布圍腰永樂九年王速魯唐忽先遣使附古里諸國入貢賜其使冠帶綵幣寶鈔其王亦有賜十年鄭和使其國十七年王子段阿剌沙遣使入貢十九年二十一年再入貢宣德五年鄭和使諸蕃亦有賜其後貢使不至

柔佛近彭亨一名烏丁礁林永樂中鄭和遍歷西洋無柔佛名或言和曾經東西竺山今此山正在其地疑即東西竺萬曆間其酋好搆兵鄰國丁機宜彭亨屢被其患華人販他國者多就之貿易時或邀至其國國中覆茅爲屋列木爲城環以池無事通商於外有事則召募爲兵稱强國焉地不產穀常易米於鄰壤男子薙髮徒跣佩刀女子蓄髮椎結其酋則佩雙刀字用茭蔁葉以刀刺之婚姻亦論門閥王用金銀爲食器羣下則用磁無匕筯俗好持齋見星方食節序以四月爲歲首居喪婦人薙髮男子則重薙死者皆火葬所產有犀象玳瑁片腦没藥血竭錫蠟嘉文簟木棉花檳榔海菜窩燕西國米蓽吉柿之屬始其國吉寧仁爲大庫忠於王爲王所倚信王弟以兄疏己潛殺之後出行墮馬死左右咸見吉寧仁爲祟自是家家祀之

丁機宜爪哇屬國也幅員甚狹僅千餘家柔佛黠而雄丁機宜與接壤時被其患後以厚幣求婚稍獲寧處其國以木爲城酋所居旁列鐘鼓樓出入乘象以十月爲歲首性好潔酋所食啖皆躬自割烹民俗類爪哇物產悉如柔佛酒禁甚嚴有常稅然大家皆不飲維細民無籍者飲之其曹偶咸非笑婚者男往女家持其門戶故生女勝男喪用火葬華人往商交易甚平自爲柔佛所破往者亦鮮

巴喇西去中國絕遠正德六年遣使臣沙地白入貢言其國在南海始奉王命來朝舟行四年半遭風飄至西瀾海舟壞止存一小艇又飄流八日至得吉零國居一年至祕得居八月乃遵陸行閱二十六日抵暹羅以情告王獲賜日給且賜婦女四人居四年迄今年五月始附番舶入廣東得達闕下進金葉表貢祖母綠一珊瑚樹琉璃瓶玻璃盞各四及瑪瑙珠胡黑丹諸物帝嘉其遠來賜賚有加

佛郎機近滿剌加正德中據滿剌加地逐其王十三年遣使臣加必丹末等貢方物請封始知其名詔給方物之直遣還其人久留不去剽劫行旅至掠小兒爲食已而夤緣鎮守中貴許入京武宗南巡其使火者亞三因江彬侍帝左右帝時學其語以爲戲其留懷遠驛者益掠買良民築室立寨爲久居計十五年御史邱道隆言滿剌加乃敕封之國而佛郎機敢併之且啗我以利邀求封貢決不可許宜却其使臣明示順逆令還滿剌加疆土方許朝貢倘執迷不悛必檄告諸蕃聲罪致討御史何鰲言佛郎機最凶狡兵械較諸蕃獨精前歲駕大舶突入廣東會城礮聲殷地留驛者違制交通入都者桀驁爭長今聽其往來貿易勢必爭鬬殺傷南方之禍殆無紀極祖宗朝貢有定期防有常制故來者不多近因布政吳廷舉謂缺上供香物不問何年來即取貨致番舶不絕於海澨蠻人雜遝於州城禁防既疏水道益熟此佛郎機所以乘機突至也乞悉驅在澳番舶及番人潛居者禁私通嚴守備庶一方獲安疏下禮部言道隆先宰順德鰲即順德人故深晰利害宜俟滿剌加使臣至廷詰佛郎機侵奪鄰邦擾亂內地之罪奏請處置其他悉如御史言報可亞三侍帝驕甚從駕入都居會同館見提督主事梁焯不屈膝焯怒撻之彬大詬曰彼嘗與天子嬉戲肯跪汝小官邪明年武宗崩亞三下吏自言本華人爲番人所使乃伏法絕其朝貢其年七月又以接濟朝使爲詞攜土物求市守臣請抽分如故事詔復拒之其將別都盧既以巨礮利兵肆掠滿剌加諸國橫行海上復率其屬疎世利等駕五舟擊破巴西國嘉靖二年遂寇新會之西草灣指揮柯榮百戶王應恩禦之轉戰至稍州向化人潘丁苟先登衆齊進生擒別都盧疎世利等四十二人斬首三十五級獲其二舟餘賊復率三舟接戰應恩陣亡賊亦敗遁官軍得其礮即名爲佛郎機副使汪鋐進之朝九年秋鋐累官右都御史上言今塞上墩臺城堡未嘗不設乃寇來輒遭蹂躪者蓋墩臺止瞭望城堡又無制遠之具故往往受困當用臣所進佛郎機其小止二十斤以下遠可六百步者則用之墩臺每墩用其一以三人守之其大至七十斤以上遠可五六里者則用之城堡每堡用其三以十人守之五里一墩十里一堡大小相依遠近相應寇將無所容足可坐收不戰之功帝悅即從之火礮之有佛郎機自此始然將士不善用迄莫能制寇也初廣東文武官月俸多以番貨代至是貨至者寡有議復許佛郎機通市者給事中王希文力爭乃定令諸番貢不以時及勘合差失者悉行禁止由是番舶幾絕巡撫林富上言粵中公私諸費多資商稅番舶不至則公私皆窘今許佛郎機互市有四利祖宗時諸番常貢外原有抽分之法稍取其餘足供御用利一兩粵比歲用兵庫藏耗竭藉以充軍餉備不虞利二粵西素仰給粵東小有徵發即措辦不前若番舶流通則上下交濟利三小民以懋遷爲生持一錢之貨即得展轉販易衣食其中利四助國裕民兩有所賴此因民之利而利之非開利孔爲民梯禍也從之自是佛郎機得入香山澳爲市而其徒又越境商於福建往來不絕至二十六年朱紈爲巡撫嚴禁通番其人無所獲利則整衆犯漳州之月港浯嶼副使柯喬等禦却之二十八年又犯詔安官軍迎擊於走馬溪生擒賊首李光頭等九十六人餘遁去紈用便宜斬之怨紈者御史陳九德遂劾其專擅帝遣給事中杜汝禎往驗言此滿剌加商人歲招海濱無賴之徒往來鬻販無僭號流劫事紈擅自行誅誠如御史所劾紈遂被逮自殺蓋不知滿剌加即佛郎機也自紈死海禁復弛佛郎機遂縱橫海上無所忌而其市香山澳壕鏡者至築室建城雄踞海畔若一國然將吏不肖者反視爲外府矣壕鏡在香山縣南虎跳門外先是暹羅占城爪哇琉球浡泥諸國互市俱在廣州設市舶司領之正德時移於高州之電白縣嘉靖十四年指揮黃慶納賄請於上官移之壕鏡歲輸課二萬金佛郎機遂得混入高棟飛甍櫛比相望閩粵商人趨之若鶩久之其來益衆諸國人畏而避之遂專爲所據四十四年僞稱滿剌加入貢已改稱蒲都麗家守臣以聞下部議言必佛郎機

假託乃却之萬曆中破滅呂宋盡擅閩粵海上之利勢益熾至三十四年又於隔水青州建寺高六七丈閎敞奇閟非中國所有知縣張大猷請毀其高墉不果明年番禺舉人盧廷龍會試入都請盡逐澳中諸番出居浪白外海還我壕鏡故地當事不能用番人既築城聚海外雜番廣通貿易至萬餘人吏其土者皆畏懼莫敢詰甚有利其寶貨佯禁而陰許之者總督戴燿在事十三年養成其患番人又潛匿倭賊敵殺官軍四十二年總督張鳴岡檄番人驅倭出海因上言粵之有澳夷猶疽之在背也澳之有倭賊猶虎之傅翼也今一旦驅斥不費一矢此聖天子威德所致惟是倭去而番尚存有謂宜勦除者有謂宜移之浪白外洋就船貿易者顧兵難輕動而壕鏡在香山內地官軍環海而守彼日食所需咸仰於我一懷異志我即制其死命若移之外洋則巨海茫茫奸宄安詰制禦安施似不如申明約束內不許一奸闌出外不許一倭闌入無啟釁無弛防相安無患之爲愈也部議從之居三年設參將於中路雍陌營調千人戍之防禦漸密天啟元年守臣慮其終爲患遣監司馮從龍等毀其所築青州城番亦不敢拒其時大西洋人來中國亦居此澳蓋番人本求市易初無不軌謀中朝疑之過甚迄不許其朝貢又無力以制之故議者紛然然終明之世此番固未嘗爲變也其人長身高鼻貓睛鷹嘴拳髮赤鬚好經商恃强陵轢諸國無所不往後又稱干系臘國所產多犀象珠貝衣服華潔貴者冠賤者笠見尊長輒去之初奉佛教後奉天主教市易但伸指示數雖累千金不立約契有事指天爲誓不相負自滅滿剌加巴西呂宋三國海外諸蕃無敢與抗者

和蘭又名紅毛番地近佛郎機永樂宣德時鄭和七下西洋歷諸番數十國無所謂和蘭者其人深目長鼻髮眉鬚皆赤足長尺二寸頎偉倍常萬曆中福建商人歲給引往販大泥呂宋及咬𠺕吧者和蘭人就諸國轉販未敢窺中國也自佛郎機市香山據呂宋和蘭聞而慕之二十九年駕大艦攜巨礮直薄呂宋呂宋人力拒之則轉薄香山澳澳中人數詰問言欲通貢市不敢爲寇當事難之稅使李道即召其酋入城遊處一月不敢聞於朝乃遣還澳中人慮其登陸謹防禦始引去海澄人李錦及奸商潘秀郭震久居大泥與和蘭人習語及中國事錦曰若欲通貢市無若漳州者漳南有彭湖嶼去海遠誠奪而守之貢市不難成也其酋麻韋郎曰守臣不許奈何曰稅使高寀嗜金銀甚若厚賄之彼特疏上聞天子必報可守臣敢抗旨哉酋曰善錦乃代爲大泥國王書一移寀一移兵備副使一移守將俾秀震齎以來守將陶拱聖大駭亟白當事繫秀於獄震遂不敢入初秀與酋約入閩有成議當遣舟相聞而酋卞急不能待即駕二大艦直抵彭湖時三十二年之七月汛兵已撤如入無人之墟遂伐木築舍爲久居計錦亦潛入漳州偵探詭言被獲逃還當事已廉知其狀幷繫獄已而議遣二人諭其酋還國許以自贖且拘震與俱三人既與酋成約不欲自彰其失第云我國尚依違未定而當事所遣將校詹獻忠齎檄往諭者乃多攜幣帛食物覬其厚酬海濱人又潛載貨物往市酋益觀望不肯去當事屢遣使諭之見酋語輒不競愈爲所慢而寀已遣心腹周之範詣酋說以三萬金餽寀即許貢市酋喜與之盟已就矣會總兵施德政令都司沈有容將兵往諭有容負膽智大聲論說酋心折乃曰我從不聞此言其下人露刃相詰有容無所懾盛氣與辨酋乃悔悟令之範還所贈金止以哆囉嗹玻璃器及番刀番酒餽寀乞代奏通市寀不敢應而撫按嚴禁奸民下海犯者必誅由是接濟路窮番人無所得食十月末揚帆去巡撫徐學聚劾秀錦等罪論死遣戍有差然是時佛郎機橫海上紅毛與爭雄復汛舟東來攻破美洛居國與佛郎機分地而守後又侵奪臺灣地築室耕田久留不去海上奸民闌出貨物與市已又出據彭湖築城設守漸爲求市計守臣懼禍說以毀城遠徙即許互市番人從之天啟三年果毀其城移舟去巡撫商周祚以遵諭遠徙上聞然其據臺灣自若也已而互市不成番人怨復築城彭湖掠漁舟六百餘艘俾華人運土石助築尋犯廈門官軍禦之俘斬數十人乃詭詞求款再許毀城遠徙而修築如故已又泊舟風櫃仔出沒浯嶼白坑東椗莆頭古雷洪嶼沙洲甲洲間要求互市而海寇李旦復助之濱海郡邑爲戒嚴其年巡撫南居益初至謀討之上言臣入境以來聞番船五艘續至與風櫃仔船合凡十有一艘其勢愈熾有小校陳士瑛者先遣往咬𠺕吧宣諭其王至三角嶼遇紅毛船言咬𠺕吧王已往阿南國因與士瑛偕至大泥謁其王王言咬𠺕吧國主已大集戰艦議往彭湖求互市若不見許必至搆兵蓋阿南即紅毛番國而咬𠺕吧大泥與之合謀必不可以理諭爲今日計非用兵不可因列上調兵足餉方畧部議從之四年正月遣將先奪鎮海港而城之且築且戰番人乃退守風櫃城居益增兵往助攻擊數月寇猶不退乃大發兵諸軍齊進寇勢窘兩遣使求緩兵容運米入舟即退去諸將以窮寇莫追許之遂揚帆去獨渠帥高文律等十二人據高樓自守諸將破禽之獻俘於朝彭湖之警以息而其據臺灣者猶自若也崇禎中爲鄭芝龍所破不敢窺內地者數年乃與香山佛郎機通好私貿外洋十年駕四舶由虎跳門薄廣州聲言求市其酋招搖市上奸民覗之若金穴蓋大姓有爲之主者當道鑒壕鏡事議驅斥或從中撓之會總督張鏡心初至力持不可乃遁去已爲奸民李葉榮所誘交通總兵陳謙爲居停出入事露葉榮下吏謙自請調用以避禍爲兵科淩義渠等所劾坐逮訊自是奸民知事終不成不復敢勾引而番人猶據臺灣自若其本國在西洋者去中華絕遠華人未嘗至其所恃惟巨舟大礮舟長三十丈廣六丈厚二尺餘樹五桅後爲三層樓旁設小窗置銅礮桅下置二丈巨鐵礮發之可洞裂石城震數十里世所稱紅夷礮即其製也然以舟大難轉或遇淺沙即不能動而其人又不善戰故往往挫衂其所役使名烏鬼入水不沉走海面若平地其柁後置照海鏡大徑數尺能照數百里其人悉奉天主教所產有金銀琥珀瑪瑙玻璃天鵝絨瑣服哆囉嗹國土既富遇中國貨物當意者不惜厚貲故華人樂與爲市

明史卷三百二十六　列傳第二百一十四

總裁官總理事務　經筵講官少保兼太子太保保和殿大學士兼管吏部戶部尚書事加六級張廷玉等奉

敕修

外國七

古里　柯枝
小葛蘭大葛蘭　錫蘭山
榜葛剌　沼納樸兒
祖法兒　木骨都束
不剌哇　竹步
阿丹　剌撒
麻林　忽魯謨斯
溜山比剌　孫剌　南巫里
加異勒　甘巴里
急蘭丹　沙里灣泥
底里　千里達
失剌比　古里班卒
剌泥夏剌比　奇剌泥　窟察泥　捨剌齊　彭加那　八可意　烏沙剌踢　坎巴
阿哇　打回　白葛達　黑葛達
拂菻　意大里亞

古里西洋大國西濱大海南距柯枝國北距狠奴兒國東七百里距坎巴國自柯枝舟行三日可至自錫蘭山十日可至諸蕃要會也永樂元年命中官尹慶奉詔撫諭其國賚以綵幣其酋沙米的喜遣使從慶入朝貢方物三年達南京封爲國王賜印誥及文綺諸物遂比年入貢鄭和亦數使其國十三年偕柯枝南浡利甘巴里滿剌加諸國入貢十四年又偕爪哇滿剌加占城錫蘭山木骨都束溜山南浡利不剌哇阿丹蘇門答剌麻林剌撒忽魯謨斯柯枝南巫里沙里灣泥彭亨諸國入貢是時諸蕃使臣充斥於廷以古里大國序其使者於首十七年偕滿剌加十七國來貢十九年又偕忽魯謨斯等國入貢二十一年復偕忽魯謨斯等國遣使千二百人入貢時帝方出塞敕皇太子曰天時向寒貢使即令禮官宴勞給賜遣還其以土物來市者官酬其直宣德八年其王比里麻遣使偕蘇門答剌等國使臣入貢其使久留都下正統元年乃命附爪哇貢舟西還自是不復至其國山多地瘠有穀無麥俗甚淳行者讓道道不拾遺人分五等如柯枝其敬浮屠鑿井灌佛亦如之每旦王及臣民取牛糞調水塗壁及地又煅爲灰抹額及股謂爲敬佛國中半崇回教建禮拜寺數十處七日一禮男女齋沐謝事午時拜天於寺未時乃散王老不傳子而傳甥無甥則傳弟無弟則傳於國之有德者國事皆決於二將領以回回人爲之刑無鞭笞輕者斷手足重者罰金珠尤重者夷族沒產鞫獄不承則置其手指沸湯中三日不爛即免罪免罪者將領導以鼓樂送還家親戚致賀富家多植椰子樹至數千其嫩者漿可飲亦可釀酒老者可作油糖亦可作飯幹可搆屋葉可代瓦殼可製杯穰可索綯煅爲灰可鑲金其他蔬果畜產多類中國所貢物有寶石珊瑚珠琉璃瓶琉璃枕寶鐵刀拂郎雙刃刀金繫腰阿思模達塗兒氣龍涎香蘇合油花氈單伯蘭布苾布之屬

柯枝或言卽古盤盤國宋梁隋唐皆入貢自小葛蘭西北行順風一日夜可至永樂元年遣中官尹慶齎詔撫諭其國賜以銷金帳幔織金文綺綵帛及華蓋六年復命鄭和使其國九年王可亦里遣使入貢十年鄭和再使其國連二歲入貢其使者請賜印誥封其國中之山帝遣鄭和齎印賜其王因撰碑文命勒石山上其詞曰王化與天地流通凡覆載之內舉納於甄陶者體造化之仁也蓋天下無二理生民無二心憂戚喜樂之同情安逸飽煖之同欲奚有間於遐邇哉任君民之寄者當盡子民之道詩云邦畿千里惟民所止肇域彼四海書云東漸于海西被于流沙朔南暨聲教訖于四海朕君臨天下撫治華夷一視同仁無間彼此推古聖帝明王之道以合乎天地之心遠邦異域咸使各得其所聞風嚮化者爭恐後也柯枝國遠在西南距海之濱出諸蕃國之外慕中華而歆德化久矣命令之至拳跽鼓舞順附如歸咸仰天而拜曰何幸中國聖人之教沾及於我乃數歲以來國內豐穰居有室廬食飽魚鼈衣足布帛老者慈幼少者敬長熙熙然而樂凌厲爭競之習無有也山無猛獸溪絕惡魚海出奇珍林產嘉木諸物繁盛倍越尋常暴風不興疾雨不作札沴殄息靡有害菑蓋甚盛矣朕揆德薄何能如是非其長民者之所致歟乃封可亦里爲國王賜以印章俾撫治其民幷封其國中之山爲鎭國之山勒碑其上垂示無窮而系以銘曰截彼高山作鎭海邦吐烟出雲爲下國洪龐肅其煩歊時其雨暘祛彼氛妖作彼豐穰靡菑靡沴永庇斯疆優游卒歲室家胥慶於戲山之嶄兮海之深矣勒此銘詩相爲終始自後間歲入貢宣德五年復遣鄭和撫諭其國八年王可亦里遣使偕錫蘭山諸國來貢正統元年遣其使者附瓜哇貢舶還國幷賜敕勞王王瑣里人崇釋教佛座四旁皆水溝復穿一井每旦鳴鐘鼓汲水灌佛三浴之始羅拜而退其國與錫蘭山對峙中通古里東界大山三面距海俗頗淳築室以椰子樹爲材取葉爲苫以覆屋風雨皆可蔽人分五等一曰南昆王族類二曰回回三曰哲地皆富民四曰革全皆牙儈五曰木瓜木瓜最貧爲人執賤役者屋高不得過三尺衣上不得過臍下不得過膝途遇南昆哲地人輒伏地俟其過乃起氣候常熱一歲中二三月時有少雨國人皆治舍儲食物以俟五六月間大雨不止街市成河七月始晴八月後不復雨歲歲皆然田瘠少收諸穀皆產獨無麥諸畜亦皆有獨無鵝與驢云

小葛蘭其國與柯枝接境自錫蘭山西北行六晝夜可達東大山西大海南北地窄西洋小國也永樂五年遣使附古里蘇門答剌入貢賜其王錦綺紗羅鞍馬諸物其使者亦有賜王及羣下皆瑣里人奉釋教重牛及他婚喪諸禮多與錫蘭同俗淳土薄收穫少仰給榜葛剌鄭和嘗使其國厥貢惟珍珠傘白棉布胡椒又有大葛蘭者波濤湍悍舟不可泊故商人罕至土黑墳本宜穀麥民懶事耕作歲賴烏爹之米以足食風俗物產多類小葛蘭

錫蘭山或云卽古狼牙修梁時曾通中國自蘇門答剌順風十二晝夜可達永樂中鄭和使西洋至其地其王亞烈苦奈兒欲害和和覺去之他國王又不睦鄰境屢邀劫往來使臣諸蕃皆苦之及和歸復經其地乃誘和至國中發兵五萬劫和塞歸路和乃率步卒二千由間道乘虛攻拔其城生禽亞烈苦奈兒及妻子頭目獻俘於朝廷臣請行戮帝憫其無知幷妻子皆釋且給以衣食命擇其族之賢者立之有邪把乃那者諸俘囚咸稱其賢乃遣使齎印誥封爲王其舊王亦遣歸自是海外諸蕃益服天子威德貢使載道王遂屢入貢宣德五年鄭和撫諭其國八年王不剌葛麻巴忽剌批遣使來貢正統元年命附瓜哇貢舶歸賜敕諭之十年偕滿剌加使者來貢天順三年王葛力生夏剌昔利把交剌惹遣使來貢嗣後不復至其國地廣人稠貨物多聚亞於瓜哇東南海中有山三四座總名曰翠藍嶼大小七門門皆可通舟中一山尤高大番名梭篤蠻山其人皆巢居穴處赤身髡髮相傳釋迦佛昔經此山浴於水或竊其袈裟佛誓云後有穿衣者必爛其皮肉自是寸布掛身輒發瘡毒故男女皆裸體但紉木葉蔽其前後或圍以布故又名裸形國地不生穀惟啖魚蝦及山芋波羅密芭蕉實之屬自此山西行七日見鸚哥嘴山又二三日抵佛堂山卽入錫蘭國境海邊山石上有一足跡長三尺許故老云佛從翠藍嶼來踐此故足跡尚存中有淺水四時不乾人皆手蘸拭目洗面曰佛水清淨山下僧寺有釋迦眞身側臥牀上旁有佛牙及舍利相傳佛涅槃處也其寢座以沉香爲之飾以諸色寶石莊嚴甚王所居側有大山高出雲漢其顚有巨人足跡入石深二尺長八尺餘云是盤古遺跡此山產紅雅姑青雅姑黃雅姑昔剌泥窟沒藍等諸色寶石每大雨衝流山下土人競拾之海旁有浮沙珠蚌聚其內光彩瀲灩王使人撈取置之地蚌爛而取其珠故其國珠寶特富王瑣里國人崇釋教重牛日取牛糞燒灰塗其體又調以水徧塗地上乃禮佛手足直舒腹貼於地以爲敬王及庶民皆如之不食牛肉止食其乳死則瘞之有殺牛者罪至死氣候常熱米粟豐足民富饒然不喜啜飯欲啜則於暗處不令人見徧體皆毫毛悉薙去惟髮不薙所貢物有珠珊瑚寶石水晶撒哈剌西洋布乳香木香樹香檀香沒藥硫黃藤竭蘆薈烏木胡椒碗石馴象之屬

榜葛剌卽漢身毒國東漢曰天竺其後中天竺貢於梁南天竺貢於魏唐亦分五天竺又名五印度宋仍名天竺榜葛剌則東印度也自蘇門答剌順風二十晝夜可至永樂六年其王靄牙思丁遣使來朝貢方物宴賚有差七年其使凡再至攜從者二百三十餘人帝方招徠絕域頒賜甚厚自是比年入貢十年貢使將至遣官宴之於鎭江既將事使者告其王之喪遣官往祭封嗣子賽勿丁爲王十二年嗣王遣使奉表來謝貢麒麟及名馬方物禮官請表賀帝勿許明年遣侯顯齎詔使其國王與妃大臣皆有賜正統三年貢麒麟百官表賀明年又入貢自是不復至其國地大物阜城池街市聚貨通商繁華類中國四時氣候常如夏土沃一歲二稔不待耔耘俗淳龐有文字男女勤於耕織容體皆黑間有白者王及官民皆回回人喪祭冠婚悉用其禮男子皆薙髮裹以白布衣從頸貫下用布圍之曆不置閏刑有笞杖徒流數等官司上下亦有行移醫卜陰陽百工技藝悉如中國蓋皆前世所流入也其王敬天朝聞使者至遣官具儀物以千騎來迎王宮高廣柱皆黃銅包飾雕琢花獸左右設長廊內列明甲馬隊千餘外列巨人明盔甲執刀劍弓矢威儀甚壯丹墀左右設孔雀翎傘蓋百餘又置象隊百餘於殿前王飾八寶冠箕踞殿上高座橫劍於膝朝使入令拄銀杖者二人來導五步一呼至中則止又拄金杖者二人導如初其王拜迎詔叩頭手加額開讀受賜訖設毯毯於殿宴朝使不飲酒以薔薇露和香蜜水飲之贈使者金盔金繫腰金瓶金盆其副則悉用銀從者皆有贈厥貢良馬金銀琉璃器青花白瓷鶴頂犀角翠羽鸚鵡洗白苾布兜羅緜撒哈剌糖霜乳香熟香烏香麻藤香烏爹泥紫膠藤竭烏木蘇木胡椒粗黃

沼納樸兒其國在榜葛剌之西或言卽中印度古所稱佛國也永樂十年遣使者齎敕撫諭其國賜王亦不剌金絨錦金織文綺綵帛等物十八年榜葛剌使者愬其國王數舉兵侵擾詔中官侯顯齎敕諭以睦鄰保境之義因賜之綵幣所過金剛寶座之地亦有賜然其王以去中國絕遠朝貢竟不至

祖法兒自古里西北放舟順風十晝夜可至永樂十九年遣使偕阿丹剌撒諸國入貢命鄭和齎璽書賜物報之二十一年貢使復至宣德五年和再使其國其王阿里卽遣使朝貢八年達京師正統元年還國賜璽書獎王其國東南大海西北重山天時常若八九月五穀蔬果諸畜咸備人體頎碩王及臣民悉奉回回教婚喪亦遵其制多建禮拜寺遇禮拜日市絕貿易男女長幼皆沐浴更新衣以薔薇露或沉香油拭面焚沉檀俺八兒諸香土爐人立其上以薰衣然後往拜所過街市香經時不散天使至詔書開讀訖其王徧諭國人盡出乳香血竭蘆薈沒藥蘇合油安息香諸物與華人交易乳香乃樹脂其樹似榆而葉尖長土人砍樹取其脂爲香有駝雞頸長類鶴足高三四尺毛色若駝行亦如之常以充貢

木骨都束自小葛蘭舟行二十晝夜可至永樂十四年遣使與不剌哇麻林諸國奉表朝貢命鄭和齎敕及幣偕其使者往報之後再入貢復命和偕行賜王及妃綵幣二十一年貢使又至比還其王及妃更有賜宣德五年和復頒詔其國國濱海山連地曠磽瘠少收歲常旱或數年不雨俗頑囂時操兵習射地不產木亦如忽魯謨斯壘石爲屋及用魚腊以飼牛羊馬駝云

不剌哇與木骨都束接壤自錫蘭山別羅里南行二十一晝夜可至永樂十四年至二十一年凡四入貢竝與木骨都束偕鄭和亦兩使其國宣德五年和復往使其國傍海而居地廣斥鹵少草木亦壘石爲屋有鹽池但投樹枝於中已而取起鹽卽凝其上俗淳田不可耕蒜葱之外無他種專捕魚爲食所產有馬哈獸狀如獐花福祿狀如驢及犀象駱駝沒藥乳香龍涎香之類常以充貢

竹步亦與木骨都束接壤永樂中嘗入貢其地戶口不繁風俗頗淳鄭和至其地地亦無草木壘石以居歲多旱暵皆與木骨都束同所產有獅子金錢豹駝蹄雞龍涎香乳香金珀胡椒之屬

阿丹在古里之西順風二十二晝夜可至永樂十四年遣使奉表貢方物辭還命鄭和齎敕及綵幣偕往賜之自是凡四入貢天子亦厚加賜賚宣德五年海外諸番久缺貢復命和齎敕宣諭其王抹立克那思兒卽遣使來貢八年至京師正統元年始還自後天朝不復通使

遠番貢使亦不至前世梁隋唐時並有丹丹國或言卽其地地膏腴饒粟麥人性強悍有馬步銳卒七八千人鄰邦畏之王及國人悉奉回回教氣候常和歲不置閏其定時之法以月爲準如今夜見新月明日卽爲月朔四季不定自有陰陽家推算其日爲春首卽有花開其日爲秋初卽有葉落及日月交食風雨潮汐皆能預測其王甚尊中國聞和船至躬率部領來迎入國宣詔訖徧諭其下盡出珍寶互易永樂十九年中官周姓者往市得貓睛重二錢許珊瑚樹高二尺者數枝又大珠金珀諸色雅姑異寶麒麟獅子花貓鹿金錢豹駝雞白鳩以歸他國所不及也蔬果畜產咸備獨無鵝豕二者市肆有書籍工人所製金首飾絕勝諸蕃所少惟無草木其居亦皆壘石爲之麒麟前足高九尺後六尺頸長丈六尺有二短角牛尾鹿身食粟豆餅餌獅子形似虎黑黃色無斑首大口廣尾尖聲吼若雷百獸見之皆伏地嘉靖時製方丘朝日壇玉爵購紅黃玉於天方哈密諸蕃不可得有通事言此玉產於阿丹去土魯番西南二千里其地兩山對峙自爲雌雄或自鳴請如永樂宣德故事齎重賄往購帝從部議已之

剌撒自古里順風二十晝夜可至永樂十四年遣使來貢命鄭和報之後凡三貢皆與阿丹不剌哇諸國偕宣德五年和復齎敕往使竟不復貢國傍海而居氣候常熱田瘠少收俗淳喪葬有禮有事則禱鬼神草木不生久旱不雨居室悉與竹步諸國同所產有乳香龍涎香千里駝之類

麻林去中國絕遠永樂十三年遣使貢麒麟將至禮部尚書呂震請表賀帝曰往儒臣進五經四書大全請上表朕許之以此書有益於治也麟之有無何所損益其已之已而麻林與諸蕃使者以麟及天馬神鹿諸物進帝御奉天門受之百僚稽首稱賀帝曰此皇考厚德所致亦賴卿等翊贊故遠人畢來繼自今益宜秉德迪朕不逮十四年又貢方物

忽魯謨斯西洋大國也自古里西北行二十五日可至永樂十年天子以西洋近國已航海貢琛稽顙闕下而遠者猶未賓服乃命鄭和齎璽書往諸國賜其王錦綺綵帛紗羅妃及大臣皆有賜王卽遣陪臣已卽丁奉金葉表貢馬及方物十二年至京師命禮官宴賜酬以馬直比還賜王及妃以下有差自是凡四貢和亦再使後朝使不往其使亦不來宣德五年復遣和宣詔其國其王賽弗丁乃遣使來貢八年至京師宴賜有加正統元年附瓜哇舟還國嗣後遂絕其國居西海之極自東南諸蠻邦及大西洋商船西域賈人皆來貿易故寶物塡溢氣候有寒暑春發葩秋隕葉有霜無雪多露少雨土瘠穀麥寡然他方轉輸者多故價殊賤民富俗厚或遭禍致貧衆皆遺以錢帛共振助之人多白皙豐偉婦女出則以紗蔽面市列廛肆百物具備惟禁酒犯者罪至死醫卜技藝皆類中華交易用銀錢書用回回字王及臣下皆遵回教婚喪悉用其禮日齋戒沐浴虔拜者五地多鹹不產草木牛羊馬駝皆噉魚腊壘石爲屋有三四層者寢處庖廁及待客之所咸在其上饒蔬果有核桃把聃松子石榴葡萄花紅萬年棗之屬境內有大山四面異色一紅鹽石鑿以爲器盛食物不加鹽而味自和一白土可塗垣壁一赤土一黃土皆適於用所貢有獅子麒麟駝雞福祿靈羊常貢則大珠寶石之類

溜山自錫蘭山別羅里南去順風七晝夜可至自蘇門答剌過小帽山西南行十晝夜可至永樂十年鄭和往使其國十四年其王亦速福遣使來貢自後三貢並與忽魯謨斯諸國偕宣德五年鄭和復使其國後竟不至其山居海中有三石門並可通舟無城郭倚山聚居氣候常熱土薄穀少無麥土人皆捕魚暴乾以充食王及羣下盡回回人婚喪諸禮多類忽魯謨斯山下有八溜或言外更有三千溜舟或失風入其處卽沉溺又有國曰比剌曰孫剌鄭和亦嘗齎敕往賜以去中華絕遠二國貢使竟不至

南巫里在西南海中永樂三年遣使齎璽書綵幣撫諭其國六年鄭和復往使九年其王遣使貢方物與急蘭丹加異勒諸國偕來賜其王金織文綺金繡龍衣銷金幃幔及繖蓋諸物命禮官宴賜遣之十四年再貢命鄭和與其使偕行後不復至

加異勒西洋小國也永樂六年遣鄭和齎詔招諭賜以錦綺紗羅九年其酋長葛卜者麻遣使奉表貢方物命賜宴及冠帶綵幣寶鈔十年和再使其國後凡三入貢宣德五年和復賜其國八年又偕阿丹等十一國來貢

甘巴里亦西洋小國永樂六年鄭和使其地賜其王錦綺紗羅十二年遣使朝貢方物十九年再貢遣鄭和報之宣德五年和復招諭其國王兜哇剌札遣使來貢八年抵京師正統元年附瓜哇舟還國賜敕勞王其隣境有阿撥把丹小阿蘭二國亦以六年命鄭和齎敕招諭賜亦同

急蘭丹永樂九年王麻哈剌查苦馬兒遣使朝貢十年命鄭和齎敕獎其王賚以錦綺紗羅綵帛

沙里灣泥永樂十四年遣使來獻方物命鄭和齎幣帛還賜之

底里永樂十年遣使奉璽書招諭其王馬哈木賜絨錦金織文綺綵帛諸物其地與沼納樸兒近幷賜其王亦不剌金

千里達永樂十六年遣使貢方物賜其使冠帶紵絲紗羅綵帛及寶鈔比還賜其王有加

失剌比永樂十六年遣使朝貢賜其使冠帶金織文綺襲衣綵幣白金有差其王亦優賜

古里班卒永樂中嘗入貢其土瘠穀少物產亦薄氣候不齊夏多雨雨卽寒

剌泥永樂元年其國中回回哈只馬哈沒奇剌泥等來貢方物因攜胡椒與民市有司請徵其稅帝曰徵稅以抑逐末之民豈以爲利今遠人慕義來乃取其貨所得幾何而虧損國體多矣其已之剌泥而外有數國曰夏剌比曰奇剌泥曰窟察泥曰捨剌齊曰彭加那曰八可意曰烏沙剌踢曰坎巴曰阿哇曰打回永樂中嘗遣使朝貢其國之風土物產無可稽

白葛達宣德元年遣其臣和者里一思入貢其使臣言遭風破舟貢物盡失國主倦倦忠敬之忱無由上達此使臣之罪惟聖天子恩貸賜之冠帶俾得歸見國主知陪臣實詣闕廷庶幾免責帝許之使附隣國貢舟還國諭之曰倉卒失風豈人力能制歸語爾主朕嘉王之誠不在物也宴賜悉如禮及辭歸帝謂禮官曰天時漸寒海道遼遠可賜路費及衣服其國土地瘠薄崇釋教市易用鐵錢又有黑葛達亦以宣德時來貢國小民貧尚佛畏刑多牛羊亦以鐵鑄錢

拂菻卽漢大秦桓帝時始通中國晉及魏皆曰大秦嘗入貢唐曰拂菻宋仍之亦數入貢而宋史謂歷代未嘗朝貢疑其非大秦也元末其國人揑古倫入市中國元亡不能歸太祖聞之以洪武四年八月召見命齎詔書還諭其王曰自有宋失馭天絕其祀元興沙漠入主中國百有餘年天厭其昏淫亦用隕絕其命中原擾亂十有八年當羣雄初起時朕爲淮右布衣起義救民荷天之靈授以文武諸臣東渡江左練兵養士十有四年西平漢王陳友諒東縛吳王張士誠南平閩粵戡定巴蜀北定幽燕奠安方夏復我中國之舊疆朕爲臣民推戴卽皇帝位定有天下之號曰大明建元洪武於今四年矣凡四夷諸邦皆遣官告諭惟爾拂菻隔越西海未及報知今遣爾國之民揑古倫齎詔往諭朕雖未及古先哲王俾萬方懷德然不可不使天下知朕平定四海之意故茲詔告已而復命使臣普剌等齎敕書綵幣招諭其國乃遣使入貢後不復至萬曆時大西洋人至京師言天主耶穌生於如德亞卽古大秦國也其國自開闢以來六千年史書所載世代相嬗及萬事萬物原始無不詳悉謂爲天主肇生人類之邦言頗誕謾不可信其物產珍寶之盛具見前史

意大里亞居大西洋中自古不通中國萬曆時其國人利瑪竇至京師爲萬國全圖言天下有五大洲第一曰亞細亞洲中凡百餘國而中國居其一第二曰歐羅巴洲中凡七十餘國而意大里亞居其一第三曰利未亞洲亦百餘國第四曰亞墨利加洲地更大以境土相連分爲南北二洲最後得墨瓦臘泥加洲爲第五而域中大地盡矣其說荒渺莫考然其國人充斥中土則其地固有之不可誣也大都歐羅巴諸國悉奉天主耶穌教而耶穌生於如德亞其國在亞細亞洲之中西行教於歐羅巴其始生在漢哀帝元壽二年庚申閱一千五百八十一年至萬曆九年利瑪竇始汎海九萬里抵廣州之香山澳其教遂沾染中土至二十九年入京師中官馬堂以其方物進獻自稱大西洋人禮部言會典止有西洋瑣里國無大西洋其眞僞不可知又寄居二十年方行進貢則與遠方慕義特來獻琛者不同且其所貢天主及天主母圖旣屬不經而所攜又有神仙骨諸物夫旣稱神仙自能飛昇安得有骨則唐韓愈所謂凶穢之餘不宜入宮禁者也況此等方物未經臣部譯驗徑行進獻則內臣混進之非與臣等溺職之罪俱有不容辭者及奉旨送部乃不赴部審譯而私寓僧舍臣等不知其何意但諸番朝貢例有回賜其使臣必有宴賞乞給賜冠帶還國勿令潛居兩京與中人交往別生事端不報八月又言臣等議令利瑪竇還國候命五月未賜綸音毋怪乎遠人之鬱病而思歸也察其情詞懇切眞有不願尚方錫予惟欲山棲野宿之意譬之禽鹿久羈愈思長林豐草人情固然乞速爲頒賜遣赴江西諸處聽其深山邃谷寄跡怡老亦不報已而帝嘉其遠來假館授粲給賜優厚公卿以下重其人咸與晉接瑪竇安之遂留居不去以三十八年四月卒於京賜葬西郭外其年十一月朔日食曆官推算多謬朝議將修改明年五官正周子愚言大西洋歸化人龐迪我熊三拔等深明曆法其所攜曆書有中國載籍所未及者當令譯上

以資採擇禮部侍郎翁正春等因請倣洪武初設回回曆科之例令迪我等同測驗從之自瑪竇入中國後其徒來益衆有王豐肅者居南京專以天主教惑衆士大夫暨里巷小民間爲所誘禮部郎中徐如珂惡之其徒又自誇風土人物遠勝中華如珂乃召兩人授以筆劄令各書所記憶悉舛謬不相合乃倡議驅斥四十四年與侍郎沈漼給事中晏文輝等合疏斥其邪說惑衆且疑其爲佛郎機假託乞急行驅逐禮科給事中余懋孳亦言自利瑪竇東來而中國復有天主之教乃留都王豐肅陽瑪諾等煽惑羣衆不下萬人朔望朝拜動以千計夫通番左道並有禁今公然夜聚曉散一如白蓮無爲諸教且往來壕鏡與澳中諸番通謀而所司不爲遣斥國家禁令安在帝納其言至十二月令豐肅及迪我等俱遣赴廣東聽還本國命下久之遷延不行所司亦不爲督發四十六年四月迪我等奏臣與先臣利瑪竇等十餘人涉海九萬里觀光上國叨食大官十有七年近南北參劾議行屏斥竊念臣等焚修學道尊奉天主豈有邪謀敢墮惡業惟聖明垂憐候風便還國若寄居海嶼愈滋猜疑乞并南都諸處陪臣一體寬假不報乃怏怏而去豐肅尋變姓名復入南京行教如故朝士莫能察也其國善製礮視西洋更巨既傳入內地華人多效之而不能用天啟崇禎間東北用兵數召澳中人入都令將士學習其人亦爲盡力崇禎時曆法益疏舛禮部尚書徐光啟請令其徒羅雅谷湯若望等以其國新法相參較開局纂修報可久之書成卽以崇禎元年戊辰爲曆元名之曰崇禎曆書雖未頒行其法視大統曆爲密識者有取焉其國人東來者大都聰明特達之士意專行教不求祿利其所著書多華人所未道故一時好異者咸尚之而士大夫如徐光啟李之藻輩首好其說且爲潤色其文詞故其教驟興時著聲中土者更有龍華民畢方濟艾如畧鄧玉函諸人華民方濟如畧及熊三拔皆意大里亞國人玉函熱而瑪尼國人龎迪我依西把尼亞國人陽瑪諾波而都瓦爾國人皆歐羅巴洲之國也其所言風俗物產多夸且有職方外紀諸書在不具述

明史卷三百二十七　　列傳第二百一十五

總裁官總理事務經筵講官少保兼太子太保保和殿大學士兼管吏部戶部尚書事加六級張廷玉等奉
敕修

外國八

韃靼

韃靼卽蒙古故元後也太祖洪武元年大將軍徐達率師取元都元主自北平遁出塞居開平數遣其將也速等擾北邊明年常遇春擊敗之師進開平俘宗王慶孫平章鼎住時元主奔應昌其將王保保據定西爲邊患三年春以徐達爲大將軍使出西安擣定西李文忠爲左副將軍馮勝爲右副將軍使出居庸擣應昌文忠至興和禽平章竹貞復大破元兵於駱駝山遂趨應昌未至知元主已殂進圍其城克之獲元主孫買的里八剌及其妃嬪大臣寶玉圖籍太子愛猷識理達臘獨以數十騎遁去而徐達亦大破王保保兵於沈兒峪口走之太祖封買的里八剌爲崇禮侯諡元主曰順帝於是故元諸將江文清等王子失篤兒等先後歸附獨王保保擁太子愛猷識理達臘居和林屢詔諭之不從五年春命大將軍徐達左副將軍李文忠征西將軍馮勝率師三道征之大將軍達由中路出鴈門戰不利守塞勝軍西次蘭州右副將軍傅友德先進轉戰至埽林山勝等兵合斬其平章不花降上都驢等所部吏民八千三百餘戶遂由亦集乃路至瓜沙州復連敗之文忠東出居庸至口溫元將棄營遁乃率輕騎自臚朐河疾馳進敗蠻子哈剌章於土剌河追及阿魯渾河又追及稱海獲其官屬子孫幷軍士家屬千八百餘送京師達等尋召還明年春遣達文忠等備西北邊元兵入犯武朔達遣陳德郭子興擊破之未幾達等復大破王保保兵於懷柔時元兵先後犯白登保德河曲輒爲守將所敗獨撫寧瑞州被殘太祖乃徙其民於內地七年夏都督藍玉拔興和文忠亦遣裨將禽斬其長而自以大軍攻高州大石崖克之斬宗王大臣朶朶失里等至氊帽山斬魯王獲其妃蒙哥禿秋太祖以故元太子流離沙漠父子隔絕未有後嗣乃遣崇禮侯北歸以書諭之又二年其部下九住等寇西邊敗去洪武十一年夏故元太子愛猷識理達臘卒太祖自爲文遣使弔祭子脫古思帖木兒繼立其丞相驢兒蠻子哈剌章國公脫火赤平章完者不花乃兒不花樞密知院愛足等擁衆於應昌和林時出沒塞下太祖屢賜璽書諭之不從十三年春西平侯沐英師出靈州渡黃河歷賀蘭山踰流沙禽脫火赤愛足等於和林盡以其部曲歸冬完者不花亦就禽明年春徐達及副將軍湯和傅友德征乃兒不花至河北襲灰山斬獲甚衆時王保保已先卒諸巨魁多以次平定或望風歸附獨丞相納哈出擁二十萬衆據金山數窺伺遼二十年春命宋國公馮勝爲大將軍率潁川侯傅友德永昌侯藍玉等將兵二十萬征之還其先所獲元將乃剌吾勝軍駐通州遣藍玉乘大雪襲慶州克之夏師踰金山臨江侯陳鏞失道陷敵死乃剌吾歸備以朝廷撫恤恩語其衆於是全國公觀童來降納哈出因聞乃剌吾之言已心悸復爲大軍所迫乃陽使人至大將軍營納款以覘兵勢勝遣玉往受降使者見勝軍還報納哈出仰天嘆曰天弗使吾有此衆矣遂率數百騎詣玉納降已將脫去爲鄭國公常茂所傷不得去都督耿忠遂以衆擁之見勝勝重禮之使忠與同寢食先後降其部曲二十餘萬人及聞納哈出傷由是驚潰者四萬人獲輜重畜馬亘百餘里勝班師都督濮英以三千騎殿爲潰卒所邀襲死之秋勝等表上納哈出所部官屬二百餘人將校三千三百餘人金銀銅印一百顆虎符牌面百二十五事馬二百九十餘匹稱賀太祖封納哈出爲海西侯先後賜予甚厚幷授乃剌吾千戶納哈出既降帝以故元遺寇終爲邊患乃卽軍中拜藍玉爲大將軍唐勝郭英副之耿忠孫恪爲左右參將率師十五萬往征之冬元將脫脫等降於玉明年春玉以大軍由大寧至慶州聞脫古思帖木兒在捕魚兒海從間道馳進至百眼井哨不見敵欲引還定遠侯王弼曰吾等奉聖主威德提十萬餘衆深入至此無所得何以復命玉乃穴地而爨一夜馳至捕魚兒海黎明去敵營八十里時大風揚沙晝晦軍行無知者敵不設備弼爲前鋒直薄之遂大破其軍斬太尉蠻子數千人脫古思帖木兒以其太子天保奴知院捏怯來丞相失烈門等數十騎遁去獲其次子地保奴及妃主五十餘人渠率三千男女七萬餘馬駝牛羊十萬聚鎧仗焚之又破其將哈剌章營盡降其衆於是漠北削平捷奏至太祖大悅賜地保奴等鈔幣命有司給供具既有言玉私元主妃者帝怒妃慚懼自殺地保奴出怨言帝居之琉球脫古思帖木兒既遁將依丞相咬住於和林行至土剌河爲其下也速迭兒所襲衆復散獨與捏怯來等十六騎偕適咬住來迎欲共往依闊闊帖木兒大雪不得發也速迭兒兵猝至縊殺之幷殺天保奴於是捏怯來失烈門等來降置之全寧衞未幾捏怯來爲失烈門所襲殺衆潰詔朶顏等衞招撫之來降者益衆二十三年春命潁國公傅友德等以北平兵從燕王定遠侯王弼等以山西兵從晉王征咬住及乃兒不花阿魯帖木兒等燕王出古北口偵知乃兒不花營迤都冒大雪馳進去敵一磧敵不知也先遣指揮觀童往觀童舊與乃兒不花善一見相持泣頃之大軍壓其營乃兒不花驚欲遁觀童止之引見王賜飲食慰諭遣還乃兒不花喜過望遂偕咬住等來降久之乃兒不花等以謀叛誅死敵益衰太祖亦封燕晉諸王爲邊藩鎭更歲遣大將巡行塞下督諸衞卒屯田戒以持重寇來輒敗之而敵自脫古思帖木兒後部帥紛拏五傳至坤帖木兒咸被弒不復知帝號有鬼力赤者篡立稱可汗去國號遂稱韃靼云成祖卽位遣使諭之通好賜以銀幣幷及其知院阿魯台丞相馬兒哈咱等時鬼力赤與瓦剌相仇殺數往來塞下帝敕邊將各嚴兵備之永樂三年頭目埽胡兒察罕達魯花等先後來歸久之阿魯台殺鬼力赤而迎元之後本雅失里于別失八里立爲可汗六年春帝卽以書諭本雅失里曰自元運既訖順帝後愛猷識理達臘至坤帖木兒凡六傳瞬息之間未聞一人善終者我皇考太祖高皇帝於元氏子孫加意撫恤來歸者輒令北還如遣脫古思帖木兒歸嗣爲可汗此南北人所共知朕之心卽皇考之心茲元氏宗祧不絕如線去就之機禍福由分爾宜審處之不聽明年獲其部曲完者帖木兒等二十二人帝因復使給事中郭驥齎書往驥被殺帝怒秋命淇國公邱福爲大將軍武城侯王聰同安侯火眞副之靖安侯王忠安平侯李遠爲左右參將將精騎十萬北討諭以毋失機毋輕犯敵一舉未捷俟再舉時本雅失里已爲瓦剌所襲破與阿魯台徙居臚朐河福率千騎先馳遇游兵擊破之軍未集福乘勝渡河追敵敵輒佯敗引去諸將以帝命止福福不聽敵衆奄至圍之五將軍皆沒帝益怒明年帝自將五十萬衆出塞本雅失里聞之懼欲與阿魯台俱西阿魯台不從衆潰散君臣始各爲部本雅失里西奔阿魯台東奔帝追及斡難河本雅失里拒戰帝麾兵奮擊一呼敗之本雅失里棄輜重孳畜以七騎遁斡難河者元太祖始興地也班師至靜虜鎭遇阿魯台帝使諭之降阿魯台欲來衆不可遂戰帝率精騎大呼衝擊矢下如注阿魯台墜馬遂大敗追奔百餘里乃還冬阿魯台使來貢馬帝納之越二年本雅失里爲瓦剌馬哈木等所殺阿魯台已數入貢帝俱厚報之幷還其向所俘同產兄妹二人至是奏馬哈木

等弒其主又擅立答里巴願輸誠內附請爲故主復仇天子義之封爲和寧王自是歲或一貢或再貢以爲常十二年帝征瓦剌阿魯台使部長以下來朝會賜米五十石乾肉酒糗綵幣有差十四年以戰敗瓦剌使來獻俘十九年阿魯台貢使至邊要劫行旅帝諭使戒戢之由是驕蹇不至阿魯台之內附困于瓦剌窮蹙而南思假息塞外帝納而封之母妻皆爲王太夫人王夫人數年生聚畜牧日以蕃盛遂慢我使者拘留之其貢使歸多行劫掠部落亦時來窺塞二十年春大入興和于是詔親征之阿魯台聞大軍出懼其母妻皆詈之曰大明皇帝何負爾而必爲逆于是盡棄其輜重馬畜于闊灤海側以其孥直北徙帝命焚其輜重收其馬畜遂班師明年秋邊將言阿魯台將入寇帝曰彼意朕必不復出當先駐塞下待之遂部分寧陽侯陳懋爲先鋒至宿嵬山不見敵遇王子也先土千率妻子部屬來降帝封爲忠勇王賜姓名曰金忠忠勇王至京師數請擊敵自効帝曰姑待之二十二年春開平守將奏阿魯台盜邊羣臣勸帝如忠勇王言帝復親征師次蘭答納木兒河得諜者知阿魯台遠遁帝意亦厭兵乃下詔暴阿魯台罪惡而宥其所部來降者止勿殺車駕還崩於榆木川未幾阿魯台使來貢馬仁宗已登極詔納之自是歲修職貢如永樂時時阿魯台數敗于瓦剌部曲離散其屬把的等先後來歸朝廷皆予官職賜鈔幣詔有司給供具自後來歸者悉如例阿魯台日益蹙乃率其屬東走兀良哈駐牧遼塞諸將請出兵掩擊之帝不聽宣德九年阿魯台復爲脫脫不花所襲妻子死孳畜略盡獨與其子失捏干等徙居母納山察罕腦剌等處未幾瓦剌脫懽襲殺阿魯台及失捏干于是阿魯台子阿卜只俺及其孫妻速木答思等喪敗無依來乞內附帝憐而撫之阿魯台既死其故所立阿台王子及所部朶兒只伯等復爲脫脫不花所窘竄居亦集乃路外爲納款而數入寇甘涼正統元年將軍陳懋敗朶兒只伯于平川追及蘇武山頗有斬獲二年冬命都督任禮爲總兵官蔣貴趙安副之尚書王驥督師以便宜行事明年夏復敗朶兒只伯等于石城阿台與朶兒合復敗之兀魯乃地追及黑泉又及之刁力溝出沙漠千里東西夾擊敵幾盡先後獲其部長一百五十人於是阿台朶兒只伯等來歸未幾脫脫不花捕阿台等殺之脫脫不花者故元後韃靼長也瓦剌脫懽既擊殺阿魯台悉收其部兼幷賢義安樂二王之衆欲自立爲可汗衆不可乃立脫脫不花以阿魯台衆屬之自爲丞相陽推奉之實不承其號令脫懽死子也先嗣益桀驁自雄諸部皆下之脫脫不花具可汗名而已脫脫不花歲來朝貢天子皆厚報之比諸蕃有加書稱之曰達達可汗賜賚幷及其妃十四年秋也先謀大舉入寇脫脫不花止之曰吾儕服食多資大明何忍爲此也先不聽曰可汗不爲吾當自爲遂分道俾脫脫不花侵遼東而自擁衆從大同入帝親征之駕於土木陷焉明年景皇帝自監國卽位尊帝爲太上皇帝秋上皇歸自也先所事載瓦剌傳脫脫不花自上皇歸後修貢益勤嘗妻也先姊生子也先欲立之不從也先亦疑其與中國通將害已遂治兵相攻也先殺脫脫不花收其妻子孳畜給諸部屬而自立爲可汗踰景皇帝二年也朝廷稱也先爲瓦剌可汗未幾爲所部阿剌知院所殺韃靼部長孛來復攻破阿剌求脫脫不花子麻兒可兒立之號小王子阿剌死而孛來與其屬毛里孩等皆雄視部中于是韃靼復熾景泰六年遣使入貢英宗復辟遣都督馬政往賜故伯顏帖木兒妻幣孛來留之而遣使入賀欲獻璽帝敕之曰璽已非眞卽眞亦秦不祥物耳獻否從爾便第無留我使以速爾禍時敵數寇威遠諸衞夏定遠伯石彪敗之於磨兒山天順二年孛來大舉寇陝西安遠侯柳溥禦之輒敗而飾小捷以聞明年春敵入安邊營石彪等破之都督周顏指揮李鑑戰死四年復寇榆林彰武伯楊信拒却之再入敗之於金鷄峪未幾復大掠陝西諸邊廷臣請治各守將罪帝宥之五年春寇入平虜城誘指揮許顒等入伏殺之邊報日亟命侍郎白圭都御史王竑往視師秋孛來求款帝使詹昇齎敕往諭孛來遣使隨昇來貢請改大同舊貢道而由陝西蘭縣入許之未幾復糾其屬毛里孩等入河西明年春圭等分巡西邊圭遇敵於固原川竑遇敵於紅崖子川皆破之帝賜璽書獎勵敕孛來使臣仍從大同入貢時麻兒可兒復與孛來相仇殺麻兒可兒死衆共立馬古可兒吉思亦號小王子自是韃靼部長益各專擅小王子稀通中國傳世次多莫可考孛來等每歲入貢數寇掠往來塞下以西攻瓦剌爲辭又數要劫三衞七年冬貢使及關帝却之以大學士李賢言乃止八年春御史陳選言韃靼部落孛來最强又密招三衞諸蕃相結屯住去冬來朝要我賞宴窺我虛實其犯邊之情已露而我邊關守臣因循怠慢城堡不修甲仗不利軍士不操習甚至富者納月錢而安閒貧者迫饑寒而逃竄邊備廢弛緩急何恃乞敕在邊諸臣痛革前弊其鎭守備禦等官亦宜以時黜陟庶能者知奮怠者知警至阨塞要害之處或益官軍或設營堡或用墩臺咸須處置得宜歲遣大臣巡視庶邊防有備寇氛可戢報聞成化元年春孛來誘兀良哈九萬騎入遼河武安侯鄭宏禦却之秋散掠延綏冬復大入命彰武伯楊信率山西兵都御史項忠率陝西兵禦之少却未幾復渡河曲圍黃甫川堡官軍力戰乃引去始韃靼之來也或在遼東宣府大同或在寧夏莊浪甘肅去來無常爲患不久景泰初始犯延慶然部落少不敢深入天順間有阿羅出者率屬潛入河套居之遂逼近西邊河套古朔方郡唐張仁愿築三受降城處也地在黃河南自寧夏至偏頭關延袤二千里饒水草外爲東勝衞東勝而外土平衍敵來一騎不能隱明初守之後以曠絕內徙至是孛來與小王子毛里孩等先後繼至擄中國人爲鄉導抄掠延綏無虛時而邊事以棘二年夏大入延綏帝命楊信充總兵官都督趙勝爲副率京軍及諸邊卒二萬人討之信先以議事赴闕未至敵散掠平涼入靈州及固原長驅寇寧靜隆德諸處冬復入延綏參將湯允績戰死未幾諸部內爭孛來弒馬可古兒吉思毛里孩殺孛來更立他可汗斡羅出者復與毛里孩相仇殺毛里孩遂殺其所立可汗逐斡羅出而遣使入貢尋渡河掠大同三年春帝命撫寧侯朱永等征之會毛里孩再乞通貢而別部長孛魯乃亦遣人來朝帝許之詔永等駐軍塞上四年秋給事中程萬里上言毛里孩久不朝貢窺伺邊疆其情叵測然臣度其有可敗者三近我邊地才二三日程彼客我主一也兼幷諸部馳驅不息旣驕且疲二也比來散逐水草部落四分兵力不一三也宜選精兵二萬每三千人爲一軍統以驍將嚴其賞罰使探毛里孩所在潛師擣之破之必矣帝壯之而不能用冬寇延綏明年春再入守將許寧等輒擊敗之冬復糾三衞入寇延綏榆林大擾六年春大同巡撫王越遣遊擊許寧擊敗之楊信等亦大破之于胡柴溝時孛魯乃與斡羅出合別部乩加思蘭孛羅忽亦入據河套爲久居計延綏告急帝命永爲將軍以王越參贊軍務使禦敵永至數以捷聞越等皆陞賞論功永世侯而敵據套自如七年春永上戰守二策廷議以糧匱馬乏難於進剿請命邊將愼守禦以圖萬全于是吏部侍郎葉盛巡邊偕延綏巡撫余子俊及越議築邊牆設立臺堡冬敵入塞參將錢亮敗績越等不能救兵部尚書白圭請擇遣大將軍專事敵會盛還越亦赴京計事乃集廷議請大發兵搜套帝以武靖侯趙輔爲將軍節制諸路王越仍督師敵大入延綏輔不能禦遂召還以寧晉伯劉聚代之聚亦未有功而毛里孩孛魯乃斡羅出稍衰滿魯都入河套稱可汗乩加思蘭爲太師九年秋滿魯都等與孛羅忽竝寇韋州王越偵知敵盡行其老弱巢紅鹽池乃與許寧及遊擊周玉率輕騎晝夜疾馳至分薄其營前後夾擊大破之復邀擊于韋州滿魯都等敗歸孳畜廬帳蕩盡妻孥皆喪亡相顧悲哭去自是不復居河套邊患少弭間盜邊弗敢大入亦數遣使朝貢初乩加思蘭以女妻滿魯都立爲可汗久之殺孛羅忽幷其衆益專恣滿魯都部脫羅干亦思馬因謀殺之尋滿魯都亦死諸强酋相繼略盡邊人稍得息肩時中官汪直怙恩用事思以邊功自樹王越朱永附之十六年春邊將上言傳聞敵將渡河遂以永爲將軍直與越督師至邊未及期襲敵於威寧海子大破之又敗之于大同永晉公爵予世襲越封威寧伯直增祿至三百石未幾詔以越代永總兵于是亦思馬因等益糾衆盜邊延及遼塞秋敵三萬騎寇大同連營五十里殺掠人畜數萬總兵許寧禦之兵敗以捷聞敵旣得利長驅入順聖川散掠渾源朔諸州宣府巡撫秦紘總兵周玉力戰却之山西巡撫邊鏞參將支玉等悉力捍禦敵去輒復來迄成化末無寧歲亦思馬因死入寇者復稱小王子又有伯顏猛可王弘治元年夏小王子奉書求貢自稱大元大可汗朝廷方務優容許之自是與伯顏猛可王等屢入貢漸往來套中出沒爲寇八年北部亦卜剌因王等入套駐牧于是小王子及脫羅干之子火篩相倚日强爲東西諸邊患其年三入遼東多殺掠明年宜大延綏諸境俱被殘十一年秋王越旣節制諸邊乃率輕兵襲敵于賀蘭山後破之明年敵擁衆入大同寧夏境遊擊王杲敗績參將秦恭副總兵馬昇逗遛不進皆論死時平江伯陳銳爲總兵侍郎許進督師久無功被劾去以保國公朱暉侍郎史琳代之太監苗逵監軍十三年冬小王子復居河套明年春吏部侍郎王鏊上禦敵八策一曰定廟算二曰重主將三曰嚴法令四曰恤邊民五曰廣招募六曰用間七曰分兵八曰出奇帝命所司知之時敵以八千騎東駐遼塞下攻入長勝堡殺掠殆盡秋暉等以五路之師夜襲敵于河套斬首三級驅孳畜千餘歸賞甚厚小王子以十萬騎從花馬池鹽池入散掠固原寧夏境三輔震動戕殺慘酷十五年以戶部尚書秦紘總制陝西夏敵入遼東淸河堡至密雲

旋西掠偏頭關秋復以五千騎犯遼東長安堡副總兵劉祥禦之斬首五十一級敵乃退明年稍靖十七年春敵上書請貢許之竟不至仍入大同殺墩軍犯宣府及莊浪守將衞勇白玉等禦却之明年春敵三萬騎圍靈州復散掠內地指揮仇鉞總兵李祥擊走之敵大舉入寇宣府總兵張俊禦之大敗裨將張雄穆榮戰歿武宗嗣位復命暉琳出禦冬敵入鎮夷所指揮劉經死之復自花馬池毀垣入掠隆德靜寧會寧諸處關中大擾以楊一清爲總制時正德元年春也劉瑾用事監軍皆閹人一清不得職去文貴才寬相繼受事二年敵入寧夏莊浪及定遼後衞諸境守將皆逮問四年敵數寇大同冬才寬禦敵於花馬池中伏死總兵馬昻與別部亦孛來戰于木瓜山勝之斬三百六十五級獲馬畜六百餘軍器二千九百餘明年北部亦卜剌與小王子仇殺亦卜剌竄西海阿爾禿厮與合逼脅洮西屬番屢入寇巡撫張翼總兵王勛不能制漸深入邊人苦之八年夏擁衆來川遣使詣翼所乞邊地駐牧修貢翼啗以金帛令遠徙亦卜剌遂西掠烏斯藏據之自是洮岷松潘無寧歲小王子數入寇殺掠尤慘復以五萬騎攻大同趣朔州掠馬邑帝命咸寧侯仇鉞總兵禦之戰于萬全衞斬三級而所失亡十倍以捷聞明年秋敵連營數十寇宣大塞而別遣萬騎掠懷安總制叢蘭告急命太監張永督宣大延綏兵都督白玉爲大將協蘭守禦京師戒嚴已敵蹂懷安趣蔚州至平虜城南蘭等預置毒飯於田間如農家餉而設伏以待敵至中毒伏猝發多死者其年小王子部長卜兒孩以內難復奔據西海出沒寇西北邊十一年秋小王子以七萬騎分道入與總兵潘浩戰于賈家灣浩再戰再敗裨將朱春王唐死之張永遇於老營坡被創走居庸敵遂犯宣府凡攻破城堡二十殺掠人畜數萬浩奪三官諸將降罰有差十二年冬小王子以五萬騎自榆林入寇圍總兵王勛等於應州帝幸陽和親部署督諸將往援殊死戰敵稍却明日復來攻自辰至酉戰百餘合敵引而西追至平虜朔州值大風黑霧晝晦帝乃還命宣捷於朝是後歲犯邊然不敢大入嘉靖四年春以萬騎寇甘肅總兵姜奭禦之於苦水墩斬其魁明年犯大同及宣府亦卜剌復駐牧賀蘭山後數擾邊明年春小王子兩寇宣府參將王經開山先後戰死秋以數萬騎犯寧夏塞尚書王憲以總兵鄭卿等敗之斬三百餘級明年春掠山西夏入大同中路參將李蓁禦却之冬復寇大同指揮趙源戰死十一年春小王子乞通貢未得命怒遂擁十萬騎入寇總制唐龍請許之帝不聽龍連戰頗有斬獲時小王子最富強控弦十餘萬多畜貨貝稍厭兵乃徙幕東方稱土蠻分諸部落在西北邊者甚衆曰吉囊曰俺答者於小王子爲從父行據河套雄黠喜兵爲諸部長相率躪諸邊十二年春吉囊擁衆屯套內將犯延綏邊臣有備乃突以五萬騎渡河西襲亦不剌卜兒孩兩部大破之卜兒孩爲莊寧邊患久亦郎骨土魯番諸蕃皆苦之嘗因屬番帖木哥求貢市朝廷未之許至是唐龍以卜兒孩衰敗遠徙西海獲寧請無更議款事吉囊等旣破西海旋竊入宣府永寧境大掠而去冬犯鎮遠關總兵王效副總兵粲震敗之於柳門又追敗之於蜂窩山敵溺水死者甚衆明年春寇大同秋復由花馬池入犯梁震及總兵劉文拒却之十五年夏吉囊以十萬衆屯賀蘭山分兵寇涼州副總兵王輔禦之斬五十七級又入莊浪境總兵姜奭遇之於分水嶺三戰三勝之又入延綏及寧夏邊冬復犯大同入掠宣大塞總制侍郎劉天和總督尚書楊守禮及巡撫都御史楚書悉力禦之十九年秋書以總兵白爵等三敗敵於萬全右衞境斬百餘級天和以總兵周尚文大破敵於黑水苑斬吉囊子小十王明年春守禮以總兵李義禦敵於鎮朔堡以總兵楊信禦敵於甘肅皆勝之秋俺答及其屬阿不孩遣使石天爵款大同塞巡撫史道以聞詔却之以尚書樊繼祖督宣大兵懸賞格購俺答阿不孩首遂大舉內犯俺答下石嶺關趣太原吉囊由平虜衞入掠平定壽陽諸處總兵丁璋遊擊周宇戰死諸將多獲罪繼祖獨蒙賞二十一年夏敵復遣天爵求貢大同巡撫龍大有誘縛之上之朝詭言用計禽獲帝悅擢大有兵部侍郎邊臣陞賞者數十人磔天爵於市敵怒入寇掠朔州抵廣武由太原南下沁汾襄垣長子皆被殘復從忻崞代而北屯祁縣參將張世忠力戰敵圍之數重自巳至申所殺傷相當已而世忠矢盡見殺百戶張宣張臣俱死敵遂從鴈門故道去秋復入朔州吉囊死諸子狼台吉等散處河西勢旣分俺答獨盛歲數擾延綏諸邊二十三年冬小王子自萬全右衞入至蔚州及完縣京師戒嚴二十四年秋俺答犯延綏及大同總兵張達拒却之又犯鵓鴿峪參將張鳳指揮劉欽千戶李瓚生員王邦直等皆戰死會總督侍郎翁萬達總兵周尚文嚴兵備陽和敵引去明年夏俺答復遣使詣大同塞求貢邊卒殺之秋復來請萬達再疏以聞帝不許敵以十萬騎西入保安掠慶陽環縣而東以萬騎寇錦義總督三邊侍郎曾銑率參將李珍等直擣敵巢於馬梁山後斬百餘級敵始退銑議復河套大學士夏言主之帝方嚮用言令銑圖上方略以便宜從事明年夏萬達復言敵自冬涉春屢求貢詞恭似宜許不聽責萬達罔瀆銑鳩兵繕塞輒破敵旣而帝意中變言與銑竟得罪斬西市敵益蓄忿思逞廷臣不敢言復套事矣二十八年春犯宣府滴水崖把總指揮江瀚董暘戰死全軍覆遂犯永寧大同總兵周尚文禦之於曹家莊大敗之斬其魁會萬達自懷來赴援宣府總兵趙國忠聞警亦率千騎追擊復連敗之是歲犯西塞者五二十九年春俺答移駐威寧海子夏犯大同總兵張達林椿死之敵引去傳箭諸部大舉秋循潮河川南下至古北口都御史王汝孝率薊鎮兵禦之敵陽引滿內嚮而別遣精騎從間道潰牆入汝孝兵潰遂大掠懷柔圍順義抵通州分兵四掠焚湖渠馬房畿甸大震敵大衆犯京師大同總兵咸寧侯仇鸞巡撫保定都御史楊守謙等各以勤王兵至帝拜鸞爲大將軍使護諸軍鸞與守謙皆恇懦不敢戰兵部尚書丁汝夔恇擾不知所爲閉門守敵焚掠三日夜引去帝誅汝夔及守謙敵將出白羊口鸞尾之敵猝東返鸞出不意兵潰死傷千餘人敵乃徐由古北口出塞諸將收斬遺屍得八十餘級以捷聞方俺答薄都城時縱所擄馬房內官楊增持書入城求貢輔臣徐階等謂當以計款之諭令退屯塞外因邊臣以請俺答歸遣子脫脫陳款時鸞方用事乃議開馬市以中敵兵部郎中楊繼盛上疏爭之不得明年春以侍郎史道涖其事給白金十萬開市大同次及延寧叛人蕭芹呂明鎭者故以罪亡入敵挾白蓮邪敎與其黨趙全邱富周原喬源諸人導俺答爲患俺答市畢旋入掠邊臣責之以芹等爲詞芹詭有術能墮城敵試之不驗遂縛芹及明鎭而全富等竟匿不出俺答復請以牛馬易粟豆求職役誥敕又潛約河西諸部內犯墮諸邊垣帝惡之詔罷馬市召道還自是敵日寇掠西邊邊人大困三十一年春敵二千騎寇大同指揮王恭禦之於平川墩戰死夏東入遼塞圍百戶常祿禦指揮王相赴援大戰於寺兒山殺傷相當敵舍去千戶葉廷瑞率百人助相明日相裹創復邀敵於蠟黎山殊死鬭矢竭遂與麾下將士三百人皆死之廷瑞被創死復蘇敵亦引退其年凡四犯大同三犯遼陽一犯寧夏明年春犯宣府及延綏夏犯甘肅及大同守將禦之輒敗秋俺答復大舉入寇下渾源靈邱廣昌急攻插箭浮圖等峪固原遊擊陳鳳寧夏遊擊朱玉率兵赴援大戰却之敵分兵東犯蔚西掠代繁時已駐鄜延二十日延慶諸城屠掠幾徧乃移營中部以躪涇原會久雨乃去時小王子亦乘隙爲寇犯宣府赤城未幾俺答復以萬騎入大同縱掠至八角堡巡撫趙時春禦之遇敵於大蟲嶺總兵李淶戰死軍覆時春僅以身免三十三年春入宣府紫溝堡夏復犯寧夏大同總兵岳懋中伏死秋攻薊鎮牆百道並進警報日數十至京師戒嚴總督楊博悉力拒守募死士夜砍其營敵驚擾乃遁明年數犯宣薊參將趙傾葵李光啟丁碧先後戰死朝廷再下賞格購俺答首賜萬金爵伯獲邱富周原者三百金授三品武階時富等在敵招集亡命居豐州築城自衞構宮殿墾水田號曰板升板升華言屋也趙全敎敵益習攻戰事俺答愛之甚每入寇必置酒全所問計三十五年夏敵三萬騎犯宣府遊擊張紘迎戰敗死冬掠大同邊繼掠陝西環慶諸處守將孫朝袁正等却之其年土蠻再犯遼東明年敵以二萬騎分掠大同邊殺守備唐天祿把總汪淵俺答弟老把都復擁衆數萬入河流口犯永平及遷安副總兵蔣承勛力戰死夏突犯宣府馬尾梁參將祁勉戰死秋復入大同右衞境攻毀七十餘堡所殺擄甚衆冬俺答子辛愛有妾曰桃松寨私部目收令哥懼誅來降總督楊順自詡爲奇功致之闕下辛愛來索不得乃縱掠大同諸墩堡圍右衞數匝順懼乃詭言敵願易我以趙全邱富本兵許論以爲便乃遣桃松寨夜逸出塞紿之西走陰告辛愛辛愛執而戮之敵狎知順無能圍右衞益急更分兵犯宣薊鎮西鄙震動右衞烽火斷絕者六閱月大學士嚴嵩與許論議欲棄右衞帝不聽詔諸臣發兵措餉而以兵部侍郎江東代順時故將尚表以餽餉入圍城悉力捍禦粟盡食牛馬徹屋爲薪士卒無變志表時出兵突戰獲俺答孫及塔與其部將各一人會帝所遣侍郎江東及巡撫楊選總兵張承勳等各嚴兵進圍乃解復掠永昌涼州及宣府赤城圍甘州十四日始退土蠻亦數寇遼東三十八年春老把都辛愛謀大舉入犯駐會州使其諜詭稱東下總督王忬不能察遽分兵而東號令數易敵遂乘間入薊鎮潘家口忬得罪夏犯大同轉掠宣府東西二城駐內地旬日會久雨乃退三十九年敵聚衆喜峰口外窺犯薊鎮大同總兵劉漢出擣其帳於灰河敵稍遠徙秋漢復與參將王孟夏等擣豐州禽斬一百五十人焚板

升略盡是歲寇大同延綏薊遼邊無虛日明年春敵自河西踏冰入寇守備王世臣千戶李虎戰死秋犯宣府及居庸冬掠陝西寧夏塞已復分兵而東陷葢州四十一年夏土蠻入撫順爲總兵黑春所敗冬復攻鳳凰城春力戰二日夜死之海金殺掠尤甚冬俺答數犯山西寧夏塞延綏總兵趙岢分部鋭卒令裨將李希靖等東出神木堡擣敵帳於半坡山徐執中等西出定邊營擊敵騎於莜麥湖皆勝之斬一百十九級四十二年春敵入宣府滴水崖劉漢却之敵遂引而東數犯遼塞秋總兵楊照敗死時薊遼總督楊選四繋三衞長通罕令其諸子更迭爲質通罕者辛愛妻父也冀以牽制辛愛三衞皆怨冬大掠順義三河諸將趙溱孫臏戰死京師戒嚴大同總兵姜應熊禦之於密雲敗之敵退詔誅選明年土蠻入遼東都御史劉燾上諸將守禦功言海水暴漲敵騎多沒者帝曰海若效靈下有司祭告燾等皆有賞冬敵犯陝西大掠板橋響閘兒諸處四十四年春犯遼東寧前小團山參將線補袞遊擊楊維藩死之夏犯肅州總兵劉承業禦之再戰皆捷秋俺答子黃台吉帥輕騎自宣府洗馬林突入散掠內地把總姜汝棟以鋭卒二百伏暗莊堡猝遇台吉搏之台吉墮馬爲所部奪去台吉受傷越日始甦明年俺答屢犯東西諸塞夏清河守備郎得功扼之張能峪口勝之冬大同參將崔世榮禦敵於樊皮嶺及子大朝大賓俱戰死時邱富死趙全在敵中益用事尊俺答爲帝治宮殿期日上棟忽大風棟墜傷數人俺答懼不敢復居兵部侍郎譚綸在薊鎮善治兵全乃說俺答無輕犯薊大同兵弱可以逞隆慶元年俺答數犯山西秋復率衆數萬分三道入井坪朔州老營偏頭關諸處邊將不能禦遂長驅攻岢嵐及汾州破石州殺知州王亮采屠其民復大掠孝義介休平遙文水交城太谷隰州間男女死者數萬事聞諸邊臣罰治有差而三衞勾土蠻同時入寇薊鎮昌黎撫寧樂亭盧龍皆被蹂躪遊騎至灤河京師震動三日乃引去諸將追之敵出義院口會大霧迷失道墮棒槌崖中人馬枕籍死者頗衆諸將乃趨割其首二年敵犯柴溝守備韓尚忠戰死時兵部侍郎王崇古鎭西邊總兵李成梁守遼東數以兵邀擊於塞外敵知有備入寇稍稀四年秋黃台吉寇錦州總兵王治道參將郎得功以十餘騎入敵死冬俺答有孫曰把漢那吉者俺答第三子鐵背台吉子也幼孤育於俺答妻所既長娶婦比吉把漢復聘襖兒都司女即俺答外孫女貌美俺答奪之把漢恚遂率其屬阿力哥等十人來降大同巡撫方逢時受之以告總督王崇古崇古上言把漢來歸非擁衆內附者比宜給官爵豐館餼飭輿馬以示俺答俺答急則使縛送板升諸叛人不聽即脅誅把漢牽沮之又不然因而撫納如漢置屬國居烏桓故事使招其故部徙近塞俺答老且死黃台吉立則令把漢還以其衆與台吉抗我按兵助之詔可授把漢指揮使阿力哥正千戶俺答方西掠土番聞之亟引還約諸部入犯崇古檄諸道嚴兵禦之敵使來請命崇古遣譯者鮑崇德往言朝廷待把漢甚厚第能縛板升諸叛人趙全等旦送至把漢即夕返矣俺答大喜屏人語曰我不爲亂亂由全等若天子幸封我爲王長北方諸部孰敢爲患即死吾孫當襲封彼衣食中國忍倍德乎乃益發使與崇德來乞封且請輸馬與中國鐵鍋布帛互市隨執趙全李自馨等數人來獻崇古乃以帝命遣把漢歸把漢猶戀戀感泣再拜去俺答得孫大喜上表謝崇古因上言朝廷若允俺答封貢諸邊有數年之安可乘時修備設敵背盟吾以數年蓄養之財力從事戰守愈於終歲奔命自救不暇者矣復條八事以請一議封號官爵諸部行輩俺答爲尊宜錫以王號給印信其大枝如老把都黃台吉及吉囊長子吉能等俱宜授以都督弟姪子孫如兀愼打兒漢等四十六枝授以指揮其俺答諸壻十餘枝授以千戶一定貢額每歲一入貢俺答馬十匹使十人老把都吉能黃台吉八匹使四人諸部長各以部落大小爲差大者四匹小者二匹使各二人通計歲貢馬不得過五百匹使不得過百五十人馬分三等上駟三十進御餘給價有差老瘠者不入其使歲許六十人進京餘待境上使還聽以馬價市繒布諸物給酬賞其賞額視三衞及西番諸國一議貢期貢道以春月及萬壽聖節四方來同之會使人馬匹及表文自大同左衞驗入給犒賞駐邊者分送各城撫鎭驗賞入京者押送自居庸關入一立互市其規如弘治初北部三貢例蕃以金銀牛馬皮張馬尾等物商販以緞紬布匹釜鍋等物開市日來者以三百人駐邊外我兵五百駐市場期盡一月市場陝西三邊有原立場堡大同應於左衞北威遠堡邊外宣府應於萬全右衞張家口邊外山西應於水泉營邊外一議撫賞守市兵人布二匹部長緞二匹紬二匹以好至邊者酌來使大小量加賞犒一議歸降通貢後降者不分有罪無罪免收納其華人被擄歸正者查別無竊盜乃許入一審經權一戒狡飾疏入下廷臣議帝終從崇古言詔封俺答爲順義王賜紅蟒衣一襲昆都力哈黃台吉授都督同知各賜紅獅子衣一襲綵幣四表裏賓兔台吉等十人授指揮同知那木兒台吉等十九人授指揮僉事打兒漢台吉等十八人授正千戶阿拜台吉等十二人授副千戶恰台吉等二人授百戶昆都力哈即老把都也兵部採崇古議定市令秋市成凡得馬五百餘匹賜俺答等綵幣有差西部吉能及其姪切盡等亦請市詔予市紅山墩暨清水營市成亦封吉能爲都督同知已而俺答請金字經及剌麻僧詔給之崇古復請玉印詔予鍍金銀印俺答老佞佛復請於海南建寺詔賜寺額仰華俺答常遠處青山二子曰賓兔居松山直蘭州之北曰丙兔居西海直河州之西竝求互市多桀驁俺答諭之亦漸馴自是約束諸部無入犯歲來貢市西塞以寧而東部土蠻數擁衆寇遼塞總兵李成梁敗之於車山斬五百八十餘級守備曹簠復敗之於長勝堡神宗即位頻年入犯萬曆六年成梁率遊擊秦得倚等擊敵於東昌堡斬部長九人餘級八百八十四總督梁夢龍以聞帝大悅祭告郊廟御皇極門宣捷七年冬土蠻四萬騎入錦川營夢龍成梁及總兵戚繼光等已預受大學士張居正方略併力備禦敵始退自是敵數入成梁等數敗之輒斬其巨魁又時襲擊於塞外多所斬獲敵畏之少戢成梁遂以功封寧遠伯俺答旣就市事朝廷甚謹部下卒有掠奪邊氓者必罰治之且稽首謝罪朝廷亦厚加賞賚十年春俺答死帝特賜祭七壇綵緞十二表裏布百匹示優恤其妻哈屯率子黃台吉等上表進馬謝復賜幣布有差封黃台吉爲順義王改名乞慶哈立三歲而死朝廷給恤典如例十五年春子撦力克嗣其妻三娘子故俺答所奪之外孫女而爲婦者也歷配三王主兵柄爲中國守邊保塞衆畏服之乃敕封爲忠順夫人自宣大至甘肅不用兵者二十年及撦力克西行遠邊而套部莊禿賴等據水塘卜失兔火落赤等據莽剌捏工兩川數犯甘涼洮岷西寧間他部落亡慮數十種出沒塞下順逆不常帝惡之十九年詔竝停撦力克市賞已而撦力克叩邊輸服率衆東歸獨莊禿賴卜失兔等寇抄如故其年冬別部明安土昧分犯榆林邊總兵杜桐禦之斬獲五百人殺明安二十年寧夏叛將哱拜等勾卜失兔莊禿賴等大舉入寇總兵李如松擊敗之二十二年延綏巡撫李春光奏套部納款已久自明安被戮而寇恨深西夏黨逆而貢市絕延鎭連年多事今東西各部皆乞款而卜失兔挾私叵測邊長兵寡制禦爲難宜察敵情審時勢敵入犯則血戰偶或小失應寬吏議倘敵眞心效順相機議撫不可忘戰備也帝命兵部傳飭各邊秋卜失兔入固原遊擊史見戰死延綏總兵麻貴禦之閱月始退全陝震動其年東部炒花犯鎭武堡總兵董一元與戰大破之明年春松部宰僧等犯陝西總督葉夢熊督却之秋海部永邵卜犯西寧總督三邊李汶檄參將達雲遊擊白澤暨馬其撒卜爾加諸屬番設伏邀擊大敗之斬六百八十三級捷聞帝大悅且以屬番效命追敘前總制鄭雒功賞賚竝及雒二十四年春總督李汶以勁兵分三道出塞襲卜失兔營共斬四百九級獲馬畜器械數千火落赤部衆復窺伺洮州汶遣參將周國柱等擊之於莽剌川腦斬一百三十六級秋著力兔阿赤兔火落赤等合謀犯西邊炒花亦擁衆犯廣寧守將皆嚴兵却之二十五年秋海部寇甘鎭官軍擊走之冬炒花糾土蠻諸部寇遼東殺掠無算明年夏復寇遼東總兵李如松遠出擣巢死之冬汶等分道出襲火落赤等於松山走之復其地二十七年詔復撦力克市賞時汶等巢松山諸部紛叛延寧守臣共擊之殺獲甲首幾三千明年著力兔宰僧莊禿賴等乞通款不許邊臣王見賓等復爲請詔復套部貢市三十一年海部數入陝西塞兵備副使李自實總兵蕭如薰達雲等擊走之三十三年夏東部宰賽誘殺慶雲堡守禦熊鑰詔革其市賞三十五年夏總督徐三畏言河套之部與河東之部不同東部事統於一約誓定歷三十年不變套部分四十二枝各相雄長卜失兔徒建空名於上西則火落赤最狡要挾最無厭中則擺言太以父明安之死無歲不犯東則沙計爭爲監市與炒花朋逞西陲搶攘非一日矣然衆雖號十萬分爲四十二枝多者不過二三千騎少者一二千騎耳宜分其勢納其款俾先順者獲賞後至者拒勦仍須主戰以張國威時已許宰賽及火落赤諸部復貢市矣未幾撦力克死未有嗣忠順夫人率所部仍效貢職西部銀定歹青數擁衆犯東西邊延綏部猛克什力亦以挾賞故常沿邊抄掠卜失兔欲婚於忠順忠順拒之其所部素囊台吉五路台吉等各不相下封號久未定四十一年卜失兔始婚於忠順東西諸部長皆具狀爲請封忠順夫人旋卒詔封卜失兔爲順義王而以把漢比吉素效恭順封忠義夫人卜失兔爲撦力克孫襲封時已少衰所制止山大二鎭外十二部其部長五路素囊及兀愼台吉等兵力皆與順義埒朝廷因宜大總

督洊宗濬言各予壓賞如例其年炒花糾虎墩兔三犯遼東虎墩兔者居插漢兒地亦曰插漢兒王子元裔也其祖打來孫始駐牧宣塞外俺答方强懼爲所倂乃徙帳於遼收福餘雜部數入掠薊西四傳至虎墩兔遂益盛明年夏炒花復合宰賽煖兔以三萬騎入掠至平虜大寧旣求撫賞許之四十二年猛克什力寇懷遠及保寧延綏總兵官秉忠等破之斬二百二十一級明年插部數犯遼東巳掠義州攻陷大安堡兵民死者甚衆四十四年總兵杜文煥數破套部猛克什力等於延綏邊火落赤擺言太及吉能切盡歹靑沙計東西諸部皆懼先後來請貢市四十六年我
大清兵起略撫順及開原插部乘隙擁衆挾賞西部阿暈妻滿旦亦以萬騎自石塘路入掠薊鎭白馬關及高家嶲家諸堡遊擊朱萬良禦之被圍羽書日數十至中外戒嚴頃之滿旦亦叩關乞通貢四十七年
大清兵滅宰賽及北關金台什布羊古等金台什孫女爲虎墩兔婦於是薊遼總督文球巡撫周永春等以利啗之俾聯結炒花諸部以捍
大清兵給白金四千明年爲泰昌元年加賞至四萬虎乃揚言助中國邀索無厭天啓元年秋吉能犯延綏邊楡林總兵杜文煥擊敗之明年春復大掠延安黃花峪深入六百里殺掠居民數萬三年春銀定糾衆再掠西邊官軍擊敗之明年春復謀入故巢犯松山爲守臣馮任等所敗夏遂糾海西古六台吉等犯甘肅總兵董繼舒擊之斬三百餘級其年歹靑以領賞譁於邊邊人格殺之歹靑虎墩兔近屬也邊臣議歲給償命銀一萬三千有奇而虎怏怏益思颺去未幾
大清兵襲破炒花所部皆散亡半歸於插漢時卜失兔益衰號令不行於諸部部長千兒罵等歲數犯延綏諸邊七慶台吉及敖目比吉毛乞炭比吉等亦各擁衆往來窺伺塞下崇禎元年虎墩兔攻哈喇嗔及白言台吉卜失兔諸部皆破之遂乘勝入犯宣大塞秋帝御平臺召總督王象乾詢以方略象乾對言禦插之道宜令其自相攻今卜失兔西走套內白台吉挺身免而哈喇嗔所部多被擄不足用永部卜最强約三十萬人合卜失兔所部幷聯絡朶顏三十六家及哈喇嗔餘衆可以禦插漢然與其搆之不如撫而用之帝曰插漢意不受撫奈何對曰當從容籠絡帝曰如不款何象乾復密奏帝善之命往與督師袁崇煥共計象乾至邊與崇煥議合皆言西靖而東自寧虎不款而東西並急因定歲予插金八萬一千兩以示羈縻大同巡撫張宗衡上言插來宣大駐新城去大同僅二百里三閱月未敢近前飢餓窮乏插與我等耳插恃撫金爲命兩年不得資用巳竭食盡馬乏暴骨成莽插之望款不啻望歲而我遺之金繒牛羊茶果米穀無算是我適中其欲也插煦休悖慢耳目不忍睹聞方急款尚如是使插士馬豐飽其憑陵狂逞可勝道哉象乾言款局垂成而復梦之旣示插以不信亦非所以爲國謀疏入帝是象乾議詔宗衡毋得異同明年秋虎復擁衆至延綏紅水灘乞增賞未遂卽縱掠塞外總兵吳自勉禦却之旣而東附
大清兵攻龍門未幾爲
大清兵所擊六年夏插漢聞
大清兵至盡驅部衆渡河遠遁是時韃靼諸部先後歸附於
大清明年
大清兵遂大會諸部於兀蘇河南岡頒軍律焉而虎巳卒乃追至上都城盡俘插漢妻孥部衆其後套部歲入寧夏甘涼境巡撫陳奇瑜總兵馬世龍督師洪承疇等輒擊敗之套部千兒罵亦爲總兵尤世祿所斬迄明世邊陲無寧致中原盜賊蜂起當事者狃與俺答等貢市之便見插之恣於東也謂歲捐金錢數十萬冀苟安旦夕且覬收之爲用而卒不得逭其後也明未亡而插先斃諸部皆折入於
大清國計愈困邊事愈棘朝議愈紛明亦遂不可爲矣韃靼地東至兀良哈西至瓦剌當洪永宣世國家全盛頗受戎索然畔服亦靡常正統後邊備廢弛聲靈不振諸部長多以雄傑之姿恃其暴强迭出與中夏抗邊境之禍遂與明終始云

明史卷三百二十八　列傳第二百一十六

總裁官總理事務經筵講官少保兼太子太保保和殿大學士兼管吏部戶部尚書事加六級臣張廷玉等奉
敕修

外國九

瓦剌　朶顏福餘 泰寧

瓦剌蒙古部落也在韃靼西元亡其强臣猛可帖木兒據之死衆分爲三其渠曰馬哈木曰太平曰把禿孛羅成祖卽位遣使往告永樂初復數使鎭撫答哈帖木兒等諭之幷賜馬哈木等文綺有差六年冬馬哈木等遣暖答失等隨亦剌思來朝貢馬仍請封明年夏封馬哈木爲特進金紫光祿大夫順寧王太平爲特進金紫光祿大夫賢義王把禿孛羅爲特進金紫光祿大夫安樂王賜印誥暖答失等宴賚如例八年春瓦剌復貢馬謝恩自是歲一入貢時元主本雅失里借其屬阿魯台居漠北馬哈木乃以兵襲破之八年帝旣自將擊破本雅失里及阿魯台兵馬哈木上言請得早爲滅寇計十年馬哈木遂攻殺本雅失里復上言欲獻故元傳國璽慮阿魯台來邀請中國除之脫脫不花子在中國請遣還部屬多從戰有勞請加賞賚又瓦剌士馬强請予軍器帝曰瓦剌驕矣然不足較賚其使而遣之明年馬哈木留敕使不遣復請以甘肅寧夏歸附韃靼者多其所親請給還帝怒命中官海童切責之冬馬哈木等擁兵飲馬河將入犯而揚言襲阿魯台開平守將以聞帝詔親征明年夏駐蹕忽蘭忽失溫三部埽境來戰帝麾安遠侯柳升武安侯鄭亨等先嘗之而親率鐵騎馳擊大破之斬王子十餘人部衆數千級追奔度兩高山至土剌河馬哈木等脫身遁乃班師明年春馬哈木等貢馬謝罪且還前所留使詞卑帝曰瓦剌故不足較受其獻館其使者明年瓦剌與阿魯台戰敗走未幾馬哈木死海童歸言瓦剌拒命由順寧順寧死賢義安樂皆可撫帝因復使海童往勞太平把禿孛羅十六年春海童偕瓦剌貢使來馬哈木子脫懽請襲爵帝封爲順寧王而海童及都督蘇火耳灰等以綵幣往賜太平把禿孛羅及弟昂克別遣使祭故順寧王自是瓦剌復奉貢二十年瓦剌侵掠哈密朝廷責之遣使謝罪二十二年冬瓦剌部屬賽因打力來降命爲所鎭撫賜綵幣襲衣鞍馬仍令有司給供具自後來歸者悉如例宣德元年太平死子捏烈忽嗣時脫懽與阿魯台戰敗之遁母納山察罕腦剌間宣德九年脫懽襲殺阿魯台遣使來告且請獻玉璽帝賜敕曰王殺阿魯台見王克復世仇甚善顧王言玉璽傳世久近殊不在此王得之王用之可也仍賜紵絲五十表裏正統元年冬成國公朱勇言近瓦剌脫懽以兵迫逐韃靼朶兒只伯恐吞幷之日益强大乞敕各邊廣儲積以備不虞帝嘉納之未幾脫懽內殺其賢義安樂兩王盡有其衆欲自稱可汗衆不可乃共立脫脫不花以先所幷阿魯台衆歸之自爲丞相居漠北哈喇嗔等部俱屬焉巳襲破朶兒只伯復脅誘朶顏諸衛窺伺塞下四年脫懽死子也先嗣稱太師淮王於是北部皆服屬也先脫脫不花具空名不復相制每入貢主臣並使朝廷亦兩敕答之賜賚甚厚並及其妻子部長故事瓦使不過五十人利朝廷爵賞歲增至二千餘人屢敕不奉約使往來多行殺掠又挾他部與俱邀索中國貴重難得之物稍不饜輒造釁端所賜財物亦歲增也先攻破哈密執王及王母旣而歸之又結婚沙州赤斤蒙古諸衛破兀良哈脅朝鮮邊將知必大爲寇屢疏聞止敕戒防禦而已十一年冬也先攻兀良哈遣使抵大同乞糧幷請見守備太監郭敬帝敕敬毋見毋予糧明年復致書宣府守將楊洪洪以聞敕洪禮其使報之頃之其部衆有來歸者言也先謀入寇脫脫不花止之也先不聽尋約諸番共背中國帝詔問不報時朝使至瓦剌也先等有所請乞無不許瓦剌使來更增至三千人復虛其數以冒廩餼禮部按實予之所請又僅得五之一也先大媿怒十四年七月遂誘脅諸番分道大舉入寇脫脫不花以兀良哈寇遼東阿剌知院寇宣府圍赤城又遣別騎寇甘州也先自寇大同參將吳浩戰死貓兒莊羽書踵至太監王振挾帝親征羣臣伏闕爭不得大同守將西寧侯宋瑛武進伯朱冕都督石亨等與也先戰陽和太監郭敬監軍諸將悉爲所制失律軍盡覆瑛冕死敬伏草中免亨奔還車駕次大同連日風雨甚又軍中常夜驚人恟懼郭敬密言於振始旋師車駕還次宣府敵衆襲軍後恭順侯吳克忠拒之敗歿成國公朱勇永順伯薛綬以四萬人繼往至鷂兒嶺伏發盡陷次日至土木諸臣議入保懷來振顧輜重遽止也先遂追及土木地高掘井二丈不得水汲道已爲敵據衆渴敵騎益增明日敵見大軍止不行僞退振遽令移營而南軍方動也先集騎四面衝之士卒爭先走行列大亂敵跳陣而入六軍大潰死傷數十萬英國公張輔駙馬都尉井源尚書鄺埜王佐侍郎曹鼐丁鉉等五十餘人死之振亦死帝蒙塵中官喜寧從也先聞車駕至錯愕未之信及見致禮甚恭奉帝居其弟伯顏帖木兒營以先所掠校尉袁彬來侍也先將謀逆會大雷雨震死也先所乘馬復見帝寢幄有異瑞乃止也先擁帝至大同城索金幣都督郭登與白金三萬登復謀奪駕入城帝沮之不果也先遂擁帝北行九月郕王自監國卽皇帝位尊帝爲太上皇帝也先詭稱奉上皇還由大同陽和抵紫荊關攻入之直前犯京師兵部尚書于謙督武淸伯石亨都督孫鏜等禦之也先邀大臣出迎上皇未果亨等與戰數敗之也先夜走自良鄉至紫荊大掠而出都督楊洪復大破其餘衆於居庸也先仍以上皇北行也先夜常於御幄上遙見赤光奕奕若龍蟠大驚異

也先又欲以妹進上皇上皇卻之益敬服時時殺羊馬置酒爲壽稽首行君臣禮景泰元年也先復奉上皇至大同郭登不納仍謀欲奪上皇也先覺之引去初也先有輕中國心及犯京師見中國兵强城池固始大沮會中國已誘誅賊奄喜寧失其間諜而脫脫不花阿剌知院復遣使與朝廷和皆撤所部歸也先亦決意息兵秋帝遣侍郎李實少卿羅綺指揮馬政等齎璽書往諭脫脫不花及也先而脫脫不花也先所遣皮兒馬黑麻等已至帝因復使都御史楊善侍郎趙榮率指揮千戶等往也先語實兩國利速和迎使夕至大駕朝發但當遣一二大臣來實歸善等至致奉迎上皇意也先曰上皇歸當仍作天子邪善曰天位已定不再更也先引善見上皇遂設宴餞上皇行也先席地彈琵琶妻妾奉酒顧善曰都御史坐善不敢坐上皇曰太師著坐便坐善承旨坐卽起周旋其間也先顧善曰有禮伯顏等亦各設餞畢也先築土臺坐上皇臺上率妻妾部長羅拜其下各獻器用飲食物上皇行也先與部衆皆送約半日程也先伯顏乃下馬伏地慟哭曰皇帝行矣何時復得相見良久乃去仍遣其頭目七十人送至京上皇歸後瓦剌歲來貢上皇所亦別有獻於是帝意欲絶瓦剌不復遣使往也先以爲請尚書王直金濂胡濙等相繼言絶之且起釁帝曰遣使有前事適以滋釁耳曩瓦剌入寇時豈無使邪因敕也先曰前者使往小人言語短長遂致失好朕今不復遣而太師請之甚無益也先與脫脫不花內相猜脫脫不花妻也先姊也也先欲立其姊子爲太子不從也先亦疑其通中國將謀己遂治兵相攻脫脫不花敗走也先追殺之執其妻子以其人畜給諸部屬遂乘勝迫脅諸蕃東及建州兀良哈西及赤斤蒙古哈密三年冬遣使來賀明年正旦尚書王直等復請答使報之下兵部議兵部尚書于謙言臣職司馬知戰而已行人事非所敢聞詔仍毋遣使明年冬也先自立爲可汗以其次子爲太師來朝書稱大元田盛大可汗末曰添元元年田盛猶言天聖也報書稱曰瓦剌可汗未幾也先復逼徙朶顏所部於黃河母納地也先恃强日益驕荒於酒色六年阿剌知院攻也先殺之韃靼部孛來復殺阿剌奪也先母妻幷其玉璽也先諸子火兒忽答等徙居干趕河弟伯都王姪兀忽納等往依哈密伯都王哈密王母之弟也英宗復辟三年哈密爲請封詔授伯都王都督僉事兀忽納指揮僉事自也先死瓦剌衰部屬分散其承襲代次不可考天順中瓦剌阿失帖木兒屢遣使入貢朝廷以其爲也先孫循例厚賚之又搭力克者常與孛來讐殺又拜亦撒哈者常偕哈密來朝其長曰克捨頗强數糾韃靼小王子入寇克捨死養罕王稱雄擁精兵數萬克捨弟阿沙爲太師成化二十三年養罕王謀犯邊哈密罕慎來告養罕不利去憾哈密兵還掠其大土剌弘治初瓦剌中稱太師者一曰火兒忽力一曰火兒古倒溫皆遣使朝貢土魯番據哈密都御史許進以金帛厚咍二部令以兵擊走之其部長卜六王者屯駐把思溷正德十三年土魯番犯肅州守臣陳九疇因遺卜六王綵幣使乘虛襲破土魯番三城殺擄以萬計土魯番畏逼與之和嘉靖九年復以議婚相仇隙土魯番益强瓦剌數困敗又所部輒自殘多歸中國哈密復乘間侵掠卜六王不支亦求內附朝廷不許遣出關不知所終

朶顏福餘泰寧高皇帝所置三衞也其地爲兀良哈在黑龍江南漁陽塞北漢鮮卑唐吐谷渾宋契丹皆其地也元爲大寧路北境高皇帝有天下東蕃遼王惠寧王朶顏元帥府相率乞內附遂卽古會州地置大寧都司營州諸衞封子權爲寧王使鎭焉已數爲韃靼所抄洪武二十二年置泰寧朶顏福餘三衞指揮使司俾其頭目各自領其衆以爲聲援自大寧前抵喜峰口近宣府曰朶顏自錦義歷廣寧至遼河曰泰寧自黃泥窪逾瀋陽鐵嶺至開原曰福餘獨朶顏地險而强久之皆叛去成祖從燕起靖難患寧王躡其後自永平攻大寧入之謀脅寧王因厚賂三衞說之來成祖行寧王餞諸郊三衞從一呼皆起遂擁寧王西入關成祖復選其三千人爲奇兵從戰天下既定徙寧王南昌徙行都司於保定遂盡割大寧地畀三衞以償前勞帝踐阼初遣百戶裴牙失里等往告永樂元年復使指揮蕭尚都齎敕諭之明年夏頭目脫兒火察等二百九十四人隨尚都來朝貢馬命脫兒火察爲左軍都督府都督僉事哈兒兀歹爲都指揮同知掌朶顏衞事安出及土不申俱爲都指揮僉事掌福餘衞事忽剌班胡爲都指揮僉事掌泰寧衞事餘三百五十七人各授指揮千百戶等官賜誥印冠帶及白金鈔幣襲衣自是三衞朝貢不絶三年冬命來朝頭目阿散爲泰寧衞掌衞事都指揮僉事其朶兒朶臥等各陞賞有差四年冬三衞饑請以馬易米帝命有司第其馬之高下各倍價給之久之陰附韃靼掠邊戍復假市馬來窺伺帝下詔切責令其以馬贖罪十二年春納馬三千於遼東帝敕守將王眞一馬各予布四匹已復叛附阿魯台二十年帝親征阿魯台還擊之大敗其衆於屈烈河斬馘無算來降者釋勿殺仁宗嗣位詔三衞許自新洪熙元年安出奏其印爲寇所奪請更給許之冬三衞頭目阿者禿來歸授千戶賜鈔幣襲衣鞍馬仍命有司給供具自後來歸者悉如例宣宗初三衞掠永平山海間帝將親討之三衞頭目皆謝罪入貢撫納之如初七年更給泰寧衞印秋以朶顏頭目哈剌哈孫福餘頭目安出泰寧頭目脫火赤等恭事朝廷久加賜織金綵幣表裏有差正統間屢寇遼東大同延安境獨石守備楊洪擊敗之禽其頭目朶欒帖木兒未幾復附瓦剌也先泰寧拙赤妻也先以女皆陰爲之耳目入貢輒易名且互用其印又東合建州兵入廣寧前屯帝惡其反覆九年春命成國公朱勇偕恭順侯吳克忠出喜峰與安伯徐亨出界嶺都督馬亮出劉家口都督陳懷出古北各將精兵萬人分勦之勇等捕其擾邊者致闕下幷奪回所掠人畜拙赤等拘肥河衞使人殺之肥河衞頭目別里格與戰於格魯坤迭連拙赤大敗瓦剌復分道截殺建州亦出兵攻之三衞大困十二年春總兵曹義參將胡源都督焦禮等分巡東邊值三衞入寇擊之斬三十二級禽七十餘人其年瓦剌賽刊王復擊殺朶顏乃兒不花大掠以去也先繼至朶顏泰寧皆不支乞降福餘獨走避腦溫江三衞益衰畏瓦剌强不敢背仍歲來致貢止以利中國賜賚又心銜邊將勦殺故常潛圖報復十四年夏大同參將石亨等復擊其盜邊者於箭豁山禽斬五十人三衞益怨秋導瓦剌大入英宗遂以是役北狩景泰初朝廷仍遣使撫諭三衞受也先旨數以非時入貢多遣使往來伺察中國旣而也先虐使之復逼徙朶顏所部於黃河母納地三衞皆不堪遂陰輸瓦剌情於中國請得近邊屯駐舊制三衞每歲三貢其貢使俱從喜峰口驗入有急報則許進永平時三衞使有自獨石及萬全右衞來者邊臣以爲言敕止之天順中嘗乘間掠諸邊復竊通韃靼孛來每爲之鄉導所遣使與孛來使臣偕見中國待韃靼厚請加賞不得大忿遂益與孛來相結成化元年頭目朶羅干等以兵從孛來大入遼河已復西附毛里孩東合海西兵數入塞又時獨出沒廣寧義州間九年遼東總兵歐信以偏將韓斌等敗之於興中追及麥州斬六十二級獲馬畜器械數千其年喜峰守將吳廣以貪賄失三衞心三衞入犯廣下獄死明年復掠開原慶雲參將周俊擊退之十四年詔復三衞馬市初國家設遼東馬市三一城東一廣寧皆以待三衞正統間以其部衆屢叛罷之會韃靼滿都魯暴强侵掠三衞三衞頭目皆走避塞下數饑困請復馬市再四不許至是巡撫陳鉞爲帝言始許之滿都魯死亦思馬因主兵柄三衞復數爲所窘二十二年韃靼別部那孩擁三萬衆入大寧金山涉老河攻殺三衞頭目伯顏等掠去人畜以萬計三衞乃相率攜老弱走匿邊圉邊臣劉潺以聞詔予芻糧優卹之弘治初常盜掠古北開原境守臣張玉總兵李杲等以計誘斬其來市者三百人遂北結脫羅干請爲復讐數寇廣寧寧遠諸處時海西尚古者以不得通貢叛中國數以兵阻諸蕃入貢諸蕃並銜之朝廷旋許尚古納款撫寧猛克帖木兒等皆以尚古爲辭入寇遼陽殺掠甚衆韃靼小王子屢掠三衞三衞因各叩關輸罪朝廷許之然陽爲恭順而已朶顏都督花當者恃險而驕數請增貢加賞不許正德十年花當子把兒孫以千騎毀鮎魚關入馬蘭谷大掠參將陳乾戰死復以五百騎入板場谷千騎入神山嶺又千餘騎入水開洞事聞命副總兵桂勇禦之花當退去屯駐紅羅山匿把兒孫使其子打哈等入朝請罪詔釋不問十三年帝巡幸至大喜峰口將徵三衞頭目使悉詣闕下宴勞不果當把兒孫犯邊時朝廷詔削其職把兒孫死其子伯革入貢嘉靖九年詔予伯革父爵而打哈自以花當子不得職怒遂先後掠冷口擦崖喜峰間參將袁繼勳等失於防禦皆逮治十七年春指揮徐顥誘殺泰寧部九人其頭目把當亥率衆寇大淸堡總兵馬永擊斬之其屬把孫以朶顏部衆復入鎭守少監王永與戰敗績二十二年冬攻圍墓田谷殺守備陳舜副總兵王繼祖等赴援擊斬三十餘級其年詔罷舊設三衞馬市幷新設木市亦罷之秋三衞復導韃靼寇遼州入沙河堡守將張景福戰死三衞之迭犯也實朶顏部哈舟兒陳通事爲之二人者俱中國人被擄遂爲三衞用二十九年韃靼俺答謀犯畿東舟兒爲指潮河川路俺答移兵白廟近古北舟兒詐言敵已退邊備緩俺答遂由鴿子洞曹榆溝入直犯畿甸已俺答請開馬市舟兒復往來誘阻之三十年薊遼總督何棟購捕至京伏誅朶顏通罕者俺答子辛愛妻父也四十二年古北哨卒出關爲朶顏所撲殺俄通罕叩關索賞副總兵胡鎭伏兵執之總督楊選將爲牽制辛愛計乃拘縶通罕令其諸子更迭爲質三衞恨甚遂導俺答入掠順義及三河選得罪萬曆初朶顏長昂益强挾賞不遂數糾衆入掠截諸蕃貢道十二年秋復導

土蠻以四千騎分掠三山三道溝錦川諸處守臣李松請急勦長昂等朝議不從僅革其月賞未幾復以千騎犯劉家口官軍禦之殺傷相當於是長昂益跋扈自恣東勾土蠻西結婚白洪大以擾諸邊十七年合韃靼東西二部寇遼東總兵李成梁逐之官軍大敗殲八百人又二年大掠獨石路二十二年復擁衆犯中後所攻入小屯臺副總兵趙夢麟秦得倚等力戰却之明年潛入喜峰口官軍禽其頭目小郎兒二十九年長昂與董狐狸等皆納款請復寧前木市許之三十四年冬復糾韃靼班不什白言台吉等以萬騎迫山海關總兵姜顯謨擊走之長昂復以三千騎窺義院界邊將有備乃引去旋詣喜峰自言班白入寇己不預知守臣具以聞詔長昂復貢市頒給撫賞如例長昂死諸子稍衰三衞皆靖崇禎初與插漢戰於早落兀素勝之殺獲萬計以捷告未幾皆服屬於

大清云

明史卷三百二十九　列傳第二百一十七

總裁官總理事務經筵講官少保兼太子太保保和殿大學士兼管吏部戶部尚書事加六級臣張廷玉等奉

敕修

西域一

哈密衞　柳城

火州　土魯番

哈密東去嘉峪關一千六百里漢伊吾盧地明帝置宜禾都尉領屯田唐爲伊州宋入於回紇元末以威武王納忽里鎭之尋改爲肅王卒弟安克帖木兒嗣洪武中太祖既定畏兀兒地置安定等衞漸逼哈密安克帖木兒懼將納款成祖初遣官招諭之許其以馬市易即遣使來朝貢馬百九十匹永樂元年十一月至京帝喜賜賚有加命有司給直收其馬四千七百四十匹擇良者十匹入內廐餘以給守邊騎士明年六月復貢請封乃封爲忠順王賜金印復貢馬謝恩已而迤北可汗鬼力赤毒死之其國人以病卒聞三年二月遣官賜祭以其兄子脫脫爲王賜玉帶脫脫自幼俘入中國帝拔之奴隸中俾列宿衞欲令嗣爵恐其國不從遣官問之不敢違請還主其衆因賜其祖母及母綵幣旋遣使貢馬謝恩四年春甘肅總兵官宋晟奏脫脫爲祖母所逐帝怒敕責其頭目曰脫脫朝廷所立即有過不奏而擅逐之是慢朝廷也老人昏耄頭目亦不知朝廷耶即迎歸善匡輔俾孝事祖母由是脫脫得還祖母及頭目各遣使謝罪三月立哈密衞以其頭目馬哈麻火者等爲指揮千百戶等官又以周安爲忠順王長史劉行爲紀善輔導冬授頭目十九人爲都指揮等官明年宋晟奏頭目陸十等作亂已誅慮他變請兵防禦帝命晟發兵應之而以安克帖木兒妻子往依鬼力赤恐誘賊侵哈密敕晟謹備晟卒以何福代又敕福開誠撫忠順會頭目請設把總一人理國政帝敕福曰置把總是增一王也政令不一下安適從寢其議自是比歲朝貢悉加優賜其使臣皆增秩授官帝眷脫脫特厚而脫脫顧凌侮朝使沈湎昏聵不恤國事其下買住等交諫不從帝聞之怒八年十一月遣官賜敕戒諭之未至而脫脫以暴疾卒訃聞遣官賜祭擢都指揮同知哈剌哈納爲都督僉事鎭守其地賜敕及白金綵幣且封脫脫從弟兔力帖木兒爲忠義王賜印誥玉帶世守哈密十年貢馬謝恩自是修貢惟謹故王祖母亦數奉貢十七年帝以朝使往來西域者忠義王致禮延接命中官齎綺帛勞之賜其母妻金珠冠服綵幣及其部下頭目其使臣及境內回回壽貢馬三千五百餘匹及貂皮諸物詔賜鈔三萬二千錠綺百帛一千二十一年貢駝三百三十馬千匹仁宗踐阼詔諭其國洪熙元年再入貢賀即位仁宗崩宣宗繼統其王兔力帖木兒亦卒使來告哀宣德元年遣官賜祭命故王脫脫子卜答失里嗣忠順王且以登極肆赦命其國中亦赦復貢馬謝恩明年遣弟北斗奴等來朝貢駝馬方物授北斗奴都督僉事因命中官諭王遣故忠義王弟脫歡帖木兒赴京三年以卜答失里年幼命脫歡帖木兒嗣忠義王同理國事自是二王並貢歲或三四至奏求婚娶禮幣命悉予之正統二年脫歡帖木兒卒封其子脫脫塔木兒爲忠義王未幾卒已而忠順王亦卒封其子倒瓦答失里爲忠順王五年遣使三貢廷議以爲煩定令每年一貢初成祖之封忠順王也以哈密爲西域要道欲其迎護朝使統領諸番爲西陲屏蔽而其王率庸懦又其地種落雜居一曰回回一曰畏兀兒一曰哈剌灰其頭目不相統屬王莫能節制衆心離渙國勢漸衰及倒瓦答失里立都督皮剌納潛通瓦剌猛可卜花等謀殺王不克王父在時納沙州叛亡百餘家屢敕王令還止遣其半其貢使又數辱驛吏卒呵叱通事當四方貢使大宴日惡言詬詈天子不加罪但令愼擇使臣以是益無忌其地北瓦剌西土魯番東沙州罕東赤斤諸衞悉與搆怨由是鄰國交侵罕東兵抵城外掠人畜去沙州赤斤先後兵侵皆大獲瓦剌酋也先王母弩溫答失里弟也亦遣兵圍哈密城殺頭目俘男婦掠牛馬駝不可勝計取王母及妻北還脅王往見王懼不敢往數遣使告難敕令諸部修好迄不從惟王母妻獲還十年也先復取王母妻及弟并撒馬兒罕貢使百餘人掠之又數趣王往見王外順朝命實懼也先十三年夏親詣瓦剌居數月方還而遣使誑天子謂守朝命不敢往天子爲賜敕褒嘉已知其詐嚴旨詰責然其王迄不能自振會也先方東犯不復還故土以是哈密獲少安景泰三年遣其臣捏列沙朝貢請授官先是使臣至京必加恩命是時于謙掌中樞言哈密世受國恩乃敢交通瓦剌今雖歸款心猶譎詐若加官秩賞出無名乃止終景泰世使臣無授官者天順元年倒瓦剌失里卒弟卜列革遣使告哀即封爲忠順王時都指揮馬雲使西域聞迤北酋癿加思蘭梗道不敢進會哈密王報道已通雲乃行至哈密而賊兵實未退且謀劫朝使帝疑王與賊通遣使切責四年王卒無子母弩溫答失里主國事初也先被誅其弟伯都王及從子兀忽納走居哈密王母爲上書乞恩授伯都王都督僉事兀忽納指揮僉事自卜列革之亡親屬無可繼命國人議當襲者頭目阿只等言脫歡帖木兒外孫把塔木兒官都督同知可繼王母謂臣不可繼君而安定王阿兒察與忠順王同祖爲請襲封七年冬奏上禮官言癿加思蘭見哈密無主謀據其地勢危急乞從其請帝命都指揮賀玉往至西寧逗遛不進哈密使臣苦兒魯海牙請先行又不許帝逮玉下吏改命都指揮李珍而敕安定罕東護使臣偕往阿兒察以哈密多難力辭不行珍乃返哈密素衰微又婦人主國衆益離散癿加思蘭乘隙襲破其城大肆殺掠王母率親屬部落走苦峪猶數遣使朝貢且告難朝廷不能援但敕其國人速議當繼者而已其國以殘破故來者日衆成化元年禮官姚夔等言哈密貢馬二百匹而使人乃二百六十人以中國有限之財供外蕃無益之費非策帝下廷臣議定歲一入貢不得過二百人制可明年兵部言王母避苦峪久今賊兵已退宜令還故土從之已而貢使言其地饑寒男婦二百餘人隨來丐食不能歸國命人給米六斗布二疋遣之初國人請立把塔木兒以王母不肯無王者八年至是頭目交章請詞極哀乃擢把塔木兒爲右都督攝行國王事賜之誥印五年王母陳老病乞藥物帝即賜之尋與瓦剌土魯番遣使三百餘人來貢邊臣以聞廷議貢有定期今前使未回後使又至且瓦剌強寇今乃與哈密偕非哈密挾其勢以邀利即瓦剌假其事以窺邊帝乃却其獻令邊臣宴賚遣還貢使堅不受賜必欲親詣闕下乃命遣十之一赴京八年把塔木兒子罕愼以父卒請嗣職帝許之而不命其主國事國中政令無所出土魯番速檀阿力乘機襲破其城執王母奪金印以忠順王孫女爲妾據守其地九年四月事聞命邊臣謹戒備敕罕東赤斤諸衞協力戰守尋遣都督同知李文右通政劉文赴甘肅經畧抵肅州遣錦衣千戶馬俊奉敕往諭時阿力留其妹壻牙蘭守哈密而已攜王母金印已返土魯番俊至諭以朝命抗詞不遜羈俊月餘一日牙蘭忽至言大兵三萬即日西來阿力乃宴勞俊等舁王母出見王母懼不敢言夜潛遣人來云爲我奏天子速發兵救哈密文等以聞遂檄都督罕愼及赤斤罕東乜克力諸部集兵進討十年冬兵至卜隆吉兒川諜報阿力集衆抗拒且結別部謀掠罕東赤斤二衞文等不敢進令二衞還守本土罕愼及乜克力畏兀兒之衆退居苦峪文等亦引還肅州帝乃命罕愼權主國事因其請給米布且賜以穀種文等無功而還土魯番久據哈密朝命邊臣築苦峪城移哈密衞於其地十八年春罕愼糾罕東赤斤二衞得兵一千三百人與己所部共萬人夜襲哈密城破之牙蘭遁走乘勢連復八城遂還居故土巡撫王朝遠以聞帝喜賜敕獎勵幷奬二衞朝遠請封罕愼爲王且言魯番亦革心向化與罕愼議和宜乘時安撫取還王孫女及金印俾隨王母共掌國事哈密國人亦乞封罕愼廷議不從乃進左都督賚白金百兩綵幣十表裏特敕奬勞將士陞賞有差弘治元年從其國人請封罕愼爲忠順王土魯番阿力已死而其子阿黑麻嗣爲速檀僞與罕愼結婚誘而殺之仍令牙蘭據其地哈密都指揮阿木郎來奔求救廷臣請諭土魯番貢使令復還侵地并敕赤斤罕東共圖輿復明年哈密舊部綽卜都等率衆攻牙蘭殺其弟奪其叛臣者盼卜等人畜以歸事聞進秩加賞先是罕愼遣使來貢未還而遘難其弟奄克孛剌率部衆逃之邊方朝命以賜罕愼者還賜其弟阿黑麻之去哈密也止留六十人佐牙蘭阿木郎覘其單弱請邊臣調赤斤罕東兵夜襲破其城牙蘭遁去斬獲甚多有詔奬賚當是時阿黑麻桀傲甚自以地遠中國屢抗天子命及破哈密

貢使頻至朝廷仍善待之由是益輕中國帝乃薄其賜賚或拘留使臣却其貢物敕責令悔罪已訪獲忠順王族孫陝巴將輔立之阿黑麻漸警懼三年遣使叩關願獻還哈密及金印釋其拘留使臣天子納其貢仍留前使者明年果以城印來歸乃從馬文升言還其所拘使臣文升又言番人重種類且素服蒙古哈密故有回回畏兀兒哈剌灰三種北山又有小列禿乜克力相侵逼非得蒙古後裔鎮之不可今安定王族人陝巴乃故忠義王脫脫近屬從孫可主哈密天子以爲然而諸番亦共奏陝巴當立五年春立陝巴爲忠順王賜印誥冠服及守城戎器擢阿木郎都督僉事與都督同知奄克孛剌共輔之已而諸番索陝巴犒賜不得皆怨阿木郎又引乜克力人掠土魯番牛馬阿黑麻怒六年春潛兵夜襲哈密殺其人百餘逃及降者各半陝巴與阿木郎據大土剌以守大土剌華言大土臺也圍三日不下阿木郎急調乜克力瓦剌二部兵來援俱敗去乃執陝巴禽阿木郎支解之牙蘭復據守并移書邊臣訴阿木郎罪時土魯番先後貢使皆未還邊臣以其書不遜且僭稱可汗乞命將遣兵先勦除牙蘭然後直抵土魯番馘阿黑麻之首取還陝巴否則降敕嚴責令還陝巴乃宥其罪廷議從後策令守臣拘貢使縱數人還齎敕曉示禍福帝如其請命廷推大臣赴甘肅經略初哈密變聞邱濬謂馬文升曰西陲事重須公一行文升曰國家有事臣子義不辭難濬番人嗜利不善騎射自古未有西域能爲中國患者徐當靖之濬復以爲言文升請行廷臣僉言北寇強本兵未可遠出乃推兵部右侍郎張海都督同知緱謙二人帝賜敕指授二人而二人皆庸才但遣土魯番人歸諭其主令獻還侵地駐甘州待之明年阿黑麻遣使叩關求貢詭言願還陝巴及哈密乞朝廷亦還其使者海等以聞請再降敕宣諭廷議言先已降敕今若再降有傷國體宜令海等自遣人往諭不從命則仍留前使且盡驅新使出關永不許貢仍與守臣檄罕東赤斤諸部兵直擣哈密襲斬牙蘭如無機可乘則封嘉峪關毋納其使陝巴雖封王其還與否於中國無損益宜別擇賢者代之帝以陝巴旣與中國無損益則哈密城池已破如獻還當若何處之廷臣復言陝巴乃安定王千奔之姪忠順王之孫向之封王欲令鎮撫一方爾今被虜孱弱可知即使復還勢難復立宜革其王爵居之甘州犒賚安定王諭以不復立之故令都督奄克孛剌總理哈密事與回回都督寫亦虎仙哈剌灰都督拜迭力迷失等分領三種番人以輔之且修濬苦峪城塹凡番人散處甘涼者令悉還其地給以牛具口糧若陝巴未還不必索取我不急陝巴彼將自還也帝悉如其言敕諭海等海等見敕書將棄陝巴甚喜即遂其貢使閉嘉峪關繕修苦峪城令流寓番人歸其地拜疏還朝八年正月至京言官交章劾其經略無功並下吏貶秩而哈密終不還文升銳意謀興復用許進巡撫甘肅以圖之進偕大將劉寧等潛師夜襲牙蘭逸去斬其遺卒無降餘衆而還自明初以來官軍無涉其地者諸番始知畏阿黑麻亦欲還陝巴然哈密屢破遺民入居者旦暮虞寇阿黑麻果復來攻固守不下訖散去諸人自以窮窘難守盡焚室廬走肅州求濟邊臣以聞詔賜牛具穀種幷發流寓三種番人及哈密之寄居赤斤者盡赴苦峪及瓜沙州俾自耕牧以圖興復時哈密無王奄克孛剌爲之長十年遣其黨寫亦虎仙等來貢給幣帛五千酬其直使臣猶久留大肆咆烋禮官徐瓊等極論其罪乃驅之去時諸番以朝廷閉關絕貢不得入咸怨阿黑麻阿黑麻悔送還陝巴及哈密之衆乞通貢如故廷議謂無番文不可驟許必令具文乃從其請陝巴前議廢今使暫居甘州俟衆頭目俱歸心然後修復哈密城塹令復舊業帝悉從之冬起王越總制三邊軍務兼經理哈密十一年秋越言哈密不可棄陝巴亦不可廢宜仍其舊封令先還哈密量給修城築室之費犒賜三種番人及赤斤罕東小列禿乜克力諸部以獎前勞且責後效帝亦報可自是哈密復安土魯番亦修貢惟謹奄克孛剌者罕慎弟也與陝巴不相能當事患之令陝巴娶罕慎女與之結好陝巴嗜酒掊尅失衆心部下阿孛剌等咸怨十七年春陰構阿黑麻迎其幼子眞帖木兒主哈密陝巴懼挈家走苦峪奄克孛剌與寫亦虎仙在肅州邊臣以二人爲番衆所服令還輔陝巴與百戶董傑偕行傑有膽略旣抵哈密阿孛剌與其黨五人約夜以兵來劫傑知之與奄克孛剌等謀召阿孛剌等計事立斬之其下遂不敢叛乃令陝巴還哈密眞帖木兒還土魯番眞帖木兒年十三其母即罕愼女也聞父已死兄滿速兒嗣爲速檀與諸弟相讐殺懼不敢歸願倚奄克孛剌曰吾外祖也邊臣慮與陝巴隙居之甘州十八年冬陝巴卒其子拜牙即自稱速檀命封爲忠順王正德三年寫亦虎仙入貢不與通事偕行自攜邊臣文牒投進大通事王永怒疏請究治寫酋亦奏永需求永供奉豹房恃寵恣橫詔勿究治兩戒諭之寫酋自是益輕朝廷潛懷異志初拜牙即嗣職滿速兒與通和且遣使求眞帖木兒邊臣言與之便樞臣謂土魯番稔惡久今見我扶植哈密聲勢漸張乃卑詞求貢以還弟爲名我留其弟正合古人質其親愛之意不可遽遣帝從之六年始命寫亦虎仙偕都督滿哈剌三送之西還至哈密奄克孛剌欲止之二人不可護至土魯番遂以國情輸滿速兒且誘拜牙即叛拜牙即素昏愚性又淫暴心怵屬部害已而滿速兒又甘言誘之即欲偕奄克孛剌同往不從奔肅州八年秋拜牙即棄城叛入土魯番滿速兒遣火者他只丁據哈密又遣火者馬黑木赴甘肅言拜牙即不能守國滿速兒遣將代守乞犒賜九年四月事聞命都御史彭澤往經略澤未至賊遣兵分掠苦峪沙州聲言予我金幣萬即歸城印澤抵甘州謂番人嗜利可因而款也遣通事馬驥諭令還侵地及王當予重賞滿速兒僞許之澤即畀幣帛二千及白金酒器一具十一年五月拜疏言臣遣通事往宣國威要以重賞其酋悔過效順即以金印及哈密城付之滿哈剌三寫亦虎仙二人召還他只丁并還所奪赤斤衛印惟忠順王在他所未還請錄效勞人役功賜臣骸骨歸田里帝即令還朝忠順王迄不返他只丁亦不肯退復要重賞始以城來歸明年五月甘肅巡撫李昆上言得滿速兒牒謂拜牙即不可復位即還故土已失人心乞別立安定王千奔後裔此言良然如必欲其復國乞敕滿速兒兄弟送還仍厚賜綵帛冀其效順廷議經略西陲已踰三載而忠順迄無還期宜興師絕貢不可遂其要求損我威重但城印歸國體具在宜敕責滿速兒背負國恩求取無厭仍量賜其兄弟令其速歸忠順不從則閉關絕貢嚴兵爲備從之初寫亦虎仙與滿速兒深相結故首倡逆謀已而有隙滿速兒欲殺之大懼求他只丁爲解許賂幣千五百匹期至肅州畀之且啗之入寇曰肅州可得也滿速兒喜令與其壻馬黑木俱入貢以覘虛實且徵其賂邊臣以同來火者撒者兒乃火者他只丁弟懼爲變幷其黨虎都寫亦羈之甘州而督寫亦虎仙出關懼不肯去他只丁聞其弟被拘怒復又奪哈密城請滿速兒移居之分兵脅據沙州擁衆入寇至兔兒壩遊擊芮寧與參將蔣存禮都指揮黃榮王琮各率兵往禦寧先抵沙子壩遇賊賊悉衆圍寧而分兵綴諸將寧所部七百人皆戰沒賊薄肅州城索所許幣副使陳九疇固守且先絕其內應賊知事洩慮援兵至大掠而去十二年正月羽書聞廷議復命彭澤總制軍務偕中官張永都督郤永率師西征賊還至瓜州副總兵鄭廉合奄克孛剌兵擊敗之斬七十九級賊乃遁去又與瓦剌相攻力不敵移書求款澤等乃罷行先是寫亦虎仙與子米兒馬黑木壻火者馬黑木及其黨失拜烟答俱以內應繫獄失拜烟答被捶死及事平械寫亦虎仙赴京下刑部獄其子仍繫甘州失拜烟答子米兒馬黑麻者寫亦虎仙姪壻也以入貢在京探知王瓊欲傾彭澤突入長安門訟父冤下錦衣獄會兵部法司請行甘肅訊報瓊欲因此興大獄奏遣科道二人往勘明年勘至於澤無所坐瓊怒劾澤欺罔辱國斥爲民坐昆九疇激變逮下吏並獲重譴明年寫亦虎仙亦減死遂夤緣錢寧與其壻得侍帝左右帝悅之賜國姓授錦衣指揮扈駕南征滿速兒犯邊後屢求通貢不得十五年歸先所掠將卒及忠順王家屬復求貢廷議許之而王迄不還巡按御史潘倣力言貢不當許不聽明年世宗嗣位楊廷和以寫亦虎仙稔中國情實歸必爲邊患於遺詔中數其罪幷其子壻伏誅而用陳九疇爲甘肅巡撫時滿速兒比歲來貢朝廷待之若故亦不復問忠順王事嘉靖三年秋擁二萬騎圍肅州分兵犯甘州九疇及總兵官姜奭等力戰敗之斬他只丁賊乃却去事聞命兵部尚書金獻民西討抵蘭州賊已久退乃引還九疇因力言賊不可撫乞閉關絕貢專固邊防可之明年秋賊復犯肅州分兵圍參將雲昌而以大衆抵南山九疇時已解職他將援兵至賊始遁當是時番屢犯邊城當局者無能振國威爲邊疆復讐雪恥而一二新進用事者反借以修怨由是封疆之獄起百戶王邦奇者素憾楊廷和彭澤六年春上言今哈密失國番賊內侵由澤賂番求和廷和論殺寫亦虎仙所致誅此兩人庶哈密可復邊境無虞桂萼張璁輩欲籍此興大獄斥廷和澤爲民盡置其子弟親黨於理有自殺者復遣給事錦衣官往按番酋牙蘭言非敢獲罪天朝所以犯邊由寃殺寫亦虎仙失拜烟答二人故今願獻還城印贖前罪事下兵部尚書王時中等言番酋乞貢數四先已下總制尚書王憲因其貢使鐫責所請當不妄第其詞出牙蘭非眞求貢之文或詐以款我若果悔罪必先歸城印及所掠人畜械送首惡稽首關門方可聽許帝納之萼以前獄未竟必欲重興大獄請留質牙蘭遣譯者諭其主還侵地而與禮兵二部尚書方獻夫王時中等協議爲挑激之詞言番人上書者四輩皆委咎前吏雖詞多詆飾亦事發有因宜遣官嚴覈激變虛實用服其心其他具如

前議九疇報捷時言滿速兒牙蘭已斃礟石下二人實未死帝固疑之覽蕚等議益疑邊臣欺罔手詔數百言切責九疇欲置之死而戒首輔楊一清勿黨庇遂遣官逮九疇尚書金獻民侍郞李昆以下坐累者四十餘人七年正月九疇逮至下獄蕚等必欲殺之并株連廷和澤刑部尚書胡世寧力救帝稍悟免死戍邊澤獻民等皆落職番酋氣益驕而蕚又薦王瓊督三邊盡釋還九疇所繫番使許之通貢番酋迄不悔罪侮玩如故時以牙蘭獲罪其主率部帳來歸邊臣受之滿速兒怒其部下虎力納咱兒引瓦剌二千餘騎犯肅州至老鸛堡値撒馬兒罕貢使在堡中賊呼與語遊擊彭濬急引兵擊之賊言欲問信通和濬不聽進戰破之賊遁走赤斤使人持番文求貢委罪瓦剌詞多悖謾瓊希時貴指必欲議撫因言番人且悔宜原情赦罪以罷兵息民并上濬及副使趙載功狀章下兵部初胡世寧之救陳九疇也欲棄哈密不守言拜牙卽久歸土魯番卽還故土亦其臣屬其他族裔無可繼者回回一種早已歸之哈剌灰畏兀兒二族逃附肅州已久不可驅之出關然則哈密將安與復哉縱得忠順嫡派畀之金印助之兵食誰與爲守不過一二年復爲所奪益彼富强辱我皇命徒使再得城印爲後日要挾之地乞聖明熟籌如先朝和寧交阯故事置哈密勿問如其不侵擾則許之通貢否則閉關絕之庶不以外番疲中國詹事霍韜力駁其非至是世寧改掌兵部上言番酋變詐多端欲取我肅州則漸置奸回於內地事覺則多縱反間傾我輔臣乃者許之朝貢使方入關而賊兵已至河西幾危此閉關與通貢利害較然今瓊等旣言賊薄我城堡縛我士卒聲言大舉以恐嚇天朝而又言賊方懼悔宜仍許通貢何自相牴牾霍韜又以賊無印信番文爲疑臣謂卽有印信亦安足據第毋墮其術中以間我忠臣弛我邊備斯可矣牙蘭本我屬番爲彼掠去今束身來歸事屬反正宜卽撫而用之招彼攜貳益我藩籬至於興復哈密臣等竊以爲非中國所急也夫哈密三立三絕今其王已爲賊用民盡流亡借使更立他種彼强則入寇弱則從賊難保爲不侵不叛之臣故臣以爲立之無益適令番酋挾爲奸利耳乞賜瓊璽書令會同甘肅守臣遣番使歸諭滿速兒詰以入寇狀倘委爲不知則令械送虎力納咱兒或事出瓦剌則縛其人以自贖否則羈其使臣發兵往討庶威信並行賊知斂戢更敕瓊爲國忠謀力求善後之策以通番納貢爲權宜足食固圉爲久計封疆幸甚疏入帝深然之命瓊熟計詳處毋輕信番言至明年甘肅巡撫唐澤亦以哈密未易興復請專圖自治之策瓊善之據以上聞帝報可自是置哈密不問土魯番許之通貢西陲藉以息肩而哈密後爲失拜烟答子米兒馬黑木所有服屬土魯番朝廷猶令其比歲一貢異於諸番迄隆慶萬曆朝猶入貢不絕然非忠順王苗裔矣

柳城一名魯陳又名柳陳城卽後漢柳中地西域長史所治唐置柳中縣西去火州七十里東去哈密千里經一大川道旁多骸骨相傳有鬼魅行旅早暮失侶多迷死出大川渡流沙在火山下有城屹然廣二三里卽柳城也四面皆田園流水環繞樹木陰翳土宜穄麥豆麻有桃李棗瓜胡蘆之屬而蒲萄最多小而甘無核名鎖子葡萄畜有牛羊馬駝節候常和土人純朴男子椎結婦人蒙皁布其語音類畏兀兒永樂四年劉帖木兒使別失八里因命齎綵幣賜柳城酋長明年其萬戶瓦赤剌卽遣使來貢七年傅安自西域還其酋復遣使隨入貢帝卽命安齎綺帛報之十一年夏遣使隨白阿兒忻台入貢冬萬戶觀音奴再遣使隨安入貢二十年與哈密共貢羊二千宣德五年頭目阿黑把失來貢正統五年十三年並入貢自後不復至柳城密邇火州土魯番凡天朝遣使及其酋長入貢多與之偕後土魯番强二國並爲所滅

火州又名哈剌在柳城西七十里土魯番東三十里卽漢車師前王地隋時爲高昌國唐太宗滅高昌以其地爲西州宋時回鶻居之嘗入貢元名火州與定安曲先諸衞統號畏兀兒置達魯花赤監治之永樂四年五月命鴻臚丞劉帖木兒護別失八里使者歸因齎綵幣賜其王子哈散明年遣使貢玉璞方物使臣言回回行賈京師者甘涼軍士多私送出境洩漏邊務帝命御史往按且敕總兵官宋晟嚴束之七年遣使偕哈烈撒馬兒罕來貢十一年夏都指揮白阿兒忻台遣使偕俺的干失剌思等九國來貢秋命陳誠李暹等以璽書文綺紗羅布帛往勞十三年冬遣使隨誠來貢自是久不至正統十三年復貢後遂絕其地多山青紅若火故名火州氣候熱五穀畜產與柳城同城方十餘里僧寺多於民居東有荒城卽高昌國都漢戊己校尉所治西北連別失八里國小不能自立後爲土魯番所并

土魯番在火州西百里去哈密千餘里嘉峪關二千六百里漢車師前王地隋高昌國唐滅高昌置西州及交河縣此則交河縣安樂城也宋復名高昌爲回鶻所據嘗入貢元設萬戶府永樂四年遣官使別失八里道其地以綵幣賜之其萬戶賽因帖木兒遣使貢玉璞明年達京師六年其國番僧淸來率徒法泉等朝貢天子欲令化導番俗卽授爲灌頂慈慧圓智普通國師徒七人並爲土魯番僧綱司官賜賚甚厚由是其徒來者不絕貢名馬海靑及他物天子亦數遣官獎勞之二十年其酋尹吉兒察與哈密共貢馬千三百匹賜賚有加已而尹吉兒察爲別失八里酋歪思所逐走歸京師天子憫之命爲都督僉事遣還故土尹吉兒察德中國洪熙元年躬率部落來朝宣德元年亦如之天子待之甚厚還國病卒三年其子滿哥帖木兒來朝已而都督鎖格弟猛哥帖木兒來朝命爲指揮僉事五年都指揮僉事也先帖木兒來朝正統六年朝議土魯番久失貢因米昔兒使臣還令齎鈔幣賜其酋巴剌麻兒明年遣使入貢初其地介于闐別失八里諸大國間勢甚微弱後侵掠火州柳城皆爲所并國日强其酋也密力火者遂僭稱王以景泰三年偕其妻及部下頭目各遣使入貢天順三年復貢其使臣進秩者二十有四人先後命指揮白全都指揮桑斌等使其國成化元年禮官姚夔等定議土魯番三年或五年一貢貢不得過十人五年遣使來貢其酋阿力自稱速檀奏求海靑鞍馬蟒服綵幣器用禮官言物多違禁不可盡從命賜綵幣布帛明年復貢奏求忽撥思箏鼓羅粘鐙高麗布諸物廷議不許時土魯番愈强而哈密以無主削弱阿力欲并之九年春襲破其城執王母奪金印分兵守之而去朝廷命李文等經畧無功而還阿力修貢如故一歲中使來者三朝廷仍善待之未嘗一語嚴詰貢使益傲求馴象兵部言象以備儀衞禮有進獻無求索乃却其請使臣復言已得哈密城池及瓦剌奄檀王人馬一萬又收捕曲先并亦思渴頭目倒剌火只乞朝廷遣使通道往來和好帝曰迤西道無阻不須遣官阿力果誠心修貢朝廷不計前愆仍以禮待使臣復言赤斤諸衞素與有仇乞遣將士護行且謂阿力雖得哈密止以物產充貢願質使臣家屬於邊賜敕歸諭其王獻還城印帝從其護行之請而賜敕諭阿力獻王母及城印卽和好如初使臣還復遣他使再入貢而不還哈密十二年八月甘州守臣言番使謂王母已死城印俱存俟朝廷往諭卽獻還帝已却其貢使復俾入京時大臣專務姑息致遐方小醜無顧忌十四年阿力死其子阿黑麻嗣爲速檀遣使來貢十八年哈密都督罕愼潛師擣哈密克之賊將牙蘭遁走阿黑麻頗懼朝議罕愼有功將立爲王阿黑麻聞之怒曰罕愼非忠順族安得立乃僞與結婚弘治元年紿至哈密城下誘罕愼盟執殺之復據其城而遣使入貢稱與罕愼締姻乞賜蟒服及九龍渾金膝襴諸物使至甘州而罕愼之變已聞朝廷亦不罪但令還諭其主歸我侵地番賊知中國易與不奉命復遣使來貢禮官議薄其賞拘使臣番賊稍懼三年春偕撒馬兒罕貢獅子願獻還城印朝廷亦還其使臣禮官請却勿納帝不從及使還命內官張芾護行諭內閣草敕閣臣劉吉等言阿黑麻背負天恩殺我所立罕愼宜遣大將直擣巢穴滅其種類始足雪中國之憤或不卽討亦當如古帝王封玉門關絕其貢使猶不失大體今寵其使臣厚加優待又遣中使伴送此何理哉陛下事遵成憲乃無故召番人入大內看戲獅子大賚御品誇耀而出都下聞之咸爲駭嘆謂祖宗以來從無此事奈何屈萬乘之尊爲奇獸之玩俾異言異服之人雜遝淸嚴之地況使臣滿剌土兒卽罕愼外舅忘主事讐逆天無道而阿黑麻聚集人馬謀犯肅州名雖奉貢意實叵測兵部議羈其使臣正合事宜若不停張芾之行彼使臣還國阿黑麻必謂中土帝王可通情希寵大臣謀國天子不聽其奈我何長番賊之志損天朝之威莫甚於此疏入帝止芾行而問閣臣輿師絕貢二事吉等以時勢未能但請薄其賜賚因言飼獅日用二羊十歲則七千二百羊矣守獅日役校尉五十人一歲則一萬八千人矣若絕其餧養聽其自斃傳之千載實爲美談帝不能用秋又遣使從海道貢獅子朝命却之其使乃潛詣京師禮官請治沿途有司罪仍却其使從之當是時中外乂安大臣馬文升耿裕輩咸知國體於貢使多所裁損阿黑麻稍知中國有人四年秋遣使再貢獅子願還金印及所據十一城邊臣以聞許之果以城印來歸明年封陝巴爲忠順王納之哈密厚賜阿黑麻使臣先所拘者盡釋還六年春其前使二十七人還未出境後使三十九人猶在京師阿黑麻復襲陷哈密執陝巴以去帝命侍郞張海等經畧優待其使俾得進見禮官耿裕等諫曰朝廷馭外番宜惜大體番使自去年入都久不宣召今春三月以來宣召至再且賜幣帛羊酒正當讒書投入之時小人何知將謂朝廷恩禮視昔有加乃畏我而然事干國體不可不愼況此賊崛强無禮久蓄不庭之心所遣使臣必其親信腹心乃令出入禁掖畧無防閑萬一奸宄窺伺

潛逞逆謀雖悔何及今其使寫亦滿速兒等宴賚已竣猶不肯行曰恐朝廷復宣召夫不寶遠物則遠人格獅本野獸不足爲奇何至上煩鑾輿屢加臨視致荒徼小醜得覲聖顏籍爲口實疏入帝卽遣還張海等抵甘肅遵朝議却其貢物羈前後使臣一百七十二人於邊閉嘉峪關永絕貢道而巡撫許進等又潛兵直擣哈密走牙蘭阿黑麻漸懼其鄰邦不獲貢胥怨阿黑麻十年冬送還陝巴款關求貢廷議許之十二年其使再求命前使安置廣東者悉釋還十七年阿黑麻死諸子爭立相仇殺已而長子滿速兒嗣爲速檀修貢如故明年忠順王陝巴卒子拜牙卽襲昏愚失道國內益亂而滿速兒桀黠變詐踰於父復有吞哈密之志正德四年其弟眞帖木兒在甘州貢使乞放還朝議不許乃以甘州守臣奏送還卽以邊情告其兄共謀爲逆九年誘拜牙卽叛復據哈密朝廷遣彭澤經畧贖還城印其部下他只丁復據之且導滿速兒犯肅州自是哈密不可復得而患且中於甘肅會中朝大臣自相傾陷番酋覘知之益肆讒搆賊腹心得侍天子中國體大虧賊氣焰益盛十五年復許通貢甘肅巡按潘倣言番賊犯順殺戮摽掠慘不可勝言今雖悔罪果足贖前日萬一乎數年以來雖嘗閉關未能問罪今彼以困憊求通且將窺我意向探我虛實緩我後圖誘我重利不於此時稍正其罪將益啟輕慢之心招反覆之釁非所以尊中國馭外番也況彼番文執難從之詞示敢拒之狀當悔罪求通之日爲侮慢不恭之語其變詐已見若曰來者不拒馭戎之常盡畧彼事之非納求和之使必將叨冒恩禮飽饜賞餼和市私販滿載而歸所欲既足驕志復萌少不慊心動則藉口反復之釁且在目前叛則未嘗加罪而反獲鈔掠之利來則未必見拒而更有賜賚之榮何憚不爲臣謂宜乘窘迫之時聊爲懾伏之計雖納其悔過之詞姑阻其來貢之使降敕責其犯順仍索歸還未盡之人其番文可疑者詳加詰問使彼知中國尊嚴天威難犯庶幾反側不萌歸服可久時王瓊力主款議不納其言明年世宗立賊腹心寫亦虎仙伏誅失所恃再謀犯邊嘉靖三年寇肅州掠甘州四年復寇肅州皆失利去於是卑詞求貢會璁萼等起封疆之獄遂陰庇滿速兒再許之貢議已定賊黨牙蘭者本曲先人幼爲番掠長而黠健阿力以妹妻之握兵用事久爲西陲患至是獲罪其主七年夏率所部二千人來降有帖木兒哥土巴者俱沙州番族土魯番役屬之歲徵婦女牛馬不勝侵暴亦率其族屬數千帳來歸邊臣悉處之內地滿速兒怒使其部下虎力納咱兒引瓦剌寇肅州不勝則復遣使求貢總督王瓊請許之詹事霍韜言番人攻陷哈密以來議者或請通貢或請絕貢聖諭必有悔罪番文然後許今王瓊譯進之文皆其部下小醜之語無印信足憑我遽許之恐戎心益驕後難駕馭可虞者一哈密城池雖稱獻還然無實據何以興復或者遂有棄置不問之議彼愈得志必且劫我罕東誘我赤斤掠我瓜沙外連瓦剌內擾河西而邊警無時息矣可虞者二牙蘭爲番酋腹心擁衆來奔而彼云不知所向安知非詐降以誘我他日犯邊曰納我叛臣也我不歸彼叛臣彼不歸我哈密自是西陲益多事而哈密終無興復之期可虞者三牙蘭之來曰給廩餼所費實多猶曰羈縻之策不獲已也倘番酋擁衆叩關索彼叛人將予之耶抑拒之耶又或牙蘭包藏禍心搆變於內內外協應何以禦之可虞者四或曰今陝西饑困甘肅孤危哈密可棄也臣則曰保哈密所以保甘肅也保甘肅所以保陝西也若以哈密難守卽棄哈密然則甘肅難守亦棄甘肅乎昔文皇之立哈密也因元遺孽力能自立因而立之彼假其名我享其利今忠順之嗣三絕矣天之所廢孰能興之今於諸夷中求其雄傑能守哈密者卽畀金印俾和輯諸番爲我藩蔽斯可矣必求忠順之裔而立焉多見其固也疏入帝嘉其留心邊計下兵部確議尚書胡世寧等力言牙蘭不可棄哈密不必興復請專圖自治之策帝深納其言自是番酋許通貢而哈密城印及忠順王存亡置不復問河西稍獲休息而滿速兒桀傲益甚矣十二年遣臣奏三事一請追治巡撫陳九疇罪一請遣官議和一請還叛人牙蘭詞多悖慢朝廷不能罪但戒以修職貢無妄言然自寫亦虎仙誅他只丁陣歿牙蘭又降失其所倚賴勢亦漸孤部下各自雄長稱王入貢者多至十五人政權亦不一十五年甘肅巡撫趙載陳邊事言番酋屢服屢叛我撫之太厚信之太深愈長其奸狡今後入犯宜戮其使臣從其從人於兩粵閉關拒絕卽彼悔罪亦但許奉貢不得輒還從人彼內有所牽外有所畏自不敢輕犯帝頗採其言二十四年滿速兒死長子沙嗣爲速檀其弟馬黑麻亦稱速檀分據哈密已而兄弟讐殺馬黑麻乃結婚瓦剌以抗其兄且墾田沙州謀入犯其部下來告馬黑麻乃叩關求貢復求內地安置邊臣諭止之乃還故土與兄同處總督張珩以聞詔許其入貢二十六年定令五歲一貢其後貢期如令而來使益多逮世宗末年番文至二百四十八道朝廷重違其情咸爲給賜隆慶四年馬黑麻嗣兄職遣使謝恩其弟瑣非等三人亦各稱速檀遣使來貢禮官請裁其犒賜許附馬黑麻隨從之數可之迄萬曆朝奉貢不絕

明史卷三百三十　　列傳第二百一十八

總裁官總理事務經筵講官少保兼太子太保保和殿大學士兼管吏部戶部尚書事加六級張廷玉等奉
敕修

西域二

西番諸衞（西寧河州洮州岷州等番族諸衞）

安定衞　阿端衞
曲先衞　赤斤蒙古衞
沙州衞　罕東衞
罕東左衞　哈梅里

西番卽西羌族種最多自陝西歷四川雲南西徼外皆是其散處河湟洮岷間者爲中國患尤劇漢趙充國張奐段熲唐哥舒翰宋王韶之所經營皆此地也元封駙馬章古爲寧濮郡王鎮西寧於河州設吐番宣慰司以洮岷黎雅諸州隸之統治番衆洪武二年太祖定陝西卽遣官齎詔招諭其酋長皆觀望復遣員外郎許允德招之乃多聽命明年五月吐蕃宣慰使司鎖南普等以元所授金銀牌印宣敕來上會鄧愈克河州遂詣軍前降其鎮西武靖王卜納剌亦以吐蕃諸部來納款冬鎖南普等入朝貢馬及方物帝喜賜襲衣四年正月設河州衞命爲指揮同知予世襲知院朶兒只汪家奴並爲指揮僉事設千戶所八百戶所七皆命其酋長爲之卜納剌等亦至京師爲靖南衞指揮同知其儕桑加朶兒只爲高昌衞指揮同知皆帶刀侍衞自是番酋日至尋以降人馬梅汪瓦兒並爲河州衞指揮僉事又遣西寧州同知李喃哥等招撫其酋長至者悉授官乃改西寧州爲衞以喃哥爲指揮帝以西番產馬與之互市馬至漸多而其所用之貨與中國異自更鈔法後馬至者少患之八年五月命中官趙成齎羅綺綾絹幷巴茶往河州市之馬稍集率厚其值以償成又宣諭德意番人感悅相率詣闕謝恩山後歸德等州西番諸部落皆以馬來市十二年洮州十八族番酋三副使等叛據納鄰七站之地命征西將軍沐英等討之又命李文忠往籌軍事英等至洮州舊城寇遁去追斬其魁數人盡獲畜產遂於東籠山南川度地築城置戍遣使來奏帝報曰洮州西番門戶築城戍守扼其咽喉遂置洮州衞以指揮聶緯陳暉等六人守之已文忠等言官軍守洮州餉艱民勞帝降敕諭之曰洮州西控番戎東蔽湟隴漢唐以來備邊要地今番寇既斥棄之不守數年後番人將復爲患慮小費而忘大虞豈良策哉所獲牛羊分給將士亦足充兩年軍食其如敕行之文忠等乃不敢違秋鎖南普及鎮撫劉溫各攜家屬來朝諭中書省臣曰鎖南普自歸附以來信義甚堅前遣使烏斯藏遠涉萬里及歸所言皆稱朕意今以家屬來朝宜加禮待乃賜米麥各三十石劉溫三之一英等進擊番寇大破之盡禽其魁俘斬數萬人獲馬牛羊數十萬自是羣番震懾不敢爲寇十六年青海酋長史剌巴等七人來歸賜文綺寶鈔時岷州亦設衞番人歲以馬易茶馬曰蕃息二十五年又命中官而聶至河州召必里諸番族以敕諭之爭出馬以獻得萬三百餘匹給茶三十餘萬觔命以馬畀河南山東陝西騎士帝以諸衞將士有擅索番人馬者遣官齎金銅信符敕諭往賜涼州甘州肅州永昌山丹臨洮鞏昌西寧洮州河州岷州諸番族諭之曰往者朝廷有所需必酬以茶貨未許私徵近聞邊將無狀多假朝命擾害俾爾等不獲寧居今特製金銅信符頒給遇有徵發必比對相符始行否則僞械至京罪之自是需求遂絕初西寧番僧三剌爲書招降罕東諸部又建佛剎於碾白南川以居其衆至是來朝貢馬請敕護持賜寺額帝從所請賜額曰瞿曇寺立西寧僧綱司以三剌爲都綱司又立河州番漢二僧綱司並以番僧爲之紀以符契自是其徒爭建寺帝輒錫以嘉名且賜敕護持番僧來者日衆永樂時諸衞僧戒行精勤者多授刺麻禪師灌頂國師之號有加至大國師西天佛子者悉給以印誥許之世襲且令歲一朝貢由是諸僧及諸衞土官輻輳京師其他族種如西寧十三族岷州十八族洮州十八族之屬大者數千人少者數百亦許歲一奉貢優以宴賚西番之勢益分其力益弱西陲之患亦益寡宣德元年以協討安定曲先功加國師吒思巴領占等五人爲大國師給誥命銀印秩正四品加刺麻著星等六人爲禪師給敕命銀印秩正六品正統五年敕陝西鎮守都督鄭銘都御史陳鎰曰得奏言河州番民領

占等先因避罪逃居結河里招集徒黨占耕土田不注籍納賦又藏匿逃亡剽劫行旅欲發兵討之朕念番性頑梗且所犯在赦前若遽加師旅恐累及無辜宜使人撫諭令散遣徒黨還所掠牛羊兵卽勿進否則加兵未晩爾等其審之番人果輸服七年再敕銘及都御史王翺等曰得鎭守河州都指揮劉永奏往歲阿爾官等六族三千餘人列營歸德城下聲言交易後乃鈔掠屯軍大肆焚戮而着亦匝族番人屢於煖泉亭諸處潛爲寇盜指揮張瑀禽獲二人止責償所盜馬縱之使去論法瑀及永皆當究治令姑令戴罪爾等卽遣官偕三司堂上親詣其寨曉以利害令還歸所掠許其自新不悛則進討蓋馭戎之道撫綏爲先撫之不從然後用兵爾等宜體此意番人亦輸服成化三年陝西副使鄭安言進貢番僧自烏斯藏來者不過三之一餘皆洮岷寺僧詭名冒貢進一羸馬輒獲厚直得所賜幣帛製爲戰袍以拒官軍本以羈縻之而益致寇掠是虛國帑而齎盜糧也章下吏部會廷臣議請行陝西文武諸臣計定貢期人數及存留起送之額以聞報可已而奏上諸自烏斯藏來者皆由四川入不得徑赴洮岷遂著爲例明年冬洮州番寇擁衆掠鐵城後川二寨指揮張翰等率兵禦之敗去獲所掠人口以歸五年巡按江孟綸言岷州番寇縱橫村堡爲虛頃令指揮后泰與其弟通泰反覆開示生番忍藏占藏等三十餘族酋長百六十餘人熟番栗林等二十四族酋長九十一人轉相告語悔過來歸且還被掠人畜願供徭賦殺牛告天誓不再犯已令副使李玘從宜賞勞宣示朝廷恩威皆歡躍而去惟熟番綠園一族怙惡不服兵部言番性無常朝撫夕叛未可弛備請諭邊臣向化者加意撫綏犯順者克期勦滅帝納其言八年禮官言洮岷諸衞送各族番人赴京多至四千二百餘人應賞綵幣人二表裏帛如之鈔二十九萬八千有奇馬直尚在其外考正統天順間各番貢使不過三五百人成化初因洮岷諸處濫以熟番作生番冒送已定例生番三年一貢大族四五人小族一二人赴京餘悉遣還成化六年副使鄧本瑞妄自招徠又復冒送臣部已重申約束今副使吳玘等不能嚴飭武備專事通番以紓近患乞降敕切責務遵前令帝亦如其言西寧卽古湟中其西四百里有青海又曰西海水草豐美番人環居之專務畜牧日益繁滋素號樂土正德四年蒙古部酋亦不剌阿爾禿厮獲罪其主擁衆西奔瞰知青海饒富襲而據之大肆焚掠番人失其地多遠徙其留者不能自存反爲所役屬自是甘肅西寧始有海寇之患九年總制彭澤集諸道軍將擣其巢寇詗知之由河州渡黃河奔四川出松潘茂州境直走烏斯藏及大軍引還則仍返海上惟阿爾禿厮遁去嘉靖二年尚書金獻民西征議遣官招撫許爲藩臣如先朝設安定曲先諸衞故事兵部行總制楊一清計度一清意在征討言寇精騎不過二三千餘皆脅從番人然怨之入骨時欲報讐可用爲間諜大舉勦絕議未定王憲王瓊相繼來代皆以兵寡餉詘議竟不行八年洮岷諸番數犯臨洮鞏昌內地騷動樞臣李承勳言番爲海寇所侵日益內徙倘二寇交通何以善後昔趙充國不戰而服羌段熲殺羌百萬而內地虛耗兩者相去遠矣乞廣先帝之明專充國之任制置方畧悉聽瓊便宜從事瓊乃集衆議且勦且撫先遣總兵官劉文遊擊彭楲分布士馬明年二月自固原進至洮岷遣人開示禍福洮州東路木舍等三十一族西路答祿失等十三族岷州西寧溝等十五族皆聽撫給白旂犒賜遣歸惟岷州東路若籠族西路板爾等十五族及岷州剌卽等五族恃險不服乃分兵先攻若籠板爾二族覆其巢剌卽諸族震慴乞降凡斬首三百六十餘級撫定七十餘族乃班師自是洮岷獲寧而西寧仍苦寇患十一年甘肅巡撫趙載等言亦不剌據海上已二十餘年其黨卜兒孩獨傾心向化求帖木哥等屬番來納款宜因而撫之或俾之納馬或令其遣質或授官給印建立衞所爲我藩籬於計爲便疏甫上會河套酋吉囊引衆西掠大破亦不剌營收其部落大半而去惟卜兒孩一枝斂衆自保由是西寧亦獲休息而納款之議竟寢及唐龍爲總制寇南掠松潘龍慮其回巢與諸番及他部勾結爲患奏行甘肅守臣繕兵積粟爲殄滅計及龍去事亦不行二十年正月卜兒孩獻金牌良馬求款兵部言寇果輸誠通貢誠西陲大利乃止獻馬及金牌未有如往歲遣子入侍酋長入朝之請未可遽許宜令督撫臣偵察情實並條制馭之策以聞報可會寇勢漸衰番人亦漸復業其議復寢二十四年設岷州隸鞏昌府岷西臨極邊番漢雜處洪武時改土番十六族爲十六里設衞治之俾稍供徭役自設州之後徵發繁重人日困敝且番人戀世官而流官又不樂居邊寄治他所越十餘年督撫合疏言不便乃設衞如故時北部俺答猖獗歲掠宣大諸鎭又羨青海富饒三十八年攜子賓兔丙兔等數萬衆襲據其地卜兒孩竄走遂縱掠諸番已引去留賓兔據松山丙兔據青海西寧亦被其患隆慶中俺答受封順義王修貢惟謹二子亦斂戢時烏斯藏僧有稱活佛者諸部多奉其教丙兔乃以焚修爲名請建寺青海及嘉峪關外爲久居計廷臣多言不可許禮官言彼已採木興工而令改建於他所勢所不能莫若因而許之以鼓其善心而杜其關外之請況中國之禦戎惟在邊關之有備戎之順逆亦不在一寺之遠近帝許之丙兔既得請又近脅番人使通道松潘以迎活佛四川守臣懼逼乞令俺答約束其子毋擾鄰境俺答言丙兔止因甘肅不許開市寧夏又道遠艱難雖有禁令不能盡制宜大總督方逢時亦言開市爲便帝以責陝西督撫督撫不敢違萬曆二年冬許丙兔市於甘肅賓兔市於莊浪歲一次既而寺成賜額仰華先是亦不剌之據青海邊臣猶以外寇視之至是以俺答故竟視若屬番諸酋亦以父受王封不敢大爲邊患而洮州之變乃起初洮州番人以河州奸民負其物貨入掠內地他族亦乘機爲亂奸民以告河州叅將陳堂堂曰此洮州番也何與我事洮州叅將劉世英曰彼犯河州非我失事由是二將有隙總督石茂華聞之令二人及蘭州叅將徐勳岷州守備朱憲舊洮州守備史經各引兵壓其境曉以利害番人懼卽還所掠人畜世英謂首惡未禽不可遽已遂勦破之殺傷及焚死者無算軍律吹銅角乃退兵堂挾前憾不待角聲而去諸部亦多引去憲經方深入搜捕鄰番見其勢孤圍而殺之事聞帝震怒褫堂世英職切責茂華等茂華乃集諸軍分道進討斬首百四十餘級焚死者九百餘人獲孳畜數十羣諸番震恐遠徙來降者七十一族斬送首惡四人生縛以獻者二人輸馬牛羊二百六十稽首謝罪誓不再犯師乃還自丙兔據青海有切盡台吉者河套酋吉能從子俺答從孫也從之而西屢掠番人不得志邀俺答往助俺答雅欲侵瓦剌乃假迎活佛名擁衆西行疏請授丙兔都督賜金印且開茶市部議不許但稍給以茶俺答旣抵瓦剌戰敗而還乃移書甘肅守臣乞假道赴烏斯藏守臣不能拒遂越甘肅而南會諸酋於海上番人益遭蹂躙多竄徙八年春始以活佛言東還而切盡弟火落赤及俺答庶兒子永邵卜遂留居青海不去八月丙兔率衆掠番並內地人畜詔絕其市賞俺答聞之馳書切責乃盡還所掠執獻爲惡者六人自罰牛羊七百帝嘉其父恭順賚之銀幣卽以牛羊賜其部人爲惡者付之自治仍許貢市俺答益感德而火落赤侵掠番族不休守臣檄切盡台吉約束之亦引罪輸服及俺答卒傳至孫扯力克勢輕不能制諸酋十六年九月永邵卜部衆有闌入西寧者副總兵李奎方被酒躍馬而前部衆控鞍欲愬奎拔刀斫之衆遂射奎死部卒馳救之亦多死守臣不能討遣使詰責但獻首惡還人畜而止以故無所憚愈肆侵盜時丙兔及切盡台吉亦皆死丙兔子眞相移駐莽剌川火落赤移駐捏工川逼近西寧日蠶食番族番不能支則折而爲寇用扯力克又西行助之勢益熾十八年六月入舊洮州副總兵李聯芳率三千人禦之盡覆七月復深入大掠河州臨洮渭源總兵官劉承嗣與遊擊孟孝臣各將一軍禦之皆敗績遊擊李芳等死焉西陲大震事聞命尚書鄭洛出經畧洛前督宣大軍撫順義王及忠順夫人有恩遣使趣扯力克東歸而大布招番之令來者率善遇之自是歸附者不絕火眞二酋自知罪重又聞套酋卜失兔來助大敗於水泉口扯力克復將還巢始懼徙帳去留其黨可卜兔等於莽剌川明年總兵官尤繼先破走之洛更進兵青海焚仰華寺逐其餘衆而還番人復業者至八萬餘人西陲暫獲休息已復聚於青海二十三年增設臨洮總兵官以劉綎任之未幾永邵卜諸部犯南川叅將達雲大破之已連火眞二酋犯西川雲又擊破之明年諸酋復掠番族將窺內地綎部將周國柱禦之莽剌川又大破之二十七年糾叛苗犯洮岷總兵官蕭如薰等敗之斬番人二百五十餘級寇八十二級撫降番族五千餘人三十四年復入鎭番黑古城爲總兵官柴國柱所敗自是屢入鈔掠不能大得志時爲陝西患者有三大寇一河套一松山一青海青海土最沃且有番人屏蔽故患猶不甚劇崇禎十一年李自成屢爲官軍擊敗自洮州軼出番地諸將窮追復奔入塞內番族亦遭蹂躙十五年西寧番族作亂總兵官馬爌督諸將五道進勦斬首七百有奇撫降三十八族而還明年冬李自成遣將陷甘州獨西寧不下賊將辛恩忠攻破之遂進掠青海諸酋多降附而明室亦亡番有生熟二種生番獷悍難制熟番納馬中茶頗柔服後寖通生番爲內地患自青海爲寇所據番不堪剽敓私饋皮幣曰手信歲時加饋曰添巴或反爲嚮導交通無忌而中國市馬亦鮮至蓋已失捍外衞內之初意矣原夫太祖甫定關中卽法漢武剏河西四郡隔絕羌胡之意建重鎭於甘肅以北拒蒙古南捍諸番俾不得相合又遣西寧等四衞土官與漢官叅治令之世守且多置茶課司番人得以馬易茶而部族之長亦許其歲時朝貢

自通名號於天子彼勢既分又動於利不敢爲惡卽小有蠢動邊將以偏師制之靡不應時底定自邊臣失防北寇得越境闌入與番族交通西陲遂多事然究其時之所患終在寇而不在番故議者以太祖制馭爲善

安定衞距甘州西南一千五百里漢爲婼羌唐爲吐蕃地元封宗室卜烟帖木兒爲寧王鎭之其地本名撒里畏兀兒廣袤千里東近罕東北邇沙州南接西番居無城郭以氈帳爲廬舍產多駝馬牛羊洪武三年遣使持詔招諭七年六月卜烟帖木兒使其府尉麻答兒等來朝貢鎧甲刀劍諸物太祖喜宴賚其使者遣官厚賚其王而分其地爲阿端阿眞若先帖里四部各錫以印明年正月其王遣傳卜顏不花來貢上元所授金銀字牌請置安定阿端二衞從之乃封卜烟帖木兒爲安定王以其部人沙剌等爲指揮九年命前廣東叅政鄭九成等使其地賚王及其部人衣幣明年王爲沙剌所弒王子板咱失里復讐誅沙剌沙剌部將復殺王子部內大亂番將朶兒只巴叛走沙漠經安定大肆殺掠奪其印去其衆益衰二十五年藍玉西征徇阿眞川土酋司徒哈昝等懼逃匿山谷不敢出及肅王之國甘州遣僧諭王乞授官以安部衆王爲奏請帝許之二十九年命行人陳誠至其地復立安定衞其酋長哈孩虎都魯等五十八人悉授指揮千百戶等官誠還酋長隨之入朝貢馬謝恩帝厚賚之復命中官齎銀幣往賜永樂元年遣官齎敕撫諭撒里諸部明年安定頭目多來朝擢千戶三卽等三人爲指揮僉事餘授官有差并賜本衞指揮同知哈三等銀幣未幾指揮朶兒只束來朝願納差發馬五百匹命河州衞指揮康壽往受之壽言罕東必里諸衞納馬其直皆河州軍民運茶與之今安定遼遠運茶甚難乞給以布帛帝曰諸番市馬用茶已著爲例令姑從所請後仍給茶於是定制上馬給布帛各二匹以下遞減三年哈三等遣使來貢奏舉頭目撒力加藏卜等爲指揮等官且請歲納孳畜什一並從之四年徙駐苦兒丁之地初安定王之被殺也其子撒兒只失加爲其兄所殺部衆潰散子亦攀丹流寓靈藏十一年五月率衆入朝自陳家難乞授職帝念其祖率先歸附令襲封安定王賜印誥自是朝貢不輟二十二年中官喬來喜鄧誠使烏斯藏次畢力术江黃羊川安定指揮哈三孫散哥及曲先指揮散卽思等率衆邀劫之殺朝使盡奪駝馬幣物而去仁宗大怒敕都指揮李英偕康壽等討之英等率西寧諸衞軍及隆奔國師賈失兒監藏等十二番族之衆深入追賊賊遠遁英等踰崑崙山西行數百里抵雅令濶之地遇安定賊擊敗之斬首四百八十餘級生禽七十餘人獲駝馬牛十四萬有奇曲先聞風遠竄追之不及而還英以此封會昌伯壽等皆進秩大軍既旋指揮哈三等懼罪不敢還故地宣德元年帝遣官招諭之復業者七百餘人帝並賜綵幣表裏以安其反側三年春賜安定及曲先衞指揮等官五十三人誥命初大軍之討賊也安定指揮桑哥與罕東衞軍同奉調從征罕東違令不至其所轄板納族瞰桑哥軍遠出盡掠其部內廬帳畜產事聞降敕切責令速歸所掠還命則發兵進討已進桑哥都指揮僉事正統元年遣官齎敕諭安定王及桑哥曰我祖宗時爾等順天命尊朝廷輸誠効力始終不替朝廷恩賚亦久而弗渝肆朕嗣位爾等復遵朝命約束部下良用爾嘉茲特遣官往諭朕意賜以幣帛宜益順天心篤忠誠保境睦鄰永享太平之福三年桑哥卒其子那南奔嗣職九年那南奔率衆掠曲先人畜朝廷遣官諭還之不奉命反劫其行李帝怒敕責安定王追理王旣奉命又陳詞乞憐帝乃宥之諭以保國睦鄰之義十一年冬亦攀丹卒子領占幹些兒襲時王年幼叔父指揮同知輟思泰巴佐理國事其同儕多不相下王遣之入朝奏請量加一秩乃擢都指揮僉事歷景泰天順成化三朝頻入貢弘治三年領占幹些兒卒子千奔襲賜齋糧麻布諭祭其父先是哈密忠順王卒無子廷議安定王與之同祖遣官擇一人爲其後安定王不許至是訪求陝巴於安定册爲忠順王命千奔遣送其家屬千奔怒曰陝巴不應嗣王爵爵應歸綽爾加綽爾加者千奔弟也且邀厚賞兵部言陝巴實忠順王之孫素爲國人所服前哈密無主遣使取應立者綽爾加自知力弱不肯往今事定之後乃爾反覆所言不可從陝巴迄得立然千奔以立非己意後哈密數被寇竟不應援十七年率衆侵沙州大掠而去正德時蒙古大酋亦不剌阿爾禿厮侵據青海縱掠鄰境安定遂殘破部衆散亡

阿端衞在撒里畏兀兒之地洪武八年置後爲朶兒只巴殘破其衞遂廢永樂四年冬酋長小薛忽魯札等來朝貢方物請復置衞設官從之卽授小薛等爲指揮僉事洪熙時曲先酋散卽思邀劫朝使脅阿端指揮鎖魯丹偕行已大軍出征鎖魯丹懼率部衆遠竄失其印宣德初遣使招撫鎖魯丹猶不敢歸依曲先雜處六年春西寧都督史昭言曲先衞眞只罕等本別一部因其父助散卽思爲逆竄處畢力术江其地當烏斯藏孔道恐復爲亂宜討之帝敕昭曰殘寇窮迫無地自容宜遣人宥其罪令復故業於是眞只罕率所部還居帖兒谷舊地明年正月入朝天子喜授指揮同知令掌衞事以指揮僉事卜答兀副之眞只罕因言阿端故城在回回境去帖兒谷尚一月程朝貢艱乞移本土爲便天子從其請仍給以印賜璽書撫慰之迄正統朝數入貢後不知所終其時西域地亦有名阿端者貢道從哈密入與此爲兩地云

曲先衞東接安定在肅州西南古西戎漢西羌唐吐蕃元設曲先答林元帥府洪武時酋長入貢命設曲先衞官其人爲指揮後遭朶兒只巴之亂部衆竄亡併入安定衞居阿眞之地永樂四年安定指揮哈三散卽思三卽等奏安定曲先本二衞後合爲一比遭土番把禿侵擾不獲寧居乞仍分爲二復先朝舊制從之卽令三卽爲指揮使掌衞事散卽思副之又從其請徙治藥王淮之地自是屢入貢洪熙時散卽思偕安定部酋劫殺朝使已大軍往討散卽思率衆遠遁不敢還故土宣德初天子赦其罪遣都指揮陳通等往招撫復業者四萬二千餘帳乃遣指揮失剌罕等入朝謝罪貢駝馬待之如初尋擢散卽思都指揮同知其僚屬悉進官給以誥命五年六月朝使自西域還言散卽思數率部衆邀劫往來貢使梗塞道途天子怒命都督史昭爲大將率左右叅將趙安王彧及中官王安王瑾督西寧諸衞軍及安定罕東之衆往征之昭等兵至其地散卽思先遁其黨脫脫不花等迎敵諸將縱兵擊之殺傷甚衆生禽脫脫不花及男婦三百四十餘人獲駝馬牛羊三十四萬有奇自是西番震慴散卽思素狡悍天子宥其罪仍怙惡不悛至是人畜多損失乃悔懼明年四月遣其弟副千戶堅都等四人貢馬請罪復待之如初令還居故地幷歸其俘七年其指揮那那罕言往者安定之兵從討曲先臣二女四弟及指揮桑哥等家屬被掠者五百人今散卽思已蒙赦宥而臣等親屬猶未還望聖明垂憐天子得奏惻然語大臣曰朕常以用兵爲戒正恐濫及無辜彼不自言何由知之卽敕安定王亦攀丹等悉歸所掠其年散卽思卒命其子都立嗣職賜敕勉之十年擢那那罕都指揮僉事其僚屬進職者八十九人正統七年遣使貢玉石成化時土魯番強被其侵掠弘治中安定王子陝巴居曲先廷議哈密無主迎爲忠順王正德七年蒙古酋阿爾禿厮亦不剌竄居青海曲先爲所蹂躪部族竄徙其衞遂亡明初設安定阿端曲先罕東赤斤沙州諸衞給之金牌令歲以馬易茶謂之差發沙州赤斤隸肅州餘悉隸西寧時甘州西南盡皆番族受邊臣羈絡惟北面防寇後諸衞盡亡亦不剌據青海土魯番復據哈密逼處關外諸衞遷徙之衆又環列甘肅肘腋獷悍難馴於是河西外防大寇內防諸番兵事日亟

赤斤蒙古衞出嘉峪關西行二十里曰大草灘又三十里曰黑山兒又七十里曰回回墓墓西四十里曰騸馬城並設墩臺置瞭卒城西八十里卽赤斤蒙古漢燉煌郡地晉屬晉昌郡唐屬瓜州元如之屬沙州路洪武十三年都督濮英西討次白城獲蒙古平章忽都帖木兒進至赤斤站獲豳王亦憐眞及其部曲千四百人金印一師還復爲蒙古部人所據永樂二年九月有塔力尼者自稱丞相苦术子率所部男婦五百餘人自哈剌脫之地來歸詔設赤斤蒙古所以塔力尼爲千戶賜誥印綵幣襲衣八年回回哈剌馬牙叛於肅州約塔力尼爲援拒不應而率部下禽賊六人以獻天子聞之喜詔改千戶所爲衞擢塔力尼指揮僉事其部下授官者三人明年遣使貢馬又明年以匿叛賊老的罕將討之用侍講楊榮言止兵勿進而賜敕詰責塔力尼卽禽老的罕來獻天子嘉之進秩指揮同知賜賚甚厚久之卒子且旺失加襲修貢如制進指揮使宣德二年再進都指揮同知其僚屬亦多進秩正統元年其部下指揮可兒卽掠西域阿端貢物殺使臣二十一人賜敕切責令還所掠尋與蒙古脫歡帖木兒猛哥不花戰勝之使來獻捷進都指揮使五年朝使往來哈密者且旺失加具餼糧騾馬護送擢都督僉事明年天子聞其部下時往沙州寇掠或冒沙州名邀劫西域貢使遣敕切責時瓦剌兵強數侵掠鄰境且旺失加懼欲徙居肅州天子聞而諭止之令有警馳報邊將八年瓦剌酋也先遣使送馬及酒欲娶且旺失加女爲子婦娶沙州困卽來女爲弟婦二人不欲並奏邇奉朝命不敢擅婚天子以瓦剌方強其禮意不可却諭令各從其願並以此意諭也先而二人終不欲明年且旺失加稱老不治事詔授其子阿速都督僉事代之也先復遣使求婚且請親人往受其幣物阿速虞其詐拒不從而遣人乞徙善地天子諭以土地不可棄令獎率頭目圖自強又以其饑困令邊臣給之粟所以撫恤者甚至先是苦术娶西番女生塔力尼又娶蒙古女生都指揮瑣合者革古者二人各分所部爲三凡西番人居左帳屬塔力尼蒙古人居右帳屬瑣

合者而自領中帳後苦术卒諸子來歸並授官至是阿速勢盛欲兼幷右帳屢相讐殺瑣合者不能支愬於邊將欲以所部內屬邊將任禮遣赴京請發兵收其部落帝慮其部人不願內徙仍遣瑣合者還甘肅而命禮往取其孥十三年邊將護哈密使臣至苦峪赤斤都指揮總兒加陸等率衆圍其城聲言報怨官軍出擊之獲總兒加陸已而逃去事聞敕責阿速令縛獻犯者景泰二年也先復遣使持書求婚會阿速他往其僚屬以其書來上兵部尚書于謙言赤斤諸衞久爲我藩籬也先無故招降結親意在撤我屏蔽宜令邊臣整兵愼防幷敕阿速悉力捍禦有警馳報發兵應援從之五年也先益圖兼幷遣使齎印授阿速脅令臣服阿速不從報之邊臣會也先被殺獲已天順元年都指揮馬雲使西域命賜阿速綵幣俾護送往還尋進秩左都督成化二年卒子瓦撒塔兒請襲卽以父官授之其部下指揮敢班數侵盜邊境邊將誘致之送京師天子數其罪賜賚遣還六年其部人以瓦撒塔兒幼弱其叔父乞巴等二人爲部族信服乞命爲都督理衞事瓦撒塔兒亦上書乞予一職協守邊方帝從其請並授指揮僉事明年瓦撒塔兒卒子賞卜塔兒嗣爲左都督九年土魯番陷哈密遣使三人以書招都督僉事昆藏同叛昆藏不從殺其使以其書來獻天子嘉之遣使賜賚且令發兵攻討昆藏以力不足請發官軍數千爲助朝議委都督李文等計度已文等進征昆藏果以兵來會會文等頓軍不進其兵亦還十年賞卜塔兒以千騎入肅州境將與阿年族番人讐殺邊臣旣論却之兵部請遣人責以大義有讐則赴愬邊吏不得擅相侵掠從之十四年其部人言賞卜塔兒幼不更事指揮僉事加定得衆心乞遷一秩俾總衞事賞卜塔兒亦署名推讓而罕東酋長復合詞奏舉且云兩衞番人待此以靖帝納其言擢加定都指揮僉事暫掌印務時土魯番猶據哈密都督罕愼結赤斤爲援復其城有詔褒賞十九年鄰番野乜克力來侵大肆殺掠赤斤遂殘破其酋長訴於邊臣給之粟又命繕治其城令流移者復業赤斤自是不振然弘治中阿木郎破哈密猶用其兵後許進西征亦以兵來助正德八年土魯番遣將據哈密遂大掠赤斤奪其印而去及彭澤經畧始以印來歸已番賊犯肅州與中國爲難赤斤當其衝益遭蹂躪部衆不能自存盡內徙肅州之南山其城遂空嘉靖七年總督王瓊撫安諸部核赤斤之衆僅千餘人乃授賞卜塔兒子鎖南束爲都督統其部帳

沙州衞自赤斤蒙古西行二百里曰苦峪自苦峪南折而西百九十里曰瓜州自瓜州而西四百四十里始達沙州漢燉煌郡西域之境玉門陽關並相距不遠後魏始置沙州唐因之後沒於吐蕃宣宗時張義潮以州內附置歸義軍授節度使宋入於西夏元爲沙州路洪武二十四年蒙古王子阿魯哥失里遣國公抹台阿巴赤司徒苦兒蘭等來朝貢馬及璞玉永樂二年酋長困卽來買住率衆來歸命置沙州衞授二人指揮使賜印誥冠帶襲衣已而其部下赤納來附授都指揮僉事五年夏敕甘肅總兵官宋晟曰聞赤納本買住部曲今官居其上高下失倫已擢買住爲都指揮同知自今宜詳爲審定毋或失序八年擢困卽來都指揮僉事其僚屬進秩者二十人買住卒困卽來掌衞事朝貢不絕二十二年瓦剌賢義王太平部下來貢中道爲賊所梗困卽來遣人衞送至京帝嘉之賚以綵幣尋進秩都督僉事洪熙元年亦力把里及撒馬兒罕先後入貢道經哈密地並爲沙州賊邀劫宣宗怒命肅州守將費瓛勦之宣德元年困卽來以歲荒人困遣使貸穀種百石秋成還官帝曰番人卽吾人何貸爲命卽予之尋遣中官張福使其地賚綵幣七年又奏旱災敕於肅州授糧五百石巳而哈烈貢使言道經沙州爲赤斤指揮革古者等剽掠部議赤斤之人遠至沙州爲盜罪不可貸帝令困卽來察之敕曰彼旣爲盜不可復容宜驅還本土再犯不宥九年遣使奏罕東及西番數肆侵侮掠取人畜不獲安居乞徙察罕舊城耕牧帝遣敕止之曰爾居沙州三十餘年戶口滋息畜牧富饒皆朝廷之力往年哈密嘗奏爾侵擾今外侮亦自取但當循分守職保境睦鄰自無外患何必東遷西徙徒取勞瘁又敕罕東西番果侵奪人畜速還之明年又爲哈密所侵且懼瓦剌見逼不能自立乃率部衆二百餘人走附塞下陳饑窘狀詔邊臣發粟濟之且令議所處置邊臣請移之苦峪從之自是不復還沙州但遙領其衆而已正統元年西域阿端遣使來貢爲罕東頭目可兒卽及西番野人剽敚困卽來奉命往追還其貢物帝嘉之擢都督同知四年其部下都指揮阿赤不花等一百三十餘家亡入哈密困卽來奉詔索之不予朝命忠順王還之又不予會遣使册封其新王卽令使人索還所逃之戶而哈密僅還都指揮桑哥失力等八十四家餘仍不遣時罕東都指揮班麻思結久駐牧沙州不去赤斤都指揮革古者亦納其叛亡困卽來屢訴於朝朝廷亦數遣敕詰責諸部多不奉命四年八月令人偵瓦剌哈密事具得其實以聞帝喜降敕獎勵厚賜之明年遣使入貢又報迤北邊事進其使臣二人官初困卽來之去沙州也朝廷命邊將繕治苦峪城率戍卒助之六年冬城成入朝謝恩貢駝馬宴賜遣還七年率衆侵哈密獲其人畜以歸九年困卽來卒長子喃哥率其弟克俄羅領占來朝授喃哥都督僉事其弟都指揮使賜敕戒諭旣還其兄弟乖爭部衆攜貳甘肅鎭將任禮等欲乘其窘乏遷之塞內而喃哥亦來言欲居肅州之小鉢和寺禮等遂以十一年秋令都指揮毛哈剌等偕喃哥先赴沙州撫諭其衆而親率兵隨其後比至喃哥意中變陰持兩端其部下多欲奔瓦剌禮等進兵迫之遂收其全部入塞居之甘州凡二百餘戶千二百三十餘人沙州遂空帝以其迫之而來情不可測令禮熟計其便然自是安居內地迄無後患而沙州爲罕東酋班麻思結所有獨喃哥弟鎖南奔不從徙竄入瓦剌也先封之爲祁王禮偵知其在罕東掩襲獲之廷臣請正法帝念其父兄恭順免死徙東昌先是太宗置哈密沙州赤斤罕東四衞於嘉峪關外屏蔽西陲至是沙州先廢而諸衞亦漸不能自立肅州遂多事

罕東衞在赤斤蒙古南嘉峪關西南漢燉煌郡地也洪武二十五年涼國公藍玉追逃寇祁者孫至罕東地其部衆多竄徙西寧三剌爲書招之遂相繼來歸三十年酋鎖南吉剌思遣使入貢詔置罕東衞授指揮僉事永樂元年偕其兄答力襲入朝進指揮使授答力襲指揮同知並賜冠帶鈔幣自是數入貢十年安定衞奏罕東數爲盜掠去民戶三百復糾西番阻截關隘帝降敕切責令還所掠十六年命中官鄧誠使其地洪熙元年遣使以卽位諭其指揮同知綽兒加賜白金文綺時官軍征曲先賊罕東指揮使却里加從征有功擢都指揮僉事賜誥世襲其指揮那那奏所屬番民千五百例納差發馬二百五十匹其人多逃居赤斤乞招撫復業帝卽命招之幷免所負之馬宣德元年論從征曲先功擢綽兒加都指揮同知初大軍之討曲先也安定部內及罕東密羅族人悉驚竄事定詔指揮陳通等往招於是罕東復業者二千四百餘帳男婦萬七千三百餘人安定部人亦還衞正統四年罕東安定合衆侵西番申藏族掠其馬牛雜畜以萬計其僧訴於邊將言畜産一空歲辦差發馬無從出帝切責二衞數其殘忍暴横違國法毒鄰境之罪令悉歸所掠又諭僧不限舊制隨所有入貢明年冬綽兒加偕班麻思結共侵哈密獲老稚百人馬百匹牛羊無算忠順王遣使索之不予帝聞復賜敕戒諭然番人以剽掠爲性天子卽有言亦不能盡從也六年夏綽兒加來貢馬宴賚還九年卒子賞卜兒加嗣職奏乞齋糧茶布命悉予之十一年進都指揮使成化九年土魯番陷哈密都督李文西征罕東以兵來助後都督罕愼復哈密亦藉其兵賜敕獎賚十八年其部下掠番族有侵入河清堡者都指揮梅琛勒兵追之奪還男婦五十餘人馬牛雜畜四千五百有奇邊臣請討其罪部臣難之帝曰罕東方聽調協取哈密未有攜貳之形奈何因小故遽加以兵宜諭令悔過不服則耀兵威之二十二年邊臣言比遣官往哈密與土魯番使臣家屬四百人偕行道經罕東爲都督把麻奔等掠去朝使僅免乞討之帝命遣人往諭如番人例議和還所掠物不從則進兵弘治中土魯番復據哈密兵部馬文升議直擣其城召指揮楊翥計之翥言罕東有間道不旬日可達哈密宜出賊不意從此進兵文升曰如若言發罕東兵三千前行我師三千後繼各持數日乾糧兼程襲之若何翥稱善文升以屬巡撫許進進遣人諭罕東如前策會罕東失期不至官軍仍由大路進賊得遁去十二年其部人侵西寧隆奔族掠去印誥及人畜兵部請敕都督宣諭其下毋匿所掠物盡歸其主違命則都督自討從之時土魯番日強數侵掠鄰境諸部皆不能支正德中蒙古大酋入青海罕東亦遭蹂躪其衆益衰後土魯番復陷哈密直犯肅州罕東復殘破相率求內徙其城遂棄不守嘉靖時總督王瓊安輯諸部移罕東都指揮枝丹部落於甘州

罕東左衞在沙州衞故城憲宗時始建初罕東部人奄章與種族不相能數讐殺乃率其衆逃居沙州境朝廷卽許其耕牧歲納馬於肅州後部落日蕃益不受罕東統屬至其子班麻思結洪熙時從討曲先有功賞未之及宣德七年自陳於朝卽命爲罕東衞指揮使賜敕獎賚然猶居沙州不還本衞十年進都指揮僉事正統四年沙州衞都督困卽來以班麻思結侵居其地乞遣還天子如其言賜敕宣諭班麻思結不奉命時赤斤衞指揮鎖合者因殺人遁入沙州地班麻思結納之鎖合者又令其子往烏斯藏取毒藥將還攻赤斤赤斤都督且旺失加以爲言天子卽敕諭班麻思結睦鄰保境無啟釁端久之沙州全部悉內徙思結遂盡有其地十四年甘肅鎭臣任禮等奏班麻思結潛與瓦剌也先通好

近又與哈密搆兵宜令還居本衞天子再賜敕宣諭亦不奉命尋進秩都指揮使歷景泰天順朝朝貢不廢成化中班麻思結卒孫只克嗣職部衆益盛其時土魯番强侵據哈密只克與之接境患其逼己欲自爲一衞十五年九月奏請如罕東赤斤例立衞賜印捍禦西陲兵部言近土魯番吞噬哈密罕東諸衞各不自保西鄙爲之不寧而赤斤罕東苦峪又各懷嫌隙不相救援倘沙州更無人統理勢必爲强敵所幷邊方愈多事宜如所請即於沙州故城置罕東左衞令只克仍以都指揮使統治從之二十一年甘肅守臣言北寇屢犯沙州殺掠人畜又值歲饑人思流竄已發粟五百石令布種仍乞人給月糧振之其酋只克有斬級功亦乞幷敍乃擢只克都督僉事餘報可弘治七年指揮王永言先朝建哈密衞當西域要衝諸番入貢至此必令少憩以館穀之或遭他寇剽掠則人馬可以接護柔遠之道可謂至矣今土魯番竊據其地久而不退聞罕東左衞居哈密之南僅三日程野乜克力居哈密東北僅二日程是皆唇齒之地利害共之去歲秋土魯番遣人至只克所脅令歸附只克不從又殺野乜克力頭目其部人咸思報怨宜旌勞二部令幷力合攻永除厥患亦以寇攻寇一策也章下兵部不能用十七年瓦剌及安定部人大掠沙州人畜只克不能自存叩嘉峪關求濟天子旣振給之復諭二部解讐息爭不得搆兵召釁正德四年只克部內番族有劫掠鄰境者守臣將勦之兵部言西戎强悍漢唐以來不能制我朝建哈密赤斤罕東諸衞授官賜敕犬牙相制不惟斷匈奴右臂亦以壯西土藩籬今番人相攻於我何預而遽欲兵之宜敕都督只克曉諭諸族悔過息兵報可只克卒子乞台嗣十一年土魯番復據哈密以兵脅乞台降附遂犯肅州左衞不克自立相率徙肅州塞內守臣不能拒因撫納之乞台卒子日羔嗣十六年秋入朝乞賞賚禮官劾其越例且投疏不由通政司請治館伴者罪從之乞台旣內徙其部下帖木哥土巴二人仍居沙州服屬土魯番歲輸婦女牛馬會番酋徵求苛急二人怨七年夏率部族五千四百人來歸沙州遂爲土魯番所有

哈梅里地近甘肅元諸王兀納失里居之洪武十三年都督濮英練兵西涼請出師略地開哈梅里之路以通商旅太祖賜璽書曰略地之請聽爾便宜然將以謀爲本爾愼毋忽英遂進兵兀納失里懼遣使納款明年五月遣回回阿老丁來朝貢馬詔賜文綺遣往畏吾兒之地招諭諸番二十三年帝聞兀納失里與別部讐殺諭甘肅都督宋晟等嚴兵備之明年遣使請於延安綏德平涼寧夏以馬互市帝曰番人黠而多詐互市之求安知非覘我中國利其馬而不虞其害所喪必多宜勿聽自今至者悉送京師時西域回紇來貢者多爲哈梅里所遏有從他道來者又遣兵邀殺之帝聞之怒八月命都督僉事劉眞偕宋晟督兵討之眞等由涼州西出乘夜直抵城下四面圍之其知院岳山夜縋城降黎明兀納失里驅馬三百餘匹突圍而出官軍爭取其馬兀納失里率家屬隨馬後遁去眞等攻破其城斬豳王別兒怯帖木兒國公省阿朶爾只等一千四百人獲王子別列怯部屬千七百三十人金銀印各一馬六百三十匹二十五年遣使貢馬騾請罪帝納之賜白金文綺

明史卷三百三十一　列傳第二百一十九

總裁官總理事務經筵講官少保兼太子太保保和殿大學士兼管吏部戶部尚書事加六級臣張廷玉等奉

敕修

西域三

烏斯藏大寶法王　大乘法王
大慈法王　闡化王
贊善王　護教王
闡教王　輔教王
西天阿難功德國　西天尼八剌國
朶甘烏斯藏行都指揮使司
長河西魚通寧遠宣慰司
董卜韓胡宣慰司

烏斯藏在雲南西徼外去雲南麗江府千餘里四川馬湖府千五百餘里陝西西寧衞五千餘里其地多僧無城郭羣居大土臺上不食肉娶妻無刑罰亦無兵革鮮疾病佛書甚多楞伽經至萬卷其土臺外僧有食肉娶妻者元世祖尊八思巴爲大寶法王錫玉印旣沒賜號皇天之下一人之上宣文輔治大聖至德普覺眞智佐國如意大寶法王西天佛子大元帝師自是其徒嗣者咸稱帝師洪武初太祖懲唐世吐蕃之亂思制御之惟因其俗尚用僧徒化導爲善乃遣使廣行招諭又遣陝西行省員外郎許允德使其地令舉元故官赴京授職於是烏斯藏攝帝師喃加巴藏卜先遣使朝貢五年十二月至京帝喜賜紅綺禪衣及鞾帽錢物明年二月躬自入朝上所舉故官六十人帝悉授以職改攝帝師爲熾盛佛寶國師仍錫玉印及綵幣表裏各二十玉人製印成帝覘玉未美令更製其崇敬如此暨辭還命河州衞遣官齎敕偕行招諭諸番之未附者冬元帝師之後鎖南堅巴藏卜元國公哥列思監藏巴藏卜並遣使乞玉印廷臣言已嘗給賜不宜復予乃以文綺賜之七年夏佛寶國師遣其徒來貢秋元帝師八思巴之後公哥監藏巴藏卜及烏斯藏僧答力麻八剌遣使來朝請封號詔授帝師後人爲圓智妙覺弘教大國師烏斯藏僧爲灌頂國師並賜玉印佛寶國師復遣其徒來貢上所舉土官五十八人亦皆授職九年答力麻八剌遣使來貢十一年復貢奏舉故官十六人爲宣慰招討等官亦皆報允十四年復貢其時喃加巴藏卜已卒有僧哈立麻者國人以其有道術稱之爲尚師成祖爲燕王時知其名永樂元年命司禮少監侯顯偕智光齎書幣往徵其僧先遣人來貢而躬隨使者入朝四年冬將至命駙馬都尉沐昕往迎之旣至帝延見於奉天殿明日宴華蓋殿賜黃金百白金千鈔二萬綵幣四十五表裏法器裀褥鞍馬香果茶米諸物畢備其從者亦有賜明年春賜儀仗銀瓜牙仗骨朶魫燈紗燈香合拂子各二手爐六織蓋一銀交椅銀足踏銀杌銀盆銀罐青圓扇紅圓扇拜褥帳幄各一幡幢四十有八鞍馬二散馬四帝將薦福於高帝后命建普度大齋於靈谷寺七日帝躬自行香於是卿雲甘露青鳥白象之屬連日畢見帝大悅侍臣多獻賦頌事竣復賜黃金百白金千寶鈔二千綵幣表裏百二十馬九其徒灌頂圓通善慧大國師答師巴囉葛羅思等亦加優賜遂封哈立麻爲萬行具足十方最勝圓覺妙智慧善普應佑國演教如來大寶法王西天大善自在佛領天下釋教賜印誥及金銀鈔綵幣織金珠袈裟金銀器鞍馬命其徒孛隆逋瓦桑兒加領眞爲灌頂圓修淨慧大國師高日瓦禪伯爲灌頂通悟弘濟大國師果欒羅葛羅監藏巴里藏卜爲灌頂弘智淨戒大國師並賜印誥銀鈔綵幣已命哈立麻赴五臺山建大齋再爲高帝后薦福賜予優厚六年四月辭歸復賜金幣佛像命中官護行自是迄正統末入貢者八已法王卒久不奉貢弘治八年王葛哩麻巴始遣使來貢十二年兩貢禮官以一歲再貢非制請裁其賜賚從之正德元年來貢十年復來貢時帝惑近習言謂烏斯藏僧有能知三生者國人稱之爲活佛欣然欲見之考永宣間陳誠侯顯入番故事命中官劉允乘傳往迎閣臣梁儲等言西番之教邪妄不經我祖宗朝雖嘗遣使蓋因天下初定藉以化導愚頑鎭撫荒服非信其敎而崇奉之也承平之後累朝列聖止因其來朝而賞賚之未嘗輕辱命使遠涉其地今忽遣近侍往送幢幡朝野聞之莫不駭愕而允奏乞鹽引至數萬動撥馬船至百艘又許其便宜處置錢物勢必攜帶私鹽騷擾郵傳爲官民患今蜀中大盜初平瘡痍未起在官已無餘積必至苛斂軍民挺而走險盜將復發况自天全六番出境涉數萬之程歷數歲之久道途絕無郵置人馬安從供頓脫中途遇寇何以禦之虧中國之體納外番之侮無一可者所齎敕書臣等不敢撰擬帝不聽禮部尚書毛紀六科給事中葉相十三道御史周倫等並切諫亦不聽允行以珠琲爲幡幢黃金爲供具賜其僧金印犒賞以鉅萬計內庫黃金爲之罄盡敕允往返以十年爲期所攜茶鹽以數十萬計允至臨淸漕艘爲之阻滯入峽江舟大難進易以觿艑相連二百餘里及抵成都日支官廩百石蔬菜銀百兩錦官驛不足取傍近數十驛供之治入番器物估直二十萬守臣力爭減至十三萬工人雜造夜以繼日居歲餘始率將校十人士千人以行越兩月入其地所謂活佛者恐中國誘害之匿不出見將士怒欲脅以威番人夜襲之奪寶貨器械以去將校死者二人卒數百人傷者半之允乘善馬疾走僅免返成都戒部下弗言而以空函馳奏至則武宗已崩世宗召允還下吏治罪嘉靖中法王猶數入貢迄神宗朝不絕時有僧鎖南堅錯者能知已往未來事稱活佛順義王俺答亦崇信之萬曆七年以迎活佛爲名西侵瓦剌爲所敗此僧戒以好殺勸之東還俺答亦勸此僧通中國乃自甘州遺書張居正自稱釋迦摩尼比邱求通貢饋以儀物居正不敢受聞之於帝帝命受之而許其貢由是中國亦知有活佛此僧有異術能服人諸番莫不從其敎卽大寶法王及闡化諸王亦皆俯首稱弟子自是西方止知奉此僧諸番王徒擁虛位不復能施其號令矣

大乘法王者烏斯藏僧昆澤思巴也其徒亦稱爲尚師永樂時成祖旣封哈立麻又聞昆澤思巴有道術命中官齎璽書銀幣徵之其僧先遣人貢舍利佛像遂偕使

者入朝十一年二月至京帝御延見賜藏經銀鈔綵幣鞍馬茶果諸物封爲萬行圓融妙法最勝眞如慧智弘慈廣濟護國演教正覺大乘法王西天上善金剛普應大光明佛領天下釋教賜印誥袈裟幡幢鞍馬纖器諸物禮之亞於大寶法王明年辭歸賜加於前命中官護行後數入貢帝亦先後命中官喬來喜楊三保齎賜佛像法器袈裟禪衣絨錦綵幣諸物洪熙宣德間並來貢成化四年其王完卜遣使來貢禮官言無法王印文且從洮州入非制宜減其賜物使者言所居去烏斯藏二十餘程涉五年方達京師且所進馬多乞給全賜乃命量增十七年來貢弘治元年其王桑加瓦遣使來貢故事法王卒其徒自相繼承不由朝命三年輔教王遣使奉貢奏舉大乘法王襲職帝但納其貢賜賚遣還不命襲職正德五年遣其徒綽吉我些兒等從河州衞入貢禮官以其非貢道請減其賞並治指揮徐經罪從之已綽吉我些兒有寵於帝亦封大德法王十年僧完卜鎖南堅參巴爾藏卜遣使來貢乞襲大乘法王禮官失於稽考竟許之嘉靖十五年偕輔教闡教諸王來貢使者至四千餘人帝以人數踰額減其賞幷治四川三司官濫送之罪初成祖封闡化等五王各有分地惟二法王以遊僧不常厥居故其貢期不在三年之列然終明世奉貢不絕云

大慈法王名釋迦也失亦烏斯藏僧稱爲尚師者也永樂中旣封二法王其徒爭欲見天子邀恩寵於是來者趾相接釋迦也失亦以十二年入朝禮亞大乘法王明年命爲妙覺圓通慈慧普應輔國顯教灌頂弘善西天佛子大國師賜之印誥十四年辭歸賜佛經佛像法仗僧衣綺帛金銀器且御製贊詞賜之其徒益以爲榮明年遣使來貢十七年命中官楊三保齎佛像衣幣往賜二十一年復來貢宣德九年入朝帝留之京師命成國公朱勇禮部尚書胡濙持節冊封爲萬行妙明眞如上勝淸淨般若弘照普慧輔國顯教至善大慈法王西天正覺如來自在大圓通佛宣宗崩英宗嗣位禮官先奏汰番僧六百九十人正統元年復以爲請命大慈法王及西天佛子如故餘遣還不願者減酒饌廩餼自是輦下稍淸西天佛子者能仁寺僧智光也本山東慶雲人洪武永樂中數奉使西國成祖賜號國師仁宗加號圓融妙慧淨覺弘濟輔國光範演教灌頂廣善大國師賜金印冠服金銀器至是復加西天佛子初太祖招徠番僧本藉以化愚俗弭邊患授國師大國師者不過四五人至成祖兼崇其教自闡化等五王及二法王外授西天佛子者二灌頂大國師者九灌頂國師者十有八其他禪師僧官不可悉數其徒交錯於道外擾郵傳內耗大官公私騷然帝不恤也然至者猶卽遣還及宣宗時則久留京師耗費益甚英宗初年雖多遣斥其後加封號者亦不少景泰中封番僧沙加爲弘慈大善法王班卓兒藏卜爲灌頂大國師英宗復辟務反景帝之政降法王爲大國師大國師爲國師成化初憲宗復好番僧至者日衆劄巴堅參劄實巴領占竹等以祕密教得幸並封法王其次爲西天佛子他授大國師國師禪師者不可勝紀四方奸民投爲弟子輒得食大官每歲耗費鉅萬廷臣屢以爲言悉拒不聽孝宗踐阼淸汰番僧法王佛子以下皆遞降驅還本土奪其印誥由是輦下復淸弘治六年帝惑近習言命取領占竹等詣京言官交章力諫事乃寢十三年命爲故西天佛子著乩領占建塔工部尚書徐貫等言此僧無益於國營墓足矣不當建塔不從尋命那卜堅參三人爲灌頂大國師帝崩禮官請黜異教三人並降禪師旣而武宗蠱惑佞倖復取領占竹至京命爲灌頂大國師以先所降禪師三人爲國師帝好習番語引入豹房由是番僧復盛封那卜堅參及劄巴藏卜爲法王那卜領占及綽卽羅竹爲西天佛子已封領占班丹爲大慶法王給番僧度牒三千聽其自度或言大慶法王卽帝自號也綽吉我些兒者烏斯藏使臣留豹房有寵封大德法王乞令其徒二人爲正副使還居本土如大乘法王例入貢且爲二人請國師誥命入番設茶禮官劉春等執不可帝不聽春等復言烏斯藏遠在西方性極頑獷雖設四王撫化而其來貢必爲節制若令齎茶以往賜之誥命彼或假上旨以誘諸番妄有所干請從之則非法不從則生釁害不可勝言帝乃罷設茶敕而予之誥命帝時益好異教常服其服誦習其經演法內廠綽吉我些兒輩出入豹房與權倖雜處氣燄灼然及二人乘傳歸所過驛騷公私咸被其患世宗立復汰番僧法王以下悉被斥後世宗崇道教益黜浮屠自是番僧鮮至中國者

闡化王者烏斯藏僧也初洪武五年河州衞言烏斯藏怕木竹巴之地有僧曰章陽沙加監藏元時封灌頂國師爲番人推服今朶甘酋賞竹監藏與管兀兒搆兵若遣此僧撫諭朶甘必內附帝如其言仍封灌頂國師遣使賜玉印綵幣明年其僧使酋長鎖南藏卜貢佛像佛書舍利是時方命佛寶國師招諭番人於是怕木竹巴僧等自稱輦卜闍遣使進表及方物帝厚賜之輦卜闍者其地首僧之稱也八年正月設怕木竹巴萬戶府以番酋爲之已而章陽沙加卒授其徒鎖南扎思巴噫監藏卜爲灌頂國師二十一年上表稱病舉弟吉刺思巴監藏巴藏卜自代遂授灌頂國師自是三年一貢成祖嗣位遣僧智光往賜永樂元年遣使入貢四年封爲灌頂國師闡化王賜螭紐玉印白金五百兩綺衣三襲錦帛五十匹巴茶二百斤明年命與護教贊善二王必力工瓦國師及必里朶甘隴答諸衞川藏諸族復置驛站通道往來十一年中官楊三保使烏斯藏還其王遣從子劄結等隨之入貢明年復命三保使其地令與闡教護教贊善三王及川卜川藏等共修驛站諸未復者盡復之自是道路畢通使臣往還數萬里無虞寇盜矣其後貢益頻數帝嘉其誠復命三保齎佛像法器袈裟禪衣及絨錦綵幣往勞之已又命中官戴興往賜綵幣宣德二年命中官侯顯往賜絨錦綵幣其貢使嘗毆殺驛官子帝以其無知遣還敕王戒飭而已九年貢使歸以賜物易茶至臨洮有司沒入之羈其使請命詔釋之還其茶正統五年王卒遣禪師二人爲正副使封其從子吉刺思巴永耐監藏巴藏卜爲闡化王使臣私市茶綵數萬令有司運致禮官請禁之帝念其遠人但令自僦舟車已王卒以桑兒結堅昝巴藏卜嗣成化元年禮部言宣正間諸貢不過三四十人景泰時十倍天順間百倍今貢使方至乞敕諭闡化王令如洪武舊制三年一貢從之五年王卒命其子公葛列思巴中奈領占堅參巴兒藏卜嗣遣僧進貢還至西寧留寺中不去又冒名入貢隱匿所賜璽書幣物王使其下三人來趣其僧閉之室中劍二人目一人逸訴於都指揮孫鑑鑑捕寘之獄受其徒賄而復以聞下四川巡按鞫治坐僧四人死鑑將逮治會赦悉免十七年以長河西諸番多假番王名朝貢命給闡化贊善闡教輔教四王敕書勘合以防奸僞二十二年遣使四百六十人來貢守臣遵新例但納一百五十人禮官以使者已入境難固拒請順其情概納之爲後日兩貢之數從之弘治八年遣僧來貢還至揚州廣陵驛遇大乘法王貢使相與殺牲縱酒三日不去見他使舟至則以石投之不容近陸知府唐愷詣驛呼其舟子戒之諸僧持兵仗呼譟擁而入愷走避隸卒力格鬬乃免爲所傷者甚衆事聞命治通事及伴送者罪遣人諭王令自治其使者其時王卒子班阿吉江東劄巴請襲命番僧二人爲正副使往封比至新王亦死其子阿往劄失劄巴堅參卽欲受封二人不得已授之遂具謝恩儀物並獻其父所領勘合印章爲左驗至四川守臣劾其擅封逮治論斬減死戍邊副使以下悉宥正德三年禮官以貢使踰額令爲後年應貢之數嘉靖三年偕輔教王及大小三十六番請入貢禮官以諸番不具地名族氏令守臣覈實以聞四十三年闡化諸王遣使入貢請封禮官循故事遣番僧二十二人爲正副使序班朱廷對監之至中途大騷擾不受廷對約束廷對還白其狀禮官請自後封番王卽以誥敕付使者齎還或下守臣擇近邊僧人齎賜封諸藏之不遣京寺番僧自此始也番人素以入貢爲利雖屢申約束而來者日增隆慶三年再定令闡化闡教輔教三王俱三歲一貢貢使各千人半全賞半減賞全賞者遣八人赴京餘留邊上遂爲定例萬曆七年貢使言闡化王長子札釋藏卜乞嗣職如其請久之卒其子請襲神宗許之而制書但稱闡化王用閣臣沈一貫言加稱烏斯藏怕木竹巴灌頂國師闡化王其後奉貢不替所貢物有畫佛銅佛銅塔珊瑚犀角氆氌左髻毛纓足力麻鐵力麻刀劍明甲冑之屬諸王所貢亦如之

贊善王者靈藏僧也其地在四川徼外視烏斯藏爲近成祖踐阼命僧智光往使永樂四年其僧著思巴兒監藏遣使入貢命爲灌頂國師明年封贊善王國師如故賜金印誥命十七年中官楊三保往使洪熙元年王卒從子喃葛監藏襲宣德二年中官侯顯往使正統五年奏稱年老請以長子班丹監剉代帝不從其請而授其子爲都指揮使初入貢無定期自永樂迄正統或間歲一來或一歲再至而歷朝遣使往賜者金幣寶鈔佛像法器袈裟禪服不一而足至成化元年始定三歲一貢之例三年命塔兒把堅粲襲封故事封番王誥敕及幣帛遣官齎賜至是西陲多事禮官乞付使者齎回從之五年四川都司言贊善諸王不遵定制遣使率各寺番僧百三十二種入貢且無番王印文今止留十餘人守貢物餘已遣還禮官言番地廣遠番王亦多若遵例並印文取夊而來今貢使已至難拂其情乞許作明年應貢之數報可十八年禮官言番王三歲一貢貢使百五十人定制也近贊善王連貢者再已遣四百十三人今請封請襲又遣千五百五十人違制宜却乞許其請封襲者以三百人爲後來兩貢之數餘悉遣還亦報可遂封喃葛堅粲巴藏卜爲贊善王弘治十六年卒命其弟

端竹堅昝嗣嘉靖後猶入貢如制

護教王者名宗巴斡卽南哥巴藏卜館覺僧也成祖初僧智光使其地永樂四年遣使入貢詔授灌頂國師賜之誥明年遣使入謝封爲護教王賜金印誥命國師如故遂頻歲入貢十二年卒命其從子幹些兒吉剌思巴藏卜嗣洪熙宣德中並入貢已而卒無嗣其爵遂絕

闡教王者必力工瓦僧也成祖初僧智光齎敕入番其國師端竹監藏遣使入貢永樂元年至京帝喜宴賚遣還四年又貢帝優賜並賜其國師大板的達律師鎖南藏卜衣幣十一年乃加號灌頂慈慧淨戒大國師又封其僧領真巴兒吉監藏爲闡教王賜印誥綵幣後比年一貢楊三保戴興侯顯之使皆齎金幣佛像法器賜焉宣德五年王卒命其子綽兒加監巴領占嗣久之卒命其子領占叭兒結堅參嗣成化四年從禮官言申三歲一貢之制明年王卒命其子領占堅參叭兒藏卜襲二十年帝遣番僧班著兒齎璽書勘合往賜其僧憚行至半道僞爲王印信番文復命詔逮治正德十三年遣番僧領占劄巴等封其新王劄巴等乞馬快船三十艘載食鹽爲入番買路之資戶科戶部並疏爭不聽劄巴等在途科索無厭至呂梁毆管洪主事李瑜幾斃恣橫如此迄嘉靖世闡教王修貢不輟

輔教王者思達藏僧也其地視烏斯藏尤遠成祖卽位命僧智光持詔招諭賜以銀幣永樂十一年封其僧南渴烈思巴爲輔教王賜誥印綵幣數通貢使楊三保侯顯皆往賜其國與諸法王等景泰七年使來貢自陳年老乞令其子喃葛堅粲巴藏卜代帝從之封爲輔教王賜誥敕金印綵幣袈裟法器以灌頂國師葛藏右覺義桑加巴充正副使往封至四川多雇牛馬任載私物禮官請治其罪英宗方復辟命收其敕書減供應之半成化五年王卒命其子喃葛劄失堅參叭藏卜嗣六年申舊制三年一貢多不過百五十人由四川雅州入國師以下不許貢弘治十二年輔教等四王及長河西宣慰司並時入貢使者至二千八百餘人禮官以供費不貲請敕四川守臣遵制遣送還者却還從之歷正德嘉靖世奉貢不絕

西天阿難功德國西方番國也洪武七年王卜哈魯遣其講主必尼西來朝貢方物及解毒藥石詔賜文綺禪衣及布帛諸物後不復至又有和林國師朶兒只怯烈失思巴藏卜亦遣其講主汝奴汪叔來朝獻銅佛舍利白哈丹布及元所授玉印一玉圖書一銀印四銅印五金字牌三命宴賚遣還明年國師入朝又獻佛像舍利馬二匹賜文綺禪衣和林卽元太祖故都在極北非西番其國師則番僧與功德國同時來貢後亦不復至

尼八剌國在諸藏之西去中國絕遠其王皆僧爲之洪武十七年太祖命僧智光齎璽書綵幣往幷使其鄰境地湧塔國智光精釋典負才辨宣揚天子德意其王馬達納羅摩遣使隨入朝貢金塔佛經及名馬方物二十年達京師帝喜賜銀印玉圖書誥敕符驗及幡幢綵幣二十三年再貢加賜玉圖書紅羅織終太祖時數歲一貢成祖復命智光使其國永樂七年遣使來貢十一年命楊三保齎璽書銀幣賜其嗣王沙葛新的及地湧塔王可般明年遣使來貢封沙葛新的爲尼八剌國王賜誥及鍍金銀印十六年遣使來貢命中官鄧誠齎璽書錦綺紗羅往報之所經罕東靈藏必力工瓦烏斯藏及野藍卜納皆有賜宣德二年又遣中官侯顯賜其王絨錦紵絲地湧塔王如之自後貢使不復至又有速覩嵩者亦西方之國永樂三年遣行人連迪等齎敕往招賜銀鈔綵幣其酋以道遠不至

朶甘在四川徼外南與烏斯藏鄰唐吐番地元置宣慰司招討司元帥府萬戶府分統其衆洪武二年太祖定陝西卽遣官齎詔招撫又遣員外郎許允德諭其酋長舉元故官赴京攝帝師喃加巴藏卜及故國公南哥思丹八亦監藏等於六年春入朝上所舉六十人名帝喜置指揮使司二曰朶甘曰烏斯藏宣慰司二元帥府一招討司四萬戶府十三千戶所四卽以所舉官任之廷臣言來朝者授職不來者宜弗予帝曰吾以誠心待人彼不誠曲在彼矣萬里來朝俟其再請豈不負遠人歸嚮之心遂皆授之降詔曰我國家受天明命統御萬方恩撫善良武威不服凡在幅員之內咸推一視之仁乃者攝帝師喃加巴藏卜率所舉故國公司徒宣慰招討元帥萬戶諸人自遠入朝朕嘉其識天命不勞師旅共效職方之貢已授國師及故國公等爲指揮同知等官皆給誥印自今爲官者務遵朝廷法撫安一方僧務敦化導之誠率民爲善共享太平永綏福祉豈不休哉並宴賚遣還初元尊番僧爲帝師授其徒國公等秩故降者襲舊號鎖南兀卽爾者歸朝授朶甘衞指揮僉事以元司徒銀印來上命進指揮同知已而朶甘宣慰賞竹監藏舉首領可爲指揮宣慰萬戶千戶者二十二人詔從其請鑄分司印予之乃改朶甘烏斯藏二衞爲行都指揮使司以鎖南兀卽爾爲朶甘都指揮同知管招兀卽爾爲烏斯藏都指揮同知並賜銀印又設西安行都指揮使司於河州兼轄二都司已佛寶國師鎖南兀卽爾等遣使來朝奏舉故官賞竹監藏等五十六人命增置朶甘思宣慰司及招討等司招討司六曰朶甘思曰朶甘隴答曰朶甘丹曰朶甘倉溏曰朶甘川曰磨兒勘萬戶府四曰沙兒可曰乃竹曰羅思端曰列思麻千戶所十七以賞竹監藏爲朶甘都指揮同知餘授職有差自是諸番修貢惟謹八年置俄力思軍民元帥府尋置隴答衞指揮使司十八年以班竹兒藏卜爲烏斯藏都指揮使乃更定品秩自都指揮以下皆令世襲未幾又改烏斯藏俺不羅衞爲行都指揮使司二十六年西番思曩日等族遣使貢馬命賜金銅信符文綺襲衣許之朝貢永樂元年改必里千戶所爲衞後置烏斯藏牛兒宋寨行都指揮使司又置上邛部衞皆以番人官之十八年帝以西番悉入職方其最遠白勒等百餘寨猶未歸附遣使往招亦多入貢帝以番俗惟僧言是聽乃寵以國師諸美號賜誥印令歲朝由是諸番僧來者日多迄宣德朝禮之益厚九年命中官宋成等齎璽書賜物使其地敕都督趙安率兵送之畢力术江正統初以供費不貲稍爲裁損時有番長移書松潘守將趙得言欲入朝爲生番阻遏乞遣兵開道詔令得遣使招生番相率朝貢者八百二十九寨悉賜賚遣歸天順四年四川三司言比奉敕書番僧朝貢入京者不得過十人餘留境上候賞今蜀地災傷若悉留之動經數月有司困於供億宜如正統間制宴待遣還報可成化三年阿昔洞諸族土官言西番大小二姓爲惡殺之不懼惟國師剌麻勸化則革心信服乃進禪師遠丹藏卜爲國師都綱子瑺爲禪師以化導之六年申諸番三歲一貢之例國師以下不許貢於是貢使漸希初太祖以西番地廣人獷悍欲分其勢而殺其力使不爲邊患故來者輒授官又以其地皆食肉倚中國茶爲命故設茶課司於天全六番令以馬市而入貢者又優以茶布諸番戀貢市之利且欲保世官不敢爲變迨成祖益封法王及大國師西天佛子等俾轉相化導以共尊中國以故西陲宴然終明世無番寇之患

長河西魚通寧遠宣慰司在四川徼外地通烏斯藏唐爲吐蕃元時置碉門魚通黎雅長河西寧遠六安撫司隸吐蕃宣慰司洪武時其地打煎爐長河西土官元右丞剌瓦蒙遣其理問高惟善來朝貢方物宴賚遣還十六年復遣惟善及從子萬戶若剌來貢命置長河西等處軍民安撫司以剌瓦蒙爲安撫使賜文綺四十八匹鈔二百錠授惟善禮部主事二十年遣惟善招撫長河西魚通寧遠諸處明年還朝言安邊之道在治屯守而兼恩威屯守既堅雖遠而有功恩威未備雖近而無益今魚通九枝疆土及巖州雜道二長官司東鄰碉門黎雅西接長河西自唐時吐蕃强盛寧遠安靖巖州漢民往往爲彼驅入九枝魚通防守漢邊元初設二萬戶府仍與盤陀仁陽置立寨柵邊民戍守其後各枝率衆攻仁陽等柵及川蜀兵起乘勢侵陵雅邛嘉等州洪武十年始隨碉門土酋歸附巖州雜道二長官司自國朝設迨今十有餘年官民仍舊不相統攝蓋無統制之司恣其猖獗因襲舊弊故也其近而已附者如此遠而未附者何由而臣服之且巖川寧遠等處乃古之州治苟撥兵戍守就築城堡開墾山田使近者向化而先附遠者畏威而來歸西域無事則供我徭役有事則使之先驅撫之既久則皆爲我用如臣之說其便有六通烏斯藏朶甘鎭撫長河西可拓地四百餘里得番民二千餘戶非惟黎雅保障蜀亦永無西顧憂一也番民所處老思岡之地土瘠人繁專務貿販碉門烏茶蜀之細布博易羌貨以贍其生若於巖川立市則此輩衣食皆仰給於我焉敢爲非二也以長河西伯思東巴獵等八千戶爲外番犄角其勢必固然後招徠遠者如其不來使八千戶近爲內應遠爲鄉導此所謂以蠻攻蠻誠制邊之善道三也天全六番招討司八鄉之民宜悉蠲其徭役專令蒸造烏茶運至巖州置倉收貯以易番馬比之雅州易馬其利倍之且於打煎爐原易馬處相去甚近而價增於彼則番民如蟻之慕羶歸市必衆四也巖州既立倉易馬則番民運茶出境倍收其稅其餘物貨至者必多又魚通九枝蠻民所種水陸之田遞年無征若令歲輸租米幷令軍士開墾大渡河兩岸荒田亦可供給戍守官軍五也碉門至巖州道路宜令繕修開拓以便往來人馬仍量地里遠近均立郵傳與黎雅烽火相應庶可以防遏亂畧邊境無虞六也帝從之後建昌酋月魯帖木兒叛長河西諸酋陰附之失朝貢太祖怒三十年春謂禮部臣曰今天下一統四方萬國皆以時奉貢如烏斯藏尼八剌國其地極遠猶三歲一朝惟打煎爐長河西土酋外附月魯帖木兒賈哈剌不臣中國興師討之鋒刃之下死者必衆宜遣人諭其酋若聽命來覲一以恩待不悛則發兵三十萬聲罪徂征禮官以帝意爲文馳諭之其酋懼卽遣使入貢謝罪天子赦之爲置長

河西魚通寧遠宣慰司以其酋爲宣慰使自是修貢不絕初魚通及寧遠長河西本各爲部至是始合爲一永樂十三年貢使言西番無他土產惟以馬易茶近年禁約生理實艱乞仍許開中從之二十一年宣慰使喃哩等二十四人來朝貢馬正統二年喃哩卒子加八僧嗣成化四年申諸番三歲一貢之令惟長河西仍比歲一貢六年頒定二年或三年一貢之例貢使不得過百人十七年禮官言烏斯藏在長河西之西長河西在松潘越巂之南壤地相接易於混淆烏斯藏諸番王例三歲一貢彼以道險來少而長河西番僧往往詐爲諸王文牒入貢冒賞請給諸番王及長河西董卜韓胡敕書勘合邊臣審驗方許進入庶免詐僞之弊或道阻不許補貢從之十九年其部內灌頂國師遣僧徒來貢至千八百人守臣劾其違制詔止納五百人餘悉遣還二十二年禮官言長河西以黎州大渡河寇發連歲失貢至是補進三貢定制道梗者不得再補但今貢物已至宜順其情納之而量減賜賚報可弘治十二年禮官言長河西及烏斯藏諸番一時並貢使者至二千八百餘人乞諭守臣無濫送亦報可然其後來者愈多卒不能却嘉靖三年定令不得過一千人隆慶三年定五百人全賞遣八人赴京之制如闡教諸王其貢物則珊瑚氆氌之屬悉準闡化王傳所載諸番貢皆如之

董卜韓胡宣慰司在四川威州之西其南與天全六番接永樂九年酋長南葛遣使奉表入朝貢方物因言答隆蒙碉門二招討侵掠鄰境阻遏道路請討之帝不欲用兵降敕慰諭使比年一貢賜金印冠帶正統三年奏年老乞以子克羅俄堅粲代從之兇狡不循禮法七年乞封王賜金印帝不許命進秩鎮國將軍都指揮同知掌宣慰司事給之誥命益恃強數與雜谷安撫及別思寨安撫饒蛒搆怨十年八月移牒四川守臣謂別思寨本父南葛故地分畀饒蛒父者後饒蛒受事私奏於朝獲設安撫司遂乃僞爲宣慰司印自稱宣慰使糾合雜谷諸番將侵噬己地已拘執饒蛒追出僞印用番俗法剜去兩目謹以狀聞守臣上其事帝遣使齎敕責其專擅令與使臣推擇饒蛒族人爲安撫仍轄其土地且送還饒蛒養之終身十三年十月四川巡按張洪等奏近接董卜宣慰文牒言雜谷故安撫阿漂小妻毒殺其夫及子又賄威州千戶唐泰誣己謀叛今備物進貢欲從銅門山西開山通道乞官軍於日駐迓之臣等竊以雜谷內聯威州保縣外鄰董卜韓胡雜谷力弱欲抗董卜實倚重於威保董卜勢強欲通威保却受阻於雜谷以此讐殺素不相能銅門及日駐諸寨乃雜谷威保要害地董卜欺雜谷妻寡子弱瞰我軍遠征麓川假進貢之名欲別開道路意在吞滅雜谷搆陷唐泰所請不可許乃下都御史寇深等計度其議迄不行時董卜比歲入貢所遣僧徒強悍不法多攜私物強索舟車騷擾道途詈辱長吏天子聞而惡之景泰元年賜敕切責尋侵奪雜谷及達思蠻長官司地掠其人畜守臣不能制三年二月朝議獎其入貢勤誠進秩都指揮使令還二司侵地及所掠人民其酋即奉命惟舊維州之地尚爲所據俄饋四川巡撫李匡銀罌金珀求御製大誥周易尚書毛詩小學方輿勝覽成都記諸書匡聞之於朝因言唐時吐番求毛詩春秋于休烈謂予之以書使知權謀愈生變詐非中國之利裴光廷謂吐番久叛新服因其有請賜以詩書俾漸陶聲教化流無外休烈徒知書有權略變詐不知忠信禮義皆從書出明皇從之今茲所求臣以爲予之便不然彼因貢使市之書肆甚不爲難惟方輿勝覽成都記形勝關塞所具不可概予帝如其言尋以其還侵地賜敕獎勵六年兵部尚書于謙等奏其僭稱蠻王窺伺巴蜀所上奏章語多不遜且招集羣番大治戎器悖逆日彰不可不慮宜敕守臣預爲戒備從之克羅俄堅粲死子劄思堅粲藏卜遣使來貢命爲都指揮同知掌宣慰司事天順元年遣使入貢乞封王命如其父官進秩都指揮使仍掌宣慰司事成化五年四川三司奏保縣僻處極邊永樂五年特設雜谷安撫司令撫輯舊維州諸處蠻寨後與董卜搆兵維州諸地俱爲侵奪貢道阻絕今雜谷恢復故疆將遣使來貢不知貢期未敢擅遣帝從禮官言許以三年爲期四年申諸番三年一貢之例惟董卜許比年一貢六年劄巴堅粲藏卜卒子綽吾結言千嗣爲都指揮使弘治三年卒子日墨劄思巴旺丹巴藏卜遣國師貢珊瑚樹氆氌甲冑諸物請嗣父職許之賜誥命敕書綵幣九年卒子喃呆請襲亦遣國師貢方物詔授以父官卒子容中短竹襲嘉靖二年再定令貢使不得過千人其所隸別思寨及加渴瓦寺別貢隆慶二年董卜及別思寨貢使多至千七百餘人命予半賞遣八人赴京爲定制迄萬曆後朝貢不替

明史卷三百三十二　列傳第二百二十

總裁官提調事務經筵講官太子太保保和殿大學士兼管吏部戶部尚書事加六級臣張廷玉等奉
敕修

西域四

撒馬兒罕	沙鹿海牙
達失干	賽藍
養夷	渴石
迭里迷	卜花兒
別失八里	哈烈
俺都淮	八答黑商
于闐	失剌思
俺的干	哈實哈兒
亦思弗罕	火剌札
乞力麻兒	白松虎兒
答兒密	納失者罕
敏真	日落
米昔兒	黑婁
討來思	阿速
沙哈魯	天方
默德那	坤城 哈三等二十九部附
魯迷	

撒馬兒罕即漢罽賓地隋曰漕國唐復名罽賓皆通中國元太祖蕩平西域盡以諸王駙馬爲之君長易前代國名以蒙古語始有撒馬兒罕之名去嘉峪關九千六百里元末爲之王者駙馬帖木兒也洪武中太祖欲通西域屢遣使招諭而遐方君長未有至者二十年四月帖木兒首遣回回滿剌哈非思等來朝貢馬十五駝二詔宴其使賜白金十有八錠自是頻歲貢馬駝二十五年兼貢絨六匹青梭幅九匹紅綠撒哈剌各二匹及鑌鐵刀劍甲冑諸物而其國中回回又自驅馬抵涼州互市帝不許令赴京鬻之元時回回徧天下及是居甘肅者尚多詔守臣悉遣之於是歸撒馬兒罕者千二百餘人二十七年八月帖木兒貢馬二百其表曰恭惟大明大皇帝受天明命統一四海仁德洪布恩養庶類萬國欣仰咸知上天欲平治天下特命皇帝出膺運數爲億兆之主光明廣大昭若天鏡無有遠近咸照臨之臣帖木兒僻在萬里之外恭聞聖德寬大超越萬古自古所無之福皇帝皆有之所未服之國皇帝皆服之遠方絕域昏昧之地皆清明之老者無不安樂少者無不長遂善者無不蒙福惡者無不知懼今又特蒙施恩遠國凡商賈之來中國者使觀覽都邑城池富貴雄壯如出昏暗之中忽睹天日何幸如之又承敕書恩撫勞問使站驛相通道路無壅遠國之人咸得其濟欽仰聖心如照世之杯使臣心中豁然光明臣國中部落聞茲德音歡舞感戴臣無以報恩惟仰天祝頌聖壽福祿如天地永永無極照世杯者其國舊傳有杯光明洞徹照之可知世事故云帝得表嘉其有文明年命給事中傅安等齎璽書幣帛報之其貢馬一歲再至以千計並賜寶鈔償之成祖踐阼遣使敕諭其國永樂三年傅安等尚未還而朝廷聞帖木兒假道別失八里率兵東敕甘肅總兵官宋晟儆備五年六月安等還初安至其國被留朝貢亦絕尋令人導安徧歷諸國數萬里以誇其國廣大至是帖木兒死其孫哈里嗣乃遣使臣虎歹達等送安還貢方物帝厚賚其使遣指揮白阿兒忻台等往祭故王而賜新王及部落銀幣其頭目沙里奴兒丁等亦貢駝馬命安等賜其王綵幣與貢使偕行七年安等還王遣使隨入貢自後或比年或間一歲或三歲輒入貢十三年遣使隨李達陳誠等入貢暨辭歸命誠及中官魯安偕往賜其頭目兀魯伯等白銀綵幣其國復遣使隨誠等入貢十八年復命誠及中官郭敬齎敕及綵幣報之宣德五年秋冬頭目兀魯伯米兒咱等遣使再入貢七年遣中官李貴等齎文綺羅錦賜其國正統四年貢良馬色元蹄額皆白帝愛之命圖其像賜名瑞䮍賞賚有加十年十月書諭其王兀魯伯曲烈干曰王遠處西陲恪修職貢良足嘉尚使回特賜王及王妻子綵幣表裏示朕優待之意別敕賜金玉器龍首杖細馬鞍及諸色織金文綺官其使臣爲指揮僉事景泰七年貢馬駝玉石禮官言舊制給賞太重今正副使應給一等二等賞物者如舊時三等人給綵緞四表裏絹三匹織金紵絲衣一襲其隨行鎮撫舍人以下遞減有差所進阿魯骨馬每匹綵緞四表裏絹八匹駝三表裏絹十匹達達馬不分等第每匹紵絲一匹絹八匹折鈔絹一匹中等馬如之下等者亦遞減有差制可又言所貢玉石堪用者止二十四塊六十八斤餘五千九百餘斤不適於用宜令自鬻而彼堅欲進獻請每五斤賜絹一匹亦可之已而使臣還賜王卜撒因文綺器物天順元年命都指揮馬雲等使西域敕獎其鎖魯檀毋撒賜綵幣令護朝使往還鎖魯檀者君長之稱猶蒙古可汗也七年復命指揮詹昇等使其國成化中其鎖魯檀阿黑麻三入貢十九年偕亦思罕酋長貢二獅至肅州其使者奏請大臣

往迎職方郎中陸容言此無用之物在郊廟不可爲犧牲在乘輿不可被驂服宜勿受禮官周洪謨等亦言往迎非禮帝卒遣中使迎之獅日啖生羊二醋酐蜜酪各二瓶養獅者光祿日給酒饌帝既厚加賜賚而其使者怕六灣以爲輕援永樂間例爲請禮官議從正統四年例加綵幣五表裏使者復以爲輕乃加正副使各二表裏從者半之命中官韋洛鴻臚署丞海濱送之還其使者不由故道趨廣東又多買良家女爲妻妾洛等不爲禁止久之洛上疏委罪於濱濱坐下吏其使者請泛海至滿剌加市狻猊以獻市舶中官韋眷主之布政使陳選力陳不可乃已弘治二年其使由滿剌加至廣東貢獅子鸚鵡諸物守臣以聞禮官耿裕等言南海非西域貢道請却之禮科給事中韓鼎等亦言狰獰之獸狎玩非宜且騷擾道路供費不貲不可受帝曰珍禽奇獸朕不受獻況來非正道其即却還守臣違制宜罪姑貸之禮官又言海道固不可開然不宜絕之已甚請薄犒其使量以綺帛賜其王制可明年又偕土魯番貢獅子及哈剌虎剌諸獸由甘肅入鎮守中官傅德總兵官周玉等先圖形奏聞即遣人馳驛起送獨巡按御史陳瑤論其靡費煩擾請勿納禮官議如其言量給犒賞且言聖明在御屢却貢獻德等不能奉行德意請罪之帝曰貢使既至不必却回可但遣一二人詣京獅子諸物每獸日給一羊不得妄費德等貸勿治後至十六年始來貢明年復至而正德中猶數至嘉靖二年貢使又至禮官言諸國使臣在途者遷延隔歲在京者伺候同賞光祿郵傳供費不貲宜示以期約因列上禁制數事從之十二年偕天方土魯番入貢稱王者至百餘人禮官夏言等論其非請敕閣臣議所答張孚敬等言西域諸王疑出本國封授或部落自相尊稱先年亦有至三四十人者即據所稱答之若驟議裁革恐人情觖望乞更敕禮兵二部詳議於是言及樞臣王憲等謂西域稱王者止土魯番天方撒馬兒罕如日落諸國稱名雖多朝貢絕少弘正間土魯番十三入貢正德間天方四入貢稱王者率一人多不過三人餘但稱頭目而已至嘉靖二年八年天方多至六七人土魯番至十一二人撒馬兒罕至二十七人孚敬等言三四十人者并數三國爾今土魯番十五王天方二十七王撒馬兒罕五十三王實前此所未有弘治時回賜敕書止稱一王若循撒馬兒罕往歲故事類答王號人與一敕非所以尊中國制外蕃也蓋帝王之馭外蕃固不拒其來亦必限以制其或名號僭差言詞侮慢則必正以大義責其無禮今謂本國所封何以不見故牘謂部落自號何以達之天朝我槩給以敕而彼即據敕恣意往來恐益擾郵傳費供億殫府庫以實谿壑非計之得也帝納其言國止給一敕且加詰讓示以國無二王之義然諸蕃迄不從十五年入貢復如故甘肅巡撫趙載奏諸國稱王者至一百五十餘人皆非本朝封爵宜令改正且定貢使名數通事宜用漢人毋專用色目人致交通生釁部議從之二十六年入貢甘肅巡撫楊博請重定朝貢事宜禮官復列數事行之後入貢迄萬曆中不絕蓋番人善賈貪中華互市既入境則一切飲食道途之資皆取之有司雖定五年一貢迄不肯遵天朝亦莫能難也其國東西三千餘里地寬平土壤膏腴王所居城廣十餘里民居稠密西南諸蕃之貨皆聚於此號爲富饒城東北有土屋爲拜天之所規制精巧柱皆青石雕爲花文中設講經之堂用泥金書經裹以羊皮俗禁酒人物秀美工巧過於哈烈而風俗土產多與之同其旁近東有沙鹿海牙達失干賽藍養夷西有渴石迭里迷諸部落皆役屬焉

沙鹿海牙西去撒馬兒罕五百餘里城居小岡上西北臨河河名火站水勢衝急架浮梁以渡亦有小舟南近山人多依崖谷而居園林廣茂西有大沙洲可二百里無水間有之鹹不可飲牛馬悞飲之輒死地生臭草高尺餘葉如蓋煮其液成膏即阿魏又有小草高一二尺叢生秋深露凝食之如蜜煮爲糖番名達郎古賓永樂間李達陳誠使其地其酋即遣使奉貢宣德七年命中官李貴齎敕諭其酋賜金織文綺綵幣

達失干西去撒馬兒罕七百餘里城居平原周二里外多園林饒果木土宜五穀民居稠密李達陳誠李貴之使與沙鹿海牙同

賽藍在達失干之東西去撒馬兒罕千餘里有城郭周二三里四面平曠居人繁庶五穀茂殖亦饒果木夏秋間草中生黑小蜘蛛人被螫徧體痛不可耐必以薄荷枝掃痛處又用羊肝擦之誦經一晝夜痛方止體膚盡蛻六畜被傷者多死凡止宿必擇近水地避之元太祖時都元帥薛塔剌海從征賽藍諸國以礮立功即此地也陳誠李貴之使與諸國同

養夷在賽藍東三百六十里城居亂山間東北有大溪西流入巨川行百里多荒城蓋其地介別失八里蒙古部落之間數被侵擾以故人民散亡止戍卒數百人居孤城破廬頹垣蕭然榛莽永樂時陳誠至其地

渴石在撒馬兒罕西南三百六十里城居大村周十餘里宮室壯麗堂以玉石爲柱牆壁窗牖盡飾金碧綴琉璃其先撒馬兒罕酋長駙馬帖木兒居之城外皆水田東南近山多園林西行十餘里饒奇木又西三百里大山屹立中有石峽兩崖如斧劈行二三里出峽口有石門色似鐵路通東西番人號爲鐵門關設兵守之或言元太祖至東印度鐵門關遇一角獸能人言即此地也

迭里迷在撒馬兒罕西南去哈烈二千餘里有新舊二城相去十餘里其酋長居新城城內外居民僅數百家畜牧蕃息城在阿术河東多魚河東地隸撒馬兒罕西多蘆林產獅子陳誠李達嘗使其地

卜花兒在撒馬兒罕西北七百餘里城居平川周十餘里戶萬計市里繁華號爲富庶地卑下節序嘗溫宜五穀桑麻多絲綿布帛六畜亦饒永樂十三年陳誠自西域還所經哈烈撒馬兒罕別失八里俺都淮八答黑商迭里迷沙鹿海牙賽藍渴石養夷火州柳城土魯番鹽澤哈密達失干卜花兒凡十七國悉詳其山川人物風俗爲使西域記以獻以故中國得考焉宣德七年命李達撫諭西域卜花兒亦與焉

別失八里西域大國也南接于闐北連瓦剌西抵撒馬兒罕東抵火州東南距嘉峪關三千七百里或曰焉耆或曰龜茲元世祖時設宣慰司尋改爲元帥府其後以諸王鎮之洪武中藍玉征沙漠至捕魚兒海獲撒馬兒罕商人數百太祖遣官送之還道經別失八里其王黑的兒火者即遣千戶哈馬力丁等來朝貢馬及海青以二十四年七月達京師帝喜賜王綵幣十表裏其使者皆有賜九月命主事寬徹御史韓敬評事唐鉦使西域以書諭黑的兒火者曰朕觀普天之下后土之上有國者莫知其幾雖限山隔海風殊俗異然好惡之情血氣之類未嘗異也皇天眷佑惟一視之故受天命爲天下主者上奉天道一視同仁俾巨細諸國殊方異類之君民咸躋乎仁壽而友邦遠國順天事大以保國安民皇天監之亦克昌焉曩者我中國宋君奢縱怠荒奸臣亂政天監否德於是命元世祖肇基朔漠入統中華生民賴以安靖七十餘年至於後嗣不修國政任用非人致紀綱盡弛強陵弱衆暴寡民生嗟怨上達於天天用是革其命屬之於朕朕躬握乾符以主黔黎凡諸亂雄擅聲教違朕命者兵偃之順朕命者德撫之是以三十年間諸夏奠安外蕃賓服惟元臣蠻子哈剌章等尚率殘衆生釁寇邊興師致討勢不容已兵至捕魚兒海故元諸王駙馬率其部屬來降有撒馬兒罕數百人以貿易來者朕命官護歸已三年矣使者還王即遣使來貢朕甚嘉之王其益堅事大之誠通好往來使命不絕豈不保封國於悠久乎特遣官勞嘉其悉朕意徹等既至王以其無厚賜拘留之敬鉦二人得還三十年正月復遣官齎書諭之曰朕即位以來西方諸商來我中國互市者邊將未嘗阻絕朕復敕吏民善遇之由是商人獲利疆埸無擾是我中華大有惠於爾國也前遣寬徹等往爾諸國通好何故至今不返吾於諸國未嘗拘留一人而爾顧拘留吾使豈理也哉是以近年回回入境者亦令於中國互市待徹歸放還後諸人言有父母妻子吾念其至情悉縱遣之今復使使諭爾俾知朝廷恩意毋梗塞道路致啓兵端書曰怨不在大亦不在小惠不惠懋不懋爾其惠且懋哉徹乃得還成祖即位之冬遣官齎璽書綵幣使其國未幾黑的兒火者卒子沙迷查干嗣永樂二年遣使貢玉璞名馬宴賚有加時哈密忠順王安克帖木兒爲可汗鬼力赤毒死沙迷查干率師討之帝嘉其義遣使賚以綵幣令與嗣忠順王脫脫敦睦四年夏來貢命鴻臚寺丞劉帖木兒齎敕幣勞賜與其使者偕行秋冬暨明年夏三入貢因言撒馬兒罕本其先世故地請以兵復之命中官把太李達及劉帖木兒齎敕戒以審度而行毋輕舉因賜之綵幣六年太等還言沙迷查干已卒弟馬哈麻嗣帝即命太等往祭并賜其新王八年以朝使往撒馬兒罕者馬哈麻待之厚遣使齎綵幣賜之明年貢名馬文豹命給事中傅安送其使還賚金織文綺時瓦剌使者言馬哈麻將襲其部落因諭以順天保境之義十一年貢使將至甘肅命所司宴勞且敕總兵官李彬善遇之明年冬有自西域還者言馬哈麻母及弟相繼卒帝愍之命安齎敕慰問賚以綵幣已而馬哈麻亦卒無子從子納黑失只罕嗣十四年春使來告喪命安及中官李達弔祭即封其嗣子爲王賚文綺弓刀甲冑其母亦有賜明年遣使來貢言將嫁女撒馬兒罕請以馬市妝奩命中官李信等以綺帛各五百匹助之十六年貢使速哥言其王爲從弟歪思所弒而自立從其部落西去更國號曰亦力把里帝以番俗不足治授速哥爲都督僉事而遣中官楊忠等賜歪思弓刀甲冑及文綺綵幣其頭目忽歹達等七十餘人並有賜自是奉貢不絕宣德元年帝嘉其尊事朝廷遣使賜之鈔幣明年入貢授其正副使爲指揮千戶賜誥命冠帶自後使臣多授官三年貢駝馬命指揮昌英

等齎璽書綵幣報之時歪思連歲貢而其母鎖魯檀哈敦亦連三歲來貢歪思卒子也先不花嗣正統元年遣使來朝貢方物後亦頻入貢故王歪思之壻卜賽因亦遣使來貢十年也先不花卒也密力虎者嗣明年貢馬駝方物命以綵幣賜王及王母景泰三年貢玉石三千八百斤禮官言其不堪用詔悉收之每二斤賜帛一匹天順元年命千戶于志敬等以復辟諭其王且賜綵幣成化元年禮官姚夔等定西域朝貢期令亦力把里三歲五歲一貢使者不得過十人自是朝貢遂稀其國無城郭宮室隨水草畜牧人性獷悍君臣上下無體統飲食衣服多與瓦剌同地極寒深山窮谷六月亦飛雪

哈烈一名黑魯在撒馬兒罕西南三千里去嘉峪關萬二千餘里西域大國也元駙馬帖木兒既君撒馬兒罕又遣其子沙哈魯據哈烈洪武時撒馬兒罕及別失八里咸朝貢哈烈道遠不至二十五年遣官詔諭其王賜文綺綵幣猶不至二十八年遣給事中傅安郭驥等攜士卒千五百人往爲撒馬兒罕所留不得達三十年又遣北平按察使陳德文等往亦久不還成祖踐阼遣官齎璽書綵幣賜其王猶不報命永樂五年安等還德文徧歷諸國說其酋長入貢皆以道遠無至者亦於是年始還德文保昌人采諸方風俗作爲歌詩以獻帝嘉之擢僉都御史明年復遣安齎書幣往哈烈其酋沙哈魯把都兒遣使隨安朝貢七年達京師復命齎賜物偕其使往報明年其酋遣使朝貢撒馬兒罕酋哈里者哈烈酋兄子也二人不相能數搆兵帝因其使臣還命都指揮白阿兒忻台齎敕諭之曰天生民而立之君俾各遂其生朕統御天下一視同仁無間遐邇屢嘗遣使諭爾爾能虔修職貢撫輯人民安於西徼朕甚嘉之比聞爾與從子哈里搆兵相仇朕爲惻然一家之親恩愛相厚足制外侮親者尚爾乖戾疏者安得協和自今宜休兵息民保全骨肉共享太平之福因賜綵幣表裡并敕諭哈里罷兵亦賜綵幣白阿兒忻台既奉使徧詣撒馬兒罕失剌思俺的干俺都淮土魯番火州柳城哈實哈兒諸國賜之幣帛諭令入朝諸酋長咸喜各遣使偕哈烈使臣貢獅子西馬文豹諸物十一年達京師帝喜御殿受之犒賜有加自是諸國使竝至皆序哈烈於首及歸命中官李達吏部員外郎陳誠戶部主事李暹指揮金哈藍伯等送之就齎璽書文綺紗羅布帛諸物分賜其酋十三年達等還哈烈諸國復遣使偕來貢文豹西馬及他方物明年再貢及還命陳誠齎書幣報之所過州縣皆宴餞十五年遣使隨誠等來貢明年復貢命李達等報如初十八年偕于闐八荅黑商來貢二十年復偕于闐來貢宣德二年其頭目打剌罕亦不剌來朝貢馬自仁宗不勤遠略宣宗承之久不遣使絕域故其貢使亦稀至七年復命中官李貴通西域敕諭哈烈酋沙哈魯曰昔朕皇祖太宗文皇帝臨御之日爾等尊事朝廷遣使貢獻始終如一今朕恭膺天命卽皇帝位主宰萬方紀元宣德小大政務悉體皇祖奉天恤民一視同仁之心前遣使臣齎書幣往賜道阻而回今已開通特命內臣往諭朕意其益順天心永篤誠好相與還往同爲一家俾商旅通行各遂所願不亦美乎因賜以文綺羅錦貴等未至其貢使法虎兒丁已抵京師卒於館命官致祭有司營葬尋復遣使隨貴貢駝馬玉石明年春使者歸復命貴護送賜其王及頭目綵幣是年秋及正統三年竝來貢英宗幼沖大臣務休息不欲疲中國以事外蕃故遠方通貢者甚少至天順元年復議通西域大臣莫敢言獨忠義衞吏張昭抗疏切諫事乃止七年帝以中夏乂安而遠蕃朝貢不至分遣武臣齎璽書綵幣往諭於是都指揮海榮指揮馬全往哈烈然自是來者頗稀卽哈烈亦不以時貢嘉靖二十六年甘肅巡撫楊博言西域入貢人多宜爲限制禮官言祖宗故事惟哈密每年一貢貢三百人送十一赴京餘留關內有司供給他若哈烈哈三土魯番天方撒馬兒罕諸國道經哈密者或三年五年一貢止送三五十人其存留賞賚如哈密例頃來濫放入京宜敕邊臣恪遵此例濫放者罪之制可然是時哈烈已久不至嗣後朝貢遂絕其國在西域最强大王所居城方十餘里壘石爲屋平方若高臺不用梁柱瓦甓中敞虛空數十間牕牖門扉悉雕刻花文繪以金碧地鋪氈罽無君臣上下男女相聚皆席地趺坐國人稱其王曰鎖魯檀猶言君長也男髠首纏以白布婦女亦白布蒙首僅露雙目上下相呼皆以名相見止稍屈身初見則屈一足三跪男女皆然食無匕著有瓷器以葡萄釀酒交易用銀錢大小三等不禁私鑄惟輸稅於酋長用印記無印者禁不用市易皆征稅十二不知斗斛止設權衡無官府但有管事者名曰刀完亦無刑法卽殺人亦止罰錢以姊妹爲妻妾居喪止百日不用棺以布裹屍而葬常於墓間設祭不祭祖宗亦不祭鬼神惟重拜天之禮無干支朔望每七日爲一轉周而復始歲以二月十月爲把齋月晝不飲食至夜乃食周月始茹葷城中築大土室中置一銅器周圍數丈上刻文字如古鼎狀游學者皆聚此若中國太學然有善走者日可三百里有急使傳箭走報俗尚侈靡用度無節土沃饒節候多暖少雨土產白鹽銅鐵金銀琉璃珊瑚琥珀珠翠之屬多育蠶善爲紈綺木有桑榆柳槐松檜果有桃杏李梨葡萄石榴穀有粟麥麻菽獸有獅豹馬駝牛羊雞犬獅生於阿术河蘆林中初生目閉七日始開土人於目閉時取之調習其性稍長則不可馴矣其旁近俺都淮八答黑商竝隸其國

俺都淮在哈烈西北千三百里東南去撒馬兒罕亦如之城居大村周十餘里地平衍無險田土膏腴民物繁庶稱樂土自永樂八年至十四年偕哈烈通貢後不復至

八答黑商在俺都淮東北城周十餘里地廣無險阻山川明秀人物樸茂浮屠數區壯麗如王居西洋西域諸賈多販鬻其地故民俗富饒初爲哈烈酋沙哈魯之子所據永樂六年命內官把太李達賜其酋敕書綵幣竝及哈實哈兒葛忒郎諸部諭以往來通商之意皆卽奉命自是東西萬里行旅無滯十二年陳誠使其國十八年遣使來貢命誠及內官郭敬齎書幣往報天順五年其王馬哈麻遣使來貢明年復貢命使臣阿卜都剌襲父職爲指揮同知

于闐古國名自漢迄宋皆通中國永樂四年遣使來朝貢方物使臣辭歸命指揮神忠母撒等齎璽書偕行賜其酋織金文綺其酋打魯哇亦不剌金遣使者貢玉璞命指揮尚衡等齎書幣往勞十八年偕哈烈八答黑商諸國貢馬命參政陳誠中官郭敬等報以綵幣二十年貢美玉賜賚有加二十二年貢馬及方物時仁宗初踐祚卽宴賚遣還先是永樂時成祖欲遠方萬國無不臣服故西域之使歲歲不絕諸蕃貪中國財帛且利市易絡繹道途商人率僞稱貢使多攜馬駝玉石聲言進獻旣入關則一切舟車水陸晨昏飲饌之費悉取之有司郵傳困供億軍民疲轉輸比西歸輒緣道遲留多市貨物東西數千里間騷然繁費公私上下罔不怨咨廷臣莫爲言天子亦莫之恤也至是給事中黃驥極陳其害仁宗感其言召禮官呂震責讓之自是不復使西域貢使亦漸稀于闐自古爲大國隋唐間侵幷戎盧扜彌渠勒皮山諸國其地益大南距葱嶺二百餘里東北去嘉峪關六千三百里大畧葱嶺以南撒馬兒罕最大以北于闐最大元末時其主暗弱鄰國交侵人民僅萬計悉避居山谷生理蕭條永樂中西域憚天子威靈咸修職貢不敢擅相攻于闐始獲休息漸行賈諸蕃復致富庶桑麻黍禾宛然中土其國東有白玉河西有綠玉河又西有黑玉河源皆出崑崙山土人夜視月光盛處入水採之必得美玉其鄰國亦多竊取來獻迄萬曆朝于闐亦間入貢

失剌思近撒馬兒罕永樂十一年遣使偕哈烈俺的干哈實哈兒等八國隨白阿兒忻台入貢方物命李達陳誠等齎敕偕其使往勞十三年冬其酋亦不剌金遣使隨達等朝貢天子方北巡至明年夏始辭還復命誠偕中官魯安齎敕及白金綵段紗羅布帛賜其酋十七年遣使偕亦思弗罕諸部貢獅子文豹名馬辭還復命安等送之賜其酋絨錦文綺紗羅玉繫腰磁器諸物時車駕頻歲北征乏馬遣官多齎綵幣磁器市之失剌思及撒馬兒罕諸國其酋卽遣使貢馬以二十一年八月謁帝於宣府之行宮厚賜之遣還京師其人遂久留內地不去仁宗嗣位趣之還乃辭去宣德二年貢駝馬方物授其使臣阿力爲都指揮僉事賜誥命冠帶嗣後久不貢成化十九年與黑婁撒馬兒罕把丹沙諸國共貢獅子詔加優賚弘治五年哈密忠順王陝巴襲封歸國與隣境野乜克力酋結婚失剌思酋念其貧偕旁國亦不剌因之酋率其平章鎖和卜台知院滿可各遣人請頒賜財物助之成婚朝議義之厚賜陝巴幷賜二國及其平章知院綵幣嘉靖三年與旁近三十二部竝遣使貢馬及方物其使者各乞蟒衣膝襴磁器布帛天子不能却量予之自是貢使亦不至

俺的干西域小部落元太祖盡平西域封子弟爲王鎭之其小者則設官置戍同於內地元亡各自割據不相統屬洪武永樂間數遣人招諭稍稍來貢地大者稱國小者止稱地面迄宣德朝效臣職奉表箋稽首闕下者多至七八十部而俺的干則永樂十一年與哈烈竝貢者也迨十四年魯安等使哈烈失剌思諸國復便道賜其酋長文綺然地小不能常貢後竟不至

哈實哈兒亦西域小部落永樂六年把太李達等齎敕往賜卽奉命十一年遣使隨白阿兒忻台入朝貢方物宣德時亦來朝貢天順七年命指揮劉福普賢使其地其貢使亦不能常至

亦思弗罕地近俺的干永樂十四年使俺都淮撒馬兒罕者道經其地賜其酋文綺諸物十七年偕鄰國失剌思共貢獅豹西馬賚白金鈔幣使臣辭還命魯安等送之有馬哈木者願留京師從其請成化十九年與撒馬

兒罕共貢獅子名馬番刀兜羅鎖幅諸物賜賚有加先是宣德六年有亦思把罕遣使臣迯兒阿力朝貢或云卽亦思弗罕

火剌札國微弱四圍皆山鮮草木水流曲折亦無魚蝦城僅里許悉土屋酋所居亦卑陋俗敬僧永樂十四年遣使朝貢命所經地皆禮待弘治五年其地回回怕魯灣等由海道貢玻璃瑪瑙諸物孝宗不納賜道里費遣還

乞力麻兒永樂中遣使來貢惟獸皮鳥羽罽褐其俗喜射獵不事耕農西南傍海東北林莽深密多猛獸毒蟲有逵巷無市肆交易用鐵錢

白松虎兒舊名速麻里兒嘗有白虎出松林中不傷人亦不食他獸旬日後不復見國人異之稱爲神虎曰此西方白虎所降精也因改國名其地無大山亦不生樹木無毒蟲猛獸之害然物產甚薄永樂中嘗入貢

答兒密服屬撒馬兒罕居海中地不百里人不滿千家無城郭上下皆居板屋知耕植有毛褐布縷馬駝牛羊刑止箠朴交易兼用銀錢永樂中遣使朝貢賜大統曆及文綺藥茶諸物

納失者罕東去失剌思數日程皆舟行城東平原饒水草宜畜牧馬有數種最小者高不過三尺俗重僧所至必供飲食然好氣健鬭鬭不勝者衆嗤之永樂中遣使朝貢使臣還歷河北轉關中抵甘肅有司皆置宴

敏眞城永樂中來貢其國地廣多高山日中爲市諸貨駢集貴中國磁漆器產異香駝馬

日落國永樂中來貢弘治元年其王亦思罕答兒魯密帖里牙復貢使臣奏求紵絲夏布磁器詔皆予之

米昔兒一名密思兒永樂中遣使朝貢既宴賚命五日一給酒饌果餌所經地皆置宴正統六年王鎖魯檀阿失剌福復來貢禮官言其地極遠未有賜例昔撒馬兒罕初貢時賜予過優今宜稍損賜王綵幣十表裏紗羅各三匹白氎絲布白將樂布各五匹洗白布二十匹王妻及使臣遞減從之自後不復至

黑婁近撒馬兒罕世爲婚姻其地山川草木禽獸皆黑男女亦然宣德七年遣使來朝貢方物正德二年其王沙哈魯鎖魯檀遣指揮哈只馬黑麻奉貢命齎敕及金織紵絲綵絹歸賜其王六年復來貢景泰四年偕隣境三十一部男婦百餘人貢馬二百四十有七騾十二驢十駝七及玉石硇砂鑌鐵刀諸物天順七年王母塞亦遣指揮僉事馬黑麻捨兒班等奉貢賜綵幣表裏紵絲襲衣擢其使臣爲指揮同知從者七人俱爲所鎭撫成化十九年與失剌思撒馬兒罕把丹沙共貢獅子把丹沙之長亦稱鎖魯檀馬黑麻景泰七年嘗入貢至是復偕至弘治三年又與天方諸國貢駝馬玉石

討來思地小周徑不百里城近山山下有水赤色望之如火俗佞佛婦人主家柄產牛羊馬駝有布縷毛褐土宜穄麥無稻交易用錢宣德六年入貢明年命中官李貴齎璽書獎勞賜文綺綵帛以地小不能常貢

阿速近天方撒馬兒罕幅員甚廣城倚山面川川南流入海有魚鹽之利土宜耕牧敬佛畏神好施惡鬭物產富饒寒暄適節人無饑寒夜鮮寇盜雅稱樂土永樂十七年其酋牙忽沙遣使貢馬及方物宴賚如制以地遠不能常貢天順七年命都指揮白全等使其國竟不復再貢

沙哈魯在阿速西海島中永樂中遣七十七人來貢日給酒饌果餌異於他國其地山川環抱饒畜產人性樸直恥鬭好佛王及臣僚處城中庶人悉處城外海產奇物西域賈人以輕直市之其國人不能識

天方古筠冲地一名天堂又曰默伽水道自忽魯謨斯四十日始至自古里西南行三月始至其貢使多從陸道入嘉峪關宣德五年鄭和使西洋分遣其儕詣古里聞古里遣人往天方因使人齎貨物附其舟偕行往返經歲市奇珍異寶及麒麟獅子駝雞以歸其國王亦遣陪臣隨朝使來貢宣宗喜賜賚有加正統元年始命附瓜哇貢舟還賜幣及敕獎其王六年王遣子賽亦得阿力與使臣賽亦得哈三以珍寶來貢陸行至哈剌遇賊殺使臣傷其子右手盡劫貢物以去命守臣察治之成化二十三年其國中回回阿立以兄納的游中土四十餘載欲往雲南訪求乃攜寶物鉅萬至滿剌加附行人左輔舟將入京進貢抵廣東爲市舶中官韋眷侵尅阿力怨赴京自訴禮官請估其貢物酬其直許訪兄於雲南時眷懼罪先已夤緣於內帝乃責阿力爲間諜假貢行奸令廣東守臣逐還阿力乃號泣而去弘治三年其王速檀阿黑麻遣使偕撒馬兒罕土魯番貢馬駝玉石正德初帝從御馬太監谷大用言令甘肅守臣訪求諸番騍馬騸馬番使云善馬出天方守臣因請諭諸番貢使傳達其王俾以入貢兵部尚書劉宇希中官指議令守臣善擇使者與通事親詣諸番曉諭從之十三年王寫亦把剌克遣使貢馬駝梭幅珊瑚寶石魚牙刀諸物詔賜蟒龍金織衣及麝香金銀器嘉靖四年其王亦麻都兒等遣使貢馬駝方物禮官言西人來貢陝西行都司稽留半年以上始爲具奏所進玉石悉粗惡而使臣所私貨皆良乞下按臣廉問自今毋得多攜玉石煩擾道途其貢物不堪者治都司官罪從之明年其國額麻都抗等八王各遣使貢玉石主客郎中陳九川簡退其粗惡者使臣怨通事胡士紳亦憾九川因詐爲使臣奏詞誣九川盜玉坐下詔獄拷訊尚書席書給事中解一貫等論救不聽竟戍邊十一年遣使偕土魯番撒馬兒罕哈密諸國來貢稱王者至三十七人禮官言舊制惟哈密與朶顏三衞比歲一貢貢不過三百人三衞地近盡許入都哈密則十遣其二餘留待於邊若西域則越在萬里素非屬國難視三衞貢期而所遣使人倍踰恒數番文至二百餘通皆以索取叛人牙木蘭爲詞竊恐託詞窺伺以覘朝廷處分邊臣不遵明例概行起送有乖法體乞下督撫諸臣遇諸番入貢分別存留起送不得概遣入京且嚴飭邊吏毋避禍目前貽患異日貪納款之虛名忘禦邊之實策帝可其奏故事諸番貢物至邊臣驗上其籍禮官爲按籍給賜籍所不載許自行貿易貢使旣竣卽有餘貨責令攜歸願入官者禮官奏聞給鈔正德末黠番猾胥交關罔利始有貿易餘貨令市儈評直官給絹鈔之例至是天方及土魯番使臣其籍餘玉石銼刀諸貨固求準貢物給賞禮官不得已以正德間例爲請許之番使多賈人來輒挾重貲與中國市邊吏嗜賄侵尅多端類取償於公家或不當其直則咆哮不止是歲貢使皆黠悍旣習知中國情且憾邊吏之侵尅也屢訴之禮官却不問鎭守甘肅中官陳浩者當番使入貢時令家奴王洪多索名馬玉石諸物使臣憾之一日遇洪於衢卽執詣官以証實其事禮官言事關國體須大有處分以服遠人之心乃命三法司錦衣衞及給事中各遣官一員赴甘肅按治洪迄獲罪十七年復貢其使臣請游覽中土禮官疑有狡心以非故事格之二十二年偕撒馬兒罕土魯番哈密魯迷諸國貢馬及方物後五六年一貢迄萬曆中不絶天方於西域爲大國四時常似夏無雨雹霜雪惟露最濃草木皆資之長養土沃饒粟麥黑黍人皆頎碩男子削髮以布纏之婦女則編髮蓋頭不露其面相傳回回設教之祖曰馬哈麻者首於此地行教死卽葬焉墓頂常有光日夜不熄後人遵其教久而不衰故人皆向善國無苛擾亦無刑罰上下安和寇賊不作西土稱爲樂國俗禁酒有禮拜寺月初生其王及臣民咸拜天號呼稱揚以爲禮寺分四方每方九十間共三百六十間皆白玉爲柱黃甘玉爲地其堂以五色石砌成四方平頂內用沉香大木爲梁凡五又以黃金爲閣堂中垣墉悉以薔薇露龍涎香和土爲之守門以二黑獅堂左有司馬儀墓其國稱爲聖人塚土悉寶石圍牆則黃甘玉兩旁有諸祖師傳法之堂亦以石築成俱極其壯麗其崇奉回回教如此瓜果諸畜咸如中國西瓜甘瓜有一人不能舉者桃有重四五斤者雞鴨有重十餘斤者皆諸番所無也馬哈麻墓後有一井水淸而甘泛海者必汲以行遇颶風取水灑之卽息當鄭和使西洋時傳其風物如此其後稱王者至二三十人其俗亦漸不如初矣

默德那回回祖國也地近天方宣德時其酋長遣使偕天方使臣來貢後不復至相傳其初國王謨罕驀德生而神靈盡臣服西域諸國諸國尊爲別諳拔爾猶言天使也國中有經三十本凡三千六百餘段其書旁行兼篆草楷三體西洋諸國皆用之其教以事天爲主而無像設每日西向虔拜每歲齋戒一月沐浴更衣居必易常處隋開皇中其國撒哈八撒阿的斡葛思始傳其教入中國迄元世其人徧於四方皆守教不替國中城池宮室市肆田園大類中土有陰陽星曆醫藥音樂諸技其織文製器尤巧寒暑應候民殷物繁五穀六畜咸備俗重殺不食猪肉嘗以白布蒙頭雖適他邦亦不易其俗

坤城西域回回種宣德五年其使臣者馬力丁等來朝貢駝馬時有開中之令使者卽輸米一萬六千七百石於京倉中鹽及辭還願以所納米獻官帝曰回人善營利雖名朝貢實圖貿易可酬以直於是予帛四十匹布倍之其後亦嘗貢自成祖以武定天下欲威制萬方遣使四出招徠由是西域大小諸國莫不稽顙稱臣獻琛恐後又北窮沙漠南極溟海東西抵日出沒之處凡舟車可至者無所不屆自是殊方異域鳥言侏𠌯之使輻輳闕廷歲時頒賜庫藏爲虛而四方奇珍異寶名禽殊獸進獻上方者亦日增月益蓋兼漢唐之盛而有之百王所莫竝也餘威及於後嗣宣德正統朝猶多重譯而至然仁宗不務遠畧踐阼之初卽撤西洋取寶之船停松花江造舟之役召西域使臣還京敕之歸國不欲疲中土以奉遠人宣德繼之雖間一遣使尋亦停止以故邊隅獲休息焉今采故牘嘗奉貢通名天朝者曰哈三曰哈烈兒曰沙的蠻曰哈的蘭曰掃蘭曰乜克力曰把力黑曰俺力麻曰脫忽麻曰察力失曰幹失曰卜哈剌

曰帖刺曰你沙兀兒曰克失迭兒曰帖必力思曰火壇曰火占曰苦先曰牙昔曰牙兒干曰戎曰白曰兀倫曰阿端曰邪思城曰捨黑曰擺音曰克癿計二十九部以疆域褊小止稱地面與哈烈哈實哈兒賽藍亦力把力失剌思沙鹿海牙阿速把丹皆由哈密入嘉峪關或三年五年一貢入京者不得過三十五人其不由哈密者更有乞兒麻米兒哈蘭可脫癿蠟燭也的干剌竹亦不剌因格失迭乞兒吉思羽奴思哈辛十一地面亦嘗通貢

魯迷去中國絕遠嘉靖三年遣使貢獅子西牛給事中鄭一鵬言魯迷非嘗貢之邦獅子非可育之獸請却之以光聖德禮官席書等言魯迷不列王會其眞僞不可知近土魯番數侵甘肅而邊吏於魯迷冊內察有土魯番之人其狡詐明甚請遣之出關治所獲間諜罪帝竟納之而令邊臣察治五年冬復以二物來貢旣頒賜其使臣言長途跋涉費至二萬二千餘金請加賜御史張祿言華夷異方人物異性留人養畜不惟違物抑且拂人兇養獅日用二羊養西牛日用果餌獸相食與食人食聖賢皆惡之又調御人役日需供億以光祿有限之財充人獸無益之費殊爲拂經迄返其人却其物薄其賞明中國聖人不貴異物之意不納乃從禮官言如弘治撒馬兒罕例益之二十二年偕天方諸國貢馬及方物明年還至甘州會迤北賊入寇總兵官楊信令貢使九十餘人往禦死者九人帝聞褫信職命有司棺斂歸其喪二十七年三十三年竝入貢其貢物有珊瑚琥珀金剛鑽花瓷器鎖服撒哈剌帳羚羊角西狗皮捨列孫皮鐵角皮之屬

四庫全書總目明史三百三十六卷本紀二十四卷志七十五卷表十三卷列傳二百二十卷目錄四卷乾隆四年告成簡明目錄明史三百六十卷大學士張廷玉等奉敕撰經始於康熙十八年至乾隆四年告成其中考究未詳者近又承命刊正今謹以新定之本著於錄案今通行明史皆三百三十六卷絕無三百六十卷之本不知簡明目錄所謂新定本者何若何年承命刊正也及讀王祭酒先謙東華續錄乾隆四十年五月甲子諭明史內於元時人地名對音譌舛譯字鄙俚如圖作爲兔之類旣於字義無當而垂之史冊殊不雅馴今遵金元史已命軍機大臣改正月刊明史乃本朝撰定之書豈可轉聽其譌謬見在改辦明紀綱目著將明史一併查改以昭傳信又乾隆四十二年五月丁丑諭前因明史內於蒙古人地名音譯未眞特命館臣照遼金元三史例查覈改訂並就原板扣算字數刊正其間增損成文不過數字而止於原書體制無多更易茲閱所進籤之英宗本紀如正統十四年巡按福建御史汪澄棄市並殺前巡按御史柴文顯同時殺兩御史而未詳其獲罪之由又土木之敗由於王振挾主親征違衆輕出及敵鋒旣迫猶以顧戀輜重不卽退軍致英宗陷身漠北乃紀中於王振事不及一語尤爲疏略所有明史本紀著英廉程景伊梁國治和珅劉墉等將原本逐一考覈添修務令首尾詳明辭義精當仍以次繕進候朕親閱鑒定重刊頒行始知明史於元時人地名曾經改譯本紀亦經增修然志表傳之修改與否無明文可據也嗣讀武大令億授堂文鈔與莨喬菴書有在都爲友人校官書閱及忠義傳考證之語方知明史有考證求之數年不能得以詢朋好亦絕無知之者光緒丙戌叚得劉君嶽雲所臨邵比部懿辰簡明目錄評本稱在方略館時見乾隆末年改定明史僅列傳百數十卷中多籤改繙譯人名地名閒引他書籤改本文似未曾改刊此目所云新定之本或卽此本但列傳卷數並無分合豈添列三藩事蹟增多二十四卷歟須得閣本對勘方釋此疑（案邵比部云乾隆末年改定又云僅百數十卷皆係約略之詞未經考實）余竊心識之丁亥秋入直樞院卽屬館中令史張大誥物色是書果得藍面冊明史自卷一百十六至卷三百三十二（闕卷一百九十五）凡二百十六卷列傳首尾略具案語用黃籤黏書之上方人地名改譯及修改字句處用黃籤黏原文之上惟年久受潮溼黏籤敓落甚多且有黴爛成塊未堪揭動之葉余屬張令史悉心迻寫僅得什之柒八此卽邵比部所見進呈本盍當時奉丁丑詔書以次繕進故卷面書臣某官某某恭校卷中黏籤皆黃也繼又得藁本四十餘卷卷面題總裁英閱總裁于閱總裁錢閱及纂修官黃輯宋輯協修官嚴輯章輯羅輯等字案語與進呈本略同閒有爲總裁所刪者則進呈本不錄最後又搜得正本三巨冊自卷一百十八至卷三百二十八（闕卷二百五十二至二百五十六）凡二百六卷每卷題明史卷幾考證意在分附明史各卷之後故析卷皆同每條稱臣某某案亦與他史考證同式以上三本皆邵比部所未見張令史得之牆壁之閒故多爛脫三本皆祇列傳無紀表志藁本進呈本不及正本之完備然亦有藁本考訂郅塙而進呈本刪去者有藁本進呈本俱有而正本不錄者且有案語絕無發明而列入正本者良由官書成於衆人之手荃茅同處揀擇不精又其時總裁諸公無淹雅鴻朗之才故去取未能悉當是書總裁原派尚書英廉程景伊梁國治和珅內閣學士劉墉續派大學士于敏中侍郎錢汝誠纂輯則宋銑劉錫嘏方煒黃壽齡嚴福羅修源章宗瀛凡七人銑吾吳縣人乾隆二十五年進士由編修出知湖南衡州府錫嘏順天通州人乾隆三十四年進士由御史官江南河庫道著有快晴小築詞堉孫爾準刻之屬楊芳燦爲序見芙蓉山館文鈔煒安徽定遠縣人壽齡江西新城縣人皆乾隆三十七年進士煒官司經局洗馬壽齡官編修福亦吳縣人修源湖南湘潭縣人宗瀛浙江會稽縣人皆乾隆四十年進士修源官侍講學士福宗瀛皆官編修改譯遼金元三史成於乾隆四十七年四月而明史考證告成年月不可考今所存藁本題總裁于閱英閱者甚多于文襄卒於乾隆四十四年十二月英文肅卒於乾隆四十八年八月此書告成疑當在乾隆五十年以前也正本卷第與今通行本明史同張令史續得卷三百十六至卷三百三十二刊本考證一冊係初刊樣本中有黏籤校改處其卷第亦與正本同當卽所謂新定本也惟新定本雖有改譯有增刪合諸目錄四卷仍是乾隆四年三百三十六卷之舊第與簡明目錄卷數不符葢不得閣本對勘終未易釋此疑耳余詳閱進呈本字句或增或刪必於前後數行湊足字數故案語中每云以符勻刻纂輯諸臣葢謹遵聖諭就原板湊足字數藉省刊刻之煩惟案刊本考證卷三百二十九三百三十俱云卷內改譯各名過多難以增刪勻刻擬將全卷另刊則亦未嘗無重刊之卷矣今殿本遼金元三史俱改譯（乾隆四十七年以前印本人地名未改譯今不易得）卷末附考證而明史獨否余思其湮晦故屬張令史將進呈本黃籤一一傳錄退直之暇復取藁本正本參觀互證汰其文義複沓及空衍無關宏恉者（如云某事某書無考及增某字刪某字以符勻刻之類）簿領趁暇作輟靡常凡兩閱寒暑始克排比成書分卷四十有二題曰明史考證攟逸昔邵比部僅見此書進呈本余又獲覩藁本正本並初刊樣本雖皆爛闕不全斷璧零璣足資采摭然非邵比部肇之目錄余不知訪求非張令史博搜於塵网蠹齧之餘亦無從掇錄成集二君之功皆未可泯也光緒倉龍甲午辜月長洲王頌蔚識於京師宣武坊南之醋章胡同

改譯人地名

明史人地名之改譯見乾隆四十年四十二年兩次諭旨惟海內並未頒行是書清本凡改譯處均黏籤本字之上雖年久不免脫落尚可考見什之八九人名則俺答（改諳達）擠力克扯力克（俱改徹哩克）把當孩把當亥（俱改巴爾達噶）把孫巴孫（俱改博遜）吉囊（改濟農）小十王（改沙什王）滿罕歹（改瑪哈岱）猛克兔（改蒙克圖）辛愛（改錫林阿）把都兒（改巴圖爾）打來孫（改達喇蘇）援兔（改諾木圖或改努克圖）炒蠻炒花（俱改綽哈或改綽滿）朶顏董狐狸（改朶顏董呼哩）長昂（改長安）長禿（改索克圖）大嬖只（改德特必濟或改大必濟）火落赤（改霍落齊或改浩爾齊）火力赤（改浩爾齊）把漢那吉（改巴噶奈濟或改巴漢鼐濟）哼素（改博索）把伶（改巴朗）了都（改婁德濟）哼拜（改巴拜）昆都力（改昆都哷赫）打喇明安兔（改達賚明安圖）東桂（改棟固）老撒卜兒（改婁徹伯爾）速把亥（改蘇巴爾噶）滿五大（改莽達阿）卜失兔（改布色圖）小顧兒（改薩喇勒或改沙哩勒）土昧（改圖們）擺言太（改巴延台或改巴延泰或改布延泰）哼雲（改布延）捨達大（改實達達）鐵雷（改塔瀕）莊禿賴（改章圖哩）切盡台吉（改齊勒台吉或改徹辰台吉）七慶台吉（改徹辰台吉）黑石炭（改哈斯坦）委正（改衛徵）拱兔（改恭圖）卜言台周（改布延台吉）清佳努（改青噶諾爾）楊吉努（改楊珠諾爾）以兒鄧（改伊勒登）堵剌兒（改都哷勒）卜兒亥（改布爾噶）卜兒孩（改布爾噶或改卜爾該）慌忽太（改鴻和台）趙鎖羅骨（改趙索羅科）王台（改翁台）那林孛羅（改納琳博囉）克力蓋（改克哷該）小阿卜戶（改小阿布呼）土阿（改圖斡）猛可眞（改孟克章）老把都（改婁巴圖或改老巴圖）也坐（改葉磋）也臣（改葉沁）炒胡兒（改綽和爾）花大（改呼達）賴暈歹（改賚約蘇岱）小歹青（改小岱青）沙賴沙剌（俱改實喇）銀定歹成銀定歹青（俱改伊勒登達春）可卜列（改克伯里）宗塔兒（改總塔兒）阿大（改阿勒達）丙兔（改必圖）占柯（改章喀）乞炭乞台（俱改奇塔特）抽扣兒（改楚庫爾）三兒台吉（改薩喇台吉）阿老丁（改阿喇卜丹）烏馬兒（改烏瑪爾）職馬祿丁（改智默羅丹或改札瑪魯迪音）定住鼎住（俱改鼎珠）揚犖眞珈（改嘉木揚喇勒智）汝納（改儒克爾）丑驢（改綽羅）哈立麻（改哈里瑪或改喀利瑪或改噶喇嘛）干兒罵（改噶爾瑪）阿班歹（改阿巴岱）勒羅鐵（改魯台）劄巴堅參（改札巴鑑勒木燦或改札克巴嘉木燦）劄實巴（改札巴勒）鎖南堅參（改索諾木嘉勒燦或改索諾木嘉木燦）端竹也失（改敦珠伊實）班卓爾藏巴班卓爾藏卜班竹爾藏卜（俱改班珠爾藏布）領占竹（改凌沁珠）劄實堅參（改札實嘉勒燦）乳奴班丹（改日諾巴勒丹）法領占（改巴凌沁）花當（改和通或改和囉丹）火立達（改和爾丹）瓦剌灰（改鄂爾和）眞金（改精吉木）陳埜先（改陳額森）察罕帖木兒（改察罕特穆爾）竹貞（改珠占）寬徹不花（改庫沁布哈）延安答理（改揚安達爾）延安答里（改延安特哩）楊完者（改楊諤勒哲依）達識帖睦邇（改達什特穆爾）朶兒只班朶兒只巴朶兒只伯（俱改多爾濟巴勒）索羅帖木兒（改博囉特穆爾）泰不華（改台哈布哈）擴廓帖木兒（改庫庫特穆爾）哈麻兔哈麻圖（俱改哈瑪爾圖）完者都（改旺札勒圖或改烏哲都）朗革歹（改塔克達）把市剌瓦爾密（改巴咱爾斡爾密）老的沙（改羅達錫）捌思監（改綽思監）斯識白鎖住（改白索珠）脫列伯（改圖魯卜）脫因帖木兒（改託因特穆爾）貊高（改摩該）阿魯溫（改阿嚕掄）貊鼻馬（改呼必勒瑪）馬合謀（改瑪哈木特）馬哈木馬黑木（俱改瑪哈穆特）完者帖木兒（改旺札勒特穆爾）曲出（改庫春）朶耳麻（改多爾瑪）柏帖木兒（改拜特穆爾）迭里彌實（改德爾密什）伯顏子中（改巴延子中）伯家奴（改伯嘉努）達尼達思（改達尼達斯）定定（改鼎鼎）僧

住改珠惜石抹宜孫改舒穆嚕伊遜厚孫改和遜普顏不花卜顏不花俱改布延布哈綴納錫彰改齊實克章農桑哥失里改桑噶錫里拜泰古改巴唐古勒王可昂克俱改恩克阿失不花改阿什克布哈普顏帖木兒卜顏帖木兒卜煙帖木兒俱改布延特穆爾不花鐵木兒不花俱改特爾布哈穆元禿蠻改約尼圖們董丑漢改董綽哈忽哥赤改郭郭齊達里麻改達爾瑪達的改迪託驢兒改魯爾納哈出那哈尤俱改克埒納忻都改錫都脫因改託音慶童改慶同迭兒必失改特爾畢什楞賽音不花改富森布哈滿川改穆辰乃兒不花改納爾布哈阿魯帖木兒改阿嚕特穆爾也速改伊蘇慶生改齊克慎阿魯灰改阿勒哈或改輝爾阿劉帖木劉帖木兒俱改劉特穆爾沙不丁改沙布迪音上都罕改達沙哈愛猷識里達臘改阿裕錫哩達喇阿裕錫哩達喇或買的立八剌改密迪哩巴拉蠻子哈剌章改曼濟哈喇章陳安禮改陳阿里朶朶失里改託克託錫哩答海改塔齊何鎖南改何索諾穆溫伯顏帖木兒改巴延特穆爾或改特穆爾顏特穆爾巴別里哥改伯爾克通久通改覺脫脫不花改託克託布哈阿昌失納改阿錫納察脫火赤改託和齊愛足改阿裕珠帖里帖木兒改託穆爾里特穆爾禿堅不花改圖布哈實忽丁改呼丹布蠻子海牙改曼濟哈雅上都驢改上都羅多爾桑或長加奴改嘉努昌乃剌吾改古爾或改拉勒拉圖探馬赤改特爾數齊觀童關童俱改古通木華黎改穆呼哩失剌罕改實喇罕鎖納兒改索諾爾哈者舍利改哈扎實喇拜住改拜哲阿思蘭改阿爾蘭薩也兒吉尼改額吉訥韓札兒改哈扎爾什嚕爾或火兒忽答改哈喇哈達或和爾固達哈海改哈哈僧家奴改僧嘉努小鎖兒改小蘇爾盧伯顏改巴延盧兀不台兀卜台俱改博台鄂封帖木改彭特穆爾乞失迦改切實嘉哈兒魯改哈喇嚕脫古斯帖木兒脫古思帖木兒俱改特古斯特穆爾帖里密赤改特墨齊爾果來改郭勒不蘭奚改布喇奇哈咎改哈爾吉月魯帖木兒改伊嚕特穆爾僧伊改特穆爾或闊闊乃馬歹改瑪爾瑪岱改保實卜實金剛奴改金剛努王忙哥改王孟格翟也先不花改翟額森布哈八丹改巴勒丹僧儒改僧舒桑李羅普化改博羅布哈俺普達改溫普達答祿與權改特達爾與權安童改安圖阿朮改阿珠札剌爾改札拉爾帖木烈思改特穆爾思火耳灰改和爾輝本雅失里改布尼雅錫哩咎卜卜改巴藏都連改多蘭忽失溫改呼實衮失乃千改實納干失捏千改實納干火篩改和碩老的罕改達哈瑪馮答蘭帖木兒改特穆爾達蘭虎保改呼巴亦令眞巴改伊琳沁巴勒阿台改阿勒台阿勒丹或改諤嘞哥改能格格賽音不花改賽音布哈忽哥改和克齊寶山帖木兒改博順特穆爾兀良吉斛改烏蘭濟達高家奴改高嘉努耶卜兒哈改朗布爾哈罕或阿必車改阿必齊阿比車改阿巴齊金台吉金台什俱改錦台什白羊布羊古俱改巴揚古安憧帖木兒改託特穆爾買的里八剌改邁達哩巴拉或改巴迪哩巴拉塔海帖木兒改達哈特穆爾失篤兒改實都爾蒙哥禿改孟格九住改珠兌完者不花改旺札勒布哈天保奴改天保努捏怯來改諤克埒失烈門改實勒們地保奴改地保努咬住改伊珠也速迭兒改伊遜岱爾坤帖木兒改坤特穆爾鬼力赤改鄂勒齊馬兒哈咱改瑪爾哈扎勒埽胡兒改索和爾答里巴改塔爾巴巴的改巴迪阿卜只俺改阿布扎蘭譯博阿台王子改阿勒台王子達達可汗改達爾丹汗阿剌改阿拉麻兒可兒改格穆爾李來改喇保毛里孩改瑪拉噶馬古可兒吉思改蒙古勒克埒吉斯青阿羅出阿魯忽俱改阿嚕勒楚勒斡羅出改鄂羅克蘭學魯乃

改巴顏畢羅乩加思蘭改伽色袞嘉李羅忽改博勒呼滿都魯改們都嚕勒脫羅千改羅該亦思馬因改伊斯瑪音伯顏猛可王改巴延蒙古王亦卜剌因王改伊畢木王剌亦卜剌因王改伊畢喇伊王阿爾禿斯改阿勒圖爾賓克或改爾圖噶阿斯帖木哥改特穆格阿不孩改阿布海猿台吉改明台吉桃松寨改斯齊禿收令哥改實頁郭勒通罕改託干通漢改圖罕黃台吉改杭台吉比吉改濟必阿力哥改里格吉能改吉訥賓兔台吉改賓圖台吉那木兒台吉改綽爾台吉打兒罕台吉改達爾罕台吉哈屯改哈敦乞慶哈改徹辰汗永邵卜改永什卜素囊台吉改蘇納台吉五路台吉改烏魯木台吉兀慎台吉改烏台吉阿暈改阿揮且旦改瑪勒丹古六台吉改古魯台吉吉敖目比吉改克必濟毛乞炭比吉改茂奇坦必濟爾白言台吉改巴台古延猛可帖木兒猛克帖木兒滿哥帖木兒俱改孟克特穆爾爾把禿李羅改巴圖博羅答哈帖木兒改達哈特穆爾暖答失改諾達實袞實亦剌思改勒蘇忽蘭忽失溫改和拉呼實衮蘇火耳灰改蘇和爾輝和滿賽因打力改賽音達哩捏烈忽改鼐哩呼皮兒馬黑麻改必爾瑪哈瑪勒伯都王改巴圖王兀忽納改烏固納阿失帖木兒改阿實特穆爾克拜亦瞰哈改拜勒哈克捨改克實養罕王改揚汗王阿沙改阿實克火兒忽力改和爾火兒古倒溫改呼爾古達衮卜六王改博囉王裴牙失里改錫哩袞雅脫兒火察改託爾呼察哈兒兀歹改哈爾威岱剌安出改安春土不申改圖卜慎朶兒朶臥改多爾多斡阿者禿改鄂哲圖哈剌哈孫改哈斯哈喇朶欒帖木兒改多羅特穆爾別里格改伯勒格迭連抽赤改德沁楞卓賽刊王改賽堪王朶羅干改多囉干打哈改達哈伯革改伯格舟兒改舟兒朶顏通罕改朶顏託干班不什改班布什納忽里改納固爾安克帖木兒改昂克特穆爾買住改鄂珠兔力帖木兒改推勒特穆爾卜答失里改達實里北斗奴改北斗努脫脫塔木兒改託克託特穆爾託克託倒瓦答失里改瓦達實里倒瓦剌失改刺納失里皮剌納改必喇納猛克不花猛哥不花俱改孟克布哈弩溫答失里改努溫達實里捏列沙改納璘蘇卜列革改科拉布阿只俺章改阿齊安札勒把塔木兒察改巴勒塔穆爾察古兒魯海牙改科雅哈勒阿兒察改阿爾察阿力牙改阿里雅蘭牙木蘭俱改伊蘭阿黑麻改阿哈瑪阿木郎改阿穆朗綽卜都改卓托者盼卜改哲盤布奄克孛剌改克勒寶剌卜恩克千奔改克實本寫亦虎仙改舍音浩然改呼實拜迭力迷失改拜達勒都實眞帖木兒改特穆爾阿孛剌改阿保喇滿速兒改滿蘇爾滿速爾改蘇爾拜牙郎改巴雅濟滿哈剌三改拉薩哈火者他只丁改和卓塔濟迪音火者馬黑木改瑪和卓哈穆特爾火者撒者兒改和卓哲爾米兒馬黑木改穆爾穆特爾瑪馬入拜烟答改伊寶保失拜烟答改布達沙虎都寫亦改克呼都音虎力納咱兒改和納咱爾瓦赤剌改齊爾白阿兒忻改阿爾奇觀音奴改觀音音努阿黑把失改巴克什哈散改克哈賽音帖木兒改特穆爾清來改沁法泉改克沁尹吉爾察改伊爾察歪思改威蘇或也先帖木兒改特穆爾巴剌麻兒改巴爾也密力火者改密里卓和倒剌火只改道拉卓滿剌土兒改滿剌章古改庫章鎖南普改素諾卜納剌改布納羅朶兒只改多爾濟汪家奴改旺嘉努桑加朶兒只改結桑多爾濟汪瓦兒改斡拉李喃哥改李能格史剌巴改喇卜必里改實克三剌改薩吒思巴領占改巴凌多斯著星卜改星珠阿爾官改阿哩袞亦不剌改伊布勒或亦不剌金改伊伯格勒伯格

勒改或津勒布改額亦孛來改布勒亦卜剌改伊勒伯格麻答兒改達滿勒板咱失里改巴咱實哩哈咎改喀勒藏哈孩虎都魯改和勒拉哈三卻改桑哈三改哈濟多爾撒力加藏卜改薩哈勒藏布散節兒只失加改克沙勒嘉亦拏丹改伊勒丹散哥改格散節思買失兒監藏改嘉勒鑽雅令闊改雅凌喀爾那南奔改納木領占幹些兒改凌戩斡齊爾泰巴改克巴斯陝巴改善巴綽爾加爾改綽爾加兒加小錫忽魯札改錫喇呼察鎖魯丹改索爾丹眞只罕改札罕卜答兀改烏克達治藏王淮改特旺智堅都改約嘉勒勒那那罕改納罕都立改都哩忽都帖木兒改特穆爾克亦憐眞改沁藏塔力尼改塔爾尼苦朮改庫爾哈剌馬牙改哈喇瑪雅老伯罕改達且旺失嘉改沙克旺可兒卽改科爾結困卽來改袞濟堆合者改索者鎖合者改蘇嘉古革古者改格嘉古總兒加陸改總嘉勒勒瓦撒塔兒改達爾薩敢班改斡布乞巴改巴且賞卜塔兒改藏布塔爾昆藏改袞嚕鎖南東改索諾木舒阿魯哥失里改阿嚕噶實哩抹合阿巴赤改阿巴齊台苦兒蘭改庫爾赤納改齊納阿赤不花改阿布桑哥失力改桑噶實哩班麻思結改巴瑪斯結克俄羅領占改凌戩毛哈剌改茂哈喇祈者孫改齊塔遜鎖南吉剌思改索諾木結喇答力龔改達爾袞卻里加改哈爾嘉那那改納南賞卜兒加改藏嘉把麻奔改巴瑪本枝丹改智丹只克改智克曰羔改日噶土巴巴改圖兀納失里改溫納實哩岳山改嶽善別兒怯帖木兒改伯勒齊爾特省阿桑爾只改桑阿爾結八思巴改巴斯巴克喃加巴藏卜改布藏巴藏鎖南堅巴藏卜改索諾木結勒藏布哥列思監藏巴藏卜改格勒克斯戩哥監藏巴藏卜改噶勒藏布答力麻八剌改達爾瑪嘉答師巴改達實巴實葛羅思改噶勒嚕克斯李隆逋改李隆布瓦桑兒改桑結爾加領眞改結凌沁高日瓦禪伯改高日斡禪果欒羅葛羅改科爾克實監藏巴里藏卜改嘉勒藏巴勒藏布葛哩麻巴改噶勒瑪巴爾瑪鎖南堅錯改索諾木嘉木錯昆澤思巴改結斯巴完卜改旺布桑加瓦改桑結斡綽吉我些兒改綽吉斡齊爾巴爾藏或卜巴兒藏卜改巴勒藏布釋迦也失亦改沙克嘉伊實著乩領占改珠凌戩卜且沁那卜堅參改納木布克嘉勒燦或改納木嘉勒燦卜劄巴藏卜改巴勒那卜領占改納木布凌戩綽郞羅竹改綽哩羅卓爾哲依領占班丹改巴勒丹章陽沙加監藏改扎木揚沙克嘉勒燦賞竹監藏改藏卓爾嘉勒燦木改藏卜管兀兒改衮鄂爾鎖南藏卜改索諾木藏布鎖南札思巴改索諾木扎克巴諾木巴札嚏監藏卜改嘉勒藏布吉剌思巴監藏巴藏卜改結克巴嘉勒藏巴勒藏布巴勒藏劄結改札實斡結川卜川藏改春布川藏吉剌思巴永耐改結克巴雍奈監藏巴藏布改嘉勒藏巴勒藏布桑兒結堅昝巴藏布改桑結堅燦巴勒藏布爾結嘉木巴公葛列思巴改袞噶勒克斯巴中奈改宗奈領占堅參改林沁班阿吉江東劄巴改阿吉江東扎克巴姜阿往劄失改旺扎實著思巴兒監藏改巴勒嘉勒藏喃葛監藏改喀木喀嘉勒藏班丹監劄失改扎實塔兒把堅粲改塔爾巴堅燦喃葛堅粲巴藏卜改納木嘉木端竹堅昝改端珠堅燦宗巴斡即南哥改宗巴斡克南噶巴藏卜館覺改鄂勒藏布藏布幹些兒吉剌思巴藏卜改斡齊爾結克巴巴勒藏布色鄂爾結剌實巴必力工瓦改必哩衮斡端竹監藏改端珠嘉勒藏卜綽卜藏大板的達改達爾第達班領眞巴兒吉監藏改林沁巴勒結嘉勒藏綽兒加監巴領

占改綽爾濟巴爾沁巴領占叭兒結堅參改林沁巴勒結嘉勒燦巴勒領占堅參叭兒藏卜改巴勒藏布巴林沁嘉木班著兒改班珠爾領占劄巴改林沁扎克巴南渴烈思巴改南喀勒克斯巴葛藏改噶勒藏桑加巴改桑結巴喃葛劄失堅參叭藏卜改實嘉勒燦巴勒藏布卜哈魯改布哈嚕必尼改必鼎朶兒只怯烈改多爾濟克烈失思巴藏卜改實克巴勒藏布汝奴汪叔改淑旺野藍卜納改伊勒布納南哥思丹八亦監藏改巴凱達爾邊納羅摩改達瑪羅摩沙葛新的改沙噶新迪可般改丹巴納斯鎖南兀卽爾改索諾木鄂則爾曾招兀卽爾改藏卓鄂則爾遠丹藏卜改雲丹藏布剌瓦蒙改喇斡蒙若剌改如克拉伯思東巴鐵改巴布斯買哈剌改瑪哈喇喃哩改囊哩加八僧改巴僧南葛木改克斯克羅俄堅粲改嘉木燦饒鉻改饒喀阿標改阿畢烏割思堅粲藏卜改札木藏布綽吾結言千改綽鄂結丹沁喃呆改囊愛賽容中短竹改永忠鎖滿剌哈非思改鎖滿克巴斯白阿兒忻台改拜額爾欽兀魯伯改博勒鄂伯沙里奴兒丁改實哩努爾丹卜米兒咱改密爾咱曲烈干改齊爾干卜撒因改保賽音母撒改穆薩茂伯六灣改帕爾温伯魯灣改帕勒溫辟燼刺海改勒哈實哩黑的兒火者改克德爾和卓哈馬力丁改哈瑪勒丁沙迷查干改察罕納黑失只罕改納克實什罕速哥改格蘇忽歹達改呼岱達也密力虎者改密爾呼卓沙哈魯把都兒改巴圖爾金哈藍伯改哈勒巴打剌罕改達爾罕法虎兒丁改巴哩丹阿卜都剌改阿布都喇神忠母撒改新中穆薩打魯哇勒改幹鎖和卜台改蘇克台滿可改孟克迷兒阿力改密里亦思罕答兒魯密帖里牙改伊實魯勒密特哩雅阿失剌福改阿錫拉呼實哈只馬黑木改哈濟瑪穆特捨兒班改實巴勒牙忽沙改雅固沙賽亦德阿力改阿里賽音德寶亦得哈三改賽音德哈桑亦把剌克改克拉賽音亦麻都兒改伊瑪都勒額馬都哈爾力丁爾改阿爾丹瑪撒哈八改薩哈巴撒阿的迺幹葛思改衮幹葛克思地名國名番都土司等名如察罕腦兒察罕腦剌改察罕諾爾哈剌那海改諾海剌土剌河改圖拉河答剌海改達喇海或改達勒喇海莽哥倉改孟克口溫改坤或阿魯渾河改鄂爾坤河稱海改青海桑哥兒麻改桑瑪三不剌川改賽音布拉克川百千兒改伯勒齊爾帚林山改紫林山琳山或改亦集乃路改伊濟納路別篤山改畢勒圖山苦屯改庫春亦迷河改伊瑪河牙頭改雅爾圖畢栗河改畢勒河猪兒峪改珠爾峪屈裂河改奇爾河斡難河改鄂嫩河雙乃山改尚乃山飛芬山改斐芬山捏工川改聶尼川川或張其哈佃改哈喇佃海剌都哈剌脫哈剌脫俱改哈喇圖哈可可母林改庫庫穆林克不沾泥改札木巴勒納哈流兔改哈流圖撒爾湖山改薩爾湖山勺琴山改奇琴山迤都改伊都闊灤海改庫倫海子宿嵬山改蘇海山蘭答納木兒河改納木達蘭河母納山改穆納山兀魯乃改烏拉納刁力溝改多勒溝莽剌川改莽拉川兀蘇河改烏蘇河千趕河改千哈河把思闊改博斯呼屈烈河改楚埒河格魯琨改喀魯琨腦溫江改諾溫江早落兀素改喀喇烏素卜隆吉兒川改布隆吉爾川小列禿改錫埒圖改圖或兔兒壩改圖爾壩苦爾丹改科爾丹靈藏改凌藏畢力朮江改巴勒江帖兒谷改託爾谷柏木竹巴改穆珠巴克思達藏改思達克藏藏牛兒宋寨改諾爾松寨白勒寨改巴勒寨阿昔洞改錫嘉洞老思岡改魯斯岡阿魯骨改阿嚕呼本勒達達改達勒達阿朮河改阿珠河忽魯謨斯

（改和爾默蘇）古里（改呼哩）古里阿丹（改庫哩阿爾丹）俺的千失剌思（改安迪千喇斯）實尼八剌（改尼巴勒）速覩嵩（改蘇都松）木于闐（改和闐）俺的千（改愛達罕）哈實哈爾（改喀什噶爾）亦思弗罕（改伊斯帕哈布）蘇火剌札（改呼爾察）乞力麻兒（改奇爾瑪勒）白松虎兒（改博和勒）答兒密（改達爾瑪）納失者罕（改納實哲干）敏眞（改密珍）日落（改日羅）米昔兒（改密實爾）討來思（改託喇思）阿速（改阿蘇）沙哈魯（改薩哈魯）（改薩和爾呼爾）或默德那（改默德納）撒馬兒罕（改賽瑪爾堪）沙鹿海牙（改實喇哈雅）達失干（改達實干）賽藍掃藍（俱改薩蘭）養夷（改揚伊克）渴實（改克實克）迭里迷（改德爾默或達實密）卜花兒卜哈剌（俱改布哈爾）別失八里（改巴什伯里）哈烈（改哈里）俺都淮（改安都呼）八答黑商（改拔達克山）亦力把里（改伊犂巴爾）黑魯黑婁（俱改赫嚕）失剌思（改實喇蘇或賽喇蘇）把丹沙（改巴達實）速麻里兒（改蘇瑪喇勒）（改舒克勒）克密思兒（改密色爾）默伽（改穆齊）瓦剌（改衛拉特）兀良哈（改烏梁海）籠板（改爾袞）土蠻（改土默特）我兒都司襖兒都司（俱改鄂爾多斯）王兀堂（改鄂特）伯牙（改巴雅）銀鐙（改音登）貴英哈（改古英阿哈）一克灰正（改伊克輝章）腦毛大（改諾穆岱）亦郎骨（改伊楞古）插漢兒（改察哈爾）哈喇嗔（改喀喇沁）畏兀兒（改輝和爾）哈剌灰（改哈喇輝）乜克力（改默克哩）哈剌喇（改哈喇）帖木兒哥土巴（改特穆爾圖巴）哈梅里（改哈密）著亦币（改哲依帕）阿眞（改阿珍）石先帖里（改錫勒特克）撒里（改薩哩）板納（改巴納）野乜克力（改野克）勒思袋日（改斯愛日）別思寨（改伯勒齋）蔦式耶（改格特默）哈烈兒（改哈喇）沙的蠻（改沙達瑪）哈的蘭（改哈達蘭）把力黑（改巴爾克）俺力麻（改雅爾瑪）察力失（改察克拉實）斡失（改斡實拉）怕剌（改帕勒）你沙兀兒（改薩固爾）克失迷兒（改克實密爾）帖必力思（改特哩蘇博）火壇（改和坦）擺音（改巴延）克乩（改克勒蘇）米兒哈蘭（改密爾哈蘭）可脫乩蠟燭（改克託拉珠）也的干（改葉迪干）剌竹（改拉珠）因格失迷（改英格實密）乞兒吉思（改奇爾吉斯）羽奴思（改伊蘇）哈辛（改哈勒津）囉囉斯（改羅羅斯）茶罕章（改察罕桑）達思蠻（改塔斯蠻）他如汗號則虎墩兔（改呼圖克圖）土速檀（改蘇勒坦）或鎖魯檀（改素勒坦）官名則達魯花赤（改達嚕噶齊）宰賽宰僧眞相（俱改宰桑）招討司則朶甘隴答（改朶甘隆答）朶甘念溏（改朶甘念唐）磨兒勘（改穆爾堪）答隆蒙（改達隆蒙）萬戶府則沙兒可（改沙爾）乃竹（改珠）羅思端（改羅斯敦）列思麻（改哷斯瑪）軍民元帥府則俄力思（改鄂斯）衛名則阿端（改阿敦）毛憐（改穆琳）曲先（改庫森）必里（改必里克或必哩克）俺不羅（改安布）餘如管事之名力完（改達）屋名板升（改拜甡）大土臺名大土剌（改達都拉）糖名達耶古賓（改達古蘭爾斑）此皆改譯之大略也

各卷纂輯姓名

是書纂輯諸臣以稾本考之宋銑黃壽齡皆纂修官嚴福羅修源章宗瀛皆協修官惟劉錫嘏方煒無考進呈本所題姓名往往與正本不同今悉詳著之而卷中不復出某人案亦不云某人恭校以歸簡易一百十三一百十四問名此二卷據稾本緝錄進呈本正本俱闕一百十五稾本進呈本正本俱闕一百十六一百十七進呈本嚴福正本闕一百十八至一百二十進呈本羅修源正本嚴福一百二十一進呈本羅修源正本方煒一百二十二進呈本宋銑正本嚴福一百二十三一百二十四進呈本宋銑正本章宗瀛一百二十五一百二十六進呈本劉錫嘏正本方煒一百二十七進呈本羅修源正本章宗瀛一百二十八至一百三十二進呈本劉錫嘏正本嚴福一百三十三至一百三十七進呈本宋銑正本章宗瀛一百三十八至一百四十一進呈本劉錫嘏正本章宗瀛一百四十二進呈本劉錫嘏正本方煒一百四十三嚴福一百四十四進呈本嚴福正本章宗瀛一百四十五至一百四十八進呈本宋銑正本章宗瀛一百四十九至一百五十一嚴福一百五十二一百五十三進呈本劉錫嘏正本方煒一百五十四進呈本劉錫嘏正本章宗瀛一百五十五進呈本劉錫嘏正本方煒一百五十六劉錫嘏一百五十七進呈本宋銑正本黃壽齡一百五十八嚴福一百五十九一百六十進呈本宋銑正本黃壽齡一百六十一一百六十二進呈本宋銑正本章宗瀛一百六十三一百六十四黃壽齡一百六十五進呈本羅修源正本方煒一百六十六至一百六十八黃壽齡一百六十九一百七十進呈本宋銑正本章宗瀛一百七十一至一百七十三進呈本宋銑正本黃壽齡一百七十四至一百七十八黃壽齡一百七十九進呈本羅修源正本方煒一百八十至一百八十四進呈本宋銑正本黃壽齡一百八十五至一百八十八黃壽齡一百八十九羅修源一百九十一百九十一進呈本羅修源正本方煒一百九十二進呈本黃壽齡正本方煒一百九十三進呈本宋銑正本方煒一百九十四進呈本羅修源正本方煒一百九十五正本方煒（進呈本此卷闕）一百九十六一百九十七進呈本羅修源正本方煒一百九十八至二百進呈本宋銑正本章宗瀛二百一進呈本羅修源正本章宗瀛二百二進呈本黃壽齡正本章宗瀛二百三二百四黃壽齡二百五進呈本黃壽齡正本方煒二百六嚴福二百七黃壽齡二百八進呈本黃壽齡正本章宗瀛二百九進呈本宋銑正本章宗瀛二百十嚴福二百十一宋銑二百十二進呈本宋銑正本章宗瀛二百十三二百十四宋銑二百十五至二百十七嚴福二百十八二百十九進呈本黃壽齡正本章宗瀛二百二十二百二十一黃壽齡二百二十二進呈本黃壽齡正本章宗瀛二百二十三進呈本羅修源正本章宗瀛二百二十四二百二十五進呈本宋銑正本章宗瀛二百二十六進呈本羅修源正本章宗瀛二百二十七至二百二十九進呈本宋銑正本章宗瀛二百三十二百三十一進呈本羅修源正本方煒二百三十二進呈本羅修源正本章宗瀛二百三十三黃壽齡二百三十四至二百三十七嚴福二百三十八二百三十九進呈本黃壽齡正本方煒二百四十嚴福二百四十一進呈本羅修源正本方煒二百四十二進呈本羅修源正本章宗瀛二百四十三至二百四十六進呈本羅修源正本方煒二百四十七進呈本黃壽齡正本方煒二百四十八黃壽齡二百四十九進呈本羅修源正本方煒二百五十二百五十一進呈本宋銑正本章宗瀛二百五十二至二百五十五進呈本嚴福二百五十六進呈本闕名（二百五十二至二百五十六正本闕）二百五十七進呈本宋銑正本章宗瀛二百五十八嚴福二百五十九章宗瀛二百六十嚴福二百六十一進呈本宋銑正本黃壽齡二百六十二至二百六十五嚴福二百六十六進呈本羅修源正本方煒二百六十七二百六十八黃壽齡二百六十九進呈本羅修源正本方煒二百七十二百七十一黃壽齡二百七十二二百七十三方煒二百七十四進呈本羅修源正本方煒二百七十五至二百八十嚴福二百八十一至二百八十四進呈本羅修源正本方煒二百八十五進呈本宋銑正本章宗瀛二百八十六進呈本羅修源正本方煒二百八十七至二百九十一章宗瀛二百九十二進呈本羅修源正本方煒二百九十三進呈本羅修源正本闕名二百九十四進呈本羅修源正本方煒二百九十五進呈本闕名正本方煒二百九十六進呈本羅修源正本方煒二百九十七進呈本嚴福正本章宗瀛二百九十八至三百一章宗瀛三百二三百三方煒三百四進呈本羅修源正本方煒三百五至三百七方煒三百八至三百十嚴福三百十一至三百十八章宗瀛三百十九進呈本宋銑正本章宗瀛三百二十進呈本宋銑正本方煒三百二十一至三百二十六進呈本嚴福正本章宗瀛三百二十七進呈本宋銑正本方煒三百二十八黃壽齡三百二十九至三百三十二方煒

明史攷證攟逸卷一

長洲王頌蔚編集

列傳第一　后妃一

太祖孝慈高皇后傳一日問帝今天下民安乎○按成祖嘗問徐后曰先后遺言何者至要對曰安危係民之苦樂民心之所歸卽天命之所在又曰賞罰惟公足以服人見明實錄

帝封馬公徐王鄭媼爲王夫人○按馬公鄭媼俱於洪武二年追封建祠太廟之東至四年命陶凱立廟宿州塋祠見明實錄

成祖仁孝徐皇后傳官僚宜擇廷臣兼署之（改宜擇老成之士以輔之）○按明實錄后謂成祖曰太子國家之本諸王藩屏所資願擇老成端正之士輔養德器上曰皇考之制東宮官屬率以廷臣兼之益明制宮僚兼署王官專設漢趙二王官僚不應廷臣兼署也此云官僚宜擇廷臣兼署誤

作內訓二十篇○按內訓二十篇目曰德性修善謹言愼行勤勵警戒節儉積善遷善崇經訓景賢範事父母事君事舅姑奉祭祀母儀睦親慈幼逮下待外戚見明實錄

宣宗恭讓胡皇后傳選爲皇太孫妃○按胡后父榮生七女洪武初長女入宮爲女官榮授錦衣百戶后其第三女也見明實錄

郭嬪傳入宮二旬而卒○按宣宗聞郭氏之才因召至京卒贈國嬪見朱彝尊明詩綜

景帝汪廢后附傳妃杭氏○按杭后父昱因后累陞錦衣衛指揮使外戚不爲昱立傳又杭后立謚耐廟英宗遷之別室並見明實錄

孝穆紀太后傳別祀奉慈殿○按嘉靖十五年幷祭祀太后於奉先殿罷奉慈殿薦享見孫承澤春明夢餘錄

列傳第二　后妃二

孝宗孝康張皇后傳會太后弟延齡爲人所告○按是時刑部謂延齡謀逆無驗殺人乃實帝爲奪尚書聶賢俸見明實錄

孝烈皇后方氏傳十年三月○按后與鄭氏等冊爲九嬪禮志作十一年

捕宮人雜治○按時同謀宮人有楊玉香邢翠蓮姚淑翠楊翠英關梅秀劉妙蓮陳菊花王秀蘭又有徐秋花鄧金香張春景黃玉蓮等見徐學謨世廟識餘錄

孝定李太后傳顧好佛京師內外多置梵刹○按太后事佛甚謹宮中稱爲九蓮菩薩神宗爲建景命殿於涿縣之永樂店蓋太后所生之地也有神宗御製碑文見陸元輔菊隱紀聞朱彝尊日下舊聞

神宗孝端王皇后附傳有昭妃劉氏○按劉妃加謚爲宣懿康昭見明實錄

鄭貴妃傳十月立爲皇太子○按皇太子之未立也大內北上西門之西有大高元殿鄭妃要帝謁神設密誓立其子爲太子因御書一紙緘玉合中賜妃爲符契後廷臣爭之彊慈聖太后復堅持立長於是太子遂定帝遣人取玉合封識宛然發合蟲蝕書盡矣見日下舊聞

光宗孝元郭皇后傳謚恭靖○按后於泰昌時進謚恭端懿溫惠元見明實錄

孝和王太后傳四十七年三月薨○按后以三十二年生熹宗進才人始薨時謚昭肅恭和章懿才人光宗卽位進封皇貴妃改謚溫肅端靜純懿皇貴妃見明實錄

莊烈帝愍周皇后傳其先蘇州人蘇州改嘉定○按周后爲蘇州嘉定人見嘉定縣志

帝嘗在交泰殿○按乾清宮之北曰交泰殿皇后所居也袁貴妃居翊坤宮田貴妃居承乾宮並見日下舊聞

贊

亦非有陰鷙之謀干政奪嫡之事徒以恃寵溺愛改亦非有干政之事然鄭妃忘匹嫡之嫌恃寵溺愛○按萬貴妃傳中屢傷皇嗣其謀陰鷙已甚鄭貴妃擅寵奪嫡見於各紀載及史中各傳者確有可據贊內但取文筆之抑揚於事理曲直殊爲失當

列傳第四　諸王一

秦王樉傳樉妃元河南王王保保女弟○按王保保卽庫庫特穆爾沈丘人本王氏小字保保順帝賜今名

長安有魯齊書院齊改齋○按魯齋書院見陝西通志此作魯齊誤

所著有經進小鳴集經進改賓竹○按誠泳所著詩名賓竹小鳴集見明詩綜此作經進誤

鳳朔以東朔改翔○按秦藩在陝西自潼關以西無以朔名地者係翔字之誤

晉王棡傳棡驕來朝○按棡來朝時廢爲庶人居京甚久號泣悔罪乃復爵敕歸時桂彥良汪河爲其官屬棡待之有禮見明實錄

數命將兵出塞及築城屯田○按棡與燕王同出塞燕王深入北庭棡第築城於下水太祖切責之見明實錄

晉王棡附傳十年徙汾州○按永樂十年五月辛卯命慶成王濟炫居蒲州撥太原右衞中所官軍隨侍又以蒲州弊壞請居汾州從之見明實錄

周王橚傳弟有爋○按有爋少與高煦善建文中嘗誣定王反燕王卽位定王請誅之成祖不忍徙之大理定王老始歸見明實錄

子敬王在錫嗣萬歷十年薨○按敬王在錫表作十一年薨與此互異

崇禎十四年冬李自成攻開封○按李自成三圍開封此云十四年冬則第二次被圍之時也當自成初圍時周藩承奉曹坤左長史李映春奉藩府勇士八百人登城守禦下令民間有能出城斬賊一級者賞銀五十兩能射殺一賊者賞三十兩射傷一賊或磚石擊傷者賞十兩百姓紛紛恐後見李光壂守汴日志

周王橚附傳從河洛間宿儒游○按睦㮮受禮於睢陽許先三月而盡其學見明詩綜

益訪購古書圖籍至延招學者坡改陂○按睦㮮傾貲購書竭四十年之力倣唐人四部法用牙籤識別凡一萬二千五百六十卷起萬卷堂諷誦其中築室東陂之上有陂上詩文集二十卷見明詩綜

楚王楨傳十四年就藩武昌○按楚王於十四年就藩卽率江夏侯周德興討散毛諸洞蠻明年討大庸諸洞二十年討雲南阿魯速二十四年征西番二十七年討道州全州叛猺二十八年討桂陽山寇二十九年討瀘谿黔陽諸蠻並有功見明實錄

楚宗人華越等言華奎與弟宣化王華壁皆非恭王子○按楚恭王得廢疾以遺腹孿生華奎華壁儀賓汪若泉嘗訐奏其非事下撫按王妃持甚堅得寢至是華越又奏之見郭正域等傳

魯王檀傳十二年大清兵克兗州二改五○按王世貞諸王表肅鏞以崇禎十二年薨子以派十三年嗣十五年我大兵克兗州就執此誤五爲二

魯王檀附傳弟觀䘵以詩畫著名同時鉅野中尉頤塚安坵將軍頤壚聲詩清拔○按觀䘵嘗請解祿廬父墓詔不允頤塚字育甫頤壚字晃甫二甫之名滿於當時頤塚有赤霞館集頤壚有元同館集見明實錄及明詩綜等書

列傳第五　諸王二

蜀王椿傳復還灃州灃改澧○按地理志作澧州

子定王友垓嗣○按獻王椿有獻園集定王友垓有集十卷惠王申鑿有惠園集成王讓栩有長春競辰集端王宣圻有端園集一時諸王文學以蜀爲冠見朱彝尊靜志居詩話

代王桂傳孫隱王仕壥嗣○按隱王仕壥有叔八人並封郡王天順五年以代監徙封懷仁王於霍山陰襄垣二王於蒲靈丘王於絳宣寧㬎川二王於黑井徙仕壥子定安王於忻見明實錄

子定王鼐鋐嗣三十二年薨三改二○按諸王表定王鼐鋐以神宗二十二年薨新寧王鼐鈞以二十四年晉封此作三十二年誤

肅王楧傳永樂六年○按永樂二年肅王楧奏求書籍藥材詔答曰所求書有者悉送去惟十七史諸書俟印裝續送昔洪武中兄嘗求乳香皇考以分封供給有制不與賢弟亮之見明實錄

世子眞淤○按眞淤爲世子時博學好文著有星海集寧藩宗正謀煒極稱之後以定王立追謚靖王見明實錄

遼王植傳詔奪眞人號及印○按是時奪號及印并削祿米三分之一見明實錄

以廣元王術㷧爲宗理○按廣元王術㷧諸王表作術垌與此互異

慶王㮵傳二十八年詔王理慶陽寧夏延安綏德諸衞軍務○按王以建文三年始遷寧夏見諸王表

合孫景文作檄以討劉瑾爲名○按孫景文作檄數劉瑾諸罪狀及張綵劉機曹雄毛倫文臣武將內外交結謀不軌今特舉義兵請除君側凡陝西守臣將寘鐇等刊印劉瑾激變罪惡告示榜文封奏瑾匿不以聞見谷應泰明史紀事本末

寧王權傳燕王遂自劉家口間道趨大寧○按燕王議攻大寧諸將咸曰攻大寧必道松亭關但關門險塞猝恐難下上曰今從劉家口徑趨大寧不數日可達其將士悉守松亭關老弱居守師至可拔卽松亭亦不戰自降矣師遂行見明實錄

其他注纂數十種○按寧王注纂經子九流星麻醫卜黃冶諸術皆具凡羣書有祕本莫不刊布國中著述之富無逾王者見明詩綜

乘宏讀廷試卷取中自行之○按完初爲江西按察使爲宸濠所重完亦心附之自完入內與王[illegible]王欲復護衞輦金分饋權要完知費宏不可遂因其讀卷入疏下制許之并傳旨令宏致仕見明史紀事本末

與吉安知府伍文定等檄諸郡兵先後至○按知府伍文定等至眾議所向守仁曰兵家之道急衝其鋒攻其有備皆非計之得吾固示以自守不出之形彼必他出然後尾而圖之先復省城以擣其巢穴俟彼還兵來援然後邀而擊之此全勝之策也見王守仁陽明集及明史紀事本末

樂舞齊郎之屬半給之齊改齋

廷議增設石城宜春管理○按宜春郡王以從宸濠除爵石城郡王以嘉靖二十七年無子停襲故至是復議增設見諸王表

時諸郡王統於弋陽而瑞昌始王不祀○按瑞昌郡王以正德十五年從宸濠除爵故諸宗皆屬弋陽見諸王表

列傳第六　諸王三

岷王楩傳六年削其護衞罷官屬○按楩於永樂十八年十二月從居北京見諸王表

洪熙元年改仁宗卽位○按楩徙武岡在永樂二十二年十月見明實錄是時仁宗甫卽位尚未改元此遽稱洪熙元年誤

子恭王徽煣嗣○按諸王表岷王嫡長子徽焲薨無嗣景泰三年乃以嫡弟徽煣嗣

並召至京○按鄭曉同姓諸王傳徽焲與閹豎謗其弟徽煣輒赴京奏事敕止之遂不止上爲斬閹豎而遣徽焲歸此云並召至京未知孰是

時景泰二年十月也○按景泰四年徽煣請入朝不許見明實錄

子靖王彥汰嗣○按彥汰爲膺鋌庶長子以弘治十七年自江陵王嗣見諸王表

彥汰亦坐抗制擅權革爵○按彥汰坐荒淫無度幽囚嫡母逼迫多官稱臣革爲庶人見同姓諸王傳

子憲王定燿嗣至從父企鏗嗣○按定燿薨後以南充王幹跬爲世子未立而卒謚僖靖孫企鈐亦卒乃以禋洪嗣企鏗者幹跬子企鈐弟也見諸王世表

流賊陷武岡遇害○按崇禎十六年三月張獻忠陷武岡所謂流賊指此見明史紀事本末

谷王橞傳又致書蜀王爲隱語○按橞致蜀王書有曰德蒼時不可言桓文之事桓文時不可言德蒼之施卽所謂隱語也見明實錄

於是及二子皆廢爲庶人○按何喬遠分藩記云橞是時閤戶自焚死與此異同姓諸王傳謂是時廢其二子賦灼賦熗爲庶人

韓王松傳洪武二十四年封國開原○按洪武二十七年三月上令松及瀋王省秦晉燕周齊五王分道而行至秋八月乃還見明實錄

子惠王徵釙嗣○按徵釙弟漢陰王徵鋌無子妃父周恂取他人子冒爵事發斬恂沒其家冒封子女皆賜死見明實錄

子定王融燧嗣○按融燧在位請食鹽食茶戶部以茶易戎馬鹽供邊餉不許見同姓諸王傳

子謨𡌴先卒○按謨𡌴於嘉靖四十年薨謚悼恭後追封安王見諸王世表

子孫皆早卒○按朗錡子璟浤孫遠袓先後皆封世子世孫見諸王世表

瀋王模傳就藩潞州○按宣宗時模言諸子婚請展府垣外盡民廬也上曰毀民廬以拓王府不可命工

部往勘之見同姓諸王傳
子恭王詮鉦嗣嘉靖六年薨孫允橙攝府事九年卒○
按詮鉦子勳沘封福山王前卒追封靖王允橙卒後
追封懷憲王見諸王世表
再從弟憲王允移攝府事凡十年乃嗣封○按允移靈
川王詮鉌孫勳漕子也允移嗣爵追封詮鉌爲安王
勳漕爲惠王而以勳漕次子允梃爲德平王襲靈川
之後見分藩記
唐王桱附傳彌鉗子敬王宇温嗣○按嘉靖四年以宇
温嗣爵追封彌鉗爲恭王見諸王世表
三十九年宇温薨○按是時有輔國將軍宇浹者定王
元孫也五歲喪明畫掌識文字嘉靖中陳便宜數十
事其孫碩爋爋子器封並以文詞名號南陽父子見
分藩記又按神宗時給事中張應登疏諸藩文行可
宗正者周則安涀勤莫勤炏趙則載堆載垸襄則載
壎載幸楚則英爌南昌則多熿多炡多㸅多炘唐則
碩爋父子見明實錄
遂立於福州號隆武（改立於福州僞號隆武）
先是靖江王嘉亨（嘉亨改亨嘉）○按靖江王世系作亨嘉
伊王㮚傳世孫樟王諟鈅嗣○按顯熯子勉堡不及封
而卒追封安王見分藩記
多持官吏短長○按是時知府張柱初至官校尉數百
人把持府事柱榜門有納伊府校尉者死典楧怒使
伶人守府門伺柱出併弄之見分藩記
御史行部過北邙山外楧要箬之（山下增典字刪外字）
熯曰（熯上增典字）
僉謂典熯淫暴無藩臣禮○按是時僉事林鷹蛟疏典
熯淫暴狀典熯毒殺之見分藩記
靖江王守謙傳父文正南昌王子也○按南昌王長子
曰山陽王聖保無後見諸王表
友諒旁掠吉安臨江俘其守將○按是時友諒獲吉安
守將劉齊朱叔華臨江同知趙天祐見同姓諸王傳
任椽吏銜可達（椽改掾）
之藩桂林○按守謙之藩桂林在洪武九年見明實錄
子相承先卒○按相承後以規裕嗣追封懷順王見諸
王世表
爲巡撫瞿式耜所誅時唐王聿鍵在福建奏捷焉（改巡撫瞿）
式耜奉唐王聿鍵命禽送福州聿鍵誅之○按唐王聿鍵傳亨嘉爲瞿式
耜所禽此作誅互異考明史紀事本末是時聿鍵在
閩式耜奉命禽亨嘉送福州誅之此稱爲式耜所誅
誤且原文末二語亦未協
吳王允熥傳降爲廣澤王○按允熥允㷭之廢也帝以
不能諫正惠帝畀之見同姓諸王傳
錮鳳陽○按天順四年出吳庶人之錮鳳陽者但有老

婦女五六人見諸王表
太子文奎傳太子文奎○按文奎以洪武二十九年十
月晦生高帝不悅曰日月皆終見諸王表
漢王高煦傳洪武時召諸王子學於京師○按高煦於
洪武二十八年封高陽郡王見明實錄
盜輝祖善馬徑渡江馳歸○按是時煇祖密奏惠帝謂
高煦勇悍無賴請留勿遣會徐增壽及駙馬王寧力
庇之竟遣還見分藩記
命將兵往開平備邊○按是時命高煦充副將軍北平
開原諸衞及從征官軍悉聽節制見王世貞明異典
述
時時稱高煦功高幾奪嫡○按福等時稱高煦功高成
祖曰居守功高於扈從儲貳分定於嫡長汝等勿復
妄言見同姓諸王傳
譖解縉至死○按縉嘗對成祖謂太子天下本不可輕
動後泄其語爲高煦所訴出爲交阯參議又三年請
鑿章江水忤旨下獄久之以舊憾致死之見王世貞
史乘考誤
誅其左右狎暱諸人○按是時帝以其長史程棕紀善
周巽等不能匡正皆斥交阯爲吏見明史紀事本末
封其長子爲世子餘皆郡王○按永樂二十二年十月
仁宗封高煦嫡子瞻坦爲漢世子次瞻坴濟陽王瞻
域臨淄王瞻埈昌樂王瞻墿淄川王瞻坪東齊王瞻
壔任城王瞻垠海豐王瞻埛新泰王見明實錄
時高煦已約山東都指揮靳榮等○按是時高煦約榮
等反濟南爲應後爲守吏所覺不得發見明史紀事
本末
乃議遣陽武侯薛祿將兵往討○按是時敕遣指揮黃
謙同平江伯陳瑄守淮安防賊南逸并令指揮芮勳
守居庸關見明史紀事本末
高煦及諸子相繼皆死○按高煦旣錮逍遙城帝一日
往視高煦出不意伸一足句帝仆地左右急扶起乃
舁銅缸覆之缸重三百斤高煦頂負之輒動帝命積
炭缸上然之移時火熾銅鎔而死見同姓諸王傳
趙王高燧傳得爲僞詔（爲改其）
子惠王瞻塙嗣○按高燧長子瞻坂仁宗即位封爲趙
世子先卒無子謚悼僖高燧薨後瞻塙以安陽王嗣
見同姓諸王傳
高爔成祖第四子未及封卒○按成祖第四子高爔雖
早殤無可紀載而其生卒及受爵與否概未之載似
屬闕略謹據諸王表於高燧之後添列一行以符體
例

明史攷證攟逸卷二
長洲王頌蔚編集
列傳第七　諸王四
鄭王瞻埈傳詔曰前宗室有誘訕者置不治○按嘉靖
二十七年鎮國中尉周王孫勤熨者因得過奪祿乃
上書極諫世宗怒除爲庶人幽高牆見分藩記
蘄王瞻垠傳蘄獻王瞻垠○按洗馬姚友直嘗授王經
有問必正對王雖幼知賓禮之見分藩記
襄王瞻墡傳詔設襄陽護衞○按帝令瞻墡宮殿制如
黃屋瞻墡蹴踖辭帝稱善又賜之襄王之寶雕玉篆
曰以議密奏見分藩記
詔王詣昌平謁三陵○按瞻墡謁陵返上疏言伏讀皇
太后詔書諭廢郕王如漢昌邑王臣竊以爲郕王背
恩亂倫非昌邑比臣聞其葬梴氏陵僭擬長獻不勝
憤悼請賜夷毀上從之見分藩記
及辭歸禮送加隆○按瞻墡四年返國時上製峴山漢
水二賦及襄陽四時歌以榮之其行也上送之蘆溝
橋見明實錄
從子莊王厚熲由陽山王嗣○按厚熲定王次子見浵
之孫而祐楬之子也嗣爵追封見浵爲恭王祐楬爲
惠王見諸王世表
荊王瞻堈傳子靖王祁鎬嗣○按祁鎬嘗爲妃魏氏乞
照母妃珠冠賜博鬢英宗賜敕責其違制妄干見明
世法錄
見潚懼其及也密聞於孝宗○按是時帝遣太監蕭敬
錦衣指揮同知孫璸刑部侍郎載珊按其事見潚以
不早言革祿米三之一見明實錄
廢祐柄○按祐柄削爵安置武昌令楚王約束見明實
錄
厚烇子永定王載墭長○按載墭初封永定王後追封
莊王見諸王世表
見爆曾孫載埁尤折節恭謹以文行稱○按隆慶中載
埁疏請自試不報見分藩記
淮王瞻墺傳就藩韶州○按瞻墺常來朝長史李伯嶼
從左右欲有所求伯嶼不可曰朝廷之一賜則惠求
則濱瞻墺病府中人請爲祈禱伯嶼曰何如貸丁錢
以甦衞士之困瞻墺皆從之見分藩記
世子見濂早卒○按世子見濂後追謚安王見明實錄
滕王瞻塏傳封雲南○按滕王府長史姚友直事王恭
謹宣宗愛王爲陞友直雲南參議掌長史事見同姓
諸王傳
梁王瞻垍傳就藩安陸○按同姓諸王傳梁府承奉孔
勤侮瞻垍上曰梁王朕親弟奴敢如是逮勤誅之未
幾上表不恭有司請治長史畀上以王故特不問

德王見潾傳孫恭王載壠嗣○按祐榕世子厚燉先卒
載壠立追謚懷王見分藩記
秀王見澍傳長史劉誠獻千秋日鑒錄○按同姓諸王
傳劉誠時爲秀藩左長史
崇王見澤傳子莊王載境嗣○按嘉靖十九年載境請
父恭王墓表禮部援韓府襄陵王故事請如王奏上
曰宗室賜壙志此祖宗典例安得有立表事襄陵立
石已非例自今乞請宜勿與見同姓諸王傳
孫由櫍嗣○按翊鍏世子常澺先卒弟南陽王常澲封
世子亦先卒由櫍者常澲子也見分藩記
吉王見浚傳孫定王厚熘嗣○按見浚世子祐枎先卒
厚熘立追封悼王見分藩記
孫由棟嗣○按諸王世表翊鑾世子常淳先卒由棟嗣
追封安王
徽王見沛傳就藩鈞州○按弘治二年見沛乞陞州爲
府吏部尚書王恕言肅藩荊岷皆封州鈞不得獨異
從之見同姓諸王傳
時方士陶仲文有寵於世宗厚爝厚䄆之○按分藩記
世宗南巡厚爝迎迓甚恭帝喜大賚之益歲祿三百
石
載埨銜之○按高輔性廉謹每有賜予皆辭帝以此逾
重之會載埨使人求謝無以應故銜之見明史紀事
本末
懷獻太子見濟傳及郕王即位心欲以見濟爲太子而
難於發○按景帝嘗語太監金英曰七月初二日東
宮生日也英頓首曰東宮生日是十一月初二日帝
默然見明史紀事本末
景帝大喜○按景帝得玹疏大喜曰萬里外有此忠臣
見明史紀事本末
天佑下民作之君至斯本固於萬年○按詔書首二語
何文淵所屬對也英宗復位王誠舒良伏誅陳循江
淵遣戍商輅蕭鎡等廷杖除名王直高穀皆致仕文
淵先致仕至是革宮保懼禍自盡黃玹已前死捕其
子誅之見何喬遠繼體記
岐王祐棆傳弘治八年之藩○按祐棆弘治中請迎母
養不許見同姓諸王傳
益王祐檳傳嘉靖十八年薨○按嘉靖十八年姦人班
明誣昌國公張鶴齡通祐檳有異謀久之得白見分
藩記
孫宣王翊釗嗣○按厚炫世子載增先卒翊釗嗣爵進
封昭王見分藩記
榮王祐樞傳三年之藩常德○按是時劉瑾惡王與吏
部尚書張綵謀逐王就國見同姓諸王傳
孫恭王載墐嗣○按祐樞世子厚勳先卒載墐嗣爵追

封懷王見諸王世表
蔚王厚煒傳生三歲薨薨改殤
列傳第八　諸王五
莊敬太子載壑傳行冠禮○按太子冠日風壞奏折坊
工部尚書顧可學言奏與太同未婚而死曰折爾雅
曰方澤奏折祭地也請改折以圻見禮體記
景王載圳傳載圳年少至中外頗有異論○按是時中
允郭希顏落職家居有安儲一疏給事藍璧等奏希
顏怨望傾險論死見明實錄
潞王翊鏐傳景王就藩時○按翊鏐居藩時河南撫按
官稱王嘗私出禁城神宗手敕責之見明世法錄
福王常洵傳常洵次之○按常洵後光宗五年生卽進
其母鄭氏爲貴妃見明實錄
四十二年始令就藩○按四十三年南京御史汪有功
言福府內侍擅祭告孝陵不報見明史紀事本末
開北門納賊○按自成聞福藩富爲謀已久適陝西叛
兵逃至河南爲自成內應故一夕而陷見明史紀事
本末
賊跡而執之遂遇害○按常洵被執時兵部尚書呂維
祺適於道謂常洵曰名義至重毋自辱維祺亦不屈
死見明史紀事本末
事聞帝震悼○按帝聞變逮總兵王紹禹磔之籍其家
見明史紀事本末
自立於南京僞號弘光史可法督師江北號上刪僞字史上增命字
○按福王自立南都其事原等餘分閏位故所紀之
元稱爲僞號我皇上大公爲量特命附書輯覽綱目
之末用以昭垂萬世故號上刪僞字
瑞王常浩傳有三王並封之旨○按三王並封之命在
萬厤二十二年輔臣王錫爵密疏以建儲請乃有是
命見明史紀事本末
督臣洪承疇單騎裹甲出入萬山賊始敗遁○按陝賊
陷洵陽逼興安漢中震動道臣王在臺固守興安洪
承疇赴援城得全賊乃南破鳳縣入四川事在七年
正月見明史紀事本末
惠王常潤傳巡按御史劉熙祚遣人護三王入廣西○
按獻忠襲陷衡州遣兵追三王至永州熙祚以水師
禦之乃得入粵見明史紀事本末
桂王常瀛傳遣兵部侍郎林佳鼎討事鑄○按是時佳
鼎與廣州將陳際泰戰於三水際泰敗既與林察戰
於海口全軍俱沒佳鼎死之見明史紀事本末
土舍覃鳴珂作亂大掠城中矢及由榔舟○按覃鳴珂
與守道龍友明相攻遂陷柳州由榔走象州見明史
紀事本末
由榔走梧州○按由榔奔梧州時留馬吉翔李元允守
肇慶見明史紀事本末
八年三月遣兵來衞殺嚴起恆等○按八年可望遣賀
九義等赴南寧索沮秦封者遂殺起恆及督師尚書
楊鼎和科臣劉堯珍又吳霖張載述亦嘗劾主秦封
者幷殺之見明史紀事本末
由榔故遲行○按可望遣白文選促由榔移黔文選素
惡可望所爲因以情告由榔乃得遲行見明史紀事
本末
別將守七星關○按是時定國所遣守七星關者爲白
文選見明史紀事本末
二月緬以四舟來迎○按是年二月定國令總兵靳統
武率兵護由榔至銅壁關統武去仍歸定國見明史
紀事本末
謀奉由榔走戶獵二河獵改臘○按戶臘訛戶獵據一統
志改
定王慈炯傳不知所終○按京師陷時自成羈太子二
王於宮中皆不屈及賊出奔時挾之去不知所終見
明史紀事本末
贊
有明諸藩至豈太祖眾建屛藩初計哉改封建之不可行於後世也信矣明太祖建立親藩大封諸子方謂枝葉相維根本益固乃一傳而有燕王之變篡奪之禍起不旋踵厥後高煦宸濠逆謀屢動非所謂最强則最先反者歟中葉以來矯枉過正防閑之峻至於二王不得相見省墓請而後許識者譏焉降及末季盜賊充斥社稷在於呼吸而起兵勤王者且援祖制以罪之諸王之捍禦名城擁厚貲束手就戮所在皆是其能資禦者誰耶維屛維翰之謂何吁亦可鑒已
列傳第九　公主
曹國長公主傳貞攜子文忠避兵依太祖於滁陽○按
貞攜文忠赴滁帝詢其生計對曰苦漁稅後三年錫
河西數郡漁稅以貞故也見識大錄
臨安公主傳祺已前卒主至永樂十九年薨改祺與主徙江浦祺於永樂元年卒主至永樂十九年薨○按帝誅善長後祺與主徙江浦
久之卒見明實錄善長傳同又王世貞高帝功臣表
亦云祺於永樂元年卒此云祺已前卒誤
大名公主傳堅武涉人涉改陟
堅有才勇○按洪武中堅與駙馬梅殷歐陽倫陸賢等
振北平見鄭曉異姓諸侯傳
福清公主傳鳳翔侯龍子也○按龍濠州人洪武十二
年以都督僉事從平西番論功封侯十七年從平雲
南加祿五百石世襲三十年薨見高帝功臣表
江都公主傳會炳文罷歸○按是時炳文以二十萬眾
敗於滹沱河惠帝召還以李景隆代之見異姓諸侯
傳所云炳文罷歸卽指此
坐罪死○按異姓諸侯傳瑢弟瓛後軍都督僉事直尙
寶卿永樂初皆坐罪死
安成公主傳下嫁宋琥西寧侯晟子也○按王世貞明
盛事述西寧侯晟子琥瑛一時尙公主拜駙馬都尉
相繼嗣父爵挂平羌將軍印鎭守甘肅又按何喬遠
勳封記亦云宣德六年琥嗣侯洪熙元年奪侯與瑛
是琥固先襲侯也
常寧公主傳下嫁沐昕西平侯英子○按昕爲英少子
累掌南京都督府以壽考終見明世法錄
嘉興公主傳源死土木之難○按源以土木死事景泰
初贈鉅鹿侯見明實錄
重慶公主傳下嫁周景○按景鴻臚寺卿周顒子景尙
主後詔顯還一官帶俸不任事見明異典述
嘉善公主傳下嫁王增兵部尙書驥孫也○按王增考
驥本傳作王添何喬遠勳封記及王世貞功臣表皆
作添添與增音異義同未知孰是
淳安公主傳逮獄卒考掠之瑾乃服罪○按訊瑾時震
使人批瑾頰曰公卿朝廷所用何由汝抑汝何臧甲
也瑾曰以衞上震曰何臧之私室瑾語塞獄乃具見
明史紀事本末
崇德公主傳興濟伯善孫也○按善大興人以右都御
史迎駕南宮天順元年封卒贈侯子宗嗣成化元年
予世錦衣衞同知見勳封記
仁和公主傳下嫁齊世美美改英○按明實錄作齊世英
此作美誤又按世英爲尙寶卿齊祐子世英尙主後
詔佑還一官不任事見明異典述
永康公主傳嘉靖二十八年卒○按元子驥徵爲錦衣
指揮早卒無後見王世貞恩澤公侯表
永福公主傳嘗奉旨直西苑撰元文○按嘉靖時如駙
馬都尉崔元皆賜居直廬撰擬醮詞賞無虛日見明
異典述
俱行釐祝禮釐祝改祝釐
榮昌公主傳久之主薨○按榮昌公主順治元年七月
蒙恩旨賞賜贍田因率其子前軍都督府帶俸都督
僉事楊光益孫錦衣衞帶俸都指揮使楊慶餘楊廕
餘具本謝恩列銜尙稱榮昌大長公主則此所謂久
之主薨者殊失實但究不知以何時薨茲恭照順治
年間紅本詳識而仍其舊
甯德公主傳下嫁劉有福○按甯德公主名徽妍順治
元年六月賜南城宣北坊房一所二年七月錫銀百
兩地二百恭照順治年間劉有光及公主謝恩紅本
附識
長平公主傳帝選周顯尙主周下增世字○按周顯恭閱紅
本作周世顯吳偉業集所載亦同
以寃讐暫停讐下刪暫字
踰年病卒○按周世顯太僕寺卿周大成子長平公主
以順治三年八月卒傳所載未晰恭照順治年間紅
本附識
列傳第十
郭子興傳始子興同起事者孫德崖等四人與子興而
五○按與子興同起事者除孫德崖外尙有三人考
明實錄但稱俞某魯某潘某而不著其名益以其無
足傳耳王鴻緒明史稿遂訛作一人
元師破徐州破改復○按托克托復徐州在至正十二年
九月見元史順帝紀益卽子興起兵之本年也
韓林兒傳遵道文郁爲丞相遵上增以字
劉六者六下刪者字
是年六月福通師眾攻汴梁○按劉福通攻汴梁薛應
旂續通鑑載在至正十七年八月與此互異考元順
帝紀載六月福通犯汴梁八月陷大名衞輝路當以
元史爲正
遂入鳳翔入改闖
是年五月大發秦晉之師會汴城下○按察罕特穆爾
克汴續通鑑載在至正十九年八月與此互異當是
發兵在五月耳
又二年林兒卒○按林兒之卒續通鑑載在至正二十
六年十二月明祖之稱吳王在至正二十四年其中
止閒一年此云又二年葢謂稱王之又次年也
列傳第十一
陳友諒傳至正十一年九月陷蘄水及黃州路敗元威
順王遂卽蘄水爲都稱皇帝○按徐壽輝陷蘄水及
黃州路續通鑑載在至正十一年五月其稱帝在十
月元史順帝紀則陷黃州在九月稱帝在十月葢分
紀與總敘不無互異也
二十五年二上增至正二字○按上文敘至正十一年十七年
後書洪武五年此另敘熊天瑞事維時明祖已自稱
吳王所云二十五年乃至正紀年也
張士誠傳元以萬戶告身招之不受紿殺李齊○按續
通鑑士誠僭帝號在至正十三年五月維時李齊先
往招降被留已而賊酋自相猜乃縱齊歸既有詔赦
之賊詭云李齊至乃降行省復强之往遂被害所云
萬戶告身當卽赦也
幽達識帖睦邇於嘉興○按達識帖睦邇卽達什特穆
爾被幽遂飲鴆卒見元史本傳
樗蒲蹴踘樗蒲改摴蒱○按集韻樗抽居切音攄惡木也蒲
蒱胡切水草也故從木從艹若摴蒱戲也皆從才見
晉書陶侃傳
士誠數以兵攻常州江陰建德長興諸全○按諸全州
元時郡縣無此名地理志載太祖己亥正月改諸暨
州爲諸全州至丙午年十二月降爲縣仍名諸暨考
己亥爲元至正十九年丙午爲二十六年士誠於二

十七年被禽則其侵掠正在己亥丙午之間故傳稱諸全也

方國珍傳乃遣大司農達識帖睦邇招之降○按元史本傳達什特穆爾於至正八年拜大司農九年出爲湖廣行省其招降方國珍在官行省時此云大司農是尚稱前官也

且遣次子關爲質○按次子明完考國珍三子明完當即關字覩傳末關弟行字明敏可見

進克溫州平南將軍湯和以大軍長驅抵慶元○按明兵克溫州在至正二十七年九月下慶元在十二月此類書於九月之後蓋總敘也

若來得毋晚乎（晚上增太字）

授廣州西行省左丞（廣下删州字）○按明實錄作廣西行省左丞此衍州字

除留守經歷（守下增司字）○按職官志有留守司掌中都與都防護之事其屬則經歷司經歷洪武二年設無所謂留守經歷也

坐累死○按詹鼎之坐累傳未明言明實錄亦不載惟朱國楨開國臣傳稱鼎因大都督府除軍吏受賂事發譴其有臧鼎言在留守衛時所養孤甥來省恐有之鼎實不知卒坐誅據此則鼎之臧罪或誣或實皆未可知傳故不詳其事

明玉珍傳以二十二年春僭即皇帝位於重慶（二十二年改二十三年）○按明玉珍稱王在至正二十二年五月其稱帝在二十三年正月續通鑑及元史順帝紀皆同此作二十二年誤

分道攻雲南○按明玉珍攻雲南續通鑑及元史順帝紀載在至正二十二年三月其明年玉珍乃稱帝此紀在稱帝之明年互異

王挾大理兵擊勝勝以孤軍無繼引還○按萬勝即明二之本名續通鑑稱梁王以大理軍還擊禽其弟明二元史順帝紀亦同此云引還梁王傳又作敗還以下文萬勝爲左右丞相證之當是續通鑑之誤或當時有兩萬勝耶

今足下疆場（場改埸）○按正韻埸移籍切說文云大界曰疆小界曰埸又邊境也場直良切說文云祭神道也又收禾圃曰場是埸與場音義各別

明史攷證攟逸卷三

長洲王頌蔚編集

列傳第十二

擴廓帖木兒傳詔削孛羅官（至）殺丞相搠思監○按元史順帝紀孛羅知詔令俱奪皆丞相搠思監所爲因令禿堅舉兵犯闕朝廷遣兵拒之不勝乃執搠思監及宦官布木布哈與之未嘗云殺也續通鑑所載同搠思監本傳則云爲其下所殺是當時亦未殺之也此云孛羅舉兵反蓋重其主謀之罪而殺搠思監則從本傳總敘其始末

禿堅知樞密院（禿堅改圖沁）○按圖沁原文作禿堅續通鑑及元史俱作禿堅帖木兒元人名字多有以帖木耳爲號者此與別項省文有關凡若此者俱照原文僅改上二字曾於卷一擴廓帖木兒一條加按聲明謹畫一改（頌蔚按卷一擴廓帖木兒一條當是本紀之考證今逸）

廷臣譁言擴廓受命平江淮（至）及貊高奏至○按是時擴廓與思齊等連兵元順帝下詔和解擴廓殺詔使拒命見何喬遠名山藏據此則擴廓不得謂無叛跡貊高之罪狀於朝蓋因此

於是順帝下詔盡削擴廓官爵○按元史順帝紀削擴廓官爵在至正二十七年八月因貊高之奏也至十月復詔統領職事如故二十八年二月又詔李思齊等進討閏七月擴廓禽貊高等使人聞於朝順帝不得已令誅之未幾又復河南王爵至八月而明兵入大都矣是一歲之閒再削再復傳總敘爲一倘未明晰

思道走寧夏○按思道爲擴廓所禽在洪武二年三月見徐達傳此但云走寧夏而未載被禽互異

踰年太祖復遣大將軍徐達（至）分道出塞取擴廓○按本紀嶺北之戰在洪武五年正月上文既稱洪武三年則此處當云五年不得以踰年槩之轉似四年事也

陳友定傳太祖既定婺州（至）友定侵處州○按明祖定婺州在至正十八年十二月友定之侵處州在二十五年二月見本紀其閒相距八年非同時事傳特統紀之耳

將軍胡廷美何文輝由江西趨杉關（美改瑞下同）○按本紀至正二十七年十月命胡廷瑞等取福建續通鑑同考本傳廷瑞後改名美非廷美也此誤

梁王把帀剌瓦爾密傳至正二十九年（九改二）○按明玉珍僭號在至正二十三年考元順帝以二十八年閏八月北去安得有二十九年之稱謹據元史及續通鑑改

歲遣使自塞外達元帝行在執臣節如故未幾明師平四川（執臣節如故未幾改不少衰洪武四年）○按梁王乃元之宗藩有與國同休戚之義非如唐時藩鎮可以執臣節槩之也又按王禕使雲南乃洪武五年事見明實錄此既未列洪武年號於前則下文敘明年王禕齎詔往諭事殊欠明晰

贊

方谷珍死（谷改國）

梁王恥爲納哈出之背國○按納哈出爲明邊患最久傳云背國蓋指其爲太平萬戶時曾降明不若梁王之始終守土也

列傳第十三

徐達傳尋從破元兵於滁州澗○按本紀云夜襲元將張知院於橫澗山又云攻滁州下之此作徐達從破元兵於滁州澗似合兩事爲一疑有脫訛

繼克寧國○按本紀書至正十七年四月丁卯自將克寧國取之而傳以克寧國爲徐達事不似太祖自將而達從之書法與紀互異

郭子興軍婁冐○按興一名子興封鞏昌侯非滁陽王郭子興也

列傳第十四

李文忠傳年十二而母死○按文忠母歿之年此作十二與焦竑獻徵錄合惟開國臣傳稱文忠來歸時年十五公主薨已二年是文忠十三歲時公主乃歿史文小異無憑折衷

獲將校六百（六改七）○按開國臣傳及獻徵錄俱作獲將校七百此作六百當誤

攻張掖閂埀破○按張掖閂瞿能傳亦載之但考遼金元明四史地理志及春明夢餘錄日下舊聞均無此門名惟金史燕京西門有名彰義者雖由元至明已非其舊或當時猶沿襲其名而方言土語音轉多譌遂呼爲張掖耳

鄧愈傳其明年友諒衆六十萬入寇○按開國臣傳作五十萬傅維鱗明書與此同

鄧克明之弟志清據永豐○按獻徵錄開國臣傳俱以據永豐者爲鄧青與此異

湯和傳十八年思州蠻叛以征虜將軍從楚王討平之俘獲四萬○按開國臣傳和從楚王討平古州蠻不作思州又考獻徵錄十八年五開山獠爲亂王師師討平之俘戮四萬人亦即其事也此作思州不知何據

沐英傳鈔五百錠○按開國臣傳作鈔五千錠獻徵錄作鈔二萬五千貫陳金三家世典作七萬五千貫當時傳聞異辭殆各就所見書之不及詳考耳

列傳第十五

李善長傳太祖得巢湖水師善長力贊渡江○按明太祖欲謀渡江善長曰我兵衆食少舟楫不備不足以爭江左利姑少俟之巢湖將廖永安俞通海等以舟師萬餘糧數萬石請附善長乃說太祖曰天贊我也渡江此其時矣遂破蠻子海牙兵而拔采石見明實錄

嘗請榷兩淮鹽立茶法○按太祖初起兵即立鹽法置局設官令商人販鬻二十取一以資軍餉既而倍征之後五年始置兩淮鹽官茶則令商於產茶地買茶請引引茶百斤輸錢二百不及引曰畸零另置由帖給之即位後皆本初制釐定見明會典及食貨志

既復制錢法開鐵冶定魚稅（魚改漁）○按太祖初置寶源局於應天鑄大中通寶錢與歷代錢兼行以四百文爲一貫四文爲一錢及克隆興路改爲洪都府置錢局三所須大中通寶錢大小五等錢式鐵冶先開於湖廣而漁稅則終明一代隸河泊所惟設於大河以南見明會典及食貨志

與中丞劉基爭法而詢基不自安請告歸○按洪武元年太祖幸汴使善長與劉基居守中書省都事李彬坐貪縱抵罪善長素暱之請緩其獄基不聽馳奏報可方祈雨即斬之由是忤善長譖基太祖知之賜善長手敕責之削祿一千四百石見明實錄

以臨安公主歸其子祺（改以其子祺尚臨安公主）

十三年惟庸謀反伏誅坐黨死者甚衆善長如故○按惟庸伏誅後羣臣請罪及善長上曰此吾初起時股肱心腹其勿問見雷禮列卿記

虞部郎中王國用上言○按國用所上疏係解縉所作見解縉春雨堂稿

汪廣洋傳召廣洋爲右丞（至）憲誅召還○按是時李善長奏憲排陷大臣放肆爲姦上命按治憲伏誅見列卿記

御史劾廣洋奉母無狀○按劾廣洋御史爲劉炳見明實錄

遂以廣洋爲右丞相參政○按廣洋以洪武七年八月加祿至一千九百石見明實錄

帝追怒其在江西曲庇文正在中書不發楊憲姦○按洪武十二年九月占城來貢省臣不以聞帝尋知之切責省臣廣洋等謝罪至涂節言劉基事因以朋欺賜廣洋死蓋歷積前釁非但飭中所云曲庇文正不發楊憲姦已也明年正月涂節即上胡惟庸變逆二十三年李善長得罪而廣洋家屬遂並坐胡黨下獄見明實錄及胡惟庸等傳

與姦人同位而不能去故及於禍（去改黜除）○按廣洋身居股肱浮沈守位不能舉發姦欺深辜倚任此咎其不

能去似徒以獨善其身責之殊未協

列傳第十六

劉基傳執政以方氏故抑之○按開國臣傳及明書均稱經略使李國鳳右方氏僅以儒學資遷基爲總管府判奪其兵權明功臣封爵考亦云李國鳳奏授基爲處州總管府判史獨言執政抑之似非李國鳳意者考項篤壽今獻備遺及黃伯生所撰基行狀亦與史同或當時李國鳳承執政指爲之遂以爲抑於執政耶

基獨不拜曰牧豎耳奉之何爲○按沈夢熊明相業軍功考云諸將義於中書省設御座奉韓林兒行慶賀禮基從後踢上所坐胡牀上悟乃止不載基倡言事與史文異

其龍興守將胡美遣子通款○按美遣鄭仁傑請降見美本傳獻徵錄今獻備遺明相業軍功考均同此獨言遣子通款未知何據

基喪母值兵事未敢言至是請還葬○按基聞母喪一事明功臣封爵考開國臣傳及明書均稱基告歸上固留不得行至是始歸其說較長

國珍素畏基致書唁基答書宣示太祖盛德國珍遂入貢○按國珍致書唁基開國臣傳明功臣封爵考今獻備遺獻徵錄明書均稱國珍致書加幣基白於上上使受而答之因謄書宣示方氏遂入貢史不載白上之一節似基自作書答之者非人臣不外交義也

時湖中相持三日未決○按明兵與漢軍相持三日未決明相業軍功考作相持五晝夜與此互異

初定處州稅糧至惟青田命毋加○按章溢奏定處州稅額考獻徵錄明功臣封爵考今獻備遺名臣言行錄均云比宋畝加五合惟青田止科五合雖似與史文小異大意謂宋時每畝止科五合今則加之惟青田仍舊耳

劉基附傳數上封事至坐罪論死○按開國臣傳稱世延以封事見格而怒因縱其下奪民田詔勒回籍不肯聽至萬厤三十四年下南京刑部獄死益其縱恣取之也

谷王就封擢爲左長史○按開國臣傳作右長史明功臣封爵考祇稱長史

宣德二年授貊刑部照磨○按開國臣傳作宣德三年

宋濂傳入龍門山著書踰十餘年○按浙江通志義烏縣祇有龍門山無小龍門山考名臣言行錄今獻備遺諸書均與史同惟開國臣傳明書及王禕所撰濂傳獨云小龍門山而於傳後贊內則又稱爲龍門山蓋當時各以意名之故卽禕一人所撰之文亦不免前後互異耳

嘗召講春秋左氏傳至乙巳三月乞歸省○按明書云洪武壬寅召濂講春秋是年歸省甲辰進講尚書又明年以疾還家開國臣傳亦同是歸省在進講尚書之前不在乙巳年乙巳年乃以疾還家非歸省也

四川巡撫馬俊奏至乞加恤錄○按開國臣傳弘治五年四川巡撫邢表奏乞加濂諡九年巡撫賈俊又言之明書所載同此作馬俊當誤

葉琛傳王師下處州琛避建寧以薦徵至應天○按明書云明兵下處州琛講其下曰金陵必成大事遂來降嗣因孫炎招致胡大海送建康遂同劉基等入見不言走建寧也此作先避而後應聘或別有所據邪

章溢傳會浙東按察使宋思顏孔克仁等會下增河南二字○按開國臣傳作河南按察使宋思顏浙東按察使孔克仁今獻備遺獻徵錄同

以職事被逮刪臧字

太祖遣太史令劉基諭之曰刪之字

章溢附傳積功授處州衛指揮副使○按職官志指揮副使秩正四品指揮同知秩從三品存道之授處州衛也開國臣傳明書均作同知惟名世類苑獻徵錄作副使與史同但以下轉左衛指揮同知之文觀之當是同階而轉非越級也此云副使恐誤

明史攷證攟逸卷四

長洲王頌蔚編集

列傳第十七

馮勝傳趨潼關守將宵遁遂奪關○按本紀書元年四月馮勝克潼關李思齊張思道遁此言守將宵遁而未書其名

命勝爲征虜大將軍○按開國臣傳云十八年拜勝大將軍傅友德藍玉副之諸公侯皆從以星變召還十九年冬再論出師乃北伐史敍事稍略

勝之壻常茂在坐遽起斫其臂○按識大錄明書茂部將趙指揮習蒙古語聞納哈出言知其謀以告茂茂遽起斫之史不詳敍似茂無故激變者

傅友德傳破張士誠援兵於馬騾港騾改邏○按淮安府志作馬邏港

還下保定眞定○按本紀書元年九月常遇春下保定遂下眞定而不書傅友德蓋友德隷遇春下紀但書主將傳乃分敍各將功績體自不同耳

其年秋充征南將軍帥左副將軍藍玉右副將軍沐英將步騎三十萬征雲南○按明書開國臣傳皆云友德征雲南太祖親餞龍江授以方略其遣將趨險所至有功皆禀廟謨也功成不驕歸功於上實因太祖前後所降璽書數十懸斷萬里之外委曲中窾故耳

此直敍其事似友德獨斷成功不由廟算者稍嫌闕略

又明年賜死○按友德之死開國臣傳明書皆云藍玉敗友德以功名內懼會冬宴從者徹饌不盡一蔬太祖責不敬且曰召爾二子來友德出衞士誤傳太祖語曰攜其首至頃之友德提二子首以入太祖驚曰何遽爾忍人也友德出匕首袖中曰不過欲得吾父子頭耳因自刎他書俱云暴卒史亦不詳原委

廖永忠傳陳友諒犯龍江大呼突陣諸軍從其後大敗之○按獻徵錄永忠於敗友諒之後卽陞同知僉院開國臣傳亦同

永忠已破其六寨六改陸○按永忠攻瞿塘水陸並進其得功在以舟師張聲勢而青蓑衣諸將士偷度崖石者乃專攻陸寨之兵也是以蜀人始覺而陸寨已破矣獻徵錄開國臣傳皆作陸此作六誤

楊璟傳執平章也兒吉尼執下增元字○按明史書法大抵於元將之在漠北者直書某官某人不冠元字其在內地者則加元字於上以爲區別如本卷禽元右丞賈成於猗氏禽元平章蔡琳於略陽未易枚舉也此處禽平章也兒吉尼係在廣西境應照前例增元字

璟甫入璟下刪甫字

從湯和伐夏戰於瞿塘夏改關○按璟從湯和伐蜀係洪武四年事見和傳獻徵錄同此作夏誤

胡美傳守將曹復疇亦降○按曹復疇獻徵錄作曹俊疇胡美後所遣招諭未附諸州縣之降將卽此人也

列傳第十八

吳亘傳八年帝北征班師高稱疾不朝被劾廢爲庶人○按功臣表吳高以永樂十二年十月以罪免此云八年被劾廢爲庶人與表不合考永樂八年十二年俱有北征班師事史或因此而互異耳

康茂才傳擒淮安馬騾港騾改邏

是年復從大將軍征定西是改三

謚武康○按茂才謚法開國臣傳明書識大錄作武襄宋濂所撰神道碑作武義無作武康者惟明史紀事本末與此同

督民墾田鳳陽帥兵征辰州蠻督上增八年二字征上刪帥兵二字

丁德興傳從取洪山寨○按德興取洪山寨以前先授萬戶見明書識大錄開國臣傳諸書

耿炳文傳張士誠左丞潘元明○按明功臣封爵考及開國臣傳均作潘原明不作元明與此小異

扈駕北巡○按炳文於洪武初年授鎭國上將軍兼右率府副使獻徵錄開國臣傳所載皆同乃從北征時也史略其官

尋拜秦王左相都督僉事○按炳文拜秦王左相時仍兼陝西行省右丞見獻徵錄開國臣傳此云都督僉事或別有所據

郭英傳征陳友諒戰鄱陽湖皆與有功○按鄱陽之戰友諒中矢死有言郭英功者太祖問之謙不敢當太祖益重之考開國臣傳識大錄及楊榮所撰神道碑皆以此事爲英大節此獨略而不書

克登寧州○按識大錄開國臣傳英於洪武庚戌克登寧州後卽陞本衞指揮使賜金龍衣一襲次年辛亥始陞河南衞都指揮使

乃命諸戚里大臣議其罪命下刪諸字

靖難後改燕王卽位

華雲龍傳攻下雲州攻下改克

獲平章火兒忽答獲下增元字

韓政傳子勳襲○按獻徵錄政子英爲散騎舍人開國臣傳及明書識大錄所載皆同此獨云子勳襲坐藍黨誅未知何據

仇成傳子正襲爵○按明書成子泰襲爵永樂中爵除考明功臣封爵考亦作泰不作正

張龍傳傑子嗣○按明書作傑子綱明功臣封爵考同史作傑子嗣彼此互異

吳復附傳從沐英討西番朶甘功多師還封雄武侯祿二千石功多師還改以功千下增五百二字○按明書作食祿二千五百石明功臣封爵考同

二十三年卒○按功臣表周武卒子與襲指揮同知身在封爵及歿後襲封者均書封某爵食祿若干石

張赫傳封航海侯侯下加食祿二千石五字○按明史列傳書法凡世券予則書不予則不書考明功臣封爵考赫封航海侯食祿二千石予世券此獨略其食祿之數與他傳不符

列傳第十九

郭興傳三年爲秦王武傅○按職官志洪武三年置王相府有文武相有文武傅武傅之名蓋始於此

王志傳臨淮人○按臨淮卽濠州屬縣明功臣封爵考明書開國臣傳皆以志爲濠人此作臨淮人文法小異非舛訛也

梅思祖傳與平章潘元明同守雲南○按他書均作潘原明

明年坐事謫安南衞指揮使○按志子威所坐之事開國臣傳明功臣封爵考均以爲坐林來保事

費聚傳五河人○按明功臣封爵考及明書均作濠人史作五河人未知何據

竟坐黨死○按明功臣封爵考平涼侯費聚雖坐胡黨後竟得釋此作坐黨死或別有所據耶

陸聚傳坐胡惟庸黨死○按開國臣傳陸聚既坐胡惟

庸黨太祖念其爲姦人所誘宥之尋卒此併其文似
與諸黨人同矣
黃彬傳坐胡惟庸黨死○按彬坐胡惟庸黨事明功臣
封爵考載其平日未嘗有過太祖念而宥之居數年
卒史牽連書死不知何據
列傳第二十
周德興傳蜀平論功○按德興於平蜀後有代俞通源
督田鳳陽之役明功臣封爵考開國臣傳明書所載
並同
決荆山嶽山壩以溉田荆山改荆州
王弼傳遇春拊弼臂曰臂改背○按開國臣傳作背
李新傳濠州人濠下刪州字○按明史祗稱濠人
克平江克上增從字
列傳第二十一
廖永安傳再戰再破元兵○按本紀太祖以元至正十
五年五月由巢湖乘漲擊蠻子海牙兵於峪谿口大
敗之遂定渡江之計此所謂再戰再破元兵蓋指此
太祖急揮甲士鼓勇以登改太祖揮常遇春先登○按牛渚之戰
太祖援旗麾之常遇春應聲先登爲明代開國第一
功永安不過在行間耳此作急揮甲士鼓勇以登敘
次未晰
永安被囚凡八年竟死於吳○按永安以元至正十八
年戊戌十月被執迄至正二十六年丙午卒於吳總
計九年見開國臣傳此作八年互異
俞通海傳親往拔其軍拔改撫○按本紀元至正十五年
五月明太祖欲渡江無舟會巢湖帥廖永安俞通海
等以水軍來附乃大喜往撫其衆據此則是收而降
之非攻拔之也此稱拔其軍未合
從克寧國下水陽○按江南通志寧國路有鎭名水陽
明實錄載至正丁酉取宣城通海與趙馘乘勝趣水
陽下之當是當時屯兵之地
通海乘風縱火焚其舟二十餘○按本紀載康郎山之
戰通海以火礮焚其舟數十此云乘風縱火互異
俞通海附傳淵以父兄故○按俞淵明實錄作通淵開
國臣傳及明史稿並同此稱俞淵不知何據
胡大海傳進樞密院判官○按劉辰國初事蹟云太祖
得嚴州用義子保兒守之又載批示郭彥仁云保指
揮我之親男胡大海我之心腹前者閙二人不和必
於我男處丁寧說知將胡院判以眞心待之節制以
守之據此則胡大海進樞密院判後嘗與保兒守嚴
州矣
陳友諒寇龍江江改灣○按本紀元至正二十年明祖令
康茂才以書誘陳友諒速來於是友諒至龍灣維時
張德勝以舟師出龍江關爲備禦則是寇龍灣非龍
江也
耿再成傳大罵不絕口死○按明實錄與再成同時殁
難者尙有都事孫炎知府王道同元帥朱文綱
張德勝傳友諒犯龍江江改灣
養子興祖嗣職○按明實錄興祖初襲職改姓名曰張
同至後復姓汪乃稱興祖
張德勝附傳與大將軍會師德州○按本紀北伐之役
徐達會諸將兵於臨清水陸並進於是常遇春克德
州合兵克通州考之徐常二傳亦同此云與達會師
德州與紀傳互異
兼山西行都督府僉事僉事改同知○按明實錄洪武三年
六月以興祖爲晉王武傳兼山西行都督府同知非
僉事也
趙德勝傳陳友諒犯龍江江改灣○按龍江當作龍灣下
文龍江乃關名明本紀所稱命張德勝等以舟師出
龍江關是也
時七月己丑也○按明祖與友諒戰鄱陽自七月癸未
始至己丑已歷七日本紀稱諸將舟小仰攻皆有怖
色至斬退縮者十餘人卽是日也
兆先者至越四日改韓成子觀至都督別有傳兆先者楚先從子旣被禽太祖以其兵備宿衛感帝大度効死力至是戰死越三日○按韓成子觀二語應卽敘於
韓成戰殁之下文氣方貫且合傳文互見之體又按
己丑至辛卯中間只隔一日原作越四日亦誤
桑世傑傳及大兵旣取江陰大上刪及字
太祖命永安及世傑擊之永上增廖字○按凡列傳之體一
篇中如前已標其名則後可從省文僅稱其名曰某
此係敘世傑事兼及廖永安前固未見也應全舉姓
名爲是曹良臣傳中徐達增徐字李文忠增李字俱
仿此
胡深傳戊戌十二月太祖親征婺州○按戊戌爲元至
正十八年胡大海已久攻婺州不下至是明祖乃親
征見本紀及明實錄
遂遇害○按深被難在太祖稱吳王之明年蓋元至正
二十五年六月也見本紀及明實錄
曹良臣傳復從大將軍達擊擴廓帖木兒於定西達上增徐字
從副將軍文忠北征文上增李字
贊
終羅黨籍者黨籍改姦黨○按胡藍之獄當時雖不免株連
然由於自取者過半非東漢黨禍北宋黨籍比原文
終羅黨籍四字未爲允協
列傳第二十二
何文輝傳復以參將從傅友德等平蜀○按傅友德等
伐蜀在洪武四年見明實錄傳文總敘故從三年下
類言之
何文輝附傳命助元帥常遇春守婺助上刪命字○按本紀
未載命遇春守婺事蓋其時守者胡大海也見大海
本傳乃遇春傳又云守婺攻衢州考明師下婺州在
元至正十八年十二月克衢州在次年九月或是暫
守而後仍屬之大海耳
洪武元年從副將軍李文忠北征元改二○按洪武元年
初定元都未嘗北征其爲宗王慶生乃常遇春克開
平時事蓋在洪武二年六月副之者李文忠也見本
紀及遇春傳
繆大亨傳降青軍元帥張明鑑明鑑俱改作鑑
大亨言於太祖賊饑困祖下增曰字賊下增方字
蔡遷傳敗陳友諒於龍江江改灣
敗友諒八陣指揮於壽昌壽改瑞○按孫興祖傳載其爲
統軍元帥時破瑞昌八陣營此云八陣指揮卽其事
也考是時友諒據有江西湖廣地故立營瑞昌以防
明兵此作壽昌誤
花茂傳東莞筍岡諸縣○按廣東通志無筍岡縣明實
錄亦不載茂疏惟洪武二十六年廣東都指揮使有
誅東莞寇何迪事稱迪伏衆海島殺官軍或卽其所
逋逃之地要之海島俗名非設縣置鎭之處也諸縣
二字當誤

明史攷證攟逸卷五

長洲王頌蔚編集

列傳第二十三
陳遇傳子恭舉人累官工部尙書○按七卿表工部尙
書無陳恭名攷列卿記恭以大理寺丞督易州山廠
累加工部尙書蓋工部不過虛銜未嘗實理部事故
表不載
陳遇附傳時太祖居富民家○按徐達克鎭江在元至
正十六年其年二月明兵甫下集慶此云居富民家
蓋卽初渡江時也
時方督師至鎭江時方改明年○按本紀元至正二十六年
正月自將救江陰旋卽還未嘗有二十五年督師鎭
江之事
葉兌傳而察罕兵勢甚盛遣使至金陵招太祖○按本
紀太祖以元至正二十一年通使察罕次年六月察
罕始報書留使者不遣至十二月其子擴廓帖木兒
始以書歸使者未嘗有遣使相招事此因元順帝是
年曾遣尙書張昶航海來招遂誤移於察罕耳
范常傳兼太常卿卿改司○按百官志明太祖吳元年置
太常司洪武三十年改司爲寺建文中乃有太常卿
少卿之名常之兼太常在洪武元年則卿當作司
范常附傳改爲金華府金華改寧越○按明太祖初定婺州
改爲寧越府後乃改金華庭堅知府事在初定時當
稱寧越爲是
父子皆以鄉校顯○按潘黼初授太平府學教授改金
壇簿尋擢起居注徙中書左司郎中吳元年除江西
湖東道按察使此云父子皆以鄉校顯而不書黼之
爲教授記載未詳
列傳第二十四
陶安傳陳友定攻饒州陳友定改信州賊○按陳友定攻饒州
明實錄及本紀皆不載考是時友定據有八閩僅一
遣兵攻明處州爲胡深所敗卽閉境自守豈能越浙
攻饒考開國臣傳攻饒者乃信州賊蕭明
草上時務十二事○按明實錄作條上時務二十事
陶安附傳元南榜進士第一○按元史選舉志皇慶二
年定制蒙古色目人作一榜漢人南人作一榜故此
別稱南榜進士
詹同傳乃分四十類凡五卷名曰皇明寶訓○按明太
祖實訓藝文志作十五卷蓋其後史官續輯增多耳
朱升傳子同官禮部侍郎坐事死○按列卿記及王世
貞卿貳表皆云同於洪武十六年坐事廢不言其死
崔亮傳字宗明○按列卿記載亮字執夫開國臣傳又
稱亮字義夫與此互異
疑祭天不順所致順改愼
崔亮附傳答祿與權答祿俱改達魯特○按與權奈曼部人先
世有爲萬戶者以勇稱元納延爲之賦射虎詩敘云
郎與權之曾祖又稱與權爲至正初進士由祕書監
管句仕至河南北道廉訪使僉事見元詩選明史稿
所載略同但云蠻部人又云先世有別號答祿者因
以爲氏則未解音譯而譌耳
改翰林修撰坐事降典籍○按明實錄洪武八年八月
降修撰與權爲典籍以不修職也
無錫人○按浙江通志馘於元末舉浙江鄉試第一蓋
元時浙江路隸常州行省也
是年冬改華蓋殿大學士○按明實錄洪武十五年十
一月始倣宋殿閣之制置大學士官同拜命者宋訥
吳伯宗吳沈與質共四人
曾魯傳召魯爲總裁官總裁改修纂○按明實錄洪武二年
二月命修元史八月史成考是時爲總裁官者宋濂
王禕魯與汪克寬胡瀚宋禧陶凱陳基趙壎皆在分
科修纂之列此作總裁官誤
任昂傳又奏毀天下淫祠正祀典稱號○按禮儀志所
載祀典太祖時應天祀陳喬楊邦乂姚興王鉷成都
祀李冰文翁張詠均州祀黃霸密縣祀卓茂松江祀
陸遜陸抗陸凱龍州祀李龍建寧祀謝夷甫彭澤祀
狄仁傑九江祀李黼安慶祀余闕韓建之李宗可較

此多陳裔暘邦乂姚興王銥韓建之五人
李原名傳靖江王以大理印行令旨非法爲遠人所輕
○按諸王表靖江王守謙太祖兄子洪武九年就藩
桂林尋廢爲庶人七年復爵使居雲南
樂韶鳳傳復起爲祭酒○按列卿記韶鳳以洪武九年
起國子司業十二年三月陞祭酒
列傳第二十五
劉三吾傳授靖江路儒學副提舉○按元之靜江路即
宋靜江府元地理志並作靜此作靖互異
劉三吾附傳助復饒州○按元史順帝紀至正十二年
三月徐壽輝陷饒州次年五月江西行省復之傳所
謂復饒州當指此蓋自十八年以後江西地即盡爲
陳友諒所據也
胡大海克休寧○按胡大海克徽州在元至正十七年
七月見明本紀
安然傳徙居潁川（川州改）○按開國臣傳稱安然徙居潁
州非潁川也明史稿同考潁川即今許州唐時已改
安然附傳本後坐事誅○按王本之誅明實錄不載開
國臣傳但稱其坐極刑亦不言何事
李幹何顯周幹出爲知府○按李幹由四輔官出爲蘇
州知府後改國子博士兩聘爲考試官見開國臣傳
非終於知府也
吳伯宗傳名祐○按列卿記載吳伯宗名祏開國臣傳
同
辭甚愷切（愷剴改）○按廣韻愷樂也與凱通又玉篇剴切
也二字義各不同剴切之剴應作剴不作愷
吳伯宗附傳洪武四年初科舉取士（四三改）○按本紀洪
武三年五月始命設科取士此作四年誤
明年議秦王喪禮○按亨泰以洪武二十七年由少詹
事擢尚書定旌表孝行例至二十八年議秦王喪禮
故傳稱明年但前此未經紀年尚欠明晰
命偕御史嚴震直使安南○按震直以洪武二十六年
六月拜尚書至十二月降御史其奉使安南在降授
之後故傳從其後官
吳沈傳日令三人進講經史（三二改）○按明實錄載是年
下婺州先辟儒士范祖幹葉儀繼乃令吳沈等十三
人日進講經史每日二人此作三人誤
以事降編修○按開國臣傳沈爲待制時以奏對錯誤
降編修
居一年降翰林侍書○按列卿記洪武十六年八月庚
子沈以進講後期降翰林侍書
桂彥良附傳授左春坊右贊善（右左改）○按百官志左右
春坊各置贊善二員明實錄作左贊善此誤
宋訥傳十八年復開進士科○按本紀洪武四年廷試
貢士六年暫罷科舉察舉賢才十五年始復開科之
制至十八年二月乃賜丁顯等進士及第傳云復開
進士科蓋指此
助教金文徵等疾訥搆之吏部尚書余熂令致仕○
按開國臣傳載金文徵等誣訥受贓扣剋諸生廩膳
故余熂牒令致仕
宋訥附傳金華許謙子也○按金華府志許謙爲存仁
之大父此稱謙子互異
僉事程孔昭劾其隱事逮死獄中○按程孔昭劾存
仁寓杭娶妾以象牙飾牀失師臣體見明史稿即此
所謂隱事也又云詔安置韶州遇赦歸邑者劾存仁
不應赦條逮死獄中
與美和同賜歸○按開國臣傳聶鉉由廣宗縣丞改授
待制即以老疾辭不允至洪武十三年始賜歸
趙俶傳於是以翰林院待詔致仕○按職官志待制從
五品待詔從九品國子博士從八品俶以博士請告
進秩以寵其歸不應轉降其級明史稿作待制較合
羅復仁傳已復使擴廓○按明實錄甲辰十二月復遣
使以書與擴廓特穆爾以郎郝通好爲辭考甲辰爲
元至正二十四年明兵平陳理即在是年二月復仁
之奉使當在此時
羅復仁附傳永樂二年庶吉士○按是年始選進士爲
庶吉士後遂爲例
列傳第二十六
目錄
周楨（楨禎改下同）○按周楨明書開國臣傳俱作周禎明實
錄同
陳修傳擢兵部郎中遷濟南知府○按獻徵錄太祖謂
兵制之大者唐世府兵之制稍爲近古而未精密乃
擢修兵部郎中所以任將帥養士卒得內外相維之
體兵農相資之意遂爲萬世法又云念濟南重經王
氏之亂民墜塗炭尤甚大將練兵屯田其間非修莫
可治也遂擢濟南知府
陳修附傳出爲湖廣按察使○按明書太祖命毅與宋
濂等日侍左右講說經史甚見眷遇又云尋命毅與
李善長劉基陶安周禎等定律令毅在湖廣務存寬
大以休養爲急民多宜之
以貢舉歷官吏部文選司主事○按獻徵錄善授吏部
主事歷本部員外郎開國臣傳明書皆同
命善署部事再遷至尚書○按開國臣傳太祖命善署
本部事在事勤慎稱旨特陞吏部侍郎仍署尚書事
欲爲營第於鄉善辭○按開國臣傳太祖欲命工部爲
善營第於秦興辭曰江鄉地隘宗親且眾誠不忍奪
人以自益也況未報涓埃何敢當此上喜曰有官居
鼎鼐無地起樓臺善與寇準同風矣獻徵錄明書所
載俱同
坐事降宣化知縣以終○按開國臣傳及明書獻徵錄
俱作二十八年實授尚書二十九年以事免此獨作
二十八年降宣化縣知縣與諸書不合至善降官之
故諸書及本紀俱不載
經術逾于同○按獻徵錄時方試京闈髦士有司以主
文請太祖思琳優於經學遂命琳與司業宋濂柄其
事及撤棘眾謂得人
楊思義附傳斂議百一十戶爲里至餘百戶爲十甲○
按食貨志詔天下編賦役黃冊以一百十戶爲一里
推丁糧多者十戶爲長餘百戶爲十甲甲凡十人歲
役里長一人甲首一人董一里一甲之事甲編爲冊
冊首總爲一圖冊凡四一上戶部餘則布政府縣各
存一焉上戶部者冊面黃紙故謂之黃冊
周禎傳三年九月召爲御史中丞○按明書及開國臣
傳均作二年刑部尚書世家實坐黜復召禎代三年
致仕去此作召爲御史中丞與二書不合
周禎附傳稍遷至磨勘司令○按明書復初遷吉安府
通判俗尚譁訐教誡殷勤民不忍梗尋擢磨勘司丞
陞爲令
坐事召還○按明書作召還疾卒開國臣傳同俱無坐
事之文史不詳原委而他書亦無可考坐事二字疑
誤
辯祥附傳帝以學校爲國儲材至蓋創自遠云○按輿
服志儒士生員監生巾服洪武三年令士人戴四方
平定巾二十三年定儒士生員衣自領至裳去地一
寸袖長過手二十四年以士子巾服無異胥吏命工
部製式太祖親視三易乃定生員襴衫用玉色布絹
爲之寬袖皁緣皁絛軟巾垂帶
唐鐸傳未幾左遷監察御史○按鐸之左遷史不詳其
緣何事考今獻備遺名臣實錄均云條屬罪數連鐸
太祖念鐸篤行皆不問明書亦同雖未明指爲左遷
之故或即其一事歟
開濟傳通曉書義爲一科○按通曉書義今獻備遺名
臣實錄俱作通曉四書
練達治理爲一科○按練達治理今獻備遺名臣實錄
俱作曉達治道
下濟獄并希哲衍等皆棄市○按濟之死今獻備遺名
臣實錄俱作暴卒此獨作棄市或別有所據耶

明史攷證攟逸卷六

長洲王頌蔚編集

列傳第二十七
韓宜可傳時丞相胡惟庸至尋釋之○按宜可彈劾胡
惟庸三人事明書於下獄尋釋之之下敘云三人釋
不問然上心善其言疑三人且防之矣後又云十三
年寧等皆坐死述敘較爲周密
出爲陝西按察司僉事（陝江改）
後坐事將刑御謹身殿親鞫之獲免○按明書開國臣
傳俱云坐事將刑正天明忽震雷繞殿上驚曰非枉
此人乎畱即息趣免
尋以事安置雲南至起雲南參政○按明書開國臣傳
俱作謫安南考安南永樂五年始平洪武時不應有
安置遷人之事至其薦起雲南參政明書開國臣傳
俱作二十三年此獨云惠帝即位互異
茹太素傳令中書郎王敏誦而聽之○按中書郎明代
無此官惟職官志明初承前制設中書省置屬官左
右司郎中員外郎或當時統名爲中書郎歟
茹太素附傳召爲思文監丞○按職官志文思院大使
隸工部又明初嘗置弘文館學士無思文監丞或開
國時設此職其後更定官制遂省之耶
李仕魯傳諸僧怙寵者遂請爲釋氏創立職官○按開
國臣傳云時有僧金碧峯者應對稱旨求爲僧建職
司授官許之
李仕魯附傳投金水橋下死○按開國臣傳山東張副
使某不奉敕諭鞭笞內戚上欲處以大辟汝輝力爭
封還御旨上怒遣御前指揮押赴刑部行經金水橋
投水死
葉伯巨傳寧海人○按明書作臨海人
已起戶口雖蒙憐恤而猶見留開封○按已起戶口句
語意不甚明瞭考明書作雖蒙特旨已納稅租之家
分釋遣還而餘留開封聽候者散漫而不知所向當
係原疏之文較爲明晰
鄭士利附傳以鄉舉授給事中○按開國臣傳方徵洪
武六年進士選入武英殿授給事中此作鄉舉授官
不知何據
王朴附傳奏疏愷切（愷剴改）
列傳第二十八
魏觀傳五年廷臣薦觀才出知蘇州府○按明書云洪
武四年廷試進士觀爲讀卷官得吳伯宗開科之始
得人最盛
陶垕仲傳布政使辯大方貪暴至詔垕仲還官○按開
國臣傳垕仲還官閩人迎拜爲之語曰陶使再來天
有眼辯公不去地無皮獻徵錄同即閩人愛戴可徵

屋仲治行矣
劉仕貆傳十五年應賢良舉對策稱旨授廣東按察司
僉事○按開國臣傳獻徵錄作上是仕貆言欲置諸
近侍會增設風憲分察郡邑授廣東僉事隸以瓊崖
諸州縣史略此文於前則後之朝議省僉事官無根
矣
按治蠱殺之按敀賄
渡河遇風歿於水○按開國臣傳仕貆歿水在洪武二
十三年年五十八有悠然集十卷
劉仕貆附傳洪武末爲廣東參政○按王溥以進士歷
官見於開國臣傳獻徵錄史略之又考開國臣傳獻
徵錄俱作洪武二十六年爲廣東參議此作參政不
知何據
以誣逮下詔獄○按開國臣傳獻徵錄俱云爲胥吏罷
廟誣逮詔獄
王宗顯附傳興宗故隸人也○按興宗史不著其籍考
明書益江浦隷也
太祖定婺置永康翼○按永康翼兵志不載
尋召爲營田司經歷○按營田司經歷職官志不載或
係明初權設之官故志略之耶
一時郡首以治行稱者首敀守
王觀附傳泰和人○按明書楊卓南昌人羅性泰和人
史均以爲泰和人考泰和屬吉安府觀同邑之稱史
文不誤
有大盜久不獲○按明書開國臣傳俱云大盜號稽李
曾以眾入府治殺郡守劫庫藏
性博學○按明書開國臣傳俱云楊士奇少孤依性居
受其教育
多通傳道同改多通傳中同宇均改多通
富民羅氏者納女於亮祖其兄弟因怙勢爲姦○按明
書云富民羅氏與亮祖之兄弟善怙勢淩人此云羅
氏納女於亮祖羅氏之兄弟因怙勢爲姦豈傳聞異
辭耶
亮祖先劾同訕傲無禮狀帝不知其由遂使使誅同○
按道同既死上頗悔亮祖竟用是得罪至杖死詳明
書及亮祖傳
盧熙附傳兄熊字公武至後坐累死○按盧熊之死考
明書以簿錄刑人家屬事坐累死先是熊嘗上疏言
印文譌謬忤旨竟因此得罪
又樂平姦民亦詣闕訴大姓五十餘家謀逆饒州知州
郎敏力爲奏辨詔誅姦民而被誣者得盡釋知州敀知府
○按開國臣傳明書俱云樂平縣民詣闕訴邑大姓
五十餘家謀逆詔指揮潘某率兵往捕兵至饒敏鶩
曰民素瀞朴未必有此吾爲郡守不可使民死無辜
請先往察之既至見民耕牧如常時廉得告者乃無
賴子素以假貸不得怨諸大姓故重誣冀獲賞敏還
白潘初不之信自往查視一如其言於是各以家長
至京辨其誣此敘述未晰豈史以與王士弘倪孟賢
事相類故於敏獨略耶又按敏史不詳其籍里明書
開國臣傳俱作濟源人洪武九年陞饒州知府地理
志無饒州有饒州府此作饒州知州誤
青文勝傳夔州人○按開國臣傳夔州大寧人
敝朴死者相踵扑朴敀

列傳第二十九

齊泰傳洪武十七年舉應天鄉試第一明年成進士○
按名臣實錄名臣志鈔俱云泰洪武二十年鄉貢明
年舉進士獻徵錄明書皆同史獨作十七年舉鄉試
明年成進士考進士題名碑錄齊德更名泰洪武十
八年三甲一百名進士與史同但作溧陽人不作溧
水
二十八年以兵部郎中擢左侍郎○按名臣實錄獻徵
錄俱云三十年陞兵部左侍郎明年進本部尚書明
書同惟左侍郎誤作右侍郎此云二十八年擢左侍
郎與諸書異
時遺詔諸王臨國中毋奔喪○按明書名臣實錄名臣
志鈔獻徵錄俱云燕王入臨至淮安泰請急出符勒
歸國王益恨泰
先是帝爲太孫時諸王多尊屬擁重兵患之至是因密
議削藩○按名臣實錄明書俱云泰嘗使北平燕王
賂泰泰受歸請爲兵費上益倚重泰
黃子澄傳以字行○按明書子澄以字行改字伯淵
會有言周王橚不法者○按是時告橚謀不軌者即橚
子有燉也
方孝孺傳洪武十五年以吳沈揭樞薦召見○按洪武
十五年孝孺以吳沈揭樞薦召見名臣實錄名臣志
鈔與史同惟明書云洪武十五年濂入京待宴受命
作靈芝甘露頌歸醉臥忘之孝孺爲代之濂攜入上
覽曰此非學士筆也濂以實對上曰頁勝汝召見試
以一論五策立成上歎曰異才也賜緋袍腰帶猶平
巾往見東宮宴禮部則潛使人詠所坐几試之孝孺
必正席乃坐上喜其端整而嫌其傲明書所載略同
惟賜宴後作罷歸繼又以吳沈揭樞薦召見與史互
異
孝孺工文章至故後得行於世○按名臣實錄名臣志
鈔明書皆云孝孺著有遜志齋集四十卷
世宗時松江人俞斌至言於官乃已○按名臣實錄名
臣志鈔俱云錄孝孺家時得魏典史澤周旋藏其幼
子以故孝孺尚有後俞斌之事惟明書與史合
孝孺之死宗族親友前後坐誅者數百人○按名臣實
錄名臣志鈔明書明史紀事本末俱云宗族坐死者
八百七十三人
方孝孺附傳盧原質鄭公智林嘉猷皆寧海人○按明
書盧原質鄭公智作寧海人林嘉猷作臨海人與史
稍異惟名臣實錄與此同
與弟原朴等皆被殺○按原朴明書作原林
鄭居貞閩人○按明書居貞初名久成改士恒以字行
徽州人從父官閩因家焉
孝孺主應天鄉試所得士有長洲劉政○按明書劉政
建文己卯應天鄉試第一考官方孝孺以託孤寄命
命題得其文驚曰此他日臨大節而不可奪者一時
稱爲得人
練子寧傳縛子寧至語不遜磔死○按明書子寧被逮
之前夕以血大書一練字於裙幅令侍媵抱匝歲子
匿民間得免展轉入閩備保六世孫綺爲靳寧陳舉
章書記後白當事以幣聘之授衣巾奉先祠萬厤初
詔錄諸臣後得子寧妾秦氏娠生戍所者曰善慶俾
主祀
族其家姻親俱戍邊○按明書名臣實錄名臣志鈔明
史紀事本末諸書俱云死者百五十一人戍邊者數
百人
練子寧附傳徵不知何許人○按明書名臣實錄明史
紀事本末均不詳其邑里但云嘗言耿李諸將失律
懷二心
茅大芳傳建文元年遷副都御史○按明書建文元年
大芳遷副都御史執法嚴正調吏部左侍郎
額其堂曰希董○按明書大芳正德末祀於鄉郡人侍
郎儲巏輯其遺文曰希董集
茅大芳附傳周璿○按明書璿山東諸城縣人
卓敬傳瑞安人○按明書敬瑞安人後徙滄州
他日與同官見至已復稱給事中○按改給事中爲元
士又改源士事在洪武二十二年見職官志
卓敬附傳被禽不屈死之○按明書郭任嘉靖中鎮江
知府劉儲秀祀之鄉賢祠
陳迪傳以通經薦歷官侍講○按明書名臣實錄俱云
十二年薦召爲翰林編修遷侍講
胡閏傳召閏不屈與子傳道俱死○按名臣實錄與此
同明書作子傳慶與其族二百十七人皆市斬爻子
傳福方六歲發鞍轡局明史紀事本末略同惟傳福
作戍雲南與明書異
胡閏附傳翔喪服入見語不遜族之○按明書明史紀
事本末俱云燕王入京召方孝孺草詔繼召閏及高
翔皆衰絰至哭聲徹殿陛太宗召閏先入諭令更服
閏曰死即死服不可更此云翔喪服入見而不及閏
草詔事孝孺附傳亦不及閏翔彼此互異
王度附傳又董鏞不知何許人○按明書董鏞長沙人
金川失守執殺之姻族死戍者二百三十人

列傳第三十

鐵鉉傳鄧人○按明書鐵鉉祖父係色目人別居鄧州
因爲鄧州人
凡三閱月卒固守不能下○按明書云鉉令守陴者羣
噪罵燕兵攻益急以大礮擊城城且破鉉復多書高
皇帝神牌懸受擊處遂不敢擊明史紀事本末同
子福安戍河池○按明書男福安十二編伍河池康安
七歲充匠尋皆戮死妻楊并二女發教坊司楊憂憤
死二女終不受辱成祖聞曰渠竟不屈耶出之皆適
士人
參軍說鉉直擣北平○按明書名臣實錄俱云宋參軍
說鉉曰北兵去濟而南其留守北平者類老弱且永
平保定離畔雖郡縣堅守者尚多守臣郭資輩書生
不知兵公能出奇兵疾馳眞定我諸將潰逸者稍稍
收合不數日竟取北平其間豪傑有聞義而起者便
宜部署招徠之北平可破矣破則北兵顧家室必亂
勢必散歸徐沛間素稱驍健若檄諸守臣倡集義勇
乘勢晝夜躡之而公館穀北平休養士馬逆其至擊
之彼腹背受敵大難旦夕平耳鉉以軍餉盡於德州
城守既久士卒憊甚而南將皆駑材無足恃莫若固
守濟南使江淮有備北兵不能越淮歸必道濟吾邀
而擊之以逸待勞全勝計也名臣志鈔明史紀事本
末俱同
暴昭傳潞州人○按明書獻徵錄俱作浮山人浮山隸
平陽不隸潞州又考地理志潞州洪武八年陞潞安
府不應仍稱潞州
設北平布政司於眞定昭以尚書掌司事北平敀平燕○按
明書獻徵錄俱作歷北平布政司參政二十八年陞
刑部尚書年分官階俱小異七卿年表與此同
陳性善傳洪武三十年進士○按明書作洪武十八年
進士名臣實錄同惟題名碑記作三十年進士與史
同考太祖在位三十一年性善以進士授行人司副
遷翰林檢討召入便殿繙錄似非一載所歷之事
及即位擢爲禮部侍郎○按性善擢禮部侍郎明書名
臣實錄俱作太祖時事
性善盡所言○按明書云問以治天下之要使書以進
性善益感知遇盡所欲言上面允行而中多止
陳性善附傳與鎮撫崇剛嬰城堅守○按鎮撫崇剛明
書作指揮鄧崇剛與史小異惟名臣實錄亦作崇剛
張昺傳累官工部右侍郎○按明書名臣實錄俱作累

官刑部左侍郎

張昺附傳都指揮彭二○按明書彭二逸其名以行稱

馬宣傳宋忠之趨居庸宣亦自薊州帥師赴北平○按本紀馬宣戰死之後燕兵始陷居庸懷來宋忠見執前後俱按日編載憲章錄亦同此於克懷來後紬張王之謀始與宣戰與紀不符

瞿能傳與其子帥精騎千餘攻張掖門○按明書云能從李景隆攻北平力戰勢甚銳與其子獨帥精騎千餘人殺入彰義門彰義門金之西門元所謂南城也今之廣寧門人猶呼爲彰義外城雖建於嘉靖時意金城故址在明初猶存史作張掖音轉之訛耳疑卽彰義

顏伯瑋傳遂命其弟珏子有爲還家侍父○按明書珏脫走濟寧踰日還沛詢邑人知父子屍已爲縣丞胡先雍瘞乃至徐告守晏璧璧因爲壞傳名臣實錄同

顏伯瑋附傳知獻縣○按明書朴本縣獻縣後俱祠祀朴萬麻初奉詔建祠本縣北門外又鄭恕蕭華祀台八忠祠

華謂妻蕭曰吾義必死○按鄭華之妻名臣實錄云華死乃稱病送還家明書獻徵錄俱云以家託其友人無錫丞趙次進其時未同死也

王省傳詔免會試○按太祖本紀選舉志俱云六年二月諭暫罷科舉察舉賢才與此合

姚善傳敬禮隱士王賓○按明書賓字仲光獨居陋巷善躬往候舍車徒步叩門自稱名延入語盡歡及賓報謁望門再拜而返善自邀還辭非公事不敢入又將候韓奕奕避入太湖善歎曰先生所謂名可聞而面不可見者耶

錢芹於朝署行軍斷事○按職官志祇有五軍斷事之名不載行軍斷事當是一時權設之官非經久制也

陳彥回傳依鄉人知縣黃積良冒黃姓○按彥回依黃積良更姓名曰黃禮見明書

授保寧訓導○按明書作保定府學訓導

陳彥回附傳應詔勤王○按明書獻徵錄明史紀事本末俱云彥方糾義起兵一邑響應或沮之彥方大哭曰君父在水火吾可以自緩乎

抵湖口被執○按抵湖口被執明書獻徵錄明史紀事本末俱作江口考地里志湖口縣濱臨大江諸書與史當是互舉成文耳

列傳第三十一

王艮傳並授修撰如洪武中故事○按洪武四年雖設進士科未有入翰林者至十八年三月以第一甲丁顯練安黃子澄爲修撰後遂爲例見黃佐翰林記

坐累死獄中○按李貫以解縉獄辭連及瘐死獄中見

解縉傳

程本立傳洪武中旌孝子太祖嘗謂之曰（改善海鹽沈壽康壽康嘗謂之曰）○按本立並未舉孝子舉孝子者乃海鹽沈壽康鄉人稱爲孝隱先生本立與壽康友善壽康因謂之曰學者爭務科舉云云傳脫去壽康誤以本立爲孝子又誤以壽康之言爲太祖今據王世貞別集及周鑣遜國忠記改

黃觀傳故黃氏有後於貴池○按永樂末詔觀親黨有編伍者悉釋之見獻徵錄

王叔英傳愼刑罰○按遜國忠記罰作賞

黃鉞附傳嘗爲監察御史○按鳳韶爲御史時諸王入覲有由皇道且不拜者鳳韶侍班言殿下宜盡君臣之禮宮中乃展叔姪之倫由皇道不拜大不敬帝以至親勿問見遜國忠記

陳思賢傳率其徒吳性原（吳改伍）○按遜國忠記及福建通志俱作伍性原

程通傳程通○按通字彥亨見遜國忠記

程通附傳與兄夷仲（夷仲改見泰）○按惠仲名見恭以字行前王叔英傳直書見泰則知見泰非若惠仲之以字行矣

坐直書靖難事（靖難改燕兵）○按靖難之名乃永樂君臣掩飾其稱兵逆跡如當時文牘所載論功紀事及臣工章疏自當仍從其舊此處乃史傳敘事不應沿其文過之辭謹改訂而識之

高巍傳尙在離間（在改生）○按王世貞別集作生於義較順

贊

靖難之役（改燕兵之入）

乾隆四十一年賜謚諸臣王艮廖昇龔泰周是修黃觀王叔英黃鉞曾鳳韶高巍通謚忠節魏冕鄒瑾程本立陳思賢程通黃希范葉惠仲黃彥清蔡運通謚節愍王艮通謚忠烈

明史攷證攟逸卷七

長洲王頌蔚編集

列傳第三十二

盛庸傳是冬燕兵襲滄州破禽凱○按燕兵之破滄州在建文二年十月見明實錄

王獨以百騎殿退至館陶○按東昌之戰燕王爲庸軍所圍易服而出始得免是爲建文二年十二月乙卯次日丙辰再戰燕師又敗乃退駐館陶見典彙明實錄亦同

庸大敗走還德州○按夾河之敗庸等以屢勝而驕謂必滅燕各攜金銀酒器樂具期至北平張宴至是敗乃悉爲燕師所得見石匱書明實錄亦同是其致敗有由蓋不獨燕之能力戰也

由盱眙陷揚州（改盱眙）

平安傳安遂敗走眞定○按是役也安之敗固由風沙亦由陳暉不遣兵應援所致見獻徵錄

移營靈璧（璧改壁）

何福傳自縊死○按何福之自縊在永樂八年八月見明實錄

贊

或身遭俘馘（馘改繫）○按此語指顧成而言俘馘二字未協

列傳第三十三

姚廣孝傳住持慶壽寺○按慶壽寺又名雙塔寺金章宗時建見春明夢餘錄及帝京景物略後又改名大興隆寺大慈恩寺至明嘉靖初廢其地在西長安街廣孝之居此蓋以其密邇燕邸耳

成祖意欲稍休○按東昌之敗成祖意已悔之廣孝復託議言有但費兩日之對遂決計力戰蓋成祖天恣堅忍亦廣孝有以贊成之也

仍居慶壽寺○按燕都遊覽志載永樂欲爲廣孝建第力辭仍居慶壽寺後退居天寧寺遂以慶壽寺爲百官習儀之所

訪其友王賓賓亦不見○按明人雜記載廣孝至長洲徒步往訪王賓歎若平生賓爲作振災記以鋪陳功德明史稿采其說輯入傳中此云賓拒不見所記迥然相反豈作記者又一人抑傳聞異詞耶

朱能傳進攻濟南次鏵山（鏵山改華山）○按一統志濟南無鏵山惟元和郡縣志載華不注山一名華山此作鏵蓋誤（頌蔚按陳亨傳與平安戰鏵山鏵亦當改華）

邱福附傳初名火里火眞（火里火眞改科里和珍）○按科里和珍後又名火眞蓋假火爲姓從漢名也除譯改原名外後名擬仍其舊

陳亨傳成祖以計紿亨囚萬○按亨本有降燕之意特以萬在不敢發燕王用反間計以書貽萬盛稱萬而詆亨僞置書降卒衣中使同獲者知之縱還亨發其書萬乃坐罪見典彙

列傳第三十四

陳珪傳輔趙王留守北京（趙王改皇長孫）○按本紀永樂八年北征命夏原吉輔皇長孫留守北京此云趙王未知何指考趙王乃高燧封爵永樂七年以其恣行不法誅長史褫冠服賴皇太子救始得免安得有留守之理當從本紀作皇長孫爲是

鄭亨傳子能嗣○按亨子能嗣爵後坐事命立功邊塞至正統六年始復爵見獻徵錄

徐忠傳洪武末鎭開平○按忠字仲達洪武末備禦大寧有破孛爾布哈功見楊士奇所撰神道碑

郭亮傳高中讒罷○按典彙載高守遼東數攻永平燕王曰高雖怯行事差密楊文勇而無謀去高文不足慮也乃遺二人書盛譽高詆文互易其函投之二人各以書聞於朝廷文遂疑高削爵徙廣西傳所言中讒蓋指此

張信傳信三造燕邸辭不見○按獻徵錄信三造燕王邸不見乃乘婦人輿而入

徐祥傳初仕陳友諒歸太祖於江州○按祥仕陳友諒爲萬戶於辛丑降明蓋元至正二十一年也見歸有光所撰興安伯世家

陳賢傳從征西番雲南北征至捕魚兒海○按賢之征西番從沐英征雲南從傅友德北征從藍玉皆洪武間事其積官不過百戶則亦僅身在行閒而已見明實錄

陳志傳孫瑛嗣○按勳臣考載志有二子其嗣爵也長子之子瑄與次子之子瑛爭廷臣以瑄適孫當嗣成祖召見令之拈鬮瑛竟得爵

王友傳明年充總兵官帥舟師沿海捕倭（改永樂二年充總兵官帥舟師捕倭）○按友帥師巡海在永樂二年五月見本紀此稱明年蓋因友與陳賢同封蒙其傳元年四月之文也但與賢傳相隔數篇而此傳上文未標永樂年號僅云明年義究未協

列傳第三十五

解縉傳洪武二十一年舉進士○按縉與兄綸同舉進士時年十四見獻徵錄

尙書沈溍以聞○按獻徵錄以爲溍忌縉才故爲此奏

郙哈朮來歸欽承顧問謂宜待之有禮○按郙哈朮自明初屯金山爲邊患至洪武二十年始降封海西侯縉所云待之有禮當指此

因各賜五品服○按職官志翰林學士左右春坊大學士俱正五品縉時已遷官不應再賜五品服賜五品服當在官侍讀時明制講讀俱六品也此追敘其初入閣時耳

仁宗卽位至詔歸縉妻子宗族○按洪熙旣歸縉妻子幷官其子禎亮中書舍人見明實錄

黃淮傳字宗豫○按陳敬宗撰淮墓銘稱淮字崇豫

淮及楊溥金問皆坐繫○按明實錄載是年閏九月成祖旣怒太子遣使遲緩徵東宮官屬淮於初四日先抵行在後二日楊士奇金問至成祖始欲宥士奇九卿交章言之遂俱下獄未幾士奇復職又逮楊溥芮善

金幼孜傳顧三學士曰汝三人及蹇夏二尙書皆先帝

舊臣○按明實錄仁宗嘗賜幼孜楊士奇楊榮三學
士及蹇義夏原吉二尚書五人繩愆糾謬銀章有所
陳奏則鈐用之頌蔚按賜繩愆糾繆銀章見蹇義夏原吉楊士奇等傳推士奇傳祇稱與
同官楊榮金幼孜並賜而不及義原吉楊榮傳但云賜銀章五而不言繩愆糾繆皆不如明實錄所載之詳
也
家人囑請身後恩不聽○按幼孜有子昭德宣德中進
士
胡儼傳洪武中以舉人授華亭教諭○按儼以洪武丁
卯舉人中次年會試副榜授教諭見黃佐所撰傳
贊
胡廣金幼孜勞著扈從刪胡廣二字
固非僅以文字翰墨爲勳績已也已上增而字已下刪也字增惟廣大節有
虧能無愧於同列乎十三字○按胡廣名位雖與諸人同而呼豬
一事實虧大節此於廣不加貶詞殊非史體
列傳第三十六
楊士奇傳早孤隨母適羅氏已而復宗○按士奇又字
僑仲其隨母適羅氏也年甫六歲見其家歲時祭祀
不令陪禮問之母悉其故卽私於室祀先世羅家人
密窺之見其拜俯感泣如成人遂命復姓楊氏見陳
賞所撰東里先生小傳
遂下錦衣衛獄旬日而釋○按明實錄士奇以永樂二
十年九月壬戌逮繫以癸酉復職計十二日
正固不二正改貞○按明實錄正作貞
榮力贊決至何謂無辭改楊榮力贊之因傳旨令士奇草敕詰趙王士奇曰事當有實
天地鬼神可欺乎榮屬稿曰汝欲撓大計耶
士奇繼之士奇改二人○按獻徵錄載是時楊榮傳旨命士
奇草敕詰趙王惟楊溥與士奇意合約同力諫榮已
先入二人乃繼之闔者不納敘述甚詳此既未敘明
傳旨事又云榮先入士奇繼之而不及溥於當日情
事未能明晰
於是發使奉書至趙○按是時奉使者爲廣平侯袁容
都御史劉觀
廉能冠天下爲世名臣云○按東里先生小傳載士奇
弱冠時曾攝琴江教事時縣有獲僞鈔者令疑其僞
造搒掠備至不伏士奇問裝中尚有眞鈔乎曰有之
士奇曰山谷人不辨眞僞邂逅售得之乃欲重治其
罪不可令遂釋之其人懷白金五十兩夜詣謝士奇
厲聲斥去焉事雖小其建立大節已兆於此
楊榮傳逃赤斤蒙古古下增衛字○按赤斤蒙古衛洪武時
置此脫衛字是以地名爲部名矣
榮與幼孜陳便宜十事○按榮所陳便宜十事獻徵錄
亦未詳載何事考明本紀有罷不急諸務及蠲十七
年以前逋賦免去年被災田糧或卽榮所奏也
又明年復從北征○按永樂二十一年也先土干之降

亦榮所預謀見榮墓誌
劉觀之免戍邊皆賴其力免戍邊改從輕典○按劉觀傳觀因
私納賄賂御史交章劾之并其子輻諸不法事宣宗
怒將置重典榮與楊士奇乞貸其死因謫輻戍遼東
而命觀隨往是無戍名而有其實此云免戍邊未的

明史攷證攟逸卷八

長洲王頌蔚編集

列傳第三十七
蹇義傳義視原吉尤重厚○按永樂中上與學士解縉
論羣臣御筆書蹇義等數人命以實對縉謂義其資
厚重而中無定見翰林記
宣宗卽位○按宣德初議棄交阯擇使交阯者義薦伏
伯安口辨夏原吉楊士奇曰使臣奉命以忠信恃口
辨必辱國竟罷伯安弗遣義亦不復言見楊士奇傳
及翰林記
夏原吉傳召原吉繫之內官監○按成祖命錦衣召原
吉回使至原吉方起廠理儲錦衣促之原吉曰姑俟
畢此不然恐有侵耗吾罪卽不測不以累公及至上
問北征得失原吉對如初備言自古不勤遠略之意
命繫內官監又命中使覘之因問上待公厚今繫之
暴亦有怨乎原吉曰風雨霜露無非教也何敢怨見
明史紀事本末及獻徵錄
以原吉爲首○按漢王移檄以原吉格遏詔書不行
爲罪首原吉見帝免冠謝罪帝曰彼借卿爲兵端耳
及從征樂安漢王且降猶令人縋城詈原吉見漢王
高煦傳及原吉別傳
夏原吉附傳還上聖孝瑞應頌○按士吉自上頌後尋
出知襄陽府秩滿遷山東參政洪熙改元入覲帝欲
授以清要吏部擬太常卿帝曰渠是秀才可擢詹事
宣德初改南京刑部侍郎五年爲御史成楷劾其怠
縱命致仕見明實錄及趙羾等傳
後坐事謫遼東○按文郁於洪武中由歲貢爲行人永
樂初超授通政參議擢戶部侍郎其戍遼東也坐太
廟失陪祀見明實錄
列傳第三十八
目錄
向寶寶改瑶○按七卿表作向瑶
趙羾傳遷浙江參政○按羾參政浙江時于謙方弱齡

羾深器重之所以獎許甚至見于謙文集
擢刑部侍郎○按羾爲侍郎時有人犯大辟死獄中實
悶氣也越四十年羾爲司寇其人復犯法羾一見呼
其姓名曰汝非曩死獄中者耶訊之伏辜人以爲神
見李濂所撰傳
金忠傳進兵部尚書○按忠微時里人有數窘辱之者
及爲尚書其人由吏來京師懼不爲容忠薦用之或
曰彼不於公有憾乎忠曰顧其才可用奈何以私故
掩人之長見楊士奇東里集
子達翰林檢討○按達應檢討以乏文學賜歸依親讀
書正統末改給事中見翰林記
李慶傳仁宗立○按仁宗嘗諭慶曰庶官賢否軍民休
戚所係唐太宗書刺史之名朝夕省覽皇考亦嘗書
中外官姓名於武英殿南廊今都布按司朕既不盡
悉其人又不悉其姓名誰肯自戒爾爲朕具書各官
姓名於奉天門之西序見獻徵錄
陳壽傳洪武中由國子生授戶部主事○按獻徵錄言
壽於永樂初舉鄉貢下第入太學授戶部主事與此
異
劉季篪傳命姚廣孝解縉及季篪總其事解縉改鄭賜○按
永樂三年監修大典爲姚廣孝鄭賜而以季篪副之
六年賜卒以贊善梁潛代見梁潛傳及獻徵錄翰林
記諸書是解縉並未監修也
楊砥傳遷北京行太僕寺卿○按永樂初設北京苑馬
寺領六監二十四苑至十八年裁寺馬併歸行太僕
寺砥以十年陞太僕明年兼苑馬寺見獻徵錄
虞謙傳巡視淮鳳抵陳州災傷抵改及○按明實錄永樂
八年正月皇太子以去年江北水患遣虞謙及戶科
給事中杜欽往揚州淮安鳳陽直抵陳州視軍民疾
苦悉免其年被災田租有典賣子女者官爲贖還
嘗應詔上言七事○按謙所奏七事曰愼用人興學校
端風憲廣儲蓄惜民力通貨財治姦宄並議行之見
明史紀事本末
列傳第三十九
茹瑺傳瑺首勸進○按瑺以推戴功加號奉天翊運守
正大臣
嚴震直傳又增高中江石堤至漕運悉通○按河渠志
興安有江源出海陽山江中橫築石埭分南北渠漑
民田甚溥埭上壘石如鱗以防衝溢震直撤石增埭
水迫無所洩衝塘岸盡趨北渠南渠淺澀民遂失利
因於永樂二年仍復舊制則震直所修未必盡善也
建文中嘗督餉山東已而致仕改建文初以年老致仕留住京師○按
震直歷工部尚書洪武三十一年春致仕建文初帝
念其任事久留住京師考震直所著遺興集中有譙

集賜第之葵心堂詩乃是年三月十五日事分韻者
爲學士董倫等十一人高太常遜志詩云偉哉尚書
公致政鳴珂里鄭庶子濟詩云尚書遂休致賜第居
京洛黃侍郎福詩云挂冠神武門賜第留京師確有
可證考之茹瑺所撰神道碑無異而續藏書謂尚書
歸老在里成祖以兩馬夾袋舁至京致身錄又稱靖
難兵起督餉山東皆妄也今此傳仍致身錄之誤據
靜志居詩話攷
張紞傳召爲吏部尚書○按惠帝時紞爲吏部王景亦
召入翰林修太祖實錄以紞薦累進禮部侍郎兼翰
林侍講成祖問葬建文禮景言宜用天子禮從之見
遜國忠記
妻子相率投池中改或云妻子亦投水○按西樵野記紞爲廣東
布政使成祖登極召回自投鍾山龍潭下妻妾子女
皆隨之遜國忠記引喬世寧耀州志言紞自經吏部
後堂而無投淵之說且言紞有子三人敵豆簋敵後
以壞材官四川按察使經歷亦無入水之事喬世寧
爲紞鄉人其言似亦有據未可專從野記直斷爲投
池也
王鈍傳元末狩氏縣尹○按鈍舉元至正間進士見獻
徵錄
郭資傳郭資○按資字存性見獻徵錄
資主給軍餉○按成祖在藩邸時資有所言無不聽納
及兵起資撫輯兵民供給糧餉百費所需未嘗乏誤
帝嘗以蕭何擬之見楊榮所撰神道碑
呂震傳震壻主事張鶴○按蹇義傳作張鵬
李至剛傳名鋼改名鋼○按翰林記及楊士奇所撰墓表
並作鋼此誤
舉明經明經改孝廉○按選舉志太祖時徵薦各科並無明
經之目而陶宗儀南村集有送李孝廉至剛之京詩
則至剛舉孝廉非明經也此誤
吳中傳復其官○按中由刑部下獄仁宗卽位以八月
復中刑部十一月改工部故有以官木石遺中官之
事見明實錄
劉觀傳不宜遽折辱刪遽字
特賜書諭太子刪特字
討涼州叛羌州下增永昌二字○按永樂八年涼州永昌二衛
叛二衛俱屬陝西行都指揮使司所轄同時並叛今
傳但言涼州叛羌而七卿表云征永昌叛寇彼此互
見各遺其一
列傳第四十
董倫傳恩人○按傳維鱗明書倫宛平人其先爲恩縣
人今獻備遺同史止作恩人但指其舊貫言耳
出爲河南左參議○按今獻備遺與此同傳維鱗明書

作左參政

坐事謫雲南教官○按傳維驥明書今獻備遺俱云註誤免官典教滇南

儀智傳贈太子少保○按傅維驥明書鄧元錫明書今獻備遺俱作贈太子少師

儀智附傳宣宗卽位以侍郎戴綸薦授行在禮科給事中○按儀銘授官傳維驥明書鄧元錫明書俱作舉經明行脩又按明書今獻備遺俱作洪熙時爲行在禮部給事中與此互異

帝念智舊勞改銘修撰○按傳維驥明書今獻備遺俱云內府校書改編修

民凍餒死相枕死下增者字枕下增藉字

鄒濟傳永樂初預修太祖實錄成除禮部郎中○按傳維驥明書云歷禮部郎中已而修永樂大典諸儒臣推總裁楊士奇所撰墓誌云修永樂大典以五人總裁而濟與焉

再遷左春坊左庶子○按傳維驥明書坐事改考功郎中仁宗留守南京擇宮僚改左庶子

鄒濟附傳坐累死○按善述之死史不詳其坐累之由考本紀云黃儼復譖太子擅赦罪人宮僚多坐死者鄧元錫明書云監國時宮僚以譖故得罪獄死者徐善述王汝玉馬京梁潛周冕則善述因被潛連坐而死無疑

羣臣應制撰神龜賦汝玉第一○按獻徵錄汝玉文兼古今體賦尤贍麗詩語雋永得唐人風格所著有青城山人集

陳濟傳爲文根據經史不事葩藻○按獻徵錄濟所著有綱目集覽正誤若干卷文集若干卷

王英傳累進右春坊大學士○按傳維驥明書成祖謂太子命英與諸大臣定喪禮議國事宿內閣凡七日

進禮部侍郎八年命理部事○按傳維驥明書英陞禮部左侍郎兼侍講學士正統八年出理部事蓋英自書機密文字歷遷學士雖佐春官仍充內職至此始去翰林治部事與庶僚等未始非三楊扼之也略兼侍講學士之事則下文命理部事不明

謚文安○按名臣實錄英初謚文安改謚文忠史但指其初謚言耳

錢習禮傳以故鴻臚寺爲翰林院落成至後遂爲故事○按詞林典故正統七年掌院事學士錢習禮不設西楊南楊公座曰此非三公府也至期二楊以聞乃命工部具椅案禮部尚書胡濙定位次左設大學士三座學士一座而讀講學士東西對列

周敘附傳劉儼○按儼屢與修五倫書君鑑書修寰宇通志爲副總裁復領續宋元通鑑綱目屢有賜賚

柯潛傳英宗實錄成進少詹事○按修英宗實錄之前凡歷代君鑒寰宇通志玉牒諸書潛皆預修爲累賜白金文綺後以古文詞教庶吉士李東陽等又教庶吉士林瀚等典應天順天鄉試兩典會試見獻徵錄

爲學士時至翰林中以爲美談云○按詞林典故翰林院劉井學士劉定之所浚在公署後堂之左柯亭學士柯潛所建在公署後堂之右後堂有二柏亦潛所種又云潛旣總院事就翰林後圃結淸風亭亭下鑿池蒔蓮決渠引泉公退偃坐其中翛然眞若登瀛洲者

孔公恂傳上章言兵事諸武臣譁然○按獻徵錄云令撫寧侯朱永出征公恂上章留之言永當時武臣一人而已爲衆所嫉被劾

列傳第四十一

宋禮傳歷八遞運所民苦其勞○按明史紀事本末云於陸路置八遞運所每所用民丁三千車二百輛歲久民困其役

乃用汶上老人白英策至使無南入洸而北歸海○按獻徵錄云乃築壩於戴村遏汶勿東流盡出於南旺此云使無南入洸北歸海河渠志則云遏汶使無入洸彼此詳略互異

匯諸泉之水至而達於淮○按河渠志云自南旺分水北至臨淸三百里爲閘二十有一南至鎭口三百九十里爲閘二十有七又云禮用白英策築壩遏汶盡出南旺南北置閘三十八傳維驥明書名臣實錄則云禮修復會通河置十五閘諸說不符惟獻徵錄與此同河渠志後一說當是總計之數亦不甚異

二十旬而工成○按傳維鱗明書名臣實錄俱云工十旬與此異

又奏濬沙河入馬常泊以益汶○按河渠志禮又請疏東平東境沙河淤沙三里築堰障之合馬常泊之流入會通濟運又於汶上東平濟寧沛縣並湖地設水櫃陡門在漕河西者曰水櫃東者曰陡門櫃以蓄泉門以洩漲

還京師○按獻徵錄禮還京上嘉勞賜寶鏹二百錠文綺二襲

以御史許堪言衞河水患命禮往經畫○按洩衞河至海豐傳維鱗明書名臣實錄俱云凡四百五十七里役夫三千工一旬此亦禮易於集事之證此但云帝命侯秋成後爲之而不言工成

弘治中主事王寵始請立祠詔祀之南旺湖上○按名臣實錄云正德七年禮始賜祠祀會通河上與此互異

宋禮附傳則殺水固隄之長築也築改築○按明史稿作長策

陳瑄傳瑄言嘉定瀕海地至賜名寶山○按地理志嘉定條下祇載寶山守禦千戶所不詳寶山所由名

仍以瑄董漕運議造淺船二千餘艘○按河渠志瑄於湖廣江西造平底淺船三千艘明史紀事本末同此作二千餘艘約略之詞耳

瑄用故老言自淮安城西管家湖鑿渠二十里爲淸江浦○按河渠志云瑄乃鑿淸江浦導水由管家湖入鴨陳口達淮獻徵錄明史紀事本末俱同此云自淮安城西管家湖鑿渠二十里爲淸江浦導河水入淮似不及志之明晰況淸江浦自昔有之而此以爲自管家湖鑿渠爲淸江浦似淸江爲新増之浦竟屬管家湖之分派矣

又以呂梁洪險惡於西別鑿一渠置二閘○按移風淸江福興新莊四閘之名見河渠志惟此所云呂梁洪西渠之二閘不見諸書

身理漕河者三十年舉無遺策○按河渠志並濬儀眞瓜州河以通江湖獻徵錄明史紀事本末作通潮

周忱傳選庶吉士至忱自陳年少乞預○按靜志居詩話進士改庶常相傳自永樂甲申始是科命解學士縉選得二十八人以應列宿忱自陳年少乞讀書中祕時人謂之挨宿

忱有經世才○按今獻備遺云忱預修永樂大典五經四書性理大全諸書史俱不載豈因忱以經濟著而略其文學耶

忱乃與知府況鍾曲算累月○按徐岳數術記遺了算之法一位爲一了字其了有三曲其下股之末內主一外主九下次第一曲內主二外主八當第二曲內主三外主七其第三曲內主四外主六當了字之首則主五故首惟秉五腹背兩兼此卽曲算法也

減至七十二萬餘石○按今獻備遺名臣志鈔傳維鱗明書俱作蘇稅額二百九十餘萬石忱與況鍾疏減八十餘萬與史不符

忱與平江伯陳瑄議至漕軍運抵通州○按民運兌運之制食貨志與此同但志祇言陳瑄不及忱詳略少異耳

民間馬草至南京則輕齎卽地買納○按上文云馬草歲運兩京下祇云南京卽地買納而遺北京考傳維鱗鄧元錫明書今獻備遺名臣志鈔俱云請北於通州草場立官庫每束折銀三分

令且沃錫數日畢辦○按傳維鱗明書云造上明盔者須水磨非遲數月不可忱令且沃錫旬日畢辦名臣志鈔同

明史攷證攟逸卷九

長洲王頌蔚編集

列傳第四十二

張輔傳帥豐城侯李彬等十八將軍○按十八將軍諸書俱不詳載惟明史紀事本末云以成國公朱能爲大將軍西平侯沐晟新城侯張輔爲左右副將軍豐城侯李彬雲陽伯陳旭爲左右參將大將軍牽右副將軍右參將及淸遠伯王友神機將軍程寬朱貴遊擊將軍毛八丹朱廣王恕等橫海將軍魯麟王玉高鵬鷹揚將軍呂毅朱吳江浩方政驃騎將軍朱榮金銘吳旺劉劄出等二十五將軍

兵衆七百萬○按明史紀事本末作二百萬

令都督黃中等將死士○按名臣志鈔云輔乃懸重賞募死士此作將死士遺懸賞購募之舉

斬其帥二人○按賊帥二人名梁民獻伯樂見明史紀事本末

悉破籌江困枚萬劫普賴諸寨○按明史紀事本末云張輔沐晟等襲賊籌江栅大破之又追敗賊於萬劫江普賴山此概以寨名之當屬統稱耳

禽其將校百餘人○按明史紀事本末作殺其將阮子仁黃老岡百餘人獻徵錄作禽其黨黃老䌹彤文傑馮宗實莫鐵范鞋阮利百餘人

獲季犛及其子蒼並僞太子○按僞太子名芮見明史紀事本末識大錄

安南平得府州四十八縣一百八十○按明史紀事本末云分十七府曰交州北江諒江三江建平新安建昌奉化淸化宣化太原鎭蠻諒山新平義安順化升華四十七州一百五十七縣衞十一所三名臣志鈔名耳安南傳則作十五府分轄三十六州一百八十一縣府名無宣化太原升華有演州而宣化太原與嘉興歸化廣威則作五直隸州分轄二十九縣又陶季容爲宣化府同知則宣化固府也此作得府州四十八縣一百八十與諸書俱不符惟名臣實錄今獻備遺獻徵錄均與此同傳維鱗明書則作得郡縣一百三十四尤混淆無別

戶三百十二萬○按戶三百十二萬弇州史料傳維鱗明書均與此同明史紀事本末云安撫人民三百二十萬獲蠻人二百八萬七千五百安南傳略同惟二十萬作十二萬當屬字之顚倒耳

遂設交阯布政使以其地內屬○按安南傳輔還上交阯地圖東西一千七百六十里南北二千八百里

其年冬陳氏故臣簡定復叛○按簡定稱日南王僭號大越改元興慶雜見於弇州史料明史紀事本末名

臣志鈔獻徵錄安南傳諸書後定自稱上皇立季擴爲大越皇帝改元重光此并爲一敘次未晰

時簡定巳僭稱越上皇別立陳季擴爲皇○按明史紀事本末云季擴蠻人自稱陳氏後弇州史料議大錄俱以爲簡定從子

禽賊帥二百餘人○按明史紀事本末作潘坻等二百餘人

前後建置郡邑及增設驛傳遞運規畫甚備○按獻徵錄載輔言自欽州天涯驛經貓尾港至涌淪佛淘從萬寧縣抵交阯多由水道陸行止二百九十一里宜置水馬驛傳以便往來於是命防城等處設九水驛龍門等處設二馬驛寧越等處設七遞運所佛淘設巡檢司改交阯嘉林縣爲嘉林馬驛交州府瀘江欽州天涯俱爲水馬驛廣西橫州州門水驛隸南寧府皆如輔所請

都御史顧佐請保全功臣○按輔之解兵柄以都御史顧佐請保全功臣之奏事在宣德四年見明實錄

子懋九歲嗣公○按傳維鱗明書云長子忠勳衛病忠庶子傑乞嗣弟文安伯覞太平侯瓛言傑本忠婢子不可嗣景泰五年庶子懋嗣公侯簿同但簿云張輔庶男張懋見年十一歲應襲奏奉欽依張忠既殘疾其子來歷不明著張懋襲爵又考公侯簿作本年明書作五年公侯簿作十一歲此作九歲互有異同

黃福傳改北京行部尚書○按行部尚書名臣實錄鄧元錫明書均與此同今獻備遺作刑部尚書考職官志永樂元年置北京行部尚書二人福之拜官正當其時今獻備遺作刑部誤

參贊南京守備襄城伯李隆機務○按名臣實錄云福每事先籌定付襄城伯襄城伯亦敬信福比視事皆襄城伯處分福不出一語或以爲言福曰汝見守備何嘗一事錯鄧元錫明書略同

歷事六朝多所建白○按名臣實錄時以福議復設提學憲臣

所得俸祿惟待賓客周匱乏而已○按名臣實錄鄧元錫明書俱云俸賜分贍姻族屬擴之日室無百楮

陳洽傳中官馬騏貪暴○按明史紀事本末云騏定歲貢扇萬柄翠羽萬箇騏墨而殘交人苦之

宜駐師覘賊○按今獻備遺明史紀事本末云請駐師石室縣之沙河以覘賊強弱

陳洽附傳土兵二千人○按傳維鱗明書明史紀事本末俱作二萬人

于輔與守將集兵民死守○按明史紀事本末云子輔死軍民俱力鬬盡無一人降者

二人瞋目怒罵不屈並忠子皆被害○按傳維鱗明書云且鋸忠忠瞋目視賊大罵曰我天朝臣子恨不斬汝以歸報朝廷肯從汝求生耶罵不絕口乃從容賦詩而死

周安○按傳維鱗明書作劉安事跡歷官俱同惟明史藁作周安

李彬傳以邱福議封豐城侯○按傳維鱗明書云護孝仁皇后至京明年封豐城侯此作以邱福議封侯未知何據

清化府土巡檢黎利反○按明史紀事本末云清化府俄樂縣土官巡檢黎利初從陳季擴充僞金吾將軍後束身歸降以爲巡檢然中懷反側至是反僭稱平定王識大錄同

潘僚者乂安土知府也爲中官馬騏所虐反衙儀○按潘僚之叛識大錄云乂安土指揮路文律從之

范玉者塗山寺僧也反東潮州○按識大錄云妖僧范玉自言天降劍印令爲安南國主亦僭稱羅平王反塗山

柳升傳妖婦唐賽兒反至摧辱之○按明史紀事本末云行在刑部尚書吳中等劾奏柳升賊臨境不設備都指揮劉忠身先軍士幾破賊壘升忌其功不救致忠力盡而斃賊遂遁去及備倭指揮衞青闖賊圍安丘急躬率所部兵晝夜兼行遂敗賊衆後三日升始至反忌青功故行摧折

慶强起告升升不爲意○按明史紀事本末云梁銘李慶曰主帥氣甚驕兵累日不得休困罷而少斥堠不據險握重而欲急發卒如敵伏何較此爲詳然作銘慶語與史小異

王通傳斬其司空丁禮以下萬餘級○按明史紀事本末作司空丁禮司徒黎豸此略其一

利乙和通以聞○按明史紀事本末云王通自寧橋之敗氣大沮喪雖獲城下一勝而志不固且意柳升師雖出道路多梗黎利既求和不如徇其所請按察司楊時習曰奉命征討乃與賊和棄地旋師何以逃罪通厲聲叱之曰非常之事非常人能之

列傳第四十三

宋晟傳坐法降涼州衞指揮使○按晟降涼州指揮史不詳坐法原委考獻徵錄但云十二年掌涼州衞不言降官

仍鎮涼州○按傳後云晟四鎮涼州而傳中歷敘官閥鎮涼州者僅二考獻徵錄云十五年父病召還侍又三年父歿復鎮涼州此時始載討叛事後又云召還京獎諭再四賜賚甚厚復鎮涼州至十九年召還始陞右軍都督合前後計之鎮涼州者凡四史漏中二事與前後文不合

辯祿傳行六軍中呼曰辯六○按傳維鱗明書祿初名貴

祿千一百石○按獻徵錄傳維鱗明書俱作千五百石此作千一百石與名臣實錄同

遇敵於鳳皇嶺○按鳳皇嶺獻徵錄作奇黃嶺名臣實錄與此同

劉榮傳請於金綫島西北望海堝築城堡○按地理志金綫島在遼東金州衞東南又東南有望海堝至下文馬雄島櫻桃園俱不見地理志

斬首千餘級生禽百三十人○按傳維鱗明書作斬首七百四十二捕生八百五十七

朱榮傳僅擢右都督○按張輔傳稱榮驃騎將軍

修忙牛嶺兔毛河赤山榆楊口來勝諸城○按地理志大同有兔毛川赤兒山此作兔毛河赤山彼此小異忙牛嶺榆楊口來勝不見地理志

祿千二百石○按傳維鱗明書作二千石

費瓛傳遇賊於雙城至追奔至黑魚海○按雙城黑魚海俱不見地理志惟有黑河在鎮番衞西或卽黑魚海之別名歟

譚廣傳大小百餘戰未嘗挫衄○按獻徵錄云廣初所統神機兵鮮明晃耀進止有度望者皆曰譚家馬也上有所指揮亦曰譚家馬至敵人相戒亦曰毋犯譚家馬迨今猶以爲號所得祿賜不以私營出爲學舍浮屠老子宮之用

蔣貴傳平龍谿等三十七寨斬首一千七百級○按獻徵錄云乃大鬬士連破黑號等四十餘寨斬首千五百級生禽稱是

諜報敵駐賀蘭山○按地里志賀蘭山在寧夏衞西

與王驥討思任發子思機發攻破其寨○按獻徵錄云賊父子既遁於緬甸八年命貴與尚書下緬取賊時緬人數報送至而潛以金樓船載賊離五十里而不至尚書謂蔣貴曰此給我也過江則絕我歸路矣於是誘緬人聽賞則往焚其舟大戰一晝夜賊首已先遁去賊子思機發在孟牙亦遁去盡俘其妻孥以還破其賊寨二百餘處僰夷遂平

加歲祿五百石○按獻徵錄作二百石

趙輔傳封武靖伯○按封爵當載食祿之數武靖之封不言食祿下文減祿二百石便無根據考傳維鱗明書云食祿千二百石

劉聚傳論功進左都督以內援特封寧晉伯論上加七年二字○按聚封伯事在七年見傳維鱗明書又按聚封伯食祿千石亦見明書

列傳第四十四

吳允誠附傳命答蘭更名克忠襲其爵○按傳維鱗明書云子伯克嗣伯賜名克忠此作答蘭互異

吳成附傳金順○按金順傳維鱗明書作衛拉特人

金忠傳封忠勇王○按傳維鱗明書云歲祿千石

並支二俸○按傳維鱗明書云仁宗諭蹇義曰朕嗣位文武大臣進官忠得無冀恩澤亦以慰其心耳義對曰北人降附者衆皆視朝廷待忠何如聖慮及此柔遠之道也

帝曰去留任所欲耳朕有天下獨少此二人耶○按傳維鱗明書云或言忠去必不返上曰朕推心待人何疑於忠同此獲載任渠去留竟與兵數千遣去數日俘斬敵人及畜產以歸上大喜曰忠朕之金日磾也與此小異

毛勝傳封南寧伯○按傳維鱗明書云食祿千石

諡莊毅○按傳維鱗明書諡忠壯

焦禮傳備禦遼東○按李賢所撰神道碑云宣德初以遼東密邇諸番命禮往守適與敵遇禮當陣生致賊酋餘皆潰散陞指揮使辛卯邊將以禮才堪御衆薦陞都指揮僉事壬辰以征哨功進都指揮同知威名大振正統辛酉用都督曹儀薦陞都指揮使壬戌海西寇邊禮率兵禦之獲士馬甚衆辛亥命守寧遠乙丑以守邊功進左軍都督仍守寧遠丁卯襲敗賊于境外以奇功陞都督同知賚白金綵幣

景泰四年賊二千餘騎犯興水堡禮擊走之○按李賢所撰神道碑云景泰甲戌禮復率兵北討生致渠魁一人獲牛馬尤衆進左都督考景泰五年歲在甲戌史於禮進左都督之事云在景泰四年且以爲擊賊興水堡而傳維鱗明書又云景泰元年破敵小團山斬獲數千彼此互異

封東寧伯○按傳維鱗明書獻徵錄明臣世表俱云食祿千二百石

毛忠傳九年出託歡山十年征黑山寇皆禽其酋○按託歡山禽賊首旺札勒特穆爾陞本衞指揮僉事黑山禽都爾伯台陞指揮同知見獻徵錄

侍郎李實使漠北至景帝不許○按獻徵錄云甘之內外守臣及其邊人俱爲忠訟朝廷亦知其僞置之不問

遂封伏羌伯○按獻徵錄傳維鱗明書俱云食祿一千石

和勇傳召督効勇營訓練○按典彙云成化二年十二月復立十二營凡十二萬人曰奮武耀武練武顯武敢勇果勇効勇鼓勇立威伸威揚威振威十二營內各分五軍三千統騎兵神機統火器兵志略同志又云命侯十二人掌之團營之法又稍變

特封靖安伯○按傳維鱗明書云食祿千一百石

羅秉忠傳封順義伯○按傳雜鱗明書云食祿千一百石

贊

明興諸番部番部改蒙古○按番部之稱殊爲率混直稱蒙古方合史家紀實之體

列傳第四十五

金純傳九年命與宋禮同治會通河○按永樂九年與純同治會通河者尙有都統周長見明實錄

鄭辰傳谷庶人謀不軌○按明實錄谷王橞之廢在永樂十五年二月此類敘於四年之後

正統元年元改二○按辰之奉命振饑在正統二年六月見明英宗本紀此作元年誤

楊鼎傳陝西外患四寇四改西○按是時爲陝西邊患者阿勒台多爾濟巴勒而已無所謂四寇考獻徵錄作西寇於當日時事較合

胡拱辰傳拱辰言於總兵官方瑛遣將禽之總兵官改都督將下增往字○按方瑛禽叛苗在景泰三年十一月見本紀但是時瑛爲都督至七年十一月討湖廣叛苗始加平蠻將軍充總兵官

潘榮傳犒師廣東還除吏科給事中景泰初疏論停起復抑奔競數事景泰初三字移犒師之上○按本紀廣東黃蕭養之亂在正統十三年八月維時天順已爲瓦剌所獲至景泰元年五月都督同知董興始擊滅之榮之犒師當在是時則非正統閒事矣

列傳第四十六

黃宗載傳徵兵湖廣○按是時徵兵湖廣者爲都指揮吳玉見獻徵錄

出按交阯○按宗載按交阯時交阯軍房舊覆茅多火宗載乃節官瓦以易之患遂息見王直所撰神道碑

顧佐傳佐上章致仕去○按是時陝西布政使周景姦贓無度佐累置之法帝累釋之佐遂以風疾乞歸見列卿記

顧佐附傳授御史○按邵玘爲御史嘗巡按江西廣東福建擢江西按察使任五年以憂歸後復爲福建按察使見楊榮所撰墓志

歷官大理寺右少卿○按升初授四川青神巫山知縣有賢名永樂初擢江西按察司僉事改吏部郎中任六年其擢大理少卿則蹇義所薦見獻徵錄

段民傳九年二月卒於官○按民居刑部時偶得寒疾小差卽欲視事左右沮之民曰數百人困獄中政而待我奈何自緩强出而疾劇遂卒見楊士奇所撰墓志

段民附傳衢州人改開化人○按一統志及進士題名錄吾紳衢州開化人

官刑部主事○按紳由進士改庶吉士因與同列言理刑事上聞遂擢刑部主事見獻徵錄

章敞傳由庶吉士授刑部主事○按太學題名碑敞爲永樂二年進士又按敞爲主事時嘗奉命與諸儒纂輯五經四書及性理大全見獻徵錄

擢禮部侍郎○按敞居禮部時凡貢使廩給合所司具數付通事者以杜侵剋自是遠人以爲朝廷待之加厚也見楊榮所撰墓志

章敞附傳餽遺一無所受○按戩初至交阯苦暑館伴以象骨扇進及出關仍返之交王謝表有廷臣清白語進右春坊右諭德踰年卒見獻徵錄

吳訥傳以醫薦至京○按訥未被薦時授江陰崇明二縣學司訓不就見獻徵錄

進南京右僉都御史○按訥初至留都謁卞壺墓見其傴隘新之又輯歷代名臣諫疏以厲僚屬見錢溥所撰墓志

魏驥傳歷南京太常寺少卿○按驥官太常時嘗立昌平狄仁傑及復漁陽漢循吏祠見列卿記

王振怙寵陵公卿獨嚴重驥呼先生○按驥初爲吏部侍郎遂遇王振不爲避振譖之驥一日於帝前言其故直言臣不足惜如名器何溫旨慰之見列卿記

耿九疇傳條奏便宜五事○按九疇所奏五事曰復竈戶均歲派出振濟節樣鹽立刑官見獻徵錄

卽留爲刑部右侍郎○按九疇爲侍郎時值邊警命留守京城見明實錄

命兼撫江北諸府○按九疇撫江北時開錄重囚平反者二十六人見彭時所撰墓志

代陳鎰鎮陝西○按九疇鎮陝西時耀州民爲妖言守臣以反聞逮捕三百餘人九疇察其實悉減死見獻徵錄

亨等謂九疇實使之○按是時邊境多事九疇謂罪由石亨將率諸御史廷劾之事泄反爲所誣帝察其冤僅謫外見列卿記

軒輗傳永樂末年進士授行人司副○按輗初爲進士督漕淮上冬月墮水既出擁被坐待燎衣有司亟進衣卻之見彭韶所撰傳

永樂時增至八萬二千兩改至宣德時增至九萬餘兩○按食貨志浙江溫處麗水平陽等七縣銀場永樂中徵至八萬餘兩宣宗復增至九萬餘兩

奏孝宗理宗及福王陵墓俱爲豪民侵奪○按元史宋理宗諸陵爲嘉木揚喇勒智所發義士唐珏等私收葬之明太祖卽位詔有司以禮改葬趙伯秦所奏陵墓應卽屬改葬者

黃孔昭傳舉天順四年進士○按孔昭未舉時建寧守賀沄知其賢舉爲松谿訓導歎曰士有志用世乃藉人舉薦耶慨然益力於學見列卿記

孔昭嗜學敦行○按孔昭所輯有赤城論諫錄所著有定軒集見列卿記

明史攷證攟逸卷十

長洲王頌蔚編集

列傳第四十七

熊概傳與春同往巡撫南畿○按概巡撫南畿時有修建胡安定范文正魏了翁祠及復范魏義田事見楊榮所撰碑

陳鎰傳已命與靖遠伯王驥巡視甘肅寧夏延綏邊務○按陳鎰與王驥備邊在正統九年九月見明實錄

陳泰傳擢大理右少卿右改寺○按大理寺少卿雖有左右而品秩相同無甚關繫此刪寺字未合

罷巡撫官○按罷巡撫提督官在天順元年正月至二年四月復設見明英宗後記

李棠傳玹窘則遣使走京師至出其子於獄○按黃玹乃邊遠土司豈能知中朝意旨爲此迎合之舉考之明實錄則當時主使之者乃侍郎江淵也

李棠附傳尋巡撫浙江撫改視○按本紀成化六年二月命大理寺少卿宋旻侍郎曾翬原傑黃琛副都御史滕昭巡視南畿浙江河南四川福建等省其餘有巡撫者命亦如之是翬之出乃巡視非巡撫也

劉孜傳四年致仕○按孜先於成化三年九月表請致仕不許見明實錄

劉孜附傳坐累謫晉江○按宥於成化三年以宋傑之薦賜書褒美見明實錄至其因何累坐謫則未之及

原傑傳遂命傑出撫○按傑之出撫荆襄在十二年五月至置鄖陽府設行都司衞所在十二月見本紀

彭誼傳成化四年遼東巡撫張岐得罪○按岐以挾私生事酷害邊軍爲軍士所控下獄事在成化四年四月

夏壎傳居爛土久○按元時有陳蒙爛土軍民府其地屬順元八番傳所稱爛土蓋卽此

高明傳尙書陳汝言有罪偕諸御史劾下之獄○按汝言下獄在天順二年正月以其附石亨曹吉祥也見明實錄

列傳第四十八

王彰傳擢吏部源士○按職官志洪武六年設六科給事中至二十二年魏敏卓敬等凡八十一人皆爲給事中適符古元士之數改爲元士又以六科爲事之本源改源士尋復爲給事中彰之被擢適當其時但吏科非吏部也

彰與給事中王勵往河南○按彰撫河南時尙有疏辨周王不法事王之得保全蓋彰力也見明實錄

金濂傳於是給事中御史劾濂失信於民至遂下都察院獄○按明實錄載李侃而糾金濂格詔徵斂之罪景泰欲宥之侃復膝行近前力爭不可遂下獄是濂之罪實侃一人發之此云給事中御史交劾與實錄互異

羅通傳乃授其二子所鎭撫○按職官志有所千戶所鎭撫與衞同隸都司

張鵬傳成化四年至兼撫淮揚四府○按明實錄成化四年十二月戶部郎中夏寅請各省以都御史一員統制一方戶部是其言議於浙江福建二處選都御史二員控制蓋以有劫取銀礦之事也憲宗不允於是有巡撫官不必設之語是爲添設而言非罷之也職官志亦無成化閒罷巡撫之文傳文當有舛誤

李裕傳而李孜省方貴幸用事刪方字

以裕代之裕上增李字○按代耿裕者李裕兩人同名並見而一遺其姓眉目不清

列傳第四十九

周新傳命戮之○按新之被害在永樂十年十二月見明實錄

應履平傳必須內勘合下都司不敢輒下衞○按職官志都司秩二品統各衞所掌一方軍政故勘合必由都司下衞所以稽核之也

時麓川用兵○按本紀正統三年六月命沐晟方政等討思任發至六年十二月始平傳云用兵麓川當指此

況鍾傳薦授儀制司主事○按獻徵錄載鍾本姓黃其官禮部時曾奉命往迎明宣宗以七晝夜馳至江寧由是以忠勤爲宣宗所知

陳本深傳奏新先儒歐陽修周必大楊邦乂胡銓楊萬里文天祥祠廟儒改賢○按諸賢皆有大節與僅通一經者不同傳稱先儒未合

彭勗傳時初設提學官○按明實錄提督學校官之設在正統元年六月從尙書黃福之請也

黃潤玉傳時寇起軍興○按明實錄正統元年十二月總兵官蕭授討平廣西蒙顧十六洞賊傳所云寇起當指此

陳壯傳祖坐事謫戍交阯○按周祚所撰傳載其祖名
珪父名簡但未言其坐何事謫戍
張昺傳授鉛山知縣○按張邦奇所撰傳載其令鉛山
時尚有杖斃善呪人之妖巫及斷中鱓魚毒之疑獄
列傳第五十
耿通傳工部尚書宋禮不卹下匠丁下改○按宋禮傳永
樂九年命開會通河發山東及徐州應天鎮江民三
十萬凡二十旬而河成通之劾禮當指此
劉球傳字廷振○按彭韶所撰球傳字求永此作廷振
互異又球官主事時嘗奉使蜀王餽以厚禮堅卻未
受
順夜攜一小校持刀至球所○按小校姓名不傳明羅
洪先所撰劉球死事狀稱其素爲耿九疇所識自從
馬順害球後體日羸瘠耿問之乃吐實且曰劉公忠
臣吾迫於勢爲此事死有餘罪因慟哭未幾遂卒
鍾同附傳有禮部郎中孟玘者亦疏言復儲事○按玘字
廷振土木之難首受刃臂中矢墮叢尸中卒得脫其
言復儲也景泰雖不加罪而謫知萊州繼又知廬州
有惠政見林俊所撰墓志
廖莊傳于謙王文以謀立外藩誅死改于謙王文以徐有貞石亨誣陷死
○按于謙王文之死實由徐有貞石亨之誣陷維時
天順尚未忍加刑徐有貞至有不殺二人此舉無名
之語史冊章章可考傳云以謀立外藩誅死轉似有
貞等誣陷之詞屬實非所以傳信也
倪敬附傳暴後爲羅江知縣○按暴曾任羅江令鄰寇
趙鐸爲亂暴討平之又去祆神祠見胡直所撰傳
楊瑄附傳大角天王之坐心宿中天王正位也天王並改天皇
○按晉書天文志鉤陳口中一星曰天皇大帝所以
主御羣靈
列傳第五十一
李時勉傳安福人○按名臣實錄時勉先金陵人徙居
安福
忠附奏太后○按外戚傳忠附奏曰臣荷厚恩欲赦李
祭酒使爲臣客坐無祭酒臣不歉較史爲詳
陳敬宗傳得無誑君耶○按明書敬宗曰不可被誣事
小欺君事大與史略異
劉鉉傳仲子瀚至無玷吾門矣○按瀚使南方時鉉戒
之有臨財毋苟得之語明書及識大錄獻徵錄皆同
林瀚傳閩人○按獻徵錄瀚先光州固始人五代時始
家於閩
謝鐸傳條上備邊事宜○按鐸所上備邊事宜獻徵錄
所載較史爲詳
均撥歷○按選舉志洪武中令諸生於各司分習吏事
謂之歷事又謂之撥歷

詹鏵傳以刑部尚書林俊薦○按獻徵錄識大錄所載
林俊薦書甚詳史略之
列傳第五十二
弋謙傳廷臣以謙負重名○按獻徵錄廷臣專指六科
而言
左鼎傳鼎出爲廣東右參政至召爲左僉都御史○按
獻徵錄鼎擢廣東布政司參政未抵任
列傳第五十三
陶成傳又自抵賊巢諭降者三千餘人○按是時總兵
徐恭尚書石璞久屯無功共推成成抵賊壘留七日
諭降之見識大錄
陶成附傳以征荔浦猺功猺改
每平賊率置縣建學以興教○按魯前後平瀧水後山
賊置從化縣平恩平陽江賊置恩平陽平縣平新寧
白水賊置新寧縣見識大錄
丁瑄傳十三年四月至登城撫諭○按是時尤谿賊蔣
福成有衆萬餘同知鄧洪等帥兵捕之福成與鄧茂
七合官軍殲焉張海遣都指揮張某以兵四千往勦
敗績遂圍延平見明史紀事本末
茂七雖死至以大軍討○按明實錄十四年正月上以
閩師老無功命寧陽侯陳懋爲征南將軍保定伯梁
瑤平江伯陳豫爲副總兵是懋等之遣在茂七未殲
之前也明史紀事本末所載同與傳互異
毛吉傳成化元年二月新會告急○按成化元年正月
賊出惠之河源轉掠翁源吉率官軍二千追之賊大
敗遂西奔見識大錄
林錦傳會連州爲賊所陷連改廉○按地理志連州領於
廣州原非府考識大錄成化元年十一月廣西猺入
高廉二府劫其府印庫物遂以連山知縣孔鏞試高
州知府靈山知縣林錦試廉州知府傳誤廉爲連
郭緒傳孟密宣撫司之設也至兩酋搆怨不已○按思
錄即思任少子據孟養地爲亂正統十三年王驥與
畫金沙江爲界許以酋目居孟養及征孟密時參政
毛科檄思祿兵思祿以贏卒數千應孟密來禦科大
敗思祿軍殲焉遂違誓渡江而據孟養自立見明實
錄
還軍至千崖千改干

明史攷證攟逸卷十一　長洲王頌蔚編集
列傳第五十四
韓觀傳威震南中○按山雲傳初韓觀鎮廣西專殺戮
慶遠諸生來迓觀曰此皆賊覘我也悉斬之其威震
如此史略於此而詳於彼
山雲傳徐人○按雲徐州人明書及名臣言行錄識大
錄皆同史省州字
正統二年○按名臣實錄正統元年貴州按察使應履
平劾公作威福公自陳上不問
卒於鎮○按名臣言行錄雲卒上悼惜之輟朝一日
方瑛傳東苗干把豬等僭僞號東上增貴字
尋卒於鎮○按識大錄平苗之後朝廷方將論功行賞
而瑛卒
李震傳初麻城人李添保○按識大錄作李天保
論功封興寧伯○按識大錄論功封興寧伯食祿一千
石
會直方傾項忠詞連震遂逮下獄○按識大錄直奏震
嘗私遣項忠造室侵地下錦衣獄拷掠備至震遂誣
服革爵
張祐傳廣州人○按識大錄祐廣州右衛人
贊
雖功最焯著而皆以威信震懾蠻荒刪雖字而字
士君子何以過士上增雖字
列傳第五十五
曹鼐傳事繼母以孝聞○按獻徵錄定制母止封一人
正統十二年鼐陳情乞將前母孟氏一體追贈詔允
之不爲後例益特恩也
鼐益等俱及於難○按獻徵錄鼐及諸臣共五十二員
鄺埜傳振關中饑○按今獻備遺陝饑華亭宜川尤甚
公私匱竭乃移旁縣粟振焉
袁彬傳達誣以罪○按門達傳達誣彬受石亨曹欽賄
用官木爲私第索內官督工者甎瓦奪人子女爲妾
諸罪名
贊
夫始之不能制其不出至亦可無譏於傷勇矣改固英宗自貽伊戚而諸臣當倉皇奔潰之時相率捐軀雖不能禦患而於主辱臣死之義庶幾無愧矣
列傳第五十六
陳循傳永樂十三年進士第一○按識大錄循甲午舉
鄉試第一名乙未會試擬第一考官梁潛以鄉曲避
嫌改取林文秸而公第二及廷試擢第一
賜第玉河橋○按獻徵錄及識大錄循授修撰時即賜
第萬寶坊至是又賜第玉河橋也
爲給事中張寧等所劾○按識大錄及獻徵錄御史給

事中交疏言少保陳循備天子股肱私其子欲撓國
法請斥逐以戒輔職亡狀
其嚴譴則石亨輩爲之○按識大錄及獻徵錄石亨與
徐有貞啖言者劾循謫戍邊
王文傳東鹿人○按識大錄及獻徵錄文先鳳陽府霍
丘人
文之死至故寃死而民不思○按識大錄及獻徵錄石
亨等以公在都察院時嘗劾之乘機報復設計誣陷
而死四方寃之年六十有五
江淵傳淵前後條上軍民便宜十數事○按識大錄及
獻徵錄所載淵條奏較史爲詳
英宗復位與陳循等俱謫戍遼東○按謫戍遼東史言
與陳循等俱謫殆亦爲石亨輩所劾耶且識大錄及
獻徵錄亦有後石亨敗復其官之語
許彬傳石亨等謀復上皇以其謀告彬○按識大錄及
獻徵錄石亨憾岳正忤己并及於彬
萬安傳同年生詹事李泰至安兄事之○按獻徵錄李
泰少於萬安十二歲
始惶遽索馬歸第○按獻徵錄索輿與人非時至乃借
他馬歸舍
劉珝傳壽光人○按獻徵錄珝先下邳人
尹直傳與修英宗實錄總裁欲革去景泰帝號○按總
裁欲革去景泰帝號事史未詳何人創議今據憲宗
本紀載有左庶子黎淳疏駁事而列卿記又載淳於
成化初嘗預修英宗實錄是此議出自淳意亦未可
知
列傳第五十七
高穀傳千戶龔遂榮投書於穀○按是時遂榮獻書隱
其名曰修史先生及給事中葉盛奏其書景泰怒甚
索上書人急遂榮遂自投首繫獄久之始釋見識大
錄與此互異
都給事中林聰忤權要論死○按林聰嘗疏劾王文文
怨之求其罪不得會聰囑鄉人於吏部文選郎中阿
文意出其手書欲置重法賴穀言得免死見王鏊守
谿筆記傳所言權要益指王文也
陳循及文搆考官劉儼黃諫○按陳循王文以其子入
試不中因言解首徐經故買人子儼等受其賂而以
冠多士景泰爲之增解額乃已見王世貞別集
胡濙傳遺濙頒御製諸書○按所頒御製諸書乃性理
大全爲善陰隲孝順事實三種見明實錄
易太子○按景泰立子見濟爲皇太子乃三年五月事
見本紀
官其一子錦衣世鎮撫○按濙子名長寧濙歸里後遺
其詣闕申謝因授以官見明實錄

王直傳請復立沂王爲皇太子推大學士商輅草疏未上○按商輅撰姚夔墓志紀此事甚詳疏中有云陛下爲宣宗之子當立宣宗之孫正位東宮夔又舉筆添一復字直濙等咸稱善時爲景泰八年正月十六日至十七日而石亨等變作

與金谿王英齊名○按英謚文安見獻徵錄

贊

始終一節可謂老成人矣改惟易儲之議三人者心知其非而不免附和抑獨何歟○按高穀胡濙王直皆負一時重望易儲之議不免與九十一人隨同署名較之李侃林聰等力爭者稍覺有媿

列傳第五十八

于謙傳出按江西雪寃囚數百○按謙按江西時藩府以和買爲市廛害懲治之無所避見獻徵錄

巡撫河南山西○按謙爲巡撫在宣德五年九月維時同被命者尚有周忱趙新趙倫吳政曹弘五人謙最少甫三十三歲見明實錄

正統六年疏言今河南山西積穀正統改宣德○按明實錄謙以正統六年三月下獄五月釋爲大理寺少卿未幾復以吏民之請仍出巡撫此疏言河南山西積穀乃宣德六年事原本誤作正統依次類敘轉似下獄在正統六年後與實錄不符正統當是宣德之譌

及是三楊已前卒改正統六年入朝時○按三楊本傳士奇以正統九年卒溥以十一年卒惟榮卒於正統五年謙之入朝被陷在六年則不得云三楊已前卒也考傳內前標正統係宣德之誤已爲訂改此處應添正統紀年則下文云十三年以兵部左侍郎召於義乃協

謙入朝改因謙疏

且敵王宣諭曰○按是時尚有振之長隨王毛二姓亦宣諭以金瓜擊死見識大錄

也先弟孛羅平章卯那孩中礮死○按是役謙先已遣諜探知英宗駐蹕地距營遠故以火礮擊也先營死者數千人見章翊琬琰錄

無敢言講和者刪講字

謙密令大同鎭將禽寧戮之改上皇乃紿寧至邊密敕禽之謙○按識大錄大事記載喜寧與袁彬俱從英宗至北寧乃爲也先謀告以中國虛實又因袁彬忠勤說也先誅之英宗乃與彬謀僞告也先以令寧赴邊索餉而置書寧從人衣中邊將得書遂禽寧是喜寧之禽實出英宗與謙無預也

會也先與脫脫不花搆搆下增怨字○按外國傳也先姊爲脫脫不花妻也先欲立其姊子脫脫不花不從遂治兵相攻此云也先與脫脫不花搆語意未足

請乘閒大發兵刪大字

而福建鄧茂七刪而字

御史顧曬言謙太專曬改曎

指揮朵兒者朵兒改多喇○按多喇本蒙古人見倪岳所撰謙碑

列傳第五十九

王驥傳二年五月命驥往○按是冬驥遣魏榮擊寇莊浪大捷見琬琰錄

窮進至黑泉進改追

麓川宣慰使思任發叛○按思任發之叛在正統三年是年六月命方政張榮與沐晟往討四年五月又命沐昂見明實錄

明年四月至傳檄安南縛之以獻○按正統六年韋郎羅以維摩州判自稱廣新王故命驥回師討之見識大錄

跋陟山谷陟改涉

賜敕解任○按于謙素不重驥其解任蓋以此見劉振所撰驥傳

王驥附傳提督三千營○按三千營乃三大營之一永樂時置掌車輦旗纛出入扈從隊皆騎

徐有貞傳疏陳兵政五事○按兵政五事一每年秋冬遣將巡邊一於西安八府募兵一命大臣舉邊將一遣大臣練兵一命天下選舉武勇見明實錄

往彰德○按有貞鎭彰德時建牙募兵兼以太行降盜近萬人教以坐作進退之法後以罷鎭散遣見王世貞別集

名其渠曰廣渠渠改濟○按河渠志有貞治張秋渠成賜名廣濟此作廣渠誤

楊善附傳李實○按實以天順初家居後爲鄉人所訟籍其家逮下獄至成化初始釋見獻徵錄

成化初至卒於京師○按瑄以詈其屬司郎中何經爲經訐其諸不法事雖未加罪因是鬱鬱不樂乞致仕見陸簡所撰傳史云爲言官所劾當指此

王越傳破敵開荒川○按開荒川之捷在成化六年七月總兵者爲房能其延綏東路之捷則越也見明實錄

乃拜武靖伯趙輔爲平虜將軍○按趙輔爲將軍乃成化八年五月事是年正月參將錢亮爲瑪拉噶所敗柏隆陳英俱戰死故有趙輔之命見本紀

內閣論罷西廠越遇大學士劉吉劉珝於朝○按西廠之設在成化十三年正月其年六月商輅項忠請罷之是其時論西廠者不獨吉珝

明年直得罪至謫居安陸○按直之謫在成化十九年八月坐其黨貶黜者王越而外尚有戴縉等見明實錄

明史攷證攟逸卷十二

長洲王頌蔚編集

列傳第六十

羅亨信傳父喪歸葬○按亨信先已聞父喪因軍務方殷暫留視事及王驥等敗敵黑泉始命馳驛歸葬見黃佐所撰傳

侯璡傳副侍郎章敞使交阯○按章敞之使安南以救黎利子黎麟權署國事在宣德九年見明實錄

景泰初至遣兵攻敗都盧水西諸賊○按苗叛始於正統十四年四月維時王驥南自雲南班師遂命往討侯璡與田禮之捷則在景泰元年五月此俱以景泰初統之蓋就其成功言也

楊寧傳閩浙盜起○按明實錄正統九年七月處州賊葉宗留劫銀礦殺參議竺淵十三年八月福建賊鄧茂七作亂傳所云閩浙盜起當指此

王來傳六尚書悉罷來歸○按識大錄景泰欲廢東宮立子見濟爲太子太監王誠舒良請先賜諸臣金又命皆兼保傅等官支二俸以悅之京師爲之語曰一朝盡保傅六部兩尚書王來時亦與焉其歸也蓋以此

孫原貞傳置雲和宣平景寧四邑四改三○按一統志雲和宣平景寧三邑皆於景泰二三年分置卽原平處州賊後所經理也考之地理志亦同

孫原貞附傳嘗爲浙江右布政使○按張憲由進士歷考功員外郎中凡十四年出爲山東參政其爲浙江布政也常以鎭守中官貪橫置之於法後由順天府尹授工部侍郎見費宏所撰墓志

朱鑑傳都指揮李端擊卻之○按本紀瓦剌之掠河曲雁門在是年五月其時拒敵者爲郭登所云都指揮李端蓋偏師也

楊信民傳以王直薦擢廣東左參議○按信民官廣東時民有以公事待詣者所司欲繫諸獄信民曰彼無罪姑遣之去及期自來可也民感其德無不至見丘濬所撰碑

馬謹傳尋與善破淇谿諸寨○按謹破淇谿諸寨在景泰元年其破青肺山蠻則二年事俱見明實錄

程信傳上言五事○按信所言五事一曰新號令二曰募勇敢三曰急勤王四曰設五備五曰養銳氣見劉珝所撰墓志

改左僉都御史巡撫遼東○按信巡遼時守將董興爲曹欽姻家信力裁抑之爲之斂戢見琬琰錄

白圭傳湖廣災就命圭巡撫○按白圭官湖湘時嘗江風作圭神色不動比抵岸而舟溺見雷禮所撰傳

張瓚傳請設安寧宣撫司○按地理志安寧宣撫司成化十三年置領懷遠宣化二長官司傳類敘於十年之下

孔鏞傳郡蠻震懾郡改羣

孔鏞附傳嘗與鏞共平衛亂衛改猺

鄧廷瓚傳貴州新設程番府○按地理志程番府成化十二年三月卽定番州故地置

遂設府一曰都勻○按設都勻府在弘治七年見地理志

列傳第六十一

楊洪傳遇敵輒身先突陣○按洪於永樂十七年有泥河之捷洪熙元年從辟禦征大松林有功見陳循所撰碑

也先傳帝命趣開門○按土木之役也先從宣府北去洪以閉城不追逮繫下獄是年十月以敵眾逼京師乃出洪獄令自効見獻徵錄與傳互異

洪久居宣府○按洪鎭宣府時軍中苦乏孳生馬嘗貸子女以償洪命以馬散牧於野數年之閒馬遂蕃息又嘗陶磚石以甃城堡見琬琰錄

石亨傳至箭谿山敗兀良哈眾○按三衞列傳正統十四年兀良哈盜邊石亨擊敗之箭谿山此作箭谿山互異

亨單騎奔還降官○按是年八月亨與楊洪俱下獄十月以于謙薦起用見明實錄此但言降官而不載其逮繫

論功亨爲多○按是役也亨追擊也先至清風店遺諜誘之來攻又大敗之見琬琰錄

數與大獄○按是時下獄者尚有李賢徐有貞皆以亨泣訴不得已從之繼因風變賢與有貞得釋見明實錄

恭順侯吳瑾謬對曰至帝頷之○按是時與瑾同侍側奏對者尚有撫寧伯朱永見獻徵錄

亨既權倖人主而從子彪亦封定遠侯驕橫如亨○按封爵考載亨生子甫彌月英宗命抱之進見以金鎖鎖兒項并云行當與卿結姻亨謝不敢其驕橫如此

石亨附傳明年寇二萬騎入掠安邊營年下刪寇字增正月保喇四字斬鬼力赤追出塞刪上四字下增追奔字○按外國傳鬼力赤篡坤帖木兒自立在洪武末年至永樂閒阿魯台殺之而迎立元裔本雅失里爲汗傳云斬鬼力赤誤考明實錄天順三年正月孛來入安邊營僉事周賢指揮李鑑戰死旋爲石彪所敗亦未言所斬何人是入冦者孛來非鬼力赤也

郭登傳也先擁帝北去至登與安及侍郎沈固給事中孫祥知府霍瑄等出謁○按識大錄載是年十月也先挾英宗至大同知府霍瑄由水竇出謁英宗乃密

論登毋開城門是登未嘗出謁袁彬亦未入城與傳
互異
朱謙傳寇三百騎入石烽口烽改峰○按地理志作石峰
朱謙附傳而永率大軍由西路出榆林○按朱永與王
越皆結交汪直東伐之役越恨永不與偕故紿永出
西路無功見王越傳王世貞所撰永傳亦同
永乞解兵柄○按是時永方治第有優伶阿丑者於上
前裝爲楚歌曰張子房一歌而散楚兵六千人旁人
曰楚兵八千何少二千對曰其二千在保國公第作
役耳於是永懼罷役且辭兵柄見王世貞別集
關中大震○按是年四月火篩犯固原八月大掠韋州
萌城又犯寧夏東路九月乃招史琳還以秦紘代之
見本紀傳所云關中大震蓋指此
孫鏜傳天順初甘肅告警詔鏜充總兵官帥京軍往討
初改閒○按曹吉祥之叛在天順五年七月是年六月
保喇入河西官軍敗績故命鏜往見明實錄
列傳第六十二
巫凱傳代朱榮鎭遼東○按朱榮傳洪熙元年佩印鎭
遼東其年七月榮卒於鎭凱之代榮蓋卽其時
巫凱附傳義字敬方○按識大錄曹義父勝指揮僉事
義弱冠襲父職屢躡出征擢都指揮僉事
累功至都督僉事○按識大錄義捕梅花洞賊咸底靖
諡擢中府都督僉事
凱卒代爲總兵官○按識大錄正統元年義充遼東副
總兵擊賊有功旋賜印爲正總兵
累官左都督○按識大錄義擊賊於羊腸口有功陞右
都督復擊賊於遼河陞左都督
特封義豐潤伯○按識大錄義封豐潤伯勳號奉天翊
衛宣力武臣階特進榮祿大夫食祿一千三百石推
恩三代賜鐵券未幾以義年高不欲使居邊戍召還
入見慰勞甚至賜羊酒居京師奉朝請久之以疾卒
時天順庚辰正月也享年七十有一
聚亦封懷柔伯○按識大錄聚以禦敵有功故封懷柔
伯並食祿千一百石乃天順元年事也
累擢都指揮同知以義爲進都指揮使○按識大錄正
統九年聚以都指揮征戰有功陞都督府僉事參將
遼東專進總兵都督
吏部皆言不當復襲世宗特許之○按吏部言不當復
襲史未詳其原委考識大錄聚子榮嗣伯卒子鑑嗣
伯坐法謫貴州立功敉復伯傳至燾乞嗣吏部以聚
無他奇功幸封伯而孫鑑復犯法相傳數世任典爲
濫請上裁定詔予之
魯鑑傳其先西大同人西上加山字
劉寧傳勇敢善戰○按識大錄寧居邊三十年大小四
十餘戰皆多取勝
連戰敗之○按識大錄寧四戰皆捷斬獲甚衆自是威
名大振
又追敗之小鶉鴿谷○按鶉鴿谷識大錄作鶉鴿峪並
於鶉鴿峪下載霸王村此未敘
鎭甘肅○按識大錄作鎭守大同甘肅
下馬與諸部長坐舉策指畫○按識大錄寧以馬箠指
畫宣布朝廷恩威始下馬與此微異
其長叱之退寧復坐與語○按識大錄酋首叱其酋退
且留坐寧乃霽色文義較爲明晰
以五十八人爲隊○按識大錄作以五十人爲隊
十七年卒○按識大錄寧卒乃弘治十七年五月也
姜漢傳御史崔揀揀改捒○按御史崔揀本史無傳明書
及獻徵錄識大錄諸書亦無考惟萬姓通譜載嘉靖
時有崔棟者庚戌進士蘇州人任監察御史與姜漢
正同時據此揀字當係棟之訛
杭雄傳偕副將安國破敵哥嵐○按雄偕安國破敵斬
首八十餘級獲馬千餘匹寇遂遁詳安國傳
列傳第六十三
劉玉傳討東苗東上增貴字
力戰得出○按項忠傳毛忠乘勝奪其西北山幾破忽
中流矢死劉玉亦被圍項忠斬一千戶以徇衆力戰
玉得出
仇鉞傳進都指揮僉事○按識大錄鉞進都指揮僉事
時協守寧夏
聞變欲遁去○按識大錄載同事者多欲遁去文義較
爲明晰
提其首躍馬大呼○按識大錄提其首號於市曰逆賊
伏辜衆能從我予富貴在須臾迷不悟者族無赦從
者以萬數遂圍寘鐇府較此爲詳
大學士楊廷和曰鉞必不從賊○按識大錄廷和曰不
可追也仇游擊不命而自入豈背禍而索禍其或以
從中殪之易也使彼聞上大用之志將益堅反汗何
益祇棄良將資敵人耳較此爲詳
未至而參將馮禎戰死洛南賊益熾○按識大錄禎戰
歿於河南賊勢大熾欲長驅向關中聞鉞先聲備十
萬馬發坐十萬人糧餉乃奔而北較此爲詳
移師會陸完共滅劉七等於江北論功進世侯○按識
大錄劉七等爲官軍所敗走湖廣鉞襲破之於六安
追至江南賊舟爲風雨所碎棲於狼山鉞分兵斷其
歸路賊多溺死事平論功晉封咸寧侯較此爲詳
鉞上五事○按鉞上五事史但舉其一考識大錄又言
鉞前後十三疏亦未臚列
値寇犯萬全河沙河沙改沙河○按地理志作沙河
年五十七○按識大錄鉞卒時辛巳五月也
神英傳巡撫余子俊築邊牆命英董役○按余子俊傳
先是巡撫王銳請沿邊築牆建堡爲久遠計工未興
而罷子俊上疏言於計爲便
楊銳傳蕭縣人嗣世職爲南京羽林前衞指揮使○按
識大錄銳羽林衞人
六月丙子宸濠反○按識大錄丙子銳與臺院密議兵
食繕皖城周城中多浚井
舟五十餘艘○按識大錄作二百餘艘並云設鉤距於
江側艘抵岸爲鉤距所破
賊怒圍城數周○按識大錄賊怒乃駐兵攻城巨魁淩
十一先登銳引弓中其首其子繼登貫其吭而死
乃募死士夜劫賊營○按識大錄銳遣健卒突入岸上
營舉火礮擊賊城中應之乘勝捕殺聲振數里
武宗大喜○按識大錄奏捷武宗下璽書褒之賜忠勤
報國戰守奇功二榜
踰年卒○按識大錄銳卒乃壬辰八月也
列傳第六十四
李賢傳鄧人○按獻徵錄識大錄及名臣實錄皆云賢
鄧州人
而帝益親賢顧問無虛日○按名臣實錄賢初賜第上
章懇辭上曰聞卿舊第去朝頗遠特賜近居以便宣
召也遷居日有落成之賚
倂議革冒功者四千餘人○按識大錄獻徵錄及名臣
實錄皆作四千人
時論益大快之○按識大錄作由是怨者始息文義較
爲明晰
大臣當知無不言可卷舌偷位耶○按識大錄賢曰古
之大臣知無不言今雖不能盡然至於利害繫國家
安危者豈可默默以茍位耶較此爲詳
而求直言以通閉塞○按名臣實錄賢又言自石亨等
排黜臺臣言路閉塞遂止此極上悉報可下寬恤條
而以開言路殿焉
其黨多投匿名書構賢○按識大錄門達之黨以達譎
戍嶺表爲出賢意故有是舉
其年冬卒○按識大錄賢卒輟朝一日賜鈔一萬緡
呂原傳與侍講裴綸等十人同選入東閣肄業○按獻
徵錄及識大錄皆言與狀元劉儼等十人同進東閣
但十人亦未臚列又考商輅傳亦言商輅共劉儼等
十人同進東閣
呂原附傳子㦤○按獻徵錄原子男二長卽㦤次曰悆
岳正傳正統十三年會試第一○按獻徵錄識大錄正
統戊辰會試禮部同考誤塡落卷侍講杜寧見之曰
此我輩中人遂擢第一
何自至此○按獻徵錄識大錄此下有公不敢對時亨
輒已不平二語此略之
帝許焉○按獻徵錄識大錄上曰汝可以朕意告之
留旬日○按獻徵錄識大錄作留閱月
彭時傳授修撰○按識大錄時授修撰時初謝恩以誤
入朝被劾上唯命錦衣衞尋索而已
加太子少保○按識大錄作太子太保獻徵錄今獻備
遺與此同
時言政本七事○按時言七事今獻備遺所載詞意微
異
商輅傳臣嘗請優容言者○按獻徵錄識大錄此下有
召用羅倫已蒙嘉納二語史略之
進吏部尚書○按獻徵錄進吏部尙書時賜冠帶一品
服
劉定之傳父授之書○按獻徵錄定之父髦以易魁江
西鄉闈
五年卒官○按獻徵錄定之卒乃成化己丑八月也年
六十有一

明史攷證攟逸卷十三　　長洲王頌蔚編集

列傳第六十五
王翺傳以楊士奇薦擢御史○按獻徵錄識大錄名臣
實錄皆云擢行在山東道御史
邊用以饒○按明書十數年間邊用充饒器械明利士
皆飽煖願得一戰報翺逾年出塞大破敵較史爲詳
及賢爲亨所逐亦以翺言留○按今獻備遺翺頓首曰
賢與臣處久始終如此本分人也遂復賢內閣
稱先生不名○按獻徵錄明書皆云召對稱老王不名
而翺年幾八十多忘○按獻徵錄名臣實錄時翺年七
十八
翺由是益多引北人○按名臣實錄姚夔所薦反翺往
往右南人淸譽稍不及翺
年富傳頃之石彪以前憾劾富○按彪劾富係倚亨勢
故能中以危法見明書
卒賜諡恭定○按獻徵錄識大錄富卒時年七十天順
八年四月也遣官諭祭命有司營葬事而明書並云
輟朝追悼
屬吏黠者故反其意嘗之○按識大錄其屬作弊者知
富多疑遇州郡奏災傷欲其準則言不可準欲其不
準則言可準富反其所言而從違之多中其姦計

王竑傳血濆廷陛○按名臣實錄時內臣滌血儀長史
曰勿滌爲若曹鑑俄遣都御史陳鑑籍振家并其黨
頌聲大作○按獻徵錄淮之民謠曰生我者父母活我
者巡撫凶年不流軍民安堵遂立生祠祀竑
比年饑饉薦臻人民重困○按此二語識大錄專指山
東河南東昌開封抵江北徐淮而言
見正倫理篤恩義語感悟○按識大錄得竑疏有正倫
理等語顧左右曰竑所奏多爲朕也乃命還河州
李秉傳尋改戶部主事○按改戶部主事識大錄獻徵
錄在丁內艱除服之後
朝廷遣官市牛萬五千給屯卒○按識大錄獻徵錄秉
請白金三萬兩買牛
又劾總兵官紀廣等罷廣訐秉自解○按劾紀廣及廣
訐秉史俱未詳何事考名臣實錄廣訴秉專權而獻
徵錄又載秉奏都督紀廣參將楊能怠忽邊備能亦
誣秉不法並未載及廣訐秉事
帝令兩京官四品以上吏部具缺取上裁○按名臣實
錄作三品以上
秉行官屬餞送皆欷歔有泣下者○按識大錄秉行時
祭酒陳鑑以詩送之有古道自無三黜慍直臣又見
一番歸之句
中外薦疏十餘上竟不起○按名臣實錄言官屢薦秉
而竟不起以大臣忌其方鯁之故
弘治二年卒○按獻徵錄秉卒時八十有二
姚夔傳桐廬人○按獻徵錄夔先世居汴宋南渡徙家
桐廬
陳時政八事○按時政八事謂修聖德舉賢才考察有
司愼選風憲寬詰敕之限革監庫之弊立謚法以勸
賢銓教職於便地見獻徵錄
知府某以貪敗至遂止○按獻徵錄知府係鎭定守未
詳姓氏並云同列附亨者令擬準稿來判夔擲筆大
言曰吾寧不做侍郎必不判此稿事竟止亨敗附亨
者降黜而夔之名益重較史爲詳
王復傳久之卒○按獻徵錄復之卒乃成化二十一年
六月也年七十
林聰傳高穀胡濙力救○按識大錄廷臣畏文無敢違
者胡濙獨毅然曰人臣以宿憾而欲殺諫官無乃不
可乎不肯署奏牘拂衣而出曰公等自爲之歸遂稱
疾上遣中使來問濙對曰老臣本無病聞欲殺林聰
殊驚悸成疾耳商輅亦爲聰白狀上立釋之
葉盛傳乃會諸臣上疏○按識大錄所載疏語與史微
異
列傳第六十六
項忠傳徙蹊行七晝夜始達宣府○按獻徵錄忠達宣
府時足剌蒺藜數百不覺也
又疏鄭白二渠○按識大錄忠開疏鄭白渠於平地則
度勢高卑而穿渠遇山巖則火鎔鏁而穿竇不二年
而成名曰廣惠渠
乃命忠總督軍務○按獻徵錄守將寧遠伯任壽廣義
伯吳琮巡撫都御史陳价以失事逮詔獄乃命忠總
督軍務此敘命忠總督在陳价等大敗之前未晰且
獻徵錄作陳玠亦與此異
急擊下石城○按獻徵錄擊下石城時斬首八千級俘
二千餘人
復招流民五十萬至戶選一丁戍湖廣邊衞○按識大
錄忠禽小王洪等二百三十九人斬首二千八百餘
級驅出家者二萬八千九百三十二名內選壯丁充
戍湖廣邊衞者五千餘人與史載數目不符
未幾西廠復設○按西廠復設史未詳其原委考獻徵
錄識大錄時有御史戴縉附直祈進上書白其能奉
法上惑之仍領廠事
贈太子太保○按明書作太子少保獻徵錄識大錄與
此同
韓雍傳長洲人○按明書云吳縣人獻徵錄識大錄與
此同
坐學士錢溥累貶浙江左參政○按識大錄學士陳文
忌之譖於閣臣李賢因而左遷與史互異
乃督兵十六萬人分五道○按識大錄雍以六萬八千
人爲右軍以九萬二千人爲左軍
斬首三千二百有奇○按識大錄禽大狗等斬首四萬
餘級
改名斷藤峽○按斷藤峽舊名大藤峽史僅載峽有大
藤而未載大藤卽峽名也詳識大錄
鬱林陽江洛容博白次第皆定○按今獻備遺廣地悉
平奏徙上隆州於峽內改隸潯州以土官岑鐸知州
事設東鄉龍山二巡檢司以土人爲巡檢徙周沖巡
檢司於峽之上水徙靖寧巡檢司於峽之下水增設
宣鄉黃江思隆三副巡檢皆以土人爲之置藤縣千
戶
卒年五十七○按識大錄雍卒年五十三
余子俊傳拜右副都御史巡撫延綏○按獻徵錄子俊
巡撫延綏時西夏有警廷議以爲子俊居陝久中外
信服莫如用子俊遂拜右副都御史
凡築城堡十一○按名臣言行錄子俊邊牆之役堡有
十二
歲得糧六萬石有奇○按獻徵錄作得糧十數萬石與
此異並云以助經費自是榆林爲重鎭與寧夏甘肅
鼎立而三矣
言東起四海治西抵黃河延袤千三百餘里○按四海
治三字疑有錯誤考獻徵錄自東抵西宣府大同及
偏頭關一千三百二十里亦與此微異
已又上邊防七事○按邊防七事一曰衞國之計二曰
保民之計三曰弭盜之計四曰安民之計五曰選將
之計六曰守隘之計七曰善後之計見獻徵錄
朱英傳俾其子孫世吏○按識大錄俾其子孫世吏
目餘黨悉爲編氓較史爲詳
其年秋卒○按識大錄英卒年六十八
秦紘傳兼右副都御史○按獻徵錄紘爲都御史時風
采益峻劾罷御史姜紘輩臺綱肅然人謂有顧佐之
風
列傳第六十七
章懋傳以給事中毛弘等論救○按是時與毛弘同論
救者爲御史陳莊見明實錄
及南監缺祭酒遂以懋補之○按懋在南監時有學政
時政等宿弊二疏皆不報見獻徵錄
懋爲學恪守先儒訓○按懋與羅倫謝鐸莊昶陳獻章
爲一時同志倫嘗立鄉約過嚴懋輒移書責之見獻
徵錄
章懋附傳忤劉瑾下詔獄○按拯以泱因不覆於瑾瑾
怒誣以復命遲慢遂有是謫見列卿記
嘉靖中累官工部尙書○按拯嘗以副都御史撫鄖陽
有振飢弭盜諸政濟寧河變改總理議疏支流築長
隄乃瀦曹沛自無汙阻與當事者議弗合見獻徵錄
黃仲昭傳深子乾亨行人使滿剌加○按成化十四年
命給事中林榮與乾亨往冊滿剌加嗣王還抵洋嶼遭
風溺海各廕一子入監爾後遂罷封使見識大錄
莊昶傳弘治七年有薦昶者奉詔起用○按是時薦昶
者爲都督府經歷周廣榮先是冢宰王恕司寇張瑄
侍郎朱德諸薦疏皆出部檄至是奉特旨昶乃起見
湛若水所撰墓志
乃復以爲行人司副○按昶之起也謁吏部不拜尙書
耿裕延接甚恭或疑其倨昶曰第求不失己官外物
耳見獻徵錄
鄒智傳鼐常朝當侍班至盍倣先朝故事行之○按是
時鼐亦累疏劾安直等乃相繼罷見明實錄
竟謫廣東石城所吏目○按是時當事者坐智及鼐概
妖言惑衆論死刑部彭韶辭疾不判案乃獲免見獻
徵錄
舒芬傳遂乞歸養不許○按是時江西大水決圩漂舍
芬遂疏陳以身係獨子乞歸養見孫琛所撰行狀
世宗卽位召復故官○按正德十五年八月芬由謫所
以外艱歸至嘉靖二年服闋乃應詔復官見獻徵錄
又按元年冬加芬及夏良勝汪應軫陳九川等俸各
一級從給事中劉世揚之請也見明實錄
前者興國太后令旦至帝怒奪俸三月○按是時免命
婦朝賀御史馬明衡朱淛亦交疏諫上以其妄言離
間弁逮治見明實錄
列傳第六十八
張寧傳授禮科給事中○按寧在景泰時尙有奏罷宛
平等縣和買均派及劾陳循王文以子不中式屈陷
考官二事見明書
詔寧同都指揮武忠往解○按朝鮮傳天順四年朝鮮
王誘殺毛憐衞都督郞卜兒哈其子阿比車興兵復
讎朝議以曲在朝鮮降敕責之寧之奉使當以此
得旨會舉多私皆予外任○按是時岳正出爲興化知
府見明實錄
王徽傳其冬帝入萬妃譖廢吳后冬改秋○按明實錄吳
后於七月立八月廢傳云其冬未合
毛弘傳登天順初進士○按弘天順元年進士
朝罷弘倡言曰朝罷改次日○按合葬一事廷臣上疏爭者
百三十七人翼日姚夔等又言之尙未決弘乃倡爲
伏哭之議是伏哭在上疏之次日非卽朝罷時也
邱弘傳天順末進士○按弘天順八年進士
李森傳御史謝文祥以劾姚夔下獄○按是時劾商輅
姚夔被杖者董旻胡深等共九人事在成化五年見
明實錄
魏元附傳及是乃更迎合取寵○按永韶以星變迎合
事在成化二十一年見明實錄
天順末進士○按胡深天順八年進士
鄭己○按己字克修見獻徵錄
孝宗時卒官四川參議改孝宗時官四川參議卒○按董旻於孝宗
時以劉大夏等言起官四川參議傳先書其卒而後
及其官文義未協
强珍傳剏遼東巡撫陳鉞啟釁召敵○按陳鉞以掩殺
冒功激變事在成化十四年見明實錄
汪奎附傳罷天下巡撫○按是時各鎭守太監欲干預
刑名政事怒巡撫官抑之故爲是請未幾仍復設見
明實錄
湯鼐傳概嘗餽鼐白金貽之書○按鼐得概書甚喜徧
示門客故魏璋得乘間疏劾見獻徵錄
湯鼐附傳成化末進士○按董傑成化二十三年進士
姜綰附傳劉遜○按遜字時讓見獻徵錄
又欲損其歲祿改又歲祿不時給○按明實錄劉遜因岷王歲
祿不以時給爲王所奏而被逮非欲損其歲祿也
彭程傳成化末進士○按程成化十七年進士
降人雜處畿甸○按永樂時以迤北諸部降人分置畿

輔景泰初也先之變降人多有爲內應者于謙乃以法分編隨征諸軍中遣從然未能盡也見大事記

葉紳傳爲太子立寄壇而輿爔疏之說○按寄壇爔疏四字文義費解明實錄載紳原疏亦同李廣本傳及他書皆未記此事或當時建壇設醮廣等别爲太子立壇因邪此名並倣道流建齋拜疏之例立爲爔疏之稱以覬賞耳

列傳第六十九

徐溥傳成化十五年拜禮部右侍郎○按吳儼所撰行狀溥於辛丑由太常卿陞禮部左侍郎是時爲成化十七年雷禮王世貞禮部侍郎表亦云溥於成化十七年任左與此互異

兼文淵閣大學士參預機務○按宰輔年表溥於孝宗卽位之十一月以吏部左侍郎兼學士入閣十一月晉禮部尚書兼文淵閣大學士與溥行狀悉合則溥於預機務之始但兼學士非兼大學士也

塡以安靜塡改

尋以災異求言○按明實錄孝宗八年三月辛亥以旱霾求直言是月甲子卽召見溥等傳云災異求言當指此而敍於御文華殿召見之後則互文也

邱濬傳成化元年兩廣用兵至賢善其計○按獻徵錄列卿記並云天順七年兩廣用兵經年不決濬條列事宜李賢代上之英宗嘉歎付所司舉行考征猺之役始於天順五年命顏彪爲將軍迄於成化元年韓雍破大藤峽濬之奏記係英宗時事或成化初又宣布之也

飛禽者三三改二○按春秋飛禽之異惟六鷁退飛及鸜鵒來巢二事此云飛禽者三誤列卿記獻徵錄諸書皆作二

踰年加少保○按宰輔年表濬於弘治七年八月改戶部尚書武英殿大學士與獻徵錄列卿記合此失敍

年七十六六改五○按今獻備遺作年七十五以前文弘治四年入閣時年七十一攷之則八年實七十五此誤

劉健傳健等力諫僅寢祠額○按廣之自殺因太皇太后之怒後孝宗遣使至其家求異書得賄簿有黃米白米各千百石疑而問之左右曰黃者金白者銀也於是下法司按問行賂諸臣求救於壽寧侯張鶴齡始得寢見獻徵錄此云健等力諫僅寢祠額當在此事未發之先耳

大明會典成加少師兼太子太師吏部尚書華蓋殿大學士○按賈詠所撰墓志云會典成加少傅兼太子太傅戶部尚書謹身殿大學士癸亥加少師兼太子太師吏部尚書華蓋殿大學士考會典成於弘治十五年冬癸亥爲十六年宰輔年表則以健之加少傅等官係之弘治十一年加少師等官係之十六年與此互異

時謂之八黨○按是時又名瑾等爲八虎見王世貞史料

武臣神英之負罪玩法○按神英以其子侵賣官馬臟餘千兩爲監督等官所劾下御史勘問英匿其子不赴鞫中旨免其究問止令罰俸故健等言及之見明實錄

而尚書韓文等疏復入○按韓文疏稿出自李夢陽見明實錄

謝遷傳屢加少傅兼太子太傅○按宰輔年表遷於弘治十六年二月晉太子太保禮部尚書兼武英殿大學士

李東陽傳弘治五年憲宗實錄成五改四○按明實錄弘治四年八月憲宗實錄成又按楊一淸所作墓志云辛亥實錄成遷太常少卿攷辛亥實弘治四年傳作五年係誤列覲下文又稱五年可證

東陽前已加少師兼太子太師○按宰輔年表東陽於正德元年十二月晉少師兼太子太師吏部尚書華蓋殿大學士

五年春久旱至減死者止二人○按明實錄正德五年三月下詔恤刑釋强盜私鹽之連坐及逃軍自歸者限三月內免罪於是李東陽等上疏因逃軍而推及王府之逃校因强盜私鹽而推及假銀僞印之緣坐俱批答允行至四月三法司等會審僅減死二人蓋維時冤獄衆多皆瑾所羅織故法司畏而不敢釋也

寘鐇平○按寘鐇平於正德五年四月瑾誅於八月此繫於誅瑾之後蓋追敍也

河南賊平○按是年閏五月彭澤仇鉞討河南賊誅賊首劉惠趙鐩餘衆悉平見明實錄

王鏊傳明年加少傅兼太子太傅○按宰輔年表正德二年八月鏊晉少傅並改武英殿大學士

瑾銜尚書韓文必欲殺之○按瑾時剏爲罰米法逮韓文下錦衣獄罰米千石輸大同尋又羅織他事罰之文家業爲蕩然見明書

四年疏三上許之○按劉大夏下獄在正德三年九月鏊之罷在次年四月

劉忠傳以平寧夏功加少傅兼太子太傅○按明實錄安化王寘鐇之叛在正德五年四月旋卽爲仇鉞所執傳云平寧夏功蓋就其封邑言之也又按宰輔年表正德五年九月忠加少傅並改武英殿

明史攷證攈逸卷十四　長洲王頌蔚編集

列傳第七十

王恕傳平贛州寇○按是時黃蕭養餘黨越嶺寇贛恕等奉檄討平之見王世貞所撰傳

復討破其黨黨下删討字

稍遷刑部右侍郎改遷南京刑部左侍郎○按獻徵錄恕撫河南以襄陽功遷左副都御史轉南京刑部左侍郎父憂歸服除以刑部左侍郎治漕河考明實錄恕於成化七年十月自南京改官刑部總理河道傳作右侍郎又不言南京未免舛漏

能事立解○按是時能亦召還安置南京但未加罪耳見明實錄

黔國以下咸惕息國下增公字

當是時安南納江西叛人王姓者爲謀主删當字

林俊之下獄也至帝得疏不懌○按佞倖傳僧繼曉日誘帝爲佛事建大永昌寺於西市逼徙居民數百家費國帑十萬員外郎林俊請斬繼曉以謝天下幾得重譴俊之下獄以此

建白者三十九○按獻徵錄作建白者二十九

通政經歷高廕○按周經傳作通政經歷沈祿

王恕附傳少子承裕○按承裕領鄉薦時年二十三恕令其讀書之外間閱世務以期實用見蔡淸虛齋集

馬文升傳滿四之亂○按滿四又名滿俊事在成化四年六月至十一月討平之見明實錄

益禁抑中官總兵使不得朘削○按獻徵錄是時中官洪義總兵綦讓皆以朘削爲文升所裁禁傳所云中官總兵卽指此

又上言十五事悉議行○按文升所陳十五事有僃風憲重刑獄禁摭拾嚴考覈申命令廣儲蓄驅術士淸僧道節財用諸條見明實錄

如衛聖楊夫人者○按王世貞異典述洪熙元年衞聖夫人楊氏夫蔣廷珪追封保昌伯謚莊靖考恩澤侯表楊夫人蓋仁宗乳母也

已又上吏部職掌十事○按是時文升以汰冗員育人材惜民瘼淸屯田重鹽法廣儲積撫流移革吏弊修武備愼刑獄共十事具奏見王世貞所撰傳

年已八十已改且○按獻徵錄作年且八十考文升登景泰二年進士時年二十六計至弘治十四年代倪岳爲吏部尚書實七十七歲尚未八十也

劉大夏傳再陳兵政十害○按兵志劉大夏所陳十害大指謂十二團營操習之不時及兼領中官之占役冒伍諸弊維時李夢陽力言兵政大夏乃踵而言之

大漢將軍辥福礅等四十八人亦當奪官○按兵志錦衣所隸將軍初名天武後名大漢將軍凡千五百人

劉宇亦憾大夏○按閹黨傳宇撫大同私市善馬賂權要大夏因孝宗召見語及之宇之憾大夏以此

都御史屠滽持不可○按廣西土司傳弘治時廷議以岑猛世濟凶惡降福建千戶而以謝湖爲右參政掌府事猛遷延不行尋重賂劉瑾得旨留猛而黜湖并及前撫藩蓄劉大夏又按王鏊傳瑾欲以激變坐大夏死鏊爭曰猛未叛何名激變則爭大夏獄者不獨屠滽也

大夏歸教子孫力田謀食○按大夏官京師時有李某者併其世產族人走書告大夏舉尚書舊同舊詩批其尾曰四鄰侵我我從伊畢竟須思未有時卒弗與校見維風編

列傳第七十一

何喬新傳給事中林聰等劾文淵憸邪○按景泰四年六月何文淵下獄以王翺代考王翺傳云文淵協王直掌銓多私爲言官攻去與此傳語合

嘗薦黃竑且代草易儲疏○按明實錄黃竑易儲疏教之者爲侍郎江淵又按江淵傳亦云竑奏劾淵主之頌蔚按江淵傳云初黃竑之奏易儲也或疑淵主之邱濬曰此易辨也廣西紙與京師紙異索奏視之果廣西紙其誣乃白其語與此異據此則代草疏者非揭稽也

錦衣衛卒犯法捕治不少貸○按獻徵錄戎卒驅武淸婦所牧牛去錦衣捕者執爲强盜喬新以爲白晝奪人物非强盜又有强盜以所刼物遺逆舍主翁巡徼者執爲同盜喬新以爲殊科

借參將支玉伏兵灰溝營擊斬甚衆○按外國傳是時亦思馬因屢入邊巡撫邊鏞與支玉悉力捍禦而喬新灰溝之戰則不載與傳異

彭韶傳錦衣指揮周彧至命部偕御史季琮覆勘○按明實錄命部等勘田事在成化五年先是四年周彧已求武强武邑地六百餘頃至是又欲於其外籍民田故特命韶琮覆勘

最後梁芳弟錦衣鎭撫德○按鄭曉所撰傳錦衣鎭撫梁海廣州人爲太監芳弟與傳中名德互異

周經傳議請坐聽○按請太子坐聽講官踞講者爲閣臣萬安

倪岳傳尋改岳南京兵部○按明南畿志岳嘗議禮以德祖爲始祖又嘗議罷加稅江南其弟阜亦舉進士官布政

近歲毛里孩阿羅忽孛羅出癿加思蘭大爲邊患○按毛里孩阿羅忽癿加思蘭等於成化中大舉深入王越紅鹽池擊破後得息者數年至弘治初小王子和碩等連兵河套勢又熾

閔珪傳進廣東按察使○按珪按察廣東時慮決廣嶺

南雄南安三境爭田事民變不動又平新會民嘯聚
爲亂見獻徵錄
戴珊傳進南京刑部尚書久之召爲左都御史○按珊
進南京刑部尚書在弘治九年召爲左都御史在十
三年
列傳第七十二
周洪謨傳因陳時務十二事○按十二事一曰察吏治
以示勸懲二曰撫流民以防姦宄三曰興學校以敦
風化四曰愼科舉以求眞才五曰止科斂以恤貧窮
六曰均賦役以甦凋瘵七曰糾武職以足兵食八曰
肅軍令以止劫奪九曰謹防邊以禦寇賊十曰恤吏
員以廣仁惠十一曰省虛費以節民財十二曰設方
略以遏横暴景泰命廷臣采而行之見明實錄
楊守陳傳尋進侍講學士○按鄭曉名臣記守陳爲侍
講學士時或諷當援有力者謝曰我抱節三十年今
改志耶
修憲宗實錄充副總裁○按獻徵錄憲宗升祔禮官議
禮守陳言宜別立廟以祀德懿熙三祖廟仁祖以下
爲七廟太祖南向位爲萬世不祧之祖時爲知禮者
所韙
張元禎傳元禎亦卒○按憲章錄元禎晚年以纂修再
出務爲貶抑言官詆其營求竟歿京邸時爲正德元
年十二月也明年九月其子宷奉以歸
傅珪傳瑾惡之謂會典成於劉健等多所糜費鐫與修
者官降珪修撰○按獻徵錄劉瑾柄政摘會典訛字
降珪修撰與傳小異
極陳時弊十事○按明實錄載珪原疏無時務十事之
文其疏末但云敕內外文武羣臣勤恤民隱愛養軍
士伸冤抑之獄裁祈請之煩貴近皆裁以法及擇日
齋戒祭告而已傳云十事當即指此
吳儼傳儼峻拒之瑾怒○按獻徵錄儼主順天鄉試因
劉瑾侍寵招權以爲臣不易命題瑾心惡之繼又峻
拒益媒孽
顧清傳乃以爲南京禮部右侍郎○按時多忌清者王
鏊作風聞論雪之南北臺諫程英朱光等四十餘人
及撫按各上章論薦乃起南京禮部侍郎事見獻徵
錄
劉瑞傳由南太常卿就遷禮部右侍郎○按雷禮所撰
傳瑞由南京光祿卿進太常歷禮部侍郎歿之日無
以爲斂至隆慶元年從孫侍御躍奏得賜諡
列傳第七十三
李敏傳敏再疏求去帝慰留之○按獻徵錄敏嘗言鹽
課爲國用所資比歲法壞宜簡命風憲大臣理之詔
如其議

李敏附傳葉淇字本淸山陽人○按獻徵錄淇其先金
華人宋宰相衡之後祖士濂洪武初戍淮爲淮安衛
人
乞休歸卒贈太子太保○按獻徵錄淇初以疾告命醫
診視遣中官禮問於家疾再作具疏乞休詔許給驛
歸鄉卒年七十六遣官諭祭命有司營葬如制
曾鑑傳閏正月致仕旋卒○按獻徵錄致仕後進階榮
祿大夫卒賜祭葬
梁璟傳請起致仕尚書王竑李秉○按獻徵錄薦致仕
尚書王竑都御史高明可用與此互異
致仕歸卒○按獻徵錄璟卒乃弘治壬戌七月年七十
三
黃珂傳珂封上其檄因陳便宜八事○按八事史未詳
載考獻徵錄作寧夏城中有慶王在內人效忠義者
多請早出兵以伐其謀而奪之氣固原官兵宜過河
防守請增設憲臣總制軍務嚴守備飭兵馬定召募
賞格選州縣民兵以助王師赦何錦丁廣部下以開
自新之路速賞近日有功官軍以勵人心
以年至乞休歸卒贈太子少保○按獻徵錄珂歸時賜
敕給驛仍命有司月給廩三石輿隸歲三人珂喜曰
吾幸完吾名矣何以爲報卒年七十有四命禮部諭
祭者再工部治塋域
叢蘭傳因淸寧宮災疏陳六事○按六事一惜人才
一愼舉措一恤畿民一撫邊戎一警怠玩一杜貪殘
見獻徵錄
及河南歲祲至蘭遣指揮石堅知州張思齊等擊斬之
○按獻徵錄蘭斬俘二千餘人溺而死者數萬振濟
所全活者又十二萬六千八百餘人撫釋脅從男婦
幾六百人
召還理部事○按獻徵錄師還時老稚攀留爲立生祠
還朝論功並廕一子爲太學生
列傳第七十四
韓文傳救荒如救焚○按救荒如救焚下獻徵錄有民
命在旦夕安能忍死以待二語
文條鹽政夙弊七事○按名臣實錄識大錄云一開閫
中引鹽二興販私鹽三賤賣官鹽四買補殘鹽五夾
帶殘鹽六越境市鹽七轉運乏人
韓文附傳顧佐字良弼臨淮人○按獻徵錄佐臨淮人
其先本吳人
出理陝西軍食○按佐出理陝西軍食時孝宗命佐兼
都御史往莅之召至御榻前慰勞賜以白金文綺有
如朕親行之語且顧近侍紀之見獻徵錄
三罰米輸塞上○按佐三罰米輸塞上史未詳其原委
見獻徵錄

卒贈太子太保○按佐卒乃正德丙子十一月年七十
有四命有司造葬遣官諭祭事詳獻徵錄
累擢至浙江右布政使○按獻徵錄陳仁卒於正德甲
戌三月年六十有一
張敷華傳宦官勢益張至除夕朝罷忽傳旨與楊守隨
俱致仕○按獻徵錄識大錄宦官勢益張及傳旨致
仕卽專指劉瑾而言是時瑾用事側目正人猶忌敷
華將中以危法因有是舉故下文有瑾恨未已之語
許進傳擢右僉都御史巡撫大同○按今獻備遺進巡
撫大同時上備邊四事曰定策應備戰具修塹牆築
屯堡
會進與分守中官石岩相訐岩徵還進亦謫兗州知府
○按明書進劾內臣石岩刻餉撓軍政爲岩所誣詆
因而被謫
應詔陳時政八事○按八事爲恤邊軍寬邊民專主守
平輸納復軍糧便接遞去無益革冗員見今獻備遺
許進附傳並謫誥全州判官○按獻徵錄識大錄進風
采凝重劉瑾忌之乃欲誥納交以通誥出入書堂絕
跡瑾門戸瑾乃大怒曰謂我不能制爾耶乃矯旨降
誥全州判官
卒官○按獻徵錄識大錄誥卒年六十有四
詔以爲吏部尚書○按獻徵錄讚爲吏部尚書時條奏
諸弊政及上安邊方略數千言帝悅之
論遣兵捕鶴○按識大錄論遣兵捕鶴時擊之於紫塞
八角堡大敗之斬首二百餘級
雍泰傳年八十卒○按明書泰卒年八十餘獻徵錄識
大錄與此同
陳壽傳又嘗劾萬貴妃兄弟及中官梁芳僧繼曉○按
壽劾萬貴妃兄弟及中官梁芳僧繼曉史未詳其原
委考明書及名臣實錄獻徵錄識大錄成化中昭德
貴妃寵方盛戚黨出入宮掖勢撼京師中官梁芳結
妖僧繼曉撓國政壽抗疏論列
省費數十萬○按明書作省費二十七萬
其卒也至始得歸葬新淦○按獻徵錄壽卒於嘉靖壬
午九月賜諭祭二壇命有司治葬事越幾年子良輔
良佐等始奉柩歸其鄉
熊繡傳繡力持不顧○按獻徵錄識大錄繡力持不顧
由是權貴皆銜之
伺察無所得○按獻徵錄識大錄瑾密使人蹤跡繡其
人回欵曰熊某廩給外無一毫過誤可指吾且奈何
潘蕃傳詔蕃按盡得其實○按獻徵錄識大錄錢能擾
金齒部危動邊鄙由指揮盧安輩調納其愚以釀厲
釁蕃往正盧安輩以法歸請併治錢能士論壯之
思恩知府岑濬與田州知府岑猛相讐殺○按獻徵錄

識大錄此二人皆土官蓋親叔姪也因爭地相讐殺
張泰傳奏釐革十二事○按獻徵錄十二事爲事委任
淸兌支均俸糧委監收廣儲積修常平淸軍數總部
運限積派重查糧稽仕俸省守支
張鼐傳畀通政魏納○按獻徵錄作魏訥
王璟傳致仕卒○按獻徵錄璟乞歸因給廩米輿皁仍
敕有司歲時存問卒賜祭營葬如法後入祀學宮
列傳第七十五
何鑑傳條行荒政十事○按獻徵錄十事施行河南之
民立祠肖像以誌不忘
年八十○按獻徵錄鑑卒年九十
馬中錫傳又嘗劾汪直違恣罪○按獻徵錄直勢張甚
人莫敢言中錫力陳其不法十餘事
中錫死獄中○按獻徵錄中錫卒於壬申五月年六十
七
陸完傳餘賊盡平○按識大錄平賊時斬首將六百俘
三百溺水死者千餘
洪鍾傳鍾遂乞歸○按識大錄鍾乞歸章凡七上始允
之嘉靖初特進光祿大夫柱國賜玆繡羊酒遣有司
勞問卒年八十有一
陳金傳每奏捷○按獻徵錄金奏捷時撫州南昌瑞金
皆建祠肖像以祀
久之卒○按獻徵錄識大錄金卒乃嘉靖戊子九月也
年八十三
俞諫傳羣盜悉平○按獻徵錄羣盜悉平詔褒獎加俸
一級
馬昊傳坐累謫眞定推官○按明經濟名臣錄昊以御
史罪謫
諸蠻大奔○按明經濟名臣錄諸蠻大奔時斬賊以萬
計

明史攷證攟逸卷十五

長洲王頌蔚編集

列傳第七十六
陸崑傳疏陳重風紀八事○按獻徵錄崑承求言詔遂
條陳十有二事
蔣欽傳賜祭葬○按獻徵錄欽祭葬之賜緣御史陳蕙
所請並云允言官請命所在立祠祀之
周璽傳明年擢順天府丞○按獻徵錄時逆瑾擅權惡
璽直乃陞是職實則抑之也
范輅傳宸濠伶人秦榮僭侈○按獻徵錄榮僭侈居如
王宮輅論之

眞乃摭他事誣之○按獻徵錄誣輅離間骨肉誹謗宗藩

周廣傳歷知莆田吉水二縣○按獻徵錄廣知吉水時贛州流賊自大帽山突出路由雩都抵新淦僥承豐縣勢甚猖獗廣勠力禦賊賊乃潛師踰境邑賴以寧

暴疾卒○按獻徵錄廣卒得年五十有八

列傳第七十七

李文祥傳屬題畫鳩語含刺○按畫鳩詩有云春來風雨尋常事莫把天恩作己恩見明史紀事本末所謂含刺即指此

胡爟傳當成化時宦官用事至不勝不止○按是時如三年秋御史任儀以中使捽辱理刑知縣王嶽疏劾其罪乃并儀下獄出爲中部知縣十五年御史車梁極言東廠錦衣之害遂下詔獄以論救得釋皆以忤璫被陷者見明實錄

羅僑傳延布衣張尺詢民間疾苦○按尺字守度台州人以廉節著前後知府葉贄顧璘皆以賓禮璘又嘗榜列之以風六邑見黃綰所撰墓志

黃鞏傳字仲固○按吾學編字伯固獻徵錄議大錄同

左右匿以不聞以不不以改

行人張岳訟其直節○按嘉靖元年御史王國用亦有訟鞏一疏見列卿記

陸震傳立保伍法使民備盜○按是時江西盜起上官知震才各郡城守皆令其經畫又委督操袁臨吉三府兵見獻徵錄

進武選員外郎○按震進員外郎時吏白宜謁印綬監震不往遂稱疾欲歸會長官促之急乃出視事見章懋所撰墓志

夏良勝傳而大理寺正周敘等十人至連名疏相繼上○按周敘等十人自以職在平獄請宥諸臣留駕之罪見明實錄

夏良勝附傳從王守仁游○按九川成進士觀政禮部三疏請告師事守仁於虔見獻徵錄

何遵傳贈遵校尙寶卿○按嘉靖十八年允應天府請特祠祀遵見獻徵錄

列傳第七十八

楊廷和傳果不能平賊○按是時中錫下教招撫賊僞降中錫信之遂撤兵而劉六與其黨楊虎等益縱肆馳突見獻徵錄

三請乃許○按廷和以憂去在正德十年三月見明實錄

羣臣各製旗帳迎○按明實錄稱正月丙午上還自宣府羣臣候德勝門外具綵帳綵聯各千數幷綵幣羊酒進御爲賀越日賜文武臣銀牌惟翰林以無綵帳賀幣不與賜是彼時迎駕諸臣固未嘗不用帳也

廷和等候左順門下○按廷和等左順門候旨時吏部尙書王瓊排扳門入厲聲曰此豈小事我九卿長顧不與耶衆不答瓊意乃沮見明實錄

於是廷和謀以皇太后旨捕誅彬○按是時梁儲與中官勳戚等迎立世宗故誅彬之謀惟冕紀助之見儲本傳

彬旣誅○按收彬時并下其黨神周李琮於獄論死見明實錄

給事御史交章論王瓊罪狀○按瓊初在兵部凡所誅賞悉聽中旨至是給事張九敘劾瓊濫竊將官依阿權倖又臺省交章劾瓊於哈密一事挾私忌功見明實錄所云罪狀卽指此

瓊迫疏訐廷和以自解○按是時瓊疏訐廷和攬權專擅擢其子愼及第第一改其弟廷儀吏部侍郎又庇其所厚都御史彭澤御史趙春罰不當罪請罷之上怒并下所司見明實錄

然廷和以帝雖沖年性英敏自信可輔太平事事有所持諍○按嘉靖元年五月有旨免日講午奏廷和上疏力請接續講讀上善其言見列卿記

復申論欲加稱興獻帝后爲皇○按帝欲稱興獻帝后爲皇事在是年十二月見明實錄

與慈壽考廟並慈壽考廟孝廟慈壽改○按明實錄作與孝廟慈壽並此誤孝爲考又將四字倒置

帝爲薄譴道嘉以安廷和○按道初譴南陽府通判嘉初譴昌邑縣知縣後御史向信等各言道嘉之妄奏實浙江僉事閻閎嫉之遂再貶道茂州判官嘉金縣縣丞并降閎崇自縣縣丞見明實錄

尋論定策功至加廕四品京職世襲復辭○按是時給事中許復禮張九功等御史江良貴秦武等及兵部主事霍韜各交章言封爵武廕非諸臣所安宜聽辭免尋許改廕文階復辭見明實錄

廷和先累疏乞休○按南京給事孫懋等言廷和因弟廷儀被劾之故與蔣冕石珤相繼乞休乞降旨勉留事在正德十六年八月見明實錄所云先累疏乞休者指此

梁儲傳帝遂歷宣府大同直抵延綏○按是時禮部尙書李遜學等廷議建儲居守錢寧謀以寧王世子司香太廟江彬亦欲立所厚遠藩儲等力斥之議遂寢見列卿記

先是儲子次攄爲錦衣百戶○按嘉靖五年四月以儲迎駕功加廕一子世襲錦衣衛指揮同知儲疏辭乃陞其子前廕中書舍人爲尙寶寺寺丞見明實錄

蔣冕傳因力求去○按是時御史葉奇言楊廷和引疾求去陛下曲遂其請今蔣冕亦復求去幸勿復聽御史蕭一中亦以爲言因薦石珤呂枏魯鐸可大用疏下所司見明實錄

疏中再以天變爲言○按是時帝責冕大禮災異歸咎於上遂準致仕見列卿記

毛紀傳流賊甫平○按六年八月尙書洪鍾巡撫林俊僉四川賊首藍廷瑞鄢本恕等誅之後俊去賊方四餘黨復熾又賊麻六兒等先後倡亂鍾不能制乃命彭澤往討九年春平之見識大錄

石珤傳父玉山東按察使東西改○按珤父玉曾任山西按察使其兄玠以正德四年擢是職相去僅二十年人以爲世美見列卿記此作山東誤

典誥勑○按珤旣掌吏部輔臣有不悅之者以誥勑乏人請仍兼學士在內閣實奪之權也見列卿記

言官以珤望重交章請留○按是時給事中張原言珤公忠直諒乞勑吏部遣官敦促見明實錄所云交章乞留蓋指此

石珤附傳賄朱寧爲請朱錢改○按朱寧卽錢寧武宗賜姓各傳俱作錢寧

贊

卽周勃韓琦殆無以過○按廷和當國持正不阿他如剷平流賊功績昭然至逆濠之平非有發蹤運籌之力史概以遠略歸之至比之周勃韓琦殊嫌溢美

列傳第七十九

毛澄傳進左庶子直經筵至以澄爲侍讀○按澄官庶子直經筵時已兼侍讀見明實錄

歷禮部侍郎○按明實錄澄於正德元年由學士陞吏部右侍郎十年轉左十二年陞禮部尙書邵寶所撰行狀及列卿記所載皆同此作歷禮部侍郎互異

郎論禮部總督軍務威武大將軍總兵官太師鎭國公朱壽遣往兩畿東嶽奉安聖像祈福安民○按明實錄是時手敕云遣往南北兩直隸山東泰安州等處公幹兼尊奉聖像供獻香帛祈福安民

王瓊欲陷彭澤澄獨白其無罪○按瓊阿中官錢寧以哈密事陷澤幾置重典澄爲力白給事王爌石天柱皆如澄言澤乃免未幾爌天柱皆降外見獻徵錄

澄等乃復上議○按是時澄等言給事中史于光御史盧瓊皆歷數璁議之偏誠懼上搖聖志下啟羣疑宜將張璁戒諭不報見明史紀事本末

寧清宮後三小宮災寧清淸寧改○按明實錄作淸寧宮

會朝臣亦多諫者○按是時給事鄧繼曾主事高尙賢鄭佐皆相繼言宮災爲廢禮之應見明實錄

其卒也深悼惜之○按澄之卒也仍以迎駕功廕一子中書舍人見明實錄

汪俊傳俊集廷臣七十有三人上議○按是時楊廷和已罷俊請曰公去誰與主者適主事侯廷訓據宗法爲大禮辨俊得之大喜乃復會廷臣上議見明史紀事本末

議上留中○按是時給事張翀御史鄭本公等六十餘人各抗章請從衆議上怒俱奪俸見明實錄

帝仍命遵前旨再議○按立廟之議吏部尙書喬宇及湛若水石珤張翀任洛汪舉等皆疏爭不聽見明史紀事本末

吳一鵬傳歷國子祭酒○按一鵬於七年進侍講學士明年主順天鄉試有摘策問語謂譏時宰者當道信之遂出爲南祭酒見獻徵錄

尋以省墓歸還朝仍典誥敕○按一鵬省墓還疏陳江淮水旱並河運湮塞乞遣官體勘帝嘉納之見獻徵錄

未幾出理部事○按一鵬出理部事時岷藩與棗陽庶人俱奏乞復爵序班錢予勳訓導王玠以考察去官亦援嘗議大禮乞復官蕚皆曲爲之請一鵬一切不聽由是愈銜之見方鵬所撰傳

何孟春傳淸寧宮災○按嘉靖元年正月淸寧宮後三小宮災見明實錄此直作淸寧宮災小誤

孟春三上疏乞從初詔皆不省○按桂蕚進繼統之說御史馬明衡建言獲譴孟春復抗疏辨之見明實錄

列上禮官欺妄十三事○按璁等所列十三事一三代前無立後禮二祖訓亦無立後三孔子射矍圃斥爲人後者四遺詔不言繼嗣五禮輕本生父母六祖訓姪稱天子爲伯叔父七漢宣帝光武俱爲其父立皇考廟八朱熹嘗論定陶事爲立廟九古者遷國載主十祖訓皇后治內外事無得干豫十一皇上失行壽安皇太后三年喪十二新頒詔令決宜重改十三臺諫連名疏勢有所迫見明實錄

竝留中不下○按是時帝方齋居文華殿金獻民徐文華倡言曰諸疏留中必改孝宗爲伯考則太廟無考正統有間孟春等遂率衆伏爭見明史紀事本末

命收繫四品以下官若干人○按是時收繫四品以下馬理等凡一百三十有四人見明實錄

徐文華傳文華與汪偉鄭岳猶力爭○按三年八月席書至京以孝宗考名未正令禮部集議文華等謂孝宗祀享昭聖冊寶尊奉已久不宜輕改帝切責之見明實錄所謂會議時力爭卽指此

列傳第八十

楊愼傳舉正德六年殿試第一○按愼以會試第二人擢廷試第一見獻徵錄

聞尋甸安銓武定鳳朝文作亂至與守臣擊敗賊○按

安銓鳳朝文之亂在嘉靖五年十二月愼以是年正
月歸蜀七月返戍故親赴木密也見陳文燭所撰年
譜
王思傳召復故官○按思復官後錄平宸濠功帶支九
品俸又於嘉靖二年癸未充同考官俱見鄒守益所
撰墓志
王思附傳王相字懋卿○按獻徵錄相字懋賢
安磐傳戶部主事羅洪載以杖錦衣百戶張僅下詔獄
（僅改瑾）○按明實錄張瑾以率校尉楊受等支俸通倉
橫取狠籍爲管糧主事羅洪載所按治瑾譖乞杖以
免洪載不虞其紿己乃杖之瑾遂奏洪載擅笞禁衞
官校下獄此誤瑾爲僅（頌蔚案保安傳亦作瑾）
王時柯傳居戍所十四年（四改三）○按余翱於嘉靖三年
遣戍越十四年爲嘉靖十六年考明實錄皇子生大
赦天下乃十五年十一月事則翱居戍所實止十三
年
郭楠傳今日大同告變○按明實錄嘉靖三年八月大
同巡撫張文錦於城外築五堡議徙鎭兵往戍衆不
欲行遂爲亂殺參將賈鑑及文錦繼先所言大同告
變蓋指此
列傳第八十一
費宏傳甫冠舉成化二十三年進士第一○按江汝璧
所撰行狀宏生於成化戊子又考江右名賢錄宏舉
成化癸卯鄉試丁未會試以甲子計之癸卯年十六
丁未年二十
宸濠敗言者爭請召宏○按宸濠初叛時遣數十騎邏
廣信欲害宏至進賢爲劉源清所殺宏得免見獻徵
錄
翟鑾傳言等因薦鑾充行邊使○按是時鑾以巡邊功
錄一子錦衣千戶一子中書舍人見王世貞別集
李時傳十年七月四郊成○按明史禮志明初天地合
祭至嘉靖九年始定南北郊之制而東西郊朝日夕
月之壇亦重建此作十年蓋更定之議始自九年而
成於十年耳
帝退御豳風亭賜宴○按宴儒臣豳風亭乃是年九月
事見明實錄
顧鼎臣傳帝悅乃自爲注釋○按是時帝又注視聽言
動四箴幷製敬一箴令天下學校翰林國子監立碑
鐫刻見獻徵錄
李春芳傳尋遷太常少卿○按春芳官太常時卽賜一
品服以其隨侍齋壇也見王錫爵所撰行狀
齊康之劾徐階也○按王世貞所撰高拱傳拱故與階
不相能至是得其子居鄉請託事屬門生齊康上之
徐階乃上疏求去穆宗爲之黜齊康於外

俺答款塞○按明實錄隆慶四年十月俺答始執趙全
等九人款塞來獻明年三月乃封俺答爲順義王至
五月而春芳致仕此類敘於隆慶元年之後蓋省文
也
陳以勤傳力引疾求罷○按以勤致仕在隆慶四年見
獻徵錄
拱被逐○按王世貞集載神宗初卽位時拱邀張居正
共逐太監馮保居正僞許之而先以告保保乃擬旨
責拱專擅無君令歸田里所云被逐蓋指此

明史攷證攟逸卷十六

長洲王頌蔚編集

列傳第八十二
喬宇傳條上道中所見軍民困苦六事○按宇所條六
事曰恤邊民厚邊軍廣儲蓄愼守令省科派重祀典
見陳璘所撰行狀
改兵部○按宇改兵部時嘗條宿弊六事曰嚴操練禁
役占汰冗員買戰馬定船差修船隻見獻徵錄又南
京御史林有年以言事被逮宇在兵部論救之得釋
見陳璘所撰行狀
世宗卽位召爲吏部尚書○按世宗卽位宇有請早視
朝以隆聖政一疏見明實錄
孫交傳交奏免之○按交是時幷請銓衞學教授以訓
武官子弟見顧璘所撰傳
言官多請留○按是時請留交及珪者爲給事中李陽
春御史原軒等見獻徵錄
以交言罷鬻過半○按是時內外奄紛置宦豎漕卒大
困交上疏極論得裁其半見識大錄
卒年八十○按明倫大典成上念交無所阻執進光祿
大夫柱國見明實錄
林俊傳俊得謫姚州判官○按俊被謫時王恕有乞還
俊一疏見列卿記
用薦擢雲南副使○按俊爲副使時南京御史姜綰等
爲守備太監蔣琮劾奏多左遷者俊上疏論救見列
卿記
起撫四川○按俊在蜀時疏請上還宮并預養宗室之
賢者召還劉健謝遷林瀚王鏊韓文以復舊政見列
卿記
於是俊前後被切責○按五年劉瑾伏誅俊在川疏賀
並言嘗草疏劾瑾欲俟賊平上之今幸假手張永瑾
雖死大權猶在內臣因極陳其害詔責其奏成不進
懷奸畏罪第賊未平置勿問見明實錄所謂前後被
切責者指此

秦金傳授戶部主事○按金爲戶部時宦戚奏乞鹽引
每從中下金輒奏格之見獻徵錄
守開封破趙鐩於陳橋○按是時鐩等將薄封丘金會
參將宋振邦率兵邀之禽其魁開封民爲立生祠祀
之見列卿記
趙璜傳改兵部歷員外郎○按璜爲兵部員外時尚書
馬文升薦其才堪大用見列卿記
尋調山東○按是時鎭守以錢寧於山東爲璜所禁弗
得售見列卿記
擢工部右侍郎總理河道○按正德十年黃陵岡河變
運道幾梗乃擢璜總理之見明實錄又按璜佐工部
時疏濬京城九門城河尚書彭澤總兵郭勛議用民
夫璜奏請悉用營軍上允之見列卿記
鄒文盛傳歷戶科都給事中○按文盛爲給事中時有崇
儉約省課稅裁撫治及請設憲臣以督捕處番舶以
通貨等疏見明實錄
梁材傳改御史○按材爲御史時劉瑾旣誅榜論天下
材所屬草也李東陽見而愛之及作紀事稿付史館
東陽皆以屬材見列卿記
尋改戶部遂代鄒文盛爲尚書○按七年材改戶部兼
右僉都御史總督雲貴川廣往征雲南未至聞捷還
辭兼職是冬遂擢尚書見獻徵錄又按材擢戶部尚
書時特敕監吏部都察院考察人以爲異典見琬琰
錄
勛益怒劾材變亂舊章○按材是時復按勛不法十事
草疏未上僚友泄其語遂爲勛所中落職歸見獻徵
錄
劉麟傳本安仁人（安仁上加饒州二字）○按地理志安仁有二一
屬饒州一屬衡州考雷禮尚書年表麟饒州安仁人
弘治九年成進士（刪成字）
言官龐泮等下獄○按泮等是時以劾外戚張鶴齡驕
橫鐫法下詔獄見明實錄
麟偕同年生陸崑抗疏救（刪抗字）
起大理卿拜工部尚書○按麟起大理卿尋遷刑部侍
郎拜工部尚書見獻徵錄
蔣瑤傳調揚州○按瑤初蒞揚時値歲饑瑤請漕萬石
振之見識大錄
王廷相傳裁抑鎭守中官廖堂被誣○按廖堂識大錄
列卿記及于愼行所撰墓志皆作廖鵬
歷兵部左右侍郎○按廷相爲兵部侍郎時騰驤四衞
軍隸在中官多竄市人名幾三萬廷相盡裁其濫僅
存五千人見識大錄
列傳第八十三
王守仁傳劉瑾逮南京給事中御史戴銑等二十餘人

守仁抗章救○按是年冬劉健等致仕戴銑及御史
薄彥徽等疏請斥權閹留保輔以安社稷瑾遂矯詔
逮之見明實錄
謫貴州龍場驛丞○按識大錄守仁在龍場時水西宣
慰有亂萌守仁委曲論以利害遂止
命勘福建叛軍行至豐城而寧王宸濠反○按是年五
月福州三衞軍進貴等作亂王瓊謂主事應典曰此
小事不足煩守仁但假之便宜敕書以待他變可也
乃降敕令往勘故宸濠之叛守臣俱被執惟守仁以
勘閩軍出見明史紀事本末
御史謝源伍希儒自廣東還○按是時謝源伍希儒以
巡按復命還見獻徵錄
獨永時時左右之○按永先見帝備言守仁忠並江彬
等欲害之意彬等毀遂不入見列卿記
諸同事有功者惟吉安守伍文定至大官當上賞○按
文定由按察使至副都御史邢珣徐璉戴德孺擢布
政使旋皆被斥御史伍希儒謝源以考察去陳槐亦
削籍見吾學編
思恩田州土酋盧蘇王受反○按盧蘇王受卽土官岑
猛屬酋也猛已爲鎭所誅二酋復擁衆叛見識大錄
守仁在道疏陳用兵之非○按守仁有辭兼巡撫一疏
并舉伍文定梁材自代不允見列卿記
帝令守仁更議○按是時帝并令守仁以便宜行事故
守仁遂悉散諸軍見識大錄
萼遂顯詆守仁征撫交失○按萼又嘗嗾錦衣指揮聶
能遷誣守仁賄黃綰薦用兩廣綰疏辨其誣下能遷
於獄杖死之見列卿記
詔贈新建侯諡文成○按隆慶初賜諡時並賜祭葬見
明實錄
王守仁附傳言者交白其冤出獄五日卒○按明實錄
謂元亨死於獄御史胡松列其狀以聞得旨元亨死
不以罪令有司恤其家在獄有誣服如元亨者亟與
辨理此作出獄五日卒未知何據
列傳第八十四
張璁傳帝益心動趣召二人○按三年四月給事中張
嵩安磐等交疏劾璁并霍韜方獻夫桂萼請并斥之
見明實錄
復條上七事○按璁萼原疏云獻廟大禮詔已頒頒而
義乃益舛謹復條七事其大要不出前言而提綱以
便聖覽見明實錄
以傳奉爲學士累聖德不少○按是時吏部尚書喬宇
亦言學士之職不宜使璁等濫居乞寢之上切責見
明實錄
璁萼乃復列欺罔十三事○按是時吏部員外郎薛蕙

上爲人後解二篇爲人後辨二篇并辨璁等諸說上
以其出位妄言逮治之於是璁等條十三事以上見
明實錄
死杖下者十餘人○按是時諸臣復有被掠繫死者如
編修王思給事中裴紹宗御史胡瓊郎中胡璉員外郎
申良等凡十有六人見明實錄
後議世廟神道廟樂武舞○按世廟樂武舞之設禮部
侍郎朱希周太常卿汪舉皆疏諫帝責其妄見明實
錄
遂與萼連章攻宏○按五年四月萼與璁奏訐宏受陳
九川所盜貢玉又嘗納鄧璋彭夔賄及居鄉不法事
宏疏辨并陳萼等挾私誣訐狀見明實錄
諸翰林恥之不與並列○按諸翰林恥與同列者如學
士豐熙修撰楊維聰舒芬編修王思皆各疏乞歸見
明實錄
七年○按七年璁疏請嚴宣諭杜私謁重制誥平潞賊
定服制又應制陳言曰審幾微惜人才專委任求民
瘼見列卿記
乃更加少保兼太子太保○按王世貞史乘考誤云初
上特加璁萼等宮保璁以前星未耀請俟異日上故
特加少保無兼官見行狀誌銘及進明倫大典表俱
可證此言兼太子太保誤也鄭曉閣臣表亦無兼官
遂以制作禮樂自任○按是時璁又議倣古立九嬪以
廣儲嗣見列卿記
嘗稱少師羅山而不名蘿改羅○按璁自號羅峯嘗建羅
峯書院於姚溪後因帝有張羅山之稱乃更號羅山
見列卿記此誤羅爲蘿
桂萼傳安仁人上加饒州二字○按地理志安仁有二一饒州
一衡州萼饒州安仁人
萼自是受知特深○按三年六月修撰楊愼張衍慶等
三十六人言臣等與桂萼輩學術不同議論亦異乞
賜罷歸帝責其輕肆奪俸有差見明實錄
爲南京給事中所劾○按是時劾萼者爲南京戶科給
事中林士元事在五年正月見明實錄
方獻夫傳謝病歸○按五年南御史趙元言大禮本出
宸斷獻夫及璁萼書等未及一載累加遷擢宜并聽
辭免帝切責之見列卿記
尋復代萼爲吏部尚書○按獻夫居吏部時上言任用
守令五弊一選任太輕二遷轉太數三旌舉不嚴四
體貌太卑五職守不明見列卿記
夏言傳復條九事以上○按所條九事一請褫寧夏冒
廕太監張容魏英等一請核凡以平賊冒功曾陞職
俸者一請罷諸臣因軍功陞授其子弟者并自後諸
臣不許假以武廕一請分別廠衛偵獲妖言及捕繫
寇賊陞賞一請除五府錦衣衛不由軍功陞敘者一
請改正流官署職之弊一請究行查京衛親軍稽留
之弊一革過職級見在領敕管事者宜另爲銓代一
請禁汰黜人員奏辨俱如所議見明實錄
諸疏率諤諤爲人傳誦○按嘉靖二年言有請遣近臣
覆勘備倭失事諸臣功罪并區畫應否通貢絕約事
宜一疏乃遣給事劉穆往按之見明實錄
七年調吏科○按嘉靖八年温州逃兵變府衛不能制
又海寇掠寧紹諸郡浙東大擾言請都御史巡視及
江淮總兵官以備控制從之見列卿記
乃罷孚敬而釋言○按嘉靖十年七月行人司正薛侃
疏請迎取親王一人入京司香孚敬與彭澤謀誣
言主謀下法司訊侃曰我自爲之言實不預遂釋言
而戍澤邊衛見列卿記
居數日怒解命止行復以少傅太子太傅入直○按是
時帝手敕吏部并復言禮部尚書武英殿大學士還
閣辦事見明實錄
進吏部尚書華蓋殿○按是時進言華蓋殿大學士見
明實錄此脫大學士三字
手敕禮部歷數言罪禮部改都察院○按明實錄二十一年六
月上手諭都察院謂改慈慶爲東宮居朕必不爲言
前稱朕意爲正今何一用勛言因并數其恣肆諸罪
此作手敕禮部誤
未幾河套議起○按十七年十一月巡按山西御史何
贊有請復河套一疏見明實錄是爲河套議之始
言始大懼謝罪謝罪改疏辨○按明實錄嵩攻言言疏自辨
帝責言强君脅衆所奏又無引罪詞令都察院參看
以聞則言并未嘗謝罪應改謝罪爲疏辨又按是時
部院參言事惟任意跡涉强君帝曰爾等奉旨議奏
猶爲跡涉此非媚卽畏亦見明實錄
列傳第八十五
席書傳入爲工部主事○按書爲工部時督漕於淸江
廠綜理有方著漕船志見列卿記
尋以右副都御史巡撫湖廣○按書巡撫湖廣時都指
揮甘玉海等大肆貪虐軍民苦之皆置之法見列卿
記
因交章誣書○按是時給事中李學曾御史胡瓊等各
疏言秩宗重任非書所能堪不聽見明實錄
乃條新政十二事以獻○按書所條十二事倣姚崇要
說之意御史藍田劾書自居姚崇比上元宗大不道
上怒削田籍見明實錄
乃力薦楊一淸王守仁入閣○按書巡撫湖廣時曾於
元年三月薦致仕大學士楊一淸經略西北得旨待
缺起用不必煩以邊事見明實錄
五年○按嘉靖五年會試書知貢舉舊例廷試內閣所
讀之卷多入一甲二甲九卿分讀者以爵爲次書疏
革其弊見列卿記
乃命逮鑑入京再訊○按是時御史蘇恩大理評事杜
鸞訊其事各疏陳鑑罪狀并劾書動援大禮壓制羣
僚壞亂政體見明實錄
霍韜傳除職方主事○按韜在兵部時極言淸軍武選
之弊上可其議令京衛軍冊如武驤等四衛例五年
一次備造并查武選淸黃事宜見明實錄
帝嘉納之○按韜疏又陳去冗官淸仕路正士風略虛
文明教化久職任諸事見明實錄
且請令六部長貳翰林給事御史俱調外任至不宜困
資格○按是時給事中沈漢劾韜欲變官制之謬見
明實錄
嘗因災異陳時弊十餘事○按嘉靖八年星變韜陳召
災六事曰宗室失所邊軍困苦冗官擾民贓吏害民
酷吏肆虐內官貪暴帝嘉納之見識大錄
韜極言其非○按韜疏言親蠶爲亂成法分郊爲秦朝
政遺言書謂祖宗定制不可改周禮爲王莽僞書宋
儒爲夢語見列卿記
久之出韜爲南京禮部尚書○按嘉靖十四年莊肅皇
后崩議謚希旨者以四字請韜援舊制力爭之見識
大錄
給事中李充濁曹邁等交章言近侍之臣不當遐道○
按是時與李充濁同疏抗者爲給事中謝廷蒞見明
實錄
復摭言他事○按是時韜并劾言受費完賄排劉淑相
見列卿記
命韜以太子太保禮部尚書協掌詹事府事○按是時
吏部尚書許讚有薦韜一疏遂有宮僚之擢見識大
錄
所至與人競○按韜爲兵部主事時論科道褻服授受
詔旨大不敬給事中安磐等因劾其先議大禮得罪
名教恐言官發其姦意在傾排時俱置不問見明實
錄
熊浹傳由右給事中出爲河南參議○按浹爲參議時
會鄰境寇作浹曰安得以職守分彼此耶卽勒兵捕
之見獻徵錄
改兵部○按浹爲南京兵部時奏減龍江淺船餘丁幫
甲以甦困苦又禁和買罷諸苛法見獻徵錄
隆慶初復官○按隆慶元年並追贈浹少保見明實錄
黃宗明傳正德九年進士○按宗明祖瑛廬陵教諭襲
辯姓弗克復宗明登第首疏復黃姓見列卿記
尋請告歸○按正德十六年陞宗明工部屯田司郎中
不起見明實錄
徵拜光祿卿○按宗明爲光祿卿時輯光祿須知爲疏
以進乞爲中制使一切有常式著爲令見列卿記
持論頗平○按宗明嘗應詔陳四事一求才二勵志三
定計四責任見列卿記
黃綰傳爲南京都察院經歷○按嘉靖初詔徵遺逸綰
以御史朱節薦起爲都察院經歷見獻徵錄
召擢光祿少卿○按是時席書胡世寧皆交疏薦綰乃
有光祿少卿之擢見明實錄
出爲南京禮部右侍郎○按是時綰帶管操江嚴防禦
謹盤詰一時江盜屏跡見獻徵錄
贊
席書等亦由議禮受知至乃不足道矣改嘉靖初欲追崇所生不過稱
帝稱考其於孝宗之稱未有異議也席書等邪說紛起與張璁桂萼相附和必欲改孝宗爲皇伯考意惟
在邀結主知而已其後興獻入廟稱宗說者謂非諸人倡議之初心夫旣稱孝宗爲伯則興獻之入廟稱
宗乃勢所必至安能□□□其責哉書綰在官雖嘗有建樹而功不掩罪浹與宗明稍自斂戢見容於
時亦復何足取若綰之傾狡尤不足道矣○按席書等附和璁萼不考孝
宗遂致興獻入廟瀆禮亂倫莫此爲甚雖少有建白
亦不足以掩罪原贊未協
列傳第八十六
楊一淸傳誣一淸冒破邊費逮下錦衣獄○按明實錄
正德二年六月罷修邊垣輸其費於京師十月逮問
各邊巡撫都御史一淸之下獄當在是時
饋謝有所入緣手卽散之○按獻徵錄載楊一淸爲相
時人有餽美珠一斗者一淸直受之後諸邊將謁議
兵事乃以所受分給之頃刻皆盡所云緣手卽散或
指此
亦不剌竄西海爲西寧洮河害○按西海卽青海古湟
中地也考西域傳亦不剌本蒙古部人因得罪其主
率衆竄據其地爲西寧邊患者二十年至嘉靖十一
年爲吉囊所破患始稍息
一淸又因災變請戒飭百官和衷○按一淸於嘉靖五
年疏陳五事一曰聖學二曰聖政三曰聽言四曰宥
過五曰和衷見明實錄傳所言戒百官和衷宥議禮
諸臣當指此但云因災變而言與實錄互異
彭澤傳內應絕乃復求和○按西域傳是時土魯番與
瓦剌相攻力不敵乃求和款塞非因拘其使無內應
也
會失拜煙答子訟父冤○按失拜煙答旣繫獄旋被捶
死故其子爲之訟冤
毛伯温傳巡按福建河南○按伯温按河南時折服中
官孫某姦猾斂迹又嘗按湖廣繩壽王軍校以法見
羅洪先所撰行狀
上方略六事○按伯温所上六事一曰正名二曰用兵

三曰用人四曰理財五曰明賞罰六曰一事體蓋非專指安南而言見獻徵錄

翁萬達傳賞不嘗○按漢書景帝紀今嘗算十以上迺得官服虔注萬錢也又顏師古注亦訓嘗爲財與貲義同

指揮董暘江潮唐臣張淮等戰死潮改瀚○按江潮外國傳作江瀚明實錄同此作潮誤

會尚文萬騎至○按周尚文曹家莊之戰在嘉靖二十八年見明實錄此類敘於二十七年之後

明史攷證攟逸卷十七

長洲王頌蔚編集

列傳第八十七

李鉞傳理河東鹽政○按鉞巡河東時有斷安邑疑獄及劾鎮守中官二事見獻徵錄

王憲傳召拜御史○按憲爲御史時曾巡撫蘇松諸郡有土豪暴橫家置水牢以禁負債者爲憲所發治其罪見張璧所撰傳

胡世寧傳應詔陳邊備十策○按邊備十策一曰嚴考核以正士風二曰崇節儉以制財用三曰從權宜以足邊儲四曰立簡便以收鹽利五曰沐宂食以選將校六曰閱軍實以修武備七曰廣收蓄以儲將材八曰立經制以禦外侮九曰重將權以責成效十曰用間諜以覘敵情見今獻備遺

又請善保聖躬至竝乞留中○按世寧言保身講學二事在嘉靖四年見明實錄

世寧言貴過濫○按世寧奏工匠受職太濫在嘉靖五年四月見獻徵錄

中官剛聰誣漕卒掠御服○按聰以織造至南京與運舟爭道遂起此獄見明實錄

陳九疇坐累廢○按九疇先於正德間以哈密事遭誣削籍至嘉靖初由按察使起爲僉都御史巡撫甘肅連破番兵絕哈密貢使會王瓊與彭澤交惡修前隙使王邦奇等訟其開邊釁賴世寧言得免見趙時春所撰傳史言坐累蓋指此

李承勛傳且言山西路城賊至再勝再叛○按是時土魯番奪哈密小王子入塞田州岑猛芒部沙保皆叛見明實錄所云山西路城川貴芒部蓋指此

范鏓傳又薊鎮五里垛划車开連口慕田谷等地宜設墩臺谷改峪○按方輿紀要慕田峪堡在通州東北百有五里明時設兵戍守此作慕田谷誤

惡谷紅生谷香鑪石等地宜斬崖塹生改土○按邊防考紅土谷在黑谷關八十里與惡谷香鑪石等處連接明嘉靖時始於此築崖匱塹以爲固此作紅生谷誤

王邦瑞傳俺答犯都城○按明實錄俺答薄京城在嘉靖二十九年八月

列傳第八十八

姚鏌傳遷福建副使○按鏌任福建副使時嘗定計討平大帽山賊劉龍等見霍韜所撰墓志

張嵿傳嵿以鄖承勘爲民○按獻徵錄載嵿官興化時郡人戴大賓弱冠及第劉瑾欲以姪女奪其舊聘囑嵿主之嵿拒不從遂爲所惡借張祐事落其職

召爲光祿卿○按嵿之內擢由宸濠忌其不爲己用行賂陰使之見費宏所撰行狀

蔡天祐傳祐改佑歷山東副使○按天祐官山東時曾平濟南龍山及淄川盜見獻徵錄

詹榮傳督餉大同値兵變○按大同兵變在嘉靖十二年十月蓋張文錦之後至是凡再亂見明實錄

劉天和傳尋奏當興革者十事○按天和所言當革者五曰掊剋曰占役曰湖埸曰派擾曰侵漁當興者五曰開墾曰墩堡曰牛種曰治水曰屯兵見王世貞所撰墓志

張岳傳入賀○按岳之入賀在嘉靖十一年以世宗壽節也見識大錄

旋移撫江西○按岳撫江西時夏言治生冢議費於廣信七縣縣措千金岳改爲百金及嚴嵩賜第名其閣曰延恩命官爲經理岳批牘與千金吏請益增五百金而貽書於嵩諷以戒侈二事皆見識大錄

章子坪長司官改長官司○按地理志明制蠻地分隸長官司此作長司官誤

列傳第八十九

陶琰傳世宗嗣位起故官○按明實錄世宗嗣位御史周宣首疏薦琰旋命總督漕運兼巡撫鳳陽

其冬改南京兵部○按琰在南都時値歲饑乃飭諸曹盡出所積以振之仍豫給軍糧數月皆已行而後聞

又裁抑內官貢船之半見獻徵錄

王縝傳乾清宮災○按乾清宮災縝上陳四事曰正大本省內臣罷驛遞廣延納見明實錄

陳正本十事○按縝所陳十事曰正大本法祖德廣延訪重詔令禁奢侈求賢才恤民瘼正風俗復舊制重人命見明實錄

李充嗣傳擢陝西僉事至累遷右副都御史○按充嗣官陝西時嘗疏劾中官某劉瑾怒之偵其事無所得時充嗣方除父服侍母養瑾乃摭其服制違限免官瑾誅起爲江西僉事七年由山東副使擢雲南按察使八年遷本省布政使九年擢順天府府尹未至以都御史王懋中疏薦遂有副都御史之擢見識大錄

寧王宸濠反○按充嗣聞宸濠增置護衞屢疏指陳反狀請急爲捍禦不報見獻徵錄

未幾世宗嗣位○按世宗嗣位充嗣言正德間內府供用庫新添火者數至五千加添糧米十三萬石宜悉裁省又陳三事一恤民窮言常賦外宜盡免一均田則言江南田糧宜畫一一飭監收言各處輸納苦內臣需索宜令科道監覈帝皆從之見明實錄

吳廷舉傳忠亦訐廷舉他事逮繫詔獄○按廷舉爲副使時劉瑾索括省帑解京廷舉請留備軍瑾怒之會爲潘忠所訐乃矯詔罪之見列卿記

寧王宸濠有逆謀○按宸濠嘗致書陸完曰都御史孫燧宜急易愼毋以吳廷舉代也見列卿記

且引白居易張詠詩語多詼諧○按廷舉所引居易詩月俸百千官二品朝廷雇我作閒人詠詩獨幸太平無一事江南閑殺老尙書所謂語多詼諧即此見識大錄

追諡清惠○按賜諡時並贈太子少保見明實錄

方良永傳刑部郎中周敏力持○按周敏識大錄諸書皆作周時敏

起湖廣副使○按良永爲湖廣副使時藍鄢諸賊寇蜀總制洪鐘檄良永赴蜀贊畫賊平乃還見獻徵錄

中外交薦○按是時如御史朱節沈灼皆奏起良永左都御史胡世寧復薦良永自代見明實錄

王㒶傳屢遷刑科都給事中○按㒶遷刑科時有請勸政務惜老成專委任三事疏見獻徵錄

韓邦奇傳起山東副使還大理丞○按明實錄邦奇由山東副使歷河南副使乃有大理之擢

列傳第九十

廖紀傳卒贈太保○按紀墓志卒贈少傅與史互異並載賜祭九壇命工部營葬

王時中傳坐論御史馮恩獄至時稱爲長者○按時中坐論御史馮恩獄落職閒住及恩疏訴時中史俱未詳原委考獻徵錄馮恩疏列輔臣六曹長貳過爲軒輊械繫詔獄疏中謂時中爲具臣而時中且言御史糾舉職也何罪因而落職入服時中雅量云

唐龍傳錢寧義父參將盧和坐罪當死○按和爲參將時以火燬人死屍又強奪生員妻事發問斬罪見獻徵錄

王杲傳贈太子太保○按七卿表杲於嘉靖二十六年五月加太子少保獻徵錄同此但言隆慶初贈太子太保

聞淵傳字靜中○按淵字靜中獻徵錄同明書字靜夫

劉訒傳身雖黜而天下稱之○按訒卒於嘉靖三十八年九月年七十有七見獻徵錄

孫應奎傳王準諭富民典史至乞復準官○按準傳云璁萼罷準亦下吏諭富民典史稍遷知縣都御史汪鋐希璁指以考察罷之與此互異

李默附傳應詔陳八事○按八事史僅舉其三考獻徵錄云公推薦辨國是審銓除通鹽法裕儲邊廣矜宥正憲體先務實

條上善後七事○按七事史未詳載考獻徵錄云廣修船處工料循舊例酌起運清草場嚴點閱修馬政

胡松傳上邊務十二事○按邊務十二事史未全載考名臣實錄云懲苟玩堅障塞懷攜貳蓄孳牧愼任使利器具廣間諜清耗蠹嚴儆禦核屯戍豫積貯撫傷痍

三遷江西左布政使以右副都御史巡撫其地○按識大錄獻徵錄及名臣實錄俱載松平盜時因議曰豫章爲閩廣下流常受其衝莫若於要地增置城壕屯戍守先事而待之復減租稅理冤獄舉賢才黜貪墨民得蘇息

趙炳然傳卒贈太子太保○按七卿表云隆慶元年四月趙炳然加太子太保告病與此互異

列傳第九十一

鄭岳傳寧夏總兵官仲勛至岳自白○按獻徵錄仲勛行賄求調爲東廠捕追金幣勛嘗失事被岳劾禮帖獨無岳名言官風聞論之岳因自白

劉玉傳玉陳修省六事○按六事史未詳載考識大錄云端治本清化原親大臣厲庶官擇內侍攘外禍武宗嘉之

唐胄傳移山東○按王宏誨所撰神道碑云胄巡撫山東時方尋黃河故道以疏三郡水災核通省荒田給民牛種墾之爲世世永利未就而陞南京戶部右侍郎

潘珍傳遷福建副使○按韓邦奇所撰墓志云珍遷福建副使時捕禽劇寇三百餘有白金紵絲之賜

李中傳至是摭他事誣劾○按羅洪先所撰行狀云時公卿中多懷忌故其誣得行但亦未詳何事

歐陽重傳銳等假他事繫之獄○按羅洪先所撰墓志云重於田崑匿仁李穩余祐樊準之獄皆出死力相爭即嚴旨切責不爲動銳不勝忿故以他事中亦未詳所中何事

陳察傳不忍言獨死○按王邦奇罷千戶不得志因誣大學士費宏等揚言糾邦奇反下獄故察有不忍言獨死云云並請下邦奇於獄也見獻徵錄

列傳第九十二

翟鵬傳宣大總督樊繼祖罷○按樊繼祖罷史未詳何事考王道中所撰行狀云爾時欽差科道前去宣大

查盤節年邊儲先後巡按總督俱被參劾想繼祖之
罷總督卽其時也
孫繼魯傳雲南右衛人○按獻徵錄繼魯其先浙之錢
塘人徐栻所撰墓志同
知衛輝淮安二府○按徐栻所撰墓志云知淮安時化
孚境內民建祠立碑有紀愛錄載政績甚詳
曾銑傳遣子淳屬所親萬鏜賂當途○按明實錄淳先
後持金數萬託鏜致之言所
楊守謙傳徐州人○按獻徵錄守謙世爲湖廣長沙人
後徙彭城
卽日戮於市○按獻徵錄守謙督學陝西時仇鸞爲甘
肅總兵潛與賊通守謙聞而密白之中丞臺御史臺
事竟寢未發其後鸞知而遂恨公切齒至是譖於世
宗曰楊守謙雖勤王實按兵觀望縱賊劫掠世宗大
怒逮繫詔獄法司擬戍愈怒罰治法司特旨棄市
商大節傳屢條上軍民急務○按聶豹所撰墓志云大
節巡視九門時疏屢上一曰固守關廂以安重地一
曰一事權肅號令以振軍威一曰急殺叛賊以救生
靈一曰安插內移軍民以免飢餓而懸重賞招忠勇
以固根本尤疏內所致意
又明年竟卒於獄○按聶豹所撰墓志云仇鸞卒帝憐
大節忠義將釋之乃遽卒於獄與此互異
王忬傳又劾罷東廠太監宋興○按李春芳所撰墓志
云時宋興領東廠京師莫敢誰何且有賄嚴嵩萬金
之事忬抗疏劾之

明史攷證攟逸卷十八

長洲王頌蔚編集

列傳第九十三
朱紈傳製壙志作絕命詞（絕改俟）○按紈自撰壙志內有
俟命詞此作絕誤
張經傳入城大掠賊復陷崇德（賊字移入字之上）
胡宗憲傳會御史汪汝正籍羅龍文家上宗憲手書○
按識大錄時嚴世蕃羅龍文以謀叛論斬籍何東序
謝廷傑因搆與宗憲仇者謂其侵匿龍文財產因而
逮繫與史所載宗憲下獄事互異
曹邦輔傳謫戍朔州○按獻徵錄邦輔謫戍朔州時吳
人感其功德爲生祠祀之
李遂傳忤尙書夏言因事劾之下詔獄○按識大錄始
言善遂旣數見遂據經辨諍因銜之給事中曾朴適
以駁論忤言言謂遂與朴善意遂主之未有以發也
後劾遂無故不參公座因指其平日會友講學結朋
黨變亂是非故下詔獄
卒贈太子太保○按獻徵錄識大錄贈太子少保與此
互異
唐順之傳淮揚適大飢條上海防善後九事○按名臣
實錄順之以淮揚重地値歲歉請於朝得餘鹽銀二
萬兩以振又自捐俸金令有司以次捐俸易米散各
鎭爲粥以食飢民所載九事甚詳約千餘言
列傳第九十四
馬錄傳章下都察院○按章下都察院時尙書席書助
郭勛爲李福達地訐事杜鸞劾書及勛請將二人先
正國法徐命多官議福達罪不報見明史紀事本末
會給事中王科鄭一鵬程輅常泰劉琦鄭自璧趙廷瑞
沈漢秦祐張逵陳皐謨御史程啓充盧瓊邵豳高世
魁任𤁣南京御史姚鳴鳳潘壯戚雄王獻評事杜鸞
刑部郎中劉仕主事唐樞亥章劾勛○按給事常泰
徐溝人方馬錄按山西時三司會鞫錄者於常泰奏
爲言張寅卽係福達灼然不疑至是泰又疏論之見
明史紀事本末
遂搜錄篋得大學士賈詠都御史張仲賢工部侍郎閔
楷御史張英及寺丞汪淵私書○按張英先爲山西巡
按時福達事發布政使李璋等以獄上英巳如訊會
任滿代還錄往治其事見明史紀事本末
率同遠名（同改衆）○按明實錄作率衆
請戍邊衛者七人琦逵泰瓊啓充仕及知州胡偉○按
胡偉爲代州知州方辟長發李福達事偉訊鞫具獄
以上故併罪之見明史紀事本末
馬錄附傳出爲湖廣僉事○按沐由僉事遷福建副使
入覲時楊一淸應詔薦天下諸司才堪公輔者十六
人以沐爲首見獻徵錄
劉琦字廷珍洛陽人○按琦爲陝西延安府洛川人故
得知福達迹洛川事呂柟涇野集及題名錄並作洛
川此誤
琦疏陳顚末○按琦嘗因災異陳親賢去佞仁民恤軍
遜將信賞明罰七事且請倚大臣爲腹心任言路爲
耳目見明實錄
盧瓊字獻卿○按瓊於世宗卽位時疏請盡撤天下鎭
守中官並爭興獻王皇號見嘉隆奏議及明實錄
遂并瀚收繫除其名（刪瀚字其字）
天啟初贈少卿（贈下加光祿二字）○按瓊降行人司正後遷光
祿丞天啟初贈光祿少卿傳刪遷光祿丞事則所贈
少卿無所指實
授藍田知縣○按王科令藍田時有近境土賊馬隆輩
三百餘人謀攻藍田科設方略防守據阨隘給械甲
請兵勦捕遂不敢犯而退見郭樸所撰科傳
程啟充傳淸寧宮小房火○按本紀作淸寧宮後殿火
五行志作淸寧宮後三小宮災並與此互異
張逵傳嘉靖元年授刑科給事中○按嘉靖初給事史
道坐訐楊廷和下獄尙書彭澤詆道橫議逵言道以
諫官言事本許直陳可也至欲倒持政柄而去內閣
之權澤以議論大臣當存體統可也至欲因噎廢食
而箝言官之口且今日大臣未嘗面對而論者以爲
太重言官卒承命旨而說者以爲橫行因一事之失
而傷莫大之體此有識所謂竊歎也見嘉隆奏議
蔣綸市寵○按喬宇傳作蔣輪（頌蔚按錢薇傳亦作輪）
鄭一鵬傳督師討大同叛卒○按大同卒殺巡撫張文
錦首倡者爲郭鑑時廷議擢桂勇爲總兵按察使蔡
天祐爲巡撫朱振故以總兵官逮繫在獄郭鑑等出
之脅令主兵振要以勿犯宗室勿掠倉庫勿縱火殺
人衆遂稍戢桂勇因定計禽鑑斬之鑑父又糾徐氈
兒等倡亂報復先後亦就誅天祐等因以書止胡瓚
見明史紀事本末
唐樞傳至所言張寅之卽福達卽李午實有明據○按
福達初爲其仇辟巨所首獄上時山西巡撫畢昭以
福達果屬張寅並非李午爲仇家所誣盡反其獄坐
巨誣告獄未竟而昭乞養去李珏時爲山西按察蓋
承畢昭指也會馬錄出按窮治其事遂成大獄見明
史紀事本末（頌蔚按陸粲傳旣據獻徵錄及貞山文集改張福達爲張福此亦應一律改正）
又留心經世略九邊及越蜀滇黔險阻阨塞無不親歷
○按樞於嘉靖三十四年嘗與鄉守益羅洪先等並
舉邊才尋報罷見明實錄
葉應驄傳立罷旦擢紀代之○按喬宇被劾致仕卽起
楊旦爲吏部尙書旦赴召時於途中馳疏劾瑭尊陳
洸遂承瑭尊指劾旦改擢廖紀旦固未履尙書任也
見明實錄
陸粲傳尋偕御史郗元洪淸覈馬房錢穀○按粲陳馬
政十事曰稽實數省虛費免會派減旗軍處牛羊嚴
買補革冗員禁饋遺謹防範立公署見粲所著貞山
文集
爭張福達獄（達改之）○按熊浹傳作張福無達字獻徵錄
及粲文集並同
南京禮部尙書黃綰（尙書改侍郎）○按本紀綰以嘉靖十八
年起爲南京禮部尙書綰本傳七年爲南京禮部侍
郎粲上疏時綰正爲侍郎粲文集疏稿下作侍郎此
誤作尙書
邵經邦傳授工部主事○按嘉靖二年詔工部爲陳皇
后父泰和伯陳萬言治第其費當白金六十萬經邦
力諫不宜寵待外戚太過由是直聲大起以憂歸復
補刑部見汪琬鈍翁類藁
惟經邦與豐熙等八人不在赦例○按八人爲豐熙楊
愼王元正馬錄呂經馮恩劉濟邵經邦見明實錄
劉世揚傳歷吏科左給事中○按世揚爲給事時與同
官劾罷兵部尙書李時中見明實錄
世揚等乃盡劾瑭尊黨尙書王瓊而下數十人○按世
揚等所劾言總督尙書王瓊論德彭澤中允孫承恩
大理寺丞葉忠御史儲良才五臣宜斥順天府尹黎
奭中允廖道南編修金璐僉都御史李如圭大理少
卿會直南京太常卿方鵬六臣宜黜調刑部郎中劉
汝靚工部郎中丁洪員外郎金述吏部郎中胡森主
事王激禮部員外郎張敔御史叢鉞司業江汝璧待
詔葉幼學刑部員外郎張寰太僕丞姚奎編修張袞
給事魏良弼御史陸夢麟戶部員外郎郭憲十五臣
宜參酌去留見明實錄
但去編修金璐御史遊鉞（遊改叢鉞下增儲良才三字）
待詔葉幼學儲良才（刪儲良才三字）○按儲良才官御史此列
待詔誤
中言大學士石瑤貞介（瑤改珤下同）○按宰輔表及石珤傳
並作珤
劉世揚附傳尙書林俊以敕奏獄因李鳳陽被旨詰責
○按李鳳陽爲中官崔文家人因事下刑部獄文取
中旨移入鎭撫司俊留不遣俊傳作陽鳳與此異
魏良弼傳劾罷提督五軍營保定侯梁永福（侯改伯）○按
梁銘封保定伯子珤進封侯仍予世襲伯爵永福爲
珤孫本襲伯爵見功臣世表此誤伯爲侯
孚敬奏良弼挾私○按良弼於十一年四月巡視京營
薦舉襄城伯李全禮等署都督僉事牛桓等指揮僉
事王定等十五員發閣擬票閣臣謂其濫保罰俸兩
月至八月良弼因修省求言遂劾孚敬孚敬誣其挾
私報復蓋指前擬票罰俸言之也見孚敬文集奏疏
列傳第九十五
鄧繼曾附傳最字振廷崇仁人○按劉最曾道獲遺金
默坐以俟後得遺者還之詳陳九川所撰墓志
楊言傳坐事再謫知彝陵○按再謫知彝陵亦爲忌者
所傾及後爲湖廣參議忌者復傾之遂鐫籍以歸詳
獻徵錄及識大錄
薛侃傳歸語兄助教俊○按明書侃兄俊字尙賢以博
學有行著信於鄉閭侃少師事之
楊名傳童子時督學王廷相奇其語○按識大錄王廷

相立之坐隅難以經史應答如響廷相器之

明年以第三人及第○按名廷試對知人安民策日未仄援筆萬言世宗覽之批云能守聖學以爲本此乃知要之說置一甲第三人事詳議大錄

久之卒○按議大錄名卒年五十有五

張選傳選治蕭山有聲○按黃正色所撰墓志云選離蕭山任時士民爲立生祠祀之

家人投艮劑得甦○按黃正色所撰墓志云藉諸元老洎同鄉諸君投之砭劑幸獲生與此微異

王與齡傳遷文選郎中○按與齡遷文選郎中時以用天下人才爲己任上疏條故事請抑奔競清仕途重撫臣責成守令奏報詳趙時春所撰行狀

列傳第九十六

汪應軫傳遂出爲泗州知州○按應軫去泗之日行李蕭然父老送者皆泣下建祠立碑紀其去後思詳諸大綬所撰墓志

所上凡三十餘疏○按應軫三十餘疏史僅舉其三餘未臚列考諸大綬所撰墓志亦僅言申王守仁之謗留林俊諫垣之任遵典禮崇正統諸疏而已

黎貫傳授御史刷卷福建○按貫刷卷福建時兼有劾倉庫軍衞器械之職故追尙春銀十三萬有奇種三十六萬石見議大錄

貫率同官合疏爭之○按議大錄貫率同官合疏時汪鋐使人止之曰疏上必得重禍且將命爾按粵西矣貫不聽疏上果震怒後鋐迎合孚敬欲置諸死許讚力持之怒稍解乃罷爲民

錢薇傳又疏劾大學士李時禮部尙書夏言工部尙書溫仁和外戚蔣輪○按蔣信所撰墓表云是時臺諫畏李時諸人莫有言者薇上疏論其傷大臣之體

顏鯨傳已上漕政便宜六事○按六事史未詳載考議大錄及獻徵錄云省糧耗惜夫力支折銀僉班軍任監兌查稽誤

列傳第九十七

楊最傳立下詔獄重杖之○按最被杖係嘉靖十九年八月事

馮恩傳帝用閣臣議分建南北郊且欲令皇后蠶北郊○按明實錄嘉靖九年三月皇后親蠶於北郊五月作四郊從夏言之議

馮恩附傳帝果罷鋐官而責宗鎧言不早○按雷禮列卿年表汪鋐以嘉靖十四年被劾致仕後謚榮和

楊爵傳割道殍食之莩殍改○按字書莩芳無切葭蘆也古通殍至殍字則平表切其義專指餓死者而言傳云道莩蓋謂以野菜爲食也若作殍則是人相食矣

爵疏詆符瑞且詞過切直帝震怒立下詔獄○按賀雪在嘉靖二十年正月爵抗言下獄卽在二月

有神降於乩帝感其言立出三人獄○按獻徵錄上用箕降神之言楊爵與周怡劉魁俱得釋上特爲箕神造臺太宰熊浹極言不可上怒罷熊爲民而復逮三人

周怡傳從學於王畿鄒守益○按畿號龍谿守益號東郭皆王守仁講學弟子見獻徵錄

陳新政五事○按怡所言五事一曰定君志二曰畏天命三曰敬大臣四曰擇左右五曰勤朝政見姜寶所撰墓志

劉魁傳得寶慶府通判至潮州府同知○按魁判寶慶五年守鈞州七年貳潮州六年所至民思爲立生祠見獻徵錄

得釋未幾復追逮之至趣就獄○按唐伯元所撰傳魁下獄有百戶戴經者藥之得不死既釋復逮又有校尉楊棟者食之得不死又魁之弟名元亦見伯元所撰傳

沈束傳他如董賜江瀚力抗強敵至宜賜祭以彰死事忠○按明實錄嘉靖二十八年二月俺答寇宣府滴水厓把總江瀚指揮董賜戰死遂犯永寧周尙文力戰敗之斬其魁

踰年俺答薄都城○按俺答薄都城時東在獄聞狀具疏請以精騎督戰且設計傳檄諸路出奇夾擊被嚴嵩斥去謂囚安得上書見獻徵錄

後同邑沈鍊劾嵩嵩疑與東同族爲報復○按餘姚趙錦上虞徐學詩會稽沈鍊與沈東皆先後上書論嚴氏時號越中四諫

沈鍊傳謫佃保安○按鍊謫保安時值歲大祲傾橐裝作粥粥飢者收百里內骸骨買地瘞之故保安人皆感德見獻徵錄

既而代鳳毛者路楷亦嵩黨也○按王世貞所撰墓志路楷行時世蕃爲酒壽楷謂除我患事成大者侯小者卿故後楷順葷有薄賞之語殺鍊子不遺餘力也

楊繼盛傳鸞中情怯畏寇甚方請開互市市馬○按嘉靖三十年三月開馬市於大同先是仇鸞結俺答義子使貢馬互市俺答乃投譯書於宣大總督蘇佑鸞與嚴嵩定議每歲兩市以侍郎史道領其事時繼盛爲車駕司員外郎乃上疏

鸞冒禽哈明兒功舟明改○按外國傳哈舟兒係中國人三衞用之以導俺答入邊至嘉靖三十年爲總督何棟購捕伏誅時鸞引爲功故劾之此作哈明兒誤

其妻張氏伏闕上書○按徐階所撰墓志繼盛嘗獨居深念妻張氏問故公曰吾受上恩思報耳張氏曰嚴相方用事豈君直言時耶公不應遂於癸丑正月上疏

楊繼盛附傳兵部尙書趙錦疏辯○按繼盛得罪後兵部郎中周冕申論嚴效忠冒功事亦下詔獄雲南清軍御史趙錦以元旦日食疏請罷嵩亦逮問下獄越錦字元樸餘姚人時有兩趙錦一爲兵部尙書一卽雲南清軍御史也

楊允繩附傳出治二洪○按陳愷所撰馬從謙墓志從謙署彰城筋典修令初徐梁牽夫不習水性因撤州官以粟募能水者充役有召則千夫卽集又二洪之險舟觸立碎因捐俸募石工去其害

竟死杖下○按獻徵錄從謙未死數日前出書教諸子且論散粟帛以與親故無一語及家事

列傳第九十八

桑喬傳賊遂深入天城陽和○按天城陽和二衞名俱大同縣所轄地見明一統志

謝瑜傳會給事中朱隆禧亦以爲言亦以爲言改亦言之

瑜隆慶初復官字復下增○按瑜隆慶初復官此脫官字於義不足

謝瑜附傳嵩憾甚○按嵩深憾王曄時薛應旂爲南考功郎中主京察嵩令尙寶丞諸傑貽書應旂令黜王曄應旂反黜諸傑嵩愈愠甚尋假他事奪其官見薛應旂方山集及本傳

沈良才秦州人秦泰改○按泰州志及題名錄良才嘉靖十四年進士揚州府泰州人

徐學詩附傳秦府永壽王世子惟熿庶世改○按懷墉爲永壽共和王庶長子惟熇之子惟熿乃共和庶六子不得稱世子此誤庶爲世據明史記事本末及諸王世表改

厲汝進傳並謫雲南廣西典史○按汝進得雲南亦佐典史秉彝得雲南定遠簽正得雲南通海起宗得廣西荔浦祿得廣西荔波見明實錄

王宗茂傳廣布良田市布改○按原疏作廣市良田

周冕傳冕極言教諭不可綏教論改論教○按論教太子本漢書賈誼傳此作教論誤

趙錦傳授江陰知縣○按錦在江陰時有巨盜許貴出沒剽劫爲害以計禽之上官有以供需責者抗辭不應請自就劾其後錦官光祿奏減江陰歲進子鱭之半由爲令時深知其害也見獻徵錄

召拜左都御史○按錦召拜都御史時甚負物望御史李植江東之諸人推轂甚力而植等方攻大臣諸大臣申時行許國楊巍輩皆杜門求去朝端譁然錦疏言言官劾大臣當權其生平人品事業不宜概詆毀乞慰諭大臣責御史言過以存國體帝爲下詔戒諭諸大臣獲安見明實錄及弇山史料

其冬以繼父喪歸母父改○按錦父塡於錦削籍後之八年卒其由都御史遭喪蓋丁後母魯太夫人憂也見朱賡所撰墓志此誤母爲父

吳時來傳倭犯境○按時來在松江防倭最爲有功方倭去松江將突南都時來獻議當事亟檄吳江令泄太湖水出平望趙溵山湖以水兵塞諸隘賊果由檇李道平望阻水不得進爲官兵遮擊有王江涇沈家莊大捷見莫如忠所撰紀功碑

如趙文華王汝孝張經蔡克廉至虛官帑以實權門○按時來原疏云趙文華饋遺數萬猶爲未足而授草引疾張經被逮行金五千及聖斷不貸而爲治喪賻郎王汝孝失律以三千而轉京卿楊順誤國而三膺其子吳嘉會修邊侵冒而驟遷三官此蓋取其語而删節之也見嘉隆奏議

晚節不能自堅委蛇執政聞連爲饒伸辯敷教王麟趾史孟麟趙南星王繼光所劾○按是時南京御史王藩臣劾巡撫周繼不具揭都察院院長耿定向所劾時來因請申飭憲規藩臣坐停俸辯敷教遂上言時來壅遏言路代人狠噬諸給諫相繼攻之時來因乞休見敷教等傳

張翀傳世蕃以狙獪貲狙獪駔儈改○按世蕃以駔儈貲原疏作駔儈本史記此誤作犬旁

獸攫鳥鈔烏鳥改○按周禮鄭注烏鳶喜鈔盜便汙人嘉隆奏議作烏鈔此誤爲鳥

鄒應龍傳會方士藍道行以扶乩得幸○按帝入方士藍道行言有意去嵩鄒應龍避雨內侍家知其事方欲具疏一夕夢出獵見一高山射之未中東有培塿其下甚壯樓俯平田有米草覆其上一注矢拉然醒而悟曰此小兒東樓之兆也遂上疏劾世蕃見明史紀事本末及嵩傳

久之世蕃誅○按世蕃誅後應龍累進大理少卿太常卿大理卿見明實錄

林潤傳以事之南豐寇猝至南永改○按潤卻寇事永豐人德之爲刻石紀功徐觀瀾所撰傳亦作永豐此誤永爲南

已劾副都御史鄢懋卿五罪○按林潤所劾懋卿五罪一爲要索屬吏饋遺二爲濫受民訟勒富人賄三爲置酒高會日費千金四爲虐殺不辜怨咨載路五爲苛斂淮商幾至激變見嘉隆奏議

贊

言者踵至至適會其時歟改言者抗疏直諫雖不至如楊沈之慘罹刑戮然斥逐濱死甘之如飴亦有足多者若胡汝霖謫官之後反附嵩以進吳時來屢挫之餘竟委蛇朝端議者譏其晚節之不堅焉顧一以嵩黨奪官一以朝議削諡洵哉直節之不可以僞爲也鄒應龍林潤當嵩寵既移之際所言易入迹其疏之切直非必過於諸人而大怒由之授首蓋惡積滅身而鄒林之彈擊乃適逢其會

冀○按作贊從嘉靖立議而專書鄒應龍林潤似於桑喬等之直言及汝霖時來之晚節轉致漏略

明史攷證攟逸卷十九

長洲王頌蔚編集

列傳第九十九

馬永傳永當隸彬稱疾避之○按識大錄永稱病江彬强起之後稱病篤以故得脫彬禍

遼東兵變○按鄭曉名臣記嘉靖十四年遼東軍亂逐都御史呂經乃召永總兵遼東識大錄亦載逐呂經事經字道夫陝西寧州人

所拔卒校後多至大帥○按永所拔諸人其起列校至方鎮者爲蕭漢劉淵祝雄見名臣記

梁震傳擢延綏副總兵○按鄭曉所撰傳云震在邊專練家丁劫敵營得馬盡與諸出塞者以故人皆趨利效死敵益畏

大同亂兵連殺巡撫張文錦總兵官李瑾○按是時被害者巡撫張文錦總兵李瑾外尙有參將賈鑑見鄭曉所撰傳

王效傳吉囊十萬騎復窺花馬池○按明實錄鎮遠關之戰在嘉靖十一年冬其戰花馬池則在十二年春傳類敘於十一年之後省文也

周尙文傳寇尙文立功奮擊之黑水苑殺其子號小十王者獲首功百三十餘○按識大錄嘉靖庚子沙城之捷賜蟒衣玉帶辛丑召入提督團營

後寇復大舉犯鵓鴿谷（谷改峪）○按外國傳及方輿紀要作鵓鴿峪

叛人充灼召小王子寇邊尙文偵得其使者○按明實錄充灼爲代簡王桂之後先以奉國將軍坐罪奪俸乃與應州人羅廷璽等畫策句小王子入塞攻取雁門平陽遣人陰持火箭焚大同草場五六所而令通蒙古語者衞奉闌出塞爲尙文邏卒所獲傳所云偵得其使者蓋指此

馬芳傳未幾辛愛把都兒大入○按明實錄嘉靖三十八年二月把都兒侵灤河大掠遷化遷安薊州玉田駐內地五日京師大震御史王漸方略交章劾王忬逮下獄詔忬以下亦獲罪貶官芳之貶蓋在是時

元年閱視侍郎吳百朋發芳行賄事（元年改萬厤初）○按俺答就撫在隆慶五年芳之被劾在萬厤初吳百朋傳稱萬厤初奉命閱視宣大山西可證此作元年紀敘未明

何卿傳四川白草番爲亂○按白草番之亂在嘉靖二十五年三月明年四月討平之松潘威茂間俱得安輯卿以是進署都督同知

沈希儀傳嗣世職爲奉議衞指揮使○按唐順之所撰碑希儀正德三年襲指揮使年十八掌衞印八年勦木頭十二年征永安十四年征府江十五年征古田所至常先大軍首登奪隘爲多

柳人祀之山雲祠○按希儀在柳慶先後十三年所勦阜嶺懷薄三層爲峽火黃馬簞七山雲應諸谿山峒凡五十餘所獲覃韋鄧雷諸大姓凡數十人首積至五千餘級散家財爲賞得狠兵死力至輒成功柳人比於山都督雲馬詳見唐順之所撰碑

石邦憲傳嘉靖七年嗣世職爲指揮使○按張鼎文所撰墓志邦憲其先山東壽光人洪武四年歸附由遼東衞百戶世襲都指揮僉事邦憲於嘉靖初嗣職

明年卒官○按邦憲隆慶戊辰卒於銅仁官舍卒之日呼二子命以俸米餉軍士端坐而瞑士民爲捐資立祠見獻徵錄

列傳第一百

俞大猷傳嗣世職百戶○按獻徵錄大猷始祖敏從明太祖征伐有功授百戶大猷以支曾孫嗣職

生禽子儀弟子流至事平○按趙恆志所撰行狀當大猷出廉時廉守餞大猷舉酒曰如將軍策可幾時班師大猷曰吾行四十日當會已與言符

乃從經大破賊於王江涇功爲趙文華胡宗憲所攘○按嘉靖三十五年五月張經敗倭於王江涇時趙文華與巡按御史胡宗憲相比趣經進兵經以狼兵初集永順保靖兵未至欲待其至而後戰文華等劾經養寇失機疏方上而兵至經遂大破倭於王江涇爲軍興戰功第一文華等冒其功明帝以前疏逮經下獄冬十月殺之見今獻備遺

輿戚繼光復興化城其破海倭○按是時倭旣犯淮揚吳越皆不利遂巢閩中破城十餘殺官吏軍民不可勝紀時大猷爲總兵戚繼光爲副擊破之閩患少熄見明實錄

大猷尋擢福建總兵官至四十二年十月徙鎮南贛（四十二年四字移尋擢福建總兵官之下十月改是冬）○按戚繼光傳與大猷破倭在四十二年四月蓋至十月而大猷移鎮南贛傳以四十二年屬之移鎮紀敘未明

其用兵先計後戰不貪近功○按趙恆志所撰行狀言大猷入莆時駐兵平海與泉二郡供給不至海運亦絕大猷令毀屋爲營采麥而食衆心乃定所著書有正氣堂集及劍經射法戰車續武經總要百餘卷

俞大猷附傳宗憲敗○按胡宗憲以黨附嚴嵩爲給事陸鳳儀所劾奪職閒住後又於羅龍文家得其與嚴世蕃手書逮下獄瘐死見明實錄

戚繼光傳父景通○按識大錄劉瑾有逆謀知景通豪傑遣之萬帽景通佯應之繼乃爲黃冠遁去

倭大掠桃渚圻頭○按圻頭倭起繼光率精銳一千五百人計二旬有九日九接戰斬首一千獲兵仗三千七百有奇時號戚家新兵所至破竹詳見識大錄

當是時俺答已通貢○按俺答通貢在隆慶五年見明實錄

繼光亦遂卒○按繼光有妻無子性悍諸姬得子養之外舍然繼光嘗出鎮擊賊賊乘虛來襲妻部勒登陴城竟得完見識大錄

劉顯傳生而膂力絕倫○按識大錄顯身不滿七尺不冑不介著一白布單衣如小丈夫及遇敵提刀騰踔超踴見刀不見身軍中稱神人

顯剿賊將遁追擊至安東○按黃姬水淮上戰功序顯選人持火器焚賊船又援桴誓衆執一幟以號於衆有能殺賊樹功者立幟下得三百人爲後勁又命甲四十人怒守六十人分伏又命三巨艦燔賊賊大潰

李錫附傳以潯梧左參將從俞大猷討平韋銀豹○按韋銀豹廣西臨桂府古田縣獞也獞種甚繁曰韋曰閉曰白後皆併於韋景泰間韋朝威據古田屢撫輒叛至銀豹與其伯朝猛攻陷洛容還據古田分其地詳見朱國禎記

列傳第一百一

徐階傳嘉靖二年進士第三人○按階初舉應天鄉試學士董玘異其文及謁內閣輔臣楊廷和語其寮謂名位不在我輩下見識大錄

帝用張孚敬議欲去孔子王號○按階充經筵預修明會典又預修祀儀時方更定禮制故有絀孔子王號之議

復請先裕王後景王○按是時當繼莊敬太子而立者爲裕王是卽穆宗而景王與同齒其母妃盧氏方幸中外未測意旨階故特請之詳識大錄

階力主發兵○按是時倭事起撫按告急職方郎不肯發兵旣以羸卒三千往階上疏力爭議最剴切兵部乃發精兵六千

嵩請還大內○按大內卽南城離宮明英宗爲太上皇時所居故帝不懌詳嚴嵩傳

階乃令御史鄒應龍劾之○按嚴嵩傳嵩置酒要階使家人羅拜舉觴曰此曹惟公乳哺之未幾嘉靖入方士藍道行言有意去嵩御史鄒應龍避雨內侍家知其意乃抗疏劾嵩此云階令應龍劾之與嵩傳互異

帝手書問階疾○按識大錄階嘗小疾上親爲調藥至方士熊顯等進長生藥階獨力言不可餌上亦信之

階風御史請復故額○按姦臣傳兩淮餘鹽歲課六十萬兩鄢懋卿增至一百萬後徐爌極言其害乃復舊額階所風卽徐爌也

而給事中張齊者以私怨劾階○按階與中使李芳忤稱疾不出而張齊者因污階姦利六事階再疏力辭得許見識大錄

高拱傳拜太常卿掌國子監祭酒事○按獻徵錄時秦雷鳴先爲學士僅遷南國子監祭酒而高拱獨以太常卿兼國子祭酒尋拜禮部侍郎又轉吏部皆嵩階以拱在王邸相與推轂之故

帝召拱以大學士兼掌吏部事○按郭正域所撰墓志拱還內閣兼吏部慨然自任晨理閣事午視部事時謂門無片楮

拱爲首輔居正肩隨之○按獻徵錄是時內閣惟拱與張居正拱等請益輔臣乃起吏部尙書楊博禮部尙書高儀然不肯還博吏部而使長兵部儀以原官領詹事府而已

保訴於太后謂拱擅權不可容○按獻徵錄馮保言於后拱欺太子欲迎立周王而已得國公爵又多市金於近侍言之

張居正傳日討求國家典故○按王世貞所撰傳嘉靖丁未戊申間諸進士多談詩古文爲西京開元之學居正獨務實用傳云討求國家典故當指此

兼東閣大學士○按居正拜大學士時年僅四十三見列卿表又按獻徵錄居正初在閣上疏言六事一簡議論二振紀綱三重詔令四核名實五固邦本六飭武備

加太傅（太改少）○按宰輔表居正是時晉少傅至神宗四年始加太傅

居正與保密處分後事引保爲內助而拱欲去保○按是時都給事中宋之韓出拱門具疏欲劾居正居正知之盛氣言於拱拱亟止之見獻徵錄

及吏部侍郎張四維入○按張四維字子維山西蒲州人向爲拱所器重由學士超至吏部侍郎

居正所過守臣率長跪撫按大吏越界迎送身爲前驅○按王世貞所撰傳居正所坐步輿前重軒後寢室旁翼兩廡廡各立一童子左右侍揮箑炷香凡用卒三十二舁之

居正自奪情後益偏恣其所黜陟多由愛憎○按時有吳仕期者寧國人與沈懋學善常欲走京師上書規居正又吳中輕薄子僞爲海瑞論劾居正罪惡疏亦傳至寧國梓之

列傳第一百二

楊博傳博爲築金塔白城七堡○按白城本名白城子金塔本名金塔寺皆在肅州衛東北合永寧永安永清永定鹽池五堡而七見方輿紀要

仇鸞鎮甘肅總督曾銑劾之○按徐階所撰碑稱博與曾銑論仇鸞時銑方議逐套寇修三受降城並河爲塞鸞議其生事卒殺銑鸞亦敗數毀博互詳曾銑傳

隆慶改元請遵遺詔錄建言諸臣死者皆贈卹○按是時又追敘平宸濠功復新建伯王守仁爵見獻徵錄

楊博附傳子俊民○按博有五子俊民其長子也次俊士三俊彥四俊卿五俊臣見識大錄

劉體乾傳體乾言太倉銀所存三百七十萬耳（至）帝不聽○按先是御史詹仰庇諫市珠寶不報已而仰庇巡視十庫疏請嚴核內官監出納歲數內官激帝怒杖百斤爲民後給事中陳吾德李已復上疏帝震怒復杖已百斤吾德爲民時體乾亦以力爭忤上意見明實錄

又條上防守四事○按體乾所陳防守四事大旨謂廣儲積清屯田申飭戎政見明實錄

王廷傳齊很遂摭康疏語復論階○按張齊長安人齊之攻階及階去皆隆慶二年七月事見明實錄

葛守禮傳補禮部○按于愼行所撰碑云時當事知其才將改銓曹力辭乃改禮部後由儀制司郎中外擢

靳學顏傳遂謝病歸卒○按學顏於隆慶五年六月卒賜祭一壇給半葬見明實錄

列傳第一百三

王治傳刑部侍郎詹翰（翰改瀚）○按獻徵錄及江西通志題名錄並作詹瀚此作翰誤

歐陽一敬傳言廣西總兵當用都督不當用勳臣因劾恭順侯吳繼爵罷之以俞大猷代（改言兩廣宜設二總兵不當用勳臣因罷恭順侯吳繼爵以劉顯俞大猷分代）○按兩廣總兵官明初但設一人以勳臣鎮守吳繼爵之先如平江伯陳圭陳王謨父子皆是也時用一敬之議兩廣各置大帥罷勳臣以俞大猷鎮廣西劉顯鎮廣東兩廣設二帥自二人始繼爵亦非專任廣西也詳明實錄及俞大猷等傳

南京振武營兵由此罷○按振武營設於嘉靖二十四年多無賴驕縱嘗毆死督儲侍郎黃懋故一敬疏及之見兵志

周弘祖傳已請汰內府監局錦衣衛光祿寺文思院冗員○按文思院設在南京工部下祗有大使一官職官志所載已於嘉靖三十七年裁大使時尚有未盡去者故復疏及之

大和則權取香錢（大改太）○按太和山一名武當卽所以祀眞武者也萬曆中嘗遣中官呂詳等權取香錢此作大和誤

詹仰庇傳僥倖以科場事劾大學士王錫爵○按萬曆十六年王錫爵子衡舉鄉試第一主事饒伸上疏論劾并及考官黃洪憲伸坐除名見宰輔編年錄傳所云科場事蓋指此

駱問禮傳問禮獨言齊贓可疑○按張齊嘗賞軍宣大納鹽商楊四和金爲言恤邊商革餘鹽數事後事漸洩求階子璠居間璠謝卻之時齊康爲高拱劾階齊遂摭康疏論階都御史王廷因發其事見王廷傳

鄭履淳傳拔用陸樹聲石星之流嘉納殷士儋翁大立諸疏○按是時樹聲方引疾家居星以二年廷杖除名士儋以是年三月疏請布德緩刑納諫節用飭內外臣講求民瘼大立方督河道亦以是年七月陳五患十二圖故履淳並及之見明實錄

陳吾德傳御史又劾其莅饒時違制講學○按萬曆七年詔毀天下書院故以講學爲違制見明實錄

陳吾德附傳慈慶宮後延燒連房（慶改寧）○按五行志萬曆元年十一月己亥慈寧宮後舍火卽前傳中言慈寧宮後室災吾德所力爭者此作慈慶誤

贊

世宗之季（世宗改嘉靖）

言愈多而國是愈益淆亂也（至）當於是觀之（改言愈多而國是愈淆也隆慶時王治以下諸人皆能以言事表著若詹仰庇李已之弗克自保晚節其亦持祿固位之念有以致之哉）○按明季言路得失汪文輝所陳四弊亦未能該而原贊特引之且王治以下諸人之直言與詹仰庇李已之晚節不終皆未之及

列傳第一百四

陸樹聲傳張居正當國以得樹聲爲重○按是時修世宗穆宗實錄以樹聲爲副總裁官見張居正文集

陳時政十事語多切中○按十事爲勤學修身政令士風邦本財用宗藩邊防漕河郊廟其中最切時弊者則云用內侍以給埽除而倒持旁落之漸不可不防優外戚以示眷異而非分無厭之求不可不節見樹聲文集

田一儁附傳通政張紹先寢不上○按通政以壽民疏詞危切借字數溢額沮勿封進壽民復括兩疏之綱領上之疏入留中不報見黃宗羲南雷文稿與此微異

黃鳳翔傳時方較刻十三經注疏（較改校）○按漢書藝文志校字並從木旁明末以避熹宗諱始改用車旁此尙沿其誤

頃陛下去貞觀政要進講禮經甚善○按罷講貞觀政要乃萬曆十六年二月事以唐宗有慚德魏徵虧大節也見郭子章文集

余繼登傳充正史副總裁○按大學士陳于陛以二十二年請修本朝正史于陛卒而廢余繼登時以少詹充副總裁見明實錄

西寧鐘自鳴（西寧改古浪）○按五行志二十六年五月庚寅古浪城樓大鐘自鳴者三古浪不屬西寧衛

馮琦傳又如仇世亨奏徐鼐掘墳一事○按興國州奸人漆有光訐居民徐鼐等掘唐相李林甫妻楊氏墓得黃金巨萬騰驤衛百戶仇世亨奏之帝命括進內庫見宦官傳徐鼐宦官傳作徐鼎

琦乃復極陳其弊○按琦酌定約禁條款十五一明經術二正文體三重行檢四重後場五愼提學六嚴歲考七限入學之數八禁冒籍九核祠祀鄉賢名宦十擇典試主司十一申程式前旨十二嚴參閱十三杜關節十四禁匿名帖十五禁刻書並見琦文集

自琦曾祖裕以下累世皆進士○按裕舉正德戊辰進士惟重嘉靖戊戌進士子履隆慶戊辰進士並見公鼐所撰行狀

王圖傳四十五年京察當事者多賓尹紹徽黨○按四十五年京察時方從哲獨相吏部尙書鄭繼之主察徐紹吉韓浚佐之正人降黜甚多見明史紀事本末

翁正春傳在宗藩要例已定之後○按宗藩要例定於萬曆七年見諸王表

進士鄒之麟分校鄉試○按之麟以三十八年進士觀政部中未授職入闈時主考官爲郭淐朱延禧見題名錄及東林列傳

劉應秋傳有撰憂危竑議者御史趙之翰以指大學士張位并及應秋○按之翰所奏以憂危竑議爲吏科給事戴士衡僞造大學士張位主之預謀者禮部侍郎劉楚先都御史徐作祭酒劉應秋吏科給事楊廷蘭禮部主事萬建崑也中旨罷楚先作降應秋謫廷蘭建崑爲典史而張位先以薦經略楊鎬失利罷去命値赦不宥見明實錄及明史紀事本末

唐文獻傳沈一貫以妖書事傾尙書郭正域（尙書改侍郎）○按正域傳云馮琦卒後正域以右侍郎攝禮部尙書七卿表於琦卒下卽云李廷機以左侍郎攝部事不云正域則郭傳與表顯有舛漏卽使正域果嘗攝部究係侍郎且正域官止侍郎未歷尙書此直稱尙書誤

同年生給事中李沂劾張鯨被廷杖文獻捄之出資給其湯藥荊州推官華珏忤稅監逮下詔獄文獻力周旋得無死（泝改沂珏改鈺）○按李沂嘉魚人華鈺丹徒人明史俱有傳此誤沂爲泝誤鈺爲珏鈺所忤稅監爲陳奉

唐文獻附傳所宗者周汝登○按汝登嵊人由進士歷官雲南參政學者稱海門先生見劉宗周蕺山集

李騰芳傳騰芳爲書詣朝房投大學士王錫爵○按騰芳書謂古賢豪將與立權謀之事必度其身能作之身能收之則不難晦其迹於一時而終可皎然於天下昔鄴侯不欲以建寧爲元帥而詠摘瓜詩以衞廣平此經也非權也但與肅宗私議家事恐上皇不安而遲廣平爲太子則是一則然建寧之死胎此矣若子房以強諫爲無益而招致四皓有似行權然未嘗請太子與趙王並封也且行權必大智人委曲宛轉或立語而移或默然而定若需之數年更以他手雖聖人不能保矣錫爵卽於翼日上疏自劾三誤見明史紀事本末

騰芳辭位熹宗不許（改騰芳上疏辭位不許）

蔡毅中傳補長蘆鹽運判官屢遷國子祭酒○按毅中由鹽判三遷爲司業以左諭德纂修神宗實錄充經筵講官尋進祭酒見毅中本傳

盧居有紫芝白烏千鵶集墓之異（烏改鳥）

羅喻義傳明年九月進講尙書（明改四）○按是時爲崇禎四年九月喻義先以三年進左侍郎舊文蒙三年而來故云明年也傳於編修時刪去三年之文而但云明年按其文義似卽莊烈帝嗣位之明年敘事殊不明晰

顧錫疇傳楊嗣昌疏請撫流寇（至）與嗣昌大忤○按嗣昌傳帝御經筵畢嗣昌奏對有善戰服上刑語帝怫然詰之與此互異

會駙馬都尉王昺有罪錫疇擬輕典○按公主傳昺於萬曆間因救御史劉光復觸帝怒削職泰昌時復官不載崇禎中得罪事

給事中章正宸（震改宸）○按章正宸明史有傳此誤宸爲震

贊

要其守正自立不激不爭瀟靜敦雅承平士大夫之風流概可想見矣（改明自嘉隆而後權臣奄豎相繼枋國然諸人皆能不激不隨守正自立假令遭遇承平彬雅黼黻所表見豈僅此哉）

明史攷證攟逸卷二十

長洲王頌蔚編集

列傳第一百五

王家屏傳許事維於仁進四箴(於改于下同)○按於仁本傳及鄒元標等傳俱作于仁

帝不懌留中而於仁得善去○按神宗得于仁疏於十八年正旦召閣臣於毓德宮手于仁疏示之自辨甚悉閣臣爲委曲解慰乃令于仁引疾遂斥爲民見于仁本傳及郭子章文集

廷臣交章請冊立○按是年正旦神宗召見閣臣於毓德宮出長子見之閣臣卽以豫教請至夏四月南北兩京九卿科道同辭疏請閣臣復合疏請以明春冊立神宗特命中書傳諭詞意甚厲因復請先出閣讀書再議冊立太子遂報可令內侍傳示閣臣候旨見申時行文集

詔馳傳歸○按二十二年王錫爵謝政命廷推閣臣吏部首列家屏帝以爭國本之嫌嚴旨責尚書陳有年見明實錄

閱八年儲位始定(八改九)○按家屏以二十年三月致仕二十九年十二月始立太子此作八年誤

陳于陛傳預修世穆兩朝實錄○按世宗實錄隆慶中未及告成萬曆初張居正上纂修事宜疏責令原總裁官吏部侍郎諸大綬禮部侍郎王希烈專修世宗實錄陳于陛則以纂修兼兩朝實錄者也見張太岳集

詔從之○按萬曆二十二年允于陛請詔工部葺史館禮部自尚書下同詹事春坊司經局翰林諸臣纂列條目自大紀外爲志類二十有二傳類二十有六而不及中官土司書未成而于陛卒遂廢見吳道南文集及靜志居詩話

以于陛及尚書沈一貫少詹事馮琦爲副總裁而閣臣總裁之○按二十二年禮部尚書爲羅萬化及范謙副總裁沈一貫則由南京禮部尚書受任見明實錄及七卿表

斥兩都言官三十餘人○按是時降武選郎韓范給事吳文梓雒職鐫員外曾偉芳主事汪中信程偣陳楚產給事劉仕瞻三秩謫極邊又鐫御史區大倫俞价强思給事張同德三秩謫五城御史夏之臣朱鳳翔涂喬遷時偕行楊遂中邊遠典史又謫郎中徐維濂於外其兩京科道掌印者盡鐫三秩因調給事耿隨龍鄒廷彥黎道昭孫羽侯黃運泰毛一公御史李宗延顧際明袁可立綦才吳禮嘉王有功李固本南給事伍文煥費必興盧大中御史柳佐聶應科李文熙十九人於外續又罷御史馮從吾薛繼茂王愼德姚三讓四人見明實錄

以甘肅破賊功加太子少保乾清坤寧兩宮災(乾清坤寧改二十四年)在直廬數太息視日影(二十四年冬改而已十二月)○按宰輔表于陛以二十三年加太子少保其甘肅破賊功則爲青海部內侵麥將達雲所敗者至兩宮災晉太子太保及于陛病卒皆在二十四年傳因事類敘於病卒上揭二十四年似兩宮災及其秋晉太子太保皆屬二十四年前事紀敘殊不明晰

沈鯉傳歸德衞人○按鯉以歸德衞籍第進士明初降歸德爲州至嘉靖二十四年復升歸德爲府而設商丘縣鯉應爲商丘人以隸衞籍仍繫歸德見題名錄及地理志

進世廟諸妃葬金山者配食永陵○按穆宗生母杜皇后初葬金山隆慶初遷祔永陵世宗二十六嬪惟五妃葬嶼兒峪餘俱在金山見明典彙

鄭貴妃父承憲○按外戚傳作成憲

順義王妻三娘子請封○按順義王妻以十五年封忠順夫人見明實錄

歸德鯉邑名(鯉歸改德人意)○按歸德時已陞府不宜稱邑

敘皮林功○按皮林在湖廣貴州之交爲峒苗吳國佐所據二十八年平播州楊應龍之後卽移師平之見陳璘傳

會孝陵明樓災○按本紀三十二年五月雷火焚長陵明樓五行志無三十二年事此作孝陵與紀互異

于愼行傳又言南昌壽春等十六王世次旣遠(六改五)○按南昌爲太祖長兄壽春爲太祖之叔諸王傳目錄並作十五王其數祇得十五此誤五爲六

李廷機傳授編修○按廷機由編修擢洗馬時皇太子初出閣充侍班官又直講經筵見廷機家傳

特旨許之○按誼漶庶長子特旨許封郡王郡王例載諸王表今表內無誼漶庶長子名當是脫失

給事中曹于汴○按楊時喬傳作曾于汴于汴自有傳此作曹是

數十人交章力攻○按時攻廷機者御史則楊師程彭端吾馬孟禎史記事湯兆京房壯麗吳亮李光輝鄧渼張時顯左宗郢劉蔚給事中則胡應召彭惟成戴章甫張國儒劉文炳韓光祐張鳳彩翁憲祥杜士全李瑾周曰庠及刑部主事熊應都察院照磨郭艮翰等見明實錄

吳道南傳偕禮部尚書劉楚先典會試(尚書改侍郎)○按萬曆四十四年何宗彥以禮部侍郎署尚書事時尚書缺官劉楚先於二十六年以憂危竑議爲御史趙之翰所劾時已爲禮部右侍郎中旨遂罷其官未幾復起至是由侍郎偕道南典試此誤作尚書據明實錄改

同和竟日搆一文下吏戍煙瘴鳴陽亦除名○按選舉志同和鳴陽二人並謫戍與此互異

列傳第一百六

申時行傳旣而李植江東之以大峪山壽宮事撼時行不勝貶去○按焦竑所撰神道碑云時行奉命往視大峪山植言大峪非吉壤時行與尚書徐學謨暱故贊其成憾尚書陳邦經異議故致其去時行一一疏辨

詔馳驛歸○按時行馳驛歸時並遣官護送仍加賜銀鈔綵衣緞寵其行詳焦竑所撰神道碑

詔書到門而卒○按焦竑所撰神道碑云時行卒特予祭十四壇遣官敦葬事特進一品廕子尚寶丞

子用懋用嘉○按焦竑所撰神道碑云時行子三人兆虬用懋用嘉兆虬早卒

王錫爵傳郞官高桂饒伸論之○按錫爵行狀云高桂饒伸疏中式可疑者八人衡與焉錫爵因疏請覆試

列傳第一百七

張四維傳言路復有劾四維者○按趙貞吉去位及殷士儋被劾俱詳二人本傳至言路劾四維考士儋傳云四維父擅鹽利爲御史郜永春所劾事已解他御史復及之四維疑出士儋指益相搆則此所云言路復劾四維者仍爲其父擅鹽利也

言路亦發舒詆居正時事○按言路亦發舒詆居正時事及後文張誠譖保李植發保姦狀保與籛省吾諸人皆逐史俱未詳何事考王錫爵所撰四維墓表蓋言諸人與張居正表裏搆合諸姦狀也

馮自强傳禮官所掌宗藩事最多先後條例自相牴牾○按張四維所撰墓志云時禮部新題更定宗藩條例多自强所具稿也

許國傳充日講官○按王家屏所撰墓志云國爲講官時因事獻規曲盡忠款帝手書責難陳善四大字賜爲

趙志臯傳志臯身在牀褥於罷礦建儲諸大政數力疾草疏爭○按志臯墓志云志臯臨歿猶草奏請冊立罷礦稅簡閣臣用言官四事

朱賡傳及卒○按鄒元標所撰行狀云賡卒於萬曆戊申十一月年七十有四上震悼賻卹備摯加祭四壇遣官護櫬葬事

列傳第一百八

王之誥傳杖言者闕下○按杖言者闕下蓋指吳中行趙用賢艾穆沈思孝等而言也事詳諸人本傳

吳百朋傳授永豐知孫○按百朋爲永豐令時以教化爲先務東矢入片言折服有清水明鏡之謠事詳百朋墓志

劉應節傳濰人○按獻徵錄識大錄劉應節其先咸平人有名全者以判濰州因家焉遂爲濰州人

會順天巡撫耿隨卿坐殺平民充首功逮治改應節代之○按馮琦所撰墓志云應節巡撫順天時塹飭邊備條上六事一曰益兵以資戰二曰用車以資守三曰樹木以資險四曰櫃水以資運五曰定兵食之遠圖六曰除邊防之宿蠹

進右都御史○按馮琦所撰墓志云應節進右都御史時沿邊諸郡邑横猾剽掠莫敢誰何應節遣使諭以恩威衆皆叩頭謝罪凡四千四百餘人一時解散因條上防禦事宜凡七曰選主將曰設副將曰議班軍曰清衞軍曰句逃軍曰廣招募曰議行糧廷議皆是之

舒化傳南京科道論及化○按獻徵錄云時化名益高忌益衆或使人搆飛語授南京新進横詆化衆驚憤化曰安有大臣被口語自疏解爲乎義有去而已遂上書乞歸較史爲詳但亦未載科道所論何事

李世達傳復劾罷御史韓介等數人○按獻徵錄及識大錄云劉瑜黃正色同被劾但亦未詳載數人之事

列傳第一百九

王廷瞻傳廷瞻常論拱○按高拱傳所載言路論拱之事甚詳言路當卽指廷瞻而言

郭應聘傳遷威遠兵備副使(遠改茂)○按威遠百官志及獻徵錄識大錄並作威茂

從總督吳桂芳平李元亞(元亞改亞元)

歸七月卒○按陳經邦所撰墓志應聘孳孳憂國將歸之日猶上安民四議以應明詔

耿定向傳定向疏吳鵬六罪○按定向疏吳鵬六事史未詳載下文董份私鵬子事亦第因疏六事而言考獻徵錄僅載鵬與嚴嵩濁亂銓政一事餘亦未及

郝杰傳蔚州人○按王家屏所撰神道碑其先山西交城人

列傳第一百十

王崇古傳俺答疑把漢已死及聞言心動○按方逢時傳先敘鮑崇德說俺答心動後敘分道入犯與此互異

鄭洛傳棟又言火眞亂首(火眞改浩爾齊宰桑)○按史不見火眞之名此時首敗盟爲邊患者乃火落赤眞相也疑明人不知繙譯撮二人名首一字合爲火眞如稱史車之類若依火眞譯作霍珍恐與事不合今譯改浩爾齊宰桑

列傳第一百十一

盛應期傳出轄濟寧諸牐○按應期轄諸牐時公私舟
過悉東以法少寧吳寬赴召適封牐蓄水守牐旬日
乃得過見袁袠所撰傳
謫雲南驛丞○按應期謫雲南安寧驛丞見明實錄
歷雲南僉事○按應期爲僉事時嘗奏請閉銀礦以絕
禍源見識大錄
四遷至陝西右布政使○按應期官陝西時鎮守太監
廖鑾貪漁公私爲應期所裁鑾怒思中傷之檄使督
造絨罽費且鉅萬應期乃籍鑾前後所侵以檄訐示
鑾欲奏之鑾惶恐謝事乃已見識大錄
應期至廣至復賚銀幣○按是時粵中劇賊李文積爲
亂應期發兵捕之生禽文積俘斬千五百餘人見識
大錄
朱衡傳遷刑部主事○按吏部尚書汪鋐家於婺源衡
爲令時嘗因事抗抑鋐衡之甚會徵補臺諫鋐謂衡
年少不中格罷而擢鋐從中調護乃有主事之擢見
獻徵錄
召爲工部左侍郎四十四年進南京刑部尚書○按衡
擢工部侍郎後旋以四十一年改吏部閱三年乃進
南京刑部尙書見識大錄
經理河道○按六年正月翁大立以誤漕削籍因復命
衡經理遂罷泇河議專事徐邳築長隄自徐州至宿
遷三百七十里并繕豐沛大黃隄運道復通見明實
錄
衡皆奏止之○按識大錄武淸侯李偉新賚詔治第京
師費以數萬衡援故事抑之上悟爲減其半
皇太后傳諭發帑金修涿州碧霞元君廟○按是時中
官欲建橋涿州上以太后命諭工部衡奏此有司之
職不足煩中使乃詔發慈寧湯沐金錢治之見獻徵
錄
朱衡附傳至四年六月至次第告成○按四月九月河
決邳州自睢寧白浪淺至宿遷小河口淤百八十里
漕道復阻大立言邇來河患不在豐沛而在徐邳因
請棄故道而就新衡開泇河以避洪水帝命大立躬
自相度條水利害以聞見明實錄
潘季馴傳擢御史○按潘季馴爲御史時三殿災奉勅
稽南都大木季馴請無毀民居罷內官監籍可得也
果得萬木於荷花池中見識大錄
總理河道與朱衡共開新河○按季馴與衡開盛應期
新河並濬留城舊河新河自南陽至留城一百四十
餘里舊河自留城至境山五十里有奇八閱月而成
見萬恭河決考
遂條上六事○按季馴所條六事曰塞決口以挽正河
築隄防以杜潰決復牐壩以防外河創滾水壩以固

隄岸止濬海工程以省糜費寢開老河之議以仍利
涉見明實錄
河深既淺身深改○按明實錄作河身
上疏請復故河○按季馴疏陳復故河五利一河從潘
家口出小浮橋則新集逸東一帶俱爲平陸一河身
深廣受水必多每歲可免泛溢一河從南行去會通
河甚遠閘渠可以無虞一來流既深則徐州以下亦
必因而深刷一小浮橋之來流既遠則秦溝可免復
衝而茶城永無淤塞見明實錄
明年黃水暴漲至季馴復築塞之○按季馴常有北河
十議一守戴村壩一守坎河口一守馮何二壩一挑
濬汶河淤沙一巡守五湖隄岸一因時分合汶流一
先期挑濬月河一築土壩以利接濟一疏濬泉源一
疏衛濟運見陳仁錫北河紀
萬恭傳會河決邳州運道大阻○按邳州之決都御史
翁大立復議開泇河以違其勢潘季馴言其不便會
季馴被劾歸乃詔萬恭與朱衡覆視遂罷開泇之議
見北河紀
吳桂芳傳潮州舊倭屯據鄒塘○按是時潮州倭二萬
與大盜吳平相犄角而峒賊藍松三温七等與丹樓
賊日掠惠潮間見識大錄
而新倭寇福建者爲戚繼光所敗○按四十三年二月
倭餘黨糾新倭萬餘圍仙游三月繼光大破之復追
擊之同安又追擊之漳浦見明實錄傳所謂爲繼光
所敗者指此
脫者還海豐副總兵楊克寬禽斬殆盡○按是時倭還
保海豐俞大猷圍之兩月賊食盡欲走克寬設伏邀
之手斬其梟將三人參將王詔等繼至賊遂大潰乃
移師潮州以次降丹樓及藍松三等遂使招降大盜
吳平居之梅嶺事在四十三年而李亞元之就禽則
在四十四年吳平旣叛旋剿之後見明實錄大猷傳
所載亦同此以亞元之平并敘於進討吳平之先互
異
平初據南澳至自陽江奔安南○按四十四年平奔後
大猷部將湯克寬李超擊賊後違戰不利平遂得奔
安南巡撫御史交章論之大猷坐奪職會河源賊李
亞元等猖獗桂芳抗疏留之大猷乃生禽亞元平之
因還其職見明實錄
召爲南京兵部右侍郎○按桂芳在粵時如城揚州例
營廣省外城甫就遷去而流寇曾一本突犯省城固
垂涎沿河積聚不意有重城也失計而遁卒就禽粵
人爲祠祀之見識大錄
皆下所司議行刪下所司三字
河決曹縣徐州桃源改河決崔鎭及曹徐等八州縣

草灣之間間改開
尋以高郵湖隄成贈太子少保○按三年八月高郵湖
決淸水潭口先是孝宗初漕臣白昻以運舟經甓社
湖觸岸輒壞乃開復河於高郵隄以避其險名曰康
濟至是湖水決桂芳改挑康濟越河修復老隄河成
名曰弘濟遂爲永利見明實錄傳所謂隄成者指此
王宗沐傳總督漕運○按宗沐督漕時疏請敕河臣增
隄防以衛陵寢見明實錄
故登舟有海市舟改州
王宗沐附傳徵授禮科給事中○按士性爲禮科時有
請復黃河故道一疏見明史紀事本末
劉東星傳累遷湖廣左布政使○按萬厤改元召東星
爲刑部主事轉戶部員外郎出爲河南僉事累遷至
布政使見識大錄
東星力任其役○按東星治河每檄郡邑諸城且徒惟
盜竊不免其他皆令濬河得以輕重相準弛其罪以
省召募見獻徵錄
後李化龍循其遺迹與李三才共成之漕永便焉○按
東星濬泇河時初開夏城侯莊以試行運至化龍等
修其舊跡由直河入泇口抵夏鎭凡二百六十里避
黃河呂梁之險會化龍憂去侍郎曹時聘終其事見
明實錄
徐貞明傳莫如蘆溝滹沱二河蘆改盧
滹沱發源於太戲太改泰

明史攷證攟逸卷二十一

長洲王頌蔚編集

列傳第一百十二

嚴淸傳巡按御史王廷瞻劾淸縱寇○按明實錄隆慶
三年十二月陝西賊起次年四月由陝寇川淸之被
劾當在是時傳類敘於隆慶二年之下省文也
宋纁傳靜樂民李良雨化爲女○按靜樂縣男子化婦
人乃隆慶二年事見明實錄及五行志
以紙贖爲糴本改以贖鈔爲糴本
陸光祖傳除濬縣知縣○按光祖令濬縣時尙有平反
富民盧柟獄一事見曾同亨所撰傳

補祠祭主事○按光祖任祠祭時正伊王典楧罪發太
醫院吏目何雲龍乾沒狀并革諸王襲封請婚諸濫
費見明實錄
又就進大理卿半道丁父艱○按曾同亨所撰傳載光
祖拜大理卿甫就道心動因暫歸時光祖父病已篤
歸兩日而父卒人以爲孝誠所感此稱半道丁父艱
與傳互異
乃由左侍郎出爲南京工部尙書○按是時光祖阻陳
潞河因赴薊遼總督張佳允之約縱觀邊牆亦爲御
史所劾見獻徵錄
陳有年傳歷考功文選○按陳有年官文選時海瑞爲
其所舉見獻徵錄
有年疏陳濟急六事○按有年所陳六事大旨謂糶糴
之法當論緩急請就江西本省量爲貿遷而禁遏外
販以平糴價明實錄未載原疏見孫鑛所撰行狀
孫丕揚傳落職候勘○按丕揚以大理寺丞候勘在隆
慶五年見雷禮列卿表
已條上省刑省罰各三十二事○按丕揚所陳省刑罰
各三十二事一律例原無如臟罰竹簽之類當省者
四條二倫理當重明尊卑之等當省者四條三刑流
防過當省者四條四情偏防過當省者四條五遊天
時當省者四條六體人情當省者四條七八可矜當
省者四條八人可疑當省者四條此省刑也一省罪
內罰四條二省罪外罰四條三省錢糧罰四條四省
里甲罰四條五省捐公費罰四條六省捐上司罰四
條七省扣剋罰四條八省紙穀罰四條此省罰也見
經世文編
然銓政自是一大變矣改而銓政自是無大弊矣○按是時請謁公
行故丕揚以掣籤法杜其弊傳云銓政自是一大變
蓋猶沿明季不足丕揚之詞而不知有不得不變之
勢於定論尙爲未合
御史徐兆魁喬應甲劉國縉鄭繼芳劉光復房壯麗給
事中王紹徽朱一桂姚宗文徐紹吉周永春輩則力
排東林○按徐兆魁疏劾東林在萬厤三十九年見
明實錄
蔡國珍傳明年正月正改三○按明實錄羣臣詣東華門
請擧皇長子冠婚乃萬厤二十六年三月事
楊時喬傳夢皋亦假楚王事再攻郭正域○按明實錄
萬厤三十二年武昌宗人蘊鈐等作亂殺巡撫趙可
懷傳所云楚王事當指此
永年伯王棟卒○按棟乃王偉子明神宗母家也以萬
厤五年封見外戚傳
贊
雖不能辨材任官要之無任心營私之弊苟非其人毋

宰任法之爲愈乎改當時或以爲紛更而一除任心營私之弊行之可久謂非任法之善乎○按辨材任官等語亦沿明季迂儒慕古虛文於當日時務殊未切

列傳第一百十三

張瀚傳俺答圍京師○按俺答圍京師在嘉靖二十九年見明實錄

入爲大理卿○按瀚由右副都御史改大理卿在嘉靖四十四年見列卿表

梁夢龍傳朝議通海運以屬夢龍○按夢龍議行海運在隆慶五年發其端者爲給事中宋良佐見明實錄及河渠志

前後奏永奠堡丁字泊馬蘭峪養善木紅土城寬奠廣寧右屯錦義大寧堡諸捷永奠改永甸寬奠改寬甸○按方輿紀要永奠堡在寬奠東北五十里無所謂永莫堡也寬奠大清一統志作寬甸

楊巍傳分守宣府寇入犯偕副將馬芳擊斬其部長○按明實錄嘉靖三十四年九月俺答攻大同宣府又攻懷來爲馬芳所敗

帝以張鯨不用故託疾○按宦官傳萬厤十六年御史何出光劾東廠太監張鯨及其黨邢尙智劉守有事擅威福八罪嗣法司覆奏鯨等贓罪御史方萬策等又相繼論列給事李沂至謂神宗納鯨金寶故寬其罪神宗爲之震怒傳所云以張鯨不用故當指此

李戴傳廣東以軍興故增民間稅至萬厤初亂定○按明實錄廣東賊曾一本自嘉靖末寇擾南韶餘黨流毒潮惠歷隆慶至萬厤十餘年始定傳云軍興當指此

趙煥傳尋召爲刑部尙書議日本貢事○按日本通貢始自沈維敬係萬厤二十年事明年李如松敗績於碧蹄館貢議遂寢至二十四年始成詳見明實錄

他日薊門蹂躪敵人叩閽改他日薊門擺敗敵兵臨城

鄭繼之傳知縣趙運昌張廷拱曠鳴鸞濮中玉當預而持議頗右于玉立李三才遂見抑○按李三才與顧憲成等深相結是時方以戶部尙書落職閑住御史劉光復猶劾其與于玉立遙執朝權故趙運昌等皆以二人黨不得預考選

列傳第一百十四

海瑞傳坐謫興國州判官○按瑞謫興國時民苦浮糧瑞爲七事上之御史臺躬自淸丈以均其賦見王弘誨所撰傳

遂逮瑞下詔獄○按瑞下詔獄時穆宗在藩邸私命錦衣毋死之以是得免見識大錄

請濬吳淞白茆通流入海○按隆慶四年瑞遣松江同知黃成樂上海令張嶎開浚王渡至宋家港共長一萬餘丈是歲大飢舂鋪雲集不兩月而告成見明史紀事本末

提學御史房寰恐見糾摘欲先發○按是時進士顧允成諸壽賢劾房寰納賄狠藉乃敢強面嗤瑞寰遂坐黜見識大錄

邱橓傳三十四年七月倭六七十人失道流劫○按是時倭自杭突至徽寧諸縣流劫至蕪湖太平逼南京城下以倭破杭州逮巡撫都御史李天寵與張經湯克寬皆論死繫獄見明實錄

是年嵩敗是年改未幾○按嵩敗於四十一年此突稱是年未協

帝優詔報之○按是時帝並削篆籍爲民見明實錄

呂坤傳有妄人爲閨範圖說跋名曰憂危竑議○按憂危竑議引歷代嫡庶廢立之事內刺坤與張養蒙劉道亨魏允貞鄭承恩鄧光祚洪其道程紹白所知辯亨等見明史紀事本末

帝歸罪於士衡等○按是時士衡與全椒知縣樊玉衡並削籍謫戍以玉衡前請冊立疏中有指斥狂誕語也見明實錄

贈刑部尙書○按贈坤官時并廕一子入監見明實錄

郭正域傳出爲南京祭酒○按正域爲祭酒時條上監規七事請倣司馬光十科胡瑗二齋以羅眞才見明實錄

而王氏持之堅氏改妃

當是時正域右宗人至遂希一貫指論正域○按是時給事中姚文蔚疏訐正域故王薄衛中人修怨陷王都御史溫純因奏劾文蔚并刺及一貫見明實錄

正域疏辨留中不報○按正域疏言恭王卒於隆慶時臣父方以舉人任知州何由被笞見明實錄

俄而妖書事起○按三十一年十一月有蜚語曰續憂危竑議凡三百餘言爲東宮作危語而波及一貫遂大開告密鯉語人曰此事何必張皇也一貫大不懌鯉又嘗供天啟聖聰牌於閣入則禮之因有訐爲詛咒者上意幾爲動而一貫益思陷之矣見明史紀事本末

巡城御史康丕揚至及其兄國子監丞正位○按丕揚時將外轉中官買忠貞教之乘妖書可免丕揚遂與錢夢臯直攻正域見明史紀事本末

嘉慶旋以治無驗令革任回籍○按嘉慶赴鞫時闔門被掠吏部尙書李戴爲嘉慶外父拷訊時不忍視起入中堂上惡之罷歸見明史紀事本末

而沈令譽者正域食客○按是時於令譽處得刑部主事于玉立所致吏部郎中王士騏書丕揚以玉立起官士騏與正域嘗左右之遂削玉立士騏籍見明史紀事本末

詹事唐文獻偕其僚楊道賓等詣一貫爭之○按是時與文獻道賓同爭於一貫第者爲陶望齡周應賓見明史紀事本末

列傳第一百十五

龐尙鵬傳民苦徭役爲舉行一條鞭法○按是時行甲首錢均徭二法吏胥因緣加派貧富皆不聊生尙鵬乃會計一邑需費及諸顧役若干核民間丁士若干刻單人給一帖使民知歲輸一有定額吏遂不能爲姦後海瑞推廣之通行於江南名一條鞭法見張元抃所撰祠碑

疏列鹽政二十事○按尙鵬所陳鹽政二十事其在兩淮者一設法銷引一稽查實政一議減開中一先期給引一收買餘鹽一禁止私煎一酌處引價一拆鹽鋪戶一報申糧草一禁止截賣一定淮廣行鹽之地一定折色本色之宜凡十二條其在山東長蘆者疏通阻滯三條禁抑私販一條調停偏累二條定折納二條凡八條見經世文編

宋儀望傳巡鹽河東○按儀望巡鹽時又創立河東書院諸生多興起者見獻徵錄

及受命督三殿門工○按三殿工始於嘉靖三十六年成於四十一年維時工部尙書爲歐陽必進見明實錄

擢霸州兵備僉事○按是時有西寧侯過霸州爲盜所迫溺死儀望甫抵任即禽其巨魁見識大錄

被劾罷歸○按是時儀望以與御史論鹽盜事不合乃爲其所劾見獻徵錄

陸樹德傳除嚴州推官○按樹德任嚴州推官時以廉幹爲龐尙鵬所許又太守嘗忌其材及太守入覲有訐其私者樹德獨力表其誣皆見王世貞集

屢遷都給事中○按樹德歷任兵戶禮三科給事中又有冊封周趙二王力卻饋遺事

李頤傳忤張居正○按頤以淸軍湖廣過江陵與居正父抗故居正銜之見獻徵錄

頤在鎭十年威望大著○按頤在鎭時尙有禱雨振饑捐貲置學田諸事見劉應麒所撰行狀

孫維城傳維城疏言狀○按是時維城又疏薦趙志皐等見獻徵錄

忤座主大學士許國○按維城之忤國蓋因萬厤十五年京察國有所請託而維城抗之也見于愼行所撰墓志

改廣東左布政使○按維城以遷官過里有故人坐逋租繫官求爲之解維城解所服銀帶代之輸官而終不爲言見獻徵錄

維城又條善後六事○按維城所條善後六事一曰預運發二曰專責成三曰酌馬數四曰嚴賞規五曰重命地六曰改市期見明實錄

萬象春傳奏上便宜十五事○按象春所上便宜十五事大旨在限封開業弛禁加刑數端又申明定祿制正賦額諸便見經世文編

列傳第一百十六

魏學曾傳除戶部主事遷郎中○按學曾官戶部時嚴嵩方掌吏部欲招之爲郎須一見學曾不肯往遂不果改見郭正域所撰墓志

巡撫遼東○按學曾撫遼時有叛卒黃勇句敵爲患學曾計禽之患遂息見獻徵錄

魏學曾附傳切盡台吉之比吉之改妻○按比吉卽台吉之妻明封忠義夫人者也詳見外國傳此云切盡台吉之比吉是不知比吉爲其名誤作哈敦解也

卜失兔遂率諸部大入定邊

未幾切盡台吉從子青把都兒犯甘肅○按卜失兔攻延綏在萬厤二十二年七月青把都兒甘肅之戰在二十四年五月俱見明實錄

而以都御史李汶代汶改旼○按外國傳作李旼明實錄同此作汶誤

李化龍傳疆臣斬賊使二氏交遂絕○按是時沙溪頭目尙義黃繼枝爲楊應龍通安氏至是疆臣因化龍檄斬二人交遂絕傳所云賊使蓋指此見化龍所著平播新書

以其地置遵義平越二府○按是時化龍又有善後事宜疏一曰復郡縣二曰設屯衛三曰設兵備四曰設將領五曰急選調六曰丈田糧七曰限田制八曰設學校九曰復驛站十曰建城垣十一曰順苗情十二曰正疆域見明實錄

列傳第一百十七

劉臺傳御史江東之訟臺冤○按是時王宗載方掌臺事東之以副封進王笑曰柱史何言東之曰爲死御史鳴冤王曰爲誰對曰卽乃公王踉蹌歸邸見獻徵錄

吳中行傳御史曾士楚吏科都給事中陳三謨倡疏奏留○按是時倡留居正議者尙有左都御史陳瓚見識大錄

明日進士鄒元標疏爭亦廷杖明日改未幾○按中行等四人被杖在萬厤五年十月乙巳鄒元標被杖在是月丁未見明實錄以干支計之相去凡三日

大學士許國攻李植江東之○按李植發黑谷關掩敗報功事命江東之據實按治盡坐邊帥罪故許國惡之其攻二人蓋以此見獻徵錄

趙用賢傳改南京祭酒○按用賢官祭酒時尙有立六儲課條及新廟宇諸事見議大錄

以爭三王並封語侵錫爵○按明實錄王錫爵以是年正月辛未還朝至辛巳而並封三皇子爲王之命下故其語侵錫爵

艾穆附傳上書陳時政○按葉春及所陳時政曰重師儒敦行實決資格審舉劾擇將帥較賦稅修軍政去盜賊省費冗闢土田理屯鹽凡十一條見經世文編

沈思孝傳陝西織羊絨爲民患以思孝奏減十之四○按思孝在陝西時尙有止盔甲之請及裁府第侵冒等事見議大錄

明史攷證攟逸卷二十二

長洲王頌蔚編集

列傳第一百十八

蔡時鼎傳御史丁此呂至時鼎論救○按此呂言啓愚以試題勸進居正帝手疏示時行時行謂此呂以曖昧陷人大辟漸不可長巍因請出此呂於外帝從巍言時鼎因疏救之見明實錄

語侵楊巍申時行○按是時給事御史王士性李植等亦交章劾巍阿時行意蔽言路見明史紀事本末

萬國欽傳疏斥政府私人○按南星所疏斥者如都御史吳時來副都御史詹仰庇少詹事黃洪憲給事唐堯欽御史蔡系周孫愈賢等見陳鼎東林列傳

七月帝召見時行等於皇極門至時行以款貢足恃爲言○按召見時行時閣臣許國言寇欲無厭宜一大創之不可復羈縻帝心然國言而時行爲政不能奪見明史紀事本末

初國欽疏上座主許國責之曰○按國欽劾時行後給事中伍讓論國庸鄙國疏捬帝奪讓俸讓時行門生也蓋爲其師報復云見東林列傳

饒伸傳伸既斥至屢請敘用○按是時御史喬璧星疏請帝戒諭錫爵務擴休休之量見明實錄

湯顯祖傳誠諭輔臣省愆悔過○按是時與顯祖相繼攻時行者爲南御史李用中見焦竑所撰時行神道碑

遂中立傳文選郎顧憲成等以會推閣臣事被斥○按閣臣王家屏初以諫冊儲罷歸至二十二年五月上諭有不拘資品會推之語吏部遂以家屏及沈鯉陳有年沈一貫孫丕揚鄧以讚馮琦等名上上不懌詰責之憲成遂被斥見明實錄

楊恂傳王錫爵謝政至御史柳佐章守誠劾之○按是時佐與守誠言吏部郎顧憲成等空司而逐志皐實激帝怒見明實錄

恂復論志皐並及張位○按是時與恂先後劾志皐者爲給事中張濤御史況上進南京評事龍起雷而巡按吳崇禮則劾志皐子兩淮運副鳳威鳳威坐停俸見明史紀事本末

楊恂附傳由茬平知縣茬改茬○按茬前漢書從在後漢書及水經注皆從仕明一統志亦從仕

姜士昌傳明年禮部主事鄭振先至謫邊方用○按振先疏指一貫賡廷機爲過去見在未來三身上斥其誣詆謫普安州判見明史紀事本末

馬孟禎傳王錫爵辭召密疏痛詆言者○按錫爵疏言上於章奏一概留中特鄙夷之如禽鳥之音等語其疏甚祕都御史李三才鉤得之泄於衆諸言官大憤謂錫爵以臺省爲禽獸見明史紀事本末傳所謂痛詆言者指此

孟禎及南京給事中段然並上疏極論○按是時與孟禎同論錫爵者爲給事中胡嘉棟宋一韓御史梁州彥陳于廷等見明實錄

挺而走險挺改鋌

是時三黨勢張至出爲廣東副使○按是時臺省有齊楚浙三方鼎峙之號齊爲亓詩教韓浚周永春楚爲官應震吳亮嗣浙爲劉廷元姚宗文等皆攻擊東林者見明史紀事本末所謂三黨指此

列傳第一百十九

顧憲成傳都御史辛自修掌計事工部尙書何起鳴在拾遺中○按是時起鳴有疏訐自修見明實錄

二十一年京察○按二十一年三月給事中劉道隆論吏部員外郎虞淳熙兵部郎中楊于庭臺省交譏而吏部曲爲解僅議一職方主事袁黃非體上責吏部回奏孫鑨疏爭遂奪其俸并鐫南星三秩調外見明實錄

尋遷文選郎中○按是時鄒元標左遷南刑部求去上允之憲成力勸錫爵疏留錫爵勉從之見明史紀事本末

憲成舉故大學士王家屏○按是時與憲成同舉王家屏者爲吏部主事章嘉禎謫羅定州州判見明史紀事本末

忤帝意削籍歸○按憲成削籍禮部郎中何喬遠抗疏救謫廣西布政司經歷見明實錄

既而淮撫李三才被論憲成貽書葉向高孫丕揚爲延譽○按丕揚時爲吏部尙書先是二十三年丕揚掌外察黜督學馬猶龍及參政丁此呂侍郎沈思孝力爭不聽疏逮此呂論戍死以是并怒思孝至是廷臣力攻三才憲成爲移書向高及丕揚救之并言思孝猶龍之賢見明史紀事本末

兆魁騰疏攻憲成○按兆魁與給事中朱一桂疏攻憲成事在三十九年五月見明實錄

顧憲成附傳屢遷南京刑部郎中○按東鳳由知縣稍遷南京刑部主事劾祭酒馮夢禎兩廣總督侍郎陳大科不檢兩人遂罷去見明實錄

憲成輩講學爲建東林書院○按東林書院記東鳳所撰也後魏忠賢毀書院見其碑遂被削奪崇禎初乃復見明史紀事本末

顧允成傳寶復詆瑞及思孝其言絕狂謬○按寶疏言臣爲善二十年曲謹木彊無不如瑞獨崇詭飾虛則不屑爲見明實錄傳所謂其言絕狂謬者指此

郎戒之弗言弗改勿○按是時同爭拾遺者尙有僉都御史王洪訓大理少卿曾乾亨禮部郎中何喬遠主事洪啟睿等見明史紀事本末

于孔兼傳謫孔兼安吉判官泰來饒平典史○按是時左都御史李世達有請宥泰來等一疏不聽見明史記事本末

孔兼投牒歸○按魏忠賢亂政時以孔兼曾救南星惡之遂削籍崇禎初乃復見明史紀事本末

再從弟仕廉○按仕廉官登萊副使時修萊州城其後三十餘年叛將余九成等攻之七月城堅得不破見明一統志

史孟麟傳且救御史劉光復○按光復初指斥東林又排擊李三才及梃擊事起光復廷諍下獄上怒叵測孟麟至是疏救光復得減死見明實錄

薛敷教傳敷教上言時來壅遏言路○按是時敷教方觀政在部因有是疏見明實錄

劉元珍傳盡黜政府私人錢夢皐等○按是時詔留被黜給事中錢夢皐御史錢一鯨等見明史紀事本末

近見夢皐有疏每以黨加人○按三十一年九月夢皐承一貫指與給事楊應文以楚假王疏劾侍郎郭正域并及次輔沈鯉於是正域罷會妖書事起夢皐遂直指正域并及鯉至是年四月夢皐復論楚事請削正域籍并誣純黨庇元珍遂抗疏劾之見明史紀事本末

給事御史侯慶遠葉永盛等亦爭之不從○按是年四月元珍疏未上之先大理少卿徐宗濬給事中侯慶遠御史孔貞一等皆疏劾夢皐不報見明史紀事本末

時員外郎賀燦然南京御史朱吾弼相繼論察典○按是時燦然言被察科道與溫純皆當去吾弼與南給事中陳良訓御史蕭如松各論拾遺尙書王基給事錢夢皐鍾兆斗必不可留并論沈一貫交結近侍之罪見明史紀事本末

列傳第一百二十

魏允貞傳俄劾兵部尙書吳兌○按允貞劾兌先結高拱張居正又餽馮保千金且以軍械火器私遺俺答不可典中樞見明實錄

吏部尙書李戴至請下允貞疏平議○按是時給事御史許子偉何熊祥等交章乞下部院疏亦不報見明實錄

王國傳國與同官魏允貞雷士楨及給事中王繼光孫煒牛惟柄張鼎思抗言不可○按晟馮保所受書者也保強居正薦之居正卒保亟請帝召晟入輔國等交章攻之因乘保病放歸見獻徵錄

余懋衡傳言官亦爭論永○按三十四年三月大學士沈鯉朱賡亦言秦人恨永甚宜撤之不報見明實錄

乃教永誣劾咸寧知縣滿朝薦○按是時永誣劾朝薦承懋衡指遮劫貢物帝怒曰御史敢無恙而朝薦代爲報復耶遂逮之見明實錄

朝薦被逮○按是時藍田令王邦才積忤永因與朝薦并被誣逮見明史紀事本末

李三才傳歙人程守訓以貲官中書爲陳增參隨縱橫自恣○按三才未劾守訓之先御史劉曰梧嘗疏劾之鹽務少監魯保亦奏守訓等阻塞鹽課帝皆不報見明實錄

又謂一貫慮沈鯉朱賡逼己○按鯉將入閣一貫深忌之欲諷鯉辭召命貽書三才曰歸德公來必奪吾位何以備之歸德鯉邑名也三才答書言鯉忠直無他腸勸一貫同心一貫由是并憾之見明史紀事本末

大學士葉向高言三才已杜門待罪宜速定去留爲漕政計○按三十八年五月吏部主事王三善乞勘三才不報見明實錄

三才既家居○按三才家居後御史孫居相有薦三才一疏見明實錄

起南京戶部尙書○按是時樞輔孫承宗以遼東經略薦三才遂有南戶部之召見明史紀事本末

列傳第一百二十一

姜應麟傳應麟首抗疏言禮貴別嫌事當慎始○按明實錄應麟疏首有正名定分國本所以安別嫌明微君道所以正四語故疏末有誠欲正名定分云云正與疏首相應

則禮既不違情亦不廢○按明實錄所載應麟奏疏情亦不廢句下尙有長幼之分明而本支之義得矣二語

吏部員外郎沈璟刑部主事孫如法繼言之並得罪○按明實錄璟謫三級得行人司司正如法得廣東潮陽典史如法事並詳孫鑨傳

會吏部數以推舉建言諸臣得重譴○按明實錄應麟

奮言四事一愼守掌一謹出納一議秏糧一禁科効

李獻可傳大學士王家屏封還御批○按家屏封還御批言詳閱疏詞奏請豫教當早宜納其言卽不然宜貸其過而遽加降罰竊恐轉滋爭論煩聒無寧時詳見明實錄

王學曾傳發發弗給發改喩

列傳第一百二十二

盧洪春傳東陽人○按洪春踐輔通志作溆州人父仲佃嘉靖三十五年進士

先是慈寧宮災給事中鄒元標疏陳六事忤帝意○按慈寧之災卽在十一年冬元標六事不盡傳大旨謂臣進無欲之訓陛下試自省果無欲耶寡欲耶誠宜翻然自省加意培養見元標傳

帝集內豎三千人○按張學顏傳作內豎二千人

一日使執銳衣堅日改旦○按一日原疏作一旦

李懋檜傳若陳三謨曾士楚者○按三謨爲御史士楚吏科給事中庶僚則艾穆沈思孝並爲主事新進書生則吳中行趙用賢及鄒元標也見各本傳

李沂附傳逐一給事中三御史○按給事爲兵科黃道瞻御史則孫繼先曾乾亨等並見明實錄

十七年帝始倦勤章奏多留中不下○按本紀十五年申時行請發留中章疏則不始於十七年也紀傳互異

巡茶御史鍾化民巡茶改茶馬○按職官志御史巡視出外陝西有茶馬一鈌化民傳亦作茶馬

河東有秦漢二堰弘綸請以石爲之濬渠北達鶯鴦諸湖○按寧夏河西本有石築漢唐堰又有鶯利渠弘綸所奏秦漢二堰蓋援河西石堰一例築石又於鶯利渠外更作一渠以達於鴛鴦湖見寧夏志

雒于仁傳父遵○按遵舉嘉靖四十四年進士見陝西通志

俱貶二秩調外○按遵之劾綸在萬厤四五年間保敗後復起御史巡按四川嘗憾都御史趙錦假條奏劾之朝議不直遵交章論列調遵外任後累進光祿見趙錦傳

巡撫四川○按遵撫四川時極奏采木之害見明史紀事本末

此疏不可發外○按神宗以疏授時行必欲嚴譴于仁時行反覆勸解以疏繳還御前者三請無發外然于仁雖不得罪而章奏留中實自此始見郭子章所撰時行傳

馬經綸附傳陝西織花絨購回青擾民宜罷○按陝西歲貢羊絨四千匹時奉命改織盤綾又降格栢黃暗花二則每匹長五丈八尺日織一寸七分半年得匹回靑出自西域故亦令陝西購之見明史紀事本末及呂坤文集

劉綱傳京察坐浮躁調外任○按李戴爲吏部尙書以二十七年主京察徇當路之意以綱及中書舍人丁元薦評事龍起雷並置察典時議皆以譏戴見明實錄及李戴本傳

戴士衡傳擢吏科給事中○按士衡爲給事時方用師朝鮮集水陸兵於天津以資應援士衡言河間州縣多棄地請人給田五十畝畀牛種以耕一年而罷餉三年而田可盡闢從之見明實錄

曹學程傳始用朱賡言謫戍湖廣寧遠衞○按皇后傳李太后憐學程母老言於帝釋之宦官傳又云陳矩密白之得釋彼此互異

翁憲祥傳憲祥極言非制弘綱貶官芳亦被責○按本紀憲祥疏言撫按宜候命俟代不報許弘綱楊芳二人貶官被責部科自以成例議行也

吏禮二部長貳遂無一人至俱以人言注籍○按時喬署吏部道賓署禮部兵部爲李化龍戶部趙世卿刑部沈應文王汝訓以侍郞署工部詹沂以副都署都御史並見七卿表

畀人陳用賓等已論死○按用賓爲雲南巡撫以三十五年阿克作叛次年被逮論死見明實錄

列傳第一百二十三

王汝訓傳應參爲民○按是時刑部尙書趙煥以議應參罪輕遂失帝意引疾放歸見明實錄

張養蒙傳如冬官一曹至數月虛位○按是時工部尙書李誠憂去以侍郞徐作署事冢宰孫丕揚於二十四年八月病免至二十五年二月始召蔡國珍代之並見七卿表

於是鄭一麟以千戶而妄劾李盛春劾下增孫鏸王虎以中官而妄劾十字

得以制巡撫之命刪以字

一璫得志諸璫效尤改從此諸璫效尤

撫按斂手撫按改監司

何有於監司從此陛下之赤子刪何有於監司從此七字○按一麟所劾者爲孫鏸鏸時爲薊遼總督又明史紀事本末萬厤二十四年九月太監王虎論保定巡撫李盛春阻撓開采下旨切責原疏本作一麟以千戶而妄劾孫鏸王虎以中官而妄劾李盛春故下文並言闕人武弁此於編纂時各脫半句并作一事殊誤

孟一脈傳由邊臣相繼爲本兵○按是時張學顏爲本兵其前吳兌梁夢龍方逢時王崇古譚綸並由邊塞督撫內擢見明實錄

何士晉傳無何劾左都督王之禎○按李戴翁憲祥傳並作王之楨與此互異

瑞王將婚至費當十九萬○按福王傳婚費至三十萬瑞王傳作十八萬與此互異

王曰乾○按光宗本紀作王日乾與此互異

何士晉附傳王之寀發張差事至張差何人○按大受上疏時已爲戶部郞中王之寀傳又作行人司正蓋大受以郞中兼司正也見要典傳彼此偏舉

奈何不嚴禁而速斷耶禁改竟○按原疏作嚴竟

郭妃卜葬諸事○按郭妃爲皇太子妃卽光宗后以萬厤四十一年薨見皇后傳

王德完傳合賊不敢窺邊賊改敵

牛歲章數十上○按是時陝州衞軍謀朝議欲事姑息從德完言梟其渠數十人軍士爲之稍戢見明實錄

四川妖人韓應龍妖改奸

言近歲寧夏用兵費百八十餘萬○按宦官傳云寧夏用兵費帑金二百餘萬與此互異

楊鎬李如楨喪師論死禎改楨○按李如楨爲成梁子附見成梁傳此誤楨爲禎

蔣允儀傳移嘉興○按蔣允儀宰嘉興時民方困於賦役允儀悉心訪求釐正其弊作均田法上之當事民乃得甦見嘉興縣志

疏直其同罪佚罰直改詆

主察者鄭繼之李誌也誌改鋕○按是時繼之長吏部鋕攝都御史士諤爲考功紹吉爲吏科給事浚爲河南道御史此作誌誤

鄒維璉傳又以江西有吳羽文例不當用○按羽文時爲考工主事見明實錄

明史攷證攟逸卷二十三

長洲王頌蔚編集

列傳第一百二十四

李植傳若奕棋然奕改弈○按原疏作若弈棋然見江東之文集

李植附傳可立○按可立字子豫萬厤五年進士爲御史時嘗巡視兩浙鹽政見王圻兩浙鹺志

江東之傳奏駙馬都尉侯拱宸從父豪奪民田○按公主傳作侯拱辰與此互異

湯兆京傳歲可獲金四百萬者百改十○按開采機易山爲姦人張凝聞應隆所奏其疏中謂可得金十萬白金三十萬則合之得四十萬也且萬厤時天下賦稅之額祗有四百萬豈有一山所得直同天下賦稅之全數乎據馮琦北海集改

有請徵徽寧諸府契稅諸改二○按萬厤三十年正月指揮同知袁順時奏獻現銀奉內旨云所奏江南徽寧二府買產稅契約銀十五萬兩著南京守備內官邢隆會同撫按查勘收解則是專指徽寧二府非槪及諸府也據馮琦北海集改

東廠太監盧受愛改受○按太監盧受見徐大相曹琥王德完等傳此作愛誤

尋以年例出三御史於外○按年例所出三人爲孫振基王時熙魏雲中時熙雲中並御史振基則戶科給事非御史也見明實錄及趙煥孫振基等傳

王元翰傳武定賊阿克作亂○按本紀金沙江蠻阿克攻陷武定武定本屬土司所治阿克爲武定土司支屬久居金沙至是內犯事在三十五年冬見土司傳及毛奇齡蠻司合志

御史鄭繼芳至奸贓數十萬○按是時湯賓尹營入閣甚急給事王紹徽善賓尹因語元翰曰公語言妙天下卽一札揚湯君湯君且爲公死世間如湯君可恃也元翰辭焉紹徽因嫉繼芳摭元翰見明史紀事本末

孫振基傳會進士鄒之麟分較順天鄉試較改校下同

馬孟禎○按孟禎自有傳鄭繼之劉策傳作孟楨誤

競相搜取凡十七人七改八○按選舉志作十八人合韓敬數之此旣統以凡字亦應作十八人下文言十七人與敬對言故也

正春乃會九卿趙煥○按煥時爲吏部尙書蓋舉九卿之長言之

業遂去一總憲外轉兩言官矣

亦去兩侍郞兩言官矣○按一總憲爲孫瑋兩言官則孫振基王時熙兩侍郞爲翁正春孫愼行兩言官則李槃張鍵並見各本傳

孫振基附傳崇禎二年起驗封郞中○按崇禎初上林苑典簿樊維城疏稱必顯請與賀逢聖文震孟等並召遂納之見崇禎長編

丁元薦傳二十七年京察元薦家居坐浮躁論調○按二十七年李戴以吏部尙書主察元薦先因言事忤當路戴徇指察之時議皆不直戴見戴傳

李朴傳主事沈正宗賀烺皆與相拄○按趙煥傳戶部郞中賀烺劾煥擅權被貶煥於萬厤四十年八月爲吏部明年九月致仕此傳所言賀烺與三黨相拄貶官正四十一年事傳不言郞中而作主事與煥傳互異

宗文等及其黨力詆○按是時宗文之黨張至發余懋孳李徵儀杜士全過庭訓商周祚張銓張篤敬毛一鷺華定策輩並連章論朴見明實錄

夏嘉遇傳徐紹言(言改吉)○按明實錄及鄭繼之蔣允儀等傳皆作徐紹吉此作紹言誤

詩教者從哲門生而吏部尙書趙煥鄉人也○按詩教萊蕪人煥掖縣人見山東通志

先坐事謫上林典簿○按之麟所坐事以分校順天鄉試有私爲御史孫居相所發見明史紀事本末

遼左三路喪師(三改四)○按下文嘉遇疏作四路

列傳第一百二十五

傅好禮傳饑民富者貧(饑改歲)

姜志禮傳有賜田二百頃(百改萬)

包見捷傳見捷言尤數○按見捷疏論礦店滋蔓又疏論臨淸稅使擾民必致生變又論遼左阽危礦市爲患尤烈一月三疏指斆內監最爲切直見明史紀事本末

田大益傳重足而纍息(纍改累)

而輩小猶盜橫(盜改恣)

大卒屏置勿聞故也(勿改弗)

馮應京傳孔時亦被逮○按武昌同知卞孔時被逮時知府王禹聲亦謫爲民禹聲著郢事紀略備列奉激變之由

遂執其爪牙六人投之江○按宦官傳作十六人與此互異

吳寶秀傳授大理評事歷寺正出爲南康知府○按明史紀事本末寶秀在大理廉平有聲其之南康任也纔十有六日

華鈺傳奉又疑經歷車重任教之○按宦官傳作車任重

并及巡按御史曹楷襄陽知府李商耕黃州知府趙文煥荊門知州高則巽等數十人○按陳奉稅課襄陽商人聚徒鼓譟知府李商耕治其參隨又奉設稅課於荊門而荊門本非巨鎭往來商船頗少以是遷怒知州高則巽遂並劾之見明史紀事本末

二十四年則陝西咸陽知縣宗時際○按宦官傳作宋時際

參將李獲陽○按宦官傳作李孟陽

列傳第一百二十六

李成梁傳辛愛大入遼東○按辛愛大入遼東考本紀謂犯錦州也

都督王台執以獻斬之○按明實錄王台執王杲時並送進王杲原擄軍士八十二名

復以二萬餘騎從大鎭堡入攻錦州○按二萬餘騎從大鎭堡入攻錦州分掠小淩河等處考明實錄係萬曆九年正月事與此互異

帝竟從御史張鶴鳴言解成梁任○按明實錄張鶴鳴疏稱成梁血氣既衰罪惡貫盈

李成梁附傳給事中邵庶嘗劾如松及其弟副總兵如柏不法○按庶嘗劾如松與如柏不法當即指後文所云驕橫及如柏傳所云會飲諸事

麻貴傳斬首二百五十有奇○按明實錄七月內前後斬獲首級一千六百餘與此互異

列傳第一百二十七

董一元傳石曼子爲陳璘所殲一元得還故秩○按一元得還故秩言緣陳璘殲石曼子之故未及一元與陳璘分道並進之故也事詳璘傳

乾隆四十一年賜諡諸臣杜松通諡忠烈

列傳第一百二十八

葉向高傳釁惟世宗時景王有之○按景王封藩德安疏請楚地閑田詔悉予之其後潞王得景故籍田多至四萬頃故福王引以爲言見諸王傳

與孔學趙宗舜趙聖等相訐告○按明史紀事本末作趙思聖與此異

而都御史十年不補○按都御史溫純以三十三年致仕後皆係兼攝見七卿表

劉一燝傳明日嘉謨及左光斗疏請移宮(日下增周字　謨下刪及字)

選侍不得已移噦鸞宮○按后妃傳選侍移居仁壽宮與此互異(頌蔚按周嘉謨傳亦作噦鸞宮楊漣傳其日選侍遂移宮居仁壽殿又云今奉養李氏於噦鸞宮尊敬不敢怠又云未幾噦鸞宮災諸傳或作噦鸞宮或作仁壽宮或又作仁壽殿紀載互異考春明夢餘錄隆祀門又東北並列二門曰履順踏和則一號殿仁壽宮宮門內有噦鸞宮喈鳳宮宮妃養老之處據此噦鸞宮蓋在仁壽宮之內故得通稱惟楊漣傳作仁壽殿當誤黃忠端說畧楊一洪首倡移宮李選侍出居一號殿一號殿與仁壽宮同一門故忠端所紀與史又異要之噦鸞宮爲宮妃養老之所則此傳所紀爲得其實)

忠賢從中主之(刪主之二字)

先是從哲數稱一燝爲首輔(哲下增去帝二字)

二年正月疏十二上乃令乘傳歸○按一燝致仕本紀作二年三月與此互異

韓爌傳此本日情事也(此句全刪)

而先帝已於卯刻上賓矣(刪而字)

被袞憑几儼然顧命(刪被袞儼然四字)

籲天以禱臣子際此(此八字全刪)

賓未出於口(口下增及嘗天哀慕凡所謂致疑致憤者不惟不忍出於口二十字)

何如紀述(刪何如二字)

建言護讜(護改獲)

至五月始遣行人召之○按宰輔表作四月遣召與此互異

又以兵科給事中劉懋疏議裁驛卒○按懋請裁定驛站歲可節金錢數十萬上喜著爲令有濫予者罪無赦意謂蘇民力也而遊民藉食驛稍者無所得食遂相率爲賊見綏寇紀略

亦劾爌主款誤國招寇欺君(款改謀下同　招寇改玩敵)

朱國祚傳國祚攝尙書近二年(改國祚攝尙書者年餘)

嘗以事忤國祚者也三年進少保太子太保(者下刪也字　少保下增兼字)○按宰輔表國祚以天啟元年九月晉太子太保其年十月晉少保改武英殿此言三年進少保與表互異

何宗彥傳屢加少師○按宰輔表不載加宗彥少師疑有脫漏

以附魏忠賢驟加本部侍郎○按宗聖爲魏忠賢建祠房山閹黨傳又以宗聖爲太僕寺卿與此異

孫如游傳明年三月始得命○按七卿表作四月署與此互異

先奉諭上孝端皇后孝靖皇太后尊謚又封郭元妃王才人爲皇后○按孝端爲神宗王皇后先神宗三月崩孝靖則光宗生母郭元妃爲光宗后王才人則熹宗生母並先以萬曆間薨見后妃傳

列傳第一百二十九

周嘉謨傳多安民叛入緬據蠻灣嘉謨討禽之○按安民以守將索賂叛入緬已而緬聽撫遣安民歸安民據蠻灣桀甚嘉謨因遣參將周會襲之其族人挾其弟安靖誅之以獻事在三十五年見明實錄

御史賈繼春得罪○按是時繼春聽流言謂選侍移宮時欲自裁因上安選侍揭給事周朝瑞駁之楊漣乃上移宮始末疏繼春復疏明上書之故帝怒嚴旨切責見明史紀事本末所謂得罪者指此

出維華於外○按是時嘉謨用年例出維華爲陝西僉事見春明夢餘錄

張問達傳又極論守訓罪○按守訓以貲官中書附稅璫大恣姦弊御史劉曰梧嘗疏劾之鹽務少監魯保亦奏其阻塞鹽課帝皆不省見明史紀事本末

壽召方從哲吳道南及問達等於慈寧宮○按是時帝率東宮皇長孫諸皇孫召見羣臣於宮門外從御史劉光復之請也見明實錄

止逮可灼下吏○按可灼下吏後旋於是年十月遣戍見明史紀事本末

御史周維持劾問達力引王之宷植黨亂政○按張差獄起問達令郎中胡士相員外趙會楨勞永嘉鞫之時巡城御史劉廷元主瘋癲而士相等亦第云差以私忿赴朝聲冤誤入宮門遂僅引向宮殿射箭放彈等輕律及之宷請敕會問士相等乃懼見明史紀事本末

張問達附傳提牢主事王之宷奏差口詞甚悉○按之宷奏差口詞後郎中陸大受疏請窮治疏中有姦戚二字上惡之不報給事中何士晉太常少卿史孟麟亦力言之皆不報見春明夢餘錄

汪應蛟傳帝命停礦稅至不納○按三十年二月帝偶不豫召沈一貫等入諭以罷礦稅起廢釋禁諸事翼日帝安急追前諭一貫恐立繳之始尙書李戴都御史溫純擬即日奉行而刑部謂弛獄須再請無何而旨格矣見明史紀事本末

馳傳歸○按應蛟之歸在天啟二年十二月至四年廷推吏部尙書忠賢矯旨以左侍郎陳于廷爲黨比革于廷職而應蛟削籍見明實錄

王紀傳紀既斥○按紀被斥時修撰文震孟有論救一疏見明史紀事本末

孫瑋傳其冬以吏部尙書再掌左都御史事○按瑋於三年閏十月以尙書銜掌院事旋於十二月加太子太保見七卿年表

乾隆四十一年賜諡諸臣陸夢龍通諡忠烈傳梅通諡節愍

明史攷證攟逸卷二十四

明史攷證攟逸卷二十四

長洲王頌蔚編集

列傳第一百三十

陳邦瞻傳以右副都御史巡撫陝西(陝改廣)

田州土酋岑茂仁(茂改懋下同)○按土司傳作岑懋仁

蕭近高傳相失利擅移駐景德鎭○按相之移駐景德鎭事在二十七年迨三十年相激變鎭民反誣劾通判陳奇可逮下獄至四十八年七月光宗始以遺詔撤還見明實錄此作相不久自引去未知何據

遼東稅使高淮激民變(民改軍)

參將李獲陽(獲改孟)

白瑜傳顯皇后弟也(改孝靖太后父也)

以后故銜鄭氏(后上增太字)

遂偕其弟錦衣天麟交章劾養性不軌(刪遂字其字)

程紹傳山西稅使張忠○按山西稅使張忠宦官楊榮傳作孫朝與此互異

翟鳳翀傳御史劉光復方發口遽得罪○按是時帝親諭羣臣光復於班後抗言皇上東宮慈孝語不甚悉帝怒其震驚聖母几筵遂下法司見春明夢餘錄

洪文衡傳文衡請祧睿宗○按是時廷議將祧憲宗故文衡有是請見春明夢餘錄

陳伯友傳楊漣劾魏忠賢○按是時與漣相繼劾忠賢

者如給事陳良訓魏大中等御史袁化中周宗建等尚書趙彥詹事翁正春等先後攻斥不下百餘疏見明史紀事本末

陳伯友附傳吏部侍郎方從哲中旨起官○按從哲初以祭酒家居久不出人稱其恬雅至是以中旨起成名疏劾之御史周起元亦相繼言其不可見明實錄

董應舉傳乃强敵侵淩之徵（改乃天象非常之警）

天津葛沽故有水陸兵二千○按是時應舉疏言臣近至天津歷何家圈白塘口雙港辛莊泥沽葛沽等處見汪應蛟開河舊蹟猶存可作水田甚多挑濬舊河爲力不多明年萬石之糧可必也詔從之見春明夢餘錄

林材傳經略宋應昌惑沈惟敬力請封貢○按是時因倭亂以侍郎宋應昌爲經略都督李如松爲提督討之兵部尚書石星計無所出募能說倭者偵之於是嘉興人沈惟敬應募遂假游擊銜隸如松麾下二十一年如松大捷於平壤乘勝趨碧蹄館敗而退師於是封貢之議起見明史紀事本末

列傳第一百三十一

趙南星傳引疾歸○按南星爲考功時尚書楊巍將糾丁此呂南星洩之於編修趙用賢給事中王士性巍嗛之南星遂引疾歸見春明夢餘錄

得旨南星等專權植黨貶三官○按二十一年三月道隆言員外虞淳熙郎中楊于庭臺省交讁而吏部曲爲解僅議一職方主事袁黃非體鑓疏辨奪俸南星貶三官調外淳熙等並罷見明實錄

光宗立起太常少卿○按南星家居垂三十年其入朝也大理卿周應秋知其柄用郊迎結歡南星鄙之歎曰吾入山三十年安知士風至此乎見明史紀事本末

居數月拜左都御史○按南星左都御史之擢在天啟二年十一月見明實錄

攀龍之劾崔呈秀也（至）遂與定謀○按是時忠賢矯旨呈秀免勘仍起爲御史見明實錄

南星遂引罪求去○按南星等去國時大學士韓爌力爭不報見明史紀事本末

俄以會推忤忠賢意并斥于廷漣光斗化中○按是時令別推可吏部都察院者既推喬允升馮從吾汪應蛟以上又矯旨責于庭等黨比遂悉削籍見明史紀事本末

訥復列上邦華及孫鼎相等十四人（四改七）

諸干進速化之徒（删速化二字）

死者皆削奪籍紳禍益烈（改生者除名死者追奪爲禍益烈）

鄒元標傳張居正奪情元標抗疏切諫○按元標疏中並劾御史曾士楚給事陳三謨疏留居正之罪見明實錄

元標復上時政六事○按所上六事曰保聖躬開言路節財用拔幽滯寬罪宗放宮女見明實錄

尚書宗纁請用元標（宗改宋）○按七卿年表及本傳俱作宋纁

孫慎行之論紅丸也元標亦上疏○按慎行以光熹之間三案無信史疏責從哲甚峻元標題之遂有是疏見春明夢餘錄

訊問誰秉國成（訊改試）

葉向高力辨且乞同去○按向高有陳愚衷以質公論疏言頃童蒙以講學論元標從吾二臣已奉旨慰留此猶論其事耳今允厚並其人而詆訾之二科臣之意不在講學而在明歲之考察臣願與元標俱去又有亟請休致一疏並見春明夢餘錄

孫慎行傳授編修累官左庶子○按慎行官翰林時妖書事起沈一貫欲逞佷於沈鯉慎行抗疏力解之見明史紀事本末

於是從哲疏辨○按從哲疏辨後九卿科道會奏久延給事中魏大中疏速之給事中周希令御史吳甡等數十人先後劾奏見明史紀事本末

刑部尚書黃克纘右從哲○按是時右從哲者克纘而外爲給事中汪慶百御史王志道徐景濂等見春明夢餘錄

張訥遂上疏力詆有詔削奪○按訥是時請毀東林關中江右徽州諸書院因痛詆慎行及余懋衡鄒元標馮從吾等皆削籍見明實錄

未幾劉志選復兩疏追劾○按志選劾慎行倡不嘗藥之說妄疑先帝不得正其終更附不討賊之論輕詆皇上不得正其始見春明夢餘錄

高攀龍傳侍郎趙用賢（至）攀龍上疏○按二十年冬攀龍奉詔謁南京孝陵時當京察孫鑨趙南星在吏部力排政府私人於是言者訐鑨等皆被譴用賢亦被訐世達抗疏救復爲戶部郎中楊應宿所攻遂俱去是時攀龍使還乃有是疏見明史紀事本末

應宿亦疏訐攀龍語極妄誕○按應宿謂攀龍與顧憲成爲姻此疏其阿吏部之實也見明實錄

御史崔呈秀按淮揚還攀龍發其穢狀○按呈秀在淮揚奪工知縣鄭廷祚貪將劾之以千金免廷祚知其易與再行千金郎薦之其他貪汚多類此見明史紀事本末

列傳第一百三十二

楊漣傳漣光斗乃倡言於朝其詰責鄭養性○按帝有疾之後都督僉事鄭養性有請收回封后成命一疏至是漣疏中並劾養性云當年主鬯未定實不聞有調護之深心而此時長君踐阼儘無取乎沾沾承奉之虛文矣見明史紀事本末

越三日丁卯（日改越四日戊辰）

帝召見大臣并及漣○按帝因漣有劾文昇一疏故召見部院吏科河南道外特及漣云見明實錄

再召大臣皆及漣○按光宗實錄八月癸酉召見惟賢從哲等於乾清宮甲戌大漸復召諸臣受顧命蓋八月二十八九日也所謂再召大臣者指此

且選侍昨於先帝召對羣臣時强上入復推之出○按八月乙卯光宗論禮部封選侍爲皇貴妃至甲戌召見羣臣復申前論語未既選侍呼皇長子入趣之出曰欲封后帝不語見明史紀事本末

羣臣遂退○按漣退時語內監王安等曰外事緩急在諸大臣調護聖躬在爾等責有所歸復語錦衣帥駱思恭嚴緹騎內外防護見明史紀事本末

御史馮三元極詆熊廷弼○按是時三元詆廷弼無謀者八欺君者三詔下廷臣議見春明夢餘錄

漣疏論其事獨持平○按漣論廷弼疏云議經略者終難抹煞其功績經略者亦難掩飾其咎功在支撐辛苦得一載之倖安咎在積弱難持悵萬全之無策見明實錄所謂持平者指此

大學士從哲封還上諭○按從哲之封還上諭也帝再諭發鈔南京御史王允成糾從哲曰陛下發一論不過如常人表明心跡耳而從哲輒敢封還司馬昭之心路人知之見明史紀事本末

亦上敬述移宮始末疏○按漣疏並言前此宸居未定則先帝付託爲重而平日之寵愛爲輕宸居已定既盡臣子防危之忠即當體皇上如天之度因請於皇弟皇妹時賜慰安並酌加選侍恩數見明實錄

其年六月漣遂抗疏劾忠賢列其二十四大罪○按是時御史李應昇以內操諫給事中霍守典以忠賢乞祠額諫御史劉廷佐以忠賢濫廕諫給事中沈惟柄以立枷諫忠賢皆矯旨切責漣于是憤極劾之見春明夢餘錄

孫慎行鄒元標以公義發憤○按二年四月慎行以紅丸事力劾方從哲元標相繼言之見明實錄所謂以公義發憤者指此

忠賢初聞疏懼甚（至）遂令魏廣微調旨切責漣○按漣疏既上忠賢懼甚求解於韓爌爌不應遂趨帝前乞訴且辭東廠而客氏曲爲剖析體乾等翼之遂溫旨慰留而切責漣見明史紀事本末

先是漣疏就（至）遂於會極門上之○按漣被責後給事中魏大中陳良訓許譽卿御史劉璞楊玉珂等太常卿胡世賞祭酒蔡毅中撫寧侯朱國弼南京兵部尚書陳道亨侍郎岳元聲等七十餘人交章論忠賢不法皆不聽見明實錄

左光斗傳議兵屯議力田○按是時光斗並於河間天津設屯學試騎射爲武生給田百畝見屯田志

今日安敢私受（受改授）

繼春用是得罪去○按繼春是時屢奉嚴旨切責令陳狀御史張愼言高弘圖連章求寬帝益怒奪愼言等俸既而繼春回奏詞甚哀且隱摭經入井二語帝益窮詰令再陳言得之風聞乃除名永錮見春明夢餘錄

與漣俱削籍○按四年十月吏部尚書趙南星左都御史高攀龍致仕令別推可吏部都察院者及推上忠賢矯旨責漣光斗與陳于廷等黨比並削籍見明史紀事本末

魏大中傳楊鎬李如楨旣論大辟（至）抗疏力爭○按是時廷臣急欲誅鎬等德完乃上疏請酌公論或遣戍立功或即時正辟蓋設兩途以俟帝寬之且因薦順天府丞邵輔忠通政參議吳殿邦以二人嘗力攻李三才也及旨下果減死于是大中力爭之見明實錄

御史黃尊素語鎮撫劉僑曰（至）獄辭無所連○按僑以治文言獄失忠賢指遂削籍以許顯純代之見明史紀事本末

會孟冬時享（至）大中遂抗疏劾之○按廣微被劾上書自理御史李應昇再劾之先是趙南星以年老奏免早朝而應昇劾廣微疏引律祭享失誤杖一百之文廣微乃言尚書可免早朝內閣失儀乃欲行杖耶遂決意傾善類見明史紀事本末

周朝瑞傳貶秩調外○按是時帝責朝瑞要譽妄言降一級調外文選司員外郎范景文申救不聽見春明夢餘錄

十二月辛巳（至）天盡赤○按天文志天啟四年十二月辛巳午刻非煙非霧覆壓日上摩蕩如蓋如吞通天皆赤此敘於元年之後互異

朝瑞憤亦醜詆大化所司爲兩解之（改朝瑞憤亦醜詆之尚書王紀劾罷大化）

而大化爲魏忠賢腹心（改而大化旋以中旨起用）

並逮下鎭撫獄（删逮字）

袁化中傳化中上疏劾輔臣方從哲○按化中劾從哲疏言其占籍京師近習中涓皆其梓里柄政以來植棱朋比並列其於移宮紅丸兩案覬望祖庇之罪見明實錄

將挺而走險（挺改鋌）

顧大章傳熊廷弼王化貞之下吏也○按廷弼化貞下

吏時大章已謫禮部王紀重其才留之屬以大獄見明史紀事本末

王之寀傳於是刑部行薊州道提馬三道等疏請法司提龐保劉成對簿○按是時太常少卿御史孟麟亦疏言宜力窮其事見明實錄

列傳第一百三十三

周起元傳忠賢遂矯旨削起元籍○按是時給事中李魯生承忠賢指劾起元遂削其籍

令其黨李永貞李朝欽下增僞爲實奏四字

矯旨逮起元○按起元被逮時并逮松江知府張宗衡同知孫應崑見明史紀事本末

繆昌期傳會給事中孫杰至劾一燝及周嘉謨○按是年四月給事中霍維華御史安伸等交章劾一燝帝不問既而維華外轉杰遂疑一燝屬嘉謨爲之上疏力攻而給事侯震暘御史陳九疇復劾之一燝四疏乞歸忠賢遂矯旨允之去見明實錄

向高亦內慙密具揭請帝允忠賢辭○按向高以密揭觸忠賢旋懼禍之及也揭言曰此非我意門生繆昌期迫我也由是與代草連疏之說應而忠賢怒日深矣見明史紀事本末

具疏乞假遂落職閒住○按昌期嘗典湖廣試以趙高仇士良發策語侵忠賢又忠賢嘗乞墓碑於昌期昌期叱却之忠賢愈怒及推掌南翰林院忠賢遣小璫至閣厲聲曰繆昌期仍留之送客昌期遂請告見春明夢餘錄

周順昌傳并質副史呂純如副史改僉事

順昌乃自詣吏○按激變後有勸順昌自裁者順昌曰予小臣也敢引高公不辱之義哉遂自詣吏見靜志居詩話

周宗建傳五月雨雹五改四

給事中郭鞏者先以劾廷弼被謫○按天啟元年廷臣復思起廷弼鞏力詆之並及閣臣劉一燝由是御史江秉謙劾其排擠勞臣乃被謫見明實錄

黃尊素傳三月朔京師地震三○按五行志及熹宗本紀四年二月甲寅京師地震宮殿動搖有聲銅缸之水騰波震盪三月丙辰戊午又震庚申又震是七日之內地震凡四矣此所載小異

燝以創重卒至無死法○按尊素疏中並言燝之杖也適與雨雹會六科廊之災也適與杖汝翥會何其呼吸相應若此見明實錄

河南進玉璽○按是時臨漳縣民邢一泰於漳河西畔得一玉璽方四寸厚三寸餘文曰受命于天既壽永昌巡撫程紹奏進略言秦璽不足徵請帝惟賢是寶任老成進忠直見靜志居詩話

事獲中止○按春明夢餘錄河南進玉璽時天子親御文華殿璽貯御前忠賢手捧之憑軒頒示羣臣皆呼萬歲傳制受賀而罷是其事固未嘗中止也

萬燝傳崇禎初贈光祿卿○按明詩綜所撰小傳作贈太常少卿

汝翥懼逃之遵化○按是時汝翥投遵化或言汝翥葉向高甥也羣奄遂圍其邸大譟向高上言二百年來無中使圍閣臣第者臣不去何面目見士大夫帝優旨慰留而命收回中使見明史紀事本末

萬燝附傳同官傅應昇者昇改星下同

列傳第一百三十四

滿朝薦傳諸璫惡黨多亡去至頗有所格傳○按是時永黨王九功等齎重寶詐爲上供持兵器結陣行而所過貢馬者已乘傳先發九功等急馳欲追及與俱出關朝薦見郵傳去八而九功等後至無驗遂遣民兵追之渭南殪數人盡奪其裝見明史紀事本末

江秉謙傳瀋陽既失至力頌廷弼保危疆功○按是時秉謙疏中並劾鞏排擠廷弼罷見明史紀事本末

會遼陽復失至鞏坐妄議奪官○按鞏奪官時並貶御史馮三元張修德給事魏應嘉三秩給事姚宗文名皆前劾廷弼者御史劉廷宣救之亦被斥見明實錄

當是時大學士沈㴶至興內操○按㴶是時密結朝等奏言遼左用兵方急臣謹於東陽義烏諸邑募材官勇士二百餘請以勇士隸錦衣而量授材官職朝等方舉內操得奏大喜乃詔錦衣訓練募士而授材官王應斗等游擊以下官有差見明實錄

侯震暘傳是時保姆奉聖夫人客氏至遂宣諭復入○按客氏之出而復召入也侍郎陳邦瞻御史周宗建皆先後力爭俱被詰責見明史紀事本末

大學士劉一燝至皆不納○按是時與一燝嘉謨等同論救者爲侍郎王德完給事中李遇知御史方遠宜見春明夢餘錄

恐東征將士聞而解體征改方

王允成附傳謂如何國體改謂如國體何

爲無病之沈吟沈改呻

詔劉進忠等五人劉改李

誣天津廢將陳天爵交通李承芳承改永

列傳第一百三十五

劉綎傳千崖改干崖

參將鄧子龍擊斬罕虔於姚關○按鄧子龍傳子龍斬罕虔於姚關時並生禽招罕招色罕老及其黨百三十餘人斬首五百餘級

兵還至騰衝甲而譟焚民居○按明實錄兵還至騰衝焚城中民居一百七十餘家

詔革綎任以游擊候調○按革綎任係撫按官奏綎受思順金寶牙錦諸物又縱把總謝世祿夏世勳陳其正等淫虐使其情甚不堪倉皇出奔宜治綎罪詳明實錄

譎爲事官戴罪辦賊○按李化龍傳劉綎譎爲事官係化龍劾諸大帥不用命者綎與焉與此互異

詔革綎任永不收錄○按綎革任傳言係化龍景雲奏使使齎玉帶黃金事考明實錄景雲參綎驕恣侮慢未及使使齎金玉事

綎兵四萬由寬佃佃改甸

副使康乾監之乾上增應字○按康乾太祖高皇帝實錄作康應乾

投崖死改自縊死

李應祥傳故總兵郭成將敘馬兵抗其吭抗改扼

時分兵八道○按八道謂烏江興隆及綦江南川合江永寧沙溪偏橋龍泉詳李化龍傳

鄧子龍傳詔移子龍永昌○按明實錄時緬賊莽酋犯永昌騰越先是永昌參將已裁革永騰獨守備一人撫臣劉世會請以湖廣參將鄧子龍爲永昌參將

乾隆四十一年賜謚諸臣劉綎專謚忠壯

明史攷證攟逸卷二十五

長洲王頌蔚編集

列傳第一百三十六

顏繼祖傳薊鎭王應豸薊上增繼祖外與有五字

山東顏繼祖刪此五字

列傳第一百三十七

朱燮元傳龍等遂反殺可求○按是時與可求等同遇害者爲參政駱日升李繼周知府章文炳同知王世科熊嗣先推官王三宅總兵王守忠參將王金王登爵等見明史紀事本末

遂合安綿副使劉芬謙至復新都○按是年十一月艮玉先遣其弟民屏姪翼明發兵四千倍道先渡重慶營南坪關而自統精兵六千趨成都見明史紀事本末

遣人言賊將羅象乾欲反正象乾改乾象下同

監軍僉事戴君恩令守備金富廉攻斬賊將張彤樊龍亦戰死○按土司傳及明史紀事本末燮元是時以計禽樊龍殺之張彤亦爲亂兵所殺生禽龍子友邦及其黨張國用等三十餘人遂復重慶與此互異

安氏世有水西至邦彥以故得倡亂○按邦彥安位之叔父也素懷異志與崇明合至是因崇明反調兵水西邦彥遂挾位叛以應之見明實錄

副總兵秦衍祚等亦攻克遵義○按是時賊首尤朝柄楊維新等據遵義衍祚與副將侯良柱督兵二千攻克之見明史紀事本末

總理魯欽敗於織金○按欽於四年七月偕總兵劉超拔賊巖頭寨破平茶又與總兵黃鉞分道深入邦彥大窘西奔遂乘勝至織金斬獲無算及明年正月欽等渡河還中伏敗死者數千人見明實錄

燮元授計成名至合傾其巢○按是時廷彥分兵四應力已不支燮元復令羅乾象以奇兵繞其背急擊之賊大驚潰見明史紀事本末

朱燮元附傳賊大潰至遂拔藺州○按三年五月崇明奔入舊藺州城羅乾象督兵破之埽其巢賊遂狼狽走見明史紀事本末朱燮元傳及石砫土司傳所載亦同此似以拔藺州功專歸如珂矣

與總兵侯良柱至斬崇明及安邦彥○按是時四川巡撫張論上功狀不及黔將於是總兵許成名等與良柱爭功朱燮元頗右黔將朝議不能決賞久不行至是川中撫按及羽健皆訟可訓與良柱功見明史紀事本末

李橒傳而急遣總兵官張彥方方改芳下同

烏撒土司安效良亦與通○按烏撒之陷也指揮管良相死之見明實錄

又先後攻陷廣州普定威清普安安南諸衞○按賊之攻普安安南也雲南都司李天常帥兵四千救之賊將羅應奎僞降誘至疊水鋪伏發全軍沒於是諸衞先後陷見明史紀事本末

王三善傳天啟元年十月至代李橒巡撫貴州○按土司傳元年八月以王三善爲巡撫此作十月互異

遂奪龍里城○按賊黨洪邊土司宋萬化糾苗仲九股據龍里先此總兵張彥芳將兵二萬赴援皆隔龍里不得進至是奪之見明史紀事本末

三善渡渭河至師抵大方○按三年六月三善督兵禽土司何中尉等進營紅崖連破天台水腳等七囤而張彥芳亦破賊於羊耳追至鴨池河遂深入至紅鳥岡諸苗奔潰乃率師直抵大方見明史紀事本末

其愚故縱譽衞三善墜馬○按三善遇害後監軍御史傅宗龍以計獲其愚誅之見明實錄

蔡復一傳遣總理魯欽等救凱里○按凱里土司運道咽喉也邦彥結諸蠻困其城長官楊世蔚不能守復一乃遣欽及總兵劉超救之見明實錄

又遣劉超等討平越苗阿秩等秩改秧○按魯欽傳作阿秧

贊

庶幾可方趙營平之制羌韋南康之鎭蜀者歟改厥績偉矣他

如復一之長驅深入志雖未竟其功固不可泯標等力捍危城屢挫於市歲蓊尤封疆之所難云
列傳第一百三十八
孫承宗傳梃擊變起變改獄
出典應天鄉試○按承宗文集典應天鄉試在神宗四
十三年
遂推爲兵部添設侍郎主東事○按是時明兵敗於西
平堡大清兵遂逼廣寧乃天啟二年正月事承宗之
拜兵部則在二月見明實錄
因列上撫西部至開京東屯田數策○按外國傳是時
插漢方揚言助明索餉至四萬兩傳所云撫西部蓋
指此考之地勢插漢疆界東接克什克騰以其在遼
陽之西故云西部也又考是年爲天啟二年於我朝
爲天命七年正當插漢反復時承宗故欲因而用之
耳
以懲四川之招兵致寇者○按明實錄天啟元年九月
奢崇明叛圍成都至次年四月圍始解承宗所云招
兵致寇當指此
然實無他長材長改
以原官督山海關及薊遼天津登萊諸處軍務○按承
宗之督理諸軍務在天啟二年八月見明實錄
兵工二部相與謀日至不如許而不與○按承宗督理
事宜自序以結黨大奄故志不得舒傳忠所云兵工
二部相與謀當卽承魏忠賢指也
令內閣擬旨至違者不宥○按是時首輔爲朱國楨未
幾卽致仕見明實錄
拓地復二百里收邊境冀得稍息
廷臣爭請召承宗○按承宗之復召在是年十一月
圍數周
遂大敗於長山○按祖大壽被圍在是年八月宋偉等
長山之敗在九月見明實錄
子舉人鈐至皆戰死○按鈐等並入忠義祠
乾隆四十一年賜諡諸臣孫承宗專謚忠定
列傳第一百三十九
李標傳標遂爲首輔○按標於元年七月晉太子太保
文淵閣大學士見宰輔年表
溫體仁訐錢謙益至給事中章允儒廷駁之○按體仁
時以不與會推爲恨因疏劾謙益典浙試時受錢千
秋賄及帝廷詰其事體仁幷訐諸臣植黨欺君允儒
時爲吏科遂於帝前力斥之事在崇禎元年十一月
見春明夢餘錄
劉鴻訓傳崇禎元年四月還朝四改二
又誣鴻訓使朝鮮滿載貂參而歸○按是時弘勛並劾
鴻訓軍國大事未暇平章惟亟毀要典報復公行鴻
訓辨言臣寅冬起官旬日卽逐何德於忠賢而思報
之至要典一書海內忠義飲泣久矣臣安敢謂不當
毀見倪元璐所撰墓志
帝初甚向之至由是失帝指○按給事中韓一良嘗以
言事稱旨帝欲用爲僉都御史旋悔之鴻訓言王言
可惜不宜惜一官不聽見明史紀事本末
五月卒戍所○按鴻訓以崇禎五年正月卒於戍所見
倪元璐所撰墓志此作七年五月互異
錢龍錫傳擿遂上章指通款殺將爲龍錫罪○按永光
屢爲給事張國維御史毛羽健等十餘人交劾斥爲
忠賢遺黨遂謀引史𡌴高捷及袁弘勛自助三人方
家居因兩疏薦之帝特召用三人遂爲永光謀主欲
借崇煥事株連東林而首發難於龍錫見明史紀事
本末
右中允黃道周至貶秩調外○按道周於三年冬上言
陛下臨御以來輔臣頁重譴者九人矣龍錫爲罪督
攀染苟致之死則邊將志驕而閣臣權絀帝責令回
奏者再至四年正月復三疏爭之遂謫調見明史紀
事本末四年十一月中允倪元璐有請宥道周一疏
見元璐文集
錢龍錫附傳召拜禮部尚書兼東閣大學士參預機務
○按士升之初入閣也溫體仁黨唐世濟以士升東
林所附勸體仁亟收之體仁因引與其政是時式體
仁者吳宗達伴食而已王應熊何吾騶亦體仁所引
權盡歸體仁見明史紀事本末
何如寵傳如寵畏體仁六疏辭○按如寵屢辭召命給
事中黃紹杰奏從來君子小人不能並立如寵徘徊
瞻顧則體仁當知所自處矣帝責其牽妄謫之外見
春明夢餘錄
何如寵附傳直講筵講畢刪下講字
給事中論織造改給事章允儒論織造
象坤語葉向高講筵面奏之刪之字
都城被兵改都城戒嚴
徐光啟傳時帝以日食失驗欲罪臺官○按崇禎二年
五月乙酉朔日食光啟依西法預推大統回回所推
食分時刻與光啟互異已而光啟法驗帝因切責臺
官見明史紀事本末
文震孟傳三年輔臣定逆案者相繼去國○按是年春
相繼去國者爲錢龍錫韓爌李標等見明史紀事本
末
震孟摘尤謬者數條疏請改正○按是時震孟因纂修
熹宗實錄遂摘光宗實錄中國本梃擊紅丸諸案附
會要典邪說者凡五條請取天啟三年所進遺稿再
加勘定見春明夢餘錄
帝特擢震孟禮部左侍郎兼東閣大學士入閣預政○
按是時帝御中左門召輸詹九卿入見發御前章奏
試以票擬時與震孟同被命入閣者爲張至發見春
明夢餘錄
乘遭國變死於難○按乘入祀忠義祠
蔣德璟傳遂擢德璟及黃景昉吳甡爲禮部尚書兼東
閣大學士○按德璟等入閣時帝並責吏部曰會推
大典宜矢公慎今稱詡任情如房可壯張三謨宋玫
並與推舉豈大臣之道見明史紀事本末
戶部主事蔣臣請行鈔法○按臣本桐城諸生以陳鈔
法由戶部司務陞主事其初獻議也吏科給事中馬
嘉植爭之不聽見明史紀事本末
蔣德璟附傳召對稱旨下增晉禮部尚書兼東閣大學士
與蔣德璟吳甡並相相改命
方岳貢附傳瑜父民忠罵賊而死○按民忠入祀忠義
祠
之陶大罵曰至支解之○按之陶入祀忠義祠
贊
輔相至五十餘人改輔相乃至五十人
列傳第一百四十
楊嗣昌傳侍郎遷安郭鞏以逆案謫戍廣西○按周宗
建傳郭鞏于逆案中削籍論配輸贖爲民後復爲兵
部尚書梁廷棟所劾下獄論死因嗣昌訟冤減死遣
戍與此互異
福建巡撫熊文燦者福建巡撫改兩廣總督○按文燦以崇禎元
年官福建巡撫五年爲兩廣總督兼撫廣東不當追
稱福建巡撫也據文燦傳改
會總督洪承疇王家楨楨改禎○按王家禎自有傳不作
楨湯開遠傳亦作王家禎
薦人自代○按嗣昌所薦之人爲侍郎張福臻李若星
吳甡及職方郎趙光抃見崇禎長編
刑部主事張若麒上疏醜詆道周○按宋玫傳作張若
騏
遊騎北抵兗州北改直○按兗州不在濟南之北且下文
方言北旋此作北抵誤
至州縣有司凡三十六人○按本紀作三十三人
崇禎初再增百四十萬至先後增賦千六百七十萬○
按食貨志崇禎三年增賦百六十五萬四千有奇不
止百四十萬也勦餉共三百三十萬練餉七百三十
餘萬合萬厤中所增亦不止千六百七十萬也志傳
互異
未幾羅猴山敗書聞○按羅猴山本紀及左良玉傳作
羅猴山張獻忠傳作羅家山並與此異
遣楊世恩羅萬邦勦汝才登相○按鄭崇儉湯九州傳
羅萬邦並作羅安邦
二月七日與陝西副將賀人龍李國奇○按瑪瑙山之
捷本紀作丙辰是月爲壬子朔則丙辰乃二月五日
非七日也李國奇左良玉傳作李國安並與此異
其黨埽地王曹威等授首○按左良玉傳斬埽地王曹
威卽傳所云授首也阮之鈿傳曹威等出降與此異
敗賊水石壩○按張獻忠傳作右石壩
賊魁整十萬及登相王光恩亦相繼降○按張獻忠傳
穀城之叛十三家降賊一時並叛惟王光恩不從其
時嗣昌尚未督師則光恩本不從叛不應於此時始
降也二傳互異
良玉寢驕寢改寖
良玉當退守興安○按興安左良玉傳作興平
進太子少傅○按宰輔表嗣昌以十三年九月晉太子
少保不言少傅與此互異
發其七世祖墓○按綏寇紀略云發楊氏兩世冢與此
異
吳甡傳奉命振延綏饑○按甡振饑延綏在崇禎四年
正月見崇禎長編
延儒許復其冠帶○按章正宸傳延儒欲以守涿功復
馮銓冠帶正宸爭之乃止與此互異
以五月辭朝○按甡以五月晉太子少保改文淵閣見
宰輔表
贊
明季士大夫問錢穀不知問甲兵不知於是嗣昌以才
顯然迄無成功者得非功罪淆於愛憎機宜失於遙
制故耶吳甡按山右有聲及爲相遂不能有爲以正
以正其能正邦乎抑時勢實難非命世才固罔知攸
濟也改嗣昌以議兵議餉結主知而卒至屬民明事遂不可爲豈非巧宦之才有餘經國不足耶甡才僅足捍一隅而驟於危急之時委下之重其不敢任也固宜然較僨軍誤國者則
閒矣○按嗣昌屬民縱寇致明事無可復爲其咎
原贊作抑揚之辭又不摘其過失殊未允當
列傳第一百四十一
王應熊傳并劾四川巡撫馬體乾○按樊一蘅耿廷籙
傳俱作馬乾無體字
其部將曾英最有功○按曾英樊一蘅傳作曹英
張至發傳十四年夏帝思用舊臣特敕召周延儒賀逢
聖及至發○按宰輔表作十四年二月召張至發與
此互異
薛國觀傳東廠太監王德化在側○按王德化明史紀
事本末作王化民
給事中劉焜芳復劾楚侵盜有據劉改張
止奪炳芳官候訊炳改煜
程國祥附傳遺譏海內遺改貽
萬厤四十四年進士天啟四年以編修典湖廣試改天啟二

年進士改庶吉士授編修四年典湖廣試
御史楊仁願徐殿臣劉之渤相繼論劾渤改勃○按劉之
勃自有傳不作渤
魏藻德附傳薦進士石嵸嵸改嶐
大清召爲內院大學士改降於我大清授爲內院大學士
贊
天下治亂係於宰輔自温體仁導帝以刻深改國家治亂係於用
人自温體仁以憸邪秉政導帝以刻深

明史攷證攟逸卷二十六　長洲王頌蔚編集

列傳第一百四十二
喬允升傳徐石麟坐議獄落職閒住麟改麒○按徐石麒
自有傳此作石麟誤
孫居相傳復以私意出宋槃潘之祥於外○按宋槃鄭
繼之傳作李槃
中書張光房等五人○按張光房馬孟禎傳光作先
於是過廷訓廷改庭○按夏嘉遇翟鳳翀等傳廷作庭此
誤
孫居相附傳亦有名東林中改亦有名於時
陳于廷傳文選郎張可可改光
鄭三俊傳近日麋爛荼毒麋改糜
李日宣傳河南道御史張煊○按徐石麒傳作張瑄
張瑋附傳仍分遣中官盧維寧等○按張鳳翼傳作羅
維寧
列傳第一百四十三
劉宗周傳蓋習爲頑鈍無恥蓋改益
武清伯蒼頭毆諸生伯改侯
朝廷日隳廷改政
則廷臣之累累若若累累改纍纍
錦衣膏粱子弟粱改梁
又何以謝韓爌張鳳翔李邦華諸臣之或戌或去戌改戍
面訐諸奸訐改詰
黃道周傳有刑部主事張若麒○按宋玫傳作張若騏
乃永戍廣西○按周延儒傳云道周方讁戍辰州與此
互異
乾隆四十一年賜謚諸臣劉宗周專謚忠介黃道周
專謚忠端賴雍蔡紹謹趙士超通謚忠愍
列傳第一百四十四
崔景榮傳劾東廠太監張鯨罪○按神宗十六年御史
何出光劾鯨罪當死不聽景榮乃與給事中陳尚象
吳文梓楊文煥御史方萬策相繼論列仍不聽見宦
官傳
御史方震孺請罷景榮以孫承宗代之○按天啟元年
遼瀋相繼失舉朝洶洶廷臣皆以孫承宗知兵乃如
方震孺請罷景榮見孫承宗傳
黃克纘傳論劾稅使陳增馬堂○按明神宗二十五年
命太監陳增稅東昌馬堂稅臨清克纘劾之不報見
明史紀事本末
克纘奏辨○按源溥劾受賕枉法克纘乃疏辨見焦源
溥傳
畢自嚴傳山東白蓮妖賊起○按天啟二年山東徐鴻
儒以白蓮教惑眾倡亂於兗鄆諸郡縣見明史紀事
本末
李長庚傳代閔洪學爲吏部尚書○按崇禎五年八月
閔洪學免十二年長庚始任吏部尚書見明實錄
劉之鳳傳又請亟罷內操忤魏忠賢傳旨切責○按之
鳳疏中有虎符重兵何可倒戈授巷伯之手僅令劉
瑾擁甲士三千能束手就禽等語忠賢惡之乃與御
史李應昇黃尊素等皆矯旨切責見明史紀事本末
遂代鄭三俊爲本部尚書○按明崇禎十一年三月鄭
三俊以事下獄四月之鳳代爲本部尚書見明實錄
時有火星之變○按明崇禎十一年熒惑自春至夏守
尾百餘日四月己丑行尾八度掩於月五月丁卯退
尾漸入心見天文志
列傳第一百四十五
張鶴鳴傳化貞已棄廣寧遁○按明天啟二年正月大
兵西渡河攻西平堡王化貞盡發廣寧兵付遊擊孫
得功參將祖大壽令會總兵祁秉忠往援遇於平陽
橋鋒始交諸軍皆走化貞單騎西奔於是廷臣舉劾
鶴鳴乃罷歸見廷弼傳
董漢儒傳帝賜福王莊田責湖廣四千四百餘頃○按
明神宗四十二年福王就封洛陽賜莊田四萬頃中
州腴土不足乃以山東湖廣田益之後以田數實不
能撥給因葉向高之言減二萬見明實錄傳所云責
湖廣田當指此
趙彥傳先是薊州人王森至倡白蓮教○按明史紀事
本末王森深州人與此異
王洽附傳坐張慶臻改敕書事削籍歸○按明崇禎元
年十月惠安伯張慶臻總督京營敕內有兼轄捕營
語舊例督京營者不轄巡捕軍給事中張鼎言李道
斯等劾慶臻行賄於是遣閣臣劉鴻訓戍代州在晉
削籍見劉鴻訓傳
梁廷棟傳五月永平四城復○按七卿表作七月
陳新甲傳會大清兵深入內地詔新甲受代深入內地改三路南
下○按是年六月起新甲制中九月大兵南下新甲
家四川其時實未至也見盧象昇傳
戮辱我親藩七不甚於薄城耶七改豈○按戮辱親藩蓋
指新甲任兵部時襄福二王被難而言但句中七字
與上下文俱不貫考明祟禎本紀流寇之禍親藩被
害者襄福而外則有貴陽王至秦王之降楚王之沈
於江皆崇禎十五年後事新甲以十五年八月誅安
得論及
馮元飈傳時鳳陽皇陵燬○按陵寢之變時大赦元飈
請復先後建言諸臣湯開遠金星曜華允誠黃道周
等官又崇禎十年正月朔日食元飈復指斥內閣皆
不納見明實錄
列傳第一百四十六
許譽卿傳賊在秦晉時賊上增言字晉下刪時字
魏呈潤傳請與萬齡棄西市之俊由是廢棄上增同字由是改遂
魏呈潤附傳劉文忠監餉大同○按張鳳翼傳作劉文
中
又命王應期監軍關寧○按本紀及宦官傳並作王應
朝
又命吳直監餉登島○按本紀作呂直
李茂奇監茶馬陝西○按本紀作李奇茂
吳執御傳畢茂康茂改懋○按畢懋康自有傳此誤懋爲
茂
黃紹杰附傳遂貶官○按世祺貶福建按察司檢校且
追罪文選郎吳鳴虞考選非人亦貶三秩見崇禎長
編
熊開元傳帝益怒下增曰字
乃便彼行私便上刪乃字
湯開遠傳開遠疏諫曰○按明史紀事本末以開遠疏
屬崇禎二年與此異
綏寇紀略亦作吏部郎與此互異
輿子給事鼎延○按張鼎延見武大烈傳作吏部郎中
成勇傳安樂人改樂安人
中外薦者十餘疏刪薦者二字
以御史張瑋言以下增副都二字○按張瑋擧成勇時官左副
都御史見瑋本傳
陳龍正傳或中監監改鹽○按原疏作中鹽蓋明時鹽制
據龍正文集改
乾隆四十一年賜謚諸臣華允誠通謚節愍
列傳第一百四十七
楊鎬傳經略朝鮮軍務○按鎬之經略朝鮮在明神宗
二十五年三月見明實錄益失事未幾旋即擢用耳
賴沈維敬就禽鄉導乃絕○按維敬以奉使封倭與平
秀吉相結至是總督邢玠發其奸執送麻貴營詳見
朝鮮傳所云鄕導絕者蓋指此
趣總兵官張承允往援允改蔭下同
東南則以劉綎出寬奠由涼馬佃擣後奠改甸涼改晾佃改甸○
按方輿紀要晾馬佃亦曰晾馬臺在松子嶺東北此
作涼馬佃誤
熊廷弼傳江夏人○按題名碑廷弼南昌人
棄寬奠新疆八百里奠改甸○按寬甸之建堡係萬厤初
閱邊侍郎汪道昆定議成梁以其孤遠難守棄之故
傳云新疆也詳見本傳
未出京開原失○按大兵克開原在明神宗四十七年
六月廷弼經略之命即在是時蓋開原已失特軍報
未達耳
而化貞所遣都司毛文龍已襲取鎮江○按毛文龍襲
取鎮江在天啟元年八月見明實錄
廷弼令汪文言賄內廷四萬金祈緩既而背之魏忠賢
大恨改中書汪文言哀廷弼冤奔走公卿間爲營救忠賢聞之大恨○按文言納賄
事乃梁夢環藉是以興大獄欲并害楊漣左光斗等
閹黨傳所載甚明其實廷弼性剛負氣既非屑於行
賄之人文言雖非正人然名隸點將錄亦與忠賢素
不相習傳直云廷弼令文言賄內廷四萬金不知何
據且以忠賢之力若果有此說亦何難并免其逮治
而求緩須臾耶觀後韓爌等稱廷弼不愛一錢不通
一饋諸語更可證此事之誣蓋當時文言力爲援救
因觸怒忠賢而速之死則有之耳
袁崇煥傳東莞人○按題名碑崇煥藤縣人
十三山難民十餘萬久困不能出○按十三山在廣寧
衛西南七十里乃驛名又堡名也其西八十里達錦
州之小淩河見方輿紀要其時化貞失事難民之未
盡入關者皆屯於此故崇煥籌及之
崇煥召至於邊親撫慰○按撫喀喇慎三十六家之議
發自王象乾見外國傳
以其狀上聞至時崇禎二年五月也○按崇煥之誅毛
文龍明本紀作崇禎二年六月與此互異
乾隆四十一年賜謚諸臣張承蔭趙率教羅一貫通
謚忠烈顏廷相鄒儲賢賀世賢尤世功陳策童仲揆
李秉誠梁仲善姜弼朱萬良劉渠祁秉忠通謚烈愍
王命印王元雅朱國彥吳阿衡通謚節愍袁應泰通
謚忠節

明史攷證攟逸卷二十七　長洲王頌蔚編集

列傳第一百四十八

楊鶴傳大吏惡聞賊○按明史紀事本末大吏爲巡撫陝西都御史胡廷宴

延綏兵中道逃歸（至）並合於賊○按毛奇齡集是時西撫耿如杞以邊兵五千勤王赴京兵部調守通又調守涿又調守昌平功令兵到日不開糧至次日乃開而邊兵以連調三日不得糧餒且譁如杞以譁得罪五千人哄然而歸與羣盜合延安至慶陽城堡俱陷鶴不以聞

已撫王左掛○按王左掛以三年二月杜文煥招降見綏寇紀略

陳奇瑜傳賊見官軍肆集（肆改四）

悉遁入興安安車廂峽（廂改箱）○按明一統志作車箱峽

熊文燦傳授貴州推官（貴改黃）

先是海寇鍾靈秀（靈改凌）下同

懼而叩太和山提督中官○按太和山提督中官係李維政見明史紀事本末

惟革左及馬光裕三部（裕改玉）

初張獻忠之降也○按獻忠之降文燦受其賂瓌貨累萬萬文燦以闔海撫賊得重賄襲故事行之穀城日責其實賂獻忠曰此欲鄭芝龍我也文燦既得所欲爲之請官請餉請關防惟恐不滿其意而獻忠故爲要求以逞其恣睢見綏寇紀略

丁啟睿傳代鄭崇儉總督陝西三邊軍務討賊○按上召嗣昌問曰陝撫丁啟睿何如人嗣昌曰秦督撫承疇傳庭與之共事久皆稱其才必可用上頷之見綏寇紀略

鄭崇儉傳崇儉乃檄副將軍賀人龍李國奇等軍發西安○按崇儉發西安士馬單弱以曹變蛟請上不許見綏寇紀略

而彌事寢壞（彌改瀰）

邵捷春傳禽擊奉錯（擊改繫）○按明史紀事本末作禽繫此作擊誤

思岱斮殺茂選○按綏寇紀略言思岱譖茂選於捷春捷春召令計事而戮之與此異

余應桂傳文燦再糾應桂○按文燦再糾應桂曰南中人譁傳獻忠反如應桂等流言挑搆奈國事何上乃下其書於刑部并按之文燦知上將以安新附必重論應桂而又慮獻忠反覆此書可以歸獄事成則己收其功不成則應桂開其釁於是朝士皆冤應桂而謂文燦已甚見綏寇紀略

張任學傳入爲御史○按任學纍疏寡學術好以其官矜倨朝士多羞之弗與交見綏寇紀略

乾隆四十一年賜謚諸臣余應桂通謚忠節

列傳第一百四十九

盧象昇傳京師戒嚴○按是年十月大兵分三道入大安口參將周塡戰沒入龍井口參將張安德等敗走入馬蘭口參將張萬春降遂圍薊州見明實錄所云戒嚴蓋指此

代蔣允儀撫治鄖陽○按允儀於七年四月以賊陷鄖西竹山等縣逮問故以象昇代之見明實錄

於是迎祥圍廬州不克○按是時高迎祥與李自成合兵攻廬州不克象昇大敗之滁州朱龍橋見流賊傳此但云迎祥省文也

有詔入衛○按是年六月大兵入喜峰口七月破昌平寶坻文安永清等縣至九月旋師時莊烈徵山東西關寧諸鎮兵救援故象昇入衛

進師至鉅鹿賈莊○按賈莊之戰在崇禎十一年十二月見明實錄

劉之綸傳及冬十一月三日（三改四）○按本紀是年十一月壬午朔大兵破遵化則在乙酉是十一月四日也傳作三日誤又考滿桂孫祖壽之敗沒在十二月丁卯是月辛亥朔以干支計之爲十七日傳亦未敘明

還至蘆溝（蘆改盧）

時永平已陷○按大兵破永平在崇禎三年正月甲申以干支考之爲正月四日傳類敘於二年十二月之後未晰

御史董羽宸劾其行留（行改逗）

乾隆四十一年賜謚諸臣曹文詔專謚忠剛盧象昇專謚忠肅劉之綸通謚忠烈盧象觀金聲邱民仰通謚忠節

列傳第一百五十

傳宗龍傳貴州巡撫王三善爲降賊陳其愚所紿敗歿○按蠻司合志安邦彥圍貴州朝命以王三善代李檂爲巡撫三善忠勇屢敗賊衆斬獲無算而總督楊述中主撫與三善不合會安邦彥遣陳其愚詐降三善謂楊督旣立撫局勢難自異因受降卒爲其愚所害

帝以復一新敗令解官○按復一之敗亦在五年見朱燮元傳

用小故奪官矣○按明實錄宗龍爲總督以崇禎七年兵科給事中常自劾劾其赴援逗遛奪官歸

遂釋之出獄○按丁啟睿畏李自成不敢擊上乃於五月十九日出宗龍於獄宗龍老矣部曲皆滇黔人於西北非所習識者固策其不效見綏寇紀略

斲其耳鼻死城下○按賊傷宗龍右脇抉目削鼻城上磤起賊退家人盧三貢宗龍入城乃絕項人歛之天吉寺見綏寇紀略

汪喬年傳威震河雒（威改勢）

米脂令邊大受○按任丘縣志作邊大綬

河開靜海舉人（靜海改任丘）

孫傳庭傳始遷驗封郎中（遷改起）

是爲崇禎之十一年春也（春改冬）

縛援勦總兵賀人龍（至）數而斬之○按傳宗龍汪喬年之沒帝深怒人龍而人龍米脂人親族多在賊中欲誅之而未可輕發及傳庭出帝授以意佯貰其死執斬之見明史紀事本末

傳庭出師潼關○按綏寇紀略傳庭出潼關賊有說之者曰公不奉駐洛陽之旨乎洛陽故阯未毀修築半月可畢流離之民聞洛陽復定不召自集公於此儲糗糧開屯田進戰退守經略中原此祖逖之鎮雍丘宗澤之復東京也不聽

賊大至○按是時降盜李際遇陰通賊故賊大至見明史紀事本末

不得已還軍迎糧○按先是傳庭退軍時自成兵政侍郎邱之陶相國瑜之子以蠟書通日督師第與戰我當詭言左兵大至以搖賊心賊必反顧督師隨其後我從中起賊可禽也傳庭報以書爲自成所得故傳庭苦戰反墮賊計而之陶被殺見毛奇齡文集

我師陣稍動（我師改官軍）

贊

傳宗龍孫傳庭遠近相望倚以辦賊汪喬年楊文岳奮力以當賊鋒（改宗龍喬年文岳皆能奮力以當賊鋒）

傳庭敗死賊遂入關勢以愈熾存亡之際所係豈不重哉（改傳庭竭忠盡瘁才更出諸人上乃爲楊嗣昌所沮即偏裨勞績亦多格不上聞忌功掣肘其誤國甚矣況加以詔書之趣戰遂致南陽一敗賊勢愈張明季之亡實決於此豈得盡諉之天意哉）

乾隆四十一年賜謚諸臣孫傳庭專謚忠靖汪喬年黨威楊文岳王世琮通謚忠烈張國欽張一貫孫光祿賈悌馮名聖孫枝秀黑尚仁喬遷高通謚烈愍曹思正傳汝爲朱國寶文師頤任光裕通謚節愍

列傳第一百五十一

宋一鶴傳嗣昌卒丁啟睿代○按嗣昌卒丁啟睿代一鶴不知連疏請設督師劾左良玉驕橫而薦范景文吳甡惠世揚堪代嗣昌見明實錄

遂攻承天歲除（改歲除攻承天）

城陷（改城遂陷）

後復殺之○按振聲以通書孫傳庭故殺之見明史紀事本末

馮師孔傳師孔投井死○按是時諸將白廣恩左光先陳永福等皆降惟榆林王世國世臣尤世祿李昌齡不屈死見毛奇齡集

悉輸王所有餉軍與其齎盜賊平益封王各一子如親王（改宜悉輸王所有與其齎盜何不享軍封王各一子如親王）○按與其齎盜語意未完原疏作宜悉輸王所有與其齎盜何不享軍文義較明據倪元璐文集改

賊果破秦悉爲賊有焉○按賊逼西安川兵五千人助防兵無冬裝或勸秦王人給一棉衣弗應見綏寇紀略

蔡懋德傳懋德攝兩司及三道印○按懋德在山東有秦安知州饋以金帶懋德提所束帶示之曰吾十餘年一銅帶耳且此何地而得此州大慚解綬去見毛奇齡所撰傳

懋德連章告急○按懋疏曰賊聚而攻我散而守是以一往無堅城也自今以往請分發禁旅幷調眞定大營諸兵合之晉衆背關一戰尚可有爲疏入不報見毛奇齡所撰傳

於是山西巡按御史汪宗友上言曰○按懋德守平陽宗友以羽書致懋德歸太原及平陽陷思委罪於懋德乃爲此奏見魏禧文集

衞景瑗傳徵授御史○按景瑗任御史時楊嗣昌議加餉景瑗抗疏力爭謂天下安危視百姓利病邇者兵燹旁午旱蝗洊臻奈何加征以促之見汪琬類稿

自縊於僧寺○按是時大同總兵朱三樂亦自刎死見明史紀事本末

朱之馮傳笑語諸守監曰○按守監係王則堯褚憲章見明史紀事本末

龍文光傳數日而城陷○按文光謀設守遣人決都江堰水注錦江以益城壕將以禦賊乃水至而城已破見毛奇齡集

劉之勃傳則以一人而縻千百人之餉（縻改糜）

帝皆納其言○按之勃曾劾勦寇總督丁啟睿保定總督張慶臻河南巡撫高名衡山東巡撫王公弼皆庸劣無能帝以臨敵不宜更易不納其言見明實錄

贊

遂有三秦（遂有改竊據）

乾隆四十一年賜謚諸臣蔡懋德專謚忠恪蕭漢林日瑞郭天吉馬爌應時盛陳士奇王行儉王錫龍文光劉之勃通謚忠烈馮師孔衞景瑗朱之馮通謚忠節宋一鶴沈壽崇哈維新姚世儒趙建極畢拱辰孫士斗通謚烈愍黃綱章尚絅吳從義崔爾達藍臺羅康周楊家龍劉必達王孕懋徐有聲顧景劉佳引劉俊傑趙宧毛文炳藺剛中范忠泰房之屛閻夢夔侯君昭朱三樂朱家仕李倬朱敏泰甯龍董用文劉九卿申以孝陳纁劉鎮藩通謚節愍

列傳第一百五十二
賀逢聖傳同鄉官將揭白廷弼之冤○按同鄉官爲梅
之煥馮朝薦等見明史紀事本末
十一年致政至明年再致政○按逢聖之初致政也以
申救詹事黄道周與首輔張至發議多忤其再致政
也以與蔡國用不合見崇禎長編
賀逢聖附傳亨龍執而獻之改亨龍執以獻
南居益傳帝以疾詔免礦稅釋繫囚錄建言貶斥諸臣
○按是年二月帝偶不豫召輔臣沈一貫諭以超廢
釋禁罷礦稅諸事翌日上安亟令追之太監田義諫
曰諭已頒行不可反汗上怒幾欲手刃義一貫恐亟
繳前諭見明史紀事本末
王家禎傳言者謂家禎奉命討安慶賊未嘗一出中州
○按言者爲給事中羅志儒見明實錄
焦源溥傳疏上舉朝寒慄○按源溥原疏幷劾黄克纘
受賕骫法克纘憤疏辨亦劾源溥源溥再上疏劾之
幷及府丞邵輔忠見明實錄
李夢辰傳都御史唐濟世薦霍維華濟世改世濟○按唐世
濟以崇禎七年八月任都御史見七卿表
有持金囑中書舍人某賄大學士求爲副都御史者○
按中書舍人係王彥陛大學士係辭國觀見明史紀
事本末
王道純傳言銓除舉劾考選甲乙科太低昂○按是時
京官非進士不得考選推知則舉貢皆行取然天下
守令進士十三舉貢十七推知行取則進士十九舉
貢十一而舉貢所得又皆有臺無省多南少北故道
純以爲言見選舉志
乾隆四十一年賜謚諸臣賀逢聖專謚忠懋呂維祺
專謚忠敬傳冠南居益焦源溥通謚忠烈南企仲周
士樸王家禎焦源清李夢辰宋師襄麻僖王道純田
時震通謚忠節南居業通謚烈愍呂經祜朱崇德通
謚節愍
列傳第一百五十三
倪元璐傳四年進右諭德○按是年元璐上言前中允
黄道周以謇諤承貶前府尹劉宗周以清介投閒天
下本無人有其人又不能用誰爲陛下奮其忠良者
上不聽見明史紀事本末
其伸公議則詆張捷薦呂純如謀翻逆案事○按帝召
對廷臣於平臺問誰堪冢宰總憲者吏部侍郎張捷
曰臣之所舉與眾不同問之則前兵部呂純如也且
力言純如之長冢宰非純如不可見明史紀事本末
李邦華傳並分設之營並改并
王家彥傳奉命巡青○按家彥巡青論救前巡視科道
馬思理高倬及監督主事王瀹初江之遠事多議行
見明史紀事本末
施邦曜傳邦曜繫香母誘之香就禽○按熊文燦傳言
劉香爲鄭芝龍所擊勢蹙自焚舟溺沈此云爲邦曜
誘禽彼此互異

明史攷證攟逸卷二十八　長洲王頌蔚編集

列傳第一百五十四
馬世奇傳嚴東伍部改部伍
世奇端坐引帛自力縊乃死○按世奇之死也焚冠帶
於庭以司經局印屬僕曰上加出幸以此上行在見
明史紀事本末
吳麟徵傳麟徵在諫垣直聲甚著○按是時河決蘇家
嘴淮揚諸邑悉被災督漕侍郎李待問不能治麟徵
極論其罪吏部郎中牟道行左遷太平知府麟徵言
道行貪並不當守郡建安令徐爾驊用賄首薦牘麟
徵發其奸並劾湖廣巡按白士麟廣建生祠罪諸人
多獲譴同官章正宸以劾王應熊下詔獄麟徵論救
之見明史紀事本末
劾吏部尚書田唯嘉贓汙唯改維下同○按維嘉以十年三
月任尙書四月罷見七卿年表此作唯嘉當誤
再遷刑科給事中○按麟徵居刑科時故相文震孟卒
所司不敢聞麟徵爲請䘏見明史紀事本末
起吏科都給事中○按麟徵掌吏科時吳昌時以年例
出言路十人於外麟徵與御史祁彪佳劾其挾勢弄
權見春明夢餘錄
祝孝廉名淵○按祝淵海寧人乙酉閏六月大清兵平
杭州與行人陸培舉人周宗彝及弟啟琦進士俞士
亘死之見浙江通志
薊遼總督王永吉至獨疏昌言弗省○按永吉之請在
十七年二月帝始以爲然令本兵具奏演言錦州告
變寧遠必不可調帝召廷臣會議不決獨成國公朱
純臣戶部尚書倪元璐刑部侍郎金之俊以爲當調
而麟徵爭尤力退復獨疏言之演復請下永吉等議
永吉等皆以撤兵爲便帝乃俞之而已無及矣見明
史紀事本末此作麟徵獨疏昌言帝弗省小異
劉理順傳疏陳作士氣矜窮民簡良吏定師期信賞罰
招脅從六事○按理順疏陳六事帝下所司議行因
錫讒輔山東逋賦見春明夢餘錄
吳甘來傳甘來擢刑科給事中○按戶部尚書畢自嚴
以失察行取知縣鄭友元逋項被責飾辨觸帝怒下
獄御史李若讜疏救不納甘來抗疏論救乃釋之見
自嚴本傳又按甘來爲刑科時吏部侍郎張捷薦逆
案呂純如甘來疏爭且劾捷罷之見春明夢餘錄
王章傳劾罷巡撫劉鎬貪惰改巡撫劉鎬貪惰劾罷之
又所部十道監司刪又字
襄城伯李國禎禎改楨○按功臣世表作李國楨
時亨倉皇下馬跪至誰敢犯○按福王立時亨奔南京
與周鍾武愫皆以從逆伏誅見明史紀事本末
陳良謨傳時流寇大入蜀○按是時督師楊嗣昌議盡
驅賊入蜀璧而殲之檄諸大帥環集鄖襄良謨曰是
以蜀爲壑也乃躬閱關隘飭將吏爲堵勦計見綏寇
紀略
良謨嘗夢拜文文山於堂文山揖之上文山俱改天祥上下增曰字
何下拜爲刪下字
成德傳德道中具疏極論體仁罪而震孟已被體仁擠
而去之○按是時給事中許譽卿劾體仁納賄庇私
會謝陞以譽求北缺劾譽卿體仁擬旨降調而故重
其詞帝果削譽卿籍震孟與何吾騶力爭體仁遂訐
奏震孟言官罷斥爲至榮語帝大怒逐震孟並罷吾
騶見春明夢餘錄
出而自縊○按德殉難時繼妻霍氏及甥李成龍皆自
縊死一子方六歲成德撲殺之乃自盡見畿輔通志
德父文桂遇害○按文桂賜祀忠義祠
許直傳有族子德溥者至事發死西市○按德溥賜祀
忠義祠
金鉉傳始起兵部主事○按鉉是時任車駕司主事見
明史紀事本末
未幾勵以宣府下賊下改降
鋐自經○按鋐賜祀忠義祠
右范景文至鉉二十有一人皆自引決其他率委蛇見
賊改自范景文至鉉二十一人皆自引決其他自成國公朱純臣大學士魏藻德以下率委蛇見賊
宣城伯衛時春○按時春崇禎時掌後府京城陷懷鐵
券闔門十七人皆赴井死功臣世表及衛青傳皆同
表作時泰誤
有司春秋致祭至特爲賊拷死改然李國楨朱純臣顧鋐彭瑄俞志虞鞏特爲賊拷
死○按是時如李國楨朱純臣皆爲賊拷死見朱
能李濬傳及功臣世表流賊傳
姚成至城陷自縊死○按成賜祀忠義祠又按是時中
書舍人滕之所阮文貴經歷張應選咸投御河死經
歷施溥仰藥死儒士張世禧二子懋賞懋官自經死
又東宮侍衛周鏡都指揮王國興指揮同知李若珪
順天府知事陳貞達皆自經死千戶高文采守宣武
門城陷一家十七人皆自殺見明史紀事本末
乾隆四十一年賜謚諸臣王之栻徐標楊崇猷通謚
忠節徐有聲朱廷煥周之茂通謚烈愍陳純德俞志
虞顧鋐鞏迹鄧文明薛濂宋裕德吳道周方履泰李國
禎衞承烈宋天顯于騰雲馬象乾通謚節愍
列傳第一百五十五
張伯鯨傳徵服遁還○按明史紀事本末云賊殺守門
御史王章守卒蟻墜伯鯨於是走匿民舍
范淑泰傳淑泰發其停匿章奏狀○按停匿章奏楊一
鵬王應熊傳謂其改塡月日與此微異
十二月大清兵圍兖州○按太宗文皇帝實錄云崇德
七年十二月兵圍錦州莊烈帝紀亦第言崇禎五年
十二月大清兵趨曹濮俱未及兖州
高名衡傳名衡集眾守○按明史紀事本末名衡集眾
守時賊兵礮及城中殺傷相繼軍餉告匱周王恭枵
出庫金五十萬買米麥至懸金募死士謂能擊死一
賊者予五十金
帝以陷藩罪詔逮仙風○按明史紀事本末背城而
戰時一日三提至仙風被逮聞之卽自縊
士大夫壐富刪大字
內堅緻而疏外下增十五年正月五字
大康康改太
帝詔釋故尙書侯恂於獄刪帝字
命督保定山東河北湖北諸軍務刪諸字
次於朱仙鎮○按諸軍次朱仙鎮時生馘三十三人斬
一千七百十有八級城乃克全見綏寇紀略
名衡永福至守益堅○按守汴日志時任濬守曹門吳
士講黄澍協守曹門王燮守北門桑開第曹坤張文
光協守北門梁炳守東門譚國禎協守東門蘇壯守
西門名衡與永福守南門
王燮以舟迎王○按明史紀事本末云侯恂以舟迎之
綏寇紀略亦云侯恂率總兵卜從善以舟迎王與此
互異
加名衡兵部右侍郎○按守汴日志作左侍郎
名衡辭以疾○按守汴日志仍賞銀四十兩
徐汧傳汧與廷樞斂財經理之○按明史紀事本末云
周順昌被逮諸生五六百人於巡撫毛一鷺前懇其
疏救廷樞與焉
徐汧附傳首已墮聲從項中出益厲刪此十字
鹿善繼傳吾復何憾吾改夫
乾隆四十一年賜謚諸臣耿蔭樓薛一鶚通謚節愍
宋玫高名衡徐汧楊廷樞通謚忠節范淑泰通謚忠
烈

列傳第一百五十六
曹文詔傳追至隴安○按追至隴安及後文追至靜寧
考本紀係五年四月事傳內敘事俱詳年月此略之
蹂躪汾州太原平陽○按本紀謂陷大寧澤州壽陽與
此互異
餘黨爲猛如虎逐走○按文詔斬混世王於碧霞村時
猛如虎亦與有功不僅追逐餘黨也事詳猛如虎傳
卽令擊賊隨州文詔追斬賊三百八十有奇○按本紀
文詔斬賊於隨州係八年二月事此云三月紀載互
異
黃得功傳得功破夢庚於銅陵○按史可法傳得功於
四月朔敗良玉軍此云四月良玉死得功趨上江禦
夢庚軍紀載互異
乾隆四十一年賜諡諸臣曹文詔專諡忠果李全通
諡節愍周遇吉專諡忠武黃得功專諡忠桓
列傳第一百五十七
艾萬年傳點燈子入山西萬年從文詔連敗之○按點
燈子卽趙勝初起於清澗之解家溝奔突韓城宜雒
間秦撫練國事以四月三日敗之於中部四月內屢
克之於郃陽韓城柳村上峪口俘斬一千六百有奇
賊乃於七月夜半渡河入晉見綏寇紀略
從參政樊一蘅討平不沾泥○按不沾泥原名張存孟
以是年四月攻米脂葭川一蘅與萬年及總兵王承
恩等率三千人壓其巢命孫守法遮絕河津賊逃至
含峪爲馬科所躡過河守法親禽之見明史紀事本
末
復臨縣及蹏亭驛蹏改虒○按漢書地理志水經注作虒
亭
又擊劉王剛豹改又劉王剛王豹
李卑傳混天猴陷宜君鄜州○按是時混天猴與上天
猴掠河西道郭允登所解餉十萬七千金於甘泉戕
允登及知縣郭永固上天猴旋伏法而混天猴旣叛
遂連陷諸邑見綏寇紀略
會王自用陷遂州○按自用卽紫金梁賊王嘉允餘黨
也見綏寇紀略
臨洮總兵曹文詔改大同命卑代署其事○按卑署臨
洮總兵從職方郎李繼貞之薦也見崇禎長編
湯九州傳賊走登封石陽關○按是年二月賊攻密縣
不利走登封王進忠周維墉敗之於郜城鎭遂奔石
陽關見綏寇紀略
文瓊後亦殉難○按湯文瓊賜祀忠義祠
湯九州附傳從竹山竹溪白河分道進溪改谿下同○按竹
溪地理志作竹谿陳奇瑜左良玉傳皆同
祖寬大破賊滁州○按是時滁州被圍象昇在西沙河
聞警遣祖寬羅岱祖克勇乘夜疾馳平明抵滁大破
之象昇自引世恩從定遠至淮撫朱大典亦引兵至
賊大披靡俘斬無算圍遂解見明史紀事本末
陳于王附傳陸王猷殺賊過當賊臠分其肉死其是驛
詹世龍及千戶王定遠皆力戰死詹改唐○按陸王猷
王定遠賜祀忠義祠其是驛唐世龍皆武舉江南通
志及綏寇紀略並同此作詹世龍誤
餘贈廕有差○按是時贈詹兆鵬等十二員爲懷遠將
軍署指揮同知見綏寇紀略
侯良柱傳總督洪承疇大舉討賊令良柱扼賊入川路
臣未敢遠調聽蜀撫王維章總兵侯良柱率之親赴
○按是時承疇疏言副將張令參將譚大孝兵九千
秦楚交界處相機調度見綏寇紀略
分三道入寇○按是時賊一軍攻七盤一軍入廣元一
軍向白水所謂三道入寇也迨廣元破連陷昭化劍
門劍州梓潼又分其軍一往綿州一往鹽亭一往江
油其由江油入者徑薄成都見明史紀事本末
張令傳張獻忠等悉奔興安至大敗瑪瑙山○按獻忠
瑪瑙山之敗在二月七日參將張應元汪之鳳乘勝
逐北十六日及之於水右壩斬馘九百賊遂走巫溪
見明史紀事本末
九月獻忠兵大至十改大
猛如虎傳已從曹文詔追賊西偃碧霞村偃改堰○按曹
文詔傳作西堰
與大威國威斬劇賊高加計計改討下並同
元吉應元營安岳城下以扼其歸路○按是年十二月
嗣昌駐重慶戒期進兵三檄賀人龍不奉命而左良
玉亦怨望萬元吉言軍心不一未可戰欲令前軍躡
賊後軍繼之中軍從間道出梓潼扼歸路嗣昌不聽
見綏寇紀略
乃收殘卒從嗣昌下荆州○按嗣昌在雲陽聞敗頓足
曰悔不用萬參軍之言遂退回重慶順流歸楚賊已
席卷出川西焚新開驛置而楚蜀消息中斷矣見明
史紀事本末
猛如虎附傳見其黨劉浩然高加計破滅○按劉浩然
卽鄉里人也如虎及虎大威麾下安集掾龔能善用
諜以間賊賊遂內自疑持浩然首以降見綏寇紀略
虎大威傳從總兵尤世祿擊王嘉允於河曲力戰被傷
○按是時嘉允以三千人出掠方裕昆敗績於櫻桃
鎭大威與尤勝龍皆負重傷見綏寇紀略
九月次新蔡至遂奔沈丘○按宗龍文岳以九月四日
次新蔡命軍中起浮橋期翼日渡河自成亦過河窺
汝寧相與值二督夜召諸將謀邀擊遲明賊過且盡
師至孟家莊諸將解鞍休士賊突出人龍奔李國奇
初接戰亦奔與大威同避於沈丘二督自以親軍與
賊持文岳是夜奔陳州宗龍被圍十餘日突圍出被
執死之見綏寇紀略
孫應元傳浙川知縣郭守邦說降改浙川令郭守邦遣諸生王作霖說降
○按綏寇紀略是時守邦知賊中可變可受有善意
遣邑諸生王作霖挑與語可變隨作霖至
可變卽賊改世王刪賊字
可受則安世王也則改卽刪也字
令副將周遇吉等分道別擊之刪令字刪別字○按是時與遇
吉分道擊賊者爲副將張一龍刁明忠見明史紀事
本末
尤世威傳驛卒毋近前毋改毌
尤世威附傳歷山海左部總兵官謝病去○按世欽始
官都督僉事與蕭如薰白兆慶分練三大營軍遷都
督同知孫承宗設山海三大將用爲左部總兵官言
官欲去承宗先擊世欽遂謝病去見陝西通志
世威弟世祿爲寧夏總兵官○按世祿於三年冬由保
定總兵調山西擊王嘉允於河曲四年十月稱病五
年冬總督張宗衡起之與李卑賀人龍同援遼州復
之八年闖蹋天整齊王等躪江北爲世祿所扼退屯
商雒山中見綏寇紀略所謂屢著戰功指此
敗闖賊於鳳翔之官亭闖賊改高迎祥
斬首七百餘級刪首字
劉國能傳尋南走荆襄與總兵秦翼明數戰○按是時
翼明自言以三千餘騎與闖蹋天等賊十萬戰於豐
陽界山均州官山觀音關七星店眞武山大小數十
戰雖未嘗敗北賊益強終不能破見綏寇紀略
劉國能附傳進忠光玉大挫於潼關○按是年八月進
忠光玉毆宛雒之眾思入潼關傳庭與承疇擊賊汾
寧間乃辭承疇出關嚴陣擊之賊拔營還走九月熊
文燦遣左良玉陳洪範龍在田大破賊於雙溝營斬
首二千餘自文燦出師以雙溝之捷爲第一見綏寇
紀略
會光玉進忠等皆大敗進忠懼而降○按是年三月左
良玉大破進忠於鎭平關遂降之見明史紀事本末
乾隆四十一年賜諡諸臣尤世威專諡忠剛艾萬年
湯九州潘可大侯良柱張令猛如虎劉光祚虎大威
孫應元姜名武鄧祖禹都任惠顯劉廷傑劉廷夔王
世欽李昌齡侯世祿通諡忠烈艾毓初通諡忠節柳
國鎭楊正芳張上選楊世恩陳于王包文達程龍詹
兆鵬莫是驊唐世龍王弘猷劉士焘郭開猛先捷王
來聘王世國甄奇傑王學書尤世祿尤翟文尤岱侯
拱極劉國能李萬慶通諡烈愍羅安邦姚運熙通諡
節愍
列傳第一百五十八
馬世龍傳賜尙方劍○按賜世龍尙方劍緣孫承宗請
也見明實錄
沈有容傳熊廷弼建三方布置之議○按廷弼傳廷弼
建三方布置之議緣毛文龍有鎭江之議之故是以
敘鎭江之捷在前布置之議在後與此互異
張可大傳葉向高赴召過儀儀下增眞字
此不特良將刪此字
秦良玉傳賊據歸巫萬山巔刪萬字○按巫山本傳屢見
且明史紀事本末及張獻忠傳亦云歸巫山此萬字
衍
張令必破必下增致字
乾隆四十一年賜諡諸臣賀虎臣通諡忠烈賀讚通
諡忠節魯宗文通諡節愍吳阿衡通諡烈愍

明史攷證攟逸卷二十九　　長洲王頌蔚編集

列傳第一百五十九
賀世賢傳我大清以重兵薄瀋陽○按太祖高皇帝實
錄大軍取瀋陽明偵卒知我師夜至聲礮舉烽火漏
二鼓馳告瀋陽總兵賀世賢尤世功大驚我軍至營
於城東七里令軍士樹雲梯楯車攻其東面
賀世賢附傳世功引兵援亦戰死○按太祖高皇帝實
錄時我軍奮勇衝入明兵七萬人俱潰我軍繞城縱
擊並斬殺參將夏國卿張綱段展陳柏等遂拔城盡
殲其眾
童仲揆傳副將朱萬良姜弼不救至卽敗走○按太祖
高皇帝實錄天命六年二月我軍至黃山明副將朱
萬良駐大營於其地見我軍勢盛大驚而遁未及姜
弼同時敗走
羅一貫傳明年正月明年改天啟二年
遂自到○按太祖高皇帝實錄克西平堡卽斬羅一貫
此謂一貫自到與當日情事不合
羅一貫附傳渠戰死至乃死○按太祖高皇帝實錄我
軍乘勝追擊五十里斬殺無算至平陽橋堡明總兵
劉渠祁秉忠及副將劉徵參將黑雲鶴遊擊李茂春
張明先死焉此未及茂春明先

滿桂傳桂與崇煥死守○按太祖高皇帝實錄軍士奮勇攻擊閱明總兵滿桂寧遠道袁崇煥參將祖大壽嬰城固守此未及祖大壽

桂遣兵救被圍笊籬山○按太祖高皇帝實錄時兵駐錦州馬步卒凡三萬人直趨大淩河明守城兵遁走

趙率教傳乘閒入犯平川三山堡川改州○按大清一統志作平州此誤

率教督兵抵三岔河爲牽制○按太宗文皇帝實錄率教督兵時大貝勒阿敏貝勒濟爾哈朗阿濟格杜度岳託碩託並統軍往征

金日觀傳規取羅文谷谷改峪○按大清一統志綏寇紀略均作羅文峪此誤

乾隆四十一年賜謚諸臣賀世賢羅一貫滿桂孫祖壽趙率教黃龍張承蔭杜松馬林楊宗業劉之綸通謚忠烈尤世功童仲揆陳策周遇吉張神武梁仲善劉渠祁秉忠官維賢張奇化李維鸞金日觀王宣趙夢麟袁見龍鄧起龍秦邦屏戚金胡文傑雷安民張名世朱萬良姜弼楚耀功通謚烈愍朱國彥通謚節愍何可綱通謚忠節

列傳第一百六十

金國鳳附傳振祿皆被殺○按李祿賜祀忠義祠

曹變蛟傳幼從文詔積軍功至遊擊○按三年冬王嘉允連陷清水府谷遂據河曲是年四月變蛟與艾萬年曹文耀等從文詔攻復嘉允走六月禽之見綏寇紀略

明年連破賊紅軍友等於張家村隴安水落城唐毛山○按紅軍友爲神一魁餘黨文詔縱反閒紿其黨殺之餘眾走唐毛山變蛟先登殄之見明史紀事本末

文詔起討陝西賊至皆爲軍鋒○按是時文詔至商州追賊五十里至金嶺川賊據險逆戰變蛟力鬬諸將曹鼎蛟侯一位白廣恩等繼之遂大捷湫頭鎮之役變蛟爲前鋒直前衝賊斬級五百餘乘勝窮追三十里見綏寇紀略

十年二月巡撫孫傳庭部卒許忠叛二月改正月○按是年正月十八日傳庭部卒許忠劉應杰擐甲大譟據藍田縣略庫放囚變蛟與左光先聞亂還於二月初六日移師初九日抵咸陽初十日進勦忠等與混十萬郎於是日遁見綏寇紀略及明史紀事本末此作二月誤

分三道連陷三十餘州縣○按是時自成與混天星過天星一由黃墻攻七盤一由梨樹　麥坪入廣元一由陽平過青岡坪土門塔向白水見綏寇紀略所謂分三道指此

變蛟光先並鐫五官戴罪辦賊○按是時並鐫承疇尚書宮保見明史紀事本末

變蛟轉戰千里至賊潰入塞○按是時承疇由階文返書逐賊變蛟乃率張天祿賈呈芳窮追大戰羌中捷書踵至上曰吾固知承疇往洮河非避賊其益自效見綏寇紀略

及仁義王混天王降于光先○按是時三賊合竄寧遠亦入禮縣山中光先張疑兵馬鳴而疾馳桃坪掩擊俘斬三百餘屍其歸路遂降於光先見明史紀事本末

承疇令變蛟窮追而設三覆於潼關之南原○按是年十月承疇謂傳庭曰自成勢蹙必奔潼關公誠能設三覆以待吾蹙而致之可一戰禽也傳庭乃於潼關南原每五十里立一營變蛟躬扶長刀驅賊遂殲之見綏寇紀略

曹變蛟附傳輔明至連蹙之○按祖寬遼東總兵也八年十一月張獻忠走嵩汝寬敗之於嵩縣九皐山又敗之於汝州圪料鎮獻忠憤糾合高迎祥李自成與寬遇於龍門白沙復敗之十二月迎祥自成陷光州之南城寬復敗之於確山俘斬無算見明史紀事本末

崇禎六年賊躪畿南命楧與倪寵爲總兵官○按是時潞王有疏告急言衛輝城卑土惡選護衛助守捐歲祿益餉又因故妃冢被發以鳳泗陵寢可虞並勸帝毋輕視賊遂有王楧倪寵之命見綏寇紀略又按楧之爲總兵官與倪寵並賜弓矢千五百戰馬三百以行職方郎李繼貞爭之曰楧原無實歷累次敘加多因父功無以慰人望且左良玉李卑等身經百戰位次反出其下恐聞而解體宜量加左李二將以都督僉事署總兵上從之見明史紀事

廣恩初從混天猴爲盜既降屢立戰功○按五年八月曹文詔與總兵賀虎臣楊麒追賊於平涼陣斬可天飛李都司二賊廣恩遂殺其黨以降見綏寇紀略

劉肇基傳與祖寬大破賊汝州斬首千六百有奇○按八年十一月獻忠走嵩汝寬敗之於嵩縣肇基與羅岱敗之於蘇羊再赴汝州擊之於圪料鎮寬擊其前肇基等扼其後大破之伏屍二十餘里見綏寇紀略

贊

均無媿良將材下脫肇基等效命偏裨孤忠獨厲十一字○按肇基等勇略夙聞迨乎抗節南都相隨授命有足多者贊中概不一及殊爲未協

乾隆四十一年賜謚諸臣金國鳳曹變蛟劉肇基通謚忠烈楊振楊國柱朱文德李輔明乙邦才馬應魁莊子固樓挺江雲龍李豫陶國祚許謹馮國用陳光玉李隆徐純仁李大忠孫開忠姚懷龍解學曾通謚烈愍王廷臣通謚忠節張斗姚恭王之楨江翥饒勳通謚節愍

列傳第一百六十一

左良玉傳戰香山杏山下香改松

因檄良玉入山西禦之○按良玉以五年冬入晉十二月賊抵王屋山犯西陽眾二萬官兵二千餘人以礮擊之賊死者三百遂西遁聚於高平之閒見綏寇紀略

河南巡撫樊尙璟至可四面爲援兵○按尙璟疏言良玉在澤州北可援高平長子東可救臨縣潞安西可應陽城沁水既保晉境兼顧濟源見明史紀事本末所謂四面爲援指此

良玉兵與賊戰武安大敗○按良玉武安敗後賊以四萬從遼寨而東中軍曹鳴鶚馬擢遇之於部原關鳴鶚與戰勝之翼日鳴鶚力戰賊益眾移營與擢合爲所乘二將及裨將姚應鵾皆死賊遂走輝縣見綏寇紀略

至柳善口大敗之善改樹

已而鳳儀以孤軍戰沒於侯家莊○按是時鳳儀被圍於侯家莊保撫中軍孫宏謨楊芳不救一軍盡沒見明史紀事本末

良玉九州扼其前至賊大困○按是時九州勝之於青店石岡京兵勝之於石坡牛尾賊遂大困見綏寇紀略

良玉扼新安澠池○按是時河南賊從商東抵澠池者爲闖王過天星從商南趨河汝者爲老𤞑𤞑從雒南上津踰鄖陽抵鄧州者爲橫天王九條龍共七十二營見明史紀事本末所謂又分爲三者指此

尤世威守雒南○按是時命世威與徐來朝守雒南之蘭草川朱陽關既而來朝不肯入山兵譁於盧氏七月兵變來朝遁見明史紀事本末

遂超盧氏超改越

八月敗賊於鄖陵○按鄖陵之勝爲八月二十六日是日馬良文與李雲程敗之於彭祖店見明史紀事本末

賊再攻密至乃去○按賊先於九月六日自嵩華趨郟禹攻密縣知縣苗之庭敗之城下至二十六日再攻之三晝夜之庭乘堙殺賊三百餘人良玉至乃去見明史紀事本末

七月良玉兵抵開封七改八○按明史紀事本末是時豫撫陳必謙以八月四日撤良玉及陳永福兵抵汴梁唐莊之捷在是月二十八日此作七月誤

總理熊文燦至安慶部檄以良玉軍隸焉○按是時文燦至安慶所隨黔兵千人無騎疏請戰馬三千匹嗣昌因命良玉隸之見明史紀事本末

是月許州兵變○按許州之變先是馬士秀杜應金降良玉以其眾八千人命知許州董夢麟處之郊良玉孥與賄皆寄焉至是士秀應金僞傳左軍號入城劫庫殺職官挈其資投李萬慶夢麟逃以免見明史紀事本末

良玉家在許殲焉○按良玉許州之敗妻女俱爲自成所得厚奉養之以其女配賊將王四後遣至武昌冀以致良玉良玉不應以金帛遣歸之見綏寇紀略

十三年春督師楊嗣昌薦良玉雖敗有大將才十三年春改十一月○按嗣昌之表良玉爲平賊將軍也嗣昌傳作十一年十一月本紀作十二年十月並與此異明史紀事本末及綏寇紀略皆作十二年十一月此稱十三年春誤

閏正月良玉合諸軍擊賊於枸坪關閏上增明年二字賊下刪於字

良玉兵斬埽地王曹威白馬鄧天王等渠魁十六人○按良玉瑪瑙山之役陣降賊將三百二十八人獲馬驘千餘頭甲仗軍貲以千計見綏寇紀略

而是時李自成方殘襄城至與喬年戰襄陽城外○按是時良玉過臨潁殺賊所置僞官盡獲其牛馬財物自成怒盡銳與爭而喬年則於撫秦時檄發自成祖塋者也故復報圍與戰見綏寇紀略

乃釋故尙書侯恂於獄起爲督師○按是時並拔河內令王漢爲御史監良玉軍見明史紀事本末

良玉畏自成遷延不至○按是時良玉遣其將金聲桓以五千人從恂而詭云身率三十萬會於河北久之不至汴遂亡見綏寇紀略

諸降賊附之○按所謂降賊者謂惠登相常國安馬進忠馬士秀杜應金吳學禮等見綏寇紀略

都御史李邦華被召至以危詞動之○按邦華檄定左軍後親入其營坐樓船大閱士馬慰勞諸將良玉合於軍斬淫殺者四人以徇釋被掠男婦四千餘人還漕鹽船五百餘艘見明史紀事本末

分命副將吳學禮援袁州江西巡撫郭都賢惡其淫掠檄歸之而自募士人爲戍守會賊陷長沙吉州改會賊自長沙陷袁州命副將吳學禮赴援江西巡撫郭都賢惡其淫掠檄歸之自募士兵戍守未幾賊突陷吉安

士秀率水師敗賊岳州城下刪城下二字

二城遂並復刪遂字

良玉知其爲己刪其字

大器無兵不能救○按是時大器所仗惟李輔明馬科二將已改調關寧輔明又不足用見綏寇紀略所謂無兵者指此

良玉得以其閒稍復楚西境之荊州德安承天○按是

時以收復承天陵園爲良玉切責所司補給十六年
楚餉缺額四十萬見明史紀事本末
監軍御史黃澍挾良玉勢面觸馬阮○按澍面糾士英
十罪且言其常受獻賊僞官周文江賄因於王前擧
笏擊之復連上十疏力攻王不聽諭澍還見綏寇紀
略
左良玉附傳射殺王自用於善陽陽下增山字
頃之走賊礄川拒卻之彭城鎮改頃之賊逼礄川拒之彭城鎮○按走
賊當是賊走之誤綏寇紀略六年五月賊十餘萬逼
礄川玘救之賊攻彭城鎮不得入則此處稱走亦未
協
玘被困上樵窩上改土○按綏寇紀略及河南通志均作
土樵窩
清池池改化○按良玉傳及明史紀事本末諸書皆作清
化
已擊賊洵陽也家溝連戰皆捷○按是時玘與楊世恩
屢勝賊於石泉壩康家坪螃溪其獲首功六千餘見
綏寇紀略所謂連戰皆捷者指此
其冬張福臻代承疇遣人龍勦賊○按是時承疇已平
安塞賊譚雄而降賊黨雄王得貴高凌志等糾賊千
餘攻綏德州人龍隨總兵王承恩千總吳國偉追勦
斬級二百餘指揮鄧得威以福臻令誘雄等七人斬
之見綏寇紀略
固守兩月至閏始解○按是時承疇從甘鎮還聞人龍
急自平涼遣光先等率師出華亭救之以九月晦日
抵隴州賊衆亦內離圍遂解見明史紀事本末
都司田應龍等死○按是時與應龍同死者爲都司張
應春見綏寇紀略
從巡撫孫傳庭大破賊盩厔禽迎祥○按是時迎祥陷
漢中之石泉由陳倉子午出將窺西安傳庭破之盩
厔之黑水峪生得迎祥及其領哨黃龍僞總管劉哲
三人見明史紀事本末
人龍得一千三百餘級○按是年三月九日人龍與李
國奇高傑等追賊及之於興溪寺翼日再及之於鹽
井其斬賊一千五百有奇見明史紀事本末
走漢州州改川
人龍子大明戰沒○按賀大明賜祀忠義祠
高傑傳傑死贈太子太保○按是時並以傑部李本身
爲左都督領其軍提督本鎮赴歸德本身傑甥也後
亦降於大軍見明史紀事本末
高傑附傳京師陷澤清走南都福王以爲諸鎮之一封
東平伯駐廬州改三月封東平伯京師陷走南都福王以爲四鎮之一駐淮北○按
甲申三月癸巳封總兵左良玉吳三桂唐通黃得功
俱爲伯時左諭德楊士聰衛允文入直語閣臣曰良

玉三桂俱封而遺澤清且臨清地近可慮也閣揭上
卽封爲東平伯見明史紀事本末此稱福王立後始
封誤且史可法傳云福王立以東平伯澤清駐淮北
靖南伯得功駐廬州總兵高傑駐泗水劉良佐駐臨
淮則四鎮中惟傑與良佐封於福王而澤清固與得
功並封於三月明甚又是時澤清駐淮北經理山東
一路八月可法巡淮安閱澤清兵而廬州則得功分
駐地見可法傳此作澤清駐廬州亦誤
而澤清已潛謀輸款矣大清惡其反覆改而澤清卽於是月迎降大清
授爲三等子五年九月謀叛事覺○按順治二年四月澤清迎降九
月至京授澤清三等子五年五月與曹縣賊李化鯨
等通八月復遣人往東平貽書從子之幹之楨謀叛
九月磔誅之此所載殊未核
祖寬傳無何高迎祥李自成至至斷良玉寬軍不相應
○按是時良玉禦之靈寶東寬禦之靈寶西寬以十
一月朔入閿鄉城良玉亦棄大營來靈欲與寬合相
隔七十里爲賊所斷越四日賊遂陷陝州見綏寇紀
略
明年正月寬等至賊奔全椒改不拔明年正月陷含山和州
贊
當時以不用命罪諸將者屢矣而良玉偃蹇僨事未正
刑章姑息釀患改良由制馭失當跋扈遂形迨其後雖欲正其不用命之罪而勢有不能
○按良玉之偃蹇僨事實由嗣昌駕馭乖方馴至驕
縱其制爾時跋扈之跡未彰欲置之刑章勢固不能
贊中但目爲姑息釀患殊未深切
乾隆四十一年賜諡諸臣陶希謙楊遇春王信通諡
節愍越效忠田應龍張應春通諡烈愍
列傳第一百六十二
史可法傳賊從間道突安慶石碑碑改牌
總兵官牟文綬劉良佐擊敗之挂車河○按文綬是時
本協守鳳陵緣舒城急淮撫邀之援舒桐城非淮撫
分地而於舒爲脣齒按臣張煊請救於文綬乃以閏
四月偕良佐率馬步九千人至桐城勝之仍以舒警
行而分二千八戍桐城見明史紀事本末
代朱大典總督漕運○按可法督漕時廷議將易兵部
尙書陳新甲於是尙書劉遵憲言官章正宸等十一
人並擧可法章下吏部尙書李日宣等言可法文武
才而漕事方亟宜俟報竣召用乃復留見春明夢餘
錄
明日可法陛辭删可法二字
總兵官高傑改封高傑興平伯
總兵官劉良佐改封劉良佐廣昌伯
靖南伯黃得功改進靖南伯黃得功爲侯○按澤清得功皆於崇禎
十七年三月封至是議立四鎮乃進得功爲侯而封

傑興平伯良佐廣昌伯是年秋復進澤清爲東平侯
見明史紀事本末及傑得功本傳此所載未晰
奉命祭告泗鳳二陵泗鳳改鳳泗○按後四行作鳳泗禮志
及春明夢餘錄同
朝命可法往解得功良佐澤清皆聽命○按是時監軍
太僕寺少卿萬元吉詣諸將誓往來開諭乃解見元
吉本傳
盡丼於選將練兵一事删一事二字
比大淸兵已下邳宿至明年是爲大淸順治之二年改先
是我睿親王多爾袞遺可法書責以大義可法復書辨論大清兵遂南征下邳宿可法飛章報士英曰渠
欲殺防河將士功耳慢弗省諸鎭亦數相攻無進師意明年爲大清順治之二年
加故中允衞允文兵部右侍郎○按中允馬士英傳作
侍講頌蔚案高傑傳作左中允
允文至傑請爲已監軍○按允文監傑軍時已以原官
兼兵科給事中見傑本傳
得功已敗良玉軍○按是時以敗良玉功封得功靖國
公見綏寇紀略
城遂破○按城破時家居原任兵部尙書張伯鯨自經
死衞允文亦赴水死見明史紀事本末
家人擧袍笏招魂葬於揚州郭外之梅花嶺○按乾隆
四十年蒙恩修可法祠墓並題其遺像刻石祠中表
忠曠典誠自古所未有也
可法才謂至並自盡○按盧渭歸昭及高孝纘王士琇
王纘王績王續戴之藩陳天拔陸愉張有德馮應昌
舟子徐某均賜祀忠義祠
高弘圖傳擢御史○按弘圖爲御史時嘗與同官張愼
言交章請寬賈繼春罪忤旨將重譴尙書周嘉謨大
學士劉一璟力救乃奪俸二年見明實錄
遂削籍歸○按弘圖之削籍而歸也在六年三月見明
史紀事本末
馬士英疏薦阮大鋮弘圖不可○按士英薦起大鋮時
吏部侍郎呂大器懷遠侯常延齡太僕寺少卿萬元
吉御史陳良弼詹兆恒郭維經王孫蕃左光先兵部
郎中尹民興等各疏諫不聽見明史紀事本末
其年十月弘圖四疏乞休○按是時弘圖並請召還史
可法不許見明史紀事本末
姜曰廣傳則力阻南遷盡撤守禦狂稱之李國禎禎改楨
○按功臣世表作李國楨
曰廣嘗與士英交詆王前○按是時議設廠衞緝事官
蘇松巡撫祁彪佳力諫曰廣爲擬俞旨不從疏爭之
甚力乃命五城御史察訪見明史紀事本末
統鐁復劾曰廣五大罪○按統鐁所劾曰廣五大罪一
引用東林鄭三俊吳甡房可壯孫晉把持朝政以劉
士楨爲通政遏章奏以王重爲文選植私人二鎮逆

令楊廷麟出劇盜南康獄交聯姦俠日窺南都釁息
將有劫遷別戴之謀三庇從賊諸臣四納賄五姦媳
給事中熊汝霖總督袁繼咸皆不平抗疏論列不報
見明史紀事本末
姜曰廣附傳而士英劾鑣從弟鍾從逆幷及鑣○按鍾
崇禎十五年授庶吉士降於自成用爲檢討賊敗南
歸或傳其勸進表有比堯舜而多武功邁湯武而無
慚德語又進急下江南策士英遂劾其罪並言鑣及
鍾胞弟前蕭山令銓均當從坐遂被逮見明史紀事
本末
大鋮謂鑣資召良玉兵○按鑣友人桐城左國棅蕪湖
沈士柱曾列名防亂公揭逐大鋮客良玉所故大鋮
謂鑣召良玉兵見綏寇紀略
福王時統鐁劾曰廣因及之遂逮治○按甲申五月議
立福王時曰廣謂績祚其門人言福王不可立當設
法阻之至是統鐁劾及之大鋮復據以入告言績祚
當時欲設何法可爲寒心請立正典刑明年二月給
事中林有本劾績祚不孝不忠四月遂賜死見明史
紀事本末
乾隆四十一年賜諡諸臣史可法專諡忠正高弘圖
專諡忠貞姜曰廣專諡忠確任民育何剛通諡忠節
曲從直周志畏通諡烈愍侯方嚴王纘爵羅伏龍楊
振熙吳道正王志端汪思誠通諡節愍
列傳第一百六十三
張愼言傳愼言假歸○按明史紀事本末五年二月曹
欽程誣劾愼言等受熊廷弼賄削籍歸與此異
徐石麒傳執新城侯王昇子下獄執改逮○按王昇子王
國輿也昇兼領營葬金石麒疏發之幷其子下詔獄
奄黨遂屬昇子誣訐石麒見明史紀事本末是昇子
下獄爲石麒所發非因忠賢之怒石麒也傳中執字
似因忠賢之怒石麒而執昇子下獄者殊非當日情
事
石麒宮南京十餘年宮改官
解學龍傳王紀忤魏忠賢削籍○按紀以劾大學士沈
㴶詞連客魏客魏泣愬帝前帝謂紀煩言加譙責焉
旣而劾其護熊廷弼緩佟卜年等獄二大罪斥爲民
見明史紀事本末及紀傳
高倬傳封疆事重宜撤希詔安文衡心○按文衡終以
希詔故去職見明史紀事本末
左懋第傳彗星見○按十二年十月朔彗星見楊嗣昌
以八月晦受命督師十月朔至襄陽大誓三軍而彗
星卽於其時見見綏寇紀略
祁彪佳傳四朝遺老或蒙重譴○按四朝遺老謂陳于
廷也見孫承澤山書所載彪佳原疏

乾隆四十一年賜謚諸臣徐石麒專謚忠襄祁彪佳專謚忠惠左懋第專謚忠貞高倬陳用極通謚忠節黃端伯通謚烈愍劉成治吳嘉允龔廷祥陳于階王一斌張亘佐劉統王廷佐通謚節愍

明史攷證攟逸卷三十

長洲王頌蔚編集

列傳第一百六十四

朱大典傳賊圍滁州連營百餘里總兵祖寬大破之大典會總理盧象昇追襲復破之○按李自成連陷含山和州進圍滁州盡銳攻城盧象昇在西沙河遣祖寬等乘夜疾馳抵滁賊分軍來戰大破之橫屍枕籍象昇復自引軍至躬援枹鼓大呼直前搏賊大典軍亦至賊披靡北走鳳陽儆御之大典復率劉亘佐等戰於蒙城殺傷相當賊遂走考城儀封而西見綏寇紀略

朱大典附傳人情恟恟(改人情洶洶)○按恟恟應作洶洶易林中心不同爭訟洶洶洶洶水勢也又鼓動聲蓋以人情之不定猶水勢之洶涌也

咸建戰姦究(究改宄)

張國維傳巡撫應天安慶等十府○按國維在江南屢觸忤温體仁賴帝知之故弗斥見綏寇紀略

副將程龍及若來于王等拒守○按是時潘可大將皖兵九百人程龍及陳于王蔣若來將兵三千六百人禦賊兵敗龍及可大于王皆死之若來服圍人衣以免國維遷吳中材武亘家子六千人而成此軍至是一戰而盡聞之慟哭見綏寇紀略及陳于王傳

建蘇州九里石塘(至)並有成績○按三吳水利明初設有專官萬厤間日就廢弛農人竭蹶培壅收穫仍儉國維徧採河渠悉爲圖說幷摎輯臣僚章奏官司案牘爲三吳水利全書三十卷上於朝見明史紀事本末

張肯堂附傳定西侯參謀順天顧民樨(民改明)○按傳末作明樨此作民誤

何楷傳楷劾巡撫楊一鵬巡按吳振纓罪○按是時王裕民朱大典繕葺陵寢事竣定遣金吾騎逮一鵬振纓下獄兩相以其私調旨輒左右之給事中何楷以爲言上決意誅之科臣林正亨銜上指察視自常奏外密爲圖以獻一鵬棄市振纓發口外爲民見綏寇紀略

屢遷工科都給事中○按楷以獄訟繁興列上定新例行久任酌分理重會審嚴燒獄革羈鋪飭聲冤究造謗八議見明史紀事本末

乾隆四十一年賜謚諸臣張國維專謚忠敏張肯堂專謚忠穆吳鍾巒通謚忠烈顧咸建唐自綵李向中董志寧曾櫻朱繼祚余煌陳函輝王瑞栴熊汝霖錢肅樂沈宸荃通謚忠節朱大典金應元朱士允朱永佑劉世勛張名揚王朝相湯芬王祁劉中藻通謚烈愍王道焜高岱葉汝蕡王景亮伍經正鄭嚴忠方召張鵬翼朱養時林瑛江用楫董元朱萬年顧珍李開國顧中堯蘇兆人戴仲明鄭遵儉林嵋都廷諫洪有文鄧正議林逢經王恩及鄭遵謙沈履祥通謚節愍

列傳第一百六十五

袁繼咸傳彝憲大恚與繼咸互訐奏○按彝憲奏辯謂觀官參謁乃尊朝廷繼咸復言尊朝廷莫大於典例知府見藩臬行屬禮典例也見內臣行屬禮亦典例乎諸司至京投冊吏部典例也先謁內臣亦典例乎事本典例雖坐受猶以爲安事椒彝憲卽長揖祗增其辱高皇帝立法內臣不得與外事若必以內臣綱外臣會典所不載上仍切責之見明史紀事本末

邱祖德附傳行取入都(至)請福建按察司檢校○按十二年陳啟新疏論考選又進吏部訪冊禮部尚書姜逢元兵部尚書王業浩獨園多上嫌其濫俱罷官啟新遂參知縣尹民興等俱降調見明史紀事本末

陳潛夫附傳陸培○按培仁和人崇禎十三年進士見題名錄

林汝翥傳立傳旨廷杖汝翥○按汝翥與大學士葉向高同鄉魏忠賢欲借之以傾向高會汝翥以廷杖遁去羣奄疑向高匿之索其寓辱及婦女向高奏之畧不問見明史紀事本末

乾隆四十一年賜謚諸臣袁繼咸專謚忠毅陳子龍專謚忠裕邱祖德温璜沈猶龍侯承祖閻應元鄭爲虹通謚忠烈張亮金聲吳應箕李待問夏允彝侯峒曾陳潛夫陸培沈廷揚林汝翥通謚忠節申甫陳明遇孫志尹威勳王佐才林塋黃大鵬熊緯通謚烈愍江天一麗昌允鄧某魯之璵章簡馮厚敦周室瑜孫臨吳易王士和胡上琛通謚節愍

列傳第一百六十六

楊廷麟傳而廷麟痛詆之○按廷麟疏言嗣昌聞人言戰未敢色變經理數年未聞尺寸之利一戰之功也營田可爲而不爲猛士可致而不致善事責人逃責旦夕敵至則引巾幗自覆耳見山書

萬元吉傳督師楊嗣昌薦其才○按十三年十二月嗣昌在重慶戒期進兵討賊而賀人龍左亘玉皆於嗣昌有怨望元吉知之進曰軍心不一未可以戰盍令前軍躡賊後軍爲繼中軍從間道出梓潼扼歸路以濟師此萬全策也嗣昌不聽既而追賊及於開縣人龍兵先大譟歸亘玉兵亦攜阻不前賊還戰諸軍大潰嗣昌曰吾悔不用萬元吉之言見綏寇紀略

擁眾萬餘雩都(餘下增於字)

王養正附傳夢開等與民互相殘(等改黨)○按夢開既爲守關兵所殺安有與民相殘之事明史稿等作黨最是

陳子壯傳累遷禮部右侍郎○按子壯在禮部時嘗謁温體仁體仁言主上神聖臣下不宜異同子壯曰世宗皇帝最英明然神廟之議勳戚之獄當日臣工猶執持不已皇上威嚴有類世宗公之恩遇孰與張桂但以將順而廢匡救恐非善則歸君之義也温意沮遂成嫌隙見明史紀事本末

下之獄○按子壯以八年正月上言宗秩改授開僥倖之門墮藩規漏銓政上以其沮詔開親下之獄明年四月始得釋見明史紀事本末

張家玉傳乃籍前尚書李覺斯等貲以犒士○按崇禎九年正月覺斯行太僕寺卿在滁州李自成等七賊連營數十萬攻滁州覺斯與知州劉太擎率士民固守賊盡銳攻城覺斯等多方應變會象昇救至賊大敗見明史紀事本末

蘇觀生傳聿鍵死於汀州(改聿鍵就執於汀州)○按聿鍵傳八月出走汀州大兵奄至就執死於福州

監紀主事陳邦彥勸觀生疾趨惠潮(觀生改令)

乾隆四十一年賜謚諸臣陳子壯專謚忠簡鄭維經詹兆恒楊重熙陳邦彥通謚忠烈楊廷麟萬元吉楊文薦陳泰來通謚忠節周瑚王明汲萬發祥林琦王其宄黎遂球柳昂霄魯嗣宗錢謙亨袁從鶚劉孟鍇劉應試吳國球郭寧登胡縉林逢春陳烈王養正夏萬亨王域劉允浩史夏隆曾亨應麥而炫朱實蓮霍子衡韓如璜陳象明白常燦通謚烈愍徐必達彭期生龔棻盧觀象梁于涘姚奇允胡夢泰周定仍萬文英胡奇偉胡甲桂李翔徐伯昌李時興高飛聲廖翰標梁萬爵梁朝鍾通謚節愍

列傳第一百六十七

呂大器傳左亘玉駐九江(至)疑大器圖己○按亘玉傳敘亘玉以侯恂故疑大器圖己在後敘大器遣亘玉破賊在前與此互異

樊一蘅傳射殺獻忠賊降及敗死者二三十萬○按世祖章皇帝實錄斬獻忠時斬首數萬級並破賊營一百三十餘處獲馬贏一萬二千二百餘匹

乾隆四十一年賜謚諸臣范文光詹天顏吳炳嚴起恆張孝起楊畏知吳貞毓通謚忠節侯偉時王錫袞高勣金簡李如月任國璽邢嵩徐極林青陽蔡縯張鐫朱東旦鄭允元胡士瑞李元開林鍾周允吉朱議渠任斗墟易士佳通謚烈愍

列傳第一百六十八

瞿式耜傳常熟姦民張漢儒希體仁指訐謙益式耜貪肆不法○按崇禎十年正月張從儒訐奏錢謙益瞿式耜疏上温體仁修郤逮下獄幾殆謙益嘗作故太監王安祠記曹化淳出王安門憤其冤發從儒陰謀立枷死事得釋見明史紀事本末

以十月十日監國肇慶○按十月十日永明王傳作十四日與此異

贊

明代二百七十餘年養士之報其在斯乎其在斯乎(刪此二十字)

乾隆四十一年賜謚諸臣何騰蛟專謚忠誠瞿式耜專謚忠宣傅作霖周震通謚忠節蕭曠朱旻如通謚烈愍汪皡通謚節愍

列傳第一百六十九 循吏

方克勤傳台州盜起(至)克勤獻策弗納○按是時行省募民爲水兵克勤詣金剛努謂曰民皆有盜心奈何授之兵弗聽既而果叛去金剛努踰垣走未幾左達勤貲哩至郡招諭都事劉基爲之副克勤陳勦珍方謂不可姑息基韙之亦不能用見識大錄所謂獻策者指此

盛夏守將督民夫築城(至)得罷○按克勤爲郡會歲暮轉戍衣於燕時有令役民舟者誅他郡以牛車從事天寒牛僵民苦之請以舟篨佐僱弗敢克勤曰吾知便民耳抵法奚悔焉卒載以舟而白之行省省臣義弗問見獻徵錄

尋爲屬吏程貢所誣○按貢嘗知曹縣以不職被笞銜克勤甚因上書詆之詔御史楊甲廉按甲貢故人也索克勤過無所得乃誣其私用倉中炭葦就逮子孝儒上書政府願以身贖不報遂謫役江浦見識大錄

子孝聞孝儒(儒改孺下同)

吳履附傳是時河內丞廖欽並以廉能稱○按欽任吳江秩滿既去會河內舊病課錢典守者以誣欽欽弗辯謫役鳳陽旋釋歸未幾爲里人誣搆謫戍富峪以老病還復起爲袁州學官永樂初詔求文學士解縉胡廣以欽薦召授檢討尋致仕歸見識大錄

靈璧丞田誠○按仁宗甫卽位田誠九載滿縣人乞留因擢州判官丞靈璧如故見明實錄

貴池典史黃金蘭○按是時郎擢金蘭爲本縣令見明
實錄
史誠祖傳誠祖旣得旌益勤於治○按誠祖被旌後成
祖遺錦衣偵之見其甑無斗粟衣冠𪍿敝乃加四品
服俸見識大錄
貝秉彝傳上平糶備荒議○按秉彝在東阿歲屢豐常
建議於朝請平糶爲預備計從之仍下其法行之近
州縣見識大錄
會成祖北巡至工遂速逮○按成祖北巡時敕河南山
東西民丁隨軍供饋徧各遣官率之他郡邑率規避
秉彝曰天子親行臣下敢憚勞耶卽就道民忻躍以
從訖事而民無失所者見獻徵錄
葉宗人傳授錢塘知縣○按宗人爲令時邑故多虎患
宗人爲文驅之遂斂跡仁宗在東宮聞其治行令所
司優遇之見獻徵錄
李信圭傳授清河知縣○按宣德中歲旱飛蝗爲災信
圭禱於神蝗不入境有留守衛卒姬泰者自閩還挾
貲爲同舟所害過清河以病死告冀得自掩信圭發
其姦誅之見獻徵錄
使節繹絡繹絡改絡繹
李信圭附傳以親喪去洪熙元年下增九月二字
洪熙中改宣宗即位
徐士宗知貴溪至詔增二秩還任○按是時與士宗並
增秩者爲扶風令朱端許州牧魏儀見明實錄
李驥附傳王昇至增秩還任○按昇永樂二年進士改
庶吉士旋授江西安福令改知羅田三載歷大理評
事左寺正以少傅楊士奇之薦出知撫州見獻徵錄
趙豫傳大計羣吏至皆罷焉○按是年正月命吏部都
察院會同禮部察來朝司府官令各察所屬治行具
最以聞見明實錄
趙豫附傳湖州知府祥符趙登○按登由永樂二年進
士授禮科給事中三年以言事謫忠州判官十餘年
稍遷安寧州知州宣德改元超擢湖州知府見李濂
所撰傳
周濟傳都御史劉觀薦爲御史固辭○按宣德時帝嘗
怒中官陳某下都察院鞫治御史嚴繼先輩莫測上
意咸避之濟立訊成獄觀由此異之見獻徵錄
十一年出爲安慶知府○按明實錄濟於正統十年秋
出巡鳳陽事竣會安慶以民饑聞遂於十一年夏出
守安慶
范希正傳因請升曹縣爲州○按曹縣之升爲州在正
統十一年見地理志
范希正附傳無若希正與寧州知州劉綱寧上增陝西二字○
按地理志寧州有三一屬陝西慶陽一屬江西南昌
一屬雲南臨安此所載未晰下稱寧民祀之狄仁傑
祠中考唐書仁傑傳及陝西名宦志仁傑嘗爲寧州
刺史又一統志慶陽府寧州有仁傑祠則綱所莅實
陝西之寧州矣
丁積傳授新會知縣○按積令新會時嘗爲民辨冤忤
當道指縶獄民爭爲致賄戒之曰吾求無媿此心耳
愼勿妄求貽我羞未幾事亦解見識大錄
唐侃傳永豐俗刁訟至侃禁止之○按侃令永豐時署
牌於庭左曰從刑右曰從化久之民無趨左者告訐
之風一變見獻徵錄
稍遷刑部主事○按識大錄侃所遷爲南京刑部
徐九思傳徐九思○按識大錄獻徵錄及陳錫仁所撰
傳俱作徐九經
吏部尚書熊浹知其賢特留之○按九思嘗榷稅荆州
裁舊額三之一諸聽榷者紛集倍溢於故悉置其餘
於庫見識大錄
張濬傳謂其敏斷如包拯也改一時翕然頌其敏斷
列傳第一百七十　儒林一
陳謨傳泰和人○按謨所著有海桑集門人楊士奇所
編次稱謨爲廬陵人
薛瑄傳後二日文謙死獲減一等改獲減等論斬旋轉左侍郎○按
瑄之入閣以左都御史楊善之薦在是年正月甲申
文謙等之死在是月丁亥見明實錄此云後二日雖
不誤但上文並未書日究屬無根且瑄於是年五月
轉本部左侍郎仍兼學士傳亦未敍
疏乞骸骨○按瑄之以老疾乞致仕也在天順元年六
月見明實錄
贈禮部尚書諡文清○按正德元年五月錄瑄孫葵於
中書舍人習字出身見明實錄
薛瑄附傳禹錫歸至益務力行○按禹錫從瑄歸後考
功員外郎紀振薦爲開州訓導見識大錄
超拜監察御史○按是時吏部尚書王鏊欲大用禹錫
不果及姚夔代鏊集廷議求學行殊等者任督學僉
舉禹錫遂超拜御史見識大錄
胡居仁附傳以事忤劉瑾落職○按祐爲南刑部時與
李承勛魏校胡世寧友時稱南都四君子正德初勳
臣有爭襲者祐嘗署其案忤瑾意遂落職見識大錄
嘉靖初歷雲南布政使○按嘉靖改元復祐原官陞河
南按察使平反冤獄與撫按爭可否至不能堪乃因
考察劾之有心慕乎古氣失於偏之語祐笑曰偏則
有之慕古吾何敢坐調廣西按察使旋有雲南之擢
見識大錄
蔡清傳王恕長吏部重清調爲稽勳主事○按清居吏
部時庶吉士鄒智以言事下獄罪不測刑部尚書何
喬新方在告清强之出喬新卽疏救智乃得以讁去
見獻徵錄
萬厤中追諡文莊贈禮部右侍郎○按是時僉都御史
詹仰庇以易名請遂予諡大學士李廷機復爲請乃
獲贈典見明實錄
蔡清附傳授刑部主事改南京戶部○按陳琛爲南戶
部時榷淮安舟稅常額旣足大闢關門恣商人來往
上官責其弛慢琛引古以抗之見獻徵錄
羅欽順傳再遷南京吏部右侍郎○按欽順由南京入
爲吏部右侍郎世宗卽位乃轉左見獻徵錄與此小
異
爲著困知記自號整菴○按欽順年八十時巡撫都御
史張岳言欽順擴斥異端功在聖門宜舉引年之典
乃詔撫按官及門存問見識大錄
曹端傳後改葬澠池○按正統中僉事張敬奏請建祠
於澠池祀端見識大錄
吳與弼傳復遣行人送還○按與弼之放還也召入文
華殿勉以著書垂後仍敕行人王惟善曰天氣近寒
與弼邁矣其善護之見明實錄
陳崇聖志廣聖學等十事○按與弼所上十事曰崇聖
志廣聖學隆聖德子庶民謹命令敦教化清百僚齊
庶政廣言路君相同心一德見明實錄
陳眞晟傳初治事改治舉業
由是篤志聖賢之學由是改遂
呂柟傳應詔陳六事○按柟所陳六事一遜日臨朝聽
政二還處宮寢以圖儲貳三郊社禘嘗躬親承事四
日朝兩宮五遣義子番僧邊軍六取回鎭守太監見
明實錄
選國子監祭酒選改遷
上輟朝一日賜祭葬○按柟卒後贈禮部尚書諡文簡
見陝西通志
邵寶傳遷江西提學副使○按寶之官提學也由周經
劉大夏之薦見識大錄
瑾怒漕帥平江伯陳熊欲使寶劾之○按是時瑾索熊
金錢不應故怒之熊被劾後下詔獄謫戍海南衛見
明史紀事本末
楊廉傳京師地震劾用事大臣○按廉劾諸大臣時並
薦張元禎吳寬李東陽王鏊劉戩宜備日講見明實
錄
復改南京兵科○按廉改兵科時再疏論黜陟謂藩臬
周孟中王鴻儒知府張吉知州王雲鳳俱有政聲乞
照天順例賜楮幣宴禮部破格陞擢以收才望見獻
徵錄
歷順天府尹○按廉尹順天時以昌平歲歉不給奏陞
爲州轄密雲順義懷柔三縣見明實錄
劉觀附傳又有李中吉水人○按中由正德九年進士
授工部主事以言事謫廣東驛丞王守仁撫贛州檄
參其軍預平宸濠嘉靖初由故官累遷右僉都御史
巡撫山東歲歉令民捕蝗者倍予穀蝗絕而飢者濟
禽劇盜闞繼先鄰境攘其功中不與辨進副都御史
總督南京糧儲未幾卒光宗時追諡莊介見明實錄
魏校傳補江西兵備副使○按校補兵備副使力辭旋
改命督學河南見明實錄
魏校附傳自見耿定向至辭不行○按定向督學南畿
高敬臣行誼逾格貢焉强之赴京以親老力辭見識
大錄
崔銑傳父陞官參政○按銑父陞由郎官出爲四川參
政歷官廉愼在蜀時與僉事曲銑齊名見獻徵錄
何瑭傳選庶吉士○按武宗卽位瑭時初授編修因新
政抗疏乞復史職不報見識大錄
俟瑾誅復官○按瑭復官時疏請籍沒贓吏以杜禍原
爲所司議格見獻徵錄
歷工戶禮三部侍郎晉南京右都御史○按嘉靖六年
瑭由太常卿遷南工部侍郎奏革神帛堂各宮監機
戶夫匠冗費歲以數萬計未幾調北工部改戶部復
改禮部再謝病御史毛鳳韶等疏留詔在京調治都
御史之擢則嘉靖九年也見明實錄
後諡文定○按明實錄瑭之賜諡在隆慶初元是時並
贈禮部尚書
乾隆四十一年賜諡諸臣黃淳耀黃淵耀通諡忠節

明史攷證攟逸卷三十一

長洲王頌蔚編集

列傳第一百七十一　儒林二
陳獻章傳廣東布政使彭韶總督朱英交薦○按是時
韶等乞以禮聘獻章吏部尚書尹旻謂獻章向聽選
京師非隱士比安用聘遂檄召至京見獻徵錄
獻章事之至孝刪獻章二字
萬厤初改萬厤十二年
賀欽傳卒年七十四下增天啟初諡恭定六字
陳茂烈傳入爲監察御史○按茂烈爲御史時疏論道
士崔志端不宜爲尚書戶部尚書侶鍾諛佞取寵宜

罷見識大錄
毋卒茂烈亦卒○按茂烈卒後都御史王應鵬言茂烈
廉約如石守道而所養獨純孝行如徐仲車而所處
尤困請加優卹詔表宅里曰孝廉鄉其家見明實錄
湛若水傳授翰林院編修○按正德中若水常奉使安
南冊封國王黎賙却其餽不受見識大錄
年九十五卒○按若水之卒也贈太子太保謚文簡見
識大錄
湛若水附傳累官四川水利僉事○按信成進士後授
戶部主事遷兵部員外郎出爲四川僉事在蜀三年
革岷江一帶水驛丈復各衛養馬草場又以商番交
易茶馬全聚二夷爭路讐殺乃立科條一曰復秤盤
二曰禁湖茶三曰限引目茶額旣定私販悉絕蜀人
便之見獻徵錄
鄒守益傳九廟災守益陳上下交修之道○按是時以
廟災詔諸大臣自陳諸大臣皆皇恐引罪守益獨抗
言交修之道故得罪見識大錄
錢德洪傳十一年始成進士累官刑部郎中○按德洪
廷試後乞教授蘇州學以便養旋遷國子監丞歷刑
部主事至郎中見獻徵錄
王畿傳嘗云學當致知見性而已至以不謹斥○按
是時薛應旂爲南考功郎中以不謹斥畿應旂亦坐
補外南給事中游震得等爲應旂訟應旂旋復京秩
見獻徵錄
王畿附傳王氏弟子徧天下至聲名反出諸弟子上○
按是時總漕都御史劉節御史吳悌皆特疏薦艮不
報御史洪垣構室居其徒有子壁幼隨父之守仁所
師事王畿錢德洪最知名見識大錄
坐事爲言官論罷○按汝芳以參政入賀旣成禮請告
出城集同志講學廣慧寺居正惡之遂風言官疏劾
致仕見識大錄所謂坐事者指此
累官吏部左侍郎拾遺○按萬厤十九年起元以洗馬
充講官有崇聖志勸聖學疏二十五年秋因災異復
上恭勤勤學疏並見獻徵錄
歐陽德傳以薦起故官累遷吏部左侍郎○按德以故
官起復未至遷南太常卿尋以原秩召掌國子監事
至則遷禮部左侍郎旋轉吏部見識大錄
裁制諸宗藩尤有執○按德居禮部時秦府爲其中尉
女請封崇陽王以罪賜死其宗人援他郡王例請襲
德皆持弗許弋陽建安樂安諸王爭攝寧府事德曰
寧藩已絕豈尙有府事須攝耶又請下諸藩禁陳乞
而裁諸罪宗廩給見獻徵錄所謂裁制宗藩者指此
贈太子少保謚文莊○按隆慶中允撫臣劉光濟之請
勅有司建祠其鄉祀之見明實錄

羅洪先傳嚴嵩以同鄉故擬假邊才起用皆力辭○按
御史淩儒嘗薦洪先帝怒奪儒職見明實錄
謚文莊莊改恭
吳悌傳及嵩擅政悌惡之引疾家居○按悌爲御史時
有請禁私交議鐫振議振風紀諸疏見獻徵錄
何廷仁附傳文敏字直充直改宜
許孚遠傳會大計京朝官至博鄉山西無一焉○按是
時給事中胡應嘉劾博庇私博連疏乞休帝爲斥應
嘉而慰留博見明史紀事本末
坐爲李材訟冤貶二秩○按材素從鄒守益學嘗任雲
南按察使征緬有功巡按御史蘇酇劾其與副使陳
嚴之等虛張功伐帝怒特旨坐以斬論救者五十餘
疏皆不聽繫詔獄五年見明史紀事本末所謂爲材
訟冤者指此
尤時熙傳聞郎中劉魁得守仁之傳至時時從獄中質
問○按是時帝用方士陶仲文言建雷壇於太液池
西魁極陳其秏國不經帝震怒杖於廷而錮之見明
史紀事本末所謂直言者指此
尤時熙附傳年七十六以萬厤六年卒○按後覺之卒
也維新言於郡守李士登立祠祀之士登又建四賢
祠祀王道穆孔暉及後覺孟秋見山東通志
鄒以讚附傳元忭嘗抗疏救御史胡涍○按神宗卽位
之冬妖星見慈慶宮後火涍言星陰象火積陰所成
請放宮女疏語忤帝斥爲民元忭乃疏救之見明實
錄
列傳第一百七十二　儒林三
孔希學傳以子希學襲封克堅累遷國子祭酒○按克
堅以子希學襲封拜中臺治書侍御史改山東廉訪
使起爲集賢直學士改禮部尙書遷陝西行臺侍御
史旋遷國子祭酒見闕里文獻考
洪武元年三月至遣希學來見○按希學元末襲封時
並兼祕書卿見闕里文獻考
十一月命希學襲封衍聖公○按洪武二年四月命博
士孔克仁等授諸子經功臣子弟亦令入學見明實
錄
階賞善大夫賞改資
當臨馭之初馭改御
十五年修闕里文廟成○按永樂十二年正月詔修闕
里廟十四年十二月詔修曲阜復聖廟並命凡從祀
諸賢之廟有壞皆修之見明實錄
召弘緒至京襲封賜玉帶金印○按弘緒襲封時帝親
賜玉帶以軀倘小去二銙授之又賜金圖書一其文
曰謹禮崇德見闕里文獻考
成化初以言事謫漢陽知府○按成化元年給孔顏孟

三氏學印令三年貢有學行者一人入國子監見明
實錄
弘緒少貴至奪爵爲庶人○按弘緒初爲南京科道所
劾下巡撫原傑按之悉得其非法用刑勒殺無辜狀
以聞命官會問坐以斬帝特從寬奪爵見明實錄所
謂多過舉者指此
正德三年以尼山洙泗二書院及鄒縣子思子廟各有
祀事改正德二年以鄒縣子思子廟主祀之人
主子思子祀事增事字
兩書院各設學錄一人上增又請尼山洙泗六字
鷹族之賢者充焉下增從之二字
萬厤九年至帝爲革供奉女樂二十六戶○按明實錄
萬歷九年八月尙賢庶母郭氏因受尙賢陵轢乃訐
奏尙賢濫用女樂賄受船戶及歲賀入京騷擾驛遞
諸事下撫按勘覆帝切責而貸之
崇禎元年加太子太傅○按崇禎元年追贈尙賢太子
太保見闕里文獻考
孔彥繩傳洙讓爵曲阜之弟治○按洙讓爵後命爲國
子祭酒兼提舉浙東學校事見闕里文獻考
曾質粹傳宗聖五十九代孫也○按職官志以質粹爲
宗聖六十代孫與此互異
正德間山東僉事錢鉞訪得曾子之後一人於嘉祥山
中○按正德二年七月命山東修理曾子廟從巡按
御史金洪請也見明實錄
孔聞禮傳正德元年元改二
聞禮卒嘉靖二十五年貞寧字用致襲○按王世貞衍
聖公爵系表稱聞禮卒弟聞詩襲聞詩卒聞韶之子
貞寧襲而武宗實錄元年四月已卯授聞詩翰林院
五經博士先是衍聖公弘泰卒爵歸聞韶其子聞詩
充三氏學生聞韶援文臣廕錄之例以請乃有是命
皆與此異
孟希文傳子承光萬厤二十九年襲卒○按承光於天
啟二年與長子弘略拒妖賊徐鴻儒與母孔氏俱被
害事聞贈承光太僕少卿孔氏貞淑恭人弘略太常
丞遣官諭祭專祠祀之見闕里志
列傳第一百七十三　文苑一
楊維楨傳坐船屋上吹鐵笛作梅花弄○按開國臣傳
載維楨嘗過洞庭有治人緱氏子名長弓掘地得古
莫邪無所用乃鎔爲笛贈之維楨爲賦治師行
蘇伯衡傳歲丙午○按明祖本紀丙午爲吳元年元至
正二十六年也
人目爲三高士墓刪此七字
坐表箋誤下吏死○按開國臣傳伯衡卒於家與此異
王冕傳授諸議參軍一夕病卒○按是時胡大海攻紹

興屯兵九里山延冕問策冕曰越人秉義若爲義誰
敢不服若爲非義誰則非敵明日遂不起初未嘗爲
諮議參軍也朱彝尊以冕爲元季逸民辯其未嘗一
日參軍事見元詩選小傳與此互異
戴良傳辛丑○按元史本紀辛丑爲順帝至正二十一
年
變姓名隱四明山○按蘇伯衡撰良畫像贊稱其跋涉
道途類子房之報韓其徬徨山澤猶正則之自放時
以爲實錄
戴良附傳飲泣賦詩情詞悽惻○按鶴年嘗有詩云行
蹤不逐梟東徙心事惟隨雁北飛人多悲其故君之
思見海巢集
張以寧傳由黃巖判官進六合尹○按以寧任黃巖判
官時嘗捕禽海寇見開國臣傳
奉使安南○按是時與以寧偕奉使者爲典簿牛諒見
明實錄
趙壎附傳布政使吳印者僧也○按吳印本鍾山寺僧
明祖奇其才命與宗泐同蓄髮欲官之宗泐辭印獨
受官其兄昭亦官布政使見開國臣傳
趙撝謙附傳酒間爲瞿佑誦所作詩○按張昱嘗參楊
完者軍事楊敗遂不仕嘗於酒間以界尺擊案誦所
作歌風臺詩淵淵有金石聲見楊士奇所撰廬陵集
陶宗儀附傳張憲○按憲所著有玉笥集見元詩選
高啟傳嘗賦詩有所諷刺帝嗛之○按靜志居詩話啟
嘗作題宮女圖詩有云小犬隔花空吠影夜深宮禁
有誰來爲明祖所猜其買禍蓋以此
孫蕡附傳四子潔絢繹紈○按是時稱潔等兄弟有四
懷之目見開國臣傳
列傳第一百七十四　文苑二
林鴻附傳父翰仕元抗節死○按翰仕元爲閩行省郎
中後爲潮州路總管棄官走閩爲黃冠棲永泰山中
十年太祖聞其賢詔有司强起之遂自刎死見獻徵
錄
王紱附傳改庶吉士歷官太常寺卿○按昺由庶吉士
爲中書舍人累進太常寺卿還本寺卿見御製書畫
譜與此小異
沈度傳崑山夏昺者至時號大小中書○按昺洪武末
爲永寧丞謫戍雲南永樂初昺入中書科習字上臨
視稱善昺因言及昺召對稱旨遂並命爲中書舍人
見識大錄
程敏政傳以宮僚恩刪此四字
擢少詹事○按敏政爲少詹時詔議從祀諸賢敏政請
斥戴聖劉向賈逵馬融何休王肅王弼杜預八人及
公伯寮秦冉顏何蘧瑗林放荀況等而進鄭眾王通

胡瓒下廷臣議爲學士吳寬侍郎倪岳等所格嘉靖
時卒用其議見識大錄
才高負文學刪才高二字
常俯視儕偶刪常字
頗爲人所疾刪頗字
因勒致仕刪因字
五年起官改六年召還
掌院事下增八年以內艱歸服闋轉詹事十一字○按明實錄敏政以弘治
六年召還仍供舊職八年以內艱歸服闋還京未至
轉詹事兼翰林院學士陞見遷禮部右侍郎此既誤
六年爲五年且所載未詳
與李東陽主會試增李字
羅玘傳形容灰槁稿改槁
臺諫救劉逊盡下獄○按是時逊知武岡以忤岷藩被
逮給事中龐泮等救之並下詔獄見識大錄
臣請降敕密諭至而仕路亦清○按是時南京科道楊
廉洪遠等交章劾玘妄言亂政且言尚書屠滽白昂
必不可不去帝不問見明實錄
馳書守臣約討賊改馳書巡撫王守仁約討賊
嘉靖初下增贈禮部尚書五字
儲巏傳疏薦前直諫貶謫者至進士李文祥吉等○按
明實錄巏爾時薦直諫貶謫者尚有前進士謫臨西
縣縣丞敖毓元與吉等其五人此所載獨遺毓元
李夢陽傳及僞爲奏章事章改草○按是時吉安知府劉
喬嘗爲夢陽所挫辱乃求夢陽短及僞爲奏草事白
萬寶令奏之見識大錄
李夢陽附傳康海至授修撰○按海廷試時孝宗見海
策謂輔臣曰明興百五十年無此文體是可以復古
矣遂寘第一見識大錄
王九思至尋調吏部至郎中○按正德四年四月孝宗
實錄成預纂修者當遷秩瑾惡翰林素不附己於是
調侍講吳一鵬及九思等十六人於南北六部名曰
擴充政事見明實錄
何景明傳錢謙益撰列朝詩力詆之改其意蓋詆夢陽非篤論也
徐禎卿附傳吳中自枝山輩枝山改允明
邊貢傳貢早負才名○按貢工詩與何景明李夢陽等
號十才子又與景明夢陽及徐禎卿王九思康海王
廷相爲七才子見獻徵錄
都御史劾其縱酒廢職○按是時劾貢廢職者爲都御
史汪鋐見明實錄
顧璘傳歷浙江左布政使至遷南京刑部尚書○按識
大錄稱璘於嘉靖十一年召拜右副都御史巡撫山
西疏乞終養忤旨落職以布政使致仕十六年再
起爲副都御史巡撫湖廣十八年拜刑部侍郎轉吏
部顯陵寢工晉工部尚書事竣遂遷南刑部尚書皆
與此小異
鄭善夫傳用薦起南京刑部郎中○按是時薦起善夫
者爲都御史周季鳳御史汪珊見識大錄
鄭善夫附傳官南京給事中○按雲霄由進士授靖江
知縣調青田遷南京工科給事中見獻徵錄
陸深傳二甲第一刪此四字○按太學題名碑深爲弘治十
八年二甲第八名進士是科二甲第一則崔銑也此
誤
劉瑾嫉翰林官亢己下增正德四年四字
嘉靖十六年召爲太常卿改旋召爲光祿卿進太常卿○按明實錄
嘉靖十五年十一月深陞光祿寺卿十六年二月遷
太常寺卿此誤
致仕卒謚文裕○按深以嘉靖二十三年七月卒賜謚
時並贈禮部右侍郎見明實錄
王廷棟傳已而疏上至杖於廷○按廷棟是時與舒芬
汪應軫江暉曹嘉馬汝驥合疏劾江彬罪見明實錄
列傳第一百七十五　文苑三
文徵明傳巡撫俞諫欲遺之金○按諫一日過徵明廬
門渠沮洳諫曰通此渠若於堪輿言定當第徵明曰
公無念渠渠通當損旁民舍異日諫乃悔曰吾欲通
文生渠奈何先言之吾終不能爲文生德也見獻徵
錄
文徵明附傳由國子生授南京翰林院孔目○按羽自
弘治壬子應鄉試至嘉靖辛卯閱四十年凡十有四
試不售乃以太學生赴選調天官卿素知其名曰此
吾少日所聞蔡某今猶滯選調耶奏授孔目居三年
歸卒於家見獻徵錄
女字卿子適趙宧光○按宧光字凡夫太倉人卜居寒
山所著書數十種尤專精字學說文長箋其所獨擅
也見吳縣志
王穀祥至左遷眞定通判以歸○按書畫譜穀祥乞歸
家居二十年隆慶初起南吏部不受書倣晉人不墜
右軍大令之風篆籀八體並臻妙品兼善繪事點染
花卉意致獨到
黃佐傳與論河套事不合○按時曾銑議復河套言喜
言邊功力主之見明史紀事本末
柯維騏傳褒貶去取義例嚴整改獨出己見自爲一書○按遼盛
於唐時去宋甚遠且後亦未嘗附宋自當另爲一書
至宋之於金稱臣稱子遠不逮東晉之於魏乃拓跋
既已成書而於金史何疑焉是附遼金于宋義例已
非傳中褒貶二語殊未允當
王慎中傳曾汴輩咸在部曹汴改忭○按進士題名錄曾
忭泰和人嘉靖五年進士此作汴誤
詔簡部郎爲翰林衆首擬慎中○按詔取才學之臣十
人以充史館慎中居首張孚敬使人語曰得一見館
職不足定也慎中不往乃黜用九人獨慎中不用見
獻徵錄
高叔嗣傳叔嗣少受知邑人李夢陽邑人改慶陽○按夢陽
慶陽人時寓居開封不得謂之邑人
陳束傳座主張璁霍韜至引嫌亦議改○按嘉靖初張
璁方得君好變易典制諸吉士皆少年負氣不能屈
往往抗視閣臣璁怒盡黜諸吉士見獻徵錄
陳束附傳嚴嵩惡經遂置之死○按經初劾嵩受賂嵩
心銜之二十二年經監山東鄉試嵩摘試錄中謂有
諷上語激帝怒逮至京廷杖死見明史紀事本末
皇甫涍附傳賈人女爲尚書文明妾至終興化同知○
按明雖斂容謝而心中銜之乃出令榷稅荊州會大
計考功郎與濂有忌謫河南理問稍遷興化同知歸
數年卒見獻徵錄
茅坤傳積善之悉以兵事委坤連破十七砦○按積既
以兵事委坤乃簡部五千人團射角技遣猺以爲常
賊玩而懈我兵爭願一戰遣善繪者圖其山川分所
部兵爲七後先發約同日抵鬼子砦所過輒榜曰軍
門進十萬兵討殺陽峒令者他砦敢動先移兵滅之
諸蠻見旗幟徧山谷且怵于榜文皆不敢動於是連
破十七砦禽斬百五十人見獻徵錄
胡宗憲延之幕中○按嘉靖四十二年宗憲爲浙閩總
督給事中陸鳳儀劾之逮詣京宗憲自殺坤上書訟
其冤見明史紀事本末
李攀龍傳稍長爲諸生○按王慎中督學山東奇攀龍
文擢冠諸生見獻徵錄
李攀龍附傳梁有譽○按有譽字公實南海人見獻徵
錄
王世貞傳用爲青州兵備副使○按青州褒徐進道被
詘罪不至死而進道恃其宗強黨衆陰謀勒兵反世
貞聞之故緩其獄令捕盜自劾進道謀漸解遂縛之
盡散其黨見獻徵錄
卒於家○按世貞卒贈太子少保見明實錄

明史攷證攟逸卷三十二
長洲王頌蔚編集
列傳第一百七十六　文苑四
李維楨附傳山東稅監陳增貪橫至斥宗堯爲民○按
萬厤二十六年九月宗堯奏太監陳增罔上營私益
都有鉛砂無銀礦增强之入銀業非法矣且代納稍
緩逮及吏民陛下所得十一而增私橐十九巡撫尹
應元亦參增罪二十餘條忤旨奪俸下鎮撫司削籍
見明史紀事本末
王穉登傳命穉登爲之有警句○按靜志居詩話云伯
穀詩亦華整第嫌肉勝於骨至袁文榮所賞牡丹詩
色借相公袍上紫書生薄命原同妾等句媚竈之詞
近於卑田乞兒語矣
王穉登附傳王叔承字承父○按王叔承初名光允以
字行晚乃更字承父見靜志居詩話
焦竑附傳里人孫文豸以誦步天歌見捕○按文豸仁
錫戚也嘗作策論嘲時忠賢因誣文豸造妖言謗朝
政疊重辟所指妖言則韓愈原道篇欽天監步天歌
也先是仁錫在講筵因王恭廠火災又見正人屠戮
忠賢竊土木不休講時不避忌諱忠賢復以不撰寧
國封敕遂命許顯仁擬文豸獄詞連仁錫等遂削籍
歸見明史紀事本末
董其昌傳始以宋米芾爲宗後自成一家○按其昌云
吾年十七學書師顏平原又學虞永興以爲唐書不
如晉魏又學鍾王凡三年自謂逼古文徵仲祝希喆
不復置眼角比游嘉興見項子京家藏眞蹟又見官
奴帖於金陵方悟從前妄自標許自此漸有小得見
畫禪室隨筆
董其昌附傳字友石改字仲詔○按書畫譜米萬鍾字仲詔
關中人徙居京師性好石人謂無南宮之顚而有其
癖號爲友石先生友石其號而仲詔其字也此以號
爲字誤
張瑞圖者官至大學士○按瑞圖以天啟七年晉禮部
尚書東閣大學士崇禎元年三月致仕見宰輔年表
曹學佺傳劉廷元輩主瘋顚○按天啟二年御史馬逢
皋等劾廷元倡論保奸廷元乃降調見明史紀事本
末
乾隆四十一年賜謚諸臣曹學佺迴謚忠節
列傳第一百七十七　忠義一
花雲附傳文遜者刪者字
兩舉鄉第一鄉下增試字
王愷傳太祖克衢州命總制軍民事○按陳友諒寇龍
江上命葛俊擣廣信以牽其師道過衢愷謂之曰廣
信僞漢門戶彼既傾國入寇寧不以重兵爲守非大

將統全師以往不可若出偏師撓之設有挫衄吾衛
先驛騷矣乃止俊而請胡大海行大海至廣信果潰
如愷言見獻徵錄
追封當塗縣男○按愷沒後追封當塗縣男與享雞籠
山功臣廟及太祖登極復進封當塗縣子見獻徵錄
孫炎傳遺基書數千言基始就見○按基就見炎炎與
論古今成敗之事基深歎服之曰基自以爲勝公觀
公議論基何敢望公哉見獻徵錄
牟魯附傳王君諒君改均○按下文作均諒與明實錄同
黃里○按黃里本紀作黃理
蜀將丁世珍○按本紀作丁世貞
洪武五年其黨羅子仁率衆潛入城執名善不屈死○
按本紀四年八月高州海寇亂通判王名善死之此
作五年彼此互異
王禕傳太祖取婺州召見用爲中書省掾吏○按太祖
見禕語必稱子充而不名間與論文章稱善因命采
故實爲四言詩以教皇太子見獻徵錄
王禕附傳又有吳雲雲宜興人○按李東陽忠節錄序
作吳友雲與此異
熊鼎傳果異止勿動蛙果勿動勿俱改弗
琴彭傳宣德元年黎利反率衆圍其改宣德元年賊黎利率衆圍其城
城○按永樂十六年俄樂縣土官巡檢黎利反至宣
德元年蓋已七年矣此云宣德元年黎利反似至是
始反者文義未協據安南傳改
王禎傳荊襄石和尙流劫至巫山○按成化元年四月
荊襄盜劉千斤反湖廣提督白圭擊禽之二年六月
其黨石和尙聚衆流劫四川圭復誘執之磔於市見
明史紀事本末
周憲傳總督陳金檄憲勦之○按金檄憲等分兵三路
進勦其二路失期不至憲獨深入被殺事在正德七
年見明史紀事本末
吳景傳六年正月逼江津○按本紀五年十一月乙丑
賊陷江津僉事吳景死之此言六年正月互異
賊麻六兒將逼川東○按正德六年正月江津賊曹甫
自稱順天王巡撫林俊擊斬之甫餘黨方四麻六兒
等復擁衆肆掠至九年總制彭澤等討平之見明史
紀事本末
孫燧傳先是副使胡世寧暴宸濠逆謀至世寧得罪去
○按世寧奏宸濠罪狀下兵部移文寧府令鈐束其
下濠奏世寧離間親親妖言誹謗賄營內旨逮之刑
訊一年錢寧蕭敬等受重賂脅刑官必致之死大理
少卿胡瓚曰濠謀傾世寧以發而置之極刑何以服
天下乃戍瀋陽衛見明史紀事本末
使人賂朝中幸臣去燧○按宸濠致書兵部尙書陸完

令急去燧燧上書自劾乞休不報見明史紀事本末
賊多持白挺挺改梃
宋以方傳時華林大盜甫平○按正德六年華林賊陳
福一攻破瑞州七年按察使王秩等討平之見明史
紀事本末
列傳第一百七十八　忠義二
王鈇傳倭來薄數禦却之○按倭薄城北矢礮交下賊
稍稍去鈇曰賊來未創也而去其懈我耳倍繕具待
之詰朝賊果至鈇督兵間道出戰倭潰走見獻徵錄
錢錞傳錞提狠兵戰九里山至錞戰死○按賊攻城城
守固乃移營蔡涇焚掠四野錞從城上望之曰翦屠
烈矣奈何與此賊俱生耶乃騎而背城洪戰狠兵驕
錞數折之至是乘其薄賊先潰走錞遂戰死見獻徵
錄
黃釧傳是年倭陷福淸○按倭攻福淸知縣葉宗文與
陳見等同被執死之見明史紀事本末
倭乘勝犯惠安○按是時倭犯福清巡撫阮鶚不能禦
取庫銀數萬賂之以新造大舟六俾載之而去見明
史紀事本末
張振德傳而崇明部將樊龍殺巡撫徐可求○按時以
邊事急徵四方兵崇明上疏請以兵三萬赴援遣其
將樊龍等以兵至重慶巡撫徐可求汰其老弱發餉
餉復弗繼龍等遂鼓衆刺殺可求及道臣孫好古等
見明史紀事本末
張振德附傳桐梓知縣洪維翰城陷奪印不屈死○按
維翰歙縣人崇禎十六年進士見題名錄
筲艮相傳水西有變禍必首及○按水西未叛艮相語
李檼曰奢氏反安必繼之黔中無兵餉猝然有變計
將安出宜招兵萬人積二年穀用許成名將之以觀
其變檼以力不能止見明史紀事本末
何天衢傳及名聲死○按崇禎九年朱燮元奉命討名
聲伏誅見明史紀事本末
乾隆四十一年賜諡諸臣張瑤通諡忠節朱萬年張
奇功熊奮渭通諡烈愍姬文允孟承光吳世揚陳所
聞何天衢揚于陛通諡節愍
列傳第一百七十九　忠義三
張銓傳被執不屈至遂自經改就執欲生之慰諭再四不可奪乃令自盡銓衣冠向闕拜又遙拜父母就縊○按太祖高皇帝實錄天命六年張銓
被執不降太祖命賜死以遂其志太宗惜銓欲生之
婉諭再四終不可奪不得已縊而葬之
崇禎四年流賊至○按是時賊趙四兒六千餘人入山
西卽點鐙子也總督洪承疇等禽斬之見明史紀事
本末
誤從王佳允至此○按佳允以崇禎三年六月攻陷府

谷縣四年六月秦將曹文詔斬之陽城城下見明史
紀事本末
高邦佐傳裁抑稅使高淮不敢大橫○按遼東稅監高
淮恃寵恣橫吏民小拂意係累相屬於道二十六年
激變錦州倉卒逃入關吏部侍郎楊時喬等力言遼
東重困危在旦夕皆淮激變乃召還見明史紀事本
末
高邦佐附傳同時顧頤以右參政分守遼海道○按頤
博興人萬歷中進士見山東通志
黨還醇傳黨還醇黨改党○按題名錄作党還醇此誤
張春傳春仍不食守者懇勸劃此八字○按太宗文皇帝實
錄載上賜以珍饌張春曰我死志已決不食上之所
賜我盡忠求死殺之以成我志上益有令名矣日後
上之諸臣必有爲上言春願死仍不食餓三日上復
賜食乃受而食之並無春仍不食守者懇勸二語此
誤
王肇坤附傳與遊擊治國器治改冶○按畿輔通志作冶
國器萬姓通譜有冶姓無治姓
破定興改定興破
破安肅改安肅破
孫士美附傳靈壽馮登鰲鰲改鼇下同
固城王九鼎固改故○按明一統志河間府有故城無固
城
承宗未詳何許人○按黃承宗威海衛人城破與子朝
鍹力戰中流矢死妻劉氏自縊死見山東通志
九鼎亦未詳何許人○按王九鼎濬山人見江南通志
張秉文附傳虞孕未詳○按陳虞孕雲南昆明籍上元
人見江南通志
有劉大年者○按劉大年崇禎十年進士見題名錄
吉孔嘉附傳河間襄陽知縣賈太初永年山東副使申
爲憲皆抗節死○按賈太初崇禎十年進士申爲憲
天啟二年進士俱見題名錄
張振秀附傳弘緒歷車駕郎中○按劉弘緒崇禎七年
進士見題名錄
張焜芳傳又糾太僕少卿史堇○按崇禎十一年焜芳
糾堇疏曰舊例鹽引每重四百三十斤秤掣之時包
中偶重一二斤必割沒入官所以杜私帶也堇垂涎
割沒坐定斤數每引割沒不下二百斤而私鹽任其
夾帶奸商遂恣意夾帶每包必致人力不能扛擡多
有聚衆就地推輦者有是理乎見山書
乾隆四十一年賜諡諸臣王肇坤王一桂李禎宁喬
若雯宋學朱顏紹孕吳貞能通諡忠烈張秉文吉孔
嘉鄧藩錫張焜芳通諡忠節鄭國昌陳輔堯張鳳奇
党還醇楊燫孫士美劉廷訓鄧謙趙珽陳三接高維

岱李其紀文昌時陳與言王維新丁文明樊吉人賀
秉鉞通諡烈愍竇永澄江萬春董爾礪徐國全顧頤
崔儒秀段展程應琦盧成功焦延慶張國翰廖汝欽
任光裕李獻明王元雅何天球徐澤武起潛張春閻
生斗蔣秉采于世奇趙悅王禹佐咸貞吉上官藎冶
國器蘇時雨趙國鼎鄭延任白慧元黃承宗馮登鼇
王鑰王采崔賢陳誌王九鼎張文煥錢珍陳緘李崇
德魏克家周之訓翁鴻業唐世熊苟好善陳虞孕熊
列獻韓承宣陸燦劉大年宋希堯張列宿黃建極李
承芳高重光姚汝明周而淳趙燁丁師義李時芫孟
魯鉢張鳳鳴王端冕唐鉉李鶴皋杜斗愚賈太初申
爲憲傅梅邢國璽馮守禮張予卿朱迴添任萬民李
耿吳汝宗周敢元劉光先劉士璟張振秀劉源清邢
泰吉尹任楚煙劉弘緒譚絲曾文蔚閻鼎李昌期郝
芳聲俞起蛟通諡節愍

明史攷證攟逸卷三十三

明史攷證攟逸卷三十三　　長洲王頌蔚編集

列傳第一百八十　忠義四
張允登傳督餉至甘泉至允登力禦不敵死○按是時
流賊上天猴劫宜川令馬自然以求撫楊鶴受之處
其部二千人於鄜州降卒白郴溪遂句賊爲亂混天
猴向隸允登甘泉之變亦與焉見綏寇紀畧
張光奎傳流賊躪山西○按是時賊以七月破大寧八
月破隰州再破石樓壽陽見明史紀事本末
與兄守備光璽千總劉自安等至城陷並死之
呈章友程及舉人趙一亨侯標並死之○按劉自安趙
一亨侯標俱賜祀忠義祠
李中正傳執舉人靳謙書使跪不屈大罵而死
其宜陽馬足輕至則先後以布衣抗節顯○按靳謙書
馬足輕許爗劉君培李登英裴君合張我正張我德
孫挺生傳世濟李佩玉劉時龍俱賜祀忠義祠
方國儒附傳保康小邑至城遂陷○按時山西河北諸
賊以六年十一月渡河十二月破鄖西上津明年正
月遂由房縣破保康見綏寇紀略
訓導王紹正死之至罵不絕口死○按王紹正常存與
俱賜祀忠義祠
何承光附傳訓導高錫及妻女至通江巡檢郭纘化陣

沒○按高錫陳國俊郭繽化俱賜祀忠義祠

酈瑜傳戚至捽令跪至剖心裂屍而去○按是年閏八月賊圍靜寧州旋破隆德縣固原道陸夢龍來援兵敗死之賊衆五十餘萬於是崇信與靈臺白水涇州後先皆陷見綏寇紀略

酈瑜附傳及父嗣成弟三元俱死之

子士樞士模皆死教諭李之蔚鄉官魏炳亦不屈死○按董嗣成董三元吉士樞吉士模李之蔚魏炳俱賜祀忠義祠

婁琇知涇州閏八月城陷死○按一統志婁琇湘陰人天啟舉人崇禎中知涇州

有宋緒湯者至大罵死○按宋緒湯賜祀忠義祠

尹夢鼇傳八年正月方謁上官於鳳陽至賊已抵城下○按是時汝寧賊以正月七日攻潁州其支賊以初八日由固始夜薄霍丘三日而霍丘潰遂焚壽州之正陽鎮十一日破潁州屠之見明史紀事本末

廷傳者至令繕牘上當事旋卒○按劉廷傳劉廷石俱賜祀忠義祠

尹夢鼇附傳鄉官尚書張鶴鳴弟副使鶴勝至皆死之勝改騰○按鶴鳴被害時年八十五賊倒懸射之鶴鳴詈啇大罵有賊剚刃者三日若復能坐而鞭吾背耶人始知其撫黔時有宿憾見明史紀事本末又按張大同丁嘉遇郭三杰韓光祖皆賜祀忠義祠又是時舉人白精忠與郭三杰同遇害見江南通志亦賜祀忠義祠

次子定策孫日曦罵賊死

千戶孫升至俱乘城戰死

陳弘祖至餘皆陣沒

元亨乃極口大罵賊怒斷脰死

同死者千戶陳永齡百戶盛可學等四十一人

舉人蔣思宸聞變投繯死○按韓定策韓日曦孫升田三震羅元慶田得民王之麟陳弘祖陳其忠金龍化葛元亨盛可學蔣思宸俱賜祀忠義祠

盧謙傳舉人張受畢尹周亦不屈被殺○按張受畢尹周俱賜祀忠義祠

盧謙附傳賊陷霍丘○按霍丘之陷在鳳陽未陷之先迨鳳陽破自成偕高迎祥西趨歸德復入陝西獻忠獨東圍廬州知州吳大樸固守不克攻巢縣破之攻舒城知縣章可試開西門塹其溝誘賊入殺千八賊遂退抵廬江陷之巢縣太湖皆被屠見綏寇紀略

縣丞張有俊至舉人王毓貞死焉

訓導扈永寧亦死之○按張有俊倪可大何炳田饒庭王毓貞扈永寧俱賜祀忠義祠

龔元祥附傳子炳衡號呼罵賊賊又殺之至允恭卒死之○按龔炳衡姚允恭俱賜祀忠義祠

史記言傳老猾猾憤至城遂陷○按是月朔秦賊李自成等悉衆薄閿鄉左良玉禦之靈寶東祖寬禦之靈寶西不能支越四日陝州遂陷見明史紀事本末

史記言附傳訓導王誠心至亦不屈死○按王誠心及張敏行姚良弼陳三元俱賜祀忠義祠

是月賊陷盧氏改是年十月賊陷盧氏○按綏寇紀略是時陷盧氏者爲豫賊埽地王等其事在是年十月二十八日

梁志仁附傳思仁等亦不屈死○按單思仁吳鳳來盧大受俱賜祀忠義祠

王國訓傳建忠等亦不屈死○按夏建忠陳紹南張弘綱陳綉俱賜祀忠義祠

王國訓附傳與教諭譚恩驛丞羅文魁協力守城城陷皆死之○按譚恩羅文魁俱賜祀忠義祠

有孫仲嗣者至並死之○按孫仲嗣賜祀忠義祠

黎弘業傳崇禎八年流賊犯和州○按是時高迎祥李自成攻廬州知府吳大樸合肥令熊文舉堅守不克自成遂進陷含山犯和州見明史紀事本末

判官錢大用至偕妻汪子婦章赴水死

訓導趙世選不屈死○按錢大用景一高康正諫趙世選俱賜祀忠義祠

黎弘業附傳論平邦彥功平下增安字

流賊至刪流字

守者皆潰賊遂入城○按是時操江臨淮侯李弘濟遣其將辥有年援和以遲發賊已破和而北有年中道失勢遂敗見綏寇紀略

兄鹽運司判官如蚪諸生如虹及家屬十四人皆死○按馬如蚪高如虹俱賜祀忠義祠

張紹登傳知應城縣九年賊來犯○按是年十一月張獻忠老猾猾等賊二十餘萬從均州新野等處分道入襄陽總兵秦翼明不能禦賊由漢江之羅溪灘塡土渡江遂以十二月破應城於是雲夢孝感黃陂皆陷全楚震動見明史紀事本末

張紹登附傳投國勛於烈燄中○按張國勛賜祀忠義祠

王燾傳天大風雪至入署整冠帶自經○按是時副總兵楊世恩之兵潰於棗陽隨州繼陷遂責世恩戴罪自贖見綏寇紀略

蔣佳徵傳設伏要害至力戰死○按是年七月皖賊襲破六合圍天長逼揚州楊大賁捐私財募竈丁及新舊官軍爲四營賊分掠瓜儀至僧道橋去揚僅一舍知有備乃北由岔澗破盱眙見綏寇紀略

徐尙卿傳崇禎十年十月李自成惠登相等以數十萬衆入四川○按是時自成等以十月三日破寧羌州分其軍爲三一攻七盤一入廣元一向白水侯良柱既敗殁賊遂入關於廣元烏龍山下結十七營分兵守二郎關乃從淺灘過河破昭化見明史紀事本末

吏目李英俊從之

主簿張應奇死之

典史潘孟科死之○按李英俊張應奇潘孟科俱賜祀忠義祠

阮之鈿傳十一年正月至居民洶洶欲竄○按獻忠就撫後文燦命簡精卒二萬給餉餘散遣之獻忠請十萬人餉文燦爲請銜予賞給以六月餉獻忠具軍狀備調遣既命推官程九萬調其兵檄之者三不應見綏寇紀略

賊衆嘶出野外行劫○按穀城有河爲漢沔所匯獻忠立關梁月徵其稅陳洪範軍士獲義武營關防於草中請卹以給獻忠兵科給事中張縉彥持不可於是獻忠益驕見明史紀事本末

至五月獻忠果反○按是時陳洪範所遣將馬廷寶徐起祚助防穀城者獻忠皆挾之去見綏寇紀略

郝景春傳羅汝才率九營之衆○按所謂九營者汝才與一丈青小秦王一條龍爲鄖縣四營惠登相與王國寧常國安楊友賢王光恩爲均州五營見明史紀事本末

分諸營於竹谿保康上津而自與貴雲祥居房縣之野○按汝才之降也文燦檄之從軍汝才言不願爲官無所事餉請受山田以耕鄖撫戴東旻疏曰羅汝才詭占屯部帶刀以耘張獻忠飽食休甲據邑弄兵請敕理臣率鄖郢之卒督臣掃關隴之兵乘其不意一舉勦除不報見綏寇紀畧

郝景春附傳殺一典史一守備恐之卒不屈與鳴鑾俱被殺

邦聞及其家人並不屈死○按朱邦聞郝鳴鑾典史某守備某俱賜祀忠義祠

張克儉傳守備曹鳴鶚戰死○按是年二月左良玉挫於武安賊以三四萬從趙寨而東都司蔡如蘅禦之急呼河鳴鶚與中軍馬擢策應至部原關遇賊鳴鶚勝之翼日復力戰賊益多火藥盡擢觀望不前俱死之見明史紀事本末

小秦王混世王過天星等皆降○按小秦王混世王之降在十三年七月至九月賊魁過天星及整十萬王光恩相繼降見綏寇紀略

獻忠令人假督府軍符詭入襄陽城○按是年正月獻忠敗官軍於開縣席卷出川西焚驛置楚蜀消息中斷賊長驅至當陽袁繼咸方謀出軍獻忠令汝才與相持而自以輕騎一日馳三百里道殺督師使者取軍符以二十八騎持符襲入見明史紀事本末

張克儉附傳他將搜山又獲其軍師潘獨鼇○按潘獨鼇爲秦將鄭嘉棟大坪溪搜山所得見綏寇紀略

徐世淳附傳呼州人告以埋印處乃死○按徐擎梁賜祀忠義祠

乾隆四十一年賜謚諸臣史記言王信郝景春通謚忠烈尹夢鼇黎弘業馬如蛟阮之鈿張克儉通謚忠節張允登吳開先李呈章徐明揚李中正方國儒劉定國高日臨王永年郭震辰田實酈瑜吉永祚婁琇蒲來舉張鶴騰朱國相袁瑞徵呂承麐郭希聖張鵬翼周時望李郁岳光祚陳永齡盧謙嚴覺金應元龔元祥李君賜楊道泰阮我疆白楹梁志仁楊呈秀張紹登王燾魏時光蔣佳徵吳暘春王寅陳正亨楊道選曹鳴鶚酈曰廣黎民安徐世淳通謚烈愍郭永固郭景嵩張光奎張光璽楊于楷張友程樂濟泉何承光董三謨呂鳴世趙士寬田之穎劉道遠李生白李從師王廷俊戴廷對李邁林王國訓薄匡宇趙躋昌胡爾純萬代芳饒可久王燾徐尙卿王時化李大覺余墉通謚節愍

列傳第一百八十一　忠義五

武大烈傳舉天啟七年鄉試改天啟七年舉人

授永寧知縣授下增河南二字○按地理志永寧有二一屬河南河南府一屬江西吉安府此所載未晰以下文自南陽陷宜陽考之其地皆與河南之永寧接壤則大烈當是河南永寧知縣

知縣唐啟泰被害改戕知縣唐啟泰

讚及子國學生祚延死之至並不屈死○按張祚延魏國輔任維清孫世英俱賜祀忠義祠

武大烈附傳舉人馬體健死之

鄉官來秉衡至抗節死○按馬體健來秉衡郭顯星荀良翰俱賜祀忠義祠

盛以恆傳崇禎十三年舉人知商城縣視事月餘改崇禎十三年由舉人知商城縣甫月餘○按選舉志崇禎十三年非舉鄉試之期且下文稱張獻忠陷襄陽即十四年事明制亦無舉人本年即爲縣令者考河南通志稱以恆於十三年任商城亦未詳爲何年舉人此所載誤

二月中賊奄至○按獻忠陷襄陽居兩日即破樊城返而破當陽郟縣招汝才兵東下入光州汝寧以南商城及羅山息縣信陽固始殘破殆盡見明史紀事本末

孫覺及典史呂維顯教諭曹維正皆死○按孫覺呂維顯曹維正俱賜祀忠義祠

未謁選歸遇變罵賊死○按段增輝賜祀忠義祠

賊既陷南城改南商

盛以恆附傳知州高孝誌至亦死之○按李逢旭程所
聞魏光遠俱賜祀忠義祠
顏日愉傳日愉擊殺之幾盡餘賊引去○按是時左良
玉次南陽蹋賊於西山賊敗走獻忠汝才合兵來攻
日愉與指揮王汝章禦郤之見綏寇紀略
顏日愉附傳主簿門迎恩訓導楊氣開亦死之
舉人劉恩澤初嘗以策干當事○按門迎恩楊氣開劉
恩澤俱賜祀忠義祠
潘弘傳子澄瀾痛憤大哭投井死○按潘澄瀾賜祀忠
義祠
潘弘附傳鄧州知州劉振世吏目李國璽至皆抗節死
典史雷晉還率捕卒戰死又有武職王衍范錢繼功海
成俱死○按李國璽余承廕李錫丁一統張五美王
鍾王子章海寬傳彥雷晉還王衍范錢繼功海成俱
賜祀忠義祠
陳豫抱傳母先赴井三子從之至俱從之
宷從母常先投井死宣宮皆詈賊被殺
張鋐粹率二子佐有司固守城陷大罵俱被殺
同芳噴血大罵支解而死
劉芳名至皆抗節死
一鷺一鵬父亦罵賊死
唐縣許曰琮至遂嘔血而死○按陳豫抱豫養豫懷陳
默通默恆默言許宣及弟宷宮張鋐粹武同芳劉芳
名劉芳世蘭之粹喬于昆蘭完顏王光顯喬國屏王
邦紀藺相喬張一鷺一鵬及父某牛一元許曰琮俱
賜祀忠義祠
頌蔚按武氏億授堂文鈔與長喬菴書云攷證內有
竊修方煒簽出張鋐粹武同芳劉芳世蘭之粹喬于
昆蘭完顏王光顯喬國屏王邦紀藺相喬張一鷺一
鵬及父某牛一元俱賜祀忠義祠此十四君實爲吾
鄉節烈之雄附載明史陳豫抱傳昔嘗按其傳文既
言張鋐粹率二子佐有司固守城陷大罵俱被殺蓋
亦未審知鋐粹二子卽一鷺一鵬故於後文又書張
一鷺張一鵬皆抗節死又云一鷺一鵬父亦罵賊死
一傳之中反覆重沓不可推次今簽記者復緣以致
誤亦云張一鷺一鵬及父某則竟同於佚名之例益
不得其實矣
劉振之傳都司張守正至皆死○按魏完眞李文鵬王
應鵬俱賜祀忠義祠
自許以南無堅城○按是時許以南諸邑如洧川長葛
陳留禹州皆與鄢陵先後相繼陷見綏寇紀略
劉振之附傳殉難者有費曾謀○按綏寇紀略作費令
謀與此異
其小吏則臨潁千總賈應庠至皆死之○按賈應庠杜
復春孟良屏張鑑孔張治載馬德茂俱賜祀忠義祠
李乘雲附傳姪敦華亦遇害○按余敦華賜祀忠義祠
闞永傑傳陳故賊衝歲被蹂躪○按是時自成再圍開
封爲陳永福等禦郤遂移兵攻陳州城破之日賊怒
而屠之少長無或免者睢州太康寧陵考城商水西
華遇賊輒潰見明史紀事本末
闞永傑附傳受爵亦擊殺數賊大罵並死之
作梅跪柩前焚死○按王受爵龔作梅俱賜祀忠義祠
張維世附傳族諸生不顯亦死之至父子挺身罵賊死
不顯改丕顯父子改與子德易○按姚丕顯姚成趙良棟俱賜祀忠
義祠又按河南通志若時殉節時從子丕顯及丕烈
丕振麟徵等並死之丕烈丕振麟徵亦賜祀忠義祠
又良棟子名德易亦賜祀忠義祠見河南通志
賊召前項城教諭王多福欲官之○按王多福賜祀忠
義祠
王世琇傳商丘知縣梁以樟○按以樟故鄖撫夢澤子
也歸德以無藩封不置兵賊至以樟因偕世琇等集
鄉勇爲守禦見綏寇紀略
王世琇附傳世英持刀罵賊死於明倫堂
及舉人徐作霖至一百十餘人○按夏世英徐作霖吳
伯允周士美沈佖侯晙侯恪沈誠周士貴侯悰沈偶
吳伯裔張渭劉伯愚俱賜祀忠義祠
許永禧附傳是年冬汝寧陷○按是年七月孫傳庭兵
至南陽爲自成汝才所敗復陷南陽居之閏十一月
遂進圍汝寧陷之見綏寇紀略
李貞佐傳明年二月自成復來寇○按是時自成分兵
爲四老回回守承天羅汝才守襄陽革裏眼往黃州
而自將其一以攻郟見明史紀事本末
鄉人傾邑祭奠鄉人改士民
李貞佐附傳子國誘賊發金墟墓間
舉人李得笥至賊覺被殺
南陽張鳳翮至並罵賊死○按顧國李得笥張鳳翮王
明物張民表夏云醇余容善王者琯胡楨王翼明俱
賜祀忠義祠
魯世任附傳訓導張信罵賊不屈死典史趙鳳豸拒賊
死○按張信趙鳳豸俱賜祀忠義祠
獨洪起嘗官副總兵頗恭順○按沈萬登亦嘗授副總
兵於十四年十月誅僞將軍馬尙志并諸僞官復汝
寧見明史紀事本末
劉禋附傳土寇爲亂○按是時登封李際遇申靖邦等
據山爲亂見河南通志所謂土寇者指此
開封之陷至或陷城自盡
汝寧之陷至皆死之○按徐陞闇生白張道脉劉懋勳
楊紹祖袁永基袁世蔭葉榮蘊張承德李衍壽閻忠
國林景陽趙得庚楊道臨趙重明費明棟楊應禎李
士謨俱賜祀忠義祠
何燮附傳巡檢吳姓者鬭死○按吳某賜祀忠義祠
趙興基傳知縣李孕嘉至並不屈死○按沈所安賜祀
忠義祠
之垣如蘅及履祥登貴並縋城走○按流賊傳廬州陷
知府鄭履祥死之明史紀事本末綏寇紀略所載皆
同均與此異但下文稱履祥委失城之罪於興基史
可法因祭治履祥罪則履祥爾時實遁免流賊傳似
誤
趙興基附傳元綬力鬭死
知縣楊春芳至並死焉○按鄭元綬陳知訓沈鴻起婁
懋履俱賜祀忠義祠
知府吳太樸堅守不下太改大
乃治守合罪守合改兩人
會遊擊縱所部淫掠遊擊改廷訓
悍卒殺守恆○按是時廷訓降賊教以衝棚穴城城陷
賊剸守恆腹以矛數十創而死見綏寇紀略此云悍
卒殺守恆互異
乾隆四十一年賜謚諸臣武大烈馬剛中顏日愉潘
弘劉振之魏令望李乘雲闞永傑陳顯元通謚忠烈
艾毓初張維世魯世任通謚忠節徐日泰朱由械朱
敏汀盛以恆洪允衡高孝誌邱懋素鍾其碩王士昌
杜邦舉柴薦禋劉孔暉余爵任棟侯君擢崔泌之姚
若時梁可棟楊士英徐一源許永禧劉英顧王家周
卜麻朱崇祖何燮胡淵趙興基高在嵛李孕嘉趙之
璞程楷通謚烈愍唐啟泰張讚王正己魏持衡劉芳
奕常克念韓金聲王明楊萃錢祚徵張映宿姚運熙
劉振世龔新韓醇姚昌祚孫澤盛薛應齡王應翼張
守正費曾謀楊一鵬王化行姚文衡張鷹揚萬大成
張質杜時髦阮泰楊汝經王世琇顏則孔沈試朱國
慶侯忻沈仔張偁紀懋勛孔亮高斗垣官纂邵可灼
陳心學張人龍楊呈芳孔貞璞曹思正劉伯騄周騰
蛟劉禋蘇茂灼彭士奇亢孟檜王蔭長白守文朱珽
張我翼陳公邱茂表左相申唐良鋭楊春芳通謚節
愍

列傳第一百八十二　忠義六

夏統春附傳其以小吏死難有何宗孔至陷伏中大罵
死○按何宗孔賈儒秀張達朱耀俱賜祀忠義祠
陳美傳李自成長驅犯襄陽左良玉先奔○按左良玉
自朱仙鎮南潰退屯襄陽大治戰艦於樊城自成至
良玉營於高阜賊趨白馬渡良玉移營扼之江水纔
及馬腹賊死數千渡如故良玉遂拔營南行見綏寇
紀略
陳美附傳訓導陽城田世福亦死之
均州知州胡承熙被執不屈與其子爾英俱死○按田
世福胡爾英俱賜祀忠義祠
諶吉臣附傳應城陷訓導張國勳死之
啟觀曰汝既知文至賊怒殺之
諸生廖應元至爲旺所殺○按張國勳袁啟觀廖應元
劉申錫俱賜祀忠義祠
盧學古傳郊芳之奇亦不屈死○按張郊芳程之奇俱
賜祀忠義祠
盧學古附傳士完被執至遂自經
太翮太息曰吾子孫陣亡已盡吾何用生爲赴水死太息
改募生下翮爲字○按朱士完彭大翮俱賜祀忠義祠
巡撫陳睿謨急渡江巡撫上增偏沅二字
訓導撖君錫至訴罵而死
維藩合妻女赴井死遂見殺諸生王圖南被執抗罵死
調元獨率部卒格鬭至大罵死亂刀下○按撖君錫王
維藩王圖南呂調元俱賜祀忠義祠
陳萬策傳夜自經
開先瞋目大罵頭觸牆死○按陳萬策李開先俱賜祀
忠義祠
許文岐傳賊魁賀一龍蘭養成等萃蘄黃間○按賀一
龍卽革裏眼蘭養成卽左金王與馬守應賀錦劉希
堯合卽所稱革左五營也後歸自成於開封見明史
紀事本末
明年大舉兵來攻○按是年正月獻忠破廣濟卽犯蘄
州會富顯文終不協而鎮筸兵復內閧應賊遂陷見
綏寇紀略
賊既陷蘄州遂屠其民○按賊陷蘄州卽於三月破蘄
水入黃州黃人盡逃旋犯麻城麻城人湯志者大姓
奴也殺諸生六十人而推其中與已合者曰周文江
以城降賊賊改麻城爲州以文江知州事見綏寇紀
略
許文岐附傳其時屬吏死節者惟麻城教諭定遠蕭頌
聖蘄水訓導施州童天申○按蕭頌聖童天申俱賜
祀忠義祠
崔文榮傳賊出營樊口至以他將代守○按文榮斂兵
入城時賊大營尙在江北會楚府募兵官張其在因
罪被笞往投之盡以軍情輸賊而黃州降賊生員李
時榮之族居省城約內應於是賊由鴨蛋洲畢渡見
綏寇紀略
徐學顏傳新軍內叛城陷○按武昌旣陷獻忠執楚王
華奎籠而沈諸江盡殺楚宗室見明史紀事本末
徐學顏附傳武昌知縣鄒逢吉被害此句刪去○按是時鄒
逢吉以行取入京甲申之變爲賊拷死福王時傳聞

失實贈太僕寺丞見金鉉傳末是逢吉不惟未與武昌之難而其死亦屬失節此所載誤

同死者武昌僉事經歷汪文熙巡檢戴旵瑄及僧官一人俱罵賊不屈腰斬○按汪文熙戴旵瑄及僧官某俱賜祀忠義祠

賊既陷武昌下增據之盡殺楚宗室七字

馮雲路傳賊遣使來聘至從游諸生汪延陛亦死焉○按馮雲路汪延陛俱賜祀忠義祠

馮雲路附傳其同邑熊霈至時黃陂諸生傳可知亦以叱賊死○按熊霈明睿易道暹易爲瑚爲璉傳可知俱賜祀忠義祠

蔡道憲傳賊果以八月陷岳州○按獻忠陷武昌後總兵方國安副將徐懋德等破賊於蘄州委官吏多被禽殺武昌生員程天一白雲寨長易道三皆起兵討賊與官兵復黃州獻忠乃令僞總兵張其在等守武昌而躬率大營西渡以窺岳州於是左營諸將毛顯文常國安等與蘄黃四十八寨民兵攻復武昌漢陽獻忠已陷咸寧蒲圻偪岳州矣見綏寇紀略

道憲死時年二十九○按蔡道憲事曾蒙御製詩表章刻石墓祠旌忠曠典洵依古所未聞也

國俊曰至遂自刎○按林國俊賜祀忠義祠

後亦死改戰殺賊陣沒○按二南還長沙時督兵禦賊於瀏陽之官渡沒於陣贈太僕寺卿見湖南通志

邑中舉人馮一第邑下增中字

一第歸就縛至置營中一夕死

賊陷東安至諸生謝如珂拒戰死○按馮一第唐德明謝如珂俱賜祀忠義祠

張鵬翼附傳二子若鼎若鉦號慟至分宜彭允中皆盡節○按莫若鼎莫若鉦彭允中俱賜祀忠義祠

乾德守岳州至岳州遂陷○按賊之犯岳州也乾德與總兵孔希貴等率兵守東陵磯誘殺其先鋒連戰皆捷賊百道仰攻不能支乾德走希貴退屯湘陰已而亦走岳州遂陷見明史紀事本末

會劉文秀自雲南至禽韜陷嘉定○按是時孫可望遣劉文秀張先璧由永寧取敘州白文選由遵義取重慶會於嘉定謀犯成都其事在順治九年見明史紀事本末

劉熙祚傳二王至永州二改三下熙祚乃遣部將護二王至廣西同○按桂王及吉惠二王本傳是時三王同奔永州入粵西

王孫蘭傳遷廣東副使至馳勦三戰皆捷○按連州屬廣州府與南雄韶州無涉考廣東通志是時分巡南韶副使兼轄廣州之連州清遠駐韶州此所載未晰

黃世清傳自成敗至從南陽犯商州○按潼關既陷自成遂破華陰渭南華州遂攻陷商州居之見綏寇紀略

楊暄傳賊遂陷西安○按賊之攻西安也守將王根子射書城下開東門納賊城遂陷見明史紀事本末

教授許嗣復至詈賊死

其城亦死之

縣丞沁源姚啟崇亦死焉

與學官魏歲史劉進並被難○按許嗣復蔡其城姚啟崇魏歲史劉進俱賜祀忠義祠

簡仁瑞附傳平涼既陷屬城悉降○按平涼陷賊遂移兵取蘭州又遣賊將辛思忠破西寧衞於是肅州山丹永昌鎮番莊浪皆降而秦地悉沒矣見綏寇紀略

華亭教諭鄭姓者至與教諭皆殉難○按鄭某何相劉俱賜祀忠義祠

都任附傳材官李耀善射至自縊死

文經國

諸生則陳義昌至自經死○按李耀李光裕張天敘黃廷用延弼賀世魁文經國陳義昌沈濬沈演白拱極白含章張連元連捷李可杜胡一奎李廕祥俱賜祀忠義祠

祝萬齡附傳舉人宗室朱誼眔至並抗節死○按朱誼眔席增光俱賜祀忠義祠

丁泰運附傳及其子師易皆死之○按王師易賜祀忠義祠

乾隆四十一年賜謚諸臣陳美郭裕馬颺許文岐李新崔文榮蔡道憲劉熙祚黃世清段復興都任陳璸周鳳岐丁泰運通謚忠烈李乾德張鳳翮祝萬齡王徵宋師襄通謚忠節夏統春辟閭禮郝瑞日徐日耀譙吉臣濮有容盧學古郭以重岳璧郭金城徐學顏王艮鑑曾栻歐陽顯宇林不息蔣道亨楊暄朱一統朱迥滉靳聖居司五教劉光佑黃廷政馬鳴鑾楊明張發王永祚李應孝傅德潘國臣李國奇晏繼新陳二典劉芳馨文侯國郭遇吉楊正轔梛永年馬應舉尤勉惠漸賀大雷楊以偉李文焜李文燦常懷李登龍孫貴尤養鯤白愼衡李宗敘朱愼鏤王榮通謚烈愍蔡思繩宋大勛萬敬宗韓應龍周建中胡承熙劉璇萬惟壇張允修李友蘭李雲李毓英周二南張鵬翼楊開賴萬耀莫可及董我前李升德劉永祚王孫蘭程道壽趙蹟昌唐時明薛應玢唐夢鯤袁繼登董琬朱新鑅簡仁瑞王家錄張雲鷴彭卿梛芳趙彬崔重覲傅佑龔光儀徐方敬徐芳聲王徵俊宋之僑史可覩尙大倫王撰徵通謚節愍

明史攷證攟逸卷三十四

長洲王頌蔚編集

列傳第一百八十三　忠義七

何復附傳一時武臣死事者至把總則郝國忠申錫○按張之坦管民治楊仁政李尙忠紀動趙世貴劉本源侯繼先張守道劉朝卿劉悅田守正王好善强忠武王爾祉郝國忠申錫俱賜祀忠義祠

總監正化知其能總監改中官○按總監正化即上文中官方正化也一傳中不應參錯

張羅俊附傳被誣落職歸○按崇禎長編是時羅彥同邑少卿史堇坐贓瘐死忌者誣羅彥私蓮遂落職所謂被誣者指此

子晉與羅俊子仲至持短兵殺數人乃死○按張羅善張羅輔張晉張仲俱賜祀忠義祠

金毓峒附傳其從子振孫有勇力至亦不屈死○按金振孫肯孫陳國政張爾翬孫從範高經郭鳴世王之珽韓楓何一中杜日芳王法劉宗向田仰名劉自重劉會昌王聯芳俱賜祀忠義祠又按尹洗安肅人天啟二年進士授祥符令未任補蒲圻調繁洛陽擢禮科給事中以忤璫出爲福建建寧參政罷歸家居遇害見畿輔通志

湯文瓊傳又有范箴聽至服藥死○按湯文瓊及范箴聽楊鉉李夢禧張世禧張懋賞懋官周某郝奇遇俱賜祀忠義祠

許琰傳以六月三日卒○按明史紀事本末琰聞京師之變偏體書崇禎聖主四字絕粒七日而死

京師則曹肅至王拱辰○按許琰及曹肅蘭衞卿周讜李汝翼李若葵王明灝王介休殷淵宋湯齊郭珩王拱辰俱賜祀忠義祠

父大白官監軍副使爲楊嗣昌所殺○按大白爲興安路監軍是時嗣昌會師襄陽張獻忠羅汝才等八營通鄖陽興安山間遂斬大白並鞭副將刁明忠以狥見綏寇紀略

王喬棟傳李自成據武昌據改奔○按自成由西安奔襄陽至武昌時左良玉南下武昌虛無人自成衆尙數十萬分爲四十八部居武昌五十餘日是時我大兵追勦闖賊賊方奔亡不暇未幾卽死當其奔突武昌豈得復稱爲據原文未協

張繼孟傳繼孟等不爲屈乃被殺妻賈從之○按是年六月賊陷重慶七月龍文光與總兵劉佳胤從川北來成都謀設守賊騎兵從資陽水兵從洪雅新津薄城下佳胤出戰大敗賊四面縱火文光急遣人往灌縣決堰注城濠賊攻愈厲西北城樓破比水至而城已陷見綏寇紀略

劉士斗傳命捽以上上改下

王勵精傳書文信國取義成仁四語信國改天祥

王勵精附傳山陰趙嘉煒守都江堰至與其僕俱縊死○按趙嘉煒卜大經俱賜祀忠義祠

尹伸附傳郫縣則舉人江騰龍○按江騰龍賜祀忠義祠

高其勳傳及沙定洲再反至服毒死○按是時定洲作亂據雲南會城黔國公沐天波奔永昌定洲追之聞兵巡道楊畏知據楚雄起兵討賊乃留圍楚雄不能克孫可望在貴州聞雲南亂兼程趨滇定洲急收兵還阿迷與可望遇於蛇花口大敗遁去可望遂取雲南見明史紀事本末

龔祖職爲楚雄衞指揮刪楚雄二字

凡守禦備悉改承憲綜理守禦事

弟承瑱力戰死至一門自焚死

單國祚者至罵賊被殺○按王承瑱王士傑段見錦楊明盛楊一甲魏崇治高拱極楊士俊尹夢旗夢符馮大成楊憲單國祚俱賜祀忠義祠

張耀傳有顧人龍者至城陷死之○按顧人龍賜祀忠義祠

米壽圖傳至則與督師王應熊至漸復川南郡縣○按是時應熊等避地遵義會巡撫馬乾復重慶松潘副將朱化龍復龍安一衞乃起舊將甘良臣爲總統合諸將楊展余朝宗等以乙酉三月復敘州旋取嘉定卬眉總兵賈聯登等取資州簡天錫高名佐取瀘州李占春于大海守忠涪副將曾英復破賊兵數萬其他洪雅松茂夔萬皆受一衞節制見明史紀事本末所謂漸復川南郡縣者指此

耿廷籙傳乾固守至乾戰敗而死○按是時英與參政劉麟長自遵義至與李占春于大海張天相等奮力夾擊大破之見明史紀事本末

席上珍傳世鼎自殺

晉寧舉人段伯美至亦自經

天禎聞之卽自盡○按席上珍及金世鼎段伯美余繼善耿希哲李開芳王朝賀杜天禎俱賜祀忠義祠

徐道興傳孫可望等入雲南破曲靖○按是年三月可望等由黔入滇屠霑益州進破曲靖亦屠之見明史紀事本末

徐道興附傳子諸生耀葬親訖亦縊死○按張耀賜祀忠義祠

劉廷標附傳是夕運開先自經刪先字

王乃先我王下增公字

或以運開弟運閎對至遂躍入江死○按王運閎賜祀忠義祠

乾隆四十一年賜諡諸臣邵宗元劉忠嗣金毓峒沈雲祚李含乙張耀羅國巘通諡忠烈張繼孟尹伸吳宇英米壽圖耿廷籙馬乾通諡忠節龍文光何復張大同楊儁秀張羅俊張維綱尹洗張孔教劉佳蔭劉士斗王勵精劉三策秦民湯朱藴羅艾吾鼎單之賓朱奉鉁莊祖誥王起莪陳正王承憲吳子騏譚先哲曾異撰徐陽春徐道興通諡烈愍呂應蚑文運昌劉洪恩藏世爵劉元靖呂九章呂一照李一廣張羅彥韓東明王喬棟陳其赤鄭安民方堯相顧繩貽刁化神鄭夢眉蔡如蕙高其勳蕭時顯劉琯楊元瀛石聲和曾益何思夏祖訓陳昌裔廖履亨焦潤生張朝綱劉廷標王運開通諡節愍

列傳第一百八十四　孝義一

百官聞父母喪不待報得去官○按洪武二十四年七月龍江衛吏以過罰書寫值母喪乞守制吏部尙書詹徽不聽吏擊登聞鼓以訴帝召徽切責而許吏終喪見明實錄

漢府左護衛千戸許信男斌男改子

南州吳仕坤南改蘭○按地理志無南州考明實錄仕坤甘肅蘭州人

皆旌爲義門皆旌改表門閭○按明實錄所載凡輸財助振者皆旌表門閭爲義官義士義民與義門自別此所載小誤

鄭濂傳擢濂弟濟與王懃爲春坊左右庶子○按濂從兄淵有孝行母卒積哀耳爲之聵中外交薦以病辭卒宋濂表其墓曰貞孝見識大錄

濂從子幹官御史棠官檢討他得官者復數人○按明實錄永樂十四年陞蜀府教授鄭楷爲本府左長史致仕楷浦江義門從蜀王椿之請也

邱鐸傳父爲湖廣儒學提舉父下增誠字○按獻徵錄鐸父名誠

鐸奉父母播遷改鐸奉親播遷

崔敏附傳字季栗栗改粟○按識大錄蘇州府志並作季粟

周琬附傳乃聽圭代而戍其父雲南○按洪武二十五年正月天策衛卒吳英父得罪繫獄英詣闕願沒爲官奴以贖父罪特允之見明實錄

李德成傳洪武十九年舉孝廉屢擢尙寶丞○按德成舉孝廉授光祿署丞改太常贊禮郎二十五年擢尙寶司丞見識大錄

沈德四傳直隸華亭人直隸改松江○按地理志華亭領於松江府屬南直隸此稱直隸未協

趙紳附傳山陰人山上增浙江二字○按地理志山陰有二一屬浙江紹興府一屬山西大同府考一統志尙質爲浙江山陰人

魏祥傳又有華夷之限華夷改中外

列傳第一百八十五　孝義二

傳檝傳泉州南安人泉州改福建○按地理志南安府屬江西南安縣屬福建此書泉州南安即福建之南安也但考各傳文內無載府名者此書泉州於體例未符

謝用傳抱用歸寄乳鄰媪○按獻徵錄用父永貞納妾馬氏生一女永貞客外嫡若之遺歸母家改適乎溪時馬氏已孕四月矣月足姙生郎用也明年永貞歸怏然於懷其伯父廢翁曰婦去而子存亦不幸之幸也永貞即抱歸寄乳鄰母孫氏

用偏覓幾一載○按獻徵錄用謀於族人珣偕往密訪日則哀泣詢人夜則焚香籲天千里之內水郭山村覓之殆徧

何競傳道經舜賓家至大詬曰改道舜賓家魯陰使押顯章過之詬曰○按浙江通志何競傳是時顯章下府覆驗道舜賓家魯嗾解人押顯章過舜賓隨遣皁捕等五百餘人執器圍其家曰舜賓募取重囚云云蓋魯既與舜賓雠又設計陷顯章於重辟豈客其入與之謀乎

而預令族父澤走闕下訴冤○按浙江通志族父名澤二此作澤所紀各異

而解役任寬慷慨首實且出舜賓臨命所付血書○按浙江通志血書作血衣任寬作任觀與此互異

王原傳旣娶婦月餘跪告母曰兒將尋父○按原母張氏妻段氏見文安縣志

後原子孫多仕宦者○按原父珣歸時年已六十有四原生男六人孫男十有五曾孫男二十有二俱業耕讀有司嘉原行以壽官榮之見文安縣志

歸鉞傳嘉定縣人刪縣字○按各傳文例俱無縣字

父娶繼妻有子父下增更字

何麟傳門閉不得入怒而還京而改及○按本紀正德十三年八月如大同九月次偏頭關十月次榆林十二月次綏德十二月戊寅幸石州戊子次太原十四年正月丙申朔帝在太原壬子還宣府二月壬申至自宣府計十二月戊子次太原至次年壬子還宣府是帝在太原共二十五日矣且先還宣府後由宣府還京此傳云門閉不得入怒而還京所紀似失實蓋當時江彬等方導帝遊幸朝臣切諫尙不能阻又彬傳稱抵太原大徵女樂或初未及問還京之後始追問舊事耳

容師偃附傳十三年復叛殺總兵李瑾三改二○按本紀大同兵叛殺總兵官李瑾事在嘉靖十二年此作十三年誤

崔鑑傳父嗜酒狎娼召與居娼恃寵時時陵鑑母○按鑑父名佑母王氏娼魏氏見獻徵錄

乃匿刃牖下牖改牖○按獻徵錄作匿刃牖下

唐儼傳嫡母歿二十年而生母歿○按獻徵錄儼事嫡母蒙氏甚謹生母宋氏事之兼隆而儀節飲食較殺焉曰禮不可踰也

有司奏旌其門○按儼少入鄉校至是學使知其孝行錄爲廩生並以粟帛給其妻先是觀風者多重儼欲上其事於朝儼辭曰事親以盡吾心耳使以親故得名非儼志也後至京肄業南雍有司奏旌之儼終於太學云見獻徵錄

邱緒傳事余至孝○按獻徵錄緒太學生鑑之次子嫡產兄經及弟綸俱客京師後余病革緒獨侍湯藥衣不解帶余感動

疏聞於朝獲旌表○按獻徵錄緒弱冠補邑庠弟子員食廩祿者二十餘年累舉不第需次及貢矣忽感火疾旬餘而死年六十有二

王在復傳從父讀書城外○按獻徵錄在復名亮曩

時嘉靖三十三年五月也○按獻徵錄作五月初九日

王世名傳時萬厤九年二月○按獻徵錄係萬厤九年正月事此作二月互異

李文詠傳父大經沂水知縣改父大經故沂水令○按獻徵錄文詠父大經原任沂水知縣於史傳文法當作故沂水知縣無故字則下文寢室被火似在官署矣

列傳第一百八十六　隱逸

倪瓚傳故自號雲林居士○按書畫譜云瓚別號五曰荊蠻民淨名居士朱陽館主蕭閑仙卿雲林子雲林多用以題詩畫故尤著

爲人有潔癖○按畫史會要云元鎮素有潔癖人號倪迂

士信以幣乞畫瓚又斥去○按書畫譜云元鎮好僧寺一住必旬日篝燈木榻蕭然宴坐時操紙筆作竹石小景客求必與一時好事者購之價値數十金張士誠弟以幣求其筆元鎮怒曰予生不爲王門作畫師即裂其絹而却其幣

徐舫傳丙午春卒於家改以疾卒於家○按傳中並未敘年譜干支此處突書丙午春未詳何代何年考明太祖洪武元年乃戊申丙午先戊申二年則尙在元順帝時矣上文巳書舫年歲下復敘干支體例亦不合獻徵錄作以疾卒今從之

劉閔傳訓鄰邑訓下增徒字○按訓鄰邑不辭莆田縣志作訓徒

朔望歸則號哭殯所刪則字

知府陳效請遂其志榮以學職○按分省人物考宗彝與陳效並薦之與此互異

孫一元傳不知何許人○按獻徵錄一元關中人年十三誦古六經文不爲舉子章句獨居一室家人罕窺其面十八入終南山繼入太白山云云

沈周傳有郡守徵畫工繪屋壁○按分省人物考作郡守曹姓

銓曹問曰○按分省人物考作銓曹王問沈先生

列傳第一百八十七　方伎

滑壽傳滑壽○按紹興府志葉逢春云壽蓋劉文成基之兄易姓名爲醫文成旣貴嘗勸之仕不應而去

晚自號攖寧生○按朱右撰傳云壽在揚州曰滑壽在蘇州曰伯仁在餘姚曰攖寧生

葛乾孫傳父應雷以醫名○按蘇州府志應雷所著有醫學會同二十卷由平江醫學教授擢江南醫學提舉元末人也

張中傳遇異人授數學○按獻徵錄張中傳作異人授太極數

參政趙維祖維改繼○按本紀作趙繼祖此誤

袁珙傳鄞人○按獻徵錄珙字廷玉以字行其先南昌人後家於鄞

戴思恭傳治諸醫侍疾無狀者治改逮○按明史紀事本末是時召諸醫侍疾無狀者悉付獄是尙未治罪也治字文義未協

盛寅傳太監具以告因盛稱寅郎召入便殿○按獻徵錄永樂乙酉郡大夫薦授醫學正科名日振庚子至京師求療者戸不能容太宗聞知召對與此稍異

仝寅傳英宗復辟將官寅○按是時景帝弗豫中外以儲嗣未定爲憂寅亟言於石亨早定大計亨意遂決英宗復辟欲官寅以此見明史紀事本末

吳傑傳○按傑字士奇見獻徵錄

僅可還大內僅可改可速

甫還而帝崩甫改數月帝崩○按本紀武宗於十五年九月得疾十二月還京師至次年三月崩於豹房此云僅可還大內甫還而帝崩似失實

吳傑附傳歷加工部尙書○按紳連加通政使禮部侍郎工部尙書領院事見識大錄

淩雲傳字漢章○按兩浙名賢錄以漢章爲名不云雲字漢章

周述學傳山陰人山陰上加浙江二字○按地理志山陰有二一浙江一山西述學浙江山陰人見通志

讀書好深湛之思刪湛之二字

張正常傳洪武元年入賀即位○按正常於洪武十年秋偕李善長祀嵩山還家卒見貴溪縣志

張正常附傳賜號長春眞人○按獻徵錄是時淵然賜號沖虛至道元妙無爲光範衍數莊靜普濟長春眞

人傳內前後諸人俱詳載賜號獨淵然未悉
賜以金印○按識大錄載英宗即位復加號西天佛子
賜以玉印

明史攷證攟逸卷三十五　長洲王頌蔚編集

列傳第一百八十八　外戚

目錄

張騏騏改麒本傳同○按明實錄獻徵錄俱作張麒后妃列傳及外戚世表同

陳公傳明年有言王墓在盱眙者至諭翰林學士宋濂文其碑○按明實錄洪武三年三月立揚王墓碑詔內臣禮官往祭而修治之且置守塋戶四年正月詔工部改建皇外祖考揚王廟於泗州盱眙縣之墓所是立碑立廟乃兩年事此所載未晰

從大將張世傑扈從祥興從祥興改駐南海○按宋濂原碑文云當宋之季名隸尺籍伍符中從大將張世傑扈祥興帝駐南海考祥興即宋末衞王昺也王昺僻處海隅固不得承大統但徒稱祥興年號於史傳體例未協且節去駐南海三字則下文溺死及達岸等語皆無根矣

馬公傳四年命禮部尚書陶凱即宿州塋次立廟○按明實錄洪武四年正月詔工部改建皇外舅徐王廟於宿州之墓所又按獻徵錄洪武四年六月詔禮部尚書陶凱撰徐王廟碑

張麒傳洪武二十年以女爲燕世子妃二十改十六○按燕世子即成祖太子仁宗也考仁宗本紀於洪武二十八年冊爲燕世子永樂二年冊爲皇太子此於洪武二十八年即書燕世子者後人作史之詞也又考張皇后傳於洪武十六年封燕世子妃永樂二年封皇太子妃此云洪武二十年以女爲燕世子妃誤

仁宗即位九年改永樂○按獻徵錄麒於永樂辛卯追封彭城伯甲辰進彭城侯考辛卯係永樂九年甲辰乃永樂二十二年也又按外戚世表麒於永樂九年六月追封伯仁宗即位十一月追贈侯實錄亦同蓋仁宗即位雖在永樂甲辰之秋而麒之封伯實已在前特進侯在仁宗時耳此敘封伯進侯兩事俱在仁宗即位下誤

昶嘗有過成祖戒之○按昶有弟旭居鄉驕橫成祖不欲顯斥之故因昶致戒焉見識大錄

張麒附傳子軏早亡○按昇子軏襄府典寶見獻徵錄

正德元年令參英國公張懋保國公朱暉提督團營○按世表偉於弘治十二年鎮陜西召還十三年八月領左府正德三年十二月提督團營并三千營管操明實錄亦同此云元年令參提督團營或元年止分領其事三年則專任之耳

子元善嗣子上增從字○按世表元善乃鏞從子

孫忠傳初以永城主簿督夫營天壽山陵○按獻徵錄忠以生員貢太學洪武己卯出爲山西介休主簿有治聲尋以外艱去服除補河南永城主簿

三年皇后胡氏廢貴妃爲皇后封忠會昌伯○按明實錄宣德四年三月封忠會昌伯子孫世襲外戚世表同蓋孫后以三年立忠以四年封耳

孫忠附傳子瓚○按瓚字國用濬謹不興諸貴游相將母卒哀毀得疾不起年三十六卒見獻徵錄

吳安傳吳安○按安賢妃弟也成化十八年正月卒見明實錄

錢貴傳擢貴中府都督同知刪中府二字

故后家獨不獲封不獲改無

以父錦衣故秩予優給刪錦衣二字

累擢都督同知成化時改擢都指揮使成化時累擢都督同知○按雄於天順元年陞都指揮使成化初晉後軍都督僉事尋轉同知府事見明實錄此云天順改元累擢都督同知誤

乃封承宗安昌伯世襲○按明實錄成化十五年正月雄卒後上念累朝外戚俱有封爵乃封承宗爲安昌伯又弘治二年四月予承宗子孫世襲外戚世表同蓋封伯與世襲係兩事且中間相距已十一年也

嘉靖四年承宗卒四改五○按明實錄嘉靖五年正月庚戌安昌伯錢承宗卒此作四年誤

承宗母請以庶長子維垣嗣母改妻○按明實錄承宗妻請以庶長男維垣嗣此作承宗母誤

杭昱傳昱已前卒敏削職還里改乃降昱爲副千戶尋卒敏削職還里○按明實錄天順元年二月降錦衣衞指揮使杭昱爲副千戶此云昱已前卒誤

周能附傳外戚經營私利經改競

悉擢彧子瑭等六人爲錦衣官○按正德二年閏正月復太保長寧伯周彧之子瑭璿錦衣衞世襲指揮使琪璘璿世襲正千戶職瑄特授錦衣百戶從或乞也見明實錄

王鎮傳上元人○按王氏先世密雲人鎮父鳳始還籍於上元見獻徵錄

王鎮附傳弘治六年進侯六改五○按獻徵錄弘治元年戊申推舅氏益祿百石越五年壬子進封侯爵子孫世襲追封其父鎮爲阜國公母阜國太夫人十六年癸亥加太保此作弘治六年進侯誤且本傳前云源父鎮於弘治五年追封阜國公考源進侯與鎮贈公乃一時事前後不應互異

萬貴傳萬貴下增諸城人三字○按萬貴妃列傳云諸城人此傳亦宜增入

歷官錦衣衞指揮使刪官字

蒙天子恩備戚屬刪天子二字

邵喜傳議久不決下增七年二字

今其爭者刪其字

明年明倫大典成明年改會○按世表蕙以嘉靖六年十二月卒杰以七年二月襲又按世宗本紀七年六月明倫大典成頒示天下八年因陸粲疏劾罷桂萼相此敘杰之嗣伯不書年月而明倫大典成及陸粲論桂萼事皆以明年統之所載殊未明晰

帝不聽刪帝字

會給事中陸粲會改八年

下粲獄改罷萼相○按桂萼傳云給事中陸粲極論其罪帝大悟奪萼官以尚書致仕又按陸粲傳云粲疏論萼納賄擅權諸罪狀帝立下詔暴萼罪罷其相而以粲不早發下之吏邵杰亦罷襲此云帝怒自因萼之受賂使奴隸冒封爵故耳詳其情事自以萼爲重此作下粲獄未協

張巒傳張巒下增興濟人三字

弘治四年封壽寧伯立皇太子進爲侯改弘治三年封壽寧伯五年進侯○按獻徵錄成化中皇后爲東宮妃授巒鴻臚寺卿弘治三年陞都督府同知是年冬封壽寧伯五年東宮立巒得進侯又按實錄巒於弘治三年封伯四年子世襲五年進侯此作四年封伯誤

夏儒傳毅皇后父也下增上元人三字○按獻徵錄儒字宗魯其先上元人永樂間北徙大興縣因家焉

以后父封慶陽伯刪以后父三字

子臣嗣伯○按明實錄正德元年立后以儒爲錦衣衞指揮使尋進爲中軍都督府都督同知正德二年儒封伯陞皇親夏助爲錦衣衞指揮使夏臣指揮同知獻徵錄儒子三人長助次臣次勳

陳萬言傳大名人改元城人○按后妃列傳陳皇后元城人地理志元城縣屬大名府此作大名人未晰

方銳傳應天人改江寧人○按后妃列傳方皇后江寧人考地理志江寧縣屬應天府此作應天人未晰

陳景行傳先世建昌人至遂家焉○按獻徵錄景行字希哲係出建昌高祖從浙之青田後調河南安吉衞又調通州右衞

子昌言嘉言善言名言至其子承恩○按昌言錦衣衞都指揮僉事嘉言錦衣衞指揮使善言名言俱錦衣千戶承恩錦衣衞勳衞見獻徵錄

王偉傳王偉下增餘姚人三字

鄭成憲傳鄭成憲下增大興人三字

貴妃有寵鄭氏父子宗族並驕恣刪父子宗族三字

主事陸大受主事改郎中○按大受本傳萬厤二十五年進士授行人屢遷戶部郎中明實錄云戶部署郎中事陸大受上疏明史紀事本末亦云戶部郎中陸大受此作主事誤

王昇傳王昇○按王太后列傳云順天人畿輔通志云王國興字熙平霸州人

被殺改自焚死○按劉文炳傳稱國興焚死畿輔通志亦云率妻子自焚死此作被殺誤

劉文炳附傳又念瀛國太夫人年篤老至匿之申湛然家○按明史紀事本末瀛國太夫人亦投井死與此互異

新城侯王國興亦焚死典改興○按王昇傳及外戚世表並作王國興

與永固射賊楊光陛者至體糜爛以死○按楊光陛申湛然並賜祀忠義祠

順治九年賜謚諸臣張慶臻專謚忠毅劉文炳專謚忠恪鞏永固專謚忠烈衞時春專謚忠穆

乾隆四十一年賜謚諸臣王國興通謚忠節劉文耀通謚烈愍劉繼祖通謚節愍

列傳第一百八十九　列女一

目錄

高氏下增女字

鍾氏四節婦鍾改鐘

月娥傳太祖渡江之六年六改七○按本紀太祖渡江事在元至正十五年五月僞漢稱帝兵自上游攻太平事在至正二十年三月計其前後相距已七年矣此作六年誤

劉孝婦附傳同時甄氏欒城李大妻大下增林字○按一統志作欒城李大林妻此脫林字

諸娥傳孝女諸娥山陰人改諸娥浙江山陰人○按地理志有兩山陰一浙江一山西諸娥見浙江通志

丁氏傳唐方妻浙新昌丁氏女名錦孥改丁氏錦孥唐方妻浙江新昌人

貞女韓氏傳保寧人改閬中人○按四川通志韓氏閬中人

後從玉珍破雲南還至嫁爲尹氏婦○按四川通志韓氏自稱韓關保後從王總兵略雲南還經成都叔父

贖歸以適馬氏與此互異又按明玉珍傳玉珍將萬
勝有智勇玉珍愛之使從己姓衆呼爲明二玉珍據
蜀遣萬勝鄒興又李某者分道攻雲南兩路皆不至
惟勝兵深入踰年以孤軍無繼引還不言玉珍破雲
南事意當時韓氏所從或卽萬勝耳
貞女韓氏附傳年十三失母○按江寧府志善聽母死
時年十二與此互異
姚孝女傳適吳氏下增父早世迎母養於家八字○按浙江通志適吳
氏下有父早世迎母養於家二語
吳氏傳充椽於汴椽改掾
石孝女傳新昌人上增浙江二字○按地理志有兩新昌一浙
江一江西石氏見浙江通志
及女長問母曰我無父族何也改女長問母曰我何無父族
湯慧信傳水至湯竟溺死○按一統志湯氏悉以資還
鄧族織紝自給年九十三卒與此互異
馬氏傳余佛妻馬氏改馬氏余佛妻
義姑萬氏傳姑之祖斌及父兄並死王事○按太祖時
斌以功遷龍驤衛百戶從征僞漢陷陣死子鍾襲職
累功遷指揮僉事建文中以拒燕兵戰死子武襲職
永樂中從征交趾戰死弟文嗣職率舟師禦倭遭風
溺死見浙江通志
程氏傳程氏○按程氏本歙縣人家江都見江南通志
王妙鳳附傳適同里朱姓○按江南通志唐氏夫名朱
彥明
嫁汪客之子○按江南通志張氏夫名汪綬
王氏傳王年甫十七王改婦○按上文其父母娶婦以慰
之則自以稱婦爲宜傳稱王稱婦稱女殊嫌參錯
女曰女改婦
姑乃使其二女從容諷之改乃邀其二弟從容諷之○按浙江通志
作姑乃邀其二弟從容諷之情事較協
女口不出怨言女改婦
宣氏傳孫與宣以死相邀○按孫氏送夫喪過河下求
見宣宣以死相要遂同日縊死宣被救避而孫先死
後三年宣疑父母欲嫁之乃登樓縊死時年二十五
見嘉定縣志
淩氏傳張維妻淩氏改淩氏張維妻
婦紡績供養二十年不衰○按浙江通志云邑令葉竦
重其節置田五畝資之
胡氏傳鄞縣諸生李珂妻胡氏改胡氏鄞縣諸生李珂妻
孫氏傳吳縣衞廷珪妻○按衞廷珪江南通志作韓廷
珪與此互異
列傳第一百九十　列女二
目錄
張氏葉氏范氏○按張氏傳中附載葉氏陳氏范氏死節事

目錄獨遺陳氏於體例未協
歐陽氏傳九江人彭澤王佳傳妻也九江改彭澤彭澤改同邑○按
江西通志歐陽氏爲九江之彭澤人此概稱九江未
晰
方氏傳郡守劉薳○按劉薳一統志作劉蒞與此互異
張烈婦附傳又鄭氏安陸趙鈺妻安陸改沔陽鈺改鈺下同○按地
理志安陸一爲郡名後改承天府一爲邑名屬德安
府考湖廣通志鄭氏爲安陸府沔陽縣人其夫名趙
鈺此既誤沔陽爲安陸又誤鈺爲鈺
夫戲曰夫改鈺○按鄭氏夫已於上文書名此處亦應畫
一稱名
王烈婦傳夫嗜酒廢業○按一統志稱王氏夫爲汪姓
王烈婦附傳又許烈婦松江人○按江南通志稱許氏
贅嚴氏子爲壻
沈氏六節婦傳周氏希魯妻○按希魯寧波府志作希
曾
時宗婦死者三十餘人宗婦改族中婦○按宗婦當作族中婦
文義較協
黃氏附傳張罵不絕口○按一統志稱是時張罵不絕
口賊怒割乳剖心投其首河中與此小異
孫烈女傳女亦倚壁死○按是時孫氏以自刎死見泗
州志
胡氏傳二兒衮褎杖死塞上至必欲置二子死○按是
時錬棄宣府市襄奏戍極邊會順與巡按御史路楷
逢嵩意更取衮褎杖殺之復移檄逮襄見識大錄是
衮褎之死已由順等矣
戴氏附傳時甫又有歐茂仁妻胡氏甫又改同邑
胡氏傳胡鄗之胡改氏
邵陽李氏傳李氏邵陽安向起妻李氏邵陽改邵陽李氏○按目
錄標邵陽李氏而傳中以李氏冠首於體例未協
蔣烈婦傳禮部尙書寶○按寶係南京禮部尙書見獻
徵錄
倪氏傳陳襄妻倪氏至力女紅養姑改倪氏定海人籍諸生陳襄妻襄早
卒婦年三十無子力女紅養姑○按浙江通志倪氏爲定海人傳未
詳載且目錄僅標倪氏而傳首冠以陳襄妻三字亦
未畫一
自濆其面濆改潰
邵氏傳丹陽大俠邵方家婢也俠改猾
名傾中外改大恣姦弊○按識大錄是時方並爲大璫陳洪
畫策得司禮拱與洪皆德之遂居京師作姦納賄不
貲拱亦厭而畏其口薦之兩廣帥久而逐之歸所至
把持官府恣爲不法於是居正屬佳允捕置之獄杖
之百不動欲折其足不能乃教獄卒以大搥搥之而
後折旋置之死是方特一枉法無賴之尤者此目爲

大俠且稱其名傾中外殊嫌失當
奎所善推官在坐大笑曰奎上增應字坐下刪大字
李氏傳李氏王寵麟繼妻李氏下增麻城二字○按一統志寵麟
湖北麻城人
經四十日去經字
衆果蠋集去果字
馬氏傳馬節婦年十六歸平湖諸生劉濂改馬氏平湖人年十六歸諸生劉濂○按浙江通志馬氏本平湖人劉濂其同邑人
也傳所載未協且目錄僅標馬氏而傳首稱馬節婦
亦未畫一
翁家甚貧
翁又陰納沈氏聘翁俱改舅○按婦謂夫之父曰舅本爾雅
各傳敘事皆作舅此獨從俗稱翁未協
王氏傳婦紡績易食
其瑞將鬻婦博羅民家
婦笑而許之婦俱改氏
陳節婦傳安陸人安陸改鍾祥○按地理志安陸一爲郡名
後改承天府一爲邑名屬德安府考湖廣通志陳氏
安陸鍾祥人此僅舉其郡名則竟似德安之安陸縣
矣
王氏傳王氏山陰沈伯燮妻王氏下增浙江二字○按地理志山
陰有二一屬浙江一屬山西考一統志王氏浙江山
陰人
伯燮病且憊刪且字
列傳第一百九十一　列女三
目錄
李氏陳氏改陳氏李氏○按江南通志諸書陳氏爲黃日芳
妻李氏其妾也傳所載既誤目錄遂爾倒置
徐貞女傳有司攝施婦施婦改徐氏○按施婦卽徐氏也應
畫一稱徐氏方與下文徐氏被攝句相應
谷氏傳及谷下階
谷故未嘗出閨閣
以谷意不屬茂也
谷母隨之至思舍谷號呼求速死谷並改氏
于氏傳氏聘簪二聘上增取字
撫任頸哽咽曰哽咽改泣
崔氏傳香河王錫田妻妻上增繼字○按畿輔通志崔氏爲
錫田繼妻
荆媧傳起鳳大罵不從被殺○按高起鳳賜祀忠義祠
李氏陳氏傳黃日芳妾李氏陳氏日芳知霍丘縣崇禎
八年齎計簿入郡改陳氏霍丘令黃日芳妻李氏崇禎八年日芳齎計簿入郡
萬氏傳長子承舜泣曰至遂負母投於塘○按姚承舜
賜祀忠義祠
石氏女傳隨父守仁寓五河○按泗州志稱石氏卽五

河人其遇害時年十七
唐氏傳女巽跪泣○按女巽湖廣通志作女巽大
倪氏傳蕭來鳳妻倪氏至寇至投井死○按蕭來鳳宋
愈亨俱賜祀忠義祠
姚氏傳孫林格鬭死○按姚孫林賜祀忠義祠
李氏傳廣平教授元薦女○按畿輔通志稱元薦爲廣
平訓導與此小異
熊氏傳藎臣自江西歸遇賊被殺○按李藎臣賜祀忠
義祠
雷氏傳長庚乃解所繫條縊於梁○按劉長庚賜祀忠
義祠
張秉純妻劉氏傳秉純絕粒死○按張秉純賜祀忠義
祠
列傳第一百九十二　宦官一
傳序
雖間有賢者如懷恩李芳陳矩輩然利一而害百也雖改
間有彼善於此者終不足贖其擅權干政之罪也○按懷恩輩雖無惡蹟而
干預朝政故習仍在以賢許之未免溢量
鄭和傳其酋陳祖義剽掠商旅○按瀛涯勝覽載陳祖
義本廣東人挈家逋逃遂爲之主時有施進者亦廣
東人因和統師至具訴祖義貪橫狀祖義旣禽誅進
仍回舊港進沒其女代爲將
帝赦不誅釋歸國○按明實錄亞烈苦奈兒至京上憫
其無知釋之給與衣食命擇其屬之賢者立爲王以
承國祀無遣歸國之事與此互異
其前僞王子蘇幹剌者子改弟○按明實錄蘇幹剌乃前
僞王弟外國傳亦作老王弟此作僞王子誤
滿剌加古里等十九國咸遣使朝貢○按明實錄是年
海外國朝貢者合琉球中山僅十七國與此異
於是和景弘復奉命歷忽魯謨斯等十七國而還○按
明實錄及外國傳俱稱和景弘齎詔往使凡歷二十
餘國與此互異
榜葛剌之西至古佛國也○按五印度之名明以前傳
聞異辭恭讀御製五印度考訛天竺一國分爲東西
南北中五印度皆厄訥特珂克之地北印度實近回
部之葉爾羌過葱嶺卽拔達克山轉而南爲克什米
爾又轉而西爲溫都斯坦又轉而南方爲厄訥特珂
克其道里莫得其詳指示分明足破傳疑之誤此傳
稱帝欲通榜葛剌諸國復命侯顯率舟師以行其國
卽東印度又云榜葛剌之西有國曰沼納樸兒地居
五印度中古佛國也云云顯旣率舟師卽不能至五
印度之地下文又稱遍歷烏斯藏諸國而還與前所
載又相矛盾明代宦官奉使惟所妄稱而不爲考核
舛訛大率如此

金英傳金英者删者字

正統十四夏旱命英理刑部都察院獄四四下增年字○按明時中官會審錄囚始於正統六年維時內監爲興安至是儀制更僭詳見刑法志

安叱之令扶理出大言曰改作于謙力持不可安叱理出日○按是時徐理南遷之議力持不可者爲于謙金英興安不過從而和之耳見明實錄及謙傳此所載未的

勸郕王任于謙治戰守刪于字

金英附傳官其養子王椿○按水東日記瑾養子陳林授官令從其姓曰王春與此小異

汲以膾門下皇城使王瑤○按王瑤明史紀事本末作王堯

王振傳又裴可烈等不法○按裴可烈明大政記典故紀聞俱作裴可力明實錄於宣德二年作裴可力宣德六年又作裴可烈

然是時太皇太后賢○按是時太后以振導帝戲游召責之諸女官以刀加振頸振叩頭流血乃免見識大錄

又械戶部尚書劉中敷侍郎吳璽陳瑺於長安門○按中敷等後又下獄歲餘乃釋中敷爲民瑺璽戍邊事在正統六年見明實錄

振乃爲亂兵所殺○按明史紀事本末土木師潰護衞將軍樊忠從帝旁以所持捶捶死振

給事中王竑等立擊殺馬順及毛王二中官○按馬順郎附振害劉球者見識大錄毛王二中官皆長隨是日爲上直軍衞官捶死非百官殺之見水東日記又王長隨名王貴見明實錄王德疏中

西寧侯宋瑛駙馬都尉井源爲前鋒改西寧侯宋瑛武進伯朱冕總大同兵○按明實錄正統十四年七月癸巳大同總督軍務西寧侯宋瑛武進伯朱冕與敵戰於陽和全軍敗沒至八月壬戌土木師潰井源死焉是井源不與宋瑛同敗死又瑛乃總督大同軍務亦非前鋒此所載誤

曹吉祥傳降敕徧諭羣臣羣臣改勳戚○按明實錄時帝降敕訓誡者爲公侯駙馬伯都督等官乃止諭勳戚諸臣非徧及羣臣

帝命懷寧侯孫鏜西征侯改伯○按鏜本封懷寧伯以討曹欽功始進侯爵其西征時尚未封侯也

鏜遣二子急召西征軍○按是時鏜遣二子孫輔孫軏給征西軍士曰刑部獄囚反獲者重賞衆乃聚至二千人始告以故時已黎明矣見獻徵錄

至獨石參將楊俊禽寧送京師○按喜寧本司設監太監時楊俊誘之至獨石城下爲總旗高斌金抱持墜入濠中遂禽之見明實錄

懷恩傳正人彙進恩之力也改士大夫頗以是稱恩○按孝宗擢任正人由其明於用舍傳概以爲懷恩所援進未免失實

弘治之世政治醇美君德清明端本正始吉有力焉改吉在講幄中雖循循醇謹而當時乃以孝宗政治隆美歸功於吉之端本正始則謬矣○按孝宗爲明中葉令辟由其天資醇厚原傳乃以端本正始之力歸功一老內監其論未允

汪直傳楊瞱故少師榮曾孫也至匿姊夫董璵所○按明實錄瞱至京即主韋瑛家爲瑛所紿又董璵明實錄作董序均與此異

妄言寄金於其叔父至士偉所士改仕下同○按楊士偉明實錄屢見俱作仕偉又有其從弟名仕儆則仕字乃其排行此作士偉誤

參政劉福等○按參政劉福明實錄作浙江左布政使與此異

而左都御史方賓亦失直旨褫職方改李賓褫職改致仕○按明實錄及七卿表時左都御史爲李賓此作方賓誤又賓以自陳致仕並未褫職

小中官阿丑工俳優○按是時保國公朱永役兵治第阿丑於上前爲楚歌曰張子房一歌而散楚兵六千人旁人曰楚兵八千何止六千對曰其二千在保國公家作第耳永懼罷役見王世貞別集

罷西廠不復設至降直奉御○按罷西廠在成化十八年三月直降奉御在十九年其時言官爲御史徐鏞見明史紀事本末

而陳準代爲東廠○按準掌東廠有欲入人罪者令準按之準不忍遂巡廠日閉門自經見貂璫史鑑

梁芳傳見累朝金七窖俱盡○按王鏊震澤紀聞載此事稱內府積金十窖俱罄與此稍異

梁芳附傳信妖人王臣○按臣本錦衣衞千戶見貂璫史鑑

何鼎傳是時中官多守法多守改頗畏○按是時孝宗嚴明中官特畏之而不敢肆非眞能守法也

至世宗朝年九十餘始卒改在正德間交通宸濠坐下獄贖免至世宗朝年九十餘始卒○按貂璫史鑑蕭敬正德中與宸濠通下獄贖免

李廣傳幼公主殤○按時幼公主患痘廣飮以符水而遂殤見貂璫史鑑

蔣琮傳孝宗時守備南京○按琮於成化十五年管海子嘗以潛留私宅事爲尙銘所發執送鎭撫司究問見明實錄

御史伊宏○按伊宏明實錄作尹宏

素惡南京御史劾己○按吉嘗於弘治初爲南京給事中方向御史陳嵩等所劾以雷震孝陵松樹也見姜綰傳及明實錄

劉瑾傳人號八虎而瑾尤狡狠○按是時又號瑾等爲八黨見獻徵錄

羅中官監鎗鎗改倉○按是時方命內官監視倉庫劉健等具疏力爭見明實錄

王岳者素謇直改岳久侍帝東宮○按王岳嫉瑾等之姦雖尙知所惡然究出於同黨相傾未可遽褒以謇直據貂璫史鑑改

而夜收岳及亨智充南京淨軍○按泳化類編太監李榮亦與岳等同降充南京淨軍

郎中劉繹張瑋尙寶卿顧璿○按鴻猷錄作主事張偉尙寶卿崔璿與此互異

部曹則郎中李夢陽○按是時李夢陽爲韓文草疏稿故亦入姦黨見琬琰集

又令六科寅入酉出○按明史紀事本末作辰入酉出

其年夏其改三

召百官跪奉天門下奉改承○按匿名書事在正統三年六月上文但標明二年此處又稱其年紀載未晰又承天門誤作奉天門俱據明實錄改

所遣人率阿瑾意專務搏擊○按是時以重劾阿瑾意者給事中李漳御史仇惠喬岱等見明實錄

浙江鹽運使楊奇逋課死至鬻其女孫改御史彭程逋浙江鹽課死至鬻其女孫○按明實錄正德四年七月戶部覆奏兩浙鹽課應賠負課各官有御史彭程運使楊奇二人下又云時奇已死其妻訴家貧戶部請貸不許程以言事譴戍死久矣有司奉例追併罄家不能償僅一孫女鬻之富民不復議婚媾禮瑾之苛虐如此據實錄此文是鬻女孫者乃彭程而非楊奇原傳當以實錄敘二事相連采掇致誤

以焦芳惡華故也改以焦芳惡彭華也○按焦芳惡華故也語意未晰考焦芳傳亞劉本江西萬安人事發方下所司勘奏芳部署其尾曰江西俗多玩法如彭華等多被物議宜裁解額並禁授京秩是芳所惡者蓋彭華也此僅稱名未協

祭酒王雲鳳請編瑾行事著爲律令○按雲鳳並請瑾臨視太學如唐魚朝恩故事見明史紀事本末

欲因誅瑾一淸爲畫策○按楊一淸傳稱一淸勸永誅瑾永有難色一淸力勸之且教以流涕固爭永意乃決與此微異

妄言瑾從孫二漢當大貴孫改子○按明實錄二漢實瑾姪焦芳傳同此作從孫誤

因奏瑾不法十七事○按明實錄不載永所奏瑾不法十七事而有科道官所劾瑾罪十九事一剋害軍民二私藏軍器三掘郊壇土以造室四沮格詔旨五復寧王護衞六奏事皆專決七私行占候八濫罪良善九擅行封爵十任意黜陟十一裁兵釀盜十二以私怨籍沒大臣十三廣通賂遺十四奪各官誥敕十五罰官員米石十六以嚴刑箝天下口十七以緝事騷動天下十八擅增陝西解額十九增立改文就武名目當與永所奏大同小異

張永傳實非有不法也改尙非張忠比也○按永聽張忠等捕妄殺江西騷然亦未爲無過此特以其能保全王守仁曲加回護不免抑揚過情

谷大用傳張佐鮑忠麥福黃錦輩○按黃錦河南人世稱三黃太監爲世宗鍾愛不離左右最久見泳化類編

故內臣之勢惟嘉靖朝少殺云改故嘉靖朝雖內臣勢尙在然其害視他時差減云○按陸容菽園雜記稱內官濁亂朝政嘉靖年無之然其權寵猶在嘗在金水橋候旨見司禮太監黃錦出奉天門於高臺上微動一手諸大臣皆折腰其勢燄燻人如此云云是嘉靖間內臣之勢亦未能盡殺特顯然爲惡者差少耳

明史攷證攟逸卷三十六

長洲王頌蔚編集

列傳第一百九十三　宦官二

李芳傳芳以能持正見信任改芳郎受知頗見信任○按芳事穆宗雖差勝於同類然以能持正許之未免稍過

而是時司禮諸閹滕祥孟沖陳洪方有寵○按明實錄滕祥乃御用太監未掌司禮與此互異

給事中石星李已陳吾德御史詹仰庇尙寶丞鄭履淳皆廷杖削籍○按陳吾德傳時命中官崔敏市珍寶李已執奏不從吾德復偕已上疏帝怒杖已百錮獄斥吾德爲民是吾德未經廷杖與此稍異

馮保傳斥孟沖而奪其位○按胡涍傳神宗即位之六日命馮保代孟沖掌司禮監是保代沖在神宗登極後與此稍異

所昵孫海客用○按時慈聖太后使保捕孫海客用杖而逐之見張居正傳又按馬經綸傳有萬曆二十二年五城御史籍中官客用家事是客用後復召還旋以得罪又被籍也

居正以還疏薦其座主潘晟入閣○按張居正傳稱潘晟爲馮保所受書者故強居正薦之而此傳則謂晟爲居正座主蓋薦晟本出保意居正又以座主故曲徇之合兩傳參觀情事乃備

東宮舊閹張鯨張誠乘間陳其過惡請令閒住○按李
沂傳稱言官競劾張鯨時或謂鯨罪不至如馮保以
張誠掌司禮柬德保故授意言者發之云云誠旣德
保不應陳其過惡核其情事與此互異
張鯨傳二十四年春以誠聯姻武清侯擅作威福降奉
御司香孝陵○按馬經綸傳張誠失帝意會誠家奴
錦衣千戶霍文炳當遷指揮僉事帝以是罷之斥逐
三十餘人事在二十三年與此微異
而其用事司房邢尙智招權受賕司房改私人○按職官志
提督東廠太監一員掌班領班司房無定員又稱內
官司禮監如外庭元輔掌東廠權如總憲各設私臣
掌家掌班司房等員據此司房乃太監之屬閹參考
諸書及列傳邢尙智本入張鯨幕中用事之人如徐
爵之於馮保並非宦者不可稱司房
陳增傳鹽務少監魯保亦奏守訓等阻塞鹽課○按郭
正域傳兩淮稅監魯保請給關防兼督江南浙江織
造沈鯉持不可正域亦力爭明史紀事本末又有歙
縣監生吳養晦投稅監魯保之文是保亦兼領稅監
陳增附傳遂誣襄陽知府李商畊○按明史紀事本末
作荊州知府李商畊
武昌兵備僉事馮應京劾奉十大罪○按馮應京傳稱
應京抗列奉九大罪互異
梁永傳知縣宋時際怒勿予○按宋時際華珏傳作宗
時際明史紀事本末作宋時隆互異
陝西巡撫顧其志盡發其姦○按余懋衡傳時梁永處
軍民爲難召亡命環甲自衛御史王基洪聲言永必
反具陳永斬關及殺掠吏民狀巡撫顧其志頗爲永
諱永乃藉口辨與此情事互異
梁永附傳誣劾尋甸知府蔡如川○按明史紀事本末
作雲南知府蔡如川
陳矩傳爲人平恕識大體改爲人頗以平恕稱○按陳矩在內官
中雖稍稱平恕至許以能識大體未免過實
白朝房至動搖大臣門至謀易太子○按續憂危竑議
內尙有陳汝忠鄭國泰二人之名此未載
矩正色拒之改矩拒不肯聽○按矩不肯誣陷沈鯉等亦迫於
公論而然未可謂之正色拒絕原傳未允
御史曹學程以阻封日本酋關白事至竟得釋○按曹
學程傳學程久繫獄遇赦不原救者率不聽三十四
年九月始用朱賡言論戍湖廣寧遠衞與此稍異
魏忠賢傳變姓名曰李進忠○按忠賢初名進忠與李
選侍心腹閹李進忠者本屬二人以楊漣疏參及忠
賢忠賢求救於王安安爲委罪於選侍宮中之李進
忠以飾外廷外廷不能辨也見明史紀事本末
廕其子侯國興弟客光先及忠賢兄釗俱錦衣千戶○
按明史紀事本末作加客氏子國興錦衣指揮使與
此作千戶異
逐魏朝○按朝被逐後忠賢矯旨發鳳陽縊殺之見明
史紀事本末
引其私人魏廣微爲大學士令御史郭鞏引下刪其字御史改給事
中○按郭鞏遷安人本官給事中見周宗建傳此作
御史誤
向高及禮部尙書翁正春改葉向高及事詹事翁正春○按楊漣上
疏在天啟四年時禮部尙書爲林堯俞繼之者爲薛
三省非翁正春明史紀事本末則稱詹事翁正春考
之正春本傳蓋以禮部尙書協理詹事府事非眞長
禮部也
呈秀乃造天鑒同志諸錄至獻於忠賢○按天鑒錄皆
閹黨名姓有眞心爲國不附東林横被排斥久抑林
野冷局外轉諸目凡一百三人同志錄皆東林黨人
所列政府十一人部院五十七人卿寺十三人臺省
七十六人部曹四十一人藩臬以下二十六人貴郞
武弁山人二十一人點將錄以坊行水滸傳晁蓋及
宋江等一百八人天罡地煞之數分配東林諸人姓
名
中書吳懷賢至籍其家○按明史紀事本末懷賢見楊
漣疏擊節稱快旁注曰當如任守忠卽時安置同官
傳應星入告忠賢卽逮下獄拷死與此互異
武弁蔣應陽以熊廷弼下獄代爲投揭白冤復入監
材官蔣應陽爲廷弼訟冤立誅死○按明史紀事本末
左右之忠賢緝獲以所攜圖畫指爲妖書寘之重辟
許事許志吉○按明史紀事本末作太僕寺丞許志吉
又作太僕寺副皆與此異
又吏部尙書周應秋至又有十孩兒四十孫之號○按
十狗十孩兒姓名史未臚載其見於列傳者十狗祗
有周應秋曹欽程二人十孩兒祗有李魯生石三畏
二人
而薊州道胡士容至皆下獄論死○按明史紀事本末
胡士容以崔呈秀薦其妾弟蕭惟中爲守備不從欲
建祠於薊州又不聽遂激忠賢怒下獄與此稍異
偶出歸私第騶從赫奕照衢路望若鹵簿○按時客氏
在宮中乘小轎如妃嬪禮往私宅內侍王朝忠等數
十人著紅玉帶前驅客氏乘輿由嘉德門經月華門
至乾清宮前亦不下輿侍從呼殿之盛遠過聖駕鐙
炬簇擁熒然白晝在外或住旬日忠賢促之始入出
入皆以五更見明史紀事本末
斥應元○按崇禎遺錄信府承奉徐應元王國用皆忠
賢黨上卽位命以潛邸服玩器用賜皇親劉效祖周
奎二人匿其半他日較射上見應元棕帽金頂乃潛
鄒物詰責之應元惶恐謝於是并國用褫逐之與此
稍異
王體乾附傳行十五萬金於體乾及司禮王永祚王本
政求援○按明史紀事本末永貞聞忠賢敗傀太監
王體乾王永祚王文政各五萬金懼泄以獻內承運
庫其情事相合惟王本政作王文政
善書好學有文改儕輩中頗知書
永貞多密謀至見者憐之改永貞麤通文墨以若愚識典故每事多諮訪之頗預聞其密謀忠賢敗楊維垣首劾永貞并及若愚佐逆狀充孝陵淨軍已御史劉重慶以李實誣高攀龍等七人事劾實實疏辯言係空印紙乃忠賢逼取之合永貞塡書者帝驗疏墨在朱上遂誅永貞而韓爌等定逆案以若愚刀筆深文明爲害政坐大辟若愚旣長繫四作酌中志四卷以自飾久之竟得釋時以爲失刑云
○按劉若愚爲李永貞黨崇禎初定逆案在首逆
同謀中原傳乃以其曾作酌中志自白己冤遂信爲
實然曲加開脫殊爲是非失當據明史紀事本末諸
書改
張彝憲傳乃復思用近侍○按明史紀事本末是年九
月又命太監唐文征提督京營戎政十一月以太監
李奇茂監視陝西茶馬吳直監視登島兵餉又李曰
輔傳時又命張國元監軍東協王之心中協鄧希詔
西協
高起潛傳在內侍中以知兵稱帝委任之改不知所自進帝數以兵
柄委之○按起潛自在兵間未嘗決一死戰畏葸觀望
欺罔冒功以致明社淪胥實爲罪首安可謂之知兵
原傳殊爲失當
在邊鎭者悉名監視○按明史紀事本末時監視之設
止多一扣餉之人監視欲滿則督撫鎭道皆有所恃
以飾功掩過故邊吏皆樂有監視而上方倚任中官
不察也所言弊竇較此爲詳
八年○按八年冬十一月起潛弟廕錦衣衞中所正千
戶世襲見明史紀事本末
守城諸璫縋之上○按時守陵太監申芝秀自昌平降
賊亦縋上入見備述賊犯上不道語請遜位上怒叱
之見明史紀事本末
王承恩傳本朝賜地六十畝建祠立碑旌其忠附葬故
主陵側改本朝因禮部議立碑祠以旌之祔葬莊烈帝陵側○按承恩立碑
祠祀由禮部議明末殉難諸臣而并及之恭載世祖
章皇帝實錄
列傳第一百九十四 閹黨
焦芳傳怨劉健尼己○按是時李傑亦自翰林出爲南
祭酒服闋待除徐溥欲還傑故官劉健不可曰焦芳
日夜伺此今日援傑他日能拒芳耶溥不聽及傑入
芳亦兼程至因授太常少卿兼學士見議大錄
會文升去○按文升致仕在正德元年四月見明實錄
芳陰洩其謀於瑾○按上疏時文等告芳芳佯曰我大
臣也知格君心而已及帝召諸臣左順門芳故曳履
徐行曰今日之事爲首者當之是日帝不得已允文
等奏待明旦發旨捕瑾等下獄會日暮芳卽馳白瑾
且洩羣臣詰朝伏闕之謀其事乃變見明史紀事本
末
俄進編修○按四年七月內批陞黃中編修見明實錄
因下四人詔獄○按是時劉宇阿瑾意劾有司訪舉失
實遂下四人詔獄見明史紀事本末
而榜逐餘姚人之爲京官者○按是時周禮等四人並
戍邊見明實錄
宜裁減解額五十名○按芳旣裁江西解額復增河南
陝西山西山東各三十餘名會試南北有定額乃以
四川入南卷而均南北各一百五十名見明實錄
數於衆中斥芳父子○按土官岑濬沒入家口當給賜
大臣芳聞濬妾美求得㜸之至與妻操刀相賊而黃
中乘芳卧病烝焉瑾聞其事於衆中斥之會南司業
鈌芳欲擠汪俊爲瑾所斥愈媿沮寘鐇初平禮部以
黃中充頒詔使瑾復於左順門斥芳芳乃乞歸見識
大錄
焦芳附傳入爲左都御史○按宇總督宣大時論功加
太子少保及入爲左都御史加太子太保見明實錄
尋轉兵部尙書○按宇爲兵部託保國公家人朱瀛者
日通瑾凡司員有不附己者宇必使瀛言於瑾令外
補兵部郞中楊廷儀廷和弟也尤諂事宇廷儀能文
宇章奏皆廷儀爲之見明史紀事本末
張綵傳安定人安定上加鞏昌二字○按地理志安定有二一屬
延安一屬鞏昌皆隸陝西考議大錄綵鞏昌安定人
與戶部右侍郞韓鼎同廷謝○按綵廷謝後詣瑾瑾預
置酒待謂綵曰今日非都憲我幾爲老韓羞死自是
相倚愈深見明史紀事本末
其他因賄得禍者甚衆○按貂璫史鑑瑾納綵言晝暮
夜卻金故事於門外人咸以爲笑及有因賄得罪者
乃知由綵謀益惡之
苛斂之害爲少衰中外或稱綵能導瑾爲善矣改然瑾貪斂卒
莫之改而人愈以此惡綵陰譎矣○按明史紀事本末稱瑾雖納綵
言然終莫能改此稱其苛斂少衰未協且綵教瑾此
舉借詭譎之謀爲掩覆之計謂其導瑾爲善尤失實
改擬同瑾謀反瘐死獄中○按貂璫史鑑瑾一日語綵
曰今天下之怨集於予且奈何綵曰主上無子勢必
立宗室子若長且賢公受禍矣不如援幼弱者瑾曰
善居數日語綵曰無以宗室爲也吾自取之綵告不
可瑾怒擲以茗盤綵不敢言及瑾敗卒坐同反
顧秉謙傳遂與朱國禎朱延禧俱入參機務禎改楨○按
國楨字文寧見通鑑輯覽

晉少保下增改中極殿四字○按宰輔年表秉謙以五年九月晉左柱國少師改中極殿大學士

顧秉謙附傳給事中魏大中御史李應昇連劾之○按大中劾廣微廣微上疏自理應昇疏繼上語尤切直且引失誤朝賀各四十祭奠失儀杖一百律嚴旨切責之見明史紀事本末

令衆輔分任○按是時帝諭內閣令次輔等分票各本勿得袖手坐視伴食依回蓋廣微求忠賢爲之也見文秉先撥志始

楊漣等六人之逮也至亟請廣微諫止○按漣等之逮在天啟五年六月景榮卽以七月免歸見明史紀事本末

廣微益懼至然廣微卒不自安○按先撥志始涿州馮銓始出廣微籍下廣微甚相推引銓復結好忠賢謀入閣忠賢因令王體乾侍上時舉甘羅故事銓又令御史張樞疏催枚卜內有黑頭相公英妙未可少也等語廣微忌之具揭忠賢阻其枚卜銓入相後遂與崔呈秀等暗毀廣微適廣微有救楊左之揭忠賢怒遂不可解

初矯旨罪主考丁乾學○按乾學官檢討典試江西策問中引汪直劉瑾忠賢怒降級調外未及赴會錦衣僉事高守謙與乾學有宿怨遂嗾忠賢使緹騎擁入乾學寓嬌稱有詔乾學方俯伏守謙等立斃之見明史紀事本末

以本官兼內閣大學士內改東○按職官志明制無內閣大學士凡初入閣者率加東閣大學士此作內閣誤宰輔年表亦作東閣

崔呈秀傳明年八月冒寧錦功加太子太傅八改七○按七卿年表呈秀之加太子太傅在七年七月其加少傅兼太子太傅遷兵部則八月事也

御史楊維垣賈繼春相繼力攻○按是時繼維垣等劾呈秀者爲南京兵部侍郎潘如禎給事中許可徵等見明史紀事本末

崔呈秀附傳林梓橋梓橋改枝喬○按明實錄先撥志始俱作林枝喬此誤

再劾戶部侍郎孫居相御史夏之令及故吏部尚書崔景榮吏部尚書李宗延等數十人○按明史紀事本末是時如尚寶少卿史記事戶部主事李孔度中書舍人吳之瑞刑部侍郎朱世守太常少卿金世俊江西按察使米萬鍾薊州參議王繼謨皆先後爲文煥所劾者

遷淮揚參議○按吉遷淮陽參議時不欲外出言之忠賢格部疏不下尚書周應秋希指留部擢用遂遷太常少卿見山書

決不待時者六人決不待時改滅等論斬○按莊烈帝所定逆案內開首逆同謀崔呈秀等六人依謀大逆但共謀者不分首從皆陵遲處死律滅等論斬並非決不待時也且六人中除崔呈秀李朝欽先期自縊外惟魏良卿侯國興李永貞案法棄市劉若愚則長繫久之旋得釋當時且指爲失刑則其非決不待時尤明矣此所載誤

劉志選傳志選惑家人言謂已老必先忠賢死竟上之○按志選疏末復云廠臣殫忠端亮協贊中興今有伏莽之姦藏頭露尾投間抵隙思爲一網打盡之計伏乞敕下緝事衙門嚴擊究治見先撥志始蓋卽指匿名榜也

未幾志選疏頌要典未幾改七年○按通鑑輯覽志選疏頌要典在天啟七年而愼行本傳稱愼行爲志選所劾謫戍寧夏未行而莊烈帝卽位其在七年無疑此僅泛稱未幾而於下九行方系以七年則此一節竟似六年事矣

七年七改是

其年改未幾

劉志選附傳歷官御史○按夢環爲御史先後誣劾兵部侍郎唐世濟御史張潑徐如翰兩廣總督何士晉給事中程杜沈惟炳並獲重譴見明史紀事本末

顧事重忠賢亦不能驟行○按是時忠賢將從中究其事大學士李國櫓及王體乾交沮之事乃已見明史紀事本末

且詔建祠薊州○按薊州生祠成兵備副使耿如杞見其像垂旒執笏惡之長揖不拜詔卽劾之逮下鎮撫司掠治旋送刑部尚書薛貞生以大辟論斬見山書

久之起故官○按明實錄輔忠起故官天啟元年官順天府丞是時奄人劉朝田詔坐盜寶繫獄論死忠賢矯旨移之司禮監給事中毛士龍糾之事幾寢忠賢恨次骨至九月士龍與御史王允成李希輔孔先後劾輔忠姦貪輔忠大懼朝等因誘以超擢令攻士龍輔忠遂誣訐士龍貪淫諸罪於是士龍除名而輔忠亦落職閒住士龍傳所載亦同

諸姦黨攻擊正人多其所主使○按蘇民因逮周順昌肇緹騎時輔忠貽書巡撫毛一鷺曰急以文震孟姚希孟入告少宰虛席以待會一鷺業已禽顏佩韋等五人具獄事乃已見明史紀事本末

謀之吳淳夫等先擊去銓○按是時杰等與淳夫及盧承欽李燦然王業浩劉徽等合謀合陳朝輔先發淳夫繼之遂攻去銓及袁鯨與劉徽先後攻紹徽紹徽覺其謀遂於辨疏中發之曰有所推轂則必有所摧折者此也崇儼忠賢知之乃寢其事見明史紀事本末

曹欽程附傳訥爲忠賢鷹犬前後搏擊用力多忠賢深德之○按是時忠賢懷逆謀憚瑞惠桂三王在內訥卽疏趣之藩三王遂行見明史紀事本末故崇禎二年所定逆案訥罪狀有桐封迫遣陰贊逆謀之語

首劾罷戶部侍郎孫居相等○按是時與居相並被承欽劾罷者爲太僕少卿徐夢麟大理卿曹珍工部侍郎董應舉給事中李遇知見明實錄

請以黨人姓名罪狀榜示海內○按承欽是疏在天啟五年十二月於是黨籍刊而三朝要典之議起見明史紀事本末

由臨淮知縣擢御史○按大學士朱國禎之去也由徵與李蕃所劾見明史紀事本末

後與三畏訥承欽克新徵並入逆案○按崇禎二年所定逆案擬罪案云通內得選北道參解學龍侯恪至於削奪

王紹徽附傳應秋其首也○按應秋父事忠賢先後頌忠賢至三十九本見山書

霍維華傳每陳奏必頌忠賢○按維華覆忠賢敘功疏有茅土尚覺其輕語聞者咋舌見明史紀事本末

七年駱馬湖淤○按駱馬湖淤河渠志作八年此作七年互異

霍維華附傳忠賢敗被劾罷○按劾罷蕃者爲給事中顏繼祖御史王之朝見明史紀事本末

主事呂下問治徽州吳養春獄株累者數百家○按是時下問與大理寺丞許志吉窮治其事遂引慘毒萬程不忍力爭不得遂棄官去徽民激變而忠賢以發姦論功廕錦衣指揮見明史紀事本末

閻鳴泰傳鳴泰不能有所爲○按通鑑輯覽稱是時承宗亦察鳴泰無實略軍事多不與議鳴泰怏怏求去承宗亦引疾帝乃罷鳴泰慰留承宗

巡按張素養建之宣府大同巡按下添汪裕○按明史紀事本末及先撥志始稱是時宣大建祠巡按爲汪裕張素養且逆案內汪裕罪案云建祠守祠諛頌七疏元臣功德天與本有廠臣德巍乾坤勳在社稷等語

應天巡按宋禎漢○按宋禎漢明史紀事本末作宋楨模

每一祠之費多者數十萬少者數萬○按諸祠窮極工巧像皆沈香木爲之眼耳口鼻宛轉如生腹中肺腸皆金玉珠寶所爲髻空穴其一以簪四時香花一祠像頭稍大匠人削之小豎抱頭慟哭責匠人見明史紀事本末

而都城數十里祠宇相望○按是時潘汝禎建祠浙江巡按劉之待會稿遲一日卽削籍見通鑑輯覽薊州道胡士容不具建祠文矯旨逮治爲許顯純掠治論死見明史紀事本末

稱以堯天帝德帝改舜○按帝德通鑑輯覽作舜德

監生陸萬齡至謂孔子作春秋忠賢作要典孔子誅少正卯忠賢誅東林○按先撥志始萬齡疏具之後爲奏請中旨許之之後復榜於通衢曰魏上公之功在禹之下孟子之上明史紀事本末稱莊烈帝嗣位後之後疏劾萬齡下之獄蓋始則徇萬齡以媚逆璫繼乃借一劾以掩前罪故之後於逆案竟得漏網

賈繼春傳遂引交結近侍律坐徒三年自恨死律改又交等年下刪自恨二字○按逆案之定除首逆同謀及逆孽軍犯而外凡外廷諸臣皆引交結近侍律特依本律者論斬而交等又次等則其罪亦遞減繼春依交結近侍又次等者故止坐徒此所載小誤

田爾耕傳又與許顯純崔應元楊寰孫雲鶴有五虎之號虎改彪○按是時爾耕等人目爲五彪五虎則文臣崔呈秀等也見忠賢本傳此誤

毒刑鍛鍊○按顯純之希指斃漣等也每一人死卽剔喉骨貯一小匣送忠賢以示信見先撥志始

明史攷證攟逸卷三十七

長洲王頌蔚編集

列傳第一百九十五　佞倖

紀綱傳誣逮浙江按察使周新致之死○按綱使千戶緝事浙中作威受賕周新捕治之千戶脫走訴綱綱遂誣逮新旗校皆錦衣私人在道搒掠既至致之死事詳明實錄及周新傳

吳中故大豪沈萬三洪武時籍沒所漏貲尙富○按開國臣傳載萬三名富其弟萬四名貴以力田致富明祖初起萬三兄弟獻金佐軍用後其孫漢傑玠等皆讀書仕宦未詳其籍沒事與傳互異

其黨敬江謙春瑛等誅譴有差○按明實錄時丁鉦亦以母喪質慶成宴被劾帝始悟其姦邪戍邊

門達傳倚錦衣官校爲耳目○按明實錄天順二年冬十月李賢請罷錦衣官校刺事帝不許於是杲達等勢益熾

門達附傳杲所遣校尉誣寧府弋陽王奠壏母子亂○按明實錄殺弋陽王奠壏爲天順五年夏五月事維時令奠壏兄奠培具實以聞且遣官與杲按問

寧王奠培等亦言無左驗寧改靖○按諸王傳稱靖王奠培後爲布政使崔恭所劾削奪此作寧王誤

達大喜立奏聞請法司會鞫塡午門外○按大事記楊

塡一作楊瑄爲彩漆軍匠時達遏瑄供李賢主使瑄賜諸且曰我言於此無人證見不若請鞫於廷達信之以聞此又一說

綸敗○按王綸爲東宮內侍嘗從侍讀學士錢溥受學英宗疾綸私詣溥計事及英宗崩綸又衰服襲貂憲宗惡之下獄

言官交章論其罪○按逵坐調都勻衛左都御史李賓疏其罪當正國法乃論斬初門逵廷訊時負故强辯至賓前則曰公直訊我遂引服見明實錄

李孜省傳孜省緣是恨廷臣甚○按憲章錄時工部主事張吉上疏斥李孜省僧繼曉等罪惡戶部主事周軫兵部郎中崔陞中書舍人丁璣等亦上疏力言俱不報故孜省恨廷臣甚曰事搆逐

其年十月再復左通政益作威福○按時言者多觸上怒書姓名於屏者六十人吏部不敢推陞見憲章錄

謫孜省常恩玉芝玒中經戍邊衞○按是時四川番僧國師法王等俱追奪誥敕印信發回四川光相寺其吏部尙書李裕右都御史劉敷禮部侍郎黃景皆以附李孜省故罷黜見憲章錄大事記諸書

繼曉傳員外郎淩俊請斬芳繼曉以謝天下淩改林○按是時劾繼曉者爲林俊見識大錄及明實錄此作淩俊誤

始勒爲民○按明實錄給事中李俊上疏孜省繼曉輩尤中外所切齒乞行斥逐庶天變可回帝不得已勒繼曉爲民

江彬傳七年賊漸平遣邊兵還鎭大同宣府○按朱國禎江彬亂政記時咸寧伯仇鉞言邊兵久勞人馬俱病今賊漸平請留三之一餘遣還邊下廷議乃以劉暉等所部各千人益以內地兵五千人分屬之留鎭守餘軍俱遣還

賜斌泰國姓斌改彬○按明實錄是時江彬許泰皆賜國姓此作斌泰誤

越二年還都督僉事○按彬前征流賊次新河縣不進及盜去乃殺居民以冒首功累爲言官所劾至是給事中潘塤核實以聞上不之罪見江彬亂政記

永平知府毛思義忤彬下獄謫官○按是時永平知府毛思義下令謂大喪未舉聖駕必不遠遊此皆姦徒矯詐煽惑人心百姓其各安業非有府部撫按文書敢稱駕至擾民者捕治之武宗聞之怒遂下獄見大事記

御史劉士元陳四不可不報○按是時指揮黃勳以供應擾民士元按治之勳逃至行在因嬖幸入譖於是縛士元至軍門杖之仍繫獄見明實錄

且極言酣酒當戒○按武宗嗜酒左右欲乘昏醉市權亂政常置酒以待俟少醒卽奉以進或未溫輒冷飲之凡事顚倒皆以此故金言不可者九無待强聒所戒者一莫甚於酒最警切見江彬亂政記

遂得疾○按武宗及臨淸召太醫自京中至內侍密問狀曰病亟矣可及還內耳及彬問則佯對曰何害行卽愈矣見大事記

磔彬於市○按各鎭奏報有爲彬藴滯二三歲不得達者彬旣執一時赴鴻臚寺投進者凡九十九封赴通政司者九藏彬家及鎭國府者又三十餘封見江彬亂政記

錢寧傳爲寧王宸濠營復護衞○按朱國禎錢寧記寧於石徑山造寺窮極奢麗導上遊幸及通宸濠爲江彬所覺彬私令寧掌衞事居中不及從上出彬日譖之寧寵衰

陸炳傳驚憂懼死至剖棺戮屍○按大事記上收鸞妻孥下獄拷訊問反狀妻素識炳曰夫君有謀惟公知之何問我衆皆失色炳恚甚遂成鸞獄剖棺戮屍傳首九邊

積貲數百萬至勢傾天下○按炳於西湖建乳媼廟立宣公書院皆極崇麗別宅分置姬妾田園徧臨淸揚州南昌承天等處勢傾天下威行宮省中外不稱官不稱號直曰陸堂云見朱國禎陸炳記

邵元節傳世宗嗣位至日事齋醮○按明實錄嘉靖二年閏四月始修醮宮中時給事中劉最劾崔文左道下獄謫戍後乃齋醮無虛日命夏言充監禮使湛若水顧鼎臣充引導官自此詞臣都以靑詞干進

顧可學傳二人皆褫官奪謚○按是時徐階草遺詔方士悉付法司論罪故可學端明等亦俱褫官奪謚見明實錄

列傳第一百九十六　姦臣

胡惟庸附傳久之進左御史大夫○按明史紀事本末陳寧於九年同汪廣洋糾奏李善長善長父子徒跣謝罪上命釋之尋拜寧爲御史大夫

嚴嵩附傳以考察謫東平州同知○按文華初爲主事有貪名出爲州判以賄嵩復入爲郞見明史紀事本末

植與嵩鄉里嘗勸嵩殺楊繼盛○按明史紀事本末繼盛繫獄每出朝審諸內臣士庶其指曰此天下義士國子司業王材詣嵩曰人言藉藉謂繼盛且不免公不憂萬世耶嵩曰我行當救之令其子世蕃謀之胡植鄢懋卿曰此養虎遺患也植亦言不可嵩遂決意殺之

溫體仁傳遂用給事中許譽卿事逐之去○按綏寇紀略震孟初入閣體仁有票擬必請正有改必從震孟曰溫公虛懷乃爾可謂好問官何吾騶曰是人伏機甚深何可深信越數日體仁知其疏凡震孟票擬竟抹去不用震孟拍案大呼以諸疏擲體仁體仁亦不顧未幾以許譽卿事罷之

列傳第一百九十七　流賊

李自成傳魏忠賢黨喬應甲爲陝西巡撫朱童蒙爲延綏巡撫貪黷不詰盜○按陝撫喬應甲貪婪狂易法紀廢弛有道臣袁養和被劫請捕盜應甲反脇取養和千金延撫朱童蒙朘削軍糜助三殿大工兵民側目見綏寇紀略

自成乃與兄子往從迎祥○按綏寇紀略自成妻韓氏故娼也與縣役蓋君祿通自成殺淫者借李過亡命甘州投甘督梅之煥所部參將王國爲兵國奉調遣過金縣兵譁自成縛縣令索餉并殺國遂反會高迎祥自號闖王自成往從之

故總兵湯九州戰死○按是時左良玉從宜赴嵩故總兵湯九州以千二百人從軍自效有夾剿之勢左中道遄歸九州以孤軍殺賊大勝窮追四十里誤入深崖爲賊所乘敗沒見綏寇紀略

遂連陷昭化劍州梓潼江油黎雅靑州等州縣靑州改靑川○按地理志四川並無靑州惟龍安府有靑川溪洪武六年設靑川千戶所嘉靖末改龍安府與梓潼江油接壤明史紀事本末亦作陷靑川彰明等縣蓋承洪武年間舊名也此作靑州誤

典史潘夢科○按忠義傳作潘孟科

王世子由松裸而逃松改崧○按由松諸王傳作由崧

尋屠陳州○按三月自成羅汝才合羣盜八十萬圍陳州副使關永傑率士民死守賊更番迭攻永傑戰死城上郡紳崔必之等手刃數賊被執而死賊怒屠之見明史紀事本末

豫人所謂柿園之敗也○按傳庭出軍値天大雨糧車不進士卒凍餒采靑柿爲食至於甚敗故豫人以爲柿園之敗見綏寇紀略

合弘文館學士李化龍等草檄馳諭遠近指斥乘輿○按自成更鑄大錢設科目甯紹先僞充考官試定鼎長安賦拔扶風舉人張文熙爲第一僞學士李化龍臺諫宋衞等頌功德張形勢以指斥乘輿脅汙州縣見綏寇紀略

張獻忠傳獻忠及汝才皆就撫○按四年獻忠率衆二千人就撫於洪承疇五年復叛見明史紀事本末

爲告文燦受其降○按獻忠旣降文燦責賂黃金璣襄千珠琲盈斗他環貨累萬而獻忠偏將韓城人辪姓者首輔辪國觀之子姪行也走一騎出入國觀府中且徧見權貴人自國觀以下無不受其賂者見綏寇紀略

汝才以戰敗乞降於太和山監軍太監李繼政○按羅汝才就撫文燦安其衆於房竹間與民錯壤而處遙與獻忠爲聲援奪民禾而食不奉縣官法鄖楚偏沅諸撫咸以爲憂文燦剛而愎又新有功而驕皆不聽鄖襄人惴惴恐禍至無日矣見明史紀事本末

乃悉衆攻楚兵於土地嶺○按諸將營於土地嶺待賀人龍兵三復不至張應元等所將楚兵五千人皆新募賊知官軍無後繼悉銳攻之遂敗見明史紀事本末

推官鄺曰廣○按明史紀事本末作鄺日廣

陷廬州○按獻忠先遣英霍游民陽爲貿易者潛入廬州城中適督學御史以校士至郡獻忠遣賊數百負書卷衣靑衿雜諸生應試者旅寓城中夜漏二下獻忠卷甲疾馳入城城中賊縱火應之城遂陷廬州城池高深賊屢攻不能克至是一夕而陷見明史紀事本末

岳州陷○按武昌陷巡撫王聚奎南奔長沙推官蔡道憲請還屯岳州謂岳與長沙脣齒也併力守岳則長沙可保而衡永無虞聚奎屯岳數日仍南徙驅萬人入長沙所過如洗慘甚於賊尋遁入湘潭及賊至城下呼道憲曰吾軍中皆知爾名毋自苦也道憲挽强弩射之城陷被執百計誘降不屈磔之見明史紀事本末

巡撫陳士奇被殺陳士奇改龍文光○按朝命龍文光代陳士奇爲巡撫士奇自謂知兵欲留以自効乃奔重慶重慶破與瑞王同遇害是士奇之死在破重慶時而破成都時所殺巡撫乃龍文光也此敘陳士奇被殺在進陷成都之後誤據陳士奇龍文光本傳改

列傳第一百九十八　湖廣土司

施州傳初太祖卽吳王位○按吳元年左相國徐達按視湖湘以楊璟爲參政令之招撫而別遣指揮使王遇成等攻討諸苗之未服者乃隨服隨叛命江夏侯周德興東門侯吳海普定侯陳桓靖寧侯葉昇徧平蠻寨大破辰九溪施南散毛鎭南大旺諸洞見毛奇齡蠻司合志

蠻苗吳面兒之難諸土司田多荒廢○按洪武十八年吳面兒叛是時諸蠻出沒不常楚王楨及湯和等抵其地恐蠻人驚潰乃於諸洞分屯立柵與蠻民雜耕使不復疑久之以計禽其渠魁餘黨悉潰師還留兵鎭之見明史紀事本末

宣德二年二改三○按宣德三年地理志及一統志俱作三年此作二年誤

及鎭邊隆奉二蠻夷官司邊改遠○按鎭邊地理志作鎭

遼此作邊誤
散毛宣撫司副使黃紹瑄謀殺親兄律應斬紹下加稱
然瑄罪重法不可宥刪法字
中謫戍○按中逃歸倚巢菓牛欄坪寨守之號天城自
稱天城王流劫奉節雲陽間四十四年川湖兵勦中
復降梟於市見蠻司合志
永順傳永順宣慰使順德汪倫宣慰改安撫○按永順洪武
二年爲州十二月置永順軍民安撫司至六年十二
月升軍民宣慰使司則五年不得卽稱宣慰且汪倫
旣稱宣慰使是已有宣慰矣下文又安得云遂置宣
慰使司乎據一統志及地理志改
遣人上其所受僞夏印刪其字
廷瑞以女結婚於永順土舍彭世麟○按廷瑞以所擄
女子詐爲己女嫁於土舍彭世麟爲妾結驩世麟世
麟白軍門受之見明史紀事本末
嘉靖六年○按嘉靖六年藤峽苗叛七年湖廣僉事汪
溱等率永順兵進勦牛腸寨保靖兵進勦六寺等寨
見明實錄
保靖傳宋置保靜州元爲保靖州安撫司改宋置保靖州元因之屬
新添葛蠻安撫司○按保靖宋時始置保靖州見一統志此
作保靜誤又考地理志及一統志元時亦爲保靖州
屬新添葛蠻安撫司是元時保靖未嘗有安撫使也
地理志太祖丙午年二月始置保靖安撫使則下文
安撫使彭世雄卽屬明初所授此云元爲保靖州安
撫司誤
明太祖之初起也安撫使彭世雄率其屬歸附之字也字其字
並刪
初保靖安撫彭萬里以洪武六年歸附六改元○按上文
言洪武元年安撫使彭萬里遣子奉表貢馬及方物
因升爲宣慰司卽以萬里爲之與地理志一統志同
此作六年誤
因殺藥僤藥下增哈字
保靖兩江口土舍彭惠王王是復與宣慰彭九霄搆怨
○按九霄彭藥哈僤之孫也惠以祖大蟲可宜革職
死無所襲而九霄得襲祖職宣慰司忌之因爲仇正
德中參將淸宣慰司地賦惠所據九江口實宣慰地
遂奪九江口七寨歸九霄於是仇益甚見蠻司合志
列傳第一百九十九　四川土司一
烏蒙烏撒東川鎭雄傳乃聚兵赤水河以拒之○按都
督郭英等出永寧路多險阻請將欲深入英曰破敵
貴先聲攻取必自近始舍近趨遠非策之上也遂以
兵攻赤水河去河二十里爲營時久雨水暴漲英曰
賊恃水漲不意我濟下令諸軍斬木造筏夜半濟比
曉敵始覺遂大潰見明史紀事本末

是月改七月○按十五年夏四月烏撒東川芒部復叛六
月上命安陸侯吳復平涼侯費聚合征南三將軍進
攻之秋七月沐英自大理還軍滇池會友德兵進攻
烏撒大敗其衆則所謂是月者七月也見明史紀事
本末及沐英傳
東川芒部諸夷種類皆出於玀玀○按玀玀本名盧鹿
有黑白二種其先漢時從諸葛亮破孟獲封羅甸王
世長其土兵爲諸苗之冠見崗谿纖志
各立疆場場改埸
初芒部土舍隴壽與庶弟隴政○按隴壽隴政皆芒部
土官隴慰子見蠻司合志
宜亟趣都御史王廷相之任○按川撫王廷相同何卿
進勦上官阿濟稱沙保已死廷相據聞旣而御史施
山總兵牛桓言沙保未死阿濟言不實及唐鳳儀新
任乃專責阿濟使之擒沙保斬於軍門見蠻司合志
於是四川巡撫唐鳳儀言烏撒東川諸土官故與
芒部爲脣齒○按八年四川巡撫唐鳳儀巡按戴金
會奏議處芒部七事一曰因地方以定土流二曰順
夷情以續絕世三曰尊威令以示懲戒四曰存四司
以專責任五曰明賞罰以定夷情六曰嚴守備以塞
禍源七曰下重令以戒聯結見明實錄
爲雲南巡撫閔洪學所敗○按閔洪學敗安効良事在
天啟五年見明史紀事本末
馬湖傳土知府安鼇有罪伏誅○按嘉靖二年馬湖土
巡檢安宇自言從征年久累獲首功奏乞改注職官
兵部覆宇本安鼇之子法當安置廣西因四川用兵
雖有功例應給賞而宇故辭之陰爲開復土官之地
則先朝岑猛岑濬事可鑒也上遂不許見蠻司合志
建昌衛傳皆宜增屯衛○按玉請增設諸衛且籍民爲
兵上報設諸衛而不許籍民見明史紀事本末
永樂元年復置○按地理志永樂二年改置昌州威龍
普濟三長官司此作元年互異
寧番衛傳有冕山鎭西禮州中三千戶所刪鎭西禮州中三六字
○按禮州屬建昌衛見上建昌衛傳鎭西屬越巂衛
見下越巂衛傳地理志亦言寧番衛領千戶所一止
有冕山此誤將禮州鎭西混入自相牴牾
越巂衛傳漢邛都及闌二縣地闌改關○按漢書地理志
有闌縣無關縣
鹽井衛傳古定笮縣也笮改筰○按漢書地理志作定筰
會川衛傳復立會川府○按地理志十五年復置會川
府此作十七年互異
茂州衛傳自唐武德改郡會川領羈縻州九會川改會州○
按茂州隋爲會州後改州爲汶山郡唐武德元年復
曰會州四年改曰南會州此作會川誤

靜州長官司○按靜州宋時蠻董姓者據其地號靜州
蠻明置長官司岳希亦有長官司俱洪武七年置見
一統志
松潘衛傳曰蛒匝○按蛒匝地理志作蠟匝
曰潘幹寨幹改斡○按潘斡寨地理志及蠻司合志俱作
斡此作幹誤
十五年黑虎寨賊首多兒太伏誅刪五字○按多兒太伏
誅係正統十年事見明實錄此誤衍五字下文十一
年可證
巡撫劉洪奏○按劉洪奏松疊溪禦蠻八事此係第二
條見明實錄
天全傳義因碉門拒長河西口拒改距
今聞有路自碉門出枯木任傷徑抵長河西口路下增可枯改
柘任傷改埸○按方輿紀要自碉門出柘木埸徑抵長河
西口此作枯木任傷誤
黎州傳賦乃卜最強世居西河○按萬麻初賦乃卜僭
稱王殺略榮丁因賴村沐川長官以狀聞廷議征之
以守備劉繼祖等爲將軍率總旗胡祿戰於大赤口
祿中流矢死繼祖等被執都御史徐元太上書按赤
口失律狀而都司李獻忠竟以孤軍擣賊巢諸將郭
成等四路並進斬其渠魁賦乃卜乃降見蠻司合志
明史攷證攟逸卷三十八

長洲王頌蔚編集

列傳第二百　四川土司二
播州傳改播州宣慰司隸貴州○按播州於十五年改
隸貴州二十七年四月仍改屬四川見地理志
黃龍韋保等殺掠人民○按景泰二年貴州賊首韋同
烈僞稱苗王糾衆數萬屯聚興隆之截洞攻平越淸
平湖廣總督王來率總兵梁珤等進勦縛同烈械送
京師五年四川苗賊黃龍韋保僞稱平天大王聚衆
攻劫播州等處貴州提督蔣新率官軍進勦縛韋保
等送京師見明實錄
蓋應龍本雄猜阻兵嗜殺○按應龍所居僭飾龍鳳用
繡女閹人嬖妾田氏雌鳳疑嫡妻張氏姦淫出之已
而飲田氏兄所乘醉封刀取張氏及其母首屠其家
初惑七姓言虐所屬黃平五司旣而覺七姓欺己遂
結關外生苗戕七姓見蠻司合志
時四川新撫譚希忠刪四川
執原奏何恩詣綦江縣執改爲恩下增所執二字○按蠻司合志言
應龍遣行閒者懷金入京爲原奏何恩所報解綦江
縣此言執原奏何恩詣綦江縣彼此迥異考何恩係
告應龍謀反之人是時應龍方上書自白斷無敢執
何恩之理且綦江係內地執詣內地尤屬無謂應以

蠻司合志爲正
永寧傳七年七改八年下增正月
八年以祿照爲宣撫使刪八年○按一統志及地理志陞
永寧安撫司爲宣撫司係八年正月事此作七年誤
國子學錄黃明善奏四川山都掌蠻屢歲出沒○按明
善奏有平蠻三策一竄之鄰境以離其黨欲將都掌
蠻民分隸烏撒等四府安置撫郵有不從者許土官
勦之則兵不血刃而境土自安矣二分屬漢蠻以別
其類都掌地與永寧芒部相錯接永寧者割隸永寧
接芒部者割隸芒部而該縣止管漢民則漢蠻各有
統屬矣三據險固守以待其斃都掌北距敘州馬湖
無北走之路今宜選將領兵由納溪斷其後門半年
之後皆爲餓殍矣見明實錄
効忠死妻世統無子○按効忠死崇周當襲職顧稚弱
而總兵劉顯見世續而喜遂以世續名請冠帶視宣
撫事効忠弟沙卜通於其嫂世統欲世統襲兒職而
朝命屬世續大怒遂屬夷目攻世續於落紅世續遁
居永寧見蠻司合志
十四年奢崇周代職未幾死未幾改二十三年○按蠻司合志
言二十三年征楊應龍崇周應調已行沙卜伏甲道
左將殺崇周崇周力戰斬二十八級追沙卜至河殺
之沙卜之子白僕亡之貴陽密使白春芳以蠱飲崇
周崇周死是崇周於十四年襲職至二十三年征楊
應龍時已十年不可謂未幾
樊龍等以增行糧爲名乘機反○按時以邊事急徵四
方兵崇明上疏請提兵三萬赴援遣其將樊龍等以
兵至重慶巡撫徐可求點核汰其老弱索餉餉復弗
繼龍等遂鼓衆反舞槊刺殺可求遂一擁而上道臣
孫好古駱日升李繼周知府章文炳同知王世科熊
嗣先推官王三宅知縣段高選總兵黃守魁王守忠
參將萬金王登爵皆死之原任肇昌同知董盡倫聞
變率衆入城殺賊遇伏死見明史紀事本末
分兵攻合江汭溪汭改納○按瀘州有納溪縣因州西有
納溪故名見地理志及一統志此作汭溪誤
酉陽傳元屬紹慶府紹慶改懷德○按酉陽州元史及明史
地理志皆屬懷德府此屬紹慶誤
列傳第二百一　雲南土司一
雲南傳攻石屏不下○按楊畏知傳稱是時賊攻石屏
寧州嶍峨皆陷之此作攻石屏不下互異
景東傳因奏景東百夷要衝宜置衞以錦衣衞僉事胡
常守之○按是時立景東衞命陶往鎭而別以流官
掌印莅府事陶至鎭勤愼守法因仍復知府頒賜金
帶且鐫誠心報國四字褒之見明實錄與此小異
宣德五年置孟緬長官司○按宣德五年六月置孟緬

長官司屬景東府後直隸布政司萬厤二十五年改
屬順寧府之雲州見明實錄
大侯土知州刀奉漢侯改候漢改罕
廣南傳立廣南西道宣撫司道改路○按廣南西路此譌
路爲道據元史地理志改
洪武十七年歸附改廣南府七改五○按廣南府置於洪
武十五年十一月見明實錄地理志同此作十七年
誤
廣西傳後爲東爨烏蠻等部所居焚改爨○按元史地理
志作東爨此作東焚誤
洪武十四年歸附改洪武十五年爲府○按明實錄廣西之改路
爲府以土官普德署府事其事在十五年三月地理
志同此僅稱十四年歸附而未詳改路爲府下句署
府事無根
涙渠改蘋蕖○按一統志地理志皆作蘋蕖
嘉靖元年設雲南彌勒州十八寨守禦千戶所○按一
統志彌勒州西有十八寨山嘉靖元年二月置守禦
千戶所於此
鎭沅傳其後金齒焚蠻據之焚改白
建文四年置鎭沅州○按地理志稱鎭沅州爲洪武三
十五年十二月所置則其事在成祖時矣
陞爲府○按明實錄鎭沅之陞爲府在永樂四年四月
己卯此槪紀於三年之後未晰
順寧傳因請改順寧爲流官○按萬厤二十五年以平
猛廷瑞亂改順寧爲流官知府改大候州爲雲州設
流官知州見明實錄
孟艮傳設孟艮府○按孟艮府初置時隸雲南都司後
隸雲南布政司見一統志
所謂三緬也緬改猛○按地理志作三猛
孟定傳設孟定府○按明實錄洪武十五年三月己未
設雲南五十二府孟定已居其一此稱洪武三十五
年設孟定府互異
曲靖傳至元初置磨彌部萬戶至元初改元憲宗時○按元史地
理志憲宗六年立磨彌部萬戶至元八年改爲中路
十三年改爲曲靖路此以置磨彌部爲至元初事誤
後改爲曲靖路宣慰司改至元時改曲靖路宣慰司
征南將軍下雲南改傅友德下雲南
行省平章劉輝等來降等下刪來字
十五年改曲靖千戶所爲曲靖軍民指揮使司置曲靖
軍民府○按地理志曲靖於洪武十五年三月爲府
二十七年四月升爲軍民府與此小異
西南有木蓉箐蓉箐改容箐○按一統志木容箐山名在馬
龍州東南地理志同此作蓉箐誤
曲靖軍民知府晏毅言四事○按正統七年三月復曲
靖衞定南堡堡置於洪武間後廢至是以王驥等言
平夷衞平水堡去曲靖遠且田土荒蕪宜復立定南
堡撥兵屯守從之見明實錄
妻安索儀署州事索改素○按下十二行作安素儀與蠻
司合志同
乾隆四十一年賜謚諸臣祿永命周士昌通謚節愍
列傳第二百二　雲南土司二
姚安傳元立統矢千戶所○按元史地理志統矢千戶
之立在憲宗七年至元十二年罷統矢立姚州隸大
理路至天厤初乃陞爲路
武定傳土舍鳳朝文作亂○按是時因安銓之亂巡撫
傅習調朝文兵千餘守廠江朝文遂據廠江還攻武
定殺同知袁倖知州泰健等十三人見明史紀事本
末
尋甸傳獛剌蠻居之獛改焚
巡撫傳習檄守巡官討之○按是時習檄參政黃昭道
副使周奎統官軍討之敗績見識大錄
麗江傳宋時麼些蠻蒙醋據之○按蒙醋明一統志作
蒙醋醋
三十年改爲麗江軍民府○按永樂九年九月麗江軍
民府知府木初遣人貢馬賜鈔幣見明實錄
元江傳後爲麼些徒蠻阿僰諸部所據元時內附○按
阿僰諸部以憲宗四年內附七年復叛至元十三年
遙立元江府以羈縻之二十五年命雲南王討平其
地乃更置元江路
永昌傳隸大理萬戶所所改府○按元史百官志作萬戶
府
洪武十五年定雲南立金齒衞○按明實錄永昌洪武
十五年三月己未仍爲府屬布政司地理志同
置司甸長官司以土酋阿干爲副長官司甸改施甸干改千○按
明實錄洪武十七年五月己酉置施甸長官司以土
酋阿千爲副長官
古湧二關湧改勇○按地理志及一統志皆作勇
其長官司二○按地理志稱永昌所屬長官司三曰施
甸曰鳳谿曰茶山茶山爲永樂五年析孟養地置屬
金齒軍民司嘉靖元年屬府
威遠傳大理時爲百夷所據大理改段氏百夷改白蠻○按大理之
名雖始於段氏然以地名紀時代未協且一統志稱
威遠在段氏爲金齒白蠻所據元史地理志同此作
百夷亦誤
給威遠土知州刀蓋金牌命合兵勦麓川叛寇蓋下增罕字合下刪兵字
鎭康傳十七年改爲州○按鎭康降爲州後尋廢以其
地屬灣甸州永樂七年七月復置見明實錄
以中官徐亮使西南蠻○按亮使西南時矍光阻道並
劫奪賜物至是遣頭目刀怕愣等來朝乞貸罪復遣
給事中周讓行人方瀋往戒諭之見明實錄
大侯傳六年長官刀奉偶遣弟不納狂來貢○按永樂
九年六月刀奉偶遣弟混三等貢馬及方物賜鈔及
文綺襲衣見明實錄
瀾滄衞傳弘治十一年福建布政李韶以前任雲南參
議知土俗事宜上疏言四事議改政一改二○按明實錄李
韶是疏在弘治十二年九月乙丑此作十一年又韶
前任雲南右參政此作參議均誤又按明實錄韶所
陳四事一則請設瀾滄兵備副使一則勦撫孟養思
陸策一則言廣西府所屬皆僰人難制其地有水利
請設屯田一則謂曲靖衞軍多地僻平夷衞軍少事
繁請以曲靖衞屯田附近平夷者調撥二所以屬之
麓川傳元時皆屬緬甸至餘皆道卒改漢時爲永昌郡徼外麓川之地曰大布茫曰睒頭附賽曰睒中彈吉曰睒尾福祿培在茫施東平緬之地曰驃睒曰羅必四莊曰小沙摩弄曰驃睒頭在麓川東北皆處金沙江之南故爲白蠻所據其地又有龍川江爲麓川達木邦之路蠻恃以爲險元中統初始內附至元十三年立爲路並隸于金齒宣撫司洪武○按一統志及
元史經世大典明史明一統志明史紀事本末諸書
麓川平緬在元時立兩路屬金齒宣撫司此作屬緬
甸誤且以下接紀緬甸事實業已詳載彼傳尤不應
複敘茲據諸書所載麓川平緬疆土建置改正
爲麓川平緬宣慰使司緬下增軍民○按明實錄作麓川平
緬軍民宣慰使司明制軍民宣慰使司與宣慰使司
自別
緬國王使來言國王改酋遣○按緬甸在明時未封王其本
傳稱土酋卜剌浪遣使貢方物訴思倫發侵奪境土
即其事此稱國王誤
適其部長刀幹孟叛幹改斡○按本紀沐英緬甸土司傳
皆作刀幹孟
西平侯沐春遣送至京師遣送改挾與京下刪師○按明實錄是
春沐春適入覲乃挾倫發與俱朝沐英傳同此作遣
送至京師誤
命西平侯諭之侯下增晟○按是時所謂西平侯者沐晟也
傳僅稱爵未協
廷臣舉右都督方政右改左○按明實錄作左都督明史
紀事本末同
任發方修貢冀緩師而晟遂信其降○按思任未叛時
孟養宣慰司刀賓玉嘗遣思任質晟府晟兒子畜之
至是晟遣指揮車琳等諭降思任佯諾晟遂信之見
明史紀事本末
政追至空泥○按政是時與其子瑛部將顧勇等乘勝
深入比至空泥知無援乃遣瑛還而身與顧勇等陷
陣死見識大錄
仍敕晟豫籌糧糒○按正統四年五月以沐昂爲征南
將軍充總兵官討賊明年五月昂抵隴把以糧乏引
歸參將張榮敗績於芒市下詔切責見明實錄
都督李安劉聚副之督下增同知安下增僉事
前軍抵於木籠於改沙○按明一統志沙木籠山在南甸
南一百里即王驥破任發處元志所謂小沙摩弄正
此山也此作木籠誤
百道環攻復縱火焚其營○按是時都督同知李安駐
潞江護餉道旣而賊破安恥己功不與聞賊有屯於
高黎貢山者往攻之不利爲賊所躡都指揮趙斌等
死傷者千八百餘人明年六月論斬下獄見明實錄
於是復命王驥蔣貴等統大軍再征麓川○按驥等再
征麓川之命在正統七年九月見明實錄本紀作八
月誤
十一年緬甸始以任發及其妻孥三十二人獻至雲南
○按緬甸之獻任發馘緬甸傳作正統十二年本紀
作十年十二月明史紀事本末與本紀同此作十一
年互異
其部衆復擁任發少子祿據孟養地爲亂祿改思陸養下刪地○
按王驥傳稱是時思任發少子思陸復擁衆據孟養
孟養本傳亦稱思陸發者思任發之遺孽也此誤陸
爲祿復脫思字
乃與思祿約許土目得部勒諸蠻祿改陸許下增以目下刪得○按
明史紀事本末蠻司合志諸書稱是時與思陸約許
以土目此落以字文義遂晦
一入杉木籠杉改沙
至是大軍遣木邦罕禽多掩殺之掩改俺○按多俺就戮
之後旋築平麓城於猛卯以興屯田見一統志
列傳第二百三　雲南土司三
緬甸傳至南安南安改安南○按南安當作安南見明實錄
遣使至八百國王所國王改土司○按地理志洪武二十四
年置八百大甸宣慰使司是八百在爾時特一土官
耳此作國王未協
後卓吉爲思眞增猛乃頭目別混所殺○按思眞孟養
長官也是時爲緬所擄見孟養土司傳
旣覘知有備○按是時朝議用沐朝弼請於蠻哈設兵
備緬見蠻司合志
罕拔又爲緬招千崖土舍刀怕文許代其兄職○按怕
文兄怕舉妻罕拔妹也拔使據千崖以臣緬許以其
嫂妻之並代其兄職怕文怒挾二子詣同知辭衞守
備李騰霄訴之與俱戰見明史紀事本末
令土目馬祿喇送等領兵萬餘馬改烏○按明實錄作烏
祿喇送
岳鳳嗾應裏殺罕拔盡俘其衆○按是時罕拔子進忠

守木邦應裏遣弟應龍襲之追進忠於喳哩江進忠挈妻子內奔見明史紀事本末

且窺騰衝永昌大理蒙化景東鎭沅諸郡○按是時應裏西會孟養孟密蠻莫隴川兵於猛卯東會車里八百孟艮木邦兵於孟炎見蠻司合志

緬將猛勺詣綎降猛改

岳鳳及其子皆伏誅○按是時諸部蠻多視岳鳳爲向背綎等欲借以招諸蠻處之金沙江上游故諸部俱殺緬使來歸而中朝不察日索獻俘十二年冬岳鳳父子伏誅諸部旋復解散陰附於緬而應裏復披猖矣見蠻司合志

緬帥思仁寇蠻莫敗之○按思仁卽孟密土舍思忠從弟也歸於緬緬僞署之於孟密二十一年思仁率衆三十萬象百據蠻莫思化敗走二十二年陳用賓遣參將王一麟等復之至是復入寇又大敗之見識大錄

干崖傳僰人居之僰人改白蠻○按元史稱鎭西路舊爲白蠻所居考白蠻黑僰種類自殊此作僰人誤

永樂元年永上增後廢隴川平緬司八字元年改初

頒給信符金字紅牌改給信符金牌

干崖長官襲歡遣頭目奉表貢馬改長官襲歡遣頭目貢馬

宣德六年六改五

潞江傳隸柔遠路隸改立

永樂元年內附改洪武十五年爲府後屬永樂元年

宜設長官司治之改故設司治之

頒給信符金字紅牌改給信符金牌

潞江長官司襲壁刪潞江二字壁改璧○按明實錄作襲璧

遣子維羅法貢馬方物維改惟○按明實錄作惟羅法

南甸傳南則炎瘴如烝烝改蒸

乞置四巡檢司鎭之○按南甸四巡檢司設於木縛雷傍哈止壠磨孟倫等處見一統志

茶山傳茶山長官司○按茶山長官司傳未詳其置自何時考地理志稱永樂五年析孟養地置屬金齒軍民司一統志稱土酋早姓舊屬孟養永樂三年孟養叛蠻目早章憤其不忠遂不附五年詔賜印綬爲長官其建置年代與志合

里麻傳里麻長官司○按明實錄及通志諸書皆作里麻與此同地理志作麻里誤

木邦傳罕落法襲父職族人搆難落法避於孟更○按是時落法部族罕㮇法者欲推落法叔罕逆襲乃挾頭目刀板放等聚衆謀殺落法落法遂奔見蠻司合志

孟都蠻者○按一統志木邦本名孟都則是孟都卽木邦地此別之曰孟都蠻未識何據

曩罕弄驕蹇不服○按成化初南寧伯毛勝貪猛密寶石許得自貢不關木邦而太監錢能直就徵其地自是曩罕弄益縱恣無忌見蠻司合志

遂命宗巡撫雲南○按宗乘傳至滇卽大言孟密宜開設巡撫吳誠有難色宗叱之曰爾敢與內廷抗耶遂率鎭守及三司會勘杖木邦訴民而犒孟密使者諭南牙山就見曩罕弄曲徇所請見明史紀事本末

孟密土舍思揲揲改楪下同○按明實錄作孟密土舍思楪

於是巡撫張誥等會奏○按是時誥遣參政毛科副使荊茂詣孟密撫諭見識大錄

萬曆十二年忠奮僞印來歸命二改三○按思忠等之歸命也朝命以思忠爲孟密宣撫思化爲猛哈同知思順爲蠻莫安撫比信符至而思忠等已復投緬矣見明實錄

罕洪思禮奔隴川洪改烘

孟養傳成祖卽位改雲遠府爲孟養府○按地理志稱洪武十五年改雲遠路爲府十七年改爲孟養府後廢洪武三十五年十二月復置此以改稱孟養屬之成祖卽位時互異

十四年復設孟養宣慰司○按永樂九年五月孟養宣慰刀玉養求朝貢馬賜賚如例見明實錄

思陸發者○按明史紀事本末及識大錄諸書法者蠻酋自大之稱內地遂訛法爲發故傳中或稱發或僅稱思陸他傳似此者甚多

因得入貢至以襲祖職○按弘治改元詔頒徼外土酋金牌信符時孟養宣慰已廢而兵部誤以舊號頒給思陸思陸遂誑諸蠻曰天朝復我官矣諸蠻信之勢遂日盛見明史紀事本末

官軍糧絕遽引退○按是時誥遣兵備副使趙炯分守參議黃東山左參政毛科調官民兵萬二千人防護科炯會騰衝東山先之隴川儲糧科會炯發孟養兵又增發隴川南甸干崖三宣撫兵欲藉此挾撫以成功科營戛勒河西炯營其東東山因與炯議不合留止干崖戒各倉毋與軍士糧而科復以失火燬營喪軍器千數引兵駐南牙山與孟養兵會比思英堅守不出復遣人諭之乃與約降是時軍無糧采芭蕉心以食迨引退皆飢疲且聞蠻莫追者在後自相蹂踐死者無算見明實錄

孟養思倫等各願貢象牙土錦金銀器○按思倫卽思陸子也見蠻司合志

車里傳改置軍民宣慰使司○按車里軍民宣慰使司之置地理志作洪武十九年明實錄與此同

老撾傳既而帝以刀線歹潛通安南季犛遣使詰責○按永樂二年安南故王陳日煃弟陳天平爲黎季犛所迫竄走老撾老撾遣送至闕見明實錄

列傳第二百四　貴州土司

貴陽傳領長官司十八○按地理志稱貴陽軍民府領長官司十六未載貴竹平代與此互異

其貴州宣慰司所領長官司九○按地理志貴州宣慰司領長官司七未載青山劄佐與此互異

子貴榮襲○按正德中貴榮以從征香爐山有功加貴州布政司參政猶快快乃奏乞減龍場諸驛以償其功事下兵部時主事王守仁以言事謫龍場驛丞貴榮敬禮之守仁貽書切責貴榮止其事見王守仁文集

漢民張純○按蠻司合志作張統

應龍之祖以內難走水西客死○按應龍之祖楊相寵庶子煦嫡子烈母張悍甚與烈盜兵逐相相遂走死水西見明史紀事本末卽下文所謂楊相喪亂者也

烏撒土舍謀逐安效良○按是時烏撒土舍安效良初與堂弟安雲翔爭立廷議以嫡派立效良雲翔數爲亂謀逐效良焚劫烏撒見明史紀事本末

分兵破安順平壩霑益○按是時安效良亦助邦彥西陷霑益而邦彥自統水西軍及羅鬼苗种數萬東渡陸廣直趨貴陽別遣王倫等下甕安襲偏橋以斷援兵見明史紀事本末

巡撫李澐方受代澐改橒○按本傳作橒

已以王三善爲巡撫至分兵三道進○按是時三善師次平越副將徐時逢與賊戰甕城不利參將范仲仁坐視遂大敗殺前鋒馬一龍等三善乃命副使何天麟等從淸水江進僉事楊世賞等從都勻進而自將二萬人當賊鋒見明史紀事本末所謂分兵三道者指此

時奢崇明爲蜀兵所敗計窮投水西與邦彥合○按是時崇明求救於水西邦彥遣十六營渡河援之川將羅乾象急破藺州覆其巢崇明遂走投邦彥謀分兵一犯遵義一犯永寧見蠻司合志

朱燮元爲蜀督建議滇兵出霑益遏安效良應援○按六年二月邦彥謀分犯遵義而合奢寅專犯永寧未行而寅爲其下所殺無何邦彥復寇貴州燒劫麻姑孫官堡官軍敗績巡撫王瑊遣都司張雲鵬等敗之於趙官堡會崇明邦彥皆乞撫燮元聞於朝許之參將楊明輝奉命往撫制書僅招撫安位不云赦邦彥邦彥怒殺明輝撫議由此絕見明史紀事本末及蠻司合志

而霑泥霑改摩

分遣別將林兆鼎從三坌入坌改岔

貴陽甫定上增乃分水西地授諸酋長及有功漢人十四字

思南傳元改宣慰司至屬湖廣○按元史地理志思南在元爲思州安撫司泰定中改爲宣慰司屬湖廣行省地理志洪武四年改屬四川六年十二月仍屬湖廣一統志稱洪武七年析置思南宣慰司

置思南府領長官司四○按地理志稱思南領長官司三僅載蠻夷沿河祐溪朗溪三長官司與此互異考明一統志水德江本水特姜長官司元屬思州洪武初改名屬思南永樂十二年屬府萬曆三十三年改置安化縣故地理志失載

命信國公湯和等討之○按是時和與江夏侯周德興從楚王楨討諸蠻破上王洞殺吳面兒俘四萬餘衆且與江陰侯吳良平潭溪古州二百二十三洞籍其民一萬五千都督楊文同知韓觀剿古州洞蠻林寬俘其衆而顧成又復剿平平洲六洞諸寇凡一百三十七寨見明實錄

鎭遠傳仍改府屬貴州改仍置府屬貴州○按明實錄永樂十一年置鎭遠府於州治正統三年省州入府是爾時特於鎭遠州增置府治並非改州爲府此所載誤且與下革鎭遠州不合

言巴也梁止諸寨爲亂指揮使陶効忠不問○按巴也梁止蠻司合志作巴野梁上陶効忠蠻司合志作陶敬忠均與此互異

黎平傳黎平元潭溪地也○按一統志稱黎平在元時置上黎平長官司隸新添葛蠻安撫司

永樂十一年改置黎平新化二府○按明實錄萬曆二十九年十一月改黎平府屬湖廣三十一年四月還屬貴州

覃洞上陸諸苗悉降○按覃洞上陸方瑛傳作覃洞上隆互異

安順傳洪武初爲普定府○按通志洪武十四年仍置普定府十六年又析置安順州屬焉十八年府廢以州爲普定衞隸四川

弘治十一年普安州土判官隆暢妻米魯反一改二妻改妾

適暢被出出改逐

暢聞怒立殺禮刪聞字立字

阿保挾魯與其子阿鮓等攻暢鮓下增莫下同

別居南安南安作安南衞

帝命南京兵部尚書王軾兵改戶

安民自辨得赦○按是時已下安民於獄旋釋之見明史紀事本末

都勻傳元曰都雲○按元史地理志置都雲軍民府通志元時置都雲軍民府及定雲府尋合置都雲定雲安撫司隸雲南行省

永樂十一年改隸貴州七一作

日平州洲州改
諸苗功攻劫功改
巡撫鄧廷讚提督軍務瓚讚改
總兵楊仁巡撫陳克宅平之○按是時克宅調土漢官
兵三萬集壓下攻三月不克乃分兵歷破賊黨凱酋
等壓隨招降附近四十八寨苗命土官安萬銓率兵
攀崖躡絕頂自山後馳下楊仁等仰面攻之遂斬阿
向凱口盡平見明實錄
都御史遣指揮郭懷恩及長官金藜往問狀○按是時
都御史爲何起鳴見一統志
平越傳萬厤中始置府屬貴州○按地理志洪武十四
年置平越守禦千戸所十五年閏二月改爲平越衛
十七年二月升爲軍民指揮使司屬四川尋屬貴州
都司萬厤二十九年兼置軍民府於衛城屬貴州布
政司一統志所載同皆與此互異
領縣四至曰揚義○按地理志稱平越領三縣曰湄潭
曰甕安曰餘慶此作領縣四多一平越互異考一統
志明通志諸書平越衛置於明初萬厤二十九年兼
置府治於衛城終明之世平越衛未嘗廢亦未嘗爲
縣至本朝康熙十一年乃改衛爲縣此所載誤又地
理志及明通志稱平越領長官司二曰凱里曰楊義
凱里置於嘉靖八年屬淸平衛萬厤二十九年屬平
越府且本傳下文亦稱天啟四年凱里土司叛則凱
里之領於平越尤明此稱領長官司一誤且訛楊爲
揚
遂移師龍頭黎蘭等寨○按黎蘭等寨鄒文盛傳作都
黎都蘭

明史攷證攟逸卷三十九
長洲王頌蔚編集
列傳第二百五　廣西土司一
桂林傳提督吳桂芳因其間遣典史廖元入上六里撫
諭之○按是時桂芳奏古田自弘正來知縣未嘗入
城今廖元撫賊有功宜陞主簿徐擢爲縣且本省總
兵止以都指揮統之不兼制柳慶權輕位下凡事輒
爲撫按道所持請稍重將權部議加都督銜兼柳慶
廖元陞擢皆如議見明實錄
既而生縛銀豹并其子扶枝廖送京師○按是時僉事
金柱捕得銀豹正茂因自劾詔勿問見明實錄

更歷古田縣爲永寧州○按地理志一統志稱古田縣
之爲永寧州也在隆慶五年三月
柳州傳融州羅城洞蠻潘父慈州改縣下同
仍隸籍爲民宣德初宣宗卽位改隸籍爲民
慶遠傳漢交阯日南二郡界改漢爲鬱林郡地晉以
乾符中封符改
那地縣土官羅貌來朝以貌知縣事縣改州
又長官司二曰永安永順改又長官司三永順永定永安
永安司安改定
都御史鄧廷瓚奏置永順永安二司安改定
平樂傳平樂初爲縣○按平樂漢屬蒼梧郡地三國吳
置縣歷晉至隋皆因之唐武德四年爲樂州旋改昭
州天寶初曰平樂郡後復曰昭州宋曰昭州平樂郡
見一統志傳僅稱初爲縣殊未詳核
參立於矮石城矮改靄
平樂府之昭仁堡仁作平
府江有兩岸三洞諸獞皆屬荔浦延袤千餘里○按正
德十三年五月都御史陳金奏府江爲兩廣舟船必
由之路苗賊出沒江道阻塞請於昭平堡創建守備
署移守備平樂指揮居之摘撥廣東各衛所官軍二
哨並桂平梧柳民兵二千人分番防守又調柳慶土
民田州土兵三四千人耕種沿江荒田從之見明實
錄
荔浦之峯門南源修仁之麗壁永安之古眉諸巡司○
按峯門巡檢後遷中峒南源巡檢後遷下峒又遷延
賓江見一統志
而布政司以爲不便總制乃議立八寨爲長官司總制改正
茂
梧州傳擊金雞松柏諸寨雞改鷄
潯州傳千戸滿智等誘殺十人滿改潘殺改執
命以雍爲僉都御史都督同知趙輔爲征蠻將軍○按
輔亦王竑所薦見明史紀事本末
賊奔渡橫石江石改水
僉事孫繼祖祖改武下同
嘉靖十八年二月兩軍齊發○按萬達之追賊羅運山
也檄右軍抵長洲沿江繞出賊背賊於諸險隘伏器
械防禦官軍以計發之追斬百餘級會右軍迷失道
愆期三日又土目盧蘇受賊賄斂兵縱之而羅運亦
官軍古所未至者賊深入山遂不復窮追云見明實
錄
藤峽復平○按藤峽復平之後萬達汝成獻善後七事
於蔡經一編保甲以處新民二立營堡以通江道三
設多備以控上游四改州治以建屯所五淸狠田以
正疆界六處款兵以愼邊防七榷商稅以資公費經

爲奏行之見明實錄
南寧傳南寧領州四曰新寧曰橫州爲流官曰上思州
曰下雷州爲土官縣三曰宣化曰隆化曰永淳改南寧領
州七曰新寧橫州爲流官歸德果化上思州下雷州忠州爲土官縣三宣化隆安永淳
列傳第二百六　廣西土司二
太平傳太平土官黃英衍等遣使齎印詣平章楊璟降
○按是時田州府土官岑伯顏與英衍同齎印降見
蠻司合志及田州傳
土官李鐵釘歸附○按李鐵釘一統志作李正英
宋隸太平寨至省入永康州○按思同州宋史屬左江
道不屬太平寨元時則屬太平路見一統志傳以爲
宋隸太平寨者誤也其二十八年省入永康一統志
作二十七年與此互異
宣德間稍侵其鄰境肆殺掠萬厤三年討平之改宣德三年其
裔趙文安侵掠鄰境七年討平之○按一統志宣德三年日泰裔趙
文安侵掠鄰境伏辜七年置流官此誤
土官李添慶歸附○按李添慶一統志作許添慶
舊名營周周改州○按一統志及土夷考俱作營州此誤
土官李世賢歸附○按李世賢一統志作趙世賢
宋置安峒改宋屬結安峒○按方輿紀要結倫州宋爲結安峒
地此脫結字且不當云宋置
洪武二年改洪武初
元屬太平路○按都結州古名渠望洪武初土官農威
烈歸附見土夷考一統志
土官趙雄傑歸附○按趙雄傑一統志作趙斗淸
土官楊姓○按土官楊姓楊榮賢也見土夷考
思明傳遣千戸袁洪奏永固國本事請易儲○按竑先
遣人入京賂用事者請易儲景帝大悅命廷臣會議
大學士陳循力主之遂易見濟爲皇太子竑遂蒙大
赦原免復職并進都督賜誥命見蠻司合志
總督戴耀奏耀改燿
宋屬承平寨承改永○按宋建五寨於左右二江一名永
平見宋史此誤永爲承
成化八年升爲州○按地理志作成化十八年互異
總督蔡經蔡改張
思恩傳請陞思恩爲府○按陞思恩爲府在正統四年
見地理志
橋利堡正當瑤寇出沒之所橋改矯
巡撫朱英請獎鏌功巡撫改總督
鏌安傳改爲府○按鏌安於洪武二年改府見地理志
及方輿紀要
帝命新建伯王守仁治之改帝命兩廣總督陶諧治之○按王守仁
卒於嘉靖八年此係十四年事何以命守仁治之是
時陶諧總督兩廣據諸傳及明實錄明史紀事本末

改
田州傳唐隸邕州都督府唐下增置田州三字
宋始置田州改宋因之○按新唐書田州開元中開蠻洞置
則唐始置田州也此云宋始置誤
後改田州州字刪田
巡撫姚鏌巡撫改總督○按鏌本傳時爲右都御史總督兩
廣此云巡撫誤
猇亦自殺○按明史紀事本末土目黃驥李蠻殺兵猇
猇此云猇亦自殺與彼互異
沈希儀斬猛長子邦彥於工堯隧隧改隘○按工堯隘在
田州東一百二十里爲州險隘見一統志及唐荆川
集此作隧誤
諸從富言○按富原疏又言宜降府爲州卽以猛子邦
相知州事止選吏目一人佐之分設土巡司使各世
其地則彼此相防爲便部議邦相止授判官俟其勞
著而後授之餘如富言見明實錄
帝命守仁亟爲勘處守仁亟爲改總督陶諧○按盧蘇作亂時守
仁已卒時陶諧總督兩廣也
恩城州傳巡撫秦竑請調兵勦之竑改紘○按本傳作紘
都康州傳三十二年復置○按洪武止三十一年其三
十二年乃建文元年也永樂時革除建文年號故統
稱洪武今本紀既列建文年號傳中不宜仍循明時
紀載之文
列傳第二百七　廣西土司三
泗城州傳如不服如下增仍
正德六年改其明年○按正德年中事向在後文此係正統
六年其事本上下相承傳誤統爲德也上文已有正
統元年領起此處不須複說正統
永樂初置長官司初改中○按地理志上林長官司永樂
七年置不得云初
正統元年泗城州岑豹侵據利州地○按泗城州傳內
載正統二年豹攻利州掠其叔顏妻子財物此作元
年彼此互異
龍州傳宋置龍州隸太平寨改唐始置龍州宋仍之○按唐始置
龍州隸安南都護府宋仍之改隸邕州太平寨則龍
州乃唐置非宋置也此云宋置誤據唐書及方輿紀
要改
鄭國公常茂以罪謫居壽州壽改龍
則謀於岑氏刪則字
岑氏恃兄子猛方兵雄兄子改姪刪方字
璋賂鎭守太監傅倫舍人舍上增錦衣三字
都御史楊旦討璋猛殺之璋猛改韋璋○按楊旦所討者僅
韋璋一人伏誅至岑猛於嘉靖五年爲姚鏌所誅歸
順州傳沈希儀傳及明史紀事本末蠻司合志並同

何綠於正德年間且得誅猛也
都御史蔡經屬副使翁萬達謀之蔡改張
歸順州傳以本州改隸布政司○按歸順改隸布政司
在嘉靖初見地理志
向武州傳文調右副將軍韓觀右改左○按韓觀爲左副
將軍其右則都督宋晟也龍州奉議兩傳並作左字
此誤爲右據明實錄及各傳改
思陵州傳宋置屬永平寨宋改唐始置仍之○按思陵州係唐
置隸安南都護府見唐書此云宋置誤
改乾寧安撫司爲瓊州府改立瓊州府
儋州萬安軍俱爲州儋州下增南寧軍萬州五字
南建州爲安定縣隸焉安定改定安○按崖州爲元吉陽軍
所改儋州爲元南寧軍所改萬州爲元萬安軍所改
此誤脫南寧軍萬州五字而以萬安軍屬儋州彼此
舛錯定安縣誤作安定並據一統志地理志增改
銘復率土黎峒首王賢祐土改生
命賢祐爲儋州同知惠存禮爲萬寧縣主簿寧改安○按
萬安軍所屬有萬寧縣宋末已改萬寧縣爲萬安縣
元仍名萬安明正統年裁永樂時猶存今仍舊稱萬
寧者誤據一統志改
瓊州知州王伯貞執不可知州改知府○按洪武二年曾以
瓊州爲州其明年遂改府此作知州誤據一統志地
理志改
蠻成今日南蛇之禍○按是時參議劉信勦南蛇敗績
幸伏羌將毛銳率漢達狼土兵十萬出儋州賊大潰
斬殺幾盡見獵司合志
嘉靖十九年總督蔡經蔡改張○按張經傳於嘉靖十六
年總督兩廣嗣以平瓊州黎加兵部尚書是嘉靖十
九年兩廣總督乃張經非蔡經也
諸黎盤居山峒居改踞
惟東南連郎溫腳二峒溫下增嶺字
必借二峒東江以分我兵勢江改訌刪以字
以達安定安定改定安

明史攷證攟逸卷四十

長洲王頌蔚編集

列傳第二百八　外國一

朝鮮傳漢末有扶餘人高氏據其地改國號曰高麗○
按朱國楨朝鮮記戰國時屬燕秦屬遼東築長城自
此起漢末公孫度開府行牧事於遼東并有其地三
傳爲魏所滅晉永嘉之亂夫餘別種高璉侵據稱高
麗
已爲唐所破東徙○按唐書高麗傳高宗總章元年拔
平壤城禽高藏男建等獻俘於含元宮分其地置都
督府傳云爲唐所破蓋本此

元至元中西京內屬○按金大定時高麗臣趙位寵曾
以慈悲嶺鴨綠江四十餘城內附世宗惡其叛逆不
許見金本紀及續通鑑
三年正月命使往祀其國之山川○按是時奉使者爲
禮臣徐師昊至五月乃至其國事詳朝鮮記
顓被殺已久殺改弑
十一年四月禑復命誼來貢○按禑復命誼來貢遵前
約也時陪臣皆至言變臣洪倫弑顓仁人誅倫立禑
明祖以殺中國命使其罪大非朝貢如約不免與問
罪師乃賜敕遺歸之事詳大事記
權臣李仁人以辛肫子禑主國事○按朝鮮記以李成
桂爲李仁人子然以傳考之則係異族觀後禮部議
可見且此奏中上言權臣李仁人下言大將李成桂
則國楨記當未可據
潛渡鴨綠江欲入寇寇改邊
帝以表文語慢詰責之○按金世宗時朝鮮表賀稱進
玉帶敝函但小石數枚世宗以小國不與較至是入
貢復雜空紙於表函中故特加嚴諭詳載大事記
正統元年三月放朝鮮婦女金黑等五十三人還其國
○按此事在正統二年見明實錄
先是建州長童倉至處其同謀擾邊○按李滿住乃建
州指揮李顯忠之子顯忠本名釋嘉努以功賜姓名
見明實錄
薊命將禽獲五十餘人刪獲字
命使調發朝鮮及野人女直兵野人女直改女直諸部
開原瀋陽有寇入境寇改兵
係建州海西野人女直頭目李滿住等爲嚮導野人改諸部
天順三年至恐爲中國患○按天順初其國王與鄰部
仇殺廷議遣給事中張寧都指揮武忠往寧乃宣德
威示禍福因請寧忠閱兵忠挽强射雁應弦而落國
人大懾服謝咎解兵詳見大事記
建州衛野人野人改諸部
今野人實係復讐野人改諸部
琛遣中樞府知事康純統眾萬餘渡鴨綠潑豬二江攻
破九獮府諸寨○按潑豬江一統志及高麗志俱不
載惟方輿紀要有之云卽黑龍江別名也至九獮府
識大錄作兀彌二名俱不載他書考一統志鳳凰城
外近朝鮮界有九連城故趾金時幹魯所築以捍高
麗者或明時訛爲九獮而識大錄又訛作兀彌耳
遼東連年被寇寇改兵
眈病篤以所生子幼命其兄故世子暲之子娎權國事
○按大事記載眈子病廢以兄子娎嗣與傳互異
娎奏建州野人野人改諸部
侵擾邊境不已侵擾改縱橫

娎奏小邦北連野人野人改女直
天子初踐祚祚改阼
權臣李仁人誅倫萬生而立禑擢成桂爲門下侍中○
按疏言成桂非李仁人子甚悉考原疏謂李仁人乃
京山府吏長庚之裔
亶杳稱福建人從無泛海至本國者○按是時亶獲福
清通番人馮淑等并貨物解遼東故有此咨事見朝
鮮記
三十五年五月有倭船四自浙直敗還漂入朝鮮境○
按嘉靖三十六年大內災亶上表奉慰且封子顯請
爲世子
率舟師逼釜山鎮○按一統志釜山在朝鮮東萊州南
二十一里西北去國城千四百里濱大海與日本對
馬島相望
遊擊史儒等帥師至平壤戰死○按明史紀事本末史
儒師至平壤不諳地利且霖雨馬奔逸不止遂戰死
如松既勝輕騎趨碧蹄館敗退駐開城○按碧蹄館去
王京三十里時如松馳至大石橋馬蹶幾斃倭猝至
圍數重將士殊死鬬矢且盡倭前縛李將軍甚急裨
將李有昇以身蔽如松刃數倭竟中鉤墮爲倭支解
會楊元援兵至乃得潰圍出事詳明史紀事本末
詔小西飛入朝○按小西飛係倭使沈惟敬同來請款
者見明史紀事本末
乃檄楊元屯南原吳惟忠屯忠州○按時大學士張位
請屯田開城平壤以資軍興朝鮮恐中國吞并以磽
确爲辭議遂寢見明史紀事本末
東阻鳥嶺忠州鳥改烏下同○按高麗志烏嶺在慶州西北
懸崖鐵削中通一綫爲朝鮮南道雄關此作鳥嶺誤
麻貴發兵守稷山○按稷山在忠州西與青山相近稷
山之南卽天安郡城南下全州要道時倭陷全羅故
貴守此以遏其鋒
士卒物故者二萬上聞之震怒乃罷鎬聽勘○按是時
鎬貴會同邢玠露布誑奏尉山大捷諸營上簿書士
卒亡者二萬鎬大怒駁正止稱百餘人繼爲贊畫丁
應泰所劾上震怒欲付法輔臣趙志皋方救乃罷鎬
等聽勘見明實錄
四十七年至或降或戰死○按己未二月明帝命經略
楊鎬統兵二十萬號四十萬分五路來攻朝鮮兵隸
南路出寬甸口爲大兵敗於薩爾滸其兵將多降此
征服朝鮮之始
欲略寬奠鎮江等處奠改甸下同
四年四月封倧爲國王○按朝鮮記天啟五年編修姜
曰廣給事中王夢尹奉詔至朝鮮察鎮江軍情
期今冬大舉犯朝鮮犯改攻

七年三月至敵遂移兵攻麗矣○按天啟七年爲我朝
天聰元年維時大貝勒阿敏貝勒濟爾哈朗等征朝
鮮屢戰克捷遂克義州擒鐵山又克安州至平壤城
朝鮮國王遁江華島至崇德元年遂平之立碑於駐
軍地此爲臣朝鮮之始

列傳第二百九　外國二

安南傳其壻陳日炬○按陳日炬宋史作日照元史
及識大錄吾學編作日煚此又作日炬諸書互異
取他道至江北府新福縣江北改北江○按一統志有北江
府朱睦㮮所撰張輔傳並作北江此因下文大發江
北民而誤
設交州北江諒江三江建平新安建昌奉化清化鎮蠻
諒山新平演州乂安順化十五府○按識大錄作十
七府無演州有升華又有太原宣化與此不同明史
紀事本末王世貞紀葉向高志吾學編朱睦㮮撰張
輔傳亦俱作十七府
及容貌魁岸便利岸下增語言二字○按吾學編容貌魁偉語
言便利此脫語言二字
悉以禮敦致刪悉字
於是張輔等刪張字
由雲南征討征改往
推簡定爲太上皇太改越○按張輔傳簡定已僭稱越上
皇定本建國爲越故以國號冠上皇也陳季擴別爲
一姓不當如前黎季犛之傳其子查因自稱爲太上
皇也此作太誤
輔軍至乂安上黃上改土○按乂安府所領有土黃縣獻
徵錄輔傳作土黃此誤土爲上
進軍政和和改平○按張輔傳進至政平州州爲新平府
所領此作政和誤據一統志及輔傳改
有楊公院多者公改恭○按李彬傳作楊恭此誤恭爲公
出據可藍堡堡改柵
知州琴彭死之州改府
利在清化聞之清化改乂安○按王通傳及明史紀事本末
並作利在乂安是時清化未破下文明言羅通不從
則利何由得在清化也
惟清化知州羅通不從州改府
命尚書鄭淩信書改寶○按信以尚寶卿出使見明實錄
此作書誤
時雲南鎮守中官錢能貪恣○按能在雲南私與灝通
關結諸蠻姦先驛騷雲南幾危巡撫王恕盡發其姦
乃止見葉向高安南志
殺暊而自立刪而字
暊臣都力士莫登庸都下增齋字○按明史紀事本末莫登
庸本都齋漁人有勇力下文亦言移居都齋海陽則

都齋係安南地名此脫齋字頌蔚按明武備志都齋
日古齋本莫登庸故鄉無城郭以鐵黎木作排柵三
層爲外衛登庸所自居也徐延旭越南輯略登庸父
流寓安南海陽道宜陽孫古齋社據此都齋一名古
齋都齋屬海陽道下文應稱移居海陽都齋不應以
都齋冠海陽之上又按越南輯略稱登庸有勇力黎
晭以爲都力士都力士似是官名此於都下增齋字
恐非
乃共立晭兄灝之子譓灝改灝○按識大錄灝生二子長
暉次瑠暉生敬誼瑠生灝及瀠灝又生二子曰椅曰
椿瀠卽晭椅卽譓也據此則譓爲晭兄灝之子且晭
本灝孫晭兄不應與祖同名也識大錄作灝最是頌蔚
按瀠越南輯略作𤅢與明史同識大錄作瀠當誤瑠越南輯略作璟本名鏔思誠第五子
給事中謝廷茝莅改茝
方瀛子福海○按福海不能韓嶽爲黎寧所逐居南
海上朝廷亦置不問久之福海子弘瀷復振卒遂黎
氏有其國見明史紀事本末
茂洽敗奔喜林縣喜改嘉○按一統志安南北江府領嘉
林縣此誤嘉爲喜
列傳第二百一十　外國三
日本傳謂宜朝則來廷廷改庭
豈蒙古裔耶蒙古改艮第○按吾學編續文獻通考俱稱豈
艮第裔耶似更明析
帝益嘉之遣鴻臚寺少卿潘賜改帝益嘉其誠於是遣行人潘賜○按
嶷從簡殊域周咨錄潘賜於永樂初以行人使日本
歸進永樂大典頌及歸化書因擢禮部郎中賜以永
樂二年成進士不應於四年卽官鴻臚也殊域錄於
八年弔祭源道義之使則爲太監雷春鴻臚少卿潘
賜吾學編亦同傳於序次時移潘賜後來之官位於
其先而又不載八年使事殊爲失實
明年正月又遣侍郎俞士吉改明年春遣僉都御史俞士吉○按士吉
附載夏原吉傳宣德初方爲南京刑部侍郎其出使
日本時則僉都御史也獻徵錄並同此作侍郎誤
十一月使臣清啟復來貢傷人於市改冬使臣清啟復來貢其下傷人於
市○按清啟復來貢之下應有其下二字義方明晰
下文還至濟寧其下復持刀殺人蓋蒙此處傷人於
市而言則爲脫落無疑
不能通攝能通作相統
由是浙閩大姓素爲倭內主者失利爲怨紈○按是時
佛郎機米商至漳民畏紈厲禁不與通商人與漳民
格鬬紈令都指揮盧鏜海道副使柯喬悉殺之御史
陳九德核其專擅濫殺詔罷紈下鏜喬吏命給事王
家楨卽訊如御史言鏜喬論死逮紈至京紈自殺於
是當事者以紈爲戒見識大錄

趨南陵遂達蕪湖○按賊自浙至南陵無阻之者蕪湖
丞陳一道引軍來援賊手接我所射箭皆相顧愕眙
一道麾軍與僕子義死之見識大錄
與其黨王激葉宗滿謝和王清溪等○按葉宗滿胡宗
憲傳作葉碧川互異
直以爲信遂與宗滿清溪偕來○按宗憲令直自繫獄
待命因以狀聞請姑許諸番貢市曲貸直等用繫番
人心俾經營自贖御史王本固不可江南人洶洶言
宗憲得倭人金宗憲恐乃易疏言直等死在不赦廷
議梟直而戍其黨見識大錄
又陷廣東銅鼓衞雙魚所○按兵志所載各衞所廣東
有雙魚所其銅鼓衞轄於湖廣不屬瀕海
乃改國王所居山城爲大閣○按吉自爲大閣王見續
文獻通考
陷朝鮮之金山金改釜
以五月渡津改五月渡臨津○按一統志朝鮮有釜山朝鮮傳
亦作釜此誤釜爲金又渡下脫臨字
列傳第二百一十一　外國四
琉球傳琉球居東南大海中○按琉球北史隋書作流
求元史作瑠求隋大業時海師何蠻羽騎朱寬並入
其國又虎賁郎將陳稜朝請大夫張鎮州率兵自義
安浮海擊之直至其都掠男女數千人而還見寰宇
記隋書
遣官齎敕往勞○按洪熙改元宣德二年五年八年頻
遣柴山使琉球因於福建海岸立廟作祀見殊域周
咨錄
行人董守宏董改童○按童守宏爲浙之天台人登正統
七年進士見浙江通志
十一年世子以國中臣民狀來上○按十一年尚清上
言一統志載琉球有落漈王居壁下聚髑髏事非實
及杜氏通典星槎勝覽諸書皆妄乞付史館詔從之
見吾學編
隆慶中凡三貢三改四○按本紀元年二年三年五年琉
球並入貢是四貢非三貢
呂宋傳稍怠輒鞭韃韃改撻
今雲南李鳳雲南改廣東
曹於汴於改于
婆羅傳又名文茱茱改萊○按明實錄作文萊
麻葉甕傳木綿綿改棉
文郎馬神傳民多構木水上構改搆

明史攷證攟逸卷四十一　　長洲王頌蔚編集
列傳第二百一十二　外國五
占城傳改國號曰環改改號曰環王○按新唐書至德後改號
環王目錄中亦作環王則竟以環王爲國號矣此脫
王字
會同館副使路景賢○按吾學編作路貢賢
遣使往祀其山川○按是時使臣係翰林院編修羅復
仁兵部主事張福事在洪武二年見安南傳
十二年貢使至都○按洪武八年上以占城與瓜哇諸
國貢使每至中國爲商多行譎詐詔禁阻之見嚴從
簡殊域周咨錄
四年貢白象方物復告安南之難○按四年敕廣東都
指揮司選精兵六百由海道往占城會兵伐安南又
遣中官馬彬齎敕賜鍍金銀印及金銀文綺等物占
城旣出兵又遣中官王貴通往勞賜鈔幣見明實錄
及殊域周咨錄
侵升華府所轄四州十一縣地○按一統志安南升華
府轄二州十一縣與此互異
乃遣給事中舒瞳管瞳改舒曈○按殊域周咨錄正使給事
中舒某失其名獻徵錄吳惠傳云偕給事中餘姚舒
某則傳所云管瞳者誤也題名錄宣德八年進士舒
瞳爲餘姚人與獻徵錄所云餘姚舒某其地其名確
然相合而字書並無瞳字應爲曈字之誤
臣時年幼改臣時年方幼弱
遜位於舅氏摩訶賁該刪舅氏二字○按賁來爲占巴的賴
之姪賁該爲占巴的賴之孫則賁來不應以賁該爲
舅氏傳內自相矛盾
命給事中黃汝霖行人劉恕封王弟槃羅茶全爲王○
按殊域周咨錄天順中命給事中江彤行人劉寅之封
槃羅茶全爲王與此互異
然自邦都郎至占臘占改眞下同○按眞臘傳云宋慶元中
改名占臘元時仍稱眞臘則明成化時不得稱占臘
東至海南至占臘○按宋史占城國東至海西至雲南
南至眞臘北至驩州其地東西七百里南北三千里
所統大小州三十八與此不同
五年上增正德二字
命給事中李貫行人劉廷瑞往廷改文○按劉文瑞爲正
德辛未進士係廣東新會人占城使還擢刑給事此
誤文爲廷據殊域周咨錄題名錄改
請如往年古來故事刪古來二字
分晝夜爲十更○按吳惠使占城日記云夜鼓以八更
爲節與此異
棋楠香獨產其地棋楠改伽南○按伽南香出占城諸國見

明會典此作棋楠誤
占城附傳賓童龍○按宋史作賓陀羅
眞臘傳永樂元年遣行人蔣賓興王樞以卽位詔諭其
國○按殊域周咨錄永樂初遣御史尹綬往其國與
此異
名曰百塔洲○按一統志作白塔洲
晝然鐙晝下增夜字○按隋書作晝夜然鐙
女子則額上翦髮如錢大刪則字
暹羅傳二十年貢胡椒一萬斤蘇木一萬斤○按二十
年貢本紀不載蘇木一萬斤殊域周咨錄作十萬斤
中官牛榮縱家人私市○按牛榮與家人蔣義黃麟私
自收買裝至南京又復匿稅爲南刑部尚書趙鑑查
追入官蘇木三十九萬九千五百八十九斤胡椒一
萬一千七百四十五斤榮又賁緣內璫中旨給還原
主刑部尚書林俊疏爭乃詔仍舊入官見殊域周咨
錄
大楓子楓改風○按周達觀眞臘記大風子乃樹之子本
草云以治大風此誤風爲楓據本草綱目及殊域周
咨錄改
瓜哇傳瓜哇○按續文獻通考瓜哇又名莆家龍
洪武二年太祖遣使以卽位詔諭其國○按洪武二年
遣行人吳用顏宗魯詔諭其國見殊域周咨錄
前中官吳慶吳改尹○按蘇門答剌傳中官尹慶使瓜哇
成祖時出使中官並無吳慶傳蓋因上吳賓而誤也
瓜哇附傳蘇吉丹瓜哇屬國○按蘇吉丹有王百餘歲
能知吉凶見識大錄
日羅夏治○按獻徵錄殊域周咨錄俱作日夏羅治
三佛齊傳由是商旅阻遏○按瓜哇既殺使臣三佛齊
亦誘中國他使羈留不遣三佛齊扼諸蕃咽喉商船
不入其境輒出舟與之戰故其地爲商舶所湊而天
朝之欲往海外者亦所必經自使臣被羈行者恐誅
而道以不通番商遂絕見識大錄
成祖以行人譚勝受與道明同邑○按勝受爲臨桂縣
丞以政最召爲監察御史降行人使還上以其能稱
使擢浙江按察使見殊域周咨錄
轄十五洲○按續文獻通考屬國有單馬令彭亨斯蓮
豐登牙儂細蘭等國
下稱其上曰詹卑○按王號詹卑其人多姓蒲見續文
獻通考
列傳第二百一十三　外國六
浡泥傳命御史張敬之福建行省都事沈秩往使○按
浡泥以金佩刀吉貝布賂秩秩辭之王曰中國使廉
潔乃如是耶闍婆人來討索每無厭況強之而不受
耶見殊域周咨錄

自十三年至洪熙元年四入貢二改四
自占城四十日可至○按浡泥宋史言其去三佛齊四
十日程去占城與摩逸各三十日程此言去占城四
十日程與宋史異
滿剌加傳洗日浴月光景融洗改沐
山居海伯翁厄從居改君
鶴頂瑣服○按瑣服以鳥毳爲之紋如紈綺殊域周咨
錄作瑣袱
男女椎髻髻改結
蘇門答剌傳老王弟蘇幹剌逃山中弟改子○按老王弟
蘇幹剌獻徵錄續文獻通考識大錄並作漁翁子鄭
和傳亦云前僞王子此作弟誤
其使者至廣東有司驗無印信勘合○按成化二十二
年番人馬力麻爲海商詭稱蘇門答剌使臣私通販
易廣東市舶中官韋眷利其貨不究治之爲左布政
陳選所發以姦抵罪則本非蘇門答剌所使不徒無
印信勘合也與陳選傳互異
南渤利傳南渤利在蘇門答剌之西○按南渤利續文
獻通考作南浡里吾學編作南泥里又云或言卽南
巫里諸書互異
近山淺水內生珊瑚樹○按續文獻通考帽山近海水
內生黑珊瑚樹大者高一二三尺如墨之黑如玉之潤
有枝婆娑
佛郎機傳其人無所獲利則整眾犯漳州之月港浯嶼州改泉
○按一統志月港爲漳州所轄浯嶼爲泉州所
轄兵志並同此作漳州誤
和蘭傳郎駕二大艦直抵澎湖時三十二年之七月○
按元末於澎湖置巡司明洪武二十年盡徙其民廢
巡司而墟其地嘉靖中爲海寇曾一本所據以萬厤
二十年倭犯朝鮮增設戍兵未幾卽廢而一統志載
紅毛闌入之時乃在三十七年與此稍異
列傳第二百一十四　外國七
古里傳偕柯枝南浡利甘巴里滿剌加諸國入貢浡改渤下同
○按本傳及他傳引俱作渤
柯枝傳柯枝國遠在西南距海之濱距改鉅○按柯枝在
大海之中不得有濱可距獻徵錄作鉅不誤
輕者斷手足重者罰金珠輕重改互
錫蘭山傳錫蘭山或云卽古狼牙修○按錫蘭山一統
志言自古不通中國此言或云卽古狼牙修梁時曾
通中國據梁書天監十四年狼牙修入貢其國在南
海中此則言在西洋且所紀風俗亦與狼牙修稍異
惟啖魚蝦及山芋波羅密芭蕉實之屬密改蜜
榜葛剌傳左右設孔雀翎繖蓋百餘至王飾八寶冠箕
踞殿上高座繖改扇○按續文獻通考列孔雀翎扇蓋
數百此作繖蓋繖與蓋義嫌相複續通考又云王正
殿高座嵌八寶不以八寶飾冠也亦與此異
麻林傳麻林去中國絕遠○按麻林殊域周咨錄作麻
剌永樂初其王哇來頓本率其臣來朝至福州卒詔
諡康靖
忽魯謨斯傳所貢有獅子麒麟駝雞福祿靈羊○按福
祿識大錄作福鹿云似駝而花文可愛與此不同
南巫里傳南巫里在西南海中○按南巫里或云卽南
泥里隸浡泥自蘇門答剌行三晝夜可至東距黎伐
西北距海南連大山山南際海僅千餘家皆回回人
見識大錄
加異勒傳加異勒西洋小國也○按加異勒居人不及
千家貧窶乏食常備鄰國見吾學編
和復賜其國賜改使
拂菻傳拂菻卽漢大秦○按拂菻一曰海西國見新唐
書
列傳第二百一十五　外國八
韃靼傳時元主奔應昌其將王保保據定西爲邊患○
按王保保卽擴廓特穆爾本名見本傳
諡元主曰順帝○按是時國人諡元主曰惠宗見歷代
建元考
大將軍達由中路出雁門戰不利○按是年五月達與
擴廓兵遇於嶺北中伏大敗死者數萬人見明實錄
及擴廓本傳非僅不利也
達等尋召還○按是年七月湯和又敗於斷頭山見開
國臣傳
洪武十一年夏故元太子愛猷識理達臘卒○按愛猷
識理達臘在位十一年建元宣光其卒也國人諡曰
昭宗嗣子卽位改元天元見高麗志
已將脫去爲鄭國公常茂所傷○按是時納哈出意中
變顧其下咄咄語鄭國公常茂麾下有曉蒙古語者
以告茂茂乃抽刀直前斫之後爲勝以激變咎茂茂
亦以行軍貪淫不律訐勝明祖收勝總兵印而謫茂
戍龍州見開國臣傳
五傳至坤帖木兒咸被弒○按朔漠圖考稱坤帖木兒
以建文三年卒不言其被弒與此互異
驥被殺○按郭驥被殺乃永樂七年事見明實錄
遇王子也先土干率妻子部屬來降○按也先土干係
蒙古王子與脫懽之子也先異派時隨阿魯台北走
爲其所忌故率屬降見本傳
明年景皇帝自監國卽位尊帝爲太上皇帝明年二字移太上皇帝下
○按景帝卽位尊英宗爲太上皇在正統十四年
九月英宗之歸則在景泰元年此云明年景皇帝自
監國卽位與明實錄不合
未幾爲所部阿剌知院所殺未幾改景泰五年○按也先爲阿
剌所殺乃景泰五年十二月事見明實錄此云未幾
敘事稍混
景泰六年闕景泰二字
都督周顏改僉事周賢○按明實錄天順三年正月孛來入
安邊營僉事周賢指揮李鑑戰死此作都督周顏誤
敗之於金谿峪谿改雞○按識大錄楊信敗孛來於金雞
峪信傳亦作雞此誤
圭遇敵於固原川川改州○按圭之敗敵在固原州見獻
徵錄考之本傳亦同此作固原川誤
明年敵擁眾入大同寧夏境明年改十三年○按王杲敗績在
弘治十三年見本紀傳類敘於十一年之下曰明年
是誤爲十二年事矣
太監苗逵監軍○按是時監軍太監爲扶安見明實錄
與此互異
十二年冬改是年冬
劉瑾用事監軍皆闒入一清不得職去○按是時一清
方議築邊牆修墩堡武宗已允其請發帑金數十萬
後因劉瑾憾之引疾去僅修築四十里而已見獻徵
錄及本傳
帝幸陽和親部署督諸將往援○按是時明武宗方以
江彬言出游宣府遂至陽和非因禦北兵而去也此
敘次未晰
俺答下石嶺關趨太原○按是年三月俺答掠蘭州參
將鄭東戰死見明實錄
俺答犯延綏及大同○按是年俺答先略松子嶺守備
張文瀚戰死見明實錄
既而帝意中變○按是時嚴嵩與陸炳相比傾言發其
與邊將書稱關節故河套之議中變見明實錄及嚴
嵩傳
總兵李淶戰死○按是時戰死者尚有參將馮恩見明
實錄
參將趙傾葵李光啟丁碧先後戰死○按明實錄是年
參將李光啟被執不屈死此云戰死互異
秋復入大同右衛境○按是年三月吉囊同時犯延綏
副總兵陳鳳戰死見明本紀
秋總兵楊照敗死○按楊照因襲敵廣寧塞外戰死見
明實錄
自是敵數入成梁等數敗之○按明實錄萬厤九年土
蠻犯錦州游擊周之望敗沒旋爲李成梁擊走
總兵李如松遠出擣巢死之○按如松以中伏而敗事
在是年四月見明實錄
而以把漢比吉素效恭順改而以巴噶妻必濟素效恭順○按必濟爲
巴噶奈濟之妻卽俺答先爲之娶者也此作把漢比
吉誤以夫婦二名合爲一人
而虎巳卒改胡土克圖巳卒○按胡土克圖卽林丹汗以大兵
入境西奔走死於打草灘見實錄蓋元裔之稱汗至
此乃絕實與明相終始
明末亡而揷先斃諸部皆折入於大清○按實錄太宗
文皇帝天聰六年平察哈爾維時爲明崇禎五年
列傳第二百一十六　外國九
瓦剌傳馬哈木等遣暖答失等隨亦剌思來朝貢馬○
按來朝貢馬並貢貂裘珍異事詳王世貞衞拉特志
帝既自將擊破本雅失里及阿魯台兵○按明史紀事
本末及獻徵錄識大錄云永樂七年遣給事中郭驥
使本雅失里見殺上大怒敕淇國公邱福等討之而
本雅失里巳爲瓦剌所襲破
三部埽境來戰○按三部埽境來戰時寧陽侯陳懋豐
城侯李彬領左右哨成山侯王通都督譚清領左右
掖都督劉江朱榮爲前鋒事詳明史紀事本末
馬哈木等脫身遁○按明史紀事本末云馬哈木乘夜
北遁時瓦剌雖大創去而殺傷亦略相當夜二鼓上
還帳中
瓦剌與阿魯台戰敗走○按明史紀事本末十四年阿
魯台遣使奏戰敗瓦剌獻所俘人馬特賜宴勞彩幣
自是瓦剌復奉貢○按衞拉特志及明史紀事本末識
大錄初阿魯台爲瓦剌攻敗窮蹙遣使奉表稱臣貢
駝馬上言馬哈木滅本雅失里之罪請討之明成祖
以阿魯台來歸非其本心然嘉其義封爲和寧王瓦
剌怨朝貢不至巳久至是復奉貢
復致書宣府守將楊洪○按識大錄洪守宣府有威名
也先敬服之歲私餽也先鐵簇也先喜故致書欲見
瓦剌使來更增至三千人○按識大錄十三年瓦剌遣
使貢馬爲聘此僅言使來未詳何事並未詳年分下
文僅得五之一識大錄作不及五之一亦微異
上皇行也先與部眾皆送約半日程○按識大錄也先
與部眾皆送約半日程惟伯顏獨遠與此互異
朶顏福餘泰寧傳遂盡割大寧地畀三衞以償前勞○
按王世貞三衞志及識大錄既割地與之復歲給牛
具酒食布帛良厚自是其部落益蕃
宣宗初三衞掠永平山海間帝將親討之○按三衞志
及識大錄宣德三年宣宗出巡邊駐蹕遵化適其眾
萬餘入寇宣宗以鐵騎三千分兩翼擊之手射其前
鋒三人斬其酋渠
命成國公朱勇偕恭順侯吳克忠出喜峯○按三衞志
命朱勇分勒時詔發兵二十萬分四軍
興安伯徐亨出界嶺都督馬亮出劉家口○按三衞志
馬亮出界嶺口徐亨出劉家口與此互異

都督陳懷出古北○按獻徵錄陳懷出古北口踰灤江
渡柳河經大小興州破福餘於全寧破泰寧朶顏於
虎頭山擄男婦以千計馬牛羊以萬計
其頭目把當亥率眾寇大清堡總兵馬永擊斬之○按
三衛志馬永爲薊帥有威信三衛畏而親之
薊遼總督何棟○按獻徵錄仇鸞知三衛弱欲發兵擣
其地以爲功督臣何棟以不可宛轉解乃止

明史攷證攟逸卷四十二

長洲王頌蔚編集

列傳第二百一十七　西域一

哈密傳東去嘉峪關一千六百里○按王世貞哈密志
作一千五百里
乃封爲忠順王賜金印○按哈密志及識大錄賜忠順
王金印時其地置赤斤蒙古罕東安定阿端曲先諸
衛凡西域天方等三十六國貢使至者悉由哈密譯
文
又以周安爲忠順王長史劉行爲紀善輔導○按哈密
志及識大錄係脫脫嗣爵時事此敘於被逐還王後
互異
封其子倒瓦答失里爲忠順王○按獻徵錄及識大錄
云倒瓦答失里其別號也本名哈里素勒坦
四年王卒無子母弩温答失里主國事○按哈密志卜
列革嘗乞朝服束帶母妻冠袍及兵器諸物詔下有
司予王朝服母妻冠餘勿許隨以王母弩温答失里
請先後賜乘轎洗盆金箔茶香及諸藥物甚夥
初國人請立把塔木兒以王母不肯無王者八年○按
哈密志王母不肯以其非族類不宜立蓋把塔木兒
者忠義王脫歡帖木兒外孫也
土魯番速檀阿力乘機襲破其城○按哈密志及識大
錄云滿速兒阿力約王母同掠赤斤蒙古王母不從
因乘機襲破其城執王母
土魯番阿力已死而其子阿黑麻嗣爲速檀僭與罕愼
結婚誘而殺之○按哈密志及識大錄時罕愼貪而
殘失眾心阿黑麻已壯曰罕愼畏兀兒種也非脫脫
貴族安得王王哈密當我因好語罕愼曰吾與爾姻
罕愼喜許阿黑麻使罕愼頂經結盟而從後殺之
五年春立陝巴爲忠順王○按傳內所稱奄克孛剌者
畏兀兒大頭目阿木郎者哈剌灰大頭目寫亦虎仙
者囘囘大頭目詳識大錄
且嘗稱可汗○按阿黑麻自稱汗略罕東諸衞聲取甘

州於是戍其使四十餘人詳獻徵錄
進借大將劉寧等潛師夜襲牙蘭遁去○按獻徵錄阿
黑麻留其將牙蘭守哈密時精兵不過四百許進劉
寧諜知之乃以三千騎襲破哈密獲陝巴妻女并牛
羊三千有其脅從者八百人
命都御史彭澤往經略○按哈密志彭澤督師往討時
鄧璋爲總制給事御史言兩師並置莫適任也宜罷
遣不聽
先是寫亦虎仙與子米兒馬黑木婿火者馬黑木及其
黨失拜煙答俱以內應繫獄○按識大錄寫亦虎仙
等以內應繫獄時賊至城中軍士皆出戰諸番果欲
爲內應陳九疇不得發乃戮其儕守者數人搜諸通
謀者百二十餘人皆繫之
世宗嗣位楊廷和以寫亦虎仙稔中國情實歸必爲邊
患○按哈密志世宗嗣位給事御史劾王瓊挾私忌
功廷和爲內主乃逮瓊戍之起彭澤爲兵部尙書出
陳九疇於獄爲甘肅巡撫
嘉靖三年秋擁二萬騎圍肅州分兵犯甘州九疇及總
兵官姜奭等力戰敗之○按識大錄滿速兒寇甘肅
時陳九疇與姜奭趙鎭等敗之夜間道行抵肅使人
結瓦剌內外夾攻又敗之
甘肅巡撫唐澤亦以哈密未易興復請專圖自治之策
○按唐澤與劉濂嘗疏曰今之處土魯番與哈密迹
有已然理有當然撫之以恩則驕滋甚之以武則力
屈此已然之迹也順則撫之而備愈嚴逆則禦之而
武毋黷此當然之理也詳哈密志
火州傳宋時囘鶻居之○按廣輿記火州其地有囘鶻
居故又名囘鶻
其地多山青紅若火○按廣輿記及皇輿考火州有火
燄山山中嘗有煙氣湧起如雲霧至夕光燄若炬照
見禽鳥皆赤采
土魯番傳天子亦數遣官獎勞之○按識大錄永樂七
年陳誠至其國遣使朝貢
五年都指揮僉事也先帖木兒來朝○按識大錄宣德
五年萬戸賽音特穆爾與火州王哈克纖柳陳城萬
戸幹齊爾俱貢馬及玉

列傳第二百一十八　西域二

西番諸衞傳萬厤二年冬許丙兔市於甘肅賓兔市於
莊浪○按馮時可俺答志及明史紀事本末云市於
甘州爲大市市於莊浪爲小市
李自成遣將陷甘州獨西寧不下○按明史紀事本末
云賊殺甘民四萬七千餘人西寧衞尙堅守
安定衞傳遣官厚賚其王○按厚賚謂賜以織金文綺
也詳獻徵錄及識大錄

而分其地爲阿端阿眞若先帖里四部各賜以印○按
識大錄賜四部印時並賜卜煙帖木兒銀印
生禽七十餘人○按獻徵錄作七百餘人
安定遂殘破部眾散亡○按獻徵錄及識大錄云部眾
散亡內徙嘉靖間復合部酋嗣爲指揮領其眾然安
定王後無傳而阿端久沒莫知其處矣
曲先衞傳即令三郎爲指揮使掌衞事散即思副之○
按獻徵錄及識大錄掌衞時並給印章
赤斤蒙古衞傳漢燉煌郡地○按廣輿記皇輿考及獻
徵錄識大錄俱云漢酒泉燉煌二郡地
都督猴英西討亦白城○按廣輿記及獻徵錄云其地
有白山最大多草木禽獸
用侍講楊榮言止兵勿進○按止兵之計時豐城侯李
彬亦與焉詳獻徵錄
天子諭以土地不可棄合樊率頭目圖自强○按諭曰
也先求婚朕向許爾父自擇便計不中阻顧受聘非
宜往而見詐悔將何及赤斤爾世守地奈何棄之爾
第保險綏眾善自備朕且命邊將緩急爾矣詳獻徵
錄
仍遣瑣合者還甘肅○按遣還甘肅係十一年事見獻
徵錄
敕責阿速令縛獻犯者○按景泰元年阿速以禽叛寇
功晉都督同知諸部下陞賞有差事詳獻徵錄及識
大錄
五年也先益圖兼并遣使齎印授阿速脅令臣服○按
獻徵錄也先遣使並以書誘赤斤諸衞阿速白其書
上命守臣遣人諭阿速毋與瓦剌通
沙州衞傳七年又奏旱災敕於肅州授糧五百石○按
獻徵錄明宣宗語部臣曰救災恤患朕固不吝然勞
內以事外非計其命肅州具糧五百石使困即來自
取
九年困即來卒○按獻徵錄困即來卒朝廷以困即來
受職四十餘年朝貢頗恭官爲祭賻
帝念其父兄恭順免死徙東昌○按獻徵錄時喃哥率
部屬二百餘戸一千二百三十餘人來歸命居之山
東平山東昌二衞
罕東衞傳永樂元年偕其兄答力襲入朝○按入朝其
十六人緣貢馬而來事詳獻徵錄及識大錄
都督李文西征罕東以兵來助○按罕東以兵來助緣
李文奉命調罕東兵故來助也事詳獻徵錄

列傳第二百一十九　西域三

烏斯藏大寶法王傳烏斯藏在雲南西徼外○按識大
錄及廣輿記皇輿考烏斯藏其屬百餘種散處河湟
江岷間唐初爲吐番所并

元世祖尊八思巴爲大寶法王錫玉印○按續通鑑綱
目賜玉印時並令總統天下釋教
冬元帝師之後鎖南堅巴藏卜至並遣使乞玉印○按
識大錄洪武六年並以元國公等爲都指揮同知宣
慰司招討使等官
永樂元年命司禮少監侯顯偕智光齎書幣往徵○按
永樂三年往徵四年將至而識大錄又云往返五年
乃至與此互異
帝延見於奉天殿○按明成祖躬自行香時聞梵唄空
樂自天而下學士胡廣等獻聖孝瑞應歌詳識大錄
命建普度大齋於靈谷寺○按建普度大齋於靈谷寺
時並建大法壇詳識大錄
帝惑近習言○按識大錄係烏斯藏使綽爾吉鄂則爾
之言也
大慈法王傳其徒爭欲見天子邀恩寵○按識大錄其
徒有曰司空曰司徒曰國公皆佩金印
既而武宗蠱惑佞倖○按識大錄明武宗信佛給番僧
度牒至三萬之多
闡化王傳成祖嗣位遣僧智光往賜○按識大錄成祖
常欲建壇雞鳴山之陽超度妖厲迎取烏斯藏有道
僧登壇作法有天雨寶花之異
闡教王傳正德十三年遣番僧領占劄巴等○按識大
錄正德時明武宗習僧門自號大慶法王被服如番
僧建僧寺於西華門內悉封諸國師予誥命於是法
王佛子禪師國師之號充滿京師
尼八剌國傳在諸藏之西去中國絕遠其王皆僧爲之
○按識大錄明時自岷以南至松潘威茂各建僧寺
番族叛亂仇殺遣沙門諭之即頂經設誓而散諸番
來貢多至千餘亦惟僧人是遣
朶甘傳乃改朶甘烏斯藏二衞爲行都指揮使司○按
行都指揮使司係洪武七年所改詳明實錄
命增置朶甘思宣慰司及招討等司○按招討司朶甘
思部落也初附本司進貢襲職成化後始專達詳識
大錄
長河西魚通寧遠宣慰司傳今魚通九枝疆土及嚴州
雜道二長官司○按識大錄云雜道長官司河西部
落也初附本司進貢每貢僧徒百人成化十六年始
專達隆慶三年定三年一貢
董卜韓胡宣慰司傳因言唐時吐番求毛詩春秋至明
皇從之○按識大錄係余子俊上疏之語與此互異
遣國師貢珊瑚樹氆氌甲冑諸物○按識大錄及廣輿
記其地重兵死以累世戰歿者爲甲門敗懦者垂狐
尾於首以示辱
隆慶二年董卜及別思寨貢使多至千七百餘人○按

識大錄云隆慶三年定每貢千二百七十四人孝宗
時又有新招撫土草坡克州等寺寨附屬本司
列傳第二百二十　西域四
撒馬兒罕傳帖木兒首遣回回滿剌哈非思等來朝貢
馬十五駝二○按識大錄云來朝貢馬駝及海青此
僅言貢馬駝
帖木兒貢馬二百○按識大錄作千二百匹
至是帖木兒死其孫哈里嗣乃遣使臣虎歹達等送安
還○按傳安二十八年至其國被留至永樂五年還
識大錄云永樂七年陳誠至其國不入貢上使禮科
都給事中傅安與御史姚臣往征之以官軍千五百
人往撒馬兒罕怒拘留安等至洪熙元年王乃奉表
入貢送安歸與此互異
獨巡按御史陳瑤論其糜費煩擾請勿納禮官議如其
言○按禮官復言入貢從甘肅如涉海而來則勘合
印信皆屬虛文矣抑臣慮其習知海道而生意外之
變望遣行人敕諭國王自此貢從故道入語詳識大
錄
十二年偕天方土魯番入貢二改一○按本紀及天方傳
俱作十一年此誤又本紀云嘉靖八年撒馬兒罕入
貢
工巧過於哈烈○按識大錄云撒馬兒罕在哈烈東
別失八里傳別失八里○按別失八里卽伯實巴里識
大錄云伯實巴里在沙州西去肅州西北三千七百
餘里
從其部落西去從改徙
宣德元年帝嘉其尊事朝廷遣使賜之鈔幣○按識大
錄云更國號曰伊埒巴爾時烏蘇又與其子薩圖治
兵相攻宣宗勑示以教育子孫之道
哈烈傳尋復遣使隨貢貢駝馬玉石○按識大錄貢駝
馬玉石係正統二年事與此互異
居喪止百日不用棺○按皇輿考云哈烈其俗服色尙
白喪事易靑飾壁以金銀
八答黑商傳浮屠數區壯麗如王居○按回部向不崇
信佛教傳云浮屠數區及火剌札等傳所載敬僧重
僧云云並係沿誤蓋明時西域諸國不過羈縻或遣
使招致故所言城郭風俗大半得之傳聞未爲核實
于闐傳遣使者貢玉璞○按識大錄貢玉璞係永樂七
年事又按永樂十二年陳誠至其國亦見識大錄
桑麻黍禾宛然中土○按于闐俗喜浮屠好歌舞尊卑
禮節有中土風詳識大錄
討來思傳有布縷毛褐○按獻徵錄討來思之地人盡
以雜布爲衣
阿速傳夜鮮寇盜○按獻徵錄此地竟無寇盜

遣使貢馬及方物○按遣使貢馬時共百二十人來朝
詳獻徵錄
沙哈魯傳永樂中遣七十七人來貢○按沙哈魯自唐
貞觀中一入貢後直至永樂中始貢詳獻徵錄又按
七十七人獻徵錄作七十二人
王及臣僚處城中○按獻徵錄有學校及將軍功曹參
軍州郡縣諸官
天方傳其國王亦遣陪臣隨朝使來貢○按識大錄云
宣德七年國王以獅子麒麟貢又遣使貢馬時共百
二十人來朝詳獻徵錄
嘉靖四年其王亦麻都兒等遣使貢駝方物○按本紀
嘉靖二年八年天方均入貢
寺分四方每方九十間○按識大錄寺每方九十間層
次如塔中有黑石方丈餘曰漢初天降也
默德那傳國中有經三十本凡三千六百餘段○按皇
輿考云經三十藏凡三千六百卷
大類中土○按識大錄云大類江淮間
其織文製器尤巧○按識大錄云其俗並工雕鏤
魯迷傳遣使貢獅子西牛○按嘉靖三年所貢尙有西
狗西馬珊瑚珠玉等物詳識大錄

淸授資政大夫三品銜軍機章京戶部湖廣司郎中王
君墓誌銘　　同縣葉昌熾拜撰

古人稱昆弟之交范史所書前有雷陳後有廉慶若昌
熾之於王君蒿隱豈惟昆弟也哉昌熾幼而食貧與吾
弟俯仰事畜未嘗一日其研削吾弟不幸早歿昌熾傭
書京邸聞病遄歸已不及視含斂鴒原之痛至今引爲
深疚蒿隱則自束髮訂交稍長同學同舉於鄕馮林一
先生修郡志同侍鄭鄕者三載又兩至海虞瞿氏同勘
書目江鄕百里扁舟于役出入未嘗不偕也庚辰君先
達又十年昌熾始釋褐追隨詞館爲後進而君已改戶
部値樞垣長安居不易道義之相勗憂患之相邮風雨
過存兄弟無如也君之歿也其家以海警南下惟留次
子季同召昌熾同在側屬纊之日枕其股而哭之歲月
不居兩周星紀君之墓草載陳而昌熾亦將七十老矣
桑海無徒屏居削迹欲得如君者共數晨夕焉可得哉
君諱頌蔚號芾卿別號蒿隱其初名叔炳江蘇蘇州府
長洲縣人先世宋時自汴南渡居郡之洞庭東山至明
文恪公鏊族始大遷郡城君其十三世孫也曾祖仲淇
祖朝華父仁榮世有聲於橫舍皆以君官累封資政大
夫妣皆封夫人君生有至性岐嶷善讀豬寇之難鄕居
避地遭贈公喪伯兄繼殂桴鼓在郊絞衾在室君年纔
十三歲倚廬複壁卒奉繼祖母鄒太夫人間關出險人
知非常童矣寇平返故里受知於合肥蒯子範先生以
縣試第一補長洲縣學生丙子舉鄕試庚辰成進士由
庶常散館改戶部傳補軍機章京壬辰試御史裒然舉
首君樂以言職自効而樞臣以熟手奏留非其志也君
所至事賢友仁與海門周彥昇明經其學最早里門耆
宿如潘卲侯朱怡雲事之在師友之間其餘文字交若
管申季袁瓌禹同朝如李蒓客朱蓉生沈子培黃仲弢
梁星海安曉峰皆當世閎偉君子推重君無異詞而桐
廬袁忠節公過從尤密申之以婚姻禁廷退直江亭龍
樹迭爲主賓明鐙張席言笑晏晏然第攷德問業務爲
實事求是之學而不以標榜聲氣時朝廷以國步日蹙
銳意圖強游談之士倡爲新周故宋之說君覩之蔑如
也及君歿而邪說披昌馴至非聖無法淪胥不返遂邁
陸沈之禍易曰履霜堅冰至然後知君之所慮遠也君
敦尙氣節吳縣潘文勤師本葭莩戚常熟翁文恭公則
庚辰座主也君非論學不輕造殿廷考試師門未嘗通
私謁嘗曰得失事小廉恥事大詭遇求進吾不爲也文
勤龍門高峻莫敢梯接顧獨雅重君奉諱歸里昌熾函
丈侍側輒曰吾家居讀禮鼓門卻埽蒿隱云何或得君
書則曰蒿隱規我矣其見嚴憚如此治家齋於自奉嘗
訓諸子古人儉以養廉之說其義最精今之墨吏非必
天性無恥也蠶蟇不飭由於非盜泉之水不足以自潤
也充工程監督差廠商苞苴美其名曰節省銀兩君毅
然卻之曰昔陳稽亭先生印結公項尙不受況賓爲廠
商之賕乎既入詞館志在論思廣內著作承明又謂京
曹官惟居言路袞職有闕尙可發抒忠讜吾浮湛郞署
於國無補於學有損不如歸也浩然有東皋之思未幾
中日釁起耶山之役王師失律海東藩衛淪於戎索君
私憂竊歎益鬱鬱不自得竟於乙未七月朔染疫病不
起其可悲也所著寫禮廎詩文集讀碑記古書經眼
錄各一卷又以昭代樸學度越宋明六經皆有義疏周
禮爲歷朝典章制度所出獨無專書嘗語昌熾商榷義
類發凡起例先爲長編簿書塡委未遑輟簡在方略館
得殿板初印明史上黏黃籤審爲乾隆朝敕校未蕆之
本君從故紙堆中拂拭而出之刪其蕪冗撮其精要成
考證攟逸四十二卷君精力絕人博聞彊識王伯申錢
曉徵之流亞天假之年名山之業豈勝最錄而禮堂寫
定之本止此當病且棘猶執昌熾手曰豹死留皮目炯
炯視鳴呼其尤可悲也歿後三年葬於吳縣五都五圖
萬靑圩萬樂山麓之栲栳彎配謝夫人生子五長季烈
次卽季同次季鑒殤次季點季緒皆宦學有聞孫十二
存者守兌守則守熾守競守泰守鼎守恥守中競恥隨
季同出後於同族季烈中光緒甲辰進士官學部郞中
辛亥國變拂衣出國門耕海濱以自晦君有子矣客歲
歸旣梓君遺稿又裒述事狀請追銘其墓爰爲之詞曰
癸甲之際火始然積薪不徙遂燎原哲人見幾非不先
辨姦抗論如老泉惜哉聽者規爲瘨履霜陰凝冰始堅
不周山傾砥柱鐫君行蟬蛻踰十年刼火不侵龍漢前
貞元朝士靈輀旋栲栳之彎萬樂阡紫邏靑嶂視玉延
抱琴欲彈還輟絃吁嗟逝者如逝川

右明史攷證攟逸四十二卷　先君子直樞垣時所輯
是書成於光緒甲午逾年　先君子卽棄養生平著述
手自勘定者祇此一種戊戌夏袁忠節公索遺著擬刊
入漸西村舍叢書中因以是稿呈之庚子之亂忠節遇
難原稿遂不可蹤跡季烈引爲深疚頻年飢驅奔走索
米長安鑿楹之書久經束閣及遭辛亥之變綱常顚墮
異說朋興因思　先人遺箸若不及時刊行將有覆瓿
補袍之慮始於客臘歸檢遺篋將詩文集及書碑題識
手錄淸稿付諸梓人嗣於篋中檢得是書副本首尾幸
尙完具會曹君直章一山兩同年言吳興劉翰怡京卿
廣學甄微以刊行有用之書爲己任慫恿以稿寄之未
及一年而殺靑已竟蓋乾隆時之箸述至此始獲行世
則京卿傳播佚書扶持古學之功詎維鮮民所痛感往
哲後賢胥受其賜矣季烈校畢後謹識數語並將葉鞠
裳年丈所撰墓志附刊卷末俾讀是書者知　先君子
學行之大概焉丙辰十一月男季烈跋於析津之寓東
避世居

明史考證攟逸四十二卷王頌蔚芾卿撰芾卿長洲人
光緒庚辰進士選翰林院庶吉士改戶部主事官至郞
中軍機處行走素知明史考證稾在軍機値房先查出
藍面冊明史自卷一百十六至卷三百三十二缺卷一百九十
五凡二百十六卷列傳首尾略具案語用黃籤黏書之
上又得稾本四十餘冊後又得正本三巨冊自卷一百
十八至卷三百二十八缺卷二百五十二至二百五十六凡二百六卷
每卷題明史卷幾考證意在分附明史各卷之後故析
卷皆同每條稱臣某某案亦與他史考證同式並得刋
本考證一冊卷三百六至卷三百三十二乃互證參觀
抉擇精審編定四十二卷且自敘其源委然後知廿四

史同有考證惜當時何以未行全刊致留訣陷以候農部之拾遺補缺（殊不可解）又以見農部職綜重要仍能隨地留意有功文獻爲近時學人之領袖而不蹈侈口高談不能伏案者之習尤爲加人一等方今清史開館以此書爲標準庶有益於撰述者歲在柔兆執徐冬月

吳興劉承幹跋

先君子於光緒中葉在方略館物色得明史考證稿本進呈本正本三種輯爲明史考證攟逸四十二卷歲丙辰劉翰怡京卿刊入嘉業堂叢書以行於世按東華續錄乾隆四十年五月諭令改正明史譯名四十二年五月復諭令英廉等將明史本紀逐一考覈添修以次繕進則考證之作當先從本紀入手乃今所存者僅列傳之考證本紀無之按之乾隆四十二年諭旨情事未合意者本紀考證先經成書另儲他所遂致散佚無可蹤跡歟今春見夏閏枝太守謂文津閣四庫全書已移置京師圖書館其明史附有考證烈聞斯言以爲全書皆有考證亟思一讀秋閒入都因赴館先取本紀閱之並無考證志表亦然閱至卷一百十六始附有考證乃知此卽　先君子所見之正本以附於各卷之末者也於是將攟逸所載與之逐條互勘則二書互見者十之六七攟逸載而閣本缺者十之三四閣本有而攟逸不載之條數亦如之惟皆係某事某某等書俱無考或某事並見某傳（卽本史之某傳）較此爲詳之類大都空衍無關宏旨

先君子編輯時刪棄之耳就中選得有關考訂者三十餘條錄爲一卷以補攟逸所遺烈聞父老言文津閣藏書校勘不若文淵之精此次檢讀明史不乏譌誤其說信矣然各卷所附考證則繆誤尤多竟似未經校勘者且考證與本書似非同時繕錄而爲後所增入者蓋考證各葉其板匡大率比本書略高又每冊末葉所蓋太上皇寶及避暑山莊寶有在本書之尾而不在考證末葉者又有此卷之考證誤裝在他卷之末者（卷二百七十一二兩卷之考證皆誤裝在前卷之末）又卷一百四十三至四十五卷一百五十卷二百三十三至二百五十三至六十二均不附考證然攟逸所載修改之條本書中文字往往已經改正（如陳思賢傳之吳性原已改爲伍性原程通傳高巍傳之靖難均已改爲燕兵之類）是此數卷繕錄時並非未見考證特未將考證附於卷末耳凡此皆爲閣本考證乃全書繕畢後增入之證也至於閣本卷數實爲三百三十六與通行本無異作三百六十卷者特浙江局刊簡明目錄之誤（近時坊本亦有沿浙局之誤者）廣州局所刊簡明目錄卽作三百三十六卷與提要所載卷數相符邵氏沿浙局刊本之誤失於校正而望文生義謂豈添列三藩事蹟增多二十四卷遂使後之人益滋疑竇矣要之得文津閣本披讀後知明史卷數並無更改　先君子所輯列傳考證遺漏甚少足爲完書（卷一百十五爲興宗睿宗列傳篇帙無多大約本無考證）特本紀志表之有無考證尚爲疑案倘得文淵閣本讀之庶可一析此疑歟歲在辛酉重九日長洲王季烈識於析津寓廬之牆東避世居

明史考證攟逸補遺

長洲王季烈君九

列傳第十

郭子興傳未幾發病卒○按郭子興卒在至正十五年三月見本紀

列傳第十七

傅友德傳友德以五十騎衝卻之因夜襲其營○按友德襲庫庫營開國臣傳明書皆作五百人

列傳第十八

吳良傳二十八年有罪調廣西○按高之調廣西明功臣封爵考明書開國臣傳識大錄均祇云有罪不詳其坐累之由考是年大誅藍黨或詞連吳良因罪及其子耶

列傳第二十二

何文輝傳金剛奴後無考○按金剛努或卽當時色目人之散在江淮者太祖初起兵招羅豪俊未必皆鄉曲舊人

蔡遷傳破蠻子海牙水寨及陳埜先皆有功（及改禽）○按太平之戰陳籟森被禽見本紀及張德勝傳

列傳第三十七

夏原吉傳交阯平○按交阯請降廷議疑其詐也更欲興兵討之原吉曰兵疲矣譬如癰伏於身未潰則憂不測已潰則宜進和平之劑俟血氣調和自愈若惟攻之心腹內虛復生他患不若因其請降許以復國自新三楊議亦同遂偃兵息民天下頼之見王鏊所撰原吉傳

列傳第四十二

張輔傳禽其帥五十六人○按明史紀事本末云斬賊將阮山禽僞將潘經等數十人

列傳第四十四

毛忠傳禽僞少師知院○按僞少師原名哲卜尊巴勒固僞知院原名奇徹岱見獻徵錄

列傳第六十四

呂原傳原時至墓慟哭（墓改殯所）○按上文既云厝於景則不當稱墓矣

奉母南歸（南字刪）

列傳第七十三

李介傳復官巡撫順天（復官改民復）○按瓊得罪下直接復官詞意未明

列傳第七十四

韓文傳中貴督太和山（貴改官）

楊守隨傳雖遇赦免亦不得（免亦不得改亦不得免）

贊

夫以外攻內勢所甚難況相權之輕遠異前代雖抱韓琦之忠初無書敕之柄區區爭勝於筆舌間此難必之剛明之主而以望之武宗庸有濟乎一擊不勝反噬必毒消長之機間不容髮宦豎之貽禍烈也吁可畏哉（改迪文等奮然抗疏搏擊冀除君側之惡其事會方有可乘惜武宗庸闇致令羣閹得以逞心反覆終至正人去國逆黨益張反覆之機實爲間不容髮而諸臣力陳大計忠懇激發事雖不行其視李東陽之緘默取容者相去遠矣）○按原贊議論未當所引韓琦任守忠事比擬亦不合

列傳八十二

孫交傳守珠池中官詔毋得預守土事○按交嘗論安陸皇莊租課宜付有司不報見獻徵錄

列傳八十七

胡世寧傳太平知州李濬○按太平州洪武初以土官李以忠歸附命其後世襲知州見土司傳

列傳九十三

張經傳倭屯嘉興○按合戰時倭屯松江柘林者盈二萬詳俞大猷傳

列傳第一百四

馮琦傳而奸人之奏○按奸人原疏作高時夏載君恩見北海集（烈按載疑戴之誤）

顧錫疇傳請正從祀位○按希孟所請正從祀位謂十哲中宜進有若南宮适而退冉有宰我先儒則宜進諸葛亮狄仁傑范仲淹也見陳鼎所撰希孟傳

列傳第一百八

李汝華傳多所糾摘○考本史如何源黃弘憲王學書李長春韓世能王基姜壁諸人皆爲所論罷去

福王莊田四萬頃（至）僅減四之一○按福王傳云下詔賜莊田四萬頃所司皆力爭常洵亦奏辭得減半非僅減四之一也

列傳第一百十四

邱㮚傳往籍張居正家○按是時御史羊可立追論居正搆遼庶人憲㷿獄庶人妃因上疏辨冤帝遂命㮚等往籍之並勘搆憲㷿狀見明實錄

列傳第一百十八

汪若霖傳詔從巡撫趙用賓言（趙改陳）○按梁永傳作用巡撫陳用賓議又考本紀萬厤三十六年治雲南失事諸臣罪巡撫都御史陳用賓下獄論死則此作趙誤

列傳第一百三十二

左光斗傳奏劾忠賢（至）三十二斬罪○按光斗所劾忠賢等三十二斬罪爲屬稿未上之疏故明實錄諸書俱無考

列傳一百三十九

徐光啟傳光啟爲監督○按是時光啟並舉南太僕卿李之藻同修厤法見厤志

列傳第一百五十六

曹文詔傳王承恩圍之○按王承恩圍之謂敗賊於鄜州也本紀作四年七月事與此互異

列傳第一百七十六

唐時升附傳謙益最重其詩稱曰松圓詩老（二句刪）○按謙益之言亦不足爲定評

艾南英傳錢謙益負重名（負改竊）

列傳第一百七十九

張銓傳軍大潰○按是時蒙古諸部大饑多入塞應泰乃下令招降歸者日衆處之遼瀋二城天啟元年大清兵攻之總兵官賀世賢等力戰敗還明日降人內應城遂破見應泰傳

列傳第一百八十二

簡仁瑞附傳其護衛辛諒（至）斬關出奔○按王出奔後旋爲自成所執遇害並屠平涼見諸王本傳

列傳第一百八十三

劉士斗傳御史劉之勃薦爲建昌兵備僉事○按綏寇紀略勃作渤

見之勃與張獻忠語○按之勃被執賊以同鄉欲活之之勃不屈縛於端禮門攢矢射至死罵不絕口見之勃本傳（烈按之勃傳祇云之勃大罵賊攢箭射殺之並無縛于端禮門至死罵不絕口等語）

列傳第一百九十三

梁永附傳山西稅監孫朝劾降夏縣韓薰○按程紹傳李戴傳俱作山西稅使張忠以夏縣知縣韓薰忤巳奏調僻地與此互異考張忠係礦監而非稅監且忠所劾者爲夏縣知縣袁應春而非韓薰自是紹戴二傳之誤

魏忠賢傳乃矯中旨召用例轉科道（至）大理丞○按其時擢爲京卿者尚有被察之徐大化科道復故官者尚有王志道見霍維華傳

列傳第一百九十九

松潘衞傳二十六年復命鄭往鎮○按鄭以功進都督同知素有威望爲番人所憚自茂迄松潘龍安夾道

築牆數百里行李往來無剽劫患先後在鎭二十四年軍民戴之見一統志

列傳第二百一

宣德九年陞龍州爲宣撫司九改七○按一統志及地理志俱言宣德七年陞龍州爲宣撫司此作九年誤

臨安傳思陀甸○按思陀地理志作思佗考一統志及蠻司合誌皆作陀乃地理志之誤

列傳第二百六

太平傳結倫州曹名邦兜邢改邦○按一統志及土夷考均作邢兜

列傳第二百八

朝鮮傳二十七年四月以平倭詔告天下○按時論征東功首陳璘次劉綎次麻貴而董一元始破三寨終歸諸巢功亦足錄邢玠萬世德等進秩有差楊鎬以原官敘用東師楊元通倭沈惟敬則先後棄市見明實錄

列傳第二百二十

黑婁傳其地山川草木禽獸皆黑男女亦然○按黑婁二字乃譯音於字義無涉謂其山川草木禽獸男女皆黑傅會不足據

跋

是史經始於康熙十八年成於雍正末年高宗纘位之後武英殿刊刻至乾隆四年竣工此爲第一官板今卽據以影印亦世間通行本也乾隆四十年高宗以元時人地名對音訛舛譯字鄙俚諭令改訂並就原板扣算字數刊正越二年館臣籤改進呈高宗又以本紀所載事實每涉疏略特派大臣考覈添修並有親閱鑒定重刊頒行之語其後刊成本紀二十四卷坊肆從未之見聞故宮博物院檢獲刊本亟思假印維時掌院事者夙未相識匄人往請堅不之許其後院自印行取校初板其蒙古人地名汗號官職均已改譯增補字句每卷溢出數行乃至數十行然多有僅涉文辭而於史事全無出入者此不過受命諸臣奉有事實疏略之諭勉爲敷飾藉塞其責余特不解高宗之意何以拳拳於本紀而志表列傳絕不之及滋可異也余所見者皆乾隆四年刊本詢之友人凡四十年後就原板刊正者亦未寓目本紀既已重刊何以未見頒行志表列傳既已剜改何以亦未摹印余頗疑本紀改刊其他亦待覆刻嗣以高宗倦勤境過情遷不加督責事遂中廢按仁和邵懿辰四庫簡明目錄標注明史下注亦言在方略館見乾隆末年改定之本惜已不全僅列傳百數十卷中多簽改繙譯人名地名亦間引他書簽改本文似乎未曾改刊云云是志表列傳固未重刊而亦未嘗剜改也殿本諸史均有考證明史係出欽定臣下不敢有所評騭故獨闕如逮高宗一再指摘而受命考覈諸臣乃敢爲之長洲王芾卿文光緒中入值軍機處於方略館獲見進呈本初刊樣本正本暨當日總裁閱定纂修稿本均有殘缺輯成四十二卷然又祇有列傳而無紀志表哲嗣君九克成先志復就文津閣四庫寫本校對證爲完書且增輯三十餘條以補其尊人所據原本之闕付嘉業堂劉氏刊行今以附印殿本之後讀是史者當有取也曩聞友人預修清史者言屬稿之始檢核明史其事其文不少譌誤今明代實錄具存嘉隆以後被禁之書先後復出安得盡取諸書及明人著述之有涉史事者一一參校而勘正之其成績必有出重刊本紀之上者兹事體大匪余遲暮所可企及不能不有望於後賢已海鹽張元濟